WAHRIG

Universalwörterbuch Rechtschreibung

Von Dr. Renate Wahrig-Burfeind

Mit einem kommentierten Regelwerk
von
Professor Dr. Peter Eisenberg

Deutscher Taschenbuch Verlag

Dr. Renate Wahrig-Burfeind ist Lexikografin und besitzt langjährige
Erfahrung in der Erarbeitung und Betreuung von Wörterbüchern.
Prof. Dr. Peter Eisenberg ist Linguist und Mitglied der Deutschen Akademie
für Sprache und Dichtung.

Redaktionelle Mitarbeit:
Rosemarie Mailänder - Renate Fassoth
Markus Wennerhold - Nicole Leischner - Ute Brammertz - Annemone Christians

Redaktionsleitung: Katharina Festner

Technische Betreuung:
Armin Wirth, Armin Fischer, Christian Nitschke, Michael Tschuschner

Außerdem sind im Deutschen Taschenbuch Verlag folgende WAHRIG Wörterbücher
erschienen:

WAHRIG Wörterbuch der deutschen Sprache (3366)
WAHRIG Fremdwörterlexikon (32516)

Ungekürzte Ausgabe
September 2002
Deutscher Taschenbuch Verlag GmbH & Co. KG, München
© 2002 Wissen Media Verlag GmbH, Gütersloh/München
www.dtv.de
Das Werk ist urheberrechtlich geschützt.
Sämtliche, auch auszugsweise Verwertungen bleiben vorbehalten.
Umschlagkonzept: Balk & Brumshagen
Umschlaggestaltung unter Verwendung des WAHRIG-Logos von Groothuis, Lohfert,
Consorten (glcons.de)
Satz: T+S Text und Satz Verarbeitungs-GmbH, München
Gesetzt aus der Utopia 6/7 °
Druck und Bindung: Druckerei C. H. Beck, Nördlingen
Gedruckt auf säurefreiem, chlorfrei gebleichtem Papier
Printed in Germany · ISBN 3-423-32524-0

Vorwort

Die letzte Reform der deutschen Orthografie datiert aus dem Jahre 1901/ 1902. In deren Folge gab es bereits in den fünfziger und den siebziger Jahren wiederholt Vorschläge zur Systematisierung und Vereinfachung der deutschen Rechtschreibung. 1977 entstanden erneut gemeinsame Reformbemühungen von Wissenschaftlern und politischen Vertretern aus der Bundesrepublik Deutschland, der Deutschen Demokratischen Republik, der Schweiz und Österreich. Hieraus entwickelte sich ein „Internationaler Arbeitskreis für Orthographie", der 1992 eine erste Diskussionsgrundlage für die Reform der deutschen Rechtschreibung vorlegte. Mit den 3. Wiener Gesprächen von 1994 wurden die Reformbestrebungen mit der Vorlage eines Regelwerkes zur deutschen Rechtschreibung vorläufig zu einem Abschluss gebracht. Die staatlichen Vertreter der Bundesrepublik Deutschland, der Schweiz, Österreichs und anderer Staaten beschlossen die Einführung der Rechtschreibreform am 1. Juli 1996 in der „Wiener Absichtserklärung" und das Inkrafttreten der Reform zum 1. August 1998.

Der Staat besitzt Regelungsgewalt für die staatlichen Institutionen, insbesondere für Schule und Verwaltung. An der neuen amtlichen Schreibweise wird sich in der Folge jedoch auch die nicht amtliche orientieren. An den Schulen wird die neue Rechtschreibung bereits seit dem Schuljahr 1996/97 gelehrt. Für die Umsetzung der Reform gilt eine Übergangszeit bis zum Jahre 2005, in der alte Schreibweisen zwar als überholt, jedoch nicht als falsch gelten.

Die Einführung der Rechtschreibreform war mit heftigen öffentlichen Diskussionen verbunden. Ob es sinnvoll war, diese Reform trotz der Proteste, die sie hervorrief, überhaupt umzusetzen, soll hier nicht debattiert werden. Tatsache ist, dass mittlerweile nahezu alle Nachschlagewerke, Schulbücher, Zeitungen, Zeitschriften und viele belletristische Werke in der neuen Rechtschreibung gedruckt werden. Es gibt also in der jetzigen Situation keine Möglichkeit mehr, zur alten Rechtschreibung zurückzukehren, ohne erneut eine Lawine von Kosten zu verursachen und eine ganze Schülergeneration zu verunsichern.

Viele Neuerungen der Reform sind sinnvoll und vereinheitlichen bzw. vereinfachen das richtige Schreiben. Die Einführung von Schreibvarianten stärkt in einigen Fällen die Entscheidungsfreiheit des Einzelnen. Allerdings hatten die Schreibenden schon immer bei einer Reihe von Schreibungen die Möglichkeit, zwischen verschiedenen Varianten (vgl. *Telephon/Telefon, Nougat/Nugat* usw.) zu wählen. Die deutsche Orthografie war auch vor der Reform von 1996 in einigen Bereichen nicht einheitlich geregelt, beispielsweise wurde in der Reform von 1901/1902 die Getrennt- und Zusammenschreibung keineswegs ausreichend dargestellt.

Die amtliche Regelung der Rechtschreibung wird seit der 1996 beschlossenen Reform von den zuständigen staatlichen Stellen der deutschen, schweizerischen und österreichischen Kultusbehörden umgesetzt. Beobachtet und begleitet wurde und wird die Rechtschreibreform von der „Zwischenstaatlichen

Kommission für deutsche Rechtschreibung", die am „Institut für deutsche Sprache" in Mannheim angesiedelt ist. Sie berichtet in regelmäßigen Abständen an die Kultusbehörden, wie erfolgreich die Reform in den Schulen und Ämtern umgesetzt wird. Der Rechtschreibkommission zur Seite gestellt ist ein ehrenamtlicher Beirat, in dem Wörterbuch- und Schulbuchverlage, Zeitungs-, Schriftsteller-, Lehrerverbände und andere Institutionen vertreten sind.

Die Rechtschreibkommission hat sich auch sehr intensiv mit den von den Reformgegnern geäußerten Kritikpunkten auseinander gesetzt und daraufhin einige sehr fundierte Vorschläge zur Präzisierung der Reform zur Diskussion gestellt. Die Entscheidung darüber, ob es im Jahr 2005 (nach Ablauf der Übergangsfrist) möglicherweise einige Präzisierungen der derzeit gültigen Regeln geben wird, liegt aber in jedem Fall bei den Kultusbehörden.

Das hier vorgelegte WAHRIG *Universalwörterbuch Rechtschreibung* ist streng nach den neuen amtlichen Regeln der deutschen Orthografie verfasst worden. Mit dem WAHRIG wird ein vollständig neu konzipiertes Werk vorgelegt - aus diesem Grund wurde in der Regel auf die Darstellung der in drei Jahren nicht mehr zulässigen alten Schreibweisen verzichtet. Alle nach der neuen Rechtschreibung zulässigen Schreibvarianten, auch diejenigen, die die Bereiche Worttrennung, Groß- und Kleinschreibung, Getrennt- und Zusammenschreibung umfassen, sind im WAHRIG *Universalwörterbuch Rechtschreibung* aufgeführt. Darüber hinaus weisen wir auf Schreibungen hin, die aufgrund der amtlichen Regeln unklar oder noch zu präzisieren sind. Professor Eisenberg hat in seinen für diese Rechtschreibung verfassten „Grundlagen der deutschen Orthografie" die entsprechenden Stellen des amtlichen Regelwerkes erläutert und kritisch kommentiert.

Das WAHRIG *Universalwörterbuch Rechtschreibung* stellt die deutsche Standardsprache anhand von 120 000 Stichwörtern, einschließlich umgangssprachlich oder fachsprachlich gebrauchter Wörter, Fremdwörter und Neologismen dar. Darüber hinaus sind alle Stichwörter mit umfassenden grammatischen Angaben versehen und alle Grundwörter erklärt. Der Aufbau des Wörterbuchs ist ausführlich in den „Hinweisen zur Benutzung" erläutert.

In den rund 240 blau unterlegten Informationskästen, die in das Stichwortverzeichnis eingefügt sind, werden die wichtigsten grammatischen Begriffe erklärt und Informationen zur richtigen Schreibung von E-Mails, Datumsangaben usw. gegeben.

Das Anliegen des WAHRIG ist es, die deutsche Rechtschreibung zum einen auf ihrem aktuellen Stand so umfassend wie möglich darzustellen und zum anderen eine Vielzahl von schwierigen Schreibweisen anhand der Verknüpfung mit dem Regelwerk zu begründen und plausibel zu machen. Das Aufzeigen von Zweifelsfällen und Schreibvarianten soll zur steten Präzisierung der deutschen Rechtschreibung beitragen. Sprache – und damit auch die Rechtschreibung – ist ein lebendiges Kommunikationsmittel, das einem ständigen Wandel und einer Fortentwicklung unterliegt.

Renate Wahrig-Burfeind

Inhalt

Inhalt

Hinweise zur Benutzung

1. Anordnung der Stichwörter

Die Stichwörter sind streng nach dem Alphabet angeordnet, die Umlaute *ä, ö* und *ü* werden wie die nicht umgelauteten Buchstaben *a, o* und *u* behandelt. Mehrgliedrige Ausdrücke sind unter dem ersten sinntragenden Wort verzeichnet, also z. B. *absoluter Alkohol* unter *absolut.* Ebenso sind getrennt geschriebene Wortverbindungen unter dem ersten Wort aufgeführt, z. B. *bekannt machen* unter *bekannt.*

2. Das Stichwort

Die Stichwörter (Lemmata) sind fett gedruckt, während die grammatischen Angaben und die Anwendungsbeispiele in normaler, gerader Schrift stehen. Worterklärungen (Definitionen) sind kursiv gedruckt:

Dach <n; -(e)s, ≃er> *oberer Gebäudeabschluss;* etwas unter ~ u.

Fach bringen <fig.> *zu einem Abschluss*

Homografen sind Wörter, die gleich geschrieben werden, aber aufgrund der unterschiedlichen Herkunft, des grammatischen Geschlechts, der Flexion oder der Aussprache verschiedene Bedeutungen haben. Sie werden durch hochgestellte Indexziffern gekennzeichnet, z. B.

'Te·nor[1] <m.; -s; unz.>

Te'nor[2] <m.; -s, -'nö·re>

Kiefer[1] <m.; -s, ->

Kiefer[2] <f.; -, -n>

Rechtschreibung

Die Rechtschreibung entspricht den neuen amtlichen Regeln, die am 1. Juli 1996 verabschiedet wurden und am 1. August 1998 in Kraft getreten sind. Rechtschreibliche Varianten, die die Worttrennung, Groß- und Kleinschreibung oder die Getrennt- und Zusammenschreibung betreffen, sind durch den Hinweis <auch> gekennzeichnet, z. B.

war'um, <auch> **wa'rum** <Adv.; ↗Z54>
A·gent Pro·vo·ca·teur, <auch>

A·gent pro·vo·ca·teur <[a'ʒɑ̃ prɔvo-ka'tøːr]; m.; --, -s -s [a'ʒɑ̃ prɔvo-ka'tøːr]; ↗Z31>

'wohl·er·zo·gen, <auch> **'wohl er'zo·gen** <Adj.>

Die mit einem Pfeil (↗) markierten Ziffern innerhalb der spitzen Klammern verweisen auf die Stellen des Regelwerkes, die die entsprechenden orthografischen Regeln erläutern und ggf. kommentieren. Es werden hiermit ebenfalls

Schreibweisen gekennzeichnet, die im Regelwerk kritisch kommentiert werden.

Worttrennung

Die Worttrennung ist am Stichworteintrag angegeben. Zu ihrer Kennzeichnung werden die Zeichen ·, | und ' verwendet, die teilweise noch andere Funktionen haben, z. B.

Ak·ti'on
'ab|ste·hen

Der senkrechte Strich (|) zeigt bei Verben eine abtrennbare Vorsilbe an. Bei dem Verb *ab|stehen* bedeutet dies, dass die Vorsilbe *ab-* vom Verb abgetrennt und nachgestellt wird, wenn das Verb in einer finiten (gebeugten) Form in Mittelstellung steht: *das Haar steht ab*. In den infiniten (ungebeugten) Formen *abstehend, abgestanden* und in Endstellung der finiten Form *wenn etwas absteht* bleibt die Vorsilbe vor dem Verb.

Gibt es mehrere Möglichkeiten der Worttrennung, so wird die etymologisch begründete grundsätzlich vor anderen (der silbischen oder der Konsonantentrennung) angegeben, z. B.

Chir'urg, <auch> **Chi'rurg**

Die neuen Rechtschreibregeln erlauben auch eine Abtrennung von Einzelvokalen am Wortanfang, z. B.

'O·ber
'A·der·lass

Lesehemmende Trennungen wie *Seeu·fer* sollten in der Praxis vermieden werden, da die Einzelvokalabtrennungen jedoch grundsätzlich möglich sind, wurden alle Trennungsmöglichkeiten im WAHRIG *Universalwörterbuch Rechtschreibung* angegeben.
Es ist zu beachten, dass sich durch das Anfügen einer Beugungsendung auch die Worttrennung ändern kann, z. B. *das Meer, des Mee·res, die Mee·re.*

Orthografische Varianten

Orthografische Varianten, die nicht in der alphabetischen Abfolge hintereinander stehen und mit einem <auch> - Verweis gekennzeichnet sind, bzw. die nicht im selben Abschnitt stehen, sind durch den Hinweis oV gekennzeichnet, z. B.

Del'phin <m.; -s, -e; ↗Z11.3;
Zool.> *ein Zahnwal*; oV *Delfin*

Betonung

Die Betonung wird bei allen mehrsilbigen Wörtern am Stichworteintrag
selbst durch einen kleinen Akzent (') vor der betonten Silbe angezeigt. Wird
ein mehrsilbiges Wort nicht auf der ersten Silbe betont, sondern im Wortin-
neren, so ist das Betonungszeichen gleichzeitig Trennungszeichen, z. B.

'Au·tor <m.; -s, -'to·ren>
Tai'fun <m.; -s, -e>

Gibt es mehrere Betonungsmöglichkeiten, so wird die Betonungsvariante in
eckigen Klammern [ ] innerhalb der spitzen Klammer verzeichnet, z. B.

Mo·tor <['mo:tɔr] od. [mo'to:r]; m.;   **E'lek·tro·a·kus·tik** <a. [----'--]; f.; -;
-s, -'to·ren>   unz.; ↗Z55>

3. Die grammatische Klammer

Die spitze Klammer < > steht in der Regel immer direkt hinter dem Stichwort
oder nach einer Bedeutungsstellennummer. Sie enthält eine Reihe von Anga-
ben zum Stichwort, die im Folgenden beschrieben werden.

Die Aussprache

Die Aussprache wird innerhalb der spitzen Klammer in eckigen Klammern
[ ] angegeben. Sie ist mit den Zeichen der internationalen phonetischen Um-
schrift dargestellt, wenn sie von den Regeln der deutschen Sprache abweicht
oder die Aussprache unsicher ist. Wird die Aussprache nur zu einem Teil ei-
nes Wortes gegeben, so steht für den übrigen Teil des Wortes ein Bindestrich,
z. B.

chan·gie·ren <[ʃãˈʒiː-]; V. i.>
E'lek·tro·in·ge·ni·eur <[-inʒənjøːr]; m.; -s, -e>

Die grammatischen Angaben

Bei jedem Stichwort ist angegeben, zu welcher Wortart es gehört.
Bei **Substantiven** sind Genus (grammatisches Geschlecht) und Deklination
angegeben: m. = Maskulinum (männlich), f. = Femininum (weiblich), n. =
Neutrum (sächlich). Darauf folgen der Genitiv Singular (2. Fall Einzahl) und
der Nominativ Plural (1. Fall Mehrzahl), z. B.

'Ha·se <m.; -n, -n; Zool.>
'En·te <f.; -, -n; Zool.>
Pferd <n.; -(e)s, -e; Zool.>

Steht für den Nominativ Plural ein Bindestrich mit zwei Punkten (⸚), so be-
deutet dies, dass der Plural einen Umlaut hat, z. B.

Mund <m.; -(e)s, ⸚er od. (selten)   **Haus** <n.; -es, ⸚er>
-e od. ⸚e>

Auf die adjektivische oder nominale Deklination von Substantiven wird durch die Ziffern m. 1, f. 2 und n. 3 in den entsprechenden Tabellen im Vorspann verwiesen.
Die Deklinationsziffer 7 verweist auf die Verwendung von Formen des Plurals bei Maß- und Mengenangaben.
Substantive, die keinen Plural bilden, sind als *unz.* (= unzählbar) gekennzeichnet. Wörter, die keine Singularform besitzen, wie z. B. „Leute" erhalten den Hinweis <Pl.> oder <nur Pl.>.

Bei den **Adjektiven** ist die regelmäßige Steigerung (Endung *-(e)r* für den Komparativ, Endung *-sten* für den Superlativ) nicht angegeben. Auf die unregelmäßige Steigerung der Adjektive wird dagegen in den folgenden Fällen hingewiesen:

1. bei Verwendung eines anderen Wortstammes, z. B.
viel <Adj.; mehr, am 'meis·ten>

2. bei Bildung der Komparativformen mittels eines Umlautes, z. B.
arm <Adj.; 'är·mer, am 'ärms·ten>

3. bei eingeschobenem Vokal, z. B.
laut <Adj.; -er, am -es·ten>

4. bei Wegfall eines Vokals, z. B.
'e·del <Adj.; 'ed·ler, am -s·ten>

Unveränderliche Adjektive sind mit dem Hinweis *undekl.* (= undeklinierbar) gekennzeichnet, z. B.

'tren·dy <Adj.; undekl.; umg.>

Einige Adjektive sind gleichlautend mit der Partizipform von Verben, z. B. *abgefahren*. Sie sind im Wörterbuch als Adjektive aufgeführt, da sie gebeugt werden können: *eine abgefahrene Popgruppe;* als Partizip: *er ist heute abgefahren.* Auf gleichlautende Partizipformen verweist die Ziffer 28.1.

Bei **Verben** wird zwischen schwach und stark konjugierten Verben unterschieden. Schwach konjugierte Verben werden als Regelfall angesehen und erhalten deshalb keinen Hinweis auf eine Tabelle. Ihre Konjugationsformen können jedoch unter der Ziffer 100 im Vorspann nachgesehen werden. Folgt auf die Angabe Verb (V.) eine Ziffer zwischen 101 und 294, so wird das Verb stark, gemischt oder unregelmäßig konjugiert, z. B.

'bie·gen <V. 109>

Die Konjugationsformen können unter der *Tabelle der Konjugationen* nachgeschlagen werden. Für das Partizip des Perfekts ist in den meisten Fällen nur die Stammform des Verbums, die mit *ge-* gebildet wird, in der Tabelle aufgeführt. Wenn das Verb durch eine nicht abtrennbare Vorsilbe wie z. B. *be-* oder *er-* erweitert wird, fällt die Vorsilbe weg. Die Partizipien des Perfekts zu *retten* und *erretten* lauten also *gerettet* und *errettet*. Die meisten Verben bilden das Perfekt mit *haben*, wird das Partizip mit *sein* gebildet, so findet sich der Hinweis (s.), z. B.

'ge·hen <V. i. (s.) 145>

Verben, die das Perfekt sowohl mit *haben* als auch mit *sein* bilden können, sind mit (h. od. s.) gekennzeichnet, z. B.

'ste·hen <V. i. (h. od. (süddt.; österr.; schweiz.) s.) 256; ↗Z23>

Bezüglich des Satzmusters ist bei allen Verben angegeben, ob sie transitiv, reflexiv oder intransitiv sind. Transitive Verben erfordern ein Akkusativobjekt, intransitive nicht. Reflexive Verben sind rückbezüglich: *er wäscht sich*. Einige Verben können sowohl transitiv als auch intransitiv gebraucht werden, z. B.

be'gin·nen <V. i. u. V. t. 104>

Gehen die unterschiedlichen Satzmuster mit einer Bedeutungsdifferenzierung des Verbs einher, so sind die Angaben den entsprechenden Bedeutungsstellen zugeordnet, z. B.

'an|fan·gen <V. 132> **1** <V. i. u. V. t.> (mit) etwas ~ *beginnen;* es fängt an zu regnen; eine Arbeit ~ **2** <V. t.> mit jmdm. od. einer Sache etwas ~ können

Präpositionen sind häufig mit Angaben zum Kasus versehen, z. B.

'we·gen <Präp. mit Gen. od. (umg.) Dat.>

Alle anderen Wortarten (**Adverbien, Konjunktionen, Partikeln** usw.) stehen in der Regel ohne weiterführende Angaben.

Angaben zum Stil

Stichwörter oder Redewendungen, die ohne Hinweise zur Stilebene stehen, können als hochsprachlich betrachtet werden.
Da die Umgangssprache, die überwiegend in der mündlichen Kommunikation gebraucht wird, einen nicht unbeträchtlichen Teil des deutschen Wortschatzes ausmacht, finden sich viele Wörter oder Redewendungen mit der entsprechenden Kennzeichnung <umg.>, z. B.

'Glot·ze <f.; -, -n; umg.; abwertend>

Weitere Stilebenen sind <fig.> (= figürlich, d. h. im übertragenen Sinn gebraucht), <poet.> (= poetisch), <derb> (= vulgärsprachlich), <scherzh.>

(= scherzhaft) oder <fachspr.> (= fachsprachlich). Weitere Abkürzungen sind in der *Tabelle der Abkürzungen und Zeichen* im Vorspann erläutert.

Angaben zum Fachgebiet

Wörter aus Sondersprachen und Fachgebieten sind im WAHRIG *Universalwörterbuch Rechtschreibung* gesondert markiert. Als Sondersprache oder Jargon wird die Redeweise bestimmter gesellschaftlicher Gruppen oder Berufsstände verstanden. Der Jargon ist durch den Hinweis auf die entsprechenden Gruppen gekennzeichnet, z. B. <Jägerspr.>, <Kaufmannsspr.>, <Jugendspr.> usw.
Fachsprachliche Ausdrücke werden durch den Hinweis auf ein Fachgebiet gekennzeichnet, z. B. <Biol.>, <Chem.>, <Math.>, <EDV> usw.

Angaben zur geografischen Verbreitung

Wörter und Wendungen, die nur in Österreich, der Schweiz oder im Gebiet eines Dialektes oder einer Landschaft gebräuchlich sind, wurden ebenfalls entsprechend gekennzeichnet, z. B.

'Kip·ferl <n.; -s, - od. -n; bair.; österr.>

4. Bedeutungserklärung und Anwendungsbeispiele

Wörter, die dem Grundwortschatz der deutschen Sprache zugerechnet werden können, sind grundsätzlich mit einer Bedeutungserklärung versehen. Die Bedeutungserklärung steht, kursiv gedruckt, hinter der spitzen Klammer oder nach einer Redewendung o. Ä., wenn diese erklärt werden muss.
Viele Wörter haben zwei oder mehr Bedeutungen, diese sind mit einzelnen fett gedruckten Ziffern **1**, **2**, **3** usw. gekennzeichnet.

Steht die spitze Klammer direkt hinter dem Stichwort, so gilt sie bzw. ihr Inhalt für den gesamten Artikel, also ggf. für alle Bedeutungsziffern. Steht die spitze Klammer hinter einer Bedeutungsstellennummer, so gilt ihr Inhalt nur für die darauf folgenden Angaben, z. B.

'fah·ren <V. 130; ↗ Z23> **1** <V. i. (s.)> *sich mithilfe einer antreibenden Kraft fortbewegen;* auf u. ab ~; hin u. her ~ **2** <V. i. (s.)> *sich mit einem Fahrzeug fortbewegen;* Auto, (Fahr-)Rad, Schlitten, Ski ~; ich fahre Rad; sie ist Rad gefahren; es macht Spaß Rad zu ~; spazieren ~; in Urlaub ~ **3** <V. t.> *ein Fahrzeug lenken;* er hat immer Kleinwagen gefahren; alle Hoffnung ~ lassen <fig.> *aufgeben;* sie hatten schon alle H. ~ lassen/<auch> gelassen **4** <V. i. (s.); fig.> *sich plötzlich u. schnell in eine Richtung bewegen;* in die Kleider ~; was ist nur in dich gefahren? **5** <V. i. (s.)> *durch, über etwas ~ streichen* **6** <V. i. (s.)> gut, schlecht mit etwas ~ <umg.> *gute, schlechte Erfahrungen machen*

Zusammengesetzte und abgeleitete Wörter stehen dagegen ohne Bedeutungsangabe, wenn sich ihr Sinn aus den einzelnen Bestandteilen herleiten lässt, ansonsten sind auch hier kurze Worterklärungen gegeben. Den Wortdefinitionen folgen häufig Anwendungsbeispiele, die die Verwendung eines Stichwortes im Kontext verdeutlichen sollen.

Eine Reihe von Stichwörtern ist nur mit Anwendungsbeispielen – und nicht mit Bedeutungsangaben – versehen, wenn das Wort auf diese Weise am besten dargestellt werden kann, z. B.

ver·lat·schen <[-'la:t-]; V. t.; umg.>
Schuhe ~

5. Verweise

Verweise auf andere Stichwörter oder auf die dem Stichworttext eingefügten Kästen, die grammatische oder orthografisch relevante Begriffe erklären, sind dem Stichwort angefügt, das sind im Einzelnen:

oV (orthografische Varianten)
Sy (Synonyme, bedeutungsgleiche Wörter)
Ggs (Antonyme, Wörter die einen entgegengesetzten Inhalt haben)
= (ist bedeutungsgleich mit)
→ a. (Siehe auch!)
→ (Siehe!)

Verweise auf die einzelnen Ziffern des Regelwerkes sind mit einem Pfeil (↗) gekennzeichnet.

6. Etymologische Angaben

Die **Wortherkunft** wird in eckigen Klammern [ ] am Ende eines Stichwortartikels angegeben.

Wörter gleicher etymologischer Herkunft sind in der Regel in einem so genannten „Nest" zusammengefasst, wobei dann nicht jedes Stichwort mit einer neuen Zeile beginnt. Die Wortherkunft wird dann bei dem Grundwort eines Nestes oder am Anfang eines Nestes angegeben, z. B.

kon·stru·ie·ren, <auch> **kons·tru·ie·ren, konst·ru·ie·ren** <V. t.; ↗Z54> 1 entwerfen, bauen; Maschinen ~ 2 Sätze ~ bilden 3 <Geom.> zeichnen; Dreiecke ~ 4 erfinden; eine Handlung ~ [lat.]; **Kon'strukt** <n.; -(e)s, -e> Gedankengebilde, hypothetischer Entwurf; **Kon·struk·teur** <[-'tø:r]; m.; -s, -e> jmd., der etwas entwirft, gestaltet, baut [frz.]; **Kon·struk·'teu·rin** <f.; -, -n·nen>; **Kon·struk·ti'on** <f.; -, -en> 1 Entwurf, Bau 2 Gebilde, Zusammenfügung 3 <Math.> Zeichnung; **Kon·struk·ti'ons·a·na·ly·se** <f.; -, -n; ↗Z55>; **kon·struk·ti'ons·be·dingt** <Adj.> ~e Mängel; **Kon·struk·ti'ons·feh·ler** <m.; -s, ->; **Kon·struk·ti·'ons·zeich·nung** <f.; -, -en>; **kon-struk'tiv** <Adj.> 1 weiterführend; ~e Kritik 2 auf einer Konstruktion beruhend; **Kon·struk·ti·vis·mus** <[-'vis-]; m.; -; unz.> Stilrichtung der bildenden Kunst u. der Musik; **Kon·struk·ti'vist** <m.; -en, -en>; **Kon·struk·ti'vis·tin** <f.; -, -n·nen>; **kon·struk·ti'vis·tisch** <Adj.>

7. Kästen zu grammatischen Begriffen

In das Wörterverzeichnis wurden blau unterlegte Kästen eingearbeitet, die grammatische Grundbegriffe erläutern, z. B.

Akkusativ: Der A., auch Wenfall genannt, ist im Deutschen der Kasus des direkten ⭷Objekts, des so genannten **Akkusativobjekts.** Der A. lässt sich durch *wen?* oder *was?* erfragen.

Seine Flexionsformen fallen teilweise mit denen des **Nominativs** zusammen, z. B. *Das Pferd* (Nominativ) *schlägt das Pferd* (Akkusativ).

Im Deutschen wird der A. aber auch für (zeitliche oder räumliche) ⭷**Adverbiale** verwendet, z. B. *Er schlief die ganze Nacht.* Vgl. ⭷Dativ, ⭷Genitiv, ⭷Nominativ

Darüber hinaus sind in den Kästen auch einige orthografisch relevante Begriffe wie *Datum, E-Mail, Gradzeichen* usw. gesondert aufgeführt und erläutert.

Tabellen zur Formenbildung

Deklination der Nomen und Pronomen

Adjektivische Deklination des Substantivs

		Sing.	Pl.
1	**Maskulinum**		
	gemischt		
	Nom.	Abgeordneter	Abgeordnete
	Gen.	Abgeordneten	Abgeordneter
	Dat.	Abgeordnetem	Abgeordneten
	Akk.	Abgeordneten	Abgeordnete
	schwach		
	Nom.	der Abgeordnete	die Abgeordneten
	Gen.	des Abgeordneten	der Abgeordneten
	Dat.	dem Abgeordneten	den Abgeordneten
	Akk.	den Abgeordneten	die Abgeordneten
2	**Femininum**		
	gemischt		
	Nom.	Illustrierte	Illustrierte
	Gen.	Illustrierter	Illustrierter
	Dat.	Illustrierter	Illustrierten
	Akk.	Illustrierte	Illustrierte
	schwach		
	Nom.	die Illustrierte	die Illustrierten
	Gen.	der Illustrierten	der Illustrierten
	Dat.	der Illustrierten	den Illustrierten
	Akk.	die Illustrierte	die Illustrierten
3	**Neutrum**		
	gemischt		
	Nom.	Geräuchertes	Isomere
	Gen.	Geräucherten	Isomerer
	Dat.	Geräuchertem	Isomeren
	Akk.	Geräuchertes	Isomere
	schwach		
	Nom.	das Geräucherte	die Isomeren
	Gen.	des Geräucherten	der Isomeren
	Dat.	dem Geräucherten	den Isomeren
	Akk.	das Geräucherte	die Isomeren

Deklination des unbestimmten Artikels und der Possessivpronomen

4 Bei folgendem Substantiv

	Mask.	Fem.	Neutr.	Pl.
Nom.	ein	eine	ein	(entfällt)
	mein	meine	mein	meine
Gen.	eines	einer	eines	(entfällt)
	meines	meiner	meines	meiner
Dat.	einem	einer	einem	(entfällt)
	meinem	meiner	meinem	meinen
Akk.	einen	eine	ein	(entfällt)
	meinen	meine	mein	meine

Tabellen zur Formenbildung

Besonderheiten

Bei *unser* und *euer* kann vor den Endungen *-e* und *-er* das *e* wegfallen: *unsre, eurer.*
Bei den Endungen *-es, -em, -en* kann alternativ das *e* der Endung wegfallen: *unsers, unsres, euerm, eurem, unsern, unsren.*

Wie ein Adjektiv schwach dekliniert werden die Possessivpronomen bei vorangehendem Artikel:
 Wem gehört das Buch? Es ist das meine/Meine.

Nicht oder stark dekliniert wird das allein stehende Possessivpronomen nach der Kopula:
 Wem gehört das Buch? Es ist mein (od.) mein(e)s.

Deklination des bestimmten Artikels

5

	Mask.	Fem.	Neutr.	Pl.
Nom.	der	die	das	die
Gen.	des	der	des	der
Dat.	dem	der	dem	den
Akk.	den	die	das	die

Deklination des Demonstrativpronomens

6 *einfach*

	Mask.	Fem.	Neutr.	Pl.
Nom.	dieser	diese	dies(es)	diese
Gen.	dieses	dieser	dieses	dieser
Dat.	diesem	dieser	diesem	diesen
Akk.	diesen	diese	dies(es)	diese

zusammengesetzt

	Mask.	Fem.	Neutr.	Pl.
Nom.	derjenige	diejenige	dasjenige	diejenige
Gen.	desjenigen	derjenigen	desjenigen	derjenigen
Dat.	demjenigen	derjenigen	demjenigen	denjenigen
Akk.	denjenigen	diejenige	dasjenige	diejenige

Deklination der Substantive, die Mengen (Zähl- u. a. Maße, Gewichte und Währungseinheiten) bezeichnen

7

a) Das Substantiv wird im Singular dekliniert, z. B.
 wegen eines Cents od. wegen einem Cent
 wegen eines Pfundes od. wegen einem Pfund Sterling
 Ein darauf folgendes Substantiv, das die Substanz der bezeichneten Menge angibt, steht im Nominativ, veraltet auch im Genitiv, z. B.
 mit einem Stück Zucker (Zuckers)
 der Inhalt eines Glases Wasser

b) Feminina u. a. Wörter mit der Endung *-e* im Nominativ Singular bilden immer die Form des Plurals, z. B.
 20 Tonnen; einige Tonnen Stahl

c) Maskulina und Neutra, die stark dekliniert im Genitiv Singular auf *-(e)s*, im Nominativ Plural auf *-e* enden, sowie Feminina, die nicht auf *-e* enden, bilden keinen Plural, z. B.
 wegen zwei Mark
 mit drei Lot Butter
 fünf Dutzend Tomaten

d) Maskulina und Neutra, die stark dekliniert werden und deren Formen von Nominativ Singular und Nominativ Plural identisch sind (mit der Endung *-er* oder *-el* im Nominativ Singular), zeigen schwankenden Gebrauch des Dativs im Plural, z. B.
 eine Strecke von zwölf Meter(n)
 ein Grundstück von zehn Ar(en) Ackerland

e) Maskulina und Neutra, die Gegenstände – z. B. Behältnisse – bezeichnen, welche als Maßangaben dienen, zeigen schwankenden Gebrauch in den Formen des Plurals: Die Flexionsendung wird angegeben, wenn es sich darum handelt, eine Zahl von einzelnen Gegenständen zu bezeichnen, z. B.

Es standen zwei Gläser Bier da.
Elf Fässer mit Wein wurden abgeladen.
Die Flexionsendung des Plurals fällt weg, wenn der wesentliche Gehalt einer Mitteilung die Angabe eines Maßes oder einer Menge ist:
Bitte zwei Glas Wein!
Liefern Sie 40 Fass Bier!

f) Währungs- und Maßeinheiten usw. aus fremden Sprachen bilden den Plural wie in der Sprache, aus der sie stammen; ein *-s* im Plural wird im Deutschen wahlweise angefügt, z. B.
20 Cent(s)
12 Inch(es)
17 Centavo(s)
6.000 Lire (Singular: Lira)
500 Barrel(s) Öl

Tabelle der Konjugationen

	Infinitiv	Indikativ Präsens	Indikativ Präteritum
100	machen	mach/e, ~st, ~t	macht/e, ~est, ~e
	achteln	achtel/e, ~st, ~t	achtelt/e, ~est, ~e

Wenn der Verbstamm auf unbetontes ~el od. ~er endet,
werden (a) Infinitiv und 1., 3. Person Plural Präsens auf ~n, der Imperativ des Singulars auf ~e gebildet;
kann (b) in der 1. Person Singular Indikativ Präsens das unbetonte ~e des Stammes ausfallen: ich angle, zittre od. angele, zittere

	rasen	ras/e, ~t, ~t	rast/e, ~est, ~e
	schweißen	schweiß/e, ~t, ~t	schweißt/e, ~est, ~e
	salzen	salz/e, ~t, ~t	salzt/e, ~est, ~e
	ritzen	ritz/e, ~t, ~t	ritzt/e, ~est, ~e
	hexen	hex/e, ~t, ~t	hext/e, ~est, ~e

Wenn der Stamm des Verbs auf [z] = s, ß, z, x endet, fällt in der 2. Pers. Sing. Präs. das ~s aus, veraltet lautet die Form auch ras/est (schweißest, salzest, ritzest, hexest)

	prassen	prasse, prasst	prasst/e, ~est, ~e
	retten	rett/e, ~est, ~et	rettet/e, ~est, ~e
	rechnen	rechn/e, ~est, ~et	rechnet/e, ~est, ~e

Wenn der Stamm des Verbs auf ~d, ~t, Konsonant + m, Konsonant + n endet, wird in der 2. Pers. Sing. und vor dem ~t des Präteritums ein ~e eingefügt

101	backen	backe, bäckst, bäckt	backt/e, ~(e)st (buk, ~(e)st)
102	befehlen	befehle, befiehlst, befiehlt	befahl
103	befleißen	befleiß/e, ~(es)t, ~t	befliss, beflissest
104	beginnen	beginn/e, ~st, ~t	begann
105	beißen	beiß/e, ~(es)t, ~t	biss, bissest
106	bergen	berge, birgst, birgt	barg
107	bersten	berste, birst (berstest), birst (berstet)	barst (borst, berstete), ~est
108	bewegen	beweg/e, ~st, ~t	bewegte (bewog)

wird in der ursprünglichen Bedeutung schwach konjugiert, im übertragenen Sinn dagegen stark

109	biegen	bieg/e, ~st, ~t	bog
110	bieten	biet/e, ~(e)st, ~et	bot, ~(e)st
111	binden	bind/e, ~est, ~et	band, ~(e)st
112	bitten	bitt/e, ~est, ~et	bat, ~(e)st
113	blasen	blase, bläs(es)t, bläst	blies, ~est
114	bleiben	bleib/e, ~st, ~t	blieb, ~(e)st
115	braten	brate, brätst, brät	briet, ~(e)st
116	brechen	breche, brichst, bricht	brach
117	brennen	brenn/e, ~st, ~t	brannte
118	bringen	bring/e, ~st, ~t	brachte
119	denken	denk/e, ~st, ~t	dachte
120	dingen	ding/e, ~st, ~t	dingte (dang)
121	dreschen	dresche, drisch(e)st, drischt	drosch (drasch), ~(e)st
122	dringen	dring/e, ~st, ~t	drang, ~(e)st
123	dünken	mich dünkt (deucht)	dünkte (deuchte)
124	dürfen	darf, ~st, ~; dürfen	durfte
125	empfehlen	emp/fehle, ~fiehlst, ~fiehlt	empfahl
126	erbleichen	erbleich/e, ~st, ~t	erbleichte (erblich)
127	erkiesen	erkies/e, ~(es)t, ~t	erkor (erkieste)
128	erlöschen	erlösche, erlisch(e)st, erlischt	erlosch, ~est
129	essen	esse, issest (isst) isst	aß, ~est
130	fahren	fahre, fährst, fährt	fuhr, ~(e)st
131	fallen	falle, fällst, fällt	fiel
132	fangen	fange, fängst, fängt	fing
133	fechten	fechte, fichtst, ficht	focht, ~(e)st
134	finden	find/e, ~est, ~et	fand, ~(e)st
135	flechten	flechte, flichtst, flicht	flocht, ~est

Konjunktiv Präteritum	Imperativ	Partizip des Perfekts	
machte	mach(e)	gemacht	100
achtelte	achtele	geachtelt	
raste	rase	gerast	
schweißte	schweiße	geschweißt	
salzte	salze	gesalzt (gesalzen)	
ritzte	ritze	geritzt	
hexte	hexe	gehext	
prasste	prasse	geprasst	
rettete	rette	gerettet	
rechnete	rechne	gerechnet	
büke	back(e)	gebacken	101
beföhle (befähle)	befiehl	befohlen	102
beflisse	befleiß(e)	beflissen	103
begönne (begänne)	beginn(e)	begonnen	104
bisse	beiß(e)	gebissen	105
bürge (bärge)	birg	geborgen	106
börste (bärste)	birst	geborsten	107
bewöge	beweg(e)	bewegt (bewogen)	108
böge	bieg(e)	gebogen	109
böte	biet(e)	geboten	110
bände	bind(e)	gebunden	111
bäte	bitte	gebeten	112
bliese	blas(e)	geblasen	113
bliebe	bleib(e)	geblieben	114
briete	brat(e)	gebraten	115
bräche	brich	gebrochen	116
brennte	brenne	gebrannt	117
brächte	bring(e)	gebracht	118
dächte	denk(e)	gedacht	119
ding(e)te (dünge, dänge)	ding(e)	gedungen (gedingt)	120
drösche	drisch	gedroschen	121
dränge	dring(e)	gedrungen	122
–	–	gedünkt (gedeucht)	123
dürfte	–	gedurft	124
empföhle	empfiehl	empfohlen	125
erbleichte (erbliche)	erbleich(e)	erbleicht (erblichen)	126
erköre	erkies(e)	erkoren	127
erlösche	erlisch	erloschen	128
äße	iss	gegessen	129
führe	fahr(e)	gefahren	130
fiele	fall(e)	gefallen	131
finge	fang(e)	gefangen	132
föchte	ficht	gefochten	133
fände	find(e)	gefunden	134
flöchte	flicht	geflochten	135

Tabelle der Konjugationen

	Infinitiv	Indikativ Präsens	Indikativ Präteritum
136	fliegen	flieg/e, ~st, ~t	flog, ~(e)st
137	fliehen	flieh/e, ~st, ~t	floh, ~(e)st
138	fließen	fließ/e, ~(es)t, ~t	floss, flossest
139	fressen	fresse, frissest (frisst), frisst	fraß, ~est
140	frieren	frier/e, ~st, ~t	fror
141	gären	gär/e, ~st, ~t	gärte (gor)
142	gebären	gebäre, gebierst, gebiert	gebar
143	geben	gebe, gibst, gibt	gab
144	gedeihen	gedeih/e, ~st, ~t	gedieh
145	geh(e)n	geh/e, ~st, ~t	ging
146	gelingen	es gelingt	es gelang
147	gelten	gelte, giltst, gilt	galt, ~(e)st
148	genesen	genes/e, ~(es)t, ~t	genas, ~est
149	genießen	genieß/e, ~(es)t, ~t	genoss, genossest
150	geschehen	es geschieht	es geschah
151	gewinnen	gewinn/e, ~st, ~t	gewann, ~(e)st
152	gießen	gieß/e, ~(es)t, ~t	goss, gossest
153	gleichen	gleich/e, ~(e)st, ~t	glich, ~(e)st
154	gleißen	gleiß/e, ~(es)t, ~t	gleißte (gliss), glissest
155	gleiten	gleit/e, ~est, ~et	glitt, ~(e)st
156	glimmen	glimm/e, ~st, ~t	glomm (glimmte)
157	graben	grabe, gräbst, gräbt	grub, ~(e)st
158	greifen	greif/e, ~st, ~t	griff, ~(e)st
159	haben	habe, hast, hat	hatte
160	halten	halte, hältst, hält	hielt, ~(e)st
161	hängen (hangen)	hänge (hange), hängst, hängt	hing, ~(e)st
162	hauen	hau/e, ~st, ~t	hieb (haute)
163	heben	heb/e, ~st, ~t	hob (hub), ~(e)st
164	heißen	heiß/e, ~(es)t, ~t	hieß, ~est
165	helfen	helfe, hilfst, hilft	half, ~(e)st
166	kennen	kenn/e, ~st, ~t	kannte
167	klimmen	klimm/e, ~st, ~t	klomm, ~(e)st
168	klingen	kling/e, ~st, ~t	klang, ~(e)st
169	kneifen	kneif/e, ~st, ~t	kniff
170	kommen	komm/e, ~st, ~t	kam
171	können	kann, ~st, ~; können	konnte
172	kreischen	kreisch/e, ~st, ~t	kreisch/te, ~test
	Veraltet und mundartlich:		krisch, ~est
173	kriechen	kriech/e, ~st, ~t	kroch
174	laden	lad/e, ~est (lädst), ~et (lädt)	lud (ladete), ~(e)st
175	lassen	lasse, lässest (lässt), lässt	ließ, ~est
176	laufen	laufe, läufst, läuft	lief, ~(e)st
177	leiden	leid/e, ~est, ~et	litt, ~(e)st
178	leihen	leih/e, ~st, ~t	lieh, ~(e)st
179	lesen	lese, lies(es)t, liest	las, ~est
180	liegen	lieg/e, ~st, ~t	lag
181	lügen	lüg/e, ~st, ~t	log, ~(e)st
182	mahlen	mahl/e, ~st, ~t	mahlt/e, ~est
183	meiden	meid/e, ~est, ~et	mied, ~(e)st
184	melken	melk/e, ~st (milkst), ~t (milkt)	melkte (molk)
185	messen	messe, missest (misst), misst	maß, ~est
186	misslingen	es misslingt	es misslang
187	mögen	mag, ~st, ~; mögen	mochte
188	müssen	muss, ~t, ~; müssen, müsst (müsset), müssen	musste
189	nehmen	nehme, nimmst, nimmt	nahm, ~(e)st
190	nennen	nenn/e, ~st, ~t	nannte
191	pfeifen	pfeif/e, ~st, ~t	pfiff, ~(e)st
192	pflegen	pfleg/e, ~st, ~t	pflegte (pflog), ~st
	wird meist schwach konjugiert		
193	preisen	preis/e, ~(es)t, ~t	pries, ~est

Konjunktiv Präteritum	Imperativ	Partizip des Perfekts	
flöge	flieg(e)	geflogen	136
flöhe	flieh(e)	geflohen	137
flösse	fließ(e)	geflossen	138
fräße	friss	gefressen	139
fröre	frier(e)	gefroren	140
gärte (göre)	gär(e)	gegoren (gegärt)	141
gebäre	gebier	geboren	142
gäbe	gib	gegeben	143
gediehe	gedeih(e)	gediehen	144
ginge	geh(e)	gegangen	145
es gelänge	geling(e)	gelungen	146
gälte (gölte)	gilt	gegolten	147
genäse	genese	genesen	148
genösse	genieß(e)	genossen	149
es geschähe	–	geschehen	150
gewänne (gewönne)	gewinn(e)	gewonnen	151
gösse	gieß(e)	gegossen	152
gliche	gleich(e)	geglichen	153
glisse	gleiß(e)	gegleißt (geglissen)	154
glitte	gleit(e)	geglitten	155
glömme	glimm(e)	geglommen (geglimmt)	156
grübe	grab(e)	gegraben	157
griffe	greif(e)	gegriffen	158
hätte	hab(e)	gehabt	159
hielte	halt(e)	gehalten	160
hinge	häng(e)	gehangen (gehängt)	161
hiebe	hau(e)	gehauen	162
höbe (hübe)	heb(e)	gehoben	163
hieße	heiß(e)	geheißen	164
hülfe	hilf	geholfen	165
kennte	kenn(e)	gekannt	166
klömme	klimm(e)	geklommen	167
klänge	kling(e)	geklungen	168
kniffe	kneif(e)	gekniffen	169
käme	komm(e)	gekommen	170
könnte	–	gekonnt	171
kreischte	kreische	gekreischt	172
krische	kreische	gekrischen	
kröche	kriech(e)	gekrochen	173
lüde (ladete)	lad(e)	geladen	174
ließe	lass(e)	gelassen	175
liefe	lauf(e)	gelaufen	176
litte	leid(e)	gelitten	177
liehe	leih(e)	geliehen	178
läse	lies	gelesen	179
läge	lieg(e)	gelegen	180
löge	lüg(e)	gelogen	181
mahlte	mahle	gemahlen	182
miede	meid(e)	gemieden	183
mölke	melk(e)	gemelkt (gemolken)	184
mäße	miss	gemessen	185
es misslänge	–	misslungen	186
möchte	–	gemocht	187
müsste	–	gemusst	188
nähme	nimm	genommen	189
nennte	nenn(e)	genannt	190
pfiffe	pfeif(e)	gepfiffen	191
pflegte (pflöge)	pfleg(e)	gepflegt (gepflogen)	192
priese	preis(e)	gepriesen	193

	Infinitiv	Indikativ Präsens	Indikativ Präteritum
194	quellen	quelle, quillst (quellst), quillt (quellt)	quoll (quellte)
	mit Akkusativobjekt schwach konjugiert		
195	raten	rate, rätst, rät	riet, ~(e)st
196	reiben	reib/e, ~st, ~t	rieb, ~(e)st
197	reihen	reih/e, ~(e)st, ~t	rieh, ~est
	mit Akkusativobjekt immer, ohne Akkusativobjekt zuweilen schwach dekliniert		
198	reißen	reiß/e, ~(es)t, ~t	riss, rissest
199	reiten	reit/e, ~est, ~et	ritt, ~(e)st
200	rennen	renn/e, ~st, ~t	rannte
201	riechen	riech/e, ~st, ~t	roch
202	ringen	ring/e, ~st, ~t	rang
203	rinnen	rinn/e ~st, ~t	rann, ~(e)st
204	rufen	ruf/e, ~st, ~t	rief, ~(e)st
205	saufen	saufe, säufst, säuft	soff, ~(e)st
206	saugen	saug/e, ~st, ~t	saugte (sog), ~(e)st
207	schaffen	schaff/e, ~st, ~t	schuf, ~(e)st
	wird in der Bedeutung „arbeiten" und in Ableitung mit ver- und an- schwach konjugiert		
208	schallen	schall/e, ~st, ~t	schallte (scholl)
209	scheiden	scheid/e, ~est, ~et	schied, ~(e)st
210	scheinen	schein/e, ~st, ~t	schien, ~(e)st
211	scheißen	scheiß/e, ~(es)t, ~t	schiss, schissest
212	schelten	schelte, schiltst, schilt	schalt, ~(e)st
213	scheren	schere, schierst (scherst), schiert (schert)	schor (scherte)
214	schieben	schieb/e, ~st, ~t	schob, ~(e)st
215	schießen	schieß/e, ~(es)t, ~t	schoss, schossest
216	schinden	schind/e, ~est, ~et	schund, ~(e)st
217	schlafen	schlafe, schläfst, schläft	schlief, ~(e)st
218	schlagen	schlage, schlägst, schlägt	schlug, ~(e)st
219	schleichen	schleich/e, ~st, ~t	schlich, ~(e)st
220	schleifen	schleif/e, ~st, ~t	schliff, ~(e)st
	wird in der Bedeutung „zerstören" schwach konjugiert		
221	schleißen	schleiß/e, ~(es)t, ~t	schliss (schleißte), schlissest
222	schließen	schließ/e, ~(es)t, ~t	schloss, schlossest
223	schlingen	schling/e, ~st, ~t	schlang, ~(e)st
224	schmeißen	schmeiß/e, ~(es)t, ~t	schmiss, schmissest
225	schmelzen	schmelze, schmilz(es)t, schmilzt	schmolz, ~est, (schmelzte)
	mit Akkusativobjekt häufig schwach konjugiert		
226	schnauben	schnaub/e, ~st, ~t	schnaubte (schnob)
	meist schwach konjugiert		
227	schneiden	schneid/e, ~est, ~et	schnitt, ~(e)st
228	schrauben	schraub/e, ~st, ~t	schraubte
229	schrecken	schrecke, schrickst (schreckst), schrickt (schreckt)	schrak, ~(e)st, (schreckte)
	mit Akkusativobjekt schwach konjugiert		
230	schreiben	schreib/e, ~st, ~t	schrieb, ~(e)st
231	schreien	schrei/e, ~st, ~t	schrie
232	schreiten	schreit/e, ~est, ~et	schritt, ~(e)st
233	schweigen	schweig/e, ~st, ~t	schwieg, ~(e)st
234	schwellen	schwelle, schwillst (schwellst), schwillt (schwellte)	schwoll, ~(e)st, (schwellte)
	mit Akkusativobjekt schwach konjugiert		
235	schwimmen	schwimm/e, ~st, ~t	schwamm, ~(e)st
236	schwinden	schwind/e, ~est, ~et	schwand, ~(e)st
237	schwingen	schwing/e, ~st, ~t	schwang, ~(e)st
238	schwören	schwör/e, ~st, ~t	schwur (schwor), ~(e)st
239	sehen	sehe, siehst, sieht	sah, ~st

Konjunktiv Präteritum	Imperativ	Partizip des Perfekts	
quölle	quill (quelle)	gequollen (gequellt)	194
riete	rat(e)	geraten	195
riebe	reib(e)	gerieben	196
riehe	reih(e)	geriehen	197
risse	reiß(e)	gerissen	198
ritte	reit(e)	geritten	199
rennte	renn(e)	gerannt	200
röche	riech(e)	gerochen	201
ränge	ring(e)	gerungen	202
rönne (ränne)	rinn(e)	geronnen	203
riefe	ruf(e)	gerufen	204
söffe	sauf(e)	gesoffen	205
söge	saug(e)	gesaugt (gesogen)	206
schüfe	schaff(e)	geschaffen	207
schallete (schölle)	schall(e)	geschallt (geschollen)	208
schiede	scheid(e)	geschieden	209
schiene	schein(e)	geschienen	210
schisse	scheiße	geschissen	211
schölte	schilt	gescholten	212
schöre	schier, scher(e)	geschoren	213
schöbe	schieb(e)	geschoben	214
schösse	schieß(e)	geschossen	215
schünde	schind(e)	geschunden	216
schliefe	schlaf(e)	geschlafen	217
schlüge	schlag(e)	geschlagen	218
schliche	schleich(e)	geschlichen	219
schliffe	schleif(e)	geschliffen	220
schlisse	schleiß(e)	geschlissen (geschleißt)	221
schlösse	schließ(e)	geschlossen	222
schlänge	schling(e)	geschlungen	223
schmisse	schmeiß(e)	geschmissen	224
schmölze	schmilz	geschmolzen (geschmelzt)	225
schnaubte (schnöbe)	schnaub(e)	geschnaubt (geschnoben)	226
schnitte	schneid(e)	geschnitten	227
schraubte	schraub(e)	geschraubt	228
schreckte (schräke)	schrick (schrecke)	erschrocken (erschreckt)	229
schriebe	schreib(e)	geschrieben	230
schriee	schrei(e)	geschrien	231
schritte	schreit(e)	geschritten	232
schwiege	schweig(e)	geschwiegen	233
schwölle (schwellte)	schwill (schwelle)	geschwollen (geschwellt)	234
schwömme (schwämme)	schwimm(e)	geschwommen	235
schwände	schwind(e)	geschwunden	236
schwänge	schwing(e)	geschwungen	237
schwüre	schwör(e)	geschworen	238
sähe	sieh(e)	gesehen	239

Tabelle der Konjugationen

	Infinitiv	Indikativ Präsens	Indikativ Präteritum
240	sein	bin, bist, ist; sind, seid, sind	war, ~st
241	senden	send/e, ~est, ~et	sandte (sendete), ~st
242	sieden	sied/e, ~est, ~et	siedete (sott)
	mit Akkusativobjekt schwach konjugiert		
243	singen	sing/e, ~st, ~t	sang, ~(e)st
244	sinken	sink/e, ~(e)st, ~t	sank, ~(e)st
245	sinnen	sinn/e, ~st, ~t	sann, ~(e)st
246	sitzen	sitz/e, ~(es)t, ~t	saß, ~est
247	sollen	soll, ~st, ~	sollte
248	speien	spei/e, ~st, ~t	spie
249	spinnen	spinn/e, ~st, ~t	spann, ~(e)st
250	spleißen	spleiß/e, ~(es)t, ~t	spliss, splissest
251	sprechen	spreche, sprichst, spricht	sprach, ~(e)st
252	sprießen	sprieß/e, ~(es)t, ~t	spross, sprossest
253	springen	spring/e, ~st, ~t	sprang, ~(e)st
254	stechen	steche, stichst, sticht	stach, ~(e)st
255	stecken	steck/e, ~st, ~t	stak
	mit Akkusativobjekt schwach konjugiert		
256	steh(e)n	steh/e, ~st, ~t	stand, ~(e)st
257	stehlen	stehle, stiehlst, stiehlt	stahl
258	steigen	steig/e, ~st, ~t	stieg, ~(e)st
259	sterben	sterbe, stirbst, stirbt	starb
260	stieben	stieb/e, ~st, ~t	stob, ~(e)st
261	stinken	stink/e, ~st, ~t	stank, ~(e)st
262	stoßen	stoße, stöß(es)t, stößt	stieß, ~est
263	streichen	streich/e, ~st, ~t	strich, ~(e)st
264	streiten	streit/e, ~est, ~et	stritt, ~(e)st
265	tragen	trage, trägst, trägt	trug
266	treffen	treffe, triffst, trifft	traf, ~(e)st
267	treiben	treib/e, ~st, ~t	trieb
268	treten	trete, trittst, tritt	trat, ~(e)st
269	triefen	trief/e, ~st, ~t	troff (triefte), ~(e)st
270	trinken	trink/e, ~st, ~t	trank, ~(e)st
271	trügen	trüg/e, ~st, ~t	trog, ~(e)st
272	tun	tue, tust, tut; tun	tat, ~(e)st
273	verderben	verderbe, verdirbst, verdirbt	verdarb
274	verdrießen	verdrieß/e, ~(es)t, ~t	verdross, verdrossest
275	vergessen	vergesse, vergissest (vergisst), vergisst	vergaß, ~est
276	verlieren	verlier/e, ~st, ~t	verlor
277	wachsen	wachse, wächs(es)t, wächst	wuchs, ~est
278	wägen	wäg/e, ~st, ~t	wog (wägte)
279	waschen	wasche, wäsch(e)st, wäscht	wusch, ~(e)st
280	weben	web/e, ~st, ~t	webte (wob, wobest)
281	weichen	weich/e, ~st, ~t	wich, ~(e)st
282	weisen	weis/e, ~(es)t, ~t	wies, ~est
283	wenden	wend/e, ~est, ~et	wandte (wendete)
284	werben	werbe, wirbst, wirbt	warb
285	werden	werde, wirst, wird	wurde (ward)
	das Partizip des Hilfsverbs lautet „worden"		
286	werfen	werfe, wirfst, wirft	warf, ~(e)st
287	wiegen	wieg/e, ~st, ~t	wog
288	winden	wind/e, ~est, ~et	wand, ~(e)st
289	wissen	weiß, ~t, ~; wissen, wisst, wissen	wusste
290	wollen	will, ~st, ~; wollen	wollte
291	wringen	wring/e, ~st, ~t	wrang
292	zeihen	zeih/e, ~st, ~t	zieh, ~(e)st
293	ziehen	zieh/e, ~st, ~t	zog, ~(e)st
294	zwingen	zwing/e, ~st, ~t	zwang, ~(e)st

Konjunktiv Präteritum	Imperativ	Partizip des Perfekts	
wäre	sei; seid	gewesen	240
Präsens; sei, sei(e)st, sei; seien, seiet, seien			
sendete	send(e)	gesandt (gesendet)	241
siedete (sötte)	sied(e)	gesiedet (gesotten)	242
sänge	sing(e)	gesungen	243
sänke	sink(e)	gesunken	244
sänne (sönne)	sinn(e)	gesonnen	245
säße	sitz(e)	gesessen	246
sollte	–	gesollt	247
spiee	spei(e)	gespien	248
spönne (spänne)	spinn(e)	gesponnen	249
splisse	spleiße	gesplissen	250
spräche	sprich	gesprochen	251
sprösse	sprieß(e)	gesprossen	252
spränge	spring(e)	gesprungen	253
stäche	stich	gestochen	254
stäke	steck(e)	gesteckt	255
stünde (stände)	steh(e)	gestanden	256
stähle (stöhle)	stiehl	gestohlen	257
stiege	steig(e)	gestiegen	258
stürbe	stirb	gestorben	259
stöbe	stieb(e)	gestoben	260
stänke	stink(e)	gestunken	261
stieße	stoß(e)	gestoßen	262
striche	streich(e)	gestrichen	263
stritte	streit(e)	gestritten	264
trüge	trag(e)	getragen	265
träfe	triff	getroffen	266
triebe	treib(e)	getrieben	267
träte	tritt	getreten	268
tröffe (triefte)	trief(e)	getroffen (getrieft)	269
tränke	trink(e)	getrunken	270
tröge	trüg(e)	getrogen	271
täte	tu(e)	getan	272
verdürbe	verdirb	verdorben (verderbt)	273
verdrösse	verdrieß(e)	verdrossen	274
vergäße	vergiss	vergessen	275
verlöre	verlier(e)	verloren	276
wüchse	wachs(e)	gewachsen	277
wöge (wägte)	wäg(e)	gewogen (gewägt)	278
wüsche	wasch(e)	gewaschen	279
webte (wöbe)	web(e)	gewebt (gewoben)	280
wiche	weich(e)	gewichen	281
wiese	weis(e)	gewiesen	282
wendete	wende	gewandt (gewendet)	283
würbe	wirb	geworben	284
würde	werd(e)	geworden	285
würfe	wirf	geworfen	286
wöge	wieg(e)	gewogen	287
wände	wind(e)	gewunden	288
wüsste	wisse	gewusst	289
wollte	wolle	gewollt	290
wränge	wring(e)	gewrungen	291
ziehe	zeih(e)	geziehen	292
zöge	zieh(e)	gezogen	293
zwänge	zwing(e)	gezwungen	294

Tabelle der Aussprachezeichen

Vokale

[:]	der Doppelpunkt bezeichnet die Länge eines Selbstlautes; Selbstlaute ohne Doppelpunkt sind kurz bis halb lang zu sprechen
[a]	kurzes a (wie in k*a*nn)
[a:]	langes a (wie in H*a*hn)
[æ]	sehr offenes, kurzes, dem [a] zuneigendes ä (wie in G*a*ngway [ˈgæŋweː])
[ʌ]	dumpfes, kurzes a (wie in R*u*sk [rʌsk])
[ã]	kurzes, nasaliertes a (wie in Ren*a*n [rəˈnã])
[ai]	Diphthong a + i (wie in Br*ei*, L*ai*b)
[au]	Diphthong a + u (wie in k*au*m)
[e]	kurzes, geschlossenes e (wie in D*e*bauche)
[e:]	langes, geschlossenes e (wie in R*eh*); auch der englische Diphthong, der exakt wie [ei], e + i, gesprochen wird, wird mit [e:] dargestellt (G*ai*tskell [ˈgeːtskəl])
[ə]	kurzes, dumpfes e (wie in Pinie [-iə], G*e*birge)
[ə:]	langes, dumpfes e (wie in *Ea*rl [ə:rl])
[ɛ]	kurzes, offenes e (wie in F*e*st, G*ä*nse)
[ɛ:]	langes, offenes e (wie in B*ä*r)
[ɛi]	Diphthong ä + i (wie in portugies. Eça de Qu*ei*ros [ˈɛsa dəkɛiˈroːʃ] und ndrl. *Ij*muiden [ɛiˈmœydən])
[ẽ]	nasaliertes e (wie in frz. Jard*in* [ʒarˈdẽ])
[i]	kurzes i (wie in b*i*n)
[i:]	langes i (wie in W*ie*n)
[ɔ]	kurzes, offenes o (wie in fl*o*tt)
[ɔ:]	langes, offenes o, ein dem a genähertes o (wie in engl. Wallstreet [ˈwɔːlstriːt])
[õ]	offenes, nasales o (wie in M*o*nt Blanc [mõˈblã])

Vokale

[ɔi]	Diphthong o + i (wie in L*eu*te)
[o]	kurzes, geschlossenes o (wie in V*o*kativ)
[o:]	langes, geschlossenes o (wie in L*o*hn, L*o*s)
[œ]	kurzes ö (wie in K*ö*ln)
[ø]	langes ö (wie in K*ö*hler)
[œ̃]	nasales ö (wie in Verd*un* [vɛrˈdœ̃])
[u]	kurzes u (wie in r*u*nd)
[u:]	langes u (wie in Gr*u*ß)
[y]	kurzes ü (wie in J*ü*nger)
[y:]	langes ü (wie in f*ü*hren)

Konsonanten

[ç]	ch (wie in i*ch*)
[ŋ]	ng (wie in Lä*ng*e, Ba*nk* [baŋk])
[s]	stimmloses s (wie in mü*ss*en)
[ʃ]	stimmloses sch (wie in *Sch*af)
[ʒ]	stimmhafter sch-Laut (wie in Etage [eˈtaːʒə])
[θ]	stimmloser Lispellaut (wie in Fir*th* [fəːrθ])
[ð]	stimmhafter Lispellaut (wie in Galswor*th*y [ˈgɔːlzwəː(r)ði])
[ł]	hartes polnisches ł (wie in Z*ł*oty)
[v]	w (wie in *W*asser)
[w]	mit stark vorgewölbten Lippen gesprochenes englisches w (wie in *W*ells [welz])
[x]	ch (wie in ma*ch*en)
[z]	stimmhaftes s (wie in Wei*s*e)

Buchstaben, die zwei Laute wiedergeben, werden in der Lautschrift durch zwei Zeichen dargestellt, z. B.

[ts]	wie z in r*ei*zen [ˈraitsən]
[ks]	wie x in He*x*e [ˈhɛksə]

Abkürzungen und Zeichen

a.	auch	finn.	finnisch
Abk.	Abkürzung	finn.-ugr.	finnisch-ugrisch
Adj.	Adjektiv,	Flugw.	Flugwesen
	Eigenschaftswort	Forstw.	Forstwirtschaft
Adv.	Adverb, Umstandswort	Fot.	Fotografie
adv.	adverbial	frz.	französisch
Akk.	Akkusativ	Funkw.	Funkwesen
AkkO	Akkusativobjekt	Fußb.	Fußball(spiel)
allg.	allgemein	gallorom.	galloromanisch
Amtsdt.	Amtsdeutsch	Gartenb.	Gartenbau
Anat.	Anatomie	gegr.	gegründet
Anthrop.	Anthropologie	geh.	gehoben (Stil)
Arch.	Architektur	Geneal.	Genealogie
Archäol.	Archäologie, Altertums-	Gen.	Genitiv
	kunde	GenO	Genitivobjekt
Art.	Artikel, Geschlechtswort	Geogr.	Geografie, Erdkunde
Astr.	Astronomie	Geol.	Geologie, Erdgeschichte
Astrol.	Astrologie	Geom.	Geometrie
AT	Altes Testament	gest.	gestorben
attr.	attributiv	Ggs	Gegensatz
Ausspr.	Aussprache	Gramm.	Grammatik
Bakt.	Bakteriologie	grch.	griechisch
Bankw.	Bankwesen	h.	zur Bildung des Perfekts
Bauw.	Bauwesen		dient das Verb „haben"
berlin.	berlinerisch	Hdl.	Handel
bes.	besonders	Her.	Heraldik, Wappenkunde
Bez.	Bezeichnung	hist.	historisch
Bgb.	Bergbau	Hüttenw.	Hüttenwesen
bibl.	biblisch	i. Allg.	im Allgemeinen
Bibliotheksw.	Bibliothekswesen	i. e. S.	im engeren Sinne
Biol.	Biologie	Imp.	Imperativ
Bot.	Botanik, Pflanzenkunde	Ind.	Industrie
Buchw.	Buchwesen	Inf.	Infinitiv, Nennform
Bundesrep.	Bundesrepublik	insbes.	insbesondere
bzw.	beziehungsweise	instr.	instrumental (das Mittel
Chem.	Chemie		ausdrückend)
chin.	chinesisch	Instrumentenk.	Instrumentenkunde
Chir.	Chirurgie	Int.	Interjektion
Dat.	Dativ	intr.	intransitiv, nicht zielend
DatO	Dativobjekt	i. w. S.	im weiteren Sinne
DDR	Deutsche Demokratische	Jagdw.	Jagdwesen
	Republik	jap.	japanisch
d. h.	das heißt	Jh.	Jahrhundert
dt.	deutsch	jmd.	jemand
Dtschld.	Deutschland	jmdm.	jemandem
EDV	elektronische	jmdn.	jemanden
	Datenverarbeitung	jmds.	jemandes
ehem.	ehemalig	junkt.	junktiv (das gemeinsame
eigtl.	eigentlich		Vorkommen ausdrückend)
Eisenb.	Eisenbahn	Kart.	Kartenspiel
El.	Elektrotechnik	Kartogr.	Kartografie
erg.	ergänze	Kath.	katholische Kirche
europ.	europäisch	kaus	kausal
Ev.	evangelische Kirche		(den Grund ausdrückend)
f.	Femininum, weiblich	Kfz	Kraftfahrzeug
Fem.	Femininum, weibliches	Kochk.	Kochkunst
	Geschlecht	Konj.	Konjunktion, Bindewort
fig.	figürlich, im übertragenen	Kristallogr.	Kristallographie
	Sinne	Kunstw.	Kunstwort
Finanzw.	Finanzwesen	Kurzw.	Kurzwort

Abkürzungen und Zeichen

Kyb.	Kybernetik	Phil.	Philologie
Landw.	Landwirtschaft	Philat.	Philatelie,
landsch.	landschaftlich		Briefmarkenwesen
lat.	lateinisch	Philos.	Philosophie
Lit.	Literatur,	Phon.	Phonetik
	Literaturwissenschaft	Phys.	Physik
Log.	Logik	Physiol.	Physiologie
lok	lokal (den Ort bestimmend)	Pl.	Plural
Luftf.	Luftfahrt	PN	Prädikatsnomen
m.	Maskulinum, männlich	poet.	poetisch
MA	Mittelalter	Pol.	Politik
Mal.	Malerei	präd.	prädikativ
Mar.	Marine, Schifffahrt	Präf.	Präfix
Mask.	Maskulinum, männliches	Präp.	Präposition, Verhältniswort
	Geschlecht	PräpO	Präpositionalobjekt
Math.	Mathematik	Präs.	Präsens, Gegenwart
mdt.	mitteldeutsch	Pron.	Pronomen, Fürwort
Mech.	Mechanik	Psych.	Psychologie
Med.	Medizin	Publ.	Publizistik
Met.	Metallurgie, Hüttenwesen	rd.	rund, etwa
Meteor.	Meteorologie, Wetterkunde	Rechtsw.	Rechtswesen
Mil.	Militärwesen	Rel.	Religion
mil.	militärisch	relig.	religiös
Min.	Mineralogie,	Rhet.	Rhetorik, Redekunst
	Gesteinskunde	rotw.	Rotwelsch
Ms.	Manuskript, Handschrift	Rundf.	Rundfunk
Mss.	Manuskripte,	russ.	russisch
	Handschriften	S	Subjekt
Morphol.	Morphologie	s.	zur Bildung des Perfekts
Mus.	Musik		dient das Verb „sein"
Myth.	Mythologie, Mythus,	scherzh.	scherzhaft
	Aberglaube, Sage	Schulw.	Schulwesen
n.	Neutrum, sächlich	schweiz.	schweizerisch
Nachs.	Nachsilbe	Seew.	Seewesen
Naturw.	Naturwissenschaft	Sg., Sing.	Singular, Einzahl
nddt.	niederdeutsch	Soziol.	Soziologie
ndrl.	niederländisch	Sp.	Sport
Neutr.	Neutrum, sächliches	Spr., ... spr.	Sprache, ... sprache,
	Geschlecht		... sprachlich
Nom.	Nominativ	Sprachw.	Sprachwissenschaft,
norddt.	norddeutsch		Linguistik
NT	Neues Testament	Sprichw.	Sprichwort
Num.	Numerale, Zahlwort	sprichw.	sprichwörtlich
o. Ä.	oder Ähnliche(s)	Stat.	Statistik
o. a.	oben angeführt; oder andere	Stilk.	Stilkunde
oberdt.	oberdeutsch	Subj.	Subjekt
Obj.	Objekt	Subst.	Substantiv, Dingwort
od.	oder	subst.	substantiviert
Okk.	Okkultismus	süddt.	süddeutsch
Ökol.	Ökologie	Sy	Synonym (Wort gleicher
Opt.	Optik		Bedeutung)
österr.	österreichisch	Tech.	Technik
ostdt.	ostdeutsch	Tel.	Fernmeldewesen
ostmdt.	ostmitteldeutsch	temp	temporal
oV	rechtschreibliche oder		(die Zeit bestimmend)
	Formvariante	Textilw.	Textilwesen
Päd.	Pädagogik, Erziehungs-	Theat.	Theaterwesen
	wesen	TV	Television
Part.	Partizip, Mittelwort	Typ.	Typografie, Buchdruck
Path.	Pathologie, Krankheits-	u.	und
	lehre	u. Ä.	und Ähnliche(s)
Perf.	Perfekt	u. a.	unter anderem, und anderes
Pharm.	Pharmazie, Arzneikunde	übl.	üblich
Pharmakol.	Pharmakologie,	u. dgl.	und dergleichen
	Arzneimittelkunde	umg.	umgangssprachlich

ung.	ungarisch
unz.	unzählbar (von Substantiven, die keinen Plural haben)
urspr.	ursprünglich
usw.	und so weiter
V., Vb	Verb, Zeitwort
veralt.	veraltet
Verkehrsw.	Verkehrswesen
Vermessungsw.	Vermessungswesen
Versicherungsw.	Versicherungswesen
Vet.	Veterinärmedizin
vgl.	vergleiche
Völkerk.	Völkerkunde, Ethnologie
Volksk.	Volkskunde, Folklore
Vors.	Vorsilbe
Waffenk.	Waffenkunde
Warenz.	Warenzeichen
Web.	Weberei
Wirtsch.	Wirtschaft
wiss.	wissenschaftlich
Wissth.	Wissenschaftstheorie
z. B.	zum Beispiel
Zollw.	Zollwesen
Zool.	Zoologie, Tierkunde
Ztgsw.	Zeitungswesen
Zus.	Zusammensetzung(en)
zw.	zwischen
$\rightarrow$	1. siehe; 2. wird ersetzt durch
$\rightarrow$ a.	siehe auch
=	Hinweis auf ein Wort mit gleicher Bedeutung
~	Tilde, Wiederholungszeichen für ein Wort od. einen Wortteil
*	grammatisch/sprachlich nicht korrekter Ausdruck

Die Endung ...isch ist oft weggelassen worden, ...lich wurde durch ...l. abgekürzt.

Grundregeln der deutschen Orthografie
Von Peter Eisenberg

1. Einleitung

1 Das Deutsche verfügt über einen Wortschatz von mehreren hunderttausend Wörtern, die selbst ein umfangreiches orthografisches Wörterbuch nicht alle enthalten kann. Das ist auch gar nicht nötig, denn wenn jemand eine gewisse Menge an Wörtern richtig schreiben und lesen kann, so dient ihm das als Grundlage für das Schreiben und Verstehen einer viel größeren Zahl von ihnen. Er kennt dann nämlich die Regeln, nach denen wir schreiben, und dazu die Wortbestandteile, aus denen komplexe Wörter aufgebaut sind. Unbekannte Wörter können geschrieben und gelesen werden, weil sie Bestandteile enthalten und nach Regeln gebaut sind, die man als Benutzer der Sprache kennt.

Das folgende Regelwerk möchte dem kompetenten Sprachteilhaber vor Augen führen, nach welchen Regeln er im Allgemeinen schreibt und liest. Diese Regeln erstrecken sich in erster Linie auf Wörter der großen offenen Wortklassen, das sind die Substantive, Adjektive, Verben und Adverbien. Schon bei mittelgroßen Wortschätzen machen sie mehr als 98 Prozent des Bestandes aus, und bei Veränderungen im Wortschatz durch Neubildung und Entlehnung spielen sie ebenfalls die Hauptrolle. Sie werden fast vollständig nach produktiven Regeln geschrieben, das sind diejenigen Regeln, nach denen wir unbekannte Wörter schreiben und lesen.

Auch die Schreibung der Wörter aus den geschlossenen Klassen, also der Präpositionen, Konjunktionen, Artikel, Pronomina, Partikeln, Hilfsverben, einfachen Zahlwörter usw., ist nicht willkürlich, aber vieles ist individuell geregelt und muss Wort für Wort gelernt werden. Dasselbe gilt für historisch oder aus anderen Gründen isolierte Wörter aus offenen Klassen. Nicht alle folgen den produktiven Grundregeln. Manche halten sich sogar sehr lange mit ihren Besonderheiten.

So dürfte es schwierig sein, ohne einen Blick in die Geschichte des Deutschen zu begründen, warum *vor* mit *v* und *für* mit *f* geschrieben wird, warum *allein* zwei und *also* ein *l* hat, warum *flugs* ein *g* und *stracks* ein *ck* aufweist, warum *Hai* mit *ai* und *Brei* mit *ei* geschrieben wird, warum *Zeh* das lange [eː] als *eh, See* aber mit *ee* markiert. Unser Regelwerk greift Fälle dieser Art wo immer möglich auf und zeigt, welche Schreibmöglichkeiten es gibt. Das Hauptaugenmerk liegt aber bei den produktiven Regeln, eben weil die besonderen Schreibungen einen so geringen Anteil am Gesamtwortschatz ausmachen und es im Zweifelsfall effektiver ist, das Wörterverzeichnis zu konsultieren.

2   Besondere Regeln gelten auch für einen Teil der Fremdwörter. Unter einem Fremdwort verstehen wir ein Wort, das mindestens einen Bestandteil enthält, der für den normalen Sprachteilhaber ‚fremde' Eigenschaften hat. So sind *Genie, Rage* und *Loge* wegen ihrer besonderen Aussprache des [ʒ] fremd. Fremdwörter sind meist nicht als Ganze aus anderen Sprachen entlehnt, sondern enthalten nur bestimmte fremde Bestandteile. Beispielsweise ist der zweite Bestandteil in *Geniestreich* nicht fremd, genauso wenig wie das Suffix -*haft* in *geniehaft.*

Als Gegenbegriff zu Fremdwortschatz verwenden wir den Begriff Kernwortschatz. Zum Kernwortschatz gehören die heimischen oder nativen Wörter. Ob ein Wort zum Kern- oder zum Fremdwortschatz gehört, hängt nicht unbedingt von seiner Herkunft oder dem Zeitpunkt seiner Entlehnung ab. Wenn wir beispielsweise schreiben *Soße,* dann haben wir ein Wort des Kernwortschatzes vor uns. *Sauce* ist dagegen ein Fremdwort.

Das Regelwerk legt jeweils die Schreibregeln für Wörter des Kernwortschatzes dar und geht dann auf besondere Regeln für Fremdwörter ein. In mancher Hinsicht lässt sich die Schreibung der Fremdwörter insgesamt erfassen. So können heimische Wörter wie *Lehrer* und *Sehne* ein sog. Dehnungs-*h* enthalten, Fremdwörter wie *Serum* oder *Vene* jedoch nicht.

In vielen anderen Fällen ist es aber nicht sinnvoll, die Fremdwörter insgesamt den heimischen gegenüberzustellen. Denn oft ergeben sich Gemeinsamkeiten für Wörter mit Bestandteilen aus dem Englischen (Anglizismen) wie *City, Jobkarte, Manager*; für solche mit Bestandteilen aus dem Französischen (Gallizismen) wie *Allee, Debütantin, degoutant*; und schließlich für solche mit Bestandteilen aus dem Lateinischen oder Griechischen (Latinismen/Gräzismen) wie *Pathos, Diktator, symbolisch*. Natürlich wird diese grobe Einteilung den Einzelheiten von Entlehnungsvorgängen nicht gerecht und natürlich hat das Deutsche auch Wörter mit Bestandteilen aus zahlreichen anderen Sprachen. Aber einen guten Teil der Fremdwortschreibungen kann man mit einer solchen Einteilung plausibel und recht systematisch erfassen.

3   Ein charakteristischer Zug des Deutschen ist, dass sich viele Schreibregeln auf so genannte Langformen beziehen. Die Formen *Rat* und *Rad* sind in der Aussprache gleich. Dass die eine mit *t*, die andere aber mit *d* geschrieben wird, erkennt man am Vergleich der Langformen, z. B. der Formen des Genitivs wie in *des Rates* bzw. *des Rades*.

Ein anderes Beispiel ist die Schreibung von *König* und *königlich* mit *g.*

Obwohl die meisten Sprecher sagen [køːnɪç], schreiben wir nicht *Könich*. Man erkennt das wieder an der Langform in *die Könige*, die im Gesprochenen das [g] enthält.

Die genannten und viele andere Eigenschaften von geschriebenen Wörtern werden von Langformen auf verwandte Wörter oder Formen übertragen. So haben alle Formen mit dem Stamm *Rat* ein *t*, die mit dem Stamm *Rad* ein *d*. Dazu gehören einmal die flektierten Formen des Substantivs (wir sprechen von den Formen eines Flexionsparadigmas) wie *Rat, Rates, Räte, Räten* einerseits und *Rad, Rades, Räder, Rädern* andererseits. Dazu gehören meistens aber auch die abgeleiteten oder zusammengesetzten Wörter wie *ratlos, Rathaus, Studienrat* einerseits und *Radler, Radfahrer, Fahrrad* andererseits. Bei Übertragung der Schreibweise einer Langform auf andere Formen spricht man auch vom morphologischen Prinzip der Orthografie. Dem morphologischen Prinzip ist zu verdanken, dass Wortbestandteile immer in derselben Weise oder weitgehend derselben Weise geschrieben werden und so für das Auge beim Lesen schnell erkennbar sind.

4 Unser Regelwerk folgt in der Grobstruktur und in manchen Einzelheiten dem Text der neuen amtlichen Regeln, der am Schluss des Wörterbuchs abgedruckt ist. Die interessierte Leserin und der interessierte Leser sollen in die Lage versetzt werden, Regelformulierungen zu vergleichen. Eine gewaltsame Abgrenzung könnte dem nicht dienlich sein.

Wir sind allerdings der Auffassung, dass manche Aussagen des amtlichen Regelwerks unnötig kompliziert und teilweise widersprüchlich sind. Es wird vorgeschlagen, bestimmte amtliche Festlegungen zu präzisieren und auch andere Schreibungen zuzulassen. Meist handelt es sich um Schreibungen, die vor der Reform erlaubt waren und die in unserer Auffassung nach auch in Zukunft erlaubt sein sollten. Solche Schreibungen sind im Stichwortverzeichnis markiert (<auch>). Die Vorschläge zur inhaltlichen Präzisierung und Fortschreibung der amtlichen Regeln sind im Folgenden jeweils deutlich als blau unterlegte Kommentare gekennzeichnet.

2. Buchstabenschreibung

Die Buchstabenschreibung beruht darauf, dass Laute und Buchstaben regelhaft aufeinander bezogen sind. Wir stellen die Entsprechungen getrennt nach Vokalen und Konsonanten dar.

5 In den Wörtern des Kernwortschatzes finden sich je acht lange und kurze Vokale sowie drei Diphthonge. Dazu kommt der Reduktionsvokal [ə] (Schwa), der nur in unbetonten Silben stehen kann. Ihre Schreibung ist so geregelt:

Vokalschreibung, Kernwortschatz

Langvokale			**Kurzvokale**		
Laute	Buchst.	Beispiele	Laute	Buchst.	Beispiele
[iː]	*ie*	*Sieb, tief*	[i]	*i*	*Kind, mild*
[yː]	*ü*	*Tür, süß*	[y]	*ü*	*Küche, hübsch*
[eː]	*e*	*Weg, stets*	[e]	*e*	*Welt, gern*
[øː]	*ö*	*Möbel, schön*	[ø]	*ö*	*Köln, zwölf*
[ɛː]	*ä*	*Bär, nämlich*	[ɛ]	*ä*	*Lärm, ärmlich*
[aː]	*a*	*Tal, mag*	[a]	*a*	*Wand, kalt*
[oː]	*o*	*Hof, rot*	[o]	*o*	*Dorf, golden*
[uː]	*u*	*Mut, rufen*	[u]	*u*	*Puls, bunt*

Diphthonge			**Reduktionsvokal**		
Laute	Buchst.	Beispiele	Laut	Buchst.	Beispiele
[ai]	*ei*	*Bein, reich*	[ə]	*e*	*Gabe, großes*
[ai]	*ai*	*Hain, Mai*			
[au]	*au*	*Baum, blau*			
[ɔi]	*eu*	*Zeug, feurig*			
[ɔi]	*äu*	*Bräu, räudig*			

Erläuterungen

5.1 In den meisten Fällen steht einem Langvokal genau ein Kurzvokal gegenüber, d. h. Lang- und Kurzvokale treten paarweise auf. Ein solches Paar ist in der Regel auf denselben Buchstaben bezogen. So kann der Buchstabe *a* auf [a] (*Wand*) sowie auf [aː] (*Tal*) bezogen sein.
Sonderfälle: Dem kurzen [i] entspricht der Buchstabe *i* (*Kind*), dem langen [iː] dagegen die Buchstabenfolge *ie* (*Sieb*). Dies ist der einzige Fall, in dem der Langvokal systematisch auf eine Buchstabenfolge bezogen ist.

Es gibt nur wenige Ausnahmen von dieser Regel, z. B. *Wisent, Tiger, Biber, Igel.* Zur Verdoppelung von Vokalbuchstaben siehe Ziffer 18.

5.2 Die Buchstaben *ü, ö* und *ä* sind teilweise auf selbständige Laute und teilweise auf Umlaute bezogen. In Wörtern wie *hübsch, schön, Lärm* sind sie auf selbständige Laute bezogen, in *müsste, rötlich, Bäche* dagegen auf umgelautete Vokale. Hier gibt es jeweils eine verwandte Form mit dem nicht umgelauteten Vokal (*musste, rot, Bach*). Der Buchstabe *ä* korrespondiert besonders häufig und wesentlich häufiger als *ö* und *ü* mit einem umgelauteten Vokal. Er zeigt also meistens an, dass eine verwandte Form mit *a* existiert (*Dach – Dächer, hatte – hätte, Tal – Täler, gab – gäbe*). Formen, in denen *ä* nicht auf einen Umlaut bezogen ist, sind entsprechend selten. a. bringt Beispiele mit Langvokal, b. solche mit Kurzvokal.

a. *Bär, Krähe, Strähne, Häher, Märe, Häme, Träne, Säge, Schäre, fähig, träge, zäh, gähnen, während*
b. *Lärm, Schärpe, März, Geländer, Äsche, Lärche, Färse*

Die Neuregelung hat einige Wörter mit *e* zu Umlautschreibungen gemacht. Statt früher *Quentchen, Bendel, Gemse, belemmert* und *behende* soll nur noch gelten *Quäntchen, Bändel, Stängel, Gämse, belämmert* und *behände.* Bei einigen Wörtern sind beide Schreibungen erlaubt: *aufwendig – aufwändig.*

Kommentar

Es wird empfohlen, die alten Schreibungen weiter zuzulassen, weil der morphologische Bezug der neuen Umlautschreibungen willkürlich ist. Für zahlreiche Schreiber besteht er nicht.

5.3 Der Kurzvokal [ɛ] hat die Besonderheit, dass er auf zwei verschiedene Buchstaben bezogen ist, nämlich *e* (*Welt*) und *ä* (*Lärm*). Auch stehen ihm als einzigem zwei Langvokale gegenüber, nämlich [eː] (*Weg*) und [ɛː] (*Bär*). Diese beiden Langvokale sind jedoch phonetisch sehr ähnlich. Von vielen Sprechern und besonders in Norddeutschland werden sie kaum unterschieden, so dass etwa *Schere* und *Schäre* häufig dieselbe Aussprache haben.

5.4 Der Reduktionsvokal [ə] kann nicht betont werden. Da jede Wortform mindestens einen betonbaren Vokal enthält, erscheint [ə] nur in Formen mit mindestens zwei Silben. Vor [l], [n] und [m] wird er häufig gar nicht gesprochen, statt [laːdən] ergibt sich [laːdn] (*laden*). Mit [r] wird er als [ɐ] gesprochen, statt [muntər] ergibt sich [muntɐ] (*munter*). Dieser Vokal ist immer auf den Buchstaben *e* bezogen.

5.5 Die drei Diphthonge korrespondieren mit fünf Diphthongschreibungen. [ai] wird im Allgemeinen als *ei* und nur in wenigen Wörtern als *ai* geschrieben. Die wichtigsten mit *ai* sind:

Mai, Hai, Laib, Laich, Waise, Laie, Kaiser, Saite

Wie *ä* ist *äu* meist eine Umlautschreibung (*Haus – Häuser, laufen – Läufer*). Wörter, zu denen es keine verwandte Form mit *au* gibt, sind selten. Zu ihnen gehören:

Knäuel, Säule, räuspern, sträuben, täuschen

6 Vokalschreibungen entsprechend der obigen Tabelle sind auch in Fremdwörtern weit verbreitet. Ein genereller Unterschied betrifft das *ie*. Außer in Suffixen wie *-ie* (*Hysterie*) und *-ier* (*Passagier, diskutieren*) wird langes [i:] in Fremdwörtern als *i* geschrieben, z. B. *Krise, Maschine, Mime, Vampir*. Daneben gibt es eine Reihe von besonderen Schreibungen, die für Fremdwörter einzelner Gruppen typisch sind. Wir nennen die wichtigsten von ihnen.

Vokalschreibung, Anglizismen

Langvokale

Laute	Buchst.	Beispiele
[i:]	*ea*	*Team, Jeans*
[i:]	*ee*	*Teen, Jeep*
[ɛ:]	*ai*	*Trainer, fair*
[u:]	*oo*	*Boom, cool*

Kurzvokale

Laute	Buchst.	Beispiele
[i]	*y*	*Baby, happy*
[ɛ]	*a*	*Fan, Gag*
[a]	*u*	*Cup, Slum*

Erläuterung

6.1 Anglizismen, die im Singular auf *-y* enden, erhalten im Deutschen die Pluralendung *-s*, also *Baby – Babys, Lady – Ladys*.
(Im Englischen schreibt man dagegen *baby – babies, lady – ladies*.)

Diphthonge

Laute	Buchst.	Beispiele
[ɛi]	*ay*	*Spray, okay*
[ai]	*i*	*Life, File*
[ai]	*y*	*Byte, Style*

[ai]	*igh*	*Light, high*
[au]	*ou*	*Sound, Account*
[ou]	*ow*	*Show, Knowhow*

Die meisten Laute in der Tabelle kommen auch im Kernwortschatz vor. Bei ihnen ist nur die Schreibung fremd. Die Diphthonge [ɛi] und [ou] sind dagegen im Kernwortschatz nicht vorhanden. Bei ihnen sind Lautung und Schreibung fremd.

7 In Gallizismen sind die Laut-Buchstaben-Zuordnungen anders geregelt als im Kernwortschatz, insofern im Französischen häufig nicht der Wortstamm, sondern ein Affix den Hauptakzent des Wortes trägt. Bei den Gallizismen des Deutschen lassen sich drei Arten von Zuordnung unterscheiden.

Vokalschreibung, Gallizismen

Langvokale			**Kurzvokale**		
Laute	Buchst.	Beispiele	Laute	Buchst.	Beispiele
a.					
[ɛː]	*ai*	*Baisse, Chaise*	[ɛ]	*ai*	*Plaisir, Drainage*
[ãː]	*an*	*Orange, Revanche*	[ã]	*an*	*Orangeade, lancieren*
[ɔ̃ː]	*on*	*Annonce, Balkon*	[ɔ̃]	*on*	*Concierge, annoncieren*
[oː]	*au*	*Hausse, Sauce*	[o]	*au*	*Chauffeur, Chaussee*
[uː]	*ou*	*Tour, Route*	[u]	*ou*	*Tourist, Journalist*
b.					
[eː]	*ee, é*	*Exposee, Exposé*			
[eː]	*er*	*Kollier, Atelier*			
[øː]	*eu*	*Milieu, Friseur*			
[oː]	*eau*	*Niveau, Plateau*			
			[ã]	*ant*	*Pendant, Bonvivant*
			[ã]	*en*	*engagieren, Ensemble*
			[ã]	*ent*	*Abonnement, Reglement*
c.					
[yː]	*üt*	*Debüt*	[y]	*ü*	*debütieren*
[eː]	*et*	*Filet, Budget*	[ɛ]	*e*	*filetieren, budgetieren*
[ɛː]	*ät*	*Porträt*	[ɛ]	*ä*	*porträtieren*
[aː]	*at*	*Etat, Eklat*	[a]	*a*	*etatisieren, eklatant*
[oː]	*ot*	*Trikot, Depot*	[o]	*o*	*Trikotage, deponieren*
[uː]	*out*	*Gout, Ragout*	[u]	*ou*	*degoutant*

Erläuterungen

7.1 In den Wörtern unter a. werden Lang- und Kurzvokal auf dieselbe Weise geschrieben. Ein betonter Vokal ist lang, ein unbetonter ist kurz.

7.2 Unter b. sind Fälle zusammengestellt, in denen der Hauptakzent des Wortes nicht auf dem Stammvokal, sondern auf einem Affix oder einer affixähnlichen Einheit liegt. Es handelt sich also um spezifische Affix-schreibungen und nicht um allgemeine Laut-Buchstaben-Zuordnungen.

7.3 In c. hat der Kurzvokal einen auch sonst vorkommenden Buchstabenbe-zug, das ihm folgende *t* ebenfalls. Der Kurzvokal ist unbetont. Wie üblich wird der Vokal unter Betonung lang, wobei das *t* am Wortende stumm ist und wie ein Längenzeichen wirkt. Mit dem *t* wird der Wortstamm immer auf dieselbe Weise geschrieben, eine Wirkung des morphologischen Prinzips.

8 Die wichtigste Besonderheit der Vokalschreibung bei den Latinismen und Gräzismen ist das *y*, das mit einem langen [yː] (*Mythos, Psyche, Asyl*) oder einem kurzen [y] (*System, synchron, kryptisch*) Vokal korrespon-diert. Typisch für Latinismen und Gräzismen ist außerdem das *ä* für [ɛː] (*Äther, anämisch*) oder [ɛ] (*Gräzismus, präzise*), das nicht als Umlaut-schreibung anzusehen ist. Anders als im Kernwortschatz gibt es im All-gemeinen keine verwandten Formen mit *a*.

9 Für den Kernwortschatz werden 19 Konsonanten und die Affrikate [ts] angesetzt. Ihre grundlegenden Bezüge zu Buchstaben sind die folgen-den.

Konsonantschreibung, Kernwortschatz

Stimmlose			Stimmhafte		
Laute	Buchst.	Beispiele	Laute	Buchst.	Beispiele
[p]	*p*	*Post, platt*	[b]	*b*	*Bad, bunt*
[t]	*t*	*Tag, treu*	[d]	*d*	*Dorf, dick*
[k]	*k*	*Kunst, krank*	[g]	*g*	*Gunst, grau*
[f]	*f*	*Fisch, frei*	[v]	*v*	*Wald, wild*
[s]	*ß*	*Straße, groß*	[z]	*s*	*Sonne, sanft*
[ʃ]	*sch*	*Schiff, schlank*	[j]	*j*	*Jagd, jung*
[x, ç]	*ch*	*Dach, Strich*	[m]	*m*	*Mut, matt*
[h]	*h*	*Hut, halb*	[n]	*n*	*Netz, nicht*

[ŋ]	*ng*	*Ring, eng*
[l]	*l*	*Luft, leicht*
[r]	*r*	*Reis, rund*

[kv]	*qu*	*Qual, quer*
[ts]	*z*	*Zahn, zehn*

Erläuterungen

9.1 In einer kleinen Gruppe von teilweise häufig vorkommenden Wörtern des Kernwortschatzes wird [f] nicht als *f*, sondern als *v* geschrieben. Die wichtigsten sind:

Vater, Vetter, Vieh, Vogel, Volk, viel, vier, voll, von, vor

9.2 Das stimmlose [s] wird als *ß* geschrieben, wenn es allein zwischen betontem Langvokal oder Diphthong und unbetontem Kurzvokal steht (*Straße, weißes*). Von solchen Langformen wird *ß* auf verwandte Formen mit Langvokal oder Diphthong übertragen (*Sträßchen, weiß*). In einfachen Stämmen vor Konsonant oder am Wortende wird [s] als *s* geschrieben (*Hast, Rispe, Raps, Gans, das, jenes, es*).

9.3 [ʃ] schreibt man am Wortanfang vor [t] und [p] nicht als *sch*, sondern als *s: Stein, streichen, Spiel, sprechen.*

9.4 Ein [k] vor [s] wird in einfachen Stämmen des Kernwortschatzes als *ch* geschrieben. Die wichtigsten Wörter sind:

Dachs, Flachs, Fuchs, Lachs, Luchs, Wachs, Achse, Achsel, Büchse, Echse, Ochse, sechs, drechseln, wachsen, wichsen

In einigen Wörtern wird die Lautfolge [ks] als *x* geschrieben, z. B. *Hexe, Nixe, Jux, lax, fix, boxen, kraxeln*. In einigen eingedeutschten Anglizismen erscheint sie als *ks* (*Keks, Koks*).

9.5 Ein [ŋ] vor [g] und [k] wird nicht als *ng*, sondern als *n* geschrieben, z. B. *Ingo, Ungarn, Zinke, wanken.*

9.6 Ein stimmhafter Plosiv oder Frikativ im Anfangsrand der letzten Silbe einer Langform wird entstimmt, wenn er in der Kurzform im Silbenendrand der letzten Silbe erscheint ('Auslautverhärtung') wie in [hundə – hunt]; [raizən – raist]. Ein [g] wird insbesondere nach kurzem unbetontem Vokal häufig auch noch zum Frikativ [ç] gemacht ('spirantisiert', z. B. [køːnigə – køːniç]; [eːvigəs – eːviç]). Im Geschriebenen erscheinen alle Formen eines Flexionsparadigmas mit dem Buchstaben, der dem stimmhaften Plosiv oder Frikativ entspricht. Hier wirkt das morphologische Prinzip im Sinne einer Konstantschreibung, z. B. *Hunde – Hund, reisen – reist, Könige – König, ewiges – ewig.*

10 Die fremden Konsonantschreibungen sind vielfältig. Dabei weisen Anglizismen und Gallizismen einerseits sowie Latinismen und Gräzismen andererseits Gemeinsamkeiten auf.

Konsonantschreibung, Anglizismen/Gallizismen

Laute	Buchst.	Beisp. Anglizismus	Beisp. Gallizismus
[k]	c	*Crew, Camping*	*Coup, Courage*
[s]	c, ce	*Center, Service*	*Citoyen, Nuance*
[ʃ]	ch	*Match, Ketchup*	*Chiffre, Branche*
[ʃ]	sh	*Shop, Finish*	
[tʃ]	ch	*Chip, Couch*	
[ʒ]	g		*Genie, Garage*
[ʒ]	j		*Jargon, Jalousie*
[dʒ]	g	*Gin, Teenager*	
[dʒ]	j	*Jeans, Job*	

Erläuterungen

10.1 Das anlautende [tʃ] und [dʒ] wird in vielen Anglizismen tendentiell zu [ʃ] und [ʒ] reduziert, z. B. [ʃip] und [ʒin] für *Chip* und *Gin*. Dadurch findet eine weitere Angleichung in der Konsonantschreibung von Anglizismen und Gallizismen statt.

10.2 Anders als im Kernwortschatz haben zahlreiche Fremdwörter ein stimmloses [s] im Anlaut, z. B. *Set, Sample, Single, Sex, salü, Salär, Saison.* Dabei findet in Gallizismen besonders häufig eine Angleichung an den Kernwortschatz statt, indem vor Vokal [s] durch [z] ersetzt wird, z. B. [zɛzɔ̃ː] statt [sɛzɔ̃ː] (*Saison*).

11 **Konsonantschreibung, Latinismen/Gräzismen**

Laute	Buchst.	Beispiele
[t]	*th*	*Thema, Pathos*
[ts]	*c*	*Caesium, circa*
[ts]	*t*	*Aktie, Tertiär*
[k]	*c*	*Corpus, contra*
[k]	*ch*	*Chrom, Chaos*

[ks]	*x*	*Xylophon, toxisch*
[f]	*ph*	*Phase, Graphik*
[v]	*v*	*Verb, zivil*
[r]	*r*	*Rhema, Rhythmus*

Erläuterungen

11.1 Die Schreibungen *th, ch, ph* und *rh* gehen meist auf die Wiedergabe der griechischen Buchstaben ϑ (Theta), χ (Chi), φ (Phi) und ρ (Rho) im Lateinischen zurück. Besonders das *ph* ist einem starken Anpassungsdruck ausgesetzt (*Photo – Foto, Orthographie – Orthografie*). Die Buchstaben *th, gh* und *rh* können in einigen Fällen zu *t, g* und *r* werden: z. B. *Tunfisch* neben *Thunfisch; Jogurt* neben *Joghurt; Katarr* neben *Katarrh.*

11.2 Fremdwörter werden auf vielerlei Weise den Schreibungen des Kernwortschatzes angeglichen, z. B. in Fällen wie *Büro* (früher *Bureau*) oder *Karbid* (früher *Carbid*). Mit der Neuregelung der Rechtschreibung wurde versucht, die Integration von Fremdwörtern im Geschriebenen zu beschleunigen. Aus diesem Grund wurden zahlreiche eingedeutschte Schreibvarianten eingeführt.

11.3 Die Morpheme *phon, phot, graph* können nach der Neuregelung auch mit *f* geschrieben werden. Ebenso die Wörter *Grafit* und *Delfin.*

11.4 Die Schreibung *t* für [ts] ist auf die Position vor [j] beschränkt. In dieser Position kann [ts] auch – wie im Kernwortschatz – als *z* geschrieben werden, z. B. *tendenziell, provinziell.* Beide Schreibungen sind möglich, wenn es entsprechende verwandte Formen gibt, z. B. *existent – existentiell, Existenz – existenziell.*

12 Außer beim *i/ie* werden im Kernwortschatz Vokalbuchstaben nicht systematisch zur Kennzeichnung von Vokallänge verwendet. Im Allgemeinen kann ein und derselbe Buchstabe sowohl auf einen Langvokal (*Ton, den*) als auch auf einen Kurzvokal (*von, denn*) bezogen sein (siehe Ziffer 5).

Die Kennzeichnung des Unterschieds von Lang- und Kurzvokal erfolgt nur ausnahmsweise mit Vokalbuchstaben. Meist werden andere Mittel wie Verdoppelung des folgenden Konsonantbuchstabens oder ein so genanntes stummes *h* verwendet. In der Regel bezieht sich eine solche Kennzeichnung auf Langformen. Von dort wird sie auf verwandte Formen übertragen.

Die Grundregel zur Verdoppelung von Konsonantbuchstaben demons-
trieren folgende Wortpaare:

a. *Hüte – Hütte*   b.   [hy:tə - hytə]
   beten – Betten   [be:tən - betən]
   Köter – Kötter   [kø:tər - køtər]
   quäle – quelle   [kvɛ:lə - kvɛlə]
   rate – Ratte   [ra:tə - ratə]
   Robe – Robbe   [ro:bə - robə]
   Pute – Putte   [pu:tə - putə]

In derartigen Wortpaaren kann Vokallänge als das lautliche Unterschei-
dungsmerkmal angesehen werden, Vokallänge ist distinktiv. Die Wörter
haben eine betonte gefolgt von einer unbetonten Silbe, wobei zwischen
den Silbenkernen (Vokalen) genau ein Konsonant steht (b.). Ist der be-
tonte Vokal lang, dann gehört dieser Konsonant zur zweiten Silbe. Die
erste Silbe hat dann keinen Endrand, sie ist offen und man spricht von
sanftem Silbenschnitt (z. B. [hy:tə]). Ist der betonte Vokal kurz, dann ge-
hört der Konsonant zu beiden Silben. Er ist gleichzeitig Endrand der
ersten und Anfangsrand der zweiten Silbe. Man spricht von scharfem
Silbenschnitt und nennt den Konsonanten ambisilbisch oder ein Silben-
gelenk (z. B. das [t] in [hytə]).

Die Beispiele in a. zeigen, dass sanfter Schnitt und damit ein Langvokal
in der Schrift nicht besonders gekennzeichnet wird, d. h. keine Kenn-
zeichnung besagt so viel wie Langvokal. Dagegen wird der Kurzvokal
durch Verdoppelung des nachfolgenden Konsonantbuchstabens kennt-
lich gemacht. Verdoppelung des Konsonantbuchstabens korrespondiert
mit einem Silbengelenk. Man spricht auch von Silbengelenkschreibung
oder einfach von Gelenkschreibung. Allgemein gilt: Ein Konsonant-
buchstabe in der Position eines Silbengelenks wird verdoppelt.

Eine Verdoppelung findet nur statt, wenn dem Silbengelenk ein einzel-
ner Buchstabe entspricht. In einer Reihe von Fällen entspricht einem
Gelenk eine Folge von zwei oder drei Buchstaben. Dann findet keine
Verdoppelung statt. Das betrifft die Gelenkschreibungen *tz, ck, sch, ch,
ng* wie in folgenden Beispielen.

[kratsən]   *kratzen*
[bakən]   *backen*
[vaʃən]   *waschen*
[brɛçən]   *brechen*
[kraxən]   *krachen*
[ziŋən]   *singen*

13 Aufgrund des morphologischen Prinzips wird eine Gelenkschreibung von der Langform auf verwandte Formen und insbesondere auf Formen desselben Flexionsparadigmas übertragen. Die Übertragung erfolgt für alle Gelenkschreibungen, d. h. für Verdoppelungen (a.) wie für andere (b.):

a. *Hütte – Hüttchen*   b. *kratzen – gekratzt*
   Betten – Bett   *backen – backst*
   quellen – quillt   *wischen – gewischt*
   Ratte – Rättchen   *brechen – bricht*
   offen – öffne   *krachen – gekracht*
   Putte – Puttchen   *singen – singt*

Erläuterungen

13.1 Die Affrikate [ts] hat *tz* als Gelenkschreibung. In anderen Vorkommen wird sie als einfaches *z* geschrieben, z. B. *zittern, Kerze*. Ausnahmen sind *Kiebitz, Stieglitz, Antlitz, Hertz*.

13.2 Stimmloses [s] hat die Gelenkschreibung *ss* (*Wasser, Flüsse – Fluss, wissen – gewusst*). Sonst wird [s] als *s* oder *ß* geschrieben (*Last, reißen*, siehe Ziffer 9). Eine Ausnahme ist die Konjunktion *dass*. Hier ist *ss* nicht Gelenkschreibung.

13.3 Der velare Nasal [ŋ] hat die Gelenkschreibung *ng*, sonst wird er als *n* geschrieben wie in *Bank, Ungarn*.

13.4 Obwohl Silbengelenkschreibungen die wichtigste Quelle für die Verdoppelung von Konsonantbuchstaben im gegenwärtigen Deutsch sind, gibt es auch Verdoppelungen, die nicht darauf beruhen. Neben der schon erwähnten Konjunktion *dass* handelt es sich im Kernwortschatz um wenige Wörter wie *Bollwerk, Wrack, zack, dann, wann, denn, wenn*, die als historische Schreibungen oder als Analogien zu Gelenkschreibungen zu deuten sind. So ist *Boll* verwandt mit ahd. *bolla* „Schale", *wann* stammt von mhd. *wanne*. Schreibungen wie *wenn* und *denn* bleiben im gegenwärtigen Deutsch schon wegen des Unterschieds zu *wen* und *den* erhalten.

13.5 Bei Substantiven mit den Suffixen *-in* und *-nis* wird der letzte Konsonantbuchstabe in der Langform verdoppelt (*Lehrerin – Lehrerinnen, Ereignis – Ereignisses*). Ähnlich bei einigen (teilweise fremden) Wörtern auf *-is* (*Kürbis – Kürbisse*), *-as* (*Ananas – Ananasse*), *-os* (*Rhinozeros – Rhinozerosse*), *-us* (*Fidibus – Fidibusse*).

14 Die Grundregel zur Verdoppelung von Konsonantbuchstaben gilt gene-
rell auch für Fremdwörter. Beispiele:

a. Anglizismen: *Hobby, Shopping, Teddy, groggy, steppen, pinnen*
b. Gallizismen: *Mannequin, Etappe, Kontrolle, formelles, bizarres, bru-
nette*
c. Latinismen/Gräzismen: *Villa, Interesse, Promille, Programme, rebel-
lisch*

Die übrigen Gelenkschreibungen finden sich in Fremdwörtern in Ab-
hängigkeit von den in der fremden Sprache geltenden Laut-Buchstaben-
Beziehungen in anderer Form oder gar nicht. So weisen Anglizismen
kein *sch*, wohl aber ein *sh* auf (*Pusher, Squasher, Smashing*). Statt *ck* ha-
ben Fremdwörter oft ein *kk* (*Trekking, Mokka, Sakko*), statt *tz* meist ein
zz (*Skizze, Pizza, Intermezzo*) oder ein einfaches *z* (*Matrize, Notizen*).

In zahlreichen Anglizismen werden Konsonantbuchstaben in der Positi-
on von Silbengelenken verdoppelt, während verwandte Wörter nur ei-
nen einfachen Konsonantbuchstaben aufweisen. Beispiele:

*cutten – Cut, flippen – Flip, floppy – Flop, jetten – Jet, steppen – Step, pep-
pig – Pep*

In manchen Anglizismen wird ein Doppelkonsonantbuchstabe mit der
Schreibung entlehnt und bleibt im Deutschen erhalten, obwohl kein Sil-
bengelenk vorhanden ist, z. B. *Grill, Bluff, Jazz*. Gestützt werden solche
Schreibungen dadurch, dass verwandte Wörter mit Langform vorhanden
sind: *grillen, bluffen, jazzen*.

In Latinismen und Gräzismen gibt es ebenfalls viele Verdoppelungen,
die nicht oder im Deutschen nicht auf Silbengelenke beziehbar sind. Es
handelt sich einmal um Wörter mit Gelenkschreibungen, die entlehnt
werden und im Deutschen erhalten bleiben, z. B. *Million* < lat. *mille; in-
flammabel* < lat. *flamma; terrestrisch* < lat. *terra; Mission* < lat. *missio*.

In der zweiten und weitaus größeren Gruppe von Verdoppelungen ist
ein Konsonant des Präfixes an den anlautenden Konsonanten des
Stammes angeglichen worden und wird auch so geschrieben. Beispiels-
weise beruht *assimilieren* auf *ad+similis*. Ähnlich *Alliteration, illiterat,
Kollege, Kommode, immanent, Immigrant, Apparat, Apposition* und viele
andere.

15 Wie in Ziffer 12 dargelegt, wird ein Langvokal im Allgemeinen nicht be-
sonders gekennzeichnet. In Formen wie *Boden, Ofen, Bote, rotes, grobes,
loben* und *holen* kann der Buchstabe *o* nur auf einen langen Vokal bezo-
gen sein. Anderenfalls müsste der nachfolgende Konsonantbuchstabe

verdoppelt werden. Unter bestimmten Bedingungen werden aber auch Formen mit Langvokal in der Schrift besonders gekennzeichnet. Als Mittel stehen dafür das ‚stumme' h sowie Verdoppelung von Vokalbuchstaben zur Verfügung.

16 Silbeninitiales *h*: Folgt in der Langform auf einen betonten Langvokal unmittelbar ein unbetonter Kurzvokal, dann wird zwischen den beiden Vokalbuchstaben ein *h* eingefügt. Bei der Silbentrennung ist es der erste Buchstabe der zweiten Silbe und heißt deshalb silbeninitiales *h*, vgl. [ruːən] – *ru-hen*.

Aufgrund des morphologischen Prinzips wird das silbeninitiale *h* von der Langform auf verwandte Formen übertragen, soweit diese ebenfalls einen Langvokal haben. Beispiele:

Silbeninitiales *h*

fliehen – fliehst
Mühe – Mühsal
gehen – gehst
erhöhen – erhöht
krähen – gekräht
nahe – nah
rohes – roh
ruhen – ruhst

Erläuterungen

16.1 Im Kernwortschatz gibt es nur wenige Ausnahmen zur Schreibung mit silbeninitialem *h*. Zu ihnen gehören *die Böen – die Bö* und *säen – säst*. Bei *knien – kniest* und *die Knie – das Knie* steht ebenfalls kein silbeninitiales *h*. Ähnlich bei *geschrien, gespien* und *die Seen*.

16.2 Das silbeninitiale *h* steht nicht nach Diphthongschreibungen, vgl. z. B. *Trauer, bauen, Treue, streuen*. In einem Teil der Wörter mit *ei* steht es (a.), in einem anderen nicht (b.).

a. *Weiher, Reiher, Reihe, Weihe, gedeihen, weihen, leihen, seihen, verzeihen*
b. *Eier, Kleie, Schleie, Geier, Schleier, Leier, freies, feiern, schneien, speien*

Das einzige silbeninitiale *h* nach *au* stand bis zur Neuregelung in *rauhes – rauh*, jetzt *raues – rau* analog zu *blaues – blau*.

16.3 Fremdwörter weisen im Allgemeinen keine Wortstrukturen auf, die ein silbeninitiales *h* erfordern. In Wörtern mit betontem *ie* wird – wie oben bei *Knie* erläutert – in der Langform ein *e* getilgt, z. B. *Harmonien – Harmonie, Batterien – Batterie,* nicht aber **Harmonieen* usw.

17 Dehnungs-*h*: Folgt in der Langform nach einem betonten Langvokal ein einzelner Sonorant, d. h. ein [r], [l], [n] oder [m], dann kann nach dem Buchstaben für den Langvokal ein *h* eingefügt werden. Man nennt es meist Dehnungs-*h*. Bei der Silbentrennung ist es der letzte Buchstabe der ersten Silbe und heißt deshalb auch silbenschließendes *h*, z. B. [maːnən] – *mah-nen.*

Aufgrund des morphologischen Prinzips wird das Dehnungs-*h* von der Langform auf verwandte Formen übertragen, soweit diese ebenfalls einen Langvokal haben. Beispiele:

Dehnungs-*h*

sühnen – sühnt
Befehle – Befehl
aushöhlen – ausgehöhlt
ähneln – ähnlich
lahmes – lahm
Lohnes – Lohn
Ruhmes – Ruhm

Erläuterungen

17.1 Nach *ie* steht das Dehnungs-*h* im Allgemeinen nicht (*Biene, spielen*), es sei denn, es ergibt sich aus dem morphologischen Prinzip wie in *stehlen – stiehlt, befehlen – befiehl*. Nach einfachem *i* steht das Dehnungs-*h* in Pronomina: *ihre, ihr, ihnen, ihn, ihm.*

17.2 Geht dem Buchstaben, der dem betonten Langvokal entspricht, mehr als ein Buchstabe im Silbenanfangsrand voraus, so steht das Dehnungs-*h* im Allgemeinen nicht, z. B. *schwer, schwören, quälen, sparen, Krone, Spur*. Es gibt im gesamten Kernwortschatz 12 Wörter, in denen trotzdem ein Dehnungs-*h* steht:

Strähne, Strahl, stehlen, Stahl, stöhnen, Stuhl, Pfahl, Pfuhl, Prahm, prahlen, dröhnen, Drohne

Das Dehnungs-*h* steht außerdem nie nach *p* und *t*, z. B. *Pol, Tal.*

17.3 In Fremdwörtern gibt es kein Dehnungs-*h*, vgl. *Chlor, Symbol, Chrom, chronisch.*

18 Verdoppelung von Vokalbuchstaben: In einer Reihe von Wörtern wird
    der Buchstabe für ein langes [eː], [aː] oder [oː] verdoppelt. Verdoppelung
    tritt meistens vor *r, l, s* und *t* auf:

a. *Beere, Heer, Meer, Speer, Teer, Seele, Reet, Beet, leer, scheel*
b. *Aar, Haar, Maar, Paar, Aal, Saal, Maat, Saat, Staat*
c. *Moor, Moos, Boot*

Doppeltes *e* tritt außerdem in auslautender offener Silbe im Kernwort-
schatz (a.) sowie in Fremdwörtern auf (b. und c.):

a. *Fee, Klee, Lee, Schnee, See, Tee*
b. *Allee, Armee, Kaffee, Kaktee, Klischee, Komitee, Livree, Orchidee, Püree*
c. *Dekolletee, Doublee, Exposee, Kommunikee, Varietee*

Erläuterungen

18.1 Weitere Wörter mit *aa* und *oo* sind *Waage, Koog, Zoo, doof.*

18.2 Bei Umlautschreibungen gibt es keine Verdoppelung:
      Saal – Säle, Boot – Bötchen.

18.3 Tritt zu *ee* ein Suffix, das mit *e* beginnt, so wird ein *e* getilgt, z. B. *die
     See+en* wird zu *die Seen.* Ähnlich *die Alleen, Kakteen* usw.

18.4 Die Wörter unter c. wurden vor der Neuregelung mit *é* geschrieben, z. B.
     Dekolleté. Diese Schreibung ist nach wie vor zulässig.

3. Getrennt- und Zusammenschreibung

Wortformen werden im laufenden Text durch Spatien (Leerstellen) ge-
trennt. Entsprechend gibt der Schreiber durch die Verwendung von
Spatien in Zweifelsfällen zu erkennen, was er als eine und was er als
mehrere Wortformen verstanden wissen möchte.

3.1 Wörter wachsen zusammen

19 Zweifelsfälle für die Getrennt- oder Zusammenschreibung können aus
    verschiedenen Gründen entstehen. Ein Grund ist, dass Wortformen, die
    im Text häufig gemeinsam auftreten und gemeinsam eine syntaktische
    Funktion erfüllen, zu einer Form zusammenwachsen (‚Univerbierung').
    Während des Univerbierungsprozesses sind Getrennt- und Zusammen-
    schreibung möglich. Kommt der Prozess zum Abschluss, wird nur noch

zusammengeschrieben. Im Deutschen entstehen auf diese Weise u.a. Konjunktionen, Präpositionen und Adverbien.

19.1 Konjunktionen
zusammen *indem, obgleich, soweit, sofern, sobald, wenngleich*
getrennt oder zusammen *so dass/sodass*

19.2 Präpositionen
zusammen *anhand, anstatt, infolge, inmitten, zufolge, zuliebe*
getrennt oder zusammen
an Stelle/anstelle,
auf Grund/aufgrund,
auf Seiten/aufseiten,
mit Hilfe/mithilfe,
von Seiten/vonseiten,
zu Gunsten/zugunsten,
zu Lasten/zulasten,
zu Ungunsten/zuungunsten,
zu Zeiten/zuzeiten

19.3 Pronomina und Adverbien mit *irgend* schreibt man zusammen:
irgendwer, irgendwas, irgendwo, irgendwie, irgendwann,
irgendeiner, irgendjemand, irgendetwas (siehe aber 19.5)

19.4 Wird bei Zusammensetzungen ein gleicher Wortbestandteil weggelassen, so setzt man einen Ergänzungsstrich: *Raub- und Singvögel, Aus- und Eingang, Hin- und Herfahrt, 5- bis 6-mal.*

Kommentar

19.5 Die Neuregelung sieht bei allen Zusammensetzungen mit *irgend* nur Zusammenschreibung vor. Es wird empfohlen, hier auch Getrenntschreibung zuzulassen, schon weil es heißen kann *irgend so einer, irgend so jemand, irgend so etwas.*

3.2 Verbpartikeln und Verwandtes

20 Es gibt zahlreiche Verben, deren erster Bestandteil vom Rest der Verbform getrennt werden kann. Man nennt solche Bestandteile Verbpartikeln, z. B. *ab* in *abfahren – fahre ab.* Die Verbpartikel ist betont. Sie wird mit dem Rest der Form zusammengeschrieben, wenn sie diesem als Wortbestandteil unmittelbar vorausgeht (,Kontaktstellung'). Das ist der Fall bei den Infinitiven, den Partizipien und in Sätzen mit Verbendstellung (a.). In einfachen Hauptsätzen (Verbzweitsatz) sowie in Frage- und

Aufforderungssätzen mit Verberststellung wird die Verbpartikel vom Rest der Verbform getrennt und folgt ihm im Satz nach (‚Distanzstellung', b.). Nach Auffassung mancher Sprecher kann die Verbpartikel im einfachen Hauptsatz auch allein die Position vor dem Verb besetzen (c.). Bei dieser Verwendung wird sie ebenfalls vom Rest der Verbform getrennt.

a. *abfahren, abzufahren, abgefahren, abfahrend, ... wenn ihr abfahrt*
b. *Ihr fahrt jetzt ab. Fahrt ihr jetzt ab? Fahrt jetzt ab!*
c. *Ab fahrt ihr jetzt.*

Eine Reihe von Verbpartikeln des Kernbestands ist formgleich mit Präpositionen; das sind:

an (ankommen), ab (abfahren), auf (aufstehen), aus (ausgehen), bei (beistehen), gegen (gegensteuern), mit (mitnehmen), nach (nachkommen), neben (nebenordnen), über (überlaufen), um (umschichten), unter (untergehen), vor (vorziehen), zu (zulassen), zwischen (zwischenlagern)

Erläuterungen

20.1 Die Unterscheidung von Verbpartikel und Präposition ist im Allgemeinen problemlos. So kann *an* in *an der Brücke* nur Präposition, in *ankommen* nur Verbpartikel sein.

20.2 Anstelle von *in* wird als Verbpartikel *ein* verwendet (*einkaufen, einlassen*).

20.3 *Auf* und *zu* kommen auch in der Bedeutung „offen" und „geschlossen" als Verbpartikeln vor (*aufmachen, zuschließen*).

21 Ein Problem für die Getrennt- und Zusammenschreibung entsteht, weil es Einheiten gibt, die sich in mancher, aber nicht in jeder Beziehung wie Verbpartikeln verhalten. Es ist dann nicht offensichtlich, ob sie als Verbbestandteile oder selbständige Wörter oder sogar als beides anzusehen sind. Beispiel: *krankmachen* vs. *krank machen*. Sieht man den ersten Bestandteil als Adjektiv an, dann schreibt man *krank machen* und *Sie macht krank*. Sieht man ihn als Verbbestandteil, also als eine der Verbpartikel zumindest ähnliche Einheit an, dann schreibt man *krankmachen* und ebenfalls *Sie macht krank*.

Ein Schreibunterschied tritt hier nur bei Kontaktstellung in Erscheinung (z. B. *weil sie krankmacht* vs. *weil es sie krank macht*). Man kann den Schreibunterschied in diesem Fall an einen Bedeutungsunterschied binden. Bei der Bedeutung „nicht arbeiten" wird dann zusammengeschrieben, bei der Bedeutung „gesundheitlich oder psychisch schwächen" nicht oder nicht unbedingt. Es können natürlich auch andere Kriterien als ein Bedeutungsunterschied geltend gemacht werden, vor allem Unterschiede im grammatischen Verhalten. Eine orthografische Regelung hat zu verdeutlichen, wann eine der beiden Schreibweisen und wann beide Schreibweisen zuzulassen sind. Im Folgenden (Ziffer 22 – 26) werden die wichtigsten Fälle, bei denen Schreibprobleme auftreten können, besprochen.

22 Eine größere Zahl von Einheiten, die man, wenn sie selbständige Wörter sind, meist als besondere Klassen von Adverbien und Präpositionen ansieht, können auch als Verbpartikeln fungieren. Dazu gehören Bildungen mit *da(r)*, *her*, *hin*, *vor*, *zu* und einige andere, deren wichtigste in a.-f. zusammengestellt sind:

a. *dabei, dafür, dagegen, dahin, daneben, davon, dazu, dazwischen.* Lautet der zweite Bestandteil vokalisch an, so tritt *dar* ein, das zu *dr* verkürzt sein kann, z. B. *darangehen* wird zu *drangehen. Dar* kann auch allein als Verbpartikel fungieren (*darbieten, darlegen*).

b. *heran, herauf, heraus, herbei, herein, herüber, herunter, hervor, herzu*

c. *hinauf, hinab, hinaus, hindurch, hinein, hinüber, hinunter, hinzu*

d. *voran, voraus, vorbei, vorher, vorüber, vorweg*

e. *zurecht, zurück, zusammen, zuvor, zuwider*

f. *abwärts, aufwärts, aneinander, entgegen, fort, vorwärts, rückwärts, weg, weiter, wieder*

Erläuterungen

22.1 Als Wörter werden solche Einheiten jeweils für sich – d. h. getrennt – geschrieben, als Verbpartikeln aber nicht. Die folgenden Beispiele zeigen den Unterschied für *her* (a.), *da* (b.), *vorwärts* (c.) und *zusammen* (d.):

a. *wenn er vom Wald her kommt – wenn er vom Wald hérkommt*

b. *Wie du da stehst – Wie du dástehst*

c. *Willst du vorwärts laufen? – Willst du vórwärtslaufen?*

d. *Wollt ihr zusammen kommen? – Wollt ihr zusámmenkommen?*

Notwendige Bedingung für Zusammenschreibung ist, wie bei Verbpartikeln allgemein, die Betonung des ersten Bestandteils. Hinreichend ist dies aber nicht. Das Wort kann auch bei Getrenntschreibung betont sein, z. B. *Wie du dá stehst* (verstanden etwa als „da an der Ecke") oder *Willst du vórwärts laufen?* (verstanden etwa als „vorwärts und nicht rückwärts"). Der Schreiber kann also nur durch Zusammenschreiben eindeutig machen, dass er die Einheiten als *ein* Wort verstanden haben möchte.

22.2 Verbindungen mit Formen von *sein* werden nach der Neuregelung grundsätzlich nicht zusammengeschrieben.

22.3 Einheiten wie *beiseite, infrage, instand, überhand, vonstatten, zugrunde, zunutze, zustande* werden von der Neuregelung zu den Adverbien gezählt. Sie sind meist durch Univerbierung aus Präposition und Substantiv entstanden und können teilweise noch getrennt geschrieben werden (z. B. *in Frage, in Stand, zu Stande*). Obwohl sie so gut wie ausschließlich mit Verben vorkommen und mit diesen eine teilweise enge Verbindung mit der Tendenz zur Zusammenschreibung eingehen, ist diese nicht zugelassen. Schreibungen wie *infragestellen, instandsetzen, zugrunderichten* sind ausgeschlossen.

Ebenso werden andere Verbindungen aus zusammengesetzten Adverbien und Verben in der Regel getrennt geschrieben: *abhanden kommen, abwärts gehen, anheim fallen, beiseite legen*. Bei Substantivierungen wird jedoch groß- und zusammengeschrieben: *das Infragestellen, das Zugrunderichten, das Abhandenkommen*.

Kommentar

22.4 Das amtliche Regelwerk (§34 (1)) führt in einer längeren Liste mit Anspruch auf Vollständigkeit weitere Einheiten als Verbpartikeln auf, z. B. *dawider, entzwei, hernieder, hintenüber, inne*. Andere wie *davor, rück* enthält die Liste nicht. Es ist schwierig und wenig sinnvoll, eine vollständige Liste der Verbpartikeln zusammenzustellen.

23 Eine Reihe von Verben verbindet sich mit Infinitiven als erstem Bestandteil. Am häufigsten ist das der Fall bei *bleiben, gehen, lassen, lernen*. Nach der Neuregelung ist die Verbindung Verb + Verb stets getrennt zu schreiben, z. B.

stehen bleiben, leben bleiben, schwimmen gehen, schlafen gehen, kommen lassen, laufen lassen, lieben lernen, lesen lernen

Erläuterung

23.1 Grammatisch verhalten sich solche Verbindungen uneinheitlich. So hat *schwimmen gehen* einen finalen Bedeutungsanteil („sie geht zum Schwimmen" oder „sie geht, um zu schwimmen") und verhält sich damit anders als *laufen lassen*. Dem entspricht, dass die Zusammenschreibung vor der Neuregelung uneinheitlich geregelt war. Teilweise durfte bzw. musste zusammengeschrieben werden.

Kommentar

> **23.2** Es wird empfohlen, bei enger Verbindung der Bestandteile wie in *kennenlernen* oder *spazierengehen* Zusammenschreibung weiter zuzulassen. Dasselbe sollte gelten, wenn der Schreiber durch Zusammenschreibung eine abgeleitete Gesamtbedeutung der Verbindung zum Ausdruck bringen möchte, z. B. *sich gehenlassen* vs. *jemanden gehen lassen* oder *badengehen* („Schaden nehmen") vs. *baden gehen*.

24 In Verbindungen aus Adjektiv und Verb fungiert das Adjektiv manchmal als Subjektsprädikativ, d. h. es bestimmt das vom Subjekt Bezeichnete näher, z. B. in *Das Glas geht kaputt*. Wesentlich häufiger noch ist die Konstruktion als Objektsprädikativ wie in *Er putzt seine Zähne blank*. Weil solche Adjektive wie Verbpartikeln betont sind, stellt sich die Frage, ob sie Bestandteil des Verbs sein, also bei Kontaktstellung zusammengeschrieben werden können (*kaputtgehen* vs. *kaputt gehen* und *blankputzen* vs. *blank putzen*). Zu unterscheiden sind dabei Fälle gemäß a. und b.

    a. *Er streicht das Fenster grün. Sie hebt das Kind hoch. Er schneidet die Zwiebeln klein. Sie biegt das Eisen gerade. Er kocht die Kartoffeln weich. Sie hobelt das Brett glatt.*

    b. *Sie trinkt den Becher leer. Sie malt das Blatt voll. Er legt den Verkehr lahm. Sie schreibt den Lehrer krank. Er stellt das Bier kalt. Sie macht die Partei schlecht. Er wäscht den Chef rein.*

Erläuterung

24.1 Bei den Beispielen in a. bedeutet das Verb in Sätzen mit und ohne Adjektiv im Wesentlichen dasselbe. In b. dagegen muss das Adjektiv stehen, damit die entsprechende Bedeutung zustande kommt (z. B. bedeutet *trinken* in *Sie trinkt den Becher leer* nicht dasselbe wie in *Sie trinkt den Becher*, sofern dieser Satz überhaupt möglich ist). Das spricht dafür, adjektivischen und verbalen Bestandteil in b. als *ein* Wort anzusehen und bei Kontaktstellung zusammenzuschreiben (*leertrinken*, *vollmalen*, *lahmlegen* usw.). Wird das Adjektiv für sich modifiziert (gesteigert oder erweitert), so ist getrennt zu schreiben, z. B. *Das Blatt ganz voll malen. Das Bier eisig kalt stellen*.

Kommentar

> **24.2** Die Neuregelung schreibt Getrenntschreibung als Normalfall vor und lässt Zusammenschreibung nur zu, wenn das Adjektiv nicht für sich modifiziert werden kann. Dieses Kriterium ist unsicher (ist z. B. *etwas ganz tot schlagen* möglich?) und sollte, wie unter 24.1 festgestellt, Zusammen-

> schreibung nicht ausschließen. Es wird vorgeschlagen, für b. Zusammenschreibung zuzulassen, wenn der adjektivische Bestandteil im gegebenen Fall betont werden kann und nicht für sich modifiziert ist (z. B. *Sie will das Blatt vóllmalen. Er hat den Chef réingewaschen*).

25 Bei mehreren Gruppen von Verbindungen aus adjektivischem und verbalem Bestandteil wird auch nach der Neuregelung zusammengeschrieben. Hier liegt in der Regel keine Prädikativkonstruktion vor, z. B.

   a. *schwarzarbeiten, schwarzhören, schwarzfahren, fernbedienen, fernsehen, gutschreiben, hochrechnen, hochstapeln, hochspringen, wahrsagen*
   b. *fehlgehen, fehlschlagen, feilbieten, kundtun, kundgeben, weismachen*

Erläuterung

25.1 Die Verben unter a. sind meist so genannte Rückbildungen oder Konversionen aus Substantiven, z. B. *schwarzarbeiten* aus *Schwarzarbeit*, *fernbedienen* aus *Fernbedienung*, *hochspringen* aus *Hochsprung*. Unter b. sind Fälle aufgeführt, deren erste Bestandteile man noch als adjektivisch erkennt, obwohl diese Adjektive im gegenwärtigen Deutsch nicht mehr als Wörter vorkommen.

26 Bei Verben mit substantivischem ersten Bestandteil besteht ein Zusammenhang zwischen Getrenntschreibung und Großschreibung. Ist in *kopfstehen* der erste Bestandteil ein Teil des Verbs, dann wird bei Kontaktstellung zusammengeschrieben und bei Distanzstellung klein: *kopfstehen* und *Sie steht kopf*. Fasst man jedoch den ersten Bestandteil als selbständiges Wort auf, dann kann dies nur ein Substantiv sein und man schreibt *Kopf stehen* sowie *Sie steht Kopf*. Die Neuregelung lässt nur diese zweite Schreibweise zu (siehe aber 26.2).

Kein Schreibproblem entsteht, wenn der substantivische Bestandteil nicht abgetrennt werden kann. Das ist der Fall bei Verben wie *bausparen, bergsteigen, handhaben, lobpreisen, maßregeln, sandstrahlen, schlussfolgern*. Hier ist der erste Bestandteil nicht abtrennbar. Alle Formen dieser Verben werden zusammengeschrieben. Insgesamt sind im kritischen Bereich drei Typen von Verben zu unterscheiden:

   a. *heimgehen, irreführen, preisgeben, standhalten, stattfinden, teilnehmen, wettmachen, wundernehmen*
   b. *Eis laufen, Gefahr laufen, Amok laufen, Acht haben, Recht haben, Acht geben, Maß halten, Haus halten, Hof halten, Wort halten, Kopf stehen, Pleite gehen, Not tun, Leid tun*

   c. *Auto fahren, Rad fahren, Radio hören, Klavier spielen, Flöte blasen, Pfeife rauchen, Chor singen, Tango tanzen, Speer werfen*

Erläuterung

26.1 Die Verben unter a. werden bei Kontaktstellung als ein Wort geschrieben, der erste Bestandteil bei Distanzstellung klein (*teilnehmen – Sie nimmt teil*). Das betrifft eine geschlossene Liste von acht Einheiten. *Alle* Verben mit den in a. vorkommenden ersten Bestandteilen werden so geschrieben, z. B. neben *heimgehen* auch *heimbringen, heimholen, heimkehren, heimreisen, heimsuchen*. Ein Bezug des ersten Bestandteils auf das entsprechende Substantiv besteht hier kaum noch.

Kommentar

26.2 Die Verben unter b. wurden vor der Neuregelung teilweise wie die unter a. geschrieben, z. B. *eislaufen – Sie läuft eis, maßhalten – Sie hält maß*. Es wird empfohlen, beide Schreibweisen (*Sie läuft eis/Eis*) für alle Verben aus Gruppe b. zuzulassen. Mit Zusammen- bzw. Kleinschreibung wird zum Ausdruck gebracht, dass substantivischer und verbaler Bestandteil grammatisch und semantisch eine Einheit bilden. Der eine hat seine substantivischen Eigenschaften verloren und der andere hat nicht mehr die Bedeutung des einfachen Verbs. Wer eisläuft, läuft nicht unbedingt, wer maßhält, hat nicht etwas zu halten (siehe auch Ziffern 28 und 29).

Erläuterung

26.3 In c. wird der erste Bestandteil stets getrennt und stets großgeschrieben, also *Klavier spielen – Sie spielt Klavier*. Durch die Neuregelung wurde diese Gruppe vereinheitlicht, z. B. früher *radfahren – Sie fährt Rad*, jetzt *Rad fahren – Sie fährt Rad*. Im Unterschied zu b. behält das Verb in der Verbindung eine Bedeutung, die es auch allein haben kann, z. B. *Klavier spielen – auf dem Klavier spielen* oder *Auto fahren – mit dem Auto fahren*. Der Unterschied zwischen b. und c. ist grammatisch von Bedeutung, aber es gibt auch Übergangsfälle. Deshalb bleiben manche Schreibunsicherheiten bestehen.

Bei Substantivierung werden all diese Wörter groß- und zusammengeschrieben: *das Klavierspielen, das Autofahren*.

3.3 Zusammenschreibung mit Adjektiven und Partizipien

27 Einfache Adjektive sowie Adjektive in der Form eines Partizips können mit Bestandteilen unterschiedlicher Kategorie Komposita bilden, z. B. *denkfaul, fernsehmüde* (erster Bestandteil verbal); *hitzebeständig, butterweich* (erster Bestandteil substantivisch). Ein Schreibproblem besteht nicht, Komposita werden zusammengeschrieben. Schriebe man getrennt, dann würden sich syntaktische Fügungen aus Verb und Adjektiv wie **denk faul, *fernseh müde* oder aus Substantiv und Adjektiv wie **Hitze beständig, *Butter weich* ergeben, die das Deutsche nicht kennt.

Zusammenschreibung ist weiter zwingend, wenn durch einen unselbständigen ersten Bestandteil eine Verstärkung oder Abschwächung der Bedeutung des zweiten bewirkt wird wie in *brandaktuell, erzreaktionär, hyperklug, minderbegabt*.

Eine Verstärkung oder Abschwächung kann auch durch adjektivische Bestandteile erfolgen (a.). Die Bildung von Antonymen (Bezeichnung des Gegenteils) erfolgt mit *nicht* (b.).

a. *halbgar, halbnackt; hochbetagt, hocherfreut, höchstbezahlt, höchstempfindlich; schwerbeschädigt, schwerbehindert, schwerverständlich; vollbesetzt, vollentwickelt, vollelastisch*
b. *nichtflektierbar, nichtbewohnt, nichtmetallisch, nichtöffentlich, nichtfarbig*

Erläuterungen

27.1 Verbindungen aus adjektivisch verwendeten Partizipien und Adjektiven werden getrennt geschrieben: *leuchtend grüne Augen.*

27.2 Sowohl bei adjektivischem ersten Bestandteil wie bei *nicht* ist in der Regel auch Getrenntschreibung möglich. Davon wird insbesondere Gebrauch gemacht, wenn das erste Element für sich modifiziert werden soll, z. B. *nicht einmal halb nackt, besonders schwer beschädigt.* In vielen Fällen haben Wort und syntaktische Fügung auch eine unterschiedliche Bedeutung. So kann ein Mensch *schwerbeschädigt* oder *schwer beschädigt* sein, ein Auto aber nur das letztere. Ein *höchstempfindliches Messgerät* kann an Empfindlichkeit nicht übertroffen werden, während ein *höchst empfindliches Messgerät* dasselbe ist wie ein *sehr empfindliches.*

Kommentar

27.3 Die Neuregelung lässt Zusammenschreibung bei verstärkenden und abschwächenden Elementen sowie bei *nicht* generell zu (§ 36, (5) und E2).

An anderer Stelle und unabhängig davon schränkt sie aber auf Fälle ein, in denen der erste Bestandteil weder erweiterbar noch steigerbar ist (§34, (2.2), siehe auch E3(3)). In 27.2 wurde festgestellt, dass Erweiterbarkeit und Steigerbarkeit nicht fest an die Kombination bestimmter Erst- und Zweitglieder gebunden, sondern von der Aussageabsicht abhängig sind. Es wird empfohlen, dem entsprechend neben Getrennt- auch Zusammenschreibung zuzulassen. Sie geht im Normalfall mit Betonung des ersten Bestandteils einher.

Erläuterung

27.4 Eine Kompositionsfuge wie das so genannte Fugen-*s* kennzeichnet eine Grenze zwischen den einzelnen Bestandteilen einer Zusammensetzung. Die Kompositionsfuge ist jedoch nicht bei allen Zusammensetzungen zwingend, z. B. *verfassunggebend*, aber *verfassungsmäßig*. Bei der Silbentrennung bleibt das -*s* beim vorangegangenen Wortbestandteil: *abstiegs-gefährdet, Arbeitskampf* (siehe auch Ziffer 51).

28 Partizip 1 und Partizip 2 stehen in einer regelmäßigen morphologischen Beziehung zum Infinitiv des zugehörigen Verbs. Als Grundregel gilt, dass ein Partizip dann zusammengeschrieben wird, wenn das beim Infinitiv der Fall ist. Die Schreibung von Partizipien lässt sich insofern aus den in Ziffer 20 – 26 dargelegten Regularitäten für die Schreibung von Verben ableiten. Das gilt durchgehend, also für Verben, deren erster Bestandteil Partikel ist (a.), genauso wie für adverbiale (b.), verbale (c.), adjektivische (d.) und substantivische erste Bestandteile (e.).

a. *ankommen – ankommend – angekommen; eingehen – eingehend – eingegangen*
b. *hersagen – hersagend – hergesagt; wegholen – wegholend – weggeholt*
c. *lesen lernen – lesen lernend – lesen gelernt; baden gehen – baden gehend – baden gegangen*
d. *weichlöten – weichlötend – weichgelötet; festknoten – festknotend – festgeknotet*
e. *teilnehmen – teilnehmend – teilgenommen; maßhalten – maßhaltend – maßgehalten*

Erläuterungen

28.1 Adjektive und Adverbien in partizipialer Form wie *abgeschlafft, angesagt, geschickt* sind im Wörterbuch nicht zusätzlich als Partizipien gekennzeichnet.

28.2 Schreibt man Verben wie *kaltstellen* zusammen oder solche wie *grün streichen* getrennt, dann auch die entsprechenden Partizipien, z. B. *kaltgestellt, grün gestrichen*.

29 Es gibt zahlreiche Verbindungen aus Partizip 1 und substantivischem ersten Bestandteil. Viele derartige Verbindungen bleiben ohne zugehörigen verbalen Infinitiv (z. B. *bahnbrechend,* aber nicht *bahnbrechen). Zwei Hauptklassen sind zu unterscheiden:

   a. *bahnbrechend, atemberaubend, freudestrahlend, kraftstrotzend, bluttriefend, freiheitsberaubend, nutzbringend, gärungshemmend*
   b. *ratsuchend, fleischfressend, aufsehenerregend, gewinnbringend, eisenverarbeitend, erfolgversprechend, furchteinflößend*

Erläuterung

29.1 Die Einheiten unter a. müssen zusammengeschrieben werden, weil sich bei Getrenntschreibung keine mögliche syntaktische Fügung ergibt. Syntaktische Fügungen wie **Bahn brechend,* *Freude strahlend usw. gibt es im Deutschen nicht.

Kommentar

29.2 Bei den Wörtern in b. gibt es jeweils eine parallele syntaktische Fügung, z. B. *Rat suchend, Fleisch fressend.* Der erste Bestandteil ist hier ein Abstraktum (*Rat, Aufsehen*) oder ein Stoffsubstantiv (*Fleisch, Eisen*), das ohne Artikel stehen und deshalb allein die Funktion des direkten Objekts erfüllen kann.

Die Neuregelung sieht Zusammenschreibungen von Typ b. nicht vor. Es wird empfohlen, sie wieder zuzulassen. Einmal gibt es Wörter mit einer festen, von der in einer syntaktischen Fügung abweichenden Bedeutung (*fleischfressende Pflanze, eisenverarbeitende Industrie*). Darüber hinaus gibt es aber eine generelle Tendenz zum Zusammenschreiben. Sie beruht auf der regelmäßigen Beziehung zwischen dem Partizip 1 und verwandten Formen. Dazu gehören einmal die Substantivierungen. Substantivierte Partizipien wie *ein Ratsuchender, Aufsehenerregender, Erfolgversprechender* sind ohne weiteres möglich. Aus Substantiven wie *Ratsuchender* kann dann regelmäßig das zugehörige Partizip *ratsuchend* abgeleitet werden. Dazu gehören zweitens die Steigerungsformen. Es wäre beispielsweise sinnwidrig, die Komparativform in *ein aufsehenerregenderer Fall* getrennt zu schreiben.

4. Bindestrichschreibung, Bindestrich und Getrenntschreibung bei Fremdwörtern

Der Bindestrich ist ein wortinternes Gliederungszeichen. Nach der Neuregelung ist er generell erlaubt „zur Hervorhebung einzelner Bestandteile, zur Gliederung unübersichtlicher Zusammensetzungen, zur Vermeidung von Missverständnissen ..." (§ 45). Dem Schreiber ist die Verwendung damit weitgehend freigestellt. Regelungsbedürftig ist vor allem der Zusammenhang zwischen Bindestrich, Getrenntschreibung und wortinterner Großschreibung. Dafür gelten folgende Grundregeln.

30   Gilt eine Einheit im Deutschen insgesamt als Substantiv, dann wird ihr erster Bestandteil im Allgemeinen großgeschrieben (Ziffer 41, siehe aber auch Ziffer 34). Im Inneren werden substantivische Formen großgeschrieben, wenn sie durch Bindestrich oder Spatium (Leerzeichen) getrennt sind, z. B. *Desktoppublishing* oder *Desktop-Publishing*. Bindestrich und Spatium haben bezüglich Großschreibung dieselbe Wirkung.

Kommentar

30.1 Vor der Neuregelung waren vor allem bei zahlreichen Anglizismen Bindestrichschreibungen wie *Happy-End* möglich, die jetzt trotz § 45 des amtlichen Regelwerks ausgeschlossen sind. Es wird empfohlen, sie weiter zuzulassen, weil viele Schreiber damit den mittleren Integrationsgrad der Einheit verdeutlichen wollen. *Happy-End* liegt in dieser Beziehung zwischen *Happy End* (wenig integriert) und *Happyend* (weit integriert).

31   Stellt ein Ausdruck in der Ausgangssprache eine syntaktische Fügung dar, dann ist in zahlreichen Fällen Getrenntschreibung, aber nicht Bindestrichschreibung möglich. Die Ausdrücke behalten die syntaktische Struktur bei, die sie in der Ausgangssprache haben. Im Deutschen werden der erste und intern alle substantivischen Bestandteile großgeschrieben. Beispiele:

a. *Alma Mater, Christian Science, Corpus Delicti, High Society, Missing Link*
b. *Opinio communis, Crème fraîche, Deus ex Machina, Conditio sine qua non*

Erläuterung

31.1 In a. handelt es sich in allen Fällen beim zweiten Bestandteil um ein Substantiv.

Die Konstruktionen bestehen insgesamt aus Substantiv und Attribut zu diesem Substantiv. So ist *alma* (von lat. *almus* „fruchtbar") adjektivisches Attribut zu *mater*, und *delicti* ist Genitivattribut zu *corpus* („Gegenstand des Delikts", d. h. „Beweisstück"). Zum richtigen Schreiben derartiger Ausdrücke sind gewisse Sprachkenntnisse erforderlich. Zumindest für die große Zahl der Anglizismen vom Typ *Blue Jeans, Corned Beef, High Society* stellen sie aber kein Schreibhindernis dar.

Bei den Beispielen in b. ist jeweils mindestens einer der nichtersten Bestandteile in der Ausgangssprache kein Substantiv und wird deshalb kleingeschrieben.

Kommentar

31.2 Ein Schreibproblem ergibt sich daraus, dass die Neuregelung in zahlreichen Verbindungen aus Adjektiv und Substantiv Zusammenschreibung vorsieht, auch wenn sie dem Sprachgefühl nicht entspricht. Beispielsweise wird für *Bigbusiness, Highsociety, Easyrider* Zusammenschreibung als erste Schreibung festgesetzt. Es wird empfohlen, hier die getrennt geschriebene Variante zu verwenden. Voraussetzung für Zusammenschreibung ist, dass beim Gebrauch im Deutschen der erste Bestandteil bei normaler Aussprache den Hauptakzent des Wortes trägt. Das ist bei den genannten und vielen vergleichbaren Fügungen nicht der Fall, etwa im Gegensatz zu *Báckground, Béstseller, Bígband, Sóftware*. Bei ihnen ist Zusammenschreibung selbstverständlich.

32 Stellt eine Fügung eine Wortreihe oder ein Kompositum dar, dann ist keine Getrenntschreibung, wohl aber die Verwendung des Bindestrichs möglich bzw. vorgeschrieben. Substantivische Bestandteile werden auch hier großgeschrieben. Beispiele (Wortreihe Anglizismus a., Kompositum Anglizismus b.):

a. *Check-out, Come-back, Cool-down, Count-down, Go-in, Know-how, Lay-out, Play-back, Play-off*

b. *Check-Control, Centre-Court, Midlife-Crisis, Sex-Appeal, Shopping-Center*

Erläuterung

32.1 Eine explizite Regel für Zusammenschreibung der Fügungen unter a. gibt es im Deutschen nicht. Man kann *Comeback, Countdown, Playback* schreiben, aber nur *Go-in, Play-off*. Die Bindestrichschreibung sollte bevorzugt werden, wenn zwei Vokalbuchstaben aufeinandertreffen.

Kommentar

32.2 Bei den Komposita ist in der Neuregelung Zusammenschreibung meist als erste oder gar einzige Schreibweise angegeben. Das ist vor allem bei Wörtern mit mehr als zwei Bestandteilen wie *Desktoppublishing, Secondhandshop* problematisch. Nach verbreiteter Auffassung zeigt der Bindestrich gerade auch bei solchen Anglizismen an, dass sie sich als Komposita erst teilweise ins Deutsche integriert haben. Es wird empfohlen, hier vom Bindestrich verstärkt zur Markierung der Hauptfuge Gebrauch zu machen, also Schreibungen wie *Desktop-Publishing* und *Secondhand-Shop* zu verwenden. Die Markierung der Hauptfuge durch den Bindestrich ist ja auch im Kernwortschatz dazu geeignet, komplexe Komposita leicht erfassbar zu machen, z. B. *Landes-Hochschulrat, Dachdecker-Jahreshauptversammlung.*

33 Bei Verbindung beliebiger Ausdrücke zu Substantiven (Durchkoppelung) ist der Bindestrich unerlässlich. Im Allgemeinen wird das erste Wort großgeschrieben:
die Ad-hoc-Entscheidung, das Entweder-Oder, das Teils-teils, die Arme-Sünder-Glocke, die One-Man-Show.

33.1 Substantivisch gebrauchte Infinitive mit mehr als zwei Bestandteilen werden generell mit Bindestrich geschrieben: *ein Auf-der-Stelle-Treten, das Sich-um-nichts-Kümmern.*

34 Werden Abkürzungen oder Einzelbuchstaben als erste Bestandteile von Komposita verwendet, so setzt man einen Bindestrich und behält die Groß- bzw. Kleinschreibung des ersten Bestandteils bei, z. B. *PKW-Steuer*, aber *qm-Preis, x-Achse*. Dasselbe gilt für Bezeichnungen von sprachlichen Einheiten als erste Bestandteile, z. B. *ob-Satz, ung-Substantiv*. Werden solche Ausdrücke ihrerseits als erste Bestandteile von Komposita verwendet, so folgt ihnen der Übersichtlichkeit halber ein weiterer Bindestrich: *PKW-Steuer-Erhöhung, qm-Preis-Festsetzung.*

34.1 Suffixe werden an Einzelbuchstaben oder Zahlen ohne Bindestrich angefügt: *ÖVPler, 68er, 3fach.*

35 Der Bindestrich steht bei mehrteiligen Eigennamen (*Eva-Maria, Müller-Siefert*) und Folgen von Eigennamen als erstem Bestandteil. Wir

schreiben *Käthe-Kollwitz-Schule, A-Dur-Tonleiter, Baden-Württemberg, Albrecht-Dürer-Allee* und *Main-Donau-Kanal*. Schreibungen wie **Käthe Kollwitz-Schule* oder **Käthe-Kollwitzschule* wären wesentlich unübersichtlicher. Ebenso kann ein Bindestrich gesetzt werden, wenn eine Zusammensetzung einen Eigennamen als ersten Bestandteil hat:
Morsealphabet oder *Morse-Alphabet, Aikencode* oder *Aiken-Code*.

35.1 Bei geografischen Ableitungen auf *-er* kann der Bindestrich entfallen: *New-Yorker* oder *New Yorker*.

36 In einer Reihe von Fällen eignet sich der Bindestrich besonders zur Hervorhebung einzelner Bestandteile, z. B. *Ich-Erzählung, Kann-Bestimmung, Online-Betrieb*.

36.1 Zusammensetzungen aus gleichrangigen Adjektiven oder andere unübersichtliche Zusammensetzungen können mit Bindestrich gegliedert werden: *schwarzrotgolden* oder *schwarz-rot-golden*.

36.2 Bei Zusammensetzungen mit Adjektiven wie *Arme-Sünder-Glocke* wird der erste Bestandteil im Kasus flektiert: *der Armen-Sünder-Glocke,* aber *die Arme-Sünder-Glocken*. Möglich ist hier auch die Zusammenschreibung ohne Bindestrich und ohne Deklinationsendungen: *Armesünderglocke, der Armesünderglocke, die Armesünderglocken*.

37 Beim Zusammentreffen von drei gleichen Buchstaben wird ebenfalls häufig ein Bindestrich gesetzt: *Rollladen* oder *Roll-Laden, Brennnessel* oder *Brenn-Nessel, Seeelefant* oder *See-Elefant, Fetttropfen* oder *Fett-Tropfen; seeerfahren* oder *see-erfahren, schneeerhellt* oder *schnee-erhellt*.

5. Groß- und Kleinschreibung

38 Im Allgemeinen bestehen Wortformen aus einer Folge von Kleinbuchstaben. Ein Wort großschreiben heißt, als ersten Buchstaben jeder seiner Formen einen Großbuchstaben zu verwenden. Wortinterne Großschreibung wie in *EPlus, GermeXX, BahnCard* ist in jüngster Zeit vor allem in Werbetexten verbreitet. Sie dient meist der Kennzeichnung von Produkten. Die weiteste Verbreitung im Schreibgebrauch hat das große *I* wie in *StudentInnen, DiebInnen* gefunden. Aber auch das große *I* ist bisher nicht Bestandteil der orthografischen Norm.

Ein Großbuchstabe am Wortanfang hebt die betreffende Wortform im laufenden Text hervor. Die Hervorhebung dient unterschiedlichen Zwecken. Einmal markiert sie den Anfang bestimmter Texteinheiten (Ziffer 39). Anredepronomina werden als Höflichkeitsformen gekennzeichnet (Ziffer 40). Substantive hebt man durch Großschreibung als Kern von Nominalgruppen hervor (Ziffer 41–46). Eine semantisch einheitliche Klasse von Ausdrücken, die sich teilweise mit den Substantiven überschneidet, sind die Eigennamen. Auch sie werden großgeschrieben (Ziffer 47–49).

5.1 Großschreibung am Anfang von Texteinheiten

39 Das erste Wort bestimmter Texteinheiten schreibt man groß. Das betrifft: das erste Wort eines Textes, das erste Wort eines Absatzes, das erste Wort eines vollständigen Satzes sowie das erste Wort nach einem Satzschlusszeichen.

Erläuterungen

39.1 Zu den Textanfängen im Sinne der Großschreibung gehören auch Überschriften von Texten und Teiltexten, wie sie beispielsweise in längeren Zeitungsartikeln üblich sind. Weiter gehören dazu Werk- und Texttitel (*Mein Herz so weiß; Europäische Richtlinie zur Kennzeichnung der Herkunft von Rindfleisch*), Briefanfänge (*Liebe Sophia*) u. Ä.

39.2 Was ein vollständiger Satz im Sinne der Großschreibung ist, bedarf nur in wenigen Fällen einer näheren Erläuterung. Zu diesen gehören der Satz als Parenthese, die direkte Rede und der Satz nach einem Doppelpunkt.

Das erste Wort eines Satzes als Parenthese wird nicht großgeschrieben, z. B. *Der Antrag wurde – das ist bemerkenswert – einstimmig angenommen.*

Das erste Wort einer direkten Rede wird großgeschrieben, auch wenn es sich nicht um einen vollständigen Satz handelt, z. B. *Karla stellte fest: „Alles in Ordnung.“*

Folgt auf einen Doppelpunkt ein vollständiger Satz, so schreibt man das erste Wort nach dem Doppelpunkt groß. In allen anderen Fällen schreibt man klein, z. B.: *Bitte notieren Sie: Der Zug hat heute fünf Minuten Verspätung.* Aber *Bitte notieren Sie: heute fünf Minuten Verspätung.*

Besteht zum Satz nach dem Doppelpunkt eine so enge inhaltliche Verbindung, dass man an Stelle des Doppelpunktes auch einen Gedankenstrich setzen kann, dann darf das erste Wort des Satzes nach dem Doppelpunkt kleingeschrieben werden, z. B. *Paula war gut vorbereitet – ihre Mutter hatte an alles gedacht.* Mit Doppelpunkt kann man schreiben *Paula war gut vorbereitet: ihre/Ihre Mutter hatte an alles gedacht.*

39.3 Satzschlusszeichen sind der Punkt, das Fragezeichen und das Ausrufezeichen. Nach diesen Zeichen schreibt man das erste Wort auch dann groß, wenn ein nicht vollständiger Satz folgt, z. B.: *Was hat sie gesehen? Nichts.* Oder *Sie sind um vier Uhr angekommen. Alles dunkel. Kein Mensch auf der Straße.*

5.2 Anredepronomina

40 Das Anredepronomen *Sie* und das zugehörige Possessivum *Ihr* werden mit allen Flexionsformen großgeschrieben, z. B.: *Wie oft haben Sie die Meerschweinchen Ihres Nachbarn gefüttert?*

Erläuterung

40.1 Mit der Großschreibung wird Höflichkeit signalisiert und gleichzeitig eine Verwechslung des Anredepronomens mit dem Pronomen der 3. Person Plural vermieden: *Kommen Sie/sie mit ins Konzert?* Entsprechendes gilt für das Possessivum. Um derartige Verwechslungen zu vermeiden, werden auch alte Anredeformen großgeschrieben, z. B. *Hat Er/er unseren König tapfer verteidigt?*

Kommentar

40.2 Bis zur Neuregelung wurden die Formen des Personalpronomens und des Possessivums der 2. Person in der Anrede großgeschrieben (*Du, Dein; Ihr, Euer*). Es wird empfohlen, diese Großschreibung weiter zuzulassen, z. B. *Wie oft hast Du/du die Meerschweinchen Deines/deines Nachbarn gefüttert?* Die Verwendung von *du* signalisiert soziale Nähe. Soziale Nähe sollte nicht die Höflichkeitsform ausschließen. Deshalb sollte auch *Du* möglich sein.

5.3 Substantive

41 Substantive werden großgeschrieben.

Mehr als die Hälfte aller Wörter des Deutschen sind Substantive. Ihre Großschreibung hebt die Formen der umfangreichsten Wortkategorie im Text hervor.

In seiner Grundfunktion tritt das Substantiv als Kern einer Nominalgruppe auf. In den folgenden Beispielen ist der Kern der jeweiligen gesamten Nominalgruppe durch Fettdruck markiert.

a. *der einzige alte* **Baum** *in unserer Straße*
b. *ein anderer konstruktiver* **Vorschlag** *der Opposition*
c. *die drei schicken* **Autos**, *unter denen du wählen kannst*
d. *dieses viele langatmige* **Gerede**, *das wir zu hören bekommen*

Die ausgebaute Nominalgruppe beginnt meist mit einem Artikelwort (Artikel oder Pronomen). Das Artikelwort sorgt dafür, dass mit der Nominalgruppe auf Dinge und Sachverhalte referiert und innerhalb des Textes verwiesen werden kann. Danach folgen Ausdrücke mit quantifizierender oder damit verwandter Bedeutung (in den Beispielen *einzig, ander, drei, viele*). Sie gehören unterschiedlichen Wortkategorien an und können z. B. Indefinitpronomina, Zahlwörter oder Adjektive sein. Ihnen folgen Eigenschaftsterme, das sind hier Adjektive in attributiver Funktion (*alt, konstruktiv, schick, langatmig*). Dem Kernsubstantiv können weitere Attribute folgen wie das präpositionale Attribut (*in unserer Straße*), das Genitivattribut (*der Opposition*) oder der Relativsatz (*unter denen du wählen kannst; das wir zu hören bekommen*).

42 Die Funktion des Kerns einer Nominalgruppe wird von Substantiven jeder Art erfüllt, von Konkreta (*Strumpf, Buch, Kind, Blume, Wind*) wie Abstrakta (*Sinn, Sorge, Mut, Schande*), von einfachen wie komplexen Substantiven (*Beachtung, Emporkömmling, Korkenzieher, Unmissverständlichkeit*), von heimischen wie von fremden Substantiven (*Theologin, Software, Radikalismus, Gymnasium*). Auch Substantivierungen aller Art (*der Neue, die Abgeordnete, das Wandern, das Wenn und Aber*) fungieren problemlos als Kerne von Nominalgruppen (Beispiele a.– d.).

a. *die drei* **Neuen** *aus Bonn*
b. *die erste* **Abgeordnete** *aus dem Landkreis Potsdam*
c. *ein häufiges, ausgiebiges* **Wandern** *der ganzen Familie*
d. *das ewige* **Wenn und Aber** *der Kommission*

Umgekehrt verliert ein Wort die Fähigkeit, als Kern einer Nominalgruppe zu fungieren, wenn es vom Substantiv in eine andere Kategorie überwechselt. Das ist etwa der Fall bei den Präpositionen *trotz, dank* wie in *trotz/dank ihrer Anfrage*. Ebenso bei *angst, bange, feind, gram, leid, pleite, schuld*, wenn sie als Adjektive vorkommen. Sätze wie *Ihr ist angst; Sie ist ihm feind* sind analog zu *Ihr ist schlecht; Sie ist ihm fremd* mit Adjektiv gebaut. Eine vollständige Nominalgruppe ist nicht möglich, deshalb werden *angst, feind* usw. hier kleingeschrieben. Dagegen schreiben wir

Sie macht ihm Angst, weil *Angst* hier Substantiv ist (*Sie macht ihm große Angst* usw.).

Zur richtigen Großschreibung hilft es also weiter, wenn man versucht, eine ausgebaute Nominalgruppe und möglichst auch Nominalgruppen in unterschiedlichen Kasus zu bilden (Artikelprobe, Attributprobe, Kasusprobe). Lässt sich das betreffende Wort zum Kern einer Nominalgruppe machen, dann handelt es sich jedenfalls um ein Substantiv. Anderenfalls bestehen Zweifel.

Eine Nominalgruppe muss natürlich nicht alle oben genannten Bestandteile enthalten, um ihren Kern als Substantiv zu erweisen. In manchen Fällen ist es außerdem schwierig, die Ausdrücke mit verweisender, quantifizierender und ähnlicher Bedeutung voneinander und von den Eigenschaftstermen zu trennen. Das angegebene Grundschema der Nominalgruppe ist trotzdem von erheblichem Nutzen, weil es hilft, zahlreiche Zweifelsfälle der Großschreibung einzuordnen. Sie werden dadurch für den Schreiber handhabbar. Die Ziffern 43–46 behandeln wichtige Grundtypen. Zum Zusammenhang von Großschreibung, Getrenntschreibung und Bindestrich siehe Ziffer 30–33.

43 Zweifel an der Großschreibung bestehen für eine größere Gruppe von Wortformen, die gemeinsam mit einer Präposition, einer Verschmelzung oder einem Artikel auftreten und über eine Kasusmarkierung verfügen. Sie weisen damit bestimmte Merkmale des Kerns einer Nominalgruppe auf. Andere Merkmale fehlen ihnen, vor allem sind sie so gut wie nicht durch Attribute erweiterbar. Ihre Bedeutung ist allgemein verweisend, teilweise gleichzeitig bewertend und quantifizierend. Beispiele:

a. *im Allgemeinen, im Argen, um ein Beträchtliches, zum Besten, im Entferntesten, im Einzelnen, im Folgenden, im Ganzen, im Großen und Ganzen, des Langen und Breiten, des Näheren, im Wesentlichen*
b. *binnen kurzem, seit langem, von nahem, von neuem, von weitem, bei weitem, bis auf weiteres, ohne weiteres*
c. *am schönsten, aufs herzlichste* oder *aufs Herzlichste*

Kommentar

43.1 Die Ausdrücke in a. enthalten einen Artikel oder einen Artikelrest innerhalb einer Verschmelzung (*im, zum*). Ihr letzter Bestandteil durfte bis zur Neuregelung teilweise sowohl groß- als auch kleingeschrieben werden (z. B. *im Folgenden* und *im folgenden*). Jetzt ist generell Großschreibung vorgesehen. Auch im vorliegenden Wörterbuch sind solche Ausdrücke großgeschrieben. Ein echter Kern einer Nominalgruppe ist je-

> doch nicht vorhanden (Attribute sind nicht möglich). Deshalb sollte man großzügig sein, wenn Kleinschreibung vorkommt.

Erläuterungen

43.2 Die Ausdrücke in b. enthalten eine Präposition, aber keinen Artikel oder Artikelrest. Ihr letzter Bestandteil ist kasusmarkiert und wird seit der Neuregelung generell kleingeschrieben.

43.3 Superlative mit *am* schreibt man klein (*am schönsten, am herzlichsten*); *aufs herzlichste* oder *aufs Herzlichste* kann man dagegen groß- oder kleinschreiben.

44 Ein weiteres Übergangsfeld zwischen Groß- und Kleinschreibung liegt bei Pronomina und Mengenbezeichnungen. Pronomina sind Wörter, die für sich allein dieselben syntaktischen Funktionen wie vollständige Nominalgruppen erfüllen können, z. B. *Das rote Haus gefällt ihr* vs. *Das gefällt ihr* (Pronomen *das*). Viele Pronomina sind auch Mengenangaben unterschiedlicher Art. Man bezieht sich mit ihnen auf einzelne Individuen (*Dieser war es*), auf Individuen in einer Menge (*Jeder weiß es*), auf Mengen von Individuen (*Alle wissen es*), auf ungegliederte Substanzen (*Alles ist angebrannt*) usw. Die verschiedenen Arten von Bedeutungen führen dazu, dass sich Pronomina auf unterschiedliche Weise mit Artikeln, anderen Pronomina, Zahlwörtern und Mengenadjektiven verbinden. Dabei entstehen Ausdrücke, in denen Pronomina, Zahlwörter und Mengenadjektive mehr oder weniger Eigenschaften des Kerns einer Nominalgruppe haben, einem Substantiv mehr oder weniger ähnlich sind.

Die folgenden Beispiele sind grob nach ‚Substantivität‘ des Kerns geordnet, der Hang zur Großschreibung tritt von Beispielgruppe zu Beispielgruppe deutlicher hervor. Die Wörter, auf die es in den Beispielsätzen ankommt, sind jeweils fett gedruckt.

a. *Sie hat **manchem** geholfen und sich **niemandem** verweigert.*
b. *mancher, aller, jener, dieser, einiger, keiner, jemand, niemand, etwas, nichts*
c. *Ein **jeder** kehre vor seiner Tür. Sage es den **beiden.***
d. *jeder/ein jeder, solcher/ein solcher, meiner/der meine, unser/der unsere, beide/die beiden*
e. *Aus dem **wenigen** kann man **vieles** machen.*
f. *viel/das viele, wenig/ein wenig, einer/der eine, anderes/das andere, ein bisschen, ein paar, das meiste, das wenigste*
g. *Ein **Einzelner** kann nicht für **Unzählige** verantwortlich sein.*

h. *der Einzelne, der Einzige, das Meiste, das Ganze, das Übrige, die Un-zähligen, der Letzte, etwas Ähnliches, etwas Verschiedenes*
i. *Die **drei** werden es schon schaffen. Einige **tausend/Tausend** waren da.*
j. *drei/die drei, hundert/die hundert/ein Hundert, tausend/die tau-send/ein Tausend, Millionen/die Million/eine Million*
k. *Sie hat Angst vor der **Dreizehn**. Die **Null** ist ihre Glückszahl.*
l. *die Eins, zwei Sechsen, eine Zwölf*
m. *Am **Fünfzehnten** wird das Gehalt überwiesen. Paul wird **Erster**.*
n. *Zweiter/der Zweite/ein Zweiter/ jeder Zweite/als Zweiter/am Zweiten, vom Hundertsten ins Tausendste*

Erläuterung

44.1 Die in a.– g. genannten Wörter fungieren insofern als Kerne von Nomi-nalgruppen, als sie attributfähig sind. Sie können mindestens ein präpo-sitionales Attribut haben, z. B. *mancher von ihnen, drei aus Hamburg.* Wichtige Unterschiede bestehen bei der Kombinierbarkeit mit Artikeln, Pronomina, Zahlwörtern und Adjektiven. Die Wörter unter a. erlauben dies nicht, sie sind echte Pronomina. Bei denen in b. kann immerhin ein Artikel stehen. Sie werden trotzdem kleingeschrieben. Die Wörter in f. und g. verhalten sich wie echte Substantive und werden großgeschrie-ben.

Die Zahladjektive *viel, wenig, ein, ander* schreibt man im Allgemeinen klein, in bestimmten Fällen können sie auch großgeschrieben werden (44.2).

Kommentar

44.2 Für die Wörter in c. ist seit der Neuregelung bei allen Formen Klein-schreibung festgelegt. Als substantiviert gelten dagegen die in d. Es wird empfohlen, zwischen c. und d. eine Angleichung der Groß- und Klein-schreibung bei gemeinsamem Gebrauch zuzulassen, z. B. *der Eine und Einzige* (statt *der eine und Einzige*) oder *vieles, wenn nicht das meiste* (statt *vieles, wenn nicht das Meiste*). Ebenso: *das Allermeiste, aber das Al-lerbeste* usw.

Erläuterungen

44.3 Wörter für Kardinalzahlen (e.) werden auch mit Artikel kleingeschrieben. *Die Hundert* wie *die Tausend* kann jedoch als Mengeneinheit aufgefasst und dann großgeschrieben werden (*ein Hundert, ein Tausend* analog zu *ein Dutzend*). Von der *Million* an sind die Zahlwörter Substantive und werden großgeschrieben (*eine Million, Milliarde, Billion*).

44.4 Paarformeln wie *Jung und Alt, Ach und Weh schreien, mit Ach und Krach* gelten als Ganze wie mit ihren Bestandteilen als substantivisch. Man schreibt sie groß.

45 Bezeichnungen von Tageszeiten wie *Morgen, Vormittag, Mittag, Nachmittag, Abend, Nacht* werden großgeschrieben. Das gilt auch dann, wenn sie nach Zeitadverbien wie *heute, gestern, übermorgen* stehen, z. B. *heute Morgen, vorgestern Abend.*

Erläuterungen

45.1 Die Großschreibung der Bezeichnungen für Tageszeiten wie in *heute Morgen* wurde mit der Neuregelung eingeführt. Früher schrieb man *heute morgen.* Die neue Schreibung wurde eingeführt, obwohl *Morgen* in dieser Verwendung weder artikelfähig noch attributfähig, also nicht Kern einer Nominalgruppe ist.

45.2 Großschreibung von *Morgen* usw. ist nicht möglich nach Bezeichnungen für Wochentage. Die Schreibung **Dienstag Morgen* ist nicht erlaubt, es muss zusammengeschrieben werden: *Dienstagmorgen.*

45.3 Wörter mit dem Wortbildungssuffix *-s* wie *morgens, nachts* sind Adverbien und werden kleingeschrieben. Einen Sonderfall stellt die Schreibung *des Nachts* analog zu *des Tages, des Weges* dar. *Nachts* wird hier großgeschrieben, obwohl es nicht zum Substantiv *Nacht* gehört (*die Nacht,* Genitiv *der Nacht*).

46 Adjektive und Substantive können feste Verbindungen eingehen derart, dass sie zusammen den Kern einer Nominalgruppe bilden. Sie haben dann eine gemeinsame Bedeutung, die sich nicht aus der wörtlichen Bedeutung (Grundbedeutung) des Adjektivs und des Substantivs ergibt, z. B. *Kalter Krieg.* Ein kalter Krieg ist weder kalt noch im eigentlichen Sinn ein Krieg. Fügt man zwischen Adjektiv und Substantiv ein weiteres Adjektiv ein, dann geht die besondere Bedeutung verloren. Es ergibt sich eine Nominalgruppe mit dem Substantiv als Kern, z. B. *ein kalter langer Krieg.*

Die feste Verbindung aus Adjektiv und Substantiv verhält sich insgesamt wie ein einfacher substantivischer Kern einer Nominalgruppe. Sie ist als Ganzes artikelfähig und attributfähig, z. B. *ein neuer Kalter Krieg in Europa.* Beispiele:

Dritte Welt, Erster Weltkrieg, Große Strafkammer, Kalter Krieg, Letzte Ölung, Neuer Markt

Erläuterungen

46.1 Die hier besprochenen festen Verbindungen aus Adjektiv und Substantiv dürfen nicht verwechselt werden mit den in mancher Beziehung verwandten Eigennamen vom Typ *Atlantische Allianz, Blauer Planet*. Solche Eigennamen werden bei Großschreibung im Allgemeinen nur mit dem bestimmten, nicht auch mit dem unbestimmten Artikel verwendet (*der Blaue Planet*, aber *ein blauer Planet*, siehe auch Ziffer 47).

46.2 Bis zur Neuregelung wurden zahlreiche feste Verbindungen aus Adjektiv und Substantiv großgeschrieben. Großschreibung war prinzipiell möglich, auch wenn sie nicht konsequent durchgeführt wurde. Seit der Neuregelung ist Großschreibung beschränkt auf Titel und Ehrenbezeichnungen (*Heiliger Vater, Königliche Hoheit*); außerdem auf fachsprachliche Bezeichnungen für Arten und Gattungen (*Roter Milan*), besondere Kalendertage (*Heiliger Abend*) und historische Ereignisse (*Westfälischer Friede*). Die drei letzten Gruppen zählen wir zu den Eigennamen (Ziffer 47).

Kommentar

46.3 Es wird empfohlen, die Großschreibung von festen Verbindungen aus Adjektiv und Substantiv wie vor der Neuregelung zuzulassen, zumal eine Reihe dieser Schreibungen auch von den Nachrichtenagenturen beibehalten wurde. Beispiele:

Aktuelle Stunde, Archimedischer Punkt, Erste Hilfe, Gelbe Karte, Großes Los, Hohes Haus, Weißer Tod, Schneller Brüter

5.4 Eigennamen und Ableitungen von Eigennamen

47 Eigennamen werden großgeschrieben.
Eigennamen dienen der Identifizierung von Individuen unterschiedlicher Art innerhalb einer mit dem Eigennamen gegebenen Menge von Individuen. So identifiziert man mit *Renate* ein Individuum innerhalb der Menge der weiblichen Wesen, mit *Naumann* ein Individuum (nämlich eine Familie) innerhalb der Menge der Familien, mit *Krefeld* eine Stadt, mit *Luxemburg* eine Stadt oder ein Land usw.

Eigennamen können einfach oder zusammengesetzt sein. Die Identifizierung von Individuen innerhalb einer gegebenen Menge findet bei zusammengesetzten Eigennamen in derselben Weise statt wie bei einfachen. Mit *Schwarzes Meer* identifiziert man ein Gewässer, mit *Roter Milan* eine Art unter den Greifvögeln, mit *Siebenjähriger Krieg* ein historisches Ereignis. Die mit Eigennamen identifizierten Individuen können komplex und abstrakt sein und sie können insbesondere selbst Mengen von Individuen sein. Bezeichnungen von Arten und Gattungen sind Eigennamen dieser Art.

48   Einfache Eigennamen sind eine Teilmenge der Substantive und werden wie diese großgeschrieben. In zusammengesetzten Eigennamen schreibt man das erste Wort sowie alle weiteren Wörter groß, soweit sie nicht Artikel, Präpositionen oder Konjunktionen sind (zum Bindestrich in komplexen Eigennamen siehe Ziffer 35). Beispiele:

Neustadt am Rübenberge, Rothenburg ob der Tauber, Claus Graf Schenk von Stauffenberg, Effi von Thurn und Taxis, Jürgen von der Lippe

Erläuterungen

48.1 In einigen Fällen ist ein Artikel als erstes Wort Bestandteil des Eigennamens. Der Artikel wird dann großgeschrieben, z. B. in Namen von Zeitungen und Zeitschriften wie *Die Welt, Der Blinker*. Erscheint der Artikel im laufenden Text in anderer als der Grundform, dann wird er auch hier kleingeschrieben, z. B. *Es stand in der Welt. Die Leserbriefe des Blinkers sind interessant.*

48.2 Erscheinen Bestandteile wie *von, van, zu* im laufenden Text als erstes Wort eines Eigennamens, dann werden sie kleingeschrieben, z. B. *Ein Bild van Goghs schmückt jedes Heim. Lies bitte bei von Polenz nach.*

49   Nichtflektierbare Ableitungen von geografischen Eigennamen auf *-er* werden großgeschrieben (Beispiele a.). Adjektivische Ableitungen von Eigennamen werden kleingeschrieben (Beispiele b.; zur Schreibung *Ohm'sches Gesetz* siehe Ziffer 58).

    a. *ein Pariser Baudenkmal, die Regensburger Domspatzen, der Burgenländer Wein*
    b. *die ungarische Grammatik, ein freudscher Versprecher, eine berlinische Aussprache, mozarthafte Lieder, goethekundige Studenten*

6. Silbentrennung

50   Grundregel der Silbentrennung: Trennung nach Sprechsilben. Geschriebene Wortformen trennt man am Zeilenende so, wie sie sich beim langsamen Vorlesen in Silben zerlegen lassen. Beispiele:

Bau-er, steu-ern, na-iv, Mu-se-um, eu-ro-pä-i-sches, na-ti-o-nal, dre-hen, neh-men, Haus-tür, Be-fund, ehr-lich

Erläuterungen

50.1 Die Abtrennung einzelner Vokalbuchstaben am Anfang oder im Inneren einer Wortform ist möglich, z. B. *A-tem*. Die Abtrennung einzelner Vokalbuchstaben am Ende einer Wortform ist überflüssig, weil der Trennungsstrich denselben Raum in Anspruch nimmt wie der Buchstabe, z. B. *Kleie, laue* und nicht **Klei-e, *lau-e*.

50.2 Die Grundregel der Silbentrennung bezieht sich nicht auf das Gesprochene allgemein, sondern auf das Vorlesen. Damit wird ein Bezug zum Geschriebenen hergestellt. Das ist für viele Trennungen von Bedeutung, z. B. in *so-zi-a-les, Le-gu-a-ne*. Das *a* ergibt sich als Einzelsilbe nicht einfach beim Sprechen, sondern beim langsamen Vorlesen.

50.3 Die Grundregel der Silbentrennung stützt sich auf das Sprachgefühl des Schreibers. Weil sie in einigen Fällen nicht zu einem eindeutigen Ergebnis führt, sind in den folgenden Ziffern weitere Einzelheiten geregelt. Sie dienen der Verdeutlichung der Grundregel.

51 Morphologische Trennungsregel: Bei Komposita darf zwischen den einzelnen Bestandteilen getrennt werden. Beispiele:

Regel-formulierung, Straßen-bauamt, Straßenbau-amt, anwendungs-bezogen

Nach Präfixen darf getrennt werden. Beispiele:

ent-gehen, be-gleiten, Er-trag, un-wichtig, syn-chron, Pro-gramm

Vor silbischen Suffixen, die mit genau einem Konsonantbuchstaben anfangen, darf getrennt werden. Beispiele:

wirk-lich, Wag-nis, Frech-heit, Freund-schaft, Freund-chen

Erläuterungen

51.1 Folgen von Konsonantbuchstaben, die mit genau einem Laut korrespondieren (z. B. *ch, ck, sch*), trennt man generell nicht. Deshalb werden beispielsweise *sch* im Suffix *-schaft* und *ch* im Suffix *-chen* als Ganze abgetrennt (*Freund-schaft, Freund-chen*).

51.2 Die morphologische Trennungsregel erfasst nur Wortformen mit bestimmten morphologischen Einheiten (Bestandteile von Komposita,

Präfixe, Suffixe). Wenn eine mehrsilbige Wortform solche Einheiten nicht enthält oder wenn nach der morphologischen Trennung mehrsilbige Einheiten übrig bleiben, gilt Ziffer 52.

52 Zwischen Vokalbuchstaben, die zu verschiedenen Silben gehören, darf getrennt werden. Beispiele (im Beispiel *Tow-er* gilt das *w* als Bestandteil eines Diphthongs und damit als Vokalbuchstabe):

blau-es, Schlei-er, Stau-ung, Spi-on, kongru-iert, Tow-er

Befindet sich zwischen zwei Vokalbuchstaben genau ein Konsonantbuchstabe, so darf vor diesem getrennt werden. Beispiele:

Au-ge, Bre-zel, A-bend, He-xe, bei-ßen, Rei-he, Trai-ning, To-wer

Befinden sich zwischen zwei Vokalbuchstaben mehrere Konsonantbuchstaben, so darf vor dem letzten getrennt werden. Beispiele:

El-tern, Gar-be, Wün-sche, wit-zig, fal-len, Pap-pe, Karp-fen, erns-tes

Kommentar

52.1 Nach der Neuregelung dürfen *pf* und *st* nicht gemeinsam abgetrennt werden. Es wird empfohlen, ihre Trennung nach folgender Regel zuzulassen:

Sind von drei oder mehr Konsonantbuchstaben die beiden letzten *pf* oder *st*, so darf auch vor dem *p* bzw. *s* getrennt werden. Beispiele:

Kar-pfen, stam-pfen, Im-pfung, ern-stes, Ger-ste, schwül-stig

53 Ist der letzte von mehreren Konsonantbuchstaben ein *r, l* oder *n*, dann ist der vorausgehende Konsonantbuchstabe mit abtrennbar. Das gilt jedoch nur für Fremdwörter. Beispiele:

Ni-trat, Fe-bruar, no-bles, Zy-klus, Ma-gnet

Kommentar

53.1 Die Neuregelung erlaubt die Abtrennung von *r, l,* und *n* zusammen mit dem vorausgehenden Konsonantbuchstaben nur in Fremdwörtern. Es wird empfohlen, die Trennbarkeit auf heimische Wörter auszudehnen, weil dies der Trennung nach Sprechsilben entspricht. Beispiele:

nie-drig, knus-prig, ne-blig, Ga-blung, Ge-gner

> Weiter wird empfohlen, die Abtrennung von *r* und *l* zusammen mit dem vorausgehenden Konsonantbuchstaben dann als die normale Trennung anzusehen, wenn die nachfolgende Silbe in der gesprochenen Wortform betont ist. Beispiele:
>
> *mons-trös* statt *monst-rös*, *Hy-drant* statt *Hyd-rant*, *Mem-bran* statt *Memb-ran*, *Em-blem* statt *Emb-lem*, *Kom-plet* statt *Komp-let*, *Zy-klon* statt *Zyk-lon*

54 Erkennt oder weiß ein Schreiber nicht, welche morphologischen Bestandteile im Sinne der morphologischen Trennungsregel ein Wort enthält, so kann er nach Ziffer 50 bzw. 52 anstelle der morphologischen Trennung (Ziffer 51) trennen. Im Allgemeinen entspricht die nicht morphologische Trennung der Trennung nach Sprechsilben. Diese gilt grundsätzlich auch für Fremdwörter. Beispiele:

a. heimisch: *hin-auf/hi-nauf, her-an/he-ran, dar-um/da-rum, Klein-od/Klei-nod*

b. fremd: *Chrys-an-the-me/Chry-san-the-me, Hekt-ar/Hek-tar, Päd-a-go-ge/Pä-da-go-ge*

Erläuterungen

54.1 Im Wörterverzeichnis dieser Rechtschreibung wird an erster Stelle generell die morphologische Trennung nach Ziffer 51 angegeben, danach – als <auch>-Variante gekennzeichnet – die Silben- oder Konsonantentrennung. Dabei gilt die am Anfang eines Stichwortnestes angegebene Trennungsvariante für den ganzen Absatz.

54.2 Besonders bei vielen Fremdwörtern ist die Gliederung in morphologische Einheiten der Herkunftssprache nur dem ersichtlich, der die Sprache kennt. Eine in diesem Sinne ‚korrekte‘ Trennung darf deshalb nicht generell gefordert werden. Die Kenntnis der fremden Sprache ist ja für einen richtigen Gebrauch der Fremdwörter auch sonst nicht unerlässlich.

55 Wörter sollten im Allgemeinen nicht so getrennt werden, dass falsche Sinneinheiten entstehen. Man trennt beispielsweise nicht *Tee-nager* (sondern *Teen-ager*), nicht *Kast-rat* (sondern *Kas-trat*), nicht *Frust-ration* (sondern *Frus-tration*) und nicht *Sprecher-ziehung* (sondern *Sprech-erziehung*). Auch trennt man nicht *Seeu-fer*, sondern *See-ufer*.

56 Abkürzungen werden in einigen Fällen mit einzelnen Großbuchstaben oder nur mit großgeschriebenen Anfangsbuchstaben wiedergegeben. Abkürzungen, die nur aus Großbuchstaben bestehen, werden üblicherweise nicht getrennt: *NATO*, die Schreibvariante *Na-to* kann dagegen getrennt werden.

7. Zeichensetzung

57 Unter dem Begriff Zeichensetzung fasst man den Gebrauch der so genannten Satzzeichen zusammen. Satzzeichen dienen zur Abgrenzung und Verbindung von Wortformen und größeren syntaktischen Einheiten. Gemeinsam mit Wortabständen, Absätzen, Überschriften usw. zeigen sie dem Leser Gliederung und spezielle Funktion von Einheiten der geschriebenen Sprache an.

7.1 Wortzeichen und Satzzeichen

Von den Satzzeichen lassen sich die Wortzeichen unterscheiden, mit denen Wortformen intern gegliedert werden. Das wichtigste Wortzeichen des Deutschen ist der Binde- und Trennstrich. Der Bindestrich hat seine Hauptfunktion bei der Gliederung von Komposita (Ziffer 30), der Trennstrich bei der Silbentrennung (Ziffer 50 – 56).

58 An der Grenze von Wortzeichen und Satzzeichen ist der Apostroph angesiedelt. In der Orthografie vor der Neuregelung hat der Apostroph allein eine Funktion als Auslassungszeichen. Er wird verwendet, wo ein Teil einer Wortform als ausgelassen markiert werden soll wie in *Hat's geklappt?* oder *ohne'n Auto*. Bezugspunkt ist das geschriebene Standarddeutsche, in dem nur volle Wortformen vorkommen. Mit dem Apostroph kann insbesondere signalisiert werden, dass Einheiten eines geschriebenen Textes gesprochene Umgangssprache (*Das war 'ne Katastrophe. Sie hat'n mit'm Messer bedroht*) oder gesprochenen Dialekt (*Ham S' scho' g'hört?*) wiedergeben.

Orthografisch geregelt ist die Verwendung des Apostrophs vor allem zur Abkürzung häufig vorkommender Formen von Pronomina (*es -> 's*), Artikeln (*einen -> 'nen*) und Pronominaladverbien (*hinauf -> 'nauf*). Der Apostroph steht hier links vom Wortrest. Enthält der Wortrest keinen Vokalbuchstaben, so wird er mit der vorausgehenden Wortform zusammengeschrieben (*hat es -> hat's; sieht ihn -> sieht'n*). Kann sich der Wortrest nicht in dieser Weise ‚anlehnen', so bleibt er als Wortform selbständig (*Es klappt -> 's klappt*).

Eine andere Verwendung des Apostrophs zeigt an, dass eine vokalische Flexionsendung reduziert wurde. Verbreitet ist vor allem das Vorkommen beim Verb, und zwar in der 1. Person Singular Indikativ des Präsens (*ich geh', ich bad'*; in der Neuregelung nicht mehr vorgesehen). Außerdem beim -*s* des Genitiv Singular von Substantiven, deren Stamm auf einen *s*-Laut endet (*Hans' Auto, Marx' Schriften*).

Schon seit langer Zeit und gegenwärtig mit zunehmender Tendenz wird der Apostroph nicht nur als Auslassungszeichen, sondern auch als Trennzeichen verwendet. Meist dient er zur Abtrennung des Genitiv-*s*, vor allem bei Eigennamen wie in **Helena's Versprechen, *Helga's Fahrradshop*. Dieser Gebrauch ist im Englischen korrekt, im Deutschen aber ungrammatisch. Schon gar nicht korrekt ist er bei anderen Vorkommen von *s* am Wortende, etwa in **viele Opa's, *eines Nacht's*.

Erläuterung

58.1 Die Neuregelung der Orthografie sieht allerdings eine bestimmte Verwendung des Apostrophs zur Abtrennung als korrekt an: Wird aus einem Eigennamen mithilfe des Suffixes -*sch* ein Adjektiv gebildet (*schubertsche Lieder, ohmsches Gesetz*), dann kann das Suffix durch Apostroph abgetrennt und der verbleibende Eigenname großgeschrieben werden: *Schubert'sche Lieder, Ohm'sches Gesetz*.

Kommentar

58.2 Es wird empfohlen, dieser Regelung nicht zu folgen, weil sie der eigentlichen Funktion des Apostrophs widerspricht und seinem falschen Gebrauch als Trennzeichen Vorschub leistet. Stattdessen sollte man wie bisher den Eigennamen in Adjektiven auf -*sch* dann großschreiben dürfen, wenn man sich ausdrücklich auf die betreffende Person beziehen möchte, also z. B. *Ohmsches Gesetz* (das Gesetz wurde nach Georg Simon Ohm benannt), aber *ohmscher Widerstand* (eine andere Bezeichnung für ‚elektrischer Widerstand').

59 Die wichtigsten Satzzeichen des Deutschen sind Punkt, Ausrufezeichen, Fragezeichen, Semikolon, Komma, Doppelpunkt, Gedankenstrich, Klammern und Anführungszeichen. Ihre Verwendung ist zum weit überwiegenden Teil grammatisch geregelt. Es gibt aber auch Vorkommen, die grammatisch kaum oder nur sehr allgemein fassbar sind.

Ein Gedankenstrich etwa kann dann gesetzt werden, wenn der Schreiber die nachfolgende Teileinheit auf besondere Weise fokussieren, ihr Auftauchen als unerwartet oder bemerkenswert markieren möchte:

a. *Diese Zeitung – schreibt nur die Wahrheit.*
b. *Diese Zeitung schreibt – nur die Wahrheit.*
c. *Diese Zeitung schreibt nur – die Wahrheit.*

Ins Einzelne gehende Regeln für das Setzen des Gedankenstrichs sind hier weder möglich noch von Interesse. Der Schreiber kann den Gedankenstrich kaum falsch, sondern höchstens so platzieren, dass man seine Absicht nicht versteht.

60 Ähnlich verhält es sich mit den Klammern. Sie werden im Allgemeinen gesetzt, wenn der Leser die Bedeutung des Ausdrucks einschließlich des eingeklammerten Teils der Bedeutung des Ausdrucks ohne diesen Teil gegenüberstellen soll. Bei *der (rote) Schal* geht es um den im Kontext genannten Schal, wobei daran erinnert wird, dass es sich um den roten handelt.

Klammern werden in der Regel so gesetzt, dass der Gesamtausdruck auch ohne den eingeklammerten Teil grammatisch bleibt. Man kann etwa schreiben *Er hat den (roten) Schal selbst gehäkelt*, nicht jedoch *Er hat (den) roten Schal selbst gehäkelt*. Viel mehr ist zur Grammatik der Klammer nicht zu sagen.

61 Für zahlreiche Textteile mit spezifischer, genau festgelegter Funktion ist die Zeichensetzung strikt geregelt. Nur bestimmte Setzungen sind zugelassen, alle anderen bleiben ausgeschlossen. Die Beachtung solcher Festlegungen dient der Einheitlichkeit und Übersichtlichkeit des Textaufbaus, eine im engeren Sinne grammatische Funktion liegt aber nicht vor.

Beispielsweise setzt man im Deutschen nach Überschriften keinen Punkt, auch wenn die Überschrift ein vollständiger Satz ist. Nach Anredeformeln im Brief setzt man ebenfalls keinen Punkt, es kann aber ein Komma stehen. Für das Datum in Briefen und vergleichbaren Texten stehen Schreibweisen wie die unter a. (und neuerdings weitere wie *2000.05.14* oder *2000-05-14*) zur Verfügung, nicht aber die unter b.

a. *Dienstag, 14.5.2000*
   14.5.2000
   14.05.00

b. **Dienstag; 14.5.2000*
   *14,5.2000.
   *14.05,00

Konventionen dieser Art sind teilweise im amtlichen Regelwerk, teilweise in nichtamtlichen Richtlinien für das Schreiben auf Maschine oder Computer niedergelegt. Sie werden hier nicht weiter dargestellt. Im Folgenden geht es vor allem um den Gebrauch der Satzzeichen im laufenden Text.

62 Grundeinheit im geschriebenen Text ist der Satz, sein normales Schlusszeichen ist der Punkt. Unter einem Satz ist dabei einmal eine sprachliche Einheit zu verstehen, die im grammatischen Verständnis des Begriffs vollständig ist. Häufig spricht man hier vom Ganzsatz.

Als Schlusszeichen dient der Punkt aber auch zur Abgrenzung von Einheiten, die nicht als Sätze, wohl aber als Äußerungen vollständig sind. Der Schreiber grenzt dann Sinneinheiten ab, die man außerhalb des Textes nicht als Sätze ansehen würde:

Deshalb sahen wir uns gezwungen, sofort eine Erklärung abzugeben. Wahrscheinlich haben wir unsere Kompetenzen damit überschritten. Wahrscheinlich. Denn die Kommission hätte wohl gefragt werden müssen. Jedenfalls aber benachrichtigt werden sollen.

Die Einheiten *Wahrscheinlich* und *Jedenfalls aber benachrichtigt werden sollen* sind ohne weiteres durch Punkte abgrenzbar. Für den Schreiber erhebt sich gar nicht die Frage, ob er sich dabei im Einklang mit einer Definition von ‚grammatisch vollständiger Satz' befindet, und für den Leser gibt es keinerlei Verständnisproblem.

63 Ausrufezeichen und Fragezeichen markieren wie der Punkt den Schluss von Sätzen, sind dem Punkt gegenüber aber in der Funktion spezialisiert. Mit dem Ausrufezeichen zeigt der Schreiber an, dass auf einer Einheit ein besonderer Nachdruck liegt. Mit *Wahrscheinlich haben wir unsere Kompetenzen damit überschritten. Wahrscheinlich!* etwa wird der Leser aufgefordert, genau zu überlegen, warum gerade dieser Ausdruck und nicht andere wie *möglicherweise, ganz bestimmt, auf keinen Fall* verwendet wurde. Besonders häufig steht das Ausrufezeichen, wenn eine Einheit die Form eines Aufforderungssatzes hat und als Aufforderung zu verstehen ist, z. B. *Bring bitte auch Brot mit! Dann aber los!*

Das Fragezeichen markiert eine Einheit als Frage, unabhängig von ihrer Form. So könnte es etwa heißen *Wahrscheinlich haben wir unsere Kompetenzen damit überschritten. Wahrscheinlich? Nein, ganz bestimmt!* Besonders häufig wird das Fragezeichen verwendet, wenn eine Einheit die

Form eines Fragesatzes hat und als Frage zu verstehen ist, z. B. *Melden Sie das der Polizei? Warum melden Sie das der Polizei?*

Ausrufezeichen und Fragezeichen können in der beschriebenen Funktion auch einzelnen Teileinheiten von Sätzen zugeordnet werden. Meist stehen sie dann in Klammern: *Wahrscheinlich (!) haben wir unsere (?) Kompetenzen damit überschritten.* Die Wirksamkeit derartiger rhetorischer Mittel bleibt allerdings an ihre sparsame Verwendung gebunden.

64 Die übrigen Satzzeichen (Semikolon, Komma, Doppelpunkt) können zunächst dort stehen, wo der Punkt im Text zwischen Sätzen erscheint, also nicht am Ende eines Absatzes oder Textes. Dabei dient die Ersetzung des Punktes durch Semikolon oder Komma der Verbesserung des Textflusses. Satzgrenzen werden sozusagen durchlässiger gemacht. Der Doppelpunkt hat eine vorausweisende Funktion. Dem Leser wird mitgeteilt, dass er im nachfolgenden Satz oder Text eine Information findet, mit der zu rechnen ist. Beispiel:

Deshalb sahen wir uns gezwungen, sofort eine Erklärung abzugeben; wahrscheinlich haben wir unsere Kompetenzen damit überschritten, wahrscheinlich: Denn die Kommission hätte wohl gefragt werden müssen, jedenfalls aber benachrichtigt werden sollen.

Die genannten Satzzeichen haben alle auch spezielle Funktionen, in denen sie nicht in Konkurrenz zum Punkt stehen. So kann das Semikolon in Aufzählungen erscheinen (Ziffer 65). Das Komma dient vor allem zur internen syntaktischen Gliederung von Sätzen (Ziffer 65–72). Der Doppelpunkt wird zum Vorausweisen auch dort verwendet, wo ein Punkt nicht stehen kann, z. B. *Sein Tipp: immer erst die Auskunft anrufen.* Diese generelle Verweisfunktion erklärt, warum nach dem Doppelpunkt sowohl groß- als auch kleingeschrieben werden darf (Ziffer 39.2). Genau geregelt ist die Verwendung des Doppelpunktes zur Ankündigung direkter Rede (Ziffer 73).

7.2 Nebenordnung

65 Zwei oder mehr sprachliche Einheiten können einander grammatisch nebengeordnet sein, entweder als einfache Verknüpfung (Gleichstellung) oder als Reihung (Aufzählung).

Grammatisch nebengeordnete Einheiten verbindet man durch eine nebenordnende Konjunktion oder durch ein Komma. Nebenordnende

Konjunktionen im Sinne dieser Regel sind (Beispiele jeweils mit Komma oder Konjunktion):

a. *und*
   Helga und Renate. Helga, Karl und Renate. Helga und Karl und Renate. Sie wandert, malt, liest. Sie wandert, malt und liest
b. *oder, entweder … oder*
   entweder Helga, Karl oder Renate. Sie wandert, malt oder liest
c. *beziehungsweise, bzw.*
   Helga bzw. Karl. Sie wandert, malt bzw. liest
d. *wie, sowie*
   Helga, Karl sowie Renate
e. *sowohl … als/wie auch*
   Sowohl Helga, Karl, Fritz als auch Renate
f. *weder … noch*
   Weder Helga, Karl noch Renate. Weder Helga noch Karl noch Renate

Verbindet eine nebenordnende Konjunktion vollständige Sätze, so kann zusätzlich zur Konjunktion ein Komma stehen. Beispiele:

a. *Helga besucht uns$_{(,)}$ und wir haben es nicht gewusst.*
b. *Entweder du leihst ihm das Fahrrad$_{(,)}$ oder du nimmst ihn im Auto mit.*
c. *Karl wird Schuster$_{(,)}$ bzw. Helga wird Lehrerin.*

Erläuterungen

65.1 Bei nebengeordneten Einheiten der beschriebenen Art kann anstelle des Kommas auch ein Semikolon stehen, z. B. *Sie wandert; malt; liest.*

65.2 Stehen bei einem Substantiv mehrere Adjektive, so wird durch das Komma oder die Konjunktion Nebenordnung angezeigt. So bedeuten *eine junge, erfolgreiche Dirigentin* und *eine junge wie erfolgreiche Dirigentin* dasselbe: die Dirigentin ist sowohl jung als auch erfolgreich. Dagegen kann derselbe Ausdruck ohne Komma oder Konjunktion (*eine junge erfolgreiche Dirigentin*) auch verstanden werden als „eine erfolgreiche Dirigentin, die außerdem noch jung ist". Hier liegt keine Nebenordnung der Adjektive vor, sondern *jung* bezieht sich auf *erfolgreiche Dirigentin* insgesamt.

65.3 Die nebenordnende Konjunktion *denn* verbindet in der Regel zwei vollständige Sätze. Sie wird mit Komma verwendet, z. B. *Du bekommst einen Orden$_{(,)}$ denn du bist seit zwanzig Jahren unser Vorsitzender.*

66 Eine besondere Form der Nebenordnung liegt bei den adversativen (entgegensetzenden) Konjunktionen *aber, sondern* und *jedoch* vor. Sie verbinden genau zwei Einheiten miteinander und werden mit Komma verwendet. Beispiele:

Er ist nett, aber seine Freundin auch. Er ist nicht besonders schlau, sondern besonders bescheiden. Sie kommt, jedoch sie hat den Rotwein vergessen.

67 Ein Satz wie *Er hat sein Fernsehgerät verkauft* enthält eine pronominale Form (*er*), deren Bezug sich aus dem Kontext ergibt. *Er* kann sich z. B. auf *der Fußballfreund* im vorausgehenden Satz oder Text beziehen. Dieses Nominal kann aber auch im selben Satz stehen. Steht es am Satzanfang, dann spricht man von ,Herausstellung nach links': *Der Fußballfreund, er hat sein Fernsehgerät verkauft.* Steht es am Satzende, dann spricht man von ,Herausstellung nach rechts': *Er hat sein Fernsehgerät verkauft, der Fußballfreund.* Herausstellungen werden durch Komma abgetrennt.

Die wichtigsten Typen von Herausstellungen beziehen sich auf Pronomina (Beispiele a.) oder auf Pronominaladverbien. Pronominaladverbien sind Wörter, die zusammengesetzt sind aus den Adverbien *da(r)* oder *hier* und Präpositionen wie *daran, damit, hierauf, hierdurch* (Beispiele b.). Auch der Bezug auf andere Ausdrücke in ähnlicher wie der pronominalen Funktion ist möglich, z. B. *so, auf diese Weise* (Beispiele c.).

a. *Karl und Hans, die sind pünktlich. Helga hat ihm geschrieben, ihrem reichen Onkel. Den Leuten zu imponieren, das versteht Gerhard. Gerhard hat es verstanden, den Leuten zu imponieren. Gerhard versteht es, den Leuten zu imponieren.*
b. *An ihren Taten, daran sollt ihr sie erkennen. Einen Satz zu gewinnen, daran glaubt Anke. Anke glaubt daran, einen Satz zu gewinnen.*
c. *Ohne Gepäck, so geht er am liebsten auf Reisen. Ständig nörgelnd, auf diese Weise wirst du wenig erreichen.*

Erläuterungen

67.1 Herausstellungen werden stets durch Komma abgetrennt. Das betrifft ausdrücklich auch solche Ausdrücke, die sonst, also wenn sie nicht als Herausstellungen auftreten, ohne Komma stehen können. Die Infinitivgruppe *zu imponieren* muss in den Sätzen *Zu imponieren$_{(o)}$ versteht Gerhard* und *Gerhard versteht$_{(o)}$ zu imponieren* nicht durch Komma abgetrennt werden, wohl aber in Sätzen mit Herausstellung wie *Zu imponieren, das versteht Gerhard* und *Gerhard versteht es, zu imponieren*. Ähnlich eine Partizipialgruppe wie *die Haare frisch gescheitelt*. In *Die Haare frisch gescheitelt$_{(,)}$ gefällst du ihr am besten* steht sie mit oder ohne Komma, in *Die Haare frisch gescheitelt, so gefällst du ihr am besten* steht sie mit Komma.

67.2 Ein Ausdruck, der an ein Pronominaladverb gebunden ist, wird auch dann durch Komma abgetrennt, wenn er nicht am Satzanfang oder am Satzende steht, z. B. *Die Hoffnung darauf, rechtzeitig anzukommen, war vergeblich. Darauf, einen Satz zu gewinnen, hofft Anke immer wieder.*

68 Einem Satz können Ausdrücke eingeschoben oder angefügt sein, die zur Erläuterung, Kommentierung oder näheren Kennzeichnung anderer Ausdrücke in dem Satz dienen und die nur schwach oder gar nicht in die Satzstruktur integriert sind. Derartige Ausdrücke werden durch Komma abgegrenzt. Beispiele für die wichtigsten Typen von Einschüben und Anfügungen:

a. **Parenthesen.** Das sind Sätze, die im übergeordneten Satz keine Satzglied- oder Attributfunktion haben, z. B. *Er hat die Wohnung, sie war seine erste überhaupt, nach zwei Wochen wieder verlassen. Ein Hin- und Rückflug kostet, sie will es kaum glauben, weniger als ein einfacher Flug.*

b. **Appositionen.** Das sind Nominalgruppen, die einem Substantiv als nähere Bestimmung nachgestellt, aber nicht Attribute im üblichen Sinne sind, z. B.: *Aus Brasilien, dem größten Land Südamerikas, kommt der beste Kaffee. Karl May, Vertreter der Bundesrepublik Deutschland, wurde Dritter. Karl May, Bundesrepublik Deutschland, wurde Dritter.*

c. **Ausdrücke anderer Form,** die eine ähnliche Funktion wie Parenthesen und Appositionen haben, z. B. *Sie hat, in dieser Beziehung ganz gewitzt, sofort nachgegeben. Sie hat, und zwar schon immer, genau einen Sommerhut. Wir, d. h. wir alle zusammen, haben zweitausend Euro ausgegeben.*

Erläuterungen

68.1 Sind Ausdrücke der genannten Art nicht Einschübe, sondern Anfügungen an den übergeordneten Satz, so werden sie ebenfalls durch Komma abgetrennt.
Beispiele: *Ein Hin- und Rückflug kostet weniger als ein einfacher Flug, sie will es kaum glauben. Der beste Kaffee wird in Brasilien angebaut, dem größten Land Südamerikas.*

68.2 Auch syntaktisch integrierte Ausdrücke wie Attribute und Adverbiale können durch Kommata als Einschübe gekennzeichnet werden, z. B. *Er ist gestern, kurz vor Mitternacht, wohlbehalten angekommen.* Ist der Einschub parallel zu einem anderen Ausdruck konstruiert, so wird das Komma nach dem Einschub weggelassen. Beispiel mit parallelem adjektivischem Attribut: *Sie hat genau einen, und zwar besonders scheußlichen Sommerhut.*

68.3 Die meisten Parenthesen, Appositionen usw. können auch mit Gedankenstrichen oder Klammern abgegrenzt werden, mit Klammern natürlich nur, wenn ein Einschub vorliegt. Beispiele: *Aus Brasilien – dem größten Land Südamerikas – kommt der beste Kaffee. Der beste Kaffee kommt aus Brasilien – dem größten Land Südamerikas. Er ist gestern (kurz vor Mitternacht) wohlbehalten angekommen.*

7.3 Unterordnung

69 Von Unterordnung spricht man, wenn eine sprachliche Einheit als Bestandteil einer größeren Einheit charakterisiert wird. Für die Kommasetzung spielen vor allem drei Typen von Unterordnung eine Rolle. (1) Das Subjekt und die Objekte sind Bestandteile des Satzes und diesem untergeordnet. Da sie gemeinsam mit einem Verb auftreten und an das Verb gebunden sind, bezeichnet man sie zusammenfassend als Verbergänzungen, z. B. *Karla schreibt einen Leserbrief* mit Subjekt (*Karla*) und direktem Objekt (*einen Leserbrief*). (2) Adverbiale Bestimmungen sind ebenfalls Bestandteile des Satzes und diesem untergeordnet. Sie gelten aber nicht als Verbergänzungen, weil sie vom Verb unabhängig sind und prinzipiell in Sätzen mit jedem Verb vorkommen können. Beispiel: *Karla schreibt aus Ärger einen Leserbrief* mit *aus Ärger* als adverbialer Bestimmung des Grundes. (3) Attribute sind Bestandteile einer Nominalgruppe und dieser untergeordnet, z. B. *die Hoffnung der Opposition* mit *der Opposition* als Genitivattribut.

Verbergänzungen, adverbiale Bestimmungen und Attribute werden durch Komma abgegrenzt, wenn sie die Form von Sätzen haben. Solche Sätze heißen Nebensätze (siehe Ziffer 70).

Verbergänzungen, adverbiale Bestimmungen und Attribute können durch Komma abgegrenzt werden, wenn sie die Form von Infinitiv- oder Partizipialgruppen haben (siehe Ziffer 71 und 72, zu Infinitiv- und Partizipialgruppen als Herausstellungen und Einschübe Ziffer 67 und 68).

70 Nebensätze werden durch Komma abgetrennt. Beispiele:

a. **Subjekt.** *Dass du uns besuchst, freut mich. Wie die Wahl ausgeht, interessiert kaum jemanden.*

b. **Objekt.** *Renate versteht, dass Paul ausschlafen will. Paul behauptet, Renate sei auf Dienstreise.*

c. **Adverbiale Bestimmung.** *Weil sie umgezogen ist, fährt Renate jetzt mit dem Auto zur Schule. Paul kauft ein, wenn man ihm einen Einkaufszettel gibt.*

d. **Attribut.** *Der Leserbrief, den Renate schreibt, wird abgedruckt. Eine Annahme, wie du sie machst, führt kaum weiter.*

71   Infinitivgruppen und Partizipialgruppen können durch Komma abgetrennt werden. Beispiele:

a. **Subjekt.** *Das Sportabzeichen zu machen(,) schadet kaum jemandem. Mit China zum Vertragsabschluss zu kommen(,) interessiert jeden europäischen Computerhersteller.*

b. **Objekt.** *Paul glaubt(,) zu träumen. Renate rät ihren Eltern(,) nach Paris umzuziehen.*

c. **Adverbiale Bestimmung.** *Renate fährt nach Tokyo(,) ohne ein Wort Japanisch zu können. Um einen Platz zu reservieren(,) musst du dich hier links anstellen. Die Haare frisch gewaschen(,) wartete er am Eingang.*

d. **Attribut.** *Die Hoffnung(,) einen Satz zu gewinnen(,) hält Anke in Form.*

72   Die Neuregelung legt fest, dass Infinitiv- und Partizipialgruppen der in Ziffer 71 beschriebenen Art generell durch Komma abgegrenzt werden können, aber nicht abgegrenzt werden müssen. Diese Regelung ist bei Partizipialgruppen und verwandten Konstruktionen unproblematisch, weil sie funktional relativ einheitlich sind. Für die Infinitivgruppen ist die Neuregelung problematisch.

Kommentar

72.1 Infinitivgruppen können sehr unterschiedliche Funktionen haben. Diese Unterschiede wurden bis zur Neuregelung so weit wie möglich mithilfe des Kommas verdeutlicht. Das trug erheblich zur Übersichtlichkeit von Sätzen mit Infinitivgruppen bei, nur waren die Regelformulierungen sehr kompliziert. Es wird empfohlen, bei der Kommasetzung folgende Richtlinien zu beachten.

Infinitivgruppen werden nicht durch Komma abgetrennt,

a. wenn sie bei den Verben *scheinen, pflegen, drohen* und *versprechen* in modalverbähnlichem Gebrauch stehen, z. B. *Paula scheint pünktlich zu sein* (und nicht: *Paula scheint, pünktlich zu sein*). Ähnlich: *Paula pflegt pünktlich zu sein. Das Wetter droht schlecht zu werden. Die Neuregelung verspricht ein voller Erfolg zu werden.*

b. wenn die Infinitivgruppe als Subjekt am Satzanfang steht, z. B. *Zu verlieren ärgert sie sehr* (und nicht: *Zu verlieren, ärgert sie sehr*).

Infinitivgruppen werden durch Komma abgetrennt, wenn sie adverbiale Bestimmungen sind. Das sind in der Regel die Infinitivgruppen mit *um zu, ohne zu* und *anstatt zu*. Beispiel: *Renate zieht nach Stuttgart, um/ohne/anstatt sich um ihre Karriere zu kümmern.*

In allen übrigen Fällen bleibt es dem Schreiber überlassen, ob er eine Infinitivgruppe durch Komma abtrennt. Er wird ein Komma insbesondere dann setzen, wenn

a. durch das Komma Bedeutungen unterschieden werden, z. B. *Sie rät, ihm zu folgen vs. Sie rät ihm, zu folgen.*

b. die Infinitivgruppe lang ist und nicht am Satzanfang oder Satzende steht, z. B. *Der Bundeskanzler hat der Hoffnung, mit der Opposition zu einer gemeinsamen Linie zu finden, immer wieder beredt Ausdruck verliehen.*

7.4 Redewiedergabe

73 Wörtlich wiedergegebene sprachliche Einheiten setzt man in Anführungszeichen. Das betrifft:

a. Sprachliche Einheiten, über die etwas ausgesagt wird, z. B. *„Philosophie" ist ein altes deutsches Fremdwort. Die Nominalgruppe „guten alten Wein" steht im Akkusativ.*

   Statt der doppelten Anführungszeichen werden häufig auch einfache Anführungszeichen, Fettdruck, Kursivschrift, Unterstreichung oder andere Mittel zur Hervorhebung verwendet, z. B. *‚Philosophie'/**Philosophie**/ Philosophie ist ein altes deutsches Fremdwort.*

b. Wörtlich wiedergegebene sprachliche Äußerungen, Zitate oder Gedanken. Meist spricht man zusammenfassend von direkter Rede, z. B.

Arnd Morkel schreibt: „Wie jede Institution braucht auch die Universität einen klaren Begriff von sich selbst."

Erläuterungen

73.1 In der Regel wird die direkte Rede als Bestandteil eines übergeordneten Satzes eingeführt, in dem spezifiziert ist, welcher Art das Wiedergegebene ist, d. h. ob jemand etwas gesagt, behauptet, geschrieben, sich vorgestellt hat (sog. Begleitausdruck). Geht der Begleitausdruck der direkten Rede voraus, so wird diese durch einen Doppelpunkt angekündigt, z. B. *Karl behauptet: „Gerhard bekommt mühelos das hohe Fis."*

73.2 Ist der Begleitausdruck in die direkte Rede eingeschoben oder ihr nachgestellt, so wird er durch Komma abgegrenzt, z. B. *„Gerhard bekommt", so behauptet Karl, „mühelos das hohe Fis."* oder *„Gerhard bekommt mühelos das hohe Fis", behauptet Karl.* In diesem letzten Fall erhält die wiedergegebene Rede selbst ein Satzschlusszeichen nur dann, wenn dies ein Frage- oder Ausrufezeichen ist, nicht aber einen Punkt, z. B. *„Bekommt Gerhard das hohe Fis?", fragte Karl,* aber nicht **„Gerhard bekommt mühelos das hohe Fis." behauptete Karl.*

73.3 Wird die direkte Rede mit dem Ende des Gesamtsatzes abgeschlossen, so folgt ihrem Satzschlusszeichen (das vor dem Anführungszeichen steht) kein weiterer Punkt, z. B. *Karl behauptet: „Gerhard bekommt mühelos das hohe Fis."* Nicht aber **Karl behauptet: „Gerhard bekommt mühelos das hohe Fis.".*

Entsprechendes gilt für Frage- und Ausrufezeichen bei der direkten Rede, z. B. *Karl fragt: „Bekommt Gerhard das hohe Fis?"* Hier kann es jedoch zu einer unschönen Häufung von Satzzeichen kommen, etwa wenn der Schreiber sowohl das Wiedergegebene als auch den Gesamtsatz als Frage kennzeichnen möchte, z. B. *Hat Karl gefragt: „Bekommt Gerhard das hohe Fis?"?* Ebenso beim Ausrufezeichen.

A

A 1 <n.; -, - od. (umg.) -s> *ein Buchstabe* 2 <n.; -, - od. -s; Mus.> *Tonbez.* 3 <Abk. für> *a-moll* 4 <Zeichen für> *Ar* 5 <Zeichen für> *annus*

A 1 <n.; -, - od. (umg.) -s> *ein Buchstabe; das ~ und O das Wesentliche; von ~ bis Z von Anfang bis Ende; wer ~ sagt, muss auch B sagen etwas Begonnenes muss weitergeführt werden* 2 <Phys.; Zeichen für> *Ampere* 3 <Abk. für> *Autobahn* 4 <n.; -, - od. -s; Mus.> *Tonbez.* 5 <Mus.; Abk. für> *A-Dur*

à <Adv.; bes. Kaufmannsspr.> *für (je); 20 Stück ~ 3 Euro* [frz.]

ä <n.; -, - od. -s> *ein Buchstabe (Umlaut)*

Ä <n.; -, - od. -s> *ein Buchstabe (Umlaut)*

Å <Zeichen für> *Ångström*

@ <[æt]> *Zeichen in E-Mail-Adressen*

a. <Abk. für> 1 *am;* Frankfurt ~ Main 2 *anno*

a. a. <Abk. für> *ad acta*

A. <Abk. für> *Anno*

Aa <n.; -; unz.; Kinderspr.> *Kot; ~ machen*

AA <Abk. für> *Anonyme Alkoholiker*

AAD <auf einer CD[2] Bez. für> *analoge Aufnahme u. Bearbeitung, digitale Wiedergabe; → a. ADD, DDD*

Aal <m.; -(e)s, -e; Zool.> *langer, schlangenähnlicher Speisefisch;* **'aa·len** <V. refl.; umg.> *sich ~ sich genussvoll räkeln;* **'aal·glatt** <Adj.; fig.; abwertend> *listig, unpersönlich, unverbindlich;* **'Aal·tier·chen** <n.; -s, -; Zool.> *ein Fadenwurm*

a. a. O. <Abk. für> *am angegebenen Ort*

Aas <n.; -es, -e od. <umg.> 'Äser> *verwesende Tierleiche; kein ~* <fig.; derb> *niemand;* **'aa·sen** <V. i.; du aast; umg.> *verschwenderisch mit etwas umgehen;* **'Aas·gei·er** <m.; -s, -> 1 <Zool.> *ein Vogel* 2 <fig.; umg.> *habgierige Person;* **'aa·sig** <Adj.> *ekelhaft*

ab¹ <Adv.> 1 ~ und zu, ~ und an *manchmal* 2 ~ sein <umg.> *völlig erschöpft*

ab² <Präp.; m. Dat. od. Akk.; örtlich u. zeitlich> *beginnend bei, mit; der Zug fährt ~ München; Verkauf ~ Werk; ~ (erstem) Mai; ~ 14 Jahren; Preisermäßigung ~ 200 Stück*

ab... <Vors.; ↗Z.22> *bei Verben abtrennbar> z. B. abschreiben; ich schreibe ab; du hast abgeschrieben; abzuschreiben*

A'ba <f.; -, -s> *ärmelloser Mantelumhang der Araber* [arab.]

A·bad'don <m.; - od. -s; unz.> 1 <AT> *Totenwelt, Ort der Verdammnis* 2 <NT> *Engel des Verderbens* [hebr.]

'A·ba·kus <m.; -, -> 1 *Rechenbrett* 2 *Säulendeckplatte über dem Kapitell* [grch.]

Ab·a·li·e·na·ti'on <f.; -, -en; geh.> *Entfremdung, Veräußerung* [lat.]

'ab·län·dern <V. t.; ich änd(e)re ab; sie hat abgeändert; abzuändern> *umbilden;* **'Ab·än·de·rung** <f.; -, -en>

A·ban·don <[abã'dõ]; m.; -s, -s> *Preisgabe von Rechten od. Vermögenswerten* [frz.]; **a·ban·don·'nie·ren** <V. t.>

'ab·ar·bei·ten <V.> 1 <V. t.> *Schulden ~ durch Arbeit tilgen* 2 <V. refl.> *sich ~ bis zur Erschöpfung arbeiten; sie ist völlig abgearbeitet*

'Ab·art <f.; -, -en> *Abweichung von einer Art;* **'ab·ar·tig** <Adj.> *äußerst ungewöhnlich, pervers;* **'Ab·ar·tig·keit** <f.; -, -en>

A·ba'sie <f.; -; unz.; Med.> *Unfähigkeit zu gehen* [grch.]

'ab·läs·ten <V. t.> *einen Baum ~ von Ästen befreien*

A'ba·te <m.; -n, -n od. -ti; Kath.; Titel> *ital. Weltgeistlicher; → a. Abbé* [ital.]

'A·ba·ton <m.; -s, -ta; grch.-orthodoxe Kirche> *das Allerheiligste* [grch.]

Abb. <Abk. für> *Abbildung*

'Ab·ba <m.; im NT Anrede für> *Gott*

'Ab·bau <m.; -(e)s, -e> 1 <unz.> *das Abbauen(1)* 2 <Bgb.> *Abbaustelle;* **'ab|bau·en** <V.; ich baue ab; sie hat abgebaut; abzubauen> 1 <V. t.> *Bodenschätze ~ gewinnen* 2 <V. t.> *verringern, verkleinern; Angestellte ~* <umg.; verhüllend> *entlassen* 3 <V. i.> *jmd. baut ab lässt in der Leistung nach;* **'Ab·bau·feld** <n.; -(e)s, -er; Bgb.>; **'Ab·bau·ge·rech·tig·keit** <f.; -; unz.; Bgb.: Rechtsw.>; **'Ab·bau·pro·dukt** <n.; -(e)s, -e>; **'Ab·bau·ten** <Pl.; veralt.> *abseits liegende Dorfteile;* **'ab·bau·wür·dig** <Adj.; Bgb.>

Ab·bé <[a'be:]; m.; -s, -s; Kath.; Titel> *niederer frz. Weltgeistlicher; → a. Abate* [frz.]

'ab|bee·ren <V. t.> *Beeren vom Stiel abpflücken*

'ab|bei·ßen <V. t. 105; ich beiße ab; du beißt ab; sie hat abgebissen; abzubeißen>

'ab|bei·zen <V. t.; du beizt ab> *etwas ~ die Farbschicht entfernen;* **'Ab·beiz·mit·tel** <n.; -s, ->

'ab|be·kom·men <V. t. 170> 1 *etwas ~ einen Teil erhalten* 2 *Schaden nehmen*

'ab|be·ru·fen <V. t. 204> *jmdn. ~ von einem Posten zurückrufen; ~ werden;* **'Ab·be·ru·fung** <f.; -, -en>

'ab|be·stel·len <V. t.> *eine Bestellung rückgängig machen*

Ab·be·vil·li·en <[abəvil'jɛ̃]; n.; - od. -s; unz.> *Kulturstufe der frühen Altsteinzeit [nach der nordwestfrz. Stadt Abbeville]*

'ab|be·zah·len <V. t.; ich bezahle ab; sie hat abbezahlt; abzubezahlen>

'ab|bie·gen <V. 109 (s. u. h.); ich biege ab; sie ist/hat abgebogen; abzubiegen> 1 <V. i. (s.)> *die Richtung ändern* 2 <V. t.; fig.> *(etwas Unangenehmes) verhindern; einen Streit gerade noch ~ können*

'Ab·bild <n.; -(e)s, -er> *getreue Wiedergabe;* **'ab|bil·den** <V. t.> *bildlich darstellen;* **'Ab·bil·dung** <f.; -, -en; Abk.: Abb.>; **'Ab·bil·dungs·feh·ler** <m.; -s, -; Opt.>

'ab|bin·den <V. 111> 1 <V. t.> *die blutende Stelle ~ abschnüren* 2 <V. i.> *fest, hart werden; der Gips bindet schlecht ab*

'Ab·bit·te <f.; -, -n; Pl. selten> ~

leisten, tun <geh.> *um Verzeihung bitten*
'ab|bla·sen <V. t. 113> **1** etwas ~ *durch Blasen entfernen* **2** eine Veranstaltung ~ <fig.> *absagen*
'ab|blas·sen <V. i. (s.); selten> *blass werden*
'ab|blät·tern <V. i. (s.)> *sich in kleinen Blättchen lösen;* die Farbe ist abgeblättert
'ab|blei·ben <V. i. (s.) 114; umg.> *sich aufhalten;* wo ist sie nur abgeblieben?
'ab|blen·den <V. i. u. V. t.> *(das Licht) ~ das Blenden unterbinden;* **'Ab·blend·licht** <n.; -(e)s, -er>
'ab|blit·zen <V. i. (s.); du blitzt ab; umg.> *keinen Erfolg (bei jmdm.) haben*
'ab·blo·cken <V. t.; ich blocke ab; sie hat abgeblockt; abzublocken; Sp.; a. fig.> *abwehren*
'Ab·brand <m.; -(e)s, -e; Hüttenw.> **1** *Rückstand beim Rösten* **2** *Metallverlust durch Verbrennung*
'ab|brau·sen <V.; du braust ab> **1** <V. t./V. refl.> jmdn., sich ~ *abduschen* **2** <V. i.; umg.> *schnell davonfahren*
'ab|bre·chen <V. 116; ich breche ab; sie hat abgebrochen; abzubrechen> **1** <V. t.> etwas ~ *durch Brechen abtrennen, niederreißen* **2** <V. i. u. V. t.> *vorzeitig beenden;* wir wollen (das Gespräch) hier ~
'ab|brem·sen <V. t. u. V. i.>
'ab|bren·nen <V. 117> **1** <V. t.> etwas ~ *in Brand stecken;* ein Feuerwerk ~ *veranstalten* **2** <V. i. (s.)> *durch Brand zerstört werden;* er ist völlig abgebrannt <fig.> *mittellos*
Ab·bre·vi·a·ti·on <[-vi-]; f.; -, -en>; **Ab·bre·vi·a·tur** <f.; -, -en; geh.> *Abkürzung* [lat.]; **ab·bre·vi'ie·ren** <V. t.>
'ab|brin·gen <V. t. 118> jmdn. von etwas ~
'ab|brö·ckeln <V. i. (s.)> die Mauer bröckelt ab
'Ab·bruch <m.; -(e)s, -e> *das Abbrechen;* das tut der Liebe keinen ~ *das schadet der L. nicht;* **'ab·bruch·reif** <Adj.>
'ab|brü·hen <V. t.; ich brühe ab; sie hat abgebrüht; abzubrü-

hen> *mit kochendem Wasser übergießen;* → a. abgebrüht
'ab|brum·men <V. t.> eine Strafe ~ <umg.> *verbüßen*
'ab|bu·chen <V. t.> als Ausgabe eintragen; einen Betrag vom Konto ~
'ab|bürs·ten <V. t.>
'ab|bus·seln <V. t.; ich buss(e)le ab; österr.> *mit Küssen bedecken*
'ab|bü·ßen <V. t.; du büßt ab> eine Strafe ~
Abc <[a:be:'tse:]; n.; -, -> oV *Abece* **1** = *Alphabet* **2** *Grundwissen;* das ~ der Kochkunst; **Abc-Buch** <n.; -(e)s, -er; ↗Z34> *Fibel zum Erlernen des Lesens*
'ab|che·cken <[-tʃɛkən]; V. t.> = *checken(2)*
ABC-Pflas·ter <n.; -s, -; ↗Z34; Pharm.; Warenz.> *Rheumapflaster;* **Abc-Schüt·ze** <m.; -n, -n> *Schulanfänger(in);* **ABC-Staa·ten** <Pl.> *Argentinien, Brasilien, Chile;* **ABC-Waf·fen** <Pl.> *atomare, biologische u. chemische Kampfmittel*
'ab|da·chen <V. t.> *abschrägen;* **'Ab·da·chung** <f.; -, -en>
'ab|däm·men <V. t.> *durch einen Damm schützen*
'ab|damp·fen <V. i. (s.); umg.> **1** *Dampf ablassen* **2** *sich rasch entfernen;* er ist wütend abgedampft
'ab|dan·ken <V. i.> **1** *von einem Amt zurücktreten* **2** <schweiz. a.> *die ev. Trauerfeier halten;* **'Ab·dan·kung** <f.; -, -en>
'ab|de·cken <V. t.> **1** etwas ~ *durch eine Decke(1) schützen* **2** ein Haus ~ *das Dach entfernen*
'Ab·de·cker <m.; -s, -> *jmd., der Tierkadaver beseitigt;* **Ab·de·cke'rei** <f.; -, -en>
'Ab·de·ckung <f.; -, -en>
Ab·de'rit <m.; -en, -en> *einfältiger Mensch* [nach den Einwohnern der altgrch. Stadt *Abdera*]
'ab|dich·ten <V. t.>; **'Ab·dich·tung** <f.; -, -en>
'ab|die·nen <V. t.> seine Zeit ~ <Mil.> *die erforderl. Militärdienstzeit ableisten*
Ab·di·ka·ti·on <f.; -, -en; geh.> *Abdankung* [lat.]
'ab·ding·bar <Adj.; Rechtsw.> ~e Vorschrift *V., die nach Vereinba-

rung geändert od. außer Kraft gesetzt werden kann*
Ab'do·men <n.; -s, - od. -mi·na> **1** <Anat.> *Bauch, Unterleib* **2** <Zool.> *Hinterleib* [lat.]; **ab·do·mi'nal** <Adj.>
'ab|drän·gen <V. t.; ich dränge ab; sie hat abgedrängt; abzudrängen; a. fig.> jmdn. ~
'ab|dre·hen <V.> **1** <V. t.> ~ *ausschalten;* Strom, Gas ~ **2** <V. i.> *eine andere Richtung einschlagen;* → a. abgedreht
'Ab·drift <f.; -, -en; Mar.; Flugw.> *Kursabweichung;* oV *Abtrift;* **'ab|drif·ten** <V. i. (s.)>
'ab|dros·seln <V. t.; Tech.> = *drosseln*
'Ab·druck¹ <m.; -(e)s, -e> *Wiedergabe durch Druck, Stempel usw.*
'Ab·druck² <m.; -(e)s, -e> *Form, die ein Körper in einem Material hinterlässt;* Finger-~; Gips~
'ab|dru·cken <V. t.> einen Artikel in der Zeitung ~
'ab|drü·cken <V. i. u. V. t.> *(an einer Handfeuerwaffe) einen Schuss auslösen*
Ab·duk·ti·on <f.; -, -en> *Abspreizen bewegl. Körperteile* [lat.]; **Ab'duk·tor** <m.; -s, -'to·ren> *abziehender Muskel*
'ab|dun·keln <V. t.; ich dunk(e)le ab; sie hat abgedunkelt; abzudunkeln>
'ab|du·schen <V. t.> sich, jmdn. ~
ab·du'zie·ren <V. t.> *abspreizen*
'ab|eb·ben <V. i. (s.)> *schwächer werden;* der Lärm ist abgeebbt
A·be'ce <n.; -, -; Pl. selten> = *Abc*
'A·bel·mo·schus <m.; -; unz.; Bot.> *ein trop. Strauch* [arab.]
'A·bend <m.; -s, -e; ↗Z45> *Tageszeit zw. Nachmittag u. Nacht;* am ~; eines (schönen) ~s; <aber> → abends; gegen ~; gestern, heute, morgen ~; für ~ *jeden Abend;* es ist, wird ~; zu ~ essen; <aber> → Abendessen; guten ~! (Gruß); jmdm. Guten/ <auch> guten ~ sagen; der Heilige ~ *24. Dezember;* **'A·bend·blatt** <n.; -(e)s, -er> *am Abend erscheinende Zeitung;* **'A·bend·brot** <n.; -(e)s; unz.; norddt.; mdt.> *Abendessen;* **'a·ben·de·lang** <Adv.> *eine unbest. Zahl von Abenden ausfüllend;* er saß ~ vor dem Computer; <aber>

sie hat drei Abende lang nichts gegessen; **'A·bend·es·sen** <n.; -s, -> Sy *Abendbrot;* → a. *Abend;* **'A·bend·fal·ter** <m.; -s, -; Zool.>; **'a·bend·fül·lend** <Adj.> ein ~es Programm; **'A·bend·ge·bet** <n.; -(e)s, -e>; **'A·bend·gym·na·si·um** <n.; -s, -si·en> *Gymnasium für Berufstätige;* **'A·bend·kas·se** <f.; -, -n; Theat.>; **'A·bend·kleid** <n.; -(e)s, -er>; **'A·bend·kurs** <m.; -es, -e>; **'A·bend·land** <n.; -(e)s; unz.> *die westl. Länder (Europas);* Sy Okzident; Ggs Morgenland; **'A·bend·län·der** <m.; -s, ->; **'a·bend·län·de·rin** <f.; -, -n·nen>; **'a·bend·län·disch** <Adj.>; **'a·bend·lich** <Adj.> *jeden Abend stattfindend;* das ~e Vorlesen; all~>; **'A·bend·mahl** <n.; -s, -e; Theol.> *Altarsakrament;* **'A·bend·rot** <n.; -(e)s; unz.>; **'a·bends** <Adv.; ↗Z45.3> *am Abend;* → a. *Abend; dienstagabends;* **'A·bend·schu·le** <f.; -, -n>; **'A·bend·son·ne** <f.; -; unz.>; **'A·bend·stern** <m.; -(e)s; unz.>; **'A·bend·zei·tung** <f.; -, -en>

'A·ben·teu·er <n.; -s, -> 1 *gefährliches Unternehmen* 2 *unverbindliches Liebeserlebnis;* **'A·ben·teu·e·rin** <f.; -, -n·nen>; **'a·ben·teu·er·lich** <Adj.>; **'A·ben·teu·er·lust** <f.; -; unz.>; **'a·ben·teu·er·lus·tig** <Adj.> *begierig auf Abenteuer*[1]; **'a·ben·teu·ern** <V. i. (s.); ich abenteu(e)re; sie hat geabenteuert; zu ~; selten> *Abenteuer suchen;* **'A·ben·teu·er·ro·man** <m.; -(e)s, -e>; **'A·ben·teu·er·spiel·platz** <m.; -es, ⁼e>; **'A·ben·teu·er·sport** <m.; -(e)s, -e>; **'A·ben·teu·rer** <m.; -s, -> *jmd., der Abenteuer sucht od. erlebt;* **'A·ben·teu·re·rin** <f.; -, -n·nen> = *Abenteuerin*

'a·ber 1 <Konj.; adversativ> *jedoch; klein, ~ fein; oder ~; ~ dennoch* **2** <Adv.> *wieder, immer noch einmal; ~ u. abermals; tausend u. ~tausend; tausend u. ~tausendmal; ~tausend(e)/<auch> Abertausend(e) kleiner Blüten* **3** <Partikel> *das war ~ gemein; ~ ja!;* **'A·ber** <n.; -s, - od. -s> *Ein-*

schränkung; ohne Wenn und ~; die Sache hat ein ~ **'A·ber·glau·be** <m.; -ns; unz.> *Glaube an übernatürl. Kräfte;* **'a·ber·gläu·bisch** <Adj.> **'a·ber·hun·dert,** **'a·ber·hun·der·te,** <auch> **'A·ber·hun·dert,** **'A·ber·hun·der·te** <Adj.; ↗Z44> *unzählige hundert;* → a. *aber(2)* **'ab·er·ken·nen** <V. t. 166; ich erkenne es ihm ab/<auch> ich aberkenne es ihm> jmdm. etwas ~ *(durch einen Gerichtsbeschluss) absprechen;* **'Ab·er·ken·nung** <f.; -, -en> **'a·ber·ma·lig** <Adj.> *nochmalig, wiederholt;* **'a·ber·mals** <Adv.> *noch einmal* **Ab·er·ra·ti'on** <f.; -, -en; Opt.; Astr.> *Abweichung* [lat.] **'a·ber·tau·send,** **'a·ber·tau·sen·de,** <auch> **'A·ber·tau·send,** **'A·ber·tau·sen·de** <Adj.; ↗Z44> *unzählige tausend;* → a. *aber(2)* **'A·ber·witz** <m.; -es; unz.> *völliger Unsinn, Wahnwitz;* **'a·ber·wit·zig** <Adj.> **'ables·sen** <V. t. 129> **A·bes'si·ni·en** <[-niən]; frühere Bez. für> *Äthiopien* **ABF** <DDR; Abk. für> *Arbeiter- und-Bauern-Fakultät* **'ab|fa·ckeln** <V. t.; ich fack(e)le ab; sie hat abgefackelt; abzufackeln; Erdölaufbereitung> *nicht verwertbare Gase ~* **'ab|fah·ren** <V. 130> **1** <V. i. (s.)> *eine Fahrt beginnen* **2** <V. t. (s. u. h.)> *eine Strecke ~ fahrend absuchen* **3** <V. t.> *durch Fahren abnutzen;* die Reifen sind abgefahren **4** <V. i. (s.); fig.; salopp> *auf jmdn. od. etwas ~ von jmdm. od. etwas sehr angetan sein;* **'Ab·fahrt** <f.; -, -en>; **'Ab·fahrts·lauf** <m.; -(e)s, ⁼e; Skisp.> **'Ab·fall** <m.; -(e)s, ⁼e> **1** <unz.> *Loslösung (vom Glauben)* **2** *Müll, unbrauchbarer Rest;* **'Ab·fall·ei·mer** <m.; -s, ->; **'ab|fal·len** <V. i. (s.) 131>; **'ab·fäl·lig** <Adj.> *abwertend, verächtlich;* **'Ab·fall·pro·dukt** <n.; -(e)s, -e>; **'Ab·fall·stoff** <m.; -(e)s, -e>; **'Ab·fall·ver·wer·tung** <f.; -, -en> **'ab|fäl·schen** <V. t.; Hockey, Fußb.> den Ball ~ *in eine andere Richtung lenken* **'ab|fan·gen** <V. t. 132; ich fange

ab; sie hat abgefangen; abzufangen> jmdn. od. etwas ~ *abpassen;* **'Ab·fang·jä·ger** <m.; -s, -; Mil.> *ein Jagdflugzeug* **'ab|fär·ben** <V. i.> *Farbe abgeben;* der Stoff färbt ab **'ab|fa·sen** <V. t.; Fachspr.> *abkanten* **'ab|fa·sern** <V. i. (s.)> *sich in Fasern ablösen* **2** <V. t.> Bohnen usw. ~ *die Fäden abziehen* **'ab|fas·sen** <V. t.; ich fasse ab; du fasst ab; sie hat abgefasst; abzufassen> **1** *verfassen, schreiben;* einen Text ~ **2** <umg.> = *abfangen* **'ab|fau·len** <V. i. (s.)> **'ab|fe·dern** <V. t.> einen Stoß ~ *mindern* **'ab|fei·ern** <V. t.; ich fei(e)re ab; umg.> Überstunden ~ **'ab|fei·len** <V. t.> **'ab|fer·ti·gen** <V. t.> ich fertige ab; sie hat abgefertigt; abzufertigen> **1** etwas ~ *zur Beförderung fertig machen* **2** jmdn. unfreundlich ~; **'Ab·fer·ti·gung** <f.; -, -en>; **'Ab·fer·ti·gungs·schal·ter** <m.; -s, -> **'ab|feu·ern** <V. t.; ich feu(e)re ab; sie hat abgefeuert; abzufeuern> einen Schuss abgeben **'ab|fin·den** <V. 134> **1** <V. t.> jmdn. (mit einer Geldsumme) ~ **2** <V. refl.> sich mit jmdm. od. etwas ~ *sich (widerwillig) zufrieden geben;* **'Ab·fin·dung** <f.; -, -en>; **'Ab·fin·dungs·sum·me** <f.; -, -n> **'ab|fi·schen** <V. t.> einen Teich ~ **'ab|fla·chen** <V.> **1** <V. t.> *abschrägen* **2** <V. i./V. refl.> (sich) ~ *niedriger werden* **'ab|flau·en** <V. i. (s.)> *nachlassen;* sein Interesse ist abgeflaut **'ab|flie·gen** <V. i. (s.) 136> **'ab|flie·ßen** <V. i. (s.) 138> **'Ab·flug** <m.; -(e)s, ⁼e>; **'ab·flug·be·reit** <Adj.>; **'Ab·flug·schnei·se** <f.; -, -n; Flugw.> **'Ab·fluss** <m.; -es, ⁼e>; **'ab·fluss·los** <Adj.>; **'Ab·fluss·rohr** <n.; -(e)s, -e> **'Ab·fol·ge** <f.; -, -n> *best. Reihenfolge* **'ab|for·dern** <V. t.; ich fordere ab; sie hat abgefordert; abzufordern> jmdm. viel ~ *viel von jmdm. verlangen* **'ab|for·men** <V. t.> *nachbilden*

'ab|fo·to·gra·fie·ren <V. t.; ↗Z11.3>

'ab|fra·gen <V. t.> 1 jmdn. od. jmdm. etwas ~ *jmds. Wissen überprüfen;* den Schüler, die Vokabeln ~ 2 Daten ~ <bes. EDV> *ermitteln*

'ab|fres·sen <V. t. 139>

'ab|fret·ten <V. refl.; österr.> sich ~ *sich abmühen*

'ab|frie·ren <V. 140> 1 <V. t./V. refl.> er hat sich die Zehen abgefroren 2 <V. i. (s.)> die Blüten sind abgefroren

'Ab·fuhr <f.; -, -en> 1 *das Wegfahren von Gegenständen;* Müll~ 2 <Fechten> *Fehlschlag, Niederlage* 3 <fig.> *grobe Ablehnung;* jmdm. eine ~ erteilen

'ab|füh·ren <V.> 1 <V. t.> jmdn. ~ *in polizeil. Gewahrsam nehmen* 2 <V. t.> Steuern ~ *bezahlen* 3 <V. i.; Med.> Stuhlgang bewirken; **'Ab·führ·mit·tel** <n.; -s, -; Med.>; **'Ab·füh·rung** <f.; -, -en> *schließendes Anführungszeichen*

'ab|fül·len <V. t.> jmdn. ~ <fig.; umg.> *betrunken machen;* **'Ab·fül·lung** <f.; -, -en>

'ab|füt·tern <V. t.; ich füttere ab; sie hat abgefüttert; abzufüttern; umg.> jmdn. *lieblos*

Abg. <Abk. für> *Abgeordnete(r)*

'Ab·ga·be <f.; -, -n> 1 *das Abgeben* 2 <Pl.> ~n *Steuern;* **'ab·ga·ben·frei** <Adj.>; **'Ab·ga·be·pflicht** <f.; -, -en>; **'ab·ga·be·pflich·tig** <Adj.>; **'Ab·ga·be·preis** <m.; -es, -e> *Verkaufspreis;* **'Ab·ga·be·ter·min** <m.; -(e)s, -e>

'Ab·gang <m.; -(e)s, ⸚e> 1 <Theat.> *Abtreten von der Bühne;* sich einen guten ~ verschaffen <fig.> *einen guten Eindruck hinterlassen* 2 <Kaufmannsspr.> *Fehlbetrag, Verlust, Schwund;* **'Ab·gän·ger** <m.; -s, -; meist in Zus.> Schul~; **'Ab·gän·ge·rin** <f.; -, -n·nen; meist in Zus.>; **'ab·gän·gig** <Adj.> *verschwunden;* sie ist immer noch ~; **'Ab·gän·gig·keits·an·zei·ge** <f.; -, -n; österr.> *Vermisstenmeldung;* **'Ab·gangs·zeug·nis** <n.; -s·ses, -s·se>

'Ab·gas <n.; -es, -e> *gasförmiges Verbrennungsabfallprodukt;* **'ab·gas·arm** <Adj.; ↗Z27> ~e

Autos; **'Ab·gas·ka·ta·ly·sa·tor** <m.; -s, -'to·ren; an Kfz>; **'Ab·gas·rei·ni·gung** <f.; -, -en; Pl. selten>; **'Ab·gas'son·der·un·ter·su·chung** <f.; -, -en; bei Kfz; Abk.: ASU>; **'Ab·gas·tur·bi·ne** <f.; -, -n>

'ab|gau·nern <V. t.; ich gaunere ab; sie hat abgegaunert; abzugaunern; umg.> jmdm. etwas ~

ABGB <↗Z56; Abk. für> *Allgemeines Bürgerliches Gesetzbuch (für Österreich)*

'ab·ge·ar·bei·tet <Adj.; -er, am -es·ten; ↗Z28.1> *durch andauerndes Arbeiten erschöpft*

'ab|ge·ben <V. 143; ich gebe ab; sie hat abgegeben; abzugeben> 1 <V. t.> etwas ~ *weg-, zurückgeben* 2 <V. t.> *äußern, mitteilen;* seine Meinung zu etwas ~ 3 <V. refl.> sich ~ <umg.> *beschäftigen* 4 <V. i.; schweiz. a.> *(von einem Amt) zurücktreter.*

'ab·ge·brannt <Adj.; -er, am -es·ten; ↗Z28.1> 1 *infolge eines Brandes zerstört* 2 ~ sein <fig.; umg.> *völlig mittellos*

'ab·ge·brüht <Adj.; -er, am -es·ten; ↗Z28.1; fig.> *abgestumpft, unempfindlich*

'ab·ge·dreht <Adj.; ↗Z28.1; umg.> *leicht verrückt;* ~ sein

'ab·ge·dro·schen <Adj.; ↗Z28.1> eine ~e Redensart

'ab·ge·fah·ren <Adj.; ↗Z28.1; salopp> eine ~e Popgruppe; → a. *abfahren*

'ab·ge·feimt <Adj.; -er, am -es·ten; ↗Z28.1; veralt.> *durchtrieben, gerissen*

'ab·ge·fuckt <[-fʌkt]; Adj.; derb; bes. Jugendspr.> *übel, heruntergekommen* [engl.]

'ab·ge·grif·fen <Adj.; ↗Z28.1> *abgenutzt*

'ab·ge·hackt <Adj.; ↗Z28.1> ~ sprechen *stockend*

'ab·ge·härmt <Adj.> *von Gram gezeichnet*

'ab|ge·hen <V. i. (s.) 145> 1 *sich wegbewegen, entfernen;* von der Schule ~; von einer Meinung ~ 2 <Theat.> *die Bühne verlassen* 3 *sich lösen;* die Farbe, der Knopf ist abgegangen 4 *fehlen;* er geht mir ab *ich vermisse ihn* 5 <unpersönl.> *verlaufen;* es wird nicht ohne Streit ~

'ab·ge·hetzt <Adj.; -er, am -es·ten; ↗Z28.1>

'ab·ge·ho·ben <Adj.; ↗Z28.1; umg.>

'ab·ge·kämpft <Adj.; -er, am -es·ten; ↗Z28.1>

'ab·ge·kar·tet <Adj.; ↗Z28.1> *heimlich abgesprochen;* ein ~er Plan

'ab·ge·klärt <Adj.; -er, am -es·ten; ↗Z28.1> 1 <verstärkend> *geklärt* 2 *durch Erfahrung reif geworden*

'ab·ge·la·gert <Adj.; ↗Z28.1>

'Ab·geld <n.; -(e)s; unz.; selten> = *Disagio*

'ab·ge·lebt <Adj.; -er, am -es·ten; ↗Z28.1> 1 *hinfällig* 2 *altersschwach* 3 *längst vergangen*

'ab·ge·le·gen <Adj.; ↗Z28.1> *entfernt, einsam;* eine ~e Hütte

'ab·ge·lei·ert <Adj.; ↗Z28.1> = *abgedroschen*

'ab|gel·ten <V. t. 147> *bezahlen;* eine Schuld ~

'ab·ge·macht <Adj.; ↗Z28.1> *beschlossen;* ~!; eine ~e Sache

'ab·ge·mer·gelt <Adj.; -er, am -es·ten; ↗Z28.1> *erschöpft, abgearbeitet*

'ab·ge·neigt <Adj.; ↗Z28.1> einer Sache nicht ~ sein *sie wohlwollend betrachten*

'ab·ge·ord·net <Adj.; ↗Z28.1>; **'Ab·ge·ord·ne·te(r)** <f. 2 (m. 1); Abk.: Abg.> *Mitglied des Parlaments;* **'Ab·ge·ord·ne·ten·haus** <n.; -es, ⸚er>; **'Ab·ge·ord·ne·ten·kam·mer** <f.; -, -n> 1 *Gesamtheit der Abgeordneten* 2 *ihr Tagungsort*

'ab·ge·ris·sen <Adj.; ↗Z28.1; fig.; umg.> *zerlumpt, schäbig*

'ab·ge·sagt <Adj.; ↗Z28.1; geh.> *erklärt;* ein ~er Gegner von Tierversuchen

'Ab·ge·sand·te(r) <f. 2 (m. 1)> *Vertreter(in) einer Person od. Institution*

'Ab·ge·sang <m.; -(e)s, ⸚e; Metrik> *letzter Strophenteil*

'ab·ge·schabt <Adj.; -er, am -es·ten; ↗Z28.1>

'ab·ge·schie·den <Adj.; ↗Z28.1> *abgelegen;* **'Ab·ge·schie·den·heit** <f.; -; unz.>

'ab·ge·schlafft <Adj.; -er, -es·ten; ↗Z28.1; umg.> *erschöpft*

'ab·ge·schla·gen <Adj.; ↗Z28.1>

1 *erschöpft* 2 <Sp.> *deutlich besiegt*

ab·ge·schmackt <Adj.; -er, am -es·ten> = *geschmacklos(3)*

ab·ge·se·hen <Adj.; undekl.; ⌐Z28.1> 1 es auf jmdn. od. etwas ~ haben *begierig auf jmdn. od. etwas sein* 2 ~ *von ohne ... zu berücksichtigen*

ab·ge·son·dert <Adj.; ⌐Z28.1> *getrennt*

ab·ge·spannt <Adj.; -er, am -es·ten; ⌐Z28.1> *müde*

ab·ge·stan·den <Adj.; ⌐Z28.1> *durch langes Stehen fade, geschmacklos geworden;* ein ~es Bier

ab·ge·stumpft <Adj.; -er, am -es·ten; ⌐Z28.1> *gleichgültig;* **'Ab·ge·stumpft·heit** <f.; -; unz.>

ab·ge·ta·kelt <Adj.; ⌐Z28.1> 1 <Seemannsspr.> *außer Betrieb;* ein ~es Schiff 2 <fig.; umg.; abwertend> *heruntergekommen*

'ab·ge·tan <Adj.; ⌐Z28.1> *erledigt*

'ab·ge·tra·gen <Adj.; ⌐Z28.1> ~e Kleidung

'ab·ge·wetzt <Adj.; ⌐Z28.1>

'ab|ge·win·nen <V. t. 151> jmdm. od. einer Sache etwas ~ (können) *daran Gefallen finden*

'ab·ge·wo·gen <Adj.; ⌐Z28.1> = *ausgewogen*

'ab|ge·wöh·nen <V. t.> sich etwas ~ *eine Gewohnheit ablegen*

'ab·ge·wrackt <Adj.; ⌐Z28.1> 1 *abgebaut (von Schiffen)* 2 <fig.; umg.> *verwahrlost, schäbig*

'ab·ge·zir·kelt <Adj.; ⌐Z28.1> *genau abgemessen*

'ab|gie·ßen <V. t. 152; ich gieße ab; du gießt ab; sie hat abgegossen; abzugießen>

'Ab·glanz <m.; -es; unz.> *zurückgeworfener Glanz* <a. fig.>

'ab|glei·chen <V. t. 153> 1 *überprüfen, aneinander angleichen* 2 eine Schuld ~ *bezahlen*

'ab|glei·ten <V. i. (s.) 155; ich gleite ab; sie ist abgeglitten; abzugleiten> *abrutschen*

'Ab·gott <m.; -(e)s, ⸚er> = *Götze;* **'ab·göt·tisch** <Adj.> jmdn. ~ lieben; **'Ab·gott·schlan·ge** <f.; -, -n; Zool.> *eine Riesenschlange*

'ab|gra·ben <V. t. 157> jmdm. das Wasser ~ <fig.>

'ab|gra·sen <V. t.> eine Weide ~

'ab|grät·schen <V. i. (s.); Turnen> *mit einer Grätsche abspringen*

'ab|grei·fen <V. t. 158> 1 *abtasten* 2 *abnutzen*

'ab|gren·zen <V. t./V. refl.; du grenzt ab>; **'Ab·gren·zung** <f.; -; unz.>

'Ab·grund <m.; -(e)s, ⸚e> *unermessliche Tiefe;* **'ab·grund·häss·lich** <Adj.; ⌐Z27; umg.> *sehr hässlich;* **'ab·grün·dig** <Adj.> 1 *sehr tief;* ein ~es Misstrauen 2 *geheimnisvoll;* ein ~es Lächeln; **'ab·grund'tief** <Adj.>

'ab|gu·cken <V. t.; umg.> (bei, von) jmdm. etwas ~

'Ab·guss <m.; -es, ⸚e> 1 *Abformung durch einen später erhärtenden Stoff* 2 *so entstandene Form* 3 *abgegossene Flüssigkeit*

Abh. <Abk. für> *Abhandlung*

'ab|ha·ben <V. t. 159; umg.> 1 den Hut ~ 2 ich möchte auch etwas davon ~

'ab|ha·cken <V. t.>

'ab|ha·ken <V. t.> *mit einem Haken versehen;* das kannst du ~ <fig.; umg.> *das ist vorbei*

'ab|half·tern <V. t.> 1 <urspr.> ein Pferd ~ 2 jmdn. ~ <fig.> *entlassen*

'ab|hal·ten <V. t. 160> 1 jmdn. (von etwas) ~ *hindern (etwas zu tun)* 2 ein Fest ~ *veranstalten;* **'Ab·hal·tung** <f.; -, -en>

'ab|han·deln <V. t.; ich hand(e)le ab; sie hat abgehandelt; abzuhandeln> ein Thema ~

ab'han·den <Adv.; ⌐Z22.3; in der Wendung> ~ kommen *verloren gehen*

'Ab·hand·lung <f.; -, -en; Abk.: Abh.> *schriftl. wissenschaftl. Arbeit*

'Ab·hang <m.; -(e)s, ⸚e> *geneigte Fläche im Gelände*

'ab|han·gen <V. i.; selten für> *abhängen[1];* **'ab|hän·gen[1]** <V. i. 161> 1 gut abgehangenes Fleisch *durch langes Hängen mürbe gewordenes F.* 2 <unpersönl.> *bedingt sein;* das hängt nur von dir ab; es hängt davon ab, ob ...

'ab|hän·gen[2] <V. t.> 1 *entfernen;* einen Wagen von der Lok ~ 2 er hat seine Verfolger *abgehängt*

'ab·hän·gig <Adj.> *auf jmdn. od. etwas angewiesen;* sie ist von ihren Eltern ~; drogen~; **'Ab·hän-**

gig·keit <f.; -, -en>; **'Ab·hän·gig·keits·ver·hält·nis** <n.; -s·ses, -s·se>

'ab|här·ten <V. t./V. refl.> *widerstandsfähig, unempfindlich machen;* **'Ab·här·tung** <f.; -; unz.>

'ab|hau·en <V. 162> 1 <V. t.> etwas ~ *abschlagen, abhacken* 2 <V. i. (s.); umg.> *davonlaufen, ausreißen;* sie ist abgehauen

'ab|häu·ten <V. t.>

'ab|he·ben <V. 163> 1 <V. i. u. V. t.> *anheben u. wegnehmen;* den Telefonhörer ~ 2 <V. t.> Geld ~ *vom Konto holen* 3 <V. i.> *sich in die Luft erheben* (vom Flugzeug) 4 <V. refl.> sich von jmdm. ~ *deutlich unterscheiden*

'ab|he·bern <V. t.; ich heb(e)re ab; sie hat abgehebert; abzuhebern; Fachspr.> Flüssigkeit ~ *mit einem Heber entnehmen*

'ab|hef·ten <V. t.> etwas in einem Ordner ~

'ab|hei·len <V. i. (s.)> *vollständig heilen*

'ab|hel·fen <V. i. 165> *beseitigen;* einem Übel ~

'ab|het·zen <V. refl.; du hetzt dich ab> sich ~ *sich bis zur Erschöpfung beeilen*

'Ab·hil·fe <f.; -; unz.> *Beseitigung eines Missstands;* ~ *schaffen*

'Ab·hit·ze <f.; -; unz.> = *Abwärme*

'ab|ho·beln <V. t.; ich hob(e)le ab; sie hat abgehobelt; abzuhobeln>

ab'hold <Adj.; geh.> *feindlich gesinnt;* jmdm., einer Sache ~ *sein*

'ab|ho·len <V. t.>; **'Ab·ho·ler** <m.; -s, ->; **'Ab·ho·le·rin** <f.; -, -n·nen; ⌐Z38>; **'Ab·ho·lung** <f.; -, -en; Pl. selten>

'ab|hol·zen <V. t.; du holzt ab>; **'Ab·hol·zung** <f.; -, -en>

'ab|hor·chen <V. t.; umg.>, **'ab·hö·ren** <V. t.> 1 ein Gespräch ~ *heimlich belauschen* 2 <Med.> einen Patienten (mit einem Stethoskop) ~ 3 einen Schüler ~ <umg.> *abfragen(1);* **'ab·hör·ge·rät** <n.; -(e)s, -e>

'A·bi <n.; -s, -s; umg.; kurz für> *Abitur*

A·bi·li·ty <[ə'biliti]; f.; -, -s; Psych.> *Eignung, Leistungsfähigkeit* [engl.]

A·bi·o·ge'ne·se <f.; -; unz.> *Entstehung von Leben aus unbelebter Materie, Urzeugung* [grch.]; **A·bi'o·se** <f.; -; unz.> *Lebensunfähigkeit, Leblosigkeit;* **a·bi'o·tisch** <Adj.>

'ab|ir·ren <V. i. (s.)> *vom Weg ab. Thema abkommen;* **'Ab·ir·rung** <f.; -, -en; Astr.; eindeutschend> = *Aberration*

'abi·so·lie·ren <V. t.>; **'Ab·i·so·lier·zan·ge** <f.; -, -n; El.> *Zange zum Entfernen der Isolierung*

Ab·i'tur, <auch> **A·bi'tur** <n.; -s, -e; Pl. selten; ⚹ Z54> *Reifeprüfung an Gymnasien* [lat.]; **Ab·i·tu·ri'ent** <m.; -en, -en> *Schüler, der die Reifeprüfung ablegt od. abgelegt hat;* **Ab·i·tu·ri'en·tin** <f.; -, n·nen; ⚹ Z38>

'ab|ja·gen <V. t.> *jdmd. etwas ~*

Ab·ju·di·ka·ti'on <f.; -, -en; Rechtsw.> *Aberkennung* [lat.]; **ab·ju·di'zie·ren** <V. t.>

Abk. <Abk. für> *Abkürzung*

'ab|käm·men <V. t.> *ein Gelände ~ durchkämmen²*

'ab|kämp·fen <V. refl.> *sich ~ bis zur Erschöpfung kämpfen*

'ab|kan·ten <V. t.> *ein Brett ~*

'ab|kan·zeln <V. t.; ich kanz(e)le ab; sie hat abgekanzelt; abzukanzeln> *scharf zurechtweisen;* **'Ab·kan·ze·lung, 'Ab·kanz·lung** <f.; -, -en; umg.>

'ab|kap·seln <V.; ich kaps(e)le ab; sie hat abgekapselt; abzukapseln> 1 <V. t.> *in eine Kapsel einschließen* 2 <V. refl.> *sich ~ <a. fig.> sich von der Umwelt abschließen;* **'Ab·kap·se·lung, 'Ab·kaps·lung** <f.; -, -en>

'ab|kas·sie·ren <V. i. u. V. t.>

'ab|kau·fen <V. t.> *jdmd. etwas ~ <a. fig.; umg.> glauben; das kaufe ich dir nicht ab!;* → a. *Schneid*

'Ab·kehr <f.; -; unz.> *Abwendung*

'ab|keh·ren¹ <V. t.> *etwas ~ mit dem Besen säubern*

'ab|keh·ren² <V. refl.> *sich von jmdm. od. etwas ~ sich abwenden*

'ab|ket·teln <V. i. u. V. t.; ich kett(e)le ab; sie hat abgekettelt; abzuketteln> *Stricken> Maschen ~*

'ab|klap·pern <V. t.; ich klapp(e)re ab; sie hat abgeklappert; abzuklappern; fig.; umg.>

suchend ablaufen; alle Buchhandlungen ~

'ab|klä·ren <V. t.; verstärkend> *klären*

'Ab·klatsch <m.; -es, -e; abwertend>; **'ab|klat·schen** <V. t.; selten> *nachbilden, nachahmen*

'ab|klem·men <V. t.> 1 *etwas ~ eine Unterbrechung in der Fließbewegung herbeiführen* 2 <schweiz. a.> *abbrechen, abrupt beenden; eine Beziehung ~*

'ab|klin·gen <V. i. (s.) 168> *leiser, schwächer werden; die Erkältung ist abgeklungen*

'ab|klop·fen <V. t.>

'ab|knab·bern <V. t.; ich knabb(e)re ab; sie hat abgeknabbert; abzuknabbern>

'ab|knal·len <V. t.; umg.> *jmdn. ~ niederschießen*

'ab|knap·pen <V. t.; veralt.>, **'ab|knap·sen** <V. t.; du knapst ab> *(einen Teil) wegnehmen.*

'ab|kni·cken <V. t.> 1 *etwas ~ einen Knick in etwas machen* 2 <V. i. (s.)> *einen Knick haben; ~de Vorfahrt <Verkehrsw.>;* **'Ab·kni·ckung** <f.; -, -en>

'ab|knip·sen <V. t.; du knipst ab; umg.> *abzwicken*

'ab|knöp·fen <V. t.; ich knöpfe ab; sie hat abgeknöpft; abzuknöpfen> 1 *eine Kapuze ~* 2 *jmdm. Geld ~ <umg.> abnehmen*

'ab|knut·schen <V. t.> *jmdn. ~ <umg.> lange u. heftig küssen*

'ab|ko·chen <V. t.> *Milch ~ durch Kochen keimarm machen*

'ab|kom·man·die·ren <V. t.; Mil.>; **'Ab·kom·man·die·rung** <f.; -, -en>

'Ab·kom·me <m.; -n, -n; geh.> *Nachkomme;* **'ab|kom·men** <V. i. (s.) 170; ich komme ab; ist abgekommen; abzukommen> *von einem Thema, einem Weg ~ (ungewollt) die eingeschlagene Richtung ändern;* **'Ab·kom·men** <n.; -s, -> *Übereinkunft, Vereinbarung;* **'ab·kömm·lich** <Adj.> *entbehrlich; er ist zurzeit nicht ~;* **'Ab·kömm·ling** <m.; -s, -e> 1 *Nachkomme* 2 <Chem.> *chem. Verbindung, die aus einer anderen abgeleitet wird*

'ab|kön·nen <V. t. 171; norddt.;

umg.> *vertragen, aushalten; ic. kann diese Musik nicht ab*

'ab|kop·peln <V. t.; ich kopp(e)le ab; sie hat abgekoppelt; abzukoppeln>

'ab|kra·gen <V. t.; Arch.> *abschrägen*

'ab|krat·zen <V.; du kratzt ab> 1 <V. t.> *etwas ~ durch Kratzen säubern* 2 <V. i.; derb> *sterben*

'ab|krie·gen <V. t.> = *abbekommen*

'ab|küh·len <V. i. (s.) u. V. refl.> *kälter werden; in der Nacht hat es sich abgekühlt*

'Ab·kunft <f.; -; unz.> *Herkunft, Abstammung*

'ab|kup·fern <V. t.; ich kupf(e)re ab; sie hat abgekupfert; abzukupfern; umg.> *abschreiben, abzeichnen, nachmachen*

'ab|kür·zen <V. t.; du kürzt ab>; **'Ab·kür·zung** <f.; -, -en> → a. *Kasten S. 95;* **'Ab·kür·zungs·zei·chen** <n.; -s, ->

'ab|küs·sen <V. t.; du küsst ab>

'ab|la·chen <V. i., a. V. t./V. refl.; umg.> *übermäßig lachen; sich einen ~*

'ab|la·den <V. t. 174> *Schutt ~*

'Ab·la·ge <f.; -, -n> 1 *Vorrichtung zum Ablegen von Gegenständen; Hut~ 2 <schweiz.> Annahme-, Verkaufs-, Zweigstelle*

'ab|la·gern <V.> 1 <V. i. u. V. t. durch Lagern reifen (lassen); der Wein ist gut abgelagert 2 <V. t./V. refl.> Sedimente bilden; in den Rohren hat sich Kalk abgelagert;* **'Ab·la·ge·rung** <f.; -, -en>

'ab·lan·dig <Adj.; Seemannsspr.> *auf das Meer zu; Ggs auflandig*

'Ab·lass <m.; -es, ⁼e; Kath.> *das Erlassen der Sünden; jmdm. ~ gewähren;* **'Ab·lass·brief** <m.; -(e)s, -e>; **'ab|las·sen** <V. 175> 1 <V. t.> *ausströmen lassen; Dampf, eine Flüssigkeit ~* 2 <V. i.> *von etwas ~ etwas nicht weiter verfolgen*

Ab·la·ti'on, <auch> **A·bla·ti'on** <f.; -, -en; ⚹ Z54> 1 <Geol.> *Abschmelzung (von Gletschern)* 2 <Geol.> *Abtragung des Bodens durch Wasser od. Wind* 3 <Med.> *Ablösung (z. B. der Netzhaut)* [lat.]; **Ab·la·tiv** <m.; -(e)s, -e; Gramm.> *Kasus in indogerman. Sprachen;* → a. *Kas-*

Abkürzung: Die A. ist eine Form der Kürzung häufig vorkommender Wörter.
Es sind A. mit und ohne Punkt gebräuchlich.
Abgekürzt werden bestimmte Wörter **mit Punkt:**
1) **Zusätze bei Ortsnamen,** z. B. *Frankfurt a. M.*
2) **Datums-, Zeit-** und z. T. **Maßangaben,** z. B. *Mon.* (Monat), *Jh.* (Jahrhundert), *Sek.* (Sekunde), *Dtzd.* (Dutzend), *Tsd.* (Tausend), *Nr.* (Nummer)
3) **Titel,** z. B. *Dr. med.*
4) **Mehrteilige Begriffe:** *usw.* (und so weiter), *u. a.* (unter anderem), *ggf.* (gegebenenfalls), *m. E.* (meines Erachtens)

Ohne Punkt werden abgekürzt:
1) National oder international festgelegte A. für **Maße u. Einheiten, chem. Zeichen, Himmelsrichtungen, Währungsbezeichnungen,** z. B. *m* (Meter), *kg* (Kilogramm), *s* (Sekunde), *Hz* (Hertz), *Ca* (Calcium), *SO* (Südost), *DM* (Deutsche Mark)
2) **Initialwörter u. Kürzel,** z. B. *BGB* (Bürgerliches Gesetzbuch), *ASU* (Abgassonderuntersuchung), *LKW* (Lastkraftwagen) usw.
3) **Fachsprachliche Ausdrücke,** z. B. *RücklVO* (Rücklagenverordnung)

In einigen Fällen gibt es **Doppelformen,** z. B. *co/Co.* (Kompanie),

G.m.b.H./GmbH (Gesellschaft mit beschränkter Haftung).
Steht eine A. am Ende des Satzes, wird nur <u>ein</u> Punkt gesetzt, z. B. *Es gibt Wein, Bier, Wasser usw. Die Lieferung erfolgt im Dtzd.*
Werden A. **dekliniert** oder in den ↗**Plural** gesetzt, so wird dies in der Regel im geschriebenen Text nicht angezeigt, z. B. *des 19. Jh.* (des 19. Jahrhunderts), *S. Werke* (Shakespeares Werke), *des LKW, die EKG,* möglich ist aber auch die Kennzeichnung des Genitivs bzw. Plurals: *des 19. Jh.s, S.s Werke, des LKWs, die EKGs.* Bestimmte A. haben im Plural eine zusätzliche Abkürzungsform, z. B. *ff.* (folgende), *Bde.* (Bände), *Jgg.* (Jahrgänge), *Mss.* (Manuskripte).
Vgl. ↗Kurzwort

Ablativ: Der A. ist ein ↗**Kasus,** der in bestimmten Sprachen zur Kennzeichnung von adverbialen Funktionen verwendet wird. Von seiner Grundfunktion her ist der A. ein **Richtungskasus** mit der Bedeutung *„von … her"* oder *„von … weg".*
Im Lateinischen stellt der A. einen Mischkasus dar, der als Richtungskasus mit dem **Instrumentalis** (Kasus des Mittels oder Werkzeugs) und dem **Lokativ** (Kasus des Ortes oder Zeitpunktes) zusammenfällt.

Ablaut: Als A. bezeichnet man den Vokalwechsel bei Stammformen von Wörtern in den indoeuropäischen Sprachen. Im Deutschen kennzeichnet der A. u. a. die Tempusunterschiede bei der Flexion der ↗**starken Verben,** z. B. *klingen – klang – geklungen.*

ten S. 95; **'Ab·la·ti·vus ab·so·lu·tus** <m.; --, -vi -ti; Gramm.> *syntaktische Konstruktion im Lateinischen*
'Ab·lauf <m.; -(e)s, ⁼e> **1** *Vorrichtung zum Austritt von Flüssigkeit, Abfluss* **2** *Ende einer Zeitdauer;* nach ~ *von zehn Tagen* **3** *(organisierter) Verlauf einer Handlung;* **'ab‖lau·fen** <V. 176> **1** <V. t.> *Schuhe ~ durch vieles Gehen abnutzen* **2** <V. i. (s.)> *zu Ende gehen; die Frist ist abgelaufen* **3** <V. i. (s.)> *vonstatten gehen; wie ist es abgelaufen?*

'Ab·laut <m.; -(e)s, -e; Sprachw.> *Vokalwechsel in der Stammsilbe,* z. B. *trinken, trank, getrunken;* → a. *Kasten;* **'ab‖lau·ten** <V. i.>
'ab‖le·ben <V. i. (s.); geh.> *sterben;* **'Ab·le·ben** <n.; -s; unz.; geh.> *Tod*
'ab‖le·cken <V. t./V. refl.; ich lecke ab; sie hat abgeleckt; abzulecken>
'ab‖le·dern <V. t.; ich led(e)re ab; sie hat abgeledert; abzuledern> *etwas ~ mit Leder polieren od. trocknen*
'ab‖le·gen <V. t.> **1** *etwas ~ weglegen, aufgeben; eine Gewohnheit ~* **2** *etwas ~ leisten, machen; einen Eid, eine Prüfung, Rechenschaft ~;* **'Ab·le·ger** <m.; -s, -; Bot.> *der Vermehrung dienender Pflanzentrieb;* Sy *Senker(2)*
'ab‖leh·nen <V. t.> *zurückweisen, verweigern;* **'Ab·leh·nung** <f.; -, -en>
'ab‖leis·ten <V. t.> *seine Wehrpflicht ~*
'ab·leit·bar <Adj.>; **'ab‖lei·ten** <V. t.> **1** *einen Fluss ~ woanders hinleiten* **2** <V. t./V. refl.> *sich ~ seinen Ursprung in etwas haben; ein Wort vom Lateinischen ~* <Sprachw.>; **'Ab·lei·tung** <f.; -, -en> → a. *Kasten Wortbildungslehre;* **'Ab·lei·tungs·sil·be** <f.; -, -n; Sprachw.>
'ab‖len·ken <V. t./V. refl.> *jmdn., sich ~ auf andere Gedanken*

bringen; **'Ab·len·kung** <f.; -, -en>; **'Ab·len·kungs·ma·nö·ver** <[-vər]; n.; -s, -; Mil.>; a. *fig.>*
'ab‖le·sen <V. t. 179; ich lese ab; du liest ab; sie hat abgelesen: abzulesen>
'ab‖leug·nen <V. t.; verstärkend>
'ab‖lich·ten <V. t.> *fotokopieren;* **'Ab·lich·tung** <f.; -, -en>
'ab‖lie·fern <V. t.; ich liefere ab: sie hat abgeliefert; abzuliefern>; **'Ab·lie·fe·rung** <f.; -; unz.>; **'Ab·lie·fe·rungs·soll** <n.; -s; unz.>
'ab‖lie·gen <V. i. 180> **1** *weit entfernt liegen* **2** *durch Lagern od. Liegen reif werden*
'ab‖lis·ten <V. t.; selten> *jmdm. etwas ~ von jmdm. mit List erlangen;* Sy *abluchsen*
'ab‖lo·cken <V. t.; selten> *jmdm. etwas ~*
'ab‖loh·nen, 'ab‖löh·nen <V. t.; veralt.> *jmdn. ~*
'ab‖lö·schen <V. t.> *den Braten ~* <Kochk.> *mit kalter Flüssigkeit begießen*
'Ab·lö·se <f.; -, -n; kurz für> *Ablösesumme;* **'ab‖lö·sen** <V. t.> **1** *etwas ~ vorsichtig von einem Untergrund entfernen* **2** <V. refl.> *etwas löst sich ab geht von selbst ab* (bei der Arbeit) ~ *an jmds. Stelle treten; wir lösen uns/einander beim Fahren ab;* **'Ab·lö·se·sum·me** <f.; -, -n>; **'Ab·lö·sung** <f.; -, -en>

'ab|luch·sen <[-ks-]; V. t.; umg.> = ablisten

Ab·luft <f.; -; unz.> verbrauchte, abgeleitete Luft; Ggs Zuluft

ABM <Abk. für> Arbeitsbeschaffungsmaßnahme; eine ~-Stelle

'ab|ma·chen <V. t.> 1 entfernen 2 vereinbaren, beschließen; → a. abgemacht; '**Ab·ma·chung** <f.; -, -en>

'ab|ma·gern <V. i. (s.); ich magere ab; sie ist abgemagert; abzumagern> mager werden; '**Ab·ma·ge·rung** <f.; -, -en>; '**Ab·ma·ge·rungs·kur** <f.; -, -en>

'ab|mah·nen <V. t.; Kaufmannsspr.> jmdn. ~ (schriftl.) ermahnen, zurechtweisen; '**Ab·mah·nung** <f.; -, -en>

'ab|ma·len <V. t.>

'**Ab·marsch** <m.; -(e)s; unz.>; 'ab·mar·schie·ren <V. i. (s.)>

'ab|meh·ren <V. i.; schweiz.> (per Handzeichen) abstimmen

'ab|mel·den <V. t.> 1 <V. t./V. refl.> offiziell den Weggang melden; sich polizeilich ~ 2 das Telefon ~ melden, dass das T. nicht mehr benutzt wird; '**Ab·mel·dung** <f.; -, -en>

'ab|mes·sen <V. t. 185; du misst ab>; '**Ab·mes·sung** <f.; -, -en>

'ab|mil·dern <V. t.; ich mildere ab; sie hat abgemildert; abzumildern>

'**Ab·mo·de·ra·ti·on** <f.; -, -en; TV> Schlussworte des Moderators; Ggs Anmoderation; 'ab|mo·de·rie·ren <V. i. u. V. t.; TV>

'ab|mon·tie·ren <V. t.> etwas ~ (aus einer Verankerung) lösen

ABM-Stel·le <f.; -, -n; ⤢Z34> → ABM

'ab|mü·hen <V. refl.> sich (mit etwas) ~ sich plagen

'ab|murk·sen <V. t.; du murkst ab; umg.> jmdn. ~ umbringen

'ab|mus·tern <V.; Seemannsspr.> Ggs anmustern 1 <V. t.> jmdn. ~ entlassen 2 <V. i.> den Dienst aufgeben; er hat abgemustert; '**Ab·mus·te·rung** <f.; -, -en>

'ab|na·beln <V. t.; ich nab(e)le ab; sie hat abgenabelt; abzunabeln> 1 <V. t.> ein Neugeborenes ~ die Nabelschnur durchtrennen 2 <V. refl.> sich (von jmdm.) ~ <fig.; umg.> selbstständig werden

'ab|na·gen <V. t.> Knochen ~

'ab|nä·hen <V. t.>; '**Ab·nä·her** <m.; -s, -> Naht zum Engermachen von Kleidungsstücken

'**Ab·nah·me** <f.; -; unz.> 1 Verringerung, Rückgang; Gewichts~ 2 Kauf; bei ~ von 25 Stück; 'ab|neh·men <V. 189> 1 <V. t.> etwas ~ wegnehmen, entfernen; jmdm. die Arbeit ~ für jmdn. die Arbeit tun; das nehme ich ihr nicht ab <umg.> das glaube ich ihr nicht 2 <V. i.> kleiner werden, an Gewicht verlieren; '**Ab·neh·mer** <m.; -s, -> Käufer, Kunde; '**Ab·neh·me·rin** <f.; -, -n·nen; ⤢Z38>

'**Ab·nei·gung** <f.; -, -en; Pl. selten> Widerwille

'ab|nib·beln <V. i. (s.); ich nibb(e)le ab; sie ist abgenibbelt; abzunibbeln; derb> sterben

'ab|ni·cken <V. t.> zustimmen; einen Antrag ~

'ab'norm <Adj.> (krankhaft) von der Norm abweichend, regelwidrig; 'ab·nor·mal <Adj.; bes. österr.; schweiz.> ungewöhnlich; Ab·nor·mi'tät <f.; -, -en>

'ab|nö·ti·gen <V. t.> jmdm. etwas ~ durch Nötigung erlangen

'ab|nut·zen, 'ab|nüt·zen <V. t./V. refl.; du nutzt/nützt ab> durch Gebrauch schadhaft machen, werden; '**Ab·nut·zung**, '**Ab·nüt·zung** <f.; -; unz.>

'**A·bo** <n.; -s, -s; kurz für> Abonnement

'**Ab·öl** <n.; -s, -e; Tech.> Altöl, verunreinigtes Öl

'**A-Bom·be** <f.; -, -n; ⤢Z34; kurz für> Atombombe

A·bon·ne·ment <[-n(ə)'mã] od. schweiz. [-'mεnt]; n.; -s, -s; Kurzw.: Abo> 1 Dauerbezug von Zeitschriften o. Ä. 2 Dauermiete für Theater o. Ä.; Sy Anrecht [frz.]; **A·bon·ne'ments·preis** <m.; -es, -e>; **A·bon'nent** <m.; -en, -en> Inhaber eines Abonnements; **A·bon'nen·tin** <f.; -, -n·nen; ⤢Z38>; a·bon'nie·ren <V.> 1 <V. t.> etwas ~ ein Abonnement abschließen 2 <V. i.> auf Erfolg abonniert sein <fig.> häufig E. haben

'ab|ord·nen <V. t.> jmdn. ~ jmdn. mit einem Auftrag schicken; '**Ab·ord·nung** <f.; -, -en> eine

Anzahl von Personen, die mit etwas beauftragt wurden

Ab·o·ri·gi·nes, <auch> **A·bo·ri·gi·nes** <[æbə'ridʒinis]; Pl.; ⤢Z54> Ureinwohner Australiens [lat.-engl.]

Ab'ort¹, <auch> **A'bort¹** <m.; -(e)s, -e; ⤢Z54> Toilette

Ab'ort², <auch> **A'bort²** <m.; -(e)s, -e; ⤢Z54; Med.> = Fehlgeburt [lat.]; **ab·or'tie·ren** <V. i.> eine Fehlgeburt haben; **ab·or'tiv** <Adj.; Med.> 1 verkürzt verlaufend 2 abtreibend, eine Fehlgeburt herbeiführend

ab 'o·vo von Anfang an [lat.]

'ab|pa·cken <V. t.>

'ab|pas·sen <V. t.; du passt ab> jmdn. ~ jmdm. auflauern

'ab|pau·sen <V. t.; du paust ab> eine Zeichnung ~

'ab|pel·len <V. t.; verstärkend>

'ab|per·len <V. i.> die Tropfen perlen von der Scheibe ab

'ab|pfei·fen <V. t. u. V. i. 191; Sp.> ein Spiel ~; '**Ab·pfiff** <m.; -(e)s, -e; Sp.>

'ab|pflü·cken <V. t.; du pflückst ab>

'ab|pla·cken, 'ab|pla·gen <V. refl.; umg.> sich ~ sich abmühen

'ab|plat·ten <V. t.> platt machen

'**Ab·prall** <m.; -(e)s, -e; Pl. selten> (federndes) Zurückspringen; 'ab|pral·len <V. i. (s.)> von etwas ~

'ab|pres·sen <V. t.; du presst ab> jmdm. etwas ~ <fig.> durch Zwang wegnehmen

'**Ab·pro·dukt** <n.; -(e)s, -e; Fachspr.> Abfall(produkt), Müll

'ab|put·zen <V. t.; du putzt ab>

'ab|quä·len <V. refl.> sich (mit etwas) ~

'ab|qua·li·fi·zie·ren <V. t.> abwertend beurteilen

'ab|quet·schen <V. t.>

'ab|ra·ckern <V. refl.; ich rack(e)re mich ab> sich ~ <umg.> sich abmühen

'ab|rah·men <V. t.> die Milch ~ den Rahm abschöpfen

A·bra·ka'da·bra, <auch> **Ab·ra·ka'dab·ra** <n.; -s, -s; ⤢Z53> 1 Zauberwort 2 sinnloses Gerede

'ab|ra·sie·ren <V. t.>

Ab·ra·si'on <f.; -, -en> 1 <Geol.> Abtragung der Küste durch die Brandung 2 <Med.> Ausscha-

A

bung, Auskratzung (der Gebärmutter) [lat.]

ab·ra·ten <V. i. 195; ich rate ab; sie hat abgeraten; abzuraten> jmdm. von etwas ~

Ab·raum <m.; -(e)s; unz.> 1 <Bgb.> Erdschicht über Bodenschätzen 2 <umg.> Schutt, Abfall; **'ab·räu·men** <V. t.>; **'Ab·raum·hal·de** <f.; -, -n>; **'Ab·raum·salz** <n.; -es, -e; Bgb.>

ab·rau·schen <V. i. (s.); umg.> sich schnell (u. auffällig) entfernen

A'bra·xas, <auch> **Ab'ra·xas** <m.; -; unz.; ↗Z.53> gnostische Zauberformel [lat.-grch.]

ab·re·a·gie·ren <V. t./V. refl.> sich ~ aufgestauten Ärger loswerden; **'Ab·re·ak·ti·on** <f.; -, -en>

'ab·rech·nen <V.> 1 <V. t.> abziehen 2 <V. i.> die Schlussrechnung aufstellen 3 <V. i.> mit jmdm. ~ jmdn. zur Rechenschaft ziehen; **'Ab·rech·nung** <f.; -, -en>

'Ab·re·de <f.; -, -n; meist in der Wendung> etwas in ~ stellen leugnen, bestreiten

'ab·re·gen <V. refl.> sich ~ <umg.; iron.> sich beruhigen; reg dich ab!

'ab·rei·ben <V. t. 196>; **'Ab·rei·bung** <f.; -, -en> 1 <Med.> das Abreiben mit einem kalten, feuchten Tuch (zu Heilzwecken) 2 <fig.> scharfe Zurechtweisung, <auch> Prügel

'Ab·rei·se <f.; -; unz.>; **'ab·rei·sen** <V. i. (s.); ich reise ab; du reist ab; sie ist abgereist; abzureisen> eine Reise antreten; <aber> → abreißen

'Ab·reiß·block <m.; -(e)s, ⸚e>; **'ab·rei·ßen** <V. 198; ich reiße ab; du reißt ab; sie hat abgerissen; abzureißen> 1 <V. t.> mit einem Ruck abtrennen 2 <V. i.> abrupt aufhören; der Kontakt riss ab; <aber> → abreisen; **'Ab·reiß·ka·len·der** <m.; -s, ->

'ab·rei·ten <V. 199> 1 <V. t.> ein Pferd ~ für eine Prüfung vorbereiten 2 <V. i. (s.)> wegreiten

'ab·rich·ten <V. t.> einen Hund ~ dressieren; **'Ab·rich·ter** <m.; -s, -; eindeutschend für> Dresseur; **'Ab·rich·te·rin** <f.; -, -nnen>; **'Ab·rich·tung** <f.; -; unz.>

'Ab·rieb <m.; -(e)s, -e; Tech.> reibungsbedingter Materialverschleiß; **'ab·rieb·fest** <Adj.; ↗Z27>

'ab·rie·geln <V. t.; ich rieg(e)le ab; sie hat abgeriegelt; abzuriegeln> 1 absperren 2 verbarrikadieren; **'Ab·rie·ge·lung, 'Ab·rieg·lung** <f.; -, -en>

'ab·rin·gen <V. t. 202> gegen jmds. anfänglichen Widerstand erhalten; jmdm. ein Versprechen ~

'Ab·riss <m.; -es, -e> 1 Entwurf 2 <schweiz. a.> schamlose Übervorteilung

'ab·rol·len <V.> 1 <V. t.> etwas von einer Rolle abwickeln 2 <V. i.; Turnen> über den runden Rücken rollen

'ab·rü·cken <V. i.> 1 <Mil.> abmarschieren; die Truppen rücken ab 2 von jmdm. od. etwas ~ <a. fig.> sich distanzieren

'Ab·ruf <m.; -(e)s; unz.> auf ~ bereit stehen sofort verfügbar sein; **'ab·ruf·bar** <Adj.>; **'ab·ruf·be·reit** <Adj.; ↗Z27>; **'ab·ru·fen** <V. t. 204> gespeicherte Daten ~ <EDV> für sich nutzbar machen

'ab·run·den <V. t.> etwas ~ rund machen <a. fig.>; Ecken ~; eine Zahl ~ in die nächstkleinere runde Zahl verwandeln; Ggs aufrunden; einen Vortrag ~ vervollkommnen; → a. rund(3); **'Ab·run·dung** <f.; -, -en>

'ab·rup·fen <V. t. ich rupfe ab; sie hat abgerupft; abzurupfen>

ab'rupt, <auch> **a'brupt** <Adj.; ↗Z.54> 1 unvermittelt 2 zusammenhanglos

'ab·rüs·ten <V.> 1 <V. i.; Mil.> die Kriegsrüstung bzw. Streitkräfte verringern; Sy demobilisieren 2 <V. t.> ein Gebäude ~ das Gerüst von einem G. entfernen; **'Ab·rüs·tung** <f.; -; unz.>

'ab·rut·schen <V. i. (s.); a. fig.> den Halt verlieren

ABS <Abk. für> Antiblockiersystem

Abs. <Abk. für> 1 Absatz 2 Absender

'ab·sä·beln <V. t.; ich säb(e)le ab; sie hat abgesäbelt; abzusäbeln; umg.> unsachgemäß abschneiden

'ab·sa·cken <V. i. (s.); umg.> sinken, untergehen

'Ab·sa·ge <f.; -, -n> ablehnende Mitteilung, negativer Bescheid; **'ab·sa·gen** <V. i. u. V. t.> jmdm. ~ müssen; eine Veranstaltung ~

'ab·sä·gen <V. t.>

'ab·sah·nen <V.; ich sahne ab; sie hat abgesahnt; abzusahnen> 1 <V. t.> Milch ~ die Sahne abschöpfen 2 <V. i.; fig.; umg.> einen großen Gewinn verbuchen

'ab·sat·teln <V. t.; ich satt(e)le ab> ein Pferd ~

'Ab·satz <m.; -es, ⸚e> 1 <Abk.: Abs.> Unterbrechung, (Text-) Abschnitt; Treppen~ 2 verstärkter (u. erhöhter) Teil der Schuhsohle 3 <unz.> Gesamtheit der verkauften Waren; die Blusen fanden reißenden ~; **'Ab·satz·ge·biet** <n.; -(e)s, -e>; **'Ab·satz·quo·te** <f.; -, -n>; **'ab·satz·wei·se** <Adj.> mit Unterbrechungen

'ab·sau·fen <V. i. (s.) 205; ich saufe ab; sie ist abgesoffen; abzusaufen; umg.> ertrinken

'ab·sau·gen <V. t. 206>

'ab·scha·ben <V. t./V. refl.>; **'Ab·schab·sel** <n.; -s, -; umg.> abgeschabtes Stückchen

'ab·schaf·fen <V. t.> aufheben, beseitigen; **'Ab·schaf·fung** <f.; -; unz.>

'ab·schä·len <V. t./V. refl.> die Haut schält sich ab

'ab·schal·ten <V.> 1 <V. t.> durch Schalten unterbrechen; Strom, den Fernsehapparat ~ 2 <V. i.; umg.> nicht mehr zuhören 3 <V. i.> sich entspannen

'ab·schat·ten <V. t.> schattig machen

'ab·schät·zen <V. t.; du schätzt ab>; **'ab·schät·zig** <Adj.> verächtlich, abfällig

'ab·schau·en <V. t.; umg.> abschreiben, nachahmen; vom Banknachbarn ~

'Ab·schaum <m.; -(e)s; unz.> moralisch minderwertige Menschen; der ~ der Gesellschaft

'ab·schei·den <V. t. 209> feste Stoffe aus einer Flüssigkeit ~ trennen, aussondern; **'Ab·schei·der** <m.; -s, -; Tech.; Chem.> Gerät zum Abscheiden

'ab·sche·ren <V. t. 213> Haare, Bart ~

'Ab·scheu <m.; -(e)s; unz. od. f.;

-; unz.> *Ekel, Widerwille; ~* erregend; eine ~ erregende/<auch> abscheuerregende Tat; <bei Steigerung u. mit Attribut nur Zusammenschreibung> das war noch abscheuerregender; es war wirklich, unglaublich abscheuerregend; <nur Getrenntschreibung in Verbindung mit Adj.> eine großen ~ erregende Tat; **'ab·scheu·er·re·gend** <Adj.> → *Abscheu;* **ab'scheulich** <Adj.> 1 *grauenhaft* 2 *verabscheuungswürdig;* **Ab'scheulich·keit** <f.; -, -en>

'ab|schi·cken <V. t.> Post ~

'Ab·schie·be·haft <f.; -; unz.> = *Abschiebungshaft;* **'ab|schieben** <V. t. 214> jmdn. ~ *polizeilich des Landes verweisen;* **'Abschie·bung** <f.; -, -en>; **'Abschie·bungs·haft** <f.; -; unz.>

'Ab·schied <m.; -(e)s, -e; Pl. selten> (von jmdm.) ~ nehmen *sich (von jmdm.) verabschieden;* **'Ab·schieds·be·such** <m.; -(e)s, -e>; **'Ab·schieds·fei·er** <f.; -, -n>

'ab|schie·ßen <V. t. 215> ich schieße ab; sie hat abgeschossen; abzuschießen> 1 eine Rakete ~ *abfeuern* 2 ein Flugzeug ~ *kampfunfähig machen, zerstören* 3 Wild ~ *töten*

'ab|schil·fern <V. i. (s.); umg.> *sich in Schuppen lösen*

'ab|schin·den <V. refl.; umg.> sich ~ *sich abmühen*

'Ab·schirm·dienst <m.; -(e)s; unz.>; **'ab|schir·men** <V. t.>; **'Ab·schir·mung** <f.; -; unz.>

'ab|schir·ren <V. t.> ein Zugtier ~ *ihm das Geschirr(2) abnehmen*

'ab|schlach·ten <V. t.; a. fig.> *grausam töten*

'ab|schlaf·fen <V. i. (s.); umg.> *schlaff werden;* → a. *abgeschlafft*

'Ab·schlag <m.; -(e)s, -e> 1 *Teil einer Zahlung* 2 *Preisnachlass* 3 <Golf> *Startplatz;* **'ab|schlagen** <V. t. 218; ich schlage ab; sie hat abgeschlagen; abzuschlagen> 1 *durch Schlagen gewaltsam abtrennen* 2 *etwas ~ abbauen* 3 jmdm. eine Bitte ~ *verweigern* 4 sein Wasser ~ <umg.; veralt.> *urinieren;* **'ab·schlä·gig** <Adj.> *ablehnend;*

ein ~er Bescheid; **'Ab·schlagszah·lung** <f.; -, -en>

'ab|schläm·men <V. t.> *vom Schlamm reinigen, auswaschen*

'ab|schle·cken <V. t.; du schleckst ab>

'ab|schlei·fen <V. t. 220/V. refl.> 1 etwas ~ *durch Schleifen beseitigen* 2 etwas ~ *durch Schleifen glätten*

'Ab·schlepp·dienst <m.; -(e)s, -e>; **'ab|schlep·pen** <V. t.> 1 ein fahruntüchtiges Auto ~ *abtransportieren* 2 jmdn. ins Kino ~ <fig.; umg.> *gegen seinen Willen ins K. mitnehmen* 3 <V. refl.> sich ~ *sich mit einer schweren Last abmühen;* **'Abschlepp·seil** <n.; -(e)s, -e>

'ab|schlie·ßen <V. 222; du schließt ab> 1 <V. t.> *absperren(2)* 2 <V. i. u. V. t.> (mit) etwas ~ *etwas beenden;* eine ~de Bemerkung; **'Ab·schluss** <m.; -es, -e> 1 <unz.> *Beendigung;* etwas zum ~ bringen 2 *abschließender, oft verzierender Teil* 3 *geschäftl. Vereinbarung;* Vertrags~; **'Ab·schluss·prüfung** <f.; -, -en>

'ab|schmal·zen, 'ab|schmäl·zen <V. t.; Kochk.> Nudeln ~ *mit gebräunter Butter übergießen;* <aber> → *abschmelzen*

'ab|schme·cken <V. t.; ich schmecke ab; sie hat abgeschmeckt; abzuschmecken; Kochk.> eine Speise ~ *würzen*

'ab|schmel·zen <V. i. (s.) 225> *sich durch Schmelzen lösen;* das Eis ist abgeschmolzen; <aber> → *abschmälzen*

'ab|schmet·tern <V. t.; ich schmett(e)re ab; umg.> *energisch abweisen;* er hat alle Forderungen abgeschmettert

'ab|schmie·ren <V.> 1 <V. t.> etwas ~ <Tech.> *mit Schmieröl versehen* 2 <V. i. (s.); EDV; umg.> = *abstürzen(2)*

'ab|schmin·ken <V. t./V. refl.> 1 jmdn., sich ~ *von Schminke befreien* 2 das kannst du dir ~! <fig.; umg.> *daraus wird nichts*

Abschn. <Abk. für> *Abschnitt*

'ab|schnal·len <V.; ich schnalle ab; sie hat abgeschnallt; abzuschnallen> 1 <V. t.> etwas ~ *durch Öffnen einer Schnalle ab-*

nehmen 2 <V. i.; umg.> *völlig perplex sein;* da schnallst du ab

'ab|schnei·den <V. 227> 1 <V. t.> etwas ~ *durch Schneiden abtrennen* 2 <V. t.> *isolieren;* von der Außenwelt abgeschnitten 3 <V. i.> bei einem Test gut, schlecht ~ <umg.> *ein gutes, schlechtes Ergebnis erzielen;* **'Ab·schnitt** <m.; -(e)s, -e> *Teil eines Ganzen;* **'Ab·schnitts·bevoll·mäch·tig·te(r)** <f. 2 (m. 1); Abk.: ABV; DDR> *für einen Gemeindeteil zuständige(r) Volkspolizist(in);* **'ab·schnitts·wei·se** <Adv.; häufig a. adj.>

'ab|schnü·ren <V. t.>; **'Ab·schnürung** <f.; -, -en>

'ab|schöp·fen <V. t.; ich schöpfe ab; sie hat abgeschöpft; abzuschöpfen> den Rahm ~

'ab|schot·ten <V. t./V. refl.> *dicht, undurchlässig machen;* → a. *Schotte¹*

'ab|schrä·gen <V. t.>

'ab|schrau·ben <V. t.>

'ab|schre·cken <V. t.> 1 jmdn. ~ *zurückhalten, verscheuchen* 2 Speisen ~ <Kochk.> *mit kaltem Wasser übergießen;* **'Ab·schreckung** <f.; -, -en>

'ab|schrei·ben <V. 230; ich schreibe ab; sie hat abgeschrieben; abzuschreiben> 1 <V. t.> etwas ~ *nach Vorlage schreiben* 2 <V. i. u. V. t.; in der Schule> vom Banknachbarn ~ 3 <V. t.; Kaufmannsspr.> *streichen;* Ausgaben von der Steuer ~ 4 <V. t.> jmdn. od. etwas ~ <fig.> *auf jmdn. od. etwas nicht mehr rechnen;* **'Ab·schrei·bung** <f.; -, -en; Kaufmannsspr.>

'ab|schrei·ten <V. t. 232> *würdevoll od. prüfend entlanggehen*

'Ab·schrift <f.; -, -en> *zweite Ausfertigung eines Schriftstücks;* Sy *Kopie;* **'ab·schrift·lich** <Adj.; Amtsdt.>

'ab|schro·ten <V. t.> Metallteile ~ *mit dem Abschröter trennen;* **'Ab·schrö·ter** <m.; -s, -> *meißelartiger Ambosseinsatz*

'ab|schuf·ten <V. refl.; umg.> sich ~ *schwer arbeiten*

'ab|schup·pen <V.> 1 <V. t.> einen Fisch ~ *von Schuppen befreien* 2 <V. refl.> die Haut schuppt sich ab *löst sich in Schuppen* 'ab|schür·fen <V. t.> *oberfläch-lich verletzen;* '**Ab·schür·fung** <f.; -, -en>

'**Ab·schuss** <m.; -es, ⁼e>; '**Ab·schuss·ba·sis** <f.; -, -ba·sen> *Bereich, in dem Raketen gestartet werden;* '**ab·schüs·sig** <Adj.> *steil, stark geneigt;* '**Ab·schüs·sig·keit** <f.; -; unz.>; '**Ab·schuss·lis·te** <f.; -, -n; fig.; umg.> *auf der ~ stehen;* '**Ab·schuss·ram·pe** <f.; -, -n> *Vorrichtung zum Starten von Raketen*

'ab|schüt·teln <V. t.; ich schütt(e)le ab; sie hat abgeschüttelt; abzuschütteln> jmdn. ~ <fig.; umg.> *loswerden*

'ab|schwä·chen <V. t.>; '**Ab·schwä·chung** <f.; -, -en>

'ab|schwat·zen <V. t.; du schwatzt ab> jmdm. etwas ~

'ab|schwei·fen <V. i.> vom Thema ~ *abkommen;* '**Ab·schwei·fung** <f.; -, -en>

'ab|schwel·len <V. i. (s) 234> *kleiner, leiser werden*

'ab|schwin·gen <V. i. 237; Turnen>

'ab|schwir·ren <V. i. (s.) 1> *wegfliegen* 2 <fig.; umg.> *weggehen*

'ab|schwö·ren <V. i. 238> jmdm. od. einer Sache ~ *sich von jmdm. od. etwas lossagen*

'**Ab·schwung** <m.; -(e)s, ⁼e; Turnen>

'ab|seg·nen <V. t.> etwas ~ <umg.> *seine Zustimmung zu etwas geben*

'ab·seh·bar <Adj.> in ~er Zeit *bald;* '**ab|se·hen** <V. 239> 1 <V. t.> *voraussehen;* das Ende ist nicht abzusehen 2 <V. i.> *verzichten;* er sah von einer Anzeige ab; → a. *abgesehen*

'ab|sei·fen <V. t.>

'ab|sei·hen <V. t.; veralt.> *filtern*

'ab|sei·len <V. t.> 1 <V. t.> einen Bergsteiger ~ *mithilfe eines Seiles hinablassen* 2 <V. refl.> sich ~ <umg.> *unauffällig weggehen*

'**Ab·seit** <n.; -, -; österr.> = *Abseits*

'**Ab·sei·te**¹ <f.; -, -n> *Nebenraum, Nebenbau, Seitenschiff (einer Kirche)*

'**Ab·sei·te**² <f.; -, -n> *Rückseite eines beidseitig verwendbaren Gewebes*

'ab·sei·tig <Adj.; geh.> *abgelegen, abwegig;* '**ab·seits** 1 <Adv.> bei-

seite, entfernt; ~ stehen 2 <Präp. m. Gen.> *entfernt von, neben;* ~ der Straße steht eine Kirche; '**Ab·seits** <n.; -, -; Fußb.; Rugby; Hockey> *regelwidrige Stellung eines Spielers*

Ab·sence <[ab'sãs]; f.; -, -n; Med.> *kurze Bewusstseinstrübung;* Sy *Absenz* [frz.]

'ab|sen·den <V. t. 241>; '**Ab·sen·der** <m.; -s, -; Abk.: Abs.>; '**Ab·sen·de·rin** <f.; -, -n·nen>

'ab|sen·ken <V. t.> 1 etwas ~ *niedriger machen* 2 <Gartenb.; Weinbau> Pflanzen ~ *durch Senker vermehren;* '**Ab·sen·ker** <m.; -s, -; Bot.> *Ableger*

ab'sent <Adj.; veralt.> *abwesend* [lat.]; **Ab'senz** <f.; -, -en; veralt.> 1 *Abwesenheit* 2 <Med.> = *Absence*

'ab|ser·vie·ren <[-vi:-]; V. t.> jmdn. ~ <fig.> *jmdn. seines Einflusses berauben*

'**ab·setz·bar** <Adj.>; '**ab|set·zen** <V. t.; du setzt ab> 1 *herunternehmen, hinstellen;* die Brille, den Koffer ~ 2 jmdn. (irgendwo) ~ *aussteigen lassen u. weiterfahren* 3 einen Herrscher ~ *des Amtes entheben* 4 <Kaufmannsspr.> *verkaufen;* Waren ~ 5 einen Betrag von der Steuer ~ *abziehen* 6 ein Theaterstück ~ *nicht mehr aufführen* 7 <V. refl.> sich (ins Ausland) ~; '**Ab·set·zung** <f.; -, -en>

'ab|si·chern <V. t. / V. refl.; ich sich(e)re ab; sie hat abgesichert; abzusichern> sich gegen etwas ~

'**Ab·sicht** <f.; -, -en> *Vorhaben, Vorsatz, Zweck;* mit ~ *vorsätzlich;* '**ab'sicht·lich** <schweiz. ['---]; Adj.> *vorsätzlich;* '**Ab·sichts·er·klä·rung** <f.; -, -en>; '**ab·sichts·los** <Adj.>

'ab|sin·gen <V. t. 243> etwas ~ *vom Blatt singen*

Ab'sinth <m.; -(e)s; unz.> *Trinkbranntwein aus Wermut* [grch.]

'ab|sit·zen <V. 246; du sitzt ab> 1 <V. t.> eine Gefängnisstrafe ~ *verbüßen* 2 <V. i. (s.)> *absteigen;* vom Pferd ~ 3 <V. i. (s.); schweiz.> *sich setzen*

ab·so·lut <Adj.> 1 *unabhängig, für sich, einzeln betrachtet;* ~es Gehör <Mus.>; ~e Zahl <Math.>; ~es Verb <Gramm.> → a. *Kasten;* ~e Mehrheit *M. von mehr als 50%;* Ggs *relativ* 2 *uneingeschränkt;* ~e Monarchie 3 <Partikel> *gänzlich, völlig;* das ist ~ unmöglich [lat.]; **Ab·so'lut·heit** <f.; -; unz.>; **Ab·so'lut·heits·an·spruch** <m.; -(e)s, ⁼e>; **Ab·so·lu·ti'on** <f.; -; unz.; Kath.> *Lossprechung, Vergebung der Sünden;* jmdm. die ~ *erteilen;* **Ab·so·lu'tis·mus** <m.; -; unz.> *Alleinherrschaft eines Monarchen, Willkürherrschaft;* **Ab·so·lu'tist** <m.; -en, -en> *Anhänger des Absolutismus;* **Ab·so·lu'tis·tin** <f.; -, -n·nen>; **ab·so·lu'tis·tisch** <Adj.>; **Ab·so·lu'to·ri·um** <n.; -s, -ri·en; österr.> *Bestätigung über ein abgeschlossenes Hochschulstudium*

Ab·sol·vent <[-'vɛnt]; m.; -en, -en> *jmd., der eine Ausbildung erfolgreich abgeschlossen hat* [lat.]; **Ab·sol'ven·tin** <f.; -, -n·nen; Z38>; **ab·sol'vie·ren** <V. t.> 1 eine Ausbildung ~ *durchlaufen, erfolgreich beenden* 2 <Kath.> jmdn. ~ *jmdm. die Absolution erteilen*

ab'son·der·lich <Adj.> *merkwürdig, eigentümlich;* **Ab'son·der·lich·keit** <f.; -, -en>; '**ab|son·dern** <V. t.; ich sond(e)re ab; sie hat abgesondert; abzusondern> 1 <V. t. / V. refl.> *trennen, isolieren* 2 ein Sekret ~; '**Ab·son·de·rung** <f.; -, -en>

Ab'sor·bens <n.; -, -'ben·tia od. -'ben·zi·en; Chem.> *Stoff, der bei der Absorption einen andren aufnimmt* [lat.]; **ab·sor'bent** <Adj.> *aufsaugend;* **Ab'sor·ber** <m.; -s, -> *Vorrichtung zur Absorption von Strahlen od. Gasen;* **ab·sor'bie·ren** <V. t.> 1 *aufsaugen* 2 *völlig in Anspruch nehmen;* **Ab·sorp·ti'on** <f.; -, -en>; **Ab·sorp·ti'ons·a·na·ly·se** <f.; -, -n; Z55>; **Ab·sorp·ti-**

A

'ons·spek·trum, <auch> **Absorp·ti'ons·spekt·rum** <n.; -s, -tren/-t·ren od. -tra/-t·ra; ↗Z53; Phys.>

'ab|spal·ten <V. t.; ich spalte ab; sie hat abgespalten; abzuspalten>; '**Ab·spal·tung** <f.; -, -en>

'ab|spa·nen <V. t.> durch Abschneiden von Spänen formen; 'ab|spä·nen¹ <V. t.> etwas ~ von Spänen befreien

'ab|spä·nen² <V. t.> Ferkel ~ entwöhnen

'ab|span·nen <V. t.> 1 <El.> Spannung vermindern; <V. i.; fig.> sich erholen 2 Zugtiere ~; '**Ab·span·nung** <f.; -; unz.>

'ab|spa·ren <V. t./V. refl.> sich etwas vom Munde ~ unter Entbehrungen für etwas sparen

'ab|spe·cken <V. i.; ich specke ab; sie hat abgespeckt; abzuspecken; umg.> abnehmen

'ab|spei·sen <V. t.; du speist ab> jmdn. (mit etwas) ~ kurz abfertigen

'ab·spens·tig <Adj.; adv.> jmdm. Kunden ~ machen wegnehmen

'ab|sper·ren <V. t.> 1 eine Straße ~ durch eine Sperre(1) unzugänglich machen 2 <bes. süddt.> abschließen; die Tür ~; '**Ab·sper·rung** <f.; -, -en>

'ab|spie·geln <V. t./V. refl.> widerspiegeln, ein Spiegelbild geben; '**Ab·spie·ge·lung**, '**Ab·spieg·lung** <f.; -, -en>

'**Ab·spiel** <n.; -(e)s, -e; Sp.>; 'ab·spie·len <V. t.> 1 eine CD ~ vom Anfang bis zum Ende laufen lassen 2 ein Musikstück ~ vom Blatt spielen 3 den Ball ~ <Sp.> abgeben 4 <V. refl.> was spielt sich hier ab? was geht hier vor?

'ab|split·tern <V. i.> sich in Form von Splittern lösen

'**Ab·spra·che** <f.; -, -n> Vereinbarung; 'ab|spre·chen <V. t. 251> 1 etwas mit jmdm. ~ 2 jmdm. etwas ~ aberkennen

'ab|sprin·gen <V. i. (s.) 253> 1 herunterspringen 2 <Sp.> sich abstoßen 3 <fig.> sich lossagen; zwei Teilnehmer sind abgesprungen

'ab|sprit·zen <V. t.; du spritzt ab> '**Ab·sprung** <m.; -(e)s, ⁼e>

'ab|spu·len <V. t.> von einer Spule abwickeln

'ab|spü·len <V. t.> Geschirr ~ säubern

'ab|stam·men <V. i.; ohne Perfekt> 1 jmds. Nachkomme sein 2 sich ableiten; das Wort stammt von Lateinischen ab; '**Ab·stam·mung** <f.; -; unz.> (etymologische) Herkunft; '**Ab·stam·mungs·leh·re** <f.; -, -n>

'**Ab·stand** <m.; -(e)s, ⁼e> 1 Entfernung, Zwischenraum 2 von etwas ~ nehmen auf etwas verzichten; 'ab·stän·dig <Adj.; Forstw.> dürr, abgestorben; '**Ab·stands·sum·me** <f.; -, -n>

'ab|stat·ten <V. t.> Funktionsverb> jmdm. einen Besuch ~

'ab|stau·ben <V. i. u. V. t.> 1 den Staub von etwas entfernen 2 (etwas) ~ <umg.> (heimlich) mitgehen lassen; 'ab|stäu·ben <V. i. u. V. t.> = abstauben(1)

'ab|ste·chen <V. t. 254> 1 <V. t.> ein Stück Rasen ~ mit dem Spaten teilen 2 <V. t.> jmdn. ~ <umg.> durch einen Stich töten 3 <V. i. (s.)> sie sticht von den anderen ab <fig.>; '**Ab·ste·cher** <m.; -s, -> kleiner Ausflug

'ab|ste·cken <V. t.; ich stecke ab; sie hat abgesteckt; abzustecken> begrenzen, markieren

'ab|ste·hen <V. i. 256> nicht anliegen; ~de Ohren

'ab|stei·fen <V. t.> Wäsche ~ <Fachspr.> steif machen

'**Ab·stei·ge** <f.; -, -n; abwertend> schlechte, anrüchige Unterkunft; 'ab|stei·gen <V. i. (s.) 258> in einem Hotel ~ Quartier nehmen; '**Ab·stei·ger** <m.; -s, -; Sp.> Mannschaft, die in eine niedrigere Spielklasse wechselt

'ab|stel·len <V. t.> 1 etwas ~ vorübergehend hinstellen 2 einen Missstand ~ beseitigen 3 außer Betrieb setzen; das Wasser, den Wecker ~; '**Ab·stell·flä·che** <f.; -, -n>; '**Ab·stell·gleis** <n.; -es, -e; Eisenb.; a. fig.>; '**Ab·stell·raum** <m.; -(e)s, ⁼e>

'ab|stem·peln <V. t.; ich stemp(e)le ab; sie hat abgestempelt; abzustempeln> Post ~; jmdn. als Verbrecher ~ <fig.>

'ab|step·pen <V. t.> mit Steppnähten versehen

'ab|ster·ben <V. i. (s.) 259>

'**Ab·stich** <m.; -(e)s, -e>

Abstraktum: Ein A. ist ein begriffliches Substantiv, ein so genanntes **Begriffswort**. Im Unterschied zum ↗**Konkretum** bezeichnet es nicht gegenständliche Erscheinungen wie Vorstellungen (Seele), Eigenschaften (Fleiß, Geiz), Beziehungen (Freundschaft), Konzepte (Realismus), Maße (Kilo, Liter), Zeitbegriffe (Monat, Sekunde) usw.

'**Ab·stieg** <m.; -(e)s, -e>; 'ab·stiegs·ge·fähr·det <Adj.; Sp.>

'ab|stil·len <V. i. u. V. t.> aufhören zu stillen

'ab|stim·men <V.; ich stimme ab; sie hat abgestimmt; abzustimmen> 1 <V. i.> seine Stimme abgeben 2 <V. t.> verschiedene Dinge aufeinander ~; '**Ab·stimmung** <f.; -, -en>; '**Ab·stimmungs·er·geb·nis** <n.; -s·ses, -s·se>

ab·sti'nent, <auch> **abs·ti'nent** <Adj.; ↗Z54> enthaltsam [lat.]; **Ab·sti'nenz** <f.; -; unz.> Enthaltsamkeit; **Ab·sti'nenz·ler** <m.; -s, ->; **Ab·sti'nenz·le·rin** <f.; -, -n·nen>

'ab|stop·pen <V. t. u. V. i.>

'**Ab·stoß** <m.; -es, ⁼e; Fußb.>; 'ab·sto·ßen <V. t. 262> 1 <V. t./V. refl.> etwas od. sich ~ mit einem Stoß(1) wegbewegen 2 beschädigen, abnutzen; abgestoßene Ecken 3 jmdn. ~ jmds. Widerwillen erregen 4 Ware ~ billig verkaufen; 'ab·sto·ßend <Adj.> widerlich

'ab|stot·tern <V. t.; ich stott(e)re ab> einen Geldbetrag ~ <umg.> in kleinen Raten bezahlen

Ab·tract, <auch> **Abs·tract** <[ˈæbstrækt]; m.; -s, -s; ↗Z54> kurze Inhaltsangabe eines Artikels od. Vortrages [engl.]

ab·stra'hie·ren, <auch> **abs·tra'hie·ren** <V. t.; ↗Z54> verallgemeinern [lat.]

'ab|strah·len <V. t.> aussenden

ab'strakt, <auch> **abs'trakt** <Adj.; ↗Z54> nur gedacht; ~e Kunst; → a. in abstracto; **Ab·strak·ti'on** <f.; -, -en>; **Abs·trak·ti'ons·ver·mö·gen** <n.; -s; unz.>; **Ab'strak·tum** <n.; -s, -ta> Ggs Konkretum 1 <Philos.> allgemeiner Begriff 2 <Sprachw.> Substantiv, das et-

was Nichtgegenständliches benennt, z. B. Wut; → a. Kasten S. 100

ab|stram·peln <V. refl.; ich stramp(e)le mich ab; sie hat sich abgestrampelt; sich abzu­strampeln> sich – <umg.> *sich sehr anstrengen*

ab|strei·chen <V. t. 263>; **'Abstrei·cher** <m.; -s, -> = *Abtreter*

ab|strei·fen <V. t.; ich streife ab; sie hat abgestreift; abzustrei­fen>

ab|strei·ten <V. t. 264> *leugnen*

Ab·strich <m.; -(e)s, -e> 1 *Abzug, Einschränkung;* wir müssen –e machen 2 <Med.> *Entnahme von Sekreten*

ab'strus, <auch> **abs'trus, abst'rus** <Adj.; -er, am -es·ten; ↗Z54> *verworren, schwer verständlich* [lat.]

'ab|stu·fen <V. t.> *stufenförmig gestalten;* **'Ab·stu·fung** <f.; -, -en>

'ab|stump·fen <V.; a. fig.> 1 <V. t.> *stumpf machen* 2 <V. i. (s.)> *stumpf, gleichgültig werden*

'Ab·sturz <m.; -es, ⸚e>; **'ab|stürzen** <V. i. (s.); du stürzt ab> 1 *in die Tiefe stürzen* 2 <EDV> *zusammenbrechen*

'ab|stüt·zen <V. t./V. refl.; du stützt ab>

'ab|su·chen <V. t.; ich suche ab; sie hat abgesucht; abzusu­chen> etwas –

'Ab·sud <a. [-'-]; m.; -(e)s, -e; Pharm.; veralt.> *durch Kochen gewonnener Auszug aus Heilkräutern*

ab'surd <Adj.; -er, am -es·ten> *widersinnig, sinnlos* [lat.]; **Absur·di'tät** <f.; -, -en>

ab·sze'die·ren <V. i.; ↗Z54; Med.> 1 *sich absondern* 2 *eitern, einen Abszess bilden;* **Ab'szess,** <auch> **Abs'zess** <m.; -es, -e; ↗Z54; Med.> *eitrige Geschwulst* [lat.]

Ab'szis·se, <auch> **Abs'zis·se** <f.; -, -n; ↗Z54; Math.> *parallel zur Abszissenachse abgemessener Linienabschnitt;* Ggs *Ordinate* [lat.]; **Ab'szis·sen·ach·se** <[-ks-]; f.; -, -n> *waagerechte Achse im Koordinatensystem*

Abt <m.; -(e)s, ⸚e> *Klostervorsteher*

Abt. <Abk. für> *Abteilung*

'ab|ta·keln <V. t.; Mar.> *ein Schiff – <Mar.> die Takelage abbauen, das Schiff außer Dienst stellen;* **'Ab·ta·ke·lung** <f.; -; unz.>

'ab|tan·zen <V. t.> Schuhe –

'ab|tas·ten <V. t.; ich taste ab; sie hat abgetastet; abzutasten>

'ab|tau·chen <V. i. (s.); umg.> *verschwinden, sich zurückziehen;* er ist für eine Woche abgetaucht

'ab|tau·en <V.> 1 <V. i. (s.)> *von Eis frei werden, schmelzen* 2 <V. t.> *den Kühlschrank – das Eis im K. zum Schmelzen bringen*

'Ab·tausch <m.; -es, -e> 1 = *Schlagabtausch* 2 <Schach> *wechselseitiges Schlagen gleichwertiger Figuren*

Ab'tei <f.; -, -en> *Kloster, dem ein Abt od. eine Äbtissin vorsteht*

Ab'teil <a. ['--]; n.; -(e)s, -e> *abgetrennter Raum (im Eisenbahnwagen);* **'ab|tei·len** <V. t.>; **'Abtei·lung**[1] <f.; -; unz.> *Abtrennung;* **Ab'tei·lung**[2] <f.; -, -en> 1 *abgeteilter Raum* 2 *Teil eines Unternehmens, Betriebes o. Ä.;* **Ab'tei·lungs·lei·ter** <m.; -s, ->; **Ab'tei·lungs·lei·te·rin** <f.; -, -n·nen>

'ab|teu·fen <V. t.> *einen Schacht – <Bgb.> senkrecht in die Erde graben*

'ab|tip·pen <V. t.; umg.>

'ab|ti·schen <V. i.; schweiz.> *den Tisch abräumen*

Äb'tis·sin <f.; -, -n·nen> *Klostervorsteherin*

'ab|tö·nen <V. t.> *farblich aufeinander abstimmen;* **'Ab·tönung** <f.; -, -en>; **'Ab·tö·nungspar·ti·kel** <f.; -, -n; Gramm.> → a. Kasten Partikel

'ab|tör·nen <V. i.; umg.> = *abturnen*

'ab|tö·ten <V. t.; ich töte ab; sie hat abgetötet; abzutöten>

'Ab·trag <m.; -(e)s, ⸚e; geh.> *Schaden;* **'ab|tra·gen** <V. t. 265> 1 etwas – *(nach u. nach) beseitigen;* eine Schuld – <geh.> *abzahlen* 2 *ein Kleidungsstück – durch Tragen abnutzen;* **'abträg·lich** <Adj.; geh.> *nachteilig;* **'Ab·tra·gung** <f.; -, -en>

'ab|trai·nie·ren <[-trɛ-]; V. t.> drei Kilo – *durch Training verlieren*

'ab|trans·por·tie·ren <V. t.>

'ab|trei·ben <V. 267> 1 <V. t. u. V. i.> *vom Kurs abbringen bzw. abkommen;* das Boot wurde vom Wind abgetrieben 2 <V. t. u. V. i.> *(einen Embryo) – eine Schwangerschaft abbrechen* 3 <V. t.> Weidevieh –; **'Ab·treibung** <f.; -, -en> *Schwangerschaftsabbruch*

'ab·trenn·bar <Adj.>; **'ab|trennen** <V. t.; ich trenne ab; sie hat abgetrennt; abzutrennen>; **'Abtren·nung** <f.; -, -en>

'ab|tre·ten <V. 268> 1 <V. i.; Theat.> *weggehen, die Bühne verlassen* 2 <V. t.> jmdm. etwas – *überlassen;* **'Ab·tre·ter** <m.; -s, -> *Fußmatte zum Abtreten des Schmutzes;* Schuh–; **'Ab·tretung** <f.; -, -en>

'Ab·trieb <m.; -(e)s, -e> 1 *Alm–;* Ggs *Auftrieb(1)* 2 <Forstw.> *Abholzung*

'Ab·trift <f.; -, -en> = *Abdrift*

'ab|trin·ken <V. t. 270>

'Ab·tritt <m.; -(e)s, -e; veralt.> = *Abort[1]*

'ab|trock·nen <V.; ich trockne ab; sie hat abgetrocknet; abzu­trocknen> 1 <V. t.> etwas od. jmdn. – *trocken machen* 2 <V. i. (s.)> *trocken werden;* der Weg ist abgetrocknet

'ab|trop·fen <V. i. (s.)>

'ab|trot·zen <V. t.; du trotzt ab> jmdm. etwas –

'ab|trump·fen <V. t.> jmdm. eine Karte – <Kart.> *durch einen Trumpf abgewinnen*

'ab·trün·nig <Adj.; geh.> *untreu;* – werden *sich lossagen*

'ab|tun <V. t. 272> etwas – *geringschätzig ablehnen*

'ab|tup·fen <V. t.; du tupfst ab; sie hat abgetupft; abzutupfen>

'ab|tur·nen <[-tɔ:-]; V. i.; umg.> *die Begeisterung nehmen;* das turnt total ab; oV *abtörnen;* Ggs *anturnen* [engl.]

'A·bu <in arab. Eigennamen> *Vater des ..., z. B. – Hassan*

ab·un'dant, <auch> **a·bun'dant** <Adj.; ↗Z54> *reichlich (vorhanden), häufig (vorkommend)* [lat.]; **Ab·un'danz** <f.; -; unz.>

ab 'ur·be 'con·di·ta <Abk.: a. u. c.> *"seit Gründung der Stadt*

A

(Rom)", altröm. Zeitrechnung, beginnend mit 753 v. Chr. [lat.]

'ab|ur·tei·len <V. t.; ich urteile ab; sie hat abgeurteilt; abzuurteilen> *definitiv verurteilen;* **'Ab·ur·tei·lung** <f.; -, -en>

ab·u'siv <Adj.> *missbräuchlich;* **Ab'u·sus** <m.; -, -> *Missbrauch* [lat.]

ABV <DDR; Abk. für *Abschnittsbevollmächtigte(r)*

'Ab·ver·kauf <m.; -(e)s, ᵆe; ös­terr.> *= Ausverkauf*

'ab|ver·lan·gen <V. t.> jmdm. etwas ~ *von jmdm. etwas fordern*

'ab|vie·ren <V. t.; Holzbearbei­tung> *vierkantig zuschneiden*

'ab|wä·gen <V. t. 278> 1 *etwas ~ prüfend überlegen* 2 *zwei Dinge gegeneinander ~ ihre Vor- u. Nachteile vergleichen*

'Ab·wahl <f.; -, -en>; **'ab|wäh·len** <V. t.; ich wähle ab; sie hat ab­gewählt; abzuwählen> jmdn. ~

'ab|wäl·zen <V. t.; du wälzt ab> *etwas Lästiges auf jmdn. ~ von sich schieben u. einem anderen aufbürden*

'ab|wan·deln <V. t.; ich wand(e)le ab; sie hat abgewandelt; abzu­wandeln>; **'Ab·wan·de·lung** <f.; -, -en> oV *Abwandlung*

'ab|wan·dern <V. i. (s.); ich wand(e)re ab; sie ist abgewan­dert; abzuwandern> *von einem Ort an einen anderen ziehen; aus strukturschwachen Gebieten in Großstädte ~;* **'Ab·wan·de·rung** <f.; -, -en>

'Ab·wand·lung <f.; -, -en> *= Abwandelung*

'Ab·wär·me <f.; -; unz.; Tech.> *als Nebenprodukt anfallende Restwärme*

'Ab·wart <m.; -(e)s, -e; schweiz.> *Hausmeister*

'ab|war·ten <V. t. u. V. i.>

'ab·wärts <Adv.; a. fig.> *nach unten;* ~ *gehen; es ist mit ihm deutlich ~ gegangen*

'Ab·wasch¹ <m.; -(e)s; unz.> *= Aufwasch;* **'Ab·wasch²** <f.; -, -en; umg.> *Abwaschbecken;* **'ab·wasch·bar** <Adj.>; **'ab|wa·schen** <V. t. 279>; **'Ab·wa·schung** <f.; -, -en>; **'Ab·wasch·was·ser** <n.; -s, ᵆ>

'Ab·was·ser <n.; -s, ᵆ> *verschmutztes Wasser*

'ab|wech·seln <[-ks-]; V. i./V.

refl.> *eine Tätigkeit wechselweise ausführen;* sich beim Autofahren ~; **'Ab·wech·se·lung,** **'Ab·wechs·lung** <f.; -, -en> *unterhaltsame Unterbrechung;* **'ab·wechs·lungs·reich** <Adj.>

'Ab·weg <m.; -(e)s, -e> *Umweg, Irrweg;* auf ~e geraten <fig.>; **'ab·we·gig** <Adj.> *ausgefallen, unpassend;* **'Ab·we·gig·keit** <f.; -; unz.>

'Ab·wehr <f.; -; unz.> 1 <bes. Sp.> *Verteidigung* 2 *Ablehnung, Widerstand;* auf ~ stoßen; **'Ab·wehr·dienst** <m.; -(e)s, -e; Mil.>; **'ab|weh·ren** <V. t.; ich wehre ab; sie hat abgewehrt; abzuwehren> *zurückweisen, vertreiben;* **'Ab·wehr·me·cha·nis·mus** <m.; -, -men; Psych.>; **'Ab·wehr·spie·ler** <m.; -s, -; Sp.>; **'Ab·wehr·stoff** <m.; -(e)s, -e; Med.>

'ab|wei·chen¹ <V. t.; ich weiche ab; sie hat abgeweicht; abzu­weichen> *ablösen durch Einweichen;* ein Etikett ~

'ab|wei·chen² <V. i. (s.) 281; ich weiche ab; sie ist abgewichen; abzuweichen> 1 *die eingeschlagene Richtung ändern;* vom Thema ~ *abkommen* 2 *sich unterscheiden;* unsere Ansichten weichen voneinander ab; **'ab·wei·chend** <Adj.> *anders;* **'Ab·weich·ler** <m.; -s, -; Pol.>; **'Ab·weich·le·rin** <f.; -, -n·nen; ↗Z38>; **'Ab·wei·chung** <f.; -, -en>

'ab|wei·den <V. t.> *das Vieh weidet die Wiese ab*

'ab|wei·sen <V. t. 282; du weist ab> *ablehnen, zurückweisen;* **'ab·wei·send** <Adj.>; **'Ab·wei·sung** <f.; -, -en>

'ab·wend·bar <Adj.>; **'ab|wen·den** <V. t. 283; ich wende ab; sie hat abgewendet; abzuwenden> 1 <V. t./V. refl.> *zur Seite drehen;* den Blick ~; sich von jmdm. ~ <fig.> *zurückziehen* 2 *verhindern, abwehren;* eine Gefahr ~

'ab|wer·ben <V. t. 284> *werbend abspenstig machen;* **'Ab·wer·bung** <f.; -; unz.>

'ab|wer·fen <V. t. 286> 1 jmdn. od. etwas ~ *herabfallen lassen* 2 *Gewinn bringen;* das wirft nichts ab

'ab|wer·ten <V. t./V. refl.> *im*

Wert herabmindern; Ggs *aufwerten;* **'Ab·wer·tung** <f.; -, -en>

'ab·we·send <Adj.> 1 *nicht da* 2 *zerstreut;* geistes~; **'Ab·we·sen·de(r)** <f. 2 (m. 1)>; **'Ab·we·sen·heit** <f.; -, -; Pl. selten>

'ab|wet·tern <V. i.; Seemanns­spr.> *auf offenem Meer einen schweren Sturm überstehen*

'ab|wet·zen <V. t.; du wetzt ab; umg.> *durch Reibung abnutzen*

'ab|wi·ckeln <V. t.> 1 *von einer Rolle wickeln* 2 *ordnungsgemäß erledigen;* Aufträge ~; **'Ab·wi·cke·lung, 'Ab·wick·lung** <f.; -, -en; Pl. selten>

'ab|wie·geln <V. i. u. V. t.; ich wieg(e)le ab> *herunterspielen, beschwichtigen;* **'Ab·wie·ge·lung** <f.; -, -en> oV *Abwieglung*

'ab|wie·gen <V. t. 287; ich wiege ab; sie hat abgewogen; abzu­wiegen>

'Ab·wieg·lung <f.; -, -en>

'ab|wim·meln <V. t.; ich wimm(e)le ab; sie hat abge­wimmelt; abzuwimmeln; umg.> *abweisen*

'Ab·wind <m.; -(e)s, -e> *abwärts gerichteter Luftstrom*

'ab|win·ken <V. i.>

'ab|wirt·schaf·ten <V. t.> *ein abgewirtschaftetes Unternehmen*

'ab|wi·schen <V. t./V. refl.>

'ab|woh·nen <V. t.>

'ab|wra·cken <V. t.> *→ abgewrackt*

'Ab·wurf <m.; -(e)s, ᵆe>

'ab|wür·gen <V. t.; fig.; umg.> *im Keim ersticken;* den Motor ~

a·bys'sal, a'bys·sisch <Adj.> 1 *zum Tiefseebereich gehörend* 2 *in großer Tiefe, abgrundtief* [grch.]; **A'bys·sus** <m.; -; unz.> *Abgrund, Unergründliches*

'ab|zah·len <V. t.> *etwas ~ in Raten bezahlen*

'ab|zäh·len <V. t.> *durch Zählen die Anzahl bestimmen;* **'Ab·zähl·reim** <m.; -(e)s, -e>

'Ab·zah·lung <f.; -, -en>

'ab|zap·fen <V. t.> 1 *Bier ~ durch ein Bohrloch abfließen lassen* 2 jmdm. Blut ~ <fig.; umg.>

'ab|zap·peln <V. refl.> sich ~ <umg.> *sich eifrig bemühen*

'ab|zäu·men <V. t.> *ein Reittier ~*

'ab|zäu·nen <V. t.> *mit einem*

Zaun abtrennen; **'Ab·zäu·nung** <f.; -, -en>

'Ab·zeh·rung <f.; -, -en> Abmagerung, Kräfteverfall

'Ab·zei·chen <n.; -s, -> Kennzeichen, Plakette

ab|zeich·nen <V. t.> 1 etwas ~ nach einer Vorlage zeichnen 2 ein Schriftstück ~ unterschreiben 3 <V. refl.> sich ~ sichtbar sein

'Ab·zieh·bild <n.; -(e)s, -er>; **'ab·zie·hen** <V. 293> 1 <V. t.> herunterziehen u. entfernen 2 <V. t.> abrechnen, subtrahieren 3 <V. i. (s.)> abrücken

ab|zie·len <V. i.> auf jmdn. od. etwas ~ gerichtet sein

ab|zir·keln <V. t.; ich zirk(e)le ab> etwas ~ genau abmessen

ab|zi·schen <V. i. (s.); umg.> verschwinden; zisch ab!

ab|zo·cken <V. i. u. V. t.> (jmdn.) ~ <umg.> (auf moralisch fragwürdige Weise) Geld in seinen Besitz bringen

'Ab·zug <m.; -(e)s, ⸚e> 1 <unz.; Mil.> Rückzug 2 Vorrichtung, durch die etwas entweichen kann; Rauch- 3 <Fot.> Vervielfältigung eines Bildes; Probe- 4 Verminderung; nach ~ der Kosten 5 Vorrichtung an einer Schusswaffen zum Auslösen des Schusses; **'ab·züg·lich** <Präp.; m. Gen.> nach Abzug; ~ der Kosten; **'ab·zugs·fä·hig** <Adj.>

ab|zup·fen <V. t.>

ab|zwa·cken <V. t.> jmdm. etwas ~ <umg.> entziehen

'Ab·zweig·do·se <f.; -, -n> El.>; **'ab|zwei·gen** <V.> 1 <V. i.> sich gabeln; der Weg zweigt hier ab 2 <V. t.> einen Teil wegnehmen; **'Ab·zwei·gung** <f.; -, -en>

ab|zwi·cken <V. t.>

ab|zwit·schern <V. i. (s.); umg.> sich entfernen

Ac <Chem.; Zeichen für> Actinium

a c. <Abk. für> a conto

à c. <Abk. für> à condition

A·ca·de·my A·ward <[əˈkædəmi əˈwɔːd]; m.; - od. --s, --s> = Oscar

a cap'pel·la <Mus.> ohne Instrumentalbegleitung [ital.]; **A·cap'pel·la-Chor** <[-koːr]; m.; -(e)s, ⸚e; ↗Z33>

ac·ce·le'ran·do <[atʃe-]; Mus.;

Abk.: accel.> schneller werdend [ital.]

Ac·cent ai·gu <[aksɑ̃tɛˈgyː]; m.; -, -s -s [aksɑ̃tɛˈgyː]; Sprachw.; Zeichen: ´, z. B. é> = Akut [frz.]; **Ac·cent cir·con·flexe** <[aksɑ̃ˈsirkɔ̃flɛks]; m.; --, -s -s [aksɑ̃ˈsirkɔ̃flɛks]; Sprachw.; Zeichen: ^, z. B. â> = Zirkumflex; **Ac·cent grave** <[aksɑ̃ˈgraːv]; m.; --, -s -s [aksɑ̃ˈgraːv]; Sprachw.; Zeichen: `, z. B. è> = Gravis

Ac·ces·soire <[aksɛˈswaːr]; n.; -s, -s; meist Pl.> modisches Zubehör [frz.]

Ac·count <[əˈkaunt]; m.; -s, -s; EDV> Benutzerzugang zu einem Netzwerk od. Online-System [engl.]

Ac·cra <[ˈakra]> Hauptstadt von Ghana

Ac·cro·cha·ge <[akroˈʃaːʒ(ə)]; f.; -, -n; Mal.> Ausstellung in einer Privatgalerie [frz.]

A·ce'tat <n.; -s; unz.; Chem.> Salz der Essigsäure; oV Azetat [lat.]; **A·ce'tat·sei·de** <f.; -, -n> seidenartige Chemiefaser; **A·ce'ton** <n.; -s; unz.> ein Lösungsmittel; oV Azeton; **A·ce·ty'len** <n.; -s; unz.; Chem.> gasförmiger Kohlenwasserstoff; oV Azetylen

ach <Int.> ~ so!; ~ ja!; ~ nein!; ~ was!; ~ je!; **Ach** <n.; -s, -s; ↗Z44> mit ~ und Krach <umg.> gerade noch; ~ und Weh schreien

A·chä·ne <[-ˈxɛː-]; f.; -, -n; Bot.> einsamige Schließfrucht [grch.]

A·chat <[aˈxaːt]; m.; -(e)s, -e> ein Mineral, Edelstein [nach dem Fluss Achates auf Sizilien]

A·chil·les·fer·se <[aˈxil-]; f.; -, -n; fig.> verwundbare Stelle, schwacher Punkt [nach dem Helden der grch. Sage]; **A'chil·les·seh·ne** <f.; -, -n; Anat.> Sehne des Wadenmuskels

'Ach·laut, <auch> **'Ach-Laut** <m.; -(e)s, -e; ↗Z36> der Laut ch nach a, o, u

a. Chr. (n.) <Abk. für> ante Christum (natum) [lat.]

A·chro·ma'sie <[akro-]; f.; -, -n; Phys.; Opt.> Brechung des Lichts ohne Zerlegung in Spektralfarben; Sy Achromatismus [grch.]; **A·chro'mat** <m. od. n.;

-en, -en> Linsensystem, das Licht nicht in Farben zerlegt; **a·chro'ma·tisch** <Adj.>; **A·chro·ma'tis·mus** <m.; -, -men> = Achromasie; **A·chro·mat·op'sie**, <auch> **A·chro·ma·top'sie** <f.; -; unz.; Med.> Farbenblindheit; **A·chro'mie** <f.; -; unz.> Fehlen von Hautpigmenten

Achs·ab·stand <[ˈaks-]; m.; -(e)s, ⸚e>; **'Achs·bruch** <m.; -(e)s, ⸚e> oV Achsenbruch; **'Achs·druck** <m.; -(e)s, ⸚e>; **'Ach·se** <f.; -, -n> 1 Vorrichtung zum Aufhängen der Räder eines Fahrzeugs; ständig auf ~ sein <fig.; umg.> immer unterwegs 2 <Astr.; Opt.; Math.> gedachte Gerade; Symmetrie- 3 wichtige Verbindungslinie; Nord-Süd-~

Ach·sel <[ˈaksəl]; f.; -, -n> 1 <i. w. S.> Schulter 2 <i. e. S.> Stelle unterhalb des Schultergelenks; **'Ach·sel·gru·be** <f.; -, -n>; **'Ach·sel·höh·le** <f.; -, -n>; **'Ach·sel·klap·pe** <f.; -, -n> = Schulterklappe; **'ach·sel·stän·dig** <Adj.; Bot.> in der Blattachsel stehend; **'Ach·sel·stück** <n.; -(e)s, -e> = Schulterklappe; **'Ach·sel·zu·cken** <n.; -s; unz.> (Gebärde der Gleichgültigkeit od. des Nichtwissens); **'ach·sel·zu·ckend** <Adj.; ↗Z29>

Ach·sen·bruch <[ˈaks-]; m.; -(e)s, ⸚e> = Achsbruch; **'Ach·sen·kreuz** <n.; -es, -e; Math.>; **...ach·ser** <m.; -s, -; in Zus.> z. B. Zweiachser; **'ach·sig** <Adj.> auf eine Achse(2) bezogen; **...ach·sig** <Adj.; in Zus.> z. B. zweiachsig; **'Achs·ki·lo·me·ter** <m.; -s, -; Eisenb.> Maßeinheit; **'Achs·la·ger** <n.; -s, -; Kfz-Tech.>; **'Achs·last** <f.; -, -en>; **'achs·recht** <Adj.; eindeutschend für> axial; **'Achs·stand** <m.; -(e)s, ⸚e>

acht <Num. 11; ↗Z44; in Ziffern: 8> wir sind (zu) ~; wir kommen gegen, nach, Punkt, um, vor ~ (Uhr); um drei viertel ~ (Uhr); um Viertel vor ~; es ist fünf (Minuten) vor ~; es schlägt ~; heute in ~ Tagen <umg.> in einer Woche; die ersten ~; die Linie ~; <aber> wir fahren mit der Acht; Kinder von ~ bis zehn (Jahren); er ist über ~ (Jahre); **Acht**[1] <f.; -,

-en> die Zahl ~; eine ~ schreiben; mit der (Straßenbahnlinie) ~ fahren, in die ~ umsteigen; <aber> die Linie ~

Acht² <f.; -; unz.> *Aufmerksamkeit, Fürsorge;* auf jmdn. ~ geben; gib ~! *Vorsicht!;* habt ~!; sich in ~ nehmen; etwas außer ~ lassen; → a. *haben(1)*

Acht³ <f.; -; unz.; früher für> *Ächtung;* jmdn. in ~ u. Bann tun

'acht·ar·mig <Adj.; ↗Z34; in Ziffern: 8-armig> ein ~er Leuchter; **'acht·bän·dig** <Adj.; in Ziffern: 8-bändig> ein ~es Lexikon

'acht·bar <Adj.> *rechtschaffen;* **'Acht·bar·keit** <f.; -; unz.>

'ach·te(r, -s) <Num. 11; Ordinalzahl von 8; in Ziffern: 8.> der ~ Januar; am ~n Mai; <aber> am Achten des Monats; er ist der Achte; er wurde im Wettkampf Achter; er kam als Achter ins Ziel; jeder Achte; Heinrich der Achte; **'Acht·eck** <n.; -(e)s, -e>; **'acht·e·ckig** <Adj.; ↗Z34; in Ziffern: 8-eckig>; **acht·ein'halb** <Num.; in Ziffern: 8 1/2 od. 8,5>; **'ach·tel** <Num. 11; in Ziffern: 1/8> *der achte Teil;* ein ~ Zentner/<auch> ein Achtelzentner; drei ~ Liter/<auch> drei Achtelliter; <aber> im Dreiachteltakt; **'Ach·tel** <n.; schweiz. m.; -s, -> 1 *der achte Teil;* ein ~ des Weges; ein ~ Wein 2 <Mus.> *Achtelnote;* zwei ~ später begonnen; <aber> im Dreiachteltakt; **'Ach·tel·fi·na·le** <n.; -s, - od. -; Sp.>; **'Ach·tel·ki·lo·gramm** <n.; -s, -; Mus.>; **'Ach·tel·li·ter** <n. od. m.; -s, -> → a. *achtel;* **'ach·teln** <V. t.; ich acht(e)le>; **'Ach·tel·no·te** <f.; -, -n; Mus.>; **'Ach·tel·pau·se** <f.; -, -n; Mus.>

'ach·ten 1 <V. t.> jmdn. od. etwas ~ *jmdm. od. etwas Achtung entgegenbringen* 2 <V. i.> auf die Gesundheit ~

'äch·ten <V. t.> jmdn. ~ *aus einer Gemeinschaft ausstoßen*

'Acht·en·der <m.; -s, -> *Hirsch mit acht Geweihenden;* **'ach·tens** <Adv.; in Ziffern: 8.> *an achter Stelle*

'ach·tens·wert <Adj.>

'Ach·ter <m.; -s, -; ↗Z44> 1 *die Ziffer 8;* eine Telefonnummer mit drei ~n 2 *Biegung in Form*

einer 8; ein ~ im Fahrrad 3 *ein Boot für acht Ruderer*

'ach·ter·aus <Adj.; Seemannsspr.; adv. u. präd.> *nach hinten*

'Ach·ter·bahn <f.; -, -en; auf Jahrmärkten>

'Ach·ter·deck <n.; -s, - od. -s; Mar.> *hinteres Deck;* Sy Hinterdeck; Ggs *Vorderdeck;* **'ach·ter·las·tig** <Adj.; Seemannsspr.> *hinten überlastet;* Sy hinterlastig; Ggs *vorderlastig*

ach·ter'lei <a. ['---]; Adj.; undekl.> ~ Speisen

'ach·tern <Adv.; Seemannsspr.> *hinten;* nach ~

'Ach·ter·pack <m.; -s, -s; ↗Z34; in Ziffern: 8er-Pack> im ~

'Ach·ter·ste·ven <[-vən]; m.; -s, -; Seemannsspr.>

'acht·fach <Adj.; ↗Z34.1; in Ziffern: 8fach> *achtmal so viel;* **'Acht·fa·che** <n.; -n; unz.; in Ziffern: 8fache> etwas um das ~ erhöhen; **'acht·fäl·tig** <Adj.; veralt. für> *achtfach;* **'Acht·flach** <n.; -(e)s, -e>, **'Acht·fläch·ner** <m.; -s; unz.> = *Oktaeder;* **'Acht·fü·ßer**, **'Acht·füß·ler** <m.; -s, -; Zool.> *achtarmiger Kopffüßer;* Sy Oktopode; **'acht·hun·dert** <Num.; in Ziffern: 800>; **'acht·jäh·rig** <Adj.; ↗Z34; in Ziffern: 8-jährig> ein ~er Junge; **'Acht·jäh·ri·ge(r)** <f. 2 (m. 1); in Ziffern: 8-Jährige(r)>; **'acht·jähr·lich** <Adj.> *alle acht Jahre;* **'Acht·kampf** <m.; -(e)s, -e; Sp.>

'acht·los <Adj.; -er, am -es·ten> *leichtsinnig, unaufmerksam;* **'Acht·lo·sig·keit** <f.; -; unz.>

'acht·mal <Adv.; ↗Z34; in Ziffern: 8-mal> ich habe ihn ~ <bei bes. Betonung auch> acht Mal angerufen; die Strecke ist ~ so lang wie die andere; acht- bis neunmal, <in Ziffern> 8-9-mal; <abweichende Schreibweise bei der Multiplikation> acht mal neun ist zweiundsiebzig; **'acht·ma·lig** <Adj.>; **'Acht·pfün·der** <m.; -s, ->; **'acht·pro·zen·tig** <Adj.; in Ziffern: 8-prozentig>; **'acht·sai·tig** <Adj.; in Ziffern: 8-saitig>

'acht·sam <Adj.>; **'Acht·sam·keit** <f.; -; unz.>

'acht·sei·tig <Adj.; ↗Z34; in Ziffern: 8-seitig>; **'acht·sil·big** <Adj.; in Ziffern: 8-silbig>;

'Acht·silb·ner <m.; -s, -; Metrik> *Vers mit acht Silben;* **'acht·spän·nig** <Adj.> eine ~e Kutsche; **'acht·stö·ckig** <Adj.; in Ziffern: 8-stöckig> ein ~es Gebäude; **Acht'stun·den·tag** <m.; -(e)s, -e>; **'acht·stün·dig** <Adj.> *acht Stunden dauernd;* eine ~e Sitzung; **'acht·stünd·lich** <Adj.> *alle acht Stunden;* in ~em Rhythmus; **'acht·tä·gig** <Adj.>; **'acht·täg·lich** <Adj.>; **'acht·tau·send** <Num.; in Ziffern: 8000>; **Acht'tau·sen·der** <m.; -s, -> *ein 8000 Meter hoher Berg;* **'Acht·ton·ner** <m.; -s, -; in Ziffern: 8-Tonner> *Lkw mit einer Ladekapazität von acht Tonnen;* **Acht'uhr·zug** <m.; -(e)s, -e; in Ziffern: 8-Uhr-Zug>; **acht·und·ein'halb** <Num.> Sy *achteinhalb,* **Acht·und'sech·zi·ger** <m.; -s, -; ↗Z34.1; in Ziffern: 68er> *Teilnehmer der Studentenrevolte Ende der Sechzigerjahre;* **acht·und'zwan·zig** <Num.; ↗Z44; in Ziffern: 28>

'Ach·tung <f.; -; unz.> 1 *Aufmerksamkeit;* ~! *Vorsicht!* 2 *Wertschätzung, Respekt;* ~ vor jmdm. haben; eine ~ gebietende Persönlichkeit

'Äch·tung <f.; -; unz.> *Ausstoßung aus der Gemeinschaft*

'Ach·tungs·be·zei·gung <f.; -, -en>; **'Ach·tungs·er·folg** <m.; -(e)s, -e>; **'Ach·tung·stel·lung** <f.; -; unz.; Mil.; schweiz.> *das Strammstehen*

'acht·zehn <Num.; ↗Z44; in Ziffern: 18>; **acht·zehn'hun·dert** <Num.; in Ziffern: 1800>

'acht·zig <Num. 11; ↗Z44; in Ziffern: 80> er ist ~ (Jahre alt); er ist Anfang, Mitte, Ende ~; er kommt in die ~; über, unter ~; mit ~ (Jahren); im Jahre ~ *1980;* mit ~ Sachen um die Ecke brausen <umg.> *sehr schnell;* ~ fahren *mit 80 Stundenkilometern;* jmdn. auf ~ bringen <umg.> *wütend machen;* sie ist auf ~ <umg.>; **'Acht·zig** <f.; -, -en; Pl. selten> *die Zahl 80;* **'acht·zi·ger** <Adj.> *die Achtzigerjahre/ <auch> ~ Jahre* <in Ziffern: 80er-Jahre/<auch> 80er Jahre; in den Achtzigerjahren/<auch> ~ Jahren; ein ~ Jahrgang *aus dem Jahre 80 eines Jahrhun-*

derts; er ist hoch in den Achtzigern *weit über 80 Jahre alt*; Mitte der Achtziger; **'Acht·zi·ger** <m.; -s, -> 1 *jmd., der (über) 80 Jahre alt ist* 2 *Wein aus dem Jahre achtzig*; **'Acht·zi·ge·rin** <f.; -, -n·nen>; **'Acht·zi·ger·jah·re** <Pl.> → a. *achtziger*; **'acht·zig·fach** <Adj.> → a. *achtfach*; **'acht·zig·jäh·rig** <Adj.> → a. *achtjährig*; **'acht·zig·mal** <Adv.> → a. *achtmal*; **'acht·zigs·te(r, -s)** <Num. 11; in Ziffern: 80.; Ordnungszahl von> *achtzig*; er feiert seinen ~n Geburtstag; er feiert seinen Achtzigsten; → a. *achte(r, -s)*; **'acht·zigs·tel** <Num. 11; in Ziffern: 1/80> → a. *achtel*; **'Acht·zigs·tel** <n.; schweiz. m.; -s, -> → a. *Achtel*

'acht·zol·lig, 'acht·zöl·lig <Adj.> *acht Zoll lang, breit od. hoch*; **'Acht·zy·lin·der** <m.; -s, -; ↗Z34; umg.; in Ziffern: 8-Zylinder> *(Kfz mit einem) Motor mit acht Zylindern*; **'acht·zy·lind·rig** <Adj.; ↗Z58.1>

'äch·zen <V. i.; du ächzt> *stöhnen, seufzen*

A·cid <['eisid]; n.; -s, -s; Drogenszene> *LSD* [engl.]

A·ci·di·tät <f.; -; unz.; Chem.> *Säuregrad (einer Flüssigkeit)*; oV *Azidität* [lat.]; **A·ci'do·se** <f.; -, -n; Med.> *krankhafte Steigerung des Säuregehalts im Blut*

'A·cker 1 <m.; -s, -> *altes Feldmaß;* 30 ~ Land 2 <m.; -s, -> *landwirtschaftl. bebauter Boden*; **'A·cker·bau** <m.; -(e)s; unz.>; **'A·cker·bau·er** <m.; -n, -n; veralt. für> *Landwirt*; **'A·cker·bo·den** <m.; -s, -≈>; **'A·cker·gaul** <m.; -(e)s, -≈e; umg.; abwertend>; **'A·cker·land** <n.; -(e)s; unz.>

'a·ckern <V. i.; ich ack(e)re; fig.> *schwer arbeiten, sich plagen*

'A·cker·nah·rung <f.; -; unz.> *Ackerfläche, die zur Versorgung einer Familie ausreicht*

'Ack·ja <m.; - od. -s, -s> *bootförmiger (Rettungs-)Schlitten der Lappen* [schwed.]

à con·di·ti·on <[a kɔ̃di'sjõ]; bes. im Buchhandel; Abk.: à c., à cond.> *mit Rückgaberecht* [frz.]

a 'con·to <Bankw.; Abk.: a c.> *auf Rechnung von ...;* einen Betrag

~ *schreiben lassen;* → a. *Akontozahlung* [ital.]

A·cre, <auch> **Ac·re** <['eikər]; m.; - od. -s, - od. -s; ↗Z53> *engl. u. nordamerikan. Flächenmaß* [engl.]

A·cro·le'in, <auch> **Ac·ro·le'in** <n.; -s; unz.; ↗Z53> *eine chem. Verbindung*; oV *Akrolein* [lat.-grch.]

A'cryl, <auch> **Ac'ryl** <n.; -s; unz.; ↗Z53; kurz für> *Polyacrylnitril*; oV *Akryl* [lat.]; **A'cryl·glas** <n.; -es; unz.> = *Plexiglas*; **A'cryl·säu·re** <f.; -; unz.> *Ausgangsstoff zur Herstellung von Kunststoffen, Lacken u. Klebemitteln*

Act <[ækt]; m.; -s, -s; Popmus.> 1 *bekannte Band* 2 *Liveauftritt*; Live~ [engl.]

Ac'tin <n.; -s, -e; Biochem.> = *Aktin*

Ac·ting-out, <auch> **Ac·ting·out** <['æktiŋaut]; n.; - od. -s, -s; ↗Z32> *das Abreagieren von Aggressionen o. Ä.* [engl.]

Ac'ti·ni·um <n.; -s; unz.; Chem.; Zeichen: Ac> *chem. Element* [grch.]

Ac·tion <['ækʃn]; f.; -; unz.> *spannende, bewegungsreiche (Film-)Handlung* [engl.]; **'Action·film** <m.; -(e)s, -e>; **'Action·pain·ting** <[-'peintiŋ]; n.; - od. -s; unz.> *Richtung innerhalb der amerikan. abstrakten Malerei*; **'Action·thril·ler** <[-'θrilə(r)]; m.; -s, -> [engl.]

Ac·tress, <auch> **Act·ress** <['æktris]; f.; -, -es [-siz]; ↗Z53> *Schauspielerin, Darstellerin* [engl.]

ad <Präp.> *zu*; → a. *ad acta* [lat.]

a d <Abk. für> *a dato*

a. d. <in geograf. Namen Abk. für> *an der*; Neustadt ~ Aisch

a. D. <Abk. für> *außer Dienst*

A. D. <Abk. für> *Anno Domini*

'A·da·bei <m.; -s, -s; österr.; umg.; meist abwertend> *jmd., der überall mit dabei sein möchte*

ad ab'sur·dum <in der Wendung> *eine Behauptung ~ führen das Widersinnige, Unsinnige einer B. nachweisen* [lat.]

ADAC <↗Z56; Abk. für> *Allgemeiner Deutscher Automobil-Club*

ad 'ac·ta <Abk. a. a.; in der Wen-

dung> *etwas ~ legen als erledigt betrachten, weglegen* [lat.]

a·da·gio <[a'da:dʒo]; Adj.; Mus.> *langsam, ruhig* [ital.]

'A·dam <in der Wendung> bei ~ u. Eva anfangen (zu erzählen) <umg.> *ganz von vorn*; **A·da·'mit** <m.; -en, -en> *Angehöriger einer rel. Sekte im 2. Jh.*; **a·da·'mi·tisch** <Adj.>; **'A·dams·ap·fel** <m.; -s, -> *Knorpel am Kehlkopf des Mannes*; **'A·dams·kos·tüm** <n.; -(e)s; unz.; umg.; scherzh.> *Nacktheit*

Ad·ap·ta·ti'on, <auch> **A·dap·ta·ti'on** <f.; -; unz.; ↗Z54> Sy *Adaption* 1 <Physiol.; Biol.> *Anpassung(svermögen) an Umweltverhältnisse* 2 *Umarbeitung eines lit. Werkes für Film od. Funk* [lat.]; **Ad'ap·ter** <m.; -s, -> *Verbindungsstück zum Anschluss von Zusatzgeräten* [engl.]; **ad·ap'tie·ren** <V. t.> 1 *(an die Umwelt) anpassen* 2 *für Film od. Funk umarbeiten* 3 *eine Wohnung ~* <österr.> *herrichten*; **Ad·ap'ti·on** <f.; -; unz.> = *Adaptation*; **ad·ap'tiv** <Adj.> *auf Adaptation beruhend*

ad·ä'quat, <auch> **a·dä'quat** <Adj.; - er, am -es·ten; ↗Z54> *angemessen, entsprechend* [lat.]; **Ad·ä'quat·heit** <f.; -; unz.>

a 'da·to <Bankw.; Abk. a d.> *vom Tag (der Ausstellung) an* (auf Wechseln) [lat.]

ad ca'len·das 'grae·cas *bis zu einem niemals eintretenden Zeitpunkt* [lat.]

ADD <auf einer CD[2] Bez. für> *analoge Aufnahme, digitale Bearbeitung u. Wiedergabe*; → a. *AAD, ADD* [engl.]

Ad'dend <m.; -en, -en> = *Summand*; **Ad'den·dum** <n.; -s, -da; meist Pl.> *Zusatz, Nachtrag* [lat.]; **ad'die·ren** <V. t.> Ggs *subtrahieren* 1 *hinzufügen* 2 *zusammenzählen* [lat.]

ad'dio <ital. für> *leb wohl!*

'Ad·dis 'A·be·ba <a. ['-- -'--]> *Hauptstadt von Äthiopien*; oV *Adis Abeba*

Ad·di·ti'on <f.; -, -en; Math.> Ggs *Subtraktion* 1 *Hinzufügung* 2 *Zusammenzählung* [lat.]; **ad·di·ti·o'nal** <Adj.> *zusätzlich*; **Ad·di·ti'ons·al·go·rith·mus** <m.; -,

A

-men; Math.; im Dualsystem>; **ad·di·tiv** <Adj.> *auf Addition beruhend;* **Ad·di'tiv** <n.; -s, -e> *Zusatz, der einen (chem.) Stoff verbessert*

ad·di·zie·ren <V. t.> *zuerkennen, zusprechen;* **Ad·duk·ti·on** <f.; -, -en> *das Heranziehen von bewegl. Körperteilen an den Körper* [lat.]; **Ad'duk·tor** <m.; -s, -'to·ren> *eine Adduktion bewirkender Muskel;* **ad·du'zie·ren** <V. t.> *(her)anziehen*

a'de! <Int.; umg.> *leb wohl!;* jmdm. Ade/<auch> ~ sagen; **A'de** <n.; -s, -s> *Abschiedsgruß;* → a. *adel!*

'A·de·bar <volkstüml. Bez. für *Storch;* Meister ~

'A·del <m.; -s; unz.> *mit besonderen Rechten ausgestatteter Gesellschaftsstand;* Geld~; Hoch~; **'a·de·lig** <Adj.> *dem Adel zugehörig;* oV *adlig,* **'A·de·li·ge(r)** <f. 2 (m. 1)> oV *Adlige(r);* **'a·deln** <V. t.; ich ad(e)le> 1 jmdn. ~ *in den Adelsstand erheben* 2 *auszeichnen;* **'A·dels·brief** <m.; -(e)s, -e>; **'A·dels·buch** <n.; -(e)s, ⸗er>; **'A·dels·stand** <m.; -(e)s; unz.>; **'A·dels·ti·tel** <m.; -s, ->; **'Ä·de·lung** <f.; -, -en>

a'de·no..., A'de·no... <Med.; in Zus.> *drüsen..., Drüsen...* [grch.]; **A·de'nom** <n.; -(e)s, -e>, **A·de'no·ma** <n.; -s, -ma·ta; Med.> *gutartige Drüsengeschwulst;* **a·de·no·ma'tös** <Adj.; Med.>

Ad'ept, <auch> A'dept <m.; -en, -en; ⸗Z 54> *Meister seines Fachs, Eingeweihter* [lat.]

'A·der <f.; -, -n> 1 *Blutgefäß;* Puls~n; Schlag~ 2 *Veranlagung;* sie hat eine poetische ~; **'A·der·chen** <n.; -s, -; Verkleinerungsf. von> *Ader(1);* **'a·de·rig,** 'ä·de·rig <Adj.> oV *adrig, ädrig,* **'A·der·lass** <m.; -es, ⸗e> 1 <Med.; früher> *Öffnung einer Ader(1) zur Blutentnahme* 2 <fig.> *Einbuße;* **'Ä·de·rung** <f.; -; unz.>

à deux mains <[a dø 'mɛ̃]; Mus.> *zweihändig (zu spielen)* [frz.]

Ad'hä·rens <n.; -, -'ren·tia od. -'ren·ti·en> *Anhaftendes, Zubehör* [lat.]; **ad·hä'rent** <Adj.> *anhaftend;* **ad·hä'rie·ren** <V. i.; veralt.> *anhaften;* **Ad·hä·si'on**

<f.; -, -en> 1 <Phys.> *das Aneinanderhaften verschiedener Stoffe* 2 <Med.> *Verwachsung;* **Ad·hä·si'ons·klau·sel** <f.; -, -n; Völkerrecht> *Zusatzklausel;* **Ad·hä·si'ons·kraft** <f.; -, ⸗e; Phys.>; **Ad·hä·si'ons·ver·schluss** <m.; -es, ⸗e> *mit einer Haftschicht versehener Verschluss an Briefumschlägen;* **ad·hä'siv** <Adj.> *(an)haftend*

ad 'hoc 1 *eigens zu diesem Zweck* 2 *aus dem Augenblick heraus* [lat.]; **Ad·'hoc-Bil·dung** <f.; -, -en; ⸗Z33>

ad·hor·ta'tiv <Adj.> *ermahnend, auffordernd* [lat.]; **Ad·hor·ta'tiv** <m.; -s, -e; Gramm.> *Imperativ der ersten Pers. Pl., z. B. "fangen wir an!"*

a·di·a'ba·tisch <Adj.; Phys.; Meteor.> *ohne Wärmeaustausch* [grch.]

A·di·a'pho·ra <Pl.; Philos.> *(sittlich) neutrale Werte* [grch.]

a·di·eu <[a'djø:]; Adj.; frz. für> *lebe/lebt wohl!;* jmdm. Adieu/ <auch> ~ sagen; **A'di·eu** <n.; -s, -s>

Ä'di·ku·la <f.; -, -lä> 1 *kleine Kapelle* 2 <in Kirchen> *Nische für Standbilder, Sarkophage* [lat.]

Ä'dil <m.; -s od. -en, -en> *altröm. Beamter* [lat.]

ad in·fi'ni·tum *bis ins Unendliche, unaufhörlich* [lat.]

'Ad·jek·tiv <n.; -s, -e; Gramm.> *Eigenschaftswort;* → a. *Kasten S. 107* [lat.]; **'Ad·jek·tiv·ad·verb** <n.; -s, -en; Gramm.>; **ad·jek·ti·vie·ren** <[-'vi:-]; V. t.; Gramm.> *ein Substantiv, ein Verb ~;* **Ad·jek·ti'vie·rung** <f.; -, -en; Gramm.>; **'ad·jek·ti·visch** <Adj.>

Ad·ju·di·ka·ti'on <f.; -, -en> *Zuerkennung* [lat.]; **ad·ju·di·ka'tiv** <Adj.>; **ad·ju·di'zie·ren** <V. t.> *zuerkennen*

Ad'junkt <m.; -en, -en> 1 <veralt.> *Amtsgehilfe* 2 <österr.; schweiz.> *ein Beamtentitel* [lat.]

Ad·jus·ta·ge <[-'ta:ʒə]; f.; -, -n; Tech.> 1 *Einstellung einer Maschine od. eines Werkzeugs* 2 *Abteilung in einem Walzwerk* [frz.]; **ad·jus'tie·ren** <V. t.> 1 *anpassen, zurichten, eichen* 2 <österr.> *ausrüsten* [lat.]; **Ad·jus·'tie·rung** <f.; -, -en>

Ad·ju'tant <m.; -en, -en> *beigeordneter Offizier* [lat.]; **Ad·ju·tan'tur** <f.; -, -en> *Dienststelle, Amt eines Adjutanten;* **Ad'ju·tum** <n.; -s, -ten; österr.; Amtsdt.> *Ausbildungsbeitrag*

Ad'la·tus <m.; -, - od. -ten; veralt.> *Gehilfe, Helfer* [lat.]

'Ad·ler <m.; -s, -; Zool.> *ein Raubvogel;* **'Ad·ler·au·ge** <n.; -s, -n; fig.> *sehr scharfes Auge;* mit ~n beobachten; **'Ad·ler·blick** <m.; -(e)s, -e; fig.> *durchdringender, scharfer Blick;* **'Ad·ler·horst** <m.; -(e)s, -e>; **'Ad·ler·na·se** <f.; -, -n; fig.> *stark gebogene Nase*

ad lib., ad 'li·bi·tum *nach Belieben* [lat.]

'ad·lig <Adj.> = *adelig;* **'Ad·li·ge(r)** <f. 2 (m. 1)> = *Adelige(r)*

ad ma'io·rem Dei 'glo·ri·am <['de:i]; eigtl. omnia ...> *(alles) zur größeren Ehre Gottes (Wahlspruch der Jesuiten);* Sy *in maiorem Dei gloriam* [lat.]

Ad·mi·nis·tra·ti'on, <auch> Ad·mi·nist·ra·ti'on <f.; -, -en; ⸗Z53> *Verwaltung(sbehörde)* [lat.]; **ad·mi·nis·tra'tiv** <Adj.> *zur Verwaltung gehörend, auf dem Verwaltungsweg;* **ad·mi·nis'tra·tor** <m.; -s, -'to·ren> *Verwalter;* **Ad·mi·nis·tra'to·rin** <f.; -, -n·nen>; **ad·mi·nis'trie·ren** <V. t.> *verwalten, anordnen*

ad·mi'ra·bel <Adj.; -'rab·ler, am -s·ten; veralt.> *bewundernswert* [lat.]

Ad·mi'ral <m.; -s, -e od. (österr.) ⸗e> 1 *Marineoffizier im Generalsrang* 2 <Zool.> *ein Schmetterling* [arab.]; **Ad·mi·ra·li'tät** <f.; -, -en> *Gesamtheit der Admirale(1)* [frz.]; **Ad·mi'ral·stab** <m.; -(e)s, ⸗e> *Marineleitung*

ADN <Abk. für> *Allgemeiner Deutscher Nachrichtendienst (in der DDR)*

Ad'nex <m.; -es, -e> *Anhang* [lat.]

ad·no·mi'nal <Adj.> *zu einem Nomen gehörig*

ad 'no·tam *zur Kenntnis (nehmen)* [lat.]

ad 'o·cu·los *vor Augen (führen)* [lat.]

a·do·les'zent <Adj.> *in jugendlichem Alter* [lat.]; **A·do·les'zenz** <f.; -; unz.> *Jugendalter*

Adjektiv: Das A., häufig auch Eigenschaftswort oder Beiwort genannt, ist eine Wortart, die in der traditionellen Grammatik gemeinsam mit dem Substantiv die Klasse der Nomen bildet. Mithilfe des A. wird ein ⁊Substantiv (eine Person, ein Gegenstand, ein Geschehen, ein Sachverhalt, eine Eigenschaft oder eine Relation usw.) näher spezifiziert bzw. charakterisiert.

Die meisten A. sind Ableitungen von Substantiven oder Verben, z. B. *singbar, kräftig, energisch, tugendhaft, glücklich, sittsam.* Es gibt im Deutschen mehr abgeleitete als „primäre" A. (wie *blass, blau, schön, schlecht* usw.). Morphologisch ist das A. durch ⁊**Deklination** und ⁊**Komparation** gekennzeichnet, syntaktisch kann es als ⁊**Attribut**, ⁊**Prädikativ** oder ⁊**Adverbial** fungieren. Das attributive A. wird im ⁊**Kasus**, ⁊**Numerus** und ⁊**Genus** dekliniert, während prädikativ und adverbial gebrauchte A. nicht dekliniert werden. Aber nicht jedes A. kann alle Funktionen (attributive, prädikative und adverbiale Verwendung) erfüllen. Wird das A. nachgestellt, so ist es nicht dekliniert, z. B.
Röslein rot, Entspannung total
In **attributiver** Verwendung steht das A. beim Substantiv und wird dekliniert (*der braune Vogel; ein brauner Vogel* usw.). Dabei sind die starke, die schwache und die gemischte Deklination zu unterscheiden.
Bei der **schwachen Deklination** steht vor der Wortgruppe A. und Nomen der bestimmte Artikel oder ein Pronomen, der bzw. das gebeugt ist, z. B.

der schöne Baum/die schönen Bäume
jeder grüne Hering/alle grünen Heringe
diese blaue Kette/diese blauen Ketten
jenes braune Pferd/jene braunen Pferde
Bei der **starken Deklination** steht das attributive Adjektiv ohne Artikel oder Pronomen, z. B.
herber Wein/herbe Weine
gute Mutter/gute Mütter
edles Ross/edle Rösser

Bei der gemischten Deklination steht vor A. und Substantiv der **unbestimmte** ⁊**Artikel**, **kein** oder ein ⁊**Possessivpronomen** (*mein, dein, euer* usw.). Bei der Verwendung des unbestimmten Artikels wird der Plural ohne Artikel, also stark, gebildet, während er mit *kein* oder einem Possessivpronomen schwach gebildet wird, z. B.
ein bunter Vogel/bunte Vögel
mein bunter Vogel/meine bunten Vögel
eine gelbe Blume/gelbe Blumen
keine gelbe Blume/keine gelben Blumen
ein gutes Beispiel/gute Beispiele
euer bestes Ergebnis/eure besten Ergebnisse

Wenn mehrere Adjektive aufeinander folgen, so haben sie alle die gleichen Endungen: *nach erstem, gelungenem Versuch; in bester, innigster Übereinstimmung.* Nach undekliniertem *solch, manch, welch* wird stark dekliniert: *solch unverschämte Leute, welch schönes Haus.* Werden *solch, manch, welch, sämtliche* und *alle* jedoch dekliniert, so wird

das nachfolgende A. schwach gebeugt:
solche unverschämten Leute; welches schöne Haus?
Merke: Das mit bestimmtem oder unbestimmtem Artikel oder mit Pronomen verwendete attributive A. stimmt im Dativ Maskulinum und Neutrum **nicht** mit der Artikelendung *-m* überein, z. B.
dem gelungenen Versuch; einem frechen Sohn; jenem blonden Kind

Viele unbestimmte ⁊**Zahlwörter** werden wie A. behandelt, sie besitzen die gleichen Endungen wie die nachfolgenden A.: *verschiedene gute Weine; zweier alter Freunde; viele sonnige Tage.*
Einige attributive A. werden nicht dekliniert wie *rosa, lila, orange, prima*, z. B. *eine rosa Bluse, ein lila Kleid, eine prima Arbeit* usw.

In **prädikativer** Verwendung wird das A. meistens von den ⁊**Kopula** *sein, werden, bleiben* regiert und bleibt unverändert, z. B.
Der Vogel ist grün.
Sein Verhalten bleibt merkwürdig.
Die Sache wird komisch.

In **adverbialer** Funktion bleibt das A. unverändert, kann ein Subjekt, Objekt oder Prädikat genauer spezifizieren, z. B.
Er läuft den Berg schnell hinunter.
Sie hat gut gearbeitet.
Im Gegensatz zu den „reinen" ⁊**Adverben** kann man adverbiale A. steigern, z. B.
Er läuft am schnellsten den Berg hinunter, aber nicht: **Sie läuft am gernsten.*
Vgl. ⁊**Adverb**, ⁊**Getrennt-** und **Zusammenschreibung**, ⁊**Komparation**

A·do·nai ‹ohne Art.› *mein Herr (Anrede Gottes im AT)* [hebr.]
A·do·nis ‹m.; -, -nis·se› *schöner Mann* [nach dem schönen Jüngling der grch. Sage]; **a·do·nisch** ‹Adj.› *~er Vers altes grch. Versmaß*
ad·op'tie·ren, ‹auch› **a·dop'tie·ren** ‹V. t.; ⁊Z54› *ein Kind ~ an Kindes statt annehmen* [lat.]; **Ad·op'ti·on** ‹f.; -, -en›; **Ad·op'tiv·el·tern** ‹Pl.›; **Ad·op'tiv·kind** ‹n.; -(e)s, -er›
ad·o'ra·bel, ‹auch› **a·do'ra·bel** ‹Adj.; -'rab·ler, am -s·ten›;

⁊Z54; veralt.› *anbetungswürdig* [lat.]
Adr. ‹Abk. für› *Adresse*
ad rem *zur Sache* [lat.]
Ad·re·na·lin, ‹auch› **A·dre·na·lin** ‹n.; -s; unz.; ⁊Z54; Med.› *im Nebennierenmark gebildetes Hormon* [lat.]
Ad·res'sant, ‹auch› **A·dres'sant** ‹m.; -en, -en; ⁊Z54› *Absender* [lat.]; **Ad·res'san·tin** ‹f.; -, -n·nen›; **Ad·res'sat** ‹m.; -en, -en› *Empfänger*; **Ad·res'sa·tin** ‹f.; -, -n·nen; ⁊Z38›; **Ad·ress·buch** ‹n.; -(e)s, ¨er›; **Ad·res·se**

‹f.; -, -n; Abk.: Adr.› *Anschrift*; **Ad·res·sen·ver·zeich·nis** ‹n.; -s·ses, -s·se›; **ad·res·sie·ren** ‹V. t.›; **Ad·res·sier·ma·schi·ne** ‹f.; -, -n›

ad'rett, ‹auch› **a'drett** ‹Adj.; -er, am -es·ten; ⁊Z54› *hübsch, sauber* [frz.]
'ad·rig, 'äd·rig ‹Adj.; ⁊Z53.1› *aderig, aderig*
ad·sor·bie·ren ‹V. t.› *Gase od. gelöste Stoffe ~ auf der Oberfläche fester Körper anlagern* [lat.]; **Ad·sorp·ti·on** ‹f.; -, -en›; **ad·sorp'tiv** ‹Adj.›

A

Adverb: Das A., auch Beiwort oder Umstandswort genannt, ist eine nicht flektierbare (unveränderliche) Wortart, die verschiedene Funktionen im Satz einnehmen kann. Häufig tritt das A. als Ergänzung zum ↗Verb, ↗Adjektiv oder ↗Substantiv.

Die Beschreibung der A. erfolgt nach dem Aspekt der ↗Syntax (Satzlehre), ↗Semantik (Wortbedeutung) und der **Morphologie** (↗Wortbildungslehre).

1. **Syntaktischer Aspekt:**
a) **adverbialer** Gebrauch des A., der einer näheren Bestimmung eines Verbs dient, z. B. *Ich sehe sie morgen.*
b) **prädikativer** Gebrauch des A., z. B. *Sie sind anders.*
c) **attributiver** Gebrauch des A., der einer näheren Bestimmung eines Nomens, Adjektivs oder eines anderen A. dient, z. B. *die Veranstaltung nachmittags; sie singt sehr schön; sie lesen sehr oft abends.*

Nach syntaktischen Gesichtspunkten wird weiterhin unterschieden zwischen

d) **Pronominaladverbien** (das A. besitzt Stellvertreterfunktion), z. B. *Er ist nicht darauf gekommen.*
e) **Interrogativadverbien** (die Frage- oder Relativsätze einleiten), z. B. *wann, wo, woher, wie* usw.
f) **Konjunktionaladverbien** (die koordinierende Funktion besitzen), z. B. *trotzdem, deswegen, daher* usw.
g) **Satzadverbien** oder **Satzadverbiale** beziehen sich auf einen ganzen Satz, z. B. *vielleicht, hoffentlich, glücklicherweise, leider*

2. **Semantischer,** die Art der Umstände berücksichtigender **Aspekt:**
a) **temporales A.** (Umstandswort der Zeit), z. B. *heute, jetzt, seither, gestern, mehrmals*
b) **lokales A.** (Umstandswort des Ortes, der Richtung und Herkunft), z. B. *hierher, innen, dorthin*
c) **modales A.** (Umstandswort der Art und Weise), z. B. *anders, eilends, gern, blindlings, sehr, vergebens*

d) **kausales A.** (Umstandswort des Grundes), z. B. *also, dadurch, folglich, jedenfalls, trotzdem, krankheitshalber*
3. **Morphologischer Aspekt:**
a) **reines A.** (Stammwort), z. B. *heute, gern, sehr, bald, dort*
b) **zusammengesetztes A.,** z. B. *außer-dem, da-hin, neben-an, um-sonst, vor-gestern*
c) **abgeleitetes A.** mit Präfix und/oder Suffix, z. B. *nacht-s, un-glücklicher-weise*

Adverbiale: Das A. auch **Adverbialbestimmung** oder **Umstandsbestimmung** genannt, bezeichnet eine grammatische Funktion, wie z. B. auch die grammatischen Termini „Subjekt" und „Objekt". Das A. bestimmt einen verbalen Vorgang oder Sachverhalt näher bezüglich Zeit, Ort, Art und Weise usw. und wird in der Regel von Ausdrücken der Wortart Adverb (vgl. Adverb 2) gebildet. Ein A. kann jedoch auch mittels einer Präpositional- oder Nominalphrase ausgedrückt werden, z. B. *Ein sehr/über die Maßen angenehmes Gespräch. Sie schlief lang/den ganzen Tag.*

Ad·strin·gens <n.; -, -'gen·zi·en od. -'gen·tia; Med.> *blutstillendes Mittel* [lat.]; **ad·strin·gie·ren** <V. t.> *zusammenziehen*

A·du·lar <m.; -s, -e; Min.> *Feldspat, Halbedelstein*

a'dult <Adj.> *erwachsen* [lat.]

'A-Dur <n.; -; unz.; Mus.; Zeichen: A> *eine Tonart;* **'A-Dur-Ton·lei·ter** <f.; -, -n; ↗Z33; Mus.>

ad 'u·sum *zum Gebrauch (von, für) ...;* ~ *Delphini für den Schüler bestimmt;* ~ *proprium zum eigenen Gebrauch* [lat.]

Ad·van·ta·ge <[əd'va:ntidʒ]; m.; -s, -s; Tennis> *erster gewonnener Punkt nach dem Einstand* [engl.]

Ad·vent <[-'vɛnt]; m.; -(e)s, -e; Pl. selten> *Zeit vor Weihnachten* [lat.]; **Ad·ven'tis·mus** <m.; -; unz.> *Glaubenslehre der Adventisten;* **Ad·ven'tist** <m.; -en, -en> *Angehöriger einer best. Glaubensgemeinschaft;* **Ad·ven'tis·tin** <f.; -, -·nnen> ; **ad'vent·lich** <Adj.>; **Ad·vents·ka·len·der** <m.; -s, ->; **Ad'vents·kranz** <m.; -es, ⁼e>; **Ad'vents·sonn-**

tag <m.; -(e)s, -e>; **Ad'vents·zeit** <f.; -; unz.>

Ad·verb <[-'vɛrb]; n.; -s, -bi·en od. -en; Gramm.> *Umstandswort;* → a. *Kasten* [lat.]; **ad·ver·bi'al** <Adj.; Gramm.> *das Adverb betreffend;* **Ad·ver·bi'al·be·stim·mung** <f.; -, -en; Gramm.>; **Ad·ver·bi'a·le** <n.; -s, -li·en; Gramm.> *Umstandsbestimmung;* → a. *Kasten;* **Ad·ver·bi'al·satz** <m.; -es, ⁼e; Gramm.>; **ad·ver·bi'ell** <Adj.; Gramm.> = *adverbial*

ad·ver·sa'tiv <[-vɛr-]; Adj.> *gegensätzlich, entgegenstellend;* ~*e Konjunktion* <Gramm.> [lat.]

Ad·ver·tain·ment <[ædvə'te:n-]; n.; -s; unz.; TV> *auf Werbung ausgerichtete Unterhaltung;* **Ad·ver·tise·ment** <[əd'və:-tismənt] od. [ædvə'tais-]; n.; -s, -s> *Werbung, Anzeige, Inserat* [engl.]; **Ad·ver·ti·sing** <['ædvətaiziŋ]; n.; -s, -s> *Werbung durch Anzeigen;* **Ad·ver·to·ri·al** <[-'tɔriəl]; n.; -s, -s> *Anzeige mit Werbetext*

Ad·vo·ca·tus Dei <[-vo-'de:i]; m.; --, -ti -; ↗Z31> *die treibende Kraft im Heilig- od. Seligsprechungsprozess der kath. Kirche* [lat.]; **Ad·vo·ca·tus Di'a·bo·li** <m.; --, -ti -> 1 *Geistlicher, der im Heilig- od. Seligsprechungsprozess der kath. Kirche Bedenken geltend macht* 2 <fig.> *jmd., der in Diskussionen die Gegenseite vertritt* [lat.]; **Ad·vo'kat** <m.; -en, -en; veralt.> *(Rechts-) Anwalt;* **Ad·vo'ka·tin** <f.; -, -·nnen; ↗Z38; veralt.>; **Ad·vo·ka'tur** <f.; -, -en> 1 *Anwaltschaft* 2 *Kanzlei eines Advokaten*

AdW <Abk. für> *Akademie der Wissenschaften*

AE <Abk. für> *astronomische Einheit*

A·e·ri'al <[ae-]; n.; -s; unz.> *der freie Luftraum als Lebensraum der Landtiere;* **a·e·ro...,** **A·e·ro...** <[ae-] od. [ɛ:-]; in Zus.> *luft..., Luft...* [lat.-grch.]; **a·e'rob** <Adj.; Biol.> *mit Sauerstoff lebend;* Ggs *anaerob;* **Ae'ro·bic** <[ɛ-]; n.; -; unz.; meist ohne Art.> *Fit-*

nesstraining durch tänzerische Gymnastik [engl.]; **A·e·ro·bi·er** <[ae-] od. [ɛ-]; m.; -s, -> **A·e·ro·bi·ont** <m.; -en, -en; Biol.> *von Luftsauerstoff lebender Organismus*; **A·e·ro·drom** <[ae-]; n.; -s, -e; veralt.> *Flugplatz*; **A·e·ro·dy·'na·mik** <[ae-] od. [ɛ-]; f.; -; unz.; Phys.> *Lehre von der Bewegung der Gase*; **a·e·ro·dy'na·misch** <Adj.>; **a·e·ro·gen** <Adj.> 1 <Biol.> *Gase bildend* 2 <Med.> *durch die Luft übertragen*; **A·e·ro·klub** <[a'e-]; m.; -s, -s; Sp.> *Luftsportverein*; **A·e·ro·lo'gie** <[ae-] od. [ɛ-]; f.; -; unz.> *Erforschung der höheren Luftschichten*; **a·e·ro·lo'gisch** <Adj.>; **A·e·ro·me'cha·nik** <f.; -; unz.> *Lehre von der Mechanik der Gase*; **A·e·ro·me·di'zin** <f.; -; unz.> *Teilgebiet der Medizin, das sich mit den physischen Einwirkungen der Luftfahrt auf den Organismus befasst*; **A·e·ro·'me·ter** <n.; -s, -> *Gerät zum Messen von Dichte u. Gewicht der Luft*; **A·e·ro'nau·tik** <f.; -; unz.; veralt.> *Luftfahrt*; **A·e·ro·'nau·tisch** <Adj.>; **A·e·ro'sol** <n.; -s, -e> *Luft, die feinst verteilte unsichtbare Schwebstoffe enthält (Rauch, Nebel)*; **A·e·ro·'sta·tik** <f.; -; unz.; Phys.> *Lehre von den Gleichgewichtszuständen der Gase*; **a·e·ro'sta·tisch** <Adj.>; **a·e·ro'therm** <Adj.> *mit heißer Luft behandelt*

Af'fä·re <f.; -, -n> 1 *Angelegenheit, (unangenehmer) Vorfall, Streitsache* 2 *Liebesverhältnis* [frz.]

'Äff·chen <n.; -s, -; Verkleinerungsf. von> *Affe*; **'Af·fe** <m.; -n, -n; Zool.> *dem Menschen verwandtes Säugetier*

Af'fekt <m.; -(e)s, -e> *heftige, unkontrollierte Gemütsbewegung* [lat.]; **Af·fek·ta·ti'on** <f.; -, -en> *Ziererei, Getue*; **Af'fekt·hand·lung** <f.; -, -en>; **af·fek'tiert** <Adj.; -er, am -es·ten> *geziert, gekünstelt*; **Af·fek·ti'on** <f.; -, -en> 1 <Med.> *Befall eines Organs von einer Krankheit* 2 <selten> *Wohlwollen*; **af·fek·ti·o·'niert** <Adj.>; **af·fek'tiv** <Adj.> *gefühlsbetont*; **Sy** *emotional*; **Af·fek·ti·vi'tät** <f.; -[-vi-]; f.; -; unz.>

'äf·fen <V. t.; veralt.> 1 *jmdn. ~*

nachahmen 2 *jmdn. ~ narren*; **'af·fen·ar·tig** <Adj.>; **'Af·fen·brot·baum** <m.; -(e)s, ¨e; Bot.> *eine afrikan. Baumart*; **'af·fen·'geil** <Adj.; Jugendspr.> *toll*; **'Af·fen·griff** <m.; -(e)s, -e; EDV> *gleichzeitiges Drücken mehrerer Tasten für den Neustart nach einem Computerabsturz*; **'Af·fen·'hit·ze** <f.; -; unz.; fig.; umg.> *große Hitze*; **'Af·fen·lie·be** <f.; -; unz.; fig.; umg.> *übertriebene Liebe*; **'Af·fen·schan·de** <f.; -; unz.; fig.; umg.> *große Schande*; **'Af·fen·the·a·ter** <n.; -s; unz.; fig.; umg.> *übertriebenes Getue*; **'Af·fen·zahn** <in der umg. Wendung> *mit einem ~ sehr schnell*; **Äf·fe'rei** <f.; -, -en> *Täuschung*

af·fet·tu·o·so <Adv.; Mus.> *mit viel Ausdruck (zu spielen)* [ital.]

Af·fiche <a'fiʃ(ə)]; f.; -, -n; veralt.> *Aushang* [frz.]

Af·fi·da·vit <[-vit]; n.; -s, -s> *eidesstattl. Erklärung* [lat.]

'af·fig <Adj.; fig.; umg.; abwertend> *eitel(1)*

Af·fi·li·a·ti'on <f.; -, -en> 1 *Tochtergesellschaft* 2 *Angliederung* [lat.]

af'fin <Adj.> *auf Affinität beruhend* [lat.]

'Äf·fin <f.; -, -n·nen> *weibl. Affe*

af·fi·nie·ren <V. t.> *Metall ~* <Chem.> *aus Legierungen scheiden* [frz.]; **Af·fi·ni'tät** <f.; -; unz.> 1 *Verwandtschaft, Ähnlichkeit* 2 *Neigung, sich zu verbinden* <a. Chem.> [lat.]

Af·fir·ma·ti'on <f.; -, -en> *Bejahung, Zustimmung*; **Ggs** *Negation* [lat.]; **af·fir·ma'tiv** <Adj.> *bejahend, zustimmend*; **Af·fir·ma'ti·ve** <f.; -, -n> *bejahende Aussage*; **af·fir'mie·ren** <V. t.>

'äf·fisch <Adj.; fig.; geh.> = *affig*

Af'fix <a. ['--]; n.; -es, -e;

Affix: A. ist der Oberbegriff für gebundene Wortbildungsmorpheme, die als Präfix, Suffix und Infix bezeichnet werden. **Präfixe** (z. B. *un-, ver-, zer-*) gehen dem Wortstamm voraus, während **Suffixe** (z. B. *-lich, -heit, -keit*) nachgestellte Morpheme sind. **Infixe** werden in den Wortstamm eingefügt, z. B. lat. *rumpo* „ich breche" gegenüber *ruptum* „gebrochen".

Gramm.> *vorangesetzter od. angefügter Wortteil; → a. Kasten* [lat.]; **af·fi'zie·ren** <V. t.; Med.> *krankhaft verändern*

Af·fo'dill <m.; -s, -e; Bot.> *ein Liliengewächs* [grch.]

Af·fri·ka·ta <f.; -, -tä>, **Af·fri·ka·te** <f.; -, -n; Sprachw.> *Verschlusslaut mit nachfolgendem Reibelaut, z. B. pf* [lat.]

Af·front <[a'frɔ̃]; m.; -s, -s> *Beleidigung, Verhöhnung* [frz.]

Af'ghan <m.; -s, -s> *handgeknüpfter Wollteppich mit geometr. Muster*; **Af'gha·ne** <m.; -n, -n> 1 *Einwohner von Afghanistan* 2 <Zool.> *eine Windhundrasse*; **Af'gha·ni** <m.; - od. -s, - od. -s> *afghan. Währungseinheit*; **Af'gha·nin** <f.; -, -n·nen>; **af'gha·nisch** <Adj.>; **Af'gha·nis·tan** *Staat in Vorderasien; Islamischer Staat ~*

A·fla·to'xi·ne, <auch> **Af·la·to'xi·ne** <Pl.; ◢Z54> *Pilzgifte*

AFN <[ˈɛːɛfˈɛn]; Abk. für> *American Forces Network (Rundfunkanstalt der US-amerikan. Streitkräfte außerhalb der USA)*

'a·fo·kal <Adj.> *ohne Brennpunkt* [lat.]

à fonds per·du <[a'fɔ̃ per'dy:]> *ohne Aussicht auf Wiedererlangen* [frz.]

AFP <Abk. für> *Agence France-Presse (frz. Nachrichtenbüro)*

'A·fri·ka, <auch> **'Af·ri·ka** *ein Erdteil*; **Af·ri'kaans** <n.; -; unz.> *Sprache der Buren in Südafrika*; **A·fri'ka·na** <Pl.> *Werke über Afrika*; **A·fri'ka·ner** <m.; -s, -> *Einwohner von Afrika*; **A·fri'ka·ne·rin** <f.; -, -n·nen>; **a·fri'ka·nisch** <Adj.>; **A·fri·ka'nist** <m.; -en, -en>; **A·fri·ka'nis·tin** <f.; -, -n·nen; unz.> *Wissenschaft von der Geschichte, Kultur u. den Sprachen Afrikas*; **a·fro..., A·fro...,** <in Zus.> *Afrika betreffend, von dort stammend*; **A·fro·a·me·ri'ka·ner** <m.; -s, ->; **A·fro·a·me·ri'ka·ne·rin** <f.; -, -n·nen>; **a·fro·a·me·ri'ka·nisch** <Adj.>; **a·fro·a·si'a·tisch** <Adj.>; **'A·fro·look** <[-luk]; m.; -s, -s> *Frisur, bei der das Haar stark gekraust vom Kopf absteht*

'Af·ter <m.; -s, -; Anat.> *Öffnung des Mastdarms nach außen*

A

Af·ter·shave <['a:ftər 'ʃɛiv] n.; -s, -s; kurz für ~ Aftershavelotion; **'Af·ter·shave·lo·tion**, <auch> **'Af·ter·'Shave-Lo·tion** <[- 'lo:ʃn] f.; -, -s; ⟋Z32> Rasierwasser [engl.]

a. G. <Abk. für> 1 auf Gegenseitigkeit 2 <Theat.> als Gast

Ag <Chem.; Zeichen für> Silber (Argentum)

AG <Abk. für> 1 Aktiengesellschaft 2 Arbeitsgemeinschaft

'A·ga <m.; -, -s, -s> früherer türk. Titel [türk.]

A'ga·pe <f.; -, -n> 1 <altchristl. Gemeinde> Armenspeisung ("Liebesmahl") 2 <unz.> christl. geprägte (Nächsten-)Liebe

A·gar-'A·gar <m. od. n.; -s; unz.> gallertartiger, aus Rotalgen gewonnener Stoff [mal.]

A'ga·ve <[-və] f.; -, -n; Bot.> eine trop. Pflanze [grch.]

A'gen·da <f.; -, -den> 1 Schreibtafel, Notizbuch 2 Tagesordnung(spunkte) [lat.]; **A'gen·de** <f.; -, -n> (Handbuch für die) Gottesdienstordnung; **A'gen·den** <Pl.; österr.; Amtsdt.> Aufgabenbereich; **'A·gens** <n.; -, A'gen·zi·en> → a. Kasten Passiv <Philos.> tätiges, handelndes Prinzip 2 <Med.; Chem.; Phys.> wirkendes, Einfluss ausübendes Mittel 3 <Sprachw.> Träger eines Geschehens im Satz [lat.]; **A'gent** <m.; -en, -en> 1 Spion 2 <veralt.> Vertreter, Vermittler; **A'gen·tin** <f.; -, -n·nen; ⟋Z38>; **A·gent Pro·vo·ca·teur**, <auch> **A·gent pro·vo·ca·teur** <[a'ʒã prɔvoka'tøːr] m.; --, --s -s [a'ʒã prɔvoka'tøːr]; ⟋Z31> Lockspitzel [frz.]; **A·gen'tur** <f.; -, -en> Vertretung, Geschäfts(neben)stelle [lat.]; **A'gen·zi·en** <Pl. von> Agens

'Ag·fa <f.; -; unz.; Abk. für> Aktiengesellschaft für Anilinfabrikation (Warenz. für fotograf. Artikel)

Ag·glo·me'rat <n.; -(e)s, -e; bes. Geol.> Anhäufung (loser Gesteinsbrocken) [lat.]; **Ag·glo·me·ra·ti'on** <f.; -, -en> Anhäufung, Zusammenballung; **ag·glo·me'rie·ren** <V. t. u. V. i.>

Ag·glu·ti·na·ti'on <f.; -, -en> 1 Verklebung, Verklumpung 2 <Sprachw.> Anhängen von

Wortteilen an den unveränderten Stamm [lat.]; **ag·glu·ti·nie·ren** <V. i.> ~de Sprachen

Ag·gra·va·ti'on <[-va-] f.; -, -en; geh.> Verschlimmerung [lat.]

Ag·gre'gat <n.; -(e)s, -e> 1 <Math.> mehrgliedriger Ausdruck 2 <Tech.> Koppelung mehrerer Maschinen [lat.]; **Ag·gre·ga·ti'on** <f.; -, -en; Chem.; Phys.> Vereinigung mehrerer Moleküle; **Ag·gre'gat·zu·stand** <m.; -(e)s, ²e> fester, flüssiger, gasförmiger ~

Ag·gres·si'on <f.; -, -en> Angriff(slust), Überfall [lat.]; **ag·gres'siv** <Adj.> angriffslustig; **Ag·gres·si·vi'tät** <[-vi-] f.; -; unz.>; **Ag·gres·sor** <m.; -s, -'so·ren> Angreifer; **Ag·gres'so·rin** <f.; -, -n·nen>

Ä'gi·de <f.; -; unz.; geh.> Schutz, Obhut, Leitung; unter der ~ von … [lat.-grch.]

a'gie·ren <V. i.> 1 handeln 2 <Theat.> eine Rolle spielen [lat.]

a'gil <Adj.> flink, gewandt [lat.]; **A·gi·li'tät** <f.; -; unz.>

Ä'gi·na grch. Insel (mit gleichnamigem Ort); **Ä·gi'ne·te** <m.; -n, -n> Bewohner von Ägina; **Ä·gi·'ne·tin** <f.; -, -n·nen>

A·gio <['a:dʒo; n.; -s; unz.; Wirtsch.> Ggs Disagio 1 Aufgeld 2 Betrag, um den der Kurs einer Währung od. eines Wertpapiers über dem Nennwert liegt [ital.]; **A·gio·ta·ge** <[adʒo'ta:ʒə]; f.; -, -n> Börsenspekulation unter Ausnutzung des Agios [frz.]; **A·gio·teur** <[adʒo'tøːr] m.; -s, -e> Börsenspekulant; **a·gio'tie·ren** <V. i.>

A·gi·ta·ti'on <f.; -, -en> aggressive polit. Werbung, Propaganda [lat.]; **A·gi·ta·ti'ons·kunst** <f.; -; unz.>; **a·gi'ta·to** <[adʒi-]; Mus.> sehr bewegt (zu spielen) [ital.]; **A·gi'ta·tor** <m.; -s, -'to·ren>; **A·gi·ta'to·rin** <f.; -, -n·nen>; **a·gi·ta'to·risch** <Adj.>; **a·gi'tie·ren** <V. i.> werben, polit. Propaganda treiben; **A·git'prop** <f.; -, -s od. m.; -s, -s> klassenkämpferische Agitation [Kurzw. aus Agitation u. Propaganda]

A'gnat, <auch> **Ag'nat** <m.; -en, -en; ⟋Z54; im alten Rom> jeder, der durch Geburt od. Adoption

der väterl. Gewalt unterstand; Ggs Kognat [lat.]

A·gno'sie, <auch> **Ag·no'sie** <f.; -; unz.; ⟋Z54> 1 <Med.> Unfähigkeit, das Wahrgenommene zu erkennen 2 <Philos.> das Nichtwissen [grch.]; **A'gnos·ti·ker** <m.; -s, ->; **a'gnos·tisch** <Adj.>; **A·gnos'ti·zis·mus** <m.; -; unz.; Philos.> Lehre von der Unerkennbarkeit des wahren Seins; **a·gnos'zie·ren** <V. t.> 1 <veralt.> anerkennen 2 <österr.> identifizieren

'A·gnus Dei, <auch> **'Ag·nus Dei** <[-'de:i]; n.; --, --; ⟋Z54> 1 <unz.> "Lamm Gottes" (Bez. Christi) 2 Gebetsruf 3 geweihtes Wachstäfelchen [lat.]

A'go·gik <f.; -; unz.; Mus.> Lehre von der Gestaltung des Tempos [grch.]; **a'go·gisch** <Adj.>

à go·go <[a go'go:]; umg.> in Hülle u. Fülle [frz.]

A'gon <m.; -s, -e> 1 <im alten Griechenland> Wettkampf 2 Hauptteil der attischen Komödie [grch.]; **A·go'nie** <f.; -, -n> Todeskampf; **A·go'nist** <m.; -en, -en>

A·go'ra¹ <f.; -; unz.; im alten Griechenland> Markt u. polit. Versammlungsplatz [grch.]

A·go'ra² <f.; -, -'rot> israel. Währungseinheit [hebr.]

A·go·ra·pho'bie <f.; -; unz.> krankhafte Angst beim Überqueren freier Plätze [grch.]

A'graf·fe, <auch> **Ag'raf·fe** <f.; -, -n; ⟋Z53> 1 Schmuckspange 2 <Med.> Wundklammer [frz.]

A·gra'fie, **A·gra'phie** <f.; -; unz.; ⟋Z11.3; Med.> Verlust des Schreibvermögens [grch.]

a'grar..., A'grar..., <auch> 'rar..., Ag'rar... <⟋Z53; in Zus.> landwirtschaftlich, Landwirtschafts... [lat.]; **A'grar·ex·port** <m.; -(e)s, -e>; **A'grar·ge·nos·sen·schaft** <f.; -, -en>; **A'grar·ge·sell·schaft** <f.; -, -en>; **A'gra·ri·er** <m.; -s, -> Landwirt, Gutsbesitzer; **A'gra·ri·e·rin** <f.; -, -n·nen>; **A'grar·im·port** <m.; -(e)s, -e>; **a'gra·risch** <Adj.> landwirtschaftlich; **A'grar·land** <n.; -(e)s, ²er>; **A'grar·markt** <m.; -(e)s, ²e>; **A'grar·mi·nis·ter** <m.; -s, ->; **A'grar·mi·nis·te·rin** <f.; -, -n·nen>; **A'grar·mi-**

A

nis·te·ri·um <n.; -s, -ri·en>;
A'grar·po·li·tik <f.; -; unz.>;
A'grar·pro·dukt <n.; -(e)s, -e>;
A'grar·re·form <f.; -, -en>;
A'grar·staat <m.; -(e)s, -en>;
A'grar·tech·nik <f.; -, unz.>;
A'grar·wis·sen·schaft <f.; -; unz.>

A·gree·ment, <auch> **Ag·ree·ment** <[ə'gri:mənt] n.; -s, -s; *↗Z53*> *(formlose) Übereinkunft, Vereinbarung;* → a. *Gentlemen's Agreement* [engl.];
A·gré·ment <[agre'mã]; n.; -s, -s> *Zustimmung einer Regierung zum Empfang eines ausländ. Diplomaten* [frz.]

a·gri..., **A·gri,** <auch> **ag·ri...,** **Ag·ri...** <*↗Z53*; in Zus.> *die Landwirtschaft betreffend, landwirtschafts..., Landwirtschafts...* [lat.]; **A·gri·kul'tur** <f.; -; unz.> *Ackerbau, Landwirtschaft;* **A·gri·kul'tur·che·mie** <[-çe-]; f.; -; unz.>; **a·gro...,** **A·gro...** <in Zus.> = *agri..., Agri...;* **A·gro·'nom** <m.; -en, -en> *Wissenschaftler auf dem Gebiet der Landwirtschaft;* **A·gro·no'mie** <f.; -; unz.> *Ackerbaukunde;* **A·gro'no·min** <f.; -, -n·nen>; **a·gro·no·misch** <Adj.>; **'A·gro·tech·nik** <f.; -; unz.>; **'a·gro·tech·nisch** <Adj.>

A'gu·ti <m. od. n.; -s, -s; Zool.> *ein südamerikan. Nagetier*

Ä'gyp·ten *Staat in Nordostafrika;* Arabische Republik ~; **Ä'gyp·ter** <m.; -s, ->; **Ä'gyp·te·rin** <f.; -, -n·nen>; **ä'gyp·tisch** <Adj.>

Ä·gyp·to'lo·ge <m.; -n, -n> *Wissenschaftler der Ägyptologie;* **Ä·gyp·to·lo'gie** <f.; -; unz.> *Wissenschaft von Sprache u. Kultur des ägypt. Altertums;* **Ä·gyp·to'lo·gin** <f.; -, -n·nen>; **ä·gyp·to'lo·gisch** <Adj.>

ah <Int.> *(Ausruf des Staunens, der Bewunderung);* ~ so!

Ah <Abk. für> *Amperestunde*

a'ha <a. ['-·]; Int.> *(Ausruf des plötzl. Verstehens);* **A'ha-Ef·fekt** <m.; -(e)s, -e; *↗Z36*>; **A'ha-Er·leb·nis** <n.; -s·ses, -s·se; umg.>

A·has·ver <[-'ver]; a. ['-·-]; m.; -s, -s od. -e> **1** *ruhelos umherirrender Mensch* **2** *der Ewige Jude;* → a. *ewig(1);* **a·has've·risch**

<Adj.>; **A·has've·rus** <a. ['-·--]; m.; -; unz.> = *Ahasver*

ahd. <Abk. für> *althochdeutsch*

'a·his·to·risch <Adj.> *nicht historisch*

'Ah·le <f.; -, -n> *nadelartiges Werkzeug;* Sy *Pfriem(en)*

'Ah·ming <f.; -, -e od. -s; Seemannsspr.> *Tiefgangsmarkierung*

Ahn <m.; -(e)s od. -en, -en> *Stammvater, Vorfahr;* oV *Ahne¹*

'ahn·den <V. t.; geh.> *strafrechtl. verfolgen, rächen;* **'Ahn·dung** <f.; -, -en>

'Ah·ne¹ <m.; -n, -n> = *Ahn;* **'Ah·ne²** <f.; -, -n> *Vorfahrin*

'äh·neln <V. i./V. refl.; ich ähn(e)le> *ähnlich sein*

'ah·nen <V. t.> *vorausfühlen*

'Ah·nen·bild <n.; -(e)s, -er>; **'Ah·nen·for·schung** <f.; -; unz.>; **'Ah·nen·ga·le·rie** <f.; -, -n>; **'Ah·nen·rei·he** <f.; -, -n>; **'Ah·nen·ta·fel** <f.; -, -n>; **'Ahn·frau** <f.; -, -en; veralt.> = *Ahne²;* **'Ahn·herr** <m.; -en, -en; veralt.> = *Ahn;* **'Ah·nin** <f.; -, -n·nen; veralt.> = *Ahne²*

'ähn·lich <Adj.; *↗Z44*> *teilweise übereinstimmend, vergleichbar;* jmdm. ~ sehen; Erdbeeren, Himbeeren oder ~es Obst; <aber> E., H. oder Ähnliches <Abk.: o. Ä.>; ich habe Ähnliches erlebt; etwas Ähnliches; **'Ähn·lich·keit** <f.; -, -en>

'Ah·nung <f.; -, -en> **1** *Vorgefühl, Vermutung* **2** *Wissen (um etwas);* er hat keine ~ (davon); **'ah·nungs·los** <Adj.>; **'Ah·nungs·lo·sig·keit** <f.; -; unz.>; **'Ah·nungs·ver·mö·gen** <n.; -s; unz.>; **'ah·nungs·voll** <Adj.>

a'hoi <Seemannsspr.> Schiff ~!

'A·horn <m.; -s, -e; Bot.> *ein Laubbaum*

'Äh·re <f.; -, -n> *Teil des Getreidehalms*

ai <Abk. für> *amnesty international*

Ai <n.; -s, -s; Zool.> *ein Dreifingerfaultier*

AIDA-Re·gel <[a'i:-]; f.; -; unz.> *nach den engl. Begriffen Attention (Aufmerksamkeit) - Interest (Interesse) - Desire (Wunsch) - Action (Aktion) aufgebautes Stufenmodell für Erfolg versprechende Werbung*

Aide-mé·moire <[ɛ:dme'moa:r]; n.; -, -s; Pol.> *Niederschrift mündl. Erklärungen* [frz.]

Aids, AIDS <[eidz]; ohne Art.; Abk. für engl.> *Acquired Immune Deficiency Syndrome (erworbenes Immunschwächesyndrom, eine Infektionskrankheit);* **'aids·krank** <Adj.>; **'Aids·test** <m.; -(e)s, -s od. -e>

Ai·ken·code, <auch> **Ai·ken-Code** <['ɛikən 'ko:d]; m.; -s; unz.; *↗Z35;* EDV> *viertelliger Code zur Darstellung von Dezimalziffern* [nach dem amerikan. Mathematiker H. H. *Aiken*]

Ai'ki·do <n.; -s; unz.> *Form der Selbstverteidigung* [jap.]

'Ai·nu <m.; -od. -s, - od. -s> *Ureinwohner eines ostasiat. Volkes*

Air¹ <[ɛ:r]; n.; -s, -s> *Aussehen, Haltung, Benehmen* [frz.]

Air² <[ɛ:r]; n.; -s, -s; Mus.> **1** *Lied, Arie* **2** *Satz der Suite* [frz.-ital.]

air..., **Air...** <[ɛ:r]; in Zus.> *luft..., Luft...* [engl.]; **'Air·bag** <[-bɛ:g]; m.; -s, -s> *Luftkissen im Auto, das sich bei einem Aufprall aufbläst u. so den (Bei-)Fahrer schützt;* **'Air·brush** <[-brʌʃ]; n.; -s; unz.> *Spritztechnik in Malerei u. Grafik;* **'Air·bus** <m.; -s·ses, -s·se; Warenz.> *Flugzeug für Kurz- u. Mittelstrecken;* **'Air·con·di·tion, 'Air·con·di·tio·ning** <[-kɔndiʃn], [-kɔndiʃ(ə)niŋ]; n.; - od. -s, -s> *Klimaanlage*

Aire·dale·ter·ri·er <['ɛ:rde:l-]; m.; -s, -; Zool.> *eine Hunderasse* [engl., nach dem Tal des Flusses *Aire* in Yorkshire]

Air Force <['ɛ:r fɔ:rs]; f.; --; unz.; in Großbritannien u. den USA Bez. für> *Luftstreitkräfte* [engl.]; **'Air·fresh** <[-frɛʃ]; n.; -s, -s> *Mittel zur Verbesserung der Luft;* **'Air·line** <[-lain]; f.; -, -s> *Fluggesellschaft;* **'Air·mail** <[-me:l]; f.; -; unz.> *Luftpost;* **'Air·port** <m.; -s, -s> *Flughafen*

ais <['a:is]; n.; -, -; Mus.> *Tonbez.*

A·ja'tol·lah <m.; -s, -s> = *Ayatollah*

à jour <[a'ʒu:r]> **1** *auf dem Laufenden;* ~ sein **2** *durchsichtig, durchbrochen (bei Geweben)* [frz.]; **A'jour·ar·beit** <f.; -, -en>

A·ka·de'mie <f.; -, -n> **1** *Vereinigung von Gelehrten u. Künstlern* **2** *(Fach-)Hochschule* **3** <ös-

A

terr. a.> *literar. od. musikal. Veranstaltung* [grch.]; **A·ka'de·mi·ker** <m.; -s, -> *jmd., der an einer Hochschule studiert hat*; **A·ka'de·mi·ke·rin** <f.; -, -n·nen>; **a·ka'de·misch** <Adj.> *das* ~ *Viertel eine Viertelstunde nach der angegebenen Zeit*; **A·ka·de·mi'sie·rung** <f.; -; unz.>

A·kan'thit <m.; -s; unz.; Min.> *ein Mineral* [grch.]

A'kan·thus <m.; -, -> 1 <Bot.> = *Bärenklau* 2 *Zierform an korinthischen Säulenkapitellen* [grch.]; **A'kan·thus·blatt** <n.; -(e)s, ="er> = *Akanthus(2)*

A·ka·ro'id·harz <n.; -es, -e> *ein Baumharz* [grch.]

a·ka·ta'lek·tisch <Adj.; Metrik> *unverkürzt, vollständig*; ~er *Vers*; *Ggs katalektisch* [grch.]

'A·ka·tho·lik <m.; -en, -en> *Nichtkatholik*; **'a·ka·tho·lisch** <Adj.>

A·ka·zie <[aˈkaːtsiə]; f.; -, -n; Bot.> *ein Laubbaum od. Strauch* [grch.]

A·ke'lei <f.; -, -en> *ein Hahnenfußgewächs* [lat.]

Akk. <Abk. für> *Akkusativ*

Ak·kla·ma·ti'on <f.; -, -en; geh.> 1 *Zuruf* 2 *Beifall* [lat.]; **ak·kla'mie·ren** <V. t.; geh.> *jmdn.* ~ *jmdm. Beifall spenden*

Ak·kli·ma·ti·sa·ti'on <f.; -; unz.> *Gewöhnung, Anpassung an veränderte Klima-, Umwelt- od. Lebensbedingungen* [lat.]; **ak·kli·ma·ti'sie·ren** <V. refl.> *sich* ~; **Ak·kli·ma·ti'sie·rung** <f.; -; unz.>

Ak·ko'la·de <f.; -, -n> 1 *zeremonielle Umarmung beim Ritterschlag* 2 *Zeichen*: { } *zusammenfassende geschweifte Klammer* [frz.]

ak·kom·mo'da·bel <Adj.; -'dabler, am -s·ten> *anpassungsfähig* [frz.]; **Ak·kom·mo·da·ti'on** <f.; -; unz.> *Anpassung*; **ak·kom·mo'die·ren** <V. t.>

ak·kom·pa·gnie·ren, <auch> **ak·kom·pag·nie·ren** <[-ˈpaˈnji-]; V. t.; Mus.; veralt.> *begleiten* [frz.]

Ak'kord <m.; -(e)s, -e> 1 *Übereinstimmung* 2 <Mus.> *Zusammenklang mehrerer Töne* 3 *Stücklohn*; *im* ~ *arbeiten* [frz.];

Gleichsetzungsakkusativ:
Als G. oder doppelten Akkusativ bezeichnet man ein ↗Satzglied im ↗Akkusativ, das einen engen Bezug zum Akkusativobjekt besitzt:
Er nennt ihn <u>einen Geizhals</u>.

Akkusativ: Der A., auch Wenfall genannt, ist im Deutschen der Kasus des direkten ↗Objekts, des so genannten **Akkusativobjekts**. Der A. lässt sich durch *wen?* oder *was?* erfragen.
Seine Flexionsformen fallen teilweise mit denen des **Nominativs** zusammen, z. B. *Das Pferd* (Nominativ) *schlägt das Pferd* (Akkusativ).
Im Deutschen wird der A. aber auch für (zeitliche oder räumliche) ↗**Adverbiale** verwendet, z. B. *Er schlief die ganze Nacht.*
Vgl. ↗**Dativ**, ↗**Genitiv**, ↗**Nominativ**

---

ak·kor'dant <Adj.; Geol.>; **Ak·kor'dant** <m.; -en, -en; schweiz.> *Kleinunternehmer*; **Ak·kor'danz** <f.; -, -en; Geol.> *Anpassung geologischer Schichten*; **Ak'kord·ar·beit** <f.; -, -en>; **Ak'kord·ar·bei·ter** <m.; -s, ->; **Ak'kord·ar·bei·te·rin** <f.; -, -n·nen>; **Ak'kor·de·on** <n.; -s, -s; Instrumentenk.> *ein Harmonikainstrument*; *Sy Schifferklavier*, **Ak'kord·fol·ge** <f.; -, -n; Mus.>; **ak'kor·disch** <Adj.; Mus.>; **Ak'kord·lohn** <m.; -(e)s; unz.>

ak·kre·di'tie·ren <V. t.> 1 *jmdn.* ~ *jmdm. Kredit einräumen* 2 *Diplomaten* ~ *bevollmächtigen, beglaubigen* [frz.]; **Ak·kre·di'tie·rung** <f.; -, -en>; **Ak·kre·di'tiv** <n.; -s, -e> 1 *Kreditbrief* 2 *Zahlungsauftrag, (Bank-)Anweisung* 3 *Beglaubigungsschreiben (für einen Diplomaten)*

'Ak·ku <m.; -s, -s; kurz für> *Akkumulator*

Ak·kul·tu·ra·ti'on <f.; -, -en; Völkerk.> *kultureller Angleichungsprozess* [lat.]; **ak·kul·tu'rie·ren** <V. t.>

Ak·ku·mu·la·ti'on <f.; -, -en> *Anhäufung* [lat.]; **Ak·ku·mu'la·tor** <m.; -s, -'to·ren; Kurzw.: Akku> 1 *Gerät zum Speichern elektr. Energie* 2 *ein Druckwasserbe-*

---

hälter; **ak·ku·mu'lie·ren** <V. t.; geh.> *anhäufen, sammeln*

ak·ku'rat <Adj.; -er, am -es·ten> *sorgfältig*; **Ak·ku·ra'tes·se** <f.; -; unz.> *Sorgfalt* [frz.]

'Ak·ku·sa·tiv <m.; -s, -e; Gramm.; Abk.: Akk.> 4. *Fall der Deklination, Wenfall*; → a. *Kasten*; **'ak·ku·sa·ti·visch** <Adj.>; **'Ak·ku·sa·tiv·ob·jekt** <n.; - (e)s, -e>

'Ak·me <f.; -; unz.; Med.> *Höhepunkt (einer Krankheit)* [grch.]

'Ak·ne <f.; -, -n; Med.> *eine Hauterkrankung* [grch.]

A·ko'luth, A·ko'lyth <m.; -en od. -s, -en> 1 *Laie, der best. Aufgaben am Altar verrichtet* 2 *kath. Geistlicher im 4. Grad der niederen Weihen* [grch.]

A·ko'nit, A·ko·ni'tin <n.; -s, -e> *Wirkstoff des Eisenhutes* [grch.]

A'kon·to <n.; -s, -s od. -ten; bes. österr.> *Anzahlung* [ital.]; **A'kon·to·zah·lung** <f.; -, -en; Bankw.> *Teil-, Abschlagszahlung*; → a. *a conto*

ak·qui·rie·ren <V. t.> 1 <veralt.> *anschaffen, erwerben* 2 *Kunden* ~ *gewinnen* [lat.]; **Ak·qui·si·teur** <[-ˈtøːr]; m.; -s, -e> *Kunden-, Anzeigenwerber*; **Ak·qui·si·ti'on** <f.; -, -en> 1 <veralt.> *Anschaffung, (Teil-)Kauf eines Unternehmens* 2 *Kundenwerbung*

A·kri'bie, <auch> **Ak·ri'bie** <f.; -; unz.; ↗Z53> *peinl. Genauigkeit, höchste Sorgfalt* [grch.]; **a'kri·bisch** <Adj.>

A·kro'bat, <auch> **Ak·ro'bat** <m.; -en, -en; ↗Z53; bes. im Zirkus> *Turn-, Bewegungskünstler*; **A·kro'ba·tik** <f.; -; unz.> *besondere körperl. Gewandtheit u. Beweglichkeit erfordernde Turnkunst*; **A·kro'ba·tin** <f.; -, -n·nen>; **a·kro'ba·tisch** <Adj.>

A·kro·le'in, <auch> **Ak·ro·le'in** <n.; -(e)s; unz.; ↗Z53> = *Acrolein*

A·kro'nym, <auch> **Ak·ro'nym** <n.; -s, -e; ↗Z53; Sprachw.> *aus den Anfangsbuchstaben mehrerer Wörter gebildetes Kurzwort*, z. B. *USA*; *Sy Initialwort* [grch.]

A'kro·po·lis, <auch> **Ak·ro'po·lis** <f.; -, -'po·len; ↗Z53> *altgrch. Stadtburg (bes. von Athen)* [grch.]

A'kros·ti·chon, <auch> **Ak'ros·ti·chon** <[-çɔn]; n.; -s, -chen od.

-cha; <↗Z53> *Lied od. Gedicht, bei dem die Anfangsbuchstaben od. -silben der Verszeilen ein Wort od. einen Satz ergeben* [grch.]

A·kro·te·ri·on, <auch> **Ak·ro·te·ri·on** <n.; -s, -ri·en; ↗Z53; Arch.> *Verzierung von Giebeln* [grch.]

A'kryl, <auch> **Ak'ryl** <n.; -s; unz.; ↗Z53> = *Acryl*; **A'kryl·glas** <n.; -es; unz.>; **A'kryl·säu·re** <f.; -; unz.>

Akt¹ <m.; -(e)s, -en> = *Akte*

Akt² <m.; -(e)s, -e> **1** *Handlung, Vorgang, Tat* **2** *Teil eines Bühnenwerkes* **3** *künstler. Darstellung des nackten Körpers* [lat.]

Ak'tant <m.; -en, -en; Sprachw.> **1** *Handelnder, Sprecher* **2** *vom Verb gefordertes Satzglied* [frz.]

'Ak·te <f.; -, -n> *schriftl. Unterlagen eines geschäftl. od. gerichtl. Vorgangs; etwas zu den ~n legen* <Abk.: z. d. A. a. fig.>; **'Ak·ten·kof·fer** <m.; -s, ->; **'ak·ten·kun·dig** <Adj.>; **'Ak·ten·map·pe** <f.; -, -n>; **'Ak·ten·no·tiz** <f.; -, -en>; **'Ak·ten·ord·ner** <m.; -s, ->; **'Ak·ten·ta·sche** <f.; -, -n>; **'Ak·ten·zei·chen** <n.; -s, ->

Ak·teur <[-'tø:r]; m.; -s, -e> *Handelnder, Schauspieler* [frz.]; **Ak'teu·rin** <f.; -, -nen; ↗Z38>

'Akt·fo·to <n.; -s, -s>

'Ak·tie <[-tsiə]; f.; -, -n> *Anteil am Grundkapital einer Aktiengesellschaft* [ndrl.]; **'Ak·ti·en·ge·sell·schaft** <f.; -, -en; Abk.: AG> *Handelsgesellschaft, deren Grundkapital aus den Einlagen der Gesellschafter besteht*; **'Ak·ti·en·in·dex** <m.; -es, -e od. -di·ces/-di·zes> *Messzahl des durchschnittl. Börsenkurses der Aktien;* → a. *DAX*; **'Ak·ti·en·pa·ket** <n.; -(e)s, -e>

Ak'tin <n.; -s; unz.; Biochem.> *am Aufbau der Muskelstruktur beteiligter Eiweißstoff;* oV *Actin*; **Ak'ti·nie** <[-niə]; f.; -, -n; Zool.> *sechsstrahlige Koralle* [grch.]; **ak·'ti·nisch** <Adj.> *durch Strahlung hervorgerufen*; **Ak'ti·ni·um** <n.; -s; unz.; Chem.> = *Actinium*; **Ak·ti·no'me·ter** <n.; -s, -; Phys.> *Strahlungsmessgerät*; **ak·ti·no'morph** <Adj.> *strahlenförmig*

Ak·ti'on <f.; -, -en> **1** *Handlung,*

Unternehmung **2** *Sonderangebot* [lat.]; **Ak·ti·o'när** <m.; -s, -e> *Aktienbesitzer* [frz.]; **Ak·ti·o·'nä·rin** <f.; -, -nen>; **Ak·ti·o·'nis·mus** <m.; -; unz.> **1** *Versuch, durch (künstlerische, provokative) Aktionen bestehende Zustände zu verändern* **2** *übermäßiger Tätigkeitsdrang* [lat.]; **Ak·ti·o'nist** <m.; -en, -en>; **Ak·ti·o·'nis·tin** <f.; -, -nen>; **ak·ti·o'nis·tisch** <Adj.>; **Ak·ti'ons·art** <f.; -, -en; Sprachw.> *das durch das Verb ausgedrückte zeitl. Geschehen, z. B. beginnend ("eröffnen"), vollendend ("verblühen"), andauernd ("wohnen"), wiederholend ("kränkeln");* → a. *Kasten*; **Ak·ti'ons·ra·di·us** <m.; -, -di·en> *Wirkungsbereich*

ak'tiv <a. ['--]; Adj.> **1** *tatkräftig, unternehmend;* ~es Wahlrecht; ~er Wortschatz *W., den man selbst anwendet;* Ggs *passiv* **2** <bes. Mil.> *im Dienst stehend;* Ggs *inaktiv* [lat.]; **'Ak·tiv**¹ <n.; -s; unz.; Gramm.> *Tätigkeits-*

---

form; → a. *Kasten; Kasten Genus Verbi, Kasten Passiv;* Ggs *Passiv*; **Ak'tiv**² <n.; -s, -s od. -e> *Gruppe von Personen, die gemeinsam eine gesellschaftl. Aufgabe erfüllen*; **Ak'ti·va** <[-va]; Pl.> *Summe der Vermögenswerte (eines Unternehmens);* Ggs *Passiva*; **Ak·ti·va·tor** <[-'va:-]; m.; -s, -'to·ren; Chem.> *Stoff, der das Reaktionsvermögen eines anderen Stoffes steigert*; **Ak'tiv·be·stand** <m.; -(e)s, ⸗e>; **Ak'tiv·bür·ger** <m.; -s, -> *Bürger mit Stimm- u. Wahlrecht*; **ak·ti·vie·ren** <[-'vi:-]; V. t.> *in Tätigkeit setzen*; **Ak·ti'vie·rung** <f.; -, -en>; **ak'ti·visch** <Adj.; Gramm.> *das Aktiv*¹ *betreffend*; **Ak·ti·vis·mus** <[-'vis-]; m.; -; unz.> **1** *Tätigkeitsdrang* **2** *zielbewusstes Handeln*; **Ak'ti·vist** <m.; -en, -en> **1** *zielbewusst Handelnder* **2** <DDR> *jmd., der für vorbildliche Leistungen ausgezeichnet wurde*; **Ak'ti·vis·tin** <f.; -, -nen; ↗Z38>; **ak·ti·vis·tisch** <Adj.>; **Ak·ti·vi'tät** <f.; -, -en> **1** *aktives Verhalten, (Geschäfts-)Tätigkeit* **2** *Wirksamkeit*; **Ak'tiv·koh·le** <f.; -; unz.> *Kohle aus Holz, Torf od. tier. Abfällen*; **Ak'tiv·pos·ten** <Pl.> = *Aktiva*; **Ak'tiv·sal·do** <m.; -s, -s od. a. -di od. -den; Wirtsch.> *Saldo auf der Habenseite eines Kontos*; **Ak'tiv·ver·mö·gen** <n.; -s, ->

Ak·tri·ce, <auch> **Akt·ri·ce**

Akut: Der A. ist ein Akzentzeichen, das u. a. verwendet wird, um
a) einen ↗**Akzent** zu bezeichnen (z. B. im Spanischen: *filológico*)
b) den **Verlauf der Tonhöhe** zu markieren (z. B. im Altgriechischen)
c) die **Qualität** eines (Lang-)Vokals anzuzeigen (z. B. im Französischen: *élément*)
d) einen **Wort-** oder **Satzakzent** schriftlich zu verdeutlichen (z. B. im Französischen: *über ´setzen* vs. *über´setzen*)
Vgl. ↗Gravis, ↗Zirkumflex

Akzent: Der A. ist ein Merkmal der Hervorhebung bzw. **Betonung,** das auf der **Intensität** oder **Lautstärke,** der Veränderung der **Tonhöhe** (↗Intonation) oder der Änderung der **Quantität** (wie z. B. Dehnung von Lauten) der Artikulation beruht.
Der **Satzakzent** hebt ein bestimmtes Satzglied eines Satzes hervor, z. B. *Was* hat er gesagt? Der **Wortakzent** betont eine bestimmte Silbe des Wortes. Hierbei wird zwischen dem **dynamischen** A. und dem **musikalischen** A. differenziert. Der dynamische A. wird realisiert, indem der zu betonende Wortteil mit besonderer Verstärkung des Atemdrucks artikuliert wird, beim musikalischen A. wird dagegen die Tonhöhe bzw. der Tonhöhenverlauf verändert.

<[akˈtriːsə]; f.; -, -n; ↗Z53; veralt.> *Schauspielerin* [frz.]
'Akt·stu·die <[-diə]; f.; -, -n>
ak·tu·a·li'sie·ren <V. t.> *aktuell machen* [lat.]; **Ak·tu·a·li·sie·rung** <f.; -, -en>; **Ak·tu·a·li'tät** <f.; -; unz.> *Zeitnähe*
Ak·tu'ar <m.; -(e)s, -e; veralt.> 1 *Gerichtsschreiber* 2 <schweiz.> *Schriftführer*
ak·tu'ell <Adj.> *für die Gegenwart bedeutsam, zeitgemäß* [frz.]
'Akt·zeich·nung <f.; -, -en>
A·ku·i'tät <f.; -; unz.; Med.> *akuter Krankheitsverlauf* [lat.]
A·ku·pres'sur <f.; -, -en; Med.> *Heilbehandlung durch Druck mit den Fingerspitzen* [lat.]
a·ku·punk'tie·ren <V. t.>; **A·ku·punk'tur** <f.; -, -en> *Heilbe-*

handlung durch Einstechen von Nadeln an best. Punkten [lat.]
A'kus·tik <f.; -; unz.> 1 *Lehre vom Schall u. von den Tönen* 2 *Klangwirkung* [grch.]; **a'kus·tisch** <Adj.>
a'kut <Adj.> 1 *unmittelbar bevorstehend, vordringlich* 2 <Med.> *plötzlich auftretend, heftig verlaufend*; Ggs *chronisch* [lat.];
A'kut <m.; -(e)s, -e; Phon.> *Zeichen:* ´ *ein Betonungszeichen;* → a. *Kasten; Accent aigu*
AKW <Abk. für> *Atomkraftwerk*
Ak·ze·le·ra·ti'on <f.; -, -en; Phys.> *Beschleunigung* [lat.]; **Ak·ze·le·'ra·tor** <m.; -s, -'to·ren>; **ak·ze·le'rie·ren** <V. t.>
Ak'zent <m.; -s, -e> 1 *Betonung(szeichen);* ~e setzen <fig.>; → a. *Kasten* 2 *Aussprache, Tonfall;* sie hat einen sächsischen ~ [lat.]; **ak'zent·frei** <Adj.> ~e Aussprache; **ak'zent·los** <Adj.>; **Ak·zen·tu·a·ti'on** <f.; -; unz.> *Betonung;* **ak·zen·tu'ie·ren** <V. t.> *(mit Nachdruck) betonen;* **Ak·zen·tu'ie·rung** <f.; -, -en>; **Ak'zent·ver·schie·bung** <f.; -, -en; Phon.>
Ak'zept <n.; -(e)s, -e; Bankw.> 1 *durch Unterschrift angenommener Wechsel* 2 *schriftl. Annahmeerklärung* [lat.]; **ak·zep·'ta·bel** <Adj.; -'tab·ler, am -s·ten> *annehmbar;* **Ak·zep·ta·bi·li'tät** <f.; -; unz.; selten>; **Ak·zep'tant** <m.; -en, -en; Bankw.> *jmd., der den angenommenen Wechsel akzeptiert, Bezogener;* **Ak·zep'tan·tin** <f.; -, -n·nen>; **Ak·zep'tanz** <f.; -; unz.> *Bereitschaft, etwas zu akzeptieren;* **ak·zep'tie·ren** <V. t.> *annehmen;* **Ak'zep·tor** <m.; -s, -'to·ren> 1 *Stoff, der bei einer chem. Reaktion frei werdende Atome bindet* 2 <Phys.> *Störstelle in einem Halbleiter, die ein Elektron einfangen kann;* Ggs *Donator*
Ak·zes·si'on <f.; -, -en> 1 *Zugang* 2 *Erwerb* 3 <Völkerrecht> *Beitritt zu einem Staatsvertrag* [lat.]; **Ak·zes·so·ri·e'tät** <f.; -; unz.; Rechtsw.> *die Abhängigkeit des Nebenrechts von einem Hauptrecht;* **ak·zes·so'risch** <Adj.> 1 *hinzutretend* 2 *nebensächlich;* **Ak·zes·so·ri·um** <n.;

-s, -ri·en> 1 *Nebensache, Beiwerk* 2 *Nebenanspruch*
'Ak·zi·dens <n.; -, -'den·zi·en od. -'den·tia> *Zufälliges, Nebensächliches;* <aber> → *Akzidenz* [lat.]; **ak·zi·den'tell, ak·zi·den·ti'ell** <Adj.; ↗Z11.4> *zufällig, unwesentlich;* **Ak·zi'denz** <f.; -, -en; meist Pl.> *wirkungsvoll gestaltete Druckarbeit, z. B. Prospekte;* <aber> → *Akzidens;* **ak·zi·den·zi'ell** <Adj.> = *akzidentiell*
Ak'zi·se <f.; -, -n; bis zum 19. Jh.> *Verbrauchssteuer* [frz.]
Al <Chem.; Zeichen für> *Aluminium*
Al. <Zeichen für> *Alinea*
a. l. <Abk. für> *ad libitum*
à la *nach Art von...;* ~ baisse [bɛːs] *spekulieren* <Börsenw.> *mit dem Fallen der Kurse rechnen;* ~ carte [kart] *essen nach der Speisekarte;* ~ hausse [oːs] *spekulieren* <Börsenw.> *mit dem Steigen der Kurse rechnen;* sich ~ mode [mɔd] *kleiden nach der Mode* [frz.]
a'laaf <köln.> Kölle ~! *(Karnevalsruf)*
A·la·ba·ma *Staat in den USA*
A·la'bas·ter <m.; -s, -; Pl. selten> *eine Gipsart* [grch.]; **a·la'bas·tern** <Adj.> *aus Alabaster*
A·la'lie <f.; -; unz.> *Unfähigkeit, artikuliert zu sprechen* [grch.]
A·la·mo·de·li·te·ra·tur <[-'mɔd-]; f.; -; unz.> *die Unterhaltungsliteratur des 17. Jh. in Deutschland;* → a. *à la* [frz.]
A'lant <m.; -(e)s, -e; Bot.> *eine Pflanze* [lat.]
A'larm <m.; -(e)s, -e> *Gefahrensignal;* ~ schlagen [ital.]; **A'larm·an·la·ge** <f.; -, -n>; **a'larm·be·reit** <Adj.; ↗Z27>; **a·lar'mie·ren** <V. t.> *jmdn.* ~
A'las·ka *Staat der USA*
A'laun <m.; -s, -e; Chem.> *ein Salz* [lat.]; **A'laun·stein** <m.; -(e)s, -e>
Alb¹ <f.; -, -en> *(Gebirgsname)* Fränkische ~; Schwäbische ~
Alb² <m.; -(e)s, -en; german. Myth.> 1 *Naturgeist* 2 *Nachtmahr;* oV *Alp²*
Al'ba·ner <m.; -s, -> *Einwohner von Albanien;* **Al'ba·ne·rin** <f.; -, -n·nen>; **Al'ba·ni·en** *Staat in*

Südosteuropa; Republik ~; **al·'ba·nisch** <Adj.>

Al·ba·tros, <auch> **'Al·bat·ros** <m.; - od. -s·ses, -s·se; ↗Z53; Zool.> *ein Sturmvogel* [engl.]

Alb·druck <m.; -(e)s, ̈e>, **'Alb·drü·cken** <n.; -s; unz.> = *Alp·drücken*

'Al·be <f.; -, -n> *weißes liturg. Gewand* [lat.]

'Al·ben <Pl. von> 1 *Alb¹* 2 *Alb²* 3 *Album*

Al·be'rei <f.; -, -en> *albernes Verhalten;* **'al·bern¹** <Adj.> *dumm, einfältig, kindisch;* **'al·bern²** <V. i.; ich alb(e)re> *sich kindisch benehmen;* **'Al·bern·heit** <f.; -, -en>

Al·bi'gen·ser <m.; -s, -> = *Katharer*

Al·bi'nis·mus <m.; -; unz.> *Unfähigkeit, in Augen, Haut u. Haaren Farbstoff zu bilden* [lat.]; **Al·'bi·no** <m.; -s, -s> *Lebewesen mit fehlender Farbstoffbildung;* **al·bi'no·tisch** <Adj.>

Al'bit <m.; -(e)s, -e> *ein Mineral*

'Alb·traum <m.; -(e)s, ̈e> = *Alptraum*

'Al·bum <n.; -s, 'Al·ben> *Sammelbuch;* Foto~; Poesie~ [lat.]

Al·bu'min <n.; -s; unz.> *ein Eiweißstoff* [lat.]; **al·bu·mi'nös** <Adj.> *eiweißhaltig;* **'Al·bus** <m.; -, -s·se; 14.–19. Jh.> *alte dt. Münze;* Sy *Weißpfennig*

Al·can'ta·ra <n.; - od. -s; unz.; Warenz.> *Velourslederimitat*

Al·che'mie <[-çe-]; f.; -; unz.; veralt.> = *Alchimie;* **Al·che'mist** <m.; -en, -en; veralt.>; **al·che·'mis·tisch** <Adj.>

'Äl·chen <n.; -s, -; Verkleinerungsf. von> *Aal*

Al·chi'mie <[-çi-]; f.; -; unz.> *mittelalterl. Chemie, bes. Goldmacherkunst;* oV *Alchemie* [arab.]; **Al·chi'mist** <m.; -en, -en>; **al·chi'mis·tisch** <Adj.>

al·cy'o·nisch <Adj.> oV *alkyonisch* 1 *friedlich, ruhig* 2 *windstill* [grch.]

Al·de'hyd <m.; -s, -e; Chem.> *eine organ. Verbindung* [lat.]

al 'den·te <Kochk.> *bissfest, nicht ganz weich* [ital.]

Al·der·man <[ˈɔːldərmæn]; m.; -s, -men [-mən]> *Gemeindeältester* [engl.]

Ale <[eil]; n.; -s; unz.> *helles engl. Bier* [engl.]

'a·lea 'iac·ta est *der Würfel ist geworfen (die Entscheidung ist gefallen)* [lat.]; **A·le·a'to·rik** <f.; -; unz.; Mus.> *Kompositionsstil, der dem Interpreten freie Gestaltungsmöglichkeiten lässt;* **a·le·a·'to·risch** <Adj.> *vom Zufall abhängend*

A·le'man·ne <m.; -n, -n> *Angehöriger eines german. Volksstammes;* **A·le'man·nin** <f.; -, -n·nen>; **a·le'man·nisch** <Adj.>

A'lep·po·kie·fer <f.; -, -n; Bot.> *eine Kiefernart* [nach der syr. Stadt *Aleppo*]

a'lert <Adj.> *munter, flink, aufgeweckt* [ital.]

A'leu·ron <a. [ˈ---]; n.; -s; unz.> *Klebereiweiß fetthaltiger Pflanzensamen;* Sy *Gluten* [grch.]

A·lex'an·dria, A·le·xan'dri·en, <auch> **A·le'xand·ria, A·le·'xand·ri·en** <a. [---ˈ--]; ↗Z54> *Stadt in Ägypten;* **A·le·xan'dri·ner** <m.; -s, -> 1 *Einwohner von Alexandria* 2 <Metrik> *ein Versmaß;* **a·le·xan'dri·nisch** <Adj.>

A·le'xie <f.; -; unz.; Med.> *Unfähigkeit, trotz ungestörten Sehvermögens Buchstaben u. Wörter zu erkennen* [grch.]

A·le'xin <n.; -s, -e; meist Pl.> *Schutzstoff im Blutserum gegen Bakteriengifte* [grch.]

'Al·fa·gras <n.; -es; unz.; Bot.> = *Espartogras* [arab.]

al 'fi·ne <Mus.> *(nochmals) bis zum Schluss eines Musikstückes (zu spielen)* [ital.]

al 'fres·co <Mus.> *auf die (noch) feuchte Kalkwand (gemalt);* Ggs *al secco* [ital.]

'Al·ge <f.; -, -n; Bot.> *eine Wasserpflanze* [lat.]

'Al·ge·bra, <auch> **'Al·geb·ra** <österr. [-ˈ--]; f.; -; unz.; ↗Z53> *Teilgebiet der Mathematik, Lehre von den math. (Buchstaben-)Gleichungen* [arab.]; **al·ge·'bra·isch** <Adj.> ~e *Gleichungen*

'Al·gen·pilz <m.; -es, -e>

Al'ge·ri·en *Staat in Nordafrika;* Demokratische Volksrepublik ~; **Al'ge·ri·er** <m.; -s, ->; **Al'ge·ri·e·rin** <f.; -, -n·nen>; **al·ge·risch** <Adj.>; **'Al·gier** <[-ʒiːr]> *Hauptstadt von Algerien*

Al·gi'zid <n.; -(e)s, -e> *Algenbekämpfungsmittel*

ALGOL <n.; -; unz.; ↗Z56; EDV; Kunstwort aus engl.> *Algorithmic Language (eine Programmiersprache)*

Al·go'lo·ge <m.; -n, -n>; **Al·go·lo·'gie** <f.; -; unz.> *Algenkunde;* **Al·go'lo·gin** <f.; -, -n·nen>

Al'gon·kin <n.; -s; unz.> *nordamerikan. Sprachfamilie;* **Al·'gon·ki·um** <n.; -s; unz.> *zweitälteste Formation der Erdgeschichte*

al·go'rith·misch <Adj.; Math.>; **Al·go'rith·mus** <m.; -, -men; Math.> *Rechenverfahren in festgesetzten Schritten*

Al·gra'fie, Al·gra'phie <f.; -, -n; ↗Z11.3> 1 *Flachdruckverfahren mit geätzten Aluminiumplatten* 2 *das so hergestellte Objekt* [grch.]

'a·li·as <Adv.> 1 *anders* 2 *auch ... genannt;* Gygax ~ Sutter [lat.]

'A·li·bi <n.; -s, -s> *Nachweis der Abwesenheit vom Tatort zur Tatzeit* [lat.]; **'A·li·bi·funk·ti·on** <f.; -, -en> *Funktion, die etwas verschleiern soll*

A·li·en <[ˈeːliən]; m. od. n.; -s, -s> *außerirdisches Lebewesen* [engl.]

A·li·gne·ment, <auch> **A·lig·ne·ment** <[alinjəˈmã]; n.; -s, -s; ↗Z53; Eisenbahn-, Straßenbau> *Abstecken einer Fluchtlinie* [frz.]

A·li·men·ta·ti'on <f.; -; unz.> *(Gewährung von) Lebensunterhalt* [lat.]; **A·li'men·te** <Pl.> *Unterhaltsbeiträge, bes. für nichteheliche Kinder;* **a·li·men'tie·ren** <V. t.> jmdn. ~

A'li·nea <n.; -s, -s; Abk.: Al.> *Absatz, neue Zeile* [lat.]

a·li'pha·tisch <Adj.> ~e *Verbindungen* <Chem.> *organ. Verbindungen mit in offenen Ketten angeordneten Kohlenstoffatomen* [grch.]

a·li'quant <Adj.; Math.> *mit Rest teilend* [lat.]; **a·li'quot** <Adj.; Math.> *ohne Rest teilend*

'A·li·ud·lie·fe·rung <f.; -, -en; Wirtsch.> *Falschlieferung* [lat.]

A·li·za'rin <n.; -s; unz.> *ein Naturfarbstoff* [span.]

Alk <m.; -(e)s od. -en, -e od. -en;

Zool.> *ein Schwimmvogel* [schwed.]

al'kä·isch <Adj.> *= ein Vers altgrch. Versmaß* [*nach dem grch. Dichter Alkaios*]

Al'kal·de <m.; -n, -n> *span. Gemeindevorsteher, Bürgermeister* [span.]

Al'ka·li <n.; -s, -li·en; Chem.> *eine basische Verbindung* [arab.]; **Al'ka·li·me·tall** <n.; -(e)s, -e>; **al'ka·lisch** <Adj.> *laugenhaft, basisch*; **al·ka·li'sie·ren** <V. t.>; **Al·ka·lo'id** <n.; -(e)s, -e> *in Pflanzen vorkommende giftige Verbindung*

Al'ka·zar <[-sar] od. [-θar]; a. [--'-]; m.; -s, -e> *Burg, Schloss (in Spanien)* [arab.]

'Al·ko·hol <a. [--'-]; m.; -s, -e> 1 <i. w. S.> *eine organ. chem. Verbindung* 2 <i. e. S.> = *Äthylalkohol* [arab.]; **'al·ko·hol·ab·hän·gig** <Adj.>; **'al·ko·hol·arm** <Adj.>; **'al·ko·hol·frei** <Adj.>; **Al·ko'ho·li·ka** <Pl.; Sammelbez. für> *alkoholhaltige Getränke*; **Al·ko·ho·li·ker** <m.; -s, -> *Alkoholabhängiger*; **Al·ko·ho·li·ke·rin** <f.; -, -n·nen>; *↗Z38>*; **al·ko'ho·lisch** <Adj.>; **al·ko·ho·li'sie·ren** <V. t.> *alkoholisiert* <scherzh.> *betrunken*; **Al·ko·ho'lis·mus** <m.; -; unz.> *Trunksucht*; **'Al·ko·hol·miss·brauch** <m.; -(e)s; unz.>; **'Al·ko·hol·spie·gel** <m.; -s, -> *Menge des im Blut enthaltenen Alkohols*; **'Al·ko·hol·test** <m.; -(e)s, -e od. -s>; **'Al·ko·hol·ver·gif·tung** <f.; -, -en>

Al'ko·ven <m.; -s, -> *kleiner Nebenraum, Bettnische* [arab.]

Al'kyl <n.; -(e)s, -e; Chem.> *einwertiger Kohlenwasserstoffrest* [arab.-grch.]; **al·ky'lie·ren** <V. t.; Chem.> *chem. Verbindungen ~*

al·ky'o·nisch <Adj.> = *alcyonisch*

all <Indefinitpron.; *↗Z44*> *ohne Ausnahme*; *~ mein Hab und Gut; wir, ihr, sie ~e; ~e beide; das ist für ~e; ~e aussteigen!; ~e Welt jedermann; auf, für ~e Fälle; ~es oder nichts; ~es auf einmal; wer war ~es da?; ~es in ~em insgesamt; ~es Fremde, Neue; ~es Schöne; ~es Übrige; ich wünsche dir ~es Gute!; Mädchen für ~es* <umg.> *jmd., der für die unterschiedlichsten*

Arbeiten einsetzbar ist; ~es, was recht ist! das geht zu weit!; er ist ~es andere als dumm; er liebt sie über ~es; <aber> sie ist sein Ein und Alles; die Ursache ~en Übels; ~er Anfang ist schwer; ~er Orten <veralt.> *überall; Kuchen ~er Art die unterschiedlichsten K.; in ~er Eile, Frühe, Ruhe; mit ~er Gewalt; trotz ~er Mühe; ~er guten Dinge sind drei; in ~em und jedem etwas Schlechtes sehen; bei ~em (seinem) Leichtsinn; trotz ~em, ~edem; er ist zu ~em fähig; zu ~em dem, ~(e)dem kommt noch ...; vor ~em; vor ~en Dingen; etwas ~en Ernstes behaupten; ohne ~en Zweifel; unter ~en Umständen; ~e paar Meter* <umg.> *kurz hintereinander; ~e Jahre wieder*

All <n.; -s; unz.; geh.> *Weltall*

'al·la <Mus.> *nach Art von; ~ breve [-və] mit verkürztem Tempo; Alla-breve-Takt; ~ marcia* ['martʃa] *marschmäßig; ~ polacca* [po'laka] *in der Art einer Polonäse; ~ turca auf türkische Art; ~ zingarese* [tsinga're:se] *in der Art der Zigeunermusik* [ital.]

all'a·bend·lich <Adj.> *jeden Abend*

'Al·lah <a. [-'-]; ohne Art.; im Islam Bez. für> *Gott* [arab.]

al·lar'gan·do <Mus.> *breiter werdend* [ital.]

'all·be·kannt <Adj.>

'all·be·liebt <Adj.>

all'da <Adv.; verstärkend> *überall da*

'al·le <Adv.; umg.> *aufgebraucht; die Milch ist ~; die Suppe ~ machen aufessen; → a. all*

'al·le·dem *→ all*

Al'lee <f.; -, -n> *von Bäumen beidseits gesäumte Straße* [frz.]

Al·le'gat <n.; -(e)s, -e; geh.> *Zitat, angeführte Stelle* [lat.]; **Al·le·ga·ti'on** <f.; -, -en; geh.> *Anführung eines Zitats*

Al·le·go'rie <f.; -, -n; bild. Kunst, Dichtung> *sinnbildhafte Darstellung, Gleichnis* [grch.]; **Al·le·go'rik** <f.; -; unz.> *allegorische Darstellungsweise*; **al·le'go·risch** <Adj.> *sinnbildlich, gleichnishaft*; **al·le·go·ri'sie·ren** <V. t.>

al·le'gret·to, <auch> **al·leg'ret·to**

< *↗Z53*; Mus.> *mäßig bewegt* [ital.]; **Al·le'gret·to** <n.; -s, -s od. -'gret·ti; Mus.> *mäßig bewegtes Musikstück*; **al'le·gro** <Mus.> *schnell, lebhaft*; **Al'le·gro** <n.; -s, -s od. -gri/-g·ri; Mus.>

al'lein [1] <Adv.; *↗Z22.2*> *für sich, ohne jmd. anderen> ~ sein, bleiben; jmdn. ~ lassen; sie ist ~ erziehend, stehend; alle ~ Erziehenden/<auch> Alleinerziehenden; jeder ~ Stehende/<auch> Alleinstehende; er hält seinen Vorschlag für ~ selig machend einzig richtig*; **al'lein** [2] <Konj.; meist poet.> *aber, doch; er gab sich Mühe, ~ es nützte nichts*; **al'lein** [3] <Partikel> *nur, ausschließlich; sie ~ ist schuld; ~ der Gedanke daran*; **Al'lein·be·sitz** <m.; -es; unz.>; **al'lei·ne** <Adv.; umg.> = *allein* [1]; **Al'lein·er·be** <m.; -n, -n>; **Al'lein·er·zie·hen·de(r)** <f. 2 (m. 1)> → *allein* [1]; **Al'lein·flug** <m.; -(e)s, ⸚e>; **Al'lein·gang** <m.; -(e)s, ⸚e; meist in der Wendung> *im ~*; **Al'lein·han·del** <m.; -s; unz.>; **Al'lein·herr·schaft** <f.; -; unz.>; **Al'lein·herr·scher** <m.; -s, ->; **Al'lein·herr·sche·rin** <f.; -, -n·nen>; **al'lei·nig** <Adj.> *einzig, ausschließlich; der ~e Erbe*; **Al'lein·in·ha·ber** <m.; -s, ->; **Al'lein·in·ha·be·rin** <f.; -, -n·nen>; **Al'lein·sein** <n.; -s; unz.> *das ~ macht ihr nichts aus; <aber> sie kann gut allein sein*; **Al'lein·ste·hen·de(r)** <f. 2 (m. 1)> → *allein* [1]; **Al'lein·un·ter·hal·ter** <m.; -s, ->; **Al'lein·un·ter·hal·te·rin** <f.; -, -n·nen>; **Al'lein·ver·die·ner** <m.; -s, ->; **Al'lein·ver·die·ne·rin** <f.; -, -n·nen>; **Al'lein·ver·kauf** <m.; -(e)s; unz.>; **Al'lein·ver·tre·tung** <f.; -; unz.>; **Al'lein·ver·trieb** <m.; -(e)s; unz.>

al'lel <Adj.; Biochem.> *sich entsprechend; ~er Chromosomensatz* [grch.]; **Al'lel** <n.; -(e)s, -e; meist Pl.; Biochem.> *eines der einander entsprechenden Gene eines diploiden Chromosomensatzes*

al·le'lu·ja = *halleluja*; **Al·le'lu·ja** <n.; -s, -s> = *Halleluja*

'al·le·mal <a. [--'-]; Adv.> 1 *auf jeden Fall; das schaffst du ~!* 2 *das gilt ein für ~! für immer*

Al·le·man·de <[al'mãd]; f.; -, -n; Mus.; 16. Jh.> *ruhiger deutscher Tanz* [frz.]

al·len·falls <Adv.> 1 *vielleicht, gegebenenfalls* 2 *höchstens;* es dauert ~ zwei Stunden

al·lent·hal·ben <Adv.; veralt.> *überall*

al·ler..., 'Al·ler... <in Zus.; umg.; zur Verstärkung des Superl.> z. B. der allerkälteste Tag, der Allerschnellste

al·ler'art <Adj.> *allerlei;* ~ Bücher; <aber> Bücher aller Art; → a. *all*

'All·er·bar·mer <m.; -s; unz.> *Gott*

'al·ler·bes·te(r, -s) <Adj.; ✒Z44; verstärkend; Superlativ von *gut;* ihr ~s Kleid; das gefällt mir am ~n; ich wünsche dir das Allerbeste

al·ler'dings <Partikel> *freilich, jedoch*

al·ler'ers·te(r, -s) <Adj.; ✒Z44; verstärkend>

All·er'gen, <auch> **Al·ler'gen** <n.; -s, -e; meist Pl.; ✒Z54; Med.> *Stoff, der eine Allergie hervorrufen kann* [grch.]; **All·er·'gie** <f.; -, -n; Med.> *Überempfindlichkeit gegenüber best. Stoffen;* Gräser~; **All'er·gi·ker** <m.; -s, ->; **All'er·gi·ke·rin** <f.; -, -n·nen>; **all'er·gisch** <Adj.> 1 *überempfindlich gegenüber best. Stoffen* 2 *gegen etwas ~ sein* <fig.; umg.>; **All·er·go·lo·ge** <m.; -n, -n>; **All·er·go·lo'gie** <f.; -; unz.> *Lehre von den Allergien;* **All·er·go'lo·gin** <f.; -, -n·nen>

'al·ler·hand <Adj.; undekl.> 1 *verschiedenerlei;* er hat ~ erlebt; es gibt ~ Neues 2 <umg.> *unerhört;* das ist ja ~!

Al·ler'hei·li·gen <ohne Art.; undekl.> *kath. Fest zum Gedenken an alle Heiligen;* an ~; **'al·ler·'hei·ligs·te(r, -s)** <Adj.; verstärkend> ~s Versprechen; **Al·ler·'hei·ligs·te(s)** <n. 3; unz.; ✒Z44> 1 *der innerste Raum des Tempels in Jerusalem* 2 <Kath.> *die geweihten Hostien*

'al·ler·höchs·te(r, -s) <Adj.; ✒Z43.3; verstärkend> sein ~r Einsatz; die Allerhöchste/ <auch> aufs ~; **'al·ler·'höchs·tens** <Adv.>

'al·ler·lei <a. [--'-']; Adj.; undekl.> *verschiedene Dinge;* ~ gute Sachen; ~ Unsinn; → a. *Allerlei;* **'Al·ler·lei** <n.; -s; unz.> Leipziger ~ <Kochk.> *Mischgemüse;* → a. *allerlei*

'al·ler'letz·te(r, -s) <Adj.; ✒Z44; verstärkend> auf der ~n Seite; das ist doch das Allerletzte! <fig.; umg.> *das ist unerhört!*

'al·ler'liebst <Adj.; veralt.> *entzückend, reizend*

'al·ler'meis·te(n) <Adj.; ✒Z44.2; verstärkend> das gefällt mir am ~n; das ~ kenne ich schon

'al·ler'min·des·te(r, -s) <Adj.; ✒Z44; verstärkend> er gibt sich nicht die ~ Mühe; das ist das ~/<auch> Allermindeste

'al·ler'nächs·te(r, -s) <Adj.; ✒Z44; verstärkend> aus ~r Nähe; das Allernächste, das zu tun ist

'al·ler'neu·es·te(r, -s) <Adj.; ✒Z44; verstärkend> sie ist nach der ~n Mode gekleidet; sie wusste schon das Allerneueste

'al·ler·or·ten, 'al·ler'orts <Adv.; veralt.> *überall*

Al·ler'see·len <ohne Art.; undekl.> *Feiertag zum Gedenken an die Verstorbenen;* an ~

'al·ler·seits <Adv.> *alle (zusammen);* guten Tag ~!; Sy *allseits*

'al·ler'spä·tes·te(r, -s) <Adj.> der ~ Termin; **'al·ler'spä·tes·tens** <Adv.> ich komme ~ übermorgen

Al·ler'welts... <in Zus.> *Durchschnitts...;* **Al·ler'welts·ge·sicht** <n.; -(e)s, -er; umg.; abwertend>; **Al·ler'welts·kerl** <m.; -(e)s, -e; umg.>; **Al·ler'welts·wort** <n.; -(e)s, ̈-er; umg.>

'al·ler'we·nigs·te(n) <Adj.; ✒Z44.2; verstärkend> das verstehe ich am ~n; das sind ~, was man erwarten kann; **al·ler·'we·nigs·tens** <Adv.; verstärkend>

Al·ler'wer·tes·te(r) <m. 1; umg.; scherzh.; verhüllend> *Gesäß*

'al·les <Indefinitpron.> → *all*

'al·le'samt <Adv.> *alle miteinander*

'Al·les·bren·ner <m.; -s, -> *ein Ofen;* **'Al·les·fres·ser** <m.; -s, ->; **'Al·les·kle·ber** <m.; -s, -; umg.>; **'Al·les·rei·ni·ger** <m.; -s, -> Sy *Allzweckreiniger*

'al·le·weil <Adv.; österr.> = *allweil*

'al·le·zeit <Adv.> *immer, jederzeit;* oV *allzeit*

'all·fäl·lig <a. [-'--]; Adj.; österr.; schweiz.> *gegebenenfalls auftretend;* ~e Fragen

All'ge·gen·wart <a. ['----]; f.; -; unz.> *ständige Anwesenheit;* **all·'ge·gen·wär·tig** <Adj.>

'all·ge·mein <a. [--'-]; Adj.; ✒Z43> *alle betreffend, allen gemeinsam, überall verbreitet;* das ist ~ bekannt; auf ~e Zustimmung stoßen; ~ bildende Schulen; ~ gültige Regelungen; sich ~ verständlich ausdrücken; im Allgemeinen *im Großen u. Ganzen;* vom Allgemeinen auf das Besondere schließen; Allgemeiner Deutscher Automobil-Club <Abk.: ADAC>; Allgemeiner Studentenausschuss <Abk.: AStA>; **All·ge'mein·be·fin·den** <n.; -s; unz.>; **All·ge'mein·bil·dung** <f.; -; unz.>; **All·ge'mein·gül·tig·keit** <f.; -; unz.>; **All·ge·'mein·gut** <n.; -(e)s; unz.>; **All·ge'mein·heit** <f.; -; unz.>; **All·ge'mein·me·di·zin** <f.; -; unz.>; **All·ge'mein·me·di·zi·ner** <m.; -s, ->; **All·ge'mein·me·di·zi·ne·rin** <f.; -, -n·nen>; **All·ge'mein·platz** <m.; -es, ̈-e> *abgegriffene, nichts sagende Redensart;* **All·ge'mein·wis·sen** <n.; -s; unz.>; **All·ge'mein·wohl** <n.; -(e)s; unz.> um das ~ besorgt sein

'All·ge·walt <f.; -; unz.> die ~ Gottes; **'all·ge·wal·tig** <Adj.>

All'heil·mit·tel <n.; -s, -> *Heilmittel für (angebl.) alles*

'All·heit <f.; -; unz.; Philos.>

Al·li'anz <f.; -, -en> *Bündnis, Vereinigung;* die Heilige ~ (→ a. *heilig(1))* [frz.]

Al·li'ga·tor <m.; -s, -'to·ren; Zool.> *eine Krokodilart* [lat.]

al·li'ie·ren <V. refl.> sich ~ *sich verbünden* [frz.]; **Al·li'ier·te(r)** <f. 2 (m. 1)> 1 <i. w. S.> *die durch eine Allianz verbundenen Staaten* 2 <i. e. S.> *die gegen Deutschland verbündeten Länder in den beiden Weltkriegen*

Al·li·te·ra·ti'on <f.; -, -en; Sprachw.> *Gleichklang der Anfangsbuchstaben mehrerer aufeinander folgender Wörter,* z. B. "bei Wind u. Wetter"; Sy *Stab-*

reim [lat.]; **al·li·te'rie·ren** <V. i.> *den gleichen Anlaut haben*

'all'jähr·lich <Adj.>

'all·lie·bend <Adj.; geh.>

'All·macht <f.; -; unz.> *die alles umfassende Macht (Gottes)*; **all'mäch·tig** <Adj.>; **All'mäch·ti·ge(r)** <m. 1> *Gott*; *~r!*

all'mäh·lich <Adj.> *nach und nach*

All'mend <f.; -, -en>, **All'men·de** <f.; -, -n> *der ganzen Gemeinde gehörendes Land*

'all'mo·nat·lich <Adj.>

'all'mor·gend·lich <Adv.>

'All·mut·ter <f.; -; unz.> *~ Natur*

'all'nächt·lich <Adj.>

al·lo..., Al·lo... <in Zus.> *anders* [grch.]

al·lo·chthon, <auch> **al·loch·thon** <[alɔx'to:n]; Adj.; ↗Z54; Geol.> *an anderer Stelle entstanden*; Ggs *autochthon(1)*

Al'lod <n.; -(e)s, -e; früher: lehnsrechtl. Bez. für> *volleigener Besitz*; **al·lo·di·al 'di·al**

Al·lo·ga'mie <f.; -; unz.; Bot.> *Fremdbestäubung* [grch.]; **Al·lo·ku·ti'on** <f.; -, -en> *Ansprache des Papstes an die Kardinäle*

Al'lo·path <m.; -en, -en>; **Al·lo·pa'thie** <f.; -; unz.> *Heilverfahren der Schulmedizin*; Ggs *Homöopathie* [grch.]; **Al·lo'pa·thin** <f.; -, -n·nen>; **al·lo'pa·thisch** <Adj.>

Al'lo·tria, <auch> **Al'lot·ria** <n.; -s; unz.; ↗Z53> *Unfug* [grch.]

'All·rad·an·trieb <m.; -(e)s; unz.; bei Kfz> Sy *Vierradantrieb*

all right <[ɔ:l'rait]> *richtig!, in Ordnung!* [engl.]

All'round... <[ɔ:l'raund]; in Zus.> *vielseitig, vieles beherrschend* [engl.]; **All'round·er** <m.; -s, ->, **All'round·man** <[-mæn]; m.; -s, -men [-mən]>; **All'round·sport·ler** <m.; -s, ->

'all·sei·tig <Adj.>; **'all·seits** <Adv.> *überall*; sie ist ~ *beliebt*

All·Star... <['ɔ:l'sta:r-]; ↗Z33; in Zus. mit Subst.> *aus berühmten Künstlern bestehend*; *~-Band* [engl.]

'All·strom <m.; -(e)s; unz.> *Gleich- u. Wechselstrom*

'all'stünd·lich <Adj.>

'All·tag <m.; -(e)s; unz.> *Werktag*; **all'täg·lich** <Adj.> *zum Alltag gehörend, durchschnittlich*; **All-**

'täg·lich·keit <f.; -; unz.>; **'all·tags** <Adv.> *im Alltag*; **'All·tags·le·ben** <n.; -s; unz.>; **'All·tags·mensch** <m.; -en, -en>; **'All·tags·spra·che** <f.; -, -n> *Umgangssprache*

'all·ü·ber'all <Adv.; poet.>

'all·um'fas·send <Adj.>

Al'lü·re <f.; -, -n; meist Pl.> *eigenwilliges Benehmen* [frz.]

al·lu·vi'al <[-vi-]; Adj.; veralt.> = *holozän* [lat.]; **Al·lu·vi'on** <f.; -, -en; Geol.> *angeschwemmtes Land*; **Al'lu·vi·um** <[-vi-]; n.; -s; unz.; ältere Bez. für> *Holozän*

'All·va·ter <m.; -s; unz.; Bez. für> *Gott*

'all·weil <Adv.; österr.> *immer*

All'wet·ter·klei·dung <f.; -; unz.>

'all·wis·send <Adj.>; **All'wis·sen·heit** <f.; -; unz.>

'all'wö·chent·lich <Adj.>

Al'lyl <n.; -s, -e; Chem.> *ungesättigte organ. Verbindung* [lat.]; **Al'lyl·al·ko·hol** <m.; -(e)s, -e; Chem.>

'all·zeit <Adv.> = *allezeit*

'all·zu <Adv.> *in zu großem Maß*; *~ bald, früh, oft, schwer, sehr, viel(e)*

'All·zweck·rei·ni·ger <m.; -s, -> Sy *Allesreiniger*; **'All·zweck·tuch** <n.; -(e)s, ⸚er>

Alm <f.; -, -en> *Bergweide*; **'Alm·ab·trieb** <m.; -(e)s, -e>

'Al·ma 'Ma·ter <f.; --; unz.; ↗Z31; poet.> *Hochschule, Universität* [lat.]

'Al·ma·nach <m.; -(e)s, -e> *Jahrbuch, Kalender* [grch.]

Al·man'din <m.; -(e)s, -e> *ein Mineral*

'Alm·auf·trieb <m.; -(e)s, -e>; **'Alm·dud·ler** <m.; -s, -; Warenz.> *eine Kräuterlimonade*; **'al·men** <V. i.; österr.> *Vieh auf der Alm halten*

'Al·mo·sen <n.; -s, -> *kleine Gabe an Bedürftige*

'Alm·rausch <m.; -(e)s; unz.; Bot.> = *Alpenrose*

A·loe <['a:loe]; f.; -, -n; Bot.> *ein Liliengewächs* [grch.]

'a·lo·gisch <Adj.> *unlogisch* [grch.]

Alp¹ <f.; -, -en> = *Alm*; oV *Alpe*

Alp² <m.; -(e)s, -e> = *Alb²*

Al'pac·ca <n.; -s; unz.; Warenz.> = *Alpaka²*; **Al'pa·ka¹** <n.; -s, -s 1 <Zool.> *südamerikan. La-*

Alphabet: Der Ausdruck A. ist aus den ersten beiden Schriftzeichen des griechischen A., *alpha* und *beta*, gebildet. Das A. ist der Bestand an Schriftzeichen bzw. Buchstaben eines Schriftsystems, dessen Zeichen lautbezogen sind. Das deutsche A. umfasst je 26 ↗Buchstaben für Groß- und Kleinbuchstaben:

Aa	Hh	Oo	Vv
Bb	Ii	Pp	Ww
Cc	Jj	Qq	Xx
Dd	Kk	Rr	Yy
Ee	Ll	Ss	Zz
Ff	Mm	Tt	
Gg	Nn	Uu	

Darüber hinaus gibt es drei Umlautbuchstaben:

Ää	Öö	Üü

sowie das stimmlose *s* nach langem Vokal: *ß*, das nur als Kleinbuchstabe verschriftet ist. Als Großbuchstabe wird *ß* zu *SS*, z. B. *Straße–STRASSE*. Vgl. ↗Buchstabe, ↗griechisches Alphabet, ↗s-Schreibung

---

maart 2 <unz.> *dessen Wolle* [span.]; **Al'pa·ka²** <n.; -s; unz.; Warenz.> *eine Neusilberlegierung*; oV *Alpacca*

al 'pa·ri *zum Nennwert* (von Wertpapieren) [ital.]

'Alp·druck <m.; -(e)s, ⸚e>, **'Alp·drü·cken** <n.; -s; unz.> *mit Beklemmungsgefühlen verbundene Angstträume*; oV *Albdruck, Albdrücken*

'Al·pe <f.; -, -n> = *Alp¹*; **'al·pen** <V. i.; schweiz.> *Vieh auf der Alp¹ halten*; **'Al·pen** <Pl.> *ein Gebirge*; **'Al·pen·glöck·chen** <n.; -s, -; Bot.> = *Soldanella*; **'Al·pen·glü·hen** <n.; -s; unz.> *Abendröte auf Berggipfeln*; **'Al·pen·jä·ger** <m.; -s, ->; **'Al·pen·re·pu·blik,** <auch> **'Al·pen·re·pub·lik** <f.; -; unz.; ↗Z53; salopp> *Österreich*; **'Al·pen·ro·se** <f.; -, -n; Bot.> *ein immergrüner Strauch*; **'Al·pen·veil·chen** <n.; -s, -; Bot.> *ein Primelgewächs*; **'Al·pen·vor·land** <n.; -(e)s; unz.>

'Al·pha <n.; -s, -s; Zeichen: α, A> *erster Buchstabe des grch. Alphabets*; *das ~ und das Omega der reine u. das Ende*; **Al·pha'bet** <n.; -(e)s, -e> *geordnete Buchstabenfolge einer Sprache*;

Sy *Abc*; → a. *Kasten S. 118*; **al·pha·be·tisch** <Adj.>; **al·pha·be·ti'sie·ren** <V. t.> 1 *nach dem Alphabet ordnen* 2 Analphabeten ~ *A. das Lesen u. Schreiben lehren*; **al·pha·nu'me·risch** <Adj.> ~e Zeichen <EDV> *aus Buchstaben u. Ziffern bestehende Z.*; **'Al·pha·strah·len, α-Strah·len** <Pl.; ↗Z34; Kernphys.> *bei radioaktivem Zerfall auftretende Strahlen*; **'Al·pha·teil·chen, α-Teil·chen** <n.; -s, -; Kernphys.>; **'Al·pha·zei·chen** <n.; -s, -; EDV> *Klammeraffe (@)*

'Alp·horn <n.; -(e)s, =er; Instrumentenk.> *ein Holzblasinstrument*; **al'pin** <Adj.> *die Alpen betreffend*; ~e Kombination <Skisp.>; **Al·pi'na·ri·um** <n.; -s, -ri·en> *Naturwildpark im Hochgebirge*; **Al'pi·ni** <Pl.> *die ital. Gebirgsjäger* [ital.]; **Al·pi'nis·tik** <f.; -; unz.> *sportl. betriebenes Bergsteigen im Hochgebirge*; **Al'pi·num** <n.; -s, -nen> *Anlage mit Gebirgspflanzen*; **'Älp·ler** <m.; -s, -> *Alpenbewohner*; **'Älp·le·rin** <f.; -, -n·nen>

'Alp·traum <m.; -(e)s, =e> *Ängste verursachender Traum*; oV *Albtraum*

Al'raun <m.; -(e)s, -e>, **Al'rau·ne, Al'raun·wur·zel** <f.; -, -n> *Zauberwurzel, Zauberwesen*

als¹ <Konj.> 1 <erläuternd> er trat ~ *Zeuge auf*; ich ~ *dein Freund; die Idee hat sich ~ gut erwiesen* 2 <einen Vergleich ausdrückend> *sie ist ganz anders ~ sonst; er ist größer ~ sie; er ist jünger, ~ er aussieht* 3 <bei Aufzählungen> *im Keller stehen viele Dinge, ~ da sind: Kisten, Koffer, Schachteln ...* 4 <zur Einleitung von Nebensätzen> *es war zwei Uhr, ~ er kam; er tat, ~ ob er nichts gehört hätte* 5 <in best. Verbindungen> *er ist sowohl klein ~ auch dick; das ist insofern wichtig ~ ...; er ist zu anständig, ~ dass er ...; umso mehr, ~ ...*

als² <Adv.; alemann.> *immer wieder, gelegentlich; ich habe ihn ~ im Bus getroffen*

als'bald <Adj.; veralt.> *sofort*; **als'dann** <Adv.; veralt.> *danach*

al 'sec·co <Mal.> *auf trocknen Putz (malen)*; Ggs *al fresco* [ital.]

al se·gno, <auch> al seg·no <[-'zenjo] ital. [-'senjo]; Mus.> *bis zum Zeichen (noch einmal zu spielen)* [ital.]

'al·so 1 <Konj.> *folglich; ich bin fertig, ~ können wir gehen* 2 <Partikel> *na ~!; ~ doch!; ~ gut!*

Als-'ob <n.; -; unz.; ↗Z33>

'Als·ter·was·ser <n.; -s, =; norddt.> *Getränk aus Bier u. Limonade*; Sy *Radler²*

alt <Adj.; 'äl·ter, am 'äl·tes·ten; ↗Z44, 46> 1 *ein best. Alter habend, in vorgerücktem Alter sein; er ist fünf Jahre ~; ein fünf Jahre ~es Kind; eine ~e Frau; die Alte Greisin*/<derb a. für> *meine Frau, meine Mutter; der Alte Greis*/<derb. a. für> *mein Mann, mein Vater; ein Fest für Jung und Alt für jedermann; Junge u. Alte kamen zusammen; mein ältester Sohn;* <aber> *er ist mein Ältester; der Ältere* <Abk.: d. Ä. (als Ergänzung bei Eigennamen)>; *der Alte Fritz (Beiname Friedrichs II. von Preußen)* 2 *einer früheren Zeit angehörend; die ~en Bundesländer; die ~en Griechen; die ~en Meister Künstler des MA* 3 *schon lange vorhanden, bekannt, vertraut; ein ~er Bekannter; ein ~es Problem; er ist wieder ganz der Alte so wie früher; es bleibt alles beim Alten; alles beim Alten belassen; am Alten hängen; aus Alt mach Neu; Alt für Neu; Altes und Neues miteinander verbinden; die Alte Welt Europa, Asien u. Afrika (im Gegensatz zu Amerika);* das Alte Testament <Abk.: AT>; *Alter Herr* <Studentenspr.> *Altmitglied einer Studentenverbindung*

Alt <m.; -(e)s, -e> 1 *tiefe Stimmlage bei Frauen od. Knaben* 2 *Sänger(in) mit dieser Stimme* [lat.]

Alt... <in Zus.> *aus dem Amt ausgeschieden, z. B. Altbundespräsident*

Al'tai <m.; -(s); unz.> *Gebirge in Zentralasien*; **al'ta·isch** <Adj.> ~e Sprachen

Al'tan <m.; -(e)s, -e>, **Al'ta·ne** <f.; -, -n; Arch.> *balkonartiger Vorbau* [ital.]

Al'tar <m.; -(e)s, =e> *tischähnlicher Aufbau für gottesdienstl. Handlungen* [lat.]; **Al'tar·bild** <n.; -(e)s, -er>

'alt·ba·cken <Adj.> ~es Brot

'Alt·bau <m.; -(e)s, -ten>; **'Alt·bau·woh·nung** <f.; -, -en>

'alt·be·kannt <Adj.>

Alt-Ber'lin <↗Z35>; **alt·ber'li·nisch** <Adj.>

'alt·be·währt <Adj.>

'Alt·bier <n.; -(e)s, -e> *dunkles Bier*

'Alt·bun·des·kanz·ler <m.; -s, ->

'alt·christ·lich <[-krist-]; Adj.> *frühchristlich*

'alt·deutsch <Adj.> ~e Möbel

'Al·te(r) <f. 2 (m. 1)> → *alt(1)*

'alt·ehr·wür·dig <Adj.>

'alt·ein·ge·ses·sen <Adj.; ↗Z27> *seit Generationen an einem Ort ansässig*

'Al·tei·sen <n.; -s; unz.>

'alt·eng·lisch <Adj.>

'Al·ten·heim <n.; -(e)s, -e>; **'Al·ten·hil·fe** <f.; -; unz.>; **'Al·ten·pfle·ger** <m.; -s, ->; **'Al·ten·pfle·ge·rin** <f.; -, -n·nen>; **'Al·ten·teil** <n.; -(e)s, -e> *rechtl. gesicherte Leistungen an den Bauern, der seinen Hof übergibt; sich aufs ~ setzen*; **'Al·ten·wohn·heim** <n.; -(e)s, -e>

'Al·ter <n.; -s; unz.> *bestimmter,* <auch> *letzter Lebensabschnitt; im ~; im ~ von 80 Jahren; ein Herr mittleren ~s*

Al·te·ra·ti·on <f.; -, -en> 1 *Gemütsbewegung, Aufregung* 2 <Med.> *krankhafte Veränderung eines Zustands* 3 <Mus.> *chromat. Veränderung* [lat.]

'Al·ter 'E·go <n.; --; unz.; ↗Z31> 1 *das andere Ich, zweites Ich* 2 <fig.> *treuer, vertrauter Freund* [lat.]

al·te'rie·ren <V.> 1 <V. t.> *verändern* 2 <V. refl.> *sich ~ sich aufregen* [frz.]

'al·tern <V. i. (s. od. (selten) h.); *ich altere* ~> *alt werden*; **'Al·tern** <n.; -s; unz.>

Al'ter·nanz <f.; -, -en> 1 = *Alternation* 2 <Bot., bes. im Obstbau> *Wechsel zw. ertragreichen u. ertragarmen Jahren* [lat.]; **Al·ter·na·ti·on** <f.; -, -en> *Wechsel zw. zwei Dingen*; **al·ter·na'tiv**

A

<Adj.> 1 *die Wahl zw. zwei Möglichkeiten bietend* 2 *vom Herkömmlichen abweichend;* ~e *Lebensweise;* **Al·ter·na·ti·ve** <f.; -, -n> 1 *Wahl zw. zwei od. mehr Möglichkeiten* 2 *eine von zwei od. mehr Möglichkeiten;* **Al·ter·na·ti·ve(r)** <f. 2 (m. 1)> *jmd., der in seiner Lebensweise vom Herkömmlichen abweicht;* **Al·ter·na·tiv·en·er·gie,** <auch> **Al·ter·na·tiv·e·ner·gie** <f.; -, -n; ⸗Z 54, 55> **Al·ter·na·tiv·fra·ge** <f.; -, -n; Gramm.> → a. *Kasten Fragesatz;* **Al·ter·na·tor** <m.; -s, -'to·ren; El.; EDV> *alternierendes Schaltelement;* **al·ter·nie·ren** <V. i.> *(ab)wechseln;* **al·ter·'nie·rend** <Adj.; ⸗Z 28.1> ~e Reihe <Math.>

'Al·terns·for·schung <f.; -; unz.>
'al·ters <Adv.; nur in Wendungen> wie> *von* ~ *her,* seit ~ *von jeher, schon immer;* **'Al·ters·ab·stand** <m.; -(e)s, ⸗e> **'al·ters·be·dingt** <Adj.> **'Al·ters·be·schwer·den** <Pl.> **'Al·ters·er·schei·nung** <f.; -, -en> **'Al·ters·für·sor·ge** <f.; -; unz.> **'Al·ters·ge·nos·se** <m.; -n, -n> **'Al·ters·ge·nos·sin** <f.; -, -n·nen> **'al·ters·ge·recht** <Adj.> ~es *Wohnen;* **'Al·ters·gren·ze** <f.; -, -n> **'Al·ters·grün·de** <Pl.; in der Wendung> *aus* ~n; **'Al·ters·heil·kun·de** <f.; -; unz.> **'Al·ters·heim** <n.; -(e)s, -e> **'Al·ters·jahr** <n.; -(e)s, -e; schweiz. für> *Lebensjahr,* **'Al·ters·klas·se** <f.; -, -n> *Personen etwa gleichen Alters;* **'Al·ters·py·ra·mi·de** <f.; -, -n> *grafische Darstellung der Altersverteilung einer Bevölkerung in Form einer Pyramide;* **'Al·ters·ren·te** <f.; -, -n> **'Al·ters·ru·he·geld** <n.; -(e)s; unz.> **'al·ters·schwach** <Adj.> **'Al·ters·schwä·che** <f.; -; unz.> **'Al·ters·sich·tig·keit** <f.; -; unz.> **'Al·ters·star** <m.; -s, -e; Med.> **'Al·ters·stu·fe** <f.; -, -n> = *Altersklasse;* **'Al·ters·teil·zeit** <f.; -; unz.> **'Al·ters·un·ter·schied** <m.; -(e)s, -e> **'Al·ters·ver·si·che·rung** <f.; -, -en> **'Al·ters·ver·sor·gung** <f.; -; unz.> **'Al·ters·vor·sor·ge** <f.; -; unz.> **'Al·ters·werk** <n.; -(e)s; unz.> Ggs *Jugendwerk;* **'Al·ters·zu·la·ge** <f.; -, -n> *Zusatzlohn*
'Al·ter·tum <n.; -s; unz.> *älteste*

histor. Zeit eines Volkes; das *klassische* ~; **Al·ter·tü·me·lei** <f.; -; unz.>; **'al·ter·tü·meln** <V. i.; ich altertüm(e)le> *Stil u. Wesen des Altertums übertrieben nachahmen;* **'Al·ter·tü·mer** <Pl.> *Gegenstände aus dem Altertum;* **'al·ter·tüm·lich** <Adj.> *veraltet;* **'Al·ter·tums·for·schung** <f.; -; unz.>; **'Al·ter·tums·kun·de** <f.; -; unz.> Sy *Archäologie*
'Al·te·rung <f.; -; unz.>; **'Al·te·rungs·pro·zess** <m.; -es, -e>
'**Äl·tes·te(r)** <f. 2 (m. 1)> → *alt;* **'Äl·tes·ten·rat** <m.; -(e)s, ⸗e> *eine parlamentar. Einrichtung;* **'Äl·tes·ten·recht** <n.; -(e)s; unz.> *Recht des ältesten Sohnes auf das Erbe;* Ggs *Jüngstenrecht*
'Alt·flö·te <f.; -, -n> *Flöte in tiefer Tonlage*
'alt·frän·kisch <Adj.; veralt.> *altmodisch, bieder*
'alt·fran·zö·sisch <Adj.>
'alt·ge·dient <Adj.>
'Alt·gei·ge <f.; -, -n> = *Bratsche*
'alt·ge·wohnt <Adj.>
'Alt·glas <n.; -es; unz.> **'Alt·glas·be·häl·ter** <m.; -s, ->
'Alt·gold <n.; -(e)s; unz.> *dunkle Goldfarbe;* **'alt·gol·den** <Adj.>
'Alt·grad <m.; -(e)s, -e; bei Zahlenangaben Pl.; Zeichen: °> *Maß für den ebenen Winkel*
'alt·grie·chisch <Adj.>
'alt·he·brä·isch <auch> '**alt·he·brä·isch** <Adj.; ⸗Z 53>
Al·thee <[-'te:(ə)]; f.; -, -n [-'te:ən]; Bot.> *eine Heilpflanze, Eibisch* [grch.]

Althochdeutsch: Das A. ist die Entwicklungsphase der deutschen Sprache von Beginn der schriftlichen Überlieferung im 8. Jahrhundert bis in das 11. Jahrhundert. Die schriftlichen Überlieferungen des A. entstammen der Klosterkultur der Mönche. Das A. lässt sich von vorangegangenen Sprachstufen durch die zweite **Lautverschiebung** abgrenzen, ein wichtiges Merkmal sind auch die vollen Endsilbenvokale (z. B. ahd. *erda*, nhd. *Erde*). Das A. ist kein homogenes Sprachsystem, sondern besteht aus zahlreichen Dialekten.
Vgl. ⸗Mittelhochdeutsch, ⸗Neuhochdeutsch

Alt-'Hei·del·berg <⸗Z 35>
alt'her·ge·bracht, alt'her·kömm·lich <Adj.; ⸗Z 27>
Alt'her·ren·schaft <f.; -; unz.; Studentenspr.> *Gesamtheit der Alten Herren* (→ *alt*)
'alt·hoch·deutsch <Adj.> ~er *Text; das Althochdeutsche;* → a. *Kasten*
Al·ti'graf, Al·ti'graph <m.; -en, -en; ⸗Z 11.3; Meteor.> *automatischer Höhenschreiber* [lat.-grch.]; **Al·ti'me·ter** <n.; -s, -; Meteor.> *Höhenmesser*
Al'tist <m.; -en, -en> *Knabe mit Altstimme* [lat.]; **Al'tis·tin** <f.; -, -n·nen> = *Alt(2)*
'Alt·jahr(s)·a·bend <m.; -s, -e; schweiz.> *Silvesterabend;* **'Alt·jahr(s)·tag** <m.; -(e)s, -e; österr.; schweiz.> *Silvester*
alt'jüng·fer·lich <Adj.> *verschroben*
'Alt·ka·tho·lik <m.; -en, -en> *Angehöriger einer kath. Religionsgemeinschaft;* **'Alt·ka·tho·li·kin** <f.; -, -n·nen>; **'alt·ka·tho·lisch** <Adj.>; **'Alt·ka·tho·li·zis·mus** <m.; -; unz.>
'Alt·kla·ri·net·te <f.; -, -n> = *Bassetthorn*
'alt·klug <Adj.; -er, am -s·ten> *frühreif u. vorlaut*
'Alt·last <f.; -, -en> 1 *in der Umwelt verbliebene Schadstoffbelastung* 2 <fig.; bes. Pol.> *ungelöste Probleme aus der Vergangenheit*
'ält·lich <Adj.; abwertend> *alt aussehend u. leicht verschroben*
'Alt·ma·te·ri·al <n.; -s, -li·en>
'Alt·meis·ter <m.; -s, -; urspr.> 1 *Vorsteher einer Innung* 2 <allg.> *bedeutender Vertreter einer Fachrichtung*
'Alt·me·tall <n.; -(e)s, -e>
'Alt·mi·nu·te <f.; -, -n; Zeichen: '> *Maßeinheit, der 60. Teil eines Altgrades*
'alt·mo·disch <Adj.>
'alt'nor·disch <Adj.>
'Al·to A·di·ge <[- 'a:didʒe]; ital. Bez. für> *Südtirol*
'Alt·öl <n.; -(e)s, -e>
'Alt·pa·pier <n.; -s; unz.>; **'Alt·pa·pier·samm·lung** <f.; -, -en>
'Alt·phi·lo·lo·ge <m.; -n, -n>; **'Alt·phi·lo·lo·gie** <f.; -; unz.> *Wissenschaft von den Sprachen und der Kultur des klass. Alter-*

tums; **'Alt·phi·lo·lo·gin** <f.; -, -n·nen>

lt·ro·sa <Adj.; undekl.> *dunkelrosa*

l·tru'is·mus <*auch* **Alt·ru'is·mus** <m.; -; unz.; ↗Z53> *Selbstlosigkeit, Uneigennützigkeit*; Ggs *Egoismus* [lat.]; **Al·tru'ist** <m.; -en, -en>; **Al·tru'is·tin** <f.; -, -n·nen>; **al·tru'is·tisch** <Adj.>

Alt·se·kun·de <f.; -, -n; Zeichen: ''> *Maßeinheit, der 60. Teil einer Altminute*

Alt·sil·ber <n.; -s; unz.> *künstl. gedunkeltes Silber*

Alt·sitz <m.; -es, -e> = *Altenteil*

alt·spa·nisch <Adj.>

Alt·sprach·ler <m.; -s, -> Sy *Altphilologe*; **Alt·sprach·le·rin** <f.; -, -n·nen>; **'alt·sprach·lich** <Adj.> *eine Schule mit ~em Zweig*

Alt·stadt <f.; -, ⁼e>; **Alt·stadt·sa·nie·rung** <f.; -, -en>

Alt·stein·zeit <f.; -; unz.>; **'alt·stein·zeit·lich** <Adj.>

Alt·stim·me <f.; -, -n> = *Alt(1)*

Alt·stoff <m.; -(e)s, -e; meist Pl.>

'alt·tes·ta·men·ta·risch <Adj.> *das AT betreffend*; **Alt·tes·ta·ment·ler** <m.; -s, -> *Kenner, Erforscher des AT*; **Alt·tes·ta·ment·le·rin** <f.; -, -n·nen>; **'alt·tes·ta·ment·lich** <Adj.> = *alttestamentarisch*

Alt·tier <n.; -(e)s, -e; Jägerspr.>

'alt·vä·te·risch <Adj.> *altmodisch*; **'alt·vä·ter·lich** <Adj.> *ehrwürdig*

'alt·ver·traut <Adj.>

Alt·vor·dern <Pl.; veralt.> *Vorfahren, Ahnen*

Alt·wa·ren <Pl.>; **Alt·wa·ren·händ·ler** <m.; -s, ->; **Alt·wa·ren·händ·le·rin** <f.; -, -n·nen>

'Alt·was·ser <n.; -s, -> *ehemaliger Flussarm mit stehendem Wasser*

Alt·wei·ber·fast·nacht <f.; -; unz.> *Donnerstag vor Aschermittwoch*; **Alt·wei·ber·som·mer** <m.; -s, -> 1 *warme Spätsommertage* 2 *vom Wind getragene Spinnfäden*

'A·lu <n.; - od. -s; unz.; kurz für> *Aluminium*; **'A·lu·fo·lie** <[-liə]; f.; -, -n; kurz für> *Aluminiumfolie*; **A·lu·mi'nat** <n.; -(e)s, -e; Chem.> *Salz der Aluminiumsäure*; **A·lu·mi'nit** <m.; -s, -e; Min.> *ein Mineral*; **A·lu·mi·ni·-**

um <n.; -s; unz.; Zeichen: Al> *chem. Element, Leichtmetall*; **A·lu'mi·ni·um·fo·lie** <[-liə]; f.; -, -n>

A·lum'nat <n.; -(e)s, -e> 1 *Schülerheim* 2 <österr.> *Ausbildungsstätte für Priester* [lat.]; **A'lum·ne** <m.; -n, -n>, **A'lum·nus** <m.; -, -nen> *Zögling eines Alumnats*

Al·ve·o'lar <[-ve-]; m.; -s, -e> = *Dental*; **al·ve·o'lär** <Adj.; Med.> *in Form einer Alveole*; **Al·ve'o·le** <f.; -, -n; Med.> 1 *Zahnfach* 2 *Lungenbläschen* [lat.]

'Alz·hei·mer·krank·heit <f.; -; unz.; ↗Z35; Med.> *eine durch Gedächtnisverlust gekennzeichnete (Alters-)Gehirnkrankheit* [nach dem dt. Neurologen A. Alzheimer]

am <Verschmelzungsform von Präp. u. Art.> *an dem*; Frankfurt ~ Main <Abk.: Frankfurt a. M.>; ~ Fuße des Berges

AM <Abk. für> *Amplitudenmodulation*

Am <Chem.; Zeichen für> *Americium*

a. m. <Abk. für> 1 *ante meridiem* 2 *ante mortem*

'A·ma·ler <m.; -s, -> *Angehöriger eines ostgot. Herrschergeschlechts*; Sy *Amelung(e)*

A·mal'gam <n.; -s, -e> *eine Quecksilberlegierung* [arab.]; **a·mal·ga'mie·ren** <V. t.>

A·ma'rant <m.; -s, -e; Bot.> *eine Zierpflanze* [grch.]

A·ma'rel·le <f.; -, -n; Bot.> *eine Sauerkirschenart*

A·ma'ret·to <m.; -s, -s od. -ti> *ein Mandellikör* [ital.]

A·ma'ryl <m.; -(e)s, -e> *künstl. hergestellter Saphir* [grch.]; **A·ma'ryl·lis** <f.; -, -'ryl·len; Bot.> *eine Zierpflanze*

A·ma·teur <[-'tør]; m.; -s, -e> *jmd., der etwas aus Liebhaberei betreibt, Nichtfachmann* [frz.]; **A·ma'teu·rin** <f.; -, -n·nen; ↗Z38>; **A·ma'teur·klas·se** <f.; -, -n; Fußb.>

A'ma·ti <f.; -, -s> *Geige aus der Werkstatt der ital. Geigenbauerfamilie Amati*

A·ma'zo·ne <f.; -, -n> 1 <grch. Myth.> *Angehörige eines kriegerischen Frauenvolkes* 2 <Reitsp.> *Springreiterin* [grch.]

'Am·be <f.; -, -n> 1 <Math.> *Verbindung zweier Größen in der Kombinationsrechnung* 2 <Lotto> *Doppeltreffer*; oV *Ambo¹* [lat.]

'Am·bi·en·te <n.; -s; unz.; geh.> *Umgebung, Atmosphäre* [ital.]; **Am·bi·ent·sound** <['ambiəntsaund]; m.; -s, -s; Popmus.> *elektron. Hintergrundmusik aus weichen Klangflächen* [engl.]

am'big, am'bi·gue <[-guə]; Adj.> *mehrdeutig* [lat.]; **Am·bi·gu·i'tät** <f.; -, -en>

Am·bi·ti'on <f.; -, -en> *Ehrgeiz, Bestrebung* [lat.]; **am·bi·ti·o·'niert** <Adj.> *ehrgeizig, strebsam*; **am·bi·ti'ös** <Adj.; -er, am -es·ten; selten> = *ambitioniert*

am·bi·va'lent <[-va-]; Adj.> 1 *doppelwertig* 2 *zwiespältig* [lat.]; **Am·bi·va'lenz** <f.; -, -en>

'Am·bo¹ <m.; -s od. -ben; österr.> = *Ambe(2)*

'Am·bo², 'Am·bon <m.; -s, -'bonen> *erhöhtes Lesepult in frühchristl. Kirchen*

'Am·boss <m.; -es, -e> 1 *Stahlblock zum Auffangen der Hammerschläge beim Schmieden* 2 <Anat.> *eines der Gehörknöchelchen*

'Am·bra, <auch> **'Amb·ra** <f.; -, -s od. m.; -s, -s; ↗Z53> *als Duftstoff verwendete Ausscheidung des Pottwals* [arab.]

Am·bro·sia, <auch> **Amb·ro·sia** <f.; -; unz.; ↗Z53> 1 <grch. Myth.> *Götterspeise* 2 <fig.> *köstliche, wohlschmeckende Speise* [grch.]

am·bro·si'a·nisch, <auch> **amb·ro·si'a·nisch** <Adj.; ↗Z53> *auf den Kirchenlehrer A. Ambrosius zurückgehend*; ~er Lobgesang

am·bro·sisch, <auch> **amb·ro·sisch** <Adj.> *köstlich* [grch.]

am·bu'lant <Adj.> 1 *wandernd, umherziehend* 2 <Med.> ~e Behandlung *B. während der ärztl. Sprechstunde*; Ggs *stationär(2)* [lat.]; **Am·bu'lanz** <f.; -, -en> 1 *Krankentransportwagen* 2 *Station im Krankenhaus für ambulante Behandlung*; **Am·bu'lanz·wa·gen** <m.; -s, ->; **am·bu·la'to·risch** <Adj.; selten für> *ambulant*

'A·mei·se <f.; -, -n; Zool.> *ein In-*

A

sekt; **'A·mei·sen·bär** <m.; -en, -en; Zool.> *ein zahnloses Säuge-tier;* **'A·mei·sen·hau·fen** <m.; -s, ->; **'A·mei·sen·säu·re** <f.; -; unz.>

A·me·li·o·ra·ti'on <f.; -, -en> *Ver-besserung (bes. des Bodens)* [lat.]; **a·me·li·o·rie·ren** <V. t.>

A·me·lung <m.; -en, -en>, **A·me·'lun·ge** <a. ['---(-)]; m.; -n, -n; in der dt. Heldensage> = *Amaler*

'A·men <n.; -s, -; Liturgie> *Schlussformel zu Segen, Gebet usw.;* zu allem Ja und ~/<auch> *ja und amen sagen* <fig.> *mit allem einverstanden sein*

A·men·de·ment <[amãd(e)'mã]; n.; -s, -s> *Zusatz-, Abände-rungsvorschlag zu einem Gesetz* [frz.]; **a·men'die·ren** <[amen-]; V. t.> *ein Gesetz ~;* **A·men'die·rung** <f.; -, -en>

A·me·nor'rhö, A·me·nor·rhoe <[-'rø:]; f.; -, -(e)n; Med.> *Aus-bleiben der Menstruation* [grch.]; **a·me·nor'rho·isch** <Adj.; Med.>

A·me·ri·can Foot·ball <[ə'mɛ-rikən 'futbɔːl]; m.; --s; unz.; ⭷Z31> *eine Variante des Rugby* [engl.]; **A'me·ri·can Way of Life** <[- weɪ ɔf 'laɪf]; m.; ----; unz.> *amerikan. Lebensstil*

A·me·ri·ci·um <n.; -s; Chem.; Zeichen: Am> *künstl. hergestelltes radioaktives Ele-ment*

A'me·ri·ka *ein Kontinent, Nord-, Mittel- u. Südamerika,* <a. für> *USA;* **A·me·ri·ka·na** <Pl.> *Bü-cher, Bilder usw. über Amerika;* **A·me·ri·ka·ner** <m.; -s, -> *Ein-wohner von Amerika;* **A·me·ri·'ka·ne·rin** <f.; -, -n·nen>; **a·me·ri·ka·ni'sie·ren** <V. t.> *nach amerikan. Muster gestalten;* **A·me·ri·ka·nis·mus** <m.; -, -men> *(in eine andere Sprache übernommene) sprachl. ameri-kan. Besonderheit;* **A·me·ri·ka·'nist** <m.; -en, -en>; **A·me·ri·ka·'nis·tik** <f.; -; unz.> *Lehre von der Geschichte, Sprache u. Kul-tur Amerikas;* **A·me·ri·ka·'nis·tin** <f.; -, -n·nen>; **a·me·ri·ka·'nis·tisch** <Adj.>

A·me'thyst <m.; -(e)s, -e> *ein Mi-neral, Halbedelstein* [grch.]

A·me'trie, <auch> **A·met'rie** <f.; -, -n; ⭷Z53> *Ungleichmäßig-*

---

keit, Missverhältnis [grch.]; **a'me·trisch** <Adj.>

A·meu·ble·ment, <auch> **A·meub·le·ment** <[aməblə'mã]; n.; -s, -s; ⭷Z53; veralt.> *Zim-mer-, Wohnungseinrichtung* [frz.]

Am'ha·ra <Pl.> *Volk im äthiop. Hochland;* **am'ha·risch** <Adj.>

'A·mi <m.; -s, -s; umg.; kurz für> *(Nord-)Amerikaner*

A·mi'ant <m.; -s, -e; Min.> *ein Mineral* [grch.]

A'mi·go <m.; -s, -s; umg.> *Freund, Vertrauter* [span.]

A'min <n.; -s, -e; Chem.> *eine or-gan. Verbindung;* **A'mi·no·säu·re** <f.; -, -n; Biochem.> *Baustein der Eiweiße*

A·mi'to·se <f.; -; unz.; Biol.> *Form der Kernteilung* [grch.]

Am'man *Hauptstadt von Jorda-nien*

'Am·mann <m.; -(e)s, ⁼er; schweiz.> *Amtmann, Bezirks-, Gemeindevorsteher*

'Am·me <f.; -, -n> *Frau, die ein fremdes Kind stillt;* **'Am·men·mär·chen** <n.; -s, -; fig.> *un-glaubwürdige Geschichte*

'Am·mer <f.; -, -n; Zool.> *ein Singvogel*

Am·mo·ni'ak <a. ['----]; n.; -s; unz.; Chem.> *farbloses, ste-chend riechendes Gas* [grch.]

Am·mo'nit <m.; -en, -en> *ausge-storbener Kopffüßer (als Verstei-nerung erhalten)*

Am·mo'ni·ter <m.; -s, -; AT> *An-gehöriger eines mit den Israeli-ten verwandten Volkes*

Am'mo·ni·um <n.; -s; unz.; Chem.> *Atomgruppe, die sich wie ein Alkalimetall verhält;* **Am'mo·ni·um·salze** <Pl.; Chem.>

'Am·mons·horn <n.; -(e)s, ⁼er> = *Ammonit*

Am·ne'sie, <auch> **Am·ne'sie** <f.; -, -n; ⭷Z54; Med.> *(vorü-bergehender) Gedächtnisverlust* [grch.]; **A·mnes'tie** <f.; -, -n> *Straferlass, Begnadigung;* **a·mnes'tie·ren** <V. t.> *jmdn. ~ begnadigen;* **Am·nes·ty In·ter·na·tio·nal** <['æmnəsti ɪntər-'næʃənəl]; f.; --; unz.; Abk.: ai> *internationale Menschenrechts-organisation* [engl.]

Am·ni·o·sko'pie, <auch> **Am·ni·**

---

os·ko'pie <f.; -, -n; ⭷Z54; Med.> *Verfahren zum Betrach-ten des Fruchtwassers* [grch.]; **Am·ni·o·zen'te·se** <f.; -, -n; Med.> *Fruchtwasseruntersu-chung*

A'mö·be <f.; -, -n; Zool.> *einzelli-ger Wurzelfüßer* [grch.]

'A·mok <m.; -s; unz.; ⭷Z26> ~ *laufen blindwütig u. unkontrol-liert Menschen töten* [mal.]; **'A·mok·lau·fen** <n.; -s; unz.>; **'A·mok·läu·fer** <m.; -s, ->; **'A·mok·läu·fe·rin** <f.; -, -n·nen>; **'A·mok·schüt·ze** <m.; -n, -n>

a-Moll <n.; -; unz.; Mus.; Zei-chen: a> *eine Moll-Tonart;* **'a-Moll-Ton·lei·ter** <f.; -, -n>

'A·mor <m.; -s; unz.> *röm. Liebes-gott*

'a·mo·ra·lisch <Adj.> *sich über die Moral hinwegsetzend* [grch.-lat.]; **A·mo·ra'lis·mus** <m.; -; unz.>; **A·mo·ra·li'tät** <f.; -; unz.>

A·mo'ret·te <f.; -, -n; bild. Kunst> *der Liebesgott als geflügeltes Kind* [ital.]

a·mo'ro·so <Mus.> *zart, innig (zu spielen)* [ital.]

a'morph <Adj.> *form-, gestaltlos* [grch.]; **A·mor'phie** <f.; -; unz.> 1 *Form-, Gestaltlosigkeit* 2 <Phys.> *Zwischenstufe zw. fes-tem u. flüssigem Aggregatzu-stand;* **A·mor'phis·mus** <m.; -; unz.> = *Amorphie(1)*

a·mor·ti'sa·bel <Adj.> *tilgbar; amortisable Anleihe;* **A·mor·ti·sa·ti'on** <f.; -, -en> 1 *(allmähli-che) Tilgung* 2 *Abwerfen von Gewinn* [lat.]; **a·mor·ti'sier·bar** <Adj.> = *amortisabel;* **a·mor·ti·'sie·ren** <V.> 1 <V. t.> *tilgen, ab-schreiben* 2 <V. refl.> *sich ~ Kos-ten wieder einbringen;* **A·mor·ti·'sie·rung** <f.; -, -en> = *Amorti-sation*

A·mour <[a'muːr]; f.; -, -en; meist Pl.; veralt.> *Liebschaft* [frz.]; **a·mou'rös** <Adj.> 1 *eine Lieb-schaft betreffend* 2 *verliebt*

'Am·pel <f.; -, -n> 1 *hängende Blumenschale* 2 *Signal zur Re-gelung des Straßenverkehrs;* **'Am·pel·ko·a·li·ti·on** <f.; -, -en> *Parteienkoalition aus SPD, FDP und Grünen (nach den Partei-farben Rot, Gelb, Grün)*

Am·pere <[am'pɛːr]; n. 7; - od. -s,

-; Zeichen: A> *Maßeinheit der Stromstärke* [nach dem frz. Physiker A. M. *Ampère*]; **Am·pere'me·ter** <n.; -s, -> *Strommessgerät*; **Am·pere·se'kun·de** <f.; -, -n; Zeichen: As> *Einheit der Elektrizitätsmenge*; **Am·pere'stun·de** <f.; -, -n; Zeichen: Ah> *(entspricht 3600 As)*

Am·pex·ver·fah·ren <n.; -s; unz.; Fernsehtech.> *Verfahren zur Aufzeichnung von Bildfolgen*

Amp·fer <m.; -s, -; Bot.> *ein Knöterichgewächs*

Am·phet·a·min, <auch> **Am·phe·ta'min** <n.; -s; unz.> *ein Weckamin*

Am·phi·bie <[-'fibiə] f.; -, -n> *Tier, das im Wasser u. auf dem Land leben kann; Sy Lurch* [grch.]; **Am'phi·bi·en·fahr·zeug** <n.; -(e)s, -e> *kombiniertes Land-Wasser-Fahrzeug*; **am'phi·bisch** <Adj.>; **Am'phi·bi·um** <n.; -s, -bi·en> = *Amphibie*

am·phi'bol <Adj.> = *amphibolisch*; **Am·phi·bo'lie** <f.; -, -n> *Mehrdeutigkeit, Doppelsinn* [grch.]; **am·phi'bo·lisch** <Adj.> *mehrdeutig, doppelsinnig*

Am·phi·go'nie <f.; -; unz.; Biol.> *zweigeschlechtige Fortpflanzung* [grch.]

Am·phi·kty·o'nie, <auch> **Am·phik·ty·o'nie** <f.; -, -n> *altgrch. kultisch-polit. Verband von Stämmen od. (Stadt-)Staaten* [grch.]

Am·phi'o·le <f.; -, -n; Med.> *Ampulle mit Arzneimittel*

Am'phi·the·a·ter <n.; -s, -> *elliptische od. runde Theateranlage unter freiem Himmel mit ansteigenden Sitzreihen* [grch.]

'Am·pho·ra, Am'pho·re <f.; -, -'pho·ren> *Vase mit zwei Henkeln* [grch.]

am·pho'ter <Adj.; Chem.> *teils sauer, teils basisch reagierend* [grch.]

Am·pli·fi·ka·ti'on, <auch> **Am·pli·fi·ka·ti'on** <f.; -, -en; ⟋Z53; geh.> *Erweiterung, Ausdehnung* [lat.]; **am·pli·fi'zie·ren** <V. t.; geh.>

Am·pli'tu·de, <auch> **Amp·li'tu·de** <f.; -, -n; ⟋Z53> *größter Schwingungsausschlag (z. B. eines Pendels)* [frz.]

Am'pul·le <f.; -, -n; Med.> *zuge-*

Amtssprache: Als A. bezeichnet man die offizielle Sprache eines Staates, die insbesondere in der Gesetzgebung, in der Verwaltung, in den Gerichten und in den Schulen maßgebend ist.
Als A. wird auch der häufig durch umständliche und undurchsichtige Formulierungen gekennzeichnete Sprachstil von staatlichen Behörden und Ämtern bezeichnet.

---

schmolzenes Glasröhrchen mit sterilen Lösungen [lat.]

Am·pu·ta·ti'on <f.; -, -en> *operative Entfernung eines Körperteils* [lat.]; **am·pu'tie·ren** <V. t.>

'Am·sel <f.; -, -n; Zool.> *ein Singvogel*

'Ams·ter·dam *Hauptstadt der Niederlande*

Amt <n.; -(e)s, ⁻er> **1** *feste Stellung (im Staat, in der Gemeinde o. Ä.); ein ~ bekleiden; von ~s wegen in öffentlichem Auftrag* **2** *behördl. Institution; Finanz~;* **'Äm·ter·häu·fung** <f.; -, -en>; **'Amt·frau** <f.; -, -en> *Sy Amtmännin;* **am'tie·ren** <V. i.> *der ~de Bürgermeister;* **'amt·lich** <Adj.> *ein ~es Schreiben;* **'amt·li·cher·seits** <Adv.>; **'Amt·mann** <m.; -(e)s, ⁻er od. -leu·te> *Beamter des gehobenen Dienstes;* **'Amt·män·nin** <f.; -, -n·nen> *Sy Amtfrau;* **'Amts·an·ma·ßung** <f.; -, -en>; **'Amts·an·tritt** <m.; -(e)s; unz.>; **'Amts·arzt** <m.; -es, ⁻e>; **'Amts·ärz·tin** <f.; -, -n·nen>; **'amts·ärzt·lich** <Adj.> *ein ~es Attest;* **'Amts·be·fug·nis** <f.; -, -s·se>; **'Amts·be·zeich·nung** <f.; -, -en>; **'Amts·deutsch** <n.; -(e)s; unz.>; **'Amts·eid** <m.; -(e)s, -e>; **'Amts·ent·he·bung** <f.; -, -en>; **'Amts·ge·heim·nis** <n.; -s·ses, -s·se>; **'Amts·ge·richt** <n.; -(e)s, -e> *unterstes Gericht der dt. Gerichtsbarkeit;* **'Amts·ge·schäf·te** <Pl.>; **'Amts·ge·walt** <f.; -; unz.>; **'amts·han·deln** <V. i.; ich amtshand(e)le; sie hat amtsgehandelt; amtszuhandeln; österr.; Amtsdt.>; **'Amts·hand·lung** <f.; -, -en>; **'Amts·hil·fe** <f.; -; unz.> *= Rechtshilfe;* **'Amts·in·ha·ber** <m.; -s, ->; **'Amts·in·ha·be·rin** <f.; -, -n·nen>; **'Amts-**

---

kap·pel <n.; -s, -n> *das ~ aufhaben* <umg.; abwertend; österr.> *sich als Beamter überheblich benehmen;* **'Amts·miss·brauch** <m.; -(e)s, ⁻e>; **'amts·mü·de** <Adj.>; **'Amts·per·son** <f.; -, -en>; **'Amts·rich·ter** <m.; -s, ->; **'Amts·rich·te·rin** <f.; -, -n·nen>; **'Amts·schim·mel** <m.; -s; unz.; fig.; umg.> *behördl. Pedanterie;* **'Amts·spra·che** <f.; -, -n> → *a. Kasten;* **'Amts·weg** <m.; -(e)s, -e> *etwas auf dem ~ zu erreichen versuchen;* **'Amts·zeit** <f.; -; unz.>

A·mu'lett <n.; -(e)s, -e> *kleiner Gegenstand, der vor Unheil schützen soll* [lat.]

a·mü'sant <Adj.; -er, am -es·ten> *erheiternd; ein ~er Film* [frz.].

A·muse·gueule, <auch> **A·muse Gueule** <[amyz'gœl]; n.; (-)-, (-) od. (-)-s [-'gœl]; ⟋Z30; Kochk.> *Appetithäppchen;* **A·mü·se·ment** <[-'mã]; n.; -s, -s> *Unterhaltung;* **a·mü·'sie·ren** <V. t./V. refl.>

'a·mu·sisch <Adj.> *ohne Kunstverständnis* [grch.]

A·myg·da'lin <n.; -s; unz.> *Glykosid in bitteren Mandeln u. Obstkernen* [grch.]

an¹ <Präp.> **1** <m. Dat., auf die Frage: wo?> *dicht bei, nahe; ~ der Tafel steht ...; Frankfurt ~ der Oder* <Abk.: a. d. O.>; *es ist ~ dir zu handeln es ist deine Aufgabe; ~* (und für) *sich eigentlich, im Grunde genommen* **2** <m. Akk., auf die Frage: wohin?> *in Richtung auf, bestimmt für; etwas ~ die Tafel schreiben; einen Brief ~ die Eltern schreiben*

an² <Adv.> **1** *beginnend (am, um, mit); von Kindheit ~* **2** *nahezu; ~ die 100 Zuhörer* **3** <⟋Z.22.2; als Teil eines Verbs> *~ sein; das Licht ist ~* <umg.> *an-, eingeschaltet; sie hatte nichts ~ sie war nackt*

an... <Vors.; ⟋Z.22; in Zus. mit Verben betont u. abtrennbar> *z. B. anzeigen; ich zeige an; ich hat angezeigt; anzuzeigen*

...a·na <Pluralendung> *z. B. Amerikana; oV ...iana*

a·na..., A·na... <Vors.> *hinauf, zurück* [grch.]

A

A·na·bap'tis·mus <m.; -; unz.> *Lehre der Wiedertäufer* [grch.]; **A·na·bap'tist** <m.; -en, -en>

a·na'bol <Adj.> ~e *Medikamente* [grch.]; **A·na·bo·li·kum** <n.; -s, -ka> *den Aufbaustoffwechsel fördernder Wirkstoff*; **A·na·bo·'lis·mus** <m.; -; unz.; Biol.> *Gesamtheit der aufbauenden Stoffwechselprozesse*; Ggs *Katabolismus*

A·na·cho'ret <[-xo-]; m.; -en, -en; frühchristl. Bez. für> *Einsiedler* [grch.]; **a·na·cho're·tisch** <Adj.>

A·na·chro'nis·mus <[-kro-]; m.; -, -men> **1** *falsche zeitl. Einordnung* **2** *nicht mehr zeitgemäße Erscheinung* [grch.]; **a·na·chro·'nis·tisch** <Adj.>

an·a·e'rob <[-ae-] od. [-ε-]; Adj.; Biol.> *ohne Sauerstoff lebend*; Ggs *aerob* [grch.-lat.]; **An·a·e·'ro·bi·er** <m.; -s, ->; **An·a·e·ro·bi'ont** <m.; -en, -en> *ohne Sauerstoff lebensfähiger Mikroorganismus*

A·na'gly·phen·druck <m.; -(e)s; unz.> *ein Raumbildverfahren* [grch.]

A·na'gramm <n.; -(e)s, -e> *Wortumbildung durch Buchstabenod. Silbenversetzung, z. B. Lampe – Palme* [grch.]; **a·na·gram·'ma·tisch** <Adj.>

An·a·ko'luth, <auch> **A·na·ko·'luth** <n. od. m.; -(e)s, -e; ↗Z54; Sprachw.> *folgewidrige Fortsetzung einer angefangenen Satzkonstruktion* [grch.]

A·na'kon·da <f.; -, -s; Zool.> *eine südamerikan. Riesenschlange*

A·na·kre'on·tik <f.; -; unz.> *literar. Richtung des 18. Jh.* [nach dem altgrch. Dichter *Anakreon*]; **a·na·kre'on·tisch** <Adj.>

An·a'ku·sis, <auch> **A·na'ku·sis** <f.; -; unz.; ↗Z54> *Taubheit* [grch.]

a'nal <Adj.> *den After betreffend* [lat.]

A·na'lek·ten <Pl.> *Sammlung von Aufsätzen, Sinnsprüchen* [grch.]

A·na'lep·ti·kum <n.; -s, -ka> *Anregungsmittel für den Kreislauf* [grch.]; **a·na'lep·tisch** <Adj.>

A'nal·e·ro·tik <f.; -; unz.> *frühkindliches sexuelles Lustempfinden im analen Bereich*;

A'nal·fis·sur <f.; -, -en; Med.> *Rissbildung im Analbereich* [lat.]; **A'nal·fis·tel** <f.; -, -n; Med.>

An·al·ge'sie <f.; -, -n; Med.> *Schmerzlosigkeit* [grch.]; **An·al·'ge·ti·kum** <n.; -s, -ka; Med.> *schmerzstillendes Mittel*; **an·al·'ge·tisch** <Adj.; Med.>; **An·al·'gie** <f.; -; unz.; Med.> = *Analgesie*

a·na'log <Adj.> **1** *entsprechend, ähnlich, sinngemäß*; etwa ~e *Darstellung*; *etwas ~ (zu) einer Vorlage gestalten* **2** <EDV> *einen Ablauf kontinuierlich darstellend*; Ggs *digital* [grch.]; **A·na·log-Di·gi·tal-Kon·ver·ter** <[-ver-]; m.; -s, -; ↗Z33; EDV>, **A·na·log-Di·gi·tal-Wand·ler** <m.; -s, -; EDV> *Gerät zur Umwandlung veränderbarer Gleichspannung in digitale Form*; **A·na·lo'gie** <f.; -, -n> **1** *Beziehung zw. Dingen u. komplexen Systemen* **2** *sinngemäße Übertragung*; **A·na·lo·gie·bil·dung** <f.; -, -en>; **A·na·lo'gie·rech·ner** <m.; -s, ->; **A·na·lo·'gie·schluss** <m.; -es, ⸗e>; **A'na·lo·gon** <n.; -s, -ga> *ähnl. Fall*; **A·na'log·rech·ner** <m.; -s, -; EDV> *eine Rechenanlage*

'An·al·pha·bet <a. [---'-]; m.; -en, -en> *jmd., der nicht lesen u. schreiben kann* [grch.]; **'An·al·pha·be·ten·tum** <n.; -s; unz.>; **'An·al·pha·be·tin** <f.; -, -n·nen>

A'nal·ver·kehr <m.; -(e)s; unz.> *Geschlechtsverkehr im After*

A·na·ly'sand <m.; -en, -en; Psychoanalyse> *die zu analysierende Person*; **A·na·ly'san·din** <f.; -, -n·nen>; **A·na·ly'sa·tor** <m.; -s, -'to·ren> *Psychotherapeut, der jmdn. analysiert*; **A·na·ly·sa'to·rin** <f.; -, -n·nen>; **A·na·ly·se** <f.; -, -n> *Zergliederung, genaue Untersuchung* [grch.]; **a·na·ly·'sie·ren** <V. t.>; **A'na·ly·sis** <f.; -; unz.> *Zweig der Mathematik, der v. a. Untersuchungen über Grenzwerte anstellt*; **A'na·lyst** <a. engl. ['ænəlist]; m.; -en, -en; Börse> *Börsenfachmann*; **A'na·lys·tin** <f.; -, -n·nen>; **A·na·ly·tik** <f.; -; unz.> *Kunst, Lehre der Analyse* [grch.]; **A·na'ly·ti·ker** <m.; -s, ->; **A·na'ly·ti·ke·rin** <f.; -, -n·nen>; **a·na'ly·tisch** <Adj.>

An·ä'mie, <auch> **A·nä'mie** <f.; -; unz.; ↗Z54; Med.> *Blutarmut* [grch.]; **an·'ä·misch** <Adj.; Med.>

A·na'mne·se, <auch> **A·nam'ne·se** <f.; -, -n; ↗Z54; Med.> *Vorgeschichte einer Krankheit* [grch.]; **a·na'mnes·tisch, a·na'mne·tisch** <Adj.; Med.>

'A·na·nas <f.; -, - od. -s·se; Bot.> *trop. Gewächs u. Frucht* [port.]

A·nan'kas·mus <m.; -, -men> *Zwangsneurose* [grch.]

A·na'päst <m.; -(e)s, -e; Metrik> *ein Versfuß* [grch.]

A·na'pha·se <f.; -, -n; Biol.> *best. Phase der Kernteilung einer Zelle* [grch.]

A'na·pher <f.; -, -n>, **A'na·pho·ra** <f.; -, -rae [-re:]; Rhet.; Sprachw.> **1** *Wiederholung des Anfangswortes in aufeinander folgenden Sätzen od. Satzteilen* **2** *zurückverweisende sprachl. Einheit*; Ggs *Kataphher* [grch.]; **a·na'pho·risch** <Adj.; Rhet.; Sprachw.>

a·na·phy'lak·tisch <Adj.> ~er *Schock* <Med.> [grch.]

an'arch, <auch> **a'narch** <Adj.; ↗Z54; selten für> *anarchisch* [grch.]; **An·ar'chie** <f.; -, -n> *Zustand der Gesetzlosigkeit*; **an·'ar·chisch** <Adj.> *auf Anarchie beruhend*; **An·ar'chis·mus** <m.; -; unz.> *Lehre, die jede staatl. Ordnung ablehnt u. die Freiheit des Individuums fordert*; **An·ar·'chist** <m.; -en, -en>; **An·ar·'chis·tin** <f.; -, -n·nen>; **an·ar·'chis·tisch** <Adj.>; **An'ar·cho** <m.; -s, -s; umg.> *jmd., der die bestehende bürgerl. Gesellschaftsordnung ablehnt*

An·ä·re·sis, <auch> **A'nä·re·sis** <f.; -, -'re·sen; Rhet.> *Widerlegung der gegnerischen Behauptung* [grch.]

An·äs·the'sie, <auch> **A·näs·the·'sie** <f.; -; unz.; ↗Z54; Med.> **1** *Schmerzunempfindlichkeit* **2** *Schmerzbetäubung* [grch.]; **an·äs·the·'sie·ren** <V. t.> *betäuben*; **An·äs·the'sist** <m.; -en, -en> *Narkosefacharzt*; **An·äs·the'sis·tin** <f.; -, -n·nen>; **An·äs·the·ti·kum** <n.; -s, -ka> *Arzneimittel, das schmerzunempfindlich macht*; **an·äs'the·tisch** <Adj.>;

an·äs·the·ti'sie·ren <V. t.> = *an-
ästhesieren*

'an·a·stig'mat, <auch> **An·a·stig-
'mat** <m. od. n.; -(e)s, -e; ↗Z54;
Fot.> *Objektiv für unverzerrte
Abbildungen* [grch.]; **an·a·stig-
'ma·tisch** <Adj.; Fot.> *unver-
zerrt*

'A·na·sto'mo·se, <auch> **A·nas-
to'mo·se** <f.; -, -n; ↗Z54; Med.>
*natürl. od. künstl. Verbindung
von Hohlorganen* [grch.]

'A·na'them <n.; -s, -e>, **A·na'the-
ma** <n.; -s, -'the·ma·ta; Rel.>
Kirchenbann [grch.]; **a·na·the-
ma·ti'sie·ren** <V. t.>

'a·na·ti·o·nal <Adj.> *gleichgültig
gegenüber dem eigenen Volk*

A·na'tom <m.; -en, -en>; **A·na·to-
'mie** <f.; -, -n> 1 <unz.> *Lehre
vom Körperbau der Lebewesen*
2 *wissenschaftl. Institut für
anatom. Studien* [grch.]; **a·na-
to'mie·ren** <V. t.> = *sezieren;*
a·na·to·misch <Adj.>

'an|ba·cken <V.> 1 <V. t.; ich ba-
cke an; sie hat angebacken; an-
zubacken> *nicht fertig backen* 2
<V. i. (s.); ich backe an; sie ist
angebackt; anzubacken; nord-
dt.> *kleben bleiben*

'an|bag·gern <V. t.; ich bagg(e)re
an; umg.> = *anmachen(4)*

'an|bah·nen <V.; fig.> 1 <V. t.> et-
was – *den Weg für etwas berei-
ten* 2 <V. refl.> sich – *sich ab-
zeichnen*

'an|ban·deln <V. i.; süddt.; österr.
für> 'an|bän·deln <V. i.; ich
bänd(e)le an; sie hat angebän-
delt; anzubändeln; umg.> mit
jmdm. – <umg.> *eine Liebesbe-
ziehung knüpfen*

'An·bau <m.; -(e)s, -ten> 1 <unz.;
Landw.> *das Anbauen(1)* 2 *an-
gebautes Gebäude(teil);* 'an-
bau·en <V. t.> 1 etwas –
<Landw.> *säen, pflanzen;* Ge-
treide – 2 *dazubauen;* 'An·bau-
kü·che <f.; -, -n; umg.>; 'An-
bau·mö·bel <n.; -s, -; meist
Pl.>; 'An·bau·wand <f.; -, =e>

'An·be·ginn <m.; -(e)s; unz.; geh.;
poet.> *Anfang;* seit –; von – (an)

'an|be·hal·ten <V. t. 160; umg.>
den Mantel –

an'bei <a. ['--]; Adv.> *beigefügt;* –
senden wir Ihnen ...

'an|bei·ßen <V. i. u. V. t. 105> sie
ist zum Anbeißen <fig.; umg.>

'an|be·lan·gen <V. t.> = *anlangen*
'an|bel·len <V. t.>

'an|be·rau·men <V. t.> einen Ter-
min – *festsetzen*

'an|be·ten <V. t.> jmdn. –

'An·be·tracht <nur noch in der
Wendung> in – (der Tatsache)
im Hinblick auf (die T.); in –
dessen

'an|be·tref·fen <V. t. 266> was
mich anbetrifft, ... *was mich
angeht, ...*

'an|bet·teln <V. t.; ich bett(e)le
an; sie hat angebettelt; anzu-
betteln>

'An·be·tung <f.; -, -en>

'an|bie·dern <V. refl.; ich
bied(e)re mich an; sie hat sich
angebiedert; sich anzubie-
dern> sich (bei jmdm.) – <ab-
wertend> *sich einschmeicheln;*
'An·bie·de·rung <f.; -, -en>

'an|bie·ten <V. t./V. refl. 110>;
'An·bie·ter <m.; -s, ->; 'An·bie-
te·rin <f.; -, -n·nen; ↗Z38>

'an|bin·den <V. t. 111; ich binde
an; sie hat angebunden; anzu-
binden> *befestigen;* → a. *ange-
bunden*

'An·biss <m.; -es, -e>

'an|blaf·fen <V. t.> jmdn. –
<umg.> *zurechtweisen*

'an|bla·sen <V. t. 113>

'An·blick <m.; -(e)s, -e; Pl. sel-
ten>; 'an|bli·cken <V. t./V. refl.>
jmdn., sich – *anschauen*

'an|boh·ren <V. i. u. V. t.> bei
jmdm. – <fig.; umg.> *vorsichtig
anfragen*

'An·bot <n.; -(e)s, -e; österr.;
Kaufmannsspr.> *Angebot*

'an|bra·ten <V. t. 115> Fleisch –

'an|bre·chen <V. 116> 1 <V. t.> ei-
ne Tafel Schokolade – *zu ver-
brauchen beginnen* 2 <V. i. (s.);
geh.> der Tag bricht an *beginnt*

'an|bren·nen <V. 117> 1 <V. i.
(s.)> die Milch ist angebrannt
*hat sich am Boden des Kochtop-
fes angesetzt* 2 <V. t.> etwas –
anzünden

'an|brin·gen <V. t. 118> *befesti-
gen, installieren;* ein Bild an der
Wand –; Änderungen – <fig.>

'An·bruch <m.; -(e)s, =e> 1 <unz.;
geh.> *Beginn;* bei – der Nacht 2
<Bgb.> *freigelegte Erzlagerstätte*

'an|brül·len <V. t.>

'an|brum·men <V. t.>

'an|brü·ten <V. t.>

ANC <Abk. für engl.> *African Na-
tional Congress (afrikan. Natio-
nalkongress)*

An·chor·man <['æŋkərmæn]; m.;
- od. -s, -men [-mən]; bes. TV>
Ansager, Kommentator [engl.]

An·cho·vis <[-'ʃoːvɪs] od. [-'çoː-];
f.; -, -> = *Anschovis*

An·ci·en·ni'tät <[ãsɪɛni-]; f.; -,
-en; veralt.> *Dienstalter, Alters-
folge* [frz.]; **An·ci·en·ni'täts-
prin·zip** <n.; -(e)s; unz.>; **An·ci-
en Ré·gi·me** <[ãsiɛ̃ reˈʒiːm(ə)];
n.; --; unz.> *das absolutistische
Frankreich vor 1789* [frz.]

'An·dacht <f.; -, -en> 1 <unz.>
*geistige Versenkung, Besinnung
(auf Gott)* 2 <Rel.> *kurzer Got-
tesdienst;* Morgen-; 'an·däch-
tig <Adj.>; 'An·dachts·bild <n.;
-(e)s, -er>

An·da'lu·si·en *Region in Südspa-
nien;* **An·da·lu'sit** <m.; -(e)s;
unz.> *ein Mineral* [nach dem
ersten Fundort in *Andalusien*]

an'dan·te <Adv.; Mus.> *ruhig,
mäßig langsam (zu spielen)*
[ital.]; **An'dan·te** <n.; -s, - od.
-s>; **an·dan'ti·no** <Adv.; Mus.>
*etwas rascher als andante (zu
spielen);* **An·dan'ti·no** <n.; -s, -s
od. -ni; Mus.>

'an|dau·ern <V. i.>; 'an·dau·ernd
<Adj.; ↗Z28.1> *unaufhörlich,
ununterbrochen;* –er Regen

'An·den·ken <n.; -s, -> *Erinne-
rung(sgegenstand)*

'an·de·re(r, -s) <Indefinitpron.;
↗Z44> *nicht diese Person od.
Sache, sondern eine davon ver-
schiedene;* der, die, das –; jeder
–; kein, niemand –; alle –n; der
eine oder –; unter –m <Abk.: u.
a.>; und –s <Abk.: u. a.>; und –s
mehr <Abk.: u. a. m.>; und vie-
les – mehr; das eine oder – ; mit
–n Worten; reden wir von etwas
–m; es kam eins zum –n; zum
einen ..., zum –n ...; einer nach
dem –n; ein Wort gab das –;
jmdn. eines –n belehren; sich
eines –n besinnen; –r Meinung
sein; –s nutzloses Zeug; eine –
wichtige Frage; einer –n wichti-
gen Frage; die Klärung –r wich-
tiger Fragen; das ist etwas,
nichts –es/<auch, bes. im Sin-
ne von anders-, neuartig> An-
deres; dieses Produkt ist neu u.
etwas ganz Anderes als alles,

was wir kennen; er ist auf der Suche nach dem Anderen; **'an·de·ren·falls** <Adv.> *sonst;* du musst intensiver lernen, ~ schaffst du die Prüfung nicht; <aber> das ist das Thema eines anderen Falls (→ *Fall¹(3)*); oV *andernfalls;* **'an·de·ren·orts** <Adv.> *woanders;* oV *andern-orts;* **'an·de·ren·tags** <Adv.> *am nächsten Tag;* <aber> die Gruppe des einen Tags unterschied sich deutlich von der des anderen Tags; oV *anderntags;* **'an·de·ren·teils** <Adv.> *einesteils ..., ~ ...; = andererseits;* oV *andern-teils;* **'an·de·re·rer·seits** <Adv.> *hingegen; einerseits ..., ~ ...;* oV *anderseits, andrerseits;* **'An·der-kon·to** <n.; -s, -ten od. -ti> *Treuhandkonto;* **'an·der·lei** <Adv.> *mancherlei;* Gerümpel und ~ *Wertloses;* **'an·der·mal** <Adv.>; in der Wendung> ein ~ *ein anderes Mal*

'än·dern <V. t./V. refl.> ich ~/V. refl.> ich änd(e)re (mich)> *anders machen, werden*

'an·dern·falls <Adv.> *= anderenfalls;* **'an·dern·orts** <Adv.> *= anderenorts;* **'an·dern·tags** <Adv.> *= anderentags;* **'an·dern·teils** <Adv.> *= anderenteils*

'an·ders <Adv.> *nicht so;* das macht man ~; er ist ~ als ich gedacht habe; jmd., niemand ~/anderer; mit jmd., niemand ~/anderem; es gibt jmd., niemand ~/anderen; wo ~ soll ich ihn suchen? *wo sonst?;* <aber> → *woanders;* er wird irgendwo ~ sein; <Getrenntschreibung in Verbindung mit Adj.; ⬈Z29> ~ denkend, geartet, lautend; die ~ Denkenden/<auch> Andersdenkenden; **'an·ders·ar·tig** <Adj.>; **'An·ders·ar·tig·keit** <f.; -; unz.>; **'An·ders·den·ken·de(r)** <f. 2 (m. 1); auch für> *anders Denkende(r);* → a. *anders* **'an·der·seits** <Adv.> *= andererseits*

'an·ders·gläu·big <Adj.>; **'An·ders·gläu·bi·ge(r)** <f. 2 (m. 1)>; **'an·ders·her·um,** <auch> **'an·ders·he·rum** <Adv.; ⬈Z54>; **'an·ders·wie** <Adv.>; **'an·ders·wo** <Adv.> *an einem anderen Ort;* **'an·ders·wo·her** <Adv.>; **'an·ders·wo·hin** <Adv.>

an·dert'halb <Num.; in Ziffern: 1 1/2> *ein(und)einhalb;* **'an·dert'halb·fach** <Num.> *eineinhalbmal so viel;* **An·dert'halb·fa·che** <n.; -n; unz.> das ist um das ~ teurer

'Än·de·rung <f.; -, -en>; **'Än·de·rungs·kün·di·gung** <f.; -, -en>; **'Än·de·rungs·schnei·de·rei** <f.; -, -en>

'an·der·wär·tig <Adj.> *woanders befindlich;* **'an·der·wärts** <Adv.>; **'an·der·weit** <Adv.; geh.>, **'an·der·wei·tig** <Adj.> die Stelle wurde ~ vergeben

An·de'sit <m.; -s, -e; Geol.> *ein Ergussgestein*

'an|deu·ten <V. t.; ich deute an; sie hat angedeutet; anzudeuten> 1 *versteckt andeuten* 2 *flüchtig skizzieren;* **'An·deu·tung** <f.; -, -en>; **'an·deu·tungs·wei·se** <Adv.>

'an|dich·ten <V. t.> jmdm. etwas ~ *etwas Falsches von jmdm. behaupten*

'an|die·nen <V. t.; Kaufmannsspr.> *(Waren) anbieten*

'an|dis·ku·tie·ren <V. t.> etwas ~ *nicht zu Ende diskutieren*

'an|do·cken <V. t.> *anschließen, ankoppeln*

An'dor·ra *Staat in den Pyrenäen; Fürstentum ~;* **An·dor'ra·ner** <m.; -s, ->; **An·dor'ra·ne·rin** <f.; -, -n·nen>; **an·dor'ra·nisch** <Adj.>

An·dra'go·gik, <auch> **And·ra·'go·gik** <f.; -; unz.; ⬈Z53> *Lehre von der Erwachsenenbildung* [grch.]

'An·drang <m.; -(e)s; unz.> *Gedränge;* **'an|drän·gen** <V. i.>

'and·re(r, -s) <Indefinitpron.> *= andere(r, -s)*

An'dre·as·kreuz, <auch> **And're·as·kreuz** <n.; -es, -e; ⬈Z53> *Kreuz mit diagonal verlaufenden Balken (an Bahnübergängen)*

'an|dre·hen <V. t.> 1 *einschalten* (Radio, Licht) 2 jmdm. etwas ~ <umg.> *Schlechtes verkaufen*

'and·rer·seits <Adv.> *= andererseits*

an·dro'gyn, <auch> **and·ro'gyn** <Adj.; ⬈Z53; Biol.> *zweigeschlechtig, zwitterhaft* [grch.]; **An·dro·gy'nie** <f.; -; unz.>

'an|dro·hen <V. t.> ich drohe an;

sie hat angedroht; anzudrohen>; **'An·dro·hung** <f.; -, -en>

An·dro'i·de, <auch> **And·ro'i·de** <m.; -n, -n; ⬈Z53> *künstl. Mensch;* **An·dro'lo·ge** <m.; -n, -n; Med.>; **An·dro·lo'gie** <f.; -; unz.> *Männerheilkunde* [grch.]; **an·dro'lo·gisch** <Adj.>

An'dro·me·da, <auch> **And'ro·me·da** <f.; -; unz.; ⬈Z53> *ein Sternbild*

'An·druck <m.; -(e)s, -e> *Probeabzug einer Druckvorlage;* **'an·dru·cken** <V. t.>

'an|drü·cken <V. t.> *fest gegen etwas drücken*

'an|e·cken <V. i. (s.); ich ecke an; sie ist angeeckt; anzuecken; ⬈Z55> 1 *an etwas anstoßen* 2 <fig.; umg.> *Anstoß erregen*

'an|eig·nen <V. refl.> sich etwas ~ *sich etwas zu eigen machen;* **'An·eig·nung** <f.; -; unz.>

an·ein'an·der, <auch> **an·ei'nan·der** <Adv.; ⬈Z54>; Getrenntschreibung in Verbindung mit Verben> *einer an den od. dem anderen;* ~ denken, fügen, geraten, hängen, reihen, stoßen; wir haben ~ vorbeigeredet

An·ek'do·te, <auch> **A·nek'do·te** <f.; -, -n; ⬈Z54> *kurze, jmdn. (pointiert) charakterisierende Begebenheit* [grch.]; **an·ek'do·ten·haft** <Adj.>; **an·ek'do·tisch** <Adj.>

'an|e·keln <V. t.; ⬈Z55> *Ekel erregen;* sein Benehmen ekelt mich an

A·ne·mo'graf, A·ne·mo'graph <m.; -en, -en; ⬈Z11.3; Meteor.> *ein Windmesser;* **A·ne·mo'me·ter** <n.; -s, -> *Windmesser;* **A·ne·'mo·ne** <f.; -, -n; Bot.> *ein Hahnenfußgewächs* [grch.]

'an|emp·feh·len <V. t. 125; ich empfehle an od. ich anempfehle; sie hat anempfohlen; anzuempfehlen> jmdm. etwas ~ *dringend raten*

'An·er·be <m.; -n, -n> *bäuerl. Alleinerbe;* **'An·er·ben·recht** <n.; -(e)s; unz.>

'an|er·bie·ten <V. refl. 110; selten> sich ~; **'An·er·bie·ten** <n.; -s, -> *Angebot, Vorschlag*

'an·er·kannt <Adj.; ⬈Z28.1> *bewährt, von gutem Ruf;* eine staatlich ~e Prüfung; **an·er·kann·ter'ma·ßen** <Adv.>; **'an|er·**

A

ken·nen <V. t. 166; ich erkenne an; sie hat anerkannt; anzuerkennen> 1 *für rechtmäßig erklären, bestätigen* 2 *loben, würdigen;* **'An·er·ken·nens·wert** <Adj.>; **'An·er·kennt·nis** <f.; -, -s·se od. n.; -s·ses, -s·se; Rechtsw.>; **'An·er·ken·nung** <f.; -, -en> 1 *Bestätigung;* die ~ der Vaterschaft 2 <unz.> *Lob, Würdigung*

An·e·ro·id, <auch> **A·ne·ro·id** <n.; -(e)s, -e; ↗Z54>, **An·e·ro·'id·ba·ro·me·ter** <n.; -s, -; Meteor.> *Luftdruckmessgerät* [grch.]

'an·es·sen <V. refl.> sich einen Bauch ~

An·eu·rys·ma, <auch> **A·neu·'rys·ma** <n.; -s, -men od. -ma·ta; ↗Z54; Med.> *Erweiterung eines Blutgefäßes* [grch.]

'an|fa·chen <V. t.; ich fache an; sie hat angefacht; anzufachen; geh.> *entzünden*

'an|fah·ren <V. 130> 1 <V. i. (s.)> *zu fahren beginnen* 2 <V. t.> einen Fußgänger ~ 3 <V. t.> jmdn. ~ <fig.> *heftig zurechtweisen;* **'An·fahrt** <f.; -, -en>; **'An·fahrts·weg** <m.; -(e)s, -e>

'An·fall <m.; -(e)s, ⁻e> 1 *plötzl. Auftreten einer krankhaften Erscheinung;* Herz~ 2 *das, was zu erledigen ist;* Arbeits~; **'an|fal·len** <V. 131> 1 <V. t.> jmdn. (von hinten) ~ *angreifen* 2 <V. i. (s.)> *entstehen;* der ~de Müll; **'an·fäl·lig** <Adj.> *nicht widerstandsfähig;* stör~; **'An·fäl·lig·keit** <f.; -; unz.>; **'an·fall(s)·wei·se** <Adv.>

'An·fang <m.; -(e)s, ⁻e> *Beginn;* am, im, zu ~; ~ Juni; von ~ an; **'an|fan·gen** <V. 132> 1 <V. i. u. V. t.> (mit) etwas ~ *beginnen;* es fängt an zu regnen; eine Arbeit ~ 2 <V. t.> mit jmdm. od. einer Sache etwas ~ können; **'An·fän·ger** <m.; -s, ->; **'An·fän·ge·rin** <f.; -, -nnen; ↗Z38>; **'An·fän·ger·kurs** <m.; -es, -e>; **'an·fäng·lich** <Adj.> *zu Beginn vorhanden;* die ~en Schwierigkeiten; **'an·fangs** <Adv.> *zuerst;* **'An·fangs·buch·sta·be** <m.; -ns, -n>; **'An·fangs·ge·halt** <n.; -(e)s, ⁻er>; **'An·fangs·sta·di·um** <n.; -s, -di·en> im ~

'an|fas·sen <V. t.; ich fasse an; du fasst an; sie hat angefasst; anzufassen>

'an|fau·chen <V. t.>
'an|fau·len <V. i. (s.)> angefaultes Obst

'an·fecht·bar <Adj.>; **'an|fech·ten** <V. t. 133> 1 etwas ~ *die Gültigkeit von etwas bestreiten;* ein Testament ~ 2 *das ficht mich nicht an* <fig.; geh.> *das beunruhigt mich nicht;* **'An·fech·tung** <f.; -, -en> 1 *Einspruch* 2 <geh.> *Versuchung;* allen ~en zum Trotz

'an|fein·den <V. t.> jmdn. ~ *jmdm. mit Hass begegnen;* **'An·fein·dung** <f.; -, -en>

'an|fer·ti·gen <V. t.> *herstellen;* **'An·fer·ti·gung** <f.; -, -en>

'an|feuch·ten <V. t.>

'an|feu·ern <V. t.; ich feu(e)re an; sie hat angefeuert; anzufeuern> 1 *zum Brennen bringen* 2 jmdn. ~ <fig.> *durch Zuruf antreiben;* **'An·feu·e·rung** <f.; -, -en>

'an|fi·xen <V. t.; du fixt an; umg.> jmdn. ~ *jmdm. zum ersten Mal Rauschgift einspritzen*

'an|fle·hen <V. t.>

'an|flie·gen <V. t. 136> *ein Ziel fliegend ansteuern;* angeflogen kommen; **'An·flug** <m.; -(e)s, ⁻e> 1 *das Heranfliegen;* die Maschine ist im ~ 2 <fig.> *Andeutung;* der ~ eines Lächelns

'an|for·dern <V. t.; ich ford(e)re an; sie hat angefordert; anzufordern> *bestellen;* **'An·for·de·rung** <f.; -, -en> 1 *das Anfordern* 2 *die zu erbringende Leistung;* hohe ~en stellen

'An·fra·ge <f.; -, -n; im Parlament> die kleine ~; die große ~; **'an|fra·gen** <V. i.>

'an|fres·sen <V. t. 139>

'an|freun·den <V. refl.> sich mit jmdm. od. etwas ~

'an|fü·gen <V. t.> *hinzufügen;* **'An·fü·gung** <f.; -, -en>

'an|füh·len <V. refl.> der Stoff fühlt sich rau an

'An·fuhr <f.; -; unz.> *das Heranfahren (von Gütern)*

'an|füh·ren <V. t.> 1 *führend vorangehen, befehligen;* ein Heer ~ 2 *mitteilen, vorbringen, angeben;* Gründe ~; eine Textstelle ~ 3 jmdn. ~ *absichtlich irreführen;* **'An·füh·rer** <m.; -s, ->; **'An·füh·re·rin** <f.; -, -nnen; ↗Z38>; **'An·füh·rung** <f.; -, -en>; **'An·füh·rungs·stri·che, 'An·füh-**

rungs·zei·chen <Pl.; Zeichen: > *Satzzeichenpaar für wörtl. Wiedergegebenes u. Ä.;* → a. *Kasten S. 128*

'an|fun·ken <V. t.>

'An·ga·be <f.; -, -n> *das Angeben*

'an|gaf·fen <V. t.>

'an·gän·gig <Adj.; veralt.> *erlaubt, zulässig*

'an|ge·ben <V. 143> 1 <V. t.> *Auskunft geben* 2 <V. t.> *bestimmen, festsetzen;* das A ~ <Mus.> 3 <V. i.; umg.> *prahlen;* gib nicht so an! 4 <V. i.; Sp.> *ein Spiel eröffnen;* **'An·ge·ber** <m.; -s, ->; **An·ge·be'rei** <f.; -, -en>; **'An·ge·be·rin** <f.; -, -nnen>; **'an·ge·be·risch** <Adj.>

'An·ge·be·te·te(r) <f. 2 (m. 1)> *jmd., den man vergöttert*

'An·ge·bin·de <n.; -s, -; geh.> *Geschenk*

'an·geb·lich <Adj.; meist adv.> *vermeintlich;* ihre ~e Tante; er ist ~ Musiker

'An·ge·bot <n.; -(e)s, -e> 1 *das Anbieten, Vorschlag;* Heirats~ 2 *zum Verkauf Stehendes;* ~ und Nachfrage; Sonder~

'an·ge·bracht <Adv.; ↗Z28.1> es ist (nicht) ~ *(nicht) passend*

'an·ge·bro·chen <Adj.; ↗Z28.1> *begonnen;* eine ~e Packung; der Tag ist ~

'an·ge·bun·den <Adj.; ↗Z28.1; meist in der Wendung> kurz ~ sein <fig.; umg.> *wortkarg sein*

'an|ge·dei·hen <V. t. 144; nur in der Wendung> jmdm. etwas ~ lassen *zuteil werden lassen*

'An·ge·den·ken <n.; -s; unz.; geh.> *Gedenken, Erinnerung*

'an·ge·gos·sen <Adj.; ↗Z28.1; fig.> *gut angepasst;* die Hose sitzt wie ~

'an·ge·graut <Adj.> *leicht grau;* ~e Schläfen

'an·ge·grif·fen <Adj.; ↗Z28.1> *erschöpft, labil;* eine ~e Gesundheit; **'An·ge·grif·fen·heit** <f.; -; unz.>

'an·ge·hei·ra·tet <Adj.> *durch Heirat verbunden*

'an·ge·hei·tert <Adj.; umg.> *leicht betrunken*

'an|ge·hen <V. 145> 1 <V. t. (s.)> jmdn. um etwas ~ *bitten* 2 <V. i. (s.)> gegen jmdn. od. etwas ~ *jmdn. od. etwas bekämpfen* 3

A

Anführungszeichen: Das A., umgangssprachlich auch Gänsefüßchen genannt, schließt etwas wörtlich Wiedergegebenes ein. Dies gilt

a) für die ⬈**direkte Rede** (wörtlich wiedergegebene Äußerungen).
Ankündigungsworte <u>vor</u> der wörtlichen Rede werden mit **Doppelpunkt** abgeschlossen, z. B. *Er sagte: „Das habe ich nicht gewollt!" Der Lehrer fragte: „Hast du das Buch gefunden?" Paula antwortete: „Nein, ich habe es nicht gefunden."*
Innerhalb der direkten Rede werden ⬈**Punkt,** ⬈**Frage-** und ⬈**Ausrufezeichen** <u>vor</u> das schließende A. gesetzt. Stehen die Begleitworte innerhalb oder nach der direkten Rede, so werden die zum Begleitsatz gehörenden Satzzeichen <u>nach</u> dem abschließenden A. gesetzt, z. B. *„Das war nicht fair!", rief er. „Kannst du morgen kommen?", fragte sie. „Ich denke", sagte er, „sie wird erst am Abend wiederkommen."*
Wird ein in A. stehender Satz mit Schlusspunkt, Frage- oder Ausrufezeichen abgeschlossen, so folgt kein weiterer Punkt, z. B. *Er fragte: „Kommst du jetzt?" Sie ant-*

wortete: *„Nein, warte noch ein Weilchen."*

b) für wörtlich wiedergegebene, **zitierte Textstellen,** z. B. *In der Zeitung stand: „Der angekündigte Volkslauf wurde vom Veranstalter abgesagt."*
Darüber hinaus können A. zur **Hervorhebung** von Wörtern oder Teilen eines Textes verwendet werden, dies gilt insbesondere für

c) **Überschriften, Werktitel, Namen von Zeitungen** u. a., z. B. *Die Schüler lesen zurzeit „Homo faber" von Max Frisch. Im „Wochenblatt" war heute zu lesen ... Die grammatischen Angaben im „Deutschen Wörterbuch" sind umfangreich.*

d) **Sprichwörter,** z. B. *Das Sprichwort „Eile mit Weile" reimt sich besonders nett.*

e) **Besonders betonte oder ironisch verwendete Wörter,** z. B. *Ein solches Verhalten nennt er „menschlich". Der Spaß hat mich „nur" 200 Euro gekostet.*

Steht in einem mit Anführungszeichen wiedergegebenen Text etwas ebenfalls Anzuführendes, so verwendet man die so genannten **halben A.,** z. B. *Sie sagte: „Ich möchte jetzt gern die ‚Zeit' lesen."*
Vgl. ⬈**Doppelpunkt**

<V. t.> das geht dich (nichts) an *das betrifft dich (nicht)* **4** <V. i. (s.); meist verneinend> es kann nicht ~, dass ... *es ist nicht vertretbar* **5** <V. t.> *in Angriff nehmen* **6** <V. i. (s.); umg.> *anfangen;* die Schule geht um 8 Uhr an; **'an·ge·hend** <Adj.; ⬈Z28.1> *sich dem Ende einer Entwicklungs- od. Ausbildungsphase nähernd;* ein ~er Arzt
'an|ge·hö·ren <V. i.> einer Partei ~; **'an·ge·hö·rig** <Adj.>; **'An·ge·hö·ri·ge(r)** <f. 2 (m. 1)> *jmd., der einer Gemeinschaft angehört, Verwandter;* **'An·ge·hö·rig·keit** <f.; -; unz.>
'an·ge·jahrt <Adj.; umg.> *nicht mehr ganz jung*
'An·ge·klag·te(r) <f. 2 (m. 1)>
'an·ge·knackst, 'an·ge·kratzt

<Adj.; ⬈Z28.1; fig.; umg.> *leicht beschädigt;* sein Ego ist etwas ~
'An·gel <f.; -, -n> **1** *Zapfen, an dem Tür od. Fenster befestigt sind;* die Welt aus den ~n heben <fig.> *grundlegend verändern* **2** *ein Fischfanggerät*
'an·ge·le·gen <Adj.; geh.; nur präd.; meist in der Wendung> sich etwas ~ sein lassen *etwas wichtig nehmen;* **'An·ge·le·gen·heit** <f.; -, -en> *Begebenheit;* **'an·ge·le·gent·lich** <Adj.; ⬈Z43.3> geh.; adv.> *eindringlich;* sich ~, aufs Angelegentlichste/<auch> ~ste nach etwas erkundigen
'An·gel·ha·ken <m.; -s, ->
An'ge·li·ka <f.; -, -ken; Bot.> = *Engelwurz*
'an·geln <V. i. u. V. t.; ich ang(e)le> *mit der Angel fangen;* (Forellen) ~ gehen

'An·geln <Pl.> german. Volksstamm
'an·ge·lo·ben <V. t.; geh.> **1** *geloben, versprechen* **2** <österr.; Amtsdt.> *vereidigen*
'An·gel·punkt <m.; -(e)s, -e> = *Drehpunkt*
'An·gel·sach·sen <[-ks-]; Pl.; Sammelbez. für> *german. Stämme der Angeln, Sachsen u. Jüten;* **'an·gel·säch·sisch** <Adj.>
'An·gel·schein <m.; -(e)s, -e>
'An·ge·lus <m.; -; unz.> *Engel, Bote;* ~ Domini *der Engel des Herrn (ein kath. Gebet)* [lat.]; **'An·ge·lus·läu·ten** <n.; -s; unz.>
'an·ge·mes·sen <Adj.; ⬈Z28.1> *passend, entsprechend;* eine ~e Strafe
'an·ge·nehm <Adj.> *erfreulich, wohltuend*
'an·ge·nom·men <Adj.; ⬈Z28.1> *wenn man davon ausgeht, dass ...; ~, ich hätte ...; ~, dass ...;* → a. *annehmen*
'an·ge·passt <Adj.; ⬈Z28.1> *gefügig, willfährig;* **'An·ge·passt·heit** <f.; -; unz.>
'An·ger <m.; -s, -> *Grasplatz im Dorf;* **'An·ger·dorf** <n.; -(e)s, ~er>
'an·ge·regt <Adj.; -er, am -es·ten; ⬈Z28.1> *lebhaft;* eine ~e Unterhaltung; sich ~ unterhalten
'an·ge·sagt <Adj.; ⬈Z28.1; umg.> ~ sein *modisch sein*
'an·ge·säu·selt <Adj.; umg.> = *angeheitert*
'an·ge·schla·gen <Adj.; ⬈Z28.1> **1** *beschädigt* **2** <fig.> *erschöpft*
'an·ge·schrie·ben <Adj.; ⬈Z28.1> *bei jmdm. gut, schlecht ~ sein*
'An·ge·schul·dig·te(r) <f. 2 (m. 1)>
'an·ge·se·hen <Adj.; ⬈Z28.1> *geachtet, geschätzt*
'An·ge·sicht <n.; -(e)s, -er, österr. a. -e; Pl. selten; poet.> *jmdm. von ~ zu ~ gegenüberstehen;* **'an·ge·sichts** <Präp.; m. Gen.> *im Hinblick auf;* ~ der Lage
'an·ge·spannt <Adj.; -er, am -es·ten; ⬈Z28.1; fig.> *kritisch, bedrohlich;* die Lage ist ~
'an·ge·stammt <Adj.> *ererbt;* ~es Recht
'an·ge·staubt <Adj.; -er, am -es·ten; fig.; umg.> *veraltet*

A

'**Anglizismus:** Ein A. ist ein Wort mit einem Bestandteil, der aus dem britischen oder amerikanischen Englisch in die deutsche Sprache übernommen wurde, z. B. *Job/jobben.* Als A. bezeichnet man auch eine nach Vorbild des Englischen konstruierte Wendung: dt. *einmal mehr* aus engl. *once more.*
Vgl. ↗Fremdwort, ↗Lehnwort

'**An·ge·stell·te(r)** <f. 2 (m. 1)> die leitenden ~n; '**An·ge·stell·ten·ver·si·che·rung** <f.; -, -en>
'**an·ge·tan** <Adj.; ↗Z28.1; in der Wendung> von jmdm. od. etwas ~ sein *Gefallen finden*
'**an·ge·trun·ken** <Adj.; ↗Z28.1> in ~em Zustand
'**an·ge·wandt** <Adj.; ↗Z28.1> ~e Kunst, Mathematik; → a. *anwenden*
'**an·ge·wie·sen** <Adj.; ↗Z28.1; in der Wendung> auf jmdn. od. etwas ~ sein *dringend brauchen*
'**an|ge·wöh·nen** <V. t./V. refl.> *anerziehen, sich zu eigen machen;* ich habe mir angewöhnt, üppig zu frühstücken; '**An·ge·wohn·heit** <f.; -, -en>; '**An·ge·wöh·nung** <f.; -; unz.>
'**an·ge·wur·zelt** <Adv.; in der Wendung> wie ~ stehen bleiben *starr, regungslos*
'**an·gif·ten** <V. t./V. refl.; umg.> jmdn., sich ~
An'gi·na <f.; -, -nen; Med.> *Mandelentzündung* [lat.]; **An'gi·na 'Pec·to·ris** <f.; --; unz.; ↗Z31; Med.> *Herzbeklemmung;* **an·gi·'nös** <Adj.; Med.>
An·gi·o·lo'gie <f.; -; unz.> *Lehre von den Blut- und Lymphgefäßen;* **An·gi'om** <n.; -s, -e; Med.> *Gefäßgeschwulst* [grch.]; **An·gi·o'sper·men** <Pl.; Bot.> = *Bedecktsamer*
An·glai·se, <auch> **Ang·lai·se** <[ã'glɛːz]; f.; -, -n; ↗Z53> *"englischer" Tanz* [frz.]
'**an|glei·chen** <V. t. 153/V. refl.>; '**An·glei·chung** <f.; -, -en>
'**Ang·ler** <m.; -s, -; ↗Z53.1>; '**Ang·le·rin** <f.; -, -nen>
'**an|glie·dern** <V. t.; ich glied(e)re an; sie hat angegliedert; anzugliedern>; '**An·glie·de·rung** <f.; -, -en>
an·gli'ka·nisch, <auch> **ang·li-**

'**ka·nisch** <Adj.; ↗Z53> ~e Kirche *die engl. Staatskirche* [lat.]; **An·gli·ka'nis·mus** <m.; -; unz.> *Lehre u. Ordnung der anglikan. Kirche;* **an·gli·sie·ren** <V. t.> *nach engl. Muster gestalten;* **An·'glist** <m.; -en, -en>; **An'glis·tik** <f.; -; unz.> *engl. Sprach- u. Literaturwissenschaft;* **An'glis·tin** <f.; -, -n·nen>; **an'glis·tisch** <Adj.>; **An·gli'zis·mus** <m.; -, -men> *(in eine andere Sprache übernommene) engl. Spracheigentümlichkeit;* → a. *Kasten;* **An·glo·a·me·ri'ka·ner** <m.; -s -> 1 *Amerikaner engl. Abstammung* 2 <Sammelbez. für> *Engländer u. Amerikaner;* **An·glo·a·me·ri'ka·ne·rin** <f.; -, -n·nen>; **an·glo·a·me·ri'ka·nisch** <Adj.>; **an·glo·fran'zö·sisch** <Adj.>; **An·glo'ma·ne** <m.; -n, -n>; **An·glo·ma'nie** <f.; -; unz.> *übertriebene Vorliebe für alles Englische;* **An·glo'ma·nin** <f.; -, -n·nen>; **an·glo·nor'man·nisch** <Adj.>; **an·glo'phil** <Adj.> *englandfreundlich;* Ggs anglophob; **An·glo·phi'lie** <f.; -; unz.>; **an·glo'phob** <Adj.> *englandfeindlich;* Ggs anglophil; **An·glo·pho'bie** <f.; -; unz.>
'**an|glot·zen** <V. t.; du glotzt an; umg.>
An'go·la *Staat in Südwestafrika;* Republik ~; **An·go'la·ner** <m.; -s, ->; **An·go'la·ne·rin** <f.; -, -n·nen>; **an·go'la·nisch** <Adj.>
An·go·ra·ka·nin·chen <n.; -s, -; Zool.> *eine Kaninchenrasse;* **An·'go·ra·kat·ze** <f.; -, -n> *eine Katzenrasse;* **An·go·ra·wol·le** <f.; -; unz.> *Wolle mit langem, feinem Flor;* **An'go·ra·zie·ge** <f.; -, -n; Zool.> *eine Ziegenrasse* [nach der türk. Hauptstadt Ankara, früher *Angora*]
'**an·greif·bar** <Adj.>; '**an|grei·fen** <V. t. 158; ich greife an; sie hat angegriffen; anzugreifen> 1 *berühren* 2 jmdn. ~ *über jmdn. körperlich od. mit Worten herfallen* 3 eine Arbeit ~ *beginnen* 4 *schädigen;* Säuren greifen Metalle an; '**An·grei·fer** <m.; -s, ->; '**An·grei·fe·rin** <f.; -, -n·nen>
'**an|gren·zen** <V. i.> das ~de Grundstück
'**An·griff** <m.; -(e)s, -e> 1 *das Angreifen(2)* 2 <in der Wendung>

etwas in ~ nehmen *beginnen;* '**an·grif·fig** <Adj.; schweiz.> 1 *kämpferisch, streitbar* 2 <Chem.> *aggressiv;* ~e Waschmittel; '**An·griffs·flä·che** <f.; -, -n>; '**An·griffs·krieg** <m.; -(e)s, -e>; '**An·griffs·lust** <f.; -; unz.>; '**an·griffs·lus·tig** <Adj.>; '**An·griffs·spie·ler** <m.; -s, -; Sp.>; '**An·griffs·spie·le·rin** <f.; -, -n·nen>
'**an|grin·sen** <V. t.; du grinst an; umg.>
angst <Adj.; undekl.; ↗Z42; nur präd. u. adv.> mir ist, wird ~ (und bang) *ich bekomme Angst;* → a. *Angst;* **Angst** <f.; -, ̈-e> *große Sorge, Bangigkeit, Furcht;* ~ haben; in ~ sein; jmdm. ~ machen; <aber> → *angst;* '**ängs·ten** <V. refl.> *nur noch poet.> sich ~ *sich fürchten;* '**angst·er·füllt** <Adj.> *voller Angst;* mit ~em Herzen; <aber> er war von Angst erfüllt; '**Angst·ge·fühl** <n.; -(e)s, -e>; '**Angst·geg·ner** <m.; -s, -; bes. Sp.>; '**Angst·geg·ne·rin** <f.; -, -n·nen>; '**Angst·ge·schrei** <n.; -(e)s; unz.>; '**Angst·ha·se** <m.; -n, -n; umg.; scherzh.> *ängstl. Mensch;* '**ängs·ti·gen** <V. t./V. refl.>; '**ängst·lich** <Adj.>; '**Ängst·lich·keit** <f.; -; unz.>; '**Angst·neu·ro·se** <f.; -, -n; Med.; Psych.> *krankhaftes Angstgefühl;* '**Angst·psy·cho·se** <f.; -, -n; Med.; Psych.>
Ång·ström, <auch> **Ångs·tröm, Ångst·röm** <[ˈɔŋstrøːm] od. [ˈaŋ-]; n.; -s, -; ↗Z54; Zeichen: Å> *alte Maßeinheit für die Wellenlänge der Lichtstrahlen* [nach dem schwed. Astronomen u. Physiker A. J. *Ångström*]
'**Angst·schweiß** <m.; -es; unz.>; '**angst·voll** <Adj.>; '**Angst·zu·stand** <m.; -(e)s, ̈-e>
'**an|gu·cken** <V. t.; umg.>
an·gu'lar <Adj.> *einen Winkel betreffend* [lat.]
'**an|gur·ten** <V. t./V. refl.>
An·gus·rind <[ˈæŋɡəs-]; n.; -(e)s, -er; Zool.> *eine Rinderrasse* [nach der schott. Stadt *Angus*]
Anh. <Abk. für> *Anhang*
'**an|ha·ben** <V. t. 159; ich habe an; sie hat angehabt; anzuhaben> 1 etwas ~ *bekleidet sein* 2

er kann dir nichts ~ *nicht gefährlich werden, schaden*; **'an|haf·ten** <V. i.> einer Sache ~ *fest mit ihr verbunden sein*

'An·halt¹ *ehem. Land des Deutschen Reiches*; → a. *Sachsen-Anhalt*

'An·halt² <m.; -(e)s, -e> 1 *Halt, Stütze* 2 *Begründung, Beweis*

'an|hal·ten <V. 160> 1 <V. t.> *eine Bewegung, einen Vorgang beenden*; *ein Auto, die Luft* ~ 2 <V. i.> *andauern*; *~der Beifall* 3 <V. t.> *jmdn. zu etwas* ~ *dafür sorgen, dass jmd. etwas tut*

'An·hal·ter¹ <m.; -s, -> = *Anhaltiner*

'An·hal·ter² <m.; -s, -> *per ~ fahren*; Sy *Tramper*

'An·hal·te·rin¹ <f.; -, -n·nen> = *Anhaltinerin*

'An·hal·te·rin² <f.; -, -n·nen> Sy *Tramperin*

An·'hal·ti·ner <m.; -s, -> *Einwohner von Anhalt¹*; **An·'hal·ti·ne·rin** <f.; -, -n·nen>

'An·halts·punkt <m.; -(e)s, -e; fig.> *keine ~e haben*

an'hand <Präp.; m. Gen.; ↗Z 19.2> *mithilfe*; ~ *eines Fotos*; ~ *von Fotos*

'An·hang <m.; -(e)s, ⸚e; Abk.: Anh.> 1 *ergänzender Zusatz (zu Schriftstücken)* 2 *Verwandtschaft*; *sie ist ohne ~*

'an|han·gen <V. i. 161; ich hange an; sie hat angehangen; anzuhangen; geh.> *jmdm. od. einer Sache ~ ergeben sein*

'an|hän·gen <V. t. 161; ich hänge an; sie hat angehängt; anzuhängen> *hinzufügen*; *er hängte einen Wagen an den Zug an*; **'An·hän·ger** <m.; -s, -> 1 *Fahrzeug, das an ein anderes angehängt wird* 2 *ein Schmuckstück* 3 *Bewunderer*; **'An·hän·ge·rin** <f.; -, -n·nen>; **'An·hän·ger·schaft** <f.; -; unz.>; **'an·hän·gig** <Adj.; Rechtsspr.> *der Prozess ist ~ steht zur Entscheidung*; *eine Klage ~ machen vor Gericht K. erheben*; **'an·häng·lich** <Adj.> *treu*; **'An·häng·lich·keit** <f.; -; unz.>; **'An·häng·sel** <n.; -s, ->

'an|hau·chen <V. t.>

'an|hau·en <V. t. 162> *jmdn. ~* <fig.; umg.> *ansprechen, anbetteln*

'an|häu·feln <V. t.> *in Mengen sammeln*; **'An·häu·fung** <f.; -, -en> *eine ~ von Fehlern*

'an|he·ben <V. 163> 1 <V. t.> *etwas ~ in die Höhe heben* <a. fig.>; *die Preise wurden angehoben* 2 <V. i.> *jmd. od. etwas hebt an* <geh.; veralt.> *beginnt*

'an|hef·ten <V. t.; ich hefte an; sie hat angeheftet; anzuheften>

an'heim <Adv.; ↗Z 22.3; geh.; nur in den Wendungen> ~ *fallen in jmds. Besitz übergehen*; ~ *geben überlassen, anvertrauen*; ~ *stellen jmds. Ermessen überlassen*

'an|hei·meln <V. t.> *etwas heimelt jmdn. an*; **'an·hei·melnd** <Adj.>

'an·hei·schig <Adv.; geh.; nur in der Wendung> *sich ~ machen, etwas zu tun sich erbieten*

'an|hei·zen <V. t.; du heizt an; a. fig.> *schüren*; *die Stimmung ~*

'an|herr·schen <V. t.> *jmdn. ~ barsch anreden*

'an|heu·ern <V. t.; ich heu(e)re an; sie hat angeheuert; anzuheuern> *jmdn. ~ für Schiffsdienste anwerben*

'An·hieb <m.; -(e)s; unz.; fast nur in der Wendung> *auf ~ gleich beim ersten Mal, sofort*

'an|him·meln <V. t.; ich himm(e)le an; sie hat angehimmelt; anzuhimmeln> *jmdn. ~* <umg.; scherzh.> *verehren*

'an·hin <Adv.; schweiz.> *bis ~ bis jetzt*

'An·hö·he <f.; -, -n> *kleiner Hügel*

'an|hö·ren <V. t./V. refl.> *das hört sich gut an*; **'An·hö·rung** <f.; -, -en> *Befragung, Vernehmung (von Zeugen)*

An·hy'drid, <auch> **An·hyd'rid** <n.; -(e)s, -e; ↗Z 53; Chem.> *durch Wasserentzug entstehende Verbindung* [grch.]; **An·hy'drit** <m.; -(e)s, -e> *ein Mineral*

Ä'nig·ma <n.; -s, -ma·ta od. -men; geh.> *Rätsel*; oV *Enigma* [lat.]; **ä·nig'ma·tisch** <Adj.>

A·ni'lin <n.; -(e)s; unz.> *Ausgangsstoff für viele Farben u. Arzneimittel* [arab.]

'A·ni·ma <f.; -; unz.; Philos.> *die Seele* [lat.]

a·ni'ma·lisch <Adj.> 1 *tierisch* 2 *triebhaft* [lat.]; **A·ni·ma'lis·mus** <m.; -, -men> *rel. Verehrung*

von Tieren; **A·ni·ma·li'tät** <f.; -; unz.> *tierische Wesensart*

A·ni·ma'teur <[-'tøːɐ̯] m.; -s, -e> *jmd., der für Unterhaltung u. Freizeitgestaltung von Urlaubern sorgt* [frz.]; **A·ni·ma'teu·rin** <f.; -, -n·nen>; **A·ni·ma'ti·on** <f.; -, -en> 1 *organisierte Unterhaltung u. Freizeitgestaltung für Urlauber* 2 <Film> *Verfahren zur Belebung u. Bewegung der Figuren im Trickfilm*; *Computer-* [lat.]; **a·ni·ma'tiv** <Adj.> *unterhaltend, anregend*; **a·ni·'ma·to** <Mus.> *belebt, beseelt (zu spielen)* [ital.]; **A·ni'mier·da·me** <f.; -, -n; in Nachtbars>; **a·ni·'mie·ren** <V. t.> *beleben, ermuntern*; **A·ni'mis·mus** <m.; -; unz.> 1 *der Glaube an die Beseeltheit der Natur* 2 <bei Naturvölkern> *Glaube an Geister*; **'A·ni·mo** <n.; -s; unz.; österr.; umg.> *Lust, Schwung*; *kein ~ haben* [ital.]; **A·ni·mo·si'tät** <f.; -, -en> *Feindseligkeit*; **a·ni'mo·so** <Mus.> *bewegt (zu spielen)*; **'A·ni·mus** <m.; -, -mi> 1 *Geist, Seele* 2 <umg.; scherzh.> *Ahnung* [lat.]

'An·i·on, <auch> **'A·ni·on** <n.; -(e)s, -en; ↗Z 54; Phys.> *negativ geladenes elektr. Ion*; Ggs *Kation* [grch.]

'A·nis <a. [-'-]; m.; -es, -e; Bot.> *eine Gewürz- u. Arzneipflanze* [grch.]; **A·ni·sette** <[-'zɛt] m.; -s, -s> *Anislikör* [frz.]; **'A·nis·öl** <n.; -(e)s, -e>; **'A·nis·schnaps** <m.; -es, ⸚e>

'an|kämp·fen <V. i.> *gegen ein Vorurteil ~*

'An·ka·ra *Hauptstadt der Türkei*

'An·ka·the·te <f.; -, -n; Geom.; im rechtwinkligen Dreieck> *eine der beiden dem rechten Winkel anliegenden Seiten*

'An·kauf <m.; -(e)s, ⸚e> *An- und Verkauf*; **'an|kau·fen** <V. t.> *käuflich erwerben*; **'An·kaufs·recht** <n.; -(e)s; unz.>

'An·ker <m.; -s, -> *Haken zum Festmachen von Schiffen*; *vor ~ gehen* <fig.> *sesshaft werden*; *~ lichten* <fig.> *abreisen*; **'An·ker·bo·je** <f.; -, -n>; **'an·ker·fest** <Adj.; ↗Z 27> *zum Ankern geeignet*; **'An·ker·ket·te** <f.; -, -n>; **'an·kern** <V. i.; ich ank(e)re> *mit Anker festmachen bzw. fest-*

gemacht sein; **'An·ker·platz** <m.; -es, ˵e>

an|ket·ten <V. t.> *an die Kette legen*

An·kla·ge <f.; -, -n> *Beschuldigung;* **'An·kla·ge·bank** <f.; -, ˵e; im Gericht>; **'an|kla·gen** <V. t.; ich klage an; sie hat angeklagt; anzuklagen> *beschuldigen;* **'An·klä·ger** <m.; -s, ->; **'An·kla·ge·rin** <f.; -, -n·nen>; **'An·kla·ge·schrift** <f.; -, -en>

an|klam·mern <V. t./V. refl.; ich klamm(e)re an; sie hat angeklammert; anzuklammern> sich an jmdn. ~ <fig.>

An·klang <m.; -(e)s, ˵e> 1 *flüchtige Übereinstimmung* 2 <unz.; in der Wendung> ~ *finden*

'an|kle·ben <V. t. u. V. i.; ich klebe an; sie hat angeklebt; anzukleben>

'An·klei·de·ka·bi·ne <f.; -, -n>; **'an|klei·den** <V. t./V. refl.>; **'An·klei·de·pup·pe** <f.; -, -n>

'an|kli·cken <V. t.; ich klicke an; sie hat angeklickt; anzuklicken; EDV> *mittels Computermaus aktivieren;* ein Icon ~

'an|klin·gen <V. i. 168> *andeutungsweise erkennbar werden*

'an|klop·fen <V. i.>

'an|knip·sen <V. t.; du knipst an> das Licht ~ <umg.> *einschalten*

'an|knüp·fen <V.> 1 <V. i.> an, bei etwas ~ *sich auf etwas beziehen;* an die Worte des Vorredners ~ 2 <V. t.> Beziehungen ~ *aufnehmen;* **'An·knüp·fungs·punkt** <m.; -(e)s, -e>

'an|koh·len <V. t.> jmdn. ~ <fig.; umg.> *im Scherz anschwindeln*

'an|kom·men <V. i. (s.) 170> 1 *eintreffen* 2 *gut (bei jmdm.)* ~ *Anklang finden* 3 *gegen jmdn. od. etwas* ~ *sich durchsetzen können* 4 *von Bedeutung sein, abhängen;* es kommt darauf an; **'An·kömm·ling** <m.; -s, -e>

'an|kop·peln <V. t.; ich kopp(e)le an>

'an|kör·nen <V. t.> ein Werkstück ~ <Tech.> *mit einem Körner eine Vertiefung einschlagen*

'an|kot·zen <V. t.; derb> das kotzt mich an <fig.> *widert mich an*

'an|kral·len <V. t./V. refl.> sich irgendwo ~

'an|krei·den <V. t.> jmdm. etwas ~ *anlasten, übel nehmen*

'An·kreis <m.; -es, -e; Geom.>

'an|kreu·zen <V. t.; du kreuzt an>

'an|kün·den <V. t.>; **'an|kün·di·gen** <V. t./V. refl.> *bekannt geben;* der Herbst kündigt sich schon an *macht sich bemerkbar;* **'An·kün·di·gung** <f.; -, -en>

'An·kunft <f.; -; unz.>; **'An·kunfts·zeit** <f.; -; unz.>

'an|kur·beln <V. t.; ich kurb(e)le an; sie hat angekurbelt; anzukurbeln> 1 *mittels Kurbel in Gang bringen* 2 <fig.> *fördern;* die Wirtschaft ~

An·ky·lo·se <f.; -, -n; Med.> *Gelenkversteifung* [grch.]

'an|lä·cheln <V. t.; ich läch(e)le an; sie hat angelächelt; anzulächeln>; **'an|la·chen** <V. t.>

'An·la·ge <f.; -, -n> 1 *bebautes Gelände;* Sport~ 2 *Park;* Grün~ 3 *Veranlagung, Begabung* 4 <Med.> *Neigung (zu Krankheiten)* 5 *Einsatz von Kapital;* Geld~ 6 *Beigefügtes;* **'An·la·ge·be·ra·ter** <m.; -s, ->; **'An·la·ge·be·ra·te·rin** <f.; -, -n·nen>; **'An·la·ge·pa·pie·re** <Pl.>

'an|la·gern <V. t./V. refl.> 1 sich ~ *sich ansammeln* 2 sich ~ <Chem.> *sich verbinden mit;* **'An·la·ge·rung** <f.; -, -en>

'an|lan·den <V.> 1 <V. i. (h. u. s.); Geol.> *sich verbreitern, Land bilden* 2 <V. t.> *eine Schiffsladung ~ an Land bringen;* **'An·lan·dung** <f.; -, -en> 1 = *Alluvion* 2 *an Land gebrachte Ladung*

'an|lan·gen <V.> 1 <V. i. (s.)> *eintreffen* 2 <V. t.> *betreffen;* was mich anlangt ...; Sy *anbelangen*

'An·lass <m.; -es, ˵e> 1 *Grund, äußerer Anstoß* 2 <schweiz.> *(festl., sportl., familiäre) Veranstaltung;* **'an|las·sen** <V. t. 175; du lässt an> 1 den Motor ~ *in Gang setzen* 2 den Mantel ~ <umg.> *anbehalten* 3 das Licht ~ *angeschaltet lassen* 4 <V. refl.> das lässt sich gut an <umg.> *beginnt positiv;* **'An·las·ser** <m.; -s, -; Kfz-Tech.>; **'an·läss·lich** <Präp.; m. Gen.> ~ unserer Hochzeit

'an|las·ten <V. t.> jmdm. etwas ~ *zur Last legen*

'An·lauf <m.; -(e)s, ˵e> 1 <Sp.> *Lauf, der einem Sprung vorausgeht;* ~ *nehmen* 2 *Versuch;* nach mehreren Anläufen; **'an|lau·fen**

<V. i. (s.) 176> 1 <Sp.> *durch kurzen Lauf Schwung nehmen* 2 *sich verfärben;* vor Scham rot ~ 3 *seinen Anfang nehmen;* ein neuer Film ist angelaufen; **'An·lauf·zeit** <f.; -, -en>

'An·laut <m.; -(e)s, -e> *erster Laut eines Wortes od. einer Silbe;* **'an|lau·ten** <V. i.> das Wort lautet mit p an

'an|läu·ten <V. t. od. V. i.; umg.> *anrufen;* jmdn., <schweiz.> jmdm. ~

'an|le·gen <V.> 1 <V. t.> einen Säugling ~ *stillen;* Hand ~ *bei einer Arbeit selbst mit zupacken* 2 <V. t.> etwas ~ *gestalten, aufbauen;* einen Garten ~ 3 <V. t.> Geld in Aktien ~ 4 <V. i.> *sich mit jmdm.* ~ *mit jmdm. in Streit geraten* 5 <V. i.> *ankern;* das Schiff legt im Hafen an; **'An·le·ge·platz** <m.; -es, ˵e>; **'An·le·ger** <m.; -s, -> Kapital~; **'An·le·ge·rin** <f.; -, -n·nen>; **'An·le·ge·steg** <m.; -(e)s, -e>

'an|leh·nen <V. t.> 1 die Tür angelehnt lassen *nicht ganz schließen* 2 <V. refl.> sich an jmdn. ~ <a. fig.>; **'An·leh·nung** <f.; -, -en; Pl. selten> in ~ an ... <fig.> *nach dem Vorbild von ...;* **'An·leh·nungs·be·dürf·nis** <n.; -s·ses, -s·se>; **'an·leh·nungs·be·dürf·tig** <Adj.>

'An·leh·re <f.; -; unz.; schweiz.> *Kurzausbildung für Jugendliche*

'an|lei·ern <V. t.; ich lei(e)re an; sie hat angeleiert; anzuleiern; umg.> = *ankurbeln(2)*

'An·lei·he <f.; -, -n> 1 *(langfristige) Geldaufnahme* 2 <fig.; umg.> *Verwendung fremden geistigen Eigentums;* eine ~ bei jmdm. aufnehmen, machen; **'An·lei·hen** <n.; -s, -; schweiz.>

'an|lei·men <V. t.>

'an|lei·nen <V. t.> den Hund ~

'an|lei·ten <V. t.> 1 jmdn. ~ *mit einer Arbeit vertraut machen* 2 ein Kind zur Ordnung ~; **'An·lei·tung** <f.; -, -en>

'An·lern·be·ruf <m.; -(e)s, -e>; **'an|ler·nen** <V. t.> 1 jmdn. ~ *berufl. ausbilden* 2 <V. refl.> sich etwas ~ <umg.> *(oberflächl.) aneignen;* **'An·lern·ling** <m.; -s, -e>; **'An·lern·zeit** <f.; -, -en>

'an|le·sen <V. t. 179> 1 ein Buch ~ *zu lesen beginnen* 2 <V. refl.>

sich etwas ~ *Buchwissen (unreflektiert) übernehmen*

'an·lie·fern <V. t.; ich lief(e)re an; sie hat angeliefert; anzuliefern>; **'An·lie·fe·rung** <f.; -, -en>

'an·lie·gen <V. i. 180> **1** ein eng ~der Pullover **2** das liegt mir an <geh.> *das ist mir wichtig*; **'An·lie·gen** <n.; -s, -> *Wunsch, Bitte*; **'An·lie·ger** <m.; -s, -; meist Pl.> *Anwohner; Straße für ~ frei;* Sy *Anrainer;* **'An·lie·ger·staat** <m.; -(e)s, -en; meist Pl.> *an ein best. Gebiet angrenzender Staat*

'an·lo·cken <V. t.; ich locke an; sie hat angelockt; anzulocken>

'an·lö·ten <V. t.>

'an·lü·gen <V. t. 181>

'an·lu·ven <[-f-]; V. i.> *den Bug des Schiffes in Windrichtung drehen*

Anm. <Abk. für> *Anmerkung*

'An·ma·che <f.; -; unz.; salopp> *plumper Annäherungsversuch;* **'an·ma·chen** <V. t.> **1** *anbringen;* Gardinen ~ **2** *mit Zutaten vermischen;* Salat ~ **3** *in Gang setzen, einschalten;* Licht ~ **4** jmdn. ~ <salopp> *belästigen (in sexueller Absicht)*

'an·mah·nen <V. t.; ich mahne an; sie hat angemahnt; anzumahnen>

'an·ma·len <V. t.>

'An·marsch <m.; -(e)s; unz.> *das Herannahen;* im ~ sein; **'an·mar·schie·ren** <V. i. (s.)>; **'An·marsch·weg** <m.; -(e)s, -e>

'an·ma·ßen <V. refl.; du maßt dir an> sich etwas ~ *(unberechtigt) für sich in Anspruch nehmen;* **'an·ma·ßend** <Adj.; ✔Z28.1> *überheblich;* **'An·ma·ßung** <f.; -, -en>

'An·mel·de·for·mu·lar <n.; -s, -e> das ~ *ausfüllen;* **'An·mel·de·ge·bühr** <f.; -, -en>; **'an·mel·den** <V. t./V. refl.> jmdn., sich ~ *ankündigen, vormerken lassen;* **'An·mel·de·pflicht** <f.; -; unz.>; **'an·mel·de·pflich·tig** <Adj.>; **'An·mel·dung** <f.; -, -en>

'an·mer·ken <V. t.> **1** jmdm. etwas ~ *an jmdm. etwas feststellen;* sich nichts ~ lassen **2** etwas ~ *äußern, erläutern;* **'An·mer·kung** <f.; -, -en; Abk.: Anm.> → a. *Kasten Fußnoten*

'an·mes·sen <V. t. 185> jmdm. etwas ~ *Maß nehmen*

'An·mo·de·ra·ti·on <f.; -, -en; TV> *Begrüßungsworte des Moderators;* Ggs *Abmoderation;* **'an·mo·de·rie·ren** <V. i. u. V. t.; TV>

'an·mot·zen <V. t.; du motzt an; umg.> jmdn. ~ *nörgelnd kritisieren*

'an·mus·tern <V.; Seemannsspr.> Ggs *abmustern* **1** <V. t.> *in Dienst nehmen* **2** <V. i.> *in Dienst treten;* **'An·mus·te·rung** <f.; -, -en>

'An·mut <f.; -; unz.; geh.> *Liebreiz;* **'an·mu·ten** <V. t.> es mutet mich merkwürdig an *es kommt mir m. vor;* **'an·mu·tig** <Adj.; geh.> *voller Anmut;* **'An·mu·tung** <f.; -, -en; Psych.> *gefühlsmäßiger Eindruck*

'an·na·deln <V. t.; ich nad(e)le an; österr.> *einen Saum ~*

'an·na·gen <V. t.>

'an·nä·hen <V. t.; ich nähe an; sie hat angenäht; anzunähen>

'an·nä·hern <V. t./V. refl.> **1** jmdm. ähnlich machen, werden **2** sich jmdm. ~ *jmdm. näher kommen;* **'an·nä·hernd** <Partikel; ✔Z28.1> *fast, ungefähr;* ~ 200 Personen; er ist nicht ~ so sportlich wie sie; **'An·nä·he·rung** <f.; -, -en>; **'An·nä·he·rungs·ver·such** <m.; -(e)s, -e>; **'an·nä·he·rungs·wei·se** <Adv.>

'An·nah·me <f.; -, -en> *das Annehmen(1, 2, 4);* **'An·nah·me·er·klä·rung** <f.; -, -en>; **'An·nah·me·stel·le** <f.; -, -n>; **'An·nah·me·ver·wei·ge·rung** <f.; -, -en>

An'na·len <Pl.> *(geschichtl.) Jahrbücher* [lat.]; **An'na·ten** <Pl.; bes. im 13.–15. Jh.> *Jahrgelder an den Papst für die Verleihung eines kirchl. Amtes*

'an·nehm·bar <Adj.>; **'an·neh·men** <V. t. 189> **1** *entgegennehmen, billigen;* Ggs *ablehnen* **2** *aufnehmen;* ein Kind ~; Sy *adoptieren* **3** <V. refl.> sich jmds. od. einer Sache ~ **4** *vermuten, voraussetzen;* → a. *angenommen;* **'an·nehm·lich** <Adj.; veralt.> *behaglich, bequem;* **'An·nehm·lich·keit** <f.; -, -en; meist Pl.; geh.>

an·nek'tie·ren <V. t.> ein Land ~ *sich (gewaltsam) aneignen;* **An·nek'tie·rung** <f.; -, -en> = *Annexion;* **'An·nex** <m.; -es, -e; geh.> *Zubehör, Anhängsel;* **An·ne·xi-**

·on <f.; -, -en> *(gewaltsame) Aneignung* [lat.]; **An·ne·xi·o'nis·mus** <m.; -; unz.>

An·ni·hi·la·ti·on <f.; -, -en> *Nichtigkeitserklärung* [lat.]

An·ni·ver'sar <n.; -s, -e>, **An·ni·ver'sa·ri·um** <[-ver-]; n.; -s, -ri·en; meist Pl.; Kath.> *jährl. wiederkehrende Gedächtnisfeier* [lat.]

'an·no *im Jahre;* ~/<auch> Anno 1815; ~/<auch> Anno dazumal, Tobak <umg.> *in alter Zeit, einstmals;* <nur Großschreibung> Anno Domini <Abk.: A. D.> *im Jahre des Herrn* [lat.]

An·non·ce <[-'nɔ̃sə]; f.; -, -n> *Anzeige;* Sy *Inserat* [frz.]; **an·non·cie·ren** <[-nɔ̃'siː-]; V. t.>

An·no·ta·ti·on <f.; -, -en> *Anmerkung, Vermerk* [lat.]

An·nu·i'tät <f.; -, -en> *jährl. Zahlung zur Schuldentilgung* [lat.]

an·nul'lie·ren <V. t.> *für ungültig erklären* [lat.]; **An·nul'lie·rung** <f.; -, -en>

A'no·de <f.; -, -n; Phys.> *positive Elektrode;* Ggs *Kathode* [grch.]

'an·lö·den <V. t.> das ödet mich an <umg.> *langweilt mich, wird mir lästig*

A'no·den·span·nung <f.; -, -en; Phys.>; **A'no·den·strahl** <m.; -(e)s, -en>; **A'no·den·strom** <m.; -(e)s, ⁼e>

'a·no·mal <Adj.> *unregelmäßig, regelwidrig* [grch.]; **A·no·ma'lie** <f.; -, -n>; **A·no'mie** <f.; -; unz.; Soziol.> *Zustand, in dem die Normen einer Gesellschaft nicht mehr erkennbar sind*

an·o'nym, <auch> a·no'nym <Adj.; ✔Z54> *ungenannt, ohne Namensangabe;* ein ~er Brief; <aber> die Anonymen Alkoholiker *eine Selbsthilfegruppe* [grch.]; **An·o·ny·mi'tät** <f.; -; unz.> *Verschweigung des Namens;* **An·o'ny·mus** <m.; -, -mi> *Ungenannter*

An'o·phe·les, <auch> A'no·phe·les <f.; -, -; ✔Z54; Zool.> *Malaria übertragende Stechmücke* [grch.]

'A·no·rak <m.; -s, -s> *Windjacke mit Kapuze* [eskim.]

'an·ord·nen <V. t.>; **'An·ord·nung** <f.; -, -en> *auf ~ von ...*

'an·or·ga·nisch <Adj.> *unbelebt;* ~e Chemie [grch.]

a·nor·mal <Adj.; umg.> = *ab-norm, anomal*

an·or'thit, <auch> **A·nor'thit** <m.; -(e)s, -e; ↗Z54; Min.> *ein Mineral* [grch.]

an|pa·cken <V. t.; ich packe an; sie hat angepackt; anzupa-cken> *kräftig anfassen;* die Arbeit ~ <fig.; umg.> *beginnen*

an|pad·deln <V. i. (s. u. h.); ich padd(e)le an; umg.> **'An·pad·deln** <n.; -s; unz.> *Beginn des Paddelsports*

an|pas·sen <V.> 1 <V. t.> *angleichen* 2 <V. refl.> sich ~ *sich einfügen;* **'An·pas·sung** <f.; -; unz.> **'an·pas·sungs·fä·hig** <Adj.>; **'An·pas·sungs·ver·mö·gen** <n.; -s; unz.>

an|pei·len <V. t.; Mar. u. Flugw.> *ansteuern*

an|pfei·fen <V. 191> 1 <V. t. u. V. i.; Sp.> (ein Spiel) ~ *durch Pfiff das Zeichen zum Spielbeginn geben* 2 <V. t.> jmdn. ~ <umg.> *barsch anreden;* **'An·pfiff** <m.; -(e)s, -e; Sp.>

'an|pflan·zen <V. t.; du pflanzt an>; **'An·pflan·zung** <f.; -, -en>

an|pflau·men <V. t.; umg.; scherzh.> *necken, hänseln*

'an|pi·cken <V. t.; österr. a. für> *ankleben*

'an|pir·schen <V. refl.; Jägerspr.> sich ~ *sich heranschleichen*

an|pö·beln <V. t.; ich pöb(e)le an; umg.; abwertend> *beleidigen, belästigen*

'An·prall <m.; -(e)s; unz.> *heftiger Stoß, Schlag;* **'an|pral·len** <V. i. (s.)> an etwas ~

'an|pran·gern <V. t.; ich prang(e)re an; sie hat angeprangert; anzuprangern; fig.> *scharf kritisieren, öffentl. tadeln*

an|prei·en <V. t.; Seemannsspr.> *ein anderes Schiff ~ anrufen*

'an|prei·sen <V. t. 193/V. refl.; du preist an> *öffentl. rühmen, loben;* **'An·prei·sung** <f.; -, -en>

'An·pro·be <f.; -, -n> ~ *beim Schneider;* **'an|pro·bie·ren** <V. t.> ein Kleidungsstück ~

'an|pum·pen <V. t.> jmdn. ~ <umg.> *jmdn. leihweise um Geld bitten*

an|quat·schen <V. t.> jmdn. ~ <salopp> *ungehemmt ansprechen*

'An·rai·ner <m.; -s, -; oberdt.> =

Anrede: Als A. bezeichnet man das direkte Ansprechen eines Kommunikationspartners. Man unterscheidet dabei **vertrauliche** (*du, dich, dein, ihr, euer* usw.) und **höfliche Anredeformen** (*Sie, Ihr, Ihnen* usw.). Die vertraulichen Anrede- und Possessivpronomen schreibt man (auch in Briefen) klein, die höflichen Formen dagegen groß, z. B.
Kannst du mir helfen? Wie geht es dir? Ich schreibe dir diesen Brief, um dich zu fragen …
Wie haben Sie sich zurechtgefunden? Darf ich Ihnen noch etwas Tee anbieten?
Anredeformen wie *Eure Majestät, Seine Exzellenz* usw. schreibt man ebenfalls groß.
A. und Grußformel in Briefen stehen in einer Zeile und werden vom nachfolgenden Text durch eine Leerzeile abgetrennt.

Anlieger; **'An·rai·ner·staat** <m.; -(e)s, -en>

'an|ran·zen <V. t.; du ranzt an; umg.> *barsch anreden;* **'An·ran·zer** <m.; -s, -; umg.> *derbe Rüge*

'an|ra·ten <V. t. 195> *empfehlen;* auf Anraten von …

'an|rau·chen <V. t.> eine Pfeife ~ *zu rauchen beginnen*

'an|rau·en <V. t.> angerautes Gewebe

'an|rech·nen <V. t.> 1 *bei der Zahlung mit berücksichtigen* 2 jmdm. etwas hoch ~ <fig.> *jmdm. für etwas sehr dankbar sein;* **'An·rech·nung** <f.; -, -en>

'An·recht <n.; -(e)s, -e> 1 *Anspruch* 2 <Theat.> ein – für die Oper haben; = *Abonnement(2)*

'An·re·de <f.; -, -n> *Bezeichnung, mit der man jmdn. anredet;* → a. *Kasten;* **'An·re·de·fall** <m.; -(e)s, ⸚e; Gramm.> = *Vokativ;* **'An·re·de·für·wort** <n.; -(e)s, ⸚er; Gramm.> z. B. du, ihr, Sie; **'an|re·den** <V. t.>

'an|re·gen <V. t.> 1 *den Anstoß zu etwas geben* 2 *beleben;* Kaffee regt den Kreislauf an; **'an·re·gend** <Adj.; ↗Z28.1> *lebhaft, unterhaltsam;* eine ~e Unterhaltung; **'An·re·gung** <f.; -, -en>; **'An·re·gungs·mit·tel** <n.; -s, ->

'an|rei·chern <V. t.; ich reich(e)re an; sie hat angereichert; anzu-

reichern> *gehaltvoller machen;* **'An·rei·che·rung** <f.; -, -en>

'an|rei·hen <V.> 1 <V. t./V. refl.> *(sich) an eine Reihe anschließen* 2 <V. 197 od. schwach konjugiert V. t.> *leicht in Falten legen;* die Gardine ist gleichmäßig angeriehen/angereiht

'An·rei·se <f.; -; unz.>; **'an|rei·sen** <V. i. (s.); ich reise an; du reist an; sie ist angereist; anzureisen>; **'An·rei·se·tag** <m.; -(e)s, -e>

'an|rei·ßen <V. t. 198; du reißt an> 1 *zu verbrauchen beginnen;* eine Kekspackung ~ 2 *erwähnen, oberflächl. erörtern;* das Thema wurde nur angerissen; **'An·rei·ßer** <m.; -s, -> 1 *Vorzeichner* 2 *Marktschreier*

'An·reiz <m.; -es, -e> *Ansporn;* ein finanzieller ~; **'an|rei·zen** <V. t.; du reizt an> *anspornen*

'an|rem·peln <V. t.; ich remp(e)le an; sie hat angerempelt; anzurempeln> jmdn. ~ <umg.> *grob anstoßen*

'an|ren·nen <V. i. 200> gegen etwas ~ <fig.> *sich gegen etwas auflehnen*

'An·rich·te <f.; -, -n> *ein Möbelstück (für Geschirr);* **'an|rich·ten** <V. t.> 1 *es ist angerichtet! bitte zu Tisch!* 2 *Schaden ~ verursachen*

'An·riss <m.; -es, -e; Tech.> *Vorzeichnung*

'an|rol·len <V. i.> *ins Rollen kommen*

'an·rü·chig <Adj.; abwertend> 1 *von zweifelhaftem Ruf* 2 *leicht anstößig;* **'An·rü·chig·keit** <f.; -; unz.>

'an|ru·cken <V. i. (s.)> *mit einem Ruck anfahren*

'an|rü·cken <V. i. (s.)> *näher kommen* (Truppen)

'an|ru·dern <V. i. (s. u. h.)>; **'An·ru·dern** <n.; -s; unz.> *Beginn des Rudersports*

'An·ruf <m.; -(e)s, -e> 1 *Zuruf* 2 *Telefongespräch;* **'An·ruf·be·ant·wor·ter** <m.; -s, -> *Gerät zur Aufzeichnung von Anrufen(2);* **'an|ru·fen** <V. t. 204> 1 jmdn. ~ *laut anreden* 2 jmdn. ~ *mit jmdm. telefonieren* 3 Gott, ein Gericht ~ *um Beistand bitten;* **'An·ru·fer** <m.; -s, -> *jmd., der* *anruft(2);* **'An·ru·fe·rin** <f.; -, -n·nen>; **'An·ru·fung** <f.; -, -en>

'an|rüh·ren <V. t.> 1 *vermischen, vermengen;* Teig, Zement ~ 2 *anfassen;* das Essen nicht ~ <fig.> *nichts essen* 3 *innerlich berühren;* ein ~der Film

ans <Verschmelzungsform von Präp. u. Art.> *an das;* das Fahrrad ~ Haus lehnen; → a. *an*

'an|sä·en <V. t.; ich säe an; sie hat angesät; anzusäen>

'An·sa·ge <f.; -, -n> 1 *Ankündigung (einer Darbietung)* 2 *Diktat(1);* einen Text nach ~ schreiben; **'an|sa·gen** <V. t.> ein Brett ~ *nicht ganz durchsägen*

'An·sa·ger <m.; -s, -; Radio, TV>; **'An·sa·ge·rin** <f.; -, -n·nen>

'an|sa·men <V. i. u. V. refl.; Bot.> (sich) ~ *sich durch Samenflug ansiedeln*

'an|sam·meln <V. t.; ich samm(e)le an> 1 *etwas ~ zusammentragen* 2 <V. refl.> sich ~ *sich häufen;* **'An·samm·lung** <f.; -, -en>

'An·sa·mung <f.; -, -en>

'an·säs·sig <Adj.> *an einem best. Ort wohnend;* **'An·säs·sig·keit** <f.; -; unz.>

'An·satz <m.; -es, ⁼e>; **'An·satz·punkt** <m.; -(e)s, -e>; **'An·satz·rohr** <n.; -(e)s, -e>; **'An·satz·stück** <n.; -(e)s, -e>; **'an·satz·wei·se** <Adv.> *teilweise*

'an|sau·fen <V. refl. 205> sich einen ~ <derb> *sich betrinken*

'an|sau·gen <V. t./V. refl.> sich ~ *festsaugen;* **'An·saug·rohr** <n.; -(e)s, -e>

'an|säu·seln <V. refl.> sich einen ~ <umg.; scherzh.>

'an|schaf·fen <V.> 1 <V. refl.> sich etwas ~ *käuflich erwerben* 2 <V. t.> jmdm. etwas ~ <bair.; österr.> *befehlen, anordnen* 3 <V. i.; umg.> *der Prostitution nachgehen;* **'An·schaf·fung** <f.; -, -en> *Kauf;* **'An·schaf·fungs·wert** <m.; -(e)s, -e>

'an|schäf·ten <V. t.> Pflanzen ~ *veredeln*

'an|schal·ten <V. t.>

'an|schau·en <V. t./V. refl.>; **'an·schau·lich** <Adj.> *deutlich, plastisch;* **'An·schau·lich·keit** <f.; -; unz.>; **'An·schau·ung** <f.; -, -en> *Meinung;* Welt~; **'An-schau·ungs·un·ter·richt** <m.; -(e)s; unz.>; **'An·schau·ungs·wei·se** <f.; -, -n>

'An·schein <m.; -(e)s; unz.> *äußerer Eindruck;* es hat den ~, als ob ...; allem, dem ~ nach; **'an·schei·nen** <V. t. 210>; **'an·schei·nend** <Adv.; ⤴Z28.1> er hat uns ~ nicht gehört *offensichtlich;* → a. *scheinbar*

'an|schei·ßen <V. t. 211; fig.; derb> 1 jmdn. ~ *scharf tadeln* 2 jmdn. ~ *betrügen*

'an|schi·cken <V. refl.> sich ~, etwas zu tun *im Begriff sein*

'an|schie·ßen <V. t. 214>

'an|schie·ßen <V. t. 215>

'an|schir·ren <V. t.> ein Zugtier ~

'An·schiss <m.; -es, -e; umg.> *scharfer Tadel;* einen ~ bekommen

'An·schlag <m.; -(e)s, ⁼e> 1 *das Anschlagen(1);* einen harten, weichen ~ haben; sie schafft 280 Anschläge in der Minute 2 *Überfall, Angriff* 3 <unz.; Tech.> *Stelle, bis zu der ein Maschinenteil bewegt werden kann;* den Hebel bis zum ~ durchdrücken 4 *öffentl. ausgehängte Bekanntmachung,* **'an|schla·gen** <V. 218> 1 <V. t.> *Tasten durch Fingerdruck betätigen* 2 <V. t.> ein Plakat an der Säule ~ *befestigen* 3 <V. t.> *durch Schlagen beschädigen;* → a. *angeschlagen* 4 <V. i.> etwas schlägt an *hat Erfolg, wirkt;* die Kur hat gut angeschlagen 5 <V. i.> der Hund schlägt an *bellt warnend;* **'An·schlä·ger** <m.; -s, -; Bgb.> *Bergmann, der im Schacht Signale gibt;* **'an·schlä·gig** <Adj.; umg.> *erfinderisch;* **'An·schlag·säu·le** <f.; -, -n>

'an|schlei·chen <V. refl. 219> sich ~ *sich unbemerkt nähern*

'an|schlie·ßen <V. 222> 1 <V. t.; Tech.> *durch Koppelung eine Verbindung herstellen;* die Waschmaschine ~ 2 <V. refl.> sich ~ *unmittelbar folgen* 3 <V. refl.> sich jmdm. od. einer Sache ~ *zugesellen;* sich einer Meinung ~; **'an·schlie·ßend** <Adv.; ⤴Z28.1> *im Anschluss an etwas;* **'An·schluss** <m.; -es, ⁼e> 1 <Tech.> *Verbindung mit einem Netz od. innerhalb eines Netzes;* Gas~ 2 im ~ an den Vor-

trag *unmittelbar nach dem V.* 3 *Kontakt;* schnell ~ finden 4 <unz.; Pol.> der ~ Österreichs *die Einverleibung Ö. durch Deutschland 1938*

'An·schluss·stel·le <f.; -, -n; ⤴Z37>

'An·schluss·tref·fer <m.; -s, -; Sp.>

'An·schluss·zug <m.; -(e)s, ⁼e>

'an|schmie·gen <V. refl.> sich an jmdn. ~; **'an·schmieg·sam** <Adj.>

'an|schmie·ren <V. t.> 1 *beschmieren, beschmutzen* 2 <umg.> *betrügen, übervorteilen*

'an|schnal·len <V. t./V. refl.>; **'An·schnall·pflicht** <f.; -; unz.; Verkehrsw.>

'an|schnau·zen <V. t.; du schnauzt an; umg.> *grob tadeln;* **'An·schnau·zer** <m.; -s, -; umg.> *grober Tadel*

'an|schnei·den <V. t. 227; ich schneide an; sie hat angeschnitten; anzuschneiden> 1 die Torte ~ 2 ein Thema ~ <fig.> *zur Sprache bringen;* **'An·schnitt** <m.; -(e)s, -e>

An'scho·ve <[-və]; f.; -, -n>, **An·'scho·vis** <[-vis]; f.; -, -> *pikant zubereitete kleine Sardelle;* oV *Anchovis* [ndrl.]

'an|schrau·ben <V. t.>

'an|schrei·ben <V. t. 230> 1 (Ware) ~ lassen *auf Kredit kaufen* 2 → *angeschrieben* 3 jmdn. ~ *sich schriftl. an jmdn. wenden;* **'An·schrei·ben** <n.; -s, -; Amtsdt.> *Brief*

'an|schrei·en <V. t. 231/V. refl.>

'An·schrift <f.; -, -en> *Adresse;* → a. *Kasten Briefeschreiben*

'An·schub·fi·nan·zie·rung <f.; -, -en>

'an|schul·di·gen <V. t.> *öffentl. anklagen;* **'An·schul·di·gung** <f.; -, -en>

'an|schü·ren <V. t.> = *anheizen*

'An·schuss <m.; -es, ⁼e; Jägerspr.> *erster Schuss*

'an|schwär·zen <V. t.; du schwärzt an> *schwarz machen;* jmdn. ~ <fig.> *verleumden*

'an|schwei·gen <V. t. 233> einander ~ <umg.> *schweigend beeinander sitzen*

'an|schwei·ßen <V. t.; du schweißt an>

'an|schwel·len <V.> 1 <V. i. (s.)

234> *an Größe u. Umfang zunehmen;* der Finger ist angeschwollen 2 <V. t.; schwach konjugiert> *zum Schwellen bringen;* der Regen hat die Flüsse angeschwellt; **'An·schwel·lung** <f.; -, -en>

an|schwem·men <V. t.>; **'An·schwem·mung** <f.; -, -en>

an|schwin·deln <V. t.; ich schwind(e)le an; sie hat angeschwindelt; anzuschwindeln>

'an|schwit·zen <V. t.; du schwitzt an> Mehl ~ *in heißem Fett gelb werden lassen*

'an|se·geln <V. i. (s. u. h.)>; **'An·se·geln** <n.; -s; unz.> *jährl. Beginn des Segel(flug)sports*

'an|se·hen <V. t. 239/V. refl.> → a. *angesehen* 1 *(sich) etwas ~ etwas betrachten, besichtigen* 2 *jmdm. etwas ~ anmerken;* **'An·se·hen** <n.; -s; unz.> 1 *das Betrachten;* ohne ~ der Person <fig.; geh.> *egal, um wen es sich handelt* 2 *Würde, Geltung;* **'an·sehn·lich** <Adj.> 1 *gut aussehend* 2 *beträchtlich;* **'An·sehn·lich·keit** <f.; -; unz.>

'an|sei·len <V. t./V. refl.>

'an|sen·gen <V. t. od. V. i.> *oberflächlich anbrennen*

'an|set·zen <V.; du setzt an; sie hat angesetzt; anzusetzen> 1 <V. t.> *zur Verlängerung anfügen;* Stoff an den Rock ~ 2 <V. t.> *festlegen, bestimmen;* die Sitzung ist für/um 15 Uhr angesetzt 3 <V. t.> *bilden;* Fett, Knospen ~ 4 <V. i.> *im Begriff sein, etwas zu tun;* die Katze setzte zum Sprung an

An'sich·sein <n.; -s; unz.> *Philos.>*

'An·sicht <f.; -, -en> 1 *das Ansehen(1);* sich etwas zur ~ schicken lassen 2 *Blickwinkel;* Seiten~ 3 <fig.> *Auffassung;* meiner ~ nach ...; **'an·sich·tig** <Adv.; m. Gen.> *jmds. od. einer Sache ~ werden* <geh.>; **'An·sichts·kar·te** <f.; -, -n>; **'An·sichts·sa·che** <f.; -, -n> *das ist ~*

'an|sie·deln <V. t./V. refl.; ich sied(e)le (mich) an; sie hat (sich) angesiedelt; (sich) anzusiedeln> *sesshaft machen bzw. werden;* **'An·sie·de·lung, 'An·sied·lung** <f.; -, -en>

'An·sin·nen <n.; -s, -; geh.> *Forderung;* ein ~ an jmdn. stellen

'An·sitz <m.; -es, -e> 1 <Jägerspr.> *Hochstand* 2 <österr. a.> *repräsentativer Wohnsitz;* **'an·sit·zen** <V. i. 246; du sitzt an; Jägerspr.>

an'sonst <schweiz.; österr.>, **an·'sons·ten** <Adv.; umg.> *anderenfalls, im Übrigen*

'an|span·nen <V. t.> 1 *etwas ~ straffen* 2 Zugtiere ~ *vor dem Wagen festmachen;* **'An·span·nung** <f.; -; unz.> *(seelische) Anstrengung*

'an|spa·ren <V. t.; ich spare an; sie hat angespart; anzusparen>

'an|spei·en <V. t. 248; geh.> *anspucken*

'An·spiel <n.; -(e)s, -e; Sp.> *erster Wurf, Stoß usw.;* **'an|spie·len** <V. i.> auf jmdn. od. etwas ~ *versteckt hinweisen;* **'An·spie·lung** <f.; -, -en> *Andeutung*

'an|spin·nen <V. t. 249/V. refl.> *langsam entstehen (lassen);* da spinnt sich etwas an

'an|spit·zen <V. t.; du spitzt an; umg. a. für> *antreiben*

'An·sporn <m.; -(e)s; unz.> *Antrieb;* **'an|spor·nen** <V. t.>

'An·spra·che <f.; -, -n> 1 *kleine förml. Rede* 2 <unz.; süddt.; österr.> *Möglichkeit zur Unterhaltung;* er hat keinerlei ~; **'an·sprech·bar** <Adj.>; **'an|spre·chen** <V. 251; ich spreche an; sie hat angesprochen; anzusprechen> 1 <V. t.> jmdn. ~ *das Wort an jmdn. richten;* jmdn. auf etwas ~ 2 <V. t.> *das spricht mich (nicht) an das gefällt mir (nicht)* 3 <V. i.> *reagieren;* der Kranke spricht auf das Medikament nicht an; **'an·spre·chend** <Adj.; -er, am -s·ten; ↗Z 28.1> *angenehm, gefällig;* ein ~es Äußere(s) haben; **'An·sprech·part·ner** <m.; -s, ->; **'An·sprech·part·ne·rin** <f.; -, -n·nen>

'an|sprin·gen <V. 253> 1 <V. t.> der Hund sprang ihn an 2 <V. i. (s.)> *in Gang kommen;* der Motor springt nicht an

'an|sprit·zen <V. t.; du spritzt an>

'An·spruch <m.; -(e)s, ⁔e> 1 *Forderung;* Ansprüche stellen, geltend machen 2 *(An-)Recht;* auf etwas ~ haben 3 jmdn. od. etwas in ~ nehmen *Gebrauch machen,* <auch> *erfordern;* **'an·spruchs·los** <Adj.> Ggs *anspruchsvoll* 1 *genügsam* 2 <abwertend> *(geistig) nicht sehr gehaltvoll;* **'An·spruchs·lo·sig·keit** <f.; -; unz.>; **'an·spruchs·voll** <Adj.> Ggs *anspruchslos* 1 *unbescheiden* 2 *hohen Anforderungen genügend*

'an|spu·cken <V. t.>

'an|spü·len <V. t.> *am Ufer ablagern*

'an|sta·cheln <V. t.; ich stach(e)le an; sie hat angestachelt; anzustacheln> jmdn. ~ *heftig antreiben, anspornen*

'An·stalt <f.; -, -en> 1 *öffentl. Einrichtung, Betrieb* 2 <nur Pl.> *(keine) ~en machen (keine) Vorbereitungen treffen;* **'An·stalts·lei·ter** <m.; -s, ->; **'An·stalts·lei·te·rin** <f.; -, -n·nen>

'An·stand <m.; -(e)s, ⁔e> 1 <unz.> *gutes Benehmen;* keinen ~ haben 2 (keinen) ~ an etwas nehmen <geh.> *(keine) Bedenken gegen etwas haben* 3 <Jägerspr.> *Ort, wo der Jäger auf das Wild wartet;* **'an·stän·dig** <Adj.> 1 *dem Anstand(1) entsprechend* 2 *gut, ordentlich;* zieh dich ~ an! 3 <adv.> *heftig;* es hat ~ geschneit; **'An·stän·dig·keit** <f.; -; unz.>; **'An·stands·be·such** <m.; -(e)s, -e>; **'an·stands·hal·ber** <Adv.> *um die Form zu wahren;* **'an·stands·los** <Adv.> *ohne Schwierigkeiten zu machen;* **'An·stands·wau·wau** <m.; -s, -s; umg.; scherzh.; früher> *Begleiter eines Mädchens, der auf die Wahrung des Anstands(1) achtet*

'an|star·ren <V. t.; ich starre an; sie hat angestarrt; anzustarren>

an'statt → *statt*

'an|stau·ben <V. i. (s.)> → a. *angestaubt*

'an|stau·en <V. t.> *ansammeln;* es hat sich viel Ärger angestaut

'an|stau·nen <V. t.>

'an|ste·chen <V. t. 254> ein Bierfass ~ *anzapfen*

'an|ste·cken <V. > 1 <V. t.> etwas ~ *mit einer Nadel befestigen* 2 <V. t./V. refl. u. V. i.> jmdn. ~ *eine Krankheit od. Stimmung auf jmdn. übertragen;* er hat mich angesteckt; ich habe mich bei ihm angesteckt; Lachen steckt an; **'an·ste·ckend** <Adj.> eine ~e Krankheit; **'An·steck·na·del** <f.; -, -n>; **'An·ste·ckung** <f.; -, -en> Übertragung von Krankheitserregern; **'An·ste·ckungs·ge·fahr** <f.; -, -en>

'an|ste·hen <V. i. 256> 1 Schlange stehen 2 nicht ~, etwas zu tun <geh.> keine Bedenken haben 3 was steht heute an? was ist zu tun? 4 auf jmds. Hilfe ~ <umg.; österr.> jmds. H. brauchen; **'an·ste·hend** <Adj.; ⚹Z28> ~es Gestein <Geol.> an der Erdoberfläche hervortretendes Urgestein

'an|stei·gen <V. i. (s.) 258> 1 in die Höhe führen 2 <a. fig.> höher werden, wachsen; die Flut, die Temperatur steigt an

an·stel·le, <auch> **an 'Stel·le** <Präp.; m. Gen.; ⚹Z19.2> statt; ~ des Lehrers; ~ von Prüfungen

'an|stel·len <V. t.; ich stelle an; sie hat angestellt; anzustellen> 1 die Heizung ~ einschalten 2 <V. refl.> sich ~ Schlange stehen 3 jmdn. ~ in ein Arbeitsverhältnis aufnehmen 4 etwas ~ ausführen; was hast du nun schon wieder angestellt 5 <V. refl.> sich (geschickt, dumm) ~ <umg.>; **'an·stel·le·rei** <f.; -; unz.> umg.> zimperliches Verhalten; **'an·stel·lig** <Adj.> geschickt; **'An·stel·lig·keit** <f.; -; unz.>; **'An·stel·lung** <f.; -, -en> Posten; **'An·stell·win·kel** <m.; -s, -> Flugw.>

'an|steu·ern <V. t.; ich steu(e)re an; sie hat angesteuert; anzusteuern>

'An·stich <m.; -(e)s, -e> das Anstechen

'An·stieg <m.; -(e)s, -e>

'an|stie·ren <V. t.> jmdn. ~ unverwandt ansehen

'an|stif·ten <V. t.> jmdn. zu etwas (Üblem) ~ verleiten, verlocken; **'An·stif·ter** <m.; -s, ->; **'An·stif·te·rin** <f.; -, -n·nen>; **'An·stif·tung** <f.; -, -en>

'an|stim·men <V. t.> ein Lied ~ zu singen beginnen

'an|stin·ken <V. i. 261; umg.> gegen jmdn. od. etwas ~ <fig.>

'An·stoß <m.; -es, ⁼e> 1 <Fußb.> erster Schuss 2 <fig.> Impuls; jmdm. den ~ für etwas geben 3 an etwas ~ nehmen etwas miss-

billigen; **'an|sto·ßen** <V. 262> 1 <V. t.> jmdn. od. etwas ~ einen Stoß versetzen 2 <V. i.> einander zutrinken; auf jmds. Wohl ~ 3 <V. i. (s.)> angrenzen; **'An·stö·ßer** <m.; -s, -; schweiz.> Anlieger; **'An·stö·ße·rin** <f.; -, -n·nen; schweiz.>; **'an·stö·ßig** <Adj.> den Anstand verletzend; **'An·stö·ßig·keit** <f.; -, -en>

'an|strah·len <V. t.>

'an|stre·ben <V. t.>; **'an|stre·bens·wert** <Adj.>

'an|strei·chen <V. t. 263; ich streiche an; sie hat angestrichen; anzustreichen>; **'An·strei·cher** <m.; -s, ->; **'An·strei·che·rin** <f.; -, -n·nen>

'an|stren·gen <V.> 1 <V. refl.> sich ~ sich Mühe geben 2 <V. i. u. V. t.> ermüden; Laufen strengt (ihn) an 3 <V. t.> einen Prozess ~ <Rechtsw.> in Gang setzen; **'an·stren·gend** <Adj.; ⚹Z28.1>; **'An·stren·gung** <f.; -, -en>

'An·strich <m.; -(e)s, -e> ein künstlerischer ~ <fig.>

'an|stri·cken <V. t.>

'an|stü·ckeln <V. t.; ich stück(e)le an; sie hat angestückelt; anzustückeln> verlängern

'An·sturm <m.; -(e)s, ⁼e> heftiger Andrang; **'an|stür·men** <V. i. (s.)> gegen jmdn. od. etwas ~

'an|su·chen <V. t.; um etwas ~ <Amtsspr.> um etwas bitten; **'An·su·chen** <n.; -s, -; förml.> Bitte; auf ~ von Herrn X

Ant·a·go'nis·mus, <auch> **An·ta·go'nis·mus** <m.; -, -men; ⚹Z54> Widerstreit, (unversöhnl.) Gegensätzlichkeit [grch.]; **Ant·a·go'nist** <m.; -en, -en> Gegner; **Ant·a·go'nis·tin** <f.; -, -n·nen>; **ant·a·go'nis·tisch** <Adj.>

'an|tan·zen <V. i. (s. u. h.); du tanzt an> bei jmdm. ~ <umg.> vorbeikommen

Ant'ark·tis <f.; -; unz.> Südpolargebiet [grch.]; **ant'ark·tisch** <Adj.>

'an|tas·ten <V. t./V. refl.>

'an|tau·en <V. i. (s.)> zu tauen beginnen

an·te 'Chris·tum ('na·tum) <Abk.: a. Chr. n.> vor Christi Geburt [lat.]

'an·te·da·tie·ren <V. t.; veralt.> vordatieren [lat.]

'An·teil <m.; -(e)s, -e> 1 jmdm. zustehender Teil 2 <unz.> innere Beteiligung; ~ an etwas nehmen; **'an·tei·lig** <Adj.>; **'An·teil·nah·me** <f.; -; unz.>; **'An·teil·schein** <m.; -(e)s, -e>; **'An·teils·eig·ner** <m.; -s, ->

'an·te me'ri·di·em <Abk.: a. m.> vormittags [lat.]

An'ten·ne <f.; -, -n> 1 Vorrichtung zum Empfangen od. Senden elektromagnet. Wellen 2 <Zool.> Fühler [lat.]; **An'ten·nen·mast** <m.; -(e)s, -en od. -e>

'An·ten·tem·pel <m.; -s, -> altgrch. Tempel mit verlängerten Seitenwänden

An·te'pen·di·um <n.; -s, -di·en> Altarverkleidung [lat.]

an·te·po'nie·rend <Adj.; Med.> verfrüht auftretend [lat.]

An'the·re <f.; -, -n; Bot.> = Staubblatt [grch.]

An·tho·lo'gie <f.; -, -n> Sammlung von Gedichten od. literar. Texten [grch.]; **an·tho·lo·gisch** <Adj.>

An·thra·cen, <auch> **Anth·ra·cen** <[-'tse:n]; n.; -s, -e; ⚹Z53> aus Steinkohlenteer gewonnener Ausgangsstoff für viele Farbstoffe [grch.]; **An·thra·zen** <n.; -s, -e> = Anthracen; **an·thra'zit** <Adj.; undekl.> schwarzgrau; **An·thra'zit** <m.; -(e)s, -e; Pl. selten> glänzende Steinkohle; **an·thra'zit·far·ben, an·thra'zit·far·big** <Adj.>

an·thro..., An·thro..., <auch> **anth·ro..., Anth·ro...** <⚹Z53> in Zus.> menschen..., Menschen... [grch.]; **an·thro'po·gen** <Adj.> vom Menschen geschaffen, von ihm beeinflusst; **an·thro·po·ge·'ne·se, An·thro·po·ge'nie** <f.; -n> Lehre von der stammesgeschichtl. Entwicklung des Menschen; **an·thro·po'id** <Adj.> menschenähnlich; **An·thro·po·'id** <m.; -en, -en>, **An·thro·po'i·de** <m.; -n, -n> Menschenaffe; **An·thro·po'lo·ge** <m.; -n, -n>; **An·thro·po·lo'gie** <f.; -> Wissenschaft vom Menschen; **An·thro·po'lo·gin** <f.; -, -n·nen>; **an·thro·po·'lo·gisch** <Adj.>; **an·thro·po·'lo·gisch** <Adj.>; **an·thro·po'morph** <Adj.> menschenähnlich, vermenschlicht; **An·thro-**

po·mor'phis·mus <m.; -, -men> *Vermenschlichung*; **An·thro·po'pha·ge** <m.; -n, -n>; **An·thro·po·pha'gie** <f.; -; unz.> *Kannibalismus*; **An·thro·po·pho'bie** <f.; -; unz.> *Menschenscheu*; **an·thro·po'soph** <m.; -en, -en>; **An·thro·po·so'phie** <f.; -; unz.> *Lehre, nach der der Mensch höhere seel. Fähigkeiten entwickeln u. übersinnl. Kräfte erlangen kann*; **An·thro·po·so·phin** <f.; -, -n·nen>; **an·thro·po·'so·phisch** <Adj.>; **an·thro·po·'zen·trisch**, <auch> **anth·ro·po·'zent·risch** <Adj.> *den Menschen in den Mittelpunkt stellend*

an·ti..., **An·ti...** <Vors.> *gegen..., Gegen...* [grch.]

An·ti·al·ko'ho·li·ker <a. ['------]; m.; -s, -> *Alkoholgegner*; **An·ti·al·ko'ho·li·ke·rin** <f.; -, -n·nen>

An·ti·a·me·ri·ka'nis·mus <a. ['--------]; m.; -; unz.> ⬈Z55> *ablehnende Haltung gegenüber den USA*

an·ti·au·to·ri'tär <a. ['------]; Adj.> *autoritäres Verhalten ablehnend*; *~e Erziehung*

An·ti·ba·by·pil·le <[-'be:bi-]; f.; -, -n> *ein hormonelles Empfängnisverhütungsmittel*

an·ti·bak·te·ri'ell <a. ['------]; Adj.> *gegen Bakterien* [grch.]

An·ti·bi'o·ti·kum <n.; -s, -ka; Med.> *Arzneimittel, das Krankheitserreger abtötet* [grch.]; **an·ti·bi'o·tisch** <Adj.>

An·ti·blo'ckier·sys·tem <n.; -s, -e; Kfz-Tech.; Abk.: ABS>

an·ti·cham'brie·ren, <auch> **an·ti·chamb'rie·ren** <[-'ʃã-]; V. i.; ⬈Z53; veralt.> 1 *im Vorzimmer warten* 2 <fig.; abwertend> *um Gunst betteln* [frz.]

'An·ti·christ <[-krist]> 1 <m.; -en, -en> *Gegner des Christentums* 2 <m.; -s, -e> *Teufel*

an·ti·de·mo'kra·tisch <a. ['------]; Adj.>

An·ti·de·pres'si·vum <n.; -s, -va; Med.> *Medikament gegen Depressionen* [grch.-lat.]

An·ti·di·a'be·ti·kum <n.; -s, -ka; Med.> *Medikament gegen Diabetes* [grch.]

An·ti'dot <n.; -(e)s, -e>, **An·ti·do·ton** <n.; -s, -ta; Med.> *Gegengift* [grch.]

An·ti·fa'schis·mus <a. ['-----]; m.; -; unz.> *Bewegung gegen Faschismus u. Nationalsozialismus* [grch.-ital.]; **An·ti·fa'schist** <m.; -en, -en>; **An·ti·fa'schis·tin** <f.; -, -n·nen>; **an·ti·fa·'schis·tisch** <Adj.>

An·ti·fe'brin, <auch> **'An·ti·fe·brin** <n.; -s, -e; ⬈Z53; Med.> *Medikament gegen Fieber* [grch.-lat.]

An·ti'fon <f.; -, -en> = *Antiphon*

An·ti·fou'ling <[-'fau-]; n.; -s; unz.> *Anstrich für den unter Wasser liegenden Teil von Schiffen zur Verhinderung von Bewuchs* [grch.-engl.]

An·ti'gen <n.; -s, -e; Med.; Biol.> *artfremder Eiweißstoff, der im Blut die Bildung von Antikörpern anregt* [grch.]

An·ti·gu'a·ner <m.; -s, -> *Einwohner von Antigua (und Barbuda)*; **An·ti·gu'a·ne·rin** <f.; -, -n·nen>; **an·ti·gu'a·nisch** <Adj.>; **An·ti·gua und Bar·bu·da** *Inselstaat in der Karibik*

'An·ti·held <m.; -en, -en; bes. im mod. Drama, Roman> *negativ wirkende Hauptfigur*; **'An·ti·hel·din** <f.; -, -n·nen>

an'tik <Adj.> 1 *die Antike betreffend* 2 *alt, altertümlich* [lat.]; **An'ti·ke** <f.; -; unz.> *das klassische Altertum*; **An'ti·ken** <Pl.> *antike Kunstwerke*; **An'ti·ken·samm·lung** <f.; -, -en>; **an'ti·kisch** <Adj.>; **an·ti·ki'sie·ren** <V. t.>

an·ti·kle·ri'kal <a. ['-----]; Adj.> *kirchenfeindlich* [grch.]; **An·ti·kle·ri·ka'lis·mus** <m.; -; unz.>

An·ti'kli·max <f.; -, -e; Stilistik> *Übergang vom stärkeren zum schwächeren Ausdruck; Ggs Klimax(1)* [grch.]

an·ti·kli'nal <Adj.; Geol.> *sattelförmig* [grch.]

An·ti'klopf·mit·tel <n.; -s, -> *Zusatz zu Vergaserkraftstoffen*

An·ti·kom·mu'nis·mus <a. ['------]; m.; -; unz.> *Bewegung gegen den Kommunismus* [grch.-lat.]; **an·ti·kom·mu'nis·tisch** <Adj.>

An·ti·kon·zep·ti'on <f.; -; unz.> *Empfängnisverhütung* [grch.-lat.]; **an·ti·kon·zep·ti·o'nell** <Adj.>; **An·ti·kon·zep'ti·vum**

<n.; -s, -va; Med.> *empfängnisverhütendes Mittel*

'An·ti·kör·per <m.; -s, -> *Schutzstoff (durch Antigene gebildet)*

An·ti·kri'tik <a. ['----]; f.; -, -en> *Erwiderung auf eine Kritik* [grch.]

An·til'la·ner <m.; -s, -> *Einwohner der Antillen*; **An·til'la·ne·rin** <f.; -, -n·nen>; **An·til'len** <Pl.> *Inselgruppe in der Karibik*; **An·til·li'a·ner** <m.; -s, -> = *Antillaner*; **An·til·li'a·ne·rin** <f.; -, -n·nen> = *Antillanerin*

An·ti'lo·pe <f.; -, -n; Zool.> *ein Huftier* [frz.]

An·ti·ma'te·rie <[-'riə]; a. ['------]; f.; -; unz.; Phys.> *Materie aus Antiteilchen* [grch.-lat.]

An·ti·mi·li·ta'ris·mus <a. ['-------]; m.; -; unz.> *ablehnende Einstellung zum Militarismus* [grch.-lat.]; **An·ti·mi·li·ta'rist** <m.; -en, -en>; **an·ti·mi·li·ta'ris·tisch** <Adj.>

An·ti'mon <[a. '---]; n.; -s; unz.; Chem.; Zeichen: Sb> *chem. Element, Metall* [arab.]

an·ti·mon'ar·chisch, <auch> **an·ti·mo'nar·chisch** <Adj.; ⬈Z54> *monarchiefeindlich* [grch.]; **an·ti·mon·ar'chis·tisch** <Adj.> *gegen den Monarchismus gerichtet*

An·ti·mo·ra'lis·mus <m.; -; unz.> *gegen die herrschende Moral gerichtete Einstellung* [grch.-lat.]

An·ti·neur'al·gi·kum, <auch> **An·ti·neu'ral·gi·kum** <n.; -s, -ka; ⬈Z54; Med.> *schmerzlinderndes Arzneimittel* [grch.]

An·ti·no'mie <f.; -, -n> 1 *Widerspruch innerhalb eines Satzes* 2 *Unvereinbarkeit zweier Sätze* [grch.]; **an·ti'no·misch** <Adj.>

An·ti'o·xi·dans <n.; -, -'dan·ti·en od. -'dan·zi·en; meist Pl.; ⬈Z55; Chem.> *die Oxidation verhindernder Zusatz*; **An·ti·o·xi·da·ti·'ons·mit·tel** <n.; -s, ->

An·ti'pas·to <n. od. m.; -s, -ti; meist Pl.; ital. Kochk.> *Vorspeise* [ital.]

An·ti·pa'thie <f.; -, -n> *Abneigung; Ggs Sympathie* [grch.]; **an·ti'pa·thisch** <Adj.>

An·ti'phon <f.; -, -en; ⬈Z11.3> *liturg. Wechselgesang*; oV *Antifon* [grch.]

An·ti'phra·se <f.; -, -n> *Stilmittel,*

bei dem das Gegenteil von dem
Gesagten gemeint ist, z. B. "das
ist ja heiter" für etwas Unange-
nehmes [grch.]

An·ti·po·de <m.; -n, -n> 1 *auf
dem entgegengesetzten Punkt
der Erdkugel lebender Mensch* 2
<fig.> *jmd., der einen entgegen-
gesetzten Standpunkt vertritt*
[grch.]

'an|tip·pen <V. t.>

An·ti·py·re·ti·kum <n.; -s, -ka;
Med.> *fiebersenkendes Medika-
ment;* **an·ti·py're·tisch** <Adj.>

An·ti·qua <f.; -; unz.> *Latein-
schrift;* Sy *Italienne* [lat.]; **An·ti-
'quar** <m.; -s, -e> 1 *jmd., der
mit alten Büchern handelt* 2
Antiquitätenhändler; **An·ti·qua-
ri'at** <n.; -(e)s, -e> 1 *Geschäft, in
dem alte Bücher ge- u. verkauft
werden* 2 <unz.> *Handel mit al-
ten Büchern;* **An·ti'qua·rin** <f.; -,
-n·nen>; **an·ti'qua·risch** <Adj.>;
an·ti'quiert <Adj.; abwertend>
veraltet, überholt; **An·ti'quiert-
heit** <f.; -; unz.>; **An·ti·qui'tät**
<f.; -, -en> *alter, wertvoller Ge-
genstand;* **An·ti·qui'tä·ten·ge-
schäft** <n.; -(e)s, -e>

'An·ti·ra·ke·te <f.; -, -n> *Rakete
zur Zerstörung feindlicher Ra-
keten;* **An·ti'ra·ke·ten·ra·ke·te**
<f.; -, -n>

An·ti·rheu'ma·ti·kum <n.; -s, -ka;
Med.> *Medikament gegen
Rheumatismus* [grch.]

An·ti·se'mit <m.; -en, -en> *Ju-
denfeind;* **An·ti·se'mi·tin** <f.; -,
-n·nen>; **an·ti·se'mi·tisch**
<Adj.>; **An·ti·se·mi'tis·mus**
<m.; -; unz.>

An·ti'sep·sis, An·ti'sep·tik <f.; -;
unz.; Med.> *Abtötung von
Krankheitserregern* [grch.]; **An-
ti'sep·ti·kum** <n.; -s, -ka; Med.>
keimtötendes Medikament; **an-
ti'sep·tisch** <Adj.> *keimtötend*

An·ti'se·rum <a. ['----]; n.; -s,
-se·ren; Med.> *Heilserum mit
Antikörpern* [grch.-lat.]

An·ti·spas'mo·di·kum <n.; -s,
-ka; Med.> *krampflösendes Mit-
tel* [grch.]; **an·ti'spas·tisch**
<Adj.> *krampflösend*

an·ti'sta·tisch <Adj.> *sich elek-
trisch nicht aufladend*

An·tis·tes <m.; -, -ti·tes; Kath.>
Titel für Bischof od. Abt

Antonymie: Der Ausdruck A.
bezeichnet den Bedeutungsge-
gensatz von Wörtern, z. B. Wörter
verschiedener Wortstämme:
*schnell – langsam, schwarz –
weiß, schön – hässlich.* A. kann bei
gleichen Stammwörtern durch
Affixe ausgedrückt werden: *ver-
heiratet – unverheiratet, Raucher
– Nichtraucher, eingießen – aus-
gießen* usw.
Vgl. ⭧Synonymie

'An·ti·stro·phe <f.; -, -n> *Gegen-
strophe im antiken grch. Drama*

'An·ti·teil·chen <n.; -s, -; Phys.>
*zu einem Elementarteilchen ge-
hörendes Teilchen mit entgegen-
gesetzter elektr. Ladung*

An·ti'the·se <a. ['----]; f.; -, -n>
Gegenbehauptung [grch.]; **an·ti-
'the·tisch** <Adj.>

An·ti·to'xin <a. ['----]; n.; -s, -e;
Med.> *im Blutserum enthalte-
ner Antikörper* [grch.]

**An·ti·tran·spi'rant, An·ti-
trans·pi'rant** <n.; -s, -e od.
-ti·en; ⭧Z54> *schweißhemmen-
des Mittel* [grch.-lat.]

An·ti·tus'si·vum <[-v-]; n.; -s, -va;
Med.> *den Hustenreiz stillendes
Medikament* [grch.-lat.]

An·ti·vi·rus·pro·gramm <[-'vi:-];
n.; -(e)s, -e; EDV>

An·ti·zi·pa'ti·on <f.; -, -en> *Vor-
wegnahme* [lat.]; **an·ti·zi'pie-
ren** <V. t.> *vorwegnehmen*

**an·ti'zy·klisch, <auch> an·ti'zyk-
lisch** <a. ['----]; ⭧Z53> 1
unregelmäßig wiederkehrend 2
<Wirtsch.> *einem schwanken-
den Konjunkturverlauf entge-
genwirkend*

An·ti·zy'klo·ne <f.; -, -n; Meteor.>
Hochdruckgebiet

'Ant·litz <n.; -es, -e; poet.> *Ge-
sicht*

'an|tö·nen <V. t.; schweiz.> *an-
deuten*

An·to·no·ma'sie <f.; -, -n> 1 *Um-
schreibung eines Eigennamens
durch eine Eigenschaft, z. B.
"der deutsche Dichterfürst" für
Goethe* 2 *Umschreibung eines
Gattungsbegriffs durch einen
Eigennamen, z. B. "Adonis" für
einen schönen Jüngling* [grch.]

ant·o'nym, <auch> an·to'nym
<Adj.; ⭧Z54; Sprachw.> *von
entgegengesetzter Bedeutung*

[grch.]; **Ant·o'nym** <n.; -; -(e)s,
-e> *Wort von entgegengesetzter
Bedeutung, z. B. "hell" im Ggs.
zu "dunkel";* **Ant·o'ny·mie** <f.;
-; unz.; Sprachw.> → a. *Kasten*;
ant·o'ny·misch <Adj.> = *anto-
nym*

'an|tör·nen <V. t.; Jugendspr.> *in
einen Rausch, in Begeisterung
versetzen;* oV *anturnen*

'An·trag <m.; -(e)s, ⸚e> 1 *schriftl.
eingereichtes Gesuch an eine Be-
hörde* 2 *zur Abstimmung einge-
reichter Vorschlag;* auf/<österr.
a.> über ~ von ...; **'an|tra·gen**
<V. t. 265; veralt.; geh.> *jmdm.
etwas – vorschlagen;* **'An·trags-
for·mu·lar** <n.; -s, -e>; **'An·trag-
stel·ler** <m.; -s, ->; **'An·trag-
stel·le·rin** <f.; -, -n·nen>

'an|trau·en <V. t.; veralt.; geh.>
*jmdm. jmdm. ~ jmdm. mit
jmdm. verheiraten;* mein Ange-
trauter <scherzh.> *mein Mann*

'an|tref·fen <V. t. 266; ich treffe
an; sie hat angetroffen; anzu-
treffen> *vorfinden*

'an|trei·ben <V. t. 267> *jmdn. ~
zu schnellerer Bewegung veran-
lassen;* **'An·trei·ber** <m.; -s, ->;
'An·trei·be·rin <f.; -, -n·nen>

'an|tre·ten <V. 268> 1 <V. t.> *be-
ginnen;* eine Reise, eine Stelle ~
2 <V. i. (s.)> *sich in einer best.
Ordnung aufstellen;* angetreten!
<militär. Kommando> 3 <V. i.
(s.)> gegen jmdn. ~ <Sp.> *den
(Wett-)Kampf aufnehmen*

'An·trieb <m.; -(e)s, -e> 1 <Tech.>
bewegende Kraft 2 <fig.> *innere
Kraft;* **'An·triebs·ach·se** <[-ks-];
f.; -, -n; Tech.>; **'An·triebs·kraft**
<f.; -, ⸚e>; **'An·triebs·schwä·che**
<f.; -; unz.>; **'An·triebs·wel·le**
<f.; -, -n; Tech.>

'an|trin·ken <V. refl. 270> sich ei-
nen (Rausch) ~ *sich betrinken;*
'An·trin·ket <m.; -s; unz.;
schweiz.> *Willkommenstrunk;*
Ggs *Austrinket*

'An·tritt <m.; -(e)s; unz.> *das An-
treten(1);* **'An·tritts·be·such**
<m.; -(e)s, -e>; **'An·tritts·re·de**
<f.; -, -n>; **'An·tritts·vor·le·sung**
<f.; -, -en>

'an|trock·nen <V. i. (s.)>

'an|tun <V. t./V. refl. 272> 1
*jmdm. etwas ~ zufügen, berei-
ten* 2 *das Bild hat es mir ange-
tan es gefällt mir sehr*

A

an|tur·nen <[-tɐ-]; V. t.> = *antörnen* [engl.]

Ant·wort <f.; -, -en> *Erwiderung (auf eine Frage); um ~ wird gebeten* <Abk.: u. A. w. g.> (Vermerk auf Einladungsschreiben); *Rede und ~ stehen Rechenschaft ablegen;* **'ant·wor·ten** <V. i.>; **'ant·wort·lich** <Adv.; m. Gen.; Amtsdt.> *als Antwort auf ...; ~ Ihres Schreibens;* **'Ant·wort·schein** <m.; -(e)s, -e>; **'Ant·wort·schrei·ben** <n.; -s, ->

An·u'rie, <auch> **A·nu'rie** <f.; -; unz.; ⚹Z54; Med.> *Unfähigkeit, Harn zu lassen* [grch.]

'A·nus <m.; -, 'A·ni; Med.> = *After* [lat.]; **'A·nus prae·ter** <[-'pre:-]; m.; --, 'A·ni -; ⚹Z31; Med.> *künstl. Darmausgang*

an|ver·trau·en <V. t.; ich vertraue an; sie hat anvertraut; anzuvertrauen> 1 jmdm. etwas ~ *zu treuen Händen überlassen/* <auch> *vertraulich mitteilen* 2 <V. refl.> sich jmdm. ~ *sich vertrauensvoll an jmdn. wenden*

'An·ver·wand·te(r) <f. 2 (m. 1)> *Verwandte(r);* **'An·ver·wandt·schaft** <f.; -; unz.>

an|vi·sie·ren <[-vi-]; V. t.> *ins Auge fassen, sich als Ziel setzen*

an|wach·sen <[-ks-]; V. i. (s.) 277> 1 *sich wachsend mit etwas verbinden* 2 *mehr werden, anschwellen*

An·walt <m.; -(e)s, ⁼e> 1 <kurz für> *Rechtsanwalt* 2 <fig.> *Fürsprecher;* **'An·wäl·tin** <f.; -, -n·nen>; **'An·walts·bü·ro** <n.; -s, -s>; **'An·walt·schaft** <f.; -; unz.>; **'An·walts·kam·mer** <f.; -, -n> *Organisation der Anwälte;* **'An·walts·kanz·lei** <f.; -, -en>

an|wan·deln <V. t.; geh.> es wandelte mich die Lust an <geh.>; **'An·wand·lung** <f.; -, -en> *plötzl. auftretende Laune;* in einer ~ von Großzügigkeit

an|wär·men <V. t.; ich wärme an; sie hat angewärmt; anzuwärmen>

'An·wär·ter <m.; -s, -> *aussichtsreicher Bewerber;* **'An·wär·te·rin** <f.; -, -n·nen>; **'An·wart·schaft** <f.; -; unz.> *Aussicht*

an|wei·sen <V. t. 282> 1 jmdn. ~, etwas zu tun *beauftragen* 2 *anleiten* 3 jmdm. einen Platz ~ *zu-*

teilen 4 Geld ~ *überweisen;* **'An·wei·sung** <f.; -, -en>

'an·wend·bar <Adj.>; **'An·wend·bar·keit** <f.; -; unz.>; **'an|wen·den** <V. t. 283> *verwenden, gebrauchen, einsetzen;* **'An·wen·der** <m.; -s, ->; **'an·wen·der·freund·lich** <Adj.>; **'An·wen·de·rin** <f.; -, -n·nen>; **'An·wen·dung** <f.; -, -en>; **'An·wen·dungs·be·reich** <m.; -(e)s, -e>

an|wer·ben <V. t. 284; ich werbe an; sie hat angeworben; anzuwerben> jmdn. ~ *für best. Dienste einstellen (wollen);* **'An·wer·bung** <f.; -; unz.>

an|wer·fen <V. t. 286> den Motor ~ *anlassen*

'An·wert <m.; -(e)s, -e; bair.; österr.> *Wertschätzung*

'An·we·sen <n.; -s, -> *größeres Haus mit Grundbesitz;* **'an·we·send** <Adj.> *zugegen;* Ggs *abwesend;* **'An·we·sen·de(r)** <f. 2 (m. 1)>; **'An·we·sen·heit** <f.; -; unz.>; **'An·we·sen·heits·lis·te** <f.; -, -n>

an|wi·dern <V. t.> es widert mich an *es erregt meinen Ekel*

an|win·keln <V. t.> es wink(e)le an; sie hat angewinkelt; anzuwinkeln> den Arm ~

'An·woh·ner <m.; -s, ->; **'An·woh·ne·rin** <f.; -, -n·nen>

'An·wuchs <[-ks]; m.; -es, ⁼e; Forstw.> *sehr junger Wald*

'An·wurf <m.; -(e)s, ⁼e> 1 *Verputz; Kalk~* 2 <fig.> *Verleumdung, Beleidigung*

an|wur·zeln <V. i.> *Wurzeln schlagen;* → a. *angewurzelt*

'An·zahl <f.; -; unz.> *eine gewisse Menge;* **'an|zah·len** <V. t.> *einen Teilbetrag vorab bezahlen*

'an|zäh·len <V. t.> einen zu Boden gegangenen Boxer ~

'An·zah·lung <f.; -, -en>

'an|zap·fen <V. t.; ich zapfe an; sie hat angezapft; anzuzapfen> 1 ein Fass ~ *durch ein Bohrloch öffnen* 2 jmdn. ~ <fig.; umg.>; **'An·zap·fung** <f.; -, -en>

'An·zei·chen <n.; -s, -> *(erster) Hinweis auf etwas*

'an|zeich·nen <V. t.>

'An·zei·ge <f.; -, -n> *schriftl. Ankündigung, Mitteilung;* **'an|zei·gen** <V. t.> 1 etwas ~ *schriftl. ankündigen, mitteilen* 2 *sichtbar werden lassen* 3 einen Dieb-

stahl ~ *der Polizei melden;* **'An·zei·gen·bü·ro** <n.; -s, -s>; **'An·zei·gen·teil** <m.; -(e)s, -e> der ~ der Zeitung; **'An·zei·ge·pflicht** <f.; -; unz.; Med.> *Meldepflicht;* **'an·zei·ge·pflich·tig** <Adj.> eine ~e Krankheit; **'An·zei·ger** <m.; -s, -> 1 *Gerät, das etwas anzeigt;* Geschwindigkeits~ 2 *Titel von (kleineren) Tageszeitungen;* **'An·zei·ge·ta·fel** <f.; -, -n>

'an|zet·teln <V. t.; ich zett(e)le an; sie hat angezettelt; anzuzetteln; umg.> *(etwas Negatives) im Geheimen vorbereiten;* eine Verschwörung ~; **'An·zet·te·lung, 'An·zett·lung** <f.; -, -en>

'an|zie·hen <V. 293> 1 <V. t./V. refl.> jmdn., sich ~ *ankleiden* 2 <V. t.> *Anziehungskraft ausüben* 3 <V. i.; umg.> es zieht an *wird kälter, gefriert;* **'an·zie·hend** <Adj.; ⚹Z28.1> *gewinnend, reizvoll;* **'An·zieh·sa·chen** <Pl.; umg.> *Bekleidung;* **'An·zie·hung** <f.; -, -en>; **'An·zie·hungs·kraft** <f.; -, ⁼e>

'An·zucht¹ <f.; -, -en> *das Aufziehen (junger Pflanzen)*

'An·zucht² <f.; -, ⁼e; Bgb.> *Abwassergraben*

'An·zug <m.; -(e)s, ⁼e> 1 *Hose mit Jacke* 2 <schweiz.> *Kissen-, Bettbezug* 3 <schweiz.; im Parlament> *schriftl. eingereichter Antrag* 4 <in der Wendung> Gefahr im ~; im ~ *sein bedrohlich heranrücken;* **'an·züg·lich** <Adj.> *zweideutig, anstößig;* eine ~e Bemerkung; **'An·züg·lich·keit** <f.; -, -en>; **'An·zugs·kraft** <f.; -, ⁼e; Kfz-Tech.> *Beschleunigungskraft*

'an|zün·den <V. t.; ich zünde an; sie hat angezündet; anzuzünden> eine Kerze ~; **'An·zün·der** <m.; -s, -> *Gerät zum Anzünden;* Zigaretten~

'an|zwei·feln <V. t.; ich zweif(e)le an; sie hat angezweifelt; anzuzweifeln>; **'An·zwei·fe·lung, 'An·zweif·lung** <f.; -, -en>

ao., a. o. <Abk. für> *außerordentlich(er Professor)*

AOK <Abk. für> *Allgemeine Ortskrankenkasse*

ä'o·lisch <Adj.; Geol.> *durch Windeinwirkung entstanden* [nach *Äolus,* dem grch. Gott der

Winde]; **'Ä·ols·har·fe** <f.; -, -n> *Windharfe*

Ä'on <m.; -s, -en> *unendl. Zeitraum, Ewigkeit* [grch.]

A·o'rist <m.; -(e)s, -e; Gramm.> *eine Zeitform des Verbs (u. a. im Griechischen)* [grch.]

A'or·ta <f.; -, -ten; Med.> *Hauptschlagader* [grch.]; **A'or·ten·bo·gen** <m.; -s, - od. (süddt.; österr.; schweiz.) ⇨ *Verbindungsstück zw. aufsteigender u. absteigender Aorta*

AP <[ɛi'pi:]; Abk. für> *Associated Press*

APA <Abk. für> *Austria Presse Agentur (eine österr. Nachrichtenagentur)*

A·pa·che <[a'pat∫ə]; m.; -n, -n> *Angehöriger eines nordamerikan. Indianerstammes*; oV **Apatsche** [indian.]; **A'pa·chin** <f.; -, -n·nen>

A·pa'na·ge <[-ʒə]; f.; -, -n> *Unterhalt für Angehörige* [frz.]

a'part <Adj.; -er, am -es·ten> *eigenartig, reizvoll* [frz.]

A·part·heid <[-'pa:rt-]; f.; -; unz.; früher> *Rassentrennung in der Südafrikan. Republik*; <aber> → *Apartheid* [Afrikaans]; **A'part·heid·po·li·tik** <f.; -; unz.>

A'part·heit <f.; -; unz.> *das Aparte*; <aber> → *Apartheid*

A·part·ment <[ə'pa:rtmənt]; n.; -s, -s> = *Appartement* [engl.]; **A'part·ment·haus** <n.; -es, ⸚er>

A·pa'thie <f.; -; unz.> *Teilnahmslosigkeit* [grch.]; **a·pa'thisch** <Adj.>

A·pa'tit <m.; -s, -e; Min.> *ein Mineral* [grch.]

A'pa·to·sau·ri·er <m.; -s, ->, **A'pa·to·sau·rus** <m.; -, -ri·er> *ausgestorbene Riesenechse* [grch.]

A'pat·sche <m.; -n, -n> = *Apache*; **A'pat·schin** <f.; -, -n·nen>

'a·per <Adj.; oberdt.> *schneefrei*; ~e *Berge*

A·pe·ri·o·disch <Adj.> *zeitlich unregelmäßig* [grch.]

A·pe·ri·tif <[-'ti:f]; m.; -s, -s> *alkohol. Getränk vor dem Essen* [frz.]

'a·pern <V. i.; oberdt.> *tauen; es* apert

A·pe'ro, **A·pé'ro** <m.; -s, -s; bes. schweiz.; kurz für> *Aperitif*

A·per'tur <f.; -, -en; Opt.> *Maß für die Leistungsfähigkeit eines Objektivs* [lat.]

'A·pex <m.; -, 'A·pi·zes [-tse:s]> 1 <Astr.> *Zielpunkt einer Gestirnbewegung* 2 <Sprachw.> *Zeichen für die Länge eines Vokals, z. B. bei a:* [lat.]

'Ap·fel <m.; -s, ⸚; Bot.> *ein Kernobst*; **'Ap·fel·baum** <m.; -(e)s, ⸚e>; **'Äp·fel·chen** <n.; -s, -; Verkleinerungsf. von> *Apfel*; **'Ap·fel·most** <m.; -(e)s, -e>; **'Ap·fel·mus** <n.; -es, -e; Pl. selten>; **'Ap·fel·saft** <m.; -(e)s, ⸚e>; **'Ap·fel·schim·mel** <m.; -s, -; Zool.> *Pferd mit weißgrauen Ringen od. Flecken*; **Ap·fel'si·ne** <f.; -, -n> *eine Zitrusfrucht*; Sy *Orange*; **Ap·fel'si·nen·baum** <m.; -(e)s, ⸚e>; **'Ap·fel·stru·del** <m.; -s, -> *eine Süßspeise*; **'Ap·fel·wein** <m.; -(e)s, -e>; **'Ap·fel·wick·ler** <m.; -s, -; Zool.> *ein Schmetterling*

Aph·ä're·se, <auch> **A·phä're·se** <f.; -, -n; ⤢Z54> = *Aphäresis*; **Aph·ä're·sis** <f.; -, -'re·sen; Sprachw.> *Schwund des Anlautes, z. B. "'s geht" statt "es geht"*; Ggs *Apokope* [grch.]

A·pha'sie <f.; -, -n> 1 <Philos.> *Urteilsenthaltung* 2 <Med.> *Verlust des Sprechvermögens* [grch.]

Ap·hel, <auch> **A·phel, Aph·el** <[ap'he:l] od. [a'fe:l]; n.; -s, -e; ⤢Z54> = *Aphelium*; **Ap'he·li·um** <n.; -s, -li·en> *größte Entfernung eines Planeten von der Sonne*; Ggs *Perihel* [grch.]

A·pho'ris·mus <m.; -, -men> *geistreicher, knapp formulierter Sinnspruch* [grch.]; **A·pho'ris·ti·ker** <m.; -s, ->; **A·pho'ris·ti·ke·rin** <f.; -, -n·nen>; **a·pho'ris·tisch** <Adj.>

A·phro·di·si·a·kum, <auch> **Aph·ro·di·si·a·kum** <n.; -s, -ka; ⤢Z53; Med.> *den Geschlechtstrieb anregendes Mittel* [nach *Aphrodite*, der grch. Liebesgöttin]; **a·phro'di·sisch** <Adj.> 1 = *aphroditisch* 2 *den Geschlechtstrieb steigernd*; **a·phro'di·tisch** <Adj.> *Aphrodite betreffend*

'Aph·the <f.; -, -n; meist Pl.;

Med.> *Bläschenausschlag im Mund* [grch.]

A·pi·a·ri·um <n.; -s, -ri·en> *Bienenhaus, -stand* [lat.]

a·pi'kal <Adj.> *den Apex betreffend* [lat.]

apl. <Abk. für> *außerplanmäßig*

APL <Abk. für engl.> *A Programming Language (eine Programmiersprache)*

A·pla'nat <m.; -en, -en od. n.; -s, -e> *Linsensystem, durch das die Aberration verhindert wird* [grch.]; **a·pla'na·tisch** <Adj.>

A·plomb, <auch> **Ap·lomb** <[a'plõ]; m.; -s; unz.; ⤢Z54> 1 *sicheres Auftreten* 2 *geh.> 1 sicheres Auftreten 2 Nachdruck* 3 <Ballett> *Abfangen einer Bewegung* [frz.]

A'pnoe, <auch> **Ap'noe** <f.; -, -n; ⤢Z54; Med.> *Atemstillstand* [grch.]

A·po, APO <f.; -; unz.; ⤢Z56> *kurz für> außerparlamentarische Opposition*

a·po..., A·po... <in Zus.> *von, weg, ab* [grch.]

A·po·chro'mat <[-kro-]; m.; -(e)s, -e; Opt.> *Linsensystem, das Farbfehler korrigiert* [grch.]; **a·po·chro'ma·tisch** <Adj.>

A·po'dik·tik <f.; -; unz.; Philos.> *die Lehre vom Beweis* [grch.]; **a·po'dik·tisch** <Adj.> 1 *die Apodiktik betreffend* 2 *unwiderleglich* 3 *keinen Widerspruch duldend*

a·po'gam <Adj.; Bot.> *sich ungeschlechtl. fortpflanzend* [grch.-lat.]; **A·po·ga'mie** <f.; -; unz.>

A·po'gä·um <n.; -s, -'gä·en; Astr.> *Punkt der größten Erdferne eines Gestirns* [grch.]

A·po·ka'lyp·se <f.; -, -n; Rel.> *prophet. Schrift über das Weltende, bes. die Offenbarung des Johannes im NT* [grch.]; **a·po·ka·'lyp·tisch** <Adj.> *die ~en Reiter*

A·po'ko·pe <f.; -, -'ko·pen; Sprachw.> *Auslautschwund, z. B. "zu Haus" statt "zu Hause"*; Ggs *Aphärese* [grch.]; **a·po·ko'pie·ren** <V. t.> *ein Wort ~*

a·po'kryph <Adj.> *später hinzugefügt, unecht* [grch.]; **A·po·'kryph** <n.; -(e)s, -en>, **A·po·'kry·phe** <f.; -, -n> *nicht anerkannte Schrift zum AT od. NT*

'a·po·li·tisch <Adj.> *unpolitisch* [grch.]

a·pol'li·nisch <Adj.> 1 *den grch. Gott Apoll(on) betreffend* 2 *harmonisch*; **A'pol·lo·fal·ter** <m.; -s, -; Zool.> *ein Tagfalter*

A·po·lo'get <m.; -en, -en> *Verfechter* [grch.]; **A·po·lo'ge·tik** <f.; -, -en> *Verteidigung, Rechtfertigung (bes. der christl. Lehre)*; **A·po·lo'ge·tin** <f.; -, -n·nen>; **a·po·lo'ge·tisch** <Adj.>; **A·po·lo'gie** <f.; -, -n> *Rechtfertigungsrede, -schrift*

A·po'phtheg·ma, <auch> **A·poph'theg·ma** <n.; -s, -men od. -ma·ta; ⬈Z54> *Sinnspruch* [grch.]

A·po'phy·se <f.; -, -n; Anat.> *Knochenfortsatz* [grch.]

A·po'plek·ti·ker <m.; -s, -> *jmd., der zur Apoplexie neigt*; **A·po'plek·ti·ke·rin** <f.; -, -n·nen>; **a·po'plek·tisch** <Adj.>; **A·po·ple'xie** <f.; -, -n; Med.> *Schlaganfall* [grch.]

A·po'pto·se, <auch> **A·pop'to·se** <f.; -; unz.; ⬈Z54; Med.> *Selbstzerstörung von Zellen*

A·po'rie <f.; -, -n> 1 *Ausweglosigkeit* 2 *Unmöglichkeit, eine philosoph. Frage zu lösen* [grch.]

A·po·sta'sie, <auch> **A·pos·ta'sie** <f.; -, -n; ⬈Z54; Rel.> *Abfall (vom Glauben)* [grch.]; **A·po'stat** <m.; -en, -en> *Abtrünniger*; **A·po'sta·tin** <f.; -, -n·nen>

A'post·el <m.; -s, -> 1 *Sendbote* 2 *Jünger Jesu* [grch.]; **A'pos·tel·ge·schich·te** <f.; -, -n>

a pos·te·ri'o·ri Ggs *a priori* 1 *aus der Erfahrung stammend* 2 *nachträglich, später* [lat.]; **A·pos·te·ri'o·ri** <n.; -, -> *Erfahrungssatz*; Ggs *Apriori*; **a·pos·te·ri'o·risch** <Adj.> *erfahrungsgemäß*; Ggs *apriorisch*

A·pos·to'lat <n.; -(e)s, -e> 1 *Amt der Apostel* 2 *Auftrag der Kirche*; **A·pos'to·li·ker** <m.; -s, -> *Angehöriger kirchl. Gruppierungen u. Sekten, die sich am apostol. Leben orientieren*; **A·pos'to·li·ke·rin** <f.; -, -n·nen>; **A·pos'to·li·kum** <n.; -s; unz.; Theol.> *das Apostolische Glaubensbekenntnis*; **a·pos'to·lisch** <Adj.> *die Apostel od. ihre Lehre betreffend*; -e *Väter die Verfasser einiger dem NT gleichgestellten Schriften*; <aber> *das Apostoli-*

Apostroph: Der A. hat die Form eines nach links gebogenen Häkchens: '. Er zeigt in der Regel an, dass ein oder mehrere Buchstaben eines Wortes weggelassen wurden.

Der A. wird verwendet

a) beim **Genitiv von Eigennamen**, die auf *-s, -ss, -ß, -tz, -z* oder *-x* auslauten. Hier ersetzt der A. das Genitiv-s, z. B. *Hans' Katze*; *Grass' Blechtrommel*; *Marx' Werke*; *Heinz' Geburtstag* (aber ohne A.: *die Schriften des Aristoteles*; *der Geburtstag des kleinen Hans*)

b) bei **Wörtern mit Auslassungen**, z. B. *Hat's geklappt?*; *Gibt's Neuigkeiten?*; *'s ist schade*; *in wen'gen Augenblicken*; *mit'm Fahrrad*; *Ku'damm* (= Kurfürstendamm); *D'dorf* (= Düsseldorf)

Außerdem kann der A. verwendet werden, um die Genitivendung *-s* oder das Adjektivsuffix *-sch* abzutrennen, z. B. *Silvia's Reitershop* (neben der regulären Form: *Silvias Reitershop*), *Einstein'sche Relativitätstheorie* (neben der ebenfalls gültigen Schreibung: *einsteinsche Relativitätstheorie*).

sche Glaubensbekenntnis; der Apostolische Stuhl

A·po'stroph, <auch> **A·pos·'troph, A·post'roph** <m.; -s, -e; ⬈Z54; Zeichen: '> *Auslassungszeichen, z. B. in "er ist's"*; → a. *Kasten* [grch.]; **A·po'stro·phe** <f.; -, -> *feierl. Anrede*; **a·po·stro·'phie·ren** <V. t.> 1 *mit einem Apostroph versehen* 2 *anreden, bezeichnen*; *jmdn. als Gecken* ~; **A·po·stro'phie·rung** <f.; -, -en>

A·po'the·ke <f.; -, -n> 1 *Verkaufs- u. Herstellungsort von Arzneimitteln* 2 <umg.> *teures Geschäft* [grch.]; **A·po'the·ken·hel·fe·rin** <f.; -, -n·nen; Berufsbez.>; **a·po'the·ken·pflich·tig** <Adj.>; **A·po'the·ker** <m.; -s, -> *Leiter einer Apotheke*; **A·po'the·ker·ge·wicht** <n.; -(e)s, -e>; **A·po'the·ke·rin** <f.; -, -n·nen>

A·po·the'o·se <f.; -, -n> 1 *Vergöttlichung, Verherrlichung* 2 <Theat.> *wirkungsvoll gestaltetes Schlussbild* [grch.]

Ap·pa'rat <m.; -(e)s, -e> 1 *techn. Gerät* 2 <fig.> *Gesamtheit aller*

Appellativum: Ein A. ist ein Substantiv, das sich – im Gegensatz zum ⬈**Eigennamen** – auf eine gesamte Gattung bezieht. Ein A. bezeichnet also nicht ein einzelnes Individuum, sondern eine Gattung oder Klasse von Personen, Pflanzen, Tieren oder Dingen. Ein Substantiv kann aber häufig sowohl als A. als auch als Eigenname verwendet werden, z. B.

a) als A.: *Die Mutter ist die wichtigste Bezugsperson des Neugeborenen.*

b) als Eigenname: *Mutter besuchte uns gestern.*

für eine Tätigkeit nötigen Hilfsmittel u. Personen; *Verwaltungs-* [lat.]; **ap·pa·ra'tiv** <Adj.> *mithilfe eines Apparates*; *-e Diagnostik*; **Ap·pa'rat·schik** <m.; -s, -s; abwertend> *Staats- bzw. Parteifunktionär in kommunistisch regierten Staaten* [russ.]; **Ap·pa·ra'tur** <f.; -, -en> *Gesamtheit von Apparaten*

Ap·par·te·ment <[apart(ə)'ma] od. [-'mɛnt]; n.; -s, -s> 1 *Zimmerflucht im Hotel* 2 *Einzimmerwohnung*; oV *Apartment* [frz.]

ap·pas·si·o'na·to <Mus.> *leidenschaftlich (zu spielen)* [ital.]

Ap·peal <[ə'pi:l]; m.; -s; unz.> *Ausstrahlung* [engl.]

Ap·pease·ment <[ə'pi:zmənt]; n.; -s; unz.; Pol.> *Beschwichtigung(spolitik)* [engl.]

Ap'pell <m.; -s, -e> 1 *Aufruf, Mahnruf* 2 <Mil.> *das Versammeln, Antreten* [frz.]; **Ap·pel·la·ti'on** <f.; -, -en; schweiz.> *Berufung* [lat.]; **Ap·pel·la'tiv** <n.; -(e)s, -e>, **Ap·pel·la·ti'vum** <[-v-]; n.; -s, -va; Sprachw.> = *Gattungsname*; Ggs *Kollektivum*; → a. *Kasten*; **ap·pel'lie·ren** <V. i.> 1 *an jmdn. od. etwas ~ mahnend auffordern*; *an jmds. Vernunft* ~ 2 <österr.; schweiz.> *Berufung einlegen*

Ap'pen·dix <m.; -, -di·zes> 1 *Anhang, Zusatz* 2 <Med.> *Wurmfortsatz des Blinddarms* [lat.]; **Ap·pen·di·zi'tis** <f.; -, -'ti·den; Med.> *Blinddarmentzündung*

Ap·per·zep·ti'on <f.; -, -en> *bewusste Wahrnehmung eines*

Apposition: Eine A., auch Beisatz genannt, ist ein substantivisches Attribut. Es steht im gleichen Kasus wie das zugehörige ↗Substantiv oder ↗Personalpronomen.
Die A. steht **vor** dem Beziehungswort bei **Vornamen, Titeln, Berufsbezeichnungen, Verwandtschaftsgraden, Maß- und Mengenbezeichnungen**, z. B.
Hans Schulze; Prof. Dr. med. Heinz Müller; Schulleiter Theodor Oberleitner; ein Glas Wein; zwei Sack Kartoffeln.
In der Regel ist die A. dem Beziehungswort **nachgestellt** und wird durch Kommas eingeschlossen, z. B.:
Meine Tochter, eine große Pferdenärrin, verbrachte die Ferien auf einem Reiterhof. Mainz ist die Geburtsstadt Johannes Gutenbergs, des Erfinders der Buchdruckerkunst. Gutenberg, der Erfinder der Buchdruckerkunst, wurde in Mainz geboren. Franz Meier, Kfz-Mechaniker, verschrottete gleich fünf Autos.
Vgl. ↗Attribut, ↗Komma

Sinneseindrucks; Ggs _Perzeption_ [lat.]; **ap·per·zi'pie·ren** ‹V. t.› _bewusst wahrnehmen_
Ap·pe'tenz ‹f.; -, -en› _Streben, Trieb_ [lat.]; **Ap·pe'tenz·ver·hal·ten** ‹n.; -s; unz.; bei Tieren› _triebgerichtetes Verhalten_
Ap·pe'tit ‹m.; -(e)s, -e; Pl. selten› _Verlangen nach einer Speise_ [frz.-lat.]; **ap·pe'tit·an·re·gend** ‹Adj.; ↗Z29› _ein ~es Medikament_; ‹aber› _ein den Appetit anregendes M._; **ap·pe'tit·lich** ‹Adj.› _optisch ansprechend u. appetitanregend_; **ap·pe'tit·los** ‹Adj.›; **Ap·pe'tit·lo·sig·keit** ‹f.; -; unz.›; **Ap·pe'tit·züg·ler** ‹m.; -s, -› _den Appetit hemmendes Mittel_; **Ap·pe·ti·zer** ‹['æpətaizə(r)]; m.; -s, -› _Aperitif_ [engl.]
ap·pla'nie·ren ‹V. t.› _einebnen, ausgleichen_ [frz.]
ap·plau'die·ren ‹V. i.› _Beifall klatschen_ [lat.]; **Ap'plaus** ‹m.; -es; unz.› _Beifall_
Ap·pli·ka·ti'on ‹f.; -, -en› 1 ‹Med.› _Verabreichung (von Medikamenten)_ 2 _aufgenähtes Muster_ 3 ‹EDV› _Anwendung,_

Programm zur Ausführung best. Funktionen [lat.]; **ap·pli'zie·ren** ‹V. t.› 1 _verabreichen_ 2 _aufnähen_ 3 _anwenden_
ap'port ‹Int.› _such!, bring es her!_ (_Befehl an den Hund_) [frz.]; **Ap'port** ‹m.; -(e)s, -e› 1 ‹Parapsych.› _das angebl. Herbeischaffen von Gegenständen durch Geisterhand od. ein Medium_ 2 ‹Jagdw.› _das Bringen des erlegten Wildes durch den Hund_; **ap·por'tie·ren** ‹V. t.› _herbeibringen_
Ap·po·si·ti'on ‹f.; -, -en; Gramm.› _substantivische Beifügung im selben Kasus wie das Bezugswort;_ → a. _Kasten_ [lat.]; **ap·po·si·ti·o'nell** ‹Adj.›
Ap'pret ‹n. od. m.; -s, -s› 1 _Mittel zur Appretur_ 2 _appretierte Stoffeinlage_ [frz.]; **Ap·pre'teur** ‹[-'tø:r]; m.; -s, -e›; **ap·pre'tie·ren** ‹V. t.› _Gewebe ~ stärken, glänzend machen_; **Ap·pre'tur** ‹f.; -, -en› _das Appretieren_
Ap·proach ‹[ə'prout͡ʃ]; m.; -s, -s› 1 _Vorgehensweise, Annäherung_ 2 _wirkungsvoller Werbespruch_ 3 ‹Flugw.› _Landeanflug_ [engl.]
Ap·pro·ba·ti'on ‹f.; -, -en› 1 _staatl. Genehmigung zur Berufsausübung für Ärzte u. Apotheker_ 2 ‹Kath.› _kirchenrechtl. Bestätigung eines Priesters od. Ordens_ 3 _Erlaubnis zum Druck von Schriften_ [lat.]; **ap·pro'bie·ren** ‹V. t.› _ein approbierter Arzt_
Ap·pro·xi·ma·ti'on ‹f.; -, -en; bes. Math.› _Annäherung_ [lat.]; **ap·pro·xi·ma'tiv** ‹Adj.› _ungefähr_
A·près-Ski, ‹auch› **Ap·rès-Ski** ‹[apre:'ʃi]; n.; -s, -s; ↗Z53› 1 _Kleidung, die man nach dem Skilaufen trägt_ 2 _Beisammensein nach dem Skilaufen_ [frz.]
a·pri'cot, ‹auch› **ap·ri·cot** ‹[-'ko:]; Adj.; undekl.; ↗Z53› _aprikosefarben_ [frz.]; **A·pri'ko·se** ‹f.; -, -n; ↗Z53› _eine Steinfrucht_; **a·pri'ko·se·far·ben** ‹Adj.›; **a·pri'ko·sen·baum** ‹m.; -(e)s, ⸚e›
A'pril, ‹auch› **Ap'ril** ‹m.; - od. -s, -e; ↗Z53; Abk.: Apr.› _vierter Monat im Jahr; ~, ~! Hereingefallen!_ [lat.]; **A'pril·scherz** ‹m.; -es, -e› _Neckerei am 1. April_; **A'pril·wet·ter** ‹n.; -s; unz.; fig.› _wechselhaftes Wetter_

a 'pri·ma 'vis·ta ‹Mus.› _ohne vorherige Kenntnis; etwas ~ spielen vom Blatt_ [ital.]
a pri'o·ri Ggs _a posteriori_ 1 _allein aus der Vernunft heraus_ 2 _von vornherein_ [lat.]; **A·pri'o·ri** ‹n.; -, -› _Vernunftsatz_; Ggs _Aposteriori_; **a·pri'o·risch** ‹Adj.› _begrifflich, allein aus dem Denken stammend_; Ggs _aposteriorisch_; **A·pri·o'ris·mus** ‹m.; -, -men; Philos.› _Lehre, die eine von der Erfahrung unabhängige Erkenntnis annimmt_; **a·pri·o'ris·tisch** ‹Adj.›
a·pro·pos, ‹auch› **ap·ro·pos** ‹[-'po:]; Adv.; ↗Z53› _übrigens_ [frz.]
Ap'si·de ‹f.; -, -n› 1 ‹Astr.› _kleinste od. größte Entfernung eines Planeten von dem Zentralgestirn, um das er sich bewegt_ 2 = _Apsis_ [grch.]; **'Ap·sis** ‹f.; -, -'si·den; Arch.› _Altarnische_
A·pte·ry'go·ten, ‹auch› **Ap·te·ry'go·ten** ‹Pl.; ↗Z53; Zool.› _flügellose Insekten_ [grch.]
ap'tie·ren ‹V. t.; veralt.› _anpassen, herrichten_ [lat.]
Ap·ti·tude ‹[‚æptitju:d]; f.; -; unz.; Psych.› _anlagebedingte Lern- u. Leistungsfähigkeit_ [lat.-engl.]
'A·qua de·stil'la·ta, ‹auch› **'A·qua des·til'la·ta** ‹n.; --; unz.; ↗Z54› _destilliertes Wasser_ [lat.]
A·quä'dukt ‹n.; -(e)s, -e› _altröm. Wasserleitung in Form einer Brücke_ [lat.]
'A·qua·kul·tur ‹f.; -, -en› 1 _systemat. Bewirtschaftung des Meeres_ 2 _Anlage zur Fischzucht_
A·qua·ma'rin ‹m.; -s, -e; Min.› _ein Edelstein_
A·qua'naut ‹m.; -en, -en›; **A·qua·'nau·tik** ‹f.; -; unz.› _Tiefseeforschung_; **A·qua'nau·tin** ‹f.; -, -n·nen›
A·qua'pla·ning ‹n.; -s; unz.› 1 _Wasserglätte_ 2 _das Rutschen der Autoreifen auf nasser Fahrbahn_
A·qua'rell ‹n.; -s, -e› _mit Wasserfarben gemaltes Bild_ [ital.]; **A·qua'rell·far·be** ‹f.; -, -n›; **a·qua·rel'lie·ren** ‹V. t.› _mit Wasserfarben malen_; **A·qua·rel·'list** ‹m.; -en, -en›; **A·qua·rel·'lis·tin** ‹f.; -, -n·nen›; **A·qua·'rell·ma·le·rei** ‹f.; -; unz.›
A·qua·ri'a·ner ‹m.; -s, -› _Aqua-_

rienliebhaber; **A·qua·ri'a·ne·rin** <f.; -, -n·nen>; **A·qua'ris·tik** <f.; -; unz.> Aquarienkunde; **A'qua·ri·um** <n.; -s, -ri·en> 1 Glasbehälter zur Pflege u. Züchtung von Wassertieren 2 Gebäude zu diesem Zweck

A·qua'tin·ta <f.; -, -ten; Mal.> 1 <unz.> ein Kupferstichverfahren 2 nach diesem Verfahren hergestellte Zeichnung

a'qua·tisch <Adj.> dem Wasser zugehörig, im Wasser lebend

Ä'qua·tor <m.; -s, -'to·ren; Pl. selten> größter Breitenkreis auf der Erdkugel [lat.]; **ä·qua·to·ri'al** <Adj.> zum Äquator gehörig; **Ä·qua·to·ri'al·gui·nea** <[-gi-]> Staat in Zentralafrika; Republik ~; **Ä·qua·to·ri'al·gui·ne·er** <m.; -s, ->; **Ä·qua·to·ri'al·gui·ne·e·rin** <f.; -, -n·nen>; **ä·qua·to·ri'al·gui·ne·isch** <Adj.>

A·qua·vit <[-'vi(:)t]; m.; -(e)s, -e> ein mit Kümmel gewürzter Branntwein [lat.]

ä·qui·dis'tant <Adj.; Math.>; **Ä·qui·dis'tanz** <f.; -, -en; Math.> gleich großer Abstand [lat.]

Ä·qui·li'bris·mus, <auch> **Ä·qui·lib'ris·mus** <m.; -; unz.; ⬈Z53> Philos.> Lehre, dass bei der menschl. Handlungsfreiheit ein Gleichgewicht aller Willensmotive herrschen soll [lat.]; **Ä·qui·li·'brist** <m.; -en, -en> Gleichgewichtskünstler; **Ä·qui·li·bris·tik** <f.; -; unz.> die Kunst, das Gleichgewicht zu halten; **Ä·qui·li·bris·tin** <f.; -, -n·nen>; **ä·qui·li·'bris·tisch** <Adj.>; **Ä·qui·li·bri·um** <n.; -s; unz.> Gleichgewicht

ä·qui·nok·ti'al <Adj.> das Äquinoktium betreffend [lat.]; **Ä·qui·nok·ti'al·sturm** <m.; -(e)s, ⁼e; meist Pl.> Sturm in den Tropen zur Zeit des Äquinoktiums; **Ä·qui'nok·ti·um** <n.; -s, -ti·en> Tagundnachtgleiche

ä·qui·va'lent <[-va-]; Adj.> gleichwertig [lat.]; **Ä·qui·va'lent** <n.; -(e)s, -e> 1 Gegenwert 2 Ausgleich, vollwertiger Ersatz; **Ä·qui·va'lenz** <f.; -; unz.> Gleichwertigkeit

ä·qui·vok <[-'vo:k]; Adj.> doppelsinnig, mehrdeutig

Ar¹ <Chem.; Zeichen für> Argon

Ar² <n., selten m.; -(e)s, -e od.

(bei Zahlenangaben) -; Zeichen: a> ein Flächenmaß; 100 ~; oV Are

'A·ra <m.; -s, -s; Zool.> ein südamerikan. Papagei [indian.]

'Ä·ra <f.; -, -'Ä·ren> Epoche, Amtszeit; die ~ Adenauer [lat.]

'A·ra·ber <a. [-'--]; m.; -s, -> Einwohner von Arabien; **'A·ra·be·rin** <f.; -, -n·nen>; **A·ra'bes·ke** <f.; -, -n> 1 <bild. Kunst> Blatt- u. Rankenornament 2 heiteres Musikstück [frz.]; **A'ra·bi·en** südwestasiat. Halbinsel; **a·ra·bisch** <Adj.; ⬈Z46> Arabien betreffend; ~e Ziffern die heute gebräuchl. Z. des dekadischen Zahlensystems; <aber> Arabische Emirate (→ Vereinigte Arabische Emirate); Arabische Liga Vereinigung aller unabhängigen arab. Staaten; Arabischer Golf Persischer Golf; **A·ra'bist** <m.; -en, -en>; **A·ra·bis·tik** <f.; -; unz.> Erforschung der arab. Sprache u. Kultur; **A·ra'bis·tin** <f.; -, -n·nen>

A·rach'ni·de, A·rach·no'i·de <f.; -, -n; Zool.> Spinnentier [grch.]; **A·rach·no'lo·ge** <m.; -n, -n>; **A·rach·no·lo'gie** <f.; -; unz.> Wissenschaft von den Spinnen; **A·rach·no'lo·gin** <f.; -, -n·nen>

A·ra·go'ne·se <m.; -n, -n> = Aragonier; **A·ra·go'ne·sin** <f.; -, -n·nen>; **A·ra'go·ni·e·rin** <f.; hist. Provinz in Spanien; **A·ra'go·ni·er** <m.; -s, -> Einwohner von Aragonien; **A·ra'go·ni·e·rin** <f.; -, -n·nen>; **A·ra·go'nit** <m.; -s, -e; Min.> ein Mineral [nach Aragonien im nordöstl. Spanien]

A'ra·lie <[-liə]; f.; -, -n; Bot.> eine trop. Pflanzengattung

A·ra'mä·er <m.; -s, -> Angehöriger eines semit. Volkes; **A·ra'mä·e·rin** <f.; -, -n·nen>; **a·ra'mä·isch** <Adj.> die ~ Sprache; das Aramäische

A·ran'zi·ni <Pl.> überzuckerte Orangenschalen [ital.]

Ä'rar <n.; -(e)s, -e> 1 Staatsvermögen 2 <österr. a.> Fiskus [lat.]; **ä'ra·risch** <Adj.>

A·rau'ka·ner <m.; -s, -> Angehöriger eines chilen. u. argentin. Indianervolkes

A'raz·zo <m.; -s, -'raz·zi> gewirk-

ter Wandteppich; oV Arrazzo [ital., nach der frz. Stadt Arras]

'Ar·beit <f.; -, -en> 1 körperl. od. geistige (berufliche) Tätigkeit; Garten~; auf dem Weg zur ~ zur Arbeitsstelle; die ~ suchenden Jugendlichen; die ~ Suchenden/<auch> Arbeitsuchenden 2 Ergebnis einer Tätigkeit; eine wissenschaftl. ~; Goldschmiede~; das Stück ist noch in ~; **'ar·bei·ten** <V. i.> 1 eine Arbeit verrichten 2 an etwas ~ sich (intensiv) mit etwas beschäftigen 3 etwas arbeitet bewegt sich, ist in Gang; das Herz arbeitet normal; Holz arbeitet verändert seine Form; Geld arbeitet trägt Zinsen; **'Ar·bei·ter** <m.; -s, -> jmd., der (bes. körperlich) arbeitet; **'Ar·bei·ter·be·we·gung** <f.; -, -en> organisierter Zusammenschluss der Industriearbeiter; **'Ar·bei·ter·ge·werk·schaft** <f.; -, -en>; **'Ar·bei·te·rin** <f.; -, -n·nen; ⬈Z38>; **'Ar·bei·ter·klas·se** <f.; -, -n>; **'Ar·bei·ter·par·tei** <f.; -, -en>; **'Ar·bei·ter·Sa·ma'ri·ter-Bund** <m.; -(e)s; unz.; ⬈Z33; Abk.: ASB> eine Hilfsorganisation; **'Ar·bei·ter·schaft** <f.; -; unz.>; **'Ar·bei·ter·schutz** <m.; -es; unz.>; **'Ar·bei·ter-und-'Bau·ern-...** <⬈Z33; in Zus.; DDR> z. B. ~Fakultät; ~Staat; **'Ar·bei·ter·wohl·fahrt** <f.; -; unz.>; **'Ar·beit·ge·ber** <m.; -s, -> jmd., der andere gegen Bezahlung beschäftigt; **'Ar·beit·ge·be·rin** <f.; -, -n·nen>; **'Ar·beit·ge·ber·ver·band** <m.; -(e)s, ⁼e>; **'Ar·beit·neh·mer** <m.; -s, -> jmd., der bei einem anderen gegen Lohn arbeitet; **'Ar·beit·neh·me·rin** <f.; -, -n·nen>; **'Ar·beits·ab·lauf** <m.; -(e)s, ⁼e>; **'ar·beit·sam** <Adj.> fleißig; **'Ar·beits·amt** <n.; -(e)s, ⁼er> Amt für Arbeitsvermittlung (u. Berufsberatung); **'Ar·beits·auf·fas·sung** <f.; -; unz.>; **'Ar·beits·auf·kom·men** <n.; -s; unz.> zu erledigende Arbeit; **'Ar·beits·auf·wand** <m.; -(e)s; unz.>; **'Ar·beits·be·las·tung** <f.; -, -en; unz.>; **'Ar·beits·be·schaf·fung** <f.; -; unz.>; **'Ar·beits·be·schaf·fungs·maß·nah·me** <f.; -, -n; meist Pl.; Abk.: ABM> staatl. Maßnahme zur kurzfristigen Schaffung von

Arbeitsplätzen; **'Ar·beits·bie·ne** <f.; -, -n>; **'Ar·beits·ei·fer** <m.; -s; unz.>; **'Ar·beits·es·sen** <n.; -s, -> *Mahlzeit mit Geschäfts-partnern*; **'ar·beits·fä·hig** <Adj.>; **'Ar·beits·gang** <m.; -(e)s, ⁼e> *das geht in einem ~*; **'Ar·beits·ge·mein·schaft** <f.; -, -en; Abk.: AG>; **'Ar·beits·ge·richt** <n.; -(e)s, -e>; **'ar·beits·in·ten·siv** <Adj.>; **'Ar·beits·kampf** <m.; -(e)s, ⁼e>; **'Ar·beits·klei·dung** <f.; -; unz.>; **'Ar·beits·kli·ma** <n.; -s; unz.>; **'Ar·beits·kol·le·ge** <m.; -n, -n>; **'Ar·beits·kol·le·gin** <f.; -, -nnen>; **'Ar·beits·kraft** <f.; -, ⁼e> 1 <unz.> *Leistungskraft* 2 *arbeitende Person*; **'Ar·beits·la·ger** <n.; -s, -> *Zwangslager*; **'Ar·beits·lohn** <m.; -(e)s, ⁼e>; **'ar·beits·los** <Adj.>; **'Ar·beits·lo·se(r)** <f. 2 (m. 1)>; **'Ar·beits·lo·sen·geld** <n.; -(e)s, -er>; **'Ar·beits·lo·sen·hil·fe** <f.; -; unz.>; **'Ar·beits·lo·sen·quo·te** <f.; -, -n>; **'Ar·beits·lo·sen·un·ter·stüt·zung** <f.; -; unz.>; **'Ar·beits·lo·sen·ver·si·che·rung** <f.; -, -en>; **'Ar·beits·lo·sen·zahl** <f.; -, -en>; **'Ar·beits·lo·sig·keit** <f.; -; unz.>; **'Ar·beits·markt** <m.; -(e)s, ⁼e> *Angebot u. Nachfrage von Arbeitskräften u. -plätzen*; **'Ar·beits·mi·grant**, <auch> **'Ar·beits·mig·rant** <m.; -en, -en; ↗Z53> *jmd., der aus Arbeitsgründen in ein fremdes Land geht*; **'Ar·beits·mi·nis·ter** <m.; -s, ->; **'Ar·beits·mi·nis·te·rin** <f.; -, -nnen>; **'Ar·beits·mi·nis·te·ri·um** <n.; -s, -ri·en>; **'Ar·beits·mo·ral** <f.; -; unz.> *Einstellung zur Arbeit*; **'Ar·beits·nach·weis** <m.; -es, -e>; **'Ar·beits·nie·der·le·gung** <f.; -, -en> = *Streik*; **'Ar·beits·plan** <m.; -(e)s, ⁼e>; **'Ar·beits·platz** <m.; -es, ⁼e>; **'Ar·beits·platz·be·schrei·bung** <f.; -; unz.>; **'Ar·beits·platz·ge·stal·tung** <f.; -, -en>; **'Ar·beits·recht** <n.; -(e)s, -e>; **'ar·beits·recht·lich** <Adj.>; **'ar·beits·scheu** <Adj.> *die Arbeit meidend*; **'Ar·beits·scheu** <f.; -; unz.>; **'Ar·beits·schutz** <m.; -es; unz.>; **'Ar·beits·spei·cher** <m.; -s, -; EDV>; **'Ar·beits·stät·te** <f.; -, -n>; **'Ar·beits·stel·**

le <f.; -, -n>; **'Ar·beits·tag** <m.; -(e)s, -e>; **'Ar·beits·tech·nik** <f.; -; unz.>; **'Ar·beits·tei·lung** <f.; -; unz.>; **'Ar·beits·tier** <n.; -(e)s, -e; fig.>; **'Ar·beit·su·chen·de(r)** <f. 2 (m. 1)> → *Arbeit(1)*; **'ar·beits·un·fä·hig** <Adj.>; **'Ar·beits·un·fä·hig·keit** <f.; -; unz.>; **'Ar·beits·un·fall** <m.; -(e)s, ⁼e>; **'Ar·beits·ver·hält·nis** <n.; -s·ses, -s·se> *Rechtsverhältnis zw. Arbeitgeber u. Arbeitnehmer*; **'Ar·beits·ver·mitt·lung** <f.; -, -en>; **'Ar·beits·ver·trag** <m.; -(e)s, ⁼e>; **'Ar·beits·wei·se** <f.; -, -n>; **'Ar·beits·welt** <f.; -, -en>; **'Ar·beits·zeit** <f.; -, -en>; **'Ar·beits·zeit·kon·to** <n.; -s, -s od. -ten>; **'Ar·beits·zeit·ver·kür·zung** <f.; -, -en>; **'Ar·beits·zim·mer** <n.; -s, ->

Ar·bi·tra·ge, <auch> **Ar·bit·ra·ge** <[-ʒə]; f.; -, -n; ↗Z53> 1 *Schiedsspruch* 2 <Börse> *Ausnutzung von Kursunterschieden* [frz.]; **ar·bi·trär** <Adj.> *willkürlich* [lat.]; **Ar·bi·tra·ti·on** <f.; -, -en> = *Arbitrage(1)*

Ar·bo·re·tum <n.; -s, -ten> *Baumschule* [lat.]

arc <Zeichen für> *Arkus*

Ar·cha·ik <[-ˈçaː-]; f.; -; unz.> *Frühzeit einer Epoche* [grch.]; **Ar·cha·i·kum**, **Ar·chä·i·kum** <n.; -s; unz.> *ältester Abschnitt der Erdgeschichte*; **ar·cha·isch** <Adj.> *frühzeitlich, altertümlich*; **Ar·cha·is·mus** <m.; -, -men> 1 *Wiederbelebung altertüml. Formen* 2 *altertüml. Form*; **ar·cha·is·tisch** <Adj.>

Ar·chä·o·lo·ge <[-çɛ-]; m.; -n, -n>; **Ar·chä·o·lo·gie** <f.; -; unz.> *Altertumskunde* [grch.]; **Ar·chä·o·lo·gin** <f.; -, -nnen>; **ar·chä·o·'lo·gisch** <Adj.>; **Ar·chä·o·phy·ti·kum** <n.; -s; unz.; Geol.> *urzeitliche Pflanzenwelt*; **Ar·chä·'o·pte·ryx**, <auch> **Ar·chä·op·te·ryx** <f. od. m.; -, - od. -'pte·ry·ges/-p'te·ry·ges; ↗Z54> *Urvogel mit Reptilienmerkmalen*; **Ar·chä·o'zo·i·kum** <n.; -s; unz.> = *Paläozoikum*

'Ar·che <[-çə]; f.; -, -n> *kastenartiges Schiff*; *~ Noah* [lat.]

Ar·che·typ <[arçaˈtyːp]; m.; -s, -en> = *Archetypus* [lat.]; **ar·che-**

'ty·pisch <Adj.> *dem Archetypus entsprechend*; **Ar·che'ty·pus** <m.; -, -'ty·pen> *Urbild*

Ar·chi·di·a'kon <[-çi-]; m.; -s od. -en, -e od -en> 1 <anglikan. Kirche> *Vorsteher eines Kirchensprengels* 2 <Ev.; früher> *Titel von Geistlichen* [grch.]; **Ar·chi·di·a·ko'nat** <n.; -(e)s, -e> *Amt eines Archidiakons*

Ar·chi·man'drit, <auch> **Ar·chi·mand'rit** <[-çi-]; m.; -en, -en; ↗Z53> 1 *Klostervorsteher* 2 <auch> *ein Ehrentitel* [grch.]

ar·chi'me·disch <[-çi-]; Adj.> *von dem altgrch. Mathematiker Archimedes entdeckt, erfunden*; *~es Prinzip*; *~e Schraube*

Ar·chi·pel <[-çiˈpeːl]; m.; -s, -e> 1 <i. e. S.> *die Inseln zw. Griechenland u. Kleinasien* 2 <i. w. S.> *Inselgruppe* [grch.]

Ar·chi'tekt <[-çi-]; m.; -en, -en> *Baufachmann, Baumeister* [grch.-lat.]; **Ar·chi'tek·ten·bü·ro** <n.; -s, -s>; **Ar·chi'tek·tin** <f.; -, -nnen; ↗Z38>; **Ar·chi·tek'to·nik** <f.; -; unz.> 1 *Wissenschaft von der Baukunst* 2 *planmäßiger Aufbau eines Bau- od. Kunstwerkes*; **ar·chi·tek'to·nisch** <Adj.>; **Ar·chi·tek'tur** <f.; -, -en> *Baukunst, Baustil*

Ar·chi·trav, <auch> **Ar·chit·rav** <[-çiˈtraːf]; m.; -s, -e; ↗Z53; antike Arch.> *auf Säulen ruhender Querbalken* [frz.-ital.-grch.]

Ar·chiv <[-ˈçiːf]; n.; -s, -e> 1 *Sammlung von Schriften, Urkunden u. Ä.* 2 *Raum für eine solche Sammlung* [grch.]; **Ar·chi·va·li·en** <[-ˈvaː-]; Pl.> *Schriftstücke aus einem Archiv(2)*; **ar·chi'va·lisch** <Adj.> 1 *urkundlich* 2 *zu einem Archiv gehörend*; **Ar·chi'var** <m.; -s, -e> *Angestellter, Leiter eines Archivs(2)*; **Ar·chi'va·rin** <f.; -, -nnen>; **ar·chi'va·risch** <Adj.> = *archivalisch*; **Ar'chiv·bild** <n.; -(e)s, -er>; **ar·chi·vie·ren** <[-ˈviː-]; V. t.> 1 *in ein Archiv(2) aufnehmen* 2 <EDV> (Programme, Dateien) *speichern, kopieren*; **Ar·chi'vie·rung** <f.; -, -en>; **ar'chi·visch** <Adj.>; **Ar·chi'vis·tik** <f.; -; unz.>

'Ar·chon <[-çɔn]; m.; -s, -'chon·ten>, **Ar·chont** <[-ˈçɔnt]; m.; -en, -en; im alten Athen> *ei-*

ner der neun höchsten Beamten [grch.]

ARD <Abk. für> *Arbeitsgemeinschaft der öffentlich-rechtlichen Rundfunkanstalten der Bundesrepublik Deutschland*

'A·re <f.; -, -n; schweiz. für> *Ar²*; **A·re'al** <n.; -s, -e> *Fläche, Gelände* [lat.]; **A·re'al·lin·gu·is·tik** <f.; -; unz.; Sprachw.> *Sprachgeografie*; **a·re'al·lin·gu·is·tisch** <Adj.; Sprachw.>

A're·ka·pal·me <f.; -, -n; Bot.> = *Betelpalme* [port.]

'a·re·li·gi·ös <Adj.> *nicht religiös*

A're·na <f.; -, -nen> 1 *mit Sand bestreuter Kampfplatz* 2 *Sportplatz* 3 <im Zirkus> *Manege* 4 <österr.> *Freilichttheater* [lat.]

A·re·o'pag <m.; -(e)s, -e; im alten Athen> *höchster Gerichtshof* [grch.]

arg <Adj.; 'är·ger, am 'ärgs·ten> 1 *schlimm, heftig*; ~e Schmerzen haben; es ist nichts Arges; im Argen liegen *der Regelung bedürfen*; nichts Arges denken; das Ärgste verhüten; jmdn. vor dem Ärgsten bewahren; zum Ärgsten kommen 2 <oberdt.; präd. u. adv.> *sehr*; das ist ~ teuer

Arg <n.; -s; unz.; veralt.> *Falschheit*; es ist kein ~ an ihm

Ar·gen·ti·ni·en *Staat in Südamerika*; *Argentinische Republik*; **Ar·gen'ti·ni·er** <m.; -s, ->; **Ar·gen'ti·ni·e·rin** <f.; -, -n·nen>; **ar·gen'ti·nisch** <Adj.; ↗Z.46> ~e *Literatur* <aber> *Argentinische Republik*

Ar·gen'tit <m.; -s; unz.> = *Silberglanz*; **Ar'gen·tum** <n.; -s; unz.; Zeichen: Ag> = *Silber* [lat.]

'Är·ger <m.; -s; unz.> 1 *Verdruss* 2 *Unannehmlichkeit*; ~ bekommen; **'är·ger·lich** <Adj.> 1 *erzürnt, ungehalten* 2 *Ärgernis erregend*; ein ~er *Vorfall*; **'är·gern** <V.; ich ärg(e)re (mich)> 1 <V. t.> jmdn. ~ *ärgerlich(1) machen* 2 <V. refl.> sich (über jmdn. od. etwas) ~ *ärgerlich(1) werden*; **'Är·ger·nis** <n.; -s·ses, -s·se>; **'Arg·list** <f.; -; unz.; geh.> *Heimtücke*; **'arg·lis·tig** <Adj.>; **'arg·los** <Adj.> 1 *ohne böse Absicht* 2 *nichts Böses ahnend*; **'Arg·lo·sig·keit** <f.; -; unz.>

Ar'gon <n.; -(e)s; unz.; Chem.; Zeichen: Ar> *chem. Element, ein Edelgas* [grch.]

Ar·go'naut <m.; -en, -en> *Held in der grch. Mythologie*

Ar·got <[-'go:]; n.; -s, -s> 1 <urspr.> *frz. Gaunersprache* 2 <allg.> *Jargon best. sozialer Gruppen od. Schichten* [frz.]

Ar·gu'ment <n.; -(e)s, -e> *Beweis(mittel, -grund)* [lat.]; **Ar·gu·men·ta·ti'on** <f.; -, -en> *Beweisführung, Begründung*; **ar·gu·men·ta'tiv** <Adj.>; **ar·gu·men'tie·ren** <V. i.>

'Ar·gus·au·gen <Pl.; nur in der Wendung> mit ~n *mit scharfen Augen* [nach dem vieläugigen Riesen *Argus* in der grch. Sage]

'Arg·wohn <m.; -(e)s; unz.; geh.> *Zweifel, Misstrauen, Verdacht*; **'arg·wöh·nen** <V. t.; ich argwöhne; sie hat geargwöhnt; zu ~>; **'arg·wöh·nisch** <Adj.; geh.>

A·rhyth'mie <f.; -, -n> = *Arrhythmie*; **a'rhyth·misch** <Adj.>

A·ri'ad·ne·fa·den <m.; -s, ¨; ↗Z.35> *rettende Hilfe aus der Wirrnis, Leitfaden* [nach *Ariadne*, der Tochter des Königs Minos, in der grch. Sage]

A·ri'a·ne <f.; -, -n> *europ. Trägerrakete*

A·ri'a·ner <m.; -s, ->; **A·ri·a'nis·mus** <m.; -; unz.> *Lehre des Arius, wonach Christus mit Gott nicht wesensidentisch ist*

a'rid <Adj.; Geol.> *trocken, dürr* [lat.]; **A·ri·di'tät** <f.; -; unz.>

'A·rie <[-riə]; f.; -, -n> *Sologesangsstück mit Instrumentalbegleitung* [ital.]

'A·ri·er <m.; -s, -> 1 <eigtl.> *Angehöriger einer indogerman. Sprachgruppe in Vorderasien u. Indien* 2 <im Nationalsozialismus> *Nichtjude, Angehöriger der weißen Rasse* [grch.]; **'A·ri·e·rin** <f.; -, -n·nen>

a·ri'os, a·ri'o·so <Adj.; Mus.> *melodiös, arienartig* [ital.]; **A·ri'o·so** <n.; -s, -s od. -si>

'a·risch <Adj.> *die Arier betreffend*; **a·ri'sie·ren** <V. t.; im nationalsoz. Sprachgebrauch> *jüdisches Eigentum ~ deutschen Nichtjuden zuführen*

A·ris·to'krat <m.; -en, -en> 1 *Angehöriger der Aristokratie* 2 <fig.> *vornehmer Mensch*

[grch.]; **A·ris·to·kra'tie** *Adel(sherrschaft)*; **A·ris·to'kra·tin** <f.; -, -n·nen>; **a·ris·to'kra·tisch** <Adj.>

a·ris·to'pha·nisch <Adj.> *den altgrch. Dichter Aristophanes betreffend*; ~e *Komödie*

A·ris·to·te·li·ker <m.; -s, -> *Anhänger der Lehre des altgrch. Philosophen Aristoteles*; **a·ris·to·te·lisch** <Adj.>

A·rith'me·tik <f.; -; unz.> *ein Teilgebiet der Mathematik* [grch.]; **A·rith'me·ti·ker** <m.; -s, ->; **A·rith'me·ti·ke·rin** <f.; -, -n·nen>; **a·rith'me·tisch** <Adj.> ~es *Mittel Mittelwert*; **A·rith·mo·'griph** <m.; -en, -en> *Zahlenrätsel*

A·ri'zo·na *Staat in den USA*

Ar'ka·de <f.; -, -n> *auf Säulen od. Pfeilern ruhender Bogen*; ~n <Pl.> *Bogengang* [frz.-lat.]

Ar·ka·di·en <n.; -s; unz.> 1 *Landschaft in Griechenland* 2 <fig.> *Ort glückseligen Lebens*; **Ar'ka·di·er** <m.; -s, -> *Einwohner von Arkadien*; **Ar'ka·di·e·rin** <f.; -, -n·nen>; **ar'ka·disch** <Adj.> ~e *Dichtung Schäferdichtung*

Ar'kan·sas *Staat in den USA*; **Ar'kan'sit** <m.; -s, -e; Min.> *ein Mineral* [nach dem Staat *Arkansas* in den USA]

Ar'ka·num <n.; -s, -na> 1 *Geheimlehre, Geheimnis* 2 <Pharm.> *Geheimmittel* [lat.]

Ar·ke·bu·se <f.; -, -n> *Gewehr im 15. Jh.* [ndrl.]; **Ar·ke·bu·sier** <[-'si:r]; m.; -s, -e>

Ar'ko·se <f.; -; unz.; Geol.> *Feldspat enthaltendes Sedimentgestein* [frz.]

'Ark·ti·ker <m.; -s, -> *Bewohner der Arktis* [grch.]; **'Ark·ti·ke·rin** <f.; -, -n·nen>; **'Ark·tis** <f.; -; unz.> *Nordpolargebiet*, **'ark·tisch** <Adj.; ↗Z.46> ~e *Kälte* <fig.> *sehr große K.*; <aber> Arktisches Mittelmeer

'Ar·kus <m.; -, - [-ku:s]; Geom.; Zeichen: arc> *Bogenmaß eines Winkels* [lat.]

Ar·lec·chi·no <[arlɛ'ki:no]; m.; -s, -s od. -ni> *Harlekin der Commedia dell'Arte* [ital.]

arm <Adj.; 'är·mer, am 'ärms·ten; ↗Z.44> 1 *mittellos*; ~e *Länder*; ~e *Ritter* <Kochk.> *eine Süßspeise*; <aber> Arm und Reich,

Arme u. Reiche *jedermann, alle;* Ggs *reich* 2 *beklagenswert;* du Arme!; die Ärmste!; ~ dran sein 3 *wenig von etwas enthaltend;* ~ an Vitaminen; salz~

Arm <m.; -(e)s, -e> 1 <bei Menschen u. Affen> *obere Gliedmaße;* einen, zwei ~ voll Brennholz tragen 2 *armähnl. Teil eines Gegenstandes;* ein Leuchter mit drei ~en

Ar'ma·da <f.; -, -'ma·den od. -s> 1 *Kriegsflotte* 2 <fig.; umg.> *Pulk, Anhäufung* [span.]

Ar·ma·gnac, <auch> **Ar·mag·nac** <[-man'jak]; m.; -s, -s; ↗Z53> *ein frz. Weinbrand* [nach der gleichnamigen frz. Landschaft]

'arm·am·pu·tiert <Adj.>

Ar·ma'tur <f.; -, -en> *Vorrichtung an einer Maschine od. techn. Anlage* [lat.]; **Ar·ma'tu·ren·brett** <n.; -(e)s, -er>

'Arm·aus·schnitt <m.; -(e)s, -e; an Kleidungsstücken>; **'Arm·band** <n.; -(e)s, ≈er>; **'Arm·band·uhr** <f.; -, -en>; **'Arm·beu·ge** <f.; -, -n>; **'Arm·bin·de** <f.; -, -n>; **'Arm·brust** <f.; -, -e od. ≈e *alte Schusswaffe;* **'Ärm·chen** <n.; -s, -; Verkleinerungsf. von *Arm;* **'arm·dick** <Adj.>

Ar'mee <f.; -, -n> *Gesamtheit der Streitkräfte eines Landes, Heer* [frz.]; **Ar'mee·korps** <[-ko:r]; n.; - [-ko:rs], - [-ko:rs]> *größter taktischer Truppenverband*

'Är·mel <m.; -s, -> *Teil eines Kleidungsstückes;* **'Är·mel·aus·schnitt** <m.; -(e)s, -e>

Ar·me'leu·te·es·sen <n.; -s, -; umg.> *einfache Speise*

...är·me·lig <Adj.; in Zus.> z. B. ein kurzärmeliges Kleid; oV *...ärmlig;* **'Är·mel·län·ge** <f.; -, -n>; **'är·mel·los** <Adj.>

'Ar·men·haus <n.; -es, ≈er>

Ar·me·ni·en *Staat in Vorderasien; Republik ~;* **Ar'me·ni·er** <m.; -s, ->; **Ar'me·ni·e·rin** <f.; -, -n·nen>; **ar'me·nisch** <Adj.>

Ar·men'sün·der·glo·cke, <auch> **Ar·men·'Sün·der·Glo·cke** <f.; -, -n; ↗Z36.2; österr.> = *Armesünderglocke*

'Ar·mes·län·ge <f.; -, -n; bes. in der Wendung> jmdm. um ~ voraus sein; auf ~ an jmdn. herankommen; Sy *Armlänge, Ärmellänge*

Ar·me'sün·der <m.; -s, -; früher> *zum Tode Verurteilter;* die letzte Stunde des ~s; <aber Getrenntschreibung bei dekliniertem Adj.> die Gebete des armen Sünders; **Ar·me'sün·der·glo·cke,** <auch> **Ar·me·'Sün·der·Glo·cke** <f.; der Armen-Sünder-Glocke, die Arme-Sünder-Glocken; ↗Z36.2; früher> *Glocke, die für die zum Tode Verurteilten geläutet wird;* **Ar·me'sün·de·rin** <f.; -, -n·nen>

'Arm·fü·ßer, 'Arm·füß·ler <m.; -s, -; Zool.> *muschelähnl. Meerestier;* **'Arm·he·bel** <m.; -s, -; Judo> *ein best. Griff*

ar'mie·ren <V. t.> *ausrüsten* [lat.]; **Ar'mie·rung** <f.; -, -en>

...ar·mig <Adj.; in Zus.> z. B. ein siebenarmiger Leuchter; **'arm·lang** <Adj.> ein ~er Pfahl; der Pfahl ist ~; <aber> der Pfahl ist einen Arm lang; **'Arm·län·ge** <f.; -, -n> = *Armeslänge;* **'Arm·leh·ne** <f.; -, -n; an Sitzmöbeln>; **'Arm·leuch·ter** <m.; -s, -> 1 *Leuchter mit mehreren Armen* 2 <umg.> *Dummkopf*

'ärm·lich <Adj.>; **'Ärm·lich·keit** <f.; -; unz.>

...ärm·lig <Adj.; in Zus.> = *...ärmelig;* **'Arm·mus·kel** <m.; -s, -n>; **'Arm·reif** <m.; -(e)s, -e>; **'Arm·schie·ne** <f.; -, -n> *Schiene für den gebrochenen Arm;* **'Arm·schlin·ge** <f.; -, -n>

'arm·se·lig <Adj.> *bemitleidenswert arm;* **'Arm·se·lig·keit** <f.; -; unz.>

'Arm·ses·sel <m.; -s, ->; **'Arm·stuhl** <m.; -(e)s, ≈e>

'Ar·mut <f.; -; unz.> *materielle Not;* **'Ar·muts·gren·ze** <f.; -; unz.; Soziol.>; **'Ar·muts·zeug·nis** <n.; -s·ses, -s·se; fig.> *Beweis der Unfähigkeit;* sich ein ~ ausstellen

'Ar·ni·ka <f.; -, -s; Bot.> *eine Heilpflanze* [grch.]

A'ro·ma <n.; -s, A'ro·men od. -s> *Wohlgeruch, würziger Geschmack* [grch.]; **A'ro·ma·stoff** <m.; -(e)s, -e; meist Pl.>; **A'ro·ma·the·ra·pie** <f.; -; unz.; Naturheilkunde>; **a·ro'ma·tisch** <Adj.> ~e Verbindungen <Chem.>; **a·ro·ma·ti'sie·ren**

<V. t.> *mit Aroma(stoffen) versehen*

'A·ron·stab <m.; -(e)s, ≈e; Bot.> *eine Staudenpflanze* [grch.]

A'ro·sa *Ort in Graubünden;* **A'ro·ser** <m.; -s, -> *Einwohner von Arosa;* **A'ro·se·rin** <f.; -, -n·nen>

Ar·peg·gia'tur <[-pɛdʒa-]; f.; -, -en; Mus.> *Reihe von Arpeggien;* **ar·peg·gie·ren** <[-'dʒi:-]; V. t.> *harfenartig spielen;* **ar·peg·gio** <[-'pɛdʒo:]; Adv.> *einzeln nacheinander, harfenartig* [ital.]; **Ar·'peg·gio** <n.; - od. -s, -s od. -peg·gien [-'pɛdʒən]>

'Ar·rak <m.; -s, -s od. -e> *Branntwein aus Reis, Zuckerrohr u. Palmwein* [arab.]

Ar·ran·ge·ment <[arãʒ(ə)'mã]; n.; -s, -s> 1 *Anordnung;* Blumen~ 2 *Übereinkunft, Abmachung* 3 *Bearbeitung, Einrichtung eines Musikstücks* [frz.]; **Ar·ran·geur** <[arã'ʒø:r]; m.; -s, -e> *jmd., der ein Musikstück arrangiert;* **ar·ran·gie·ren** <[arã'ʒi:-]; V. t.> 1 etwas ~ *in die Wege leiten, organisieren* 2 ein Musikstück ~ *(für andere Instrumente) bearbeiten* 3 <V. refl.> sich ~ *sich einigen, übereinkommen*

Ar'raz·zo <m.; -s, -'raz·zi> = *Arazzo*

Ar'rest <m.; -(e)s, -e> 1 *Haft* 2 *(vorläufige) Beschlagnahme* [lat.]; **Ar'rest·zel·le** <f.; -, -n>; **ar·re'tie·ren** <V. t.> 1 jmdn. ~ <veralt.> *verhaften* 2 *ein Geräteteil* <Tech.> *sperren, blockieren;* **Ar·re'tie·rung** <f.; -, -en>

Ar·rhyth'mie <f.; -, -n> oV *Arhythmie* 1 *Störung im Rhythmus* 2 <Med.> *Unregelmäßigkeit des Herzschlags* [grch.]; **ar·'rhyth·misch** <Adj.>

Ar·ri·val <[ə'raivəl]; n.; -s, -s> *Ankunft (auf Flughäfen)* [engl.]

ar·ri·vie·ren <[-'vi:-]; V. i. (s.)> *beruflich, gesellschaftl. aufsteigen* [frz.]; **ar·ri'viert** <Adj.; ↗Z28.1> *erfolgreich;* **Ar·ri'vier·te(r)** <f. 2 (m. 1)>

ar·ro'gant <Adj.; abwertend> *anmaßend, eingebildet, dünkelhaft* [frz.]; **Ar·ro'ganz** <f.; -; unz.; abwertend>

ar·ron'die·ren <[-rõ-]; V. t.> *Grundbesitz ~ abrunden, zusammenlegen* [frz.]; **Ar·ron'die-**

rung <f.; -, -en>; **Ar·ron·dis·se·ment** <[arõdis(ə)'mã]; n.; -s, -s>
Teil eines frz. Departements

Ar·ro·si'on <f.; -, -en; Med.> *allmählich fortschreitende (Gefäßwand-)Zerstörung* [lat.]

Ar·row·root <['æro:ru:t]; n.; -s; unz.> *ein Stärkemehl* [engl.]

Arsch <m.; -(e)s, ⸚e; derb> *Gesäß;* **'Arsch·ba·cke** <f.; -, -n; derb>; **'arsch·kalt** <Adj.; derb> *sehr kalt;* **'Arsch·krie·cher,** **'Arsch·le·cker** <m.; -s, -; derb> *Schmeichler;* **'Arsch·le·der** <n.; -s, -; Bergmannsspr.> *schützende Lederschürze für Arbeiten im Liegen;* **'Arsch·loch** <n.; -(e)s, ⸚er; derbes Schimpfwort>

Ar'sen <n.; -s; unz.; Chem.; Zeichen: As> *chem. Element* [grch.]

Ar·se'nal <n.; -(e)s, -e> *Geräte-, Waffenlager* [arab.-ital.]

ar'se·nig <Adj.> *arsenikhaltig* [grch.]; **Ar'se·nik** <n.; -s; unz.; Chem.> *giftige Arsenverbindung;* **Ar'sen·kies** <m.; -es, -e; Min.> *ein Mineral;* **Ar'sen·ver·gif·tung** <f.; -, -en>

'Ar·sis <f.; -, 'Ar·sen; Metrik> *unbetonter Taktteil;* Ggs *Thesis* [grch.]

Art <f.; -, -en> 1 *durch best. Merkmale gekennzeichnete Beschaffenheit;* diese ~ *Leute;* er gehört zu der ~ *von Menschen, die ...;* <aber> → *derart;* aus der ~ *schlagen* <umg.> *sich anders als erwartet entwickeln* 2 *best. Verhaltensweise;* sie hat eine gewinnende ~; auf diese ~ (und Weise) 3 *etwas Ähnliches wie;* eine ~ *Sommerhaus*

Art. <Abk. für> *Artikel*

Art brut <[a:r 'bryt]; f.; --; unz.; ⤢Z31> *Stilrichtung der bildenden Kunst* [frz.]

Art dé·co <[a:r 'de:ko]; f.; --; unz.; ⤢Z31> *1920–40> Stilrichtung im Kunstgewerbe* [frz.]

Art·di·rec·tor <['artdai-]; m.; -s, -s> *künstlerischer Leiter einer Werbeabteilung* [engl.]; **'Art·di·rek·tor** <m.; -s, -en>; **'Art·di·rek·to·rin** <f.; -, -nen>

ar·te'fakt <Adj.>; **Ar·te'fakt** <n.; -(e)s, -e> 1 <allg.> *von Menschen gefertigter Gegenstand* 2 <Archäol.> *von Menschen geformtes Werkzeug* [lat.]

Artikel: Der A., auch Begleiter genannt, gehört zu den veränderlichen Wortarten. Er stimmt in ⤢Genus, ⤢Kasus und ⤢Numerus mit dem nachfolgenden Substantiv überein. Man unterscheidet den bestimmten A. (*der, die, das*) von dem unbestimmten (*ein, eine, ein*).

Die ⤢Deklination des **bestimmten A.:**

	Singular			Plural
	Mask.	Fem.	Neutr.	MFN
Nom.	*der*	*die*	*das*	*die*
Gen.	*des*	*der*	*des*	*der*
Dat.	*dem*	*der*	*dem*	*den*
Akk.	*den*	*die*	*das*	*die*

Die Deklination des **unbestimmten A.** im Singular (der Plural entfällt):

	Mask.	Fem.	Neutr.
Nom.	*ein*	*eine*	*ein*
Gen.	*eines*	*einer*	*eines*
Dat.	*einem*	*einer*	*einem*
Akk.	*einen*	*eine*	*ein*

Vgl. ⤢*Adjektiv*

'art·ei·gen <Adj.; Biol.> *einer best. Art entsprechend*

Ar·tel <[-'tjel]; n.; -s, -s; UdSSR> *einfache Form der Kollektivwirtschaft* [russ.]

'ar·ten <V. i. (s.)> nach jmdm. ~ *jmdm. ähnlich werden;* er ist ganz anders geartet als sie; **'Ar·ten·reich·tum** <m.; -s; unz.>; **'Ar·ten·schutz** <m.; -es; unz.>; **'Art·ent·ste·hung** <f.; -; unz.>; **'art·er·hal·tend** <Adj.; ⤢Z29>

Ar·te·rie <[-riə]; f.; -, -n> *Schlagader;* Ggs *Vene* [grch.]; **ar·te·ri'ell** <Adj.> *es Blut;* **Ar·te·ri·en·ver·kal·kung** <f.; -, -en; Med.> *Verhärtung u. Verengung der Arterien durch Kalkablagerungen;* **Ar·te·ri·o·skle'ro·se** <f.; -, -n> = *Arterienverkalkung;* **ar·te·ri·o·skle'ro·tisch** <Adj.>

ar·te'sisch <Adj.> ~er Brunnen *B., bei dem das Wasser durch Überdruck des Grundwassers selbsttätig aufsteigt* [nach der frz. hist. Grafschaft *Artois*]

'art·fremd <Adj.>; **'Art·ge·nos·se** <m.; -n, -n>; **'Art·ge·nos·sin** <f.; -, -n·nen>; **'art·ge·recht** <Adj.>

Artikulation: Als A. bezeichnet man alle mit der gesteuerten und koordinierten Produktion von lautsprachlichen Äußerungen verbundenen Bewegungen der Sprechwerkzeuge, insbes. im Atemapparat sowie der Nasen- und Mundhöhle.
Vgl. ⤢*Phonetik*

~e *Tierhaltung;* **'art·gleich** <Adj.>

Ar·thral'gie, <auch> **Arth·ral'gie** <f.; -, -n; ⤢Z53; Med.> *Gelenkschmerz* [grch.]; **Ar'thri·ti·ker** <m.; -s, -; Med.>; **Ar'thri·ti·ke·rin** <f.; -, -n·nen; Med.>; **Ar'thri·tis** <f.; -, -'ti·den; Med.> *Gelenkentzündung;* **ar'thri·tisch** <Adj.; Med.>; **Ar·thro'po·de** <m.; -n, -n; Zool.> *Gliederfüßer;* **Ar'thro·se** <f.; -, -n; Med.> *chronische Gelenkerkrankung*

ar·ti·fi·zi'ell <Adj.> *künstlich, gekünstelt* [frz.]

'ar·tig <Adj.> *folgsam, gut erzogen;* ...**ar·tig** <Adj.; in Zus.> *in einer best. Art, z. B. gleichartig; samtartig;* **'Ar·tig·keit** <f.; -, -en> ~en *sagen*

Ar·ti·kel <m.; -s, -> 1 <Gramm.> *das Genus eines Substantivs bezeichnende Wortart;* bestimmter, unbestimmter ~; → a. *Kasten* 2 *kleiner Aufsatz; Zeitungs-* 3 *Gesetzesabschnitt* 4 *Ware;* Geschenk~; Scherz~ [lat.]; **ar·ti·ku'lar** <Adj.; Med.> *zum Gelenk gehörend;* **Ar·ti·ku·la·ti'on** <f.; -, -en; Phon.> *Lautbildung, Aussprache;* → a. *Kasten;* **ar·ti·ku·la'to·risch** <Adj.>; **ar·ti·ku'lie·ren** <V.> 1 <V. t. u. V. i.> (Laute) <Phon.> *deutl. aussprechen* 2 <V. t./V. refl.> *formulieren;* Gedanken ~; sich ~ *sich ausdrücken;* **Ar·ti·ku'lie·rung** <f.; -, -en>

Ar·til·le'rie <f.; -, -n; Mil.> 1 *Geschützausrüstung* 2 *mit Geschützen ausgerüstete Truppe* [frz.]; **Ar·til·le'rist** <m.; -en, -en> *Soldat der Artillerie;* **ar·til·le'ris·tisch** <Adj.>

Ar·ti'scho·cke <f.; -, -n; Bot.> *eine Gemüsepflanze* [ital.]

Ar'tist <m.; -en, -en> *Varieté- od. Zirkuskünstler* [frz.]; **Ar'tis·tik** <f.; -; unz.> *Kunst der Artisten;*

A

Ar·tis·tin <f.; -, -·n·nen>; **ar·tis·tisch** <Adj.>

Art nou·veau <['ar nu'vo:]; f.; --; unz.; ↗Z31; in England u. Frankreich Bez. für> *Jugendstil* [frz.]

Ar·to·thek <f.; -, -en> *Galerie, die Werke der bildenden Kunst verleiht* [lat.-grch.]

'art·ver·schie·den <Adj.; ↗Z27>; **'art·ver·wandt** <Adj.>

'Ar·ve <f.; -, -n; Bot.> *Zirbelkiefer*

Arz'nei <f.; -, -en> *Medikament*; **Arz'nei·buch** <n.; -(e)s, ⸚er>; **Arz'nei·kun·de** <f.; -; unz.>; **arz'nei·lich** <Adj.>; **Arz'nei·mit·tel** <n.; -s, -> *Medikament*; **Arz'nei·mit·tel·leh·re** <f.; -; unz.>; **Arz'nei·schränk·chen** <n.; -s, ->

Arzt <m.; -es, ⸚e>; **'Ärz·te·kam·mer** <f.; -, -n>; **'Ärz·te·hel·fe·rin** <f.; -, -·n·nen>; **'Ärz·tin** <f.; -, -·n·nen>; **'ärzt·lich** <Adj.> ⸚es *Attest*; **'ärzt·li·cher·seits** <Adv.> ~ *bestehen keine Bedenken*

as <n.; -, -; Mus.> 1 *Tonbez.* 2 <Abk. für> *as-Moll (Tonartbez.)*; **As**[1] <n.; -, -; Mus.> 1 *Tonbez.* 2 <Abk. für> *As-Dur (Tonartbez.)*; <aber> → *Ass*

As[2] <Abk. für> *Amperesekunde*

As[3] <Chem.; Zeichen für> *Arsen*

ASA <Abk. für engl.> *American Standards Association, Maß für die Lichtempfindlichkeit von Filmen*

a. s. a. p., a·sap <['æsap]; Abk. für engl.> *as soon as possible (so schnell wie möglich)*

ASB <Abk. für> *Arbeiter-Samariter-Bund*

As'best <m.; -(e)s, -e> *feuerfestes, fasriges Mineral* [grch.]; **As·bes'to·se** <f.; -, -n; Med.> *durch Asbeststaub verursachte Lungenkrankheit*

A'schan·ti[1] <m.; -, -> *Angehöriger eines Voksstammes in Ghana*; **A'schan·ti**[2] <f.; -, - od. -s>, **A'schan·ti·nuss** <f.; -, ⸚e; österr.> = *Erdnuss*

Asch·be·cher <m.; -s, -> = *Aschenbecher*; **'asch'bleich** <Adj.>; **'asch'blond** <Adj.>; **'A·sche** <f.; -, -n> *pulveriger Rest eines verbrannten Stoffes*

'Ä·sche <f.; -, -n; Zool.> *ein Lachsfisch*; <aber> → *Esche*

'Asch·ei·mer <m.; -s, ->; **'A·schen·bahn** <f.; -, -en; auf

Sportplätzen>; **'A·schen·be·cher** <m.; -s, -> *kleine Schale zum Abstreifen der Zigare(tte)nasche*; **'A·schen·brö·del** <n.; -s, -> = *Aschenputtel*; **'A·schen·ei·mer** <m.; -s, ->; **'A·schen·put·tel** <n.; -s, -> Sy *Aschenbrödel* 1 *weibl. Märchengestalt* 2 <fig.> *jmd., der im Hintergrund lebt u. ständig benachteiligt wird*; **'A·scher** <m.; -s, -; umg.> = *Aschenbecher*; **'Ä·scher** <m.; -s, -> *Kalklauge, in der Felle geäschert werden*; **A·scher'mitt·woch** <m.; -(e)s, -e> *der Tag nach Fastnacht*; **'ä·schern** <V. t.; ich äsch(e)re> *Felle u. Häute ~ im Äscher enthaaren*; **'asch'fahl** <Adj.>; **'asch·far·ben** <Adj.>; **'asch·grau** <Adj.> *das geht ja ins Aschgraue!* <fig.> *das nimmt ja kein Ende!*; **'a·schig** <Adj.> *aus, wie Asche*

Asch·ke·na·sim <Pl.> *die mittel- u. osteurop. Juden* [hebr.]

'Asch·ku·chen <m.; -s, -; ostmdt.> *Napfkuchen*

'Asch·ram <m. od. n.; -s, -s> = *Ashram*

ASCII, ASCII-Code <['aski(ko:d)]; m.; -s; unz.; ↗Z56; EDV; Abk. für engl.> *American Standard Code for Information Interchange, amerikan. Standardcode für Datenaustausch*

As·cor'bin·säu·re <f.; -; unz.; Chem.> *Vitamin C*; oV *Askorbinsäure*

'As-Dur <n.; -; unz.; Mus.; Abk.: As> *eine Dur-Tonart*; **'As-Dur-Ton·lei·ter** <f.; -, -n; Mus.>

'A·se <f.; -, -n> *german. Gottheit*

ASEAN <↗Z56; Abk. für engl.> *Association of South-East Asian Nations*

'ä·sen <V. i.; Jägerspr.> *das Wild äst frisst*

A'sep·sis <f.; -; unz.; Med.> *Keimfreiheit* [grch.]; **A'sep·tik** <f.; -; unz.; Med.> *keimfreie Wundbehandlung*; **a'sep·tisch** <Adj.; Med.>

'Ä·ser[1] <m.; -s, -; Jägerspr.> *Maul des Wildes (außer beim Schwarz- u. Raubwild)*

'Ä·ser[2] <Pl. von> *Aas*

A·ser·baid'schan *Staat in Vorderasien; Aserbaidschanische Republik*; **A·ser·baid'scha·ner** <m.; -s, ->; **A·ser·baid'scha·ne·rin** <f.; -, -·n·nen>; **a·ser·baid'scha·nisch** <Adj.; ↗Z46> *~e Bevölkerung*; <aber> *Aserbaidschanische Republik*

'a·se·xu·al <a. [---'-]; Adj.> = *ase·xuell*; **'A·se·xu·a·li·tät** <f.; -; unz.; Med.> 1 *Fehlen des sexuellen Verlangens* 2 *Fehlen der Geschlechtsdrüsen* [grch.-lat.]; **'a·se·xu·ell** <Adj.> 1 *sexuell nichts empfindend* 2 *geschlechtslos*

Ash·ram <['aʃ-]; m. od. n.; -s, -s; im Hinduismus> *rel. Meditationszentrum*; oV *Aschram* [Sanskrit]

A·si'at <m.; -en, -en> *Einwohner von Asien* [lat.]; **A·si'a·ti·ka** <Pl.> *Bücher, Bilder usw. über Asien*; **A·si'a·tin** <f.; -, -·n·nen>; **a·si'a·tisch** <Adj.>; **'A·si·en** *ein Erdteil*

'As·ka·ris <f.; -, -'ri·den; Med.; Zool.> = *Spulwurm*

As'ke·se <f.; -; unz.> *streng enthaltsame Lebensweise* [grch.]; **As'ket** <m.; -en, -en> *jmd., der Askese übt*; **As'ke·tin** <f.; -, -·n·nen>; **as'ke·tisch** <Adj.>

As·kor'bin·säu·re <f.; -; unz.; Chem.> = *Ascorbinsäure*

Äs·ku'lap·stab <a. ['----]; m.; -(e)s, ⸚e> *mit einer Schlange umwundener Stab (Sinnbild der Heilkunst)* [nach *Asklepios, dem grch. Gott der Heilkunde*]

As'ma·ra *Hauptstadt von Eritrea*

'as-Moll <n.; -; unz.; Mus.; Abk.: as> *eine Moll-Tonart*; **'as-Moll-Ton·lei·ter** <f.; -, -n; Mus.>

ä'so·pisch <Adj.> *den altgrch. Fabeldichter Äsop betreffend*

'a·so·zi·al <Adj.> *unfähig zum Leben in der Gemeinschaft* [grch.-lat.]; **'A·so·zi·a·le(r)** <f. 2 (m. 1)>; **A·so·zi·a·li'tät** <f.; -; unz.>

As·pa·ra'gin <n.; -(e)s; unz.> *im Spargel enthaltene Aminosäure*; **As'pa·ra·gus** <a. [--'--]; m.; -, -> = *Spargel* [grch.]

A'spekt, <auch> **As'pekt** <m.; -(e)s, -e; ↗Z54> → a. *Kasten S. 149* 1 *Ansicht, Gesichtspunkt* 2 <Gramm.; bes. in den slaw. Sprachen> *grammat. Kategorie des Verbs, die die subjektive Sicht des Sprechers ausdrückt* 3

Aspekt: Kategorie des Verbs, die – ähnlich wie die Kategorie ↗**Aktionsart** – die zeitliche Struktur oder andere inhaltliche Merkmale von Verbbedeutungen beschreibt. Grundlegend wird zwischen **imperfektiven** (zeitlich nicht strukturierten, ein Geschehen in seiner Gesamtheit wiedergebenden) und **perfektiven** (zeitlich begrenzten, eine Verlaufsphase beschreibenden) Verbformen unterschieden.
Insbesondere die slawischen Sprachen verfügen über ein gut entwickeltes Aspektsystem.

<Astr.> *best. Stellung der Planeten zueinander* [lat.]

A·sper·gill, <auch> **As·per·gill** <n.; -s, -e; ↗Z54; Kath.> *Weihwasserwedel* [lat.]; **A·sper·gillus** <m.; -; unz.> *ein Schlauchpilz*; **A·sper·si·on** <f.; -, -en> *Besprengung mit Weihwasser*

As·phalt <a. ['--]; m.; -(e)s, -e> *ein u. a. im Straßenbau verwendetes Teerprodukt* [grch.]; **as·phal·tie·ren** <V. t.>

As·pik <[-'pi:k]; m., österr.; m.; -(e)s, -e> *Gallert zum Einlegen von Fisch od. Fleisch* [lat.]

A·spi·rant, <auch> **As·pi·rant** <m.; -en, -en; ↗Z54> *Anwärter, Bewerber* [lat.]; **A·spi·ran·tin** <f.; -, -n·nen>; **A·spi·ra·ta** <f.; -, -ten od. -tä; Sprachw.> *behauchter Laut*; **A·spi·ra·ti·on** <f.; -, -en; meist Pl.> 1 <veralt.> *Streben, Bestrebung* 2 <Sprachw.> *behauchte Aussprache* 3 *Ansaugung von Luft, Flüssigkeiten usw.*; **A·spi·ra·tor** <m.; -s, -'to·ren> *Vorrichtung zum Ansaugen von Luft od. Gas*; **a·spi·ra·to·risch** <Adj.; Sprachw.>; **a·spi·rie·ren** <V.> 1 <V. t.> *einen Laut* → <Sprachw.> *behaucht aussprechen* 2 <V. i.> *auf etwas* ~ <österr.> *sich um etwas bewerben*

A·spi·rin, <auch> **As·pi·rin** <n.; -s; unz.; ↗Z54; Pharm.; Warenz.> *ein Schmerzmittel*

A·spi·ro·me·ter, <auch> **As·pi·ro·'me·ter** <n.; -s, -; ↗Z54> *Gerät zum Bestimmen der Luftfeuchtigkeit* [lat.]

Ass <n.; 'As·ses, 'As·se> 1 <urspr.> *die Eins auf dem Würfel 2* <Kart.> *Spielkarte mit dem höchsten Wert 3* <bes. Sport; fig.> *der Beste 4* <Tennis> *unerreichbarer Aufschlag*; <aber> → *As* [frz.]

Ass. <Abk. für> 1 *Assessor* 2 *Assistent*

as'sai <Mus.> *sehr, ziemlich, z. B.* vivace ~ [ital.]

'As·sam <m.; -s, -s> *eine Teesorte* [nach dem gleichnamigen ind. Bundesstaat]

as·sa'nie·ren <V. t.> *gesunde, hygienische Verhältnisse schaffen; eine Stadt* ~ [lat.]; **As·sa'nie·rung** <f.; -, -en>

As·sas'si·ne <m.; -n, -n> 1 *Angehöriger eines islam. Geheimbundes* 2 <veralt.> *Meuchelmörder* [arab.]

As·saut <[a'so:]; m.; -s, -s; Fechten> *Kampf, Gefecht* [frz.]

As·se·ku'ranz <f.; -, -en; veralt.> *Versicherung(sgesellschaft)* [lat.]

'As·sel <f.; -, -n; Zool.> *ein höheres Krebstier*

As·sem·bla·ge, <auch> **As·semb·la·ge** <[asã'bla:ʒ(ə)]; f.; -, -n; ↗Z53> *aus verschiedenen Materialien zusammengefügtes reliefartiges Objekt* [frz.]; **As·sem·bler** <[ə'sɛmblər]; m.; -s; unz.; EDV> *eine Programmiersprache* [engl.]; **As·sem·bling** <[ə'sɛmblɪŋ]; n.; -s, -s> *Zusammenschluss von Industriebetrieben zwecks Rationalisierung* [engl.]

As·ser·ti·on <f.; -, -en; Philos.> *Feststellung, einfache Behauptung* [lat.]; **as·ser'to·risch** <Adj.> *behauptend*

As·ser·vat <[-'va:t]; n.; -(e)s, -e; Rechtsw.> *amtlich aufbewahrter Gegenstand* [lat.]; **As·ser'va·ten·kon·to** <n.; -s, -ten od. -ti od. -s> *Sonderkonto*

As·sess·ment·cen·ter <[ə'sɛsməntsɛntə(r)]; n.; -s, -; Psych.> *ein Testverfahren (bes. zur Eignungsprüfung von Führungskräften)* [engl.]

As·ses·sor <m.; -s, -'so·ren; Abk.: Ass.> *Anwärter der höheren Beamtenlaufbahn* [lat.]; **As·ses·'so·rin** <f.; -, -n·nen; ↗Z38>; **as·ses·so·risch** <Adj.>

'As·si <m.; -s, -s od. f.; -, -s; kurz für> *Assistent(in)*

As·si·bi·la·ti·on <f.; -, -en; Sprachw.> 1 *Verwandlung eines Verschlusslautes in einen Reibeod. Zischlaut, z. B. got. "ik" in nhd. "ich"* 2 *Bildung eines Reibe- od. Zischlautes zwischen Verschlusslaut u. nachfolgendem Vokal, z. B. das "s" in "Nation"* [natsion]; **as·si·bi'lie·ren** <V. t.; Sprachw.> 1 *in einen Reibe- od. Zischlaut verwandeln* 2 *als Reibe- od. Zischlaut aussprechen*; **As·si·bi'lie·rung** <f.; -, -en; Sprachw.>

As·si·mi'lat <n.; -(e)s, -e> *durch biolog. Assimilation entstandenes Produkt* [lat.]; **As·si·mi·la·ti·on** <f.; -, -en> 1 *Anpassung, Angleichung* 2 <Biol.> *die Bildung körpereigener organischer aus von außen aufgenommener anorganischer Substanz* 3 *Verschmelzung einer nationalen Minderheit mit einem anderen Volk* 4 <Sprachw.> *Angleichung eines Lautes an den benachbarten, z. B. mhd. "zimber" an "Zimmer"*; **as·si·mi·la'to·risch** <Adj.>; **as·si·mi'lie·ren** <V. t.> 1 *angleichen* 2 *einverleiben, verschmelzen*; **As·si·mi'lie·rung** <f.; -, -en> = *Assimilation*

As'si·sen <Pl.; in Frankreich u. der Schweiz> *Schwurgericht, die Geschworenen* [frz.]

As·sis'tent <m.; -en, -en> *(wissenschaftl.) Mitarbeiter* [lat.]; **As·sis'ten·tin** <f.; -, -n·nen; ↗Z38>; **As·sis'tenz** <f.; -, -en> *Mitarbeit*; **As·sis'tenz·arzt** <m.; -es, -ˀe>; **As·sis'tenz·ärz·tin** <f.; -, -n·nen>; **as·sis'tie·ren** <V. i.> *jmdm.* ~ *beistehen, helfen*

As·so·ci·a·ted Press <[ə'souʃieitid-]; f.; --; unz.; Abk.: AP> *ein US-amerikanisches Nachrichtenbüro* [engl.]

As·so'lu·ta <f.; -, -s> *weibl. Ballett- od. Opernstar* [ital.]

As·so'nanz <f.; -, -en> *Reim nur der Vokale am Versende, z. B. "heben" u. "legen"* [lat.]; **as·so·'nie·ren** <V. i.>

as·sor'tie·ren <V. t.> *nach Warengattungen ordnen, mit Waren vervollständigen;* ein gut assortiertes Lager [frz.]

As·so·zi·a·ti·on <f.; -, -en> Ggs *Dissoziation* 1 *Vereinigung, Zusammenschluss* 2 <Psych.> *Verknüpfung von Vorstellungen*

A

A

[lat.]; **as·so·zi·a'tiv** <Adj.> *verknüpfend;* **as·so·zi'ie·ren** <V. t./V. refl.> *verknüpfen, verbinden; sich ~ sich zusammenschließen;* assoziierte Staaten; **As·so·zi'ie·rung** <f.; -; unz.>

As·su'grin, <auch> **As·sug'rin** <n.; -s; unz.; ↗Z53; Warenz.> *ein Süßstoff*

as·su'mie·ren <V. t.> *annehmen* [lat.]; **As·sump·ti·o'nist** <m.; -en, -en> *Angehöriger einer kath. Ordensgemeinschaft;* **As·sum·ti'on** <f.; -; unz.> *Mariä Himmelfahrt;* **As'sun·ta** <f.; -, -ten> *Darstellung der Himmelfahrt Mariä in der Kunst* [ital.]

As'sy·rer <m.; -s, -> *Einwohner von Assyrien;* **As'sy·re·rin** <f.; -, -nnen>; **As'sy·ri·en** *altes Reich in Mesopotamien;* **As'sy·ri·er** <m.; -s, -> = *Assyrer;* **As'sy·ri·e·rin** <f.; -, -nnen>; **As'sy·ri·o·lo·ge** <m.; -n, -n>; **As'sy·ri·o·lo·'gie** <f.; -; unz.> *Wissenschaft von der assyr. Kultur u. Sprache;* **As·sy·ri·o'lo·gin** <f.; -, -nnen>; **as·sy·ri·o'lo·gisch** <Adj.>; **as·sy'risch** <Adj.> *die Assyrer u. Assyrien betreffend*

Ast <m.; -(e)s, ⸚e> *starker Zweig eines Baumes*

AStA <m.; - od. -s, - od. -s od. 'ASten; ↗Z56; kurz für> *Allgemeiner Studentenausschuss*

A'stat, A·sta'tin, <auch> **As'tat, As·ta'tin** <n.; -s; unz.; ↗Z54; Chem.; Zeichen: At> *ein radioaktives chem. Element* [grch.]; **a'sta·tisch** <Adj.; Phys.> *gegen Beeinträchtigung durch elektr. od. magnet. Felder geschützt*

'Äst·chen <n.; -s, -; Verkleinerungsf. von> *Ast*

As'ter <f.; -, -n; Bot.> *eine Gartenblume* [grch.]; **as'te·risch** <Adj.> *sternähnlich;* **As·te'risk, As·te'ris·kus** <m.; -, -'ris·ken; Typ.; Zeichen: *> *Sternchen;* **As·te·ro'id** <m.; -en od. -(e)s, -en> = *Planetoid*

'ast·frei <Adj.> *~es Holz;* **'Ast·ga·bel** <f.; -, -n>; **'Ast·ga·be·lung** <f.; -, -en>

A·sthe'nie, <auch> **As·the'nie** <f.; -; unz.; ↗Z54; Med.> *allgemeine Körperschwäche, Kraftlosigkeit* [grch.]; **A'sthe·ni·ker** <m.; -s; Med.>; **A'sthe·ni·ke·**

rin <f.; -, -nnen; Med.>; **a'sthe·nisch** <Adj.; Med.>

Äs·the'sie <f.; -; unz.> *Empfindungsvermögen* [grch.]

Äs'thet <m.; -en, -en> *Freund des Schönen u. ästhetisch Vollkommenen* [grch.]; **Äs'the·tik** <f.; -; unz.> *Lehre von den Gesetzen des Schönen, bes. in Kunst u. Natur;* **Äs'the·ti·ker** <m.; -s, ->; **Äs'the·ti·ke·rin** <f.; -, -nnen>; **Äs'the·tin** <f.; -, -nnen>; **äs'the·tisch** <Adj.> *ausgewogen schön, geschmackvoll;* **äs·the·ti·'sie·ren** <V. t.> *nach den Gesetzen der Ästhetik beurteilen od. gestalten;* **Äs·the·ti'zis·mus** <m.; -; unz.> *ästhetische Lebenshaltung*

'Asth·ma <n.; -s; unz.; Med.> *anfallsweise auftretende Atemnot* [grch.]; **Asth'ma·ti·ker** <m.; -s, ->; **Asth'ma·ti·ke·rin** <f.; -, -nnen>; **asth'ma·tisch** <Adj.>

'Ast·holz <n.; -es, ⸚er>; **'äs·tig** <Adj.> 1 *astreich, verästelt* 2 *reich an Astlöchern*

a·stig'ma·tisch, <auch> **as·tig·'ma·tisch** <Adj.; ↗Z54>; **A·stig·ma'tis·mus** <m.; -; unz.> 1 <Opt.> *Abbildungsfehler opt. Systeme* 2 <Med.> *Brechungsfehler des Auges* [grch.]

A'stil·be, <auch> **As'til·be** <f.; -, -n; ↗Z54; Bot.> *eine Zierpflanze* [grch.]

Äs·ti·ma·ti'on <f.; -, -en; veralt.> *(Wert-)Schätzung, Würdigung* [frz.]; **äs·ti'mie·ren** <V. t.; veralt.> *schätzen, würdigen*

'As·ti spu'man·te <m.; --; unz.> *ital. Schaumwein* [nach der ital. Provinz *Asti*]

'Ast·loch <n.; -(e)s, ⸚er>

'As·tra·chan, <auch> **'As·tra·chan** <[-xa:n]; m.; -s, -s; ↗Z53> *eine Lammfellart* [nach der gleichnamigen südruss. Stadt]

as'tral, <auch> **ast'ral** <Adj.; ↗Z53> *die Gestirne betreffend, Stern...* [grch.]; **As'tral·leib** <m.; -(e)s, -er; Okkultismus> *zweiter, ätherischer Leib des Menschen, Umhüllung der Seele;* **As'tral·licht** <n.; -(e)s, -er>

'ast·rein <Adj.> 1 *~es Holz von Ästen freies H.* 2 <fig.; umg.> *einwandfrei, tadellos*

as·tro..., As·tro..., <auch> **ast·ro..., Ast·ro...** <↗Z53; in Zus.>

stern..., Stern... [grch.]; **'As·tro·bi·o·lo·gie** <f.; -; unz.> *Wissenschaft, die sich mit dem Leben außerhalb der Erde befasst;* **As·tro'graf** <m.; -en, -en; ↗Z11.3> = *Astrograph;* **As·tro·gra'fie** <f.; -; unz.>; **as·tro'gra·fisch** <Adj.>; **As·tro'graph** <m.; -en, -en; ↗Z11.3> *mehrlinsiges System zur fotograf. Aufnahme von Gestirnen;* **As·tro·gra'phie** <f.; -; unz.> *Beschreibung der Sterne;* **as·tro'gra·phisch** <Adj.>; **As·tro·la'bi·um** <n.; -s, -bi·en> *altes Gerät zur Messung u. Lagebestimmung von Sternen;* **As·tro'lo·ge** <m.; -n, -n> *Sterndeuter;* **As·tro·lo'gie** <f.; -; unz.> *Lehre vom Einfluss der Gestirne auf das menschl. Schicksal;* **As·tro'lo·gin** <f.; -, -nnen>; **as·tro·'lo·gisch** <Adj.>; **As·tro'naut** <m.; -en, -en> *Besatzungsmitglied eines Weltraumfahrzeugs;* Sy *Kosmonaut;* **As·tro·nau'tik** <f.; -; unz.> *Raumfahrt;* **As·tro·'nau·tin** <f.; -, -nnen>; **as·tro·'nau·tisch** <Adj.>; **As·tro'nom** <m.; -en, -en> *Stern-, Himmelsforscher;* **As·tro·no'mie** <f.; -, -nnen>; **as·tro·no·misch** <Adj.> 1 *~e Navigation Standort- u. Richtungsbestimmung von Schiffen u. Flugzeugen durch Beobachtung der Gestirne* 2 <fig.> *riesig, ungeheuer (groß); eine ~e Summe;* **As·tro·phy·sik** <a. [---'-]; f.; -; unz.> *Zweig der Astronomie;* **'as·tro·phy·si·ka·lisch** <a. [----'--]; Adj.>

Äs·tu'ar, Äs·tu'a·ri·um <n.; -s, -ri·en> *trichterförmige Flussmündung* [lat.]

'Ast·werk <n.; -(e)s, -e>

ASU <↗Z56; Abk. für> *Abgassonderuntersuchung*

'Ä·sung <f.; -, -en; Jägerspr.> *Nahrung des Wildes*

A·syl <[a'zy:l]; n.; -s, -e> *Zufluchtsort für Verfolgte* [grch.]; **A·sy'lant** <m.; -en, -en> *jmd., der in einem fremden Staat um Asyl bittet;* **A·sy'lan·ten·heim** <n.; -(e)s, -e>; **A·sy'lan·tin** <f.; -, -nnen>; **A·syl·an·trag** <m.; -(e)s, ⸚e>; **A'syl·be·wer·ber** <m.; -s, -> = *Asylant;* **A'syl·be·**

wer·be·rin <f.; -, -n·nen>; **A'syl·recht** <n.; -(e)s; unz.>

A·sym·me'trie, <auch> **A·sym·met'rie** <f.; -; unz.; ↗Z53> *Mangel an Symmetrie* [grch.]; **a·sym·'me·trisch** <Adj.>

A·sym'pto·te, <auch> **A·symp·'to·te** <f.; -, -n; ↗Z54; Math.> *Gerade, die sich einer Kurve nähert, ohne sie (im Endlichen) zu erreichen* [grch.]; **a·sym'pto·tisch** <Adj.>

a·syn·chron <[-'kro:n]; a. ['---]; Adj.> *nicht gleichzeitig*; Ggs *synchron* [grch.]

a·syn'de·tisch <a. ['----]; Adj.; Sprachw.> *nicht durch Konjunktion verbunden* [grch.]; **A'syn·de·ton** <n.; -s, -ta; Sprachw.> *Aneinanderreihung gleichgeordneter Satzglieder ohne Konjunktionen, z. B. "Alles rennet, rettet, flüchtet"*; Ggs *Polysyndeton*

a·szen'dent, <auch> **as·zen'dent** <Adj.; ↗Z54> *aufsteigend*; Ggs *deszendent* [lat.]; **A·szen'dent** <m.; -en, -en> 1 *Vorfahr* 2 <Astr.> *Aufgangspunkt eines Gestirns*; **A·szen'denz** <f.; -, -en> 1 *Verwandtschaft in aufsteigender gerader Linie* 2 <Astr.> *Aufgang eines Gestirns*; **a·szen'die·ren** <V. i. (s.); Astr.> *aufsteigen*

at 1 <EDV> *Klammeraffe (@)* 2 <veralt.; Abk. für> *techn. Atmosphäre*

At <Chem.; Zeichen für> *Astat, Astatin*

AT <Abk. für> *Altes Testament*

A·ta'man <m.; -s, -e> *Stammesführer der Kosaken* [russ.]

A·ta·ra'xie <f.; -; unz.> *Unerschütterlichkeit* [grch.]

A·ta'vis·mus <[-'vis-]; m.; -, -men> *Wiederauftreten stammesgeschichtl. urspr. Merkmale* [lat.]; **a·ta'vis·tisch** <Adj.>

A·te·li·er <[-'lje:]; n.; -s, -s> 1 *Werkstatt eines Künstlers od. Fotografen* 2 *Raum für Filmaufnahmen* [frz.]

A·tel'la·ne <f.; -, -n> *altröm. Stegreiflustspiel* [nach der antiken Stadt *Atella*]

'A·tem <m.; -s; unz.> *ein- od. ausgeatmete Luft, das Atmen*; *außer ~ sein; ~ holen*; **'a·tem·be·rau·bend** <Adj.; ↗Z29> *mit ~er*

Geschwindigkeit; **'A·tem·ge·rät** <n.; -(e)s, -e>; **'A·tem·ge·räusch** <n.; -(e)s, -e>; **'a·tem·los** <Adj.>; **'A·tem·mas·ke** <f.; -, -n>; **'A·tem·not** <f.; -; unz.>; **'A·tem·pau·se** <f.; -, -n>

a 'tem·po 1 <umg.> *schnell, sofort; bitte ~!* 2 <Mus.> *im Anfangstempo (zu spielen)* [ital.]

'a·tem·rau·bend <Adj.> = *atemberaubend*; **'A·tem·schutz** <m.; -es; unz.>; **'A·tem·tech·nik** <f.; -; unz.>; **'A·tem·we·ge** <Pl.>; **'A·tem·zug** <m.; -(e)s, ⁓e>

Ä'than <n.; -s; unz.; Chem.> *gasförmiger Kohlenwasserstoff*; oV *Ethan*

A·tha·na'sie <f.; -; unz.> *Unsterblichkeit* [grch.]

Ä·tha'nol <n.; -s; unz.; Chem.> *eine organ. Verbindung, <i. e. S.> Alkohol*; oV *Ethanol*

A·the'is·mus <m.; -; unz.> *Gott leugnende Weltanschauung* [grch.]; **A·the'ist** <m.; -en, -en>; **A·the·is'tin** <f.; -, -n·nen>; **a·the·'is·tisch** <Adj.>

A'then *Hauptstadt von Griechenland*; **A·the'nä·um** <n.; -s, -'nä·en> *Tempel der Göttin Athene*

'Ä·ther <m.; -s, -> 1 <unz.; geh.> *Himmel* 2 <Med.> *eine organ. Verbindung, Narkosemittel*; oV *Ether*; **ä'the·risch** <Adj.> 1 *himmlisch* 2 *ätherhaltig; ~e Öle* 3 <fig.> *hauchzart, durchgeistigt*; **ä·the·ri'sie·ren** <V. t.>

a·ther'man <Adj.> *nicht durchlässig für Wärmestrahlen*; Ggs *diatherman* [grch.]

Ä·thi'o·pi·en *Staat in Nordostafrika*; *Demokratische Bundesrepublik ~*; **Ä·thi'o·pi·er** <m.; -s, ->; **Ä·thi'o·pi·e·rin** <f.; -, -n·nen>; **ä·thi'o·pisch** <Adj.>

Ath'let <m.; -en, -en> 1 *muskulöser Mann* 2 *Wettkämpfer*; *Leicht~; Schwer~* [grch.]; **Ath·'le·tik** <f.; -; unz.> *sportl. Wettkampf; Leicht~; Schwer~*; **Ath·'le·ti·ker** <m.; -s, -> *Mann mit muskulösem Körper*; **Ath·'le·ti·ke·rin** <f.; -, -n·nen>; **Ath·'le·tin** <f.; -, -n·nen; ↗Z38>; **ath·'le·tisch** <Adj.>

Ä'thyl <n.; -s; unz.; Chem.> *einwertiger Kohlenwasserstoffrest vieler organ. Verbindungen*; oV *Ethyl*; **Ä'thyl·al·ko·hol** <m.; -s;

unz.> = *Äthanol*; **Ä·thy'len** <n.; -s; unz.> *ungesättigter Kohlenwasserstoff*; oV *Ethylen*

Ä·ti·o·lo'gie <f.; -; unz.> *Lehre von den Ursachen, bes. der Krankheiten* [grch.]; **ä·ti·o'lo·gisch** <Adj.> *ursächlich*

At'lant <m.; -en, -en; Arch.> *das Gebälk tragende Männerfigur* [nach dem Riesen *Atlas* der grch. Sage]; **At'lan·tik** <m.; -s; unz.> *der Atlantische Ozean* [grch.]; **At'lan·tis** *Name einer sagenhaften versunkenen Insel*; **at'lan·tisch** <Adj.; ↗Z46> *~e Tiefausläufer* <Meteor.>; <aber> *der Atlantische Ozean*; **'At·las¹** <m.; - od. -las·ses, -'lan·ten od. -las·se> 1 *Sammlung von Landkarten in Buchform* 2 *umfangreiches wissenschaftl. (Lehr-)Buch*; *Anatomie~*; **'At·las²** <m.; -; unz.; Anat.> *oberster Halswirbel*; **'At·las³** <m.; - od. -s·ses, -s·se> *Seidengewebe mit glänzender Ober- u. matter Unterseite* [arab.]; **'at·las·sen** <Adj.> *aus Atlas³*

atm <veralt.; Abk. für> *physikal. Atmosphäre*

'At·man <m. od. n.; - od. -s; unz.; indische Philos.> *das unvergänglich Geistige im Menschen* [Sanskrit]

'at·men <V. i.> *Luft einziehen u. ausstoßen*

At·mo'sphä·re, <auch> **At·mos·'phä·re** <f.; -, -n; ↗Z54> 1 *Lufthülle* 2 <veralt.; Abk.: atm> *physikalische ~ Maßeinheit für den Druck¹* 3 <fig.> *Stimmung, Umwelt; eine gespannte ~* [grch.]; **At·mo'sphä·ren·ü·ber·druck** <m.; -(e)s, ⁓e; veralt.; Abk.: atü>; **at·mo'sphä·risch** <Adj.>

AT-Mo·tor <m.; -(e)s, -en; ↗Z34; kurz für> *Austauschmotor*

'At·mung <f.; -; unz.> *das Atmen, das Atmen*; **'at·mungs·ak·tiv** <Adj.> *~e Kleidung luftdurchlässige K.*; **'at·mungs·freund·lich** <Adj.>; **'At·mungs·or·gan** <n.; -(e)s, -e>

A'toll <n.; -s, -e> *ringförmige Koralleninsel* [mal.]

A'tom <n.; -s, -e> *kleinste Einheit eines chem. Elementes* [grch.]; **a·to'mar** <Adj.> 1 <Chem.; Phys.> *das Atom betreffend* 2 <Atomphys.> *die Kernenergie* betreffend 3 <Mil.> *die Atomwaffen betreffend;* **A'tom·bom·be** <f.; -, -n>; **A'tom·en·er·gie,** <auch> **A'tom·e·ner·gie** <f.; -; unz.; ⬈Z 54, 55> = *Kernenergie;* **A·to·mi·seur** <[-ˈzøːr] m.; -s, -e> *Zerstäuber (für Parfüms)* [frz.]; **a·to·mi'sie·ren** <V. t.> *in Atome zerkleinern, völlig zerstören;* **A·to·mi'sie·rung** <f.; -, -en>; **A·to'mis·mus** <m.; -; unz.> = *Atomistik;* **A·to'mist** <m.; -en, -en>; **A·to'mis·tik** <f.; -; unz.> *Lehre, dass alle Materie aus kleinsten unteilbaren Teilchen aufgebaut sei;* **a·to'mis·tisch** <Adj.>; **A·to·mi·zer** <[ˈætəmaizə(r)]; m.; -s, -> = *Atomiseur* [engl.]; **A'tom·kern** <m.; -(e)s, -e>; **A'tom·kraft** <f.; -; unz.> *durch Kernspaltung od. Kernfusion gewonnene Energie,* <besser> *Kernenergie;* **A'tom·kraft·werk** <n.; -(e)s, -e; Abk.: AKW> = *Kernkraftwerk;* **A'tom·krieg** <m.; -(e)s, -e>; **A'tom·macht** <f.; -, -ᵉe> *Staat, der über Atomwaffen verfügt;* **A'tom·mas·se** <f.; -, -n>; **A'tom·mei·ler** <m.; -s, -> = *Kernreaktor;* **A'tom·mi·ne** <f.; -, -n>; **A'tom·mo·dell** <n.; -(e)s, -e>; **A'tom·müll** <m.; -s; unz.> *durch Kernreaktionen entstehender radioaktiver Abfall;* **A'tom·phy·sik** <f.; -; unz.>; **A'tom·re·ak·tor** <m.; -s, -'to·ren> = *Kernreaktor;* **A'tom·spreng·kopf** <m.; -(e)s, -ᵉe> *Bombe mit Kernbrennstoff im vorderen Teil einer Rakete od. eines Geschosses;* **A'tom·stopp** <m.; -s, -s; umg.> *Einstellung der Produktion von Atomenergie u. -waffen;* **A'tom·strom** <m.; -(e)s; unz.> *in einem Kernkraftwerk gewonnener elektr. Strom;* **A'tom·the·o·rie** <f.; -; unz.>; **A'tom·U-Boot** <n.; -(e)s, -e; ⬈Z 33>; **A'tom·uhr** <f.; -, -en> *Uhr höchster Genauigkeit;* **A'tom·waf·fe** <f.; -, -n; meist Pl.>; **a'tom·waf·fen·frei** <Adj.> ~e *Zone;* **A'tom·waf·fen·sperr·ver·trag** <m.; -(e)s, -ᵉe>; **A'tom·zeit·al·ter** <n.; -s; unz.>; **A'tom·zer·fall** <m.; -s; unz.>

'**a·to·nal** <Adj.; Mus.> *nicht auf einen Grundton bezogen, an*

keine Tonart gebunden [grch.]; **A·to·na·li'tät** <f.; -; unz.; Mus.> **A·to'nie** <f.; -; unz.; Med.> *Muskelerschlaffung* [grch.]; **a'to·nisch** <Adj.; Med.> **A·tout** <[aˈtu]; m. od. n.; -s, -s; Kart.> *Trumpf* [frz.] '**a·to·xisch** <Adj.> *ungiftig* [grch.] '**A·tri·um,** <auch> '**At·ri·um** <n.; -s, -tri·en/-tri·en; ⬈Z 53> 1 *Hauptraum des altröm. Hauses* 2 *Säulenvorbau altchristl. Kirchen* [lat.]; '**A·tri·um·haus** <n.; -es, -ᵉer> *um einen Innenhof gebaute Wohnanlage* **A·tro'phie** <f.; -, -n; Med.> *Schwund von Muskeln, Zellgewebe od. Organen* [grch.]; **a'tro·phisch** <Adj.; Med.> *auf Atrophie beruhend* **A·tro'pin,** <auch> **At·ro'pin** <n.; -s; unz.; ⬈Z 53> *Gift der Tollkirsche* [grch.] **ätsch** <Int.; umg.> *(schadenfroher Ausruf)* **At·ta·ché** <[-ˈʃeː]; m.; -s, -s> 1 *Nachwuchsdiplomat* 2 *Berater einer Auslandsvertretung* [frz.] **At·tach·ment** <[əˈtætʃmənt]; n.; -s, -s; EDV> *Anhang (an eine E-Mail od. Textdatei)* [engl.] **At·ta·cke** <f.; -, -n> 1 *(Reiter-)Angriff* 2 <fig.> *heftige Kritik* 3 *Anfall;* Herz~ [frz.]; **at·ta·ckie·ren** <V. t./V. refl.> *angreifen* '**At·ten·tat** <a. [--'-]; n.; -(e)s, -e> *(Mord-)Anschlag* [lat.]; '**At·ten·tä·ter** <m.; -s, -> *jmd., der ein Attentat verübt (hat);* '**At·ten·tä·te·rin** <f.; -, -n·nen> **At'test** <n.; -(e)s, -e> *schriftl., bes. ärztl. Bescheinigung, Gutachten* [lat.]; **At·tes·ta·ti'on** <f.; -, -en; DDR> *Titelverleihung für langjährige Berufspraxis;* **at·tes'tie·ren** <V. t.> *bescheinigen;* **At·tes·'tie·rung** <f.; -, -en> '**Ät·ti** <m.; -s; unz.; schweiz.; umg.> *Vater* '**At·ti·ka** <f.; -, -ken> *Aufbau über dem Dachgesims eines Gebäudes* [grch.-lat.]; '**At·ti·ka·woh·nung** <f.; -, -en; schweiz.> = *Penthaus;* '**at·tisch** <Adj.; ⬈Z 46> *die grch. Halbinsel Attika betreffend* **At·ti'tü·de** <f.; -, -n> 1 *Körperhaltung* 2 *innere Einstellung* [frz.] **At·ti'zis·mus** <m.; -; unz.> *Nachahmung der schlichten Sprache*

der attischen Redner [nach der grch. Halbinsel *Attika*] '**At·to...** <Abk.: a; vor Maßeinhei­ten> *ein Trillionstel,* 10^{-18}, *der betreffenden Grundeinheit, z. B.* 1 am = 10^{-18} Meter [skand.] **At·trak·ti·on** <f.; -, -en> *etwas, das große Anziehungskraft ausübt* [lat.]; **at·trak'tiv** <Adj.> *anziehend, begehrenswert;* **At·trak·ti·vi'tät** <[-vi-]; f.; -; unz.> **At'trap·pe** <f.; -, -n> *(täuschend ähnliche) Nachahmung, Schaupackung* [frz.] **At·tri'but** <n.; -(e)s, -e> → a. Kasten 1 *wesentl. Merkmal* 2 <Gramm.> *Beifügung* [lat.]; **at·tri·bu'tiv** <Adj.; Gramm.> *beifügend;* **At·tri'but·satz** <m.; -es, -ᵉe; Gramm.>

'a·tü <veralt.; Abk. für> *Atmosphärenüberdruck*

'a·ty·pisch <a. [-'--]; Adj.> *nicht typisch* [grch.]

'Ätz·al·ka·li·en <Pl.; Chem.> *stark ätzende Hydroxide der Alkalimetalle;* **'Ätz·druck** <m.; -(e)s, -e>; **'at·zen** <V. t.; du atzt; Jägerspr.> *junge Greifvögel ~ füttern;* **'ät·zen** <V. t.; du ätzt> *mit Säure od. Lauge bearbeiten;* **'ät·zend** <Adj.; ↗Z28.1; umg.; bes. Jugendspr.> *langweilig, schlecht;* **'Ätz·flüs·sig·keit** <f.; -, -en>; **'At·zung** <f.; -, -en> Jägerspr.> *Fütterung der jungen Greifvögel;* **'Ät·zung** <f.; -, -en>

au <Int.> *(Ausruf des Schmerzes);* ~ Backe! <umg.>

Au¹ <Chem.; Zeichen für> *Gold (Aurum)* [lat.]

Au² <f.; -, -en> = *Aue*

AUA <Abk. für> *Austrian Airlines*

au·ber·gine <[obɛr'ʒiːn]; Adj.; undekl.> *dunkellila* [arab.-frz.]; **Au·ber·gi·ne** <f.; -, -n; Bot.> *ein Gemüse*

auch <Partikel; attr. u. adv.> *ebenso, außerdem; nicht nur ..., sondern ...*

au·di·a·tur et 'al·te·ra 'pars *"Auch der andere Teil soll gehört werden!" (alter röm. Rechtsgrundsatz)* [lat.]

Au·di'enz <f.; -, -en> 1 *feierl. Empfang* 2 *Zulassung zu einer Unterredung* [lat.]); **Au·di'enz·saal** <m.; -(e)s, -sä·le; ↗Z18.1>

Au·di'fon <n.; -s, -e; ↗Z11.3> = *Audiphon*

Au·di'max <n.; -; unz.; Studentenspr.; kurz für> *Auditorium maximum*

'Au·di·o·book <[-buk]; n.; -s, -s> *auf Kassette gesprochenes Werk;* Sy *Hörbuch* [lat.-engl.]

'Au·di·on <n.; -s, -s od. 'o·nen; El.> *Schaltung in Rundfunkempfängern zum Unterdrücken der Trägerfrequenz*

Au·dio-Vi·deo-Tech·nik <[-'viː-]; f.; -; unz.> *Technik des Übertragens, Empfangens u. Wiedergebens von Ton u. Bild* [lat.]; **Au·di·o·vi·si'on** <f.; -; unz.> *audiovisuelle Technik;* **au·di·o·vi·su·'ell** <Adj.> *gleichzeitig hör- u. sichtbar;* ~e *Lehrmethoden*

Au·di'phon <n.; -s, -e; ↗Z11.3>

Hörapparat für Schwerhörige; oV *Audifon* [lat.-grch.]

'Au·dit <a. ['ɔːdit]; n. od. m.; -s, -s> [engl.], **Au·di·ting** <['ɔːditiŋ]; n.; -s, -s> *(in Unternehmen durchgeführte) Überprüfung, Untersuchung;* **Au·di·tion** <[ɔː'diʃn]; f.; -, -s; Theat.> *Vorsprechen, Anhörung;* **au·di·'tiv** <Adj.> 1 *das Hören betreffend* 2 *vorwiegend mit Gehörsinn begabt* [lat.]); **Au·di'to·ri·um** <n.; -s, -ri·en> 1 *Hörsaal;* ~ *maximum* <Abk.: Audimax> *größter Hörsaal* 2 *Zuhörerschaft*

'Aue <f.; -, -n> *nasse Wiese*

'Au·er·hahn <m.; -(e)s, ⸗e od. (Jägerspr.) -en; Zool.> *größter europ. Waldhahn;* **'Au·er·hen·ne** <f.; -, -n>; **'Au·er·huhn** <n.; -(e)s, ⸗er>

'Au·er·och·se <[-ks-]; m.; -n, -n; Zool.> *ausgestorbenes Wildrind*

auf¹ <Präp.; m. Dat. auf die Frage "wo?", m. Akk. auf die Frage "wohin?"; ↗Z43.3> ~ dem Tisch liegen; ~ den Tisch legen; ~ der Reise; ~s Land ziehen; ~ den Markt gehen; jmdn. ~s Äußerste/<auch> äußerste schockieren; jmdn. ~s Beste/<auch> beste unterhalten; ~s Neue/ <auch> neue *wieder, von vorn;* ~ einmal *plötzlich;* alle bis ~ einen *außer einem;* bis ~ den letzten Mann *alle;* **auf²** <Adv.; ↗Z22.2> ~ und ab gehen *hin u. her;* <aber> ~- und zumachen; das Aufundabgehen; das Auf und Ab des Lebens <fig.>; sich ~ und davon machen; das ist zum Auf-und-davon-Laufen; von klein ~; ~ geht's! <umg.> *es geht los!;* ~ sein; bist du noch ~? <umg.> *noch nicht im Bett;* ist das Geschäft schon auf? <umg.>; **auf...** <Vors.; ↗Z22> in Zus. mit Verben betont u. abtrennbar> z. B. aufblasen; ich blase auf; sie hat aufgeblasen; aufzublasen

'auf|ar·bei·ten <V. t.>

'auf|at·men <V. i.>

'auf|ba·cken <V. t. 101>

'auf|bah·ren <V. t.> *eine Leiche ~;* **'Auf·bah·rung** <f.; -, -en>

'Auf·bau <m.; -(e)s, -ten> 1 <unz.> *(Wieder-)Errichtung, Schaffung* 2 <unz.> *innere Gliederung* 3 <Bauw.> *aufgesetztes*

Stockwerk; **'Auf·bau·ar·beit** <f.; -, -en; fig.>; **'auf|bau·en** <V.; ich baue auf; sie hat aufgebaut; aufzubauen> 1 <V. t.> *etwas ~ errichten;* jmdn. ~ <fig.; umg.> *an jmds. Aufstieg arbeiten/* <auch> *jmdm. wieder Mut machen* 2 <V. i.> *auf einer Sache ~ auf einer S. gründen;* **'Auf·bau·hil·fe** <f.; -, -n>

'auf|bau·men <V. i. (s. u. h.); Jägerspr.> *auf einen Baum fliegen (Federwild) oder klettern (Luchs, Marder u. a.)*

'auf|bäu·men <V. refl.> *das Pferd bäumt sich auf steigt;* sich (gegen etwas) ~ <fig.> *sich wehren*

'auf|bau·schen <V. t.; a. fig.> *aufblähen, übertreiben*

'Auf·bau·stu·di·um <n.; -s, -di·en>

'auf|be·geh·ren <V. i.> *gegen jmdn. od. etwas ~ <geh.> sich auflehnen*

'auf|be·hal·ten <V. t. 160; ich behalte auf; sie hat aufbehalten; aufzubehalten> *den Hut ~*

'auf|bei·ßen <V. t. 105>

'auf|be·kom·men <V. t. 170> 1 *öffnen können* 2 *als Hausaufgabe erledigen müssen*

'auf|be·rei·ten <V. t.> *etwas ~ zur weiteren Nutzung vorbereiten;* **'Auf·be·rei·tung** <f.; -, -en> *Trinkwasser~*

'auf|bes·sern <V. t.; ich bess(e)re auf; sie hat aufgebessert; aufzubessern> *etwas ~ die Qualität od. Quantität von etwas erhöhen;* **'Auf·bes·se·rung** <f.; -, -en> *Gehalts~*

'auf|be·wah·ren <V. t.>; **'Auf·be·wah·rung** <f.; -, -en>; **'Auf·be·wah·rungs·ort** <m.; -(e)s, -e>

'auf|bie·gen <V. t. 109> *einen Ring ~*

'auf|bie·ten <V. t. 110> *etwas ~ zusammennehmen, sammeln;* alle Kräfte ~; **'Auf·bie·tung** <f.; -; unz.> *unter ~ aller Kräfte*

'auf|bin·den <V. t. 111> *jmdm. einen Bären ~ <fig.; umg.> jmdm. etwas weismachen*

'auf|blä·hen <V. t./V. refl.> *sich ~* <fig.> *sich wichtig machen*

'auf·blas·bar <Adj.>; **'auf|bla·sen** <V. t. 113; du bläst auf>

'auf|blei·ben <V. i. (s.) 114; ich bleibe auf; sie ist aufgeblieben; aufzubleiben> 1 *nicht schlafen* gehen 2 *geöffnet bleiben;* die Tür bleibt auf!

'auf|blen·den <V. i.; Kfz> *das Fernlicht einschalten;* Ggs *abblenden*

'auf|bli·cken <V. i.> *zu jmdm. bewundernd ~ <a. fig.>*

'auf|blit·zen <V. i. (s.)> *kurz aufleuchten*

'auf|blü·hen <V. i. (s.)>

'auf|bo·cken <V. t.> *etwas ~ auf einen Bock[1](2) stellen*

'auf|brau·chen <V. t.> *ganz verbrauchen*

'auf|brau·sen <V. i. (s.); du braust auf; fig.> *sich heftig erregen;* **'auf·brau·send** <Adj.; ⚈Z28.1>

'auf|bre·chen <V. 116> 1 <V. t.> *etwas ~ gewaltsam öffnen/* <Jägerspr. a.> *(Wild) ausweiden* 2 <V. i. (s.)> *fortgehen, abreisen*

'auf|bre·zeln <V. refl.; umg.> = *aufdonnern*

'auf|brin·gen <V. t. 118> 1 *etwas ~ öffnen können* 2 *Geld ~ (für etwas) beschaffen* 3 *etwas ~ in Umlauf setzen* 4 *ein Schiff ~ kapern* 5 *jmdn. ~ erzürnen; eine aufgebrachte Menge*

'Auf·bruch <m.; -(e)s, ≟e> 1 *das Aufbrechen(2)* 2 <Jägerspr.> *Eingeweide des erlegten Wildes;* **'Auf·bruch(s)·si·gnal,** <auch> **'Auf·bruch(s)·sig·nal** <n.; -(e)s, -e; ⚈Z53>; **'Auf·bruch(s)·stim·mung** <f.; -; unz.>

'auf|brü·hen <V. t.> *Tee ~*

'auf|brül·len <V. i.> *vor Schmerzen ~*

'auf|brum·men <V. t.; umg.> *zuteilen, auferlegen; eine Strafe aufgebrummt bekommen*

'auf|bü·geln <V. t.; ich büg(e)le auf; sie hat aufgebügelt; aufzubügeln> *eine Applikatur ~*

'auf|bür·den <V. t./V. refl.> *jmdm. etwas ~ aufladen, auferlegen*

'auf|damp·fen <V. t.>

'auf|de·cken <V. t.> *ein Verbrechen ~* <fig.>; **'Auf·de·ckung** <f.; -, -en>

'auf|don·nern <V. refl.; umg.> *sich ~ sich übertrieben schminken, auffällig kleiden*

'auf|drän·gen <V. t./V. refl.> *jmdm. etwas ~; sich jmdm. ~*

'auf|dre·hen <V.> 1 <V. t.> *etwas ~ durch Drehen öffnen* 2 <V. i. (s.)> *lustig, lebhaft werden;* sie ist richtig aufgedreht

'auf·dring·lich <Adj.> *lästig;* **'Auf·dring·lich·keit** <f.; -, -en>

'auf|drö·seln <V. t.; ich drös(e)le auf; umg.> *Wolle ~ entwirren*

'Auf·druck <m.; -(e)s, -e>; **'auf·dru·cken** <V. t.>

'auf|drü·cken <V.> 1 <V. t.> *einen Stempel ~* 2 <V. i.> *drück nicht so fest auf!*

auf·ein·an·der, <auch> **auf·ei·'nan·der** <Adv.; ⚈Z54; in Verbindung mit Verben immer Getrenntschreibung> *einer auf. gegen den anderen, ~ achten, treffen, warten; ~ losgehen; die Zähne ~ beißen;* **Auf·ein·an·der·fol·ge** <f.; -, -n>

'Auf·ent·halt <m.; -(e)s, -e> 1 *zeitweiliges Verweilen an einem Ort* 2 *Wohnsitz;* **'Auf·ent·hal·ter** <m.; -s, -; schweiz.> *Gast;* **'Auf·ent·hal·te·rin** <f.; -, -nnen; schweiz.>; **'Auf·ent·halts·er·laub·nis** <f.; -, -s·se>; **'Auf·ent·halts·ge·neh·mi·gung** <f.; -, -en>; **'Auf·ent·halts·ort** <m.; -(e)s, -e>; **'Auf·ent·halts·raum** <m.; -(e)s, ≟e>

'auf|er·le·gen <V. t./V. refl.; ich erlege (es ihm) auf <od.> ich auferlege (es ihm)> *jmdm. etwas ~* <geh.> *aufbürden*

'auf|er·ste·hen <V. i. (s.) 256> *wieder zum Leben erwachen; Christus ist auferstanden;* **'Auf·er·ste·hung** <f.; -; unz.; Rel.> *~ von den Toten*

'auf|er·we·cken <V. t.> *zu neuem Leben erwecken;* **'Auf·er·we·ckung** <f.; -, -en>

'auf|es·sen <V. t. 129; du isst auf>

'auf|fä·chern <V. t.; ich fäch(e)re auf; sie hat aufgefächert; aufzufächern> *etwas ~ in mehrere Bereiche unterteilen*

'auf|fä·deln <V. t.; ich fäd(e)le auf; sie hat aufgefädelt; aufzufädeln> *Perlen ~*

'auf|fah·ren <V. 130> 1 <V. i.> *gegen etwas fahren* 2 <V. i.> *sich ruckartig aufrichten* 3 <V. t.> *reichlich Speisen ~* <umg.>; **'Auf·fahr·scha·den** <m.; -s, ≟>; **'Auf·fahrt** <f.; -, -en>; **'Auf·fahr·un·fall** <m.; -(e)s, ≟e>

'auf|fal·len <V. i. (s.) 131> *Aufmerksamkeit erregen;* **'auf·fal·lend** <Adj.; ⚈Z28.1> *-e Ähnlichkeit;* **'auf·fäl·lig** <Adj.>; **'Auf·fäl·lig·keit** <f.; -, -en>

'Auf·fang·be·cken <n.; -s, ->; **'auf|fan·gen** <V. t. 132>; **'Auf·fang·la·ger** <n.; -s, ->

'auf|fas·sen <V. t.> *ich fasse auf; du fasst auf; sie hat aufgefasst; aufzufassen> etwas ~ in einer best. Weise deuten, verstehen;* **'Auf·fas·sung** <f.; -, -en> *Meinung, Deutung;* **'Auf·fas·sungs·ga·be** <f.; -; unz.>; **'Auf·fas·sungs·sa·che** <f.; -; unz.; in der Wendung> *das ist ~ darüber kann man verschiedener Auffassung sein*

'auf|fin·den <V. t. 134>

'auf|fla·ckern <V. i. (s.)> 1 *aufleuchten* 2 <fig.> *der alte Streit ist wieder aufgeflackert*

'auf|flam·men <V. i. (s.)>

'auf|flie·gen <V. i. (s.) 136> 1 *in die Höhe fliegen* 2 <umg.> *entdeckt und aufgelöst werden;* die Bande ist aufgeflogen

'auf|for·dern <V. t.; ich ford(e)re auf> *jmdn. zu etwas ~ nachdrücklich um etwas bitten;* **'Auf·for·de·rung** <f.; -, -en> *Bitte, Befehl;* **'Auf·for·de·rungs·satz** <m.; -es, ≟e; Gramm.> → a. *Kasten*

'auf|fors·ten <V. t.> *Wald ~ anpflanzen;* **'Auf·fors·tung** <f.; -, -en>

'auf|fres·sen <V. t. 139>

'auf|fri·schen <V.> 1 <V. t.> *alte Kenntnisse ~ erneuern* 2 <V. i.> *der Wind frischt auf weht stärker;* **'Auf·fri·schung** <f.; -, -en>

'auf|füh·ren <V.> 1 <V. t.> *etwas ~ vor einem Publikum spielen* 2 <V. refl.> *sich gut, schlecht ~* <umg.> *benehmen;* **'Auf·füh·**

rung <f.; -, -en>; **'Auf·füh·rungs·recht** <n.; -(e)s, -e>

'auf·fül·len <V. t.; ich fülle auf; sie hat aufgefüllt; aufzufüllen>

'Auf·ga·be <f.; -, -n> 1 <unz.> Beendigung, Schließung; Geschäfts~ 2 Arbeit, Verpflichtung; Lebens~; Haus~ 3 <unz.> Übergabe an andere; Gepäck~

'auf·ga·beln <V. t.; ich gab(e)le auf; sie hat aufgegabelt; aufzugabeln> jmdn., etwas ~ <fig.; umg.; scherzh.> zufällig treffen, finden (u. mitnehmen)

'Auf·ga·ben·be·reich <m.; -(e)s, -e>; **'Auf·ga·ben·heft** <n.; -(e)s, -e>; **'Auf·ga·ben·kreis** <m.; -es, -e>; **'Auf·ga·ben·stel·lung** <f.; -, -en>; **'Auf·ga·be·stem·pel** <m.; -s, -; Post>

'Auf·ga·lopp <m.; -s; unz.; Reitsp.> Probegalopp vor den Zuschauertribünen

'Auf·gang <m.; -(e)s, ⸚e> 1 <Astr.> das Erscheinen der Gestirne; Sonnen~ 2 aufwärts führender Eingang; Treppen~; **'Auf·gangs·punkt** <m.; -(e)s, -e>

'auf·ge·ben <V. 143; ich gebe auf; sie hat aufgegeben; aufzugeben> 1 <V. t.> etwas ~ zur Weiterleitung übergeben; ein Paket ~ 2 <V. t.> jmdm. etwas ~ zu tun geben; der Lehrer gibt viel auf 3 <V. i. u. V. t./V. refl.> gib nicht auf! mach weiter!; ~ nicht fortführen; ein Geschäft ~; er hat sich aufgegeben er hat aufgehört zu kämpfen

'auf·ge·bla·sen <Adj.; ⸚Z28.1; fig.> eitel, eingebildet; **'Auf·ge·bla·sen·heit** <f.; -; unz.; fig.>

'Auf·ge·bot <n.; -(e)s, -e> 1 das Aufbieten; mit (dem), unter ~ aller Kräfte 2 amtl. Bekanntgabe einer beabsichtigten Eheschließung; das ~ bestellen 3 das, was für einen best. Zweck eingesetzt wird; ein enormes ~ an Menschen

'auf·ge·bracht <Adj.> → aufbringen(5)

'auf·ge·don·nert <Adj.; ⸚Z28.1; umg.; abwertend> übertrieben gekleidet, geschminkt

'auf·ge·dun·sen <Adj.; ⸚Z28.1> aufgequollen

'auf·ge·heizt <Adj.; ⸚Z28.1; fig.> die Stimmung war ~

'auf·ge·hen <V. i. (s.) 145> 1 et-

was geht auf öffnet sich; mir geht ein Licht auf <fig.> ich beginne zu verstehen 2 sichtbar werden; der Mond ist aufgegangen; die Saat geht auf 3 die Rechnung geht auf <a. fig.> erweist sich als richtig 4 in einer Sache ~ sich ganz einer S. hingeben

'auf·gei·en <V. t.> Segel ~ <Seemannsspr.> unter der Rahe zusammenziehen

'auf·gei·len <V. t./V. refl.; derb; bes. Jugendspr.> sexuell erregen; sich (an etwas) ~ sich für etwas begeistern

'auf·ge·klärt <Adj.; ⸚Z28.1>

'auf·ge·kratzt <Adj.; ⸚Z28.1; fig.> gut gelaunt

'Auf·geld <n.; -(e)s, -er> 1 Zuzahlung, Sy Agio(1) 2 = Handgeld

'auf·ge·legt <Adj.; ⸚Z28.1> gut, schlecht ~ sein in guter, schlechter Stimmung

'auf·ge·räumt <Adj.; ⸚Z28.1; fig.> gut gelaunt

'auf·ge·raut <Adj.; ⸚Z28.1> ~es Gewebe

'auf·ge·regt <Adj.; -er, am -es·ten; ⸚Z28.1> erregt, unruhig; **'Auf·ge·regt·heit** <f.; -; unz.>

'Auf·ge·sang <m.; -(e)s, ⸚e> erster Teil der Strophe im Meistergesang; Ggs Abgesang

'auf·ge·schlos·sen <Adj.; ⸚Z28.1; fig.> interessiert; **'Auf·ge·schlos·sen·heit** <f.; -; unz.>

'auf·ge·schmis·sen <Adj.; umg.; nur präd.> in Verlegenheit, ratlos; ~ sein

'auf·ge·schos·sen <Adj.; ⸚Z28.1> er ist hoch ~ <umg.> sehr groß

'auf·ge·schwemmt <Adj.; ⸚Z28.1> aufgedunsen; → a. aufschwemmen

'auf·ge·ta·kelt <Adj.; ⸚Z28.1; fig.> übertrieben herausgeputzt; → a. auftakeln

'auf·ge·trie·ben <Adj.; ⸚Z28.1> aufgebläht (Leib)

'auf·ge·weckt <Adj.; ⸚Z28.1; fig.> lebhaft, intelligent; → a. aufwecken; **'Auf·ge·weckt·heit** <f.; -; unz.>

'auf·ge·wor·fen <Adj.; ⸚Z28.1; fig.> wulstig; ~e Lippen; → a. aufwerfen(1)

'auf·gie·ßen <V. t. 152; ich gieße

auf; du gießt auf; sie hat aufgegossen; aufzugießen>

'auf·glei·sen <V. t.; du gleist auf> auf Gleise setzen

'auf·glie·dern <V. t.; ich glied(e)re auf>; **'Auf·glie·de·rung** <f.; -, -en>

'auf·glim·men <V. i. (s.) 156>

'auf·glü·hen <V. i. (s. u. h.)>

'auf·grei·fen <V. t. 158> 1 jmdn. ~ zu fassen bekommen u. in Gewahrsam nehmen 2 etwas ~ als Anregung übernehmen

auf·grund <Präp.; m. Gen.; ⸚Z19.2> wegen; ~/<auch> auf Grund des schlechten Wetters

'Auf·guss <m.; -es, ⸚e>; **'Auf·guss·beu·tel** <m.; -s, ->

'auf·ha·ben <V. t. 159> 1 er hat einen Hut auf 2 wir haben viel auf viele Hausaufgaben bekommen 3 <umg.> geöffnet haben

'auf·ha·cken <V. t.> das Eis ~

'auf·ha·ken <V. t.> einen Hakenverschluss lösen

'auf·hal·sen <V. t.; du halst auf> jmdm. Arbeit ~ aufbürden

'auf·hal·ten <V. t. 160> 1 jmdn. od. etwas ~ stoppen 2 <V. refl.> sich ~ an einem Ort verweilen 3 <V. refl.> sich über jmdn. od. etwas ~ aufgebracht sein

'auf·hän·gen <V. t./V. refl.>; **'Auf·hän·ger** <m.; -s, -; fig.> Anlass; das ist ein guter ~ für den Bericht; **'Auf·hän·gung** <f.; -, -en>

'auf·häu·fen <V. t.> Laub, Erde ~

'auf·he·ben <V. t. 163> 1 etwas vom Boden ~ 2 verwahren, zurücklegen; Geld ist bei ihm gut aufgehoben 3 außer Kraft setzen; eine Vorschrift ~; **'Auf·he·ben** <n.; -s; unz.; meist in der Wendung> viel ~s von etwas machen etwas übertrieben wichtig nehmen; **'Auf·he·bung** <f.; -, -en>

'auf·hei·tern <V. t./V. refl.; ich heit(e)re auf; sie hat aufgeheitert; aufzuheitern> heiter machen, werden; seine Miene hat sich aufgeheitert; **'Auf·hei·te·rung** <f.; -, -en>

'auf·hei·zen <V. t.> → aufgeheizt

'auf·hel·fen <V. t. i. 165> jmdm. ~ beim Aufstehen helfen

'auf·hel·len <V. t./V. refl.> heller machen, werden; **'Auf·hel·ler** <m.; -s, -; Chem.> opt. ~ Bleichmittel; **'Auf·hel·lung** <f.; -, -en>

'auf|het·zen <V. t.; du hetzt auf> *Hass schüren*

'auf|heu·len <V. i.> er ließ den Motor ~

'auf|ho·len <V. t. u. V. i.> *einen Rückstand verringern;* **'Auf·hol·jagd** <f.; -, -en>

'auf|hor·chen <V. i.> *plötzl. auf etwas hören, stutzig werden*

'auf|hö·ren <V. i.> *beenden;* es hat aufgehört zu regnen

'auf|ja·gen <V. t.> *aufscheuchen*

'auf|jauch·zen <V. i.; du jauchzt auf>

'auf|käm·men <V. t.> Wolle ~

'Auf·kauf <m.; -(e)s, ⸚e>; **'auf·kau·fen** <V. t.> *etwas ~ den gesamten Bestand von etwas kaufen;* **'Auf·käu·fer** <m.; -s, ->; **'Auf·käu·fe·rin** <f.; -, -n·nen>

'auf|kei·men <V. i. (s.); fig.> *langsam entstehen*

'auf|klap·pen <V. t.>

'auf|kla·ren <V. i.> *heller werden;* der Himmel klart auf; **'auf|klä·ren** <V. t.> 1 *jmdn. od. etwas ~ Klarheit in etwas bringen* 2 *über geschlechtl. Vorgänge belehren* 3 <V. refl.> *sich ~ klar werden;* **'Auf·klä·rer** <m.; -s, ->; **'auf·klä·re·risch** <Adj.>; **'Auf·klä·rung** <f.; -, -en> 1 *das Aufklären* 2 <unz.> *eine geistesgeschichtl. Epoche im 18. Jh.;* **'Auf·klä·rungs·buch** <n.; -(e)s, ⸚er>; **'Auf·klä·rungs·flug** <m.; -(e)s, ⸚e; Mil.> *Erkundungsflug;* **'Auf·klä·rungs·schrift** <f.; -, -en>

'auf|klau·ben <V. t.; süddt.; österr.> *aufheben(1)*

'auf|kle·ben <V. t.; ich klebe auf; sie hat aufgeklebt; aufzukleben>; **'Auf·kle·ber** <m.; -s, ->

'auf|klin·gen <V. i. (s.) 168>

'auf|kna·cken <V. t.> *aufbrechen*

'auf|knöp·fen <V. t.>

'auf|kno·ten <V. t.>

'auf|knüp·fen <V. t.> Knoten ~ *lösen*

'auf|ko·chen <V.> 1 <V. t.> *die Soße ~ kurz zum Kochen bringen* 2 <V. i.; süddt.> *(für ein Fest) reichlich kochen*

'auf|kom·men <V. i. (s.) 170> 1 *entstehen, sich entwickeln* 2 *für jmdn. od. etwas ~ zahlen, haften* 3 *der Betrug kommt auf wird bekannt;* **'Auf·kom·men** <n.; -s, -; häufig in Zus.> *Ge-*

samtheit; hohes Verkehrs~; Steuer~ *Summe der Erträge*

'auf|krat·zen <V. t. /V. refl.; du kratzt auf> → a. *aufgekratzt*

'auf|krem·peln <V. t.> Ärmel ~ *hochrollen*

'auf|kreu·zen <V. i. (s.); du kreuzt auf; umg.> *(unangemeldet) erscheinen, auftauchen*

'auf|krie·gen <V. t.>

'auf|kün·di·gen <V. t.> *jmdm. die Freundschaft ~ die F. mit jmdm. beenden;* Sy *aufsagen(2);* **'Auf·kün·di·gung** <f.; -, -en>

Aufl. <Abk. für> *Auflage*

'auf|la·chen <V. i.> hell ~

'auf|la·den <V. t. /V. refl.174>; **'Auf·la·der** <m.; -s, -; bei Verbrennungsmaschinen>

'Auf·la·ge <f.; -, -n> 1 *Sitzpolster* 2 <Abk.: Aufl.> *Gesamtzahl der auf einmal hergestellten Exemplare eines Buches od. einer Zeitung* 3 *auferlegte Verpflichtung;* **'Auf·la·gen·hö·he** <f.; -, -n; Pl. selten>; **'auf·la·gen·schwach** <Adj.>; **'auf·la·gen·stark** <Adj.>; **'Auf·la·gen·zif·fer** <f.; -, -n>; **'Auf·la·ger** <n.; -s, -; Bauw.>

auf·lan·dig <Adj.; Seemannsspr.> *auf das Land zu;* Ggs *ablandig;* **'Auf·lan·dung** <f.; -, -en; Geol.> *Anschwemmung*

'auf|las·sen <V. t. 175> 1 *die Tür ~* <umg.> *geöffnet lassen* 2 *etwas ~* <Rechtsw.> *Eigentum auf jmdn. übertragen* 3 *ein Bergwerk ~ stilllegen;* **'auf·läs·sig** <Adj.> *außer Betrieb* (Bergwerk, Grube); **'Auf·las·sung** <f.; -, -en>

'auf|las·ten <V. t.> *aufbürden*

'auf|lau·ern <V. i.; ich lau(e)re auf; sie hat aufgelauert; aufzulauern> *jmdm. ~ in böser Absicht auf jmdn. warten*

'Auf·lauf <m.; -(e)s, ⸚e> 1 *Menschenansammlung* 2 <Kochk.> *überbackene Speise,* **'Auf·lauf·brem·se** <f.; -, -n> *Bremse für Anhänger, Wohnwagen usw.;* **'auf|lau·fen** <V. i. 176> 1 <Seemannsspr.> *auf Grund stoßen* 2 *ein Guthaben läuft auf wird größer;* aufgelaufene Kosten 3 <meist in der Wendung> *jmdn. ~ lassen in eine unangenehme Situation bringen;* **'Auf·lauf·form** <f.; -, -en>

'auf|le·ben <V. i. (s.)> 1 *neue Kraft bekommen* 2 *von neuem beginnen*

'auf|le·cken <V. t.>

'auf|le·gen <V. t.>

'auf|leh·nen <V. refl.> sich ~ *Widerstand leisten;* **'Auf·leh·nung** <f.; -, -en>

'auf|le·sen <V. t. 179; du liest auf> 1 *etwas vom Boden ~ einzeln aufheben* 2 *jmdn. irgendwo ~* <fig.; umg.> *finden (u. mitbringen)*

'auf|leuch·ten <V. i.>

'auf|lich·ten <V. t.> *den Wald ~ hell machen*

'auf|lie·fern <V. t.; ich lief(e)re auf; sie hat aufgeliefert; aufzuliefern> Briefe, Pakete ~ *zur Post geben;* **'Auf·lie·fe·rung** <f.; -, -en>

'auf|lie·gen <V. 180> 1 <V. i.> *(zur Ansicht) offen daliegen;* die Bücher liegen auf 2 <V. refl.> sich ~ <umg.> *sich wund liegen*

'auf|lis·ten <V. t.>

'auf|lo·ckern <V. t.; ich lock(e)re auf; sie hat aufgelockert; aufzulockern>; **'Auf·lo·cke·rung** <f.; -, -en>

'auf|lo·dern <V. i. (s.)>

'auf·lös·bar <Adj.>; **'Auf·lös·bar·keit** <f.; -; unz.>; **'auf|lö·sen** <V.; ich löse auf; du löst auf; sie hat aufgelöst; aufzulösen> 1 <V. t. /V. refl.> *etwas, sich ~ in einer Flüssigkeit zerfallen (lassen)* 2 <V. t. /V. refl.> *etwas, sich ~ nicht länger bestehen (lassen);* die Gruppe hat sich aufgelöst 3 <V. t.> *etwas ~ eine Lösung für etwas finden;* **'Auf·lö·sung** <f.; -, -en>; **'Auf·lö·sungs·pro·zess** <m.; -es, -e>; **'Auf·lö·sungs·ver·mö·gen** <n.; -s; unz.>; **'Auf·lö·sungs·zei·chen** <n.; -s, -; Mus.>

'auf|lu·ven <V. i.; Seemannsspr.> *den Winkel zw. Kurs u. Windrichtung verkleinern*

'Auf·ma·che <f.; -; unz.; umg.> *Aufmachung, Gestaltung (von Illustrierten);* **'auf|ma·chen** <V. t.> 1 *etwas ~ öffnen* 2 <V. refl.> sich ~ *aufbrechen, weggehen;* **'Auf·ma·cher** <m.; -s, -> *wirkungsvoller Titel eines Zeitschriftenartikels, reißerische Schlagzeile;* **'Auf·ma·chung** <f.; -, -en> *Ausstattung, Gestaltung*

'auf·man·deln <V.; ich mand(e)le auf; bair./österr.> 1 <V. refl.> sich ~ *sich wichtig machen* 2 <V. t.> *Korn in Mandeln aufstellen*

'Auf·marsch <m.; -(e)s, ⸚e>; **'auf·mar·schie·ren** <V. i. (s.)> 1 *zur Kundgebung o. Ä. heranmarschieren* 2 *feierlich vorbeiziehen*

'Auf·maß <n.; -es, -e; Bauw.>

'auflmer·ken <V. i.> *aufpassen;* **'auf·merk·sam** <Adj.> 1 *konzentriert, wachsam* 2 *höflich;* **'Auf·merk·sam·keit** <f.; -, -en> 1 <unz.> *Konzentration, Wachsamkeit* 2 *Gefälligkeit*

'auflmi·schen <V. t.; umg.> 1 *in Schwung bringen* 2 *jmdn. ~ verprügeln*

'auflmö·beln <V. t.; umg.> ich möb(e)le auf; sie hat aufgemöbelt; aufzumöbeln; umg.> 1 *erneuern, verbessern* 2 *aufmuntern, beleben*

'auflmot·zen <V. t.; du motzt auf; umg.> *effektvoller gestalten, ausstatten*

'auflmu·cken <V. i.; umg.> *sich auflehnen, widersetzen*

'auflmun·tern <V. t.; ich munt(e)re auf; sie hat aufgemuntert; aufzumuntern>; **'Auf·mun·te·rung** <f.; -, -en>

'auf·müp·fig <Adj.; umg.> *aufsässig, trotzig*

'auflnä·hen <V. t.>; **'Auf·nä·her** <m.; -s, -> *Stoffabzeichen zum Aufnähen auf Kleidung*

'Auf·nah·me <f.; -, -n> *das Aufnehmen(1-4);* **'auf·nah·me·fähig** <Adj.>; **'Auf·nah·me·fä·hig·keit** <f.; -; unz.>; **'Auf·nah·me·ge·bühr** <f.; -, -en>; **'Auf·nah·me·lei·ter** <m.; -s, -; Film>; **'Auf·nah·me·lei·te·rin** <f.; -, -n·nen>; **'Auf·nah·me·prü·fung** <f.; -, -en>; **'auf·nahms·fä·hig** <Adj.; österr.>; **'Auf·nahms·prü·fung** <f.; -, -en; österr.>; **'auflneh·men** <V. t. 189> 1 *jmdn., etwas ~ einfügen, mit dazunehmen* 2 *Bilder, Töne, Zeichen ~ durch best. Verfahren für die spätere Wiedergabe festhalten* 3 *wie hat er die Nachricht aufgenommen? wie hat er auf die N. reagiert?* 4 *mit etwas beginnen;* die Arbeit ~ 5 <unpersönl.> es mit jmdm. ~ können *sich mit jmdm. messen können*

'äuflnen <V. t.; schweiz.> *(ver)mehren*

'auflnö·ti·gen <V. t.> jmdm. etwas ~ *aufdrängen*

'auflok·troy·ie·ren, <auch> **'aufokt·ro·yie·ren** <[-troa-]; V. t.; ↗Z.53, 52> jmdm. etwas ~ *aufzwingen*

'auflop·fern <V. refl.; ich opf(e)re mich auf> sich für jmdn. od. etwas ~; **'auf·op·fernd** <Adj.; ↗Z.28.1> *hingebungsvoll, selbstlos;* **'Auf·op·fe·rung** <f.; -; unz.>; **'auf·op·fe·rungs·be·reit** <Adj.>; **'auf·op·fe·rungs·voll** <Adj.>

'auflpa·cken <V. t.> ein Geschenk ~ *öffnen*

'auflpäp·peln <V. t.; ich päpp(e)le auf; sie hat aufgepäppelt; aufzupäppeln> jmdn. ~ *sorgsam pflegen u. gut bekochen*

'auflpas·sen <V. i.> 1 *in der Schule ~ aufmerksam sein* 2 *auf jmdn. od. etwas ~ jmdn. od. etwas beaufsichtigen;* **'Auf·pas·ser** <m.; -s, -; umg.>; **'Auf·pas·se·rin** <f.; -, -n·nen>

'auflpeit·schen <V. t./V. refl.> 1 *aufwühlen* 2 <fig.> *stark erregen*

'auflpep·pen <V. t.> eine Sache ~ <umg.> *einer S. Pfiff geben*

'auflpflan·zen <V. t.> etwas ~ *deutlich sichtbar aufstellen;* sich vor jmdm. ~ <fig.; umg.> *sich herausfordernd vor jmdn. hinstellen*

'auflpfrop·fen <V. t.>

'auflplat·zen <V. i. (s.)>

'auflplus·tern <V. t.> sich ~ <fig.; umg.> *sich wichtig machen*

'auflpo·lie·ren <V. t.>

'auflpols·tern <V. t.; ich polst(e)re auf; sie hat aufgepolstert; aufzupolstern> Sitzmöbel ~ (lassen)

'auflprä·gen <V. t.>

'Auf·prall <m.; -(e)s, -e; Pl. selten>; **'auflpral·len** <V. i. (s.)> *heftig gegen etwas stoßen*

'Auf·preis <m.; -es, -e> *zusätzl. Kosten*

'auflpro·bie·ren <V. t.> einen Hut ~ *probeweise aufsetzen*

'auflpum·pen <V. t.>

'auflput·schen <V. t./V. refl.> 1 jmdn. ~ *aufstacheln, aufhetzen* 2 sich ~; = *aufpeitschen(2);* **'Auf·putsch·mit·tel** <n.; -s, ->

'auflput·zen <V. t./V. refl.; du putzt (dich) auf> jmdn., sich ~ *übertrieben zurechtmachen*

'auflquel·len <V. i. (s.) 194>

'auflraf·fen <V. refl.> 1 sich ~ *sich mühsam erheben* 2 *sich endlich entschließen, etwas zu tun*

'auflra·gen <V. i. (s.)>

'auflrap·peln <V. refl.; ich rapp(e)le mich auf; umg.> 1 *langsam wieder zu Kräften kommen* 2 = *aufraffen*

'auflrau·en <V. t.>

'auflräu·men <V. t.> 1 <V. i. u. V. t.> (ein Zimmer) ~ *Ordnung schaffen* 2 <V. i.> mit etwas ~ <umg.> *Schluss machen;* **'Auf·räu·mungs·ar·bei·ten** <Pl.>

'auflrech·nen <V. t.> *anrechnen;* etwas gegen eine Forderung ~

'auf·recht <Adj.; ↗Z.22.3> 1 *in aufgerichteter Haltung;* ~ sitzen, stehen; sich ~ halten; <aber> → *aufrechterhalten* 2 <fig.> *rechtschaffen, unbestechlich;* **'auf·rechtler·hal·ten** <V. t. 160> *beibehalten;* eine Zusage ~; **'Auf·recht·er·hal·tung** <f.; -, -en>

'auflre·gen <V. t./V. refl.> 1 jmdn., sich ~ *erregen, beunruhigen* 2 *sich über jmdn. od. etwas ~ sich empören;* **'auf·re·gend** <Adj.>; **'Auf·re·gung** <f.; -, -en>

'auflrei·ben <V. t. 196/V. refl.> *überbeanspruchen;* sie reibt sich für die Familie auf; die Truppen wurden aufgerieben *vernichtet;* **'auf·rei·bend** <Adj.; ↗Z.28.1> eine ~e Tätigkeit

'auflrei·hen <V. t.; ich reihe auf; sie hat aufgereiht; aufzureihen>

'auflrei·ßen <V. t. 198; du reißt auf> 1 etwas ~ *durch Reißen öffnen* 2 jmdn. ~ <fig.; umg.> *jmdn. für eine sexuelle Beziehung zu gewinnen versuchen* 3 etwas ~ *einen Aufriss zeichnen*

'auflrei·zen <V. t.; du reizt auf> *anstacheln, empören;* **'auf·rei·zend** <Adj.; ↗Z.28.1>

'Auf·rich·te <f.; -, -n; schweiz.> = *Richtfest;* **'auflrich·ten** <V.> 1 <V. t./V. refl.> jmdn., sich od. etwas ~ *gerade hinsetzen, -stellen* 2 <V. t.> *jmdn. ~ seelisch stärken;* **'auf·rich·tig** <Adj.> *ehrlich;* **'Auf·rich·tig·keit** <f.; -; unz.>; **'Auf·rich·tung** <f.; -; unz.>

'Auf·riss <m.; -es, -e> *Zeichnung eines Gebäudes, Bauzeichnung*

'auf|rol·len <V. t.>
'auf|rü·cken <V. i. (s.); ich rücke auf; sie ist aufgerückt; aufzurücken> 1 *sich dem Vordermann anschließen* 2 *in einen höheren Dienstgrad aufsteigen*
'Auf·ruf <m.; -(e)s, -e>; 'auf|ru·fen <V. t. 204> 1 *jmdn. ~ (vor versammelter Menge) beim Namen rufen* 2 *jmdn. zu etwas ~ zu etwas auffordern*
'Auf·ruhr <m.; -(e)s, -e; Pl. selten> *starke Erregung, Unruhe*; 'auf|rüh·ren <V. t.>; 'Auf·rüh·rer <m.; -s, -> *jmd., der einen polit. Aufruhr anzettelt*; 'auf·rüh·re·risch <Adj.>
'auf|run·den <V. t. u. V. i.> (Zahlen, einen Betrag) ~ *in die nächstgrößere runde Zahl verwandeln*; Ggs *abrunden*
'auf|rüs·ten <V. i. u. V. t.; Mil.>; 'Auf·rüs·tung <f.; -; unz.>
'auf|rüt·teln <V. t.; ich rütt(e)le auf; sie hat aufgerüttelt; aufzurütteln> *jmdn. ~* <fig.> *zur Besinnung, Vernunft bringen*
aufs <Verschmelzungsform von Präp. u. Art.; ↗Z43.3> *aufs das*; ~ *Hausdach*; ~ *einfachste*/ <auch> *einfachste*; ~ *Mal* <schweiz.> *auf einmal*
'auf|sa·gen <V. t.> 1 *ein Gedicht ~ auswendig hersagen* 2 = *aufkündigen*
'auf|sam·meln <V. t.>
'auf·säs·sig <Adj.> *widerspenstig, trotzig, rebellisch*; 'Auf·säs·sig·keit <f.; -; unz.>
'Auf·satz <m.; -es, ⸚e> 1 <in der Schule> *kurze schriftl. Arbeit zu einem best. Thema* 2 *wissenschaftl. Abhandlung*
'auf|sau·gen <V. t. 206>
'auf|schär·fen <V. t.; Jägerspr.> *einen Bären, Dachs ~ ihm den Balg aufschneiden*
'auf|schau·en <V. i.> *zu jmdm. ~* <fig.> *sich jmdn. zum Vorbild nehmen*
'auf|schau·keln <V. t./V. refl.; umg.> *hochschaukeln*
'auf|schei·nen <V. i. (s.) 210; österr.; geh.> *vorkommen*
'auf|scheu·chen <V. t.> *Wild ~*
'auf|scheu·ern <V. t.; ich scheu(e)re auf> *die Haut ~ durch Scheuern verletzen*
'auf|schich·ten <V. t.>

'auf|schie·ben <V. t. 214> *etwas ~* <fig.> *auf einen späteren Zeitpunkt verlegen*
'auf|schie·ßen <V. i. 215>
'Auf·schlag <m.; -(e)s, ⸚e> 1 *dumpfer Aufprall aus dem Fall* 2 <Tennis> *erster Schlag* 3 *umgeschlagener Rand an Kleidungsstücken* 4 *Erhöhung des Preises (z. B. bei Sonderwünschen)*; 'auf|schla·gen <V. 218; ich schlage auf; sie hat aufgeschlagen; aufzuschlagen> 1 <V. i. (s.)> *aus der Höhe auf dem Boden auftreffen* 2 <V. i.; Tennis> *das Spiel eröffnen* 3 <V. i.> *teurer werden*; *die Preise haben aufgeschlagen* 4 <V. t.> *das Buch, die Augen ~ öffnen* 5 *errichten*; *ein Lager ~*; 'Auf·schlä·ger <m.; -s, -; Tennis>; 'Auf·schlä·ge·rin <f.; -, -n·nen; Tennis>; 'Auf·schlag·li·nie <[-niə]; f.; -, -n; Tennis>; 'Auf·schlag·ver·lust <m.; -(e)s, -e; Tennis>; 'Auf·schlag·zün·der <m.; -s, ->
'auf|schläm·men <V. t.> *nicht lösliche Substanzen ~ in einer Flüssigkeit als Pulver verteilen*
'auf|schlie·ßen <V. t. 222; ich schließe auf; du schließt auf; sie hat aufgeschlossen; aufzuschließen> 1 *mit einem Schlüssel öffnen* 2 *schwer lösliche Substanzen ~* <Chem.> *in wasserlösliche S. überführen*
'auf|schlit·zen <V. t.; du schlitzt auf>
'auf|schluch·zen <V. i.; du schluchzt auf>
'Auf·schluss <m.; -es, ⸚e> 1 *Auskunft, Aufklärung; ~ erhalten (über)* 2 <Geol.> *Stelle, an der ein sonst verborgenes Gestein zutage tritt*; 'auf|schlüs·seln <V. t.; ich schlüss(e)le auf; sie hat aufgeschlüsselt; aufzuschlüsseln> *nach einem best. System ordnen*; 'Auf·schlüs·se·lung <f.; -, -en>; 'auf·schluss·reich <Adj.> *informativ*
'auf|schmei·ßen <V. t. 224> → *aufgeschmissen*
'auf|schnap·pen <V. t.; fig.; umg.> *zufällig hören*
'auf|schnei·den <V. t. 227> 1 <V. t.> *etwas ~ durch Schneiden öffnen, in Scheiben schneiden* 2 <V. i.; fig.; umg.> *prahlen*; 'Auf·schnei·der <m.; -s, -; fig.;

umg.> *Prahler*; **Auf·schnei·de·'rei** <f.; -, -en>; '**Auf·schnei·de·rin** <f.; -, -n·nen>; '**auf·schnei·de·risch** <Adj.>; '**Auf·schnitt** <m.; -(e)s; unz.> *Wurst in Scheiben*; '**Auf·schnitt·plat·te** <f.; -, -n>
'auf|schnü·ren <V. t.> *ein Paket ~*
'auf|schre·cken <V. 229> 1 <V. t.; ich schrecke auf; sie hat aufgeschreckt; aufzuschrecken> *jmdn. ~ heftig erschrecken, aufscheuchen* 2 <V. i. (s.); ich schrecke auf; sie ist aufgeschrocken/<auch> aufgeschreckt; aufzuschrecken> *sich vor Schreck jäh aufrichten*
'Auf·schrei <m.; -(e)s, -e>
'auf|schrei·ben <V. t. 230/V. refl.> *(sich) etwas ~*
'auf|schrei·en <V. i. 231>
'Auf·schrift <f.; -, -en> *Beschriftung*
'Auf·schub <m.; -(e)s, ⸚e> *Fristverlängerung*; *um ~ bitten*
'auf|schür·fen <V. t.> *die Haut ~ oberflächl. verletzen*
'auf|schüt·teln <V. t.; ich schütt(e)le auf; sie hat aufgeschüttelt; aufzuschütteln> *die Betten ~*
'auf|schüt·ten <V. t.> *Erde ~*; 'Auf·schüt·tung <f.; -, -en>
'auf|schwat·zen <V. t.; du schwatzt auf> *jmdm. etwas ~* <umg.> *jmdn. zu einem Kauf überreden*
'auf|schwem·men <V. t.> *durch Flüssigkeit aufquellen lassen*; → a. *aufgeschwemmt*
'auf|schwin·gen <V. refl.> *sich zu etwas ~* <fig.> *sich aufraffen*; 'Auf·schwung <m.; -(e)s, ⸚e> 1 <Sp.> *eine Turnübung* 2 <fig.> *Auftrieb* 3 <Wirtsch.> *Phase der Konjunktur*
'auf|se·hen <V. i. 239> = *aufschauen*; 'Auf·se·hen <n.; -s; unz.> *allgemeine Beachtung*; *~ erregen*; *ein ~ erregendes Ereignis*; <aber Zusammenschreibung bei Steigerung od. in Verbindung mit einem Attribut> *ein noch aufsehenerregenderes Ereignis, ein in höchstem Maße aufsehenerregendes Ereignis*; '**auf·se·hen·er·re·gend** <Adj.>; ↗Z29> → *Aufsehen*; '**Auf·se·her** <m.; -s, -> *jmd., der Aufsicht*

führt; '**Auf·se·he·rin** <f.; -, -n·nen>

auf'sei·ten, <auch> **auf 'Sei·ten** <Präp.; m. Gen.; ↗Z 19.2> ~ *der Bevölkerung*

'**auf|set·zen** <V.; du setzt auf> **1** <V. t.> *etwas auf etwas setzen; die Brille* ~*; die Kartoffeln* ~ *zum Kochen auf den Herd stellen* **2** <V. t.> *einen Text ~ entwerfen* **3** <V. i.> *den Boden berühren; das Flugzeug hat hart aufgesetzt* **4** <V. refl.> *sich ~ gerade hinsetzen;* '**Auf·set·zer** <m.; -s, -; Sp.> *Ball, der kurz vor dem Tor auf dem Boden aufspringt*

'**auf|seuf·zen** <V. i.; du seufzt auf>

'**Auf·sicht** <f.; -, -en> **1** *Beaufsichtigung, Überwachung; der ~ führende Lehrer; der ~ Führende/*<auch> *Aufsichtführende* **2** <unz.; umg.> *jmd., der jmdn. od. etwas überwacht;* '**Auf·sicht·füh·ren·de(r)** <f. 2 (m. 1)> → a. *Aufsicht(1);* '**Auf·sichts·be·am·te(r)** <m. 1>; '**Auf·sichts·be·am·tin** <f.; -, -n·nen>; '**Auf·sichts·be·hör·de** <f.; -, -n>; '**Auf·sichts·per·so·nal** <n.; -s; unz.>; '**Auf·sichts·pflicht** <f.; -; unz.>; '**Auf·sichts·rat** <m.; -(e)s, ⸚e> **1** *Kontrollorgan eines Unternehmens* **2** *Mitglied dieses Kontrollorgans;* '**Auf·sichts·rats·vor·sit·zen·de(r)** <f. 2 (m. 1)>

'**auf|sit·zen** <V. i. (s. u. h.) 246; du sitzt auf> **1** *sich auf ein Reittier, ein Motorrad setzen* **2** *jmdm.* ~ *auf jmdn. hereinfallen* **3** *jmdn.* ~ *lassen* <umg.> *versetzen;* '**Auf·sit·zer** <m.; -s, -; österr.; umg.> *Übertölpelung, Reinfall*

'**auf|spal·ten** <V. t.>; '**Auf·spal·tung** <f.; -, -en>

'**auf|span·nen** <V. t.> *öffnen, ausbreiten*

'**auf|spa·ren** <V. t./V. refl.> (sich) *etwas ~ für später aufheben*

'**auf|spei·chern** <V. t.>

'**auf|sper·ren** <V. t.> *aufschließen*

'**auf|spie·len** <V.> **1** <V. i.> *Musik machen; zum Tanz ~* **2** <V. refl.> *sich ~* <fig.; umg.> *abwertend) sich wichtig machen; sich als Fachmann ~*

'**auf|spie·ßen** <V. t.; du spießt auf>

'**auf|spren·gen** <V. t.> *etwas ~ gewaltsam öffnen*

'**auf|sprin·gen** <V. i. (s.) 253> **1** *auf den Zug ~* **2** *rissig werden; aufgesprungene Hände*

'**auf|sprit·zen** <V. i. (s.)>

'**auf|spu·len** <V. t.> *aufwickeln*

'**auf|spü·ren** <V. t.> *jmdn.* ~ *(in einem Versteck) entdecken*

'**auf|sta·cheln** <V. t.; ich stach(e)le auf; sie hat aufgestachelt; aufzustacheln> *aufhetzen*

'**auf|stamp·fen** <V. i.> *mit dem Fuß ~*

'**Auf·stand** <m.; -(e)s, ⸚e> *Aufruhr, Empörung;* '**auf·stän·disch** <Adj.>; '**Auf·stän·di·sche(r)** <f. 2 (m. 1)>

'**Auf·stau** <m.; -(e)s, -e; Wasserbau> *aufgestaute Masse;* '**auf·stau·en** <V. t.> *aufgestaute Wut*

'**auf|ste·chen** <V. t. 254>

'**auf|ste·cken** <V. t.> **1** *hochstecken; das Haar ~* **2** *das Rauchen ~* <fig.; umg.> *aufgeben*

'**auf|ste·hen** <V. i. (s.) 256>

'**auf|stei·gen** <V. i. (s.) 258; a. fig.> *in die Höhe steigen, vorwärtskommen; er ist auf dem ~den Ast* <umg.>; '**Auf·stei·ger** <m.; -s, -; Sp.> *Mannschaft, die in eine höhere Spielklasse wechselt*

'**auf|stel·len** <V. t.>; '**Auf·stel·lung** <f.; -, -en> **1** *Formierung; die ~ einer Armee* **2** *Nominierung für eine Wahl* **3** *Liste*

'**auf|stem·men** <V. t.> *etwas ~ mit dem Stemmeisen öffnen*

'**auf|sti·cken** <V. t.>

'**Auf·stieg** <m.; -(e)s, -e> *das Aufsteigen;* '**Auf·stiegs·mög·lich·keit** <f.; -, -en>

'**auf|stö·bern** <V. t.; ich stöb(e)re auf; sie hat aufgestöbert; aufzustöbern> = *aufspüren*

'**auf|sto·cken** <V. t.> **1** *ein Gebäude ~ um ein Stockwerk erhöhen* **2** *einen Geldbetrag, Warenbestand ~ vergrößern*

'**auf|stöh·nen** <V. i.>

'**auf|stö·ren** <V. t.> *aufscheuchen*

'**auf|sto·ßen** <V. 262; ich stoße auf; du stößt auf; sie hat aufgestoßen; aufzustoßen> **1** <V. t.> *die Tür ~ durch einen Stoß öffnen* **2** <V. i.> *Luft aus dem Magen heraufdringen lassen; das stößt mir auf* <fig.; umg.>

'**auf|stre·ben** <V. i.; meist im Part.

Präs.; geh.; a. fig.> *in die Höhe streben; ein ~der Industriezweig*

'**auf|strei·chen** <V. t. 263>; '**Auf·strich** <m.; -(e)s, -e> *das, was aufgestrichen wird; Brot~; Farb~*

'**auf|stül·pen** <V. t.>

'**auf|stüt·zen** <V. t./V. refl.; du stützt (dich) auf>

'**auf|su·chen** <V. t.> *jmdn.* ~ <geh.> *zu jmdm. gehen*

'**auf|sum·mie·ren** <V. t.> *Beträge ~ addieren*

'**auf|ta·keln** <V. t.> **1** *ein Schiff ~* <Mar.> *mit Takelwerk versehen* **2** → *aufgetakelt*

'**Auf·takt** <m.; -(e)s, -e; Pl. selten> *Beginn, Einleitung*

'**auf|tan·ken** <V.> **1** <V. i. u. V. t.> *(ein Auto) ~ den Benzintank füllen* **2** <V. i.; fig.> *Energie, Kraft schöpfen*

'**auf|tau·chen** <V. i. (s.); fig.> *plötzl. u. unerwartet da sein*

'**auf|tau·en** <V.> **1** <V. t.> *schmelzen; das Eis taut auf* **2** <V. i. (s.); fig.> *die Scheu verlieren* **3** <V. t.> *zum Tauen bringen, von Eis befreien; tiefgekühlte Lebensmittel ~*

'**auf|tei·len** <V. t.; ich teile auf; sie hat aufgeteilt; aufzuteilen>

'**auf|ti·schen** <V. t.> **1** *Speisen ~ auftragen* **2** *jmdm. etwas ~* <fig.; umg.> *Unwahres erzählen*

'**auf|top·pen** <V. t.> *eine Rah ~* <Seemannsspr.> *senkrecht hochziehen*

'**Auf·trag** <m.; -(e)s, ⸚e> **1** *Anweisung; im ~* <Abk.: i. A.; auf Schriftstücken> **2** *aufgetragene Schicht; Farb~;* '**auf|tra·gen** <V. t. 265> **1** <V. t.> *Farbe, Salbe ~ aufstreichen* **2** <V. t.> *Speisen ~ servieren* **3** <V. t.> *Kleidungsstücke ~ abnutzen* **4** <V. t.> *jmdm. etwas ~ einen Auftrag(1) erteilen* **5** <V. t.> *die Jacke trägt auf* <umg.> *lässt jmdn. dick erscheinen;* '**Auf·trag·ge·ber** <m.; -s, ->; '**Auf·trag·ge·be·rin** <f.; -, -n·nen>; '**Auf·trag·neh·mer** <m.; -s, ->; '**Auf·trag·neh·me·rin** <f.; -, -n·nen>; '**Auf·trags·be·stä·ti·gung** <f.; -, -en>; '**auf·trags·ge·mäß** <Adv.>; '**Auf·trags·la·ge** <f.; -; unz.; Wirtsch.>; '**Auf·trags·rück-**

A

gang <m.; -(e)s, =e; Pl. selten; Wirtsch.>

'**auf**|**tref·fen** <V. i. (s.) 266> *auf-prallen*

'**auf**|**trei·ben** <V. 267> 1 <V. i. (h. od. s.)> *blähen;* → a. *aufgetrieben* 2 <V. t.> jmdn. od. etwas ~ *ausfindig machen*

'**auf**|**tren·nen** <V. t.> eine Naht ~

'**auf**|**tre·ten** <V. i. (s.) 268; ich trete auf; sie ist aufgetreten; aufzutreten> 1 *den Fuß auf den Boden setzen; leise* ~ 2 *sich in best. Weise benehmen; energisch* ~; → a. *Auftreten* 3 <Theat.> *auf einer Bühne agieren* 4 *vorkommen;* '**Auf·tre·ten** <n.; -s; unz.> *Verhalten;* ein sicheres ~ *haben*

'**Auf·trieb** <m.; -(e)s, -e> 1 *das Hinauftreiben des Viehs auf die Alm;* Alm~; Ggs *Abtrieb(1)* 2 <Phys.> *eine der Schwerkraft entgegenwirkende Kraft* 3 <fig.> *Schwung, Schaffensfreude*

'**Auf·tritt** <m.; -(e)s, -e> 1 *das Auftreten(3)* 2 <fig.> *heftiger Wortwechsel, Streit;* '**Auf·tritts·ver·bot** <n.; -(e)s, -e; Theat.>

'**auf**|**trumpfen** <V. i.> (mit etwas) ~ *seine Überlegenheit zeigen*

'**auf**|**tun** <V. t. 272> 1 <V. refl.> etwas tut sich jmdm. auf <fig.; geh.> *ist plötzl. deutlich zu erkennen* 2 jmdn. od. etwas ~ <fig.; umg.> *entdecken, finden;* sie hat ein gutes Lokal aufgetan

'**auf**|**tu·nen** <[-tju:-]; V. refl.; umg.> = *aufdonnern*

'**auf**|**tür·men** <V. t./V. refl.> *aufschichten*

'**auf**|**wa·chen** <V. i. (s.)>

'**auf**|**wach·sen** <[-ks-]; V. i. (s.) 277> *heranwachsen*

'**auf**|**wal·len** <V. i. (s.); fig.; geh.> *plötzl. aufsteigen (von Gefühlen);* '**Auf·wal·lung** <f.; -, -en>

'**Auf·wand** <m.; -(e)s; unz.> *das, was aufgewendet wird, Einsatz;* '**auf·wän·dig** <Adj.; ↗Z5.2> = *aufwendig;* '**Auf·wands·ent·schä·di·gung** <f.; -, -en>

'**auf**|**wär·men** <V. t.> 1 <V. t./V. refl.> etwas, sich ~ *wieder warm machen* 2 *alte Geschichten* ~ <fig.> *immer wieder von neuem erzählen;* '**Auf·wärm·pha·se** <f.; -, -n>; '**Auf·wär·mung** <f.; -, -en>

'**Auf·war·te·frau** <f.; -, -en> *Haushaltshilfe;* '**auf**|**war·ten** <V. i.> 1

(jmdm.) mit etwas ~ <geh.; veralt.> etwas anbieten 2 mit etwas ~ <fig.> *bieten;* mit welcher Nachricht er wohl heute wieder aufwartet?

'**auf·wärts** <Adv.; ↗Z22.3> *nach oben;* <Getrenntschreibung in Verbindung mit Verben> ~ *streben, zeigen;* ~ *gehen* <a. fig.>; es geht ~ *die Lage bessert sich;* '**Auf·wärts·ent·wick·lung** <f.; -, -en> '**Auf·wärts·ha·ken** <m.; -s, -; Boxen>; '**Auf·wärts·trend** <m.; -s, -s>

'**Auf·war·tung** <f.; -; unz.; veralt.> *förml. Besuch;* jmdm. seine ~ *machen*

'**Auf·wasch** <m.; -(e)s; unz.> 1 *schmutziges Geschirr* 2 *das Aufwaschen;* das geht in einem ~ <fig.; umg.> *in einem Arbeitsgang;* '**auf**|**wa·schen** <V. t. u. V. i. 279> (Geschirr) ~ *spülen;* '**Auf·wasch·lap·pen** <m.; -s, ->; '**Auf·wasch·was·ser** <n.; -s; unz.>

'**auf**|**we·cken** <V. t.> *wach machen;* → a. *aufgeweckt*

'**auf**|**wei·chen** <V. t. u. V. i.> *weich machen bzw. werden*

'**auf**|**wei·sen** <V. t. 282; ich weise auf; du weist auf; sie hat aufgewiesen; aufzuweisen> *zeigen, erkennen lassen, über etwas verfügen*

'**auf**|**wen·den** <V. t. 283> etwas ~ *aufbringen, ausgeben;* Zeit ~; '**auf·wen·dig** <Adj.; ↗Z5.2> *mit großem Aufwand verbunden, teuer;* oV *aufwändig;* '**Auf·wen·dung** <f.; -, -en> 1 <unz.> *Einsatz;* unter ~ *aller Kräfte* 2 <Pl.> ~en *Kosten*

'**auf**|**wer·fen** <V. t. 286> 1 *die Lippen* ~ *vorschieben, schürzen;* → a. *aufgeworfen* 2 *eine Frage* ~ *zur Sprache bringen* 3 <V. refl.> *sich zum Richter* ~ *sich anmaßend zum R. erklären*

'**auf**|**wer·ten** <V. t.; ich werte auf; sie hat aufgewertet; aufzuwerten> *höher bewerten;* Ggs *abwerten;* '**Auf·wer·tung** <f.; -; unz.>

'**auf**|**wi·ckeln** <V. t.; ich wick(e)le auf; sie hat aufgewickelt; aufzuwickeln>

Auf·wie·ge·'lei <f.; -, -en>; '**auf·wie·geln** <V. t.; ich wieg(e)le auf; sie hat aufgewiegelt; aufzu-

wiegeln> jmdn. ~ *zum Aufstand anstiften;* '**Auf·wie·ge·lung** <f.; -, -en> oV *Aufwieglung*

'**auf**|**wie·gen** <V. t. 287> etwas ~ *ausgleichen;* jmd. od. etwas ist nicht mit Gold aufzuwiegen <umg.> *ist unbezahlbar*

'**Auf·wieg·ler** <m.; -s, -> *jmd., der andere aufwiegelt;* '**Auf·wieg·le·rin** <f.; -, -n·nen>; '**auf·wieg·le·risch** <Adj.>; '**Auf·wieg·lung** <f.; -, -en> oV *Aufwiegelung*

'**auf**|**wim·mern** <V. i.; ich wimm(e)re auf>

'**Auf·wind** <m.; -(e)s, -e> 1 <Meteor.> *aufsteigende Luftbewegung* 2 <fig.; umg.> *Schwung, Auftrieb;* im ~ *sein (beruflich) gut vorankommen*

'**auf**|**win·den** <V. t. 288> *aufwickeln*

'**auf**|**wir·beln** <V. t. u. V. i.> (etwas) ~ *drehend in die Höhe wehen;* Staub ~ <fig.; umg.>

'**auf**|**wi·schen** <V. t.>

'**Auf·wuchs** <[-ks]; m.; -es, =e; Forstw.> *junger Waldbestand*

'**auf**|**wüh·len** <V. t.> 1 etwas ~ *in etwas eindringen;* die Erde ~ 2 jmdn. ~ <fig.> *in starke innere Bewegung versetzen*

'**auf**|**zäh·len** <V. t.; ich zähle auf; sie hat aufgezählt; aufzuzählen>; '**Auf·zäh·lung** <f.; -, -en>

'**auf**|**zäu·men** <V. t.> ein Pferd ~ *einem P. das Zaumzeug anlegen;* ein Pferd beim Schwanz, vom Schwanz her ~ <fig.> *eine Sache falsch anfangen*

'**auf**|**zeh·ren** <V. t.> *völlig verbrauchen*

'**auf**|**zeich·nen** <V. t.> 1 etwas ~ *eine (flüchtige) Zeichnung erstellen* 2 etwas ~ *schriftl. festhalten, notieren;* eine Sendung ~ <TV> *für eine spätere Übertragung festhalten;* '**Auf·zeich·nung** <f.; -, -en>

'**auf**|**zei·gen** <V.> 1 <V. t.> etwas ~ *deutlich auf etwas hinweisen* 2 <V. i.> *der Schüler zeigt auf* <österr.> *meldet sich*

'**auf**|**zie·hen** <V. 293> 1 <V. t.> eine Uhr ~ *die Feder der U. spannen* 2 <V. t.> ein Kind, ein Tier ~ *großziehen* 3 <V. t.> jmdn. ~ <fig.; umg.> *hänseln, foppen* 4 <V. i. (s.)> ein Gewitter zieht auf *kommt näher;* '**Auf·zucht** <f.; -; unz.> *das Aufziehen(2)*

'Auf·zug <m.; -(e)s, ⸚e> **1** *ein Beförderungsmittel in mehrstöckigen Gebäuden;* Personen~ **2** *äußere Aufmachung, Kleidung* **3** = *Akt²(2);* **'Auf·zug·füh·rer** <m.; -s, -> ; **'Auf·zug(s)·schacht** <m.; -(e)s, ⸚e>

'auf|zwin·gen <V. t. 294; ich zwinge auf; sie hat aufgezwungen; aufzuzwingen> jmdm. etwas ~ *gewaltsam aufdrängen*

'auf|zwir·beln <V. t.; ich zwirb(e)le auf; sie hat aufgezwirbelt; aufzuzwirbeln> die Schnurrbartspitzen ~ *nach oben drehen*

Aug. <Abk. für> *August*

'Aug·ap·fel <m.; -s, ⸚> **1** <Med.> *Teil des Auges* **2** <fig.> *etwas Kostbares;* etwas wie seinen ~ hüten; **'Au·ge** <n.; -s, -n> *lichtempfindl. Sinnesorgan bei Menschen u. Tieren;* etwas unter vier ~n besprechen *zu zweit;* **'Äu·gel·chen** <n.; -s, -; Verkleinerungsform von> *Auge;* **'äu·geln** <V.; ich äug(e)le> **1** <V. i.; veralt.> *jmdm. mit den Augen ein Zeichen geben* **2** <V. t.; Bot.> *veredeln, okulieren;* **'äu·gen** <V. i.> *(vorsichtig) spähen;* **'Au·gen·ab·stand** <m.; -(e)s, ⸚e>; **'Au·gen·arzt** <m.; -es, ⸚e>; **'Au·gen·ärz·tin** <f.; -, -n·nen>; **'Au·gen·auf·schlag** <m.; -(e)s, ⸚e>; **'Au·gen·blick** <a. [--'-]; m.; -(e)s, -e> **1** *sehr kurze Zeitspanne;* einen ~, bitte! *bitte ein wenig Geduld!* **2** *(best.) Zeitpunkt;* im ~ *zurzeit;* **au·gen'blick·lich** <a. ['----]; Adj.> **1** *sofort* **2** *zurzeit;* **'au·gen·blicks** <Adv.; veralt.> = *augenblicklich(1);* **'Au·gen·blicks·er·folg** <m.; -(e)s, -e> *Erfolg von kurzer Dauer;* **'Au·gen·blin·zeln** <n.; -s; unz.> er verständigte sich mit ihr durch ein ~; <aber> mit den Augen blinzeln; **'Au·gen·braue** <f.; -, -n>; **'Au·gen·brau·en·stift** <m.; -(e)s, -e>; **'Au·gen·de·ckel** <m.; -s, -> = *Augenlid;* **'Au·gen·di·a·gno·se**, <auch> **'Au·gen·di·ag·no·se** <f.; -, -n; ⸀Z53> *Verfahren, über die man Rückschlüsse auf Krankheiten zu ziehen;* **'au·gen·fäl·lig** <Adj.> *deutlich erkennbar;* **'Au·gen·fal·ter** <m.; -s, -; Zool.> *eine Falterart;* **'Au·gen·far·be** <f.; -, -n>;

'Au·gen·flim·mern <n.; -s; unz.>; **'Au·gen·glas** <n.; -es, ⸚er; veralt.> *Brille, Monokel u. Ä.;* **'Au·gen·heil·kun·de** <f.; -; unz.>; **'Au·gen·hö·he** <nur in der Wendung> in ~ *in Höhe der Augen;* **'Au·gen·höh·le** <f.; -, -n>; **'Au·gen·in·nen·druck** <m.; -(e)s; unz.; Med.>; **'Au·gen·klap·pe** <f.; -, -n>; **'Au·gen·kli·nik** <f.; -, -en>; **'Au·gen·lei·den** <n.; -s, -; Med.>; **'Au·gen·licht** <n.; -(e)s; unz.; geh.> *Sehkraft;* das ~ verlieren *blind werden;* **'Au·gen·lid** <n.; -(e)s, -er> = *Lid;* **'Au·gen-Make-up** <[-meikʌp]; n.; -s, -s; ⸀Z33>; **'Au·gen·maß** <n.; -es; unz.> nach ~ *ohne nachzumessen;* ein gutes, schlechtes ~ haben *Schätzvermögen;* **'Au·gen·merk** <n.; -(e)s; unz.; geh.> *Aufmerksamkeit;* sein ~ auf jmdn. od. etwas richten; Haupt~; **'Au·gen·nerv** <m.; -s od. (fachsprachl.) -en, -en>; **'Au·gen·op·ti·ker** <m.; -s, ->; **'Au·gen·op·ti·ke·rin** <f.; -, -n·nen>; **'Au·gen·paar** <n.; -(e)s, -e>; **'Au·gen·pul·ver** <n.; -s; unz.; fig.; umg.> *sehr kleine Schrift;* **'Au·gen·rin·ge** <Pl.> *dunkle Ränder unter den Augen;* **'Au·gen·schein** <m.; -s; unz.> **1** *äußerer Anschein;* dem ~ nach **2** jmdn. od. etwas in ~ nehmen *(prüfend) betrachten;* **'au·gen·schein·lich** <Adj.> *offenbar, soviel man sieht;* **'Au·gen·schwä·che** <f.; -; unz.>; **'Au·gen·stern** <m.; -(e)s, -e; fig.> *das Liebste;* das Kind ist sein ~; **'Au·gen·trost** <m.; -(e)s; unz.; Bot.> *eine (Heil-)Pflanze;* **'Au·gen·wei·de** <f.; -; unz.> *erfreul. Anblick;* **'Au·gen·win·kel** <m.; -s, -> jmdn. aus dem ~ beobachten *heimlich;* **Au·gen·wi·sche'rei** <f.; -; unz.; fig.; umg.> *Selbsttäuschung durch Verharmlosung von Missständen od. Gefahren;* **'Au·gen·zahl** <f.; -; unz.> *Zahl der Punkte (beim Würfel-, Karten-, Dominospiel);* **'Au·gen·zeu·ge** <m.; -n, -n> *jmd., der einen Vorfall beobachtet hat (u. schildern kann);* **'Au·gen·zeu·gen·be·richt** <m.; -(e)s, -e>; **'Au·gen·zeu·gin** <f.; -, -n·nen>; **'Au·gen·zwin·kern** <n.; -s; unz.> mit einem ~;

<aber> mit den Augen zwinkern; **'au·gen·zwin·kernd** <Adj.; >

Au'gi·as·stall <m.; -(e)s, ⸚e> *äußerst verschmutzter Raum/* <auch fig.> *korrupte Verhältnisse [nach dem verschmutzten Stall des grch. Königs Augias]*

...äu·gig <Adj.; in Zus.> z. B. blauäugig

Au'git <m.; -s, -e; Min.> *ein Mineral [grch.]*

'Äug·lein <n.; -s, -; poet.; Verkleinerungsform von> *Auge*

Aug'ment <n.; -(e)s, -e; Sprachw.> *Vorsilbe des Verbstammes zur Bez. der Vergangenheit (bes. im Griechischen) [lat.];* **Aug·men·ta·ti'on** <f.; -, -en; Mus.> *Vergrößerung der Notenwerte*

'Aug·spross <m.; -es, -e>, **'Aug·spros·se** <f.; -, -n; Jägerspr.> *unterstes Ende des Hirschgeweihs*

Au'gur <m.; -en od. -s, -en> *altröm. Priester u. Wahrsager [lat.];* **Au·gu·ren·lä·cheln** <n.; -s; unz.> *wissendes Lächeln unter Eingeweihten*

Au'gust¹ <m.; - od. -(e)s, -e; Abk.: Aug.> *der achte Monat des Jahres [lat.]*

'Au·gust² <m.; - od. -(e)s, -e> der dumme ~ *Clown, Spaßmacher (im Zirkus)*

au·gus'te·isch <Adj.; ⸀Z46> *den Kaiser Augustus betreffend;* ein ~es Zeitalter *ein kunstfreundl. Z.;* <aber> das Augusteische Zeitalter *das Z. des Kaisers A.*

Au·gus'ti·ner <m.; -s, -> *Angehöriger des Augustinerordens;* **Au·gus'ti·ner·or·den** <m.; -s; unz.> *ein kath. Orden*

Auk·ti'on <f.; -, -en> *Versteigerung [lat.];* **Auk·ti·o'na·tor** <m.; -s, -'to·ren> *Versteigerer;* **auk·ti·o'nie·ren** <V. t.; selten>

auk·to·ri'al <Adj.; Lit.> ~er Erzähler *aus einer allwissenden Perspektive eingreifender E. [lat.]*

'Au·la <f.; -, 'Au·len> *Fest- u. Veranstaltungssaal an (Hoch-) Schulen [lat.]*

'Au·los <m.; -, 'Au·loi od. 'Au·len> *antikes grch. Blasinstrument [grch.]*

au na·tu·rel <[o naty'rɛl]; bei

A

Speisen u. Getränken) *ohne künstl. Zusatz* [frz.]

au pair <[o 'pɛr]> *ohne Bezahlung, nur gegen Unterkunft u. Verpflegung* [frz.]; **Au'pair·mäd·chen,** <auch> **Au·'pair-Mäd·chen** <n.; -s, -; ⟋Z36>

'Au·ra <f.; -, 'Au·ren> 1 <Med.> *Sinnesempfindung vor Anfällen* 2 <fig.> *bes. Ausstrahlung* [lat.]

Au·re'o·le <f.; -, -n> 1 *Heiligenschein* 2 *Hof um Sonne od. Mond* [lat.]

Au·ri·gna·ci·en, <auch> **Au·rig·na·ci·en** <[ɔrinja'sjɛ:]; n.; - od. -s; unz.; ⟋Z53> *eine Kulturstufe der jüngeren Altsteinzeit* [nach der frz. Stadt *Aurignac*]; **Au·ri·gnac·mensch** <[ɔrin'jak-]; m.; -en, -en>

Au'ri·kel <f.; -, -n; Bot.> *eine Primelart* [lat.]; **au·ri·ku'lar, au·ri·ku'lär** <Adj.; Med.> *das Ohr betreffend*

Au·ri·pig'ment <n.; -(e)s; unz.; Min.> *ein Mineral* [lat.]

Au·ro·ra <f.; -, -'ro·ren> 1 <unz.; poet.> *Morgenröte* 2 <Zool.> *ein Tagfalter* [lat.; nach der röm. Göttin der Morgenröte]; **Au'ro·ra·fal·ter** <m.; -s, -; Zool.>

'Au·rum <n.; -s; unz.; Zeichen: Au; lat. Bez. für> *Gold*

aus¹ <Präp.; m. Dat.> *herkommend, herrührend von;* er stammt ~ Dresden; ~ alten Zeiten; ein Kleid ~ weichem Stoff; etwas ~ Liebe tun; **aus²** <Adv.> 1 *ausgehend von;* von hier ~; von mir ~ <umg.> *meinetwegen;* 2 <⟋Z19.4> *weder ein noch ~ wissen* *völlig ratlos sein;* bei Freunden ein und ~ gehen *häufig u. formlos zu Besuch sein;* <aber in Zusammensetzungen> die aus- und eingehende Post 3 <⟋Z22.2> ~ sein <umg.> *zu Ende, ausgeschaltet sein;* Licht ~!; ist der Film schon ~?; sie ist ~ gewesen; auf etwas ~ sein <umg.> *etwas haben wollen;* **Aus** <n.; -; unz.; Sp.> 1 *Ende;* das ~ kam früher als erwartet 2 *Raum außerhalb eines Spielfeldes;* der Ball flog ins ~; **aus...** <Vors.; ⟋Z22; in Zus. Verben betont u. abtrennbar> z. B. ausgehen; ich gehe aus; sie ist ausgegangen; auszugehen

'aus·la·gie·ren <V. t.; ⟋Z55;

Psych.> eine Emotion ~ *in eine Handlung umsetzen*

'aus·ar·bei·ten <V. t.> 1 *etwas ~ in allen Einzelheiten festlegen* 2 <V. refl.> sich ~ *sich durch körperl. Arbeit Bewegung verschaffen;* **'Aus·ar·bei·tung** <f.; -, -en>

'aus·ar·ten <V. i. (s.)> etwas artet aus *entwickelt sich zum Schlechten*

'aus·at·men <V. i. u. V. t.; ich atme aus; sie hat ausgeatmet; auszuatmen; ⟋Z19.4> aus- u. einatmen; **'Aus·at·mung** <f.; -; unz.>

'aus·ba·den <V. t.> etwas ~ *(müssen)* <umg.> *die Folgen tragen*

'aus·bag·gern <V. t.>

'aus·ba·ken <V. t.; Mar.> ein Fahrwasser ~ *mit Baken versehen*

'aus·ba·lan·cie·ren <[-lāsi:-] od. [-laŋ-]; V. t.>

'aus·bal·do·wern <V. t.; umg.> *auskundschaften* [hebr.]

'Aus·bau <m.; -(e)s, -ten>

'aus·bau·chen <V. t.> *mit einer Wölbung versehen;* **'Aus·bau·chung** <f.; -, -en>

'aus·bau·en <V. t.; ich baue aus; sie hat ausgebaut; auszubauen> 1 den Motor ~ *aus dem Auto herausnehmen* 2 den Hafen ~ *durch Bauen vergrößern, erweitern* 3 Beziehungen ~ <fig.>; **'aus·bau·fä·hig** <Adj.>

'aus·be·din·gen <V. t. 120/V. refl.> sich etwas ~ <geh.> *etwas zur Bedingung machen*

'aus·bei·nen <V. t.> *Fleisch vom Knochen lösen*

'aus·bei·ßen <V. t. 105> ich habe mir einen Zahn ausgebissen

'aus·bes·sern <V. t.; ich bess(e)re aus; sie hat ausgebessert; auszubessern>; **'Aus·bes·se·rung** <f.; -, -en>

'aus·be·to·nie·ren <V. t.>

'aus·beu·len <V. t.> 1 *mit einer Beule versehen* 2 *eine Beule aus etwas beseitigen*

'Aus·beu·te <f.; -, -n; Pl. selten> *Ertrag;* eine magere ~

'aus·beu·teln <V. t.; ich beut(e)le aus; sie hat ausgebeutelt; auszubeuteln; bes. österr.> *ausschütteln*

'aus·beu·ten <V. t.> jmdn. od. etwas ~ *zum eigenen Vorteil ausnutzen;* **'Aus·beu·ter** <m.; -s, ->;

Aus·beu·te'rei <f.; -, -en>; **'Aus·beu·te·rin** <f.; -, -·n·nen>; **'Aus·beu·tung** <f.; -, -en; Pl. selten>

'aus·be·zah·len <V. t.> jmdn. ~; jmdm. etwas ~

'aus·bie·ten <V. t. 110> *zum Verkauf anbieten, feilhalten*

'aus·bil·den <V. t./V. refl.> 1 jmdn. ~ *schulen, unterrichten* 2 etwas ~ *entwickeln, vervollkommnen* 3 etwas bildet sich aus *entwickelt sich, entsteht;* **'Aus·bil·der** <m.; -s, -> *jmd., der andere ausbildet;* **'Aus·bil·de·rin** <f.; -, -·n·nen>; **'Aus·bild·ner** <m.; -s, -; österr.; schweiz.> = *Ausbilder;* **'Aus·bild·ne·rin** <f.; -, -·n·nen; österr.; schweiz.>; **'Aus·bil·dung** <f.; -, -en>; **'Aus·bil·dungs·för·de·rungs·ge·setz** <n.; -es; unz.>; **'Aus·bil·dungs·platz** <m.; -es, ⸚e>; **'Aus·bil·dungs·ver·trag** <m.; -(e)s, ⸚e>

'aus·bit·ten <V. t. 112/V. refl.; geh.> ~ 1 sich Bedenkzeit ~ *durch Bitten zu erreichen versuchen* 2 etwas mit Nachdruck fordern; das möchte ich mir auch ausgebeten haben!

'aus·bla·sen <V. t. 113; du bläst aus>; **'Aus·blä·ser** <m.; -s, -> *nicht explodiertes Artilleriegeschoss*

'aus·blei·ben <V. i. (s.) 114> *(wider Erwarten) nicht eintreffen od. -treten*

'aus·blei·chen <V. 126> 1 <V. t.; ich bleiche aus; sie hat ausgebleicht; auszubleichen> *bleich machen;* einen Fleck ~ 2 <V. i. (s.); er bleicht aus; er ist ausgeblichen; auszubleichen> *bleich werden;* der Stoff ist völlig ausgeblichen

'aus·blen·den <V. i.; Film, Rundfunk, TV>

'Aus·blick <m.; -(e)s, -e>; **'aus·bli·cken** <V. i.> *Ausschau halten*

'Aus·blü·hung <f.; -, -en> *Ausscheidung von Salzen aus Mauerwerken od. Böden nach Wasserentzug*

'aus·blu·ten <V. i. (s.)> das Schlachtvieh ist ausgeblutet

'aus·boh·ren <V. t.>

'aus·bo·jen <V. t.; Mar.; nur im Inf. gebräuchl.> ein Fahrwasser ~ *mit Bojen versehen*

'aus·bom·ben <V. t.> ein ausgebombtes Haus

aus|boo·ten <V. t.> 1 etwas ~ *mit einem Boot vom Schiff an Land bringen* 2 jmdn. ~ <fig.; umg.> *jmdn. (aus einer Stellung) verdrängen*

aus|bor·gen <V. t.; umg.> ich habe (mir) ein Buch ausgeborgt *geliehen*

aus|bra·ten <V. t. 115> Speck ~

aus|bre·chen <V. i. (s.) 116; ich breche aus; sie ist ausgebrochen; auszubrechen> 1 *sich mit Gewalt befreien* 2 *plötzlich entstehen;* der Krieg bricht aus 3 in Tränen, in Gelächter ~ *zu weinen, zu lachen beginnen;* **'Aus·bre·cher** <m.; -s, ->; **'Aus·bre·che·rin** <f.; -, -n·nen>

aus|brei·ten <V. t./V. refl.> die Seuche breitet sich aus; **'Aus·brei·tung** <f.; -; unz.>

aus|brem·sen <V. t.; Rennsp.>

aus|bren·nen <V. i. (s.) 117> das Gebäude ist ausgebrannt *im Inneren völlig verbrannt;* jmd. ist ausgebrannt <fig.> *völlig erschöpft*

aus|brin·gen <V. t. 118; ich bringe aus; sie hat ausgebracht; auszubringen> einen Trinkspruch auf jmdn., auf jmds. Gesundheit ~

'Aus·bruch <m.; -(e)s, ⁀e> 1 *das Ausbrechen* 2 <in Österr. u. Ungarn Bez. für> *Auslese;* **'Aus·bruchs·wein** <m.; -(e)s, -e>

aus|brü·ten <V. t.> 1 Eier ~ 2 einen Plan, eine Krankheit ~ <fig.; umg.> *langsam entwickeln*

'aus|buch·ten <V. t.>; **'Aus·buch·tung** <f.; -, -en>

aus|bud·deln <V. t.; ich budd(e)le aus; umg.> *ausgraben*

aus|bü·geln <V. t.; ich büg(e)le aus; sie hat ausgebügelt; auszubügeln> 1 eine Falte ~ *durch Bügeln glätten* 2 ein Fehlverhalten ~ <fig.; umg.> *bereinigen*

aus|bu·hen <V. t.> jmdn. ~ <umg.> *durch Buhrufe sein Missfallen ausdrücken*

'Aus·bund <m.; -(e)s; unz.> *Inbegriff;* er ist ein ~ an Frechheit

aus|bür·gern <V. t.; ich bürgere aus; sie hat ausgebürgert; auszubürgern> <umg.> jmdm. die Staatsangehörigkeit entziehen; **'Aus·bür·ge·rung** <f.; -, -en>

'aus|bürs·ten <V. t.>

'aus|bü·xen <V. i. (s.); du büxt aus; umg.; scherzh.> = *ausreißen(2)*

'aus|che·cken <[-tʃɛ-]; V. i.; Flugw.> *nach dem Verlassen des Flugzeugs die Kontrollen passieren;* Ggs *einchecken*

'Aus·dau·er <f.; -; unz.> *Durchhaltevermögen;* **'aus|dau·ern** <V. i.>; **'aus·dau·ernd** <Adj.; ⚲Z28.1>

'aus|deh·nen <V. t./V. refl.>; **'Aus·deh·nung** <f.; -, -en; Pl. selten>; **'Aus·deh·nungs·ko·ef·fi·zi·ent** <m.; -en, -en; Phys.>

'aus|den·ken <V. refl. 119> ich habe mir etwas ausgedacht

'aus|deu·ten <V. t.> einen Text ~ *interpretieren;* **'Aus·deu·tung** <f.; -, -en>

'aus|die·nen <V. i.; nur im Perf. gebräuchlich> der Mantel hat ausgedient *ist abgetragen*

'aus|dif·fe·ren·zie·ren <V. t.> *Unterschiede hervorheben, verfeinern;* ein Thema ~

'aus|dis·ku·tie·ren <V. t.> *zu Ende diskutieren, restlos klären*

'aus|do·cken <V. t.; Schiffbau> *aus dem Dock holen*

'aus|dor·ren, 'aus|dör·ren <V. t. u. V. i.> *trocken machen bzw. werden;* ausgedorrte Erde

'aus|dre·hen <V. t.> das Licht ~ <umg.> *löschen*

'Aus·druck¹ <m.; -(e)s, ⁀e> 1 <unz.> *die Art zu formulieren* 2 <unz.> *äußeres Zeichen einer Gemütsbewegung;* etwas zum ~ bringen 3 *Wort, Redewendung;* Kraft~; **'Aus·druck²** <m.; -(e)s, -e; EDV> *das Ausgedruckte;* **'aus|dru·cken** <V. t.; EDV> Daten ~; **'aus|drü·cken** <V. t.; ich drücke aus; sie hat ausgedrückt; auszudrücken> 1 etwas ~ *Flüssigkeit aus etwas pressen* 2 <V. t./V. refl.> etwas, sich ~ *etwas in Worte fassen, formulieren;* **'aus·drück·lich** <a. [-'--]; Adj.> *deutlich, unmissverständlich;* ich habe dir ~ verboten, ...; **'Aus·drucks·kraft** <f.; -; unz.>; **'Aus·drucks·kunst** <f.; -; unz.> = *Expressionismus;* **'aus·drucks·los** <Adj.>; **'Aus·drucks·tanz** <m.; -es; unz.>; **'aus·drucks·voll** <Adj.>; **'Aus·drucks·wei·se** <f.; -, -n>

'aus|duns·ten, 'aus|düns·ten <V. t.> *Feuchtigkeit ausscheiden;* **'Aus·duns·tung, 'Aus·düns·tung** <f.; -, -en>

aus·ein·an·der, <auch> **aus·ei·'nan·der** <Adv.; ⚲Z54> 1 *räuml. od. zeitl. voneinander getrennt* 2 <⚲Z22.3>; *in Verbindung mit Verben Getrenntschreibung> ~ fallen;* sie sind ~ gegangen; etwas ~ klamüsern <umg.; scherzh.> *mühsam ordnen;* sie haben sich ~ gelebt; zwei Schüler ~ setzen; er lehnt es ab, damit ~ zu setzen; **Aus·ein·an·der·set·zung** <f.; -, -en> 1 *kritische Beschäftigung mit etwas* 2 *heftiger Wortwechsel*

'aus·er·ko·ren <Adj.; geh.> *auserwählt*

'aus·er·le·sen <Adj.> *von besonderer Güte;* ein ~er Wein

'aus|er·se·hen <V. t. 239> jmdn. od. etwas ~ <geh.> *auswählen u. zu etwas bestimmen*

'aus|er·wäh·len <V. t.>; **'aus·er·wählt** <Adj.; ⚲Z28.1>; **'Aus·er·wähl·te(r)** <f. 2. (m. 1)>

'aus·fahr·bar <Adj.>; **'aus|fah·ren** <V. t. 130> ein Kind ~ *spazieren fahren;* **'aus·fah·rend** <Adj.; ⚲Z28.1> *heftig, plötzlich;* eine ~e Bewegung machen; **'Aus·fahrt** <f.; -, -en> *Stelle, an der ein Fahrzeug herausfahren kann;* ~ freihalten!; Autobahn~

'Aus·fall <m.; -(e)s, ⁀e>; **'aus|fal·len** <V. i. (s.) 131; ich falle aus; sie ist ausgefallen; auszufallen> 1 *herausfallen;* alle Zähne sind ausgefallen 2 *entfallen;* heute fällt der Unterricht aus 3 *ein best. Ergebnis haben;* die Schulaufgabe ist schlecht ausgefallen; **'aus|fäl·len** <V. t.> 1 gelöste Stoffe ~ <Chem.> *aus einer Lösung ausscheiden* 2 <schweiz.> *(eine Strafe) verhängen;* **'aus·fal·lend** <Adj.; ⚲Z28.1>, **'aus·fäl·lig** <Adj.> *beleidigend;* eine ~e Bemerkung machen; **'Aus·fall(s)·er·schei·nung** <f.; -, -en>; **'Aus·fall·stra·ße** <f.; -, -n> *aus einer Stadt hinausführende Hauptverkehrsstraße;* **'Aus·fäl·lung** <f.; -, -en; Chem.>

'aus|fech·ten <V. t. 133> mit jmdm. einen Streit ~

'aus|fe·gen <V. t.>; **'Aus·fe·ger** <m.; -s, ->

'**aus**|**fei**·**len** <V. t.; ich feile aus; sie hat ausgefeilt; auszufeilen; fig.> *vervollkommnen*

'**aus**|**fer**·**ti**·**gen** <V. t.> *(ein amtl. Dokument) erstellen*; '**Aus**·**fer**·**ti**·**gung** <f.; -, -en>

'**aus**|**fet**·**ten** <V. t.> eine Backform mit Butter ~

'**aus**|**fil**·**tern** <V. t.> *mit einem Filter herauslösen*; Schadstoffe ~

'**aus**-**fin**·**dig** <Adj.; nur adv. in der Wendung> jmdn. od. etwas ~ machen *nach langem Suchen finden*

'**aus**|**flie**·**gen** <V. i. (s.) 136>

'**aus**|**flie**·**ßen** <V. i. (s.) 138>

'**aus**|**flip**·**pen** <V. i. (s.); umg.> 1 *die Selbstkontrolle verlieren* 2 *sich den bürgerl. Schaftsnormen entziehen*; → a. *ausgeflippt* 3 *außer sich geraten (vor Freude, Zorn)*; er ist regelrecht ausgeflippt

'**aus**|**flo**·**cken** <V. i.> die Milch flockt aus

'**Aus**-**flucht** <f.; -, =e; meist Pl.> = *Ausrede*

'**Aus**-**flug** <m.; -(e)s, =e> *erholsame, meist eintägige Reise*; Betriebs~; '**Aus**·**flüg**·**ler** <m.; -s, -; meist Pl.>; '**Aus**·**flüg**·**le**·**rin** <f.; -, -n·nen>; '**Aus**·**flugs**·**lo**·**kal** <n.; -(e)s, -e>

'**Aus**-**fluss** <m.; -es, =e> 1 *Stelle, an der eine Flüssigkeit ausfließt* 2 <unz.; Med.> *Flüssigkeitsabsonderung aus der Scheide* 3 <unz.; fig.; geh.> *Ergebnis*

'**aus**|**fol**·**gen** <V. t.; Amtsdt.; bes. österr.> *übergeben*

'**aus**|**for**·**mu**·**lie**·**ren** <V. t.>

'**aus**|**for**·**schen** <V. t.> 1 jmdn. ~ *ausfragen* 2 jmdn. ~ <österr.> *ausfindig machen*

'**aus**|**fra**·**gen** <V. t.>; **Aus**·**fra**·**ge**·'**rei** <f.; -, -en; umg.; abwertend>

'**aus**|**fran**·**sen** <V. i. (s.)> *(am Rand) Fransen bilden*; die Hose ist ausgefranst

'**aus**|**fres**·**sen** <V. t. 139> etwas ausgefressen haben <fig.; umg.> *etwas angestellt haben*

'**aus**|**fu**·**gen** <V. t.> = *verfugen*

'**Aus**-**fuhr** <f.; -, -en> *Verkauf von Waren ins Ausland*; Sy *Export*; Ggs *Einfuhr*; '**aus**·**führ**·**bar** <Adj.>; '**Aus**·**führ**·**bar**·**keit** <f.; -; unz.>; '**aus**|**füh**·**ren** <V. t.> 1 jmdn. ~ *auswärts (zum Essen)*

einladen 2 einen Hund ~ *spazieren führen* 3 Waren ~ *ins Ausland verkaufen* 4 eine Arbeit ~ *verrichten* 5 einen Gedanken ~ *darlegen*; '**Aus**·**fuhr**·**er**·**klä**·**rung** <f.; -, -en>; '**Aus**·**fuhr**·**land** <n.; -(e)s, =er>; **aus**-'**führ**·**lich** <schweiz. ['---]; Adj.> *weitschweifig, bis ins Einzelne gehend*; Ausführlicheres folgt; **Aus**'**führ**·**lich**·**keit** <a. ['----]; f.; -; unz.> in aller ~; '**Aus**·**füh**·**rung** <f.; -, -en> 1 *das Ausführen(4, 5)* 2 *Art der Herstellung*; '**Aus**·**füh**·**rungs**·**be**·**stim**·**mung** <f.; -, -en; meist Pl.>; '**Aus**·**fuhr**·**ver**·**bot** <n.; -(e)s, -e>

'**aus**|**fül**·**len** <V. t.> die Arbeit füllt ihn nicht aus <fig.> *befriedigt ihn nicht, unterfordert ihn*

'**aus**|**füt**·**tern** <V. t.> einen Mantel ~ *ganz füttern*

Ausg. <Abk. für> *Ausgabe*; '**Aus**·**ga**·**be** <f.; -, -n> 1 *Zahlung*; ~n u. Einnahmen 2 ~ *von Schriftwerken* <Abk.: Ausg.> *Veröffentlichung*; Erst~; Sonder~ 3 *Stelle, an der etwas herausgegeben wird*; Paket~; '**Aus**·**ga**·**ben**·**buch** <n.; -(e)s, =er>; '**Aus**·**ga**·**be**·**stel**·**le** <f.; -, -n>

'**Aus**-**gang** <m.; -(e)s, =e; ⚡Z 19.4> 1 *Tür*; Not~; Ein- und ~ 2 *Ende, Ergebnis*; der ~ der Sitzung ist ungewiss 3 <unz.> *Erlaubnis zum Verlassen des Hauses*; ~ haben; '**aus**-**gangs** <Präp.; m. Gen.; Amtsdt.> *am Ende*; ~ Ihres Schreibens; '**Aus**·**gangs**·**ba**·**sis** <f.; -, -ba·sen>; '**Aus**·**gangs**·**buch** <n.; -(e)s, =er; Kaufmannsspr.>; '**Aus**·**gangs**·**po**·**si**·**ti**·**on** <f.; -, -en>; '**Aus**·**gangs**·**punkt** <m.; -(e)s, -e>; '**Aus**·**gangs**·**sper**·**re** <f.; -, -n>; '**Aus**·**gangs**·**stel**·**lung** <f.; -, -en; Sp.>

'**aus**|**ga**·**sen** <V. t.; du gast aus> ein Zimmer ~ *zur Desinfektion mit Gas aussprühen*

'**aus**|**ge**·**ben** <V. t. 143> Geld, Essen ~

'**aus**·**ge**·**bleicht** <Adj.; ⚡Z 28.1> → *ausbleichen(1)*; '**aus**·**ge**·**bli**·**chen** <Adj.; ⚡Z 28.1> → *ausbleichen(2)*

'**aus**·**ge**·**blu**·**tet** <Adj.; ⚡Z 28.1; fig.> *aller wirtschaftl. Reserven beraubt*; ein ~es Land

'**Aus**·**ge**·**bomb**·**te**(**r**) <f. 2 (m. 1); umg.>

'**aus**·**ge**·**bucht** <Adj.; ⚡Z 28.1> die Reise ist ~ *es gibt keine freien Plätze mehr*

'**aus**·**ge**·**bufft** <Adj.; umg.> *raffiniert*; ein ~er Geschäftsmann

'**Aus**·**ge**·**burt** <f.; -, -en; fig.; abwertend> *übles Erzeugnis*; eine ~ der Hölle

'**Aus**·**ge**·**din**·**ge** <n.; -s, -> = *Altenteil*

'**aus**·**ge**·**dorrt**, '**aus**·**ge**·**dörrt** <Adj.; ⚡Z 28.1> → *ausdorren, ausdörren*

'**aus**·**ge**·**fal**·**len** <Adj.; ⚡Z 28.1> *ungewöhnlich*; ein ~er Wunsch

'**aus**·**ge**·**feimt** <Adj.; ⚡Z 28.1> = *abgefeimt*

'**aus**·**ge**·**flippt** <Adj.; ⚡Z 28.1; umg.> *außerhalb der gesellschaftl. Normen stehend*; → a. *ausflippen(2)*

'**aus**·**ge**·**gli**·**chen** <Adj.; ⚡Z 28.1> → a. *ausgleichen* 1 *in sich ruhend, ohne Launen* 2 *gleichmäßig verteilt*; ein ~es Spiel; '**Aus**·**ge**·**gli**·**chen**·**heit** <f.; -; unz.>

'**aus**|**ge**·**hen** <V. i. (s.) 145; ich gehe aus; sie ist ausgegangen; auszugehen> 1 <⚡Z 19.4> *zu einem best. Zweck nach draußen gehen*; bei jmdm. ein- u. ~ *häufig u. ungezwungen bei jmdm. verkehren* 2 *weniger werden*; das Licht geht aus *erlischt*; die Haare sind ausgegangen 3 *enden*; wie wird der Film ~? 4 *von etwas ~ etwas zugrunde legen*; ich gehe davon aus, dass ... 5 *stammen*; der Streit ging von ihr aus 6 <V. refl.> *es geht sich aus* <österr.> *es reicht*

'**aus**·**ge**·**hun**·**gert** <Adj.; ⚡Z 28.1> ~ sein <a. fig.> *begierig nach etwas verlangen*; nach Liebe, nach Sonne ~; → a. *aushungern*

'**Aus**·**geh**·**ver**·**bot** <n.; -(e)s, -e>

'**aus**|**gei**·**zen** <V. t.; du geizt aus; Bot.> *Seitentriebe ausbrechen*

'**aus**·**ge**·**klü**·**gelt** <Adj.; ⚡Z 28.1> *bis ins Letzte durchdacht*; ein ~er Plan; → a. *ausklügeln*

'**aus**·**ge**·**kocht** <Adj.; ⚡Z 28.1; fig.; umg.> *raffiniert*; ein ~er Halunke; → a. *auskochen*

'**aus**·**ge**·**las**·**sen** <Adj.; ⚡Z 28.1; fig.> *übermütig*; '**Aus**·**ge**·**las**·**sen**·**heit** <f.; -; unz.; fig.>

'**aus**·**ge**·**las**·**tet** <Adj.; ⚡Z 28.1; meist präd.> *immer (reichlich)*

Arbeit habend; er ist in seinem Job nicht ~

aus·ge·latscht <Adj.; ↗Z28.1; umg.> ~e Schuhe <umg.> heruntergetretene, abgetragene S.

aus·ge·laugt <Adj.; ↗Z28.1> → a. auslaugen 1 ~e Böden B., denen Stoffe entzogen wurden 2 <fig.> erschöpft

aus·ge·lei·ert <Adj.; ↗Z28.1> ohne Spannkraft; ein ~es Gummiband

aus·ge·lernt <Adj.; ↗Z28.1> ein ~er Bäcker; → a. auslernen

aus·ge·macht <Adj.; ↗Z28.1; umg.> 1 sicher, feststehend; eine ~e Tatsache 2 sehr groß; ein ~er Blödsinn; → a. ausmachen

aus·ge·mer·gelt <Adj.; ↗Z28.1> abgemagert

aus·ge·nom·men <Konj.; ↗Z28.1> außer, bis auf; wir alle, mich ~; Anwesende ~; er erinnert sich aller Abende, ~ dieses einen/<oder> diesen einen ~; das genügt allen, ~ dir/<oder> dich ~; → a. Ausnahme(2)

aus·ge·picht <Adj.; umg.> gerissen, schlau

aus·ge·po·wert, <auch> **aus·ge·pow·ert** <[-pauərt]; Adj.; ↗Z52, 28.1; umg.> kraftlos, erschöpft; Sy ausgepumpt; → a. auspowern [engl.]

aus·ge·prägt <Adj.; ↗Z28.1> stark ausgebildet; eine ~e Vorliebe für Musik

aus·ge·pumpt <Adj.; ↗Z28.1; fig.; umg.> erschöpft; → a. auspumpen

aus·ge·rech·net <Adv.; ↗Z28.1> gerade; das musste ~ mir passieren; ~ heute

aus·ge·reift <Adj.; ↗Z28.1> der Plan ist noch nicht ganz ~ <fig.> noch nicht bis ins Letzte durchdacht; → a. ausreifen

aus·ge·schla·fen <Adj.; ↗Z28.1; fig.> gewitzt

aus·ge·schlos·sen <Adj.; ↗Z28.1; präd. u. adv.> unmöglich; das halte ich für ~; Irrtum ~!; → a. ausschließen

aus·ge·schnit·ten <Adj.; ↗Z28.1> ein ~es Kleid; Sy dekolletiert

aus·ge·sorgt <Adj.; ↗Z28.1; in der Wendung> ~ haben keine finanziellen Sorgen haben

aus·ge·spro·chen <Adj.;

↗Z28.1; auch adv.> besonders ausgeprägt; ein ~er Frühaufsteher; ein ~ heißer Sommer; ich mag ihn ~ gern

aus|ge·stal·ten <V. t.; ich gestalte aus; sie hat ausgestaltet; auszugestalten>; **Aus·ge·stal·tung** <f.; -, -en>

aus·ge·stellt <Adj.; ↗Z28.1> nach unten weiter werdend; ein ~er Rock

aus·ge·sucht <Adj.; ↗Z28.1> 1 ausgeprägt; mit ~er Höflichkeit 2 erlesen; von ~er Qualität

aus·ge·wach·sen <[-ks-]; Adj.; ↗Z28.1> voll entwickelt

aus·ge·wo·gen <Adj.; ↗Z28.1> ausgeglichen; → a. auswiegen; **Aus·ge·wo·gen·heit** <f.; -; unz.>

aus·ge·zehrt <Adj.; ↗Z28.1> aller Kräfte beraubt

aus·ge·zeich·net <a. [--'--]; Adj.; ↗Z28.1> hervorragend; ein ~er Tänzer

aus·gie·big <Adj.> reichlich; **Aus·gie·big·keit** <f.; -; unz.>

aus|gie·ßen <V. t. 152; ich gieße aus; du gießt aus; sie hat ausgegossen; auszugießen>; **Aus·gie·ßung** <f.; -, -en; Pl. selten>

Aus·gleich <m.; -(e)s, -e; Pl. selten>; **aus|glei·chen** <V. t. 153> ins Gleichgewicht bringen; → a. ausgeglichen; **Aus·gleichs·abga·be** <f.; -, -n>; **Aus·gleichs·fonds** <[-fõ]; m.; - [-fõs], - [-fõ:s]>; **Aus·gleichs·ge·trie·be** <n.; -s, -; beim Kfz>; **Aus·gleichs·sport** <m.; -(e)s; unz.> als Ausgleich zur Arbeit betriebener Sport; **Aus·gleichs·steu·er** <f.; -, -n>; **Aus·gleichs·tref·fer** <m.; -s, -; Fußb.>; **Aus·gleichs·ver·fah·ren** <n.; -s, -; österr. für> Vergleichsverfahren

aus|glei·ten <V. i. (s.) 155; ich gleite aus; sie ist ausgeglitten; auszugleiten> ausrutschen

aus|glie·dern <V. t.; ich glied(e)re aus; sie hat ausgegliedert; auszugliedern> aussondern; **Aus·glie·de·rung** <f.; -, -en>

aus|glit·schen <V. i. (s.); du glitschst aus; umg.> = ausgleiten

aus|glü·hen <V. t.> Metalle ~ durch hohe Temperatur formbar machen

aus|gra·ben <V. t. 157>; **Aus·grä·ber** <m.; -s, -> jmd., der Ausgrabungen vornimmt; **Aus·grä·be·rin** <f.; -, -nnen>; **Aus·gra·bung** <f.; -, -en>; **Aus·gra·bungs·stät·te** <f.; -, -n>

aus|grei·fen <V. i. 158> weit ausholen

aus|gren·zen <V. t.; du grenzt aus> 1 ein Thema ~ ausklammern 2 jmdn. ~ isolieren; **Aus·gren·zung** <f.; -, -en>

aus|grün·den <V. t.> einen Teil des Betriebes ~ <Wirtsch.> aus dem Betrieb herausnehmen u. ein Unternehmen damit gründen; **Aus·grün·dung** <f.; -, -en>

Aus·guck <m.; -(e)s, -e; umg.> erhöhter Beobachtungsplatz; **aus·gu·cken** <V. i.> nach jmdm. ~ <umg.> ausschauen

Aus·guss <m.; -es, ⸚e> Becken mit Abfluss; der ~ ist verstopft; **Aus·guss·stein** <m.; -(e)s, -e; ↗Z37; Med.> ein Nierenstein

aus|ha·ben <V. 159; ich habe aus; sie hat ausgehabt; auszuhaben; umg.> 1 <V. t.> sie hatte den Mantel aus ausgezogen 2 <V. i.> wann haben wir aus?

aus|ha·cken <V. t.> Unkraut ~

aus|ha·ken <V. t.; i.; fig.; umg.> 1 nicht funktionieren; hier hakt mein Gedächtnis aus 2 plötzlich heftig werden

aus|hal·ten <V. t. 160> 1 etwas ~ ertragen; es ist nicht zum Aushalten! 2 <abwertend> jmds. Unterhalt bestreiten

aus|han·deln <V. t.; ich hand(e)le aus; sie hat ausgehandelt; auszuhandeln>

aus|hän·di·gen <V. t.> jmdm. etwas ~ übergeben; **Aus·hän·di·gung** <f.; -, -en>

Aus·hang <m.; -(e)s, ⸚e> öffentl. ausgehängte Bekanntmachung; **Aus·hän·ge·bo·gen** <m.; -s, - od. (süddt.) ⸚; Typ.> der erste Druckbogen eines Buches; **aus·hän·gen¹** <V. i. 161> zur allg. Information angebracht sein; die Anzeige hat vier Wochen ausgehangen; **aus|hän·gen²** <V. t.> 1 etwas ~ öffentl. anbringen; er hat den Zettel im Schaukasten ausgehängt 2 <V. refl.> sich ~ durch Hängen wieder glatt werden; **Aus·hän·ger** <m.;

A

-s, -> = *Aushängebogen;* **'Aus·hän·ge·schild** <n.; -(e)s, -er>
'aus|har·ren <V. i.; geh.> *geduldig warten*
'aus|här·ten <V. t.; Tech.> *durch Erhitzen erstarren lassen*
'Aus·hau <m.; -(e)s; unz.; Forstw.> *ausgehautes Waldstück*
'aus|hau·chen <V. t.> sein Leben ~ <fig.; geh.> *sterben*
'aus·häu·sig <Adj.; umg.> *nicht zu Hause;* sie ist oft ~
'aus|he·ben <V. t. 163; ich hebe aus; sie hat ausgehoben; auszuheben> 1 Gräben ~ *ausschachten* 2 eine Schmugglerbande ~ <fig.> *ausfindig machen* 3 Rekruten ~ *zur Wehrpflicht einberufen;* **'aus|he·bern** <V. t.; ich heb(e)re aus; sie hat ausgehebert; auszuhebern> jmdm. den Magen ~ <Med.> *auspumpen;* **'Aus·he·be·rung** <f.; -, -en>; **'Aus·he·bung** <f.; -, -en; Pl. selten>
'aus|he·cken <V. t.; umg.> *ersinnen;* Streiche ~
'aus|hei·len <V. i. (s.)> *vollständig heilen;* die Wunde ist ausgeheilt; **'Aus·hei·lung** <f.; -, -en>
'aus|hel·fen <V. i. 165> (jmdm.) ~; **'Aus·hil·fe** <f.; -, -n> 1 *das Aushelfen;* jmdn. zur ~ suchen 2 *jmd., der aushilft;* **'Aus·hilfs·kraft** <f.; -, ⸗e>; **'aus·hilfs·wei·se** <Adv.>
'aus|höh·len <V. t.>; **'Aus·höh·lung** <f.; -, -en>
'aus|ho·len <V. i.> 1 *eine schwungvolle Bewegung machen* 2 *weitschweifig erzählen*
'aus|hol·zen <V. t.; du holzt aus>; **'Aus·hol·zung** <f.; -, -en>
'aus|hor·chen <V. t.> jmdn. ~ *neugierig ausfragen*
'Aus·hub <m.; -(e)s, -e; Pl. selten> *ausgehobene Erdmasse*
'aus|hun·gern <V. t.> jmdn. ~ *hungern lassen;* → a. *ausgehungert*
'aus|hus·ten <V. t./V. refl.>
'aus|i·xen <V. t.; du ixt aus; ✏ Z 55; umg.; auf der Schreibmaschine> ein Wort ~ *durch Übertippen mit dem Buchstaben x tilgen*
'aus|käm·men <V. t.> die Haare ~
'aus|ke·geln <V. t.; umg.> = *auskugeln*

'aus|keh·len <V. t.> etwas ~ *mit einer Hohlkehle versehen;* **'Aus·keh·lung** <f.; -, -en>
'aus|keh·ren <V. t.>
'aus|kei·len <V. i.> 1 *ausschlagen;* das Pferd keilt aus 2 <Geol.> *in einer Auskeilung enden;* **'Aus·kei·lung** <f.; -, -en; Geol.> *Dünnerwerden einer Gesteinsschicht*
'aus|kei·men <V. i. (h. u. s.); Bot.>; **'Aus·kei·mung** <f.; -, -en>
'aus|ken·nen <V. refl. 166; ich kenne mich aus; sie hat sich ausgekannt; sich auszukennen> *Bescheid wissen*
'aus|ker·nen <V. t.> Früchte ~
'aus|kip·pen <V. t.>
'aus|klam·mern <V. t.; ich klammere aus; sie hat ausgeklammert; auszuklammern> 1 einen Faktor in einer Gleichung ~ <Math.> 2 etwas ~ *außer Acht lassen;* **'Aus·klam·me·rung** <f.; -, -en>
'aus|kla·mü·sern <V. t.; ich klamüsere aus; sie hat ausklamüsert; auszuklamüsern> etwas ~ <umg.> *durch langes Nachdenken u. Probieren herausfinden*
'Aus·klang <m.; -(e)s; unz.> *Abschluss;* zum ~ des Festes
'aus|klap·pen <V. t.> die Schlafcouch ~
'aus|kla·rie·ren <V. t.; Mar.> die Ladung eines Schiffes ~ <Mar.> *bei der Ausfahrt verzollen*
'aus|klei·den <V. t.> 1 die Kiste mit Stoff ~ 2 <V. refl.> sich ~ <geh.> *sich ausziehen;* **'Aus·klei·dung** <f.; -, -en>
'aus|klin·gen <V. i. (s.) 168; geh.> *langsam zu Ende gehen*
'aus|klin·ken <V. t./V. refl.> sich aus einer Feier ~ <fig.> *vorzeitig gehen*
'aus|klop·fen <V. t.> Teppiche ~; **'Aus·klop·fer** <m.; -s, -> *Gerät zum Ausklopfen*
'aus|klü·geln <V. t.; ich klüg(e)le aus; sie hat ausgeklügelt; auszuklügeln> etwas ~ *bis in die letzten Feinheiten durchdenken;* → a. *ausgeklügelt*
'aus|knei·fen <V. i. (s.) 169; umg.> = *ausreißen(2)*
'aus|knip·sen <V. t.> du knipst aus; umg.> *ausschalten;* das Licht ~
'aus|kno·beln <V. t.> ich

knob(e)le aus; sie hat ausgeknobelt; auszuknobeln> etwas ~ <umg.> *durch scharfes Nachdenken herausfinden*
'aus|kno·cken <[-nɔkən]; V. t.; Boxen> den Gegner ~ *durch Knock-out besiegen* [engl.]
'aus|ko·chen <V. t.> → a. *ausgekocht* 1 Knochen ~ *Nährstoffe durch Kochen herauslösen* 2 Wäsche ~
'aus|kof·fern <V. t.; ich koff(e)re aus; er hat ausgekoffert; auszukoffern> eine Straße ~ *den Untergrund dafür herstellen*
'aus|kol·ken <V. t.; Geol.> *auswaschen;* **'Aus·kol·kung** <f.; -, -en>
'aus|kom·men <V. i. (s.) 170> 1 mit jmdm. ~ *zurechtkommen* 2 *entwischen;* er ist mir ausgekommen; **'Aus·kom·men** <n.; -s; unz.> *die für den Lebensunterhalt nötigen Einkünfte;* ein bescheidenes ~ haben; **'aus·kömm·lich** <Adj.> *ausreichend*
'aus|kön·nen <V. i.> nicht mehr ~ <umg.> *keinen Fluchtweg mehr haben*
'aus|kos·ten <V. t.; ich koste aus; sie hat ausgekostet; auszukosten> *genießen*
'aus|kra·gen <V. i.> *herausragen, vorspringen* (von Bauteilen); **'Aus·kra·gung** <f.; -, -en; Arch.>
'aus|kra·men <V. t.; umg.> *hervorholen*
'aus|krat·zen <V. t.; du kratzt aus>; **'Aus·krat·zung** <f.; -, -en; Med.> = *Ausschabung*
'aus|krie·chen <V. i. (s.) 173> die Küken sind ausgekrochen
'Aus·kris·tal·li·sa·ti·on <f.; -, -en> *Kristallbildung aus Lösungen heraus;* **'aus|kris·tal·li·sie·ren** <V. i. u. V. t.> *Kristalle bilden;* Salz kristallisiert aus
'aus|ku·geln <V. t.; ich kug(e)le aus> sich den Arm ~ *ausrenken*
'aus|küh·len <V. t. u. V. i. (s. u. h.)>
Aus·kul'tant <m.; -en, -en; Rechtsw.; veralt.> *Beisitzer ohne Stimmrecht* [lat.]; **Aus·kul·ta·ti·'on** <f.; -, -en; Med.> *das Abhorchen;* **aus·kul·ta'to·risch** <Adj.; Med.> *durch Abhorchen;* **aus·kul'tie·ren** <V. t.; Med.>
'aus|kund·schaf·ten <V. t.; ich kundschafte aus; sie hat ausgekundschaftet; auszukundschaf-

ten> *durch Nachforschung herausfinden;* '**Aus·kund·schaf·ter** <m.; -s, ->; '**Aus·kund·schaf·te·rin** <f.; -, -n·nen>
'**Aus·kunft** <f.; -, ⸚e> 1 *Information* 2 <unz.> *Informationsstelle;* **Aus·kunf·tei** <f.; -, -en> *Unternehmen, das Auskünfte über Firmen einzieht;* '**Aus·kunfts·be·am·te(r)** <m. 1>; '**Aus·kunfts·be·am·tin** <f.; -, -n·nen>; '**Aus·kunfts·bü·ro** <n.; -s, -s>
'**aus|kup·peln** <V. i.; ich kupp(e)le aus; sie hat ausgekuppelt; auszukuppeln> *die Kupplung lösen*
'**aus|ku·rie·ren** <V. t.> *eine Krankheit ~ vollständig ausheilen (lassen)*
'**aus|la·chen** <V. t.> *jmdn. ~*
'**Aus·lad** <m.; -(e)s, -e; schweiz.> *das Ausladen(1);* '**aus|la·den** <V. t. 174> 1 *eine Fracht ~ aus einem Fahrzeug herausnehmen* 2 *jmdn. ~* <umg.> *eine Einladung rückgängig machen;* '**aus·la·dend** <Adj.; ⬈Z28.1> 1 *breit gebaut* 2 *weit ausholend;* '**Aus·la·dung** <f.; -, -en>
'**Aus·la·ge** <f.; -, -n> 1 *mit Ware bestücktes Schaufenster* 2 <nur Pl.> *~n ausgelegtes Geld*
'**aus|la·gern** <V. t.; ich lag(e)re aus; sie hat ausgelagert; auszulagern>
'**Aus·land** <n.; -(e)s; unz.> Ggs *Inland;* '**Aus·län·der** <m.; -s, ->; '**Aus·län·der·be·auf·trag·te(r)** <f. 2 (m. 1)>; '**Aus·län·der·be·hör·de** <f.; -, -n>; '**aus·län·der·feind·lich** <Adj.>; '**Aus·län·der·feind·lich·keit** <f.; -; unz.>; '**Aus·län·de·rin** <f.; -, -n·nen; ⬈Z38>; '**aus·län·disch** <Adj.>; '**Aus·lands·ab·satz** <m.; -es; unz.; Wirtsch.> *Verkauf von Waren im Ausland;* '**Aus·lands·an·lei·he** <f.; -, -n; Bankw.>; '**Aus·lands·auf·ent·halt** <m.; -(e)s, -e>; '**Aus·lands·be·zie·hun·gen** <Pl.; Pol.>; '**Aus·lands·deut·sche(r)** <f. 2 (m. 1)> *ständig im Ausland lebende(r) Deutsche(r);* '**Aus·lands·ge·schäft** <n.; -(e)s, -e>; '**Aus·lands·ge·spräch** <n.; -(e)s, -e; Tel.>; '**Aus·lands·kor·re·spon·dent,** <auch> '**Aus·lands·kor·res·pon·dent** <m.; -en, -en; ⬈Z54>; '**Aus·lands·kor·re·spon·den·tin**

Auslassungspunkte: Mithilfe von drei Punkten, den so genannten A., zeigt man an, dass in einem Wort, Satz oder Text Teile ausgelassen wurden: *Du bist ein K...! Wie konnte er nur so unvernünftig sein und ... Das Verfahren gegen ... wurde eröffnet, die Höchststrafe wurde von Staatsanwalt ... beantragt.*
Stehen die A. am Ende eines Satzes, so wird kein zusätzlicher Schlusspunkt gesetzt: *Alles Weitere kannst du dir wohl denken ...*

<f.; -, -n·nen>; '**Aus·lands·rei·se** <f.; -, -n>; '**Aus·lands·tour·nee** <[-tur-]; f.; -, -n>; '**Aus·lands·ver·tre·tung** <f.; -, -en>
'**aus|lan·gen** <V. i.; bes. süddt.; umg.> 1 *(zum Schlag) ausholen* 2 *ausreichen;* **das Geld langt nicht aus;** '**Aus·lan·gen** <n.; -s; unz.; österr.> = *Auskommen*
'**Aus·lass** <m.; -es, ⸚e> *Öffnung, Tür;* '**aus|las·sen** <V. t. 175; ich lasse aus; sie hat ausgelassen; auszulassen> 1 *einen Buchstaben ~ weglassen* 2 *seine Wut an jmdn. ~ jmdn. seine W. spüren lassen* 3 <V. refl.> *sich über jmdn. od. etwas ~ äußern* 4 *Speck ~ flüssig werden lassen* 5 *etwas ~ herausfließen lassen* 6 *das Licht ~* <umg.> *ausgeschaltet lassen* 7 *jmdn. od. ein Tier ~* <österr.> *freilassen;* '**Aus·lass·hahn** <m.; -(e)s, ⸚e>; '**Aus·las·sung** <f.; -, -en> 1 *das Auslassen(1)* 2 <nur Pl.> *~en* <abwertend> *Äußerungen;* '**Aus·las·sungs·punk·te** <Pl.; Zeichen: ...> → a. *Kasten;* '**Aus·las·sungs·satz** <m.; -es, ⸚e; Gramm.> = *Ellipse(2);* '**Aus·las·sungs·zei·chen** <n.; -s, -> = *Apostroph;* '**Aus·lass·ven·til** <[-ven-]; n.; -(e)s, -e>
'**aus|las·ten** <V. t.> → *ausgelastet*
'**aus|lat·schen** <V. t.> *Schuhe ~* <umg.> *ausweiten*
'**Aus·lauf** <m.; -(e)s, ⸚e> 1 *Abflussöffnung* 2 <unz.> *Bewegungsfreiheit;* '**Aus·lauf·bahn** <f.; -, -en; bei Skisprungschanzen>; '**aus|lau·fen** <V. i. (s.) 176> 1 *ein Schiff läuft aus sticht in See* 2 *herausfließen* 3 *die Farben des Kleides sind ausgelaufen haben sich (beim Waschen)*

verwischt 4 *zu Ende gehen;* **die Serie läuft im Sommer aus;** '**Aus·läu·fer** <m.; -s, -> *äußerster Teil von etwas;* **Tief~** <Meteor.>; '**Aus·lauf·mo·dell** <n.; -(e)s, -e; Kaufmannsspr.>
'**aus|lau·gen** <V. t.; Chem.> *lösl. Substanzen aus festen Gemengen herausziehen;* → a. *ausgelaugt*
'**Aus·laut** <m.; -(e)s, -e; Gramm.> *letzter Laut eines Wortes od. einer Silbe;* '**aus|lau·ten** <V. i.> *auf "t" ~;* '**Aus·laut·schwund** <m.; -(e)s; unz.; Sprachw.> = *Apokope*
'**aus|le·ben** <V. refl.> *sich ~ das Leben genießen*
'**aus|le·cken** <V. t.>
'**aus|lee·ren** <V. t.> *Eimer ~*
'**aus|le·gen** <V. t.> 1 *hinbreiten;* **ein Zimmer mit Teppichen ~** 2 *eine Textstelle ~ deuten* 3 *Geld ~ leihweise vorstrecken;* '**Aus·le·ger** <m.; -s, -> *über ein Boot hinausragender Balken;* '**Aus·le·ger·boot** <n.; -(e)s, -e> *Sportruderboot mit Auslegern;* '**Aus·le·ger·brü·cke** <f.; -, -n>; '**Aus·le·ge·wa·re** <f.; -, -n>; '**Aus·le·gung** <f.; -, -en> *Deutung;* '**Aus·le·gungs·fra·ge** <f.; -, -n>; '**Aus·leg·wa·re** <f.; -, -n>
'**aus|lei·ern** <V. t.; umg.> *an Spannkraft verlieren*
'**Aus·leih·bi·bli·o·thek,** <auch> '**Aus·leih·bib·li·o·thek** <f.; -, -en; ⬈Z53>; '**Aus·lei·he** <f.; -, -n> *Ort, an dem Bücher ausgegeben werden;* '**aus|lei·hen** <V. t./V. refl. 178> *ich habe (mir) ein Buch ausgeliehen;* '**Aus·lei·her** <m.; -s, ->; '**Aus·lei·he·rin** <f.; -, -n·nen>
'**aus|ler·nen** <V. i.> *die Lehrzeit beenden;* **man lernt nie aus** <fig.>; → a. *ausgelernt*
'**Aus·le·se** <f.; -, -n> 1 *Auswahl (der Besten);* **eine strenge ~ treffen** 2 *ein Prädikatswein;* '**aus|le·sen** <V. t. 179> 1 *ein Buch ~ zu Ende lesen* 2 *auswählen*
'**aus|leuch·ten** <V. t.> *einen Raum ~*
'**aus|lich·ten** <V. t.> *Bäume ~*
'**aus|lie·fern** <V. t.; ich lief(e)re aus; sie hat ausgeliefert; auszuliefern> 1 *Ware ~ zum Verkauf an den Handel liefern* 2 *jmdn. ~ einer anderen Instanz überlas-*

A

sen; wir waren dem Regen schutzlos ausgeliefert <fig.>; **'Aus·lie·fe·rung** <f.; -, -en>; **'Aus·lie·fe·rungs·schein** <m.; -(e)s, -e>

'aus|lie·gen <V. i. 180> *zur Ansicht daliegen*

'Aus·li·nie <[-niə]; f.; -, -n; Sp.> hinter der ~

'aus|lo·ben <V. t.> 1 <Rechtsw.> *als Belohnung aussetzen* 2 ein Produkt ~ < Wirtsch.> *die Eigenschaften eines P. beschreiben;* **'Aus·lo·bung** <f.; -, -en>

'aus|löf·feln <V. t.; ich löff(e)le aus; umg.> die Suppe ~ <a. fig.> *die Folgen tragen*

'aus|log·gen <V. i.; EDV> *sich als Benutzer in einem System/Netzwerk abmelden;* Ggs *einloggen* [engl.]

'aus|lö·schen <V. t.>

'aus|lö·sen <V. t.; du lost aus> *durch das Los ermitteln*

'aus|lö·sen <V. t.; du löst aus> 1 Gefangene ~ *durch Zahlung von Lösegeld befreien* 2 *in Gang setzen;* die Alarmanlage ~ 3 *hervorrufen;* der Bericht löste einen Skandal aus; **'Aus·lö·ser** <m.; -s, -; Fot.>

'Aus·lo·sung <f.; -, -en>

'Aus·lö·sung <f.; -, -en>

'aus|lo·ten <V. t.> ein Problem ~ <fig.> *zu erkennen versuchen*

'Aus·lucht <f.; -, -en; Arch.> *erkerartiger Vorbau*

'aus|lüf·ten <V. t.> die Kleider ~ (lassen)

'Aus·lug <m.; -(e)s, -e; Seemannsspr.> *Ausguck*

'aus|ma·chen <V. t.> 1 das Licht ~ <umg.> *löschen* 2 einen Termin ~ *vereinbaren* 3 *bedeuten, darstellen;* das macht den Reiz der Landschaft aus 4 das macht nichts aus *spielt keine Rolle* 5 jmdn. od. etwas (in der Menge) ~ *erkennen;* → a. *ausgemacht*

'aus|mah·len <V. t. 182; ich mahle aus; sie hat ausgemahlen; auszumahlen> Korn fein ~; <aber> → *ausmalen;* **'Aus·mah·lung** <f.; -, -en>

'aus|ma·len <V. t.; ich male aus; sie hat ausgemalt; auszumalen> 1 *mit Farbe ausfüllen* 2 <fig.> *anschaulich schildern* 3 <fig.> *sich etwas vorstellen;* sich die Zukunft in den schönsten

Farben ~; <aber> → *ausmahlen;* **'Aus·ma·lung** <f.; -, -en>

'Aus·maß <n.; -es, -e; a. fig.> *Umfang;* das ~ des Erdbebens

'aus|mau·ern <V. t.; ich mau(e)re aus; sie hat ausgemauert; auszumauern>; **'Aus·mau·e·rung** <f.; -, -en>

'aus|mei·ßeln <V. t.> einen Zahn ~ *müssen*

'aus|mer·zen <V. t.; du merzt aus> *restlos beseitigen*

'aus|mes·sen <V. t. 185; du misst aus>

'aus|mie·ten <V. t.> Kartoffeln ~ <Landw.> *aus der Miete herausnehmen*

'aus|mis·ten <V. t.; a. fig.>

'aus|mit·teln <V. t.; ich mitt(e)le aus; veralt.> = *ermitteln*

'aus·mit·tig <Adj.> = *exzentrisch(1)*; oV *außermittig*

'aus|mün·den <V. i. (s.)>; **'Aus·mün·dung** <f.; -, -en>

'aus|mün·zen <V. t.>; **'Aus·mün·zung** <f.; -, -en> *Münzprägung*

'aus|mus·tern <V. t.; ich must(e)re aus; sie hat ausgemustert; auszumustern> 1 *(als unbrauchbar) aussortieren* 2 <Mil.> *wegen Krankheit aus dem Militärdienst entlassen* 3 <Mil.; österr.> *vom Fähnrich zum Leutnant befördern;* **'Aus·mus·te·rung** <f.; -, -en>

'Aus·nah·me <f.; -, -n> 1 *Sonderfall* 2 mit ~ von *außer;* mit ~ von zwei Schülern; mit ~ zweier Schüler; → a. *ausgenommen;* **'Aus·nah·me·er·schei·nung** <f.; -, -en>; **'Aus·nah·me·fall** <m.; -(e)s, -e; meist Pl.> im ~; **'Aus·nah·me·zu·stand** <m.; -(e)s; unz.>; **'Aus·nahms·fall** <m.; -(e)s, ⸗e; österr.>; **'aus·nahms·los** <Adj.>; **'aus·nahms·wei·se** <a. [--'--]; Adv.>; **'Aus·nahms·zu·stand** <m.; -(e)s; unz.; österr.>; **'aus|neh·men** <V. t. 189> 1 ein Tier ~ *einem getöteten Tier die Innereien entfernen* 2 jmdn. ~ <fig.; umg.> *jmdm. um sein Geld bringen* 3 jmdn. od. etwas (von etwas) ~ *ausschließen, nicht berücksichtigen;* Anwesende ausgenommen 4 <V. refl.> *wirken;* das Bild nimmt sich hier gut aus; **'aus·neh·mend** <Adj.; ⤢Z28.1; geh.> *besonders, äußerst;* **'Aus·neh·mer**

<m.; -s, -; österr.> *Bauer auf dem Altenteil;* **'Aus·neh·me·rin** <f.; -, -nen>

'aus|nüch·tern <V. t. u. V. i.> *nüchtern machen od. werden;* **'Aus·nüch·te·rung** <f.; -; unz.>; **'Aus·nüch·te·rungs·zel·le** <f.; -, -n>

'aus|nut·zen, 'aus|nüt·zen <V. t.; du nutzt/nützt aus> 1 *nutzbringend verwenden* 2 *rücksichtslos für die eigenen Zwecke nutzen;* **'Aus·nut·zung, 'Aus·nüt·zung** <f.; -; unz.>

'aus|pa·cken <V.> 1 <V. t.> etwas ~ *aus einer Verpackung herausnehmen* 2 <V. i.> *(bisher Geheimes) erzählen;* pack aus!

'aus|par·ken <V. t. u. V. i.> *(das Auto) ~;* Ggs *einparken*

'aus|peit·schen <V. t.>; **'Aus·peit·schung** <f.; -, -en>

'aus|pfäh·len <V. t.> 1 *einzäunen* 2 Gesteinsmassen ~ <Bgb.> *durch Pfähle stützen;* **'Aus·pfäh·lung** <f.; -, -en>

'aus|pfei·fen <V. t. 191; ich pfeife aus; sie hat ausgepfiffen; auszupfeifen> *durch Pfiffe sein Missfallen äußern;* ein Stück ~

'aus|pflan·zen <V. t.; du pflanzt aus> *ins Freie pflanzen*

Au'spi·zi·um, <auch> **Aus'pi·zi·um** <n.; -s, -zi·en; meist Pl.; ⤢Z.54> 1 <im alten Rom> *Voraussage nach der Deutung des Vogelfluges* 2 <geh.> *Aussicht, Hoffnung* 3 *Obhut, Leitung;* unter jmds. Auspizien [lat.]

'aus|plau·dern <V. t.; ich plaud(e)re aus; sie hat ausgeplaudert; auszuplaudern; umg.> Geheimnisse ~ *verraten*

'aus|plün·dern <V. t.; ich plünd(e)re aus> *ausrauben;* **'Aus·plün·de·rung** <f.; -, -en>

'aus|pols·tern <V. t.>

'aus|po·sau·nen <V. t.; fig.> etwas ~ *überall erzählen*

'aus|po·wern, <auch> **'aus|pow·ern** <V. t.; ich powere aus; sie hat ausgepowert; auszupowern; umg.> *ausbeuten;* → a. *ausgepowert*

'aus|prä·gen <V. t.> → *ausgeprägt;* **'Aus·prä·gung** <f.; -, -en>

'aus|prei·sen <V. t.; du preist aus> Ware ~

aus|pres·sen <V. t.; du presst aus> Zitronen ~

aus|pro·bie·ren <V. t.>

Aus·puff <m.; -(e)s, -e od. ⸚e; Kfz>; **'Aus·puff·ga·se** <Pl.>; **'Aus·puff·topf** <m.; -(e)s, ⸚e>

aus|pum·pen <V. t.> leer pumpen; → a. *ausgepumpt*

aus|punk·ten <V. t.; Boxen> den Gegner ~ *nach Punkten besiegen*

aus|pus·ten <V. t.; ich puste aus; sie hat ausgepustet; auszupusten> *ausblasen*

aus|put·zen <V. t.; du putzt aus>; **'Aus·put·zer** <m.; -s, -; umg.> *jmd., der andere ausnutzt*; **'Aus·put·ze·rin** <f.; -, -n·nen>

aus|quar·tie·ren <V. t.> jmdn. ~ *aus seiner Unterkunft weisen*; **'Aus·quar·tie·rung** <f.; -, -en>

aus|quat·schen <V. refl.> sich ~ <umg.> *sich aussprechen*

aus|quet·schen <V. t.; du quetschst aus> *auspressen*

aus|rä·deln <V. t.; ich räd(e)le aus; sie hat ausgerädelt; auszurädeln> Teigstücke ~ *mit einem Rädchen ausschneiden*

aus|ra·die·ren <V. t.> eine Stadt, ein Volk ~ <fig.> *vollständig zerstören, vernichten*

aus|ran·gie·ren <[-raŋʒi:rən]; V. t.; fig.> *aussortieren*

aus|ra·sie·ren <V. t.> die Achselhöhlen ~

aus|ras·ten <V.> 1 <V. i.> *aus einer Halterung herausspringen; er ist völlig ausgerastet* <fig.; umg.> *er hat die Beherrschung verloren* 2 <V. refl.> sich ~ <österr.> *sich ausruhen*

aus|rau·ben, **aus|räu·bern** <V. t.; ich räub(e)re aus; umg.>

aus|räu·chern <V. t.; ich räuch(e)re aus; sie hat ausgeräuchert; auszuräuchern> ein Zimmer ~ *durch Rauch od. Gas von Ungeziefer befreien*; **'Aus·räu·che·rung** <f.; -, -en>

aus|rau·fen <V. t.> *ausrupfen*; ich könnte mir vor Wut die Haare einzeln ~

aus|räu·men <V. t.> ein Missverständnis ~ <fig.> *beseitigen*

aus|rech·nen <V. t./V. refl.>

Aus·re·de <f.; -, -n> *vorgeschobene Entschuldigung*; **aus|re·den** <V.> 1 <V. i.> lass ihn ~! *zu Ende reden* 2 <V. t.> jmdm. etwas ~

jmdn. von einem Vorhaben abbringen

'aus|rei·ben <V. t. 196>

'aus|rei·chen <V. i.> *genügen*; **'aus·rei·chend** <Adj.; ⬈Z28.1> *genügend;* sie hat (die Note) "~" bekommen; <aber> sie hat ein Ausreichend bekommen

'aus|rei·fen <V. i. (s.)> *zu Ende reifen;* → a. *ausgereift*

'Aus·rei·se <f.; -, -n>; **'Aus·rei·se·an·trag** <m.; -(e)s, ⸚e>; **'Aus·rei·se·ge·neh·mi·gung** <f.; -, -en>; **'aus|rei·sen** <V. i. (s.)>; ich reise aus; du reist aus; sie ist ausgereist; auszureisen> *ins Ausland reisen;* <aber> → *ausreißen*

'aus|rei·ßen <V. 198; ich reiße aus; du reißt aus; sie ist/hat ausgerissen; auszureißen> 1 <V. t.> etwas ~ *durch gewaltsames Herausziehen entfernen;* er hat Unkraut ausgerissen 2 <V. i. (s.)> *davonlaufen, flüchten;* sie ist ausgerissen; <aber> → *ausreisen;* **'Aus·rei·ßer** <m.; -s, ->; **'Aus·rei·ße·rin** <f.; -, -n·nen>

'aus|rei·ten <V. i. (s.) 199; ich reite aus; sie ist ausgeritten; auszureiten>

'aus|rei·zen <V.; du reizt aus> 1 <V. t. u. V. i.; Kart.> *bis zur höchsten Karte reizen* 2 <V. t.> alle Möglichkeiten ~ <fig.> *prüfen, wie weit man gehen kann*

'aus|ren·ken <V. t./V. refl.> ich habe mir den Arm ausgerenkt; **'Aus·ren·kung** <f.; -, -en>

'aus|rich·ten <V. t.> 1 eine Nachricht ~ *übermitteln* 2 *erreichen, erwirken;* mit Geld nichts ~ können 3 ein Fest ~ *veranstalten* 4 jmdn. ~ <umg.> *abfällig über jmdn. reden;* **'Aus·rich·tung** <f.; -; unz.> *Lage, Position*

'Aus·ritt <m.; -(e)s, -e>

'aus|ro·den <V. t.> *ausgerodeter Wald;* **'Aus·ro·dung** <f.; -, -en>

'aus|rol·len <V.> 1 <V. i. (s.)> *langsam zu rollen aufhören* 2 <V. t.> Teig ~

'aus|rot·ten <V. t.> *restlos beseitigen;* **'Aus·rot·tung** <f.; -, -en>

'aus|rü·cken <V. i. (s.)> 1 <Mil.> *hinausmarschieren* 2 <umg.> *ausreißen(2)*

'Aus·ruf <m.; -(e)s, -e>; **'aus|ru·fen** <V. t. 204; ich rufe aus; sie hat ausgerufen; auszurufen>; **'Aus·ru·fer** <m.; -s, ->; **'Aus·ru·**

fe·rin <f.; -, -n·nen>; **'Aus·ru·fe·satz** <m.; -es, ⸚e; Gramm.>; **'Aus·ru·fe·wort** <n.; -(e)s, ⸚er> = *Interjektion;* **'Aus·ru·fe·zei·chen** <n.; -s, -; Zeichen: !> → a. *Kasten,* **'Aus·ru·fungs·zei·chen** <n.; -s, -; bes. schweiz.>, **'Aus·ruf·zei·chen** <n.; -s, -; österr.>

'aus|ru·hen <V. i. u. V. refl.> *sich erholen;* ich muss (mich) jetzt ~

'aus|rup·fen <V. t.>

'aus|rüs·ten <V. t.> jmdn. ~ <fig.> *mit allem Nötigen ausstatten;* **'Aus·rüs·tung** <f.; -, -en> Ski~; **'Aus·rüs·tungs·ge·gen·stand** <m.; -(e)s, ⸚e>

A

Aussagesatz: Neben dem ↗Aufforderungs- und dem ↗Fragesatz eine der drei grundlegenden Satzarten. Der A. gibt einen Sachverhalt wieder und wird mit einem Punkt abgeschlossen. Im Deutschen ist der A. ein Hauptsatz mit einem finiten Verb in Zweitstellung: *Sie ist Sängerin. Er kam erst um halb eins.*

'aus|rut·schen <V. i.; du rutschst aus> *ausgleiten;* **'Aus·rut·scher** <m.; -s, -; fig.; umg.> *taktlose Bemerkung*

Aus·saat <f.; -, -en>; **'aus|sä·en** <V. t.; verstärkend>

'Aus·sa·ge <f.; -, -n> 1 *Mitteilung, Erklärung;* Zeugen~ 2 <geh.> *geistiger Inhalt eines Kunstwerkes;* **'aus·sa·ge·kraft** <f.; -; unz.>; **'aus·sa·ge·kräf·tig** <Adj.>; **'aus|sa·gen** <V.> 1 <V. t.> *sprachlich mitteilen; was sagt das Gedicht aus?* 2 <V. i.> *vor Gericht ~ eine Erklärung abgeben*

'aus|sä·gen <V. t.>

'Aus·sa·ge·satz <m.; -es, ⸚e; Gramm.> → a. *Kasten;* **'Aus·sa·ge·ver·wei·ge·rung** <f.; -, -en>; **'Aus·sa·ge·wei·se** <f.; -, -n>; **'Aus·sa·ge·wort** <n.; -(e)s, ⸚er; Gramm.> → a. *Kasten Verb*

'Aus·satz <m.; -es; unz.; Med.> = *Lepra;* **'aus·sät·zig** <Adj.> *an Lepra erkrankt;* **'Aus·sät·zi·ge(r)** <f. 2 (m. 1)>

'aus|sau·gen <V. t. 206> eine Wunde ~

'aus|scha·ben <V. t.> die Gebärmutter ~ <Med.> *von Geweberesten befreien;* **'Aus·scha·bung** <f.; -, -en; Med.>

'aus|schach·ten <V. t.>; **'Aus·schach·tung** <f.; -, -en>

'aus|scha·len <V. t.> etwas ~ <Bauw.> *die Verschalung von etwas lösen*

'aus|schä·len <V. t.> Hülsenfrüchte ~

'aus|schal·men <V. t.> Bäume ~ <Forstw.> *durch Schalme kennzeichnen*

'aus|schal·ten <V. t.> 1 eine Maschine ~ 2 *verhindern, ausschließen;* eine Fehlerquelle ~; **'Aus·schal·tung** <f.; -, -en>

'Aus·scha·lung <f.; -, -en>

'Aus·schank <m.; -(e)s; unz.> 1 *Ausgabe von Getränken* 2 *Schankwirtschaft* 3 *Schanktisch*

'Aus·schau <nur in der Wendung> nach jmdm. od. etwas ~ halten; **'aus|schau·en** <V. i.; süddt.; österr.> *aussehen; du schaust gut aus!; wie schaut's aus?* <umg.> *wie geht's?;* sich die Augen nach jmdm. ~

'aus|schau·feln <V. t.; ich schauf(e)le aus> eine Grube ~

'aus|schei·den <V.> 1 <V. t.> *etwas ~ absondern* 2 <V. i.> *nicht in Betracht kommen;* das scheidet aus; der Spieler ist ausgeschieden; **'Aus·schei·dung** <f.; -, -en>; **'Aus·schei·dungs·kampf** <m.; -(e)s, ⸚e; Sp.>; **'Aus·schei·dungs·or·gan** <n.; -s, -e>; **'Aus·schei·dungs·pro·dukt** <n.; -(e)s, -e>; **'Aus·schei·dungs·spiel** <n.; -(e)s, -e; Sp.>

'aus|schel·ten <V. t. 212>

'aus|schen·ken <V. t.> er hat Getränke ausgeschenkt

'aus|sche·ren <V. i. (s.)> *die Spur verlassen;* das Fahrzeug schert aus

'aus|schi·cken <V. t.> jmdn. ~ *zu einem best. Zweck irgendwohin schicken*

'aus|schie·ßen <V. t. 215> die Seiten ~ <Typ.>

'aus|schif·fen <V. t.> Passagiere ~ *vom Schiff ans Land bringen;* **'Aus·schif·fung** <f.; -, -en>

'aus|schil·dern <V. t.; ich schild(e)re aus> einen Weg ~ *mit Wegweisern versehen;* die Strecke ist gut ausgeschildert; **'Aus·schil·de·rung** <f.; -, -en>

'aus|schimp·fen <V. t.; umg.>

'aus|schir·ren <V. t.> Zugtiere ~ *aus dem Geschirr nehmen*

'aus|schlach·ten <V. t.> ein altes Auto ~ <fig.; umg.> *die noch brauchbaren Teile ausbauen;* **'Aus·schlach·tung** <f.; -, -en>

'aus|schla·fen <V. t. 217; ich schlafe aus; sie hat ausgeschlafen> 1 <V. i. u. V. refl.> *lange schlafen;* (sich) einmal richtig ~ 2 <V. t.> seinen Rausch ~; → a. *ausgeschlafen*

'Aus·schlag <m.; -(e)s, ⸚e> 1 <Med.> *krankhafte Veränderung der Haut* 2 *das Ausschlagen (eines Pendels);* den ~ geben <fig.> *entscheidend sein;* **'aus|schla·gen** <V. 218> 1

<V. i.> *schlagen;* das Pferd schlägt aus 2 <V. t.> jmdm. einen Zahn ~ 3 <V. t.> eine Kiste mit Stoff ~ *auskleiden* 4 <V. t.> ein Angebot ~ *zurückweisen* 5 <V. i.> das Pendel schlägt aus *schwingt;* **'aus·schlag·ge·bend** <Adj.; ↗Z 29> *entscheidend;* das ~e Argument; <aber> das den Ausschlag gebende Argument

'aus|schläm·men <V. t.> etwas ~ *Schlamm aus etwas entfernen*

'aus|schlie·ßen <V. t. 222; du schließt aus> etwas ~ *etwas unmöglich machen, für unmöglich halten;* das können wir von vornherein ~; → a. *ausgeschlossen;* **'aus·schließ·lich** <a. [-'--]> 1 <Adj.> *alleinig, nur;* sein ~es Recht 2 *nicht mitgerechnet;* täglich, ~ des Sonntags/<od. mit unflektiertem Nomen> Sonntag; <im Pl. mit Dat., wenn der Gen. nicht erkennbar ist> die gesamte Verpflegung, ~ Getränken; **'Aus·schließ·lich·keit** <a. [-'---]; f.; -; unz.>; **'Aus·schlie·ßung** <f.; -, -en> unter ~ von ...

'Aus·schlupf <m.; -(e)s, ⸚e> *Durchschlupf;* **'aus|schlüp·fen** <V. i. (s.)> *aus dem Ei schlüpfen*

'aus|schlür·fen <V. t.> das Glas ~ *geräuschvoll austrinken*

'Aus·schluss <m.; -es, ⸚e> unter ~ der Öffentlichkeit

'aus|schmie·ren <V. t.> jmdn. ~ <fig.; umg.> *betrügen*

'aus|schmü·cken <V. t.> *verzieren, durch Zusätze ergänzen;* **'Aus·schmü·ckung** <f.; -, -en>

'aus|schnau·ben <V. i.>

'aus|schnei·den <V. t. 227>; **'Aus·schnitt** <m.; -(e)s, -e; fig.> *Teil;* ein ~ aus dem neuesten Film

'aus|schöp·fen <V. t.; ich schöpfe aus; sie hat ausgeschöpft; auszuschöpfen> 1 einen Brunnen ~ *durch Schöpfen leeren* 2 <fig.> *voll auswerten, nutzen;* alle Möglichkeiten ~

'aus|schop·pen <V. t.; österr.; umg.> *ausstopfen*

'aus|schrei·ben <V. t. 230> 1 *nicht abkürzen;* Vornamen bitte ~! 2 *Stellen ~ durch Inserat bekannt machen;* **'Aus·schrei·bung** <f.; -, -en> Stellen~

'aus|schrei·en <V. t. 231; umg.>

'aus|schrei·ten <V. i. (s.) 232> *lange Schritte machen;* kräftig

~; **'Aus·schrei·tung** <f.; -, -en; meist Pl.> *Gewalttätigkeit; es kam zu schweren ~en*

aus|schro·ten <V. t.; österr.> = *ausschlachten*

aus|schu·len <V. t.> *aus der Schule nehmen*

'Aus·schuss <m.; -es, ⸚e> **1** <unz.> *als fehlerhaft ausgesonderte Ware* **2** *für besondere Aufgaben ausgewählte Personengruppe;* Prüfungs~; **'Ausschuss·bo·gen** <m.; -es, - od. (süddt.) ⸚; Typ.> *fehlerhafter Druckbogen;* **'Aus·schuss·sit·zung** <f.; -, -en; ⤳Z37>; **'Ausschuss·wa·re** <f.; -; unz.>

'aus|schüt·teln <V. t.; ich schütt(e)le aus; sie hat ausgeschüttelt; auszuschütteln>

'aus|schüt·ten <V. t.> **1** <V. refl.> *sich vor Lachen ~* <fig.> **2** *Geldsummen ~ verteilen;* **'Ausschüt·tung** <f.; -, -en> *Verteilung (von Dividenden)*

'aus|schwär·men <V. i. (s.)> *in alle Richtungen ~*

'aus|schwe·feln <V. t.; ich schwef(e)le aus; sie hat ausgeschwefelt; auszuschwefeln> *ein Fass ~ keimfrei machen*

'aus|schwei·fen <V. t.> *das rechte Maß verlieren;* **'aus·schwei·fend** <Adj.; ⤳Z28.1> *zügellos; ein ~es Leben führen;* **'Ausschwei·fung** <f.; -, -en>

'aus|schwei·gen <V. refl. 233> *sich über etwas ~* <umg.> *nicht darüber sprechen*

'aus|schwem·men <V. t.> *herausspülen, aushöhlen*

'aus|schwen·ken <V. t.> *durch Schwenken ausspülen*

'aus|schwin·gen <V. i. (s) 237>; **'Aus·schwung·et** <m.; -es, -s; Sp.; schweiz.> *Endkampf im Schwingen(4)*

'aus|schwit·zen <V. t.; du schwitzt aus> *eine Erkältung ~*

'Aus·seg·nung <f.; -, -en> *Segnung des Toten;* **'Aus·segnungs·hal·le** <f.; -, -n>

'aus|se·hen <V. i. 239; ich sehe aus; sie hat ausgesehen; auszusehen> *ein best. Äußeres haben; gut, schlecht ~;* **'Aus·se·hen** <n.; -s; unz.> *äußere Erscheinung, Anschein; dem ~ nach zu urteilen ...*

'au·ßen <Adv.> *außerhalb, an der*

äußeren Seite; etwas von ~ u. innen betrachten; nach ~ hin <fig.> *anderen Personen gegenüber; etwas ~ vor lassen* <nordd.> *unberücksichtigt lassen;* jeder ~ Stehende/<auch> Außenstehende *jmd., der nicht zur Familie od. einem Kreis gehört;* Ggs *innen;* **'Au·ßen** <m.; -, -; Sp., bes. Fußb.; kurz für> *Linksaußen, Rechtsaußen;* **'Au·ßenamt** <n.; -(e)s, ⸚er> *Amt für auswärtige Angelegenheiten;* **'Au·ßen·an·ten·ne** <f.; -, -n>; **'Au·ßen·auf·nah·me** <f.; -, -n>; **'Au·ßen·be·zirk** <m.; -(e)s, -e>; **'Au·ßen·bord·mo·tor** <m.; -s, -en>; **'au·ßen·bords** <Adv.> *außen am Schiff*

'aus|sen·den <V. t. 241>

'Au·ßen·dienst <m.; -(e)s; unz.> Ggs *Innendienst*

'Aus·sen·dung <f.; -, -en; österr. a. für> *Verlautbarung (einer Presseagentur)*

'Au·ßen·han·del <m.; -s; unz.>; **'Au·ßen·li·nie** <[-ni̯ə]; f.; -, -n>; **'Au·ßen·mi·nis·ter** <m.; -s, ->; **'Au·ßen·mi·nis·te·rin** <f.; -, -nnen>; **'Au·ßen·mi·nis·te·ri·um** <n.; -s, -ri·en>; **'Au·ßen·po·li·tik** <f.; -; unz.>; **'au·ßen·po·li·tisch** <Adj.>; **'Au·ßen·sei·te** <f.; -, -n>; **'Au·ßen·sei·ter** <m.; -s, -> *jmd., der außerhalb einer Gruppe steht;* **'Au·ßen·sei·te·rin** <f.; -, -nnen>; **'Au·ßen·spie·gel** <m.; -s, -; an Kfz>; **'Au·ßen·stän·de** <Pl.> *unbezahlte Forderungen;* **'Au·ßen·ste·hen·de(r)** <f. 2 (m. 1); ⤳Z29> → *außen;* **'Au·ßen·stür·mer** <m.; -s, -; Sp.>; **'Au·ßen·tem·pe·ra·tur** <f.; -, -en>; **'Au·ßen·wand** <f.; -, ⸚e>; **'Au·ßen·welt** <f.; -; unz.> *von der ~ abgeschnitten sein;* **'Au·ßen·win·kel** <m.; -s, ->

'au·ßer¹ <Präp.> **1** <m. Dat., häufig a. ohne best. Art.> *nicht mehr dort befindlich, abgesehen von; er ist ~ Haus(e); die Maschine ist ~ Betrieb; ~ Dienst* <Abk.: a. D.> *im Ruhestand; ~ Gefahr sein; ~ Rand u. Band sein; es steht ~ Frage, ~ (allem) Zweifel es steht fest; ich war ~ mir erregt, empört; ~ Atem sein; etwas ~ Acht lassen; ich war außerstande/<auch> ~ Stande, klar zu denken* (→ a. außerstan-

de); alle ~ dir; ~ den Mädchen haben sie auch noch einen Jungen; ~ ihm weiß das niemand (→ a. außer²) **2** <m. Akk.> jmdn. ~ Gefecht setzen *kampfunfähig machen; ein Gesetz ~ Kraft setzen; ~ sich geraten; ich bin ~ mich geraten* **3** <m. Gen.; nur in der Wendung> ~ Landes gehen *ins Ausland;* **'au·ßer²** <Konj.> *mit Ausnahme von, es sei denn, dass ...;* wir fahren, ~ (wenn) es regnet; **Au·ßer'acht·las·sung** <f.; -; unz.> *unter ~ von;* **'au·ßer·be·ruf·lich** <Adj.>; **'au·ßer·dem** <a. [- - '-]; Konj.> *darüber hinaus, ferner;* **'au·ßer·dienst·lich** <Adj.>; **'äu·ße·re(r, -s)** <Adj.> *außen befindlich; die ~n Angelegenheiten eines Staates die außenpolitischen A.; der ~ Eindruck; <aber> die Äußere Mission;* **'Äu·ße·re(s)** <n. 3; unz.> *Außenseite, Oberfläche; das ~ der Frucht; du musst mehr auf dein ~s achten; etwas nur nach dem ~n beurteilen; Minister des ~n Außenminister;* **'au·ßer·e·he·lich** <Adj.> *~e Beziehungen;* **'au·ßer·eu·ro·pä·isch** <Adj.>; **'au·ßer·ge·richt·lich** <Adj.>; **'au·ßer·ge·wöhn·lich** <Adj.> *auffallend, ungewöhnlich;* **'au·ßer·halb** **1** <Präp.; m. Gen.> *nicht in einem best. (Zeit-)Raum; ~ Münchens; ~ der Stadt; ~ der Arbeitszeit* **2** <Adv.> *draußen, auswärts; er wohnt etwas ~; er kommt von ~; Moritzburg liegt ~ von Dresden;* **'au·ßer·ir·disch** <Adj.> *~e Wesen;* **Au·ßer'kraft·set·zung** <f.; -; unz.>; **'äu·ßer·lich** <Adj.> *(nur) das Äußere betreffend; rein ~ betrachtet;* **'Äu·ßer·lich·keit** <f.; -, -en> *Nebensächlichkeit, Unwesentliches; sich über ~en aufregen*

'äu·ßerln <V. i.; nur im Inf. gebräuchl.> *den Hund ~ führen* <österr.; umg.> *spazieren führen*

'au·ßer·mit·tig <Adj.; Tech.> = *exzentrisch(1); oV ausmittig*

'äu·ßern <V.; ich äuß(e)re (mich); sie hat (sich) geäußert; (sich) zu äußern> **1** <V. t./V. refl.> *etwas aussprechen, seine Meinung sagen; einen Wunsch ~; er hat sich dazu nicht geäußert* **2** <V.

refl.> die Krankheit äußert sich durch hohes Fieber

'au·ßer·or·dent·lich <a. [--'---]; Adj.> 1 *ungewöhnlich, herausragend; eine ~e Leistung* 2 *Sonder...; ein ~es Gericht; ~er Professor* <Abk.: a. o. (Prof.)>; **'au·ßer·orts** <Adv.; schweiz.> *außerhalb einer geschlossenen Ortschaft;* **'au·ßer·par·la·men·ta·risch** <Adj.> *~e Opposition* <Abk.: Apo, APO>; **'au·ßer·plan·mä·ßig** <Adj.; Abk.: apl.> *die Züge verkehren heute ~;* **'au·ßer·schu·lisch** <Adj.>

'äu·ßerst <Adj.; Superlativ> 1 *am weitesten außen liegend; im ~en Norden* 2 *größt..., stärkst...; hier ist ~e Vorsicht geboten* 3 <adv.; ↗Z 43.3; verstärkend> *im höchsten Grade; ~ zuvorkommend; seine Nerven waren aufs Äußerste/<auch> ~s gespannt* 4 *letztmöglich, schlimmst...; bis zum Äußersten gehen; auf das Äußerste gefasst sein; es bis zum Äußersten kommen lassen*

'au·ßer·stan·de, <auch> **'au·ßer Stan·de** <a. [--'--]; Adv.; ↗Z 19.2; nur in Verbindung mit best. Verben> *nicht fähig, nicht in der Lage; ~ sein, etwas zu tun; sich ~ fühlen, sehen, ...; → a. außer¹(1)*

'äu·ßers·ten·falls <Adv.> *im äußersten Notfall, schlimmstenfalls*

'Äu·ße·rung <f.; -, -en> *Aussage, Bemerkung*

'aus|set·zen <V.; du setzt aus> 1 <V. t.> *ein Kind, einen Hund ~ hilflos sich selbst überlassen* 2 <V. t./V. refl.> *jmdn., sich einer Gefahr, dem Gelächter der anderen ~ ausliefern* 3 <V. i.> *vorübergehend aufhören; beim Spielen ~; die Atmung hat ausgesetzt* 4 <V. t.> *eine Belohnung ~ in Aussicht stellen* 5 <V. t.> *ein Verfahren ~* <Rechtsw.> *ruhen lassen* 6 <V. t.> *tadeln, kritisieren; er hat an allem etwas auszusetzen;* **'Aus·set·zung** <f.; -, -en>

'Aus·sicht <f.; -, -en> 1 *begründete Hoffnung; ~ auf Erfolg haben; etwas in ~ haben* 2 <unz.> *(Rund-, Fern-)Blick; Zimmer mit ~;* **'aus·sichts·los** <Adj.> *hoffnungslos;* **'Aus·sichts·lo·sig·keit** <f.; -; unz.>; **'Aus·sichts·punkt** <m.; -(e)s, -e>; **'aus·sichts·reich** <Adj.> *Erfolg versprechend;* **'Aus·sichts·turm** <m.; -(e)s, ⁼e>

'aus|sie·ben <V. t.> *die Prüflinge wurden tüchtig ausgesiebt* <fig.> *nach strengen Maßstäben ausgewählt*

'aus|sie·deln <V. t.> *Einwohner ~ aus einem Gebiet ausweisen;* **'Aus·sie·de·lung** <f.; -, -en> oV *Aussiedlung;* **'Aus·sied·ler** <m.; -s, -> *jmd., der ein Land für immer verlässt;* **'Aus·sied·le·rin** <f.; -, -nen>; **'Aus·sied·lung** <f.; -, -en> oV *Aussiedelung*

'aus|sit·zen <V. t. 246; du sitzt aus> *ein Problem ~* <fig.; umg.> *in der Hoffnung, dass es sich von selbst erledigt, untätig sein*

'aus|söh·nen <V. t./V. refl.> 1 *bestehende Feindseligkeiten beenden; sich mit jmdm. ~* 2 *sich mit etwas ~* <geh.> *abfinden;* **'Aus·söh·nung** <f.; -; unz.>

'aus|son·dern <V. t.; ich sond(e)re aus; sie hat ausgesondert; auszusondern> *prüfend heraussuchen (u. entfernen);* **'Aus·son·de·rung** <f.; -, -en>

'aus|sor·gen <V. i.> → *ausgesorgt*

'aus|sor·tie·ren <V. t.> = *aussondern*

'aus|span·nen <V.; ich spanne aus; sie hat ausgespannt; auszuspannen> 1 <V. t.> *ein Netz ~ straffen, strecken* 2 <V. t.> *die Pferde ~ aus dem Geschirr(2) lösen* 3 <V. t.> *jmdm. die Freundin ~* <fig.; umg.> *wegschnappen* 4 <V. i.> *sich erholen; zum Ausspannen verreisen;* **'Aus·span·nung** <f.; -; unz.> *Erholung, Ruhe*

'aus|spa·ren <V. t.> *eine Fläche ~ freilassen;* **'Aus·spa·rung** <f.; -, -en>

'aus|spei·en <V. t. 248; geh.> *ausspucken*

'aus|sper·ren <V. t./V. refl.> *jmdn. ~ nicht hereinlassen; Fabrikarbeiter ~* <fig.> *nicht arbeiten lassen;* **'Aus·sper·rung** <f.; -, -en>

'aus|spie·len <V.> 1 <V. t.> *ein Ass ~* <Kart.> *das Spiel mit einem A. eröffnen* 2 <V. i.> *zu Ende spielen; er hat ausgespielt*

Aussprache: A. ist die Realisation von Sprachlauten. Da die A. durch die ↗Buchstaben bzw. Schriftzeichen nicht genau wiedergegeben werden kann, ergeben sich sowohl Unterschiede zwischen verschiedenen Sprachen als auch innerhalb der Sprachvarietäten (Mundarten) einer Einzelsprache. So wird z. B. der Anlaut in dem Wort *Chemie* im Hochdeutschen [ç], im Oberdeutschen dagegen mit [k] artikuliert. Mithilfe des Internationalen Phonetischen Alphabets (IPA) können die einzelnen Laute einer Sprache beschrieben werden.

<fig.> 3 <V. t.> *eine Person gegen eine andere ~ zum eigenen Vorteil gegeneinander aufwiegeln* 4 <V. t.> *etwas ~ als Spielgewinn festsetzen;* **'Aus·spie·lung** <f.; -, -en>

'aus|spin·nen <V. t./V. refl.; umg.> *sich ausdenken; (sich) eine Erzählung ~*

'aus|spi·o·nie·ren <V. t.>

'Aus·spra·che <f.; -, -n> 1 <unz.> *die Art, wie etwas gesprochen wird; eine akzentfreie ~; → a. Kasten* 2 *klärendes Gespräch;* **'aus·sprech·bar** <Adj.>; **'aus·spre·chen** <V. 251; ich spreche aus; sie hat ausgesprochen; auszusprechen> 1 <V. t.> *ein Wort richtig, falsch, akzentfrei ~* 2 <V. t.> *etwas ~ zum Ausdruck bringen; jmdm. sein Beileid, seinen Dank, sein Mitgefühl ~* 3 <V. i.> *zu Ende sprechen* 4 <V. refl.> *sich für, gegen etwas ~ sich zustimmend, ablehnend äußern* 5 <V. refl.> *sich (bei jmdm.) ~ eigene Probleme ansprechen*

'aus|sprit·zen <V. t.; du spritzt aus>

'Aus·spruch <m.; -(e)s, ⁼e> *kurze Äußerung (einer bekannten Persönlichkeit)*

'aus|spu·cken <V.; ich spucke aus; sie hat ausgespuckt; auszuspucken> 1 <V. t.> *etwas ~ aus dem Mund ~* 2 <V. i.> *vor jmdm. ~ (als Zeichen der Verachtung)*

'aus|spü·len <V. t.>

'aus|staf·fie·ren <V. t.> *ausstatten, einkleiden*

Aus·stand <m.; -(e)s, ⸚e> 1 <unz.> *Streik;* sich im ~ befinden; in den ~ treten 2 <nur Pl.> Ausstände <veralt.> *Außenstände;* '**aus·stän·dig** <Adj.; süddt.; österr.> *ausstehend;* ~e Forderungen; '**Aus·ständ·ler** <m.; -s, -> *Streikender;* '**Aus·ständ·le·rin** <f.; -, -n·nen>

'**aus·stan·zen** <V. t.; du stanzt aus>

'**aus·stat·ten** <V. t.> jmdn. od. etwas ~ *mit etwas versehen;* '**Aus·stat·tung** <f.; -, -en> 1 <unz.> *äußere Gestaltung* 2 *Ausrüstung, Zubehör, Aussteuer;* Erstlings~; '**Aus·stat·tungs·stück** <n.; -(e)s, -e>

'**aus·ste·chen** <V. t. 254> 1 Teig ~ 2 einen Mitbewerber ~ <fig.> *verdrängen;* '**Aus·stech·form** <f.; -, -en>

'**aus·ste·hen** <V. 256> 1 <V. t.; ⚡Z23> *erleiden;* große Angst ~; jmdn. od. etwas nicht ~ können *nicht leiden können* 2 <V. i.> *fehlen;* seine Antwort steht noch aus; ~de Zahlungen

'**aus·stei·gen** <V. i. (s.) 258; ich steige aus; sie ist ausgestiegen; auszusteigen> aus einem Unternehmen ~ <fig.>; '**Aus·stei·ger** <m.; -s, -; salopp> *jmd., der seinen Beruf u. seine gesellschaftl. Absicherung aufgibt;* '**Aus·stei·ge·rin** <f.; -, -n·nen>

'**aus·stei·nen** <V. t.> Kirschen ~

'**aus·stel·len** <V. t.> 1 *zur Schau stellen;* Bilder ~ 2 einen Pass, ein Zeugnis ~ *ausfertigen;* '**Aus·stel·ler** <m.; -s, ->; '**Aus·stel·le·rin** <f.; -, -n·nen>; '**Aus·stellfens·ter** <n.; -s, ->; '**Aus·stel·lung** <f.; -, -en>; '**Aus·stel·lungs·ka·ta·log** <m.; -(e)s, -e>; '**Aus·stel·lungs·stück** <n.; -(e)s, -e>; '**Aus·stel·lungs·tag** <m.; -(e)s, -e>

'**aus·stem·men** <V.> 1 <V. i.; Skisp.> *Stemmbogen fahren* 2 <V. t.> ein Loch ~

'**Aus·ster·be·e·tat** <[-eta:]; m.; -s; unz.; ⚡Z55; meist in Wendungen wie> jmdn. auf den ~ setzen *jmdm. den Einfluss nehmen;* '**aus·ster·ben** <V. i. (s.) 259> die Stadt war wie ausgestorben <fig.> *menschenleer*

'**Aus·steu·er** <f.; -, -n> *Ausstat-*

tung für den ersten eigenen Hausstand, Mitgift

'**aus·steu·ern** <V. t.; ich steu(e)re aus; sie hat ausgesteuert; auszusteuern> ein techn. Gerät ~; '**Aus·steu·e·rung** <f.; -; unz.>

'**Aus·stich** <m.; -(e)s, -e> 1 *das beste seiner Art* (bes. vom Wein) 2 <Sp.; schweiz.> *Entscheidungskampf*

'**Aus·stieg** <m.; -(e)s, -e> 1 *das Aussteigen* <a. fig.> ~ aus der Kernkraft <Pol.> *Beschluss, die K. nicht zu nutzen* 2 *Tür, Öffnung (zum Aussteigen)*

'**aus·stop·fen** <V. t.>

'**Aus·stoß** <m.; -es, ⸚e> 1 *Produktion eines Industriebetriebes* 2 *das Anstechen eines Bierfasses;* '**aus·sto·ßen** <V. t. 262> 1 *(laut) von sich geben;* einen Schrei ~ 2 jmdn. aus einer Gemeinschaft ~ *ausschließen;* '**Aus·sto·ßung** <f.; -, -en>

'**aus·strah·len** <V. t.; ich strahle aus; sie hat ausgestrahlt; auszustrahlen; a. fig.> *nach allen Richtungen verbreiten;* eine Sendung ~ <Rundfunk, TV>; Herzlichkeit, Ruhe ~; '**Aus·strah·lung** <f.; -; unz.>

'**aus·stre·cken** <V. t./V. refl.> sich behaglich ~

'**aus·strei·chen** <V. t. 263> 1 ein Wort ~ *durch Strich ungültig machen* 2 die Hose ~ *mit der Hand glätten* 3 Bakterien auf einem Nährboden ~ <Med.>

'**aus·streu·en** <V. t.>

'**Aus·strich** <m.; -(e)s, -e; Med.> *das Ausstreichen(3)*

'**aus·strö·men** <V. i. u. V. t.> *(sich) nach allen Richtungen verbreiten;* einen Duft ~; ~des Gas

'**aus·stül·pen** <V. t.>; '**Aus·stül·pung** <f.; -, -en>

'**aus·su·chen** <V. t./V. refl.> ich suche (mir) aus; sie hat (sich) ausgesucht; auszusuchen> jmdn. od. etwas ~ *aus einer Menge auswählen;* → a. ausgesucht(2)

'**aus·ta·rie·ren** <V. t.> 1 *ins Gleichgewicht bringen* 2 <österr.> *(auf der Waage) das Leergewicht feststellen*

'**Aus·tausch** <m.; -(e)s, -e> *wechselseitiger Tausch;* Schüler~; Gedanken~; '**aus·tausch·bar** <Adj.>; '**Aus·tausch·dienst** <m.; -(e)s, -e>; '**aus·tau·schen**

<V. t./V. refl.> Erinnerungen ~; sich mit jmdm. (über etwas) ~; '**Aus·tausch·mo·tor** <m.; -s, -en; bei Kfz; Abk.: AT-Motor> *fabrikneuer od. überholter Ersatzmotor;* '**Aus·tausch·schü·ler** <m.; -s, ->; '**Aus·tausch·schü·le·rin** <f.; -, -n·nen>; '**aus·tausch·wei·se** <Adv.>

'**aus·tei·len** <V. t.; ich teile aus; sie hat ausgeteilt; auszuteilen>

Aus·te·nit <m.; -s, -e> *ein Eisenmischkristall* [nach dem engl. Forscher W. C. Roberts-*Austen*]

'**aus·ten·tern** <V. t.; ich tent(e)re aus; nordostdt.; umg.> *auszählen*

'**Aus·ter** <f.; -, -n; Zool.> *essbare Meeresmuschel* [ndrl.]

Aus·te·ri·ty <[ɔs'teriti]; f.; -; unz.; Pol.> *wirtschaftl. Einschränkung* [engl.]

'**Aus·tern·bank** <f.; -, ⸚e> *Ansammlung von Austern auf dem Meeresgrund;* '**Aus·tern·fi·scher** <m.; -s, -; Zool.> *ein Watvogel*

'**aus·til·gen** <V. t.> *vernichten, auslöschen*

'**aus·to·ben** <V. refl.> sich ~ *überschüssige Kräfte abbauen*

'**aus·ton·nen** <V. t.; Mar.; nur im Inf. gebräuchl.> = ausbojen

'**Aus·trag** <m.; -(e)s, ⸚e> 1 *das Austragen(3);* einen Streit zum ~ bringen; zum ~ kommen 2 <süddt.; österr.> *Altenteil;* '**aus·tra·gen** <V. t. 265> 1 Zeitungen ~ *den Lesern ins Haus bringen* 2 ein Kind ~ *bis zur Geburt im Mutterleib ausreifen lassen* 3 einen Streit, Wettkampf ~; '**Aus·trä·ger** <m.; -s, -> Zeitungs~; '**Aus·trä·ge·rin** <f.; -, -n·nen>; '**Aus·träg·ler** <m.; -s, -; süddt.; österr.> *Bauer, der auf dem Altenteil lebt;* '**Aus·träg·le·rin** <f.; -, -n·nen>; '**Aus·tra·gung** <f.; -, -en>; '**Aus·tra·gungs·ort** <m.; -(e)s, -e>

aus·tra'lid, <auch> **aust·ra'lid** <Adj.; ⚡Z53> *die Australiden betreffend;* **Aust·ra'li·de** <m.; -n, -n> *Ureinwohner von Australien;* **Aus'tra·li·en** *ein Erdteil;* **Aus'tra·li·er** <m.; -s, -> *Einwohner von Australien;* **Aus'tra·li·e·rin** <f.; -, -n·nen>; **aus·tra'lisch** <Adj.> *Australien betreffend;* ~e Literatur; <aber> *die Australischen Alpen;* **aus·tra·lo'id** <Adj.> *den Rassemerkmalen der*

Australiden ähnlich; **Aus·tra·lo·i·de** <m.; -n, -n>

'aus|träu·men <V. t.> dieser Traum ist ausgeträumt <fig.> *wird sich nicht mehr erfüllen*

'aus|trei·ben <V. t. 267> *verdrängen, verbannen;* **'Aus·trei·bung** <f.; -, -en>; **'Aus·trei·bungs·pe·ri·o·de** <f.; -, -n; Med.> *Phase während der Geburt*

'aus|tre·ten <V. 268> 1 <V. i. (s.)> aus einem Verein ~ *die Mitgliedschaft aufgeben* 2 <V. t.> Schuhe, Stufen ~ *abnutzen* 3 <V. i. (s.)> *heraustreten;* hier tritt Wasser aus 4 <V. i. (s.); umg.> *die Toilette aufsuchen*

'Aus·tria, <auch> **'Aust·ria** <↗Z53; lat. Bez. für> *Österreich;* made in ~; **Aus·tri·an Air·lines** <[ˈɔːstriən ˈɛəlainz]; Abk.: AUA> *eine österr. Luftverkehrsgesellschaft* [engl.]; **Aus·tri·a'zis·mus** <m.; -, -men> *österr. Sprachgentümlichkeit*

'aus|trick·sen <V. t.; du trickst aus> jmdn. ~ <umg.>

'aus|trin·ken <V. i. u. V. t. 270> (das Glas) rasch ~; **'Aus·trin·ket** <m.; -s; unz.; schweiz.> *Abschiedsfest eines Lokals;* Ggs Antrinket

'Aus·tritt <m.; -(e)s, -e> *das Austreten(1, 3);* **'Aus·tritts·er·klä·rung** <f.; -, -en>

aus·tro·a·si'a·tisch, <auch> **aust·ro·a·si'a·tisch** <Adj.; ↗Z53, 55> ~e Sprachen *Sprachfamilie in Vorder- u. Hinterindien;* das Austroasiatische

'aus|trock·nen <V. i. u. V. t.>; **'Aus·trock·nung** <f.; -, -en>

'Aus·tro·pop, <auch> **'Aust·ro·pop** <m.; -s; unz.; ↗Z53> *österr. Popmusik*

'aus|tüf·teln <V. t.; ich tüft(e)le aus> etwas ~ *sich spitzfindig ausdenken*

'aus|tup·fen <V. t.> eine Wunde ~

'aus|ü·ben <V. t.; ↗Z55> 1 eine Tätigkeit ~ *betreiben* 2 Druck, Reiz (auf jmdn.) ~ *wirksam werden lassen;* **'Aus·ü·bung** <f.; -; unz.> in ~ seines Dienstes

'aus|u·fern <V. i. (s.); ↗Z55; fig.> *das erträgl. Maß übersteigen*

'Aus·ver·kauf <m.; -(e)s, ⸚e> *verbilligter Abverkauf aller Waren;* **'aus|ver·kau·fen** <V. t.; hauptsächl. im Part. Perf.> die Vorstellung ist ausverkauft *es gibt keine Karten mehr*

'aus|wach·sen <[-ks-]; V. 277> 1 <V. refl.> sich zu etwas ~ *sich zu etwas entwickeln* 2 <V. i. (s.); umg.> die Geduld verlieren; das ist ja zum Auswachsen!

'Aus·wahl <f.; -; unz.> 1 *das Auswählen;* eine ~ treffen 2 *Menge, aus der man auswählen kann;* eine reiche ~ an ... 3 *das Ausgewählte;* eine ~ aus Goethes Werk; **'aus|wäh·len** <V. t./V. refl.> aus einer Menge prüfend heraussuchen; **'Aus·wahl·mann·schaft** <f.; -, -en; Sp.>; **'Aus·wahl·sen·dung** <f.; -, -en>; **'Aus·wahl·ver·fah·ren** <n.; -s, ->; **'Aus·wahl·wet·te** <f.; -, -n>

'aus|wal·zen <V. t.; du walzt aus> eine Rede ~ <fig.; umg.> *zu ausführlich gestalten*

'Aus·wan·de·rer <m.; -s, ->; **'Aus·wan·de·rin** <f.; -, -nen>; **'aus|wan·dern** <V. i. (s.); ich wand(e)re aus; sie ist ausgewandert; auszuwandern> *das Heimatland für immer verlassen;* **'Aus·wan·de·rung** <f.; -, -en>; **'Aus·wan·de·rungs·wel·le** <f.; -, -n>

'aus·wär·tig <Adj.> 1 *außerhalb des eigenen Ortes* 2 *von auswärts kommend;* ein ~er Schüler 3 <Pol.> *die Beziehungen zum Ausland betreffend;* das Auswärtige Amt <Abk.: AA>; Minister des Auswärtigen; **'aus·wär·ti·ge(r)** <f. 2 (m. 1)> *jmd., der auswärts wohnt;* **'aus·wärts** <Adv.; ↗Z22.3> 1 *außerhalb des Hauses od. Wohnorts;* von ~ kommen 2 *nach außen gerichtet;* ~ gehen *mit nach außen gerichteten Füßen*

'aus|wa·schen <V. t. 279>

'Aus·wech·sel·bank <[-ks-]; f.; -, ⸚e; Sp.>; **'aus·wech·sel·bar** <Adj.>; **'aus|wech·seln** <V. t.; ich wechs(e)le aus; sie hat ausgewechselt; auszuwechseln> *austauschen, durch etwas Gleichartiges ersetzen;* er ist ja wie ausgewechselt! <fig.>; **'Aus·wech·sel·spie·ler** <m.; -s, -; Ballsp.>; **'Aus·wech·se·lung, 'Aus·wechs·lung** <f.; -, -en>

'Aus·weg <m.; -(e)s, -e> *rettende Lösung;* **'aus·weg·los** <Adj.> ~e

Situation; **'Aus·weg·lo·sig·keit** <f.; -; unz.>

'Aus·wei·che <f.; -, -n>; **'aus|wei·chen** <V. i. (s.) 281/V. refl.; ich weiche aus; sie ist ausgewichen; auszuweichen> 1 jmdm. ~ *aus dem Weg gehen* 2 *einer Frage ~* <fig.> *zu entgehen suchen;* eine ~de Antwort geben; **'Aus·weich·ma·nö·ver** <[-v-]; n.; -s, ->; **'Aus·weich·mög·lich·keit** <f.; -, -en>; **'Aus·weich·stel·le** <f.; -, -n>

'aus|wei·den <V. t.> Wild ~ <Jägerspr.> *ausnehmen*

'aus|wei·nen <V. t./V. refl.> sich ~

'Aus·weis <m.; -es, -e> *Identitätsurkunde;* Personal~; Schüler~; **'aus|wei·sen** <V. t. 282> 1 jmdn. ~ *des Landes verweisen* 2 <V. refl.> sich ~ *durch Vorlegen best. Papiere seine Identität nachweisen;* **'Aus·weis·kon·trol·le,** <auch> **'Aus·weis·kon·trol·le** <f.; -, -n; ↗Z53>; **'Aus·weis·pa·pie·re** <Pl.>; **'Aus·wei·sung** <f.; -, -en>; **'Aus·wei·sungs·be·fehl** <m.; -(e)s, -e>

'aus|wei·ten <V. t./V. refl.; a. fig.> *dehnen, größer werden;* **'Aus·wei·tung** <f.; -, -en>

'aus·wen·dig¹ <Adj.; österr.> *außen, auf der Außenseite;* Ggs inwendig; **'aus·wen·dig²** <Adv.> *aus dem Gedächtnis;* ein Gedicht ~ lernen, aufsagen; etwas in- u. ~ kennen <fig.> *sehr genau;* **'Aus·wen·dig·ler·nen** <n.; -s; unz.>

'aus|wer·fen <V. t. 286> das Netz, die Angel ~; **'Aus·wer·fer** <m.; -s, -; Tech.> *Vorrichtung an Maschinen*

'aus|wer·keln <V. t.; österr.> *abnutzen, ausleiern;* ein ausgewerkeltes Türschloss

'aus|wer·ten <V. t.> etwas ~ *durch systemat. Ordnen nutzbar machen;* Umfrageergebnisse ~; **'Aus·wer·tung** <f.; -, -en>

'aus|wet·zen <V. t.; du wetzt aus> eine Scharte ~ <fig.> *einen Fehler wieder gutmachen*

'aus|wi·ckeln <V. t.; ich wick(e)le aus; sie hat ausgewickelt; auszuwickeln>

'aus|wie·gen <V. t. 287> die Ware ~ *genau wiegen;* → a. *ausgewogen*

'aus|win·den <V. t. 288> *auswrin-
gen*
'aus|win·tern <V. i. (s.)> 1 <V. i. (s.)>
durch Frost Schaden erleiden;
die Pflanzen sind ausgewintert
2 <V. t.> *von der winterlichen
Umhüllung befreien;* **'Aus·win-
te·rung** <f.; -; unz.>
'aus|wir·ken <V. refl.> *seine Wir-
kung zeigen;* das wird sich posi-
tiv ~; **'Aus·wir·kung** <f.; -, -en>
'aus|wi·schen <V. t.; du wischst
aus> 1 Gläser ~ *durch Wischen
säubern* 2 jmdm. eins ~ <fig.;
umg.> *jmdm. schaden*
'aus|wit·tern <V. i. (s. u. h.)> 1
*durch Witterungseinflüsse lei-
den* 2 *sich aus dem Mauerwerk
ausscheiden*
'aus|wrin·gen <V. t. 291> nasse
Wäsche ~
'Aus·wuchs <[-ks]; m.; -es, ⸚e>
Wucherung, Geschwulst; Aus-
wüchse <nur Pl.; fig.> *unange-
nehme Nebenerscheinungen*
'aus|wuch·ten <V. t.; bes. Kfz-
Tech.> die Reifen ~
'Aus·wurf <m.; -(e)s, ⸚e> 1
<Med.> *ausgehusteter Schleim;*
blutiger ~ 2 <geh.> *Abschaum
der Gesellschaft;* **'Aus·würf·ling**
<m.; -s, -e; Geol.> *von einem
Vulkan ausgeworfenes Gestein*
'aus|zah·len <V.> 1 <V. t.> jmdn.
~ *mit einer best. Geldsumme
abfinden;* die Arbeiter ~ *entloh-
nen* 2 <V. refl.> *das zahlt sich
(nicht) aus* <fig.; umg.> *das
lohnt sich (nicht)*
'aus|zäh·len <V. t.> 1 *die genaue
Anzahl feststellen;* die abgege-
benen Stimmen (nach der
Wahl) ~ 2 <Boxen> *den Titel-
verteidiger ~*
'Aus·zah·lung <f.; -, -en>
'Aus·zäh·lung <f.; -, -en>
'aus|zan·ken <V. t.>
'aus|zeh·ren <V. t.> *schwächen;*
die Krankheit hat ihn ausge-
zehrt; **'Aus·zeh·rung** <f.; -; unz.;
veralt. a. für> *Schwindsucht*
'aus|zeich·nen <V. t.> 1 Ware ~;
Sy *auspreisen* 2 jmdn. (mit ei-
nem Orden) ~ *ehren* 3 <V. t./V.
refl.> sein Mut zeichnet ihn
aus; **'Aus·zeich·nung** <f.; -,
-en>
'Aus·zeit <f.; -, -en; bes. Sp.>
(Spiel-)Unterbrechung, Pause;
eine ~ nehmen

'aus|zie·hen <V. 293> 1 <V. i. (s.)>
eine Wohnung aufgeben; sie
sind letzte Woche ausgezogen 2
<V. t./V. refl.> *entkleiden;* sie hat
die Kinder ausgezogen 3 <V. t.>
verlängern; den Tisch ~; **'Aus-
zieh·lei·ter** <f.; -, -n>; **'Aus·zieh-
tisch** <m.; -(e)s, -e>
'aus|zir·keln <V. t.; ich zirk(e)le
aus; sie hat ausgezirkelt; auszu-
zirkeln; fig.> *genau ausmessen*
'Aus·zu·bil·den·de(r) <f. 2 (m. 1);
Abk.: Azubi>
'Aus·zug <m.; -(e)s, ⸚e> 1 <unz.>
das Ausziehen(1) 2 <unz.; süd-
dt.> *Altenteil;* das ~ haben 3
<schweiz.> *erste Altersklasse
der Wehrpflichtigen* 4 *Teilab-
schrift;* Konto~; Klavier~; eine
Rede in Auszügen wiedergeben
5 = *Extrakt;* **'Aus·züg·ler** <m.;
-s, -; veralt.>; **'Aus·züg·le·rin**
<f.; -, -n·nen>; **'Aus·zugs·mehl**
<n.; -(e)s, -e> *bes. feines, stark
ausgemahlenes Weizenmehl;*
'aus·zugs·wei·se <Adv.> *ge-
kürzt*
'aus|zup·fen <V. t./V. refl.> (sich
die) Augenbrauen ~
aut'ark, <auch> **au'tark** <Adj.;
⤴Z 54> *selbstständig, unabhän-
gig* [grch.]; **Aut·ar'kie** <f.; -, -n>
*wirtschaftl. Unabhängigkeit
vom Ausland*
Au·then'tie <f.; -; unz.> = *Authen-
tizität;* **au·then·ti·fi'zie·ren**
<V. t.> *etwas ~ die Echtheit von
etwas bezeugen;* **au'then·tisch**
<Adj.> *verbürgt, echt* [grch.];
au·then·ti·sie·ren <V. t.> *glaub-
würdig, rechtsgültig machen;*
Au·then·ti·zi'tät <f.; -; unz.>
Echtheit, Glaubwürdigkeit
Au'tis·mus <m.; -; unz.; Med.>
*krankhaftes Sichabschließen
von der Umwelt* [grch.]; **Au'tist**
<m.; -en, -en; Med.>; **Au'tis·tin**
<f.; -, -n·nen; Med.>; **au'tis-
tisch** <Adj.; Med.>
au·to..., **Au·to...** <Vors.; in Zus.>
selbst..., Selbst..., z. B. autobio-
grafisch; Autobiografie [grch.]
'Au·to <n.; -s, -s; ⤴Z 26>; kurz für>
Automobil; ~ fahren; <aber>
(das) Autofahren belastet die
Umwelt; **'Au·to·at·las** <m.; -
-s·ses, -s·se od. -at·lan·ten>;
'Au·to·bahn <f.; -, -en>; **'Au·to-
bahn·ge·bühr** <f.; -, -en>; **'Au-
to·bahn·kreuz** <n.; -es, -e>

*Kreuzungsbereich von Autobah-
nen;* **'Au·to·bahn·meis·te·rei**
<f.; -, -en>; **'Au·to·bahn·rast-
stät·te** <f.; -, -n>; **'Au·to·bahn-
zu·brin·ger** <m.; -s, -> *Zufahrts-
straße zur Autobahn*
Au·to·bi·o'graf <m.; -en, -en;
⤴Z 11.3> *jmd., der eine Autobio-
grafie schreibt;* oV *Autobio-
graph* [grch.]; **Au·to·bi·o·gra'fie**
<f.; -, -n> *Beschreibung des eige-
nen Lebens;* **Au·to·bi·o·gra'fin**
<f.; -, -n·nen>; **au·to·bi·o·gra-
fisch** <Adj.> *in der Art einer Au-
tobiografie;* **Au·to·bi·o'graph**
<m.; -en, -en> = *Autobiograf;*
Au·to·bi·o·gra'phie <f.; -, -n> =
Autobiografie; **Au·to·bi·o·gra-
phin** <f.; -, -n·nen>; **au·to·bi·o-
'gra·phisch** <Adj.>
'Au·to·bus <m.; -s·ses, -s·se; Abk.:
Bus>
'Au·to·car <m.; -s, -s; schweiz.>
Omnibus für Gesellschaftsreisen
au·to·chthon, <auch> **au·toch-
thon** <[-tox'to:n]; Adj.; ⤴Z 54>
Ggs *allochthon* 1 <Geol.> *an
Ort u. Stelle entstanden* 2 *alt-
eingesessen, bodenständig*
[grch.]; **Au·to'chtho·ne(r)** <f. 2
(m. 1)> *Ureinwohner(in), Einge-
borene(r)*
'Au·to·cross, <auch> **'Au·to-
Cross** <n.; -; unz.; ⤴Z 32> *Ge-
schicklichkeitswettbewerb für
Autofahrer im Gelände*
Au·to·da·fé <[-'fe:]; n.; -s, -s> 1
öffentl. Ketzergericht 2 <fig.> *öf-
fentl. Verbrennung verbotener
Bücher* [port.]
Au·to·di'dakt <m.; -en, -en>
*jmd., der sich sein Wissen selbst
angeeignet hat* [grch.]; **Au·to·di-
'dak·tin** <f.; -, -n·nen>; **au·to·di-
'dak·tisch** <Adj.>
Au·to'drom <n.; -s, -e> 1 *ringför-
mige Straße für Renn- u. Test-
fahrten* 2 <österr.> *Fahrbahn
für Autoscooter* [grch.]
au·to·dy'na·misch <Adj.> *selbst-
wirkend* [grch.]
'Au·to·e·ro·tik <a. [---'--]; f.; -;
unz.> *auf die eigene Person ge-
richtete Erotik, z. B. Selbstbe-
friedigung* [grch.]
'Au·to·fäh·re <f.; -, -n>; **'Au·to-
fah·rer** <m.; -s, ->; **'Au·to·fah-
re·rin** <f.; -, -n·nen>; **'Au·to-
fahrt** <f.; -, -en>
'Au·to·fo·kus <m.; -, - od. -s·se;

bei Fotokameras> *automat. Schärfeneinstellung*

'au·to·frei <Adj.> eine ~e Straße; **'Au·to·fried·hof** <m.; -(e)s, -⸗e; umg.> *Sammelplatz für ausgediente Kfz*

au·to'gam <Adj.; Bot.> *sich selbst befruchtend* [grch.]; **Au·to·ga'mie** <f.; -; unz.; Bot.>

au·to'gen <Adj.> 1 *ursprünglich* 2 *selbsttätig;* ~es Schweißen <Tech.>; ~es Training *Methode der suggestiven Selbstentspannung* [grch.]

Au·to'graf <n.; -s, -e od. -en; ⟋Z11.3> *eigenhändig geschriebenes Schriftstück (einer bedeutenden Persönlichkeit);* oV *Autograph* [grch.]; **Au·to·gra'fie** <f.; -, -n; Typ.> *veralt. Vervielfältigungsverfahren (Umdruck);* **au·to·gra'fie·ren** <V. t.> 1 *eigenhändig schreiben* 2 *durch Autografie anfertigen;* **au·to'gra·fisch** <Adj.>

Au·to'gramm <n.; -(e)s, -e> *handschriftl. Namenszug (einer bekannten Persönlichkeit)* [grch.]; **Au·to'gramm·jä·ger** <m.; -s, -> *Sammler von Autogrammen;* **Au·to'gramm·jä·ge·rin** <f.; -, -n·nen>

Au·to'graph <n.; -s, -e od. -en; ⟋Z11.3> = *Autograf;* **Au·to·gra'phie** <f.; -, -n>; **au·to·gra'phie·ren** <V. t.>; **au·to'gra·phisch** <Adj.>

'Au·to·hof <m.; -(e)s, -⸗e; Güterfernverkehr> *Parkplatz für Lkw mit Tankstelle, Werkstatt usw.*

'Au·to·hyp·no·se <f.; -; unz.> *Selbsthypnose* [grch.]

'Au·to·kenn·zei·chen <n.; -s, ->; **'Au·to·ki·no** <n.; -s, -s> *Freilichtkino, in dem man vom Auto aus Filme ansieht*

Au·to'klav <m.; -s, -en [-vən]> *Gefäß für Arbeiten bei Überdruck u. hoher Temperatur* [grch.]

'Au·to·kna·cker <m.; -s, -; umg.> *jmd., der fremde Autos aufbricht;* **'Au·to·kor·so** <m.; -s, -s>

Au·to'krat <m.; -en, -en> *Alleinherrscher, selbstherrlicher Mensch* [grch.]; **Au·to·kra'tie** <f.; -, -n> *Alleinherrschaft;* **au·to'kra·tisch** <Adj.> *selbstherrlich*

Au·to'ly·se <f.; -, -n; Biol.> *Selbstauflösung abgestorbener Lebewesen ohne Beteiligung von Bakterien* [grch.]; **au·to'ly·tisch** <Adj.>

'Au·to·mar·der <m.; -s, -; fig.; umg.> = *Autoknacker;* **'Au·to·mar·ke** <f.; -, -n>

Au·to'mat <m.; -en, -en> *selbsttätige Maschine* [grch.]; **Au·to·ma'tie** <f.; -, -n> *unwillkürlich u. unbewusst ablaufender Vorgang, z. B. die Atmung;* **Au·to'ma·tik** <f.; -, -en> 1 *Steuer- u. Kontrollvorrichtung an einer Maschine* 2 *<kurz für> Automatikgetriebe;* **Au·to'ma·tik·ge·trie·be** <n.; -s, -; Kfz-Tech.>; **Au·to·ma·ti'on** <f.; -; unz.> = *Automatisierung* [engl.]; **au·to'ma·tisch** <Adj.> 1 *selbsttätig* 2 *unwillkürlich;* das mache ich ganz ~; automa·ti'sie·ren <V. t.> *Produktionsvorgänge* ~; **Au·to·ma·ti'sie·rung** <f.; -, -en> *das Automatisieren;* **Au·to·ma'tis·mus** <m.; -, -men> *unbewusster Ablauf*

'Au·to·me·cha·ni·ker <m.; -s, ->; **'Au·to·mi·nu·te** <f.; -, -n> das Dorf liegt zehn ~n entfernt; **Au·to·mo'bil** <n.; -s, -e; Kurzw.: Auto> *Kraftwagen;* **Au·to·mo'bil·in·dus·trie**, <auch> **Au·to·mo·'bil·in·dust·rie** <f.; -; unz.; ⟋Z53>; **Au·to·mo·bi'list** <m.; -en, -en; schweiz.> *Autofahrer;* **Au·to·mo·bi'lis·tin** <f.; -, -n·nen>; **Au·to·mo'bil·klub** <m.; -s, -s> *Klub für Autofahrer;* <aber> Allgemeiner Deutscher Automobil-Club <Abk.: ADAC>

au·to'nom <Adj.> *selbstständig, unabhängig* [grch.]; **Au·to·no·me(r)** <f. 2 (m. 1)>; **Au·to·no·'mie** <f.; -, -n> *Unabhängigkeit*

'Au·to·pan·ne <f.; -, -n>

'Au·to·pi·lot <m.; -en, -en> *automat. Steuerung (von Flugzeugen, Raketen u. a.)*

Au·to'plas·tik <f.; -, -en; Med.> *Verpflanzung von körpereigenem Gewebe*

Aut·op'sie, <auch> **Au·top'sie** <f.; -, -n; ⟋Z54> 1 *Selbstbeobachtung, Selbstwahrnehmung* 2 <Med.> *Leichenöffnung* [grch.]

'Au·tor <m.; -s, -'to·ren> *Verfasser, Urheber* [lat.]

'Au·to·ra·dio <n.; -s, -s>; **'Au·to·rei·se·zug** <m.; -(e)s, -⸗e>

Au·to·ren·le·sung <f.; -, -en>

'Au·to·ren·nen <n.; -s, -; Autosp.>

Au·to·re·peat <[-ri'pi:t] n.; -s; unz.> *Wiederholautomatik (bei CD-Playern u. Ä.)* [grch.-engl.]; **Au·to·re·verse** <[-ri'vɐ:s]; n.; -; unz.> *automat. Umstellung der Bandlaufrichtung (bei Kassettenrecordern)* [grch.-engl.]

Au'to·rin <f.; -, -·n·nen> [lat.]

Au·to·ri·sa·ti'on <f.; -, -en> *Ermächtigung, Vollmacht;* **au·to·ri'sie·ren** <V. t.> jmdn. (zu etwas) ~ *ermächtigen;* autorisierte Übersetzung; **Au·to·ri'sie·rung** <f.; -, -en> = *Autorisation*

au·to·ri'tär <Adj.> *auf persönl. Machtanspruch basierend;* ~e Erziehung; ein ~es Regime [lat.-frz.]; **Au·to·ri'tät** <f.; -, -en> 1 <unz.> *Ansehen, Machtbefugnis* 2 *anerkannter Fachmann;* **au·to·ri·ta'tiv** <Adj.> *auf Autorität(1) beruhend*

'Au·tor·kor·rek·tur <f.; -, -en>; **'Au·tor·recht** <n.; -(e)s, -e> = *Urheberrecht;* **'Au·tor·schaft** <f.; -; unz.> *Urheberschaft*

'Au·to·sa·lon <[-lõ] od. [-loŋ] od. österr. a. [-lo:n]; m.; -s, -s> *Ausstellungsort neuer Automodelle*

'Au·to·save <[-seiv]; n.; -; unz.; EDV> *automat. Speicherung* [grch.-engl.]

'Au·to·schlüs·sel <m.; -s, ->; **'Au·to·skoo·ter** <[-sku:-]; m.; -s, -; auf Jahrmärkten> = *Skooter;* **'Au·to·sport** <m.; -(e)s; unz.>; **'Au·to·strich** <m.; -(e)s, -e; Pl. selten; umg.> *Prostitution an Autostraßen;* **'Au·to·stun·de** <f.; -, -n> *eine Stunde Fahrzeit mit dem Auto (als Maßeinheit);* → a. *Autominute*

'Au·to·sug·ges·ti·on <f.; -, -en> *Selbstbeeinflussung* [grch.-lat.]; **au·to·sug·ges'tiv** <Adj.>

'Au·to·te·le·fon <n.; -(e)s, -e>

Au·to·to'xin <n.; -s, -e; Med.> *körpereigener Giftstoff*

Au·to·trans·fu·si'on <f.; -, -en; Med.> *Eigenblutübertragung*

au·to'troph <Adj.; Biol.> *sich von anorgan. Stoffen ernährend;* Ggs *heterotroph*

Au·to·ty'pie <f.; -, -n; Typ.> *Sy Rasterätzung* 1 *Druckstock zur Wiedergabe von Halbtönen* 2

A

das davon hergestellte Rasterbild [grch.]

Au·to·un·fall <m.; -(e)s, ≃e>; **'au·to·wan·dern** <V. i. (s.)>; **'Au·towerk·statt** <f.; -, -stät·ten>

'**Au·to·zoom** <[-zu:m]; n.; -s, -s; Fot.> *Objektiv mit automat. Schärfeeinstellung* [grch.-engl.]

'**Au·to·zug** <m.; -(e)s, ≃e; kurz für> *Autoreisezug*

autsch, au'weh, au'wei(a) <Int.> *(Ausruf des Schmerzes)*

Au'xin <n.; -(e)s, -e> *Pflanzenwuchsstoff* [grch.]

A·van·cen <[a'vã:sən]; Pl.; in der Wendung> *jmdm. ~ machen* *jmdn. umwerben* [frz.]; **a·van·cie·ren** <[avã'si:-]; V. i. (s.)> *in einen höheren Rang aufrücken*; **A·van·tage** <[avã'ta:ʒ(ə)]; f.; -, -n; Tennis> *Vorteil (bei Punktgleichstand)*; **A·vant'gar·de** <[avã-]; f.; -, -n> *Gruppe von Vorkämpfern (für eine Idee)*; **A·vant·gar'dist** <m.; -en, -en>; **A·vant·gar'dis·tin** <f.; -, -n·nen>; **a·vant·gar'dis·tisch** <Adj.>

a'van·ti <[-v-]; umg.> *vorwärts!, los!* [ital.]

A·va'tar <[-va-] od. engl. ['ævətə(r)]; m.; -s, -e od. engl. -s> 1 <Buddhismus> *Gott in Tier- od. Menschengestalt* 2 <EDV> *Kunstfigur, bewegl. Graphik* [Sanskrit]

AvD <Abk. für> *Automobilclub von Deutschland*

'**A·ve** <n.; - od. -s, - od. -s; kurz für> *Ave-Maria* [lat.]; '**A·ve-Ma·ria** <n.; - od. -s, - od. -s> *"Gegrüßet seist du, Maria!" (ein kath. Gebet)*

A·ven·tiu·re, A·ven·tü·re <[aven'ty:-]; f.; -n, -n; im mittel­alterl. Epos> *Abenteuer des Helden* [frz.]; **A·ven·tu'rin** <m.; -s; unz.> *glimmernder Quarzstein*

A·ve·nue <[avə'ny:]; f.; -, -n> *Prachtstraße* [frz.]

A·ve·rage <['ævərɪdʒ]; m.; -; unz.> 1 *Durchschnittswert* 2 <Mar.> = *Havarie(2)* [engl.]

A·vers <[a'vɛrs]; m.; -es, -e> *Vorderseite (einer Münze)*; Ggs *Revers²* [frz.]; **A·ver·si'on** <f.; -, -en> *Widerwille* [lat.]

A·vi'a·ri·um <[-vi-]; n.; -s, -ri·en> *großes Vogelhaus* [lat.]

A·vis <[a'vi:]; n.; -, - [a'vi:] od.

[a'vi:s]; Wirtsch.> *Nachricht, Anzeige, schriftl. Ankündigung* [frz.]; **a·vi'sie·ren** <V. t.; geh.> 1 *etwas ~ ankündigen* 2 <schweiz.> *jmdn. ~ benachrichtigen*; **A'vi·so¹** <m.; -s, -s; frü­her> *kleines, schnelles Kriegsschiff* [span.]; **A'vi·so²** <n.; -s, -s; österr.; veralt.> *Ankündigung, Wink*

a vis·ta <[-'vis-]; Bankw.> *bei Vorlage fällig (Wechsel)* [ital.]; **A'vis·ta·wech·sel** <m.; -s, ->

A·vit·a·mi·no·se, <auch> **A·vi·tami'no·se** <[-vit-]; f.; -, -n; ↗Z 54; Med.> *Vitaminmangelkrankheit* [grch.-lat.]

A·vo'ca·do <[-vo-]; f.; -, -s; Bot.> *birnenförmige Frucht* [span.]

'**A·vus** <[-vus]; f.; -; unz.; kurz für> *Automobil-Verkehrs- u. -Übungsstraße (frühere Autorennstrecke bei Berlin, heute Teil der Stadtautobahn)*

AWACS <↗Z 56; Abk. für engl.> *Airborne Warning and Control System (amerikan. Frühwarnsystem)*

A'wa·re <m.; -n, -n> *Angehöriger eines asiat. Nomadenvolkes*; **A'wa·rin** <f.; -, -·nen>

A'wes·ta <n.; -; unz.> *Sammlung heiliger Schriften der Parsen* [pers.]; **a'wes·tisch** <Adj.> ~e *Sprachen; das Awestische*

a·xi'al <Adj.> 1 *auf eine Achse bezogen* 2 *symmetrisch angeordnet* [lat.]; **A·xi·a·li'tät** <f.; -; unz.> *axiale Anordnung*; **A·xi·'al·ver·schie·bung** <f.; -, -en>

a·xil'lar <Adj.; Bot.> *achselständig* [lat.]; **A·xil'lar·knos·pe** <f.; -, -n; Bot.> *in der Blattachsel stehende Knospe*

A·xi'om <n.; -(e)s, -e> *grundlegender, keines Beweises bedürfender Lehrsatz* [grch.]; **A·xi·o'ma·tik** <f.; -; unz.> *Lehre von den Axiomen*; **a·xi·o'ma·tisch** <Adj.> *unmittelbar einleuchtend*; **a·xi·o·ma·ti'sie·ren** <V. t.> *eine mathemat. Tatsache ~*

Ax·mins·ter·tep·pich <['æks-]; m.; -(e)s, -e> *ein gewebter Florteppich* [nach dem engl. Stadt Axminster]

'**A·xon** <n.; -s, -'xo·ne od. -'xo·nen; Biol.> *faserartiger Fortsatz der Nervenzelle* [grch.]

Axt <f.; -, ≃e> *ein Hauwerkzeug*;

'**Axt·helm** <m.; -(e)s, -e> *Axtstiel*

A·ya'tol·lah <[aja-]; m.; -s, -s; Is­lam> *schiit. Ehrentitel*; oV *Ajatollah* [pers.]

Aye-Aye <a'jail; n.; - od. -s, - od. -s; Zool.> = *Fingertier* [madegass.]

A·yur·ve·da <[-'ve:-]; m.; - od. -s; unz.> *Sammlung der wichtigsten Lehrbücher der altind. Medizin* [Sanskrit]

A·za·lee <[-'le:ə]; f.; -, -n; Bot.> *ein Erikagewächs* [grch.]

A·ze'tat <n.; -(e)s, -e; Chem.> = *Acetat*; **A·ze'tat·sei·de** <f.; -, -n>; **A·ze'ton** <n.; -s; unz.; Chem.> = *Aceton*; **A·ze·ty'len** <n.; -s; unz.; Chem.> = *Acetylen*

A'zid <n.; -s, -e; Chem.> *Salz der Stickstoffwasserstoffsäure* [grch.]; **A·zi·di'tät** <f.; -; unz.; Chem.> = *Acidität*; **A·zi'do·se** <f.; -, -n; Med.> = *Acidose*

A·zi'mut <n. od. m.; -s, -e; Astr. u. Geodäsie> *eine Winkelgröße* [arab.]; **a·zi·mu'tal** <Adj.>

A'zi·ne <Pl.; Chem.> *Stickstoffverbindungen*

'**A·zo·farb·stoff** <m.; -(e)s, -e; Chem.> *Farbstoff aus einer Gruppe von Teerfarbstoffen*

A·zo·i·kum <n.; -s; unz.; Geol.> *ältestes Erdzeitalter ohne Lebewesen* [grch.]; **a'zo·isch** <Adj.> 1 *zum Azoikum gehörend* 2 *keine Spur von Lebewesen aufweisend*

A·zo·o'sper·mie <[-tso:o-]; f.; -, -n; Pl. selten; Med.> *Fehlen der Samenzellen in der Samenflüssigkeit* [grch.]

Az'te·ke <m.; -n, -n> *Angehöriger eines Indianerstammes in Mexiko*; **Az'te·kin** <f.; -, -n·nen>; **az·'te·kisch** <Adj.>

'**A·zu·bi** <a. [-'--]; m.; -s, -s; umg.; Abk. für> *Auszubildende(r)*

A·zu·le·jos <[asu'lɛxɔs]; Pl.> *bunte (bes. blaue) Wandfliesen* [span.]

A'zur <m.; -s; unz.> *Himmelsbläue* [pers.]; **a'zur·blau** <Adj.>

A·zu'ree·li·ni·en <Pl.> *waagerechtes Linienfeld (auf Vordrucken)*; **a·zu'riert** <Adj.> *mit Azureelinien versehen*

A·zu'rit <m.; -s; unz.; Min.> *ein Mineral; blau*; **a'zurn** <Adj.> *azurblau*

'a·zy·klisch, <auch> **'a·zyk·lisch**
<Adj.; ↗Z53> 1 <Bot.> *spiralig gebaut* 2 <Med.> *zeitl. unregelmäßig verlaufend* 3 <Chem.> *nicht kreisförmig geschlossen* [grch.]

Az'zur·ri <Pl.> *ital. Fußballnationalmannschaft*

B

b 1 <n.; -, - od. (umg.) -s> *ein Buchstabe* 2 <Mus.> *Tonbez.* 3 <Mus.; Abk. für> *b-Moll* (Tonartbez.)

B 1 <n.; -, - od. (umg.) -s> *ein Buchstabe* 2 <Mus.> *Tonbez.* 3 <Mus.; Abk. für> *B-Dur* (Tonartbez.) 4 <Chem.; Zeichen für> *Bor* 5 <Phys.; Zeichen für> *Bel* 6 <Abk. für> *Bundesstraße* 7 <Börse; auf Kurszetteln Abk. für> *Brief*

b. <Abk. für> *bei*

B. <Abk. für> *Bachelor*

Ba <Chem.; Zeichen für> *Barium*

Baal <im Vorchristentum> *semit. Sturm- u. Fruchtbarkeitsgott* [hebr.]

Baas <m.; -es, -e; nddt.> *Herr, Meister, Vorgesetzter* [ndrl.]

'bab·beln <V. i.; ich babb(e)le; süddt.; schweiz.; umg.> *(zusammenhanglos) schwatzen*

'Ba·bel <n.; -s; unz.> 1 *Ort der Sünde, des Lasters* 2 *Ort, an dem viele Sprachen gesprochen werden* [nach der antiken Stadt *Babylon*]

Ba'bu·sche <f.; -, -n> *Stoffpantoffel* [arab.]

Ba·by <['be:bi]; n.; -s, -s; ↗Z 6.1> *Säugling* [engl.]; **Ba·by·boom** <[-bu:m]; m.; -s, -s> *plötzl. Ansteigen der Geburtenrate;* **'Ba·by·jahr** <n.; -(e)s, -e> 1 *auf die Rente von Müttern angerechnetes Jahr für die Kindererziehung* 2 *einjähriger Mutterschaftsurlaub*

'Ba·by·lon *Ruinenstadt am Euphrat;* → a. *Babel;* **Ba·by'lo·ni·en** *histor. Landschaft zw. Euphrat u. Tigris;* **ba·by'lo·nisch** <Adj.; ↗Z 46> *Babylonien betreffend;* ~ *er Kunst;* ~ *e Sprachverwirrung;* <aber> *der Babylonische Turm Stufentempel*

Ba·by·nah·rung <['be:bi-]; f.; -; unz.>; **'ba·by·sit·ten** <V. i.; nur im Inf. gebräuchl.>; **'Ba·by·sit-**

ter <m.; -s, -> *jmd., der Kleinkinder betreut* [engl.]; **'Ba·by·sit·te·rin** <f.; -, -nen>; **'Ba·by·speck** <m.; -(e)s; unz.; umg.>; **'Ba·by·strich** <m.; -(e)s; unz.; umg.> *Prostitution Minderjähriger*

Bac·cha'nal <[baxa-]; n.; -s, -e> 1 *Fest zu Ehren des röm. Weingottes Bacchus* 2 <fig.> *wüstes Trinkgelage;* **Bac·chant** <[-'xant]; m.; -en, -en; geh.> *trunkener Schwärmer;* **Bac·'chan·tin** <f.; -, -nen>; **bac·'chan·tisch** <Adj.> 1 *ausgelassen, ausschweifend* 2 *trunken;* **bac·chisch** <['baxıf]; Adj.> *nach Art des röm. Weingottes Bacchus;* <Mus.; -, -chi·en> *antiker Versfuß*

Bach <m.; -(e)s, ⸚e> *kleiner Fluss, Rinnsal;* **'Bach·bett** <n.; -(e)s, -en>

'Bach·blü·ten <Pl.; Bot.> *Essenzen aus Blüten* [nach dem engl. Arzt E. *Bach*]

'Ba·che <f.; -, -n> *Jägerspr.> weibl. Wildschwein*

'Bä·chel·chen <n.; -s, -; Verkleinerungsf. von> *Bach*

Ba·che·lor <['bætfələ(r)]; m.; - od. -s, -s; Abk.: B.; engl. Bez. für> *Bakkalaureus*

'ba·cherl·warm <Adj.; süddt.; österr.> *angenehm warm;* **'Bach·fo·rel·le** <f.; -, -n; Zool.> *ein Fisch;* **'Bäch·lein** <n.; -s, -; poet.; Verkleinerungsf. von> *Bach;* **'bach·nass** <Adj.; schweiz.> *tropfnass;* **'Bach·stel·ze** <f.; -, -n; Zool.> *ein Vogel*

'Bach·Wer·ke·Ver·zeich·nis <n.; -s-ses; unz.; Abk.: BWV> *Verzeichnis der Werke des Komponisten J. S. Bach*

back <Adv.; Mar.; norddt.> *zurück, hinten* [engl.]

Back¹ <f.; -, -en; Mar.> 1 *Essschüssel* 2 *Tischgemeinschaft an Bord* 3 *erhöhtes Vordeck*

Back² <[bæk]; m.; -s, -s; Fußb.; schweiz.> *Verteidiger* [engl.]

'Back·blech <n.; -(e)s, -e>

'Back·bord <n.; -s; unz.; Seemannsspr.> *linke Schiffsseite;* Ggs *Steuerbord* [engl.]; **'back·bord(s)** <Adv.> *links;* Ggs *steuerbord(s)*

'Bäck·chen <n.; -s, -; Verkleinerungsf. von> *Backe;* **'Ba·cke** <f.;

-, -n> 1 *Wange* 2 <Pl.; fig.> *meist paarweise auftretende Seitenflächen;* Brems~n

'ba·cken <V. 101> 1 <V. i. u. V. t.> *einen Teig herstellen u. daraus einen Kuchen o. Ä. bereiten; sie bäckt gerne* (Torten) 2 <V. i.> *durch Hitze im Ofen gar werden; der Kuchen bäckt noch* 3 <V. t.; umg.> *braten; gebackene Leber* 4 <V. i.; schwach dekl.; norddt.> *kleben; der Schnee backt an den Skiern*

'Ba·cke <m.; -s, -; umg.> = *Backe*

'Ba·cken·bart <m.; -(e)s, ⸚e>; **'Ba·cken·kno·chen** <m.; -s, -; Anat.> Sy *Jochbein;* **'Ba·cken·ta·sche** <f.; -, -n; bei manchen Säugetieren>; **'Ba·cken·zahn** <m.; -(e)s, ⸚e>

'Bä·cker <m.; -s, -; Berufsbez.> *jmd., der gewerblich Backwaren anfertigt;* **'Back·erb·sen** <Pl.> *eine Suppeneinlage;* **Bä·cke'rei** <f.; -, -en> 1 *Betrieb für Backwaren* 2 <süddt.; österr.> *Kleingebäck;* Weihnachts~; **'Bä·cke·rin** <f.; -, -nen>; **'Back·fisch¹** <m.; -(e)s, -e> *gebackener Fisch*

'Back·fisch² <m.; -(e)s, -e; veralt.> *halbwüchsiges Mädchen*

'Back·form <f.; -, -en>

Back·gam·mon <[bæk'gæmən]; n.; - od. -s; unz.> *ein Würfelspiel* [engl.]

Back·ground <['bækgraund]; m.; - od. -s; unz.> 1 *Hintergrund* 2 <fig.> *Lebenserfahrung* [engl.]; **'Back·ground·mu·sik** <f.; -; unz.>

'Back·hähn·chen <n.; -s, ->, **'Back·hendl** <n.; -s, -n; österr.>

...ba·ckig, ...bä·ckig <Adj.; in Zus.> z. B. pausbackig, rotbackig; **'Bäck·lein** <n.; -s, -; poet.; Verkleinerungsf. von> *Backe*

Back·list <['bæk-]; f.; -, -s> *Verzeichnis lieferbarer Bücher* [engl.]

'Back·obst <n.; -(e)s; unz.> *getrocknetes Obst;* **'Back·o·fen** <m.; -s, ⸚; ↗Z 55>; **'Back·pfei·fe** <f.; -, -n; umg.> = *Ohrfeige;* **'Back·pflau·me** <f.; -, -n>; **'Back·pul·ver** <n.; -s, ->; **'Back·röh·re** <f.; -, -n>

'Back·schaft <f.; -, -en; Seemannsspr.> *Tischgemeinschaft*

Back·spring <['bæksprıŋ]; m.; -s,

-s; Boxen> *sprungähnl. Rückwärtsbewegung* [engl.]

'**Back·stag** <n.; -(e)s, -e; Mar.> *Haltetau am Mast*

back·stage <['bækstɛɪdʒ]; Adv.; Jugendspr.> *hinter der Bühne* [engl.]

'**Back·stein** <m.; -(e)s, -e> *Ziegel*; '**Back·stein·bau** <m.; -(e)s, -ten>

'**Back·stu·be** <f.; -, -n>

Back·up <[bæk'ʌp]; m.; -s, -s; EDV> *Sicherungskopie* [engl.]

'**Back·wa·ren** <Pl.>; '**Back·werk** <n.; -(e)s; unz.>

Ba·con <['be:kən]; m.; - od. -s; unz.; engl. Bez. für> *Frühstücksspeck*

Bad <n.; -(e)s, ⸚er> 1 *das Baden*, Wannen~; ein ~ nehmen 2 *(Behälter mit) Wasser zum Baden*; ins ~ steigen 3 *Anlage, Gebäude, Raum zum Baden*; Frei~; Hallen~ 4 *Kurort mit Heilquellen*; ~ Reichenhall; '**Ba·de·anstalt** <f.; -, -en>; '**Ba·de·anzug** <m.; -(e)s, ⸚e>; '**Ba·de·ho·se** <f.; -, -n>; '**Ba·de·kap·pe** <f.; -, -n>; '**Ba·de·man·tel** <m.; -s, ⸚>; '**Ba·de·mat·te** <f.; -, -n>; '**Ba·de·meis·ter** <m.; -s, -; Berufsbez.> *Aufseher in einer Badeanstalt*; '**Ba·de·meis·te·rin** <f.; -, -·n·nen>; '**Ba·de·müt·ze** <f.; -, -n>; '**ba·den** <V.> 1 <V. t./V. refl.> *jmdn., sich ~ in der Wanne reinigen* 2 <V. i.> *schwimmen*; im Meer ~; zum Baden gehen; ~ gehen <fig.; umg. a.> *scheitern*

'**Ba·den** *Teil des Bundeslandes Baden-Württemberg*; '**Ba·de·ner** <m.; -s, -> *Einwohner von Baden*; '**Ba·de·ne·rin** <f.; -, -·n·nen>; '**Ba·den·ser** <m.; -s, -> = *Badener*; **Ba·den·se·rin** <f.; -, -·n·nen>; **ba·den·sisch** <Adj.; umg.>; **Ba·den·'Würt·tem·berg** *Bundesland der BRD*; **ba·den·'würt·tem·ber·gisch** <Adj.>

'**Ba·de·ort** <m.; -(e)s, -e>; '**Ba·der** <m.; -s, -; veralt.> 1 *Barbier* 2 *Heilgehilfe*; '**Ba·de·strand** <m.; -(e)s, ⸚e>; '**Ba·de·tuch** <n.; -(e)s, ⸚er>; '**Ba·de·wan·ne** <f.; -, -n>; '**Ba·de·zim·mer** <n.; -s, ->

'**ba·disch** <Adj.> *Baden betreffend*; oV *badensisch*

Bad·min·ton <['bædmɪntən]; n.; -s; unz.; Sp.> *Federballspiel*

[nach dem Besitztum des Herzogs von Beaufort in England]

'**Bae·de·ker** <m.; -s, -; Warenz.> *ein Reisehandbuch* [nach dem Buchhändler K. *Baedeker*]

'**Ba·fel** <m.; -s; unz.> 1 *Ausschussware* 2 *Gerede, Geschwätz* [jidd.]

baff <Schallwort> ~ sein *verblüfft, verdutzt*

BAföG, 'Ba·fög <n.; - od. -s; unz.; ⸚Z56> 1 <kurz für> *Bundesausbildungsförderungsgesetz* 2 *Geldzahlung aufgrund dieses Gesetzes*; ~ beantragen

Ba·ga·ge <[-ʒə]; f.; -, -n <veralt.> *Gepäck* 2 *Gesindel* [frz.]

Ba·ga·tell·de·likt <n.; -(e)s, -e; Rechtsw.>; **Ba·ga'tel·le** <f.; -, -n> 1 *unbedeutende Kleinigkeit* 2 <Mus.> *kurzes Musikstück* [frz.]; **ba·ga·tel·li'sie·ren** <V. t.>; **Ba·ga'tell·sa·che** <f.; -, -n>; **Ba·ga'tell·scha·den** <m.; -s, ⸚>

'**Bag·dad** *Hauptstadt des Irak*

'**Bag·ger** <m.; -s, -> *Maschine zum Ausheben u. Abtragen von Erdreich*; '**Bag·ge·rer** <m.; -s, ->; '**Bag·ger·füh·rer** <m.; -s, ->; '**bag·gern** <V. t. u. V. i.; ich bagg(e)re>; '**Bag·ger·see** <m.; -s, -n> *durch Ausbaggerungen entstandener See*

Bag·gy <['bægi]; f.; -, -s; kurz für> *Baggypants* [engl.]; '**Bag·gy·pants** <[-pænts]; Pl.> *Hose mit sackartig geschnittenen Beinen*

Ba·guette <[ba'gɛt]; n.; -s, -s> *frz. Stangenweißbrot* [frz.]

bäh <Int.> *(Ausruf der Schadenfreude)*

Ba'hai <m.; - od. -s> *Anhänger des Bahaismus* [pers.]; **Ba·ha·'is·mus** <m.; -; unz.> *aus dem Islam hervorgegangene Religion(sgemeinschaft)*

Ba·ha·ma·er <m.; -s, -> *Einwohner der Bahamas*; **Ba·ha·ma·e·rin** <f.; -, -·n·nen>; **ba·ha·ma·isch** <Adj.>; **Ba·ha·mas** <Pl.> *Inselstaat in Mittelamerika*; Commonwealth der ~

'**bä·hen** [1] <V. t.; süddt.; österr.; schweiz.> *rösten*; '**bä·hen** [2] <V. i.; lautmalend> *blöken*

Bahn <f.; -, -en> 1 *ebener Weg*; Auto~; Fahr~ 2 <fig.> *(Lebens-) Weg*; er ist auf die falsche ~ ge-

raten; sich ~ brechen *sich durchsetzen* 3 *ein Schienenfahrzeug*; Eisen~; Straßen~; S--; U-~ 4 *langer Stoff- od. Papierstreifen*; '**bahn·bre·chend** <Adj.; ⸚Z29> *umwälzend*; eine ~ Erfindung; '**Bahn·card** <[-ka:rd]; f.; -, -s> *Fahrausweis der Deutschen Bahn AG*; '**Bähn·chen** <n.; -s, -; Verkleinerungsf. von *Bahn(1, 3)*; '**Bahn·damm** <m.; -(e)s, ⸚e>; '**bah·nen** <V. t./V. refl.> *einen Weg ~ ebnen*; '**bah·nen·wei·se** <Adv.> *in Bahnen(4)*; '**Bahn·fahrt** <f.; -, -en>; '**Bahn·gleis** <n.; -es, -e>; '**Bahn·hof** <m.; -(e)s, ⸚e> 1 <Abk.: Bhf., Bf.> *Anlage zur Abwicklung des Personen- u. Güterverkehrs* 2 *großer ~* <umg.> *festl. Empfang* 3 ich verstehe nur ~ <fig.; umg.> *gar nichts*; '**Bahn·hofs·mis·si·on** <f.; -, -en> *eine kirchl. Einrichtung*; '**Bahn·hofs·vor·stand** <m.; -(e)s, ⸚e; österr.>; '**Bahn·hofs·vor·ste·her** <m.; -s, ->; '**Bahn·kör·per** <m.; -s, -> *Gleisanlage u. Bahndamm*; '**bahn·la·gernd** <Adj.>; '**Bahn·li·nie** <[-niə]; f.; -, -n>; '**Bahn·netz** <n.; -es, -e>; '**Bahn·po·li·zei** <f.; -; unz.>; '**Bahn·steig** <m.; -(e)s, -e>; '**Bahn·stre·cke** <f.; -, -n>; '**Bahn·über·füh·rung** <f.; -, -en; ⸚Z55>; '**Bahn·über·gang** <m.; -(e)s, ⸚e>; '**Bahn·un·ter·füh·rung** <f.; -, -en>; '**Bahn·wär·ter** <m.; -s, ->; '**Bahn·wär·ter·häus·chen** <n.; -s, -; früher>

'**Bah·rain** *Staat in Vorderasien*; Staat ~; '**Bah·rai·ner** <m.; -s, -> *Einwohner von Bahrain*; '**Bah·rai·ne·rin** <f.; -, -·n·nen>; '**bah·rai·nisch** <Adj.>

'**Bah·re** <f.; -, -n> *Gestell zum Tragen von Kranken od. Toten*; '**Bahr·tuch** <n.; -(e)s, ⸚er> *Leichentuch*

Baht <m. 7; - od. -s, - od. -s> *Währungseinheit in Thailand*

'**Bä·hung** <f.; -, -en> 1 *das Bähen* 2 *feuchtwarme Umschläge*

Bai <f.; -, -en> *Meeresbucht* [frz.]

'**bai·risch** <Adj.; Sprachw.> *die ~en Mundarten; das Bairische* → a. *bayrisch*

Bai·ser <[bɛ'ze:]; n.; -s, -s> *Schaumgebäck aus Eischnee u. Zucker* [frz.]

Bais·se <[bɛːs(ə)]; f.; -, -n> *Kurssturz an der Börse*; Ggs *Hausse* [frz.]; **'Bais·se·klau·sel** <f.; -, -n; Wirtsch.>; **Bais·si·er** <[bɛˈsje:]; m.; -s, -s> *jmd., der auf Baisse spekuliert*; Ggs *Haussier*

Ba·ja'de·re <f.; -, -n> *ind. Tempeltänzerin* [port.]

Ba'jaz·zo <m.; -s, -s> *Hanswurst, Spaßmacher* [ital.]

Ba·jo'nett <n.; -(e)s, -e> *eine Stoßwaffe* [nach der südfrz. Stadt *Bayonne*]; **ba·jo·net'tieren** <V. t. u. V. i.>; **Ba·jo'nettver·schluss** <m.; -es, ⸗e> *leicht lösbare Verbindung von Rohren, Hülsen o. Ä.*

Ba·ju'wa·re <m.; -n, -n; veralt.; noch scherzh.> *Bayer*; **ba·ju·'wa·risch** <Adj.>

'Ba·ke <f.; -, -n; Verkehrsw.> *festes Orientierungs-, Warn- od. Begrenzungszeichen*

Ba·ke'lit <n.; -(e)s; unz.; Wa­renz.> *ein Kunststoff* [nach dem Chemiker L. H. *Baekeland*]

Bak·ka·lau·re'at <n.; -(e)s, -e> 1 <in Großbritannien u. den USA> *unterster akadem. Grad* 2 <in Frankreich> *Reifeprüfung, Abitur* [lat.]; **Bak·ka'lau·re·us** <m.; -, -rei [-reːi]> *Inhaber des Bakkalaureats*

Bak·ka·rat <[-'ra]; n.; -s; unz.; Kart.> *ein Glücksspiel* [frz.]

'Bak·ken <m.; - od. -s, -; Skisp.> *Sprungschanze* [norw.]

'Ba·kla·va, <auch> **'Bak·la·va** <[-va]; f.; -, -s; ⤳Z53> *süße Blätterteigpastete* [türk.]

'Bak·schisch <n.; -es, -e> *Trinkgeld* [pers.]

Bak·te·ri·ä'mie <f.; -; unz.; Med.> *Vorhandensein von Bakterien im Blut* [grch.]; **bak·te·ri·ell** <Adj.>; **Bak·te·ri·en** <[-riən]; Pl. von> *Bakterium*; **Bak'te·ri·enkul·tur** <f.; -, -en> *Nährboden zum Züchten von Bakterien*; **Bak'te·ri·en·trä·ger** <m.; -s, ->; **Bak'te·ri·en·trä·ge·rin** <f.; -, -n·nen>; **Bak·te·ri·o'lo·ge** <m.; -n, -n>; **Bak·te·ri·o·lo'gie** <f.; -; unz.> *Lehre von den Bakterien*; **Bak·te·ri·o'lo·gin** <f.; -, -n·nen>; **bak·te·ri·o'lo·gisch** <Adj.>; **Bak·te·ri·o'ly·se** <f.; -, -n> *Auflösung von Bakterien*; **bak·te·ri·o'ly·tisch** <Adj.>; **Bak-**

te·ri·o'pha·ge <m.; -n, -n> *Bakterien zerstörendes Virus*; **Bakte·ri'o·se** <f.; -, -n> *durch Bakterien verursachte Pflanzenkrankheit*; **Bak'te·ri·um** <n.; -s, -ri·en; meist Pl.> *einzelliges Lebewesen, Spaltpilz*; **bak·te·ri'zid** <Adj.> *keimtötend*; **Bak·te·ri'zid** <n.; -(e)s, -e> *keimtötendes Mittel*

Ba·la'lai·ka <f.; -, -s od. -'lai·ken; Instrumentenk.> *russ. Saiteninstrument* [russ.]

Ba·lan·ce <[ba'laŋsə] od. [ba'lã­sə]; f.; -, -n> *Gleichgewicht* [frz.]; **Ba'lan·ce·akt** <m.; -(e)s, -e>; **ba·lan·cie·ren** <[balaŋ­'siːrən] od. [balãˈsiːrən]; V.> 1 <V. i.> *die Balance halten; ~ 2 <V. t.> in der Balance halten*; **Ba·lan'cierstan·ge** <f.; -, -n>

'Ba·la·ta <a. [-'--]; f.; -; unz.> *dem Naturkautschuk ähnlicher Stoff* [span.]

Bal'bier <m.; -s, -e; Nebenform von> *Barbier*; **bal'bie·ren** <V. t.; Nebenform von> *barbieren; jmdn. über den Löffel ~* <fig.> *betrügen*

Bal'boa <m.; - od. -s, - od. -s> *Währungseinheit in Panama* [nach dem gleichnamigen span. Entdecker]

bald <Adv.> 1 *wenig später, binnen kurzem; ich komme so ~ wie/<auch> als möglich; möglichst ~ 2 beinahe; ich wäre ~ verzweifelt 3 ~ so, einmal so, einmal anders*

'Bal·da·chin <[-'xiːn]; m.; -(e)s, -e> *Traghimmel, Stoffdaces* [nach *Baldacco*, der ital. Bez. für Bagdad]

'Bäl·de <geh.; nur in der Wen­dung> in ~ *bald(1)*; **'bal·dig** <Adj.> *in Kürze erfolgend; auf ein ~es Wiedersehen!*; **'bal·digst** <Adv.>; **bald'mög·lichst** <Adv.; besser> *möglichst bald*

Bal'do·wer <m.; -s, -> *Gauner, Betrüger* [hebr.]

'Bal·dri·an, <auch> **'Bald·ri·an** <m.; -(e)s; unz.; ⤳Z53; Bot.> *eine Heilpflanze*; **'Bal·dri·an·tropfen** <Pl.> *ein Beruhigungsmittel*

Ba·le'a·ren <Pl.> *Inselgruppe im westl. Mittelmeer*

Ba'les·ter <m.; -s, -> *Armbrust,*

bei der mit Kugeln geschossen wird [lat.]

Balg [1] <m.; -(e)s, ⸗e> 1 *abgezogenes Fell, Tierhaut* 2 *ausgestopfter Körper einer Puppe* 3 *Teil, das sich zusammenpressen lässt (und dabei einen Lufthauch erzeugt);* Blase~

Balg [2] <n. od. m.; -(e)s, ⸗e(r); umg.> *ungezogenes Kind*

'Bal·ge <f.; -, -n; norddt.> 1 *Wasserlauf im Wattenmeer* 2 *Waschfass*

'bal·gen <V. refl.> sich ~ *raufen*; **Bal·ge'rei** <f.; -, -en>

'Balg·ge·schwulst <f.; -, ⸗e; Med.> *Geschwulst unter der Haut*; Sy *Grützbeutel*

'Ba·li *eine der Kleinen Sundainseln*; **Ba·li'ne·se** <m.; -n, -n> *Einwohner von Bali*; **Ba·li'nesin** <f.; -, -n·nen>; **ba·li'nesisch** <Adj.>

'Bal·kan <m.; - od. -s; unz.> 1 *ein Gebirge* 2 *Balkanhalbinsel (in Südosteuropa)*; **bal'ka·nisch** <Adj.>; **bal·ka·ni'sie·ren** <V. t.> *ein Land ~ in Kleinstaaten aufteilen, zersplittern*; **Bal·ka·ni'sie·rung** <f.; -, -en>; **Bal·ka·no'lo·ge** <m.; -n, -n>; **Bal·ka·no·lo'gie** <f.; -; unz.> *Wissenschaft von den Sprachen u. der Literatur der Balkanhalbinsel*; **Balka·no'lo·gin** <f.; -, -n·nen>

'Bälk·chen <n.; -s, -; Verkleine­rungsf. von> *Balken*, **'Bal·ken** <m.; -s, -> *vierkantig gesägtes Bauholz;* Stütz~; **'Bal·ken·decke** <f.; -, -n>; **'Bal·ken·waa·ge** <f.; -, -n> *zweiarmige Waage*; **'Bal·ken·werk** <n.; -(e)s; unz.> *Gebälk*

Bal·kon <[bal'kɔ̃] od. [-'kɔŋ] od. [-'koːn]; m.; -s, -s od. -e> 1 *von einem Geländer umgebener vorspringender Gebäudeteil* 2 *erster Rang im Theater* [frz.]

Ball [1] <m.; -(e)s, ⸗e> *kugelförmiges Spielzeug od. Sportgerät;* Fuß~; *wollen wir ~ spielen?; <aber> er ist sehr geschickt im Ballspielen*

Ball [2] <m.; -(e)s, ⸗e> *festl. Tanzveranstaltung; auf einen ~ gehen* [frz.]

Bal'la·de <f.; -, -n> *episch-dramatisches Gedicht, Erzähllied* [frz.]; **bal'la·den·haft** <Adj.>; **bal·la'desk** <Adj.>

'Bal·last <a. [-'-], österr. nur so; m.; -(e)s, -e; Pl. selten> 1 *wertlose Last (zum Gewichtsausgleich bei Schiffen)* 2 <fig.> *unnötige Last, Bürde;* **Bal'last-stof·fe** <Pl.> *kaum verwertbare Nahrungsbestandteile*

'Bäll·chen <n.; -s, -; Verkleinerungsf. von> *Ball¹*

'Bal·ei·sen <n.; -s, -; -> *ein Werkzeug;* **'bal·en** <V. t./V. refl.> *verdichten, zusammenpressen;* die Fäuste ~; eine geballte Ladung Wissen vermitteln <fig.; umg.> *eine große Menge W.;* **'Bal·len** <m. 7; -s, -> 1 *rundlicher Packen;* Stroh~ 2 *Maßeinheit für Papier, Tuch u. Leder* 3 *verdickte Stelle an der Handinnenseite u. am vorderen Teil des Fußes;* **'Bal·len·ei·sen** <n.; -s, -> = *Balleisen*

Bal·le'rei <f.; -, -en; umg.> *sinnloses Schießen*

Bal·le'ri·na, Bal·le'ri·ne <f.; -, -'ri·nen> *(Solo-)Tänzerin im Ballett* [ital.]

'Bal·ler·mann <m.; -(e)s, ²er; umg.; scherzh.> *Schusswaffe;* **'bal·lern** <V. i.; ich ball(e)re> *ziellos schießen*

Bal'lett <n.; -(e)s, -e> 1 *Bühnentanz* 2 *Tanzgruppe, die ein Ballett(1) aufführt;* sie ist beim ~ [ital.]; **Bal'lett·en·sem·ble,** <auch> **Bal'lett·en·semb·le** <[-ãsābl] n.; -s, -s; ⤳Z53>; **Bal·let·teu·se** <[balε'tø:zə] f.; -, -n> *Balletttänzerin;* **Bal'lett·meis·ter** <m.; -s, -> *Leiter einer Bühnentanzgruppe;* **Bal'lett·meis·te·rin** <f.; -, -nen> **Bal'lett·tän·zer** <m.; -s, -; ⤳Z37> **Bal'lett·tän·ze·rin** <f.; -, -nen; ⤳Z37> **Bal'lett·the·a·ter** <n.; -s, -; ⤳Z37> **Bal'lett·trup·pe** <f.; -, -n; ⤳Z37>

'Ball·füh·rung <f.; -; unz.; Fußb.>; **'Ball·ge·fühl** <n.; -(e)s; unz.; Sp.>

Bal'lis·mus <m.; -; unz.; Med.> *plötzl. auftretende heftige Schleuderbewegungen der Arme;* **Bal'lis·te** <f.; -, -n> *antike Wurfmaschine* [grch.]; **Bal'lis·tik** <f.; -; unz.> *Lehre von der Flugbahn geworfener od. geschossener Körper;* **Bal'lis·ti·ker** <m.; -s, ->; **Bal'lis·ti·ke·rin** <f.; -,

-n·nen>; **bal'lis·tisch** <Adj.> ~e Kurve *Flugbahn*

'Ball·jun·ge <m.; -n, -n; Tennis> *Junge, der für die Spieler die Bälle aufsammelt*

'Ball·kleid <n.; -(e)s, -er>

'Ball·mäd·chen <n.; -s, -; Tennis>

Bal·lon <[ba'lõ] od. [ba'lɔŋ] od. [ba'lo:n]; m.; -s od. -e> 1 *mit Gas od. Luft gefüllter Ball;* Luft~ 2 *mit Gas gefülltes Luftfahrzeug;* Fessel~ 3 *bauchige Flasche* [frz.]; **Bal'lon·füh·rer** <m.; -s, ->; **Bal'lon·ka·the·ter** <m.; -s, -; Med.>; **Bal'lon·sei·de** <f.; -, -n> *wasserdichter Stoff*

Bal·lot¹ <[-'lo:]; n.; -s, -s> *kleiner Warenballen* [frz.]; **Bal·lot²** <['bælət]; n.; -s, -s; in Großbritannien u. den USA> *geheime Abstimmung* [engl.]; **Bal·lo·ta·de** <f.; -, -n; hohe Schule> *ein Sprung des Pferdes* [frz.]; **Bal·lo·ta·ge** <[-ʒə]; f.; -, -n> *geheime Abstimmung mit weißen od. schwarzen Kugeln;* **bal·lo'tie·ren** <V. i.> *durch Ballotage abstimmen*

'Ball·spiel <n.; -(e)s, -e>

'Bal·lung <f.; -, -en> *Verdichtung, Konzentration;* **'Bal·lungs·ge·biet** <n.; -(e)s, -e> *Gebiet mit hoher Bevölkerungsdichte*

'Ball·wech·sel <[-ks-]; m.; -s, -; Sp.>

Bal·ly·hoo <[bæli'hu:]; n.; - od. -s; unz.> *lautstarke Propaganda, aufdringliche Reklame* [engl.]

'bal·neo..., 'Bal·neo... <in Zus.> *bad..., Bad...* [lat.], **Bal·ne·o·gra·'fie,** <auch> **Bal·ne·o·gra'phie** <f.; -; unz.; ⤳Z11.3> *Beschreibung von Heilbädern* [lat.-grch.]; **Bal·ne·o·lo'gie** <f.; -; unz.> *Bäderkunde;* **bal·ne·o·lo·gisch** <Adj.>; **Bal·ne·o·the·ra·'pie** <f.; -, -n>

Bal pa·ré <[-'re:]; m.; --, -s -s [balpa're:]; geh.; veralt.> *festl. Ball²* [frz.]

'Bal·sa¹ <n.; -s; unz.; kurz für> *Balsaholz;* **'Bal·sa²** <f.; -, -s; bei den Indianern Südamerikas> *Floß aus Balsaholz* [span.]; **'Bal·sa·holz** <n.; -es, ²er> *sehr leichtes Nutzholz*

'Bal·sam <m.; -s, -e> 1 *Gemisch von Harzen u. ätherischen Ölen* 2 <fig.; geh.> *Linderung, Wohl-*

tat [hebr.]; **bal·sa'mie·ren** <V. t.> *einsalben;* **Bal·sa'mi·nen·ge·wächs** <[-ks]; n.; -es, -e; Bot.> *eine Zierpflanze;* **bal'sa·misch** <Adj.> 1 *von Balsam(1) herrührend* 2 *lindernd*

'Bal·te <m.; -n, -n> 1 *Angehöriger der baltischen Sprachfamilie* 2 *Bewohner des Baltikums;* **'Bal·ti·kum** <n.; -s; unz.> *die Staaten Estland, Lettland u. Litauen umfassendes Gebiet;* **'Bal·tin** <f.; -, -n·nen>; **'bal·tisch** <Adj.; ⤳Z46> die ~en Sprachen; <aber> die Baltische Seenplatte; das Baltische; **Bal'tis·tik** <f.; -; unz.> = *Baltologie;* **Bal·to'lo·ge** <m.; -n, -n>; **Bal·to·lo'gie** <f.; -; unz.> *Wissenschaft von den baltischen Sprachen u. Literaturen;* **Bal·to'lo·gin** <f.; -, -n·nen>; **bal·to'lo·gisch** <Adj.>

Ba'lus·ter <m.; -s, ->, **Ba'lus·ter·säu·le** <f.; -, -n; Arch.> *kleine Säule als Geländerstütze* [frz.]; **Ba·lus'tra·de,** <auch> **Ba·lust'ra·de** <f.; -, -n; ⤳Z53> *Brüstung, Geländer*

Balz <f.; -, -en; Pl. selten; Jägerspr.> *Paarungsspiel u. Paarungszeit gewisser Vögel;* **'bal·zen** <V. i.> *durch Lockrufe werben (vom Federwild);* **'Balz·ruf** <m.; -(e)s, -e>

'Bam·bi <m.; -s, -s> *jährlich verliehener Filmpreis* [nach dem Rehkitz *Bambi* von Walt Disney]

Bam'bi·no <m.; -s, -ni; ital. Bez. für> *kleines Kind*

Bam'bu·le <f.; -, -n> *Aufruhr in Heimen od. Strafanstalten* [frz.]

'Bam·bus <m.; - od. -s·ses, -s·se> *trop. Riesengraspflanze* [malai.]; **'Bam·bus·rohr** <n.; -(e)s, -e>

Ba·mi·go'reng, <auch> **Ba·mi go·'reng** <n.; (-) - od. (-)-s, (-)-s; ⤳Z30> *indones. Nudelgericht* [malai.]

'Bam·mel <m.; -s; unz.; umg.> *Angst, Lampenfieber*

'bam·meln <V. i.; ich bamm(e)le; umg.; scherzh.> *hängen, baumeln*

Ban¹ <m.; -s, -e> 1 <früher> *kroat. Würdenträger* 2 *Befehlshaber in den ungar. Grenzmarken* [slaw.]

Ban² <m.; - od. -s, 'Ba·ni> *rumän. Münzeinheit* [rumän.]

ba'nal <Adj.; abwertend> *alltäglich, nichts sagend* [frz.]; **ba·na·li'sie·ren** <V. t.>; **Ba·na·li'tät** <f.; -, -en>

Ba'na·ne <f.; -, -n> *trop. Frucht* [port.]; **Ba'na·nen·re·pu·blik,** <auch> **Ba'na·nen·re·pub·lik** <f.; -, -en; ⚡Z53 ; fig.> *unterentwickelter Staat (in der Dritten Welt)*; **Ba'na·nen·split** <n.; -s, -s> *Banane mit Eis u. Schlagsahne*; **Ba'na·nen·ste·cker** <m.; -s, -; El.>

Ba'nat <n.; -(e)s, -e> **1** *urspr.> einem Ban[1] unterstehender Verwaltungsbezirk* **2** <unz.> *histor. Landschaft zw. Theiß, Donau, Maros u. den Südkarpaten*

Ba'nau·se <m.; -n, -n; abwertend> *Mensch ohne Kunstverständnis, Spießbürger* [grch.]; **ba'nau·sisch** <Adj.>

Band[1] <n.; -(e)s, ⸚er> *schmaler (Gewebe-)Streifen; Fließ~; Gummi~; Ton~; am laufenden ~* <fig.> *ohne Unterbrechung;* **Band[2]** <m.; -(e)s, ⸚e; Abk.: Bd.> *(zu einer Reihe gehörendes) gebundenes Buch;* **Band[3]** <n.; -(e)s, -e; meist Pl.; geh.> *Bindung, Fessel; Freundschafts~e; außer Rand und ~* <fig.> *übermütig u. ausgelassen*

Band[4] <[bænd]; f.; -, -s> *Gruppe von Musikern; Jazz~* [engl.]

Ban'da·ge <[-ʒə]; f.; -, -n> *Stützod. Schutzverband; mit harten ~n kämpfen* <fig.> *mit allen Mitteln* [frz.]; **ban·da·gie·ren** <[-'ʒiː-]; V. t.> *eine Bandage anlegen;* **Ban·da'gist** <[-'ʒist]; m.; -en, -en> *Hersteller von Bandagen u. Prothesen;* **Ban·da'gis·tin** <f.; -, -·nen>

'Band·brei·te <f.; -, -n> **1** *Frequenzbereich eines Signals* **2** <fig.> *Vielfalt;* **'Bänd·chen** <n.; -s, -; Verkleinerungsf. von *Band[1,2]*

'Ban·de[1] <f.; -, -n> **1** *Vereinigung von Verbrechern* **2** <fig.; abwertend od. scherzh.> *Kinderschar; Rassel~* [frz.]

'Ban·de[2] <f.; -, -n> *Umrandung, Einfassung; Billard~* [frz.]

'Band·ei·sen <n.; -s, ->; **'Ban·del** <n.; -s, -; süddt.; österr.>, **'Bän·del** <n. od. Schweiz.) m.; -s, -> *kleines schmales Band, Schnur;* **'Ban·den·spek·trum,** <auch>

'Ban·den·spekt·rum <n.; -s, -tren/-t·ren; ⚡Z53 ; Phys.>; **'Ban·den·wer·bung** <f.; -; unz.> *großflächige Werbung auf Spielfeldumrandungen*

Ban·de·ril·la <[-'rilja]; f.; -, -s> *mit Bändern geschmückter Spieß der Stierkämpfer* [span.]; **Ban·de·ril·le·ro** <[-'ril'jero]; m.; -s, -s> *Stierkämpfer, der den Stier mit Banderillas reizt*

'bän·dern <V. t.> *etwas ~ Streifen auf etwas aufmalen, -nähen*

Ban·de·ro·le <f.; -, -n> **1** *Steuerband (bes. an Tabakwaren)* **2** *Spruchband* [frz.]; **ban·de·ro·'lie·ren** <V. t.>

'Bän·der·riss <m.; -es, -e; Med.> *Riss in den Bändern der Knochengelenke;* **'Bän·der·zer·rung** <f.; -, -en; Med.>; **'Band·för·de·rer** <m.; -s, -> *ein Fördergerät;* **'Band·ge·ne·ra·tor** <m.; -s, -'to·ren>; **...bän·dig** <Adj.; in Zus.> z. B. *einbändig, mehrbändig;* **'bän·di·gen** <V. t.> *zähmen, zügeln;* **'Bän·di·gung** <f.; -; unz.>

Ban'dit <m.; -en, -en> *Räuber, Verbrecher; einarmiger ~* <fig.> *ein Spielautomat* [ital.]

'Band·ke·ra·mik <f.; -, -en> **1** <unz.> *die älteste Kultur der Jungsteinzeit in Mittel- u. Südeuropa* **2** *deren Erzeugnis*

Band·lea·der <['bændliː·dər]; m.; -s, -> *Leiter einer Jazz-, Rockod. Popgruppe* [engl.]

'Band·maß <n.; -es, -e>; **'Band·nu·deln** <Pl.>

Ban·do·ne·on, Ban'do·ni·on <n.; -s, -s; Instrumentenk.> *eine Handharmonika* [nach dem Erfinder H. *Band*]

'Band·schei·be <f.; -, -n; Anat.> *elast. Scheibe zw. den Wirbelkörpern;* **'Band·schei·ben·scha·den** <m.; -s, ⸚; Med.>; **'Band·schei·ben·vor·fall** <m.; -(e)s, ⸚e; Med.>

'Bänd·sel <n.; -s, -; Mar.> *dünnes Tau*

Ban'du·ra <f.; -, -s; Instrumentenk.> *lautenartiges Saiteninstrument* [ital.]

Ban'dur·ria <f.; -, -s; Instrumentenk.> *span. Zupfinstrument* [span.]

'Band·wurm <m.; -(e)s, ⸚er>

Schmarotzer im Darm der Wirbeltiere u. des Menschen

bang <Adj.> = *bange;* **'Bang·büx** <f.; -, -en>, **'Bang·bü·xe** <f.; -, -n; norddt.> = *Angsthase;* **'ban·ge** <Adj.> *furchtsam, ängstlich, beklommen; ~ Stunden durchleben; mir ist angst u. ~ geworden;* <aber> *jmdm. Angst u. Bange machen/Bange machen/*<auch> *Bangemachen gilt nicht nur nicht einschüchtern lassen!;* oV *bang;* **'Ban·ge** <f.; -; unz.; umg.> *Furcht, Sorge, Beklommenheit; nur keine ~!;* → a. *bange;* **'ban·gen** <V. i./V. refl.> *(sich) um jmdn. od. etwas ~;* **'Ban·gig·keit** <f.; -; unz.>

'Bang·kok *Hauptstadt von Thailand*

Ban·gla'desch, <auch> **Bang·la·'desch** <⚡Z53> *südasiat. Staat am Golf von Bengalen;* **Volksrepublik ~;** **Bang·la'de·scher** <m.; -s, -> *Einwohner von Bangladesch;* **Bang·la'de·sche·rin** <f.; -, -·nen>; **bang·la'de·schisch** <Adj.>

'bäng·lich <Adj.; selten>; **'Bang·nis** <f.; -; unz.; selten>

'Ban·jo <engl. ['bændʒo]; n.; -s, -s; Instrumentenk.> *ein Zupfinstrument* [amerikan.]

Bank[1] <f.; -, ⸚e> *eine Sitzgelegenheit; Eck~*

Bank[2] <f.; -, -en> *Kreditanstalt, Geldinstitut* [ital.]; **'Bank·ak·zept** <n.; -(e)s, -e; Bankw.> *Annahme eines Wechsels;* **'Bank·an·wei·sung** <f.; -, -en>

'Bänk·chen <n.; -s, -; Verkleinerungsf. von *Bank[1]*

'Bank·ei·sen <n.; -s, -> *gelochtes Flacheisen*

'Bän·kel·lied <n.; -(e)s, -er> = *Moritat;* **'Bän·kel·sang** <m.; -(e)s; unz.; im 17.–18. Jh.>; **'Bän·kel·sän·ger** <m.; -s, ->

'Ban·ken·kon·sor·ti·um <n.; -s, -ti·en> = *Bankkonsortium;* **Ban·ker** <['bæŋkɐ(r)]; m.; -s, -; umg.> *Bankkaufmann, Bankfachmann, Bankier* [engl.]

'Bank·ert <m.; -s, -e; veralt.; abwertend> *uneheliches Kind*

Ban'kett <n.; -(e)s, -e> **1** *Festmahl* **2** = *Bankette* [frz.]

Ban'ket·te <f.; -, -n> *schmaler (erhöhter) Seitenstreifen neben einer Fahrbahn* [frz.]

B

'Bank·fach <n.; -(e)s, ̈-er> 1 <unz.> *der Beruf des Bankangestellten;* er ist im ~ tätig 2 *Schließfach;* **'Bank·ge·heim·nis** <n.; -s-ses; unz.>; **'Bank·ge·schäft** <n.; -(e)s, -e>; **'Bank·gut·ha·ben** <n.; -s, ->; **'Bank·hal·ter** <m.; -s, -> *Spielleiter bei Glücksspielen;* **'Bank·haus** <n.; -es, ̈-er>; **'Bank·ki·er** <[baŋˈkje:]; m.; -s, -s> *Inhaber einer Bank²* [frz.]; **'Ban·king** <[ˈbæŋkiŋ]; n.; -od. -s; unz.> *Bankwesen, Geldhandel* [engl.]; **'Bank·kauf·frau** <f.; -, -en; Berufsbez.>; **'Bank·kauf·mann** <m.; -(e)s, -leu·te; Berufsbez.>; **'Bank·kon·sor·ti·um** <n.; -s, -ti·en> *befristeter Zusammenschluss von Banken (zur Erhöhung des Kapitals u. Verringerung des Risikos);* oV *Bankenkonsortium;* **'Bank·kon·to** <n.; -s, -s od. -kon·ten>; **'Bank·kre·dit** <m.; -(e)s, -e> **Bänk·lein** <n.; -s, -; poet.; Verkleinerungsf. von> *Bank¹* **'Bank·leit·zahl** <f.; -, -en; Abk.: BLZ> **'Bank·nach·bar** <m.; -n, -n; in der Schule>; **'Bank·nach·ba·rin** <f.; -, -n·nen> **'Bank·no·te** <f.; -, -n> *Geldschein;* **Ban·ko·mat** <m.; -s, -en> *Automat zur Geldausgabe;* **'Bank·pa·pie·re** <Pl.>; **'Bank·ra·te** <f.; -, -n> = *Diskontsatz;* **'Bank·raub** <m.; -(e)s; unz.>; **'Bank·räu·ber** <m.; -s, ->; **'Bank·räu·be·rin** <f.; -, -n·nen> **ban'krott,** <auch> **bank'rott** <Adj.; ⤢Z 53> *zahlungsunfähig;* ~ sein; Sy *pleite* [ital.]; **bank'rott** <m.; -(e)s, -e> *Zahlungsunfähigkeit;* ~ gehen, machen; **Bank'rott·er·klä·rung** <f.; -, -en> 1 *Bekanntgabe der Zahlungsunfähigkeit* 2 <fig.; umg.> *Eingeständnis des eigenen Misserfolgs;* **Bank'rott·teur** <[-ˈtøːr]; m.; -s, -e> *jmd., der Bankrott gemacht hat;* **bank'rott·teu·rin** <f.; -, -n·nen>; **bank'rott·tie·ren** <V. i.; selten> *Bankrott machen* **'Bank·ü·ber·wei·sung** <f.; -, -en; ⤢Z 55>; **'Bank·ver·kehr** <m.; -s; unz.>; **'Bank·we·sen** <n.; -s; unz.> **Bann** <m.; -(e)s, -e> 1 *Ausschluss aus einer Gemeinschaft;* Kirchen~; jmdn. in Acht u. ~ tun

ächten 2 <geh.> *magische Wirkung;* jmdn. in seinen ~ ziehen; **'Bann·bul·le** <f.; -, -n; Kath.>; **'ban·nen** <V. t.> 1 jmdn. ~ *früher> (aus der Kirche) ausschließen* 2 *(mit magischer Kraft) festhalten;* gebannt zuhören; jmdn. aufs Bild ~ <fig.> 3 *die Gefahr ist gebannt abgewehrt* **'Ban·ner** <n.; -s, -> 1 *Fahne* 2 *Feldzeichen;* **'Ban·ner·trä·ger** <m.; -s, -> **'Bann·fluch** <m.; -(e)s; unz.; im MA>; **'Bann·herr** <m.; -en, -en; im MA>; **'Bann·mei·le** <f.; -, -n>; **'Bann·recht** <n.; -(e)s; unz.; bis ins 19. Jh.> *Recht eines Gewerbetreibenden, als Einziger in einem Bezirk seine Ware zu veräußern;* **'Bann·strahl** <m.; -(e)s; unz.; poet.> *Kirchenbann;* **'Bann·wald** <m.; -(e)s, ̈-er> *Wald zum Schutz gegen Lawinen* **'Ban·tam·ge·wicht** <n.; -(e)s; unz.; Sp.> *Gewichtsklasse in der Schwerathletik;* **'Ban·tam·huhn** <n.; -(e)s, ̈-er; Zool.> *ein Zwerghuhn* **'Ban·tu** <m.; - od. -s, - od. -s> *Angehöriger einer Gruppe von Eingeborenenstämmen in Afrika;* **'Ban·tu·spra·chen** <Pl.> **'Ba·o·bab** <m.; -s, -s; Bot.> = *Affenbrotbaum* [äthiop.] **Bap'tis·mus** <m.; unz.> *Lehre ev. Freikirchen, die die Erwachsenentaufe vorschreibt* [grch.]; **Bap'tist** <m.; -en, -en>; **Bap·tis·te·ri·um** <n.; -s, -ri·en> *Taufkirche, Taufkapelle, Taufbecken;* **Bap'tis·tin** <f.; -, -n·nen>; **bap·'tis·tisch** <Adj.> **bar¹** <Zeichen für> *Bar¹* **bar²** <Adj.> 1 *in Geldscheinen od. Münzen;* zahlen Sie (in) ~?; nur gegen ~ verkaufen; ich habe nicht genügend Bares; etwas für ~e Münze nehmen <fig.> *für wahr halten* 2 <geh.> *unbedeckt;* mit ~em Haupt *ohne Kopfbedeckung* 3 *offensichtlich;* das ist ~er Unsinn **...bar** <adj. Suffix> *so beschaffen, dass es ... werden kann,* z. B. gut lesbar, hörbar **Bar¹** <n. 7; -, -; Zeichen: bar> *Maßeinheit für (Luft-)Druck* [grch.] **Bar²** <f.; -, -s> 1 *kleines Lokal (für*

Getränke) 2 *erhöhter Schanktisch;* er sitzt an der ~ [engl.] **Bär¹** <m.; -en, -en> 1 <Zool.> *ein Raubtier* 2 <Astr.> *ein Sternbild;* Großer ~; Kleiner ~; **Bär²** <m.; -s, -en od. -e> *eisernes Fallgewicht an Schmiedehämmern* **Ba'ra·cke** <f.; -, -n> *einfache Notunterkunft* [frz.]; **Ba'ra·cken·la·ger** <n.; -s, -> **Ba'ratt** <m.; -(e)s; unz.; Kaufmannsspr.> *Waren(aus)tausch* [ital.]; **Ba'ratt·han·del** <m.; -s; unz.>; **ba·rat'tie·ren** <V. t.> **Bar'ba·di·er** <m.; -s, -> *Bewohner von Barbados;* **Bar'ba·di·e·rin** <f.; -, -n·nen>; **bar'ba·disch** <Adj.>; **'Bar·ba·dos** *Inselstaat in Mittelamerika* **Bar·ba·ka·ne** <f.; -, -n> *Vorwerk bei Befestigungsanlagen* **Bar'bar** <m.; -en, -en> 1 <urspr.> *Nichtgrieche* 2 <heute abwertend> *ungesitteter, roher Mensch* [lat.-grch.]; **Bar·ba'rei** <f.; -; unz.> *Unmenschlichkeit, Grausamkeit;* **bar'ba·risch** <Adj.> *roh;* **Bar·ba'ris·mus** <m.; -, -'ris·men> *grober Verstoß gegen die Sprachregeln* **'Bar·be** <f.; -, -n; Zool.> *ein Karpfenfisch* **Bar·be·cue** <[ˈbɑːbikjuː]; n.; -s, -s> 1 *Grillparty* 2 *Gerät zum Braten ganzer Tiere* 3 *das auf dem Rost gebratene Fleisch* [engl.] **'bär·bei·ßig** <Adj.> *mürrisch, verdrießlich;* **'Bär·bei·ßig·keit** <f.; -; unz.> **'Bar·be·stand** <m.; -(e)s, ̈-e> *Bestand an Bargeld* **Bar'bier** <m.; -s, -e; veralt.> *Bart- u. Haarpfleger* [frz.]; **bar'bie·ren** <V. t.; veralt.> *rasieren;* → a. *balbieren* **Bar·bi·tu'rat** <n.; -(e)s, -e; Pharm.; Kunstwort> *Schlaf- u. Beruhigungsmittel;* **Bar·bi'tur·säu·re** <f.; -; unz.; Chem.> *Grundsubstanz vieler Narkosemittel* **'bar·bu·sig** <Adj.; umg.> *mit unbedecktem Busen* **'Bar·chent** <m.; -s, -e> *Baumwollflanell* [arab.] **'Bar·da·me** <f.; -, -n> **'Bar·de¹** <m.; -n, -n> *kelt. Dichter u. Sänger* [kelt.] **'Bar·de²** <f.; -, -n> *Speckscheibe*

B

um gebratenes Fleisch [frz.]; **bar·'die·ren** <V. t.> _mit einer Barde² umwickeln_

Bar'diet, Bar'dit <n.; -(e)s, -e; _von Klopstock geprägte Bez. für> vaterländ. Lied_ [lat.]

bar·disch <Adj.> _in der Art der Barden¹_

Bä·ren·dienst <m.; -(e)s; unz.> _jmdm. einen ~ erweisen <fig.> jmdm. (ungewollt) schaden;_ **'Bä·ren·dreck** <m.; -(e)s; unz.; süddt.; österr.; umg.> _Lakritze;_ **'Bä·ren·fang** <m.; -(e)s; unz.> _Honiglikör;_ **'Bä·ren·haut** <f.; -; unz.> _auf der ~ liegen <fig.> faulenzen;_ **'Bä·ren·häu·ter** <m.; -s, -> _Faulenzer;_ **'Bä·ren·hun·ger** <m.; -s; unz.; umg.> _sehr großer Hunger;_ **'Bä·ren·käl·te** <f.; -; unz.; umg.> _sehr große Kälte;_ **'Bä·ren·klau** <f.; -; unz. od. m.; -s; unz.; Bot.> _ein Staudengewächs;_ **'Bä·ren·trau·be** <f.; -, -n; Bot.> _ein Heidekrautgewächs_

Ba'rett <n.; -(e)s, -e> _flache, schirmlose Kopfbedeckung_ [frz.]

'Bar·fran·kie·rung <f.; -, -en>, **'Bar·frei·ma·chung** <f.; -, -en; Post>

'Bar·frost <m.; -(e)s, ²e> _Frost ohne Schnee_

'bar·fuß <Adj.; undekl.> _ohne Schuhe u. Strümpfe; ~ gehen;_ **'Bar·fü·ßer** <m.; -s, ->; **'bar·fü·ßig** <Adj.> = _barfuß_

Bar·gai·ning <['ba:gɛiniŋ]; n.; - od. -s; unz.; Wirtsch.> 1 _Verhandlung_ 2 _Vertragsabschluss_ [engl.]

'Bar·geld <n.; -(e)s; unz.>; **'bar·geld·los** <Adj.> _~er Zahlungsverkehr;_ **'Bar·ge·schäft** <n.; -(e)s, -e>

'bar·haupt <Adj.; undekl.>, **'bar·häup·tig** <Adj.; geh.> _ohne Kopfbedeckung_

'Bar·ho·cker <m.; -s, ->

'Ba·ri·bal <m.; -s, -s; Zool.> _nordamerikan. Schwarzbär_

'bä·rig <Adj.; umg.> _außerordentlich; ein ~es Fest; sich ~ freuen;_ **'Bä·rin** <f.; -, -nen; Zool.> _weibl. Bär_

'ba·risch <Adj.; Meteor.> _den Luftdruck betreffend_

'Ba·ri·ton <m.; -s, -e> 1 _Männerton in Mittellage_ 2 _Sänger mit dieser Stimmlage;_ <aber> → _Ba-ryton_ [ital.]; **ba·ri·to'nal** <Adj.>; **Ba·ri·to'nist** <m.; -en, -en> = _Bariton(2);_ **'Ba·ri·ton·stim·me** <f.; -, -n>

'Ba·ri·um <n.; -s; unz.; Chem.; Zeichen: Ba> _chem. Element, Metall_ [grch.]; **'Ba·ri·um·sul·fat** <n.; -s, -e; Chem.>

Bark <f.; -, -en; Mar.> _ein Segelschiff_ [engl.]

Bar·ka·ro·le <f.; -, -n> _venezian. Gondellied_ [ital.]

Bar'kas·se <f.; -, -n> 1 _größtes Beiboot von Kriegsschiffen_ 2 _Hafenverkehrsboot_ [ndrl.]

'Bar·kauf <m.; -(e)s, ²e>

'Bar·ke <f.; -, -n; poet.; bes. in mittelmeer. Ländern> _kleines Boot_ [frz.]

'Bar·kee·per <[-ki:pə(r)]; m.; -s, -> _Betreiber einer Bar²(1)_ [engl.]

'Bar·kre·dit <m.; -(e)s, -e; Bankw.>

'Bär·lapp <m.; -(e)s, -e; Bot.> _moosähnl. Sporenpflanze_

barm'her·zig <Adj.; ↗Z 46> _gütig, aus Mitleid helfend; ein ~er Mensch;_ <aber> _Barmherzige Brüder, Barmherzige Schwestern_ <Kath.> _in der Krankenpflege tätige Ordensmitglieder;_ **Barm'her·zig·keit** <f.; -; unz.>

'Bar·mi·xer <m.; -s, -> _Mischer von Getränken in einer Bar²(1)_

Bar·'Miz·wa¹ <m.; -s, -s; Rel.> _jüdischer Junge, der das 13. Lebensjahr vollendet hat u. nun die rel. Vorschriften beachten muss;_ **Bar·'Miz·wa²** <f.; -, -s; Rel.> _Tag der Aufnahme eines jüd. Jungen in die Glaubensgemeinschaft_ [hebr.]

Bar·na'bit <m.; -en, -en> _Angehöriger einer kath. Männerkongregation_

ba'rock <Adj.> 1 _zum Barock gehörend_ 2 <fig.> _verschnörkelt, überladen;_ **Ba'rock** <n. od. m.; -s; unz.> _Kunststil des 17. u. 18. Jh._ [port.]; **Ba'rock·per·le** <f.; -, -n> _unregelmäßig geformte Perle_

Ba·ro'graf <m.; -en, -en; ↗Z 11.3> = _Barograph;_ **Ba·ro·'gramm** <n.; -s, -e> _Aufzeichnung eines Barographen;_ **Ba·ro·'graph** <m.; -en, -en; ↗Z 11.3; Meteor.> _Gerät zur Aufzeichnung des Luftdrucks_ [grch.]; **Ba·ro'me·ter** <n.; -s, -> _Luftdruck-_

messgerät; **Ba·ro·me'trie,** <auch> **Ba·ro·met'rie** <f.; -; unz.; ↗Z53> _Luftdruckmessung;_ **ba·ro·me·trisch** <Adj.> _~e Höhenformel_ <Phys.>

Ba'ron <m.; -s, -e> _Freiherr;_ **Ba·ro'nat** <n.; -(e)s, -e> _Würde u. Stammsitz eines Barons;_ **Ba·ro·'ness, Ba·ro'nes·se** <f.; -, -(e)n> _Freifräulein;_ **Ba·ro·net** <['bærənət]; m.; -s, -s; Abk.> _Bart.> (engl. Adelstitel)_ [engl.]; **Ba·ro'nie** <f.; -, -n> = _Baronat_ [frz.]; **Ba'ro·nin** <f.; -, -·nen> _Freifrau;_ **ba·ro·ni'sie·ren** <V. t.> _in den Freiherrnstand erheben_

Bar·ra'ku·da <m.; -s, -s; Zool.> _ein Raubfisch_ [span.]

'Bar·ras <m.; -; unz.; umg.> _Wehrdienst, Militär(wesen); er ist beim ~_ [jidd.]

'Bar·re <f.; -, -n> 1 _Sand-, Schlammbank an Flussmündungen_ 2 _Querstange_ [frz.]

Bar'rel <['bærəl]; n. 7; -s, -s od. (bei Mengenangaben) -> _engl. u. nordamerikan. Hohlmaß_ [engl.]

'bar·ren <V. t.> _ein Pferd ~ einem P. während des Springens mit einer Stange gegen die Vorderbeine schlagen;_ **'Bar·ren** <m.; -s, -> 1 _Gussform der Edelmetalle; Gold~_ 2 _ein Turngerät_ [frz.]; **'Bar·ren·gold** <n.; -(e)s; unz.>

Bar·ri·e·re <[-'ri'e:-]; f.; -, -n> _Schranke, Sperre_ [frz.]

Bar·ri'ka·de <f.; -, -n> _Hindernis, Straßensperre; auf die ~n gehen_ <fig.; umg.> _sich empören_ [frz.]; **bar·ri·ka'die·ren** <V. t.>

Bar·ris·ter <['bæ-]; m.; -s, -; in Großbritannien> _Rechtsanwalt bei höheren Gerichten_ [engl.]

barsch <Adj.> _unfreundlich_

Barsch <m.; -(e)s, -e; Zool.> _ein Raubfisch_

'Bar·schaft <f.; -; unz.> _Besitz an Bargeld;_ **'Bar·scheck** <m.; -s, -s; Bankw.>

Bar'soi <m.; -s, -s; Zool.> _russ. Windhund_ [russ.]

'Bar·sor·ti·ment <n.; -(e)s; unz.> _Form des Zwischenbuchhandels_

Bart <m.; -(e)s, ²e> 1 _Haarwuchs im Gesicht; Oberlippen~_ 2 _Teil des Schlüssels;_ **'Bärt·chen** <n.; -s, -; Verkleinerungsf. von Bart(1);_ **'Bar·teln** <Pl.> = _Bartfäden;_ **'Bar·ten** <Pl.> _Hornplat-_

ten im Oberkiefer der Barten-
wale; **'Bar·ten·wal** <m.; - (e)s,
-e; Zool.>; **'Bart·fä·den** <Pl.>
Tast- u. Geschmacksorgane am
Maul vieler Fische; **'Bart·flech-
te** <f.; -; unz.> 1 <Med.> ein
Hautausschlag im Bartbereich 2
<Bot.> eine Flechtenart; **'Bart-
haar** <n.; - (e)s, -e>
'Bar·thel <nur in der Wendung>
wissen, wo (der) ~ den Most
holt alle Tricks kennen
'Bär·tier·chen <n.; -s, -; Zool.>
winziges Gliedertier
'bär·tig <Adj.> mit Bart; ...**bär·tig**
<Adj.; in Zus.> z. B. stoppelbär-
tig; **'bart·los** <Adj.>; **'Bart·nel-
ke** <f.; -, -n; Bot.> kleine Nel-
kensorte; **'Bart·stop·pel** <f.; -,
-n; meist Pl.; umg.>; **'Bart-
wuchs** <[-ks]; m.; -es; unz.>
ba·ry..., **Ba·ry...** <in Zus.>
schwer..., Schwer... [grch.]; **'Ba-
ry·on** <n.; -s, -'o·nen;
Kernphys.> schweres Elemen-
tarteilchen; **Ba·ry'nen·zahl**
<f.; -, -en>; **Ba·ry'sphä·re**,
<auch> **Ba·rys'phä·re** <f.; -;
unz.; ⌁Z54; Geol.> der (im Ver-
hältnis zum restl. Erdkörper
sehr schwere) Erdkern; **Ba'ryt**
<m.; - (e)s, -e; Chem.> ein Mine-
ral, chem. Bariumsulfat; **'Ba·ry-
ton** <n.; -s, -e; Instrumentenk.>
ein Streichinstrument des 18.
Jh.; <aber> → Bariton; **ba·ry-
'zen·trisch**, <auch> **ba·ry'zent-
risch** <Adj.; ⌁Z53> auf das Ba-
ryzentrum bezogen; **Ba·ry'zent-
rum** <n.; -s, -tren/-t·ren;
Phys.> Schwerpunkt
'Bar·zahl·ung <f.; -, -en>
ba'sal <Adj.; Anat.; Geol.> an der
Basis gelegen; **Ba·sa·li'om** <n.;
-s, -e; Med.> Hautgeschwulst
Ba'salt <m.; - (e)s, -e> schwärzl.
Vulkangestein [grch.]
Ba'sal·tem·pe·ra·tur <f.; -, -en>
morgens gemessene Körpertem-
peratur der Frau (zur Feststel-
lung des Eisprungs)
ba'sal·ten, **ba'sal·tig**, **ba'sal-
tisch** <Adj.> aus Basalt; **Ba'salt-
tuff** <m.; -s, -e>
Ba'sar <m.; -s, -e> 1 oriental.
Markt 2 Verkauf zu Wohltätig-
keitszwecken; Weihnachts~; oV
Bazar [pers.]
Basch'ki·re <m.; -n, -n> Angehö-
riger eines Türkvolkes im südl.

Ural; **Basch'ki·rin** <f.; -,
-n·nen>; **basch'ki·risch** <Adj.>
'Basch·lik, **'Basch·lyk** <m.; -s,
-s> kaukas. Wollkapuze [türk.]
'Ba·se¹ <f.; -, -n; veralt.> = Kusine
'Ba·se² <f.; -, -n; Chem.> alka-
lisch reagierende chem. Verbin-
dung [grch.]
Base·ball <['beisbɔːl]; m.; -s;
unz.> nordamerikan. Schlag-
ballspiel [engl.]
'Ba·se·dow·krank·heit, <auch>
'Ba·se·dow-Krank·heit <f.; -;
unz.; ⌁Z35; Med.> eine Schild-
drüsenerkrankung [nach dem
Arzt K. v. Basedow]
'Ba·sel Stadt in der Schweiz
Base·ment <['beismənt]; n.; -s,
-s> unter dem Straßenniveau
liegendes Geschoss [engl.];
'Base·ment·store <[-stɔː(r)];
m.; -s, -s> Verkaufsfläche im
Untergeschoss
BASIC <['beisik]; n.; -s; unz.;
⌁Z56; EDV; kurz für> Begin-
ner's All Purpose Symbolic In-
struction Code [engl.]
Ba·sic En·glish, <auch> **Ba·sic
Eng·lish** <['beisik 'inglɪʃ]; n.; -·-;
unz.; ⌁Z53> vereinfachte Form
des Englischen [engl.]
Ba·sic Needs <['beisik 'ni:ds];
Pl.; Wirtsch.> Grundbedürfnis-
se; **Ba·sics** <['beisiks]; Pl.;
umg.> das Wesentliche [engl.]
ba'sie·ren <V. i.> ~ auf beruhen
auf [frz.]
Ba'si·lie <[-liə]; f.; -, -n>, **Ba'si·li-
en·kraut** <n.; - (e)s; unz.; Bot.> =
Basilikum; **Ba'si·li·ka** <f.; -,
-li·ken> 1 altröm. Markt- u. Ge-
richtshalle 2 Kirchenbautyp mit
erhöhtem Mittelschiff [grch.];
ba·si·li·kal <Adj.> in der Art ei-
ner Basilika; **Ba'si·li·kum** <n.;
-s; unz.; Bot.> eine Gewürz-
pflanze
Ba·si'lisk <m.; -en, -en> 1
<Zool.> eine Echsenart 2 ein Fa-
beltier [grch.-lat.]; **Ba·si'lis-
ken·blick** <m.; - (e)s, -e; fig.>
stechender, unheiml. Blick
'Ba·sis <f.; -, 'Ba·sen> 1 Grundla-
ge, Ausgangspunkt; Militär-
Stützpunkt 2 <Math.> Grund-
zahl, -linie, -fläche 3 <Arch.>
Sockel, Unterbau 4 <Pol.> die
breite Masse der Bevölkerung; an der
~ arbeiten [grch.]; **'ba·sisch**
<Adj.; Chem.> wie eine Base²

reagierend; **'Ba·sis·de·mo·kra-
tie** <f.; -; unz.>; **'Ba·sis·grup·pe**
<f.; -, -n> (linksorientierter) po-
litisch aktiver Arbeitskreis; **Ba-
si·zi'tät** <f.; -; unz.; Chem.>
'Bas·ke <m.; -n, -n> Angehöriger
eines Pyrenäenvolkes; **'Bas·ken-
land** <n.; - (e)s; unz.>; **'Bas·ken-
müt·ze** <f.; -, -n> schirm- u.
randlose Mütze
Bas·ker·ville <['ba:skərvil]; f.; -;
unz.> Antiqua- u. Kursivdruck-
schrift [nach dem engl. Buch-
drucker J. Baskerville]
'Bas·ket·ball <n.; -s; unz.; Sp.>
ein Korbballspiel [engl.]
'Bas·kin <f.; -, -n·nen>; **'bas-
kisch** <Adj.> die Basken betref-
fend
Bas'kü·le <f.; -, -n> ein gleichzei-
tig oben u. unten schließender
Fensterverschluss [frz.]
'Bas·ler <m.; -s, -> Einwohner
von Basel; **'Bas·le·rin** <f.; -,
-n·nen>; **'bas·le·risch** <Adj.>
Bas'ma <t m.; -; unz.> eine Reis-
sorte [hind.]
Bas·re·li·ef <['barəljɛf]; n.; -s, -s
od. -e> = Flachrelief; Ggs Haut-
relief [frz.]
bass <Adv.; nur noch in der Wen-
dung> ~ erstaunt sein sehr er-
staunt
Bass <m.; -es, ⸚e> 1 <kurz für>
Kontrabass 2 tiefste Tonlage bei
Musikinstrumenten; ~klarinette
3 tiefste Stimmlage der Männer
4 Sänger mit dieser Stimme; Sy
Bassist 5 Gesamtheit der tiefen
Stimmen im Chor [ital.]; **'Bass-
ba·ri·ton** <m.; -s, -e; Mus.> 1
Stimmlage zw. Bass u. Bariton 2
Sänger mit dieser Stimmlage;
'Bass-buf·fo <m.; -s, -s od.
-buf·fi; Mus.> Sänger komischer
Bassrollen
'Bas·se <m.; -n, -n> Jägerspr.>
starker Keiler
Bas'se·na <f.; -, -s; österr.> auf
dem Flur befindliches, für meh-
rere Mieter gemeinsames Was-
serbecken [ital.]
Bas·set <engl. ['bæsət], frz.
[ba'sɛ]; m.; -s, -s; Zool.> eine
Hunderasse [frz.]
Bas'sett·horn <n.; - (e)s, ⸚er; In-
strumentenk.> Klarinette in tie-
fer Tonlage; **'Bass·gei·ge** <f.; -,
-n> = Kontrabass
Bas·sin <[ba'sɛ̃]; n.; -s, -s>

künstl. Wasserbecken; Schwimm~ [frz.]

Bas'sist <m.; -en, -en> = *Bass(4)*; **'Bas·so** <m.; -, 'Bas·si; Mus.> *Bass;* ~ continuo *Generalbass;* ~ ostinato *ständig wiederkehrendes Bassmotiv* [ital.]; **'Bass·schlüs·sel** <m.; -s; unz.; ↗Z37; Mus.> *F-Schlüssel;* **'Bass·stim·me** <f.; -, -n; ↗Z37>

Bast <m.; -(e)s, -e> 1 <Bot.> *Pflanzenfaser* 2 <Jägerspr.> *behaarte Haut am Geweih*

'bas·ta <Int.> *genug!, Schluss jetzt!;* und damit ~! [ital.]

'Bas·tard <m.; -(e)s, -e; Biol.> *durch Artenkreuzung entstandene(s) Pflanze/Tier* [frz.]; **bas·tar'die·ren** <V. t.> *Arten kreuzen;* **Bas·tar'die·rung** <f.; -; unz.>; **'Bas·tard·schrift** <f.; -, -en; Typ.> *aus zwei Schriftarten gemischte Druckschrift*

'Bas·te <f.; -, -n; Kart.> *Trumpfkarte*

Bas'tei <f.; -, -en> *vorspringender Teil an Festungsbauten, Bollwerk;* Sy *Bastion* [ital.]

'Bas·tel·ar·beit <f.; -, -en>; **'bas·teln** <V. i. od. V. t.; ich bast(e)le> *aus Liebhaberei eine handwerkl. Arbeit verrichten;* **'bas·ten** <Adj.> *aus Bast(1);* **'bast·far·ben** <Adj.>; **'Bast·fa·ser** <f.; -, -n>

Bas·til·le <[bas'ti:jə]; f.; -, -n> 1 <i. w. S.> *befestigtes Schloss* 2 <i. e. S.> *das 1789 erstürmte Staatsgefängnis in Paris* [frz.]; **Bas·ti'on** <f.; -, -en> = *Bastei* [ital.]

'Bast·ler <m.; -s, -> *jmd., der bastelt;* **'Bast·le·rin** <f.; -, -n·nen>; **'Bast·sei·de** <f.; -, -n>

BAT <m.; -s; unz.; Abk. für> *Bundesangestelltentarif*

Bat. <Abk. für> *Bataillon*

Ba·tail·le <[ba'ta:jə] od. [ba'taljə]; f.; -, -n; veralt.> *Kampf, Schlacht* [frz.]; **Ba·tail·lon** <[bata'ljo:n]; n.; -s, -e; Mil.; Abk.: Bat.> *Truppenabteilung*

Ba'ta·te <f.; -, -n; Bot.> *südamerikan. Süßkartoffel* [span.-indian.]

Batch·pro·ces·sing <['bætʃ 'prousesiŋ]; n.; - od. -s; unz.; EDV> *nacheinander erfolgende Verarbeitung von Daten;* Ggs *Parallelbetrieb* [engl.]

Ba·thy·gra·fie <f.; -; unz.;

↗Z 11.3> = *Bathygraphie;* **ba·thy'gra·fisch** <Adj.>; **Ba·thy·gra'phie** <f.; -; unz.> *Tiefseeforschung* [grch.]; **ba·thy'gra·phisch** <Adj.>; **Ba·thy'me·ter** <n.; -s, -> *Gerät zum Messen der Meerestiefe;* **Ba·thy'skaph** <m.; -en, -en> *ein Tiefseetauchgerät;* **Ba·thy'sphä·re**, <auch> **Ba·thys'phä·re** <f.; -, -n; ↗Z54> 1 *Bereich der Tiefsee* 2 *an einem Kabel hängende Kugel zur Tiefseeforschung* 3 *Tiefenzone der Erde*

'Ba·tik <f.; -, -en> 1 <unz.> *ein Stofffärbeverfahren* 2 *ein so gestaltetes Gewebe* [malai.]; **'ba·ti·ken** <V. i./V. t.> *eine Batik(2) herstellen, mithilfe der Batik(1) färben;* *ein gebatiktes Tuch*

Ba'tist <m.; -(e)s, -e> *feines Gewebe* [frz.]; **ba'tis·ten** <Adj.> *aus Batist*

Batt. <Abk. für> *Batterie(1)*; **Bat·te'rie** <f.; -, -n> 1 <Mil.; Abk.: Batt., Battr.> *Einheit der Artillerie* 2 <El.> *zur Stromspeicherung zusammengeschlossene elektr. Elemente* [frz.]; **bat·te'rie·be·trie·ben** <Adj.>; **Battr.** <Abk. für> *Batterie(1)*

'Bat·zen <m.; -s, -> 1 <umg.> *Klumpen, Haufen;* Lehm~; ein ~ *Geld* <fig.> *viel Geld* 2 <früher> *dt. Münze (4 Kreuzer)*

Bau¹ <m.; -(e)s, -ten> 1 <unz.> *das Bauen, Errichten;* der ~ *geht rasch voran;* das Haus ist im ~; auf dem ~ <umg.> *auf der Baustelle* 2 *Gebäude, Bauwerk* 3 <unz.; fig.> *Gestalt, Struktur;* Satz~; **Bau²** <m.; -(e)s, -e> 1 *Erdhöhle;* Fuchs~ 2 <Bgb.> *Bergwerksanlage;* Tage~; **'Bau·ab·nah·me** <f.; -, -n>; **'Bau·ab·schnitt** <m.; -(e)s, -e>; **'Bau·ar·bei·ter** <m.; -s, ->; **'Bau·art** <f.; -, -en>; **'Bau·auf·sicht** <f.; -, -en>; **'Bau·auf·sichts·be·hör·de** <f.; -, -n>

Bauch <m.; -(e)s, ⸚e> *unterer Teil des Rumpfes;* **'Bauch·an·satz** <m.; -es; unz.>; **'Bauch·bin·de** <f.; -, -n>; **'Bauch·de·cke** <f.; -, -n>; **'Bäu·chel·chen** <n.; -s, -; Verkleinerungsf. von *Bauch;* **'Bauch·fell** <n.; -(e)s, -e; Anat.> *Haut an der Innenwand der Bauchhöhle;* **'Bauch·flos·se** <f.; -, -n>; **'Bauch·fü·ßer**, **'Bauch-

füß·ler** <m.; -s, -; Zool.> *Schnecke;* **'Bauch·grim·men** <n.; -s; unz.; veralt.> *Bauchschmerzen;* **'Bauch·höh·le** <f.; -, -n>; **'Bauch·höh·len·schwan·ger·schaft** <f.; -, -en; Med.>; **'bau·chig** <Adj.> *gewölbt;* eine ~e *Flasche;* ...bäu·chig <Adj.> in Zus.> z. B. dickbäuchig; **'Bauch·klat·scher** <m.; -s, -; umg.> *missglückter Kopfsprung;* **'Bauch·la·den** <m.; -s, ⸚> *vor dem Körper getragener Verkaufskasten;* **'Bauch·la·ge** <f.; -; unz.> in ~ *schlafen;* **'Bauch·lan·dung** <f.; -, -en> eine ~ *machen* <umg.> *mit etwas Misserfolg haben;* **'Bäuch·lein** <n.; -s, -; poet.; Verkleinerungsf. von *Bauch;* **'bäuch·lings** <Adv.> *auf dem Bauch;* **'Bauch·na·bel** <m.; -s, ->; **'bauch·re·den** <V. i.; meist nur im Inf.>; **'Bauch·red·ner** <m.; -s, ->; **'Bauch·red·ne·rin** <f.; -, -n·nen>; **'Bauch·spei·chel·drü·se** <f.; -, -n; Med.>; **'Bauch·tanz** <m.; -es, ⸚e>; **'Bauch·tän·ze·rin** <f.; -, -n·nen>; **'Bau·chung** <f.; -, -en> *Wölbung;* **'Bauch·weh** <n.; -s; unz.>

Baud <[baud] od. [bo:d]; n.; -s, -; Zeichen: Bd> *Maß für die Telegrafiegeschwindigkeit* [nach dem Franzosen *Baudot*]

'Bau·de <f.; -, -n; schles.> *(Berg-)Hütte*

'Bau·denk·mal <n.; -(e)s, -mäler od. -e>; **'Bau·e·le·ment** <n.; -(e)s, -e; ↗Z55>; **'bau·en** <V.> 1 <V. t. u. V. i.> *etwas ~ errichten, konstruieren;* wir wollen nächstes Jahr (ein Haus) ~ 2 <V. i.> *auf jmdn. ~ sich auf jmdn. verlassen;* **'Bau·ent·wurf** <m.; -(e)s, ⸚e>; **...bau·er** <m.; -s, -; in Zus.> z. B. Brückenbauer; Ofenbauer

'Bau·er¹ <m.; -n, -n> 1 *Landwirt* 2 *kleinste Schachfigur* 3 <Kart.> *Bube;* **'Bau·er²** <n. od. m.; -s, -> *Vogelkäfig;* **'Bäu·er·chen** <n.; -s, -> 1 <Verkleinerungsf. von *Bauer¹* 2 <in der Wendung> ein ~ *machen nach dem Essen od. Trinken aufstoßen (von Säuglingen);* **'Bäu·e·rin** <f.; -, -n·nen>; **'bäu·e·risch** <Adj.> *urwüchsig, derb;* oV *bäurisch;* **'Bäu·er·lein** <n.; -s, -; poet.; Verkleinerungsf. von *Bauer¹;*

B

'**bäu·er·lich** <Adj.> *die Bauern betreffend;* '**Bau·ern·brot** <n.; -(e)s, -e>; '**Bau·ern·fän·ger** <m.; -s, -> *plumper Betrüger;* **Bau·ern·fän·ge·rei** <f.; -, -en>; '**Bau·ern·früh·stück** <n.; -(e)s; unz.> *Röstkartoffeln mit Eiern u. Speck;* '**Bau·ern·gut** <n.; -(e)s, ⸚er>; '**Bau·ern·haus** <n.; -es, ⸚er>; '**Bau·ern·hof** <m.; -(e)s, ⸚e>; '**Bau·ern·re·gel** <f.; -, -n> *auf Erfahrung beruhende Wetterregel;* '**Bau·ern·schaft** <f.; -; unz.>; '**bau·ern·schlau** <Adj.> *pfiffig, gewitzt;* '**Bau·ern·schläue** <f.; -; unz.>; '**Bau·ern·ster·ben** <n.; -s; unz.> *zunehmender Rückgang bäuerlicher Betriebe;* '**Bau·ern·the·a·ter** <n.; -s, ->; '**Bau·ern·ver·band** <m.; -(e)s, ⸚e>; '**Bau·ers·frau** <f.; -, -en>; '**Bau·ers·leu·te** <Pl.>; '**Bau·ers·mann** <m.; -(e)s, ⸚er; Pl. selten; poet.>
'**Bau·er·war·tungs·land** <n.; -(e)s; unz.> *zum baldigen Bebauen vorgesehenes Gebiet;* '**Bau·fach** <n.; -(e)s; unz.> *Bauhandwerk; er ist im ~ tätig;* '**bau·fäl·lig** <Adj.> *einsturzgefährdet;* '**Bau·fäl·lig·keit** <f.; -; unz.>; '**Bau·flucht·li·nie** <[-niə]; f.; -, -n> = *Fluchtlinie;* '**Bau·füh·rer** <m.; -s, ->; '**Bau·ge·län·de** <n.; -s, ->; '**Bau·ge·neh·mi·gung** <f.; -, -en>; '**Bau·ge·nos·sen·schaft** <f.; -, -en>; '**Bau·ge·wer·be** <n.; -s; unz.>; '**Bau·grund** <m.; -(e)s; unz.>; '**Bau·haus** <n.; -es; unz.; 1919–33> *Staatliches ~ Hochschule mit Werkstätten für gestaltendes Handwerk;* '**Bau·herr** <m.; -en, -en>; '**Bau·her·ren·mo·dell** <n.; -(e)s, -e> *Finanzierungsmodell für Bauvorhaben;* '**Bau·her·rin** <f.; -, -n·nen>; '**Bau·holz** <n.; -es, ⸚er>; '**Bau·hüt·te** <f.; -, -n>; '**Bau·in·ge·ni·eur** <[-inʒənjø:r]; m.; -s, -e>; '**Bau·in·ge·ni·eu·rin** <f.; -, -n·nen>; '**Bau·jahr** <n.; -(e)s, -e>; '**Bau·kas·ten** <m.; -s, ⸚> *Kasten mit Bauklötzchen für Kinder;* '**Bau·kas·ten·sys·tem** <n.; -s, -e; Tech.>; '**Bau·klötz·chen** <n.; -s, ->; '**Bau·klöt·ze(r)** <Pl.; in der Wendung> ~ staunen <fig.; umg.> *sehr verblüfft sein;* '**Bau·kos·ten** <Pl.>; '**Bau-**

kos·ten·zu·schuss <m.; -es, ⸚e>; '**Bau·kunst** <f.; -; unz.>; '**Bau·land** <n.; -(e)s; unz.>; '**Bau·lei·ter** <m.; -s, ->; '**Bau·lei·te·rin** <f.; -, -n·nen>; '**Bau·lei·tung** <f.; -, -en>; '**bau·lich** <Adj.> *den Bau (2) betreffend;* ~e *Veränderungen durchführen;* '**Bau·los** <n.; -es, -e> *Teil einer Bauleistung;* '**Bau·lö·we** <m.; -n, -n; umg.; abwertend> *einflussreicher Bauunternehmer;* '**Bau·lü·cke** <f.; -, -n>

Baum <m.; -(e)s, ⸚e> *großes Holzgewächs*

'**Bau·markt** <m.; -(e)s, ⸚e> *Geschäft mit Baumaterialien (für den Heimwerkerbedarf);* '**Bau·ma·schi·ne** <f.; -, -n>; '**Bau·maß·nah·me** <f.; -, -n>; '**Bau·ma·te·ri·al** <n.; -s, -a·li·en>; '**Baum·be·stand** <m.; -(e)s, ⸚e>; '**Baum·blü·te** <f.; -; unz.>; '**Bäum·chen** <n.; -s, -> *Verkleinerungsf. von* Baum

Bau·mé·grad <[bo'me:-]; m.; -(e)s, - od. -e; Zeichen: °Bé> *alte Maßeinheit für die Dichte von Flüssigkeiten;* 3 °Bé [nach dem frz. Chemiker A. Baumé]

'**Bau·meis·ter** <m.; -s, ->; '**Bau·meis·te·rin** <f.; -, -n·nen>; '**bau·meln** <V. i.; ich baum(e)le; umg.> *lose schwingend hängen;* '**bäu·men** <V. t./V. refl.> sich ~ *sich ruckartig aufrichten;* '**Baum·farn** <m.; -(e)s, -e; Bot.> *eine Farnart;* '**Baum·fre·vel** <m.; -s; unz.> *unerlaubtes Fällen von Bäumen;* '**Baum·gren·ze** <f.; -, -n; Pl. selten>; '**Baum·grup·pe** <f.; -, -n>; '**Baum·haus** <n.; -es, ⸚er>; '**Baum·kro·ne** <f.; -, -n>; '**Baum·ku·chen** <m.; -s, ->; '**baum·lang** <Adj.; fig.; umg.; scherzh.> *sehr groß;* '**Baum·läu·fer** <m.; -s, -; Zool.> *ein Singvogel;* '**Bäum·lein** <n.; -s, -; poet.> *Verkleinerungsf. von* Baum; '**baum·los** <Adj.>; '**Baum·nuss** <f.; -, ⸚e; schweiz.> = *Walnuss;* '**Baum·schu·le** <f.; -, -n> *Gärtnerei, in der Bäume gezogen werden;* '**Baum·stamm** <m.; -(e)s, ⸚e>; '**baum·stark** <Adj.> *im Umfang so dick wie ein Baum(stamm);* '**Baum·stei·ger** <m.; -s, -; Zool.> = *Baumläufer;* '**Baum·stumpf** <m.; -(e)s, ⸚e>; '**Baum·wol·le** <f.; -; unz.> 1

<Bot.> *trop. Pflanze* 2 *aus den Samenfäden dieser Pflanze gewonnenes Garn;* '**baum·wol·len** <Adj.> *aus Baumwolle;* '**Baum·woll·spin·ne·rei** <f.; -, -en>; '**Baum·woll·strauch** <m.; -(e)s, ⸚er>; '**Baum·wuchs** <[-ks]; m.; -es; unz.>

'**Baun·zerl** <n.; -s, -n; österr.> *längliches Milchbrötchen*

'**Bau·ord·nung** <f.; -, -en>; '**Bau·plan** <m.; -(e)s, ⸚e>; '**Bau·platz** <m.; -es, ⸚e>; '**Bau·po·li·zei** <f.; -; unz.>; '**Bau·recht** <n.; -(e)s; unz.>; '**bau·reif** <Adj.> *geeignet zum Bebauen*

'**bäu·risch** <Adj.> = *bäuerisch*

'**Bau·satz** <m.; -es, ⸚e> *Satz von Fertigteilen*

Bausch <m.; -(e)s, ⸚e> 1 *leichter Knäuel;* Watte~ 2 *in ~ und Bogen* <fig.> *alles zusammen;* '**Bäu·schel** <m. od. n.; -s, -; Bgb.> *schwerer Hammer;* '**bau·schen** <V. t./V. refl.; du bauschst> (sich) ~ *aufblähen;* '**bau·schig** <Adj.> *(auf)gebläht, prall*

'**Bau·schutt** <m.; -(e)s; unz.>; '**bau·spa·ren** <V. i.; meist im Inf.> *für Bauvorhaben begünstigt sparen; lohnt es sich bauzusparen?;* '**Bau·spar·kas·se** <f.; -, -n>; '**Bau·spar·ver·trag** <m.; -(e)s, ⸚e>; '**Bau·stein** <m.; -(e)s, -e>; '**Bau·stel·le** <f.; -, -n>; '**Bau·stil** <m.; -(e)s, -e>; '**Bau·stoff** <m.; -(e)s, -e>; '**Bau·stopp** <m.; -(e)s, -s>; '**Bau·sub·stanz** <auch> '**Bau·subs·tanz** <f.; -; unz.> *↗Z54> Zustand des Mauerwerks eines Gebäudes*

'**Bau·ta·stein** <m.; -(e)s, -e; in Skandinavien> *Gedenkstein aus der Bronzezeit* [altnord.]

'**Bau·tä·tig·keit** <f.; -; unz.>; '**Bau·te** <f.; -, -n; schweiz.; Amtsdt.> *Bau(werk), Gebäude;* '**Bau·trä·ger** <m.; -s, -> *Unternehmen, das für die Erstellung eines Baus verantwortlich ist;* '**Bau·un·ter·neh·mer** <m.; -s, ->; '**Bau·un·ter·neh·me·rin** <f.; -, -n·nen>; '**Bau·vo·lu·men** <[-vo-]; n.; -s, - od. -mi·na> *Umfang eines Bauvorhabens;* '**Bau·vor·ha·ben** <n.; -s, ->; '**Bau·wei·se** <f.; -, -n>; '**Bau·werk** <n.; -(e)s, -e>; '**Bau·we·sen** <n.; -s; unz.>; '**Bau·wich**

<m.; -(e)s, -e> Häuserzwischen-
raum
'**Bau·xerl** <n.; -s, -n; österr.> *klei-
nes, herziges Kind*
'**Bau·xit** <a. [-'-]; m.; -s, -e> *ein
aluminiumhaltiges Mineral*
[nach dem ersten Fund in Les
Baux in Südfrankreich]
bauz <Schallw.>
'**Bau·zeich·nung** <f.; -, -en>
Ba·va·ria <[-'va:-]; f.; -; unz.>
*Frauengestalt als Sinnbild Bay-
erns;* '**Bay·er**, <auch> '**Ba·yer**
<m.; -n, -n; ⚹Z52> *Einwohner
von Bayern;* '**Bay·e·rin** <f.; -,
-n·nen>; '**bay·e·risch** <Adj.> *die
~e Lebensart;* <aber> *der Baye-
rische Wald;* oV *bayrisch;* → a.
bairisch; '**Bay·ern** *Bundesland
der BRD;* '**bay·risch** <Adj.> =
bayerisch
Ba·zar <['ba:za:r]; m.; -s, -e> = *Ba-
sar*
'**Ba·zi** <m.; -s, -s; bair.; österr.>
Schlingel, Halunke
ba·zil'lär <Adj.>; **Ba·zil·le** <f.; -,
-n; umg.> = *Bazillus;* **Ba·zil·len-
trä·ger** <m.; -s, ->; **Ba·zil·len-
trä·ge·rin** <f.; -, -n·nen>; **Ba·zil-
lus** <m.; -, -'zil·len; Biol.; Med.>
Sporen bildender Spaltpilz [lat.]
BBC <[bi:bi:'si:]; m.; -; unz.; Abk.
für> *British Broadcasting Cor-
poration*
Bd <Abk. für> *Baud*
Bd. <Abk. für> *Band²*
BDA <Abk. für> *Bund Deutscher
Architekten*
Bde. <Abk. für> *Bände*
BDI <Abk. für> *Bundesverband
der Deutschen Industrie e. V.*
BDM <m.; -; unz.; 1933–45 Abk.
für> *Bund deutscher Mädel (Or-
ganisation der Hitlerjugend)*
'**B-Dur** <n.; -; unz.; Mus.; Abk.: B>
eine Dur-Tonart; '**B-Dur-Ton-
lei·ter** <f.; -, -n; ⚹Z35; Mus.>
Be <Chem.; Zeichen für> *Berylli-
um*
°**Bé** <Phys.; Zeichen für> *Baumé-
grad*
BE <Abk. für> *Broteinheit*
be'ab·sich·ti·gen <V. t.> *vorha-
ben*
be'ach·ten <V. t.>; **be'ach·tens-
wert** <Adj.>; **be'acht·lich** <Adj.>
erstaunlich (groß), beträchtlich;
Be'ach·tung <f.; -; unz.>
Beach·vol·ley·ball <['bi:tʃvɔle-];
m.; -(e)s; unz.; Sp.> *im Sand*

durchgeführtes Volleyballspiel
[engl.]
be'a·ckern <V. t.; ich beack(e)re>
1 *ein Feld* ~ *durchpflügen* **2**
<fig.; umg.> *gründlich bearbei-
ten*
Bea·gle, <auch> **Beag·le**
<['bi:gl]; m.; -s, - od. -s; ⚹Z53;
Zool.> *eine Hunderasse* [engl.]
Be·am·te(r) <m. 1> *Inhaber eines
öffentl. Amtes;* **be·am·ten** <V. t.>
jmdn. ~; **Be'am·ten·be·lei·di-
gung** <f.; -, -en>; **Be'am·ten·be-
ste·chung** <f.; -, -en>; **Be·am-
ten·schaft** <f.; -; unz.>; **be·am-
tet** <Adj.; ⚹Z28.1> *als Beamter/
Beamtin fest angestellt;* **Be·am-
tin** <f.; -, -n·nen>
be'ängs·ti·gend <Adj.> *Angst
machend*
be·an·spru·chen <V. t.> *in An-
spruch nehmen;* **Be'an·spru-
chung** <f.; -, -en>
be·an·stan·den <V. t.> *tadeln;* **Be-
'an·stan·dung** <f.; -, -en>
be·an·tra·gen <V. t.>
be·ant·wor·ten <V. t.>; **Be'ant-
wor·tung** <f.; -, -en>
be'ar·bei·ten <V. t.>; **Be'ar·bei·ter**
<m.; -s, ->; **Be'ar·bei·te·rin** <f.;
-, -n·nen>; **Be'ar·bei·tung** <f.; -,
-en>
be·arg·wöh·nen <V. t.; geh.>
jmdn. ~ *jmdm. misstrauen;* sie
hat ihn beargwöhnt
Beat <[bi:t]; m.; -s; unz.; Mus.> **1**
betonter Taktteil im Jazz **2**
Schlagrhythmus **3** <kurz für>
Beatmusik [engl.]; **bea·ten**
<['bi:tən]; V. i.> **1** *Beat(3) spielen*
2 *nach Beatmusik tanzen;*
'**Beat·fan** <[-fæn]; m.; -s, -s>
Anhänger der Beatmusik; '**Beat-
ge·ne·ra·tion** <[-dʒenəre:ʃn]; f.;
-; unz.; um 1950> *als Bürgerli-
che, Geordnete ablehnende
amerikan. Künstlergruppe*
Be·a·ti·fi·ka·ti'on <f.; -, -en> = *Se-
ligsprechung* [lat.]; **be·a·ti·fi'zie-
ren** <V. t.>
be'at·men <V. t.> jmdn. (künst-
lich) ~ *Luft, Sauerstoff in jmds.
Atemwege blasen;* **Be'at·mung**
<f.; -, -en> *künstliche* ~; **Be'at-
mungs·ge·rät** <n.; -(e)s, -e>
Beat·mu·sik <['bi:t-]; f.; -; unz.>
[engl.]; '**Beat·nik** <m.; -s, -s>
Vertreter der Beatgeneration
Beau <[bo:]; m.; -s, -s; scherzh.>

iron.> *schöner (u. eitler) Mann*
[frz.]
Beau·fort·ska·la <['bo:fət-] od.
[bo'fɔ:r-]; f.; -; unz.> *Skala für
Windstärken* [nach dem engl.
Admiral Sir F. *Beaufort*]
be'auf·schla·gen <V. t. 218;
Tech.> *auf etwas auftreffen;* der
Dampfstrahl beaufschlagt die
Turbinenschaufeln
be'auf·sich·ti·gen <V. t.> *überwa-
chen;* **Be'auf·sich·ti·gung** <f.; -,
-en>
be'auf·tra·gen <V. t.> jmdn. (mit
etwas) ~; **Be'auf·trag·te(r)** <f. 2
(m. 1)>
be'äu·gen <V. t.> *misstrauisch,
neugierig betrachten;* sie wurde
von oben bis unten beäugt
Beau·jo·lais <[boʒo'le:]; m.; -, ->
ein frz. Rotwein [nach der
gleichnamigen frz. Landschaft]
Beau·ty·case <['bju:tike:s]; n. od.
m.; - od. -s [-siz], -s [-siz]> *Kos-
metikkoffer* [engl.]; '**Beau·ty-
farm** <f.; -, -en> *Hotel für
Schönheitspflege*
be'bau·en <V. t.>; **Be'bau·ung**
<f.; -, -en>; **Be'bau·ungs·dich-
te** <f.; -; unz.>
Bé·bé <[be'be:]; n.; -s, -s;
schweiz.> *Säugling, Baby* [frz.]
'**be·ben** <V. i.> *heftig zittern;* '**Be-
ben** <n.; -s, -> *(Erd-)Erschütte-
rung*
be'bil·dern <V. t.; ich bebild(e)-
re> *mit Bildern versehen;* **Be-
'bil·de·rung** <f.; -, -en>
Be·bop <['bi:bɔp]; m.; -s, -s;
Kurzw.: Bop> *amerikan. Jazzstil
der 40er Jahre* [engl.]
be'brillt <Adj.> *mit Brille*
be·brü·ten <V. t.>
'**Be·bung** <f.; -, -en; Mus.>
Schwingung
Bé·cha·mel·kar·tof·feln
<[beʃa'mɛl-]; Pl.> *Kartoffel-
scheiben in Béchamelsoße*
[nach dem Marquis de *Bécha-
mel*]; **Bé·cha·mel·so·ße** <f.; -,
-n>
'**Be·cher** <m.; -s, -> *ein Trinkge-
fäß;* '**be·chern** <V. i.; ich
bech(e)re; umg.> *viel trinken;*
'**Be·cher·werk** <n.; -s, -e;
Tech.> *ein Fördergerät*
be·cir·cen <[-'tsirtsən]; V. t.;
umg.; scherzh.> = *bezirzen*
'**Be·cken** <n.; -s, -> **1** *Schale;
Tauf~; Wasch~* **2** <Mus.> *ein*

Schlaginstrument 3 <Anat.> *Knochenring am unteren Rumpfteil;* **'Be·cken·gür·tel** <m.; -s, -; Anat.>; **'Be·cken·kno·chen** <m.; -s, -; Anat.>; **'Be·cken·rand** <m.; -(e)s, ⸚e>; **'Be·cken·schlä·ger** <m.; -s, -; Mus.>; **'Be·cken·schlä·ge·rin** <f.; -, -n·nen>

Beck·mes·se'rei <f.; -, -en> *kleinliche Kritik;* **'beck·mes·sern** <V. i.; ich beckmess(e)re, sie hat gebeckmessert> *kleinliche Kritik üben*

Bec·que·rel <[bɛk(ə)'rɛl]; n.; -s, -; Zeichen: Bq> *Maßeinheit für die Stärke der Radioaktivität* [nach dem frz. Physiker H. A. *Becquerel*]

be'da·chen <V. t.> *mit einem Dach versehen*

be'dacht <Adj.; ⸚ Z28.1> 1 auf etwas ~ sein *nach etwas strebend* 2 *mit Überlegung handelnd;* **Be'dacht** <nur in den Wendungen> 1 mit ~ *mit Überlegung* 2 auf etwas ~ nehmen *auf etwas bedacht sein;* **be'däch·tig** <Adj.> *vorsichtig, besonnen;* **Be'däch·tig·keit** <f.; -; unz.>; **be'dacht·sam** <Adj.>; **Be'dacht·sam·keit** <f.; -; unz.>

Be'da·chung <f.; -, -en>

be'damp·fen <V. t.> Metalle ~ *durch thermisches Verdampfen mit einer Schicht belegen*

Bed and Break·fast <['bɛd ənd 'brɛkfəst]; n.; ---; unz.; in angelsächs. Ländern> *Übernachtung u. Frühstück* [engl.]

be'dan·ken <V. refl.>

Be'darf <m.; -(e)s; unz.> *Nachfrage;* der ~ an ... ist gedeckt; **Be'darfs·ar·ti·kel** <m.; -s, ->; **Be'darfs·fall** <m.; -(e)s, ⸚e> im ~>; **be'darfs·ge·recht** <Adj.>; **Be'darfs·hal·te·stel·le** <f.; -, -n>

be'dau·er·lich <Adj.> *betrüblich;* ein ~er Fehler; **be·dau·er·li·cher'wei·se** <Adv.>; **be'dau·ern** <V. t.; ich bedau(e)re> 1 jmdn. ~ *bemitleiden* 2 etwas ~ *bereuen;* **Be'dau·ern** <n.; -s; unz.>; **be'dau·erns·wert** <Adj.>

be'de·cken <V. t./V. refl.> sich bedeckt halten <fig.> *sich zurückhaltend äußern;* **Be'deckt·sa·mer** <Pl.; Bot.> *Pflanzen, deren Samen von einem Fruchtknoten*

umschlossen sind; Ggs *Nacktsamer;* **Be'de·ckung** <f.; -, -en>

be'den·ken <V. t. 119> 1 *nachdenken;* jmdm. etwas zu ~ geben 2 jmdn. (mit etwas) ~ *jmdm. etwas schenken;* **Be'den·ken** <n.; -s, -; meist Pl.> *Befürchtung, Vorbehalt* ohne ~; er hatte ernste ~; **be'den·ken·los** <Adj.>; **be'denk·lich** <Adj.>; **Be'denk·lich·keit** <f.; -; unz.>; **Be'denk·zeit** <f.; -; unz.>

be'dep·pert <Adj.; umg.> *bestürzt, kleinlaut*

be'deu·ten <V.> 1 <V. t.> *einen best. Sinn haben;* was soll das ~? 2 <V. i.> *wichtig sein;* er bedeutet mir viel 3 <V. t.; geh.> *zu verstehen geben;* er bedeutete ihm zu gehen; **be'deu·tend** <Adj.; ⸚ Z28.1> *außergewöhnlich, herausragend;* ein ~er Künstler; der Umsatz ist ~ besser geworden; er ist um ein Bedeutendes gestiegen; **be'deut·sam** <Adj.>; **Be'deu·tung** <f.; -, -en> 1 *Sinn, Inhalt* 2 <unz.> *Wichtigkeit;* einer Sache ~ beimessen 3 *Tragweite;* bist du dir über die ~ deiner Aussage im Klaren?; **Be'deu·tungs·leh·re** <f.; -; unz.; Sprachw.> → a. *Kasten Semantik;* **be'deu·tungs·los** <Adj.>; **be'deu·tungs·schwer** <Adj.>; **be'deu·tungs·voll** <Adj.>; **Be-**

'deu·tungs·wan·del <m.; -s; unz.; Sprachw.> → a. *Kasten*

be'die·nen <V. t.> 1 <V. t./V. refl.> jmdn. ~ *jmdm. Dienste leisten,* <umg.; österr. a.> *jmdn. benachteiligen;* bitte ~ Sie sich! greifen Sie zu!; ich bin bedient <fig.; umg.> *mir reicht's!* 2 *ein Gerät, eine Maschine* ~ *handhaben;* **be'die·ner·freund·lich** <Adj.> eine ~e Maschine; **be'diens·tet** <Adj.> bei jmdm. ~ sein *in jmds. Dienst stehen;* **Be'diens·te·te(r)** <f. 2 (m. 1)>; **Be'die·nung** <f.; -, -en> 1 <unz.> *Handhabung;* Fern~; Selbst~ 2 *jmd., der bedient;* wo bleibt die ~?; **Be'die·nungs·an·lei·tung** <f.; -, -en>

be'din·gen [1] <V. t. 120; veralt.> *ausbedingen, durch eine Abmachung festsetzen;* der bedungene Lohn; **be'din·gen** [2] <V. t.> 1 *voraussetzen, erfordern;* dieser Job bedingt viel Einfühlungsvermögen 2 *verursachen, zur Folge haben;* sein Fernbleiben ist durch Krankheit bedingt; **be'din·gend** <Adj.; Gramm.> = *konditional;* **be'dingt** <Adj.; ⸚ Z28.1> *eingeschränkt;* das ist nur ~ richtig; ein ~er Straferlass <Rechtsw.>; **Be'dingt·gut** <n.; -(e)s, ⸚er; Kaufmannsspr.> *Kommissionsware;* **Be'dingt·heit** <f.; -; unz.>; **Be'dingt·sen·dung** <f.; -, -en; Kaufmannsspr.> *Sendung von Kommissionswaren;* **Be'din·gung** <f.; -, -en> 1 *Voraussetzung;* unter der ~, dass ... 2 *Verpflichtung, Bestimmung;* jmdm. ~en stellen; **Be'din·gungs·form** <f.; -, -en; Gramm.> = *Konditional;* **be'din·gungs·los** <Adj.> *uneingeschränkt;* **Be'din·gungs·satz** <m.; -es, ⸚e; Gramm.> → a. *Kasten S. 191;* **be'din·gungs·wei·se** <Adj.> *unter Einschränkungen*

be'drän·gen <V. t.> jmdn. ~ *unter Druck setzen, belästigen;* **Be'dräng·nis** <f.; -, -s·se; geh.> *(materielle od. seelische) Notlage;* in ~ geraten

be'drippt, be'dripst <Adj.; umg.> *kleinlaut, niedergeschlagen*

be'dro·hen <V. t.>; **be'droh·lich** <Adj.> *gefährlich, unheilvoll;* **Be'dro·hung** <f.; -, -en>

be'dru·cken <V. t.>

Bedingungssatz: Der B. – auch **Konditionalsatz** genannt – ist eine Art des ↗Gliedsatzes. Er gehört der Form nach zu den Konjunktionalsätzen und gibt die Bedingung der Gültigkeit des im Matrix- bzw. Hauptsatz bezeichneten Sachverhaltes an. B. werden meistens durch die Konjunktionen *wenn, falls, sofern* oder durch präpositionale Wendungen wie *im Falle, dass; angenommen, dass; vorausgesetzt, dass* eingeleitet; z. B. *Wenn mir ein Buch nicht gefällt, lese ich es nicht. Vorausgesetzt, dass er die Prüfung besteht, schenken ihm seine Eltern ein Auto.*
B. stehen im Allgemeinen (wie oben) im ↗Indikativ („Realis"), wenn die Bedingung als real möglich angenommen wird, z. B. *Wenn er singt, gehe ich.* Der „Irrealis der Gegenwart" (auch „Potentialis")wird mit dem einfachen ↗Konjunktiv II ausgedrückt, z. B. *Wenn er singen würde, ginge ich.* Der „Irrealis der Vergangenheit" wird mit dem zusammengesetzten Konjunktiv II ausgedrückt, z. B. *Wenn er gesungen hätte, wäre ich gegangen.*
Es gibt auch uneingeleitete B.: *Hätte ich das geahnt, wäre ich hingegangen.*

be·drü·cken <V. t.>; be·drü·ckend <Adj.; ↗Z28.1> *belastend;* be·drückt <Adj.; ↗Z28.1> *niedergeschlagen;* Be·drü·ckung <f.; -; unz.>

Be·du'i·ne <m.; -n, -n> *arab. Nomade* [arab.]; Be·du'i·nin <f.; -, -n·nen>; be·du'i·nisch <Adj.>

be·dün·ken <V. t.; veralt.; unpersönl.> *es will mich ~, dass ...; es bedünkt mich, dass ... mir scheint, dass ...*

be·dür·fen <V. i. 124> *jmds. od. einer Sache ~* <geh.> *jmdn. od. eine S. brauchen, nötig haben;* Be·dürf·nis <n.; -s-ses, -s·se> *Verlangen nach etwas;* Be·dürf·nis·an·stalt <f.; -, -en> *öffentl. Toilette;* be·dürf·nis·los <Adj.>; be·dürf·tig <Adj.; m. Gen.> *einer Sache ~ sein eine S. brauchen;* gewöhnungs~; Be·dürf·tig·keit <f.; -; unz.> *Armut*

be·du·seln <V. refl.; ich be·dus(e)le mich; umg.> *sich ~ sich (leicht) betrinken;* be·du-

selt <Adj.; ↗Z28.1; umg.> *benommen*

Beef·ea·ter <['bi:fi:tə(r)]; m.; -s, -> *königl. Leibgardist (im Londoner Tower)* [engl.]; 'Beef·steak <[-ste:k]; n.; -s, -s> *gebratenes Rindfleischstück;* 'Beef·tea <[-ti:]; m.; -s, -s> Kochk.> *Rindfleischbrühe*

be·eh·ren <V. t.; geh.; veralt.> *besuchen; ~ Sie mich wieder!*

be·ei·den, be·ei·di·gen <V. t.> *beschwören, mit einem Eid bekräftigen;* be·ei·digt <Adj.; ↗Z28.1> *eine ~e Aussage vor Gericht*

be·ei·len <V. refl.> *sich ~;* Be·ei·lung <f.; -; unz.; umg.> *~ bitte!*

be·ein·dru·cken <V. t.> *er war von ihr sehr beeindruckt;* be·'ein·dru·ckend <Adj.; ↗Z28.1> *einen starken Eindruck hinterlassend*

be·ein·flus·sen <V. t.; du beeinflusst> *jmdn. ~ auf jmdn. einwirken;* Be·ein·flus·sung <f.; -, -en>

be·ein·träch·ti·gen <V. t.> *stören, behindern, mindern;* Be·ein·träch·ti·gung <f.; -, -en>

be·e·len·den <V. t.; schweiz.> *schmerzlich berühren, traurig stimmen*

'Beel·ze·bub <m.; -en; unz.; NT> *der oberste Dämon;* den Teufel mit dem ~ austreiben *ein Übel durch ein noch schlimmeres bekämpfen (wollen)*

be·en·den, be·en·di·gen <V. t.>; Be·en·di·gung, Be·en·dung <f.; -; unz.>

be·en·gen <V. t.> *beengte Wohnverhältnisse;* Be·engt·heit <f.; -; unz.>; Be·en·gung <f.; -; unz.>

be·er·ben <V. t.> *jmdn. ~ jmds. Erbschaft antreten;* Be·er·bung <f.; -; unz.>

be·er·di·gen <V. t.> *Sy bestatten;* Be·er·di·gung <f.; -, -en>; Be·'er·di·gungs·un·ter·neh·men <n.; -s, ->

'Bee·re <f.; -, -n> *kleine Frucht; ~n tragende Sträucher;* 'Bee·ren·aus·le·se <f.; -, -n> *(Prädikats-)Wein aus vollreifen Trauben;* 'Bee·ren·obst <n.; -(e)s; unz.>; 'Bee·ren·wein <m.; -(e)s, -e>

'Beet <n.; -(e)s, -e> *abgegrenztes Gartenstück;* Blumen~

'Bee·te <f.; -, -n; Bot.> = *Bete*

be·fä·hi·gen <V. t.; ↗Z28.1> *jmdn. (zu etwas) ~ Fähigkeiten vermitteln;* be·'fä·higt <Adj.; ↗Z28.1> *begabt; ein ~er Mensch;* Be·'fä·hi·gung <f.; -, -en>; Be·'fä·hi·gungs·nach·weis <m.; -es, -e>

be·fahr·bar <Adj.>; Be·'fahr·bar·keit <f.; -; unz.>; be·'fah·ren¹ <V. t. 130> *Wege ~ mit einem Fahrzeug benutzen;* be·'fah·ren² <Adj.> 1 *eine stark ~e Straße* 2 *ein ~er Bau* <Jägerspr.> *ein bewohnter B.* 3 <Seemannsspr.> *in der Seefahrt erprobt; ~e Matrosen*

Be·'fall <m.; -(e)s, ⸗e> *das Befallensein (von Schädlingen);* be·'fal·len <V. t. 131> *plötzlich erfassen, heimsuchen; er wurde von Angst ~*

be·fan·gen <Adj.> 1 *schüchtern, verlegen* 2 *voreingenommen, parteiisch;* Be·'fan·gen·heit <f.; -; unz.> *einen Richter wegen ~ ablehnen*

be·fas·sen <V. t./V. refl.> 1 *sich mit jmdm. od. etwas ~ beschäftigen* 2 *jmdn. mit etwas ~* <Amtsdt.> *betrauen*

be·feh·den <V. t./V. refl.; poet.> *sich ~ bekämpfen*

Be·'fehl <m.; -(e)s, -e> 1 *Aufforderung* 2 *Befugnis, Befehle zu erteilen;* den ~ über jmdn. haben; be·'feh·len <V. t. u. V. i. 102>; be·'feh·lend <Adj.; ↗Z28.1> *gebieterisch;* in ~em Ton; be·'feh·le·risch <Adj.>; be·'feh·li·gen <V. t.; Mil.>; Be·'fehls·be·reich <m.; -(e)s, -e; bes. Mil.>; Be·'fehls·emp·fän·ger <m.; -s, ->; Be·'fehls·emp·fän·ge·rin <f.; -, -n·nen>; Be·'fehls·form <f.; -, -en; Gramm.> → a. *Kasten Imperativ*, Be·'fehls·ge·walt <f.; -; unz.>; Be·'fehls·ha·ber <m.; -s, -; Mil.>; be·'fehls·ha·be·risch <Adj.>; Be·'fehls·not·stand <m.; -(e)s; unz.> *Zwiespalt, Befehle ausführen zu müssen, die mit dem eigenen Gewissen nicht zu vereinbaren sind;* be·'fehls·satz <m.; -es, ⸗e; Gramm.>; Be·'fehls·ver·wei·ge·rung <f.; -, -en; bes. Mil.>; be·'fehls·wid·rig <Adj.> *~es Verhalten*

be·fein·den <V. t./V. refl.> *bekämpfen*

be·fes·ti·gen <V. t.> 1 etwas ~ *fest machen* 2 ein Ufer ~ 3 eine Grenze, eine Stadt ~ <Mil.> *für die Verteidigung bereit machen;* **Be'fes·ti·gung** <f.; -, -en>; **Be'fes·ti·gungs·an·la·ge** <f.; -, -n>

be'feuch·ten <V. t.>

be·feu·ern <V. t.; ich befeu(e)re; Mar.> *mit Leuchtfeuern versehen;* **Be'feu·e·rung** <f.; -, -en>

'Beff·chen <Pl.; an Amtstrachten, bes. von Geistlichen> *die zwei weißen Leinenstreifen an der Halsbinde*

be·fie·dern <V. t.; ich befied(e)re> *mit Federn versehen*

be·fin·den <V. 134> 1 <V. refl.> sich ~ *sich aufhalten, sein* 2 <V. i.> über jmdn. od. etwas ~ *urteilen, entscheiden* 3 <V. t.> jmdn. od. etwas für gut, schlecht ~; **Be'fin·den** <n.; -s; unz.> 1 *gesundheitl. Zustand;* sich nach jmds. ~ erkundigen 2 <geh.> *Urteil;* nach meinem ~; **be'find·lich** <Adj.> *vorhanden;* das am Marktplatz ~e Rathaus; **Be'find·lich·keit** <f.; -, -en> *seelischer (u. körperlicher) Zustand*

be·fin·gern <V. t.; ich befing(e)re; umg.> *befühlen, betasten*

be'flag·gen <V. t.> *mit Flaggen versehen;* **Be'flag·gung** <f.; -, -en> 1 *das Beflaggen* 2 *Gesamtheit der Flaggen*

be'fle·cken <V. t.>; **Be'fle·ckung** <f.; -, -en>

be'fle·geln <V. t.; ich befleg(e)le; österr.> *beleidigen*

be'flei·ßen <V. refl. 103; du befleißt dich; selten>, **be'flei·ßi·gen** <V. refl.; m. Gen.; geh.> *sich einer Sache ~ sich um eine S. bemühen*

be'flie·gen <V. t. 136> eine Strecke ~

be'flis·sen <Adj.> *eifrig bemüht;* kunst~; **Be'flis·sen·heit** <f.; -; unz.>

be'flü·geln <V. t.; fig.; geh.> *antreiben, anspornen;* die Idee beflügelte ihn

be'flu·ten <V. t.> *unter Wasser setzen;* **Be'flu·tung** <f.; -, -en>

be'fol·gen <V. t.> ein Gesetz ~; **Be'fol·gung** <f.; -; unz.>

be'för·der·lich <Adj.; schweiz.; Amtsdt.> *rasch;* **be'för·dern** <V. t.; ich beförd(e)re> 1 jmdn.

---

od. etwas ~ *an einen anderen Ort bringen* 2 jmdn. ~ *in eine höhere Stellung aufrücken lassen;* **Be'för·de·rung** <f.; -, -en>; **Be'för·de·rungs·mit·tel** <n.; -s, ->

be'fors·ten <V. t.> *forstlich bewirtschaften;* **be'förs·tern** <V. t.> einen Privatwald ~ *durch staatl. Forstbeamte verwalten lassen;* **Be'förs·te·rung** <f.; -; unz.>; **Be'fors·tung** <f.; -; unz.>

be'frach·ten <V. t.; a. fig.> *beladen, belasten;* er ist mit Schuld befrachtet; **Be'frach·ter** <m.; -s, -> *Absender einer Fracht;* **Be'frach·tung** <f.; -, -en>

be'frackt <Adj.> *mit einem Frack bekleidet*

be'fra·gen <V. t.> jmdn. ~ *an jmdn. eine Frage richten;* **Be'fra·gung** <f.; -, -en>

be'frei·en <V. t./V. refl.>; **Be'frei·er** <m.; -s, ->; **Be'frei·e·rin** <f.; -, -n·nen>; **Be'frei·ung** <f.; -, -en>; **Be'frei·ungs·be·we·gung** <f.; -, -en>; **Be'frei·ungs·kampf** <m.; -(e)s, ⸚e>; **Be'frei·ungs·krieg** <m.; -(e)s, -e>; **Be'frei·ungs·schlag** <m.; -(e)s, ⸚e; Eishockey; a. fig.>

be'frem·den <V. t.> *ihr Verhalten befremdet mich erstaunt mich;* **Be'frem·den** <n.; -s; unz.>; **be'fremd·lich** <Adj.>

be'freun·den <V. refl.>; **be'freun·det** <Adj.; ⸍ Z 28.1> ~e Familien

be'frie·den <V. t.> *Frieden bringen;* nach Unruhen befriedetes Land; **be'frie·di·gen** <V. t./V. refl.> *zufrieden stellen;* sich (selbst) ~ *masturbieren;* **be'frie·di·gend** <Adj.; ⸍ Z 28.1> *zufrieden stellend;* sie hat (die Note) "~" erhalten; <aber> sie hat ein Befriedigend erhalten; **Be'frie·di·gung** <f.; -; unz.>; **Be'frie·dung** <f.; -, -en>

be'fris·ten <V. t.> *eine Frist setzen;* befristete Aufenthaltserlaubnis; **Be'fris·tung** <f.; -, -en>

be'fruch·ten <V. t.> 1 *die Befruchtung vollziehen* 2 <fig.> *zu kreativer Tätigkeit anregen;* **Be'fruch·tung** <f.; -, -en> *Vereinigung von männl. u. weibl. Keimzelle*

be'fu·gen <V. t.> *befugt sein berechtigt, ermächtigt;* Unbefug-

---

ten ist der Zutritt verboten!; **Be'fug·nis** <f.; -, -s·se>

be'füh·len <V. t.>

be'fum·meln <V. t.; ich befumm(e)le; umg.> *tastend untersuchen*

Be'fund <m.; -(e)s, -e> *Ergebnis einer Untersuchung;* ohne ~ <Med.; Abk.: o. B.> *die U. hat nichts ergeben*

be'fürch·ten <V. t.>; **Be'fürch·tung** <f.; -, -en>

be'für·sor·gen <V. t.; österr.; Amtsdt.> *betreuen*

be'für·wor·ten <V. t.> *durch Empfehlung unterstützen;* **Be'für·wor·tung** <f.; -, -en>

Beg <m.; -(e)s, -s od. -e> = *Bei*

be'ga·ben <V. t.; geh.> *mit besonderen Gaben ausstatten;* **be'gabt** <Adj.; ⸍ Z 28.1> *talentiert;* **Be'gab·ten·för·de·rung** <f.; -; unz.>; **Be'ga·bung** <f.; -, -en> *Talent*

be'gaf·fen <V. t.; umg.> *anstarren*

Be'gäng·nis <n.; -s·ses, -s·se; veralt.> *feierl. Handlung, z. B. Bestattung;* Leichen~

be'ga·sen <V. t.; du begast> *mit Gas behandeln;* begastes Obst

Be'gas·se <f.; -, -n> = *Bagasse*

Be'ga·sung <f.; -, -en>

be'gat·ten <V. refl.> sich ~ *sich geschlechtlich vereinigen;* **Be'gat·tung** <f.; -, -en>

be'geb·bar <Adj.; Kaufmannsspr.> *übertragbar* (Wechsel); **be'ge·ben** <V. 143> 1 <V. t.; Kaufmannsspr.> *in Umlauf setzen, weitergeben;* Wertpapiere ~ 2 <V. refl.> sich (irgendwohin) ~ <geh.> *gehen;* sich in Gefahr ~ 3 <V. refl.; unpersönl.> etwas begibt sich <geh.> *geschieht, ereignet sich;* **Be'ge·ben·heit** <f.; -, -en>, **Be'geb·nis** <n.; -s·ses, -s·se; veralt.> *Ereignis;* **Be'ge·bung** <f.; -, -en; Kaufmannsspr.> *Aus-, Weitergabe*

be'geg·nen <V. i. (s.)> 1 jmdm. ~ *jmdn. zufällig treffen* 2 jmdn. freundlich ~ *entgegentreten;* **Be'geg·nis** <n.; -s·ses, -s·se; veralt.>, **Be'geg·nung** <f.; -, -en>; **Be'geg·nungs·stät·te** <f.; -, -n>

be'geh·bar <Adj.> ein ~er Kleiderschrank; **Be'geh·bar·keit** <f.; -; unz.>; **be'ge·hen** <V. t. 145> 1 einen Weg ~ *zu Fuß be-*

nutzen 2 *tun;* einen Fehler, Selbstmord ~ 3 ‹geh.› *feiern;* ein Fest, den 80. Geburtstag ~
Be'gehr ‹m. od. n.; -s, -e; veralt.› = *Begehren;* **be'geh·ren** ‹V. t.›; **Be'geh·ren** ‹n.; -s, -› *Verlangen, Wunsch;* **Be'gehrens·wert** ‹Adj.›; **be'gehr·lich** ‹Adj.› *gierig;* ~e Blicke; **Be'gehr·lich·keit** ‹f.; -; unz.›
Be'ge·hung ‹f.; -, -en›; **Be'gehungs·de·likt** ‹n.; -(e)s, -e; Rechtsw.› *Straftat durch aktives Tun*
be'geis·tern ‹V. t.; ich begeist(e)re› ~ 1 *in Begeisterung versetzen;* von etwas begeistert sein; jmdn. für etwas ~ 2 ‹V. refl.› sich (für etwas) ~ *in Begeisterung geraten;* **be'geisternd** ‹Adj.; ↗Z28.1›; **Be'geis·te·rung** ‹f.; -; unz.› 1 *freudige Erregung* 2 *leidenschaftl. Eifer;* voller ~ ans Werk gehen; **be'geis·te·rungs·fä·hig** ‹Adj.›; **Be·geis·te·rungs·sturm** ‹m.; -(e)s, ⁻e; fig.›
be'gich·ten ‹V. t.; Hüttenw.› einen Schachtofen ~ *Erz in den S. einbringen*
Be'gier ‹f.; -; unz.; geh.; veralt.›, **Be'gier·de** ‹f.; -, -n› *heftiges Verlangen;* **be'gie·rig** ‹Adj.› *in ungeduldiger Erwartung*
be'gie·ßen ‹V. t. 152; du begießt› 1 *Flüssigkeit über etwas gießen;* den Braten ~; wie ein begossener Pudel dastehen ‹fig.; umg.› *beschämt, verlegen* 2 ‹fig.; umg.› *mit Alkohol feiern;* das bestandene Examen ~
Be'ginn ‹m.; -(e)s; unz.›; **be'ginnen** ‹V. i. u. V. t. 104› Sy *anfangen;* Ggs *enden*
be'glau·bi·gen ‹V. t.› *amtlich bestätigen;* eine notariell beglaubigte Abschrift; **Be'glau·bi·gung** ‹f.; -, -en›; **Be'glau·bigungs·schrei·ben** ‹n.; -s, -›
be'glei·chen ‹V. t. 153; geh.› *bezahlen;* eine Rechnung ~; **Be·'glei·chung** ‹f.; -; unz.›
Be'gleit·a·dres·se, ‹auch› **Be·'gleit·ad·res·se** ‹f.; -, -n; ↗Z53› = *Begleitschein;* **Be'gleit·brief** ‹m.; -(e)s, -e›; **be'glei·ten** ‹V. t.› 1 jmdn. ~ *mit jmdm. mitgehen* 2 einen Sänger auf dem Klavier ~; **Be'glei·ter** ‹m.; -s, -›; **Be'glei·te·rin** ‹f.; -,

-n·nen›; **Be'gleit·er·schei·nung** ‹f.; -, -en›; **Be'gleit·mu·sik** ‹f.; -, -en›; **Be'gleit·pa·pie·re** ‹Pl.› *einer Sendung beigelegte (Ausweis-)Papiere;* **Be'gleit·per·son** ‹f.; -, -en›; **Be'gleit·schein** ‹m.; -(e)s, -e; Kaufmannsspr.; Zollw.› *einer Warensendung beigefügtes Erklärungsschreiben;* **Be'gleit·schiff** ‹n.; -(e)s, -e; Mil.›; **Be'gleit·schrei·ben** ‹n.; -s, -›; **Be'gleit·um·stand** ‹m.; -(e)s, ⁻e; meist Pl.›; **Be'glei·tung** ‹f.; -, -en›
be'glü·cken ‹V. t.› jmdn. ~ *glücklich machen;* **Be'glü·cker** ‹m.; -s, -›; **Be'glü·cke·rin** ‹f.; -, -n·nen›; **Be'glü·ckung** ‹f.; -, -en›; **Be'glück·wün·schen** ‹V. t.› jmdn. (zu etwas) ~ *jmdm. (zu etwas) gratulieren*
be'gna·det ‹Adj.› *überaus begabt;* ein ~er Künstler; **be'gna·di·gen** ‹V. t.› jmdn. ~ *jmds. Strafe vermindern od. erlassen;* **Be'gna·di·gung** ‹f.; -, -en›; **Be·'gna·di·gungs·ge·such** ‹n.; -(e)s, -e›
be'gnü·gen ‹V. refl.› sich mit etwas ~ *zufrieden geben*
Be'go·nie ‹[-niə]; f.; -, -n; Bot.› *eine Zierpflanze* [nach M. *Bégon,* dem Gouverneur von Santo Domingo]
begr. ‹Zeichen: □; Abk. für› *begraben;* **be'gra·ben** ‹V. t. 157› *zu Grabe tragen;* **Be'gräb·nis** ‹n.; -s·ses, -s·se›; **Be'gräb·nis·stät·te** ‹f.; -, -n›
be'gra·di·gen ‹V. t.› eine Straße ~ *gerade machen;* **Be'gra·di·gung** ‹f.; -, -en›
be'grap·schen ‹V. t.; umg.; abwertend› *(unsittlich) betasten*
be'grei·fen ‹V. t. 158› *verstehen;* **be'greif·lich** ‹Adj.›; **be·greif·li·cher·wei·se** ‹Adv.›
be'gren·zen ‹V. t.; du begrenzt›; **Be'grenzt·heit** ‹f.; -; unz.›; **Be·'gren·zung** ‹f.; -, -en›
Be'griff ‹m.; -(e)s, -e› 1 *Benennung, Bezeichnung;* ein mathematischer ~ 2 *Vorstellungsvermögen;* das geht über meine ~e; das ist mir kein ~ *das kenne ich nicht;* er ist schwer von ~ ‹umg.› 3 ich bin im ~ zu gehen *gerade will ich gehen;* **be'griffen** ‹Adj.; ↗Z28.1›; in der Wendung› in etwas ~ sein; die

Pflanzen sind im Wachstum ~; **be'griff·lich** ‹Adj.› *gedanklich, abstrakt,* Ggs *gegenständlich;* **Be'griffs·be·stim·mung** ‹f.; -, -en›; **be'griffs·stut·zig** ‹Adj.›
be'grün·den ‹V. t.› 1 *gründen, schaffen;* eine Lehre ~ 2 *erklären;* **be'grün·dend** ‹Adj.; ↗Z28.1› = *kausal;* **Be'grün·der** ‹m.; -s, -›; **Be'grün·de·rin** ‹f.; -, -n·nen›; **Be'grün·dung** ‹f.; -, -en›; **Be'grün·dungs·satz** ‹m.; -es, ⁻e; Gramm.›
be'grü·nen ‹V. t.› 1 einen Platz ~ *bepflanzen* 2 ‹V. refl.› sich ~ *grün werden*
be'grü·ßen ‹V. t.; du begrüßt› 1 jmdn. ~ *willkommen heißen* 2 etwas ~ *mit Zustimmung aufnehmen* 3 ‹schweiz. a.› jmdn. ~ *an jmdn. mit einem Anliegen herantreten;* **be'grü·ßens·wert** ‹Adj.›; **Be'grü·ßung** ‹f.; -, -en›; **Be'grü·ßungs·kuss** ‹m.; -es, ⁻e›
be'gu·cken ‹V. t.; umg.› *anschauen*
'Be·gum ‹f.; -, -en; Titel für› *ind. Fürstin* [hind.]
be'güns·ti·gen ‹V. t.› 1 *vorziehen, bevorzugen* 2 *fördern, unterstützen;* **Be'güns·ti·gung** ‹f.; -, -en›
be'gut·ach·ten ‹V. t.› *prüfend beurteilen;* **Be'gut·ach·ter** ‹m.; -s, -›; **Be'gut·ach·te·rin** ‹f.; -, -n·nen›; **Be'gut·ach·tung** ‹f.; -, -en›
be'gü·tert ‹Adj.› *wohlhabend*
be'gü·ti·gen ‹V. t.; veralt.› *besänftigen, beschwichtigen*
be'haa·ren ‹V. refl.› sich ~; **be·'haart** ‹Adj.; ↗Z28.1› *stark* ~e Beine; **Be'haa·rung** ‹f.; -, -en›
be'hä·big ‹Adj.; häufig abwertend› *schwerfällig;* **Be'hä·big·keit** ‹f.; -; unz.›
be'ha·cken ‹V. t.› 1 *mit der Hacke bearbeiten* 2 ‹fig.; umg.› *betrügen*
be'haf·ten ‹V. t.; schweiz.› jmdn. auf, bei etwas ~ *jmdn. für etwas zur Rechenschaft ziehen;* **be·'haf·tet** ‹Adj.; ↗Z28.1› *mit einem Fehler* ~ *sein einen F. haben*
be'ha·gen ‹V. i.› *gefallen, angenehm sein;* das behagt mir gar nicht; **Be'ha·gen** ‹n.; -s; unz.;

B

geh.>; **be'hag·lich** <Adj.>; **Be-'hag·lich·keit** <f.; -; unz.>

be'hal·ten <V. t. 160> **1** *nicht zurückgeben* **2** *im Kopf ~ nicht vergessen* **3** *nicht verlieren;* die Uhr wird ihren Wert ~; du hast Recht ~; **Be'häl·ter** <m.; -s, ->; **Be'hält·nis** <n.; -s·ses, -s·se>

be'häm·mern <V. t.; ich behämm(e)re>; **be'häm·mert** <Adj.; ↗Z28.1; umg.> **1** *benommen* **2** *begriffsstutzig* **3** *verrückt*

be'hän·de, be'hän·de <Adj.; ↗Z5.2> *geschickt, gewandt;* **be-'han·deln** <V. t.; ich behand(e)le> **1** *umgehen mit, helfen;* er fühlt sich ungerecht behandelt; er ist ärztlich ~ lassen **2** *ein Thema ~ ausführlich erörtern;* **be'hän·di·gen** <V. t.; schweiz.; Amtsdt.> *an sich nehmen, in Empfang nehmen;* **Be-'hän·dig·keit** <f.; -; unz.>; **Be-'hand·lung** <f.; -, -en>; **Be-'hand·lungs·kos·ten** <Pl.>; **Be-'hand·lungs·wei·se** <f.; -, -n>; **be'hand·schuht** <Adj.; selten>

Be'hang <m.; -(e)s, ⸗e> **1** *Hängendes;* Wand~ **2** <Jägerspr.> *Ohren des Jagdhundes;* **be'hän·gen** <V. t./V. refl.>

be'har·ren <V. i.> *auf etwas ~ an etwas festhalten;* **be'harr·lich** <Adj.> *hartnäckig;* **Be'harr·lich·keit** <f.; -; unz.>; **Be'har·rung** <f.; -; unz.>; **Be'har·rungs·ver·mö·gen** <n.; -s; unz.>

be'hau·chen <V. t.> *mit einem Hauch bedecken;* behauchter Laut <Phon.> → *Aspirata*

be'hau·en <V. t. 162> behauene Steine

be'haup·ten <V. t.> **1** *mit Bestimmtheit erklären;* sie behauptete, nichts gehört zu haben **2** *erfolgreich verteidigen;* seine Stellung ~ **3** <V. refl.> sich ~ sich durchsetzen; **Be'haup·tung** <f.; -, -en>

Be'hau·sung <f.; -, -en> *sehr einfache Wohnstätte*

Be·ha·vi·o'ris·mus <[biheivjə-]; m.; -; unz.; Psych.; Soziol.> *Zweig der Verhaltensforschung* [engl.]; **be·ha·vi·o'ris·tisch** <Adj.>

be'he·ben <V. t. 163> **1** *einen Fehler, Schaden ~ beseitigen* **2** *Geld ~* <österr.> *vom Konto abheben;* **Be'he·bung** <f.; -; unz.>

be'hei·ma·tet <Adj.> *ansässig, heimisch*

be'heiz·bar <Adj.>; **be'hei·zen** <V. t.; du beheizt>; **Be'hei·zung** <f.; -; unz.>

Be'helf <m.; -(e)s, -e> *notdürftiger Ersatz;* Not~; **be'hel·fen** <V. refl. 165> sich (mit etwas) ~; **Be-'helfs·bau** <m.; -(e)s, -ten>; **be-'helfs·mä·Big** <Adj.> Sy *provisorisch*

be'hel·li·gen <V. t.> *belästigen;* **Be'hel·li·gung** <f.; -, -en>

be'helmt <Adj.> ein ~er Ritter

be'hend, be'hen·de <Adj.; ↗Z5.2; nicht mehr zulässige Schreibweise für> *behänd, behände*

'Be·hen·nuss <f.; -, ⸗e> = *Bennuss*

be'her·ber·gen <V. t.> jmdn. ~ jmdm. bei sich Unterkunft bieten

be'herr·schen <V. t.> **1** *über jmdn. od. etwas herrschen* **2** <V. refl.> sich ~ *sich zügeln* **3** *sehr gut können;* sie beherrscht vier Sprachen; **Be'herr·scher** <m.; -s, ->; **Be'herr·sche·rin** <f.; -, -n·nen>; **be'herrscht** <Adj.; ↗Z28.1>; **Be'herrscht·heit** <f.; -; unz.>; **Be'herr·schung** <f.; -; unz.>

be'her·zi·gen <V. t.> einen Rat ~ *ernst nehmen;* **be'her·zi·gens·wert** <Adj.>; **Be'her·zi·gung** <f.; -; unz.>; **be'herzt** <Adj.> *unerschrocken, entschlossen;* ~es Handeln; **Be'herzt·heit** <f.; -; unz.>

be'he·xen <V. t.; du behext; im Volksglauben> *verzaubern, in Bann ziehen*

be'hilf·lich <Adj.> *nur in der Wendung>* jmdm. ~ *sein helfen*

Be·hind <[bi'haind]; n.; -s; unz.; Sp.; schweiz.> *Raum hinter der Torlinie* [engl.]

be'hin·dern <V. t.; ich behind(e)re> *erschweren, stören;* **be'hin·dert** <Adj.; ↗Z28.1> *in den körperlichen od. geistigen Funktionen beeinträchtigt;* **Be-'hin·der·te(r)** <f. 2 (m. 1)>; **be-'hin·der·ten·ge·recht** <Adj.> ~e Wohnung; **Be'hin·de·rung** <f.; -, -en>

'Behm·lot <n.; -(e)s, -e> = *Echolot* [nach dem dt. Physiker A. Behm]

be'hor·chen <V. t.> *belauschen*

Be'hör·de <f.; -, -n> *staatl., kommunale od. kirchl. Verwaltungsstelle;* **be'hör·den·deutsch** <n.; -(e)s; unz.; abwertend>; **be'hörd·lich** <Adj.>; **be-'hörd·li·cher·seits** <Adv.>

be'host <Adj.; selten> *mit einer Hose bekleidet*

Be'huf <m.; -(e)s, -e; Amtsdt.> *Zweck, Erfordernis;* zu diesem ~; **be'hufs** <Präp.; m. Gen.; Amtsdt.; veralt.> *~ der Verhandlung*

be'huft <Adj.; Zool.> *mit Hufen versehen*

be'hum(p)·sen <V. t.; du behum(p)st; ostmdt.> *betrügen*

be'hü·ten <V. t.> *in Schutz nehmen, vor etwas bewahren;* **be-'hut·sam** <Adj.> *vorsichtig, sorgsam;* **Be'hut·sam·keit** <f.; -; unz.>

bei <Präp.; m. Dat.> **1** <Abk.: b.; zur Angabe der Nähe, Zugehörigkeit o. Ä.> Kirchheim ~ München; etwas ~ der Hand haben; ~ den alten Römern; ~ Goethe heißt es ... **2** <zur Angabe von Begleitumständen> ~ Regen bleiben wir zu Hause; Paris ~ Nacht **3** <in Bezug auf etwas> alles ~ m Alten lassen *nichts verändern;* der Film hat meine Erwartungen ~ weitem übertroffen

Bei <m.; -(e)s, -s od. -e> *türk. Titel;* oV *Beg, Bey* [türk.]

bei..., Bei... <Vors.; in Zus. mit Verben betont u. abtrennbar> *neben, dazu,* z. B. Beisitzer; **bei-'fügen;** ich füge bei; sie hat beigefügt; beizufügen

'bei|be·hal·ten <V. t. 160> etwas ~ *wie gewohnt fortführen;* **'Bei-be·hal·tung** <f.; -; unz.> unter ~

'bei|bie·gen <V. t. 109> jmdm. etwas ~ <umg.> *geschickt beibringen*

'Bei·blatt <n.; -(e)s, ⸗er>

'Bei·boot <n.; -(e)s, -e>

'bei|brin·gen <V. t. 118> **1** jmdm. etwas ~ *jmdn. etwas lehren* **2** jmdm. eine Wunde ~ *zufügen* **3** *beschaffen;* Zeugen ~

'Beich·te <f.; -, -n> *(Sünden-)Bekenntnis;* **'beich·ten** <V. i. u. V. t.> *zum Beichten gehen* <christl. Rel.>; ich muss dir etwas ~ *gestehen;* **'Beicht·ge-**

heim·nis <n.; -s·ses, -s·se>; **'Beich·ti·ger** <m.; -s, -; veralt.> = *Beichtvater*; **'Beicht·kind** <n.; -(e)s, -er>; **'Beicht·ling** <m.; -s, -e>; **'Beicht·sie·gel** <n.; -s, -> *Beichtgeheimnis*; **'Beicht·spie·gel** <m.; -s, -, -> *Sammlung von Fragen zur Erforschung der Sünden*; **'Beicht·stuhl** <m.; -(e)s, ⸚e>; **'Beicht·va·ter** <m.; -s, ⸚> *Geistlicher, der die Beichte abnimmt*

'beid·ar·mig <Adj.; Sp.> *mit beiden Armen*; **'beid·bei·nig** <Adj.; Sp.>; **'bei·de** <Pronominaladj.; Pl.> *alle zwei;* ~ *Kinder; alle* ~; ~ *neuen Lehrer; wir* ~/<selten a.> ~n; *die* ~n *Ersten; die ersten* ~n *der Erste u. der Zweite;* (alles) ~s *ist richtig;* (aller) ~r *Leben war in Gefahr; das Alter der* ~n; *ich habe es* (allen) ~n *gesagt; kennst du die* ~n?; *wie geht's euch* ~n?; *einer von* ~n; *für euch* ~; ~ *Mal(e);* **'bei·der·lei** <Adj.; undekl.> *Tiere* ~ *Geschlechts;* **'bei·der·sei·tig** <Adj.> *auf beiden Seiten, gegenseitig; in* ~em *Einverständnis,* **'bei·der·seits** <Präp.; m. Gen.> *auf allen zwei Seiten;* ~ *des Flusses;* **'Beid·hän·der** <m.; -s, -> **1** *Schwert, das mit beiden Händen gefasst werden musste* **2** *jmd., der mit beiden Händen gleichermaßen geschickt ist;* **'beid·hän·dig** <Adj.>

'beidre·hen <V. i.; Seemannsspr.> *die Fahrt verlangsamen* **'beid·sei·tig** <Adj.> = *beiderseitig;* **'beid·seits** <Präp.; m. Gen.; schweiz.> = *beiderseits*

bei·ein·an·der, <auch> **bei·ei·'nan·der** <Adv.; ⸚Z54; in Verbindung mit Verben Getrenntschreibung> *einer beim anderen, nahe zusammen;* ~ *sein, sitzen, stehen*

beif. <Abk. für> *beifolgend* **'Bei·fah·rer** <m.; -s, ->; **'Bei·fah·re·rin** <f.; -, -n·nen>; **'Bei·fah·rer·sitz** <m.; -es, -e> **'Bei·fall** <m.; -(e)s; unz.> **1** *Zustimmung;* ~ *heischende Blicke* **2** *Applaus;* **'bei·fäl·lig** <Adj.> *billigend, zustimmend;* **'bei·falls·freu·dig** <Adj.>; **'Bei·falls·ruf** <m.; -(e)s, -e>; **'Bei·falls·sturm** <m.; -(e)s, ⸚e; fig.> **'Bei·film** <m.; -(e)s, -e>

'bei·fol·gend <Adj.; Amtsdt.; veralt.; Abk.: beif.> *beiliegend, anbei*

'beilfü·gen <V. t.> *hinzufügen* **'Bei·fü·gung** <f.; -, -en> → a. *Kasten Attribut*

'Bei·fuß <m.; -es; unz.; Bot.> *ein Korbblütler (Gewürzpflanze)*

'Bei·fut·ter <n.; -s; unz.> *Zugabe zum Futter*

'Bei·ga·be <f.; -, -n>

beige <[be:ʒ]; Adj.; undekl.> *sandfarben; ein* ~/<umg. a.> ~s *Kleid* [frz.]; **Beige¹** <n.; -; unz.> *ein Kleid in* ~

'Bei·ge² <f.; -, -n; oberdt.> *aufgeschichteter Stoß, Stapel*

'beilge·ben <V. t. 143> *beifügen; klein* ~ <fig.; umg.> *sich fügen* **beige·far·ben** <['be:ʒ-]; Adj.> *ein* ~es *Kleid*

'bei·gen <V. t.; oberdt.> *aufschichten, stapeln*

'Bei·ge·ord·ne·te(r) <f. 2 (m. 1)> *gewählte(r) Gemeindebeamter/Gemeindebeamtin*

'Bei·ge·schmack <m.; -(e)s; unz.>

'beilge·sel·len <V. refl.> *sich jmdm.* ~ *anschließen*

Bei·gnet, <auch> **Beig·net** <[be'nje:]; m.; -s, -s; ⸚Z53> *ein Fettgebäck* [frz.]

'Bei·heft <n.; -(e)s, -e>

'Bei·hil·fe <f.; -, -n> **1** *kleine finanzielle Unterstützung* **2** *bewusste Hilfe bei einer Straftat*

'Bei·hirsch <m.; -(e)s, -e; Jägerspr.> *dem Rudel des Platzhirsches folgender Hirsch*

'beilho·len <V. t.; Seemannsspr.> *Segel* ~ *einziehen*

'Bei·klang <m.; -(e)s, ⸚e>

'Bei·koch <m.; -(e)s, ⸚e> *Hilfskoch;* **'Bei·kö·chin** <f.; -, -n·nen>

'beilkom·men <V. i. (s.) 170> *jmdm. od. einer Sache* ~ *mit jmdm. od. einer Sache fertig werden;* ~ *ihm ist nicht beizukommen*

'Bei·kost <f.; -; unz.> *Zusatznahrung (für Säuglinge)*

beil. <Abk. für> *beiliegend* **Beil** <n.; -(e)s, -e> *ein Werkzeug* **'beilla·den** <V. t. 174> *zusätzlich laden;* **'Bei·la·dung** <f.; -, -en>

'Bei·la·ge <f.; -, -n> **1** <in Druckerzeugnissen> *Sonntags~* **2** *Beikost zum Hauptge-*

richt; Gemüse~ **3** <österr.> = *Anlage(3)*

'bei·läu·fig <Adj.> **1** *nebenbei;* ~ *erwähnen* **2** <österr. a.> *ungefähr;* ~ *10 Euro*

'beille·gen <V. t.> **1** *als Ergänzung beifügen; einem Brief ein Foto* ~ **2** *einen Streit* ~ *beenden, schlichten;* **'Bei·le·gung** <f.; -, -en>

bei·lei·be <Adv.; verstärkend in Verneinungen> ~ *nicht bestimmt nicht, auf keinen Fall*

'Bei·leid <n.; -(e)s; unz.> *Mitgefühl, Anteilnahme; sein* ~ *ausdrücken, bezeigen (bei Todesfällen);* **'Bei·leids·be·such** <m.; -(e)s, -e>; **'Bei·leids·be·zei·gung** <f.; -, -en>; **'Bei·leids·brief** <m.; -(e)s, -e>; **'Bei·leids·kar·te** <f.; -, -n>; **'Bei·leids·schrei·ben** <n.; -s, ->

'beillie·gen <V. i. 180>; **'bei·lie·gend** <Adj.; Abk.: beil.> *(einem Schreiben) beigefügt*

beim <Verschmelzungsform von Präp. u. Art.> *bei dem;* ~ *Rathaus;* ~ *Lesen*

'beilmen·gen <V. t.> = *beimischen*

'beilmes·sen <V. t. 185; du misst bei> *er misst dieser Sache große Bedeutung bei er hält sie für wichtig*

'beilmi·schen <V. t.> *darunter mischen;* **'Bei·mi·schung** <f.; -, -en>

Bein <n.; -(e)s, -e> **1** *Gliedmaße zum Stehen u. Gehen; jmdm.* ~e *machen* <fig.; umg.> *jmdn. antreiben; etwas auf die* ~e *stellen* <fig.; umg.> *bewerkstelligen* **2** <veralt.> *Knochen; das geht durch Mark u.* ~ *durch u. durch*

'bei·nah, 'bei·na·he <a. [-'-(-)]; Partikel> *fast*

'Bei·na·me <m.; -ns, -n> *zusätzl. Name, Spitzname;* → a. *Kasten*

'bein·am·pu·tiert <Adj.; Sp.>; **'Bein·ar·beit** <f.; -; unz.; Sp.>; **'Bein·brech** <m.; -(e)s; unz.; Bot.> *ein*

Liliengewächs; **'Bein·bruch** <m.; -(e)s, =e> Hals- u. -! *alles Gute!;* **'bei·nern** <Adj.> *aus Knochen bestehend;* **'Bein·fleisch** <n.; -(e)s; unz.; österr.> *Rindfleisch mit Knochen*

be'in·hal·ten <V. t.> *enthalten, zum Inhalt haben*

'bein·hart <Adj.; süddt.; österr.> *sehr hart, knochenhart;* **'Bein·haus** <n.; -es, =er; auf Friedhöfen> *Aufbewahrungsort für ausgegrabene Gebeine;* **'Bein·heil** <n.; -s; unz.; Bot.> = *Beinwell;* **...bei·nig** <Adj.; in Zus.> z. B. vierbeinig; **'Bein·kleid** <n.; -(e)s, -er; meist Pl.; veralt.> *Hose;* **'Bein·ling** <m.; -s, -e; veralt.> 1 *Oberteil des Strumpfes* 2 <auch> *Hosenbein;* **'Bein·stumpf** <m.; -(e)s, =e>; **'Bein·well** <m. od. n.; -s; unz.; Bot.> *eine Heilpflanze*

'bei|ord·nen <V. t.> *jmdm. jmdn. ~ zur Seite stellen;* → a. *koordinieren(1)*

'Bei·pack <m.; -(e)s; unz.> 1 *zusätzl. Frachtgut* 2 <bei Breitbandkabeln> *um den Mittelleiter liegende Leitungen;* **'bei|pa·cken** <V. t.>; **'Bei·pack·zet·tel** <m.; -s, -> *einer (Arznei-)Packung beiliegende Information*

'bei|pflich·ten <V. i.> *zustimmen*

'Bei·pro·gramm <n.; -(e)s, -e; Film>

'Bei·rat <m.; -(e)s, =e> *beratender Ausschuss(2)*

be'ir·ren <V. refl.> *unsicher machen, verwirren;* sich nicht ~ lassen

Bei'rut <[bai-]od.[be:-]; a. ['--]> *Hauptstadt des Libanons*

bei'sam·men <Adv.> *zusammen, beieinander;* schlecht ~ sein <umg.> *in schlechter körperl. Verfassung;* **bei'sam·men|blei·ben** <V. i. (s.) 114>; **bei'sam·men|ha·ben** <V. i. 159>; **Bei'sam·men·sein** <n.; -s; unz.>; **bei'sam·men|sit·zen** <V. i. 246>; **bei'sam·men|ste·hen** <V. i. (h. od. (süddt., österr., schweiz.) s.) 256>

'Bei·sas·se <m.; -n, -n; im MA> *Einwohner ohne Bürgerrecht*

'Bei·satz <m.; -es, =e; Gramm.> → a. *Kasten Apposition*

'Bei·schlaf <m.; -(e)s; unz.; veralt.; Amtsdt.> = *Koitus;* **'Bei-**

schlä·fer <m.; -s, -; selten>; **'Bei·schlä·fe·rin** <f.; -, -n·nen>

'Bei·schlag <m.; -(e)s, =e; Arch.; bes. an Renaissance- u. Barockhäusern> *terrassenartiger Vorbau mit Freitreppe*

'bei|schlie·ßen <V. t. 222> *einem Schreiben beifügen u. dieses dann verschließen;* **'Bei·schluss** <m.; -es, =e> *das Beigeschlossene, Anlage(6);* unter ~ von

'Bei·se·gel <n.; -s, -; Mar.> *zusätzl. Segel*

'Bei·sein <n.; -s; unz.> *Anwesenheit;* im ~ von ...

bei'sei·te <Adv.> *auf die od. der Seite;* etwas ~ schieben; ~ stehen; Spaß -!; **bei'seits** <Adv.; südwestdt.> = *beiseite*

'Bei·sel <n.; -s, - od. -n; süddt.; österr.> = *Kneipe;* oV *Beisl*

'bei|set·zen <V. t.; geh.> *bestatten;* **'Bei·set·zung** <f.; -, -en>

'Bei·sitz <m.; -es, -e> *Amt des Beisitzers;* **'bei|sit·zen** <V. i. 246> *das Amt des Beisitzers ausüben;* **'Bei·sit·zer** <m.; -s, -> *Mitglied eines Gerichts, einer Kommission o. Ä.;* **'Bei·sit·ze·rin** <f.; -, -n·nen>

Beisl <n.; -s, - od. -n> = *Beisel*

'Bei·spiel <n.; -(e)s, -e> *Vorbild, Muster;* zum ~ <Abk.: z. B.>; **'bei·spiel·ge·bend** <Adj.>; **'bei·spiel·haft** <Adj.>; **'bei·spiel·los** <Adj.>; **'Bei·spiel·satz** <m.; -es, =e>; **'bei·spiels·wei·se** <Adv.>

'bei|sprin·gen <V. i. s) 253; geh.> *jmdm. ~ zu Hilfe kommen*

'bei·ßen <V. 105> 1 <V. i. u. V. t.; du beißt> *mit den Zähnen erfassen (u. zerkleinern);* der Hund hat ihn/<auch> ihm ins Bein gebissen; nichts zu ~ haben <umg.> *Not leiden* 2 <V. i.> *brennen, kratzen;* ~der Rauch; der Pullover beißt 3 <V. refl.> *die Farben ~ sich passen nicht zueinander;* **'Bei·ßer·chen** <Pl.; umg.; Kinderspr.> *Zähne;* **'Beiß·korb** <m.; -(e)s, =e> = *Maulkorb;* **'Beiß·zan·ge** <f.; -, -n> = *Kneifzange*

'Bei·stand <m.; -(e)s, =e> 1 *Hilfe, Unterstützung* 2 <Rechtsw.> *Helfer* 3 <österr. a.> *Trauzeuge;* **'bei|ste·hen** <V. i. 256> *jmdm. ~*

'bei|stel·len <V. t.; österr.> *zur*

Verfügung stellen; **'Bei·stell·tisch** <m.; -(e)s, -e>

'Bei·steu·er <f.; -; unz.> *das, was beigesteuert wird;* **'bei|steu·ern** <V. t.; ich steu(e)re bei> *beitragen*

'bei|stim·men <V. i.> = *beipflichten*

'Bei·strich <m.; -(e)s, -e; veralt.> → a. *Kasten Komma*

'Bei·tel <m.; -s, -> *meißelartiges Werkzeug*

'Bei·trag <m.; -(e)s, =e> 1 *einen ~ zu etwas leisten sich an der Durchführung eines Vorhabens beteiligen* 2 *regelmäßige Zahlung an eine Organisation;* Mitglieds- 3 *Zeitungsartikel, Aufsatz;* **'bei|tra·gen** <V. t. od. V. i. 265> *zum Gelingen eines Festes ~;* **Bei·trags·be'mes·sungs·gren·ze** <f.; -, -n; Sozialversicherung>; **'bei·trags·pflich·tig** <Adj.>; **'Bei·trags·zah·lung** <f.; -, -en>

'bei|trei·ben <V. t. 267; Rechtsw.> *ausstehende Forderungen ~ einziehen*

'bei|tre·ten <V. i. (s.) 268> *einer Organisation ~ Mitglied einer O. werden;* **'Bei·tritt** <m.; -(e)s, -e>; **'Bei·tritts·er·klä·rung** <f.; -, -en>

'Bei·wa·gen <m.; -s, ->

'Bei·werk <n.; -(e)s; unz.> *Nebensächliches; schmückendes ~*

'bei|woh·nen <V. i.> 1 <geh.> *teilnehmen;* einer Gerichtsverhandlung ~ 2 einer Frau ~ <veralt.> *mit ihr Geschlechtsverkehr haben*

'Bei·wort <n.; -(e)s, =er; Gramm.> → a. *Kasten Adjektiv, Adverb*

Beiz <f.; -, -en; schweiz.> = *Kneipe*

'Bei·ze <f.; -, -n> 1 *(chem.) Flüssigkeit, konzentrierte Lösung zur Oberflächenbehandlung* 2 <Kochk.> *gewürzter Aufguss* 3 *Jagd mit abgerichteten Falken* 4 = *Beiz*

bei'zei·ten <Adv.> *rechtzeitig*

'bei·zen <V. t.; du beizt> *mit Beize(1, 2) behandeln;* **'Beiz·fal·ke** <m.; -n, -n>

'bei|zie·hen <V. t. 293> *hinzuziehen*

'Beiz·jagd <f.; -, -en>; **'Beiz·mit·tel** <n.; -s, ->; **Beiz·vo·gel** <m.;

-s, ⇨ *für die Jagd abgerichteter Falke*

be'ja·hen <V. t.> *Ja zu etwas sagen*, <auch fig.> *positiv eingestellt sein; das Leben ~*

be'jahrt <Adj.> *alt*

Be'ja·hung <f.; -, -en>; **Be'jahungs·fall** <m.; -(e)s, -̈e; Amtsdt.> *im ~*

be'jam·mern <V. t.; ich bejamm(e)re>; **be'jam·merns·wert** <Adj.>

be'ju·beln <V. t.; ich bejub(e)le>

be·ka·keln <V. t.; ich bekak(e)le; norddt.> *besprechen*

be'kämp·fen <V. t.>; **Be'kämpfung** <f.; -; unz.>

be'kannt <Adj.; ↗Z.24; Getrenntschreibung in Verbindung mit Verben> *das dürfte allgemein ~ sein; etwas ~ geben öffentlich mitteilen; ich möchte euch miteinander ~ machen; ein Gesetz ~ machen veröffentlichen; einen jungen Künstler ~ machen; mit jmdm. ~ werden*; **Be'kannte(r)** <f.2 (m. 1)>; **Be'kann·tenkreis** <m.; -es, -e>; **be·kann·ter'ma·ßen** <Adv.>; **be·kann·ter'wei·se** <Adv.>; **Be'kannt·ga·be** <f.; -; unz.>; **Be'kannt·heitsgrad** <m.; -(e)s, -e>; **be'kanntlich** <Adv.> *wie jedermann weiß*; **Be'kannt·ma·chung** <f.; -, -en>; **Be'kannt·schaft** <f.; -, -en>

be'kan·ten <V. t.> *mit Kanten versehen*

Be·kas'si·ne <f.; -, -n; Zool.> *ein Schnepfenvogel* [frz.]

be'keh·ren <V. t.> *jmdn. (zu etwas) ~ von etwas überzeugen*; **Be'keh·rer** <m.; -s, ->; **Be'keh·re·rin** <f.; -, -n·nen>; **Be'keh·rung** <f.; -, -en>

be'ken·nen <V. t. 166> *1 einen Fehler ~ gestehen, zugeben 2 sich zu jmdm. od. einer Sache ~ für jmdn. od. eine S. eintreten; Bekennende Kirche Widerstandsbewegung zur Zeit des Nationalsozialismus*; **Be'ken·ner** <m.; -s, ->; **Be'ken·nerbrief** <m.; -(e)s, -e>; **Be'ken·ne·rin** <f.; -, -n·nen>; **Be'kennt·nis** <n.; -s·ses, -s·se> *1 Geständnis 2 Zugehörigkeit u. Glaubenssätze einer Religionsgemeinschaft; evangelisches, katholisches ~; Glaubens~*; **Be'kennt·nis·frei-**heit <f.; -; unz.>; **Be'kennt·niskir·che** <f.; -; unz.> = *Bekennende Kirche; → a. bekennen(2)*; **Be'kennt·nis·schrift** <f.; -, -en>; **Be'kennt·nis·schu·le** <f.; -, -n> *Schule, in der Schüler eines religiösen Bekenntnisses in dessen Geist unterrichtet werden*

be'kie·ken <V. t.; norddt.> *betrachten*

be'kie·sen <V. t.> *bekieste Wege*

be'kla·gen <V. t.> *1 jmdn. od. etwas ~ schmerzlich bedauern 2 <V. refl.> sich über jmdn. od. etwas ~ sich beschweren*; **be'kla·gens·wert** <Adj.>; **Be'kla·gens·wür·dig** <Adj.>; **Be'klag·te(r)** <f.2 (m. 1)> *jmd., gegen den eine Zivilklage erhoben wird; Ggs Kläger*

be'klat·schen <V. t.> *1 jmdn. od. etwas ~ jmdm. od. einer Sache Beifall spenden 2 etwas ~ geschwätzig bereden*

be'klau·en <V. t.; umg.> *bestehlen*

be'kle·ben <V. t.>

be'kle·ckern <V. t./V. refl.; ich bekleck(e)re; nord- u. mdt.; umg.>; **be'kleck·sen** <V. t./V. refl.; du bekleckst> *beschmutzen*

be'klei·den <V. t.> *1 anziehen; sie war nur leicht bekleidet 2 ein Amt ~ innehaben*; **Be'klei·dung** <f.; -, -en>

be'klem·men <V. t.> *die Stille beklemmte ihn*; **be'klem·mend** <Adj.; ↗Z.28.1; a. fig.> *bedrückend, den Atem nehmend*; **Be'klem·mung** <f.; -, -en>; **be'klom·men** <Adj.; geh.> *ängstlich, bedrückt*; **Be'klom·men·heit** <f.; -; unz.>

be'klop·fen <V. t.> *wiederholt klopfend berühren*; **be'kloppt** <Adj.; umg.> *dumm*

be'knackt <Adj.; umg.> *1 dumm 2 unangenehm, unerfreulich*

be'kni·en <V. t.; umg.> *~ inständig u. wiederholt bitten*

be'ko·chen <V. t.; umg.; scherzh.> *jmdn. ~ verköstigen*

be'kom·men <V. 170> *1 <V. t.> erhalten 2 <V. i.; unpersönl.> etwas bekommt jmdm. tut jmdm. gut; das Essen ist mir nicht ~*; **be'kömm·lich** <Adj.> *gesund, zuträglich*

be'kös·ti·gen <V. t.> *jmdn. ~ re-*gelmäßig mit Essen versorgen; **Be'kös·ti·gung** <f.; -, -en>

be'kräf·ti·gen <V. t.> *nachdrücklich bestätigen*; **Be'kräf·ti·gung** <f.; -, -en>

be'krän·zen <V. t.; du bekränzt>; **Be'krän·zung** <f.; -; unz.>

be'kreu·zen <V. t.; du bekreuzt> *jmdn. ~ mit dem Kreuzzeichen segnen*; **be'kreu·zi·gen** <V. refl.> *sich ~*

be'krie·gen <V. t./V. refl.> *bekämpfen*

be'krit·teln <V. t.; ich bekritt(e)le> *kritisieren*

be'krit·zeln <V. t.; ich bekritz(e)le; umg.> *bekritzelte Wände*

be'krö·nen <V. t.>; **Be'krö·nung** <f.; -, -en>

be'küm·mern <V. t.> *deine Einstellung bekümmert mich macht mir Sorge, betrübt mich*; **Be'küm·mer·nis** <f.; -, -s·se; geh.>; **be'küm·mert** <Adj.; ↗Z.28.1> *betrübt, bedrückt*

be'kun·den <V. t.> *deutlich zum Ausdruck bringen, zeigen*

Bel <n.; - od. -s, -; Zeichen: B> *eine physikal. Zähleinheit* [nach dem Amerikaner A. G. Bell]

be'lä·cheln <V. t.; ich beläch(e)le>; **be'la·chen** <V. t.>

be'la·den <V. t. 174>

Be'lag <m.; -(e)s, -̈e> *Auflage, Überzug; Zahn~*

Be'la·ge·rer <m.; -s, -; Mil.>; **be'la·gern** <V. t.; ich belag(e)re> *1 eine Stadt ~ <Mil.> mit einem Heer umschlossen halten 2 <fig.> sich um etwas drängen*; **Be'la·ge·rung** <f.; -, -en>; **Be'la·ge·rungs·zu·stand** <m.; -(e)s; unz.>

Bel·a'mi, <auch> **Be·la'mi** <m.; - od. -s, -s> *Liebling der Frauen* [frz.]

be'läm·mern <V. t.; ich beläm·mm(e)re; umg.> *belästigen*; **be'läm·mert** <Adj.; ↗Z.28.1; umg.> *1 betreten, verwirrt; ~ dreinschauen 2 unangenehm, übel; eine ~e Situation*

Be'lang <m.; -(e)s, -e> *1 <nur Pl.> Interessen; wirtschaftliche ~e 2 <in der Wendung> das ist nicht von ~ nicht wichtig; nichts von ~ nichts Wichtiges*; **be'lan·gen** <V. t.> *1 jmdn. ~ zur Verantwortung ziehen, verkla-*

B

gen 2 was mich (an)belangt *was mich betrifft;* **be'lang·los** <Adj.> *unwichtig;* **Be'lang·lo·sig·keit** <f.; -, -en>; **Be'lang·sen·dung** <f.; -, -en; Rundf.; TV; österr.> *Sendung einer Interessenvertretung;* **be'lang·voll** <Adj.>

'Be·la·rus *Weißrussland;* **'be·la·rus·sisch** <Adj.> *weißrussisch;* oV *belorussisch*

be'las·sen <V. t. 175; du belässt> wir wollen es dabei ~ *unverändert lassen*

be'last·bar <Adj.>; **Be'last·bar·keit** <f.; -; unz.>; **Be'last·bar·keits·gren·ze** <f.; -, -n>; **be'las·ten** <V. t.> 1 *mit einer Last beladen* 2 *(psychisch u. physisch) stark beanspruchen* 3 *jmdn. (vor Gericht) ~ schuldig erscheinen lassen;* **be'las·tend** <Adj.; ⚹Z28.1>; **be'läs·ti·gen** <V. t.> *jmdn. ~ jmdm. unangenehm werden;* **Be'läs·ti·gung** <f.; -, -en>; **Be'las·tung** <f.; -, -en>; **Be'las·tungs-EKG** <n.; -s, -s; Med.>; **Be'las·tungs·gren·ze** <f.; -, -n>; **Be'las·tungs·pro·be** <f.; -, -n>; **Be'las·tungs·zeu·ge** <m.; -n, -n>

be'lat·schern <V. t.; ich belatsch(e)re; umg.> jmdn. ~ *auf jmdn. einreden*

be'lau·ben <V. refl.> die Bäume haben sich schon belaubt; **Be'lau·bung** <f.; -; unz.>

be'lau·ern <V. t.; ich belau(e)re> *heimlich beobachten*

be'lau·fen <V. refl. 176> sich ~ *betragen;* die Kosten ~ sich auf 300 Euro

be'lau·schen <V. t.>

Bel·can'tist <m.; -en, -en>; **Bel·'can·to** <m.; - od. -s; unz.> = *Belkanto*

be'le·ben <V. t.> *lebhafter machen, anregen;* **be'lebt** <Adj.; ⚹Z28.1> *mit Bewegung erfüllt, verkehrsreich;* eine ~e Straße; **Be'le·bung** <f.; -; unz.>

be'le·cken <V. t.>

Be'leg <m.; -(e)s, -e> *(als Nachweis dienende) Bescheinigung;* **Be'leg·arzt** <m.; -es, ²e> *Arzt, der in einem Krankenhaus eine Belegstation hat;* **Be'leg·ärz·tin** <f.; -, -nnen>; **be'leg·bar** <Adj.>; **be'le·gen** <V. t.> 1 *mit einem Belag bedecken;* belegte

Brötchen 2 *besetzen, für sich sichern;* einen Platz ~ 3 *mit einem Schriftstück beweisen;* **Be'leg·ex·em·plar,** <auch> **Be'leg·e·xemp·lar,** <n.; -s, -e; ⚹Z54>; **Be'leg·schaft** <f.; -, -en> *alle Beschäftigten eines Betriebes;* **Be'leg·schafts·ak·tie** <[-tsiə]; f.; -, -n>; **Be'leg·sta·ti·on** <f.; -, -en> *von einem nicht fest angestellten Arzt betreute Station in einem Krankenhaus;* **Be'leg·stück** <n.; -(e)s, -e>; **be'legt** <Adj.; ⚹Z28.1>

be'leh·nen <V. t.> 1 <früher> jmdn. ~ *jmdm. ein Lehen übergeben* 2 <schweiz.> *beleihen;* **Be'leh·nung** <f.; -, -en>

be'leh·ren <V. t.> jmdn. eines Besser(e)n/Bessren ~ *von der Unrichtigkeit seiner Meinung überzeugen;* **Be'leh·rung** <f.; -, -en>

be'leibt <Adj.> *dick;* Sy *korpulent;* **Be'leibt·heit** <f.; -; unz.>

be'lei·di·gen <V. t.> *kränken, verletzen;* **Be'lei·di·gung** <f.; -, -en>

be'lei·hen <V. t. 178> 1 jmdn. ~ *jmdm. ein Darlehen geben* 2 ein Guthaben ~ *als Sicherheit für einen Bankkredit verpfänden;* **Be'lei·hung** <f.; -, -en>

be'lem·mert <Adj.; ⚹Z5.2>; nicht mehr zulässige Schreibweise für> *belämmert*

Be·lem'nit <m.; -en, -en> *fossiler Rest eines ausgestorbenen Kopffüßers* [grch.]

be'le·sen <Adj.> *unterrichtet, gebildet;* **Be'le·sen·heit** <f.; -; unz.>

Bel·es·prit, <auch> **Bel·esp·rit** <[bɛlɛs'pri:]; m.; -s, -s; ⚹Z53>; veralt.> = *Schöngeist* [frz.]

Bel·e·ta·ge <[belɛ'ta:ʒə]; f.; -, -n; ⚹Z55> *erstes Stockwerk* [frz.]

be'leuch·ten <V. t.>; **Be'leuch·ter** <m.; -s, -; Theat.>; **Be'leuch·tung** <f.; -, -en>; **Be'leuch·tungs·ef·fekt** <m.; -(e)s, -e>; **Be'leuch·tungs·kör·per** <m.; -s, -> = *Lampe¹;* **Be'leuch·tungs·tech·nik** <f.; -; unz.>

be'leum·det, be'leu·mun·det <Adj.; geh.> *im Ruf stehend;* eine gut, schlecht ~e Familie

Bel·fast <[bɛl'faːst]; a. ['--]> *Hauptstadt von Nordirland*

'bel·fern <V. i.; ich belf(e)re; umg.> *keifend schimpfen*

'Bel·gi·en *Staat in Westeuropa;* Königreich ~; **'Bel·gi·er** <m.; -s, -> *Einwohner von Belgien;* **'Bel·gi·e·rin** <f.; -, -nnen>; **'bel·gisch** <Adj.>

'Bel·grad *Hauptstadt von Jugoslawien*

Be·li'al <m.; - od. -s; unz.> *Teufel* [hebr.]

be'lich·ten <V. t.; Fot.>; **Be'lich·tung** <f.; -, -en>; **Be'lich·tungs·mes·ser** <m.; -s, ->

be'lie·ben <V. i.> 1 <geh.> *wünschen* 2 *gefallen;* es beliebt ihm zu scherzen; **Be'lie·ben** <n.; -s; unz.> es steht in Ihrem ~; ganz nach ~ *wie man will;* **be'lie·big** <Adj.> 1 *irgendein;* ein ~es Beispiel herausgreifen; jeder Beliebige; x-~ 2 *nach Belieben;* **be'liebt** <Adj.; ⚹Z28.1> 1 *gern gesehen u. geschätzt;* ein ~er Lehrer; sich ~ machen 2 *gern u. oft gebraucht;* eine ~e Ausrede; **Be'liebt·heit** <f.; -; unz.>

be'lie·fern <V. t.; ich belief(e)re>; **Be'lie·fe·rung** <f.; -; unz.>

Be'li·ze *Staat in Mittelamerika;* **Be'li·zer** <m.; -s, ->; **Be'li·ze·rin** <f.; -, -nnen>; **be'li·zisch** <Adj.>

Bel·kan'tist <m.; -en, -en>; **Bel·'kan·to** <m.; - od. -s; unz.; bes. 17.–19. Jh.> *ital. Kunstgesang;* oV *Belcanto* [ital.]

Bel·la·don·na <f.; -, -'don·nen; Bot.> *Tollkirsche* [ital.]

Belle É·poque <[bɛle'pɔk]; f.; --; unz.> *Epoche des geistigen u. wirtschaftl. Aufschwungs in Frankreich zu Beginn des 20. Jh.* [frz.]

'bel·len <V. i.> *kläffende Laute von sich geben;* ~der Husten

Bel·le·trist, <auch> **Bel·let'rist** <m.; -en, -en; ⚹Z53>; **Bel·le·'tris·tik** <f.; -; unz.> *schöngeistiges Schrifttum, Unterhaltungsliteratur* [frz.]; **Bel·le·'tris·tin** <f.; -, -nnen>; **bel·le·'tris·tisch** <Adj.>

Belle·vue <[bɛl'vy:]; n.; - od. -s, -s> *Schloss(2) mit schöner Aussicht* [frz.]

bel·li'zis·tisch <Adj.> *den Krieg befürwortend* [lat.]

be'lo·ben, be'lo·bi·gen <V. t.>; **Be'lo·bi·gung** <f.; -, -en>

be·loh·nen <V. t.> jmdn. für etwas ~; **Be·loh·nung** <f.; -, -en> eine ~ aussetzen

'Be·lo·rus·se <m.; -n, -n> Weißrusse; **'Be·lo·rus·sin** <f.; -, -n·nen>; **'be·lo·rus·sisch** <Adj.>

Bel·Pa·e·se <als Warenz. auch> **Bel·pa·e·se** <[-pa'e:zə]; m.; (-)-; unz.> ein ital. Weichkäse [ital.]

be'lüf·ten <V. t.> mit frischer Luft versorgen; **Be'lüf·tung** <f.; -; unz.>

Be'lu·ga <m.; -s, -s; Zool.> Weißwal

be'lü·gen <V. t. 181> er hat mich belogen

be'lus·ti·gen <V. t.> 1 jmdn. ~ erheitern 2 sich lustig machen (über jmdn.); **Be'lus·ti·gung** <f.; -, -en>

Be'lu·tsche, <auch> **Be'lut·sche** <m.; -n, -n; *Z 54> Angehöriger eines iran. Volkes in Vorderasien; **Be'lu·tschi** <n.; - od. -s; unz.> Sprache der Belutschen; **Be'lu·tschin** <f.; -, -n·nen>; **be·'lu·tschisch** <Adj.>; **Be'lu·tschis·tan** westpakistan. Hochland

Bel·ve'de·re <[-ve-]; n.; - od. -s, -s> 1 Aussichtspunkt 2 Schloss mit schöner Aussicht [ital.]

'Belz·ni·ckel <m.; -s, -; westmdt.> Nikolaus

be·ma·chen <V. t.; umg.> beschmutzen, besudeln

be'mäch·ti·gen <V. refl.; geh.> sich einer Sache ~ sich gewaltsam etwas aneignen

be'ma·len <V. t.>; **Be'ma·lung** <f.; -, -en>

be'män·geln <V. t.; ich bemäng(e)le> kritisieren; **Be'män·ge·lung** <f.; -; unz.>

be'man·nen <V. t.> mit einer Mannschaft besetzen; bemanntes Raumschiff; **Be'man·nung** <f.; -, -en>

be'män·teln <V. t.; ich be­mänt(e)le; selten> verhüllen, beschönigen

be'mas·ten <V. t.; Mar.> mit einem Mast versehen; **Be'mas·tung** <f.; -; unz.; Mar.>

'Bem·bel <m.; -s, -; hess.> Steinkrug für Apfelwein

be'meh·len <V. t.> mit Mehl bestäuben

be'merk·bar <Adj.> sich ~ machen; be'mer·ken <V. t.> 1 wahrnehmen 2 sich mit wenigen Worten äußern; **be'mer·kens·wert** <Adj.>; **Be'mer·kung** <f.; -, -en>

be'mes·sen <V. t. 185; du bemisst> zuteilen, abmessen; unsere Zeit ist knapp ~; **Be'mes·sung** <f.; -, -en>; **Be'mes·sungs·grund·la·ge** <f.; -; unz.>

be'mit·lei·den <V. t.>; **be'mit·leidens·wert** <Adj.>

be'mit·telt <Adj.> wohlhabend; minder~

'Bem·me <f.; -, -n; sächs.> belegte Brotschnitte [slaw.]

be'mo·geln <V. t.; ich bemog(e)le; umg.> betrügen

be'moost <Adj.> mit Moos bewachsen

be'mü·hen <V. t.> 1 jmdn. ~ <geh.> jmds. Hilfe in Anspruch nehmen 2 <V. refl.> sich ~ sich anstrengen; **Be'mü·hung** <f.; -, -en>

be'mü·ßi·gen <V. t.; veralt.> veranlassen, nötigen; **be'mü·ßigt** <Adj.; nur in den Wendungen> sich ~ fühlen, sehen

be'mus·tern <V. t.; ich bemust(e)re; Kaufmannsspr.> mit Probemustern ausstatten

be'mut·tern <V. t.; ich bemutt(e)re> jmdn. ~ sich wie eine Mutter um jmdn. kümmern; **Be'mut·te·rung** <f.; -; unz.>

Ben <vor hebr. u. arab. Eigennamen> Sohn, Enkel

be'nach·bart <Adj.>

be'nach·rich·ti·gen <V. t.> jmdn. ~ jmdm. etwas übermitteln; **Be'nach·rich·ti·gung** <f.; -, -en>

be'nach·tei·li·gen <V. t.> sich benachteiligt fühlen (vor anderen) zurückgesetzt; Ggs bevorzugen; **Be'nach·tei·li·gung** <f.; -, -en>

be'na·gen <V. t.> anknabbern

Bench·mar·king <['bentʃ-]; n.; - od. -s; unz.; Wirtsch.> Ausrichtung an den höchsten Werten konkurrierender Unternehmen [engl.]

'Ben·del <m.; -s, -; *Z 5.2; nicht mehr zulässige Schreibweise für> Bändel

'be·ne <ital. Bez. für> gut, schön

be·ne·beln <V. t.> den Verstand trüben; **be'ne·belt** <Adj.; *Z 28.1; fig.> betrunken

be·ne'dei·en <V. t.; poet.> segnen, selig preisen; gebenedeit seist du, Maria; du Gebenedeite [lat.]; **Be·ne'dic·tus** <n.; -, -> Teil der lat. Liturgie; **Be·ne'dik·ten·kraut** <n.; -(e)s; unz.; Bot.> distelähnl. Heilpflanze; **Be·ne'dik·ti·ner** <m.; -s, -> 1 Mönch des Benediktinerordens 2 ein Kräuterlikör; **Be·ne'dik·ti·ner·or·den** <m.; -s; unz.>; **Be·ne'dik·ti·on** <f.; -, -en> Segnung; **be·ne·di'zie·ren** <V. t.> segnen, weihen

Be·ne'fiz <n.; -es, -e; kurz für> Benefizvorstellung [frz.]; **Be·ne·'fi·zi·um** <n.; -, -s, -zi·en; MA> 1 Lehen 2 Pfründe; **Be·ne'fiz·vor·stel·lung** <f.; -, -en> Theater- od. Musikaufführung zugunsten eines wohltätigen Zweckes

be'neh·men <V. 189> 1 <V. refl.> sich ~ verhalten, betragen 2 <geh.> rauben; der Schreck benahm ihm den Atem; **Be'neh·men** <n.; -s; unz.> 1 Verhalten 2 sich mit jmdm. ins ~ setzen <geh.> mit jmdm. übereinkommen

be'nei·den <V. t.>; be'nei·dens·wert <Adj.>

'Be·ne·lux·län·der <Pl.; Sammelbez. für> die Staaten Belgien, Niederlande, Luxemburg

be'nen·nen <V. t. 190>; **Be'nen·nung** <f.; -, -en>

be'net·zen <V. t.; du benetzt> befeuchten

Ben'ga·le <m.; -n, -n>; **Ben'ga·len** vorderind. Landschaft; **Ben'ga·li** <n.; - od. -s; unz.> Sprache der Bengalen; **Ben'ga·lin** <f.; -, -n·nen>; **ben'ga·lisch** <Adj.>

'Ben·gel[1] <m.; -s, -; veralt.> Knüppel; **'Ben·gel**[2] <m.; -s, - od. (umg.) -s> (frecher) Junge

be'ni·gne, <auch> be'nig·ne <Adj.; *Z 53; Med.> gutartig (Tumor); Ggs maligne [lat.]

Be'nimm <m.; -s; unz.; umg.; scherzh.> Betragen, Verhalten

Be'nin Staat in Westafrika; Republik ~; **Be'ni·ner** <m.; -s, -> Einwohner von Benin; **Be'ni·ne·rin** <f.; -, -n·nen>; **be'ni·nisch** <Adj.>

'Ben·ja·min <m.; -s; unz.; scherzh.> Jüngster; der ~ der Familie

'Ben·ne ‹f.; -, -n; schweiz.› *Schubkarren* [lat.]

'Ben·nuss ‹f.; -, ⸚e; Bot.› 1 *ein afrikan. Baum* 2 *ölhaltige Frucht dieses Baumes*

be'nom·men ‹Adj.; ↗Z28.1› *verwirrt, leicht betäubt;* **Be'nom·men·heit** ‹f.; -; unz.›

be'no·ten ‹V. t.›

be'nö·ti·gen ‹V. t.; geh.› *brauchen*

Be'no·tung ‹f.; -, -en›

Ben'thal ‹n.; -s; unz.; Biol.› *Bodenregion eines Gewässers (als Lebensraum)* [grch.]; **'Ben·thos** ‹n.; -; unz.› *Tier- u. Pflanzenwelt auf dem Gewässerboden*

be·nutz·bar ‹Adj.›; **Be'nutz·bar·keit** ‹f.; -; unz.›; **be'nüt·zen** ‹V. t.› *gebrauchen;* **Be'nut·zer, Be'nüt·zer** ‹m.; -s, -›; **be'nut·zer·freund·lich** ‹Adj.›; **Be'nut·ze·rin, Be'nüt·ze·rin** ‹f.; -, -n·nen›; **Be'nut·zer·o·ber·flä·che** ‹f.; -, -; EDV›; **Be'nut·zung, Be'nüt·zung** ‹f.; -; unz.›

'ben·zen ‹V. i.; du benzt; südd.› *unaufhörlich betteln, bitten*

Ben'zin ‹n.; -s, -e› 1 *Treibstoff* 2 *Lösungsmittel* [frz.-arab.]; **Ben'zin·ab·schei·der** ‹m.; -s, -›; **Ben'zi·ner** ‹m.; -s, -; umg.› *Auto mit Benzinmotor; Ggs Diesel(2)*; **Ben'zin·feu·er·zeug** ‹n.; -(e)s, -e›; **Ben'zin·ka·nis·ter** ‹m.; -s, -›; **Ben'zin·kut·sche** ‹f.; -, -n; umg.; scherzh.› *Auto*; **Ben'zin·mo·tor** ‹m.; -s, -'to·ren›; **Ben'zin·preis** ‹m.; -es, -e›; **Ben'zin·uhr** ‹f.; -, -en›; **Ben'zin·ver·brauch** ‹m.; -(e)s; unz.›; **'Ben·zoe** ‹[-tso:e:]; f.; -; unz.› *ein wohlriechendes Harz*; **'Ben·zo·e·harz** ‹n.; -es, -e›; **'Ben·zo·e·säu·re** ‹f.; -; unz.› *ein Konservierungsmittel*; **Ben'zol** ‹n.; -s, -e; Chem.› *ein Lösungsmittel*; **Ben·zo·py'ren** ‹n.; -s; unz.; Chem.› *Krebs erregender Kohlenwasserstoff*; **Ben'zyl** ‹n.; -s; unz.; Chem.› *eine Atomgruppe*

Beo ‹['be:o]; m.; -s, -s; Zool.› *südostasiat. Singvogel* [indones.]

be·ob·ach·ten, ‹auch› be'o·bach·ten ‹V. t.; ↗Z54› *aufmerksam od. kontrollierend (mit den Augen) verfolgen;* **Be'ob·ach·ter** ‹m.; -s, -›; **Be'ob·**

ach·te·rin ‹f.; -, -n·nen›; **Be'ob·ach·tung** ‹f.; -, -en›; **Be'ob·ach·tungs·ga·be** ‹f.; -; unz.›; **Be'ob·ach·tungs·pos·ten** ‹m.; -s, -›

be'or·dern ‹V. t.; ich beord(e)re› *befehlen;* jmdn. zu sich ~

be·pa·cken ‹V. t.›

be'pflan·zen ‹V. t.; du bepflanzt›; **Be'pflan·zung** ‹f.; -; unz.›

be'pflas·tern ‹V. t.› = *pflastern*; **Be'pflas·te·rung** ‹f.; -, -en›

be'pin·seln ‹V. t.; ich bepins(e)le›; **Be'pin·se·lung, Be'pins·lung** ‹f.; -, -en›

be'pu·dern ‹V. t.; ich bepud(e)re›; **Be'pu·de·rung** ‹f.; -; unz.›

be'quas·seln ‹V. t.; ich bequass(e)le; umg.› jmdn. ~ *auf jmdn. einreden*

be'quat·schen ‹V. t.; umg.› *besprechen*

be'quem ‹Adj.› 1 *angenehm, keine Mühen od. Beschwerden verursachend;* ~e Schuhe; mach' es dir ~! 2 *träge, jeder Mühe abgeneigt;* **be'que·men** ‹V. refl.› sich zu etwas ~; **be'quem·lich** ‹Adj.; veralt.› = *bequem*; **Be'quem·lich·keit** ‹f.; -, -en› 1 *Annehmlichkeit, Komfort* 2 ‹unz.› *Faulheit*

be'ran·ken ‹V. t.› eine Mauer mit Efeu ~; **Be'ran·kung** ‹f.; -, -en›

Be'rapp ‹m.; -(e)s; unz.› *rauer Verputz;* **be'rap·pen¹** ‹V. t.› eine Wand ~ *mit grobem Putz bewerfen*; **be'rap·pen²** ‹V. t.; umg.› *(be)zahlen*

be'ra·ten ‹V. t. 195› 1 jmdn. ~ *jmdm. einen Rat geben* 2 ‹V. refl.› sich ~ *etwas besprechen, erörtern;* **Be'ra·ter** ‹m.; -s, -›; **Be'ra·te·rin** ‹f.; -, -n·nen›; **be·'rat·schla·gen** ‹V. i.› sie haben beratschlagt; **Be'rat·schla·gung** ‹f.; -, -en›; **Be'ra·tung** ‹f.; -, -en›; **Be'ra·tungs·stel·le** ‹f.; -, -n›

be'rau·ben ‹V. t.›; **Be'rau·bung** ‹f.; -, -en; selten›

be'rau·schen ‹V. t./V. refl.› *begeistern, betrunken machen;* **be·'rau·schend** ‹Adj.; ↗Z28.1› *trunken machend;* ein ~er Duft; der Film war nicht gerade ~ ‹umg.› *nur mittelmäßig*

'Ber·ber ‹m.; -s, -› 1 *Angehöriger einer nordafrikan. Völkergrup-*

pe 2 ‹kurz für› *Berberteppich*; **'Ber·be·rin¹** ‹f.; -, -n·nen›

Ber·be'rin² ‹n.; -s; unz.› *gelber Farbstoff*

'ber·be·risch ‹Adj.›

Ber·be'rit·ze ‹f.; -, -n; Bot.› *ein Zierstrauch* [lat.]

'Ber·ber·tep·pich ‹m.; -(e)s, -e› *von Berbern hergestellter Teppich*

Ber·ceu·se ‹[bɛr'sø:zə]; f.; -, -n› *Wiegenlied* [frz.]

be·re·chen·bar ‹Adj.; a. fig.› *einschätzbar, voraussehbar;* **be·'rech·nen** ‹V. t.›; **be'rech·nend** ‹Adj.; ↗Z28.1› *auf den eigenen Vorteil bedacht;* **Be'rech·nung** ‹f.; -, -en›; **Be'rech·nungs·grund·la·ge** ‹f.; -; unz.›

be·rech·ti·gen ‹V.› 1 ‹V. t.› jmdn. zu etwas ~ *jmdm. eine Genehmigung erteilen* 2 ‹V. i.› seine Fähigkeiten ~ zu den schönsten Hoffnungen *lassen das Beste hoffen;* **be'rech·tigt** ‹Adj.; ↗Z28.1› *zu Recht bestehend;* ~e Zweifel; **Be'rech·ti·gung** ‹f.; -; unz.›; **Be'rech·ti·gungs·schein** ‹m.; -(e)s, -e›

be·re·den ‹V. t.› 1 etwas ~ *besprechen* 2 jmdn. od. etwas ~ ‹umg.› *abfällig über jmdn. od. etwas reden;* **be'red·sam** ‹Adj.› = *beredt;* **Be'red·sam·keit** ‹f.; -; unz.› *Redegewandtheit;* **be'redt** ‹Adj.; geh.› 1 *redegewandt* 2 ‹fig.› *ausdrucksvoll, viel sagend;* ein ~er Beweis für seine Liebe; **Be'redt·heit** ‹f.; -; unz.›

be·reg·nen ‹V. t.› *besprengen;* **Be'reg·nung** ‹f.; -, -en›; **Be'reg·nungs·an·la·ge** ‹f.; -, -n›

Be'reich ‹m. od. (selten) n.; -(e)s, -e› 1 *Gebiet, Bezirk, Wirkungskreis* 2 *Sachgebiet;* Aufgaben~; **be'rei·chern** ‹V. t.; ich bereich(e)re› 1 *reicher machen* 2 ‹V. refl.› sich (an jmdm. od. etwas) ~ *sich Vorteile verschaffen;* **Be'rei·che·rung** ‹f.; -, -en›

be·rei·fen¹ ‹V. t.› ein Auto neu ~ *mit Reifen versehen*

be'rei·fen² ‹V. t.› *mit Raureif bedecken;* am Morgen waren die Dächer bereift

Be'rei·fung ‹f.; -, -en›

be'rei·ni·gen ‹V. t.; a. fig.› *säubern, in Ordnung bringen;* **Be·'rei·ni·gung** ‹f.; -; unz.›

be'rei·sen ‹V. t.› viele Länder ~

be'reit <Adj.; ⬈Z24> 1 *fertig;* seid ihr ~? 2 *gewillt;* wärst du ~, mir zu helfen?; sich ~ erklären, finden, zeigen; es fand sich keiner ~ mitzuhelfen; **be'rei·ten¹** <V. t.> 1 *zubereiten, herstellen; das Essen ~* 2 *zuteil werden lassen;* jmdm. eine Freude, Kummer, Sorgen ~

be'rei·ten² <V. t. 199> ein Pferd ~ *ein-, zureiten;* **Be'rei·ter** <m.; -s, -> ; **Be'rei·te·rin** <f.; -, -n·nen>

be'reit|hal·ten <V. t. 160; ich halte bereit; sie hat bereitgehalten; bereitzuhalten> 1 etwas ~ *zur Verfügung halten;* das Geld abgezählt ~ 2 <V. refl.> sich ~ *abrufbereit sein;* **be'reits** <Partikel> *schon;* **Be'reit·schaft** <f.; -; unz.> *das Bereitsein;* Alarm~; ~ haben *Bereitschaftsdienst;* **Be'reit·schafts·dienst** <m.; -(e)s, -e; Feuerwehr, Polizei, Rotes Kreuz u.a.> *stets bereiter Hilfsdienst für Notfälle;* **Be'reit·schafts·po·li·zei** <f.; -; unz.>; **be'reit|ste·hen** <V. i. 256> *zur Verfügung stehen;* das Essen steht bereit; **be'reit|stel·len** <V. t.>; **Be'reit·stel·lung** <f.; -; unz.>; **Be'rei·tung** <f.; -; unz.>; **be'reit·wil·lig** <Adj.> *gern bereit;* **Be'reit·wil·lig·keit** <f.; -; unz.>

be'ren·nen <V. t. 200; Sp.> *stürmen*

be'ren·ten <V. t.> jmdn. ~ <Amtsdt.> *jmdm. eine Rente zahlen*

Bé·ret <[be'rɛ]; n.; -s, -s; bes. schweiz.> *Baskenmütze* [frz.]

be'reu·en <V. t.> *bedauern*

Berg <m.; -(e)s, -e> 1 *größere Geländeerhebung* 2 <fig.> *hoch aufgetürmter Stapel, eine große Menge;* ein ~ von Arbeit 3 <nur Pl.> ~e *Gebirge;* in die ~e fahren; **berg'ab** <Adv.; a. fig.> *den Berg hinunter;* es geht mit jmdm. (immer mehr) ~ <fig.>; Ggs *bergauf;* **berg'ab·wärts** <Adv.>; **Berg·a·ka·de·mie** <f.; -, -n; ⬈Z55> *Hochschule für Bergbau u. Hüttenkunde*

Ber·ga·mas·ca <f.; -, -s> *ital. Volkstanz* [nach der oberital. Stadt *Bergamo*]; **Ber·ga'mas·ke** <m.; -n, -n> *Bewohner der Stadt Bergamo;* **Ber·ga'mas·kin** <f.; -,

-n·nen>; **ber·ga'mas·kisch** <Adj.>

Ber·ga'mot·te <f.; -, -n> 1 *eine Zitrusfrucht* 2 <auch> *eine Birnenart* [ital.]; **Ber·ga'mott·öl** <n.; -(e)s; unz.>

'Berg·amt <n.; -(e)s, ⁓er> *Bergbauaufsichtsbehörde;* **berg'an** <Adv.> = *bergauf;* **'Berg·ar·bei·ter** <m.; -s, ->; **berg'auf** <Adv.> *den Berg hinauf;* es geht ~ <fig.> *besser;* → a. *bergab;* **berg·'auf·wärts** <Adv.>; **'Berg·bahn** <f.; -, -en>; **'Berg·bau** <m.; -(e)s; unz.>; **'Berg·bau·er** <m.; -s, -n>; **'Berg·bäu·e·rin** <f.; -, -n·nen>; **'Berg·be·hör·de** <f.; -, -n>; **'Berg·be·woh·ner** <m.; -s, ->; **'Berg·be·woh·ne·rin** <f.; -, -n·nen>; **'Ber·ge** <Pl.> 1 = *Berg(3)* 2 <Bgb.> *taubes Gestein;* **'ber·ge·hoch** <Adj.> die Wäsche türmt sich ~; *V berghoch;* **'Berg·ei·sen** <n.; -s, -> *Hammer des Bergmannes;* **'ber·gen** <V. t. 106> 1 *in Sicherheit bringen;* sich bei jmdm. geborgen fühlen *geschützt* 2 etwas in sich ~ *enthalten;* **'Ber·ges·hö·he** <f.; -, -n>; **'ber·ge·wei·se** <Adv.> *massenhaft;* der Künstler erhielt ~ Post; **'Berg·fahrt** <f.; -, -en> *Fahrt den Strom, den Berg hinauf;* Ggs *Talfahrt;* **'Berg·fex** <m.; -es, -e; umg.> *begeisterter Bergsteiger;* **'Berg·fried** <m.; -(e)s, -e> *Hauptturm einer Burg;* **'Berg·füh·rer** <m.; -s, ->; **'Berg·füh·re·rin** <f.; -, -n·nen>; **'Berg·gip·fel** <m.; -s, ->; **'Berg·gruß** <m.; -es, ⁓e>; **'ber·gig** <Adj.> *Berge aufweisend;* eine ~e Insel; **'Berg·kamm** <m.; -(e)s, ⁓e *schmaler Bergrücken;* **'Berg·ke·gel** <m.; -s, -> *kegelförmige Bergspitze;* **'Berg·ket·te** <f.; -, -n>; **'Berg·krank·heit** <f.; -; unz.> = *Höhenkrankheit;* **'Berg·kris·tall** <m.; -(e)s, -e> *ein Mineral;* **'Berg·kup·pe** <f.; -, -n>; **'Berg·land** <n.; -(e)s; unz.>; **'Berg·ler** <m.; -s, -> *jmd., der im Bergland wohnt;* **'Berg·le·rin** <f.; -, -n·nen>; **'Berg·mann** <m.; -(e)s, -leu·te *Bergarbeiter;* **'berg·män·nisch** <Adj.>; **'Berg·mas·siv** <n.; -(e)s, -e>; **'Berg·not** <f.; -; unz.> *(lebens)gefährliche Lage beim Bergsteigen;* **'Berg·pfad** <m.;

-(e)s, -e>; **'Berg·pre·digt** <f.; -; unz.; NT>; **'Berg·rü·cken** <m.; -s, ->; **'Berg·rutsch** <m.; -(e)s, -e>; **'Berg·scha·den** <m.; -s, ⁓> *durch den Bergbau an der Erdoberfläche verursachter Schaden;* **'Berg·schuh** <m.; -(e)s, -e>; **'berg·schüs·sig** <Adj.; Bgb.> *reich an taubem Gestein;* **'Berg·spit·ze** <f.; -, -n>; **'Berg·sport** <m.; -(e)s; unz.> = *Alpinistik;* **'berg·stei·gen** <V. i. (s.); nur im Inf. od. Part. Perf.> wir sind im Urlaub viel berggestiegen; **'Berg·stei·ger** <m.; -s, ->; **'Berg·stei·ge·rin** <f.; -, -n·nen>; **'Berg·tour** <[-tuːr]; f.; -, -en>; **Berg·und-'Tal-Bahn** <f.; -, -en; ⬈Z33> = *Achterbahn;* **'Ber·gung** <f.; -; unz.>; **'Ber·gungs·dienst** <m.; -(e)s, -e>; **'Ber·gungs·mann·schaft** <f.; -, -en>; **'Berg·wacht** <f.; -; unz.>; **'Berg·wand** <f.; -, ⁓e>; **'Berg·wan·dern** <n.; -s; unz.>; **'Berg·wan·de·rung** <f.; -, -en>; **'berg·wärts** <Adv.> *berg-, flussaufwärts;* **'Berg·welt** <f.; -; unz.>; **'Berg·werk** <n.; -(e)s, -e>; **'Berg·we·sen** <n.; -s; unz.>; **'Berg·wohl·ver·leih** <m.; -s; unz.; Bot.> *Arnika*

Be·ri'be·ri <f.; -; unz.; Med.> *eine auf Vitamin-B-Mangel beruhende Krankheit* [singhales.]

Be'richt <m.; -(e)s, -e> *sachliche Darstellung;* Tatsachen~; ~ erstatten; **be'rich·ten** <V. t.>; **Be·'rich·ter** <m.; -s, ->; **Be'rich·te·rin** <f.; -, -n·nen>; **Be'richt·er·stat·ter** <m.; -s, ->; **Be'richt·er·stat·te·rin** <f.; -, -n·nen>; **Be·'richt·er·stat·tung** <f.; -, -en>; **be'rich·ti·gen** <V. t.> *richtig stellen, verbessern;* **Be'rich·ti·gung** <f.; -, -en>; **Be'richts·jahr** <n.; -(e)s, -e>

be'rie·chen <V. t. 201>

be'rie·seln <V. t.; ich beries(e)le> *Felder ~ von oben bewässern;* sich von Musik ~ lassen <fig.>; **Be'rie·se·lung** <f.; -; unz.>; **Be·'rie·se·lungs·an·la·ge** <f.; -, -n>

be'rin·gen <V. t.> *(Vögel) mit Ringen (am Fuß) versehen;* **Be'rin·gung** <f.; -; unz.>

Be'ritt <m.; -(e)s, -e> 1 *das Bereiten²* 2 *Forstbezirk;* **be'rit·ten** <Adj.; ⬈Z28.1> *zu Pferde;* ~e Polizei

B

Ber·ke·li·um <n.; -s; unz.; Chem.; Zeichen: Bk> *chem. Element* [nach der Stadt *Berkeley* in den USA]

Ber·lin *Bundesland und Hauptstadt der BRD*; **Ber·li'na·le** <f.; -, -n; Bez. für die> *Filmfestspiele in Berlin*; **Ber'li·ner**[1] <m.; -s, -> *Einwohner von Berlin*; **Ber'li·ner**[2] <Adj.> *berlinisch*; ~ Bär *Wappen von Berlin*; ~ Blau *dunkelblauer Farbstoff*; ~ Mundart; ~ Weiße *Weißbier mit Himbeersirup*; **Ber'li·ne·rin** <f.; -, -n·nen>; **ber'li·ne·risch** <Adj.> oV *berlinisch*; **ber'li·nern** <V. i.; ich berlinere> *Berliner Mundart sprechen*; **ber'li·nisch** <Adj.> oV *berlinerisch*

Ber'lo·cke <f.; -, -n> *kleiner Schmuckanhänger (für Uhrketten usw.)* [frz.]

'Ber·me <f.; -, -n; Deichbau> *Böschungsabsatz* [ndrl.]

Ber'mu·da <f.; -, -s> kurz für> *Bermudashorts*; **Ber'mu·da-shorts** <[-'ʃɔːrts]; Pl.> *knielange Hose*

Bern *Hauptstadt der Schweiz u. des gleichnamigen Kantons*

Bern·har'di·ner <m.; -s, -> 1 *Angehöriger des Zisterzienserordens* 2 <Zool.> *eine Hunderasse* [nach *Bernhard* von Clairvaux]

'ber·nisch <Adj.> *zu Bern gehörig, Bern betreffend*

'Bern·stein <m.; -(e)s; unz.> *(zu Schmucksteinen verarbeitetes) fossiles Harz*; **bern·stei·ne(r)n** <Adj.> *aus Bernstein*; **'bern·stein·far·ben** <Adj.>

Ber·sa·gli·e·re <auch> **Ber·sag·li·e·re** <[-sa'ljɛːrə]; m.; -s, -ri; ⟋Z53> *ital. Scharfschütze* [ital.]

'Ber·ser·ker <a. ['-'--]; m.; -s, -; nord. Myth.> 1 *wilder Krieger von außergewöhnl. Kraft* 2 <fig.> *wütend tobender Mensch* [altnord.]; **'Ber·ser·ker·wut** <f.; -; unz.; fig.>

'bers·ten <V. i. 107> *platzen, zerspringen*

be'rüch·tigt <Adj.; abwertend> *verrufen, gefürchtet*

be'rü·cken <V. t.; geh.> *bezaubern, betören*; ein ~des Lächeln

be'rück·sich·ti·gen <V. t.> *beachten*; **Be'rück·sich·ti·gung** <f.; -; unz.> unter ~ sämtlicher Umstände

Berufsbezeichnung: Eine B. ist die amtlich oder administrativ festgelegte Bezeichnung der beruflichen Tätigkeit einer bestimmten Berufsgruppe: *Oberstudienrat, Kauffrau, Desinfektor, Raumpflegerin.* In der Umgangssprache werden anstelle der offiziellen B. häufig andere Benennungen verwendet: *Kammerjäger, Putzfrau.*

Be'ruf <m.; -(e)s, -e> *dem Lebensunterhalt dienende Tätigkeit*; stiller ~ <schweiz.> *ruhiges Gewerbe*; **be·ru·fen** <V. 204> 1 <V. t.> *jmdn. in ein Amt einsetzen*; er wurde an die Universität Heidelberg ~ 2 <V. t.; Passiv> zu etwas ~ *sein besonders befähigt sein*; sich zu etwas ~ fühlen 3 <V. refl.> sich auf jmdn. od. etwas ~ *beziehen, stützen* 4 <V. i.> gegen ein Urteil ~ <österr.> *Berufung einlegen*; **be'ruf·lich** <Adj.> aus ~en Gründen; **Be'rufs·an·fän·ger** <m.; -s, ->; **Be'rufs·an·fän·ge·rin** <f.; -, -n·nen>; **Be'rufs·aus·bil·dung** <f.; -, -en>; **Be'rufs·aus·sich·ten** <Pl.>; **be'rufs·be·dingt** <Adj.>; **be'rufs·be·glei·tend** <Adj.> ~e Schule *Berufsschule*; **Be'rufs·be·ra·ter** <m.; -s, ->; **Be'rufs·be·ra·te·rin** <f.; -, -n·nen>; **Be'rufs·be·ra·tung** <f.; -; unz.>; **Be'rufs·be·zeich·nung** <f.; -, -en> → a. *Kasten*; **be'rufs·be·zo·gen** <Adj.>; **Be'rufs·bild** <n.; -(e)s, -er> *Beschreibung eines Berufs*; **be'rufs·bil·dend** <Adj.> = *berufsbegleitend*; **Be'rufs·bil·dungs·werk** <n.; -(e)s, -e> *Einrichtung zur Ausbildung behinderter Jugendlicher*; **Be'rufs·er·fah·rung** <f.; -, -en>; **be'rufs·fremd** <Adj.>; **Be'rufs·ge·heim·nis** <n.; -s·ses, -s·se>; **Be'rufs·ge·nos·sen·schaft** <f.; -, -en>; **Be'rufs·klei·dung** <f.; -; unz.>; **Be'rufs·kol·le·ge** <m.; -n, -n>; **Be'rufs·kol·le·gin** <f.; -, -n·nen>; **Be'rufs·krank·heit** <f.; -, -en>; **Be'rufs·le·ben** <n.; -s; unz.> voll im ~ stehen; **be'rufs·los** <Adj.>; **be'rufs·mä·ßig** <Adj.>; **Be'rufs·prak·ti·kum** <n.; -s, -ti·ka>; **Be'rufs·rei·se** <f.; -, -n>; **Be'rufs·re·vo·lu·ti·o·när** <[-vo-]; m.; -s, -e>; **Be'rufs-**

ri·si·ko <n.; -s, -s od. -si·ken>; **Be·rufs·schu·le** <f.; -, -n> *Pflichtschule für Lehrlinge*; **Be'rufs·sol·dat** <m.; -en, -en>; **Be'rufs·spie·ler** <m.; -s, -; Sp.>; **Be'rufs·spie·le·rin** <f.; -, -n·nen; Sp.>; **Be'rufs·sport·ler** <m.; -s, -; Sp.>; **Be'rufs·sport·le·rin** <f.; -, -n·nen; Sp.>; **Be'rufs·stand** <m.; -(e)s, ⸚e>; **be'rufs·tä·tig** <Adj.>; **Be'rufs·tä·ti·ge(r)** <f. 2 (m. 1)>; **Be'rufs·tä·tig·keit** <f.; -; unz.>; **be'rufs·un·fä·hig** <Adj.> *aus gesundheitl. Gründen unfähig, einen Beruf auszuüben*; **Be'rufs·un·fä·hig·keit** <f.; -; unz.>; **Be'rufs·ver·band** <m.; -(e)s, ⸚e>; **Be'rufs·ver·bot** <n.; -(e)s, -e>; **Be'rufs·ver·bre·cher** <m.; -s, ->; **Be'rufs·ver·bre·che·rin** <f.; -, -n·nen>; **Be'rufs·ver·kehr** <m.; -s; unz.>; **Be'rufs·wahl** <f.; -; unz.>; **Be'rufs·ziel** <n.; -(e)s, -e>; **Be'ru·fung** <f.; -, -en> 1 *das Berufen(1, 3)*; eine ~ an eine Universität erhalten; unter ~ auf <förml.> *unter Hinweis auf* 2 <fig.> *innere Bestimmung*; er ist Arzt aus ~ 3 <Rechtsw.> *Einspruch*; ~ einlegen; **Be'ru·fungs·in·stanz,** <auch> **Be·ru·fungs·ins·tanz** <f.; -, -en; ⟋Z54>; **Be'ru·fungs·rich·ter** <m.; -s, ->; **Be'ru·fungs·rich·te·rin** <f.; -, -n·nen>; **Be'ru·fungs·ver·fah·ren** <n.; -s, ->

be·ru·hen <V. i.> 1 etwas beruht auf etwas *gründet, stützt sich auf etwas* 2 etwas auf sich ~ lassen *nicht weiterverfolgen*; **be·'ru·hi·gen** <V. t.> 1 jmdn. ~ *besänftigen* 2 <V. refl.> sich ~ *ruhig werden*; **Be'ru·hi·gung** <f.; -; unz.>; **Be·'ru·hi·gungs·mit·tel** <n.; -s, ->

be·rühmt <Adj.> *weithin bekannt*; **be'rühmt-be'rüch·tigt** <Adj.; umg.> *durch schlechten Ruf bekannt*; **Be'rühmt·heit** <f.; -, -en> 1 *weit reichender Ruf*; ~ erlangen 2 *bekannte Persönlichkeit*

be·rüh·ren <V. t.> 1 *in Kontakt kommen*; ein Thema ~ <fig.> *am Rande erwähnen, streifen* 2 *etwas berührt jmdn. hinterlässt eine best. Wirkung in jmdm.*; **Be'rüh·rung** <f.; -, -en>; **Be'rüh·rungs·angst** <f.; -, ⸚e>;

meist Pl.; Psych.> *Angst vor Kontaktaufnahme;* **Be'rüh·rungs·punkt** <m.; -(e)s, -e> *Gemeinsamkeit im Denken;* wir haben nur wenige ~e

Be'ryll <m.; -s, -e> *ein Edelstein* [grch.]; **Be'ryl·li·um** <n.; -s; unz.; Chem.; Zeichen: Be> *chem. Element, Metall*

bes. <Abk. für> *besonders*

be'sab·bern <V. t.; ich besabb(e)re; umg.> *mit Speichel verunreinigen*

be'sä·en <V. t.>

be'sa·gen <V. t.> *bedeuten;* **be'sagt** <Adj.; ⭧Z 28.1> *erwähnt, bereits genannt;* ~er Schüler

be'sai·ten <V. t.> *mit Saiten bespannen;* sie ist zart besaitet <fig.> *äußerst empfindsam*

be'sa·men <V. t.>

be'sam·meln <V. t.; ich besamm(e)le; schweiz.> 1 alle Mitglieder ~ *zusammenrufen* 2 <V. refl.> sich ~ *versammeln;* **Be'samm·lung** <f.; -, -en>

Be'sa·mung <f.; -, -en> künstl. ~

Be'san <m.; -s, -e; Seemannsspr.> *Segel am hintersten Mast* [frz.]

be'sänf·ti·gen <V. t./V. refl.> *beruhigen, beschwichtigen;* **Be'sänf·ti·gung** <f.; -; unz.>

Be'satz <m.; -es, ⁼e> *zur Verzierung auf ein Kleidungsstück aufgenähtes Teil;* Pelz~; **Be'sat·zer** <m.; -s, ->; **Be'sat·ze·rin** <f.; -, -n·nen>; **Be'sat·zung** <f.; -, -en> 1 = *Crew* 2 <unz.> *Truppen, die fremdes Staatsgebiet besetzt halten;* **Be'sat·zungs·macht** <m.; -, ⁼e>; **Be'sat·zungs·trup·pen** <Pl.>; **Be'sat·zungs·zo·ne** <f.; -, -n>

be'sau·fen <V. refl. 205> sich ~ <derb> *sich betrinken;* **Be'säuf·nis** 1 <f.; -; unz.; umg.> *Betrunkenheit* 2 <n.; -s·ses, -s·se> *Zechgelage*

be'schä·di·gen <V. t.>; **Be'schä·di·gung** <f.; -, -en>

be'schaf·fen¹ <V. t.> *jmdm. od. sich etwas ~ besorgen;* **be'schaf·fen²** <Adj.> *geartet;* **Be'schaf·fen·heit** <f.; -; unz.>; **Be'schaf·fung** <f.; -; unz.>; **Be'schaf·fungs·kri·mi·na·li·tät** <f.; -; unz.> *Straffälligkeit im Zusammenhang mit der Finanzierung u. Beschaffung von Drogen*

be'schäf·ti·gen <V. t.> 1 jmdn. ~ *(gegen Bezahlung) arbeiten lassen* 2 <V. refl.> sich mit etwas ~ *befassen* 3 *zu denken geben;* diese Frage beschäftigt mich schon lange; **Be'schäf·tig·ten·zahl** <f.; -, -en>; **Be'schäf·ti·gung** <f.; -, -en>; **be'schäf·ti·gungs·los** <Adj.>; **Be'schäf·ti·gungs·the·ra·pie** <f.; -, -n>

be'schä·len <V. t.> *decken, begatten* (von Pferden); **Be'schä·ler** <m.; -s, -> *Zuchthengst*

be'schal·len <V. t.> 1 einen Raum ~ *mithilfe von Lautsprechern von Schall durchdringen lassen* 2 <Med.; Tech.> *mit Ultraschall behandeln*

Be'schä·lung <f.; -; unz.>

be'schä·men <V. t.> jmdn. ~ *in jmdm. Scham(1) hervorrufen;* **be'schä·mend** <Adj.; ⭧Z 28.1>; **Be'schä·mung** <f.; -; unz.>

be'schat·ten <V. t.> 1 *vor Sonne schützen* 2 jmdn. ~ *heimlich überwachen;* **Be'schat·tung** <f.; -; unz.>

Be'schau <f.; -; unz.> *Besichtigung;* Fleisch~; **be'schau·en** <V. t.> *betrachten;* **Be'schau·er** <m.; -s, ->; **Be'schau·e·rin** <f.; -, -n·nen>; **be'schau·lich** <Adj.> *besinnlich, friedlich;* **Be'schau·lich·keit** <f.; -; unz.>

Be'scheid <m.; -(e)s, -e> 1 <unz.> *Auskunft, Nachricht;* jmdm. ~ geben; ~ wissen 2 *behördl. Entscheidung;* ein ablschläger ~; **be'schei·den¹** <V. t. 209; geh.> 1 <V. refl.> sich mit etwas ~ *zufrieden geben* 2 *zuteil werden lassen;* ihm war kein Erfolg beschieden; **be'schei·den²** <Adj.> 1 *genügsam* 2 *einfach, schlicht;* eine ~e Unterkunft; **Be'schei·den·heit** <f.; -; unz.>

be'schei·nen <V. t. 210> *von der Sonne beschienene Berge*

be'schei·ni·gen <V. t.> *schriftl. bestätigen;* **Be'schei·ni·gung** <f.; -, -en>

be'schei·ßen <V. t. 211; fig.; derb> *betrügen*

be'schen·ken <V. t.>

be'sche·ren <V. t. u. V. i.> *zuteil werden lassen;* was wird uns die Zukunft ~?; **Be'sche·rung** <f.; -, -en> 1 <an Weihnachten> *(feierl.) Überreichen der Geschenke*

2 <unz.; fig.; umg.; scherzh.> *unangenehme Überraschung;* das ist ja eine schöne ~!

be'scheu·ert <Adj.; derb> *dumm, einfältig*

be'schich·ten <V. t.>; **Be'schich·tung** <f.; -, -en>

be'schi·cken <V. t.> eine Messe ~; **Be'schi·ckung** <f.; -; unz.>

be'schie·ßen <V. t. 215>; **Be'schie·ßung** <f.; -, -en>

be'schil·dern <V. t.; ich beschild(e)re> *mit Verkehrszeichen versehen;* der Weg ist schlecht beschildert; **Be'schil·de·rung** <f.; -; unz.>

be'schimp·fen <V. t.>; **Be'schimp·fung** <f.; -, -en>

be'schir·men <V. t.; poet.> *beschützen;* **Be'schir·mung** <f.; -; unz.>

Be'schiss <m.; -es; unz.; derb> *Betrug;* **be'schis·sen** <Adj.; derb> *sehr schlecht*

be'schlab·bern <V. refl.; ich beschlabb(e)re mich> sich ~ *sich beim Essen beschmutzen*

Be'schlächt <n.; -(e)s, -e> *Uferschutz*

be'schla·fen <V. t. 217> eine Sache ~ *eine Entscheidung bis zum anderen Tag aufschieben*

Be'schlag <m.; -(e)s, ⁼e> 1 *Metallstück an Türen, Schränken u. Ä.* 2 <in den Wendungen> in ~ nehmen, mit ~ belegen *ganz für sich beanspruchen;* **be'schla·gen¹** <V. t. 218> 1 <V. t.> ein Pferd ~ 2 <V. i.> *sich mit einer dünnen Schicht überziehen;* das Fenster beschlägt sofort; **be'schla·gen²** <Adj.> *reich an Kenntnissen;* er ist sehr ~; **Be'schlag·nah·me** <f.; -; unz.>; **be'schlag·nah·men** <V. t.> *wegnehmen;* **Be'schlag·nah·mung** <f.; -, -en>

be'schlei·chen <V. t. 219> Sorge beschlich ihn *überkam ihn*

be'schleu·ni·gen <V. t.> *schneller werden (lassen);* **Be'schleu·ni·ger** <m.; -s, -> = *Teilchenbeschleuniger;* **Be'schleu·ni·gung** <f.; -, -en>

be'schleu·sen <V. t.> *mit Schleusen versehen;* einen Fluss ~

be'schlie·ßen <V. t. 222> 1 *einen Beschluss fassen* 2 *beenden;* **Be'schlie·ße·rin** <f.; -, -n·nen; veralt.> *Wirtschafterin, Verwalte-*

B

rin; Be'schluss <m.; -es, ⸚e> *Entscheidung aufgrund eines Beratungsergebnisses;* Kabinetts~; be'schluss·fä·hig <Adj.>; Be'schluss·fä·hig·keit <f.; -; unz.>; Be'schluss·or·gan <n.; -(e)s, -e> *zu Beschlüssen befugter Ausschuss;* be'schluss·reif <Adj.>

be'schmie·ren <V. t.>

be'schmut·zen <V. t.> du beschmutzt (dir) die Schuhe

be'schnei·den <V. t. 227> 1 *durch Schneiden stutzen* 2 *jmdn. ~ jmds. Vorhaut entfernen* 3 *jmds. Freiheit ~ ‹fig.› einschränken;* Be'schnei·dung <f.; -, -en>

be'schnei·en <V. t.> beschneite Wege

be'schnüf·feln <V. t.; ich beschnüff(e)le>

be'schnup·pern <V. t.; ich beschnupp(e)re>

be'schö·ni·gen <V. t.> *positiver darstellen als es eigtl. ist;* Be'schö·ni·gung <f.; -, -en>

be'schot·tern <V. t.; ich beschott(e)re> eine Straße ~ *mit Schotter bedecken*

be'schrän·ken <V. t.> 1 *begrenzen* 2 <V. refl.> sich ~ *sich begnügen;* be'schränkt <Adj.; ⸝Z28.1> 1 *begrenzt;* → a. *Gesellschaft(5)* 2 ‹fig.; abwertend› *einfältig;* Be'schränkt·heit <f.; -; unz.>; Be'schrän·kung <f.; -, -en>

be'schrei·ben <V. t. 230> 1 *mit Schriftzeichen versehen;* ein eng beschriebenes Blatt Papier 2 *schildern;* einen Weg ~ 3 *einen best. Verlauf nehmen;* der Fluss beschreibt einen Bogen; Be'schrei·bung <f.; -, -en>

be'schrei·en <V. t. 231> wir wollen es nicht ~ *nicht davon sprechen, sonst tritt es ein (Aberglaube)*

be'schrei·ten <V. t. 232; geh.> den Rechtsweg ~ ‹fig.›

Be'schrieb <m.; -(e)s, -e; schweiz. für> *Beschreibung*

be'schrif·ten <V. t.>; Be'schrif·tung <f.; -, -en>

be'schu·hen <V. t.; selten>

be'schul·di·gen <V. t.> jmdn. (eines Vergehens) ~; Be'schul·dig·te(r) <f. 2 (m. 1)>; Be'schul·di·gung <f.; -, -en>

be'schum·meln <V. t. u. V. i.; ich

beschumm(e)le; umg.> *betrügen*

be'schup·pen <V. t.; umg.> = *beschummeln*

be'schuppt <Adj.; ⸝Z28.1> *mit Schuppen bedeckt*

Be'schuss <m.; -es, ⸚e> unter ~ geraten

be'schüt·zen <V. t.; du beschützt>; Be'schüt·zer <m.; -s, ->; Be'schüt·ze·rin <f.; -, -n·nen>

be'schwat·zen, be'schwät·zen <V. t.; umg.> jmdn. ~

Be'schwer·de <f.; -, -n> 1 <Pl.> *Mühseligkeit, körperl. Leiden;* Magen~n; keine ~n mehr haben 2 *Klage;* ~ führen; Be'schwer·de·buch <n.; -(e)s, ⸚er>; be'schwer·de·frei <Adj.>; Be'schwer·de·füh·rer <m.; -s, ->; Be'schwer·de·füh·re·rin <f.; -, -n·nen>; be'schwer·de·weg <m.; -(e)s, -e> den ~ gehen ‹Rechtsw.>; be'schwe·ren <V. t.> 1 *etwas Schweres darauflegen* 2 <V. refl.> sich (bei jmdm. über etwas) ~ *sich beklagen;* Be'schwe·rer <m.; -s, -> *Gegenstand zum Beschweren(1);* Brief~; be'schwer·lich <Adj.>; Be'schwer·lich·keit <f.; -, -en>; Be'schwer·nis <f.; -, -s·se>

be'schwich·ti·gen <V. t./V. refl.> *beruhigen, besänftigen;* Be'schwich·ti·gung <f.; -; unz.>

be'schwin·deln <V. t.; ich beschwind(e)le> *belügen*

be'schwin·gen <V. t.; fig.>; be'schwingt <Adj.; ⸝Z28.1; fig.> *schwungvoll, heiter*

be'schwipst <Adj.> *leicht betrunken*

be'schwö·ren <V. t. 238> 1 *beeiden;* das kann ich ~ 2 *jmdn. ~, etwas (nicht) zu tun flehentlich bitten* 3 *Geister ~ herbeirufen od. bannen;* Be'schwö·rer <m.; -s, ->; Be'schwö·re·rin <f.; -, -n·nen>; Be'schwö·rung <f.; -, -en>; Be'schwö·rungs·for·mel <f.; -, -n>

be'see·len <V. t.; geh.> *beleben;* ihn beseelt die Hoffnung; Be'seelt·heit <f.; -; unz.>; Be'see·lung <f.; -; unz.>

be'se·hen <V. t. 239> *genau betrachten;* bei Licht(e) ~

be'sei·ti·gen <V. t.> *entfernen;* Be·'sei·ti·gung <f.; -, -en>

be'se·li·gen <V. t.; geh.> *glücklich machen*

'Be·sen <m.; -s, -> *Gegenstand zum Kehren;* 'Be·sen·bin·der <m.; -s, ->; 'Be·sen·gins·ter <m.; -s; unz.; Bot.> *eine Pflanze;* 'Be·sen·hei·de <f.; -; unz.; Bot.> = *Heidekraut;* 'Be·sen·kam·mer <f.; -, -n>; 'Be·sen·kraut <n.; -(e)s; unz.; Bot.> = *Geißklee;* 'be·sen·rein <Adj.> *eine Wohnung ~ übergeben;* 'Be·sen·stiel <m.; -(e)s, -e>; 'Be·sen·strauch <m.; -(e)s, ⸚er; Bot.> = *Geißklee*

be'ses·sen <Adj.> *leidenschaftlich (von etwas) erfüllt;* macht~; Be'ses·se·ne(r) <f. 2 (m. 1)>; Be'ses·sen·heit <f.; -; unz.>

be'set·zen <V. t.; du besetzt> 1 *alle Plätze waren besetzt belegt* 2 *gewaltsam in Besitz nehmen;* ein Land ~ 3 *eine offene Stelle ~ vergeben;* Be'setzt·zei·chen <n.; -s, -; Tel.>; Be'set·zung <f.; -, -en>

be'sich·ti·gen <V. t.> *aufsuchen u. betrachten;* eine Stadt ~; Be·'sich·ti·gung <f.; -, -en>

be'sie·deln <V. t.>; Be'sie·de·lung, be'sied·lung <f.; -, -en>

be'sieg·bar <Adj.>

be'sie·geln <V. t.; ich besieg(e)le> 1 <früher> *mit einem Siegel versehen* 2 <geh.> *bekräftigen;* Be'sie·ge·lung <f.; -, -en>

be'sie·gen <V. t.>

Be'sieg·lung <f.; -, -en>

Be'sieg·te(r) <f. 2 (m. 1)>

be'sin·gen <V. t. 243>

be'sin·nen <V. refl. 245> 1 sich ~ *überlegen, nachdenken;* sich eines Bess(e)ren ~ 2 sich (auf jmdn. od. etwas) ~ *sich erinnern;* be'sinn·lich <Adj.> *beschaulich;* Be'sinn·lich·keit <f.; -; unz.>; Be'sin·nung <f.; -; unz.> 1 *Bewusstsein;* die ~ verlieren 2 *ruhiges Nachdenken;* vor lauter Arbeit kaum zur ~ kommen; be'sin·nungs·los <Adj.> *bewusstlos;* Be'sin·nungs·lo·sig·keit <f.; -; unz.>

Be'sitz <m.; -es; unz.> *Eigentum;* be'sitz·an·zei·gend <Adj.> -es Fürwort; → a. *Kasten Possessivpronomen;* Be'sitz·bür·ger <m.; -s, -; abwertend>; Be'sitz-

B

bür·ge·rin <f.; -, -n·nen>; be-
'sit·zen <V. t. 246; du besitzt>
haben; er hat die Frechheit be-
sessen zu behaupten, ...; **Be'sit-
zer** <m.; -s, ->; **Be'sitz·er·grei-
fung** <f.; -; unz.>; **Be'sit·ze·rin**
<f.; -, -n·nen>; **Be'sit·zer·wech-
sel** <[-ks-]; m.; -s, ->; **be'sitz-
los** <Adj.>; **Be'sitz·nah·me** <f.;
-; unz.>; **Be'sitz·stand** <m.;
-(e)s; unz.>; **Be'sitz·tum** <n.;
-(e)s, ⸚er>; **Be'sit·zung** <f.; -,
-en> *Landgut, Grundbesitz*; **Be-
'sitz·ver·tei·lung** <f.; -; unz.>;
Be'sitz·wech·sel <[-ks-]; m.; -s,
->

be'sof·fen <Adj.; umg.; derb> *be-
trunken*

be'soh·len <V. t.> Schuhe neu ~;
Be'soh·lung <f.; -; unz.>

be'sol·den <V. t.; bei Soldaten u.
Beamten> *bezahlen, entlohnen*;
Be'sol·dung <f.; -; unz.>

be'son·de·re(r, -s) <Adj.; ↗Z43>
*sich vom Üblichen unterschei-
dend*; ein ganz ~r Fall; im Allge-
meinen u. im Besonderen; sie
meint, sie wäre etwas Besonde-
res; nichts Besonderes; **Be'son-
der·heit** <f.; -, -en>; **be'son-
ders¹** <Adv.> *gesondert, für
sich*; **be'son·ders²** <Partikel> 1
vor allem, in erster Linie; ich
habe dabei ~ an dich gedacht 2
außergewöhnlich; es geht mir
zurzeit ~ gut

be'son·nen¹ <V. t.> *von der Son-
ne bescheinen lassen*

be'son·nen² <Adj.> *bedächtig,
umsichtig*; → a. *besinnen*; **Be-
'son·nen·heit** <f.; -; unz.>

be'sonnt <Adj.; ↗Z28.1> *von der
Sonne beschienen*

be'sor·gen <V. t.> *kaufen, be-
schaffen*; **Be'sorg·nis** <f.; -,
-s·se> *Sorge, Befürchtung*; ein ~
erregender/<auch> besorgnis-
erregender Zustand; <bei Stei-
gerung u. mit Attribut nur Zu-
sammenschreibung> der Zu-
stand ist zutiefst besorgniserre-
gend; **be'sorg·nis·er·re·gend**,
<auch> **Be'sorg·nis er·re·gend**
<Adj.; bei Steigerung u. mit At-
tribut in Zusammenschrei-
bung> → *Besorgnis*; **Be'sor-
gung** <f.; -, -en> *Einkauf*; ~en
machen

be'span·nen <V. t.>; **Be'span-**
nung <f.; -; unz.> 1 *Zugtiere* 2
Stoffüberzug

be'spei·en <V. t. 248> *bespucken*

be'spie·geln <V. t.; ich be-
spieg(e)le>; **Be'spie·ge·lung,
Be'spieg·lung** <f.; -; unz.>

be'spie·len <V. t.>

be'spit·zeln <V. t.; ich be-
spitz(e)le> *heimlich überwa-
chen*; **Be'spit·ze·lung, Be'spitz-
lung** <f.; -, -en>

be'spöt·teln <V. t.; ich be-
spött(e)le> *jmdn. ~ sich über
jmdn. lustig machen*

be'spre·chen <V. t. 251> 1 *etwas
~ gemeinsam mit anderen erör-
tern* 2 ein Buch ~ *in einer Kritik
beurteilen*; **Be'spre·chung** <f.;
-, -en>

be'spren·gen <V. t.> *mit Wasser
bespritzen*

be'spren·keln <V. t.; ich be-
sprenk(e)le> *mit Tupfen verse-
hen*

be'sprin·gen <V. t. 253; umg.>
begatten (von Tieren)

be'sprit·zen <V. t.; du bespritzt>

be'sprü·hen <V. t.>

be'spu·cken <V. t.>

**'Bes·se·mer·bir·ne, <auch> 'Bes-
se·mer-Bir·ne** <f.; -, -n; ↗Z35>
*Konverter(1) zur Reinigung von
geschmolzenem Roheisen* [nach
dem engl. Ingenieur Sir H. *Bes-
semer*]; **'Bes·se·mer·ver·fah-
ren** <n.; -s; unz.>

'bes·ser <Adj. u. Adv.; Kompara-
tiv von> *gut*; ich fühle mich
heute ~ als gestern; um so ~!;
ich kann in den alten Schuhen
~ gehen als in den neuen; dem
Kranken wird es bald ~ gehen;
er ist finanziell ~ gestellt als ich;
er gehört zu den ~ Gestellten,
Verdienenden/<auch> Besser-
gestellten, Besserverdienen-
den; meine ~e Hälfte <umg.;
scherzh.> *mein (Ehe-)Partner,
meine (Ehe-)Partnerin*; → a.
Bessere(s), **'Bes·se·re(s)** <n. 3;
↗Z42> etwas ~s ist dir nicht
eingefallen?; jmdn. eines ~n be-
lehren; sich eines ~n besinnen;
→ a. *besser*, **'Bes·ser·ge·stell-
te(r)** <f. 2 (m. 1)> → a. *besser*,
'bes·sern <V. t.; ich bess(e)re> 1
jmdn. ~ *besser machen* 2 <V.
refl.> sich ~ *besser werden*;
'Bes·se·rung <f.; -; unz.> *sich
auf dem Wege der ~ befinden*;

'bes·se·rungs·fä·hig <Adj.>;
'Bes·ser·ver·die·nen·de(r) <f. 2
(m. 1)> → a. *besser*, **'Bes·ser-
wes·si** <m.; -s, -s; umg.; abwer-
tend> *Westdeutscher, der meint,
etwas Besseres zu sein als ein
Ostdeutscher*; **'Bes·ser·wis·ser**
<m.; -s, ->; **Bes·ser·wis·se'rei**
<f.; -; unz.>; **'Bes·ser·wis·se·rin**
<f.; -, -n·nen>; **'bes·ser·wis·se-
risch** <Adj.>; **best...** <in Zus.>
am meisten, am besten; sie war
von allen die bestangezogene
Frau; **Best** <n.; -(e)s, -e; süddt.>
höchster ausgesetzter Preis

be'stal·len <V. t.; Amtsdt.> *(förm-
lich) in ein Amt einsetzen*; **Be-
'stal·lung** <f.; -, -en>

Be'stand <m.; -(e)s, ⸚e> 1 *Dauer*;
das ist nicht(s) von ~ *das hält
nicht lange*; der zehnjährige ~
der Firma <österr.> *ihr zehn-
jähriges Bestehen* 2 *vorhandene
Menge, Vorrat*; Waren~; **be-
'stan·den** <Adj.; ↗Z28.1> 1 *be-
wachsen*; ein dicht ~er Wald 2
<schweiz.> *in vorgerücktem Al-
ter*; ein ~er Herr; **be'stän·dig**
<Adj.> 1 *ununterbrochen*; in ~er
Sorge leben 2 *widerstandsfähig*;
hitze~; wert~; **Be'stän·dig·keit**
<f.; -; unz.>; **Be'stands·auf-
nah·me** <f.; -, -n>; **Be'stand·teil**
<m.; -(e)s, -e>

be'stär·ken <V. t.>; **Be'stär·kung**
<f.; -; unz.>

be'stä·ti·gen <V. t.> 1 *für zutref-
fend erklären* 2 den Empfang
einer Sendung ~ <Kaufmanns-
spr.>; **Be'stä·ti·gung** <f.; -, -en>

be'stat·ten <V. t.; geh.> *jmdn. ~
begraben, einäschern*; **Be'stat-
tung** <f.; -, -en>; **Be'stat·tungs-
in·sti·tut**, <auch> **Be'stat-
tungs-ins·ti·tut** <n.; -(e)s, -e;
↗Z54>

be'stau·ben <V. t.> *mit Staub be-
decken*; **be'stäu·ben** <V. t.;
Bot.> *mit Blütenstaub befruch-
ten*; **Be'stäu·bung** <f.; -, -en;
Bot.>

be'stau·nen <V. t.>

'bes·te(r, -s) <Adj.; ↗Z42, 43.3;
Superlativ von> *gut*; mein ~r
Freund; er hat am ~n gesungen;
sein letzter Film ist der ~;
<aber> der Beste (in) der Klas-
se; aus allem das Beste ma-
chen; ich will doch nur dein
Bestes; es geschieht zu deinem

Besten; ich halte es für das Beste, wenn ...; es wird das Beste sein, ...; alles war aufs Beste/ <auch> aufs ~ vorbereitet; mit seiner Gesundheit steht es nicht zum Besten; etwas zum Besten geben *zur Unterhaltung erzählen;* jmdn. zum Besten haben, halten *zum Scherz täuschen;* der, die, das erste, nächste Beste; du musst den ersten Besten fragen, den du siehst; → a. *erstbeste(r, -s)*

be·ste·chen <V. t. 254> 1 <V. t.> jmdn. ~ *durch unerlaubte Geschenke für sich gewinnen* 2 <V. i. u. V. t.> *für sich einnehmen;* das Buch besticht durch seine klare Sprache; **be'stech·lich** <Adj.> Sy *korrupt;* **Be'stech·lich·keit** <f.; -; unz.>; **Be'ste·chung** <f.; -, -en>; **Be'ste·chungs·geld** <n.; -(e)s, -er>

Be'steck <n.; -(e)s, -e> *Essgerät;* Salat~; **be·ste·cken** <V. t.>; **Be'steck·kas·ten** <m.; -s, ⸚>

Be'steg <m.; -(e)s, -e; Geol.> *Tonschicht zwischen Gestein*

be·ste·hen <V. t. 256> 1 <V. i.; ⤢Z23> *vorhanden sein;* unsere Freundschaft muss ~ bleiben *weiterhin fortdauern* 2 <V. i.> das Lexikon besteht aus mehreren Bänden *ist aus mehreren B. zusammengesetzt* 3 <V. i.> auf einer Forderung ~ *beharren* 4 <V. i.> vor jmdm. ~ (können) *jmds. Ansprüchen standhalten* 5 <V. t.> eine Prüfung ~ *mit Erfolg absolvieren;* **Be'ste·hen** <n.; -s; unz.> seit ~ der Firma

be·steh·len <V. t. 257>

be·stei·gen <V. t. 258>; **Be'stei·gung** <f.; -, -en>

be·stel·len <V.> 1 <V. t.> *anfordern;* ein Buch ~ 2 <V. t.> das Feld ~ *bebauen* 3 <V. t.> jmdm. schöne Grüße ~ *ausrichten lassen* 4 <V. i.> es ist schlecht um ihn bestellt <umg.> *es geht ihm schlecht;* **Be'stel·ler** <m.; -s, ->; **Be'stel·le·rin** <f.; -, -nnen>; **Be'stell·ge·bühr** <f.; -, -en>; **Be'stell·num·mer** <f.; -, -n>; **Be'stell·schein** <m.; -(e)s, -e>; **Be'stel·lung** <f.; -, -en>; **Be'stell·zet·tel** <m.; -s, ->

'bes·ten·falls <Adv.>; **'bes·tens** <Adv.> 1 *ausgezeichnet;* es geht

mir ~ 2 *sehr herzlich;* grüßen Sie ihn ~ von mir

be'sternt <Adj.> *mit Sternen bedeckt;* ein ~er Himmel

be'steu·er·bar <Adj.> ~es Einkommen; **be'steu·ern** <V. t.> *mit einer Steuer belegen;* **Be'steu·e·rung** <f.; -; unz.>

'Best·form <f.; -; unz.> er ist zurzeit in ~; **'best·ge·hasst** <Adj.; umg.> *am meisten gehasst;* der ~e Politiker; **'best·ge·meint** <Adj.; umg.> ~e Ratschläge

bes·ti·a·lisch <Adj.> *unmenschlich, grausam* [lat.]; **Bes·ti·a·li·tät** <f.; -; unz.>; **Bes·ti·a·ri·um** <n.; -s, -ri·en; im MA> *Sammlung von Tierbeschreibungen*

be'sti·cken <V. t.> 1 *mit Stickerei versehen* 2 den Uferrand ~ *befestigen;* **Be'sti·ckung** <f.; -, -en>

'Bes·tie <[-tiə]; f.; -, -n> 1 *wildes Tier* 2 <fig.> *grausamer, brutaler Mensch* [lat.]

be'stimm·bar <Adj.>; **Be'stimm·bar·keit** <f.; -; unz.>; **be'stim·men** <V.> 1 <V. t.> *festsetzen;* einen Zeitpunkt ~ 2 <V. i. u. V. t.> *Anordnungen geben;* über jmdn. ~ 3 <V. t.> *ermitteln;* Pflanzen ~; **be'stimmt** <Adj.; ⤢Z28.1> *genau festgelegt;* ich suche etwas ganz Bestimmtes 2 *entschieden, energisch* 3 <adv.> *sicher, gewiss;* wir kommen ~ 4 ~er Artikel; → a. *Kasten Artikel.* **Be'stimmt·heit** <f.; -; unz.>; **Be'stim·mung** <f.; -, -en>; **Be'stim·mungs·bahn·hof** <m.; -(e)s, ⸚e> *Zielbahnhof;* **be'stim·mungs·ge·mäß** <Adv.>; **Be'stim·mungs·ha·fen** <m.; -s, ⸚>; **Be'stim·mungs·ort** <m.; -(e)s, -e>; **Be'stim·mungs·wort** <n.; -(e)s, ⸚er; Sprachw.> *der näheren Bestimmung dienender erster Bestandteil eines zusammengesetzten Wortes, z. B.* "Kunst" in "Kunstausstellung"

'best·in·for·miert <Adj.; umg.> die Nachricht stammt aus ~en Kreisen

be'stirnt <Adj.> *mit Sternen bedeckt;* der ~e Himmel

'Best·leis·tung <f.; -, -en>; **'Best·mann** <m.; -(e)s, ⸚er; Seemannsspr.; auf Küstenschiffen> *den Schiffsführer vertretender Seemann;* **'Best·mar·ke** <f.; -,

-n; Sp.>; **'best·mög·lich** <Adj.; ⤢Z42> das Bestmögliche aus einer Sache machen

be'sto·ßen <V. t. 262> 1 *durch Stoß beschädigen* 2 <österr.; schweiz. a.> *(eine Alm) mit Vieh besetzen*

'Best·plat·zier·te(r) <f. 2. (m. 1); in Wettbewerben>

be'stra·fen <V. t.>; **Be'stra·fung** <f.; -, -en>

be'strah·len <V. t.>; **Be'strah·lung** <f.; -, -en>

be'stre·ben <V. refl.> er ist bestrebt, ihr jeden Wunsch zu erfüllen; **Be'stre·ben** <n.; -s; unz.> *Bemühen;* **Be'stre·bung** <f.; -, -en> *Anstrengung, Versuch;* es sind ~en im Gange

be'strei·chen <V. t. 263>

be'strei·ken <V. t.> *mit Streik belegen;* ein bestreikter Betrieb

be'streit·bar <Adj.>; **be'strei·ten** <V. t. 264> 1 *in Abrede stellen* 2 *aufkommen für;* er hat das ganze Programm allein bestritten; **Be'strei·tung** <f.; -; unz.> zur ~ der Unkosten

be'streu·en <V. t.>

be'stri·cken <V. t.> 1 jmdn. ~ *bezaubern* 2 jmdn. ~ <umg.> *viel für jmdn. stricken*

'Best·sel·ler <m.; -s, -> *Buch mit großem Verkaufserfolg* [engl.]; **'Best·sel·ler·lis·te** <f.; -, -n>

be'stü·cken <V. t.> *ausstatten;* das Lager ist gut bestückt; **Be'stü·ckung** <f.; -; unz.>

be'stuh·len <V. t.> ein Theater neu ~ *mit Stühlen ausstatten;* **Be'stuh·lung** <f.; -, -en>

be'stür·men <V. t.> jmdn. (mit Fragen) ~ *bedrängen*

be'stür·zen <V. t.> *erschrecken, erschüttern;* sie war über die Nachricht tief bestürzt; **Be'stür·zung** <f.; -; unz.>

'Best·wert <m.; -(e)s, -e>; **'Best·zeit** <f.; -; unz.; Sp.> *Rekordzeit*

Be'such <m.; -(e)s, -e> 1 *das Besuchen;* Haus~ 2 <unz.> *Gast;* Herren~; **be'su·chen** <V. t.> einen Freund, eine Ausstellung ~; **Be'su·cher** <m.; -s, ->; **Be'su·che·rin** <f.; -, -nnen; ⤢Z38>; **Be'su·cher·strom** <m.; -(e)s, ⸚e; fig.> *sehr viele Besucher,* **Be'su·cher·zahl** <f.; -, -en>; **Be'suchs·tag** <m.; -(e)s, -e>; **Be'suchs·zeit** <f.; -, -en; bes. im

Krankenhaus>; **Be'suchs·zim·mer** <n.; -s, ->

be'su·deln <V. t./V. refl.; ich besud(e)le> *beschmutzen*

'**Be·ta** <n.; -s, -s; Zeichen: β, B> *grch. Buchstabe*; '**Be·ta·blo·cker** <m.; -s, -; kurz für> *Betarezeptorenblocker*

be'tagt <Adj.> *alt*; **Be'tagt·heit** <f.; -; unz.>

be·ta·keln <V. t.; ich betak(e)le> 1 <Seemannsspr.> *mit Takelwerk versehen* 2 <österr.> *betrügen*

be'tan·ken <V. t.> *ein Fahrzeug ~ mit Treibstoff versorgen*

Be·ta·re·zep'to·ren·blo·cker <m.; -s, -> *Arzneimittel für best. Herzkrankheiten*

be'tas·ten <V. t.>

'**Be·ta·strah·len**, <auch> **β-Strah·len** <Pl.; Kernphys.>

be'tä·ti·gen <V. t.> 1 *zur Wirkung bringen;* einen Hebel ~ 2 <V. refl.> sich ~ *sich mit etwas beschäftigen;* **Be'tä·ti·gung** <f.; -, -en>; **Be'tä·ti·gungs·feld** <n.; -(e)s, -er>

'**Be·ta·tron**, <auch> '**Be·tat·ron** <n.; -(e)s, -e; ↗Z53; Kernphys.> *Elektronenschleuder*

be'tat·schen <V. t.; umg.> *plump berühren*

be'täu·ben <V. t.> 1 *ein Körperteil örtlich ~ schmerzunempfindlich machen* 2 *benommen machen;* (ohren)*den Lärm;* **Be'täu·bung** <f.; -, -en>; **Be'täu·bungs·mit·tel** <n.; -s, ->

be'tau·en <V. t.> *mit Tau bedecken;* betaute Wiesen

'**Be·ta·zer·fall** <m.; -(e)s; unz.; Kernphys.>

'**Bet·bru·der** <m.; -s, ⸚; umg.; abwertend> *jmd., der viel betet*

'**Be·te** <f.; -, -n; Bot.> *ein Wurzelgemüse;* Rote ~/<auch> Beete

be'tei·li·gen <V. t./V. refl.> 1 *mitwirken;* er war an dem Unfall beteiligt 2 *einen Anteil geben;* die Belegschaft am Gewinn ~; **Be'tei·li·gung** <f.; -, -en>

'**Be·tel** <m.; -s; unz.> *südostasiat. Genussmittel* [malai.-port.]; '**Be·tel·nuss** <f.; -, ⸚e> *Frucht der Betelpalme;* '**Be·tel·pal·me** <f.; -, -n; Bot.> *südostasiat. Palmenart*

'**be·ten** <V. i. u. V. t.> *ein Gebet sprechen;* zu Gott ~; für jmdn. od. etwas ~; den Rosenkranz,

das Vaterunser ~; '**Be·ter** <m.; -s, ->; '**Be·te·rin** <f.; -, -n·nen>

be'teu·ern <V. t.; ich beteu(e)re> *nachdrücklich versichern;* seine Unschuld ~; **Be'teu·e·rung** <f.; -, -en>

be'tex·ten <V. t.; du betext> *Bilder ~ mit Texten versehen*

'**Bet·haus** <n.; -es, ⸚er> *Kirche, Kapelle*

be'ti·teln <V. t.; ich betit(e)le> *mit einem Titel versehen*

'**Bet·nuss** <f.; -, ⸚e; bes. im 15.–16. Jh.> *Anhänger am Rosenkranz*

Be·ton <[beˈtõ], umg. [-ˈtɔŋ], bes. oberdt. [-ˈtoːn]; m.; -s, -s od. -e> *Zementmörtel* [lat.-frz.]; **Be'ton·bau** <m.; -(e)s, -ten>

be'to·nen <V. t.> *hervorheben;* eine betonte Silbe; das möchte ich besonders ~

Be'to·nie <[-niə]; f.; -, -n; Bot.> *eine Wiesenblume* [lat.]

be·to'nie·ren <V. t.> *einen Weg ~ mit Beton befestigen;* **Be·to'nie·rung** <f.; -, -en>; **Be'ton·klotz** <m.; -es, ⸚e; umg.> *plumper Betonbau;* **Be'ton·kopf** <m.; -(e)s, ⸚e; umg.; abwertend> *starrsinniger Mensch;* **Be'ton·misch·ma·schi·ne** <f.; -, -n>

be'ton·nen <V. t.; Seemannsspr.> *mit Tonnen (Seezeichen) versehen;* **Be'ton·nung** <f.; -, -en>

be'tont <Adj.; ↗Z28.1> *hervorgehoben, auffallend;* eine ~e Note; er war ~ höflich; **Be'to·nung** <f.; -, -en> → a. *Kasten Akzent*

Be'ton·wüs·te <f.; -, -n; umg.; abwertend> *Stadt(teil) mit dichter Bebauung*

be'tö·ren <V. t.> *bezaubern, bezirzen*

'**Bet·pult** <n.; -(e)s, -e>

betr. <Abk. für> *betreffend, betreffs;* **Betr.** <Abk. für> *Betreff*

Be'tracht <m.; nur in den Wendungen> in ~ kommen *in Frage kommen;* etwas in ~ ziehen *erwägen;* etwas außer ~ lassen *nicht berücksichtigen;* **be'trach·ten** <V. t.> 1 jmdn. od. etwas ~ *intensiv ansehen* 2 *etwas Bestimmtes sehen;* er betrachtete ihn als seinen Freund; **Be'trach·ter** <m.; -s, ->; **Be'trach·te·rin** <f.; -, -n·nen>; **be'trächt·lich** <Adj.> 1 *erheblich;* ~e Verluste erleiden 2 <adv.> *sehr,*

viel; sein Auto ist ~ schneller; um ein Beträchtliches schneller; **Be'trach·tung** <f.; -, -en> ~en über etwas anstellen; **Be'trach·tungs·wei·se** <f.; -, -n>

Be'trag <m.; -(e)s, ⸚e> *Geldsumme;* **be'tra·gen** <V. t. 265> 1 die Miete beträgt 500 Euro *beläuft sich auf 500 E.* 2 <V. refl.> sich ~ *sich benehmen;* **Be'tra·gen** <n.; -s; unz.> *Benehmen*

be'trau·en <V. t.> *beauftragen;* mit einer Aufgabe betraut sein

be'trau·ern <V. t.; ich betrau(e)re> jmds. Tod ~

be'träu·feln <V. t.; ich beträuf(e)le> *mit Tropfen befeuchten*

Be'treff <m.; -(e)s, -e; Amtsdt.; Abk.: Betr.> in dem ~ *in dieser Beziehung;* in ~ Ihrer Anfrage teilen wir Ihnen mit ...; **be'tref·fen** <V. t. 266> *sich beziehen auf;* das betrifft dich nicht; er war davon nicht betroffen; der ~de Schüler; **Be'tref·fen·de(r)** <f. 2 (m. 1)>; **be'treffs** <Präp.; m. Gen.; Amtsdt.; Abk.: betr.> *bezüglich;* ~ Ihres Angebotes

be'trei·ben <V. t. 267> 1 *sich beschäftigen mit* 2 *antreiben, in Gang halten;* der Rasenmäher wird mit Benzin betrieben; **Be'trei·ben** <n.; -s; unz.> *auf mein ~ hin durch mein (drängendes) Zutun;* **Be'trei·ber** <m.; -s, ->; **Be'trei·be·rin** <f.; -, -n·nen>; **Be'trei·bung** <f.; -; unz.>

be'tresst <Adj.> *mit Tressen besetzt;* eine ~ Uniform

be'tre·ten[1] <V. t. 268> *auf, in etwas treten;* den Rasen, einen Raum ~; das Betreten der Baustelle ist verboten; **be'tre·ten**[2] <Adj.; ↗Z28.1> *verlegen, peinlich berührt;* **Be'tre·ten·heit** <f.; -; unz.>

be'treu·en <V. t.> *sich kümmern (um jmdn. od. etwas);* **Be'treu·er** <m.; -s, ->; **Be'treu·e·rin** <f.; -, -n·nen>; **Be'treu·ung** <f.; -; unz.>

Be'trieb <m.; -(e)s, -e> 1 *Firma* 2 <unz.> *das Arbeiten, Wirken;* außer ~; in ~ sein; etwas in ~ nehmen 3 <unz.> *reges Treiben;* es herrschte viel ~; **be'trieb·lich** <Adj.> (inner) ~e Schwierigkeiten; **be'trieb·sam** <Adj.> *emsig, rührig;* **Be'trieb·sam·keit** <f.; -; unz.>; **Be'triebs·arzt** <m.; -es,

⁼e>; **Be'triebs·ärz·tin** <f.; -, -n·nen>; **Be'triebs·aus·flug** <m.; -(e)s, ⁼e>; **be'triebs·be·dingt** <Adj.>; **be'triebs·be·reit** <Adj.>; **be'triebs·blind** <Adj.>; **Be'triebs·di·rek·tor** <m.; -s, -'to·ren>; **Be'triebs·di·rek·to·rin** <f.; -, -n·nen>; **be'triebs·ei·gen** <Adj.> ~es Erholungsheim; **be'triebs·fä·hig** <Adj.>; **Be'triebs·fä·hig·keit** <f.; -; unz.>; **Be'triebs·fe·ri·en** <Pl.>; **be'triebs·fer·tig** <Adj.>; **Be'triebs·füh·rung** <f.; -, -en>; **Be'triebs·ge·heim·nis** <n.; -s·ses, -s·se>; **Be'triebs·ka·pi·tal** <n.; -s, -li·en od. -e>; **Be'triebs·kli·ma** <n.; -s; unz.> soziale Atmosphäre in einem Betrieb(1); **Be'triebs·kos·ten** <Pl.>; **Be'triebs·lei·ter** <m.; -s, ->; **Be'triebs·lei·te·rin** <f.; -, -n·nen>; **Be'triebs·lei·tung** <f.; -, -en>; **Be'triebs·nu·del** <f.; -, -n; fig.; umg.> umtriebige, meist weibl. Person; **Be'triebs·ord·nung** <f.; -, -en>; **Be'triebs·rat** <m.; -(e)s, ⁼e> 1 gewählte Vertretung der Arbeitnehmer eines Betriebes(1) 2 Mitglied des Betriebsrats(1); **Be'triebs·rä·tin** <f.; -, -n·nen>; **Be'triebs·ru·he** <f.; -; unz.>; **Be'triebs·schutz** <m.; -es; unz.>; **Be'triebs·si·cher·heit** <f.; -; unz.>; **Be'triebs·stoff** <m.; -(e)s, -e>; **Be'triebs·stö·rung** <f.; -, -en>; **Be'triebs·sys·tem** <n.; -s, -e; EDV> Programmbündel, das die Bedienung eines Computers ermöglicht; **Be'triebs·un·fall** <m.; -(e)s, ⁼e>; **Be'triebs·ver·fas·sung** <f.; -, -en>; **Be'triebs·wirt** <m.; -(e)s, -e>; **Be'triebs·wir·tin** <f.; -, -n·nen>; **Be'triebs·wirt·schaft** <f.; -; unz.>; **Be'triebs·wirt·schafts·leh·re** <f.; -; unz.; Abk.: BWL> Teil der Wirtschaftswissenschaft; **Be'triebs·wis·sen·schaft** <f.; -, -en>

be'trin·ken <V. refl. 270> sich ~ sich durch Alkohol berauschen; **be'trof·fen** <Adj.; ↗Z28.1> bestürzt, verstört; ~es Schweigen; → a. betreffen; **Be'trof·fe·ne(r)** <f. 2 (m. 1)>; **Be'trof·fen·heit** <f.; -; unz.>

be'trü·ben <V. t.> traurig machen; **be'trüb·lich** <Adj.> be-dauerlich; **be·trüb·li·cher'wei·se** <Adv.> leider; **Be'trüb·nis** <f.; -, -s·se>

Be'trug <m.; -(e)s; unz.> Hintergehung; **be'trü·gen** <V. t. 271/V. refl.>; **Be'trü·ger** <m.; -s, ->; **Be'trü·ge·rin** <f.; -, -n·nen>; **be'trü·ge·risch** <Adj.> in ~er Absicht

be'trun·ken <Adj.; ↗Z28.1> von Alkohol berauscht; **Be'trun·ke·ne(r)** <f. 2 (m. 1)>; **Be'trun·ken·heit** <f.; -; unz.>

'Bet·säu·le <f.; -, -n> = Bildstock; **'Bet·sche·mel** <m.; -s, ->; **'Bet·schwes·ter** <f.; -, -n; umg.; abwertend> Frau, die übertrieben viel betet

Bett <n.; -(e)s, -en> 1 Liegestatt; Doppel~ 2 <kurz für> Bettdecke; die ~en lüften 3 von fließendem Gewässer ausgespülte Vertiefung; Fluss~

'Bet·tag <m.; -(e)s, -e> → Buß-und ~

'Bett·couch <[-kautʃ]; f.; -, -es [-tʃiz], umg. a. -en> [dt.; engl.]; **'Bett·de·cke** <f.; -, -n>

'Bet·tel <m.; -s; unz.; umg.> Gerümpel, Kram; den ~ hinschmeißen etwas vorzeitig beenden; **'bet·tel·arm** <Adj.> sehr arm; **'Bet·tel·brief** <m.; -(e)s, -e>; **Bet·te'lei** <f.; -, -en>; **'Bet·tel·mönch** <m.; -(e)s, -e> Mitglied eines Bettelordens; **'bet·teln** <V. i.; ich bett(e)le> 1 öffentlich um Almosen bitten 2 <fig.> flehentlich bitten; **'Bet·tel·or·den** <m.; -s, -> auf Besitz verzichtender Orden; **'Bet·tel·stab** <m.; -(e)s; unz.; sinnbildl. für> Verarmung; jmdn. an den ~ bringen finanziell ruinieren

'bet·ten <V. t./V. refl.> jmdn., sich ~ zur Ruhe legen; wie man sich bettet, so liegt man <Sprichw.>; **'Bet·ten·ma·chen** <n.; -s; unz.>; **'Bett·fe·dern** <Pl.>; **'Bett·fla·sche** <f.; -, -n> Wärmflasche; **'Bett·ge·stell** <n.; -(e)s, -e>; **'Bett·him·mel** <m.; -s, -> Stoffdach über einem Bett; **'Bett·hup·ferl** <n.; -s, -n; süddt.; österr.> kleine Süßigkeit vor dem Schlafengehen; **'Bett·la·de** <f.; -, -n; oberdt.> süddt. für Bettgestell; **'bett·lä·ge·rig**, **'bett·läg·rig** <Adj.> aus Krankheitsgründen im Bett liegend; **'Bett·la·ken** <n.; -s, ->; **'Bett·lek·tü·re** <f.; -; unz.>

'Bett·ler <m.; -s, -> jmd., der bettelt; **'Bett·le·rin** <f.; -, -n·nen>; **'Bett·ler·zin·ken** <m.; -s, -; früher> an Türen geschriebenes Geheimzeichen

'Bett·näs·sen <n.; -s; unz.> ungewollter Harnabgang im Schlaf; **'Bett·näs·ser** <m.; -s, ->; **'Bett·näs·se·rin** <f.; -, -n·nen>; **'Bett·pfan·ne** <f.; -, -n> flaches Notdurftgefäß für Bettlägerige; **'Bett·pfos·ten** <m.; -s, ->; **'bett·reif** <Adj.; umg.> sehr müde; **'Bett·ru·he** <f.; -; unz.>; **'Bett·schüs·sel** <f.; -, -n> = Bettpfanne; **'Bett·schwe·re** <f.; -; unz.; umg.> Schlafbedürfnis; **'Bett·statt** <-, ⁼t·ten; poet. für> Bettgestell; **'Bett·stel·le** <f.; -, -n>; **'Bett·tuch** <n.; -(e)s, ⁼er; ↗Z37>; **'Bett·ü·ber·zug** <m.; -(e)s, ⁼e; ↗Z55>; **'Bett·um·ran·dung** <f.; -, -en>; **'Bett·tung** <f.; -, -en> feste Unterlage; **'Bett·vor·la·ge** <f.; -, -n>; **'Bett·vor·le·ger** <m.; -s, ->; **'Bett·wä·sche** <f.; -; unz.>; **'Bett·zeug** <n.; -(e)s; unz.>

be'tucht <Adj.; umg.> wohlhabend

be'tu·lich <Adj.; häufig abwertend> umständlich (um jmdn.) besorgt; **Be'tu·lich·keit** <f.; -; unz.>

be'tun <V. refl. 272; ostdt.> sich ~ sich zieren

be'tup·fen <V. t.>

be'tü·tern <V. t.; norddt.> 1 jmdn. ~ umsorgen 2 <V. refl.> sich ~ sich betrinken

'Beu·che <f.; -, -n> Lauge zum Entfernen von Faserbegleitstoffen; **'beu·chen** <V. t.> Baumwolle ~ in einer Lauge reinigen

'beug·bar <Adj.>; **'Beu·ge** <f.; -, -n> 1 <Sp.> eine Turnübung; Rumpf~ 2 <selten für> Biegung; **'Beu·ge·haft** <f.; -; unz.> Haft zur Erzwingung einer Aussage; **'Beu·gel** <n.; -s, -; österr.> gebogenes Gebäck, Hörnchen; **'Beu·ge·mus·kel** <m.; -s, -n; Anat.>; **'beu·gen** <V.> 1 <V. t./V. refl.> biegen, krümmen; sich aus dem Fenster ~ 2 <V. refl.> sich dem Gesetz ~ fügen, unterordnen 3 <V. t.> ein Nomen, Adjektiv od. Verb ~ <Gramm.> Kasus od.

B

Numerus verändern; Sy *flektieren;* '**Beu·ger** <m.; -s, -; Anat.> *Beugemuskel;* Ggs *Strecker;* '**Beu·gung** <f.; -, -en> → a. *Kasten Flexion;* '**beu·gungs·fä·hig** <Adj.>

'**Beu·le** <f.; -, -n> *durch Stoß od. Schlag entstandene Schwellung;* '**beu·len** <V. i./V. refl.> die Jacke beult (sich) *wölbt sich nach außen;* '**Beu·len·pest** <f.; -; unz.>

be'**un·ru·hi·gen** <V. t./V. refl.>; Be·'**un·ru·hi·gung** <f.; -; unz.>

be'**ur·kun·den** <V. t.>; Be'**ur·kun·dung** <f.; -, -en>

be'**ur·lau·ben** <V. t./V. refl.> sich ~ lassen; Be'**ur·lau·bung** <f.; -, -en>

be'**ur·tei·len** <V. t.>; Be'**ur·tei·lung** <f.; -, -en>; Be'**ur·tei·lungs·maß·stab** <m.; -(e)s, ⸚e>

'**Beu·schel** <n.; -s; unz.; Kochk.; österr.> *Gericht aus Lunge u. Herz; Kalbs~*

'**Beu·te**[1] <f.; -; unz.> *bei Jagd, Diebstahl od. Plünderung angeeignetes Gut*

'**Beu·te**[2] <f.; -, -n; mdt.> **1** *Holzgefäß* **2** *ausgehöhlter Baumstamm als Bienenstock*

'**beu·te·gie·rig** <Adj.>; '**Beu·te·kunst** <f.; -; unz.; umg.> *von den Alliierten am Ende des 2. Weltkriegs aus Deutschland abtransportierte Kunstwerke*

'**Beu·tel**[1] <m.; -s, -> **1** *sackähnliches Behältnis* **2** *Brutsack der Beuteltiere; Känguru~*

'**Beu·tel**[2] <m.; -s, -> *ein Werkzeug*

'**Beu·tel·bär** <m.; -en, -en; Zool.> Sy *Koala;* '**beu·teln** <V. t.; ich beut(e)le> **1** *stark schütteln; vom Schicksal schwer gebeutelt* <fig.> **2** <V. refl.> das Kleid beutelt sich *bauscht sich;* '**Beu·tel·rat·te** <f.; -, -n; Zool.> '**Beu·tel·schnei·der** <m.; -s, -; veralt.> *Taschendieb;* '**Beu·tel·tier** <n.; -(e)s, -e; Zool.> *Säugetier, das seine Jungen in einem Beutel*[1](2) *trägt*

'**beu·ten** <V. t.> Bienen ~ *in einer Beute*[2](2) *einsetzen*

'**Beu·te·zug** <m.; -(e)s, ⸚e> *Raubzug*

'**Beut·ler** <m.; -s, -; Zool.> = *Beuteltier*

'**Beut·ner** <m.; -s, -; Imkerspr.> *Waldbienenzüchter*

be'**völ·kern** <V. t.; ich bevölk(e)-re> *bewohnen, ansiedeln;* ein dicht bevölkertes Land; Be'**völ·ke·rung** <f.; -, -en>; Be'**völ·ke·rungs·dich·te** <f.; -; unz.>; Be·'**völ·ke·rungs·ex·plo·si·on** <f.; -; unz.> *sprunghafte Vermehrung der Bevölkerung*

be'**voll·mäch·ti·gen** <V. t.> jmdn. ~ *jmdm. eine Vollmacht erteilen;* Be'**voll·mäch·tig·te(r)** <f. 2 (m. 1)>; Be'**voll·mäch·ti·gung** <f.; -; unz.>

be'**vor** <Konj.> *früher als, ehe*

be'**vor·mun·den** <V. t.> jmdn. ~ *nicht selbst entscheiden lassen;* Be'**vor·mun·dung** <f.; -; unz.>

be'**vor·ran·gen** <V. t.; österr.; Amtsdt.> *vorrangig behandeln*

be'**vor·ra·ten** <V. t.> *mit einem Vorrat ausstatten;* Be'**vor·ra·tung** <f.; -; unz.>

be'**vor·rech·ten**, be'**vor·rech·ti·gen** <V. t.> jmdn. ~ *bevorzugen*

be'**vor·schus·sen** <V. t.; du bevorschusst> jmdn. ~ <Amtsdt.> *jmdm. einen Vorschuss zahlen*

be'**vor·ste·hen** <V. i. 256>

be'**vor·tei·len** <V. t.> jmdn. ~ *jmdm. einen Vorteil zukommen lassen;* Be'**vor·tei·lung** <f.; -, -en>

be'**vor·zu·gen** <V. t.>; Be'**vor·zu·gung** <f.; -, -en>

be'**wa·chen** <V. t.>

be'**wach·sen**[1] <[-ks-]; V. t. 277> *überziehen, bedecken;* Efeu bewächst die Mauer; be'**wach·sen**[2] <Adj.; ⸚Z28.1> eine mit Moos ~e Mauer; Be'**wach·sung** <f.; -, -en>

Be'**wa·chung** <f.; -, -en>

be'**waff·nen** <V. t./V. refl.>; Be·'**waff·ne·te(r)** <f. 2 (m. 1)>; Be·'**waff·nung** <f.; -, -en>

be'**wah·ren** <V. t.> **1** jmdn. vor Unheil ~ *schützen, behüten* **2** *weiterhin behalten;* Ruhe ~ **3** *aufbewahren*

be'**wäh·ren** <V. refl.> sich ~ *sich als zuverlässig, geeignet erweisen;* <aber> → *bewehren*

Be'**wah·rer** <m.; -s, ->; Be'**wah·re·rin** <f.; -, -n·nen>; be'**wahr·hei·ten** <V. refl.> etwas bewahrheitet sich *erweist sich als wahr*

be'**währt** <Adj.; ⸚Z28.1> *erprobt, für gut befunden;* ein ~es Mittel

Be'**wah·rung** <f.; -; unz.>

Be'**wäh·rung** <f.; -, -en> *das Bewähren;* <aber> → *Bewehrung;*

Be'**wäh·rungs·frist** <f.; -, -en; Rechtsw.>; Be'**wäh·rungs·hel·fer** <m.; -s, ->; Be'**wäh·rungs·hel·fe·rin** <f.; -, -n·nen>; Be·'**wäh·rungs·pro·be** <f.; -, -n>; Be'**wäh·rungs·stra·fe** <f.; -, -n>

be'**wal·den** <V. t.> *bewaldete Hänge;* be'**wald·rech·ten** <V. t.; Forstw.> *gefällte Bäume behauen;* Be'**wal·dung** <f.; -, -en>

be'**wäl·ti·gen** <V. t.> *mit Mühe schaffen, meistern;* Be'**wäl·ti·gung** <f.; -; unz.>

be'**wan·dern** <V. t.> eine Gegend ~ *wandernd begehen;* be'**wan·dert** <Adj.; ⸚Z28.1> sie ist in Kunstgeschichte sehr ~ <fig.>

be'**wandt** <Adj.; veralt.; nur präd.> *beschaffen;* die Dinge sind so ~, dass ...; Be'**wandt·nis** <f.; -; unz.> nur in der Wendung> mit jmdm. od. etwas hat es eine besondere ~ *sind besondere Umstände maßgebend*

be'**wäs·sern** <V. t.; ich bewäss(e)-re>; Be'**wäs·se·rung** <f.; -, -en>; Be'**wäs·se·rungs·an·la·ge** <f.; -, -n>

be'**weg·bar** <Adj.>; be'**we·gen**[1] <V. t.> **1** <V. t./V. refl.> *die Lage, Stellung verändern* **2** jmdn. ~ <fig.> *innerlich ergreifen; das hat mich sehr bewegt;* be'**we·gen**[2] <V. t. 108> *veranlassen;* er war nicht zum Bleiben zu bewegen; Be'**weg·grund** <m.; -(e)s, ⸚e> *Anlass, Motiv;* be·'**weg·lich** <Adj.>; Be'**weg·lich·keit** <f.; -; unz.>; be'**wegt** <Adj.; ⸚Z28.1> **1** *unruhig;* ~e See **2** <fig.> *ergriffen;* er war tief ~; Be·'**wegt·heit** <f.; -; unz.>; Be'**we·gung** <f.; -; unz.> **1** *das (Sich)Bewegen* **2** <fig.> *Rührung* **3** *Masseninitiative; Widerstands~;* Be·'**we·gungs·drang** <m.; -(e)s; unz.>; Be'**we·gungs·frei·heit** <f.; -; unz.>; be'**we·gungs·los** <Adj.>; Be'**we·gungs·lo·sig·keit** <f.; -; unz.>; Be'**we·gungs·the·ra·pie** <f.; -, -n>; be'**we·gungs·un·fä·hig** <Adj.>

be'**we·hren** <V. t.> *ausrüsten;* <aber> → *bewähren;* Be'**weh·rung** <f.; -, -en; Bauw.> *Verstärkung;* <aber> → *Bewährung*

be'**wei·ben** <V. refl.; veralt.; noch scherzh.> sich ~ *sich verheiraten*

be'**weih·räu·chern** <V. t.; ich be-

B

weihräuch(e)re **1** *mit Weih-rauch erfüllen* **2** *übertrieben loben;* Be'weih·räu·che·rung <f.; -, -en>

be'wei·nen <V. t.>

be'wein·kau·fen <V. t.> *einen Kauf durch einen Umtrunk besiegeln;* → a. *Weinkauf*

Be'wei·nung <f.; -; unz.>

Be'weis <m.; -es, -e> *Bestätigung für die Richtigkeit einer Annahme; eine Fähigkeit unter ~ stellen;* Be'weis·auf·nah·me <f.; -, -n; Rechtsw.>; be'weis·bar <Adj.>; Be'weis·bar·keit <f.; -; unz.>; be'wei·sen <V. t. 282; du beweist> Be'weis·frist <f.; -, -en; Rechtsw.>; Be'weis·füh·rung <f.; -, -en>; Be'weis·grund <m.; -(e)s, ²e>; Be'weis·ket·te <f.; -, -n>; Be'weis·kraft <f.; -; unz.>; be'weis·kräf·tig <Adj.>; Be'weis·last <f.; -; unz.>; Be'weis·mit·tel <n.; -s, ->; Be'weis·stück <n.; -(e)s, -e>

be'wen·den <V. t.; nur im Inf.> wir wollen es dabei/damit ~ lassen *gut sein lassen;* Be'wen·den <n.; -s; unz.> dabei/damit hat es sein – *es bleibt dabei*

Be'werb <m.; -(e)s, -e; Sp.> *Wettkampf;* Be'werb·chen <n.; -s, -; umg.> *Vorwand;* be'wer·ben <V. refl. 284> sich (um etwas) ~ *seine Arbeitskraft anbieten;* Be'wer·ber <m.; -s, ->; Be'wer·be·rin <f.; -, -n·nen>; Be'wer·bung <f.; -, -en>; Be'wer·bungs·schrei·ben <n.; -s, ->; Be'wer·bungs·un·ter·la·gen <Pl.>

be'wer·fen <V. t. 286>

be'werk·stel·li·gen <V. t.> *zustande bringen*

be'wer·ten <V. t.>; Be'wer·tung <f.; -, -en>

Be'wet·te·rung <f.; -, -en; Bgb.> *Versorgung der Grubenbaue mit Frischluft*

be'wil·li·gen <V. t.> *genehmigen;* Be'wil·li·gung <f.; -, -en>; be'will·komm·nen <V. t.; geh.> *willkommen heißen;* er hat uns herzlich bewillkommnet; Be'will·komm·nung <f.; -; unz.>

be'wim·peln <V. t.; ich bewimp(e)le>

be'wim·pert <Adj.> *mit Wimpern besetzt*

be'wir·ken <V. t.> *verursachen*

be'wir·ten <V. t.> *einen Gast ~*

ihm zu essen u. trinken geben; be'wirt·schaf·ten <V. t.> einen landwirtschaftl. Betrieb ~ *leiten;* Be'wirt·schaf·ter <m.; -s, ->; Be'wirt·schaf·te·rin <f.; -, -n·nen>; Be'wirt·schaf·tung <f.; -; unz.>; Be'wir·tung <f.; -; unz.>

be'wit·zeln <V. t.>

be'wohn·bar <Adj.>; Be'wohn·bar·keit <f.; -; unz.>; be'woh·nen <V. t.>; Be'woh·ner <m.; -s, ->; Be'woh·ne·rin <f.; -, -n·nen>; Be'woh·ner·schaft <f.; -; unz.> *Gesamtheit der Bewohner(innen)*

be'wöl·ken <V. refl.> *der Himmel hat sich bewölkt;* Be'wöl·kung <f.; -; unz.>; Be'wöl·kungs·auf·lo·cke·rung <f.; -, -en>; Be'wöl·kungs·zu·nah·me <f.; -, -n>

Be'wuchs <[-ks]; m.; -es; unz.> *Pflanzendecke*

Be'wun·de·rer <m.; -s, ->; Be'wun·de·rin <f.; -, -n·nen>; be'wun·dern <V. t.; ich bewund(e)re> *staunend anerkennen;* be'wun·derns·wert, be'wun·derns·wür·dig <Adj.>; Be'wun·de·rung <f.; -; unz.>; be'wun·de·rungs·wür·dig <Adj.>; Be'wund·rer <m.; -s, -> oV Be·wunderer; Be'wund·rin <f.; -, -n·nen>

Be'wurf <m.; -(e)s, ²e> *angeworfener Mauerputz*

be'wur·zeln <V. refl.> sich ~ *Wurzeln bilden*

be'wusst <Adj.> **1** *klar erkennend;* ich bin mir keiner Schuld ~; sie war sich dessen nicht ~; jmdm. etwas ~ machen **2** *gewollt, absichtlich;* ~e Irreführung **3** *genannt, erwähnt;* das ist das ~e Haus; der Bewusste; Be'wusst·heit <f.; -; unz.>; be'wusst·los <Adj.> *besinnungslos, ohnmächtig;* Be'wusst·lo·sig·keit <f.; -; unz.> bis zur ~; Be'wusst·sein <n.; -s; unz.>; Be'wusst·seins·er·wei·te·rung <f.; -, -en; Psych.>; Be'wusst·seins·la·ge <f.; -, -n>; Be'wusst·seins·spal·tung <f.; -; unz.; Med.; Psych.> Sy *Schizophrenie;* Be'wusst·seins·stö·rung <f.; -, -en>; Be'wusst·seins·trü·bung <f.; -, -en>

Bey <m.; -(e)s, -e od. -s> = *Bei*

bez. <Abk. für> **1** *bezahlt* **2** *bezüglich*

Bez. <Abk. für> *Bezeichnung*

be'zahl·bar <Adj.>; be'zah·len <V. t.> *etwas ~ für etwas Geld geben;* ein gut bezahlter Job; Be-'zah·lung <f.; -; unz.> **1** *das Bezahlen* **2** *Lohn, Gehalt*

be'zäh·men <V. t.> *bändigen, im Zaum halten*

be'zau·bern <V. t.; ich bezaub(e)re>; be'zau·bernd <Adj.; ◢Z28.1 > *reizend, entzückend;* Be'zau·be·rung <f.; -; unz.>

be·ze·chen <V. refl.> sich ~ *sich betrinken*

be'zeich·nen <V. t.> *kenntlich machen, benennen;* be'zeich·nend <Adj.> *charakteristisch, typisch;* be·zeich·nen·der·wei·se <Adv.>; Be'zeich·nung <f.; -, -en; Abk.: Bez.>; Be'zeich·nungs·leh·re <f.; -; unz.> = *Onomasiologie*

be'zei·gen <V. t.; geh.> jmdm. Achtung ~ *bekunden;* Be'zei·gung <f.; -, -en> *Ehren~*

be'zeu·gen <V. t.> *bestätigen, nachweisen;* Be'zeu·gung <f.; -, -en>

be'zich·ti·gen <V. t.> *beschuldigen;* jmdn. eines Vergehens ~; Be'zich·ti·gung <f.; -, -en>

be'zieh·bar <Adj.>; be'zie·hen <V. t./V. refl. 293> **1** *bespannen;* der Himmel bezieht sich bewölkt sich **2** *eine Wohnung ~ in eine W. einziehen* **3** *regelmäßig erhalten;* Gehalt ~ **4** *sich auf jmdn. od. etwas ~ jmdn. od. etwas betreffen;* be'zie·hent·lich <Präp.; m. Gen.; Amtsdt.> *des Diebstahls;* Be'zie·her <m.; -s, ->; Be'zie·he·rin <f.; -, -n·nen>; Be'zie·hung <f.; -, -en> **1** *Verbindung;* gute ~en haben <umg.> *einflussreiche Bekannte* **2** *wechselseitiges Verhältnis;* in ~ bringen, setzen; Be'zie·hungs·kis·te <f.; -, -n; umg.> *Partnerschaftsverhältnis;* be-'zie·hungs·wei·se <Konj.; Abk.: bzw.> *vielmehr, genauer gesagt, oder;* die Schule ~ Schüler u. Lehrer; Be'zie·hungs·wort <n.; -(e)s, ²er; Gramm.> *Wort, auf das sich ein Relativpronomen bezieht*

be'zif·fern <V. t.; ich beziff(e)re> *mit Ziffern versehen, numme-*

rieren; der Schaden wird mit 1000 Euro beziffert; **Be'zif·fe·rung** <f.; -, -en>

Be'zirk <m.; -(e)s, -e> *abgegrenztes Gebiet, Bereich;* **Be'zirks·arzt** <m.; -es, ⸚e>; **Be'zirks·ärz·tin** <f.; -, -n·nen>; **Be'zirks·ge·richt** <n.; -(e)s, -e>; **be'zirks·wei·se** <Adj.>

be'zir·zen <V. t.; du bezirzt; umg.; scherzh.> *bezaubern, verführen;* oV *becircen* [nach der sagenhaften grch. Zauberin *Circe* od. *Kirke*]

Be·zo'ar <m.; -s, -e>, **Be·zo'ar·stein** <m.; -(e)s, -e> *als Heilmittel verwendeter Haarballen im Magen mancher Säugetiere* [pers.]; **Be·zo'ar·zie·ge** <f.; -, -n; Zool.> *eine Wildziegenart*

Be'zo·ge·ne(r) <m. 1; Bankw.> *jmd., der einen Wechsel zu bezahlen hat*

be'zopft <Adj.> *mit Zöpfen versehen*

Be'zug <m.; -(e)s, ⸚e> **1** *Überzug;* Bett~ **2** <nur Pl.> Bezüge *Einnahmen, Gehalt* **3** *das Beziehen(3)* **4** *Zusammenhang, Verknüpfung;* in, mit ~ auf *hinsichtlich;* ich nehme ~ auf unser letztes Telefonat; **be'züg·lich 1** <Adj.> *bezogen auf;* ~es Fürwort <Gramm.>; → a. *Kasten Relativpronomen* **2** <Präp.; m. Gen.; Abk.: bez.> ~ Ihres Schreibens teilen wir Ihnen mit ...; **Be'zug·nah·me** <f.; -, -n; Amtsdt.; meist in der Wendung> unter ~; **be'zugs·fer·tig** <Adj.>; **Be'zugs·per·son** <f.; -, -en>; **Be'zugs·preis** <m.; -es, -e> *Einkaufspreis;* **Be'zugs·punkt** <m.; -(e)s, -e>; **Be'zugs·quel·le** <f.; -, -n>; **Be'zugs·recht** <n.; -(e)s, -e>; **Be'zugs·satz** <m.; -es, ⸚e; Gramm.> Sy *Relativsatz;* **Be'zug(s)·schein** <m.; -(e)s, -e; bes. im u. nach dem 2. Weltkrieg> *Berechtigungsschein zum Kauf von rationierten Waren;* **Be'zugs·sys·tem** <n.; -s, -e>

be'zu·schus·sen <V. t.; du bezuschusst> *einen Zuschuss gewähren*

be'zwe·cken <V. t.> *beabsichtigen*

be'zwei·feln <V. t.; ich bezweif(e)le>

be'zwing·bar <Adj.>; **be'zwin·gen** <V. t. 294> *besiegen, überwinden;* **Be'zwin·ger** <m.; -s, ->; **Be'zwin·ge·rin** <f.; -, -n·nen>

Bf. <Abk. für> *Bahnhof*

BfA <Abk. für> *Bundesversicherungsanstalt für Angestellte*

bfr <Abk. für> *belg. Franc(s)*

BGB <Abk. für> *Bürgerliches Gesetzbuch*

BGBl. <Abk. für> *Bundesgesetzblatt*

BGH <Abk. für> *Bundesgerichtshof*

BGS <Abk. für> *Bundesgrenzschutz*

BH <umg.; Abk. für> *Büstenhalter*

Bha·ga·wad'gi·ta <f.; -; unz.> *altindisches Lehrgedicht* [Sanskrit]; **'Bhag·van, 'Bhag·wan** <m.; -s, -s; im Hinduismus> *(Träger des) Ehrentitel(s) für religiöse Lehrer*

Bhf. <Abk. für> *Bahnhof*

Bhu·tan <['bu-]> *Staat im Himalaja;* Königreich ~; **Bhu'ta·ner** <m.; -s, ->; **Bhu'ta·ne·rin** <f.; -, -n·nen>; **bhu'ta·nisch** <Adj.>

bi <Adj.; umg.; nur präd.; Abk. für> *bisexuell(2);* er ist ~

Bi <Chem.; Zeichen für> *Wismut* [lat.]

bi..., Bi... <Vors.> *zwei..., doppel(t), Zwei..., Doppel(t)* [lat.]

Bi·ar'chie <f.; -, -n> *Doppelherrschaft* [lat.-grch.]

Bi·as <['baɪəs] n.; -; -> *verzerrte statist. Erhebung* [engl.]

'Bi·ath·let <m.; -en, -en> [lat.-grch.]; **'Bi·ath·le·tin** <f.; -, -n·nen>; **'Bi·ath·lon** <n.; -s; unz.> *Kombination aus Skilanglauf u. Scheibenschießen* (olymp. Disziplin)

'bib·bern <V. i.; ich bibb(e)re; umg.; scherzh.> *zittern*

'Bi·bel <f.; -, -n> *Heilige Schrift* [grch.]; **'bi·bel·fest** <Adj.> *mit der Bibel vertraut;* **'Bi·bel·ge·sell·schaft** <f.; -, -en>; **'Bi·bel·kon·kor·danz** <f.; -, -en> *Zusammenstellung aller in der Bibel vorkommenden Wörter;* **'Bi·bel·spruch** <m.; -(e)s, ⸚e>; **'Bi·bel·stel·le** <f.; -, -n>; **'Bi·bel·stun·de** <f.; -, -n>; **'Bi·bel·ü·ber·set·zung** <f.; -, -en; ⤢Z55>;

'Bi·bel·vers <m.; -es, -e>; **'Bi·bel·wort** <n.; -(e)s, -e>

'Bi·ber[1] <m.; -s, -; Zool.> *ein Nagetier;* **'Bi·ber**[2] <m. od. n.; -s, -> *raues Baumwollgewebe*

Bi·ber'nel·le <f.; -, -n> = *Pimpinelle*

'Bi·ber·rat·te <f.; -, -n; Zool.> = *Nutria,* **'Bi·ber·schwanz** <m.; -es, ⸚e> *flacher Dachziegel*

bi·bli·o..., Bi·bli·o..., <auch> **bib·li·o..., Bib·li·o...** <⤢Z53; in Zus.> *Buch..., Buch...* [grch.]; **Bi·bli·o'graf** <m.; -en, -en; ⤢Z11.3> *Verfasser von Bibliografien;* oV *Bibliograph;* **Bi·bli·o·gra'fie** <f.; -, -n> **1** *Verzeichnis von Druckwerken zu einem best. Thema* **2** <früher> *Bücherkunde;* **bi·bli·o·gra'fie·ren** <V. t.> *ein Buch ~ Titel, Verfasser, Erscheinungsjahr u. -ort erfassen;* **Bi·bli·o·gra'fin** <f.; -, -n·nen>; **bi·bli·o·gra'fisch** <Adj.> *die Bibliografie betreffend;* ein Buch ~ erfassen; **Bi·bli·o'graph** <m.; -en, -en; ⤢Z11.3> = *Bibliograf;* **Bi·bli·o·gra'phie** <f.; -, -n>; **bi·bli·o·gra'phie·ren** <V. t.>; **Bi·bli·o·gra'phin** <f.; -, -n·nen>; **bi·bli·o·gra'phisch** <Adj.>

Bi·bli·o'ma·ne, <auch> **Bib·li·o'ma·ne** <m.; -n, -n; ⤢Z53> *Büchernarr;* **Bi·bli·o·ma'nie** <f.; -; unz.> *Büchersammelwut;* **Bi·bli·o'ma·nin** <f.; -, -n·nen>; **bi·bli·o'ma·nisch** <Adj.>

bi·bli·o'phil, <auch> **bib·li·o'phil** <Adj.; ⤢Z53> **1** *(schöne, seltene) Bücher liebend* **2** *für Bücherliebhaber gemacht;* eine ~e Ausgabe; **Bi·bli·o'phi·le** <f. 2 (m. 1)> *Bücherliebhaber(in);* **Bi·bli·o·phi'lie** <f.; -; unz.> *Liebe zu Büchern*

Bi·bli·o'thek, <auch> **Bib·li·o'thek** <f.; -, -en; ⤢Z53> *(Gebäude einer) Bücherei;* **Bi·bli·o·the·kar** <m.; -s, -e> *Angestellter in einer Bibliothek;* **Bi·bli·o·the·ka·rin** <f.; -, -n·nen>; **bi·bli·o·the·ka·risch** <Adj.> *den Beruf des Bibliothekars betreffend;* **Bi·bli·o'theks·we·sen** <n.; -s; unz.>

'bi·blisch, <auch> **'bib·lisch** <Adj.; ⤢Z53> *die Bibel betreffend;* ein ~es Alter <fig.> *sehr hohes Alter* [grch.]

B

B

'bi·chrom <[-kro:m]; Adj.> *zweifarbig* [lat.-grch.]; **Bi·chro'mie** <f.; -; unz.>

Bi·ci·ni·um <[-'tsi:-]; n.; -s, -ni·en; Mus.> *kurzes, zweistimmiges Vokal- od. Instrumentalstück;* oV *Bizinie* [lat.]

'Bick·bee·re <f.; -, -n; norddt.> = *Heidelbeere*

Bi·det <[bi'de:]; n.; -s, -s> *Sitzbecken für Waschungen* [frz.]

Bi·don <[bi'dõ]; m.; -s, -s; schweiz.> *Blech- od. Kunststoffbehälter, Kanne, Kanister* [frz.]; **Bi·don·ville** <[-'vil]; n.; -, -s> *Elendsviertel*

'bie·der <Adj.; häufig abwertend> *rechtschaffen, brav; ein ~er Mensch;* **'Bie·der·keit** <f.; -; unz.>; **'Bie·der·mann** <m.; -(e)s, ~er; meist abwertend>; **'Bie·der·mei·er** <n.; -s; unz.> *Kunststil in der ersten Hälfte des 19. Jh.;* **'bie·der·mei·er·lich** <Adj.>; **'Bie·der·sinn** <m.; -(e)s; unz.> *biedere Gesinnung*

'bieg·bar <Adj.>; **'Bie·ge** <f.; -, -n> *Krümmung, Kurve;* **'Bie·gefes·tig·keit** <f.; -; unz.>; **'bie·gen** <V. 109> 1 <V. t./V. refl.> *krümmen; auf Biegen od. Brechen* <fig.; umg.> *unter allen Umständen* 2 <V. i.> *einen Bogen gehen od. fahren; um die Ecke ~;* **'bieg·sam** <Adj.>; **'Biegsam·keit** <f.; -; unz.>; **'Biegung** <f.; -, -en>

Bien <m.; -s; unz.; Imkerspr.> *Gesamtheit des Bienenvolkes;* **'Bien·chen** <n.; -s, -; Verkleine­rungsf. von> *Biene;* **'Bie·ne** <f.; -, -n; Zool.> *ein Insekt; Honig~;* **'Bie·nen·fleiß** <m.; -es; unz.; fig.> *unermüdlicher Fleiß;* **'Bie·nen·gift** <n.; -(e)s; unz.>; **'Bie·nen·harz** <n.; -es; unz.>; **'Bie·nen·haus** <n.; -es, ~er> = *Bienenstock,* **'Bie·nen·ho·nig** <m.; -s, -e>; **'Bie·nen·kö·ni·gin** <f.; -, -n·nen> *das einzige fruchtbare Weibchen eines Bienenvolkes;* **'Bie·nen·korb** <m.; -(e)s, ~e> = *Bienenstock;* **'Bie·nen·schwarm** <m.; -(e)s, ~e>; **'Bie·nen·stich** <m.; -(e)s, -e> 1 *Stich einer Biene* 2 *Hefekuchen mit Cremefüllung u. Mandelbelag;* **'Bie·nenstock** <m.; -(e)s, ~e> *zum Wabenbau u. als Futterstelle für Bienen dienender Kasten;* **'Bie-**

nen·volk <n.; -(e)s, ~er>; **'Bie·nen·wa·be** <f.; -, -n>; **'Bie·nenwachs** <[-ks]; n.; -es; unz.>; **'Bie·nen·wei·sel** <m.; -s, -> = *Bienenkönigin;* **'Bie·nen·zucht** <f.; -; unz.>; oV Sy *Imker;* **'Bie·nenzüch·ter** <m.; -s, ->; **'Bie·nenzüch·te·rin** <f.; -, -n·nen>; **'Bien·lein** <n.; -s, -; poet.; Ver­kleinerungsf. von> *Biene*

bi'enn <Adj.; Bot.> *zweijährig* [lat.]; **bi·en'nal** <Adj.> *zweijährlich, alle zwei Jahre stattfindend;* **Bi·en'na·le** <f.; -, -n> *zweijährliche Kunst- od. Filmveranstaltung;* **Bi'en·ni·um** <n.; -s, -ni·en> *Zeitraum von zwei Jahren*

Bier <n.; -(e)s, -e od. (bei Men­genangaben) -> *alkohol. Getränk; zwei (Halbe) Bier, bitte!;* **'Bier·bank·po·li·tik** <f.; -; unz.; abwertend> *polit. Stammtischgespräche;* **'Bier·bass** <m.; -es, ~e; umg.; scherzh.>; **'Bierbauch** <m.; -(e)s, ~e; umg.>; **'Bier·de·ckel** <m.; -s, -> = *Bierfilz;* **'Bier·ei·fer** <m.; -s; unz.; umg.; scherzh.> *übertriebener Eifer;* **'bier'ernst** <Adj.; umg.> *todernst;* **'Bier·fass** <n.; -es, ~er>; **'Bier·filz** <m.; -es, -e> *Untersatz für das Bierglas;* **'Bierfla·sche** <f.; -, -n>; **'Bier·garten** <m.; -s, ~>; **'Bier·glas** <n.; -es, ~er>; **'Bier·he·fe** <f.; -; unz.> *Hefe zur Biergärung;* **'Bier·keller** <m.; -s, ->; **'Bier·krug** <m.; -(e)s, ~e>; **'Bier·kut·scher** <m.; -s, -; früher>; **'Bier·lei·che** <f.; -, -n; umg.; scherzh.> *restlos Betrunkener;* **'Bier·schin·ken** <m.; -s; unz.> *eine Wurstsorte;* **'Biersei·del** <n.; -s, -> *Bierkrug;* **'Bier·ver·lag** <m.; -(e)s, -e> *Zwischenhandel für Bier;* **'Bierzelt** <n.; -(e)s, -e; auf Jahrmärk­ten>

'Bie·se <f.; -, -n> 1 *farbiger Streifen an Uniformen* 2 *Ziernaht;* <aber> → *Bise;* **'bie·sen** <V. i.> *toll, unruhig werden (vom Vieh);* **'Bies·flie·ge** <f.; -, -n> = *Dasselfliege*

Biest[1] <n.; -(e)s, -er> *schreckliches Tier* [lat.]

Biest[2] <m.; - od. -s; unz.> = *Biestmilch*

'bies·tig <Adj.> *niederträchtig*

'Biest·milch <f.; -; unz.> *erste*

Milch der Kuh nach dem Kalben

'bie·ten <V. t. 110> 1 *geben, zur Verfügung stellen; wer bietet mehr?* (bei Auktionen) 2 *zeigen, darbieten; hier wird viel geboten* 3 *das kann man sich nicht ~ lassen nicht gefallen lassen;* **'Bie·ter** <m.; -s, ->; **'Bie·te·rin** <f.; -, -n·nen>

Bi·fo'kal·glas <n.; -es, ~er; Opt.> *Brillenglas mit zweifachem Schliff für Nah- u. Fernsicht* [lat.]

bi'form <a. ['--]; Adj.> *doppelgestaltig*

'Bi·ga[1] <f.; -, 'Bi·gen> *antiker zweispänniger Wagen* [lat.]

'Bi·ga[2] <n.; -s; unz.; schweiz.; Kurzw. für> *Bundesamt für Industrie, Gewerbe u. Arbeit*

Bi·ga'mie <f.; -; unz.> *Doppelehe* [lat.-grch.]; **bi'ga·misch** <Adj.>; **Bi·ga'mist** <m.; -en, -en>; **Bi·ga'mis·tin** <f.; -, -n·nen>

'Big·band, <auch> **Big Band** <[-'bænd]; f.; (-)-, (-)-s; ⟋Z30> *großes Jazz- od. Tanzorchester* [engl.]

Big·bu·si·ness, <auch> **Big Busi·ness** <[-'biznis]; n.; (-)-; unz.; ⟋Z30> *Geschäftswelt der Großunternehmer* [engl.]

Big·man, <auch> **Big Man** <[-'mæn]; m.; (-)- od. (-)-s, -men bzw. - Men [-mən]; ⟋Z30> *bedeutende männl. Persönlichkeit* [engl.]

Bi'gno·nie, <auch> **Big'no·nie** <[-niə]; f.; -, -n; ⟋Z53; Bot.> *eine trop. Kletterpflanze* [nach dem frz. Abbé *Bignon*]

bi'gott <Adj.; -er, am -es·ten> *frömmelnd, scheinheilig* [frz.]; **Bi·got'te·rie** <f.; -; unz.>

Big·point, <auch> **Big Point** <[-'pɔint]; m.; (-)-s, (-)-s; ⟋Z30; Sp.; Tennis> *entscheidender Punkt* [engl.]

Bi·jou <[-'ʒu:]; m. od. n.; -s, -s> *Kleinod, Schmuckstück, Kostbarkeit* [frz.]; **Bi·jou·te·rie** <[biʒutə'ri:]; f.; -, -n> *Schmuck(geschäft);* **Bi·jou·ti·er** <[biʒu'tje:]; m.; -s, -s; schweiz.> *Schmuckwarenhändler*

Bike <[baik]; n.; -s, -s; umg.; sa­lopp> *Fahrrad* [engl.]; **bi·ken** <['baikən]; V. i.; umg.> *Fahrrad fahren;* **Bi·ker** <['baikə(r)]; m.;

-s, -; umg.> '**Bi·ke·rin** <f.; -, -n·nen; umg.>

Bi'ki·ni <m.; -s, -s; umg.> *zweiteiliger Badeanzug* [nach dem gleichnamigen Südseeatoll]

'**bi·kon·kav** <Adj.; Opt.> *beiderseits hohl geschliffen* [lat.]

'**bi·kon·vex** <[-vɛks]; Adj.; Opt.> *beiderseits erhaben geschliffen* [lat.]

'**bi·la·bi·al** <Adj.; Phon.> *mit beiden Lippen gebildet;* ~e Laute (b, m, p); '**Bi·la·bi·al** <m.; -s, -e; Phon.> → a. *Kasten Konsonant* [lat.]

Bi'lanz <f.; -, -en> 1 <Wirtsch.> *Gegenüberstellung von Vermögen u. Schulden* 2 <fig.> *abschließendes Ergebnis;* ~ ziehen [ital.]; **Bi'lanz·buch·hal·ter** <m.; -s, ->; **Bi'lanz·buch·hal·te·rin** <f.; -, -n·nen>; **bi·lan'zie·ren** <V. t.; Wirtsch.> *eine Bilanz(1) aufstellen;* **Bi·lan'zie·rung** <f.; -, -en>; **Bi'lanz·prü·fer** <m.; -s, -> = *Wirtschaftsprüfer;* **Bi'lanz·prü·fe·rin** <f.; -, -n·nen>

'**bi·la·te·ral** <Adj.> *zweiseitig;* ~e Verträge [lat.]

Bilch <m.; -(e)s, -e>, '**Bilch·maus** <f.; -, ᵗe; Zool.> *ein Nagetier*

Bild <n.; -(e)s, -er> 1 *Gemälde* 2 *Zeichen, Symbol;* Sinn~ 3 *Anblick;* am Unfallort bot sich ein ~ des Grauens; ein ~ für (die) Götter <umg.; scherzh.> *ein köstlicher Anblick* 4 *Vorstellung;* sich ein ~ von etwas machen können; im ~e sein *Bescheid wissen;* '**Bild·ar·chiv** <[-çiːf]; n.; -(e)s, -e>; '**Bild·band** <m.; -(e)s, ᵗe>; '**Bild·be·richt** <m.; -(e)s, -e>; '**Bild·be·richt·er·stat·ter** <m.; -s, ->; '**Bild·be·richt·er·stat·te·rin** <f.; -, -n·nen>; '**Bild·be·schrei·bung** <f.; -, -en>; '**Bild·bruch** <m.; -(e)s, ᵗe; Sprachw.> = *Katachrese;* '**bil·den** <V.> 1 <V. t.> *formen, gestalten;* die ~den Künste 2 <V. refl.> sich ~ *entstehen;* vor der Kasse an einer Schlange gebildet 3 <V. t.> *darstellen, sein* 4 <V. i. u. V. t.> *belehren;* Reisen bildet; '**Bil·der·bi·bel** <f.; -, -n>; '**Bil·der·bo·gen** <m.; -s, ᵗ>; '**Bil·der·buch** <n.; -(e)s, ᵗer>; '**Bil·der·buch...** <in Zus.> *besonders schön, vorbildlich;* sie führen eine Bilderbuchehe; '**Bil·der-**

rah·men <m.; -s, ->; '**Bil·der·rät·sel** <n.; -s, ->; '**bil·der·reich** <Adj.>; '**Bil·der·reich·tum** <m.; -s; unz.>; '**Bil·der·samm·lung** <f.; -, -en>; '**Bil·der·schrift** <f.; -, -en> *Vorform der Schrift;* '**Bil·der·spra·che** <f.; -; unz.> *metaphernreiche Sprache;* '**Bil·der·sturm** <m.; -(e)s; unz.; bes. im 8. Jh. u. in der Reformation> *gewaltsame Entfernung u. Vernichtung von Bildern in Kirchen;* '**Bil·der·stür·mer** <m.; -s, ->; '**Bil·der·ver·eh·rung** <f.; -; unz.> *Verehrung religiöser Bilder;* '**Bild·flä·che** <f.; -, -n> *Leinwand für Lichtbild- od. Filmvorführungen;* auf der ~ erscheinen, von der ~ verschwinden <fig.; umg.>; '**Bild·fre·quenz** <f.; -, -en; Film>; '**bild·haft** <Adj.>; '**Bild·hau·er** <m.; -s, -> *Künstler, der plastische Werke schafft;* '**Bild·hau·er·ar·beit** <f.; -, -en>; '**Bild·hau·e'rei** <f.; -; unz.>; '**Bild·hau·e·rin** <f.; -, -n·nen>; '**bild·hau·e·risch** <Adj.>; '**Bild·hau·er·kunst** <f.; -; unz.>; '**bild·hau·ern** <V. i.; ich bildhau(e)re; sie hat gebildhauert; zu bildhauern; umg.>; '**bild·hübsch** <Adj.> *sehr hübsch;* '**Bild·kon·ser·ve** <f.; -, -n; TV; umg.> *gespeichertes Bildmaterial;* '**Bild·kraft** <f.; -; unz.> *Anschaulichkeit;* '**bild·kräf·tig** <Adj.; selten>; '**bild·lich** <Adj.>; '**Bild·mi·scher** <m.; -s, -; TV; Berufsbez.>; '**Bild·mi·sche·rin** <f.; -, -n·nen>; '**Bild·ner** <m.; -s, -> = *Bildhauer;* '**Bild·ne'rei** <f.; -; unz.> *Bildhauerkunst;* '**Bild·ne·rin** <f.; -, -n·nen>; '**bild·ne·risch** <Adj.> *bildhauerisch;* '**Bild·nis** <n.; -s·ses, -s·se; geh.> *Porträt;* '**Bild·plat·te** <f.; -, -n; TV> *ein Speichermedium für Fernsehprogramme;* '**Bild·qua·li·tät** <f.; -, -en; TV>; '**Bild·re·dak·ti·on** <f.; -, -en>; '**Bild·röh·re** <f.; -, -n; im Fernsehgerät>; '**bild·sam** <Adj.; geh.> 1 *geschmeidig, formbar* 2 <fig.> *erziehbar;* '**Bild·sam·keit** <f.; -; unz.; geh.>; '**Bild·schär·fe** <f.; -; unz.>; '**Bild·schirm** <m.; -(e)s, -e> *Monitor;* '**Bild·schirm·text** <m.; -(e)s; unz.; Abk.: Btx>; '**Bild·schnitt** <m.; -(e)s, -e; Film>; '**Bild·schnit·zer** <m.; -s,

-> *Holzbildhauer;* **Bild·schnit·ze'rei** <f.; -, -en>; '**Bild·schnit·ze·rin** <f.; -, -n·nen>; '**bild·'schön** <Adj.>; '**Bild·sei·te** <f.; -, -n>; '**Bild·stock** <m.; -(e)s, ᵗe> *an Wegpfeilern stehendes Kruzifix od. Heiligenbild;* Sy Marterl; '**Bild·stö·rung** <f.; -, -en; TV>; '**Bild·te·le·fon** <n.; -(e)s, -e> '**Bil·dung** <f.; -, -en> 1 *das Sichbilden* 2 <unz.> *Wissen, Belesenheit, Erziehung;* Allgemein~; Herzens~; '**Bil·dungs·an·stalt** <f.; -, -en; Amtsdt.>; '**Bil·dungs·bür·ger·tum** <n.; -s; unz.>; '**bil·dungs·fä·hig** <Adj.>; '**bil·dungs·hung·rig** <Adj.; fig.; umg.> *nach Bildung(2) strebend;* '**Bil·dungs·lü·cke** <f.; -, -n>; '**Bil·dungs·ni·veau** <[-voː]; n.; -s, -s>; '**Bil·dungs·po·li·tik** <f.; -; unz.>; '**Bil·dungs·rei·se** <f.; -, -n>; '**Bil·dungs·ro·man** <m.; -(e)s, -e>; '**Bil·dungs·stät·te** <f.; -, -n>; '**Bil·dungs·stu·fe** <f.; -, -n>; '**Bil·dungs·ur·laub** <m.; -(e)s, -e>; '**Bil·dungs·weg** <m.; -(e)s, -e; Pl. selten> der zweite ~ *Weiterqualifizierung nach abgeschlossener od. abgebrochener Ausbildung*

'**Bild·vor·la·ge** <f.; -, -n>; '**Bild·wand·ler** <m.; -s, -; Opt.; Röntgenologie>; '**Bild·wer·bung** <f.; -; unz.>; '**Bild·wer·fer** <m.; -s, -> *Projektionsapparat;* '**Bild·wör·ter·buch** <n.; -(e)s, ᵗer>; '**Bild·zu·schrift** <f.; -, -en>

'**Bil·ge** <f.; -, -n; Seemannsspr.> *unterer ungenutzter Raum im Bereich des Schiffsbodens* [engl.]; '**Bil·ge·was·ser** <n.; -s; unz.> *Leckwasser, das sich in der Bilge sammelt*

Bil·har·zi'o·se <f.; -; unz.; Med.> *eine Wurmkrankheit* [grch.]

'**bi·lin·gu·al** <Adj.> *zweisprachig, zwei Sprachen sprechend* [lat.]; **Bi·lin·gu·a'lis·mus** <m.; -; unz.>; **bi'lin·gu·isch** <a. [----]; Adj.> *zweisprachig, in zwei Sprachen geschrieben;* **Bi·lin·gu·'is·mus** <a. ['----]; m.; -; unz.>, **Bi·lin·gu·i'tät** <a. ['-----]; f.; -; unz.>

Bi·li·ru'bin <n.; -s; unz.; Med.> *roter Gallenfarbstoff* [lat.]

'**Bil·lard** <[-lj-], österr. [bi'jaːr]; n.; -s, -e> 1 *ein Kugelspiel* 2 *der Tisch für dieses Spiel* [frz.]; **bil-**

B

lar·die·ren <V. i.> *Billard in unzulässiger Weise spielen;* **'Bil·lard-queue** <[-kø:]; n.; -s, -s>, **'Bil·lard-stock** <m.; -(e)s, ⁼e>

Bill·ber·gia <f.; -, -gi·en>, **Bill·'ber·gie** <[-gia]; f.; -, -n; Bot.> *ein Ananasgewächs* [nach dem schwed. Botaniker *Billberg*]

Bil·lett <[-'ljet]; n.; -s, -s od. -e> 1 *Fahrkarte, Eintrittskarte* 2 *kurzes Schreiben, Briefchen* [frz.]

Bil·li·ar·de <f.; -, -n> *1000 Billionen*

'bil·lig <Adj.> 1 *preiswert* 2 *berechtigt, vernünftig;* seine Forderung ist nicht mehr als recht und ~ 3 *minderwertig, nichts sagend;* **'bil·li·gen** <V. t.> *gutheißen;* **bil·li·ger'ma·ßen, bil·li·ger·'wei·se** <Adv.> *mit Recht;* **'Bil·lig·keit** <f.; -; unz.>; **'Bil·lig·lohn·land** <n.; -(e)s, ⁼er>; **'Bil·li·gung** <f.; -; unz.>; **'Bil·lig·wa·re** <f.; -, -n>

Bil·li·on <f.; -, -en> *1000 Milliarden* [frz.]

Bil·lon <[bil'jõ]; m. od. n.; -s, -s> 1 *geringwertige Silberlegierung* 2 *Münze aus geringwertigem Metall* [frz.]

'Bil·sen·kraut <n.; -(e)s; unz.; Bot.> *giftiges Nachtschattengewächs*

'Bi·lux·lam·pe <f.; -, -n; Warenz.> *Fern- u. Abblendlicht in Kfz-Scheinwerfern*

bim, 'bim·bam <Schallw.> *(Nachahmung des Glockenschlages);* **'Bim·bam** <nur in der umg., scherzh. Wendung> ach du heiliger ~! *ach du Schreck!*

Bi·mes·ter <n.; -s, -; veralt.> *Zeitraum von zwei Monaten* [lat.]

'Bi·me·tall <n.; -(e)s; unz.> *zwei aufeinander geschweißte Streifen von verschiedenem Metall;* **'bi·me·tal·lisch** <Adj.>; **Bi·me·tal'lis·mus** <m.; -; unz.> *Doppelwährung*

'Bim·mel <f.; -, -n; umg.; scherzh.> *Glocke;* **'Bim·mel·bahn** <f.; -, -en; umg.>; **'bim·meln** <V. i.; ich bimm(e)le; umg.> *klingeln, läuten*

'bim·sen <V.; du bimst> 1 <V. t.> *mit Bimsstein schleifen* 2 <V. t. u. V. i.> *angestrengt lernen;* Vokabeln ~; **'Bims·stein** <m.; -(e)s; unz.> *als Schleif- u. Po-*

Bindestrich: B., Ergänzungsstrich und Trennungsstrich werden graphisch durch das Zeichen - repräsentiert. Steht ein B. am Zeilenende, so gilt er zugleich als Trennungsstrich.

Außerdem kann der B. als Gedankenstrich, als Rechenzeichen und als Zeichen für „bis" (z. B. *13. – 14. Jahrhundert*) verwendet werden. Der B. **kann** verwendet werden, um die einzelnen Bestandteile einer **Zusammensetzung** deutlicher zu kennzeichnen, wobei weder vor noch nach dem B. ein Leerzeichen zu setzen ist: *Desktoppublishing* oder *Desktop-Publishing; Icherzählung* oder *Ich-Erzählung.*

Aneinanderreihungen, bes. bei substantivisch gebrauchten Infinitiven werden mit B. geschrieben: *das In-den-Tag-Hineinleben; das Auf-die-lange-Bank-Schieben; das Sowohl-als-auch.* Bei Zusammensetzungen mit Einzelbuchstaben oder Ziffern ist der B. obligatorisch: *3-Tonner, T-förmig, 2/3-Mehrheit, A-Dur-Tonleiter, ein 100stel-Millimeter.* Zusammensetzungen aus Personennamen werden mit B. geschrieben, z. B. *Müller-Lüdenscheid, Schmidt-Kaspari.* Bildet ein Personenname den ersten Bestandteil einer Zusammensetzung, so kann mit B. geschrieben werden, z. B. *Goetheausgabe* oder *Goethe-Ausgabe.*

Beim Zusammentreffen von **drei gleichen Buchstaben kann** ein B. gesetzt werden, z. B. *Seeelefant* oder *See-Elefant; Fetttropfen* oder *Fett-Tropfen* usw.

---

liermittel verwendetes Vulkangestein

bi'nar, bi'när <Adj.> *aus zwei Einheiten bestehend* [lat.]; **Bi·'när·code** <[-ko:d]; m.; -s, -s; EDV>; **bi·na·risch** <Adj.> = *binar, binär;* **Bi·när·sys·tem** <n.; -s; unz.; Math.> = *Dualsystem;* **Bi'när·zif·fer** <f.; -, -n; EDV; Abk.> Bit>

'Bin·de <f.; -, -n> *Stoffstreifen;* Arm~; **'Bin·de·ge·we·be** <n.; -s, -; Med.> *Stützgewebe aus Zellen u. Fasern;* **'Bin·de·ge·webs·ge·schwulst** <f.; -, ⁼e; Med.>; **'Bin·de·ge·webs·schwä·che** <f.; -; unz.; Med.>; **'Bin·de·glied** <n.; -(e)s, -er>; **'Bin·de·haut** <f.; -,

---

⁼e; Med.> *die Vorderseite des Augapfels überziehende Haut;* **'Bin·de·haut·ent·zün·dung** <f.; -, -en; Med.>; **'Bin·de·mit·tel** <n.; -s, ->; **'bin·den** <V. t. 111> 1 *schlingen, verknüpfen, verbinden;* Blumen (zu einem Kranz) ~; *gebundenes Buch* 2 *festlegen, verpflichten;* sie ist schon gebunden *sie hat einen festen Partner;* **'Bin·der** <m.; -s, -> 1 *jmd., der etwas bindet;* Besen~ 2 *Schlips, Krawatte;* **Bin·de'rei** <f.; -, -en>; **'Bin·de·rin** <f.; -, -n·nen>; **'Bin·de·s** <n.; -, -; Sprachw.> *s als Bindeglied zwischen zusammengesetzten Substantiven,* z. B. Werksküche; Sy Fugen-s; **'Bin·de·strich** <m.; -(e)s, -e> → a. *Kasten;* **'Bin·de·wort** <n.; -(e)s, ⁼er> → a. *Kasten Konjunktion;* **'Bind·fa·den** <m.; -s, ⁼>; **'bin·dig** <Adj.> ~er Boden *schwerer B.;* **'Bin·dig·keit** <f.; -; unz.>; **'Bin·dung** <f.; -, -en> 1 *(verpflichtende) Beziehung* 2 <Sp.> *Vorrichtung zur Verankerung;* Ski~

'Bin·ge <f.; -, -n; Bgb.> *durch Grubeneinsturz entstandene Erdvertiefung*

'Bin·gel·kraut <n.; -(e)s; unz.; Bot.> *ein Wolfsmilchgewächs*

'bin·go <Int.; umg.> *es hat geklappt!;* **'Bin·go** <n.; - od. -s; unz.> *ein Glücksspiel* [engl.]

'bin·nen <Präp.; m. Dat., seltener u. geh. m. Gen.; meist zeitl.> *innerhalb, im Laufe von;* ~ einem Monat/<auch> eines Monats; ~ zwei Tagen/<auch> zweier Tage; ~ kurzem *bald;* **'bin·nen...**; **'Bin·nen...** <Vors.; in Zus.> *innerhalb, im Innern befindlich;* **'bin·nen·bords** <Adv.> *im Schiffsinnern;* **'Bin·nen·deich** <m.; -(e)s, -e>; **'Bin·nen·fi·sche·rei** <f.; -; unz.>; **'Bin·nen·ge·wäs·ser** <n.; -s, ->; **'Bin·nen·ha·fen** <m.; -s, ⁼>; **'Bin·nen·han·del** <m.; -s; unz.>; **'Bin·nen·land** <n.; -(e)s, ⁼er>; **'bin·nen·län·disch** <Adj.>; **'Bin·nen·markt** <m.; -(e)s, ⁼e>; **'Bin·nen·meer** <n.; -(e)s, -e>; **'Bin·nen·schiff·fahrt** <f.; -; unz.; ↗Z37>; **'Bin·nen·ver·kehr** <m.; -s; unz.>

Bin'o·de, <auch> Bi'no·de <f.; -, -n; ↗Z54> *zwei Systeme von*

Elektronenröhren innerhalb eines Glaskolbens [lat.]

Bin·o·kel, <auch> **Bi'no·kel** <n.; -s, -; ↗Z54; veralt.> *Brille, Fernrohr, Mikroskop für beide Augen* [frz.]; **bin·o·ku'lar** <Adj.>

Bi'nom <n.; -s, -e; Math.> *Summe aus zwei Gliedern;* **Bi·no·mi·'al·ko·ef·fi·zi·ent** <m.; -en, -en>; **bi'no·misch** <Adj.> *zweigliedrig;* ~er *Lehrsatz*

'Bin·se <f.; -, -n; Bot.> *eine Sumpfpflanze;* in die ~n gehen <fig.; umg.> *verloren gehen, unbrauchbar werden;* **'Bin·sen·gras** <n.; -es, ⸚er> = *Binse;* **'Bin·sen·wahr·heit, 'Bin·sen·weis·heit** <f.; -, -en> *allgemein bekannte, selbstverständliche Tatsache*

bi·o..., **Bi·o...** <in Zus.> 1 *leben(s)..., Leben(s)...* 2 <a. kurz für> *biologisch* [grch.]

bi·o·ak'tiv <a. ['----']; Adj.> *biologisch aktiv*

Bi·o·che'mie <[-çe-]; a. ['----']; f.; -; unz.> *Wissenschaft von der Funktionsweise chem. Verbindungen in Organismen;* **Bi·o·'che·mi·ker** <m.; -s, ->; **Bi·o·'che·mi·ke·rin** <f.; -, -n·nen>; **bi·o'che·misch** <Adj.>

bi·o·dy'na·misch <Adj.> = *biologisch-dynamisch*

Bi·o·en·er'ge·tik, <auch> **Bi·o·e·ner'ge·tik** <a. ['------]; f.; -; unz.; ↗Z55> *Teilgebiet der Biophysik*

'Bi·o·gas <n.; -es, -e> *durch Zersetzung organ. Substanzen entstehendes Gas;* Sy *Faulgas*

bi·o'gen <Adj.> *von Lebewesen stammend;* **Bi·o·ge'ne·se** <f.; -, -n> *Entstehung(sgeschichte) der Lebewesen;* **bi·o·ge'ne·tisch** <Adj.>

Bi·o·ge·o·gra'fie <a. ['------]; f.; -; unz.; ↗Z11.3> = *Biogeographie;* **bi·o·ge·o·gra'fisch** <Adj.>; **Bi·o·ge·o·gra'phie** <f.; -; unz.> *Lehre von der geographischen Verbreitung der Lebewesen;* **bi·o·ge·o·'gra·phisch** <Adj.>

Bi·o·ge·o·zö'no·se <f.; -, -n> *Wechselwirkung zw. Lebewesen u. ihrer unbelebten Umwelt*

Bi·o'graf <m.; -en, -en; ↗Z11.3> *Verfasser einer Biografie;* **Bi·o·gra'fie** <f.; -, -n> *Lebensbeschreibung;* **Bi·o'gra·fin** <f.; -, -n·nen>; **bi·o'gra·fisch** <Adj.>;

Bi·o'graph <m.; -en, -en> = *Biograf;* **Bi·o·gra'phie** <f.; -, -n>; **Bi·o'gra·phin** <f.; -, -n·nen>; **bi·o'gra·phisch** <Adj.>

Bi·o·ka·ta·ly'sa·tor <a. ['-------]; m.; -s, -'to·ren> *die Stoffwechselvorgänge steuernder Wirkstoff*

bi·o·kli'ma·tisch <a. ['-----]; Adj.>; **Bi·o·kli·ma·to·lo'gie** <f.; -; unz.> *Wissenschaft vom Einfluss des Klimas auf Lebewesen*

'Bi·o·la·den <m.; -s, ⸚; umg.> *Laden, in dem nur unbehandelte Nahrungsmittel u. Produkte verkauft werden*

Bi·o·'lo·ge <m.; -n, -n>; **Bi·o·lo·'gie** <f.; -; unz.> *Wissenschaft von der belebten Natur;* **Bi·o'lo·gin** <f.; -, -n·nen>; **bi·o·lo'gisch** <Adj.> *die Biologie betreffend, naturbelassen, natürlich;* **bi·o·'lo·gisch-dy'na·misch** <Adj.> *ohne Zusatz von chem. Stoffen;* ~er *Landbau*

Bi·o'ly·se <f.; -, -n> *Zersetzung von organ. Substanz durch lebende Organismen;* **bi·o·ly'tisch** <Adj.>

'Bi·o·mas·se <f.; -, -n> *Gesamtheit der durch Lebewesen entstehenden organ. Substanz*

Bi·o·me'cha·nik <[-ça-]; a. ['-----]; f.; -; unz.> *Lehre von den mechan. Vorgängen im Organismus;* **bi·o·me'cha·nisch** <Adj.>

Bi·o·me'trie, <auch> **Bi·o·met'rie** <f.; -; unz.; ↗Z53> **Bi·o·me'trik** <f.; -; unz.> *Erfassung u. Auswertung der Mess- u. Zählwerte in allen Bereichen der Biologie;* **bi·o·me'trisch** <Adj.>

bi·o'morph <Adj.> *von den natürl. Lebensvorgängen beeinflusst;* **Bi·o·mor'pho·se** <f.; -, -n> *im Laufe eines Lebens auftretende Veränderung eines Organismus*

'Bi·o·müll <m.; -s; unz.> *organischer Abfall*

Bi'o·nik <f.; -; unz.> *Wissenschaftsbereich, der techn. Probleme nach dem Vorbild biolog. Funktionen zu lösen versucht;* **bi'o·nisch** <Adj.>

Bi·o·phy'sik <a. ['----]; f.; -; unz.> *Lehre von den physikal. Vorgängen in Lebewesen;* **bi·o·phy·si·'ka·lisch** <Adj.>

Bi·op'sie <f.; -, -n; Med.> *Untersuchung von Gewebe, das dem lebenden Organismus entnommen wurde*

'Bi·o·rhyth·mik <a. [--'--]; f.; -; unz.>, **'Bi·o·rhyth·mus** <a. [--'--]; m.; -; unz.> *rhythmisch ablaufende physiolog. Vorgänge im Organismus*

Bi·o·sphä·re, <auch> **Bi·os'phä·re** <a. ['----]; f.; -; unz.; ↗Z54> *der von Lebewesen bewohnte Raum*

Bi·o·sta'tis·tik <f.; -; unz.> = *Biometrik*

Bi·o·tech·nik <a. ['----]; f.; -; unz.> *technisch kontrollierte Nutzbarmachung biolog. Vorgänge;* **bi·o'tech·nisch** <Adj.>; **Bi·o·tech·no·lo'gie** <f.; -; unz.> = *Biotechnik*

bi'o·tisch <Adj.> *auf Lebewesen, auf das Leben bezüglich*

'Bi·o·ton·ne <f.; -, -n> *Mülltonne für organ. Haushaltsabfälle*

Bi·o'top <m. od. n.; -(e)s, -e> *Lebensraum best. Tier- u. Pflanzenarten*

Bi·o'typ <m.; -s, -en>, **Bi·o'ty·pus** <m.; -, -'ty·pen> *genetisch sich gleichende Organismengruppe*

Bi·o·zö·no·lo'gie <f.; -; unz.> *Wissenschaft von den biolog. Lebensgemeinschaften;* **Bi·o·zö·'no·se** <f.; -, -n> *Lebensgemeinschaft verschiedener Tier- u. Pflanzenarten;* **bi·o·zö'no·tisch** <Adj.>

'bi·po·lar <Adj.> *zweipolig;* **'Bi·po·la·ri·tät** <a. ['----'-']; f.; -; unz.>

'Bi·qua·drat, <auch> **'Bi·quad·rat** <n.; -(e)s, -e; ↗Z53; Math.> *Quadrat des Quadrats, vierte Potenz;* **'bi·qua·dra·tisch** <Adj.>

Bi·quet <[-'ke:]; m.; -s, -s> *Schnellwaage für Gold- u. Silbermünzen* [frz.]

'Bir·cher·mü·es·li <n.; - od. -s, - od. -s> *Müsli aus Haferflocken, Milch, Honig, Nüssen u. Früchten* [nach dem schweiz. Arzt M. O. *Bircher*-Benner]

Bir·die <['bəːdi]; n.; -s, -s; Golf> *Erreichen des Loches mit einem Schlag weniger als vorgeschrieben* [engl.]

Bi're·me <f.; -, -n> *antikes Kriegs-*

B

schiff mit zwei Ruderreihen übereinander [lat.]

Bi·rett ⟨n.; -(e)s, -e⟩ = Barett [lat.]

'Bir·ke ⟨f.; -, -n; Bot.⟩ ein Laubbaum; **'bir·ken** ⟨Adj.⟩ aus Birkenholz; **'Birk·hahn** ⟨m.; -(e)s, ⸚e; Zool.⟩; **'Birk·huhn** ⟨n.; -(e)s, ⸚er; Zool.⟩

'Bir·ma ⟨bis 1989 Bez. für⟩ → Myanmar; **Bir'ma·ne** ⟨m.; -n, -n⟩ Sy Burmane, Burmese, Myanmare; **Bir'ma·nin** ⟨f.; -, -n·nen⟩; **bir'ma·nisch** ⟨Adj.⟩

'Birn·baum ⟨m.; -(e)s, ⸚e; Bot.⟩; **'Bir·ne** ⟨f.; -, -n⟩ 1 ⟨Bot.⟩ Frucht des Birnbaums 2 elektr. Glühkörper; **'bir·nen·för·mig** ⟨Adj.⟩

bis ⟨Präp.; m. Akk.; meist mit einer weiteren Präp.⟩ hin, nach (als Endpunkt); von Berlin ~ München; ~ wohin fahren Sie?; von morgens ~ abends; ~ in den Abend (hinein); sie ist ~ zwölf Uhr hier danach ist sie nicht mehr da, ⟨auch⟩ gegen zwölf Uhr wird sie wieder da sein; Kinder ~ (zu) sechs Jahre(n); ~ bald!; ~ morgen!; ~ auf weiteres; sie hat alles ~ ins Kleinste, Letzte geplant; der Film läuft ~ und mit Montag ⟨schweiz.⟩ bis einschließlich M.; der Saal war ~ auf den letzten Platz besetzt; ~ auf einen kamen alle; drei– ~ viermal ⟨od. betont⟩ drei ~ vier Mal, ⟨in Ziffern⟩ 3– ~ 4-mal

'Bi·sam ⟨m.; -s, -e⟩ Fell der Bisamratte; **'Bi·sam·rat·te** ⟨f.; -, -n; Zool.⟩ ein Nagetier

'Bi·schof ⟨m.; -s, ⸚e⟩ kirchl. Würdenträger; **'bi·schöf·lich** ⟨Adj.⟩; **'Bi·schofs·kon·fe·renz** ⟨f.; -, -en⟩; **'Bi·schofs·müt·ze** ⟨f.; -, -n⟩; **'Bi·schofs·ring** ⟨m.; -(e)s, -e⟩; **'Bi·schofs·sitz** ⟨m.; -es, -e⟩; **'Bi·schofs·stab** ⟨m.; -(e)s, ⸚e⟩; **'Bi·schofs·stuhl** ⟨m.; -(e)s, ⸚e⟩

'Bi·se ⟨f.; -, -n; schweiz.⟩ Nordostwind; ⟨aber⟩ → Biese

'Bi·se·xu·a·li·tät ⟨f.; -; unz.⟩ 1 ⟨Biol.⟩ Doppelgeschlechtigkeit 2 Zuneigung für das eigene sowie für das andere Geschlecht; **'bi·se·xu·ell** ⟨Adj.⟩ 1 ⟨Biol.⟩ doppelgeschlechtig 2 sowohl hetero- als auch homosexuell

bis'her ⟨schweiz. a. ['--]; Adv.⟩

bis jetzt; **bis'he·rig** ⟨Adj.; ⟩ᴢ43⟩ sein -er Job; alles Bisherige hinter sich lassen; im Bisherigen war nichts davon die Rede

Bis·kuit ⟨['kvit]; n.; -(e)s, -e od. -s⟩ leichtes Eierschaumgebäck [frz.]; **Bis'kuit·por·zel·lan** ⟨n.; -(e)s; unz.⟩ zweimal gebranntes, unglasiertes Porzellan

bis'lang ⟨Adv.⟩ bis jetzt

'Bis·marck·he·ring ⟨m.; -s, -e⟩ entgräteter, eingelegter Hering

'Bis·mut, Bis'mu·tum ⟨n.; -s; unz.; Chem.; Zeichen: Bi⟩ ein Metall; oV Wismut

'Bi·son ⟨m.; -s, -s; Zool.⟩ nordamerikan. Büffel

Biss ⟨m.; -es, -e⟩ 1 das Beißen 2 durch Beißen entstandene Verletzung; **'biss·chen** ⟨unbest. Num.⟩ wenig; das ~ Schnee; gib dir ein ~ Mühe!; kein ~ gar nicht(s); **'bis·sel** ⟨unbest. Num.; oberdt.⟩ = bisschen; **'Bis·sen** ⟨m.; -s, -⟩ 1 die Menge, die man abbeißen kann 2 ⟨fig.⟩ Happen; einen ~ essen; **'bis·sen·wei·se** ⟨Adv.⟩; **'bis·serl** ⟨unbest. Num.; österr.⟩ = bisschen; **'bis·sig** ⟨Adj.⟩ 1 schnell zubeißend; Vorsicht, ~er Hund! 2 ⟨fig.⟩ spöttisch, verletzend; **'Bis·sig·keit** ⟨f.; -; unz.⟩; **'Biss·wun·de** ⟨f.; -, -n⟩

'bis·ten ⟨V. i.; Jägerspr.⟩ das Haselhuhn bistet lockt, ruft

'Bis·ter ⟨m. od. n.; -s; unz.⟩ aus Ruß gewonnene braune Aquarellfarbe [frz.]

'Bis·tro, ⟨auch⟩ 'Bist·ro ⟨a. [-'-]; n.; -s, -s; ᴢ53⟩ kleines Lokal [frz.]

'Bis·tum ⟨n.; -s, ⸚er; Kath.⟩ Verwaltungsbereich eines Bischofs

bis'wei·len ⟨Adv.; geh.⟩ manchmal

'Bis·wind ⟨m.; -(e)s, -e⟩ = Bise

bit ⟨EDV; Zeichen für⟩ Bit; **Bit** ⟨n.; - od. -s, - od. -s; EDV; Zeichen: bit, bt; Abk. für engl.⟩ Binary Digit; **'Bit·map** ⟨[-mæp]; f.; -, -s; EDV⟩ ein Datenformat [engl.]

'Bi·to·na·li·tät ⟨f.; -; unz.; Mus.⟩ gleichzeitiges Verwenden zweier Tonarten in einem Musikstück

'Bitt·brief ⟨m.; -(e)s, -e⟩; **'bit·te** ⟨Adv.; Höflichkeitsformel⟩ ~ schön!; ~ sehr!; wie ~?; ~ wen-

den ⟨Abk.: b. w.⟩; gib mir ~ die Butter!; du musst Bitte/⟨auch⟩ ~ sagen; **'Bit·te** ⟨f.; -, -n⟩ geäußerter Wunsch; **'bit·ten** ⟨V. i.; unz.; u. V. t. 112⟩ (jmdn.) um, zu etwas ~ eine Bitte aussprechen; **'Bit·ten** ⟨n.; -s; unz.⟩ alles ~ nützte nichts

'bit·ter ⟨Adj.⟩ 1 sehr herb 2 ⟨fig.⟩ hart, schmerzlich; eine ~e Enttäuschung; **'bit·ter'bö·se** ⟨Adj.; umg.⟩ sehr böse; **'Bit·te·re(r)** ⟨m. 1⟩ bitterer Schnaps; **'bit·ter'kalt** ⟨Adj.⟩ sehr kalt; **'Bit·ter·keit** ⟨f.; -; unz.⟩; **'Bit·ter·klee** ⟨m.; -s; unz.; Bot.⟩ ein Enziangewächs; **Bit·ter·le·mon**, ⟨auch⟩ **Bit·ter Le·mon** ⟨[-'le·mən]; n.; (-)- od. (-)-s, (-)-; ᴢ30⟩ bitter schmeckendes Limonadengetränk [engl.]; **'bit·ter·lich** ⟨Adj.; verstärkend⟩ ~ weinen; **'Bit·ter·ling** ⟨m.; -s, -e⟩ 1 ⟨Zool.⟩ ein Fisch 2 ⟨Bot.⟩ ein Enziangewächs 3 ⟨Bot.⟩ ein Pilz; **'Bit·ter·man·del·öl** ⟨n.; -(e)s; unz.⟩; **'Bit·ter·nis** ⟨f.; -; unz.; geh.⟩; **'Bit·ter·salz** ⟨n.; -es; unz.⟩ = Magnesiumsulfat; **'bit·ter'süß** ⟨Adj.; a. fig.⟩; **'Bit·ter·was·ser** ⟨n.; -s, ⸚⟩; **'Bit·ter·wurz** ⟨f.; -, -en⟩; **'Bit·ter·wur·zel** ⟨f.; -, -n; Bot.⟩ Gelber Enzian

'bit·te·schön ⟨Adv.; verstärkend⟩; **'Bitt·gang** ⟨m.; -(e)s, ⸚e⟩; **'Bitt·ge·such** ⟨n.; -(e)s, -e⟩; **'Bitt·schrei·ben** ⟨n.; -s, -⟩; **'Bitt·schrift** ⟨f.; -, -en⟩; **'Bitt·stel·ler** ⟨m.; -s, -⟩; **'Bitt·stel·le·rin** ⟨f.; -, -n·nen⟩; **'Bitt·tag** ⟨m.; -(e)s, -e; ᴢ37; Kath.⟩ jeder der drei Tage vor Himmelfahrt

Bi'tu·men ⟨n.; -s; unz.⟩ eine teerartige Masse [lat.]; **bi'tu·mig** ⟨Adj.⟩; **bi·tu·mi'nie·ren** ⟨V. t.⟩ mit Bitumen bestreichen; **bi·tu·mi'nös** ⟨Adj.⟩

'bit·zeln ⟨V. i.; süddt.⟩ prickeln; **'Bit·zel·was·ser** ⟨n.; -s, -; süddt.⟩ Sprudel

bi·va'lent ⟨[-va-]; Adj.⟩ zweiwertig [lat.]; **Bi·va'lenz** ⟨f.; -; unz.⟩

'Bi·wak ⟨n.; -(e)s, -e od. -s⟩ (Nacht-)Lager im Freien [nordd.-frz.]; **bi·wa'kie·ren** ⟨V. i.⟩

bi'zarr ⟨Adj.⟩ wunderlich, seltsam [frz.]; **Bi·zar·re'rie** ⟨f.; -, -n⟩

'Bi·zeps <m.; - od. -es, -e> *Beugemuskel des Oberarmes* [lat.]

Bi'zi·nie <[-niə]; f.; -, -n> = *Bicinium*

'bi·zy·klisch, <auch> **'bi·zyklisch** <Adj.; ↗Z53> *aus einem Kohlenstoffdoppelring bestehend* [lat.]

Bk <Chem.; Zeichen für> *Berkelium*

Bl. <Abk. für> *Blatt*

Bla'bla <n.; - od. -s; unz.; umg.> *nichts sagendes Gerede*

'Bla·che <f.; -, -n> 1 *Plane, grobe Leinwand* 2 = *Blachfeld;* **'Blachfeld** <n.; -(e)s, -er; veralt.> *flaches Feld, Ebene*

Black'box, <auch> **Black 'Box** <[blæk-]; f.; (-)-, (-)-es [-siz]; ↗Z30> 1 <Kyb.> *System, dessen innerer Aufbau unbekannt ist* 2 *Flugschreiber* [engl.]

Black'jack, <auch> **Black Jack** <[blæk 'dʒæk]; n.; (-)-, (-)-; ↗Z30> *amerikan. Kartenspiel* [engl.]

Black-out, <auch> **Black-out** <[blæk'aut]; m. od. n.; - od. -s, -s; ↗Z32> 1 *plötzliche, vorübergehende Bewusstseinstrübung* 2 <Theat.> *plötzl. Verdunkelung am Szenenschluss* 3 <Raumf.> *vorübergehendes Aussetzen der Funkverbindung* [engl.]

Black·pan·ther, <auch> **Black Pan·ther** <['blæk 'pænθər]; m.; (-)-s, (-)-; ↗Z30> *Angehörige(r) einer afroamerikan. Bürgerrechtsbewegung in den USA* [engl.]

Black·pow·er, <auch> **Black Power** <[blæk 'pauər]; f.; (-)-; unz.; ↗Z30, 52> *Bewegung der Schwarzen in den USA gegen die Rassendiskriminierung* [engl.]

'blaf·fen <V. i.> 1 *bellen, kläffen* 2 <fig.> *schimpfen*

Blag <n.; -(e)s, -en>, **'Bla·ge** <f.; -, -n; umg.; abwertend> *lästiges Kind*

'blä·hen <V.> 1 <V. i.> *eine Speise* bläht *bildet übermäßig viel Gas in Darm u. Magen* 2 <V. refl.> *etwas bläht sich füllt sich mit Luft;* **'Blä·hung** <f.; -, -en>

'bla·ken <V. i.; norddt.> *schwelen, qualmen, rußen*

'blä·ken <V. i.; mdt.; abwertend> *schreien*

'Bla·ker <m.; -s, -> *Wandlampe mit reflektierendem Schirm;* **'bla·kig** <Adj.; norddt.> *qualmend, rußend*

bla'ma·bel <Adj.; -'mab·ler, am -s·ten> *beschämend, peinlich* [frz.]; **Bla'ma·ge** <[-ʒə]; f.; -, -n> *peinl. Bloßstellung, Schande;* **bla'mie·ren** <V. t./V. refl.> *sich ~ sich lächerlich machen*

blan·chie·ren <[blã'ʃi:-]; V. t.; Kochk.> *abbrühen* [frz.]

bland <Adj.> 1 *reizlos, mild* (Diät) 2 <Med.> *ruhig verlaufend* (Krankheit)

blank <Adj.; ↗Z24; Getrenntschreibung mit Verben, wenn steiger- od. erweiterbar> 1 *blinkend, glänzend;* Schuhe ~ polieren, reiben; ~ polierte Schuhe 2 *unbedeckt, bloß;* ~ gehen <süddt.; österr.> *ohne Mantel;* ~ sein <umg.> *kein Geld (mehr) haben* 3 *der Blanke Hans die stürmische Nordsee*

Blank <[blæŋk]; n.; -s, -s; EDV> *Leerstelle(ntaste)* [engl.]

'Blän·ke <f.; -; unz.> *Moortümpel*

Blan'kett <n.; -(e)s, -e> *nicht vollständig ausgefülltes, unterschriebenes Formular;* **'blan·ko** <Adj.; undekl.> *unterschrieben, aber nicht vollständig ausgefüllt* [ital.]; **'Blan·ko·scheck** <m.; -s, -s>; **'Blan·ko·vollmacht** <f.; -, -en>

'Blank·vers <m.; -es, -e> *fünffüßiger Jambus* [engl.]

'blank|zie·hen <V. t. u. V. i. 293> *aus der Scheide ziehen;* er hat den Säbel blankgezogen

'Bläs·chen <n.; -s, -; Verkleinerungsf. von> *Blase(1);* **'Bläschen·aus·schlag** <m.; -(e)s, -e; Med.>; **'Bla·se** <f.; -, -n> 1 *mit Luft bzw. Flüssigkeit gefüllter Hohlraum;* Seifen~; Brand~; Harn~; ein ~ *in werfender Ausschlag;* ein ~ *ziehendes Mittel* 2 <derb> *Pack, Gesindel;* **'Bla·se·balg** <m.; -(e)s, -e> *Gerät zum Erzeugen eines Luftstroms;* **'bla·sen** <V. i. u. V. t. 113; du bläst> *Luft ausstoßen;* der Wind bläst eisig; **'Bla·sen·bil·dung** <f.; -, -en>; **'Bla·sen·ent·zün·dung** <f.; -, -en; Med.>; **'Bla·sen·kam·mer** <f.; -, -n; Phys.> *Gerät zum Sichtbarmachen der Bahnspuren ionisierender Teilchen;* **'Bla-**

---

sen·spie·ge·lung <f.; -, -en; Med.>; **'Bla·sen·sprung** <m.; -(e)s, -e; Med.> *das Platzen der Fruchtblase vor od. während der Geburt;* **'Bla·sen·stein** <m.; -(e)s, -e; Med.>; **'Bla·sen·tang** <m.; -(e)s; unz.; Bot.> *eine Braunalgenart;* **'Blä·ser** <m.; -s, -> *Musiker, der ein Blasinstrument spielt;* **Bla·se'rei** <f.; -; unz.; umg.>; **'Blä·se·rin** <f.; -, -n·nen>; **'Blä·ser·quar·tett** <n.; -(e)s, -e>; **'Blä·ser·trio** <n.; -s, -s>

bla'siert <Adj.; -er, am -es·ten; abwertend> *arrogant* [frz.]; **Bla'siert·heit** <f.; -; unz.>

'bla·sig <Adj.>; **'Blas·in·stru·ment**, <auch> **'Blas·in·stru·ment** <n.; -(e)s, -e; ↗Z54>; **'Blas·mu·sik** <f.; -, -en>

Bla·son <[-'zõ]; m.; -s, -s; Her.> *Wappen(schild)* [frz.]; **bla·so·'nie·ren** <V. t.> *ein Wappenschild ~ beschreiben od. ausmalen*

Blas·phe'mie <f.; -, -n> *Gotteslästerung* [grch.]; **blas'phemisch, blas·phe'mis·tisch** <Adj.>

'Blas·rohr <n.; -(e)s, -e>

blass <Adj.; 'blas·ser, am 'blas·ses·ten od. 'bläs·ser, am 'bläs·ses·ten> 1 *bleich, farblos* 2 <fig.> *schwach;* er hat keinen ~en Dunst davon <umg.> *keine Ahnung;* **'blass·blau** <Adj.>; **'Bläs·se** <f.; -; unz.> *das Blasssein;* <aber> → *Blesse;* **'Blässhuhn** <n.; -(e)s, ⁻er; Zool.> *ein Wasservogel;* **'bläss·lich** <Adj.>

Blas·to·ge'ne·se <f.; -; unz.; Biol.> *ungeschlechtl. Vermehrung* [grch.]; **Blas'tom** <n.; -s, -e; Med.> *Neubildung von Gewebe, Geschwulst*

Blatt <n.; -(e)s, ⁻er> 1 *flächiger Pflanzenteil* 2 <Pl. nach Mengenangaben a. -; Abk.> Bl.> *(gleichmäßig beschnittenes) Stück Papier;* 50 ~ Papier; vom ~ singen 3 <Kart.> *Spielkarte;* ein gutes, schlechtes ~ haben 4 <Jägerspr.> *Bereich um das Schulterblatt des Haarwildes;* **'Blätt·chen** <n.; -s, -; Verkleinerungsf. von> *Blatt(1, 2);* **'Blat·te** <f.; -, -n; Jägerspr.> *best. Laute*

B

nachahmendes Instrument; **'blat·ten** <V. i.; Jägerspr.>

'Blat·ter [1] <f.; -, -n; meist Pl.> *Pockennarbe*

'Blat·ter [2] <m.; -s, -> = *Blatte*

'blat·te·rig <Adj.> *blatternarbig;* oV *blattrig*

'blät·te·rig <Adj.> *in dünnen Schichten auseinander fallend;* oV *blättrig;* ...**blät·te·rig** <in Zus.> z. B. *vierblätterig; großblätterig;* **'blät·ter·los** <Adj.>; **'Blät·ter·ma·gen** <m.; -s, -> *Magen der Wiederkäuer;* **'blät·tern** <V. i.; ich blätt(e)re> **1** in einem Buch ~ *ein B. flüchtig anschauen* **2** der Verputz blättert *löst sich*

'Blat·ter·nar·be <f.; -, -n> *Pockennarbe;* **'blat·ter·nar·big** <Adj.>

'Blät·ter·pilz <m.; -es, -e>, **'Blät·ter·schwamm** <m.; -(e)s, -e; Bot.>; **'Blät·ter·teig** <m.; -(e)s; unz.> *blätteriger Butterteig;* **'Blät·ter·wald** <m.; -(e)s; unz.; fig.; scherzh.> *Vielzahl von Zeitungen;* **'Blät·ter·werk** <n.; -(e)s; unz.> *natürl. Belaubung;* oV *Blattwerk;* **'Blatt·fa·ser** <f.; -, -n>; **'Blatt·fe·der** <f.; -, -n>; **'Blatt·fle·cken·krank·heit** <f.; -; unz.; Bot.>; **'Blatt·gold** <n.; -(e)s; unz.> *fein ausgewalztes, reines Gold;* **'Blatt·grün** <n.; -(e)s; unz.> = *Chlorophyll;* **'Blatt·ka·pi·tell** <n.; -(e)s, -e> *Kapitell mit blätterförmigen Verzierungen;* **'Blatt·laus** <f.; -, -̈e; meist Pl.; Zool.> *ein Insekt;* **'Blätt·lein** <n.; -s, -; poet.; Verkleinerungsf. von *Blatt(1, 2);* **'blatt·los** <Adj.>; **'Blatt·pflan·ze** <f.; -, -n; Bot.>

'blatt·rig <Adj.> = *blatterig*

'blätt·rig <Adj.> = *blätterig;* **'Blatt·sa·lat** <m.; -(e)s, -e>; **'Blatt·schuss** <m.; -es, -̈e; Jägerspr.>; **'Blatt·stiel** <m.; -(e)s, -e>; **'blatt·wei·se** <Adj.> *in einzelnen Blättern;* **'Blatt·werk** <n.; -(e)s; unz.> = *Blätterwerk*

blau <Adj.; -er, am -(e)sten> → a. *Blau* **1** *von der Farbe des wolkenlosen Himmels;* ein ~er Fleck <umg.> *Bluterguss;* einen ~en Brief bekommen <allg.> *ein Kündigungsschreiben,* <Schülerspr.> *eine Mitteilung an die Eltern wegen schlechter Leistungen;* die ~en Jungs *Ma-*

trosen; mit einem ~en Auge davonkommen *glimpflich;* sein ~es Wunder erleben *eine unangenehme Überraschung;* ~er Montag <fig.; umg.> *M., an dem nicht gearbeitet wird;* ~ sein <fig.; umg.> *betrunken;* die ~e Blume *nach Novalis Sinnbild der Romantik;* die ~e Mauritius *eine Briefmarke;* Aal ~ <Kochk.>; das Muster ist ~ in ~; eine ~grüne Bluse **2** <✓ Z24; Getrenntschreibung mit Verben od. Part., wenn erweiter- od. steigerbar> ein (ganz) ~ gefärbtes, gestreiftes Kleid; <aber> → *blaumachen* **3** <✓ Z 42, 46; Großschreibung bei substantiviertem Adj. u. mit Eigennamen> das Blaue vom Himmel lügen *dreist lügen;* eine Fahrt ins Blaue *ins Ungewisse;* ins Blaue formulieren; das Blaue Band *Auszeichnung für die schnellste Überquerung des Atlant. Ozeans;* die Blaue Grotte (von Capri); der Blaue Nil; Blauer Eisenhut <Bot.>; der Blaue Engel *Siegel für umweltfreundliche Produkte;* der Blaue Planet *die Erde;* der Blaue Reiter *Name einer Künstlergemeinschaft;* **Blau** <n.; -s, -s> *die blaue Farbe;* das ~ des Himmels; sie kam ganz in ~; das Zimmer ist in ~ gehalten; ~ steht dir gut; → a. *blau;* **'blau·äu·gig** <Adj.>; **'Blau·bart** <m.; -(e)s; unz.> *Frauenmörder (als Märchengestalt);* **'Blau·bee·re** <f.; -, -n; Bot.> = *Heidelbeere;* **'blau·blü·tig** <Adj.; scherzh.> *adelig;* **'Blau·druck** <m.; -(e)s, -e>; **'Blau·druck·pa·pier** <n.; -s, -e>; **'Bläue** <f.; -; unz.> *Blaufärbung;* **'Blau·ei·sen·erz** <n.; -es; unz.> *ein Mineral;* **'blau·en** <V. i.; geh.> *blau werden;* **'bläu·en** <V. t.; selten> *blau färben;* **'Blau·fel·chen** <m.; -s, -; Zool.> *ein Fisch;* **'Blau·fuchs** <[-ks]; m.; -es, -̈e; Zool.>; **'blau·grau** <Adj.> *grau mit blauem Schimmer;* <aber> blau-grau *blau und grau gestreift, gemustert;* **'blau·grün** <Adj.> → a. *blaugrau;* **'Blau·helm** <m.; -(e)s, -e; meist Pl.> *im Auftrag der UNO eingesetzter Soldat;* **'Blau·ja·cke** <f.; -, -n; umg.> *Matrose;* **'Blau-*

kraut <n.; -(e)s; unz.> = *Rotkohl;* **'bläu·lich** <Adj.> *blau schimmernd;* ein ~er Farbton; eine ins Bläuliche gehende Farbe; ~ grün, rot; **'Blau·licht** <n.; -(e)s; unz.> *Signallicht an Polizei- u. Rettungswagen;* **'Blau·ling**, **'Bläu·ling** <m.; -s, -e; Zool.> *ein Schmetterling;* **'blau|ma·chen** <V. i.; ich mache blau; sie hat blaugemacht; blauzumachen; umg.> *unerlaubt der Arbeit fern bleiben;* **'Blau·mann** <m.; -(e)s, -̈er> *blauer Arbeitsanzug;* **'Blau·mei·se** <f.; -, -n; Zool.> *ein Vogel;* **'Blau·pa·pier** <n.; -s, -e> *blaues Pauspapier;* **'Blau·pau·se** <f.; -, -n> *Kopie einer Vorlage auf lichtempfindl. Papier;* **'blau·rot** <Adj.> → a. *blaugrau;* **'Blau·säu·re** <f.; -; unz.> *giftige Flüssigkeit;* **'Blau·schim·mel** <m.; -s, -> = *Grauschimmel;* **'blau·schwarz** <Adj.> → a. *blaugrau;* **'Blau·spat** <m.; -(e)s; unz.> *ein Phosphatmineral;* **'Blau·stich** <m.; -(e)s; unz.; Farbfot.> *Farbabweichung ins Bläuliche;* **'blau·sti·chig** <Adj.>; **'Blau·strumpf** <m.; -(e)s, -̈e; veralt.; abwertend> *gelehrte Frau (ohne weibl. Charme);* **'Blau·wal** <m.; -(e)s, -e; Zool.>; **'blau·weiß** <Adj.> → a. *blauweiß grau*

Bla·zer <['ble:za(r)]; m.; -s, -; Mode> *sportl. Damen- od. Herrenjackett* [engl.]

Blech <n.; -(e)s, -e> **1** *dünn ausgewalztes Metall;* Back~; Schutz~ **2** <unz.; fig.; umg.> *Unsinn;* red' doch kein ~!; **'Blech·blä·ser** <m.; -s, -> *jmd., der ein Blechblasinstrument spielt;* **'Blech·blä·se·rin** <f.; -, -nen>; **'Blech·blas·in·stru·ment**, <auch> **'Blech·blas·ins·tru·ment**, **'Blech·blas·inst·ru·ment** <n.; -(e)s, -e; ✓ Z54>; **'ble·chen** <V. i. u. V. t.; umg.> *zahlen;* **'ble·chern** <Adj.> *aus Blech;* **'Blech·la·wi·ne** <f.; -, -n; fig.; umg.> *Autokolonne;* **'Blech·mu·sik** <f.; -, -en> *Musik für Blechblasinstrumente;* **'Blech·ner** <m.; -s, -; südwestdt.> = *Klempner;* **'Blech·scha·den** <m.; -s, -̈> *Schaden an der Karosserie des Kfz*

'ble·cken <V. t.; nur in der Wendung> die Zähne ~ *fletschen*

Blei¹ <m.; -(e)s, -e; Zool.> *ein Karpfenfisch*

Blei² <n.; -(e)s, -e> **1** <unz.; Chem.; Zeichen: Pb> *chem. Element, Metall;* an Silvester ~ gießen; → a. *Bleigießen* **2** *Lot; Senk~; Richt~;* **Blei³** <m. od. (südwestdt.) n.; -(e)s; unz.; umg.; kurz für> *Bleistift*

'Blei·be <f.; -; unz.; umg.> *Unterkunft, Herberge;* **'blei·ben** <V. i. (s.) 114; ↗Z 23> *einen Zustand nicht verändern, verweilen;* ~ Sie gesund!; hier ist alles beim Alten geblieben; so kann es nicht ~; es bleibt dabei!; etwas ~ lassen *nicht in Angriff nehmen;* sie hat es ~ lassen/<selten a.> gelassen

bleich <Adj.> *blass;* **'Blei·che** <f.; -, -n> **1** <unz.> *Blässe* **2** <früher> *Rasenstück zum Bleichen der Wäsche;* **'blei·chen¹** <V. t.> *bleich, weiß machen;* sie hat die Wäsche gebleicht; **'blei·chen²** <V. i. (s.) 126; geh.> *bleich, farblos werden;* ihr Haar ist von der Sonne geblichen; **'Bleich·ge·sicht** <n.; -(e)s, -er> indian. Bez. für> *Europäer;* **'Bleich·sucht** <f.; -; unz.; Med.; früher> *Blutarmut junger Mädchen;* **'bleich·süch·tig** <Adj.>

'blei·ern <Adj.> *aus, wie Blei;* ~e Müdigkeit; **'blei·frei** <Adj.> *-es Benzin;* <aber> → *Bleifrei;* **'Blei·frei** <n.; -s; unz.; kurz für> *bleifreies Benzin;* ~ tanken; **'Blei·fuß** <m.; -es; unz.> mit ~ fahren <umg.; scherzh.> mit Vollgas; **'Blei·ge·wicht** <n.; -(e)s, -e; a. fig.> **'Blei·gie·ßen** <n.; -s; unz.> *ein Silvesterbrauch;* ~ macht Spaß; <aber> wollen wir Blei gießen?; → a. *Blei²(1)*; **'Blei·glanz** <m.; -es; unz.> *ein Mineral;* **'Blei·glas** <n.; -es; unz.> = *Bleikristall;* **'blei·hal·tig** <Adj.>; **'Blei·kris·tall** <n.; -(e)s; unz.> *schweres Kristallglas;* **'blei·schwer** <Adj.>; **'Blei·stift** <m. od. (südwestdt.) n.; -(e)s, -e>; **'Blei·stift·spit·zer** <m.; -s, ->; **'Blei·weiß** <n.; - od. -es; unz.> *weißer Farbstoff*

Blend <m. od. n.; -s, -s> *Verschnitt (von Tee, Tabak)* [engl.] **'Blend·ar·ka·de** <f.; -, -n; Arch.> *zur Zierde auf die Mauer aufgesetzte Arkade;* **'Blend·bo·gen** <m.; -s, ~ od. -; Arch.> **'Blen·de** <f.; -, -n> **1** <Fot.> *(licht)abschirmende Vorrichtung* **2** *angesetzter Streifen am Kleid* **3** *eingesetzter Bauteil* **4** *ein Mineral;* **'blen·den** <V. i. u. V. t.> **1** *das helle Licht blendet (mich) beeinträchtigt das Sehvermögen* **2** *stark beeindrucken;* er war von ihrer Schönheit geblendet **3** *täuschen;* er hat (sie) mit seinem Charme geblendet **4** <V. t.; Arch.> ein Bauwerk ~; **'Blen·den·au·to·ma·tik** <f.; -; unz.; Fot.> **'blen·dend** <Adj.; ↗Z 28.1>; umg.; a. fig.> *strahlend, auffallend;* sie sieht ~ aus; eine ~ weiße Hose; **'Blen·den·zahl** <f.; -, -en; Fot.>; **'Blen·der** <m.; -s, -> *jmd., der mehr scheint, als er ist;* **'Blen·de·rin** <f.; -, -n·nen>; **'Blend·fens·ter** <n.; -s, -> *vorgetäuschtes Fenster;* **'Blend·schutz** <m.; -es; unz.>; **'Blend·schutz·git·ter** <n.; -s, -; Verkehrsw.>; **'Blend·stein** <m.; -(e)s, -e>; **'Blend·tür** <f.; -, -en>; **'Blen·dung** <f.; -, -en> **'Blend·werk** <n.; -(e)s; unz.> *Vorspiegelung, Täuschung*

'Bles·se <f.; -, -n> **1** *weißer Stirnfleck bei Tieren* **2** *Tier mit weißem Stirnfleck;* <aber> → *Blässe;* **'Bless·huhn** <n.; -(e)s, ~er> = *Blässhuhn*

bles'sie·ren <V. t.; veralt.> *verwunden* [frz.]; **Bles'sur** <f.; -, -en; geh.> *Verletzung*

bleu <[blø:]; Adj.; u. undekl.> *blassblau;* → a. *beige* [frz.]; **Bleu** <n.; -s; unz.>

'Bleu·el <m.; -s, -; veralt.> *Schlägel zum Klopfen nasser Wäsche*

Blick <m.; -(e)s, -e> **1** *kurzes Hinschauen;* auf den ersten ~ **2** *(Fern-)Sicht;* Zimmer mit ~ aufs Meer **3** *Ausdruck der Augen;* **'blick·dicht** <Adj.> ~e Strumpfhosen; **'bli·cken** <V. i.> **1** *die Augen auf ein Ziel richten* **2** *in best. Weise schauen* **3** *sich bei jmdm.* ~ *lassen* <umg.>; **'Blick·fang** <m.; -(e)s, ~e> *etwas, das die Augen auf sich lenkt;* **'Blick·feld** <n.; -(e)s, -er>; **'Blick·kon·takt** <m.; -(e)s; unz.>; **'blick·los** <Adj.>; **'Blick·punkt** <m.; -(e)s, -e> im ~ der Öffentlichkeit <fig.> *im öffentl. Interesse;* **'Blick·win·kel** <m.; -s, -; a. fig.> *Gesichtspunkt, Standpunkt;* unter diesem ~

blind <Adj.> **1** *ohne Sehvermögen;* <Getrenntschreibung in Verbindung mit Verben, fachsprachl. a. Zusammenschreibung> ~ fliegen *ohne Sicht, nur mithilfe des Instrumente;* ~ schreiben (auf der Schreibmaschine); ~ spielen (Schach) **2** <fig.> *unreflektiert;* ~es Vertrauen **3** *nicht sichtbar;* ~er Passagier **4** *falsch;* ~er Alarm; **'Blind·darm** <m.; -(e)s, ~e; Anat.> *Teil des Dickdarms;* **'Blind·darm·ent·zün·dung** <f.; -, -en; Med.>; **Blind·date**, <auch> **Blind Date** <[blaind'deit]; n.; (-)-s, (-)-s; ↗Z 30; umg.> *Verabredung mit jmdm., den man nicht persönlich kennt* [engl.]; **'Blin·de(r)** <f. 2 (m. 1)>; **Blin·de'kuh** <ohne Art.> ~ *spielen;* **'Blin·den·füh·rer** <m.; -s, ->; **'Blin·den·füh·re·rin** <f.; -, -n·nen>; **'Blin·den·hund** <m.; -(e)s, -e>; **'Blin·den·schrift** <f.; -; unz.>; **'Blind·flug** <m.; -(e)s, ~e>; **'Blind·gän·ger** <m.; -s, -> **1** *nicht explodiertes Geschoss* **2** <fig.; umg.> *Versager;* **'blind·gläu·big** <Adj.>; **'Blind·heit** <f.; -; unz.> mit ~ geschlagen sein <geh.> *verblendet sein;* **'blind·lings** <Adv.> *ohne Vorsicht u. Überlegung;* **'Blind·schlei·che** <f.; -, -n; Zool.> *eine fußlose Echse;* **'Blind·spiel** <n.; -(e)s, -e; Schach>; **'blind·wü·tig** <Adj.>

blink <Adj.; fast nur in der Wendung> ~ und blank *strahlend sauber;* **'blin·ken** <V.> **1** <V. i.> *funkelnd leuchten* **2** <V. i. u. V. t.> *Lichtsignale geben;* beim Abbiegen ~; SOS ~; **'Blin·ker** <m.; -s, -; am Kfz> *Fahrtrichtungsanzeiger;* **'blin·kern** <V. i.; ich blink(e)re>; **'Blink·feu·er** <n.; -s, -> *Leuchtfeuer, Seezeichen;* **'Blink·leuch·te** <f.; -, -n>; **'Blink·licht** <n.; -(e)s, -er>; **'Blink·zei·chen** <n.; -s, -> = geben

'blin·zeln <V. i.; ich blinz(e)le> *die Augenlider schnell auf u. ab bewegen;* **'blin·zen** <V. i.; du

blinzt; Nebenform von> *blin-zeln*

Blitz <m.; -es, -e> *elektr. Entla-dung bei Gewitter;* '**Blitz·ab·lei-ter** <m.; -s, ->; '**Blitz·ak·ti·on** <f.; -, -en>; '**blitz·ar·tig** <Adj.> *äu-ßerst schnell;* '**Blitz·be·such** <m.; -(e)s, -e> *überraschender Besuch;* '**blitz·blank** <Adj.>; '**blitz·blau** <Adj.; umg.> 1 *leuch-tend blau* 2 <scherzh.> *voll-kommen betrunken;* '**blit·zen** <V. i.> *es donnert u. blitzt;* '**Blit-zer** <m.; -s, -; umg.> *jmd., der nackt über belebte Straßen rennt, um zu provozieren;* '**Blit-ze·rin** <f.; -, -n·nen; umg.>; '**Blit·zes·schnel·le** <f.; -; unz.> in ~; '**Blitz·ge·rät** <n.; -(e)s, -e; Fot.>; '**blitz·ge·scheit** <Adj.; sel-ten> *sehr gescheit;* '**Blitz·kar·ri-e·re** <[-ɛːr-] f.; -, -n> *sehr rasche Karriere;* '**Blitz·krieg** <m.; -(e)s, -e>; '**Blitz·lam·pe** <f.; -, -n>; '**Blitz·licht** <n.; -(e)s, -er; Fot.>; '**Blitz·licht·auf·nah·me** <f.; -, -n>; '**Blitz·licht·ge·wit·ter** <n.; -s; unz.; fig.; umg.> *von vielen Fotografen gleichzeitig auf eine best. Person gerichtete Aufnah-men;* '**blitz·sau·ber** <Adj.; umg.>; '**Blitz·sieg** <m.; -(e)s, -e; unz.> *turniermäßig durchge-führtes Schachspiel;* '**blitz-'schnell** <Adj.>; '**Blitz·sieg** <m.; -(e)s, -e>; '**Blitz·strahl** <m.; -(e)s, -en>; '**Blitz·wür·fel** <m.; -s, -; Fot.>

Bliz·zard <['blizərd] m.; -s, -s> *Schneesturm in Nordamerika* [engl.]

bloc → *en bloc*

Bloch <m. od. n.; -(e)s, ⸚er od. -er; süddt.; österr.; schweiz.> *Holzblock, Stamm;* **Block** <m.; -(e)s, ⸚e od. -s> 1 <Pl. nur ⸚e> *ungefüges Stück aus Holz, Me-tall od. Stein; Fels~* 2 *Gruppe von zusammengebauten Miets-häusern* 3 *politisch einheitliche Gruppierung; Ost~* 4 *zusam-mengeheftete, einzeln abreißba-re Papierbogen; Notiz~;* **Blo-'cka·de** <f.; -, -n> 1 *Absperrung; Straßen~* 2 <Typ.> *blockierte Stelle* 3 <Med.; Psych.> *vorüber-gehender Ausfall best. Funktio-nen* [ital.]; '**Block·bil·dung** <f.; -, -en>; '**Block·buch·sta·be** <m.; -ns, -n>; '**Blöck·chen** <n.;

-s, -; Verkleinerungsf. von> *Block(1, 4);* '**Block·eis** <n.; -es; unz.>; '**blo·cken** <V. t.> 1 <Ei-senb.> = *blockieren* 2 <oberdt.> *bohnern;* '**Blo·cker** <m.; -s, -; oberdt.> = *Bohner;* '**Block·flö·te** <f.; -, -n; Instrumentenk.> *ein Holzblasinstrument;* '**block·frei** <Adj.> ~e *Staaten;* '**Block·haus** <n.; -es, ⸚er>; '**blo·cke·ren** <V. t.> 1 *(ab)sperren, einschlie-ßen* 2 <Typ.> *fehlenden Text durch schwarze Felder kenn-zeichnen* [frz.]; **Blo·'cke·rung** <f.; -, -en>; '**blo·ckig** <Adj.> *klotzig;* '**Block·scho·ko·la·de** <f.; -, -n>; '**Block·schrift** <f.; -, -en; Typ.>; '**Block·si·gnal,** <auch> '**Block·sig·nal** <n.; -(e)s, -e; ↗Z 53; Eisenb.>; '**Block·sta·ti·on** <f.; -, -en>; '**Block·stel·le** <f.; -, -n; Ei-senb.>; '**Block·stun·de** <f.; -, -n> *Doppelstunde (in der Schu-le);* '**Block·sys·tem** <n.; -s, -e; Eisenb.>; '**Block·ung** <f.; -, -en>; '**Block·un·ter·richt** <m.; -(e)s; unz.>; '**Block·werk** <n.; -(e)s, -e; Eisenb.>

blöd <Adj.; -er, am -es·ten> sich ~ stellen; '**blö·de** <Adj.; -r, am -s·ten> 1 <umg.> *dumm* 2 <ver-alt.> *schwachsinnig,* **Blö·de'lei** <f.; -, -en>; '**blö·deln** <V. i.; ich blöd(e)le; umg.> *Unsinn ma-chen;* '**Blöd·heit** <f.; -; unz.>; '**Blö·di·an** <m.; -s, -e; umg.; ab-wertend> *dummer Kerl;* '**Blöd-mann** <m.; -(e)s, ⸚er; umg.>; '**Blöd·sinn** <m.; -(e)s; unz.; umg.> *Unsinn;* '**blöd·sin·nig** <Adj.>; '**Blöd·sin·nig·keit** <f.; -; unz.>

'**blö·ken** <V. i.> *das Schaf, Rind blökt*

blond <Adj.> ~e *Haare helle, gelbliche H.;* ~ *gefärbt;* ~ *gelock-tes Haar;* **Blond** <n.; -s, -s> *blonde Haarfarbe; ein helles ~;* '**Blond·haar** <n.; -(e)s; unz.>; '**blond·haa·rig** <Adj.>; **blon'die-ren** <V. t.> *Haar* ~ *künstlich auf-hellen;* **Blon'di·ne** <f.; -, -n> *Frau mit blondem Haar;* '**Blond·kopf** <m.; -(e)s, ⸚e>; '**blond·lo·ckig** <Adj.>; '**Blond-schopf** <m.; -(e)s, ⸚e; umg.>

Bloo·dy Ma·ry <['blʌdi 'mæri] f.; --, --s> *ein alkohol. Cocktailge-tränk* [engl.]

bloß[1] <Adj.> 1 *unbedeckt, unbe-kleidet;* mit ~en *Füßen* 2 *allei-nig, nichts weiter als;* etwas mit ~em *Auge erkennen;* **bloß**[2] <Adv.; verstärkend> *nur;* er ist ~ *müde;* **bloß**[3] <Partikel> *wo ist ~ das Buch?;* halt ~ *den Mund!;* '**Blö·ße** <f.; -, -n> 1 *Nacktheit;* seine ~ *bedecken* 2 <fig.> *Schwäche;* sich eine ~ *geben;* '**bloß·fü·ßig** <Adj.>; '**bloß|le-gen** <V. t.; ich lege bloß; sie hat bloßgelegt; bloßzulegen> *auf-decken, ausgraben;* <aber ge-trennt> 'bloß 'legen → *bloß*[2]; '**bloß|lie·gen** <V. i.; 180> *unbe-deckt liegen;* das Kind hat die halbe Nacht bloßgelegen; <aber getrennt> 'bloß 'liegen → *bloß*[2]; '**bloß|stel·len** <V. t. /V. refl.> jmdn. od. sich ~ *blamie-ren;* sie hat ihn auf gemeine Art bloßgestellt; <aber getrennt> die Szene war bloß gestellt *nur vorgetäuscht;* → *bloß*[2]; '**Bloß-stel·lung** <f.; -, -en>; '**bloß-stram·peln** <V. refl.> sich ~; <aber getrennt> 'bloß 'stram-peln; → *bloß*[2]

Blou·son <[blu'zɔ̃] od. [blu'zɔŋ] m. od. n.; -s, -s> *sportl. Jacke mit Bund* [frz.]

Blow-out, <auch> **Blow·out** <[blou'aut] m.; -s, -s; ↗Z 32> *unkontrolliertes Entweichen von Erdgas od. Erdöl aus einem Bohrloch* [engl.]

Blow-up, <auch> **Blow·up** <[blou'ap] n.; -s, -s; ↗Z 32> 1 *Aufbauschung, Aufblähung* 2 <Fot.> *Vergrößerung* [engl.]

'**blub·bern** <V. i.; umg.> 1 *spru-delnd gluckern* 2 <ich blubb(e)-re; fig.> *undeutlich sprechen*

Blue·jeans, <auch> **Blue Jeans** <[blu 'dʒiːnz]; a. ['--]; Pl.; ↗Z 30> *blaue Drillichhose* [engl.]

Blues <[bluːz]; m.; -, -; Mus.> 1 <urspr.> *(schwermütiges) Volks-lied der nordamerikan. Schwar-zen* 2 *daraus entwickelte Ur-form des Jazz* 3 *langsamer Ge-sellschaftstanz* [engl.]

Bluff <[blœf] od. [blʌf]; m.; -s, -s> *dreiste Irreführung* [engl.]; **bluf-fen** <['blœfən] od. ['blʌfən]; V. i. u. V. t.>

'**blü·hen** <V. i.> 1 *Blüten haben* 2 *gedeihen; das Geschäft blüht;*

eine ~de Fantasie haben <fig.>; Sy *florieren;* '**Blü·het** <m.; -s; unz.; schweiz.> *Blütezeit;* '**blüh·wil·lig** <Adj.>

'**Blüm·chen** <n.; -s, -; Verkleinerungsf. von> *Blume;* '**Blüm·chen·kaf·fee** <m.; -s; unz.; scherzh.> *sehr dünner Kaffee;* '**Blu·me** <f.; -, -n> **1** *(blühende) Pflanze* **2** *den Wein kennzeichnender Duft;* '**Blü·me·lein** <n.; -s, -; poet.; Verkleinerungsf. von> *Blume(1);* '**Blu·men·ar·ran·ge·ment** <[-arãʒəmã]; n.; -s, -s> *festlich angeordnete Blumen;* '**Blu·men·beet** <n.; -(e)s, -e>; '**Blu·men·bin·der** <m.; -s, -; Berufsbez.> Sy *Florist(2);* '**Blu·men·bin·de·rin** <f.; -, -n·nen>; '**Blu·men·draht** <m.; -(e)s; unz.>; '**Blu·men·er·de** <f.; -; unz.>; '**Blu·men·flor** <m.; -s; unz.> *Blumenfülle;* '**blu·men·ge·schmückt** <Adj.> ein ~es Auto; <aber> ein mit Blumen geschmücktes Auto; '**Blu·men·gruß** <m.; -es, ⸚e>; '**Blu·men·kas·ten** <m.; -s, ⸚>; '**Blu·men·kohl** <m.; -(e)s; unz.; Bot.> *ein Gemüse;* '**Blu·men·meer** <n.; -(e)s; unz.; fig.> *große Fläche von blühenden Blumen;* '**Blu·men·pracht** <f.; -; unz.>; '**blu·men·reich** <Adj.>; '**Blu·men·schmuck** <m.; -(e)s; unz.>; '**Blu·men·stock** <m.; -(e)s, ⸚e>; '**Blu·men·strauß** <m.; -es, ⸚e>; '**Blu·men·tep·pich** <m.; -s, -e> = *Blumenmeer;* '**Blu·men·topf** <m.; -(e)s, ⸚e>; '**Blu·men·va·se** <[-va-]; f.; -, -n>; '**Blu·men·zwie·bel** <f.; -, -n>

blü·me'rant <Adj.; -er, am -es·ten; umg.> *schwindlig, flau; mir ist plötzlich ganz ~* [frz.]

'**blu·mig** <Adj.>; '**Blüm·lein** <n.; -s, -; poet.; Verkleinerungsf. von> *Blume(1)*

'**Blüs·chen** <n.; -s, -; Verkleinerungsf. von> *Bluse;* '**Blu·se** <f.; -, -n> *Damenbekleidungsstück für den Oberkörper* [frz.]; '**blu·sig** <Adj.>

Blut <n.; -(e)s; unz. od. (fachsprachl.) -e> **1** *im Körper der Menschen u. Tiere zirkulierende rote Flüssigkeit* **2** <fig.> *Gemütslage, Temperament;* nur ruhig ~!; ~ schwitzen *große Angst haben;* '**Blut·a·der** <f.; -, -n;

↗**Z.55**> = *Vene;* '**Blut·al·ko·hol** <m.; -s; unz.> *Alkoholgehalt im Blut;* '**Blut·an·drang** <m.; -(e)s; unz.>; '**blut·arm** <Adj.>; '**Blut·ar·mut** <f.; -; unz.; Med.> Sy *Anämie;* '**Blut·bad** <n.; -(e)s, ⸚er; fig.> *Gemetzel;* '**Blut·bahn** <f.; -, -en>; '**Blut·bank** <f.; -, -en> *Sammelstelle für Blutkonserven;* '**blut·be·fleckt** <Adj.>; '**blut·be·schmiert** <Adj.>; '**Blut·bild** <n.; -(e)s, -er; Med.>; '**blut·bil·dend** <Adj.> ein ~es/⸚auch> *Blut bildendes Mittel;* '**Blut·bil·dung** <f.; -; unz.> *Vermehrung der roten Blutkörperchen;* '**Blut·bla·se** <f.; -, -n>; '**Blut·bu·che** <f.; -, -n; Bot.> *eine Buchenart;* '**Blut·do·ping** <n.; -od. -s; unz.; Sp.> *Injizieren von körpereigenem Blut zur Leistungssteigerung;* '**Blut·druck** <m.; -(e)s; unz.; Med.>; '**blut·druck·sen·kend** <Adj.> ein ~es Mittel; <aber> ein den Blutdruck senkendes Mittel

'**Blü·te** <f.; -, -n> **1** *Teil der Pflanze* **2** <unz.> *das Blühen;* der Baum steht in voller ~ **3** *Höhepunkt einer Entwicklung* **4** <umg.> *gefälschte Banknote*

'**Blut·e·gel** <m.; -s, -; ↗**Z.55**; Zool.> *blutsaugender Kieferegel;* '**blu·ten** <V. i.> **1** *Blut verlieren* **2** <fig.; umg.> *viel bezahlen müssen*

'**Blü·ten·ho·nig** <m.; -s; unz.>; '**Blü·ten·kelch** <m.; -(e)s, -e>; '**Blü·ten·le·se** <f.; -, -n> *Sammlung von Aussprüchen bekannter Persönlichkeiten;* '**blü·ten·reich** <Adj.>; '**Blü·ten·stand** <m.; -(e)s, ⸚e; Bot.>; '**Blü·ten·staub** <m.; -(e)s; unz.; Bot.> Sy *Pollen;* '**blü·ten·weiß** <Adj.>

'**Blu·ter** <m.; -s, ->; '**Blut·er·guss** <m.; -es, ⸚e> *Blutung innerhalb des Körpergewebes;* Sy *Hämatom;* '**Blu·te·rin** <f.; -, -n·nen>; '**Blu·ter·krank·heit** <f.; -; unz.; Med.> *mangelnde Gerinnungsfähigkeit des Blutes*

'**Blü·te·zeit** <f.; -, -en> **1** *Zeit des Blühens* **2** <fig.> *Glanzzeit, Höhepunkt*

'**Blut·fak·tor** <m.; -s, -'to·ren> *erbl. Eigenschaft der Blutkörperchen, z. B. Rhesusfaktor, Blutgruppe;* '**Blut·farb·stoff** <m.; -(e)s; unz.> = *Hämoglobin;*

'**Blut·fa·ser·stoff** <m.; -(e)s; unz.> = *Fibrin;* '**Blut·fet·te** <Pl.; Med.>; '**Blut·fleck** <m.; -(e)s, -e>; '**Blut·ge·fäß** <n.; -es, -e; Med.>; '**Blut·ge·rinn·sel** <n.; -s, -; Med.>; '**Blut·ge·rin·nung** <f.; -; unz.; Med.>; '**Blut·grup·pe** <f.; -, -n; Med.>; '**Blut·grup·pen·un·ver·träg·lich·keit** <f.; -; unz.; Med.>; '**Blut·har·nen** <n.; -s; unz.; Med.>; '**Blut·hoch·druck** <m.; -(e)s; unz.; Med.>; '**Blut·hund** <m.; -(e)s, -e> = *Schweißhund;* '**blu·tig** <Adj.> **1** *voller Blut;* ~e Kämpfe **2** <verstärkend> *roten* ~er Anfänger *ein absoluter A.;* ...**blü·tig**[1] <Adj.> in Zus.> z. B. *heißblütig* ...**blü·tig**[2] <Adj.> in Zus.> z. B. *großblütig; langblütig*

'**blut·jung** <Adj.> *sehr jung;* '**Blut·kon·ser·ve** <f.; -, -n; Med.; für Blutübertragungen>; '**Blut·kör·per·chen** <n.; -s, -; meist Pl.; Anat.> *Bestandteil des Blutes;* '**Blut·krebs** <m.; -es, -e; Med.>; '**Blut·kreis·lauf** <m.; -(e)s, ⸚e>; '**Blut·la·che** <f.; -, -n>; '**blut·leer** <Adj.>; '**Blut·lee·re** <f.; -; unz.> *verminderte od. aufgehobene Blutzufuhr zu einem Organ* ...**blüt·ler** <m.; -s, -; Bot.; in Zus.> z. B. *Lippenblütler, Schmetterlingsblütler*

'**blut·los** <Adj.>; '**Blut·op·fer** <n.; -s, ->; '**Blut·o·ran·ge** <[-ɔrãʒə]; f.; -, -n; Bot.> *Orange mit rötlichem Fruchtfleisch;* '**Blut·pfropf** <m.; -(e)s, -e>; '**Blut·plas·ma** <n.; -s, -plas·men> *Blutflüssigkeit;* '**Blut·plätt·chen** <n.; -s, ->; '**Blut·pro·be** <f.; -, -n>; '**Blut·ra·che** <f.; -; unz.>; '**blut·reich** <Adj.>; '**blut·rei·ni·gend** <Adj.> ein ~er/<auch> Blut reinigender Tee; '**Blut·rei·ni·gung** <f.; -, -en>; '**blut·rot** <Adj.>; '**blut·rüns·tig** <Adj.> *blutgierig;* '**blut·sau·gend** <Adj.> ~e, <auch> Blut saugende Tiere; '**Blut·sau·ger** <m.; -s, -; Zool.>; '**Blut·sau·ge'rei** <f.; -; unz.; fig.> *Ausbeutung;* '**Bluts·bru·der** <m.; -s, ⸚>; '**Bluts·brü·der·schaft** <f.; -, -en> *durch Blut besiegelte (Männer-)Freundschaft;* '**Blut·schan·de** <f.; -; unz.> = *Inzest;* '**blut·schän·de·risch** <Adj.>; '**Blut·schwamm** <m.; -(e)s, ⸚e; Med.> = *Hämangiom;* '**Blut-**

sen·kung <f.; -, -en; Med.>; **'Blut·se·rum** <n.; -s, -se·ren>; **'Blut·spen·der** <m.; -s, ->; **'Blut·spen·de·rin** <f.; -, -n·nen>; **'Blut·spur** <f.; -, -en>; **'Blut·stau·ung** <f.; -, -en; Med.>; **blut·stil·lend** <Adj.> ein ~es/<auch> Blut stillendes Mittel; **'Bluts·trop·fen** <m.; -s, ->; **'Blut·sturz** <m.; -es, ⸚e; Med.> heftige Blutung durch den Mund; **bluts·ver·wandt** <Adj.>; **'Bluts·ver·wand·te(r)** <f. 2 (m. 1)>; **'Bluts·ver·wandt·schaft** <f.; -; unz.>; **'Blut·tat** <f.; -, -en>; **'Blut·trans·fu·si·on** <f.; -, -en; Med.>; **'blut·trie·fend** <Adj.>; **blut·ü·ber·strömt** <Adj.; ⬈Z55>; **'Blut·ü·ber·tra·gung** <f.; -, -en; ⬈Z55>; **'Blut-und-'Bo·den-I·de·o·lo·gie** <f.; -; unz.; ⬈Z33> Ideologie der Nationalsozialisten; **'Blu·tung** <f.; -, -en>; **'blut·un·ter·lau·fen** <Adj.>; **'blut·un·ter·su·chung** <f.; -, -en; Med.>; **'Blut·ver·gie·ßen** <n.; -s; unz.>; **'Blut·ver·gif·tung** <f.; -, -en; Med.>; **'Blut·ver·lust** <m.; -es; unz.>; **'Blut·wä·sche** <f.; -, -n> Reinigung des Blutes von Giftstoffen bei gestörter Nierenfunktion; Sy Dialyse(1); **'Blut·was·ser** <n.; -s, -> Sy Blutserum; **'Blut·wurst** <f.; -, ⸚e> eine Wurstsorte; **'Blut·zoll** <m.; -(e)s unz.> Anzahl an Todesopfern; der Straßenverkehr fordert seinen ~; **'Blut·zu·cker** <m.; -s; unz.>

BLZ <Abk. für> Bankleitzahl
b. m. <Abk. für> brevi manu
'b-Moll <n.; -; unz.; Mus.; Abk.: b> eine Tonart; **'b-Moll-Ton·lei·ter** <f.; -, -n; ⬈Z35; Mus.>
BMX-Rad <n.; -(e)s, ⸚er; Abk. für engl.> Bicycle Motocross (geländegängiges Fahrrad)
BND <Abk. für> Bundesnachrichtendienst
Bö <f.; -, -en> heftiger Windstoß [ndrl.]
'Boa <f.; -, -s> 1 <Zool.> Riesenschlange 2 Schal aus Pelz od. Federn; Feder~ [lat.]
Boat·peo·ple, <auch> Boat·peop·le <['boutpi:pl]; Pl.; ⬈Z53> mit Booten geflohene (vietnames.) Flüchtlinge [engl.]
Bob <m.; -s, -s; kurz für> Bobsleigh [engl.]; **'Bob·bahn** <f.; -,

-en>; **'bob·ben** <V. i.> beim Bobfahren mit dem Oberkörper die Fahrt beschleunigen
'Bob·by <m.; -s, -s; volkstüml. engl. Bez. für> Polizist [nach dem Reorganisator der engl. Polizei, Robert (Bobby) Peel]
'Bo·ber <m.; -s, -> schwimmendes Seezeichen
Bo'bi·ne <f.; -, -n> 1 <Web.> Garnspule 2 <Bgb.> Trommel für Flachseile an Fördermaschinen [frz.]
Bo·bi'net <n.; -s, -s> engl. Tüll [engl.]
'Bob·sleigh <[-sle:]; m.; -s, -s; Kurzw.: Bob> Rennschlitten [engl.]
Bob·tail <['bɔbteil]; m.; -s, -s; Zool.> eine Hunderasse [engl.]
Boc·cia <['bɔtʃa]; n.; -s; unz.> ital. Kugelspiel [ital.]
Bo·che <[bɔʃ]; m.; -, -s; frz. Schimpfwort für> Deutsche(r) [frz.]
Bock[1] <m.; -(e)s, ⸚e> 1 <Zool.> männl. Horntier; Reh~; Ziegen~ 2 Gestell, Stützkonstruktion 3 ein Turngerät; (über den) ~ springen; <aber> das Bockspringen 4 <unz.; Jugendspr.> Lust auf etwas; null ~, keinen ~ haben; das macht ~ Spaß
Bock[2] <n. od. m.; -s, -; kurz für> Bockbier; zwei ~ bestellen
'bock·bei·nig <Adj.; fig.; umg.> trotzig, störrisch
'Bock·bier <n.; -(e)s; unz.> ein Starkbier
'Böck·chen <n.; -s, -; Verkleinerungsf. von> Bock(1); **'bo·cken** <V. i.> 1 störrisch sein 2 das bockt <Jugendspr.> das macht Spaß; **'bo·ckig** <Adj.> störrisch, widerspenstig; **'Bock·kä·fer** <m.; -s, -; Zool.>; **'Bock·kitz** <n.; -es, -e> männl. Rehkitz; Ggs Geißkitz; **'Böck·lein** <n.; -s, -; poet.; Verkleinerungsf. von> Bock(1); **'Bock·lei·ter** <f.; -, -n>; **'Bock·mist** <m.; -(e)s; unz.; derb> grober Fehler; **'Bocks·beu·tel** <m.; -s, -> 1 bauchige Flasche 2 Frankenwein in einer solchen Flasche; **'Bocks·dorn** <m.; -(e)s, -e; Bot.> ein Strauch; **'Bocks·horn** <nur in der Wendung> jmdn. ins ~ jagen einschüchtern; **'Bocks·horn·klee** <m.; -s; unz.; Bot.> eine Ge-

würzpflanze; **'Bock·sprin·gen** <n.; -s; unz.; Turnen> → a. Bock[1](3); **'Bock·sprung** <m.; -(e)s, ⸚e>
'Bock·wurst <f.; -, ⸚e> eine Brühwurst
'Bod·den <m.; -s, -; norddt.> seichte Meeresbucht an der Ostseeküste
Bo'de·ga <f.; -, -s> span. Weinstube [span.]
'Bo·den <m.; -s, ⸚> 1 obere Erdschicht; Grund und ~ 2 Fläche, auf der man geht u. steht 3 untere Fläche; Hosen~ 4 Raum unter dem Dach eines Hauses; **'Bo·den·ab·wehr** <f.; -; unz.; Mil.>; **'Bo·den·a·kro·ba·tik, <auch> 'Bo·den·ak·ro·ba·tik** <f.; -; unz.; ⬈Z53>; **'Bo·den·be·ar·bei·tung** <f.; -; unz.>; **'Bo·den·be·lag** <m.; -(e)s, ⸚e>; **'Bo·den·be·schaf·fen·heit** <f.; -; unz.>; Bo·den-'Bo·den-Ra·ke·te <f.; -, -n; ⬈Z33; Mil.>; **Bo·den·e·ro·si·on** <f.; -, -en; ⬈Z55; Geol.>; **'Bo·den·feu·er** <n.; -s, -> Feuer, das sich am Boden weiterfrisst; **'Bo·den·frei·heit** <f.; -, -en; Kfz-Tech.>; **'Bo·den·frost** <m.; -(e)s, ⸚e>; **'Bo·den·haf·tung** <f.; -; unz.; fig.; Kfz>; **'Bo·den·hei·zung** <f.; -, -en>; **'Bo·den·kam·mer** <f.; -, -n>; **'Bo·den·le·ger** <m.; -s, -; Berufsbez.>; **'bo·den·los** <Adj.> 1 unergründlich tief; sich ins Bodenlose verlieren 2 <fig.; umg.> unerhört; eine ~e Frechheit; **'Bo·den·ne·bel** <m.; -s, ->; **'Bo·den·per·so·nal** <n.; -s; unz.; Flugw.>; **'Bo·den·re·form** <f.; -, -en>; **'Bo·den·satz** <m.; -es; unz.> feste Teilchen einer Flüssigkeit, die sich am Gefäßboden abgesetzt haben; **'Bo·den·schät·ze** <Pl.>; **'Bo·den·spe·ku·la·ti·on** <f.; -, -en>; **'bo·den·stän·dig** <Adj.> einheimisch, heimatverbunden; **'Bo·den·stän·dig·keit** <f.; -; unz.>; **'Bo·den·sta·ti·on** <f.; -, -en; Flugw.>; **'Bo·den·tur·nen** <n.; -s; unz.>; **'Bo·den·va·se** <[-va-]; f.; -, -n>; **'Bo·den·wel·le** <f.; -, -n>
Bo·dhi'satt·wa <m.; -s, -s; Buddhismus> Nothelfer, Vorstufe zum Buddha [Sanskrit]
'bo·dig <Adj.; schweiz.> tief; **'bo-**

B

di·gen <V. t.; schweiz.> *zu Boden werfen, besiegen*

bod·men <V. t.> *mit Bodmerei belasten;* **Bod·me·rei** <f.; -, -en> *Darlehnsaufnahme auf den Schiffsboden;* Sy *Verbodmung*

Bo·dy <['bɔdi]; m.; -s, -s; ⤢Z6.2; kurz für> *Bodysuit;* **'Bo·dy·buil·der** <[-bildər]; m.; -s, -> *jmd., der Bodybuilding betreibt* [engl.]; **'Bo·dy·buil·de·rin** <f.; -, -n·nen>; **'Bo·dy·buil·ding** <n.; -s; unz.> *intensives Muskeltraining;* **'Bo·dy·check** <[-tʃɛk]; m.; -s, -s; Eishockey> *erlaubtes Anrempeln des Gegners;* **'Bo·dy·guard** <[-ga:d]; m.; -s, -s> *Leibwächter;* **'Bo·dy·pain·ting** <[-peintiŋ]; n.; -s, -s> *Körperbemalung (als Kunstrichtung);* **'Bo·dy·sto·cking** <m.; - od. -s, -s>, **'Bo·dy·suit** <[-sju:t]; m.; - od. -s, -s; Kurzw.: Body> *eng anliegende, einteilige Damenunterwäsche*

Böe <['bø:ə]; f.; -, 'Bö·en> = **Bö**

Boe·ing <['bo:iŋ]; f.; -, -s> *ein Flugzeugtyp;* ↗ 747 [engl.]

Bœuf **'Stro·ga·noff** <[bœf-]; n.; --, --; Kochk.> *klein geschnittenes Rinderfilet mit saurer Sahne* [frz.; nach dem Grafen S. G. Stroganow]

'Bo·fel <m.; -s, -> = **Bafel**

'Bo·fist <a. [-'-]; m.; -(e)s, -e; Bot.> = **Bovist**

'Bo·gen <m.; -s, - od. (süddt.) ⤢ 1 *gekrümmte Linie;* → a. *Bausch(2)* 2 *gewölbter, eine Öffnung überspannender Teil eines Bauwerks;* Rund~; Tor~ 3 *Teil einer alten Waffe;* mit Pfeil u. ~ *schießen* 4 *mit Haaren bespannter Holzstab für Streichinstrumente* 5 *rechteckig beschnittenes Schreib- u. Packpapier;* **'Bo·gen·feld** <n.; -(e)s, -er; Arch.> Sy *Tympanon;* **'bo·gen·för·mig** <Adj.>; **'Bo·gen·fries** <m.; -es, -e; Arch.>; **'Bo·gen·füh·rung** <f.; -; unz.; Mus.>; **'Bo·gen·gang** <m.; -(e)s, ⤢e; Arch.> Sy *Arkaden;* **'Bo·gen·lam·pe** <f.; -, -n>; **'Bo·gen·maß** <n.; -es, -e; Math.; Zeichen: arc>; **'Bo·gen·schie·ßen** <n.; -s; unz.>; **'Bo·gen·schüt·ze** <m.; -n, -n>; **'Bo·gen·zwi·ckel** <m.; -s, -> = **Spandrille**

Bo·gey <['bougi]; m.; -s, -s; Golf>

Loch, das mit einem Schlag mehr als festgelegt gespielt wird [engl.]

'bo·gig <Adj.>; **...bo·gig** <Adj.; in Zus.> z. B. rundbogig; spitzbogig

Bo·heme <[bo'ɛ:m]; f.; -; unz.> *unbürgerl. Künstlerleben* [frz.]; **Bo·he·mi·en** <[boe'mjɛ̃]; m.; -s, -s> *Angehöriger der Boheme*

'Boh·le <f.; -, -n> *dickes Brett;* **'boh·len** <V. t.>

'Böh·me <m.; -n, -n> *Einwohner von Böhmen;* **'Böh·men** *histor. Gebiet in Mitteleuropa;* **'Böh·min** <f.; -, -n·nen>; **'böh·misch** <Adj.> *Böhmen betreffend,* <umg. auch> *unverständlich; das sind für mich ~ Dörfer davon verstehe ich nichts;* <aber> Böhmisches Mittelgebirge

'Boh·ne <f.; -, -n> 1 *eine Gemüsepflanze* 2 *Frucht von Kaffee od. Kakao*

'boh·nen <V. t.; Nebenform von> *bohnern*

'Boh·nen·kaf·fee <m.; -s; unz.>; **'Boh·nen·kraut** <n.; -(e)s; unz.>; **'Boh·nen·stan·ge** <f.; -, -n>; **'Boh·nen·stroh** <n.; -(e)s; unz.> *dumm wie ~ sehr dumm*

'Boh·ner <m.; -s, -> *Bürste mit Stiel zur Fußbodenpflege;* **'Boh·ner·be·sen** <m.; -s, ->; **'Boh·ner·bürs·te** <f.; -, -n> = *Bohner;* **'boh·nern** <V. t.; ich bohnere>; **'Boh·ner·wachs** <[-ks]; n.; -es; unz.>

'boh·ren <V.> 1 <V. i. u. V. t.> *mit einer Drehbewegung in etwas eindringen;* in die Wand ~ 2 <V. i.> *peinigen;* ~ der Schmerz 3 <V. i.; fig.> *hartnäckig bitten;* **'Boh·rer** <m.; -s, -> *ein Werkzeug;* **'Bohr·fut·ter** <n.; -s, -> *Vorrichtung an Bohrmaschinen;* **'Bohr·ham·mer** <m.; -s, ⤢> *Drucklufthammer;* **'Bohr·in·sel** <f.; -, -n>; **'Bohr·loch** <n.; -(e)s, ⤢er>; **'Bohr·ma·schi·ne** <f.; -, -n>

'Bohr·sches **A'tom·mo·dell,** <auch> **'bohr·sche(s) A'tom·mo·dell** <n.; -(e)s; unz.; ↗ Z58.1; Phys.> [nach dem dän. Physiker N. *Bohr*]

'Bohr·turm <m.; -(e)s, ⤢e>; **'Bohr·rung** <f.; -, -n>

'bö·ig <Adj.> *mit Böen einhergehend;* ~er Wind

'Boi·ler <m.; -s, -> *Warmwasserspeicher* [engl.]

Bo'jar <m.; -en, -en; im alten Russland> *Angehöriger des hohen Adels* [russ.]

'Bo·je <f.; -, -n> *verankerter Schwimmkörper (als Seezeichen)* [ndrl.]

'Bok·mål <[-mɔ:l]; n.; -s; unz.> = *Riksmål*

Bol <m.; -(e)s, -e> = *Bolus*

'Bo·la <f.; -, -s> *südamerikan. Schleuderwaffe* [span.]

Bo'le·ro <m.; -s, -s> 1 *span. Tanz* 2 *kurze Damenjacke* [span.]; **Bo'le·ro·jäck·chen** <n.; -s, ->

'Bo·lid <m.; -(e)s od. -en, -e od. -en>, **Bo'li·de** <m.; -n, -n> 1 <Astr.> *großer Meteor* 2 *schwerer Rennwagen*

Bo'li·var <[-v-]; m.; - od. -s, - od. -s; Abk.: Bs.> *Währungseinheit in Venezuela* [nach dem südamerikan. Nationalhelden S. *Bolívar*]; **Bo·li·vi'a·ner** <m.; -s, ->; **Bo·li·vi'a·ne·rin** <f.; -, -n·nen>; **bo·li·vi'a·nisch** <Adj.> *Bolivien betreffend;* **Bo·li·vi'a·no** <m.; - od. -s, - od. -s> *Währungseinheit in Bolivien;* **Bo'li·vi·en** <[-vian]> *Staat in Südamerika;* Republik ~; **Bo'li·vi·er** <m.; -s, -> = *Bolivianer;* **Bo'li·vi·e·rin** <f.; -, -n·nen> = *Bolivianerin;* **bo'li·visch** <Adj.> = *bolivianisch*

'böl·ken <V. i.; norddt.> *brüllen, schreien*

Bol·lan'dis·ten <Pl.> *Gelehrtenkreis der Jesuiten*

'Bol·le <f.; -, -n; norddt.> 1 = *Zwiebel* 2 <umg.; scherzh.> *große Nase* 3 <derb> *Loch im Strumpf*

'Böl·ler <m.; -s, -; oberdt.> 1 <16. Jh.> *kleiner Mörser zum Schießen* 2 *Schuss, Knall* 3 <umg.> *lauter Feuerwerkskörper;* **'böl·lern** <V. i.; ich böll(e)re>

'Bol·ler·wa·gen <m.; -s, -; norddt.> *Handwagen mit Deichsel*

Bol'let·te <f.; -, -n; österr.> *Zoll- od. Steuerbescheinigung* [ital.]

'Boll·werk <n.; -(e)s, -e> *Befestigungsanlage, Schutzwehr*

Bo·lo·gna, <auch> **Bo·log·na** <[bo'lɔnja]; ↗ Z53> *Stadt in Italien;* **Bo·lo·gne·se** <m.; -, -n> *Einwohner von Bologna;* **Bo·lo-**

'gne·sin <f.; -, -n·nen>; **bo·lo-'gne·sisch** <Adj.>

Bo·lo'me·ter <n.; -s, -> *Strahlungsmessgerät* [grch.]; **bo·lo-'me·trisch**, <auch> **bo·lo'met-risch** <Adj.; ↗Z53>

Bol·sche'wik <m.; -en, -en; abwertend; 1917–1952 Bez. für> *Mitglied der kommunist. Partei Russlands bzw. der Sowjetunion* [russ.]; **bol·sche·wi'sie·ren** <V. t.> *ein Land ~;* **Bol·sche·wi'sie·rung** <f.; -, -en>; **Bol·sche'wis·mus** <m.; -; unz.> *sowjetisch geprägter Kommunismus;* **Bol·sche'wist** <m.; -en, -en> = *Bolschewik;* **Bol·sche'wis·tin** <f.; -, -n·nen>; **bol·sche'wis-tisch** <Adj.>

'Bo·lus <m.; -; unz.> oV *Bol* 1 *Tonerde* 2 <Med.> *Bissen* 3 <Pharm.> *große Pille* [grch.]

Bolz <m.; -es, -e> = *Bolzen;* **'bol-zen** <V. i.; du bolzt; Fußb.>; **'Bol·zen** <m.; -s, -> *runder Metall- od. Holzstift;* **bol·zen·ge-'ra·de** <Adj.> *ganz gerade;* **'Bolz·platz** <m.; -es, ⸚e> *Fußballplatz*

Bom·ba·ge <[-'ba:ʒə]; f.; -, -n> 1 *Aufwölbung der Deckel von Konservendosen* 2 *Umbördeln von Blech* [frz.]; **Bom'bar·de** <f.; -, -n> 1 *altes Steinschleudergeschütz* 2 *tiefes Orgelregister* 3 <Instrumentenk.> *der Schalmei ähnl. Holzblasinstrument;* **Bom·bar·de·ment** <[-'mã]; n.; -s, -s; Mil.> *heftiger Bombenbeschuss;* **bom·bar'die·ren** <V. t.> 1 <Mil.> *eine Stadt ~* 2 <fig.> *jmdn. mit Fragen ~;* **Bom·bar-'dier·kä·fer** <m.; -s, -; Zool.>; **Bom·bar·don** <[-'dõ]; n.; -s, -s; Instrumentenk.> *Vorläufer der Basstuba*

Bom'bast <m.; -(e)s; unz.> *Schwulst, Wortschwall* [engl.]; **bom'bas·tisch** <Adj.>

'Bom·be <f.; -, -n> *ein Sprengkörper;* **'Bom·ben...** <umg.; in Zus.> *verstärkend> gewaltig, riesig, z. B. Bombenstimmung;* **'Bom-ben·an·griff** <m.; -(e)s, -e>; **'Bom·ben·an·schlag** <m.; -(e)s, ⸚e>; **'Bom·ben·be·schuss** <m.; -es, ⸚e>; **'Bom·ben·er'folg** <m.; -(e)s, -e; umg.> *großer Erfolg;* **'bom·ben·fest** <Adj.> 1 *sicher vor Bombenbeschuss* 2 <['--'-];

fig.> *unumstößlich, ganz sicher;* **'Bom·ben·flug·zeug** <n.; -(e)s, -e>; **'Bom·ben'form** <f.; -; unz.; umg.> *Hochform; er ist in einer ~;* **'Bom·ben·ge'schäft** <n.; -(e)s, -e; umg.> *großer Verkaufserfolg;* **'Bom·ben·ge-schwa·der** <n.; -s, -; Mil.>; **'bom·ben·si·cher** <Adj.>; **'Bom-ben'stim·mung** <f.; -; unz.; umg.> *sehr gute Stimmung;* **'Bom·ben·tep·pich** <m.; -(e)s, -e; Mil.> *flächendeckendes Bombardement;* **'Bom·ben-trich·ter** <m.; -s, ->; **'Bom·ber** <m.; -s, -; Mil.> *Bombenflugzeug;* **bom'bie·ren** <V.> 1 <V. t.> *wölben, umbördeln* (Blech) 2 <V. i.> *sich wölben* (Konservendosen) [frz.]; **'bom·big** <Adj.; umg.> *großartig*

'Bom·mel <f.; -, -n; bes. norddt.; umg.> *Troddel, Quaste;* oV *Bummel²;* **'Bom·mel·müt·ze** <f.; -, -n>

Bom·mer'lun·der <m.; -s, -> *eine Schnapsart*

Bon <[bõ] od. [bɔŋ]; m.; -s, -s> 1 *Gutschein* 2 *Kassenzettel* [frz.]

'bo·na 'fi·de <Adv.> *guten Glaubens* [lat.]

Bo·na·par'tis·mus <m.; -; unz.> *nach Napoleon I. und III. benannte (autoritäre) Herrschaftsform in Frankreich;* **Bo·na·par-'tist** <m.; -en, -en>

Bon·bon <[bõ'bõ] od. [bɔŋ'bɔŋ]; n. (österr. u. schweiz. nur so) od. m.; -s, -s> *Süßigkeit zum Lutschen* [frz.]; **bon'bon·far-ben** <Adj.>; **Bon·bo·ni·e·re, Bon·bon·ni·e·re** <[bõbɔ'nje:rə]; f.; -, -n> *dekorative Pralinenpackung*

Bond <m.; -s, -s> *verzinsl. Schuldverschreibung* [engl.]

'bon·gen <V. t.; umg.> 1 *einen Kassenbon ausstellen* 2 *der Ausflug ist gebongt* <fig.; umg.> *verbindlich vereinbart* [frz.]

Bon·go <[bɔŋgo]; n.; -s, -s od. f.; -, -s> *paarweise verwendete Jazztrommel, mit den Fingern geschlagen* [span.]

Bo·ni·fi·ka·ti'on <f.; -, -en> *Vergütung, Gutschrift* [lat.]; **bo·ni·fi-'zie·ren** <V. t.> *vergüten, gutschreiben;* **Bo·ni'tät** <f.; -, -en> 1 <Forstw.> *Bodenqualität* 2 <Kaufmannsspr.> *Zahlungsfä-*

higkeit; **Bo·ni'täts·prü·fung** <f.; -, -en>; **bo·ni'tie·ren** <V. t.> *ein Grundstück ~ schätzen;* **Bo·ni-'tie·rung** <f.; -, -en>

Bon·mot <[bõ'mo:]; n.; -s, -s> *treffende, geistreiche Wendung* [frz.]

'Bon·ne <f.; -, -n; veralt.> *Erzieherin, Kindermädchen* [frz.]

'Bon·sai¹ <m.; -s, -s> *jap. Zwergbaum* [jap.]; **'Bon·sai²** <n.; -s; unz.> *die Kunst, Bäume klein zu halten*

'Bo·nus <m.; - od. -nus·ses, - od. -nus·se> *Sondervergütung, Rabatt* [lat.]

Bon·vi·vant <[bõvi'vã:]; m.; -s, -s> 1 <veralt.> *Lebemann* 2 <Theat.> *Rolle des Salonhelden* [frz.]

'Bo·ze <m.; -n, -n> 1 *buddhistischer Mönch* 2 <fig.; umg.; abwertend> *einflussreicher Funktionär* [jap.]; **Bon·zo·kra'tie** <f.; -, -n> *Herrschaft der Bonzen*

'Boof·ke <m.; -s, -s; umg.> *Tölpel, Dummkopf*

Boo·gie-Woo·gie <[bugi'wugi]; m.; - od. -s, - od. -s> *nordamerikan. Swingtanz* [engl.]

Book·let <['buklit]; n.; -s, -s> *Broschüre, kleines Buch* [engl.]

Boom <[bu:m]; m.; -s, -s> *sprunghafter Anstieg, Aufschwung* [engl.]; **boo·men** <['bu:-]; V. i.; bes. Wirtsch.; umg.>

Boos·ter <['bu:s-]; m.; -s, -> *leistungsverstärkendes Zusatzgerät* [engl.]

Boot <n.; -(e)s, -e (umg. a.) 'Bö·te> *kleines Wasserfahrzeug*

boo·ten <['bu:tən]; V. i. u. V. t.; EDV> *(neu) starten* [engl.]

Boot·leg·ger <['bu:t-]; m.; -s, -; amerikan. Bez. für> *Alkoholschmuggler*

Boots <[bu:ts]; Pl.> *über die Knöchel reichende Schuhe* [engl.]

'Boots·deck <n.; -(e)s, -e od. -s>; **'Boots·ha·ken** <m.; -s, -; Mar.>; **'Boots·haus** <n.; -es, ⸚er>; **'Boots·mann** <m.; -(e)s, -leu·te; Handelsmarine> *Unteroffizier;* **'Boots·steg** <m.; -(e)s, -e>; **'Boots·win·de** <f.; -, -n>

Bop <m.; -s, -s; Kurzw. für> *Bebop*

Bor <n.; -s; unz.; Chem.; Zei-

chen: B *chem. Element, Halb-metall*

³Bo·ra <f.; -, -s> *kalter Fallwind an der Adria* [grch.-lat.]

Bo'ra·go <m.; -s; unz.> = *Borretsch*

Bo'rat <n.; -(e)s, -e; Chem.> *Salz der Borsäure*

'Bo·rax <n.; -es; unz.; Chem.> *eine Borverbindung* [lat.-arab.]

Bord¹ <n.; -(e)s, -e; norddt.> *Gestell, Regal, Brett; Bücher~*

Bord² <m.; -(e)s, -e> 1 *Rand, Einfassung* 2 *oberster Schiffsrand;* an ~ *gehen; etwas über ~ werfen* <fig.>

Bord³ <n.; -(e)s, -e od. 'Bör·der; schweiz.> *Böschung, Abhang* [frz.-engl.]

'Bord·case <[-kɛis]; n. od. m.; -, -od. -s [-kɛisis]> *kleiner Koffer (als Handgepäck im Flugzeug)* [engl.]; **'Bord·com·pu·ter** <[-pju:-]; m.; -s, ->; **'Bord·dienst** <m.; -(e)s, -e>

'Bör·de <f.; -, -n> *fruchtbare Ebene;* Magdeburger ~

bor·deaux <[bɔr'do:]; Adj.; undekl.> *dunkelrot;* → a. *beige;* **Bor'deaux¹** *eine Stadt in Frankreich;* **Bor'deaux²** <m.; -[-do:s], -; -[do:s]> *ein Rotwein;* **bor'deaux·rot** <Adj.>; **Bor'deaux·wein** <m.; -(e)s, -e> = *Bordeaux²*

'bord·ei·gen <Adj.> ~*es Funkgerät*

Bor·de'le·se <m.; -n, -n> *Einwohner von Bordeaux¹;* **Bor·de'le·sin** <f.; -, -n·nen>

Bor'dell <n.; -s, -e> *Haus zur Ausübung der Prostitution*

'bör·deln <V. t.; ich börd(e)le> *Blech* ~ *den Rand eines Bleches umbiegen;* **'Bör·de·lung** <f.; -, -en>

'Bor·der·line <[-lain]; f.; -, -s; Med.> *Grenze, Grenzlinie* [engl.]; **'Bor·der·preis** <m.; -es, -e> *Preis bis zur Grenze des Abnehmerstaates*

'Bord·funk <m.; -(e)s; unz.>; **'Bord·fun·ker** <m.; -s, ->

bor'die·ren <V. t.> *mit einer Borte besetzen, einfassen* [frz.]

'Bord·kan·te <f.; -, -n>; **'Bord·stein** <m.; -(e)s, -e>

Bor'dü·re <f.; -, -n> *Einfassung, Besatz* [frz.]

'Bord·wa·che <f.; -, -n>; **'Bord-**

waf·fe <f.; -, -n> *Schusswaffe zum Kampf vom Flugzeug aus;* **'Bord·wand** <f.; -, =e; am Schiff u. Flugzeug> *seitl. Außenwand*

bo·re'al <Adj.> *nördlich;* **Bo·re'al** <n.; -(e)s; unz.> **Bo·re'al·zeit** <f.; -; unz.> *erste Wärmeperiode nach der Eiszeit;* **'Bo·re·as** <m.; -; unz.> *kalter Nordwind* [grch.-lat.]

Borg <m.; -(e)s; unz.; veralt.> *das Borgen; etwas auf* ~ *kaufen;* **'bor·gen** <V. t.> *vorübergehend leihen*

'Bor·gis <f.; -; unz.; Typ.> *ein Schriftgrad* [frz.]

'Bor·ke <f.; -, -n> *Baumrinde;* **'Bor·ken·flech·te** <f.; -, -n>; **'Bor·ken·kä·fer** <m.; -s, -; Zool.> *ein Baumschädling;* **'bor·kig** <Adj.>

Born <m.; -(e)s, -e; poet.> *Quelle, Brunnen*

bor'niert <Adj.> *engstirnig* [frz.]; **Bor'niert·heit** <f.; -; unz.>

Bor·re·li'o·se <f.; -, -n; Med.> *eine Infektionskrankheit* [nach dem Bakteriologen A. *Borrel*]

'Bor·retsch <m.; -(e)s; unz.; Bot.> *eine Gewürzpflanze* [frz.]

Bor·sa'li·no <m.; -s, -s> *breitkrempiger Herrenhut* [nach dem Italiener T. *Borsalino*]

'Bor·säu·re <f.; -; unz.; Chem.>

Borschtsch <m.; -; unz.> *russ. Kohlsuppe mit Fleisch* [russ.]

'Bör·se <f.; -, -n> 1 <Wirtsch.> *Markt zum Handel mit Wertpapieren o. Ä.* 2 *Gebäude für die Börse(1)* 3 <geh.; veralt.> *Geldbeutel* 4 <Boxen> *Einnahmen aus einem Wettkampf* [lat.]; **'Bör·sen·be·richt** <m.; -(e)s, -e>; **'Bör·sen·crash** <[-krɛʃ]; m.; -s, -s>; **'Bör·sen·gang** <m.; -(e)s, =e> *der* ~ *eines Unternehmens;* **'Bör·sen·ge·schäft** <n.; -(e)s, -e>; **'Bör·sen·han·del** <m.; -s; unz.>; **'Bör·sen·kurs** <m.; -es, -e>; **'Bör·sen·mak·ler** <m.; -s, ->; **'Bör·sen·mak·le·rin** <f.; -, -n·nen>; **'bör·sen·no·tiert** <Adj.>; **'Bör·sen·no·tie·rung** <f.; -, -en> *Kurse, zu denen die Wertpapiere gehandelt werden;* **'Bör·sen·pa·pie·re** <Pl.>; **'Bör·sen·spe·ku·lant** <m.; -en, -en>; **'Bör·sen·spe·ku·lan·tin** <f.; -, -n·nen>; **'Bör·sen·spe·ku·la·ti·on** <f.; -, -en>; **'Bör·sen·ver·ein**

<m.; -(e)s; unz.> ~ *des Deutschen Buchhandels;* **Bör'si·a·ner** <m.; -s, -; umg. für> *Börsenspekulant;* **Bör'si·a·ne·rin** <f.; -, -n·nen>

'Bors·te <f.; -, -n> *steifes, dickes Haar (von Säugetieren);* **'Bors·ten·tier** <n.; -(e)s, -e>; **'Bors·ten·vieh** <n.; -s; unz.>; **'bors·tig** <Adj.> 1 *mit Borsten* 2 <fig.; umg.> *grob, unhöflich;* **'Bors·tig·keit** <f.; -; unz.; fig.>; **'Borst·wisch** <m.; -(e)s, -e; ostmdt.; umg.> *Handbesen*

'Bor·te <f.; -, -n> *Zierband zum Aufnähen*

Bo'rus·se <m.; -n, -n; scherzh.> *Preuße;* **Bo'rus·sia** <f.; -; unz.> *Frauengestalt als Sinnbild für Preußen*

'Bor·was·ser <n.; -s; unz.>

bös <Adj.> = *böse;* **'bös·ar·tig** <Adj.>; **'Bös·ar·tig·keit** <f.; -; unz.>

'bö·schen <V. t.; Eisenb.; Straßenbau> *abschrägen;* **'Böschung** <f.; -, -en> *befestigter Abhang;* **'Bö·schungs·win·kel** <m.; -s, ->

'bö·se <Adj.; ↗Z43> *schlimm, unangenehm;* ~ *(auf jmdn., mit jmdn.) sein jmdm. grollen; die* ~ *Sieben Unglückszahl; jenseits von gut und* ~; *gut und* ~ *nicht auseinanderhalten;* <aber> *das Gute und das Böse; im Guten wie im Bösen; sich im Bösen trennen; es hat sich zum Bösen gewendet;* **'Bö·se** <m.; -n; unz.> *der* ~ *der Teufel;* **'Bö·se·wicht** <m.; -(e)s, -er od. (österr. nur so) -e>; **'bos·haft** <Adj.>; **'Bos·haf·tig·keit** <f.; -; unz.>; **'Bos·heit** <f.; -, -en> 1 <unz.> *Gemeinheit; etwas aus* ~ *tun* 2 *boshafte Äußerung, Handlung*

Bos'kett <n.; -(e)s, -e> *Buschwäldchen in Renaissance- u. Barockgärten* [ital.]

'Bos·koop, 'Bos·kop <m.; -s, -s; Bot.> *eine Apfelsorte* [nach dem ndrl. Ort *Boskoop*]

Bos·ni'a·ke <m.; -n, -n> *muslimischer Bewohner von Bosnien;* Sy *Bosnier;* **Bos·ni'a·kin** <f.; -, -n·nen>; **'Bos·ni·en** *Gebiet im Norden von Bosnien-Herzegowina;* **'Bos·ni·en-Her·ze'go·wi·na** <a. [-'wi-]> *Staat in Südosteuropa; Republik* ~; **'Bos·ni·er**

<m.; -s, -> *Einwohner von Bosnien;* '**Bos·ni·e·rin** <f.; -, -n·nen>; '**bos·nisch** <Adj.>; '**bos·nisch-her·ze·go'wi·nisch** <Adj.>

Boss <m.; -es, -e; umg.> *Chef, Vorgesetzter* [amerikan.]

'**Bos·sa 'No·va** <[-va]; m.; --, --s> *lateinamerikan. Modetanz* [port.]

bos·se·lie·ren <V. t.> = *bossieren;* '**bos·seln** <V.; ich boss(e)le> 1 <V. i.> *kleine Arbeiten genauestens ausführen;* lange Zeit an etwas ~ 2 <V. t.> = *bossieren;* '**Bos·sen·qua·der** <m.; -s, -; Bauw.>; '**Bos·sen·werk** <n.; -(e)s; unz.> *grob behauenes Mauerwerk;* **Bos'sier·ei·sen** <n.; -s, -> *Gerät zum Behauen von Mauersteinen;* **bos'sie·ren** <V. t.> 1 Stein ~ *grob behauen* 2 *weiches Material ~ modellieren* [frz.]

Bos·ton¹ <['bɔstn]> *Stadt in den USA;* '**Bos·ton²** <n.; -s; unz.> *ein Kartenspiel;* '**Bos·ton³** <m.; -s, -s> *ein Tanz*

'**bös·wil·lig** <Adj.>; '**Bös·wil·lig·keit** <f.; -; unz.>

Bot <n.; -(e)s, -e; schweiz.> *Versammlung*

Bo'ta·nik <f.; -; unz.> *Pflanzenkunde* [grch.]; **Bo'ta·ni·ker** <m.; -s, -> *Wissenschaftler auf dem Gebiet der Botanik;* **Bo'ta·ni·ke·rin** <f.; -, -n·nen>; **bo'ta·nisch** <Adj., ↗Z46> *die Botanik betreffend;* ~e Gärten; <aber> der Botanische Garten in München; **bo·ta·ni·sie·ren** <V. i.> *Pflanzen sammeln*

'**Böt·chen** <n.; -s, -; ↗Z18.1; Verkleinerungsf. von> *Boot*

'**Bo·te** <m.; -n, -n> *Überbringer von Nachrichten o. Ä.*

Bo'tel <n.; -(e)s, -s> *als Hotel ausgebautes Schiff*

'**Bo·ten·gang** <m.; -(e)s, ⸗e>; '**Bo·ten·gän·ger** <m.; -s, ->; '**Bo·ten·gän·ge·rin** <f.; -, -n·nen>; '**Bo·ten·lohn** <m.; -(e)s, ⸗e; veralt.>; '**Bo·tin** <f.; -, -n·nen> *Überbringerin von Nachrichten o. Ä.*

'**Böt·lein** <n.; -s, -; poet.; Verkleinerungsf. von> *Boot*

'**bot·mä·ßig** <Adj.; veralt.; geh.> *untertan;* '**Bot·mä·ßig·keit** <f.; -; unz.; veralt.; geh.>

Bo·to'ku·de <m.; -n, -n> *brasilian. Indianer;* **Bo'to·ku·din** <f.;

-, -n·nen>; **bo·to'ku·disch** <Adj.>

'**Bot·schaft** <f.; -, -en> 1 *wichtige Nachricht, Mitteilung,* → a. *froh* 2 *diplomat. Vertretung eines Staates im Ausland;* die deutsche ~ in Paris; '**Bot·schaf·ter** <m.; -s, ->; '**Bot·schaf·te·rin** <f.; -, -n·nen>; '**Bot·schafts·rat** <m.; -(e)s, ⸗e>; '**Bot·schafts·se·kre·tär,** <auch> '**Bot·schafts·sek·re·tär** <m.; -(e)s, -e; ↗Z53>; '**Bot·schafts·se·kre·tä·rin** <f.; -, -n·nen>

Bot·su'a·na *Staat in Südafrika; Republik o.;* **Bot·su'a·ner** <m.; -s, ->; **Bot·su'a·ne·rin** <f.; -, -n·nen>; **bot·su'a·nisch** <Adj.>; **Bots'wa·na** = *Botsuana*

Bott <n.; -(e)s, -e; schweiz.> = *Bot*

'**Bött·cher** <m.; -s, -> *Botticher,* **Bött·che'rei** <f.; -, -en>; '**Bött·cher·wa·ren** <Pl.>

'**Bot·ten** <Pl.; bes. norddt.> *grobe Schuhe*

'**Bot·tich** <m.; -(e)s, -e> *großes, offenes Holzgefäß*

Bot·tle·par·ty, <auch> **Bott·le·par·ty** <['bɔtlpaːrti]; f.; -, -s; ↗Z53> *Party, zu der die Gäste ihre Getränke selbst mitbringen* [engl.]

Bo·tu'lis·mus <m.; -; unz.; Med.> *Lebensmittelvergiftung* [lat.]

Bou·clé¹, <auch> **Bouc·lé** <[bu'kleː]; n.; -s, -s; ↗Z53, 18.4> *knötchenartiges Garn;* oV *Buklee* [frz.]; **Bou'clé²** <m.; -s, -s> *Gewebe aus Bouclé¹*

Bou·doir <[budo'aːr]; n.; -s, -s; früher> *elegantes Damenzimmer* [frz.]

Bouf·fon·ne·rie <[buf-]; f.; -, -n; bes. Theat.> *Ulk, Possenreißerei* [frz.]

Bou·gain·vil·lea <[bugɛ̃vi'leːa]; a. [--'--]; f.; -, -'le·en od. -s; Bot.> *eine Zierpflanze* [nach dem frz. Seefahrer L. A. de *Bougainville*]

Bou·gie <[bu'ʒiː]; f.; -, -s; Med.> *Sonde zum Dehnen verengter Gänge* [frz.]; **bou'gie·ren** <V. t.; Med.>

Bouil·la·baisse <[buja'bɛs]; f.; -, -s [-'bɛs]; Kochk.> *provenzal. Fischsuppe* [frz.]

Bouil·lon <[bul'jɔŋ] od. [bul'jɔ̃], österr. [bu'jɔ̃]; f.; -, -s> *Fleischbrühe* [frz.]; **Bouil'lon·wür·fel** <m.; -s, ->

Boule <[buːl]; n.; - od. -s; unz. od. f.; -; unz.> *frz. Kugelspiel* [frz.]

Bou·le·vard <[bulə'vaːr]; m.; -s, -s> *breite Prachtstraße* [frz.]; **Bou·le'vard·pres·se** <f.; -; unz.; Sammelbez. für> *Boulevardzeitungen, -zeitschriften;* **Bou·le'vard·stück** <n.; -(e)s, -e; Theat.> *unterhaltendes Bühnenstück;* **Bou·le'vard·the·a·ter** <n.; -s, ->; **Bou·le'vard·zei·tung** <f.; -, -en> *(auf der Straße verkauftes) Sensationsblatt*

Bou·quet <[bu'keː]; n.; -s, -s; frz. Schreibung von> *Bukett*

Bou·qui'nist <[buki-]; m.; -en, -en> *Straßenbuchhändler in Paris* [frz.]

Bour·bon <['bə:(r)bən]; m.; -s, -s> *amerikan. Whiskey* [nach dem Bezirk *Bourbon* in Kentucky]

Bour·bo·ne <[bur-]; m.; -n, -n> *Angehöriger eines frz. Herrschergeschlechts;* **bour'bo·nisch** <Adj.>

bour·geois <[bur'ʒoa]; Adj.>; **Bour'geois** <m.; -, - [bur'ʒoas]; abwertend> *wohlhabender Bürger,* **Bour·geoi·sie** <[burʒoa'ziː]; f.; -, -n> *das besitzende Bürgertum* [frz.]

Bour·rée <[bu'reː]; f.; -, -s> *ein alter Tanz* [frz.]

Bour·ret·te <[bu'rɛt(ə)]; f.; -, -n> 1 *Abfall bei der Seidengewinnung* 2 *ein Gewebe daraus* [frz.]; **Bour'ret·te·sei·de** <f.; -; unz.>

Bou·tique <[bu'tiːk]; f.; -, -n [-kən]> *kleiner Laden;* oV *Butike* [frz.]

Bou·zou·ki <[bu'zuki]; f.; -, -s> = *Busuki*

'**Bo·vist** <[-vist]; a. [-'-]; m.; -(e)s, -e; Bot.> *ein Pilz;* oV *Bofist*

Bow·den·zug <['baudən-]; m.; -(e)s, ⸗e; Tech.> *Draht(kabel) zum Übertragen von Zugkräften* [nach dem engl. Erfinder Sir H. *Bowden*]

Bo·wie·mes·ser <['bowi-]; n.; -s, -> *langes Jagdmesser* [nach dem amerikan. Oberst J. *Bowie*]

Bow·le <['boːlə]; f.; -, -n> 1 *Getränk aus Wein u. Früchten* 2 *Gefäß für dieses Getränk* [engl.]

bow·len <['boː-]; V. i.> *Bowling spielen* [engl.]

B

'Bow·ler <['boːlər]; m.; -s, -> *steifer Herrenhut* [nach dem gleichnamigen engl. Hutmacher]

'Bow·ling <['boːliŋ]; n.; -s, -s> 1 *amerikan. Kegelspiel* 2 *engl. Kugelspiel auf Rasen* [engl.]

Box <f.; -, -en> 1 *abgeteilter Raum im Pferdestall* 2 <Motorsp.> *Werkstatt neben Rennstrecken* 3 <kurz für> *Lautsprecherbox* [engl.]; **'Box·calf** <n.; -s, -s; schweiz. für> *Boxkalf*

'bo·xen <V.; du boxt> 1 <V. i.> *den Boxsport ausüben* 2 <V. i. u. V. t.> *stoßen, schlagen; jmdn./ <auch> jmdm. in die Seite ~* [engl.]; **'Bo·xen** <n.; -s; unz.; Sp.> *Faustkampf*

'Bo·xen·stopp <m.; -s, -s; Motorsp.>

'Bo·xer <m.; -s, -> 1 *jmd., der boxt(1)* 2 <Zool.> *eine Hunderasse;* **'bo·xe·risch** <Adj.> *das Boxen betreffend; ~es Können;* **'Bo·xer·mo·tor** <m.; -s, -'to·ren; Tech.>; **'Bo·xer·shorts** <Pl.> *eine weite Unterhose;* **'Box·handschuh** <m.; -(e)s, -e>

'Box·kalf <[-kalf], engl. [-kaːf]; n.; -s, -s> *Kalbsleder (für Schuhe)* [engl.]

'Box·kampf <m.; -(e)s, ⸚e>; **'Box·ring** <m.; -(e)s, -e>

Boy <[bɔi]; m.; -s, -s> *Hoteldiener, Bote* [engl.]; **'Boy·friend** <[-frɛnd]; m.; -s, -s; umg.> *Freund eines Mädchens;* **'Boygroup** <[-gruːp]; f.; -, -s> *aus jungen Männern bestehende Popgruppe*

Boy'kott <[bɔi-]; m.; -(e)s, -e> *wirtschaftliche, politische od. soziale Ächtung, Nichtbeachtung* [nach dem geächteten engl. Gutsverwalter C. *Boycott*]; **boy·kot'tie·ren** <V. t.>

Boy·scout <['bɔiskaut]; m.; -s, -s; engl. Bez. für> *Pfadfinder*

BP <Abk. für> 1 *Bayern-Partei* 2 *British Petroleum*

Bq <Phys.; Zeichen für> *Becquerel*

Br <Chem.; Zeichen für> *Brom*

BR <Abk. für> *Bayerischer Rundfunk*

Bra·ban·çonne <[brabãˈsɔn]; f.; -; unz.> *belg. Nationalhymne* [nach dem belg. Provinz *Brabant*]

'brab·beln <V. i.; ich brabb(e)le; umg.> *undeutlich reden*

brach <Adj.> *unbestellt; ein ~er Acker;* **'Bra·che** <f.; -, -n> *unbebauter Acker;* **'Bra·chet** <m.; -s, -e; alter Name für> *Juni;* **'Brach·feld** <n.; -(e)s, -er> = *Brache*

bra·chi'al <Adj.> 1 *den Arm betreffend* 2 *mit grober Gewalt* [lat.]; **Bra·chi'al·ge·walt** <f.; -; unz.>; **Bra·chi·o'sau·rus** <m.; -, -ri·er> *eine ausgestorbene Riesenechse*

'Brach·land <n.; -(e)s; unz.>; **'brach·lie·gen** <V. i. 180; es liegt brach; es hat brachgelegen; brachzuliegen> *unbebaut sein; ~de Äcker;* **'Brach·mo·nat,** **'Brach·mond** <m.; -(e)s, -e> = *Brachet*

Brach·se <[-ksə]; f.; -, -n>, **'Brach·sen** <m.; -s, -> = *Blei*[1]

'Brach·vo·gel <m.; -s, ⸚; Zool.> *eine Schnepfenart*

bra·chy..., Bra·chy... <[-xy-]; Vors.; in Zus.> *kurz..., Kurz...* [grch.]; **Bra·chy·lo'gie** <f.; -; unz.; Rhet.> *Kürze im Ausdruck*

brack <Adj.; nddt.> *minderwertig;* **Brack**[1] <n.; -(e)s, -e; nddt.> *Aussonderung*

Brack[2] <n.; -(e)s, -s od. -en; umg.> *Tümpel*

'Bra·cke <m.; -n, -n od. f.; -, -n; Zool.> *eine Spürhundrasse*

'bra·cken <V. t.; nddt.> *aussondern;* **'bra·ckig** <Adj.; nddt.>; **'Brack·was·ser** <n.; -s; unz.> *Mischung von Süß- u. Salzwasser*

'Brä·gen <m.; -s, -> = *Bregen*

'Brah·ma <m.; -s; unz.> *ind. Gott* [Sanskrit]; **Brah'ma·ne** <m.; -n, -n> *Angehöriger einer ind. Priesterkaste;* **brah'ma·nisch** <Adj.>; **Brah·ma'nis·mus** <m.; -; unz.> *eine ind. Religion*

Brail·le·schrift <['braːj(ə)-]; f.; -; unz.> *Blindenschrift* [nach dem frz. Erfinder L. *Braille*]

Brain·drain <['breindrein]; m.; -s; unz.> *Abwanderung von führenden Wissenschaftlern ins Ausland* [engl.]; **Brai·nie** <['breini]; m.; -s, -s; umg.; salopp> *kluger Mensch;* **'Brain·stor·ming** <[-stɔːrmiŋ]; n.; -s; unz.> *Zusammentragen spontaner Einfälle;* **'Brain·trust**

<[-trʌst]; m.; -s, -s> *Beratungsausschuss für wirtschaftl. Fragen;* **'Brain·was·hing** <[-wɔʃiŋ]; n.; -s; unz.> *Gehirnwäsche*

Brak·te'at <m.; -en, -en; MA> *einseitig geprägte Münze* [lat.]

Bram <f.; -, -en; Seemannsspr.> *zweitoberste Verlängerung des Mastes*

'Bra·mar·bas <a. [-'--]; m.; -, -s·se> *Prahler, Großsprecher* [nach dem Namen eines Prahlers in einer anonymen Satire von 1710]; **bra·mar·ba'sie·ren** <V. i.> *prahlen*

'Bram·busch <m.; -(e)s, ⸚e> = *Ginster*

'Bram·me <f.; -, -n> *Eisenblock*

'Bram·se·gel <n.; -s, -; Seemannsspr.>

Bran·che <['brãːʃə]; f.; -, -n> 1 *Wirtschafts-, Geschäftszweig* 2 <allg.> *Fachgebiet; er ist nicht aus der ~* [frz.]; **'bran·chen·fremd** <Adj.>; **'Bran·chen·kennt·nis** <f.; -, -s·se>; **'bran·chen·üb·lich** <Adj.>; **'Bran·chen·ver·zeich·nis** <n.; -s·ses, -s·se> *nach Branchen geordnetes Telefonbuch*

Bran·chi'at <[-çi-]; m.; -en, -en; Zool.> *durch Kiemen atmendes Gliedertier* [grch.]; **'Bran·chie** <[-çiə]; f.; -, -n; meist Pl.> = *Kieme;* **Bran·chi·o'sau·rus** <m.; -, -ri·er> *ein ausgestorbener Panzerlurch*

Brand <m.; -(e)s, ⸚e> 1 *Feuer(sbrunst); ein Haus in ~ setzen* 2 <umg.> *großer Durst* 3 <Path.> *Absterben von Körperzellen* 4 <Bot.> *Sammelbez. für verschiedene Pflanzenkrankheiten;* **'brand·ak·tu'ell** <Adj.; umg.> *sehr aktuell;* **'Brand·anschlag** <m.; -(e)s, ⸚e>; **'Brand·bla·se** <f.; -, -n>; **'Brand·bom·be** <f.; -, -n>; **'brand'ei·lig** <Adj.; umg.> *sehr eilig;* **'Brand·ei·sen** <n.; -s, -> *Stempel zum Einbrennen von Brandmalen;* **'bran·den** <V. i.; geh.> *tosend ans Ufer schlagen*

'Bran·den·burg *Bundesland der BRD;* **'Bran·den·bur·ger** <m.; -s, ->; **'Bran·den·bur·ge·rin** <f.; -, -n·nen>; **'bran·den·bur·gisch** <Adj.; ↗Z46> *~e Städte; <aber>* die Brandenburgischen Konzerte *(von J. S. Bach)*

'Brand·en·te <f.; -, -n; Zool.> *eine Entenart;* **'Brand·fa·ckel** <f.; -, -n>; **'Brand·grab** <n.; -(e)s, ⁼er *vorgeschichtl. Grab mit Rückständen der Leichenverbrennung;* **'brand'heiß** <Adj.; umg.> *ganz aktuell;* **'Brand·herd** <m.; -(e)s, -e>; **'bran·dig** <Adj.> 1 *verbrannt aussehend, riechend, schmeckend* 2 *vom Brand (3, 4) befallen;* **'Brand·kas·se** <f.; -, -n> *kleine Feuerversicherungsanstalt;* **'Brand·mal** <n.; -(e)s, -e od. (selten) -mä·ler> *eingebranntes Zeichen bei Zuchtvieh;* **Brand·ma·le'rei** <f.; -, -en> 1 <unz.> *Maltechnik mit glühenden Stahlstiften* 2 *deren Erzeugnis;* **'brand·mar·ken** <V. t.> 1 <urspr.> *ein Schandmal einbrennen* 2 <heute> *öffentl. anprangern;* man hat ihn für sein ganzes Leben gebrandmarkt; **'Brand·mau·er** <f.; -, -n>; **'brand'neu** <Adj.; umg.> *ganz neu;* **'Brand·op·fer** <n.; -s, ->; **'Brand·sal·be** <f.; -, -n>; **'Brand·satz** <m.; -es, ⁼e> *Füllung von Brandbomben;* **'Brand·scha·den** <m.; -s, ⁼>; **'brand·schat·zen** <V. t.; früher> *die Stadt wurde gebrandschatzt unter Androhung von Brand erpresst;* **'Brand·schat·zung** <f.; -, -en>; **'Brand·soh·le** <f.; -, -n> *Innensohle des Schuhs;* **'Brand·stät·te** <f.; -, -n>; **'Brand·stif·ter** <m.; -s, ->; **'Brand·stif·te·rin** <f.; -, -n·nen>; **'Brand·stif·tung** <f.; -, -en>; **'Brand·teig** <m.; -(e)s, -e>; **'Bran·dung** <f.; -, -en> *das Brechen der Wellen an der Küste;* **'Brand·ur·sa·che** <f.; -; unz.>; **'Brand·ver·si·che·rung** <f.; -, -en>; **'Brand·wun·de** <f.; -, -n>

Bran·dy <['brændi]; m.; -s, -s> *Branntwein* [engl.]; **'Brannt·kalk** <m.; -(e)s; unz.>; **'Brannt·wein** <m.; -(e)s, -e>; **'Brannt·wein·bren·ne·rei** <f.; -, -en>

Bra'sil¹ <m.; -s, -e od. -s> *Tabak- u. Kaffeesorte;* **Bra'sil²** <f.; -, -> *eine Zigarre;* **Bra'sil·holz** <n.; -es, ⁼er> *mehrfarbiges südamerikan. Holz;* **Bra'si·lia** *Hauptstadt von Brasilien;* **Bra·si·li'a·ner** <m.; -s, ->; **Bra·si·li'a·ne·rin** <f.; -, -n·nen>; **bra·si·li'a·nisch** <Adj.>; **Bra'si·li·en** *Staat in Südamerika;* *Föderative Republik ~*

Brass <m.; -es; unz.; umg.> *Wut;* einen ~ (auf jmdn.) haben

'Bras·se¹ <f.; -, -n; nord- u. mdt.> = *Blei¹*

'Bras·se² <f.; -, -n; Mar.> *Tau zum Drehen der Rahen* [ndrl.]

Bras·se'lett <n.; -(e)s, -s> 1 *Armband* 2 <Gaunerspr.> *Handschelle* [frz.]

'bras·sen <V. t.; Seemannsspr.> *Segel ~ die Rahen mit der Brasse² nach dem Wind drehen;* <aber> → *prassen*

Brät <n.; -s; unz.> *rohe Wurstmasse*

'Brat·ap·fel <m.; -s, ⁼>; **'brä·teln** <V. t.; ich brät(e)le> *leicht braten;* **'bra·ten** <V. 115; du brätst> 1 <V. t.> *in heißem Fett garen* 2 <V. i.> *etwas brät gart in heißem Fett;* **'Bra·ten** <m.; -s, -> *größeres (gebratenes) Stück Fleisch;* **'Bra·ten·duft** <m.; -(e)s; unz.>; **'Bra·ten·fett** <n.; -(e)s; unz.>; **'Bra·ten·rock** <m.; -(e)s, ⁼e; scherzh.; veralt.> *Gehrock;* **'Bra·ten·saft** <m.; -(e)s; unz.>; **'Brä·ter** <m.; -s, -> *großer Schmortopf;* **'brat·fer·tig** <Adj.>; **'Brat·fett** <n.; -(e)s, -e>; **'Brat·fisch** <m.; -(e)s, -e>; **'Brat·hähn·chen** <n.; -s, ->, **'Brat·hendl** <n.; -s, -n; oberdt. für *Brathähnchen>;* **'Brat·he·ring** <m.; -s, -e>; **'Brat·kar·tof·feln** <Pl.>; **'Brat·ling** <m.; -s, -e> *gebratenes Gemüse-, Getreide- od. Kartoffelklößchen;* **'Brät·ling** <m.; -s, -e; Bot.> *ein Pilz;* **'Brat·pfan·ne** <f.; -, -n>; **'Brat·röh·re** <f.; -, -n; umg.> *Backofen;* **'Brat·rost** <m.; -(e)s, -e>

'Brat·sche <f.; -, -n; Instrumentenk.> *ein Streichinstrument;* **'Brat·schen·spie·ler** <m.; -s, ->; **'Brat·schen·spie·le·rin** <f.; -, -n·nen>; **'Brat·scher** <m.; -s, -> *Bratschenspieler;* **'Brat·sche·rin** <f.; -, -n·nen> = *Bratscher;* **Brat·schist** <m.; -en, -en> = *Bratscher;* **Brat·'schis·tin** <f.; -, -n·nen>

'Brat·spieß <m.; -es, -e>; **'Brat·spill** <n.; -(e)s, -e; Mar.> *Ankerwinde mit waagerechter Welle;* **'Brat·wurst** <f.; -, ⁼e>

Bräu <n.; -(e)s, -e od. -s> 1 *Brauerei, Brauhaus* 2 *Brauerei·erzeugnis;* **'Brau·bot·tich** <m.; -(e)s, -e>

Brauch <m.; -(e)s, ⁼e> *Sitte, Gewohnheit;* **'brauch·bar** <Adj.>; **'Brauch·bar·keit** <f.; -; unz.>; **'brau·chen** <V.> 1 <V. t.; als Vollverb> *benötigen;* ich habe zwei Stunden dafür gebraucht 2 <V. t.; als Vollverb> *verbrauchen;* unser Auto braucht wenig Benzin 3 <V. i.; als Modalverb mit Inf. mit "zu"; verneinend od. einschränkend> *müssen;* du brauchst nicht zu kommen; du hättest nicht zu kommen ~; **'Brauch·tum** <n.; -s; unz.; geh.> *Gesamtheit der Volksbräuche;* **'Brauch·was·ser** <n.; -s; unz.> *nicht zum Trinken geeignetes Wasser*

'Braue <f.; -, -n> *Augenbraue*

'brau·en <V. t.> *ein Getränk ~ zubereiten;* **'Brau·er** <m.; -s, -; Berufsbez.>; **Brau·e'rei** <f.; -, -en>; **'Brau·e·rin** <f.; -, -n·nen>; **'Brau·haus** <n.; -es, ⁼er>; **'Brau·kes·sel** <m.; -s, ->; **'Brau·meis·ter** <m.; -s, ->; **'Brau·meis·te·rin** <f.; -, -n·nen>

braun <Adj.> *erdfarben;* er kam ~ gebrannt aus dem Urlaub zurück; → a. *blau;* **Braun** <n.; -s, - od. (umg.) -s> *braune Farbe;* ein helles ~; → a. *Blau;* **'Braun·al·ge** <f.; -, -n; Bot.>; **'braun·äu·gig** <Adj.>; **'Braun·bär** <m.; -en, -en; Zool.>; **'Brau·ne(r)** <m. 1; österr.> *Mokka mit Milch;* **'Bräu·ne** <f.; -; unz.> *bräunliche Färbung;* **'Braun·ei·sen·erz** <n.; -es; unz.>; **'Braun·ei·sen·stein** <n.; -(e)s; unz.>

Brau'nel·le¹ <f.; -, -n; Zool.> *ein Singvogel* [lat.]

Brau'nel·le² <f.; -, -n; Bot.> *eine Pflanze;* oV *Brunelle*

'bräu·nen <V.> 1 <V. t. / V. refl.> *braun machen;* du bräunst die Zwiebeln in der Pfanne 2 <V. i.> *braun werden;* ich bräune schnell; **'braun·haa·rig** <Adj.>; **'Braun·kehl·chen** <n.; -s, -; Zool.> *ein Singvogel;* **'Braun·koh·le** <f.; -, -n>; **'bräun·lich** <Adj.> *leicht braun;* ~ graue Augen

'Braun'sche 'Röh·re, <auch> **'braun·sche 'Röh·re** <f.; -n -, -n -n; ↗ Z 58.1; El.> *Elektronen-*

B

strahlröhre [nach dem Physiker K. F. *Braun*]

'Bräu·nung <f.; -, -en>

Braus <nur in der Wendung> in Saus und ~ leben *verschwenderisch;* **'Brau·se** <f.; -, -n> 1 *siebartig durchlöcherter Aufsatz* 2 *Dusche* 3 *Limonade;* **'brau·sen** <V.> 1 <V. t./V. refl.; du braust dich> *duschen* 2 <V. i.> *geräuschvoll rauschen;* ~*der Beifall* 3 <V. i. (s.)> *sehr schnell fahren;* er ist über die Autobahn gebraust; **'Brau·se·pul·ver** <n.; -s, ->

Braut <f.; -, ≈e> 1 *Verlobte* 2 *Frau an ihrem Hochzeitstag;* **'Bräut·chen** <n.; -s, -; Verkleinerungsf. von *Braut;* **'Braut·el·tern** <Pl.>; **'Braut·füh·rer** <m.; -s, ->; **'Bräu·ti·gam** <m.; -s, -e> 1 *Verlobter* 2 *Mann an seinem Hochzeitstag;* **'Braut·jung·fer** <f.; -, -n>; **'Braut·kleid** <n.; -(e)s, -er>; **'Braut·kranz** <m.; -es, ≈e>; **'Braut·leu·te** <Pl.> *Brautpaar;* **'bräut·lich** <Adj.> *wie eine Braut;* **'Braut·mut·ter** <f.; -, ≈>; **'Braut·nacht** <f.; -, ≈e = *Hochzeitsnacht;* **'Braut·paar** <n.; -(e)s, -e>; **'Braut·schau** <f.; -, -en; Pl. selten> auf ~ gehen; **'Braut·schlei·er** <m.; -s, ->; **'Braut·schmuck** <m.; -(e)s; unz.>; **'Braut·strauß** <m.; -es, ≈e>; **'Braut·va·ter** <m.; -s, ≈>; **'Braut·wa·gen** <m.; -s, ->

'Brau·we·sen <n.; -s; unz.>

brav <[-f]; Adj.> 1 *artig* 2 *tüchtig* 3 *ordentlich;* **'Brav·heit** <f.; -; unz.>

bra·vis·si·mo <[-'vis-]; undekl.> *sehr gut!, ausgezeichnet!* [ital.]; **'bra·vo** <Adj.; undekl.> *gut!;* **'Bra·vo** <n.; -s, -s> *Beifallsruf;* ~/<auch> bravo rufen; **'Bra·vo·ruf** <m.; -(e)s, -e>

Bra·vour <[-'vu:r]; f.; -, -en; Pl. selten; ↗Z11.2> oV *Bravur* 1 *herausragende Meisterschaft;* eine Prüfung mit ~ bestehen 2 *Schneid* [frz.]; **Bra'vour·a·rie** <[-a:riə]; f.; -, -n; ↗Z55> *technisch schwierige Arie;* **Bra'vour·leis·tung** <f.; -, -en>; **bra·vou·'rös** <[-vu-]; Adj.> 1 *meisterhaft* 2 *schneidig;* **Bra'vour·stück** <n.; -(e)s, -e>; **Bra·vur** <[-'vu:r]; f.; -, -en; Pl. selten; ↗Z11.2> = *Bravour;* **Bra'vur·a·rie** <f.; -, -n>

= *Bravourarie;* **Bra'vur·leis·tung** <f.; -, -en>; **bra·vu'rös** <Adj.> = *bravourös;* **Bra'vur·stück** <n.; -(e)s, -e>

BRD <nicht amtliche Abk. für> *Bundesrepublik Deutschland*

Break <[breik]; m. od. n.; -s, -s> 1 <Tennis> *Spielgewinn bei gegnerischem Aufschlag* 2 <Jazz> *Zwischensolo* 3 <EDV> *Beendigung bzw. Unterbrechung eines laufenden Programms* [engl.]; **'Break·dance** <[-da:ns] od. amerikan. [-dæns]; m.; -; unz.> *amerikan. Modetanz;* **brea·ken** <['breikən]; V. t.; Tennis> den Gegner ~ *ihm den Aufschlag abnehmen;* **Break·e·ven** <[-'i:vn]; m.; -s, -; Pl. selten>, **Break'e·ven·punkt**, <auch> **Break-'e·ven-Punkt** <m.; -(e)s, -e; Pl. selten; ↗Z36; Wirtsch.> *Kostendeckungspunkt*

Brec·cie <['brɛtʃə]; f.; -, -n> *Sedimentgestein;* oV *Brekzie* [ital.]

'brech·bar <Adj.>; **'Brech·bar·keit** <f.; -; unz.>; **'Brech·boh·ne** <f.; -, -n; Bot.>; **'Brech·durch·fall** <m.; -(e)s, ≈e>; **'Bre·che** <f.; -, -n> *Werkzeug zum Brechen (von Stängeln);* **'Brech·ei·sen** <n.; -s, ->; **'bre·chen** <V. 116> 1 <V. t./V. refl.> *durch Druck in Stücke teilen;* er hat sich das Bein gebrochen 2 <V. i.> etwas bricht *geht unter Druck in Stücke;* der Saal war ~d voll *überfüllt;* → a. *biegen(1)* 3 <V. refl.> *zurückgeworfen werden;* die Wellen ~ sich 4 <V. t.> einen Vertrag ~ <fig.> *nicht einhalten* 5 <V. t.> *bezwingen, überwinden;* jmds. Willen ~ 6 <V. i.> die Sonne bricht durch die Wolken 7 <V. i. u. V. t.> = *erbrechen;* **'Bre·cher** <m.; -s, -> 1 *Sturzwelle* 2 *eine Zerkleinerungsmaschine;* **'Brech·mit·tel** <n.; -s, -> *das Erbrechen herbeiführendes Arzneimittel;* **'Brech·reiz** <m.; -es; unz.>; **'Brech·stan·ge** <f.; -, -n>; **'Bre·chung** <f.; -, -en; Phys.>; **'Bre·chungs·ver·mö·gen** <n.; -s; unz.; Opt.>; **'Bre·chungs·win·kel** <m.; -s, -; Opt.>

Bre·douil·le <[bre'duljə]; f.; -; unz.; umg.> *Verlegenheit, Bedrängnis;* in der ~ sein [frz.]

Bree·ches <['bri:tʃiz]; Pl.> *Knie-, Reithose* [engl.]

'Bre·gen <m.; -s, -> *Gehirn vom Schlachttier;* oV *Brägen*

Brei <m.; -(e)s, -e> 1 *dickflüssige pflanzl. Speise* 2 *unförmige, weiche Masse;* **'brei·ig** <Adj.>

breit <Adj.> *(seitlich) ausgedehnt;* die ~e Masse *die meisten;* etwas des Langen u. Breiten erklären *sehr ausführlich;* <Getrenntschreibung mit Verben u. Partizipien, wenn *breit* sinnvoll steiger- od. erweiterbar ist> sich ~ machen *viel Raum beanspruchen;* ein ~ gefächertes Angebot *ein vielseitiges A.;* **'breit·bei·nig** <Adj.>; **'Brei·te** <f.; -, -n> 1 <unz.> *seitl. Ausdehnung;* sie ist in die ~ gegangen <umg.> *dick geworden* 2 <Pl.> *Gegend;* in unseren ~n 3 <unz.; Geogr.> *Abstand eines Ortes vom Äquator;* nördliche ~ <Abk.: n. Br./nördl. Br.>; südliche ~ <Abk.: s. Br./ südl. Br.>; der Ort liegt auf 34° südlicher ~; **'brei·ten** <V. t.> *ausbreiten;* **'Brei·ten·grad** <m.; -(e)s, -e; Geogr.>; **'Brei·ten·kreis** <m.; -es, -e; Geogr.>; **'Brei·ten·sport** <m.; -(e)s; unz.> *von großen Teilen der Bevölkerung ausgeübter Sport;* **'Brei·ten·wir·kung** <f.; -; unz.>; **'Breit·for·mat** <n.; -(e)s, -e> Ggs *Hochformat;* **'breit·krem·pig** <Adj.> ein ~er Hut; **'Breit·ling** <m.; -s, -e; Zool.> = *Sprotte;* **'breit·na·sig** <Adj.>; **'breit·ran·dig** <Adj.>; **'breit|schla·gen** <V. t. 218; schlage breit; sie hat breitgeschlagen; breitzuschlagen; fig.; umg.> jmdn. ~ *überreden;* sich ~ lassen; **'breit·schul·te·rig**, **'breit·schult·rig** <Adj.>; **'Breit·schwanz** <m.; -es, ≈e> *eine Persianerpelzart;* **'Breit·sei·te** <f.; -, -n> 1 *Längsseite (eines Schiffes)* 2 *das gleichzeitige Abfeuern aller Geschütze einer Schiffsseite;* volle ~ <a. fig.>; **'breit·spu·rig** <Adj.; fig.> *anmaßend, wichtigtuerisch;* **'breit|tre·ten** <V. t. 268; fig.; umg.> etwas ~ *weitschweifig erzählen;* **'Breit·wand** <f.; -, ≈e; im Kino>; **'Breit·wand·film** <m.; -(e)s, -e>

'Brek·zie <[-tsiə]; f.; -, -n> = *Breccie*

'Bre·me <f.; -, -n; oberdt.> = Bremse[2]

'Bre·men *Bundesland der BRD und dessen Hauptstadt;* **'Bre·mer** <m.; -s, ->; **'Bre·me·rin** <f.; -, -n·nen>; **'bre·misch** <Adj.>

'Brems·ba·cke <f.; -, -n; Tech.>; **'Brems·be·lag** <m.; -(e)s, ≈e>; **'Brems·berg** <m.; -(e)s, -e; Bgb.>; **'Brem·se[1]** <f.; -, -n> *eine Bewegung verlangsamende od. stoppende Vorrichtung;* Not~

'Brem·se[2] <f.; -, -n; Zool.> *ein Insekt;* Sy *Biesfliege, Breme*

'brem·sen <V.; du bremst> 1 <V. i.> *die Bremse[1] betätigen* 2 <V. t.; fig.; umg.> *zurückhalten;* er war nicht zu ~; **'Brem·ser** <m.; -s, -; Sp.> *letzter Mann im Bobschlitten;* **'Brems·flüs·sig·keit** <f.; -, -en>; **'Brems·klotz** <m.; -es, ≈e> 1 *Teil der Bremse[1]* 2 = *Hemmschuh;* **'Brems·kraft** <f.; -; unz.>; **'Brems·kraft·ver·stär·ker** <m.; -s, -; Tech.>; **'Brems·licht** <n.; -(e)s, -er>; **'Brems·spur** <f.; -, -en>; **'Brems·weg** <m.; -(e)s, -e

'brenn·bar <Adj.>; **'Brenn·bar·keit** <f.; -; unz.>; **'Brenn·dau·er** <f.; -; unz.>; **'Brenn·e·le·ment** <n.; -(e)s, -e; ↗Z55; Kernphys.>; **'bren·nen** <V. 117> 1 <V. i.; a. fig.> *in Flammen stehen;* das Haus brennt lichterloh 2 <V. i.> *prickelnd schmerzen;* die Sonne brennt 3 <V. i.> *leuchten;* im Keller brennt noch Licht 4 <V. t.> *mithilfe von Feuer od. Hitze herstellen;* gebrannte Mandeln; **'Bren·ner** <m.; -s, -> *Teil eines Heizgeräts;* **Bren·ne'rei** <f.; -, -en> 1 <unz.> *Herstellung von Branntwein* 2 *Betrieb hierfür;* **'Brenn·glas** <n.; -es, ≈er>; **'Brenn·holz** <n.; -es; unz.>; **'Brenn·ma·te·ri·al** <n.; -s, -li·en; Pl. selten>; **'Brenn·nes·sel** <f.; -, -n; ↗Z37; Bot.> *eine Kräuterpflanze;* **'Brenn·o·fen** <m.; -s, ≈; ↗Z55>; **'Brenn·punkt** <m.; -(e)s, -e> 1 <Opt.> *Punkt, in dem sich Lichtstrahlen nach der Brechung durch eine Linse vereinigen* 2 <fig.> *Mittelpunkt;* **'Brenn·sche·re** <f.; -, -n> *Gerät zum Lockenlegen;* **'Brenn·spie·gel** <m.; -s, ->; **'Brenn·spi·ri·tus** <m.; -; unz.>; **'Brenn·stoff** <m.; -(e)s, -e>;

'Brenn·stoff·e·le·ment <n.; -(e)s, -e; ↗Z55>; **'Brenn·wei·te** <f.; -, -n; Opt.>; **'bren·zeln** <V. i.; umg.> *brandig riechen;* **'brenz·lich** <Adj.; österr.>, **'brenz·lig** <Adj.> 1 *nach Brand riechend* 2 <fig.; umg.> *heikel;* eine ~e Situation

'Bre·sche <f.; -, -n; Mil.> *Lücke;* in die ~ springen <fig.> *aushelfen* [frz.]

Bre·ta·gne, <auch> **Bre·tag·ne** <[bre'tanjə]; f.; -; unz.; ↗Z53> *frz. Halbinsel;* **Bre'to·ne** <m.; -n, -n> *Einwohner der Bretagne;* **Bre'to·nin** <f.; -, -n·nen>; **bre'to·nisch** <Adj.>

Brett <n.; -(e)s, -er> *flache Holzplatte;* → a. *schwarz(1);* **'Bret·ter·bu·de** <f.; -, -n; umg.; abwertend>; **'bret·tern[1]** <Adj.> *ein* ~er Verschlag; **'bret·tern[2]** <V. i. (s.); ich brett(e)re; umg.> *schnell fahren;* über die Autobahn ~; **'Bret·ter·zaun** <m.; -(e)s, ≈e>; **Brettl** <n.; -s, - od. -n; süddt.; österr.> 1 *Kleinkunstbühne* 2 *kleines Brett* 3 = *Ski;* **'Brett·spiel** <n.; -(e)s, -e

'Bret·zel <f.; -, -n; schweiz.> *ein Waffelgebäck*

Bre·ve <['bre:və]; n.; -s, -s od. -n> *(kurzes) päpstl. Schreiben* [lat.]

Bre·vet <[bre've:] od. frz. [brəˈve]; n.; -s, -s> 1 <urspr.> *Gnadenbrief des frz. Königs* 2 *Verleihungs-, Schutzurkunde (z. B. für Patente)* 3 <schweiz.> *Prüfungsausweis (für Bergführer, Skilehrer u. a.)* [frz.]; **bre·ve'tie·ren** <V. t.; schweiz.>

Bre·vi'ar, Bre·vi'a·ri·um <[-vi-]; n.; -s, -ri·en> *kurze Übersicht* [lat.]; **Bre·vier** <[-'vi:r]; n.; -s, -e> *Gebetbuch der kath. Geistlichen*

'bre·vi 'ma·nu <Abk.: b. m., br. m.> *kurzerhand* [lat.]

'Bre·zel <f.; -, -n> *ein Gebäck;* Butter~; Salz~

Bridge <[bridʒ]; n.; -s; unz.> *ein Kartenspiel* [engl.]

Brie <[bri:]; m.; -s, -s> *ein frz. Weichkäse* [nach der gleichnamigen frz. Landschaft]

Brief <m.; -(e)s, -e> 1 *mit der Post zugestellte Mitteilung;* → a. *Kasten Briefeschreiben* 2 *Urkun-*

Briefeschreiben: Die Anschrift im Brief sollte folgendermaßen gegliedert sein:

a) ggf. besondere **Art der Sendung**

b) ggf. **Anrede**

c) **Personen- oder Firmenname**

d) **Straße mit Hausnummer oder Postfach**

e) **Postleitzahl/ Bestimmungsort**

f) ggf. **Bestimmungsland**

Zum Beispiel:

Frau
Katharina Meier
Tannenweg 7

64521 Groß-Gerau

Eilbrief

Agentur Winzig
Donaustr. 18
1040 Wien
ÖSTERREICH

Zwischen der Angabe zur Art der Sendung und der Anrede bzw. dem Personen- oder Firmennamen wird jeweils eine Leerzeile gesetzt, ebenfalls zwischen Straße/Postfach und Bestimmungsort. Bei Sendungen ins Ausland sollte keine Leerzeile vor dem Bestimmungsort eingefügt werden. Die Deutsche Post empfiehlt, ausländische Bestimmungsorte mit Großbuchstaben zu schreiben. Das früher übliche Ausrücken der Postleitzahl, die Unterstreichung des Bestimmungsortes und das Voranstellen des Landeskennzeichens vor die Postleitzahl des Bestimmungsortes wird nicht mehr empfohlen.

Im Brief werden Anrede und Gruß durch Leerzeilen abgegrenzt, z. B.

Sehr geehrte Frau Liebermann,

für Ihre netten Zeilen danke ich Ihnen sehr. Leider kann ich Ihr Anliegen nicht erfüllen.

Mit freundlichen Grüßen

Herbert Schirmer

Vgl. ↗Ausrufezeichen

B

de; Gesellen~; → a. *Kasten Briefeschreiben* 3 <Börse; Abk.: B> *Wertpapier, Wechsel;* '**Brief·be·schwe·rer** <m.; -s, -> ; '**Brief·block** <m.; -s, -s>; '**Brief·bo·gen** <m.; -s, - od. (süddt.) ->; '**Brief·bom·be** <f.; -, -n>; '**Brief·druck·sa·che** <f.; -, -n>

'**brie·fen** <V. t.> jmdn. ~ *informieren, instruieren* [engl.]

'**Brief·freund** <m.; -(e)s, -e>; '**Brief·freun·din** <f.; -, -n·nen>; '**Brief·freund·schaft** <f.; -, -en>; '**Brief·ge·heim·nis** <n.; -s·ses; unz.>

'**Brie·fing** <n.; -s, -s> 1 *Informationsgespräch* 2 <Mil.> *Lagebesprechung* [engl.]

'**Brief·kar·te** <f.; -, -n>; '**Brief·kas·ten** <m.; -s, ->; '**Brief·kas·ten·fir·ma** <f.; -, -fir·men> *Scheinfirma;* '**Brief·kopf** <m.; -(e)s, -e>; '**Brief·kurs** <m.; -es, -e; Börse>; '**Brief·ku·vert** <[-ve:r] od. [-vert]; n.; -s, -s> *Briefumschlag;* '**brief·lich** <Adj.> jmdm. etwas ~ *mitteilen;* '**Brief·map·pe** <f.; -, -n>; '**Brief·mar·ke** <f.; -, -n>; '**Brief·mar·ken·al·bum** <n.; -s, -al·ben>; '**Brief·mar·ken·kun·de** <f.; -; unz.> Sy *Philatelie;* '**Brief·mar·ken·samm·ler** <m.; -s, -> Sy *Philatelist;* '**Brief·mar·ken·samm·le·rin** <f.; -, -n·nen>; '**Brief·öff·ner** <m.; -s, ->; '**Brief·pa·pier** <n.; -s, -e>; '**Brief·por·to** <n.; -s od. -por·ti>; '**Brief·ta·sche** <f.; -, -n>; '**Brief·tau·be** <f.; -, -n>; '**Brief·trä·ger** <m.; -s, ->; '**Brief·trä·ge·rin** <f.; -, -n·nen>; '**Brief·um·schlag** <m.; -(e)s, -e>; '**Brief·ver·kehr** <m.; -s; unz.>; '**Brief·waa·ge** <f.; -, -n>; '**Brief·wahl** <f.; -, -en; Pl. selten> *auf dem Postweg beförderter Stimmzettel;* '**Brief·wech·sel** <[-ks-]; m.; -s, ->

'**Brie·kä·se** <m.; -s; unz.> = *Brie*

Bries <n.; -es, -e> *die bes. beim Kalb stark entwickelte Thymusdrüse;* '**Bries·chen, 'Brie·sel** <n.; -s, -> *ein Gericht aus dem Bries;* oV *Bröschen*

Bri·ga·de <f.; -, -n> 1 <Mil.> *Truppenabteilung* 2 <DDR> *Arbeitsgruppe innerhalb eines Betriebes* [frz.]; **Bri'ga·de·füh·rer** <m.; -s, ->; **Bri'ga·de·füh·re·rin** <f.; -, -n·nen>

Bri·gan'ti·ne <f.; -, -n> 1 <15.–16. Jh.> *Schuppenpanzerhemd* 2 = *Brigg*

Brigg <f.; -, -s> *zweimastiges Segelschiff* [engl.]

Bri'kett <n.; -s, -s od. -e> *in Form gepresste Braun- od. Steinkohle* [frz.]; **bri·ket'tie·ren** <V. t.> *zu Briketts formen*

Bri'ko·le <f.; -, -n; Billard> *Rückprall des Balles von der Bande* [frz.]; **bri·ko'lie·ren** <V. t.; Billard>

bril·lant <[bri'ljant]; Adj.> *glänzend, hervorragend* [frz.]; **Bril·'lant**[1] <m.; -en, -en> *geschliffener Diamant;* **Bril'lant**[2] <f.; -; unz.; Typ.> *ein Schriftgrad;* **Bril·'lant·ring** <m.; -(e)s, -e>; **Bril·'lant·schliff** <m.; -(e)s, -e>; **Bril·lanz** <[bri'ljants]; f.; -; unz.> 1 *Glanz* 2 <Fot.> *gestochene Schärfe* 3 *virtuose Fertigkeit*

'**Bril·le** <f.; -, -n> 1 *Sehhilfe* 2 *Schutzvorrichtung;* Sonnen~; '**Bril·len·e·tui** <[-tvi:] od. [-tyi:]; n.; -s, -s, ⚡Z 55>; '**Bril·len·fut·te·ral** <n.; -(e)s, -e>; '**Bril·len·ge·stell** <n.; -(e)s, -e>; '**Bril·len·glas** <n.; -es, -er>; '**Bril·len·schlan·ge** <f.; -, -n> 1 <Zool.> *eine Schlangenart* 2 <umg.; scherzh.> *Brillenträger(in);* '**Bril·len·trä·ger** <m.; -s, ->; '**Bril·len·trä·ge·rin** <f.; -, -n·nen>

bril·lie·ren <[bri'lji:rən] od. [bri'li:-]; V. i.> *(durch besondere Leistungen) glänzen* [frz.]

Brim'bo·ri·um <n.; -s; unz.; umg.> *übertriebener Aufwand* [lat.]

'**Brim·sen** <m.; - od. -s, -; österr.> *Schafskäse*

Bri'nell·här·te <f.; -; unz.; Abk.: HB> *Maß der Härte eines Werkstoffs* [nach dem schwed. Ingenieur J. A. *Brinell*]

'**brin·gen** <V. t. 118> 1 *befördern, herbeischaffen;* bringst du mir Kuchen? 2 *in einen best. Zustand versetzen;* etwas in Ordnung, zum Abschluss ~ 3 *einen Ertrag erzielen;* das bringt's doch nicht! <umg.> 4 <unpersönl.> es zu etwas ~ *etwas erreichen* 5 etwas mit sich ~; '**Brin·ger** <m.; -s, ->; '**Brin·ge·rin** <f.; -, -n·nen>; '**Bring·schuld** <f.; -, -en; Rechtsw.> *Schuld, die dem*

Gläubiger bezahlt werden muss; Ggs *Holschuld*

Bri·oche <[bri'ɔʃ]; f.; -, -s> *kugelförmiges Hefegebäck* [frz.]

bri'sant <Adj.> 1 <Mil.> *hochexplosiv* 2 <fig.> *konfliktgeladen* 3 *sehr aktuell* [frz.]; **Bri'sanz** <f.; -, -en> 1 <Mil.> *Sprengkraft* 2 <unz.; fig.> *Zündstoff* 3 <unz.> *brennende Aktualität*

'**Bri·se** <f.; -, -n> *leichter Wind (am Meer);* eine steife ~; <aber> → *Prise* [engl.]

Bri'tan·ni·a·me·tall <n.; -(e)s; unz.> *eine Zinnlegierung;* **Bri'tan·ni·en** <kurz für> *Großbritannien;* **bri'tan·nisch** <Adj.>; **Bri·te** <m.; -n, -n> *Einwohner von Großbritannien;* '**Bri·tin** <f.; -, -n·nen>; '**bri·tisch** <Adj.; ⚡Z 46> *Großbritannien betreffend;* ~er Humor; <aber> die Britischen Inseln

'**Britsch·ka** <f.; -, -s> *leichter, offener Wagen* [poln.]

br. m. <Abk. für> *brevi manu*

Broad·cas·ting <['brɔːdkastiŋ]; n.; - od. -s; unz.> *das Ausstrahlen von Rundfunk- u. Fernsehprogrammen* [engl.]

Broad·way <['brɔːdweɪ]; m.; -s; unz.> *(Theater-)Straße in New York* [engl.]

Broc·co·li <['broː-]; Pl.> = *Brokkoli*

'**Bröck·chen** <n.; -s, -; Verkleinerungsf. von> *Brocken;* '**bröck·chen·wei·se** <Adv.>; '**brö·cke·lig** <Adj.> = *bröcklig;* '**brö·ckeln** <V.> 1 <V. i.> *in Stücke zerfallen* 2 <V. t.; ich bröck(e)le> *in kleine Stücke brechen;* '**bro·cken** <V. t.> Brot in die Suppe ~; '**Bro·cken** <m.; -s, -> 1 *abgebrochenes Stück;* Fels~ 2 <fig.; umg.> ein paar ~ Französisch können; '**bro·cken·wei·se** <Adj.>; '**bröck·lig** <Adj.> ein ~es Gemäuer

'**Bro·del** <m.; -s; unz.> *wallender Dampf;* '**bro·deln** <V. i.> 1 *dampfend aufsteigen, sprudeln* 2 es brodelt <fig.> *Aufruhr breitet sich aus* 3 <ich brod(e)le; österr.> *trödeln;* '**Bro·dem** <m.; -s; unz.> *ausströmender Dampf, Qualm*

Bro·de'rie <f.; -, -n; veralt.> *Stickerei, gestickte Einfassung* [frz.]; **bro'die·ren** <V. t.>

'**Brod·ler** <m.; -s, -; österr.; umg.> *Bummler*; '**Brod·le·rin** <f.; -, -n·nen>

'**Broi·ler** <m.; -s, -; ostdt.> *gegrilltes Hähnchen* [engl.]

Bro'kat <m.; -(e)s, -e> *schwerer, kostbarer Seidenstoff* [ital.]; **Bro·ka'tell** <m.; -s, -e> *Baumwoll- od. Halbseidengewebe mit erhabenem Muster*; **bro'ka·ten** <Adj.> *aus Brokat*; **Bro'kat·stoff** <m.; -(e)s, -e>

'**Bro·ker** <m.; -s, -; engl. Bez. für> *Börsenmakler*

Brok·ko·li <['bro:-]; Pl.; Bot.> *ein Kohlgemüse*; oV *Broccoli* [ital.]

Brom <n.; -s; unz.; Chem.; Zeichen: Br> *chem. Element, Nichtmetall* [grch.]; **Bro'mat** <n.; -(e)s, -e; Chem.> *Salz der Bromsäure*

'**Brom·bee·re** <f.; -, -n; Bot.> 1 *ein Rosengewächs* 2 *dessen Frucht*; '**Brom·beer·strauch** <m.; -(e)s, ⸚er>

Bro·me·lie <[-liə]; f.; -, -n; Bot.> *ein Ananasgewächs* [nach dem schwed. Botaniker O. *Bromel*]

Bro'mid <n.; -(e)s, -e> *Salz des Bromwasserstoffs*; **Bro'mit** <m.; -(e)s; unz.> *aus Bromsilber bestehendes Mineral*; '**Brom·säu·re** <f.; -; unz.>; '**Brom·sil·ber** <n.; -s; unz.>; '**Brom·sil·ber·pa·pier** <n.; -s; unz.; Fot.>; '**Brom·was·ser·stoff** <m.; -(e)s; unz.; Chem.>

bron·chi'al <Adj.> *von den Bronchien ausgehend* [grch.]; **Bron·chi'al·asth·ma** <n.; -s; unz.; Med.>; **Bron·chi'al·kar·zi·nom** <n.; -s, -e; Med.>; '**Bron·chi·en** <Pl.> *Luftröhrenäste*; **Bron·chi·'o·le** <f.; -, -n> *feiner Zweig der Bronchien*; **Bron'chi·tis** <f.; -, -'ti·den; Med.> *Entzündung der Bronchien*

Bron·to'sau·ri·er <m.; -s, ->, **Bron·to'sau·rus** <m.; -, -ri·er> *eine ausgestorbene Riesenechse* [grch.]

Bron·ze <['brɔ̃:sə] od. ['brɔŋsə]; f.; -, -n> 1 *Legierung aus Kupfer u. Zinn* 2 *Kunstgegenstand aus Bronze(1)* 3 <unz.> *rotbrauner Farbton* [frz.]; '**Bron·ze·far·be** <f.; -, -n>; '**bron·ze·far·ben** <Adj.>; '**Bron·ze·guss** <m.; -es, ⸚e>; '**Bron·ze·kunst** <f.; -; unz.>; '**Bron·ze·me·dail·le**

<[-medaljə]; f.; -, -n; Sp.> *dritthöchste Auszeichnung bei Wettbewerben*; '**bron·zen** <Adj.> *aus Bronze(1), bronzefarben*; '**Bron·ze·zeit** <f.; -; unz.> *vorgeschichtl. Kulturzeit*; '**bron·ze·zeit·lich** <Adj.>; **bron·zie·ren** <[brɔ̃'si:-]; V. t.> *mit Bronzefarbe überziehen*; **Bron'zit** <m.; -s; unz.> *ein Mineral*

'**Bro·sa·me** <f.; -, -n; meist Pl.; geh.> *Brotkrümel*

brosch. <Buchw.; Abk. für> *broschiert*

'**Bro·sche** <f.; -, -n> *Schmuckstück zum Anstecken* [frz.]

'**Brös·chen** <n.; -s, -> = *Brieschen*

bro'schie·ren <V. t.> *(Druckbogen) heften od. leimen* [frz.]; **Bro'schur** <f.; -, -en> 1 <unz.> *das Heften* 2 = *Broschüre*; **Bro·'schü·re** <f.; -, -n> *geheftete Druckschrift*

'**Brö·sel** <m. od. (österr.) n.; -s, - od. (umg.) -n> *Krümel*; '**brö·se·lig** <Adj.> oV *bröslig*; '**brö·seln** <V.; ich brös(e)le> 1 <V. t.> *zerkrümeln, zerreiben* [frz.]; 2 <V. i.> *in Brösel zerfallen*; '**brös·lig** <Adj.> oV *bröselig*

Brot <n.; -(e)s, -e> 1 *ein Grundnahrungsmittel* 2 <fig.> *Lebensunterhalt*; *sein ~ verdienen*; '**Brot·auf·strich** <m.; -(e)s, -e>; '**Brot·beu·tel** <m.; -s, ->; '**Bröt·chen** <n.; -s, -> 1 *kleines Gebäck*; Sy *Semmel* 2 *kleinere ~ backen* <fig.; umg.> *genügsam sein*; '**Bröt·chen·ge·ber** <m.; -s, -; umg.; scherzh.> *Arbeitgeber*; '**Bröt·chen·ge·be·rin** <f.; -, -n·nen>; '**Brot·ein·heit** <f.; -, -en; Abk.: BE> *Einheit zur Berechnung des Kohlenhydratmenge*; '**Brot·er·werb** <m.; -(e)s, -e> *Verdienst*; '**Brot·ge·trei·de** <n.; -s, ->; '**Brot·korb** <m.; -(e)s, ⸚e>; '**Brot·kru·me** <f.; -, -n>; '**Brot·laib** <m.; -(e)s, -e>; '**brot·los** <Adj.> *ohne Verdienst*; *~e Kunst*; '**Brot·ma·schi·ne** <f.; -, -n>; '**Brot·mes·ser** <n.; -s, ->; '**Brot·rin·de** <f.; -, -n>; '**Brot·schnei·de·ma·schi·ne** <f.; -, -n>; '**Brot·sup·pe** <f.; -, -n>; '**Brot·teig** <m.; -(e)s, -e>; '**Brot·zeit** <f.; -; unz.; oberdt.> *Zwischenmahlzeit*; *~ machen*

Brow·ning <['braunɪŋ]; m.; -s, -s>

-s> *eine Schusswaffe* [nach dem amerikan. Erfinder]

Brow·ser <['braozə(r)]; m.; -s, -; EDV> *Programm, das einen Zugriff auf das Internet ermöglicht* [engl.]

brr <Int.> 1 *(Ausruf des Ekels od. der Kälteempfindung)* 2 *(Ausruf zum Anhalten von Pferden)*

BRT <Abk. für> *Bruttoregistertonne*

Bruch[1] <m.; -(e)s, ⸚e> 1 *das (Zer-)Brechen*; *Damm~*; *Knochen~*; *zu ~ gehen*; *in die Brüche gehen* <a. fig.> 2 *gebrochene, minderwertige Ware*; *Waffel~* 3 <Med.> *das Heraustreten von Eingeweiden*; *Leisten~*; *Nabel~* 4 <Math.> *Verhältnis zw. zwei ganzen Zahlen*; *mit Brüchen rechnen* 5 = *Einbruch(1)*

Bruch[2] <m. od. (selten) n.; -(e)s, ⸚e od. (landschaftl.) ⸚er> *Sumpfland, Moor*

'**Bruch·band** <n.; -(e)s, ⸚er; Med.>; '**Bruch·bu·de** <f.; -, -n; umg.; abwertend> *baufälliges Haus*; '**bruch·emp·find·lich** <Adj.>; '**Bruch·emp·find·lich·keit** <f.; -; unz.>; '**bruch·fest** <Adj.>; '**Bruch·fes·tig·keit** <f.; -; unz.>; '**bruch·frei** <Adj.> *unbeschädigt*; '**Bruch·ge·fahr** <f.; -; unz.>

'**bru·chig** <Adj.> *sumpfig*

'**brü·chig** <Adj.> *leicht zerbrechlich*; '**Brü·chig·keit** <f.; -; unz.>; '**Bruch·lan·dung** <f.; -, -en; Flugw.> *Landung, bei der das Flugzeug beschädigt wird*; '**bruch·rech·nen** <V. i.; nur im Inf.> *mit Brüchen*[1]*(4) rechnen*; '**Bruch·rech·nen** <n.; -s; unz.>; '**Bruch·rech·nung** <f.; -, -en>; '**Bruch·scha·den** <m.; -s, ⸚; Kaufmannsspr.>; '**Bruch·scho·ko·la·de** <f.; -; unz.>; '**bruch·si·cher** <Adj.> *Ware ~ verpacken*; '**Bruch·stein** <m.; -(e)s, -e> *Naturstein*; '**Bruch·stel·le** <f.; -, -n>; '**Bruch·strich** <m.; -(e)s, -e; Math.> *Strich zw. Zähler u. Nenner*; '**Bruch·stück** <n.; -(e)s, -e>; '**bruch·stück·haft** <Adj.>; '**Bruch·teil** <m.; -(e)s, -e> *(kleiner) Teil eines Ganzen*; '**Bruch·zahl** <f.; -, -en; Math.> → a. *Kasten S. 233*

'**Brück·chen** <n.; -s, -; Verkleinerungsf. von> *Brücke(1)*; '**Brü-**

Bruchzahl: B. sind ↗**Numeralia** (Zahlwörter), die eine Teilmenge benennen. Sie werden von den ↗**Ordinalzahlen** abgeleitet, an die das Suffix -*tel* (von *Teil*) angehängt wird.
B. werden **kleingeschrieben**:
a) vor unmittelbar folgenden **Maßangaben**: *ein zehntel Liter; ein viertel Kilogramm; nach drei viertel Stunden.*
In diesen Fällen ist auch Zusammenschreibung möglich: *ein Zehntelliter; ein Viertelkilogramm; nach drei Viertelstunden.* (Zusammensetzungen von B. mit Substantiven als Grundwort, die keine unmittelbar folgenden Maßangaben sind, schreibt man zusammen: *Dreivierteltakt, Sechzehntelnote, Viertelliterflasche.*)
b) in **Uhrzeitangaben** unmittelbar vor Kardinalzahlen: *um viertel drei; gegen drei viertel sieben* usw.
Substantivierte B. werden dagegen **großgeschrieben**: *das erste Drittel; sechs Zehntel des Gewinns; es ist Viertel vor fünf.*
Die Ausdrücke *Eintel* (*Ganzes*) und *Zweitel* (*Hälfte*) werden nur in der mathematischen Fachsprache verwendet.

cke <f.; -, -n> 1 *einen Fluss, eine Straße o. Ä. überspannendes Bauwerk* 2 *Haltevorrichtung für künstl. Zähne* 3 *kleiner, schmaler Teppich*; '**Brü·cken·bo·gen** <m.; -s, - od. (süddt.) ·>; '**Brü·cken·ge·län·der** <n.; -s, ->; '**Brü·cken·geld** <n.; -(e)s, -er; früher> *Abgabe für die Benutzung einer Brücke(1)*; '**Brü·cken·kopf** <m.; -(e)s, ·e; Mil.> *Befestigung zur Sicherung eines Flussübergangs*; '**Brü·cken·pfei·ler** <m.; -s, ->; '**Brück·lein** <n.; -s, -; poet.; Verkleinerungsf. von> *Brücke(1)*
'**Bru·der** <m.; -s, ·> 1 *männl. Geschwister* 2 *Mitglied einer Gemeinschaft*; *Kloster~*; '**Brü·der·chen** <n.; -s, -; umg.; Verkleinerungsf. von> *Bruder(1)*; '**Brü·der·ge·mei·ne** <f.; -; unz.; kurz für> *Herrnhuter ~ eine pietistische Freikirche*); '**Bru·der·herz** <n.; -ens; unz.; scherzh.> *Bruder(1)*;

'**Bru·der·krieg** <m.; -(e)s, -e> *Bürgerkrieg*; '**Bru·der·kuss** <m.; -es, ·e> *eine Freundschaft besiegelnder Kuss*; '**Brü·der·lein** <n.; -s, -; poet.; Verkleinerungsf. von> *Bruder(1)*; '**brü·der·lich** <Adj.> *etwas ~ teilen*; '**Brü·der·lich·keit** <f.; -; unz.>; '**Bru·der·lie·be** <f.; -; unz.>; '**Bru·der·mord** <m.; -(e)s, -e>; '**Bru·der·mör·der** <m.; -s, ->; '**Bru·der·schaft** <f.; -, -en> *rel. Vereinigung*; '**Brü·der·schaft** <f.; -, -en> 1 <unz.> *enge Freundschaft*; *~ schließen, trinken* 2 *Zusammenschluss von Gleichgesinnten*; '**Bru·der·zwist** <m.; -(e)s, -e>
'**Brü·he** <f.; -, -n> 1 *durch Kochen von Fleisch od. Knochen entstehende Flüssigkeit*; *Kraft~* 2 <umg.> *trübe Flüssigkeit*; '**brü·hen** <V. t.> *mit kochendem Wasser übergießen*; '**brüh·heiß** <Adj.>; '**Brüh·kar·tof·feln** <Pl.>; '**brüh·warm** <Adj.; umg.> *etwas ~ weitererzählen umgehend*; '**Brüh·wurst** <f.; -, ·e>
Bru·i'tis·mus <[bryi-]; m.; -; unz.; Mus.> *Stilrichtung, die alltägl. Geräusche in Kompositionen einbindet* [frz.]
'**Brüll·af·fe** <m.; -n, -n; Zool.> *eine Affenart*; '**brül·len** <V. i. u. V. t.> *laut schreien*; '**Brül·ler** <m.; -s, ->
'**Brumm·bär** <m.; -en, -en; fig.; umg.> *mürrischer Mensch*; '**brum·meln** <V. i.; ich brumm(e)le; umg.> *murmeln*; '**brum·men** <V.> 1 <V. i. u. V. t.> *tiefe, dumpfe Laute von sich geben* 2 <V. i.; fig.; umg.> *eine Strafe absitzen*; '**Brum·mer** <m.; -s, -> 1 *brummendes Insekt* 2 <umg.; scherzh.> *Großes, Kompaktes*; '**Brum·mi** <m.; -s, -s; umg.; scherzh. für> *Lastkraftwagen*; '**Brum·mi·fah·rer** <m.; -s, -; umg.; scherzh.>; '**brum·mig** <Adj.; fig.; umg.> *mürrisch, übellaunig*; '**Brum·mig·keit** <f.; -; unz.; fig.; umg.>; '**Brumm·krei·sel** <m.; -s, ->; '**Brumm·schä·del** <m.; -s, -; fig.; umg.> *dumpf schmerzender Kopf*
Brunch <[brʌntʃ]; m.; -(e)s, -(e)s od. -e> *üppiges Frühstück am späten Vormittag* [engl.]; **brun-**

chen <['brʌntʃən]; V. i.> *wir haben gebruncht*
'**Bru·nei** *Staat in Südostasien*; ~ *Darussalam*; '**Bru·nei·er** <m.; -s, ->; '**Bru·nei·e·rin** <f.; -, -n·nen>; '**bru·nei·isch** <Adj.>
Bru'nel·le <f.; -, -n; Bot.> = *Braunelle²*
brü'nett <Adj.> *braunhaarig* [frz.]; **Brü'net·te(r)** <f. 2 (m. 1)>
Brunft <f.; -, ·e; Jägerspr.> *Brunst beim Hochwild*; '**brunf·ten** <V. i.>; '**Brunft·hirsch** <m.; -(e)s, -e>; '**brunf·tig** <Adj.>; '**Brunft·ruf** <m.; -(e)s, -e>; '**Brunft·schrei** <m.; -(e)s, -e>; '**Brunft·zeit** <f.; -, -en>
brü'nie·ren <V. t.> *Metallteile ~ mit einer bräunlichen Schicht überziehen* [frz.]
Brunn <m.; -(e)s, -en; poet.> = *Brunnen*; '**Brünn·chen** <n.; -s, -; poet.; Verkleinerungsf. von> *Brunnen*
'**Brün·ne** <f.; -, -n> *mittelalterl. Panzerhemd*
'**Brun·nen** <m.; -s, -> *Anlage zur Förderung von Grundwasser*; '**Brun·nen·bau·er** <m.; -s, ->; '**Brun·nen·kres·se** <f.; -; unz.; Bot.> *eine Salatpflanze*; '**Brun·nen·ver·gif·ter** <m.; -s, -; fig.> *Verleumder*; '**Brun·nen·ver·gif·te·rin** <f.; -, -n·nen; fig.>; '**Brun·nen·ver·gif·tung** <f.; -, -en; fig.>; '**Brun·nen·was·ser** <n.; -s, ->; '**Brünn·lein** <n.; -s, -; meist poet.; Verkleinerungsf. von> *Brunnen*
Brunst <f.; -, ·e; Zool.; bei Säugetieren> *periodisch auftretender Zustand geschlechtl. Erregung*; → a. *Brunft*; '**bruns·ten** <V. i.> *in der Brunst sein*; → a. *brunften*; '**bruns·tig** <Adj.>
'**brun·zen** <V. i.; du brunzt; derb> *urinieren*
brüsk <Adj.; -er, am -es·ten> *abrupt, barsch, schroff* [frz.]; **brüs·'kie·ren** <V. t.> *jmdn. ~ schroff behandeln*
'**Brüs·sel** *Hauptstadt von Belgien*
Brust <f.; -, ·e> 1 <unz.> *vordere Rumpfhälfte* 2 (*Milch gebendes*) *paariges Organ am weibl. Oberkörper*; '**Brust·bein** <n.; -(e)s, -e; Anat.>; '**Brust·beu·tel** <m.; -s, -> *um den Hals gehängtes Geldtäschchen*; '**Brust·bild** <n.; -(e)s, -er>; '**Brüst·chen** <n.; -s,

B

-; Verkleinerungsf. von> *Brust*; **'Brust·drü·se** <f.; -, -n; Anat.>; **'brüs·ten** <V. refl.; abwertend> sich mit etwas ~ *prahlen*; **'Brust·fell** <n.; -(e)s, -e; Anat.> *den Brustraum innen auskleidende Membran*; **'Brust·fell·ent·zün·dung** <f.; -, -en; Med.>; **'Brust·flos·se** <f.; -, -n; Zool.>; **'brust·hoch** <Adj.> *in Brusthöhe*; **'Brust·hö·he** <f.; -; unz.>; **'Brust·höh·le** <f.; -, -n; Anat.>; **...brüs·tig** <Adj.; in Zus.> z. B. schmalbrüstig; **'Brust·kas·ten** <m.; -s, -; Anat.> = *Brust(1)*; **'Brust·kind** <n.; -(e)s, -er> *mit Muttermilch ernährtes Kind*; Ggs *Flaschenkind*; **'Brust·korb** <m.; -(e)s, -e; Anat.> = *Brust(1)*; **'Brust·krebs** <m.; -es; unz.; Med.>; **'Brüst·lein** <n.; -s, -; meist poet.; Verkleinerungsf. von> *Brust*; **'brust·schwim·men** <V. i. (s.); meist nur im Inf.> *in Brustlage schwimmen*; **'Brust·schwim·men** <n.; -s; unz.>; **'Brust·stim·me** <f.; -; unz.>; **'Brust·ta·sche** <f.; -, -n> *Innentasche des Herrenjacketts*; **'Brust·tee** <m.; -s, -s>; **'Brust·ton** <m.; -(e)s, -e> im ~ der Überzeugung *mit Nachdruck*; **'Brust·um·fang** <m.; -(e)s; unz.>; **'Brüs·tung** <f.; -, -en> *Geländer, Schutzmauer*; **'Brust·war·ze** <f.; -, -n>; **'Brust·wehr** <f.; -, -en; Mil.> *Schutzwall*; **'Brust·wi·ckel** <m.; -s, -> *feuchter Umschlag*; **'Brust·wir·bel** <m.; -s, -; Anat.>

brut <[bryt]; Adj.> *trocken* (Champagner) [frz.]

Brut <f.; -, -en> 1 <unz.> *das Brüten(1)* 2 *Nachkommenschaft best. Tierarten* 3 <fig.; abwertend> *Gesindel*

bru'tal <Adj.> *roh, gewalttätig* [lat.]; **bru·ta·li·sie·ren** <V. t.> *brutal machen*; **Bru·ta·li'tät** <f.; -; unz.>

'Brut·ap·pa·rat <m.; -(e)s, -e> *Maschine zum künstl. Ausbrüten von Eiern*; **'brü·ten** <V. i.> 1 <Zool.> *auf den Eiern sitzen u. sie wärmen* 2 *über etwas ~* <fig.; umg.> *lange nachdenken*; **'brü·tend** <Adj.; ↗Z28.1> *sehr warm*; ~e Hitze; ein ~ heißer Tag; **'Brü·ter** <m.; -s, -> *ein Kernreaktor*;

schneller ~; **'Brut·glo·cke** <f.; -, -n> *Behälter zum künstl. Ausbrüten von Eiern*; **'Brut·hen·ne** <f.; -, -n>; **'Brut'hit·ze** <f.; -; unz.; fig.; umg.> *drückende Hitze*; **'bru·tig** <Adj.; österr.>, **'brü·tig** <Adj.> 1 *zum Brüten bereit* (Henne) 2 <oberdt.> *dumpf, schwül, heiß*; **'Brut·kä·fig** <m.; -(e)s, -e>; **'Brut·kas·ten** <m.; -s, -; Med.> *Vorrichtung zur Versorgung von Frühgeborenen*; **'Brut·ma·schi·ne** <f.; -, -n>; **'Brut·o·fen** <m.; -s, -; ↗Z55> = *Brutapparat*; **'Brut·pfle·ge** <f.; -; unz.>; **'Brut·schrank** <m.; -(e)s, -e; Med.; Biol.>; **'Brut·stät·te** <f.; -, -n> 1 *Ort zum Ausbrüten der Eier* 2 <fig.; abwertend> ~ *des Unheils*

brut·to <Adj.; undekl.; Kaufmannsspr.; Abk.: btto.> 1 *einschließl. Verpackung* 2 *ohne Abzug*; Ggs *netto* [ital.]; **'Brut·to·ein·kom·men** <n.; -s, ->; **'Brut·to·ein·nah·me** <f.; -, -n>; **'Brut·to·er·trag** <m.; -(e)s, -e>; **'Brut·to·ge·halt** <n.; -(e)s, -er>; **'Brut·to·ge·wicht** <n.; -(e)s, -e>; **'Brut·to·ge·winn** <m.; -(e)s, -e>; **'Brut·to·in·lands·pro·dukt** <n.; -(e)s, -e; Wirtsch.>; **'Brut·to·lohn** <m.; -(e)s, -e>; **'Brut·to·preis** <m.; -es, -e>; **'Brut·to·re·gis·ter·ton·ne** <f.; -, -n; Abk.: BRT> *Raummaß für Schiffe*; **Brut·to·so·zi'al·pro·dukt** <n.; -(e)s; unz.; Wirtsch.> *die Wirtschaftsleistung einer Volkswirtschaft*; **'Brut·to·ver·dienst** <m.; -(e)s, -e>

'Brut·zeit, 'Brüt·zeit <f.; -, -en> **'brut·zeln** <V. i. u. V. t.; ich brutz(e)le; umg.> *in Fett braten*

Bruy·ère·holz, <auch> **Bru·yère·holz** <[bry'jɛ:r-]; n.; -es; unz.; ↗Z52> *Wurzelholz der Baumheide* [frz.]

Bry·o·lo'gie <f.; -; unz.> *Lehre von den Moosen* [grch.]

Bry'o·nie <[-niə]; f.; -, -n; Bot.> *eine Kletterpflanze* [grch.]

Bry·o'phyt <m.; -en, -en; Bot.> *Moospflanze* [grch.]

BSE <Vet.; Abk. für engl.> *Bovine Spongiform Encephalopathy* (Rinderwahnsinn)

bt <Zeichen für> *Bit*

btto. <Abk. für> *brutto*

Btx <Abk. für> *Bildschirmtext*

'Bua <m.; -m, -m; bair.; österr.> *Junge, Bursche*; **Bub** <m.; -en, -en; süddt., österr., schweiz.> *Junge, Knabe*

'bub·bern <V. i.; umg.> *stark klopfen*; mein Herz bubbert

Bub·ble·gum, <auch> **Bubb·le·gum** <['bʌblgʌm]; m. od. n.; -s, -s; ↗Z53> *Kaugummi* [engl.]

'Büb·chen <n.; -s, -; Verkleinerungsf. von> *Bub*; **'Bu·be** <m.; -n, -n> 1 <veralt.> *Schurke, hinterhältiger Mensch* 2 <Kart.> *eine Spielkarte*; **'bu·ben·haft** <Adj.>; **'Bu·ben·streich** <m.; -(e)s, -e>; **'Bu·bi** <m.; -s, -s; Koseform für> *Bub*; **'Bu·bi·kopf** <m.; -(e)s, -e> = *Pagenkopf*; **'Bü·bin** <f.; -, -n·nen> *Schurkin*; **'bü·bisch** <Adj.> *gemein, tückisch*; **'Büb·lein** <n.; -s, -; poet.; Verkleinerungsf. von> *Bub*

'Bu·bo <m.; -s, -'bo·nen; Med.> *entzündl. Lymphknotenschwellung in der Leistengegend* [grch.]

Buch <n.; -(e)s, -er> *größeres Schrift- od. Druckwerk*; ~ führen; **'Buch·aus·stat·tung** <f.; -, -en>; **'Buch·be·spre·chung** <f.; -, -en>; **'Buch·bin·der** <m.; -s, -; Berufsbez.>; **Buch·bin·de'rei** <f.; -, -en>; **'Buch·bin·de·rin** <f.; -, -n·nen>; **'Buch·block** <m.; -(e)s, -e>; **'Buch·de·ckel** <m.; -s, ->; **'Buch·druck** <m.; -(e)s; unz.> *Verfahren zur Vervielfältigung von Schriftwerken*; **'Buch·dru·cker** <m.; -s, -; Berufsbez.>; **Buch·dru·cke'rei** <f.; -, -en>; **'Buch·dru·cker·kunst** <f.; -; unz.; veralt.>; **'Bu·che** <f.; -, -n; Bot.> *ein Laubbaum*; **'Buch·e·cker** <f.; -, -n; ↗Z55> *Frucht der Buche*; **'Buch·ein·band** <m.; -(e)s, -e>; **'Bu·chel, 'Bü·chel** <f.; -, -n; oberdt.> = *Buchecker*; **'Bü·chel·chen** <n.; -s, -; Verkleinerungsf. von> *Buch*; **'bu·chen¹** <V. t.> 1 <Kaufmannsspr.> *in ein Geschäftsbuch eintragen* 2 *einen Flug ~ verbindlich vorbestellen*; **'bu·chen²** <Adj.> *aus Buchenholz*; **'Bu·chen·holz** <n.; -es; unz.>; **'Bü·cher·ab·schluss** <m.; -es, -e; Kaufmannsspr.> *Jahresabschluss*; **'Bü·cher·bord** <n.; -(e)s, -e>; **'Bü·cher·brett** <n.; -(e)s, -er>; **Bü·che'rei** <f.; -,

-en> *öffentl. Einrichtung zum Entleihen von Büchern;* '**Bü·cher·freund** <m.; -(e)s, -e>; '**Bü·cher·freun·din** <f.; -, -n·nen>; '**Bü·cher·kun·de** <f.; -; unz.>; '**bü·cher·kund·lich** <Adj.>; '**Bü·cher·lieb·ha·ber** <m.; -s, ->; '**Bü·cher·lieb·ha·be·rin** <f.; -, -n·nen>; '**Bü·cher·narr** <m.; -en, -en; '**Bü·cher·när·rin** <f.; -, -n·nen>; '**Bü·cher·re·gal** <n.; -(e)s, -e>; '**Bü·cher·schrank** <m.; -(e)s, ⁔e>; '**Bü·cher·ver·bren·nung** <f.; -, -en; 1933> *öffentl. Verbrennung von politisch unerwünschten Büchern;* '**Bü·cher·ver·zeich·nis** <n.; -s·ses, -s·se> = *Bibliografie(1);* '**Bü·cher·wand** <f.; -, ⁔e>; '**Bü·cher·wurm** <m.; -(e)s, ⁔er> 1 <Zool.> *ein Bohrkäfer* 2 <fig.; umg.; scherz.> *jmd., der ständig liest;* '**Bü·cher·zei·chen** <n.; -s, -> Sy *Exlibris;* '**Buch·fink** <m.; -(e)s, -en; Zool.> *ein Singvogel;* '**Buch·füh·rung** <f.; -, -en; Pl. selten> *systemat. Notieren aller geschäftl. Einnahmen u. Ausgaben;* '**Buch·ge·mein·schaft** <f.; -, -en>; '**Buch·ge·wer·be** <n.; -s; unz.>; '**buch·ge·werb·lich** <Adj.>; '**Buch·hal·ter** <m.; -s, -> *für die Buchführung zuständiger kaufmänn. Angestellter;* '**Buch·hal·te·rin** <f.; -, -n·nen>; '**buch·hal·te·risch** <Adj.>; '**Buch·hal·tung** <f.; -, -en; Pl. selten> 1 = *Buchführung* 2 *Buch führende Abteilung;* in der ~ *arbeiten;* '**Buch·han·del** <m.; -s; unz.>; '**Buch·händ·ler** <m.; -s, ->; '**Buch·händ·le·rin** <f.; -, -n·nen>; '**buch·händ·le·risch** <Adj.>; '**Buch·hand·lung** <f.; -, -en>; '**Buch·kunst** <f.; -; unz.>; '**Buch·la·den** <m.; -s, ⁔; umg.>; '**Buch·lauf·kar·te** <f.; -, -n> *dem Bestellwesen dienende Karte;* '**Büch·lein** <n.; -s, -; meist poet.; Verkleinerungsf. von> *Buch;* '**Buch·ma·cher** <m.; -s, -; Reitsp.> *Vermittler von Wetten;* '**Buch·ma·che·rin** <f.; -, -n·nen>; '**Buch·ma·le·rei** <f.; -, -en>; '**Buch·markt** <m.; -(e)s, ⁔e> *gesamtes Angebot an Büchern;* '**Buch·mes·se** <f.; -, -n>; '**Buch·prü·fer** <m.; -s, -> *Rechnungsprüfer;* '**Buch·prü·fe·rin**

Buchstabe: Ein B. ist ein Schriftzeichen, das (allein oder in Verbindung mit anderen B.) auf Laute oder Lautfolgen bezogen ist. B. können allein oder in Verbindung mit anderen B. einen Laut darstellen, z. B. wird der Laut [ʃ] im Deutschen mithilfe der Buchstabenfolge *sch* wiedergegeben.

Alle Buchstaben- oder Alphabetschriften lassen sich auf die semitische (altphönikische) Sprache zurückführen. Die zunächst nur konsonantische Schrift wurde von den Griechen vokalisiert, wodurch eine lineare Abfolge von ⬈Konsonanten und ⬈Vokalen entstand. Im Unterschied zu Begriffs- oder Zeichenschriften ermöglicht die lateinische Buchstabenschrift mit ca. 30 Zeichen (das Deutsche verfügt über 26 B.) eine ökonomische Verwendung. (Zum Vergleich: Die moderne chinesische Schrift verfügt über ca. 6000–8000 Schriftzeichen.) Die Übertragung der lateinischen B. auf die europäischen Sprachen führte zu häufigen Anpassungsproblemen bezüglich der Zuordnung von Laut und B. Orthografische Inkonsequenzen sind zahlreich und immer wieder Gegenstand von Orthografiereformen. Vgl. ⬈Alphabet, ⬈Laut-Buchstaben-Zuordnung

<f.; -, -n·nen>; '**Buch·rü·cken** <m.; -s, ->

Buchs <[-ks]; m.; -es, -e>, '**Buchs·baum** <m.; -(e)s; unz.> Bot.> *immergrüner Strauch;* '**Buchs·chen** <n.; -s, -; Verkleinerungsf. von> *Büchse(1);* '**Buch·se** <f.; -, -n; Tech.> 1 *Hohlzylinder als Lager von Achsen u. Wellen* 2 *Steckdose;* '**Büch·se** <f.; -, -n> 1 *Dose* 2 <veralt.> *Gewehr;* '**Büch·sen·fleisch** <n.; -(e)s; unz.>; '**Büch·sen·kon·ser·ve** <f.; -, -n>; '**Büch·sen·milch** <f.; -; unz.> Sy *Dosenmilch;* '**Büch·sen·öff·ner** <m.; -s, -> '**Buch·sta·be** <m.; -ns, -n> *Schriftzeichen für einen Sprachlaut;* → a. *Kasten;* '**buch·sta·ben·gläu·big** <Adj.> *unkritisch allem Geschriebenen glaubend;* '**Buch·sta·ben·glei·chung** <f.; -, -en; Math.>; '**Buch·sta·ben-**

rät·sel <n.; -s, ->; '**buch·sta·bie·ren** <V. i. u. V. t.> *die Buchstaben eines Wortes einzeln nennen;* ...**buch·sta·big** <Adj.; in Zus.> z. B. sechsbuchstabig, <in Ziffern> 6-buchstabig; ein sechsbuchstabiges Wort; '**buch·stäb·lich** <Adj.> 1 *genau dem Wortlaut entsprechend* 2 <fig.; adv.> *regelrecht;* er ist ~ verdurstet; '**Buch·stüt·ze** <f.; -, -n>

Bucht <f.; -, -en> 1 *ins Festland ragender Teil des Meeres* 2 *Parkplatz;* Park~

'**Buch·tel** <f.; -, -n; österr.> *eine Mehlspeise*

'**buch·tig** <Adj.> *mit Buchten versehen*

'**Buch·ti·tel** <m.; -s, ->; '**Buch·um·schlag** <m.; -(e)s, ⁔e>; '**Bu·chung** <f.; -, -en>; '**Buch·ver·leih** <m.; -(e)s, -e>; '**Buch·wei·zen** <m.; -s; unz.; Bot.> *eine Pflanze;* '**Buch·wert** <m.; -(e)s, -e> *Wert, mit dem Vermögensbestandteile in der Bilanz aufgeführt sind;* '**Buch·we·sen** <n.; -s; unz.>; '**Buch·wis·sen** <n.; -s; unz.; abwertend> *theoretisches Wissen;* '**Buch·zei·chen** <n.; -s, -> Sy *Lesezeichen*

Bu·cin·to·ro <[-'tʃin-]; m.; -s, -s od. -'to·ri; ital. Form von> *Buzentaur*

'**Bu·ckel** <m.; -s, -> 1 <umg.> *Rücken* 2 *krankhafte Wölbung der Wirbelsäule;* '**bu·cke·lig** <Adj.> oV *bucklig;* '**bu·ckeln** <V.; ich buck(e)le> 1 <V. i.> *einen Buckel machen* 2 <V. t.> *etwas ~ auf den Buckel tragen* 3 <V. i.; abwertend> *sich unterwürfig verhalten;* '**Bu·ckel·rind** <n.; -(e)s, -er; Zool.> = *Zebu;* '**bü·cken** <V. refl.; du bückst dich> *den Rücken krumm machen*

'**Bü·cking** <m.; -s, -e> = *Bückling²*

'**buck·lig** <Adj.>; '**Buck·li·ge(r)** <f. 2 (m. 1)>; '**Bück·ling¹** <m.; -s, -e; scherzh.> *Verbeugung, Diener*

'**Bück·ling²** <m.; -s, -e> *geräucherter Hering*

'**Buck·ram** <m.; -s; unz.> *appretiertes, grobes Gewebe für Bucheinbände* [engl., nach der Stadt Buchara in Usbekistan]

'**Buck·skin** <m.; -s, -s> *Gewebe in Köperbindung* [engl.]

'**Bu·da·pest** *Hauptstadt von Ungarn*

'**Büd·chen** <n.; -s, -; Verkleinerungsf. von> *Bude*

'**Bud·del** <f.; -, -n; norddt.; umg.> *Flasche* [frz.]

Bud·de'lei <f.; -, -en; umg.>; '**bud·deln** <V. i.; ich budd(e)le; umg.> *wühlen, (im Sand) graben*

'**Bud·del·schiff** <n.; -(e)s, -e>

'**Bud·dha**[1] *Ehrentitel des ind. Religionsstifters Siddhartha* [Sanskrit]; '**Bud·dha**[2] <m.; -s, -s> *Statue Buddhas*; **Bud'dhis·mus** <m.; -; unz.> *von Buddha[1] gestiftete Religion in Indien*; **Bud'dhist** <m.; -en, -en>; **Bud'dhis·tin** <f.; -, -nnen>; **bud'dhis·tisch** <Adj.>

Budd'leia, Budd'le·ja <f.; -, -s; Bot.> *ein Zierstrauch*

'**Bu·de** <f.; -, -n> 1 *leichter Bretterverschlag* 2 <umg.> *einfaches Zimmer*; *Studenten~*; '**Bu·den·zau·ber** <m.; -s; unz.; umg.> 1 *Jahrmarktstreiben* 2 *fröhliches Fest in der Wohnung*

Bud·get <[byˈdʒeː]; n.; -s, -s> *die zur Verfügung stehende Geldsumme, Haushaltsplan* [frz.]; **bud·ge'tär** <Adj.>; **bud·ge'tie·ren** <V. i. u. V. t.>; **Bud·ge'tie·rung** <f.; -, -en>

'**Bu·do** <n.; -; unz.; Sammelbez. für> *verschiedene jap. Sportarten (wie z. B. Judo, Karate)* [jap.]; **Bu'do·ka** <m.; - od. -s, - od. -s> *Budosportler*

Bu'e·nos 'Ai·res *Hauptstadt von Argentinien*

Bü'fett <n.; -(e)s, -e od. (österr.) -s> oV *Buffet* 1 *Anrichte* 2 *Schanktisch* 3 *Tisch mit Speisen zur Selbstbedienung*; das ~ ist eröffnet 4 *die Speisen selbst; kaltes, warmes ~* [frz.]

'**Büf·fel** <m.; -s, -; Zool.> *eine Rinderart*; **Büf'fe'lei** <f.; -; unz.; umg.> *lästiges Büffeln*; '**Büf·fel·her·de** <f.; -, -n>; '**Büf·fel·le·der** <n.; -s, ->; '**büf·feln** <V. i. u. V. t.; ich büff(e)le; umg.> *angestrengt lernen*

Buf·fet, Büf·fet <[byˈfeː] od. schweiz. [ˈbyfe:]; n.; -(e)s, -s od. -e> = *Büfett*

'**Buf·fo** <m.; -s, -s od. '**Buf·fi**> *Sänger einer komischen Opernrolle* [ital.]; **buf·fo'nesk** <Adj.>;

'**Buf·fo·o·per** <f.; -, -n; ↗Z55> *komische Oper*

Bug[1] <m.; -(e)s, -e> 1 <Mar.> *Vorderteil des Schiffes* 2 <Pl. a. ≃e> *Schulter von Pferd, Rind u. Hochwild*

Bug[2] <[bʌg]; m.; -s, -s; EDV> *Fehler in der Soft- od. Hardware* [engl.]

'**Bü·gel** <m.; -s, -> 1 *leicht gebogener Griff* 2 <kurz für> *Kleiderbügel* 3 = *Steigbügel* 4 *Teil der Brille*; '**Bü·gel·brett** <n.; -(e)s, -er>; '**Bü·gel·ei·sen** <n.; -s, ->; '**Bü·gel·fal·te** <f.; -, -n>; '**bü·gel·fest** <Adj.>; '**bü·gel·frei** <Adj.> ~e Hemden; '**Bü·gel·ma·schi·ne** <f.; -, -n>; '**bü·geln** <V. i. u. V. t.; ich büg(e)le> *mit dem Bügeleisen glätten*; '**Bü·gel·wä·sche** <f.; -; unz.>

Bug·gy <[ˈbʌgi]; m.; -s, -s; ↗Z6.1> *leichter, zusammenklappbarer Kinderwagen* [engl.]

'**Bü·gle·rin** <f.; -, -nnen>

bug'sie·ren <V. t.> 1 <Seemannsspr.> *ein Schiff ~ ins Schlepptau nehmen* 2 <fig.; umg.> *schleppen, befördern* [ndrl.]; **Bug'sie·rer** <m.; -s, -; Seemannsspr.> *Schleppdampfer*

'**Bug·spriet** <n.; -(e)s, -e; Seemannsspr.; am Segelschiff> *über den Bug hinausragender Mastbaum*; '**Bug·stück** <n.; -(e)s, -e> *Schulterstück von Schlachttieren*; '**Bug·wel·le** <f.; -, -n> *Welle vor dem fahrenden Schiff*

buh <Int.> <Ausruf zum Zeichen des Missfallens>; **Buh** <n.; -s, -s; umg.> *Missfallensäußerung*

'**Bü·hel** <m.; -s, -> = *Bühl*

'**bu·hen** <V. i.; umg.> *"Buh!" rufen*

Bühl <m.; -s, -e> *Hügel*; oV *Bühel*

'**Buh·le** <m.; -n, -n od. f.; -, -n; veralt.> *Geliebte(r)*; '**buh·len** <V. i.; veralt.> *schmeichelnd werben*; '**Buh·le·rin** <f.; -, -n·nen; veralt.> *Geliebte*; '**buh·le·risch** <Adj.; veralt.>; '**Buhl·schaft** <f.; -, -en; veralt.> *Liebesbeziehung*

'**Buh·mann** <m.; -(e)s, -er; umg.> *Prügelknabe*; er muss als ~ dienen

'**Buh·ne** <f.; -, -n> *dammartiger Uferschutz* [ndrl.]

'**Büh·ne** <f.; -, -n> 1 *erhöhte*

Spielfläche im Theater 2 *Theater*; er will zur ~; '**Büh·nen·an·wei·sung** <f.; -, -en>; '**Büh·nen·ar·bei·ter** <m.; -s, ->; '**Büh·nen·aus·spra·che** <f.; -; unz.>; '**Büh·nen·aus·stat·tung** <f.; -, -en>; '**Büh·nen·be·ar·bei·tung** <f.; -, -en>; '**Büh·nen·be·leuch·tung** <f.; -, -en>; '**Büh·nen·bild** <n.; -(e)s, -er> *Kulisse eines Bühnenstückes*; '**Büh·nen·bild·ner** <m.; -s, -; Berufsbez.>; '**Büh·nen·bild·ne·rin** <f.; -, -n·nen>; '**Büh·nen·ef·fekt** <m.; -(e)s, -e>; '**Büh·nen·fas·sung** <f.; -; unz.>; '**büh·nen·ge·recht** <Adj.> ~e Fassung; '**Büh·nen·kunst** <f.; -; unz.>; '**büh·nen·mä·ßig** <Adj.>; '**Büh·nen·mu·sik** <f.; -; unz.>; '**büh·nen·reif** <Adj.; fig.> *sehenswert, amüsant*; ein ~er Auftritt; '**Büh·nen·spra·che** <f.; -; unz.>; '**Büh·nen·stück** <n.; -(e)s, -e>; '**Büh·nen·tech·nik** <f.; -; unz.>; '**Büh·nen·tech·ni·ker** <m.; -s, ->; '**Büh·nen·tech·ni·ke·rin** <f.; -, -n·nen>; '**Büh·nen·werk** <n.; -(e)s, -e>; '**büh·nen·wirk·sam** <Adj.>; '**Büh·nen·wirk·sam·keit** <f.; -; unz.>; '**Büh·nen·wir·kung** <f.; -, -en>

'**Buh·ruf** <m.; -(e)s, -e> *Missfallensruf*

'**Bu·hurt** <m.; -(e)s, -e; MA> *Reiterkampfspiel* [frz.]

Bu'ka·ni·er <m.; -s, -> *westind. Seeräuber des 17. Jh.* [frz.]

'**Bu·ka·rest** *Hauptstadt von Rumänien*

Bu'kett <n.; -(e)s, -e> oV *Bouquet* 1 *Blumenstrauß* 2 *Duft des Weines* [frz.]

Bu·ki'nist <m.; -en, -en> = *Bouquinist*

Bu'klee, <auch> Buk'lee <n. od. m.; -s, -s; ↗Z53, 18.4> = *Bouclé*

Bu'ko·lik <f.; -; unz.> *Hirten-, Schäferdichtung* [grch.]; **Bu'ko·li·ka** <Pl.>; **bu'ko·lisch** <Adj.> *idyllisch*; ~e Dichtung

bul'bös <Adj.> *knollig* [lat.]; '**Bul·bus** <m.; -, 'Bul·bi od. 'Bulben> 1 <Med.> *Anschwellung* 2 ~ oculi *Augapfel* 3 <Bot.> *Zwiebel*

Bu'let·te <f.; -, -n; umg.> *gebratenes Fleischklößchen*

Bul'ga·re <m.; -n, -n> *Einwohner von Bulgarien*; **Bul'ga·ri·en**

Staat in Südosteuropa; Republik ~; **Bul'ga·rin** <f.; -, -·nen>; **bul'ga·risch** <Adj.>

Bu·li'mie <f.; -; unz.; Med.> Ess-Brech-Sucht [grch.]

Bulk <m.; -s, -e; schweiz.> Fahrzeug mit besonderen Ladevorrichtungen [engl.]; **Bulk·car·ri·er** <['bʌlkkærɪə(r)]; m.; -s, -> Frachtschiff zur Beförderung von Bulkladungen; **'Bulk·la·dung** <f.; -, -en; Mar.> Schüttgut

'Bull·au·ge <n.; -s, -n; an Schiffen> rundes Schiffsfenster [engl.]

'Bull·dog <m.; -s, -s; Warenz.> Zugmaschine [engl.]

'Bull·dog·ge <f.; -, -n; Zool.> eine Hunderasse [engl.]

'Bull·do·zer <[-do:zə(r)]; m.; -s, -> schweres Raupenfahrzeug [engl.]

'Bul·le¹ <m.; -n, -n> 1 männl. Rind, Zuchtstier 2 männl. Tier einiger Säugetierarten 3 <derb; abwertend> Polizist

'Bul·le² <f.; -, -n> 1 <MA> (Kapsel für) das Siegel einer Urkunde 2 päpstl. Erlass [lat.]

'Bul·len·bei·ßer <m.; -s, -> 1 Stammform einer Hunderasse 2 <fig.; umg.; scherzh.> unfreundlicher Mensch; **'Bul·len·hit·ze** <f.; -; unz.; umg.; verstärkend> große Hitze; **'bul·len·stark** <Adj.; umg.; verstärkend>

'bul·le·rig <Adj.; umg.> polternd; oV bullrig; **'bul·lern** <V. i.; umg.> das Feuer bullert im Ofen

Bul·le·tin <[byl'tɛ̃]; n.; -s, -s> 1 Tagesbericht, Kriegsbericht 2 öffentl. Bekanntmachung [frz.]

'bul·lig <Adj.; umg.> massig, plump

'bull·rig <Adj.> = bullerig

'Bull·ter·ri·er <m.; -s, -; Zool.> eine Hunderasse [engl.]

'Bul·ly <n.; -s, -s; (Eis-)Hockey> Abschlag [engl.]

Bult <m.; -(e)s, =e od. -en>, **'Bül·te** <f.; -, -n; norddt.> feste, grasbewachsene Stelle im Moor

bum <Schallw.>

'Bum·bass <m.; -es, =e; mdt.; früher> Instrument der Bettelmusikanten

'Bu·me·rang <m.; -s, -e od. -s> gebogenes Wurfholz [austral.]

'Bum·mel¹ <m.; -s, -; umg.> gemütlicher Spaziergang; Schaufenster~

'Bum·mel² <f.; -, -n; umg.> = Bommel

Bum·me·lant <m.; -en, -en; umg.> Faulpelz; **Bum·me·lan·tin** <f.; -, -·nen>; **Bum·me'lei** <f.; -, -en; umg.>; **'bum·me·lig** <Adj.> = bummlig, **'Bum·me·lig·keit** <f.; -; unz.> = Bummligkeit; **'Bum·mel·le·ben** <n.; -s; unz.; umg.>; **'bum·meln** <V. i.; ich bumm(e)le; umg.> 1 <(s.)> ziellos umherschlendern 2 trödeln; **'Bum·mel·streik** <m.; -(e)s, -s od. -e>; **'Bum·mel·zug** <m.; -(e)s, =e; scherzh.>;

'Bumm·ler <m.; -s, -; umg.> jmd., der bummelt; **'Bumm·le·rin** <f.; -, -·nen; umg.>;

'bumm·lig <Adj.; umg.> langsam, träge, **'Bumm·lig·keit** <f.; -; unz.; umg.>

bums <Schallw.>; **Bums** <m.; -es, -e; umg.> dröhnender Schlag; **'bum·sen** <V.; du bumst; umg.> 1 <V. i.> dröhnen, knallen 2 <V. i. u. V. t.; derb> koitieren; jmdn., mit jmdm. ~; **'Bums·lo·kal** <n.; -(e)s, -e; umg.> billiges, <auch> anrüchiges Lokal

'Bu·na <m. od. n.; -s; unz.; Warenz.> synthet. hergestellter Kautschuk

Bund¹ <m.; -(e)s, =e> 1 enge Verbindung, Vereinigung, Gemeinschaft 2 oberer Hosen- od. Rockabschluss; **Bund²** <n. 7; -(e)s, -e od. -> zu einem Ganzen zusammengebundene Dinge; zwei ~ Radieschen; Schlüssel~

BUND <Abk. für> Bund für Umwelt und Naturschutz Deutschland

'Bünd·chen <n.; -s, -> eingefasster unterer Ärmelrand; **'Bün·del** <n. 7; -s, -> gleichartige, zu einem Ganzen zusammengebundene Dinge; Akten~; **'bün·deln** <V. t.; ich bünd(e)le> zu einem Bündel schnüren; **'bün·del·wei·se** <Adv.>

'Bun·des·amt <n.; -(e)s, =er> obere Verwaltungsbehörde der BRD; **Bun·des'an·ge·stell·ten·ta·rif** <m.; -(e)s, -e; Abk.: BAT>; **'Bun·des·an·stalt** <f.; -, -en>;

'Bun·des·an·walt <m.; -(e)s, =e>; **'Bun·des·an·wäl·tin** <f.; -, -·nen>; **Bun·des·an·walt·schaft** <f.; -; unz.>; **'Bun·des·an·zei·ger** <m.; -s, -> amtl. Veröffentlichungsblatt der BRD; **Bun·des'ar·beits·ge·richt** <n.; -(e)s; unz.>; **Bun·des'ar·beits·mi·nis·ter** <m.; -s, ->; **Bun·des'ar·beits·mi·nis·te·rin** <f.; -, -·nen>; **Bun·des'ar·beits·mi·nis·te·ri·um** <n.; -s, -ri·en>; **'Bun·des·auf·sicht** <f.; -; unz.>; **Bun·des·aus·bil·dungs'för·de·rungs·ge·setz** <n.; -es; unz.; Abk.: BAföG, Bafög>; **Bun·des·'au·ßen·mi·nis·ter** <m.; -s, ->; **Bun·des·au·ßen·mi·nis·te·rin** <f.; -, -·nen>; **Bun·des·au·ßen·mi·nis·te·ri·um** <n.; -s, -ri·en>; **'Bun·des·bahn** <f.; -; unz.; früher ~ <heute> Dt. Bahn AG>; **'Bun·des·bank** <f.; -; unz.>; **Bun·des·be'hör·de** <f.; -, -n> = Bundesamt; **'Bun·des·blatt** <n.; -(e)s, =er; schweiz.> amtl. Veröffentlichungsblatt; **'Bun·des·e·be·ne** <f.; -; unz.; ⏶Z55; fig.> auf ~; **'Bun·des·ei·gen** <Adj.>; **Bun·des·fi'nanz·hof** <m.; -(e)s; unz.>; **Bun·des·fi'nanz·mi·nis·ter** <m.; -s, ->; **Bun·des·fi'nanz·mi·nis·te·rin** <f.; -, -·nen>; **Bun·des·fi'nanz·mi·nis·te·ri·um** <n.; -s, -ri·en>; **'Bun·des·ge·biet** <n.; -(e)s; unz.>; **'Bun·des·ge·nos·se** <m.; -n, -n>; **'Bun·des·ge·nos·sen·schaft** <f.; -; unz.>; **'bun·des·ge·nös·sisch** <Adj.>; **'Bun·des·ge·richt** <n.; -(e)s, -e>; **'Bun·des·ge·richts·hof** <m.; -(e)s; unz.; Abk.: BGH>; **'Bun·des·ge·setz** <n.; -es, -e>; **Bun·des·ge'setz·blatt** <n.; -(e)s, =er; Abk.: BGBl.>; **Bun·des·ge·'sund·heits·mi·nis·ter** <m.; -s, ->; **Bun·des·ge'sund·heits·mi·nis·te·rin** <f.; -, -·nen>; **Bun·des·ge'sund·heits·mi·nis·te·ri·um** <n.; -s, -ri·en>; **Bun·des·'grenz·schutz** <m.; -es; unz.; Abk.: BGS>; **'Bun·des·haupt·stadt** <f.; -, =e> ~ Berlin; **'Bun·des·haus** <n.; -es, =er> 1 Sitz von Bundestag u. Bundesrat 2 <in der Schweiz> Sitz von Nationalrat, Ständerat u. Bundeskanzlei; **'Bun·des·haus·halt** <m.; -(e)s, -e>; **Bun·des'in·nen-**

B

mi·nis·ter <m.; -s, ->; Bun·des·'in·nen·mi·nis·te·rin <f.; -; -n·nen>; Bun·des·'in·nen·mi·nis·te·ri·um <n.; -s, -ri·en>; 'Bun·des·ka·bi·nett <n.; -(e)s; unz.; Sammelbez. für> *Bundeskanzler u. sämtl. Bundesminister*; 'Bun·des·kanz·ler <m.; -s, ->; 'Bun·des·kanz·ler·amt <n.; -(e)s; unz.>; Bun·des·kar'tell·amt <n.; -(e)s; unz.>; Bun·des·kri·mi'nal·amt <n.; -(e)s; unz.>; 'Bun·des·la·de <f.; -; unz.; AT> *heiliger Schrein der Israeliten mit den Gesetzestafeln des Moses*; 'Bun·des·land <n.; -(e)s, ⸚er>; 'Bun·des·li·ga <f.; -; unz.; Fußb.> *oberste Spielklasse*; 'Bun·des·li·gist <m.; -en, -en> *Angehöriger der Bundesliga*; 'Bun·des·mi·nis·ter <m.; -s, ->; 'Bun·des·mi·nis·te·ri·um <n.; -s, -ri·en>; Bun·des·'nach·ten·dienst <m.; -(e)s, -e; Abk.: BND>; 'Bun·des·post <f.; -; unz.; kurz für> *Deutsche Bundespost,* <heute> *Dt. Post AG*; 'Bun·des·prä·si·dent <m.; -en, -en>; 'Bun·des·prä·si·den·tin <f.; -, -n·nen>; 'Bun·des·rat <m.; -(e)s, ⸚e>; Bun·des·'rech·nungs·hof <m.; -(e)s; unz.>; 'Bun·des·re·gie·rung <f.; -, -en>; 'Bun·des·re·pu·blik 'Deutsch·land, <auch> 'Bun·des·re·pub·lik 'Deutsch·land <f.; --; unz.; nicht amtl. Abk.: BRD>; 'Bun·des·rich·ter <m.; -s, ->; 'Bun·des·rich·te·rin <f.; -, -n·nen>; 'Bun·des·staat <m.; -(e)s, -en>; 'Bun·des·stadt <f.; -, ⸚e; Amtsdt.> ~ Bonn (als zweites polit. Zentrum); 'Bun·des·stra·ße <f.; -, -n; Abk.: B>; 'Bun·des·tag <m.; -(e)s, -e>; 'Bun·des·tags·ab·ge·ord·ne·te(r) <f. 2 (m. 1)>; 'Bun·des·tags·frak·ti·on <f.; -, -en>; 'Bun·des·trai·ner <[-'tre:-]; m.; -s, -; Fußb.>; 'Bun·des·ver·band <m.; -(e)s, ⸚e>; Bun·des·ver'dienst·kreuz <n.; -es, -e>; 'Bun·des·ver·ei·ni·gung <f.; -, -en>; 'Bun·des·ver·fas·sung <f.; -, -en>; Bun·des·ver'fas·sungs·ge·richt <n.; -(e)s; unz.>; Bun·des·ver·'kehrs·mi·nis·ter <m.; -s, ->; Bun·des·ver'kehrs·mi·nis·te·rin <f.; -, -n·nen>; Bun·des·ver·'kehrs·mi·nis·te·ri·um <n.; -s

-ri·en>; 'Bun·des·ver·samm·lung <f.; -, -en>; Bun·des·ver·'wal·tungs·ge·richt <n.; -(e)s; unz.>; 'Bun·des·vor·stand <m.; -(e)s, ⸚e>; 'Bun·des·wehr <f.; -; unz.> *die Streitkräfte der BRD*; 'bun·des·weit <Adj.>; Bun·des·'wirt·schafts·mi·nis·ter <m.; -s, ->; Bun·des·'wirt·schafts·mi·nis·te·rin <f.; -, -n·nen>; Bun·des·wirt·schafts·mi·nis·te·ri·um <n.; -s, -ri·en>

'Bund·fal·ten·ho·se <f.; -, -n; Mode>; 'Bund·ho·se <f.; -, -n>; 'bün·dig <Adj.> 1 *überzeugend, treffend; kurz u. ~* 2 *auf gleicher Ebene liegend; ~* abschließen; 'Bün·dig·keit <f.; -; unz.>; 'bün·disch <Adj.> *zu einem Bund¹(1) gehörig; ~e Jugend*; 'bünd·le·risch <Adj.> *zu Verschwörungen neigend*; 'Bünd·ner <m.; -s, -; schweiz.> *Graubündner*; 'Bünd·ner 'Fleisch <n.; --(e)s; unz.> *stark geräuchertes Rindfleisch*; 'bünd·ne·risch <Adj.; schweiz.> *graubündnerisch*; 'Bünd·nis <n.; -s·ses, -s·se> 1 *festte Verbindung zw. Gleichgesinnten; ~* 90/Die Grünen *eine Partei* 2 *völkerrechtl. Vertrag zw. Staaten*; 'Bünd·nis·grü·ne(r) <f. 2 (m. 1)>; 'Bund·schuh <m.; -(e)s, -e> *derber Halbschuh*; 'Bund·steg <m.; -(e)s, -e; Typ.>; 'bund·wei·se <Adv.>; 'Bund·wei·te <f.; -, -n> *Weite des Bundes¹(2)*

Bun·ga·low <['bungalo:]; m.; -s, -s> *ebenerdiges Wohnhaus* [engl.-ind.]

'Bun·ge <f.; -, -n> *Fischreuse*

Bun·gee·jum·ping <['bʌn·dʒiː'dʒʌmpiŋ]; n.; -s, -s; Sp.> *durch ein elastisches Halteseil gesichertes Springen aus großer Höhe* [engl.]

'Bun·ker <m.; -s, -> 1 *Schutzraum* 2 *Sammelbehälter für Kohle o. Ä.*; 'bun·kern <V. t.; ich bunk(e)re; umg.; salopp> *horten*

'Bun·sen·bren·ner <m.; -s, -; Chem.> *ein Gasbrenner* [nach dem Chemiker R. W. *Bunsen*]

bunt <Adj.; -er, am -es·ten; Getrenntschreibung mit Partizipien u. Adj.> 1 *(mehr)farbig; ~ geschecktе Kühe; ein ~ gestreif-

tes Hemd; sie war in grelles Bunt gekleidet;* <aber> → *buntscheckig* 2 *vielgestaltig, abwechslungsreich;* ein ~er Abend; ein ~ gemischtes Publikum; 'Bunt·blätt·rig·keit <f.; -; unz.>; 'Bunt·druck <m.; -(e)s, -e>; 'Bunt·heit <f.; -; unz.>; 'Bunt·me·tall <n.; -(e)s, -e>; 'Bunt·pa·pier <n.; -s, -e>; 'Bunt·sand·stein <m.; -(e)s, -e 1 *ein Gestein* 2 <unz.; Geol.> *ältester Abschnitt der Triasformation*; 'bunt·sche·ckig <Adj.>; 'Bunt·specht <m.; -(e)s, -e; Zool.> *ein Vogel*; 'Bunt·stift <m.; -(e)s, -e>; 'Bunt·wä·sche <f.; -; unz.>

Bur <m.; -en, -en> = *Bure*

Bur·ber·ry <['bə:bəri]; m.; - od. -s, -s; Warenz.> 1 *fester Kammgarnstoff* 2 *Mantel aus diesem Stoff* [nach dem gleichnamigen engl. Tuchhändler]

'Bür·de <f.; -, -n; geh.> *schwere (seelische) Last*

'Bu·re <m.; -n, -n> *Südafrikaner niederländischer Herkunft*; oV *Bur*

Bü'ret·te <f.; -, -n> *Glasröhrchen zum Abmessen von Flüssigkeiten* [frz.]

Burg <f.; -, -en> *meist erhöht liegende befestigte mittelalterl. Gebäudeanlage*

'Bür·ge <m.; -n, -n> *jmd., der für einen anderen bürgt*; 'bür·gen <V. i.> für jmdn. ~ *einstehen*

...bur·ger <[-'bə:gə(r)]; in Zus.> *in der Art eines Hamburgers² gefülltes Brötchen;* Cheese~; Fisch~; 'Bur·ger <m.; -s, -; kurz für> *Hamburger²*

'Bür·ger <m.; -s, -> *Bewohner einer Stadt od. eines Staates*; 'Bür·ger·be·geh·ren <n.; -s, ->; 'Bür·ger·be·we·gung <f.; -, -en>; 'Bür·ger·ent·scheid <m.; -(e)s, -e>; 'Bür·ger·haus <n.; -es, ⸚er>; 'Bür·ge·rin <f.; -, -n·nen>; 'Bür·ger·in·i·ti·a·ti·ve, <auch> 'Bür·ger·i·ni·ti·a·ti·ve <[-tsjati:və]; f.; -, -n> *Zusammenschluss von Bürgern zur Durchsetzung gemeinsamer Ziele*; 'Bür·ger·krieg <m.; -(e)s, -e>; 'bür·ger·lich <Adj.; ✐Z46> *den (Staats-)Bürger, das Bürgertum betreffend; ~e Küche; ~es Recht;* <aber> das Bürgerliche

Gesetzbuch <Abk.: BGB>; **'Bür-ger·li·che(r)** <f. 2 (m. 1)>; **'Bür-ger·lich·keit** <f.; -; unz.>; **'Bür-ger·meis·ter** <m.; -s, -> *Ober-haupt einer Stadt od. Gemein-de*; **'Bür·ger·meis·te·rin** <f.; -, -n·nen>; **'Bür·ger·pflicht** <f.; -, -en>; **'Bür·ger·recht** <n.; -(e)s, -e>; **'Bür·ger·recht·ler** <m.; -s, ->; **'Bür·ger·recht·le·rin** <f.; -, -n·nen>; **'bür·ger·recht·lich** <Adj.>; **'Bür·ger·rechts·be·we-gung** <f.; -, -en>; **'Bür·ger-schaft** <f.; -, -en>; **'Bür·ger-schreck** <m.; -s, -e; umg.; iron.> *jmd., der durch sein Ver-halten provoziert*; **'Bür·ger·sinn** <m.; -(e)s; unz.>; **'Bür·ger·steig** <m.; -(e)s, -e> = *Gehsteig*; **'Bür-ger·tum** <n.; -s; unz.>; **'Bür·ger-wehr** <f.; -, -en; veralt.>; **'Burg-frau** <f.; -, -en; früher>; **'Burg-fräu·lein** <n.; -s, - od. (umg.) -s; früher>; **'Burg·frie·de** <m.; -ns, -n; MA>; **'Burg·gra·ben** <m.; -s, ⸚>; **'Burg·graf** <m.; -en, -en; früher>; **'Burg·grä·fin** <f.; -, -n·nen; früher>; **'Burg·graf-schaft** <f.; -, -en; früher>; **'Burg·herr** <m.; -en, -en; frü-her>

'Bür·gin <f.; -, -n·nen>

'Burg·sas·se <m.; -n, -n; früher> *Burgbewohner*

'Bürg·schaft <f.; -, -en> *das Haf-ten für jmdn.*; eine ~ überneh-men

Bur'gund *frz. Landschaft*; **Bur-'gun·der** <m.; -s, -> 1 *Einwoh-ner von Burgund* 2 *Weinsorte*

'Burg·ver·lies <n.; -es, -e> *Kerker einer Burg*; **'Burg·vogt** <m.; -(e)s, ⸚e; früher>

'bu·risch <Adj.> *die Buren betref-fend*

Bur'ja·te, Bur'jä·te <m.; -n, -n> *Angehöriger eines mongol. Vol-kes*

Bur'ki·na 'Fa·so *Staat in West-afrika*; **Bur'ki·ner** <m.; -s, -> *Einwohner von Burkina Faso*; **Bur'ki·ne·rin** <f.; -, -n·nen>; **bur-'ki·nisch** <Adj.>

bur'lesk <Adj.> *possenhaft* [frz.]; **Bur'les·ke** <f.; -, -n> *Posse, Schwank*

'Bur·ma = *Birma*; **Bur'ma·ne** <m.; -n, -n>; **bur'ma·nisch** <Adj.>; **Bur'me·se** <m.; -n, -n>;

Bur'me·sin <f.; -, -n·nen>; **bur-'me·sisch** <Adj.> = *birmanisch*

Burn-out, <auch> **Burn-out** <[bəːnˈaut]; n.; -s, -s; ⤢Z32> 1 *Brennschluss bei Raketen* 2 *das Durchschmelzen von Brennele-menten* 3 <Med.; Psych.> *Zu-stand völliger Erschöpfung*; → a. *ausbrennen* [engl.]; **Burn-'out-Syn·drom** <n.; -(e)s; unz.; Med.; Psych.> = *Burn-out(3)*

'Bur·nus <m.; -s·ses od. -, -s·se> *Kapuzenmantel der Beduinen* [arab.]

Bü'ro <n.; -s, -s> *Arbeitsraum, Firma für schriftl. Tätigkeiten* [frz.]; **Bü'ro·ar·ti·kel** <m.; -s, ->; **Bü'ro·klam·mer** <f.; -, -n>; **Bü-'ro·kraft** <f.; -, ⸚e>; **Bü'ro'krat** <m.; -en, -en; abwertend> *eng-stirnig nach Vorschriften arbei-tender Mensch*; **Bü·ro·kra'tie** <f.; -, -n> 1 *Beamtenherrschaft* 2 <fig.; abwertend> *unflexible Verwaltung*; **Bü'ro·kra·tin** <f.; -, -n·nen>; **bü·ro'kra·tisch** <Adj.>; **bü·ro·kra·ti'sie·ren** <V. t.>; **Bü·ro·kra'tis·mus** <m.; -; unz.> *engstirnige Auslegung von Vorschriften*; **Bü·ro'list** <m.; -en, -en; schweiz.> *Büro-angestellter*; **Bü·ro'lis·tin** <f.; -, -n·nen>; **Bü'ro·ma·te·ri·al** <n.; -s, -ri'a·li·en>; **Bü'ro·mensch** <m.; -en, -en; umg.>; **Bü'ro·mö·bel** <n.; -s, -; meist Pl.>; **Bü-'ro·schluss** <m.; -es; unz.>

Bursch <m.; -en, -en; umg.> = *Bursche*; **Bür'schchen** <n.; -s, -; Verkleinerungsf. von *Bur-sche*; **'Bur·sche** <m.; -n, -n> *junger Mann, Halbwüchsiger, netter Kerl*; **'bur·schen·haft** <Adj.>; **'Bur·schen·le·ben** <n.; -s; unz.; veralt.>; **'Bur·schen-schaft** <f.; -, -en; seit 1815> *stu-dent. Verbindung*; **'Bur·schen-schaf·ter** <m.; -s, -> *Mitglied ei-ner Burschenschaft*; **'bur·schen-schaft·lich** <Adj.>; **'Bur·schi** <Koseform von *Bursche*; **bur-schi'kos** <Adj.> *ungezwungen, formlos*; **Bur·schi·ko·si'tät** <f.; -; unz.>; **'Bürsch·lein** <n.; -s, -; poet.; Verkleinerungsf. von *Bursche*; **'Bur·se** <f.; -, -n; frü-her> *Studentenheim*

Bur'si·tis <f.; -, -'ti·den; Med.> *Schleimbeutelentzündung* [lat.]

'Bürst·chen <n.; -s, -; Verkleine-

rungsf. von *Bürste*; **'Bürs·te** <f.; -, -n> *Gegenstand mit Bors-ten zum Reinigen u. Glätten*; **'bürs·ten** <V. t./V. refl.>; **'Bürs-ten·bin·der** <m.; -s, -; Berufs-bez.>; **'Bürs·ten·mas·sa·ge** <f.[-ʒə]; f.; -, -n>; **'Bürs·ten-schnitt** <m.; -(e)s, -e> *sehr kur-zer Haarschnitt*

Bu'run·di *Staat in Ostafrika*; Re-publik ~; **Bu'run·di·er** <m.; -s, ->; **Bu'run·di·e·rin** <f.; -, -n·nen>; **bu'run·disch** <Adj.>

'Bür·zel <m.; -s, -> 1 *Schwanz-wurzel der Vögel* 2 *Schwanz von Wildschwein, Bär u. Dachs*; **'Bür·zel·drü·se** <f.; -, -n>

Bus <m.; 'Bus·ses, 'Bus·se; kurz für> 1 *Autobus, Omnibus* 2 <EDV> *computerinternes Ver-bindungssystem*

Busch <m.; -(e)s, ⸚e> 1 *dicht be-laubter Strauch* 2 <unz.> *Ur-wald, unwegsames Gelände*; im afrikanischen ~; **'Busch·boh·ne** <f.; -, -n; Bot.>; **'Büsch·chen** <n.; -s, -; Verkleinerungsf. von *Busch(1)*; **'Bü·schel** <n.; -s, -> *Bündel langer gleichartiger Dinge*; Haar~; **'Bü·schel·chen** <n.; -s, -; Verkleinerungsf. von *Büschel*; **'bü·schel·wei·se** <Adj.>; **'Bu·schen** <m.; -s, -; bair.; österr.> *Strauß aus Blu-men od. Zweigen*; **'Bu·schen-schän·ke, 'Bu·schen·schen·ke** <f.; -, -n; bair.; österr.> *Strauß-wirtschaft*; **'Busch·fie·ber** <n.; -s; unz.> = *Gelbfieber*; **'bu·schig** <Adj.> *dicht*; ~e Augenbrauen; **'Büsch·lein** <n.; -s, -; poet.> Ver-kleinerungsf. von *Busch(1)*; **'Busch·mann** <m.; -(e)s, ⸚er> *Angehöriger eines südwestafri-kan. Eingeborenenvolkes*; **'Busch·mes·ser** <n.; -s, ->; **'Busch·werk** <n.; -(e)s; unz.>; **'Busch·wind·rös·chen** <n.; -s, -; Bot.> = *Anemone*

'Bu·sen <m.; -s, -> 1 *weibl. Brust* 2 *Meeresbucht*; Finnischer Meer~; **'bu·sen·frei** <Adj.>; **'Bu-sen·freund** <m.; -(e)s, -e> *inni-ger, bester Freund*; **'Bu·sen-freun·din** <f.; -, -n·nen>; **'Bu-sen·grap·scher** <m.; -s, -; umg.> *Mann, der Frauen sexu-ell belästigt*; **'Bu·sen·star** <m.; -s, -s; umg.>

'Bus·fah·rer <m.; -s, ->; **'Bus·fah-**

B

re·rin <f.; -, -n·nen>; **'Bus·hal·te·stel·le** <f.; -, -n>

Bu·shel <['buʃəl]; m.; -s, -s od. (bei Maßangaben) -> *engl.- amerikan. Trockenhohlmaß* [engl.]

Bu·si·ness <['biznis]; n.; -; unz.> *Geschäft(sleben)* [engl.]; **'Bu·si·ness·class** <[-'kla:s]; f.; -; unz.; im Flugverkehr> *gehobene Beförderungsklasse (für Geschäftsreisende)*; Ggs *Economyclass*; **'Bu·si·ness·man** <[-mæn]; m.; -, -men [-mən]> *Geschäftsmann*

'Bus·sard <m.; -s, -e; Zool.> *ein Raubvogel* [frz.]

'Bu·ße <f.; -, -n> 1 *Reue*; ~ tun 2 <Rechtsw.> *(Geld-)Strafe*

'bus·seln <V. t.; ich buss(e)le; oberdt.> *küssen*

'bü·ßen <V. i.> *Buße tun*; für etwas ~ müssen; **'Bü·ßer** <m.; -s, -> **'Bü·ßer·hemd** <n.; -(e)s, -en> *raues Gewand zum Zeichen der Buße*; **'Bü·ße·rin** <f.; -, -n·nen>; **'Bü·ßer·kleid** <n.; -(e)s, -er>

'Bus·serl <n.; -s, - od. -n; oberdt.> *Kuss*

'buß·fer·tig <Adj.> *zur Buße bereit*; **'Buß·fer·tig·keit** <f.; -; unz.>; **'Buß·geld** <n.; -(e)s, -er>; **'Buß·geld·be·scheid** <m.; -(e)s, -e>

'Bus·si <n.; -s, -s> = *Busserl*

Bus·so·le <f.; -, -n> *Kompass* [ital.]

'Buß·pre·digt <f.; -, -en>; **'Buß·sa·kra·ment**, <auch> **'Buß·sak·ra·ment** <n.; -(e)s; unz.; ↗Z53; Kath.>; **'Buß·tag**, **'Buß- und 'Bet·tag** <m.; -(e)s, -e> *ev. Feiertag*

'Büs·te <f.; -, -n> 1 *plastische Darstellung des Menschen vom Kopf bis zur Brust* 2 <Schneiderei> *Nachbildung des Oberkörpers* [frz.]; **'Büs·ten·hal·ter** <m.; -s, -; Abk.: BH>; **Bus·ti·er** <[bys'tje:]; m.; -s, -s; Mode> *ärmelloses, eng anliegendes Damenunterhemd*

Bus·tro·phe'don, <auch> **Bus·tro·phe'don** <n.; -s; unz.> *alte grch. Furchenschrift* [grch.]

Bu'su·ki <f.; -, -s> *grch. Lauteninstrument*; oV *Bouzouki*

Bu·ta·di'en <n.; -s; unz.; Chem.> *gasförmiger, ungesättigter Koh-*

lenwasserstoff; **Bu'tan** <n.; -s; unz.> *gasförmiger, gesättigter Kohlenwasserstoff* [lat.]; **Bu'tan·gas** <n.; -es; unz.>

'bu·ten <Adv.; norddt.> *draußen*

Bu'ten <n.; -s, -e> *ungesättigter Kohlenwasserstoff* [lat.-grch.]

But·ler <['bʌtlə(r)]; m.; -s, -> *Hausdiener* [engl.]

Butt <m.; -(e)s, -e; Zool.> *ein Schollenfisch*

Bütt <f.; -, -en; hess.> *Bütte(2)*; in die ~ steigen; **'But·te** <f.; -, -n; oberdt. für> *Bütte*; **'Büt·te** <f.; -, -n> 1 *Holzfass, -wanne* 2 *Rednerpult der Karnevalisten*

'Büt·tel <m.; -s, -> 1 <veralt.> *Gerichtsbote* 2 <abwertend> *Polizist*

'Büt·ten <n.; -s, ->, **'Büt·ten·pa·pier** <n.; -s, -e> *handgeschöpftes Papier*; **'Büt·ten·re·de** <f.; -, -n> *Karnevalsrede*

'But·ter <f.; -; unz.> *aus Milch gewonnenes Speisefett*; **'But·ter·berg** <m.; -(e)s; unz.; fig.> *überschüssige Buttervorräte*; **'But·ter·bir·ne** <f.; -, -n; Bot.> *eine Birnensorte*; **'But·ter·blu·me** <f.; -, -n; Bot.; volkstüml. Name für> *verschiedene gelb blühende Pflanzen*; **'But·ter·brot** <n.; -(e)s, -e>; **'But·ter·brot·pa·pier** <n.; -s; unz.>; **'But·ter·creme** <[-kre:m]; f.; -; unz.> oV *Butterkrem*; **'But·ter·do·se** <f.; -, -n>; **'But·ter·fahrt** <f.; -, -en; umg.> *mit (zollfreien) Einkäufen verbundene Schiffs- od. Busfahrt*; **'But·ter·fass** <n.; -es, ⁓er>; **But·ter·fly, But·ter·fly·stil** <['bʌtərflai(-)]; m.; -s; unz.> *ein Schwimmstil*; Sy *Schmetterlingsstil*; **'but·te·rig** <Adj.> = *buttrig*; **'But·ter·kä·se** <m.; -s, ->; **'But·ter·krem** <f.; -; unz.> oV *Buttercreme*; **'But·ter·ku·chen** <m.; -s, ->; **'But·ter·milch** <f.; -; unz.>; **'but·tern** <V.; ich butt(e)re> 1 <V. i.> *Butter herstellen* 2 <V. t.> *Geld in ein Unternehmen ~* <fig.; umg.> *viel investieren*; **'But·ter·schmalz** <n.; -es; unz.>; **'But·ter·sei·te** <f.; -, -n; umg.; scherzh.> *die günstige Seite einer Sache*; **'but·ter·weich** <Adj.>

'Bütt·ner <m.; -s, -; ostmdt.> = *Böttcher*

But·ton <['bʌtən]; m.; -s, -s> *Plakette zum Anstecken* [engl.]

'butt·rig <Adj.> oV *butterig* 1 *aus Butter* 2 *fett, weich wie Butter*

Bu'tyl·al·ko·hol <m.; -(e)s; unz.> *als Lösungsmittel verwendete chem. Verbindung*; **Bu·ty'len** <n.; -s, -e> = *Buten*

Bu·ty·ro'me·ter <n.; -s, -> *Gerät zum Messen des Fettgehalts* [lat.-grch.]

Butz <m.; -en, -en> *kleines Kind, Knirps*; oV *Butze[1]*; **'But·ze[1]** <m.; -n, -n> = *Butz*; **'But·ze[2]** <f.; -, -n> *Verschlag, Wandbett*; **'But·ze·mann** <m.; -(e)s, ⁓er> *Kobold*; **'But·zen** <m.; -s, -> 1 <umg.> *Kerngehäuse*; *Apfel~* 2 *Verdickung im Glas* 3 *unregelmäßige Erzeinsprengung im Gestein*; **'But·zen·schei·be** <f.; -, -n> *kleine verdickte Fensterscheibe*

Büx <f.; -, -en>, **'Bu·xe** <f.; -, -n; norddt.> *Hose*

Buy·out, <auch> **Buy-out** <['baiaut]; n.; -s, -s; ↗Z32; Wirtsch.; kurz für> *Management-Buy-out* [engl.]

Bu·zen'taur <m.; -en, -en> 1 *Stiermensch in der grch. Sage* 2 *venezian. Prunkschiff* [grch.]

BV <schweiz.; Abk. für> *Bundesverfassung*

b. w. <Abk. für> *bitte wenden!*

BWL <Abk. für> *Betriebswirtschaftslehre*

BWV <Abk. für> *Bach-Werke-Verzeichnis*

bye-bye <[bai'bai]; umg.> *auf Wiedersehen!* [engl.]

By·pass <['baipas]; m.; -es, -e od. -päs·se; Med.> *Überbrückung eines Blutgefäßstückes* [engl.]; **'By·pass·o·pe·ra·ti·on** <f.; -, -en>

'Bys·sus <m.; -; unz.> 1 <in der Antike> *feines Gewebe* 2 <Zool.> *hornartige Haftfäden bei Muscheln* [grch.]

Byte <[bait]; n.; - od. -s, - od. -s; EDV; Zeichen: B> *kleinste Recheneinheit (umfasst meist acht Bit)* [engl.]

By·zan'ti·ner <m.; -s, -> 1 *Einwohner von Byzanz* 2 <fig.; veralt.> *Schmeichler, Kriecher*; **by·zan'ti·nisch** <Adj.; ↗Z46> *die Kultur*; <aber> *das Byzantinische Reich*; **By·zan·ti'nis·mus**

<m.; -; unz.> *Unterwürfigkeit*;
By·zan·ti'nist <m.; -en, -en>;
By·zan·ti'nis·tik <f.; -; unz.>
*Wissenschaft von der Geschichte
u. Kultur des Byzantin. Reiches*;
By·zan·ti'nis·tin <f.; -, -n·nen>;
By'zanz <alter Name von> *Istanbul*
Bz. <Abk. für> *Bezirk*
bzw. <Abk. für> *beziehungsweise*

B

C

c 1 <n.; -, - od. (umg.) -s> *ein Buchstabe* 2 <n.; -, - od. (umg.) -s; Mus.> *Tonbezeichnung, Grundton von c-Moll* 3 <Abk. für> *c-Moll* (Tonart) 4 <Abk. für> *Cent, Centime* 5 <hochgestellt; Zeichen für> *Neuminute* 6 <Zeichen für> *Kubik...*

C 1 <n.; -, - od. (umg.) -s> *ein Buchstabe* 2 <n.; -, - od. (umg.) -s; Mus.> *Tonbezeichnung, Grundton von C-Dur* 3 <Mus.; Abk. für> *C-Dur* (Tonart); Symphonie in ~ 4 <Mus.; Zeichen für> *4/4-Takt, C-Schlüssel* 5 <röm. Zahlzeichen für> *hundert* 6 <Chem.; Zeichen für> *Kohlenstoff (Carboneum)* 7 <Phys.; Zeichen für> *Celsius, Charm, Coulomb*

Ca <Chem.; Zeichen für> *Calcium*

ca. <Abk. für> *circa*

Ca. <Med.; Abk. für> *Carcinoma (Karzinom)*

Ca·a'tin·ga <f.; -, -s; Geogr.> *südamerikan. Trockenwald, Dornbuschvegetation*; oV *Catinga* [port.]

Ca·ba'let·ta <f.; -, -s od. -let·ten; Mus.> 1 *kurze Arie* 2 *rhythmisch gesteigerter Schluss einer Cabaletta(1)* [ital.]

Ca·bal·le·ro <[kabal'je:ro] od. [kaval'je:ro]; m.; -s, -s> 1 <früher> *Ritter, Edelmann* 2 *Herr (Anrede)* [span.]

Ca·ba'nos·si <f.; -, -> = *Kabanossi*

Ca·ba·ret <['kabare:], a. [--'-]; n.; -s, -s> = *Kabarett*

Ca·ble·trans·fer, <auch> **Cab·le·trans·fer** <['ke:bltrænsfɔ:]; m.; -s, -s; ⁊Z53; Abk.: CT> [engl.]

Ca·bo·chon <[kabo'ʃɔ̃:]; m.; -s, -s> *kugelförmig geschliffener Edelstein* [frz.]

'Ca·brio, <auch> **'Cab·rio** <n.; -s, -s; ⁊Z53> = *Kabrio*; **Ca·bri·o·let** <[-'le:]; n.; -s, -s> = *Kabriolett*

Cache <[kaʃ]; m.; -, -s; EDV> *ein Zwischenspeicher* [frz.]; **Ca·che·nez** <[kaʃ(ə)'ne:]; n.; - [-'ne:] od. [-'ne:s], - [-'ne:s]; veralt.> *Halstuch*; **Ca·che·sex** <[kaʃ(ə)'sɛks]; n.; -, -> *knapper Slip*; **Ca·chet** <[ka'ʃɛ] od. [ka'ʃe:]; n.; -s, -s; schweiz.> *Eigentümlichkeit*; **ca·chie·ren** <[ka'ʃi:-]; V. t.> = *kaschieren*

CAD <[tse:a:'de:] od. engl. [si:ɛi'di:]; n.; -; unz.; EDV; Abk. für engl.> *Computer Aided Design*

Cad·die, Cad·dy <['kædi]; m.; -s, -s> 1 <Golf> *Junge, der die Schlägertasche trägt* 2 <Golf> *Wagen zum Transport der Schläger* 3 *Einkaufswagen (im Supermarkt)* [engl.]; **'Cad·dy·ho·se** <f.; -, -n> *eine Kniebundhose*

'Cad·mi·um <n.; -s; unz.> = *Kadmium*

'Ca·dre·par·tie, <auch> **'Cad·re·par·tie** <[-drə-]; f.; -, -n; ⁊Z53; Billard> *bestimmte Spielart*; oV *Kaderpartie* [frz.]

CAE <[tse:a:'e:] od. engl. [si:ɛi'i:]; n.; -; unz.; EDV; Abk. für engl.> *Computer Aided Engineering*

Ca·fé <[-'fe:]> 1 <n.; -s, -s> *Lokal, Kaffeehaus* 2 <m. 7; -s, -s> = *Kaffee(2)* [frz.]; **Ca·fé com·plet**, <auch> **Ca·fé comp·let** <[kafe: kɔ̃'plɛ]; m.; --, -s [-'fe: kɔ̃'plɛ]; ⁊Z53; schweiz.> *Kaffee mit Brötchen, Butter u. Marmelade*; **Ca·fé crème** <[ka'fe: krɛ:m]; m.; --, -s [-'fe:]; schweiz.> *Kaffee mit Sahne*; **Ca·fe·te'ria** <f.; -, -s od. -ri·en> *Café (mit Selbstbedienung)* [engl.-span.]; **Ca·fe·ti·er** <[-'tje:]; m.; -s, -s; veralt.> *Kaffeehausbetreiber* [frz.]; **Ca·fe·ti·e·re** <[-'tjɛrə]; f.; -, -n>

CAI <[tse:a:'i:] od. engl. [si:ɛi'ai]; n.; -; unz.; EDV; Abk. für engl.> *Computer Aided Instruction*

Cais·son <[kɛ'sɔ̃:]; m.; -s, -s; Tech.> *Stahlkasten für Unterwasserarbeiten*; **Cais·son·krank·heit** <f.; -; unz.; Med.>

Cake <[kɛik]; m.; -s, -s; schweiz.> *eine Sandkuchenart* [engl.]; **'Cake·walk** <[-wɔ:k]; m.; -s, -s; Mus.> 1 *traditioneller Rundtanz* 2 *Gesellschafts- u. Bühnentanz im Jazzrhythmus*

cal <Zeichen für> *Kalorie*

CAL <[tse:a'ɛl] od. engl. [si:ɛi'ɛl]; n.; -; unz.; EDV; Abk. für engl.> *Computer Aided Learning*

'Ca·la·küs·te <f.; -, -n> *eine Buchtenküste*

Ca·la'ma·res <Pl.> *frittierte Tintenfischringe* [span.]

Ca'lan·che <f.; -, -n; Geogr.> *mediterrane Erosionsrinne* [ital.]

ca'lan·do <Mus.> *nachlassend (zu spielen)*

Cal·ci·fe'rol <n.; -s; unz.> *Vitamin D*; oV *Kalziferol* [lat.]; **cal·ci'nie·ren** <V. t.; Chem.> *Kristallwasser entfernen*; oV *kalzinieren*

Cal·ci'spon·giae <[-'gie:]; Pl.> *Kalkschwämme*

Cal'cit <m.; -(e)s, -e; Chem.> *Kalkspat*; oV *Kalzit*; **'Cal·ci·um** <n.; -s; unz.; Chem.; Zeichen: Ca> *silberweißes Erdalkalimetall*; oV *Kalzium* [lat.]; **'Cal·ci·um·car·bo·nat** <n.; -(e)s, -e>; **'Cal·ci·um·chlo·rid** <[-klo-]; n.; -(e)s, -e>; **'Cal·ci·um·flu·o·rid** <n.; -(e)s, -e>; **'Cal·ci·um·o·xid** <n.; -(e)s, -e>; **'Cal·ci·um·phos·phat** <n.; -(e)s, -e> *ein Phosphordünger*; **'Cal·ci·um·sul·fat** <n.; -(e)s, -e>

Cal'de·ra <f.; -, -ren; Geol.> *Kessel eines Vulkankraters*; oV *Kaldera* [span.]

Ca·lem·bour, Ca·lem·bourg <[kalãbu:r]; m.; -s, -s; veralt.> *geistreiches Wortspiel* [frz.]

Ca'len·du·la <f.; -, -lae [-le:]; Bot.> *Ringelblume* [lat.]

Calf <engl. [ka:f]; n.; -s; unz.> *Kalbsleder* [engl.]

Ca'li·che <[-'tʃə]; f.; -; unz.> *nicht gereinigter Chilesalpeter* [span.]

Ca·li'for·nia <[kæ-]> = *Kalifornien*; **Ca·li'for·ni·um** <n.; -s; unz.; Chem.; Zeichen: Cf> *radioaktives chem. Element*; oV *Kalifornium*

Ca'li·na <f.; -, -s> *hitzebedingte Lufttrübung in Innerspanien* [span.]

Call <[kɔ:l]; m.; -s, -s; Börse> *Kaufoption* [engl.]

'Cal·la <f.; -, -s; Bot.> *eine Zierpflanze*; oV *Kalla*

Cal·la·ne·tics <[kælə'ne:tiks]; Pl.> *gymnastisches Fitnesstraining* [nach der Amerikanerin *Callan Pinkney*]

Call·boy <['kɔ:lbɔi]; m.; -s, -s>

*junger Mann, der sich prostitu-
iert*; → a. *Callgirl* [engl.]; **'Call-
cen·ter** <[-'sentə(r)]; n.; -s, -> *In-
formations-, Telefonabteilung
(eines Unternehmens)*; **'Call-girl**
<[-gə:l]; n.; -s, -s> *Prostituierte,
die telefonisch bestellt werden
kann*; **'Call-girl-ring** <m.; -(e)s,
-e>; **Call-in** <[kɔl'in]; n.; - od. -s,
-s; ↗Z32; TV> *Fernsehsendung,
während der die Zuschauer an-
rufen*; **Cal·ling-card** <['kɔ:-
liŋka:d]; f.; -, -s> **1** *Visitenkarte*
2 *internationale Telefonkarte*
'Ca·lor <m.; -s; unz.; Med.> *Hitze,
Wärme* [lat.]
Ca·lu'tron, <auch **Ca·lut'ron**
<n.; -s, -e od. -s; ↗Z53;
Kernphys.> *Gerät zur Isotopen-
trennung* [engl.]
Cal·va'dos <a. ['-va-]; m.; -, ->
ein frz. Apfelbranntwein
cal·vi·nisch <[-'vi-]; Adj.> oV *kal-
vinisch*; **Cal·vi'nis·mus** <m.; -;
unz.> = *Kalvinismus*; **Cal·vi-
'nist** <m.; -en, -en> oV *Kalvi-
nist*; **Cal·vi'nis·tin** <f.; -,
-n·nen>; **cal·vi'nis·tisch** <Adj.>
Cal·vi·ti·es <[kal'vi:tsies]; f.; -;
unz.; Med.> *Kahlheit* [lat.]
Ca'lyp·so <m.; - od. -s, -s> *latein-
amerikan. folkloristische Ge-
sangsform u. Modetanz*; <aber>
→ *Kalypso*
'Ca·lyx <m.; -, -ly·ces> **1** <Bot.>
Blütenkelch **2** <Zool.> *Rumpf
der Kelchwürmer* [grch.]
CAM <[tse:a:'ɛm] od. engl.
[si:ei:'ɛm]; n.; -; unz.; EDV; Abk.
für engl.> *Computer Aided Ma-
nufacturing*
Ca·margue <[-'marg]; f.; -; unz.>
*südfrz. Landschaft, (naturge-
schütztes) Deltagebiet*; **Ca-
'margue-pferd** <n.; -(e)s, -e>
Cam·bi'a·ta <f.; -, -'a·ten; Mus.;
MA> *Form der Wechselnote*
[ital.]; **'Cam·bio** <m.; -s, -s; ital.
Bez. für> *Geldumtausch*
Cam·cor·der <engl. ['kæm-]; m.;
-s, -; kurz für> *Kamerarekorder*
Ca·mem·bert <['kamãbɛ:r]; m.;
-s, -s> *ein Weichkäse mit wei-
ßem Schimmelüberzug* [nach
dem frz. Ort *Camembert*]
'Ca·me·ra ob'scu·ra, <auch>
'Ca·me·ra obs'cu·ra <f.; --, -rae
-rae; ↗Z54; Fot.> *einfache
Lochkamera* [lat.]
Ca·mi·on <[kam'jõ:]; m.; -s, -s;

schweiz.> *Lastkraftwagen* [frz.];
Ca·mi·on·na·ge <[kamjɔ-
'na:ʒ(ə)]; f.; -; unz.; schweiz.>
Spedition(sgebühr); **Ca·mi·on-
neur** <[kamjɔ'nø:r]; m.; -s, -e;
schweiz.> *Spediteur*
Ca'mor·ra <f.; -; unz.> = *Kamorra*
Ca·mou·fla·ge, <auch> **Ca·mouf-
la·ge** <[kamu'fla:(ʒ)]; f.; -, -n;
↗Z53; bes. Mil.; veralt.> *Täu-
schung, Irreführung* [frz.]; **ca-
mou'flie·ren** <V. t.>
camp <[kæmp]; Adj.; undekl.;
umg.> *skurril, extravagant*
[engl.]
Camp <[kæmp]; n.; -s, -s> **1** *Zelt-,
Ferienlager* **2** *Militärlager, mil.
Wohnanlage* [engl.]
Cam·pa·gne, <auch> **Cam·pag-
ne** <[kam'panjə]; f.; -, -n;
↗Z53> = *Kampagne*; **Cam·pai-
gner** <[kæm'pe:nər]; m.; -s, ->
*Teilnehmer an einer Kampa-
gne(3)* [engl.]; **Cam'pai·gne·rin**
<f.; -, -n·nen>
Cam·pa'ni·le <m.; -, -> = *Kampa-
nile*, **Cam'pa·nu·la** <f.; -, -lae
[-lɛ:]; Bot.> *Glockenblume* [ital.]
Cam'pa·ri <m. 7; -s, -s; Warenz.>
ein wermuthaltiger Bitterlikör;
~ *Soda*; ~ *Orange*
Cam·pe·che-holz <[-'pɛtʃə-]; n.;
-es; unz.> = *Kampescheholz*
cam·pen <['kæm-]; V. i.; ich cam-
pe> *im Zelt übernachten*; **'Cam-
per** <m.; -s, -> **1** *jmd., der
campt* **2** *motorisierter Wohnwa-
gen*; **'Cam·pe·rin** <f.; -, -n·nen>
Cam·pe'si·no <m.; -s, -s; span.
Bez. für> *Landarbeiter, Bauer*
'Cam·pher <m.; -s; unz.> =
Kampfer
cam'pie·ren <V. i.; österr.;
schweiz.> *zelten, campen*
Cam·pi·gni·en, <auch> **Cam·pig-
ni·en** <[kãpin'jē]; n.; -s; unz.;
↗Z53; Geol.> *Kulturstufe der
Mittelsteinzeit* [frz.]
Cam·ping <['kæm-]; n.; -s; unz.>
*Freizeit- u. Feriengestaltung mit
Zelt od. Wohnwagen* [engl.];
'Cam·ping-aus·rüs·tung <f.; -,
-en>; **'Cam·ping-bus** <m.;
-s·ses, -s·se>; **'Cam·ping-füh-
rer** <m.; -s, -> *Verzeichnis von
Campingplätzen*; **'Cam·ping-
platz** <m.; -es, ⁼e>; **'Camp-mee-
ting** <[-mi:-]; n.; -s, -s> *im Frei-
en abgehaltener Gottesdienst*;

'Camp·mo·bil <n.; -s, -e>
Wohnmobil, Camper(2)
'Cam·po <m.; -s, -s; Geogr.>
baumloses Grasland, Savanne
[span.]; **Cam·po'san·to** <m.; -s,
-s od. -ti; ital. Bez. für> *Friedhof*
'Cam·pus <m.; -, -> *Gelände ei-
ner Universität* [lat.]
Ca·nail·le <[-'naljə]; f.; -, -n> =
Kanaille
Ca'na·le <m.; -s, -li; ital. Bez. für>
Kanal; ~ *Grande*
'Ca·na·pé <a. [-'pe:]; n.; -s, -s> =
Kanapee
Ca'nas·ta <n.; -s; unz.> *ein Kar-
tenspiel*; Sy *Kanaster* [span.]
Can·ber·ra <['kænbərə]> *Haupt-
stadt von Australien*
Can·can <[kã'kã]; m.; -s, -s> *ein
schneller Schautanz* [frz.]
can·celn <['ka:nsəln] od.
['kænsəln]; V. t.; ich canc(e)le>
stornieren, absagen; *einen Flug
~* [engl.]
'Can·cer <m.; -s, -; Med.> = *Kar-
zinom* [lat.]; **can·ce·ro'gen**
<Adj.> = *kanzerogen*
Can·ci·ón <[-çi'on] od.
[kanθ'jon]; n.; -s, -s; Lit.; Mus.>
span. Gedicht- u. Liedform
cand. <Abk. für> *candidatus
(Kandidat)*
Can'de·la <f.; -, -; Zeichen: cd>
SI-Einheit der Lichtstärke [lat.]
Can·dle·light-din·ner, <auch>
Cand·le·light-din·ner
<['kændllait-]; n.; -s, -; ↗Z53,
32.2> *abendliches Festmahl bei
Kerzenlicht* [engl.]
'Can·na <f.; -, -s; Bot.> *eine Zier-
pflanze*; oV *Kanna* [lat.]
'Can·na·bis <a. [-'-]; m.; -; unz.>
1 <Bot.> *Hanf* **2** *Haschisch* [lat.-
grch.]
Can·nel'lo·ni <Pl.; ital. Kochk.>
*(mit Hackfleisch) gefüllte Nu-
delteigrollen*
Can·ning <['kæniŋ]; n.; -s, -s;
Phys.> *Brennstoffumhüllung in
Kernreaktoren* [engl.]
Ca·ñon <[-'kanjon] od. [kan'jo:n];
m.; -s, -s> *enges Flusstal,
Schlucht*; oV *Canyon* [span.]
Ca'nos·sa·gang <m.; -(e)s, ⁼e>
demütigender Bußgang; oV *Ka-
nossagang*
can·ta·bi·le <[-le:]; Mus.> *gesang-
voll (zu spielen);* Andante ~
[ital.]; **Can'ta·te** <f.; -, -n> =
Kantate(1)

C

Can·tha·ri·din <n.; -; -s; unz.> = Kantharidin

'Can·to <m.; -s, -s od. -ti> Gesang [ital.]; **'Can·tus 'fir·mus** <m.; -, --mi; Mus.> Hauptmelodie im mehrstimmigen (kontrapunktischen) Satz

Can·vas <['kænvəs]; m. od. n.; -; unz.> leichter (Baumwoll-)Stoff [engl.]; **Can·vas·sing** <['kænvæsɪŋ]; n.; - od. -s; unz.> (Wahl-)Propaganda, Werbung [engl.]

Can·yon <['kænjən]; m.; -s, -s; engl. Bez. für> Cañon; **'Can·yo·ning** <n.; - od. -s, -s; Sp.> Wildwasserfahrt

CAP <[tse:a:'pe:] od. engl. [si:ɛi:'pi:]; n.; -; unz.; EDV; Abk. für engl.> Computer Aided Planning

'Ca·pa <f.; -, -s> roter Mantel des Stierkämpfers [span.]; **Cape** <[ke:p]; n.; -s, -s> ärmelloser Umhang [engl.]; **Ca·pe·a'dor** <m.; -s, -es> Stierkämpfer mit einer Capa

ca'pi·to <umg.> verstanden! [ital.]

Ca·po·ei·ra <[-'e:ra]; f.; -; unz.> Körper u. Geist umfassender Kampf- u. Lebensstil

Cap·puc·ci·no <[kapu'tʃi:no]; m. 7; -s, -s> Kaffee mit Sahnehäubchen [ital.]

Ca·pre·se, <auch> **Cap're·se** <m.; -, -n, -n; ↗Z53> ein Bewohner von Capri; **Ca'pre·sin** <f.; -, -n·nen>; **ca·pre·sisch** <Adj.>; **'Ca·pri** ital. Insel

Ca·pric·cio, <auch> **Cap'ric·cio** <[ka'pritʃo]; n.; -s, -s; ↗Z53> 1 <Mus.> heiteres Musikstück 2 Scherz, lustiger Einfall [ital.]; **ca·pric·cio·so** <[kapri'tʃo:so]; Mus.> heiter (zu spielen)> **Ca·'pri·ce** <[-sə]; f.; -, -n> = Kaprice; **Ca·pri'o·le** <f.; -, -n> = Kapriole

Cap'ta·tio Be·ne·vo'len·ti·ae <[-vo-]; f.; --; unz.; ↗Z31> Werbung um die Gunst des Lesers od. Zuhörers [lat.]

Ca·pu·chon <[kapy'ʃɔ̃]; m.; -s, -s> Kapuzenmantel [frz.]

'Ca·put <n.; -, 'Ca·pi·ta> 1 <Med.> (Gelenk-)Kopf 2 <veralt.> Buchkapitel; **'Ca·put 'mor·tu·um** <n.; --; unz.; ↗Z31>

braunrotes Eisenoxid (als Malerfarbe) [lat.]

CAQ <[tse:a:'ku:] od. engl. [si:ɛi:'kju:]; n.; -s; unz.; EDV; Abk. für engl.> Computer Aided Quality

Car[1] <m.; -s, -s; schweiz.> Autobus [frz.]

Car[2] <n.; -s, -s; meist in Zus.> Auto [engl.]

Ca·ra·bi·ni·e·re <[-'nje:-]; m.; - od. -s, -ri> = Karabiniere

'Ca·ra·cas Hauptstadt von Venezuela

Ca·ram'bo·la <f.; -, -s> = Karambola

'Ca·ra·van <a. [-'va:n]; m.; -s, -s> 1 Kombiwagen 2 Wohnwagen [engl.]; **'Ca·ra·va·ning** <n.; -s; unz.>

Car'bid <n.; -(e)s, -e; Chem.> eine Kohlenstoffverbindung; oV Karbid; **Car'bid·lam·pe** <f.; -, -n>

car·bo·cy·clisch, <auch> **car·bo·'cyc·lisch** <Adj.; ↗Z53; Chem.> ringförmig (Kohlenstoffverbindung); oV karbozyklisch; **Car·bo·li'ne·um** <n.; -s; unz.> = Karbolineum; **Car·bo'nat** <n.; -(e)s, -e; Chem.> Salz der Kohlensäure; oV Karbonat [lat.]; **Car·bo·'ne·um** <n.; -s; unz.; Chem.; veralt.> Kohlenstoff; **car·bo·ni·'sie·ren** <V. t.> verkohlen lassen, in Carbonat verwandeln; **Car·'bon·säu·re** <f.; -, -n> Derivat des Kohlenwasserstoffs mit einer Carboxylgruppe; **Car·bo·'nyl·grup·pe** <f.; -, -n; Chem.> Atomverbindung CO; **Carb·o·'xyl·grup·pe**, auch **Car·bo·'xyl·grup·pe** <f.; -, -n; ↗Z54; Chem.> Atomgruppe -COOH; **car·bu·'rie·ren** <V. t.> = karburieren

car·ci·no'gen <Adj.; Med.> = karzinogen

'Car·di·gan <[-gən]; m.; -s, -s> geknöpfte Strickweste [engl.]

CARE, Care <[kɛ:r]; 1946–58; Abk. für engl.> Cooperative for American Remittances to Europe; Carepaket

care of <['kɛ:rɔv]; Abk.: c/o> wohnhaft bei [engl.]

'Car·go <m.; -s, -s> = Kargo

CARICOM <f.; -; unz.; ↗Z56; Abk. für engl.> Caribean Community

Ca·ril·lon <[kari'jɔ̃]; n.; -s, -s> Glockenspiel [frz.]

Ca'ri·na <f.; -, -nae [-nɛ:]> 1 <Anat.> Kiel, kielartiger Vorsprung 2 <unz.; Astr.> ein Sternbild [lat.]

ca'rin·thisch <Adj.; ↗Z46> kärntnerisch, Kärnten betreffend; Carinthischer Sommer Sommerfestspiele in Kärnten

Ca·ri'o·ca <f.; -, -s> ein lateinamerikan. Tanz [port.]

'Ca·ri·tas <f.; -; unz.; kurz für> Caritasverband; → a. Karitas [lat.]; **'Ca·ri·tas·ver·band** <m.; -(e)s; ℝ kath. Wohlfahrtsverband; Deutscher>

Car·ma·gno·le, <auch> **Car·ma·gno·le** <[karman'jo:la]; f.; -, -n; ↗Z53> 1 frz. Revolutionslied 2 kurze Jacke der Jakobiner [frz.]

Car'nau·ba·pal·me <f.; -, -n; Bot.> eine Fächerpalme [port.]

Car·ne'ol <m.; -s, -e; Min.> = Karneol

Car·net de Pas·sa·ges <[kar'nɛ də pa'sa:ʒ(ə)]; n.; ---, -s [kar'nɛ] --> Heft für Zollpassierscheine für Kfz [frz.]

Ca·rol <['kærəl]; n.; - od. -s, -s; Mus.> engl. Volkslied; Christmas ~ [engl.]

Ca·ro'tin <n.; -s; unz.> pflanzl. Farbstoff, wichtige Vorstufe des Vitamins A; oV Karotin [lat.]

Ca'ro·tis <f.; -, -ti·den> = Karotis

Car·pac·cio <[-'patʃo]; n.; -s, -s; ital. Kochk.> sehr fein geschnittenes rohes Fleisch

'car·pe 'di·em! <geh.> nutze den Tag! [lat.]

'Car·port <m.; -s, -s> überdachter Stellplatz für Autos

Car·ra'gen <n.; -s; unz.> = Karrageen

Car·ri·er <['kæriər; m.; -s, -> 1 Fluggesellschaft 2 <Chem.; Med.> Träger(substanz) [engl.]

Car·sha·ring <['ka:ʃærɪŋ]; n.; - od. -s; unz.> Nutzung eines Autos von mehreren Personen [engl.]

Carte blanche <[kart(ə) 'blã:ʃ(ə)]; f.; --, -s -s [kart(ə) 'blã:ʃ(ə)]> uneingeschränkte Vollmacht [frz.]

car·te·si'a·nisch <Adj.> = kartesianisch; **Car·te·si·a'nis·mus** <m.; -; unz.>; **car'te·sisch** <Adj.>

Car·tha'min <n.; -s; unz.> *ein roter (pflanzl.) Farbstoff*; oV *Karthamin*

Car·toon <[kar'tu:n]; m. od. n.; - od. -s, -s> *satirische Zeichnung, Comicstrip* [engl.]; **Car·too'nist** <m.; -en, -en>; **Car·too'nis·tin** <f.; -, -n·nen>

'car·ven <[-vən]; V. i.> *Ski laufen mit kurzen, breiten Skiern* [engl.]; **'Car·ving** <n.; -s; unz.>

Ca·sa'no·va <[-va]; m.; -s, -s> *Frauenheld* [nach dem ital. Abenteurer u. Schriftsteller *Casanova, 1725–1798*]

'Cä·sar 1 Gaius Iulius ~ *röm. Feldherr, 100–44 v. Chr.* 2 *Ehrenname röm. Kaiser*; **Cä'sa·ren·herr·schaft** <f.; -; unz.> *diktatorische Alleinherrschaft*; **Cä'sa·ren·tum** <n.; -s; unz.>; **Cä'sa·ren·wahn** <m.; -s; unz.> *Größenwahn (eines Herrschers)*; **cä·'sa·risch** <Adj.> *kaiserlich, diktatorisch*; **Cä·sa·risch·mus** <m.; -; unz.> *diktator. Alleinherrschaft*; **Cä·sa·ro·pa'pis·mus** <m.; -; unz.> *Vereinigung von weltl. u. kirchl. Macht in einer Person*

CASE <[kɛis]; EDV; Abk. für engl.> *Computer Aided Software Engineering*

Ca·se'in <n.; -s; unz.> = *Kasein*

Case·work <['kɛiswə:k]; f.; -, -s; Soziol.> *individuelle Einzelfallbetreuung* [engl.]

cash <[kæʃ]; Adv.> *(in) bar* [engl.]; **Cash** <n.; -; unz.> *Bargeld, Barzahlung*; → a. *Käsch*; **Cash and car·ry** <['kæʃ ənd 'kæri]; n.; ---; unz.; Wirtsch.; Kurzw.: C und C> *Barzahlung u. Selbstabholung*; **'Cash-and-'car·ry-Klau·sel** <f.; -, -n; ⬈Z33>

Ca·shew·nuss <['kɛʃu-]; f.; -, =e> *eine nierenförmig gebogene Nuss* [engl.-port.]

Cash·flow <['kɛʃflo:]; m.; - od. -s; unz.; Wirtsch.> *Reingewinn, Kapitalüberschuss* [engl.]; **'Cash·ge·schäft** <n.; -(e)s, -e>

Ca·si·no <n.; -s, -s> = *Kasino*

'Cä·si·um <n.; -s; unz.; Chem.; Zeichen: Cs> *ein metall. Element*; oV *Zäsium* [lat.]

'Cas·sa <f.; -; unz.; ital. Bez. für> *Kasse*; per ~ *in bar*

Cas'sa·ta <f. od. n.; - od. -s, - od. -s> *Speiseeis mit kandierten Früchten* [ital.]

Cas'set·te <f.; -, -n> = *Kassette*

Cas'sis <m.; -; unz.> *frz. Johannisbeerlikör*

Cas·sou·let <[kasu'le]; n.; - od. -s, -s; frz. Kochk.> *Eintopf aus weißen Bohnen u. Fleisch*

Cast, 'Cas·ting <['ka:st]; n.; - od. -s, -s> *Mitwirkende, (Rollen-)Besetzung* [engl.]

'Cas·tor <m.; -s, -s od. -'to·ren; Warenz.>, **'Cas·tor·be·häl·ter** <m.; -s, -> *Behälter für den Transport radioaktiver Stoffe*

Ca·su·al Wear <['kæʒuəl 'wε:r]; f.; --; unz.> *sportliche Freizeitkleidung* [engl.]

'Ca·sus <m.; -, -; ⬈Z31> = *Kasus*; ~ *rectus nicht abhängiger Fall, Nominativ*; ~ *obliquus* [-kvus] *abhängiger Fall (Genitiv, Dativ, Akkusativ)*; → a. *Kasten Kasus und Kasten Nominativ* [lat.]; **'Ca·sus 'Bel·li** <m.; --, --> *Kriegsursache*

Cat·boot <['kæt-]; n.; -(e)s, -e> *kleines, einmastiges Segelboot* [engl.]

Catch <[kɛtʃ]; n. od. m.; -; unz.; kurz für> **Catch-as-catch-can** <['kɛtʃ əz 'kɛtʃ 'kɛn]; n. od. m.; -; unz.> 1 *Art des Freistilringens* 2 <fig.> *rücksichtsloses Vorgehen unter Einsatz aller verfügbaren Mittel*; **cat·chen** <['kɛtʃən]; V. i.; du catchst> *im Freistil ringen*; **'Cat·cher** <m.; -s, ->

Ca·te·chin <[-'çi:n]; n.; -s, -e; Chem.> *ein Pflanzenstoff* [lat.]

Ca·te·rer <['kæ-]; m.; -s, -> *Firma, die Catering anbietet* [engl.]; **'Ca·te·ring** <n.; - od. -s; unz.> *Belieferung mit Lebensmitteln u. servierfähigen Speisen, Verpflegungsservice*; **'Ca·te·ring·fir·ma** <f.; -, -fir·men>; **'Ca·te·ring·ser·vice** <[-sə:vis]; m. od. n.; -, -s [-visiz]>

Ca·ter·pil·lar <['kɛtərpilə(r)]; m.; -s, - od. -s; Tech.; Warenz.> *ein Raupenschlepper* [engl.]

Ca'tin·ga <f.; -, -s> = *Caatinga*

Cat·suit <['kætsju:t]; m.; -s, -s> *eng anliegendes, einteiliges Kleidungsstück* [engl.]

Catt·le·ya <[kæt'lε:a]; f.; -, -le·yen/-ley·en; ⬈Z52; Bot.> *eine tropische Orchideengattung*

[nach dem engl. Züchter W. *Cattley*]

Cau·che·mar <[ko:ʃ(ə)'ma:r]; m.; -s, -s; geh.> *Angsttraum* [frz.]

Cau·dil·lo <[kau'diljo]; m.; - od. -s, -s> *Diktator* [span.]

'Cau·sa <f.; -, -sae [-zɛ]> *Ursache, Rechtssache* [lat.]; **Cause cé·lè·bre**, <auch> **Cause cé·lè·bre** <[ko:zse'lɛbrə]; f.; --, -s -s [ko:zse'lɛbrə], ⬈Z53, 31]> *Aufsehen erregender Rechtsstreit* [frz.]

Cau·seur <[ko'zø:r]; m.; -s, -e; veralt.> *Plauderer* [frz.]; **Cau·seu·se** <[ko'zø:zə]; f.; -, -n>

'Caus·ti·cum <n.; -s, -ca> = *Kaustikum*

Ca·va'ti·ne <[-va-]; f.; -, -n; Mus.> = *Kavatine*

'Ca·vum <[-v-]; n.; -s, -va; Med.> *Höhle, Hohlraum* [lat.]

Ca·yenne, <auch> **Cay·enne** <[ka'jɛn]; ⬈Z52> *Hauptstadt von Französisch-Guyana*; **Ca·'yenne·pfef·fer** <m.; -s; unz.> *ein scharfes Chiligewürz*

CB <Abk. für> *Citybahn*

CB-Funk <m.; -s; unz.; ⬈Z34> *gebührenfreier Funk für Amateure*

CC <Abk. für> *Corps consulaire*

CCD <Abk. für engl.> *Charge Coupled Device*

cd <Zeichen für> *Candela*

Cd <Chem.; Zeichen für> *Cadmium*

CD[1] <Abk. für> *Corps diplomatique*

CD[2] <[tse:'de]; f.; -, -s; Abk. für> *Compactdisc*; **CD-Pla·yer**, <auch> **CD-Play·er** <m.; -s, -; ⬈Z52>; **CD-ROM** <[tse:de:'rɔm]; f.; -, -s; EDV; Abk. für engl.> *Compact Disc Read Only Memory*; **CD-Spie·ler** <m.; -s, -> *Apparat zum Abspielen von (Musik-)CDs*

c. d. <Abk. für> *colla destra*

CDU <f.; -; unz.; Abk. für> *Christlich-Demokratische Union (Deutschlands)*

C-Dur <['tse:-]; n.; -; unz.; Mus.; Abk.: C> *eine Tonart*; **'C-Dur-Ton·lei·ter** <f.; -, -n; ⬈Z33>

Ce <Chem.; Zeichen für> *Cer*

Ce·dil·le <[se'di:j(ə)]; f.; -, -n> *diakritisches Zeichen, Häkchen unter dem c (ç)* [frz.]

Ce'les·ta <[tʃe-]; f.; -, -s od. -'les·ten; Mus.> *mittels einer*

Klaviermechanik zu spielendes Glockenspiel [ital.]

Cel·la <['tsɛla]; f.; -, -lae [-lɛː]; Med.> *Zelle* [lat.]

Cel'list <[-tʃel-]; m.; -en, -en>; **Cel'lis·tin** <f.; -, -n·nen>; **cel'lis·tisch** <Adj.>; **Cel·lo** <['tʃɛlo]; n.; -s, -s od. -li; Instrumentenk.> = *Violoncello*; → a. *Gambe*

Cel·lo'phan <n.; -s; unz.; Warenz.> *durchsichtige, glasklare Folie*, **Cel·lu·li·tis** <f.; -, -'ti·den> = *Zellulitis*; **Cel·lu'loid** <n.; -s; unz.; Fachspr.> = *Zelluloid*; **Cel·lu'lo·se** <f.; -, -n; Fachspr.>; **Cel·lu'lo·se·ni·trat**, <auch> **Cel·lu'lo·se·nit·rat** <n.; -(e)s, -e; ↗Z53; Chem.; Zeichen: CN> *ein Celluloseester, wichtiger Kunststoff*

'Cel·si·us <Zeichen: °C> *internationale Temperatureinheit* [nach dem Schweden Anders *Celsius*, 1701–1744]; **'Cel·si·us·ska·la** <f.; -; unz.; ↗Z35>

Cem·ba'list <[tʃɛm-]; m.; -en, -en>; **Cem·ba'lis·tin** <f.; -, -n·nen>; **'Cem·ba·lo** <n.; -s, -s od. -li; Instrumentenk.> *altes Tasteninstrument in Flügelform* [ital.-lat.]

Cent <[sɛnt]; m. 7; - od. -s, -s; Abk.: c> *kleine Münze, Münzeinheit* [lat.]; **Cen·ta·vo** <[sɛn'taːvo]; span. [θɛn-]; m. 7; - od. -s, - od. -s> *mittel- u. südamerikan. Münzeinheit* [port.-span.]

Cen·ter <[ˈsɛntə(r)]; n.; -s, -> *(Verkaufs-)Zentrum, Mittelpunkt*; *City*~; *Einkaufs*~; *Eros*~ [engl.]

Cen·té·si·mo <[sɛn-], span. [θɛn-]; m. 7; - od. -s, - od. -s> *Münzeinheit in Panama u. Uruguay* [span.]; **Cen·time** <[sãˈtiːm]; m. 7; -s, -s; Abk.: c, ct; Pl.: cts> *kleine Münze, (frz.) Münzeinheit* [frz.]; **Cén·ti·mo** <['sɛn-], span. ['θɛn-]; m. 7; - od. -s, -s od. -s> *kleine Münze, süd- u. mittelamerikan. Münzeinheit* [span.]

'Cen·ti·mor·gan <[-mɔːgən]; ohne Art.; Gentech.> *Maßeinheit der Rekombinationsfähigkeit* [lat.-engl.]

Cen·tre·court, <auch> **Cent·re-Court** <['sɛntəkɔːt]; m.; -s, -s; ↗Z32, 53; Tennis> *Hauptspielfeld* [engl.]; **Cen·tre·for·ward**, <auch> **Cent·re-For·ward** <[sɛntərˈfɔːwəd]; m.; -s, -s; ↗Z32; Fußb.> *Mittelstürmer*

CEPT <Abk. für frz.> *Conférence Européenne des Administrations des Postes et des Télécommunications*

Cer <n.; -s; unz.; Chem.; Zeichen: Ce> *chem. Element, ein silberglänzendes Metall*

Ce'ran <n.; -s, -e; Warenz.> *Kochfläche aus Glaskeramik*

'Cer·be·rus <m.; -, -s·se> = *Zerberus*

Cer·cla·ge, <auch> **Cerc·la·ge** <[sɛrˈklaːʒə]; f.; -, -n; ↗Z53; Med.> **1** *Kreisnaht* **2** *operativer Verschluss des Gebärmutterkanals während der Schwangerschaft*; **Cer·cle**, <auch> **Cerc·le** <[sɛrkl]; m.; -s, -s; ↗Z53> *geschlossene Gesellschaft* [frz.]; **'Cer·cle·sitz** <m.; -es, -e; Theat.; österr.> *Sitz in den ersten Reihen*

Ce·re·a·li·en <Pl.> *altröm. Erntefest*; <aber> → *Zerealien* [nach der röm. Göttin *Ceres*]

Ce·re'bel·lum <n.; -s, -'bel·la> = *Zerebellum*; **ce·re'bral**, <auch> **ce·reb'ral** <Adj.; ↗Z53> = *zerebral*; **Ce're·brum** <n.; -s, -bra/ -b·ra> = *Zerebrum*

Ce·re'sin <n.; -s; unz.> *gebleichtes Erdwachs*

ce·ri·se <[sə'riːz(ə)]; Adj.; undekl.> *kirschrot* [frz.]

CERN <Abk. für frz.> *Conseil Européen pour la Recherche Nucléaire (europäische Organisation für Kernforschung)*

Cer·ve·lat <['sɛrvəla]; m.; -s, -s od. f.; -, -s; schweiz.> = *Zervelatwurst*

'Cer·vix <f.; -, -vi·ces; Med.> *Gebärmutterhals* [lat.]

ces <n.; -, -; Mus.> **1** *Tonbezeichnung* **2** <Abk. für> *ces-Moll* (Tonart); *Symphonie in* ~; **Ces** <n.; -, -; Mus.> **1** *Tonbezeichnung* **2** <Abk. für> *Ces-Dur* (Tonart); **'Ces-Dur** <n.; -; unz.> *Tonart*; **'Ces-Dur-Ton·lei·ter** <f.; -, -n; ↗Z33>

c'est la guerre! <[sɛla gɛːr]> *so ist der Krieg!* [frz.]

c'est la vie! <[sɛla vi]> *so ist das Leben!* [frz.]

'ce·te·ris 'pa·ri·bus *unter (sonst) gleichen Bedingungen* [lat.]

'ce·te·rum 'cen·seo *"übrigens bin ich der Meinung ..." (wiederholt vorgebrachte Überzeugung)* [lat.]

Ce·vap·či·ći, <auch> **Ce·vap·ci·ci** <[tʃeˈvaptʃitʃi]; Pl.; ↗Z18.5> *scharf gewürzte Hackfleischröllchen* [serb.-türk.]

Cey·lon <['tsailɔn]; frühere Bez. für> *Sri Lanka*; **Cey·lo'ne·se** <m.; -n, -n>; **Cey·lo'ne·sin** <f.; -, -n·nen>; **cey·lo'ne·sisch** <Adj.>

cf <Wirtsch.; Abk. für> *cost and freight (Verlade- u. Frachtkosten inbegriffen)* [engl.]

Cf <Chem.; Zeichen für> *Californium*

'C-Fal·ter <m.; -s, -; ↗Z34; Zool.> *ein Tagfalter*

cfr. <Abk. für> *confer (vergleiche!)*

cg <Zeichen für> *Zentigramm*

CGA <[tseːgeːˈaː]; n.; -s; unz.; EDV; Abk. für engl.> *Color Graphics Adapter*

CGI <[tseːgeːˈiː]; n.; -s; unz.; EDV; Abk. für engl.> *Common Gateway Interface*

CGS-Sys·tem <↗Z34; Kurzw. für> *Zentimeter-Gramm-Sekunde-System (heute ersetzt durch das SI-System)*

CH <Abk. für> *Confoederatio Helvetica (Schweiz)*

Cha·blis, <auch> **Chab·lis** <[ʃa'bli]; m.; - [ʃab'li(s)], - [ʃab'li(s)]; ↗Z53> *ein frz. Weißwein*

Cha-Cha-Cha <['tʃa'tʃa'tʃa]; m.; - od. -s, -s> *ein lateinamerikan. Modetanz*

Cha·conne <[ʃa'kɔn]; f.; -, -s od. -n [-nən]; Mus.> o V *Ciacona* **1** *alter span. Reigentanz* **2** *Instrumentalsatz der Barocksuite* [frz.-span.]

cha·cun à son gout <[ʃakœnas ãˈguː]> *jeder nach seinem Geschmack* [frz.]

Cha·grin, <auch> **Chag·rin** <[ʃaˈgrɛ̃]; n.; -s; unz.; ↗Z53> **1** *ein Seidengewebe* **2** <kurz für> *türk.-frz. Chagrinleder*; **cha·gri'nie·ren** <V. t.> *Leder* ~; **Cha'grin·le·der** <n.; -s; unz.> *Leder mit aufgeprägter Narbung*

Chair·man <['tʃɛːrmæn]; m.; -s,

-men [-mən]; engl. Bez. für> *Vorsitzender, Präsident*

Chai·se <['ʃɛːz(ə)]; f.; -, -n> **1** <veralt.> *Stuhl, Sessel* **2** <umg.; abwertend> *altes Auto* [frz.]; **Chai·se·longue** <[ʃɛːz(ə)'lɔ̃ːg]; f.; -, -n [-gən]> *Liegesofa*

Cha·la·zi·on <[ça-]; n.; -s, -zi·en; Med.> *Hagelkorn* [grch.]

Chal·ce·don <[kal-]; m.; -s, -e; Min.> *ein Quarzmineral*; oV *Chalzedon*; → a. *Chrysopras*; **chal·ce'do·nisch** <Adj.>

Chal'däa <[kal-]; AT> *Babylon*; **Chal'dä·er** <m.; -s, -> *Angehöriger eines semitischen Volksstammes*; **Chal'dä·e·rin** <f.; -, -n·nen>; **chal'dä·isch** <Adj.>

Cha·let <[ʃa'leː] od. [ʃa'le]; n.; -s, -s> *(schweiz.) Landhaus* [frz.]

Chal·ko·che·mi·gra'fie, Chal·ko·che·mi·gra'phie <[çalkoçe-]; f.; -; unz.; ↗Z11.3> *Metallgravur* [grch.]; **Chal·ko'ge·ne** <Pl.; Chem.> *Elemente der 6. Hauptgruppe des Periodensystems*; **Chal·ko·gra'fie, Chal·ko·gra·'phie** <f.; -, -n; ↗Z11.3; veralt.> **1** <unz.> *Kunst des Kupferstechens* **2** *Kupferstich*; **Chal·ko·'lith** <m.; -s od. -en, -e od. -en; Min.> *ein grünes Uranmineral*; **Chal·ko'li·thi·kum** <n.; -s; unz.; Geol.> *Kupferzeit*; **chal·ko'li·thisch** <Adj.>

Chal·len·ger <['tʃælɪndʒə(r)]; f.; -, -> *eine US-amerikan. Raumfähre* [engl.]

Cha·lo·der'mie <[ça-]; f.; -, -n; Med.> *Erschlaffung u. Faltenbildung der Haut* [grch.]; **Cha·'lon** <[ça-]; n.; -s, -e; meist Pl.; Med.> *die normale Zellteilung regulierender Hemmstoff*

Cha·lu·meau <[ʃaly'moː]; n.; -s, -s; Instrumentenk.> *klappenloses Holzblasinstrument, Vorläufer der Klarinette* [frz.]

Chal·ze'don <[kal-]; m.; -s, -e> = *Chalcedon*; **chal·ze'do·nisch** <Adj.; ↗Z46> *Chalzedonische Lichtnelke Feuernelke*

Cha'mä·le·on <[ka-]; n.; -s, -s> **1** <Zool.> *eine Baumeidechse mit veränderlicher Hautfarbe* **2** <fig.; abwertend> *Mensch, der seine Anschauungen ständig ändert* [grch.]

Cham·bre sé·pa·rée, <auch> Chamb·re sé·pa·rée <['ʃãbrə

sepa'reː]; n.; --, -s, -s ['ʃãbrə sepa'reː]; ↗Z53; veralt.> *kleiner Nebenraum in Restaurants (für den Austausch von Vertraulichkeiten)* [frz.]

cha·mois <[ʃa'moa]; Adj.; undekl.> *gämsfarben, gelbbraun, beige* [frz.]; **Cha'mois** <n.; -; unz.> **1** *chamois Farbe* **2** <kurz für> *Chamoisleder*; **cha'mois·far·ben, cha'mois·far·big** <Adj.>; **Cha'mois·le·der** <n.; -s; unz.> *Gämsleder*

Champ <[tʃæmp]; m.; -s, -s; kurz für> *Champion*

Cham·pa·gne, <auch> Cham·pa·gne <[ʃam'panjə]; f.; -; unz.; ↗Z53> *Region in Frankreich*; **cham·pa·gner** <[ʃam'panjə(r)]; Adj.; undekl.> *zart gelblich*; **Cham'pa·gner** <m.; -s, -> *frz. Schaumwein aus der Champagne; ein Glas ~ trinken; mit ~ anstoßen*; **cham'pa·gner·far·ben, cham'pa·gner·far·big** <Adj.>

Cham·pi·gnon, <auch> Cham·pig·non <['ʃampinjɔŋ]; m.; -s, -s; Bot.> *ein Speisepilz; Zucht-* [frz.]; **'Cham·pi·gnon·kul·tur** <f.; -, -en>

Cham·pi·on <['tʃæmpiən], frz. [ʃã'pjɔ̃]; m.; -s, -s; Sp.> *erfolgreichster Sportler einer Disziplin; Schach~; Traber~* [engl.-frz.]; **Cham·pi·o'nat** <[ʃam-]; n.; -(e)s, -e; bes. Reitsp.> *Meisterschaft* [frz.]; **Cham·pi·on·ship** <['tʃæmpiənʃip]; f.; -, -s> *Meisterschaft* [engl.]; **Cham·pi·ons League** <['tʃæmpiənz 'liːg]; f.; --; unz.; Fußb.> *Europapokal der Landesmeister* [engl.]

Chan <[kaːn] od. [xaːn]; m.; -s, -e> = *Khan*

Chan·ce <['ʃãːs(ə)] od. ['ʃaŋs(ə)]; f.; -, -n> *günstige Gelegenheit; eine ~ wahrnehmen, vergeben; (bei jmdm.) keine ~n haben; jmdm. eine ~ bieten* [frz.]

Chan·cel·lor <['tʃaːnsələ(r)]; m.; -s, -; engl. Bez. für> *Kanzler*

Chan·cen·gleich·heit <['ʃãːsən-]; f.; -; unz.> *~ für alle; das Recht auf ~; die Forderung nach ~*

Change <['tʃeindʒ]; m.; -; unz.> *(Geld-)Wechsel* [engl.]

chan·gant <[ʃã'ʒãː]; Adj.; undekl.; Textilw.> *schillernd; ~ Stoffe* [frz.]; **Chan'geant** <m.; -

od. -s, -s> **1** <Textilw.> *schillernder Stoff* **2** <Min.> *Edelstein mit schillernder Färbung*; **chan·gie·ren** <[ʃã'ʒiː-]; V. i.> **1** *schillern* **2** <Jägerspr.> *die Fährte wechseln (vom Jagdhund)*

Chan·nel <['tʃænəl]; m.; -s, -; umg.> **1** *Fernsehsender* **2** *Themenkanal im Internet* [engl.]; **'Chan·nel·sur·fing** <[-'səːfiŋ]; n.; -s; unz.; umg.> **1** *häufiges Umschalten am Fernseher* **2** *zielloses Suchen im Internet*

Chan·son <[ʃã'sɔ̃ː]; n.; -s, -s> **1** <urspr.; altfrz. Dichtung> *einstimmiges episch-lyrisches Lied* **2** *einstimmiges Lied mit vielfältiger Thematik (bes. im Kabarett)* [frz.]; **Chan·son·net·te** <[- də 'ʒɛts(ə)]; n.; ---, -s [ʃã'sɔ̃ː]--; Lit.> *altfrz. Heldenepos*; **Chan·so'net·te** <f.; -, -n> = *Chansonnette*; **Chan·so·ni·er** <[ʃãsɔ'nje]; m.; -s, -s> = *Chansonnier*; **Chan·so·ni·è·re** <[ʃãsɔ'njɛrə]; f.; -, -n> = *Chansonnière*; **Chan·son·net·te** <f.; -, -n> **1** *Chansonsängerin* **2** *kleines (komisches) Lied*; **Chan·son·ni·er** <[ʃãsɔ'nje]; m.; -s, -s> *Chansonsänger*; **Chan·son·ni·è·re** <[ʃãsɔ'njɛrə]; f.; -, -n> *Chansonsängerin*; **Chant** <engl. [tʃaːnt] od. frz. [ʃãː]; m.; -s, -s; Mus.> *Gesang, Lied* [engl.-frz.]

Cha·nuk·ka <[xa-]; f.; -; unz.; jüd. Rel.> *achttägiges Lichterfest (zur Erinnerung an die Neuweihe des Jerusalemer Tempels)* [hebr.]

Cha·os <['kaːɔs]; n.; -; unz.> *Durcheinander, Wirrwarr* [grch.]; **'Cha·os·the·o·rie** <f.; -; unz.> *Theorie der Gesetzmäßigkeiten chaotischer Systeme*; **Cha·'ot, Cha'o·te** <m.; -(e)n, -(e)n>; **Cha'o·tik** <f.; -; unz.>; **Cha'o·tin** <f.; -, -n·nen>; **cha'o·tisch** <Adj.> *durcheinander, ungeordnet; ~e Systeme* <Math.> *ungeordnete, unberechenbare (Natur-)Systeme*; **cha·o·ti'sie·ren** <V. t.> *eine Veranstaltung ~*

Cha·peau <[ʃa'poː]; m.; -s, -s; veralt.> *Hut* [frz.]; **Cha·peau claque, <auch> Cha·peau Claque** <[ʃapo 'klak]; m.; --, -x -s [ʃapo 'klak]; ↗Z31> *Klappzylinder*

Cha·pli·na·de, <auch> Chap·li·

'na·de <[tʃa-]; f.; -, -n; ↗Z53>
komisch-groteskes Auftreten
[nach dem engl. Schauspieler
Charlie *Chaplin*, 1889–1977];
cha·pli'nesk <Adj.> *komisch,
grotesk*

Chaps <[tʃæps]; Pl.; Reitsp.> *le-
derne Überziehhosen* [engl.]

chap·ta·li·sie·ren <[tʃap-]; V. t.>
*Wein, Most ~ ihm Zucker zufü-
gen* [nach dem frz. Chemiker
Chaptal]

Cha·ra·de <[ʃa-]; f.; -, -n> = *Scha-
rade*

Cha'rak·ter <[ka-]; m.; -s, -e
[--'--]> 1 <unz.> *Merkmal, Ei-
genart;* die Besprechungen tru-
gen vertraulichen ~ 2 <unz.>
Wesensart; einen schwierigen ~
haben; ein Mann von ~; er hat
keinen ~ *ist nicht standhaft* 3
*Mensch von ausgeprägter Ei-
genart* [grch.]; **Cha'rak·ter·bild**
<n.; -(e)s, -er> **Cha'rak·ter·bil-
dung** <f.; -; unz.>; **Cha'rak·ter-
dar·stel·ler** <m.; -s, ->; **Cha'rak-
ter·dar·stel·le·rin** <f.; -,
-n·nen>; **cha'rak·ter·fest** <Adj.>
*-er, am -es·ten> standhaft, wil-
lensstark;* **Cha'rak·ter·fes·tig-
keit** <f.; -; unz.>; **cha·rak·te·ri-
'sie·ren** <V. t.> *kennzeichnen;
etwas charakterisiert jmdn. od.
etwas;* **Cha'rak·te'ris·tik** <f.; -,
-en> *Kennzeichnung;* **Cha·rak-
te'ris·ti·kum** <n.; -s, -ka>; **cha-
rak·te'ris·tisch** <Adj.>; **Cha'rak-
ter·kun·de** <f.; -; unz.> = *Cha-
rakterologie;* **cha'rak·ter·lich**
<Adj.>; **cha'rak·ter·los** <Adj.>;
Cha'rak·ter·lo·sig·keit <f.; -;
unz.>; **Cha·rak·te·ro·lo'gie** <f.;
-; unz.> *Persönlichkeitsfor-
schung;* **cha·rak·te·ro·lo'gisch**
<Adj.>; **Cha'rak·ter·rol·le** <f.; -,
-n>; **cha'rak·ter·schwach**
<Adj.>; **cha'rak·ter·schwä·che**
<f.; -, -n>; **cha'rak·ter·stark**
<Adj.>; **cha'rak·ter·stär·ke** <f.;
-, -n>; **cha'rak·ter·voll** <Adj.>;
Cha'rak·ter·zug <m.; -(e)s, ⸚e>
Wesenszug

Char·cu·te'rie <[ʃarky-]; f.; -, -n;
schweiz.> 1 *Metzgerei* 2 <unz.>
Wurstwaren [frz.]

Char·don·nay <[ʃardɔ'nɛ]; m.; -s;
unz.> *eine frz. Rebsorte*

Char·ge <['ʃarʒə]; f.; -, -n> 1
Würde, Rang 2 <Mil.> *Dienst-
grad* 3 <Tech.> *Beschickung (ei-*

nes Hochofens) 4 <Pharm.;
Chem.> *Produktserie* 5 *kleine
Charakterrolle* [frz.]; **'Char·gen-
num·mer** <f.; -, -n>; **char·gie-
ren** <[ʃar'ʒi:-]; V. t./V. i.>; **Char-
'gier·te(r)** <m. 1> *Vorstandsmit-
glied einer Studentenverbin-
dung*

Cha'ris·ma <a. ['ka-] od. ['ça-];
n.; -, -'ris·ma·ta od. -'ris·men>
besondere Ausstrahlung [grch.];
cha·ris'ma·tisch <Adj.>

Cha·ri·té <[ʃari'te:]; f.; -; unz.;
veralt.> *Krankenhaus (bes. in
Berlin u. Paris)* [frz.]

Cha·ri·va·ri <[ʃari'va:ri]; n.; -s, -s;
veralt.> 1 *Durcheinander, Wirr-
warr* 2 *Katzenmusik* [frz.]

Charles·ton <['tʃa:rlstən]; m.; -,
-s> 1 <urspr.> *schneller Volks-
tanz der amerikan. Schwarzen*
2 <seit 1926> *mittelschneller
Foxtrott* [engl.]

Charm <[tʃaːm]; n.; -s, -s; Phys.;
Zeichen: C> *ladungsartige
Quantenzahl der Elementarteil-
chen;* <aber> → *Charme* [engl.]

char'mant <[ʃar-]; Adj.> *liebens-
würdig, voller Charme;* sie ist
außerordentlich ~; oV *schar-
mant;* **Charme** <['ʃaːrm]; m.; -s;
unz.> *Liebenswürdigkeit, ge-
winnendes Wesen;* viel ~ besit-
zen; seinen ganzen ~ entfalten;
oV *Scharm* [frz.]; **Char'meur**
<[ʃar'møːr]; m.; -s, -e>
Schmeichler; **Char'meu·rin** <f.;
-, -n·nen>; **Char'meu·se**
<[-'møːz(ə)]; f.; -; unz.; Textilw.>
ein Seidenstoff; **char·ming**
<['tʃaːmiŋ]; Adj.; umg.> *liebens-
würdig, entzückend* [engl.]

Chart <[tʃaːrt]; f.; -, -s; Bankw.;
Börse> *grafische Darstellung
von Daten;* → a. *Charts* [engl.];
Char·ta <['kar-]; f.; -, -s> 1 <Al-
tertum> *Papierblatt zum
Schreiben* 2 <MA> *Urkunde* 3
<heute> *Verfassungsurkunde;
die ~ der Vereinten Nationen;*
oV *Charte* [lat.-grch.]; **Char·te**
<['ʃartə]; f.; -, -n> = *Charta(3)*
[frz.]; **Char·ter** <['tʃar-]; m.; -,
-s> 1 <Flugw.; Seew.> *Fracht-,
Mietvertrag* 2 *Schutzbrief, Frei-
brief* [engl.]; **'Char·te·rer** <m.;
-s, -> *Mieter;* **'Char·ter·flug** <m.;
-(e)s, ⸚e>; **'Char·ter·flug·zeug**
<n.; -(e)s, -e>; **'Char·ter·ge·sell-
schaft** <f.; -, -en> *Gesellschaft,*

*die Personen u. Frachten mit ge-
charterten Maschinen befördert;*
'Char·ter·ma·schi·ne <f.; -, -n>;
'char·tern <V. t.; ich chartere;
du charterst; sie hat gechar-
tert> ein Flugzeug, Schiff ~ *mie-
ten;* **'Char·ter·ver·kehr** <m.; -s;
unz.; Flugw.> *Flugverkehr mit
Chartermaschinen*

Char·treu·se¹, <auch> **Chart-
reu·se** <[ʃar'trøːz(ə)]; m.; -;
unz.; ↗Z53; Warenz.> *(urspr.
von den Kartäusern hergestell-
ter) Kräuterlikör* [frz.]

Char·treu·se², <auch> **Chart-
reu·se** <[ʃar'trøːz(ə)]; f.; -, -n;
frz. Kochk.> *ein Gericht aus
Fleisch u. Gemüse* [frz.]

Charts <[tʃaːrts]; Pl.> *Liste der
Spitzenschlager;* in die ~ kom-
men; → a. *Chart*

Cha'ryb·dis <[ça-]; f.; -; unz.;
grch. Myth.> *Felsenschlund mit
Meeresstrudel;* → a. *Scylla*

Cha'san <[xa-]; m.; -s, -e; jüd.
Rel.> *Vorbeter* [hebr.]

chas·mo'gam <[ças-]; Adj.; Bot.>
*der Fremdbestäubung zugäng-
lich* [grch.]

Chasse <[ʃas]; f.; -; unz.> 1
<Mus.; 14. Jh.> *dreistimmiger
Kanon* 2 <Mus.> *Jagdstück* 3
Billard mit 15 Kugeln [frz.]

Chas'sid <[xas-]; m.; - od. -s,
-si'dim; meist Pl.; jüd. Rel.> *An-
hänger des Chassidismus,
Frommer* [hebr.]; **Chas·si'dis-
mus** <m.; -; unz.> *neuzeitliche
Frömmigkeitsbewegung des ost-
europäischen Judentums*

Chas·sis <[ʃa'si:] od. ['ʃasi:]; n.; -
[-si:(s)], - [-si:s]; veralt.> *Gestell
(bei Fahrzeugen)* [frz.]

Chat <[tʃæt]; m.; -s, -s; EDV> *Un-
terhaltung, Kommunikation
(im Internet)* [engl.]

Châ·teau, <auch> **Cha·teau**
<[ʃa'to:]; n.; -s, -s; ↗Z18.5; frz.
Bez. für> *Schloss, Landsitz;*
Cha·teau·bri·and <[ʃatobri'ã:];
n.; -s, -s> *gebratene Rindslen-
denscheibe* [nach dem frz.
Schriftsteller *Chateaubriand*]

Chat·te <['çat-] od. ['kat-]; m.; -n,
-n> *Angehöriger eines westger-
man. Volksstammes;* oV *Katte*

'chat·ten <[tʃætən]; V. i.> *im In-
ternet kommunizieren* [engl.]

Chauf·feur <[ʃɔ'føːr]; m.; -s, -e>
jmd., der berufsmäßig jmdn. im

Auto fährt [frz.]; **Chauf·feu·rin** <f.; -, -n·nen>; **Chauf·feu·se** <[-'føːzə]; f.; -, -n>; **chauf'fie·ren** <V. t.> jmdn. ~

Chau·ke <['çau-]; m.; -n, -n> *Angehöriger eines westgerman. Volksstammes*

Chaus·see <[ʃɔ'seː]; f.; -, -n; veralt.> *Landstraße* [frz.]

Chau·vi <['ʃoːvi]; m.; -s, -s; umg.; kurz für> *Chauvinist;* **Chau·vi·'nis·mus** <m.; -; unz.; abwertend> 1 *übertriebene Vaterlandsliebe* 2 *überhebliches Herausstellen männlicher Eigenschaften* [nach dem Rekruten *Chauvin* in einem frz. Lustspiel]; **Chau·vi'nist** <m.; -en, -en>; **chau·vi'nis·tisch** <Adj.; abwertend> ~e Ansichten

Check¹ <[tʃɛk]; m.; -s, -s> 1 <Eishockey> *erlaubte Behinderung eines Gegenspielers;* Body~ 2 *Überprüfung, Kontrolle;* Gesundheits~; Sicherheits~ [engl.]

Check² <[ʃɛk]; m.; -s, -s> = *Scheck*

Check·con·trol, <auch> **Check·cont·rol** <['tʃɛkkɔntroːl]; f.; -; unz.; ↗Z53; Kfz> *elektronische Prüfeinheit;* **che·cken** <['tʃɛ-]; V. t.; in checke; du checkst; sie hat gecheckt> 1 <Eishockey> *einen Gegenspieler ~ behindern* 2 *vergleichend prüfen;* Daten ~; <häufig in Zus.> ab~; aus~; ein~; durch~ 3 <umg.> *begreifen; hast du es nicht gecheckt?* [engl.]; **'Che·cker** <m.; -s, ->; **'Che·cke·rin** <f.; -, -n·nen>; **Check·'in** <m. od. n.; - od. -s, -s; ↗Z32> *Erledigung der Anreiseformalitäten;* **'Check·ing** <n.; -s, -s>; **'Check·list** <f.; -, -s>, **'Check·lis·te** <f.; -, -n> *Kontrollliste;* **Check·out** <[-'aut]; m. od. n.; - od. -s, -s; ↗Z32> *Erledigung der Abreiseformalitäten;* **'Check·point** <[-pɔint]; m.; -s, -s> *Kontrollpunkt (an einem Grenzübergang);* ~ *Charlie;* **Check·up** <[-'ap]; m. od. n.; - od. -s, -s; Med.> *umfassende (Vorsorge-) Untersuchung*

Ched·dar <['tʃɛdar]; m.; -s; unz.> *ein Hartkäse* [nach dem engl. Ort *Cheddar*]

chee·rio <[tʃiri'oː]; Int.> *zum Wohl!, auf Wiedersehen!* [engl.]

Cheer·lea·der <['tʃiːrliːdə(r)]; m.; -s, -> *(lautstarker) Anführer einer Gruppe o. Ä.* [engl.]

Cheese·bur·ger <['tʃiːzbɜːgə(r)]; m.; -s, -> *Hamburger²* *mit Käse* [engl.]

Chef <[ʃɛf]; m.; -s, -s> *Vorgesetzter, Leiter;* seine Stellung als ~; den ~ vertreten [frz.]; **'Chef·arzt** <m.; -es, ≖e> *leitender Arzt (im Krankenhaus);* **'Chef·ärz·tin** <f.; -, -n·nen>; **Chef de Cu·i·sine** <[ʃɛf də kyi'zin(ə)]; m.; ---, -s [ʃɛf] --> *Küchenchef;* **Chef de Mis·si·on** <[ʃɛf də mis'jõː]; m.; ---, -s [ʃɛf] --; bes. Sp.> *Leiter einer Delegation;* **'Chef·dol·met·scher** <m.; -s, ->; **'Chef·dol·met·sche·rin** <f.; -, -n·nen>; **'Chef·e·ta·ge** <[-eta·ʒə]; f.; -, -n; ↗Z55> *in die ~ aufsteigen;* **'Chef·i·de·o·lo·ge** <m.; -n, -n; ↗Z55>; **'Chef·i·de·o·lo·gin** <f.; -, -n·nen>; **'Che·fin** <f.; -, -n·nen; ↗Z38>; **'Chef·lek·tor** <m.; -s, -en>; **'Chef·lek·to·rin** <f.; -, -n·nen>; **'Chef·pi·lot** <m.; -en, -en> *Flugkapitän;* **'Chef·re·dak·teur** <[-tøːr]; m.; -s, -e> *leitender Redakteur;* **'Chef·re·dak·teu·rin** <f.; -, -n·nen>; **'Chef·sa·che** <f.; -, -n> etwas zur ~ machen; **'Chef·se·kre·tär,** <auch> **'Chef·sek·re·tär** <m.; -s, -e; ↗Z53> ~ einer polit. Partei; **'Chef·se·kre·tä·rin** <f.; -, -n·nen>; **'Chef·trai·ner** <[-tre:-]; m.; -s, ->; **'Chef·vi·si·te** <[-vi-]; f.; -, -n> *Visite des Chefarztes*

Chei'li·tis <[çai-]; f.; -, -'ti·den; Med.> *Lippenentzündung* [grch.]

Che·li·ce·ren <[çe-]; Pl.> *Mundwerkzeug der Spinnen* [grch.]

Che·mi·cal·mace, <auch> **Che·mi·cal Mace** <['kɛmikəl 'meis]; f.; (-)-, (-)-s [-'mεisiz]; ↗Z30> *chemische Keule, ein Tränenreizstoff* [engl.]

Che·mie <[çe-]; süddt.; österr. [ke-]; f.; -; unz.> *Lehre von den chem. Grundstoffen u. ihren Verbindungen;* **Che·mie·ar·bei·ter** <m.; -s, ->; **Che·mie·ar·bei·te·rin** <f.; -, -n·nen>; **Che·mie·fa·ser** <f.; -, -n> *chem. hergestellte Faser;* **Che·mie·la·bo·rant** <m.; -en, -en; Berufsbez.>; **Che·mie·la·bo·ran·tin** <f.; -, -n·nen>; **Che·mie·leh·rer** <m.;

-s, ->; **Che·mie·leh·re·rin** <f.; -, -n·nen>; **Che·mie·un·fall** <m.; -(e)s, ≖e>; **Che·mie·un·ter·richt** <m.; -(e)s; unz.>; **Che·mie·waf·fe** <f.; -, -n>; **Che·mi·gra'fie,** <auch> **Che·mi·gra'phie** <f.; -; unz.; ↗Z11.3> *fotomechan. Verfahren zur Herstellung von Druckplatten;* **Che·mi'ka·lie** <[-liə]; f.; -, -li·en> *chem. hergestelltes Erzeugnis;* **Che·mi·kant** <m.; -en, -en> *Facharbeiter in der chem. Industrie;* **Che·mi·'kan·tin** <f.; -, -n·nen>; **'Che·mi·ker** <m.; -s, ->; **'Che·mi·ke·rin** <f.; -, -n·nen>; **Che·mi·lu·mi·nes'zenz** <f.; -; unz.> = *Chemolumineszenz*

Che·mi'née <[ʃəmi'neː]; n.; -s, -s; schweiz.> *(offener) Kamin* [frz.]

'che·misch <Adj.> *die Chemie betreffend, mit Stoffumwandlung verbunden;* ~es Element; ~e Formel; ~e Gleichung; ~e Keule = *Chemokeule;* ~e Reaktion; ~e Verbindung; ~e Reinigung *R. von Kleidung mit chem. Lösungsmitteln;* **'che·misch-'tech·nisch** <Adj.> ~er Assistent <Berufsbez.>

Che·mi·se <[ʃə'miːz(ə)]; f.; -, -n; veralt.> *Hemd* [frz.]; **Che·mi·sett** <[ʃəmi'zɛt]; n.; -s, -s od. -e; Mode>, **Che·mi'set·te** <f.; -, -n> *abgesetzter Einsatz (bei Smokinghemden, an Damenkleidern)*

che·mi'sie·ren <[çe-], süddt.; österr. [ke-]; V. t.> *chem. Mittel u. Technologien einsetzen;* **Che·mi'sie·rung** <f.; -, -en> ~ *der Landwirtschaft;* **Che'mis·mus** <m.; -; unz.> *chem. Vorgang (beim Stoffwechsel);* **'Che·mo·keu·le** <f.; -, -n; umg.> *Sprühgerät für chemische Substanzen (gegen Demonstranten eingesetzt);* **Che·mo·lu·mi·nes'zenz** <f.; -; unz.> *durch chem. Reaktionen bewirkte Lumineszenz*

Che·mo·se <f.; -, -n; Med.> *entzündliches Ödem an der Augenbindehaut* [grch.]

Che·mo·syn'the·se <f.; -, -n; Biochem.> *Form des Stoffwechsels bei manchen Bakterien;* **che·mo'tak·tisch** <Adj.>; **Che·mo·'ta·xis** <f.; -, -'ta·xen; Biochem.> *durch chem. Reizstoffe ausgelöste zielgerichtete Zellbe-*

weglichkeit; **Che·mo'tech·nik** <f.; -; unz.>; **Che·mo'tech·ni·ker** <m.; -s, -; Berufsbez.>; **Che·mo'tech·ni·ke·rin** <f.; -, -n·nen>; **Che·mo·the·ra'peu·ti·kum** <n.; -s, -ka; Med.> *chem. Substanz, die Krankheitserreger u. Tumorzellen zerstört;* **che·mo·the·ra'peu·tisch** <Adj.>; **Che·mo·the·ra'pie** <f.; -; unz.; Med.> *Einsatz von chem. Therapeutika (zur Bekämpfung von Tumorzellen);* **che·mo·tro'pis·mus** <m.; -, -men> *durch chem. Reize ausgelöster Tropismus*

...chen <Nachs.; Verkleinerungssilbe> z. B. Bettchen, Häuschen, Herzchen

Che·nil·le <[ʃə'nɪljə] od. [ʃə'ni:jə]; f.; -, -n> *samtiges Garn mit abstehenden Flauschfasern* [frz.]

Cheque <[ʃɛk]; m.; -s, -s> = *Scheck²*

cher·chez la femme! <[ʃɛr'ʃe: la 'fam]; geh.> *sucht die Frau (die dahinter steckt)!* [frz.]

Che·ri'mo·ya <[tʃe-]; f.; -, -s> = *Chirimoya*

Che·ro·kee <['tʃɛrəki:]> 1 <m.; - od. -s, -s> *Angehöriger eines Indianerstammes* 2 <n.; -s; unz.> *Sprache der Cherokees*

Cher·ry·bran·dy <['tʃɛri'brændi]; m.; -s, -s> *Kirschlikör* [engl.]

Che·rub <['çe-] od. ['ke-]; m.; -s, -ru'bim od. -ru'bi·nen; AT> *Engel;* oV *Kerub;* **che·ru'bi·nisch** <Adj.; ↗Z46> *engelhaft;* <aber> *der Cherubinische Wandersmann (Werktitel)*

Che'rus·ker <[çe-]; m.; -s, -> *Angehöriger eines german. Volksstammes;* **che'rus·kisch** <Adj.>

Ches·ter <['tʃɛs-]; m.; -s; unz.> *ein fetter Hartkäse* [nach der engl. Stadt *Chester*]

che·va·le'resk <[ʃəva-]; Adj.; geh.> *ritterlich, galant* [frz.]; **Che·va·li·er** <[ʃəval'je:]; m.; -s, -s> *Ritter (frz. Adelstitel)*

Che·vreau, <auch> **Chev·reau** <[ʃəv'ro:]; n.; -s; unz.; ↗Z53; kurz für> *Chevreauleder* [frz.]; **Che'vreau·le·der** <n.; -s; unz.> *Ziegenleder*

Che·vron, <auch> **Chev·ron** <[ʃəv'rõ:]; m.; -s, -s; ↗Z53> 1 *frz. Dienstgradabzeichen* 2 *ein*

Stoff mit Fischgrätenmuster [frz.]

Che·wing·gum, <auch> **Chewing·gum** <['tʃu:ɪŋɡʌm]; m.; - od. -s, -s; ↗Z52> *engl. Bez. für Kaugummi*

Che·yenne, <auch> **Chey·enne** <[ʃa'jɛn]; m.; -, -; ↗Z52> *Angehöriger eines Indianerstammes*

Chi <[çi:]; n.; - od. -s, -s; Zeichen: ξ, Ξ> *grch. Buchstabe*

Chi'an·ti <[ki-]; m. 7; - od. -s, -s> *ein ital. Rotwein*

Chi'as·ma <[çi-]; n.; -s, -men; Genetik> *durch den Austausch zwischen den Chromatiden bei der Reduktionsteilung entstandene Kreuzfigur;* **Chi'as·mus** <m.; -, -men; Rhet.; Sprachw.> *Überkreuzstellung von Begriffspaaren nach dem Schema ab-ba,* z. B. "eng ist die Welt u. das Gehirn ist weit" (Schiller) [nach der Form des grch. Buchstabens *Chi*]; **chi'as·tisch** <Adj.>

chic <[ʃik]; Adj.; undekl.> = *schick* [frz.]; **Chic** <m.; -s; unz.>

Chi'ca·go <[ʃi-]> *Stadt in den USA;* **Chi'ca·go·jazz,** <auch> **Chi'ca·go Jazz** <[-dʒæs]; m.; (-)-; unz.; ↗Z30; Mus.> *Jazzstil der 1920er Jahre*

Chi·chi <[ʃi'ʃi:]; n.; - od. -s; unz.; abwertend> *(albernes) Getue, Gehabe* [frz.]

Chi·co <['tʃi:ko]; m.; - od. -s, -s; span. Bez. für> *kleiner Junge*

Chi·co·rée <['ʃikore:] od. [ʃiko're:]; m.; -s, -s od. f.; -, -s> *ein Gemüse, Wintertrieb der Zichorie;* oV *Schikoree* [frz.]

Chief <[tʃi:f]; m.; -s, -s; häufig in Zus.> *Leiter, Oberhaupt;* ~accountant; ~manager [engl.]

Chif·fon <[ʃi'fõ:]; m.; -s, -s od. (österr.) -e> *dünnes, schleierartiges Gewebe* [frz.]

Chif·fre, <auch> **Chiff·re** <['ʃifra] od. ['ʃifər]; f.; -, -n; ↗Z53> 1 *Ziffer, Zahl* 2 *Namenszeichen* 3 *Geheimzeichen, Kennziffer (in Anzeigen);* unter (einer) ~ annoncieren; ~nanzeige [frz.]; **'Chiffren·schlüs·sel** <m.; -s, ->; **'Chif·fre·schrift** <f.; -, -en>; **chif'frie·ren** <V. t.; ich chiffriere; du chiffrierst; sie hat chiffriert> *verschlüsseln;* Buchstaben, Texte ~

Chi·gnon, <auch> **Chig·non** <[ʃɪn'jõ:]; m.; -s, -s; ↗Z53> *Nackenknoten (als Frisur)* [frz.]

Chi·hua·hua <[tʃi'wawa]; m.; -s, -s> *kleine Hunderasse* [nach einem mexikan. Bundesstaat]

'Chil·bi <f.; -, -be·nen; schweiz.> *Kirchweih*

Chi·le <['tʃi:le:]> *südamerikan. Staat;* Republik ~; **Chi'le·ne** <m.; -n, -n>; **Chi'le·nin** <f.; -, -n·nen>; **Chi'le·nisch** <Adj.>; **'Chi·le·sal·pe·ter** <m.; -s; unz.; ↗Z35> *Natronsalpeter (aus Chile u. Peru)*

Chi·li <['tʃi:li]; m.; -s, -s> *ein scharfes Gewürz;* ~ con carne *scharf gewürztes Rindergulasch* [span.]

Chi·li'as·mus <[çi-]; m.; -; unz.; Rel.> *Glaube an ein tausendjähriges Reich des Friedens* [grch.]; **chi·li'as·tisch** <Adj.>

Chi·li·pfef·fer <['tʃi:li-]; m.; -s; unz.> = *Cayennepfeffer*

Chi'mä·re <[çi-]; f.; -, -n> = *Schimäre*

Chi·na <['çi-]; süddt.; österr. ['ki-]> *großer ostasiat. Staat;* Republik ~; **'Chi·na·blau** <n.; -s; unz.> *Wasserblau;* **'Chi·na·cra·cker** <[-'kræka(r)]; m.; -s, -> *ein Knall- bzw. Feuerwerkskörper;* **'Chi·na·gras** <n.; -es, ⸗er; Bot.> = *Ramie;* **'Chi·na·kohl** <m.; -(e)s; unz.; Bot.> *eine längl. Kohlsorte;* **'Chi·na·kra·cher** <m.; -s, -> = *Chinacracker;* **'Chi·na·krepp** <m.; -s; unz.; Textilw.> *ein Gewebe;* **'Chi·na·rin·de** <f.; -, -n; Pharm.> *alkaloidhaltige Rinde des Chinarindenbaumes;* **Chi·na·town** <['tʃainataun]; f.; - s od. n.; -s, -s> *Großstadtviertel mit überwiegend chines. Bevölkerung* [engl.]

Chin·chil·la <[tʃin'tʃil(j)a]> 1 <f.; -, -s; österr. n.; -s, -s; Zool.> *ein südamerikan. Nagetier* 2 <m.; -s, -s> *Pelz der Chinchilla* [span.]

Chi'ne·se <[çi-], süddt.; österr. [ki-]; m.; -n, -n>; **Chi'ne·sin** <f.; -, -n·nen>; **chi'ne·sisch** <Adj.; ↗Z46> ~e Sprache; <aber> Chinesische Dattel; Chinesische Mauer

Chi'nin <[çi-], süddt.; österr. [ki-]; n.; -s; unz.; Pharm.> *bitter*

schmeckendes Alkaloid der Chinarinde; **chi·nin·hal·tig** <Adj.> ~es Getränk

Chi·noi·se·rie <[ʃinoazə-]; f.; -, -n> in chines. Stil gefertigter kunstgewerbl. Gegenstand [frz.]

Chi·nook <[tʃi'nuk]> 1 <Pl.> ein nordamerikan. Indianerstamm 2 <m.; -s, -s; Meteor.> ein föhnartiger Fallwind

Chintz <[tʃints]; m.; - od. -es, -e; Textilw.> ein glänzender Baumwollstoff [engl.-ind.]; **'chint·zen** <Adj.> ~es Gewebe

Chip <[tʃip]; m.; -s, -s> 1 Spielmarke im Glücksspiel 2 Splitter 3 <meist Pl.> frittierte u. gewürzte Kartoffelscheibe 4 <El.> dünnes Halbleiterplättchen [engl.]; **'Chip·kar·te** <f.; -, -n; EDV> kleine Ausweiskarte (aus Plastik)

Chip·pen·dale <[ˈtʃipəndeːl]; n.; - od. -s; unz.; um 1750> engl. Möbelstil [nach dem engl. Kunsttischler Th. Chippendale]

Chip·py <[ˈtʃipi]; ↗Z6.1> 1 <m.; -s, -s; umg.> Drogenneuling 2 <f.; -, -s; in Großbritannien> Imbiss- bzw. Pommes-frites-Bude [engl.]

Chir·a·gra, <auch> **Chi·rag·ra** <[ˈçir-], südd.; österr. [ˈkir-]; n.; -s; unz.; ↗Z54; Med.> Gicht in den Handgelenken [grch.]

Chi·ri·mo·ya <[tʃiriˈmoia]; f.; -, -s> eine trop. Baumfrucht; oV Cherimoya [indian.]

chi·ro·gra·fisch, chi·ro·gra·phisch <[çi-], südd.; österr. [ki-]; Adj.; ↗Z11.3> handschriftlich [grch.]; **Chi·ro·lo·gie** <f.; -; unz.> 1 = Chiromantie 2 Hand- u. Fingersprache der Gehörlosen; **chi·ro·lo·gisch** <Adj.>; **Chi·ro·man·tie** <f.; -; unz.> Kunst des Handlesens; **chi·ro·man·tisch** <Adj.>; **Chi·ro·prak·tik** <f.; -; unz.> Einrichten verschobener Wirbel durch bestimmte Handgriffe; **Chi·ro·prak·ti·ker** <m.; -s, ->; **Chi·ro·prak·ti·ke·rin** <f.; -, -n·nen>; **chi·ro·prak·tisch** <Adj.>; **Chi·ro·pte·ra** <Pl.; ↗Z54; Zool.> Fledermäuse [grch.]

Chir·urg, <auch> **Chi·rurg** <[çi-], südd.; österr. [ki-]; m.; -en, -en; ↗Z54> Facharzt für Chirurgie;

Chir·ur·gie <f.; -; unz.; Med.> 1 Heilbehandlung durch operative Eingriffe 2 Krankenhaus(station) für Chirurgie(1); Herz~; Kiefer~; in der ~ liegen; auf der ~ arbeiten; **Chir·ur·gin** <f.; -, -n·nen>; **chir·ur·gisch** <Adj.> operativ

Chi'tin <[çi-], südd.; österr. [ki-]; n.; -s; unz.> hornartiger Grundstoff des Panzers von Gliederfüßern [grch.]; **chi·ti·nig, chi·ti·'nös** <Adj.>

Chi'ton <[çi-]; m.; -s, -e> altgrch. Gewand [grch.]

Chlad·ni'sche, <auch> **chlad·ni·sche Klang·fi·gur** <[ˈklad-]; f.; -n -, -n -en; ↗Z58.1> sichtbar dargestellte Schwingungsform [nach dem dt. Physiker E. Chladni]

Chla·my·dia <[xla-]; f.; -, -di·en> Fadenbakterie [grch.]; **Chla·'mys** <a. [ˈxla-]; f.; -, -> altgrch. Überwurfmantel, der auf der Schulter befestigt wurde

ch-Laut, <auch> **Ch-Laut** <[tseːˈhaː-]; m.; -(e)s, -e; ↗Z34; Phon.> stimmloser Reibelaut, Ich-Laut [ç], Ach-Laut [x]

Chlor <[kloːr]; n.; -s; unz.; Chem.; Zeichen: Cl> chem. Element, ein gelbgrünes, stechendes Gas [grch.]; **Chlo'ral** <n.; -s; unz.> eine stechend riechende, farblose Chlorverbindung; **Chlo'rat** <n.; -(e)s, -e; Chem.> ein Salz der Chlorsäure; **'Chlor·en** <V. t.> durch Zufügen von Chlor keimfrei machen; das Wasser ist stark gechlort; **'Chlor·gas** <n.; -es; unz.> = Chlor; **Chlor·he·xi·'din** <n.; -s; unz.; Chem.; Med.> ein Desinfektionsmittel; **Chlo·'rid** <n.; -(e)s, -e> ein Salz der Salzsäure; **chlo·rie·ren** <V. t.> chloren; **'chlo·rig** <Adj.> ~e Säure; **Chlo'rit¹** <n.; -(e)s, -e; Min.> ein grünliches Mineral; **Chlo'rit²** <n.; -s, -e; Chem.> Salz der chlorigen Säure; **'Chlor·kalk** <m.; -(e)s; unz.>; **'Chlor·koh·len·was·ser·stoff** <m.; -(e)s, -e; Zeichen: CKW> aliphat. Kohlenwasserstoffverbindung (umweltschädigende Chemikalie); → a. FCKW; **Chlo·ro'form** <n.; -s; unz.> farblose, nicht brennbare Flüssigkeit, Trichlormethan (früher als Narko-

semittel verwendet); **chlo·ro·for·'mie·ren** <V. t.> jmdn. ~ betäuben; **Chlo·ro'phyll** <n.; -s; unz.; Biochem.> grüner Pflanzenfarbstoff; **'chlor·sau·er** <Adj.>; **Chlor'sau·er·stoff·säu·re** <f.; -; unz.; Chem.>; **'Chlor·säu·re** <f.; -; unz.>; **'Chlo·rung** <f.; -; unz.>; **'Chlor·was·ser** <n.; -s; unz.>; **'Chlor·was·ser·stoff** <m.; -(e)s; unz.; Zeichen: HCl> Salzsäuregas

Cho·a·na, Cho·a·ne <[ko-]; f.; -, -'a·nen; Med.> hintere Öffnung der Nasenhöhle [grch.]

Choke <[tʃoːk]; m.; -s, -s; Kfz> Luftklappe am Vergaser; vor dem Anlassen des Wagens den ~ ziehen [engl.]

Chol·ä'mie, <auch> **Cho·lä'mie** <[xol-]; f.; -, -n; ↗Z54; Med.> Übertritt von Gallenflüssigkeit ins Blut [grch.]; **Chol·an'gi·tis,** <auch> **Cho·lan'gi·tis** <f.; -, -'ti·den; ↗Z54; Med.> Entzündung der Gallenwege; **Cho·le·'lith** <m.; -s od. -en, -e od. -en; Med.> Gallenstein

Cho·le·ra <[ˈko-]; f.; -; unz.> schwere, meldepflichtige Infektionskrankheit mit Durchfall u. Erbrechen; **'Cho·le·ra·e·pi·de·mie** <f.; -, -n; ↗Z55>

Cho·le·ri·ker <[ko-]; m.; -s, -> leicht aufbrausender, jähzorniger Mensch; **Cho·le·ri·ke·rin** <f.; -, -n·nen>; **cho·le·risch** <Adj.>

Cho·les·te'rin <[ko-] od. [xo-]; n.; -s; unz.> Fett aus der Reihe der Sterine (zuerst in der Galle gefunden u. Bestandteil von Gallensteinen); **Cho·les·te'rin·ge·halt** <m.; -(e)s; unz.>; **cho·les·te'rin·hal·tig** <Adj.> ~e Nahrungsmittel; **Cho·les·te'rin·spie·gel** <m.; -s; Med.> Cholesteringehalt des Blutes

Chol·iam·bus <[çɔlˈjam-]; m.; -, -iam·ben; Lit.> jambische Versform (in Spottgedichten) [grch.]

Chon'dri·tis, <auch> **Chond'ri·tis** <[çɔn-]; f.; -, -'ti·den; ↗Z53; Med.> Knorpelentzündung [grch.]

Chop <[tʃɔp]; m.; -s, -s; Tennis> kurz geschlagener Ball [engl.]; **Chop·per** <[ˈtʃɔp-]; m.; -s, -> = Easyrider(1)

Chop·su·ey, <auch> **Chop Su·ey** <[tʃɔpˈsui]; n.; (-)- od. (-)-s, (-)-

-s; ↗Z30; chin. Kochk.> *ein Reisgericht mit Fleisch- od. Fischstückchen* [chin.]

Chor <[koːr]; m.; -(e)s, ⁼e> **1** <Antike> *Platz für kultische Gesänge u. Tänze* **2** <Antike> *Gruppe, die im Chor(1) tanzt* **3** <grch. Theat.> *Sprechergruppe, die in der Tragödie die Volksmeinung darstellt* **4** <Mus.> *größere Sängergruppe;* Knaben~; Opern~ **5** <m. od. n.; -(e)s, ⁼e od. -e> *den Geistlichen vorbehaltener Teil des Altarraums (mit Chorgestühl)* [lat.-grch.]; **Cho'ral** <m.; -s, ⁼e> *Chor-, Kirchengesang;* Gregorianischer ~; **Cho'ral·fi·gu·ra·ti·on** <f.; -, -en> *Umspielung einer Choralmelodie;* **Chör·chen** <['køːr:]; n.; -s, -; Verkleinerungsf. von> *Chor*

Chor·da <['koːr-]; f.; -, Chor·den; Anat.> *Sehnen-, Knorpelstrang;* ~ dorsalis *Rückensaite, Vorstufe der Wirbelsäule* [grch.]; **Chor'da·te** <m.; -n, -n; Zool.>, **'Chor·da·tier** <n.; -(e)s, -e> *Angehöriger des Tierstammes der Rückenmarktiere;* → a. *Chorda*; **'Chor·da·zel·le** <f.; -, -n>; **'Chor·de** <f.; -, -n> = *Chorda*; **Chor·do'fon, Chor'do·phon** <n.; -s, -e; ↗Z11.3; Instrumentenk.> *Saiteninstrument (z. B. Harfe, Zither)* [grch.]

Cho·re <['koː-]; f.; -, -n; Geogr.> *Erdraum, einheitlicher Landschaftsraum* [grch.]

Cho'rea <[koː-]; f.; -; unz.; Med.> = *Veitstanz*; **Cho·re·o'graf** <m.; -en, -en; ↗Z11.3> = *Choreograph*; **Cho·re·o·gra'fie** <f.; -, -n>; **cho·re·o·gra'fie·ren** <V. t.>; **Cho·re·o'gra·fin** <f.; -, -n·nen>; **cho·re·o·gra·fisch** <Adj.>; **Cho·re·o'graph** <m.; -en, -en> *jmd., der Choreographien schreibt;* **Cho·re·o·gra'phie** <f.; -, -n> *Tanzschrift, Entwurf u. Einstudierung von (Ballett-)Tänzen* [grch.]; **Cho·re·o·gra'phie·ren** <V. t.> *ein Ballett* ~; **Cho·re·o·'gra·phin** <f.; -, -n·nen>; **cho·re·o·gra·phisch** <Adj.>; **Cho·re·o·lo'gie** <f.; -; unz.> *Lehre vom Tanz*

Cho'reut <[çoː-]; m.; -en, -en; altgrch. Theat.> *Chortänzer* [grch.]; **Cho'reu·tik** <f.; -; unz.>

Chor·ge·sang <['koːr-]; m.; -(e)s,

⁼e>; **'Chor·ge·stühl** <n.; -(e)s, -e>; **'Chor·herr** <m.; -en, -en; Kath.> *Kanonikus*; **...chö·rig** <Adj.; in Zus.> z. B. zweichörig; dreichörig

Cho·ri·o'i·dea <[koː-]; f.; -; unz.; ↗Z55; Anat.> *Aderhaut des Auges;* **'Cho·ri·on** <n.; -s; unz.; Anat.> *Zottenhaut, mittlere Eihaut* [grch.]; **'Cho·ri·on·bi·op·sie** <f.; -, -n; Med.> *Entnahme einer Gewebeprobe des embryonalen Chorions während der Frühschwangerschaft*

cho·risch <['koː-]; Adj.; Mus.> ~e *Begleitung;* **Cho'rist** <m.; -en, -en> *(berufl.) Chorsänger;* **Cho'ris·tin** <f.; -, -n·nen>; **'Chor·kna·be** <m.; -n, -n>; **Chör·lein** <['køːr:]; n.; -s, -> **1** <poet.; Verkleinerungsf. von> *Chor* **2** <Arch.> *kleiner Erker;* **'Chor·lei·ter** <m.; -s, ->; **'Chor·lei·te·rin** <f.; -, -n·nen>

Cho·ro·lo'gie <[ço-] od. [koː-]; f.; -; unz.; Geogr.; Biol.> *Wissenschaft der räumlichen Verbreitung, Arealkunde* [grch.]

Chor·pro·be <['koːr-]; f.; -, -n>; **'Chor·re·gent** <m.; -en, -en> *Chorleiter;* **'Chor·sän·ger** <m.; -s, ->; **'Chor·sän·ge·rin** <f.; -, -n·nen>; **'Cho·rus** <m.; -, -s·se; Mus.> **1** *Sängergruppe* **2** <Jazz; Popmus.> *harmonisches Gerüst* **3** *Refrain* [lat.]

Cho·se <['ʃoːzə]; f.; -, -n; umg.> *Sache;* eine dumme ~; oV *Schose* [frz.]

Chow-Chow <[tʃau'tʃau] od. [ʃau'ʃau]; m.; -s, -s; Zool.> *chines. Spitz*

Chres·to·ma'thie <[kres-]; f.; -, -n; Rel.> *Auswahl vorbildhafter Texte (für den Schulunterricht)* [grch.]

Chri·sam <['çri-]; n. od. m.; -s; unz.; Kath.>, **'Chris·ma** <n.; -s; unz.> *geweihtes Salböl* [grch.]

Christ <[krist]> **1** <m.; -; unz.; volkstüml.> *Christus;* der Heilige ~ **2** <m.; -en, -en> *Anhänger des Christentums;* **'Christ·a·bend** <m.; -s, -e; ↗Z55> *Weihnachtsabend;* **'Christ·baum** <m.; -(e)s, ⁼e>; **'Christ·de·mo·krat** <m.; -en, -en> *Mitglied, Anhänger einer christdemokratischen Partei;* **'Christ·de·mo·kra·tie** <f.; -; unz.>; **'Christ·de·**

mo·kra·tin <f.; -, -n·nen>; **'christ·de·mo·kra·tisch** <Adj.> *christlich-demokratische Prinzipien vertretend;* eine ~e Partei; **'Chris·ten·ge·mein·de** <f.; -, -n>; **'Chris·ten·heit** <f.; -; unz.>; **'Chris·ten·tum** <n.; -s; unz.> *christlicher Glaube, Lehre Christi;* das ~ annehmen, verbreiten; **'Christ·fest** <n.; -(e)s, -e> *Weihnachtsfest;* **chris·ti·a·ni·'sie·ren** <V. t.> *ein Volk* ~; **Chris·ti·a·ni'sie·rung** <f.; -; unz.>; **Chris·tian Sci·ence** <['kristʃən 'saiens]; f.; --; unz.; Rel.> *eine Glaubensgemeinschaft* [engl.]; **'Chris·tin** <f.; -, -n·nen>; **'christ·ka·tho·lisch** <Adj.; schweiz.> *altkatholisch;* ~e Kirche; **'Christ·kind** <n.; -(e)s; unz.>; **'Christ·kindl·markt** <m.; -(e)s, ⁼e>; **'christ·lich** <Adj.> **1** *von Christus stammend* **2** *dem Christentum u. seinen Grundsätzen entsprechend;* Christlich-Demokratische Union (Deutschlands) <Abk.: CDU>; Christlich-Soziale Union (in Bayern) <Abk.: CSU>; Christlicher Verein Junger Männer <Abk.: CVJM> **3** *kirchlich;* ein ~es Begräbnis; **'Christ·lich·keit** <f.; -; unz.>; **'Christ·mas Ca·rol** <['krisməs 'kærəl]; n.; -- od. --s, --s; engl. Bez. für> *Weihnachtslied;* **'Christ·mes·se, 'Christ·met·te** <f.; -, -n>; **Chris·to'gramm** <n.; -s, -e; kurz für> *Christusmonogramm;* **Chris·to·lo'gie** <f.; -; unz.> *(dogmatische) Lehre von Christus als dem Gottmenschen;* **chris·to·lo'gisch** <Adj.>; **'Christ·ro·se** <f.; -, -n; Bot.> *im Winter blühendes Hahnenfußgewächs;* **'Christ·stol·le** <f.; -, -n>, **'Christ·stol·len** <m.; -s, ->; **'Chris·tus** <ohne Art.; Gen.: 'Chris·ti, Dat.: 'Chris·to, Akk.: 'Chris·tum od. -> *Ehrenname Jesu;* Jesus -; nach Christo od. ~; nach Christi Geburt <Abk.: n. Chr.> *nach dem Jahr null unserer Zeitrechnung;* vor Christo od. ~; vor Christi Geburt <Abk. v. Chr.>; **'Chris·tus·bild** <n.; -(e)s, -er>; **'Chris·tus·mo·no·gramm** <n.; -(e)s, -e> *Namenszeichen aus Chi u. Rho, den*

grch. Anfangsbuchstaben des Namens Jesus Christus
Chrom <[kro:m]; n.; -s; unz.; Chem.; Zeichen: Cr> *chem. Element, ein silberweiß glänzendes Schwermetall* [grch.]; **Chro'mat** <n.; -s, -e; Chem.> *ein Salz der Chromsäure*; **Chro·ma'tid** <n.; -s, -en; Genetik> *Spalthälfte des Chromosoms*; **Chro'ma·tik** <f.; -; unz.> 1 <Mus.> *Halbtonfolge* 2 <Phys.> *Farbenlehre*; **Chro·ma'tin** <n.; -s, -e; Genetik> *färbbarer Zellkernbestandteil, Chromosomenform zw. zwei Kernteilungen*; **chro'ma·tisch** <Adj.> *~e Tonleiter T. aus zwölf Halbtönen*; **Chro·ma·to'phor** <n.; -s, -en; Bot.> *Farbstoffträger, -zelle*; **Chro·mat·op'sie**, <auch> **Chro·ma·top'sie** <f.; -; unz.; ↗Z.54; Med.> *Sehstörung, Farbigsehen*; **'Chrom·ei·sen·stein** <m.; -(e)s, -e; Min.> = *Chromit*; **'Chrom·far·be** <f.; -, -n> 1 *Chrom enthaltende Mineralfarbe* 2 *organische Beizenfarbstoff*; **'Chrom·gelb** <n.; -s; unz.>; **'Chrom·ger·bung** <f.; -; unz.> *Verfahren der Lederherstellung*; **'chrom·glän·zend** <Adj.>; **'Chrom·grün** <n.; -s; unz.>; **chro'mie·ren** <V. t.> 1 *verchromen* 2 *Wolle, Gewebe ~* <Textilw.> *mit Chromsalzlösung behandeln*; **Chro'mit** <m.; -(e)s, -e> *chromhaltiges, bräunlich schwarzes Mineral*; **'Chrom·le·der** <n.; -s; unz.> *mit Chromsalzen gegerbtes Leder*; **'Chrom·ni·ckel·stahl** <m.; -s; unz.> *ein rostfester Stahl*; **Chro·mo'lith** <m.; -s od. -en, -e od. -en> *unglasiertes Steinzeug mit farbiger Musterung*; **Chro·mo·li·tho·gra'fie**, **Chro·mo·li·tho·gra·'phie** <f.; -, -n; ↗Z.11.3> *Mehrfarbendruck (auf Stein od. Zink)*; **Chro·mo'ne·men** <Pl.; Genetik> *spiralige Chromosomenfäden*; **Chro·mo'plast** <m.; -en, -en; meist Pl.; Bot.> *chlorophyllfreier Farbstoffträger*; **Chrom·op'sie**, <auch> **Chro·mop'sie** <f.; -, -n; ↗Z54> = *Chromatopsie*; **Chro·mo'som** <n.; -s, -en; Genetik> *Hauptträger der Erbinformation, Teilstück des Zellkerns*; **chro·mo·so·'mal** <Adj.>; **Chro·mo'so·men·**

ab·er·ra·ti·on, <auch> **Chro·mo·'so·men·a·ber·ra·ti·on** <f.; -, -en; Med.> *Abweichung von der normalen Chromosomenzahl*; **Chro·mo'so·men·satz** <m.; -es, ⸚e> *doppelter ~*; **Chro·mo'sphä·re**, <auch> **Chro·mos'phä·re** <f.; -; unz.; ↗Z54> *glühende obere Schicht der Sonnenatmosphäre*; **'Chrom·rot** <n.; -s; unz.>; **'Chrom·säu·re** <f.; -, -n; Chem.>

Chro·nik <['kro:-]; f.; -, -en> *Bericht über geschichtliche Vorgänge in zeitlicher Abfolge* [grch.]; **'Chro·ni·ka** <Pl.> *Geschichtsbücher des AT*; **chro·ni·'ka·lisch** <Adj.>; **Chro·nique scan·da·leuse** <[kro'nik skãda'lø:z(ə)]; f.; --, -s -s [kro:'nik skãda'lø:z(ə)]> *Skandal-, Klatschgeschichte*; **'chro·nisch** <Adj.; Med.> *langsam, schleichend; ~e Krankheit; Ggs akut*; **Chro'nist** <m.; -en, -en>; **Chro'nis·tin** <f.; -, -n·nen>; **Chro·ni·zi'tät** <f.; -; unz.; Med.> *chronischer Verlauf*; **Chro·no·gra'fie**, <auch> **Chro·no·gra·'phie** <f.; -, -n; ↗Z.11.3> *Geschichtsschreibung in zeitl. Abfolge*; **Chro·no'lo·ge** <m.; -n, -n>; **Chro·no·lo'gie** <f.; -, -n> 1 *Zeitkunde* 2 *zeitlicher Ablauf*; **Chro·no'lo·gin** <f.; -, -n·nen>; **chro·no·lo·gisch** <Adj.>; **Chro·no'me·ter** <m.; -s, -> 1 *Uhr mit höchster Ganggenauigkeit* 2 <Mus.> *Taktmesser, Metronom*; **Chro·no·me'trie**, <auch> **Chro·no·met'rie** <f.; -; unz.; ↗Z53> *Zeitmessung*; **chro·no'me·trisch** <Adj.>; **'Chro·no·tron**, <auch> **'Chro·not·ron** <n.; -s, -s -'tro·nen/-'tro·nen; ↗Z53> *genaues Messgerät zur Ermittlung von Zeitunterschieden zwischen Impulsen*

Chrys·an'the·me, <auch> **Chry·san'the·me** <[kry-]; f.; -, -n; ↗Z54; Bot.> *eine Zierpflanze* [grch.]; **Chry·so·be'ryll** <[çry-]; m.; -s; unz.; Min.> *ein grüner Schmuckstein*; **Chry·so·li'din** <n.; -s; unz.; ↗Z55> *ein orangegelber Azofarbstoff*; **Chry·so'lith** <m.; -s od. -en, -e od. -en; Min.> *grüne Abart des Olivins, ein Schmuckstein*; **Chry·so·**

'pras, <auch> **Chry·sop'ras** <m.; -es, -e; ↗Z53; Min.> *grüne Abart des Chalcedons*

chtho·nisch <['çto:-]> *irdisch, unterirdisch; ~e Götter* [grch.]

Chut·ney <['tʃʌtni]; n.; -s, -s> *dickflüssige Fruchtsoße;* Mango- [engl.-Hindi]

Chuz·pe <['xuts-]; f.; -; unz.> *Dreistigkeit, Unverschämtheit; mit großer ~* [jidd.]

Chy·mus <['çy-]; m.; -; unz.; Med.> *Speisebrei im Magen* [grch.]

Ci <Phys.; Zeichen für> *Curie*

CIA <[si:ai'ɛi]; m.; -; unz.; Abk. für engl.> *Central Intelligence Agency*

Cia'co·na <[tʃa-]; f.; -, -s od. -ne> = *Chaconne* [ital.]

ciao <['tʃau]; Grußw.> *hallo, leb wohl!, tschüs!* [ital.]

CIC 1 <[si:ai'si:]; m.; -; unz.; Abk. für engl.> *Counter Intelligence Corps* 2 <Abk. für> *Codex Juris Canonici*

Ci·ce·ro <['tsitsəro]> 1 <ohne Art.> *ein röm. Staatsmann* 2 <f.; -; unz.; Typ.> *ein Schriftgrad*; **Ci·ce'ro·ne** <[tʃitʃə-]; m.; - od. -s, -s od. -ni; scherzh.> *(schwatzhafter) Fremdenführer* [ital.]; **ci·ce·ro·ni'a·nisch**, **ci·ce·'ro·nisch** <[tsitsə-]; Adj.> *in der Art Ciceros, stilistisch vorbildhaft*

Ci·cis'beo <[tʃitʃis-]; m.; - od. -s, -s; veralt.> *Liebhaber* [ital.]

Ci·dre, <auch> **Cid·re** <['si:drə]; m.; -s; unz.; ↗Z53> *frz. Apfelwein*

Cie. <veralt.; Abk. für> *Kompanie(1)*

cif. <Wirtsch.; Abk. für engl.> *cost, insurance, freight*

CIM <[tse:i:'ɛm] od. engl. [si:ai'ɛm]; n.; -; unz.; EDV; Abk. für engl.> *Computer Integrated Manufacturing*

Cin·de·rel·la·kom·plex <[sin-]; m.; -es; unz.; Psych.> *Angst vor eigener Unabhängigkeit (bei Frauen)*

Ci·ne'ast <[si-]; m.; -en, -en> *Filmfachmann* [frz.]; **Ci·ne'as·tik** <f.; -; unz.>; **Ci·ne'as·tin** <f.; -, -n·nen>; **ci·ne'as·tisch** <Adj.>; **Ci·ne·ma·gic** <[-'mædʒik]; n.; -; unz.; Film> *Verbindung von Trick- u. Real-*

film [engl.]; **Ci·ne·ma·scope,** <auch> **Ci·ne·mas·cope** <[sinəma'sko:p]; n.; -; unz.; ↗Z54; Warenz.> *ein Aufnahme- u. Wiedergabeverfahren für Breitwandfilme;* **Ci·ne·ma'thek** <f.; -, -en> *Filmsammlung;* **Ci·ne'ra·ma** <n.; -s; unz.; Warenz.> *ein Aufnahme- u. Wiedergabeverfahren für Breitwandfilme*

Cin·que·cen·to <[tʃiŋkve'tʃɛnto]; n.; - od. -s; unz.> *Hochrenaissance (16. Jh.) in der ital. Kunst u. Kultur* [ital.]

Cin'za·no <[tʃin-]; m. 7; -s, -s; Warenz.> *ital. Wermutwein*

Ci·pol'la·ta <[tʃi-]; f.; -, -s od. -'la·ten> **1** <ital. Kochk.> *ein Gericht* **2** *kleines Würstchen*

'cir·ca <Adv.; Abk.: ca.> = *zirka*

Cir·ce <['tsirtsə]; f.; -, -n> *Verführerin* [nach der grch. Zauberin *Kirke*]

cir·cen·sisch <[tsir'tsɛn-]; Adj.> = *zirzensisch*

Cir·cuit·trai·ning <['sə:rkit-tre:niŋ]; n.; - od. -s; unz.; Sp.> *Ausdauertraining an mehreren kreisförmig aufgestellten Geräten* [engl.]

Cir·cu·lus vi·ti·o·sus <['tsir--vi---]; m.; --, --li -si; ↗Z31> **1** *Teufelskreis; sich in einem ~ befinden* **2** <Philos.> *Zirkelbeweis, -schluss* [lat.]

'Cir·cus <m.; -s·ses, -s·se> = *Zirkus*

'Cir·rus·wol·ke <f.; -, -n> = *Zirruswolke*

cis <n.; -, -; Mus.> **1** *Tonbezeichnung, Grundton von cis-Moll* **2** <Abk. für> *cis-Moll (Tonart);* **Cis** <n.; -, -; Mus.> **1** *Tonbezeichnung, Grundton von Cis-Dur* **2** <Abk. für> *Cis-Dur (Tonart)*

CISC <EDV; Abk. für engl.> *Complex Instruction Set Computing*

'Cis-Dur <n.; -; unz.; Abk.: Cis> *Tonart;* **'Cis-Dur-Ton·lei·ter** <f.; -, -n; ↗Z33>; **'cis·is, 'Cis·is** <n.; -, -; Mus.> *um einen Halbton erhöhtes cis bzw. Cis;* **'cis-Moll** <n.; -; unz.; Abk.: cis> *Tonart;* **'cis-Moll-Ton·lei·ter** <f.; -, -n>

'Cis·tron, <auch> **'Cist·ron** <n.; -s, -'tro·ne/-t'ro·ne; ↗Z53; Genetik> *Abschn. kleinster DNS- od. RNS-Abschnitt mit genetischer Information* [Kunstw.]

Ci·to·yen, <auch> **Ci·toy·en** <[sitoa'jɛ̃:]; m.; -s, -s; ↗Z52; frz. Bez. für> *Staatsbürger*

Ci'trat, <auch> **Cit'rat** <n.; -(e)s, -e; ↗Z53; Chem.; Fachspr.> = *Zitrat;* **Ci'trin** <n.; -s, -e> = *Zitrin*

'Ci·trus·frucht <f.; -, ⸗e> = *Zitrusfrucht*

Ci·ty <['siti]; f.; -, -s; ↗Z6.1> *Stadtzentrum, Geschäftsviertel; in der ~ einkaufen* [engl.]; **'Ci·ty·bahn** <f.; -, -en; Abk.: CB> *ein Nahverkehrszug der DB;* **'Ci·ty·bike** <[-baik]; n.; -s, -s> *Fahrrad für Fahrten in der Stadt;* **'Ci·ty·call** <[-kɔ:l]; m.; -s, -s; Tel.> *Funkruf über kürzere Strecken;* **'Ci·ty·ruf** <m.; -(e)s, -e; Tel.>

Ci·vet <[si've:] od. [si'vɛ]; n.; -s, -s; frz. Kochk.> *Ragout vom Wild*

CKW <Abk. für> *Chlorkohlenwasserstoff*

cl <Zeichen für> *Zentiliter*

Cl <Chem.; Zeichen für> *Chlor*

Claim <[kleɪm]; m.; - od. -s, -s> **1** *Anspruch auf Grundbesitz* **2** *Anteil (an einem Unternehmen); einen ~ abstecken* **3** *Behauptung, bes. Werbeslogan; ~s verkünden* [engl.]

Clair·ob·scur, <auch> **Clair·obs·cur** <[klɛːrɔb'sky:r]; n.; - od. -s; unz.; ↗Z54; Mal.> *Helldunkelkontrast (als Stilmittel)* [frz.]; **Clair·vo·yance,** <auch> **Clair·voy·ance** <[klɛːrvoa'jɑ̃:s(ə)]; f.; -; unz.; ↗Z52> *Weitblick*

Clam <[klæm]; f.; -, -s> *eine Zuchtmuschel* [engl.]

Clan <m.; -s, -s od. -e> oV *Klan* **1** *alter schott. Sippenverband* **2** <Völkerk.> *Stammesgruppe* **3** *große Familie, Freundeskreis; einem ~ angehören; mit seinem ~ kommen* **4** <abwertend> *Klüngel, Kaste* [engl.]

Claque <[klak]; f.; -; unz.> *Gruppe bezahlter Beifallklatscher* [frz.]; **Cla·queur** <[kla'kø:r]; m.; -s, -e>; **Cla'queu·rin** <f.; -, -n·nen>

Cla'ri·no <n.; -s, -s od. -ni; Mus.> **1** *hohe Trompete* **2** *hohes Orgelregister* [ital.]

Cla'thra·te, <auch> **Clath'ra·te** <Pl.; ↗Z53; Chem.> *Einschlussverbindungen* [lat.]

Cla·vi·cem·ba·lo <[klavi'tʃɛm-];

n.; -s, -s od. -li> = *Cembalo;* **Cla·vi·chord** <[-'kɔrd]; n.; -(e)s, -e> = *Klavichord;* **Cla'vi·cu·la** <f.; -, -lae; Fachspr.> = *Klavikula* [lat.]; **'Cla·vis** <f.; -, - od. -ves; Mus.> *Notenschlüssel* [lat.]

clean <[kli:n]; Adj.; umg.; meist präd.> *nicht mehr drogenabhängig; er ist ~* [engl.]; **'Clea·ner** <m.; -s, -> **1** *Reinigung(smittel)* **2** *(Angestellter einer) Reinigungsfirma* **3** <umg.> *bezahlter Mörder,* **'Clean·pro·duc·tion,** <auch> **'Clean Pro·duc·tion** <[- prɔ'dʌkʃn]; f.; (-)-; unz.; Wirtsch.> *umweltschonende Produktionsweise*

Clea·rance <['kli:rəns]; f. od. n.; -, -s [-siz]> **1** <bes. Flugw.> *Freigabe-, Erlaubnisbescheinigung* **2** <Med.> *Maß für die Ausscheidung einer Substanz, bes. bei der Nierenleistung* [engl.]

Clea·ring <['kli:riŋ]; n.; -s, -s; Wirtsch.> *Verrechnungsverfahren* [engl.]; **'Clea·ring·ab·kom·men** <n.; -s, -; Wirtsch.> *(zwischenstaatliches) Verrechnungsverfahren;* **'Clea·ring·stel·le** <f.; -, -n>; **'Clea·ring·ver·fah·ren** <n.; -s, ->

Cle'ma·tis <a. ['---]; f.; -, -; Bot.> = *Klematis*

Cle·men'ti·ne <f.; -, -n; Bot.> = *Klementine*

Clen·bu·te'rol <n.; -s; unz.; Pharm.> *gegen Asthma u. Bronchitis eingesetzter Wirkstoff (Missbrauch als Anabolikum)*

Clerk <[kla:rk]; m.; -s, -s; engl. Bez. für> *Verwaltungsbeamter*

cle·ver <['klɛvə(r)]; Adj.; umg.> *klug; ein ~es Kerlchen; das war ~ gedacht* [engl.]; **'Cle·ver·ness** <['-nɛs]; f.; -; unz.>

Cli·ché <[kli'ʃe:]; n.; -s, -s> = *Klischee*

Cli·ent <['klaɪənt]; m.; -s, -s; EDV> *PC, der dem Benutzer alle (individuellen) Anwendungen ermöglicht; → a. Server* [engl.]

Clinch <[klinʃ] od. [klintʃ]; m.; -(e)s; unz.> **1** <Boxen> *verbotene Umklammerung des Gegners* **2** <fig.> *Streit; ~ haben; mit jmdm. im ~ liegen* [engl.]; **'clin·chen** <V. i.; Boxen>

Clip <m.; -s, -s> **1** = *Klipp* **2** <kurz für> *Videoclip* [engl.]; **'Clip·board** <[-bɔ:d]; n.; -s, -s> *Brett,* an dem (plakatgroße) Einzelblätter befestigt werden können (bes. für Konferenzen); **'Clip·per** <m.; -s, -; Warenz.> 1 = *Klipper* 2 *Langstreckenflugzeug*

Cli·que <['klikə] od. ['kli:-]; f.; -, -n> *Interessengemeinschaft, Freundeskreis, Klüngel; einer ~ angehören* [frz.]; **'Cli·quen·wirt·schaft** <f.; -; unz.>

'Cli·via <[-via]; f.; -, -vi·en; Bot.> *ein Amaryllisgewächs* [nach der engl. Herzogin Lady *Clive*]

Clo·chard <[klɔ'ʃa:r]; m.; - od. -s, -s> *Stadtstreicher (bes. in Paris)* [frz.]; **Cloche** <['klɔʃ]; f.; -, -s> *Metallhaube zum Warmhalten von Speisen*

Clog <[klɔg]; m.; -s, -s> *Holzpantoffel* [engl.]

Cloi·son·né <[kloazɔ'ne:]; n.; -s; unz.> *eine Emailmalerei* [frz.]

Clon <m.; -s, -e> = *Klon*; **'clo·nen** <V. i. und V. t.>; **'Clo·nus** <m.; -, -s·se>

Clo·qué <[klɔ'ke:]; m.; - od. -s, -s; Textilw.> *ein Stoff mit blasenartigem Muster* [frz.]

Closed·shop, <auch> **Closed Shop** <['klo:zdʃɔp]; m.; (-)-s, (-)-s; ⤲Z30; Wirtsch.; in Großbritannien u. den USA> *von einer Gewerkschaft kontrolliertes Unternehmen; ~-Betrieb* [engl.]; **Close-up** <[klo:z'ʌp]; n.; -s, -s; ⤲Z32; Film> *Nah-, Großaufnahme*

Clos'tri·di·um, <auch> **Clost'ri·di·um** <n.; -s, -di·en; ⤲Z53; Med.> *ein Sporen bildendes Bakterium* [lat.-grch.]

Cloth <[klɔθ]; m. od. n.; -; unz.; Textilw.> *dichtes Baumwollgewebe* [engl.]

Clou <[klu:]; m.; -s, -s> 1 *Höhepunkt; der ~ des, vom Ganzen* 2 *Zugstück, Schlager; der ~ des Abends* [frz.]

Clown <[klaun]; m.; -s, -s> *Spaßmacher im Zirkus* [engl.]; **Clow·ne'rie** <f.; -, -n> *Spaßmacherei;* **clow'nesk** <Adj.>

Club <m.; -s, -s> = *Klub*; **'Club·cen·ter** <[-sɛn-]; n.; -s, ->; **'Club·mas·ter** <m.; -s, ->

Clus·ter <['klʌstə(r)]; m.; -s, -> 1 <Mus.> *Ton-, Klangballung* 2 <Phys.; Chem.> *aus vielen Teilchen bestehendes System* 3 <Sprachw.> *Häufung (bes. se-*

mantischer Merkmale od. ungleicher Konsonanten) [engl.]; **'Clus·ter·a·na·ly·se** <f.; -, -n; ⤲Z55> *ein Analyseverfahren, bei dem mehrere Faktoren analysiert werden;* **'Clus·ter·ver·bin·dun·gen** <Pl.; Phys.; Chem.>

cm <Abk. für> *Zentimeter;* **cm²** <Abk. für> *Quadratzentimeter;* **cm³** <Abk. für> *Kubikzentimeter*

Cm <Chem.; Zeichen für> *Curium*

c-Moll <['tse:-]; n.; -; unz.; Mus.; Abk.: c>; **'c-Moll-Ton·lei·ter** <f.; -, -n; ⤲Z33>

cm/s, cm/sec <Abk. für> *Zentimeter in der Sekunde*

CN <Chem.; Zeichen für> *Cellulosenitrat*

CNC <EDV; Abk. für engl.> *Computerized Numerical Control*

c/o <Abk. für> *care of*

Co <Chem.; Zeichen für> *Cobalt*

Co. <Abk. für> *Kompanie(1)*

Coach <[ko:tʃ]; m.; - od. -s, -s> *Trainer, Betreuer eines Sportlers od. einer Mannschaft; als ~ tätig sein* [engl.]; **'coa·chen** <V. t.; ich coache; du coachst; sie hat gecoacht> *jmdn. ~ trainieren;* **'Coa·ching** <n.; - od. -s; unz.>

Coat <[ko:t]; m.; -s, -s; meist in Zus.> *dreiviertellanger Mantel* [engl.]; **Coa·ted Par·ti·cles,** <auch> **Coa·ted Par·tic·les** <[ko:tɪd 'pa:tɪklz]; Pl.; ⤲Z53; Kernphys.> *beschichteter radioaktiver Brennstoff;* **'Coa·ting** <m. od. n.; - od. -s, -s> *schützende Beschichtung*

Co·balt <n.; -s; unz.; Chem.; Fachspr.> = *Kobalt;* **Co·bal'tit** <m.; -s, -e; Chem.> *ein silberweißes Mineral; Sy Kobaltglanz*

'Cobb·ler <m.; -s, -> *ein Fruchtcocktail* [engl.]

'COBOL <n.; - od. -s; unz.; ⤲Z56; Kurzw. für engl.> *Common Business Oriented Language*

'Co·ca¹ <f.; -, -> = *Koka*

'Co·ca² <f. 7; -, -s od. n. 7; - od. -s, -s; umg.; kurz für> *Coca-Cola;* **Co·ca·'Co·la** <f. 7; -, -s od. n. 7; - od. -s; Warenz.> *ein koffeinhaltiges Getränk; drei Gläser ~ bestellen* [indian.]; **Co·ca·'in** <n.; -s; unz.> = *Kokain*

Co·che·nil·le <[kɔʃə'niljə]; f.; -, -n> = *Koschenille*

'Co·cker·spa·ni·el <m.; -s, -s; Zool.> *eine engl. Jagdhundrasse*

Cock·ney <['kɔkni]; n.; - od. -s; unz.> *ein Londoner Dialekt* [engl.]

'Cock·pit <n.; -s, -s> 1 <Flugw.> *Sitz des Piloten;* ins ~ gehen 2 <Seew.> *Sitz des Steuermanns* 3 *Vorratsraum im Schiff* [engl.]

Cock·tail <['kɔkte:l]; m.; -s, -s> *alkoholisches Mischgetränk* [engl.]; **'Cock·tail·kleid** <n.; -(e)s, -er> *kurzes Abendkleid;* **'Cock·tail·o·ran·ge** <[-orã:ʒə]; f.; -, -n; ⤲Z55>; **'Cock·tail·par·ty** <f.; -, -s; ⤲Z6.1>

'COCOM, 'Co·com <n.; -; unz.; ⤲Z56; Abk. für engl.> *Coordinating Committee for East-West Trade Policy;* **'Co·com·lis·te** <f.; -; unz.; ⤲Z35; bis 1994> *Ausschlussliste für (technologische) Exportgüter*

Co·coo·ning <[ku'ku:niŋ]; n.; - od. -s; unz.> *Rückzug in die Privatsphäre* [engl.]

'Co·cos <f.; -, -> = *Kokos¹*

'Co·da <f.; -, -s> = *Koda*

Code <[ko:d]; m.; -s, -s> = *Kode;* **Code ci·vil** <[- si'vi:l]; m.; --; unz.> *frz. Zivilgesetzbuch* [frz.]

Co·de'in <n.; -s; unz.> *ein Hustenmittel;* oV *Kodein*

Code Na·po·lé·on <[ko:d napole'õ:]; m.; --; unz.> *Zivilgesetzbuch im 1. u. 2. frz. Kaiserreich* [frz.]

Co·der <['ko:də(r)]; m.; -s, -> 1 <Fernsehtech.> *Farbsignalgeber* 2 <Rundfunktech.> *Stereosignalgeber* [engl.]; **Code·swit·ching** <['ko:dswitʃiŋ]; n.; -s, -s; Sprachw.> *Wechsel der Sprache od. der sprachlichen Stilebene;* **'Co·dex** <m.; -, -di·ces [-tse:s]; ⤲Z31> 1 ~ *argenteus got. Bibelhandschrift; ~ aureus mittelalterl. Prachthandschrift; ~ Iuris Canonici* <Abk.: CIC> *Gesetzbuch der kath. Kirche; ~ Rubricarum päpstliches Reformwerk* 2 *handgeschriebenes Buch aus dem MA* [lat.]; **co'die·ren** <V. t.> = *kodieren*

'Co·don <n.; -s, -'do·ne(n); Biochem.> *Einheit von Nukleinsäurebasen des genetischen Codes*

C

Cœur <[køːr]; n.; - od. -s, - od. -s> *Herz (beim Kartenspiel)* [frz.]

Cof·fee-shop <['kɔfiʃɔp]; m.; -s, -s> *Cafeteria* [engl.]; **Cof·fe'in** <n.; -s; unz.> = *Koffein*

'co·gi·to 'er·go 'sum <Sprichw.> *ich denke, also bin ich (Descartes)* [lat.]

co·gnac, <auch> **cog·nac** <['kɔnjak]; Adj.; undekl.; ↗Z53; kurz für> *cognacfarben;* eine ~ Bluse; eine Bluse in Cognac; **'Co·gnac** <m.; - od. -s; unz. od. (umg.) -s> *Warenz.> in der Region der frz. Stadt Cognac hergestellter Weinbrand;* → a. *Kognak;* **'co·gnac·far·ben** <Adj.> *gold-, mittelbraun;* ~e Blusen

Coif·feur <[koa'føːr]; m.; -s, -e; bes. schweiz.> *Friseur* [frz.]; **Coif·feu·se** <[koa'føːzə]; f.; -, -n> *Friseuse;* **Coif·fure** <[koa-'fyːr]; f.; -, -n> *Frisierkunst*

Coil <[kɔyl]; n.; -s, -s> *dünnes, gerolltes Walzblech* [engl.]

Coin·treau, <auch> **Coint·reau** <[koɛ̃'troː]; m.; - od. -s, - od. -s; ↗Z53; Warenz.> *frz. Orangenlikör*

Co'ir <f.; -; unz. od. n; - od. -s; unz.> *Kokosfaser* [engl.-Tamil]

'Co·i·tus <m.; -, - od. -s·se> = *Koitus*

Coke <[koːk] od. [kouk]; f.; -, -s od. n.; - od. -s, -s; umg.; kurz für> *Coca-Cola* [engl.]

col. <Buchw.; Abk. für> *columna (Spalte)*

'Co·la <f. 7; -s, -s od. n. 7; - od. -s, -s; kurz für> *Coca-Cola*

cold <[koːld]; Adj.; undekl.; Drogenszene> *nüchtern* [engl.]; **'Cold·cream,** <auch> **'Cold Cream** <[-kriːm]; f.; -(-)-, -(-)-s; ↗Z30> *Haut-, Kühlsalbe;* **Cold·rub·ber,** <auch> **Cold Rub·ber** <[-'rʌbə(r)]; m.; -(-)- od. -(-)-s; unz.; ↗Z30> *ein Synthetikkautschuk;* **'Cold·tur·key,** <auch> **'Cold Tur·key** <[-'tɜːki]; m.; -(-)- od. -(-)-s, -(-)-s; ↗Z30> *abruptes Absetzen starker Drogen (mit extremen Entzugserscheinungen);* jmdn. auf ~ setzen

'col·la 'des·tra, <auch> **'col·la 'dest·ra** <↗Z53; Mus.; Abk.: c. d.> *mit der rechten Hand* [ital.]

Col'la·ge <[-ʒə], österr. [kɔ'laːʒ]; f.; -, -n> *mithilfe verschiedener Stile od. Materialien hergestelltes Werk;* oV *Kollage* [frz.]

col·la'gen <Adj.> = *kollagen;* **Col·la'gen** <n.; -s; unz.> = *Kollagen*

Col'la·ge·tech·nik <[-ʒə-]; f.; -, -en>; **col·la·gie·ren** <[-'ʒiː-]; V. t.> *Materialien, Fotos* ~

'col·la si'nis·tra, <auch> **'col·la si'nist·ra** <↗Z53; Mus.; Abk.: c. s.> *mit der linken Hand* [ital.]

Col'lege <['kɔlidʒ]; n.; - od. -s [-dʒiz], -s [-dʒiz]> 1 <in Großbritannien> *höhere Schule* 2 <in den USA> *höhere Lehranstalt od. Universität;* University ~ [engl.]

Col·lège <[kɔ'lɛːʒ]; in Frankreich, Belgien u. der Schweiz> *höhere Schule* [frz.]

Col'le·gi·um <n.; -s, -'le·gia; ↗Z31> 1 = *Kollegium* 2 ~ *Germanicum dt. Priesterseminar in Rom;* ~ *musicum <seit dem 16. Jh.> Musikvereinigung;* ~ *publicum öffentliche Vorlesung* [lat.]

'Col·li·co <m.; -s, -s; Warenz.> *genormte Transportkiste der Dt. Bahn*

'Col·lie <m.; -s, -s; Zool.> *langhaariger schott. Schäferhund* [engl.]

Col·li·er <[kɔl'jeː]; n.; -s, -s> = *Kollier*

Col'lo·di·um <n.; -s; unz.> = *Kollodium*

Col'lo·qui·um <n.; -s, -qui·en> = *Kolloquium*

Co'lom·bo *Hauptstadt von Sri Lanka*

Co·lón <[ko'lɔn]; m. 7; - od. -s, - od. -s> *Währungseinheit in Costa Rica (100 Céntimos)*

Co·lo·nel <frz. [kɔlɔ'nɛl], engl. ['kɜːnəl]; m.; -s, -s> *Oberst;* → a. *Kolonel* [frz. u. engl.]

co'lor..., Co'lor... <in Zus.> *farb..., Farb...* [lat.]

Co·lo'ra·do <engl. [kɔlə'reidou]> *Staat in den USA;* **Co·lo'ra·do·kä·fer** <m.; -s, -> = *Koloradokäfer*

Co'lor·bild <n.; -(e)s, -er; bes. Fot.> *Farbbild;* **Co'lor·film** <m.; -(e)s, -e; Fot.> *Farbfilm*

Colt <[kɔlt]; m.; -(e)s, -s; amerikan. Bez. für> *Revolver*

Com'bi·ne <a. engl. [kɔm'bain]; f.; -, -n od. engl. -s> = *Kombine* [engl.]

'Com·bo <f.; -, -s; Jazz> *kleine Musikkapelle* [engl.]

Come-back, <auch> **Come·back** <[kʌm'bæk]; n.; -s, -s; ↗Z32> *erfolgreiches Wiederauftreten (eines Künstlers, Sportlers)* [engl.]

'COMECON, 'Co·me·con <m. od. n.; -; unz.; ↗Z56; bis 1991; Abk. für engl.> *Council for Mutual Economic Assistance*

Come-down, <auch> **Come·down** <[kʌm'daun]; n.; -s, -s; ↗Z32> *Abklingen der Wirkung einer harten Droge* [engl.]

Co·me·dy <['kɔmədi]; f.; -, -s; ↗Z6.1; Theat.; TV; engl. Bez. für> *Komödie;* **'Co·me·dy·show** <[-ʃou]; f.; -, -s; TV> *Unterhaltungssendung* [engl.]

'Co·mes <m.; -; - od. 'Co·mi·tes; Mus.> *Beantwortung des Themas (in Fugen);* → a. *Dux* [lat.]

Co·mes·ti·bles, <auch> **Co·mes·tib·les** <[kɔməs'tiːbl]; Pl.; ↗Z53; schweiz.> *Feinkost, Delikatessen* [frz.]

Co·mic <['kɔmik]; m.; -s, -s; kurz für> *Comicstrip;* **'Co·mic·fi·gur** <f.; -, -en>; **'Co·mic·heft** <n.; -(e)s, -e>; **'Co·mic·strip** <[-strip]; m.; -s, -s> *Bilderfolge mit Text in Sprechblasen* [engl.]

Co·ming·man, <auch> **Co·ming Man** <['kʌmiŋ 'mæn]; m.; (-)- od. (-)-s, (-)men/-Men [-mən]; ↗Z30> *erfolgreicher, talentierter Mann mit guten Karriereaussichten* [engl.]; **Co·ming-out,** <auch> **Co·ming out** <[kʌmiŋ'aut]; n.; - od. -s, -s; ↗Z32> *Sichbekennen, Öffentlichmachen (von Homosexualität);* sein ~ haben

Com'me·dia dell'Ar·te <f.; -; unz.; 16.–18. Jh.> *ital. Stegreiflustspiel*

comme il faut <[kɔm il 'foː]> *wie es sich gehört, vorbildhaft* [frz.]

Com·mer·cial <[kɔ'mɜːʃəl]; m. od. n.; -s, -s; TV> *kurzer Werbefilm* [engl.]

Com·mis voy·a·geur, <auch> **Com·mis vo·ya·geur** <[kɔ'mi: voaja'ʒøːr]; m.; - -, --s [-ʒø:r]; ↗Z52; veralt.> *Handlungsreisender* [frz.]

Com·mon·sense, <auch> **Common Sense** <['kɔmən 'sɛns]; m.; (-)-; unz.; ↗Z30> *gesunder*

Menschenverstand [engl.];

Com·mon·wealth
<['kɔmənwelθ]; n.; -; unz.>
Staatenbund; British ~ of
Nations; ~ of Australia [engl.]

'co·mo·do <Mus.> gemäßigt (zu
spielen) [ital.]

Com'pact·disc, <auch> **Com-
'pact Disc** <engl. ['kɔmpækt-];
f.; (-)-, (-)-s; ↗Z30; Abk.: CD>
dünne, runde Scheibe, auf der
Musik od. andere Information
gespeichert werden kann [engl.]

Com·pa·gnon, <auch> **Com-
pag·non** <[kɔmpan'jõ:]; m.; -s,
-s; ↗Z53> = Kompagnon

Com·pi·ler <[kɔm'pailə(r)]; m.;
-s, -; EDV> Programm für Über-
setzungen [engl.]

Com·po·ser <[kɔm'po:zə(r)]; m.;
-s, -; Typ.> elektrische Schreib-
maschine mit auswechselbaren
Schrifttypen [engl.]

Com·pound·kern <[kɔm'paunt-];
m.; -(e)s, -e; Kernphys.> Zwi-
schenzustand eines (angereg-
ten) Atomkerns [engl.]

Com·pu·serve <['kɔmpjusə:rv];
m.; -; unz.; Warenz.> ein kom-
merzieller Onlinedienst [engl.]

Com·pu·ter <[-'pju:-]; m.; -s, -;
EDV> elektronische Datenverar-
beitungsmaschine [engl.]; **Com-
'pu·ter·a·ni·ma·ti·on** <f.; -, -en;
↗Z55> bewegte Bilderfolge im
Computer; **com'pu·ter·a·ni-
mie·ren** <V. t.>; **Com'pu·ter·di-
a·gnos·tik,** <auch> **Com'pu-
ter·di·ag·nos·tik** <f.; -; unz.;
↗Z53; Med.>; **com'pu·ter·ge-
steu·ert** <Adj.; ↗Z29>; **com'pu-
ter·ge·stützt** <Adj.>; **com·pu·te-
ri'sie·ren** <V. t.> Daten, Infor-
mationen ~ mithilfe eines Com-
puters speichern u. bearbeiten;
Com'pu·ter·kid <n.; -s, -s> die
Generation der ~s; **Com'pu·ter-
kri·mi·na·li·tät** <f.; -; unz.>;
Com'pu·ter·kunst <f.; -; unz.>;
com'pu·ter·les·bar <Adj.>; **com-
'pu·tern** <V. i.; ich computere;
umg.> an einem Computer ar-
beiten; **Com'pu·ter·si·mu·la·ti-
on** <f.; -, -en> Nachahmung ei-
nes Modells mithilfe eines Com-
puters; **Com'pu·ter·spiel** <n.;
-(e)s, -e>; **Com'pu·ter·sys·tem**
<n.; -s, -e>; **Com'pu·ter·to·mo-
gra·fie, Com'pu·ter·to·mo·gra-
phie** <f.; -, -n; ↗Z11.3; Med.;

Abk.: CT> computergestütztes
Röntgenschichtverfahren; **com-
'pu·ter·un·ter·stützt** <Adj.>;
Com'pu·ter·vi·rus <[-vi-]; n. od.
m.; -, -ren> andere Computer-
systeme schädigendes Pro-
gramm

Comte <[kõ:t]; m.; -, -s> frz. Graf

Co·na·kry, <auch> **Co·nak'ry**
<↗Z53> Hauptstadt von Gui-
nea

con 'brio <Mus.> lebhaft (zu
spielen) [ital.]

Con·cept·art <['kɔnsept-] od.
[-'--]; f.; -; unz.; Mal.> eine zeit-
genössische Kunstrichtung, kon-
zeptionelle Kunst [engl.]

con·cer'tan·te <[kɔntʃer-]; Adj.>
= konzertant; **Con·cer·to 'gros-
so** <[kɔn'tʃɛrto-]; n.; --, -'cer·ti
'gros·si; Mus.; bes. 17./18. Jh.>
Konzertform für Orchester u.
Soloinstrumente [ital.]

Con·ci·erge <[kõ'sjɛrʒ]; m. od. f.;
-, -s [-'sjɛrʒ]> Pförtner(in) [frz.]

Con'clu·sio <f.; -, -si'o·nes;
Rhet.> Schlussteil einer Rede
[lat.]

Con·corde <[kõ'kɔrd]; f.; -, -s>
Verkehrsflugzeug, das mit Über-
schallgeschwindigkeit fliegt
[frz.-engl.]

Con·cours hip·pique <[kõ'ku:r
i'pik]; m.; --, -s [-'pik]> Reit- u.
Springturnier [frz.]

Con'di·tio si·ne qua 'non <f.; ---;
unz.> unerlässliche Bedingung
[lat.]

Con'duc·tus <m.; -, -; Mus.; MA>
urspr. einstimmiges, später
auch mehrstimmiges Lied [lat.]

Con·fé·rence <[kõfe'rã:s]; f.; -,
-n> Ansage [frz.]; **Con·fé·ren·ci-
er** <[kõferãs'je:]; m.; -s, -s> An-
sager; **con·fe'rie·ren** <V. i.; ös-
terr.> = konferieren(2)

Con·fi·se'rie <f.; -, -n; schweiz.>
= Konfiserie

Con·foe·de'ra·tio Hel·ve·ti·ca
<[-'ve:-]; f.; --; unz.; Abk.: CH>
Schweizerische Eidgenossen-
schaft

con 'for·za <Mus.> mit Kraft (zu
spielen) [ital.]

con fu'o·co <Mus.> feurig [ital.]

'Con·ga <f.; -, -s; Mus.> 1 latein-
amerikan. Einfelltrommel 2
volkstümlicher kuban. Tanz
[amerikan.-span.]

Consecutio temporum ist ein
Begriff aus der Grammatik des
Lateinischen und bezeichnet die
Abfolge der Zeiten im komplexen
(zusammengesetzten) Satz. Die
Zeitenfolge im Deutschen ist im
Gegensatz zum Lateinischen
grundsätzlich frei. Allerdings
werden in Temporalsätzen im
Deutschen in der Regel entweder
nur Vergangenheitstempora
(↗Präteritum, ↗Plusquamperfekt,
↗Perfekt und Futur II) oder
Nichtvergangenheitstempora
(↗Präsens, Futur I, ↗Perfekt) ge-
meinsam verwendet.
Eine strenge Zeitenfolge ist im
Deutschen nur noch in Konditio-
nalsätzen gebräuchlich:
Wenn ich ihn sehe, komme ich.
Wenn ich ihn sähe, käme ich.
Wenn ich ihn gesehen hätte, wäre
ich gekommen.
Vgl. ↗Temporalsatz, ↗Tempus

con 'mo·to <Mus.> bewegt (zu
spielen) [ital.]

Con·nais·seur <[kɔnɛ'sø:r]; m.;
-s, -s; geh.> Kenner [frz.]

Con·nec'ti·cut <[kə'netikət]>
Staat in den USA

Con·nec·tion <[kə'nekʃn]; f.; -,
-s; meist Pl.; umg.> vorteilhafte
Beziehung [engl.]

Con·se'cu·tio 'Tem·po·rum <f.;
--; unz.; Gramm.> Zeitenfolge
im zusammengesetzten Satz;
→ a. Kasten [lat.]

Con·si·li·um Ab·e·un·di <n.; --;
unz.; ↗Z31; veralt.> Aufforde-
rung, eine höhere Schule od.
Universität zu verlassen [lat.]

Con·sis·ten·cy <[kɔn'sistənsi]; f.;
-, -s> Folgerichtigkeit (von An-
gaben einer Befragungsreihe)
[engl.]

Con·som·mé <[kõso'me:]; f.; -s
od. n.; -s, -s> klare Fleischbrü-
he; oV Konsommee [frz.]

con sor'di·no <Mus.> gedämpft
(zu spielen) [ital.]

con 'spi·ri·to <Mus.> spritzig (zu
spielen) [ital.]

Con·sul·tant <[kɔn'sʌltənt]; m.; -
od. -s, -s> (Unternehmens-)Be-
rater; **Con'sul·ting** <n.; -s;
unz.> Unternehmensberatung
[engl.]; **Con'sul·ting·fir·ma** <f.;
-, -fir·men>

Con·tai·ner <[kɔn'te:nə(r)]; m.;
-s, -> Großbehälter (zur Güter-

beförderung) [engl.]; **Con·tai·ner·schiff** <n.; - (e)s, -e>; **Con·tai·ner·ter·mi·nal** <[-tə:rminəl]; m.; -s, -s>; **Con·tain·ment** <n.; - od. -s, -s> 1 <unz.; Pol.> *Ein·dämmung, (Macht-)Begren·zung* 2 <Kernphys.> *äußere Schutzhülle um Kernreaktoren*

'Con·te <m.; -, -s od. -ti; ital. Bez. für> *Graf*

Con·te·nance <[kõtə'nã:s(ə)]; f.; -; unz.; geh.> *Fassung, Selbstbe·herrschung;* die ~ *bewahren;* oV *Kontenance* [frz.]

Con·ter'gan <n.; -s; unz.; Pharm.; Warenz.> *(nicht mehr zulässi·ges) thalidomidhaltiges Schlaf·u. Beruhigungsmittel*

Con·tes·sa <f.; -, -'tes·sen; ital. Bez. für> *Gräfin*

Con·ti·nuo <m.; -s, -s; Mus.; kurz für> *Basso continuo (General·bass);* oV *Kontinuo* [lat.]

'con·tra, <auch> **'con·tra** <Präp.; ⟋Z53> = *kontra;* Ggs *pro* [lat.]; **'Con·tra** <n.; -s, -s; Con·tra·'dic·tio in ad'jec·to** <f.; ---; unz.; Rhet.> *Widerspruch des beigefügten Adjektivs zum Sub·stantiv, z. B. helle Nacht* [lat.]; **'Con·tra·te·nor** <m.; -s, "e; Mus.; 14.–16. Jh.> *kontrapunk·tische Gegenstimme zum Tenor;* oV *Kontratenor*

Con·trol·ler, <auch> **Cont·rol·ler** <[kɔn'tro:lər]; m.; -s, -; ⟋Z53> 1 <Wirtsch.> *(Rechnungs-)Prüfer* 2 *Fluglotse, -leiter* 3 *elektrischer Regler* [engl.]; **Con'trol·ling** <n.; -s; unz.; Wirtsch.> *Rechnungs·wesen, betriebswirtschaftliche Organisation*

'Co·nus <m.; -, 'Co·ni> = *Konus*

Con·ve·ni·ence·food, <auch> **Con·ve·ni·ence Food** <[kɔn'vi:njəns fu:d]; n.; (-)- od. (-)-s; unz.; ⟋Z30> *Nahrungs·mittel als Fertigprodukt* [engl.]

Con·vey·er, <auch> **Con·vey·er** <[kɔn've:ər]; m.; -s, -; ⟋Z52; Tech.> *(auf Schienen laufendes) Becherwerk, Förderband* [engl.]

Coo·kie <['kuki]; m.; -s, -s> 1 *Keks* 2 <EDV> *Datei, die Anbie·ter des WWW auf der Festplatte hinterlassen* [engl.]

cool <[ku:l]; Adj.; umg.> 1 *kühl, nüchtern;* bleib ~ ! 2 <Jugend·spr.> *sehr gut, prima;* du siehst echt ~ aus! [engl.]; **Cool·down,**

<auch> **Cool·down** <[-'daun]; n.; - od. -s; unz.; ⟋Z32; Sp.> *Re·generationsphase nach intensi·ver sportlicher Betätigung;* **'Coo·ler** <m.; -s, -> 1 *kaltes (al·koholisches) Mixgetränk* 2 *Kühlapparat, -schrank;* **Cool·jazz,** <auch> **Cool Jazz** <[-'dʒæs]; m.; (-)-; unz.; ⟋Z30> *moderne, undynamische Form des Jazz;* **'Cool·ness** <[-nɛs]; f.; -; unz.> *Distanziertheit, Nüch·ternheit;* **'Cool·wool,** <auch> **'Cool Wool** <[-vu:l]; f.; (-)-; unz.; ⟋Z30> *leichter Wollstoff (für sommerliche Kleidung)*

Co·or·di·nate <[ko'ɔrdineit]; n.; -s, -s; meist Pl.> *Kleidungs·stück, das mit anderen kombi·niert werden kann* [engl.]

Cop <[kɔp]; m.; -s, -s; umg.; ame·rikan. Bez. für> *Polizist*

'Co·pi·lot <m.; -en, -en> = *Kopi·lot*

Co·ping <['ko:piŋ]; n.; -s, -s> *Be·wältigung von erhöhten Arbeits·anforderungen* [engl.]

'Co·pla, <auch> **'Cop·la** <f.; -, -s; ⟋Z53; Mus.> *span. Volkslied* [span.]

'Co·pro·zes·sor <m.; -s, -'so·ren; EDV> *vom Hauptprozessor ge·trennt arbeitender Prozessor*

Co·py·right <['kɔpirait]; n.; -s, -s> *Urheberrecht* [engl.]; **'Co·py·shop** <[-ʃɔp]; m.; -s, -s> *Ge·schäft, in dem man fotokopie·ren kann*

'co·ram 'pu·bli·co, <auch> **'co·ram 'pub·li·co** <⟋Z53> *öffent·lich; etwas ~ aussprechen* [lat.]

Cord <m.; - (e)s, -e> = *Kord;* **'Cord·ho·se** <f.; -, -n>

'Cór·do·ba 1 *span. Stadt* 2 <m. 7; - od. -s, - od. -s> *Währungsein·heit in Nicaragua*

Cor·don bleu <[kɔrdõ 'blø:]; n.; --, -s -s [kɔrdõ 'blø:]; ⟋Z31> *mit Käse u. Schinken gefülltes Kalbsschnitzel* [frz.]

'Cord·samt <m.; - (e)s, -e>

Core <[kɔ:r]; n.; - od. -s, -s; Kernphys.> *innerer, zentraler Teil des Kernreaktors* [engl.]

'Cor·nea <f.; -; unz.; Med.> *Horn·haut des Auges;* oV *Kornea*

Cor·ned·beef, <auch> **Cor·ned Beef** <['kɔ:rn(ə)d'bi:f]; n.; (-)-; unz.; ⟋Z30> *gepökeltes Rind·fleisch* [engl.]

'Cor·ner <m.; -s, -; Fußb.; österr.> *Eckstoß, Eckball* [engl.]

Corn·flakes <['kɔ:rnfle:ks]; Pl.> *knusprig geröstete Maisflocken* [engl.]

Cor·ni·chon <[kɔrni'ʃõ]; n.; -s, -s> *kleine saure Gurke* [frz.]

'Cor·no <n.; -s, -ni; Mus.; ital. Bez. für> *Horn;* ~ da Caccia [--'katʃa] *Jagd-, Waldhorn*

'Cor·po·ra <Pl. von> *Corpus;* **Cor·po·rate I·den·ti·ty** <['kɔ:pərit ai'dentiti]; f.; --; unz.> *Präsenta·tion eines Unternehmens in der Öffentlichkeit* [engl.]; **Corps** <[kɔ:r]; n.; - [kɔ:rs], - [kɔ:rs]> = *Korps;* **Corps con·su·laire** <[kɔ:r kõsy'lɛ:r]; n.; --, --s [-'lɛ:r]; ⟋Z31> *Abk.:* CC> *Konsu·larisches Korps* [frz.]; **Corps dip·lo·ma·tique,** <auch> **Corps dip·lo·ma·tique** <[kɔ:r diplo·ma'tik]; n.; --, --s [-tik]; ⟋Z53; *Abk.:* CD> *Diplomatisches Korps;* **'Cor·pus** <n.; -, 'Cor·po·ra> 1 <Med.> *Hauptbestand·teil eines Organs, Körper* 2 ~ Christi <Kath.> *der Leib Christi im Abendmahl* 3 *(zen·tra·ler Teil der Sprosszspitze* 4 → a. *Korpus* [lat.]; **'Cor·pus De'lic·ti** <n.; --, -po·ra -; ⟋Z31> *Beweis·stück, Gegenstand einer Straftat*

Cor'ri·da <f.; -, -s; span. Bez. für> *Stierkampf;* ~ de toros

cor·ri·ger la for·tune <[kɔri'ʒe: la fɔr'ty:n]> *betrügen* [frz.]

'Cor·tes <Pl.> *span. Parlament;* ~ *Generales* [span.]

'Cor·tex <m.; - od. -es, -e od. -ti·zes> = *Kortex*

'Cor·ti·Or·gan <n.; -s, -e>, **'Cor·ti·sche(s) Or'gan,** <auch> **'cor·ti·sche(s) Or'gan** <n.; -n -s, -n -e; ⟋Z58.1; Med.> *Organ im In·nenohr, Teil der Gehörschnecke* [nach dem Anatomen Alfonso de Corti, 1822–1876]

Cor·ti'son <n.; -s; unz.; Pharm.> *Hormon aus der Nebennieren·rinde;* oV *Kortison*

cos <Abk. für> *Kosinus*

'Co·sa 'Nos·tra, <auch> **'Co·sa 'Nost·ra** <f.; --; unz.; ⟋Z53, 31; in den USA> *kriminelle, mafia·ähnliche Vereinigung* [ital.]

cosec <Abk. für> *Kosekans*

Cos'mid <n.; -s, -e; Biochem.> *künstlich hergestellter Klonie·rungsträger*

'Cos·ta[1] <f.; -, -tae; Anat.> *Rippe* [lat.]

'Cos·ta[2] <f.; -, -s; Geogr.; span. Bez. für> *Küste; ~ Brava; ~ del Sol*

'Cos·ta 'Ri·ca *mittelamerikan. Staat;* Republik ~; **'Cos·ta-Ri'ca·ner,** <auch> **'Cos·ta Ri'ca·ner** <m.; -s, -; ↗Z35.1>; **'Cos·ta-Ri'ca·ne·rin** <f.; -, -nen>; **'cos·ta·ri·ca·nisch** <Adj.>

cot <Abk. für> *Kotangens*

Côte d'I·voire <[kot di'voar]> = *Elfenbeinküste*

Cot·tage <['kɔtidʒ] n.; -, -s [-tid-ʒiz]; engl. Bez. für> *Landhaus;* **Cot·tage·cheese** <['kɔtidʒ 'tʃiːz]; m.; -; unz.; engl. Bez. für> *Hüttenkäse*

Cot·ton <['kɔtən]; m. od. n.; -s; unz.; Textilw.; engl. Bez. für> *(Gewebe aus) Baumwolle;* 100% ~; **'Cot·ton-öl** <n.; -(e)s, -e>

Couch <[kautʃ]; f.; -, -es [-tʃiz] *breites Liegesofa mit Lehne;* Schlaf~ [engl.]; **'Couch·tisch** <m.; -(e)s, -e>

Cou·é·is·mus <[kue:-]; m.; -; unz.> *psychotherapeutische Behandlung durch Selbstbeeinflussung* [nach dem Franzosen Emile *Coué*]

Cou·leur <[ku'løːr]; f.; -, -s od. -en> 1 <unz.> *Weltanschauung;* Politiker unterschiedlicher ~ 2 <Kart.> *Trumpf* 3 *Farbe einer student. Verbindung* [frz.]

Cou·loir <[ku'loar]; m.; -s, -s; Bergsp.> *Schlucht, Rinne* [frz.]

Cou·lomb <[ku'lõː]; n.; -s, -; Zeichen: C> *Maßeinheit für die elektr. Ladung* [nach dem frz. Physiker Ch. A. de *Coulomb*]

Count <[kaunt]; m.; -s, -s; engl. Titel für> *nicht-englischer Graf,* → a. *Earl*

Count·down, <auch> **Count·down** <[kaunt'daun]; m. od. n.; -s, -s; ↗Z32> 1 *hörbares Rückwärtszählen (von der Zahl Zehn) bis Null als Vorbereitung zum Start;* der ~ läuft 2 <fig.> *letzte, entscheidende Phase* [engl.]

Coun·ter <['kauntər]; m.; -s, -> *(Abfertigungs-)Schalter, Theke* [engl.]; **'Coun·ter·dis·play** <[-displei]; n.; -s, -s> *auf Ladentischen o. Ä. aufgestelltes Werbematerial;* **'Coun·ter·part** <m.;

-s, -s> 1 *Gegenstück* 2 <in Entwicklungsländern> *einem Entwicklungshelfer zugeordnete Person, die eine Fachausbildung erhält;* **'Coun·ter·te·nor** <m.; -s, ⁼e; Mus.> *männliche Altstimme*

Coun·tess <['kauntis]; f.; -, -tes·ses [-tisiz]; engl. Titel für> *Gräfin*

Coun·try, <auch> **Count·ry** <['kantri]; m. od. n.; - od. -s; unz.; ↗Z53> *Countrymusic, -song* [engl.]; **'Coun·trylook** <[-luk]; m.; -s; unz.> *ländlich-rustikales Outfit;* **'Coun·try·mu·sic** <[-'mjuːzik]; f.; -; unz.> *amerikan. Volksmusik;* **'Coun·try·song** <[-sɔŋ]; m.; -s, -s>

Coun·ty <['kaunti]; f.; -, -s; in Großbritannien und den USA> *Verwaltungsbezirk* [engl.]

Coup <[kuː]; m.; -s, -s> 1 *Schlag, Hieb* 2 *Trick, Kunstgriff;* einen ~ landen; **Coup d'E·tat** <[-de'ta]; m.; -, ~ -s [kuː] -> *Staatsstreich*

Cou·pe <[kup]; m.; -, -s> 1 <Sp.> *Pokal, Cup* 2 *Eisbecher* [frz.]

Cou·pé <[ku'peː]; n.; -s, -s> oV *Kupee* 1 <veraltet; veralt.> *Eisenbahnabteil* 2 *geschlossener (Sport-)Wagen* [frz.]

Cou·plet, <auch> **Coup·let** <[ku'pleː]; n.; -s, -s; ↗Z53> *witziges od. satir. Lied (im Kabarett)* [frz.]

Cou·pon <[ku'põː]; m.; -s, -s> *Kupon*

Cour <[kuːr]; f.; -; unz.; veralt.> *feierl. Empfang (bei Hofe);* einer Dame die ~ machen [frz.]

Cou·ra·ge <[ku'raːʒə]; f.; -; unz.> *Mut, Schneid;* sie hat viel ~ gezeigt [frz.]; **cou·ra·giert** <[kura'ʒiːrt]; Adj.> ~ handeln

Cou·ran·te <[ku'rãːt(ə)]; f.; -, -n; Mus.> 1 *altfrz. Tanz* 2 *Satz der Suite* [frz.]

Cour'bet·te <[kur-]; f.; -, -n> = *Kurbette*

Course <[kɔːs]; m.; -, -s [-siz]; Golf> *Golfbahn* [engl.]

Court <[kɔːt]; m.; -s, -s; Tennis> *Spielfeld;* → a. *Centrecourt* [engl.]

Cour·ta·ge <[kur'taːʒə]; f.; -, -n> = *Kurtage*

Cour·toi·sie <[kurtoa'ziː]; f.; -; unz.> *höfliches Verhalten* [frz.]

Cous·cous <['kuskus]; m. od. n.; -, -> *ein nordafrikan. Gericht aus Hirse, Kichererbsen, Fleisch u. Gemüse;* oV *Kuskus*[1]

Cou·sin <[ku'zɛ̃]; od. [ku'zɛŋ]; m.; -s, -s> = *Vetter* [frz.]; **Cou'si·ne** <f.; -, -n> = *Kusine*

Cou·ture <[ku'tyːr]; f.; -; unz.> *Schneiderkunst, Modeschöpfung;* → a. *Haute Couture;* **Cou·tu·ri·er** <[kutyri'eː]; m.; -s, -s> *Modeschöpfer* [frz.]

Co·ver <['kʌvə(r)]; n.; -s, - od. -s> 1 *Schutzumschlag (für Bücher, CDs usw.)* 2 *Titel-, Frontseite* [engl.]; **'Co·ver·boy** <[-bɔi]; m.; -s, -s> *junger Mann, der auf der Titelseite einer Illustrierten abgebildet ist;* **'Co·ver·girl** <[-gəːl]; n.; -s, -s> *junges Mädchen, das auf der Titelseite einer Illustrierten abgebildet ist;* **'Co·ve·ring** <n.; - od. -s; unz.; Wirtsch.> *Risikoabdeckung bei Devisengeschäften* [engl.]; **'co·vern** <V. t.; ich covere; du coverst; sie hat gecovert> *einen Musiktitel ~ (übersetzen u.) neu herausbringen;* **'Co·ver·sto·ry** <[-stɔri]; f.; -, -s> *Titelgeschichte;* **Co·ver·up,** <auch> **Co·ver·up** <[-'ʌp]; n.; -s, -s> *Vertuschung (einer Straftat);* **'Co·ver·ver·si·on** <engl. [-vəːʃn]; f.; -, -en od. (engl.) -s> *Neuaufnahme eines erfolgreichen Musiktitels*

Cow·boy <['kaubɔi]; m.; -s, -s> *berittener nordamerikan. Rinderhirt* [engl.]; **'Cow·girl** <[-gəːl]; n.; -s, -s>

'Co·xa <f.; -, 'Co·xae; Med.> *Hüfte* [lat.]

Cox O·range <[-o'rãːʒ(ə)]; m.; --, --> *eine Winterapfelsorte*

Co·yo·te <m.; -n, -n> = *Kojote*

CP/M <EDV; Abk. für engl.> *Control Program for Microcomputers*

CPU <EDV; Abk. für engl.> *Central Processing Unit*

Cr <Chem.; Zeichen für> *Chrom*

Crack[1] <[kræk]; m.; -s, -s> 1 *Spitzensportler 2 hervorragender Fachmann* [engl.]; **Crack**[2] <[kræk]; n.; -s; unz.> *ein synthet. Rauschmittel;* **'cra·cken** <V. t.> oV *kracken* 1 *Erdöl ~ in leichtere Komponenten spalten*

2 *entschlüsseln, knacken;* einen
Code ~; **'Cra·cker** <m.; -s, -> oV
Kräcker 1 *salziges Kleingebäck* 2
= *Hacker*
Cra·que·lée <[krak(ə)'le:]; n.; -s;
unz.> oV *Krakelee* 1 <Textilw.>
ein Kreppgewebe 2 <unz.> *netz-
artige Risse in der Glasur* [frz.]
Crash <[kræʃ]; m.; -s, -s> 1 *Kolli-
sion, Zusammenstoß* 2 *Zusam-
menbruch (eines Unterneh-
mens, eines Computersystems);*
Börsen~ 3 <unz.; Textilw.> *ge-
kräuseltes (Seiden-)Gewebe*
[engl.]; **'cra·shen** <V. i.>; **'Cra-
sher** <m.; -s, -> = *Hacker;*
'Crash·kurs <m.; -es, -e> *Inten-
siv~, Schnellkurs;* **Crash·o·ver,**
<auch> **Crash·o·ver** <[-'oːvər];
m.; - od. -s, -> ↗Z32, 55> *explo-
sionsartiges Ausbreiten eines
Feuers* [engl.]; **'Crash·test** <m.;
-(e)s, -e od. -s> *Methode der
Unfallforschung bei Auto*
Crawl <['krɔːl]; n.; -s; unz.> =
Kraul; **'craw·len** <V. i.>; **'Crawl-
stil** <m.; -(e)s, -e>
Cra·yon, <auch> **Cray·on**
<[krɛˈjõː]; m.; -s, -s; ↗Z52> *Blei-
stift;* oV *Krayon* [frz.]
Cream <[kriːm]; f.; -, -s; engl. Bez.
für> *Creme, Sahne*
'Cre·do <n.; -s, -s> = *Kredo*
Creek <[kriːk]; m.; -s, -s; engl.
Bez. für> *(zeitweise ausgetrock-
neter) Flusslauf*
creme <[kreːm]; Adj.; undekl.>
cremefarben, beige; ein ~ Kos-
tüm; ein Kleid in Creme [frz.];
'Creme <f.; -, -s od. (österr.;
schweiz.) -n> oV *Krem, Kreme* 1
*steife, die Form haltende, dick-
flüssige Masse;* Butter~; Haut~ 2
<unz.; fig.> *das Erlesenste;* die ~
der Gesellschaft *gesellschaftl.
Oberschicht;* **Crème de la
Crème** <['krɛm də la 'krɛm]; f.;
----; unz.; meist scherzh.> *aus-
erwählte Mitglieder der gesell-
schaftl. Oberschicht;* die ganze
~ war vertreten; **Crème dou-
ble,** <auch> **Crème doub·le**
<[krɛːm 'duːbl(ə)]; f.; --, -s -s
[krɛːm 'duːbl(ə)], ↗Z53> *Sahne
mit mindestens 40% Fett;*
creme·far·ben, creme·far·big
<['kreːm-]; Adj.>; **Crème
fraîche** <[krɛm 'frɛʃ]; f.; --, -s -s
[krɛm 'frɛʃ]> *stark fetthaltige
saure Sahne;* **cre·men** <['kreː-];

V. t.> *einkremen;* **'Creme-
schnit·te** <f.; -, -n>; **'cre·mig**
<Adj.>
Cre'o·le <f.; -, -n> *ringförmiger
Ohrstecker;* <aber> → *Kreole*
Crêpe <[krep]; ↗Z31> 1 <f.; -, -s
od. m.; -s, -s> *dünner Eierku-
chen;* ~ Suzette [-sy'zɛt] *flam-
bierter Eierkuchen;* oV *Krepp(2)*
2 <m.; -s, -s; Textilw.> = *Krepp[1];*
~ de Chine [-də'ʃiːn] *China-
krepp;* ~ Georgette
[-ʒɔrˈʒɛt]*Seidenkrepp* [frz.]
cresc. <Abk. für> *crescendo;* **cre-
scen·do** <[kreˈʃɛndo]; Mus.>
Abk.: cresc.; Zeichen: <> *lauter
werdend;* Ggs *decrescendo*
[ital.]; **Cre'scen·do** <n.; -s, -s
od. -di> Ggs *Decrescendo*
Cre·tonne <[-'tɔn]; f.; -, -s od. m.;
-, -; Textilw.> *ein Baumwollstoff*
'Creutz·feldt-'Ja·cob-Krank·heit
<f.; -; unz.; ↗Z33; Med.> *(ver-
mutlich durch Prionen verur-
sachte) Gehirnerkrankung*
[nach den Neurologen H.-G.
Creutzfeldt u. A. *Jacob*]
Cre·vet·te <[-'vɛt(ə)]; f.; -, -n> =
Krevette
Crew <[kruː]; f.; -, -s> *Gruppe,
Team, Besatzung (eines Flug-
zeugs od. Schiffes)* [engl.]
'Cri·cket <[-'tɔn]; f.; -, -s od. m.>
= *Kricket*
Crime <[kraim]; ohne Art.; meist
in Zus.> *Verbrechen;* ~story;
~rate; → a. *Sex and Crime*
[engl.]
Crin·kle, <auch> **Crink·le**
<['kriŋkəl]; m.; -s; unz.; ↗Z53;
Textilw.> *leichtes, gekräuseltes
Baumwollgewebe* [engl.]
Croft <[krɔft]; m.; -s, -e od. -s; in
Schottland> *kleinbäuerlicher
(Nebenerwerbs-)Betrieb* [engl.]
Croi·sé <[kroa'ze:]; n.; - od. -s,
-s> 1 <Textilw.> *ein Gewebe* 2
ein Tanzschritt [frz.]
Crois·sant <[kroa'sã:]; n.; - od.
-s, -s> *Blätterteighörnchen* [frz.]
Cro·ma·gnon·ras·se, <auch>
Cro·mag·non·ras·se
<[kro:man'jõ:-]; f.; -; unz.;
↗Z53> *Menschenrasse der jün-
geren Altsteinzeit* [nach dem
frz. Fundort *Crô-Magnon*]
Crom·ar'gan, <auch> **Cro·mar-
'gan** <n.; -s; unz.; ↗Z54; Wa-
renz.> *eine rostfreie Chrom-Ni-
ckel-Legierung (bes. für Besteck)*
Croo·ner <['kruː-]; m.; -s, -; Pop-

mus.; meist abwertend> *Schla-
gersänger, der sentimentale Lie-
der singt* [engl.]; **'Croo·ning**
<n.; -s; unz.>
Cro·quet·te <[kro'kɛtə]; f.; -, -n>
= *Krokette*
Cro·quis <[krɔ'kiː]; n.; -, - [-kiːs]>
= *Kroki*
cross <[krɔs]; Adj.; undekl.; Ten-
nis> *diagonal;* einen Ball ~
spielen; <aber> → *kross* [engl.];
Cross <m.; -, - od. -e; kurz für>
1 *Crosscountry* 2 <Tennis>
Crossvolley; Ggs *Longline*
[engl.]; **Cross·coun·try,** <auch>
Cross·count·ry <[krɔsˈkʌntri];
n.; - od. -s, -s; ↗Z53> *Querfeld-
einwettbewerb, Geländeprü-
fung;* **Cros·sing·'o·ver,** <auch>
Cros·sing'o·ver <n.; - od. -s, -
od. -s; ↗Z32, 55; Genetik> *Aus-
tausch von Chromosomenseg-
menten;* **'Cross·lauf** <m.; -(e)s,
÷e>; **Cross'o·ver** <n.; - od. -s, -
od. -s; ↗Z55; Popmus.> *Kombi-
nation unterschiedlicher Stil-
richtungen;* **'Cross·vol·ley**
<[-vɔle:]; m.; -s, -s; Tennis>
Crou·pa·de <[kru'paːdə]; f.; -, -n>
= *Kruppade*
Crou·pi·er <[kru'pje:]; m.; -s, -s>
Bankhalter in einer Spielbank
[frz.]
Crous·ta·de <[krus-]; f.; -, -n> =
Krustade
Croû·ton <[kru'tõ:]; m.; - od. -s,
-s> *geröstetes Brotstückchen*
[frz.]
crt. <Abk. für> *kurant*
Cru <[kry:]; n.; -, -s> *Weinlage
(Qualitätsbez.);* Grand ~ [frz.]
Cruise·mis·sile <['kru:z'misail]>;
n.; -s, -s; Mil.> *ein US-ameri-
kan. Marschflugkörper* [engl.];
'crui·sen <V. i.>; **'Crui·ser** <m.;
-s, -; Seew.> *Kreuzfahrtschiff;*
Day~ *Sportmotorboot*
crun·chen <['krʌntʃən]; V. t.;
EDV> *Daten ~ komprimieren*
[engl.]
Crux <f.; -; unz.; geh.> oV *Krux* 1
Last, Bürde 2 *Knackpunkt;* die ~
dabei ist Folgendes ... [lat.]
Cs <Chem.; Zeichen für> *Cäsium*
c. s. <Abk. für> *colla sinistra*
Csár·dás, <auch> **Csar·das**
<['tʃardaʃ]; m.; -, -; ↗Z18.5>
ungar. Nationaltanz im ¾-Takt
[ung.]
C-Schlüs·sel <['tse:-]; m.; -s, -;

C

⌐Z34; Mus.> *Alt-, Bratschen-schlüssel*

Csi·kós <['tʃi(:)koːʃ]; m.; -, -> *un-gar. Pferdehirt* [ung.]

CSU <f.; -; unz.; Abk. für> *Christ-lich-Soziale Union (in Bayern)*

ct <Abk. für> *Centime*

CT <Abk. für> 1 *Cabletransfer* 2 *Computertomografie*

c. t. <Abk. für> *cum tempore*

CTG <Abk. für> *Kardiotokograph*

cts <Abk. für> *Centimes*

cTw/H-Wert <m.; -(e)s, -e> *Ver-hältniszahl für den Luftwider-stand eines bewegten Körpers*

Cu <Chem.; Zeichen für> *Kupfer*

'Cu·ba <span. Schreibung für> *Kuba*

Cul de Pa·ris <['ky: də pa'ri]; m.; ---, -s [ky] --; 18. Jh.> *über dem Gesäß getragenes Kleidergestell* [frz.]

'Cul·pa <f.; -; unz.; Rechtsw.> *Schuld, Verschulden;* mea culpa *ich bin schuldig* [lat.]

Cu·ma'rin <n.; -s; unz.> = *Kuma-rin* [frz.-indian.]; **Cu·ma'ron** <n.; -s; unz.> = *Kumaron*

Cum·ber·land·so·ße <['kʌmbər-lænd.]; f.; -, -n> *eine dickflüssi-ge Würzsoße* [nach der engl. Grafschaft *Cumberland*]

cum 'lau·de *mit Auszeichnung (als Note der Doktorprüfung);* → a. *magna cum laude, summa cum laude, rite* [lat.]

cum 'tem·po·re <Abk.: c. t.> *mit akademischem Viertel* [lat.]

'Cu·ne·us <m.; -, -nei; Med.> *Keil (ein Großhirnfeld)* [lat.]

Cun·ni·lin·gus <m.; -, -gi> *Reizen der weibl. Geschlechtsorgane mit der Zunge;* oV *Kunnilingus*

Cup <[kʌp]; m.; -s, -s> 1 <Sp.> *Pokal* 2 *der Wettkampf um ei-nen Cup(1);* Davis~ 2 *Körbchen-größe bei Büstenhaltern* [engl.]

Cu'pi·do <a. ['---]; f.; -; unz.; geh.> *(sexuelle) Begierde;* oV *Kupido* [lat.]

'Cu·prum, <auch> **'Cup·rum** <n.; -s; unz.; ⌐Z53; Chem.; Zeichen: Cu> *Kupfer* [lat.]

Cu·ra·çao <[kyra'saːo]; m.; - od. -s, -s> *ein Apfelsinenlikör* [nach der karib. Insel *Curaçao*]

Cu'ra·re <n.; - od. -s; unz.> = *Ku-rare*

Cu·ré <[ky're:]; m.; -s, -s> *kath. Geistlicher in Frankreich* [frz.]

Cu·ret·ta·ge <[kyrə'taːʒə]; f.; -, -n> = *Kürettage*

Cu·rie <[ky'ri:]; n.; -, -; Zeichen: Ci> *nicht mehr zulässige Ein-heit für radioaktive Strahlung;* <heute> *Becquerel* [nach den frz. Physikern Pierre u. Marie *Curie*]; **'Cu·ri·um** <n.; -s; unz.; Chem.; Zeichen: Cm> *ein künstlich erzeugtes radioaktives Element, Transuran*

'Cur·ku·ma <a. ['--]; f.; -, -'lku·men> = *Kurkuma*

Cur·ler <['kəː-]; m.; -s, -> *jmd., der Curling betreibt;* **'Cur·le·rin** <f.; -, -nen>; **'Cur·ling** <n.; -s; unz.> *sportl. Eisschießen* [engl.]

cur·ri·cu'lar <Adj.> *das Curricu-lum betreffend;* **Cur'ri·cu·lum** <n.; -s, -la; Päd.> *Lehr-, Lern-plan;* oV *Kurrikulum;* **Cur'ri·cu·lum Vi·tae** <[-'viː-]; n.; --, -la -> *Lebenslauf* [lat.]

Cur·ry <['kœri] od. ['kʌri]; n.; -s, -s> 1 <a. m.; -s; unz.> *gelbes Ge-würzpulver* 2 <Kochk.> *ein scharfes indisches Gericht* [engl.-Tamil]; **'Cur·ry·wurst** <f.; -, ⸚e>

Cur·sor <['kəːsə(r)]; m.; -s, - od. -s; EDV> *beweglicher Markie-rungspunkt auf dem Bildschirm* [engl.]

Cus·tard <['kʌstərd]; m.; -, -s; engl. Kochk.> *eine Süßspeise* [engl.]

Cut <[kœt] od. [kʌt]; m.; -s, -s> 1 <kurz für> *Cutaway* 2 <Golf> *Ausscheidungsrunde* 3 *Schnitt (bei Film- od. Tonaufnahmen)*

[engl.]; **Cut·a·way,** <auch> **Cu·ta·way** <['kœtəweɪ] od. ['kʌt-]; m.; -s, -s; ⌐Z54> *abgerundeter Herrenschoßrock*

Cu'ti·cu·la <f.; -, -s od. -lae> = *Kutikula* [lat.]; **Cu'tin** <n.; -s; unz.> = *Kutin;* **'Cu·tis** <f.; -; unz.> = *Kutis*

cut·ten <['kʌt-]; V. t.; ich cutte; du cuttest; sie cuttet; sie hat gecut-tet> *Ton-, Filmaufnahmen ~ zurechtschneiden* [engl.]; **'Cut·ter** <m.; -s, -; Berufsbez.>; **'Cut·te·rin** <f.; -, -·nen>; **'cut·tern** <V. t.; ich cuttere> = *cutten*

Cu·vée <[ky've:]; f.; -, -s od. n.; -s, -s> *Mischung von Weinen (für Schaumweine)* [frz.]

CVJM <Abk. für> *Christlicher Verein junger Menschen*

Cy·an <n.; -s; unz.; Chem.> *Deri-vat der Blausäure;* oV *Zyan;* **Cy·a'na·te** <Pl.> *Cyansäuren;* **Cy·a·'ni·de** <Pl.> *Salze der Cyanwas-serstoffsäure;* **Cy·an'ka·li** <n.; -s; unz.> *Zyankali;* **Cy'an·säu·re** <f.; -, -n>; **Cy'an·was·ser·stoff·säu·re** <f.; -, -n>

Cy·ber·space <['saɪbə(r)speɪs]; m.; -, -s [-sɪz]; EDV> *dreidimen-sionale virtuelle Computerwelt* [engl.-grch.]

cy'clam, <auch> **cyc'lam** <Adj.; ⌐Z53> = *zyklam;* **Cy·cla'mat** <n.; -s, -e> *Süßstoff für diäteti-sche Zwecke;* **Cy'cla·men** <n.; -s, ->

'cy·clisch, <auch> **'cyc·lisch** <Adj.; ⌐Z53> = *zyklisch*

Cy·clo·al'ka·ne, <auch> **Cyc·lo·al'ka·ne** <Pl.; ⌐Z53; Chem.> *ge-sättigte cyclische Kohlenwasser-stoffe*

'Cym·ba·la <Pl.> = *Kymbala*

'Cy·pern <n.> = *Zypern*

cy'ril·lisch <Adj.> = *kyrillisch*

Cy·to'sin <n.; -s; unz.; Biochem.> *wichtiger Bestandteil der Nukle-insäure*

D

d 1 <n.; -, - od. (umg.) -s> *ein Buchstabe* 2 <Mus.> *Tonbez.* 3 <Mus.; Abk. für> *d-Moll* (Tonartbez.); ein Stück in ~ 4 <Zeichen für> *Durchmesser* 5 <Abk. für> *Denar* 6 <vor Maßeinheiten> *Dezi...* 7 <Chem.; Zeichen für> *dextrogyr*

D 1 <n.; -, - od. (umg.) -s> *ein Buchstabe* 2 <Mus.> *Tonbez.* 3 <Mus.; Abk. für> *D-Dur* (Tonartbez.) 4 <röm. Zahlzeichen für> *500* 5 <Chem.; Zeichen für> *Deuterium* 6 <Abk. für> *Dezimalpotenz (zur Bezeichnung der Verdünnung 1:10 von homöopath. Medikamenten);* Belladonna ~ 6 7 <Abk. für> *D-Zug*

D. <Abk. für> *Deutschverzeichnis*

da¹ <Adv.> 1 <↗Z22.2; örtlich> *an jener Stelle;* hier und ~; ~ und dort; ~ sein *zugegen, vorhanden;* das ist immer ~ gewesen; wenn alle ~ sind; wer ist ~? 2 <zeitlich> *zu dieser Zeit, in diesem Augenblick;* von ~ an war alles anders 3 *in diesem Fall;* ~ musst du aufpassen!

da² <kausale Konj.> *weil;* er müde war, ging er ins Bett

da³ <Zeichen für> *Deka...*

da... <Vors.; ↗Z22; in Zus. mit Verben betont u. abtrennbar> z. B. dableiben, ich bleibe da; sie ist dageblieben, dazubleiben

d. Ä. <Abk. für> *der Ältere;* Hans Holbein ~

DAAD <Abk. für> *Deutscher Akademischer Austauschdienst*

DAB <Abk. für> *Deutsches Arzneibuch*

'da|be·hal·ten <V. t. 160> *bei sich behalten*

da'bei <bei besonderer Betonung a. ['--]; Pronominaladv.> 1 *in der Nähe, daneben;* ~ sein; er ist nicht ~ gewesen; alle ~ Gewesenen, <auch> Dabeige-

wesenen 2 *währenddessen;* er aß und las ~ die Zeitung 3 *was das eben Erwähnte betrifft;* er dachte sich nichts ~ 4 *obwohl;* er schrieb eine schlechte Note, ~ hatte er viel geübt; **da'bei...** <Vors.; ↗Z22; in Zus. mit Verben betont u. abtrennbar> z. B. dabeistehen; ich stehe dabei; sie hat/ist dabeigestanden; dabeizustehen; **da'bei|blei·ben** <V. i. (s.) 114> *bei einer Person, Sache, Tätigkeit bleiben;* ich werde bei der Operation meines Hundes ~; <aber getrennt> du kennst meine Meinung und ich werde auch dabei bleiben *ich werde an der M. festhalten;* **da'bei|ha·ben** <V. t. 159; umg.> *bei sich haben;* sie wollen ihn nicht ~; **da'bei|sit·zen** <V. i. 246; du sitzt dabei> *bei jmdm. sitzen;* sie wollte nur still ~; <aber getrennt> diese Arbeit ist angenehm, du kannst dabei sitzen; → a. *dabei(2);* **da'bei|ste·hen** <V. i. 256 (h. od. (süddt.; österr.; schweiz.) s.)> *bei jmdm. stehen;* er hat nur dabeigestanden; <aber getrennt> die Arbeit ist ermüdend, man muss dabei stehen; → a. *dabei(2)*

'da|blei·ben <V. i. (s.) 114; ich bleibe da; sie ist dageblieben; dazubleiben> *nicht fortgehen;* kannst du nicht ~?; <aber getrennt> die Sachen sollen da bleiben, wo sie sind; → a. *da¹(1)*

da 'ca·po <Mus.; Abk.> d. c.> *noch einmal von vorn* [ital.]; **Da'ca·po·a·rie**, <auch> **Da'ca·po-A·rie** <[-a:ria]; f.; -, -n; ↗Z36, 32.1; Mus.> oV *Dakapoarie*

Dach <n.; -(e)s, ⸗er *Gebäudeabschluss;* etwas unter ~ u. Fach bringen <fig.> *zu einem Abschluss;* **'Dach·bal·ken** <m.; -s, -> *Speicher;* **'Dach·bo·den** <m.; -s, ⸗> *Speicher;* **'Dach·de·cker** <m.; -s, ->; **'Dä·chel·chen** <n.; -s, -; Verkleinerungsf. von> *Dach;* **'Dach·er·ker** <m.; -s, ->; **'Dach·fens·ter** <n.; -s, ->; **'Dach·first** <m.; -(e)s, -e>; **'Dach·gar·ten** <m.; -s, ⸗>; **'Dach·gau·be**, **'Dach·gau·pe** <f.; -, -n>; **'Dach·ge·schoss** <n.; -es, -e>; **'Dach·ge·sell·schaft** <f.; -, -en> *Muttergesellschaft (eines Konzerns);*

Sy *Dachorganisation;* **'Dach·glei·che** <f.; -, -n; österr.> *Richtfest;* **'Dach·kam·mer** <f.; -, -n>; **'Dach·la·wi·ne** <f.; -, -n> *vom Hausdach rutschender Schnee;* **'Däch·lein** <n.; -s, -; poet.; Verkleinerungsf. von> *Dach;* **'Dach·lu·ke** <f.; -, -n>; **'Dach·or·ga·ni·sa·ti·on** <f.; -, -en> = *Dachgesellschaft;* **'Dach·pap·pe** <f.; -, -n>; **'Dach·pfan·ne** <f.; -, -n> *gewellter Dachziegel;* **'Dach·rei·ter** <m.; -s, -> *kleiner Turm auf dem (Kirchen-)Dachfirst;* **'Dach·rin·ne** <f.; -, -n>

Dachs <[daks]; m.; -es, -e; Zool.> *eine Marderart*

'Dach·scha·den <m.; -s; unz.; fig.; umg.> *geistiger Defekt*

'Dächs·chen <[-ks-]; n.; -s, -; Verkleinerungsf. von> *Dachs;* **'Dachs·ei·sen** <n.; -s, -; Jägerspr.> *Falle zum Fangen von Dachsen;* **'Däch·sel** <m.; -s, ->, **'Dachs·hund** <m.; -(e)s, -e; Zool.> *eine Hunderasse;* Sy *Dackel;* **'Däch·sin** <f.; -, -n·nen> *weibl. Dachs;* **'Dächs·lein** <n.; -s, -; poet.; Verkleinerungsf. von> *Dachs*

'Dach·spar·ren <m.; -s, ->; **'Dach·stuhl** <m.; -(e)s, ⸗e; Bauw.> *das tragende Gerüst des Daches*

'Dach·tel <f.; -, -n; umg.> = *Ohrfeige;* **'dach·teln** <V. t.; ich dacht(e)le; umg.> *ohrfeigen*

'Dach·ter·ras·se <f.; -, -n>; **'Dach·trau·fe** <f.; -, -n> *Dachrinne;* **'Dach·woh·nung** <f.; -, -en>; **'Dach·zie·gel** <m.; -s, ->

'Da·ckel <m.; -s, -> = *Dachshund*

'Da·da <m.; - od. -s; unz.; kurz für> *Dadaismus;* **Da·da·'is·mus** <m.; - unz.> *literar.-künstlerische Bewegung um 1920;* **Da·da·'ist** <m.; -en, -en> *Anhänger des Dadaismus;* **Da·da'is·tin** <f.; -, -n·nen>; **da·da'is·tisch** <Adj.>

Dad·dy <['dɛdi]; m.; -s, -s; ↗Z6.1; umg. für> *Vater* [engl.]

da'durch <a. ['--]; Pronominaladv.> *durch diesen Umstand;* ~, dass er krank wurde, ...; <aber getrennt> soll ich etwa da durch? *an dieser Stelle;* → a. *da¹(1)*

'Daff·ke <berlin.; nur in der Wendung> aus ~ *aus Trotz* [jidd.]

da'für <bei bes. Betonung a. ['--];
Pronominaladv.> *für diese Sa-*
che; ich werde ~ sorgen, dass ...;
er kann nichts ~ <umg.> *er ist*
unschuldig; ~ sein *zustimmen;*
da'für|hal·ten, <auch> **da'für**
hal·ten <V. t. 160; ↗Z24; ver-
alt.> *meinen;* ich halte dafür,
dass ...; <aber nur getrennt> er
ist nicht alt, aber man könnte
ihn dafür halten; **Da'für·hal·ten**
<n.; -s; unz.> meist in der Wen-
dung> nach meinem ~ *meiner*
Meinung nach; **da'für|kön·nen,**
<auch> **da'für kön·nen** <V. t.
171; unz.> *Schuld haben;* sie
hat nichts dafürgekonnt/
<auch> dafür gekonnt; **da'für-**
spre·chen, <auch> **da'für spre-**
chen <V. i. 251; fig.; unper-
sönl.> *positiv beurteilen;* was
sollte ~?/<auch> dafür spre-
chen?; **da'für|ste·hen,** <auch>
da'für ste·hen <V. i. 256; ver-
alt.> 1 *einstehen, bürgen* 2
<süddt.; österr.> *sich lohnen*
dag <Zeichen für> *Dekagramm*
DAG <Abk. für> *Deutsche Ange-*
stelltengewerkschaft
da'ge·gen <bei bes. Betonung a.
['---]; Pronominaladv.> 1 *gegen*
das Erwähnte; wir müssen et-
was ~ tun; ~ sein; ich bin ~
nicht einverstanden; dass das
Tuch zum Kleid passt, siehst
du, wenn du es ~ hältst; eine
Stütze ~ stellen; → a. *dagegen-*
halten, dagegenstellen 2 *im Ge-*
gensatz zu; sie reist gerne in
den Süden, er ~ lieber in den
Norden; **da'ge·gen...** <Vors.;
↗Z22; in Zus. mit Verben be-
tont u. abtrennbar> z. B. dage-
genstellen; du stellst dagegen;
sie hat dagegengestellt; dage-
genzustellen; **da'ge·gen|hal-**
ten <V. t. 160> *entgegnen, erwi-*
dern; was hat sie dir dagegen-
gehalten?; <aber> → a. *dage-*
gen(1); **da'ge·gen|han·deln**
<V. i.; ich hand(e)le dagegen>
gegen etwas (z. B. eine Vor-
schrift) handeln; sie musste na-
türlich wieder ~; → a. *dage-*
gen(1); **da'ge·gen|set·zen** <V. t.;
du setzt dagegen> *eine Gegen-*
meinung äußern; sie hatte
nichts dagegenzusetzen; **da'ge-**
gen|stel·len <V. t./V. refl.> sich
~ *sich widersetzen;* was auch

immer ich vorschlage, er muss
sich ~; <aber> → *dagegen(1)*
Da·guer·reo·ty'pie <[-gero-]; f.; -,
-n; früher> 1 <unz.> *ein foto-*
graf. Verfahren 2 *nach diesem*
Verfahren hergestelltes Lichtbild
[nach dem frz. Erfinder L. *Da-*
guerre]
'da|ha·ben <V. t. 159; ↗Z22;
umg.> *vorrätig haben;* ich weiß
nicht, ob wir dieses Modell ~;
<aber> da haben wir es ja!
da'heim <Adv.; ↗Z22.3> *zu Hau-*
se; ~ bleiben, sein, sitzen; das
kenne ich von ~; **Da'heim** <n.;
-(e)s; unz.> *Zuhause;* er hat
kein ~; **Da'heim·ge·blie·be-**
ne(r) <f. 2 (m. 1)>
da'her <bei bes. Betonung a.
['--]; Pronominaladv.> 1 *aus*
dieser Richtung; er kennt die
Schweiz gut, er ist ja ~ 2 *des-*
halb; er ist krank, ~ konnte er
nicht kommen; **da'her...** <Vors.;
↗Z22; in Zus. mit Verben be-
tont u. abtrennbar> z. B. daher-
reden; du redest daher; sie hat
dahergeredet; daherzureden;
da'her|flie·gen <V. i. (s.) 136>
gemächlich geflogen kommen;
da'her·ge·lau·fen <Adj.;
↗Z28.1;> abwertend> *von zwei-*
felhafter Herkunft; ein ~er
Mensch; **Da'her·ge·lau·fe·ne(r)**
<f. 2 (m. 1.); abwertend>; **da-**
'her|kom·men <V. i. (s.) 170;
umg.> *sich unerwartet od. ge-*
mächlich nähern; nachts ist er
noch dahergekommen; <aber>
das Unglück ist daher gekom-
men, dass ...; → a. *daher(1, 2);*
da'her|lau·fen <V. i. (s.) 176;
umg.> **da'her|re·den** <V. i. u.
V. t.; umg.; abwertend> *ohne*
Überlegung reden
da'hin¹ <bei bes. Betonung a.
['--]; Pronominaladv.> 1
<↗Z19.4> *an diesen Ort, in die-*
se Richtung; wie komme ich am
besten ~?; da- und dorthin; soll
ich wirklich ~ gehen?; sie äu-
ßerte sich ~ gehend, dass ...; ei-
ne ~ gehende Bestimmung;
<aber> → *dahingehen;* → a. *da-*
hindämmern, dahineilen, da-
hinschleppen usw. 2 bis ~ *bis zu*
diesem Zeitpunkt; **da'hin²**
<Adv.; fig.> *verloren;* sein guter
Ruf ist ~; **da'hin...** <Vors.; ↗Z22>
in Zus. mit Verben betont u. ab-

trennbar> z. B. dahineilen; ich
eile dahin; sie ist dahingeeilt;
dahinzueilen; **'da·hin·ab,**
<auch> **'da·hi·nab** <Adv.;
↗Z54>; **'da·hin·auf,** <auch>
'da·hi·nauf <Adv.; ↗Z54>; **'da·**
hin·aus, <auch> **'da·hi·naus**
<Adv.; ↗Z54>; **da'hin|däm-**
mern <V. i.; er ist dahin ge-
hin> *(als Kranker) im Dämmer-*
zustand leben; → a. *dahin¹(1);*
da'hin|ei·len <V. i. (s.)> die Jah-
re eilen dahin <fig.> *vergehen*
schnell; → a. *dahin¹(1);* **'da·hin-**
ein, <auch> **'da·hi·nein** <Adv.;
↗Z54>; **da'hin|fah·ren** <V. i. (s.)
130; poet.> *sterben;* er ist dahin-
gefahren; <aber> er ist dahin
gefahren, um Freunde zu besu-
chen; → a. *dahin¹(1);* **da'hin-**
flie·gen <V. i. (s.) 136> die Jahre
sind nur so dahingeflogen
<fig.> *schnell vergangen;*
<aber> er ist dahin geflogen,
um Urlaub zu machen; → a. *da-*
hin¹(1); **da'hin|ge·ben** <V. t.
143> *opfern;* er hat sein Leben
dahingegeben; **'da·hin·ge·gen**
<Konj.; geh.> *jedoch;* er ~ woll-
te noch bleiben; **da'hin|ge·hen**
<V. i. (s.) 145> 1 *vergehen* (Zeit)
2 *sterben;* nach langem Leiden
ist er dahingegangen; <aber> er
ist mit großen Erwartungen da-
hin gegangen; → a. *dahin¹(1);*
da'hin|le·ben <V. i.> *planlos in*
den Tag hineinleben; **da'hin-**
plät·schern <V. i. (s.); a. fig.>;
da'hin|raf·fen <V. t.> *vernich-*
ten, töten; **da'hin|schei·den**
<V. i. (s.) 209; poet.> *sterben;* **da-**
'hin|schlep·pen <V. refl.> 1 sich
~ *sich mühsam fortbewegen* 2
<fig.> *träge vorankommen;* der
Unterricht wird sich wieder ~;
<aber> er musste die Säcke da-
hin schleppen; → a. *dahin¹(1);*
da'hin|schwin·den <V. i. (s.)
236> *sich vermindern;* **da'hin-**
sie·chen <V. i. (s.)>; **da'hin|ste-**
hen <V. i. 256; meist nur im Inf.
od. Präs.; geh.> *ungewiss, frag-*
lich sein; was aus uns wird,
steht noch dahin; **da'hin|stel-**
len <V. t.; nur Part. Perf. in der
Wendung> *unentschieden las-*
sen; das wollen wir einstweilen
dahingestellt sein lassen;
<aber> er hat den Schrank da-
hin gestellt; → a. *dahin¹(1)*

da·hin·ten <Adv.>; **da'hin·ter** <Pronominaladv.; ↗Z22.3> hinter einer od. eine Sache; vorn siehst du die Kirche, ~ unser Haus; <in Zus. mit Verben getrennt> sich ~ klemmen, knien <a. fig.> sich intensiv mit etwas auseinander setzen; ~ kommen in Erfahrung bringen; ~ stecken die Ursache sein; wisst ihr, wer/ was ~ steckt?; ~ stehen <a. fig.> Unterstützung geben

'da·hin·ü·ber, <auch> **'da·hi·nü·ber** <Adv.; ↗Z54>; **'da·hin·un·ter**, <auch> **'da·hi·nun·ter** <Adv.; ↗Z54>

da'hin|ve·ge·tie·ren <[-ve-]; V. i.>

'Dah·lie <[-liə]; f.; -, -n; Bot.> eine Zierpflanze [nach dem schwed. Botaniker A. Dahl]

Da·ho·me <[-'mɛ(:)]> → Benin

Dai·ly·soap, <auch> **Dai·ly Soap** <[ˈdeːli soːp]; f.; -, (-)-, (-)-s; ↗Z30; TV> tägl. ausgestrahlte Fernsehserie mit einfach strukturierter Handlung [engl.]

'Dai·mio <m.; -s, -s> altjapan. Lehnsfürst [japan.]

Dai'mo·ni·on <n.; -s; unz.> die warnende innere Stimme des Sokrates [grch.]

Da'ka·po <n.; -s, -s; Mus.> Wiederholung; → a. da capo [ital.]; **Da'ka·po·a·rie**, <auch> **Da'ka·po·A·rie** <[-a:riə]; f.; -, -n; ↗Z36, 32.1> oV Dacapoarie

'Da·kar <a. [-'-]> Hauptstadt von Senegal

Da'ko·ta 1 <m.; -s, -s> Angehöriger eines nordamerikan. Indianervolkes **2** <n.; - od. -s; unz.> die Sprache der Dakotas

dak·ty'lie·ren <V. i.> sich durch Gebärden- u. Zeichensprache verständigen [grch.]; **'dak·ty·lisch** <Adj.> im Versmaß des Daktylus abgefasst; **Dak·ty·lo·gra'fie** <f.; -; unz.; ↗Z11.3; schweiz.> das Maschinenschreiben; oV Daktylographie; **Dak·ty·lo'gramm** <n.; -(e)s, -e> Fingerabdruck; **Dak·ty·lo·gra'phie** <f.; -; unz.; schweiz.> = Daktylografie; **Dak·ty·lo·lo'gie** <f.; -; unz.> Finger- u. Gebärdensprache der Taubstummen; **Dak·ty·lo·sko·'pie**, <auch> **Dak·ty·lo·sko·ko'pie** <f.; -; unz.; ↗Z54> Fingerabdruckverfahren; **dak·ty·lo'sko-**

pisch <Adj.>; **'Dak·ty·lus** <m.; -, -'ty·len; Verslehre> ein Versfuß

dal <Zeichen für> Dekaliter

'Da·lai-'La·ma <m.; - od. -s, -s> polit. u. rel. Oberhaupt des Lamaismus [tibet.]

'dallas·sen <V. t. 175; du lässt da; sie hat dagelassen; dazulassen; ↗Z22> zurücklassen; sie hat die Quittung dagelassen; <aber> ich habe die Truhe da gelassen, wo sie war an der Stelle; → a. da¹(1)

'Dal·be <f.; -, -n; meist Pl.>, **'Dal·ben** <m.; -s, -; meist Pl.> kurz für> Duckdalbe

'dallie·gen <V. i. 180 (h. od. (süddt.; österr.; schweiz.) s.); ↗Z22> hingestreckt liegen; ich sah sie ganz erschöpft ~; <aber> lass die Sachen da liegen!; → a. da¹(1)

Dalk <m.; -(e)s, -e; oberdt.> **1** Geschwätz **2** ungeschickter Mensch; **'Dal·ken** <m.; -s, -> eine österr. Mehlspeise; **'dal·kert** <Adj.; österr.>, **'dal·ket** <Adj.; oberdt.> ungeschickt, töricht

'Dal·les <m.; -; unz.; umg.> Geldmangel, Armut; den ~ haben; im ~ sein [hebr.]

'dal·li <Adv.; umg.> schnell!; ~, ~! [poln.]

Dal'ma·ti·en Küstenlandschaft am Adriat. Meer; **Dal'ma·ti·ka** <f.; -, -ti·ken; Kath.> liturg. Gewand; **Dal·ma'ti·ner** <m.; -s, -> **1** Einwohner von Dalmatien **2** <Zool.> eine Hunderasse; **Dal·ma'ti·ne·rin** <f.; -, -n·nen>; **dal·ma'ti·nisch**, **dal'ma·tisch** <Adj.>

dal 'se·gno, <auch> **dal 'seg·no** <[-njo]; Mus.; Abk.> d. s.> vom Zeichen an (zu wiederholen) [ital.]

dam <Zeichen für> Dekameter

'da·ma·lig <Adj.> damals gewesen; mein ~er Lehrer; **'da·mals** <Adv.> zu jener Zeit

Da'mas·kus Hauptstadt von Syrien; **Da'mast** <m.; -(e)s, -e> ein Gewebe; **da'mas·ten** <Adj.> aus Damast; eine ~e Decke; **Da·mas'ze·ner** <m.; -s, -> Einwohner von Damaskus; **Da·mas'ze·ne·rin** <f.; -, -n·nen>; **Da·mas·'ze·ner·klin·ge** <f.; -, -n> elastische Säbelklinge; **da·mas'zie-**

ren <V. t.> Stahl mit Flammenmuster verzieren

'Dam·bock <m.; -(e)s, ⸚e; Zool.> männl. Damhirsch

'Däm·chen <n.; -s, -; Verkleinerungsf. von> Dame; **'Da·me** <f.; -, -n> **1** (elegante) Frau **2** <Kart.> dritthöchste Spielkarte **3** <Schach> eine Figur **4** <ohne Art.; kurz für> Damespiel

'Dä·mel <m.; -s, -> Dummkopf; **Dä·me'lei** <f.; -, -en; umg.> Dummheit

'Da·men·bart <m.; -(e)s, ⸚e>; **'Da·men·be·such** <m.; -(e)s, -e>; **'Da·men·bin·de** <f.; -, -n> = Monatsbinde; **'Da·men·dop·pel** <n.; -s, -; Tennis>; **'Da·men·ein·zel** <n.; -s, -; Tennis>; **'Da·men·fahr·rad** <n.; -(e)s, ⸚er>; **'da·men·haft** <Adj.>; **'Da·men·mann·schaft** <f.; -, -en; Sp.>; **Da·men·o·ber·be·klei·dung** <f.; -; unz.; ↗Z55; Abk.> DOB>; **'Da·men·rad** <n.; -(e)s, ⸚er>; **'Da·men·sat·tel** <m.; -s, -; Reitsp.>; **früher>; **'Da·men·schnei·der** <m.; -s, ->; **'Da·men·sitz** <m.; -es; unz.; Reitsp.; früher>; **'Da·men·toi·let·te** <[-toa-]; f.; -, -n>; **'Da·men·wahl** <f.; -; unz.; beim Tanz>; **'Da·me·spiel** <n.; -(e)s, -e> ein Brettspiel

'Dam·hirsch <m.; -(e)s, -e; Zool.> eine Hirschart

'da·misch <Adj.; süddt.; bes. bair.> **1** dumm, albern **2** schwindlig; mir ist ganz ~ (im Kopf) **3** sehr; er hat sich ~ gefreut

da'mit¹ <bei bes. Betonung a. [ˈ--]; Pronominaladv.> mit dieser Sache; ~ ist jetzt Schluss!; ~ hatte ich nicht gerechnet; **da'mit²** <Konj.> zu dem Zweck; er lernt, ~ er die Prüfung besteht

'däm·lich <Adj.; umg.; abwertend> dumm, einfältig; **'Däm·lich·keit** <f.; -; unz.; umg.>

Damm <m.; -(e)s, ⸚e> **1** aufgeschütteter Erdwall; Bahn~; er ist wieder auf dem ~ <fig.> gesund u. munter **2** Gegend zwischen After u. Geschlechtsteilen

'Dam·mar <n.; -s; unz.>, **'Dam·mar·harz** <n.; -es, -e> Harz südostasiat. Bäume [malai.]

'Damm·bruch <m.; -(e)s, ⸚e>; **'däm·men** <V. t.> durch einen Damm(1) aufhalten, isolieren

'Däm·mer <m.; -s; unz.; poet.> *Dämmerung;* **'däm·me·rig** <Adj.> *schwach hell;* **'Däm·mer·licht** <n.; -(e)s; unz.>; **'däm·mern** <V. i. unpersönl.> *es dämmert schon es wird langsam hell;* **'Däm·mer·schlaf** <m.; -(e)s; unz.> *Halbschlaf;* **'Däm·mer·schop·pen** <m.; -s, -> *kleiner Umtrunk am späten Nachmittag;* Ggs *Frühschoppen;* **'Däm·mer·stun·de** <f.; -, -n>; **'Däm·mer·ung** <f.; -, -en> *Übergang vom Tag zur Nacht (und umgekehrt);* **'däm·me·rungs·ak·tiv** <Adj.; bei Tieren>; **'Däm·mer·zu·stand** <m.; -(e)s, ÷e; Med.>

'Dämm·ma·te·ri·al <n.; -(e)s, -li·en>, ⤳Z37>

'dämm·rig <Adj.> = *dämmerig*

'Damm·riss <m.; -es, -e; Med.>; **'Damm·schnitt** <m.; -(e)s, -e; Med.>

'Däm·mung <f.; -; unz.; Tech.> *Schall- u. Wärmeschutz*

'Dam·num <n.; -s, -na; Bankw.> *Minderung des Nennwertes* [lat.]

'Da·mo·kles·schwert, <auch> **'Da·mok·les·schwert** <n.; -(e)s, -er; ⤳Z53> *Sinnbild für> die im Glück stets drohende Gefahr* [nach *Damokles,* Höfling des Dionysos]

'Dä·mon <m.; -s, -'mo·nen; Myth.> *böser Geist* [grch.]; **dä·'mo·nen·haft** <Adj.>; **Dä·mo'nie** <f.; -; unz.> *bedrohliche Macht;* **dä'mo·nisch** <Adj.> 1 *teuflisch* 2 *unheimlich;* **dä·mo·ni'sie·ren** <V. t.> *mit dämonischen Kräften ausstatten;* **Dä·mo'nis·mus** <m.; -; unz.> *Glaube an Dämonen;* **Dä·mo·no·lo'gie** <f.; -, -n> *Lehre von den Dämonen*

Dampf <m.; -(e)s, ÷e; Phys.> 1 *Materie in gasförmigem Zustand* 2 *durch das Erhitzen von Flüssigkeit entstehender feuchter Dunst;* **'Dampf·bad** <n.; -(e)s, -er>; **'Dampf·bü·gel·ei·sen** <n.; -s, ->; **'Dampf·dom** <m.; -(e)s, -e; Tech.> *Teil in Dampfkesseln;* **'Dampf·druck** <m.; -(e)s; unz.>; **'damp·fen** <V. i.> *Dampf(1) entwickeln, von sich geben;* das Essen dampft; **'dämp·fen** <V. t.> 1 *mit Wasserdampf behandeln;* Ge-

müse ~ *dünsten;* Kleidungsstücke ~ *feucht bügeln* 2 *abschwächen;* gedämpfte Farben, Musik; **'Dampf·fer** <m.; -s, -; kurz für> *Dampfschiff;* **'Dämp·fer** <m.; -s, -> 1 <bei Musikinstrumenten> *Vorrichtung zum Abschwächen der Tonstärke* 2 <Mech.; an Kfz> *Vorrichtung zum Auffangen von Stößen;* Stoß~ 3 <umg.> *herbe Enttäuschung;* **'Dampf·hei·zung** <f.; -, -en>; **'damp·fig** <Adj.> *von Dampf(2) erfüllt;* **'dämp·fig** <Adj.> 1 *kurzatmig (bei Pferden)* 2 <umg.> *schwül;* **'Dämp·fig·keit** <f.; -; unz.>; **'Dampf·kes·sel** <m.; -s, -; veralt.>; **'Dampf·koch·topf** <m.; -(e)s, ÷e>; **'Dampf·lo·ko·mo·ti·ve** <f.; -, -n>; **'Dampf·ma·schi·ne** <f.; -, -n>; **'Dampf·nu·del** <f.; -, -n> *eine Süßspeise aus Hefeteig;* **'Dampf·schiff** <n.; -(e)s, -e>; **'Dampf·schiff·fahrt** <f.; -; unz.; ⤳Z37>; **'Dampf·schiff·fahrts·ge·sell·schaft** <f.; -, -en>; **'Dampf·strahl** <m.; -(e)s, -en>; **'Dämp·fung** <f.; -, -en> *Milderung;* **'Dampf·wal·ze** <f.; -, -n>

'Dam·wild <n.; -(e)s; unz.; Zool.>

Dan <m.; -, -> *Rangstufe in den Budosportarten* [jap.]

da'nach <bei bes. Betonung a. ['--]; Pronominaladv.> 1 *zeitlich folgend;* wir fahren ~ ans Meer 2 *in Richtung auf etwas hin;* er griff schon ~ 3 *entsprechend;* handle ~!; sich ~ *richten*

Da·na·er·ge·schenk <n.; -(e)s, -e> *Unheil bringendes Geschenk* [nach den *Danaern* (= Griechen)]

Da·na'i·den·ar·beit <f.; -, -en> *mühsame, vergebliche Arbeit* [nach den *Danaiden* in der grch. Sage]

Dance·floor <['da:nsflo:r] od. ['dæ:ns-]; m.; -s, -s> 1 *Tanzfläche in einer Diskothek* 2 *Tanzmusik unterschiedlichster Stilrichtung;* **Dan·cing** <['da:nsɪŋ]; n.; -s, -s> 1 *Tanzveranstaltung* 2 *Tanzlokal* [engl.]

Dan·dy <['dændi]; m.; -s, -s; ⤳Z6.1> *Geck, Modenarr* [engl.]; **'dan·dy·haft** <Adj.>

'Dä·ne <m.; -n, -n> *Einwohner von Dänemark*

da'ne·ben <selten ['---]; Prono-

minaladv.> 1 *neben eine(r) Sache;* stell das Regal ~ 2 *außerdem;* sie findet ~ immer noch Zeit für ein Buch; **da'ne·ben...** <Vors.; ⤳Z22; in Zus. mit Verben betont u. abtrennbar> z. B. danebenbenehmen; es geht danebenben; es ist danebengegangen; danebenzugehen; **da'ne·ben·be·neh·men** <V. t. 189/V. refl.; umg.> *sich ~ sich unpassend benehmen;* **da'ne·ben|ge·hen** <V. i. (s.) 145> *schiefgehen, misslingen;* es ist völlig danebengegangen; <aber getrennt> auf dem Weg, nicht daneben gehen; → a. *daneben(1);* **da'ne·ben|hau·en** <V. i.; fig.; umg.> *sich irren, einen Fehler machen;* er hat völlig danebengehauen; <aber getrennt> du hast leider daneben gehauen *das Ziel nicht getroffen;* → a. *daneben(1);* **da'ne·ben|lie·gen** <V. i. 180; umg.> *sich verschätzen;* mit seiner Prognose hat er danebengelegen; <aber getrennt> haben die Stifte daneben gelegen?; → a. *daneben(1);* **da'ne·ben|schie·ßen** <V. i. 215; du schießt daneben; fig.; umg.> *sich irren;* <aber getrennt> er hat beim Preisschießen knapp daneben geschossen; → a. *daneben(1)*

'Da·ne·brog, <auch> **'Da·neb·rog** <m.; -(e)s; unz.; ⤳Z53> *die dän. Flagge* [dän.]; **'Dä·ne·mark** *Staat in Nordeuropa;* Königreich ~

da'nie·den <Adv.; veralt.; poet.> *auf dieser Erde;* **da'nie·der** <Adv.> *(nach) unten;* **da'nie·der|lie·gen** <V. i. 180> 1 *bettlägerig sein* 2 <fig.> *brachliegen;* die Wirtschaft lag danieder

'Dä·nin <f.; -, -nnen>; **'dä·nisch** <Adj.; ⤳Z46> die ~e Sprache; das Dänische; <a.> Dänische Dogge *eine Hunderasse*

dank <Präp.; m. Dat. od. Gen. im Sing., im Pl. meist m. Gen.> *durch, mithilfe von;* ~ seinem guten Willen/<od.> ~ seines guten Willens; ~ ihrer vielen Erfahrungen; **Dank** <m.; -(e)s; unz.> *Ausdruck der Anerkennung für eine erwiesene Hilfe;* jmdm. ~ schulden, zu ~ verpflichtet sein; jmdm. ~ sagen/

D

<auch> → *danksagen;* Gott sei ~!; aufrichtigen, herzlichen, tausend, vielen ~!; mit ~ zurück!; **'Dank·a·dres·se** <f.; -, -n; ↗Z53, 55>; **'dank·bar** <Adj.> das ist keine ~e Aufgabe; **'Dankbar·keit** <f.; -; unz.>; **'dan·ke** <Adv.; Höflichkeitsformel> nein ~!; ~ gleichfalls!; ~ schön!; du musst Danke/<auch> ~ sagen; sie sagte "Danke schön!"; <aber> → *Dankeschön;* **'danken** <V. i.> *seinen Dank aussprechen;* nichts zu ~!; **'dankens·wert** <Adj.>; **dan·kenswer·ter'wei·se** <Adv.>; **'danker·füllt** <Adj.>; **'Dan·kes·be·zei·gung** <f.; -, -en>; **'Dan·ke·schön** <n.; -s; unz.> *ausgesprochener Dank;* sie hatte ein ~ für ihre Mühe erwartet; ich möchte Ihnen ein herzliches ~ sagen; → a. *danke;* **'Dan·kes·wor·te** <Pl.>; **'Dank·ge·bet** <n.; -(e)s, -e>; **'Dank·got·tes·dienst** <m.; -(e)s, -e>; **'dank|sa·gen** <V. i.> ich danksagte/sagte Dank; sie hat dankgesagt/Dank gesagt; dankzusagen/Dank zu sagen> → a. *Dank;* **'Dank·sa·gung** <f.; -, -en>

dann <Adv.> *nachher, später;* ~ und wann *manchmal*

'dan·nen <Adv.; veralt.; nur noch in der Wendung> von ~ eilen, ziehen *von dort weg*

'dann·zu·mal <Adv.; schweiz.> *dann, in jenem Augenblick*

dan'tesk <Adj.> *im Stil des ital. Dichters Dante Alighieri*

'Daph·ne <f.; -, -n; Bot.> = *Seidelbast* [grch.]

'Daph·nia <f.; -, -ni·en>, **'Daphnie** <[-niə]; f.; -, -n; Zool.> *Wasserfloh* [grch.]

'dap·pen <V. i. (s.); oberdt.> *tappen*

dar... <Vors.; in Zus. mit Verben> *hin...*, z. B. darreichen

dar'an, <auch> **da'ran** <bei bes. Betonung a. ['--]; Pronominaladv.; ↗Z54> *an diesem, an dieses;* da ist etwas Wahres ~; ~ denken, glauben, zweifeln; nahe ~ sein zu ...; oV *dran;* → a. *darangeben, -gehen, -halten usw.;* **dar'an...** <Vors.; ↗Z22; in Zus. mit Verben betont u. abtrennbar> z. B. darangehen; ich

gehe daran; sie ist daran gegangen; daranzugehen; **dar'an|ge·ben** <V. t. 143> *beisteuern, opfern;* oV *drangeben;* **dar'an|ge·hen** <V. i. (s.) 145; umg.> *beginnen;* oV *drangehen;* **dar'an|hal·ten** <V. refl. 160> sich ~ *sich beeilen, anstrengen;* wir müssen uns ~, wenn wir fertig werden wollen; <aber getrennt> der Termin steht fest u. wir müssen uns daran halten; oV *dranhalten;* → a. *daran;* **dar'an|kom·men** <V. i. (s.) 170> *an der Reihe sein;* ich möchte auch ~; <aber getrennt> ich glaube nicht, dass ich daran komme *es erreichen u. fassen kann;* oV *drankommen;* → a. *daran;* **dar'an·ma·chen** <V. t./V. refl.; umg.> *befestigen;* sich ~ *beginnen, etwas zu tun;* wir werden uns gleich ~; <aber getrennt> ich kann nichts mehr daran machen *an dieser Sache;* oV *dranmachen;* → a. *daran;* **dar'an·set·zen** <V. t./V. refl.> du setzt (dich) daran *sich intensiv bemühen;* oV *dransetzen*

dar'auf, <auch> **da'rauf** <bei bes. Betonung a. ['--]; Pronominaladv.; ↗Z54> Getrenntschreibung in Verbindung mit Verben> oV *drauf* **1** *auf diesem, auf dieses;* ich muss ~ bestehen; es kommt nicht ~ an; das Regal könnte brechen, du solltest nichts mehr ~ stellen **2** *danach;* am Tag ~; ~ folgen; am ~ folgenden Tag; der ~ folgende Streit; **dar·auf'hin** <a. ['---]; Adv.> **1** den Text ~ noch einmal durchgehen *unter einem best. Gesichtspunkt;* <aber> alles deutet darauf hin (→ *darauf(1)*) **2** *aufgrund best. Umstände;* ~ änderte er seinen Plan

dar'aus, <auch> **da'raus** <bei bes. Betonung a. ['--]; Pronominaladv.; ↗Z54> *aus diesem, aus dieser;* ~ folgt, dass ...; ich werde nicht klug ~; ~ wird nichts werden; oV *draus*

'dar·ben <V. i.; geh.> *Mangel leiden*

'dar|bie·ten <V. 110; ↗Z22; geh.> **1** <V. t.> *reichen* **2** <V. t.> *aufführen* **3** <V. refl.> sich ~ *sich zeigen;* **'Dar·bie·tung** <f.; -, -en>

'dar|brin·gen <V. t. 118> *feierlich hingeben*

dar'ein, <auch> **da'rein** <bei bes. Betonung a.; ↗Z54> *in dieses;* wir müssen uns ~ schicken *damit abfinden;* oV *drein;* **dar'ein|fin·den** <V. refl.134> sich ~ *sich damit abfinden;* oV *dreinfinden;* **dar'ein|set·zen** <V. t.; du setzt darein; geh.> *alle Kräfte aufbieten;* sie hat alles dareingesetzt, diesen Job zu bekommen; <aber getrennt> der Sessel ist beschädigt, du solltest dich nicht darein setzen (→ *darein*)

Darg <m.; -s, -e> *fester Schilftorf der Niederungsmoore;* oV *Dark*

dar'in, <auch> **da'rin** <bei bes. Betonung a. ['--]; Pronominaladv.; ↗Z54> *hierin, in diesem;* ~ ist er mir überlegen; → a. *drin;* **da'rin·nen** <Adv.; veralt.> = *darin*

Dar·jee·ling <[-'dʒi:-]; m.; -s, -s> *ind. Teesorte* [nach der gleichnamigen ind. Stadt]

Dark <m.; -s, -e> = *Darg*

'dar|le·gen <V. t.; ↗Z22> *erörtern, erklären;* **'Dar·le·gung** <f.; -, -en>

'Dar·le·hen <n.; -s, -> *Kredit;* ein ~ aufnehmen; **'Dar·le·henskas·se** <f.; -, -n>; **'Dar·lehn** <n.; -s, -; selten> = *Darlehen*

'Dar·ling <m.; -s, -s; engl. Bez. für> *Liebling* [engl.]

Darm <m.; -(e)s, ²e> **1** <Med.> *Verdauungskanal zw. Magen u. After* **2** *verarbeitetes Eingeweide von Schlachttieren;* **'Darm·blutung** <f.; -, -en; Med.>; **'Darmdurch·bruch** <m.; -(e)s, ²e; Med.>; **'Darm·ent·lee·rung** <f.; -, -en>; **'Darm·flo·ra** <f.; -; unz.> *Gesamtheit der im Darm(1) lebenden Bakterien;* **'Darm·ga·se** <Pl.>; **'Darm·ge·schwür** <n.; -(e)s, -e; Med.>; **'Darm·krebs** <m.; -es; unz.; Med.>; **'Darm·pa·ra·sit** <m.; -en, -en>; **'Darmper·fo·ra·ti·on** <f.; -, -en; Med.> *Darmdurchbruch;* **'Darm·sai·te** <f.; -, -n> *aus Darmgewebe hergestellte Saite für Streich- u. Zupfinstrumente;* **'Darm·trägheit** <f.; -; unz.; Med.>; **'Darm·trakt** <m.; -(e)s, -e> *der Darm(1) in seiner Gesamtlänge;* **'Darm·verschluss** <m.; -es, ²e; Med.>;

'Darm·wind <m.; -(e)s, -e> *Blähung*

dar·nach <Adv.; veralt.> *danach*

dar'ne·ben, dar'nie·ben <Adv.; veralt.> *daneben*

dar'nie·der, dar'nie·der·lie·gen <V. i. 180> = *daniederliegen*

dar'ob, <auch> **da'rob** <Adv.; ⤳Z54; veralt.> *darüber*

'Dar·re <f.; -, -n> *Vorrichtung zum Trocknen od. Rösten von Obst, Getreide u. Ä.*

'dar|rei·chen <V. t.; geh.> *anbieten;* **'Dar·rei·chung** <f.; -, -en>

'dar·ren <V. t.> *trocknen, rösten;* **'Darr·malz** <n.; -es; unz.>; **'Darr·o·fen** <m.; -s, ⸚; ⤳Z55>

'dar·stell·bar <Adj.>; **'dar|stel·len** <V. t.> 1 *beschreiben, schildern, (in einem Bild) wiedergeben;* die ~den Künste; ~de Geometrie 2 *sein, bedeuten* 3 <V. refl.> *sich (jmdm.) ~ sich zeigen, erscheinen;* **'Dar·stel·ler** <m.; -s, ->; **'Dar·stel·le·rin** <f.; -, -n·nen>; **'dar·stel·le·risch** <Adj.>; **'Dar·stel·lung** <f.; -, -en>

Darts <[da:ts]; n.; -; unz.> *ein Wurfpfeilspiel* [engl.]

'dar|tun <V. t. 272> *beweisen, zeigen*

dar'ü·ber, <auch> **da'rü·ber** <bei bes. Betonung a. ['--]; Pronominaladv.; ⤳Z54; oV *drüber;* Ggs *darunter(1)* 1 *über, auf, oberhalb von diesem;* die Krüge stehen ~; ~ hinaus bin ich der Meinung ... <fig.> *außerdem;* ~ hinausgehendes Interesse 2 <⤳Z22; Getrenntschreibung in Verbindung mit Verben> ~ fallen, fahren, legen, stehen, wischen; <aber Zusammenschreibung bei der umg. Kurzform "drüber"> drüberfallen, drüberfahren, drüberlegen, drüberstehen, drüberwischen 3 *über dieses, was diese Sache betrifft;* hast du etwas ~ gelesen? 4 *währenddessen;* sie ist ~ eingeschlafen

dar'um, <auch> **da'rum** <bei bes. Betonung a. ['--]; Pronominaladv.; ⤳Z54; oV *drum* 1 *um dieses (herum);* ~ geht es ja!; wir wollen uns nicht ~ streiten; man wird kaum ~ herumkommen <fig.>; sie hat lange ~ he-

---

das/dass: Bei der Schreibung von *das/dass* besteht häufig Unsicherheit darüber, welche Form im jeweiligen Textzusammenhang die richtige ist.

Das und *dass* gehören unterschiedlichen Wortarten an. *Das* wird als **bestimmter** ⤳**Artikel Neutrum,** als ⤳**Demonstrativpronomen** oder als ⤳**Relativpronomen** gebraucht:

Das (= Artikel) *Pferd, das* (= Relativpronomen) *alle reiten möchten.*

Das (= Demonstrativpronomen) *ist das* (= Artikel) *Kleid, das* (= Relativpronomen) *mir gefällt.*

Dass ist dagegen eine ⤳**Konjunktion:**

Sie hat mir gesagt, dass sie heute kommen wird.

Verwechselt wird bes. häufig die Verwendung von *das* als Relativpronomen mit der Konjunktion *dass.* Dies lässt sich vermeiden, wenn man die folgende Regel beachtet: <u>*Das*</u> kann man durch <u>*dieses*</u> oder <u>*welches*</u> ersetzen, die Konjunktion *dass* dagegen nicht. Vgl. ⤳s-Schreibung

---

rumgeredet <fig.> 2 *deshalb;* **dar'um...** <Vors.; ⤳Z22; in Zus. mit Verben betont u. abtrennbar> z. B. darumkommen; ich komme darum; sie ist darumgekommen; darumzukommen; **dar'um|bin·den** <V. t. 111>; **dar'um|kom·men** <V. i. (s.) 170; umg.> *verschont bleiben;* er ist um eine Operation darumgekommen <aber getrennt> er ist genau 'darum gekommen *aus diesem Grund;* → a. *darum(2)*

dar'un·ter, <auch> **da'run·ter** <bei bes. Betonung a. ['---]; Pronominaladv.> oV *drunter;* Ggs *darüber(1)* 1 *unterhalb von diesem, unter dieses;* der Preis steht fest, ~ verkaufe ich nicht 2 <Getrenntschreibung in Verbindung mit Verben> es sollen Touristen ~ sein; ~ fallen <a. fig.> *zu etwas gerechnet werden;* ~ heben, liegen, schreiben, stehen; <aber Zusammenschreibung in der umg. Kurzform "drunter"> drunterfallen, drunterheben, drunterliegen usw. 3 *diesbezüglich;* vor allem Kinder leiden ~

Dar·wi'nis·mus <m.; -; unz.> *Ab-*

---

stammungs- u. Entwicklungslehre, die von natürl. Selektion *ausgeht* [nach den engl. Naturforscher Ch. *Darwin*]; **Dar·wi'nist** <m.; -en, -en> *Anhänger des Darwinismus;* **Dar·wi'nis·tin** <f.; -, -n·nen>; **dar·wi'nis·tisch** <Adj.>

das → a. *Kasten* 1 <best. Artikel; n. 5> ~ Haus, ~ Kind 2 <Demonstrativpron.; Gen.: dessen; Dat.: dem; Akk.: das; Gen. Pl.: deren/derer> *dies(es), dasjenige;* ~ da; nur ~ nicht!; ~ habe ich nicht gesagt, dessen bin ich mir sicher; ~ heißt <Abk.: d. h.>; ~ ist <Abk.: d. i.> 3 <Relativpron.; Gen.: dessen; Gen. Pl.: deren> das ist das beste Buch, ~ ich gelesen habe; ein Kind, dessen Eltern arbeiten

'Da·sein <n.; -s; unz.> *Existenz;* der Kampf ums ~; **'da·seins·be·rech·tigt** <Adj.>; **'Da·seins·be·rech·ti·gung** <f.; -; unz.>; **'Da·seins·form** <f.; -, -en>; **'Da·seins·freu·de** <f.; -; unz.>; **'Da·seins·kampf** <m.; -(e)s, ⸚e>

da'selbst <Adv.; veralt.> *dort*

Dash <[dæʃ]; m.; -s, -s> *kleine Menge, Spritzer (bei der Zubereitung von Getränken)* [engl.]

'da·sig [1] <Adj.; oberdt.> *niedergeschlagen, kleinlaut*

'da·sig [2] <Adj.; österr.; schweiz.> *hiesig, hier befindlich*

'da|sit·zen <V. i. 246 (h. od. (süddt.; österr.; schweiz.) s.); du sitzt da; sie hat dagesessen; dazusitzen; ⤳Z22> *untätig herumsitzen;* sie taten nichts als ~ u. reden; <aber getrennt> du kannst da sitzen

'das·je·ni·ge <Demonstrativpron.; n. 6> → *derjenige*

dass <Konj. zur Einleitung von Haupt- od. Gliedsätzen> ich weiß, ~ ...; auf ~ du gesund wirst *damit;* bis dass der Tod euch scheidet; so ~/<auch> sodass; → a. *Kasten*

das'sel·be <Demonstrativpron.; Gen.: desselben; Dat.: demselben; Akk.: dasselbe; Pl.: dieselben> ein und ~, das läuft auf ~ hinaus; ~ Kind; → a. ...*selbe*

'Das·sel·flie·ge <f.; -, -n; Zool.> *große Fliegenart, Bremse[2]*

'Dass·satz, <auch> **'dass-Satz** <m.; -es, ⸚e; ⤳Z37, 36> *mit der*

Konjunktion "dass" eingeleiteter
Nebensatz

'da|ste·hen <V. i. 256; ↗Z22> **1**
(tatenlos herum)stehen; wie
versteinert ~ 2 <fig.> *angesehen
werden;* wie stehe ich jetzt da?;
<aber getrennt> bleib da stehen!

Da·sy'me·ter <n.; -s, -> = *Gaswaage* [grch.]

dat. <Abk. für> *datum*

Dat. <Abk. für> *Dativ*

DAT <Abk. für engl.> *Digital Audio Tape (Digitalbtonband)*

Date <[deit] n.; -s, -s; salopp>
Verabredung, Termin [engl.]

Da'tei <f.; -, -en; bes. EDV> *Datensammlung;* **'Da·ten** <Pl.> **1**
<Pl. von> *Datum* 2 (Mess-)Ergebnisse, Zahlenwerte* **3** <EDV>
Informationen, Angaben; ein ~
verarbeitendes Programm;* **'Da·ten·au·to·bahn** <f.; -; unz.;
EDV> *Einrichtung zur schnellen
Übertragung großer Datenmengen;* **'Da·ten·bank** <f.; -, en od.
ꝛe>; **'Da·ten·bank·sys·tem** <n.;
-s, -e; EDV> *EDV-Programm,
das große Datenmengen speichern u. verarbeiten kann;* **'Da·ten·ba·sis** <f.; -, -ba·sen> *zentraler Bestandteil einer Datenbank;* **'Da·ten·er·fas·sung** <f.; -,
-en; EDV>; **'Da·ten·high·way**
<[-haiwei]; m.; -s, -s; EDV> =
Datenautobahn; **'Da·ten·ma·te·ri·al** <n.; -s, -li·en>; **'Da·ten·netz**
<n.; -es, -e>; **'Da·ten·pool**
<[-pu:l]; m.; -s, -s> = *Datenbasis;* **'Da·ten·satz** <m.; -es, ꝛe>
*Gesamtheit der Daten, die zu einem Objekt gehören u. in einer
Datei abgelegt sind;* **'Da·ten·schutz** <m.; -es; unz.> *Schutz
vor missbräuchl. Verwendung
persönl. Daten;* **'Da·ten·schutz·be·auf·trag·te(r)** <f. 2 (m. 1)>;
'Da·ten·trä·ger <m.; -s, -; EDV>
*Festplatte, Diskette o. Ä., auf der
Daten gespeichert sind;* **'Da·ten·trans·fer** <m.; -s, -s; EDV>; **Da·ten·ty'pis·tin** <f.; -, -n·nen; Berufsbez.>; **'Da·ten·ü·ber·tra·gung** <f.; -, -en; ↗Z55; EDV>;
'Da·ten·ver·ar·bei·tung <f.; -;
unz.; Abk.: DV>; **'Da·ten·ver·ar·bei·tungs·an·la·ge** <f.; -, -n;
Abk.: DVA>; **da'tie·ren** <V.> **1**
<V. t.> *mit Datum versehen;* der
Brief ist auf den 22. April 1958

Dativ: Der D., auch Wemfall genannt, ist im Deutschen der Kasus des indirekten ↗Objekts, des
so genannten **Dativobjekts**. Der
D. bezieht sich auf die vom Verb
bezeichnete Handlung. Meist bezeichnet er das Ziel, den Empfänger oder die Quelle von etwas und
lässt sich durch *wem?* oder *was?*
erfragen.

Im Deutschen erfordern viele
↗**Verben** ein obligatorisches Dativobjekt, z. B. *ähneln, gehören,
vergeben: Er ähnelt ihm/dem Vater. Das gehört ihr/dem Mädchen.
Wir vergeben ihnen/den Streitenden.* Das fakultative Dativobjekt,
das auch als „freier D." bezeichnet wird, ist ein Satzglied, das
möglich, aber nicht strukturell
notwendig ist, z. B. *Sie singt ihm
ein Lied. Wir gaben ihnen viel
Geld.*

Eine Reihe von ↗**Präpositionen**
erfordert im Deutschen die Verwendung des D., z. B. *auf, bei,
hinter, über* usw.

Vgl. auch ↗Akkusativ, ↗Genitiv,
↗Nominativ

datiert **2** <V. t.> *historische Funde ~ deren Entstehungszeit bestimmen* **3** <V. i.> ~ *von, aus
stammen, herrühren;* **Da'tie·rung** <f.; -, -en>

Da'tiv <m.; -s, -e; Gramm.; Abk.:
Dat.> *Kasus, dritter Fall der Deklination;* Sy *Wemfall;* → a. *Kasten* [lat.]; **da'ti·visch** <Adj.> *den
Dativ betreffend;* ein Wort ~ gebrauchen;* **Da'tiv·ob·jekt** <n.;
-(e)s, -e>

'da·to <Adv.; Kaufmannsspr.>
heute; bis ~ [ital.]

'Dat·scha <f.; -, -s od. 'Dat·schen>, **'Dat·sche** <f.; -, -n;
ostdt.> *Wochenendhaus auf
dem Land* [russ.]

'Dat·tel <f.; -, -n; Bot.> *Frucht der
Dattelpalme;* **'Dat·tel·pal·me**
<f.; -, -n; Bot.> *eine Palmenart;*
'Dat·tel·pflau·me <f.; -, -n;
Bot.> **1** *ein Ebenholzgewächs* **2**
Frucht der Dattelpflaume(1)

'da·tum <veralt.; Abk.: dat.> *geschrieben, verfügt* [lat.]; **'Da·tum** <n.; -s, Da·ten> *best. Zeitangabe;* → a. *Kasten S. 269;* **'Da·tums·an·ga·be** <f.; -, -n>; **'Da·tums·gren·ze** <f.; -, -n> *180.*

geograf. Längengrad;* **'Da·tum(s)·stem·pel** <m.; -s, ->

'Dau·be <f.; -, -n> **1** *gebogenes
Fassbrett* **2** <Sp.> *Zielwürfel
beim Eisschießen*

'Dau·er <f.; -; unz.> *best. Zeitspanne;* ein D. ~ *von drei Jahren;* das war von kurzer ~; das
ist auf (die) ~ nicht akzeptabel;*
'Dau·er·ap·fel <m.; -s, ꝛ> *längere Zeit haltbarer Apfel;* **'Dau·er·ar·beits·lo·se(r)** <f. 2 (m. 1)>;
'Dau·er·ar·beits·lo·sig·keit <f.;
-; unz.>; **'Dau·er·auf·trag** <m.;
-(e)s, ꝛe; Bankw.>; **'Dau·er·aus·stel·lung** <f.; -, -en> *ständige
Ausstellung;* **'Dau·er·be·las·tung** <f.; -, -en>; **'Dau·er·be·schäf·ti·gung** <f.; -, -en>; **'Dau·er·bren·ner** <m.; -s, -> **1** *Ofen,
der lange Zeit brennt* **2** <fig.>
Sache, die längere Zeit sehr erfolgreich ist; **'Dau·er·er·folg**
<m.; -(e)s, -e>; **'Dau·er·frost·bo·den** <m.; -s, ꝛ> *Schicht ständig gefrorenen Bodens;* **'Dau·er·gast** <m.; -(e)s, ꝛe>; **'Dau·er·ge·schwin·dig·keit** <f.; -; unz.>;
'dau·er·haft <Adj.> *sich lange
Zeit erhaltend, widerstandsfähig;* **'Dau·er·haf·tig·keit** <f.; -;
unz.>; **'Dau·er·kar·te** <f.; -, -n>;
'Dau·er·lauf <m.; -(e)s, ꝛe; Sp.>;
'Dau·er·leih·ga·be <f.; -, -n>;
'Dau·er·mie·ter <m.; -s, ->;
'dau·ern¹ <V. i.> *währen;* wie
lange dauert der Flug?

'dau·ern² <V. t.; veralt.> *jmds.
Mitleid erregen;* der Kranke
dauert mich

'dau·ernd <Adj.> *ständig;* **'Dau·er·par·ker** <m.; -s, ->; **'Dau·er·par·ke·rin** <f.; -, -n·nen>; **'Dau·er·re·gen** <m.; -s; unz.>; **'Dau·er·schlaf** <m.; -(e)s; unz.>;
'Dau·er·sel·ler <m.; -s, -; umg.>
*Buch, das sich längere Zeit gut
verkauft;* **'Dau·er·stel·lung** <f.;
-, -en>; **'Dau·er·wel·le** <f.; -, -n>
durch Einwirken best. Chemikalien gelocktes Haar; **'Dau·er·wurst** <f.; -, ꝛe>

'Däum·chen <n.; -s, -; Verkleinerungsf. von> *Daumen;* **'Dau·men** <m.; -s, -> *zweigliedriger,
stärkster Finger der Hand;* **'dau·men·breit** <Adj.> *ein ~er Spalt;*
<aber> der Spalt ist zwei Daumen breit; **'Dau·men·brei·te** <f.;
-; unz.>; **'Dau·men·lut·scher**

Datum: Das D. gibt in der Regel Tag, Monat und Jahr an. Es kann in verschiedenen Formen geschrieben werden:

08.09.02
08.09.2002
8. September 2002
8. Sept. 2002
08. Sept. 02

Der internationalen Norm entsprechend (nach DIN 5008) wird das D. in umgekehrter Reihenfolge (Jahr, Monat, Tag) angegeben:

2002-09-08
02-09-08

Wird bei der Datumsangabe der Monatsname in Buchstaben ausgeschrieben, so stehen Leerzeichen vor und hinter dem Monat, ansonsten wird das D. ohne Leerzeichen nach den Punkten geschrieben.

Wenn das D. in Verbindung mit einem ⬈**Wochentagsnamen** oder einer **Uhrzeit** angegeben wird, gilt die folgende Regel: Werden Wochentag und D. in Verbindung mit *am* oder *vom* geschrieben, so steht die Datumsangabe im ⬈Da-

tiv, ohne *am* und *vom* im ⬈Akkusativ. Die Datumsangabe wird stets mit zwei Kommas abgetrennt, wobei das schließende ⬈Komma entfallen kann: *Sie kommen Dienstag, den 4. April(,) in München an. Sie kommen am Dienstag, dem 4. April(,) an. Der Brief vom Mittwoch, dem 9. Januar 2002(,) wurde verspätet zugestellt.*

Werden noch Angaben zur Uhrzeit oder Ortsangaben ergänzt, so wird die Uhrzeitangabe mit Komma abgetrennt, bei einer zusätzlichen Ortsangabe wird die Uhrzeit mit Kommas eingeschlossen, wobei das zweite Komma auch weggelassen werden kann, z. B. *Am Sonntag, dem 27. Februar, 15 Uhr. Sonntag, (den) 27. Februar, 15 Uhr. Sie treffen sich am 27. Februar, 15 Uhr(,) im Kulturcafé. Die Tagung beginnt am Donnerstag, dem 23. August, (um) 18.00 Uhr(,) im Kongresszentrum.*

Vgl. ⬈Uhrzeit

<m.; -s, ->; '**Dau·men·lut·sche·rin** <f.; -, -n·nen>; '**Dau·men·na·gel** <m.; -s, ⸚>; '**Dau·men·schrau·be** <f.; -, -n; früher> *ein Folterwerkzeug;* jmdm. ~n anlegen <fig.>; '**Däum·ling** <m.; -s, -e> 1 *Schutzkappe für den Daumen* 2 *eine Märchengestalt*

'**Dau·ne** <f.; -, -n> *Flaumfeder (bes. von Gans u. Ente);* '**Dau·nen·de·cke** <f.; -, -n>

Dau·phin <[do'fɛ̃]; m.; -s, -s; früher> *Titel des frz. Thronfolgers*

Daus[1] <m.; -es, -e od. ⸚er> 1 <Kart.> = *Ass(2)* 2 <Würfelspiel> *zwei Augen*

Daus[2] <m.; veralt.; nur in der Wendung> ei der ~! *(Ausruf des Erstaunens)*

'**Da·vid(s)·stern** <m.; -(e)s, -e> *sechszackiger Stern aus zwei gekreuzten Dreiecken*

Da·vis·cup, <auch> **Da·vis-Cup** <['dɛivɪs kʌp]; m.; -s, -s; ⬈Z35>; '**Da·vis·po·kal,** <auch> '**Da·vis-Po·kal** <m.; -s, -e; Tennis> *internat. Wanderpreis* [nach dem amerikan. Stifter D. F. *Davis*]

Da·vit <['de:vit] od. ['da:vit]; m. od. n.; -s, -s; Mar.> *schwenkbarer Schiffskran* [engl.]

da·von <bei bes. Betonung a. ['--]; Pronominaladv.> *von diesem;* was habe ich ~?; genug ~!; er ist auf und ~ (gegangen); das kommt ~, dass ... *daher;* → a. *davonbleiben, davonkommen usw.;* **da'von...** <Vors.; ⬈Z22; in Verbindung mit Verben betont u. abtrennbar> *weg...;* z. B. davonfahren; ich fahre davon; sie ist davongefahren; davonzufahren; **da'von|blei·ben** <V. i. (s.) 114> *weg, entfernt bleiben;* du musst unbedingt ~!; <aber getrennt> es wird nicht viel davon bleiben (→ *davon);* **da'von|ei·len** <V. i. (s.)>; **da'von|fah·ren** <V. i. (s.) 130>; **da'von|flie·gen** <V. i. (s.) 136>; **da'von|kom·men** <V. i. (s.) 170; fig.> *einer drohenden Gefahr entgehen;* sie ist noch einmal davongekommen; <aber getrennt> das ist davon gekommen, dass ... (→ *davon);* **da'von|las·sen** <V. t. 175> du sollst die Finger ~!; sie wollte ihn nicht mehr ~; <aber getrennt> kannst du nicht davon lassen? *aufhören;* **da'von·lau·fen** <V. i. (s.) 176> *weglaufen;* es ist zum Davonlaufen!;

<aber> auf und davon laufen (→ *davon);* **da'von|ma·chen** <V. t./V. refl.> sich ~ <umg.> *unbemerkt weggehen;* du kannst dich doch nicht einfach ~!; <aber getrennt> was kann man davon machen? *von dieser Sache* (→ *davon);* **da'von|steh·len** <V. refl. 257; umg.> = *davonmachen;* **da'von|tra·gen** <V. t. 256> 1 *wegtragen* 2 <fig.> *erringen, erhalten;* er hat den Sieg, schwere Verletzungen davongetragen; <aber getrennt> er hat einen Teil davon getragen *von der Gesamtmenge* (→ *davon)*

da'vor <bei bes. Betonung a. ['--]; Pronominaladv.> 1 *räuml. od. zeitl. vor eine(r) best. Sache;* die Großen sollen in die zweite Reihe, die Kleinen ~; zwei Stunden ~ fiel mir ein, ... 2 <⬈Z22>; Getrenntschreibung in Verbindung mit Verben> einen Teppich ~ legen; fassungslos ~ stehen; einen Schrank ~ stellen 3 *im Hinblick auf die betreffende Sache;* ich habe Angst ~

da·vy·sche 'Lam·pe, <auch> **Da·vy'sche 'Lam·pe** <['de:viʃə -]; f.; -n -, -n -n; ⬈Z58.1; Bgb.> *Grubenlampe* [nach dem engl. Chemiker H. *Davy*]

da'wi·der <Adv.; veralt.> = *dagegen;* **da'wi·der|re·den** <V. i.; veralt.>

DAX <Abk. für> *Deutscher Aktienindex*

da'zu <bei bes. Betonung a. ['--]; Pronominaladv.> *zu diesem;* was meinst du ~?; ~ gehört viel Mut; er ist ~ da, um ... *das ist seine Aufgabe;* das führt nur ~, dass ...; → a. *dazukommen, dazuschreiben usw.;* **da'zu...** <Vors.; ⬈Z22; in Verbindung mit Verben betont u. abtrennbar> *zusätzlich, neu;* z. B. dazustellen; ich stelle dazu; sie hat dazugestellt; dazuzustellen; **da'zu|be·kom·men** <V. t.> *zusätzlich bekommen;* sie hat noch eine Broschüre ~; <aber getrennt> ob wir ihn dazu bekommen, uns zu helfen? (→ *dazu);* **da'zu|ge·hö·ren** <V. i.> *eng verbunden sein;* ich glaube, die Neue wird schnell ~; <aber getrennt> die Sammlung ist nicht komplett, dazu gehören noch

D

mehrere Steine (→ *dazu);* **da-ˈzu·ge·hö·rig** <Adj.> die ~en Teile; **daˈzu|hal·ten** <V. refl. 160> sein ~ <umg.> *sich beeilen, anstrengen;* **daˈzu|kom·men** <V. i. (s.) 170> *hinzugefügt werden;* es werden noch einige Ausgaben ~; <aber getrennt> wir dürfen es nicht dazu kommen lassen! (→ *dazu);* **daˈzu|kön·nen** <V. t.> sie kann nichts dazu <umg.> *sie trifft keine Schuld;* **daˈzu|ler·nen** <V. t.> *zusätzlich lernen;* man kann immer etwas ~; **ˈda·zu·mal** <Adv.> *damals;* anno ~ *früher;* **daˈzu|rech·nen** <V. t.> *durch Rechnung hinzufügen;* **daˈzu|schrei·ben** <V. t. 230> *hinzufügen;* du kannst gern noch etwas ~; <aber getrennt> es wurde ein Thema genannt, man soll etwas dazu schreiben (→ *dazu);* **daˈzu|tun** <V. t. 272> *hinzufügen;* eine Kleinigkeit ~; <aber getrennt> sie kann nichts dazu tun *beitragen* (→ *dazu);* **Daˈzu·tun** <n.; -s; unz.; in der Wendung> ohne mein ~ *ohne mein Handeln;* **daˈzu|verdie·nen** <V. t.>; **daˈzu|zah·len** <V. i.>

daˈzwi·schen <bei bes. Betonung a. [ˈ---]; Pronominaladv.> *zwischen(durch);* ~ liegen immerhin fünf Jahre!; → a. *dazwischenkommen, dazwischenreden* usw.; **daˈzwi·schen...** <Vors.; ⤢Z22; in Verbindung mit Verben betont u. abtrennbar> z. B. dazwischenreden; ich rede dazwischen; sie hat dazwischengeredet; dazwischenzureden; **daˈzwi·schen|fah·ren** <V. i. (s.) 130> *sich heftig u. unaufgefordert einmischen;* du musst hier endlich ~!; <aber getrennt> die Züge verkehren stündlich, aber dazwischen fahren Busse (→ *dazwischen);* **daˈzwi·schen·fun·ken** <V. i.; umg.> *störend eingreifen;* **daˈzwi·schen|kom·men** <V. i. (s.) 170> *störend eintreten;* es wird doch nichts ~; <aber getrennt> dazwischen kommen leere Seiten (→ *dazwischen);* **Daˈzwi·schen·kunft** <f.; -, -e; veralt.> *das Dazwischenkommen;* **daˈzwi·schen·re·den** <V. i.> *anderen ins Wort*

fallen;* musst du immer ~?; <aber getrennt> dazwischen reden einige Gäste (→ *dazwischen);* **daˈzwi·schen|ru·fen** <V. i. u. V. t. 204> *(einen Vortrag o. Ä.) störend unterbrechen;* müsst ihr immer ~?; <aber getrennt> dazwischen rufen Kinder nach ihren Müttern (→ *dazwischen);* **daˈzwi·schen|tre·ten** <V. i. (s.) 268> *vermittelnd eingreifen;* es war gut dazwischenzutreten; <aber getrennt> es lag so viel daran, dass es schwierig war, dazwischen zu treten (→ *dazwischen)*

dB <Zeichen für> *Dezibel*

DB <Abk. für> *Deutsche Bahn*

DBB <Abk. für> *Deutscher Beamtenbund*

DBGM <Abk. für> *Deutsches Bundes-Gebrauchsmuster*

DBP <Abk. für> 1 *Deutsche Bundespost* 2 *Deutsches Bundespatent*

d. c. <Abk. für> *da capo*

Dd. <Abk. für> *doctorandus (Doktorand)*

DDD <auf einer CD[2] Bez. für> *digitale Aufnahme, Bearbeitung u. Wiedergabe;* → a. *AAD, ADD*

DDR <1949–1990; Abk. für> *Deutsche Demokratische Republik;* **ˈDDR-Bür·ger** <m.; -s, ->; **ˈDDR-Bür·ge·rin** <f.; -, -·nen>

DDT <Warenz.; Abk. für> *Dichlordiphenyltrichloräthan (Mittel zur Ungezieferbekämpfung)*

ˈD-Dur <n.; -; unz.; Mus.; Abk.: D> *eine Tonart;* **ˈD-Dur-Ton·lei·ter** <f.; -, -n; ⤢Z35>

Dead·line <[ˈdɛdlain]; f.; -, -s> *letztmöglicher Termin* [engl.]

de·ak·ti·vie·ren <[-ˈvi:-]; V. t.> *aus-, abschalten;* Ggs *aktivieren*

Deal <[di:l]; m. od. n.; -s, -s; umg.> *Handel, Geschäft* [engl.]; **ˈdea·len** <V. i.; umg.> *mit Rauschgift handeln;* **ˈDea·ler** <m.; -s, -; umg.> *Rauschgifthändler;* **ˈDea·le·rin** <f.; -, -n·nen>

De·ba·kel <n.; -s, -> *Zusammenbruch, Niederlage* [frz.]

De·bat·te <f.; -, -n> *Erörterung (im Parlament);* Bundestags~; zur ~ stehen; etwas zur ~ stellen [frz.]; **de·bat·tie·ren** <V. t. od. V. i.> *diskutieren;* **De·bat-**

ˈtier·klub <m.; -s, -s; abwertend>

ˈDe·bet <n.; -s, -s; Bankw.> *Sollseite des Kontos;* Ggs *Kredit[2]* [lat.]

de·ˈbil <Adj.> *Debilität aufweisend* [lat.]; **De·bi·li·ˈtät** <f.; -; unz.> *Form der Schwachsinnigkeit*

De·ˈbit <m.; -s; unz.> 1 *Warenabsatz* 2 *Ausschank* [frz.]; **de·bi·ˈtie·ren** <V. t.; Kaufmannsspr.> *ein Konto ~ belasten;* **De·ˈbi·tor** <m.; -s, -ˈto·ren> *Schuldner;* Ggs *Kreditor;* **De·ˈbi·to·ren·kon·to** <n.; -s, -s od. -ten od. -ti>

ˈDe·bre·(c)zi·ner, <auch> **ˈDe·bre·(c)zi·ner** <[-tsi:-]; n.; -s, -; meist Pl.; ⤢Z53> *scharf gewürztes Würstchen* [nach der ung. Stadt Debrecen]

De·bug·ging <[diˈbʌɡiŋ]; n.; -s, -s; EDV> *Fehlersuche im Programm* [engl.]

De·büt <[deˈby:]; n.; -s, -s> *erstes öffentl. Auftreten;* sein ~ geben [frz.]; **De·bü·tant** <m.; -en, -en> *jmd., der sein Debüt gibt;* **De·bü·ˈtan·tin** <f.; -, -n·nen>; **De·bü·ˈtan·tin·nen·ball** <m.; -(e)s, -e>; **de·bü·ˈtie·ren** <V. i.>

De·cha·nei <[-ça-]; f.; -, -en; Kath.> = *Dekanei;* **Deˈchant** <m.; -en, -en; Kath.> = *Dekan*

de·chif·frie·ren, <auch> **de·chiff·ˈrie·ren** <[deʃif-]; V. t.; ⤢Z53> *entziffern, entschlüsseln;* Ggs *chiffrieren* [frz.]; **De·chif·ˈfrie·rung** <f.; -, -en>

Dech·sel <[ˈdɛksəl]; f.; -, -n> *Beil mit quer stehendem Blatt*

Deck <n.; -(e)s, -s od. (selten) -e> *Schiffsetage;* alles an ~!; Ober~; Unter~; **ˈDeck·a·dres·se,** <auch> **ˈDeck·ad·res·se** <f.; -, -n; ⤢Z53>; **ˈDeck·bett** <n.; -(e)s, -en>; **ˈDeck·blatt** <n.; -(e)s, -er>; **ˈDe·cke** <f.; -, -n> 1 *weicher Gegenstand zum Zu- u. Bedecken;* Tisch~ 2 *Auflage, Schicht;* Schnee~ 3 *oberer Abschluss eines Raumes;* Holz~; **ˈDe·ckel** <m.; -s, -> *oberer Teil eines Gefäßes;* **ˈDe·ckel·korb** <m.; -(e)s, -e>; **ˈde·ckeln** <V. t.; ich deck(e)le; umg.> 1 *mit einem Deckel verschließen* 2 *jmdn.* <fig.> *scharf zurechtweisen;* **ˈde·cken** <V. t.> 1 *bede-*

cken, belegen; das Dach, den Tisch ~ 2 <V. t. u. V. i.> eine undurchsichtige Schicht bilden; die Farbe deckt (den Untergrund) nicht 3 <V. refl.> etwas deckt sich (mit etwas) stimmt (mit etwas) überein 4 schützen; er wird von seinen Komplizen gedeckt 5 <Sp.> bewachen (u. dabei hindern) 6 der Scheck ist gedeckt (ab)gesichert 7 ein weibl. Haustier ~ begatten 8 den Bedarf ~ befriedigen; **'De·cken·be·leuch·tung** <f.; -, -en>; **'De·cken·flu·ter** <m.; -s, ->; **'De·cken·ge·mäl·de** <n.; -s, ->; **'De·cken·lam·pe** <f.; -, -n>; **'De·cken·strah·ler** <m.; -s, ->; **'Deck·far·be** <f.; -, -n>; **'Deck·fe·dern** <Pl.; Zool.>; **'Deck·haar** <n.; -(e)s, -e; Pl. selten>; **'Deck·hengst** <m.; -(e)s, -e> Zuchthengst; **'Deck·man·tel** <m.; -s; unz.; fig.> Vorwand; unter dem ~ der Ehre; **'Deck·na·me** <m.; -ns, -n> Tarnname; **'Deck·of·fi·zier** <m.; -s, -e; Mar.>; **'Deck·plat·te** <f.; -, -n>; **'Deck·schicht** <f.; -, -en>; **'De·ckung** <f.; -, -en>; **'De·ckungs·bei·trag** <m.; -(e)s, ⸗e; Wirtsch.> Differenz zw. den Erlösen u. den variablen Kosten; **'De·ckungs·feh·ler** <m.; -s, -; Sp.>; **'de·ckungs·gleich** <Adj.; Geom.> in Form u. Größe übereinstimmend; Sy kongruent; **'De·ckungs·kauf** <m.; -(e)s, ⸗e; Kaufmannsspr.>; **'De·ckungs·sum·me** <f.; -, -n>; **'Deck·weiß** <n.; - od. -es; unz.>

De·co·der <[-'ko:-]; m.; -s, -> Gerät zum Decodieren; **de·co'die·ren** <V. t.> = dekodieren; **De·co'die·rung** <f.; -, -en>; **De'co·ding** <n.; -s, -s> das Decodieren [engl.]

De·col'la·ge <[-ʒə]; f.; -, -n> Kunstwerk, das durch Zerstörung der Oberfläche entsteht [frz.]

Dé·col·le·té <[dekɔl'te:]; n.; -s, -s> = Dekolleté

de·cou·ra·gie·ren <[dekura'ʒi:-]; V. t.> entmutigen [frz.]

decr., decresc., de·cres·cen·do <[dekre'ʃɛndo]; Mus.> Zeichen: >> leiser werdend; Sy diminuendo; Ggs crescendo [ital.]; **De·cres'cen·do** <n.; -s, -s od. -di; Mus.>

De·di·ka·ti'on <f.; -, -en> Widmung, Geschenk [lat.]; **de·di·'zie·ren** <V. t.> widmen

De·duk·ti'on <f.; -, -en; Philos.> Ableitung des Besonderen aus dem Allgemeinen; Ggs Induktion [lat.]; **de·duk'tiv** <Adj.> Ggs induktiv; **de·du'zie·ren** <V. t.>

Deern <f.; -, -s; norddt.> Mädchen

De·es·ka·la·ti'on <f.; -, -en> stufenweise Abschwächung; Ggs Eskalation [lat.-engl.]; **de·es·ka·'lie·ren** <V. i.> Ggs eskalieren

DEFA <f.; -; unz.; ↗Z56> kurz für Deutsche Film-Aktiengesellschaft

de 'fac·to <Adv.> tatsächlich [lat.]; **De-'fac·to-An·er·ken·nung** <f.; -, -en; ↗Z33> Anerkennung ohne rechtl. Grundlage, nur aufgrund von Tatsachen

De·fai'tis·mus <[defɛ:-]>, **De·fä·'tis·mus** <m.; -; unz.> Schwarzseherei [frz.]; **De·fä'tist** <m.; -en, -en>; **De·fä'tis·tin** <f.; -, -nnen>; **de·fä'tis·tisch** <Adj.>

de'fekt <Adj.> beschädigt, fehlerhaft [lat.]; **De'fekt** <m.; -(e)s, -e> Mangel, Schaden; geistiger ~; **de·fek'tiv** <Adj.> fehler-, lückenhaft; **De·fek·ti·vi'tät** <[-vi-]; f.; -; unz.>; **De·fek'ti·vum** <[-v-]; n.; -s, -va; Gramm.> flektierbares Wort, bei dem Flektionsformen fehlen, z. B. Dank, Leute

de·fen'siv <Adj.> zurückhaltend, verteidigend; Ggs offensiv [lat.]; **De·fen'siv·bünd·nis** <n.; -s·ses, -s·se; Pol.; Mil.>; **De·fen'si·ve** <f.; -, -n> Abwehr(stellung), Verteidigung; Ggs Offensive; **De·'fen·sor** <m.; -s, -'so·ren> Verteidiger; **De'fen·sor Fi·dei** <[-'fi:dei]; m.; - - od. -s -; unz.> "Verteidiger des Glaubens" (Ehrentitel der engl. Königs)

De'fi·lee <n.; -s, -'le·en> 1 <Mil.> feierliches Vorbeimarschieren 2 festliche Modenschau [frz.]; **de·fi·'lie·ren** <V. i.>; **De·fi'lier·marsch** <m.; -(e)s, ⸗e>

de·fi'nie·ren <V. t.> begrifflich bestimmen, erklären [lat.]; **de·fi·'nit** <Adj.> festgelegt, bestimmt; eine ~e Menge; **De·fi·ni·ti'on** <f.; -, -en> 1 Begriffsbestimmung 2 dogmatische ~ <Kath.> unfehlbare Entscheidung; **de·fi·ni'tiv** <Adj.> endgültig, ab-

schließend; ein ~er Entschluss; **De·fi·ni'ti·vum** <[-v-]; n.; -s, -va> endgültiger Zustand; **de·fi·ni'to·risch** <Adj.>

'De·fi·zit <a. [--'-]; n.; -(e)s, -e> 1 Mangel, Nachholbedarf; ein ~ ausgleichen 2 Fehlbetrag, Verlust [lat.]; **de·fi·zi'tär** <Adj.>

De·fla·ti'on <f.; -, -en> 1 <Wirtsch.> Einschränkung des Geldumlaufs; Ggs Inflation 2 <Geol.> Abtragung von lockerem Gestein durch Wind [lat.]; **de·fla·ti·o'när** <Adj.>; **de·fla·ti·o·'nie·ren** <V. i.; Wirtsch.> durch Senkung des Geldumlaufs eine Deflation bewirken; Ggs inflationieren; **de·fla·ti·o'nis·tisch** <Adj.>; **de·fla'to·risch** <Adj.> ~e Eingriffe in die Wirtschaft

De'flek·tor <m.; -s, -'to·ren; Tech.> Rauch-, Luftsaugkappe [lat.]

De·flo·ra·ti'on <f.; -, -en> = Entjungferung [lat.]; **de·flo'rie·ren** <V. t.> = entjungfern

De·for·ma·ti'on <f.; -, -en> 1 Verformung, Gestaltveränderung 2 Verunstaltung, Missbildung [lat.]; **de·for'mie·ren** <V. t.> verformen, entstellen; **De·for'mie·rung** <f.; -, -en>; **De·for·mi'tät** <f.; -, -en> Missbildung

de·frau·'die·ren <V. t.; veralt.> betrügen [lat.]

De'fros·ter <m.; -s, -> 1 <an Kfz> Heizvorrichtung zum Freihalten der Windschutzscheibe von Schnee u. Eis 2 <an Kühlschränken> Vorrichtung zum Abtauen des Gefrierfachs [engl.]

'def·tig <Adj.> 1 derb, grob 2 kräftig, nahrhaft; ein ~es Essen

De·ga·ge·ment <[degaʒ'mã]; n.; -s, -s; veralt.> 1 Befreiung (von einer Verpflichtung) 2 Zwanglosigkeit [frz.]; **de·ga·gie·ren** <[-'ʒi:-]; V. t.; veralt.>; **de·ga·giert** <[-'ʒi:rt]; Adj.; ↗Z28.1; veralt.> befreit, zwanglos

'De·gen¹ <m.; -s, -; veralt.; poet.> tüchtiger Krieger, Held

'De·gen² <m.; -s, -> Hieb- u. Stichwaffe [frz.]

De·ge·ne·ra·ti'on <f.; -; unz.> Entartung, Rückbildung [lat.]; **De·ge·ne·ra·ti'ons·er·schei·nung** <f.; -, -en>; **de·ge·ne·ra'tiv** <Adj.>; **de·ge·ne'rie·ren** <V. i. (s.)>

D

'De·gen·fech·ten <n.; -s; unz.>

De·gout <[de'gu:]; m.; -s; unz.; veralt.> *Ekel, Widerwille* [frz.]; **de·gou'tant** <Adj.; veralt.> *ekelhaft, abstoßend;* **de·gou'tie·ren** <V. t.; veralt.> *anekeln*

De·gra·da·ti'on <f.; -, -en; Mil.> = *Degradierung;* **de·gra·die·ren** <V. t.> *jmdn. ~ im Rang herabsetzen* [lat.]; **De·gra'die·rung** <f.; -, -en>

De·gres·si'on <f.; -, -en> 1 <Steuerw.> *Verringerung des Steuersatzes bei steigendem Einkommen* 2 <Wirtsch.> *Kostenverringerung bei steigender Produktion* [frz.]; **de·gres'siv** <Adj.> *abnehmend*

De·gus·ta·ti'on <f.; -, -en> *Kostprobe* [frz.]; **de 'gus·ti·bus non est dis·pu'tan·dum** <Sprichw.> *"Über Geschmack lässt sich nicht streiten"* [lat.]; **de·gus'tie·ren** <V. t.> *probieren* [frz.]

'**dehn·bar** <Adj.>; '**Dehn·bar·keit** <f.; -; unz.>; **dehn·en** <V. t./V. refl.> *durch Ziehen spannen, strecken;* '**Deh·nung** <f.; -, -en>; '**Deh·nungs·fu·ge** <f.; -, -n; Bauw.>; '**Deh·nungs-h** <n.; -, -; ⚓Z34>; '**Deh·nungs·zei·chen** <n.; -s, ->

De·hors <[də'ɔːr(s)]; Pl.; veralt.> *äußerer Schein, gesellschaftl. Anstand; die ~ wahren* [frz.]

De·hy·dra·ta·ti'on, auch De·hyd·ra·ta·ti'on <f.; -, -en; ⚓Z53; Chem.> *Entzug von Wasser* [lat.; grch.]; **De·hy·dra·ti'on** <f.; -, -en> *Entzug von Wasserstoff;* **de·hy·dra·ti'sie·ren** <V. t.> *(Lebensmitteln) Wasser entziehen;* **de·hy·drie·ren** <V. t.> *Wasserstoff abspalten; Ggs hydrieren, hydrogenieren;* **De·hy'drie·rung** <f.; -, -en> = *Dehydration*

'**Dei·bel** <m.; -s, -; umg.> *Teufel; pfui ~!;* oV *Deiwel, Deixel*

Deich <m.; -(e)s, -e> *Schutzdamm am Meer od. Flussufer;* '**Deich·bau** <m.; -(e)s; unz.>; '**Deich·bruch** <m.; -(e)s, ⸚e>; '**dei·chen** <V. t.> *mit einem Deich versehen;* '**Deich·kro·ne** <f.; -, -n> *obere Kante des Deichs;* '**Deich·land** <n.; -(e)s; unz.>

'**Deich·sel** <[-ks-]; f.; -, -n> *Stange am Wagen (zum Anspannen der Zugtiere);* '**deich·seln** <V. t.;

ich deichs(e)le; fig.; umg.> mit Geschick zuwege bringen

De·i·fi·ka·ti'on <[de:i-]; f.; -, -en> *Vergötterung einer Person od. Sache* [lat.]; **de·i·fi'zie·ren** <V. t.> *vergöttern;* **Dei 'gra·tia** <[de:i-]; Abk.: D. G.> *"von Gottes Gnaden" (beim Titel von Würdenträgern)*

de'ik·tisch <a. ['daik-]; Adj.> *hinweisend, durch Beispiele lehrend* [grch.]

dein¹ <Possessivpron.; 2. Pers. Sing.; ⚓Z40; a. in Briefen Kleinschreibung> *~ Buch; nimm das Dein(ig)e/<auch> dein(ig)e deinen Verwandten; ein Streit um Mein u. Dein um Besitzverhältnisse;* **dein**² <Gen. d. Personalpron. "du"; veralt.> *ich erinnere mich ~ (er);* '**dei·ner** = *dein*²; '**dei·ner·seits** <Adv.> *von dir (aus); spricht ~ etwas dagegen?;* **dei·nes'glei·chen** <a. ['----]; Pron.; meist abwertend> *(Leute) wie du; du und ~;* '**dei·nes·teils** <Adv.; veralt.> = *deinerseits;* '**dei·net·hal·ben** <Adv.; veralt.> = *deinetwegen;* '**dei·net·we·gen** <Adv.> *wegen dir, für dich, um dich;* '**dei·net·wil·len** <Adv.> *um – deinetwegen;* '**dei·ni·ge** <Possessivpron.> → *dein*¹

De·is·mus <m.; -; unz.> *vernunftbegründeter Glaube an Gott* [lat.]; **De'ist** <m.; -en, -en>; **De·is·tin** <f.; -, -n·nen>; **de·is·tisch** <Adj.>

'**Dei·wel** <m.; -s, -; bes. norddt.> *Teufel;* '**Dei·xel** <m.; -s, -; bes. mdt. u. oberdt.> *Teufel*

De'i·xis <a. ['dai-]; f.; -; unz.; Sprachw.> *Hinweisfunktion (von Wörtern)* [grch.]

Dé·jà-vu <[deʒa'vy:]; n.; - od. -s, -s>, **Déjà-'vu-Er·leb·nis** <n.; -s·ses, -s·se; ⚓Z33> *Erlebnis, von dem man glaubt, es schon einmal erlebt zu haben* [frz.]

de 'ju·re <Adv.; Rechtsw.> *von Rechts wegen* [lat.]; **De·'ju·re-An·er·ken·nung** <f.; -, -en; ⚓Z33>

'**De·ka** <n.; -s, -s; österr. Kurzw. für> = *Dekagramm* [grch.]; '**de·ka..., 'De·ka...** <in Zus.; Zeichen: da> *zehn..., Zehn..., das*

Zehnfache der genannten Einheit, z. B. Dekameter = 10 Meter

De·ka'brist, <auch> De·kab'rist <m.; -en, -en; ⚓Z53> *Teilnehmer an dem Dezemberaufstand 1825 in Sankt Petersburg* [russ.]

De'ka·de <f.; -, -n> 1 *Gesamtheit von zehn Stück* 2 *Zeitraum von zehn Tagen, Wochen, Monaten od. Jahren* [frz.-grch.]

de·ka'dent <Adj.; abwertend> *kulturell, moralisch heruntergekommen, entartet* [frz.]; **De·ka'denz** <f.; -; unz.>

de'ka·disch <Adj.> *zehnteilig; ~er Logarithmus* <Math.> [grch.]; **De·ka'e·der** <m.; -s, -; ⚓Z55; Geom.> *Zehnflach, Zehnflächner;* **De·ka'gon** <n.; -s, -e> *Zehneck;* **De·ka'gramm** <n.; -(e)s, -e od. (bei Maßangaben) -; Zeichen: dag> *zehn Gramm;* **De·ka'li·ter** <m. od. n.; -s, -; Zeichen: dal> *zehn Liter,* **De·ka'log** <m.; -(e)s; unz.; christl. Rel.> *die Zehn Gebote;* **Dek·a·me·ron, <auch> De·ka·me·ron** <n.; -s; unz.; ⚓Z54> *Boccaccios Sammlung von Novellen, die an zehn Tagen erzählt wurden;* **De·ka'me·ter** <n. od. m.; -s, -; Zeichen: dam> *zehn Meter*

De'kan <m.; -s, -e> oV *Dechant* 1 *Leiter einer Hochschulfakultät* 2 *Amtsbezeichnung für Geistliche* [lat.]; **De·ka'nat** <n.; -(e)s, -e> *Amt od. Bezirk eines Dekans;* **De·ka'nei** <f.; -, -en> *Amtsräume eines Dekans*

de·kan'tie·ren <V. t.; Chem.> *Flüssigkeit ~ vom Bodensatz abgießen* [frz.]

de·ka'pie·ren <V. t.> *geglühte Metalle ~ vom Zunder reinigen* [frz.]

De·ka'po·de <m.; -n, -n; Zool.> = *Zehnfüßer* [grch.]; '**Dek·ar, <auch> 'De·kar** <n. 7; -s, -e od. (bei Maßangaben) -; ⚓Z54> *zehn Ar;* **Dek·a·re** <f.; -, -n; schweiz.> = *Dekar*

de·kar·tel'lie·ren, de·kar·tel·li·'sie·ren <V. t.; Wirtsch.> *(Kartelle) entflechten* [frz.]

De·ka'ster <m. 7; -s, -e od. -s od. (bei Maßangaben) -> *zehn Ster* [grch.]

De·ka'teur <[-'tøːr]; m.; -s, -e; Textilw.>; **de·ka'tie·ren** <V. t.>

Deklination: Als D. oder Beugung bezeichnet man die Formabwandlung der nominalen Wortarten (↗Substantiv, ↗Adjektiv, ↗Artikel, ↗Numerale und ↗Pronomen) nach den Kategorien ↗Kasus, ↗Numerus beim Substantiv sowie Kasus, Numerus und ↗Genus bei den anderen nominalen Wortarten.
Für das Deutsche wird nach der Kennzeichnung von J. Grimm zwischen **starker, schwacher** und **gemischter** D. unterschieden.
Starke D.: Substantive aller drei Genera werden stark dekliniert: Beim Mask. und Neutr. endet der Genitiv Sing. auf *-(e)s*, der Dativ auf *-(e)*, wobei das *e* sowohl im Genitiv als auch im Dativ häufig weggelassen wird; beim Fem. sind beide Kasus ohne Endung. Die Endungen des Nom. Plur. sind *-e*, *-er* oder *-s* oder ist endungslos (mit oder ohne Umlaut); der Dat. hat die Endung *-(e)n*.

Mask.	Singular	Plural
Nom.	der Tag	die Tage
Gen.	des Tages	der Tage
Dat.	dem Tag(e)	den Tagen
Akk.	den Tag	die Tage

(mit gleichen Endungen im Neutr.: das Bein, des Beines usw.)

Neutr.	Singular	Plural
Nom.	das Kind	die Kinder
Gen.	des Kind(e)s	der Kinder
Dat.	dem Kind(e)	den Kindern
Akk.	das Kind	die Kinder

Fem.	Singular	Plural
Nom.	die Wand	die Wände
Gen.	der Wand	der Wände
Dat.	der Wand	den Wänden
Akk.	die Wand	die Wände

Die **schwache** D. gibt es nur bei Maskulina und Feminina. Das Maskulinum hat in allen Kasus außer im Nom. Sing. die Endung *-(e)n*, das Femininum zeigt im Singular keine Endungen.

Mask.	Singular	Plural
Nom.	der Bär	die Bären
Gen.	des Bären	der Bären
Dat.	dem Bären	den Bären
Akk.	den Bären	die Bären

Fem.	Singular	Plural
Nom.	die Frau	die Frauen
Gen.	der Frau	der Frauen
Dat.	der Frau	den Frauen
Akk.	die Frau	die Frauen

Die **gemischte** D. kommt bei Maskulina und Neutra vor. Der Gen. endet im Sing. auf *-(e)s* und der Dativ auf *-(e)* wie in der starken D., der Plural endet wie bei der schwachen Deklination auf *-(e)*.

Mask.	Singular	Plural
Nom.	der Schmerz	die Schmerzen
Gen.	des Schmerzes	der Schmerzen
Dat.	dem Schmerz(e)	den Schmerzen
Akk.	den Schmerz	die Schmerzen

Neutr.	Singular	Plural
Nom.	das Auge	die Augen
Gen.	des Auges	der Augen
Dat.	dem Auge	den Augen
Akk.	das Auge	die Augen

Die D. der nominalen Wortarten sowie die Konjugation der Verben wird unter dem Begriff ↗**Flexion** zusammengefasst.

Stoffe ~ <Textilw.> durch Wasserdampf formbeständig machen [frz.]
De·kla·ma·ti·on <f.; -, -en> ausdrucksvoller, kunstgerechter Vortrag (eines literar. Werkes) [lat.]; **De·kla·ma·tor** <m.; -s, -'to·ren>; **De·kla·ma·to·rin** <f.; -, -n·nen>; **de·kla·ma·to·risch** <Adj.>; **de·kla·mie·ren** <V. t.>
De·kla·rant <m.; -en, -en>; **De·kla·ran·tin** <f.; -, -n·nen>; **De·kla·ra·ti·on** <f.; -, -en> 1 offizielle Erklärung 2 Zoll-, Steuererklärung 3 Inhalts-, Wertangabe bei Versandgut [lat.]; **de·kla·ra·**

'tiv <Adj.> in Form einer Deklaration; **de·kla·rie·ren** <V. t.>
de·klas·sie·ren <V. t.> herabsetzen [frz.]; **De·klas·sie·rung** <f.; -, -en>
de·kli·na·bel <Adj.; Gramm.> veränderlich, beugbar; deklinable Adjektive [lat.]; **De·kli·na·ti·on** <f.; -, -en> 1 <Gramm.> Beugung der Substantive, Adjektive, Pronomen u. Numeralia nach Genus, Kasus u. Numerus; → a. Kasten 2 <Astr.> Winkelabstand eines Gestirns vom Himmelsäquator 3 <Geophys.> Abweichung der Richtung einer Kom-

passnadel von der Nordrichtung; **De·kli·na·tor** <m.; -s, -'to·ren>; **De·kli·na·to·ri·um** <n.; -s, -ri·en; Geophys.>; **de·kli·'nie·ren** <V. t.; Gramm.> beugen
de·ko·die·ren <V. t.> entschlüsseln; oV decodieren; **De·ko·die·rung** <f.; -, -en> oV Decodierung
De'kokt <n.; -(e)s, -e> Abkochung, Absud [lat.]
De·kol·le·té, <auch> **De·kol·le·tee** <[dekɔl'te:]; n.; -s, -s; ↗Z18.4> tiefer Ausschnitt an Damenkleidern [frz.]; **de·kol·le·tie·ren** <V. t.>; **de·kol·le·tiert** <Adj.; ↗Z28.1>
de·ko·lo·rie·ren <V. t.> entfärben, ausbleichen [lat.]
De·kom·pen·sa·ti·on <f.; -, -en; Med.> Versagen der Ausgleichsfunktion des Körpers bei Organstörungen [lat.]
de·kom·po·nie·ren <V. t.> in seine Bestandteile zerlegen [lat.]; **De·kom·po·si·ti·on** <f.; -, -en>
De·kom·pres·si·on <f.; -, -en; Tech.> Druckabnahme [lat.]; **de·kom·pri'mie·ren** <V. t.>
De·kon·ta·mi·na·ti·on <f.; -, -en> Entgiftung; Ggs Kontamination; **de·kon·ta·mi·'nie·ren** <V. t.> entgiften, radioaktive Verunreinigungen beseitigen; **De·kon·ta·mi·'nie·rung** <f.; -, -en> = De·kontamination
De·kon·zen·tra·ti·on, <auch> **De·kon·zen·tra·ti·on** <f.; -, -en; ↗Z.53> Zerstreuung, Zersplitterung; Ggs Konzentration; **de·kon·zen·trie·ren** <V. t.>
De'kor <n. od. m.; -s, -s od. -e> Muster, Verzierung [frz.]; **De·ko·ra·teur** <[-'tø:r]; m.; -s, -e> jmd., der Innenräume, Schaufenster o. Ä. gestaltet; **De·ko·ra·'teu·rin** <f.; -, -n·nen>; **De·ko·ra·ti·on** <f.; -, -en> Ausschmückung, Ausstattung; **De·ko·ra·ti·'ons·ma·ler** <m.; -s, ->; **De·ko·ra·ti·ons·ma·le·rei** <f.; -; unz.>; **De·ko·ra·ti·'ons·ma·le·rin** <f.; -, -n·nen>; **De·ko·ra·ti·ons·stoff** <m.; -(e)s, -e>; **de·ko·ra·tiv** <Adj.> wirkungsvoll schmückend; **de·ko·rie·ren** <V. t.> 1 (aus)schmücken, verzieren 2 mit einem Orden auszeichnen; ein reich dekorierter General; **De·ko·rie·rung** <f.; -, -en>; **De·**

'ko·rum <n.; -s; unz.; veralt.> *äußerer Schein, Anstand;* das ~ *wahren* [lat.]; **'De·ko·stoff** <m.; -(e)s, -e; kurz für> *Dekorationsstoff*

De·kre'ment <n.; -(e)s, -e> **1** *Verminderung, Verfall* **2** <Math.> *Abnahme einer Größe;* Ggs *Inkrement* [lat.]; **de·kre·men'tie·ren** <V. t.>

De·kre·pi·ta·ti'on <f.; -, -en> *Zerplatzen von Kristallen beim Erhitzen* [frz.]; **de·kre·pi·tie·ren** <V. i.>

De·kres'zenz <f.; -, -en> *Abnahme* [lat.]

De'kret <n.; -(e)s, -e> *behördl. Verordnung, Verfügung* [lat.]; **De·kre'ta·le** <n.; -, -li·en> *päpstl. Entscheidung;* **de·kre'tie·ren** <V. t.>

de·ku'pie·ren <V. t.> *ausschneiden, aussägen* [frz.]; **De·ku'pier·sä·ge** <f.; -, -n>

De'ku·rie <[-riə]; f.; -, -n; im alten Rom> *Abteilung von zehn Mann* [lat.]; **De'ku·rio** <m.; -s od. -'o·nen, -'o·nen> *Führer einer Dekurie*

de·kus'siert <Adj.; ↗Z28.1; Bot.> ~*e Blattstellung kreuzweise gegenständige B.* [lat.]

De·ku'vert <[-'veːr]; n.; -s, -s; Börse> *Wertpapiermangel* [frz.]; **de·ku'vrie·ren,** <auch> **de·kuv'rie·ren** <V. t./V. refl.; ↗Z53; selten> *entlarven*

del. <Abk. für> **1** *deleatur* **2** *delineavit*

De·la·ware <[ˈdɛləweː(r)]> *Staat in den USA*

de·le'a·tur <Typ.; Abk.: del.; Zeichen: ⌒> *"man streiche" (Anweisung in Schriftsätzen)* [lat.]; **De·le'a·tur, De·le'a·tur·zei·chen** <n.; -s, -; Typ.> *Tilgungszeichen*

De·le'gat <m.; -en, -en> **1** *Abgeordneter* **2** *päpstl. Bevollmächtigter* [lat.]; **De·le·ga·ti'on** <f.; -, -en> **1** *Abordnung* **2** <Rechtsw.> *Übertragung;* ~ *einer Vollmacht, Schuld;* **de·le'gie·ren** <V. t.> **1** *abordnen* **2** *übertragen;* **De·le'gier·te(r)** <f. 2 (m. 1)>; **De·le'gie·rung** <f.; -, -en>

de·lek'tie·ren <V. refl.; veralt.> *sich (an etwas) ~ ergötzen, erfreuen* [lat.]

De·le·ti'on <f.; -, -en> **1** <Med.> *Verlust eines Chromosomenab-*

schnittes **2** <Sprachw.> *Weglassprobe* [lat.]

Del'fin <m.; -s, -e; ↗Z11.3> = *Delphin;* **Del·fi'na·ri·um** <n.; -s, -ri·en>; **Del'fin·schwim·men** <n.; -s; unz.>

de·li'kat <Adj.> **1** *köstlich, lecker* **2** *empfindlich, zart* **3** *heikel;* eine ziemlich ~*e Angelegenheit* [frz.]; **De·li·ka'tes·se** <f.; -, -n> **1** *Leckerbissen, Feinkost* **2** <unz.> *Feingefühl, Behutsamkeit;* **De·li·ka'tess·ge·schäft** <n.; -(e)s, -e>

De'likt <n.; -(e)s, -e; Rechtsw.> *strafbare Handlung* [lat.]

delin. <Abk. für> *delineavit;* **de·li·ne'a·vit** <Abk.: del., delin.> *"er hat (es) gezeichnet" (Vermerk auf Bildern hinter dem Namen des Künstlers)* [lat.]

de·lin'quent <Adj.; geh.> *straffällig* [lat.]; **De·lin'quent** <m.; -en, -en>; **De·lin'quen·tin** <f.; -, -n·nen>; **De·lin'quenz** <f.; -; unz.; geh.> *Straffälligkeit*

de·li'rie·ren <V. i.; Med.> *irre sein, irrereden* [lat.]; **De'li·ri·um** <n.; -s, -ri·en> *Bewusstseinstrübung mit Wahnvorstellungen;* **De'li·ri·um 'tre·mens** <n.; --; unz.>

'de·lisch <Adj.; ↗Z46> *die Insel Delos betreffend;* das ~*e Problem die den Griechen gestellte (unlösbare) Aufgabe, den würfelförmigen Altar des Apollo dem Volumen nach zu verdoppeln;* <aber> *der Delische Bund*

de·li·zi'ös <Adj.> *köstlich* [frz.]

Del'kre·de·re <n.; -, -; Wirtsch.> *Haftung für eine Forderung* [ital.]

'Del·le <f.; -, -n; umg.> *Vertiefung, Druckstelle*

de·lo·gie·ren <[-'ʒiː-]; V. t.; bes. österr.> *jmdn. ~ zum Auszug aus der Wohnung zwingen* [frz.]; **De·lo'gie·rung** <f.; -, -en>

Del'phin <m.; -s, -e; ↗Z11.3; Zool.> *ein Zahnwal;* oV *Delfin;* **Del·phi'na·ri·um** <n.; -s, -ri·en> *Anlage zur Haltung u. Dressur von Delphinen;* **del'phin·schwim·men** <V. i. (s.); meist nur im Inf.> *sie kann kraulen u. ~;* **Del'phin·schwim·men** <n.; -s; unz.> *best. Schwimmstil*

'del·phisch <Adj.; ↗Z46> *die altgrch. Orakelstätte Delphi betreffend;* ein ~*es Orakel ein doppelsinniges, rätselhaftes O.;*

<aber> *das Delphische Orakel das in Delphi bestehende O.*

'Del·ta¹ <n.; -s od. -, -s; Zeichen: δ, Δ> *grch. Buchstabe;* **'Del·ta²** <n.; -s, -s od. -'Del·ten> *Mündung(sgebiet) eines Flusses;* **'Del·ta·strah·len,** <auch> **δ-Strah·len** <Pl.> *beim Durchgang von Strahlung durch Materie entstehende Elektronenstrahlen;* **Del·to'id** <n.; -(e)s, -e; Geom.> *Viereck aus zwei gleichschenkligen Dreiecken* [grch.]

de Luxe <[də'lyks]; Adv.> *mit allem Luxus* [frz.]; **De·'Luxe-Aus·stat·tung** <f.; -, -en; ↗Z33>

dem <Dat. von> **1** → *der* **2** → *das*

Dem·a·go·ge, <auch> **De·ma'go·ge** <m.; -n, -n; ↗Z54> *Aufwiegler* [grch.]; **Dem·a·go'gie** <f.; -; unz.> *Volksverhetzung;* **Dem·a·'go·gin** <f.; -, -n·nen>; **dem·a·'go·gisch** <Adj.>

De'mant <m.; -(e)s, -e; poet.> = *Diamant;* **de'man·ten** <Adj.; poet.>; **De·man·to'id** <m.; -(e)s, -e> *ein Mineral* [grch.]

De·mar·che <[-'marʃ(ə)]; f.; -, -n> *diplomat. Schritt, polit. Vorgehen* [frz.]

De·mar·ka·ti'on <f.; -, -en> *Abgrenzung* [frz.]; **De·mar·ka·ti'ons·li·nie** <[-niə]; f.; -, -n>; **de·mar'kie·ren** <V. t.> *abgrenzen*

de·mas'kie·ren <V. t./V. refl.> *die Maske abnehmen, entlarven;* **De·mas'kie·rung** <f.; -, -en>

dem·ent'ge·gen <Adv.> *dagegen, hingegen*

De'men·ti <n.; -s, -s> **1** *Widerruf* **2** *Richtigstellung* [frz.]

De'men·tia <f.; -, -tiae [-tsje:]> = *Demenz*

de·men'tie·ren <V. t.> **1** *leugnen* **2** *widerrufen* **3** *berichtigen* [lat.]

'dem·ent·spre·chend <Adj.> *demgemäß, dem angemessen*

De'menz <f.; -, -en; Med.> *erworbene Geistesschwäche* [lat.]

'dem·ge·gen·ü·ber <Adv.; ↗Z55> *andererseits;* **'dem·ge·mäß** <Adv.>

'De·mi·john <[-dʒɔn]; m.; -s, -s> *Korbflasche* [engl.]

de·mi·li·ta·ri'sie·ren <V. t.> *entmilitarisieren;* **De·mi·li·ta·ri'sie·rung** <f.; -, -en>

De·mi·mon·de <[dəmi'mɔ̃:d(ə)]; f.; -; unz.> *Halbwelt* [frz.]

de·mi·ne·ra·li·'sie·ren <V. t.> *Mineralsalze entfernen*

de·mi·nu·'tiv <Adj.> = *diminutiv*

de·mi·sec <[dəmi'sɛk]; Adj.; bei Schaumweinen> *halbtrocken* [frz.]

De·mis·si'on <f.; -, -en> *Abdankung, Rücktritt* [frz.]; **De·mis·si·o'när** <m.; -s, -e; veralt.>; **de·mis·si·o'nie·ren** <V. i.; veralt.> *abdanken*

De·mi'urg <m.; -(e)s od. -en, -en> *Weltschöpfer* [grch.]

'dem·nach <Adv. od. konsekutive Konj.> *also, infolgedessen*

dem'nächst <Adv.> *in Kürze*

'De·mo <f.; -, -s; umg.; kurz für> *Demonstration*

De·mo·bi·li·sa·ti'on <f.; -, -en; Mil.> = *Demobilisierung* [lat.]; **de·mo·bi·li·'sie·ren** <V. t. u. V. i.; Mil.> *abrüsten*; Ggs *mobilisieren*; **De·mo·bi·li·'sie·rung, De·mo'bil·ma·chung** <f.; -; unz.; Mil.> *Abrüstung*

De·mo'graf <m.; -en, -en; ↗Z11.3> = *Demograph*; **De·mo·gra'fie** <f.; -, -n; ↗Z11.3>; **De·mo'gra·fin** <f.; -, -nen>; **de·mo'gra·fisch** <Adj.>; **De·mo'graph** <m.; -en, -en> *jmd., der auf dem Gebiet der Demographie tätig ist* [grch.]; **De·mo·gra·'phie** <f.; -, -n> *Bevölkerungswissenschaft*; **De·mo'gra·phin** <f.; -, -nen>; **de·mo'gra·phisch** <Adj.>

De·moi·selle <[dəmoa'zɛl]; f.; -, -n; veralt.> *Fräulein* [frz.]

De·mo'krat <m.; -en, -en> *Anhänger der Demokratie* [grch.]; **De·mo·kra'tie** <f.; -, -n> *Staatsform, bei der die vom Volk gewählten Vertreter die Herrschaft ausüben*; **De·mo'kra·tin** <f.; -, -nen>; **de·mo'kra·tisch** <Adj.; ↗Z46> *nach den Grundsätzen der Demokratie verfahrend*; ~e Wahlen; <aber> Freie Demokratische Partei <Abk.: F.D.P.>; Partei des Demokratischen Sozialismus <Abk.: PDS>; **de·mo·kra·ti·'sie·ren** <V. t.>; **De·mo·kra·ti·'sie·rung** <f.; -, -en>

de·mo'lie·ren <V. t.> *beschädigen* [frz.]; **De·mo'lie·rung** <f.; -, -en>

de·mo·ne·ti·'sie·ren <V. t.; Bankw.> *(Münzen) einziehen*

[frz.]; **De·mo·ne·ti·'sie·rung** <f.; -, -en>

De·mons'trant, <auch> **De·monst'rant** <m.; -en, -en; ↗Z53>; **De·mons'tran·tin** <f.; -, -n·nen>; **De·mons·tra·ti'on** <f.; -, -en> **1** *Veranschaulichung, Vorführung* **2** *nachdrückliche Bekundung* **3** *Protestkundgebung* [lat.]; **De·mons·tra·ti'ons·recht** <n.; -(e)s, -e; Pl. selten>; **De·mons·tra·ti'ons·ver·bot** <n.; -(e)s, -e>; **de·mons·tra'tiv** <Adj.> **1** *beweisend, anschaulich darlegend* **2** *auffällig, betont*; ~er Beifall **3** <Gramm.> *hinweisend*; **De·mons·tra'tiv** <n.; -(e)s, -e; kurz für> *Demonstrativpronomen*; **De·mons·tra·'tiv·pro·no·men** <n.; -s, - od. -mi·na; Gramm.> *hinweisendes Fürwort, z. B. dieser, jener;* → a. *Kasten*; **de·mons'trie·ren** <V.> **1** <V. t.> *anschaulich vorführen, beweisen* **2** <V. i.> *eine Demonstration(3) veranstalten, daran teilnehmen*

De·mon'ta·ge <[-ʒə]; f.; -, -n> *Abbau, Abbruch (bes. von Industrieanlagen)* [frz.]; **de·mon'tie·ren** <V. t.; Tech.>

De·mo·ra·li·sa·ti'on <f.; -; unz.> **1** *Sittenzerfall* **2** *Entmutigung* [frz.]; **de·mo·ra·li·'sie·ren** <V. t.> *jmdn.* ~

de 'mor·tu·is nil 'ni·si 'be·ne *"von den Toten (soll man) nur gut (sprechen)"* [lat.]

'De·mos <m.; -, 'De·men; früher> **1** *altgrch. Stadtstaat* **2** *grch. Verwaltungseinheit* [grch.]; **De·mo-**

'skop, <auch> **De·mos'kop** <m.; -en, -en; ↗Z54> *Meinungsforscher*; **De·mo·sko'pie** <f.; -; unz.> *Meinungsforschung*; **De·mo'sko·pin** <f.; -, -n·nen>; **de·mo'sko·pisch** <Adj.>

de'mo·tisch <Adj.> ~e Schrift *altägyptische kursive Gebrauchsschrift* [grch.]

De·mo·ti·va·ti'on <f.; -, -en> *Abschwächung der Motivation*; **de·mo·ti·vie·ren** <[-'vi:-]; V. t.>

'De·mut <f.; -; unz.> *Ergebenheit*; **'de·mü·tig** <Adj.> *von Demut erfüllt*; **'de·mü·ti·gen** <V. t./V. refl.> *jmdn.* ~ *erniedrigen*; **'De·mü·ti·gung** <f.; -, -en>; **'De·muts·ge·bär·de** <f.; -, -n>

'dem·zu·fol·ge <Konj.> *daher, infolgedessen*

den¹ = *der*

den² <Abk. für> *Denier*

De'nar <m. 7; -s, -e; Abk.: d> **1** *altröm. Münze* **2** *Münze, Pfennig*

De·na·tu·ra·li·sa·ti'on <f.; -, -en> = *Ausbürgerung*; Ggs *Naturalisation* [lat.]; **de·na·tu·ra·li·'sie·ren** <V. t.>

de·na·tu'rie·ren <V. t.> *ungenießbar machen, vergällen* [frz.]; **De·na·tu'rie·rung** <f.; -, -en>

de·na·zi·fi·'zie·ren <V. t.> = *entnazifizieren*; **De·na·zi·fi'zie·rung** <f.; -, -en>

Den'drit, <auch> **Dend'rit** <m.; -en, -en; ↗Z53> **1** <Anat.> *verzweigter Plasmafortsatz an Nervenzellen* **2** <Geol.> *Gestein mit*

D

pflanzenähnl. Zeichnung [grch.]; **den·dri·tisch** <Adj.> *verzweigt;* **Den·dro·lo·gie** <f.; -; unz.> → *Baumkunde;* **Den·dro·'me·ter** <n.; -s, -> *Baummessgerät*

'de·nen <Dat. Pl. von> → *der*

'Den·gel <m.; -s, -> *Schneide (von Sense, Sichel u. Pflug);* **'Den·gel·ham·mer** <m.; -s, :>; **'den·geln** <V. t.; ich deng(e)le; oberdt.> *eine Sense ~ (durch Hämmern) schärfen*

'Deng·lisch <n.; -s; unz.; umg.; scherzh.> *die mit englischen Wörtern od. Wortteilen durchsetzte deutsche Sprache*

Den·gue·fie·ber <['dɛŋgə-]; n.; -s; unz.; Med.> *eine trop. Infektionskrankheit*

Den 'Haag *Regierungssitz der Niederlande*

De·ni·er <[də'nje:]; n.; - od. -s, -; Textilw.; Abk.: den> *Faserfeinmaß* [lat.]

De·nim <['de-]; m. od. n.; -s; unz.; Warenz.> *blauer Jeansstoff* [von frz. *de Nîmes* (aus der Stadt Nîmes)]

'den·je·ni·gen → *derjenige, diejenige*

Denk... → *Gedenk..., Gedächtnis...;* **'Denk·an·satz** <m.; -es, :e>; **'Denk·an·stoß** <m.; -es, :e>; **'Denk·art** <f.; -, -en>; **'Denk·auf·ga·be** <f.; -, -n>; **'denk·bar** 1 <Adj.> *vorstellbar, möglich* 2 <Adv.> *äußerst;* sie war ~ *unpassend gekleidet;* **'den·ken** <V. 119> 1 <V. i.> *geistig arbeiten, überlegen;* das gibt zu ~ *das ist bedenklich* 2 <V. t./V. refl.> *(sich) etwas ~ glauben, annehmen;* das hätte ich nicht gedacht! 3 <V. i.> an jmdn. od. etwas ~ *seine Gedanken auf jmdn. od. etwas richten* 4 <V. i.> *einschätzen, urteilen;* ich weiß, wie er über uns denkt 5 <V. i.> *gesinnt sein; edel, kleinlich ~;* **'Den·ken** <n.; -s; unz.> *ihr ganzes ~ ist auf ihn gerichtet;* **'Den·ker** <m.; -s, ->; **'Den·ke·rin** <f.; -, -n·nen>; **'den·ke·risch** <Adj.> *eine ~e Leistung;* **'Den·ker·stirn** <f.; -, -en; umg.> *hohe, gefurchte Stirn;* **'denk·fä·hig** <Adj.>; **'Denk·fä·hig·keit** <f.; -, -en; Pl. selten>; **'denk·faul** <Adj.; abwertend>;

'Denk·feh·ler <m.; -s, ->; **'Denk·hil·fe** <f.; -, -n>; **'Denk·kraft** <f.; -; unz.>; **'Denk·mal** <n.; -(e)s, :er od. (selten) -e> *Bildwerk, Gedenkstein zur Erinnerung an eine Person od. ein Ereignis;* **'denk·mal·ge·schützt** <Adj.>; **'Denk·mal(s)·pfle·ge** <f.; -; unz.>; **'Denk·mal(s)·schutz** <m.; -es; unz.>; **'Denk·mo·dell** <n.; -(e)s, -e>; **'Denk·pau·se** <f.; -, -n>; **'Denk·pro·zess** <m.; -es, -e>; **'Denk·schrift** <f.; -, -en>; **'Denk·sport** <m.; -(e)s; unz.>; **'Denk·sport·auf·ga·be** <f.; -, -n>; **'Denk·spruch** <m.; -(e)s, :e> = *Sinnspruch;* **'denks·te** <umg.> *(das hast du dir so gedacht!);* **'Denk·stein** <m.; -(e)s, -e>; **'Denk·kungs·art** <f.; -, -en>; **'Denk·ver·mö·gen** <n.; -s; unz.>; **'Denk·wei·se** <f.; -, -n>; **'denk·wür·dig** <Adj.>; **'Denk·wür·dig·keit** <f.; -, -en>; **'Denk·zet·tel** <m.; -s, -; fig.; umg.> *spürbare Lehre;* jmdm. einen ~ *verpassen*

denn[1] <Konj.; zur Verbindung zweier Hauptsätze> *weil;* er war hungrig, ~ er hatte nichts gegessen; **denn**[2] <Adv.> 1 *außer ...;* es sei ~, dass ... 2 *dann;* so hat er ~ Frieden gefunden; **denn**[3] <Partikel; umg.> *wo bleibt er ~?;* hast du ~ schon gegessen?; **'den·noch** <Konj.> *trotzdem*

De·no·mi·na·ti·on <f.; -, -en> 1 *Ernennung (zu einem Amt)* 2 *Vorschlag* [lat.], **De·no·mi·na·tiv** <n.; -s, -e; Sprachw.> *von einem Nomen abgeleitetes Wort,* z. B. *bäuerlich;* **de·no·mi·nie·ren** <V. t.> *ernennen, benennen*

De·no·tat <n.; -(e)s, -e; Sprachw.> *das Bezeichnete, das (vom Sprecher) Gemeinte* [lat.], **De·no·ta·ti·on** <f.; -, -en; Sprachw.> *(Grund-)Bedeutung (eines Wortes);* Ggs *Konnotation;* **de·no·ta·tiv** <a. ['----]; Adj.> *die Denotation betreffend;* Ggs *konnotativ*

Den·si·me·ter <n.; -s, -> *Gerät zum Messen der Dichte od. des Gewichtes von Flüssigkeiten* [grch.], **Den·si'tät** <f.; -, -en> *Dichte, Dichtigkeit*

den'tal <Adj.> 1 <Med.> *die Zähne betreffend* 2 <Sprachw.> *mithilfe der Zähne gebildet* [lat.];

Den'tal <m.; -s, -e; Sprachw.> *an den Zähnen gebildeter Laut,* z. B. d, t; → a. *Kasten Konsonant;* **Den'tal·laut** <m.; -(e)s, -e> = *Dental;* **den·te'lie·ren** <[dã-]; V. t.; Textilw.> *mit Zacken versehen* [frz.]; **Den·ti·fi·ka·ti·on** <f.; -, -en; Med.> *Zahnbildung* [lat.]; **Den'tin** <n.; -s; unz.> 1 = *Zahnbein* 2 *harter Stoff in Haifischschuppen;* **Den·'tist** <m.; -en, -en; früher> *Zahntechniker mit Fachschulausbildung;* **Den'tis·tin** <f.; -, -n·nen>; **Den·ti·ti·on** <f.; -, -en; Med.> *Zahndurchbruch;* **den·to·gen** <Adj.; Med.> *von den Zähnen herrührend;* ~e Schmerzen

De·nu·da·ti·on <f.; -, -en; Geol.> 1 *Bloßlegung, Entblößung* 2 *flächenhafte Abtragung verwitterter Gesteinstrümmer durch Wasser, Wind u. a.* [lat.]

De·nun·zi·ant <m.; -en, -en> *jmd., der einen anderen denunziert* [lat.]; **De·nun·zi·an·tin** <f.; -, -n·nen>; **De·nun·zi·a·ti·on** <f.; -, -en>; **de·nun·zi·a'to·risch** <Adj.> *verleumderisch;* **de·nun·'zie·ren** <V. t.> jmdn. ~ *verleumden*

Deo <n.; -s, -s; kurz für> *Deodorant;* **De·o·'do·rant** <n.; -s, -s od. -e; Kurzw.: Deo> *Mittel gegen Körpergeruch;* oV *Desodorant* [lat.]; **De·o·do'rant·spray** <[-spre:]; n.; -s, -s>; **de·o·do·rie·ren** <V. t./V. refl.> *den Geruch beseitigen od. überdecken;* **'De·o·rol·ler** <m.; -s, ->; **'De·o·spray** <[-spre:]; n.; -s, -s; kurz für> *Deodorantspray;* **'De·o·stick** <[-st-]; m.; -s, -s>; **'De·o·stift** <m.; -(e)s, -e>

De·par·te·ment <[depart'mã], schweiz. [-'mɛnt]; n.; -s, -s; schweiz. -(e)s, -e> 1 *Verwaltungsbezirk* 2 <in der Schweiz> *Ministerium* 3 <in Frankreich> *Regierungsbezirk* [frz.]

De·par·ture <[di'pa:tʃə(r)]; f.; -; unz.; auf Flughäfen> *Abflughalle* [engl.]

De·pen·dance <[depã'dãs]; f.; -, -n> 1 *Zweigstelle* 2 *Nebengebäude (eines Hotels)* [frz.]; **De·pen'denz** <f.; -, -en> *Abhängigkeit* [lat.]; **De·pen'denz·gram·ma·tik** <f.; -; unz.; Sprachw.>

De·pe·sche <f.; -, -n; veralt.> *eili-*

ge Nachricht [frz.]; **de·pe'schie·ren** <V. t.; veralt.> *telegrafieren*

De·pi·la·ti·on <f.; -, -en> *Enthaarung* [lat.]; **de·pi'lie·ren** <V. t.>

De·place·ment <[deplas'mã]; n.; -s, -s> 1 *Umstellung* 2 <Mar.> *vom Schiffskörper verdrängte Wassermenge* [frz.]

De·plan·ta·ti·on <f.; -, -en> *Umpflanzung, Verpflanzung* [frz.]; **de·plan'tie·ren** <V. t.>

de·plat'zie·ren <V. t.> *verrücken, verdrängen*; **de·plat'ziert** <Adj.> *unangebracht, unpassend*; **De·plat'zie·rung** <f.; -, -en>; **de·pla·'zie·ren** <V. t.; künftig nicht mehr zulässige Schreibweise für> *deplatzieren*

De·po·la·ri·sa·ti·on <f.; -; unz.> *Aufhebung der Polarisation* [lat.]; **de·po·la·ri'sie·ren** <V. t.>

De·po'nat <n.; -(e)s, -e> *etwas, das deponiert wurde* [lat.]; **'po·nens** <n.; -, -'nen·zi·en od. -'nen·tia [-tsja]; Sprachw.> *Verb mit aktiver Bedeutung, aber passiver Form, z. B. lat. hortari* ("ermahnen"); **De·po'nent** <m.; -en, -en> *jmd., der etwas deponiert (hat)*; **De·po'nen·tin** <f.; -, -n·nen>; **De·po'nie** <f.; -, -n> *Schutt-, Müllabladeplatz*; **de·po'nie·ren** <V. t.> 1 *hinterlegen, (in einem Depot) aufbewahren* 2 *auf einer Deponie lagern*; **De·po'nie·rung** <f.; -, -en>

De·port <[de'pɔːr] od. [de'pɔrt] m.; -s, -s> Börse> *Kursabschlag* [frz.]

De·por·ta·ti·on <f.; -, -en> *Verbannung, Zwangsverschickung* [lat.]; **de·por'tie·ren** <V. t.>; **De·por'tie·rung** <f.; -, -en> = *Deportation*

De·po·si'tar, De·po·si'tär <m.; -s, -e> *Verwahrer deponierter Werte* [lat.-frz.]; **De·po'si·ten** <Pl.> *(bei einer Bank) deponierte Wertgegenstände, Wertpapiere* [lat.]; **De·po'si·ten·bank** <f.; -, -en>; **De·po·si·ti·on** <f.; -, -en> 1 *Hinterlegung* 2 <Kath.> *Absetzung eines Geistlichen*; **De·po·si·tum** <n.; -s, -ta od. -'si·ten> 1 *das Hinterlegte 2 hinterlegter Betrag, Einlage*; **De·pot** <[de'po:]; n.; -s, -s> 1 *Aufbewahrungsort 2 im Depot(1) einer Bank Hinterlegtes* 3 *Archiv, Lager* 4 <Med.> *Ansammlung,*

Ablagerung [frz.]; **De'pot·be·hand·lung** <f.; -, -en; Med.> *Behandlung mit Depotpräparaten*; **De'pot·fund** <m.; -(e)s, -e; Archäol.> *Fund vorgeschichtl. Gegenstände*; **De'pot·ge·bühr** <f.; -, -en; Bankw.>; **De'pot·prä·pa·rat** <n.; -(e)s, -e; Med.> *Arzneimittel mit lang anhaltender Wirkung*

Depp <m.; -s od. -en, -en od. -e; oberdt.; umg.> *einfältiger Mensch, Trottel*; **'dep·pert** <Adj.; oberdt.> *dumm*

De·pra·va·ti'on, <auch> Dep·ra·va·ti'on <[-va-]; f.; -, -en; ↗Z 53> 1 *Wertminderung von Münzen* 2 <Med.> *Verschlechterung* [lat.]; **de·pra·vie·ren** <[-'vi:-]; V. t. u. V. i.> *sich verschlechtern*

De·pres·si'on <f.; -, -en> 1 <meist Pl.> *Niedergeschlagenheit* 2 <Wirtsch.> *Rückgang der Konjunktur* 3 <Meteor.> *Gebiet niedrigen Luftdrucks* [lat.]; **de·pres'siv** <Adj.> *niedergeschlagen*; **De·pres·si·vi'tät** <[-vi-]; f.; -; unz.>; **de·pri'mie·ren** <V. t.> *niederdrücken, entmutigen*; **de·pri'miert** <Adj.> *entmutigt, enttäuscht*

De·pri·va·ti'on <[-va-]; f.; -, -en> 1 <Kath.> *Absetzung eines Geistlichen* 2 <Psych.> *(Liebes-)Entzug* [lat.]; **De·pri·va·ti·ons·syn·drom** <n.; -s, -e; Psych.> *Entwicklungsstörung bei Kindern infolge fehlender Zuwendung*; **de·pri·vie·ren** <[-'vi:-]; V. t.> *entziehen*

De pro'fun·dis <n.; --; unz.> *"Aus der Tiefe (rufe ich, Herr, zu dir)" (Klageruf, Anfangsworte des 130. Psalms)* [lat.]

De'pu·rans <n.; -, -'ran·tia od. -'ran·zi·en; Med.> *Abführmittel* [lat.]

De·pu'tant <m.; -en, -en> *jmd., der ein Deputat bezieht* [lat.]; **De·pu'tan·tin** <f.; -, -n·nen>; **De·pu'tat** <n.; -(e)s, -e> *in Naturalien entrichteter Teil des Lohnes*; **De·pu·ta·ti'on** <f.; -, -en> *Abordnung, Ausschuss*; **de·pu'tie·ren** <V. t.> *abordnen*; **De·pu'tier·te(r)** <f. 2 (m. 1)>

der¹ 1 <best. Artikel; m. 5> – Maler; er ist ~ Maler des 20. Jh. *der herausragende M.* 2 <Demons-

trativpron.; Gen.: dessen; Dat.: dem; Akk.: den; Gen. Pl. deren/derer> *dieser, derjenige; ~,* den ich kenne ...; <Gen. Pl. rückweisend> die Opfer, deren wir gedenken wollen; <Gen. Pl. vorausweisend> das Bemühen derer, die hier arbeiten ... 3 <Relativpron.; Gen.: dessen; Dat.: dem; Akk.: den; Gen. Pl.: deren> *welcher; er war der Erste, ~ die Erde umkreiste*; **der²** 1 <Gen., Dat. von> *die¹* 2 <Gen. von> *die²*

'der·art <Adv.> *so (sehr);* die Wolle war ~ verknotet, dass ...; <aber> der neue Mantel ist in der Art wie der alte; **'der·ar·tig** <Adj.> *so etwas von solcher Art;* eine ~e Frechheit habe ich noch nicht erlebt; etwas ~ Schönes; (etwas) Derartiges hatte er bisher nicht gesehen

derb <Adj.> *rau, grob, urwüchsig*; **'Derb·heit** <f.; -, -en>

Der·by <['dɛrbi] od. ['da:bi]; n.; -s, -s; ↗Z6.1>; **'Der·by·ren·nen** <n.; -s, -> *Pferderennen* [engl.>

de·re·gu'lie·ren <V. t.> *Normen u. Regeln aufheben* [lat.]; **De·re·gu·'lie·rung** <f.; -, -en>

der'einst <Adv.; veralt.> 1 *künftig* 2 *früher einmal*

'de·ren 1 <Gen. Sg. von> *die¹(2, 3);* die Frau, – jüngste Tochter heiratete; mit – jüngster Tochter; kennst du – jüngsten Sohn? 2 <Gen. Pl. von> *der¹(2, 3), die¹(2, 3), das (2, 3);* die Künstler, ~ Werke hier hängen ...; mit Künstlern u. – engen Freunden; das Buch beschreibt Künstler u. ~ oft schwieriges Leben; **'de·rent·hal·ben** <Pronominaladv.; veralt.>; **'de·rent·we·gen** <Pronominaladv.> 1 <demonstrativ> ~ habe ich das nicht gemacht *ihretwegen* 2 <relativ> die Frau, die Kinder, ~ wir gekommen sind *wegen der(en)*; **'de·rent·wil·len** <Pronominaladv.> um ~ *derentwegen*

'de·rer <Gen. Pl. von> *der¹(2), die¹(2), das(2);* die Häuser ~, die vertrieben wurden *derjenigen*; nehmt euch ~ an, die alles verloren haben

'der·ge·stalt <Adv.> *derart, so;* ~, dass ...

der'glei·chen <Demonstrativ-

pron.; undekl.; Abk.: dgl.> 1 *so beschaffen, ähnlich geartet; ~ Dinge passieren eben; es ist nichts ~ geschehen* 2 *nicht ~ tun* <umg.> *nicht reagieren*

De·ri·vat <[-'va:t]; n.; -(e)s, -e od. -a> 1 <Chem.> *chem. Verbindung, die aus einer anderen entstanden ist* 2 <Sprachw.> *durch Derivation gebildetes Wort* [lat.]; **De·ri·va·ti'on** <[-va-]; f.; -, -en; Sprachw.> *Ableitung neuer Wörter aus einem Ursprungswort;* → a. *Kasten Wortbildungslehre;* **de·ri·va'tiv** <Adj.> *durch Ableitung entstanden;* **De·ri·va'tiv** <n.; -s, -e; Sprachw.> = *Derivat;* **de·ri·vie·ren** <[-'vi:-]; V. t.> *ableiten*

'der·je·ni·ge <Demonstrativpron. m. 6; verstärkend für> *der¹(2)*

'der·lei <Demonstrativpron.> *dergleichen(1);* ~ *Dinge*

'Der·ma <n.; -, -ma·ta; Med.> *Haut* [grch.]; **der'mal** <Adj.; Med.> *die Haut betreffend*

'der·ma·lig <a. [-'--]; Adj.; österr.; veralt.> *jetzig;* ihr ~er *Trainer*

'der·ma·ßen <Adv.> *so (sehr);* ich *bin ~ erschrocken, dass ...*

der·ma·tisch <Adj.> = *dermal* [grch.]; **Der·ma'ti·tis** <f.; -, -ti·ti·den; Med.> *Hautentzündung;* **der'ma·to..., Der·ma·to...** <in Zus.> *haut..., Haut...;* **Der·ma·to'lo·ge** <m.; -n, -n> *Hautarzt;* **Der·ma·to·lo'gie** <f.; -; unz.> *Lehre von den Hautkrankheiten;* **der·ma·to'lo·gin** <f.; -, -n·nen>; **der·ma·to'lo·gisch** <Adj.>; **Der·ma'tom** <n.; -s, -e> 1 *Hautabschnitt, -segment* 2 *Hautgeschwulst;* **Der·ma·to·my'ko·se** <f.; -, -n; Med.> *Pilzerkrankung der Haut;* **Der·ma·to'plas·tik** <f.; -, -en; Med.> *Hauttransplantation;* **Der·ma·'to·se** <f.; -, -n> *Hautkrankheit;* **Der·ma·to'zo·on** <n.; -s, -'zo·en; Zool.> *Krankheiten übertragender Hautschmarotzer, z. B. Milbe, Zecke;* **Der·mo·gra'fie** <f.; -; unz.>, **Der·mo·gra'fis·mus** <m.; -; unz.> = *Dermographie, Dermographismus;* **Der·mo·gra'phie** <f.; -; unz.>, **Der·mo·gra'phis·mus** <m.; -; unz.> *durch einen mechan. Reiz hervorgerufene Hautreaktion;* **'Der·mo·plas·tik** <f.; -, -en> 1

<Med.> = *Dermatoplastik* 2 *Verfahren zur lebensgetreuen Präparation von Tieren;* **der·mo·'trop** <Adj.> *auf die Haut wirkend, sie beeinflussend*

Der·ni·er Cri <[dɛrnje: 'kri:]; m.; -, -s -s [-je: 'kri:]> *letzte Modeneuheit* [frz.]

Der·ni'e·re <f.; -, -; Theat.> *letzte Aufführung eines Stückes;* Ggs *Premiere*

'de·ro <Pron.; veralt.> *deren;* **'De·ro** <veralt.; Anrede> *Euer;* ~ *Wohlbefinden*

De·ro·ga·ti'on <f.; -, -en; Rechtsw.> *Einschränkung, Teilaufhebung eines Gesetzes* [lat.]; **de·ro·ga'tiv, de·ro·ga'to·risch** <Adj.>; **de·ro'gie·ren** <V. t.> *einschränken, (teilweise) aufheben*

'Der·rick·kran <m.; -(e)s, -e od. ⸗e> *Kran für den Hoch- u. Tiefbau*

der'sel·be <Demonstrativpron.> m.; Gen.: *desselben;* Dat.: *demselben;* Akk.: *denselben;* Pl.: *dieselben> ein und ~;* → a. *...selbe*

der'weil, der'wei·len <Adv. u. Konj.; veralt.> *inzwischen;* ~ *war es dunkel geworden*

'Der·wisch <m.; -(e)s, -e> *islam. Bettelmönch* [pers.]

'der·zeit <Adv.> 1 *augenblicklich;* ich *habe ~ kein Interesse daran;* die ~ *beste Methode* 2 <veralt.> *damals;* ~ *sah es hier anders aus;* **'der·zei·tig** <Adj.> = *derzeit*

des¹ <Gen. von> *der¹(1), das(1)* 2 <ältere Form von> *dessen;* ~ *bin ich sicher;* ~ *ungeachtet*

des² <Mus.> 1 *Tonbez.* 2 <Abk. für> *des-Moll;* **Des** <n.; -, -; Mus.> 1 *Tonbez.* 2 <Abk. für> *Des-Dur* (Tonartbez.)

des. <Abk. für> *designatus*

des·ak·ti·vie·ren <[-'vi:-]; V. t.; Chem.> *in einen nicht aktiven Zustand versetzen;* Ggs *aktivieren*

des·a·mi'nie·ren <V. t.; Chem.> *organische Verbindungen ~ die Aminogruppe entfernen*

De'sas·ter <n.; -s, -> *Unglück, Zusammenbruch* [frz.]

des·a·vou'ie·ren <auch> **de·sa·vou'ie·ren** <[-vu-]; V. t.> 1 *leugnen* 2 *bloßstellen* [frz.]

'Des-Dur <n.; -; unz.; Mus.; Abk.: Des> *eine Tonartbez.;* **'Des-Dur-**

Ton·lei·ter <f.; -, -n; ⤳Z35; Mus.>

de·sen·si·bi·li·sie·ren <V. t.> 1 <Med.> *unempfindlich machen* 2 <Fot.> *lichtunempfindlich machen* [lat.]; **De·sen·si·bi·li·'sie·rung** <f.; -, -en>

De·ser'teur <[-'tø:r]; m.; -s, -e; Mil.> *Fahnenflüchtiger, Überläufer* [frz.]; **de·ser'tie·ren** <V. i. (s.)>; **De·ser·ti'on** <f.; -, -en>

desgl., des'glei·chen <Adv. u. Konj.> *ebenso;* tue ~!; das *betrifft die Schüler, ~ deren Eltern*

'des·halb <Adv.> *aus diesem Grund;* Sy *deswegen*

de·si·de'ra·bel <Adj.; geh.> *wünschens-, erstrebenswert;* ein *desiderables Ergebnis* [lat.]; **de·si·de'rat** <Adj.> *eine Lücke schließend, einen Mangel behebend;* **De·si·de'rat** <n.; -(e)s, -e>, **De·si·de'ra·tum** <n.; -s, -ta> 1 <i. w. S.> *Erwünschtes, Fehlendes* 2 <i. e. S.> *in Bibliotheken vermisstes, zur Anschaffung empfohlenes Buch*

De·sign <[di'zain]; n.; -s, -s> *Form, Entwurf, Modell* [engl.]; **De·si·gna·ti'on** <auch> **De·sig·na·ti'on** <f.; -, -en; ⤳Z53> 1 *Bestimmung, Bezeichnung* 2 *vorläufige Ernennung* [lat.]; **de·si·'gna·tus** <Adj.; geh.; Abk.: des.> *im Voraus ernannt, (für ein Amt) vorgesehen;* **De·si·gner** <[di'zainər]; m.; -s, -> *Formgestalter für Gebrauchsgegenstände* [engl.]; **De'si·gner·dro·ge** <f.; -, -n> *synthetisch hergestelltes Rauschmittel, z. B. Ecstasy;* **De'si·gne·rin** <f.; -, -n·nen>; **De·'si·gner·mo·de** <f.; -; unz.>; **de·si'gnie·ren** <V. t.> *bestimmen, für ein Amt vorsehen* [lat.]

Des·il·lu·si'on <f.; -, -en> *Ernüchterung* [frz.]; **des·il·lu·si·o·'nie·ren** <V. t.>

Des·in·fek·ti'on <f.; -, -en> *Vernichtung von Krankheitserregern* [lat.]; **Des·in·fek·ti'ons·mit·tel** <n.; -s, ->; **Des·in·fi·zi·ens** <n.; -, -zi'en·zi·en od. -zi'en·tia> *keimtötendes Mittel;* **des·in·fi'zie·ren** <V. t.>; **Des·in·fi'zie·rung** <f.; -, -en> = *Desinfektion*

Des·in·for·ma·ti'on <f.; -; unz.> *(bewusst) falsche Information* [lat.]

Des·in·te·gra·ti·on, <auch> **Des·in·teg·ra·ti·on** <f.; -, -en; ↗Z53> *Auflösung, Aufspaltung eines Ganzen* [lat.]

'Des·in·ter·es·se, <auch> **'Des·in·te·res·se** <n.; -s; unz.; ↗Z54> *Uninteressiertheit, Gleichgültigkeit* [lat.]; **'des·in·ter·es·siert** <Adj.>

'des·je·ni·gen <Gen. von> 1 *derjenige* 2 *dasjenige*

'Desk·re·search <[-'rizə:tʃ]; n.; - od. -s, - od. -es [-'rizə:tʃiz]; Markt-, Meinungsforschung> *Datenauswertung am Schreibtisch*; Ggs *Fieldresearch* [engl.]

De·skrip·ti·on, <auch> **Des·krip·ti·on, Desk·rip·ti·on** <f.; -, -en; ↗Z54> *Beschreibung* [lat.]; **de·skrip'tiv** <Adj.> *beschreibend*; **De'skrip·tor** <m.; -s, -'to·ren; EDV> *Schlüsselwort*

Desk·top·pu·bli·shing, <auch> **Desk·top·Pub·li·shing** <[-'pʌbliʃɪŋ]; n.; -s; unz.; ↗Z32.2; Abk.: DTP> *Textgestaltung (inkl. Grafiken u. Ä.) am PC* [engl.]

Des·o·do·rant, <auch> **De·so·do·'rant** <n.; -s, -e od. -s; ↗Z54> = *Deodorant*; **des·o·do·rie·ren** <V. t./V. refl.> = *deodorieren*; **Des·o·do·rie·rung** <f.; -, -en>; **des·o·do·ri·sie·ren** <V. t.> = *deodorieren*; **Des·o·do·ri·sie·rung** <f.; -, -en>

de·so'lat <Adj.> 1 *ausweg-, hoffnungslos* 2 *trostlos* [lat.]

Des·or·ga·ni·sa·ti·on <f.; -; unz.> 1 *Auflösung, Zerrüttung (einer Ordnung)* 2 *mangelhafte Organisation* [lat.-frz.]; **des·or·ga·ni·sie·ren** <V. t.> *in Unordnung bringen*; **des·or·ga·ni·siert** <Adj.>; **Des·or·ga·ni·sie·rung** <f.; -, -en>

des·o·ri·en'tiert <Adj.> *verwirrt*; **Des·o·ri·en'tie·rung** <f.; -, -en>

Des·o·xi·da·ti·on <f.; -, -en> *Entzug von Sauerstoff*; **des·o·xi·'die·ren** <V. t.>; **Des·o·xy·ri·bo·nu·kle·in·säu·re**, <auch> **Des·o·xy·ri·bo·nuk·le·in·säu·re** <f.; -; unz.; ↗Z53; Abk.: DNS> *Hauptbestandteil der Chromosomen, Träger der Erbinformation*; **Des·o·xy·ri·bo·se** <f.; -, -n> *Zuckerbestandteil der DNS*

de·spek'tier·lich, <auch> **des-**

pek'tier·lich <Adj.; ↗Z54> *respektlos, verächtlich* [lat.]

De·spe·ra·do, <auch> **Des·pe·ra·do** <m.; -s, -s; ↗Z54> 1 *jmd., der zu jeder Verzweiflungstat fähig ist* 2 *Bandit, Umstürzler* [span.]; **de·spe'rat** <Adj.> *verzweifelt, hoffnungslos* [lat.]

Des'pot <m.; -en, -en> 1 *Gewaltherrscher* 2 *herrische Person* [grch.]; **Des'po'tie** <f.; -, -n> *Gewaltherrschaft*; **des'po·tisch** <Adj.>; **Des·po'tis·mus** <m.; -; unz.>

des'sel·ben <Gen. von> 1 *derselbe* 2 *dasselbe*; **des'sel·bi·gen** <Gen. von> 1 *derselbige* 2 *dasselbige*

'des·sen <Gen. von> 1 *der¹(2, 3)*; ~ *kleiner Bruder*; *mit* ~ *kleinen Bruder*; *kennst du* ~ *kleinen Bruder?*; *ich hatte meinen Freund erwartet, doch statt* ~ *kam sein Bruder*; *<aber>* → *stattdessen* 2 *das(2, 3)*; ~ *bin ich (mir) sicher;* ~ *ungeachtet*

'des·sent·hal·ben, 'des·sent·we·gen <Pronominaladv.; veralt.> *deswegen*; **'des·sent·wil·len** <Pronominaladv.> *um* ~ *dem zuliebe*

Des'sert <[dɛ'sɛːr]; m.; -s, -s> *Nachtisch* [frz.]; **Des'sert·löf·fel** <m.; -s, ->; **Des'sert·tel·ler** <m.; -s, ->; **Des'sert·wein** <m.; -(e)s, -e>

Des'sin <[dɛ'sẽ]; n.; -s, -s> *Zeichnung, Muster* [frz.]; **Des·si·na·teur** <[-'tøːr]; m.; -s, -e; Textilw.> *Musterzeichner*; **Des·si·na'teu·rin** <f.; -, -n·nen>; **des·si·'nie·ren** <V. t.> *Muster zeichnen, entwerfen*; **des·si'niert** <Adj.> *gemustert; ein* ~*er Stoff*

Des'sous <[də'suː]; n.; -, - [-'suːz]; meist Pl.> *Damenunterwäsche* [frz.]

de·sta·bi·li'sie·ren <V. t.> *instabil machen* [lat.]; **De·sta·bi·li·sie·rung** <f.; -, -en>

De·stil'lat, <auch> **Des·til'lat** <n.; -(e)s, -e; ↗Z54; Chem.> *Produkt der Destillation* [lat.]; **De·stil·la·teur** <[-'tøːr]; m.; -s, -e> *Branntweinbrenner*; **De·stil·la·ti·'on** <f.; -, -en; Chem.> *Trennung flüssiger Stoffe durch Verdampfung u. anschließende Kondensation*; **De·stil·le** <f.; -, -n; umg.; veralt.> 1 *kleine*

Schankwirtschaft 2 *Branntweinbrennerei*; **de·stil'lie·ren** <V. t.> *destilliertes Wasser*; **De·stil'lier·kol·ben** <m.; -s, ->

De·sti·na'tar, De·sti·na·tär, <auch> **Des·ti·na'tar, Des·ti·na'tär** <m.; -s, -e; ↗Z54> *Empfänger von Schiffsfrachten* [frz.]; **De·sti·na·ti'on** <f.; -, -en> *Bestimmung(sort)* [lat.]

'des·to <proportionale Konj.; steht nur vor einem Komparativ> *umso;* je *schneller,* ~ *besser;* je *mehr du verschwendest,* ~ *weniger bleibt dir;* <aber> → *nichtsdestoweniger*

de·stru'ie·ren, <auch> **des·tru·ie·ren, dest·ru'ie·ren** <V. t.; ↗Z54> *zerstören* [lat.]; **De·struk·ti'on** <f.; -, -en> *Zerstörung*; **de·struk'tiv** <Adv.> *zerstörend*; **De·struk·ti·vi'tät** <[-vi-]; f.; -; unz.>

'des·we·gen <Konj.> = *deshalb*; **'des·wil·len** <Pronominaladv.> = *dessentwillen*

de·szen'dent, <auch> **des·zen·'dent** <Adj.; ↗Z54> *absteigend*; Ggs *aszendent* [lat.]; **De·szen'dent** <m.; -en, -en> 1 *Abkömmling, Nachkomme* 2 <Astr.> *untergehendes Gestirn*; Ggs *Aszendent* 3 <Astr.> *Punkt, an dem ein Gestirn untergeht*; **De·szen'denz** <f.; -, -en> 1 <unz.> *Nachkommenschaft* 2 <Astr.> *Untergang eines Gestirns*; Ggs *Aszendenz*; **De·szen·'denz·the·o·rie** <f.; -, -n> *Abstammungslehre*; **de·szen'die·ren** <V. i. (s.)> *absteigen, sinken*

De·ta·cheur <[-'ʃøːr]; m.; -s, -e> <Müllerei> *Maschine zum Auflockern des Mahlguts* 2 <chem. Reinigung> *Fachmann für Fleckentfernung* [frz.]; **De·ta·cheu·se** <[-'ʃøːzə]; f.; -, -n; chem. Reinigung>; **de·ta·chie·ren** <[-'ʃiː-]; V. t.> 1 <Mil.> *Truppenteile* ~ *für eine Sonderaufgabe abkommandieren* 2 <Müllerei> *Mahlgut* ~ *lockern* 3 <chem. Reinigung> *Textilien* ~

De·tail <[de'tajl]; n.; -s, -s> *Einzelheit;* → a. *in détail* [frz.]; **de'tail·ge·treu** <Adj.>; **De'tail·han·del** <m.; -s; unz.; schweiz., sonst veralt.> = *Einzelhandel*; Ggs *Engroshandel*; **De'tail·händ·ler** <m.; -s, ->; **de·tail·lie·ren**

<[-ta'ji:-]; V. t.> 1 *bis ins Detail erklären, darstellen* 2 <Kaufmannsspr.> *in kleinen Mengen, stückweise verkaufen*; **de·tail·liert** <[-ta'ji:rt]; Adj.>; **De'tail·ver·kauf** <m.; -(e)s, ≃e>

De·tek'tei <f.; -, -en> *Detektiv-, Ermittlungsbüro* [lat.]; **De·tek·'tiv** <m.; -(e)s, -e> *von Privatleuten beauftragter, berufsmäßiger Ermittler von Straftaten*; **De·tek'tiv·bü·ro** <n.; -s, -s>; **De·tek'ti·vin** <f.; -, -n·nen>; **de·tek·'ti·visch** <[-v-]; Adj.>; **De·tek·'tiv·ro·man** <m.; -(e)s, -e>; **De·'tek·tor** <m.; -s, -'to·ren> *Gerät zum Nachweis von Teilchen od. Reaktionen*

Dé·tente <[de'tã:t]; f.; -; unz.> *polit. Entspannung* [frz.]

De·ter·gens <n.; -, -'gen·tia [-tsja] od. -'gen·zi·en> 1 <Med.> *wundreinigendes Mittel* 2 <in Waschmitteln> *die Oberflächenspannung des Wassers herabsetzender Stoff* [lat.]

De·te·ri·o·ra·ti'on <f.; -, -en> *Verschlechterung, Wertminderung* [lat.]; **de·te·ri·o'rie·ren** <V. t.>; **De·te·ri·o'rie·rung** <f.; -, -en> = *Deterioration*

De·ter·mi'nan·te <f.; -, -n> 1 *bestimmender Faktor* 2 <Math.> *Hilfsmittel der Algebra zur Lösung linearer Gleichungssysteme* [lat.]; **De·ter·mi·na·ti'on** <f.; -, -en> *Begriffsbestimmung*; **de·ter·mi·na'tiv** <Adj.> *bestimmend, eingrenzend, festlegend*; **de·ter·mi'nie·ren** <V. t.> *bestimmen, abgrenzen, entscheiden*; **De·ter·mi'niert·heit** <f.; -; unz.>; **De·ter·mi'nis·mus** <m.; -; unz.; Philos.> *Lehre von der Unfreiheit des menschl. Willens*; Ggs *Indeterminismus*; **De·ter·mi·'nist** <m.; -en, -en>; **De·ter·mi·'nis·tin** <f.; -, -n·nen>; **de·ter·mi·'nis·tisch** <Adj.>

De·to·na·ti'on <f.; -, -en> 1 *Knall, Explosion* 2 <Mus.> *Unreinheit des Tones* [lat.]; **De·to'na·tor** <m.; -s, -'to·ren> *Zündkörper*; **de·to'nie·ren** <V. i. (s. u. h.)> 1 *explodieren* 2 *unrein singen, spielen* [frz.]

De'tri·tus, <auch> **Det'ri·tus** <m.; -; unz.; ⬈Z 53> *im Wasser schwebende Teilchen sich zersetzender Pflanzenreste* [lat.]

'det·to <Adv.; österr.> = *dito* [ital.]

De·tu·mes'zenz <f.; -; unz.; Med.> *Abschwellung einer Geschwulst* [lat.]

'Deu·bel <m.; -s, -; umg.> *Teufel*

Deuce <[dju:s]; m.; -; unz.; Sp.; bes. Tennis> *Einstand* [engl.]

De·us <m.; Dei [de:i]; unz.> *Gott* [lat.]; **'De·us ex 'Ma·chi·na** <m.; ---; unz.> 1 <im antiken Theater> *durch eine mechan. Vorrichtung plötzl. auftauchende Göttergestalt* 2 <fig.> *plötzlich erscheinender Helfer*

Deut <m.; -s, -s; veralt.> 1 *alte Kupfermünze* 2 <nur noch fig. in> *das ist keinen ~ wert nichts; ich habe keinen ~ verstanden*

'deu·teln <V. i. u. V. t.; ich deut(e)le> *spitzfindig auszulegen versuchen*; **'deu·ten** <V.> 1 <V. t.> *auslegen, erklären* 2 <V. i.> *auf jmdn. od. etwas ~ hinweisen, zeigen*

Deu·ter·a·go'nist, <auch> **Deu·te·ra·go'nist** <m.; -en, -en; ⬈Z 54; im antiken Theater> *der zweite Schauspieler* [grch.]

Deu·te'lei <f.; -, -en> *kleinliche Auslegung*

Deu·te·ri·um <n.; -s; unz.; Chem.; Zeichen: D> *Wasserstoffisotop* [grch.]; **'Deu·te·ron** <n.; -s, -'ro·nen; Chem.> *Kern des Deuteriumatoms*; **Deu·te·ro'no·mi·um** <n.; -s; unz.; AT> *Titel des 5. Buches Mosis*

'deut·lich <Adj.; ⬈Z 43.3> *klar erkennbar; etwas ~ erklären; aufs ~ste/<auch> Deutlichste*; **'Deut·lich·keit** <f.; -, -en> *in aller ~*

deutsch <Adj.; Abk.: dt.> 1 *Deutschland bzw. die deutsche Sprache betreffend* 2 <Kleinschreibung> *ein ~er Schriftsteller; nach alter ~er Sitte; ein ~-spanisches Wörterbuch; in ~er Sprache sprechen, unterrichten; ~ mit jmdm. reden* <fig.> *jmdm. unmissverständlich die Wahrheit sagen* 3 <⬈Z 46; Großschreibung in best. Wendungen sowie in Titeln u. Namen> *auf gut Deutsch gesagt; wie heißt das auf, in Deutsch?; Maestro, zu Deutsch: Meister; sie spricht Deutsch/<auch> deutsch; Deutscher Akademischer Austauschdienst* <Abk.: DAAD>;

Deutsche Angestelltengewerkschaft <Abk.: DAG>; *Deutsche Bahn AG* <Abk.: DB>; *die Deutsche Bibliothek* (in Frankfurt a. M.); *die Deutsche Bücherei* (in Leipzig); *der Deutsche Bund; Deutsches Bundes-Gebrauchsmuster* <Abk.: DBGM>; *Deutsches Bundespatent* <Abk.: DBP>; *Deutsche Bundespost* <Abk.: DBP>; *der Deutsche Bundestag; Deutsche Demokratische Republik* (1949–90) <Abk.: DDR>; *die Deutsche Dogge, der Deutsche Schäferhund Hunderassen; Deutsches Eck Landzunge in Koblenz; Tag der Deutschen Einheit* (3. Okt.); *der Deutsch-Französische Krieg* (1870/71); <aber> *ein ~-französischer Krieg; Deutscher Fußball-Bund* <Abk.: DFB>; *Deutscher Gewerkschaftsbund* <Abk.: DGB>; *Deutscher Industrie- und Handelstag* <Abk.: DIHT>; *Deutsches Institut für Normung* <Abk.: DIN>; *Deutsche Jugendherberge* <Abk.: DJH>; *Deutsche Lebensrettungs-Gesellschaft* <Abk.: DLRG>; *Deutsche Mark* <Abk.: DM>; *der Deutsche Orden; Deutsche Post* <Abk.: DP>; *Deutsche Presse-Agentur* <Abk.: dpa>; *das Deutsche Reich; Deutsche Reichsbahn* <Abk.: DR>; *Deutsches Rotes Kreuz* <Abk.: DRK>; *Deutsche Schlafwagen- u. Speisewagen-Gesellschaft* <Abk.: DSG>; *Deutscher Sportbund* <Abk.: DSB>; *Deutsches Wörterbuch von den Gebrüdern Grimm erstelltes W;* → a. *Deutsch, Deutsche;* **Deutsch** <n.; - od. -s; unz.> *die deutsche Sprache; sein ~ ist akzentfrei; er legt Wert auf gutes ~; im heutigen ~ finden sich viele amerikanische Wendungen; ein ~ sprechender Engländer; er kann, lehrt, lernt, versteht (kein) ~; er versteht kein Wort ~; du verstehst wohl kein ~?* <fig.; umg.> *kannst du nicht hören?; er unterrichtet ~ das Fach D.* <aber> *er unterrichtet deutsch in deutscher Sprache; Unterricht in ~ geben, haben, nehmen; er hat in ~ eine* 2 *im Unterrichtsfach D.;*

→ a. *deutsch, Deutsche*; **'Deutsch·a·me·ri·ka·ner** <m.; -s, -; ↗Z 55> *Amerikaner dt. Abstammung*; **'Deutsch·a·me·ri·ka·ne·rin** <f.; -, -n·nen>; **'deutsch·a·me·ri·ka·nisch** <Adj.> *die Deutschamerikaner betreffend*; **deutsch·a·me·ri'ka·nisch** <Adj.> *(die Beziehung zwischen) Deutschland u. Amerika betreffend*; *~e Freundschaft*; **'deutsch·bür·tig** <Adj.>; **'deutsch-'deutsch** <Adj.; früher> *die Bundesrepublik Deutschland und die Deutsche Demokratische Republik betreffend*; *das ~e Verhältnis*; **'Deut·sche** <n. 3; nur mit best. Artikel> *das ~* 1 *die deutsche Sprache*; *das Althochdeutsche, das Mittelhochdeutsche, das Neuhochdeutsche*; *einen Text aus dem ~n ins Italienische übersetzen, übertragen*; *im ~n gibt es viele zusammengesetzte Wörter* 2 *Deutschland u. die Deutschen betreffend*; *das typisch ~ an ihm*; → a. *deutsch, Deutsch*; **'Deut·sche(r)** <f. 2 (m.1)> *Einwohner von Deutschland*; *alle ~n; wir ~n/<auch> ~*; **'Deut·schen·feind** <m.; -(e)s, -e>; **'Deut·schen·freund** <m.; -(e)s, -e>; **'Deut·schen·hass** <m.; -es; unz.>; **'deutsch·feind·lich** <Adj.>; **'deutsch·freund·lich** <Adj.>; **'Deutsch·her·ren** <Pl.> *Ritter des Deutschen Ordens*; **'Deutsch·kun·de** <f.; -; unz.> *Lehre von der dt. Sprache u. Kultur*; **'Deutsch·land** *Staat in Mitteleuropa*; *Bundesrepublik ~*; **'Deutsch·land·lied** <n.; -(e)s; unz.> *die dt. Nationalhymne*; **'Deutsch·leh·rer** <m.; -s, ->; **'Deutsch·leh·re·rin** <f.; -, -n·nen>; **'Deutsch·meis·ter** <m.; -s, -> *oberster Verwalter des Deutschen Ordens*; **'Deutsch·na·ti·o·na·le(r)** <f. 2 (m. 1)> *Angehörige(r) der Deutschnationalen Volkspartei (1918–33)*; **Deutsch'or·dens·rit·ter** <m.; -s, -; früher>; **Deutsch'rit·ter·or·den** <m.; -s; unz.; früher>; **'Deutsch·schweiz** <f.; -; unz.; schweiz.> *der deutschsprachige Teil der Schweiz*; **'deutsch·schwei·ze·risch** <Adj.> *zur deutschsprachigen*

Schweiz gehörend; *die ~en Mundarten*; **'deutsch-schwei·ze·risch** <Adj.> *Deutschland u. die Schweiz betreffend*; *ein ~er Handelsvertrag*; **'deutsch·spra·chig** <Adj.> *die deutsche Sprache sprechend*; *die ~e Bevölkerung der Schweiz*; *~er Unterricht U., der in deutscher Sprache gehalten wird*; **'deutsch·sprach·lich** <Adj.> *die dt. Sprache betreffend*; *~er Unterricht*; **'deutsch·stäm·mig** <Adj.>; **'Deutsch·tum** <n.; -s; unz.> *deutsches Wesen, deutsche Eigenart*; **Deutsch·tü·me'lei** <f.; -; unz.; abwertend> *übertriebene Betonung des Deutschtums*; **'Deutsch·un·ter·richt** <m.; -(e)s; unz.>

'Deutsch-Ver·zeich·nis <n.; -s·ses; unz.; Abk.> *systemat. Verzeichnis der Werke Franz Schuberts* [nach dem österr. Musikhistoriker O. E. *Deutsch*] **'Deu·tung** <f.; -, -en> *Erklärung, Auslegung*; **'Deu·tungs·ver·such** <m.; -(e)s, -e>

De·va·lu·a·ti·on <[-va-]>, **De·val·va·ti'on** <[-valva-]; f.; -, -en; Wirtsch.> *Abwertung einer Währung* [lat.]; **de·val·va·ti·o·'nis·tisch, de·val·va'to·risch** <Adj.> *~e Maßnahmen*; **de·val·vie·ren** <[-val'vi:-]; V. t.> **De·va·na'ga·ri** <f.; -; unz.> = *Dewanagari*

De·vas·ta·ti'on <[-vas-]; f.; -, -en; selten> *Verwüstung, Verheerung* [lat.]; **de·vas'tie·ren** <V. t.> **De·ve·lo·per** <[di'vɛləpə(r)]; m.; -s, -; Fot.> [engl.] **De·ver·ba'tiv** <[-vɛr-]; n.; -s, -a; Sprachw.> *von einem Verb abgeleitetes Substantiv od. Adjektiv*, z. B. "Schenkung" von "schenken" [lat.]

de·ves'tie·ren <[-vɛs-]; V. t.> *das Lehen* <MA> *od. die Priesterwürde entziehen* [lat.]; **De·ves·ti'tur** <f.; -, -en> *Entziehung des Lehens od. der Priesterwürde* **de·vi'ant** <[-vi-]; Adj.> *(von der Norm) abweichend* [lat.]; **De·vi·a·ti'on** <f.; -, -en> *Abweichung* <V. i. (s.)> *abweichen* **De·vi·se** <[-'vi:-]; f.; -, -n> *Wahlspruch* [frz.]; **De·vi·sen** <Pl.> *Zahlungsmittel in ausländischer Währung*; **De'vi·sen·ge-**

schäft <n.; -(e)s, -e>; **De'vi·sen·kurs** <m.; -es, -e>; **De'vi·sen·markt** <m.; -(e)s, ⸚e>; **De'vi·sen·ver·kehr** <m.; -(e)s; unz.> **de·vi'tal** <[-vi-]; Adj.> *leblos, abgestorben* [lat.] **De·von** <[-'vɔn]; n.; -s; unz.; Geol.> *eine Formation des Paläozoikums* [nach der engl. Grafschaft *Devonshire*]; **de'vo·nisch** <Adj.> **de·vot** <[-'vo:t]; Adj.; abwertend> *unterwürfig* [lat.]; **De·vo·ti'on** <[-vo-]; f.; -; unz.; selten> *Unterwürfigkeit, hingebungsvolle Verehrung*; **De·vo·ti·o·na·li·en** <Pl.; Kath.> *Andachtsgegenstände*, z. B. *Rosenkranz* **De·wa·na'ga·ri** <f.; -; unz.> *in Indien verwendete Schrift*; oV *Devanagari* [Sanskrit] **De·xi·o·gra'fie, De·xi·o·gra'phie** <f.; -; unz.; ↗Z 11.3> *das Schreiben von links nach rechts* [grch.]

Dex'trin, <auch> Dext'rin <n.; -s, -e; ↗Z 53> *Kohlenhydratgemisch zur Herstellung von Klebstoffen, Appreturmitteln u. Ä.* [lat.]; **dex·tro'gyr** <Adj.; Chem.; Phys.; Zeichen: d> *rechtsdrehend*; **Ggs** *lävogyr*; **Dex·tro·kar·'die** <f.; -, -n; Med.> *rechtsseitige Lage des Herzens* [lat.-grch.]; **Dex'tro·se** <f.; -; unz.> = *Glukose* **Dez** <[de:ts]; m.; -es, -e; mdt.> *Kopf* **Dez.** <Abk. für> *Dezember*; **De'zem·ber** <m.; -s od. -, -; Abk.: Dez.> *der 12. Monat des Jahres* [lat.]; **De'zem·vir** <[-vir]; m.; -s od. -n, -n> *Mitglied des Dezemvirats*; **De·zem·vi'rat** <n.; -(e)s, -e; im alten Rom> *Zehnmännerkollegium*; **De'zen·ni·um** <n.; -s, -ni·en> *Zeitraum von zehn Jahren, Jahrzehnt* **de'zent** <Adj.> *zurückhaltend* 2 *taktvoll, feinfühlig* [lat.] **'de·zen·tral, <auch> 'de·zent·ral** <Adj.; ↗Z 53> *vom Mittelpunkt entfernt*; **Ggs** *zentral*; **De·zen·tra·li·sa·ti'on** <f.; -, -en> *Aufgliederung der Verwaltung in untergeordnete Behörden*; **Ggs** *Zentralisation*; **de·zen·tra·li'sie·ren** <V. t.> **Ggs** *zentralisieren*; **De·zen·tra·li'sie·rung** <f.; -, -en> = *Dezentralisation*

D

De'zenz ‹f.; -; unz.› Ggs *Indezenz* 1 *Unauffälligkeit, Unaufdringlichkeit* 2 *Anstand* [lat.]

De·zer'nat ‹n.; -(e)s, -e› *Sachgebiet, Amts-, Geschäftsbereich* [lat.]; **De·zer'nent** ‹m.; -en, -en› 1 *Leiter eines Dezernats* 2 *Sachbearbeiter mit Entscheidungsbefugnis*; **De·zer'nen·tin** ‹f.; -, -·nnen›

De'zett ‹n.; -(e)s, -e; Mus.› *Musikstück für zehn Soloinstrumente*; **'De·zi...** ‹Zeichen: d; vor Maßeinheiten› *Zehntel...* [lat.]; **De·zi'bel** ‹n.; -s, -s od. (bei Maßangaben) -; Zeichen: dB› *1/10 Bel*

de·zi'diert ‹Adj.› *entschieden, bestimmt* [lat.]

De·zi'gramm ‹n.; -(e)s, -e; Zeichen: dg› *1/10 Gramm* [lat.]; **De·zi'li·ter** ‹n. od. m.; -s, -; Zeichen: dl› *1/10 Liter*; **de·zi'mal** ‹Adj.› *auf die Zahl 10 bezogen*; **De·zi'mal·bruch** ‹m.; -(e)s, ⸚e; Math.› *Bruch, dessen Nenner aus einer Zehnerpotenz gebildet ist, z. B. 0,52 = 52/100*; **De·zi'ma·le** ‹f.; -, -n› *rechts vom Komma eines Dezimalbruchs stehende Zahl*; **de·zi·ma·li'sie·ren** ‹V. t.› *auf das Dezimalsystem umstellen*; **De·zi'mal·klas·si·fi·ka·ti·on** ‹f.; -; unz.; Abk.: DK›; **De·zi'mal·po·tenz** ‹f.; -, -en; Pharm.; Abk.: D› *Verdünnungsgrad von homöopath. Arzneimitteln*; **De·zi'mal·rech·nung** ‹f.; -, -en›; **De·zi'mal·stel·le** ‹f.; -, -n› = *Dezimale*; **De·zi'mal·sys·tem** ‹n.; -s; unz.›; **De·zi'mal·waa·ge** ‹f.; -, -n›; **De·zi'mal·zahl** ‹f.; -, -en› = *Dezimale*; **De'zi·me** ‹f.; -, -n; Mus.› 1 *der zehnte Ton der diaton. Tonleiter* 2 *zehnstufiges Intervall*; **De·zi'me·ter** ‹n. od. m.; -s, -; Zeichen: dm› *1/10 Meter*; **de·zi'mie·ren** ‹V. t.› *stark vermindern*; **De·zi'mie·rung** ‹f.; -, -en›

De·zi·si'on ‹f.; -, -en› *Entscheidung* [lat.]; **de·zi'siv** ‹Adj.› *entscheidend, bestimmt*

De·zi'ton·ne ‹f.; -, -n; Zeichen: dt› *1/10 Tonne*

DFB ‹Abk. für› *Deutscher Fußball-Bund*

dg ‹Zeichen für› *Dezigramm*

D. G. ‹Abk. für› *Dei gratia*

Dg ‹Zeichen für› *Dekagramm*

DGB ‹Abk. für› *Deutscher Gewerkschaftsbund*

dgl. ‹Abk. für› *dergleichen*

d. Gr. ‹bei Eigennamen Abk. für› *der, die Große*; Katharina ~

d. h. ‹Abk. für› *das heißt*

d'hondt·sche(s) Sys'tem, ‹auch› **d'Hondt'sche(s) Sys'tem** ‹n.; -s; unz.› *System der Sitzverteilung bei Verhältniswahlen* [nach dem Rechtswissenschaftler V. *d'Hondt*]

Di ‹Abk. für› *Dienstag*

d. i. ‹Abk. für› *das ist*

'Dia ‹n.; -s, -s; kurz für› *Diapositiv*

Di·a'bas ‹m.; -es, -e› *ein vulkan. Gestein* [grch.]

Di·a'be·tes ‹m.; -; unz.; Med.› *mit Erhöhung des Blutzuckers u. starker Wasserausscheidung verbundene Krankheit*; ~ *mellitus Zuckerkrankheit* [grch.]; **Di·a'be·ti·ker** ‹m.; -s, -› *Zuckerkranker*; **Di·a'be·ti·ke·rin** ‹f.; -, -·nnen›; **Di·a'be·ti·ker·scho·ko·la·de** ‹f.; -, -n›; **Di·a·be·to·lo'gie** ‹f.; -; unz.› *Erforschung der Zuckerkrankheit*

Di·a·bo'lie ‹f.; -; unz.; geh.›; **Di·a·'bo·lik** ‹f.; -; unz.; geh.› *teuflisches Verhalten* [grch.]; **di·a'bo·lisch** ‹Adj.; geh.› *teuflisch*; ein ~er Plan; **Di'a·bo·lo** ‹n.; -s, -s› *ein Geschicklichkeitsspiel*; **Di'a·bo·lus** ‹m.; -; unz.; geh.› *der Teufel*

di·a·chron ‹[-'kro:n] Adj.; Sprachw.› = *diachronisch*; **Di·a·chro'nie** ‹[-kro-] f.; -; unz.; Sprachw.› *histor. Entwicklung einer Sprache*; Ggs *Synchronie* [grch.]; **di·a'chro·nisch** ‹Adj.› *die sprachgeschichtl. Entwicklung betreffend*

Di·a'dem ‹n.; -s, -e› *kostbarer Stirn- od. Kopfschmuck* [grch.]

Di·a'do·che ‹m.; -n, -n; meist Pl.› 1 *einer der Nachfolger Alexanders d. Gr.* 2 ‹allg.› *Nachfolger eines Herrschers*; **Di·a'do·chen·kämp·fe** ‹Pl.›

Di·a·fo'nie ‹f.; -, -n; ⟋Z 11.3; Mus.› = *Diaphonie*

Di·a·ge'ne·se ‹f.; -; unz.; Geol.› *Umwandlung lockerer Sedimente in feste Gesteine durch Druck, Temperatur u. a.* [grch.]

Di·a'gno·se, ‹auch› **Di·ag'no·se** ‹f.; -, -n; ⟋Z 53› *(Krankheits-) Erkennung, Bestimmung* [grch.]; **Di·a'gnos·tik** ‹f.; -; unz.; Med.› *Lehre, Fähigkeit zur Erkennung einer Krankheit*; **Di·a·'gnos·ti·ker** ‹m.; -s, -› *jmd., der eine Diagnose stellt*; **Di·a'gnos·ti·ke·rin** ‹f.; -, -·nnen›; **di·a·'gnos·tisch** ‹Adj.›; **di·a·gnos·ti·'zie·ren** ‹V. t.›

di·a·go'nal ‹Adj.› *schräg laufend* [grch.]; **Di·a·go'nal** ‹m.; - od. -s, -s; Textilw.› *Kleiderstoff in Schrägstreifenbindung*; **Di·a·go'na·le** ‹f.; -, -n› *Verbindungslinie zweier nicht benachbarter Ecken eines Vielecks*

Di·a'gramm ‹n.; -(e)s, -e› *grafische Darstellung von Messgrößen od. Werten* [grch.]

Di·a'kaus·tik ‹f.; -; unz.› *Brennfläche, die beim Durchgang paralleler Strahlen durch eine Linse entsteht*; Ggs *Katakaustik* [grch.]; **di·a'kaus·tisch** ‹Adj.›

Di·a'kon ‹a. ['---]; m.; -s, -e od. -en› 1 ‹Kath.› *niederer Geistlicher* 2 ‹Ev.› *Gemeindehelfer* [grch.]; **Di·a·ko'nat** ‹n.; -(e)s, -e› *Amt, Wohnung eines Diakons*; **Di·a·ko'nie** ‹f.; -; unz.; Ev.› *soziale Arbeit in der Gemeinde*; **di·a'ko·nisch** ‹Adj.; ⟋Z 46› *die Diakonie betreffend*; ~e *Arbeit*; ‹aber› Diakonisches *Werk Hilfs- u. Missionsorganisation* ‹Ev.›; **Di·a·ko'nis·se** ‹f.; -, -n›, **Di·a·ko'nis·sin** ‹f.; -, -·nnen; Ev.› *Gemeindeschwester, Krankenpflegerin*

Di·a'kri·se, **Di·a'kri·sis** ‹f.; -, -'kri·sen; Med.› *Unterscheidung, Trennung, Abgrenzung verschiedener Krankheitsbilder*; Ggs *Synkrise, Synkrisis* [grch.]; **di·a'kri·tisch** ‹Adj.› *der Unterscheidung dienend*; ~es *Zeichen*; Ggs *synkritisch*; → a. *Kasten S. 283*

Di·a'lekt ‹m.; -(e)s, -e› *Mundart*; → a. *Kasten S. 283* [grch.]; **di·a·lek'tal** ‹Adj.› *mundartlich*; **Di·a·'lekt·dich·tung** ‹f.; -, -en›; **di·a·'lekt·frei** ‹Adj.›; **Di·a'lekt·ge·o·gra·fie**, **Di·a'lekt·ge·o·gra·phie** ‹f.; -; unz.; ⟋Z 11.3› *Forschung, die die geograf. Verbreitung der Dialekte untersucht*; **Di·a'lek·tik** ‹f.; -; unz.› 1 *Kunst der Gesprächsführung* 2 *Kunst der Be-*

diakritisches Zeichen: Als d. Z. oder Diakritikon bezeichnet man grafische Zusätze an Schriftzeichen, die oberhalb oder unterhalb der entsprechenden Buchstaben stehen und in der Regel die besondere Lautung eines Schriftzeichens anzeigen. Im Deutschen wird z. B. das **Trema** bei *ä, ö, ü* zur Kennzeichnung von Umlautbuchstaben verwendet. Die **Akzentzeichen** (↗Akut, ↗Gravis, ↗Zirkumflex) sowie ↗**Apostroph**, Cedille, Háček und Tilde sind ebenfalls Diakritika.

Dialekt: Als D. bezeichnet man regionale Varianten einer Sprache. Die Besonderheit von D. gegenüber Standardsprachen kann alle Sprachebenen betreffen, äußert sich jedoch insbes. in der Lautung und im Wortschatz. Die Beschreibung und Erforschung der unterschiedlichen D. ist Gegenstand der **Dialektologie**. Die **Dialektgeografie** untersucht insbes. die räumliche Ausbreitung von D. Unter historischem Aspekt betrachtet sind D. meist älter als die jeweilige Standardsprache, häufig bildet auch ein D. die historische Grundlage für eine Standardsprache. J. Grimm verwendete den Begriff D. als Oberbegriff für **Mundarten**, diese Differenzierung hat sich aber in der Dialektologie nicht durchsetzen können.

weisführung (durch Denken in gegensätzlichen Begriffen); **Di·a·'lek·ti·ker** <m.; -s, -->; **Di·a·'lek·ti·ke·rin** <f.; -, -·nen>; **di·a·'lek·tisch** <Adj.> 1 *= dialektal* 2 *die Dialektik betreffend; ~er Materialismus <umg. Kurzw.: Diamat> Lehre, derzufolge jede Entwicklung den Gesetzmäßigkeiten der Natur u. Gesellschaft unterliegt* 3 *spitzfindig*; **Di·a·'lek·'tis·mus** <m.; -, -men; Sprachw.> *dialektaler Ausdruck*; **Di·a·lek·to·lo·'gie** <f.; -; unz.> *Mundartforschung*; **di·a·lek·to·'lo·gisch** <Adj.>
Di·al'le·le <f.; -, -n; Philos.> *logisch falscher Schluss* [grch.]
Di·a·log <m.; -(e)s, -e> *Zwiegespräch, Wechselrede*; Ggs *Mono-*

log [grch.]; **Di·a'log·be·reit·schaft** <f.; -; unz.>; **di·a'lo·gisch** <Adj.> *in Dialogform (abgefasst)*; **di·a·lo·gi'sie·ren** <V. t.> *einen Prosatext ~ in Dialoge (um)setzen*
Di·a·ly'sat <n.; -(e)s, -e; Med.> *Produkt der Dialyse* [grch.]; **Di·a·ly'sa·tor** <m.; -s, -'to·ren; Med.> *Gerät zur Durchführung einer Dialyse*; **Di·a'ly·se** <f.; -, -n> 1 <Med.> *= Blutwäsche* 2 <Chem.> *Verfahren zur Trennung niedermolekularer von höhermolekularen Stoffen*; **Di·a·'ly·se·ap·pa·rat** <m.; -(e)s, -e; Med.>; **Di·a'ly·se·zen·trum,** <auch> **Di·a'ly·se·zent·rum** <n.; -s, -tren/-t·ren; Med.> *Spezialklinik zur Durchführung von Dialysen(1)*; **di·a·ly'sie·ren** <V. t.> *durch Dialyse(2) trennen*; **di·a'ly·tisch** <Adj.>
Di·a'mant[1] <m.; -en, -en> *ein Edelstein* [frz.]; **Di·a·'mant**[2] <f.; -; unz.; Typ.> *ein Schriftgrad*; **di·a'man·ten** <Adj.> 1 *aus Diamanten bestehend* 2 *hart, funkelnd wie ein Diamant; ~e Hochzeit 60. Hochzeitstag*; **Di·a·'mant·ring** <m.; -(e)s, -e>; **Di·a·'mant·schliff** <m.; -(e)s, -e>; **Di·a·'mant·stahl** <m.; -(e)s, -e od. ⁓e> *gehärteter Edelstahl*
Di·a'mat <m.; -; unz.; umg.; Kurzw. für> *dialektischer Materialismus; → a. dialektisch(2)*
Di·a'me·ter <m.; -s, -> *Durchmesser* [grch.]; **di·a·me'tral,** <auch> **di·a·met'ral** <Adj.> 1 *entgegengesetzt* 2 <fig.> *völlig anders; ~e Bereiche*; **di·a'me·trisch** <Adj.> *dem Durchmesser entsprechend*
Di·a'ne·tik <f.; -; unz.> *von dem Scientologen L. R. Hubbard vertretene Theorie, derzufolge alle Krankheitsbilder mit psychotherapeutischen Mitteln geheilt werden können* [grch.]
Di·a'pa·son <m. od. n.; -s, -s od. -'so·ne; Mus.> 1 *Kammerton* 2 *Stimmgabel* 3 *ein Orgelregister* [grch.]
di·a'phan <Adj.> *durchscheinend, durchsichtig* [grch.]; **Di·a·pha'nie** <f.; -, -n> *durchscheinendes, auf Glas gemaltes Bild*
Di·a·pho'nie <f.; -, -n; ↗Z 11.3;

Mus.> Missklang; oV *Diafonie* [grch.]
Di·a·'pho·ra <f.; -; unz.; Rhet.> *Betonung des Unterschieds, Unstimmigkeit* [grch.]
Di·a·pho're·se, Di·a·pho're·sis <f.; -; unz.; Med.> *Absonderung von Schweiß* [grch.]; **Di·a·pho·'re·ti·kum** <n.; -s, -ti·ka> *schweißtreibendes Mittel*; **di·a·pho're·tisch** <Adj.>
Di·a'phrag·ma <n.; -s, -phragmen> 1 *durchlässige Scheidewand* 2 <Anat.> *Zwerchfell* 3 <Med.> *mechan. Empfängnisverhütungsmittel* [grch.]
'Di·a·po·si·tiv <a. [----'-]; n.; -s, -e; Kurzw.: Dia> *durchsichtiges Lichtbild*; **'Di·a·pro·jek·tor** <m.; -s, -'to·ren> *Vorführgerät für Diapositive*
Di·ä·re·se, Di·ä·re·sis <f.; -, -'re·sen> 1 <Sprachw.> *getrennte Aussprache zweier nebeneinander stehender Vokale, z. B. in "Oboe"* 2 <Metrik> *Einschnitt durch Zusammentreffen von Versfuß- u. Wortende* 3 <Med.> *Zerreißen (eines Blutgefäßes)* [grch.]
Di·a·ri·um <n.; -s, -ri·en> 1 *Tagebuch, Notizbuch* 2 *Schreibheft* [lat.]
Di·ar'rhö <f.; -, -en>, **Di·ar'rhoe** <[-'rø:]; f.; -, -n; Med.> *Durchfall* [grch.]
Di·a·spo·ra, <auch> **Di·as·po·ra** <f.; -; unz.; ↗Z 54> 1 *die Mitglieder einer Kirche u. ihre zerstreuten Gemeinden innerhalb einer andersgläubigen Bevölkerung* 2 *religiöse od. nationale Minderheit* 3 *Gebiet, in dem diese Minderheit lebt* [grch.]
Di·a·sto·le, <auch> **Di·as·to·le** <a. [--'--]; f.; -, -'sto·len/-s'to·len; Med.> *die auf die Systole folgende Erweiterung der Herzkammern* [grch.]; **di·a'sto·lisch** <Adj.>
Di·ät <f.; -, -en> *ärztl. verordnete od. zur Gewichtsabnahme bestimmte Kost, Ernährungsweise; (streng) ~ halten, leben; jmdn. auf ~ setzen* [grch.]; **Di·'ät·as·sis·ten·tin** <f.; -, -·nen; Berufsbez.> *Fachfrau für die Zusammenstellung von Diätplänen*
Di·'ä·ten <Pl.> *Tagegelder, Auf-*

wandsentschädigung für Abgeordnete [lat.]

Di·ä'te·tik <f.; -, -en> 1 *Lehre von der krankheitsbedingten Sonderkost* 2 *Lehre von der gesunden Ernährung u. Lebensweise* [grch.]; **Di·ä'te·ti·kum** <n.; -s, -ka> *für eine Diät geeignetes Nahrungsmittel*; **di·ä'te·tisch** <Adj.>

Di·a'thek <f.; -, -en> *Sammlung von Diapositiven* [grch.]

di·a·ther'man <Adj.> *durchlässig für Wärmestrahlen*; Ggs *atherman* [grch.]; **Di·a·ther'mie** <f.; -; unz.; Med.> *Wärmebehandlung mit hochfrequentem Wechselstrom*

Di·a'the·se <f.; -, -n> *besondere Empfänglichkeit für eine Krankheit* [grch.]

di'ä·tisch <Adj.> *die Ernährung betreffend* [grch.]; **Di·ä'tis·tin** <f.; -, -n·nen> = *Diätassistentin*; **Di'ät·kost** <f.; -; unz.>

Di·a·to·mee <[-'me:ə]; f.; -, -n; Bot.> *Kieselalge* [grch.]; **Di·a·to'me·en·er·de** <f.; -; unz.> = *Kieselgur*; **Di·a·to'me·en·schlamm** <m.; -(e)s, -e od. ̄e> *Ablagerung von abgestorbenen Diatomeen*; **Di·a·to'mit** <m.; -s; unz.> *zur Wärmeisolierung verwendeter Stein aus Kieselgur*

Di·a'to·nik <f.; -; unz.; Mus.> 1 *das Dur-Moll-System* 2 *Tonordnung aus den Ganz- u. Halbtönen der siebenstufigen Dur- od. Molltonleiter* [grch.]; **di·a'to·nisch** <Adj.> *~e Tonleiter*

di·a'to·pisch <Adj.; Sprachw.> *regional, ortsspezifisch*; *~e Sprachvariante* [grch.]

Di'ät·plan <m.; -(e)s, ̄e>

Di·a'tri·be, <auch> **Di·a'ri·be** <f.; -, -n; ↗Z53> 1 *Streit-, Schmählschrift* 2 *Abhandlung* [grch.]

Di'a·vo·lo <[-'vo-]; m.; -, -li>; ital. Bez. für *Teufel*

'Dib·bel·ma·schi·ne <f.; -, -n> [engl.]; **'dib·beln** <V. t.; ich dibb(e)le> *die Aussaat in Reihen einbringen*

'Dib·buk <m.; - od. -s, -s; in der Kabbalistik> *Totengeist, der von einem Menschen Besitz ergreift u. ihn quält*; oV *Dybbuk* [hebr.]

dich <↗Z40; Akk. von> *du* <a. in Briefen kleingeschrieben>; → *sich(1)*

di·cho'tom <[diço-]; Adj.> *gabelartig, zweiteilig* [grch.]; **Di·cho·to'mie** <f.; -, -n> 1 <Bot.> *Gabelung* 2 <Philos.> *Zweiteilung, Gliederung nach zwei Gesichtspunkten*; **di·cho'to·misch** <Adj.>

Di·chro'is·mus <[-kro-]; m.; -; unz.> *Zweifarbigkeit von Kristallen bei Lichteinfall* [grch.]; **di·chro'i·tisch** <Adj.>; **di·chro·'ma·tisch** <Adj.; Opt.> *zweifarbig*; **Di·chro'skop**, <auch> **Di·chros'kop** <n.; -s, -e; ↗Z54> *Instrument zur Feststellung des Dichroismus*

dicht <Adj.; ↗Z24> 1 *undurchlässig*; *die Schuhe werden nicht ~ halten*; <aber> → *dichthalten*; *das Boot ~ machen*; <aber> → *dichtmachen* 2 *mit geringem Zwischenraum, undurchdringlich*; *~er Nebel*; <Getrenntschreibung in Verbindung mit Adjektiven, wenn "dicht" sinnvoll steiger- od. erweiterbar ist> *ein ~ bebautes Stadtviertel*; *~ behaarte Beine*; *ein ~ besiedelter Landstrich*; *sie standen ~ gedrängt* 3 <adv.> *nahe, eng*; *das Haus steht ~ am Wald*; **dicht'auf** <Adv.> *er folgte ihm ~ er war knapp hinter ihm*; <aber> *er war ihm dicht auf den Fersen* (→ *dicht(3)*); **'Dich·te** <f.; -; unz.> 1 *dichtes Nebeneinander, Enge, Nähe*; *Bevölkerungs~, Verkehrs~* 2 <Phys.> *die in der Raumeinheit enthaltene Masse*; **'Dich·te·mes·ser** <m.; -s, ->; **'dich·ten¹** <V. t.> *dicht machen*

'dich·ten² <V. i. u. V. t.> *Verse schreiben*; **'Dich·ter** <m.; -s, -> *Schöpfer von Versen*; **'Dich·te·rin** <f.; -, -n·nen>; **'dich·te·risch** <Adj.> *~e Freiheit*; **'Dich·ter·kom·po·nist** <m.; -en, -en> *jmd., der dichtet u. komponiert*; **'Dich·ter·kom·po·nis·tin** <f.; -, -n·nen>; **'Dich·ter·le·sung** <f.; -, -en>; **'Dich·ter·ling** <m.; -s, -e; umg.; abwertend> *unbegabter Dichter*; **'Dich·ter·spra·che** <f.; -; unz.>; **'Dich·ter·wort** <n.; -(e)s, -e>

'dicht|hal·ten <V. i. 160; ich halte dicht; sie hat dichtgehalten; dichtzuhalten; fig.; umg.> *nichts verraten*; <aber> →

dicht(1); **'Dicht·heit** <f.; -; unz.> = *Dichte*; **'Dich·tig·keit** <f.; -; unz.>

'Dicht·kunst <f.; -; unz.>

'dicht|ma·chen <V. t.; ich mache dicht; sie hat dichtgemacht; dichtzumachen; fig.; umg.> *schließen*; *den Betrieb, den Laden ~*; <aber> → *dicht(1)*

'Dich·tung¹ <f.; -, -en> *Werk eines Dichters*

'Dich·tung² <f.; -, -en; Tech.> *Vorrichtung zum Abdichten*; *Gummi~*; **'Dich·tungs·ring** <m.; -(e)s, -e; Tech.>

dick <Adj.> 1 *von beträchtlichem Umfang*; *ein ~es Buch, Kind* 2 *geschwollen* 3 *eng, intensiv*; *~e Freunde* 4 *dicht(2)*; *~er Rauch*; *~e Luft verbrauchte L.*, <fig.; umg. a.> *gespannte Stimmung*; *mit jmdm. durch ~ und dünn gehen*; **'Dick·bauch** <m.; -(e)s, ̄e; umg.; abwertend>; **'dick·bau·chig** <Adj.> *stark bauchig*; *eine ~e Flasche*; **'dick·bäu·chig** <Adj.> *mit dickem Bauch*; *ein ~er Mensch*; **'Dick·blatt·ge·wächs** <n.; -es, -e; Bot.>; **'Dick·darm** <m.; -(e)s, ̄e; Anat.>; **'Di·cke** <f.; -, -n> 1 <unz.> *das Dicksein* 2 *Maß von einer Seite zur anderen*; *eine Mauer von beträchtlicher ~*; **'Di·cke(r)** <f. 2 (m. 1)> *dicker Mensch*; *die ~n und die Dünnen*; **'dick·en** <V. t.> *dickflüssig machen*; **'Di·cken·wachs·tum** <[-ks-]; n.; -s; unz.; Bot.> *Wachstum in horizontaler Richtung*; **'Di·cker·chen** <n.; -s, -; umg.; scherzh.> *molliges Kind*; **'di·cke|tun** <V. refl. 272; ich tue mich dicke; sie hat sich dickegetan; sich dickezutun; mdt.> *sich wichtig machen*; oV *dicktun*; **'dick·fel·lig** <Adj.; fig.; umg.> *gleichgültig (gegenüber Vorwürfen u. Ä.)*; **'Dick·fel·lig·keit** <f.; -; unz.; fig.; umg.>; **'dick·flüs·sig** <Adj.>; **'Dick·häu·ter** <m.; -s, -; Zool.>; **'Di·ckicht** <n.; -s, -e> *dichtes Gestrüpp*; **'Dick·kopf** <m.; -(e)s, ̄e; fig.; umg.> *starrsinniger Mensch*; **'dick·köp·fig** <Adj.>; **'Dick·köp·fig·keit** <f.; -; unz.>; **'dick·lei·big** <Adj.>; **'Dick·lei·big·keit** <f.; -; unz.>; **'dick·lich** <Adj.>; **'Dick·ma·cher** <m.; -s, -; umg.> *kalorienreiches Nah-*

rungsmittel; **'Dick·milch** <f.; -; unz.> *saure Milch;* **'Dick·schä·del** <m.; -s, -; umg.> = *Dickkopf;* **'dick·scha·lig** <Adj.>; **'Dick·te** <f.; -, -n; Typ.> *Letternbreite;* **'dick|tun** <V. refl. 272; umg.> = *dicketun;* **'Di·ckung** <f.; -, -en; Forstw.> *Wuchs- u. Altersklasse des Waldbestandes;* **'dick·wan·dig** <Adj.>; **'Dickwanst** <m.; -(e)s, ⸚e; umg.; abwertend> *dicker Mensch;* **'Dickwurz** <f.; -, -en; Bot.> = *Runkelrübe*

'Dic·tum <n.; -s, 'Dic·ta> = *Diktum*

Di'dak·tik <f.; -; unz.> *Unterrichtslehre* [grch.]; **Di'dak·ti·ker** <m.; -s, ->; **Di'dak·ti·ke·rin** <f.; -, -nnen>; **di'dak·tisch** <Adj.> *die Didaktik betreffend*

Di·dge·ri·doo, <auch> **Did·ge·ri·doo** <[didʒəri'duː]; n.; -s, -s> ↗Z53; Mus.> *rohrartiges Blasinstrument der austral. Ureinwohner*

die[1] <best. Artikel; f. 5> ~ *Frau; das ist ~ Dichterin der Romantik* **die bedeutendste** *D.* 2 <Demonstrativpron.; Gen.: deren; Dat.: der; Akk.: die; Gen. Pl.: deren/derer> *diese, diejenige; ~ da; nur ~ nicht!* 3 <Relativpron.; Gen. Sg. u. Pl.: deren> *welche; sie war die Erste, ~ eintraf;* **die**[2] <Pl. von> *der, die, das*

Dieb <m.; -(e)s, -e> *jmd., der stiehlt;* **Die·be'rei** <f.; -, -en>; **'Die·bes·ban·de** <f.; -, -n>; **'Die·bes·gut** <n.; -(e)s; unz.>; **'Die·bes·höh·le** <f.; -, -n>; **'Die·bes·nest** <n.; -(e)s, -er>; **'die·bes·si·cher** <Adj.> *einbruchsicher;* **'Die·bes·tour** <[-tuːr]; f.; -, -en> *auf ~ gehen;* **'Die·bin** <f.; -, -nnen>; **'die·bisch** <Adj.> 1 *räuberisch* 2 <umg.> *eine ~e Freude an etwas haben, sich ~ freuen Genugtuung verspüren;* **'Dieb·stahl** <m.; -(e)s, ⸚e> *Aneignung fremden Eigentums; geistiger ~ Plagiat;* **'Dieb·stahl·ver·si·che·rung** <f.; -, -en>

Dief·fen·ba·chie <[-xiə]; f.; -, -n; Bot.> *eine Zierpflanze*

'die·je·ni·ge <Demonstrativpron.; f. 6>; **'die·je·ni·gen** <Pl. von> *derjenige, diejenige, dasjenige*

'Die·le <f.; -, -n> 1 *Brett für den Fußboden* 2 = *Flur*[1] 3 *kleiner Bewirtungsraum;* Eis~

Di·e'lek·tri·kum, <auch> **Di·e·'lek·tri·kum** <n.; -s, -ken od. -ka;** ↗Z53; El.> *elektrisch nicht leitendes Material* [grch.]; **di·e·'lek·trisch** <Adj.>; **Di·e·lek·tri·zi·'täts·kon·stan·te** <f.; -, -n> *Wert, der die Isolierfähigkeit eines Stoffes bezeichnet*

'die·len <V. t.> *einen Boden ~ mit Dielen(1) belegen*

'die·nen <V. i.> 1 *als, zu etwas ~ brauchbar, nützlich sein* 2 *jmdm. mit etwas ~ behilflich sein; ~* **Diener** <m.; -s, -> 1 *Hausangestellter* 2 <veralt.> *Verbeugung; einen ~ machen;* **'Die·ne·rin** <f.; -, -nnen>; **'die·nern** <V. i.; ich dien(e)re; fig.> *unterwürfig sein;* **'Die·ner·schaft** <f.; -; unz.>; **'dien·lich** <Adj.; nur präd.> *förderlich;* **Dienst** <m.; -(e)s, -e> 1 *Arbeitsverhältnis, Berufs-, Amtspflicht; in jmds. ~(en) stehen; außer ~ <Abk.: a. D.> in Pension; der öffentliche ~; der ~ habende, tuende Arzt; stets zu ~en veralt.>* 2 *Erfüllung einer Funktion; das wird dir gute ~e leisten* 3 *Hilfe, Unterstützung; jmds. ~e in Anspruch nehmen;* **'Dienst·ab·teil** <n.; -(e)s, -e>

'Diens·tag <m.; -(e)s, -e; ↗Z45.2; Abk.: Di> ~, *der 20. Mai; jeden ~; am nächsten ~; er kam eines ~s;* <aber> → *dienstags;* **'Diens·tag·a·bend** <m.; -s, -e; ↗Z55> *am ~; eines ~s;* <aber> → *dienstagabends; wir spielen jeden ~ Tennis;* **diens·tag·a·bends** <Adv.> *am Abend jeden Dienstags; ~* / <auch> *dienstags abends spielen wir immer Tennis;* **'diens·tä·gig** <Adj.> *am Dienstag stattfindend; die ~e Veranstaltung wird verschoben;* **'diens·täg·lich** <Adj.> *jeden Dienstag stattfindend; unser ~es Treffen fällt morgen aus;* **Diens·tag'mor·gen** <m.; -s, ->; **'diens·tags** <Adv.> *jeden Dienstag; wir treffen uns immer ~; ~ abends* <auch für> *dienstagabends*

'Dienst·al·ter <n.; -s; unz.>; **'Dienst·äl·tes·te(r)** <f. 2 (m. 1)>; **'Dienst·an·wei·sung** <f.; -, -en>; **'Dienst·auf·fas·sung** <f.;

-, -en>; **'Dienst·auf·sicht** <f.; -; unz.>; **'Dienst·auf·sichts·be·schwer·de** <f.; -, -n>; **'dienst·bar** <Adj.> *ergeben, arbeitswillig;* **'Dienst·bar·keit** <f.; -; unz.>; **'Dienst·be·fehl** <m.; -(e)s, -e>; **'dienst·be·flis·sen** <Adj.> *übereifrig, dienstwillig;* **'Dienst·be·flis·sen·heit** <f.; -; unz.>; **'Dienst·be·hör·de** <f.; -, -n>; **'dienst·be·reit** <Adj.>; **'Dienst·be·reit·schaft** <f.; -; unz.>; **'Dienst·bo·te** <m.; -n, -n; früher> *Hausangestellte(r);* **'Dienst·ei·fer** <m.; -s; unz.>; **'dienst·eif·rig** <Adj.>; **'Dienst·fahrt** <f.; -, -en>; **'dienst·fer·tig** <Adj.>; **'dienst·frei** <Adj.> ~ *haben; ein ~er Samstag;* **'Dienst·ge·ber** <m.; -s, -; österr.> *Arbeitgeber;* **'Dienst·ge·be·rin** <f.; -, -nnen>; **'Dienst·ge·heim·nis** <n.; -s·ses, -s·se>; **'Dienst·grad** <m.; -(e)s, -e> *Rangstufe;* **'Dienst·herr** <m.; -en, -en; veralt.> *Arbeitgeber;* **'Dienst·her·rin** <f.; -, -nnen>; **'Dienst·jahr** <n.; -(e)s, -e; meist Pl.>; **'Dienst·ju·bi·lä·um** <n.; -s, -lä·en>; **'Dienst·klei·dung** <f.; -; unz.>; **'Dienst·leis·ter** <m.; -s, ->; **'Dienst·leis·te·rin** <f.; -, -nnen>; **'Dienst·leis·tung** <f.; -, -en>; **'Dienst·leis·tungs·be·trieb** <m.; -(e)s, -e>; **'Dienst·leis·tungs·ge·sell·schaft** <f.; -, -en>; **'Dienst·leis·tungs·ge·wer·be** <n.; -s; unz.>; **'dienst·lich** <Adj.>; **'Dienst·mäd·chen** <n.; -s, -; veralt.> *Hausgehilfin;* **'Dienst·magd** <f.; -, ⸚e; veralt.> *Bauern-, Hausmagd;* **'Dienst·müt·ze** <f.; -, -n>; **'Dienst·neh·mer** <m.; -s, -; österr.> *Arbeitnehmer;* **'Dienst·neh·me·rin** <f.; -, -nnen; österr.>; **'Dienst·per·so·nal** <n.; -s; unz.>; **'Dienst·pflicht** <f.; -; unz.>; **'dienst·pflich·tig** <Adj.> *zu best. Dienstleistungen dem Staat gegenüber verpflichtet;* **'Dienst·rei·se** <f.; -, -n>; **'Dienst·sa·che** <f.; -, -n>; **'Dienst·schluss** <m.; -es; unz.>; **'Dienst·stel·le** <f.; -, -n>; **'Dienst·stem·pel** <m.; -s, ->; **'dienst·taug·lich** <Adj.>; **'Dienst·taug·lich·keit** <f.; -; unz.>; **'Dienst·un·fä·hig** <Adj.>; **'Dienst·un·fä·hig·keit** <f.; -; unz.>; **'dienst·un·taug·lich**

<Adj.>; **'Dienst·un·taug·lich·keit** <f.; -; unz.>; **'Dienst·ver·ge·hen** <n.; -s, -> *Verstoß gegen die Dienstvorschriften*; **'Dienst·ver·hält·nis** <n.; -s·ses, -s·se>; **'Dienst·ver·trag** <m.; -(e)s, ⸚e>; **'Dienst·vor·schrift** <f.; -, -en>; **'Dienst·wa·gen** <m.; -s, ->; **'Dienst·weg** <m.; -(e)s; unz.> den ~ beschreiten; etwas auf dem ~ erledigen *in der für behördl. Angelegenheiten vorgeschriebenen Reihenfolge*; **'Dienst·woh·nung** <f.; -, -en>; **'Dienst·zeit** <f.; -, -en>

dies <Demonstrativpron.; unrefl. v. a., wenn es allein stehend gebr. wird> *dieses*; ~ *und das Verschiedenes*; → a. *diese(r, -s)*

'Di·es·a·ca'de·mi·cus <m.; --; unz.; ⸻Z31> *vorlesungsfreier Tag an der Universität* [lat.]

'dies·be·züg·lich <Adj.> *das Erwähnte betreffend*; die ~e Vereinbarung; **'die·se(r, -s)** <Demonstrativpron. 6> im Juli ~s Jahres; ~s und jenes

'Die·sel <m.; -s od. -, -; kurz für> 1 *Dieselmotor* 2 *Fahrzeug mit Dieselmotor*, Ggs *Benziner* 3 <unz.> *Dieselkraftstoff* [nach dem Erfinder R. *Diesel*]

die'sel·be <Demonstrativpron.; f.; Gen., Dat.: derselben; Akk.: dieselbe; Pl.: dieselben> ein(e) und ~; → a. ...*selbe*

'Die·sel·kraft·stoff <m.; -(e)s, -e>; **'Die·sel·mo·tor** <m.; -s, -'to·ren>; **'Die·sel·öl** <n.; -(e)s; unz.>

'die·sig <Adj.> *dunstig, regnerisch*; **'Die·sig·keit** <f.; -; unz.>

'Di·es 'I·rae <[-'i:re:]; m.; --; unz.; ⸻Z31> *"Tag des Zorns" (Anfang eines Hymnus auf das Weltgericht)* [lat.]

'dies·jäh·rig <Adj.> die ~e Ernte; **'dies·mal** <Adv.> ~ <bei bes. Betonung a.> dies Mal war sie pünktlich; <aber nur getrennt> dieses (eine) Mal; **'dies·ma·lig** <Adj.>; **'dies·sei·tig** <Adj.> Ggs *jenseitig* 1 *auf dieser Seite gelegen* 2 *das Diesseits betreffend*; **'dies·seits** <Adv.> *auf dieser Seite*; ~ des Flusses; Ggs *jenseits*; **'Dies·seits** <n.; -; unz.; geh.> *das irdische Leben*; Ggs *Jenseits*

'Diet·rich <m.; -s, -e> *Drahthaken zum Öffnen von Schlössern*

die'weil <veralt.> 1 <Adv.> *währenddessen* 2 <Konj.> *weil*

Dif·fa·ma·ti'on <f.; -, -en> *Verleumdung* [lat.]; **dif·fa·ma'to·risch** <Adj.>; **Dif·fa'mie** <f.; -, -n> *verleumderische Äußerung*; **dif·fa·mie·ren** <V. t.>; **Dif·fa·'mie·rung** <f.; -, -en>

dif·fe'rent <Adj.> *unterschiedlich, ungleich* [lat.]; **dif·fe·ren·ti'al** <Adj.; ⸻Z11.4> = *differenzial*; **Dif·fe·ren·ti'al** <n.; -s, -e od. -(e)s, -e; Math.> = *Differenzial*; **Dif·fe·ren·ti·a·ti'on** <f.; -, -en> = *Differenziation*; **dif·fe·ren·ti'ell** <Adj.> = *differenziell*; **Dif·fe·'renz** <f.; -, -en> 1 *Unterschied*, <auch> *Meinungsverschiedenheit* 2 <Math.> *Ergebnis einer Subtraktion*; **Dif·fe'renz·be·trag** <m.; -(e)s, ⸚e>; **Dif·fe'renz·ge·schäft** <n.; -(e)s, -e; Börse> *Börsengeschäft, bei dem Preisschwankungen ausgenutzt werden*; Ggs *Effektivgeschäft*; **dif·fe·ren·zi'al** <Adj.; ⸻Z11.4> *einen Unterschied begründend od. darstellend*; oV **differential**; **Dif·fe·ren·zi'al** <n.; -(e)s, -e> 1 <Math.> *sehr kleine Größe in der Differenzialrechnung* 2 <kurz für> *Differenzialgetriebe*; **Dif·fe·ren·zi'al·a·na·ly·sa·tor** <m.; -s, -'to·ren> = *Analogrechner*; **Dif·fe·ren·zi'al·di·a·gno·se**, <auch> **Dif·fe·ren·zi'al·di·ag·no·se** <f.; -, -n; ⸻Z53; Med.> *abgrenzende Unterscheidung ähnlicher Krankheitsbilder*; **Dif·fe·ren·zi'al·ge·o·me·trie**, <auch> **Dif·fe·ren·zi'al·ge·o·met·rie** <f.; -; unz.; ⸻Z53; Math.>; **Dif·fe·ren·zi'al·ge·trie·be** <n.; -s, -; beim Kfz>; **Dif·fe·ren·zi'al·glei·chung** <f.; -, -en; Math.> *Gleichung zw. den Variablen einer Funktion u. deren Ableitungen*; **Dif·fe·ren·zi'al·quo·ti·ent** <m.; -en, -en; Math.>; **Dif·fe·ren·zi'al·rech·nung** <f.; -; unz.; Math.>; **Dif·fe·ren·zi·a·ti'on** <f.; -, -en> oV *Differentiation* 1 *Aus-, Absonderung* 2 <Math.> *(Anwendung der) Differenzialrechnung* 3 <Geol.> *Zerfall von Magma in verschiedene Gesteine*; **dif·fe·ren·zi'ell** <Adj.> *unterschei-*

dend, differenzierend; oV **differentiell**; **dif·fe·ren'zier·bar** <Adj.>; **dif·fe·ren'zie·ren** <V. t.> 1 *unterscheiden, trennen* 2 *abstufen, verfeinern*; **Dif·fe·ren·'zie·rung** <f.; -, -en>; **dif·fe'rie·ren** <V. i.> *abweichen*

dif'fi·zil <Adj.> 1 *schwierig* 2 *heikel* [frz.]

Dif·flu'enz <f.; -, -en; Geol.> *Teilung eines Gletscherstroms*; Ggs *Konfluenz* [lat.]

dif'form <Adj.> *missgestaltet* [lat.]; **Dif·for·mi'tät** <f.; -, -en>

dif'frakt <Adj.> *zerbrochen* [lat.]; **Dif·frak·ti'on** <f.; -, -en; Opt.> *Abweichung vom geradlinigen Strahlengang*

dif·fun'die·ren <V. i.> *zerstreuen* [lat.]; **dif'fus** <Adj.> ~es *Licht*; **Dif·fu·si'on** <f.; -, -en; unz.> 1 *Zerstreuung (des Lichts)* 2 *Vermischung, Verschmelzung* 3 <Chem.> *Durchmischung von Gasen od. Flüssigkeiten*; **Dif'fu·sor** <m.; -s, -'so·ren> 1 <Tech.> *Rohrteil mit sich erweiterndem Querschnitt* 2 <Fot.> *transparente Plastikscheibe zur gleichmäßigen Helligkeitsverteilung*

di'gen <Adj.; Biol.> *durch die Verschmelzung zweier Zellen entstanden* [grch.]

di·ge'rie·ren <V. t.> 1 <Chem.> *auslaugen* 2 <Med.> *verdauen* [lat.]; **Di·gest** <[ˈdaidʒəst]; n. od. m.; -s, -s> *Zusammenstellung von Auszügen aus Zeitschriften u. Büchern* [engl.]; **Di·ges'tif** <a. [-ʒɛs-]; m.; -s, -s> *alkohol. Getränk zur Anregung der Verdauung* [frz.]; **Di·ges·ti'on** <f.; -, -en 1 <Chem.> *Auslaugung* 2 <Med.> *Verdauung* [lat.]; **di·ges'tiv** <Adj.>; **Di·ges·ti'vum** <[-vum]; n.; -s, -va> *die Verdauung anregendes Mittel*

'Di·git <[-dʒit]; n.; -s, -s; EDV> *Ziffer auf elektron. Anzeigegeräten* [engl.]; **di·gi'tal** <Adj.> 1 *mit dem Finger*; ~e *Untersuchung* 2 <EDV> *in sich sprunghaft verändernden Ziffern dargestellt*; Ggs *analog* [lat.]; **Di·gi'tal-A·na·log-Kon·ver·ter** <[-ˈver-]>, **Di·gi'tal-A·na·log-Wand·ler** <m.; -s, -; ⸻Z33; EDV>; **Di·gi'tal·an·zei·ge** <f.; -, -n; auf Uhren, Messinstrumenten usw.>; **Di·gi·'ta·lis** <f.; -; unz.; Bot.> = *Fin-*

gerhut(2); **di·gi·ta·li·'sie·ren** <V. t.; EDV> *analoge Daten u. Signale in digitale umwandeln*; **Di·gi'tal·rech·ner** <m.; -s, ->; **Di·gi'tal·tech·nik** <f.; -; unz.>; **Di·gi'tal·uhr** <f.; -, -en>

Di·glos'sie <f.; -, -n; Sprachw.> *Existenz zweier Sprachen od. Sprachformen in einem Gebiet* [grch.]

Di'glyph <m.; -(e)s, -e; Arch.> *Block mit zwei Schlitzen am Architrav* [grch.]

Di·gni'tar, <auch> **Dig·ni'tar** <m.; -(e)s, -e; ↗Z53; Kath.> *Würdenträger* [lat.]; **Di·gni'tät** <f.; -, -en; Kath.> *hohes Amt, hohe Würde*

Di·gres·si·on <f.; -, -en> *Abweichung, Abschweifung*; *astronomische ~ Winkel zw. dem Vertikalkreis eines polnahen Sterns u. der Nordrichtung* [lat.]

DIHT <Abk. für> *Deutscher Industrie- und Handelstag*

'di·hy·brid, <auch> **'di·hyb·rid** <Adj.; ↗Z53; Biol.> *sich in zwei erblichen Merkmalen unterscheidend* [grch.]

Di'jam·bus <m.; -, -jam·ben; Metrik> *doppelter Jambus (ein antiker Versfuß)* [grch.]

di·'klin <Adj.; Bot.> *eingeschlechtig* [grch.]

di·ko'tyl <Adj.; Bot.> *zweikeimblättrig, Ggs monokotyl* [grch.]; **Di·ko·ty·le, Di·ko·ty·le'do·ne** <f.; -, -n; Bot.>

Dik·ta'fon <n.; -(e)s, -e>, **Dik·ta·'phon** <n.; -(e)s, -e; ↗Z11.3> *ein Diktiergerät*; **Dik'tat** <n.; -(e)s, -e> **1** *Ansage (zum Nachschreiben)* **2** *Niederschrift nach Ansage (als Rechtschreibübung)* **3** *aufgezwungenes Gebot*; *Mode~* [lat.]; **Dik'ta·tor** <m.; -s, -'to·ren> *Herrscher mit unumschränkter Macht*; **dik·ta'to·risch** <Adj.> *keinen Widerspruch duldend*; **Dik·ta'tur** <f.; -, -en> *Herrschaft eines Diktators*; **dik'tie·ren** <V. t.> *jmdm. etwas –*; **Dik'tier·ge·rät** <n.; -(e)s, -e>; **Dik·ti'on** <f.; -; unz.> *Stil, Ausdrucks-, Sprechweise*; **Dik·ti·o'när** <n. od. m.; -s, -e; veralt.> *Wörterbuch* [frz.]; **'Dik·tum** <n.; -s, 'Dik·ta> *(bedeutsamer) Ausspruch*; oV *Dictum* [lat.]

di·la'ta·bel <Adj.> *dehnbar*; *dila-*

Diminutiv: Ein D. ist die Verkleinerungsform eines Substantivs. Im Deutschen wird der D. durch Anhängen der Suffixe *-chen* oder *-lein* gebildet, z. B. *Ente–Entlein*; *Maus–Mäuschen*. Aus dem Französischen übernommen wurde auch das Diminutivsuffix *-ette* (wie in frz. *Maison–Maisonette*, im Deutschen z. B. in *Stiefel–Stiefelette*.)

---

table Buchstaben [lat.]; **Di·la·ta·ti'on** <f.; -, -en> *Ausdehnung, Erweiterung*; **Di·la·ta·ti'ons·fu·ge** <f.; -, -n; Bauw.> *Dehnungsfuge*; **di·la'tie·ren** <V. t.> *erweitern*; **Di·la·ti'on** <f.; -, -en> *Aufschub, Verzögerung*; **di·la'to·risch** <Adj.>

Di'lem·ma <n.; -s, -s od. -ta> *Zwangslage, Wahl zw. zwei (unangenehmen) Dingen* [grch.]

Di·let'tant <m.; -en, -en> *Laie, Stümper* [ital.]; **Di·let'tan·tin** <f.; -, -n·nen>; **di·let'tan·tisch** <Adj.>; **Di·let'tan·tis·mus** <m.; -; unz.>; **di·let'tie·ren** <V. i.; selten> *in einer Kunst –*

Dill <m.; -s, -e; Bot.>, **'Dil·le** <f.; -, -n; österr.> *eine Gewürzpflanze*

di·lu·vi'al <[-vi-]; Adj.; Geol.> *eiszeitlich* [lat.]; **Di·lu·vi'al·zeit** <f.; -; unz.; Geol.>; **Di'lu·vi·um** <n.; -s, -vi·en> *Eiszeit*

dim. <Abk. für> *diminuendo*

Dime <[daim]; m.; -s, - od. -s> *US-amerikan. Münze, 10 Cent*

Di·men·si·on <f.; -, -en> *Erstreckung, Abmessung, Ausmaß* [lat.]; **di·men·si·o'nal** <Adj.> *ein best. Ausmaß besitzend*; *drei~*; **di·men·si·o'nie·ren** <V. t.> *die Dimension(en) bestimmen*

Di'me·ter <m.; -s, -; Metrik> *Versform aus zwei gleichen Versfüßen* [grch.]

di·mi·nu'en·do <Mus.; Abk.: dim.> = *decrescendo* [ital.]; **Di·mi·nu'en·do** <n.; -s, -s od. -di; Mus.> = *Decrescendo*; **di·mi·nu·'ie·ren** <V. t.> *verkleinern, verringern, vermindern* [lat.]; **Di·mi·nu·ti'on** <f.; -, -en> **1** *Verkleinerung, Verminderung* **2** <Mus.> *Verkürzung der Notenwerte*; **di·mi·nu'tiv** <Adj.; Sprachw.> *verkleinernd*; **Di·mi·nu'tiv** <n.; -s, -e; Gramm.> *Ver-*

---

kleinerungsform, z. B. *Bildchen*; → a. *Kasten*

'Dim·mer <m.; -s, -> *Lichtschalter zur stufenlosen Regelung der Helligkeit* [engl.]

di'morph <Adj.; Biol.> *in zweierlei Gestalten auftretend* [grch.]; **Di·mor'phie** <f.; -; unz.>; **Di·mor·'phis·mus** <m.; -; unz.>

DIN **1** <Warenz.; urspr. Abk. für> *Deutsche Industrie-Norm* **2** <seit 1975 Abk. für> *Deutsches Institut für Normung e. V.* **3** <in Zus. mit Buchstabe u. Zahl Bez. für> *ein normiertes Maß, z. B. ~ A4*; *~-A5-Format*; → a. *DIN-Format*

Di'nar <m. **7**; -s, -e od. (bei Zahlenangaben) -> *Währungseinheit verschiedener Staaten* [lat.]; **di'na·risch** <Adj.; ↗Z46> *europid*; *die ~e Menschenrasse*; <aber> *das Dinarische Gebirge*

Di·ner <[-'ne:]; n.; -s, -s> *festl. Mittag- od. Abendessen* [frz.]

'DIN-For·mat <n.; -(e)s, -e; ↗Z34> *nach DIN festgelegtes Papierformat*; → a. *DIN*

Ding¹ <n.; -(e)s, -e od. (umg.) -er> *Sache*; *das ist ein ~ der Unmöglichkeit*; *gut ~ will Weile haben* <Sprichw.>; *aller guten ~e sind drei* <Sprichw.>; *vor allen ~en*; *unverrichteter ~e*; *guter ~e sein frohen Mutes*; **Ding²** <n.; -(e)s, -e> *german. Volks- u. Gerichtsversammlung*; *ein ~ abhalten, einberufen*; oV *Thing*; **'Din·gel·chen** <n.; -s, -; Verkleinerungsf. von> *Ding¹*; **'din·gen** <V. t. 120; veralt.> *jmdn. ~ anstellen*; *ein gedungener Mörder*; **'ding·fest** <Adj.; nur in der Wendung> *jmdn. ~ machen verhaften*

'Din·ghi, 'Din·gi <n.; -s, -s> *kleines Beiboot* [Bengali]

'Ding·lein <n.; -s, -; poet.; Verkleinerungsf. von> *Ding¹*; **'ding·lich** <Adj.> *eine Sache betreffend*; *~e Rechte*

'Din·go <m.; -s, -s; Zool.> *austral. Wildhund* [austral.]

Dings <n.; -, 'Din·ger; umg.> *Ding*; **'Dings·bums, 'Dings·da** <n. od. m. od. f.; -; unz.; umg.; scherzh.> *jmd. od. etwas, dessen Name einem nicht einfällt*; **Dings'kir·chen** <n.; -s; unz.; umg.; scherzh.> *Ort, dessen Na-*

'Ding·wort <n.; -(e)s, ⸗er> = *Substantiv;* → a. *Kasten Substantiv*

di'nie·ren <V. i.; geh.> *festlich speisen* [frz.]

Dink <m.; -s, -s; meist Pl.> *Partner einer kinderlosen Ehe- od. Lebensgemeinschaft, die beide berufstätig sind* [nach der engl. Abk. für "double income, no kids"]

'Din·kel <m.; -s; unz.; Bot.> *eine Weizenart*

'Din·ner <n.; -s, -; in Großbritan­nien> *abendliche Hauptmahlzeit des Tages* [engl.]; **'Din·nerja·cket** <[-dʒækit]; n.; -s, -s> *Smokingjackett für festl. Anlässe*

'Di·no <m.; -s, -s; umg.; kurz für> *Dinosaurier;* **Di·no'sau·ri·er** <m.; -s, -; Sammelbez. für> *ausgestorbene Reptilarten* [grch.]; **Di·no'the·ri·um** <n.; -s, -ri·en> *ausgestorbenes Rüsseltier*

Di'o·de <f.; -, -n> *elektron. Bauelement* [grch.]

Di·o'len <n.; -s; unz.; Warenz. für> *eine Polyesterfaser*

di·o'ny·sisch <Adj.> 1 *zu Dionysos gehörig* 2 <fig.> *rauschhaft* [nach *Dionysos,* dem grch. Gott des Weins u. der Fruchtbarkeit]

di·o'phan·tisch <Adj.> ~e *Gleichung G. mit mehreren Unbekannten u. unbestimmt vielen Lösungen* [nach dem altgrch. Mathematiker *Diophantos*]

Di·op'trie, <auch> **Di·op'trie** <f.; -, -n; ⸗Z53> Opt.; Abk.: dpt, dptr., Dptr.> *Maßeinheit der opt. Brechkraft* [grch.]; **di'optrisch** <Adj.> *lichtbrechend*

Di·o'ra·ma <n.; -s, -'ra·men> *plastisch wirkendes Schaubild* [grch.]

Di·o'ris·mus <m.; -, -'ris·men> *Begriffsbestimmung* [grch.]

Di·o'rit <m.; -(e)s, -e> *ein Tiefengestein* [grch.]

Di·os'ku·ren <Pl.> 1 *die beiden Söhne des Zeus, Kastor u. Pollux* 2 <fig.> *unzertrennliche Freunde* [grch.]

'Di·o·xid <a. [--'-]; n.; -(e)s, -e; Chem.> *aus zwei Sauerstoffatomen bestehendes Oxid;* oV *Dioxyd* [grch.]

Di·o'xin <n.; -s, -e; Chem.> *hochgiftige chem. Verbindung*

Diphthong: Ein D. besteht aus zwei ⸗**Vokalen,** die eine Einheit bilden. Der erste Vokal bestimmt die Lautung des Gesamtklanges. Im Deutschen können aufgrund der Lautung drei unterschiedliche D. unterschieden werden, die jedoch teilweise mehrere Arten der Verschriftung aufweisen:

[ai] verschriftet durch *ai, ei, ay, ey* (z. B. *Mais, Reise, Bayern, Meyer*). Die Schreibung mit *y* kommt nur in Fremdwörtern sowie in Eigennamen vor.

[au] verschriftet durch *au* (z. B. *Bauer, Haus*).

[ɔy] verschriftet durch *eu, äu, oy* (z. B. *teuer, Häuser, Boykott*). Die Schreibweise *äu* wird verwendet, wenn es sich um eine Ableitung eines Wortstammes mit *au* handelt. Aufgrund der Stärkung des Stammprinzips werden nach der Rechtschreibreform mehrere Wörter mit *äu* geschrieben, die früher mit *eu* verschriftet wurden (z. B. *schnäuzen, verbläuen, gräulich*). Schreibung mit *y* kommt in Fremdwörtern vor.
Vgl. ⸗**Monophthong**

'Di·o·xyd <a. [--'-]; n.; -(e)s, -e; Chem.> = *Dioxid*

di·ö·ze'san <Adj.>; **Di·ö·ze'san** <m.; -en, -en> *Angehöriger einer Diözese* [grch.]; **Di·ö·ze'sanver·wal·tung** <f.; -, -en>; **Di·ö'ze·se** <f.; -, -n> = *Bistum*

Di·ö'zie <f.; -; unz.; Bot.> *Zweihäusigkeit;* Ggs *Monözie;* **di'özisch** <Adj.> *zweihäusig* [grch.]

Dip <m.; -s, -s> *(gewürzte) Soße zum Eintunken* [engl.]

Diph·the'rie <f.; -; unz.; Med.> *eine Infektionskrankheit* [grch.]; **diph'the·risch** <Adj.>

Di'phthong, <auch> **Diph'thong** <m.; -(e)s, -e; ⸗Z54; Sprachw.> *aus zwei Vokalen bestehender Doppellaut,* z. B. ei, au; Ggs *Monophthong;* → a. *Kasten* [grch.]; **di·phthon'gie·ren** <V. i. u. V. t.> *vom Einzelvokal zum Diphthong übergehen;* **di'phthongisch** <Adj.>

dipl. <Abk. für> *diplomiert;* **Dipl.** <Abk. für> *Diplom;* **Dipl.Betriebsw.** <Abk. für> *Diplombetriebswirt(in);* **Dipl.-Bibl.**

<Abk. für> *Diplombibliothekar(in);* **Dipl.-Chem.** <Abk. für> *Diplomchemiker(in);* **Dipl.Dolm.** <Abk. für> *Diplomdolmetscher(in)*

Di·ple'gie, <auch> **Dip·le'gie** <f.; -, -n; ⸗Z54; Med.> *doppelseitige Lähmung* [grch.]

Dipl.-Ing. <Abk. für> *Diplomingenieur(in);* **Dipl.-Kffr.** <Abk. für> *Diplomkauffrau;* **Dipl.Kfm.** <Abk. für> *Diplomkaufmann;* **Dipl.-Met.** <Abk. für> *Diplommeteorologe/-meteorologin*

di·plo'id, <auch> **dip·lo'id** <Adj.; ⸗Z54; Biol.> *mit doppeltem Chromosomensatz;* Ggs *haploid* [grch.]

Dipl.-Ök. <Abk. für> *Diplomökonom(in)*

Di·plo'kok·kus, <auch> **Dip·lo'kok·kus** <m.; -, -kok·ken; ⸗Z54; Med.> *Kokkenpaar (Krankheitserreger)* [grch.]

Di'plom, <auch> **Dip'lom** <n.; -(e)s, -e; ⸗Z53; Abk.: Dipl.> 1 <urspr.⸗ *amtl. Schriftstück* 2 <heute> *Urkunde über eine abgelegte (akad.) Prüfung* [grch.]; **Di·plo'mand** <m.; -en, -en> *jmd., der sich auf die Diplomprüfung vorbereitet;* **Di·plo'man·din** <f.; -, -n·nen>; **Di'plom·ar·beit** <f.; -, -en>; **Di·plo'mat** <m.; -en, -en> 1 *höherer Beamter des auswärtigen Dienstes* 2 <fig.; umg.> *jmd., der geschickt verhandelt;* **Di·plo·ma'tie** <f.; -; unz.> 1 *Regelung zwischenstaatlicher Beziehungen* 2 *Gesamtheit der Diplomaten* 3 <fig.> *Verhandlungsgeschick;* **Di·plo'ma·tik** <f.; -; unz.> *Urkundenlehre;* **Di·plo'ma·tin** <f.; -s, ->; **Di·plo'ma·ti·ke·rin** <f.; -, -n·nen>; **Di·plo'ma·tin** <f.; -, -n·nen>; **di·plo'ma·tisch** <Adj.> 1 *die Diplomatie betreffend* 2 *die Diplomatie betreffend;* ein ~es *Korps;* <aber> das *Diplomatische Korps (in Paris)* <Abk.: CD> *die bei einem Staat akkreditierten Vertreter anderer Staaten;* **Di'plom·betriebs·wirt** <m.; -(e)s, -e; Abk.: Dipl.-Be­triebsw.>; **Di'plom·be·triebswir·tin** <f.; -, -n·nen>; **Di'plombi·bli·o·the·kar,** <auch> **Di'plom·bib·li·o·the·kar** <m.; -s,

-e; ⬈Z53; Abk.: Dipl.-Bibl.>; **Di·
'plom·bi·bli·o·the·ka·rin** <f.; -,
-n·nen>; **Di'plom·che·mi·ker**
<[-çe-]; m.; -s, -; Abk.: Dipl.-
Chem.>; **Di'plom·che·mi·ke·rin**
<f.; -, -n·nen>; **Di'plom·dol·
met·scher** <m.; -s, -; Abk.:
Dipl.-Dolm.>; **Di'plom·dol·met·
sche·rin** <f.; -, -n·nen>; **di·plo·
'mie·ren** <V. t.> jmdm. ~ jmdm.
ein Diplom erteilen; **di·plo·
'miert** <Adj.; Abk.: dipl.> mit ei-
nem Diplom versehen; ~er Dol-
metscher; **Di'plom·in·ge·ni·eur**
<[-inʒənjøːr]; m.; -s, -e; Abk.:
Dipl.-Ing.>; **Di'plom·in·ge·ni·
eu·rin** <f.; -, -n·nen>; **Di'plom·
kauf·frau** <f.; -, -en; Abk.: Dipl.-
Kffr.>; **Di'plom·kauf·mann** <m.;
-(e)s, -leu·te; Abk.: Dipl.-Kfm.>;
Di'plom·me·te·o·ro·lo·ge <m.;
-n, -n; Abk.: Dipl.-Met.>; **Di·
'plom·me·te·o·ro·lo·gin** <f.; -,
-n·nen>; **Di'plom·ö·ko·nom**
<m.; -en, -en; ⬈Z55>; Abk.:
Dipl.-Ök.>; **Di'plom·ö·ko·no·
min** <f.; -, -n·nen>; **Di'plom·
phy·si·ker** <m.; -s, -; Abk.:
Dipl.-Phys.>; **Di'plom·phy·si·
ke·rin** <f.; -, -n·nen>; **Di'plom·
volks·wirt** <m.; -(e)s, -e; Abk.:
Dipl.-Volksw.>; **Di'plom·volks·
wir·tin** <f.; -, -n·nen>
Di·plo'pie, <auch> **Dip·lo'pie** <f.;
-; unz.; ⬈Z53; Med.> Doppel-
sichtigkeit [grch.]
Dipl.-Phys. <Abk. für> Diplom-
physiker(in); **Dipl.-Volksw.**
<Abk. für> Diplomvolkswirt(in)
Di·po'die <f.; -, -n; Metrik> Ein-
heit aus zwei gleichen Versfü-
ßen [grch.]; **di'po·disch** <Adj.;
Metrik>
'Di·pol <m.; -(e)s, -e; Phys.> An-
ordnung von zwei gleich star-
ken, einander entgegengesetzten
elektr. Ladungen [grch.]; **'Di·
pol·an·ten·ne** <f.; -, -n>
'dip·pen <V. t.> 1 <Mar.> die Flag-
ge ~ zum Gruß niederholen u.
wieder hissen 2 <umg.> eintau-
chen [engl.]
'Dip·tam <m.; -s; unz.; Bot.> eine
Zierpflanze [grch.]
Di'pte·re, <auch> **Dip'te·re** <m.;
-n, -n; ⬈Z54; Zool.> = Zweiflüg-
ler; **'Di·pte·ros** <m.; -, -roi>
Tempel mit doppelter Säulen-
reihe [grch.]
'Di·pty·chon, <auch> **'Dip·ty-**

---

direkte Rede: Die d. R. steht –
im Gegensatz zur ⬈indirekten
Rede – in ⬈**Anführungszeichen**.
Wird die d. R. durch einen Ein-
schub unterbrochen, so sind alle
einzelnen Teile der d. R. in An-
führungszeichen zu setzen:
„Wir kommen zu spät", sagte sie.
„Wir schaffen es", entgegnete er,
„wenn wir uns beeilen."

---

chon <n.; -s, -chen> 1 <Alter-
tum> zusammenklappbare
Schreibtafel 2 <MA> zweiflüge-
liges Altarbild [grch.]
dir <⬈Z40>; Dat. von> du; wie
geht es ~? <auch in Briefen
kleingeschrieben>; mir nichts,
~ nichts <umg.> einfach so
Dir. <Abk. für> Direktor(in); **Di·
rect·mai·ling**, <auch> **Di·rect
Mai·ling** <['daɪrekt 'meɪ-]; n.;
(-)-s, (-)-s; ⬈Z30; Werbung>
Form der briefl. Direktwerbung
[engl.]; **di'rekt**¹ <a. ['--]; Adj.> 1
geradlinig, ohne Umweg; ich
komme ~ vom Arzt; der ~e Weg;
er ist immer sehr ~ <fig.> er äu-
ßert sich ohne Umschweife 2
<adv.> ganz nahe bei; er wohnt
~ gegenüber 3 unmittelbar; ~e
Rede wörtl. R. (→ a. Kasten); ~e
Wahl; ~e Frage; ~es Objekt; Ggs
indirekt; → a. Kästen Fragesatz,
Akkusativobjekt [lat.]; **di'rekt²**
<Partikel; umg.> wirklich; der
Auftritt war ~ gelungen; **Di'rekt·
flug** <m.; -(e)s, ⸗e> Nonstopflug;
Di'rekt·heit <f.; -; unz.>; **Di·rek·
ti'on** <f.; -, -en> Leitung, Vor-
stand, Geschäftsführung; **Di·
rek·ti'ons·kraft** <f.; -, ⸗e; Phys.>;
di·rek'tiv <Adj.> (Verhaltens-)
Regeln festlegend [frz.]; **Di·rek·
'ti·ve** <f.; -, -n> Weisung, Richt-
linie, Verhaltensregel; **Di'rekt·
man·dat** <n.; -(e)s, -e; bei pol.
Wahlen>; **Di'rek·tor** <m.; -s,
-'to·ren; Abk.: Dir.> Leiter einer
Institution od. Behörde; Bank~;
Schul~ [lat.]; **Di·rek'to·rat** <n.;
-(e)s, -e> Amt, Dienstraum des
Direktors; **di·rek·to·ri'al** <Adj.>
dem Direktor zustehend, von
ihm veranlasst; **Di·rek'to·ri·um** <f.;
-, -n·nen>; **Di·rek'to·ri·um** <n.;
-s, -ri·en> 1 Geschäftsleitung 2
oberste frz. Staatsbehörde
(1795–99); **Di·rek·tri·ce**, <auch>
Di·rect·ri·ce <[-'triːs(ə)]; f.; -, -n;

⬈Z53> leitende Angestellte (bes.
in der Bekleidungsbranche)
[frz.]; **Di'rek·trix**, <auch> **Di·
'rek·trix** <f.; -; unz.; Math.> Leit-
linie von Kegelschnitten [lat.];
Di'rekt·sen·dung <f.; -, -en>; **Di·
'rekt·spiel** <n.; -(e)s, -e; Fußb.>;
Di'rekt·ü·ber·tra·gung <f.; -,
-en; ⬈Z55>; **Di'rekt·ver·kauf**
<m.; -(e)s, ⸗e>; **Di'rekt·wer·
bung** <f.; -, -en>; **'Di·rex** <m.; -,
-e; Schülerspr.> Direktor
'Dir·ham, **'Dir·hem** <m. 7; -s, -s
od. (nach Mengenangaben) ->
arab. Währungs- u. Gewichts-
einheit; 10 ~
Di·ri'gat <n.; -(e)s, -e> das Leiten
eines Orchesters [lat.]; **Di·ri'gent**
<m.; -en, -en> Leiter eines Or-
chesters (od. Chores); **Di·ri'gen·
ten·pult** <n.; -(e)s, -e>; **Di·ri·
'gen·tin** <f.; -, -n·nen>; **di·ri'gie·
ren** <V.> 1 <V. t. u. V. i.> ein Or-
chester, einen Chor leiten 2
<V. t.> jmdn. ~ <umg.> in eine
Richtung weisen; **Di·ri'gis·mus**
<m.; -; unz.> staatl. Lenkung
der Wirtschaft; **di·ri'gis·tisch**
<Adj.>
Di·ri'mie·rungs·recht <n.; -(e)s;
unz.; österr.> Recht des Vorsit-
zenden, bei Stimmengleichheit
zu entscheiden [lat.]
Dirndl <n.; -s, -n; bair.; österr.> 1
junges Mädchen 2 <kurz für>
Dirndlkleid 3 <Pl.; österr.> ~n
Früchte des Kornelkirschen-
strauchs; **'Dirndl·kleid** <n.;
-(e)s, -er> Trachtenkleid; **'Dir·
ne** <f.; -, -n> 1 <veralt.> junges
Mädchen (vom Land) 2 Prosti-
tuierte
dis <n.; -, -; Mus.> 1 Tonbez. 2
<Abk. für> dis-Moll (Tonart-
bez.); **Dis** <n.; -, -; Mus.> 1 Ton-
bez. 2 <Abk. für> Dis-Dur (Ton-
artbez.)
dis..., Dis... <Vorsilbe; in Zus.>
auseinander..., weg... [lat.]; **Dis·
a·gio** <[-'aːdʒo]; n.; -s; unz.;
Bankw.> Betrag, um den ein
Kurs unter dem Nennwert liegt;
Ggs Agio [ital.]
'Disc·jo·ckey <[-dʒɔki]; m.; -s,
-s> = Diskjockey; **'Dis·co** <f.; -,
-s> = Disko; **'Dis·co·fox** <m.; -
od. -es; unz.>; **Dis·co·gra'fie,
Dis·co·gra'phie** <f.; -, -n;
⬈Z11.3> = Diskografie; **'Dis·co·
look** <[-luk]; m.; -s; unz.; umg.>

= *Diskolook*; **'Dis·co·queen** <[-kwi:n]; f.; -, -s> = *Diskoqueen*; **'Dis·co·sound** <[-saund]; m.; -s; unz.> = *Discosound*; **Dis·co'thek** <f.; -, -en> = *Diskothek*

Dis·count <[-'kaunt]; m.; -s, -s> *Verkauf von Waren zu einem niedrigen Preis* [engl.]; **Dis'count·ge·schäft** <n.; -(e)s, -e>; **Dis'count·la·den** <m.; -s, =>

'Dis·Dur <n.; -; unz.> Mus.; Abk.: Dis> *eine Tonart*; **'Dis·Dur·Ton·lei·ter** <f.; -, -n; ↗Z35>

Dis·en·ga·ge·ment <[-'in'ge:dʒ-]; n.; -s, -s> *militär. Auseinanderrücken von Staatsmächten* [engl.]

Di·seur <[-'zø:r]; m.; -s, -e> *Vortragskünstler* [frz.]; **Di·seu·se** <[-'zø:zə]; f.; -, -n>

dis·gru'ent <Adj.> *nicht übereinstimmend*; Ggs *kongruent* [lat.]

Dis·har·mo'nie <f.; -, -n> 1 *Missklang* 2 *Uneinigkeit*; **dis·har·mo'nie·ren** <V. i.>; **dis·har'mo·nisch** <Adj.>

Dis·junk'ti·on <f.; -, -en> 1 *Trennung, Sonderung* 2 <Sprachw.> *Gegenüberstellung sich ausschließender, aber zusammengehörender Begriffe, z. B. Mann – Frau* [lat.]; **dis·junk'tiv** <Adj.> *~e Konjunktion ausschließende K., z. B. entweder – oder*

Dis'kant <m.; -s, -e; Mus.> 1 *höchste Stimmlage, Sopran* 2 *höchste Tonlage eines Instrumentes* [lat.]; **Dis'kant·flö·te** <f.; -, -n>; **Dis'kant·schlüs·sel** <m.; -s; unz.> *C-Schlüssel, Sopranschlüssel*

Dis'ket·te <f.; -, -n> *Magnetscheibe zur Speicherung von Daten im Computer*; **'Disk·jo·ckei, 'Disk·jo·ckey** <[-'dʒɔki]; m.; -s, -s; Abk.: DJ> *jmd., der (in Diskotheken) die Musik auswählt u. präsentiert*; oV *Discjockey* [engl.]; **'Dis·ko** <f.; -, -s; kurz für> *Diskothek(2)*; oV *Disco*; **'Dis·ko·fox** <m.; - od. -es; unz.>; **Dis·ko·gra'fie, Dis·ko·gra'phie** <f.; -, -n; ↗Z11.3> *Schallplatten-, CD-Verzeichnis*; **'Dis·ko·look** <[-luk]; m.; -s; unz.; umg.> *bevorzugt in Diskotheken getragene Kleidung*

Dis'kont <m.; -s, -e; Bankw.> *Zinsabzug bei Zahlung einer*

noch nicht fälligen Forderung [ital.]; **Dis'kon·ten** <Pl.> *inländische Wechsel*; **Dis'kont·ge·schäft** <n.; -(e)s, -e>; **dis·kon·'tie·ren** <V. t.> 1 *den Diskont abziehen* 2 Wechsel *– vor Fälligkeit mit Zinsabzug kaufen*

dis·kon·ti·nu'ier·lich <Adj.> *mit Unterbrechungen aufeinander folgend*; Ggs *kontinuierlich* [lat.]; **Dis·kon·ti·nu·i'tät** <f.; -; unz.> Ggs *Kontinuität*

Dis'kon·to <m.; -s, -s od. -ti> = *Diskont*; **Dis'kont·ra·te** <f.; -, -n>; **Dis'kont·satz** <m.; -es, =e; Bankw.> *Zinssatz*

'Dis·ko·queen <[-kwi:n]; f.; -, -s> *Sängerin, die bes. Lieder im Funk- u. Diskostil interpretiert* [engl.]

dis·kor'dant <Adj.> 1 *nicht übereinstimmend, uneinig* 2 <Mus.> *auf Dissonanz aufgebaut*; *~er Akkord* 3 <Geol.> *ungleichförmig gelagert (Gestein)* [lat.]; **Dis·kor'danz** <f.; -, -en>

'Dis·ko·sound <[-saund]; m.; -s; unz.> *eine Art der Popmusik*; **Dis·ko'thek** <f.; -, -en> oV *Discothek* 1 *Schallplatten-, CD-Sammlung* 2 *(bes. von Jugendlichen besuchtes) Tanzlokal*; **Dis·ko·the'kar** <m.; -s, -e>; **Dis·ko·the'ka·rin** <f.; -, -n·nen>

'Dis·kre·dit <m.; -(e)s; unz.> *schlechter Ruf* [lat.]; **dis·kre·di·'tie·ren** <V. t.> *in Verruf bringen*

dis·kre'pant <Adj.> *abweichend, widersprüchlich* [lat.]; **Dis·kre·'panz** <f.; -, -en> *Abweichung*

dis'kret <Adj.> 1 *verschwiegen, taktvoll, unauffällig* 2 <Math.; Phys.> *vereinzelt, gesondert* [frz.]; **Dis·kre'ti·on** <f.; -; unz.> *Verschwiegenheit, Takt*

Dis·kri·mi'nan·te <f.; -, -n; Math.> *math. Ausdruck bei Gleichungen zweiten u. höheren Grades*; **Dis·kri·mi·na'ti·on** <f.; -, -en> = *Diskriminierung*; **dis·kri·mi·nie·ren** <V. t.> *unterschiedlich behandeln, herabwürdigen* [lat.]; **Dis·kri·mi'nie·rung** <f.; -, -en>

dis·kur'rie·ren <V. i.; veralt.> *sich unterhalten* [frz.]; **Dis'kurs** <m.; -es, -e> 1 *lebhafte Debatte, Erörterung* 3 <Philos.> *auf einen Konsens zielende Argumentati-*

on; **dis'kur·siv** <Adj.; Philos.> *logisch folgernd*

'Dis·kus <m.; - od. -s·ses, 'Dis·ken od. -s·se> *Wurfscheibe* [grch.]

Dis·kus·si'on <f.; -, -en> *Erörterung, lebhafter Gedankenaustausch* [lat.]; **Dis·kus·si'ons·bei·trag** <m.; -(e)s, =e>; **'Dis·kus·si'ons·run·de** <f.; -, -n>; **dis·kus·si'ons·wür·dig** <Adj.>

Dis·kus·wer·fen <n.; -s; unz.; Sp.>; **'Dis·kus·wer·fer** <m.; -s, ->; **'Dis·kus·wer·fe·rin** <f.; -, -n·nen>

dis·ku'ta·bel <Adj.> *erwägenswert*; *diskutable Vorschläge*; Ggs *indiskutabel* [frz.]; **Dis·ku'tant** <m.; -en, -en; geh.> *Diskussionsteilnehmer* [lat.]; **Dis·ku'tan·tin** <f.; -, -n·nen>; **dis·ku·'tie·ren** <V. t. u. V. i.> (über) *ein Thema – ein T. lebhaft erörtern*

Dis·lo·ka·ti'on <f.; -, -en> 1 *Verlegung (von Truppen)* 2 <Geol.> *Störung der Lagerung von Gesteinsverbänden* 3 <Med.> *Verschiebung der Bruchenden bei Knochenbrüchen* [lat.]; **Dis·lo·ka·ti'ons·be·ben** <n.; -s, -; Geol.>; **dis·lo'zie·ren** <V.> 1 <V. t.> *verteilen, verlagern* 2 <V. i.; Med.> *sich verschieben*

'dis·Moll <n.; -; unz.; Mus.; Abk.: dis> *eine Tonart*; **'dis·Moll·Ton·lei·ter** <f.; -, -n; ↗Z34>

dis·pa'rat <Adj.> *ungleichartig, sich widersprechend* [lat.]; **Dis·pa·ri'tät** <f.; -, -en>

Dis·pat·cher <[-'pætʃə(r)]; m.; -s, -> *leitender Angestellter in Großbetrieben, der den Produktionsablauf überwacht u. steuert* [engl.]

Dis'pens <m.; -es, -e> *Befreiung (von einer Verpflichtung), Ausnahmebewilligung* [lat.]; **Dis'pen·ser** <m.; -s, -; Med.> *Verteilungs-, Dosierungspipette* [engl.]; **dis·pen'sie·ren** <V. t.> *befreien, beurlauben*

di·sper'gie·ren <V. t.; ↗Z54> *zerstreuen, fein verteilen* [lat.]; **di'spers** <Adj.> *zerstreut, fein verteilt*; **Di·sper·si'on** <f.; -, -en> 1 *feinste Verteilung eines Stoffes* 2 <Phys.> *Abhängigkeit einer physikal. Größe von der Wellen-*

D

länge; **Di·sper·si·ons·far·be** ‹f.; -, -n›

Dis·placed Per·son ‹[dis'pleist 'pə:sn] f.; --, --s; ↗Z31› Abk.: D. P.› *jmd., der im 2. Weltkrieg (zum Arbeitseinsatz) nach Deutschland verschleppt wurde* [engl.]

Dis·play ‹[-'plei]; n.; -s, -s› 1 *optisch wirksames Zurschaustellen von Waren, Werbematerial u. Ä. 2* ‹an elektron. Geräten› *optische Datenanzeige* [engl.]; **Dis·pla·yer,** ‹auch› **Dis·play·er** ‹[-'pleɪ:ər]; m.; -s, -; ↗Z52› *Gestalter von Warenverpackung od. Dekorationen*

Di·spon·de·us ‹m.; -, -'de·en; Metrik› *aus zwei Spondeen bestehender Versfuß* [grch.]

Dis·po·nen·den ‹Pl.› *vom Sortimenter nicht verkaufte Bücher, die er mit Genehmigung des Verlegers weiter bei sich lagert* [lat.]; **Dis·po'nent** ‹m.; -en, -en› *Angestellter mit besonderen Vollmachten*; **Dis·po'nen·tin** ‹f.; -, -n·nen›; **dis·po'ni·bel** ‹Adj.› *verfügbar; disponible Ware*; **Dis·po·ni·bi·li'tät** ‹f.; -; unz.›; **dis·po'nie·ren** ‹V.› 1 ‹V. t.› *ordnen, gliedern, einteilen 2* ‹V. i.› *über jmdn. od. etwas ~ verfügen*; **Dis·po·si·ti·on** ‹f.; -, -en› 1 *freie Verfügung;* zur ~ *stehen 2 Plan, Einteilung, Gliederung 3 phys. u. psych. Verfassung, Empfänglichkeit (für eine Krankheit) 4* zur ~ *stellen* ‹Abk.: z. D.› *in den Wartestand od. einstweiligen Ruhestand versetzen*; **dis·po·si·ti·'ons·fä·hig** ‹Adj.› *geschäftsfähig, einsatzfähig*; **Dis·po·si·ti·'ons·fonds** ‹[-fɔ̃]; m.; - [-fɔ̃], - [-fɔ̃s]› *Fonds zur freien Verfügung*; **Dis·po·si·ti·'ons·kre·dit** ‹m.; -(e)s, -e› *Überziehungskredit*; **dis·po·si'tiv** ‹Adj.› *anordnend*

Dis·pro·por·ti'on ‹f.; -, -en› *Missverhältnis* [lat.]; **dis·pro·por·ti·o'nie·ren** ‹V. i.›; **dis·pro·por·ti·o'niert** ‹Adj.; ↗Z28.1› *ungleich*; **Dis·pro·por·ti·o'nie·rung** ‹f.; -, -en›

Dis'put ‹m.; -(e)s, -e; geh.› *hitziges Gespräch, Wortgefecht* [lat.]; **dis·pu'ta·bel** ‹Adj.; -'tab·ler, am -s·ten› *strittig*; **Dis·pu'tant** ‹m.;

-en, -en› *Teilnehmer an einem Disput*; **Dis·pu'tan·tin** ‹f.; -, -n·nen›; **Dis·pu·ta·ti'on** ‹f.; -, -en› *Streitgespräch*; **dis·pu'tie·ren** ‹V. i.; geh.›

Dis·qua·li·fi·ka·ti'on ‹f.; -, -en› 1 *Untauglichkeit(serklärung) 2 Ausschluss von sportl. Wettkämpfen* [lat.]; **dis·qua·li·fi'zie·ren** ‹V. t.›; **Dis·qua·li·fi'zie·rung** ‹f.; -, -en›

Diss. ‹Abk. für› *Dissertation*

'dis·sen ‹V. t.; Jugendspr.› *jmdn. ~ (in der Öffentlichkeit) verächtlich machen* [engl.]

Dis'sens ‹m.; -es, -e; Pl. selten; geh.› *Meinungsverschiedenheit*; Ggs Konsens [lat.]; **Dis·'sen·ter** ‹m.; -s, -s; in Großbritannien› *nicht der anglikan. Staatskirche angehörender Protestant* [engl.]; **dis·sen'tie·ren** ‹V. i.› *anderer Meinung sein*

Dis·ser'tant ‹m.; -en, -en› *jmd., der an einer Dissertation arbeitet* [lat.]; **Dis·ser'tan·tin** ‹f.; -, -n·nen›; **Dis·ser·ta·ti'on** ‹f.; -, -en; Abk.: Diss.› *wissenschaftl. Abhandlung zur Erlangung der Doktorwürde*; **dis·ser'tie·ren** ‹V. i.; selten›

Dis·si'dent ‹m.; -en, -en› *jmd., der von der offiziellen polit. Meinung abweicht* [lat.]; **Dis·si'den·tin** ‹f.; -, -n·nen›; **dis·si'die·ren** ‹V. i.› *anders denken*

Dis·si·mi·la·ti'on ‹f.; -, -en› 1 *Beseitigung, Verlust der Ähnlichkeit;* Ggs Assimilation 2 ‹Sprachw.› *das Unähnlichwerden zweier benachbarter Laute od. Ausfall eines von zwei ähnl. Lauten, z. B. "fünf" aus mhd. "fimpf" 3* ‹Biol.› *Energie freisetzende Stoffwechselvorgänge* [lat.]; **dis·si·mi'lie·ren** ‹V. t.›

Dis·si·mu·la·ti'on ‹f.; -, -en› *Verbergen von Krankheitssymptomen* [lat.]; **dis·si·mu'lie·ren** ‹V. t. u. V. i.› Ggs *simulieren*

Dis·si·pa·ti'on ‹f.; -, -en; Phys.› *Umwandlung einer Energieform in Wärme* [lat.]; **dis·si'pie·ren** ‹V. t.; Phys.; Kyb.› *zerstreuen, annullieren*

dis·so'lu·bel ‹Adj.› *löslich, schmelzbar, zerlegbar; dissoluble Stoffe* [lat.]; **dis·so'lut** ‹Adj.; -er, am -es·ten› *haltlos, zügel-*

los; **Dis·so·lu·ti'on** ‹f.; -, -en› *Auflösung, Trennung*

dis·so'nant ‹Adj.› *misstönend, nicht zusammenpassend*; Ggs *konsonant* [lat.]; **Dis·so'nanz** ‹f.; -, -en› *Missklang, Unstimmigkeit*; **dis·so'nie·ren** ‹V. i.›

Dis·so·zi·a·ti'on ‹f.; -, -en› *Zerfall, Trennung, Auflösung, Spaltung*; Ggs Assoziation [lat.]; **dis·so·zi·a'tiv** ‹Adj.›; **dis·so·zi'ie·ren** ‹V.› 1 ‹V. t.› *trennen, auflösen, aufspalten 2* ‹V. i. (s.)› *in Ionen zerfallen*

di'stal, ‹auch› **dis'tal** ‹Adj.; ↗Z54› *vom (Körper-)Mittelpunkt entfernt liegend* [lat.]

Di'stanz, ‹auch› **Dis'tanz** ‹f.; -, -en› *Entfernung, Abstand* [lat.]; **Di'stanz·ge·schäft** ‹n.; -(e)s, -e; Wirtsch.› *Bestellung anhand eines Kataloges*; **di·stan·'zie·ren** ‹V.› ‹V. t.› *jmdn. (im Wettkampf) ~ hinter sich lassen 2* ‹V. refl.› *sich von jmdm. od. etwas ~ abrücken*; **di·stan'ziert** ‹Adj.› *Abstand wahrend, zurückhaltend*; **Di'stanz·re·lais** ‹[-rəle:]; n.; - [-le:s], - [-le:s]; El.› *Schutzrelais in Hochspannungssystemen*; **Di'stanz·ritt** ‹m.; -(e)s, -e› *Ritt über eine sehr lange Strecke*; **Di'stanz·wech·sel** ‹[-ks-]; m.; -s, -; Bankw.› *Wechsel mit unterschiedl. Ausstellungs- u. Zahlungsort*

'Dis·tel ‹f.; -, -n; Bot.› *eine stachelige Pflanze*; **'Dis·tel·fal·ter** ‹m.; -s, -; Zool.› *ein Schmetterling*; **'Dis·tel·fink** ‹m.; -en, -en; Zool.› = Stieglitz

Di'sthen, ‹auch› **Dis'then** ‹m.; -(e)s, -e; ↗Z54; Min.› *ein Mineral* [grch.]

di'stich, ‹auch› **dis'tich** ‹Adj.; ↗Z54; Bot.› *in einander gegenüberstehenden Reihen angeordnet* [grch.]; **'Di·sti·chon** ‹[-çɔn]; n.; -s, -chen; Metrik› *aus einem Hexameter u. Pentameter zusammengesetzter Vers*

di·stin·gu·ie·ren, ‹auch› **dis·tin·gu'ie·ren** ‹[-'gi:-]; V. t.; ↗Z54› *unterscheiden, auszeichnen, hervorheben* [lat.]; **di·stin·guiert** ‹[-'gi:rt]; Adj.; -er, am -es·ten; ↗Z28.1› *vornehm*; **di·'stinkt** ‹Adj.; geh.› *deutlich unterschieden, klar erkennbar*; **Di-**

Distribution: Als D. oder Verteilung bezeichnet man die Möglichkeit des Vorkommens von sprachlichen Elementen in bestimmten Umgebungen.
In der Phonologie werden beispielsweise mithilfe der D. die unterschiedlichen Umgebungen und Funktionen von ⟋**Phonemen** ermittelt. Im Deutschen unterscheidet man z. B. Ich-Laut [ç], der nach den vorderen Vokalen [i, e, y, ø] steht (wie in *ich, echt, tünchen*) und Ach-Laut [x], der nach den hinteren Vokalen [a, o, u] artikuliert wird (wie in *acht, Koch, Suche*).

stink·ti·on <f.; -, -en> 1 *Auszeichnung, hoher Rang, Würde* 2 <österr.> *Rangabzeichen*; **di·stink·tiv** <Adj.> 1 *unterscheidend* 2 *auszeichnend*

Dis·tor·si·on <f.; -, -en> 1 <Opt.> *Verzerrung* 2 <Med.> *Verstauchung* [lat.]

dis·tra·hie·ren <V. t.> *auseinander ziehen, trennen* [lat.]; **Dis·trak·ti·on** <f.; -, -en> 1 *das Auseinanderziehen* 2 <Med.> *Behandlung von Knochenbrüchen mittels Streckverband*; **Dis·trak·tor** <m.; -s, -'to·ren> *eine zur Auswahl stehende, aber nicht richtige Antwort beim Multiple-choiceverfahren*

Dis·tri·bu'ent <m.; -en, -en; veralt.> *Verteiler* [lat.]; **dis·tri·bu·'ie·ren** <V. t.> *verteilen*; **Dis·tri·bu·ti'on** <f.; -, -en> → a. Kasten; **dis·tri·bu'tiv** <Adj.>; **Dis·tri·bu'tiv·ge·setz** <n.; -es; unz.; Math.>; **Dis·tri·bu'tiv·zahl** <f.; -, -en> *Zahl zur Einteilung in jeweils gleiche Mengen, z. B. je 3*

Di'strikt, <auch> **Dis'trikt**, **Dist·'rikt** <m.; -(e)s, -e; ⟋Z54> *Gebiet, Region, (Verwaltungs-)Bezirk* [lat.]

Dis·zi'plin, <auch> **Dis·zip'lin** <f.; -, -en; ⟋Z53> 1 <unz.> *Zucht, Ordnung* 2 *wissenschaftl. Fachrichtung* 3 *(Teilbereich einer) Sportart* [lat.]; **Dis·zi·pli'nar·ge·walt** <f.; -; unz.> *die dem Staat gegenüber seinen Beamten zustehende Gewalt*; **dis·zi·pli'na·risch** <Adj.> 1 *die Disziplin(1) betreffend* 2 <fig.> *streng*; **Dis·zi·pli'nar·maß·nah·me** <f.; -,

-n>; **Dis·zi·pli'nar·recht** <n.; -(e)s; unz.>; **Dis·zi·pli'nar·ver·fah·ren** <n.; -s, ->; **Dis·zi·pli·'nar·ver·ge·hen** <n.; -s, ->; **dis·zi·pli'nell** <Adj.> = *disziplinarisch*; **dis·zi·pli'nie·ren** <V. t./V. refl.> jmdn., sich ~; **dis·zi·pli·'niert** <Adj.; ⟋Z28.1> *sich an eine Ordnung haltend*; **Dis·zi·pli·'nie·rung** <f.; -, -en>; **dis·zi·'plin·los** <Adj.>; **Dis·zi'plin·lo·sig·keit** <f.; -; unz.>

Di·thy'ram·be <f.; -, -n> 1 *Chor- u. Reigenlied auf den Gott Dionysos* 2 *Hymne, Loblied* [grch.]

'di·to <Adv.; Abk.: do., dto.> *gleichfalls, ebenso* [lat.]

Di·tro·chä·us <[-'xε:-]; m.; -, -chä·en; Metrik> *doppelter Trochäus* [grch.]

'dit·to <Adv.; österr.> = *dito*

Dit·to·gra'fie, Dit·to·gra'phie <f.; -, -n; ⟋Z11.3> Ggs *Haplographie* 1 *fehlerhafte Doppelschreibung von Buchstaben(gruppen)* 2 *doppelte Lesart bei antiken Schriftstellern* [grch.]

Di·u're·se <f.; -, -n; Med.> *Harnausscheidung* [grch.]; **Di·u're·ti·kum** <n.; -s, -ka; Med.> *harntreibendes Mittel*; **di·u're·tisch** <Adj.; Med.>

Di·ur'nal, Di·ur'na·le <n.; -s, -lia> *Gebetbuch kath. Geistlicher mit den Tagesgebeten* [lat.]

'Di·va <[-va]; f.; -, -s od. 'Di·ven> 1 *gefeierte Künstlerin* 2 <fig.; meist abwertend> *extravagante Frau* [ital.]

'Di·van <[-van]; m.; -s, -e> = *Diwan*

di·ver'gent <[-vεr-]; Adj.> *auseinander strebend, in entgegengesetzter Richtung verlaufend*; Ggs *konvergent* [lat.]; **Di·ver'genz** <f.; -, -en> Ggs *Konvergenz* 1 *das Auseinanderstreben* 2 *Meinungsverschiedenheit*; **di·ver'gie·ren** <V. i.>

di·vers <[-'vεrs]; Adj.> 1 *verschieden* 2 ~e *mehrere* [lat.]; **Di'ver·sa** <Pl.> *verschiedene Dinge, Allerlei*

Di·ver'ti·kel <[-vεr-]; n.; -s, -; Med.> *Ausstülpung an Organen* [lat.]

Di·ver·ti'men·to <[-vεr-]; n.; -s, -s od. -ti; Mus.> *unterhaltsames Musikstück* [ital.]; **Di·ver·tis·se·ment** <[-vεrtis(ə)'mã]; n.; -s, -s>

1 *Tanzeinlage in Opern* 2 = *Divertimento* [frz.]

'di·vi·de et 'im·pe·ra <[-vi-]> *"teile und herrsche!" (Grundprinzip der Außenpolitik im antiken Rom)* [lat.]

Di·vi'dend <[-vi-]; m.; -en, -en; Math.> Ggs *Divisor* 1 *Zahl, die geteilt werden soll* 2 *Zähler eines Bruchs* [lat.]; **Di·vi'den·de** <f.; -, -n; Wirtsch.> *auf Aktien entfallender Gewinnanteil*; **di·vi·'die·ren** <V. t.; Math.> *teilen*

Di·vi·na·ti'on <[-vi-]; f.; -, -en; geh.> *Ahnung(svermögen)* [lat.]; **di·vi·na'to·risch** <Adj.> *seherisch*; ~e *Fähigkeiten*; **Di·vi·ni'tät** <f.; -, -en> 1 *Göttlichkeit* 2 *göttl. Wesen*

Di·vis <[-'vi:s]; n.; -es, -e> *Binde-, Trennungsstrich* [lat.]; **di·vi'si·bel** <Adj.> *teilbar; eine divisible Zahl*; **Di·vi·si'on** <f.; -, -en> 1 <Math.> *Teilung* 2 <Mil.> *Heeresabteilung*; **Di'vi·sor** <m.; -s, -'so·ren; Math.> Ggs *Dividend* 1 *Zahl, durch die eine andere geteilt werden soll* 2 *Nenner eines Bruchs*

'Di·wan <m.; -s, -e> oV *Divan* 1 *niedriges Liegesofa* 2 *Sammlung oriental. Gedichte* [pers.]

'Di·xie <m.; - od. -s; unz.; kurz für> *Dixieland²*; **Di·xie·land¹** <['diksilænd]; n.; - od. -s; unz.> *die Südstaaten der USA*; **'Di·xie·land²** <m.; - od. -s; unz.> *in den Südstaaten der USA aufgekommene Form des Jazz*; **'Di·xie·land·jazz** <[-dʒæs]; m.; -; unz.>

d. J. <Abk. für> 1 *der Jüngere* 2 *dieses Jahres*

DJ <['di:dʒei]; m.; - od. -s, -s; Abk. für> *Diskjockey*

DJH <Abk. für> *Deutsche Jugendherberge*

Dji'had <[dʒi-]; m.; -s; unz.> = *Dschihad*

DK <Abk. für> *Dezimalklassifikation*

Dkfm. <österr.; Abk. für> *Diplomkaufmann*

DKP <Abk. für> *Deutsche Kommunistische Partei*

dkr <Abk. für> *dänische Krone (Münze)*

dl <Zeichen für> *Deziliter*

DLRG <Abk. für> *Deutsche Lebensrettungs-Gesellschaft*

dm <Zeichen für> *Dezimeter*

dm² ‹Zeichen für› *Quadratdezimeter*

dm³ ‹Zeichen für› *Kubikdezimeter*

DM ‹Abk. für› *Deutsche Mark*

d. M. ‹Abk. für› *dieses Monats*

D-Mark ‹f.; -, -; kurz für› *Deutsche Mark*

'd-Moll ‹n.; -; unz.; Mus.; Abk.: d› *eine Tonart;* **'d-Moll-Ton·lei·ter** ‹f.; -, -n›

DNA ‹Abk. für› *Desoxyribonukleinsäure;* **DNA-Fin·ger·ab·druck** ‹m.; -(e)s, ⸚e› *durch Analyse der DNA gewonnenes genetisches Profil einer Person (bes. für polizeiliche Ermittlungen)*

'D-Netz ‹n.; -es; unz.› *Telefonnetz für Mobiltelefone*

DNS ‹Abk. für› *Desoxyribonukleinsäure*

Do ‹Abk. für› *Donnerstag*

do. ‹Abk. für› *dito*

d. O. ‹Abk. für› *der, die, das Obige*

DOB ‹Abk. für› *Damenoberbekleidung*

'Dö·bel¹ ‹m.; -s, -; Zool.› *ein Fisch*

'Dö·bel² ‹m.; -s, -› = *Dübel*

'Do·ber·mann ‹m.; -s, ⸚er; Zool.› *eine Hunderasse;* **'Do·ber·mann·pin·scher** ‹m.; -s, -›

doch 1 ‹Adv.› *dennoch, trotzdem;* er kommt ~ nicht 2 ‹Konj.› *aber;* ich wartete, ~ sie kam nicht 3 ‹Partikel› das ist ~ die Höhe!

Docht ‹m.; -(e)s, -e› *brennbarer Faden in einer Kerze;* **'Docht·sche·re** ‹f.; -, -n›

Dock ‹n.; -s, -s od. -e› *Anlage zum Instandsetzen von Schiffen* [engl.]

'Do·cke ‹f.; -, -n› 1 *Garnbündel* 2 *Garnmaß* 3 ‹süddt.› *Puppe;* ‹aber› → *Dogge*

'do·cken¹ ‹V.› 1 ‹V. t.› *ein Schiff ins Dock legen* 2 ‹V. i.› *im Dock liegen*

'do·cken² ‹V. t.› *(Garn) in Docken bündeln*

'Do·cker ‹m.; -s, -› *Dockarbeiter* [engl.]; **'Do·cking** ‹n.; -s, -s› *Ankopplung eines Raumfahrzeuges an ein anderes;* **'Do·cking·ma·nö·ver** ‹n.; -s, -›

do·cu'men·ta ‹f.; -, -s; in Kassel in mehrjährigen Abständen präsentierte Ausstellung zeitgenössischer Kunst

Do·de'ka·dik ‹f.; -; unz.› *Zwölfersystem;* **do·de'ka·disch** ‹Adj.› = *duodezimal;* **Do·de·ka·'e·der** ‹n.; -s, -; ⸗Z55› *von zwölf Flächen begrenzter Körper* [grch.]; **Do·de·ka·fo'nie, Do·de·ka·pho'nie** ‹f.; -; unz.; ⸗Z 11.3› *Zwölftonmusik*

Do·ge ‹['do:ʒə], ital. ['dɔdʒə]; m.; -n, -n› *Staatsoberhaupt der ehem. Republiken Venedig u. Genua* [ital.]; **'Do·gen·pa·last** ‹m.; -(e)s, ⸚e›

'Dog·ge ‹f.; -, -n; Zool.› *eine Hunderasse;* ‹aber› → *Docke* [engl.]

'Dog·ger¹ ‹m.; -s; unz.› *mittlere Juraformation*

'Dog·ger² ‹m.; -s, -› *ndrl. Fischereifahrzeug;* **'Dog·ger·bank** ‹f.; -; unz.› *flache Sandbank in der Nordsee*

'Dög·ling ‹m.; -s, -e; Zool.› *eine Walart*

'Dog·ma ‹n.; -s, 'Dog·men› 1 *Glaubenssatz, kirchl. Lehrsatz* 2 *festgelegte, starre Meinung* [grch.]; **Dog·ma·tik** ‹f.; -, -en› *Glaubenslehre;* **Dog·ma·ti·ker** ‹m.; -s, -› 1 *Lehrer der Dogmatik* 2 ‹fig.› *starrer Verfechter festgelegter Meinungen;* **Dog·ma·ti·ke·rin** ‹f.; -, -n·nen›; **dog·ma·tisch** ‹Adj.›; **dog·ma·ti'sie·ren** ‹V. t.› *zum Dogma erheben;* **Dog·ma'tis·mus** ‹m.; -; unz.; abwertend›

'Dog·skin ‹n.; -s; unz.› *kräftiges Leder aus Schaffell* [engl.]

'Doh·le ‹f.; -, -n; Zool.› *ein Rabenvogel;* ‹aber› → *Dole*

'Doh·ne ‹f.; -, -n› *Schlinge zum Vogelfang*

do it your'self ‹[du:ɪt jɔ:r'sɛlf]› *"mach es selbst!" (Aufforderung zur handwerklichen Selbsthilfe)* [engl.]; **Do-it-your'self-Be·we·gung** ‹f.; -, -en; ⸗Z33›

'dok·tern ‹V. i.; ich dokt(e)re; umg.› 1 *an Sachkenntnis einer medizin. Behandlung durchführen* 2 ‹fig.› *stümperhaft arbeiten;* **Dok·tor** ‹m.; -s, -'to·ren; Abk.: Dr., Pl. Dres.› 1 *ein akademischer Grad;* den ~ machen *die Doktorprüfung ablegen;* ‹in Briefen› sehr geehrter Herr ~; sehr geehrter Herr

Dr. Müller → a. *Dr. agr., Dr. jur. usw.* 2 ‹umg.› *Arzt;* zum ~ gehen [lat.]; **Dok·to'rand** ‹m.; -en, -en› *Student kurz vor der Doktorprüfung;* **Dok·to'ran·din** ‹f.; -, -n·nen›; **'Dok·tor·ar·beit** ‹f.; -, -en› *Dissertation;* **'Dok·tor·hut** ‹m.; -(e)s, ⸚e; früher›; **Dok·to·rin** ‹f.; -, -n·nen›; **'Dok·tor·prü·fung** ‹f.; -, -en› = *Rigorosum;* **'Dok·tor·va·ter** ‹m.; -s, ⸚⸚ ⸗ Hochschullehrer, der Studenten bei der Abfassung der Doktorarbeit berät;* **Dok'trin,** ‹auch› **Dokt'rin** ‹f.; -, -en; ⸗Z53› 1 *Lehrsatz 2 starre Meinung* [lat.]; **dok·tri'när** ‹Adj.; abwertend›; **Dok·tri·na'ris·mus** ‹m.; -; unz.; abwertend› *starres Festhalten an einer Lehrmeinung*

Do·ku'ment ‹n.; -(e)s, -e› 1 *Urkunde 2 (als Beweis dienendes) Schriftstück* [lat.]; **Do·ku·men'tar** ‹m.; -s, -e› *wissenschaftl. Mitarbeiter in einer Dokumentationsstelle;* **Do·ku·men'tar·be·richt** ‹m.; -(e)s, -e›; **Do·ku·men'tar·film** ‹m.; -(e)s, -e› *Film, der auf Dokumenten(2) beruht;* **Do·ku·men'ta·rin** ‹f.; -, -n·nen›; **do·ku·men'ta·risch** ‹Adj.›; **Do·ku·men·ta·ti'on** ‹f.; -, -en› 1 *Beweisführung aufgrund von Dokumenten 2 Sammlung u. Nutzbarmachung von Dokumenten;* **do·ku·men'tie·ren** ‹V. t.› 1 *belegen, beweisen 2 beurkunden*

'Dol·by-Sys·tem ‹n.; -s; unz.; Warenz.› *Verfahren zur Unterdrückung von Störgeräuschen bei Tonbandaufnahmen* [nach dem Techniker R. M. *Dolby*]

'dol·ce ‹[-'tʃə]; Mus.› *sanft, weich, lieblich* [ital.]; **Dol·ce·far·ni·en·te** ‹n.; -s; unz.› *süßes Nichtstun;* **'Dol·ce 'Vi·ta** ‹n. od. f.; - -; unz.› *angenehmes, müßiggängerisches Leben*

Dolch ‹m.; -(e)s, -e› *eine Stichwaffe;* **'Dolch·stoß** ‹m.; -es, ⸚e›; **'Dolch·stoß·le·gen·de** ‹f.; -; unz.› *nach dem 1. Weltkrieg verbreitete Theorie über den Grund der dt. Niederlage*

'Dol·de ‹f.; -, -n; Bot.› *büscheliger Blütenstand;* **'Dol·den·blüt·ler** ‹m.; -s, -›; **'Dol·den·ge·wächs** ‹[-ks]; n.; -es, -e›; **'Dol-**

den·ris·pe <f.; -, -n> **'dol·dig** <Adj.> doldenförmig, -artig
'Do·le <f.; -, -n> verdeckter Abzugsgraben; <aber> → Dohle
Do·li·cho·ze·pha'lie <f.; -; unz.> Langköpfigkeit; Ggs Brachyzephalie [grch.]
do'lie·ren <V. t.> = dollieren
Do'li·ne <f.; -, -n; Geol.> trichterförmige Einsenkung im Karst [slaw.]
doll <Adj.; umg.> toll
'Dol·lar <m. 7; -s, -s od. (nach Mengenangaben) -; Zeichen: $> Währungseinheit in den USA u. einigen anderen Ländern; 25 ~; **'Dol·lar·kurs** <m.; -es, -e>
'Doll·bord <n.; -(e)s, -e; Mar.> obere Planke des Bootes; **'Dol·le** <f.; -, -n> Vorrichtung zum Halten der Riemen am Ruderboot
dol'lie·ren <V. t.; Gerberei> (Felle) innen abschleifen [frz.]
'Dol·ly <m.; -s, -s; ↗Z6.1> fahrbares Gestell mit aufmontierter Kamera [engl.]
'Dol·man <m.; -s, -e> 1 mit Schnüren besetzte Husarenjacke 2 Männerrock der alttürk. Tracht [türk.]
'Dol·men <m.; -s, -> vorgeschichtl. große Steingrabkammer [breton.]
'dol·met·schen <V. i. u. V. t.; du dolmetschst>; **'Dol·met·scher** <m.; -s, -> mündlicher Übersetzer; **'Dol·met·sche·rin** <f.; -, -nnen>
Do·lo'mit <m.; -(e)s, -e; Min.> ein Mineral; **Do·lo'mi·ten** <Pl.> Teil der südl. Alpen
do·lo'ro·so <Mus.> klagend, schmerzlich (zu spielen) [ital.]
do'los <Adj.; Rechtsw.> heimtückisch, arglistig; ~e Täuschung [lat.]; **'Do·lus** <m.; -; unz.> List, böse Absicht
Dom¹ <m.; -(e)s, -e> Bischofs-, Hauptkirche
Dom² <m.; -(e)s, -e> 1 gewölbte Decke 2 gewölbter Aufsatz [grch.]
Dom³ <m.; -; unz.> Herr (vor den Vornamen gesetzter portugies. Titel); ~ Pedro [lat.]
Do·main <[do'mɛin]; f.; -, -s od. n.; -s, -s; EDV> 1 Teilbereich im Internet 2 Netzwerk von Computern [engl.]; **Do'mä·ne** <f.; -, -n> 1 staatl. Landbesitz 2 <fig.>

Arbeits-, Wissensgebiet [frz.];
do·ma·ni'al <Adj.> eine Domäne betreffend
'Dom·chor <[-ko:r]; m.; -(e)s, =e>
'Dom·de·kan <m.; -s, -e> Vorsteher des Domkapitels
Do·mes'tik <m.; -en, -en; veralt.> Dienstbote, Diener [lat.]; **Do·mes·ti·ka·ti'on** <f.; -, -en> Umzüchtung wilder Tiere zu Haustieren bzw. wilder Pflanzen zu Kulturpflanzen; **Do·mes'ti·kin** <f.; -, -nnen>; **do·mes·ti'zie·ren** <V. t.>
'Dom·frei·heit <f.; -, -en> Gebiet um den Dom, das früher der Gerichtsbarkeit des Domstiftes unterstand; **'Dom·herr** <m.; -en, -en>
'Do·mi·na <f.; -, -nae> 1 Kloster-, Stiftsvorsteherin 2 <umg.> Prostituierte, die ihre Kunden wunschgemäß züchtigt; **do·mi'nant** <Adj.> vorherrschend, beherrschend [lat.]; **Do·mi'nan·te** <f.; -, -n> 1 vorherrschendes Merkmal 2 <Mus.> fünfter Ton einer Tonleiter 3 <Mus.> Dreiklang über diesem Ton; **Do·mi'nant'sept·ak·kord** <m.; -(e)s, -e; Mus.> Dur-Dreiklang der Dominante mit kleiner Septime; **Do·mi'nanz** <f.; -; unz.>
Do·mi·ni·ca Inselstaat in Mittelamerika; Commonwealth of ~;
Do·mi·ni'ca·ner <m.; -s, ->; **Do·mi·ni'ca·ne·rin** <f.; -, -nnen>; **do·mi·ni'ca·nisch** <Adj.>
do·mi'nie·ren <V.> 1 <V. i.> (vor)herrschen 2 <V. t.> jmdn. od. etwas ~ befehligen [lat.]
Do·mi·ni'ka·ner¹ <m.; -s, -> Angehöriger des Dominikanerordens
Do·mi·ni'ka·ner² <m.; -s, -> Einwohner der Dominikanischen Republik; **Do·mi·ni'ka·ne·rin** <f.; -, -nnen>
Do·mi·ni'ka·ner·or·den <m.; -s; unz.; offizz. Abk.: O. P.> vom heiligen Dominikus 1216 gegründeter Bettelorden
do·mi·ni'ka·nisch <Adj.; ↗Z46> die Dominikaner² betreffend; ~e Hotels; <aber> Dominikanische Republik; **Do·mi·ni'ka·ni·sche Re·pu'blik**, <auch> **Do·mi·ni'ka·ni·sche Re·pu'blik** <f.; -; unz.> Inselstaat in Mittelamerika; República Dominicana

Do'mi·ni·on <[-njən]; n.; -s, -s od. -ni·en; früher> überseeischer Teil des Britischen Reiches mit eigener Regierung [engl.]
'Do·mi·no¹ <m.; -s, -s> Maskenanzug [lat.]; **'Do·mi·no²** <n.; -s, -s> ein Spiel; **'Do·mi·no·spiel** <n.; -(e)s, -e>; **'Do·mi·no·stein** <m.; -(e)s, -e> 1 Stein des Dominospiels 2 eine Süßigkeit
Do·mi'zil <n.; -s, -e> 1 Wohnort 2 <Bankw.> Zahlungsort (bei Wechseln) [lat.]; **do·mi·zi'lie·ren** <V.; geh.> 1 <V. i.> ansässig sein, wohnen 2 <V. t.; Bankw.> Wechsel ~; **Do·mi'zil·wech·sel** <[-ks-]; m.; -s, -; Bankw.>
'Dom·ka·pell·meis·ter <m.; -s, ->; **'Dom·ka·pi·tel** <n.; -s, -> Gemeinschaft der als bischöfl. Berater tätigen Geistlichen eines Domes¹; **Do·m·ka·pi·tu·lar** <m.; -s, -e> Domherr; **'Dom·pfaff** <m.; -en od. -s, -en; Zool.> = Gimpel(1)
Domp·teur <[-'tø:r]; m.; -s, -e> jmd., der wilde Tiere bändigt u. dressiert [frz.]; **Domp'teu·se** <[-'tø:zə]; f.; -, -n>
'Dom·ra <f.; -, -s od. 'Dom·ren> russ. Zupfinstrument [russ.]
'Dom·schu·le <f.; -, -n>
Don¹ <m.; -s; unz.> russ. Fluss
Don² <m.; -s, -s> 1 Herr (span. höfl. Anrede) 2 Herr (ital. Ehrentitel für Geistliche u. Adelige); **Do·ña** <['dɔnja]; f.; -, -s> Frau (span. Anrede) [span.]
Do'na·tor <m.; -s, -'to·ren> 1 <schweiz., sonst veralt.> Spender, Stifter 2 <Phys.; Chem.> Atom od. Molekül, das Elektronen od. Ionen abgibt; Ggs Akzeptor [lat.]
'Do·nau·'Dampf·schiff·fahrts·ge·sell·schaft <f.; -; unz.; ↗Z37>; **'Do·nau·mon·ar·chie**, <auch> **'Do·nau·mo·nar·chie** <f.; -; unz.; ↗Z54; ehem. Bez. für> Österreich-Ungarn (vor 1918)
'Dö·ner, Dö·ner'ke·bab <m.; - od. -s, - od. -s> türk. Gericht mit Fleischstückchen, die von einem am senkrechten Drehspieß gebratenen Hammelfleischstück geschnitten werden [türk.]
'Don·ja <f.; -, -s; eindeutschend für> 1 Doña 2 <scherzh.> Geliebte, Freundin
Don Ju·an <[dɔn xu'an]; m.; --s

od. --, --s> *Frauenheld, Verführer* [nach einer Gestalt der span. Literatur]

'**Don·ko·sak** <m.; -en, -en> *Kosak aus dem Gebiet des Don[1]*

'**Don·na** <f.; -, -s od. -n nen; veralt.> *Frau, Fräulein (ital. Anrede)* [ital.]

'**Don·ner** <m.; -s, -> *dem Blitz folgendes krachendes Geräusch;* ~ *und Doria! (Ausruf);* '**Don·ner·büch·se** <[-byksə]; f.; -, -n; scherzh.> *Feuerwaffe;* '**Don·ner·gott** <m.; -(e)s; unz.; Myth.>; '**Don·ner·keil** <m.; -(e)s, -e> = *Belemnit;* '**Don·ner·litt·chen** <umg.> *(Ausruf des Erstaunens);* '**don·nern** <V. i.; ich donn(e)re> *ein lautes, polterndes Geräusch verursachen; es donnert; an die Tür* ~; *~der Applaus;* '**Don·ner·schlag** <m.; -(e)s, -̈e>; '**Don·ners·tag** <m.; -(e)s, -e; ⤢Z 45; Abk.: Do> → a. *Dienstag,* '**don·ners·tags** <Adv.> → a. *dienstags;* '**Don·ner·stim·me** <f.; -; unz.> *mit* ~; '**Don·ner·wet·ter** <n.; -s, -; fig.> 1 *heftige Auseinandersetzung; es gab ein gewaltiges* ~ 2 *~! (Ausruf)*

Don·qui·chot·te·rie <[-kiʃɔtə'riː]; f.; -, -n> *zum Scheitern verurteiltes Unternehmen* [nach dem Helden eines Romans von Cervantes]

'**Dönt·jes** <Pl.; norddt.> *lustige Geschichten, Plaudereien*

Do·nut <['doːnʌt]; m.; -s, -s> *kleines, ringförmiges Hefegebäck* [engl.]

doo·deln <['duːdəln]; V. i. u. V. t.; ich dood(e)le> *(z. B. beim Telefonieren) kleine Männchen aufs Papier kritzeln* [engl.]

doof <Adj.; umg.; abwertend> *dumm, einfältig; es war alles* ~; '**Doof·heit** <f.; -; unz.>

Dope <[doːp]; n.; -s; unz.; umg.> *Rauschmittel* [engl.]; '**do·pen** <V. t.; Sp.> *durch verbotene Mittel zu Höchstleistungen bringen;* '**Do·ping** <n.; -s, -s; Sp.>

'**Dop·pel** <n.; -s, -> 1 *zweite Ausfertigung eines Schriftstückes;* Sy *Duplikat* 2 <Tennis> *Spiel von jeweils zwei Spielern gegeneinander;* Ggs *Einzel;* '**dop·pel...,** '**Dop·pel...** <in Zus.> *zweifach..., Zweifach...;* '**Dop·**

pel·ach·se <[-ks-]; f.; -, -n; bei Lkw>; '**Dop·pel·ad·ler** <m.; -s, -; in Wappen od. auf Münzen> *zweiköpfiger Adler;* '**Dop·pel·a·gent** <m.; -en, -en; ⤢Z 55> *für zwei gegnerische Staaten arbeitender Agent;* '**Dop·pel·a·gen·tin** <f.; -, -n nen; Mus.; Zeichen: bb> *Zeichen zur Erniedrigung eines Tons um zwei halbe Töne;* '**Dop·pel·be·las·tung** <f.; -, -en>; '**Dop·pel·be·lich·tung** <f.; -, -en; Fot.>; '**Dop·pel·be·steu·e·rung** <f.; -, -en; Steuerw.>; '**Dop·pel·bett** <n.; -(e)s, -en>; '**Dop·pel·bock** <n.; -s; unz.> *ein Starkbier,* '**Dop·pel·bo·den** <m.; -s, -̈>; '**dop·pel·bö·dig** <Adj.> *nicht eindeutig, hintergründig;* '**Dop·pel·bruch** <m.; -(e)s, -̈e; Math.>; '**Dop·pel·de·cker** <m.; -s, -> 1 *ein Flugzeugtyp* 2 <umg.> *Omnibus mit Oberdeck;* '**dop·pel·deu·tig** <Adj.>; '**Dop·pel·deu·tig·keit** <f.; -, -en>; '**Dop·pel·e·he** <f.; -; unz.; ⤢Z 55>; '**Dop·pel·feh·ler** <m.; -s, -; Tennis>; '**Dop·pel·fens·ter** <n.; -s, ->; '**Dop·pel·gän·ger** <m.; -s, -> *jmd., der einem anderen täuschend ähnlich sieht;* '**Dop·pel·gän·ge·rin** <f.; -, -n nen>; '**dop·pel·ge·schlech·tig** <Adj.> Sy *zwitterig;* '**Dop·pel·haus** <n.; -es, -̈er>; '**Dop·pel·haus·hälf·te** <f.; -, -n>; '**Dop·pel·he·lix** <f.; -; unz.> *Struktur des DNS-Moleküls;* '**Dop·pel·hoch·zeit** <f.; -, -en>; '**Dop·pel·kinn** <n.; -(e)s, -e>; '**Dop·pel·klick** <m.; -s, -s; EDV> *schnelles zweimaliges Betätigen der Maustaste;* '**dop·pel·kli·cken** <V. i.; meist im Inf.>; '**Dop·pel·kno·ten** <m.; -s, ->; '**Dop·pel·kon·so·nant** <m.; -en, -en>; '**Dop·pel·kopf** <m.; -(e)s; unz.; Kart.> *ein Kartenspiel;* '**dop·pel·köp·fig** <Adj.>; '**Dop·pel·kreuz** <n.; -es, -e> 1 *Kreuz mit zwei Querarmen* 2 <Mus.; Zeichen: ##> *Zeichen zur Erhöhung eines Tons um zwei halbe Töne;* '**Dop·pel·laut** <m.; -(e)s, -e; Sprachw.>; '**Dop·pel·le·ben** <n.; -s; unz.> *bes. in der Wendung: ein* ~ *führen;* '**Dop·pel·mord** <m.; -(e)s, -e>; '**dop·peln** <V. t.; ich dopp(e)le> *mit einer*

zweiten Schicht versehen; Schuhe ~ <süddt.> österr.> *sohlen;* '**Dop·pel·naht** <f.; -, -̈e>; '**Dop·pel·na·me** <m.; -ns, -n>; '**Dop·pel·pack** <m.; -(e)s; unz.; umg.> *vgl.* ~!; '**Dop·pel·punkt** <m.; -(e)s, -e; Gramm.; Zeichen: :> → a. *Kasten S. 296;* '**dop·pel·rei·hig** <Adj.>; '**Dop·pel·rol·le** <f.; -, -n; Theat.; Film>; '**Dop·pel·sal·to** <m.; -s, -s od. -ti>; '**dop·pel·sei·tig** <Adj.> *auf beiden Seiten;* eine *~e Lungenentzündung;* '**Dop·pel·sinn** <m.; -(e)s; unz.>; '**dop·pel·sin·nig** <Adj.>; '**Dop·pel·ste·cker** <m.; -s, -; El.>; '**Dop·pel·stock·bett** <n.; -(e)s, -en; Theat.>; '**Dop·pel·strich** <m.; -(e)s, -e>; '**Dop·pel·stu·di·um** <n.; -s, -di en>; '**Dop·pel·stun·de** <f.; -, -n; ⤢Z 42> *zweifach;* ~e *Buchführung; ein* ~ *wirkendes Mittel* <Med.>; ~ *sehen (bei Trunkenheit); in* ~er *Ausführung; mit* ~er *Kraft;* ~ *so groß, viel; das kostet das Doppelte; es ist um das Doppelte teurer;* ~ *und dreifach* <umg.> *über das normale Maß hinaus;* ~ *gemoppelt* <umg.> *unnötigerweise wiederholt;* ~ *kohlensauer* <auch> → *doppeltkohlensauer,* '**dop·pelt·koh·len·sau·er** <Adj.; Chem.; Fachspr.> *doppeltkohlensaures Natrium;* → a. *doppelt;* '**Dop·pel·tref·fer** <m.; -s, ->; '**Dop·pel-T-Stahl** <m.; -(e)s, -e od. -̈e; ⤢Z 33> *Stahlträger in Form eines doppelten T;* '**Dop·pel-T-Trä·ger** <m.; -s, ->; '**Dop·pel·tür** <f.; -, -en>; '**Dop·pe·lung** <f.; -, -en> *das Doppeln;* oV *Dopplung;* '**Dop·pel·ver·die·ner** <m.; -s, ->; '**Dop·pel·ver·die·ne·rin** <f.; -, -n nen>; '**dop·pel·wan·dig** <Adj.>; '**Dop·pel·zent·ner** <m.; -s, -; Abk.: dz>; '**Dop·pel·zim·mer** <n.; -s, -; im Hotel>; '**dop·pel·zün·gig** <Adj.; abwertend> *die Meinung je nach Bedarf ändernd;* '**Dop·pel·zün·gig·keit** <f.; -; unz.>; '**Dop·pik** <f.; -; unz.> *doppelte Buchführung*

'**Dopp·ler·ef·fekt,** <auch> '**Dopp·ler-Ef·fekt** <m.; -(e)s; unz.; ⤢Z 35; Phys.> *bei Wellenvorgängen beobachtbarer Effekt* [nach

D

Doppelpunkt: Der D. – auch Kolon genannt – ist ein Satzzeichen, das der Gliederung von Ganzsätzen dient und etwas Weiterführendes oder eine Zusammenfassung ankündigt. Nach dem D. folgt bei gedruckter Schrift ein Leerschritt.
Im Einzelnen steht der D. als Zeichen der **Ankündigung**
a) vor der *direkten Rede* und wörtlich wiedergegebenen Textstellen, z. B. *Sie sagte zu ihm: „Denke bitte darüber nach." Das Unternehmen verkündete öffentlich: „Wir werden keine Arbeitnehmer entlassen."*
b) vor **Aufzählungen, Titeln, Angaben** u. Ä., z. B. *Sie hatten wenig Proviant mitgenommen: Wasser, Brot und Äpfel.*
Xavier Marias: Mein Herz so weiß. Familienstand: ledig.
Wir stellen ein: Maschinenschlosser und Elektrotechniker.
Vor nicht angekündigten Zitaten steht kein D., z. B. *Das Thema „Gesunde Ernährung" wurde von Frau Dr. Schmidt referiert.*
Der D. steht als Zeichen der **Zusammenfassung** des vorher Gesagten oder einer sich aus dem Vorherigen ergebenden Schlussfolgerung, z. B.

Viele hatten bereits frühzeitig die Gefahr erkannt: Keine der beiden streitenden Parteien würde nachgeben.
Häufig kann hier anstelle des D. ein *Gedankenstrich* gesetzt werden, z. B. *Viele hatten bereits frühzeitig die Gefahr erkannt – keine der streitenden Parteien würde nachgeben.*
Wird der einem D. folgende Text als **Ganzsatz** aufgefasst, so wird das erste Wort nach dem D. großgeschrieben, z. B. *Die Gebrauchsanweisung lautet: Öffnet man das untere Ventil, ist rasche Flucht angeraten.*
Nach dem D. wird kleingeschrieben, wenn kein Substantiv oder Eigenname folgt, z. B. *Dosierung: ca. 20 Tropfen pro Mahlzeit.*
Ebenfalls großgeschrieben wird das erste Wort der direkten Rede (s.o.).
Ganze Sätze nach dem D., die Zusammenfassungen, Folgerungen oder unerwartete Wendungen darstellen, können groß- oder kleingeschrieben werden.
Wenn der dem D. folgende Satz als selbstständig betrachtet wird, schreibt man groß, wird er als unselbstständig betrachtet, schreibt man klein.

dem österr. Physiker C. *Doppler]*
Do·ra·de <f.; -, -n; Zool.> *ein Makrelenfisch* [frz.]
Do·ra·do <n.; -s, -s> = *Eldorado*
'Do·rer <m.; -s, -> *Angehöriger eines altgrch. Volksstammes*; oV *Dorier*
Dorf <n.; -(e)s, ⸗er> 1 *kleinere ländl. Ansiedlung*; Berg~ 2 *Gesamtheit der Dorfbewohner; das ganze ~ spricht davon*; **'Dorf·äl·tes·te(r)** <f. 2 (m. 1); früher> ; **'Dörf·chen** <n.; -s, -; Verkleinerungsf. von> *Dorf*; **'Dorf·ge·schich·te** <f.; -, -n>; **'dör·fisch** <Adj.> *wie auf dem Dorf*; **'Dorf·krug** <m.; -(e)s, ⸗e> *Wirtshaus eines Dorfes*; **'Dörf·lein** <n.; -s, -; poet.; Verkleinerungsf. von> *Dorf*; **'Dörf·ler** <m.; -s, -> *Dorfbewohner*; **'Dörf·le·rin** <f.; -, -n·nen>; **'dörf·lich** <Adj.> *das Dorf betreffend*; **'Dorf·schän·ke, 'Dorf·schen·ke** <f.; -, -n> *kleines Dorfgasthaus*; **'Dorf·schö·ne, 'Dorf·schön·heit** <f.;

-, -(e)n; scherzh.> *attraktives Mädchen vom Land*; **'Dorf·schu·le** <f.; -, -n>; **'Dorf·schul·ze** <m.; -n, -n; früher> *Gemeindevorsteher*; **'Dorf·trot·tel** <m.; -s, -; umg.; abwertend>
'Do·ria → Donner
'Do·ri·er <m.; -s, -> = *Dorer*; **'do·risch** <Adj.> *die Dorer betreffend*; *~e Säule* <Arch.> *ein Säulentyp*
Dor·mi·to·ri·um <n.; -s, -ri·en; früher> *Schlafsaal im Kloster od. Internat* [lat.]
Dorn¹ <m.; -(e)s, ⸗en; Bot.> *Spitze am Stiel einer Pflanze*; **Dorn²** <m.; -(e)s, -e; Tech.> *spitzer Stahlstab (ein Werkzeug)*; **'Dorn·busch** <m.; -(e)s, ⸗e>; **'Dor·nen·he·cke** <f.; -, -n>; **'Dor·nen·kro·ne** <f.; -, -n>; **'dor·nen·reich** <Adj.; häufig fig.> *voller Mühsal*; *ein ~er Weg*; **'Dor·nen·strauch** <m.; -(e)s, ⸗er>; **'dor·nen·voll** <Adj.> = *dornenreich*; **'Dorn·fort·satz** <m.; -es, ⸗e; Anat.> *nach hinten ge-*

richteter Wirbelfortsatz; **'Dorn·hai** <m.; -(e)s, -e; Zool.> *ein Fisch*; **'dor·nig** <Adj.> 1 *mit Dornen besetzt* 2 <fig.> *voller Schwierigkeiten*; **'Dorn·rös·chen** <n.; -s; unz.> *eine Märchengestalt*; **'Dorn·rös·chen·schlaf** <m.; -(e)s; unz.; fig.; umg.; scherzh.> *anhaltende Untätigkeit*
'dor·ren <V. i. (s.); poet.> = *dörren(2)*; **'dör·ren** <V.> 1 <V. t.> *etwas ~ am Feuer od. an der Luft austrocknen; gedörrtes Obst* 2 <V. i. (s.)> *dürr werden, vertrocknen*; **'Dörr·fisch** <m.; -(e)s, -e>; **'Dörr·fleisch** <n.; -(e)s; unz.>; **'Dörr·obst** <n.; -es; unz.>; **'Dörr·pflau·me** <f.; -, -n>
dor·sal <Adj.; Med.> *den Rücken betreffend* [lat.]; **Dor·sal** <m.; -s, -e> = *Dorsallaut*; **Dor·sa·le** <n.; -s, -> *Rückwand des Chorgestühls*; **Dor·sal·laut** <m.; -(e)s, -e; Sprachw.> *mit dem Zungenrücken gebildeter Konsonant, z. B. g, k*
Dorsch <m.; -(e)s, -e; Zool.> *ein Fisch*
dort <Adv.> *an jenem Ort; ~ drüben, hinten, oben, unten; von ~ aus ist es nicht mehr weit; jmdn. ~ behalten; ~ bleiben, sein; Gs* hier; **'dort·her** <bei bes. Betonung a. [´--]; Pronominaladv.> *er kam von ~*; **'dort·hin** <bei bes. Betonung a. [´--]; Pronominaladv.> *er geht ~; da- und ~*; **'dort·hin·ab,** <auch> **'dort·hin·ab** <a. [--´-]; Adv.; *Z 54; geh.>; **'dort·hin·auf,** <auch> **'dort·hin·auf** <a. [--´-]; Adv.; *Z 54>; **'dort·hin·aus,** <auch> **'dort·hin·aus** <a. [--´-]; Adv.; *Z 54> *er war frech bis ~* <fig.> *überaus, sehr*; **'dort·hin·ein,** <auch> **'dort·hin·ein** <a. [--´-]; Adv.; *Z 54>; **'dort·hin·un·ter,** <auch> **'dort·hin·un·ter** <a. [--´--]; Adv.; *Z 54>; **'dor·tig** <Adj.> *dort befindlich; der ~e Bürgermeister*; **dort·selbst** <Adv.; veralt.>; **'dort·zu·lan·de,** <auch> **'dort zu Lan·de** <Pronominaladv.; *Z 19.2; geh.>
DOS <kurz für> *MS-DOS*
dos à dos <[doza'do:]; Adv.; Ballett> *Rücken an Rücken* [frz.]
'Dös·chen <n.; -s, -; Verkleinerungsf. von> *Dose*; **'Do·se** <f.; -,

D

-n> 1 *kleiner (Metall-)Behälter mit Deckel* 2 *Büchse (für Konserven)*

'dö·sen <V. i.; du döst; umg.> 1 *leicht schlummern* 2 *vor sich hinträumen*

'Do·sen·bier <n.; -(e)s, -e>; **'Do·sen·milch** <f.; -; unz.>; **'Do·sen·öff·ner** <m.; -s, ->

do'sie·ren <V. t.> *eine best. Menge ab-, zumessen;* <aber> → *dossieren;* **Do'sie·rung** <f.; -, -en> <aber> → *Dosierung*

'dö·sig <Adj.> *schläfrig*

Do·si'me·ter <n.; -s, -; Phys.> *Messgerät zur Bestimmung einer (Strahlen-)Dosis;* **Do·si·me'trie,** <auch> **Do·si·met'rie** <f.; -; unz.; ↗Z53> *Messung der Strahlenbelastung;* **'Do·sis** <f.; -, 'Do·sen> *zugemessene (kleine) Menge;* Über~ [grch.]

'Dös·kopf, 'Dös·kopp <m.; -(e)s, ⸚e; umg.; abwertend> *Dummkopf*

Dos·si·er <[dɔ'sje:]; m. od. (schweiz.) n.; -s, -s> *Aktenbündel, Sammlung von Schriftstücken* [frz.]; **dos·sie·ren** <V. t.> *abschrägen;* <aber> → *dosieren;* **Dos'sie·rung** <f.; -, -en> Fachspr.> <aber> → *Dosierung*

Dost <m.; -(e)s, -e; Bot.> *eine Gewürzpflanze*

Dot <[dɔt]; m.; -s, -s> *Punkt (bei Internetadressen)* [engl.]; **'Dot·com, DOTCOM** <m.; - od. -s; unz.> = *Electronic Commerce*

do'tie·ren <V.> 1 <V. t.> *jmdn. ~ für eine erbrachte Leistung bezahlen* 2 <V. i.> *mit einer best. Summe ausstatten; der* 1. *Preis war mit 5000 Euro dotiert* [lat.]; **Do'tie·rung** <f.; -, -en>

'Dot·ter <m. od. n.; -s, -> *Eigelb;* **'Dot·ter·blu·me** <f.; -, -n; Bot.>; **'dot·ter·gelb** <Adj.>; **'Dot·ter·pilz** <m.; -es, -e; Bot.> = *Pfifferling;* **'Dot·ter·sack** <m.; -(e)s, ⸚e; Zool.> *Ernährungsorgan für den Wirbeltier-Embryo*

dou·beln <['du:-]; V.; ich doub(e)le; Film> 1 <V. i.> *eine Rolle als Double spielen* 2 <V. t.> *einen Darsteller ~* [frz.]; **Dou·ble,** <auch> **Doub·le** <['du:bl]; n.; -s, -s> ↗Z53> *dem eigtl. Darsteller ähnlich sehender Ersatzschauspieler für best. Filmsequenzen;* → a. *Stuntgirl, Stunt-*

man; **Dou·blé** <[du'ble:]; n.; -s, -s; ↗Z18.4> = *Dublee;* **Dou·blet·te** <[du'blɛtə]; f.; -, -n> = *Dublette*

Dou·gla·sie, <auch> **Doug·la·sie** <[du'gla:ziə]; f.; -, -n; ↗Z53>, **Dou·glas·tan·ne** <['duglas-]; f.; -, -n; Bot.> *ein Nadelbaum* [nach dem Botaniker D. *Douglas*]

Dow–Jones–In·dex <[dau-'dʒounz-]; m.; - od. -es; unz.; Börse; seit 1897> *tägl. ermittelter Durchschnittskurs der wichtigsten an der New Yorker Börse gehandelten Aktien* [nach den Amerikanern C. H. *Dow* und E. D. *Jones*]

down <[daun]; Adj.; undekl.; umg.> *bedrückt, erschöpft; er ist völlig ~* [engl.]

Dow·ning Street <['dauniŋ stri:t]; f.; --; unz.> *Amtssitz des engl. Premierministers in London* [nach dem engl. Diplomaten Sir G. *Downing*]

Down·load <['daunloud]; n. od. m.; -s, -s; EDV> *Programm, das ein Herunterladen von Dateien (z. B. aus dem Internet) auf die Festplatte ermöglicht;* Ggs *Upload* [engl.]; **down·loa·den** <['daunloudən]; V. t. u. V. i.; ich downloade; du downloadest; sie hat downgeloadet; EDV>

Down·syn·drom, <auch> **Down-Synd·rom** <['daun-]; n.; -s; unz.; ↗Z35> *mit geistiger Behinderung einhergehende angeborene Entwicklungsstörung* [nach dem brit. Arzt J. L. H. *Down*]

Do'xa·le <n.; -s, -s; in Barockkirchen> *Gitter zw. Chor u. Hauptschiff* [grch.]; **Do·xo·lo'gie** <f.; -, -n> *formelhafter Lobpreis der Dreifaltigkeit*

Doy·en, <auch> **Do·yen** <[dwa-'jɛ:]; m.; -s, -s; ↗Z52> *Dienstältester, Leiter eines diplomatischen Korps* [frz.]

Doz. <Abk. für> *Dozent(in);* **Do-'zent** <m.; -en, -en; Abk.: Doz.> *Lehrer an einer Hochschule od. Universität* [lat.]; **Do'zen·tin** <f.; -, -n·nen>; **Do·zen'tur** <f.; -, -en> *Lehrauftrag eines Dozenten;* **do'zie·ren** <V. i.>

dpa <Abk. für> *Deutsche Presse-Agentur*

DR <Abk. für> *Deutsche Reichsbahn*

Dr. <Pl. Dres.; Abk. für> *Doktor*

d. R. <Mil.; Abk. für> *der Reserve; Leutnant ~*

'Dra·che <m.; -n, -n> *ein Furcht erregendes Fabeltier;* **'Dra·chen** <m.; -s, -> 1 *ein Fluggerät* 2 <umg.; abwertend> *zänkische Frau;* **'Dra·chen·baum** <m.; -(e)s, ⸚e; Bot.> *ein trop. Gewächs;* **'Dra·chen·fisch** <m.; -(e)s, -e; Zool.>; **'Dra·chen·flie·gen** <n.; -s; unz.; Sp.>; **'Dra·chen·vier·eck** <n.; -(e)s, -e; Geom.> = *Deltoid*

'Drach·me <f.; -, -n; früher> *grch. Währungseinheit* [grch.]

Dra·gée, <auch> **Dra·gee** <[-'ʒe:]; n.; -s, -s od. f.; -, -n; ↗Z18.4> 1 *mit Zuckermasse überzogene Süßigkeit* 2 *Arzneipille* [frz.]

'Drag·ge <f.; -, -n>, **'Drag·gen** <m.; -s, -; Seemannsspr.> *stockloser Anker*

dra·gie·ren <[-'ʒi:-]; V. t.> *mit Zuckerglasur überziehen* [frz.]

Dra'go·ner <m.; -s, -> 1 <urspr.> *berittener Infanterist* 2 <fig.; umg.> *sehr energische, derbe Person* 3 <österr.> *Rückenspange an Rock od. Mantel*

Dr. agr. <Abk. für> *doktor agronomiae (Doktor der Landwirtschaft)*

Draht <m.; -(e)s, ⸚e> *schnurartig ausgewalztes od. gezogenes Metall;* **'Draht·bürs·te** <f.; -, -n>; **'Dräht·chen** <n.; -s, -; Verkleinerungsf. von> *Draht;* **'drah·ten** <V. t.; veralt. für> *telegrafieren;* **'drah·ten²** <Adj.> *aus Draht; ein ~es Gestell;* **'Draht·e·sel** <m.; -s, -; ↗Z55; umg.; scherzh.> *Fahrrad;* **'Draht·ge·flecht** <n.; -(e)s, -e>; **'Draht·glas** <n.; -es; unz.>; **'Draht·haar·da·ckel** <m.; -s, -; Zool.> *eine Hunderasse;* Sy *Rauhaardackel;* **'Draht·haar·fox** <m.; -es, -e; Zool.; umg.> *eine Hunderasse,* **'draht·haa·rig** <Adj.>; **'drah·tig** <Adj.> 1 *fest, hart (wie Draht)* 2 <fig.> *sehnig, durchtrainiert;* **'draht·los** <Adj.> *durch Funk; ~e Telefonie;* **'Draht·sche·re** <f.; -, -n>; **'Draht·schnei·der** <m.; -s, ->; **'Draht·seil** <n.; -(e)s, -e>;

'Draht·seil·akt <m.; -(e)s, -e; a. fig.> *nur mit viel (psycholog.) Geschick zu bewältigendes Vorhaben;* **'Draht·seil·bahn** <f.; -, -en>; **'Draht·seil·künst·ler** <m.; -s, -> *Artist am Drahtseil, Seiltänzer;* **'Draht·seil·künst·le·rin** <f.; -, -n·nen>; **'Draht·ver·hau** <m.; -(e)s, -e>; **'Draht·zan·ge** <f.; -, -n>; **'Draht·zie·her** <m.; -s, -; fig.; abwertend> *jmd., der kriminelle Aktionen durch andere ausführen lässt, selbst aber im Hintergrund bleibt*
Drai·na·ge <[drɛˈnaːʒə] f.; -, -n> oV *Dränage* 1 <Med.> *Ableitung von Wundflüssigkeit* 2 *(Anlage zur) Entwässerung des Bodens* [engl.-frz.]; **drai'nie·ren** <[drɛ-]; V. t.> = *dränieren;* <aber> → *trainieren*
Drai·si·ne <[drai-], a. [drɛ-]; f.; -, -n> 1 *Vorläufer des Fahrrads, Laufrad* 2 *kleines Schienenfahrzeug zur Kontrolle von Eisenbahnstrecken* [nach dem Erfinder K. F. *Drais*]
dra'ko·nisch <Adj.> *sehr streng, hart durchgreifend; ~e Maßnahmen* [nach dem altgrch. Gesetzgeber *Drakon*]
drall <Adj.; meist abwertend> *derb, stämmig;* **Drall** <m.; -(e)s, -e> 1 *Drehbewegung, Tendenz; Rechts~; Links~* 2 *Windung der Züge im Rohr von Feuerwaffen* 3 <Spinnerei; bei Garn u. Zwirn> *die Anzahl der Drehungen auf eine best. Fadenlänge*
'Dra·lon <n.; -s; unz.; Warenz.> *eine synthet. Faser*
'Dra·ma <n.; -s, 'Dra·men> 1 <Theat.> *Schauspiel* 2 <fig.> *aufregendes, ergreifendes Geschehen* [grch.]; **Dra'ma·tik** <f.; -; unz.> 1 *das Schauspiel betreffende Dichtkunst* 2 <fig.> *Spannung;* **Dra'ma·ti·ker** <m.; -s, -> *Verfasser von Dramen;* **Dra'ma·ti·ke·rin** <f.; -, -n·nen>; **dra'ma·tisch** <Adj.> 1 *das Drama(1) betreffend* 2 <fig.> *aufregend, spannend;* **dra·ma·ti'sie·ren** <V. t.> 1 *zu einem Drama(1) umarbeiten* 2 <fig.> *in übertriebener Weise darstellen;* **Dra·ma·ti'sie·rung** <f.; -, -en>; **Dra'ma·tis Per'so·nae** <[-ˈneː]; Pl.; ⟋Z31> *die in einem Drama(1) auftretenden Personen* [lat.];

Dra·ma'turg <m.; -en, -en; Theat.; Berufsbez.> *literar. Berater, Textbearbeiter, Spielplan- u. Programmheftgestalter;* **Dra·ma·tur'gie** <f.; -; unz.> 1 *Gestaltung u. Bearbeitung eines Dramas* 2 *Lehre vom Drama(1) u. von seiner Bearbeitung für die Bühne;* **Dra·ma'tur·gin** <f.; -, -n·nen>
dran <Pronominaladv.; ⟋Z22; umg. für> *daran; ~ sein an der Reihe; wer ist ~?; ~ glauben müssen dem Schicksal nicht entgehen können; an dem Gerücht ist nichts ~ es entbehrt jeder Grundlage; das ganze Drum und Dran alles, was dazu gehört;* **dran...** <Vors.; in Zus. mit Verben betont u. abtrennbar> z. B. drankommen; ich komme dran; sie ist drangekommen; dranzukommen
Drän <m.; -s, -s od. -e> *Entwässerungsgraben, Abwasserröhre* [engl.-frz.]
Drä'na·ge <[-ʒə]; f.; -, -n> = *Drainage*
'dran|blei·ben <V. i. (s.) 114; umg.>
Drang <m.; -(e)s, ⁔e; Pl. selten> *innerer Trieb, starkes Bedürfnis*
'dran|ge·ben <V. t. 143; umg.> = *darangeben;* **'dran|ge·hen** <V. i. (s.) 145; umg.> = *darangehen*
Drän·ge'lei <f.; -, -en; umg.>; **'drän·geln** <V.; ich dräng(e)le; umg.> 1 <V. i.> *sich drückend vorschieben* 2 <V. t.> *hartnäckig u. unablässig bitten;* **'drän·gen** <V.> 1 <V. refl.> *sich ~ sich ungeduldig vorschieben* 2 <V. t.> *jmdn. an den Rand ~ drücken, schieben* 3 <V. i.> *die Zeit drängt es muss schnell gehandelt werden* 4 = *drängeln(2);* **'Drang·sal** <f.; -, -e od. (veralt.) n.; -(e)s, -e; geh.> *Not, Bedrückung;* **drang·sa'lie·ren** <V. t.> *quälen, peinigen;* **'drang·voll** <Adj.; geh.> *~e Enge*
'dran|hal·ten <V. refl. 160; umg.> = *daranhalten*
drä'nie·ren <V. t.> *durch Röhren entwässern;* <aber> → *trainieren*
'dran|kom·men <V. i. (s.) 170; umg.> = *darankommen;* **'dran·krie·gen** <V. t.> *jmdn. ~ <umg.> verulken;* **'dran|ma·chen** <V.

refl.; umg.> = *daranmachen;* **'dran|neh·men** <V. t. 189; ich nehme dran; sie hat drangenommen; dranzunehmen; umg.> *einen Schüler ~ aufrufen;* **'dran|set·zen** <V. t.; umg.> = *daransetzen*
'Drä·nung <f.; -, -en> = *Drainage*
Dra'pé, <auch> **Dra'pee** <m.; -s, -s; ⟋Z18.4> *feines, dichtes Wollgewebe* [frz.]; **Dra·pe'rie** <f.; -, -n> *(kunstvoller) Faltenwurf;* **dra'pie·ren** <V. t.> 1 *kunstvoll schmücken, gestalten* 2 *(Stoff) in Falten legen, raffen;* **Dra'pie·rung** <f.; -, -en>
drapp, 'drapp·far·ben <Adj.; österr.> *sandfarben, hellbraun*
'Dras·tik <f.; -; unz.; selten> *Deutlichkeit, Derbheit; die ~ seiner Worte* [grch.]; **'dras·tisch** <Adj.> *deutlich, derb, spürbar; ~e Maßnahmen; der Zustand hat sich ~ verschlechtert*
'dräu·en <V. i.; poet.> *drohen*
drauf <Adv.; ⟋Z22; umg. für> *darauf; gut, schlecht ~ sein; ~ und dran sein, etwas zu tun;* **drauf...** <Vors.; ⟋Z22; in Zus. mit Verben betont u. abtrennbar> z. B. draufstellen; ich stelle drauf; sie hat draufgestellt; draufzustellen; <aber getrennt> *darauf stellen;* **'Drauf·ga·be** <f.; -, -n> 1 = *Handgeld* 2 <österr.> *Zugabe (im Konzert);* **'Drauf·gän·ger** <m.; -s, -> *jmd., der ohne viel Überlegung risikoreich handelt;* **'Drauf·gän·ge·rin** <f.; -, -n·nen>; **'drauf·gän·ge·risch** <Adj.>; **'drauf|ge·ben** <V. t. 143> 1 *jmdm. eins ~ jmdm. einen Schlag versetzen* 2 *hinzufügen;* **'drauf|ge·hen** <V. i. (s.) 145; umg.> 1 *verbraucht werden; das ganze Geld ist draufgegangen* 2 <salopp> *umkommen, sterben;* **'drauf|ha·ben** <V. t.; umg.> *etwas gut ~;* **'drauf|hau·en** <V. i.; umg.>; **'drauf|kom·men** <V. i. (s.) 170; umg.> *herausbekommen;* **'drauf|krie·gen** <V. t.; umg.> *eins ~;* **'drauf|le·gen** <V. t.; umg.> *noch ein paar Euro ~;* **'drauf·los** <Adv.> *immer ~!;* **drauf'los...** <Vors.; in Zus. mit Verben betont u. abtrennbar> z. B. drauflossehen; ich rede drauflos; sie hat drauflosgeredet; draufloszureden; **drauf-**

D

'los|ar·bei·ten <V. i.; umg.>; **drauf'los|lau·fen** <V. i. (s.) 176; umg.>; **drauf'los|re·den** <V. i.; umg.>; **'drauf|ma·chen** <V. t.; umg.> in der Wendung> einen ~ *lange u. ausschweifend feiern*; **'drauf|sat·teln** <V. t.; ich satt(e)le drauf; sie hat draufgesattelt; draufzusatteln; umg.> *dazutun;* **'drauf|schla·gen** <V.; umg.> 1 <V. i.> *auf etwas schlagen* 2 <V. t.> *erhöhen, steigern;* **'Drauf·sicht** <f.; -; unz.> *Ansicht von oben;* **'drauf|stel·len** <V. t.; umg.> **'drauf|zah·len** <V.; umg.> 1 <V. i.> *Verlust erleiden* 2 <V. t.> *zusätzlich zahlen*

draus <Pronominaladv.; umg.> = *daraus;* **'draus|brin·gen** <V. t. 118; oberdt.> jmdn. ~ *aus dem Konzept bringen;* **'draus|kom·men** <V. i. (s.) 170; oberdt.> *den Faden verlieren*

'drau·ßen <Adv.> Hunde müssen ~ *bleiben!;* Ggs *drinnen*

dra'wi·disch <Adj.> *die vorderind. Völkergruppe der Drawida betreffend; ~e Sprachen*

Dra'zä·ne <f.; -, -n; Bot.> = *Drachenbaum*

Dr. disc. pol. <Abk. für> *doctor disciplinarum politicarum (Doktor der Sozialwissenschaften)*

Dread·locks <['drɛd-]>, **Dreads** <Pl.> *Frisur, bei der das Kopfhaar zu kleinen Zöpfen verflochten wird* [engl.]

Dream·team <['driːmtiːm]; n.; -s, -s; Sp.> *Traummannschaft* [engl.]

'Drech·sel·bank <[-ks-]; f.; -, ⸚e>; **'drech·seln** <V. t.; ich drechs(e)le> *(Holz) durch Abspanen während schneller Drehung formen;* **Drechs·ler** <m.; -s, -; Berufsbez.>; **Drechs·le·rei** <f.; -, -en>; **Drechs·le·rin** <f.; -, -n·nen>

Dreck <m.; -(e)s; unz.; umg.> 1 *Schmutz* 2 <fig.; derb> *Kleinigkeit; muss ich mich um jeden ~ kümmern?;* jmdn. wie den letzten ~ *behandeln sehr schlecht;* das geht dich einen ~ *an gar nichts;* **'Dreck·ar·beit** <f.; -, -en; umg.> oV *Drecksarbeit;* **'Dreck·fink** <m.; -en; fig.; umg.> *schmutziger Mensch;* **'dre·ckig** <Adj.; umg.> 1 *schmutzig* 2

derb, obszön; ~e Witze 3 <nur adv.> jmdm. geht es ~ *(finanziell) sehr schlecht;* **'Dreck·nest** <n.; -(e)s, -er; fig.; derb> *erbärml. Ort;* **'Dreck·sack** <m.; -s, ⸚e; fig.; derb> *gemeiner Mensch;* **'Drecks·ar·beit** <f.; -, -en> oV *Dreckarbeit;* **'Dreck·sau** <f.; -, ⸚e; derb>; **'Dreck·schleu·der** <f.; -, -n; umg.> *Auto od. Maschine mit hohem Schadstoffausstoß;* **'Dreck·schwein** <n.; -(e)s, -e; derb>; **'Drecks·kerl** <m.; -s, -e; derb>; **'Dreck·spatz** <m.; -es, -en; umg.> *schmutziges Kind*

'Dred·sche <f.; -, -n> *Schleppnetz* [engl.]

'Dregg·an·ker <m.; -s, ->, **'Dreg·ge** <f.; -, -n> *kleiner Anker* [engl.]

Dreh <m.; -(e)s, -s od. -e> 1 *kleine Drehbewegung;* ein ~ nach links, rechts 2 <fig.> *Kunstgriff;* den ~ *heraushaben wissen, wie's geht;* den richtigen ~ *finden;* **'Dreh·ach·se** <[-ks-]; f.; -, -n> = *Symmetrieachse;* **'Dreh·ar·beit** <f.; -, -en; meist Pl.; Film>; **'Dreh·bank** <f.; -, ⸚e; Tech.> *eine Werkzeugmaschine;* **'dreh·bar** <Adj.>; **'Dreh·be·we·gung** <f.; -, -en>; **'Dreh·blei·stift** <m.; -(e)s, -e>; **'Dreh·boh·rer** <m.; -s, -> *ein Werkzeug;* **'Dreh·brü·cke** <f.; -, -n>; **'Dreh·buch** <n.; -(e)s, ⸚er> *Vorlage für Filmaufnahmen;* **'Dreh·buch·au·tor** <m.; -s, -'to·ren>; **'Dreh·buch·au·to·rin** <f.; -, -n·nen>; **'Dreh·büh·ne** <f.; -, -n>; **'dre·hen** <V.> 1 <V. t./V. refl.> *um seine Achse bewegen;* du drehst dich im Kreis 2 <unpersönl.> es dreht sich um ... *es handelt sich um ...;* **'Dre·her** <m.; -s, -; Berufsbez.> *Arbeiter an einer Drehbank;* **'Dre·he·rin** <f.; -, -n·nen>; **'Dreh·kreuz** <n.; -es, -e> *drehbare Sperrvorrichtung;* **'Dreh·ma·schi·ne** <f.; -, -n> = *Drehbank;* **'Dreh·or·gel** <f.; -, -n> *fahrbare Kleinorgel;* **'Dreh·punkt** <m.; -(e)s, -e> *Punkt, um den eine Drehung stattfindet;* der ~ *und Angelpunkt* <fig.; umg.> *der entscheidende Faktor;* **'Dreh·sal·to** <m.; -s, -s od. -ti; Sp.>; **'Dreh·schei·be** <f.; -, -n>; **'Dreh·ses·sel** <m.; -s, ->;

'Dreh·strom <m.; -(e)s, ⸚e; El.> Sy *Dreiphasenstrom;* **'Dreh·stuhl** <m.; -(e)s, ⸚e>; **'Dreh·tür** <f.; -, -en>; **'Dre·hung** <f.; -, -en>; **'Dreh·wurm** <m.; -(e)s, ⸚er> *ich bekomme den ~* <fig.; umg.; scherzh.> *mir wird schwindlig;* **'Dreh·zahl** <f.; -, -en> *Anzahl der Umdrehungen rotierender Körper in einer best. Zeit;* **'Dreh·zahl·mes·ser** <m.; -s, ->

drei <Num.; Gen.: -er; Dat.: -en; ⚡Z 44; in Ziffern: 3> *die ersten ~;* wir ~; ein Konzert ~er *begabter/<selten auch> begabten Künstler; sie kamen zu ~en zu dritt;* er kann nicht bis ~ *zählen* <fig.> *er ist dumm;* es ist ~ *viertel zehn; die Kanne ist ~ viertel voll;* <aber> zu ~ *Vierteln voll;* es dauert ~ *viertel Stunden;* <aber> ~ *Viertelstunden, eine Dreiviertelstunde;* → a. *acht, Drei;* **Drei** <f.; -, -en> *wir fahren mit der ~* <umg.> *Straßenbahn-, Buslinie Nr. 3; sie hat in Physik eine ~ geschrieben; einen Test mit der Note ~, mit einer ~ bestehen;* → a. *Acht, drei, Dreier(1);* **'Drei·ach·ser** <[-ks-]; m.; -s, -; in Ziffern: 3-Achser> *Wagen mit drei Achsen;* **Drei·'ach·tel·takt** <m.; -(e)s, -e; in Ziffern: 3/8-Takt> *ein ~;* **'drei·ar·mig** <Adj.> *~er Leuchter;* **'drei·bän·dig** <Adj.> *~es Lexikon;* **'drei·bei·nig** <Adj.>; **'drei·blät·te·rig, 'drei·blätt·rig** <Adj.>; **'Drei·bund** <m.; -(e)s, ⸚e> *Bündnis zwischen drei Staaten;* **Drei·'D-Bril·le** <f.; -, -n; ⚡Z 33; in Ziffern: 3-D-Brille> *Spezialbrille für dreidimensionales Sehen (im Kino);* **'drei·di·men·si·o·nal** <Adj.>; **'Drei·eck** <n.; -(e)s, -e>; **'drei·e·ckig** <Adj.; ⚡Z 55>; **'Drei·eck·schal·tung** <f.; -, -en; El.; Tech.>; **'Drei·ecks·ge·schich·te** <f.; -, -n>; **'Drei·ecks·tuch** <n.; -(e)s, ⸚er>; **'Drei·ecks·ver·hält·nis** <n.; -s·ses, -s·se> *erot. Beziehung zw. einem Paar u. einer weiteren Person;* **'drei·ein·halb** <Adj.> *sie ist ~ Jahre alt;* **drei'ei·nig** <Adj.; in der Fügung> der ~e Gott *Gott in seiner Eigenschaft als Vater, Sohn u. Heiliger Geist;* **Drei'ei·nig·keit** <f.; -;

D

unz.>; **'Drei·er** <m.; -s, -; oberdt.> → a. *Drei 1 die Schulnote Drei;* sie hat in Latein einen ~ 2 *die Straßenbahn-, Buslinie Nr. 3;* wir nehmen den ~; **'drei·er·lei** <Adj.; undekl.> ~ Käse; **'Drei·er·rei·he** <f.; -, -n>; **'Drei·er·takt** <m.; -(e)s, -e>; **'drei·fach** <Adj.; ↗Z34.1; in Ziffern: 3fach> in ~er Ausfertigung; diese Tasche kostet das Dreifache von jener; **'Drei·fach·imp·fung** <f.; -, -en; Med.>; **Drei'fal·tig·keit** <f.; -; unz.> *Dreieinigkeit*; **Drei'fal·tig·keits·fest** <n.; -(e)s, -e> *erster Sonntag nach Pfingsten*; Sy *Trinitatis*; **Drei'far·ben·druck** <m.; -(e)s, -e>; **'drei·far·big** <Adj.>; **Drei'fel·der·wirt·schaft** <f.; -; unz.; Landw.>; **'drei·fenst·rig** <Adj.>; **'Drei·fuß** <m.; -es, ¨-e> *Gestell, Schemel auf drei Füßen*; **'drei·fü·ßig** <Adj.>; **'Drei·ge·spann** <n.; -(e)s, -e> = *Troika*; **'drei·ge·stri·chen** <Adj.; Mus.> *mit drei Strichen versehen;* das ~e C (c'''); **'drei·ge·teilt** <Adj.>; **'drei·häu·sig** <Adj.; Bot.>; **'Drei·häu·sig·keit** <f.; -; unz.> *Vorkommen von männl., weibl. u. zwittrigen Blüten auf drei Pflanzen derselben Art*; **'Drei·heit** <f.; -, -en>; **'drei·hun·dert** <Adj.; in Ziffern: 300>; **'drei·jäh·rig** <Adj.> ein ~es Kind; die Dreijährigen; **'Drei·kampf** <m.; -(e)s, ¨-e; Sp.>; **'Drei·kant** <m.; -(e)s, -e; Geom.>; **'Drei·kan·ter** <m.; -s, -> *eine Gesteinsform*; **Drei'kä·se·hoch** <m.; -s, -s; umg.; scherzh.> *kleiner Junge*; **'Drei·klang** <m.; -(e)s, ¨-e; Mus.>; **Drei'kö·ni·ge** <ohne Art.> *Dreikönigsfest;* an, nach, vor, zu ~; **Drei'kö·nigs·fest** <n.; -(e)s, -e; am 6. Jan.>; **Drei'län·der·eck** <n.; -(e)s; unz.>; **'Drei·laut** <m.; -(e)s, -e> *Verbindung dreier ineinander übergehender Vokale*; **'Drei·ling** <m.; -s, -e> *eine alte Münze*; **Drei'mäch·te·pakt** <m.; -(e)s, -e; Pol.>; **'drei·mäh·dig** <Adj.; Landw.> *drei Ernten gebend* (Wiese); **'drei·mal** <bei bes. Betonung auch> **drei 'Mal** <Adv.; in Ziffern: 3-mal> zwei- bis ~ <in Ziffern: 2- bis 3-mal>, **'drei·ma·lig** <Adj.; in Ziffern: 3-malig>; **'Drei·mas·ter** <m.; -s, -; Mar.>; **'drei·mas·tig** <Adj.>; **Drei'mei·len·zo·ne** <f.; -, -n> *zum Hoheitsgebiet eines Küstenstaates gehörende Zone*; **Drei'me·ter·brett** <n.; -(e)s, -er> *ein Sprungbrett*

drein <Adv.; umg. für> *darein*; **drein...** <Vors.; ↗Z22; in Zus. mit Verben betont u. abtrennbar> z. B. dreinreden; ich rede drein; sie hat dreingeredet; dreinzureden; **'drein|bli·cken** <V. i.> finster, schelmisch ~; **'drein|fah·ren** <V. i. (s.) 130; umg.; fig.> *energisch eingreifen*; **'drein|fin·den** <V. refl. 134; umg.> = *dareinfinden*; **'Drein·ga·be** <f.; -, -n; umg.> *Zugabe*; **'drein|re·den** <V. i.; umg.> jmdm. ~; **'drein|schau·en** <V. i.; umg.>; **'drein|schla·gen** <V. i. 218; umg.>

'Drei·pass <m.; -es, ¨-e> *ein got. Maßwerk*; **Drei'pha·sen·strom** <m.; -(e)s; unz.; El.>; **Drei·punkt-'Si·cher·heits·gurt** <m.; -(e)s, -e; Verkehrsw.>; **'Drei·rad** <n.; -(e)s, ¨-er>; **'Drei·satz·rech·nung** <f.; -, -en; Math.>; **'Drei·schneuß** <m.; -es, -e> *got. Maßwerkform*; **'drei·schü·rig** <Adj.; Landw.> = *dreimähdig*; **'drei·sil·big** <Adj.>; **'drei·spal·tig** <Adj.; in Ziffern: 3-spaltig> ein ~ gedruckter Text; **'Drei·spän·ner** <m.; -s, -> = *Troika*; **'Drei·spitz** <m.; -es, -e; früher> *ein dreieckiger (Uniform-)Hut*; **'drei·spra·chig** <Adj.>; **'Drei·sprung** <m.; -(e)s, ¨-e; Sp.>; **'drei·ßig** <Num.; in Ziffern: 30> er ist über, unter ~ (Jahre alt); sie ist Anfang, Mitte, Ende (der) ~; → a. *achtzig*; **'drei·ßig·jäh·rig** <Adj.; in Ziffern: 30-jährig> ein ~er Mann; <aber> der Dreißigjährige Krieg

dreist <Adj.; abwertend> *unverfroren, frech*

'drei·stel·lig <Adj.> eine ~e Zahl; **Drei'ster·ne·ho·tel,** <auch> **Drei-'Ster·ne-Ho·tel** <n.; -s, -s; ↗Z33>

'Dreis·tig·keit <f.; -, -en>

'drei·stim·mig <Adj.>; **'Drei·stim·mig·keit** <f.; -; unz.>; **'drei·stö·ckig** <Adj.>; **Drei'stu·fen·ra·ke·te** <f.; -, -n>; **Drei'ta·ge·fie·ber** <n.; -s; unz.; Med.> *eine Infektionskrankheit*; **drei'tau·send** <Num.; in Ziffern: 3000>; **Drei'tau·sen·der** <m.; -s, -> *3000 Meter hoher Berg*; **'drei·tei·len** <V. t.; meist nur im Inf. u. Part. Perf.> *in drei Teile teilen*; **'drei·tei·lig** <Adj.>; **'Drei·tei·lung** <f.; -, -en>; **drei'vier·tel·lang** <Adj.> ein ~es Kleid; **Drei·vier·tel'li·ter·fla·sche** <f.; -, -n; in Ziffern: 3/4-Liter-Flasche>; **Drei'vier·tel·mehr·heit** <f.; -; unz.>; **Drei·vier·tel'stun·de** <f.; -, -n> → a. *drei, viertel, Viertel*; **Drei'vier·tel·takt** <m.; -(e)s, -e>; **Drei'we·ge·ka·ta·ly·sa·tor** <m.; -s, -'to·ren; Kfz-Tech.> Sy *Kat*; **'drei·wer·tig** <Adj.>; **'Drei·zack** <m.; -(e)s, -e> *Speer mit drei Zacken*; **'drei·za·ckig** <Adj.>; **'drei·zehn** <Num.; in Ziffern: 13> → a. *acht*; **drei·zehn'hun·dert** <in Ziffern: 1300>; **Drei'zim·mer·woh·nung** <f.; -, -en; in Ziffern: 3-Zimmer-Wohnung>; **'drei·zin·kig** <Adj.>

Drell <m.; -(e)s, -e; norddt.> = *Drillich*

Dres. <Pl.; Abk. für> *doctores*; → a. *Doktor*

'Dre·sche <f.; -; unz.; umg.> *Prügel, Schläge*; **'dre·schen** <V. t. 121> 1 Getreide ~ *die Körner maschinell aus den Ähren lösen* 2 <fig.; umg.> *prügeln*; **'Dre·scher** <m.; -s, -> *jmd., der Getreide drischt*; **'Dre·sche·rin** <f.; -, -n·nen>; **'Dresch·fle·gel** <m.; -s, -> *Handgerät zum Dreschen*; **'Dresch·ma·schi·ne** <f.; -, -n>

'Dres·den *Hauptstadt von Sachsen*; **'Dresd·ner** <m.; -s, -> *Einwohner von Dresden*; **'Dresd·ne·rin** <f.; -, -n·nen>; **'dresd·ne·risch** <Adj.>

Dress <m.; - od. -es, -e; österr. f.; -, -en> *(Sport-)Kleidung*; Tennis~ [engl.]

Dres·seur <[-'sø:r]; m.; -s, -e> *jmd., der Tiere abrichtet* [frz.]; **dres'sie·ren** <V. t.> 1 Tiere ~ *abrichten* 2 Speisen ~ *anrichten*

'Dres·sing <n.; -s, -s> 1 *Salatsoße* 2 *Gewürzmischung* [engl.]; **'Dress·man** <[-mæn]; m.; -s, -men [mən]> 1 *jmd., der auf Modenschauen Herrenkleidung vorführt* 2 *männl. Fotomodell*

Dres'sur <f.; -, -en> *Abrichtung von Tieren* [frz.]; **Dres'sur·akt** <m.; -(e)s, -e>; **Dres'sur·prü-**

fung ‹f.; -, -en›; **Dres'sur·rei·ten** ‹n.; -s; unz.›

Dr. forest. ‹Abk. für› *doctor scientiae rerum forestalium (Doktor der Forstwirtschaft);* **Dr. habil.** ‹Abk. für› *doctor habilitatus (habilitierter Doktor);* **Dr. h. c.** ‹Abk. für› *doctor honoris causa (Ehrendoktor)*

'drib·beln ‹V. i.; ich dribb(e)le; Sp., bes. Fußb.› *den Ball in kurzen Stößen vor sich hertreiben;* **'Dribb·ling** ‹n.; -s, -s; Sp.› *das Dribbeln*

Drift ‹f.; -, -en› *vom Wind hervorgerufene Strömung auf der Meeresoberfläche* [engl.]; **'Drift·eis** ‹n.; -es; unz.› *Treibeis;* **'drif·ten** ‹V. i. (s.)› *treiben*

Drilch, Drill [1] ‹m.; -(e)s, -e› = *Drillich*

Drill [2] ‹m.; -(e)s; unz.› *harte Ausbildung* ‹bes. Mil.›; **'Drill·boh·rer** ‹m.; -s, -›; **'dril·len** ‹V. t.› **1** *die Saat ~* ‹Landw.› *in Reihen säen* **2** *jmdn. ~ hart ausbilden*

'Dril·lich ‹m.; -(e)s, -e› *ein festes Gewebe;* **'Dril·lich·zeug** ‹n.; -(e)s; unz.›

'Dril·ling ‹m.; -s, -e› *ein mit zwei anderen gleichzeitig im Mutterleib herangereiftes Kind*

'Drill·ma·schi·ne ‹f.; -, -n; Landw.›

drin ‹Adv.; umg. für› *darin; ~ sein* ‹auch› *möglich sein; ein Auto ist bei dem mageren Gehalt nicht ~;* **drin…** ‹Vors.; in Zus. mit Verben betont u. abtrennbar› z. B. drinstehen; *ich stehe drin; sie hat/ist dringestanden; drinzustehen; ‹aber getrennt› darin stehen;* **'drin·blei·ben** ‹V. i. (s.) 114; umg.›

Dr.-Ing. ‹Abk. für› *Doktor für Ingenieurwissenschaften;* → a. *Doktor*

'drin·gen ‹V. i. 122› **1** *hindurchgelangen; der Regen dringt in die Schuhe* **2** *jmdn. ~* ‹fig.; geh.› *jmdn. zum Reden zu bewegen versuchen* **3** *auf etwas ~ etwas mit Nachdruck verlangen;* **'drin·gend** ‹Adj.; ↗ Z 28.1, 43.3› *nachdrücklich; jmdn. auf das Dringendste/‹auch› dringendste ermahnen;* **'dring·lich** ‹Adj.› = *dringend;* **'Dring·lich·keit** ‹f.; -; unz.›; **'Dring·lich·keits·stu·fe** ‹f.; -, -n›

Drink ‹m.; -s, -s› *alkohol. (Mix-)Getränk* [engl.]

'drin·nen ‹Adv.› *innerhalb eines Raumes; Ggs draußen;* **'drin|sit·zen** ‹V. i. 246 (h. od. (süddt.; österr.; schweiz.) s.); umg.›; **'drin·ste·cken** ‹V. i. 255; umg.› *man steckt nicht drin* ‹fig.› *man weiß nicht, wie es ausgeht;* **'drin|ste·hen** ‹V. i. 256 (h. od. (süddt.; österr.; schweiz.) s.)›

dritt ‹Num.; Ordinalzahl zu "drei"; nur in der Wendung› *zu ~;* **'drit·te(r, -s)** ‹Num.; ↗ Z 46›; *Ordinalzahl zu › der ~ Mann beim Skat; der ~ Stand das Bürgertum (nach Adel u. Geistlichkeit);* die ~n Zähne ‹umg.› *Zahnersatz, künstl. Gebiss;* ‹aber Großschreibung› *Friedrich der Dritte (F. III.); jeder Dritte; der Dritte im Bunde; das Dritte Reich; die Dritte Welt die Entwicklungsländer; zum Ersten, zum Zweiten, zum Dritten* ‹bei Versteigerungen›; *nichts davon zu Dritten!; der Dritte des Monats;* **'drit·tel** ‹Zahladv.; in Ziffern:* ⅓ *der dritte Teil eines Ganzen umfassend; zwei ~ Liter Milch zugeben* ‹in Ziffern: 2/3›; → a. *achtel;* **'Drit·tel** ‹n.; -s, -; schweiz. meist m.; -s, -› *dritter Teil eines Ganzen; ein ~ der Abgeordneten stimmte dagegen;* → a. *Achtel;* **'drit·teln** ‹V. t.; ich dritt(e)le› *in drei (gleiche) Teile teilen;* **'Drit·ten·ab·schla·gen** ‹n.; -s; unz.› *ein Laufspiel;* **'drit·tens** ‹Adv.› *an dritter Stelle stehend; erstens, zweitens, ~;* **Drit·te-'Welt-La·den** ‹m.; -s, =; ↗ Z 33› *Geschäft, in dem Produkte aus Entwicklungsländern verkauft werden;* **'dritt·letz·te(r, -s)** ‹Adj.› *auf der ~n Seite; der Drittletzte in der Reihe*

Drive ‹[draiv] m.; -s, -s› **1** ‹unz.› *Schwung, Lebendigkeit; er hat viel ~* **2** ‹Golf, Polo› *Treibschlag* **3** ‹Jazz› *Steigerung der rhythm. Intensität u. Spannung* [engl.]; **Drive-'in** ‹n.; -s, -s; ↗ Z 32; kurz für› **1** *Drive-in-Kino* **2** *Drive-in-Restaurant;* **Drive-'in-Ki·no** ‹n.; -s, -s; ↗ Z 33› = *Autokino;* **Drive-'in-Res·tau·rant** ‹[-'rɛstoˈrāː] n.; -s, -s› *(Fastfood-)Restaurant, bei*

dem man am Auto bedient wird; **dri·ven** ‹['draivən] V. i.; Golf, Polo› *einen Treibschlag ausführen;* **Dri·ver** ‹['draivər] m.; -s, -› *ein Golfschläger*

Dr. j. u. ‹Abk. für› *doctor juris utriusque (Doktor beider Rechte);* oV *Dr. jur. utr;* **Dr. jur.** ‹Abk. für› *doctor juris (Doktor der Rechte);* **Dr. jur.** utr. = *Dr. j. u.*

DRK ‹Abk. für› *Deutsches Rotes Kreuz*

Dr. med. ‹Abk. für› *doctor medicinae (Doktor der Medizin);* **Dr. med. dent.** ‹Abk. für› *doctor medicinae dentariae (Doktor der Zahnheilkunde);* **Dr. med. univ.** ‹österr.; Abk. für› *doctor medicinae universae (Doktor der gesamten Medizin);* **Dr. med. vet.** ‹Abk. für› *doctor medicinae veterinariae (Doktor der Tierheilkunde);* **Dr. mont.** ‹österr.› = *Dr. rer. mont.;* **Dr. nat. techn.** ‹Abk. für› *doctor rerum naturalium technicarum (Doktor der Bodenkultur)*

'dro·ben ‹Adv.; süddt.; österr.› *da, dort oben*

Dr. oec. ‹Abk. für› *doctor oeconomiae (Doktor der Wirtschaftswissenschaften);* **Dr. oec. publ.** ‹Abk. für› *doctor oeconomiae publicae (Doktor der Volkswirtschaft)*

'Dro·ge ‹f.; -, -n› **1** *für Arzneien verwendetes tier. od. pflanzl. Erzeugnis* **2** *Rauschmittel* [frz.]

'drö·ge ‹Adj.; norddt.› **1** *trocken, vertrocknet* **2** *langweilig*

'dro·gen·ab·hän·gig ‹Adj.› *rauschmittelsüchtig;* **'Dro·gen·ab·hän·gig·keit** ‹f.; -; unz.›; **'Dro·gen·be·ra·tungs·stel·le** ‹f.; -, -n›; **'Dro·gen·kon·sum** ‹m.; -s; unz.›; **'Dro·gen·miss·brauch** ‹m.; -(e)s; unz.›; **'Dro·gen·sze·ne** ‹f.; -; unz.; umg.› *Rauschgiftmilieu;* **'Dro·gen·tod** ‹m.; -(e)s; unz.›; **'Dro·gen·to·te(r)** ‹f. 2 (m. 1)›; **Dro·ge·'rie** ‹f.; -, -n› *Geschäft für Chemikalien, Putzmittel, Kosmetika u. Ä.;* **Dro·ge·'rie·markt** ‹m.; -(e)s, =e›; **Dro·'gist** ‹m.; -en, -en› *Inhaber od. Angestellter einer Drogerie;* **Dro·'gis·tin** ‹f.; -, -n·nen›

'Droh·brief ‹m.; -(e)s, -e›; **'dro·hen** ‹V. i.› **1** *jmdm. ~ jmdn.*

einzuschüchtern versuchen; er drohte ihm mit einer Anzeige **2** *bevorstehen;* ihm droht eine Gefängnisstrafe; **'Droh·ge·bär·de** <f.; -, -n>

Drohn <m.; -en, -en; Imkerspr.>, **'Drohn·ne** <n.; -s; Zool.> *männl. Honigbiene*

'dröh·nen <V. i.> *schallen*

'Droh·nen·da·sein <n.; -s; unz.; fig.> *müßiggängerisches Leben auf Kosten anderer*

'Dro·hung <f.; -, -en> *Ankündigung eines Unheils;* Mord~

'drol·lig <Adj.> *spaßig, komisch;* **'Drol·lig·keit** <f.; -, -en>

'Dro·me·dar <n.; -s, -e; Zool.> *einhöckeriges Kamel* [grch.]

'Drop·kick <m.; -s, -s; Fußb., Rugby> *das Wegschlagen des Balls im Augenblick seines Aufpralls auf den Boden* [engl.]; **Drop·out,** <auch> **Drop·out** <[-'aut] m.; -s, -s; ↗Z32> **1** *Aussteiger* **2** <Tech.> *kurzes Aussetzen bei Tonaufzeichnungen;* **'drop·pen** <V. i.; Sp.> *einen neuen Spielball einbringen;* **Drops** <m.; - od. -es, -e> *Fruchtbonbon;* **'Drop·shot** <[-'ʃɔt] m.; -s, -s; Tennis> *Schlag, bei dem der (Stopp-)Ball kurz hinter dem Netz auf dem Boden aufkommt*

'Drosch·ke <f.; -, -n> *gemietete Pferdekutsche* [russ.]

'drö·seln <V.; ich drös(e)le> **1** <V. t.> *(Fäden) drehen* **2** <V. i.> *langsam sein, trödeln*

Dro'so·phi·la <f.; -, -lae [-lɛ]; Zool.> *Taufliege* [grch.]

'Dros·sel[1] <f.; -, -n; Zool.> *ein Singvogel*

'Dros·sel[2] <f.; -, -n> **1** <Jägerspr.> *Luftröhre, Kehle des Wildes* **2** <Tech.> *Ventil zum Regeln der durch eine Rohrleitung strömenden Flüssigkeits- od. Gasmenge*

'Dros·sel·bart <m.; -(e)s; unz.> König ~ *eine Märchengestalt*

'Dros·sel·klap·pe <f.; -, -n; Tech.> *Ventil, das* <österr.; Abk. dross(e)le> *(die Zufuhr von etwas) verringern;* **'Dros·sel·schie·ber** <m.; -s, -; Tech.>; **'Dros·sel·spu·le** <f.; -, -n; El.>; **'Dros·se·lung, 'Droß·lung** <f.; -, -en>

Dr. paed. <Abk. für> *doctor paedagogiae (Doktor der Pädago-*

gik); **Dr. pharm.** <Abk. für> *doctor pharmaciae (Doktor der Pharmazie);* **Dr. phil.** <Abk. für> *doctor philosophiae (Doktor der Philosophie);* **Dr. phil. nat.** <Abk. für> *doctor philosophiae naturalis (Doktor der Naturwissenschaften);* **Dr. rer. camer.** <Abk. für> *doctor rerum cameralium (Doktor der Staatswissenschaften);* **Dr. rer. comm.** <österr.; Abk. für> *doctor rerum commercialium (Doktor der Handelswissenschaften);* **Dr. rer. hort.** <Abk. für> *doctor rerum hortensium (Doktor der Gartenbauwissenschaft);* **Dr. rer. mont.** <Abk. für> *doctor rerum montanarum (Doktor der Bergbauwissenschaften);* **Dr. rer. nat.** <Abk. für> *doctor rerum naturalium; = Dr. phil. nat.;* **Dr. rer. oec.** <Abk. für> *doctor rerum oeconomicarum (Doktor der Wirtschaftswissenschaften);* **Dr. rer. pol.** <Abk. für> *doctor rerum politicarum; = Dr. rer. camer.;* **Dr. rer. publ.** <Abk. für> *doctor rerum publicarum (Doktor der Zeitungswissenschaft);* **Dr. rer. soc. oec.** <österr.; Abk. für> *doctor rerum socialium oeconomicarumque (Doktor der Sozial- u. Wirtschaftswissenschaften);* **Dr. rer. techn.** <Abk. für> *doctor rerum technicarum (Doktor der techn. Wissenschaften);* **Dr. sc. agr.** <Abk. für> *doctor scientiarum agrariarum (Doktor der Landwirtschaft);* **Dr. sc. math.** <Abk. für> *doctor scientiarum mathematicarum (Doktor der mathemat. Wissenschaften);* **Dr. sc. nat.** <Abk. für> *doctor scientiarum naturalium; = Dr. phil. nat.;* **Dr. sc. pol.** <Abk. für> *doctor scientiarum politicarum; = Dr. rer. camer.;* **Dr. sc. techn.** <österr.; Abk. für> *doctor scientiarum technicarum; = Dr. rer. techn.;* **Dr. techn.** <österr.; Abk. für> *doctor rerum technicarum; = Dr. rer. techn.;* **Dr. theol.** <Abk. für> *doctor theologiae (Doktor der Theologie)*

'drü·ben <Pronominaladv.; umg.> *auf der anderen Seite;* hüben und ~; **'drü·ber** <Pronominaladv.; umg. für> *darüber;*

es geht (alles) drunter und ~ es herrscht keine Ordnung mehr; → a. *drunter;* **'drü·ber...** <Vors.; in Zus. mit Verben betont u. abtrennbar> z. B. drüberstehen; ich stehe drüber; sie hat/ist drübergestanden; <aber getrennt> *darüber stehen;* **'drü·ber|fah·ren** <V. i. 130 (s.); umg.>; **'drü·ber|fal·len** <V. i. 131 (s.); umg.>; **'drü·ber|le·gen** <V. t.; umg.>; **'drü·ber|ste·hen** <V. i. 256 (h. od. (süddt.; österr.; schweiz.) s.); umg.>; **'drü·ber·wi·schen** <V. t.; umg.>

Druck[1] <m.; -(e)s, ⸚e> **1** <unz.> *das Drücken, Zusammenpressen;* Hände~; Knopf~ **2** *die senkrecht auf eine Fläche wirkende Kraft;* Luft~; Wasser~ **3** <unz.; fig.> *Belastung;* unter ~ stehen; jmdn. unter ~ setzen;

Druck[2] <m.; -(e)s, -e> **1** <unz.> *das Drucken;* das Manuskript geht in ~ **2** *Druckerzeugnis;* alte, kostbare ~e; Buch~ **3** <unz.> *Schriftart;* ein kleiner, schlecht lesbarer ~; **'Druck·aus·gleich** <m.; -s; unz.; Tech.>; **'Druck·blei·stift** <m. od. (südwestdt.) n.; -(e)s, -e>; **'Druck·bo·gen** <m.; -s, - od. (süddt.) ⸚>; **'Druck·buch·sta·be** <m.; -ns, -n> *Buchstabe in Druckschrift;* **'Drü·cke·ber·ger** <m.; -s, -> *jmd., der sich einer Verpflichtung entzieht;* **'drü·cke·ber·ge·risch** <Adj.>; **'druck·emp·find·lich** <Adj.>; **'dru·cken** <V. t.> *im Abdruck herstellen u. vervielfältigen;* **'drü·cken** <V.> **1** <V. i. u. V. t.> *einen Druck[1] ausüben;* (auf) den Knopf ~; die neuen Schuhe ~ (mich) **2** <V. i.> *schwer auf jmdm. lasten;* ~de Hitze, Schulden; es war ~d heiß **3** <V. refl.> sich ~ <umg.> *sich entziehen;* **'Dru·cker** <m.; -s, -> **1** *im Buchdruck ausgebildeter Handwerker* **2** <EDV> *an den Computer angeschlossenes Gerät, das Daten auf Papier ausdruckt;* **'Drü·cker** <m.; -s, -> **1** *Türklinke* **2** *Bedienungsknopf für elektr. Anlagen;* am ~ sitzen <fig.; umg.> **3** <umg.> *rücksichtslos fordernder Chef von Zeitschriftenwerbern;* **'Druck·e'rei** <f.; -, -en> *Betrieb zur Herstellung gedruckter Erzeugnisse;*

D

'**Druck·er·laub·nis** <f.; -, -s·se>
Sy *Imprimatur*; '**Dru·cker·
schwär·ze** <f.; -; unz.>; '**Druck·
far·be** <f.; -, -n>; '**Druck·feh·ler**
<m.; -s, ->; '**Druck·feh·ler·teu·
fel** <m.; -s> unz.; scherzh.> *ima-
ginäre Person, die man für
Druckfehler verantwortlich
macht*; '**druck·fer·tig** <Adj.>;
'**Druck·fes·tig·keit** <f.; -; unz.>;
'**druck·frisch** <Adj.>; '**Druck·
ge·neh·mi·gung** <f.; -, -en>;
'**Druck·gra·fik**, '**Druck·gra·phik**
<f.; -, -en; ⟋Z11.3>; '**Druck·
knopf** <m.; -(e)s, ⸗e>; '**Druck·le·
gung** <f.; -, -en> bei ~; '**Druck·
luft** <f.; -; unz.> Sy *Pressluft*;
'**Druck·luft·brem·se** <f.; -, -n>;
'**Druck·ma·schi·ne** <f.; -, -n>;
'**Druck·mit·tel** <n.; -s, -; fig.>
Mittel, einen Zwang auszuüben;
'**Druck·ort** <m.; -(e)s, -e>;
'**Druck·plat·te** <f.; -, -n>;
'**Druck·pum·pe** <f.; -, -n>;
'**Druck·punkt** <m.; -(e)s, -e>;
'**druck·reif** <Adj.> *geeignet, um
gedruckt zu werden*; '**Druck·sa·
che** <f.; -, -n; Post> *offene Post-
sendung mit gedruckten Infor-
mationsschriften*; '**Druck·
schrift** <f.; -, -en> *Schrift aus
nicht miteinander verbundenen
Buchstaben*; Ggs *Schreibschrift*;
'**Druck·sei·te** <f.; -, -n>; '**druck·
sen** <V. i.; du druckst; umg.>
nicht offen reden; '**Druck·stel·le**
<f.; -, -n>; '**Druck·stock** <m.;
-(e)s, ⸗e; Typ.> *Druckplatte für
Hochdruckverfahren*; '**Druck·
tech·nik** <f.; -, -en>; '**druck·
tech·nisch** <Adj.>; '**Druck·ver·
band** <m.; -(e)s, -e> *fester Ver-
band zur Blutstillung*; '**Druck·
ver·bot** <n.; -(e)s, -e>; '**Druck·
ver·fah·ren** <n.; -s, ->; '**Druck·
vor·la·ge** <f.; -, -n>; '**Druck·wel·
le** <f.; -, -n> *Ausbreitung einer
Druck- od. Dichteänderung
(z. B. bei einer Explosion)*;
'**Druck·werk** <n.; -(e)s, -e>
'**Dru·de** <f.; -, -n; german. Myth.>
weibl. Nachtgeist; '**Dru·den·fuß**
<m.; -es, ⸗e> *magisches Zeichen
zur Abwehr von Druden*; '**Dru·
den·stein** <m.; -(e)s, -e> *Zau-
bermittel gegen Druden*
Drug·store <['drʌgstɔ:r]; m.; -s,
-s; in den USA> *Gemischtwa-
rengeschäft* [engl.]

Dru'i·de <m.; -n, -n> *keltischer
Priester*; **dru'i·disch** <Adj.>
drum <Pronominaladv.; umg.
für> *darum*; sei's ~! *es macht
nichts*; mit allem, was ~ und
dran hängt; mit allem Drum
und Dran
Drum <[drʌm]; f.; -, -s> *Trommel*
[engl.]
Drum·her·um, <auch> **Drum·he·
'rum** <n.; -s; unz.; ⟋Z54; umg.>
alles, was dazu gehört
'**Drum·lin** <engl. ['drʌm·]; m.; -s,
-s; Geol.> *Aufschüttung von
Grundmoränenmaterial* [engl.]
Drum·mer <['drʌmə(r)]; m.; -s, ->
*Schlagzeuger in einer (Jazz-)
Band* [engl.]; **Drums** <[drʌms]>
Pl.> *Schlagzeug*; → a. *Drum*
'**drun·ten** <Adv.; umg.> *da, dort
unten*; '**drun·ter** <Pronominal-
adv.; umg. für> *darunter*; → a.
drüber; **drun·ter...** <Vors.; in
Zus. mit Verben betont u. ab-
trennbar> *z. B. drunterfallen;
ich falle drunter; sie ist drunter-
gefallen; drunterzufallen*; <aber
getrennt> *darunter fallen*;
'**drun·ter|fal·len** <V. i. 131 (s.);
umg.>; '**drun·ter|he·ben** <V. t.
163; umg.>; '**drun·ter|lie·gen**
<V. i. 180 (h. od. (süddt.; österr.;
schweiz.) s.); umg.>
Drusch <m.; -(e)s; unz.> 1 *das
Dreschen* 2 *Ertrag des Dreschens*
'**Dru·se¹** <f.; -, -n> 1 *Hohlraum
im Gestein mit Kristallen an
den Innenwänden* 2 <Vet.> *eine
Pferdekrankheit*
'**Dru·se²** <m.; -n, -n> *Angehöriger
einer syr.-islam. Sekte* [arab.]
'**Drü·se** <f.; -, -n> *Sekret abson-
derndes Organ*; Schild~
'**dru·sig** <Adj.; Vet.> *von der Dru-
se¹(2) befallen*
'**drü·sig** <Adj.; Med.> *voller Drü-
sen*
dry <[drai]; Adj.; undekl.> *tro-
cken, herb (bei alkohol. Geträn-
ken)* [engl.]
Dry'a·de <f.; -, -n; meist Pl.; grch.
Myth.> *Baumnymphe* [grch.]
d. s. <Mus.; Abk. für> *dal segno*
DSA <Abk. für> *Deutscher
Sprachatlas*
DSB <Abk. für> *Deutscher Sport-
bund*
Dschai'nis·mus <m.; -; unz.> =
Jainismus
Dschi'bu·ti *Staat u. dessen*

*Hauptstadt in Nordostafrika;
Republik ~*; **Dschi'bu·ti·er** <m.;
-s, -> *Einwohner von Dschibuti*;
Dschi'bu·ti·e·rin <f.; -, -n·nen>;
dschi'bu·tisch <Adj.>
'**D-Schicht** <f.; -; unz.> *Schicht
der Ionosphäre in 60–80 km Hö-
he*
Dschi'had <m.; -s; unz.; im Is-
lam> *"heiliger Krieg", der gegen
(vermeintlich) Ungläubige ge-
führt wird*; oV *Djihad* [arab.]
Dschinn <m.; -s, -s> *Geist, Dä-
mon; <aber> → Gin* [arab.]
'**Dschun·gel** <m. od. (selten) n.;
-s, -> *undurchdringlicher trop.
Sumpfwald* [Hindi]
'**Dschun·ke** <f.; -, -n> *chin. Segel-
schiff* [malai.]
DSG <Abk. für> *Deutsche Schlaf-
wagen- und Speisewagen-Ge-
sellschaft mbH*; → a. *Mitropa*
dt <Abk. für> *Dezitonne*
dt. <Abk. für> *deutsch*
DTB <Abk. für> *Deutscher Tur-
nerbund*
D. theol. <Abk. für> *doctor theo-
logiae (Doktor der Theologie
(ehrenhalber))*
dto. <Abk. für> *dito*
DTP <[di:ti:'pi:]; n.; Abk. für>
Desktoppublishing
Dtzd. <Abk. für> *Dutzend*
du <Personalpron., 2. Person
Sing.; Gen.: dein(er); Dat.: dir;
Akk.: dich; ⟋Z40; auch in Brie-
fen kleingeschrieben> *zu
jmdm. ~ sagen jmdm. vertrau-
lich anreden*; → a. *Du*; Du <n.; -;
unz.> jmdm. das ~ anbieten *die
vertrauliche Anrede*; *mit jmdm.
auf ~ und ~ stehen; jmdn. mit ~
anreden*; → a. *du*
du'al <Adj.> *eine Zweiheit bil-
dend*; *das ~e Zahlensystem*
<Math.> *ein System mit der
Grundzahl 2*; *~es System S. der
Müllentsorgung* [lat.]; **Du'al**
<m.; -(e)s; unz.; Sprachw.; noch
in slaw. u. balt. Sprachen> *ne-
ben Singular u. Plural eigener
Numerus zur Bez. der Zweizahl*;
du·a·li'sie·ren <V. t.> *verdop-
peln*; **Du·a'lis·mus** <m.; -; unz.>
1 <Phil.> *(einander ausschlie-
ßende u. doch zusammengehö-
rende) Zweiheit, z. B. Licht –
Finsternis* 2 *Widerstreit von
zwei einander entgegengesetz-
ten Kräften*; **du·a'lis·tisch**

D

<Adj.>; **Du·a·li·tät** <f.; - unz.> *Doppelheit, Vertauschbarkeit, Wechselseitigkeit;* **Du·al·sys·tem** <n.; -s; unz.; Math.> *auf der Zahl 2 beruhendes Zahlensystem*

'Dü·bel <m.; -s, -> *kleiner Zapfen zur sicheren Befestigung von Nägeln in der Wand;* **'dü·beln** <V. i. u. V. t.; ich düb(e)le>

du·bi·os <Adj.> *zweifelhaft, fragwürdig* [lat.]; **Du·bi·o·sen** <Pl.; Wirtsch.> *Außenstände, deren Begleichung fraglich ist*

Du'blee, <auch> **Dub'lee** <n.; -s, -s; ⚹Z53> oV *Double* 1 *Metall mit Edelmetallüberzug* 2 <Billard> *ein die Bande berührender Stoß* [frz.]; **Du'blee·gold** <n.; -(e)s; unz.>; **Du'blet·te** <f.; -, -n> *doppelt vorhandenes Stück;* **du'blie·ren** <V. t.> *verdoppeln;* Metall *~ mit Edelmetall überziehen*

Dub·lin <['dʌb-]> *Hauptstadt von Irland*

Du'blo·ne, <auch> **Dub'lo·ne** <f.; -, -n; ⚹Z53> *alte span. Goldmünze* [span.]

Duc <[dyk]; m.; - od. -s, -s; frz. Bez. für> *Herzog;* → a. *Duchesse(1)* [lat.]; **'Du·ca** <m.; -, 'Du·chi [-ki]; ital. Bez. für> *Herzog;* → a. *Duchessa;* **Du·ce** <['du:tʃe]; m.; -s; unz.; Bez. für *den ital. Diktator B. Mussolini* [ital.]; **Du·ches·sa** <[-'kes-]; f.; -, -ches·se; ital. Bez. für> *Herzogin;* → a. *Duca;* **Du·chesse** <[dy'ʃɛs]; f.; -, -n> 1 <frz. Bez. für> *Herzogin;* → a. *Duc* 2 <unz.> *ein glänzendes Gewebe*

Ducht <f.; -, -en; Seemannsspr.> *Sitz- u. Ruderbank im Boot*

'Duck·dal·be, **'Dück·dal·be** <f.; -, -n; meist Pl.>, **'Duck·dal·ben**, **'Dück·dal·ben** <m.; -s, -; meist Pl.; Seemannsspr.> *Pfahlgruppe zum Befestigen von Schiffen*

'du·cken <V. refl.> sich *~ Kopf u. Schultern einziehen, beugen;* **'Duck·mäu·ser** <m.; -s, -; umg.; abwertend> *jmd., der sich stets dem Willen anderer fügt;* **Duckmäu·se'rei** <f.; -; unz.>; **'Duck·mäu·se·rin** <f.; -, -nen>; **'duck·mäu·se·risch** <Adj.>

Du·de'lei <f.; -; unz.> *lästiges Dudeln;* **'du·deln** <V. i.; ich dud(e)le; umg.; abwertend>

(ununterbrochen) eintönige Musik von sich geben; das Radio dudelt den ganzen Tag; **'Du·del·sack** <m.; -(e)s, ⸗e; Instrumentenk.> *ein altes Blasinstrument;* **'Du·del·sack·pfei·fer** <m.; -s, ->

Du'ell <n.; -s, -e> *Zweikampf* [lat.]; **Du·el'lant** <m.; -en, -en>; **du·el'lie·ren** <V. refl.> sich *~ in einem Duell bekämpfen*

Du'ett <n.; -(e)s, -e; Mus.> *Musikstück für zwei Singstimmen* [ital.]

Duf·fle·coat, <auch> **Duff·le·coat** <['dʌflko:t]; m.; -s, -s; ⚹Z53> *dreiviertellanger Mantel* [engl.]

Duft <m.; -(e)s, ⸗e> *angenehmer Geruch;* **'Duft·drü·se** <f.; -, -n; bei manchen Tieren>

'duf·te <Adj.; undekl.; umg.> *großartig;* die Party war *~;* eine *~* Party [jidd.]

'duf·ten <V. i.> *einen angenehmen Geruch ausströmen;* **'duf·tig** <Adj.; fig.> *hauchfein, durchscheinend;* **'Duft·mar·ke** <f.; -, -n> eine *~* setzen; **'Duft·no·te** <f.; -, -n> *spezielle Eigenart eines Duftes;* **'Duft·stoff** <m.; -(e)s, -e>; **'Duft·was·ser** <n.; -s, ⸗>; **'Duft·wol·ke** <f.; -, -n; fig.>

duhn <Adj.; norddt.> oV *dun* 1 *erschöpft* 2 *betrunken* [engl.]

Du'ka·ten <m.; -s, -> *alte ital. Goldmünze* [ital.]; **Du'ka·ten·e·sel** <m.; -s, -; ⚹Z55; fig.; umg.> *nicht versiegende Geldquelle*

Duke <[dju:k]; m.; -s, -s; engl. Bez. für> *Herzog*

'Dü·ker <m.; -s, -> 1 *Leitung für einen unterirdischen Wasserlauf* 2 <umg.> *Tauchente*

duk'til <Adj.> *gut verformbar* [lat.]; **Duk·ti·li'tät** <f.; -; unz.>; **'Duk·tus** <m.; -, -> *Eigenart des Schriftzuges, der Linienführung*

'dul·den <V.> 1 <V. i.> *still leiden* 2 <V. t.> *ertragen, zulassen;* **'Dul·der** <m.; -s, ->; **'Dul·de·rin** <f.; -, -n·nen>; **'Dul·der·mie·ne** <f.; -, -n; umg.> mit *~;* **'duld·sam** <Adj.>; **'Duld·sam·keit** <f.; -; unz.>; **'Dul·dung** <f.; -; unz.>

'Du·ma <f.; -, -s> 1 <im zarist. Russland> *russ. Ratsversammlung der fürstl. Gefolgsleute* 2 <seit 1994> *das russ. Parlament* [russ.]

Dum'dum <n.; -s, -s>, **Dum'dum-**

ge·schoss <m.; -es, -e> *wie ein Sprenggeschoss wirkendes Infanteriegeschoss* [nach dem ind. Ort der ersten Herstellung]

'Dum·ka <f.; -, 'Dum·ki> *slaw. Volkslied* [ukrain.]

dumm <Adj.; 'düm·mer, am 'dümms·ten> 1 *von schwacher Intelligenz* 2 *ärgerlich, unangenehm;* eine *~* Situation; so etwas Dummes!; **'Dumm·bart** <m.; -(e)s, ⸗e>, **'Dumm·chen** <n.; -s, -> = *Dummerchen;* **'dumm·dreist** <Adj.>; **Dum·me·'jun·gen·streich**, <auch> **Dumme-'Jun·gen-Streich** <m.; ⚹Z36.2; des Dummejungenstreich(e)s od. Dumme-Jungen-Streich(e)s; die Dummejungenstreiche od. Dumme-Jungen-Streiche> das war ein *~;* **'Dummen·fang** <nur in der Wendung> auf *~* ausgehen *auf Dumme hoffen;* **'Dum·mer·chen** <n.; -s, -; umg.> *kleines, noch unwissendes Kind;* **'Dummer·jan** <m.; -(e)s, -e; umg.> *dummer Kerl;* **'Dum·mer·le** <n.; -s, -s od. -; süddt.> = *Dummerchen;* **'dum·mer·wei·se** <Adv.>; **'Dumm·heit** <f.; -, -en> eine *~* begehen; **'Dumm·kopf** <m.; -(e)s, ⸗e; abwertend> *einfältiger Mensch;* **'dümm·lich** <Adj.> *beschränkt;* **'Dumm·ling**, **'Dümm·ling** <m.; -s, -e; bes. im Märchen> = *Dummkopf;* **'dumm·stolz** <Adj.>

Dum·my <['dʌmi]; m. od. n.; -s, -s; ⚹Z6.1> 1 *Schaupackung (zu Werbezwecken), Attrappe* 2 *lebensgroße Puppe für Autotests* [engl.]

'düm·peln <V. i.; ich dümp(e)le; Seemannsspr.> *sich leicht bewegen, schlingern*

dumpf <Adj.> 1 *gedämpft klingend* 2 *feucht, modrig* 3 *unbestimmt, unklar;* **'Dumpf·heit** <f.; -; unz.>; **'dump·fig** <Adj.>

Dum·ping <['dʌm-]; n.; - od. -s; unz.> *Verkauf von Waren unter dem Marktpreis (im Ausland)* [engl.]; **'Dum·ping·preis** <m.; -es, -e> *erheblich unter dem Marktpreis liegender Preis einer Ware*

dun <[du:n]; Adj.; norddt.> = *duhn*

'Dü·ne <f.; -, -n> *vom Wind zusammengewehter Sandhügel*

Dung <m.; -(e)s; unz.> = *Dünger*; **'Dün·ge·mit·tel** <n.; -s, -> = *Dünger*; **'dün·gen** <V. t.> *einen Acker ~*; **'Dün·ger** <m.; -s, -> *Stoffe, die den Ertrag des Bodens u. das Wachstum der Pflanzen befördern*; *Blumen~*; **'Dün·gung** <f.; -; unz.>

'dun·kel <Adj.> **1** *finster, lichtlos* **2** *in gedeckter Farbe*; *ein dunkler Anzug*; *~ gefärbte Haare* **3** <↗Z 43; fig.> *unbestimmt, verschwommen*; *sich ~ an etwas erinnern können*; *im Dunkeln tappen*; *das liegt noch im Dunkeln*; *etwas bewusst im Dunkeln lassen*; *dunkle Geschäfte*; *zwielichtige G.*; **'Dun·kel** <n.; -s; unz.> *Dunkelheit*

'Dün·kel <m.; -s; unz.; abwertend> *übertrieben hohe Meinung von sich selbst*; *Standes~*

'dun·kel·blau <Adj.>; **'dun·kel·braun** <Adj.>; **'Dun·kel·far·big** <Adj.>; **'dun·kel·grün** <Adj.>; **'Dun·kel·haft** <f.; -; unz.> *Haft in einer verdunkelten Zelle*

'dün·kel·haft <Adj.; -er, am -es·ten> *eingebildet*

'Dun·kel·heit <f.; -; unz.>; **'Dun·kel·kam·mer** <f.; -, -n> *Raum zum Arbeiten mit lichtempfindl. Stoffen*; **'Dun·kel·mann** <m.; -(e)s, =er> *verdächtiger Mann*; **'dun·keln** <V. i.; unpersönl.> *dunkel werden*; *es dunkelt*; **'dun·kel·rot** <Adj.>; **'Dun·kel·zif·fer** <f.; -, -n> *statistisch nicht erfassbare Größe*

'dün·ken <V. i. u. V. t. 123; geh.; veralt.> *es dünkt mir/mich seltsam* *es kommt mir seltsam vor*

dünn <Adj.; ↗Z 24> *von geringem Umfang u. Gehalt, von geringer Dichte*; *mit jmdm. durch dick u. ~ gehen* <fig.>; *ein ~ besiedelter Landstrich*; *eine ~ bevölkerte Gegend*; *Hilfsbereitschaft ist hier ~ gesät* <fig.>; *den Teig ~ machen* *ganz flach ausrollen*; *sich ~ machen* *möglichst wenig Platz einnehmen*; <aber> → *dünnmachen*; **'Dünn·bier** <n.; -(e)s, -e>; **'Dünn·brett·boh·rer** <m.; -s, -; fig.; umg.; abwertend> *jmd., der alles mit kleinstmöglichem Aufwand zu erledigen versucht*; **'Dünn·darm** <m.; -(e)s, =e; Anat.>; **'Dünn·druck** <m.; -(e)s, -e; Typ.>; **'Dünn·druck·aus·ga·be** <f.; -, -n>; **'Dünn·druck·pa·pier** <n.; -s, -e>; **'Dün·ne** <f.; -; unz.>; **'dün·ne|ma·chen** <V. refl.; umg.> = *dünnmachen*; **'dünn·flüs·sig** <Adj.>; **'dünn·häu·tig** <Adj.>; **'Dünn·heit** <f.; -; unz.>; **'dünn|ma·chen** <V. refl.; ich mache mich dünn; sie hat sich dünngemacht; sich dünnzumachen> *verschwinden*; → a. *dünn*; **'Dünn·pfiff** <m.; -(e)s; unz.; umg.; scherzh.> *Durchfall*; **'Dünn·säu·re** <f.; -; unz.; n. Chem.> *verunreinigte Schwefelsäure (als Produktionsrückstand)*; **'Dünn·säu·re·ver·klap·pung** <f.; -, -en>; **'Dünn·schiss** <m.; -es, -e; derb> *Durchfall*; **'Dün·nung** <f.; -, -en; Jägerspr.> *Flanke (beim Schalenwild)*; **'dünn·wan·dig** <Adj.>

Dunst <m.; -es, =e> **1** *leichte Lufttrübung* **2** *Ausdünstung, Hauch* **3** *keinen blassen ~ von etwas haben* <fig.; umg.> *keine Ahnung*; **'Dunst·ab·zug** <m.; -(e)s, =e>; **'Dunst·ab·zugs·hau·be** <f.; -, -n> *Luftfilterhaube (für die Küche)*; **'duns·ten** <V. i.; geh.> *Dunst verbreiten, dampfen*; **'düns·ten** <V. t.> *Speisen ~ durch Dampf garen*; **'Dunst·glo·cke** <f.; -, -n>; **'Dunst·hau·be** <f.; -, -n> *dicke Ansammlung von Dunst*; **'duns·tig** <Adj.>; **'Dunst·kreis** <m.; -es; unz.; bes. fig.> *Wirkungsbereich*; *sich in jmds. ~ aufhalten*; **'Dunst·schlei·er** <m.; -s, ->

'Dü·nung <f.; -, -en> *natürlicher, nicht vom Wind beeinflusster Seegang*

'Duo <n.; -s, -s; Mus.> **1** *Musikstück für zwei Instrumente* **2** *die beiden ein Duo(1) spielenden Musiker* [ital.]

du·o·de'nal <Adj.> *zum Duodenum gehörend*; **Du·o·de'ni·tis** <f.; -, - 'ti·den; Med.> *Zwölffingerdarmentzündung*; **Du·o'de·num** <n.; -s, -na; Anat.> *Zwölffingerdarm*; **Du·o'dez** <n.; -es; unz.; kurz für> *Duodezformat* [lat.]; **Du·o'dez·for·mat** <n.; -(e)s; unz.; Zeichen: 12°> *ein Buchformat*; **Du·o'dez·fürst** <m.; -en, -en> *Herrscher eines*

Duodezstaates; **du·o·de·zi'mal** <Adj.> *zwölfteilig*; **Du·o·de·zi'mal·sys·tem** <n.; -s; unz.> Sy *Zwölfersystem*; **Du·o·de'zi·me** <f.; -, -n; Mus.> **1** *zwölfter Ton der diaton. Tonleiter* **2** *Intervall von zwölf diaton. Tonstufen*; **Du·o'dez·staat** <m.; -(e)s, -en> *Zwergstaat*

dü'pie·ren <V. t.; geh.> *täuschen, überlisten* [frz.]

Du·plet, <auch> **Dup·let** <[du'ple:]; n.; -s, -s; ↗Z 53> *aus zwei Linsen zusammengesetzte Lupe* [lat.]; **'Du·plex...** <in Zus.> *Doppel...*; **'Du·plex·be·trieb** <m.; -(e)s; unz.; Tel.> *Verfahren zur gleichzeitigen Nachrichtenübermittlung in beiden Richtungen*; **du'plie·ren** <V. t.> *verdoppeln*; **Du'plie·rung** <f.; -, -en>; **Du'plik** <f.; -, -en> *(Gegen-)Antwort auf eine Replik*; **Du·pli'kat** <n.; -(e)s, -e> *doppelte Ausfertigung, Abschrift, Kopie*; **Du·pli·ka·ti'on** <f.; -, -en> *Verdopplung*; **Du·pli·ka'tur** <f.; -, -en> *Doppelbildung*; **du·pli'zie·ren** <V. t.; geh.> *verdoppeln*; **Du·pli·zi'tät** <f.; -; unz.>; **'Du·plo** <ohne Art.; Warenz.> *Spielzeug-Baustein-System aus Plastik*; **'Du·plum** <n.; -s, -pla/-p·la; Abk.: Dupl.> *Duplikat*

Dur <n.; -; unz.; Mus.> *Tongeschlecht mit großer Terz*; *~-Dreiklang*

'Du·ra <f.; -; unz.; Anat.> *äußere Hirnhaut* [lat.]

du'ra·bel <Adj.; - 'ra·bler/- 'rab·ler, am -s·ten; geh.> *dauerhaft* [lat.]; **Du·ra·bi·li'tät** <f.; -; unz.>

Du'ral <n.; -(e)s; unz.> *eine Aluminiumlegierung*; **'Dur·a·lu·min** <n.; -(e)s; unz.; Warenz.> = *Dural*

du·ra'tiv <Adj.; Sprachw.> *dauernd*; → a. *Kasten Aktionsart*

durch <Präp.; m. Akk.> **1** <↗Z 22.2> *einen (Zeit-)Raum durchmessend, umspannend*; *quer ~ Europa reisen*; *den ganzen Winter ~*; *~ die Bank* <fig.; umg.> *(alle) ohne Ausnahme*; *~ und ~ nass*; *das Fleisch muss ~ sein* *durchgebraten*; *bei jmdm. unten ~ sein* <fig.; umg.> *es bei jmdm. verscherzt haben*; *es wird wohl acht Uhr ~ sein* **2** *mithilfe, infolge (von)*; *~ mich,*

dich, ihn, euch; etwas ~ die Blume sagen <fig.> *andeuten;*
durch... <verbale Vors.; ↗Z22; betont u. abtrennbar bzw. unbetont u. nicht abtrennbar> z. B. 'durch|brechen bzw. durch'brechen
'durch|a·ckern <V. t.; ich ack(e)re durch; sie hat durchgeackert; durchzuackern> Lehrstoff ~
'durch|ar·bei·ten <V.> 1 <V. t.> etwas ~ *sich eingehend damit befassen* 2 <V. i.> *ohne Pause arbeiten;* wir arbeiten heute durch
'durch|at·men <V. i.> *tief ein- und ausatmen;* sie hat tief durchgeatmet <fig.> *sie war erleichtert*
durch'aus <a. ['--]; Partikel> *unbedingt, absolut;* ~ nicht!
'durch|bei·ßen[1] <V. t. 105; du beißt durch; sie hat durchgebissen; durchzubeißen> 1 *durch Beißen trennen;* einen Faden ~ 2 <V. refl.> sich ~ <fig.; umg.> *Widerstände überwinden;*
durch'bei·ßen[2] <V. t. 105; ich durchbeiße; sie hat durchbissen; zu durchbeißen> *beißend durchdringen;* der Hund durchbiss dem Huhn die Kehle
'durch|bet·teln <V. refl.; ich bett(e)le mich durch>
'durch|bie·gen <V. t. 109> das Brett ist durchgebogen
'durch|bil·den <V. t.> *vollständig ausbilden;* ein gut durchgebildeter Körper; **'Durch·bil·dung** <f.; -; unz.>
'durch|bla·sen <V. t. 113> *durch Blasen reinigen;* der Arzt hat ihm sein Ohr durchgeblasen
'durch|blät·tern, <auch> **durch'blät·tern** <a. [-'--]; V. t.; ich blätt(e)re durch/<auch> ich durchblätt(e)re> sie hat die Zeitung rasch durchgeblättert/ <auch> durchblättert
'Durch·blick <m.; -s, -e; a. fig.>; **'durch|bli·cken** <V.; ich blicke durch; sie hat durchgeblickt; durchzublicken> 1 <V. i.> *hindurchschauen* 2 <V. i.; fig.> *Zusammenhänge erkennen* 3 <V. t.> etwas ~ *lassen andeuten*
'durch|blu·ten[1] <V. i.> *Blut durch etwas dringen lassen;* der Verband ist schon durchgeblutet; **durch'blu·ten**[2] <V. t.> *mit Blut*

versorgen;* schlecht durchblutete Gefäße; **Durch'blu·tung** <f.; -; unz.>; **Durch'blu·tungs·stö·rung** <f.; -, -en>
'durch|boh·ren[1] <V. t. u. V. i.; ich bohre durch; sie hat durchgebohrt; durchzubohren> einen Brett ~; **durch'boh·ren**[2] <V. t.; ich durchbohre; sie hat durchbohrt; zu durchbohren> jmdn. mit Blicken ~
'durch|bo·xen <V. t.; fig.; umg.> 1 etwas ~ *energisch umsetzen* 2 <V. refl.; fig.> sich ~
'durch|bra·ten <V. t. 115> das Fleisch ist noch nicht ganz durchgebraten
'durch|brau·sen[1] <V. i. (s.)> *rasch hindurchfahren;* der Zug ist durchgebraust; **durch'brau·sen**[2] <V. t.> *heftig durch etwas hindurchwehen;* der Sturm durchbraust den Baum
'durch|bre·chen[1] <V. t. 116; ich breche durch; sie hat/ist durchgebrochen; durchzubrechen> 1 <V. t.> ein Brett ~ *entzweibrechen* 2 <V. t.> *gewaltsam durchschlagen;* eine Wand ~ 3 <V. i. (s.)> *sich einen Weg bahnen;* die Sonne ist durchgebrochen 4 <V. i. (s.)> *durch etwas stürzen;* durch eine dünne Eisdecke ~; **durch'bre·chen**[2] <V. t. 116; ich durchbreche; sie hat durchbrochen; zu durchbrechen> 1 *überschreiten;* die Schallmauer ~ 2 durchbrochene Stickerei
'durch|bren·nen <V. i. (s) 117; ich brenne durch; sie ist durchgebrannt; durchzubrennen> 1 *durch zu große Belastung entzweigehen;* eine Sicherung ist durchgebrannt 2 <fig.; umg.> *heimlich davonlaufen*
'durch|brin·gen <V. t. 118; umg.> 1 der Arzt konnte den Kranken ~ *vor dem Tod bewahren* 2 er weiß nicht, wie er seine Familie ~ soll *wie er sie ernähren soll* 3 einen Antrag ~ *gegen Widerstände durchsetzen* 4 Geld ~ <fig.> *sinnlos verschleudern*
'Durch·bruch <m.; -(e)s, ⸚e>
'durch|bürs·ten <V. t.> sie hat ihr Haare durchgebürstet
'durch|che·cken <[-'tʃɛkən]; V. t.> *genau untersuchen, überprüfen;* das Auto muss unbedingt durchgecheckt werden [engl.]

'durch|den·ken[1] <V. t. 119; ich denke durch; sie hat durchgedacht; durchzudenken> *bis zu Ende denken;* ich habe das Ganze noch einmal durchgedacht; **durch'den·ken**[2] <V. t. 119; ich durchdenke; sie hat durchdacht; zu durchdenken> *alle Konsequenzen überlegen;* ein klug durchdachter Plan
'durch|dis·ku·tie·ren <V. t.> *gründlich erörtern;* die Frage ist noch nicht durchdiskutiert
'durch|drän·gen <V. refl.> sie hat sich einfach durchgedrängt
'durch|dre·hen <V.> 1 <V. t.> etwas ~ *mit einer Drehbewegung durch eine Maschine laufen lassen;* Fleisch (durch den Wolf) ~ 2 <V. i. (s. u. h.)> er ist völlig durchgedreht <fig.; umg.>
'durch|drin·gen <V. i. (s.) 122; ich dringe durch; sie ist durchgedrungen; durchzudringen> *sich gegenüber Widerständen behaupten;* das Gerücht ist bis zu uns durchgedrungen; ein ~der Blick, Ton; **durch'drin·gen**[2] <V. t. 122; ich durchdringe; sie hat durchdrungen; zu durchdringen> 1 *sich einen Weg bahnen;* den Urwald ~ 2 *erfüllen;* sie war von ihrem Plan ganz durchdrungen; **Durch'drin·gung** <f.; -; unz.>
'durch|drü·cken <V. t.; ich drücke durch; sie hat durchgedrückt; durchzudrücken> 1 *bis zum Widerstand drücken;* die Knie ~ 2 einen Antrag ~ <fig.> *gegen Widerstände durchsetzen*
durch·ein'an·der, <auch> **durch·ei'nan·der** <Adv.; ↗Z54, 22,3> *ungeordnet;* <in Verbindung mit Verben Getrenntschreibung> ~ sein *verwirrt;* ~ bringen, laufen, reden, schreien, werfen; er isst alles ~; **Durch·ein'an·der** <a. ['----]; n.; -s; unz.> *Unordnung, Wirrwarr*
'durch|les·en <V. refl. 129; umg.; scherzh.> sie isst sich überall durch
'durch|ex·er·zie·ren, <auch> **'durch|xer·zie·ren** <V. t.; ↗Z54, 55; umg.> *ausprobieren, intensiv üben;* sie hat alle Möglichkeiten durchexerziert
'durch|fah·ren[1] <V. i. (s.) 130; ich fahre durch; sie ist durchgefah-

ren; durchzufahren> *ohne Pause fahren;* wir sind bis Florenz durchgefahren; **durch'fah·ren²** <V. t. 130; ich durchfahre; sie hat durchfahren; zu durchfahren> *hindurchfahren;* die Schweiz (kreuz u. quer) ~; ein Schreck durchfuhr ihn; **'Durch·fahrt** <f.; -, -en>; **'Durch·fahrts·stra·ße** <f.; -, -n>

'Durch·fall <m.; -(e)s, ⸚e; Med.> *häufiger, sehr dünner Stuhlgang;* **'durch|fal·len** <V. i. (s.) 131> 1 *durch eine Öffnung fallen;* die Murmeln sind durch das Gitter durchgefallen 2 <fig.> *Misserfolg haben;* das Theaterstück ist durchgefallen **'durch|fech·ten** <V. t. 133> etwas ~ <fig.> *kämpfend zum Erfolg führen*

'durch|fei·ern <V. i.; ich fei(e)re durch; umg.> *die Nacht hindurch bis zum Morgen feiern* **durch'feuch·ten** <V. t.> *ganz feucht machen;* der Verband ist schon durchfeuchtet **durch'flech·ten** <V. t. 135; ich durchflechte; sie hat durchflochten; zu durchflechten> Zöpfe mit Bändern ~

'durch|flie·gen¹ <V. i. (s.) 136; ich fliege durch; sie ist durchgeflogen; durchzufliegen> 1 *ohne Pause fliegen;* die Zugvögel sind hier durchgeflogen 2 <fig.; umg.> *(in einer Prüfung) durchfallen;* **durch'flie·gen²** <V. t. 136; ich durchfliege; sie hat durchflogen; zu durchfliegen> 1 *fliegend durchqueren;* das Flugzeug hat die Wolken durchflogen 2 Schriftstücke ~ <fig.; umg.> *eilig u. flüchtig lesen*

'durch|flie·ßen¹ <V. i. (s.) 138; es fließt durch; es ist durchgeflossen; durchzufließen> an dieser Stelle kann Wasser ~; **durch'flie·ßen²** <V. t. 138; es durchfließt; es hat durchflossen; zu durchfließen> *fließend durchqueren;* ein von Bächen durchflossenes Gebiet; **'Durch·fluss** <m.; -es, ⸚e>

durch'flu·ten <V. t.> 1 *strömend durchdringen;* ein breiter Strom durchflutet das Land 2 <fig.> *erfüllen;* ein von Licht durchfluteter Raum

'durch|flut·schen <V. i. (s.); umg.> *entkommen, entgleiten;* dem Lehrer ist bei der Korrektur ein Fehler durchgeflutscht **durch'for·schen** <V. t.> *forschend durchsuchen;* sie hat die Tasche durchforscht **durch'fors·ten** <V. t.> 1 Wald ~ *planmäßig ausholzen* 2 <fig.> *suchend durchsehen;* alte Zeitungen ~; **Durch'fors·tung** <f.; -; unz.>

'durch|fra·gen <V. refl.> sich ~ **'durch|fres·sen¹** <V. 139> 1 <V. t.> *zersetzen;* Rost hat das Eisen durchgefressen 2 <V. refl.> sich ~ <derb> *sich auf Kosten anderer satt essen;* **durch'fres·sen²** <Adj.; ↗Z28.1> ein von Säure ~es Gewebe **'durch|fret·ten** <V. refl.> sie hat sich durchgefrettet <umg.> *müsam ihr Leben bestritten*

'durch|frie·ren, <auch> **durch'frie·ren** <V. i. (s) 140> *gefrieren, bis ins Innerste kalt werden;* der Teich ist bis zum Grund durchgefroren, wir sind ganz durchgefroren / <auch> durchfroren

'Durch·fuhr <f.; -; unz.; Wirtsch.> Sy *Transit;* **'durch·führ·bar** <Adj.>; **'Durch·führ·bar·keit** <f.; -; unz.>; **'durch|füh·ren** <V. t.; ich führe durch; sie hat durchgeführt; durchzuführen> *ausführen, verwirklichen;* **'Durch·fuhr·han·del** <m.; -s; unz.>; **'Durch·füh·rung** <f.; -; unz.>; **'Durch·füh·rungs·be·stim·mung** <f.; -, -en>

durch'fur·chen <V. t.> eine durchfurchte Stirn **'durch|fut·tern** <V. refl.; ich futt(e)re mich durch; umg.> = *durchessen;* **'durch|füt·tern** <V. t.; ich fütt(e)re durch; sie hat durchgefüttert; durchzufüttern; umg.> jmdn. (mit) ~ **'Durch·gang** <m.; -(e)s, ⸚e> 1 *Stelle zum Durchgehen;* ~ verboten! 2 *Phase eines mehrteiligen Ablaufes (bes. bei Wettkämpfen, Wahlen usw.);* **'durch·gän·gig** <Adj.> *allgemein geltend;* eine ~e Meinung; **'Durch·gangs·bahn·hof** <m.; -(e)s, ⸚e>; **'Durch·gangs·sta·di·um** <n.; -s, -di·en>; **'Durch·gangs·stra·ße**

<f.; -, -n>; **'Durch·gangs·ver·kehr** <m.; -(e)s; unz.> **'durch|ga·ren** <V. t.> das Gemüse ist noch nicht ganz durchgegart **'durch|ge·ben** <V. t. 143> *weiterleiten, übermitteln;* eine Nachricht telefonisch ~

'durch|ge·hen <V. 145 (s.); ich gehe durch; sie ist durchgegangen; durchzugehen> 1 <V. i.> unter der Brücke ~; hier geht es nicht durch *hier ist kein Durchgang* 2 <V. i.> das Gesetz ist durchgegangen *wurde angenommen, bewilligt* 3 <V. i.> *außer Kontrolle geraten;* uns ist das Pferd durchgegangen; ihm gehen leicht die Nerven durch 4 <V. t.> jmdm. etwas ~ lassen *großzügig nachsehen* 5 <V. t. (s. u. h.)> *prüfend durchsehen;* eine Liste ~; **'durch·ge·hend(s)** <Adv.> *ohne Unterbrechung;* die Läden sind ~ geöffnet **durch'geis·tigt** <Adj.> ein ~es Gesicht

'durch|glü·hen¹ <V. t.; ich glühe durch; sie hat durchgeglüht; durchzuglühen> *ganz zum Glühen bringen;* durchgeglühte Kohlen; **durch'glü·hen²** <V. t.; fig.; poet.> *erfüllen, erleuchten;* sie war von Begeisterung, Leidenschaft durchglüht **'durch|grei·fen** <V. i. 158; ich greife durch; sie hat durchgegriffen; durchzugreifen> *durch drastische Maßnahmen einen Übelstand beseitigen;* ~de Veränderungen

'durch|ha·ben <V. t.> hast du das Buch schon durch? <umg.> *zu Ende gelesen?* **'durch|ha·cken** <V. t.> *spalten* **'durch|hal·ten** <V. i. 160> *bis zum Ende aushalten;* er hat sein anfängliches Tempo nicht durchgehalten; **'Durch·hal·te·pa·ro·le** <f.; -, -n> *Aufforderung, Ermunterung nicht aufzugeben* **'durch|hän·gen** <V. i. 161> 1 *sich stark durchbiegen;* das Regalbrett hängt in der Mitte durch 2 <fig.; umg.> *abgespannt, erschöpft,* <auch> *niedergeschlagen sein;* **'Durch·hän·ger** <m.; -s, -> einen ~ haben <umg.> **'Durch·hau** <m.; -(e)s, -e> = *Durchhieb;* **'durch|hau·en¹** <V. t. 162; ich haue durch; sie

hat durchgehauen; durchzu-
hauen> 1 *mit einem Hieb teilen;*
ein Brett ~ 2 *verprügeln;* **durch-
'hau·en** <V. t. 162; ich durch-
haue; sie hat durchhauen; zu
durchhauen> = *'durch-
hauen¹(1)*

'durch|hei·zen <V. t. u. V. i.> (eine
ausgekühlte Wohnung) gut ~

'Durch·hieb <m.; -(e)s, -e>
*durchgehauene Öffnung,
Schneise*

'durch|hö·ren <V. t.; umg.> 1
durch eine Tür Stimmen ~ 2
man konnte seine Enttäu-
schung ~ *ahnen*

'durch|hun·gern <V. refl.; ich
hung(e)re mich durch> sich ~
*sich hungernd durchs Leben
schlagen*

'durch|ja·gen¹ <V. t.; ich jage
durch; sie hat durchgejagt;
durchzujagen; umg.> *eilig ir-
gendwo durchtreiben;* die Fo-
lien durch den Drucker ~;
durch'ja·gen² <V. t.; ich durch-
jage; sie hat durchjagt; zu
durchjagen> *jagend durchque-
ren*

'durch|käm·men¹ <V. t./V. refl.;
ich kämme durch; sie hat
durchgekämmt; durchzukäm-
men> 1 das Haar, Fell ~ *gründ-
lich u. kräftig kämmen* 2 <fig.>
= *durchkämmen²;* die Polizei
hat den Wald durchgekämmt;
durch'käm·men² <V. t.; ich
durchkämme; sie hat durch-
kämmt; zu durchkämmen> *sys-
tematisch durchsuchen;* der
ganze Wald wurde durch-
kämmt

'durch|kämp·fen <V. refl.> sich ~

'durch|kau·en <V. t.; ich kaue
durch; sie hat durchgekaut;
durchzukauen> 1 *gründlich
kauen* 2 <fig.; umg.> *(allzu)
ausführlich besprechen;* ein
Thema ~

'durch|klin·gen¹ <V. i. 168 (s. u.
h.); es klingt durch; es ist/hat
durchgeklungen; durchzuklin-
gen> *andeutungsweise zu hören
sein;* **durch'klin·gen²** <V. t. 168;
es durchklingt; es hat durch-
klungen; zu durchklingen> *mit
Klang erfüllen;* Musik durch-
klingt das Haus

'durch|kne·ten <V. t.> den Teig
kräftig ~

'durch|knöp·fen <V. t.> ein
durchgeknöpftes Kleid

'durch|kom·men <V. i. (s.) 170;
ich komme durch; sie ist durch-
gekommen; durchzukommen>
1 *vom Fleck kommen;* wenn wir
gut ~, schaffen wir es in zwei
Stunden 2 <fig.> *durchdringen;*
das Telefon ist ständig besetzt,
ich komme nicht durch 3 *unbe-
schadet durch etwas gelangen;*
wird er ~?

'durch|kön·nen <V. i. 171; ich
kann durch; sie hat durchge-
konnt; durchzukönnen; umg.>
hindurchgelangen können

'durch|kreu·zen¹ <V. t.; ich kreu-
ze durch; sie hat durchge-
kreuzt; durchzukreuzen> *durch
ein Kreuz ungültig machen;*
durch'kreu·zen² <V. t.; ich
durchkreuze; sie hat durch-
kreuzt; zu durchkreuzen; fig.>
vereiteln, zunichte machen

'durch|krie·chen¹ <V. i. (s.) 173;
ich krieche durch; sie ist durch-
gekrochen; durchzukriechen>
unter dem Zaun ~; **durch'krie-
chen²** <V. t. 173; ich durchkrie-
che; sie hat durchkrochen; zu
durchkriechen> *kriechend eine
best. Strecke überwinden*

'durch|krie·gen <V. t.; umg.> =
durchbringen

'durch|la·den <V. t. 174; bei
Mehrladegewehren>

'Durch·lass <m.; -es, ⸚e> *Öff-
nung (in einem Mauerwerk);*
'durch|las·sen <V. t. 175; ich
lasse durch; sie hat durchgelas-
sen; durchzulassen>; **'durch-
läs·sig** <Adj.> *undicht, porös;*
licht~; **'Durch·läs·sig·keit** <f.; -;
unz.>

'Durch·laucht <a. [-'-]; f.; -; unz.>
Titel und Anrede für **Fürst,
Fürstin;** Seine ~; Eure ~; **durch-
'lauch·tig** <Adj.> *fürstlich*

'Durch·lauf <m.; -(e)s, ⸚e; Sp.> =
Durchgang(2); **'durch|lau·fen¹**
<V. 175; ich laufe durch; sie ist/
hat durchgelaufen; durchzulau-
fen> 1 <V. i. (s.)> *ohne Unterbre-
chung laufen* 2 <V. i. (s.)>
durchsickern, hindurchfließen;
läuft der Kaffee schon durch? 3
<V. t. (h.)> er hat seine Schuhe
durchgelaufen *abgenutzt;*
durch'lau·fen² <V. t.; ich durch-
laufe; sie hat durchlaufen; zu

durchlaufen> 1 einen Park ~ *ei-
lig durchqueren* 2 eine Ausbil-
dung ~ 3 es durchläuft mich
eiskalt bei dem Gedanken;
'Durch·lauf·er·hit·zer <m.; -s,
-> *ein Heißwasserbereiter*

'durch|la·vie·ren <[-vi-]; V. refl.;
umg.> sich ~ *Schwierigkeiten
geschickt umgehen*

durch'le·ben <V. t.> eine schöne
Zeit ~

durch'lei·den <V. t. 177> sie hat
schwere Stunden durchlitten

'durch|le·sen <V. t. 179> *von An-
fang bis Ende lesen*

'durch|leuch·ten¹ <V. i.; es leuch-
tet durch; es hat durchgeleuch-
tet; durchzuleuchten> das
Licht wird durch den Vorhang
~; **durch'leuch·ten²** <V. t.; ich
durchleuchte; sie hat durch-
leuchtet; zu durchleuchten>
*mithilfe von Röntgenstrahlen
untersuchen;* **Durch'leuch·tung**
<f.; -, -en>

'durch|lie·gen <V. 180> 1 <V. t.>
eine Matratze ~ *durch langen
Gebrauch abnutzen* 2 <V. refl.>
sich ~ *sich durch (zu) langes
Liegen wund liegen*

durch'lö·chern <V. t.; ich durch-
löch(e)re> Pappe ~

'durch|lüf·ten¹ <V. i. u. V. t.; ich
lüfte durch; sie hat durchgelüf-
tet; durchzulüften> *gründlich
lüften;* **durch'lüf·ten²** <V. t.; ich
durchlüfte; sie hat durchlüftet;
zu durchlüften> *ständig mit fri-
scher Luft versorgen;* gut durch-
lüftetes Erdreich

'durch|lü·gen <V. refl. 181; umg.>
sich ~

'durch|ma·chen <V.; umg.> 1
<V. t.> viel ~ *erleiden, erleben* 2
<V. i.> *etwas ohne Unterbre-
chung tun;* wir haben durchge-
macht

'Durch·marsch <m.; -(e)s, ⸚e> 1
Durchquerung 2 <unz.; umg.>
Durchfall; **'durch|mar·schie-
ren** <V. i. (s.)>

'durch|mes·sen¹ <V. t. 185; ich
messe durch; sie hat durchge-
messen; durchzumessen>
gründlich messen; **durch'mes-
sen²** <V. t. 185; ich durchmesse;
sie hat durchmessen; zu durch-
messen> *durchschreiten;* einen
Raum mit großen Schritten ~;
'Durch·mes·ser <m.; -s, -; Zei-

D

chen: d od. Ø> *die durch den Mittelpunkt eines Kreises od. einer Kugel laufende Strecke*

'**durch|mo·geln** <V. refl.; ich mog(e)le mich durch; umg.> sich ~

'**durch|müs·sen** <V. i. 188; umg.; a. fig.> *Schwierigkeiten überwinden müssen;* da müssen wir durch

'**Durch·mus·te·rung** <f.; -, -en> *systematisch geordnetes Verzeichnis von Sternen*

'**durch|na·gen,** <auch> **durch·'na·gen** <V. t.; ich nage durch/ <auch> ich durchnage; sie hat durchgenagt/<auch> durchnagt; durchzunagen/<auch> zu durchnagen> *nagend zerteilen, zerstören*

durch·'näs·sen <V. t.> ich bin völlig durchnässt

'**durch|neh·men** <V. t. 189> *ausführlich besprechen*

'**durch|num·me·rie·ren** <V. t.> *mit fortlaufenden Nummern versehen*

'**durch|or·ga·ni·sie·ren** <V. t.> *in allen Einzelheiten organisieren*

'**durch|pas·sie·ren** <V. t.> *durch ein Sieb pressen*

'**durch|pau·ken** <V. t.; umg.> **1** *intensiv lernen, einüben* **2** ein Gesetz ~ *gegen den Widerstand anderer eilig durchsetzen*

'**durch|pau·sen** <V. t.; du paust durch> *durch durchsichtiges Papier nachzeichnen*

'**durch|peit·schen** <V. t.; du peitschst durch> **1** jmdn. ~ *mit der Peitsche züchtigen* **2** <fig.; abwertend> ein Gesetz ~

'**durch|pres·sen** <V. t.; du presst durch>

'**durch|prü·geln** <V. t.; ich prüg(e)le durch>

durch·'que·ren <V. t.> er hat die Sahara durchquert; **Durch·'que·rung** <f.; -, -en>

'**durch|ra·sen¹** <V. i. (s.); ich rase durch; sie ist durchgerast; durchzurasen> *sich sehr schnell hindurchbewegen;* durch einen Ort ~; **durch·'ra·sen²** <V. t.; ich durchrase; sie hat durchrast; zu durchrasen> die Welt ~ *rasend durchqueren*

'**durch|ras·seln** <V. i. (s.); ich rass(e)le durch; umg.> *eine Prüfung nicht bestehen*

'**durch|rau·schen** <V. i. (s.); umg.; scherzh.> = *durchrasseln*

'**durch|rech·nen** <V. t.> *gründlich, prüfend berechnen*

'**durch|reg·nen** <V. i.> *ohne Unterbrechung regnen;* es hat zwei Tage durchgeregnet

'**Durch·rei·che** <f.; -, -n> *Maueröffnung zw. Küche u. Essraum;* '**durch|rei·chen** <V. i. u. V. t.>

'**Durch·rei·se** <f.; -; unz.>; '**durch|rei·sen¹** <V. i. (s.); ich reise durch; sie ist durchgereist; durchzureisen> wir werden durch Österreich nur ~; **durch·'rei·sen²** <V. t.; ich durchreise; sie hat durchreist; zu durchreisen> sie hat die halbe Welt durchreist; '**Durch·rei·sen·de(r)** <f. 2 (m. 1)>

'**durch|rei·ßen** <V. t. 198; du reißt durch> *in zwei Teile reißen*

'**durch|rei·ten¹** <V. i. (s.) 196; ich reite durch; sie ist durchgeritten; durchzureiten> *ohne Unterbrechung reiten;* sie ist drei Stunden durchgeritten; **durch·'rei·ten²** <V. t. 196; ich durchreite; sie hat durchritten; zu durchreiten> den Wald ~ *reitend durchqueren*

'**durch|ren·nen** <V. i. (s.) 200; umg.> er ist unter der Brücke durchgerannt

'**durch|rin·gen** <V. refl. 202> sich zu etwas ~ *sich nach inneren Kämpfen zu etwas entschließen*

'**durch|ros·ten** <V. i. (s.)> die Stange ist durchgerostet

'**durch|rut·schen** <V. i. (s.); umg.> **1** ihm ist ein Fehler durchgerutscht <fig.> **2** *(bei einer Prüfung) gerade noch durchkommen*

'**durch|rüt·teln** <V. t.; ich rütt(e)le durch>

durchs <Verschmelzungsform von Präp. u. Art.> *durch das*

'**durch|sa·cken** <V. i. (s.)> *nach unten sinken*

'**Durch·sa·ge** <f.; -, -n> Achtung, Achtung, eine ~!; '**durch|sa·gen** <V. t.> die Nummer wird von der Auskunft durchgesagt

'**durch|sä·gen** <V. t.> *mit der Säge zerteilen*

'**Durch·satz** <m.; -es; unz.> *die Menge eines Stoffes, die während einer best. Zeit durch einen Hochofen geleitet wird*

durch·'säu·ern <V. t.; ich durchsäu(e)re> *durch u. durch sauer machen*

'**durch|sau·sen** <V. i. (s.); umg.> **1** *schnell hindurchlaufen od. -fahren* **2** = *durchrasseln*

durch·'schau·bar <Adj.>; **Durch·'schau·bar·keit** <f.; -; unz.>; '**durch|schau·en¹** <V.; ich schaue durch; sie hat durchgeschaut; durchzuschauen> **1** <V. i.> durch ein Fernglas ~ **2** <V. t.> Schriftstücke ~ *(prüfend) ansehen;* **durch·'schau·en²** <V. t.; ich durchschaue; sie hat durchschaut; zu durchschauen; fig.> jmdn. ~ *jmds. wahre Absichten erkennen*

'**durch|schei·nen** <V. i. 210>; '**durch·schei·nend** <Adj.; ↗Z.28.1> *einen Lichtschimmer durchlassend*

'**durch|scheu·ern** <V. t.> die Hose ist durchgescheuert

'**durch|schie·ben** <V. t. 214; umg.> sie hat den Brief unter der Tür durchgeschoben

'**durch|schie·ßen¹** <V. t. 215; du schießt durch; sie hat durchgeschossen; durchzuschießen> durch die Tür ~; **durch·'schie·ßen²** <V. t. 215; du durchschießt; sie hat durchschossen; zu durchschießen> eine durchschossene Fensterscheibe; ein Buch ~ <Typ.> *leere (Korrektur-)Seiten dazwischenheften*

'**durch|schim·mern** <V. i.> die Sonne schimmert durch die Wolken durch

'**durch|schla·fen¹** <V. i. 217; ich schlafe durch; sie hat durchgeschlafen; durchzuschlafen> sechs Stunden ~ *schlafen, ohne zwischendurch aufzuwachen;* **durch·'schla·fen²** <V. t. 217; ich durchschlafe; sie hat durchschlafen; zu durchschlafen> die Nacht ~ *schlafend zubringen*

'**Durch·schlag** <m.; -(e)s, ⸚e; früher> *auf der Schreibmaschine hergestellte Durchschrift;* '**durch|schla·gen¹** <V. t. 218; ich schlage durch; sie hat durchgeschlagen; durchzuschlagen> **1** ein Stück Holz ~ *entzweischlagen* **2** Kartoffeln, Quark ~ *durch ein Sieb streichen* **3** <V. refl.> sich ~ *Schwierigkeiten überwinden;* **durch-**

'schla·gen² <V. t. 218; es durch­schlägt; es hat durchschlagen; zu durchschlagen> eine Kugel durchschlägt die Bretterwand; **'durch·schla·gend** <Adj.; ↗Z28.1; fig.> ein ~er Erfolg; **'Durch·schlag·pa·pier** <n.; -(e)s, -e; früher>; **'Durch·schlags·kraft** <f.; -; unz.; a. fig.> *Überzeugungskraft*

'durch|schlän·geln <V. refl.; ich schläng(e)le mich durch> sie hat sich durchgeschlängelt *geschickt hindurchgewunden*

'durch|schlep·pen <V. t.; umg.> *mit Mühe hindurchtragen;* er wurde bis zum Abitur durchgeschleppt <fig.>

'durch|schleu·sen <V. t.; du schleust durch; sie hat durchge­schleust; durchzuschleusen> *(ein Schiff) durch eine Schleuse leiten*

'Durch·schlupf <m.; -(e)s, -e> *Öffnung zum Hindurchkriechen, -schlüpfen;* **'durch·schlüp·fen** <V. i. (s.); ich schlüpfe durch; sie ist durchge­schlüpft; durchzuschlüpfen> unter dem Zaun ~

'durch|schme·cken <V. t.> man hat den Essig zu sehr durchgeschmeckt

'durch|schmo·ren <V. i.> ein durchgeschmortes Kabel

'durch|schmug·geln <V. t.; ich schmugg(e)le durch> sie hat zollpflichtige Waren unbemerkt durchgeschmuggelt

'durch|schnei·den¹ <V. t. 227; ich schneide durch; sie hat durch­geschnitten; durchzuschnei­den> *mit dem Messer, der Schere zerteilen;* **durch'schnei·den²** <V. t. 227; ich durchschneide; sie hat durchschnitten; zu durchschneiden; fig.> *in einer schmalen Spur durchqueren;* eine von Kanälen durchschnittene Stadt; **'Durch·schnitt** <m.; -(e)s, -e> *Mittelwert mehrerer Größen;* im ~; **'durch·schnittlich** <Adj.> das ~e Einkommen; **'Durch·schnitts·bür·ger** <m.; -s, ->; **'Durch·schnitts·bür·gerin** <f.; -, -n·nen>; **'Durchschnitts·ein·kom·men** <n.; -s, ->; **'Durch·schnitts·er·trag** <m.; -(e)s, ̈e>; **'Durch·schnittsge·schwin·dig·keit** <f.; -, -en>;

'Durch·schnitts·leis·tung <f.; -, -en>; **'Durch·schnitts·mensch** <m.; -en, -en>; **'Durchschnitts·tem·pe·ra·tur** <f.; -, -en>; **'Durch·schnitts·wert** <m.; -(e)s, -e>; **'Durch·schnitts·zeit** <f.; -, -en>

'durch|schrei·ben <V. t. 230>

durch'schrei·ten <V. t. 232> *schreitend durchqueren;* sie hat den Saal durchschritten

'Durch·schrift <f.; -, -en; früher> *Durchschlag*

'Durch·schuss <m.; -es, ̈e> 1 *Schuss, der durch den Körper hindurchgegangen ist* 2 <unz.; Typ.> *Zeilenzwischenraum*

'durch|schüt·teln <V. t.; ich schütt(e)le durch> wir wurden im Auto durchgeschüttelt

'durch|schwim·men¹ <V. i. (s.) 235; ich schwimme durch; sie ist durchgeschwommen; durchzuschwimmen> unter der Brücke ~; **durch'schwimmen²** <V. t. 235; ich durch­schwimme; sie hat durch­schwommen; zu durchschwim­men> *schwimmend durchqueren;* den Ärmelkanal ~

'durch|schwin·deln <V. refl.> er hat sich durchgeschwindelt

'durch|schwit·zen <V. t.; du schwitzt durch> er hatte das Hemd bald durchgeschwitzt

'durch|se·geln¹ <V. i. (s.); ich seg(e)le durch; sie ist durchge­segelt; durchzusegeln> 1 mit dem Boot unter einer Brücke ~ 2 <umg.> = *durchrasseln;* **durch'se·geln²** <V. t.; ich durch­seg(e)le; sie hat durchsegelt; zu durchsegeln> *segelnd durchqueren;* Meere ~

'durch|se·hen <V. 239; ich sehe durch; sie hat durchgesehen; durchzusehen> 1 <V. i.> hier kann man ~ 2 <V. t.> Schriftstücke ~ *prüfend ansehen*

'durch|sei·hen <V. t.; veralt.> *durch einen Filter laufen lassen;* durchgeseihte Milch

'durch·setz·bar <Adj.>; **'Durchsetz·bar·keit** <f.; -; unz.>; **'durch|set·zen¹** <V. t./V. refl.; du setzt (dich) durch; sie hat (sich) durchgesetzt; (sich) durchzusetzen> *seinen Willen geltend machen;* **durch'setzen²** <V. t.; du durchsetzt; sie

hat durchsetzt; zu durchset­zen> *beimengen;* ein mit Erzen durchsetztes Gestein; **'Durchset·zungs·ver·mö·gen** <n.; -s; unz.>

'Durch·sicht <f.; -; unz.> *Prüfung, Sichtung;* bei ~ unserer Bücher; **'durch·sich·tig** <Adj.> *durchscheinend, transparent;* **'Durch·sich·tig·keit** <f.; -; unz.>

'durch|si·ckern <V. i. (s.)> 1 *tropfenweise hindurchfließen* 2 <fig.> die Nachricht ist durchgesickert

'durch|sie·ben¹ <V. t.; ich siebe durch; sie hat durchgesiebt; durchzusieben> durchgesiebtes Mehl; **durch'sie·ben²** <V. t.; ich durchsiebe; sie hat durch­siebt; zu durchsieben> *durchlöchern;* eine von Kugeln durchsiebte Wand

'durch|sit·zen <V. t. 246> *durch vieles Sitzen abnutzen;* der Stuhl ist durchgesessen

'durch|spie·len <V. t.; ich spiele durch; sie hat durchgespielt; durchzuspielen> 1 ein Musik-, Theaterstück ~ *ohne Unterbrechung von Anfang bis Ende spielen* 2 <fig.> *erwägen;* alle Möglichkeiten ~

'durch|spre·chen <V. t. 251> *erörtern, besprechen*

'durch|sprin·gen¹ <V. i. (s.) 253; ich springe durch; sie ist durch­gesprungen; durchzuspringen> durch einen Reifen ~; **durch'sprin·gen²** <V. t. 253; ich durchspringe; sie hat durch­sprungen; zu durchspringen> *sich springend hindurchbewegen;* der Läufer hat das Band durchsprungen

'durch|spü·len <V. t.> *gründlich spülen*

'durch|star·ten <V.; ich starte durch; sie hat durchgestartet; durchzustarten> 1 <V. i. u. V. t.; Flugw.> (das Flugzeug) ~ *beschleunigen u. schnell an Höhe gewinnen* 2 <V. i.> *(beim Autofahren) plötzlich Gas geben* 3 <V. i.; fig.; umg.> *zügig in Angriff nehmen*

'durch|ste·chen¹ <V. i. 254; ich steche durch; sie hat durchge­stochen; durchzustechen> mit der Nadel durch den Stoff ~; **durch'ste·chen²** <V. t. 254; ich

durchsteche; sie hat durchstochen; zu durchstechen> *stechend durchbohren;* einen Damm ~

'durch|ste·cken <V.; ich stecke durch; sie hat durchgesteckt; durchzustecken> den Finger ~

'durch|ste·hen <a. [·'--]; V. t. 256; ich stehe durch; sie hat durchgestanden; durchzustehen> *bis zum Ende ertragen*

'durch|stei·gen¹ <V. i. (s.) 258; ich steige durch; sie ist durchgestiegen; durchzusteigen> **1** *hindurchsteigen, -waten* **2** <fig.; umg.> *verstehen;* durch den Text bin ich nicht durchgestiegen; **durch'stei·gen²** <V. t.; ich durchsteige; sie hat durchstiegen; zu durchsteigen> *steigend bewältigen;* eine Felswand ~

'durch|stel·len <V. t.; umg.> ein Telefongespräch ~ *zu einem anderen Apparat umleiten*

'Durch·stich <m.; -(e)s, -e>

durch'stö·bern <V. t.; ich durchstöb(e)re> *durchsuchen*

'Durch·stoß <m.; -(e)s, ⸚e>; **'durch|sto·ßen¹** <V. i. u. V. t. 262 (s. u. h.); ich stoße durch; sie ist/hat durchgestoßen; durchzustoßen> *gewaltsam ein-, vordringen;* zu jmdm. ~; einen Stock durch das Erdreich ~; **durch'sto·ßen²** <V. t. 262; ich durchstoße; sie hat durchstoßen; zu durchstoßen> *stoßend durchdringen;* das Flugzeug hat die Wolkenwand durchstoßen

'durch|strei·chen¹ <V. t. 263; ich streiche durch; sie hat durchgestrichen; durchzustreichen> *durch einen Strich ungültig machen;* Nichtzutreffendes ~!; **durch'strei·chen²** <V. t. 263; ich durchstreiche; sie hat durchstrichen; zu durchstreichen> *wandernd kennen lernen*

durch'strei·fen <V. t.> *ziellos umherwandern;* er hat den Wald durchstreift

'durch|strö·men¹ <V. i. (s.); es strömt durch; es ist durchgeströmt; durchzuströmen> *ungehindert durch etwas hindurchfließen;* **durch'strö·men²** <V. t.; es durchströmt; es hat durchströmt; zu durchströmen> *fließend durchqueren;*

ein Gefühl der Dankbarkeit durchströmte mich <fig.>

'durch|struk·tu·rie·ren <V. t.> *bis ins Einzelne strukturieren;* der Text ist gut durchstrukturiert

'durch|sty·len <[-stai-]; V. t./V. refl.; umg.> ein durchgestyltes Haus [engl.]

durch'su·chen <V. t.> das Haus wurde (polizeilich) durchsucht; **Durch'su·chung** <f.; -, -en>; **Durch'su·chungs·be·fehl** <m.; -(e)s, -e>

'durch|tan·zen <V.; du tanzt durch; sie hat durchgetanzt; durchzutanzen> **1** <V. i.> *ohne Unterbrechung tanzen;* wollen wir die Nacht ~? **2** <V. t.> *durch langes Tanzen abnutzen;* durchgetanzte Schuhe; **durch'tan·zen²** <V. t.; du durchtanzt; sie hat durchtanzt; zu durchtanzen> *tanzend verbringen;* eine durchtanzte Nacht

'durch|tes·ten <V. t.> sie hat alle möglichen Mittel durchgetestet

'durch|trai·nie·ren <[-tre-]; V. t.> ein durchtrainierter Sportler

durch'trän·ken <V. t.> ein mit Blut durchtränkter Verband

'durch|tren·nen, <auch> **durch'tren·nen** <V. t.; ich trenne durch/<auch> ich durchtrenne; sie hat durchgetrennt/ <auch> durchtrennt; durchzutrennen/<auch> zu durchtrennen> *zerteilen, zerschneiden*

Durch'tren·nung <f.; -, -en>

'durch|tre·ten <V. i. (s.) u. V. t. 268; ich trete durch; sie ist/hat durchgetreten; durchzutreten> das Gaspedal ~ *ganz durchdrücken*

durch'trie·ben <Adj.; abwertend> *listig, verschlagen;* **Durch'trie·ben·heit** <f.; -; unz.>

'Durch·tritts·stel·le <f.; -, -n>

'durch|wa·chen¹ <V. i.; ich wache durch; sie hat durchgewacht; durchzuwachen> *ohne Unterbrechung wachen;* die ganze Nacht am Krankenbett ~; **durch'wa·chen²** <V. t.; ich durchwache; sie hat durchwacht; zu durchwachen> *ohne Schlaf verbringen;* eine durchwachte Nacht

'durch|wach·sen¹ <[-ks-]; V. i. (s.) 277> die Pflanzen sind durch den Zaun durchgewach-

sen; **durch'wach·sen²** <[-ks-]; Adj.; ↗Z.28.1> **1** *durchsetzt;* ~es Fleisch *mit Fett, Sehnen u. Ä.* durchzogenes F. **2** <fig.; umg.> *mit Mängeln;* das Wetter war ~

'durch|wa·gen <V. refl.> wagst du dich (da) durch? <umg.> *traust du dich durchzugehen?*

'durch|wäh·len <V. i.; beim Telefon> *ohne Vermittlung wählen;* nach New York ~; **'Durch-wahl-num·mer** <f.; -, -n>

'durch|wal·ken <V. t.; ich walke durch; sie hat durchgewalkt; durchzuwalken> **1** Felle ~ *kräftig walken* **2** <fig.; umg.> jmdn. ~ *verprügeln*

'durch|wär·men, <auch> **durch'wär·men** <V. t.; es wärmt durch/<auch> es durchwärmt; es hat durchgewärmt/<auch> durchwärmt; durchzuwärmen/<auch> zu durchwärmen> *mit Wärme erfüllen;* der Tee hat mich gut durchgewärmt/<auch> durchwärmt

'durch|wa·schen <V. t. 279; umg.> sie hat die Bluse durchgewaschen

'durch|wa·ten¹ <V. i. (s.); ich wate durch; sie ist durchgewatet; durchzuwaten> durch den seichten Bach ~; **durch'wa·ten²** <V. t.; ich durchwate; sie hat durchwaten, zu durchwaten> *watend durchqueren*

'durch|we·ben¹ <V. t.; ich webe durch; sie hat durchgewebt; durchzuweben> ein durchgewebter Teppich; **durch'we·ben²** <V. t. 280; ich durchwebe; sie hat durchwebt/durchwoben; zu durchweben> *beimengen;* ein mit Goldfäden durchwebter/durchwobener Stoff

'durch·weg <Adv.> *ausnahmslos;* **'durch·wegs** <Adv.; österr.; schweiz.> = *durchweg*

'durch|wei·chen¹ <V. i. (s.); es weicht durch; es ist durchgeweicht; durchzuweichen> das Papier ist durchgeweicht; **durch'wei·chen²** <V. t.; es durchweicht; es hat durchweicht; zu durchweichen> *völlig nass u. weich machen;* das Wasser hat das Papier durchweicht

'durch|wet·zen <V. t.; du wetzt

durch> die Hose ist durchge-
wetzt *stark abgenutzt*
'**durch|win·den** <V. refl. 288; ich
winde mich durch; sie hat sich
durchgewunden; sich durchzu-
winden> sich ~ *hindurchzwän-
gen, -schlängeln*
'**durch|win·ken** <V. t.; ich winke
durch; sie hat durchgewinkt;
durchzuwinken> Autos an der
Grenze ~
'**durch|wir·ken**[1] <V. t.; ich wirke
durch; sie hat durchgewirkt;
durchzuwirken> Teig ~ *gut kne-
ten*; **durch'wir·ken**[2] <V. t.; ich
durchwirke; sie hat durchwirkt;
zu durchwirken> *einweben, bei-
mengen;* ein mit Goldfäden
durchwirkter Stoff
'**durch|wit·schen** <V. i. (s.); du
witschst durch; umg.> *entkom-
men*
'**durch|wol·len** <V. t.; umg.> *hin-
durchgelangen wollen*
'**durch|wüh·len**[1] <V. t./V. refl.; ich
wühle mich durch; sie hat sich
durchgewühlt; sich durchzu-
wühlen> *sich wühlend hin-
durcharbeiten;* der Maulwurf
wühlt sich durch die Erde;
durch'wüh·len[2] <V. t.; ich
durchwühle; sie hat durch-
wühlt; zu durchwühlen> *wüh-
lend durchsuchen*
'**durch|wursch·teln** <V. refl.; süd-
dt.; umg.>, '**durch|wurs·teln** <V.
refl.; ich wurst(e)le mich durch;
umg.> sie hat sich tapfer durch-
gewurstelt *mühsam durchschla-
gen*
'**durch|zäh·len** <V. i. u. V. t.> ~!
(Kommando); '**Durch·zäh·lung**
<f.; -; unz.>
'**durch|ze·chen**[1] <V. i.; ich zeche
durch; sie hat durchgezecht;
durchzuzechen; umg.> *ohne
Unterbrechung zechen*; **durch-
'ze·chen**[2] <V. t.; ich durchze-
che; sie hat durchzecht; zu
durchzechen> *zechend verbrin-
gen;* eine durchzechte Nacht
'**durch|zeich·nen** <V. t.> = *durch-
pausen*
'**durch|zie·hen**[1] <V. 293; ich ziehe
durch; sie zieht/hat durchgezo-
gen; durchzuziehen> 1 <V. i.
(s.)> *sich durch etwas hindurch-
bewegen;* hier sind Soldaten
durchgezogen 2 <V. t.> den Fa-
den durch das Öhr ~ 3 <V. refl.>

durchgehend vorhanden sein;
dieser Fehler zieht sich durch
den ganzen Test 4 <V. i. (s.)>
das Gemüse muss gut ~ *lange
in einer best. Marinade liegen* 5
<V. t.; umg.> etwas (Begonne-
nes) ~ *unbeirrt zu Ende führen*;
durch'zie·hen[2] <V. t. 293; ich
durchziehe; sie hat durchzo-
gen; zu durchziehen; selten>
*wandernd, fahrend durchque-
ren;* **durch'zo·gen** <Adj.;
schweiz.> = *durchwachsen*[2(1)]
durch'zu·cken <V. t.> *plötzl. auf-
tauchen u. wieder verschwin-
den;* Blitze ~ den Himmel; ein
Gedanke durchzuckte ihn
'**Durch·zug** <m.; -(e)s, ⸚e; Pl. sel-
ten> 1 *das Durchmarschieren* 2
<unz.> *der sich im Raum bewe-
gende Luftstrom*
'**durch|zwän·gen** <V. t./V. refl.>
*mit Mühe durch eine schmale
Öffnung schieben;* hast du dich
hier durchgezwängt?
'**dür·fen** <V. i. 124; Modalverb; sie
hat gedurft/<od., nach voran-
gehendem Infinitiv> hat ... dür-
fen> 1 *die Erlaubnis haben;* ~
wir eintreten? 2 *sollen;* das darf
doch nicht wahr sein!; was darf
es sein? 3 <im Konjunktiv;
drückt die Wahrscheinlichkeit
aus> es dürfte allgemein be-
kannt sein ...; '**dürf·tig** <Adj.>
kümmerlich, armselig; '**Dürf-
tig·keit** <f.; -; unz.>
Du·ro·mer, Du·ro·plast <n.; -(e)s,
-e> *in Hitze härtbarer, aber
nicht schmelzbarer Kunststoff*
[lat.]
dürr <Adj.> 1 *trocken, verdorrt* 2
sehr dünn; '**Dür·re** <f.; -, -n>
große Trockenheit; '**Dür·re·pe·ri·
o·de** <f.; -, -n>
Durst <m.; -(e)s; unz.> *Bedürfnis
zu trinken;* '**durs·ten** <V. i.;
geh.> *Durst haben;* '**dürs·ten**
<V. t.> *mich dürstet* (nach Ra-
che) <veralt.; poet.>; '**durs·tig**
<Adj.>; '**durst·lö·schend** <Adj.;
↗Z29> ein ~es Getränk; <aber>
ein den Durst löschendes Ge-
tränk; '**Durst·stre·cke** <f.; -, -n>
Zeit vieler Entbehrungen
'**Dur-Ton·art** <f.; -, -en; Mus.>;
'**Dur·ton·lei·ter** <f.; -, -n>
'**Du·rum·wei·zen** <m.; -s; unz.;
Bot.> *Hartweizen* [lat.]
'**Dusch·bad** <n.; -(e)s, ⸚er>; '**Du-**

sche <f.; -, -n> *Brausevorrich-
tung* [frz.]; '**Dusch·e·cke** <f.; -,
-n; ↗Z55>; '**du·schen** <V. i. od.
V. t./V. refl.; du duschst>;
'**Dusch·gel** <n.; -s, -s>; '**Dusch-
ge·le·gen·heit** <f.; -, -en>;
'**Dusch·ka·bi·ne** <f.; -, -n>;
'**Dusch·vor·hang** <m.; -(e)s, ⸚e>
'**Dü·se** <f.; -, -n> *sich verengender
Rohrteil zur Umwandlung von
Druckenergie in Geschwindig-
keitsenergie* [tschech.]
'**Du·sel** <m.; -s; unz.; umg.> 1 *un-
verdientes Glück* 2 *Schwindelge-
fühl, Rausch;* **Du·se'lei** <f.; -,
-en>; '**du·se·lig** <Adj.; umg.>
schlaftrunken, leicht betäubt;
<aber> → *dusselig;* oV *duslig;*
'**du·seln** <V. i.; ich dus(e)le;
umg.> *schlummern;* <aber> →
dusseln
'**dü·sen** <V. i. (s.); du düst; umg.>
sausen; '**Dü·sen·an·trieb** <m.;
-(e)s; unz.; Flugw.>; '**Dü·sen-
flug·zeug** <n.; -(e)s, -e>; '**Dü-
sen·jä·ger** <m.; -s, -> *ein Flug-
zeugtyp*
'**dus·lig** <Adj.> = *duselig*
'**Dus·sel** <m.; -s, -; umg.>
Dummkopf
'**Düs·sel·dorf** *Hauptstadt von
Nordrhein-Westfalen*
'**dus·se·lig** <Adj.; umg.> *dumm;*
<aber> *duselig;* oV *dusslig;*
'**Dus·se·lig·keit** <f.; -; unz.>;
'**dus·seln** <V. i.; ich dus(e)le;
umg.> *unachtsam, dusselig
sein;* <aber> → *duseln;* '**duss·lig**
<Adj.> = *dusselig*
'**dus·ter** <Adj.; norddt.> = *düster;*
'**düs·ter** <Adj.> 1 *finster, dunkel*
2 *bedrückend, unheimlich;*
'**Düs·ter·nis** <f.; -; unz.>
Dutt <m.; -(e)s, -s od. -e> *Haar-
knoten*
Du·ty-free-shop, <auch> **Duty-
free-Shop** <[dju:ti'fri:ʃɔp]; m.;
-s, -s; ↗Z33>; z. B. auf Flughä-
fen> *Laden, in dem Waren zoll-
frei verkauft werden* [engl.]
'**Dut·zend** <n. 7; -s, -e od. (bei
Mengenangaben) -; ↗Z44;
Abk.: Dtzd.> *zwölf Stück von ei-
ner Art;* zwei ~ Eier; <bei un-
best. Mengen Groß- od. Klein-
schreibung> ~e/<auch> dut-
zende (von) Autos; ~e/<auch>
dutzende großer Autos; sie ka-
men in, zu ~en/<auch> dutzen-
den; ~(e)/<auch> dutzend(e)

Mal(e); <aber> → *dutzendmal;*
'dut·zend·mal <Adv.> *sehr oft,
immer wieder;* das habe ich
ihm schon ~ gesagt; <aber> *vie-
le Dutzend(e)/* <auch> *dut-
zend(e) Mal(e);* **'Dut·zend-
mensch** <m.; -en, -en; abwer-
tend> *Mensch mit durch-
schnittlichen Eigenschaften;*
'Dut·zend·wa·re <f.; -; unz.; ab-
wertend> *billige Massenware;*
'dut·zend·wei·se <Adv.>
Du'um·vir <[-vi:r]; m.; -n, -n> *alt-
röm. Beamtentitel* [lat.]; **Du·um-
vi'rat** <[-vi-]; n.; -(e)s, -e> *Amt,
Würde der Duumvirn*
Dux <m.; -, 'Du·ces; Mus.>
Grundgestalt des Fugenthemas
[lat.]
'Duz·bru·der <m.; -s, ⇒>; **'du·zen**
<V. t./V. refl.; du duzt (dich)>
*jmdn. ~, sich mit jmdm. ~
jmdn. mit Du anreden;* **'Duz-
form** <f.; -, -en>; **'Duz·freund**
<m.; -(e)s, -e>; **'Duz·fuß** <nur in
der Wendung> mit jmdm. auf
(dem) ~ stehen
DV <Abk. für> *Datenverarbei-
tung;* **DVA** <Abk. für> *Datenver-
arbeitungsanlage*
DVD <Warenz.; Abk. für engl.> 1
*Digital Versatile Disc (ein CD-
ähnliches Aufnahmemedium
mit erweiterter Speicherkapazi-
tät)* 2 *Digital Video Disc (digita-
le Videodiskette)*
'Dwars·see <f.; -, -n; Mar.> *Wel-
lenbewegung von der Seite;*

'Dwars·wind <m.; -(e)s, -e;
Mar.>
Dy <Chem.; Zeichen für> *Dyspro-
sium*
Dy'a·de <f.; -, -n; Math.> *Zusam-
menfassung von zwei Einheiten*
[grch.]; **Dy'a·dik** <f.; -; unz.> =
Dualsystem; **dy'a·disch** <Adj.>
dem Zweiersystem zugehörend
'Dyb·buk <m.; - od. -s, -s> = *Dib-
buk*
Dyn <n.; -s, -; Zeichen: dyn> *ver-
alt. Maßeinheit der Kraft*
[grch.]; **Dy'na·mik** <f.; -; unz.> 1
<Phys.> *Lehre von den Kräften*
2 <fig.> *Triebkraft, Schwung,
Lebendigkeit;* **'Dy·na·mis** <f.; -;
unz.; Philos.> *Kraft, Vermögen;*
dy'na·misch <Adj.> 1 *die Kraft
betreffend* 2 <fig.> *schwungvoll,
lebendig;* **dy·na·mi'sie·ren**
<V. t.> 1 *in Gang bringen, be-
schleunigen* 2 *an eine Entwick-
lung anpassen;* Renten ~; **Dy·na-
'mis·mus** <m.; -; unz.; Philos.>
*Lehre, dass alle Erscheinungen
auf der Wirkung von Kräften
beruhen;* **Dy·na'mit** <n.; -s;
unz.> *Sprengstoff,* **Dy'na·mo** <a.
['---]; m.; -s, -s>; **Dy·na·mo·ma-
schi·ne** <a. ['------]; f.; -, -n> =
Generator(1); **Dy·na·mo'me·ter**
<n.; -s, -> *Vorrichtung zum
Messen von Kräften u. mechan.
Leistung*
Dy'nast <m.; -en, -en> *Herrscher
über ein kleines Reich;* **Dy·nas-
'tie** <f.; -, -n> *Herrscherge-*

schlecht, Herrscherhaus [grch.];
dy'nas·tisch <Adj.>
Dyn'o·de, <auch> **Dy'no·de** <f.; -,
-n; ↗Z54> *Elektronenröhre mit
Zusatzelektroden* [grch.]
dys..., Dys... <in Zus.> *schlecht...,
miss...* [grch.]; **Dys·er'gie** <f.; -;
unz.> *verminderte Wider-
standskraft;* **'Dys·funk·ti·on** <f.;
-, -en; Med.> *Funktionsstörung;*
Dys·la'lie <f.; -, -n> *Stammeln;*
Dys·le'xie <f.; -, -n; Med.;
Psych.> → a. *Kasten Lese-Recht-
schreibschwäche;* **Dys·me'lie**
<f.; -, -n; Med.> *angeborene
Missbildung der Gliedmaßen;*
Dys·pep'sie <f.; -, -n; Med.>
Verdauungsstörung; **Dys·pha-
'sie** <f.; -, -n; Med.> *Sprachstö-
rung;* **Dys'pnoe** <[-pno:e]; f.; -;
unz.; Med.> *Atemnot, Kurzat-
migkeit;* **Dys'pro·si·um** <n.; -s;
unz.; Chem.; Zeichen: Dy>
chem. Element, Metall; **Dys·to-
'nie** <f.; -, -n; Med.> *Störung des
normalen Verhaltens (der Mus-
keln, Gefäße, Nerven);* **dys-
'troph** <Adj.> *die Ernährung
störend;* **Dys·tro'phie** <f.; -, -n>
Ernährungsstörung; **Dys·u'rie,**
<auch> **Dy·su'rie** <f.; -, -n;
↗Z54> *gestörte Harnentleerung*
dz <Abk. für> *Doppelzentner*
D-Zug <['de:-]; m.; -(e)s, ⹀e; kurz
für> *Durchgangszug, Schnell-
zug;* **'D-Zug-ar·tig** <Adj.> in ei-
ner ~en Geschwindigkeit; **'D-
Zug-Wa·gen** <m.; -s, ->

E

e 1 <n.; -, - od. (umg.) -s> *ein Buchstabe* 2 <Mus.> *Tonbez.* 3 <Mus.; Abk. für> *e-Moll (Tonartbez.)*

E 1 <n.; -, - od. -s> *ein Buchstabe* 2 <Mus.> *Tonbez.* 3 <Mus.; Abk. für> *E-Dur (Tonartbez.)* 4 <Abk. für> *Europastraße* 5 <Meteor.; Abk. für> *East (Ost)*

€ <Zeichen für> *Euro*

Ea·gle, <auch> **Eag·le** <[ˈiːgl̩] m.; -s, -s; ↗Z53> 1 <Golf> *Erreichen des Loches mit zwei Schlägen weniger als vorgegeben* 2 *alte amerikan. Goldmünze* [engl.]

EAN-Code <[eːaˈɛn koːd] m.; -s; unz.; ↗Z34> *kurz für> Europäischer Artikelnummer-Code (auf Waren);* Sy *Strichcode*

Earl <[əːl]; m.; -s, -s> *Graf (engl. Adelstitel)* [engl.]; **Earl Grey** <[ˈəːl ˈgreɪ]; m.; --s; unz.> *eine Teesorte [nach dem engl. Politiker Sir E. V. Grey]*

EARN <Abk. für engl.> *European Academic Research Network*

East <[iːst]; Abk.: E> *Osten* [engl.]

ea·sy <[ˈiːzi]; Adj.; undekl.; Jugendspr.> *leicht, einfach* [engl.]; **'Ea·sy·li·ving,** <auch> **'Ea·sy Li·ving** <[-ˈlivɪŋ]; n.; (-)- od. (-)-s; unz.> *angenehme, unbeschwerte Lebensweise;* **'Ea·sy·ri·der,** <auch> **'Ea·sy Ri·der** <[-ˈraɪdər]; m.; (-)-s, (-)-; ↗Z30> *Motorrad mit hoher Lenkstange u. Rückenlehne* [engl.]

Eat-Art <[ˈiːtaː(r)t]; f.; -; unz.> *Stilrichtung, die Nahrungsmittel zu Kunstobjekten macht* [engl.]

Eau de Co·lo·gne, <auch> **Eau de Co·log·ne** <[oː də koˈlɔnjə]; n.; ---, -x [oː] --; ↗Z53> *Kölnischwasser* [frz.]; **Eau de Parfum** <[oː də parˈfœ̃]; n.; ---, -x [oː] --> *Duftwasser;* **Eau de Toilette** <[oː də toaˈlɛt]; n.; ---, -x [oː] --> *Duftwasser;* **Eau de Vie** <[oː də ˈviː]; n.; ---, -x [oː] --; frz.

Bez. für> *Weinbrand, Branntwein*

'Eb·be <f.; -, -n> *tiefer Stand des Meeresspiegels im Wechsel der Gezeiten;* Ggs *Flut(1)*

ebd. <Abk. für> *ebenda;* **'e·ben¹** <Adj.> *flach; zu ~er Erde wohnen;* **'e·ben²** <Partikel> *gerade (jetzt), nun einmal; es ist ~ so* es *lässt sich nicht ändern; <aber> → ebenso;* **'E·ben·bild** <n.; -(e)s, -er> *Abbild;* **'e·ben·bür·tig** <Adj.> *gleichwertig;* **'E·ben·bür·tig·keit** <f.; -; unz.>; **e·ben·da** <a. [ˈ---]; Adv.; Abk.: ebd.> *gerade dort,* **e·ben·da·her** <a. [ˈ----]; Adv.>; **e·ben·da·hin** <a. [ˈ----]; Adv.>; **e·ben·dar·um,** <auch> **e·ben·da·rum** <a. [ˈ----]; Konj.>; **↗Z54>; **e·ben·da·selbst** <a. [ˈ----]; Adv.; geh. für> *ebenda;* **e·ben·der** <a. [ˈ---]; Pron.>; **e·ben·der·sel·be** <a. [ˈ-----]; Pron.>; **e·ben·des·we·gen** <a. [ˈ-----]; Konj.>; **e·ben·dort** <a. [ˈ---]; Adv.>; **'E·be·ne** <f.; -, -n> 1 *flaches Land; Tief-* 2 <fig.> *Stufe in einem hierarchisch geordneten System;* **'e·ben·er·dig** <Adj.>; **'e·ben·falls** <Partikel> *auch, gleichfalls;* **'E·ben·heit** <f.; -; unz.>

'E·ben·holz <n.; -es; unz.> *Sammelbez. für> dunkle, harte Edelhölzer* [arab.]

'E·ben·maß <n.; -es; unz.>; **'e·ben·mä·ßig** <Adj.>; **'E·ben·mä·ßig·keit** <f.; -; unz.>; **'e·ben·so** <Partikel> *genauso; wir können ~ gut zu Hause bleiben; ~ breit, hoch, lang wie ...; ~ oft, sehr; ~ viel menge(e); Mone ist ~ schön wie intelligent; <aber> er ist eben so klein da kann man nichts machen; → a. eben²;* **'e·ben·sol·che(r, -s)** <Pron.>; **'e·ben·so·viel·mal,** <auch> **'e·ben·so viel 'Mal** <Adv.> *genauso oft; er war ~ in Paris wie sie*

'E·ber <m.; -s, -; Zool.> *männl. Schwein*

'E·ber·e·sche <f.; -, -n; Bot.> *ein Vogelbeerbaum*

'eb·nen <V. t.> *den Weg ~ glätten*

'E·bo·la, 'E·bo·la·fie·ber <n.; -s; unz.; Med.> *eine meist tödlich verlaufende Viruskrankheit [nach dem Fluss im nördl. Zaire]*

E·bo'nit <n.; -s; unz.> *Hartgummi*

EC <Abk. für> *Eurocityzug*

Ec·ce·'Ho·mo <[ɛktsə-]; n.; -s, -s> *Darstellung des dornengekrönten Christus* [lat., "Seht, (welch) ein Mensch!"]

Ec·cle·sia <[ɛˈkleː-]; f.; -; unz.> *Gemeinde, Kirche;* oV *Ekklesia* [lat.]

e·chauf·fie·ren <[eʃɔˈfiː-]; V. refl.; veralt.> *sich ~ sich aufregen* [frz.]; **e·chauf'fiert** <Adj.>

E·che·ve·ria <[ɛtʃeˈveː-]; f.; -, -ri·en; Bot.> *ein Dickblattgewächs [nach dem Mexikaner Echeverría]*

E·chi'nit <[-çi-]; m.; -en, -en; Geol.> *versteinerter Seeigel* [grch.]; **E·chi·no'der·me** <m.; -n, -n; meist Pl.; Zool.> *Stachelhäuter;* **E·chi·no'kok·kus** <m.; -, -'kokken; Med.> *eine Bandwurmgattung;* **'E·chi·nus** <m.; -, -> 1 <Zool.> *ein Seeigel* 2 <Arch.> *Wulst am Kapitell der dorischen Säule*

E·cho <[ˈɛço]; n.; -s, -s> 1 *Widerhall* 2 <fig.> *Zustimmung; das Stück fand kein ~ beim Publikum* [grch.]; **'e·cho·en** <V. i.; es echot; es hat geechot> *widerhallen;* **E·cho·gra'fie, E·cho·gra'phie** <f.; -, -n; ↗Z11.3> *Dichtemessung eines Gewebes od. Stoffes;* **'E·cho·lot** <n.; -(e)s, -e> *Gerät zur Entfernungs- u. Tiefenmessung;* **'E·cho·lo·tung** <f.; -, -en>

'Ech·se <[-ks-]; f.; -, -n; Zool.> *ein Schuppenkriechtier*

echt¹ <Adj.; -er, am -es·ten> *unverfälscht; ein ~er Rembrandt; ein ~ goldener/<auch> echtgoldener Ring;* **echt²** <Partikel; Jugendspr.> *wirklich; der Film war ~ stark;* **'echt·gol·den,** <auch> **'echt gol·den** <Adj.; ↗Z27> → a. *echt¹;* **'Echt·haar·pe·rü·cke** <f.; -, -n>; **'Echt·heit** <f.; -; unz.>; **'echt·sil·bern,** <auch> **'echt sil·bern** <Adj.; ↗Z27> → a. *echt¹;* **'Echt·zeit** <f.; -; unz.; EDV; TV> *unmittelbare Übertragung u. Verarbeitung von Daten oder Bildern; in ~*

Eck <n.; -(e)s, -e od. -en; süddt.; österr. für> *Ecke*

ec-Kar·te <[eːˈtseː-]; f.; -, -n; kurz für> *Eurochequekarte*

'Eck·ball <m.; -(e)s, ⸚e; Fußb., Hockey u. a.>; **'Eck·bank** <f.; -, ⸚e>; **'Eck·brett** <n.; -(e)s, -er>; **'Eck·chen** <n.; -s, -; Verkleinerungsf. von> *Ecke*; **'Eck·da·ten** <Pl.> *maßgebliche Daten*; **'E·cke** <f.; -, -n> 1 *Stelle, an der Seiten od. Flächen zusammenstoßen* 2 *er wohnt gleich um die ~* <umg.> *in nächster Nähe* 3 <fig.> *es fehlt an allen ~n und Enden überall*; **'E·cken·ste·her** <m.; -s, -; veralt.> *Nichtstuer*

'E·cker <f.; -, -n> 1 *Frucht der Rotbuche*; Buch~ 2 <Kart.; selten> *Spielkartenfarbe, Eichel*

'Eck·fah·ne <f.; -, -n; Fußb., Hockey u. a.>; **'Eck·fens·ter** <n.; -s, ->; **'Eck·haus** <n.; -es, ⸚er>; **'e·ckig** <Adj.> *spitz, kantig*; **'E·ckig·keit** <f.; -; unz.>; **'Eck·lohn** <m.; -(e)s, ⸚e> *tariflich festgesetzter (Grund-)Lohn*; **'Eck·pfei·ler** <m.; -s, ->; **'Eck·platz** <m.; -es, ⸚e>; **'Eck·satz** <m.; -es, ⸚e; Mus.> *erster u. letzter Satz einer Komposition*; **'Eck·schrank** <m.; -(e)s, ⸚e>; **'Eck·sitz** <m.; -es, -e>; **'Eck·stoß** <m.; -es, ⸚e; Fußb.> Sy *Eckball*; **'Eck·stück** <n.; -(e)s, -e>; **'Eck·wert** <m.; -(e)s, -e; meist Pl.> *maßgeblicher Wert*; **'Eck·zahn** <m.; -(e)s, ⸚e>

E·clair, <auch> **Ec·lair** <[e'klɛːr]; n.; -s, -s; ⸚Z53> *ein Gebäck* [frz.]

E·clat, <auch> **Ec·lat** <[e'kla:]; m.; -s, -; ⸚Z53> = *Eklat*

E-Com·merce <['i:kɔmɵːs]; Abk. für> *Electronic Commerce*

E·co·no·mi·ser <[i'kɔnɵmaizɵ(r)]; m.; -s, -> = *Ekonomiser*

E·co·no·my·class <[i'kɔnɵmikla:s]>, **E'co·no·my·klas·se** <f.; -; unz.; im Flugverkehr> *billigste Beförderungsklasse*; Ggs *Businessclass* [engl.]

E·cos·sai·se <[ekɔ'sɛzɵ]; f.; -, -n> *ein Tanz*; oV *Ekosaisse* [frz.]

e·cru, <auch> **ec·ru** <[e'kry:]; Adj.; ⸚Z53> = *ekrü*

Ec·sta·sy, <auch> **Ecs·ta·sy** <['ɛkstɵsi]; n.; -s; unz.; ⸚Z54> *eine Designerdroge* [engl.]

E·cu, ECU <[e'ky:] od. ['ekju]; m.; - od. -s, - od. -s; ⸚Z56; Abk. für

engl.> *European Currency Unit (europ. Währungseinheit)*

E·cu·a·dor *Staat in Südamerika*; Republik ~; **E·cu·a·do·ri·a·ner** <m.; -s, -> *Einwohner von Ecuador*; **E·cu·a·do·ri·a·ne·rin** <f.; -, -n·nen>; **e·cu·a·do·ri·a·nisch** <Adj.>

ed. <Abk. für> *edidit* (→ *ediert*) [lat., "hat (es) herausgegeben"]; **Ed.** <Abk. für> *Edition*

E·da'fon <n.; -s; unz.; ⸚Z11.3> = *Edaphon*

E·da·mer <m.; -s, -> *eine Käsesorte* [nach der ndrl. Stadt *Edam*]

E·da'phon <n.; -s; unz.; ⸚Z11.3; Biol.; Sammelbez. für> *die Mikroorganismen des Bodens* [grch.]

edd. <Abk. für> *ediderunt* [lat., "herausgegeben haben (es) ..."]

'Ed·da <f.; -; unz.> *Sammlung altnord. Dichtungen*; **'ed·disch** <Adj.> *zur Edda gehörend*; ~e *Lieder*

'e·del <Adj.; 'ed·ler, am -s·ten> 1 *kostbar, hochwertig* 2 *großherzig, gütig*; *eine edle Gesinnung*; **'E·del·fäu·le** <f.; -; unz.> *Zersetzung überreifer Weinbeeren*; **'E·del·frau** <f.; -, -en; früher für> *Adlige*; **'E·del·fräu·lein** <n.; -s, -; früher>; **'E·del·gas** <n.; -es, -e; Chem.>; **'E·del·holz** <n.; -es, ⸚er>; **'E·de·ling** <m.; -(e)s, -e> *germ. Adliger*; **'E·del·kas·ta·nie** <[-niɵ]; f.; -, -n>; **'E·del·kitsch** <m.; -(e)s; unz.; iron.>; **'E·del·kna·be** <m.; -n, -n; früher>; **'E·del·mann** <m.; -(e)s, -leu·te; früher>; **'E·del·me·tall** <n.; -(e)s, -e>; **'E·del·mut** <m.; -(e)s; unz.; geh.; veralt.> *edle Gesinnung*; **'E·del·mü·tig** <Adj.>; **'E·del·rei·fe** <f.; -; unz.> = *Edelfäule*; **'E·del·rost** <m.; -es; unz.> *Patina*; **'E·del·schnul·ze** <f.; -, -n; abwertend> *Schnulze mit scheinbar künstlerischem Anspruch*; **'E·del·stahl** <m.; -(e)s, -e od. ⸚e>; **'E·del·stein** <m.; -(e)s, -e>; **'E·del·tan·ne** <f.; -, -n; Bot.>; **'E·del·weiß** <n.; -es, -e; Bot.> *eine Gebirgsblume*; **'E·del·zwi·cker** <m.; -s, -> *ein elsässischer Weißwein*

'E·den <n.; -s; unz.; im AT> *Paradies*; *der Garten ~* [hebr.]

E·den'ta·ten <Pl.; Zool.> *zahnarme Säugetiere* [lat.]

e'die·ren <V. t.> *herausgeben, veröffentlichen* [lat.]; **e'diert** <Adj.; Abk.: ed.> *herausgegeben*

E'dikt <n.; -(e)s, -e> *Erlass eines Herrschers* [lat.]

e·di'tie·ren <V. t.; EDV> *Daten ~ D. bearbeiten* [lat.]; **E·di'ti·on** <f.; -, -en; Abk.: Ed.> *Herausgabe von Büchern*; **E'di·tor¹** <m.; -s, -'to·ren> *Herausgeber eines Buches*; **E·di'tor²** <[e'dita(r)]; m.; -s, -s; EDV> *Programm zur Bearbeitung von Dateien* [engl.]; **E·di·to·ri·al** <[-'tɔːriɵl]; n.; -s, -s> 1 *Vorbemerkung des Herausgebers* 2 *Leitartikel einer Zeitung* 3 *Impressum* [engl.]; **E·di'to·rin** <f.; -, -n·nen> *Herausgeberin*; **e·di'to·risch** <Adj.>

'Ed·le(r) <f. 2 (m. 1)> ~ *von ...* *(Adelstitel)*

E'dukt <m.; -(e)s, -e> *aus Rohstoffen ausgeschiedener Stoff* [lat.]

'E-Dur <n.; -; unz.; Mus.; Abk.: E> *eine Tonart*; **'E-Dur-Ton·lei·ter** <f.; -, -n; ⸚Z33>

EDV <Abk. für> *elektronische Datenverarbeitung*; **EDV-Programm** <n.; -(e)s, -e; ⸚Z34>

EEG <Abk. für> *Elektroenzephalogramm*

E'fen·di <m.; -s, -s; früher> *türk. Ehrentitel*; oV *Effendi*

'E·feu <m.; -s; unz.; Bot.> *immergrüne Kriech- u. Kletterpflanze*; **'e·feu·be·wach·sen** <[-ks-]; Adj.; ⸚Z29> *ein ~es Haus*; <aber> *ein mit Efeu bewachsenes Haus*; **'E·feu·ge·wächs** <[-ks]; n.; -es, -e>

Eff'eff <in der Wendung> *etwas aus dem ~ können* *mit Leichtigkeit*

Ef'fekt <m.; -(e)s, -e> 1 *Wirkung*; *Licht-e* 2 *Ergebnis*; *das war der ganze ~* [lat.]; **Ef'fekt·be·leuch·tung** <f.; -, -en; Theat.>; **Ef'fek·ten** <Pl.; Bankw.> *Wertpapiere*; **Ef'fek·ten·bank** <f.; -, -en>; **Ef'fek·ten·bör·se** <f.; -, -n>; **Ef'fekt·ha·sche'rei** <f.; -; unz.; abwertend> *das Bemühen, Wirkung zu erzielen*; **ef·fek'tiv** <Adj.> 1 *tatsächlich, wirklich*; ~e *Fahrzeit* 2 *wirksam*; ~e *Strafmaßnahmen*; **Ef·fek'tiv** <n.; -s,

-e [-və]; Sprachw.> *Verb, das sich von einem veränderten Substantiv ableitet, z. B.* standardisieren (= einem Standard anpassen); **Ef·fek'tiv·be·stand** <m.; -(e)s, ≠e> *Istbestand;* **Ef·fek'tiv·ge·schäft** <n.; -(e)s, -e> Ggs *Differenzgeschäft;* **Ef·fek·ti·vi'tät** <[-vi-]; f.; -; unz.> *Wirksamkeit;* **Ef·fek'tiv·lohn** <m.; -(e)s, ≠e> *Ggs* **Ef·fek'tiv·ver·zin·sung** <f.; -; unz.> **Ef·fek'tiv·wert** <m.; -(e)s, -e> **ef·fek'tu·ie·ren** <V. t.; Kaufmannsspr.> *1 (einen Auftrag) ausführen 2 bezahlen;* **ef·'fekt·voll** <Adj.>

Ef·fe·mi·na·ti'on <f.; -, -en; Med.; Psych.> *Verweiblichung* [lat.]; **ef·fe·mi'niert** <Adj.>

Ef'fen·di <m.; -s, -s> = *Efendi*

Ef·fet [ɛ'fe:]; m. od. n.; -s, -s; Billard> *best. Drehung des Balles* [frz.]

ef·fi'lie·ren <V. t.> *Haar ~ beim Schneiden ausdünnen* [frz.]; **Ef·fi'lier·sche·re** <f.; -, -n>

ef·fi·zi'ent <Adj.; geh.> Ggs *ineffizient 1 wirkungsvoll 2 wirtschaftlich lohnend* [lat.]; **Ef·fi·zi'enz** <f.; -; unz.> Ggs *Ineffizienz*

Ef·flo·res'zenz <f.; -, -en> *1* <Med.> *krankhafte Hautveränderung 2* <Geol.> *Mineralschicht auf Gesteinen* [lat.]; **ef·flo·res'zie·ren** <V. i.> *auf-, ausblühen*

ef·flu'ie·ren <V. i. (s.)> *ausfließen* [lat.]; **Ef·fu·si'on** <f.; -, -en> *das Ausfließen (z. B. von Lava);* **ef·fu'siv** <Adj.>; **Ef·fu'siv·ge·stein** <n.; -(e)s, -e; Geol.>

EFTA <↗Z.56; Abk. für engl.> *European Free Trade Association (Europäische Freihandelszone)*

eG, e. G. <Abk. für> *eingetragene Genossenschaft*

EG <Abk. für> *Europäische Gemeinschaft;* → a. *europäisch*

e'gal <Adj.; undekl.; nur präd.> *1 gleichmäßig, -förmig 2 einerlei; das ist mir ~ 3* <ostdt.> *immerzu;* es hat ~ geregnet [frz.]; **e·ga·li'sie·ren** <V. t.> *gleich machen;* **E·ga·li'sie·rung** <f.; -; unz.>; **e·ga·li'tär** <Adj.> *auf Gleichheit gerichtet;* **E·ga·li·ta'ris·mus** <m.; -; unz.; geh.> *Gleichheit;* **É·ga·li·té** <f.; -; unz.> *Gleichheit (Schlag-*

wort der Frz. Revolution); → a. *Fraternité, Liberté* [frz.]

'E·gel <m.; -s, -; Zool.> *ein Wurm;* Blut~

'Eg·ge¹ <f.; -, -n; Web.> *(verstärkte) Gewebekante*

'Eg·ge² <f.; -, -n; Landw.> *ein Ackergerät;* **'eg·gen** <V. t.> er hat das Feld geeggt

'Egg·head <[-hed]; m.; -s, -s> = *Eierkopf* [engl.]

E-Gi·tar·re <f.; -, -n; ↗Z.34> *kurz für* *Elektrogitarre*

'Eg·li <m.; -, -; Zool.; schweiz.> = *Barsch*

'ego *ich* [lat.]; **'Ego** <n.; -s; unz.; Psych.> *das Ich;* → a. *Alter ego;* **E·go'is·mus** <m.; -, -'is·men; Pl. selten> *Selbstsucht;* Ggs *Altruismus;* **E·go'ist** <m.; -en, -en>; **E·go'is·tin** <f.; -, -n·nen>; **e·go'is·tisch** <Adj.>; **E·go'tis·mus** <m.; -; unz.> *Neigung, sich selbst in den Vordergrund zu stellen;* **E·go'tist** <m.; -en, -en>; **E·go'tis·tin** <f.; -, -n·nen>; **'E·go·trip** <m.; -s, -s; umg.> *egozentrische Lebenseinstellung; auf dem ~ sein;* **E·go'zen·trik,** <auch> **E·go'zent·rik** <f.; -; unz.; ↗Z.53> *Ichbezogenheit;* **E·go·zen'tri·ker** <m.; -s, ->; **E·go·zen'tri·ke·rin** <f.; -, -n·nen>; **e·go'zen·trisch** <Adj.> *ichbezogen;* **E·go·zen·tri·zi'tät** <f.; -; unz.> = *Egozentrik*

e·gre'nie·ren, <auch> **eg·re'nie·ren** <V. t.; ↗Z.53> *Baumwollfasern entkörnen, aussamen* [frz.]; **E·gre'nier·ma·schi·ne** <f.; -, -n>

E·gyp·ti·enne <[eʒip'sjen]; f.; -; unz.; Typ.> *eine Druckschriftart* [frz.]

eh¹ <Konj.; umg.> = *ehe*

eh² <Partikel> *1* <in den Wendungen> *seit ~ und je schon immer; wie ~ und je 2* <umg.> *sowieso; das nützt ~ nichts!*

E. h. <Abk. für> *ehrenhalber*

'e·he <Konj.> *bevor; mach deine Hausaufgaben, ~ du gehst!;* oV *eh;* → a. *eher, ehest*

'E·he <f.; -, -n> *gesetzl. anerkannte Lebensgemeinschaft zweier Menschen;* **'e·he·ähn·lich** <Adj.; ↗Z.29>; **'E·he·be·ra·tung** <f.; -, -en>; **'E·he·bett** <n.; -(e)s, -en>; **'e·he·bre·chen** <V. i.; nur im Inf. u. Part. Präs.> du sollst

nicht ~ (bibl. Gebot); <aber> er hat die Ehe gebrochen; **'E·he·bre·cher** <m.; -s, ->; **'E·he·bre·che·rin** <f.; -, -n·nen>; **'e·he·bre·che·risch** <Adj.>; **'E·he·bruch** <m.; -(e)s, ≠e>; **'E·he·bund** <m.; -(e)s; unz.; poet.> *verstärkend* Ehe

'e·he·dem <Adv.; geh.> *einst*

'E·he·frau <f.; -, -en>; **'E·he·gat·te** <m.; -n, -n; geh.> *Ehemann;* **'E·he·gat·tin** <f.; -, -n·nen; geh.> *Ehefrau;* **'E·he·ge·löb·nis** <n.; -s·ses, -s·se>; **'E·he·ge·mahl** <m.; -(e)s, -e; geh.> *Ehemann;* **'E·he·ge·mah·lin** <f.; -, -n·nen; geh.> *Ehefrau;* **'E·he·ge·mein·schaft** <f.; -, -en>; **'E·he·ge·spons** <m. od. n.; -es, -e; scherzh.> *Ehepartner;* **'E·he·glück** <n.; -(e)s; unz.>; **'E·he·ha·fen** <m.; -s, ≠; umg.; scherzh.> in den ~ einlaufen heiraten; **'E·he·hälf·te** <f.; -, -n; scherzh.> meine bessere ~ *meine Frau, mein Mann;* **'E·he·hy·gi·e·ne** <f.; -; unz.>; **'E·he·joch** <n.; -(e)s; unz.; umg.; scherzh.> Ehe; **'E·he·krach** <m.; -(e)s, ≠e>; **'E·he·kri·se** <f.; -, -n>; **'E·he·le·ben** <n.; -s; unz.>; **'E·he·leu·te** <Pl.> **'e·he·lich** <Adj.> *die Ehe betreffend;* ~es Güterrecht; ~e und uneheliche Kinder; **'e·he·li·chen** <V. t.; veralt.> *heiraten;* **'E·he·lich·er·klä·rung** <f.; -, -en; Rechtsw.> *Erklärung, nach der uneheliche Kinder zu ehelichen werden;* **'e·he·los** <Adj.>; **'E·he·lo·sig·keit** <f.; -; unz.>

'e·he·ma·lig <Adj.> *einstig, früher;* **'e·he·mals** <Adv.; geh.>

'E·he·mann <m.; -(e)s, ≠er>; **'E·he·paar** <n.; -(e)s, -e>; **'E·he·part·ner** <m.; -s, ->; **'E·he·part·ne·rin** <f.; -, -n·nen>

'e·her <Adv.; Komparativ von> *ehe 1 früher;* ich konnte nicht ~ kommen; je ~, desto besser; je ~, je lieber *2 mehr, vielmehr;* es ist ~ so, dass ...; sie gehört ~ zu den Kleinen *3 lieber;* ich würde alles andere ~ tun als das!

'E·he·recht <n.; -(e)s; unz.>; **'E·he·ring** <m.; -(e)s, -e>

'e·hern <Adj.; poet.> *eisern; ein* ~es Gesetz <fig.>

'E·he·schei·dung <f.; -, -en>; **'E·he·schlie·ßung** <f.; -, -en>

'e·hest <Adj.; Superlativ von> *ehe*

1 *frühest;* bei ~er Gelegenheit; mit ~em <Kaufmannsspr.> *zum frühestmöglichen Zeitpunkt* 2 so geht es am ~en *am leichtesten*

'E·he·stand <m.; -(e)s; unz.>

'e·hes·tens <Adv.> 1 *frühestens* 2 *baldigst;* **'e·hest·mög·lich** <Adj.> zum ~en Zeitpunkt

'E·he·streit <m.; -(e)s, -e>; **'E·he·ver·mitt·lung** <f.; -, -en>; **'E·he·ver·spre·chen** <n.; -s, ->; **'E·he·ver·trag** <m.; -(e)s, -e>; **'E·he·weib** <n.; -(e)s, -er; veralt.; noch scherzh.>

Ehr·ab·schnei·de'rei <f.; -; unz.; veralt.>; **'ehr·bar** <Adj.; geh.> *achtenswert;* ~e Leute; **'Ehr·bar·keit** <f.; -; unz.>; **'Ehr·be·griff** <m.; -(e)s, -e>; **'Eh·re** <f.; -, -n> 1 *Achtung, Bewunderung;* jmdn. mit militärischen ~n empfangen; jmds. Andenken in ~n halten 2 <unz.> *Würde, Ansehen;* sie fühlt sich in ihrer ~ gekränkt; jmdm. die letzte ~ erweisen *an jmds. Begräbnis teilnehmen* 3 <unz.; Rel.> *Lobpreisung;* ~ sei Gott in der Höhe!; **'eh·ren** <V. t.> *achtend anerkennen;* sehr geehrte Damen und Herren; seine Bescheidenheit ehrt ihn; **'Eh·ren·amt** <n.; -(e)s, ~er>; **'eh·ren·amt·lich** <Adj.>; **'Eh·ren·be·zei·gung** <f.; -, -en>; **'Eh·ren·bür·ger** <m.; -s, ->; **'Eh·ren·bür·ger·brief** <m.; -(e)s, -e>; **'Eh·ren·bür·ge·rin** <f.; -, -n·nen>; **'Eh·ren·bür·ger·recht** <n.; -(e)s, -e>; **'Eh·ren·bür·ger·schaft** <f.; -; unz.>; **'Eh·ren·dok·tor** <m.; -s, -'to·ren; Abk.: Dr. h. c., Dr. E. h., Dr. e. h.>; **'Eh·ren·er·klä·rung** <f.; -, -en>; **'Eh·ren·for·ma·ti·on** <f.; -, -en; Mil.>; **'Eh·ren·gast** <m.; -(e)s, ~e>; **'Eh·ren·ge·leit** <n.; -(e)s; unz.>; **'Eh·ren·ge·richt** <n.; -(e)s, -e>; **'eh·ren·haft** <Adj.>; **'Eh·ren·haf·tig·keit** <f.; -; unz.>; **'eh·ren·hal·ber** <Adv.; Abk.: eh., e. h., E. h.>; **'Eh·ren·ko·dex** <m.; -es, -e>; **'Eh·ren·kom·pa·nie** <f.; -, -n>; **'Eh·ren·krän·kung** <f.; -, -en>; **'Eh·ren·le·gi·on** <f.; -, -en>; **'Eh·ren·mal** <n.; -(e)s, -e>; **'Eh·ren·mann** <m.; -(e)s, ~er>; **'Eh·ren·mit·glied** <n.; -(e)s, -er>; **'Eh·ren·mit·glied·schaft** <f.; -; unz.>; **'Eh·ren·pflicht** <f.; -, -en>; **'Eh·ren·platz** <m.; -es, ~e>; **'Eh·ren·preis¹** <m.; -es, -e> *Gewinn;* **'Eh·ren·preis²** <n. od. m.; -es; unz.; Bot.> *eine (Heil-)Pflanze;* **'Eh·ren·rech·te** <Pl.>; **'eh·ren·reich** <Adj.>; **'Eh·ren·ret·tung** <f.; -; unz.> etwas zu jmds. ~ sagen; **'Eh·ren·rich·ter** <m.; -s, ->; **'Eh·ren·rich·te·rin** <f.; -, -n·nen>; **'eh·ren·rüh·rig** <Adj.; geh.> *beleidigend, das Ehrgefühl verletzend;* **'Eh·ren·run·de** <f.; -, -n> eine ~ drehen; **'Eh·ren·sa·che** <f.; -, -n> das ist ~! <umg.> *selbstverständlich!;* **'Eh·ren·tag** <m.; -(e)s, -e>; **'Eh·ren·tanz** <m.; -es, ~e>; **'Eh·ren·ti·tel** <m.; -s, ->; **'Eh·ren·tri·bü·ne** <f.; -, -n>; **'Eh·ren·ur·kun·de** <f.; -, -n>; **'eh·ren·voll** <Adj.>; **'Eh·ren·vor·sit·zen·de(r)** <f. 2 (m. 1)>; **'eh·ren·wert** <Adj.>; **'Eh·ren·wort** <n.; -(e)s; unz.> sein ~ geben; **'eh·ren·wört·lich** <Adj.> eine ~e Erklärung abgeben; **'Eh·ren·zei·chen** <n.; -s, ->; **'Eh·rer·bie·tig** <Adj.>; **'Eh·rer·bie·tig·keit** <f.; -; unz.>; **'Eh·rer·bie·tung** <f.; -; unz.>; **'Ehr·furcht** <f.; -; unz.; ∕ Z 29.> *achtungsvolle Scheu;* eine ~ gebietende/<auch> ehrfurchtgebietende Gedenkstätte; **'ehr·fürch·tig, 'ehr·furchts·voll** <Adj.>; **'Ehr·ge·fühl** <n.; -(e)s; unz.>; **'Ehr·geiz** <m.; -es; unz.> *starkes Erfolgsstreben;* **'ehr·gei·zig** <Adj.>; **'Ehr·geiz·ling** <m.; -(e)s, -e; umg.; abwertend> *Streber;* **'ehr·lich** <Adj.> *rechtschaffen;* ein ~er Makler <nach einem Ausspruch Bismarcks> *uneigennütziger Vermittler;* **'Ehr·lich·keit** <f.; -; unz.>; **'Ehr·lie·be** <f.; -; unz.>; **'ehr·lie·bend** <Adj.>; **'ehr·los** <Adj.>; **'Ehr·lo·sig·keit** <f.; -; unz.>; **'Ehr·sucht** <f.; -; unz.>; **'ehr·süch·tig** <Adj.>; **'Eh·rung** <f.; -, -en>; **'ehr·ver·let·zend** <Adj.; ∕ Z 29.>; **'Ehr·ver·lust** <m.; -(e)s; unz.>; **'Ehr·wür·den** <Kath.; Abk.: Ew.> *(Anrede für Ordensbrüder u. -schwestern);* **'ehr·wür·dig** <Adj.; geh.>; **'Ehr·wür·dig·keit** <f.; -; unz.>

ei <Int.> *(Ausruf des Erstaunens u. der Zärtlichkeit);* ~ der Daus!; ~ machen <Kinderspr.> jmdn. liebkosen

Ei <n.; -(e)s, -er> *Hühnerei (als Nahrungsmittel);* ~er legende Tiere; wie auf ~ern gehen <fig.; umg.> *vorsichtig, unsicher;* **'Ei·ab·la·ge** <f.; -; unz.; Zool.>

ei·a·po'peia <Kinderspr.> ~ machen *ein Kind in den Schlaf wiegen*

'Ei·be <f.; -, -n; Bot.> *ein Nadelbaum*

'Ei·bisch <m.; -(e)s, -e; Bot.> *eine Heilpflanze*

'Eich·amt <n.; -(e)s, ~er>

'Eich·baum <m.; -(e)s, ~e>, **'Eiche¹** <f.; -, -n; Bot.> *ein Laubbaum*

'Ei·che² <f.; -, -n> *Eichung, Maischemaß*

'Ei·chel <f.; -, -n> 1 *Frucht der Eiche¹* 2 <Kart.> *Spielkartenfarbe* 3 <Anat.> *Teil des männl. Gliedes u. des Kitzlers;* **'Ei·chel·hä·her** <m.; -s, -; Zool.> *ein Vogel*

'ei·chen¹ <Adj.> *aus Eichenholz*

'ei·chen² <V. t.> Maße, Messgeräte ~ *eichamtlich prüfen*

'Ei·chen <n.; -s, -od. 'Ei·er·chen; Verkleinerungsf. von> *Ei*

'Ei·chen·hain <m.; -(e)s, -e>; **'Ei·chen·holz** <n.; -es; unz.>; **'Ei·chen·kranz** <m.; -es, ~e>; **'Ei·chen·laub** <n.; -(e)s; unz.>; **'Ei·chen·wald** <m.; -(e)s, ~er>; **'Ei·chen·wick·ler** <m.; -s, -; Zool.> *ein Schmetterling*

'Ei·cher <m.; -s, -; umg.> *Eichmeister;* **'Eich·ge·wicht** <n.; -(e)s, -e>

'Eich·horn <n.; -(e)s, ~er>, **'Eich·hörn·chen** <n.; -s, -; Zool.> *ein Nagetier;* **'Eich·kätz·chen** <n.; -s, ->, **'Eich·kat·ze** <f.; -, -n> = *Eichhorn, Eichhörnchen*

'Eich·maß <n.; -es, -e>; **'Eich·meis·ter** <m.; -s, -> *Beamter im Eichamt;* **'Eich·meis·te·rin** <f.; -, -n·nen>; **'Eich·stem·pel** <m.; -s, ->; **'Eich·strich** <m.; -(e)s, -e>; **'Ei·chung** <f.; -, -en>

Eid <m.; -(e)s, -e> *feierliche Versicherung, Gelübde;* etwas an ~es statt erklären

'Ei·dam <m.; -(e)s, -e; veralt.> *Schwiegersohn*

'Eid·bruch <m.; -(e)s, ~e>; **'eid·brü·chig** <Adj.>

'Ei·dech·se <[-ks-]; f.; -, -n; Zool.> *eine Echsenart*

'Ei·der·dau·ne <f.; -, -n> *Flaumfeder der Eiderente;* **'Ei·der·en·te** <f.; -, -n; Zool.>; **'Ei·der·gans** <f.; -, -e; Zool.>; **'Ei·der·vo·gel** <m.; -s, ⸗; Zool.>

'Ei·des·be·leh·rung <f.; -, -en>; **'Ei·des·for·mel** <f.; -, -n>; **'Ei·des·leis·tung** <f.; -, -en>; **'Ei·des·pflicht** <f.; -; unz.>; **'ei·des·pflich·tig** <Adj.>; **'ei·des·statt·lich** <Adj.; Rechtsw.> eine ~e Erklärung; <aber> etwas an Eides statt erklären; → a. *Eid*

Ei·de·tik <f.; -; unz.; Psych.> *Fähigkeit, etwas früher Gesehenes als Bild vor sich zu sehen* [grch.]; **ei·de·tisch** <Adj.>

'Eid·ge·nos·se <m.; -n, -n>; **'Eid·ge·nos·sen·schaft** <f.; -, -en; amtl. Bez. für> *die Schweiz;* Schweizerische ~; **'Eid·nos·sin** <f.; -, -nnen>; **'eid·ge·nös·sisch** <Adj.>; **'eid·lich** <Adj.> etwas ~ bekräftigen

Ei·do·lo·gie <f.; -; unz.; Philos.>; **'Ei·dos** <n.; -; unz.; Philos.> *Aussehen, Gestalt, Idee* [grch.]

'Ei·dot·ter <n. od. (bair./österr.) m.; -s, -> *das Gelbe im Ei;* **'Ei·er·be·cher** <m.; -s, ->; **'Ei·er·bri·kett** <n.; -s, -s> *eiförmiges Steinkohlenbrikett;* **'Ei·er·hand·gra·na·te** <f.; -, -n>; **'Ei·er·kopf** <m.; -(e)s, ⸗e; iron.> *Intellektueller;* **'Ei·er·ku·chen** <m.; -s, ->; **'Ei·er·lau·fen** <n.; -s; unz.> *ein Geschicklichkeitsspiel;* **'Ei·er·li·kör** <m.; -(e)s, -e>; **'Ei·er·löf·fel** <m.; -s, ->; **'ei·ern** <V. i.; ich ei(e)re; umg.> das Rad eiert *dreht sich ungleichmäßig;* **'Ei·er·nu·deln** <Pl.>; **'Ei·er·pfann·ku·chen** <m.; -s, ->; **'Ei·er·sche·cke** <f.; -, -n; mdt.> *ein Kuchen;* **'Ei·er·schwamm** <m.; -(e)s, ⸗e; umg.> = *Pfifferling;* **'Ei·er·spei·se** <f.; -, -n>; **'Ei·er·stich** <m.; -(e)s; unz.; Kochk.> *Suppeneinlage aus Ei;* **'Ei·er·stock** <m.; -(e)s, ⸗e; Anat.> *Teil der weibl. Geschlechtsorgane;* **'Ei·er·stock·ent·zün·dung** <f.; -, -en; Med.>; **'Ei·er·tanz** <m.; -es, ⸗e> *Geschicklichkeitstanz;* einen ~ aufführen <fig.> *etwas umständlich vermeiden;* **'Ei·er·uhr** <f.; -, -en>; **'Ei·er·wär·mer** <m.; -s, ->

'Ei·fer <m.; -s; unz.> *emsiges Streben;* **'Ei·fe·rer** <m.; -s, -> *fanatischer Streiter für eine best. Sache;* **'Ei·fe·rin** <f.; -, -nnen>; **'ei·fern** <V. i.; ich eif(e)re>; **'Ei·fer·sucht** <f.; -; unz.> *Neid;* **'Ei·fer·süch·te·lei** <f.; -, -en>; **'ei·fer·süch·tig** <Adj.>; **'Ei·fer·suchts·tra·gö·die** <[-diə]; f.; -, -n>

'Ei·form <f.; -; unz.>; **'ei·för·mig** <Adj.>

'eif·rig <Adj.; ⟋Z53.1> *fleißig*

'Ei·gelb <n. 7; -s, -e od. (bei Mengenangaben)> -> *Dotter*

'ei·gen <Adj.> 1 <meist verstärkend> *jmdm. gehörend, mit jmdm. eng verknüpft;* sein ~ Fleisch u. Blut <poet.> *seine Kinder;* mein ~er Vater; aus ~er Kraft; auf ~e Gefahr; auf ~en Beinen stehen; sein ~er Herr sein <fig.>; etwas Eigenes schaffen 2 *für jmdn. typisch;* das ist ihm ~; in seiner ihm ~en Art; darin ist sie recht ~; **'Ei·gen** <n.; -s; unz.> *Besitz;* etwas sein ~ nennen; sich etwas zu ~ machen *aneignen;* **'Ei·gen·art** <f.; -, -en>; **'ei·gen·ar·tig** <Adj.>; **'ei·gen·ar·ti·ger·wei·se** <Adv.>; **'Ei·gen·bau** <umg.; scherzh.; in der Wendung> Marke ~ *selbst gemacht;* **'Ei·gen·be·darf** <m.; -(e)s; unz.> für den ~; **'Ei·gen·be·richt** <m.; -(e)s, -e>; **'Ei·gen·be·sitz** <m.; -es; unz.; Rechtsw.>; **'Ei·gen·be·we·gung** <f.; -, -en>; **'Ei·gen·blut·be·hand·lung** <f.; -, -en>; **Ei·gen·brö·te·lei** <f.; -; unz.>; **'Ei·gen·bröt·ler** <m.; -s, -; meist abwertend> *Sonderling, Einzelgänger;* **Ei·gen·bröt·le·rei** <f.; -; unz.>; **'Ei·gen·bröt·le·rin** <f.; -, -nnen>; **'ei·gen·bröt·le·risch** <Adj.>; **'Ei·gen·dy·na·mik** <f.; -; unz.>; **'Ei·gen·fi·nan·zie·rung** <f.; -, -en>; **'Ei·gen·ge·schwin·dig·keit** <f.; -, -en>; **'ei·gen·ge·setz·lich** <Adj.>; **'Ei·gen·ge·setz·lich·keit** <f.; -; unz.>; **'Ei·gen·ge·wicht** <n.; -(e)s, -e>; **'ei·gen·hän·dig** <Adj.; Abk. (österr.): eh.>; **'Ei·gen·heim** <n.; -s, -e>; **'Ei·gen·heit** <f.; -, -en>; **'Ei·gen·hil·fe** <f.; -; unz.> in ~; **'Ei·gen·in·i·ti·a·ti·ve**, <auch> **'Ei·gen·i·ni·ti·a·ti·ve** <f.; -; unz.>; **'Ei·gen·ka·pi·tal** <n.; -s; unz.>; **'Ei·gen·le·ben** <n.; -s; unz.>; **'Ei·gen·lie·be** <f.; -; unz.>; **'Ei·gen·lob** <n.; -(e)s; unz.>; **'ei·gen·mäch·tig** <Adj.>

ohne Erlaubnis od. Auftrag; ~es Handeln; **'Ei·gen·mäch·tig·keit** <f.; -; unz.>; **'Ei·gen·na·me** <m.; -ns, -n; Sprachw.> → *Kasten;* **'Ei·gen·nutz** <m.; -es; unz.>; **'ei·gen·nüt·zig** <Adj.> *auf den eigenen Vorteil bedacht;* **'Ei·gen·nüt·zig·keit** <f.; -; unz.>; **'ei·gens** <Adv.> *speziell, extra;* sie ist ~ wegen ihm gekommen; **'Ei·gen·schaft** <f.; -, -en>; **'Ei·gen·schafts·wort** <n.; -(e)s, ⸗er; Gramm.> → a. *Kasten Adjektiv;* **'Ei·gen·schwin·gung** <f.; -, -en>; **'Ei·gen·sinn** <m.; -(e)s; unz.; abwertend>; **'ei·gen·sin·nig** <Adj.> *dickköpfig, unnachgiebig;* **'Ei·gen·sin·nig·keit** <f.; -; unz.>; **'ei·gen·staat·lich** <Adj.>; **'ei·gen·stän·dig** <Adj.>; **'Ei·gen·stän·dig·keit** <f.; -; unz.>; **'Ei·gen·sucht** <f.; -; unz.>; **'ei·gen·süch·tig** <Adj.> *selbstsüchtig;* **'ei·gent·lich¹** <Adj.; Abk.: eigtl.> 1 *tatsächlich;* der ~e Anlass meines Kommens ist ... 2 *ursprünglich;* die ~e Bedeutung eines Wortes; **'ei·gent·lich²** <Partikel> 1 *im Grunde genommen;* ~ ist er ganz nett 2 *überhaupt;* wie sie ~?; **'Ei·gen·tor** <n.; -(e)s, -e; Sp.>; **'Ei·gen·tum** <n.; -s; unz.>; **'Ei·gen·tü·mer** <m.; -s, ->; **'Ei·gen·tü·me·rin** <f.; -, -nnen>; **'ei·gen·tüm·lich** <Adj.> 1 *sonderbar* 2 *charakteristisch;* **'Ei·gen·tüm·lich·keit** <a. [--'---]; f.; -, -en>; **'Ei·gen·tums·vor·be·**

halt <m.; -(e)s, -e; Kaufmannsspr.>; **'Ei·gen·tums·woh·nung** <f.; -, -en>; **'ei·gen·ver·ant·wort·lich** <Adj.>; **'Ei·gen·ver·brauch** <m.; -(e)s; unz.>; **'Ei·gen·wär·me** <f.; -; unz.>; **'Ei·gen·wech·sel** <[-ks-]; m.; -s, -; Bankw.>; **'Ei·gen·wert** <m.; -(e)s, -e>; **'Ei·gen·wil·le** <m.; -ns; unz.>; **'ei·gen·wil·lig** <Adj.>; **'Ei·gen·wil·lig·keit** <f.; -; unz.>

'eig·nen <V. refl.> sich für, zu etwas ~ *tauglich, geeignet sein;* **'Eig·ner** <m.; -s, -; veralt.> *Eigentümer; Schiffs~;* **'Eig·nung** <f.; -, -en; Pl. selten> *Befähigung;* **'Eig·nungs·prü·fung** <f.; -, -en>; **'Eig·nungs·test** <m.; -(e)s, -e od. -s>

eigtl. <Abk. für> *eigentlich*
'Ei·häu·te <Pl.>; **...ei·ig** <Adj.; in Zus.> z. B. eineiig, zweieiig; **'Ei·klar** <n.; -s, -; österr.> *Eiweiß*
'Ei·land <n.; -(e)s, ⸚er; poet.> *Insel*
'Eil·an·ge·bot <n.; -(e)s, -e>; **'Eil·be·stel·lung** <f.; -, -en>; **'Eil·bo·te** <m.; -n, -n>; **'Eil·bo·tin** <f.; -, -n·nen>; **'Eil·brief** <m.; -(e)s, -e>; **'Ei·le** <f.; -; unz.>
'Ei·lei·ter <m.; -s, -; Med.> = *Tuba(1);* **'Ei·lei·ter·ent·zün·dung** <f.; -, -en>; **'Ei·lei·ter·schwan·ger·schaft** <f.; -, -en>
'ei·len <V. i.> 1 <(s.)> *sich schnell irgendwohin bewegen;* er ist ihm zu Hilfe geeilt 2 <(h.)> *dringlich sein;* es eilt nicht; der Brief hat geeilt; **'ei·lends** <Adv.> *schnell;* **'eil·fer·tig** <Adj.> *übereifrig;* **'Eil·fer·tig·keit** <f.; -; unz.>; **'ei·lig** <Adj.; ↗Z42> er hat es ~ *er ist in Eile;* er hatte nichts Eiligeres zu tun als dies *nichts Wichtigeres;* **'Eil·marsch** <m.; -(e)s, ⸚e>; **'Eil·schritt** <m.; -(e)s; unz.> im ~; **'Eil·sen·dung** <f.; -, -en; Post>; **'Eil·tem·po** <n.; -s; unz.; umg.> im ~; **'Eil·zug** <m.; -(e)s, ⸚e; Abk.: E>; **'Eil·zu·stel·lung** <f.; -, -en; Post>
'Ei·mer <m.; -s, -> *Henkelgefäß (für Flüssigkeiten);* die ganze Arbeit ist im ~ <fig.; umg.> *verloren;* **'ei·mer·wei·se** <Adv.>
ein[1] <Adv.; ↗Z19.4> *hinein, herein;* bei jmdm. ~ und aus gehen *häufig zu Gast sein;* nicht mehr ~ noch aus wissen *voll-*

kommen ratlos sein; <aber> ein- und aussteigen
ein[2] <unbestimmter Artikel> ~e Frau; in ~em derartigen Fall; ~ anderer; ~ jeder; ~ jeglicher; ~ gewisser X
ein[3] <Indefinitpron.; allein stehend stark, nach best. Artikel schwach dekliniert; ↗Z44.2> sie kann ~em Leid tun; der, die, das ~e/<auch> Eine; <aber> der Eine *Gott;* das ~e/<auch> Eine kann ich dir sagen; ~(e)s muss man ihm lassen ...; ~(e)s nach dem anderen; der ~e und der andere; der ~e und Einzige; ~er hilft dem anderen; von ~em zum anderen; vom ~en zum anderen; er ist ~er von vielen; sie ist ~e von uns; ~e meiner Freundinnen; die ~en sagen so, die anderen so; wenn ~er eine Reise tut ...; es ist ~ und dasselbe; das läuft auf ~(e)s hinaus; ~er von beiden; was für ~er?; ~er für alle, alle für ~en; ~en heben <umg.> *Alkohol trinken;* jmdm. ~e kleben <umg.> *eine Ohrfeige geben;* jmdm. ~s auswischen <umg.>; er ist mein Ein und Alles
ein[4] <Num. 4; immer betont; Zeichen: 1> ~ Buch; ~es Buches; des ~en Buches; ~es der beiden Bücher; mit ~em Buch; sie sind ~ Herz und ~e Seele; ~er Meinung sein; ~ Drittel der Bevölkerung; er war nicht ~en einzigen Tag krank; um ~ Uhr; in ~ bis zwei Tagen; merk dir das ~ für alle Mal!; in ~em fort *immerzu;* mit ~em Wort
ein..., **Ein...**[1] <Vors.; in Zus. mit Verben abtrennbar> z. B. einfrieren, eintreten, behutsames Einreiten
ein..., **Ein...**[2] <Vors.; in Zus. mit Adj. u. Subst.> z. B. einsilbig, Einbettzimmer
'Ein·achs·an·hän·ger <[-ks-]; m.; -s, -; bei Kfz>; **'ein·ach·sig** <Adj.>
'Ein·ak·ter <m.; -s, -> *Bühnenstück in einem Akt;* **'ein·ak·tig** <Adj.>
ein'an·der, <auch> **ei'nan·der** <reziprokes Pron.; ↗Z54; geh.> *einer dem anderen, (sich) gegenseitig;* sie helfen ~
'ein|ar·bei·ten <V. t.> ich arbeite

ein; sie hat eingearbeitet; einzuarbeiten> 1 <V. t./V. refl.> sich od. jmdn. ~ *in eine Arbeit einführen* 2 *einfügen;* fehlende Begriffe in ein Lexikon ~; **'Ein·ar·bei·tung** <f.; -; unz.>
'ein·ar·mig <Adj.>
'ein|ä·schern <V. t.; ich äsch(e)re ein; sie hat eingeäschert; einzuäschern; ↗Z55> *durch Feuerbestattung begraben;* **'Ein·ä·sche·rung** <f.; -, -en>
'ein|at·men <V. i.; ich atme ein; sie hat eingeatmet; einzuatmen;> **'Ein·at·mung** <f.; -, -en>
'ein·a·to·mig <Adj.; ↗Z55; Chem.; Phys.>
'ein·äu·gig <Adj.>
'Ein·back <m.; -(e)s, -e od. ⸚e> *ein Milchgebäck*
'ein·bah·nig <Adj.>; **'Ein·bahn·stra·ße** <f.; -, -n>
'ein|bal·sa·mie·ren <V. t.; ich balsamiere ein; sie hat einbalsamiert; einzubalsamieren> einen Leichnam ~
'Ein·band <m.; -(e)s, ⸚e> *Rücken u. Deckel eines Buches;* **'Ein·band·de·cke** <f.; -, -n>
'ein·bän·dig <Adj.> ein ~es Lexikon
'ein·ba·sig, **'ein·ba·sisch** <Adj.; Chem.> ~e Säuren
'Ein·bau <m.; -(e)s, -bau·ten>; **'ein|bau·en** <V. t.; ich baue ein; sie hat eingebaut; einzubauen>; **'Ein·bau·kü·che** <f.; -, -n>
'Ein·baum <m.; -(e)s, ⸚e> *als Boot dienender ausgehöhlter Baumstamm*
'Ein·bau·mö·bel <Pl.>; **'Ein·bau·schrank** <m.; -(e)s, ⸚e>
'Ein·bee·re <f.; -, -n; Bot.> *eine Giftpflanze*
'ein·be·grif·fen <Adj.; geh.> *mit enthalten;* im Preis ~ sind ...; Sy *inbegriffen*
'ein|be·hal·ten <V. t. 160; ich behalte ein; sie hat einbehalten; einzubehalten> *zurückbehalten*
'ein·bei·nig <Adj.>
'ein|bei·zen <V. t.> *mit einer Beize versehen*
'ein|be·ken·nen <V. t. 166; österr.> *eingestehen;* **'Ein·be·kennt·nis** <n.; -s·ses, -s·se>
'ein|be·ru·fen <V. t. 204; ich berufe ein; sie hat einberufen; einzuberufen>; **'Ein·be·ru·fung**

<f.; -, -en>; **'Ein·be·ru·fungs·be·fehl** <m.; -(e)s, -e; Mil.>

'ein·be·stel·len <V. t.; ich bestelle ein; sie hat einbestellt; einzubestellen; Amtsdt.> *vorladen*

'ein·be·to·nie·ren <V. t.>

'ein·bet·ten <V. t.>; **'Ein·bett·zim·mer** <n.; -s, ->

'ein·be·zie·hen <V. t. 293; ich beziehe ein; sie hat einbezogen; einzubeziehen> *dazunehmen, -zählen;* **'Ein·be·zie·hung** <f.; -; unz.> *unter ~ von ...*

'ein·bie·gen <V. i. (s.) 109; ich biege ein; sie ist eingebogen; einzubiegen>

'ein·bil·den <V. refl.> sich etwas auf seine Leistung ~ *übermäßig stolz darauf sein;* **'Ein·bil·dung** <f.; -, -en>; **'Ein·bil·dungs·kraft** <f.; -; unz.>; **'Ein·bil·dungs·ver·mö·gen** <n.; -s; unz.>

'ein·bin·den <V. t. 111; ich binde ein; sie hat eingebunden; einzubinden>

'ein·bla·sen <V. t. 113>

'Ein·blatt·druck <m.; -(e)s, -e>

'ein·bläu·en <V. t.> jmdm. etwas ~ *mit Nachdruck einschärfen*

'ein·blen·den <V. t.; ich blende ein; sie hat eingeblendet; einzublenden; Funkw., Film, TV>

'ein·bleu·en <V. t.; künftig nicht mehr zulässige Schreibweise für> *einbläuen*

'Ein·blick <m.; -(e)s, -e; Pl. selten>

'ein·boo·ten <V. t.; Seemannsspr.> *Passagiere ~ mit dem Boot zum Schiff bringen*

'ein·bre·chen <V. i. 116; ich breche ein; sie ist/hat eingebrochen; einzubrechen> 1 <(s. u. h.)> *einen Einbruch verüben; die Diebe sind ins Haus/ <auch> haben im Haus eingebrochen* 2 <(s.)> *durchbrechen; er ist im Eis eingebrochen;* **'Ein·bre·cher** <m.; -s, ->; **'Ein·bre·che·rin** <f.; -, -·nen>

'Ein·brenn <f.; -, -en; österr.>, **'Ein·bren·ne** <f.; -, -n; bes. süddt.> *in Fett gebräuntes Mehl;* **'ein·bren·nen** <V. t. 117>; **'Ein·brenn·sup·pe** <f.; -, -n; österr.>

'ein·brin·gen <V. t. 118; ich bringe ein; sie hat eingebracht; einzubringen> 1 *hineinschaffen; die Ernte ~* 2 *Nutzen, Gewinn bringen; das bringt nichts ein* 3

zum Beschluss vorschlagen; ein Gesetz ~ 4 <V. refl.> *sich in eine Diskussion ~;* **'ein·bring·lich** <Adj.> *ertragreich*

'ein·bro·cken <V. refl.; umg.> da hast du dir etwas Schönes eingebrockt <fig.>

'Ein·bruch <m.; -(e)s, -e> 1 *gewaltsames Eindringen* 2 <unz.; geh.> *Beginn; bei ~ der Dämmerung;* **'Ein·bruchs·dieb·stahl** <m.; -(e)s, -e>; **'ein·bruch(s)·si·cher** <Adj.>

'ein·buch·ten <V. t.; umg.> *ins Gefängnis sperren;* **'Ein·buch·tung** <f.; -, -en> 1 *breiter Einschnitt (an einer Küste)* 2 *Vertiefung, Delle (an einem Gefäß)* 3 <umg.> *Gefangennahme*

'ein·bud·deln <V. t.; ich budd(e)le ein; sie hat eingebuddelt; einzubuddeln; umg.> *eingraben*

'ein·bun·kern <V. t.; umg.> *einsperren*

'ein·bür·gern <V. t.; ich bürgere ein; sie hat eingebürgert; einzubürgern> 1 *jmdn. ~ jmdm. die Staatsangehörigkeit verleihen;* Ggs *ausbürgern* 2 <V. refl.> *das hat sich so eingebürgert <fig.>;* **'Ein·bür·ge·rung** <f.; -; unz.>

'Ein·bu·ße <f.; -, -n> *Verlust;* **'ein·bü·ßen** <V. t. u. V. i.; du büßt ein> *verlieren;* er hat seinen guten Ruf eingebüßt; erheblich an Ansehen ~

'ein·che·cken <[-tʃɛ-]; V. i.; ich checke ein; sie hat eingecheckt; einzuchecken; Flugw.> *vor dem Abflug abgefertigt werden;* Ggs *auschecken;* → a. *checken*

'ein·cre·men <[-kre-;]; V. t./V. refl.> oV *einkremen*

'ein·däm·men <V. t.> *etwas ~ seine Ausbreitung verhindern;* **'Ein·däm·mung** <f.; -; unz.>

'ein·damp·fen <V. t. u. V. i. (s. u. h.)> *durch Verdampfung eintrocknen;* **'Ein·damp·fung** <f.; -; unz.>

'ein·de·cken <V. t.; ich decke ein; sie hat eingedeckt; einzudecken> 1 <V. refl.> *sich mit Vorräten ~* 2 <umg.> *überhäufen; ich bin mit Arbeit eingedeckt*

'Ein·de·cker <m.; -s, -> *ein Flugzeugtyp;* Ggs *Doppeldecker*

'ein·dei·chen <V. t.>; **'Ein·dei·chung** <f.; -; unz.>

'ein·del·len <V. t.>

'ein·deu·tig <Adj.>; **'Ein·deu·tig·keit** <f.; -, -en>

'ein·deut·schen <V. t.; du deutschst ein> *ein Fremdwort ~ in die deutsche Sprache übernehmen u. ihr anpassen;* **'Ein·deut·schung** <f.; -, -en>

'ein·di·cken <V. t.>

'ein·di·men·si·o·nal <Adj.>

'ein·do·cken <V. t.; Schiffbau> *ins Dock bringen*

'ein·do·sen <V. t.; umg.> *in Dosen füllen*

'ein·dö·sen <V. i. (s.); du döst ein> *in einen leichten Schlaf fallen*

'ein·drän·gen <V. refl.> *sich ~ sich ungebeten einmischen*

'ein·dre·hen <V. t.> *(sich) die Haare ~*

'ein·dre·schen <V. i. 121> *auf jmdn. ~ <umg.> jmdn. verprügeln*

'ein·dril·len <V. t.; umg.>

'ein·drin·gen <V. i. (s.) 122; ich dringe ein; sie ist eingedrungen; einzudringen>; **'ein·dring·lich** <Adj.; ↗Z 43.3> *nachdrücklich;* jmdn. auf das Eindringlichste/<auch> eindringlichste ermahnen; **'Ein·dring·lich·keit** <f.; -; unz.>; **'Ein·dring·ling** <m.; -s, -e>

'Ein·druck <m.; -es(s), -e> *Einwirkung auf Fühlen u. Denken;* er will ~ schinden <umg.>

'ein·dru·cken <V. t.> *Muster ~*

'ein·drü·cken <V. t.> *nach innen drücken*

'ein·drucks·voll <Adj.>

'ei·ne <unbest. Art.; unbest. Pron.; Numerale> → *ein* [2, 3, 4]

'ein·eb·nen <V. t.>; **'Ein·eb·nung** <f.; -, -en>

'Ein·e·he <f.; -, -n; ↗Z55> Sy *Monogamie*

'ein·ei·ig <Adj.> *~e Zwillinge*

'ein·ein·deu·tig <Adj.; Fachspr.> *umkehrbar eindeutig*

ein·ein·halb <Numerale; in Ziffern: 1 1/2> *~ Jahre; <aber> ein und ein halbes Jahr; ~mal so viel;* oV *einundeinhalb*

'ei·nen <geh.> *verein(ig)en*

'ein·en·gen <V. t.>

'ei·ner <unbest. Art.; unbest. Pron.; Numerale> → *ein* [2, 3, 4]; **'Ei·ner** <m.; -s, -> 1 <Math.> *Einerstelle (einer mehrstelligen Zahl); die ~, Zehner, Hunderter,*

Tausender 2 *einsitziges Sportboot*; **'ei·ner·lei** <Adj.; undekl.; umg.> 1 *gleichgültig* 2 *gleichartig*; **'Ei·ner·lei** <n.; -s; unz.> ein ewiges ~ <umg.> *immer das Gleiche*; **'ei·ner·seits** <Adv.> ~ froh, ander(r)seits/andrerseits betrübt; **'Ei·ner·stel·le** <f.; -, -n; Math.> = *Einer(1)*; **'ei·nes·teils** <Adv.> = *einerseits*

'ein·fach¹ <Adj.> 1 *nur einmal gemacht*; ~e Buchführung; ~e Fahrt <Eisenb.> 2 <↗Z43.3> *leicht durchführbar*; eine ~e Aufgabe; es ist das Einfachste, wenn ...; das Problem lässt sich auf das Einfachste/<auch> ~ste lösen; das ist am ~sten 3 *schlicht*; sie ist ~ gekleidet; **'ein·fach²** <Partikel> das verstehe ich ~ nicht; er ist ~ weggelaufen; **'Ein·fach·heit** <f.; -; unz.>; **'ein·fach·heits·hal·ber** <Adv.> ~ schweigen; <aber> der Einfachheit halber schweigen

'ein|fä·deln <V. t.; ich fäd(e)le ein; sie hat eingefädelt; einzufädeln> 1 das hat sie gut eingefädelt <fig.> *geschickt in die Wege geleitet* 2 <V. refl.> sich ~ *sich (in eine Autokolonne) einreihen*

'ein|fah·ren <V. 130> 1 <V. i. (s.)> *hineinfahren*; der Zug ist in den Bahnhof eingefahren 2 <V. t.> er hat die Ernte eingefahren; **'Ein·fahrt** <f.; -, -en>

'Ein·fall <m.; -(e)s, ⸚e> 1 *plötzliche Idee* 2 *gewaltsames Eindringen*; **'ein|fal·len** <V. i. (s.) 131> 1 *in den Sinn kommen*; mir fiel sein Name nicht mehr ein; was fällt denn dir ein? *was erlaubst du dir?* 2 *hereindringen*; die ~den Lichtstrahlen; bei jmdm. ~ <fig.> 3 *einstimmen* 4 *einstürzen*; die Mauer wird bald ~; **'ein·falls·los** <Adj.>; **'Ein·falls·lo·sig·keit** <f.; -; unz.>; **'ein·falls·reich** <Adj.>; **'Ein·falls·reich·tum** <m.; -s; unz.>; **'Ein·fall·stra·ße** <f.; -, -n; Verkehrsw.> *Ausfallstraße*; **'Ein·fall(s)·win·kel** <m.; -s, ->

'Ein·falt <f.; -; unz.> *Arglosigkeit, Naivität*; **'ein·fäl·tig** <Adj.>; **'Ein·fäl·tig·keit** <f.; -; unz.>; **'Ein·falts·pin·sel** <m.; -s, -; umg.; abwertend> *beschränkter Mensch*

'Ein·fa·mi·li·en·haus <n.; -es, ⸚er>

'ein|fan·gen <V. t. 132; ich fange ein; sie hat eingefangen, einzufangen>

'ein|fär·ben <V. t.; verstärkend>; **'ein·far·big** <Adj.>, **'ein·fär·big** <Adj.; österr.>; **'Ein·fär·bung** <f.; -, -en>

'ein|fas·sen <V. t.; ich fasse ein; du fasst ein; sie hat eingefasst; einzufassen>; **'Ein·fas·sung** <f.; -, -en>

'ein|fet·ten <V. t.>

'ein|fin·den <V. refl. 134> sich am verabredeten Treffpunkt ~

'ein|flech·ten <V. t. 135; ich flechte ein; sie hat eingeflochten; einzuflechten; a. fig.> *gesprächsweise erwähnen*

'ein|fli·cken <V. t.>

'ein|flie·gen <V. t. u. V. i. 136>; **'Ein·flie·ger** <m.; -s, -> *Pilot, der ein neues Flugzeug testet*

'ein|flie·ßen <V. 138> 1 <V. i. (s.)> ~de Kaltluft <Meteor.> 2 <V. t.> er hat einige Spitzen in seine Rede ~ lassen <fig.>

'ein|flö·ßen <V. t.; ich flöße ein; du flößt ein; sie hat eingeflößt; einzuflößen> 1 *vorsichtig zu trinken geben* 2 seine Worte flößen mir Angst ein <fig.>

'Ein·flug <m.; -(e)s, ⸚e>; **'Ein·flug·schnei·se** <f.; -, -n>

'Ein·fluss <m.; -es, ⸚e> *bestimmende Wirkung*; **'Ein·fluss·be·reich** <m.; -(e)s, -e>; **'Ein·fluss·nah·me** <f.; -; unz.>; **'ein·fluss·reich** <Adj.>

'ein|flüs·tern <V. t.; ich flüst(e)re ein; sie hat eingeflüstert; einzuflüstern>; **'Ein·flüs·te·rung** <f.; -, -en>

'ein|for·dern <V. t.; verstärkend>; **'Ein·for·de·rung** <f.; -; unz.>

'ein·för·mig <Adj.> *langweilig*; **'Ein·för·mig·keit** <f.; -; unz.>

'ein|fres·sen <V. refl. 139> die Säure frisst sich in Gewebe ein

'ein|frie·den, ein|frie·di·gen <V. t.; geh.> *einzäunen*; **'Ein·frie·di·gung, 'Ein·frie·dung** <f.; -, -en>

'ein|frie·ren <V. 140> 1 <V. i. (s.)> *festfrieren*; die Wasserrohre sind eingefroren 2 <V. t.> Lebensmittel ~ *durch Frost haltbar machen*; **'ein|fros·ten** <V. t.> = *einfrieren(2)*

'ein|fü·gen <V. t./V. refl.> er hat sich gut in unser Team eingefügt; **'Ein·fü·gung** <f.; -, -en> *Einschub (in einem Text)*

'ein|füh·len <V. refl.>; **'ein·fühl·sam** <Adj.>; **'Ein·fühl·sam·keit** <f.; -; unz.>; **'Ein·füh·lung** <f.; -; unz.>; **'Ein·füh·lungs·ver·mö·gen** <n.; -s; unz.>

'Ein·fuhr <f.; -, -en; Pl. selten> Sy *Import*; Ggs *Ausfuhr*; **'Ein·fuhr·be·schrän·kung** <f.; -, -en>; **'ein|füh·ren** <V. t.> ich führe ein; sie hat eingeführt; einzuführen>; **'Ein·fuhr·land** <n.; -(e)s, ⸚er>; **'Ein·fuhr·rung** <f.; -, -en>; **'Ein·füh·rungs·kurs** <m.; -es, -e>; **'Ein·füh·rungs·preis** <m.; -es, -e> *günstiger Preis für einen neuen Warenartikel; etwas zum ~ anbieten*; **'Ein·fuhr·ver·bot** <n.; -(e)s, ⸚e>; **'Ein·fuhr·wa·re** <f.; -, -n>; **'Ein·fuhr·zoll** <m.; -(e)s, ⸚e>

'ein|fül·len <V. t.; ich fülle ein; sie hat eingefüllt; einzufüllen>; **'Ein·füll·öff·nung** <f.; -, -en>; **'Ein·füll·stut·zen** <m.; -s, ->

'Ein·ga·be <f.; -, -n> 1 *Gesuch* 2 <EDV> *das Eingeben (von Daten in einen Computer)*; **'Ein·ga·be·ge·rät** <n.; -(e)s, -e; EDV>

'Ein·gang <m.; -(e)s, ⸚e> 1 *Tür*; Haupt~ 2 *Lieferung*; Waren~; **'ein·gän·gig** <Adj.> *leicht verständlich*; **'ein·gangs** <Amtsdt.> 1 <Adv.> *zu Beginn*; wie ~ erwähnt 2 <Präp.; m. Gen.> *zu Beginn*; ~ des zweiten Kapitels; **'Ein·gangs·be·stä·ti·gung** <f.; -, -en; Kaufmannsspr.>; **'Ein·gangs·buch** <n.; -(e)s, ⸚er; Kaufmannsspr.>; **'Ein·gangs·da·tum** <n.; -s, -da·ten>; **'Ein·gangs·tür** <f.; -, -en>

'ein|ge·ben <V. t. 143; ich gebe ein; sie hat eingegeben; einzugeben>

'ein·ge·bil·det <Adj.; ↗Z28.1> *überheblich, von sich eingenommen*

'ein·ge·bo·ren¹ <Adj.> *einheimisch, inländisch*; die ~e Bevölkerung

'ein·ge·bo·ren² <Adj.; christl. Rel.> der ~e Sohn Gottes *der einzige S.*

'Ein·ge·bo·re·ne(r) <f. 2 (m. 1)>

Ureinwohner(in); **'Ein·ge·bo·re·nen·spra·che** <f.; -, -n>

'Ein·ge·bung <f.; -, -en> *entscheidender Gedanke, Intuition*

'ein·ge·denk <Adj.; geh.> einer Sache ~ sein *sie nicht vergessen*

'ein·ge·fal·len <Adj.; ⟋Z28.1> *mager;* ~e Wangen

'ein·ge·fleischt <Adj.; fig.> *überzeugt;* ein ~er Junggeselle

'ein|ge·frie·ren <V. i. (s.) u. V. t.> = *einfrieren*

'ein·ge·fuchst <[-ks-]; Adj.; umg.> *gut eingearbeitet;* ein ~er Mitarbeiter

'ein|ge·hen <V. 145 (s.)> **1** <V. i.> *eintreffen, ankommen;* wie viel Post ist eingegangen? **2** <V. i.> *(beim Waschen) kleiner werden;* geht die Hose ein? **3** <V. i.> *aufhören zu existieren;* die Pflanze ist eingegangen **4** <V. t.; als Funktionsverb> ein Risiko ~ **5** <V. i.> auf jmdn. ~ *sich mit jmdm. befassen;* **'ein·ge·hend** <Adj.; ⟋Z28.1, 43.3> *gründlich, sorgfältig;* sich ~ mit einem Thema auseinandersetzen; einen Plan od. das Eingehendste/<auch> ~ste prüfen

'Ein·ge·mach·te(s) <n. 3> *haltbar gemachte Lebensmittel;* jetzt geht's ans ~ <fig.>

'ein·ge·mein·den <V. t.> *in eine größere Gemeinde eingliedern;* **'Ein·ge·mein·dung** <f.; -, -en>

'ein·ge·mummt <Adj.> *warm eingehüllt*

'ein·ge·nom·men <Adj.; ⟋Z28.1> er ist sehr von der Idee, von sich ~; **'Ein·ge·nom·men·heit** <f.; -; unz.>

'Ein·ge·rich·te <n.; -s, -> *innerer Teil eines Türschlosses*

ein·ge·schlech·tig <Adj.; Bot.> Sy *diklin*

'ein·ge·schneit <Adj.; ⟋Z28.1> ~ sein

'Ein·ge·scho·be·ne(s) <n. 3>

'ein·ge·schos·sig <Adj.>

'ein·ge·schrie·ben <Adj.> ein ~er Brief <Postw.>; → a. *Einschreiben*

'ein·ge·schwo·ren <Adj.; nur in der Wendung> auf jmdn. od. etwas ~ sein

'ein·ge·ses·sen <Adj.> *(schon lange) ortsansässig;* eine ~e Firma; alt~

'ein·ge·spielt <Adj.; ⟋Z28.1;

umg.> *gut aufeinander abgestimmt;* ein ~es Team

ein·ge·sprengt <Adj.; ⟋Z28.1> *in etwas enthalten;* ~es Mineral

ein·ge·stan·de·ner·ma·ßen <Adv.; Amtsdt.>; **'Ein·ge·ständ·nis** <n.; -s·ses, -s·se>; **'ein|ge·ste·hen** <V. t./V. refl. 256; ich gestehe ein; sie hat eingestanden; einzugestehen> *bekennen, zugeben*

'ein·ge·stri·chen <Adj.; Mus.> das ~ e a (Zeichen: a' od. a[1])

'ein·ge·tra·gen <Adj.; ⟋Z46> ~er Verein (e. V.)/<auch> Eingetragener Verein (E. V.)

'Ein·ge·wei·de <n.; -s, -; meist Pl.> *die inneren Organe;* **'Ein·ge·wei·de·bruch** <m.; -(e)s, ⸗e; Med.>

'Ein·ge·weih·te(r) <f. 2 (m. 1)> *jmd., der ins Vertrauen gezogen wurde;* das ist nur für ~

'ein|ge·wöh·nen <V. refl.; ich gewöhne mich ein; sie hat sich eingewöhnt; sich einzugewöhnen>; **'Ein·ge·wöh·nungs·zeit** <f.; -; unz.>

'ein·ge·zo·gen <Adj.; ⟋Z28.1> *zurückgezogen;* ein ~es Leben führen

'ein|gie·ßen <V. t. 152; du gießt ein>

'ein|gip·sen <V. t.; du gipst ein>

'Ein·glas <n.; -es, ⸗er; veralt.> = *Monokel*

'ein|gla·sen <V. t.>

'ein·glei·sig <Adj.> die Züge verkehren nur ~

'ein|glie·dern <V. t./V. refl.; ich glied(e)re ein; sie hat eingegliedert; einzugliedern>; **'Ein·glie·de·rung** <f.; -; unz.>

'ein|gra·ben <V. t. 157>

'ein|gra·vie·ren <[-vi-]; V. t.>

'ein|grei·fen <V. i. 158; ich greife ein; sie hat eingegriffen; einzugreifen> *einschreiten, sich einmischen*

'ein|gren·zen <V. t.; du grenzt ein>

'Ein·griff <m.; -(e)s, -e> **1** <Med.> sich einem ~ unterziehen *einer Operation* **2** *unrechtmäßige Einmischung;* ein ~ ins Privatleben; **'Ein·griffs·mög·lich·keit** <f.; -, -en>

'ein|grup·pie·ren <V. t.>; **'Ein·grup·pie·rung** <f.; -, -en>

'Ein·guss <m.; -es, ⸗e; Tech.>

'ein|ha·cken <V. i.> auf jmdn. ~ <fig.> *jmdn. unablässig beschimpfen, zurechtweisen;* <aber> → *einhaken*

'ein|ha·ken <V.> **1** <V. t./V. refl.> *mit einem Haken befestigen, einhängen;* sie hakte sich bei ihm ein **2** <V. i.> *in ein Gespräch eingreifen;* hier möchte ich kurz ~; <aber> → *einhacken*

ein'halb·mal <Adv.> *mit der Hälfte multipliziert;* das ist ~ so schwer

'Ein·halt <nur in der Wendung> jmdm. od. einer Sache ~ gebieten; **'ein|hal·ten** <V. 160> **1** <V. t.> *vereinbarungsgemäß erfüllen;* eine Diät, einen Termin ~ **2** <V. i.; geh.> *aufhören;* halt ein!; **'Ein·hal·tung** <f.; -; unz.>

'ein|häm·mern <V. t.; ich hämm(e)re ein> jmdm. etwas ~ <fig.> *durch ständiges Wiederholen begreiflich machen*

'ein|han·deln <V. t./V. refl.; ich hand(e)le ein> *eintauschen;* sich Schwierigkeiten ~ <fig.>

'ein·hän·dig <Adj.>

'ein|hän·gen <V. t./V. refl.> sie hängte sich bei ihm ein

'ein|hau·chen <V. t.>

'ein|hau·en <V. t. u. V. i. 162; umg.> auf jmdn. ~

'ein·häu·sig <Adj.; Bot.>; **'Ein·häu·sig·keit** <f.; -; unz.> *Vorhandensein männl. u. weibl. Blüten auf derselben Pflanze;* Sy *Monözie*

'ein|he·ben <V. t. 163; süddt.; österr.> Geld ~ *einziehen*

'ein|hef·ten <V. t.>

'ein|hei·len <V. i. (s.); Med.> *in das Körpergewebe hineinwachsen u. verheilen*

'ein·hei·misch <Adj.> *beheimatet;* **'Ein·hei·mi·sche(r)** <f. 2 (m. 1)>

'ein|heim·sen <V. t.; du heimst ein> Lob ~ <fig.> *ernten*

'Ein·hei·rat <f.; -, -en>; **'ein|hei·ra·ten** <V. i.; ich heirate ein; sie hat eingeheiratet; einzuheiraten> in eine Familie ~

'Ein·heit <f.; -, -en> **1** *etwas Untrennbares, Zusammengehöriges;* Tag der Deutschen ~ (3. Okt.) **2** *Größe, die bei der Bestimmung eines Maßes zugrunde liegt;* Gewichts~; **'Ein·hei·ten·sym·bol** <n.; -(e)s, -e> →

E

Einheitssymbol: E. werden durch ein Leerzeichen von der Ziffer abgesetzt, z. B. *6 l, 55 kg, 70 km/h.*

Kasten S. 323; **'Ein·hei·ten·sys·tem** <n.; -(e)s, -e> *das Internationale ~* <Abk.: SI>; **'ein·heit·lich** <Adj.> 1 *eine Einheit(1) bildend* 2 *in gleicher Weise gestaltet;* **'Ein·heit·lich·keit** <f.; -; unz.>; **'Ein·heits·front** <f.; -, -en; Pol.>; **'Ein·heits·kurz·schrift** <f.; -; unz.>; **'Ein·heits·maß** <n.; -es, -e>; **'Ein·heits·par·tei** <f.; -, -en>; **'Ein·heits·preis** <m.; -es, -e>; **'Ein·heits·ta·rif** <m.; -(e)s, -e>; **'Ein·heits·wert** <m.; -(e)s, -e

'ein|hei·zen <V. i.; du heizt ein>
'ein|hel·fen <V. i. 165; veralt.> jmdm. ~ *vorsagen*
'ein·hel·lig <Adj.> *übereinstimmend;* sie waren ~ der Meinung, ...
'ein·hen·ke·lig <Adj.> oV *einhenklig;* **'ein|hen·keln** <V. refl.; ich henk(e)le mich ein; sie hat sich eingehenkelt; sich einzuhenkeln> sich (bei jmdm.) ~ *einhängen;* **'ein·henk·lig** <Adj.> oV *einhenkelig*
ein'her... <Vors.; ⬈Z22; geh.; bei Verben abtrennbar> *daher...,* z. B. ein·hergehen, einherschreiten; **ein'her|fah·ren** <V. i. (s) 130>; **ein'her|ge·hen** <V. i. (s) 145; ich gehe einher; sie ist einhergegangen; einherzugehen; geh.> 1 *daherkommen;* hochmütig ~ 2 *vorkommen;* Fieber geht oft mit Kopfschmerzen einher; **ein'her|schrei·ten** <V. i. (s) 232>; **ein'her|stol·zie·ren** <V. i. (s)>
'ein·hö·cke·rig, 'ein·höck·rig <Adj.>
'ein|ho·len <V.> 1 <V. t.> jmdn. ~ *durch Nachlaufen erreichen* 2 <V. t.> *sich geben lassen;* Auskünfte ~; Rat bei jmdm. ~ 3 <V. t. u. V. i.; umg.> *einkaufen;* sie ist (Brot) ~ gegangen; **'Ein·ho·lung** <f.; -; unz.>
'ein|hö·ren <V. refl.; umg.> sich in eine Musikrichtung ~
'Ein·horn <n.; -(e)s, ⸗er> *pferdeähnl. Fabeltier*

'Ein·hu·fer <m.; -s, -; Zool.>; **'ein·hu·fig** <Adj.>
'ein|hül·len <V. t./V. refl.; ich hülle (mich) ein; sie hat (sich) eingehüllt; (sich) einzuhüllen>
'ein·hun·dert <Num.; verstärkend> *hundert*
'ein|hü·ten <V. i.; norddt.> *jmds. Haus in dessen Abwesenheit betreuen;* bei jmdm. ~
'ei·nig <Adj.> *eines Sinnes, einer Meinung;* mit jmdm. ~ gehen, sein, werden; darin sind wir uns ~
'ei·ni·ge(r, -s) <Indefinitpron.> 1 <Sg.> *eine kleine bzw. große Menge;* nach ~r Zeit *bald darauf;* es gehört schon ~ *Frechheit, ~r Mut dazu;* darüber kann ich dir ~s erzählen; in dem Buch ist ~s Interessante zu finden 2 <Pl.> *manche, ein paar;* ich war ~ Mal(e) dort; ~ meiner Freunde; an ~n Stellen; mit ~n anderen; mit ~n guten Schülern; ~ wenige; mit Ausnahme ~r weniger (Kollegen); von ~n wenigen wird gesagt, ...; ~ hundert/<auch> Hundert Leute waren da
'ein|i·geln <V. refl.; ich ig(e)le mich ein; sie hat sich eingeigelt; sich einzuigeln; ⬈Z55; fig.> *Kontakte meiden*
'ei·ni·gen <V. refl.> sich (mit jmdm.) (auf etwas) ~ *einig werden;* **ei·ni·ger'ma·ßen** <Partikel; umg.> *bis zu einem gewissen Grad;* es geht ihm ~ (gut); ich kenne mich hier ~ aus; **'Ei·nig·keit** <f.; -; unz.>; **'Ei·ni·gung** <f.; -, -en>; **'Ei·ni·gungs·ver·trag** <m.; -(e)s, ⸗e>
'ein|imp·fen <V. t.> jmdm. etwas ~ <fig.>
'ein|ja·gen <V. t.; umg.> jmdm. Angst, einen Schrecken ~
'ein·jäh·rig <Adj.> *ein Jahr dauernd;* nach ~er Arbeitslosigkeit; ~e Pflanzen *nicht überwinternde P;* **'Ein·jäh·ri·ge(r)** <m. 1; kurz für> *Einjährig-Freiwillige(r);* **'Ein·jäh·ri·ge(s)** <n. 3; veralt.> *mittlere Reife;* mit dem ~n von der Schule gehen; **'Ein·jäh·rig-'Frei·wil·li·ge(r)** <m. 1; Mil.; bis zum 1. Weltkrieg>
'ein|kal·ku·lie·ren <V. t.; umg.> *einplanen*

Ein'kam·mer·sys·tem <n.; -s, -e; Pol.>
'ein|kap·seln <V. t./V. refl.; ich kaps(e)le (mich) ein; sie hat (sich) eingekapselt; (sich) einzukapseln; fig.> *sich absondern;* **'Ein·kap·se·lung, 'Ein·kaps·lung** <f.; -; unz.>
'Ein·ka·rä·ter <m.; -s, -> *einkarätiger Edelstein;* **'ein·ka·rä·tig** <Adj.> → *Karat(1)*
'ein|kas·sie·ren <V. t.>
'ein|kas·teln, 'ein|käs·teln <V. t.; ich kast(e)le/käst(e)le ein; umg.> *mit einem gemalten Kästchen umranden*
'Ein·kauf <m.; -(e)s, ⸗e; meist Pl.> 1 *das Einkaufen;* Einkäufe erledigen 2 <kurz für> *Einkaufsabteilung;* er arbeit im ~; **'ein|kau·fen** <V. t.; du kaufst ein>; **'Ein·käu·fer** <m.; -s, ->; **'Ein·käu·fe·rin** <f.; -, -n·nen>; **'Ein·kaufs·bum·mel** <m.; -s, -; umg.>; **'Ein·kaufs·netz** <n.; -es, -e>; **'Ein·kaufs·preis** <m.; -es, -e>; **'Ein·kaufs·ta·sche** <f.; -, -n>; **'Ein·kaufs·wa·gen** <m.; -s, ->; **'Ein·kaufs·zen·trum,** <auch> **'Ein·kaufs·zent·rum** <n.; -s, -tren/-t·ren; ⬈Z53>
'Ein·kehr <f.; -; unz.; bes. süddt.> 1 *das Einkehren(1)* 2 <geh.> *innere Sammlung;* **'ein|keh·ren** <V. i. (s.); ich kehre ein; sie ist eingekehrt; einzukehren> 1 *kurze Rast im Gasthaus halten* 2 *endlich kehrte Ruhe ein*
'ein|kei·len <V. t.; meist im Part. Perf.> *eingekeilt sein nicht mehr vor u. zurück können*
'ein·keim·blät·te·rig, 'ein·keim·blätt·rig <Adj.; Bot.>
'ein|kel·lern <V. t.; ich kell(e)re ein> Kartoffeln ~; **'Ein·kel·le·rung** <f.; -; unz.>
'ein|ker·ben <V. t.>; **'Ein·ker·bung** <f.; -, -en>
'ein|ker·kern <V. t.; ich kerkere ein; sie hat eingekerkert; einzukerkern; geh.>
'ein|kes·seln <V. t.; ich kess(e)le ein; bes. Mil.> *umzingeln*
'ein·klag·bar <Adj.>; **'ein|kla·gen** <V. t.> *eine Geldsumme ~ durch Klage eintreiben*
'ein|klam·mern <V. t.; ich klamm(e)re ein; sie hat eingeklammert; einzuklammern>; **'Ein·klam·me·rung** <f.; -, -en>

E

'**Ein·klang** <m.; -(e)s, ⸚e; Pl. selten> *Übereinstimmung; zwei Dinge miteinander in ~ bringen; im, in ~ mit*

'**Ein·klas·sen·schu·le** <a. [-'----]; f.; -, -n>; '**ein·klas·sig** <Adj.>

'**ein·kle·ben** <V. t.>

'**ein·klei·den** <V. t./V. refl.>; '**Ein·klei·dung** <f.; -; unz.>

'**ein·klem·men** <V. t.>

'**ein·klin·ken** <V. t.> *einrasten*

'**ein·knei·fen** <V. t. 169> *einziehen; der Hund kneift den Schwanz ein*

'**ein·kni·cken** <V.> 1 <V. t.> *umbiegen; sie hat die Buchseite eingeknickt; ~de Vorfahrt* 2 <V. i. (s.)> *sie ist mit dem Fuß eingeknickt*

'**ein·knöp·fen** <V. t.>; '**Ein·knöpf·fut·ter** <n.; -s, ->

'**ein·knüp·fen** <V. t.>

'**ein·ko·chen** <V. t.> *Obst, Gemüse ~ haltbar machen*

'**ein·kom·men** <V. i. (s.) 170> *um Urlaub ~* <Amtsdeutsch> *schriftl. um U. bitten*; '**Ein·kom·men** <n.; -s, -> *Lohn, Gehalt*; '**Ein·kom·mens·gren·ze** <f.; -; unz.; Steuerw.>; '**Ein·kom·mens·schicht** <f.; -, -en>; '**ein·kom·mens·schwach** <Adj.> *~e Bevölkerungsschicht*; '**ein·kom·mens·stark** <Adj.>; '**Ein·kom·mens·steu·er** <f.; -, -n> oV *Einkommensteuer*; '**Ein·kom·mens·steu·er·er·klä·rung** <f.; -en>; '**ein·kom·mens·steu·er·pflich·tig** <Adj.>; '**Ein·kom·men·steu·er** <f.; -, -n; Fachspr.> oV *Einkommenssteuer*; '**Ein·kom·men·steu·er·er·klä·rung** <f.; -, -en>; '**ein·kom·men·steu·er·pflich·tig** <Adj.>; '**Ein·kom·mens·ver·hält·nis·se** <Pl.>

'**ein·köp·fen** <V. t.; Fußb.> *den Ball ~*

'**Ein·korn** <n.; -(e)s; unz.; Bot.> *eine Weizenart*

'**ein·krei·sen** <V. t.; ich kreise ein; sie hat eingekreist; einzukreisen>; '**Ein·krei·sung** <f.; -; unz.>; '**Ein·krei·sungs·po·li·tik** <f.; -; unz.>

'**ein·kre·men** <V. t.> oV *eincremen*

'**ein·kreu·zen** <V. t.; du kreuzt ein; Biol.> *eine Art in eine andere ~ durch Paarung vermischen*

'**ein·krie·gen** <V.; umg.> 1 <V. t.> *jmdn. ~ einholen, erreichen* 2 <V. refl.> *sie konnte sich vor Lachen nicht ~* <umg.>

'**Ein·kris·tall** <m.; -(e)s, -e> *einzelner, einheitlich strukturierter Kristall*

'**Ein·künf·te** <Pl.>

'**ein·la·den** <V. t. 174> 1 *Waren ~ zum Transport verladen* 2 *jmdn. zum Essen, ins Konzert ~*; '**ein·la·dend** <Adj.; ⤳Z28.1> *anziehend, verlockend*; '**Ein·la·dung** <f.; -, -en>; '**Ein·la·dungs·kar·te** <f.; -, -n>

'**Ein·la·ge** <f.; -, -n> *etwas Eingefügtes; Suppen~; ~n für Schuhe; Kapital~* <Bankw.> *auf ein Konto eingezahltes Geld*

'**ein·la·gern** <V. t.; ich lag(e)re ein>; '**Ein·la·ge·rung** <f.; -; unz.>

'**ein·lan·gen** <V. i. (s.); österr.> *ankommen, eintreffen*

'**Ein·lass** <m.; -es, ⸚e> 1 <unz.> *Zutritt; ~ ab 18 Uhr* 2 <selten> *kleine Pforte, Tür*; '**ein·las·sen** <V. t. 175> 1 *jmdn. ~ jmdm. Zutritt gewähren* 2 *einströmen lassen; Wasser in die Badewanne ~* 3 <V. refl.> *abwertend> sich mit jmdm. ~ Umgang pflegen* 4 <V. refl.> *mitmachen; darauf lasse ich mich nicht ein!*; '**ein·läss·lich** <Adj.; schweiz.> *ausführlich*; '**Ein·las·sung** <f.; -, -en; Rechtsw.>; '**Ein·lass·ven·til** <[-vɛn-]; n.; -(e)s, -e>

'**Ein·lauf** <m.; -(e)s, ⸚e> 1 <Amtsdt.> *eingegangene Post* 2 <Med.> *Methode zur künstl. Darmentleerung; Sy Klistier*; '**ein·lau·fen** <V. 176> 1 <V. i. (s.)> *hineinfließen* 2 <V. i. (s.)> *hineinfahren; das Schiff ist in den Hafen eingelaufen* 3 <V. i. (s.)> *(durch Waschen) kleiner werden* 4 <V. t.> *sie hat die Schuhe eingelaufen*; '**Ein·lauf·wet·te** <f.; -, -n; Pferderennsp.>

'**ein·läu·ten** <V. t.> *die Messe ~*

'**ein·le·ben** <V. refl.> *sich ~ heimisch werden*

'**Ein·le·ge·ar·beit** <f.; -, -en>; '**ein·le·gen** <V. t.> 1 *hineinlegen; einen Film in die Kamera ~; Gemüse ~ in einer Marinade konservieren* 2 *einfügen; eine Pause ~* 3 *<als Funktionsverb> geltend machen; Berufung ~; für jmdn. ein gutes Wort bei jmdm.*

~; '**Ein·le·ger** <m.; -s, -; Bankw.> *Geldeinleger; → a. Einlage*; '**Ein·le·ge·rin** <f.; -, -n·nen>; '**Ein·le·ge·soh·le** <f.; -, -n>

'**ein·lei·ten** <V. t.; ich leite ein; sie hat eingeleitet; einzuleiten> *beginnen, in Gang bringen; sie sprach ein paar ~de Worte*; '**Ein·lei·tung** <f.; -, -en>

'**ein·len·ken** <V. i.> *nachgeben*

'**ein·ler·nen** <V. t.> *jmdn. ~ anlernen*

'**ein·le·sen** <V. t. 179> 1 <V. refl.> *sich in einen best. Stil ~* 2 <V. t.> *Daten ~* <EDV>

'**ein·leuch·ten** <V. i.; fig.> *das leuchtet mir ein das sehe ich ein*; '**ein·leuch·tend** <Adj.; ⤳Z28.1> *nachvollziehbar*

'**ein·lie·fern** <V. t.; ich lief(e)re ein; sie hat eingeliefert; einzuliefern> *jmdn. ins Krankenhaus ~*; '**Ein·lie·fe·rung** <f.; -; unz.>; '**Ein·lie·fe·rungs·schein** <m.; -(e)s, -e>

'**ein·lie·gen** <V. i. 180> *beiliegen; ~d erhalten Sie ...* <Amtsdeutsch>; '**Ein·lie·ger** <m.; -s, -> *Mieter*; '**Ein·lie·ge·rin** <f.; -, -n·nen>; '**Ein·lie·ger·woh·nung** <f.; -, -en>

'**ein·lo·chen** <V. t. u. V. i.> 1 <umg.> *jmdn. ~ ins Gefängnis sperren* 2 <Golf> *den Ball ins Loch spielen; sie hat eingelocht*

'**ein·log·gen** <V. refl.; EDV> *sich als Benutzer in einem System/Netzwerk anmelden; Ggs ausloggen* [engl.]

'**ein·lös·bar** <Adj.>; '**ein·lö·sen** <V. t.; du löst ein> 1 *sich den Gegenwert bezahlen lassen; einen Scheck ~* 2 *erfüllen; ein Versprechen ~*; '**Ein·lö·sung** <f.; -; unz.>

'**ein·lul·len** <V. t./V. refl.; umg.> *in den Schlaf singen, beruhigen*

'**ein·ma·chen** <V. t.> *Obst, Gemüse ~ einlegen, konservieren*; '**Ein·mach·glas** <n.; -es, ⸚er>

'**ein·mäh·dig, 'ein·mäh·dig** <Adj.> *nur einmal im Jahr zu mähen; Sy einschürig*

'**ein·mah·nen** <V. t.> *eine Geldforderung ~*

'**ein·mal**[1] <Adv.> 1 *ein einziges Mal; ich habe ihn noch ~/<bei besonderer Betonung a.> ein Mal gesehen; ich sage es noch ~ ich wiederhole es; er ist* noch ~ so alt wie ich *doppelt so alt;* auf ~ fing es an zu regnen *plötzlich;* sie kamen alle auf ~ *gleichzeitig;* ein- bis zweimal, <in Ziffern> 1- bis 2-mal; → a. mal, Mal[2] *früher bzw. später;* das war ~; besuchen Sie uns doch ~!; **'ein·mal²** <Partikel> das ist nun ~ *so da kann man nichts machen;* **Ein·mal'eins** <n.; -; unz.> das kleine u. große ~; **'ein·ma·lig** <Adj.> **1** *nur einmal vorkommend;* eine ~e Geldsumme **2** <fig.> *großartig;* ein ~es Erlebnis; **'Ein·ma·lig·keit** <f.; -; unz.>

Ein'mann·be·trieb <m.; -(e)s, -e>; **Ein'mann·ge·sell·schaft** <f.; -, -en; Wirtsch.>; **Ein'mann·show** <[-ʃoʊ] f.; -, -s>

Ein'mark·stück <n.; -(e)s, -e; ↗Z33; in Ziffern> 1-Mark-Stück>

'Ein·marsch <m.; -(e)s, ⸚e>; **'ein|mar·schie·ren** <V. i. (s.)>

'ein|mas·sie·ren <V. t.>

'Ein·mas·ter <m.; -s, -; Mar.>; **'ein·mas·tig** <Adj.> ein ~es Schiff

'ein|mau·ern <V. t.; ich mau(e)re ein>; **'Ein·mau·e·rung** <f.; -; unz.>

'ein|mei·ßeln <V. t.; ich meiß(e)le ein>

'ein|men·gen <V. t./V. refl.> *hineinmischen, sich einmischen*

Ein'me·ter·brett <n.; -(e)s, -er; ↗Z33; in Ziffern> 1-Meter-Brett>

'ein·mie·ten¹ <V. refl.> sich bei jmdm. ~ *zur Miete¹ bei jmdm. wohnen*

'ein·mie·ten² <V. t.> Feldfrüchte ~ *zur Überwinterung mit Erde u. Stroh bedecken;* → a. *Miete²*

Ein'mie·tung <f.; -; unz.>

'ein|mi·schen <V. refl.> *hineinreden;* **'Ein·mi·schung** <f.; -, -en>

'ein·mo·na·tig <Adj.> *einen Monat dauernd;* ein ~er Kurs; **'ein·mo·nat·lich** <Adj.; verstärkend> *monatlich;* in ~em Abstand

'ein·mo·to·rig <Adj.> ein ~es Flugzeug

'ein|mot·ten <V. t.> Kleider ~ *gegen Mottenfraß schützen*

'ein|mum·meln, 'ein|mum·men <V. t./V. refl.; umg.> *warm einhüllen*

'ein|mün·den <V. i. (s.); verstärkend>; **'Ein·mün·dung** <f.; -; unz.>

'ein·mü·tig <Adj.> *einstimmig;* **'Ein·mü·tig·keit** <f.; -; unz.>

'ein|nach·ten <V. i.; schweiz.> *Nacht werden;* es beginnt schon einzunachten

'ein|nä·hen <V. t.> den Ärmel ~

'Ein·nah·me <f.; -, -n> *Verdienst, Ertrag;* **'Ein·nah·men·sei·te** <f.; -, -n>; **'Ein·nah·me·quel·le** <f.; -, -n>

'ein|näs·sen <V. t. u. V. i.; Med.; Psych.> das Bett ~; das Kind nässt ein

'ein|ne·beln <V. t.; ich neb(e)le ein> in Rauch eingenebelt; **'Ein·ne·be·lung, 'Ein·neb·lung** <f.; -, -en>

'ein·nehm·bar <Adj.; Mil.>; **'ein·neh·men** <V. t. 189; ich nehme ein; sie hat eingenommen; einzunehmen> **1** *in Empfang nehmen;* viel, wenig ~ **2** *zu sich nehmen;* Arznei, eine Mahlzeit ~ **3** <Mil.> *erobern, besetzen;* eine Festung ~ **4** bitte nehmen Sie die Plätze ein! *bitte setzen Sie sich!* **5** jmdn. für sich ~ *günstig stimmen;* er ist von ihr eingenommen; eine ~de Person

'ein|ni·cken <V. i. (s.)> *für kurze Zeit einschlafen*

'ein|nis·ten <V. refl.> sich ~ <fig.> *von einem Platz Besitz ergreifen*

'Ein·öd <f.; -, -en; oberdt.> *einsam gelegener Bauernhof;* **'Ein·öd·bau·er** <m.; -n, -n>; **'Ein·öd·bäu·e·rin** <f.; -, -n·nen>; **'Ein·ö·de** <f.; -, -n; ↗Z55> **1** = Einöd **2** *einsame Gegend;* **'Ein·öd·hof** <m.; -(e)s, ⸚e>

'ein|lö·len <V. t.; ↗Z55>

'ein|ord·nen <V. t./V. refl.>; **'Ein·ord·nung** <f.; -; unz.>

'ein|pa·cken <V. t.; ich packe ein; sie hat eingepackt; einzupacken>

'ein|par·ken <V. t. u. V. i.> (das Auto) ~; Ggs *ausparken*

Ein·par'tei·en·sys·tem <n.; -s, -e; Pol.>

'ein|pas·sen <V. t.; ich passe ein; sie hat eingepasst; einzupassen> *maßgerecht einfügen*

'ein·pau·ken <V. t.; umg.>; **'Ein·pau·ker** <m.; -s, -; umg.>

'Ein·peit·scher <m.; -s, -; im brit. Parlament> *Abgeordneter, der*

für die Anwesenheit der Fraktionsmitglieder sorgt; Sy *Whip*

'ein|pen·deln <V. refl.> *ins Gleichmaß kommen;* das pendelt sich schon wieder ein

Ein·per'so·nen·haus·halt <m.; -(e)s, -e>; **Ein·per'so·nen·stück** <n.; -(e)s, -e; Theat.>

'ein|pfar·ren <V. t.> *einer Pfarrei eingliedern;* **'Ein·pfar·rung** <f.; -; unz.>

Ein'pfen·nig·stück <n.; -(e)s, -e; ↗Z33; in Ziffern> 1-Pfennig-Stück>

'ein|pfer·chen <V. t.> *eng zusammendrängen*

'ein|pflan·zen <V. t.; du pflanzt ein>; **'Ein·pflan·zung** <f.; -; unz.>

'ein|pflo·cken, 'ein|pflö·cken <V. t.>

Ein·pha·sen'wech·sel·strom <[-ks-] m.; -(e)s; unz.; El.>; **'ein·pha·sig** <Adj.>

'ein|pin·seln <V. t.; ich pins(e)le ein>

'ein|pla·nen <V. t.>

'ein|pö·keln <V. t.; ich pök(e)le ein> Fleisch ~ *in Salz einlegen*

'ein·po·lig <Adj.>

'ein|prä·gen <V. refl.> *einschärfen;* der Text prägt sich leicht ein *ist leicht zu merken;* **'ein·präg·sam** <Adj.>; **'Ein·prä·gung** <f.; -, -en>

'ein|pres·sen <V. t.>

'ein|pro·gram·mie·ren <V. t.; EDV>

'ein|pu·dern <V. t./V. refl.; ich pud(e)re (mich) ein>

'ein|pup·pen <V. refl.; Zool.>

'ein|quar·tie·ren <V. t./V. refl.>; **'Ein·quar·tie·rung** <f.; -, -en>

'ein|rah·men <V. t.>; **'Ein·rah·mung** <f.; -, -en>

'ein|ram·men <V. t.> Pfähle ~

'ein|ras·ten <V. i. (s.)>

'ein|rä·u·chern <V. t.>

'ein|räu·men <V. t.> **1** einen Schrank ~ *Gegenstände ordentlich in ihm unterbringen* **2** jmdm. etwas ~ *zugestehen;* **'Ein·räu·mungs·satz** <m.; -es, ⸚e; Gramm.> *Nebensatz, der ein Zugeständnis ausdrückt;* Sy *Konzessivsatz;* → a. Kasten Konzessivsatz; **'Ein·raum·woh·nung** <f.; -, -en; umg.> *Einzimmerwohnung*

'ein|rech·nen <V. t.> fünf Personen, mich eingerechnet

'Ein·re·de <f.; -, -n; Rechtsw.> *Einspruch;* **'ein|re·den** <V.> 1 <V. t.> jmdm. etwas ~ *weiszumachen versuchen* 2 <V. i.> auf jmdn. ~ *unaufhörlich u. eindringlich zu jmdm. sprechen*

'ein|reg·nen <V. refl.> *nur unpersönl.>* es hat sich eingeregnet

'ein|rei·ben <V. t./V. refl. 196>; **'Ein·rei·bung** <f.; -, -en>

'ein|rei·chen <V. t.> ein Schriftstück ~

'ein|rei·hen <V. t./V. refl.>; **'Ein·rei·her** <m.; -s, -> *Sakko mit nur einer Knopfreihe;* **'ein·rei·hig** <Adj.>; **'Ein·rei·hung** <f.; -; unz.>

'Ein·rei·se <f.; -, -n>; **'Ein·rei·se·er·laub·nis** <f.; -; unz.>; **'ein|rei·sen** <V. i. (s.)>; ich reise ein; du reist ein; sie ist eingereist; einzureisen> *fremdes Staatsgebiet betreten;* sie wird in die USA, nach Polen ~; <aber> → *einreißen;* **'Ein·rei·se·ver·wei·ge·rung** <f.; -; unz.>

'ein|rei·ßen <V. 198; du reißt ein> 1 <V. t.> *einen Riss in etwas machen;* sie hat die Seite eingerissen 2 <V. t.> ein Haus ~ *niederreißen* 3 <V. i.; ↗Z 23> *zur (schlechten) Gewohnheit werden;* diese Unsitte dürfen wir nicht ~ lassen; <aber> → *einreisen*

'ein|rei·ten <V. 199> 1 <V. t.> ein Pferd ~ *an das Gerittenwerden gewöhnen* 2 <V. i.> *reitend hereinkommen;* in die Manege ~

'ein|ren·ken <V. t./V. refl.; a. fig.> *zurechtrücken, in Ordnung bringen;* die Schulter ~; die Sache wird sich schon wieder ~; **'Ein·ren·kung** <f.; -; unz.>

'ein|ren·nen <V. t. 200>

'ein|rich·ten <V. t./V. refl.> 1 einen Raum ~ *ausstatten* 2 *gründen* 3 *bewerkstelligen;* das lässt sich gut ~ 4 sich auf etwas ~ *einstellen;* **'Ein·rich·tung** <f.; -, -en>; **'Ein·rich·tungs·ge·gen·stand** <m.; -(e)s, =e>

'Ein·riss <m.; -es, -e>

'ein|rit·zen <V. t.>; du ritzt ein

'ein|rol·len <V. t./V. refl.> *zusammenrollen;* das Blatt hat sich eingerollt

'ein|ros·ten <V. i. (s.)>

'ein|rü·cken <V.> 1 <V. i. (s.); Mil.> in ein Land ~ *einmarschieren* 2 <V. t.; Typ.> eine Zeile ~ *mit Abstand vom Rand beginnen lassen;* **'Ein·rü·ckung** <f.; -, -en>

'ein|rüh·ren <V. t.>

'ein|rüs·ten <V. t.> ein Haus ~ *mit einem Gerüst versehen*

eins[1] <Num.; in Ziffern: 1; röm. Zahlzeichen: I> 1 *die Zahl 1;* ~ und drei ist/macht vier; um ~ *um ein Uhr;* es ist halb ~; Punkt ~ *war er da;* wir kommen gegen ~; es steht drei zu ~ (3 : 1) <Sp.> 2 <↗Z 34> ~ a <Zeichen: 1a> *ausgezeichnet;* das ist ~ a!; 1a-Pralinen, 1a-Qualität 3 <fig.> ~, zwei, drei war er weg *im Nu*

eins[2] <Adj.; nur präd.> 1 *einig, eines Sinnes;* mit jmdm. ~ sein, werden; handels~; etwas in ~ setzen *gleichsetzen* 2 *gleichgültig;* heute ist mir alles ~

eins[3] <Indefinitpron.> → *ein*[3]

Eins <f.; -, -en> 1 *die Zahl 1;* er hat eine ~, zwei ~en gewürfelt; eine große ~ aufs Schild malen; ich muss mit der ~ fahren *mit der Straßenbahn-, Buslinie Nr. 1* 2 <als Schulnote> *sehr gut;* sie hat in Latein eine ~ (geschrieben); einen Test mit (der Note) ~ bestehen; mit einer ~ bestehen; er hat vier ~en im Zeugnis

'ein|sä·ckeln, 'ein|sa·cken <V. t.> in Säcke füllen

'ein|sä·en <V. t.; ich säe ein; sie hat eingesät; einzusäen> ein Beet ~; <aber> → *einsehen*

'ein|sa·gen <V. i.; süddt.> jmdm. ~ *vorsagen;* **'Ein·sa·ger** <m.; -s, -; süddt.>; **'Ein·sa·ge·rin** <f.; -, -n·nen; süddt.>

'ein|sal·ben <V. t./V. refl.>

'ein|sal·zen <V. t.> du salzt ein; sie hat eingesalzen od. (selten) eingesalzt; einzusalzen>

'ein·sam <Adj.> 1 *allein, verlassen* 2 *abgelegen;* eine ~e Insel; **'Ein·sam·keit** <f.; -; unz.>

'ein|sam·meln <V. t.; ich sammle m(e)le ein>

'ein|sar·gen <V. t.>

'Ein·satz <m.; -es, =e> 1 <unz.> *das Einsetzen(4);* viele Freiwillige kamen zum ~; unter ~ seines Lebens; Ernte~ 2 *Zusatzteil;* ein Topf mit ~ 3 *(im Spiel) eingesetzter Betrag, Pfand* 4 <Mus.>

Zeichen zum Beginn; der Dirigent gab den ~; **'ein·satz·be·reit** <Adj.>; **'Ein·satz·be·reit·schaft** <f.; -; unz.>; **'Ein·satz·kom·man·do** <n.; -s, -s>; **'Ein·satz·lei·ter** <m.; -s, ->; **'Ein·satz·lei·te·rin** <f.; -, -n·nen>; **'Ein·satz·wa·gen** <m.; -s, -> ~ der Polizei

'ein|sau·en <V. t.; derb> *beschmutzen*

'ein|säu·ern <V. t.>; **'Ein·säu·e·rung** <f.; -; unz.>

'ein|sau·gen <V. t. 206>

'ein|säu·men <V. t.>

'ein-scan·nen <[-skænən]; V. t.; EDV> *eine Vorlage mittels Scanner digitalisieren*

'ein|schach·teln <V. t.>

'ein|schal·ten <V.; ich schalte ein; sie hat eingeschaltet; einzuschalten> 1 <V. t.> etwas ~ *mittels eines Schalters in Gang setzen;* das Licht ~ 2 <V. t./V. refl.> *hinzuziehen;* einen Rechtsanwalt ~; er hat sich sofort eingeschaltet; **'Ein·schalt·quo·te** <f.; -, -n; TV, Rundfunk>; **'Ein·schal·tung** <f.; -, -en>

'ein|schär·fen <V. t./V. refl.> jmdm. etwas ~ *jmdn. eindringlich auf etwas hinweisen*

'ein|schar·ren <V. t.>

'ein|schät·zen <V. t./V. refl.> du schätzt ein>; **'Ein·schät·zung** <f.; -, -en>

'ein|schen·ken <V. t./V. refl.> in ein Trinkgefäß gießen

'ein|sche·ren <V. i. (s.); Verkehrsw.> in eine Kolonne ~

'ein-schich·tig <Adj.> 1 *aus nur einer Schicht bestehend* 2 <süddt.; österr.; fig.> *einsam, abgelegen;* ein ~es Leben führen

'ein|schi·cken <V. t.; ich schicke ein; sie hat eingeschickt; einzuschicken>

'ein|schie·ben <V. t. 214>; **'Ein·schieb·sel** <n.; -s, -> etwas Eingeschobenes; **'Ein·schie·bung** <f.; -, -en>

'ein|schie·ßen <V. 215> 1 <V. refl.> sich auf jmdn. od. etwas eingeschossen haben <fig.; umg.> 2 <V. i.> die Milch schießt ein *füllt die Milchdrüsen*

'ein|schif·fen <V. t./V. refl.>; **'Ein·schif·fung** <f.; -; unz.>

einschl. <Abk. für> *einschließlich*

'ein|schla·fen <V. i. (s.) 217>

'ein·schlä·fe·rig <Adj.; selten> = *einschläfig*

'ein·schlä·fern <V. t.; ich schläf(e)re ein; sie hat eingeschläfert; einzuschläfern> ein krankes Tier ~ *schmerzlos töten;* **'ein·schlä·fernd** <Adj.> *müde machend;* ~e Musik; **'Ein·schlä·fe·rig·keit** <f.; -; unz.>

'ein·schlä·fig, 'ein·schläf·rig <Adj.> ein ~es Bett *B. für eine Person*

'Ein·schlag <m.; -(e)s, ⸚e>; **'ein|schla·gen** <V. 218; ich schlage ein; sie hat eingeschlagen; einzuschlagen> 1 <V. t.> ein Fenster ~ *zertrümmern* 2 <V. i.> der Blitz hat eingeschlagen 3 <V. t.> einen Gegenstand ~ *einwickeln* 4 <V. t.> eine Laufbahn ~ *wählen* 5 <V. i.> *Erfolg haben;* die neue Kollektion hat eingeschlagen 6 <V. t.> einen Saum ~; **'ein·schlä·gig** <Adj.> *zu einem best. Gebiet gehörend;* die ~e Literatur durcharbeiten; ~ vorbestraft; **'Ein·schlag·pa·pier** <n.; -s, -e>; **'Ein·schlag·tuch** <n.; -(e)s, ⸚er>

'ein|schlei·chen <V. refl. 219> sich ~ *heimlich hereinkommen;* hier hat sich ein Fehler eingeschlichen <fig.>

'ein|schlei·fen <V. t./V. refl. 220>

'ein|schlep·pen <V. t.> eine Krankheit ~

'ein|schleu·sen <V. t.>

'ein|schlie·ßen <V. t./V. refl. 222; ich schließe ein; du schließt ein; sie hat eingeschlossen; einzuschließen> 1 jmdn. od. etwas ~ *einsperren, sicher verwahren* 2 *mit einbeziehen;* alle, mich eingeschlossen; **'ein·schließ·lich** <Abk.: einschl.> 1 <Präp.; m. Gen. od. unflektiertem Nomen> *mit berücksichtigt;* ~ aller Unkosten; das Menü ~ (der) Getränke; ~ des Weines/ <auch> ~ Wein 2 <Adv.> *das Letztgenannte eingeschlossen;* Montag bis ~ Freitag; Urlaub vom 5. bis ~ 20. Mai

'ein|schlum·mern <V. i. (s.); ich schlumm(e)re ein>

'Ein·schluss <m.; -es, ⸚e> 1 <Min.> *in ein Mineral eingeschlossener Körper* 2 <unz.> mit, unter ~ von ... *unter Berücksichtigung von ...*

'ein|schmei·cheln <V. refl.; ich schmeich(e)le mich ein> du schmeichelst dich bei ihm ein

'ein|schmei·ßen <V. t. 224; umg.> *einwerfen*

'ein|schmel·zen <V. t. u. V. i. 225; du schmilzt ein>; **'Ein·schmel·zung** <f.; -; unz.>

'ein|schmie·ren <V. t./V. refl.>

'ein|schmug·geln <V. t.; ich schmugg(e)le ein>

'ein|schnap·pen <V. i. (s.)> 1 *ins Schloss fallen;* die Tür schnappt ein 2 <fig.; abwertend> *beleidigt sein;* sei doch nicht gleich eingeschnappt!

'ein|schnei·den <V. t. u. V. i. 227>; **'ein·schnei·dend** <Adj.; ⤳Z.28.1> *tief greifend;* ~e Veränderungen

'ein|schnei·en <V. i. (s.)> das Auto ist eingeschneit

'Ein·schnitt <m.; -(e)s, -e; a. fig.> *gravierende Veränderung*

'ein|schnü·ren <V. t.>; **'Ein·schnü·rung** <f.; -, -en>

'ein|schrän·ken <V.> 1 <V. t.> *verringern;* das Rauchen ~ 2 <V. refl.> sich ~ *sparsam leben;* **'Ein·schrän·kung** <f.; -, -en>

'ein|schrau·ben <V. t.>

'Ein·schreib·brief, 'Ein·schrei·be·brief <m.; -(e)s, -e; Post>; **'ein|schrei·ben** <V. t./V. refl. 230> sich (an der Universität) ~ *in einer Liste eintragen;* **'Ein·schrei·ben** <n.; -s, -; Post> *eingeschriebene Postsendung;* das Päckchen kam per ~; **'Ein·schrei·be·sen·dung, 'Ein·schreib·sen·dung** <f.; -, -en> = *Einschreiben;* **'Ein·schrei·bung** <f.; -, -en>

'ein|schrei·ten <V. i. (s.) 232; ich schreite ein; sie ist eingeschritten; einzuschreiten> gegen jmdn. od. etwas ~

'Ein·schrieb <m.; -(e)s, -e; schweiz.> *das Einschreiben (von Postsendungen)*

'ein|schrum·peln <V. i. (s.); umg.>; **'ein·schrump·fen** <V. i. (s.); du schrumpfst ein>

'Ein·schub <m.; -(e)s, ⸚e> *Einfügung;* **'Ein·schub·satz** <m.; -es, ⸚; Gramm.> → a. *Kasten Nebensatz*

'ein|schüch·tern <V. t./V. refl.> ich schücht(e)re ein; sie hat eingeschüchtert; einzuschüch-

tern>; **'Ein·schüch·te·rung** <f.; -; unz.>; **'Ein·schüch·te·rungs·ver·such** <m.; -(e)s, -e>

'ein|schu·len <V. t.> ein Kind ~ *erstmalig auf eine Schule geben;* **'Ein·schu·lung** <f.; -; unz.>

'ein|schü·rig <Adj.> *nur einmal im Jahr zu mähen od. zu scheren;* ein ~es Schaf

'Ein·schuss <m.; -es, ⸚e>; **'Ein·schuss·stel·le** <f.; -, -n; ⤳Z37>

'ein|schüt·ten <V. t.; umg.> *einfüllen, eingießen*

'ein|schwär·zen <V. t.; du schwärzt ein> 1 *schwarz machen* 2 <fig.> *einschmuggeln*

'ein|schwe·ben <V. i. (s.); Flugw.>

'ein|schwei·ßen <V. t.; du schweißt ein> etwas in Folie ~

'ein|schwen·ken <V. i. (s.)> links, rechts ~; auf eine Meinung ~

'ein|schwim·men <V. t. 235; Tech.> Brückenteile ~ *schwimmend transportieren*

'ein|schwin·gen <V. i. 237/V. refl.>

'ein|schwö·ren <V. t. 238> jmdn. auf etwas ~

'ein|seg·nen <V. t.; ⤳Z53.1; christl. Rel.>; **'Ein·seg·nung** <f.; -, -en>

'ein·seh·bar <Adj.>; **'ein|se·hen** <V. t. 239> 1 *Einblick nehmen;* Akten ~; etwas gut ~ können 2 *erkennen, verstehen;* einen Fehler ~; <aber> → *einsäen;* **'Ein·se·hen** <n.; -s; unz.; meist in der Wendung> (k)ein ~ haben

'ein|sei·fen <V. t./V. refl.>

'ein·sei·tig <Adj.> 1 *nur eine (Körper-)Seite betreffend;* ~e Lähmung; Ggs *beidseitig* 2 *nicht mehrere Aspekte umfassend;* eine ~e Darstellung 3 *nur von einer Seite ausgehend;* es war eine ~e Liebe; Ggs *gegenseitig* 4 *auf einen Bereich beschränkt;* ~ Begabung; Ggs *vielseitig;* **'Ein·sei·tig·keit** <f.; -; unz.>

'ein|sen·den <V. t. 241; ich sende ein; sie hat eingesandt/eingesendet; einzusenden>; **'Ein·sen·der** <m.; -s, ->; **'Ein·sen·de·rin** <f.; -, -nnen>; **'Ein·sen·de·schluss** <m.; -es; unz.>; **'Ein·sen·dung** <f.; -, -en>

'ein|sen·ken <V. t./V. refl.>; **'Ein·sen·kung** <f.; -, -en>

E

'Ein·ser <m.; -s, -; umg.> = *Eins(2)*

'ein|set·zen <V.; du setzt ein> 1 <V. t.> etwas ~ *einfügen* 2 <V. t.> *betrauen;* jmdn. als/zum Erben ~ 3 <V. t.> *für eine best. Aufgabe verwenden;* er setzte seine ganze Kraft dafür ein 4 <V. refl.> sich für jmdn. od. etwas ~ 5 <V. i.> *beginnen;* bei ~dem Regen; die Bläser setzten falsch ein; **'Ein·set·zung** <f.; -, -en>

'Ein·sicht <f.; -, -en> 1 <unz.> ~ in die Akten nehmen *die A. prüfen* 2 *Erkenntnis, Verständnis;* **'ein·sich·tig** <Adj.>; **'Ein·sicht·nah·me** <f.; -; unz.; Amtsdt.>; **'ein·sichts·los** <Adj.>; **'ein·sichts·voll** <Adj.>

'ein|si·ckern <V. i. (s.)>

Ein·sie·de·lei <f.; -, -en>; **'Ein·sied·ler** <m.; -s, -> *einsam lebender Mönch;* Sy *Eremit;* **'Ein·sied·le·rin** <f.; -, -nnen>; **'ein·sied·le·risch** <Adj.> ein ~es Leben führen; **'Ein·sied·ler·krebs** <m.; -es, -e; Zool.>

'Ein·sil·ber <m.; -s, -> *einsilbiges Wort;* **'ein·sil·big** <Adj.; a. fig.> *wortkarg;* **'Ein·sil·big·keit** <f.; -; unz.>; **'Ein·silb·ler** <m.; -s, -> = *Einsilber*

'ein|sin·gen <V. t./V. refl. 243>

'ein|sin·ken <V. i. (s.) 244; ich sinke ein; sie ist eingesunken; einzusinken>

'ein|sit·zen <V. i. 246> *inhaftiert sein;* **'Ein·sit·zer** <m.; -s, -> *einsitziges Flug- od. Fahrzeug;* **'ein·sit·zig** <Adj.>

'ein·som·me·rig, 'ein·söm·me·rig <Adj.> *einjährig;* ~e Fische

'ein|sor·tie·ren <V. t.>

'ein·spal·tig <Adj.; Typ.>

'ein|span·nen <V. t.> er ist in seinem Beruf sehr eingespannt <fig.; umg.> *er hat sehr viel zu tun;* **'Ein·spän·ner** <m.; -s, -> 1 *Kutsche für nur ein Pferd* 2 <österr.> *Mokka mit Schlagsahne;* **'ein·spän·nig** <Adj.>

'ein|spa·ren <V. t.>; **'Ein·spa·rung** <f.; -, -en>; **'Ein·spa·rungs·maß·nah·me** <f.; -, -n; meist Pl.>

'ein|spei·cheln <V. t.; ich spei·ch(e)le ein>

'ein|spei·chern <V. t.; EDV> *in einer EDV-Anlage dauerhaft ablegen;* Daten ~

'ein|spei·sen <V. t.> Strom in ein Netz ~; Daten ~ <EDV>

'ein|sper·ren <V. t./V. refl.>

'ein|spie·len <V. t./V. refl.> 1 Kosten ~ <Film; Theat.> 2 sie sind gut aufeinander eingespielt *sie ergänzen sich gut* 3 sich ~ <Sp.; Mus.> *sich übend vorbereiten*

'ein|spin·nen <V. t./V. refl. 249>

'ein·spra·chig <Adj.>

'ein|spre·chen <V. i. 251> auf jmdn. ~ *einreden(2)*

'ein|spren·gen <V. t.> Wäsche ~ *mit Wasser bespritzen;* **'Ein·spreng·ling** <m.; -(e)s, -e>; **'Ein·spreng·sel** <n.; -s, -> *Kristall in einem magmatischen Gestein*

'ein|sprin·gen <V. i. (s.) 253; ich springe ein; sie ist eingesprungen; einzuspringen> für jmdn. ~ *jmds. Arbeit verrichten*

'ein|sprit·zen <V. t.>; **'Ein·spritz·mo·tor** <m.; -s, -en; Kfz>; **'Ein·spritz·pum·pe** <f.; -, -n>; **'Ein·sprit·zung** <f.; -, -en>

'Ein·spruch <m.; -(e)s, =e> *Einwand, Protest;* ~ erheben; Sy *Veto;* **'Ein·spruchs·frist** <f.; -, -en; Rechtsw.>

'ein|sprü·hen <V. t.>

'ein·spu·rig <Adj.>

einst <Adv.; geh.> 1 *in der Vergangenheit* 2 *in ferner Zukunft;* **Einst** <n.; -; unz.; geh.> *Vergangenheit;* das ~ u. das Jetzt

'ein|stamp·fen <V. t.> Druckschriften ~ *zu Altpapier verarbeiten*

'Ein·stand <m.; -(e)s, =e> 1 *festl. begangener Dienstantritt;* seinen ~ geben 2 <unz.; Tennis> *Punktgleichstand (40:40);* **'Ein·stands·preis** <m.; -es, -e>

'ein|stau·ben <V. i. (s.)> *verstauben;* **'ein|stäu·ben** <V. t.> *pudern*

'ein|ste·chen <V. t. u. V. i. 254>

'ein|ste·cken <V. t.; ich stecke ein; sie hat eingesteckt; einzustecken>

'ein|ste·hen <V. i. 256 (h. od. (süddt.; österr.; schweiz.) s.)> 1 für jmdn. od. etwas ~ *bürgen* 2 für einen Schaden ~ *Ersatz leisten*

'ein|stei·gen <V. i. (s.) 258; ich steige ein; sie ist eingestiegen; einzusteigen> in ein Geschäft ~ <fig.; umg.> *sich an einem G.*

beteiligen; **'Ein·stei·ger** <m.; -s, -; umg.> *Anfänger,* **'Ein·stei·ge·rin** <f.; -, -n·nen>

Ein'stei·ni·um <n.; -s; unz.; Chem.; Zeichen: Es> *chem. Element* [nach dem Physiker A. *Einstein*]

'ein·stell·bar <Adj.>; **'ein|stel·len** <V. t.> 1 Arbeitskräfte ~ *anheuern, beschäftigen* 2 eine Tätigkeit ~ *(vorübergehend) beenden* 3 ein techn. Gerät ~ *so richten, dass es wunschgemäß funktioniert* 4 einen Rekord ~ <Sp.> *nochmals erreichen* 5 sich auf etwas ~ *sich nach etwas richten*

'ein·stel·lig <Adj.> ein ~er Betrag

'Ein·stel·lung <f.; -, -en> 1 *das Einstellen(1, 2, 3)* 2 *Meinung;* ich kenne seine ~ hierzu; **'Ein·stel·lungs·ge·spräch** <n.; -(e)s, -e>; **'Ein·stel·lungs·stopp** <m.; -s; unz.>

'eins·tens <Adv.; veralt.> = *einst*

'Ein·stich <m.; -(e)s, -e>; **'Ein·stich·stel·le** <f.; -, -n>

'ein|sti·cken <V. t.>

'Ein·stieg <m.; -(e)s, -e>; **'Ein·stiegs·dro·ge** <f.; -, -n> *leichte Droge*

'eins·tig <Adj.> *ehemalig;* mein ~er Lehrer

'ein|stim·men <V. i. u. V. t./V. refl.>; **'ein|stim·mig** <Adj.> 1 <Mus.> *aus nur einer Stimme(2) bestehend* 2 <fig.> *einmütig;* **'Ein·stim·mig·keit** <f.; -; unz.>; **'Ein·stim·mung** <f.; -; unz.>

'ein|stip·pen <V. t.; norddt.> *eintauchen, eintunken*

'einst·mals <Adv.; veralt.> *früher*

'ein·stö·ckig <Adj.> ein ~es Haus

'ein|sto·ßen <V. t. 262>

'ein|strah·len <V. i.>; **'Ein·strah·lung** <f.; -; unz.; Phys.> Sonnen~

'ein|strei·chen <V. t. 263> 1 die Tapete mit Kleister ~ 2 Geld ~ <fig.; umg.> *an sich nehmen*

'Ein·streu <f.; -; unz.> *in den Stall gestreutes Stroh o. Ä.;* **'ein|streu·en** <V. t.; a. fig.> *einflechten, hinzufügen*

'ein|strö·men <V. i. (s.)>; **'Ein·strö·mung** <f.; -; unz.>

'ein|stu·die·ren <V. t.> *einüben;* **'Ein·stu·die·rung** <f.; -, -en>

'ein|stu·fen <V. t.> ich stufe ein; sie hat eingestuft; einzustufen>

1 *in ein System einordnen* 2 <fig.; umg.> *einschätzen;* **'Ein·stu·fung** <f.; -, -en>
'ein|stül·pen <V. t.>
Ein'stun·den·takt <m.; -(e)s; unz.> *der Bus verkehrt im* ~
'ein|stür·men <V. i. (s.)> *eindringen* <meist fig.>; *viele Fragen stürmten auf ihn ein*
'Ein·sturz <m.; -es, =e>; **'Ein·sturz·be·ben** <n.; -s, ->; **'ein|stür·zen** <V. i. (s.)>; **'Ein·sturz·ge·fahr** <f.; -; unz.>
einst'wei·len <Adv.> *vorläufig; wir wollen es* ~ *dabei belassen;* **'einst·wei·lig** <Adj.> *vorläufig;* jmdn. in den ~en Ruhestand versetzen; eine ~e Verfügung <Rechtsw.>
'Eins·wer·den <n.; -s; unz.>, **'Eins·wer·dung** <f.; -; unz.; geh.>
'ein·tä·gig <Adj.> ein ~er Ausflug; **'Ein·tags·fie·ber** <n.; -s; unz.; Med.>; **'Ein·tags·flie·ge** <f.; -, -n; Zool.>
'ein|tan·zen <V. refl.>; **'Ein·tän·zer** <m.; -s, ->; **'Ein·tän·ze·rin** <f.; -, -nen>
'ein|tau·chen <ich tauche ein; ich hat/ist eingetaucht; einzutauchen> 1 <V. t.> *einen Lappen* ~ *in Flüssigkeit tauchen* 2 <V. i. (s.)> *untertauchen*
'ein|tau·schen <V. t.>
'ein·tau·send <Num.; verstärkend> *tausend*
'ein|tei·len <V. t./V. refl.> *in Teile zerlegen;* du kannst dir die Arbeit ~; **'Ein·tei·ler** <m.; -s, -; umg.> *einteiliger Badeanzug;* **'ein·tei·lig** <Adj.>; **'Ein·tei·lung** <f.; -, -en>; **'Ein·tel** <n. od. (schweiz.) m.; -s, -; Math.> *Ganzes*
'ein|tip·pen <V. t.> *(in den Computer, die Kasse) eingeben*
'ein·tö·nig <Adj.> *gleichförmig;* **'Ein·tö·nig·keit** <f.; -; unz.>
'Ein·topf <m.; -(e)s, =e; kurz für> *Eintopfgericht;* Linsen~; **'ein|top·fen** <V. t.> *Pflanzen* ~; **'Ein·topf·ge·richt** <n.; -(e)s, -e>
'Ein·tracht <f.; -; unz.> *Einmütigkeit;* Ggs *Zwietracht;* **'ein·träch·tig** <Adj.> ~ *zusammenleben in gutem Einvernehmen;* **'Ein·träch·tig·keit** <f.; -; unz.> = *Eintracht*
'Ein·trag <m.; -(e)s, =e> *schriftl.*

Vermerk; **'ein|tra·gen** <V. t. 265> 1 *vermerken, registrieren;* eingetragener Verein <Abk.: e. V.>; → a. *eingetragen* 2 *Nutzen, Gewinn einbringen;* das trägt nichts ein; **'ein·träg·lich** <Adj.> ein ~es Geschäft; **'Ein·träg·lich·keit** <f.; -; unz.>; **'Ein·tra·gung** <f.; -, -en>
'ein|trän·ken <V. t.> *das werde ich dir* ~! <fig.; umg.> *dafür werde ich mich rächen!*
'ein|träu·feln <V. t.; ich träuf(e)le ein; sie hat eingeträufelt; einzuträufeln> *tropfenweise eingeben*
'ein|tref·fen <V. i. (s.) 266> 1 *ankommen* 2 *sich bewahrheiten;* meine Befürchtungen sind eingetroffen
'ein·treib·bar <Adj.>; **'ein|trei·ben** <V. t. 267> Steuern ~ *kassieren*
'ein|tre·ten <V. 268> 1 <V. t.> *durch Treten zerstören;* die Tür ~ 2 <V. i. (s.); a. fig.> *hineingehen;* treten Sie ein! 3 <V. i. (s.)> *geschehen;* es ist eingetreten, was ich befürchtet hatte 4 <V. i. (s.)> *für jmdn. od. etwas* ~ *Partei ergreifen* 5 <V. i. (s.)> in od. <schweiz.> *auf etwas* ~ *mit etwas beginnen;* **'Ein·tre·tens·de·bat·te** <f.; -, -n; schweiz.; im Parlament> *Eröffnungsaussprache*
'ein|trich·tern <V. t./V. refl.; ich tricht(e)re ein; meist fig.> *mühsam beibringen*
'Ein·tritt <m.; -(e)s, -e>; **'Ein·tritts·geld** <n.; -(e)s, -er>; **'Ein·tritts·kar·te** <f.; -, -n>
'ein|trock·nen <V. i. (s.)>
'ein|trü·ben <V. refl.> es hat sich eingetrübt; **'Ein·trü·bung** <f.; -, -en>
'ein|tru·deln <V. i. (s.); ich trud(e)le ein; umg.> *langsam eintreffen;* die Gäste sind nach u. nach eingetrudelt
'ein|tun·ken <V. t.> *eintauchen*
'ein·tü·rig <Adj.>
'ein|tü·ten <V. t. (s.)>
'ein|ü·ben <V. t.; ⤢Z55>; **'Ein·ü·bung** <f.; -; unz.>
ein·und·ein'halb <Num.> ~mal so hoch, lang, viel; oV *einein·halb*
'ein|ver·lei·ben <V. t.; ich verleibe ein od. ich einverleibe; sie hat einverleibt; einzuverleiben> 1

einfügen; er hat das Buch seiner Sammlung einverleibt 2 <V. refl.> *sich etwas* ~ *aneignen,* <scherzh. a.> *verzehren*
'Ein·ver·nah·me <f.; -, -n; österr.; schweiz.> *Verhör;* **'ein|ver·neh·men** <V. t. 189; ich vernehme ein; sie hat einvernommen, einzuvernehmen; österr.; schweiz.> *verhören;* **'Ein·ver·neh·men** <n.; -s; unz.> *Übereinstimmung, Einigkeit;* in gegenseitigem ~; mit jmdm. in gutem ~ leben, stehen; sich mit jmdm. ins ~ setzen *besprechen;* **'ein·ver·nehm·lich** <Adj.> etwas ~ beschließen
'ein·ver·stan·den <Adj.> mit jmdm. od. etwas ~ sein *jmdn. od. etwas akzeptieren;* **'ein·ver·ständ·lich** <Adj.; österr.> *mit Einwilligung;* **'Ein·ver·ständ·nis** <n.; -s·ses, -s·se; Pl. selten>
'Ein·waa·ge <f.; -; unz.> 1 *Verlust beim Wiegen* 2 *reines Gewicht ohne Flüssigkeit* (bei Konserven)
'ein|wach·sen[1] <[-ks-]; V. i. (s.)> *der Nagel ist eingewachsen*
'ein|wach·sen[2] <V. t.> *den Ski* ~ *mit Wachs einreiben*
'Ein·wand <m.; -(e)s, =e> *Widerspruch;* es wurden keine Einwände erhoben
'Ein·wan·de·rer <m.; -s, ->; **'Ein·wan·de·rin** <f.; -, -n·nen>; **'ein|wan·dern** <V. i. (s.); ich wand(e)re ein; sie ist eingewandert; einzuwandern> *sich in einem fremden Staat niederlassen;* **'Ein·wan·de·rung** <f.; -, -en>; **'Ein·wan·de·rungs·be·hör·de** <f.; -, -n>; **'Ein·wan·de·rungs·land** <n.; -(e)s, =er>
'ein·wand·frei <Adj.> 1 *tadellos, ohne Mängel* 2 *eindeutig;* etwas ~ *nachweisen*
'ein·wärts <Adv.> *nach innen;* stadt~; ~ *gehen mit nach innen gerichteten Fußspitzen;* ~ *gebogenes Blech;* **'Ein·wärts·dre·hung** <f.; -, -en>
'ein|we·ben <V. t.>
'ein|wech·seln <[-ks-]; V. t.; ich wechs(e)le ein>
'ein|we·cken <V. t.> Obst ~ *durch Einkochen konservieren* [nach dem Erfinder dieses Verfahrens, J. *Weck*]; **'Ein·weck·glas** <n.; -es, =er>

'Ein·weg... <in Zus.> *nur einmal bzw. nur in einer Richtung zu benutzen;* **'Ein·weg·fla·sche** <f.; -, -n> Ggs *Pfandflasche;* **'Ein·weg·hahn** <m.; -(e)s, ⸚e; in Röhrenleitungen>; **'Ein·weg·schei·be** <f.; -, -n>; **'Ein·weg·sprit·ze** <f.; -, -n; Med.>

'ein|wei·chen <V. t.> *in Flüssigkeit legen*

'ein|wei·hen <V. t.> 1 *etwas ~ feierlich in Gebrauch nehmen* 2 *jmdn. in etwas ~ jmdm. ein Geheimnis anvertrauen;* **'Ein·wei·hung** <f.; -, -en>

'ein|wei·sen <V. t. 282/V. refl.> 1 *Patienten ins Krankenhaus ~ bringen lassen* 2 *jmdn. in eine neue Arbeit ~ einarbeiten(1);* **'Ein·wei·sung** <f.; -, -en>

'ein|wen·den <V. t. 283> *widersprechen;* dagegen ist nichts einzuwenden; **'Ein·wen·dung** <f.; -, -en>

'ein|wer·fen <V. t. 286> *etwas ~ <a. fig.> beiläufig in einem Gespräch erwähnen*

'ein·wer·tig <Adj.>

'ein|wi·ckeln <V. t.; ich wick(e)le ein; sie hat eingewickelt; einzuwickeln>; **'Ein·wi·ckel·pa·pier** <n.; -s, -e>

'ein|wie·gen <V. t.> 1 *ein Kind ~ in den Schlaf wiegen* 2 *Ware ~*

'ein|wil·li·gen <V. i.> *zustimmen;* **'Ein·wil·li·gung** <f.; -, -en>

'ein|win·ken <V. t.> *jmdn. in eine Parklücke ~*

'ein|win·tern <V. t.; ich wint(e)re ein; sie hat eingewintert; einzuwintern> *Kartoffeln ~*

'ein|wir·ken <V. i.> *auf jmdn. od. etwas ~ Einfluss ausüben;* **'Ein·wir·kung** <f.; -, -en>

'ein|woh·nen <V. refl.> *sich ~ heimisch werden;* **'Ein·woh·ner** <m.; -s, ->; **'Ein·woh·ne·rin** <f.; -, -nnen>; **'Ein·woh·ner'mel·de·amt** <n.; -(e)s, ⸚er>; **'Ein·woh·ner·schaft** <f.; -; unz.>; **'Ein·woh·ner·zahl** <f.; -, -en>

'Ein·wurf <m.; -(e)s, ⸚e> *das Hineinwerfen, <a. fig.> kurze Zwischenbemerkung*

'ein|wur·zeln <V. i. (s.) od. V. t./V. refl.> *Wurzeln schlagen;* die Birke ist, hat sich tief eingewurzelt

'Ein·zahl <f.; unz.; Gramm.> Ggs *Mehrzahl;* → a. *Kasten Singular*

'ein|zah·len <V. t.>; **'Ein·zah·ler** <m.; -s, -; Bankw.>; **'Ein·zah·le·rin** <f.; -, -nnen>; **'Ein·zah·lung** <f.; -, -en>; **'Ein·zah·lungs·be·leg** <m.; -(e)s, -e>

'ein|zäu·nen <V. t.>; **'Ein·zäu·nung** <f.; -, -en>

'Ein·ze·her <m.; -s, -; Zool.>; **'ein·ze·hig** <Adj.; Zool.>

'ein|zeich·nen <V. t.>; **'Ein·zeich·nung** <f.; -; unz.>

'ein·zei·lig <Adj.; ⬈ Z 34; in Ziffern: 1-zeilig>

'Ein·zel <n.; -s, -; Sp., bes. Tennis> Ggs *Doppel;* **'Ein·zel·ab·kom·men** <n.; -s, -> *Sonderabkommen;* **'Ein·zel·ab·teil** <n.; -(e)s, -e>; **'Ein·zel·be·hand·lung** <f.; -, -en>; **'Ein·zel·blatt·ein·zug** <m.; -(e)s; unz.; an Fax-, Druck- u. Kopiergeräten>; **'Ein·zel·dar·stel·lung** <f.; -, -en>; **'Ein·zel·ding** <n.; -(e)s, -e; Philos.>; **'Ein·zel·do·sis** <f.; -, -do·sen; Med.>; **'Ein·zel·er·schei·nung** <f.; -, -en>; **'Ein·zel·fall** <m.; -(e)s, ⸚e> *Ausnahme;* im ~; **'Ein·zel·ga·be** <f.; -, -n; Med.>; **'Ein·zel·gän·ger** <m.; -s, -> *ungeselliger Mensch;* **'Ein·zel·gän·ge·rin** <f.; -, -nnen>; **'Ein·zel·ga·ra·ge** <[-ʒə] f.; -, -n>; **'Ein·zel·grab** <n.; -(e)s, ⸚er>; **'Ein·zel·haft** <f.; -; unz.> in ~ sitzen; **'Ein·zel·han·del** <m.; -s; unz.> *Warenverkauf direkt an den Verbraucher;* Lebensmittel~; Ggs *Großhandel;* **'Ein·zel·han·dels·ge·schäft** <n.; -(e)s, -e>; **'Ein·zel·händ·ler** <m.; -s, -> Ggs *Großhändler;* **'Ein·zel·händ·le·rin** <f.; -, -nnen>; **'Ein·zel·haus** <n.; -es, ⸚er>; **'Ein·zel·heit** <f.; -, -en> etwas bis in die kleinsten ~en schildern; **'Ein·zel·kämp·fer** <m.; -s, ->; **'Ein·zel·kämp·fe·rin** <f.; -, -nnen>; **'Ein·zel·kind** <n.; -(e)s, -er>

'Ein·zel·ler <m.; -s, -; Biol.> *einzelliges Lebewesen;* **'ein·zel·lig** <Adj.>

'ein·zeln <(unbest. Zahl-)Adj.; ⬈ Z 43, 44> 1 *von anderen getrennt, gesondert;* ein ~es Haus; ein ~ stehender Baum; der, die, das Einzelne; als Einzelner kann man wenig erreichen; jeder Einzelne von uns weiß, ...; wir werden jeden Einzelnen

fragen; etwas bis ins Einzelne, im Einzelnen besprechen; vom Einzelnen zum Allgemeinen gehen 2 *einige(s), wenige(s), manche(s);* Einzelne werden sich fragen, ob ...; Einzelnes hat mir gefallen; **'Ein·zel·rad·auf·hän·gung** <f.; -, -en; Tech.>; **'Ein·zel·rei·se** <f.; -, -n>; **'Ein·zel·spiel** <n.; -(e)s, -e; Sp., bes. Tennis>; **'Ein·zel·stim·me** <f.; -, -n>; **'Ein·zel·stück** <n.; -(e)s, -e>; **'Ein·zel·tä·ter** <m.; -s, ->; **'Ein·zel·tä·te·rin** <f.; -, -nnen>; **'Ein·zel·teil** <n.; -(e)s, -e>; **'Ein·zel·un·ter·richt** <m.; -(e)s; unz.>; **'Ein·zel·ver·kauf** <m.; -(e)s, ⸚e> Ggs *Großverkauf;* **'Ein·zel·we·sen** <n.; -s, -> *Individuum;* **'Ein·zel·zim·mer** <n.; -s, ->

'ein|ze·men·tie·ren <V. t.>

'ein·zieh·bar <Adj.>; **'ein|zie·hen** <V. 293> 1 <V. t.> *etwas nach innen ziehen;* den Schwanz ~ 2 <V. t.> *Geldbeträge ~ kassieren* 3 <V. t.; Mil.> *zum Militärdienst einberufen* 4 <V. t.; Typ.> *Wörter, Zeilen ~ einrücken* 5 <V. i.> *eindringen;* **'Ein·zie·hung** <f.; -; unz.; Amtsdt.>; **'Ein·zie·hungs·auf·trag** <m.; -(e)s, ⸚e; Bankw.>

'ein·zig¹ <Adj.> 1 <⬈ Z 44> *nur einmal vorkommend;* meine ~e Hose; unser ~er Sohn; er ist unser Einziger; kein Einziger kam; der Einzige, der etwas weiß, ...; sie ist die Einzige, die mich versteht; sie als Einzige versteht mich; das Einzige wäre, dass ... 2 <nur präd. u. adv.> *hervorragend, unvergleichlich;* das Bild ist ~ in seiner Art; **'ein·zig²** <Partikel> *nur;* das ist ~ (und allein) deine Schuld; **'ein·zig·ar·tig** <Adj.>; **'Ein·zig·ar·tig·keit** <f.; -; unz.>

Ein'zim·mer·woh·nung <f.; -, -en>

'ein|zu·ckern <V. t.; ich zuck(e)re ein> Erdbeeren ~

'Ein·zug <m.; -(e)s, ⸚e> 1 *das Beziehen einer Wohnung* 2 *das Einmarschieren* 3 <Typ.> *Einrückung am Zeilenanfang;* **'Ein·zugs·er·mäch·ti·gung** <f.; -, -en; Bankw.>; **'Ein·zugs·fei·er** <f.; -, -n>; **'Ein·zugs·ge·biet** <n.; -(e)s, -e>

'ein|zwän·gen <V. t./V. refl.>

'Ei·pul·ver <n.; -s, Sy Trocken-
ei; **'ei·rund** <Adj.> oval; **'Ei·rund**
<n.; -(e)s, -e>

e·is, E·is¹ <['e:is]; Mus.>

Eis² <n.; -es; unz.> 1 <↗Z26> ge-
frorenes Wasser; ~ laufen; wir
sind ~ gelaufen; habt ihr vor ~
zu laufen? 2 gefrorene Süßspei-
se; wir hätten gern zwei ~; **'Eis-
bahn** <f.; -, -en>; **'Eis·bär** <m.;
-en, -en; Zool.>; **'Eis·be·cher**
<m.; -s, -> **'Eis·bein** <n.; -(e)s;
unz.> ein Gericht; **'Eis·berg**
<m.; -(e)s, -e>; **'Eis·beu·tel** <m.;
-s, ->; **'eis·blau** <Adj.>; **'Eis-
blink** <m.; -(e)s, -e> Reflexion
des Polareises am Horizont;
'Eis·blu·men <Pl.> Eisnieder-
schlag am Fenster; **'Eis·bom·be**
<f.; -, -n> Torte aus Speiseeis;
'Eis·bre·cher <m.; -s, -> Schiff
zum Aufbrechen gefrorener
Wasserwege; **'Eis·ca·fé** <n.; -s,
-s> kleines Lokal mit Eisspezia-
litäten; <aber> → Eiskaffee
'Ei·scha·le <f.; -, -n>; geschlagenes Ei-
weiß; Sy Eierschaum
'Eis·creme <[-kre:m]; f.; -, -s od.
(österr.; schweiz.) -n> oV Eis-
krem(e); **'Eis·de·cke** <f.; -, -n>;
'Eis·die·le <f.; -, -n> Eiscafé; **'ei-
sen** <V.; du eist od. eisest> 1
<V. i. (s.)> etwas eist wird zu Eis
2 <V. t.> etwas ~ einfrieren; ge-
eiste Erdbeeren

'Ei·sen <n.; -s, -> 1 <↗Z29;
Chem.; Zeichen: Fe> chem. Ele-
ment, Metall; ~ verarbeitende
Industrie 2 Gegenstand aus Ei-
sen(1); Huf~; **'Ei·sen·bahn** <f.;
-, -en>; **'Ei·sen·bah·ner** <m.;
-s, -> Angestellter bei der Eisen-
bahn; **'Ei·sen·bah·ne·rin** <f.; -,
-n·nen>; **'Ei·sen·bahn·schaff-
ner** <m.; -s, ->; **'Ei·sen·bahn-
schaff·ne·rin** <f.; -, -n·nen>; **'Ei-
sen·bahn·schran·ke** <f.; -, -n>;
'Ei·sen·bahn·wa·gen <m.; -s,
->; **'Ei·sen·bahn·wag·gon**
<[-vagõ] od. [-vagɔŋ] m.; -s, -s>
'Ei·sen·barth <m.; -(e)s; unz.>
Doktor ~ <scherzh.> grob arbei-
tender Arzt [nach dem Wander-
arzt J. A. Eisenbarth]
'Ei·sen·bau <m.; -(e)s, -ten> Sy
Stahlbau; **'Ei·sen·be·schlag**
<m.; -(e)s, =e>; **'Ei·sen·blech**
<n.; -(e)s, -e> Sy Stahlblech; **'Ei-**

sen·blü·te <f.; -; unz.; Min.> ein
Mineral; **'Ei·sen·erz** <n.; -es,
-e>; **'Ei·sen·gie·ße·rei** <f.; -;
unz.>; **'Ei·sen·glanz** <m.; -es;
unz.>; **'ei·sen·hal·tig** <Adj.>;
'Ei·sen·hand·lung <f.; -, -en>;
'ei·sen'hart <Adj.>; **'Ei·sen·hut**
<m.; -(e)s; unz.; Bot.> ein Hah-
nenfußgewächs; **'Ei·sen·hüt·te**
<f.; -, -n> Anlage zur Gewin-
nung u. Verarbeitung von Ei-
sen(1); **'Ei·sen·in·dus·trie**,
<auch> **'Ei·sen·in·dust·rie** <f.;
-; unz.; ↗Z53>; **'Ei·sen·kraut**
<n.; -(e)s; unz.; Bot.> eine
Pflanze; **'Ei·sen·prä·pa·rat** <n.;
-(e)s, -e; Med.>; **'ei·sen·schüs-
sig** <Adj.> mit Eisenverbindun-
gen durchsetzt; **'Ei·sen·wa·ren**
<Pl.>; **'Ei·sen·zeit** <f.; -; unz.>
vorgeschichtliche Periode; **'ei-
sen·zeit·lich** <Adj.>; **'ei·sern**
<Adj.; ↗Z46> 1 aus Eisen(1); ein
~es Gitter; ~e Lunge <Med.>
Gerät zur künstl. Atmung; der
~e Vorhang <Theat.> feuersi-
cherer V.; <aber> der Eiserne
Vorhang <fig.; in der Zeit des
Kalten Krieges> Grenze zw. östl.
u. westl. Machtbereich; Eisernes
Kreuz <Abk.: EK> eine mil. Aus-
zeichnung; Eiserne Krone lan-
gobardische Königskrone; das
Eiserne Tor Donaudurch-
bruchstal zw. den Südkarpaten
u. dem Ostserb. Gebirge; ~e
Hochzeit <fig.> 65. Jahrestag
der H.; ~e Ration, ~er Bestand
<fig.> 2 <fig.> hart, unnachgie-
big; ~ bleiben; mit ~er Faust re-
gieren; mit ~em Besen kehren
rücksichtslos durchgreifen; der
Eiserne Kanzler Bismarck 3
<fig.> unerschütterlich; ~e Dis-
ziplin; ~er Fleiß
'Ei·ses·käl·te <f.; -; unz.>; **'Eis-
fach** <n.; -(e)s, =er; umg.; im
Kühlschrank>; **'Eis·fi·sche·rei**
<f.; -; unz.>; **'Eis·flä·che** <f.; -,
-n>; **'eis·frei** <Adj.>; **'Eis·fuchs**
<[-ks]; m.; -es, =e; Zool.> Sy Po-
larfuchs; **'Eis·gang** <m.; -(e)s;
unz.> das Wegschwimmen der
Eisschollen auf fließenden Ge-
wässern; **'Eis·gän·ger** <m.; -s,
-> Gletscherwanderer; **'Eis·gän-
ge·rin** <f.; -, -n·nen>; **'eis·ge-
kühlt** <Adj.> ~e Getränke; **'Eis-
glät·te** <f.; -; unz.> bei Schnee-
und ~; **'eis·grau** <Adj.>; **'Eis-**

hei·li·gen <Pl.> plötzl. Kälteein-
bruch Mitte Mai; **'Eis·ho·ckey**
<[-hɔke:]; n.; -s; unz.; Sp.>; **'Eis-
höh·le** <f.; -, -n>; **'ei·sig** <Adj.>
sehr kalt; ein ~ kalter Tag; ~es
Schweigen <fig.>; **'Eis·kaf·fee**
<m.; -s, -s> Kaffee mit Eis u.
Sahne; <aber> → Eiscafé; **'eis-
'kalt** <Adj.>; **'Eis·kel·ler** <m.; -s,
-; fig.> sehr kalter Raum; **'Eis-
krem** <f.; -, -s od. (österr.;
schweiz.) -en> oV Eiscreme;
'Eis·kris·tall <m.; -(e)s, -e;
meist Pl.>; **'Eis·kunst·lauf** <m.;
-(e)s; unz.>; **'Eis·kunst·läu·fer**
<m.; -s, ->; **'Eis·kunst·läu·fe·rin**
<f.; -, -n·nen>; **'Eis·lauf** <m.;
-(e)s; unz.>; **'Eis·läu·fer** <m.; -s,
->; **'Eis·läu·fe·rin** <f.; -, -n·nen>;
'Eis·ma·schi·ne <f.; -, -n> Ma-
schine zur Herstellung von Spei-
seeis; **'Eis·meer** <n.; -(e)s, -e>
Polarmeer; das Nördliche, Süd-
liche ~; **'Eis·mo·nat** <m.; -(e)s,
-e>; **'Eis·mond** <m.; -(e)s, -e; al-
te Bez. für> Januar; **'Eis·pa·last**
<m.; -(e)s, =e> Gebäude zur
Darbietung von Eiskunstlauf;
'Eis·pi·ckel <m.; -(e)s, -e> Hilfsmit-
tel beim Bergsteigen
'Ei·sprung <m.; -(e)s, =e; Med.>
'Eis·re·gen <m.; -s; unz.>; **'Eis·re-
vue** <[-vy:]; f.; -, -n>; **'Eis·schie-
ßen** <n.; -s; unz.; kurz für> Eis-
stockschießen; **'Eis·schmel·ze**
<f.; -; unz.>; **'Eis·schnell·lauf**
<m.; -(e)s; unz.; ↗Z37>; **'Eis-
schnell·läu·fer** <m.; -s, ->; **'Eis-
schnell·läu·fe·rin** <f.; -,
-n·nen>; **'Eis·schol·le** <f.; -,
-n>; **'Eis·schrank** <m.; -(e)s,
=e = Kühlschrank; **'Eis·sport**
<m.; -(e)s; unz.>; **'Eis·spross**
<m.; -es, -e>, **'Eis·spros·se** <f.;
-, -n; Jägerspr.; am Hirschge-
weih>; **'Eis·sta·di·on** <n.; -s,
-sta·di·en>; **'Eis·stock** <m.;
-(e)s, =e> Gerät zum Eisstock-
schießen; wollen wir ~ schie-
ßen?; <aber> komm mit zum
Eisstockschießen; **'Eis·stock-
schie·ßen** <n.; -s; unz.; ↗Z42>
ein volkstüml. Spiel; **'Eis·tanz**
<m.; -es; unz.> tänzerischer Eis-
kunstlauf; **'Eis·tee** <m.; -s, -s>;
'Eis·vo·gel <m.; -s, -; Zool.>;
'Eis·was·ser <n.; -s, ->; **'Eis-
wein** <m.; -(e)s, -e> Wein aus
Trauben, die nach Frostein-
bruch gelesen wurden; **'Eis·wür-**

E

E

fel <m.; -s, ->; '**Eis·zap·fen** <m.; -s, ->; '**Eis·zeit** <f.; -, -en; Geol.>; '**eis·zeit·lich** <Adj.>

'**ei·tel** <Adj.> 1 <'ei·tel, am -s·ten> *selbstgefällig, eingebildet* 2 <poet.> *nichtig, leer; eitler Schein* 3 <geh.> *rein, pur; es herrschte ~ Sonnenschein;* '**Ei·tel·keit** <f.; -, -en; Pl. selten>

'**Ei·ter** <m.; -s; unz.; Med.> *durch Entzündung hervorgerufene gelbliche Flüssigkeit;* '**Ei·ter·beu·le** <f.; -, -n> = *Furunkel;* '**Ei·ter·herd** <m.; -(e)s, -e>; '**ei·te·rig** <Adj.> = *eitrig;* '**ei·tern** <V. i.> *Eiter bilden, absondern; eine ~de Wunde;* '**Ei·ter·pi·ckel** <m.; -s, ->; '**Ei·te·rung** <f.; -, -en>; '**eit·rig** <Adj.> *voller Eiter*

'**Ei·weiß** <n. 7; -es, -e od. (nach Mengenangaben) -> *zum Backen drei ~ verwenden; Sy Eiklar,* '**Ei·weiß·be·darf** <m.; -(e)s; unz.>; '**Ei·wei·ße** <Pl.; Chem.> *Proteine;* '**Ei·weiß·man·gel** <m.; -s; unz.>; '**Ei·zel·le** <f.; -, -n>

E·ja·cu·la·tio 'prae·cox <f.; --; unz.; Med.> *vorzeitiger Samenerguss* [lat.]; **E·ja·ku·lat** <n.; -(e)s, -e> *ausgespritzte Samenflüssigkeit;* **E·ja·ku·la·ti·on** <f.; -, -en> *Samenerguss;* **e·ja·ku·lie·ren** <V. i.>; **E·jek·ti·on** <f.; -, -en; Geol.> *Auswurf von vulkanischem Material;* **E'jek·tor** <m.; -s, -'to·ren> 1 *Dampfstrahlpumpe* 2 *Hülsenauswerfer bei Jagdgewehren;* **e·ji'zie·ren** <V. t.> *hinauswerfen, ausschleudern*

E·kart <e'ka:r]; m.; -s, -s; Börse> *Unterschied zw. zwei Kursen im Terminhandel* [frz.]

E·kar·té¹ <n.; -s, -s> *frz. Kartenspiel*

E·kar·té² <n.; -s, -s; Tanzkunst> *schräges Abspreizen des Beines* [frz.]

EKD <Abk. für> *Evangelische Kirche in Deutschland*

'**e·kel** <Adj.; poet.> *eklig; ekles Getier;* '**E·kel¹** <m.; -s; unz.; ↗Z29> *Widerwille, Abscheu; ein ~ erregendes/<auch> erregendes Getränk; <bei Steigerung u. mit Attribut nur Zusammenschreibung> das war noch ekelerregender; es war sehr, wirklich, unglaublich ekelerre-*

gend; <nur Getrenntschreibung in Verbindung mit Adj.> *das großen ~ erregende Getränk;* '**E·kel²** <n.; -s, -; umg.> *widerwärtiger Mensch;* '**e·kel·er·re·gend** <Adj.> → *Ekel¹;* '**e·kel·haft** <Adj.> *abscheulich, abstoßend;* '**e·ke·lig** <Adj.> = *eklig;* '**e·keln** <V. t./V. refl.> *es ekelt mich od. mir vor etwas od. jmdm.; es hat ihn davor geekelt; ich ek(e)le mich vor ihm*

EKG, Ekg <Abk. für> *Elektrokardiogramm*

Ek'kle·sia <f.; -; unz.> = *Ecclesia* [lat.]; **Ek·kle·si'as·ti·kus** <m.; -; unz.> *in der Vulgata Bez. für das Buch Jesus Sirach*

E·klat, <auch> **Ek·lat** <[e'kla:]; m.; -s, -s; ↗Z53> *Skandal, Aufsehen erregendes Ereignis* [frz.]; **e·kla'tant** <Adj.> *offenkundig*

'**E-Kla·vier** <[-vi:r]; n.; -s, -e; ↗Z34>, *kurz für> Elektroklavier, elektronisches Klavier*

Ek'lek·ti·ker <m.; -s, ->; **Ek'lek·ti·ke·rin** <f.; -, -n·nen>; **ek'lek·tisch** <Adj.> *nicht eigenständig, nachahmend;* **Ek·lek·ti'zis·mus** <m.; -; unz.> *unschöpferische Zusammenstellung verschiedener ausgewählter Stilelemente od. Gedanken* [grch.]

'**ek·lig** <Adj.> *widerwärtig;* oV *ekelig*

Ek'lip·se, <auch> **E'klip·se** <f.; -n; ↗Z54> *Sonnen- od. Mondfinsternis* [grch.]; **Ek'lip·tik** <f.; -; unz.> *scheinbare Sonnenbahn;* **ek'lip·tisch** <Adj.>

Ek·lo·ge, <auch> **E'klo·ge** <f.; -, -n; ↗Z54> *Hirten-, Schäfergedicht* [grch.]

E-ko·no·mi·ser <[i'kɔnəmai·zə(r)]; m.; -s, -> *Vorwärmer* [engl.]

E·kos·sai·se <[ekɔ'sεzə]; f.; -, -n> = *Ecossaise*

E·kra·sit, <auch> **Ek·ra'sit** <n.; -(e)s; unz.; ↗Z53> *ein Sprengstoff* [frz.]

e·krü, <auch> **ek'rü** <Adj.; undekl.; ↗Z53> *naturfarben;* oV *ecru* [frz.]; **E'krü·sei·de** <f.; -; unz.>

EKS <Wirtsch.; Abk. für> *energokybernetisches System (eine Managementlehre)*

Ek'sta·se, <auch> **Eks'ta·se** <f.; -, -n; ↗Z54> *Verzückung, über-*

mäßige Begeisterung [grch.]; **Ek'sta·ti·ker** <m.; -s, ->; **Ek'sta·ti·ke·rin** <f.; -, -n·nen>; **ek'sta·tisch** <Adj.>

Ek·ta·se <f.; -, -n> *Dehnung (eines Vokals)* [grch.]; **Ek·ta'sie** <f.; -, -n; Med.> *Ausdehnung, Erweiterung (von Hohlorganen);* **Ek·ta·sis** <f.; -, -'ta·sen> = *Ektase*

ek·to..., Ek·to... <Vors.> *nach außen, außerhalb;* Ggs *endo..., Endo...* [grch.]; **Ek·to'derm** <n.; -(e)s, -e; Biol.> *äußeres Keimblatt des Embryos;* **Ek·to'mie** <f.; -, -n; Med.> *operative Entfernung (eines Organs);* **Ek·to·pa·ra·sit, Ek·to'sit** <m.; -en, -en> *auf der Körperoberfläche lebender Schmarotzer;* **ek·to'troph** <Adj.; Bot.> *sich außerhalb der Wirtspflanze ernährend;* Ggs *endotroph*

Ek'zem <n.; -s, -e; Med.> *ein Hautausschlag;* **ek·ze·ma'tös** <Adj.> *von Ekzemen befallen*

E·la·bo'rat <n.; -(e)s, -e> 1 *schriftl. Ausarbeitung* 2 <abwertend> *Pfusch* [lat.]

E·lan <[e'laːn] od. frz. [e'lɑ̃]; m.; -s; unz.> *Schwung* [frz.]

E'last <m.; -(e)s, -e; meist Pl.> *gummiartiger Kunststoff* [grch.]; **E'las·tik** <n.; -s, -s od. f.; -, -s> *ein dehnbares Gewebe;* **e'las·tisch** <Adj.> *dehnbar, biegsam, federnd;* **E·las·ti·zi'tät** <f.; -; unz.>; **E·las·ti·zi'täts·gren·ze** <f.; -, -n>

'**E·la·tiv** <m.; -(e)s, -e; Gramm.> *absoluter Superlativ, z. B. "sehr schön";* → a. *Kasten* [lat.]

elb'ab·wärts <Adv.>; **elb'auf-**

wärts <Adv.>; **'El·be** <f.; -; unz.> *Strom in Mitteleuropa*

Elch <m.; -(e)s, -e; Zool.> *ein Hirschart*; **'Elch·test** <m.; -(e)s, -s> *Sicherheitstest für neu entwickelte Kfz-Modelle*

El·der·states·man, <auch> **'El·der 'States·man** <['ɛldər'steɪts·mæn]; m.; -, -men [-mən]; ↗Z30; geh.> *einflussreicher, erfahrener älterer Politiker*

El·do·ra·do <n.; -s, -s> **1** *(sagenhaftes) Goldland in Südamerika* **2** <fig.> *Paradies* [span.]

E·le'a·te <m.; -n, -n; meist Pl.; Philos.> *Mitglied einer altgrch. Philosophenschule*; **e·le'a·tisch** <Adj.>

E·lec·tro·nic·ban·king, <auch> **E·lect·ro·nic Ban·king** <[ilɛk·'trɔnɪk 'bæŋkɪŋ]; n.; (-)-s; unz.; ↗Z30> *computerunterstützter Zahlungsverkehr*; Sy *Telebanking* [engl.]; **E·lec·tro·nic·cash,** <auch> **E·lect·ro·nic Cash** <[ilɛk'trɔnɪk 'kæʃ]; n.; (-)-s; unz.> *bargeldlose Zahlungsweise*; **E·lec·tro·nic·com·merce,** <auch> **E·lect·ro·nic Commerce** <[ilɛk'trɔnɪk kɔ'mɔːs]; m.; (-)-; unz.> *Handel über das Internet*; **E·lec·tro·nic·mai·ling,** <auch> **E·lect·ro·nic Mai·ling** <[ilɛk'trɔnɪk 'meɪlɪŋ]; n.; (-)-s; unz.; Kurzw.: E-Mail> *elektronische Form des Schriftverkehrs*; **E·lec·tro·nic·pu·bli·shing,** <auch> **E·lect·ro·nic Pub·lish·ing** <[ilɛk'trɔnɪk 'pʌblɪʃɪŋ]; n.; (-)-s; unz.; EDV> *Herausgabe von Texten auf Diskette, CD-ROM usw.*

E·le'fant <m.; -en, -en; Zool.> *ein großes Säugetier*; **E·le'fan·ten·bul·le** <m.; -n, -n> *männl. Elefant*; **E·le'fan·ten·hoch·zeit** <f.; -, -en; fig.; umg.; scherzh.> *Vereinigung von großen Unternehmen, Verbänden u. Ä.*; **E·le'fan·ten·kuh** <f.; -, ⁓e> *weibl. Elefant*; **E·le'fan·ten·ren·nen** <n.; -s, -; umg.; scherzh.> *langwieriges Überholmanöver zwischen Lastkraftwagen*; **E·le'fan·ten·rob·be** <f.; -, -n; Zool.>; **E·le'fan·ten·run·de** <f.; -, -n; umg.> *Gesprächsrunde von Parteivorsitzenden im Fernsehen*; **E·le·fan'ti·a·sis** <f.; -, -ti'a·sen; Med.> = *Elephantiasis*

e·le'gant <Adj.> *vornehm* [frz.]; **E·le'ganz** <f.; -; unz.>

E·le'gie <f.; -, -n> *wehmütiges Gedicht* [grch.]; **E'le·gi·ker** <m.; -s, -> *Dichter von Elegien*; **e'le·gisch** <Adj.> *wehmütig*

E·lei·son <[-'leː·i-]; n.; -s, -s> *Bittformel im gottesdienstl. Gesang* [grch.]

E·lek·ti'on <f.; -, -en; veralt.> *Wahl, Auswahl* [lat.]; **e·lek'tiv** <Adj.; veralt.> *auswählend*

E·lek·tri·fi·ka·ti'on, <auch> **E·lekt·ri·fi·ka·ti'on** <f.; -; unz.; ↗Z53> Sy *Elektrifizierung* [grch.]; **e·lek·tri·fi'zie·ren** <V. t.> *auf elektr. Betrieb ein-, umstellen*; **E·lek·tri·fi'zie·rung** <f.; -; unz.>; **E'lek·trik** <f.; -; unz.> **1** *Gesamtheit einer elektr. Anlage; die ⁓ des Fotoapparates* **2** <umg.; kurz für> *Elektrotechnik*; **E'lek·tri·ker** <m.; -s, -> *Handwerker auf dem Gebiet der Elektrotechnik*; **E'lek·tri·ke·rin** <f.; -, -nen; veralt.>; **e'lek·trisch** <Adj.> **1** *mit Elektrizität zusammenhängend; ⁓es Feld; ⁓er Strom* **2** *mit Elektrizität betrieben; ⁓e Eisenbahn; ⁓er Stuhl Hinrichtungsstuhl*; **E'lek·tri·sche** <f. 2; umg.; veralt.; kurz für> *elektrische Straßenbahn*; **e·lek·tri'sie·ren** <V. t./V. refl.> *sie war wie elektrisiert* <fig.> *aufgerüttelt*; **E·lek·tri'sie·rung** <f.; -; unz.>; **E·lek·tri·zi'tät** <f.; -; unz.> *elektr. Ladung, Strom, Energie*; **E·lek·tri·zi'täts·leh·re** <f.; -; unz.>; **E·lek·tri·zi'täts·werk** <n.; -(e)s, -e; Kurzw.: E-Werk>; **E·lek·tri·zi'täts·zäh·ler** <m.; -s, ->

e·lek·tro..., **E·lek·tro...,** <auch> **e·lekt·ro...,** **E·lekt·ro...** <↗Z53; in Zus.> *auf Elektrizität beruhend*; **E'lek·tro·a·kus·tik** <a. [----'--]; f.; -; unz.; ↗Z55> *Umwandlung des Schalls in elektr. Wellen u. umgekehrt*; **e'lek·tro·a·kus·tisch** <a. [----'--]; Adj.>; **E'lek·tro·au·to** <n.; -s, -s>; **E'lek·tro·che·mie** <[-'çe-]; a. [----'-]; f.; -; unz.>; **e'lek·tro·che·misch** <a. [---'--]; Adj.>; **E·lek·tro·de** <f.; -, -n> *Teil eines elektr. Leiters, der als Übertrittsstelle des Stromes in Flüssigkeiten od. Gasen dient*; **E'lek·tro·dy·na·mik** <f.; -; unz.> Ggs *Elek-*

trostatik; **e·lek·tro·dy'na·misch** <Adj.>; **E·lek·tro·en·ze·pha·lo·gra'fie** <f.; -, -n; ↗Z11.3> = *Elektroenzephalographie*; **E·lek·tro·en·ze·pha·lo'gramm** <n.; -(e)s, -e; Abk.: EEG> *Aufzeichnung der Hirnstromtätigkeit*; **E·lek·tro·en·ze·pha·lo·gra'phie** <f.; -, -n; ↗Z11.3> *Verfahren, die Hirnstromtätigkeit grafisch darzustellen*; **E'lek·tro·ge·rät** <n.; -(e)s, -e>; **E'lek·tro·gi·tar·re** <f.; -, -n; Abk.: E-Gitarre>; **E'lek·tro·herd** <m.; -(e)s, -e>; **E'lek·tro·in·dus·trie**, <auch> **E'lek·tro·in·dust·rie** <f.; -; unz.>; **E'lek·tro·in·ge·ni·eur** <[-inʒənjøːr]; m.; -s, -e>; **E'lek·tro·in·ge·ni·eu·rin** <f.; -, -nen>; **e·lek·tro·kar·di·o'graf** <m.; -en, -en; ↗Z11.3> = *Elektrokardiograph*; **E·lek·tro·kar·di·o·gra'fie** <f.; -; unz.; ↗Z11.3> = *Elektrokardiographie*; **E·lek·tro·kar·di·o'gramm** <n.; -(e)s, -e; Med.; Abk.: EKG od. Ekg> *Aufzeichnung der Herzmuskelbewegungsströme*; **E·lek·tro·kar·di·o'graph** <m.; -en, -en; ↗Z11.3> *Gerät zur Herstellung eines Elektrokardiogramms*; **E·lek·tro·kar·di·o·gra'phie** <f.; -; unz.; ↗Z11.3> *Verfahren zur Herstellung eines Elektrokardiogramms*; **E·lek·tro·kla·vier** <[-viːr]; n.; -s, -e; Abk.: E-Klavier>; **E·lek·tro'ly·se** <f.; -, -n> *Zersetzung chem. Verbindungen durch elektr. Strom*; **e·lek·tro·ly'sie·ren** <V. t.>; **E·lek·tro'lyt** <m.; -(e)s od. -en, -e od. -en> *den elektr. Strom leitende Lösung*; **e·lek·tro'ly·tisch** <Adj.>; **E'lek·tro·ma·gnet,** <auch> **E'lek·tro·mag·net** <m.; -en, -en; ↗Z53>; **e·lek·tro·ma'gne·tisch** <Adj.>; **E·lek·tro·mag'ne·tis·mus** <m.; -; unz.>; **E'lek·tro·me·cha·nik** <a. [----'--]; f.; -; unz.>; **E·lek·tro·me'cha·ni·ker** <m.; -s, ->; **E·lek·tro·me'cha·ni·ke·rin** <f.; -, -nen>; **e·lek·tro·me'cha·nisch** <Adj.>; **E·lek·tro'me·ter** <n.; -s, -> *Gerät zum Messen elektr. Ladung u. Spannung*; **E'lek·tro·mo·tor** <m.; -s, -en>; **'E·lek·tron** <n.; -s, -'tro·nen; Kernphys.> *negativ geladenes Elementarteilchen*; **E·lek·tro-**

nen·be·schleu·ni·ger <m.; -s, -> ; **E·lek'tro·nen·blitz·ge·rät** <n.; -(e)s, -e> ; **E·lek'tro·nen·hül·le** <f.; -, -n> *Gesamtheit der Elektronen, die einen Atomkern umschließen; Sy Atomhülle;* **E·lek'tro·nen·mi·kro·skop,** <auch> **E·lekt'ro·nen·mik·ros·kop** <n.; -(e)s, -e; ↗Z 54> ; **E·lek'tro·nen·röh·re** <f.; -, -n> ; **E·lek'tro·nen·schleu·der** <f.; -, -n> Sy *Betatron;* **E·lek'tro·nen·strahl** <m.; -(e)s, -en> ; **E·lek'tro·nen·the·o·rie** <f.; -; unz.> ; **E·lek'tro·nen·volt** <[-vɔlt]; n.; -s, -; Kernphys.; Zeichen: eV> *Einheit für die Arbeit bzw. Energie;* **E·lek'tro·nen·zahl** <f.; -, -en> *Anzahl der Elektronen eines Atoms od. Ions;* **E·lek'tro·nik** <f.; -, -en> 1 <unz.> *Zweig der Elektrotechnik* 2 *Gesamtheit der elektron. Bauelemente eines techn. Gerätes;* **E·lek'tro·ni·ker** <m.; -s, -; Berufsbez.> ; **E·lek'tro·ni·ke·rin** <f.; -, -nnen> ; **e·lek'tro·nisch** <Adj.> *auf Elektronenfluss beruhend;* ~e *Datenverarbeitung* <Abk.: EDV> ; ~e *Fernsehkamera;* **'E·lek·tron·volt** <[-vɔlt]; a. [--'--]; n.; - od. -(e)s, -> = *Elektronenvolt;* **E·lek'tro·o·fen** <m.; -s, -ͤ; ↗Z 55> ; **E·lek·tro·pho're·se** <f.; -; unz.> *Bewegung elektr. geladener Teilchen in einem elektr. Feld;* **E·lek'tro·ra·sie·rer** <m.; -s, -> ; **E·lek'tro·schock** <m.; -s, -s> ; **E·lek'tro·skop,** <auch> **E·lekt·ros'kop** <n.; -(e)s, -e; ↗Z 54> *Gerät zum Nachweis elektr. Ladung;* **E·lek'tro·smog** <m.; - od. -s; unz.> *von elektr. Geräten, Sendemasten u. Ä. ausgehende elektromagnet., schädliche Strahlung;* **E·lek'tro'sta·tik** <f.; -; unz.> *Lehre von den unbewegten elektr. Ladungen;* **e·lek·tro'sta·tisch** <Adj.> ; **E·lek'tro·tech·nik** <f.; -; unz.; Kurzw.: Elektrik> *techn. Anwendung der Elektrizitätslehre;* **E·lek'tro·tech·ni·ker** <m.; -s, -> ; **E·lek'tro·tech·ni·ke·rin** <f.; -, -nnen> ; **e·lek'tro·tech·nisch** <Adj.> ; **E·lek'tro·the·ra·pie** <f.; -; unz.; Med.> ; **E·lek·tro·to'mie** <f.; -, -n; Med.> *Gewebsdurchtrennung mittels einer nadelartigen Elektrode*

E·le'ment <n.; -(e)s, -e> 1 *Urstoff; die vier ~e Feuer, Wasser, Luft u. Erde* 2 *chem. Grundstoff* 3 *Grundlage, Grundbestandteil* 4 <meist Pl.> *Naturgewalt; das Toben der ~e* 5 *er ist ganz in seinem ~* 6 <Pl.; abwertend> *Gesindel; kriminelle ~e* [lat.]; **e·le·men'tar** <Adj.> 1 *grundlegend* 2 *den Anfang bildend* 3 *naturhaft;* ~e *Bedürfnisse;* **E·le·men'tar·ge·walt** <f.; -, -en> ; **E·le·men'tar·kennt·nis·se** <Pl.> ; **E·le·men'tar·kraft** <f.; -, ͤe> ; **E·le·men'tar·schu·le** <f.; -, -n; veralt.> *Grund-, Volksschule;* **E·le·men'tar·teil·chen** <n.; -s, -; Kernphys.; Bez. für* *die kleinsten, nicht mehr zerlegbaren Teilchen;* **E·le·men'tar·un·ter·richt** <m.; -(e)s; unz.; veralt.>

E'le·mi <n.; -s; unz.> *Harz trop. Bäume* [arab.]

'E·len <m. od. n.; (österr. nur n.); -s, -; Zool.> = *Elch* [lit.]; **'E·len·an·ti·lo·pe** <f.; -, -n; Zool.>

'e·lend <Adj.> 1 *beklagenswert; ein ~es Leben führen* 2 *ärmlich; eine ~e Behausung* 3 *kränklich; er sieht ~ aus* 4 *niederträchtig; ein ~er Kerl; eine ~e Lüge;* **'E·lend** <n.; -(e)s; unz.> *Armut, Not,* **'e·len·dig** <Adj.> ; **'e·len·dig·lich** <a. [-'---]; meist adv.> *erbärmlich;* ~ *zugrunde gehen;* **'E·lends·quar·tier** <n.; -s, -e> ; **'E·lends·vier·tel** <n.; -s, ->

E·le·phan'ti·a·sis <f.; -, -ti'a·sen; Med.> *krankhafte Hautverdickung; oV Elefantiasis*

E·leu'si·ni·en <Pl.> *Mysterienspiele [nach der antiken grch. Stadt Eleusis];* **e·leu'si·nisch** <Adj.; ↗Z 46> *die Bevölkerung;* <aber> *die Eleusinischen Mysterien*

E·le·va·ti'on <[-va-]; f.; -, -en> 1 *Erhöhung* 2 <Kath.> *das Emporheben der Hostie u. des Kelches beim Messopfer* 3 <Astr.> *Erhebung eines Gestirns über dem Horizont* [lat.]; **E·le'va·tor** <m.; -s, -'to·ren> *Förder-, Hebewerk;* **E·le've** <[e'le:və]; m.; -n, -n> *Schüler (z. B. auf Schauspielschulen), Lehrling (bes. in der Forstwirtschaft)* [frz.]; **E·le'vin** <f.; -, -nnen>

elf <Num.; in Ziffern: 11> → a.

vier; **Elf¹** <f.; -, -en> 1 *die Zahl 11* 2 <Sp.> *die aus elf Spielern bestehende Mannschaft;* Fußball-

Elf² <m.; -en, -en> *anmutiger Märchengeist;* **'El·fe** <f.; -, -n> *weibl. Märchengeist*

'El·fen·bein <n.; -(e)s, -e; Pl. selten> *Zahnbein der Zähne von Elefant u. Mammut;* **'el·fen·bei·nern** <Adj.> *aus Elfenbein; eine ~e Figur;* **'el·fen·bein·far·ben** <Adj.> ; **'El·fen·bein·küs·te** *Staat in Westafrika;* Republik Côte d'Ivoire; **'El·fen·bein·schnit·ze·rei** <f.; -, -en> ; **'El·fen·bein·turm** <m.; -(e)s, ͤe; fig.; in Wendungen wie> *im ~ sitzen, leben abgeschieden, weltfremd sein*

'el·fen·haft <Adj.> ; **'El·fen·kö·nig** <m.; -(e)s, -e; Myth.> ; **'El·fen·kö·ni·gin** <f.; -, -nnen> ; **'El·fen·tanz** <m.; -es, ͤe> ; **'El·fen·tanz·platz** <m.; -es, ͤe> = *Hexenring*

'El·fer <m.; -s, -; umg. für> *Elfmeter;* **'El·fer·rat** <m.; -(e)s, ͤe> *elf Vorsitzende einer Fastnachtsgesellschaft;* **'El·fer·wet·te** <f.; -, -n; beim Fußballtoto>

'el·fisch <Adj.> *elfenhaft*

'elf·mal <Adv.> → a. *achtmal*

'elf·ma·lig <Adj.> ; **Elf'me·ter** <m.; -s, -; Fußb.> *Strafstoß; einen ~ schießen;* <aber> → *Elfmeterschießen;* **Elf'me·ter·schie·ßen** <n.; -s; unz.> ; **'elf·te(r, -s)** <Ordnungszahl; ↗Z 44; Zeichen: 11.> *am ~n Mai; er war der Elfte*

e·li'die·ren <V. t.; Sprachw.> *eine Elision vornehmen* [lat.]; **E·li'die·rung** <f.; -, -en>

E·li·mi·na·ti'on <f.; -, -en> [frz.]; **e·li·mi'nie·ren** <V. t.> *beseitigen;* **E·li·mi'nie·rung** <f.; -, -en>

e·li·sa·be'tha·nisch <Adj.; ↗Z 46> *zum Zeitalter Elisabeths I. von England gehörig;* ~e *Gepflogenheiten;* <aber> *das Elisabethanische England*

E·li·si'on <f.; -, -en; Sprachw.> *das Weglassen eines Vokals, z. B.* "in Freud u. Leid" [lat.]

e·li'tär <Adj.> 1 *zu einer Elite gehörend* 2 *überheblich;* ~es *Verhalten;* **E'li·te** <österr. a. [ə'li:t]; f.; -, -n> *Auslese, die Besten; er gehört zur ~*

'E·Li·te·ra·tur <f.; -; unz.; ↗Z 34;**

Ellipse: Eine E. ist die Einsparung einer Satzkonstituente. Besonders in der gesprochenen Sprache werden aufgrund der ökonomischen Sprachverwendung einzelne Satzteile oder Sätze weggelassen, wobei die Äußerungen ohne Schwierigkeiten aus der Redesituation heraus verständlich sind.
Am häufigsten wird das Verb ausgelassen: *(Bist du) einverstanden? Kann ich das mal (haben)? Wohin (gehst du)? (Komm) her mit dem Wein!*

E-Mail: E-Mail-Adressen bestehen aus dem Namen des Empfängers, dem at-Zeichen (@), dem Online-Dienst bzw. der Organisation und dem Länderkürzel. Es werden keine Leerzeichen in der E-Mail-Anschrift eingefügt, vor dem Länderkürzel ist ein Punkt zu setzen. Umlaute werden ausgeschrieben (*ae, oe, ue* anstelle von *ä, ö, ü*), z. B. *Titania.Ruester@t-online.de* Häufig werden alle Eigennamen kleingeschrieben: *ludger.schueler@sportverein-gg.de* Der Betreff ist in dem entsprechenden Feld des E-Mail-Kopfes stichwortartig auszufüllen. Dies

ist aus Gründen der Bearbeitung und Verwaltung von E-Mails unbedingt erforderlich. Die ⚹**Anrede** ist fester Bestandteil in E-Mails, sie wird durch eine Leerzeile vom nachfolgenden Text abgetrennt.
Der Text wird ohne Worttrennungen eingegeben, da der Umbruch von der Software des Empfängers gesteuert wird.
Der Abschluss einer E-Mail enthält in der Regel einen Gruß und Kommunikations- und Firmenangaben bzw. die E-Mail-Adresse und/oder Internetadresse.

Vgl. ⚹Briefeschreiben

---

umg.; kurz für *ernste Literatur*; Ggs *U-Literatur*

E·li·te·schu·le <f.; -, -n>

E·li·xier <n.; -s, -e> *Zauber-, Heiltrank* [grch.]

'**Ell·bo·gen** <m.; -s, -; Anat.> *Übergangsstelle von Ober- u. Unterarm*; '**Ell·bo·gen·frei·heit** <f.; -; unz.; fig.; umg.>; '**Ell·bo·gen·ge·sell·schaft** <f.; -; unz.; fig.; abwertend> *Gesellschaft, in der das Recht des Stärkeren gilt*; **Ell·le** <f. 7; -, -n 1 <Anat.> *ein Unterarmknochen*; ~ u. Speiche 2 *altes Längenmaß*; '**El·len·bo·gen** <m.; -s, ->; '**el·len·lang** <Adj.; umg.> *sehr lang*; ein ~er Brief

El·lip·se <f.; -, -n> 1 <Geom.> *Kegelschnitt* 2 <Gramm.> *durch Aussparen einzelner Satzteile verkürzter Satz, z. B.* "[du sollst] sitzen bleiben!"; Sy *Auslassungssatz*; → a. *Kasten* [grch.]; **El·lip·sen·bo·gen** <m.; -s, >; Arch.>; **el·lip·so·id** <Adj.>; **El·lip·so·id** <n.; -(e)s, -e; Geom.> *durch Drehung einer Ellipse entstehender Körper*; **el·lip·tisch** <Adj.>

'**Elms·feu·er** <n.; -s, -> *elektr. Lichterscheinung an hoch aufragenden Objekten, z. B. Kirchtürmen* [nach dem hl. *Elmo*]

E·lo·ge <[e'lo:ʒə]; f.; -, -n> *Lob(rede), Schmeichelei* [frz.]

E·lon·ga·ti·on <f.; -, -en> 1 <Phys.> *Auslenkung eines schwingenden Körpers von seiner Ruhelage* 2 <Astr.> *Winkel zw. Sonne u. Planet* [lat.]

e·lo·quent <Adj.; -er, am -es·ten> *beredt* [lat.]; **E·lo·quenz** <f.; -; unz.>

El·rit·ze <f.; -, -n; Zool.> *ein Karpfenfisch*

El Sal·va·dor *Staat in Mittelamerika*; Republik; → a. *Salvadorianer(in), salvadorianisch*

'**El·sass** <n.; -es; unz.> *Landschaft in Frankreich*; '**El·säs·ser** <m.; -s, ->; '**El·säs·se·rin** <f.; -, -n·nen>; '**el·säs·sisch** <Adj.>

Els·ter <f.; -, -n; Zool.> *ein Rabenvogel*

'**El·ter** <m. od. n.; -s, -n; Stat.; Fachspr.> *ein Elternteil*; '**el·ter·lich** <Adj.> ~e Fürsorge; '**El·tern** <Pl.> *Vater u. Mutter*; '**El·tern·a·bend** <m.; -s, -e; ⚹Z55> *in Schulen*; '**El·tern·bei·rat** <m.; -(e)s, ¨e; in Schulen>; '**El·tern·haus** <n.; -es, ¨er>; '**El·tern·i·ni·ti·a·ti·ve** <auch> '**El·tern·i·ni·ti·a·ti·ve** <f.; -, -n; ⚹Z54, 55>; '**El·tern·lie·be** <f.; -; unz.>; '**el·tern·los** <Adj.>; '**El·tern·recht** <n.; -(e)s; unz.>; '**El·tern·schaft** <f.; -; unz.>; '**El·tern·teil** <m.; -(e)s, -e>

e·ly·sä·isch <Adj.> 1 *zum Elysium gehörend* 2 <fig.> *paradiesisch* [grch.]; **É·ly·sée** <n.; -s; unz.> *Amtssitz des frz. Präsidenten* [frz.]; **e·ly·sisch** <Adj.; bes. österr.>; **E·ly·si·um** <n.; -s; unz.; grch. Myth.> *Aufenthaltsort der Seligen, Paradies*

El·ze·vir <['ɛlzəvi:r]; f.; -; unz.; Typ.> *eine Schriftart* [nach den ndrl. Buchdruckern *Elzevier*]

em. <Abk. für> *emeritiert, emeritus*

E-Mail <['i:mɛɪl]; f.; -, -s od. n.; -s, -s; kurz für> *Electronic Mail*,

elektron. Nachrichtenaustausch innerhalb eines Computernetzwerks; → a. *Kasten* [engl.]

E·mail <[e'mail] od. [e'ma:j]; n.; -s, -s> *Schmelzüberzug* [frz.]; **E·mail·far·be** <f.; -, -n>; **E·mail·lack** <m.; -(e)s, -e>; **E·mail·le** <[e'maljə] od. [e'ma:j]; f.; -, -n> = *Email*; **E·mail·leur** <[ema'jø:r] od. [emal'jø:r]; m.; -s, -e> *Schmelzarbeiter*, **e·mail·lie·ren** <V. t.> *mit Email überziehen*; **E·mail·ma·le·rei** <f.; -, -en>

E·ma·na·ti·on <f.; -, -en> *Ausstrahlung* [lat.]; **e·ma·nie·ren** <V. i. (s. u. h.); veralt.>

E·man·ze <f.; -, -n; umg.; abwertend> *emanzipierte Frau*;

E·man·zi·pa·ti·on <f.; -, -en> *Gleichberechtigung, Gleichstellung (von Mann u. Frau)*;

E·man·zi·pa·ti·ons·be·we·gung <f.; -, -en>; **E·man·zi·pa·ti·ons·stre·ben** <n.; -s; unz.>; **e·man·zi·pa·tiv** <Adj.>; **e·man·zi·pa·to·risch** <Adj.>; **e·man·zi·pie·ren** <V. t./V. refl.> jmdn. od. sich ~ *aus einer Abhängigkeit, Bevormundung befreien*; **e·man·zi·piert** <Adj.>

Em·bar·go <n.; -s, -s> 1 *Beschlagnahme eines Schiffes u. seiner Ladung* 2 *Ausfuhrverbot* [span.]

Em·blem, <auch> **Emb·lem** <[ɛm'ble:m], a. [ã'ble:m]; n.; -s, -e; ⚹Z53> 1 *Abzeichen, Kennzeichen, Hoheitszeichen* 2 *Sinnbild* [frz.]; **Em·ble·ma·tik** <f.; -; unz.> 1 *Wissenschaft von den Emblemen* 2 *sinnbildl. Darstellung*; **em·ble·ma·tisch** <Adj.>

Em·bo·lie <f.; -, -n; Med.> *plötzl. Verschluss eines Blutgefäßes* [grch.]; **'Em·bo·lus** <m.; -, -bo·li; Med.> *Blutgerinnsel*

'Em·bryo, <auch> **'Emb·ryo** <m.; österr. n.; -s, -s od. -'o·nen; ↗Z53> *noch nicht geborenes Lebewesen, Leibesfrucht* [grch.]; **Em·bry·o·ge·ne·se** <f.; -; unz.> *Keimesentwicklung*; **em·bry·o·'nal** <Adj.>; **Em·bry·o'nal·ent·wick·lung** <f.; -; unz.>; **Em·bry·'o·nen·trans·fer** <m.; -s, -s; Med.> *Einpflanzung von außerhalb des Körpers befruchteten Eizellen*; **em·bry·o·nisch** <Adj.>; **'Em·bry·o·trans·fer** <m.; -s, -s; Med.> = *Embryonentransfer*

E·men·da·ti·on <f.; -, -en; geh.> *Verbesserung, Berichtigung* [lat.]; **e·men·die·ren** <V. t.; geh.>

E·me·rit <m.; -en, -en> *in den Ruhestand versetzter Geistlicher, Hochschullehrer*; **e·me·ri·tie·ren** <V. t.> *in den Ruhestand versetzen*; **e·me·ri·tiert** <Adj.; Abk.: em.> *ein ~er Professor*; **E·me·ri·tie·rung** <f.; -, -en>; **E'me·ri·tus** <m.; -, -ti> = *Emerit*

e·mers <Adj.; Bot.> *über der Wasseroberfläche lebend*; Ggs *submers* [lat.]

E·me·ti·kum <n.; -s, -ka; Med.> *Brechmittel* [grch.]

E·mi·grant, <auch> **E·mig·rant** <m.; -en, -en; ↗Z53> *Auswanderer (aus polit. Gründen)*; Ggs *Immigrant* [lat.]; **E·mi·gran·ten·li·te·ra·tur** <f.; -, -en>; **E·mi·gran·tin** <f.; -, -nnen>; **E·mi·gra·ti·on** <f.; -, -en>; **e·mi·grie·ren** <V. i. (s.)>

e·mi·nent <Adj.> *außerordentlich, herausragend;* eine Frage von ~er Bedeutung [lat.]; **E·mi·'nenz** <f.; -, -en; Kath.; früher> *Titel u. Anrede für Kardinäle;* → a. *grau(3)*

'E·mir <a. [-'-]; m.; -s, -e; bes. im Orient> *Fürst (Titel)* [arab.]; **E·mi·rat** <n.; -(e)s, -e> *arab. Fürstentum*

'e·misch <Adj.; Sprachw.> *bedeutungsdifferenzierend*

E·mis·si·on <f.; -, -en> 1 *Ausgabe neuer Wertpapiere* 2 <Phys.> *Ausstrahlung* 3 <Chem.> *Aussendung von Schadstoffen;*

Schadstoff~; → a. *Immission(2)* [lat.]; **E·mis·si'ons·schutz** <m.; -es; unz.>; **E·mit'tent** <m.; -en, -en; Bankw.> *Unternehmen, das Wertpapiere ausgibt;* **e·mit'tie·ren** <V. t.> 1 <Bankw.> *(Wertpapiere) ausgeben* 2 *aussenden*

'Em·men·ta·ler <m.; -s, -; kurz für> ~ *Käse*

'e·Moll <n.; -; unz.; Mus.; Abk.: e> *eine Tonart;* **'e·Moll·Ton·lei·ter** <f.; -, -n>

E'mo·ti·con <n.; -s, -s; EDV> *Symbol, das Gefühle ausdrückt, z. B. :-)* [engl.]

E·mo·ti'on <f.; -, -en> *Gemütsbewegung* [frz.]; **e·mo·ti·o·'nal** <Adj.> *gefühlsbetont;* Sy *affektiv;* **e·mo·ti·o·na·li'sie·ren** <V. t.; geh.>; **E·mo·ti·o·na·li·tät** <f.; -; unz.>; **e·mo·ti·o'nell** <Adj.> = *emotional;* **e·mo·ti'ons·frei** <Adj.>; **e·mo·ti'ons·ge·la·den** <Adj.> *eine ~e Rede;* **e·mo·ti'ons·los** <Adj.>

Em·pa·thie <f.; -; unz.; Psych.> *Einfühlungsvermögen* [grch.]; **em·pa·thisch** <Adj.>

Emp·fang <m.; -(e)s, ⁼e> 1 <unz.> in ~ nehmen *entgegennehmen, erhalten* 2 <unz.; Rundf.; TV> *Übertragungsqualität einer Sendung;* ein schlechter ~ 3 *offizielle Begrüßung, festliche Einladung* 4 <unz.; Hotellerie> *Rezeption;* **emp'fan·gen** <V. t. 132>; **Emp'fän·ger** <m.; -s, ->; **Emp'fän·ge·rin** <f.; -, -n·nen>; **emp'fäng·lich** <Adj.> ~ für etwas sein *aufgeschlossen;* **Emp'fäng·lich·keit** <f.; -; unz.>; **Emp'fäng·nis** <f.; -, -s·se; Pl. selten> *Befruchtung der Eizelle durch eine Samenzelle;* **emp'fäng·nis·ver·hü·tend** <Adj.; ↗Z29> *~es Mittel;* **Emp·'fäng·nis·ver·hü·tung** <f.; -, -en; Pl. selten>; **emp'fangs·be·rech·tigt** <Adj.>; **Emp'fangs·be·schei·ni·gung** <f.; -, -en>; **Emp'fangs·be·stä·ti·gung** <f.; -, -en>; **Emp'fangs·chef** <[-ʃɛf]; m.; -s, -s>; **Emp'fangs·da·me** <f.; -, -n>; **Emp'fangs·ge·rät** <n.; -(e)s, -e; Rundf.; TV>

emp'feh·len <V. t./V. refl. 125> 1 *raten;* dieses Buch ist sehr zu ~; es empfiehlt sich ... <unpersönl.> *es ist vorteilhaft, ratsam*

2 <V. refl.> sich ~ *sich verabschieden;* **emp'feh·lens·wert** <Adj.>; **Emp'feh·lung** <f.; -, -en> 1 *Rat, Vorschlag* 2 *Fürsprache;* **Emp'feh·lungs·brief** <m.; -(e)s, -e>; **Emp'feh·lungs·schrei·ben** <n.; -s, ->

emp'fin·den <V. t. 134> *wahrnehmen, fühlen;* **emp'find·lich** <Adj.> 1 *auf Reize leicht reagierend;* eine ~e Haut 2 *verletzlich, schnell beleidigt* 3 *deutlich spürbar;* eine ~e Strafe; **Emp'find·lich·keit** <f.; -; unz.>; **emp'find·sam** <Adj.> *gefühlvoll, sensibel;* **Emp'find·sam·keit** <f.; -; unz.>; **Emp'fin·dung** <f.; -, -en>; **emp'fin·dungs·los** <Adj.>; **Emp'fin·dungs·lo·sig·keit** <f.; -; unz.>; **Emp'fin·dungs·ver·mö·gen** <n.; -s; unz.>; **Emp'fin·dungs·wort** <n.; -(e)s, ⁼er; Gramm.> → a. *Kasten Interjektion*

Em'pha·se <f.; -; unz.; geh.> *Nachdruck;* voller ~ sprechen [grch.]; **em·pha·tisch** <Adj.; geh.>

Em·phy'sem <n.; -s, -e; Med.> *Luftansammlung im Gewebe* [grch.]; **em·phy·se·ma·tisch** <Adj.>

Em·pire¹ <[ã'pi:r]; n.; -s; unz.> *Kunststil der Zeit Napoleons I.* [frz.]; **Em·pire²** <[ˈɛmpaiə(r)]; n.; - od. -s; unz.> *das frühere brit. Weltreich* [engl.]

Em·pi'rem <n.; -s, -e> *Erfahrungstatsache* [grch.]; **Em·pi'rie** <f.; -; unz.; geh.> *auf Erfahrung beruhende Erkenntnis;* **Em'pi·ri·ker** <m.; -s, ->; **Em'pi·ri·ke·rin** <f.; -, -nnen>; **Em·pi·ri·o·kri·ti'zis·mus** <m.; -; unz.; Philos.> *Lehre, die jegliche Metaphysik ablehnt u. sich allein auf kritische Erfahrung beruft;* **em'pi·risch** <Adj.; geh.> *auf Erfahrung(swissen) beruhend;* ~e Forschung; **Em·pi'ris·mus** <m.; -; unz.> *Lehre, nach der alle Erkenntnis nur auf Erfahrung beruht;* Ggs *Rationalismus;* **Em·pi'rist** <m.; -en, -en>; **Em·pi'ris·tin** <f.; -, -nnen>; **em·pi'ris·tisch** <Adj.>

em'por <Adv.; ↗Z22; geh.> *nach oben;* **em'por...** <in Zus. mit Verben betont u. abtrennbar> *hinauf, in die Höhe, z. B.* emporhalten; **em'por|ar·bei·ten** <V. refl.; ich arbeite mich empor; sie hat sich emporgearbeitet; sich emporzuarbeiten> sich ~ <fig.> *beruflich vorankommen*; **em'por|bli·cken** <V. i.>; **Em'po·re** <f.; -, -n> *Obergeschoss (bes. in Kirchen)*; **em'pö·ren** <V. t.> 1 <V. refl.> sich ~ *(über etwas od. jmdn.) sich aufregen*; ich bin empört 2 jmdn. ~ *zornig machen*; **em'pö·rend** <Adj.> *unerhört*; **Em'pö·rer** <m.; -s, -; selten> *Aufrührer*; **em'pö·re·risch** <Adj.>; **em'por|fah·ren** <V. i. (s.) 130>; **em'por|kom·men** <V. i. (s.) 170>; **Em'por·kömm·ling** <m.; -(e)s, -e; abwertend> *jmd., der schnell zu Geld od. Macht gekommen ist*; **em'por|ra·gen** <V. i.>; **em'por·schau·en** <V. i.>; **em'por·schnel·len** <V. i. (s.)>; **em'por·sprin·gen** <V. i. (s.) 253>; **em'por|stei·gen** <V. i. (s.) 258>; **em'por|stre·ben** <V. i. (s.)>; **Em'pö·rung** <f.; -, -en; Pl. selten> *Entrüstung*

em·py're·isch <Adj.>; **Em·py're·um** <n.; -s; unz.> 1 <in der Antike> *der Feuerhimmel* 2 <im Christentum> *Ort des Lichts, der Seligen* [grch.]

'Em·scher <n.; -s; unz.; Geol.> *Stufe der Oberkreide*

'Em·ser 'Salz <n.; - -es; unz.> *Salz aus den Heilquellen von Bad Ems*

'em·sig <Adj.> *eifrig*; **'Em·sig·keit** <f.; -; unz.>

'E·mu <m.; -s, -s; Zool.> *ein straußenähnl. Laufvogel* [port.]

E·mu·la·ti'on <f.; -; unz.; EDV> *Nachahmung der Eigenschaften eines anderen Computersystems* [lat.]; **E·mu'la·tor** <m.; -s, -'to·ren; EDV>

E·mul'ga·tor <m.; -s, -'to·ren> *Hilfsstoff zur Herstellung einer Emulsion*; **e·mul'gie·ren** <V. t.> *zu einer Emulsion verbinden*; **E·mul'sin** <n.; -s; unz.> *eine Enzymverbindung*; **E·mul·si'on** <f.; -, -en> 1 <Chem.> *feinste Verteilung miteinander nicht mischbarer Flüssigkeiten* 2 <Fot.> *lichtempfindliche Schicht auf Filmen u. Ä.*

'E·Mu·sik <f.; -; unz.; ⬈Z34;

umg.; kurz für> *ernste (klassische) Musik*; Ggs *U-Musik*

E·na'ki·ter <Pl.; im AT> *sagenhaftes Volk von Riesen*

En·al·la·ge <[-'ge:]; f.; -; unz.; Sprachw.> *Verschiebung der Wortbeziehung, z. B. "das braune Lächeln seiner Augen"*; → a. *Hypallage* [grch.]

En·an'them, <auch> **E·nan'them** <n.; -(e)s, -e; ⬈Z54; Med.> *Ausschlag auf den Schleimhäuten* [grch.]

en bloc <[ā'blɔk]; Adv.> *im Ganzen* [frz.]; **En-'bloc-Ver·kauf** <m.; -(e)s, -e; ⬈Z33>

En'ce·pha·lon <n.; -s, -la; Anat.> *Gehirn*; oV *Enzephalon* [grch.]

en·co'die·ren <V. t.> = *enkodieren*; **En·co'die·rung** <f.; -, -en>; **En·co·ding** <[in'ko:diŋ]; n.; -od. -s, -s; Nachrichtentech.> *das Verschlüsseln einer Nachricht*; Ggs *Decoding* [engl.]

En·coun·ter <[in'kaunt∂(r)]; n. od. m.; -s, -s; Psych.> *Form der Gruppentherapie* [engl.]; **En-'coun·ter·grup·pe** <f.; -, -n>

'End·ab·rech·nung <f.; -, -en>; **'End·acht·zi·ger** <m.; -s, -; umg.> *Mann Ende achtzig*; **'End·acht·zi·ge·rin** <f.; -, -n·nen>; **'end·aus·schei·dung** <f.; -, -en>; **'end·be·tont** <Adj.> *auf der letzten Silbe betont*; -es Wort; **'End·be·trag** <m.; -(e)s, ⸚e>; **'End·buch·sta·be** <m.; -ns, -n>; **'End·chen** <n.; -s, -; Verkleinerungsf. von> *Ende*; ein ~ Wolle; **'End·darm** <m.; -(e)s, ⸚e>; **'End·drei·ßi·ger** <m.; -s, -; umg.> → a. *Endachtziger*; **'End·drei·ßi·ge·rin** <f.; -, -n·nen>; **'En·de** <n.; -s, -n> 1 *Abschluss*; am ~ seines Lebens; er hat seinem Leben ein ~ gesetzt *er hat Selbstmord begangen*; ~ Mai; ~ letzten Jahres; letzten ~s; gegen ~ des Films; er ist ~ achtzig; ich bin am ~ (meiner Kräfte); meine Geduld ist zu ~; etwas zu ~ bringen, führen; zu ~ gehen; mit etwas zu ~ kommen; ~ gut, alles gut <Sprichw.>; am ~ kommt er gar nicht mehr <umg.> *womöglich* 2 <umg.> *(kleines) Stück, Strecke*; ein ~ Wurst; bis zum Kino ist es noch ein ganzes ~; **'End·ef·fekt** <m.; -(e)s, -e> im ~

En·de'mie <f.; -, -n; Med.> *örtlich begrenztes Auftreten einer Krankheit*; Ggs *Epidemie*; **en-'de·misch** <Adj.>; **En·de'mis·mus** <m.; -; unz.; Biol.> *Vorkommen von Tieren u. Pflanzen in einem best. Gebiet*; **En·de'mit** <n.; -en, -en; meist Pl.; Biol.>

'en·den <V. i.> *zu Ende gehen*; nicht ~ *wollender Beifall*; das Wort "Schmutz" endet auf z; **'End·er·geb·nis** <n.; -s·ses, -s·se>

en dé·tail <[āde'taj]; Adv.> 1 *im Einzelnen, in allen Einzelheiten* 2 <Kaufmannsspr.> *im Einzelhandel*; Ggs *en gros* [frz.]

'End·fünf·zi·ger <m.; -s, -; umg.> → a. *Endachtziger*; **'End·fünf·zi·ge·rin** <f.; -, -n·nen>; **'end·gül·tig** <Adj.> *unwiderruflich, unumstößlich*; **'End·gül·tig·keit** <f.; -; unz.>; **'en·di·gen** <V. t. u. V. i.; veralt.> = *enden*

En'di·vie <f.; -, -n; Bot.> *eine Salatpflanze* [ägypt.]

'End·kampf <m.; -(e)s, ⸚e>; **'End·la·ge·rung** <f.; -, -en>; **'End·lauf** <m.; -(e)s, ⸚e; Sp.>; **'end·lich** <Adj.> 1 *in Raum, Zeit u. Zahl begrenzt*; eine ~e Größe; Ggs *unendlich* 2 <adv.> *schließlich, nach langem Warten*; ~ war es so weit; **'End·lich·keit** <f.; -; unz.> *Begrenztheit*; **'end·los** <Adj.; ⬈Z43> eine ~e Debatte; etwas bis ins Endlose weiterführen; **End·los...** <in Zus.> *zusammenhängend, ohne Ende, z. B. Endlospapier*; **'End·los·for·mu·lar** <n.; -s, -e>; **'End·lo·sig·keit** <f.; -; unz.>; **'End·los·pa·pier** <n.; -s, -e>; **'End·lö·sung** <f.; -, -en; im Nationalsozialismus verhüllende Bez. für> *Ausrottung der Juden*; **'End·mo·rä·ne** <f.; -, -n; Geol.>

en·do..., En·do... <Vors.> *innen, innerhalb*; Ggs *ekto..., Ekto...* [grch.]; **En·do·ga'mie** <f.; -, -n; bei Naturvölkern> *Verwandtenehe*; **en·do'gen** <Adj.> *von innen kommend*; Ggs *exogen*; **En·do'kard** <n.; -s, -e; Med.> *Herzinnenhaut*; **En·do'karp** <n.; -s, -e; Bot.> *innere Schicht der Fruchtwand*; **en·do'krin** <Adj.; Med.> *mit innerer Sekretion*; -e Drüsen; **En·do·pro'the·se** <f.; -, -n; Med.> *künstl. Gelenk, Or-*

E

ganersatz; **En·dor'phin** <n.; -s, -e; meist Pl.; Med.> *körpereigener Stoff mit schmerzstillender Wirkung;* **En·do'skop,** <auch> **En·dos'kop** <n.; -(e)s, -e; ↗Z54; Med.> *Instrument zur Untersuchung von Körperhöhlen;* **En·do·sko'pie** <f.; -, -n>; **en·do·'sko·pisch** <Adj.; Med.>; **En·do·'thel** <n.; -(e)s, -e> *Zellschicht, die Blut- u. Lymphgefäße sowie Körperhöhlen auskleidet;* **en·do·'therm** <Adj.; Chem.> *Wärme od. Energie aufnehmend;* ~e Reaktion; Ggs *exotherm;* **en·do·'troph** <Adj.; Bot.> *sich innerhalb der Wirtspflanze ernährend;* Ggs *ektotroph*
'End·pha·se <f.; -, -n>; **'End·punkt** <m.; -(e)s, -e>; **'End·reim** <m.; -(e)s, -e>; **'End·re·sul·tat** <n.; -(e)s, -e>; **'End·run·de** <f.; -, -n; Sp.>; **'End·sech·zi·ger** <m.; -s, -; umg.> → a. *Endachtziger;* **'End·sech·zi·ge·rin** <f.; -, -n·nen>; **'End·sieb·zi·ger** <m.; -s, -; umg.> → a. *Endachtziger,* **'End·sieb·zi·ge·rin** <f.; -, -n·nen>; **'End·sieg** <m.; -(e)s; unz.; im Nationalsozialismus Bez. für> *erwarteter, endgültiger Sieg;* **'End·sil·be** <f.; -, -n; Gramm.>; **'End·spiel** <n.; -(e)s, -e; Sp.>; **'End·spurt** <m.; -(e)s, -e od. -s; a. fig.>; **'End·sta·di·um** <n.; -s, -di·en>; **'end·stän·dig** <Adj.; Bot.> ~e Blüten; **'End·sta·ti·on** <f.; -, -en>; **'End·stück** <n.; -(e)s, -e>; **'End·sum·me** <f.; -, -n>; **'En·dung** <f.; -, -en> → a. *Kasten Morphem;* **'en·dungs·los** <Adj.>; **'End·ur·teil** <n.; -(e)s, -e>; **'End·ver·brau·cher** <m.; -s, ->; **'End·ver·brau·che·rin** <f.; -, -n·nen>; **'End·vier·zi·ger** <m.; -s, -; umg.> → a. *Endachtziger;* **'End·vier·zi·ge·rin** <f.; -, -n·nen>; **'End·zeit** <f.; -; unz.> *Weltuntergang;* **'end·zeit·lich** <Adj.>; **'End·zeit·stim·mung** <f.; -; unz.>; **'End·zif·fer** <f.; -, -n>; **'End·zwan·zi·ger** <m.; -s, -; umg.> → a. *Endachtziger;* **'End·zwan·zi·ge·rin** <f.; -, -n·nen>; **'End·zweck** <m.; -(e)s, -e>
En·er'ge·tik, <auch> **E·ner'ge·tik** <f.; -; unz.; ↗Z54> 1 <Phys.> *Lehre von der (Umwandlung der) Energie* 2 <Philos.> *Auffas-*

sung, dass Energie die Grundlage allen Seins sei [grch.]; **En·er·'ge·ti·ker** <m.; -s, -> *Anhänger der Energetik(2);* **En·er'ge·ti·ke·rin** <f.; -, -n·nen>; **en·er'ge·tisch** <Adj.>; **En·er'gie** <f.; -, -n> 1 <Phys.> *die Fähigkeit, Arbeit zu verrichten* 2 <allg.> *Tatkraft, Schwung;* **en·er'gie·be·wusst** <Adj.>; **En·er'gie·bün·del** <n.; -s, -; fig.; umg.> *jmd., der voller Tatendrang ist;* **en·er·'gie·ge·la·den** <Adj.; ↗Z29> *voller Energie(2);* **En·er'gie·kon·zern** <m.; -(e)s, -e>; **En·er·'gie·kri·se** <f.; -, -n>; **En·er'gie·lo·sig·keit** <f.; -; unz.>; **En·er'gie·po·li·tik** <f.; -; unz.>; **En·er'gie·quel·le** <f.; -, -n>; **En·er'gie·trä·ger** <m.; -s, -> *Stoff, aus dem Energie gewonnen wird,* z. B. Kohle, Öl; **En·er'gie·um·wand·lung** <f.; -, -en>; **En·er'gie·ver·brauch** <m.; -(e)s; unz.>; **En·er·'gie·ver·sor·ger** <m.; -s, ->; **En·er'gie·ver·sor·gung** <f.; -; unz.>; **En·er'gie·wirt·schaft** <f.; -; unz.>; **en·er'gisch** <Adj.> *tatkräftig, entschlossen*
E·ner·va·ti'on <[-va-]; f.; -, -en> 1 *Überbeanspruchung der Nerven* 2 <Med.> *Ausschaltung der Verbindung zw. Nerv u. dazugehörigem Organ* [lat.]; **e·ner'vie·ren** <V. t.> jmdn. ~; eine ~de Tätigkeit; **E·ner'vie·rung** <f.; -, -en> = *Enervation*
E·Netz <n.; -es; unz.; ↗Z34; Tel.> *ein Telefonnetz*
en face <[ã'fas]; Adv.> *gegenüber;* Ggs *en profil* [frz.]
en fa·mille <[ãfa'mij]; Adv.> *in der Familie;* wir feiern ~ [frz.]
En·fant ter·ri·ble, <auch> **En·fant ter·rib·le** <[ãfãte'ribl]; n.; -, -·s -s [ãfãte'ribl]; ↗Z53> *jmd., der andere in Verlegenheit bringt od. schockiert* [frz.]
eng <Adj.; ↗Z21> 1 *schmal;* ~e Gassen 2 *dicht (gedrängt);* ein ~ beschriebenes, bedrucktes Blatt 3 *straff am Körper sitzend;* ein ~ anliegender Pullover 4 <↗Z43.3> *vertraut, nahe;* ~ befreundete Paare; er ist mit uns ~ verwandt; wir fühlen uns mit ihr auf das Engste/<auch> ~ste verbunden
En·ga·ge·ment <[ãgaʒ(ə)'mã:];

n.; -s, -s> 1 *feste Anstellung (im künstlerischen Bereich)* 2 <unz.> *persönl. Einsatz;* **en·ga·gie·ren** <[ãga'ʒi:rən]; V. t./V. refl.> 1 Schauspieler ~ *anstellen, verpflichten* 2 sich ~ *sich mit Nachdruck für etwas einsetzen*
'eng·brüs·tig <Adj.>; **'Eng·brüs·tig·keit** <f.; -; unz.>; **'En·ge** <f.; -, -n> jmdn. in die ~ treiben <fig.> *in Bedrängnis bringen*
'En·gel <m.; -s, -; nach christl. Vorstellung> *Himmelsbote;* **'En·gel·chen,** **'En·ge·lein** <n.; -s, -; Verkleinerungsf. von> *Engel;* oV *Englein;* **'en·gel·gleich** <Adj.> *wie ein Engel;* **'En·gel·ma·che·rin** <f.; -, -n·nen> *früher; umg.> Frau, die illegal Abtreibungen vornimmt;* **'En·gels·burg** <f.; -; unz.; in Rom>; **'En·gel·schar** <f.; -, -en>; **'En·gels·ge·duld** <f.; -; unz.> mit ~; **'en·gels·gleich** <Adj.> = *engelgleich;* **'En·gels·haar** <n.; -(e)s; unz.>; **'En·gel·süß** <n.; -; unz.; Bot.> Sy *Tüpfelfarn;* **'En·gels·zun·gen** <Pl.; nur in der Wendung> mit ~ reden *eindringlich reden;* **'En·gel·wurz** <f.; -, -en; Bot.> *eine Heilpflanze;* Sy *Angelika*
'En·ger·ling <m.; -s, -e; Zool.> *Maikäferlarve*
'eng·her·zig <Adj.; fig.> *kleinlich;* **'Eng·her·zig·keit** <f.; -; unz.>; **'En·gig·keit** <f.; -; unz.> *Enge*
En·gi·nee·ring <[-dʒi'ni:-]; n.; -s; unz.; kurz für> *Human Engineering, Industrial Engineering* [engl.]
'Eng·land *der südl. Teil von Großbritannien;* **'Eng·län·der** <m.; -s, -> 1 *Bewohner von England* 2 *ein Schraubenschlüssel;* **'Eng·län·de·rin** <f.; -, -n·nen>
'Eng·lein <n.; -s, -; poet.> *Verkleinerungsf. von* Engel
'eng·lisch[1] <Adj.; ↗Z46> *England betreffend, aus England stammend;* ~er Garten *best. Form der Gartenanlage;* <aber> der Englische Garten in München; ~er Walzer <Mus.> *langsamer W.;* die ~e Sprache; → a. *deutsch*
'eng·lisch[2] <Adj.; veralt.> *die Engel betreffend;* Englischer Gruß <Kath.> *Gruß des Engels bei der*

Verkündigung Mariä, <auch> ein Gebet

Eng·lisch <n.; -s; unz.> *die englische Sprache; → a. Deutsch;* **Eng·lisch'horn** <n.; -(e)s, ⸚er; Instrumentenk.> *ein Holzblasinstrument;* **Eng·lish spo·ken** <['ɪŋglɪʃ 'spou·kən]> *(hier wird) englisch gesprochen (Aufschrift auf Ladentüren)* [engl.]; **Eng·lish·waltz** <['ɪŋglɪʃ'wɔːlts]; m.; -, -; engl. Bez. für> *englischer Walzer (→ englisch¹);* **eng·li'sie·ren** <V. t.> = *anglisieren*

'eng·ma·schig <Adj.>; **'Eng·pass** <m.; -es, ⸚e> **1** *schmale Durchfahrt* **2** <fig.; umg.> *Mangel;* **'Eng·pass·fak·tor** <m.; -s, -'to·ren>

En·gramm <n.; -(e)s, -e; Med.; Psych.> *bleibende Spur, die ein Reiz im Gehirn hinterlässt*

en gros <[ã'gro:]; Adv.> *im Großen, in großen Mengen; Ggs en detail* [frz.]; **En'gros·han·del** <m.; -s; unz.> Sy *Großhandel; Ggs Detailhandel;* **En·gros'sist** <[ã–]; m.; -en, -en; österr.> *Großhändler; oV Grossist;* **En·'gros·ver·kauf** <m.; -(e)s, ⸚e>

'eng·stir·nig <Adj.; fig.> *mit beschränktem geistigem Horizont;* **'Eng·stir·nig·keit** <f.; -; unz.>; **'eng·zei·lig** <Adj.>

En·har·mo·nik <f.; -; unz.; Mus.> *unterschiedl. Benennung u. Schreibung desselben Tones, z. B. ais = b;* **en·har'mo·nisch** <Adj.> = *Verwechslung*

E'nig·ma <n.; -s, -ma·ta od. -men> = *Änigma;* **e·nig'ma·tisch** <Adj.>

En·jambe·ment <[ãʒãbə'mã]; n.; -s, -s; Metrik> *Übergreifen eines Satzes auf den nächsten Vers* [frz.]

en·kaus·tie·ren <V. t.> *mit flüssigem Wachs überziehen* [grch.]; **En'kaus·tik** <f.; -; unz.; bild. Kunst> *eine Maltechnik;* **en'kaus·tisch** <Adj.>

'En·kel <m.; -s, -> *Sohn des Sohnes od. der Tochter;* **'En·ke·lin** <f.; -, -nnen> *Tochter des Sohnes od. der Tochter;* **'En·kel·kind** <n.; -(e)s, -er>; **'En·kel·sohn** <m.; -(e)s, ⸚e> = *Enkel;* **'En·kel·toch·ter** <f.; -, ⸚> = *Enkelin*

En·kla·ve <[-və]; f.; -, -n> *fremdes Staatsgebiet, das vom eigenen*

Enklise: Als E. bezeichnet man die Verschmelzung eines schwach betonten Wortes mit dem vorangehenden, z. B. *kannste* (= *kannst du?*). Vgl. ⬈Proklise

eingeschlossen ist; Ggs Exklave [frz.]

En'kli·se <f.; -, -n> = *Kasten,* **En·'kli·sis** <f.; -, -sen; Sprachw.> *Anlehnung, Verschmelzung eines tonlosen Wortes an ein vorhergehendes betontes, z. B. "geht's" statt "geht es"; Ggs Proklise* [grch.]; **En'kli·ti·kon** <n.; -s, -ka> *unbetontes Wort, das sich an das vorhergehende betonte anlehnt;* **en'kli·tisch** <Adj.>

en·ko·die·ren <V. t.; verstärkend> = *kodieren; oV encodieren;* **En·ko'die·rung** <f.; -, -en>

En'ko·mi·on, En'ko·mi·um <n.; -s, -mi·en> *Lobrede, Lobschrift* [grch.]

En·kul·tu·ra·ti'on <f.; -, -en; Soziol.> *das Hineinwachsen in die Gesellschaft*

en masse <[ã'mas]; Adv.> *in Massen, in großer Zahl* [frz.]

en mi·ni·a·ture <[ãminja'tyr]; Adv.> *im Kleinen* [frz.]

e'norm <Adj.> *beeindruckend, außergewöhnlich* [frz.]; **E·nor·mi'tät** <f.; -, -en>

en pas·sant <[ãpa'sã]; Adv.> *beiläufig; etwas ~ erwähnen* [frz.]

en pro'fil <[ã–]; Adv.> *von der Seite; Ggs en face* [frz.]

En·que·te <[ã'kɛt(ə)]; f.; -, -n> **1** *Untersuchung* **2** <österr. a.> *Arbeitstagung* [frz.]; **En'que·te·kom·mis·si·on** <f.; -, -en>

en route <[ã'rut]; Adv.> *unterwegs* [frz.]

En·sem·ble, <auch> **En·semb·le** <[ã'sãbl]; n.; -s, -s; ⬈Z 53> **1** *Gesamtheit der an einem Theater fest angestellten Künstler* **2** <Mode> *mehrteiliges (Damen-)Kleidungsstück* **3** *harmonisches Gesamtbild; die Häuser bilden ein schönes ~* [frz.]; **En·'sem·ble·mit·glied** <n.; -(e)s, -er; Theat.>; **En'sem·ble·spiel** <n.; -(e)s; unz.>

ent..., <Vorsilbe; in Zus.> *von ... weg, aus ... heraus, z. B. entkommen, Entgleisung*

ent·an·o·ny·mi·sie·ren, <auch> **ent·a·no·ny·mi'sie·ren** <V. t.; ⬈Z54, 55; EDV> *die Anonymität personenbezogener Daten außer Kraft setzen;* **Ent·an·o·ny·mi·'sie·rung** <f.; -, -en; EDV>

ent'ar·ten <V. i. (s.)> *aus der Art schlagen; entartete Kunst <im Nationalsozialismus> moderne Kunst, die nicht den polit. u. rassist. Zielsetzungen entsprach;* **Ent'ar·tung** <f.; -, -en>

En'ta·se <f.; -, -n>, **'En·ta·sis** <f.; -, -'ta·sen; Arch.> *Verdickung des Säulenschaftes* [grch.]

ent'äu·ßern <V. t./V. refl.; m. Gen.> *sich einer Sache ~ <geh.> darauf verzichten;* **Ent'äu·ße·rung** <f.; -, -en>

Ent'bal·lung <f.; -, -en> *Entzerrung*

ent'beh·ren <V.> **1** <V. t.> *verzichten müssen* **2** <V. i.; m. Gen.> *das entbehrt jeglicher Grundlage <geh.>;* **ent'behr·lich** <Adj.>; **Ent'behr·lich·keit** <f.; -; unz.>; **Ent'beh·rung** <f.; -, -en> *ein Leben voller ~en;* **ent'beh·rungs·reich** <Adj.>

ent'bei·nen <V. t.> *etwas ~ die Knochen aus etwas entfernen*

ent'bie·ten <V. t. 110/V. refl.; veralt.> *jmdm. einen Gruß ~ entgegenbringen*

ent'bin·den <V. 111> **1** <V. t.> *jmdn. von einer Pflicht o. Ä. ~ befreien* **2** <V. i.> *ein Kind zur Welt bringen; sie hat gestern entbunden;* **Ent'bin·dung** <f.; -, -en>; **Ent'bin·dungs·sta·ti·on** <f.; -, -en>

ent'blät·tern <V. t./V. refl.; ich entblättere (mich)> *(sich) ausziehen*

ent'blö·den <V. refl.; geh.; nur in verneinenden Sätzen> *sich nicht ~ sich nicht scheuen*

ent'blö·ßen <V. t./V. refl.; du entblößt> *den Oberkörper ~*

ent'bren·nen <V. i. (s.) 117> *er entbrannte in heißer Liebe zu ihr <poet.; fig.>*

ent·bü·ro·kra·ti'sie·ren <V. t.>

'Ent·chen <n.; -s, -; Verkleinerungsf. von> *Ente(1)*

ent·cof·fe·i'nie·ren <[-fe:i–]; V. t.> = *entkoffeinieren*

ent'de·cken <V. t.> *Unbekanntes aufspüren;* **Ent'de·cker** <m.; -s, ->; **Ent'de·cker·freu·de** <f.; -;*

unz.>; **Ent·de·cke·rin** <f.; -, -n·nen>; **Ent·de·ckung** <f.; -, -en>; **Ent·de·ckungs·rei·se** <f.; -, -n>

'En·te <f.; -, -n> 1 <Zool.> *ein Gänsevogel* 2 <fig.; umg.> *Falschmeldung;* Zeitungs~

ent'eh·ren <V. t.> jmdn. ~ *jmdm. Schande antun;* **Ent'eh·rung** <f.; -, -en>

ent'eig·nen <V. t.> jmdn. ~ *jmds. Besitz, Vermögen beschlagnahmen;* **Ent'eig·nung** <f.; -, -en>

ent'ei·len <V. i. (s.); geh.> *davoneilen*

ent'ei·sen <V. t.; du enteist> *von Eis²(1) befreien;* den Kühlschrank ~

ent'ei·se·nen <V. t.; du enteisenst> *das Eisen(1) entfernen;* Trinkwasser ~; **ent'ei·sent** <Adj.; ↗Z28.1> *frei von Eisen(1);* ~es Wasser; **Ent'ei·se·nung** <f.; -, -en>

Ent'ei·sung <f.; -, -en>

En·te·le'chie <f.; -, unz.; Philos.> *die dem Organismus innewohnende Fähigkeit, seine Anlagen zu entwickeln* [grch.]; **en·te'le·chisch** <[-çiʃ]; Adj.>

'En·ten·bra·ten <m.; -s, -; Kochk.>; **'En·ten·schna·bel** <m.; -s, ⁓>

En·ten·te <[ã'tã:t(ə)]; f.; -, -n> *Bündnis zw. Staaten* [frz.]

'En·ten·wal <m.; -(e)s, -e; Zool.> = *Dögling*

'En·ter <n.; -s; unz.; EDV; auf der Computertastatur> *Taste zur Befehlsbestätigung*

en·te'ral <Adj.; Med.> *den Darm betreffend*

ent'er·ben <V. t.>; **Ent'er·bung** <f.; -, -en>

'En·ter·ha·ken <m.; -s, ->

'En·te·rich <m.; -s, -e; Zool.> *männl. Ente;* Sy *Erpel*

En·te'ri·tis <f.; -, -'ti·den; Med.> *Entzündung des Dünndarms* [grch.]

'en·tern <V.; ich entere> 1 <V. i. (s.)> *in, auf das Takelwerk eines Schiffes klettern* 2 <V. t.> ein Schiff ~ *erobern* [ndrl.]

en·te·ro'gen <Adj.; Med.> *vom Darm ausgehend* [grch.]; **En·te·ro'kok·ken** <Pl.; Med.> *zur natürl. Darmflora des Menschen gehörende Bakterien;* **En·te·ro'skop**, <auch> **En·te·ros'kop** <n.; -(e)s, -e ↗Z54; Med.> *Gerät zur Untersuchung des Darms;* **En·te·ro·sko'pie** <f.; -, -n; Med.>

En·ter·tai·ner <[--'te:.] od. ['----]; m.; -s, -> *Unterhaltungskünstler* [engl.]; **En·ter'tai·ne·rin** <f.; -, -n·nen>; **En·ter'tain·ment** <n.; -s; unz.> *berufsmäßige leichte Unterhaltung*

ent'fa·chen <V. t.; geh.; a. fig.> ein Feuer ~ *zum Brennen bringen*

ent'fah·ren <V. i. (s.) 130> ihr entfuhr ein Schrei

Ent'fall <m.; -(e)s; unz.; selten> *Wegfall;* **ent'fal·len** <V. i. (s.) 131> 1 mir ist sein Name ~ *ich habe seinen N. vergessen* 2 von dem Gewinn ~ auf jeden 500 Euro 3 *ausfallen;* der Unterricht entfällt

ent'fal·ten <V. t.> 1 etwas ~ *auseinander falten* 2 <V. refl.> sich ~ *sich voll entwickeln, aufblühen;* **Ent'fal·tung** <f.; -, -en>; **Ent'fal·tungs·mög·lich·keit** <f.; -, -en>

ent'fär·ben <V. t.>; **Ent'fär·bung** <f.; -, -en>

ent'fer·nen <V. t./V. refl.> *beseitigen;* sich ~ *weggehen;* **ent'fernt** <Adj.; ↗Z43> *weit weg gelegen, fern;* ein ~er Verwandter; eine ~e Ähnlichkeit; ich bin weit davon ~, ...; das ist nicht im Entferntesten richtig *überhaupt nicht;* **Ent'fer·nung** <f.; -, -en> 1 *das Entfernen* 2 *Abstand, Strecke;* **Ent'fer·nungs·mes·ser** <m.; -s, ->

ent'fes·seln <V. t.> ich entfess(e)le; fig.> entfesselte Leidenschaften; **Ent'fes·se·lung**, **Ent'fess·lung** <f.; -; unz.>

ent'fet·ten <V. t.>; **'Ent·fet·tung** <f.; -; unz.>; **Ent'fet·tungs·kur** <f.; -, -en>

ent'flam·men <V.; geh.> 1 <V. t.> Feuer ~ *zum Brennen bringen* 2 <V. i. (s.)> *zum Ausbruch kommen;* sein Hass entflammte von neuem; sie ist in, von Liebe entflammt

ent'flech·ten <V. t. 135>; **Ent·'flech·tung** <f.; -, -en>

ent'fleu·chen <V. i. (s.); veralt.; noch scherzh.> *entfliehen;* er ist entfleucht

ent'flie·gen <V. i. (s.) 136> Wellensittich entflogen!

ent'flie·hen <V. i. (s.) 137>

ent'frem·den <V. t./V. refl.> wir haben uns entfremdet *wir sind uns fremd geworden;* → a. *zweckentfremden;* **Ent'frem·dung** <f.; -, -en>

ent'fros·ten <V. t.>; **Ent'fros·ter** <m.; -s, ->; **Ent'fros·tung** <f.; -; unz.>

ent'füh·ren <V. t.>; **Ent'füh·rer** <m.; -s, ->; **Ent'füh·re·rin** <f.; -, -n·nen>; **Ent'füh·rung** <f.; -, -en>

ent'ge·gen <Präp.; m. Dat.> 1 *in Richtung auf;* es geht den Ferien ~ 2 *zuwider;* ~ meinen Anweisungen/<auch> meinen Anweisungen ~/; **ent'ge·gen...** <Vors.; ↗Z22; in Zus. mit Verben betont u. abtrennbar>; **ent·'ge·gen|brin·gen** <V. t. 118; ich bringe entgegen; sie hat entgegengebracht; entgegenzubringen> Freundschaft, Interesse ~ <fig.> *bezeigen;* **ent'ge·gen|ei·len** <V. i. (s.)>; **ent'ge·gen|fie·bern** <V. i.; fig.> *ungeduldig warten;* dem Urlaub ~; **ent'ge·gen|ge·hen** <V. i. (s.) 145>; **ent·'ge·gen·ge·setzt** <Adj.> 1 *in umgekehrter Richtung liegend, verlaufend* 2 *gegensätzlich;* ~e Standpunkte vertreten; **ent'ge·gen|hal·ten** <V. 160> 1 <V. t.> jmdm. etwas ~ *entgegenstrecken* 2 <V. i.> *einwenden;* **ent·'ge·gen|kom·men** <V. i. (s.) 170/V. refl.> jmdm. ~ *auf jmdn. zugehen* <a. fig.> dein Vorschlag kommt mir sehr entgegen; **Ent'ge·gen·kom·men** <n.; -s; unz.> *Gefälligkeit, Zugeständnis;* **ent'ge·gen·kom·mend** <Adj.>; **ent'ge·gen·kom·men·der'wei·se** <Adv.> ~ trug er meinen Koffer; <aber> in entgegenkommender Weise bot er mir an, ...; **ent'ge·gen|lau·fen** <V. i. (s.) 176>; **ent'ge·gen|neh·men** <V. t. 189> *in Empfang nehmen;* **ent'ge·gen|se·hen** <V. i. 239> dem Tod gefasst ~; **ent'ge·gen|set·zen** <V. t.> ich kann seinen Behauptungen nichts ~; **ent'ge·gen|ste·hen** <V. i. 256 (h. od. (süddt.; österr.; schweiz.) s.)> *im Wege stehen, hinderlich sein;* deinem Vorhaben steht nichts entgegen; **ent'ge·gen·stem-**

men <V. t./V. refl.> sich od. etwas einer Sache ~; **ent'ge·gen·stre·cken** <V. t.>; **ent'ge·gen·tre·ten** <V. i. (s.) 268> dem Missbrauch energisch ~ <fig.>; **ent'geg·nen** <V. t./V. refl.> antworten, erwidern; **Ent'geg·nung** <f.; -, -en>

ent·ge·hen <V. i. (s.) 145> **1** einer Gefahr, dem Tod ~ ausweichen können, mit dem Leben davonkommen **2** sich etwas ~ lassen ungenützt vorübergehen lassen **3** das ist mir entgangen das habe ich übersehen, nicht bemerkt

ent'geis·tert <Adj.> jmdn. ~ ansehen äußerst überrascht

Ent'gelt <n.; -(e)s, -e; Pl. selten> Lohn, Bezahlung; **ent'gel·ten** <V. t. 147; geh.> jmdm. etwas ~ jmdn. entschädigen; **ent'gelt·lich** <Adj.; selten> gegen Bezahlung; Ggs unentgeltlich

ent'gif·ten <V. t.>; **Ent'gif·tung** <f.; -; unz.>

ent'glei·sen <V. i. (s.)> **1** aus dem Gleis springen; der Zug ist entgleist **2** <fig.> aus der Rolle fallen; **Ent'glei·sung** <f.; -, -en>

ent'glei·ten <V. i. (s.) 155; geh.> die Kinder sind ihr entglitten <fig.> haben sich ihrem Einfluss entzogen

ent'got·ten <V. t.; selten>, **ent'göt·tern** <V. t.; ich entgöt·t(e)re> eine entgottete/entgötterte Welt; **Ent'göt·te·rung** <f.; -; unz.>, **Ent'got·tung** <f.; -; unz.>

ent'grä·ten <V. t.> einen Fisch ~

ent'gren·zen <V. t.; geh.> aus der Begrenztheit lösen; **Ent'gren·zung** <f.; -, -en>

ent'haa·ren <V. t.>; **Ent'haa·rung** <f.; -; unz.>; **Ent'haa·rungs·mit·tel** <n.; -s, ->

ent'hal·ten¹ <V. t. 160> umfassen, beinhalten; die Mappe enthält alle wichtigen Unterlagen; **ent'hal·ten²** <V. t. 160/V. refl.> sich (einer Sache) ~ darauf verzichten; sie enthielten sich der Stimme; **ent'halt·sam** <Adj.> abstinent; **Ent'halt·sam·keit** <f.; -; unz.>; **Ent'hal·tung** <f.; -, -en> Verzicht; Stimm~

ent'här·ten <V. t.> Wasser ~ weich(er) machen; **Ent'här·tung** <f.; -, -en>

ent'haup·ten <V. t.>; **Ent'haup·tung** <f.; -, -en>

ent'häu·ten <V. t.>; **Ent'häu·tung** <f.; -; unz.>

ent·he·ben <V. t. 163; m. Gen.> jmdn. seines Amtes ~ entlassen; damit bin ich mit allen Sorgen enthoben; **Ent'he·bung** <f.; -, -en> Amts~

ent'hei·li·gen <V. t.> entweihen; **Ent'hei·li·gung** <f.; -; unz.>

ent'hem·men <V. t.> er ist völlig enthemmt

ent'hol·zen <V. t.>; **Ent'hol·zung** <f.; -; unz.>

ent'hül·len <V. t.; geh.> sichtbar machen, offenbaren; **Ent'hül·lung** <f.; -, -en>

ent'hül·sen <V. t.>

en·thu·si·as'mie·ren <V. t.> begeistern; **En·thu·si·as·mus** <m.; -; unz.> Begeisterung [grch.]; **En·thu·si'ast** <m.; -en, -en> Schwärmer; **En·thu·si·as·tin** <f.; -, -n·nen>; **en·thu·si'as·tisch** <Adj.>

ent·i·de·o·lo·gi·sie·ren <V. t.; ↗Z.55> von ideologischem Gedankengut befreien; **Ent·i·de·o·lo·gi·sie·rung** <f.; -; unz.>

En·ti'tät <f.; -, -en; Philos.> das Dasein eines Dinges [lat.]

ent'jung·fern <V. t.; ich entjungfere>; **Ent'jung·fe·rung** <f.; -, -en> Zerstörung des Jungfernhäutchens (beim ersten Geschlechtsverkehr); Sy Defloration

ent'kal·ken <V. t.>; **Ent'kal·kung** <f.; -; unz.>

ent'kei·men <V. t.> keimfrei machen; **Ent'kei·mung** <f.; -; unz.>

ent'ker·nen <V. t.>; **Ent'ker·ner** <m.; -s, -> Gerät zum Entkernen von Früchten

ent'klei·den <V. t./V. refl.; geh.>; **Ent'klei·dung** <f.; -; unz.>

ent·kof·fe·i'nie·ren <[-fe:i-]; V. t.> dem Kaffee das Koffein entziehen; entkoffeinierter Kaffee; oV entcoffeinieren

ent'kom·men <V. i. (s.) 170> fliehen (können); **Ent'kom·men** <n.; -s; unz.> es gab kein ~

ent'kor·ken <V. t.>

ent'kör·nen <V. t.>; **Ent'kör·nung** <f.; -; unz.>

ent'kräf·ten <V. t.> **1** schwächen; die Krankheit hat ihn entkräftet **2** (weitgehend) widerlegen; ei-

nen Verdacht ~; **Ent'kräf·tung** <f.; -, -en>

ent'kramp·fen <V. t.>; **Ent'kramp·fung** <f.; -, -en>

ent'la·den <V. t./V. refl. 174>; **Ent'la·dung** <f.; -, -en>

ent'lang¹ <Präp.; nachgestellt m. Akk. od. (selten) Dat., vorangestellt m. Dat. od. (selten) Gen.> längs; den Bach, die Straße, das Ufer ~; ~ dem Bach, der Straße, dem Ufer; **ent'lang²** <Adv.> am Rande, neben; am Bach, Fluss, Ufer ~; **ent'lang...** <Vors.; ↗Z22; in Zus. mit Verben betont u. abtrennbar> **ent'langfah·ren** <V. i. (s) 130; ich fahre entlang; sie ist entlanggefahren; entlangzufahren>; **ent'langge·hen** <V. i. od. (selten) V. t. (s.) 145>

ent'lar·ven <V. t./V. refl.> demaskieren; **Ent'lar·vung** <f.; -, -en>

ent'las·sen <V. t. 175; du entlässt> jmdn. (fristlos) ~ jmdm. kündigen; **Ent'las·sung** <f.; -, -en>; **Ent'las·sungs·ge·such** <n.; -(e)s, -e>; **Ent'las·sungs·pa·pie·re** <Pl.>; **Ent'las·sungs·schein** <m.; -(e)s, -e>; **Ent'las·sungs·zeug·nis** <n.; -s·ses, -s·se>

ent'las·ten <V. t.> von einer Belastung, von einer zur Last gelegten Schuld befreien; **Ent'las·tung** <f.; -, -en>; **Ent'las·tungs·ma·te·ri·al** <n.; -(e)s; unz.>; **Ent'las·tungs·zeu·ge** <m.; -n, -n>; **Ent'las·tungs·zeu·gin** <f.; -, -n·nen>; **Ent'las·tungs·zug** <m.; -(e)s, ⁻e> zu Stoßzeiten zusätzlich eingesetzter Zug

ent'lau·ben <V. t./V. refl.>; **Ent'lau·bung** <f.; -, -en>

ent'lau·fen <V. i. (s.) 176> Katze ~!

ent'lau·sen <V. t.>; **Ent'lau·sung** <f.; -, -en>

ent'le·di·gen <V. t./V. refl.; geh.> sich jmds. od. einer Sache ~ davon befreien; **Ent'le·di·gung** <f.; -, -en>

ent'lee·ren <V. t./V. refl.>; **Ent'lee·rung** <f.; -, -en>

ent'le·gen <Adj.> abseits liegend; eine ~e Gegend

ent'leh·nen <V. t.> aus einem anderen Bereich übernehmen; das Wort "Fenster" ist aus dem Lateinischen entlehnt; **Ent'leh·nung** <f.; -, -en>

E

ent·lei·ben <V. refl.; geh.> sich ~ *sich töten*

ent·lei·hen <V. t./V. refl. 178> *ausleihen;* **Ent·lei·her** <m.; -s, ->; **Ent·lei·he·rin** <f.; -, -n·nen>

'Ent·lein <n.; -s, -; poet.> Verkleinerungsf. von> *Ente(1)*

ent·lo·ben <V. refl.> sich ~ *eine Verlobung lösen;* **Ent·lo·bung** <f.; -, -en>

ent·lo·cken <V. t.>

ent·loh·nen, ent·löh·nen <V. t.> jmdn. ~ *für geleistete Dienste bezahlen;* **Ent·loh·nung, Ent·'löh·nung** <f.; -, -en>

ent·'lüf·ten <V. t.>; **Ent·'lüf·ter** <m.; -s, ->; **Ent·'lüf·tung** <f.; -; unz.>

ent·mach·ten <V. t.> einen Herrscher ~ *seiner Macht berauben;* **Ent·mach·tung** <f.; -, -en>

ent·ma·gne·ti'sie·ren, <auch> **ent·mag·ne·ti·sie·ren** <V. t.; ↗Z.53>

ent·man·nen <V. t.> *kastrieren;* **Ent·man·nung** <f.; -, -en>

ent·men·schen <V. t.; meist im Part. Perf.> ein entmenschter Verbrecher *ein roher V.;* **ent·'mensch·li·chen** <V. t.>

ent·mie·ten <V. t.> Häuser ~ *räumen lassen, um sie verkaufen zu können*

ent·mi·li·ta·ri'sie·ren <V. t.>; **Ent·mi·li·ta·ri'sie·rung** <f.; -; unz.>

ent·'mi·nen <V. t.>

ent·'mi·schen <V. t.; Chem.>; **Ent·'mi·schung** <f.; -; unz.>

ent·'mis·ten <V. t.> *ausmisten*

ent·'mün·di·gen <V. t.> jmdn. ~ *unter Vormundschaft stellen;* **Ent·'mün·di·gung** <f.; -, -en>

ent·'mu·ti·gen <V. t.>; **Ent·'mu·ti·gung** <f.; -, -en>

ent·mys·ti·fi'zie·ren <V. t.> etwas ~ *die mystischen Vorstellungen um etwas beseitigen;* **Ent·mys·ti·fi'zie·rung** <f.; -, -en>

ent·my·tho·lo·gi'sie·ren <V. t.> *mythologische Vorstellungen beseitigen;* **Ent·my·tho·lo·gi·'sie·rung** <f.; -, -en>

Ent·'nah·me <f.; -; unz.>

ent·na·ti·o·na·li'sie·ren <V. t.> 1 ein Volk ~ *der nationalen Eigenart berauben* 2 = *reprivatisieren;* **Ent·na·ti·o·na·li'sie·rung** <f.; -, -en>

ent·na·zi·fi'zie·ren <V. t.>; **Ent·na·zi·fi'zie·rung** <f.; -, -en; in

Deutschland nach 1945> *die Beseitigung ehemaliger Nationalsozialisten aus einflussreichen Stellungen*

ent·'neh·men <V. t. 189> 1 *herausnehmen* 2 ihren Worten war zu ~, dass ...

ent·'ner·ven <V. t.>; **ent·'nervt** <Adj.; ↗Z.28.1> *nervös, gereizt*

En·to·'blast <n.; -(e)s, -e>, **En·to·'derm** <n.; -s, -e; Biol.> *inneres Keimblatt des Embryos* [grch.]; **en·to·der'mal** <Adj.>

ent·'ö·len <V. t.; ↗Z.55> entölter Kakao; **Ent·'ö·lung** <f.; -, -en>

En·to·mo·'lo·ge <m.; -n, -n>; **En·to·mo·lo'gie** <f.; -; unz.> *Wissenschaft von den Insekten* [grch.]; **En·to·mo·lo'gin** <f.; -, -n·nen>; **en·to·mo·lo'gisch** <Adj.>

en·to·pisch <Adj.> *einheimisch, örtlich* [grch.]

ent·'op·tisch <Adj.; Med.> *im Inneren des Auges gelegen* [grch.]

en·to·tisch, <auch> **en·to·'tisch** <Adj.; ↗Z.54; Med.> *im Ohr entstehend* [grch.]

ent·per·'sön·li·chen <V. t.>

ent·'pflich·ten <V. t.; veralt.> jmdn. ~ *von seinen Amtspflichten entbinden*

ent·po·li·ti'sie·ren <V. t.> eine Rede ~ *ihre polit. Thematik verringern*

ent·pri·va·ti'sie·ren <[-va-]; V. t.> *verstaatlichen*

ent·'pup·pen <V. refl.> sich ~ *sich überraschend als etwas od. jmd. erweisen;* **Ent·'pup·pung** <f.; -; unz.>

ent·'quel·len <V. i. (s.) 194; geh.> *herausquellen*

ent·'rah·men <V. t.> entrahmte Milch; **Ent·'rah·mer** <m.; -s, -> *Maschine zum Entrahmen*

ent·'ra·ten <V. i. 195; m. Gen.; veralt.> *entbehren;* ich kann deiner Hilfe nicht ~

ent·'rät·seln <V. t.; ich enträts(e)le>; **Ent·'rät·se·lung** <f.; -; unz.>

En·tre·akt, <auch> **Ent·re·akt** <[ãtrə'akt] od. [ã'trakt]; m.; -(e)s, -e; Theat.> *Zwischenakt, -musik, -spiel* [frz.]

ent·'rech·ten <V. t.> jmdn. ~ *seiner Rechte berauben;* **Ent·'rech·tung** <f.; -, -en>

En·tre·cote, <auch> **Ent·re·cote**

<[ãtrə'ko:t]; n.; -s, -s; ↗Z.53> *Rippenstück vom Rind* [frz.]

En·tree, <auch> **Ent·ree** <[ã'tre:]; n.; -s, -s; ↗Z.53> 1 *Eingang, Zutritt* 2 *Vorspeise* 3 <Ballett> *Eröffnungsmusik* [frz.]

ent·'rei·ßen <V. t. 198>

en·tre nous <[ãtrə'nu]; veralt.> *unter uns, vertraulich* [frz.]

ent·'rich·ten <V. t.> Steuern, Beiträge ~ *bezahlen;* **Ent·'rich·tung** <f.; -; unz.>

ent·'rie·geln <V. t.; ich entrieg(e)le> eine Tür ~

ent·'rin·den <V. t.> er hat die Baumstämme entrindet

ent·'rin·gen <V. t. 202; geh.> jmdm. ein Geständnis ~ <fig.>

ent·'rin·nen <V. i. (s.) 203; geh.> einer Gefahr ~ *knapp entkommen;* **Ent·'rin·nen** <n.; -s; unz.>; in der Wendung> es gab kein ~

ent·'rol·len <V. t.> eine Fahne ~ *auseinander rollen*

En·tro'pie <f.; -, -n> 1 <Phys.> *Größe der Thermodynamik* 2 <Kommunikationstheorie> *Größe des Informationsgehalts einer Nachricht* [grch.]

ent·'ros·ten <V. t.>; **Ent·'ros·ter** <m.; -s, -> *Mittel gegen Rost;* **Ent·'ros·tung** <f.; -, -en>

ent·'rü·cken <V. t.; geh.> *entziehen, wegnehmen;* **ent·'rückt** <Adj.> *geistesabwesend;* **Ent·'rückt·heit** <f.; -; unz.>; **Ent·'rü·ckung** <f.; -; unz.>

ent·'rüm·peln <V. t.; ich entrümp(e)le> *Gerümpel entfernen;* **Ent·'rüm·pe·lung** <f.; -, -en>

ent·'ru·ßen <V. t.> den Ofen ~

ent·'rüs·ten <V. t./V. refl.> der Vorschlag entrüstete ihn; er entrüstete sich *empörte sich;* **Ent·'rüs·tung** <f.; -, -en>

ent·'saf·ten <V. t.>; **Ent·'saf·ter** <m.; -s, -> *Gerät zum Entsaften von Früchten*

ent·'sa·gen <V. i.; geh.> einer Sache ~ *auf sie verzichten;* **Ent·'sa·gung** <f.; -, -en> *Verzicht;* **ent·'sa·gungs·voll** <Adj.>

ent·'sal·zen <V. t.; du entsalzt> Meerwasser ~; **Ent·'sal·zung** <f.; -, -en>

Ent·'satz <m.; -es; unz.; veralt.> *Ersatz*

ent·'säu·ern <V. t.; ich entsäu(e)re>; **Ent·'säu·e·rung** <f.; -, -en>

ent'schä·di·gen <V. t.> jmdn. ~ *für einen angemessenen Ausgleich sorgen*; **Ent'schä·di·gung** <f.; -, -en>; **Ent'schä·di·gungs·summe** <f.; -, -n>

ent'schär·fen <V. t.> *einen Konflikt ~* <fig.> **Ent'schär·fung** <f.; -, -en>

Ent'scheid <m.; -(e)s, -e> *Entscheidung*; ablehnender ~; **ent'schei·den** <V. 209> **1** <V. t. u. V. i.> *ein Urteil fällen*; *das Gericht wird (über) den Fall ~* **2** <V. t. u. V. i.> *bestimmen, was zu tun ist*; *das kann ich nicht ~* **3** <V. refl.> *sich (für od. gegen jmdn. od. etwas) ~ eine Wahl treffen* **4** <V. refl.> *morgen entscheidet sich, ob wir fahren*; **ent'schei·dend** <Adj.; ⟋Z28.1> *ausschlaggebend*; **Ent'schei·dung** <f.; -, -en>; **Ent'schei·dungs·fin·dung** <f.; -, -en>; **Ent'schei·dungs·fra·ge** <f.; -, -n; Gramm.> → a. Kasten *Fragesatz*; **Ent'schei·dungs·frei·heit** <f.; -; unz.>; **Ent'schei·dungs·kampf** <m.; -(e)s, ⁼e; Sp.>; **Ent'schei·dungs·kraft** <f.; -; unz.> *Entschlusskraft*; **Ent'schei·dungs·spiel** <n.; -(e)s, -e; Sp.>; **ent'schie·den** <Adj.; ⟋Z28.1, 43.3> *eine klare Meinung vertretend, eindeutig*; *ein ~er Gegner von Tierversuchen*; *etwas auf das Entschiedenste* <auch> *~ste ablehnen*; *das geht ~ zu weit*; **Ent'schie·den·heit** <f.; -; unz.> *Entschlossenheit*

ent'schla·cken <V. t.> *den Körper ~*; **Ent'schla·ckung** <f.; -, -en>

ent'schla·fen <V. i. (s.) 217; geh.> *verhüllend für: sterben*; *er ist sanft ~*

ent'schlam·men <V. t.>

ent'schlei·ern <V. t./V. refl.; ich entschlei(e)re> ~; **Ent'schlei·e·rung** <f.; -, -en>

ent'schlie·ßen <V. refl. 222; du entschließt dich> *sich (zu etwas) ~ einen Beschluss fassen*; **Ent'schlie·ßung** <f.; -, -en>; **ent'schlos·sen** <Adj.; ⟋Z28.1> *energisch, beherzt*; *~ durchgreifen*; **Ent'schlos·sen·heit** <f.; -; unz.>

ent'schlüp·fen <V. i. (s.)>

Ent'schluss <m.; -es, ⁼e> *Entscheidung*; *mein ~ steht fest*;

ent'schlüs·seln <V. t.; ich entschlüss(e)le> *einen Code ~ lesbar machen*; Sy *dechiffrieren*; **Ent'schluss·fä·hig·keit** <f.; -; unz.>; **Ent'schluss·kraft** <f.; -; unz.>; **Ent'schluss·stär·ke** <f.; -; unz.>; ⟋Z37>

ent'schuld·bar <Adj.> *verzeihlich*; **ent'schul·den** <V. t.> *von Schulden frei machen*; *den Staatshaushalt ~*; **ent'schul·di·gen** <V. t.> **1** *Verständnis zeigen, Nachsicht üben*; *sein Verhalten ist nicht zu ~* **2** <V. refl.> *sich (bei jmdm. für etwas) ~ um Verzeihung bitten*; *er lässt sich ~*; **Ent'schul·di·gung** <f.; -, -en>; **Ent'schul·di·gungs·grund** <m.; -(e)s, ⁼e>; **Ent'schul·di·gungs·schrei·ben** <n.; -s, ->; **Ent'schul·dung** <f.; -; unz.>

ent'schup·pen <V. t.>

ent'schwe·ben <V. i. (s.)>

ent'schwe·feln <V. t.; ich entschwef(e)le>; **Ent'schwe·fe·lung** <f.; -, -en>

ent'schwin·den <V. i. (s.) 236; geh.>

ent'seelt <Adj.; geh.> *tot*

ent'sen·den <V. t. 241>; **Ent'sen·dung** <f.; -, -en>

ent'set·zen <V. t./V. refl.> *ich bin entsetzt*; *du hast dich entsetzt*; **Ent'set·zen** <n.; -s; unz.; ⟋Z29> *Erschrecken, Grauen*; *ein ~ erregender/* <auch> *entsetzenerregender Bericht*; <bei Steigerung u. mit Attribut nur Zusammenschreibung> *das war noch entsetzenerregender als ...*; <nur Getrenntschreibung in Verbindung mit Adj.> *eine großes ~ erregende Tat*; **ent'setz·lich** <Adj.>

ent'seu·chen <V. t.>; **Ent'seu·chung** <f.; -, -en>

ent'si·chern <V. t.; ich entsich(e)re> *eine Schusswaffe ~ schussbereit machen*; **Ent'si·che·rung** <f.; -; unz.>

ent'sie·geln <V. t.; ich entsieg(e)le> *das Siegel lösen*; **Ent'sie·ge·lung** <f.; -; unz.>

ent'sin·nen <V. refl. 245; m. Gen.> *sich (jmds., einer Sache) ~ sich erinnern*

ent'sitt·li·chen <V. t.>; **Ent'sitt·li·chung** <f.; -, -en>

ent'sor·gen <V. t.> *Müll ~ (ord-*

nungsgemäß) beseitigen; **Ent'sor·gung** <f.; -; unz.>

ent'span·nen <V. t.> **1** *die Spannung lösen*; *die Beine ~* **2** <V. refl.> *sich ~ sich erholen* **3** <V. refl.> *die Lage hat sich entspannt beruhigt*; **Ent'span·nung** <f.; -; unz.>; **Ent'span·nungs·po·li·tik** <f.; -; unz.>; **Ent'span·nungs·ü·bung** <f.; -, -en>; ⟋Z55>

ent'spie·geln <V. t.; Opt.> *Brillengläser ~*; **Ent'spie·ge·lung, Ent'spieg·lung** <f.; -, -en>

ent'spin·nen <V. refl. 249> *sich entwickeln*; *es entspann sich ein anregendes Gespräch*

ent'spre·chen <V. i. 251> **1** *übereinstimmen*; *100 Mark ~ 51,13 Euro*; *das entspricht nicht meinen Vorstellungen* **2** *genügen*; *er entspricht nicht unseren Anforderungen*; **ent'spre·chend** <Adj.; ⟋Z28.1> *angemessen, gemäß*; *es geht ihr den Umständen ~ (gut)*; *er hat ein ~es Gehalt*; **Ent'spre·chung** <f.; -, -en>

ent'sprie·ßen <V. i. (s.) 252; geh.>

ent'sprin·gen <V. i. (s.) 253> **1** *als Quelle hervorkommen*; *wo entspringt die Donau?* **2** <fig.; geh.> *entstammen*; *das ist ihrer Fantasie entsprungen*

ent'staat·li·chen <V. t.>; **Ent'staat·li·chung** <f.; -, -en>

ent'stam·men <V. i. (s.)> *abstammen, herkommen*

ent'stau·ben <V. t.> *Bücher ~*; **Ent'stau·ber** <m.; -s, ->; **Ent'stau·bung** <f.; -, -en>

ent'ste·hen <V. i. (s.) 256> *sich bilden, sich entwickeln*; *die Sache ist erst im Entstehen begriffen*; **Ent'ste·hung** <f.; -, -en>; **Ent'ste·hungs·ge·schich·te** <f.; -, -n>; **Ent'ste·hungs·zeit** <f.; -; unz.>

ent'stei·gen <V. i. (s.) 258; geh.> *dem Bad, einer Kutsche ~*

ent'stei·nen <V. t.> *Steinobst ~*

ent'stel·len <V. t.> **1** *verunstalten*; *eine ~de Narbe* **2** *verfälschen*; *die Wahrheit ~*; **Ent'stel·lung** <f.; -, -en>

ent'stoff·li·chen <V. t.>

ent'stö·ren <V. t.> *Elektrogeräte ~*; **Ent'stö·rung** <f.; -, -en>; **Ent'stö·rungs·stel·le** <f.; -, -n>

ent'strö·men <V. i. (s.)>

E

ent·ta·bu'ie·ren, ent·ta·bu·i'sie-ren <V. t.> *von Tabus befreien*

ent'tar·nen <V. t.> *(als Spion) ent-larven;* **Ent'tar·nung** <f.; -, -en>

ent'täu·schen <V. t.> jmdn. ~ *jmds. Erwartungen nicht erfül-len;* ein ~des Buch; **Ent'täu-schung** <f.; -, -en>

ent'thro·nen <V. t.> jmdn. ~ *vom Thron stürzen;* **Ent'thro·nung** <f.; -, -en>

ent'völ·kern <V. t.> *(weitgehend) menschenleer machen;* **Ent'völ-ke·rung** <f.; -, -en>

ent'wach·sen <[-ks-]; V. i. (s) 277> den Kinderschuhen ~ *er-wachsen, selbstständig werden*

ent'waff·nen <V. t.> **1** jmdn. ~ *jmdm. die Waffe(n) wegnehmen* **2** <fig.> ein ~des Lächeln; **Ent-'waff·nung** <f.; -, -en>

ent'wal·den <V. t.>; **Ent'wal·dung** <f.; -, -en>

ent'war·nen <V. i.> *eine Warnung aufheben;* **Ent'war·nung** <f.; -, -en>

ent'wäs·sern <V. t.; ich ent-wäss(e)re>; **Ent'wäs·se·rung** <f.; -, -en>; **Ent'wäs·se·rungs-gra·ben** <m.; -s, ⸚>; **Ent'wäss-rung** <f.; -, -en>

'ent·we·der <Konj.; nur in der Wendung> ~ ... oder ... *eines von beiden;* **'Ent·we·der·'o·der** <n.; -; unz.> ⬈Z33 *die Wahl zwischen zwei Möglichkeiten*

ent'wei·chen <V. i. (s) 281>; **Ent-'weich·ge·schwin·dig·keit** <f.; -, -en> = *Fluchtgeschwindigkeit*

ent'wei·hen <V. t.>; **Ent'wei·hung** <f.; -, -en>

ent'wen·den <V. t.> *widerrecht-lich wegnehmen;* **Ent'wen·dung** <f.; -, -en>

ent'wer·fen <V. t. 286> *einen Ent-wurf machen*

ent'wer·ten <V. t.> **1** Geld ~ *den Wert des G. mindern* **2** Ein-tritts-, Fahrkarten ~ *(durch Stempeln) ungültig machen;* **Ent'wer·ter** <m.; -s, -> Fahr-schein~; **Ent'wer·tung** <f.; -, -en>

ent'we·sen <V. t.> ein Gebäude ~ *von Ungeziefer befreien;* **Ent-'we·sung** <f.; -, -en>

ent'wi·ckeln <V. t.; ich ent-wick(e)le> **1** <V. refl.> sich ~ *entstehen, werden;* er hat sich gut entwickelt **2** etwas ~ *ent-*

werfen, darlegen, erfinden; **Ent-'wi·cke·lung** <f.; -, -en; veralt.> = *Entwicklung;* **Ent'wick·ler** <m.; -s, -; Fot.>; **Ent'wick·lung** <f.; -, -en> **1** *Entstehung;* Rauch~ **2** *das Entwickeln, Ent-wickeltwerden, die Herstellung;* **Ent'wick·lungs·al·ter** <n.; -s; unz.>; **Ent'wick·lungs·ar·beit** <f.; -; unz.>; **Ent'wick·lungs-dienst** <m.; -(e)s; unz.> *Organi-sation, die Entwicklungshelfer ausbildet u. entsendet;* **ent-'wick·lungs·fä·hig** <Adj.>; **Ent-'wick·lungs·fä·hig·keit** <f.; -; unz.>; **Ent'wick·lungs·ge-schich·te** <f.; -; unz.>; **ent-'wick·lungs·ge·schicht·lich** <Adj.>; **Ent'wick·lungs·hel·fer** <m.; -s, ->; **Ent'wick·lungs·hel-fe·rin** <f.; -, -n·nen>; **Ent'wick-lungs·hil·fe** <f.; -; unz.> *Unter-stützung von Entwicklungslän-dern;* **Ent'wick·lungs·jah·re** <Pl.>; **Ent'wick·lungs·land** <n.; -(e)s, -länder> *technisch u. wirt-schaftl. wenig entwickeltes Land;* **Ent'wick·lungs·po·li·tik** <f.; -; unz.>; **Ent'wick·lungs-stö·rung** <f.; -, -en>; **Ent'wick-lungs·stu·fe** <f.; -, -n>

ent'wid·men <V. t.; Amtsdt.> ei-nen Fahrradweg ~ *nicht mehr zur Benutzung mit dem Fahr-rad zulassen*

ent'win·den <V. t. 288> jmdm. et-was ~ *gewaltsam wegnehmen*

ent'wir·ren <V. t.>; **Ent'wir·rung** <f.; -, -en>

ent'wi·schen <V. i. (s.); umg.> *entkommen*

ent'wöh·nen <V. t.; geh.>; **Ent-'wöh·nung** <f.; -, -en>

ent'wöl·ken <V. refl.> der Him-mel hat sich entwölkt <geh.>

ent'wür·di·gen <V. t.> jmdn. ~ *de-mütigen;* **ent'wür·di·gend** <Adj.> ⬈Z28.1> jmdn. in ~er Weise behandeln; **Ent'wür·di-gung** <f.; -, -en>

Ent'wurf <m.; -(e)s, -würfe> *Plan, Skizze, Konzept*

ent'wur·men <V. t.>

ent'wur·zeln <V. t.> ein entwur-zelter Mensch <fig.>; **Ent'wur-ze·lung** <f.; -; unz.>

ent'zau·bern <V. t.; ich ent-zaub(e)re> *den Zauber neh-men;* **Ent'zau·be·rung** <f.; -; unz.>

ent'zer·ren <V. t.>; **Ent'zer·rer** <m.; -s, -; Tech.>; **Ent'zer·rung** <f.; -; unz.>

ent'zie·hen <V. 293> **1** <V. t.> jmdm. etwas ~ *wegnehmen* **2** <V. refl.> sich der Verantwor-tung ~ **3** <V. refl.> das entzieht sich meiner Kenntnis <geh.>; **Ent'zie·hung** <f.; -; unz.>; **Ent-'zie·hungs·an·stalt** <f.; -, -en>; **Ent'zie·hungs·kur** <f.; -, -en> *Kur, um von einer Sucht loszu-kommen*

ent'zif·fer·bar <Adj.>; **ent'zif·fern** <V. t.; ich entziffere> eine kaum lesbare Schrift ~; **Ent'zif·fe-rung** <f.; -; unz.>

ent'zü·cken <V. t.> jmdn. ~ *in helle Freude versetzen;* **Ent'zü-cken** <n.; -s; unz.>; **ent'zü-ckend** <Adj.; ⬈Z28.1> *reizend;* **Ent'zü·ckung** <f.; -; unz.>

Ent'zug <m.; -(e)s; unz.; umg.; kurz für> *Entziehungskur;* auf ~ sein; **Ent'zugs·er·schei·nung** <f.; -, -en; meist Pl.> *Reaktion des Körpers auf den Entzug des Suchtmittels*

ent'zünd·bar <Adj.>; **Ent'zünd-bar·keit** <f.; -; unz.>; **ent'zün-den** <V. t.> **1** *zum Brennen brin-gen* **2** <V. refl.> etwas entzündet sich beginnt zu brennen; <a. fig.> entzündete Augen; **ent-'zünd·lich** <Adj.>; **Ent'zün-dung** <f.; -, -en; Med.>; **ent-'zün·dungs·hem·mend** <Adj.>

ent'zwei <Adj.; undekl.; nur präd.> *kaputt;* die Brille ist ~; **ent'zwei...** <Vors.; ⬈Z22; in Zus. mit Verben betont u. abtrenn-bar> *in Stücke ...;* **ent'zweibre-chen** <V. t. u. V. i. 116; ich bre-che entzwei; sie hat entzweige-brochen; entzweizubrechen>; **ent'zwei·en** <V. t.> **1** Freunde ~ *Zwietracht zw. Freunden säen* **2** <V. refl.> wir haben uns ent-zweit *zerstritten, verfeindet;* **ent-'zwei·ge·hen** <V. i. (s.) 145>; **ent-'zwei·schla·gen** <V. t. 218>; **Ent-'zwei·ung** <f.; -; unz.>

E·nu·me·ra·ti'on <f.; -, -en; ver-alt.> *Aufzählung* [lat.]; **e·nu·me-ra'tiv** <Adj.> *aufzählend*

En·u're·se, <auch> E·nu're·se <f.; -, -n; ⬈Z54; Med.> *Bettnäs-sen* [grch.]

En·vi·ron·ment <[ɛn'vairən-]; n.; -s, -s; moderne Kunst> *künstle-*

risch gestalteter bühnenartiger Raum [engl.]; **En·vi·ron·to·lo·'gie** <[-vi-]; f.; -; unz.> *Umweltforschung* [frz.]

en vogue <[ã'vɔg] od. [ã'vo:k]; Adv.> *beliebt, in Mode* [frz.]

En·ze·pha·lo'gramm <n.; -(e)s, -e; Med.> *Aufzeichnung der Gehirnströme*; **En·ze·pha·lon** <n.; -s, -la> = *Encephalon* [grch.]

'En·zi·an <m.; -s, -e> **1** <Bot.> *eine Gebirgspflanze* **2** *ein Branntwein*

En·zy·kli·ka, <auch> **En·zyk·li·ka** <f.; -, -li·ken; ↗Z53> *päpstl. Rundschreiben* [grch.]; **en·zy·klisch** <Adj.> *einen Kreis durchlaufend*; **En·zy·klo·pä'die** <f.; -, -n> *umfassendes Nachschlagewerk* [grch.]; **En·zy·klo'pä·di·ker** <m.; -s, -> *Verfasser einer Enzyklopädie*; **En·zy·klo·pä·di·ke·rin** <f.; -, -n·nen>; **en·zy·klo·'pä·disch** <Adj.> **1** *in der Art einer Enzyklopädie* **2** *umfassend, vielseitig*; **En·zy·klo·pä'dist** <m.; -en, -en> *Mitarbeiter an der frz. Enzyklopädie unter Diderot u. d'Alembert*

En·zym <n.; -s, -e; Biochem.> *den Stoffwechsel steuernde hochmolekulare Eiweißverbindung*; Sy *Ferment* [grch.]; **en·zy·'ma·tisch** <Adj.>; **En·zy·mo·lo·'gie** <f.; -; unz.> *Lehre von den Enzymen*

E·o·bi'ont <m.; -en, -en; Biol.> *Urzelle* [grch.]

eo 'ip·so *von selbst, selbstverständlich* [lat.]

E·o·li·enne <[-'ɛn]; f.; -; unz.> *Textilw.> ein Seiden- od. Halbseidengewebe* [frz.]

E·o'lith <m.; -s od. -en, -e od. -en> *vermeintl. vorgeschichtliches Werkzeug aus Feuerstein* [grch.]; **E·o'li·thi·kum** <n.; -s; unz.> *fälschlicherweise angenommene früheste kulturgeschichtl. Periode*

EOS <DDR; Abk. für> *erweiterte Oberschule*

E·o'sin <n.; -s, -e> *ein wasserlöslicher roter Farbstoff*; **e·o·si·no·'phil** <Adj.> *mit Eosin färbbar*; *~e Zellen*; **E·o·si·no·phi'lie** <f.; -; unz.; Med.> *Vermehrung der eosinophilen Zellen im Blut, bes. bei parasitären Erkrankungen* [grch.]

e·o'zän <Adj.> *das Eozän betreffend, aus ihm stammend* [grch.]; **E·o'zän** <n.; -s; unz.> *untere Stufe des Tertiärs*; **E·o'zo·i·kum** <n.; -s; unz.> = *Algonkium*; **e·o'zo·isch** <Adj.>

ep..., Ep... <Vors.> = *epi..., Epi...*

Ep·a·go·ge, <auch> **E·pa·go·ge** <f.; -, -n; ↗Z54; Philos.> = *Induktion(1)* [grch.]; **ep·a'go·gisch** <Adj.> = *induktiv(1)*

Ep·a·na'lep·se, <auch> **E·pa·na·'lep·se** <f.; -, -n; ↗Z54; Sprachw.> *Wiederholung eines Wortes od. einer Wortgruppe im Satz* [grch.]

Ep'arch, <auch> **E'parch** <m.; -en, -en; ↗Z54> *Statthalter im Römischen u. Byzantinischen Reich* [grch.]

E·pau·lett <n.; -(e)s, -en>, **E·pau·'let·te** <[epo'lɛt(ə)]; f.; -, -n> *Schulterklappe auf Uniformen* [frz.]

Ep·en'the·se, <auch> **E·pen'the·se** <f.; -, -n; ↗Z54; Sprachw.> *Einschub eines Lautes zur Erleichterung der Aussprache*; → a. *Epithese* [grch.]; **ep·en'the·tisch** <Adj.>

Ep·ex·e'ge·se, <auch> **E·pe·xe·'ge·se** <f.; -, -n; ↗Z54; Sprachw.> *ergänzende Erklärung in der Art einer Apposition, z. B. "oben auf dem Dach"* [grch.]; **ep·ex·e'ge·tisch** <Adj.>

E'phe·be <m.; -n, -n; im alten Griechenland> *wehrfähiger junger Mann* [grch.]

E·phe'li·de <f.; -, -n; meist Pl.> *Sommersprosse* [grch.]

e·phe'mer <Adj.> *nur einen Tag dauernd*; *~e Blüten* **2** *vorübergehend, vergänglich* [grch.]

E'phor <m.; -en, -en; im alten Sparta> *einer der fünf obersten Beamten* [grch.]

e·pi..., E·pi... <vor Vok.> *ep..., Ep...* <Vors.> *auf, darüber, an der Oberfläche* [grch.]; **E·pi·bi·'ont** <m.; -en, -en; Biol.> *Lebewesen, das auf einem anderen lebt*

E·pi·de·mie <f.; -, -n> *Massenerkrankung, Seuche*; *Grippe~* [grch.]; **E·pi·de·mi·o·lo·ge** <m.; -n, -n>; **E·pi·de·mi·o·lo'gie** <f.; -; unz.> *Lehre von den Epidemien*; **E·pi·de·mi·o'lo·gin** <f.; -,

*-n·nen>; **e·pi·de·mi·o·'lo·gisch** <Adj.>; **e·pi'de·misch** <Adj.>

e·pi·der'mal <Adj.>; **E·pi·der·mis** <f.; -, -men; Med.> *Oberhaut* [grch.]

E·pi·di·a'skop, <auch> **E·pi·di·as·'kop** <n.; -(e)s, -e; ↗Z54> *Projektor für durchsichtige u. undurchsichtige Bilder (Kombination aus Diaskop u. Episkop)* [grch.]

E·pi·ge'ne·se <f.; -, -n> **1** <Biol.> *Entwicklung des Organismus durch ständige Neubildung* **2** <Geol.> *nachträgl. Umformung* [grch.]; **e·pi·ge'ne·tisch** <Adj.>

e·pi·go'nal <Adj.> *unschöpferisch nachahmend* [grch.]; **E·pi'go·ne** <m.; -n, -n> *jmd., der unschöpferisch nachahmt*; **e·pi·'go·nen·haft** <Adj.>

E·pi'graf <n.; -s, -e; ↗Z11.3> = *Epigraph*; **E·pi'gra·fik** <f.; -; unz.> = *Epigraphik*; **E·pi'gra·fi·ker** <m.; -s, ->; **E·pi'gra·fi·ke·rin** <f.; -, -n·nen>; **E·pi'gramm** <n.; -s, -e> **1** <urspr.> *Aufschrift auf Denkmälern u. Ä.* **2** <später> *Spott-, Sinngedicht* [grch.]; **E·pi·gram'ma·tik** <f.; -; unz.> *Dichtung von Epigrammen(2)*; **E·pi·gram'ma·ti·ker** <m.; -s, ->; **e·pi·gram'ma·tisch** <Adj.> *treffend*; **E·pi'graph** <n.; -s, -e; ↗Z11.3> *antike Inschrift, Aufschrift*; **E·pi'gra·phik** <f.; -; unz.> *Inschriftenkunde*; **E·pi'gra·phi·ker** <m.; -s, -> *Inschriftenforscher*; **E·pi·'gra·phi·ke·rin** <f.; -, -n·nen>

'E·pik <f.; -; unz.> *erzählende Vers- u. Prosadichtung* [grch.]

E·pi'kan·thus <m.; -> *nur einen angeborene Hautfalte am Oberlid*; Sy *Mongolenfalte* [grch.]

E·pi'karp <n.; -s, -e; Bot.> *äußerste Schicht der Fruchtschale* [grch.]

'E·pi·ker <m.; -s, -e> *Dichter epischer Werke*

E·pi'kle·se, <auch> **E·pik'le·se** <f.; -, -n; ↗Z53; in der kath. u. grch.-orthodoxen Kirche> *Anrufung des Hl. Geistes* [grch.]

E·pi'kri·se <f.; -, -n; Med.> *abschließende Beurteilung einer Krankengeschichte* [grch.]

E·pi·ku're·er <m.; -s, -> **1** *Anhänger der Lehre des grch. Philosophen Epikur* **2** <fig.> *Genussmensch*; **e·pi·ku're·isch** <Adj.>

E

1 *auf der Lehre des Epikur beruhend;* ~e Thesen 2 <fig.> *genießerisch*

E·pi·la·ti·on <f.; -, -en> *Enthaarung* [lat.]

E·pi·lep'sie <f.; -, -n; Med.> *anfallartig auftretende Krämpfe, verbunden mit kurzer Bewusstlosigkeit* [grch.]; **E·pi'lep·ti·ker** <m.; -s, -＞; **E·pi'lep·ti·ke·rin** <f.; -, -␣-nen>; **e·pi'lep·tisch** <Adj.> ~e Anfälle

e·pi'lie·ren <V. t.> *enthaaren*

E·pi'log <m.; -s, -e> *Nachwort, Nachspiel;* Ggs Prolog [grch.]

E·pi'pha·ni·as <n.; -, -ni·en> *Fest der Erscheinung Christi;* **E·pi·pha'nie** <f.; -, -n> *Erscheinung (einer Gottheit, Gottes)* [grch.]; **E·pi'pha·ni·en·fest** <n.; -(e)s, -e> = *Epiphanias*

E·pi·phä·no'men <n.; -s, -e> *Begleiterscheinung* [grch.]

E'pi·pho·ra <f.; -, -ä> 1 <Med.> *Tränenfluss* 2 <Sprachw.> *Wiederholung eines Wortes am Ende mehrerer aufeinander folgender Sätze od. Satzteile;* Ggs Anapher [grch.]

E·pi'phyl·lum <n.; -s, -phyl·len; Bot.> *ein Blattkaktus* [grch.]

E·pi'phy·se <f.; -, -n; Anat.> *Endstück der Röhrenknochen;* **E·pi'phyt** <m.; -en, -en; Bot.> *Pflanze, die auf anderen Pflanzen wächst* [grch.]

'e·pisch <Adj.> *in der Art eines Epos; etwas in* ~er *Breite erzählen ausmalend;* ~es Theater [grch.]; **e·pi'sie·rend** <Adj.>

E·pi'skop, <auch> **E·pis'kop** <n.; -s, -e; ⚡Z54> *Gerät zum Abbilden undurchsichtiger Bilder* [grch.]; **e·pi·sko'pal** <Adj.> *bischöflich;* **E·pi·sko'pa·le** <m.; -n, -n> *Anhänger der anglikan. Kirche;* **E·pi·sko·pa'lis·mus** <m.; -; unz.> = *Episkopalsystem;* **E·pi·sko·pa'list** <m.; -en, -en>; **E·pi·sko'pal·kir·che** <f.; -, -n> *Kirche mit bischöfl. Leitung, bes. die anglikan. Kirche,* **E·pi·sko'pal·sys·tem** <n.; -s; unz.> *kirchenrechtl. Ordnung, nach der die Gesamtheit der Bischöfe in Streitfragen über dem Papst steht;* Ggs Papalsystem; **E·pi·sko'pat** <n. od. m.; -s, -e> 1 *Bischofsamt, Bischofswürde* 2 *Gesamtheit der Bischöfe;*

e·pi·sko·pisch <Adj.>; **E·pi'sko·pus** <m.; -, -'sko·pi> *Bischof*

E·pi'so·de <f.; -, -n> *Zwischenspiel, Ereignis von kurzer Dauer* [grch.]; **e·pi·so·den·haft, e·pi·'so·disch** <Adj.>

E'pi·stel, <auch> **E'pis·tel** <f.; -n; ⚡Z54> 1 *Apostelbrief* 2 *für den Gottesdienst vorgeschriebene Lesung* 3 <fig.> *Strafpredigt; jmdm. die* ~ *lesen* [grch.]

e·pi·ste·misch, <auch> **e·pis·te·misch** <Adj.; ⚡Z54> = *epistemologisch;* **E·pi·ste·mo·lo'gie** <f.; -; unz.; Philos.> *Erkenntnislehre* [grch.]; **e·pi·ste·mo'lo·gisch** <Adj.> *erkenntnistheoretisch*

E·pi'styl, <auch> **E·pis'tyl** <n.; -(e)s, -e; ⚡Z54> = *Architrav* [grch.]

E·pi'taph <n.; -(e)s, -e> 1 *Grabschrift* 2 *Grabmal mit Inschrift* [grch.]

E·pi'thel <n.; -s, -e> *ein- od. mehrschichtiges Zellgewebe* [grch.]; **E·pi'thel·kör·per·chen** <Pl.> *Nebenschilddrüsen*

E·pi'the·se <f.; -, -n; Sprachw.> *Anfügung eines Lautes zur Erleichterung der Aussprache* [grch.]; **E·pi'the·ton** <n.; -s, -the·ta; Sprachw.> *Beiwort*

E·pi'zen·trum, <auch> **E·pi'zent·rum** <n.; -s, -tren/-ren; ⚡Z53> *senkrecht über dem Erdbebenherd liegender Punkt der Erdoberfläche* [grch.]

E·pi'zo·on <n.; -s, -zo·en; Sprachw.> *Tier, das als Schmarotzer auf anderen Lebewesen siedelt* [grch.]

E·pi·zy·klo'i·de, <auch> **E·pi·zyk·lo'i·de** <f.; -, -n; ⚡Z53; Geom.> *eine best. Kurve* [grch.]

e·po·chal <[-'xaːl]; Adj.> 1 *für eine ganze Epoche geltend* 2 *bedeutend, Aufsehen erregend* [grch.]; **E'po·che** <f.; -, -n> *(bedeutender) geschichtl. Zeitabschnitt;* ~ *machende Entdeckungen*

Ep'o·de, <auch> **E'po·de** <f.; -, -n; ⚡Z54> *eine antike Gedichtform;* **'E·pos** <n.; -, 'E·pen> 1 *erzählende Versdichtung* 2 *Heldengedicht* [grch.]

'Ep·si·lon <n.; -s, -s; Zeichen: ε, E> *fünfter griech. Buchstabe, kurzes e*

E·qua·li·zer <['iːkwəlaɪzə(r)]; m.; -s, -> *Gerät zur Entzerrung od.*

Veränderung des Klangbildes [engl.]

E·qui·li'brist, <auch> **E·qui·lib·'rist** <m.; -en, -en; ⚡Z53> = *Äquilibrist*

E·qui·pa·ge <[eki'paːʒə]; f.; -, -n> 1 *elegante Kutsche* 2 *Schiffsbesatzung* 3 *Ausrüstung (eines Offiziers)* [frz.]; **E·quipe** <[e'kiːp]; f.; -, -n; Sp.; bes. Reitsp.> *Mannschaft, Team;* **E·quip·ment** <[i'kwipmənt]; n.; -s; unz.> *Ausrüstung, Ausstattung* [engl.]

er <Personalpron., 3. Person Sg. m.; Gen.: sein(er), Dat.: ihm, Akk.: ihn, Pl.: sie²; zur Bez. eines zuvor genannten mask. Substantivs> *das ist mein neuer Anzug; gefällt ~ dir?;* **Er¹** <m.; -, -s; umg.> *Mensch od. Tier männl. Geschlechts; ist der Hund ein ~ oder eine Sie?;* → a. *Sie²;* **Er²** <veralt.> *Anrede für eine männl. Person; hole ~ einen Arzt!*

Er³ <Chem.; Zeichen für> *Erbium*

er... <Vors. von Verben; ⚡Z22> z. B. *erklingen*

er·ach·ten <V. t./V. refl.; geh.> *jmdn. od. etwas für, als etwas ~ halten, ansehen; ich erachte dieses Vorgehen für nützlich;* **Er'ach·ten** <n.; -s; unz.; geh.> *meines ~s ist das falsch meiner Meinung nach*

er'ah·nen <V. t.>

er·ar·bei·ten <V. t./V. refl.> *sich etwas ~;* **Er·ar·bei·tung** <f.; -, -en>

'Erb·a·del <m.; -s; unz.; ⚡Z55>; **'Erb·an·la·ge** <f.; -, -n; Biol.>; **'Erb·an·spruch** <m.; -(e)s, -̈e>; **'Erb·an·teil** <m.; -(e)s, -e>

er'bar·men <V. t.> 1 *sich jmds. ~ mit jmdm. Mitleid haben u. sich seiner annehmen* 2 *jmdn. ~ jmds. Mitleid erregen;* **Er'bar·men** <n.; -s; unz.> *Mitleid u. Hilfe zugleich; er kennt kein ~; er sieht zum ~ aus* <umg.> *sehr schlecht;* **er'bar·mens·wert** <Adj.>; **Er'bar·mer** <m.; -s, -; poet.>; **er'bärm·lich** <Adj.> *erbarmenswert; eine ~ Aufführung* <umg.> *eine sehr schlechte A.;* **Er'bärm·lich·keit** <f.; -; unz.>; **er'bar·mung** <f.; -; unz.>; **er'bar·mungs·los** <Adj.>; **Er'bar·mungs·lo·sig-**

E

keit <f.; -; unz.>; **er'bar·mungs·voll** <Adj.>; **er'bar·mungs·wür·dig** <Adj.>

er'bau·en <V. t.> 1 *errichten;* die Kirche wurde im letzten Jh. erbaut 2 <V. refl.> sich an etwas ~ <fig.; geh.> *sich erfreuen* 3 von, über etwas erbaut sein <umg.> *erfreut;* **Er'bau·er** <m.; -s, -->; **Er'bau·e·rin** <f.; -, -n·nen>; **er'bau·lich** <Adj.; veralt.> *erfreulich;* **Er'bau·ung** <f.; -; unz.>

Erb·bau·er <m.; -n, -n>; **Erb·bäu·e·rin** <f.; -, -n·nen>; **Erb·bau·recht** <n.; -(e)s; unz.; Rechtsw.>; **erb·be·rech·tigt** <Adj.; ↗Z29>; **Erb·be·rech·ti·gung** <f.; -; unz.>; **Erb·be·sitz** <m.; -es; unz.>; **Erb·be** *m.; -n, -n> jmd., der berechtigt ist, jmdn. zu beerben;* der gesetzliche ~; **Er·be²** <n.; -s; unz.; a. fig.> *Erbschaft;* das väterliche, kulturelle ~

er'be·ben <V. i. (s.)>

erb·ei·gen <Adj.> *ererbt;* **Erb·ei·gen·schaft** <f.; -, -en; Biol.>; **Erb·ei·gen·tum** <n.; -s; unz.>; **erb·ein·ge·ses·sen** <Adj.> *alteingesessen;* **er·ben** <V. t.> *als Eigentum nach jmds. Tod erhalten;* **Er'ben·ge·mein·schaft** <f.; -, -en>

er'be·ten 1 <V. t.> *durch Beten zu erlangen suchen;* sie hat Heilung erbetet 2 <Part. Perf. von> *erbitten*

er'bet·teln <V. t.; ich erbett(e)le>

er'beu·ten <V. t.>

erb·fä·hig <Adj.> *erbberechtigt;* **Erb·fä·hig·keit** <f.; -; unz.> *Erbberechtigung;* **Erb·fak·tor** <m.; -s, -'to·ren; Biol.>; **Erb·fall** <m.; -(e)s, ⸚e; Rechtsw.> *Todesfall, der jmdn. zum Erben macht;* **Erb·feind** <m.; -(e)s, -e> *Feind seit Generationen;* **Erb·fein·din** <f.; -, -n·nen>; **Erb·fol·ge** <f.; -; unz.>; **Erb·fol·ge·krieg** <m.; -(e)s, -e>; **Erb·fol·ger** <m.; -s, -->; **Erb·fol·ge·recht** <n.; -(e)s; unz.>; **Erb·fol·ge·rin** <f.; -, -n·nen>; **Erb·fol·ge·streit** <m.; -(e)s, -e>; **Erb·gut** <n.; -(e)s, ⸚er; Biol.> *Gesamtheit der Erbanlagen;* **Erb·hof** <m.; -(e)s, ⸚e>

er'bie·ten <V. refl. 110> sich ~, etwas zu tun <geh.>

'Er·bin <f.; -, -n·nen>

er'bit·ten <V. t. 112> jmds. Hilfe ~

er'bit·tern <V. t.> *zornig machen;* dieses Unrecht erbittert mich; **er'bit·tert** <Adj.; ↗Z28.1> *heftig, unnachgiebig;* ein ~er Kampf; **Er'bit·te·rung** <f.; -; unz.>

'Er·bi·um <n.; -s; unz.; Chem.; Zeichen: Er> *chem. Element, Metall*

erb·krank <Adj.>; **'Erb·krank·heit** <f.; -, -en>

er'blas·sen <V. i. (s.)> *bleich werden;* er ist vor Neid erblasst

'Erb·las·sen·schaft <f.; -, -en; Rechtsw.> *Hinterlassenschaft;* **'Erb·las·ser** <m.; -s, --> *jmd., der ein Erbe² hinterlässt;* **'Erb·las·se·rin** <f.; -, -n·nen>; **'Erb·las·sung** <f.; -; unz.>; **'Erb·last** <f.; -, -en> *eine schwere ~;* **'Erb·le·hen** <n.; -s, -->

er'blei·chen <V. i. (s.) 126; geh.> 1 <schwach konjugiert> *bleich werden;* sie erbleichte 2 <stark konjugiert; poet.> *sterben;* er erblich

'erb·lich <Adj.>; **'Erb·lich·keit** <f.; -; unz.>

er'bli·cken <V. t.>

er'blin·den <V. i. (s.)>; **Er'blin·dung** <f.; -, -en>

'erb·los <Adj.>

er'blü·hen <V. i. (s.); geh.>

'Erb·mas·se <f.; -, -n; Biol.> = *Erbgut*

'Erb·on·kel <m.; -s, - od. -s; umg.> *reicher Onkel, den man zu beerben hofft*

er'bo·sen <V. t.; du erbost> 1 *erzürnen;* sie war erbost 2 <V. refl.> sich (über etwas) ~ *zornig werden*

er'bö·tig <Adj.; veralt.> *bereit;* er war, machte sich ~, dies zu tun

'Erb·pacht <f.; -, -en>; **'Erb·päch·ter** <m.; -s, -->; **'Erb·päch·te·rin** <f.; -, -n·nen>; **'Erb·prinz** <m.; -en, -en>

er'bre·chen <V. t./V. refl. 116> sich ~ *sich übergeben;* **Er'bre·chen** <n.; -s; unz.> etwas bis zum ~ *üben* <umg.>

'Erb·recht <n.; -(e)s; unz.>

er'brin·gen <V. t. 118> den Nachweis ~

'Erb·scha·den <m.; -s, ⸚; Genetik>; **'Erb·schaft** <f.; -, -en> *eine ~ antreten, ausschlagen, machen;* **'Erb·schafts·mas·se** <f.; -, -n>; **'Erb·schaft(s)·steu**

er <f.; -, -n>; **'Erb·schein** <m.; -(e)s, -e>; **'Erb·schlei·cher** <m.; -s, --> *jmd., der versucht, ein Erbe² an sich zu bringen;* **Erb·schlei·che·rei** <f.; -; unz.>; **'Erb·schlei·che·rin** <f.; -, -n·nen>; **'Erb·schuld** <f.; -; unz.>

'Erb·se <f.; -, -n; Bot.> *eine Kulturpflanze;* **'erb·sen·groß** <Adj.>; **'Erb·sen·sup·pe** <f.; -, -n>; **'Erbs·wurst** <f.; -, ⸚e> *in Wurstform gepresstes Erbsenmehl (als Suppenkonserve)*

'Erb·tan·te <f.; -, -n; umg.> *reiche Tante, die man zu beerben hofft;* **'Erb·teil** <n. od. (BGB) m.; -(e)s, -e>; **'Erb·tei·lung** <f.; -, -en>; **'erb·un·wür·dig** <Adj.>; **'Erb·un·wür·dig·keit** <f.; -; unz.; Rechtsw.>; **'Erb·ver·mächt·nis** <n.; -s·ses, -s·se>; **'Erb·ver·trag** <m.; -(e)s, ⸚e>; **'Erb·wort** <n.; -(e)s, ⸚er; Gramm.> → *Kasten;* **'Erb·zins·lei·he** <f.; -, -n>

'Erd·ach·se <[-ks-]; f.; -; unz.>; **'Erd·al·ka·li·en** <Pl.>; **'Erd·al·ka·li·me·tal·le** <Pl.; Chem.>; **'Erd·an·zie·hung** <f.; -; unz.> = *Gravitation;* **'Erd·ap·fel** <m.; -s, ⸚; süddt.; österr.> *Kartoffel;* **'Erd·ar·bei·ten** <Pl.>; **'Erd·at·mo·sphä·re** <Pl.>; **'Erd·at·mos·phä·re** <f.; -; unz.; ↗Z54>

er'dau·ern <V. t.; ich erdau(e)re; schweiz.> 1 *gründlich prüfen, reifen lassen* 2 *sich durch Warten verdienen;* ein Visum ~; **Er·'dau·e·rung** <f.; -; unz.>

'Erd·bahn <f.; -; unz.>; **'Erd·ball** <m.; -(e)s; unz.; poet.> *Erdku-*

gel; **'Erd·be·ben** <n.; -s, ->; **'Erdbe·ben·an·zei·ger** <m.; -s, -> = *Seismometer*; **'Erd·be·ben·herd** <m.; -(e)s, -e> *Zentrum eines Erdbebens*; **'Erd·be·ben·messer** <m.; -s, -> = *Seismograph*; **'Erd·bee·re** <f.; -, -n; Bot.> *eine Frucht*; **'erd·beer·far·ben, 'erdbeer·far·big** <Adj.>; **'Erd·beschleu·ni·gung** <f.; -, -en; Phys.> *Fallbeschleunigung durch die Erdanziehung*; **'Erdbe·stat·tung** <f.; -, -en> Ggs *Feuerbestattung*; **'Erd·bir·ne** <f.; -, -n; mdt.> *Kartoffel*; **'Erd·boden** <m.; -s; unz.> *dem ~ gleichmachen*; **'Erd·boh·rer** <m.; -s, -; Tech.>; **'Er·de** <f.; -, -n; Pl. selten> 1 *Gemisch aus verwittertem Gestein u. Humus*; Blumen~ 2 *fester Boden; er liegt unter der ~ er ist tot* 3 *der vom Menschen bewohnte Planet* 4 <nur Pl.; Chem.> *Oxide der Erdmetalle; seltene ~n*; **'er·den** <V. t.; El.> *elektrische Geräte ~ durch eine Leitung mit dem Erdboden verbinden*; **'Er·denbür·ger** <m.; -s, -; geh.; poet.> *Mensch*; **'Er·den·glück** <n.; -(e)s; unz.; poet.>

er'den·ken <V. t. 119> *sich ~ ausdenken, ersinnen*

'Er·den·kind <n.; -(e)s, -er; geh.; poet.>

er'denk·lich <Adj.; ↗Z 42> *jmdm. alles ~(e) Gute wünschen; er hat alles Erdenkliche getan*

'Er·den·le·ben <n.; -s, -; >; **'Erden·rund** <n.; -(e)s; unz.; po­et.> *Erdkugel*; **'Erd·fall** <m.; -(e)s, =e> *muldenförmige Einsenkung der Erdoberfläche*; **'Erd·far·be** <f.; -, -n>; **'erd·farben, 'erd·far·big** <Adj.>; **'erdfern** <Adj.>; **'Erd·fer·ne** <f.; -; unz.> *Punkt der größten Entfernung des Mondes von der Erde*; Sy *Apogäum*; Ggs *Erdnähe*; **'Erd·frucht** <f.; -, -e; Bot.>; **Erd'früh·zeit** <f.; -; unz.; Geol.> *Archäozoikum*; **'Erd·gas** <n.; -es; unz.>; **'erd·ge·bun·den** <Adj.>; **'Erd·geist** <m.; -(e)s, -er>; **'Erdge·schich·te** <f.; -; unz.> = *Geologie*; **'erd·ge·schicht·lich** <Adj.>; **'Erd·ge·schoss** <n.; -es, -e; Abk.: Erdg.> Sy *Parterre*; **'Erd·hörn·chen** <n.; -s, -; Zool.> *ein Nagetier*

er'dich·ten <V. t.> *etwas ~ erfinden*; **Er'dich·tung** <f.; -, -en>

'er·dig <Adj.>; **'Erd·kern** <m.; -(e)s; unz.>; **'Erd·klum·pen** <m.; -s, ->; **'Erd·kreis** <m.; -es; unz.> *Erdkugel*; **'Erd·krö·te** <f.; -, -n; Zool.> *eine Krötenart*; **'Erd·krus·te** <f.; -; unz.> *oberste Erdschicht*; **'Erd·ku·gel** <f.; -; unz.>; **'Erd·kun·de** <f.; -; unz.> = *Geographie*; **'Erd·kund·ler** <m.; -s, -; selten für> *Geograph*; **'erd·kund·lich** <Adj.>; **'Erd·leitung** <f.; -, -en> Ggs *Hochleitung*; **'erd·ma·gne·tisch,** <auch> **'erd·mag·ne·tisch** <Adj.; ↗Z53>; **'Erd·ma·gne·tismus** <m.; -; unz.>; **'Erd·männchen** <n.; -s, -> 1 <Zool.> *eine Schleichkatzenart*; **Erd'mit·tel·al·ter** <n.; -s; unz.; Geol.> = *Mesozoikum*; **'Erd·mittel·punkt** <m.; -(e)s; unz.>; **'erdnah** <Adj.>; **'Erd·nä·he** <f.; -; unz.> *Punkt der geringsten Entfernung des Mondes von der Erde*; Sy *Perigäum*; Ggs *Erdferne*; **Erd'neu·zeit** <f.; -; unz.> = *Känozoikum*; **'Erd·nuss** <f.; -, =e; Bot.> *eine Hülsenfrucht*; **'Erdnuss·but·ter** <f.; -; unz.>; **'Erdo·ber·flä·che** <f.; -; unz.; ↗Z55>; **'Erd·öl** <n.; -(e)s; unz.> *~ exportierende Länder*

er'dol·chen <V. t.>

'Erd·öl·pech <n.; -s; unz.> *bei der Aufbereitung von Erdöl anfallende Stoffmischung*; **'Erd·ölpro·dukt** <n.; -(e)s, -e>; **'Erd·ölvor·kom·men** <n.; -s, ->; **'Erdpech** <n.; -s; unz.> *natürl. teerartige Stoffmischung*; **'Erd·räumer** <m.; -s, -; Tech.> = *Bulldozer*; **'Erd·reich** <n.; -(e)s; unz.> *Erdboden*

er'dreis·ten <V. refl.> *sich ~, etwas zu tun* <geh.> *unverfroren, frech sein*

'Erd·rin·de <f.; -; unz.> = *Erdkruste*

er'dröh·nen <V. i. (s.)>

er'dros·seln <V. t.; ich erdros­s(e)le> *erwürgen*; **Er'dros·selung, Er'dross·lung** <f.; -, -en>

er'drü·cken <V. t.> *~de Beweislast* <fig.>

'Erd·rutsch <m.; -es, -e>; **'erdrutsch·ar·tig** <Adj.; fig.> *die bisherigen Verhältnisse massiv verändernd*; **'Erd·rutsch-**

sieg <m.; -(e)s, -e; Pol.; fig.>; **'Erd·sa·tel·lit** <m.; -en, -en>; **'Erd·schat·ten** <m.; -s, ->; **'Erdschicht** <f.; -, -en>; **'Erd·schlipf** <m.; -(e)s, -e; schweiz.> *Erdrutsch*; **'Erd·schluss** <m.; -es, =e; El.>; **'Erd·schol·le** <f.; -, -n>; **'Erd·sicht** <f.; -; unz.; Flugw.>; **'Erd·stoß** <m.; -es, =e>; **'Erdstrah·len** <Pl.>; **'Erd·strö·me** <Pl.> *in der Erdkruste fließende el. Ströme*; **'Erd·teil** <m.; -(e)s, -e; Geogr.> *Kontinent(1)*

er'dul·den <V. t.>; **Er'dul·dung** <f.; -; unz.>

'Erd·um·fang <m.; -(e)s; unz.>; **'Erd·um·krei·sung** <f.; -, -en>; **'Erd·um·se·ge·lung** <f.; -, -en>; **'erd·um·span·nend** <Adj.; ↗Z29.>; **'Er·dung** <f.; -, -en; El.> *das Erden*; **Erd'ur·zeit** <f.; -; unz.; Geol.> = *Archaikum*; **'erdver·bun·den** <Adj.> *ein ~er Mensch ein die Natur liebender M.*; **'Erd·wär·me** <f.; -; unz.>; **'erd·wärts** <Adv.>; **'Erd·zeit·alter** <n.; -s, -; Geol.>

er'ei·fern <V. refl.> *sich ~ sich (über etwas) aufregen*

er'eig·nen <V. refl.; ↗Z53.1> *sich ~ geschehen*; **Er'eig·nis** <n.; -s·ses, -s·se> *ein freudiges ~ die Geburt eines Kindes*; **er'eig·nislos** <Adj.>; **er'eig·nis·reich** <Adj.>; **Er'eig·nis·verb** <[-verb]; n.; -(e)s, -en; Gramm.> → a. *Kasten* Verb

er'ei·len <V. t.; geh.> *erreichen; der Tod ereilte ihn*

e·rek'til <Adj.; Med.> *aufrichtbar, schwellfähig*; Sy *ergibel* [lat.]; **E·rek·ti'on** <f.; -, -en> *Aufrichtung, Anschwellung der äußeren Geschlechtsorgane*

E·re'mit <m.; -en, -en> = *Einsiedler*; Sy *Zönobit* [grch.]; **E·remi·ta·ge** <[-'ta:ʒə]; f.; -, -n> 1 *Gartenhäuschen in Parks des 18. Jh.* 2 *Gemäldegalerie in St. Petersburg*

er'er·ben <V. t.>

e·re'thisch <Adj.; Med.; Psych.> *bes. leicht erregbar*; **E·re'thismus** <m.; -; unz.> *krankhafte Erregbarkeit, Gereiztheit* [grch.]

er'fah·ren[1] <V. t. 130> 1 *etwas ~ von etwas in Kenntnis gesetzt werden* 2 *erleben; sie hat schon viel Leid ~*; **er'fah·ren**[2] <Adj.> *reich an Erfahrung u. Kenntnis-*

sen; ein ~er Arzt; **Er'fah·ren·heit** <f.; -; unz.>; **Er'fah·rung** <f.; -, -en> 1 *Erlebnis, aus dem man lernt;* ~en sammeln; aus ~ sprechen 2 *in der Praxis erworbene Übung;* langjährige ~ haben; **Er'fah·rungs·aus·tausch** <m.; -(e)s, -e; Pl. selten>; **Er'fah·rungs·be·richt** <m.; -(e)s, -e>; **er'fah·rungs·ge·mäß** <Adv.>; **Er'fah·rungs·tat·sa·che** <f.; -, -n>; **Er'fah·rungs·wert** <m.; -(e)s, -e>; **Er'fah·rungs·wis·sen·schaft** <f.; -, -en> Sy *Empirie*

er'fas·sen <V. t.> 1 *erwischen, berühren;* er wurde von einem Auto erfasst 2 *verstehen, begreifen* 3 <Stat.> *registrieren;* **Er'fas·sung** <f.; -, -en; Stat.>

er'fech·ten <V. t. 133> *kämpfend erringen* <a. fig.>

er'fin·den <V. t. 134> 1 *durch Forschen u. Experimentieren entdecken* 2 *eine Geschichte ~ sich ausdenken;* **Er'fin·der** <m.; -s, ->; **Er'fin·der·geist** <m.; -(e)s; unz.>; **Er'fin·de·rin** <f.; -, -n·nen>; **er'fin·de·risch** <Adj.> *einfallsreich;* **Er'fin·der·schutz** <m.; -es; unz.>; **er'find·lich** <Adj.> *verständlich, nachvollziehbar;* aus ~en Gründen; **Er'fin·dung** <f.; -, -en>; **Er'fin·dungs·ga·be** <f.; -; unz.>; **er'fin·dungs·reich** <Adj.>; **Er'fin·dungs·reich·tum** <m.; -s; unz.>

er'fle·hen <V. t.> *Gnade ~*

Er'folg <m.; -(e)s, -e> *(positives) Ergebnis;* ein ~ versprechendes/<auch> erfolgversprechendes Vorhaben; <bei Steigerung u. mit Attribut nur Zusammenschreibung> dieses Vorhaben ist noch erfolgversprechender als das andere, es ist wirklich sehr erfolgversprechend; <nur Getrenntschreibung in Zus. mit Adj.> ein viel ~, großen ~ versprechendes Vorhaben; **er'fol·gen** <V. i. (s.)> *(als Folge auf etwas) geschehen;* **er'folg·ge·krönt** <Adj.> ↗Z29; geh.> ein ~er Schauspieler; **er'folg·los** <Adj.>; **Er'folg·lo·sig·keit** <f.; -; unz.>; **er'folg·reich** <Adj.>; **Er'folgs·aus·sich·ten** <Pl.>; **Er'folgs·er·leb·nis** <n.; -s·ses, -s·se; Psych.>; **Er'folgs·mensch** <m.; -en, -en>; **Er'folgs·quo·te**

Ergänzung: Eine E. ist ein obligatorisches oder fakultatives Satzglied, das von der Valenz des ↗Verbs abhängig ist. Es gibt E. in der Funktion von

a) **Subjekten:** *Der Riese* schläft.
b) **Prädikatsnomen:** *Susanne ist* *Sängerin.*
c) **Genitivobjekten:** *Sie gedenken der Toten.*
d) **Dativobjekten:** *Sie ähnelt ihrer Mutter.*
e) **Akkusativobjekten:** *Wir brauchen den Schlüssel.*
f) **Präpositionalobjekten:** *Er berichtete von den Kämpfen.*
g) **Adverbialbestimmungen:** *Der Fernseher macht mich nervös.*

<f.; -, -n>; **er'folgs·si·cher** <Adj.>; **er'folgs·ver·wöhnt** <Adj.>; **Er'folgs·zwang** <m.; -(e)s; unz.> unter ~ stehen; **er'folg·ver·spre·chend** <Adj.> → *Erfolg*

er'for·der·lich <Adj.> *notwendig;* **er'for·der·li·chen·falls** <Adv.; Amtsdt.>; **er'for·dern** <V. t.> *verlangen, nötig machen;* **Er'for·der·nis** <n.; -s·ses, -s·se>

er'for·schen <V. t.>; **Er'for·schung** <f.; -; unz.>

er'fra·gen <V. t.>

er'fre·chen <V. refl.; veralt.>

er'freu·en <V. t./V. refl.> 1 jmdn. ~ *jmdm. eine Freude bereiten;* sich (an etwas) ~ 2 <V. refl.; m. Gen.; geh.> sie erfreut sich bester Gesundheit; **er'freu·lich** <Adj.>; **er·freu·li·cher'wei·se** <Adv.>

er'frie·ren <V. i. (s.) u. V. refl. 140> *durch Kälteeinwirkung umkommen/absterben;* die Blumen sind erfroren; er hat sich die Hände erfroren; **Er'frie·rung** <f.; -, -en> ~en zweiten Grades; **Er'frie·rungs·tod** <m.; -(e)s; unz.>

er'fri·schen <V. t./V. refl.>; **er'fri·schend** <Adj.; ↗Z28.1> *belebend, anregend;* ein ~es Lüftchen; **Er'fri·schung** <f.; -, -en>; **Er'fri·schungs·ge·tränk** <n.; -(e)s, -e>; **Er'fri·schungs·raum** <m.; -(e)s, ¨e>; **Er'fri·schungs·tuch** <n.; -(e)s, ¨er>

er'fül·len <V. t.> 1 *ausfüllen, durchdringen;* ihr Leben war von Arbeit erfüllt; es erfüllt

---

mich mit großer Freude, ... 2 *einer Aufgabe entsprechen;* das Gerät erfüllt seinen Zweck 3 <V. refl.> sein Wunsch hat sich erfüllt; **Er'fül·lung** <f.; -, -en; Pl. selten> sein Wunsch ging in ~; **Er'fül·lungs·ort** <m.; -(e)s, -e; Rechtsw.>; **Er'fül·lungs·tag** <m.; -(e)s, -e; Rechtsw.>

'Er·furt *Hauptstadt von Thüringen*

Erg <n.; -s, -; Phys.> *frühere Maßeinheit für Energie* [grch.]

er'gän·zen <V. t./V. refl.> *vervollständigen;* **Er'gän·zung** <f.; -, -en> *Hinzufügung;* → a. Kasten; **Er'gän·zungs·ab·ga·be** <f.; -, -n> *zusätzl. steuerliche Abgabe;* **Er'gän·zungs·band** <m.; -(e)s, ¨e>; **Er'gän·zungs·bin·de·strich** <m.; -(e)s, -e> *Bindestrich, der bei Wortaufzählungen für einen gemeinsamen Bestandteil steht,* z. B. auf- u. untergehen; → a. *Kasten Bindestrich;* **Er'gän·zungs·far·be** <f.; -, -n> *Farbe, die zus. mit einer anderen Farbe Weiß ergibt;* Sy *Komplementärfarbe;* **Er'gän·zungs·fra·ge** <f.; -, -n; Gramm.> → a. *Kasten Fragesatz;* **Er'gän·zungs·satz** <m.; -es, ¨e> = *Objektsatz;* **Er'gän·zungs·win·kel** <m.; -s, -; Geom.> *Winkel, der einen anderen zu 90° bzw. 180° ergänzt*

er'gat·tern <V. t.; ich ergattere; umg.> er konnte die letzten Karten ~

er'gau·nern <V. t.; meist refl.; ich ergaunere> (sich) etwas ~ *durch Betrug verschaffen*

er'ge·ben¹ <V. t. 143> 1 *als Ergebnis liefern;* die Umfrage hat ~, dass ... 2 <V. refl.> sich ~ *als Folge entstehen;* es hat sich so ~ 3 <V. refl.> sich ~ *sich unterwerfen, sich fügen;* **er'ge·ben²** <Adj.> *fügsam, untertänig;* **Er'ge·ben·heit** <f.; -; unz.>; **Er'geb·nis** <n.; -s·ses, -s·se> *Folge, Resultat;* End~; **er'geb·nis·los** <Adj.>; **er'geb·nis·reich** <Adj.>; **Er'ge·bung** <f.; -; unz.> *Ergebenheit, Demut*

er·ge·hen <V. 145> 1 <V. i. (s.); geh.> eine Aufforderung ergeht (an jmdn.) *wird amtlich erlassen* 2 <V. i. (s.)> etwas über sich ~ lassen *widerspruchslos ertra-*

E

gen 3 <V. i. (s.); unpersönl.> wie ist es dir im Ausland ergangen? **4** <V. refl.> sich (in, über etwas) ~; sie erging sich in Lobeshymnen über ihn; **Er'ge·hen** <n.; -s; unz.> *Befinden;* sich nach jmds. ~ erkundigen

er'gie·big <Adj.> *ertragreich;* **Er'gie·big·keit** <f.; -; unz.>

er'gie·ßen <V. t./V. refl. 152; a. fig.> sich ~ *strömen, heftig fließen;* eine Flut von Vorwürfen ergoss sich über ihn

er'glän·zen <V. i. (s.); geh.>

er'glü·hen <V. i. (s.)>

'er·go <Konj.> *also, folglich* [lat.]

er·go..., Er·go... <in Zus.> *Arbeit betreffend, Arbeits...* [grch.]

Er·go·gra'fie, Er·go·gra'phie <f.; -, -n> ⤴Z11.3> *Aufzeichnung der Muskelarbeit;* **Er·go·lo'gie** <f.; -; unz.> *Erforschung der Arbeitsgeräte;* **er·go'lo·gisch** <Adj.>; **Er·go'me·ter** <n.; -s, -; Med.> *Gerät zur Messung der physischen Belastbarkeit;* Fahrrad~; **Er·go·me'trie,** <auch> **Er·go·met'rie** <f.; -; unz.; ⤴Z53> *Messung der physischen Leistungsfähigkeit;* **er·go·me'trisch** <Adj.>; **Er·go'nom** <m.; -en, -en> *Wissenschaftler auf dem Gebiet der Ergonomie;* **Er·go·no'mie, Er·go·no·mik** <f.; -; unz.> *Erforschung der Leistungsmöglichkeiten u. Arbeitsbedingungen;* **Er·go'no·min** <f.; -, -n·nen>; **er·go'no·misch** <Adj.> *Arbeitsplätze ~ gestalten;* **Er·go'stat,** <auch> **Er·gos'tat** <m.; -en, -en; ⤴Z54> = *Ergometer;* **Er·go·the·ra'peut** <m.; -en, -en>; **Er·go·the·ra·peu'tin** <f.; -, -n·nen>; **Er·go·the·ra'pie** <f.; -; unz.; Med.> *Beschäftigungs- u. Arbeitstherapie*

er'göt·zen <V. t./V. refl.> du ergötzt; geh.> jmdn. ~ *erheitern, unterhalten;* sich an etwas ~; **er'götz·lich** <Adj.>

er'grau·en <V. i. (s.)> *grau werden*

er'grei·fen <V. t. 158> **1** *fassen u. festhalten* **2** etwas ergreift jmdn. <fig.> *bewegt jmdn.* **3** <als Funktionsverb> *in Angriff nehmen;* einen Beruf, die Flucht, Maßnahmen, das Wort ~; **er'grei·fend** <Adj.; ⤴Z28.1> *erschütternd;* **Er'grei·fung** <f.; -;

unz.> *Gefangennahme;* die ~ des Täters; **er'grif·fen** <Adj.; ⤴Z28.1> *erschüttert;* **Er'grif·fen·heit** <f.; -; unz.>

er'grim·men <V. i. (s.) u. V. t.; geh.> *zornig werden*

er'grün·den <V. t.> *erforschen*

Er'guss <m.; -es, ⸚e> **1** *das Sichergießen;* Blut~; Samen~ **2** *das Ausströmen;* Lava~ **3** <fig.; meist abwertend> *Redeschwall;* lyrische Ergüsse; **Er'guss·ge·stein** <n.; -(e)s, -e; Geol.> *erstarrtes Magma*

er'ha·ben <Adj.> **1** *erhöht, plastisch hervortretend* **2** *über etwas ~ sein souverän, unanfechtbar sein* **3** *würdevoll;* **Er'ha·ben·heit** <f.; -; unz.>

Er'halt <m.; -(e)s; unz.; Amtsdt.> *Empfang;* nach ~ Ihres Schreibens; **er'hal·ten** <V. t. 160> **1** *bekommen* **2** das Klavier ist gut ~ *in gutem Zustand;* **er'hal·tens·wert** <Adj.>; **Er'hal·ter** <m.; -s, -> *Bewahrer, Ernährer;* **Er'hal·te·rin** <f.; -, -n·nen>; **er'hält·lich** <Adj.> *zu kaufen;* **Er'hal·tung** <f.; -, -en; Pl. selten>

er'han·deln <V. t.>

er'hän·gen <V. t./V. refl.>

er'här·ten <V. t./V. refl.> *festigen;* der Verdacht erhärtet sich; **Er'här·tung** <f.; -, -en>

er'ha·schen <V. t.>

er'he·ben <V. t. 163> **1** das Glas ~ *in die Höhe heben* **2** <V. refl.> sich ~ *aufstehen* **3** jmdn. od. etwas (zu etwas) ~ *auf eine höhere Stufe bringen* **4** <V. refl.> sich (gegen jmdn.) ~ *auflehnen* **5** Gebühren ~ *einfordern;* **er'he·bend** <Adj.; ⤴Z28.1> *ergreifend;* ein ~er Anblick; **er'heb·lich** <Adj.> *beträchtlich;* **Er'he·bung** <f.; -, -en>

er'hei·schen <V. t.; geh.> *verlangen;* Beifall

er'hei·tern <V. t.; ich erheitere; **Er'hei·te·rung** <f.; -; unz.>

er'hel·len <V. t./V. refl.> *hell, deutlich machen*

er'hit·zen <V. t./V. refl.> du erhitzt; **Er'hit·zung** <f.; -; unz.>

er'hof·fen <V. t./V. refl.>

er'hö·hen <V. t.> *höher machen, steigern;* erhöhte Temperatur *leichtes Fieber;* **Er'hö·hung** <f.; -, -en>; **Er'hö·hungs·zei·chen**

<n.; -s, -; Mus.; Zeichen: #> *ein Notenvorzeichen*

er'ho·len <V. refl.> sich ~ *sein körperliches od. seelisches Wohlbefinden wiedererlangen;* **er'hol·sam** <Adj.>; **Er'ho·lung** <f.; -; unz.> *suchende Urlaubsgäste;* die ~ Suchenden/<auch> Erholungsuchenden; **er'ho·lungs·be·dürf·tig** <Adj.>; **Er'ho·lungs·ge·biet** <n.; -(e)s, -e>; **Er'ho·lungs·heim** <n.; -(e)s, -e>; **Er'ho·lungs·rei·se** <f.; -, -n>; **Er'ho·lungs·ur·laub** <m.; -(e)s, -e>

er'hö·ren <V. t.> möge sein Gebet erhört werden; **Er'hö·rung** <f.; -; unz.>

e·ri'gi·bel <Adj.; Med.> *erigibles Organ* [lat.]; **e·ri'gie·ren** <V. i. (s.)> *anschwellen u. sich dabei aufrichten*

'E·ri·ka <f.; -, -ri·ken; Bot.> *ein Heidekraut* [grch.]

er'in·ner·lich <Adj.; geh.> das ist mir nicht ~ *nicht vergessen* <V.; ich erinnere> **1** <V. refl.> sich ~ *(noch) nicht vergessen haben;* ich kann mich nicht an ihn ~; ich kann mich seiner nicht ~ <geh.> **2** <V. t.> jmdn. (an etwas) ~ **3** <V. t.> er erinnert mich an meinen Bruder; **Er'in·ne·rung** <f.; -, -en>; **Er'in·ne·rungs·stück** <n.; -(e)s, -e>; **Er'in·ne·rungs·ver·mö·gen** <n.; -s; unz.>; **Er'in·ne·rungs·wert** <m.; -(e)s; unz.>

E'rin·nye, E'rin·nys <f.; -, -ny·en; grch. Myth.> *Rachegöttin*

E'ris·tik <f.; -; unz.> *Kunst des wissenschaftl. Streitgesprächs* [grch.]

E·ri'trea, <auch> **E·rit'rea** <⤴Z53> *Staat in Nordostafrika;* **E·ri'tre·er** <m.; -s, -> *Einwohner von Eritrea;* **E·ri'tre·e·rin** <f.; -, -n·nen>; **e·ri'tre·isch** <Adj.>

E·ri'wan <[jɛrə-]> *Hauptstadt von Armenien*

er'ja·gen <V. t.>

er'kal·ten <V. i. (s.)> **1** *kalt werden;* den Pudding ~ lassen **2** <fig.> *vergehen;* seine Liebe zu ihr war längst erkaltet; **er'käl·ten** <V. refl.> sich ~ *eine Erkältung bekommen;* **Er'käl·tung** <f.; -, -en; Med.> *Verkühlung;* **Er'käl·tungs·krank·heit** <f.; -, -en>

er'kämp·fen <V. t.>

er'kau·fen <V. t.> diese Erfahrung war teuer erkauft

er'kenn·bar <Adj.>; er'ken·nen <V. 166> 1 <V. t.> jmdn. od. etwas ~ *wahrnehmen* 2 <V. t./V. refl.> etwas, sich zu ~ geben 3 <V. i.; Rechtsw.> *ein Urteil fällen;* der Richter erkannte auf Freispruch; er'kennt·lich <Adj.; nur in der Wendung> sich (bei jmdm.) ~ zeigen *aus Dankbarkeit eine Gegenleistung erbringen;* Er'kennt·lich·keit <f.; -; unz.>; Er'kennt·nis <f.; -, -s·se> 1 *gewonnene Einsicht;* ich bin zu neuen ~sen gekommen 2 <unz.> *Vernunft, Wissen;* Er'kennt·nis·for·schung <f.; -; unz.>; Er'kennt·nis·leh·re <f.; -; unz.; Philos.>; er'kennt·nis·the·o·re·tisch <Adj.; Philos.>; Er·'kennt·nis·the·o·rie <f.; -; unz.>; Er'kennt·nis·ver·mö·gen <n.; -s; unz.>; Er'ken·nung <f.; -; unz.>; Er'ken·nungs·dienst <m.; -(e)s, -e; Kriminalpolizei>; Er'ken·nungs·mar·ke <f.; -, -n; Mil.> *Identitätsnachweis für Soldaten;* Er'ken·nungs·me·lo·die <f.; -, -n>; Er·'ken·nungs·zei·chen <n.; -s, ->

'Er·ker <m.; -s, -; Arch.> *Mauervorsprung;* 'Er·ker·zim·mer <n.; -s, ->

er'kie·sen <V. t./V. refl. 127; veralt.; geh.> meist im Prät. u. Part. Perf.> *(aus)wählen;* sie hat sich als Hobby die Musik erkoren

er'klär·bar <Adj.>; er'klä·ren <V. t.> 1 *darlegen, mitteilen;* der Minister erklärte seinen Rücktritt 2 <V. t./V. refl.> *verständlich machen;* ich kann mir sein Verhalten nicht ~; das lässt sich leicht ~; Er'klä·rer <m.; -s, ->; Er'klä·re·rin <f.; -, -n·nen>; er·'klär·lich <Adj.>; er'klärt <Adj.; ↗Z28.1> *offensichtlich;* er ist der ~e Star des Abends; er·klär·ter·ma·ßen <Adv.>; Er'klä·rung <f.; -, -en>; Er'klä·rungs·ver·such <m.; -(e)s, -e>

er'kleck·lich <Adj.; umg.> *beträchtlich;* eine ~e Summe

er'klet·tern <V. t.; ich erklet·t(e)re>

er'klim·men <V. t. 167; geh.> *mit Mühe od. Ausdauer erreichen;* den Gipfel ~

er'klin·gen <V. i. (s.) 168>

er'kran·ken <V. i. (s.)>; Er'kran·kung <f.; -, -en>; Er'kran·kungs·fall <m.; -(e)s, ⸚e> im ~

er'küh·nen <V. refl.> sich ~, etwas zu tun

er'kun·den <V. t.> *auskundschaften;* er'kun·di·gen <V. refl.> sich nach jmdm. od. etwas ~ *Auskünfte einholen;* Er'kun·di·gung <f.; -, -en> ~en einziehen; Er'kun·dung <f.; -, -en>; Er·'kun·dungs·flug <m.; -(e)s, ⸚e>

er'küns·teln <V. t.; meist im Part. Perf.> eine erkünstelte Fröhlichkeit

er'lag <m.; -(e)s; unz.; österr.; Amtsdt.> *Entrichtung;* gegen ~ einer Gebühr

er'lah·men <V. i. (s.)> *müde werden, nachlassen;* er ist in seinem Eifer erlahmt

er'lan·gen <V. t.> *bekommen*

Er'lass <m.; -es, -e od. (österr.) ⸚e> 1 *behördl. Verordnung od. Bekanntmachung* 2 *Aufhebung;* Straf~; er'las·sen <V. t. 175>; Er·'lass·jahr <n.; -(e)s, -e; Kath.> *Jahr, in dem die Kirchenstrafen erlassen werden;* Sy *Jubeljahr*

er'lau·ben <V. t./V. refl.> *zulassen;* wer hat das erlaubt?; ich habe mir erlaubt ... *ich habe mir die Freiheit genommen;* Er·'laub·nis <f.; -; unz.>

er'laucht <Adj.; geh.> *erhaben;* eine ~e Gesellschaft; Er'laucht <f.; -; unz.; veralt.> *(ein Adelstitel)* wenn Euer ~ gestatten, ...

er'lau·fen <V. t. 176> sie erläuft auch schwierige Bälle

er'läu·tern <V. t.; ich erläutere> *verständlich machen;* Er'läu·te·rung <f.; -, -en>

'Er·le <V. f.; -, -n; Bot.> *ein Laubbaum*

er'le·ben <V. t.> *durchmachen;* Er·'le·bens·fall <m.; -(e)s; unz.; Versicherungsw.> meist in der Wendung> im ~; Er'leb·nis <n.; -s·ses, -s·se> *nachhaltig beeindruckendes Geschehnis;* Er'leb·nis·auf·satz <m.; -es, ⸚e>; Er·'leb·nis·er·zäh·lung <f.; -, -en>; er'leb·nis·reich <Adj.>

er'le·di·gen <V.> 1 <V. t./V. refl.> *durchführen;* das hat sich erledigt 2 <V. t.> jmdn. ~ <umg.> *zugrunde richten;* er ist erledigt;

Er'le·di·gung <f.; -, -en> in ~ Ihres Auftrages <Amtsdt.>

er'le·gen <V. t.> 1 ein Tier ~ <Jägerspr.> *durch einen Schuss töten* 2 <österr., sonst veralt.> *bezahlen;* der erlegte Betrag; Er·'le·gung <f.; -; unz.>

er'leich·tern <V. t./V. refl.; ich erleicht(e)re> *von einer Last befreien;* sich die Arbeit ~; sein Gewissen ~; erleichtert aufatmen; Er'leich·te·rung <f.; -, -en>

er'lei·den <V. t. 177>

'er·len <Adj.> *aus Erlenholz;* ~er Tisch; 'Er·len·holz <n.; -es; unz.>

er'lern·bar <Adj.>; er'ler·nen <V. t.>

er'le·sen <Adj.; ↗Z42> *von ausgesuchter Qualität;* ~e Speisen; das ist etwas ganz Erlesenes; Er·'le·sen·heit <f.; -; unz.>

er'leuch·ten <V. t.>; Er'leuch·tung <f.; -, -en>

er'lie·gen <V. i. (s.) 180> 1 *nicht dagegen ankommen;* er ist der Versuchung, seiner Krankheit erlegen 2 *der Verkehr kam zum Erliegen* brach zusammen

Er'lös <m.; -es, -e> *eingenommener Betrag*

er'lö·schen <V. i. (s.) 128> 1 *aufhören zu brennen* 2 *aufhören zu bestehen;* die Mitgliedschaft erlischt im Mai

er'lö·sen <V. t.> 1 *befreien;* er wurde von seinem Leiden erlöst 2 *einnehmen;* Er'lö·ser <m.; -s, -; christl. Rel.> *Christus;* Er'lö·sung <f.; -; unz.>

er'lü·gen <V. t. 181; meist im Part. Perf.> der ganze Bericht ist erlogen

er'mäch·ti·gen <V. t.> jmdn. zu etwas ~ *jmdm. die Erlaubnis zu etwas geben;* Er'mäch·ti·gung <f.; -, -en>; Er'mäch·ti·gungs·ge·setz <n.; -es; unz.>

er'mah·nen <V. t.> jmdn. ~ *eindringlich an eine Pflicht erinnern;* Er'mah·nung <f.; -, -en>

er'man·geln <V. i.; m. Gen.; geh.> einer Sache ~ *sie nicht haben;* Er'man·ge·lung <f.; -; unz.; geh.> meist in der Wendung> in ~; in ~ eines Regenschirmes ...

er'man·nen <V. refl.; geh.> sich ~ *sich aufraffen*

er'mä·ßi·gen <V. t.> *herabsetzen;*

E

ermäßigte Preise; **Er'mä·ßi·gung** <f.; -, -en>

er'mat·ten <V.> 1 <V. t.> *müde machen;* die Hitze hat ihn ermattet 2 <V. i.> *müde werden;* sie ermattet schnell; **Er'mat·tung** <f.; -; unz.>

er'mes·sen <V. t. 185> *einschätzen, beurteilen;* **Er'mes·sen** <n.; -s; unz.> *Entscheidung, Urteil;* nach menschlichem ~; **Er'mes·sens·fra·ge** <f.; -, -n>; **Er'mes·sens·frei·heit** <f.; -; unz.>

Er·mi·ta·ge <[-'ta:ʒə]; f.; -; unz.> = *Eremitage(2)*

er'mit·teln <V.; ich ermitt(e)le> 1 <V. t.> *durch Nachforschung ausfindig machen;* der Sieger wurde ermittelt 2 <V. i.> gegen jmdn. ~ <Rechtsw.>; **Er'mitt·lung** <f.; -, -en>; **Er'mitt·lungs·rich·ter** <m.; -s, ->; **Er'mitt·lungs·rich·te·rin** <f.; -, -n·nen>; **Er'mitt·lungs·ver·fah·ren** <n.; -s, ->

er'mög·li·chen <V. t.>; **Er'mög·li·chung** <f.; -, -en; Pl. selten>

er'mor·den <V. t.>; **Er'mor·dung** <f.; -, -en>

er'mü·den <V.> 1 <V. t.> *müde machen* 2 <V. i.> *müde werden;* **Er'mü·dung** <f.; -; unz.>; **Er'mü·dungs·er·schei·nung** <f.; -, -en; meist Pl.>

er'mun·tern <V. t.; ich ermuntere> *ermutigen;* **Er'mun·te·rung** <f.; -, -en>

er'mu·ti·gen <V. t.>; **Er'mu·ti·gung** <f.; -, -en>

er'näh·ren <V. t./V. refl.> 1 *mit Nahrung versorgen* 2 <fig.> *für jmds. Unterhalt sorgen;* **Er'näh·rer** <m.; -s, ->; **Er'näh·re·rin** <f.; -, -n·nen>; **Er'näh·rung** <f.; -, -en; Pl. selten>; **Er'näh·rungs·for·schung** <f.; -; unz.>; **Er'näh·rungs·leh·re** <f.; -; unz.>; **Er'näh·rungs·phy·si·o·lo·gie** <f.; -; unz.; Med.>; **Er'näh·rungs·stö·rung** <f.; -, -en; Med.>; **Er'näh·rungs·wei·se** <f.; -, -n>; **Er'näh·rungs·wis·sen·schaft** <f.; -; unz.>; **Er'näh·rungs·zu·stand** <m.; -(e)s; unz.>

er'nen·nen <V. t. 190> jmdn. zu etwas ~ *in ein Amt einsetzen;* **Er'nen·nung** <f.; -, -en>; **Er'nen·nungs·ur·kun·de** <f.; -, -n>

er'neu·en <V. t.> = *erneuern;* **Er-**

'neu·e·rer <m.; -s, ->; **Er'neu·e·rin** <f.; -, -n·nen>; **er'neu·ern** <V. t.; ich erneu(e)re> 1 *durch etwas Neues ersetzen* 2 *wiederholen;* **Er'neu·e·rung** <f.; -, -en>; **er'neu·e·rungs·be·dürf·tig** <Adj.>; **er'neut** <Adj.> *wiederholt;* ein ~er Versuch; **Er'neu·ung** <f.; -, -en>

er'nied·ri·gen <V. t.; ↗Z53.1> 1 *demütigen* 2 eine Note ~ <Mus.> *einen Halbton tiefer setzen;* **Er'nied·ri·gung** <f.; -, -en>; **Er'nied·ri·gungs·zei·chen** <n.; -s, -; Mus.; Zeichen: ♭>

ernst <Adj.; ↗Z24> 1 *nachdenklich* 2 *gewichtig;* jmdn. od. etwas ~ nehmen 3 *aufrichtig;* ~ gemeinte Absichten; es ist mir ~ 4 *bedenklich, bedrohlich;* eine ~ zu nehmende Verletzung; ist es etwas Ernstes?; **Ernst** <m.; -es; unz.> 1 *Nachdenklichkeit* 2 *harte Wirklichkeit;* sie hat ~ gemacht; das ist mein (voller) ~; aus Spaß wurde ~; den Spaß für ~ nehmen 3 *Aufrichtigkeit;* ist das dein ~?; meinst du das im ~?; allen ~es etwas behaupten 4 *Bedrohlichkeit;* der ~ der Lage; **'Ernst·fall** <m.; -(e)s; unz.> im ~; **'ernst·haft** <Adj.>; **'Ernst·haf·tig·keit** <f.; -; unz.>; **'ernst·lich** <Adj.>

'Ern·te <f.; -, -n> 1 *das Ernten* 2 *das, was geerntet wurde;* **'Ern·te·aus·fall** <m.; -(e)s, ≈e>; **Ern·te'dank·fest, 'Ern·te·fest** <n.; -(e)s, -e>; **'Ern·te·ein·satz** <m.; -es, ≈e>; **'Ern·te·er·trag** <m.; -(e)s, ≈e>; **'Ern·te·kranz** <m.; -es, ≈e>; **'Ern·te·mo·nat** <m.; -(e)s, -e; alte Bez. für> *August;* **'ern·ten** <V.> 1 <V. t. u. V. i.> *Feld- od. Gartenfrüchte einbringen;* Getreide ~; wir haben schon geerntet 2 <V. t.; fig.> *erhalten;* Dank, Lob, die Früchte seiner Arbeit ~; **'Ern·te·se·gen** <m.; -s; unz.; fig.> *Ertrag der Ernte*

er'nüch·tern <V. t./V. refl.; ich ernücht(e)re> jmdn. ~ <fig.> *von einer Einbildung befreien;* **Er'nüch·te·rung** <f.; -, -en>

Er'o·be·rer <m.; -s, ->; **Er'o·be·rin** <f.; -, -n·nen>; **er'o·bern** <V. t.> *in Besitz nehmen;* **Er'o·be·rung** <f.; -, -en>; **Er'o·be·rungs·krieg** <m.;

-(e)s, -e>; **er'o·be·rungs·lus·tig** <Adj.>

e·ro'die·ren <V. t.; Geol.> *auswaschen, wegschwemmen* [lat.]

er'öff·nen <V. t.> 1 ein Geschäft ~ *der Öffentlichkeit zugänglich machen* 2 *beginnen;* ein Konto, die Saison ~ 3 jmdm. etwas ~ *förmlich mitteilen* 4 <V. refl.> *sich bieten;* es ~ sich ihr viele Möglichkeiten; **Er'öff·nung** <f.; -, -en>; **Er'öff·nungs·be·schluss** <m.; -es, ≈e; Rechtsw.>; **Er'öff·nungs·bi·lanz** <f.; -, -en; Wirtsch.>; **Er'öff·nungs·pe·ri·o·de** <f.; -, -n; Med.> *Beginn des Geburtsvorganges;* **Er'öff·nungs·re·de** <f.; -, -n>

e·ro'gen <Adj.> *geschlechtlich erregbar;* ~e Zonen [grch.]; **E·ro·ge·ni'tät** <f.; -; unz.>

e·ro·i·co <Mus.> *heldenhaft* [ital.]

er'ör·tern <V. t.; ich erört(e)re> *eingehend besprechen;* **er'ör·terns·wert** <Adj.>; **Er'ör·te·rung** <f.; -, -en>

E·ros <['e:rɔs]> 1 <ohne Art.> *grch. Liebesgott* 2 <m.; -; unz.; Philos.> *Trieb nach Erkenntnis u. schöpferischer Tätigkeit* 3 <m.; -; unz.> *(sinnliche) Liebe* 4 <m.; -, E'ro·ten; meist Pl.; bild. Kunst> *geflügelter Liebesgott, meist in Kindergestalt* [grch.]; **'E·ros·cen·ter** <[-sɛntə(r)]; n.; -s, -; verhüllend> *Bordell*

E·ro·si'on <f.; -, -en; Geol.> *Auswaschung, Abtragung von Land durch Wind od. Wasser* [lat.]; **e·ro'siv** <Adj.>

E·ro·ten <Pl. von> *Eros(4)* [grch.]; **E'ro·tik** <f.; -; unz.> *sinnliche Liebe mit geistig-seelischem Bezug;* **E'ro·ti·ka** <Pl.> *sexuell anregende Bücher, Bilder usw.;* **E'ro·ti·ker** <m.; -s, ->; **E'ro·ti·ke·rin** <f.; -, -n·nen>; **E'ro·ti·kon** <n.; -s, -ka; meist Pl.> → *Erotika;* **e'ro·tisch** <Adj.>; **e·ro·ti'sie·ren** <V. t.>; **E·ro'tis·mus, E·ro·ti'zis·mus** <m; -; unz.> *(Über-) Betonung des Erotischen*

'Er·pel <m.; -s, -; Zool.> = *Enterich*

er'picht <Adj.> auf etwas ~ sein <umg.> *versessen, begierig sein*

er'press·bar <Adj.>; **Er'press·bar·keit** <f.; -; unz.>; **er'pres·sen** <V. t.> jmdn. ~ *durch Drohungen od. Gewalt zwingen;* **Er-**

'pres·ser <m.; -s, ->; **Er'pres·brief** <m.; -(e)s, -e>; **Er·'pres·se·rin** <f.; -, -n·nen>; **er·'pres·se·risch** <Adj.>; **Er'pres·sung** <f.; -, -en>

er'pro·ben <V. t./V. refl.>; **Er'pro·bung** <f.; -, -en>

er'qui·cken <V. t./V. refl.> geh.> *erfrischen;* **er'quick·lich** <Adj.> *erfreulich, belebend;* **Er'qui·ckung** <f.; -, -en>

Er'ra·ta <Pl. von> *Erratum*

er'ra·ten <V. t. 195> *durch Raten herausfinden*

er'ra·tisch <Adj.> *verstreut, verirrt;* ~er Block <Geol.> *Findling;* **Er'ra·tum** <n.; -s, -ta> **1** *Irrtum, Versehen* **2** *Druckfehler* [lat.]

er'rech·nen <V. t./V. refl.>

er'reg·bar <Adj.>; **Er'reg·bar·keit** <f.; -; unz.>; **er're·gen** <V. t.> **1** <V. t./V. refl.> *jmdn. ~ in starke Gefühlsbewegung versetzen* **2** <als Funktionsverb> *hervorrufen;* *Aufsehen, Heiterkeit, Interesse ~;* **Er're·ger** <m.; -s, -> *Verursacher (bes. von Krankheiten)*; **Er'regt·heit** <f.; -; unz.>; **Er're·gung** <f.; -, -en>; **Er're·gungs·zu·stand** <m.; -(e)s, ⸚e>

er'reich·bar <Adj.>; **er'rei·chen** <V. t.> **1** *jmdn. od. etwas ~ zu jmdn. od. etwas gelangen;* *sind Sie telefonisch zu ~?; ein Ziel ~* **2** *etwas ~ durchsetzen;* *was willst du damit ~?;* **Er'rei·chung** <f.; -; unz.; besser> *das Erreichen*

er'ret·ten <V. t.>; **Er'ret·tung** <f.; -, -en>

er'rich·ten <V. t.> *aufstellen, bauen;* **Er'rich·tung** <f.; -; -en>

er'rin·gen <V. t. 202> *durch Anstrengung erlangen;* **Er'rin·gung** <f.; -; unz.>

er'rö·ten <V. i. (s.)>; **Er'rö·ten** <n.; -s; unz.>

Er'run·gen·schaft <f.; -, -en>

Er'satz <m.; -es; unz.> *Person od. Sache, die stellvertretend od. entschädigend für jmdn. od. etwas eingesetzt wird;* *Zahn~;* **Er·'satz·an·spruch** <m.; -(e)s, ⸚e>; **Er'satz·be·frie·di·gung** <f.; -, -en>; **er'satz·dienst** <m.; -(e)s; unz.; Mil.> *Wehrersatzdienst;* **Er·'satz·dienst·leis·ten·de(r)** <m. 1>; **Er'satz·hand·lung** <f.; -, -en>; **Er'satz·kas·se** <f.; -, -n> *Krankenkasse der Angestellten;*

er'satz·los <Adj.> *etwas ~ streichen;* **Er'satz·mann** <m.; -(e)s, ⸚er od. -leu·te>; **Er'satz·mut·ter** <f.; -, ⸚; umg.>; **Er'satz·pflicht** <f.; -; unz.>; **er'satz·pflich·tig** <Adj.>; **Er'satz·rei·fen** <m.; -s, ->; **Er'satz·spie·ler** <m.; -s, -; Sp.>; **Er'satz·stück** <n.; -(e)s, -e>; **Er'satz·teil** <n. od. (selten) m.; -(e)s, -e>; **Er'satz·teil·la·ger** <n.; -s, ->; **Er'satz·trup·pe** <f.; -, -n; Mil.>; **er'satz·wei·se** <Adj.; meist adv.>

er'sau·fen <V. i. (s.) 205; umg.> *ertrinken;* *sie sind ersoffen;* **er·'säu·fen** <V. t.; umg.> *ertränken;* *die Katzen wurden ersäuft*

er'schaf·fen <V. t. 207; geh.> *etwas ~ entstehen lassen;* **Er·'schaf·fung** <f.; -; unz.>

er'schal·len <V. i. (s.) 208; geh.> *ertönen, erklingen*

er'schau·dern <V. i. (s.) geh.> *ich erschaud(e)re*

er'schau·en <V. t.; geh.> *erblicken*

er'schei·nen <V. i. (s.) 210> **1** *auftauchen, sichtbar werden;* *sie erschien in einem neuen Kleid;* *um pünktliches Erscheinen wird gebeten* **2** *in den Handel kommen;* *das Buch erscheint im Juli* **3** *den Anschein erwecken;* *das erscheint mir sinnvoll;* **Er'schei·nung** <f.; -, -en> **1** *wahrnehmbarer Vorgang;* *in ~ treten* **2** *Person mit best. Merkmalen;* *eine angenehme, stattliche ~;* **Er'schei·nungs·bild** <n.; -(e)s, -er>; **Er'schei·nungs·form** <f.; -, -en>; **Er'schei·nungs·jahr** <n.; -(e)s, -e>; **Er·'schei·nungs·ort** <m.; -(e)s, -e>

er'schie·ßen <V. t./V. refl. 215> *durch einen Schuss töten;* **Er·'schie·ßung** <f.; -, -en>

er'schlaf·fen <V. i.> *kraftlos werden;* **Er'schlaf·fung** <f.; -; unz.>

er'schla·gen <V. t. 218> *jmdn. ~ durch Schläge od. Herabstürzen töten;* *er wurde von einem Baum, vom Blitz ~;* *ich bin heute (wie) ~* <fig.; umg.> *erschöpft*

er'schlei·chen <V. t. 219/V. refl.> *sich etwas ~ etwas durch List erwerben;* *sich ein Erbe ~;* **Er·'schlei·chung** <f.; -; unz.>

er'schlie·ßen <V. t./V. refl. 222> *zugänglich, nutzbar machen;* *das Gedicht erschließt sich*

nicht sofort; **Er'schlie·ßung** <f.; -; unz.>

er'schöpf·bar <Adj.>; **er'schöp·fen** <V. t./V. refl.> *verbrauchen;* *ein Thema erschöpfend diskutieren eingehend;* *unsere Reserven sind erschöpft;* **er'schöpft** <Adj.; ↗Z 28.1> ~ sein *am Ende der Kraft;* **Er'schöp·fung** <f.; -, -en; Pl. selten>

er'schre·cken <V. 229> **1** <V. i. u. V. refl.> *einen Schrecken bekommen;* *er war über die Nachricht erschrocken;* *sich ~* <umg.> *ich habe mich sehr erschreckt/* <auch> *erschrocken* **2** <V. t.> *jmdn. ~ jmdm. einen Schreck einjagen;* *habe ich dich erschreckt?;* **er'schre·ckend** <Adj.; ↗Z 28.1>; **er'schreck·lich** <Adj.; veralt.> *schrecklich;* **Er·'schro·cken·heit** <f.; -; unz.>; **er'schröck·lich** <Adj.; veralt., noch scherzh.> *schrecklich*

er'schüt·tern <V. t.; in etwas erschütte·re> *in heftige (Gemüts-)Bewegung versetzen;* **er'schüt·ternd** <Adj.> *ein ~er Bericht;* **Er·'schüt·te·rung** <f.; -, -en>

er'schwe·ren <V. t./V. refl.> *behindern;* *unter erschwerten Bedingungen;* **Er'schwer·nis** <f.; -, -s·se>; **Er'schwer·nis·zu·la·ge** <f.; -, -n>; **Er'schwe·rung** <f.; -, -en>

er'schwin·deln <V. t./V. refl.> *ich erschwind(e)le (sich) etwas ~ durch Betrug erlangen*

er'schwin·gen <V. t. 237; nur im Inf.; selten> *das ist nicht zu ~ zu teuer, nicht bezahlbar;* **er·'schwing·lich** <Adj.> *bezahlbar;* ~e Preise; **Er'schwing·lich·keit** <f.; -; unz.>

er'se·hen <V. t. 239> *erkennen, entnehmen;* *wie Sie aus dem Brief ~ können, ...*

er'seh·nen <V. t./V. refl.; geh.> *herbeiwünschen;* *der ersehnte Brief*

er'setz·bar <Adj.>; **er'set·zen** <V. t.; du ersetzt> **1** *jmdn. od. etwas ~ an die Stelle einer Person od. Sache setzen* **2** *etwas ~ erstatten;* *Auslagen ~;* **Er'set·zung** <f.; -, -en>

er'sicht·lich <Adj.> *klar, offenkundig;* ~e Gründe

er'sin·nen <V. t. 245> *ausdenken*

er'sit·zen <V. t. 246> *durch War-*

ten erwerben; ersessene Ansprüche; **Er'sit·zung** <f.; -, -en>
er'sor·gen <V. t.; schweiz.> *mit Sorge erwarten*
er'spä·hen <V. t.; geh.> *durch scharfes Hinschauen erblicken*
er'spa·ren <V. t.> 1 *durch Sparen zusammenbringen; erspartes Geld; sein gesamtes Erspartes ist verbraucht* 2 *jmdm. etwas ~ jmdn. mit etwas verschonen;* **Er'spar·nis** <f.; -, -s·se> 1 *erspartes Geld* 2 <unz.> *Minderverbrauch; ~ an Energie, Kraft, Zeit;* **Er'spar·te(s)** <n. 3>; **Er'spa·rung** <f.; -; unz.>
er'spie·len <V. t./V. refl.>
er'sprie·ßen <V. i. (s.) 252; geh.> *(hervor)wachsen;* **er'sprieß·lich** <Adj.; geh.> *effektiv, nützlich; eine wenig ~e Arbeit*
erst 1 <Adv.> *zu Beginn einer zeitl. Abfolge; ~ die Arbeit, dann das Vergnügen* <Sprichw.> 2 <Adv.> *nicht eher als ..., vor kurzem; ich kann ~ morgen kommen; es ist ~ acht Uhr; sie hat ihn ~ gestern getroffen* 3 <Partikel> *gar; nun ging es ~ richtig los; jetzt ~ recht!*
er'star·ken <V. i. (s.)>
er'star·ren <V. i. (s.)>; **Er'star·rung** <f.; -; unz.>
er'stat·ten <V. t.> 1 *jmdm. einen Geldbetrag ~ ersetzen* 2 <als Funktionsverb> *förmlich vorbringen; Anzeige, Bericht ~;* **Er'stat·tung** <f.; -; unz.>
'erst·auf·füh·ren <V. t.; nur im Inf. u. Part. Perf.> *das Stück wurde in Berlin erstaufgeführt;* **'Erst·auf·füh·rung** <f.; -, -en; Theat.>
er'stau·nen <V. t. u. V. i.> *überraschen, verwundern; das erstaunt mich; ich bin erstaunt;* **Er'stau·nen** <n.; -s; unz.>; **er'staun·lich** <Adj.>; **er'staun·li·cher'wei·se** <Adv.>
'Erst·aus·ga·be <f.; -, -n; Buchw.>; **'Erst·aus·stat·tung** <f.; -, -en> *erste Ausstattung (für ein Baby);* **'erst'bes·te(r, -s)** <Adj.> *der, die, das Erste, das sich einem bietet; bei der ~n Gelegenheit; nimm nicht gleich das Erstbeste!;* → a. *beste(r, -s);* **'Erst·be·stei·gung** <f.; -, -en>; **'Erst·be·zug** <m.; -(e)s, ⸚e>; **'Erst·druck** <m.; -(e)s, -e;

Buchw.>; **'ers·te(r, -s)** <↗Z 44>
1 <Num.; Zeichen: 1.; Ordinalzahl von> *eins (den Anfang einer räumlichen od. zeitlichen Reihenfolge bildend, an der Spitze stehend)* 2 <Kleinschreibung als Zahladjektiv u. in festen Wendungen> *das ~ Mal; beim, zum ~n Mal; wir wohnen im ~n Stock; die ~ Geige spielen* <a. fig.>; *die ~n beiden;* <aber> *die beiden Ersten; der ~ Beste;* <aber> *der Erstbeste; ~ Hilfe leisten; ~r Klasse reisen; die ~ heilige Kommunion; in ~r Linie vor allem* 3 <Großschreibung bei substantivierten Zahladjektiven u. Eigennamen bzw. Titeln> *zum Ersten, zum Zweiten, zum Dritten (bei Versteigerungen); der Erste des Monats; zum Ersten des Monats kündigen; er ging als Erster durchs Ziel; sie war die Erste, die mich warnte; das ist das Erste, was ich höre; als Erstes werde ich die Vorräte auffüllen; das reicht fürs Erste* zunächst; *die Ersten werden die Letzten sein; Wilhelm der Erste; die Erste Bundesliga; Erster Bürgermeister; Erstes Deutsches Fernsehen; der Erste Mai (Feiertag);* <aber> *der ~ Mai (Datum); Erster Vorsitzender; der Erste Weltkrieg*
er'ste·chen <V. t. 254> *durch Stich töten*
er'ste·hen <V. t. 256> *etwas ~ kaufen, erwerben*
Ers·te·'Hil·fe-Aus·rüs·tung <f.; -, -en; ↗Z 33>; **Ers·te·'Hil·fe-Lehr·gang** <m.; -(e)s, ⸚e>
er'steig·bar <Adj.>; **er'stei·gen** <V. t. 258>; **Er'stei·ger** <m.; -s, ->; **Er'stei·ge·rin** <f.; -, -n·nen>
er'stei·gern <V. t.; ich ersteigere> *auf einer Versteigerung erwerben*
Er'stei·gung <f.; -, -en>
Ers·te·'Klas·se-Ab·teil <n.; -(e)s, -e; ↗Z 33; Eisenb.> oV *Erster-Klasse-Abteil*
er'stel·len <V. t.> *anfertigen;* **Er'stel·lung** <f.; -; unz.>
'ers·tens <Adv.> *als Erstes; ~, zweitens, drittens*
er'ster·ben <V. i. (s.) 259; geh.> *vergehen*
'er·ste·re(r, -s) <Num.; ↗Z 44> *der, die, das zuerst Erwähnte;*

ich halte nur den ~n Vorschlag für gut; von den beiden Vorschlägen finde ich den Ersteren besser; Ggs *letztere(r, -s);* **Erster-'Klas·se-Ab·teil** <n.; -(e)s, -e; ↗Z 33; Eisenb.> = *Erste-Klasse-Abteil*, **'erst·er·wähnt** <Adj.; ↗Z 42> *der ~e Maler;* <aber> *der Ersterwähnte;* **'Erst·ge·bä·ren·de** <f. 2>; **'erst·ge·bo·ren** <Adj.> *unser ~es Kind;* **'Erst·ge·bo·re·ne(r), 'Erst·ge·bor·ne(r)** <f. 2 (m. 1)> *das ist unsere ~;* **'Erst·ge·burt** <f.; -, -en>; **'Erst·ge·burts·recht** <n.; -(e)s; unz.>; **'erst·ge·nannt** <Adj.> → a. *erstwähnt;* **'Erst·ge·nann·te(r)** <f. 2 (m. 1)>;
'Erst·hel·fer <m.; -s, ->; **'Erst·hel·fe·rin** <f.; -, -n·nen>
er'sti·cken <V.> 1 <V. i.> *durch Sauerstoffmangel sterben* 2 <V. t.> *jmdn. ~ durch Sauerstoffentzug töten;* **Er'sti·ckung** <f.; -, -en>; **Er'sti·ckungs·an·fall** <m.; -(e)s, ⸚e>; **Er'sti·ckungs·tod** <m.; -(e)s; unz.>
'erst·klas·sig <Adj.> *von bester Qualität;* **'Erst·klas·sig·keit** <f.; -; unz.>; **'Erst·kläss·ler** <m.; -s, -> *Schüler der ersten Klasse;*
'Erst·kom·mu·ni·kant <m.; -en, -en; Kath.>; **'Erst·kom·mu·ni·kan·tin** <f.; -, -n·nen>; **'Erst·kom·mu·ni·on** <f.; -, -en>;
'Erst·li·gist <m.; -en, -en>;
'Erst·ling <m.; -s, -e> *erste Arbeit;* **'Erst·lings·ar·beit** <f.; -, -en>; **'Erst·lings·aus·stat·tung** <f.; -, -en> = *Erstausstattung;* **'Erst·lings·werk** <n.; -(e)s, -e>; **'erst·mal** <Adj.; umg.> *zuerst einmal;* **'erst·ma·lig** <Adj.>; **'erst·mals** <Adv.>; **'Erst·milch** <f.; -; unz.> *Absonderung der Milchdrüsen in der Schwangerschaft;* **'Erst·pla·zier·te(r)** <f. 2 (m. 1)>
er'strah·len <V. i. (s.)>
'erst·ran·gig <Adj.> 1 *von erster Güte* 2 *vordringlich*
er'stre·ben <V. t.; geh.> *zu erlangen suchen;* **er'stre·bens·wert** <Adj.>
er'stre·cken <V. refl.> 1 *etwas erstreckt sich dehnt sich räumlich od. zeitlich aus* 2 *etwas erstreckt sich auf jmdn. od. etwas* <fig.> *betrifft jmdn. od. etwas;* **Er'stre·ckung** <f.; -; unz.>

er'strei·ten <V. t. 264; geh.> *durch Kampf od. Prozess erringen*

'Erst·schlag <m.; -(e)s, ⁀e; Mil.>;
'Erst·se·mes·ter <n.; -s, -> *Student(in) im ersten Semester*;
'Erst·sen·dung <f.; -, -en; Rundf.>; 'erst·stel·lig <Adj.> *an erster Stelle stehend* (Hypothek); 'Erst·stim·me <f.; -, -n; bei Wahlen>; 'Erst·tags·stem·pel <m.; -s, -; Philat.>

er'stun·ken <Adj.; umg.; in der Wendung> das ist ~ und erlogen

er'stür·men <V. t.>; Er'stür·mung <f.; -, -en>

'Erst·ver·öf·fent·li·chung <f.; -, -en>; 'Erst·wäh·ler <m.; -s, ->; 'Erst·wäh·le·rin <f.; -, -n·nen>; 'Erst·zu·las·sung <f.; -, -en; Kfz>

er'su·chen <V. t.> jmdn. um etwas ~ *förmlich bitten*; Er'su·chen <n.; -s, ->

er'tap·pen <V. t./V. refl.> *erwischen*; jmdn. (auf frischer Tat) ~; sich (bei etwas) ~

er'tas·ten <V. t.>

er'tau·ben <V. i. (s.)> *taub werden*; Er'tau·bung <f.; -; unz.>

er'tei·len <V. t.; als Funktionsverb> jmdm. einen Auftrag, die Erlaubnis, das Wort ~

er'tö·nen <V. i. (s.)>

er'tö·ten <V. t.; poet.; fig.> *abtöten, ersticken*; Begierden ~

Er'trag <m.; -(e)s, ⁀e> 1 *Gesamtheit der erzeugten Produkte*; Milch~; der ~ der Felder 2 *erzielter finanzieller Gewinn*; er'trag·bar <Adj.> ein ~es Leiden; er'tra·gen <V. t. 265> *aushalten, erdulden*; er'trag·fä·hig <Adj.> ~es Kapital; Er'trag·fä·hig·keit <f.; -; unz.>; er'träg·lich <Adj.>; er'trag·los <Adj.>; er'trag·reich <Adj.> ~er Boden; Er'trags·aus·sich·ten <Pl.>; Er'trags·la·ge <f.; -; unz.>; Er'trag(s)·stei·ge·rung <f.; -, -en>; Er'trag(s)·steu·er <f.; -, -n>; Er'trags·wert <m.; -(e)s, -e>

er'trän·ken <V. t./V. refl.>

er'träu·men <V. t./V. refl.>

er'trin·ken <V. i. (s.) 270> *im Wasser ums Leben kommen*; Er'trin·ken·de(r) <f. 2 (m. 1)>

er'trot·zen <V. t./V. refl.; du ertrotzt; geh.> (sich) etwas ~

er'tüch·ti·gen <V. t./V. refl.> sich ~ *den Körper durch sportl. Betätigung kräftigen*; Er'tüch·ti·gung <f.; -, -en>

er'üb·ri·gen <V. t.; ↗Z53.1> 1 *freihalten;* sie hat viel Zeit für uns erübrigt 2 <V. refl.> jedes weitere Wort erübrigt sich *ist überflüssig*

e·ru·ie·ren <V. t.; geh.> *ermitteln, in Erfahrung bringen* [lat.]; E·ru·'ie·rung <f.; -, -en>

e·rup'tie·ren <V. i.; Geol.> [lat.]; E·rup·ti'on <f.; -, -en> 1 <Geol.> *vulkanischer Ausbruch* 2 <Med.> *plötzl. Auftreten eines Hautausschlages*; e·rup'tiv <Adj.>; E·rup'tiv·ge·stein <n.; -(e)s, -e>

er'wa·chen <V. i. (s.)> 1 *aufwachen* 2 <fig.> *sich zu regen beginnen;* sein Argwohn erwachte

er'wach·sen¹ <[-ks-]; V. i. (s) 277> *allmählich entstehen;* die daraus ~ den Kosten; er'wach·sen² <Adj.> *kein Kind mehr, volljährig;* Er'wach·se·ne(r) <f. 2 (m. 1)>; Er'wach·se·nen·bil·dung <f.; -; unz.>; Er'wach·sen·sein <n.; -s; unz.>

er'wä·gen <V. t. 278> *prüfend in Betracht ziehen;* er'wä·gens·wert <Adj.>; Er'wä·gung <f.; -, -en> etwas in ~ ziehen

er'wäh·len <V. t.; geh.>; Er'wähl·te(r) <f. 2 (m. 1)>

er'wäh·nen <V. t.> 1 etwas ~ *beiläufig ansprechen* 2 *urkundlich nennen;* die Stadt wird erstmals im 15. Jh. erwähnt; er'wäh·nens·wert <Adj.>; Er'wäh·nung <f.; -, -en>

er'wan·dern <V. refl.; ich erwandere> sich eine Gegend ~ *durch Wandern kennen lernen*

er'wär·men <V. t.> 1 *warm machen* 2 <V. refl.> sich ~ *warm werden* 3 <V. refl.> sich für jmdn. od. etwas ~ <fig.; umg.>; dafür kann ich mich nicht ~; Er'wär·mung <f.; -, -en>

er'war·ten <V. t.> jmds. Kommen od. dem Eintreffen einer Sache entgegensehen; Er'war·tung <f.; -, -en>; er'war·tungs·ge·mäß <Adj.>; Er'war·tungs·hal·tung <f.; -; unz.>; er'war·tungs·voll <Adj.>

er'we·cken <V. t.>; Er'we·ckung <f.; -, -en>

er'weh·ren <V. t.; m. Gen.> ich kann mich des Eindrucks nicht ~, dass ...

er'weich·bar <Adj.>; er'wei·chen <V. t. u. V. i.> er ließ sich nicht ~ <fig.> *er blieb hart;* er'wei·chend <Adj.; ↗Z28.1>; Er'wei·chung <f.; -, -en>

er'wei·sen <V. t. 282; du erweist> 1 <V. refl.> sich (als jmd. od. etwas) ~ *herausstellen* 2 es ist erwiesen, dass ... <geh.> 3 <als Funktionsverb> jmdm. einen Dienst, einen Gefallen, die Gunst ~ *zuteil werden lassen*

er'wei·tern <V. t.; in seinem Umfang vergrößern;* erweiterte Oberschule <DDR>; Er'wei·te·rung <f.; -, -en>

Er'werb <m.; -(e)s, -e>; er'wer·ben <V. t. 284> *durch Kauf od. geistige Bemühung in seinen Besitz bringen;* Er'werbs·be·schränk·te(r) <f. 2 (m. 1)>; Er'werbs·be·schrän·kung <f.; -, -en> *körperl. od. seel. Beeinträchtigung der Leistungsfähigkeit;* Er'werbs·ein·künf·te <Pl.>; er'werbs·fä·hig <Adj.>; Er'werbs·fä·hig·keit <f.; -; unz.>; Er'werbs·le·ben <n.; -s; unz.> *Berufsleben;* er'werbs·los <Adj.> *arbeitslos;* Er'werbs·lo·se(r) <f. 2 (m. 1)>; Er'werbs·lo·sig·keit <f.; -; unz.>; Er'werbs·min·de·rung <f.; -; unz.>; Er'werbs·quel·le <f.; -, -n>; er'werbs·tä·tig <Adj.> *berufstätig;* Er'werbs·tä·ti·ge(r) <f. 2 (m. 1)>; Er'werbs·tä·tig·keit <f.; -; unz.>; er'werbs·un·fä·hig <Adj.>; Er'werbs·un·fä·hig·keit <f.; -; unz.>; Er'werbs·zweig <m.; -(e)s, -e>; Er'wer·bung <f.; -, -en> *Anschaffung*

er'wi·dern <V.; ich erwidere> 1 <V. i.> *antworten* 2 <V. t.> etwas ~ *auf etwas in gleicher Weise reagieren;* einen Besuch ~; Er'wi·de·rung <f.; -, -en>

er·wie·se·ner'ma·ßen <Adv.>

er'wir·ken <V. t.> *durch Bemühung erlangen;* die Erlaubnis ~

er'wirt·schaf·ten <V. t.> große Gewinne ~

er'wi·schen <V. t.; umg.> 1 jmdn. od. etwas ~ *gerade noch erreichen;* ich habe den Zug noch erwischt 2 <V. t.> jmdn. (bei et-

was Verbotenem) ~ *ertappen* **3**
<unpersönl.> ihn hat's erwischt
er'wünscht <Adj.> *willkommen*
er'wür·gen <V. t.> jmdn. ~ *durch*
würgende Unterbindung der At-
mung töten
E·ry·si'pel <n; -s; unz.; Med.> *ei-*
ne Hautentzündung [grch.];
E·ry'them <n.; -s, -e; Med.>
Hautrötung; **E·ry'thrin,** <auch>
E·ryth'rin <m.; -(e)s; unz.;
↗Z53; Min.> *ein Mineral*; **E·ry-**
thro'zyt, <auch> **E·ryth·ro'zyt**
<m.; -en, -en; meist Pl.; ↗Z53;
Med.> *rotes Blutkörperchen*
Erz <n.; -es, -e> *Metall enthalten-*
des Mineral
erz…, Erz… <in Zus.> *sehr groß,*
besonders; z. B. erzkonservativ;
Erzfeind
'Erz·a·der <f.; -, -n; ↗Z55> *mit*
Erz gefüllte Gesteinsspalte
er'zäh·len <V. t.> *mitteilen, schil-*
dern; **er'zäh·lens·wert** <Adj.>;
Er'zäh·ler <m.; -s, -> **Er'zäh·le-**
rin <f.; -, -n·nen; ↗Z38>; **er-**
'zäh·le·risch <Adj.>; **Er'zähl-**
kunst <f.; -; unz.>; **Er'zähl·ton**
<m.; -(e)s; unz.>; **Er'zäh·lung**
<f.; -, -en>; **Er'zähl·wei·se** <f.; -,
-n>
'Erz·bi·schof <m.; -es, ̶e; Kath.>;
'erz·bi·schöf·lich <Adj.>; **'Erz-**
bis·tum <n.; -s, ̶er>; **'Erz·di·ö-**
ze·se <f.; -, -n> *Amtsbereich ei-*
nes Erzbischofs; **'erz'dumm**
<Adj.>
er'zei·gen <V. t.; geh.> sich dank-
bar ~ *erweisen*
'er·zen <Adj.> *aus Erz*
'Erz·en·gel <m.; -s, ->
er'zeu·gen <V. t.> 1 *herstellen* 2
verursachen; Druck erzeugt Ge-
gendruck; **Er'zeu·ger** <m.; -s,
-> 1 *Vater* 2 *Hersteller*; **Er'zeu-**
ge·rin <f.; -, -n·nen>; **Er'zeu-**
ger·land <n.; -(e)s, ̶er>; **Er'zeu-**
ger·preis <m.; -es, -e>; **Er-**
'zeug·nis <n.; -s·ses, -s·se>; **Er-**
'zeu·gung <f.; -; unz.>; **Er'zeu-**
gungs·land <n.; -(e)s, ̶er>
'erz'faul <Adj.>; **'Erz·feind** <m.;
-(e)s, -e>; **'Erz·fein·din** <f.; -,
-n·nen>; **'Erz·gie·ße·rei** <f.; -,
-en>
'Erz·her·zog <m.; -(e)s, ̶e>; **'Erz-**
her·zo·gin <f.; -, -n·nen>; **'Erz-**
her·zog·tum <n.; -(e)s, ̶er>
'erz·höf·fig <Adj.> *reiches Erzvor-*

kommen versprechend; **'Erz-**
hüt·te <f.; -, -n>
er'zieh·bar <Adj.>; **Er'zieh·bar-**
keit <f.; -; unz.>; **er'zie·hen**
<V. t. 293> jmdn. ~ *charakter-*
lich formen u. in seiner Ent-
wicklung fördern; **Er'zie·her**
<m.; -s, ->; **Er'zie·he·rin** <f.; -,
-n·nen; ↗Z38>; **er'zie·he·risch**
<Adj.> ~e Maßnahmen; **er'zieh-**
lich <Adj.> = *erzieherisch*; **Er-**
'zie·hung <f.; -; unz.>; **Er'zie-**
hungs·an·stalt <f.; -, -en>; **Er-**
'zie·hungs·bei·hil·fe <f.; -, -n>;
Er'zie·hungs·be·ra·tung <f.; -,
-en>; **Er'zie·hungs·be·rech·tig-**
te(r) <f. 2 (m. 1)>; **Er'zie·hungs-**
geld <n.; -(e)s, -er>; **Er'zie-**
hungs·heim <n.; -(e)s, -e>; **Er-**
'zie·hungs·ur·laub <m.; -(e)s,
-e>; **Er'zie·hungs·we·sen** <n.;
-s; unz.>; **Er'zie·hungs·wis-**
sen·schaft <f.; -; unz.> = *Päda-*
gogik
er'zie·len <V. t.> *erreichen*; **Er'zie-**
lung <f.; -; unz.>
er'zit·tern <V. i. (s.); ich erzittere>
vor Ehrfurcht ~
'erz'kon·ser·va·tiv <[-va-]; Adj.>;
'Erz·ri·va·le <[-va-]; m.; -n, -n>;
'Erz·ri·va·lin <f.; -, -n·nen>;
'Erz·ü·bel <n.; -s, -; ↗Z55>
er'zür·nen <V. t.> jmdn. ~ *zornig*
machen
er'zwin·gen <V. t. 294>
es¹ <Personalpron.; 3. Pers. Sg.
n.; Gen.: seiner; Dat.: ihm; Akk.:
es> 1 <persönlich; betrifft ein
sächl. Subst. im Sg. od. einen
Satzinhalt> ich sehe ~ (das Au-
to); ich bin ~/<auch> bin's leid;
ich habe ~/<auch> hab's satt 2
<unpersönlich; als unbestimm-
ter Satzteil> ~ regnet; ~ war ein-
mal; ~ sei denn, dass …
es² <n.; -, -; Mus.> 1 *Tonbez.* 2
Tonartbez.; das Stück steht in ~-
Moll
Es¹ <n.; -, -; Pl. selten; Psych.>
das Unbewusste im Menschen;
das Ich u. das ~
Es² <n.; -, -; Mus.> 1 *Tonbez.* 2
Tonartbez.; ein Stück in ~-Dur
ESA <Abk. für> *European Space*
Agency (Europ. Weltraumorga-
nisation)
Esc <Abk. für> *Escudo*
Es·cape <[is'keip]; n.; -s; unz.;
EDV> *Taste auf der Computer-*
tastatur zum schnellen Verlas-

sen von Programmen od. zum
Abbruch von begonnenen Re-
chenprozessen [engl.]
Es·cha·to·lo'gie <[ɛsça-]; f.; -;
unz.; Rel.> *die prophetische*
Lehre vom Ende der Welt u. des
einzelnen Menschen [grch.]; **es-**
cha·to'lo·gisch <Adj.>
'E·sche <f.; -, -n; Bot.> *ein Laub-*
baum; <aber> → *Äsche*;
'e·schen <Adj.> *aus Eschen-*
holz; ein ~er Tisch; **'E·schen-**
holz <n.; -es; unz.>
E·Schicht <f.; -; unz.> *eine*
Schicht der Ionosphäre
Es'cu·do <m.; - od. -s, - od. -s;
Abk.: Esc; früher> *portugies.*
Währungseinheit [port.]
'Es-Dur <n.; -; unz.; Mus.; Abk.:
Es> *eine Tonart*, **'Es-Dur-Ton-**
lei·ter <f.; -, -n>
'E·sel <m.; -s, -; Zool.> 1 *ein Ein-*
hufer 2 <fig.; umg.> *dummer*
Mensch; **E·se'lei** <f.; -, -en; fig.;
umg.> *Dummheit*; **'E·se·lein**
<n.; -s, -; poet.> *Verkleinerungsf.*
von → *Esel(1)*; **'E·sel·hengst**
<m.; -(e)s, -e> *männl. Esel*;
'e·se·lig <Adj.; fig.; umg.>
dumm; **'E·se·lin** <f.; -, -n·nen>;
'E·sels·brü·cke <f.; -, -n; fig.>
einfache Merkhilfe; **'E·sels·ohr**
<n.; -(e)s, -en; fig.; umg.> *umge-*
knickte Buch- od. Heftecke;
'E·sels·rü·cken <m.; -s, -;
Arch.> *eine spätgot. Bogenform*;
'E·sel·stu·te <f.; -, -n>
'es·es, 'Es·es <n.; -, -; Mus.>
Tonbez.
Es·ka'dron, <auch> **Es·kad'ron**
<f.; -, -en; ↗Z53> = *Schwadron*
[frz.]
Es·ka'la·de <f.; -, -n; veralt.> *Er-*
steigung von Festungsmauern
mit Sturmleitern [frz.]; **Es·ka·la-**
'dier·wand <f.; -, ̶e; Sp.> *Klet-*
terwand; **Es·ka·la·ti·on** <f.; -,
-en> *allmähliche Verschärfung,*
Ausweitung (eines Konflikts o.
Ä.); **es·ka'lie·ren** <V. i.> *sich zu-*
spitzen; Ggs deeskalieren; **Es·ka-**
'lie·rung <f.; -, -en>
Es·ka'pa·de <f.; -, -n> 1 <Reitsp.>
Sprung zur Seite 2 <fig.> *Seiten-*
sprung, mutwilliger Streich
[frz.]; **Es·ka'pis·mus** <m.; -;
unz.> *realitätsfernes Verhalten*
[engl.]; **es·ka'pis·tisch** <Adj.>
Es·ka·ri'ol <m.; -s; unz.> = *Endi-*
vie [lat.]

'Es·ki·mo¹ <m.; - od. -s, - od. -s> *Angehöriger eines arktischen Volkes;* **'Es·ki·mo²** <m.; -s, -s; Textilw.> *ein Wollstoff* [indian.]; **es·ki'mo·isch** <Adj.>; **'Es·ki·mo·spra·che** <f.; -; unz.>

Es'kor·te <f.; -, -n> *Begleittrupp* [frz.]; **es·kor'tie·ren** <V. t.>

'es-Moll <n.; - unz.; Mus.; Abk.: es> *eine Tonart;* **'es-Moll-Ton·lei·ter** <f.; -, -n; Mus.>

E·so'te·rik <f.; -; unz.> 1 *Geheimlehre* 2 *Grenzwissenschaft* 3 *esoterische Geisteshaltung* [grch.]; **E·so'te·ri·ker** <m.; -s, -> ; **E·so·'te·ri·ke·rin** <f.; -, -n·nen>; **e·so·'te·risch** <Adj.> 1 *außersinnlich erfassbar, okkult* 2 *nur Eingeweihten zugänglich*

Es·pa·dril·le, <auch> **Es·pad·ril·le** <[-'drɪːjə]; f.; -, -s [-'drɪːjə]; ↗Z53> *Stoffschuh mit einer Sohle aus Espartogras* [span.; frz.]

Es'par·to <m.; -s; unz.>, **Es'par·to·gras** <n.; -es; unz.; Bot.> *ein Süßgras*

'Es·pe <f.; -, -n; Bot.> = *Zitterpappel;* **'es·pen** <Adj.> *aus Espenholz;* **'Es·pen·holz** <n.; -es; unz.>; **'Es·pen·laub** <n.; -(e)s; unz.> *zittern wie ~* <fig.>

Es·pe'ran·to <n.; - od. -s; unz.> *eine künstl. Weltsprache* [nach dem Decknamen des poln. Erfinders L. Zamenhof]; **Es·pe·ran·to·lo'gie** <f.; -; unz.>

Es·pla'na·de <f.; -, -n> *freier Platz* [frz.]

es·pres'si·vo <[-vo]; Mus.> *ausdrucksvoll* [ital.]

Es'pres·so¹ <m.; -s, -s> *ein starkes Kaffeegetränk;* **Es'pres·so²** <n.; - od. -s, -s> *kleines Café;* **Es·'pres·so·ma·schi·ne** <f.; -, -n>

Es·prit, <auch> **Esp·rit** <[-'priː]; m.; -s, - od. -s; Pl. selten> ↗Z53> *Geist, Witz* [frz.]

Es·say <['ɛseɪ]; m. od. n.; -s, -s> *knappe Abhandlung in literarischer Form* [engl.]; **Es·say'ist** <[ese-]; m.; -en, -en> *Verfasser von Essays;* **Es·say'is·tik** <f.; -; unz.; Lit.>; **Es·say'is·tin** <f.; -, -n·nen>; **es·say'is·tisch** <Adj.>

'ess·bar <Adj.> *ein ~er Pilz; gibt es hier etwas Essbares?;* **'Ess·bar·keit** <f.; -; unz.>; **'Ess·be·steck** <n.; -(e)s, -e od. (umg.) -s>; **'Es·se** <f.; -, -n> *Kamin;*

'Ess·e·cke <f.; -, -n>; ↗Z55>; **'es·sen** <V. 129> 1 <V. t.> *als Nahrung zu sich nehmen; was gibt's zu ~? 2 <V. i.> Nahrung zu sich nehmen; isst du abends nichts?; zu Mittag ~;* **'Es·sen** <n.; -s, -> 1 *die zu einer Mahlzeit zusammengestellten Speisen; das ~ ist fertig* 2 *Mahlzeit;* nach dem ~ *lege ich mich hin;* **'Es·sen·aus·ga·be** <f.; -, -n; Pl. selten>

Es'se·ner <Pl.; Rel.> *frühjüdische Glaubensgemeinschaft*

'Es·sens·mar·ke <f.; -, -n>; **'Es·sens·zeit** <f.; -, -en>

Es·sen'tial <[i'sɛn(t)ʃəl]; n.; -s, -s; meist Pl.> *Kernaussage, unentbehrliche Sache; das sind die ~* [engl.]; **es·sen·ti·ell** <[-'tsjɛl]; Adj.; ↗Z11.4> = *essenziell;* Ggs *inessentiell* [frz.]; **Es'senz** <f.; -, -en> 1 *Wesen, Hauptsache* 2 *konzentrierter Auszug;* Essig~; **es·sen·zi'ell** <Adj.; ↗Z11.4> *wesentlich, grundsätzlich;* oV *essentiell*

'Es·ser <m.; -s, -> *ein guter ~jmd. mit gutem Appetit;* **Es·se·'rei** <f.; -, -en; umg.>; **'Es·se·rin** <f.; -, -n·nen>; **'Ess·ge·rät** <n.; -(e)s, -e>; **'Ess·ge·schirr** <n.; -(e)s; unz.>

'Es·sig <m.; -s, -e> *saures Würzu. Konservierungsmittel;* **'Es·sig·baum** <m.; -(e)s, ⁼e; Bot.> *ein Zierstrauch;* **'Es·sig·es·senz** <f.; -; unz.>; **'Es·sig·gur·ke** <f.; -, -n>; **'Es·sig·mut·ter** <f.; -; unz.> *die sich im Essigfass bildende Bakterienkultur;* **'es·sig·sau·er** <Adj.> *essigsaure Tonerde ein desinfizierendes Mittel;* **'Es·sig·säu·re** <f.; -; unz.>

'Ess·kas·ta·nie <[-niə]; f.; -, -n>; **'Ess·kü·che** <f.; -, -n>; **'Ess·kul·tur** <f.; -; unz.> *ihr fehlt jegliche ~;* **'Ess·löf·fel** <m.; -s, ->; **'ess·löf·fel·wei·se** <Adv.> *in Esslöffeln abgemessen,* <a. fig.> *in großen Mengen;* **'Ess·lust** <f.; -; unz.>; **'Ess·stäb·chen** <Pl.; ↗Z37> *asiat. Essbesteck;* **'Ess·stö·rung** <f.; -, -en; ↗Z37>; **'Ess·tisch** <m.; -(e)s, -e>; **'Ess·zim·mer** <n.; -s, ->

Es·ta·blish·ment, <auch> **Es·tab·lish·ment** <[is'tæblɪʃ-]; n.; -s, -s; ↗Z53> *einflussreiche,*

etablierte Gesellschaftsschicht [engl.]

'Es·te <m.; -n, -n> *Einwohner von Estland;* Sy *Estländer*

'Es·ter <m.; -s, -; Chem.> *eine organ. Verbindung;* **'Es·ter·harz** <n.; -es; unz.> *ein Kunstharz*

'Es·tin <f.; -, -n·nen> *Einwohnerin von Estland;* **'Est·land** *Staat in Nordosteuropa;* Republik ~; **'Est·län·der** <m.; -s, -> = *Este;* **'Est·län·de·rin** <f.; -, -n·nen> = *Estin;* **'est·län·disch** <Adj.> = *estnisch;* **'est·nisch** <Adj.> *Estland betreffend; ~e Sprache; das Estnische*

Es·to'mi·hi <ohne Art.> *letzter Sonntag vor der Passionszeit* [lat. "sei mir (ein starker Fels)"]

Es'tra·de, <auch> **Est'ra·de** <f.; -, -n; ↗Z53> *erhöhter Teil des Fußbodens, Podium* [frz.]

'Es·tra·gon, <auch> **'Est·ra·gon** <m.; -s; unz.; ↗Z53; Bot.> *eine Gewürzpflanze* [arab.-frz.]

'Est·rich <m.; -s, -e> 1 *fugenloser Fußboden* 2 <schweiz.> *Dachboden*

Es'zett <n.; -, -> *der Buchstabe"ß"*

et <Zeichen (in Firmennamen): &> *und;* → a. *Et-Zeichen* [lat.]

E·ta <['eːta]; neugrch. [i:ta]; n.; -s, -s; Zeichen: η, Η> *grch. Buchstabe*

e·ta'blie·ren, <auch> **e·tab'lie·ren** <V. t.; ↗Z53> 1 *ein Unternehmen ~ gründen, errichten* 2 <V. refl.> *sich ~ sich niederlassen (u. eine angesehene Stellung einnehmen); er hat sich gut etabliert* [frz.]; **E·ta'blie·rung** <f.; -; unz.>; **E·ta·blis·se·ment** <[-blis(ə)'mã] od. (schweiz.) [-'mɛnt]; n.; -s, -s od. (schweiz.) -e; geh.> 1 *Unternehmen, Niederlassung* 2 <verhüllend> *Vergnügungsstätte, Bordell*

E·ta·ge <[e'taːʒə]; f.; -, -n> *Stockwerk, Obergeschoss* [frz.]; **E'ta·gen·bett** <n.; -(e)s, -en>; **E'ta·gen·hei·zung** <f.; -, -en>; **E'ta·gen·woh·nung** <f.; -, -en>; **E·ta·ge·re** <[-'ʒeːrə]; f.; -, -n> 1 <veralt.> *(Bücher-)Gestell* 2 *Gestell aus drei übereinander angeordneten Schalen (für Konfekt o. Ä.)*

et al. <Abk. für lat.> *et alii (und andere)*

E·ta·lon <[-'lɔ̃]; m.; -s, -s> *Eichmaß* [frz.]

E·tap·pe <f.; -, -n> 1 *Teilstrecke, Abschnitt* 2 <Mil.> *besetztes Hinterland* [frz.]; **E'tap·pen·flug** <m.; -(e)s, ⸚e> *Flug mit Zwischenlandung(en);* **E'tap·pen·sieg** <m.; -(e)s, -e>; **e'tap·pen·wei·se** <Adj.> *in Etappen*

E·tat <[e'ta:] m.; -s, -s> 1 *Staatshaushalt, Haushaltsplan* 2 *Geldmittel (für einen best. Zweck);* unser ~ ist aufgebraucht [frz.]; **e·ta·ti'sie·ren** <V. t.; Amtsdt.> *in den Etat(1) aufnehmen;* **E'tat·jahr** <n.; -(e)s, -e>; **e'tat·mä·ßig** <Adj.> *im Etat aufgenommen, planmäßig;* **E'tat·pos·ten** <m.; -s, ->; **E'tat·stär·ke** <f.; -; unz.; Mil.>

etc. <Abk. für> *et cetera;* **et 'ce·te·ra** <Abk.> etc.> *und so weiter* [lat.]; **et 'ce·te·ra pp.** <verstärkend für> *et cetera*

e·te·pe'te·te <Adj.; umg.; abwertend> *übertrieben ordentlich*

E·ter'nit <m. od. n.; -s; unz.; Warenz.> *feuerfester Asbestzementschiefer* [lat.]

E'te·si·en <[-siən]; Pl.> *trockene Winde im Mittelmeerraum* [grch.]; **E'te·si·en·kli·ma** <n.; -s; unz.> *Klima mit trockenen Sommern u. feuchten Wintern*

E'than <n.; -s; unz.> = *Äthan;* **E·tha'nol** <n.; -s; unz.> = *Äthanol,* **'E·ther** <m.; -s; unz.; Chem.; Fachspr.> = *Äther(2);* **e·the·ri'sie·ren** <V. t.> = *ätherisieren*

'E·thik <f.; -; unz.> *Lehre vom sittlichen u. moralischen Verhalten des Menschen* [grch.]; **'E·thi·ker** <m.; -s, ->; **'E·thi·ke·rin** <f.; -, -n·nen>

E'thin <n.; -s; unz.> = *Acetylen*

'e·thisch <Adj.> *sittlich, moralisch*

'eth·nisch <Adj.> *zur Ethnologie gehörend;* ~e Minderheiten; **'eth·no...,** **'Eth·no...** <in Zus.> *volks..., Volks..., völker..., Völker...* [grch.]; **Eth·no'graf** <m.; -en, -en; ⤢Z 11.3>; **Eth·no·gra·'fie** <f.; -; unz.> *beschreibende Völkerkunde;* **eth·no'gra·fisch** <Adj.>; **Eth·no'graph** <m.; -en, -en>; **Eth·no·gra'phie** <f.; -; unz.>; **Eth·no·gra'phin** <f.; -, -n·nen>; **eth·no'gra·phisch**

<Adj.>; **Eth·no·lin·gu'is·tik** <f.; -; unz.>; **Eth·no'lo·ge** <m.; -n, -n>; **Eth·no·lo'gie** <f.; -; unz.> *Völkerkunde;* **Eth·no·lo'gin** <f.; -, -n·nen>; **eth·no'lo·gisch** <Adj.> *völkerkundlich;* **'Eth·no·pop** <m.; -s; unz.> *auf Elemente der (südamerikan., afrikan.) Volksmusik zurückgreifende Form der Popmusik;* **Eth·no·zen'tris·mus,** <auch> **Eth·no·zent'ris·mus** <m.; -; unz.; ⤢Z 53> *die Überlegenheit des eigenen Volkes betonendes Nationalbewusstsein*

Eth·no'lo·ge <m.; -n, -n>; **E·tho·lo·'gie** <f.; -; unz.> *vergleichende Verhaltensforschung;* **E·tho'lo·gin** <f.; -, -n·nen>; **e·tho'lo·gisch** <Adj.>; **'E·thos** <n.; -; unz.> *sittlich-moralische Gesinnung;* Berufs~ [grch.]

E'thyl <n.; -s; unz.> = *Äthyl;* **E'thyl·al·ko·hol** <m.; -s, -e; fachspr.> = *Ethanol;* **E'thy'len** <n.; -s; unz.> = *Äthylen*

E·ti·enne <[e'tjɛn]; f.; -; unz.; Typ.> *eine Antiquadruckschrift* [nach der frz. Buchdruckerfamilie *Estienne*]

E·ti'kett <n.; -(e)s, -e od. -s> *Warenkennzeichen* [frz.]; **E·ti'ket·te¹** <f.; -, -n; veralt.> = *Etikett;* **E·ti'ket·te²** <f.; -, -n> *gesellschaftliche Umgangsform;* **E·ti'ket·ten·schwin·del** <m.; -s; unz.; umg. für> *irreführende Bezeichnung;* **e·ti·ket'tie·ren** <V. t.> *mit einem Etikett versehen;* **E·ti·ket'tie·rung** <f.; -, -en>

'et·li·che <Indefinitpron.> *einige, ein paar;* ~ Mal(e); ~ gute Bücher; er ist Autor ~r guter Bücher; mit ~n guten Büchern; ich habe ~ gehört; **'et·li·ches** <Indefinitpron.> *einiges, manches;* er musste ~ klären; sie hat ~ zu berichten; er hat ~ Gute getan

'Et·mal <n.; -(e)s, -e; Seemannsspr.> 1 *Zeit von Mittag bis Mittag* 2 *Tagesreise per Schiff*

E'tru·ri·en, <auch> **Et'ru·ri·en** <[-iən]> *altital. Landschaft;* **E'trus·ker** <m.; -s, -> *Einwohner von Etrurien;* **E'trus·ke·rin** <f.; -, -n·nen>; **e'trus·kisch** <Adj.>

E'tü·de <f.; -, -n; Mus.> *Übungsstück* [frz.]

E·tui <[ɛ'tvi:] od. [ety'i:]; n.; -s, -s> *Futteral;* Brillen~ [frz.]

'et·wa¹ <Adv.> *ungefähr, annähernd;* es kommen ~ 20 Gäste; in ~ *in gewisser Hinsicht;* **'et·wa²** <Partikel> *womöglich;* willst du ~ schon gehen?; **'et·wa·ig** <Adj.> *möglich;* ~ Unkosten; **'et·was¹** <Indefinitpron.; undekl.> *eine nicht näher bestimmte Sache;* weißt du ~ über ihn?; das ist ~ ganz anderes/<auch> Anderes; ~ Ähnliches, Derartiges, Neues, Passendes; → a. *irgendetwas;* **'et·was²** *ein bisschen;* die Birnen sind noch ~ hart; **'Et·was** <n.; -, -> *nicht genau zu beschreibende Sache od. Eigenschaft;* sie hat das gewisse ~

E·ty·mo'lo·ge <m.; -n, -n>; **E·ty·mo·lo'gie** <f.; -, -n; Sprachw.> 1 <unz.> *Lehre von der Herkunft, Entwicklung u. Bedeutung der Wörter;* → a. *Kasten* 2 *Herkunft u. Geschichte der Wörter* [grch.]; **E·ty·mo'lo·gin** <f.; -, -n·nen>; **e·ty·mo'lo·gisch** <Adj.>; **e·ty·mo·lo·gi'sie·ren** <V. t.> *ein Wort ~ seine Etymologie untersuchen;* **'E·ty·mon** <n.; -s, -ty·ma> *Wurzel-, Stammwort*

'Et-Zei·chen <n.; -s, -; Zeichen: &> *Und-Zeichen (in Firmennamen);* → a. *Kasten*

Eu <Chem.; Zeichen für> *Europium*

EU <Abk. für> *Europäische Union*

eu..., **Eu...** <Vors.> *gut, wohl, schön* [grch.]; **Eu·bi'o·tik** <f.; -; unz.; Med.> *Lehre von der gesunden Lebensweise*

Eu'böa *grch. Insel;* **Eu'bö·er** <m.; -s, -> **Eu'bö·e·rin** <f.; -, -n·nen>

euch <Dat. u. Akk. von> *ihr (2. Pers. Pl.);* ich danke ~ <auch in Briefen kleingeschrieben>

Eu·cha·ris'tie <[-ça-]; f.; -, -n; Kath.> **1** *Dankgebet vor dem Abendmahl* **2** *Abendmahl* **3** *Altarsakrament* [grch.]; **eu·cha·'ris·tisch** <Adj.>

Eu·dä·mo'nie <f.; -; unz.> *Glückseligkeit* [grch.]; **Eu·dä·mo'nismus** <m.; -; unz.; Philos.> *Lehre von der Glückseligkeit;* **eu·dä·mo'nis·tisch** <Adj.>

Eu·do'xie <f.; -, -n> **1** *sicheres Urteil* **2** *guter Ruf* [grch.]

'eu·er[1] <Possessivpron.; 2. Pers. Pl.; ↗Z40.2; auch in Briefen kleingeschrieben> ist das ~ Auto?; die Farbe ~es/eures Autos; in ~em/eurem Auto; unsere Plätze sind direkt neben den ~en/euren; grüßt die Eu(e)ren/ <auch> eu(e)ren von mir! *eure Angehörige;* nehmt das Eu(e)re/ <auch> eu(e)re mit! *euren Anteil, euer Hab u. Gut;* Eure Durchlaucht, Exzellenz, Hoheit, Majestät *(Anrede mit Titel)* <Abk.: Ew.>; → a. *ihr(3)* [grch.] **'eu·er**[2] <Gen. von> *ihr*[1]; ich erinnere mich ~; **'eu·er·seits** <Adv.; auch in Briefen kleingeschrieben> = *eurerseits;* **'eu·ers·glei·chen** <Pron.; undekl.; meist abwertend; auch in Briefen kleingeschrieben> = *euresgleichen;* **'eu·ert·hal·ben** <Adv.; auch in Briefen kleingeschrieben> = *euerthalben;* **'eu·ert·we·gen** <Adv.; auch in Briefen kleingeschrieben> = *euretwegen;* **'eu·ert·wil·len** <Adv.; auch in Briefen kleingeschrieben> = *euretwillen*

Eu·fo'nie <f.; -, -n; ↗Z11.3> = *Euphonie;* **eu·fo'nisch** <Adj.>; **Eu'fo·ni·um** <n.; -s, -ni·en>

Eu·ge'ne·tik <f.; -; unz.> = *Eugenik;* **eu·ge'nisch** <Adj.>; **Eu·'ge·nik** <f.; -; unz.; Med.> *Erbgesundheitslehre u. -pflege* [grch.];

Eu'ge·ni·ker <m.; -s, -> **Eu'ge·ni·ke·rin** <f.; -, -n·nen> **eu'ge·nisch** <Adj.>

Eu·ka'lyp·tus <m.; -, -ten od. -; Bot.> *ein Myrtengewächs* [grch.]

Eu·ki'ne·tik <f.; -; unz.> *Lehre von der schönen u. harmonischen Bewegung* [grch.]

eu'kli·disch <Adj.; veralt.> *auf der Lehre des griech. Mathematikers Euklid beruhend;* die ~e Geometrie

Eu·kra'sie, <auch> **Euk·ra'sie** <f.; -; unz.; ↗Z53> **1** <eigtl.> *gute Mischung aller Körpersäfte* **2** *glückliche Veranlagung* [grch.]

'Eu·le <f.; -, -n; Zool.> *ein Vogel;* **'Eu·len·flucht** <f.; -; unz.; norddt.> *Abenddämmerung;* **'Eu·len·spie·gel** <m.; -s, -> *Schelm;* Till ~ [nach der Titelfigur eines dt. Volksbuches]; **Eu·len·spie·ge'lei** <f.; -, -en> *Schelmenstreich*

'Eu·mel <m.; -s, -; umg.> **1** *Tölpel, Dummkopf* **2** *Ding*

Eu·me'ni·de <f.; -, -n; beschönigender Name für> *Erinnye*

Eu'nuch <m.; -en, -en> *Kastrat (als Haremswächter)* [grch.]; **Eu·'nu·chen·stim·me** <f.; -, -n; abwertend>

Eu·phe'mis·mus <m.; -, -men> *beschönigende Bezeichnung* [grch.]; **eu·phe'mis·tisch** <Adj.>

Eu·pho'nie <f.; -, -n; ↗Z11.3> *Wohlklang, Wohllaut;* oV *Eufonie;* Ggs *Kakophonie* [grch.]; **eu·'pho·nisch** <Adj.>; **Eu'pho·ni·um** <n.; -s, -ni·en; Mus.> **1** *Glasröhrenspiel* **2** *Baritonhorn*

Eu'phor·bia <n.; -, -bi·en>, **Eu·'phor·bie** <[-biə]; f.; -, -n; Bot.> = *Wolfsmilch* [grch.]

Eu·pho'rie <f.; -; unz.> *Hochstimmung* [grch.]; **eu'pho·risch** <Adj.>; **eu·pho·ri'sie·ren** <V. t.> *in Hochstimmung versetzen*

Eu·phu'is·mus <m.; -; unz.> *überladener Stil der engl. Barockdichtung* [grch.]; **eu·phu'is·tisch** <Adj.>

Eu·ra·si·en *Festland von Europa u. Asien;* **Eu·ra·si·er** <m.; -s, -> **1** *Bewohner von Eurasien* **2** *Nachkomme eines europ. u. eines asiat. Elternteils;* **Eu·ra·si·e·rin** <f.; -, -n·nen> **eu·ra·sisch** <Adj.>

Eu·ra'tom <f.; -; unz.; Kurzw. für> *Europäische Atomgemeinschaft*

'eu·re <Possessivpron.; 2. Pers. Pl.> → *euer*[1]; **'eu·rer·seits** <Adv.; ↗Z40.2; auch in Briefen kleingeschrieben> *von eurer Seite;* gibt's ~ etwas dagegen einzuwenden?; oV *euerseits;* **'eu·res·glei·chen** <Pron.; undekl.; meist abwertend; auch in Briefen kleingeschrieben> *Leute wie ihr;* ihr u. ~; oV *euersgleichen;* **'eu·ret·hal·ben**, **'eu·ret·we·gen** <Adv.; auch in Briefen kleingeschrieben> *euch zuliebe;* oV *euerthalben, euertwegen;* **'eu·ret·wil·len** <Adv.; auch in Briefen kleingeschrieben> um ~ *für euch, euch zuliebe;* oV *euertwillen*

Eu·rhyth'mie <f.; -; unz.> **1** *harmon. Gleichmaß von Bewegungen* **2** = *Eurythmie* [grch.]

'eu·ri·ge <Possessivpron.> *eure;* wie geht's den Eurigen/ <auch> ~n? *euren Angehörigen;* → a. *euer*[1]

'Eu·ro <m. 7; - od. -s, - od. -s; Zeichen: €> *europäische Währungseinheit;* **'Eu·ro·cheque** <[-ʃɛk] m.; -s, -s; internationale Schreibung auf Formularen = *Euroscheck;* **'Eu·ro·cheque·kar·te** <f.; -, -n; Abk.: ec-Karte;> **'Eu·ro·ci·ty** <[-'siti]; m.; - od. -s; Abk.: EC; kurz für> *Eurocityzug (Schnellzug der europ. Eisenbahnnetzes);* **'Eu·ro·kom·mu·nis·mus** <m.; -; unz.> *westeurop. Richtung des Kommunismus;* **'Eu·ro·kom·mu·nist** <m.; -en, -en>; **'Eu·ro·kom·mu·nis·tin** <f.; -, -n·nen>; **'Eu·ro·land** <n.; -(e)s, ⸚er> **1** *Mitgliedstaat* **2** <unz.> *Gesamtheit der Staaten mit der gemeinsamen Währung Euro;* **'Eu·ro·norm** <f.; -, -en> *in der EU geltende Norm*

Eu'ro·pa **1** *ein Kontinent* **2** <f.; -; unz.> *weibl. Sagengestalt;* **Eu·'ro·pa·cup** <[-kʌp]; m.; -s, -s; Sp., bes. Fußb.> *Wettkampf auf europ. Ebene;* **Eu·ro'pä·er** <m.; -s, -> *Einwohner von Europa(1);* **Eu·ro'pä·e·rin** <f.; -, -n·nen>; **eu·ro·pä'id** <Adj.> *europäisch anmutend, in der Art der Europäer;* **eu·ro'pä·isch** <Adj.; ↗Z46> die ~en Staaten; <aber> die Europäische Gemeinschaft

<Abk.: EG>; die Europäische Union <Abk.: EU>; das Europäische Parlament; **eu·ro·pä·i'sie·ren** <V. t.> *nach europäischer Art gestalten;* **Eu'ro·pa·meis·ter** <m.; -s, -; Sp.>; **Eu'ro·pa·meis·te·rin** <f.; -, -n·nen>; **Eu'ro·pa·meis·ter·schaft** <f.; -, -en>; **Eu·'ro·pa·par·la·ment** <m.; -(e)s; unz.>; **Eu'ro·pa·po·kal** <m.; -(e)s, -e; Sp., bes. Fußb.> *internationale Sporttrophäe;* sie spielen um den ~; **Eu'ro·pa·rat** <m.; -(e)s; unz.> *Organisation europ. Staaten auf völkerrechtl. Grundlage;* **Eu'ro·pa·stra·ße** <f.; -, -n; Abk.: E> *für den Fernverkehr in Europa bestimmte Straße;* **eu·ro'pid** <Adj.>; **Eu·ro·'pi·de(r)** <f. 2 (m. 1)> *Angehörige(r) des Kreises der europiden Rassen;* **Eu'ro·pi·um** <n.; -s; unz.; Chem.; Zeichen: Eu> *chem. Element, Metall;* **eu·ro·po'id** <Adj.> *den europiden Rassen nahe stehend;* **'Eu·ro·pol** <ohne Art.; Kurzw. für> *Europäisches Polizeiamt;* **'Eu·ro·scheck** <m.; -s, -s> *bei Banken vieler Länder seit 2002 nicht mehr einlösbarer Barscheck;* oV *Eurocheque;* **Eu·ro·vi·si'on** <[-vi-]; f.; -; unz.> *Zusammenschluss europ. Rundfunk- u. Fernsehanstalten;* **Eu·ro·vi·si·'ons·sen·dung** <f.; -, -en>

Eu·ryth'mie <f.; -; unz.; Anthroposophie> *von R. Steiner begründete ganzheitliche Bewegungskunst;* oV *Eurhythmie* [grch.]

eu·ry'top <Adj.; Biol.> *weit verbreitet;* Ggs *stenotop* [grch.]

Eu·se'bie <f.; -; unz.> *Gottesfurcht* [lat.]

eus'ta·chisch <[-çiʃ]; Adj.; nur in> ~ e *Röhre,* ~ e *Tube Teil des Mittelohrs* [nach dem ital. Arzt B. *Eustachio*]

'Eu·ter <n.; -s, -> *Milchdrüsen der Paarhufer*

Eu·tha·na'sie <f.; -; unz.> Sy *Sterbehilfe* 1 *Erleichterung des Todeskampfes durch Narkotika* 2 *bewusste Herbeiführung des Todes (bes. im Nationalsozialismus)* [grch.]

eu'troph <Adj.> *nährstoffreich* [grch.]; **Eu·tro'phie·rung** <f.; -; unz.> *zu Algenbildung führende Nährstoffanreicherung in (stehenden) Gewässern*

EU-weit <Adj.> *in der gesamten EG gültig;* ~ e *Vorschriften*

eV <Zeichen für> *Elektronenvolt*

ev. <Abk. für> *evangelisch*

e. V., E. V. <Abk. für> *eingetragener Verein*

E·va <['e:fa] od. ['e:va]; f.; -, -s> 1 *nach bibl. Überlieferung> Adams Frau* 2 <fig.> *eitles Mädchen*

E·va·ku·a·ti'on <[eva-]; f.; -, -en; selten> Sy *Evakuierung* [lat.]; **e·va·ku·'ie·ren** <V. t.> 1 *einen Raum ~* <Phys.> *luftleer machen* 2 *ein Gebiet ~ von Bewohnern räumen;* **E·va·ku·'ie·rung** <f.; -, -en>

E·va·lu·a·ti'on <[-va-]; f.; -, -en> *Bewertung, Beurteilung* [lat.]; **e·va·lu·a'tiv** <Adj.> *abschätzend, wertend;* **e·va·lu·'ie·ren** <V. t.>; **E·val·va·ti'on** <[-valva-]; f.; -, -en> = *Evaluation;* **e·val·vie·ren** <[-'val'vi:-]; V. t.> *bewerten, abschätzen*

E·van·ge·li'ar <[evaŋ-]; n.; -s, -e od. -ri·en>; **E·van·ge·li·a·ri·um** <n.; -s, -ri·en> *Evangelienbuch;* **e·van·ge·li'kal** <Adj.>; **E·van·ge·li'ka·le(r)** <m. 1> *Angehörige(r) einer (fundamentalistischen) Glaubensbewegung;* **E·van·ge·li·sa·ti'on** <f.; -, -en> *das Evangelisieren;* **e·van'ge·lisch** <Adj.> 1 *das Evangelium betreffend* 2 *protestantisch;* ~ - *lutherisch* <Abk.: ev.-luth.>; ~ - *reformiert* <Abk.: ev.-ref.> [lat.]; **e·van·ge·li'sie·ren** <V. t.> *jmdn.* ~ *jmdm. das Evangelium nahe bringen;* **E·van·ge·li'sie·rung** <f.; -, -en>; **E·van·ge'list** <m.; -en, -en> 1 *Verfasser eines der vier Evangelien* 2 *Wanderprediger;* **E·van·ge·lis'tar** <n.; -s, -e od. -ri·en> *Perikopenbuch;* **E·van'ge·li·um** <n.; -s, -li·en> 1 *die Botschaft Jesu* 2 *die ersten vier Bücher des NT*

E·va·po·ra·ti'on <[-va-]; f.; -, -en> *Verdampfung, Verdunstung* [lat.]; **E·va·po'ra·tor** <m.; -s, -'to·ren>; **e·va·po'rie·ren** <V. t. u. V. i.> *verdunsten, eindampfen*

E·va·si'on <[-va-]; f.; -, -en> *(Massen-)Flucht;* Ggs *Invasion* [lat.]; **e·va'siv** <Adj.> 1 *auf Evasion beruhend* 2 *Ausflüchte suchend*

'E·vas·kos·tüm <n.; -(e)s; unz.> *im ~* <umg.; scherzh.> *nackt*

e·va'so·risch <[-va-]; Adj.> = *evasiv*

E·vent <['i'vɛnt]; m. od. n.; -s, -s> *besonderes Ereignis, Veranstaltung* [engl.]

e·ven·tu'al <[-evɛn-]; Adj.; selten> = *eventuell;* **E·ven·tu'al·an·trag** <m.; -(e)s, ⸚e> *Hilfsantrag;* **E·ven·tu'al·fall** <m.; -(e)s, ⸚e; Pl. selten> *im ~;* **E·ven·tu·a·li'tät** <f.; -, -en> *möglicher Fall, Möglichkeit;* sich gegen alle ~ en *schützen;* **e·ven·tu'a·li·ter** <Adv.; veralt.> = *eventuell;* **e·ven·tu'ell** 1 <Adj.> *möglicherweise eintretend;* sich auf einen ~ en *Überfall einstellen* 2 <adv.; Abk.: evtl.> *unter Umständen;* das ist ~ *machbar* [frz.]

E·ver·green <['ɛvərgri:n]; m. od. n.; -s, -s> *Schlager, der über Jahrzehnte populär bleibt* [engl.]

E·ver·te'brat, <auch> **E·ver·teb·'rat** <[-vɛr-]; m.; -en, -en; ↗Z53; Zool.> *wirbelloses Tier;* Sy *Invertebrat;* Ggs *Vertebrat* [lat.]

E·ve·ry·bo·dy's Dar·ling <['ɛvribɔdis 'da:lɪŋ]; ohne Art.; meist abwertend> *jmd., der bei allen beliebt sein möchte* [engl.]

e·vi'dent <[evi-]; Adj.> 1 *augenscheinlich* 2 *einleuchtend* [lat.]; **E·vi'denz** <f.; -; unz.> 1 *Deutlichkeit, Klarheit* 2 <österr.; Amtsdt.> *handliche Übersicht*

ev.-luth. <Abk. für> *evangelisch-lutherisch*

E·vo·ka·ti'on <[evo-]; f.; -, -en> 1 *Erweckung von Vorstellungen (bei Kunstwerken)* 2 <Rechtsspr.; veralt.> *Vorladung (eines Beklagten)* [lat.]; **e·vo·ka'tiv** <Adj.>

E·vo·lu·ti'on <[evo-]; f.; -, -en> 1 *allmähliche Fortentwicklung;* Ggs *Revolution* 2 <Biol.> *stammesgeschichtl. Entwicklung der Lebewesen* [lat.]; **e·vo·lu·ti·o·när** <Adj.> *sich stetig weiterentwickelnd;* Ggs *revolutionär;* **E·vo·lu·ti·o'nis·mus** <m.; -; unz.> *naturphilosoph. Richtung im 19. Jh.;* **e·vo·lu·ti·o'nis·tisch** <Adj.>; **E·vo·lu·ti'ons·the·o·rie** <f.; -, -n; Biol.>; **E·vol'ven·te**

<[evɔl'ventə]; f.; -, -n; Math.> *eine Kurve;* **e·vol·vie·ren** <[evɔl-'vi:-]; V. t.> *entwickeln, entfalten*

e·vo·zie·ren <[evo-]; V. t.> **1** *hervorrufen* **2** <Rechtsw.> *vorladen* [lat.]

ev.-ref. <Abk. für> *evangelisch-reformiert*

evtl. <Abk. für> *eventuell*

E'wen·ke <m.; -, -n> *Angehöriger eines sibir. Volksstammes, Tunguse;* **e'wen·kisch** <Adj.>

'E-Werk <n.; -(e)s, -e; ↗Z34; kurz für> *Elektrizitätswerk*

EWG <Abk. für> *Europäische Wirtschaftsgemeinschaft,* <heute> *EU*

'e·wig <Adj.; ↗Z46> **1** *nie endend;* auf ~; für immer u. ~; das ~e Leben; das ~e Licht <Kath.> *immer brennendes Licht;* ~er Schnee *nie ganz schmelzender Schnee im Hochgebirge;* der Ewige Jude *Ahasver;* die Ewige Stadt (Beiname Roms); Ggs *endlich(1)* **2** *sehr lange dauernd u. daher lästig;* ich habe das ~e Jammern satt; **E·wig-'Ges·tri·ge(r),** <auch> **E·wig-'Gest·ri·ge(r)** <f. 2 (m. 1); meist Pl.; ↗Z33> *jmd., der starr an veralteten Ansichten festhält;* **'E·wig·keit** <f.; -, -en> in alle ~; **'e·wig·lich** <Adj.; poet.>; **E·wig-'Weib·li·che** <n. 3; unz.; ↗Z33>

EWS <Abk. für> *Europäisches Währungssystem*

ex *aus;* ein Glas (auf) ~ trinken *auf einen Zug leer trinken* [lat.]; **Ex...** <Vors.; in Zus.> *ehemalig,* z. B. meine Exfrau

ex'ae·quo *in gleicher Weise* [lat.]

ex'akt, <auch> **e'xakt** <Adj.; ↗Z54> *sorgfältig, pünktlich;* Ggs *inexakt* [lat.]; **Ex'akt·heit** <f.; -; unz.>

Ex·al·ta·ti'on, <auch> **Ex·al·ta·ti·'on** <f.; -; unz.; ↗Z54> *Überspanntheit* [lat.]; **ex·al'tie·ren** <V. refl.; selten> sich ~ *sich hysterisch erregen;* **ex·al'tiert** <Adj.; abwertend>

Ex'a·men, <auch> **E'xa·men** <n.; -s, -od. -mi·na; ↗Z54> *(Abschluss-)Prüfung* [lat.]; **Ex'a·mens·angst** <f.; -; unz.>; **Ex'a·mens·ar·beit** <f.; -, -en>; **Ex·a·mi'nand** <m.; -en, -en; geh.> *Prüfling,* **Ex·a·mi'nan·din** <f.; -,

-n·nen>; **Ex·a·mi'na·tor** <m.; -s, -'to·ren; geh.> *Prüfer,* **Ex·a·mi·na'to·rin** <f.; -, -n·nen>; **ex·a·mi'nie·ren** <V. t.> jmdn. ~ *prüfen*

Ex·an'them, <auch> **E·xan'them** <n.; -(e)s, -e; ↗Z54; Med.> *Hautausschlag* [grch.]

Ex'arch, <auch> **E'xarch** <m.; -en, -en; ↗Z54> *byzantin. Statthalter* [grch.]

Ex'au·di, <auch> **E'xau·di** <↗Z54; ohne Art.> *sechster Sonntag nach Ostern* [lat. "erhöre!"]

exc. <Abk. für> *excudit*

ex 'ca·the·dra, <auch> **ex 'ca·thed·ra** <↗Z53> *von höchster (päpstlicher) Stelle aus, unfehlbar; etwas* ~ verkünden [lat.]

Ex·change <[iks'tʃe:ndʒ]; f.; -, -n> **1** <Börse> *Tausch, Kurs* **2** *Geldwechsel* [engl.]

ex'cu·dit <Abk.: exc.> *(Vermerk auf Kupferstichen hinter dem Namen des Druckers)* [lat. "er hat (es) gedruckt"]

'Ex·e·dra, <auch> **'E·xed·ra** <f.; -, -'e·dren/-'ed·ren; ↗Z54; in antiken Bauten> *Nische* [grch.]

Ex·e'ge·se, <auch> **E·xe'ge·se** <f.; -, -n; ↗Z54> *Auslegung von Schriftwerken, bes. der Bibel* [grch.]; **Ex·e'get** <m.; -en, -en>; **Ex·e'ge·tik** <f.; -; unz.> *Wissenschaft der Exegese;* **ex·e'ge·tisch** <Adj.>

ex·e·ku'tie·ren, <auch> **e·xe·ku'tie·ren** <V. t.; ↗Z54> **1** *in Urteil ~ vollziehen, vollstrecken* **2** jmdn. ~ *hinrichten* **3** <österr.> *pfänden* [lat.]; **Ex·e·ku'ti·on** <f.; -, -en> **1** *Vollstreckung (eines Urteils)* **2** *Hinrichtung (einer Person)* **3** <österr.> *Pfändung;* **ex·e·ku'tiv** <Adj.> *ausführend;* **Ex·e·ku'ti·ve** <[-və]; f.; -; unz.>; **Ex·e·ku'tiv·ge·walt** <f.; -; unz.> *die vollziehende Staatsgewalt;* → a. *Judikative; Legislative*

Ex'em·pel, <auch> **E'xem·pel** <n.; -s, -; ↗Z54> **1** *Aufgabe;* die Probe aufs ~ machen **2** *(abschreckendes, warnendes) Beispiel;* ein ~ statuieren [lat.]; **Ex·em'plar,** <auch> **E·xemp'lar** <n.; -s, -e; ↗Z53; Abk.> Expl.> *Einzelstück, Muster;* Beleg~; Frei~; **ex·em'pla·risch** <Adj.; eigtl.> *beispielhaft,* **ex'em·pli 'cau·sa** <Abk.: e. c.> *beispiels-

weise;* **Ex·em·pli·fi·ka·ti'on** <f.; -, -en> *Erläuterung durch Beispiel;* **ex·em·pli·fi·ka'to·risch** <Adj.>; **ex·em·pli·fi'zie·ren** <V. t.> *durch Beispiele erläutern*

ex'emt, <auch> **e'xemt** <Adj.; ↗Z54> *von best. Lasten od. Pflichten befreit* [lat.]

Ex·e'qua·tur, <auch> **E·xe'qua·tur** <n.; -s, -'tu·ren; ↗Z54> **1** *Bestätigung eines ausländ. Konsuls im Amt* **2** *Erlaubnis, ein im Ausland ergangenes Gerichtsurteil im Inland zu vollstrecken* [lat. "man möge vollziehen!"]

Ex·e'qui·en, <auch> **E·xe·qui·en** <Pl.; ↗Z54; Kath.> *Totenfeierlichkeiten;* Sy *Obsequien* [lat.]

ex·er'zie·ren, <auch> **e·xer'zie·ren** <V. i. u. V. t.; ↗Z54; Mil.> *militär. Übungen machen, einüben* [lat.]; **Ex·er'zier·platz** <m.; -es, ⸗e; Mil.>; **Ex·er'zi·ti·um** <n.; -s, -ti·en> **1** *Hausarbeit* **2** <meist Pl.> *Exerzitien geistl. Übungen*

'Ex·frau <f.; -, -en; umg.> *frühere Ehefrau*

Ex·ha·la·ti'on <f.; -, -en> **1** <Med.> *Ausatmung* **2** <Geol.> *Ausströmung vulkan. Gase u. Dämpfe* [lat.]; **ex·ha'lie·ren** <V. t.>

ex·haus'tiv <Adj.> *vollständig, umfassend*

ex·hi'bie·ren <V. t.; geh.> *darlegen, vorzeigen* [lat.]; **Ex·hi·bi·ti·'on** <f.; -, -en> *Zurschaustellung;* **Ex·hi·bi·ti·o'nis·mus** <m.; -; unz.; Med.; Psych.> *krankhafte Neigung zur Entblößung der Geschlechtsteile in der Öffentlichkeit;* **Ex·hi·bi·ti·o'nist** <m.; -en, -en>; **ex·hi·bi·ti·o'nis·tisch** <Adj.>

Ex·hu·ma·ti'on <f.; -, -en> = *Exhumierung* [lat.]; **ex·hu'mie·ren** <V. t.> eine Leiche ~ *zwecks gerichtsmedizin. Untersuchung wieder ausgraben;* **Ex·hu'mie·rung** <f.; -, -en>

E'xil <n.; -s, -e> *(Ort der) Verbannung;* im ~ leben [lat.]; **E·xi'lant** <m.; -en, -en>; **E·xi'lan·tin** <f.; -, -n·nen>; **e·xi'lie·ren** <V. t.> jmdn. ~ *verbannen;* **e'xi·lisch** <Adj.>; **E'xil·li·te·ra·tur** <f.; -, -en>; **E'xil·re·gie·rung** <f.; -, -en>

e·xis'tent <Adj.; ↗Z54; geh.> *vor-

handen; Ggs *inexistent* [lat.];
e·xis·ten·ti·al <[-'tsjaːl]; Adj.;
↗Z11.4> = *existenzial;* **E·xis·ten·ti·a'lis·mus** <m.; -; unz.>; **E·xis·ten·ti·a'list** <m.; -en, -en>; **E·xis·ten·ti·a'lis·tin** <f.; -, -n·nen>; **e·xis·ten·ti·a'lis·tisch** <Adj.>; **E·xis·ten·ti·al·phi·lo·so·phie** <f.; -; unz.>; **e·xis·ten·ti'ell** <Adj.; ↗Z11.4> = *existenziell;* **E·xis'tenz** <f.; -, -en> 1 <unz.> *wirkliches Vorhandensein* 2 <unz.> *materielle Lebensgrundlage;* sich eine neue ~ aufbauen 3 <abwertend> *Person;* eine verkrachte ~ <umg.>; **E·xis'tenz·angst** <f.; -; unz.>; **E·xis'tenz·be·rech·ti·gung** <f.; -; unz.>; **e·xis'tenz·fä·hig** <Adj.>; **E·xis'tenz·grün·der** <m.; -s, ->; **E·xis'tenz·grund·la·ge** <f.; -; unz.>; **e·xis·ten·zi'al** <Adj.; ↗Z11.4> *das menschl. Dasein betreffend;* oV *existential;* **E·xis·ten·zi·a'lis·mus** <m.; -; unz.> *philosoph. Strömung des 20. Jh.;* **E·xis·ten·zi·a'list** <m.; -en, -en>; **E·xis·ten·zi·a'lis·tin** <f.; -, -n·nen>; **E·xis·ten·zi·a'lis·tisch** <Adj.>; **E·xis·ten·zi·al·phi·lo·so·phie** <f.; -; unz.> oV *Existentialphilosophie;* Sy *Existenzialismus;* **e·xis·ten·zi'ell** <Adj.; ↗Z11.4> oV *existentiell* 1 *die Existenz(1) betreffend* eine Frage von ~ er Bedeutung 2 *lebenswichtig;* ~e Sorgen; **E·xis'tenz·kampf** <m.; -(e)s, ⁓e>; **E·xis·'tenz·mi·ni·mum** <n.; -s; unz.> *das zum Leben unabdingbar Notwendige;* er lebt am ~; **E·xis·'tenz·phi·lo·so·phie** <f.; -; unz.> = *Existenzialismus;* **e·xis·'tie·ren** <V. i.> 1 *vorhanden sein* 2 *davon kann man nicht ~ leben*
'E·xit <m.; -s, -s; engl. Bez. für> *Ausgang;* **'E·xi·tus,** <auch> **'E·xi·tus** <m.; -; unz.; ↗Z54; Med.> *Tod* [lat.]

Ex·ka·va·ti'on <[-va-]; f.; -, -en> 1 <Med.> *Aushöhlung, Ausbohrung* 2 *Ausschachtung* [lat.]; **ex·ka'vie·ren** <V. t.>
exkl. <Abk. für> *exklusive*
Ex·kla·ma·ti'on <f.; -, -en; geh.> *Ausruf* [lat.]; **ex·kla·ma'to·risch** <Adj.> *verkündend;* **ex·kla'mie·ren** <V. t.; veralt.>
Ex'kla·ve <[-və]; f.; -, -n> *von fremdem Staatsgebiet umgebe-*

nes eigenstaatl. Gebiet; Ggs *Enklave* [frz.]
ex·klu'die·ren <V. t.; geh.> *ausschließen* [lat.]; **Ex·klu·si'on** <f.; -, -en; geh.> *Ausschluss;* **ex·klu·'siv** <Adj.> 1 *ausschließend, nur einen best. Personenkreis zulassend* 2 *vornehm, luxuriös;* ein ~es Restaurant; **Ex·klu·'siv·be·richt** <m.; -(e)s, -e>; **ex·klu·si·ve** <Präp.; m. Gen.; Abk.: exkl.> *ausgenommen;* ~ *aller Zusatzarbeiten;* <allein stehende Subst. im Sg. ohne Dekl.> ~ *Mehrwertsteuer;* <im Pl. mit Dat., wenn Gen. nicht erkennbar> ~ *Getränken;* Ggs *inklusive* ~; **Ex·klu·si·vi'tät** <[-vi-]; f.; -; unz.>; **Ex·klu'siv·ver·trag** <m.; -(e)s, ⁓e>
Ex·kom·mu·ni·ka·ti'on <f.; -, -en; Kath.> *Ausschluss aus der Kirchengemeinschaft* [lat.]; **ex·kom·mu·ni'zie·ren** <V. t.>
Ex·kre'ment <n.; -(e)s, -e; meist Pl.; geh.> *Ausscheidungsprodukt,* z. B. Kot; **Ex'kret** <n.; -(e)s, -e; Med.> *vom Körper ausgeschiedenes, nicht weiter verwendbares Stoffwechselprodukt* [lat.]; **Ex·kre·ti'on** <f.; -, -en> *Ausscheidung von Exkreten;* **ex·kre'to·risch** <Adj.> *ausscheidend, absondernd*
Ex·kul·pa·ti'on <f.; -, -en; Rechtsw.> *Rechtfertigung* [lat.]; **ex·kul'pie·ren** <V. t.>
Ex'kurs <m.; -es, -e; geh.> 1 *Abschweifung vom Hauptthema* 2 *Sonderteil einer Abhandlung* [lat.]; **Ex·kur·si'on** <f.; -, -en> *(wissenschaftl.) Ausflug*
Ex'li·bris, <auch> **Ex'lib·ris** <n.; -, -; ↗Z53> *Bücherzeichen mit dem Namen des Eigentümers* [lat.]
'Ex·mann <m.; -(e)s, ⁓er; umg.> *früherer Ehemann*
Ex·ma·tri·ku·la·ti'on, <auch> **Ex·mat·ri·ku·la·ti'on** <f.; -, -en; ↗Z53> *Streichung aus der Matrikel einer Hochschule;* Ggs *Immatrikulation;* **ex·ma·tri·ku'lie·ren** <V. t./V. refl.> Ggs *immatrikulieren*

e·xo..., **E·xo...** <Vors.> *außerhalb,* z. B. *exogen, Exogamie* [grch.]
E·xo·bi·o·lo'gie <f.; -; unz.> *Wissenszweig zur Erforschung außerirdischen Lebens*

'Ex·o·dus, <auch> **'E·xo·dus** <m.; -; unz.; ↗Z54> *Auszug (der Juden aus Ägypten, Titel des 2. Buches Mosis)* [grch.]
ex of'fi·cio *von Amts wegen* [lat.]
Ex·o·ga'mie, <auch> **E·xo·ga·'mie** <f.; -, -n; ↗Z54> *Heirat außerhalb des Stammes* [grch.]
e·xo'gen <Adj.; Biol.> *von außen wirkend, außen entstehend* [grch.]
E·xo'karp <n.; -(e)s, -e; Bot.> *äußere Schicht der Fruchtwand;* Ggs *Endokarp* [grch.]
e·xo'krin <Adj.; Med.> *nach außen absondernd;* ~e Drüsen [grch.]
Ex·o'nym, <auch> **E·xo'nym** <n.; -s, -e; ↗Z54> *Ortsnamenbildung, die von dem offiziellen Namen abweicht,* z. B. dt. "Rom" für ital. "Roma" [grch.]
ex·or·bi'tant, <auch> **ex·or·bi·'tant** <Adj.; ↗Z54; geh.> *außerordentlich* [lat.]; **Ex·or·bi'tanz** <f.; -; unz.; geh.> *Übermaß*
ex o·ri·en·te 'lux *"aus dem Osten (kommt) das Licht"* (urspr. auf den Sonnenaufgang, dann auf Christentum und Kultur bezogen) [lat.]
ex·or·'zie·ren, <auch> **e·xor'zie·ren** <V. t.; ↗Z54> *Dämonen, böse Geister durch Beschwörung austreiben* [grch.]; **Ex·or'zis·mus** <m.; -, -men> *Beschwörung u. Austreibung böser Geister;* **Ex·or'zist** <m.; -en, -en> *Geisterbeschwörer*
E·xo'sphä·re, <auch> **E·xos'phä·re** <f.; -; unz.; ↗Z54> *oberste Schicht der Erdatmosphäre* [grch.]
E'xot <m.; -en, -en> = *Exote* [grch.]; **E·xo'ta·ri·um** <n.; -s, -ri·en> *Anlage für exotische Tiere;* **E'xo·te** <m.; -n, -n> 1 *Lebewesen aus einem fernen od. tropischen Land* 2 <nur Pl.> ~n *überseeische Wertpapiere*
E·xo·te·ri·ker <m.; -s, -> *Nichteingeweihter, Außenstehender;* Ggs *Esoteriker* [grch.]; **E·xo·te·ri·ke·rin** <f.; -, -n·nen>; **e·xo·te·risch** <Adj.> *allgemein verständlich*
e·xo'therm <Adj.; Phys.; Chem.> *Wärme abgebend;* Ggs *endotherm* [grch.]
E'xo·tik <f.; -; unz.> *exotische Be-*

schaffenheit u. der daraus resultierende Reiz; **E'xo·tin** <f.; -, -n·nen>; **e'xo·tisch** <Adj.> **1** fremdländisch **2** aus den Tropen stammend

Ex'pan·der <m.; -s, -> Trainingsgerät zur Kräftigung von Muskeln [lat.]; **ex·pan'die·ren** <V. t.> (sich) ausdehnen

Ex·pan·si'on <f.; -, -en> Ausdehnung, Erweiterung [lat.]; **Expan·si'ons·ge·schwin·dig·keit** <f.; -, -en>; **Ex·pan·si'ons·po·li·tik** <f.; -; unz.>; **Ex·pan·si'ons·stre·ben** <n.; -s; unz.>; **ex·pan·'siv** <Adj.> (sich) ausdehnend

Ex·pa·tri·a·ti'on, <auch> **Ex·patri·a·ti'on** <f.; -, -en; →Z 53> = Expatriierung; **ex·pa·tri'ie·ren** <V. t.> jmdn. ~ ausbürgern [lat.]; **Ex·pa·tri'ie·rung** <f.; -, -en> Ausbürgerung

Ex·pe·di'ent <m.; -en, -en> Angestellter in einer Versandabteilung [lat.]; **Ex·pe·di'en·tin** <f.; -, -n·nen>; **ex·pe·die·ren** <V. t.> zum Versand fertig machen, versenden; **Ex·pe'dit** <n.; -(e)s, -e; österr.> Versandabteilung (einer Firma); **Ex·pe·di·ti'on** <f.; -, -en> **1** Forschungsreise **2** Gruppe von Forschungsreisenden **3** Versandabteilung

ex·pen'siv <Adj.; selten> kostspielig

Ex·pe·ri'ment <n.; -(e)s, -e> (wissenschaftlicher) Versuch [lat.]; **Ex·pe·ri·men'tal...** <in Zus.> auf Experimenten beruhend, Versuchs...; **Ex·pe·ri·men'tal·phy·sik** <f.; -; unz.>; **Ex·pe·ri·men'ta·tor** <m.; -s, -'to·ren>; **Ex·pe·ri·men·ta'to·rin** <f.; -, -n·nen>; **ex·pe·ri·men'tell** <Adj.> auf Experimenten beruhend; **ex·pe·ri·men'tie·ren** <V. i.>; **Ex·pe·ri·men'tier·freu·de** <f.; -; unz.>; **ex·pe·ri·men'tier·freu·dig** <Adj.>

Ex'per·te <m.; -n, -n; häufig in Zus.> Sachverständiger, Fachmann; Wirtschafts~ [lat.]; **Ex·'per·ten·sys·tem** <n.; -s, -e; EDV> hoch entwickeltes Programmsystem, das best. Aufgaben selbsttätig löst; **Ex'per·tin** <f.; -, -n·nen>; **Ex·per'ti·se** <f.; -, -n> Gutachten [frz.]

Expl. <Abk. für> Exemplar

Ex·plan·ta·ti'on <f.; -, -en; Med.> Entnahme von Gewebe aus dem Körper [lat.]; **ex·plan'tie·ren** <V. t.; Med.>

Ex·pli·ka·ti'on <f.; -, -en> Erklärung, Erläuterung [lat.]; **ex·pli·'zie·ren** <V. t.>; **ex·pli'zit** <Adj.> ausdrücklich, ausführlich (dargestellt); Ggs implizit; **ex'pli·zi·te** <[-te:]; Adv.> ausdrücklich, deutlich; Ggs implizite

ex·plo'die·ren <V. i. (s.)> **1** durch übermäßigen inneren Druck bersten, platzen; Ggs implodieren **2** jmd. explodiert <fig.; umg.> hat einen Zornesausbruch [lat.]

Ex·plo·ra·ti'on <f.; -, -en> Erforschung, Untersuchung [lat.]; **Ex·plo·rer** <[iks'plo:-]; m.; -s, -> Name mehrerer amerikan. Erdsatelliten [engl.]; **ex·plo'rie·ren** <V. t.>

ex·plo'si·bel <Adj.; selten> explosible Stoffe; = explosiv, Ggs inexplosibel [frz.]; **Ex·plo·si'on** <f.; -, -en> das Explodieren(1); Ggs Implosion [lat.]; **ex·plo·si·'ons·ar·tig** <Adj.>; **Ex·plo·si·'ons·ge·fahr** <f.; -; unz.>; **Ex·plo·si·'ons·kraft** <f.; -, ¨-e>; **Ex·plo·si·'ons·mo·tor** <m.; -s, -'to·ren; ungenaue Bez. für> Verbrennungsmotor; **ex·plo'siv** <Adj.> leicht explodierend; **Ex·plo·si·vi'tät** <[-vi-]; f.; -; unz.>; **Ex·plo'siv·laut** <m.; -(e)s, -e; Sprachw.> Verschlusslaut (p, b, t, d, k, g); Sy Okklusiv; → a. Kasten Konsonant; **Ex·plo'siv·stoff** <m.; -(e)s, -e>

Ex·po'nat <n.; -(e)s, -e; geh.> Ausstellungsstück (im Museum) [lat.]; **Ex·po'nent** <m.; -en, -en> **1** <Math.> Hochzahl einer Potenz **2** <fig.> herausgehobener Vertreter (einer Partei) [lat.]; **Ex·po·nen·ti'al·funk·ti·on** <f.; -, -en; Math.>; **Ex·po·nen·ti'al·glei·chung** <f.; -, -en; Math.>; **ex·po·nen'ti·ell** <Adj.; Math.>; **Ex·po'nen·tin** <f.; -, -n·nen>; **ex·po'nie·ren** <V. t.> **1** <V. t./V. refl.> hervorheben; sich ~ sich hervortun, einer Gefahr aussetzen **2** darlegen; **ex·po'niert** <Adj.> hervorgehoben; an ~er Stelle stehen

Ex'port <m.; -(e)s, -e> Ausfuhr (von Waren); Ggs Import [engl.]; **Ex'port·ar·ti·kel** <m.; -s, ->; **Ex'por·ten** <Pl.> Ausfuhrwaren; Ggs Importen; **Ex·por·teur** <[-'tø:r]; m.; -s, -e> Kaufmann im Exporthandel; Ggs Importeur [frz.]; **Ex'port·ge·schäft** <n.; -(e)s, -e>; **Ex'port·han·del** <m.; -s; unz.>; **ex·por'tie·ren** <V. t.> Ggs importieren [lat.]; **Ex·'port·kauf·mann** <m.; -(e)s, -leu·te> = Exporteur

Ex·po·sé, Ex·po·see <n.; -s, -s> **1** Denkschrift, Darlegung **2** Skizze, Entwurf [frz.]

Ex·po·si·ti'on <f.; -, -en> **1** Ausstellung **2** (einführende) Darstellung [lat.]; **ex·po·si·'to·risch** <Adj.> erläuternd, darlegend

ex'press <Adj.; veralt.; fast nur adv. gebraucht> eine Ware ~ schicken als Eilsendung [lat.]; **Ex'press** <m.; -es, -zü·ge> **1** <veralt.; kurz für> Expresszug **2** <unz.> eine Sendung per ~ schicken mit Eilpost; **Ex'press·gut** <n.; -(e)s, ¨-er>

Ex·pres·si'on <f.; -, -en; geh.> Ausdruck [lat.]; **Ex·pres·si·o·'nis·mus** <m.; -; unz.> Kunstrichtung zu Beginn des 20. Jh.; **Ex·pres·si·o'nist** <m.; -en, -en>; **Ex·pres·si·o'nis·tin** <f.; -, -n·nen>; **ex·pres·si·o'nis·tisch** <Adj.>

ex'pres·sis 'ver·bis ausdrücklich [lat.]; **ex·pres'siv** <Adj.; geh.> ausdrucksstark; **Ex·pres·si·vi'tät** <[-vi-]; f.; -; unz.> **1** Ausdruckskraft **2** <Genetik> Durchschlagskraft einer Erbanlage

Ex'press·rei·ni·gung <f.; -, -en>

ex pro'fes·so <o> **1** von Amts wegen **2** absichtlich [lat.]

Ex·pro·pri·a·ti'on, <auch> **Ex·prop·ri·a·ti'on** <f.; -, -en; →Z 53> Enteignung (von Privatbesitz) [lat.]; **ex·pro·pri'ie·ren** <V. t.>

Ex·pul·si'on <f.; -, -en; Med.> Abführung, Austreibung [lat.]; **ex·pul'siv** <Adj.>

ex·qui'sit <Adj.> von auserlesener Qualität; ein ~er Wein [lat.]

Ex·sik·ka·ti'on <f.; -; unz.; Chem.> Austrocknung; **ex·sik·ka'tiv** <Adj.>; **Ex·sik'ka·tor** <m.; -s, -'to·ren> Gerät zum Austrocknen od. Aufbewahren chem. Präparate

Ex·spi·ra·ti'on <f.; -, -en; Med.> Ausatmung; Ggs Inspiration [lat.]; **ex·spi·ra'to·risch** <Adj.>

auf Exspiration beruhend; Ggs *inspiratorisch*; **ex·spi·rie·ren** <V. t. u. V. i.>

Ex·stir·pa·ti·on <f.; -, -en; Med.> *vollständige chirurg. Entfernung eines Organs od. einer Geschwulst* [lat.]; **ex·stir·pie·ren** <V. t.; Med.>

Ex·su·dat <n.; -(e)s, -e; Med.> *Flüssigkeitsabsonderung* [lat.]; **Ex·su·da·ti·on** <f.; -, -en> *Ausschwitzen, Absondern einer Flüssigkeit*; **ex·su·da·tiv** <Adj.>

ex 'tem·po·re <[-re:]; Adv.> *aus dem Stegreif* [lat.]; **Ex'tem·po·re** <n.; -s, -s; Theat.> *Zusatz aus dem Stegreif während des Spiels*; **ex·tem·po·rie·ren** <V. i.>

ex·ten·die·ren <V. t.> *ausdehnen, erweitern, strecken* [lat.]; **ex·ten·'si·bel** <Adj.> extensibles Material [frz.]; **Ex·ten·si·on** <f.; -, -en> *Ausweitung, Ausdehnung* [lat.]; **Ex·ten·si·tät** <f.; -; unz.> 1 *Ausdehnung* 2 *Umfang* [frz.]; **ex·ten·siv** <Adj.> 1 *der Ausdehnung nach* 2 *ausgedehnt, umfassend*; **ex·ten·si·vie·ren** <[-'vi:-]; V. t.>; **Ex'ten·sor** <m.; -s, -'so·ren; Med.> = *Strecker* [lat.]

Ex·te·ri·eur <[-'œ:r]; n.; -s, -s od. -e> 1 *Äußeres* 2 *Außenseite* [frz.]

ex'tern <Adj.> *draußen, außerhalb, auswärtig*; Ggs *intern* [lat.]; **ex·ter·na·li·sie·ren** <V. t.; Psych.> *nach außen verlegen*; *einen Konflikt ~*; Ggs *internalisieren*; **Ex·ter·na·li·sie·rung** <f.; -, -en> Ggs *Internalisierung*; **Ex'ter·nat** <n.; -(e)s, -e> *Lehranstalt, deren Schüler außerhalb der Schule wohnen*; Ggs *Internat*; **Ex'ter·ne(r)** <f. 2 (m. 1)> *nicht im Internat wohnende(r) Schüler(in)*; **Ex'ter·nist** <m.; -en, -en; österr.> 1 = *Externe(r)* 2 *Schüler, der sich privat auf eine Prüfung vorbereitet*; **Ex'ter·nis·tin** <f.; -, -nnen>; **Ex'tern·spei·cher** <m.; -s, -; EDV> *Außenspeicher*

ex·ter·ri·to·ri'al <Adj.> *außerhalb der Landeshoheit stehend* [lat.]; **Ex·ter·ri·to·ri·a·li'tät** <f.; -; unz.>

Ex·tink·ti·on <f.; -, -en> *Schwächung einer Strahlung* [lat.]

'ex·tra, <auch> **'ext·ra** <Adj.; undekl.; ⟋Z53; meist adv.> *besonders, eigens, außerdem*; *eine ~ Belohnung*; *das ist ~ für dich* [lat.]; **'Ex·tra** <n.; -s, -s> *Zubehör, Sonderleistung, -ausstattung*; *das Auto hat viele ~s*; **'ex·tra...**, **'Ex·tra...** <in Zus.> 1 *außer..., außerhalb* 2 *Sonder..., außerordentlich*; **'Ex·tra·blatt** <n.; -(e)s, ⁼er> *Sonderausgabe einer Zeitung*; **'Ex·tra·fein** <Adj.> ~ *gemahlener Kaffee*; **ex·tra·ga·'lak·tisch** <Adj.; Astr.> *außerhalb der Galaxis gelegen* [lat.-grch.]

ex·tra·hie·ren, <auch> **ext·ra·hie·ren** <V. t.; ⟋Z53> *herauslösen, -ziehen* [lat.]

'Ex·tra·klas·se, <auch> **'Ext·ra·klas·se** <f.; -; unz.> *ein Hotel der ~ ein besonders gutes H.*; **'ex·tra·kor·po·ral** <Adj.; Med.> *außerhalb des Körpers*; ~e *Befruchtung*

Ex'trakt, <auch> **Ext'rakt** <m.; -(e)s, -e; ⟋Z53> *Auszug aus pflanzl. od. tier. Stoffen* [lat.]; **Ex·trak·ti·on** <f.; -, -en> *das Extrahieren bzw. Extrahiertwerden*; **ex·trak'tiv** <Adj.> 1 *ausziehend* 2 *auslaugend*

Ex·tra·po·la·ti·on, <auch> **Ext·ra·po·la·ti·on** <f.; -, -en; ⟋Z53; Math.> *aufgrund vorhandener (Mess-)Werte u. bekannter Daten gezogener Schluss*; Ggs *Interpolation(1)* [lat.]; **ex·tra·po·'lie·ren** <V. i. u. V. t.> Ggs *interpolieren*

Ex·tra·sys'to·le, <auch> **Ext·ra·sys'to·le** <f.; -, -n; ⟋Z53; Med.> *außerhalb des normalen Herzschlagrhythmus erfolgende vorzeitige Zusammenziehung des Herzens* [lat.-grch.]; **Ex·tra·sys·to'lie** <f.; -, -n; Med.> *eine Herzrhythmusstörung*

ex·tra·ter'res·trisch, <auch> **ext·ra·ter'rest·risch** <Adj.; ⟋Z53; Astr.; Phys.> *außerhalb der Erde gelegen, außerirdisch* [lat.]; **'Ex·tra·tour** <[-tu:r]; f.; -, -en; umg.>; **ex·tra·u·te'rin** <Adj.; ⟋Z55; Med.> *außerhalb der Gebärmutter gelegen*

ex·tra·va'gant, <auch> **ext·ra·va·'gant** <[-va-]; a. [----]; Adj.; ⟋Z53> *auffallend, vom Üblichen abweichend* [frz.]; **Ex·tra·va'ganz** <f.; -, -en>

Ex·tra·ver·si·on, <auch> **Ext·ra·ver·si·on** <[-ver-]; f.; -; unz.; ⟋Z53; Psych.> *Orientierung auf die Außenwelt*; oV *Extroversion* [lat.]; **ex·tra·ver'tiert** <Adj.; Psych.> *nach außen gerichtet*; *ein ~es Kind*; Ggs *introvertiert*

'Ex·tra·wurst, <auch> **'Ext·ra·wurst** <f.; -, ⁼e; ⟋Z53; umg.> *Ausnahme, etwas Besonderes*; *sie braucht immer eine ~*; **ex·tra·zel·lu·'lär** <Adj.; Biol.> *außerhalb der Zelle gelegen* [lat.]

ex'trem¹, <auch> **ext'rem¹** <Adj.> 1 *äußerst*; ~e *Werte Maximum od. Minimum* 2 *radikal*; ~e *Ansichten*; *die ~e Linke* <Pol.> [lat.]; **ex'trem²** <Partikel; umg.> *überaus, sehr*; *das ging ~ schnell*; **Ex'trem** <n.; -(e)s, -e> *höchster od. niedrigster Grad*; *er fällt von einem ~ ins andere*; **Ex'trem·fall** <m.; -(e)s, ⁼e> *im ~*; **Ex·tre'mis·mus** <m.; -; unz.> *übersteigerte, radikale Haltung*; **Ex·tre'mist** <m.; -en, -en>; **Ex·tre'mis·tin** <f.; -, -nnen>; **ex·tre·'mis·tisch** <Adj.>; **Ex·tre·mi'tät** <f.; -, -en; meist Pl.> *Gliedmaße*; *die oberen, unteren ~en*; **Ex·'trem·sport** <m.; -(e)s, -ar·ten> *besonders anstrengender od. gefährlicher Sport*; **Ex'trem·sport·ler** <m.; -s, ->; **Ex'trem·sport·le·rin** <f.; -, -nnen>; **Ex'trem·wert** <m.; -(e)s, -e>

ex'trin·sisch, <auch> **ext'rin·sisch** <Adj.; ⟋Z53; bes. Psych.> *von außen kommend, von außen bewirkt*; Ggs *intrinsisch* [engl.]

Ex·tro·ver·si·on, <auch> **Ext·ro·ver·si·on** <[-ver-]; f.; -; unz.; ⟋Z53; Psych.> = *Extraversion*; **ex·tro·ver'tiert** <Adj.> = *extravertiert*

Ex'tru·der, <auch> **Ext'ru·der** <m.; -s, -; ⟋Z54> *Presse zur Verarbeitung thermoplastischer Stoffe* [lat.]; **ex·tru'die·ren** <V. t.>

Ex·ul·ze·ra·ti·on <f.; -, -en; Med.> *Geschwürbildung* [lat.]; **ex·ul·ze'rie·ren** <V. i.; Med.>

ex 'u·su *durch Gebrauch, Übung* [lat.]

Ex'u·vie, <auch> **E'xu·vie** <[-viə]; f.; -, -n; ⟋Z54> *die bei der Häutung abgestreifte äußere Körperhülle (z. B. von Schlangen)* [lat.]

ex vo·to <['vo:-]> *aufgrund eines*

Gelübdes [lat.]; **Ex'vo·to** <n.; -s, -s od. -ten> *Weihegabe*

ex·zel'lent <Adj.> *hervorragend, ausgezeichnet* [lat.]; **Ex·zel'lenz** <f.; -, -en> *(Titel u. Anrede für hohe Würdenträger);* Eure ~; **ex·zel'lie·ren** <V. i.; selten> *glänzen*

Ex'zen·ter <m.; -s, -->, **Ex'zen·ter·schei·be** <f.; -, -n; Tech.> *Scheibe, deren Drehpunkt außerhalb des Mittelpunktes liegt* [lat.]; **Ex'zen·trik,** <auch> **Ex'zent·rik** <f.; -; unz.; ↗Z53> 1 *mit Komik dargebotene Artistik* 2 <fig.> *Eigenwilligkeit, Überspanntheit;* **Ex'zen·tri·ker** <m.; -s, -->; **Ex'zen·tri·ke·rin** <f.; -, -n·nen>; **ex·'zen·trisch** <Adj.> 1 *nicht im*

Mittelpunkt gelegen; ~e Kreise 2 <fig.> *überspannt;* **Ex·zen·tri·zi·'tät** <f.; -; unz.>

ex·zep·ti·o'nell <Adj.> *außergewöhnlich* [frz.]

ex·zer'pie·ren <V. t.> *ein Exzerpt erstellen* [lat.]; **Ex'zerpt** <n.; -(e)s, -e> *schriftl. Auszug aus einem Buch;* **Ex·zerp·ti'on** <f.; -, -en>

Ex'zess <m.; -es, -e> *Ausschreitung, Ausschweifung* [lat.]; **ex·zes'siv** <Adj.> *maßlos*

ex·zi'die·ren <V. t.; Med.> *herausschneiden* [lat.]; **Ex·zi·si'on** <f.; -, -en; Med.> *das operative Entfernen (einer Geschwulst)*

Ex·zi·ta·ti'on <f.; -, -en; Med.;

geh.> Erregung(szustand) [lat.]; **ex·zi'tie·ren** <V. t.; Med.> *anregen;* den Kreislauf ~

Eye·cat·cher <['aikætʃə(r)]; m.; -s, -; umg.> *Blickfang (z. B. in Form einer Schlagzeile)* [engl.]; **Eye·li·ner** <['ailainə(r)]; m.; -s, -> *kosmetischer Stift zum Ziehen des Lidstrichs*

Ey·rir <['ai-]; m. od. n.; -s, 'Au·rar> *isländ. Währungseinheit* [isländ.]

EZB <Abk. für> *Europäische Zentralbank*

EZU <Abk. für> *Europäische Zahlungsunion*

'Ez·zes <Pl.; österr.> *Tipps, Ratschläge*

E

F

f 1 <n.; -, - od. (umg.) -s> *ein Buchstabe* 2 <Mus.> *Tonbez.* 3 <Mus.; Abk. für> *f-Moll* (Tonartbez.); *eine Sonate in ~* 4 <Mus.; Abk. für> *forte* 5 <bei Maßeinheiten Zeichen für> *Femto...*

F 1 <n.; -, - od. (umg.) -s> *ein Buchstabe* 2 <Mus.> *Tonbez.* 3 <Mus.; Abk. für> *F-Dur* (Tonartbez.); *ein Prélude in ~* 4 <Abk. für> *frz. Franc* 5 <Phys.; Zeichen für> *Farad* 6 <Chem.; Zeichen für> *Fluor* 7 <Phys.; Zeichen für> *Fahrenheit* 8 → *Schema(1)*

f. <Abk. für> 1 *(und) folgende (Seite); siehe Seite 62~;* → a. *ff.* 2 <Gramm.> *Femininum*

Fa. <Abk. für> *Firma*

'Fa·bel <f.; -, -n> *kurze, belehrende Erzählung* [lat.]; **Fa·be'lei** <f.; -, -en> *das Fabeln;* **'fa·bel·haft** <Adj.> *großartig, hervorragend;* **'fa·beln** <V. t. u. V. i.; ich fab(e)le> *Geschichten erfinden;* **'Fa·bel·tier** <n.; -(e)s, -e>; **'Fa·bel·we·sen** <n.; -s, ->

Fa'brik, <auch> **Fab'rik** <f.; -, -en; ↗Z53> *Betrieb zur Massenherstellung best. Produkte* [lat.]; **Fa·bri·ka·an·la·ge** <f.; -, -n>; **Fa·bri'kant** <m.; -en, -en> *Inhaber einer Fabrik;* **Fa·bri'kan·tin** <f.; -, -n·nen>; **Fa·bri'kar·bei·ter** <m.; -s, ->; **Fa'brik·ar·bei·te·rin** <f.; -, -n·nen>; **Fa·bri'kat** <n.; -(e)s, -e> *Fabrikerzeugnis;* **Fa·bri·ka·ti'on** <f.; -, -en> *fabrikmäßige Herstellung;* **Fa·bri·ka·ti·'ons·feh·ler** <m.; -s, ->; **fa·bri·ka'to·risch** <Adj.> *die Fabrikation betreffend;* **Fa'brik·ge·län·de** <n.; -s, ->; **Fa'brik·ler** <m.; -s, -; schweiz.; umg.> *Fabrikarbeiter;* **Fa'brik·le·rin** <f.; -, -n·nen>; **fa'brik·mä·ßig** <Adj.>; **fa'brik·neu** <Adj.>; **fa'briks...,** **Fa'briks...** <österr.> z. B. *fabriksneu, Fabriksarbeiter;* **Fa·'brik·wa·re** <f.; -, -n>; **fa·bri'zie-**

ren <V. t.> 1 *fabrikmäßig herstellen* 2 <fig.; umg.> *laienhaft anfertigen*

'fa·bu·la 'do·cet *die Moral von der Geschichte ist ...* [lat.]; **Fa·bu'lant** <m.; -en, -en> 1 *fantasievoller Plauderer, Erzähler* 2 *Schwätzer;* **Fa·bu'lan·tin** <f.; -, -n·nen>; **fa·bu'lie·ren** <V. i.> *fantasievoll erzählen;* **fa·bu'lös** <Adj.; umg.; scherzh.> *märchenhaft, unwahrscheinlich*

face <[fa:s]> → *en face;* **Face·lif·ting** <['feis-]; n.; -s, -s> *kosmetische Operation zur Beseitigung altersbedingter Gesichtsfalten* [engl.]; **Face-to-Face-Kom·mu·ni·ka·ti'on** <['feistu'feis-]; f.; -; -en; ↗Z33; bes. Wirtsch.>

Fa·cet·te <[fa'sɛtə]; f.; -, -n> oV *Fassette* 1 *eckig geschliffene Fläche von Edelsteinen u. Glas* 2 <fig.> *Aspekt, Teil des Gesamteindrucks* [frz.]; **Fa'cet·ten·au·ge** <n.; -s, -n; Zool.> *Auge der Gliederfüßer;* **Fa'cet·ten·glas** <n.; -es, ⸚er>; **Fa'cet·ten·schliff** <m.; -(e)s; unz.>; **fa·cet'tie·ren** <V. t.>

Fach <n.; -(e)s, ⸚er> 1 *Unterabteilung in einem Schrank, einer Tasche o. Ä.; Schließ~* 2 *Wissens- od. Arbeitsgebiet; er ist vom ~ versteht etwas davon; Hotel~; Unterrichts~; Wahl~*

...fach <Adj.; in Zus.> *um eine bestimmte Menge mehr,* z. B. *achtfach, <in Ziffern> 8fach; die dreifache Menge; in zweifacher Ausfertigung; mehrfach; vielfach;* → a. *...fache*

'Fach·a·bi·tur <n.; -(e)s, -e; Pl. selten; ↗Z55; umg.> *Abitur an einer Fachoberschule;* **'Fach·ar·bei·ter** <m.; -s, ->; **'Fach·ar·bei·te·rin** <f.; -, -n·nen>; **'Fach·arzt** <m.; -es, ⸚e>; **'Fach·ärz·tin** <f.; -, -n·nen>; **'fach·ärzt·lich** <Adj.>; **'Fach·aus·bil·dung** <f.; -; unz.>; **'Fach·aus·druck** <m.; -(e)s, ⸚e>; **'Fach·be·griff** <m.; -(e)s, -e>; **'Fach·be·reich** <m.; -(e)s, -e>; **'Fach·bi·bli·o·thek,** <auch> **'Fach·bib·li·o·thek** <f.; -, -en; ↗Z53>; **'Fach·bü·che·rei** <f.; -, -en>; **'Fach·chi·ne·sisch** <[-çi-] od. oberdt. [-ki-]; n.; -; unz.; umg.> *für einen Laien unverständliche Fachsprache*

...fa·che <n. 3; in Zus.> z. B. *das Achtfache, <in Ziffern> das 8fache;* → a. *...fach*

'fä·cheln <V.; ich fäch(e)le> 1 <V. i.> *sanft wehen, sich sanft bewegen;* die Blätter ~ *im Wind* 2 <V. t.> *der Wind fächelt mich*

'fa·chen <V. t.; selten> = *anfachen*

'Fä·cher <m.; -s, -> *Handwedel zum Erzeugen eines kühlenden Luftstroms;* **'Fä·cher·blatt·baum** <m.; -(e)s, ⸚e; Bot.> = *Ginkgo;* **'fä·cher·för·mig** <Adj.>; **'fä·che·rig** <Adj.> *fächerförmig;* **'fä·chern** <V. t.; ich fäch(e)re> *in Fächer unterteilen;* **'Fä·cher·pal·me** <f.; -, -n; Bot.>

'fä·cher·ü·ber·grei·fend <Adj.; ↗Z55> *~er Unterricht;* **'Fach·frau** <f.; -, -en>; **'fach·fremd** <Adj.>; **'Fach·ge·biet** <n.; -(e)s, -e>; **'Fach·ge·lehr·te(r)** <f. 2 (m. 1)>; **'fach·ge·mäß,** **'fach·ge·recht** <Adj.; -er, am -es·ten>; **'Fach·ge·schäft** <n.; -(e)s, -e>; **'Fach·han·del** <m.; -s; unz.> *im ~;* **'Fach·hoch·schu·le** <f.; -, -n; Abk.: FH> *Hochschule mit spezialisiertem Unterrichtsangebot;* **'Fach·hoch·schul·rei·fe** <f.; -; unz.>; **'Fach·i·di·ot** <m.; -en, -en; ↗Z55; umg.; abwertend>; **'Fach·jar·gon** <[-ʒargõ]; m.; -s, -s>; **'Fach·kennt·nis·se** <Pl.>; **'Fach·kraft** <f.; -, ⸚e>; **'Fach·kreis** <m.; -es, -e; meist Pl.> *in ~en;* **'Fach·kun·de** <f.; -; unz.> *berufsbezogener Unterricht;* **'fach·kun·dig** <Adj.>; **'fach·kund·lich** <Adj.>; **'Fach·leh·rer** <m.; -s, ->; **'Fach·leh·re·rin** <f.; -, -n·nen>; **'fach·lich** <Adj.>; **'Fach·li·te·ra·tur** <f.; -, -en>; **'Fach·mann** <m.; -(e)s, -leu·te od. ⸚er>; **'fach·män·nisch** <Adj.>; **'Fach·mes·se** <f.; -, -n>; **'Fach·o·ber·schu·le** <f.; -, -n; ↗Z55; Abk.: FOS>; **'Fach·pres·se** <f.; -; unz.>; **'Fach·rich·tung** <f.; -, -en>; **'Fach·schaft** <f.; -, -en> *Gesamtheit der zu einer Berufsgruppe od. einem Studienfach Gehörenden;* **'Fach·schu·le** <f.; -, -n>; **Fach·sim·pe·lei** <f.; -; unz.; umg.>; **'fach·sim·peln** <V. i.; ich fach·simp(e)le; umg.> *fachspezifische Gespräche führen; wir haben den ganzen Abend gefach-*

simpelt; **'fach·spe·zi·fisch** <Adj.>; **'Fach·spra·che** <f.; -, -n>; **'fach·sprach·lich** <Adj.>; **'fach·ü·ber·grei·fend** <Adj.; ↗Z55> = *fächerübergreifend;* **'Fach·un·ter·richt** <m.; -(e)s, -e; Pl. selten>; **'Fach·ver·band** <m.; -(e)s, ⸚e>; **'Fach·ver·lag** <m.; -(e)s, -e>; **'Fach·welt** <f.; -; unz.> in der ~; **'Fach·werk** <n.; -(e)s, -e; Bauw.>; **'Fach·werk·haus** <n.; -es, ⸚er>; **'Fach·wis·sen** <n.; -s; unz.>; **'Fach·wis·sen·schaft** <f.; -, -en>; **'Fach·wör·ter·buch** <n.; -(e)s, ⸚er>; **'Fach·zeit·schrift** <f.; -, -en>

Fa·ci·a·lis <[fatsi'a:-]; m.; -; unz.; Med.> = *Fazialis*

'Fa·ckel <f.; -, -n> *Stab mit entflammbarem Teilstück;* **'Fa·ckel·lauf** <m.; -(e)s, ⸚e; im alten Griechenland> *kultischer Wettbewerb;* **'fa·ckeln** <V. i.; ich fack(e)le; umg.> *zögern, zaudern;* hier wird nicht lange gefackelt; **'Fa·ckel·trä·ger** <m.; -s, ->; **'Fa·ckel·trä·ge·rin** <f.; -, -n·nen>; **'Fa·ckel·zug** <m.; -(e)s, ⸚e>

Fa·çon <[fa'sõ]; f.; -, -s; frz. Schreibung von> *Fasson*

Fact <[fækt]; m.; -s, -s; salopp> *Tatsache, Faktum;* das sind die ~s; → a. *Fakt* [engl.]; **Fac·to·ring** <['fæktəriŋ]; n.; -s; unz.; Wirtsch.> *Art der Absatzfinanzierung (über ein Kreditinstitut)*

Fac·to·ry·out·let <['fæktəriautlet]; n.; - od. -s, -s; ↗Z31> *Einkaufszentrum für den Direktverkauf von Markenprodukten* [engl.]

Fa·cul·tas Do·cen·di <f.; --; unz.; ↗Z31> *Lehrfähigkeit, -berechtigung* [lat.]

fad <Adj.> oV *fade* 1 *geschmacklos, schal* 2 <fig.; umg.> *reizlos, langweilig* [frz.]

'Fäd·chen <n.; -s, -; Verkleinerungsf. von> *Faden*

'fa·de <Adj.> = *fad*

'fä·deln <V. t.; ich fäd(e)le> 1 = *einfädeln* 2 Perlen ~ *auf eine Schnur ziehen;* **'Fa·den¹** <m.; -s, ⸚> 1 *dünnes Fasergebilde;* Bind~ 2 <fig.> *Beziehungsgeflecht;* die Fäden in der Hand behalten *das Geschehen lenken;* den ~ verlieren *aus dem Konzept kommen;* der rote ~ (verbindender) Leitgedanke;* **'Fa·den²** <m. 7; -s, -> *altes Längenmaß;* **'Fa·den·dich·te** <f.; -; unz.>; **'fa·den·dünn** <Adj.>; **'Fa·den·hef·tung** <f.; -; unz.; Buchw.>; **'Fa·den·kreuz** <n.; -es, -e; Opt.>; **'Fa·den·lauf** <m.; -(e)s, ⸚e; Web.>; **'Fa·den·pilz** <m.; -es, -e; Bot.>; **'fa·den·schei·nig** <Adj.> *leicht zu durchschauen;* eine ~e Ausrede

'Fad·heit <f.; -; unz.>

Fa·ding <['feidiŋ]; n.; -s, -s> 1 <Rundfunktech.> *An- u. Abschwellen der Lautstärke* 2 <Kfz-Tech.> *Nachlassen der Bremswirkung* [engl.]

Fa·do <port. ['faðu]; m.; -s, -s; Mus.> *schwermütiges portugiesisches Volkslied*

Fa·gott <n.; -(e)s, -e; Instrumentenk.> *ein Holzblasinstrument;* **Fa·got·tist** <m.; -en, -en> *Fagottbläser;* **Fa·got·tis·tin** <f.; -, -n·nen>

'Fä·he <f.; -, -n; Jägerspr.> *weibl. Tier beim Raubwild der Niederjagd*

'fä·hig <Adj.> 1 *tüchtig, begabt;* Jan ist ein ~er Chemiker 2 ~ sein *in der Lage, imstande;* er ist zu allem ~; er ist auch eines Mordes ~; **...fä·hig** <Adj.; in Zus.> *über eine bestimmte Eigenschaft od. Fähigkeit verfügend,* z. B. leistungsfähig; saugfähig; **'Fä·hig·keit** <f.; -, -en>

fahl <Adj.> *blass, bleich;* **'Fahl·erz** <n.; -es; unz.> *Silber- u. Kupfererz mit mattem Glanz;* **'fahl·gelb** <Adj.>; **'Fahl·heit** <f.; -; unz.>; **'Fahl·le·der** <n.; -s; unz.> *Schuhoberleder aus Rindshäuten;* **'Fahl·wild** <n.; -(e)s; unz.> = *Steinwild*

'Fähn·chen <n.; -s, -> 1 <Verkleinerungsf. von> *Fahne* 2 <umg.> *billiges Kleid*

'fahn·den <V. i.> *(mit polizeilichem Großeinsatz) suchen;* nach jmdm. ~; **'Fahn·der** <m.; -s, ->; **'Fahn·de·rin** <f.; -, -n·nen>; **'Fahn·dung** <f.; -, -en>; **'Fahn·dungs·buch** <n.; -(e)s, ⸚er>; **'Fahn·dungs·lis·te** <f.; -, -n>

'Fah·ne <f.; -, -n> 1 *an einer Stange befestigtes Tuch in den Farben od. mit den Zeichen eines Landes, Vereins o. Ä.* 2 *Wolken-* od. Dunststreifen;* Rauch~ 3 <Typ.> *Korrekturabzug des noch nicht umbrochenen Textes* 4 <umg.> *nach Alkohol riechender Atem;* **'Fah·nen·eid** <m.; -(e)s, -e; Mil.> *Treueschwur des Soldaten;* **'Fah·nen·flucht** <f.; -; unz.; Mil.> *Desertion;* **'fah·nen·flüch·tig** <Adj.; Mil.>; **'Fah·nen·flüch·ti·ge(r)** <m. 1; Mil.> *Deserteur;* **'Fah·nen·kor·rek·tur** <f.; -, -en; Typ.>; **'Fah·nen·stan·ge** <f.; -, -n>; **'Fah·nen·trä·ger** <m.; -s, ->; **'Fähn·lein** <n.; -s, -; poet.; Verkleinerungsf. von> *Fahne;* **'Fähn·rich** <m.; -(e)s, -e; Mil.> *ein militär. Dienstgrad*

'Fahr·aus·weis <m.; -es, -e>; **'Fahr·bahn** <f.; -, -en>; **'Fahr·bahn·mar·kie·rung** <f.; -, -en>; **'Fahr·bahn·ver·en·gung** <f.; -, -en>; **'Fahr·bahn·wech·sel** <[-ks-]; m.; -s, -; Pl. selten>; **'fahr·bar** <Adj.>; **'fahr·be·reit** <Adj.>

'Fahr·boot <n.; -(e)s, -e> = *Fähre*

'Fahr·damm <m.; -(e)s, ⸚e>; **'Fahr·dienst·lei·ter** <m.; -s, ->; **'Fahr·dienst·lei·te·rin** <f.; -, -n·nen>; **'Fahr·draht** <m.; -(e)s, ⸚e> *elektr. Oberleitung*

'Fäh·re <f.; -, -n> *Schiff zum Übersetzen über Flüsse u. Ä.;* Auto~

'Fahr·ei·gen·schaft <f.; -, -en; meist Pl.>; **'fah·ren** <V. 130; ↗Z23> 1 <V. i. (s.)> *sich mithilfe einer antreibenden Kraft fortbewegen;* auf u. ab ~; hin u. her ~ 2 <V. s.> *sich mit einem Fahrzeug fortbewegen;* Auto, (Fahr-)Rad, Schlitten, Ski ~; ich fahre Rad; sie ist Rad gefahren; es macht Spaß Rad zu ~; spazieren ~; in Urlaub ~ 3 <V. t.> *ein Fahrzeug lenken;* er hat immer Kleinwagen gefahren; alle Hoffnung ~ lassen <fig.> *aufgeben;* sie hatten schon alle H. ~ lassen/<auch> gelassen 4 <V. i. (s.); fig.> *sich plötzlich u. schnell in eine Richtung bewegen;* in die Kleider ~; was ist nur in dich gefahren? 5 <V. i. (s.)> *durch, über etwas* ~ *streichen* 6 <V. i. (s.)> gut, schlecht mit etwas ~ <umg.> *gute, schlechte Erfahrungen machen;* **'Fah·ren·de(r)** <m. 1; früher> *Gaukler*

'Fah·ren·heit <n.; -s, -; Zeichen:

F, (Fachspr.:) °F> *Maßeinheit einer Temperaturskala; 0° C = 32° F [nach dem dt. Physiker D. G. Fahrenheit]*

'**Fah·rer** <m.; -s, -> **Fah·re'rei** <f.; -; unz.> *lästiges Fahren*; '**Fah·rer·flucht** <f.; -; unz.>; '**Fah·re·rin** <f.; -, -n·nen>; '**fah·re·risch** <Adj.> ~es Geschick; '**Fahr·er·laub·nis** <f.; -, -s·se>; '**Fah·rer·sitz** <m.; -es, -e>; '**Fahr·gast** <m.; -es, ⸚e>; '**Fahr·geld** <n.; -(e)s, -er>; '**Fahr·ge·le·gen·heit** <f.; -, -en>; '**Fahr·ge·mein·schaft** <f.; -, -en>; '**Fahr·ge·schwin·dig·keit** <f.; -, -en>; '**Fahr·ge·stell** <n.; -(e)s, -e>; '**fah·rig** <Adj.> *hektisch, hastig*; ~e Bewegungen machen; '**Fah·rig·keit** <f.; -; unz.>; '**Fahr·kar·te** <f.; -, -n> Bahn~; '**Fahr·kar·ten·kon·trol·le**, <auch> '**Fahr·kar·ten·kont·rol·le** <f.; -, -n; 53>; '**Fahr·kar·ten·schal·ter** <m.; -s, ->; '**Fahr·kos·ten** <Pl.>; '**Fahr·kunst** <f.; -, ⸚e>; '**fahr·läs·sig** <Adj.> *unachtsam, leichtsinnig*; grob ~ handeln; ~e Tötung; '**Fahr·läs·sig·keit** <f.; -; unz.>; '**Fahr·leh·rer** <m.; -s, ->; '**Fahr·leh·re·rin** <f.; -, -n·nen>; '**Fahr·leis·tung** <f.; -, -en> '**Fähr·mann** <m.; -(e)s, ⸚er od. -leu·te>

'**Fahr·plan** <m.; -(e)s, ⸚e>; '**fahr·plan·mä·ßig** <Adj.; umg.> *dem Fahrplan entsprechend*; ~e Ankunft; '**Fahr·pra·xis** <f.; -; unz.>; '**Fahr·preis** <m.; -es, -e>; '**Fahr·preis·er·mä·ßi·gung** <f.; -, -en>; '**Fahr·prü·fung** <f.; -, -en>; '**Fahr·rad** <n.; -(e)s, ⸚er> → a. *fahren(2)*; '**Fahr·rad·sport** <m.; -(e)s; unz.>; '**Fahr·rad·stän·der** <m.; -s, ->; '**Fahr·rin·ne** <f.; -, -n> *Fahrstraße für Schiffe*; '**Fahr·schein** <m.; -(e)s, -e> *Fahrkarte* '**Fähr·schiff** <n.; -(e)s, -e> '**Fahr·schu·le** <f.; -, -n>; '**Fahr·schü·ler** <m.; -s, ->; '**Fahr·schü·le·rin** <f.; -, -n·nen>; '**Fahr·spur** <f.; -, -en>; '**Fahr·stil** <m.; -(e)s, -e>; '**Fahr·strahl** <m.; -(e)s, -en> = *Leitstrahl*; '**Fahr·stra·ße** <f.; -, -n>; '**Fahr·stre·cke** <f.; -, -n>; '**Fahr·stuhl** <m.; -(e)s, ⸚e> = *Aufzug*; '**Fahr·stun·de** <f.; -, -n> eine ~; **Fahrt** <f.; -, -en> 1 *das Fahren*;

Heim~; Rück~; jmd. kommt in ~ <fig.; umg.> *wird lebhaft, zornig* 2 *Reise*; Bahn~; ~ ins Blaue *Ausflug mit unbekanntem Ziel*; '**fahr·taug·lich** <Adj.>; '**Fahrt·aus·weis** <m.; -es, -e>; '**Fahrt·dau·er** <f.; -; unz.>; '**Fähr·te** <f.; -, -n> *Spur*, '**Fahr·ten·buch** <n.; -(e)s, ⸚er>; '**Fahr·ten·mes·ser** <n.; -s, ->; '**Fahr·ten·schrei·ber** <m.; -s, -; bes. in Lkw> *Gerät zum Aufzeichnen der Strecke u. Geschwindigkeit*; '**Fahr·ten·schwim·mer** <m.; -s, -; früher *eine Schwimmprüfung*; '**Fahrt·kos·ten** <Pl.>; '**Fahr·rich·tung** <f.; -, -en> in ~ aussteigen; '**Fahrt·rich·tungs·an·zei·ger** <m.; -s, -> *Blinklicht an Fahrzeugen*; '**Fahrt·schrei·ber** <m.; -s, -> = *Fahrtenschreiber*; '**fahr·tüch·tig** <Adj.>; '**Fahrt·wind·tig·keit** <f.; -; unz.>; '**Fahrt·wind** <m.; -(e)s; unz.> *durch die Fahrt verursachte Luftbewegung*; '**fahr·un·tüch·tig** <Adj.>; '**Fahr·un·tüch·tig·keit** <f.; -; unz.>; '**Fahr·ver·bot** <n.; -(e)s, -e>; '**Fahr·ver·hal·ten** <n.; -s; unz.>; '**Fahr·was·ser** <n.; -s; unz.> = *Fahrrinne*; '**Fahr·wei·se** <f.; -, -n>; '**Fahr·werk** <n.; -(e)s, -e> *Fahrgestell des Flugzeugs*; '**Fahr·wind** <m.; -(e)s; unz.> = *Fahrtwind*; '**Fahr·zeit** <f.; -, -en>; '**Fahr·zeug** <n.; -(e)s, -e>; '**Fahr·zeug·auf·kom·men** <n.; -s; unz.> Sy *Verkehrsaufkommen*; '**Fahr·zeug·brief** <m.; -(e)s, -e> *Urkunde über den Besitz eines Kfz*; '**Fahr·zeug·hal·ter** <m.; -s, ->; '**Fahr·zeug·hal·te·rin** <f.; -, -n·nen>; '**Fahr·zeug·park** <m.; -(e)s, -s>

Fai·ble, <auch> **Faib·le** <[fɛ:bl]; n.; -s, -s; ↗Z53> *Vorliebe, Schwäche*; sie hat ein ~ für Rosen [frz.]

fair <[fɛ:r]; Adj.> 1 <Sp.> *die Spielregeln beachtend*; ein ~er Wettkampf 2 <fig.> *anständig, ehrlich* [engl.]; '**Fair·ness** <f.; -; unz.> *faires Verhalten (im Sport)*; **Fair·play**, <auch> **Fair Play** <[-'pleɪ]; n.; (-)-; unz.; ↗Z30> = *Fairness*; '**Fair·way** <[-wɛɪ]; n.; -s, -s; Golf> *gepflegte Spielbahn*

Fait ac·com·pli, <auch> **Fait ac·com·pli** <[fɛtakõ'pli]; n.; --, -s -s

[fɛzakõ'pli]; ↗Z53; geh.> *vollendete Tatsache* [frz.]

fä'kal <Adj.> *aus Fäkalien bestehend* [lat.]; **Fä'kal·dün·ger** <m.; -s, ->; **Fä'ka·li·en** <Pl.; Med.> *Kot*; **Fä'kal·spra·che** <f.; -; unz.> *bevorzugte Verwendung von Ausdrücken aus dem Analbereich*

'**Fa·kir** <österr. [-'-]; m.; -s, -'ki·re> 1 *indischer Asket* 2 *Gaukler* [arab.]

Fak'si·mi·le <[-le:]; n.; -s, -s> *originalgetreue Nachbildung (einer Handschrift od. eines Druckes)* [lat.]; **Fak'si·mi·le·aus·ga·be** <f.; -, -n>; **Fak'si·mi·le·druck** <m.; -(e)s, -e>; **fak·si·mi·'lie·ren** <V. t.> *ein Faksimile herstellen*

Fakt <m. od. n.; -(e)s, -en> *Tatsache*; → a. *Fact* [lat.]; '**Fak·ten·wis·sen** <n.; -s; unz.>

Fak·ti'on <f.; -, -en> *opponierende, radikale Gruppe innerhalb einer Partei* [lat.]; **fak·ti'ös** <Adj.> *aufwieglerisch* [frz.]

'**fak·tisch** <Adj.; meist adv.> *gegeben, tatsächlich* [lat.]; **fak·ti'tiv** <Adj.> *bewirkend*; '**Fak·ti·tiv** <n.; -s, -e; Gramm.> = *Kausativ*; **Fak·ti·zi'tät** <f.; -; unz.> *Tatsächlichkeit, Gegebenheit*; Ggs *Logizität*; **fak·to'lo·gisch** <Adj.> *die Fakten betreffend*; '**Fak·tor** <m.; -s, -'to·ren> 1 *wichtiger Bestandteil, maßgebliche Ursache* 2 <Math.> *Glied eines Produkts*; **Fak'to·tum** <n.; -s, -s od. -'to·ten> *Angestellter, Mensch für alles* [lat.]; '**Fak·tum** <n.; -s, 'Fak·ten od. (veralt.) -ta> = *Fakt*

Fak'tur <f.; -, -en>, **Fak'tu·ra** <f.; -, -'tu·ren; bes. österr.; schweiz.; Kaufmannsspr.> *Warenrechnung* [ital.]; **fak·tu'rie·ren** <V.> 1 <V. i.> *Fakturen (aus)schreiben* 2 <V. t.> *(Waren) berechnen*

Fa'kul·tas <f.; -, -'tä·ten> *Lehrbefähigung*; → a. *Facultas Docendi* [lat.]; **Fa·kul'tät** <f.; -, -en> 1 *mehrere Wissenschaften umfassende Hochschulabteilung*; die naturwissenschaftliche ~ 2 *ein math. Ausdruck*; **fa·kul·ta'tiv** <Adj.> *freigestellt, wahlfrei*; Ggs *obligatorisch*

Fa·lan·ge <span. [·'laŋxə]; f.; -; unz.; bis 1977> *faschistische*

Partei Spaniens; **Fa·lan'gist** <m.; -en, -en>

falb <Adj.> *graugelb;* **'Fal·be** <m.; -n, -n> *fahlgelbes Pferd mit dunklerem Mähnen- u. Schweifhaar*

'Fal·bel <f.; -, -n> *Besatz von gefälteltem Stoff* [frz.]; **'fäl·beln** <V. t.; ich fälb(e)le>

'Fal·ke <m.; -n, -n; Zool.> *ein Greifvogel;* **'Fal·ken·au·ge** <n.; -s, -n; Min.; fig.> *ein Quarzmineral;* **'Fal·ken·bei·ze** <f.; -, -n; Jägerspr.> *Jagd mit abgerichteten Falken;* **'Fal·ken·hau·be** <f.; -, -n>; **Fal·ke·nier** <[-'niːr]; m.; -(e)s, -e> = *Falkner;* **'Fal·ken·jagd** <f.; -, -en> = *Falkenbeize;* **'Fal·ken·kap·pe** <f.; -, -n>; **'Falk·ner** <m.; -s, -> *jmd., der Falken für die Jagd abrichtet;* **'Falk·ne·rin** <f.; -, -n·nen>

Fall¹ <m.; -(e)s, ⸗e> 1 <unz.> *das Fallen;* der freie ~ <Phys.>; Aufstieg u. ~ *A. u. Niedergang;* ein Vorhaben zu ~ bringen <fig.> *zunichte machen* 2 *(vielleicht eintretend) Umstand;* für den ~ eines Gewitters; für den ~, dass ...; im ~(e) einer Krankheit; gesetzt den ~, ...; auf alle Fälle *unbedingt, unter allen Umständen;* für alle Fälle *vorsichtshalber* 3 *bestimmte Angelegenheit;* Ernst~; Krankheits~; Sonder~; Todes~; Zweifels~; von ~ zu ~ *entscheiden; das ist nicht der ~;* der ~ Schulze gegen Maier *die Rechtssache* 4 <Gramm.> *Form der Beugung eines Substantivs, Adjektivs u. Ä.;* Wer~; *das Wort steht im zweiten ~;* Sy *Kasus;* → a. *Kasten Kasus;* **Fall²** <n.; -(e)s, -en; Mar.> *Tau zum Setzen des Segels;* **'Fall·beil** <n.; -(e)s, -e> *ein Hinrichtungsgerät;* **'Fall·bei·spiel** <n.; -(e)s, -e>; **'Fall·be·schleu·ni·gung** <f.; -; unz.; Phys.>; **'Fall·brü·cke** <f.; -, -n> = *Zugbrücke;* **'Fal·le** <f.; -, -n> 1 *Vorrichtung zum Fangen von Tieren;* Mause~ 2 <fig.> *Hinterhalt;* jmdm. eine ~ stellen; **'fal·len** <V. i. (s.) 131> 1 <⤤Z23> *sich durch das eigene Gewicht rasch abwärts bewegen;* es fällt Schnee; ein Glas ~ lassen; einen Plan ~ lassen <fig.> *aufgeben, nicht weiter verfolgen;* ich lasse den P. ~; sie

hat den P. ~ lassen/<auch> gelassen; es gibt keinen Grund, den P. ~ zu lassen; der ~ gelassene P.; jmdn. ~ lassen <fig.> *sich von jmdm. lossagen;* eine Bemerkung ~ lassen <fig.> 2 *niedriger werden, sinken; das Barometer ist gefallen;* Ggs *steigen* 3 *sein Leben im Kampf verlieren;* die Gefallenen die an der Front gestorbenen Soldaten 4 *erfolgen; die Entscheidung ist gefallen; es ist ihr leicht, schwer gefallen;* **'fäl·len** <V. t.> 1 *zum Fallen bringen;* einen Baum ~ 2 *eine Entscheidung, ein Urteil ~ entscheiden, urteilen;* **'Fall·ge·schwin·dig·keit** <f.; -, -en; Phys.>; **'Fall·ge·setz** <n.; -es; unz.; Phys.>; **'Fall·gru·be** <f.; -, -n>; **'Fall·hö·he** <f.; -, -n; Phys.>

'fäl·lig <Adj.> *ab einem best. Zeitpunkt unaufschiebbar;* die Miete ist ~; eine längst ~e Strafe; **'Fäl·lig·keit** <f.; -; unz.>

'Fall·li·nie <f.; -, -n; ⤤Z37; Skisp.> *kürzeste Abfahrt;* **'Fall·obst** <n.; -es; unz.>

Fall·out <auch> **Fall·out** <[fɔːl'aut]; m. od. n.; - od. -s, -s; ⤤Z32> *radioaktiver Niederschlag (z. B. nach einem Reaktorunglück)* [engl.]

'Fall·reep <n.; -(e)s, -e; Seemannsspr.> *äußere Schiffstreppe;* **'Fall·rohr** <n.; -(e)s, -e>

falls <Konj.> *für den Fall, dass ...;* ~ es regnet; **'Fall·schirm** <m.; -(e)s, -e>; **'Fall·schirm·jä·ger** <m.; -s, -; Mil.>; **'Fall·schirm·sei·de** <f.; -; unz.; Textilw.> *ein leichtes Gewebe;* **'Fall·schirm·sprin·gen** <n.; -s; unz.>; **'Fall·schirm·sprin·ger** <m.; -s, ->; **'Fall·schirm·sprin·ge·rin** <f.; -, -n·nen>; **'Fall·strick** <m.; -(e)s, -e; fig.> *Falle;* jmdm. einen ~ legen; **'Fall·stu·die** <f.; -, -n; Psych.; Soziol.>; **'Fall·sucht** <f.; -; unz.; Med.; veralt.> = *Epilepsie;* **'Fall·tür** <f.; -, -en>; **'Fäl·lung** <f.; -, -en; Chem.> *das Ausfällen eines Stoffes;* **'fall·wei·se** <Adv.> *gelegentlich;* **'Fall·wind** <m.; -(e)s, -e>

falsch <Adj.> 1 <⤤Z42> *nicht richtig;* da bist du an den Falschen geraten; Richtig u. Falsch unterscheiden 2 <Getrennt-

schreibung in Verbindung mit Verben> ~ liegen <a. fig.> *sich irren; ich liege wohl ~;* sie hat mit ihrer Vermutung völlig ~ gelegen; ~ zu liegen; auf der Geige ~ spielen; beim Skat ~ spielen <fig.> *betrügerisch* 3 *unecht, nachgebildet;* ~e Haare, Zähne; ~er Hase <Kochk.> *Hackbraten;* unter ~em Namen leben; **Falsch** <geh.; nur in den Wendungen> er ist ohne ~ *ehrlich, aufrichtig;* es ist kein ~ an ihm; **'Falsch·aus·sa·ge** <f.; -, -n>; **'Falsch·bu·chung** <f.; -, -en; Wirtsch.>; **'Falsch·eid** <m.; -(e)s, -e> = *Meineid;* **'fäl·schen** <V. t.; du fälschst> *in betrügerischer Absicht falsch herstellen od. ausgeben;* **'Fäl·scher** <m.; -s, ->; **'Fäl·sche·rin** <f.; -, -n·nen>; **'Falsch·fah·rer** <m.; -s, -> *jmd., der (auf Autobahnen) in falscher Richtung fährt;* **'Falsch·fah·re·rin** <f.; -, -n·nen>; **'Falsch·geld** <n.; -(e)s, -er>; **'Falsch·heit** <f.; -; unz.>; **'fälsch·lich** <Adj.> *irrtümlich;* **fälsch·li·cher'wei·se** <Adv.>; **'Falsch·mel·dung** <f.; -, -en>; **'Falsch·mün·ze·rei** <f.; -; unz.>; **'Falsch·par·ker** <m.; -s, ->; **'Falsch·par·ke·rin** <f.; -, -n·nen>; **'Fäl·schung** <f.; -, -en> *betrügerische Nachahmung;* Original u. ~; **'fäl·schungs·si·cher** <Adj.> ~er Ausweis

Fal'sett <n.; -(e)s, -e; Pl. selten; Mus.> *Kopfstimme* [ital.]; **fal·set'tie·ren** <V. i.; Mus.>; **Fal·set'tist** <m.; -en, -en>

Fal·si·fi'kat <n.; -(e)s, -e; geh.> *Fälschung* [lat.]; **Fal·si·fi·ka·ti'on** <f.; -, -en; veralt.> *Fälschung;* **fal·si·fi'zie·ren** <V. t.> *eine Behauptung ~ widerlegen;* Ggs *verifizieren;* **'Fal·sum** <n.; -s, 'Fal·sa; veralt.> 1 *Irrtum* 2 *Fälschung, Betrug*

'Falt·blatt <n.; -(e)s, ⸗er>; **'Falt·boot** <n.; -(e)s, -e>; **'Fält·chen** <n.; -s, -; Verkleinerungsf. von *Falte;* **'Fal·te** <f.; -, -n> 1 *Knick* 2 *vertiefte Linie in der Gesichtshaut;* die Stirn in ~n legen; **'fäl·teln** <V. t.; ich fält(e)le> Papier, Stoff ~ *in Falten legen;* **'fal·ten** <V. t.>; **'Fal·ten·bil·dung** <f.; -, -en>; **'Fal·ten·ge·bir·ge**

Familienname: Der F. – auch Nachname oder Zuname genannt – ist im Deutschen Ende des 10. Jahrhunderts entstanden, indem ein zusätzlicher Name dem Rufnamen hinzugefügt wurde (*August der Starke; Walther von der Vogelweide* usw.). Später erhielten Kinder häufig mehrere **Vornamen**, von denen einer zum Rufnamen bestimmt wurde. In katholischen Familien wurden Kinder auch nach den Heiligen ihres Geburtstages benannt und erhielten dadurch geschlechtsfremde Vornamen (*Carl Maria von Weber*).
Während der **Rufname** den Namen einer einzelnen Person im Sinne eines ⬈Eigennamens bezeichnet, sind F. vererbbare Namen mit Rechtscharakter.
F. werden nach ihrer unterschiedlichen Herkunft klassifiziert:
a) Rufnamen (*Peter(s), Wolf*)
b) Ortsnamen (*Hagen, Hamburger*)
c) Wohnstättennamen (*Amrain, Angermann*)
d) Berufsbezeichnungen (*Müller, Meier, Köhler*)
e) Eigenschaftswörter (*Schön, Starke*)

<n.; -s, -; Geol.>; **'fal·ten·los** <Adj.>; **'fal·ten·reich** <Adj.>; **'Fal·ten·rock** <m.; -(e)s, ⸗e> **'Fal·ter** <m.; -s, -> = *Schmetterling*
'fal·tig <Adj.> *voller Falten* **...fäl·tig** <Adj.; in Zus.> *...fach,* z. B. *vielfältig*
'Falt·kar·ton <[-lɪə]; f.; -, -n> [-to:n]; m.; -s, -s>
Falz <m.; -es, -e> 1 *scharfkantige Faltstelle* 2 <Buchw.> *Vertiefung zw. Buchrücken u. Deckel;* **'Falz·bein** <n.; -(e)s, -e> *Gerät zum Falzen von Papier;* **'fal·zen** <V. t.; du falzt>; **'Falz·ma·schi·ne** <f.; -, -n; Buchw.>; **'Falz·mes·ser** <n.; -s, -> = *Falzbein*
'Fa·ma <f.; -; unz.> 1 *Leumund, Ruf* 2 *Gerücht* [lat.]
fa·mi·li·är <Adj.> 1 *die Familie betreffend; Sorgen 2 vertraut, herzlich;* eine ~e *Atmosphäre* [lat.]; **Fa·mi·li·a·ri·tät** <f.; -; unz.>; **Fa·mi·lie** <[-lɪə]; f.; -, -n> 1 <i. e. S.> *Eltern u. Kinder* 2 <i. w. S.> *Sippe, Verwandtschaft;*

Fa'mi·li·en·ähn·lich·keit <f.; -, -en> **Fa'mi·li·en·an·ge·hö·ri·ge(r)** <f. 2 (m. 1)>; **Fa'mi·li·en·an·schluss** <m.; -es; unz.> Urlaub mit ~; **Fa'mi·li·en·be·sitz** <m.; -es; unz.> in ~; **Fa'mi·li·en·be·trieb** <m.; -(e)s, -e>; **Fa'mi·li·en·fei·er** <f.; -, -n>; **Fa'mi·li·en·fest** <n.; -(e)s, -e>; **Fa'mi·li·en·for·schung** <f.; -, -en> Sy *Genealogie;* **Fa'mi·li·en·grab** <n.; -(e)s, ⸗er>; **Fa'mi·li·en·kreis** <m.; -es; unz.> im ~; **Fa'mi·li·en·kun·de** <f.; -; unz.>; **Fa'mi·li·en·kut·sche** <f.; -, -n; scherzh.> *geräumiges, unelegantes Auto;* **Fa'mi·li·en·las·ten·aus·gleich** <m.; -(e)s; unz.; Rechtsw.>; **Fa'mi·li·en·le·ben** <n.; -s; unz.>; **Fa'mi·li·en·mi·nis·ter** <m.; -s, ->; **Fa'mi·li·en·mi·nis·te·rin** <f.; -, -n·nen>; **Fa'mi·li·en·mi·mi·ste·ri·um** <n.; -s, -ri·en>; **Fa'mi·li·en·mit·glied** <n.; -(e)s, -er>; **Fa'mi·li·en·na·me** <m.; -ns, -n> *Nachname, Zuname;* → a. *Kasten;* **Fa'mi·li·en·o·ber·haupt** <n.; -(e)s, ⸗er; ⬈Z.55> meist scherzh.>; **Fa'mi·li·en·pla·nung** <f.; -; unz.>; **Fa'mi·li·en·rat** <m.; -(e)s; unz.; meist scherzh.> den ~ einberufen *gemeinsam beraten;* **Fa'mi·li·en·schmuck** <m.; -(e)s; unz.>; **Fa'mi·li·en·sinn** <m.; -; unz.> keinen ~ besitzen; **Fa'mi·li·en·stamm·buch** <n.; -(e)s, ⸗er>; **Fa'mi·li·en·stand** <m.; -(e)s; unz.> persönl. Verhältnis in Bezug auf einen Ehepartner; ~: ledig; **Fa'mi·li·en·ta·fel** <f.; -, -n> *Ahnentafel;* **Fa·mi·li·en·va·ter** <m.; -s, ⸗>; **Fa'mi·li·en·ver·hält·nis·se** <Pl.>; **Fa'mi·li·en·zu·la·ge** <f.; -, -n> *Zuschlag zur Arbeitslosenunterstützung;* **Fa'mi·li·en·zu·sam·men·füh·rung** <f.; -, -en>; **Fa·mi·li·en·zu·schlag** <m.; -(e)s, ⸗e> = *Familienzulage;* **Fa'mi·li·en·zu·wachs** <[-ks]; m.; -es; unz.>
fa'mos <Adj.; umg.> *großartig, herrlich* [lat.]
Fa·mu'lant <m.; -en, -en> *Medizinstudent im Praktikum;* **Fa·mu'lan·tin** <f.; -, -n·nen>; **Fa·mu·la'tur** <f.; -, -en> *Praktikum eines Famulus im Krankenhaus;* **fa·mu'lie·ren** <V. i.> *die Famulatur ableisten;* **'Fa·mu-**

lus <m.; -, -mu·li> = *Famulant* [lat.]
Fan <[fæn]; m.; -s, -s> *begeisterter Anhänger(3)* [engl.]
Fa'nal <n.; -(e)s, -e; geh.> 1 *weithin sichtbares Feuerzeichen* 2 <fig.> *Aufsehen erregendes Zeichen für einen Umbruch od. Neubeginn* [frz.]
Fa'na·ti·ker <m.; -s, -> *leidenschaftlicher Eiferer* [lat.]; **Fa'na·ti·ke·rin** <f.; -, -n·nen>; **fa'na·tisch** <Adj.>; **fa·na·ti'sie·ren** <V. t.; selten> *aufhetzen;* **Fa·na·'tis·mus** <m.; -; unz.>
Fan·club <['fæn-]; m.; -s, -s> = *Fanklub* [engl.]
Fan'dan·go <m.; -s, -s> *schneller span. Tanz* [span.]
Fan'fa·re <f.; -, -n> 1 *Trompetensignal* 2 *Blasinstrument* [frz.]; **Fan'fa·ren·zug** <m.; -(e)s, ⸗e>
Fang <m.; -(e)s, ⸗e> 1 <unz.> *das Fangen;* Fisch~ 2 <Pl. selten> *Beute;* einen guten ~ machen 3 <Jägerspr.> *Reißzahn des Raubtiergebisses* 4 <Jägerspr.> *Fuß od. Kralle der Greifvögel;* **'Fang·arm** <m.; -(e)s, -e; Zool.> *Arm der Polypen;* **'Fang·ei·sen** <n.; -s, ->; **'fan·gen** <V. t. 132> 1 *ergreifen u. festhalten;* Fangen spielen 2 <V. refl.> sich ~ <a. fig.> *sein (inneres) Gleichgewicht wiedererlangen;* er hat sich wieder gefangen 3 Feuer ~ *zu brennen beginnen,* <a. fig.> *sich begeistern;* **'Fän·ger** <m.; -s, ->; **'Fän·ge·rin** <f.; -, -n·nen>; **'Fang·fra·ge** <f.; -, -n> *verschlüsselte, als Falle gestellte Frage;* **'fang·frisch** <Adj.; ⸗er Fisch;* Hochseefischerei>; **'fän·gisch** <Adj.; Jägerspr.> *fangbereit, entsichert (Falle);* **'Fang·korb** <m.; -(e)s, ⸗e>; **'Fang·lei·ne** <f.; -, -n; Mar.>; **'Fang·netz** <n.; -es, -e>
'Fan·go <m.; -s; unz.> *heilkräftiger Mineralschlamm* [ital.]; **'Fan·go·pa·ckung** <f.; -, -en>
'Fang·schal·tung <f.; -, -en; Tel.>; **'Fang·schuss** <m.; -es, ⸗e; Jägerspr.>; **'Fang·stoß** <m.; -es, ⸗e; Jägerspr.> *Todesstoß für angeschossenes Wild;* **'Fang·tuch** <n.; -(e)s, ⸗er; Feuerwehr> = *Sprungtuch;* **'Fang·zahn** <m.; -(e)s, ⸗e; Jägerspr.>

Fan·klub <['fæn-]; m.; -s, -s>
Klub von Fans [engl.]

Fant <m.; -(e)s, -e; veralt.> *unrei-
fer junger Bursche*

Fan·ta·sie <f.; -, -n> 1 <Mus.>
Musikstück in freier Form 2 *Ein-
bildungskraft, Vorstellungsver-
mögen* 3 *Trugbild* [grch.]; **fan·ta-
'sie…, Fan·ta'sie…** <in Zus.> *er-
funden, frei gestaltet, z. B. Fan-
tasieprodukt;* oV *phantasie…,
Phantasie…;* **fan·ta·sie·be·gabt**
<Adj.>; **Fan·ta'sie·ge·bil·de** <n.;
-s, ->; **fan·ta'sie·los** <Adj.>;
Fan·ta'sie·lo·sig·keit <f.; -;
unz.>; **fan·ta'sie·ren** <V. i.> 1
*sich der Einbildungskraft hinge-
ben* 2 *(im Fieber) irrereden* 3
<Mus.> *ohne Notenvorlage mu-
sizieren, eine Melodie ersinnen;*
fan·ta'sie·voll <Adj.>; **Fan·ta-
'sie·welt** <f.; -, -en>; **Fan'tast**
<m.; -en, -en> *Träumer,
Schwärmer;* **Fan·tas·te·rei** <f.; -,
-en> *wirklichkeitsfremde Idee,
Unsinn;* **Fan'tas·tik** <f.; -; unz.>;
Fan'tas·tin <f.; -, -·nnen>; **fan-
'tas·tisch** <Adj.> 1 *nur in der
Fantasie bestehend* 2 <fig.;
umg.> *wunderbar, herrlich; ~es*
Wetter; **Fan·ta·sy** <['fæntəsi]; f.;
-; unz.> *märchenhafte Fantasie-
welten darstellende Literatur- u.
Filmgattung* [engl.]; **Fan·ta·sy-
ro·man** <m.; -(e)s, -e>

Fan·zine <['fænzi:n]; n.; -s, -s>
*Zeitschrift für Fans, die nur
über eine bestimmte Person,
Popgruppe o. Ä. berichtet* [engl.]

FAQ <[εfeɪ'kjuː]; Abk. für engl.>
*Frequently Asked Questions
(häufig gestellte Fragen)*

Fa'rad <n.; -s, -; Phys.; Zeichen:
F> *Maßeinheit der elektr. Kapa-
zität* [nach dem engl. Physiker
u. Chemiker M. *Faraday*]; **Fa-
ra·day·kä·fig** <['færədeɪ-]; m.;
-(e)s, -e> *Abschirmung gegen
elektr. Felder;* **Fa·ra·di·sa·ti'on**
<f.; -, -en; Med.> *Einsatz faradi-
scher Ströme zu Heilzwecken;* **fa-
'ra·disch** <Adj.; Med.> ~er
*Strom niederfrequenter Wech-
selstrom;* **fa·ra·di'sie·ren** <V. t.>
eine Krankheit ~; **Fa·ra·do·the-
ra·pie** <f.; -, -n> = *Faradisation*

'Farb·ab·wei·chung <f.; -, -en>;
'Farb·auf·nah·me <f.; -, -n;
Fot.> Ggs *Schwarzweißaufnah-
me;* **'Farb·band** <n.; -(e)s, ⸚er;*

in der Schreibmaschine>;
'Farb·buch <n.; -(e)s, ⸚er>;
'Farb·druck <m.; -(e)s, -e> =
Farbendruck; **'Far·be** <f.; -, -n>
1 *vom Auge wahrgenommene
Tönung;* Lieblings~ 2 *Farbstoff
(zum Färben, Malen);* Öl~; Was-
ser~ <Kart.> *Spielkartenklas-
se;* eine ~ *ausspielen, bedienen;*
'farb·echt <Adj.>; **'Far·ben·emp-
find·lich** <Adj.> ~er *Film;* **…far-
ben** <Adj.; in Zus.> *in der Farbe
von …, z. B.* cremefarben, haut-
farben; **'fär·ben** <V.> 1 <V. t./V.
refl.> *mit einer Farbe versehen;
die Haare ~;* die Blätter ~ *sich
schon* 2 <V. i.> *Farbe abgeben;
das rote Hemd färbt;* **'far·ben-
blind** <Adj.>; **'Far·ben·blind-
heit** <f.; -; unz.>; **'Far·ben-
druck** <m.; -(e)s, -e> *Druck in
mehreren Farben, z. B.* Vier~; oV
Farbdruck; **'Far·ben·fehl·sich-
tig·keit** <f.; -; unz.>; **'far·ben-
freu·dig** <Adj.>; **'far·ben·froh**
<Adj.> *bunt;* **'Far·ben·leh·re** <f.;
-; unz.>; **'Far·ben·pracht** <f.; -;
unz.>; **'far·ben·präch·tig**
<Adj.>; **'Far·ben·reich·tum** <m.;
-s; unz.>; **'Far·ben·sinn** <m.;
-(e)s; unz.>; **'Far·ben·spiel** <n.;
-(e)s, -e>; **'Far·ben·sym·bo·lik**
<f.; -; unz.>; **'Fär·ber** <m.; -s, ->;
'Fär·ber·dis·tel <f.; -, -n; Bot.>
*Pflanze, die roten Farbstoff lie-
fert;* **Fär·be'rei** <f.; -, -en>; **'Fär-
ber·gras** <n.; -es, ⸚er; Bot.> =
Reseda; **'Fär·ber·ka·mil·le** <f.; -,
-n; Bot.> *Pflanze, die gelben
Farbstoff liefert;* **'Farb·fern·se-
hen** <n.; -s; unz.>; **'Farb·fern-
se·her** <m.; -s, -; kurz für
Farbfernsehgerät; **'Farb·fern-
seh·ge·rät** <n.; -(e)s, -e>; **'Farb-
film** <m.; -(e)s, -e>; **'Farb·fil·ter**
<m.; -s, ->; **'Farb·fo·to·gra·fie**
<f.; -, -n; ↗Z 11.3>; **'Farb·ge-
bung** <f.; -; unz.>; **'far·big**
<Adj.> *bunt;* eine ~e *Darstel-
lung* <fig.> *eine lebendige D.;*
'fär·big <Adj.; österr.> = *farbig;*
…far·big <Adj.; in Zus.> *z. B.*
mehrfarbig; zweifarbig; **…fär-
big** <Adj.; österr.; in Zus.> =
…farbig; **'Far·bi·ge(r)** <f. 2 (m.
1)> *Angehöriger einer nichtwei-
ßen Rasse;* **'Far·big·keit** <f.; -;
unz.>; **'Farb·kas·ten** <m.; -s, ⸚>
= *Malkasten;* **'Farb·kis·sen** <n.;
-s, -> Sy *Stempelkissen;* **'Farb-

kom·bi·na·ti·on** <f.; -, -en>;
'Farb·kon·trast <m.; -(e)s, -e>;
'farb·lich <Adj.>; **'farb·los**
<Adj.>; **'Farb·lo·sig·keit** <f.; -;
unz.>; **'Farb·mit·tel** <n.; -s, ->;
'Farb·pho·to·gra·phie <f.; -, -n;
↗Z 11.3>; **'Farb·schicht** <f.; -,
-en>; **'Farb·stift** <m.; -(e)s, -e>;
'Farb·stoff <m.; -(e)s, -e>; **'Farb-
ton** <m.; -(e)s, ⸚e>; **'Farb-
tup·fer** <m.; -s, ->; **'Fär·bung**
<f.; -, -en>

Far·ce <['farsə]; f.; -, -n> 1 *Posse* 2
Verhöhnung 3 <Kochk.> *Fül-
lung für Fleisch od. Fisch* [frz.];
far·cie·ren <[-'si:-]; V. t.> *mit ei-
ner Farce(3) füllen*

Far'fal·le <Pl.> *schmetterlingsför-
mige Nudeln* [ital.]

Fa·rin <m.; -s; unz.> *nicht voll-
ständig gereinigter, gelblicher
Zucker* [lat.]

Farm <f.; -, -en> 1 <in angel-
sächs. Ländern> *(großer) land-
wirtschaftl. Betrieb* 2 <in
Deutschland> *Betrieb mit Ge-
flügel- od. Pelztierzucht;* Geflü-
gel~ [engl.]; **'Far·mer** <m.; -s,
->; **'Far·me·rin** <f.; -, -·nnen>;
'Far·mers·frau <f.; -, -en>

Farn <m.; -(e)s, -e; Bot.> *eine
Sporenpflanze;* **'Farn·kraut** <n.;
-(e)s, ⸚er; Bot.>; **'Farn·pflan·ze**
<f.; -, -n; Bot.>

Fä'rö·er [1] <m.> *dän. Inselgruppe
im Nordatlantik;* **Fä'rö·er** [2] <m.;
-s, -> *Bewohner der Färöer* [1]; **Fä-
'rö·e·rin** <f.; -, -·nnen>; **fä'rö-
isch** <Adj.> ~e *Sprache; das Fa-
röische*

'Fär·se <f.; -, -n> *Kuh, die noch
nicht gekalbt hat;* <aber> →
Ferse; **'Fär·sen·kalb** <n.; -(e)s,
⸚er> *erstes Kalb einer Kuh*

Fa'san <m.; -(e)s, -e od. -en;
Zool.> *ein Hühnervogel;* **Fa'sa-
nen·gar·ten** <m.; -s, ⸚>; **Fa'sa-
nen·ge·he·ge** <n.; -s, ->; **Fa·sa-
ne'rie** <f.; -, -n>

'Fas·ces <Pl.> = *Faszes*

fa·schie·ren <V. t.; österr.>
*Fleisch – durch den Fleischwolf
drehen* [frz.]; **Fa'schier·te(s)**
<n. 3; österr.> *Gehacktes*

'Fa·sching <m.; -s, -e od. -s; süd-
dt.> *Fas(t)nacht, Karneval;* **'Fa-
schings·ball** <m.; -(e)s, ⸚e>; **Fa-
schings'diens·tag** <m.; -(e)s,
-e>; **'Fa·schings·kos·tüm** <n.;
-s, -e>; **'Fa·schings·trei·ben**

F

<n.; -s; unz.>; **'Fa·schings·zeit** <f.; -; unz.>; **'Fa·schings·zug** <m.; -(e)s, ⸚e>

fa·schi'sie·ren <V. t.; abwertend> *mit faschistischem Gedankengut durchsetzen;* **Fa·schi'sie·rung** <f.; -, -en>; **Fa'schis·mus** <m.; -; unz.> *nationalistisch ausgerichtete, antidemokratische Herrschaftsform* [ital.]; **Fa'schist** <m.; -en, -en>; **Fa·'schis·tin** <f.; -, -n·nen>; **fa·'schis·tisch** <Adj.>; **fa·schis·to·'id** <Adj.> ~e *Tendenzen;* **'Fa·scho** <m.; -s, -s; umg.; kurz für> *Faschist*

'Fa·se <f.; -, -n> *abgeschrägte Kante;* <aber> → *Phase* [frz.]

'Fa·sel¹ <m.; -s, -> *junges männl. Zuchttier*

'Fa·sel² <f.; -, -n; Bot.> *Bohne*

Fa·se'lei <f.; -, -en; umg.> *dummes Gerede;* **'fa·se·lig** <Adj.> *zerstreut;* **'fa·seln** <V. i.; ich fas(e)le; umg.> *Unsinn reden*

'fa·sen <V. t.; du fast> = *abfasen*

'Fa·ser <f.; -, -n> 1 <Biol.> *Zelle od. Zellbündel; Fleisch~; Nerven~* 2 *zu Fäden versponnenes Gebilde;* **'Fä·ser·chen** <n.; -s, -; Verkleinerungsf. von> *Faser;* **'Fa·ser·ge·schwulst** <f.; -, ⸚e; Med.> *gutartige Bindegewebsgeschwulst;* Sy *Fibrom;* **'Fa·ser·holz** <n.; -es; unz.>; **'fa·se·rig** <Adj.> *voller Fasern;* oV *fasrig;* **'fa·sern** <V. i.> *sich in Fasern auflösen;* der Stoff fasert; **'fa·ser·'nackt** <Adj.; umg.> = *splitterfasernackt;* **'Fa·ser·schrei·ber** <m.; -s, -> *Schreibstift mit Faserspitze;* **'Fa·se·rung** <f.; -; unz.>

Fa·shion <['fɛʃən]; f.; -; unz.; salopp> *aktueller Modetrend, moderne Lebensart* [engl.]; **fa·shio·na·ble,** <auch> **fa·shio·nab·le** <['fɛʃənəbəl]; Adj.> *modisch, elegant*

'Fas·nacht <f.; -; unz.; Nebenform von> *Fastnacht*

'fas·rig <Adj.> = *faserig*

Fass <n. 7; -es, ⸚er> *bauchiges Holzgefäß; Wein~;* zwei *Fässer/* <auch> ~ *Bier*

Fas'sa·de <f.; -, -n> *Vorderfront, Schauseite* [frz.]; **Fas'sa·den·klet·te·rer** <m.; -s, ->

'fass·bar <Adj.> *begreiflich;* ein kaum ~es *Unglück*

'Fass·bier <n.; -(e)s, -e> Ggs *Flaschenbier;* **'Fass·bin·der** <m.; -s, -> = *Böttcher;* **'Fäss·chen** <n.; -s, -; Verkleinerungsf. von> *Fass;* **'Fass·dau·be** <f.; -, -n> *gebogenes Brett für die Seitenwände eines Fasses*

'fas·sen <V. t.; du fasst; er fasst> 1 *ergreifen u. festhalten;* <als Funktionsverb> einen Entschluss, Plan, Vorsatz ~ 2 *aufnehmen können, entgegennehmen;* das Stadion fasst 60000 Menschen; Essen ~ <Soldatenspr.>; es ist nicht zu ~! <fig.> *es ist unbegreiflich* 3 *eine Form, einen Rahmen geben;* Edelsteine ~; in Worte ~ 4 <V. refl.> sich ~ *s.* (*wieder*) *beruhigen;* sie macht einen gefassten Eindruck

'fäs·ser·wei·se <Adv.> *in Fässern*

Fas'set·te <f.; -, -n> = *Facette;* **Fas'set·ten·au·ge** <n.; -s, -n>; **Fas'set·ten·glas** <n.; -es, ⸚er>; **Fas'set·ten·schliff** <m.; -(e)s; unz.>; **fas·set'tie·ren** <V. t.> oV *facettieren*

'Fass·gä·rung <f.; -; unz.> Ggs *Flaschengärung;* **'Fäss·lein** <n.; -s, -; poet.; Verkleinerungsf. von> *Fass*

'fass·lich <Adj.> *begreiflich;* **'Fass·lich·keit** <f.; -; unz.>

Fas·son <[-'sõ], umg. [-'soŋ], österr. a. [-'soːn]; f.; -, -s od. (österr.) -en> oV *Façon* 1 *Form, Gestalt* 2 *Schnitt, Sitz* [frz.]; **Fasson²** <[-'sõ]; n.; -s od. (österr.) -s> [frz.]; **fas·so'nie·ren** <V. t.> *in Fasson bringen, formen;* die Haare ~ <österr.>; **Fas'son·schnitt** <m.; -(e)s; unz.>

'Fass·rei·fen <m.; -s, ->; **'Fass·stück** <n.; -s, -e>

'Fas·sung <f.; -, -en> 1 *Haltevorrichtung, Umrandung;* Brillen~; Lampen~ 2 *Gestaltung eines* (sprachl.) *Kunstwerkes;* Bühnen~; Kurz~ 3 *Ruhe, Selbstbeherrschung;* jmdn. aus der ~ bringen; **'Fas·sungs·kraft** <f.; -; unz.>; **'fas·sungs·los** <Adj.> *aus der Fassung(3) gebracht;* **'Fas·sungs·lo·sig·keit** <f.; -; unz.>; **'Fas·sungs·ver·mö·gen** <n.; -s; unz.>

'Fass·wein <m.; -(e)s, -e> Ggs *Flaschenwein;* **'fass·wei·se** <Adv.>

fast <Partikel> *beinahe*

Fast·back, <auch> **Fast Back** <[fa:st'bæk]; n.; -s, -s; ⟋Z30> *Fließheck (bei Autos)* [engl.]

'Fast·e·be·ne <f.; -, -n; ⟋Z55> *nicht ganz ebene Fläche*

'fas·ten <V. i.> *für eine best. Zeit wenig od. nichts essen;* während des Fastens; **'Fas·ten** <Pl.> *die kirchl. Fastentage;* **'Fas·ten·kur** <f.; -, -en>; **'Fas·ten·op·fer** <n.; -s, ->; **'Fas·ten·spei·se** <f.; -, -n>; **'Fas·ten·zeit** <f.; -; unz.>

Fast·food, <auch> **Fast Food** <['fa:stfu:d]; n.; (-) od. (-)-s; unz.; ⟋Z30> *kleiner, schnell zu verzehrender Imbiss* [engl.]; **'Fast·food·lo·kal,** <auch> **'Fast-Food-Lo·kal** <n.; -(e)s, -e; ⟋Z33>

'Fast·nacht <f.; -; unz.> oV *Fasnacht;* Sy *Fasching* 1 <i. e. S.> *die Nacht vor Aschermittwoch* 2 <i. w. S.> *die Tage vor Beginn der Fastenzeit;* **'Fast·nachts·pos·se** <f.; -, -n>; **'Fast·nachts·spiel** <n.; -(e)s, -e>; **'Fast·tag** <m.; -(e)s, -e>

'Fas·zes <[-'tse:s]; Pl.> *Rutenbündel mit herausragendem Beil* (*Amtszeichen der altröm. Liktoren*) [lat.]; **'Fas·zie** <[-'tsiə]; f.; -, -n; Med.> *sehnenartige Muskelhaut;* **Fas'zi·kel** <m.; -s, -; geh.> 1 *Aktenbündel* 2 (*Teil-*)*Lieferung* (*eines in Fortsetzungen erscheinenden wissenschaftl. Werkes*); **fas·zi·ku'lie·ren** <V. t.; geh.> *aktenmäßig bündeln*

Fas·zi·na·ti'on <f.; -, -en> *Bezauberung, fesselnde Wirkung* [lat.]; **fas·zi'nie·ren** <V. t.> ein ~des Schauspiel; **Fas·zi'no·sum** <n.; -s; unz.; geh.>

fa'tal <Adj.> 1 *verhängnisvoll* 2 *unangenehm, peinlich* [lat.]; **fa·ta·ler'wei·se** <Adv.>; **Fa·ta'lis·mus** <m.; -; unz.> *Glaube an das unvermeidliche Schicksal;* **Fa·ta'list** <m.; -en, -en>; **Fa·ta·'lis·tin** <f.; -, -n·nen>; **fa·ta'lis·tisch** <Adj.>

'Fa·ta Mor'ga·na <f.; --, --'ga·nen od. --s> *durch Luftspiegelung hervorgerufene Sinnestäuschung* [ital.]

'Fa·tum <n.; -s, 'Fa·ta> *Schicksal* [lat.]

'Fatz·ke <m.; -n od. -s, -n od. -s; umg.; abwertend> *Geck*

'fau·chen <V. i.> *zischende Laute ausstoßen*

faul <Adj.> **1** *durch Fäulnis verdorben* **2** <fig.; umg.> *bedenklich, fragwürdig;* ein ~er Kompromiss; ~er Zauber **3** <fig.> *träge, arbeitsunlustig;* auf der ~en Haut liegen; **'Faul·baum** <m.; -(e)s, ⸚e; Bot.> *ein Strauch;* **'Faul·brut** <f.; -; unz.; Vet.> *eine Bienenkrankheit;* **'Fäu·le** <f.; -; unz.>; **'fau·len** <V. i. (s. u. h.)> *sich zersetzen, in Verwesung übergehen;* **'fau·len·zen** <V. i.; du faulenzt> *nichts tun;* **'Faulen·zer** <m.; -s, ->; **Faul·en·ze·'rei** <f.; -; unz.>; **'Fau·len·ze·rin** <f.; -, -·nen>; **'Faul·gas** <n.; -es; unz.> = *Biogas;* **'Faul·heit** <f.; -; unz.>; **'fau·lig** <Adj.>; **'Fäul·nis** <f.; -; unz.> *Zersetzung organischer Stoffe durch Bakterien;* **'Fäul·nis·bak·te·ri·um** <n.; -s, -ri·en>; **'Faul·pelz** <m.; -es, -e; fig.; umg.> *fauler Mensch;* **'Faul·schlamm** <m.; -(e)s; unz.> *Bodenschlamm stehender Gewässer*

Fault <[fɔːlt]; m.; -s, -s; Sp.; engl. Bez. für> *Fehler*

'Faul·tier <n.; -(e)s, -e; Zool.> *ein Säugetier*

Faun <m.; -(e)s, -e> **1** *gehörnter Waldgeist* **2** *lüsterner Mensch;* **'Fau·na** <f.; -, 'Fau·nen> *Tierwelt (eines best. Gebietes);* → a. *Flora* [lat.]; **'fau·nisch** <Adj.; fig.> *lüstern wie ein Faun;* **fau·'nis·tisch** <Adj.> *die Tierwelt betreffend*

Faust <f.; -, ⸚e> *geballte Hand;* auf eigene ~ <fig.> *eigenmächtig;* **'Faust·ball** <m.; -(e)s; unz.; Sp.>; **'Fäust·chen** <n.; -s, -; Verkleinerungsf. von> *Faust;* sich ins ~ lachen <fig.; umg.> *schadenfroh lachen;* **'Faust·de·gen** <m.; -s, -> = *Dolch;* **'faust'dick** <Adj.; meist in der Wendung> jmd. hat es ~ hinter den Ohren <fig.; umg.> *ist pfiffig, durchtrieben;* **'Fäus·tel** <m.; -s, -> *Hammer der Bergleute, Schlägel;* **'faus·ten** <V. t.; Sp.> *mit der Faust schlagen;* **'Faust·feu·er·waf·fe** <f.; -, -n>; **'faust'groß** <Adj.>; **'Faust·hand·schuh** <m.; -(e)s, -e>

'faus·tisch <Adj.> *forschend, nach neuen Erkenntnissen strebend* [nach Goethes *"Faust"*]

'Faust·kampf <m.; -(e)s, ⸚e; Sp.>; **'Faust·kämp·fer** <m.; -s, ->; **'Faust·keil** <m.; -(e)s, -e> *altsteinzeitl. Werkzeug;* **'Fäust·lein** <n.; -s, -; poet.; Verkleinerungsf. von> *Faust;* **'Fäust·ling** <m.; -s, -e> **1** *Fausthandschuh* **2** <Bgb.> *faustgroßer Stein;* **'Faust·pfand** <n.; -(e)s, ⸚er> *bewegl. Sache als Pfand;* **'Faust·recht** <n.; -(e)s; unz.> *(gewaltsame) Selbsthilfe;* **'Faust·re·gel** <f.; -, -n> *grobe Grundregel;* **'Faust·schlag** <m.; -(e)s, ⸚e>

Fau·teuil <[fo'tøj]; m.; -s, -s; österr.; schweiz., sonst veralt.> *Arm-, Lehnsessel* [frz.]

Fau·vis·mus <[fo'vis-]; m.; -; unz.; Mal.> *Richtung der frz. Malerei zu Beginn des 20. Jh.* [frz.]; **Fau·'vist** <m.; -en, -en; meist Pl.>; **fau·'vis·tisch** <Adj.>

Faux·pas <[fo'pa]; m.; - [-'pa] od. [-'pas], - [-'pa] od. [-'pas]; geh.> *Taktlosigkeit, Ausrutscher* [frz.]

Fa·ve·la <[-'veː-]; f.; -, -s> *Slum in Südamerika* [port.]

fa·vo·ri·sie·ren <V. t.> **1** *begünstigen, bevorzugen* **2** <Sp.> *als voraussichtl. Sieger nennen* [frz.]; **Fa·vo·'rit** <m.; -en, -en> **1** *Begünstigter* **2** <Sp.> *voraussichtl. Sieger;* **Fa·vo'ri·ten·rol·le** <f.; -, -n> seiner ~ gerecht werden; **Fa·vo·ri·'tin** <f.; -, -·nen>

'Fa·vus <[-vus]; m.; -; unz.; Med.> *eine Hautkrankheit* [lat.]

Fax <n.; -, -e> *kurz für* Telefax

'Fa·xe <f.; -, -n; meist Pl.; umg.> **1** *Spaß, Grimasse* **2** *Ausflüchte, Umstände;* mach keine ~n!

'fa·xen <V. t.; du faxt; sie hat gefaxt; kurz für> *telefaxen*

'Fa·xen·ma·cher <m.; -s, ->

'Fax·num·mer <f.; -, -n; kurz für> *Telefaxnummer*

Fa·yence, <auch> **Fay·ence** <[fa'jãːs]; f.; -, -n; ↗Z52> *feine, glasierte Töpferware* [frz.]

Fa'zen·da <f.; -, -s> *Landgut in Brasilien* [port.]

fa·zi'al <Adj.; Med.> *das Gesicht, den Gesichtssinn betreffend* [lat.]; **Fa·zi'a·lis** <m.; -; unz.> *Gesichtsnerv;* oV *Facialis;* **fa·zi·'ell** <Adj.; Geol.> *die Fazies betreffend;* **'Fa·zi·es** <f.; -, -; Geol.> *Gesamtheit der Merkmale eines Sediments*

Fa·zi·li·'tät <f.; -, -en> **1** <veralt.> *Leichtigkeit, Gewandtheit* **2** <Wirtsch.> *Erleichterung bei Zahlungskonditionen* [lat.]

'Fa·zit <n.; -s, -e od. -s> *Schlussfolgerung, Ergebnis* [lat.]

FBI <[ɛfbiː'ai]; Abk. für engl.> *Federal Bureau of Investigation*

FC <Abk. für> *Fußballclub*

FCKW <Abk. für> *Fluorchlorkohlenwasserstoffe*

FDJ <DDR; Abk. für> *Freie Deutsche Jugend*

FDP, F.D.P. <Abk. für> *Freie Demokratische Partei*

'F-Dur <n.; -; unz.; Mus.; Abk.: F> *eine Tonart;* **'F-Dur-Ton·lei·ter** <f.; -, -n; ↗Z33; Mus.>

Fe <Chem.; Zeichen für> *Eisen* [lat.]

Fea·ture <['fiːtʃə(r)]; n.; -s, -s od. f.; -, -s> *Reportage aus aktuellem Anlass* [engl.]

'Fe·ber <m.; -s, -; österr.> *Februar,* **Febr.** <Abk. für> *Februar*

fe'bril, <auch> **feb'ril** <Adj.; ↗Z53; Med.> *fieberhaft* [lat.]

'Fe·bru·ar, <auch> **'Feb·ru·ar** <m.; -(e)s od. -, -e; ↗Z53; Abk.: Febr.> *der zweite Monat des Jahres*

fec. <Abk. für> *fecit*

'fech·sen <[-ks-]; V. t.; du fechst od. fechsest; österr.; umg.> *ernten;* **'Fech·ser** <m.; -s, -; Landw.; österr.> *Schössling, Steckling;* **'Fech·sung** <f.; -, -en> *Ernte*

'Fecht·bo·den <m.; -s, ⸚> *Übungsraum zum Fechten;* **'Fecht·bru·der** <m.; -s, ⸚; veralt.> *Bettler, Landstreicher;* **'fech·ten** <V. i. 133> *mit einer Stoß- od. Hiebwaffe kämpfen;* er wurde Zweiter im Fechten <Sp.>; **'Fech·ter** <m.; -s, -> *jmd., der ficht;* **'Fech·te·rin** <f.; -, -·nen>; **'Fecht·hand·schuh** <m.; -(e)s, -e>; **'Fecht·korb** <m.; -(e)s, ⸚e> = *Fechtmaske;* **'Fecht·kunst** <f.; -; unz.>; **'Fecht·mas·ke** <f.; -, -n> *Gesichtsschutz beim Fechten;* **'Fecht·meis·ter** <m.; -s, ->; **'Fecht·meis·te·rin** <f.; -, -·nen>; **'Fecht·sport** <m.; -s; unz.>

'fe·cit <Abk.: fec.> *(Zusatz hinter*

dem Namen des Künstlers, bes. auf Kupferstichen) [lat. "(er) hat (es) gemacht"]

Fe·da·jin <Pl.> *Mitglieder einer palästinensischen Untergrundorganisation* [arab.]

'Fe·der <f.; -, -n> 1 *Hautbekleidung der Vögel* 2 *Teil eines Schreibgeräts* 3 *elastisches, spiralförmiges Metallteil;* Uhr~; **'Fe·der·ball**[1] <m.; -(e)s, ⸚e> *leichter (gefiederter) Spielball;* **'Fe·der·ball**[2] <m.; -s; unz.; umg.; kurz für> *Federballspiel;* spielen wir ~?; **'Fe·der·ball·spiel** <n.; -(e)s, -e>; **'Fe·der·be·sen** <m.; -s, -; zum Staubwischen>; **'Fe·der·bett** <n.; -(e)s, -en> *mit Federn(1) gefülltes Deckbett;* **'Fe·der·busch** <m.; -(e)s, ⸚e>; **'Fe·der·fuch·ser** <[-ks-]; m.; -s, -; abwertend> *kleinlicher, am Buchstaben hängender Mensch, Pedant;* **'fe·der·füh·rend** <Adj.; ⸢Z29> *verantwortlich, zuständig;* **'Fe·der·füh·rung** <f.; -; unz.> *unter der ~ von ...;* **'Fe·der·ge·wicht** <n.; -(e)s; unz.; Sp.; bes. Boxen> *niedrigste Gewichtsklasse;* **'Fe·der·hal·ter** <m.; -s, -> *Teil eines Schreibgeräts;* **'fe·de·rig** <Adj.> oV *federig* 2 **'Fe·der·kern·ma·trat·ze,** <auch> **'Fe·der·kern·mat·rat·ze** <f.; -, -n; ⸢Z53>; **'Fe·der·kiel** <m.; -(e)s, -e>; **'Fe·der·kleid** <n.; -(e)s, -er; poet.> *das Gefieder des Vogels;* **'fe·der·leicht** <Adj.>; **'Fe·der·le·sen** <n.; -s; unz.; nur noch in Wendungen wie> *nicht viel ~s machen* <umg.> *keine Umstände; ohne viel ~ (s)* <umg.>; **'Fe·der·ling** <m.; -s, -e; Zool.> *eine Tierlausart;* **'Fe·der·mäpp·chen** <n.; -s, ->; **'fe·dern** <V.; ich fed(e)re> 1 <V. i.> *bei Druck nachgeben u. dann in die alte Lage zurückschnellen* 2 <V. t.> *mit Federn(3) versehen; das Auto ist zu hart gefedert;* **'Fe·der·nel·ke** <f.; -, -n; Bot.> *eine Pflanze;* **'Fe·der·schmuck** <m.; -(e)s; unz.>; **'Fe·der·strich** <m.; -(e)s, -e> *mit ein paar ~en* <fig.>; **'Fe·de·rung** <f.; -, -en>; **'Fe·der·vieh** <n.; -s; unz.> *Geflügel;* **'Fe·der·wei·ße(r)** <m. 1 *gärender Traubenmost;* **'Fe·der·wild** <n.; -(e)s; unz.; Jägerspr.> *alle jagdbaren*

Vögel; **'Fe·der·wisch** <m.; -(e)s, -e>; **'Fe·der·wol·ke** <f.; -, -n>; **'Fe·der·zan·ge** <f.; -, -n> = *Pinzette;* **'Fe·der·zeich·nung** <f.; -, -en>; **'fed·rig** <Adj.> oV *federig*

Fee <f.; -, -n> *eine weibl. Märchengestalt* [frz.]

Feed-back, <auch> **Feed·back** <[fi:d'bæk]; n.; -s, -s; ⸢Z32> 1 <in Steuerungssystemen> *Rückkopplung* 2 <Psych.> *Rückmeldung, Reaktion* [engl.]

Fee·ling <['fi:-]; n.; -s, -s; salopp> *Einfühlungsvermögen, Gespür, Gefühl* [engl.]

'fe·en·haft <Adj.>; **'Fe·en·mär·chen** <n.; -s, ->; **'Fe·en·reich** <n.; -(e)s, -e>; **'Fe·en·ring** <m.; -(e)s, -e> = *Hexenring*

'Fe·ge <f.; -, -n> *Gerät zum Getreidereinigen;* **'Fe·ge·feu·er** <n.; -s; unz.; Kath.> *Ort der Läuterung im Jenseits;* **'fe·gen** <V.> 1 <V. t.> *(mit dem Besen) säubern, entfernen* 2 <V. i. (s.)> *heftig wehen; der Wind fegt durch die Straßen;* **'Fe·ger** <m.; -s, -; umg.> 1 *Besen* 2 <fig.> *temperamentvolles Kind;* **'Feg·feu·er** <n.; -s; unz.; selten> = *Fegefeuer;* **'Feg·sel** <n.; -s, -; umg.> *Kehricht*

Feh <n.; -(e)s, -e> 1 <Zool.> *sibir. Eichhörnchen* 2 *dessen Pelz*

'Feh·de <f.; -, -n; veralt.; ab.> *Streit, feindl. Auseinandersetzung;* **'Feh·de·hand·schuh** <m.; -(e)s; unz.> *jmdm. den ~ hinwerfen den Kampf ansagen*

fehl <Adj.; nur adv.> *falsch; das ist ~ am Platz unangebracht;* **Fehl** <m.; -s; unz.; geh.; in der Wendung> *ohne ~ (u. Tadel) tadellos;* **'Fehl·an·zei·ge** <f.; -, -n>; **'Fehl·bar** <Adj.; schweiz.> *(einer Übertretung) schuldig;* **'Fehl·be·set·zung** <f.; -, -en; Film, Theat.>; **'Fehl·be·trag** <m.; -(e)s, ⸚e; Kaufmannsspr.>; **'Fehl·di·a·gno·se,** <auch> **'Fehl·di·ag·no·se** <f.; -, -n; ⸢Z53>; **'Fehl·ein·schät·zung** <f.; -, -en>; **'feh·len** <V. i.> 1 *abwesend sein* 2 *nicht ausreichend vorhanden sein; es fehlt am Notwendigsten; mir fehlt nichts* <umg. a.> *ich bin gesund* 3 *einen Fehler begehen, sündigen;* **'Fehl·ent·schei·dung** <n.; -, -en>; **'Feh·ler** <m.; -s, -> 1 *Re-*

gelverstoß; Rechtschreib~ 2 *falsches Verhalten* 3 *Abweichung von der Norm, schlechte Eigenschaft;* Sprach~; **'feh·ler·frei** <Adj.>; **'Feh·ler·gren·ze** <f.; -, -n>; **'feh·ler·haft** <Adj.>; **'Feh·ler·haf·tig·keit** <f.; -; unz.>; **'feh·ler·los** <Adj.>; **'Feh·ler·lo·sig·keit** <f.; -; unz.>; **'Feh·ler·mel·dung** <f.; -, -en>; **'Feh·ler·quel·le** <f.; -, -n>; **'Feh·ler·zahl** <f.; -; unz.>; **'Fehl·far·be** <f.; -, -n; Kart.>; **'Fehl·ge·burt** <f.; -, -en; Med.> *Geburt einer unreifen, nicht lebensfähigen Leibesfrucht;* **'fehl·ge·hen** <V. i. (s.) 145; ich gehe fehl; sie ist fehlgegangen; fehlzugehen; ⸢Z26.2; a. fig.> *sich verlaufen, (ver)irren;* **'fehl·grei·fen** <V. i. 158; a. fig.> *danebengreifen, eine falsche Wahl treffen;* **'Fehl·griff** <m.; -(e)s, -e>; **'Fehl·guss** <m.; -es, ⸚e>; **'Fehl·in·for·ma·ti·on** <f.; -, -en>; **'Fehl·in·ter·pre·ta·ti·on** <f.; -, -en>; **'Fehl·in·ves·ti·ti·on** <[-ves-]; f.; -, -en>; **'Fehl·kon·struk·ti·on,** <auch> **'Fehl·kons·truk·ti·on, 'Fehl·konst·ruk·ti·on** <f.; -, -en>; **'Fehl·leis·tung** <f.; -, -en>; **'fehl·lei·ten** <V. t.; ich leite fehl; sie hat fehlgeleitet; fehlzuleiten>; **'Fehl·pass** <m.; -es, ⸚e; Fußb.>; **'fehl·schie·ßen** <V. i. 215>; **'Fehl·schlag** <m.; -(e)s, ⸚e>; **'fehl·schla·gen** <V. i. 218> 1 <(h.); selten> *danebenschlagen* 2 <(s.); fig.> *misslingen; der Plan ist fehlgeschlagen;* **'Fehl·schluss** <m.; -es, ⸚e> *falsche Schlussfolgerung;* **'Fehl·schuss** <m.; -es, ⸚e>; **'Fehl·sich·tig·keit** <f.; -; unz.; Med.>; **'Fehl·start** <m.; -(e)s, -s; Sp.>; **'Fehl·stoß** <m.; -es, ⸚e; Sp.>; **'fehl·tre·ten** <V. i. (s.) 268; selten>; **'Fehl·tritt** <m.; -(e)s, -e; fig.> *Verfehlung, (sittl.) Vergehen;* **'Fehl·ur·teil** <n.; -(e)s, -e>; **'Fehl·ver·hal·ten** <n.; -s; unz.>; **'Fehl·zün·dung** <f.; -, -en; beim Verbrennungsmotor>

'fei·en <V. t.; geh.> *unverwundbar machen;* → a. *gefeit*

'Fei·er <f.; -, -n> *Fest*

'Fei·er·a·bend <m.; -s, -e; ⸢Z55> *(Zeit nach) Arbeits- od. Dienstschluss;* **'fei·er·a·bend·lich**

<Adj.>; **'Fei·er·a·bend·ver·kehr** <m.; -(e)s; unz.>
'fei·er·lich <Adj.> festlich, würdevoll; **'Fei·er·lich·keit** <f.; -, -en>; **'fei·ern** <V.; ich fei(e)re 1 <V. t.> festlich begehen; Geburtstag ~ 2 <V. t.> ehren, preisen; ein gefeierter Künstler 3 <V. i.> ausruhen; **'Fei·er·schicht** <f.; -, -en>; **'Fei·er·stun·de** <f.; -, -n>; **'Fei·er·tag** <m.; -(e)s, -e> Festtag, arbeitsfreier Tag; **'fei·er·täg·lich** <Adj.> ~e Ruhe; **'fei·er·tags** <Adv.> sonn- u. ~
feig, 'fei·ge <Adj.> ängstlich, kleinmütig
'Fei·ge <f.; -, -n> Frucht des Feigenbaums; **'Fei·gen·baum** <m.; -(e)s, ⸗e; Bot.>; **'Fei·gen·blatt** <n.; -(e)s, ⸗er>; **'Fei·gen·kak·tus** <m.; -, -te·en; Bot.>
'Feig·heit <f.; -; unz.>; **'Feig·ling** <m.; -s, -e; abwertend> feiger Mensch
'Feig·war·ze <f.; -, -n; Med.> eine Hautwucherung
feil <Adj.; veralt.> (ver)käuflich; **'feil·bie·ten** <V. t. 110; ich biete feil; sie hat feilgeboten; feilzu­bieten; ↗Z26.2; veralt.> zum Verkauf anbieten
'Fei·le <f.; -, -n> ein Glättwerkzeug; **'fei·len** <V.; du feilst> 1 <V. t.> mit der Feile bearbeiten 2 <V. i.> an einem Text ~ <fig.>
'feil|hal·ten <V. t. 160; veralt.> = feilbieten
'feil·schen <V. i.; du feilschst; ab­wertend> hartnäckig (um den Preis) handeln
'Feil·sel <n.; -s, ->, **'Feil·spä·ne** <Pl.>, **'Feil·staub** <m.; -(e)s; unz.> Abfall beim Feilen
Feim <m.; -(e)s, -e; umg.> Schaum; **'fei·men** <V. i.> schäumen
fein <Adj.> 1 sehr dünn, klein, zart; ein ~er Unterschied; Ggs grob(1); → a. feinschleifen 2 <Getrenntschreibung mit V., Part. u. Adj., wenn steiger- od. erweiterbar; ↗Z24> Mehl ~ mahlen; ~ gemahlenes Mehl; Wurst ~ schneiden; ~ geschnittene Gesichtszüge; <aber zu­sammen> feinfühlend, feingliedrig 3 von hoher Qualität, edel, vornehm; ein ~er Mensch; Pralinen vom Feinsten; sich ~

machen herausputzen; ~ heraus sein <umg.> 4 angenehm, schön; eine ~e Sache; das ist ~!;
'Fein·ab·stim·mung <f.; -, -en>; **'Fein·ar·beit** <f.; -, -en>; **'Fein·bä·cker** <m.; -s, ->; **'Fein·bä·cke·rin** <f.; -, -nen>; **'Fein·blech** <n.; -(e)s, -e>
Feind <m.; -(e)s, -e> Gegner; jmdm. ~ sein, bleiben, werden <veralt.> **'Feind·bild** <n.; -(e)s, -er>; **'Fein·des·hand** <fig.; nur in den Wendungen> in ~ fallen, sein; **'Fein·des·land** <n.; -(e)s; unz.>; **'Feind·herr·schaft** <f.; unz.> Fremdherrschaft; **'Fein·din** <f.; -, -nen>; **'feind·lich** <Adj.> gegnerisch, nicht freundlich gesinnt; frauen~; CDU-~; **'Feind·lich·keit** <f.; -, -en>; **'Feind·schaft** <f.; -, -en>; **'feind·se·lig** <Adj.> gehässig; **'Feind·se·lig·keit** <f.; -, -en>
'Fein·ein·stel·lung <f.; -, -en; Tech.>; **'fei·nen** <V. i.; Met.> veredeln; **'fein·füh·lig** <Adj.> taktvoll, sensibel; **'Fein·füh·lig·keit** <f.; -; unz.>; **'Fein·ge·bäck** <n.; -(e)s; unz.>; **'Fein·ge·fühl** <n.; -(e)s; unz.>; **'Fein·ge·halt** <m.; -(e)s; unz.; Met.> der Anteil an Edelmetall; **'fein·glie·de·rig, 'fein·glied·rig** <Adj.>; **'Fein·gold** <n.; -(e)s; unz.>; **'Fein·heit** <f.; -, -en>; **'Fein·ke·ra·mik** <f.; -, -en>; **'fein·ke·ra·misch** <Adj.>; **'fein·kör·nig** <Adj.>; **'Fein·kör·nig·keit** <f.; -; unz.>; **'Fein·kost** <f.; -; unz.> feine Lebens- u. Genussmittel; **'fein·ma·schig** <Adj.>; **'Fein·me·cha·nik** <f.; -; unz.>; **'Fein·me·cha·ni·ker** <m.; -s, ->; **'Fein·me·cha·ni·ke·rin** <f.; -, -nen>; **'Fein·mess·ge·rät** <n.; -(e)s, -e>; **'Fein·mes·sung** <f.; -, -en>; **'Fein·mo·to·rik** <f.; -; unz.; Med.> Gesamtheit der präzise aufeinander abgestimmten Körperbewegungen; **'fein·ner·vig** <Adj.>; **'fein·po·rig** <Adj.>; **'fein·schlei·fen** <V. t. 220; ↗Z24; Fachspr.> ein feingeschliffenes/<auch> fein geschliffenes Metallstück; → a. fein(1); **'Fein·schliff** <m.; -(e)s; unz.>; **'Fein·schme·cker** <m.; -s, -> Sy Gourmet; **'Fein·schme·cke·rin** <f.; -, -nen>; **'Fein·schme·cker·res·tau·rant**

<[-rɛstorã:]; n.; -s, -s>; **'Fein·schnitt** <m.; -(e)s; unz.>; **'Fein·sil·ber** <n.; -s; unz.>; **'fein·sin·nig** <Adj.>; **Feins'lieb·chen** <n.; -s, -; poet.> Liebste, Geliebte; **'Fein·struk·tur** <f.; -, -en>; **'Fein·strumpf·ho·se** <f.; -, -n>; **'Fein·wasch·mit·tel** <n.; -s, ->
feist <Adj.; meist abwertend> fett, prall; **Feist** <n.; -(e)s; unz.; Jägerspr.> Fett; **'Feis·te** <f.; -; unz.; veralt.>, **'Feist·heit, 'Feis·tig·keit** <f.; -; unz.>
'fei·xen <V. i.; du feixt; umg.> höhnisch grinsen, lachen
Fe·kun·da·ti'on <f.; -, -en; Biol.> Befruchtung (lat.)
'Fel·bel <m.; -s, -; Textilw.> ein Gewebe (ital.)
'Fel·chen <m.; -s, -; Zool.> ein Lachsfisch
Feld <n.; -(e)s, -er> 1 Acker 2 abgegrenztes Stück einer Fläche; Fußball-; elektrisches, magnetisches ~ <Phys.> 3 <Mil.; ver­alt.> Front; **'Feld·ar·beit** <f.; -, -en>; **feld'aus** <Adv.; nur in der Wendung> ~, feldein überall; **'Feld·bett** <n.; -(e)s, -en>; **'Feld·dich·te** <f.; -; unz.; Phys.>; **'feld·ein** <Adv.> → feldaus; → a. querfeldein; **'Feld·der·wirt·schaft** <f.; unz.>; **'Feld·fla·sche** <f.; -, -n>; **'Feld·for·schung** <f.; -; unz.; Soziol.> wissenschaftl. Untersuchung an Ort u. Stelle; **'Feld·frucht** <f.; -, ⸗e>; **'Feld·got·tes·dienst** <m.; -(e)s, -e>; **'feld·grau** <Adj.> grau wie die dt. Wehrmachtsuniform; **'Feld·ha·se** <m.; -n, -n>; **'Feld·herr** <m.; -n, -en> Heerführer; **'Feld·huhn** <n.; -(e)s, ⸗er; Zool.>; **'Feld·hü·ter** <m.; -s, -> Flurhüter, -wächter; **'Feld·jä·ger** <m.; -s, -; Mil.>; **'Feld·kü·che** <f.; -, -n; Mil.>; **'Feld·la·ger** <n.; -s, ->; **'Feld·li·ni·en** <Pl.; Phys.>; **'Feld·mark** <f.; -, -en> die zu einer Gemeinde gehörigen Grundstücke; **'Feld·mar·schall** <m.; -(e)s, -e; früher>; **'feld·marsch·mä·ßig** <Adj.; Mil.> ~e Ausrüstung; **'Feld·maß** <n.; -es, -e>; **'Feld·maus** <f.; -, ⸗e>; **'Feld·mes·ser** <m.; -s, -> Landvermesser; **'Feld·pflan·ze** <f.; -, -n>; **'Feld·post** <f.; -; unz.; Mil.>; **'Feld·post·brief** <m.; -(e)s, -e>; **'Feld-**

sa·lat <m.; -(e)s; unz.; Bot.> *eine Gemüsepflanze, Rapunzel;* **'Feld·spat** <m.; -(e)s, -e od. ⸚e; Min.> *ein Mineral;* **'Feld·stär·ke** <f.; -; unz.; Phys.>; **'Feld·ste·cher** <m.; -s, -; Opt.> *ein Fernglas;* **'Feld·stein** <m.; -(e)s, -e>; **'Feld·the·o·rie** <f.; -, -n; Phys.>; **'Feld-Wald-und-'Wie·sen-...** <⸚Z33; in Zus.; umg. Bez. für *etwas Durchschnittliches, Allerwelts...;* ~Arzt; **'Feld·we·bel** <m.; -s, -; Mil.> *ein mil. Rang;* **'Feld·weg** <m.; -(e)s, -e>; **'Feld·wei·bel** <m.; -s, -; Mil.; schweiz.> *ein Unteroffiziersgrad;* **'Feld·zug** <m.; -(e)s, ⸚e> 1 *kriegerisches Unternehmen* 2 <fig.> *gemeinschaftl. Aktion;* zum ~ *gegen Ausländerhass aufrufen*

'Felg·auf·schwung <m.; -(e)s, ⸚e; Sp.> *eine Übung am Reck;* **'Fel·ge** <f.; -, -n> 1 *Teil des Rades* 2 = *Felgaufschwung;* **'fel·gen** <V. t.> *ein Rad ~;* **'Fel·gen·brem·se** <f.; -, -n>; **'Fel·gen·hau·er** <m.; -s, -> = *Stellmacher;* **'Felg·um·schwung** <m.; -(e)s, ⸚e; Sp.> *eine Übung am Reck*

Fell <n.; -(e)s, -e> *behaarte Tierhaut*

Fel'lach <m.; -en, -en>, **Fel'la·che** <[-xə]; m.; -n, -n; meist Pl.> *Bauer im Vorderen Orient* [arab.]; **Fel·la·chin** <f.; -, -n·nen>; **fel'la·chisch** <Adj.>

Fel·la·tio <[-tsjo]; f.; -; unz.> *Stimulation des männl. Gliedes mit Lippen u. Zunge* [lat.]

'Fell·müt·ze <f.; -, -n>

Fel·low <['fɛlou]; m.; -s, -s; in Großbritannien> *Mitglied eines College od. einer wissenschaftlichen Vereinigung* [engl.]; **'Fel·low·ship** <[-ʃip]; f.; -, -s> *Mitgliedschaft eines Fellows*

Fe·lo'nie <f.; -, -n; Pl. selten; im MA> *Untreue gegenüber dem Lehnsherrn* [frz.]

Fels <m.; -en; unz.> 1 *Gesteinsmasse* 2 <geh.> (wie) ein ~ in der Brandung; **'Fels·bild** <n.; -(e)s, -er> = *Felszeichnung;* **'Fels·block** <m.; -(e)s, ⸚e>; **'Fel·sen** <m.; -s, -> *aufragender Gesteinsblock;* oV *Fels(2);* **'Fel·sen·bir·ne** <f.; -, -n; Bot.> *ein Strauch;* **'fel·sen'fest** <Adj.; fig.> *unerschütterlich;* **'Fel·sen·**

reit·schu·le <f.; -; unz.> *Freiluftbühne in Salzburg;* **'Fel·sen·schlucht** <f.; -, -en>; **'fel·sen·schwer** <Adj.; fig.>; **'fel·sig** <Adj.>; **Fel'sit** <m.; -(e)s, -e; Min.> *ein Quarzporphyr;* **'Fels·ma·le·rei** <f.; -, -en> = *Felszeichnung;* **'Fels·mas·siv** <n.; -s, -e>; **'Fels·wand** <f.; -, ⸚e>; **'Fels·zeich·nung** <f.; -, -en> *altsteinzeitl. Malerei auf Felsen*

Fe'lu·ke <f.; -, -n> *Küstenschiff im Mittelmeer* [arab.]

'Fe·me <f.; -, -n> *geheimes Gericht, geheime Zusammenkunft (einer illegalen Vereinigung);* Sy *Freigericht;* **'Fe·me·ge·richt** <n.; -(e)s, -e; im MA> oV *Femgericht*

'Fe·mel <m.; -s, -; Bot.> *männl. Form des Hanfs u. Hopfens;* oV *Fimmel²;* **'Fe·mel·be·trieb** <m.; -(e)s, -e; Forstw.> *Form des Hochwaldbetriebes;* **'Fe·mel·wald** <m.; -(e)s, ⸚er>

'Fe·me·mord <m.; -(e)s, -e>; **'Fem·ge·richt** <n.; -(e)s, -e; im MA> oV *Femegericht*

fe·mi'nie·ren <V.; Med.; Zool.> Sy *feminisieren* 1 <V. t.> einen Mann, ein männl. Tier ~ *verweiblichen* 2 <V. i. (s.)> *weibl. werden* [lat.]; **Fe·mi'nie·rung**

<f.; -, -en>; **'fe·mi·nin** <a. [--'-]; Adj.> *weiblich, weibisch;* er hat etwas Feminines an sich; **'Fe·mi·ni·num** <a. [--'--]; n.; -s, -na; Gramm.; Abk.: f.> → a. *Kasten* 1 <unz.> *das weibl. grammat. Geschlecht* 2 *weibl. Substantiv, die Deklination der Feminina;* **fe·mi·ni'sie·ren** <V. t. u. V. i.> = *feminieren;* **Fe·mi'nis·mus** <m.; -, 'nis·men> 1 <unz.> *Frauenbewegung, die für die Gleichberechtigung der Frau eintritt* 2 <Med.> *Verweiblichung;* **Fe·mi·'nis·tin** <f.; -, -n·nen; ⸚Z38> *Anhängerin des Feminismus(1);* **fe·mi'nis·tisch** <Adj.>

Femme fa·tale <[fam fa'tal]; f.; -, -s -s [fam fa'tal]> *verführerische Frau, die Männern zum Verhängnis wird* [frz.]

'Fem·to... <in Zus.; Zeichen: f; vor Maßeinheiten> *das Billiardstel einer Einheit,* z. B. 1 Femtometer (fm) = 10^{-15} Meter [skand.]

Fench <m.; -(e)s, -e; Bot.> *eine Hirseart;* Sy *Fennich* [lat.]; **'Fen·chel** <m.; -s; unz.; Bot.> *eine Heil- u. Gemüsepflanze;* **'Fen·chel·öl** <n.; -(e)s; unz.>; **'Fen·chel·tee** <m.; -s; unz.>

'Fen·der <m.; -s, -> *aus Tauwerk bestehender Stoßschutz an Schiffen, Puffer* [engl.]

Feng'shui, <auch> **Feng 'Shui** <n.; (-)-; unz.; ⸚Z30> *chines. Prinzip der harmonischen Lebens- u. Wohnraumgestaltung* [chines.]

Fenn <n.; -(e)s, -e; norddt.> *Sumpf-, Moorland*

'Fen·nek <m.; -s, -s; Zool.> *Wüstenfuchs* [arab.]

'Fen·nich <m.; -(e)s, -e; Bot.> = *Fench*

Fen·no'skan·dia <Sammelbez. für> *Finnland, Dänemark, Schweden u. Norwegen (als erdgeschichtl. Einheit);* **fen·no·'skan·disch** <Adj.>

'Fens·ter <n.; -s, -> *mit Glasscheiben versehene Öffnung in Gebäuden, Fahrzeugen u. Ä.;* **'Fens·ter·bank** <f.; -, ⸚e>; **'Fens·ter·brett** <n.; -(e)s, -er>; **'Fens·ter·brief·um·schlag** <m.; -(e)s, ⸚e>; **'Fens·ter·flü·gel** <m.; -s, ->; **'Fens·ter·glas** <n.; -es; unz.>; **'Fens·ter·griff** <m.; -(e)s,

-e>; '**Fens·ter·he·ber** <m.; -s, -; im Kfz>; '**Fens·ter·kreuz** <n.; -es, -e>; '**Fens·ter·la·den** <m.; -s, ⁀>; '**Fens·ter·le·der** <n.; -s, ->; '**fens·terln** <V. i.; ich fensterle; er hat gefensterlt; süddt.; österr.> übers Fenster ins Haus der Geliebten einsteigen; '**Fens·ter·öff·nung** <f.; -, -en>; '**Fens·ter·platz** <m.; -es, ⁀e>; '**Fens·ter·put·zer** <m.; -s, ->; '**Fens·ter·put·ze·rin** <f.; -, -n·nen>; '**Fens·ter·rah·men** <m.; -s, ->; '**Fens·ter·schei·be** <f.; -, -n>; '**Fens·ter·sims** <m.; -es, -e>; ...**fenst·rig** <Adj.; in Zus.> z. B. fünffenstrig

fe·ri·al <Adj.; österr.> zu den Ferien gehörend; **Fe·ri·al...** <österr.; in Zus.> Ferien...; **Fe·ri·al·ar·beit** <f.; -, -en; österr.>; **Fe·ri·al·tag** <m.; -(e)s, -e; österr.>; '**Fe·ri·en** <[-riən]; Pl.> unterrichtsfreie Zeit, Urlaub; die großen ~; '**Fe·ri·en·be·ginn** <m.; -(e)s; unz.>; '**Fe·ri·en·dorf** <n.; -(e)s, ⁀er>; '**Fe·ri·en·en·de** <n.; -s; unz.>; '**Fe·ri·en·haus** <n.; -es, ⁀er>; '**Fe·ri·en·heim** <n.; -(e)s, -e>; '**Fe·ri·en·job** <[-dʒɔb]; m.; -s, -s>; '**Fe·ri·en·kurs** <m.; -es, -e>; '**Fe·ri·en·la·ger** <n.; -s, ->; '**Fe·ri·en·woh·nung** <f.; -, -en>

'**Fer·kel** <n.; -s, -; Zool.> junges Schwein; **Fer·ke'lei** <f.; -, -en; fig.; umg.> Unanständigkeit; '**fer·keln** <V. i.> 1 die Sau ferkelt wirft Junge 2 <ich ferk(e)le; fig.; umg.> sich nicht fein benehmen

Fer'ma·te <f.; -, -n; Mus.; Zeichen: ⌒> Verlängerungs- u. Haltezeichen [ital.]

Fer'ment <n.; -s, -e; ältere Bez. für> Enzym [lat.]; **Fer·men·ta·ti·on** <f.; -, -en> Gärung; **fer·men·'tie·ren** <V. t.> durch Fermentation genussfähig machen

'**Fer·mi·um** <n.; -s; unz.; Chem.; Zeichen: Fm> künstl. chem. Element aus der Reihe der Transurane [nach dem ital. Physiker E. Fermi]

fern[1] <Adj.> Ggs nahe 1 <⤢Z46> räumlich weit weg, abgelegen; ~e Länder; der Ferne Osten; sie kamen von nah und ~ 2 <⤢Z24> Getrenntschr. mit V. u. Part., wenn sinnvoll steiger- od. erweiterbar> wir wollen uns da-

von ~ halten; ein ~ gelegenes Haus; ein ~ liegender Gedanke <fig.>; <aber> → fernbleiben, fernsehen 3 zeitlich weit weg; in ~er Zukunft; **fern**[2] <Präp.; m. Dat.; geh.> weit weg von; ~ der Heimat; **fern'ab** <Adv.; geh.> ~ von jeder Zivilisation

Fer·nam'buk·holz <n.; -es, ⁀er> = Pernambukholz

'**Fern·auf·nah·me** <f.; -, -n; Fot.>; '**Fern·be·ben** <n.; -s, ->; '**Fern·be·die·nung** <f.; -; unz.; bei elektron. Geräten>; '**fern|blei·ben** <V. i. (s.) 114; ich bleibe fern; sie ist ferngeblieben; fernzubleiben> nicht kommen; dem Unterricht ~; → a. fern[1](1); '**Fern·blick** <m.; -(e)s, -e>; '**fer·ne** <Adj.; geh.> = fern; '**Fer·ne** <f.; -, -n> große räuml. od. zeitl. Entfernung; aus der ~; Ggs Nähe; '**fer·ner** 1 <Konj.> außerdem; das steht bei ihm unter ~ liefen das hat für sie keine große Bedeutung 2 <Adv.; geh.> in Zukunft, später; möget ihr auch ~ noch oft daran denken

'**Fer·ner** <m.; -s, -; österr.; bair.> Gletscher

'**fer·ner·hin** <Adv.> = ferner(2); '**Fern·fah·rer** <m.; -s, ->; '**Fern·fah·re·rin** <f.; -, -n·nen>; '**Fern·gas** <n.; -es; unz.>; '**fern·ge·lenkt** <Adj.>; '**Fern·ge·spräch** <n.; -(e)s, -e; Tel.> Ggs Ortsgespräch; '**fern·ge·steu·ert** <Adj.>; '**Fern·glas** <n.; -es, ⁀er; Opt.>; '**Fern·hei·zung** <f.; -, -en>; '**Fern·heiz·werk** <n.; -(e)s, -e>; '**fern·her** <Adv.> von ~ aus weiter Ferne; '**fern·hin** <Adv.> bis in weite Ferne; es war ~ zu hören; '**Fern·ko·pie** <f.; -, -n; veralt.> Telefax; '**Fern·kurs** <m.; -es, -e>; '**Fern·las·ter** <m.; -s, -; umg.; kurz für> Fernlastwagen; '**Fern·last·fah·rer** <m.; -s, ->; '**Fern·last·zug** <m.; -(e)s, ⁀e>; '**Fern·lei·he** <f.; -; unz.; Bibliotheksw.>; '**Fern·lei·tung** <f.; -, -en>; '**fern|len·ken** <V. t.; ich lenke fern; sie hat ferngelenkt; fernzulenken>; '**Fern·len·kung** <f.; -, -en>; '**Fern·licht** <n.; -(e)s; unz.; an Kfz> Ggs Abblendlicht; '**Fern·mel·de·amt** <n.; -(e)s, ⁀er; Post>; '**Fern·mel·de·an·la·ge** <f.; -, -n>; '**Fern·mel·de·ap·pa·rat** <m.; -(e)s,

-e>; '**Fern·mel·de·dienst** <m.; -(e)s; unz.>; '**Fern·mel·de·tech·nik** <f.; -; unz.>; '**Fern·mel·de·we·sen** <n.; -s; unz.>; '**fern·münd·lich** <Adj.> telefonisch; **Fern'ost** <ohne Art.; kurz für> der Ferne Osten, Ostasien; in ~; **fern'öst·lich** <Adj.>; '**Fern·rohr** <n.; -(e)s, -e; Opt.> Teleskop; '**Fern·ruf** <m.; -(e)s, -e; Pl. selten>; '**Fern·schrei·ben** <n.; -s, -; früher>; '**Fern·schrei·ber** <m.; -s, -; früher> Telegrafenapparat; Sy Telex

'**Fern·seh·an·sa·ger** <m.; -s, ->; '**Fern·seh·an·sa·ge·rin** <f.; -, -n·nen>; '**Fern·seh·an·stalt** <f.; -, -en>; '**Fern·seh·an·ten·ne** <f.; -, -n>; '**Fern·seh·ap·pa·rat** <m.; -(e)s, -e>; '**Fern·seh·auf·zeich·nung** <f.; -, -en>; '**Fern·seh·bild** <n.; -(e)s, -e>; '**fern|se·hen** <V. i. 239; ich sehe fern; sie hat ferngesehen; fernzusehen>; '**Fern·se·hen** <n.; -s; unz.> funktechnische Übertragung bewegter Bilder; was kommt heute im ~?; '**Fern·se·her** <m.; -s, -; umg.> 1 Fernsehgerät 2 jmd., der fernsieht; '**Fern·se·he·rin** <f.; -, -n·nen>; '**Fern·seh·film** <m.; -(e)s, -e>; '**Fern·seh·ge·bühr** <f.; -, -en>; '**Fern·seh·ge·rät** <n.; -(e)s, -e>; '**Fern·seh·ka·me·ra** <f.; -, -s>; '**fern·seh·mü·de** <Adj.; salopp> des Fernsehens überdrüssig; '**Fern·seh·muf·fel** <m.; -s, -; umg.; scherzh.> jmd., der nicht gern fernsieht; '**Fern·seh·pro·gramm** <n.; -(e)s, -e>; '**Fern·seh·schirm** <m.; -(e)s, -e>; '**Fern·seh·sen·der** <m.; -s, ->; '**Fern·seh·sen·dung** <f.; -, -en>; '**Fern·seh·ses·sel** <m.; -s, ->; '**Fern·seh·stu·dio** <n.; -s, -s>; '**Fern·seh·tech·nik** <f.; -; unz.>; '**Fern·seh·turm** <m.; -(e)s, ⁀e>; '**Fern·seh·ü·ber·tra·gung** <f.; -, -en; ⤢Z55>; '**Fern·seh·zeit·schrift** <f.; -, -en>

'**Fern·sicht** <f.; -; unz.> Sy Weitsicht; '**fern·sich·tig** <Adj.> = weitsichtig; '**Fern·sich·tig·keit** <f.; -; unz.>

'**Fern·sprech...** <in Zus.> Telefon...; '**Fern·sprech·amt** <n.; -(e)s, ⁀er> Vermittlungsamt für Telefongespräche; '**Fern·sprech·an·schluss** <m.;

-es, ⸚e>; '**Fern·sprech·ap·pa·rat** <m.; -(e)s, -e>; '**Fern·spre·cher** <m.; -s, -> *Telefon;* '**Fern·sprech·ge·bühr** <f.; -, -en>; '**Fern·sprech·teil·neh·mer** <m.; -s, ->; '**Fern·sprech·teil·neh·me·rin** <f.; -, -n·nen>

'**fern|steu·ern** <V. t.; ich steu(e)re fern; sie hat ferngesteuert; fernzusteuern> → a. *fern¹(1);* '**Fern·steu·e·rung** <f.; -, -en>; '**Fern·stra·ße** <f.; -, -n>; '**Fern·stu·di·um** <n.; -s; unz.>; '**Fern·u·ni·ver·si·tät** <[-ver-]; f.; -, -en; ⚡Z55>; '**Fern·un·ter·richt** <m.; -(e)s; unz.>; '**Fern·ver·bin·dung** <f.; -, -en>; '**Fern·ver·kehr** <m.; -s; unz.>; '**Fern·ver·kehrs·stra·ße** <f.; -, -n>; '**Fern·wär·me** <f.; -; unz.> *durch Fernheizung gelieferte Wärme;* '**Fern·weh** <n.; -s; unz.> *Sehnsucht nach fernen Ländern;* Ggs *Heimweh;* '**Fern·ziel** <n.; -(e)s, -e>; '**Fern·zug** <m.; -(e)s, ⸚e

Fer'rit <m.; -(e)s; unz.; Chem.> **1** *reine Eisenkristalle* **2** *keram. Magnetwerkstoff;* **Fer'rit·an·ten·ne** <f.; -, -n>; '**Fer·rum** <n.; -s; unz.; Chem.; Zeichen: Fe> *chem. Element, Eisen* [lat.]

'**Fer·se** <f.; -, -n> *hinterer Teil des Fußes od. Strumpfes;* <aber> → *Färse;* '**Fer·sen·geld** <in der scherzh. Wendung> ~ *geben* <fig.; umg.> *fliehen*

'**fer·tig** <Adj.> **1** *zu Ende (gebracht);* die ~e *Arbeit abliefern;* ist das Essen ~?; ich bin ~ *ich habe alles erledigt,* <auch> *ich bin am Ende meiner Kräfte* **2** <⚡Z24> *Getrenntschreibung in Verbindung mit Verben>* etwas ~ *bekommen, bringen;* ich *bringe es* ~; *sie hat es* ~ *gebracht;* sie hat es ~ *zu bringen;* etwas ~ *machen zu Ende bringen;* sich ~ *machen;* jmdn. ~ *machen* <umg.> *psychisch od. physisch zugrunde richten;* ~ *stellen;* '**Fer·tig·bau·wei·se** <f.; -; unz.>; '**fer·ti·gen** <V. t.> *herstellen;* '**Fer·ti·ger·zeug·nis** <n.; -s·ses, -s·se>; '**Fer·tig·fa·bri·kat,** <auch> '**Fer·tig·fab·ri·kat** <n.; -(e)s, -e; ⚡Z53> *Fertigware;* Ggs *Halbfabrikat;* '**Fer·tig·ge·richt** <n.; -(e)s, -e>; '**Fer·tig·haus** <n.; -es, ⸚er>; '**Fer·tig·keit** <f.; -, -en> *Geschicklichkeit, Ge-*

wandtheit; '**Fer·tig·stel·lung** <f.; -; unz.> *nach* ~; '**Fer·tig·teil** <n.; -(e)s, -e>; '**Fer·ti·gung** <f.; -, -en> *Herstellung;* '**Fer·ti·gungs·kos·ten** <Pl.>; '**Fer·tig·wa·re** <f.; -, -n>

fer'til <Adj.> *fruchtbar;* Ggs *infertil* [lat.]; **Fer·ti·li·sa·ti'on** <f.; -, -en; Med.> *Befruchtung;* **Fer·ti·li'tät** <f.; -; unz.> *Fruchtbarkeit;* Ggs *Infertilität, Sterilität*

fes, Fes <n.; -, -; Mus.> *Tonbezeichnung*

Fes <[fɛs]; m.; - od. -es, - od. -e> *oriental. Kopfbedeckung;* oV *Fez¹* [nach der gleichnamigen Stadt in Marokko]

fesch <[fɛʃ], österr. [fe:ʃ]; Adj.; -er, am -es·ten; umg.> *elegant, schick*

'**fes·es, Fes·es** <n.; -, -; Mus.> *Tonbezeichnung*

'**Fes·sel¹** <f.; -, -n> *Band, Kette;* '**Fes·sel²** <f.; -, -n> *Teil des Fußes;* '**Fes·sel·bal·lon** <[-lɔ̃] od. [-lo:n]; m.; -s, -s> *bemannter, mit Seilen am Boden befestigter Ballon;* '**fes·sel·los** <Adj.>; '**fes·seln** <V. t.; ich fess(e)le> **1** jmdn. ~ *jmds. Hände (u. Füße) zusammenbinden* **2** <fig.> jmdn. ~ *jmdn. in Bann ziehen;* '**fes·selnd** <Adj.; fig.> *interessant, spannend;* ein ~er *Vortrag;* '**Fes·se·lung, Fess·lung** <f.; -; unz.>

fest <Adj.> **1** *von kompakter Beschaffenheit, straff, kräftig, ständig, dauerhaft;* ein ~er *Händedruck;* eine ~e *Freundin;* ein ~er *Wohnsitz;* ein ~es *Gehalt* **2** <⚡Z24> *Getrenntschreibung mit Verben u. Part., wenn steiger- od. erweiterbar>* die *Schuhe* ~ *binden;* <aber> den *Hund vor der Metzgerei fest·binden anbinden;* du musst den *Ball ganz* ~ *halten;* <aber> wir müssen das im Protokoll *festhalten notieren;* in den Schuhen ~ *stehen einen guten Stand haben;* <aber> morgen wird der Termin *feststehen entschieden sein;* ~ *angestellt, besoldet, gefügt, geschnürt, umrissen, verwurzelt;* ~ *kochende Kartoffeln*

Fest <n.; -(e)s, -e> **1** *private od. gesellschaftl. Feier* **2** *kirchlicher Feiertag;* Oster~; '**Fest·akt** <m.;

-(e)s, -e>; '**Fest·aus·schuss** <m.; -es, ⸚e

'**fest|ba·cken** <V. i. (s.) 101; er backt fest; er ist festgebacken; festzubacken; bes. norddt.> *festkleben;* ein festgebackener *Lehmklumpen;* → a. *fest*

'**fest|bei·ßen** <V. refl. 105; ich beiße mich fest; sie hat sich festgebissen; sich festzubeißen> der Hund hat sich an der Hose festgebissen; <aber getrennt> er hat den Briefträger (sehr) fest gebissen; sich an einem Problem ~ <fig.>; → a. *fest*

'**Fest·be·leuch·tung** <f.; -; unz.>

'**fest|bin·den** <V. t. 111; ich binde fest; sie hat festgebunden; festzubinden> das Boot am Steg ~; <aber getrennt> die Schleife fest binden; → a. *fest*

'**fest|blei·ben** <V. i. (s.) 114; ich bleibe fest; sie ist festgeblieben; festzubleiben> *nicht nachgeben, wanken;* in einem Entschluss ~; → a. *fest*

'**Fest·brenn·stoff** <m.; -(e)s, -e>

'**Fes·te** <f.; -, -n; veralt.> *Festung*

'**Fes·tes·freu·de** <f.; -, -n; geh.>; '**Fest·es·sen** <n.; -s, ->

'**fest|fah·ren** <V. i. (s.) u. V. t./V. refl. (h.) 130; a. fig.> *stecken bleiben;* das Auto ist festgefahren; es hat sich festgefahren; eine festgefahrene Meinung <fig.>; → a. *fest*

'**fest|fres·sen** <V. refl. 139> *sich verklemmen;* der Kolben hat sich im Zylinder festgefressen; → a. *fest*

'**Fest·freu·de** <f.; -; unz.>

'**Fest·ge·bot** <n.; -(e)s, -e; Kaufmannsspr.> Sy *Festangebot*

'**Fest·ge·dicht** <n.; -(e)s, -e>; '**Fest·ge·la·ge** <n.; -s, ->

'**fest|ha·ken** <V. t.; ich hake fest; sie hat festgehakt; festzuhaken> *mit Haken befestigen;* → a. *fest*

'**fest|hal·ten** <V. t. 160; ich halte fest; sie hat festgehalten; festzuhalten> einen Gedanken schriftlich ~; an einer Überzeugung ~; jmdn. irgendwo ~ *nicht gehen lassen;* <aber getrennt> den Dieb fest halten *mit festem Griff;* → a. *fest*

'**fest|hef·ten** <V. t.> *befestigen;* → a. *fest*

'**fes·ti·gen** <V. t.> *stärken;* '**Fes·ti·**

ger <m.; -s, -; kurz für> *Haarfestiger;* '**Fes·tig·keit** <f.; -; unz.>; '**Fes·ti·gung** <f.; -; unz.> *das Festigen*

'**Fes·ti·val** <[-val] od. engl. [-vəl]; n.; -s, -s> *großes Musikfest* [engl.]; **Fes·ti·vi·tät** <[-vi-]; f.; -, -en; veralt.; noch umg.; scherzh.> *Festlichkeit*

fes·ti·vo <Mus.> *feierlich, festlich* [ital.]

'**fest|klam·mern** <V. t.; ich klamm(e)re fest; sie hat festgeklammert; festzuklammern> *mit Klammern befestigen;* sich an einer Hoffnung ~ <fig.>; → a. *fest*

'**Fest·kle·ben** <V.> → a. *fest 1* <V. i. (s.)> *haften (an)* 2 <V. t.> *mit Leim ankleben*

'**Fest·kleid** <n.; -(e)s, -er>

'**fest|klem·men** <V. t.; ich klemme fest; sie hat festgeklemmt; festzuklemmen> *mit Klammern befestigen;* → a. *fest*

'**fest|klop·fen** <V. t.; a. fig.> einen Termin - <salopp> *verbindlich vereinbaren;* → a. *fest*

'**Fest·kör·per** <m.; -s, -; Phys.> *Stoff im festen Aggregatzustand, meist Kristall;* '**Fest·kör·per·phy·sik** <f.; -; unz.>

'**Fest·land** <n.; -(e)s; unz.>; '**fest·län·disch** <Adj.>

'**fest|lau·fen** <V. i. (s.) u. V. refl. (h.)> *stecken bleiben;* → a. *fest*

'**fest|le·gen** <V.; ich lege fest; sie hat festgelegt; festzulegen> → a. *fest 1* <V. t.> *verbindlich bestimmen;* die Reihenfolge ~ 2 <V. refl.> *sich verpflichten;* er lässt sich nicht gern ~

'**fest|le·sen** <V. refl. 179; umg.> sich in einer Lektüre ~ <fig.>; → a. *fest*

'**fest·lich** <Adj.>; '**Fest·lich·keit** <f.; -, -en>; '**Fest·lied** <n.; -(e)s, -er>

'**fest|lie·gen** <V. i. 180; es liegt fest; es hat festgelegen; festzuliegen> das Schiff liegt fest *ist auf Grund gefahren;* → a. *fest*

'**Fest·lohn** <m.; -(e)s, ⁻e>

'**fest|ma·chen** <V.> → a. *fest 1* <V. t.; umg.> *befestigen* 2 <V. t.; fig.; umg.> *verbindlich vereinbaren* 3 <V. i.; Seemannsspr.> *anlegen;* das Schiff hat im Hafen festgemacht

'**Fest·mahl** <n.; -(e)s, -e>

'**Fest·me·ter** <n.; -s, -; Abk.: fm> *Raummaß für Holz (1 m³ feste Holzmasse)*

'**fest|na·geln** <V. t.; ich nag(e)le fest; sie hat festgenagelt; festzunageln> → a. *fest 1* mit Nägeln *befestigen* 2 <fig.; umg.> jmdn. ~ *zu einer verbindlichen Aussage zwingen,* <auch> *nicht gehen lassen*

'**fest|nä·hen** <V. t.> Knöpfe ~

'**Fest·nah·me** <f.; -, -n>; '**fest·neh·men** <V. t. 189; ich nehme fest; sie hat festgenommen; festzunehmen> *verhaften;* → a. *fest*

Fes·ton <[fɛsˈtõ]; n.; -s, -s> *Blumengirlande, Ornament* [frz.]; **fes·to'nie·ren** <V. t.>

fes·to·so <Mus.> = *festivo* [ital.]

'**Fest·plat·te** <f.; -, -n>; '**Fest·plat·ten·spei·cher** <m.; -s, -; EDV> *elektron. Speichermedium*

'**Fest·platz** <m.; -es, ⁻e>

'**Fest·preis** <m.; -es, -e>

'**Fest·re·de** <f.; -, -n>; '**Fest·red·ner** <m.; -s, ->; '**Fest·red·ne·rin** <f.; -, -nnen>; '**Fest·saal** <m.; -(e)s, -säle; ⟋Z 18.1>

'**fest|sau·gen** <V. refl.>

'**fest|schnal·len** <V. t.>

'**fest|schrau·ben** <V. t.> → a. *fest*

'**fest|schrei·ben** <V. t. 230; ich schreibe fest; sie hat festgeschrieben; festzuschreiben> *schriftlich festlegen>*

'**Fest·schrift** <f.; -, -en>

'**fest|set·zen** <V. t.; ich setze fest; sie hat festgesetzt; festzusetzen> 1 *verbindlich bestimmen* 2 jmdn. ~ *einsperren* 3 <V. refl.> sich - <a. fig.> *einnisten;* diese Idee hat sich bei ihm festgesetzt; '**Fest·set·zung** <f.; -, -en>

'**fest|sit·zen** <V. i. 246 (h. u. (süddt., österr., schweiz.) s.)> *weiterkommen;* → a. *fest*

'**Fest·spiel** <n.; -(e)s, -e> die Salzburger ~e; '**Fest·spiel·haus** <n.; -es, ⁻er>; '**Fest·spiel·lei·ter** <m.; -s, ->; '**Fest·spiel·lei·te·rin** <f.; -, -nnen>

'**fest|ste·cken** <V.> → a. *fest 1* <V. t.> *mit Nadeln befestigen* 2 <V. i.> = *festsitzen*

'**fest|ste·hen** <V. i. 256; es steht fest; es hat festgestanden; festzustehen> fest steht, dass ... *es ist sicher, dass ...;* eine ~de Tatsache; <aber getrennt> es ist

schwierig, auf dem Boot fest zu stehen; → a. *fest*

'**Fest·stell·brem·se** <f.; -, -n>; '**fest|stel·len** <V.> → a. *fest 1* <V. t.> *ermitteln, in Erfahrung bringen* 2 <V. t.> *wahrnehmen* 3 <V. i.> *mit Entschiedenheit sagen;* '**Fest·stell·tas·te** <f.; -, -n; an der Schreibtastatur>; '**Fest·stel·lung** <f.; -, -en>

'**Fest·stim·mung** <f.; -; unz.>; '**Fest·ta·fel** <f.; -, -n>; '**Fest·tag** <m.; -(e)s, -e>; '**fest·täg·lich** <Adj.>; '**Fest·tags·klei·dung** <f.; -; unz.>

'**fest|tre·ten** <V. t./V. refl. 268> → a. *fest*

'**Fes·tung** <f.; -, -en> *befestigte Verteidigungsanlage;* '**Fes·tungs·gra·ben** <m.; -s, ⁻>; '**Fes·tungs·haft** <f.; -; unz.; früher>

'**fest·ver·zins·lich** <Adj.; Bankw.> ~e Wertpapiere

'**Fest·wie·se** <f.; -, -n>; '**Fest·wo·che** <f.; -, -n>; '**Fest·zug** <m.; -(e)s, ⁻e>

'**Fe·ta** <m.; -s; unz.> *grch. Schafskäse* [grch.]

fe'tal <Adj.> *den Fetus betreffend* [lat.]

'**Fe·te** <a. ['fɛːtə]; f.; -, -n; umg.; salopp> *Fest, Feier* [frz.]; **fe·ten** <['fɛːtən]; V. i.; schweiz.> *ein kleines Fest feiern*

'**Fe·tisch** <m.; -(e)s, -e> *Gegenstand abergläubischer Verehrung, Kultobjekt;* **fe·ti·schi'sie·ren** <V.> *zum Fetisch machen;* **Fe·ti'schis·mus** <m.; -; unz.> 1 *Fetischverehrung* 2 <Psych.> *geschlechtl. Erregung durch Gegenstände (z. B. Kleidung) einer Person des anderen Geschlechts;* **Fe·ti·schist** <m.; -en, -en>; **Fe·ti'schis·tin** <f.; -, -nnen>; **fe·ti'schis·tisch** <Adj.>

fett <Adj.> 1 *viel Fett enthaltend;* ~e Wurst 2 ⟋Z 24> *dick;* sich ~ essen <abwertend> jmdn. ~ füttern; ein ~ gedruckter Text <Typ.> 3 *üppig, fruchtbar;* eine ~e Weide; **Fett** <n.; -(e)s, -e> 1 *streichfähiger, als Nahrungsod. Schmiermittel verwendeter Stoff;* Pflanzen~ 2 <unz.> *weiches Gewebe im Körper von Menschen u. Tieren;* ~ ansetzen; '**Fett·an·satz** <m.; -es, ⁻e>; '**fett·arm** <Adj.; -är·mer, am -ärms·ten>; '**Fett·au·ge** <n.; -s,

-n; meist Pl.>; **'fett·bäu·chig** <Adj.>; **'Fett·be·darf** <m.; -(e)s; unz.>; **'Fett·creme** <[-kre:m]; f.; -, -s>; **'Fett·de·pot** <[-po:]; n.; -s, -s Med.>; **'Fett·druck** <m.; -(e)s; unz.; Typ.>; **'Fet·te** <f.; -; unz.; selten> *Fettheit*; **'fet·ten** <V.> 1 <V. t.> *mit Fett(1) einreiben* 2 <V. i.> *Fett(1) absondern; eine stark ~de Creme*; **'Fett·fleck** <m.; -(e)s, -e>; **'Fett·ge·halt** <m.; -(e)s; unz.> *~ der Wurst*; **'Fett·ge·schwulst** <f.; -, =e; Med.> *eine gutartige Wucherung*; Sy *Lipom*; **'Fett·ge·we·be** <n.; -s; unz.>; **'Fett·heit** <f.; -; unz.>; **'Fett·hen·ne** <f.; -, -n; Bot.> *ein Dickblattgewächs*; **'fet·tig** <Adj.> *Fett enthaltend, schmierig*; **'Fet·tig·keit** <f.; -; unz.>; **'Fett·kloß** <m.; -es, =e; derb> *sehr dicker Mensch*; **'Fett·klum·pen** <m.; -s, ->; **'Fett·krem, 'Fett·kre·me** <f.; -, -s od. -n>; **'Fett·lei·big** <Adj.>; **'Fett·lei·big·keit** <f.; -; unz.>; **'fett·lös·lich** <Adj.>; **'Fett·näpf·chen** <nur in der Wendung> *ins ~ treten durch eine unbedachte Äußerung jmdn. verärgern*; **'Fett·pflan·ze** <f.; -, -n; Bot.> *Sukkulente*; **'Fett·pols·ter** <n.; -s, ->; **'fett·reich** <Adj.>; **'Fett·sack** <m.; -(e)s, =e; derb> *sehr dicker Mensch*; **'Fett·säu·re** <f.; -, -n; Chem.>; **'Fett·stift** <m.; -(e)s, -e>; **'Fett·stoff·wech·sel** <[-ks-]; m.; -s; unz.; Physiol.>; **'fett·trie·fend** <Adj.; ↗Z37> *ein ~es Gebäck*; *<aber> ein vor Fett triefendes G.*; **'Fett·trop·fen** <m.; -s, -; ↗Z37>

Fet·tu·ci·ne <[-ˈtʃiːne]; Pl.> *Bandnudeln* [ital.]

'Fett·wanst <m.; -(e)s, =e; derb> 1 *dicker Bauch* 2 *dicker Mensch*; **'Fett·zel·le** <f.; -, -n>

'Fe·tus <m.; - od. -ses, 'Fe·ten od. -s·se> *Leibesfrucht ab dem dritten Schwangerschaftsmonat*; oV *Fötus* [lat.]

'Fetz·chen <n.; -s, -; Verkleinerungsf. von> *Fetzen*; **'fet·zen** <V.; du fetzt> 1 <V. t.> *in Stücke reißen* 2 <V. i. (s.); umg.> *rennen*; **'Fet·zen** <m.; -s, -; umg.> *abgerissenes Stoff- od. Papierstück*; **'fet·zig** <Adj.; Ju-

gendspr.> *schwungvoll, mitreißend; ~e Musik*

feucht <Adj.> *leicht nass, klamm*; **'Feucht·bi·o·top** <n. od. m.; -(e)s, -e>; **'Feuch·te** <f.; -; unz.> *Feuchtigkeit*; **'feucht·feln** <V. i.; süddt.; schweiz.> *modrig riechen*; **'feucht·fröh·lich** <Adj.; ↗Z27; umg.> *durch, beim Alkoholgenuss ausgelassen; ein ~es Beisammensein*; **'feucht·heiß** <Adj.>; **'Feuch·tig·keit** <f.; -; unz.>; **'Feuch·tig·keits·ge·halt** <m.; -(e)s; unz.>; **'Feuch·tig·keits·mes·ser** <m.; -s, -> *Hygrometer*; **'feucht·kalt** <Adj.>; **'Feucht·raum·lei·tung** <f.; -, -en; El.>; **'feucht·warm** <Adj.>

feu·dal <Adj.> 1 <MA> *lehnsrechtlich* 2 <fig.; umg.> *prunkvoll, vornehm*; **Feu·dal·herr·schaft** <f.; -; unz.>; **Feu·da·lis·mus** <m.; -; unz.> *auf dem Lehnswesen beruhende Gesellschaftsordnung*; **feu·da·lis·tisch** <Adj.>; **Feu·da·li·tät** <f.; -; unz.> 1 *Lehnsverhältnis* 2 *Prunk, Vornehmheit*; **Feu·dal·staat** <m.; -(e)s, -en>; **Feu·dal·sys·tem** <n.; -s; unz.> = *Feudalismus*

Feu·del <m. od. n.; -s, -; norddt.> *Scheuerlappen*

'Feu·er <n.; -s, -> 1 <↗Z29> *durch Flammen u. Hitzeentwicklung gekennzeichnete Verbrennungserscheinung; Lager~; ein ~ speiendes Ungeheuer* 2 <unz.; fig.; meist poet.> *Glut, Leidenschaft; ~ und Flamme (für etwas) sein hellauf begeistert*; **'Feu·er·a·larm** <m.; -(e)s; unz.; ↗Z55>; **'Feu·er·ball** <m.; -(e)s, =e; poet.> *die auf- od. untergehende Sonne*; **'feu·er·be·stän·dig** <Adj.>; **'Feu·er·be·stat·tung** <f.; -, -en> *Einäscherung*; **'Feu·er·boh·ne** <f.; -, -n; Bot.>; **'Feu·er·dorn** <m.; -(e)s, -e; Bot.> *ein Zierstrauch*; **'Feu·er·ei·fer** <m.; -s; unz.> *sich mit ~ an die Arbeit machen*; **'feu·er·far·ben, 'feu·er·far·big** <Adj.>; **'feu·er·fest** <Adj.>; **'Feu·er·fes·tig·keit** <f.; -; unz.>; **'Feu·er·gar·be** <f.; -, -n> *hoch auflodernde Flamme*; **'Feu·er·ge·fahr** <f.; -; unz.> oV *Feuersgefahr*; **'feu·er·ge·fähr·lich** <Adj.>; **'Feu·er·ge·fecht** <n.; -(e)s, -e>; **'Feu·er·ha·ken** <m.;

-s, ->; **'Feu·er·holz** <n.; -es; unz.>; **'Feu·er·lei·ter** <f.; -, -n> Sy *Brandleiter*; **'Feu·er·li·lie** <[-ljə]; f.; -, -n; Bot.>, **'Feu·er·lösch·ap·pa·rat** <m.; -(e)s, -e>; **'Feu·er·lö·scher** <m.; -s, -; kurz für> *Feuerlöschapparat*; **'Feu·er·mal** <n.; -(e)s, -e; Med.> *angeborene Hautverfärbung*; **'Feu·er·mau·er** <f.; -, -n>; **'Feu·er·mel·der** <m.; -s, -> *eine Alarmanlage*; **'feu·ern** <V.; ich feu(e)re> 1 <V. t.> *Feuer machen, heizen* 2 <V. i.; Mil.> *schießen* 3 <V. t.> *etwas irgendwohin ~ <umg.> (wütend) schleudern* 4 <V. t.> *jmdn. ~ <fig.; umg.> hinauswerfen, entlassen*; **'Feu·er·pau·se** <f.; -, -n; Mil.>; **'feu·er·po·li·zei·lich** <Adj.> *das ist ~ verboten*; **'Feu·er·pro·be** <f.; -, -n> *die ~ bestehen <fig.> sich (in einer schwierigen Situation) bewähren*; **'Feu·er·qual·le** <f.; -, -n; Zool.>; **'feu·er·rot** <Adj.> *~es Haar*; **'Feu·er·sa·la·man·der** <m.; -s, -; Zool.>; **'Feu·ers·brunst** <f.; -, =e> *verheerender Brand*; **'Feu·er·schein** <m.; -; -(e)s, -e>; **'Feu·er·schlu·cker** <m.; -s, -; auf Jahrmärkten u. im Zirkus>; **'Feu·er·schutz** <m.; -es; unz.>; **'Feu·ers·ge·fahr** <f.; -; unz.> oV *Feuergefahr*; **'feu·er·si·cher** <Adj.>; **'Feu·ers·not** <f.; -; unz.; poet.>; **'Feu·er·stät·te** <f.; -, -n>; **'Feu·er·stein** <m.; -(e)s, -e> 1 *dichtes Kieselgestein* 2 *vorgeschichtlicher Werkstoff*; **'Feu·er·stel·le** <f.; -, -n>; **'Feu·er·stuhl** <m.; -(e)s, =e; Jugendspr.> *Motorrad*; **'Feu·er·tau·fe** <f.; -, -n; fig.> *Bewährungsprobe*; **'Feu·er·teu·fel** <m.; -s, -; umg.> *Brandstifter*; **'Feu·er·tod** <m.; -(e)s; unz.> *den ~ finden*; **'Feu·e·rung** <f.; -, -en>; **'Feu·er·ver·si·che·rung** <f.; -, -en>; **'Feu·er·wa·che** <f.; -, -n> *Gebäude der Feuerwehr*; **'Feu·er·waf·fe** <f.; -, -n> *eine Schusswaffe*; **'Feu·er·wan·ze** <f.; -, -n; Zool.>; **'Feu·er·was·ser** <n.; -s; unz.; umg.> *Branntwein*; **'Feu·er·wehr** <f.; -, -en; Pl. selten>; **'Feu·er·wehr·au·to** <n.; -s, -s>; **'Feu·er·wehr·lei·ter** <f.; -, -n>; **'Feu·er·wehr·mann** <m.; -(e)s, =er od. -leu·te>; **'Feu·er·werk** <n.; -(e)s, -e> *Erzeugung von*

Lichteffekten durch das Abbrennen explosiver Stoffe; **'feu·er·wer·ken** <V. i.; ich feuerwerke; sie hat gefeuerwerkt; zu –>; **'Feu·er·wer·ker** <m.; -s, -> Sy *Pyrotechniker*; **'Feu·er·werks·kör·per** <m.; -s, ->; **'Feu·er·zan·ge** <f.; -, -n>; **'Feu·er·zan·gen·bow·le** <[-bo:-]; f.; -, -n> *ein heißes alkoholisches Getränk*; **'Feu·er·zei·chen** <n.; -s, ->; **'Feu·er·zeug** <n.; -(e)s, -e>

Feuil·le·ton <[fœjə'tõ]; a. ['---]; n.; -s, -s; urspr.> 1 *Zeitungsbeilage* 2 <heute> *der kulturelle Teil einer Zeitung* 3 *Beitrag für das Feuilleton(2)* [frz.]; **Feuil·le·to'nis·mus** <m.; -; unz.>; **Feuil·le·to'nist** <m.; -en, -en>; **Feuil·le·to'nis·tin** <f.; -, -n·nen>; **feuil·le·to'nis·tisch** <Adj.>; **'Feuil·le·ton·stil** <m.; -(e)s; unz.>

'feu·rig <Adj.; fig.> *leidenschaftlich, temperamentvoll*

Fex <m.; -es od. -en, -e od. -en> *Narr*

Fez¹ <[fe:ts] od. [fe:s]; m.; - od. -es, - od. -e> = *Fes*

Fez² <[fe:ts]; m.; -es; unz.; umg.> *Ulk, Unsinn, Spaß* [frz.]

ff 1 <Abk. für> *sehr fein* 2 <Mus.; Abk. für> *fortissimo* 3 = *Effeff*

FF <Abk. für> *französische(r) Franc(s)*; → a. *Franc*

ff. <Abk. für> *(und) folgende Seiten; S. 54* ~

fff <Mus.; Abk. für> *fortefortissimo*

FH <Abk. für> *Fachhochschule*

'Fi·a·ker <m.; -s, -; österr.> 1 *Pferdedroschke* 2 *Kutscher* [frz.]

Fi'a·le <f.; -, -n; got. Baukunst> *spitzes Türmchen* [grch.-ital.]

Fi'as·ko <n.; -s, -s> *Misserfolg, Zusammenbruch* [ital.]

'Fi·bel¹ <f.; -, -n> *Lehrbuch für (Lese-)Anfänger*

'Fi·bel² <f.; -, -n> *german. Spange, Gewandnadel* [lat.]

'Fi·ber <f.; -, -n> *Muskel-, Pflanzen-, Kunstfaser*; <aber> → *Fieber*; **fi·bril'lär**, <auch> **fib·ril'lär** <Adj.; ✎Z53> *aus Fibrillen zusammengesetzt*; **Fi'bril·le** <f.; -, -n; Med.> *feinster Bestandteil der Muskelfasern u. des Bindegewebes* [lat.]; **Fi'brin** <n.; -(e)s; unz.> *Eiweißstoff des Blutes*; **fi·bri'nös** <Adj.> *fibrinhaltig*; **Fi-**

bro'in <n.; -s; unz.> *ein Protein der Naturseide*; **Fi'brom** <n.; -s, -e; Med.> = *Fasergeschwulst*; **fi'brös** <Adj.> *faserig, aus Bindegewebe bestehend*

'Fi·bu·la <f.; -, -lä od. -buln; Med.> *Wadenbein*

Fiche <[fiʃ]; f. od. m. od. n.; -s, -s; EDV; kurz für> *Mikrofiche*

'Fich·te <f.; -, -n; Bot.> *ein Nadelbaum*; **'fich·ten** <Adj.> *aus Fichtenholz*; **'Fich·ten·harz** <n.; -es; unz.>; **'Fich·ten·holz** <n.; -es; unz.>; **'Fich·ten·na·del** <f.; -, -n>; **'Fich·ten·zap·fen** <m.; -s, ->

Fi·chu <[fi'ʃy:]; n.; -s, -s; Ende 18. Jh.> *Brust- u. Schultertuch* [frz.]

'fi·cken <V. t. u. V. i.; derb> *koitieren*

'fi·cke·rig <Adj.; umg.> *aufgeregt, unruhig*; **'Fick·fack** <m.; -(e)s, -e; umg.> *Ausflucht, Vorwand*; **'fick·fa·cken** <V. i.> *Ausflüchte suchen*; **'fick·rig** <Adj.; umg.> = *fickerig*

'Fi·cus <m.; -, 'Fi·ci [-tsi]; Bot.> *Feigenbaum* [lat.]

Fi·de·i·kom·miss <['fi:de·i-]; n.; -es, -e; Rechtsw.> *an ein Familienmitglied gebundenes Vermögen* [lat.]; **Fi·de'is·mus** <m.; -; unz.; Philos.> *Weltanschauung, die sich auf den Glauben gründet*

fi'del <Adj.; umg.> *vergnügt, fröhlich* [lat.]

'Fi·del <f.; -, -n; MA> *kleines, der Geige ähnliches Streichinstrument*; → a. *Fiedel*

'Fi·di·bus <m.; - od. -s·ses, -s·se> *(gefalteter) Papierstreifen zum Feueranzünden*

'Fid·schi *Inselstaat im Südwestpazifik; Republik* ~; **fid·schi'a·ner** <m.; -s, ->; **Fid·schi'a·ne·rin** <f.; -, -n·nen>; **fid·schi'a·nisch** <Adj.>; **'Fid·schi·in·seln** <Pl.; ✎Z36>

Fi'duz <n.; - od. -es; unz.; umg.> *Vertrauen, Mut* [lat.]

'Fie·ber <n.; -s, -; Pl. selten> 1 <Med.> *krankhaft erhöhte Körpertemperatur* 2 <fig.> *innere Erregung, Betriebsamkeit;* Arbeits~; Reise~; <aber> → *Fieber* [lat.]; **'Fie·ber·fan·ta·sie** <f.; -, -n>; **'Fie·ber·haft** <Adj.> 1 *mit Fieber(1) einhergehend;* ~e *Erkältung* 2

<fig.> *aufgeregt;* ~ *nach etwas suchen*; **'fie·be·rig** <Adj.> *fieberhaft*; **'fie·ber·krank** <Adj.>; **'Fie·ber·kur·ve** <f.; -, -n>; **'Fie·ber·mü·cke** <f.; -, -n; Zool.> = *Anopheles*; **'fie·bern** <V. i.; ich fieb(e)re> 1 *Fieber(1) haben* 2 <V. i.> *heftig verlangen;* er *fiebert danach, sie zu treffen*; **'Fie·ber·phan·ta·sie** <f.; -, -n>; **'Fie·ber·ta·bel·le** <f.; -, -n>; **'Fie·ber·ther·mo·me·ter** <n.; -s, ->; **'Fie·ber·wahn** <m.; -(e)s; unz.>; **'fieb·rig** <Adj.> = *fieberig*

'Fie·del <f.; -, -n; volkstüml.; veralt.> *Geige*; → a. *Fidel*; **'Fie·del·bo·gen** <m.; -s, - od. (süddt.) ⸗>; **'fie·deln** <V. i.; ich fied(e)le; umg.> *(schlecht) Geige spielen*

'Fie·der <f.; -, -n; veralt.> *kleine Feder*; **'Fie·der·blatt** <n.; -(e)s, ⸗er; Bot.> *gefiedertes Blatt*; **'fie·der·för·mig** <Adj.>; **'Fie·der·pal·me** <f.; -, -n; Bot.>

'Fied·ler <m.; -s, -; abwertend> *schlechter Geiger*; **'Fied·le·rin** <f.; -, -n·nen>

Field·re·search <['fi:ldri:zə:tʃ]; n.; -s; unz.>, **'Field·work** <[-wə:k]; n.; -s; unz.; Soziol.> = *Feldforschung;* Ggs *Deskresearch* [engl.]

'Fie·pe <f.; -, -n> *Pfeife (zum Anlocken von Rehwild)*; **'fie·pen** <V. i.; umg.> *hohe winselnde Laute ausstoßen*

'fie·ren <V. t.; Seemannsspr.> *(ein Tau) ablaufen lassen*

fies <Adj.; umg.; abwertend> *gemein, widerwärtig*, **'Fies·ling** <m.; -s, -e> *gemeiner Kerl*

Fi·es·ta <[fi'ɛs-]; f.; -, -s; span. Bez. für> *Volksfest*

FIFA, **'Fi·fa** <f.; -; unz.; ✎Z56; Kurzw. für> *Fédération Internationale de Football Association*

fif·ty-fif·ty <['fifti 'fifti]; umg.> = *halbpart* [engl.]

'Fi·ga·ro <m.; -s, -s; scherzh.> *Barbier* [nach einer Bühnenfigur]

Fight <[fait]; m.; -s, -s; Sp., bes. Boxen; salopp> *hart geführter (Wett-)Kampf* [engl.]; **'figh·ten** <V. i.; du fightest; er hat gefightet> *kämpfen*; **'Figh·ter** <m.; -s, ->

Fi'gur <f.; -, -en> *Körperform, Gestalt* [lat.]; **Fi'gu·ra** <f.; -; unz.; geh.; in der Wendung> *wie* ~

zeigt *wie klar vor Augen liegt;* **fi·gu'ral** <Adj.> *mit Figuren versehen;* **Fi·gu'ral·mu·sik** <f.; -; unz.> *mehrstimmige Musik des MA;* **Fi·gu·ra'ti·on** <f.; -, -en; Mus.> *Ausschmückung einer Melodie;* **fi·gu·ra'tiv** <Adj.> *figürlich, bildlich (darstellend);* **Fi'gür·chen** <n.; -s, -; Verkleine­rungsf. von> *Figur;* **Fi'gu·ren·the·a·ter** <n.; -s, -; Sammelbez. für> *Puppen-, Marionettentheater,* **fi·gu'rie·ren** <V.> 1 <V. i.> *in Erscheinung treten, auftreten* 2 <V. t.; Mus.> *eine Melodie ausschmücken;* **fi·gu'riert** <Adj.>; **Fi·gu'rie·rung** <f.; -, -en>; **Fi·gu'ri·ne** <f.; -, -n> 1 *Figürchen* 2 <Theat.> *Kostümentwurf, Modezeichnung* 3 <Mal.> *Hintergrundgestalt in Landschaftsgemälden;* **fi·gür'lich** <Adj.> 1 *im übertragenen Sinn gebraucht, bildlich* 2 *die Figur betreffend*

Fik·ti'on <f.; -, -en> *Annahme, Einbildung, Erdachtes* [lat.]; **fikti·o'nal** <Adj.>; **fik'tiv** <Adj.> *angenommen, erdacht*

Fi·la'ment <n.; -(e)s, -e; Bot.> = *Staubfaden* [lat.]

File <[fail]; n.; -s, -s; EDV> *Datei* [engl.]

Fi·let <[fi'le:]; n.; -s, -s> 1 <Kochk.> *Lenden-, bzw. Bruststück, entgrätetes Fischfleisch;* *Forellen~* 2 <Textilw.> *durchbrochener Stoff* [frz.]; **Fi'let·ar·beit** <f.; -, -en; Textilw.>; **fi·le'tie·ren** <V. t.> *Fisch, Fleisch* ~

Fi·li·a'le <f.; -, -n> *Zweigstelle, Niederlassung* [lat.]; **Fi·li·a'list** <m.; -en, -en> *Filialleiter;* **Fi·li·a'lis·tin** <f.; -, -n·nen>; **Fi·li·al·kir·che** <f.; -, -n> *Nebenkirche;* **Fi·li·al·lei·ter** <m.; -s, ->; **Fi·li·al·lei·te·rin** <f.; -, -n·nen>; **Fi·li·a·ti'on** <f.; -, -en> 1 *rechtmäßige Abstammung* 2 *Gliederung des Staatshaushaltsplanes*

Fi·li'bus·ter¹ <engl. [-'bʌstə(r)]; n.; -s, -; Pol.> *Verzögerungstaktik durch langatmiges Reden* [engl.]; **Fi·li'bus·ter²** <m.; -s, -; Pol.> *jmd., der ein Filibuster(1) betreibt;* → a. *Flibustier*

fi'lie·ren <V. i.> 1 *ein Netzwerk knüpfen* 2 <auch für> *filetieren* [frz.]; **fi'liert** <Adj.>; **fi·li'gran,** <auch> **fi·lig'ran** <Adj.; ↗Z53>

sehr fein gearbeitet, zierlich; **Fi·li'gran** <n.; -s, -e> *kunstvolles Geflecht aus Silber- od. Golddrähten* [ital.]; **Fi·li'gran·ar·beit** <f.; -, -en>

Fi·li'pi·na <f.; -, -s> *weibl. Form zu Filipino* [span.]; **Fi·li'pi·no** <m.; -s, -s> *Bewohner der Philippinen*

'Fi·li·us <m.; -, -lii od. (umg.) -s·se; meist scherzh.> *Sohn*

Fil·lér <[fi'lɛːr]; m.; -s od. -, -> *ungar. Währungseinheit*

Film <m.; -(e)s, -e> 1 *dünne Schicht; Öl~* 2 <Fot.> *mit einer lichtempfindl. Schicht überzogener (gerollter) Streifen* 3 *mit einer Kamera aufgenommene Abfolge von Bildern; Kino* [engl.]; **'Film·ap·pa·rat** <m.; -(e)s, -e>; **'Film·a·te·li·er** <[-lje:]; n.; -s, -s>; **'Film·auf·nah·me** <f.; -, -n>; **'Film·be·richt** <m.; -(e)s, -e>; **'Film·bran·che** <[-brã·ʃə]; f.; -; unz.>; **'Film·ma·cher** <m.; -s, ->; **'Film·ma·che·rin** <f.; -, -n·nen>; **'fil·men** <V.> 1 <V. t.> *Filmaufnahmen machen* 2 <V. i.> *bei Filmaufnahmen mitwirken;* **'Film·fes·ti·val** <[-val] od. engl. [-vəl]; n.; -s, -s>; **'Film·fest·spie·le** <Pl.>; **'Film·in·dus·trie,** <auch> **'Filmin·dust·rie** <f.; -; unz.; ↗Z53>; **'fil·misch** <Adj.>; **'Film·ka·me·ra** <f.; -, -s>; **'Film·lein·wand** <f.; -, ≔e>; **'Film·mu·sik** <f.; -, -en>; **'Film·pro·jek·tor** <m.; -s, -'to·ren>; **'Film·re·por·ta·ge** <[-ʒə]; f.; -, -n>; **'Film·riss** <in der Wendung> *einen* ~ *haben* <umg.> *eine plötzl. auftretende Erinnerungslücke;* **'Film·rol·le** <f.; -, -n>; **'Film·schau·spie·ler** <m.; -s, ->; **'Film·schau·spie·le·rin** <f.; -, -n·nen>; **'Film·spu·le** <f.; -, -n>; **'Film·star** <m.; -s, -s>; **'Film·stern·chen** <n.; -s, -> = *Starlet;* **'Film·the·a·ter** <n.; -s, -> = *Kino;* **'Film·ver·leih** <m.; -(e)s, -e>

'Fi·lo·fax <engl. ['failoufæks]; m.; -, -e; Warenz.> *Terminkalender in Form eines Ringbuches* [engl.]

Fi·lou <[fi'lu:]; m.; -s, -s; scherzh.> *Spitzbube, Gauner* [frz.]

Fils <m.; -, -> *irak. u. jordan.*

Währungseinheit, 100 ~ = 1 Dinar [arab.]

'Fil·ter <m. od. (fachsprachl. meist) n.; -s, -> *Vorrichtung zum Trennen od. Zurückhalten von Stoffen, Strahlen o. Ä.* [lat.]; **'fil·ter·fein** <Adj.> ~ *gemahlen;* **'Fil·ter·kaf·fee** <m.; -s; unz.>; **'fil·tern** <V. t.; ich filt(e)re>; **'Fil·ter·pa·pier** <n.; -(e)s, -e>; **'Fil·ter·tü·te** <f.; -, -n>; **'Fil·te·rung** <f.; -, -en>; **'Fil·ter·zi·ga·ret·te** <f.; -, -n>; **Fil'trat,** <auch> **Filt·'rat** <n.; -(e)s, -e; ↗Z53> *durch Filtern gereinigte Flüssigkeit;* **Fil·tra·ti'on** <f.; -, -en>; **fil'trie·ren** <V. t.; fachsprachl. für> *filtern;* **Fil'trier·pa·pier** <n.; -s, -e>; **Fil'trie·rung** <f.; -, -en>

Filz <m.; -es, -e> 1 *Stoff aus gepressten Fasern* 2 <österr.> *unausgeschmolzenes Fett* 3 <umg.> *Geizhals* 4 <umg.> *Günstlings-, Vetternwirtschaft;* **'fil·zen** <V.; du filzt> 1 <V. t.> *jmdn. (nach Schmuggelware) durchsuchen* 2 <V. i.> *filzig werden;* Wolle filzt *beim Waschen;* **'Filz·hut** <m.; -(e)s, ≔e>; **'fil·zig** <Adj.>; **'Filz·laus** <f.; -, ≔e; Zool.> *ein Insekt;* **'Filz·pan·tof·fel** <m.; -s, -n; meist Pl.>; **'Filz·pap·pe** <f.; -; unz.>; **'Filz·schrei·ber** <m.; -s, -> = *Faserschreiber;* **'Filz·stift** <m.; -(e)s, -e>

'Fim·mel¹ <m.; -s, -; umg.; meist abwertend> *Vorliebe für etwas, Spleen; Putz~*

'Fim·mel² <m.; -s; unz.; Bot.> = *Femel*

fi'nal <Adj.> *abschließend, zweckbestimmt* [lat.]; **Fi'nal** <m.; -s, -s; schweiz. für> *Finale(2)* [frz.]; **Fi'na·le** <n.; -s, -> 1 <Mus.> *Schlussteil (z. B. einer Oper)* 2 <Sp.> *Schlussrunde, Endkampf;* **Fi·na'list** <m.; -en, -en; Sp.> *Endrundenteilnehmer;* **Fi·na'lis·tin** <f.; -, -n·nen>; **Fi·na·li'tät** <f.; -; unz.> *Zweckbestimmtheit;* **Fi'nal·satz** <m.; -es, ≔e; Gramm.> *Zwecksatz;* → a. *Kasten S. 383*

Fi·nan·ci·er <[finã'sje:]; m.; -s, -s; österr., sonst veralt.> = *Finanzier* [frz.]

Fi'nanz <f.; -, -en> 1 *Geldwesen* 2 *Gesamtheit der Bankfachleute* [frz.-lat.]; **Fi'nanz·amt** <n.;

Finalsatz: Ein F. ist ein Nebensatz, der die syntaktische Funktion eines ↗Adverbials besitzt. Im F. werden Ziel und Zweck der im Hauptsatz bezeichneten Handlung oder des Geschehens ausgedrückt. Im Deutschen wird der F. mit den ↗Konjunktionen *so dass, auf dass* oder *damit* eingeleitet:
Sie machte ihm Wadenwickel, damit sich seine Grippe besserte. Er erklärte alles so ausführlich, dass es jeder verstehen konnte. Anstelle eines F. kann auch eine Infinitivgruppe mit *um zu* stehen: *Er gab sich große Mühe, um Anerkennung zu erringen.*

-(e)s, ⸚er> **Fi'nanz·aus·gleich** <m.; -(e)s, -e>; **Fi'nanz·be·am·te(r)** <m. 1>; **Fi'nanz·be·am·tin** <f.; -, -n·nen>; **Fi'nan·zen** <Pl.> 1 öffentl. Geldwesen, Staatshaushalt 2 Vermögen(slage); **Fi'nanz·ex·per·te** <m.; -n, -n>; **Fi'nanz·ex·per·tin** <f.; -, -n·nen>; **Fi'nanz·hil·fe** <f.; -, -n>; **Fi'nanz·ho·heit** <f.; -, -en>; **fi·nan·zi'ell** <Adj.> *die Finanzen betreffend;* **Fi·nan·zi·er** <[-'tsje:]; m.; -s, -s> oV *Financier* 1 *Bankmann* 2 *kapitalkräftiger Geldgeber;* **fi·nan'zier·bar** <Adj.>; **fi·nan'zie·ren** <V. t.> *ein Studium ~;* **Fi·nan'zie·rung** <f.; -, -en> *Eigenheim~;* **Fi'nanz·jahr** <n.; -(e)s, -e> *Rechnungsjahr im öffentl. Haushalt;* **fi·nanz'kräf·tig** <Adj.> *über reichliche Geldmittel verfügend;* **Fi'nanz·kri·se** <f.; -, -n>; **Fi'nanz·la·ge** <f.; -; unz.>; **Fi'nanz·mi·nis·ter** <m.; -s, ->; **Fi'nanz·mi·nis·te·rin** <f.; -, -n·nen>; **Fi'nanz·mi·nis·te·ri·um** <n.; -s, -ri·en>; **Fi'nanz·plan** <m.; -(e)s, ⸚e>; **Fi'nanz·po·li·tik** <f.; -; unz.>; **fi·nanz·po·li·tisch** <Adj.>; **Fi'nanz·schwach** <Adj.>; **Fi'nanz·ver·wal·tung** <f.; -, -en>; **Fi'nanz·we·sen** <n.; -s; unz.>; **Fi'nanz·wirt·schaft** <f.; -; unz.>

'Fin·del·kind <n.; -(e)s, -er> *(als Säugling) ausgesetztes Kind;* **'fin·den** <V. 134> 1 <V. t.> *durch Suchen od. zufällig entdecken* 2 <V. i.> *meinen; ich finde nichts Schlimmes dabei;* **'Fin·der** <m.;

-s, -> **'Fin·de·rin** <f.; -, -n·nen>; **'Fin·der·lohn** <m.; -(e)s, ⸚e; Pl. selten> ~ *erhalten*

Fin de Si·è·cle, <auch> **Fin de Si·èc·le** <[fɛ̃ də 'sjɛkl] n.; ---; unz.; ↗Z53> *das ausgehende 19. Jh. mit seinen Dekadenzerscheinungen* [frz.]

'fin·dig <Adj.> *einfallsreich;* **'Fin·dig·keit** <f.; -; unz.>; **'Find·ling** <m.; -s, -e> *von Eiszeitgletschern verschleppter Felsblock*

'Fi·ne <n.; -s, -s; Mus.> *Schluss eines Musikstücks, Schlusszeichen* [ital.]

Fines Herbes <[fin'zɛrb]; Pl.; ↗Z31; Kochk.> *fein gehackte Kräuter* [frz.]

Fi'nes·se <f.; -, -n; geh.> 1 *Feinheit* 2 *Raffiniertheit, Kniff;* mit allen ~n [frz.]

Fine·tu·ning, <auch> **Fine Tu·ning** <[fain'tju:niŋ]; n.; (-)- od. (-)-s; unz.; ↗Z30> 1 *Feinabstimmung, Detailarbeit* 2 <Wirtsch.> *Reaktion auf geringe Konjunkturschwankungen zur Vermeidung von Krisen* [engl.]

'Fin·ger <m.; -s, -> *eines der fünf bewegl. Glieder der Hand;* Zeige~; **'Fin·ger·ab·druck** <m.; -(e)s, ⸚e>; **'fin·ger·breit** <Adj.> *eine ~e Wunde;* <aber> *die Wunde ist einen, zwei Finger breit;* → a. *Fingerbreit;* **'Fin·ger·breit** <m.; -, -> *drei ~; um keinen ~ nachgeben* <fig.>; → a. *fingerbreit;* **'fin·ger·dick** <Adj.>; **'Fin·ger·far·be** <f.; -, -n>; **'fin·ger·fer·tig** <Adj.> *gewandt, geschickt;* **'Fin·ger·fer·tig·keit** <f.; -; unz.>; **'Fin·ger·food** <[-'fu:d]; n.; -s; unz.; umg.> *Snacks, die man mit den Fingern isst* [engl.]; **'Fin·ger·glied** <n.; -(e)s, -er>; **'Fin·ger·ha·keln** <n.; -s; unz.; in den Alpenländern> *ein Wettbewerb (als Kraftprobe);* **'Fin·ger·hand·schuh** <m.; -(e)s, -e>; **'Fin·ger·hut** <m.; -(e)s, ⸚e> 1 *Fingerschutz beim Nähen* 2 <Bot.> *eine (Heil-)Pflanze;* **...fin·ge·rig** <in Zus.> z. B. *langfingerig;* oV *fingrig;* **'Fin·ger·kraut** <n.; -(e)s; unz.; Bot.>; **'Fin·ger·kup·pe** <f.; -, -n>; **'Fin·ger·ling** <m.; -s, -e> *Schutzüberzug über einen verletzten Finger;* **'fin·gern** <V. i.> *ich finge-*

---

finite Verbform: Die f. V. ist die hinsichtlich der ↗Person, des ↗Numerus, ↗Tempus und ↗Modus gekennzeichnete Verbform (*reitet, reitest, ritt* usw.). Den Gegensatz bilden die ↗infiniten Verbformen (Infinitiv und Partizipien).

---

re> *mit den Fingern tasten;* **'Fin·ger·na·gel** <m.; -s, ⸚>; **'Fin·ger·ring** <m.; -(e)s, -e>; **'Fin·ger·satz** <m.; -es, ⸚e; Mus.> *zweckmäßige Verwendung der Finger bei einem Instrumentalstück;* **'Fin·ger·spit·ze** <f.; -, -n>; **'Fin·ger·spit·zen·ge·fühl** <n.; -(e)s; unz.; fig.> *Einfühlungsvermögen;* **'Fin·ger·tier** <n.; -(e)s, -e; Zool.> *ein Halbaffe;* **'Fin·ger·ü·bung** <f.; -, -en; ↗Z55; Mus.>; **'Fin·ger·zeig** <m.; -(e)s, -e; fig.> *Wink, Hinweis*

fin·gie·ren <[fiŋ'gi:-]; V. t.> *vortäuschen;* fingierte Ohnmacht [lat.]

'Fi·nis <n.; -; unz.> *Ende (Vermerk am Schluss eines Druckwerkes)* [lat.]

Fi·nish <['finiʃ]; n.; -s, -s; Sp.> *Endkampf;* ein packendes ~ [engl.]

fi'nit <Adj.; Gramm.> *bestimmt, konjugiert;* ~e Verbform; Ggs *infinit* → a. *Kasten* [lat.]

Fink <m.; -en, -en; Zool.> *ein Singvogel;* **'Fin·ken·schlag** <m.; -(e)s; unz.> *Gezwitscher des Finken*

'Finn-Din·ghi, 'Finn-Din·gi <n.; -s, -s> *kleines Einmann-Segelboot* [schwed.]

'Fin·ne[1] <m.; -n, -n> *Einwohner von Finnland*

'Fin·ne[2] <f.; -, -n> *Jugendform des Bandwurms*

'Fin·ne[3] <f.; -, -n> *(Rücken-)Flosse der Haie u. Wale*

'fin·nig <Adj.> *von Finnen[2] befallen*

'Fin·nin <f.; -, -n·nen>; **'fin·nisch** <Adj.>; **'Finn·land** *Staat in Nordeuropa;* Republik ~; **'Finn·mark[1]** <f.; -, -; Abk.: Fmk; früher> *finnische Währungseinheit;* **'Finn·mark[2]** *nördlichste Provinz Norwegens;* **fin·no'ugrisch**, <auch> **fin·no'ug·risch** <Adj.; ↗Z53, 55> ~e *Sprachfamilie* S., *zu der im Wesentlichen*

---

das Finnische, Ungarische u. Estnische gehören; **Fin·no·u·'grist** <m.; -en, -en>; **Fin·no·u·'gris·tik** <f.; -; unz.> Wissenschaft von der finnougrischen Sprachfamilie; **Fin·no·u'gris·tin** <f.; -, -n·nen>; **'Finn·wal** <m; -(e)s, -e; Zool.>

'fins·ter <Adj.; 'fins·te·rer od. 'fins·trer/'finst·rer, am -s·ten> 1 dunkel; im Finst(e)ren tappen <a. fig.> nicht Bescheid wissen, im Ungewissen sein 2 mürrisch; **'Fins·ter·keit** <f.; -; unz.>; **'fins·tern** <V. i.; unpersönl.; veralt.> dunkel werden; es finstert; **'Fins·ter·nis** <f.; -, -s·se>

'Fin·te <f.; -, -n> 1 <Sp.> Täuschungsmanöver 2 <fig.> Vorwand, Ausflucht [ital.]

'fin·ze·lig, 'finz·lig <Adj.; bes. nord- u. mdt.; umg.> 1 peinlich genau (Person) 2 knifflig (Arbeit)

Fi·o·ri'tur <f.; -, -en; Mus.> Verzierung beim Kunstgesang, z. B. Koloratur [ital.]

Fips <m.; -es, -e; umg.> kleiner, unscheinbarer Mensch; **'fip·sig** <Adj.> klein, unbedeutend

'Fir·le·fanz <m.; -es, -e; Pl. selten; umg.; abwertend> 1 überflüssiges, wertloses Zeug 2 Unsinn

firm <Adj.> erfahren, sicher (in einem Fachgebiet) [lat.]

'Fir·ma <f.; -, 'Fir·men; Abk.: Fa.> Geschäft, Betrieb [ital.]

Fir·ma'ment <n.; -(e)s, -e> Himmel(sgewölbe) [lat.]

'fir·men <V. t.; Kath.> die Firmung erteilen [lat.]

'Fir·men·auf·druck <m.; -(e)s, -e>; **'Fir·men·chef** <[-ʃef]; m.; -s, -s>; **'Fir·men·che·fin** <f.; -, -n·nen>; **'Fir·men·re·gis·ter** <n.; -s, ->; **'Fir·men·schild** <n.; -(e)s, -er>; **fir'mie·ren** <V. i.> unter einem best. Namen ~ einen Geschäftsnamen führen

'Firm·pa·te <m.; -n, -n>; **'Firm·pa·tin** <f.; -, -en; Kath.> ein Sakrament

Firm·ware <['fɜ:mwɛ:r]; f.; -, -s; EDV> Festspeicherprogrammierung [engl.]

firn <Adj.> alt, vor-, mehrjährig (Schnee, Wein); **Firn** <m.; -(e)s, -e> zu Eis gewordener Schnee im Hochgebirge; **'Fir·ne** <f.; -; unz.> Weinreife

'Fir·nis <m.; -s·ses, -s·se> rasch trocknende Schutzschicht [frz.]; **'fir·nis·sen** <V. t.; du firnisst> mit Firnis überziehen

First <m.; -(e)s, -e> oberste Dachkante

first class <['fɜ:st 'kla:s]; Adj.; undekl.> erstklassig [engl.]; **'First-'Class-Ho·tel** <n.; -s, -s; ↗Z33> Luxushotel; **'First-flush, Fis** <auch> **First Flush** <['fɜst 'flʌʃ]; m.; -s; unz.; ↗Z30>; ind. Tee> erster Trieb nach dem Zurückschneiden der Sträucher; **First La·dy** <['fɜ:st 'lɛidi]; f.; --, --s> Ehefrau eines Staatsoberhauptes

fis <n.; -, -; Mus.> 1 Tonbezeichnung 2 <Abk. für> fis-Moll; **Fis** <n.; -, -; Mus.> 1 Tonbezeichnung 2 <Abk. für> Fis-Dur

Fisch <m.; -(e)s, -e> 1 <↗Z29; Zool.> ein im Wasser lebendes Tier; die ~ verarbeitende Industrie 2 <Pl.> ~e <Astrol.> ein Sternbild, Tierkreiszeichen; **'Fisch·ad·ler** <m.; -s, -; Zool.> ein Raubvogel; **'fisch·arm** <Adj.> ~es Gewässer; **'Fisch·au·ge** <n.; -s, -n; a. Fot.> ein Objektiv; **'Fisch·bein** <n.; -(e)s; unz.> Horn aus den Barten der Wale; **'Fisch·be·stand** <m.; -(e)s, ᵈe>; **'Fisch·be·steck** <n.; -s, -e od. -s>; **'Fisch·bla·se** <f.; -, -n> 1 Schwimmblase der Fische 2 <got. Arch.> Maßwerkornament; **'Fisch·chen** <n.; -s, -; Verkleinerungsf. von> Fisch; **'fi·scheln** <V. i.; umg.; unpersönl.> nach Fisch riechen, schmecken; hier fischelt's; **'fi·schen** <V. t. u. V. i.; du fischst>; **'Fi·scher** <m.; -s, ->; **'Fi·scher·boot** <n.; -(e)s, -e>; **'Fi·scher·dorf** <n.; -(e)s, ᵈer>; **Fi·sche'rei** <f.; -, -en; Pl. selten>; **'Fi·scher·garn** <n.; -(e)s, -e> Sy Fischernetz; **'Fi·sche·rin** <f.; -, -n·nen>; **'Fi·scher·netz** <n.; -es, -e>; **'Fi·scher·ste·chen** <n.; -s; unz.> ein Brauch, bei dem Fischer versuchen, sich mit langen Stangen gegenseitig aus dem Boot zu stoßen; **'Fisch·fang** <m.; -(e)s, ᵈe>; **'Fisch·ga·bel** <f.; -, -n>; **'Fisch·grä·te** <f.; -, -n>; **'Fisch·grä·ten·mus·ter** <n.; -s, -; Textilw.> ein Stoffmuster; **'Fisch·grund** <m.; -(e)s, ᵈe; meist Pl.>

fischreiches Gewässer; **'fi·schig** <Adj.>; **'Fisch·kö·der** <m.; -s, ->; **'Fisch·kun·de** <f.; -; unz.> Sy Ichthyologie; **'Fisch·kut·ter** <m.; -s, ->; **'Fisch·laich** <m.; -(e)s, -e> die abgelegten Eier der Fische; **'Fisch·mehl** <n.; -(e)s, -e> Futtermehl aus Fischabfällen; **'Fisch·mes·ser** <n.; -s, ->; **'Fisch·öl** <n.; -(e)s, -e> = Tran; **'Fisch·ot·ter** <m.; -s, -; Zool.>; **'fisch·reich** <Adj.> ~e Flüsse; **'Fisch·rei·her** <m.; -s, -; Zool.>; **'Fisch·reu·se** <f.; -, -n> geflochtenes Fanggerät; **'Fisch·ro·gen** <m.; -s, -> die Eier im Leib des weibl. Fisches; **'Fisch·spei·se** <f.; -, -n>; **'Fisch·stäb·chen** <n.; -s, -; meist Pl.> ein Tiefkühlgericht; **'Fisch·ster·ben** <n.; -s; unz.>; **'Fisch·sup·pe** <f.; -, -n>; **'Fisch·teich** <m.; -(e)s, -e>; **'Fisch·ver·gif·tung** <f.; -, -en>; **'Fisch·wei·her** <m.; -s, ->; **'Fisch·zucht** <f.; -, -en>; **'Fisch·zug** <m.; -(e)s, ᵈe>

'Fis-Dur <n.; -; unz.; Mus.; Abk.: Fis> eine Tonart; **'Fis-Dur-Ton·lei·ter** <f.; -, -n; ↗Z33; Mus.>

Fi·shing for Com·pli·ments, <auch> **Fi·shing for Compli·ments** <['fiʃiŋ fɔr 'kɔmpliˌmənts]; ↗Z53> bewusst gewählte Form der Selbstdarstellung, die andere zu Lob veranlasst [engl.]

Fi·si·ma'ten·ten <Pl.; umg.> Ausflüchte

fis'ka·lisch <Adj.>; **'Fis·kus** <m.; -; unz.> 1 Staatsvermögen 2 der Staat als Eigentümer des Staatsvermögens [lat.]

'fis-Moll <n.; -; unz.; Mus.; Abk.: fis> eine Tonart; **'fis-Moll-Ton·lei·ter** <f.; -, -n; ↗Z33; Mus.>

Fi'so·le <f.; -, -n; Bot.> = Bohne

'fis·pe·lig, 'fisp·lig <Adj.; umg.> aufgeregt, fahrig

fis'sil <Adj.> spaltbar [lat.]; **Fis·si·on** <f.; -, -en; fachsprachl.> Kernspaltung; **Fis'sur** <f.; -, -en; Med.> Riss, Einschnitt

'Fis·tel <f.; -, -n; Med.> kanalartige Verbindung zw. zwei Hohlorganen bzw. einem Organ u. der Körperoberfläche [lat.]; **'fis·teln** <V. i.; ich fist(e)le> mit Fistelstimme sprechen, singen; **'Fis·tel·stim·me** <f.; -, -n> Kopfstim-

me; **'Fis·tu·la** <f.; -, -lae [-lɛ:]; Med.> = *Fistel*

fit <Adj.; 'fit·ter, am 'fit·tes·ten> *in guter körperlicher Verfassung, leistungsfähig;* sich durch Sport ~ halten [engl.]; **'Fit·ness** <f.; -; unz.> *gute körperliche Verfassung;* **'Fit·ness·cen·ter** <[-sɛn-]; n.; -s, -, -> '**Fit·ness·stu·dio** <n.; -s, -s, -s/ ⇗Z37>; '**Fit·ness·trai·ning** <[-tre:-]; n.; -s, -s>

'Fit·tich <m.; -(e)s, -e; poet.> *Flügel, Schwinge;* jmdn. unter seine ~e nehmen <fig.; umg.> *beschützen*

'Fit·ting <n.; -s, -s; meist Pl.; Tech.> *Verbindungsstück für Rohrleitungen* [engl.]

Fitz <m.; -es, -e; umg.> *Knäuel, Wirrwarr,* **'Fitz·chen** <n.; -s, -s>; **'Fit·zel·chen** <n.; -s, -s, -> *Kleinigkeit;* **'fit·zen** <V. i. u. V. t.; du fitzt; mdt.; norddt.>

Five o'clock tea <['faivə'klɔkti:]; m.; ---, ---s [-ti:z]> *Fünfuhrtee* [engl.]

fix <Adj.; -er, am -es·ten> **1** *fest(stehend), unverändert;* ~es Gehalt; ~e Kosten; ~e Idee *zwanghafte Vorstellung* **2** ~ u. fertig *ganz fertig,* <umg. a.> *völlig erschöpft* **3** <umg.> *flink, behände* [frz.]; **Fi·xa'tiv** <n.; -(e)s, -e> *Fixiermittel;* **'fi·xen** <V. i.; du fixt> **1** <Börse> *Leerverkäufe im Termingeschäft tätigen* **2** <umg.> *sich ein Rauschmittel injizieren;* **'Fi·xer** <m.; -s, -> **1** *Börsenspekulant* **2** *jmd., der sich Drogen spritzt;* **'fix'fer·tig** <Adj.; schweiz.> *fix u. fertig;* → a. *fix(1);* **'Fix·ge·schäft** <n.; -(e)s, -e; Kaufmannsspr.> *Termingeschäft;* **Fi'xier·bad** <n.; -(e)s, -er; Fot.>; **fi'xie·ren** <V. t.> **1** *formbeständig machen* **2** *festlegen;* auf jmdn. fixiert sein; **Fi'xier·mit·tel** <n.; -s, ->; **Fi'xie·rung** <f.; -, -en>; **'Fi·xing** <n.; -s, -s; Börse> *Festlegung der Börsenkurse;* **'Fix·kos·ten** <Pl.>; **'Fix·punkt** <m.; -(e)s, -e> *Festpunkt;* **'Fix·stern** <m.; -(e)s, -e> *scheinbar unbeweglicher Stern¹(1);* **'Fi·xum** <n.; -s, 'Fi·xa> *festes Gehalt*

Fizz <[fis]; m.; -, -es> *alkohol. Mixgetränk;* Gin ~ [engl.]

Fjäll <m.; -(e)s, -e> = *Fjell* [schwed.]; **Fjell** <m.; -(e)s, -e> *baumlose Region im skand. Hochland;* oV *Fjäll* [norw.]

Fjord <m.; -(e)s, -e> *weit ins Festland eingeschnittener, schmaler Meeresarm (an Steilküsten)* [skand.]

FKK <Abk. für> *Freikörperkultur;* **FKKler** <m.; -s, -; ⇗Z34.1;* umg.>; **FKKle·rin** <f.; -, -n·nen>; **FKK-Strand** <m.; -(e)s, ⁻e; ⇗Z34*>

fl., Fl. <Abk. für> *Florin (Gulden)*

flach <Adj.; ⇗Z24> **1** *ohne größere Erhebung od. Vertiefung, niedrig;* das ~e Land; das Kissen ~ drücken **2** <fig.> *oberflächlich;* ~ atmen; → a. *flachlegen, flachliegen;* **Flach** <n.; -(e)s, -e; Seemannsspr.> *Untiefe;* **'Flach·bau** <m.; -(e)s, -ten>; **'Flach·bild·schirm** <m.; -(e)s, -e; EDV; TV>; **'Flach·bo·gen** <m.; -s, - od. (süddt.) ⁻; Arch.>; **'Flach·boh·rung** <f.; -, -en; Bgb.>; **'flach·brüs·tig** <Adj.>; **'Flach·dach** <n.; -(e)s, ⁻er>; **'Flach·druck** <m.; -(e)s, -e; Druckw.>; **'Flach·druck·ver·fah·ren** <n.; -s, -s; unz.>; **'Flä·che** <f.; -, -n> **1** *Seite eines Körpers;* Ober~; Schnitt~; Sitz~ **2** *Gebiet, Platz;* Grün~; Tanz~; **'Flach·ei·sen** <n.; -s, -> *ein Werkzeug;* **fla·chen, 'flä·chen** <V. t.; sel­ten> *flach machen;* **'Flach·enaus·deh·nung** <f.; -, -en>; **'Flä·chen·bran d** <m.; -(e)s, ⁻e>; **'flä·chen·de·ckend** <Adj.>; **'Flä·chen·haft** <Adj.>; **'Flä·chen·in·halt** <m.; -(e)s, -e; Math.>; **'Flä·chen·maß** <n.; -es, -e>; **'Flä·chen·nut·zungs·plan** <m.; -(e)s, ⁻e>; **'flach|fal·len** <V. i. (s.) 131> es fällt flach; es ist flachgefallen; flachzufallen; umg.> *entfallen;* **'Flach·heit** <f.; -, -en>; **'flä·chig** <Adj.>; **'Flach·kopf** <m.; -(e)s, ⁻e; fig.; umg.> *Dummkopf;* **'Flach·küs·te** <f.; -, -n> Ggs *Steilküste;* **'Flach·land** <n.; -(e)s; unz.>; **'Flach·län·der** <m.; -s, ->; **'Flach·län·de·rin** <f.; -, -n·nen>; **'flachle·gen** <V. t.; umg.> jmdn. ~ *unsanft zu Fall bringen;* <aber> etwas flach (auf den Boden) legen; **'flachlie·gen** <V. i. 180> *krank im Bett liegen;* **'Flach·mann** <m.; -(e)s, ⁻er; umg.> *kleine, flache Schnapsflasche zum Einstecken;*

...fläch·ner <m.; -s, -; in Zus.> z. B. Sechsflächner; **'Flach·re·li·ef** <n.; -s, -s od. -e> *Werk der Bildhauerkunst, dessen Formen nur wenig erhaben sind;* Ggs *Hochrelief*

Flachs <[-ks]; m.; -es; unz.> **1** <Bot.> *eine Leinpflanze u. ihre Fasern* **2** *Neckerei;* (jetzt mal) ohne ~; **'flachs·blond** <Adj.>; **'Flach·schuss** <m.; -es, ⁻e; Fußb.>; **'Flachs·dar·re, 'Flachs·dör·re** <[-ks-]; f.; -, -n> *Vorrichtung zum Trocknen des Flachses;* **'Flach·se** <[-ks-]; f.; -, -n; bair.; österr.> = *Flechse;* **'flach·sen** <[-ks-]; V. i.; du flachst; umg.> *spaßen, scherzen;* **'fläch·sen, 'fläch·sern** <Adj.> *aus Flachs;* **'Flachs·sa·men** <m.; -s, -; meist Pl.> = *Leinsamen*

'Flach·zan·ge <f.; -, -n> *ein Werkzeug;* **'Flach·zie·gel** <m.; -s, ->

'fla·ckern <V. i.> *unruhig brennen, leuchten*

Fla·con <[fla'kõ]; n. od. m.; -s, -s> = *Flakon* [frz.]

'Fla·den <m.; -s, -> **1** *flache, gebackene Süßspeise;* Eier~ **2** *breiige Masse;* Kuh~; **'Fla·denbrot** <n.; -(e)s, -e>

'Fla·der <f.; -, -n> *Maser, Jahresring im Holz;* **'fla·de·rig** <Adj.> *gemasert;* oV *fladrig;* **'Fla·derung** <f.; -, -en> *Maserung*

'Fläd·le <Pl.; schwäb.> *fein geschnittene Eierteigstreifen (als Suppeneinlage);* **'Fläd·le·suppe** <f.; -, -n; Pl. selten>

'flad·rig <Adj.> = *fladerig*

Fla·gel'lant <m.; -en, -en> *Angehöriger einer der Bruderschaften im MA, die sich zur Buße u. Kasteiung selbst geißelten* [lat.]; **Fla·gel'lat** <m.; -en, -en; Biol.> *ein Einzeller, Geißeltierchen*

Fla·geo·lett <[flaʒo'lɛt]; n.; -(e)s, -e> **1** *kleine Flöte* **2** *Flötenregister der Orgel* [frz.]; **Fla·geo'lettton** <m.; -(e)s, ⁻e; ⇗Z37>; *bei Streichinstrumenten: feiner, hoher Ton*

'Flag·ge <f.; -, -n> *Fahne;* **'flaggen** <V. i.> *eine Fahne aufziehen;* **'Flag·gen·al·pha·bet** <n.; -(e)s, -e>; **'Flag·gen·si·gnal,** <auch> **'Flag·gen·sig·nal** <n.; -(e)s, -e; ⇗Z53>; **'Flagg·of·fizier** <m.; -s, -e>; **'Flagg·schiff**

<n.; -(e)s, -e> *führendes Kriegsschiff einer Flotte*
fla·grant, <auch> **flag'rant** <Adj.; ⚹Z53> *deutlich, offenkundig; → a. in flagranti* [lat.]
Flair <[flɛːr]; n.; -s; unz.> *Ausstrahlung, Atmosphäre* [frz.]
Flak <f.; -, - od. -s; kurz für> 1 *Flugzeugabwehrkanone* 2 *Flugabwehrartillerie*
Fla·kon <[flaˈkõ]; n. od. m.; -s, -s> *Riechfläschchen*; oV *Flacon* [frz.]
Flam·beau <[flãˈbo]; m.; -s, -s> 1 <früher> *Fackel* 2 *hoher Kerzen-, Armleuchter* [frz.]; **flam·'bie·ren** <V. t.> *Speisen ~ mit Alkohol übergießen u. entzünden* [frz.]; **Flam·bo·yant·stil** <[flãboaˈjã-]; m.; -(e)s; unz.> *durch Flammenornamente gekennzeichneter spätgot. Stil*
'Fla·me <m.; -n, -n> *flämisch sprechender Bewohner Belgiens u. der Niederlande*
Fla'men·co <m.; - od. -s, -s> *andalusisches (Tanz-)Lied* [span.]
'Fla·min, 'Flä·min <f.; -, -n·nen; weibl. Form von> *Flame*
Fla'min·go <m.; -s, -s; Zool.> *ein großer Sumpfvogel*
'flä·misch <Adj.> *die Flamen betreffend*; *~e Malerei*; *~e Sprache; das Flämische*
'Flämm·chen <n.; -s, -; Verkleinerungsf. von> *Flamme*; **'Flam·me** <f.; -, -n> 1 *leuchtende, zungenförmige Verbrennungserscheinung* 2 <Jugendspr.> *Freundin, Geliebte*; **'fläm·men** <V. t.> *absengen*; **'flam·mend** <Adj.; fig.> *leidenschaftlich*; *eine ~e Rede*; **'Flam·men·meer** <n.; -(e)s, -e; fig.> *große brennende Fläche*; **'Flam·men·tod** <m.; -(e)s; unz.> *den ~ finden*; **'Flam·men·wer·fer** <m.; -s, -; Mil.> *eine Waffe*
'Flam·me·ri <m.; -s, -s> *eine kalte Süßspeise* [engl.]
'flamm·fest <Adj.> *~es Geschirr*; **'Flamm·garn** <n.; -(e)s, -e> *Effektgarn*; **'flam·mig** <Adj.>
Flan <[flaːn]; m.; -(e)s, -e> *Eierstich* [frz.]
'Flan·dern *Gebiet zwischen Nordsee u. Schelde*; **'flan·drisch,** <auch> **fland·risch** <Adj.>
Fla'nell <m.; -s, -e> *gerautes Gewebe*; **fla'nel·len** <Adj.> *aus Flanell*; **Fla'nell·hemd** <n.; -(e)s, -en>; **Fla'nell·lap·pen** <m.; -s, -; ⚹Z37>
Fla·neur <[-ˈnøːr]; m.; -s, -e> *jmd., der flaniert* [frz.]; **fla'nie·ren** <V. i. (h. u. s.); geh.> *bummeln, spazieren gehen*
'Flan·ke <f.; -, -n> 1 *seitl. Teil des Rumpfes* 2 <Turnen> *seitl. Sprung über ein Gerät* [frz.]; **'flan·ken** <V. i.; Turnen> *seitlich abspringen*; **'Flan·ken·de·ckung** <f.; -; unz.; Mil.>; **'Flan·ken·schutz** <m.; -es; unz.; Mil.>; **flan'kie·ren** <V. t.> *jmdn. ~ begleiten*; *~de Maßnahmen* <fig.> *unterstützende M.*
Flansch <m.; -(e)s, -e> *Verbindungsstück an Rohren*; **'flan·schen** <V. t.> *mit einem Flansch verbinden*; **'Flan·schen·dich·tung** <f.; -, -en>
'Flap·pe <f.; -, -n; mdt.; norddt.> *hängende Unterlippe, Schmollmund*; *eine ~ ziehen schmollen*
Flaps <m.; -es, -e; umg.> *unreifer Mensch, Flegel*; **'flap·sig** <Adj.; umg.> *eine ~e Antwort geben*
'Fläsch·chen <n.; -s, -; Verkleinerungsf. von> *Flasche*; **'Fla·sche** <f.; -, -n> 1 *Gefäß für Flüssigkeiten*; *Milch-* 2 <umg.; abwertend> *Versager*; **'Fla·schen·bier** <n.; -(e)s, -e> Ggs *Fassbier*; **'Fla·schen·bürs·te** <f.; -, -n>; **'Fla·schen·gä·rung** <f.; -; unz.> Ggs *Fassgärung*; **'Fla·schen·hals** <m.; -es, ¨e; a. fig.> *Engpass*; **'Fla·schen·kind** <n.; -(e)s, -er> Ggs *Brustkind*; **'Fla·schen·kür·bis** <m.; -s-ses, -s-se; Bot.>; **'Fla·schen·öff·ner** <m.; -s, -> *ein Gerät*; **'Fla·schen·pfand** <n.; -(e)s; unz.>; **'Fla·schen·post** <f.; -; unz.>; **'Fla·schen·zug** <m.; -(e)s, ¨e; Tech.> *Vorrichtung zum Heben schwerer Lasten*; **'Fläsch·lein** <n.; -s, -; poet.; Verkleinerungsf. von> *Flasche*; **'Flasch·ner** <m.; -s, -; oberdt.> *Klempner, Spengler*
'Fla·ser <f.; -, -n> *Ader im Gestein*; **'fla·se·rig, 'flas·rig** <Adj.> *geädert*
Flash <[flæʃ]; m.; -s, -s> 1 <Film> *kurze Einblendung in eine Bildfolge* 2 <Drogenszene> *Moment, in dem das Rauschmittel zu wirken beginnt* [engl.]; **'Flash·light** <[-lait]; n.; -s, -s>

(mit einer Lichtanlage erzeugte) Lichtblitze
'Flat·rate <[ˈflætreit]; f.; -, -s; EDV> *Pauschalsatz (für die Nutzung des Internets o. Ä.)* [engl.]; **'Flat·screen** <[-skriːn]; m.; -s, -s; EDV; TV> *Flachbildschirm*
'Flat·ter <f.; -; unz.; in der Wendung> *die ~ machen* <umg.> *verschwinden*; **'Flat·ter·geist** <m.; -(e)s, -er; umg.> *unsteter Mensch*; **'flat·ter·haft** <Adj.; -er, am -es·ten> *wankelmütig*; **'Flat·ter·haf·tig·keit** <f.; -; unz.>; **'flat·te·rig** <Adj.> *aufgeregt, zitterig*; **'Flat·ter·mann** <m.; -(e)s, ¨er; umg.; scherzh.> 1 *Aufgeregtheit, Lampenfieber*; *den ~ haben* 2 *Brathähnchen*; **'flat·tern** <V. i.; ich flatt(e)re> 1 <s.> *mit schnellem Flügelschlag fliegen* 2 <h.> *(im Wind) hin u. her bewegt werden*; *die Wäsche flattert auf der Leine*; **'Flat·ter·satz** <m.; -es; unz.; Typ.>
Fla·tu'lenz <f.; -, -en; Med.> *Darmblähung* [lat.]
flau <Adj.> *schwach, übel*; *ein ~es Gefühl im Magen haben*; **'Flau·heit** <f.; -; unz.>
Flaum[1] <m.; -(e)s; unz.> *Bauch- u. Nierenfett des Schweins*
Flaum[2] <m.; -(e)s; unz.> *weiche Federn od. Haare, erster Bartwuchs*; **'Flaum·bart** <m.; -(e)s, ¨e>; **'Flaum·fe·der** <f.; -, -n>; **'Flaum·haar** <n.; -(e)s; unz.> = *Flaum²*; **'flau·mig** <Adj.>; **'flaum·weich** <Adj.>
Flausch <m.; -(e)s, -e> *weicher Wollstoff*; **'flau·schig** <Adj.>; **'Flau·sen** <Pl.; umg.> *Unsinn*; *den Kopf voller ~ haben*
'Flau·te <f.; -, -n; Mar.> 1 *Windstille* 2 <fig.> *Absatzkrise, schleppender Geschäftsgang*
Fläz <m.; -es, -e; umg.> *Lümmel, Flegel*; **flä·zen** <V.; du fläzt (dich); umg.> 1 <V. i.> *nachlässig sitzen*; *im Sessel ~* 2 <V. refl.> *sich ~ sich hinlümmeln*; **'flä·zig** <Adj.; umg.>
'Flech·se <f.; -[-ks-]; f.; -, -n> *Sehne*; oV *Flachse* [lat.]; **'flech·sig** <Adj.> *~es Fleisch*
'Flecht·ar·beit <f.; -, -en>; **'Flecht·band** <n.; -(e)s, ¨er>; **'Flech·te** <f.; -, -n> 1 <Bot.> *ei-*

ne moosähnliche Pflanze 2
<Med.> ein Hautausschlag;
'flech·ten <V. t. 135> Haarsträh-
nen, Blumen, biegsame Zweige
ineinander schlingen; ein ge-
flochtener Kranz; **'Flecht·werk**
<n.; -(e)s; unz.>

Fleck <m.; -(e)s, -e> 1 Stelle,
Platz; rühr dich nicht von ~! 2
verschmutzte Stelle; die Hose ist
voller –en; oV Flecken(2);
'Fleck·chen <n.; -s, -; Verkleine-
rungsf. von> Fleck; **'Fle·cke**
<Pl.; Kochk.> zerschnittene Kal-
daunen; **'fle·cken** <V. i.> Fle-
cken machen od. annehmen;
'Fle·cken <m.; -s, -> 1 größeres
Dorf; Markt~ 2 = Fleck(2); **'Fle-**
cken·ent·fer·ner <m.; -s, ->;
'fle·cken·los <Adj.>; **'Fle·cken-**
lo·sig·keit <f.; -; unz.>; **'Fle-**
cken·was·ser <n.; -s, ->; **'Fle-**
ckerl <n.; -s, -n; oberdt.; ös-
terr.> kleines Stoff- od. Teig-
stück; **'Fle·ckerl·sup·pe** <f.; -,
-n>; **'fle·ckig** <Adj.>; **'Fleck·ty-**
phus <m.; -; unz.> = Typhus;
'Fleck·vieh <n.; -s; unz.> Sam-
melbez. für> gescheckte Rinder-
rassen
'Fled·de·rer <m.; -s, -> Leichen~;
'fled·dern <V. t.; ich fledd(e)re>
(aus)plündern; Leichen ~
'Fle·der·maus <f.; -, ⸚e; Zool.> ein
flugfähiges Säugetier; **'Fle·der-**
wisch <m.; -(e)s, -e> Besen zum
Staubwischen
Fleece <[fli:s]; n.; -; unz.> ein
synthetisches Flauschgewebe
[engl.]; **'Fleece·pull·o·ver**,
<auch> **'Fleece·pul·lo·ver** <m.;
-s, -; ↗Z54>
Fleet <n.; -(e)s, -e; norddt.>
schiffbarer Stadtkanal
'Fle·gel <m.; -s, -> 1 Werkzeug
zum Dreschen 2 <fig.; abwer-
tend> ungehobelter Mensch,
Lümmel; **Fle·ge'lei** <f.; -, -en>;
'fle·gel·haft <Adj.>; **'Fle·gel·jah-**
re <Pl.>; **'fle·geln** <V. refl.; ich
fleg(e)le mich; umg.> sich auf
od. in einen Sessel ~
'fle·hen <V. i.; geh.> inständig bit-
ten; es half kein Bitten u. kein
Flehen; **'fle·hent·lich** <Adj.>
Fleisch <n.; -(e)s; unz.> 1
<↗Z29> Muskelgewebe des
menschl. u. tierischen Körpers;
~ fressende Pflanzen 2 Zellge-
webe der Früchte; Frucht~;

'Fleisch·bank <f.; -, ⸚e; österr.>
Fleischerei; **'Fleisch·be·schau**
<f.; -; unz.> amtliche Untersu-
chung von Schlachttieren;
'Fleisch·brü·he <f.; -, -n>;
'Fleisch·ein·la·ge <f.; -, -n; in
Suppen>; **'Flei·scher** <m.; -s, ->
Sy Metzger, Schlachter; **Flei-**
sche'rei <f.; -, -en>; **'Flei·scher-**
ha·ken <m.; -s, ->; **'Flei·sche-**
rin <f.; -, -n·nen>; **'Flei·scher-**
in·nung <f.; -, -en>; **'flei·schern**
<Adj.> aus Fleisch; wir essen
gern Fleischernes <oberdt.>;
'Flei·sches·lust <f.; -; unz.;
geh.> (geschlechtl.) Sinnenfreu-
de; **'Fleisch·ex·trakt**, <auch>
'Fleisch·ext·rakt <m.; -(e)s, -e;
↗Z53>; **'fleisch·far·ben** <Adj.>;
'Fleisch·flie·ge <f.; -, -n; Zool.>;
'Fleisch·fres·ser <m.; -s, ->;
'Fleisch·ha·cker, 'Fleisch·hau-
er <m.; -s, -; österr.> Fleischer;
'flei·schig <Adj.> viel (Frucht-)
Fleisch enthaltend; ~e Tomaten;
'Fleisch·kä·se <m.; -s, -> = Le-
berkäse; **'Fleisch·klöß·chen**
<n.; -s, ->; **'fleisch·lich** <Adj.>
~e Gelüste <geh.; veralt.>;
'fleisch·los <Adj.>; **'Fleisch·sa-**
lat <m.; -(e)s, -e>; **'Fleisch·to-**
ma·te <f.; -, -n; Bot.>; **'Fleisch-**
ver·gif·tung <f.; -, -en>;
'Fleisch·wa·re <f.; -, -n; meist
Pl.>; **'Fleisch·wer·dung** <f.; -;
unz.> Menschwerdung; die ~
Christi; **'Fleisch·wolf** <m.; -(e)s,
⸚e> Maschine zum Zerkleinern
von Fleisch; **'Fleisch·wun·de**
<f.; -, -n>; **'Fleisch·wurst** <f.; -,
⸚e>
Fleiß <m.; -es; unz.> (Arbeits-)Ei-
fer; **'Fleiß·ar·beit** <f.; -, -en>;
'flei·ßig <Adj.; ↗Z46> strebsam,
eifrig; ein ~er Schüler; <aber>
das Fleißige Lieschen <Bot.> ei-
ne Pflanze
flek'tier·bar <Adj.; Gramm.>
beugbar [lat.]; **flek'tie·ren**
<V. t.> ein Wort ~ beugen (dekli-
nieren od. konjugieren) [lat.]
'flen·nen <V. i.; umg.> weinen
'flet·schen <V. t.; du fletschst;
nur in der Wendung> die Zäh-
ne ~ zeigen, blecken
Fleu'rop <[floi-] od. [flø-]; ohne
Art.> Vereinigung zur Vermitt-
lung von Blumengeschenken in-
nerhalb von Europa [frz.]
fle'xi·bel <Adj.; -'xib·ler, am

Flexion: F. oder **Beugung** ist der
Oberbegriff für die Abwandlung
der veränderlichen Wortarten:
– die ↗**Deklination** der Nomen
– die ↗**Konjugation** der Verben
– die ↗**Komparation** der Ad-
jektive.

-s·ten> biegsam, elastisch, an-
passungsfähig; flexible Arbeits-
zeit gleitende A.; flexible Wörter
flektierbare W. [lat.]; **Fle·xi·bi·li-**
'tät <f.; -; unz.>; **Fle·xi'on** <f.; -,
-en; Gramm.> Beugung, → a.
Kasten; **fle·xi'ons·los** <Adj.>; **fle-**
'xi·visch <Adj.> die Flexion be-
treffend; **'Fle·xor** <m.; -s,
-'xo·ren; Med.> Beugemuskel;
Fle'xur <f.; -, -en> Biegung,
Krümmung
Fli'bus·ti·er <[-tjər]; m.; -s, -; im
17. Jh.> Seeräuber um Mittel- u.
Südamerika, Bukanier; → a. Fi-
libuster [ndrl.]
Flic <m.; -s, -s; volkstüml. frz.
Bez. für> Polizist
'Flick·ar·beit <f.; -, -en>; **'fli·cken**
<V. t.> ausbessern; **'Fli·cken**
<m.; -s, -> kleines Leder- od.
Stoffstück; **'Flick·fla·ck** <m.; -s, -s; Turnen>
mehrmaliger schneller Hand-
standüberschlag [frz.]
'Flick·schus·ter <m.; -s, -; frü-
her>; **Flick·schus·te'rei** <f.; -,
-en>, **'Flick·werk** <n.; -(e)s;
unz.> Pfuscherei; **'Flick·zeug**
<n.; -(e)s; unz.> Fahrrad~
'Flie·boot <n.; -(e)s, -e> kleines
Fischerboot [engl.]
'Flie·der <m.; -s, -; Pl. selten;
Bot.> 1 ein Zierstrauch 2
<umg.> = Holunder; **'Flie·der-**
bee·re <f.; -, -n> Holunderbee-
re; **'flie·der·far·ben, 'flie·der-**
far·big <Adj.>; **'Flie·der·tee**
<m.; -s; unz.> Holundertee
'Flie·ge <f.; -, -n> 1 <Bot.> ein In-
sekt 2 feste Schleife (als Krawat-
tenersatz); **'flie·gen** <V. 136> 1
<V. i. (s.); ↗Z46> sich (durch ei-
gene Kraft) in der Luft fortbewe-
gen; die Vogeleltern lehren ihre
Jungen das Fliegen; im Fliegen;
beim Fliegen; ~de Untertassen
(→ UFO); das Buch besteht nur
noch aus ~den Blättern; <aber>
Fliegende Blätter humorist.

F

Zeitschrift (1845–1944); Fliegende Fische <Zool.>; der Fliegende Holländer *(Oper von R. Wagner)* **2** <V. i. (s.)> *mit dem Flugzeug reisen;* er ist nach Rom geflogen **3** <V. t.> *ein Flugzeug steuern;* wer hat das Flugzeug geflogen? **4** <V. i. (s.)> *sich rasch bewegen;* in ~ der Eile; ~der Händler *H. ohne festen Stand;* ~de Hitze <Med.> *plötzl. Hitzeschübe im Körper* **5** <V. i. (s.)> *auf jmdn. ~* <fig.> *stark angezogen werden;* '**Flie·gen·dreck** <m.; -(e)s; unz.>; '**Flie·gen·fän·ger** <m.; -s, ->; '**Flie·gen·ge·wicht** <n.; -(e)s; unz.> *Schwerathletik) leichteste Körpergewichtsklasse;* '**Flie·gen·git·ter** <n.; -s, ->; '**Flie·gen·klap·pe,** '**Flie·gen·klat·sche** <f.; -, -n>; '**Flie·gen·pilz** <m.; -es, -e; Bot.> *ein Giftpilz;* '**Flie·gen·schnäp·per** <m.; -s, -; Zool.> *ein Singvogel;* '**Flie·ger** <m.; -s, -> **1** *Pilot* **2** <umg.> *Flugzeug;* '**Flie·ger·ab·wehr** <f.; -; unz.; Mil.>; '**Flie·ger·a·larm** <m.; -(e)s, -e; ↗Z55; Mil.>; '**Flie·ger·an·griff** <m.; -(e)s, -e; Mil.>; **Flie·ge'rei** <f.; -; unz.>; '**Flie·ger·horst** <m.; -(e)s, -e; Mil.> *Militärflugplatz;* '**flie·ge·risch** <Adj.>

'**flie·hen** <V. i. (s.) 137> *die Flucht ergreifen;* ~de Stirn, ~des Kinn <fig.>; '**Flieh·kraft** <f.; -; unz.> = *Zentrifugalkraft*

'**Flie·se** <f.; -, -n> *Wand- od. Fußbodenplatte;* '**flie·sen** <V. t.> *mit Fliesen versehen;* '**Flie·sen·le·ger** <m.; -s, ->; '**Flie·sen·le·ge·rin** <f.; -, -n·nen>

'**Fließ·ar·beit** <f.; -; unz.> *Arbeitsverfahren am Fließband;* '**Fließ·band** <n.; -(e)s, ⸚er; Tech.> *Förderband mit Produkten, die stufenweise fertig gestellt werden;* am ~ arbeiten; '**Fließ·band·ar·beit** <f.; -, -en> *Fließarbeit;* '**flie·ßen** <V. i. (s.) 138> *sich gleichmäßig u. ohne Stocken fortbewegen;* ineinander ~; er spricht ~d Französisch; die Grenzen sind ~d *nicht genau definiert;* '**Fließ·fer·ti·gung** <f.; -; unz.>; '**Fließ·ge·schwin·dig·keit** <f.; -; -en; Pl. selten>; '**Fließ·heck** <n.; -(e)s, -s; am Auto>; '**Fließ·laut** <m.; -(e)s, -e; Sprachw.> = *Liquida;* '**Fließ·text** <m.; -es, -e;

Typ.> *fortlaufender Text ohne Formatierung;* '**Fließ·was·ser** <n.; -s; unz.>

'**Flim·mer** <m.; -s, -> *wertloser Glanz;* '**Flim·mer·kis·te** <f.; -, -n; umg.; scherzh.> *Fernsehapparat;* '**flim·mern** <V. i.; ich flimm(e)re> *unruhig funkeln*

flink <Adj.> *rasch, geschickt;* '**Flink·heit** <f.; -; unz.>

'**Flin·te** <f.; -, -n> *(Jagd-)Gewehr;* '**Flint·glas** <n.; -es, ⸚er; Opt.> *sehr reines Glas mit hohem Brechungsindex;* '**Flint·stein** <m.; -(e)s, -e> = *Feuerstein*

Flip <m.; -s, -s> **1** <Cocktail **2** *Drehsprung* [engl.]; '**Flip·chart** <[-tʃaːt]; m. od. n.; -s, -s> *großformatiger, auf einem Gestell befestigter Papierblock;* '**Flip·flop** <n.; -s, -s> *bei elektron. Geräten> Kippschaltung;* '**Flip·flop·schal·tung** <f.; -, -en>; '**Flip·per** <m.; -s, -> *Spielautomat;* '**flip·pern** <V. i.; ich flipp(e)re; umg.> *an einem Flipper spielen;* '**Flip·per·spiel** <n.; -(e)s, -e>; '**Flip·pie** <m.; -s, -s; umg.> *jmd., der entgegen gesellschaftl. Konventionen lebt;* '**flip·pig** <Adj.; umg.> *ausgefallen, unkonventionell*

'**flir·ren** <V. i.> *flimmern, schwirren*

Flirt <[fløːt]; m.; -s, -s> **1** *kokettes Spaßen mit dem anderen Geschlecht* **2** *unverbindliche, kurze Liebelei* [engl.]; '**flir·ten** <V. i.> *mit jmdm. ~*

'**Flitt·chen** <n.; -s, -; umg.; abwertend> *leichtlebige junge Frau;* '**Flit·ter** <m.; -s, -> *(wertloser) Glitzerschmuck;* '**Flit·ter·gold** <n.; -(e)s; unz.> = *Rauschgold;* '**Flit·ter·kram** <m.; -s; unz.>; '**flit·tern** <V. i.; ich flitt(e)re> **1** *glänzen* **2** <umg.; scherzh.> *die Flitterwochen verbringen;* '**Flit·ter·wo·chen** <Pl.> *die ersten Wochen nach der Hochzeit*

Flitz <m.; -es, -e; veralt.> *Pfeil;* '**Flitz·bo·gen,** '**Flit·ze·bo·gen** <m.; -s, - od. (süddt.) ⸚> *Pfeil u. Bogen (als Spielzeug);* '**flit·zen** <V. i. (s.); du flitzt; umg.> *rennen;* '**Flit·zer** <m.; -s, -; umg.> *kleines, schnelles Fahrzeug*

floa·ten <['floː-]; V. i. <Wirtsch.> *den Wechselkurs freigeben;* die Währung

floatet *ist nicht festgelegt* [engl.]; '**Floa·ter** <m.; -s, -> *Wertpapier mit Zinsanpassung;* '**Floa·ting** <n.; -s; unz.>; **Floa·ting·line** <[ˈfloːtɪŋlaɪn]; f.; -, -s; Wirtsch.> *untere Grenze bei Wechselkursen*

'**Flo·cke** <f.; -, -n> *kleines, leichtes, lockeres Gebilde;* Hafer~n; Schnee~; '**flo·cken** <V. i.> *Flocken bilden;* die Sahne flockt; '**flo·cken·för·mig** <Adj.>; '**flo·ckig** <Adj.>; '**Flock·sei·de** <f.; -; unz.>; '**Flo·ckung** <f.; -, -en> = *Koagulation*

Floh <m.; -(e)s, ⸚e; Zool.> *ein Insekt;* '**Floh·biss** <m.; -es, -e>; '**flö·hen** <V. t.> *ein Tier ~ von Flöhen befreien;* '**Floh·markt** <m.; -(e)s, ⸚e> *Trödelmarkt;* '**Floh·zir·kus** <m.; - od. -s·ses, -s·se; auf Jahrmärkten>

Flo·ka·ti <m.; -s, -s> *Teppich aus langen Wollfäden* [grch.]

Flom <m.; -(e)s; unz.>, '**Flo·men** <m.; -s; unz.; nddt.> = *Flaum[1]*

Flop <m.; -s, -s; salopp; umg.> *Misserfolg, Fehlschlag* [engl.]; '**flop·pen** <V. i. (h. u. s.); umg.> *ein Misserfolg sein;* sein Unternehmen hat/ist gefloppt; '**Flop·py** <f.; -, -s; kurz für> *Floppydisc;* '**Flop·py·disk,** <auch> '**Flop·py Disk** <f.; (-)-, (-)-s; ↗Z30; EDV> *Datenträger in Form einer flexiblen Magnetscheibe*

Flor[1] <m.; -s, -e; geh.> **1** *Blüten, Blumenfülle* **2** <fig.> *Gedeihen* [lat.]

Flor[2] <m.; -s, -e> **1** *dünner Seidenstoff;* Trauer~ **2** *samtige Oberfläche (z. B. von Teppichen)* [ndrl.]

'**Flo·ra** <f.; -, 'Flo·ren> *die Pflanzenwelt (eines Gebietes);* → a. *Fauna* [lat.]; **flo'ral** <Adj.> **1** *die Flora betreffend* **2** *Blüten darstellend;* ~e Muster, Ornamente

Flo·ren·ti·ner <m.; -s, -> **1** *Einwohner von Florenz* **2** *breitkrempiger Damenstrohhut* **3** *ein süßes Gebäck;* **Flo·ren·ti·ner·hut** <m.; -(e)s, ⸚e> = *Florentiner(2);* **Flo·ren'ti·ne·rin** <f.; -, -n·nen>; **Flo'renz** *Stadt in Italien*

Flo·res'zenz <f.; -, -en> **1** <Bot.> *Blütenstand* **2** *Blütezeit* [lat.]

Flo'rett <n.; -(e)s, -e> *eine Stoß-*

u. Stichwaffe [frz.]; **Flo'rett·fech·ten** <n.; -s; unz.>

flo'rid <Adj.> Med.> *stark ausgeprägt* [lat.]

'Flo·ri·da *Staat in den USA*

flo'rie·ren <V. i.; a. fig.> *blühen, gedeihen; ~des Geschäft* [lat.]

Flo'rin <m. 7; -s, -e od. -s od. (bei Zahlenangaben) -> Abk.: fl., Fl.> 1 *Gulden* 2 *ehemalige engl. Silbermünze*

Flo'rist <m.; -en, -en> 1 *Erforscher, Kenner der Flora* 2 *Blumenbinder, -händler* [lat.]; **Flo'ris·tin** <f.; -, -n·nen>; **flo'ris·tisch** <Adj.>

'Flos·kel <f.; -, -n> *leere Redensart; Höflichkeits~* [lat.]

Floß <n.; -es, ⁺e> *ein Wasserfahrzeug;* **'flöß·bar** <Adj.> *mit Flößen befahrbar*

'Flos·se <f.; -, -n> 1 *Steuerorgan der Fische* 2 *gänsefußähnlicher Gummischuh*

'flö·ßen <V.; du flößt> 1 <V. i.> *mit Flößen fahren* 2 <V. t.> *mit Flößen befördern*

'Flos·sen·fü·ßer <m.; -s, -; Zool.> **...flos·ser** <Zool.; in Zus.> z. B. *Bauchflosser, Quastenflosser*

'Floß·fahrt <f.; -, -en>

Flo·ta·ti'on <f.; -, -en> *Technik zur Aufbereitung von Erzen* [engl.]; **flo·ta'tiv** <Adj.>

'Flö·te <f.; -, -n> 1 *ein Holzblasinstrument; ~ spielen;* <aber> *beim Flötespielen* 2 *hohes Trinkglas;* **'flö·ten** <V. i.> 1 *Flöte spielen* 2 *süßlich, einschmeichelnd sprechen*

'flö·ten² <umg.; nur in der Wendung> *~ gehen verloren gehen, abhanden kommen; unsere Ersparnisse sind ~ gegangen*

'Flö·ten·spie·ler <m.; -s, ->; **'Flö·ten·spie·le·rin** <f.; -, -n·nen>; **'Flö·ten·ton** <m.; -(e)s, ⁺e>

flo'tie·ren <V. t.; Tech.> *Erze durch Flotation aufbereiten;* <aber> → *flottieren* [frz.]

Flö'tist <m.; -en, -en>; **Flö'tis·tin** <f.; -, -n·nen>

flott <Adj.; ↗Z24> 1 *flink, schwungvoll; kannst du mal ein bisschen ~ machen?* <umg.> *beeile dich bitte!;* <aber> → *flottmachen; ein ~ geschriebenes Buch* 2 *schick; ein ~es Kleid; sie hat sich ~ gemacht;*

<aber> → *flottmachen 3*
<umg.> *leichtlebig; ein ~es Leben führen* 4 <Seemannsspr.> *frei schwimmend u. fahrbereit; das Schiff ist wieder ~;* **'flott|be·kom·men** <V. t. 170; ich bekomme flott; sie hat flottbekommen; flottzubekommen> = *flottkriegen;* **'Flot·te** <f.; -, -n> 1 *alle Schiffe eines Staates; Kriegs~* 2 *größerer Schiffsverband; Schwarzmeer~;* **'Flot·ten·ab·kom·men** <n.; -s, ->; **'Flot·ten·stütz·punkt** <m.; -(e)s, -e>; **'Flot·ten·ver·band** <m.; -(e)s, ⁺e; Mil.>; **flott'tie·ren** <V. i.> *schwimmen, schweben; ~de Schuld kurzfristige S.;* <aber> → *flotieren;* **Flot'til·le** <a. [-'tilja]; f.; -, -n> *Verband kleiner Kriegsschiffe* [span.]; **'flott|krie·gen** <V. t.; umg.> *fahrbereit machen;* **'flott|ma·chen** <V. t.> *ein Schiff nach dem Auflaufen ~* <Seemannsspr.> <aber> → *flott(1, 2);* **'flott·weg** <a. [-'-]; Adv.; umg.> *zügig*

Flow <[flou]; m.; -s, -s; Med.> *Grad des Durchströmens von Körperflüssigkeiten* [engl.]

Flow·er·pow·er, <auch> **Flo·wer·po·wer** <['flauə(r)pauə(r)]; f.; -; unz.; ↗Z52; in den 60er Jahren> *Leitwort der Hippies, das für Gewaltlosigkeit (symbolisiert durch Blumen) plädiert* [engl.]

Flöz <n.; -es, -e; Bgb.> *Schicht abbaufähiger Mineralien*

Flu'at <n.; -(e)s, -e; Chem.> *wasserlösliches Salz der Kieselfluorwasserstoffsäure* [Kurzwort aus *Fluorsilikat*]

Fluch <m.; -(e)s, ⁺e> 1 *im Zorn ausgesprochene Verwünschung* 2 <unz.> *Unheil, Verderben; über/auf dieser Familie liegt/lastet ein ~;* **'flu·chen** <V. i.> *einen Fluch(1) ausstoßen*

Flucht¹ <f.; -; unz.> *das Fliehen*

Flucht² <f.; -, -en> *Aufeinanderfolge von Zimmern, Gebäuden in gerader Linie; Häuser~;* **'flucht·ar·tig** <Adj.> *überstürzt*

'fluch·ten <V. t.; Bauw.> *in eine gerade Linie bringen*

'flüch·ten <V.> 1 <V. i.> *fliehen* 2 <V. refl.> *sich irgendwohin ~ durch Flucht¹ Schutz suchen;* **'Flucht·ge·fahr** <f.; -; unz.>; **'Flucht·ge·schwin·dig·keit** <f.;

-; unz.; Phys.> *Geschwindigkeit, die nötig ist, um das Schwerefeld eines Planeten zu verlassen;* **'Flucht·hel·fer** <m.; -s, ->; **'Flucht·hel·fe·rin** <f.; -, -n·nen>; **'Flucht·hil·fe** <f.; -; unz.>; **'flüch·tig** <Adj.> 1 *auf der Flucht¹; der ~e Täter* 2 *eilig, oberflächlich; eine ~e Bekanntschaft;* **'Flüch·tig·keit** <f.; -; unz.>; **'Flüch·tig·keits·feh·ler** <m.; -s, ->; **'Flücht·ling** <m.; -s, -e> *jmd., der geflohen ist;* **'Flücht·lings·la·ger** <n.; -s, ->

'Flucht·li·nie <[-niə]; f.; -, -n; Arch.> *die von den Bauten an einer Straße gebildete Linie;* **'Flucht·punkt** <m.; -(e)s, -e>

'Flucht·ver·such <m.; -(e)s, -e>

'Flucht·weg <m.; -(e)s, -e>

Flug <m.; -(e)s, ⁺e> 1 *das Fliegen; die Zeit verging wie im ~(e) sehr schnell* 2 *Reise im Flugzeug;* **'Flug·ab·wehr** <f.; -; unz.; Mil.>; **'Flug·bahn** <f.; -, -en>; **'Flug·ball** <m.; -(e)s, ⁺e; Sp., bes. Tennis>; **'Flug·be·glei·ter** <m.; -s, ->; **'Flug·be·glei·te·rin** <f.; -, -n·nen> *Stewardess;* **'flug·be·reit** <Adj.> *der Hubschrauber ist ~;* <aber> *zum Flug bereit;* **'Flug·blatt** <n.; -(e)s, ⁺er> *Mitteilungsblatt (oft mit polit. Inhalt);* **'Flug·da·ten·schrei·ber** <m.; -s, -> = *Flugschreiber;* **'Flug·ech·se** <[-ks-]; f.; -, -n> *ein Urtier*

'Flü·gel <m.; -s, -> 1 *zum Fliegen dienender Körperteil der Vögel u. Insekten* 2 *Tragfläche des Flugzeugs* 3 *beweglicher Teil eines mehrteiligen Ganzen; Altar~; Fenster~; Lungen~* 4 *seitl. Teil eines Gebäudes* 5 *ein dem Klavier ähnliches Musikinstrument;* **'Flü·gel·al·tar** <m.; -(e)s, ⁺e>; **'Flü·gel·horn** <n.; -(e)s, ⁺er; Instrumentenk.> *ein Blechblasinstrument;* **...flü·ge·lig** <Adj.; in Zus.> z. B. *dreiflügelig; dreiflügeliger Altar;* oV *...flüglig;* **'flü·gel·lahm** <Adj.; a. fig.> *ohne Energie;* **'flü·gel·los** <Adj.>; **'Flü·gel·schlag** <m.; -(e)s, ⁺e>; **'Flü·gel·schrau·be** <f.; -, -n>; **'Flü·gel·stür·mer** <m.; -s, -; Sp.>; **'Flü·gel·tür** <f.; -, -en>

'Flug·fisch <m.; -(e)s, -e; Zool.> → a. *fliegen(1);* **'Flug·funk** <m.; -(e)s; unz.>; **'Flug·gast** <m.;

-(e)s, ⁼e>; **'flüg·ge** <Adj.> 1 *flug-fähig (von Jungvögeln)* 2 <fig.; umg.> *selbstständig;* ~ werden; **'Flug·ge·sell·schaft** <f.; -, -en>; **'Flug·ha·fen** <m.; -s, ⁼>; **'Flug·hund** <m.; -(e)s, -e; Zool.> *eine Fledermausart;* **'Flug·ka·pi·tän** <m.; -(e)s, -e>; **'Flug·ki·lo·me·ter** <m.; -s, ->; **'Flug·kör·per** <m.; -s, ->; **'Flug·lärm** <m.; -(e)s; unz.>; **'Flug·leh·rer** <m.; -s, ->; **'Flug·leh·re·rin** <f.; -, -n·nen>; **...flüg·lig** <Adj.> = ...flügelig; **'Flug·li·nie** <[-niə] f.; -, -n>; **'Flug·loch** <n.; -(e)s, ⁼er>; **'Flug·lot·se** <m.; -n, -n>; **'Flug·ob·jekt** <n.; -(e)s, -e>; **'Flug·per·so·nal** <n.; -(e)s; unz.>; **'Flug·plan** <m.; -(e)s, ⁼e>; **'Flug·platz** <m.; -es, ⁼e>; **'Flug·rei·se** <f.; -, -n>; flugs <Adv.; veralt.> *eilends, geschwind;* **'Flug·sand** <m.; -(e)s; unz.>; **'Flug·sau·ri·er** <m.; -s, -> = *Pterosaurier;* **'Flug·schein** <m.; -(e)s, -e>; **'Flug·schrei·ber** <m.; -s, -> *Bordgerät zum Aufzeichnen von Daten;* **'Flug·schrift** <f.; -, -en>; **'Flug·schü·ler** <m.; -s, ->; **'Flug·schü·le·rin** <f.; -, -n·nen>; **'Flug·si·che·rung** <f.; -; unz.>; **'Flug·si·mu·la·tor** <m.; -s, -'to·ren>; **'Flug·sport** <m.; -(e)s; unz.>; **'Flug·stre·cke** <f.; -, -n>; **'Flug·stun·de** <f.; -, -n>; **'Flug·taug·lich·keit** <f.; -; unz.>; **'Flug·tech·nik** <f.; -, -en>; **'Flug·ti·cket** <n.; -s, -s>; **'Flug·tou·ris·tik** <[-tu-] f.; -; unz.>; **'Flug·ver·kehr** <m.; -(e)s; unz.>; **'Flug·we·sen** <n.; -s; unz.>; **'Flug·zeit** <f.; -, -en>; **'Flug·zet·tel** <m.; -s, -; österr.> = *Flugblatt;* **'Flug·zeug** <n.; -(e)s, -e>; **'Flug·zeug·ab·sturz** <m.; -es, ⁼e>; **'Flug·zeug·ab·wehr·ka·no·ne** <f.; -, -n; Kurzw.: Flak;> **'Flug·zeug·ent·füh·rer** <m.; -s, ->; **'Flug·zeug·ent·füh·re·rin** <f.; -, -n·nen>; **'Flug·zeug·ent·füh·rung** <f.; -, -en>; **'Flug·zeug·füh·rer** <m.; -s, -> **'Flüh·ler·che** <f.; -, -n>; **'Flüh·vo·gel** <m.; -s, ⁼; Zool.> = *Braunelle¹*

flu·id <Adj.> *flüssig, fließend* [lat.]; **'Flu·id** <n.; -s, -a> *flüssiges Mittel, Flüssigkeit;* **'Flu·i·dum** <n.; -s, -da; Pl. selten>

Wirkung, Ausstrahlung, Flair; die Stadt hat ein besonderes ~ **Fluk·tu·a·ti'on** <f.; -, -en> *Schwankung, Wechsel* [lat.]; **fluk·tu'ie·ren** <V. i.> *schwanken, schnell wechseln* **'Flun·der** <f.; -, -n; Zool.> *ein Fisch* **Flun·ke'rei** <f.; -, -en; umg.>; **'flun·kern** <V. i.; ich flunk(e)re; umg.> *schwindeln, aufschneiden* **Flunsch** <m.; -es, -e od. f.; -, -en; bes. norddt.; umg.> *verdrießliches Gesicht;* einen ~ ziehen **'Flu·or** <n.; -s; unz.; Chem.; Zeichen: F> *chem. Element, Nichtmetall* [lat.]; **Flu·or·chlor·koh·len'was·ser·stof·fe** <[-klo:r-]; Pl.; Abk.: FCKW>; **Flu·o·res'zenz** <f.; -; unz.> *Aufleuchten mancher Stoffe nach Strahleneinwirkung;* **flu·o·res'zie·ren** <V. i.>; **Flu·o'rid** <n.; -(e)s, -e; Chem.> *Salz der Flusssäure;* **flu·o·ri'die·ren, flu·o·ri'rie·ren, flu·o·ri'sie·ren** <V. t.> *mit Fluor anreichern;* **Flu·o'rit** <m.; -s, -e; Min.> *Flussspat;* **flu·o·ro'gen** <Adj.>; **'Flu·or·si·li·kat** <n.; -(e)s, -e; Chem.> *giftiges Salz der Kieselflusssäure* **'flup·pen** <V. i. (s.); umg.> *gut vorangehen;* die Sache fluppt **Flur¹** <m.; -(e)s, -e> *Diele, Korridor(1);* Haus~; **Flur²** <f.; -, -en> *landwirtschaftliche Nutzfläche;* **'Flur·be·rei·ni·gung** <f.; -, -en>; **'Flur·gar·de·ro·be** <f.; -, -n>; **'Flur·hü·ter** <m.; -s, -> *Feldhüter;* **'Flur·scha·den** <m.; -s, ⁼> **'Flu·se** <f.; -, -n; norddt.> *Fussel* **Flush** <[flʌʃ]; m. od. n.; -s, -s Med.> *Hitzewallung mit Hautrötung* [engl.]

Fluss <m.; -es, ⁼e> 1 *größerer Wasserlauf* 2 *fortlaufende Bewegung;* die Sache ist noch im ~ <fig.>; Rede~; Verkehrs~; **'Fluss·aal** <m.; -(e)s, -e; Zool.>, **fluss'ab, fluss'ab·wärts** <Adv.> *zur Mündung hin;* **'Fluss·arm** <m.; -(e)s, -e>, **fluss'auf, fluss'auf·wärts** <Adv.> *zur Quelle hin;* **'Fluss·bett** <n.; -(e)s, -en>; **'Flüss·chen** <n.; -s, -; Verkleinerungsf. von *Fluss;* **'Fluss·del·ta** <n.; -s, -s od. -del·ten>; **'Fluss·di·a·gramm** <n.; -(e)s, -e> *grafische Darstellung eines*

Arbeitsablaufes; **'Fluss·fisch** <m.; -(e)s, -e>; **'Fluss·ge·biet** <n.; -(e)s, -e> **'flüs·sig** <Adj.> 1 *so beschaffen, dass es fließen kann;* ~e Nahrung; zäh~ 2 <↗Z24> Getrenntschreibung in Verbindung mit Verben> Metall ~ machen *schmelzen;* Geld ~ machen <fig.> *bereitstellen;* kein Geld ~ haben 3 *geläufig, ohne Stocken;* ein ~er Stil; **'Flüs·sig·gas** <n.; -es, -e>; **'Flüs·sig·keit** <f.; -, -en>; **'Flüs·sig·kris·tall·an·zei·ge** <f.; -, -n; an elektron. Geräten> Sy *LCD;* **'Flüs·sig·kris·tall·bild·schirm** <m.; -(e)s, -e> **'Fluss·in·sel** <f.; -, -n>; **'Fluss·krebs** <m.; -es, -e; Zool.>; **'Fluss·land·schaft** <f.; -, -en>; **'Fluss·lauf** <m.; -(e)s, ⁼e>; **'Flüss·lein** <n.; -s, -; poet.; Verkleinerungsf. von *Fluss;* **'Fluss·mün·dung** <f.; -, -en>; **'Fluss·pferd** <n.; -(e)s, -e; Zool.> *ein plumper Paarhufer;* **'Fluss·schiff·fahrt** <f.; -; unz.; ↗Z37>; **'Fluss·spat** <m.; -(e)s, -e; ↗Z37; Min.> *ein Mineral;* **'Fluss·u·fer** <n.; -s, -; ↗Z55>

'flüs·tern <V. i. u. V. t.; ich flüst(e)re> *sehr leise sprechen;* jmdm. etwas ~ <fig.; umg.> *sehr deutlich die Meinung sagen;* **'Flüs·ter·pro·pa·gan·da** <f.; -; unz.>; **'Flüs·ter·stim·me** <f.; -; unz.>; **'Flüs·ter·ton** <m.; -(e)s; unz.> im ~; **'Flüs·ter·tü·te** <f.; -, -n; umg.; scherzh.> *Megafon;* **'Flüs·ter·witz** <m.; -es, -e> **Flut** <f.; -, -en> 1 <unz.> *das Ansteigen des Meeres im Wechsel der Gezeiten;* Ggs *Ebbe* 2 *Wassermasse;* er kam in den Fluten ums Leben 3 <fig.> *strömende Menge;* eine ~ von Leserbriefen; **'flu·ten** <V. i.> *heftig strömen;* **'Flut·ka·ta·stro·phe,** <auch> **'Flut·ka·tas·tro·phe, 'Flut·ka·tast·ro·phe** <f.; -, -n; ↗Z54>; **'Flut·licht** <n.; -(e)s; unz.> *breit strahlendes Scheinwerferlicht* **'flut·schen** <V. i. (s. u. h.)> 1 *rutschen, gleiten* 2 <fig.> *rasch von der Hand gehen;* die Arbeit ist nur so geflutscht **'Flut·wel·le** <f.; -, -n> **flu·vi'al, flu·vi·a'til** <[-vi-]; Adj.; Geol.> *zum Fluss gehörig, Fluss...* [lat.]; **flu·vi·o·gla·zi'al**

<Adj.; Geol.> *von Eisschmelz-wässern herrührend*
Fly-by, <auch> **Fly·by** <['flai'bai]; m. od. n.; - od. -s, -s; ↗Z32; Raumf.> *Steuermanöver eines Raumflugkörpers* [engl.]; **Fly·er** <['flaiə(r)]; m.; -s, -> 1 *Spinn-maschine* 2 *Flugblatt, Handzet-tel;* **Fly·ing Dutch·man** <['flaiiŋ 'dʌtʃmæn]; m.; --, --men [-mən]> *ein Sportsegelboot;* **Fly-o·ver**, <auch> **Fly·o·ver** <[flai'o:vər]; m.; - od. -s, - od. -s; ↗Z32, 55> *Straßenüberführung*
Flysch <n.; -(e)s; unz.; Geol.> *ein Sandstein*
fm <Abk. für> *Festmeter*
Fm <Chem.; Zeichen für> *Fermium*
FM <Abk. für> *Frequenzmodulation*
Fmk <Abk. für> *Finnmark*
'f-Moll <n.; -; unz.; Mus.; Abk.: f> *eine Tonart;* **'f-Moll-Ton·lei·ter** <f.; -, -n; ↗Z33>
fob, f.o.b. <Abk. für> *free on board* [engl.]
Fock <f.; -, -en; Mar.> *Vorsegel;* **'Fock·mast** <m.; -(e)s, -en>; **'Fock·ra·he** <f.; -, -n>; **'Fock-se·gel** <n.; -s, -> = *Fock*
fö·de'ral <Adj.; selten> = *föderativ;* **fö·de·ra·li·sie·ren** <V. t.> *verbünden;* **Fö·de·ra'lis·mus** <m.; -; unz.> *(Streben nach einem) Staatenbund mit weitgehender Selbstständigkeit der Einzelstaaten* [lat.]; **Fö·de·ra'list** <m.; -en, -en>; **Fö·de·ra·lis·tin** <f.; -, -nnen>; **fö·de·ra·lis·tisch** <Adj.>; **Fö·de·ra·ti'on** <f.; -, -en> *Staatenbund;* **fö·de·ra'tiv** <Adj.>; **fö·de'rie·ren** <V. t./V. refl.> sich ~ *sich verbünden*
'Fo·gosch <m.; -(e)s, -e; Zool.; österr.> = *Zander* [ung.]
'foh·len <V. i.> *die Stute fohlt;* **'Foh·len** <n.; -s, -> *junges Pferd, junger Esel*
Föhn <m.; -(e)s, -e> 1 *warmer Fallwind* 2 *elektr. Haartrockner;* → a. *Fön;* **'föh·nen** <V.> 1 <V. i.; unpersönl.> *es föhnt es herrscht föhniges Wetter* 2 <V. t./V. refl.> *mit dem Föhn(2) trocknen;* sie *föhnt ihr Haar;* **'föh·nig** <Adj.> *warm, vom Föhn(1) beeinflusst*
'Föh·re <f.; -, -n; Bot.; umg.> *Kiefer²;* <aber> → *Före*
fo'kal <Adj.> *den Fokus betref-fend* [lat.]; **'Fo·kus** <m.; -, - od. -s·se> 1 <Opt.> *Brennpunkt* 2 <Med.> *Krankheitsherd* 3 <fig.> *Mittelpunkt;* **fo·kus'sie·ren** <V. t.; Opt.; Phys.> *scharf ein-stellen, (Strahlen) bündeln*
Fol. <Abk. für> *Folio*
Fol·der <['fouldə(r)]; m.; -s, -> *Faltblatt, kleine (Werbe-)Broschüre* [engl.]
'Fol·ge <f.; -, -n> 1 *Auswirkung;* zur ~ *haben* 2 *Reihe, Aufeinanderfolge;* in der nächsten ~ *lesen Sie ...* 3 *einer Aufforderung* ~ *leisten gehorchen;* → a. *demzufolge; infolge(dessen); zufolge;* **'Fol·ge·er·schei·nung** <f.; -, -en>; **'Fol·ge·kos·ten** <Pl.>; **'Fol·ge·las·ten** <Pl.>; **'fol·gen** <V. i.> 1 <(s.)> jmdm. ~ *nachgehen;* sie *ist ihm gefolgt;* kannst du mir ~? <fig.> *kannst du meine Ausführungen nachvollzie-hen?* 2 <(s.)> ↗Z42, 43> *zeitl. nach jmdm. od. etwas kommen; Fortsetzung folgt;* am ~den Tag; ~des unerwartete Ereignis; ~e unerwartete Ereignisse; das Folgende wird dich überraschen; ich möchte dazu Folgendes sagen; im Folgenden *in den anschließenden Ausführungen* 3 <(s.)> *sich logisch aus etwas ergeben;* daraus folgt ... 4 <(h.)> *gehorchen;* die Kinder haben nicht gefolgt; **'fol·gen·der·gestalt** <Adv.>; **'fol·gen·der·ma-ßen** <a. [----'--]; Adv.>; **'fol·gen·der·wei·se** <Adv.; selten>; **'fol·gen·los** <Adj.>; **'fol·gen·reich** <Adj.>; **'fol·gen·schwer** <Adj.>; **'Fol·gen·schwe·re** <f.; -; unz.>; **'fol·ge·recht, 'fol·ge·rich·tig** <Adj.> Ggs *folgewidrig;* **'Fol·ge·rich·tig·keit** <f.; -; unz.>; **'fol·gern** <V. i.; ich folg(e)re> *eine Schlussfolgerung ziehen;* **'Fol·ge·rung** <f.; -, -en>; **'Fol·ge·satz** <m.; -es, ·e; Gramm.> → a. *Kasten Konsekutivsatz;* **'Fol·ge·scha·den** <m.; -s, ·>; **'Fol·ges·fol·ge** <f.; -, -n; meist Pl.> *Folge(1) einer Folge(1);* **'fol·ge·wid·rig** <Adj.> Ggs *folgerichtig;* **'Fol·ge·wid·rig·keit** <f.; -; unz.>; **'Fol·ge·zeit** <f.; -, -en> in der ~; **'folg·lich** <Adv.> *aus diesem Grund;* **'folg·sam** <Adj.> *gehorsam;* **'Folg·sam·keit** <f.; -; unz.>
Fo·li'ant <m.; -en, -en; Buchw.>

Buch im Folioformat, <allg.> *großformatiges, dickes Buch* [lat.]; **'Fo·lie¹** <[-liə]; f.; -, -n> 1 *dünnes Metall- od. Kunststoffblatt* 2 *Hintergrund*
Fo·lie² <[-'li:]; f.; -, -n; veralt.> *Narrheit, Tollheit* [frz.]
'fo·li·en·ver·packt <Adj.> ~e *Ware;* **'Fo·li·en·ver·pa·ckung** <f.; -, -en>; **fo·li'ie·ren** <V. t.>; **'Fo·lio** <n.; -s, -s; kurz für> 1 *Folioformat* 2 *Blatt im Geschäftsbuch;* **'Fo·li·o·for·mat** <n.; -(e)s; unz.; Abk.: Fol.; Zeichen: 2°> *Buchformat (in Halbbogengröße);* **'Fo·li·um** <n.; -s, 'Fo·lia od. 'Fo·li·en; Bot.> *Pflanzenblatt*
Folk <[fouk] m.; - od. -s; unz.; kurz für> *englischsprachige volkstümliche Musik (mit Elementen des Blues u. Rock²)* [engl.]
'Fol·ke·ting <n.; - od. -s; unz.> *dän. Parlament* [dän.]
Folk'lo·re, <auch> **Fol'klo·re** <f.; -; unz.; ↗Z54; Sammelbez. für> *(in Form von Kleidung, Kunst, Musik usw.) überliefertes Brauchtum, Volkskunst* [engl.]; **Folk'lo·re·mu·sik** <f.; -; unz.>; **Folk·lo'rist** <m.; -en, -en>; **Folk·lo'ris·tik** <f.; -; unz.> *(wiss.) Erforschung der Folklore;* **Folk·lo'ris·tin** <f.; -, -n·nen>; **folk·lo'ris·tisch** <Adj.>; **Folk-mu·sic** <['foukmju:zik]; f.; -; unz.> = *Folk;* **Folk·song** <['fouk-]; m.; -s, -s> *volkstüml. Lied*
Fol'li·kel <m.; -s, -> 1 <Biol.; Med.> *bläschen- od. balgförmiges Gebilde* 2 <i. e. S.> *Hülle des im Eierstock reifenden Eies* [lat.]; **Fol'li·kel·hor·mon** <n.; -(e)s, -e; Med.>; **Fol'li·kel·sprung** <m.; -(e)s, ·e; Med.> = *Sy Eisprung, Ovulation;* **fol·li·ku·lar, fol·li·ku'lär** <Adj.; Med.> *den Follikel betreffend*
'Fol·säu·re <f.; -, -n; Biochem.> *wichtige Substanz im Zellstoffwechsel*
'Fol·ter <f.; -, -n> 1 *das Foltern* 2 *Gerät zum Foltern;* jmdn. auf die ~ *spannen* <fig.; umg.> *jmds. Neugierde schüren* 3 <fig.> *körperl. od. seelische Qual;* **'Fol·ter·kam·mer** <f.; -, -n>; **'Fol·ter·knecht** <m.; -(e)s, -e; früher>; **'fol·tern** <V. t./V.

refl.; ich folt(e)re> jmdn. ~ *(zum Erzwingen von Geständnissen) quälen, peinigen, misshandeln;* '**Fol·ter·qual** <f.; -, -en>; '**Fol·te·rung** <f.; -, -en>; '**Fol·ter·werk·zeug** <n.; -(e)s, -e>

...fon <↗Z11.3; in Zus.> = ...*phon*

Fon <n.; -s, -; ↗Z11.3> = *Phon*

Fön <m.; -(e)s, -e; Warenz.> = *Föhn(2)*

fon..., Fon... <in Zus.> = *fono..., Fono...*

Fond <[fõ]; m.; -s [fõs], -s [fõs]> 1 *Grundlage, Hintergrund* 2 *Rücksitz im Auto* 3 <Kochk.> *Braten- od. Dünstflüssigkeit als Soßengrundlage* [frz.]; **Fondant** <[fõ'dã]; m. od. (österr.) n.; -s ['dãs], -s ['dãs]> *(Konfekt aus) Zuckermasse;* ~eier; **Fonds** <[fõ]; m.; - [fõs], - [fõːs]> *Geldmittel, -vorrat;* Aktien~; **Fondue** <[fõ'dyː]; n.; -s, -s od. f. -, -s; Kochk.> *(am Tisch zubereitete) Speise;* Fleisch~; Käse~

Fo·'nem <n.; -(e)s, -e; ↗Z11.3> = *Phonem;* **Fo·ne·ma·tik** <f.; -; unz.> = *Phonematik;* **fo·ne·ma·tisch** <Adj.> = *Phonematik;* **Fo·ne·mik** <f.; -; unz.> = *Phonemik;* **fo·ne·misch** <Adj.>

'**fö·nen** <künftig nicht mehr zulässige Schreibweise für> *föhnen*

Fo·ne·tik <f.; -; unz.; ↗Z11.3> = *Phonetik;* **fo·ne·tisch** <Adj.>; **Fon·i·'a·ter**, <auch> **Fo·ni·a·ter** <m.; -s, -; ↗Z54>; **Fo·ni·a·trie**, <auch> **Fo·ni·a·trie** <f.; -; unz.; ↗Z53; Med.> = *Phoniatrie;* **...fo·'nie** <in Zus.> = *...phonie;* '**fo·nisch** <Adj.> = *phonisch;* **fo·no..., Fo·no...** <in Zus.> = *phono..., Phono...;* **fo·no'gen** <Adj.> = *phonogen;* '**Fo·no·ge·rät** <n.; -(e)s, -e> = *Phonogerät;* **Fo·no·'graf** <m.; -en, -en> = *Phonograph;* **Fo·no·gra·fie** <f.; -, -n>; **fo·no'gra·fisch** <Adj.>; **Fo·no·'gramm** <n.; -(e)s, -e> = *Phonogramm;* **Fo·no'lith** <m.; -(e)s od. -en, -e od. -en> = *Phonolith;* **Fo·no'lo·ge** <m.; -n, -n>; **Fo·no'lo·gie** <f.; -; unz.> = *Phonologie;* **Fo·no'lo·gin** <f.; -, -n·nen>; **fo·no'lo·gisch** <Adj.>; **Fo·no'me·ter** <n.; -s, -> = *Phonometer;* **Fo·no·me'trie**, <auch> **Fo·no·me'trie** <f.; -;

unz.; ↗Z53>; **fo·no'me·trisch** <Adj.>; **Fo'non** <n.; -s, -en; Phys.> = *Phonon;* **Fo·no·tech·nik** <f.; -; unz.>; **Fo·no'thek** <f.; -, -en> = *Phonothek;* **Fo·no·ty·'pis·tin** <f.; -, -n·nen> = *Phonotypistin*

Font <m.; -s, -s; Druckw.; EDV> *Schriftsatz in einem Textverarbeitungsprogramm* [engl.]

Fon'tä·ne <f.; -, -n> *Springbrunnen* [frz.]; **Fon·ta'nel·le** <f.; -, -n; Med.> *Knochenlücke am Schädel von Neugeborenen* [ital.]

'**Fon·zahl** <f.; -, -en; ↗Z11.3> = *Phonzahl*

Food <[fuːd]; n.; -s; unz.; umg.> *Nahrung(smittel)* [engl.]; **Food·de·si·gner**, <auch> **Food·de·sig·ner** <['fuːddizainər]; m.; -s, -; ↗Z53> *jmd., der Nahrungsmittel optisch ansprechend arrangiert, fotografiert usw.*

Foot <[fut]; m.; -, Feet [fiːt]> *engl. Längenmaß* [engl.]; **Foot·ball** <['futbɔːl]; m.; -s; unz.> = *American Football*

fop, f.o.p. <Abk. für> *free on plane*

'**fop·pen** <V. t./V. refl.; umg.> jmdn. ~ *zum Narren halten;* **Fop·pe'rei** <f.; -, -en>

Fo·ra·mi·ni'fe·re <f.; -, -n; Biol.> *im Meer lebender Wurzelfüßer* [lat.]

Force <[fɔrs]; f.; -, -n; veralt.> *Stärke, Kraft, Gewalt;* ~ de Frappe [--'frap] *frz. Atomstreitmacht* [frz.]; **for·cie·ren** <[fɔr'siː-]; V. t.> 1 *erzwingen, gewaltsam durchsetzen* 2 *mit Nachdruck vorantreiben, verstärken;* **for'ciert** <Adj.> *gezwungen, verkrampft*

'**För·de** <f.; -, -n; norddt.> *lange, schmale Meeresbucht*

'**För·der·an·la·ge** <f.; -, -n>; '**För·der·band** <n.; -(e)s, ~er>; '**För·de·rer** <m.; -s, -> *jmd., der einen anderen fördert;* '**För·de·rin** <f.; -, -n·nen>; '**För·der·klas·se** <f.; -, -n; an Schulen>; '**För·der·koh·le** <f.; -; unz.>; '**För·der·korb** <m.; -(e)s, ~e; Bgb.>; '**För·der·kurs** <m.; -es, -e>; '**för·der·lich** <Adj.> *nützlich;* '**För·der·ma·schi·ne** <f.; -, -n; Bgb.>; '**För·der·mit·tel** <n.; -s, ->

'**for·dern** <V. t.; ich ford(e)re> 1

(eine besondere Leistung von jmdm.) verlangen; von den Schülern wird viel gefordert 2 <früher> jmdn. ~ *zum Duell herausfordern*

'**för·dern** <V. t.; ich förd(e)re> 1 *unterstützen* 2 Bodenschätze ~ <Bgb.> *abbauen, ans Tageslicht bringen;* '**För·der·preis** <m.; -es, -e> *für Nachwuchskünstler*

'**För·der·pro·gramm** <n.; -(e)s, -e>; '**För·der·stu·fe** <f.; -, -n; an Schulen>; '**För·der·turm** <m.; -(e)s, ~e>

'**For·de·rung** <f.; -, -en> 1 *ausdrückl. Bitte;* er stellt unrealistische ~en 2 *berechtigter finanzieller Anspruch;* ~en eintreiben

'**För·de·rung** <f.; -; unz.>; '**För·der·wa·gen** <m.; -s, -; Bgb.>; '**För·der·werk** <n.; -(e)s, -e; Tech.> Sy *Förderanlage*

'**Fö·re** <f.; -; unz.; Skisp.> *Geführigkeit;* <aber> → *Föhre* [skand.]

Fore·che·cking <['fɔːrtʃɛkiŋ]; n.; -s, -s; Eishockey> *Störung des gegnerischen Angriffs* [engl.]

Fo'rel·le <f.; -, -n; Zool.> *ein Fisch;* **Fo'rel·len·zucht** <f.; -; unz.>

fo'ren·sisch <Adj.> *gerichtlich* [lat.]

'**Fo·rint** <a. [-'-]; m. 7; -s, -s od. (nach Zahlenangaben) -; Abk.: Ft> *ung. Währungseinheit* [ung.]

'**For·ke** <f.; -, -n; norddt.> *Heu-, Mistgabel* [lat.]; '**for·keln** <V. i.; Jägerspr.> *mit dem Geweih kämpfen*

Form <f.; -, -en> 1 *Gefäß zur Gestaltgebung;* Kuchen~ 2 *Gestalt, Umriss;* weibliche ~en 3 *Erscheinungsweise;* in ~ von Blumen 4 <unz.> *körperl. Verfassung;* er ist heute nicht in ~ 5 *Benehmen, Anstand;* der ~ wegen *weil es so üblich ist;* in aller ~ *wie es sich gehört* [lat.]; **for'mal** <Adj.> *die Form betreffend*

'**Form·al·de·hyd** <m.; -(e)s; unz.; Chem.> *ein Gas;* Sy *Methanal*

For·ma·li·en <Pl.> *Äußerlichkeiten*

For·ma'lin <n.; -s; unz.; Warenz.> *ein Konservierungs- u. Desinfektionsmittel*

for·ma·li'sie·ren <V. t.>; **For·ma-**

Formel: Eine F. ist eine Zeichen- oder Wortfolge als Ergebnis einer Formalisierung.

Eine Reihe von feststehenden Ausdrücken bzw. Wortgruppen werden in der deutschen Sprache als **Höflichkeitsformeln** (*Guten Morgen!; Herzlich willkommen!*), **Scheltformeln** (*Verdammt noch mal!*) oder **Beschwichtigungsformeln** (*Ruhig Blut!*) verwendet.

In den Naturwissenschaften verwendete F. oder Formelzeichen sind (in der Physik laut SI oder DIN) weit gehend international genormt.
Ungetrennt bleiben sollten im fortlaufenden Text mathematische, physikalische und chemische F. Ist eine Trennung dennoch unausweichlich, so sollte am Gleichheitszeichen o. Ä. getrennt werden:

$$4040 \times 20 = 80800$$
$$40{:}8 < 84{:}12$$
$$2 H_2 SO_4$$
$$Mg; I_r = 7{,}646 \, eV$$

'lis·mus <m.; -; unz.> *Überbetonung des Formalen;* **For·ma'list** <m.; -en, -en>; **For·ma'lis·tin** <f.; -, -nen>; **for·ma'lis·tisch** <Adj.>; **For·ma·li'tät** <f.; -, -en> *Äußerlichkeit, behördl. Vorschrift;* die ~en erfüllen; **for'ma·li·ter** <Adv.> *förmlich;* **for'mal·ju·ris·tisch** <Adj.>; **for'mal·recht·lich** <Adj.>
For·mat <n.; -(e)s, -e> 1 *Gestalt, Größe, Maß; Buch~* 2 <fig.> *Bedeutung, Niveau;* eine Frau von ~ [lat.]; **for·ma'tie·ren** <V. t.; EDV> *eine Diskette ~ für die Aufnahme von Daten bereit machen;* **For·ma'tie·rung** <f.; -, -en>; **For·ma'ti·on** <f.; -, -en> 1 *Anordnung;* in geschlossener ~ marschieren <Mil.> 2 <Geol.> *größerer Abschnitt der Erdgeschichte; Gesteins~;* **For·ma·ti·'ons·flug** <m.; -es, -flü·ge; Luftf.>; **For·ma·ti'ons·tanz** <m.; -es, ⁻e> **for·ma'tiv** <Adj.>;
'form·bar <Adj.>; **'Form·bar·keit** <f.; -; unz.> **'form·be·stän·dig** <Adj.>; **'Form·blatt** <n.; -(e)s, ⁻er> *Vordruck, Formular;* **'Form·ei·sen** <n.; -s, ->

'For·mel <f.; -, -n> → a. *Kasten 1 feststehender Ausdruck;* Zauber~ 2 *Zeichenfolge;* chemische, mathematische ~n 3 <Motorsp.> *Rennwagen einer best. Klasse;* ein Rennen der ~ 1; **For·mel-1-Wa·gen** <['-'ains-]; m.; -s, -; ⬈Z 33; Motorsp.> *das Design eines Formel-1-Wagens;* <aber> *ein Wagen der Formel 1;* **'for·mel·haft** <Adj.>; **for'mell** <Adj.> 1 *streng auf die Form(5) achtend, förmlich* 2 *rein äußerlich* 3 *zum Schein;* **'For·mel·samm·lung** <f.; -, -en> *Verzeichnis chem., mathem. od. anderer Formeln;* **'For·mel·spra·che** <f.; -, -n>
'for·men <V. t.> *eine Form(2) geben;* **'For·men·leh·re** <f.; -, -n; Mus.; Sprachw.>; **'for·men·reich** <Adj.>; **'For·men·reich·tum** <m.; -s; unz.>; **'For·men·sinn** <m.; -(e)s; unz.>; **'For·mer** <m.; -s, -> *For·me'rei* <f.; -, -en> *Werkstatt, in der Gussformen hergestellt werden;* **'For·me·rin** <f.; -, -nen>; **'Form·feh·ler** <m.; -s, ->; **'Form·fra·ge** <f.; -, -n>; **'Form·ge·bung** <f.; -; unz.>; **'Form·ge·stal·tung** <f.; -; unz.>
for·mi'da·bel <Adj.; -'dab·ler, am -s·ten; geh.> 1 *furchtbar* 2 *großartig, beeindruckend* [frz.]
for'mie·ren <V. t./V. refl.> sich ~ *sich in einer best. Ordnung aufstellen* [lat.]; **For'mie·rung** <f.; -, -en>; **...för·mig** <Adj.; in Zus.> z. B. eiförmig, kugelförmig;
'förm·lich <Adj.> 1 *unpersönlich, formell* 2 *geradezu;* man hat ihn ~ hinausgeworfen; **'Förm·lich·keit** <f.; -, -en>; **'form·los** <Adj.; a. fig.> *ungezwungen;* **'Form·lo·sig·keit** <f.; -; unz.>; **'Form·obst** <n.; -es; unz.> *Spalierobst(bäume);* **'Form·sa·che** <f.; -, -n> *das ist reine ~;* **'form·schön** <Adj.>; **'Form·schön·heit** <f.; -; unz.>; **'Form·schrei·ben** <n.; -s, ->; **'Form·stren·ge** <f.; -; unz.>; **'Form·tief** <n.; -(e)s; unz.> Sp.> *schlechte körperl. Verfassung;* **For·mu'lar** <n.; -s, -e> *Vordruck;* Anmelde~; **for·mu'lie·ren** <V. t.> *in Worte fassen;* **For·mu'lie·rung** <f.; -, -en>; **'For-**

mung <f.; -; unz.> **'form·voll·en·det** <Adj.>
'For·nix <m.; -, -ni·ces; Anat.> *gewölbter Teil eines Organs* [lat.]
forsch <Adj.; umg.> *energisch, resolut* [lat.]; **'för·scheln** <V. i.; ich försch(e)le; schweiz.> *vorsichtig auskundschaften;* **'for·schen** <V. i.; du forschst> 1 *sich systematisch um (wissenschaftl.) Erkenntnis bemühen* 2 *nach etwas ~;* **'For·scher** <m.; -s, ->; **'For·scher·drang** <m.; -(e)s; unz.>; **'For·sche·rin** <f.; -, -nen>; **'Forsch·heit** <f.; -; unz.> *unerschrockenes Auftreten;* **'For·schung** <f.; -, -en>; **'For·schungs·auf·trag** <m.; -(e)s, ⁻e>; **'For·schungs·be·richt** <m.; -(e)s, -e>; **'For·schungs·er·geb·nis** <n.; -s·ses, -s·se>; **'For·schungs·in·sti·tut**, <auch> **'For·schungs·ins·ti·tut** <n.; -(e)s, -e; ⬈Z 54>; **'For·schungs·rei·se** <f.; -, -n>; **'For·schungs·sti·pen·di·um** <n.; -s, -di·en>
Forst <m.; -(e)s, -e od. -en> *abgegrenzter, bewirtschafteter Wald;* **'Forst·a·ka·de·mie** <f.; -, -n; ⬈Z 55> *Ausbildungsstätte für Forstbeamte;* **'Forst·amt** <n.; -(e)s, ⁻er>; **'Förs·ter** <m.; -s, -> *Forstbeamter;* **Förs·te'rei** <f.; -, -en>; **'Förs·te·rin** <f.; -, -nen>; **'Forst·fre·vel** <m.; -s, ->; **'forst·haus** <n.; -es, ⁻er>; **'forst·kund·lich** <Adj.>; **'forst·lich** <Adj.> *den Forst betreffend;* **'Forst·meis·ter** <m.; -s, ->; **'Forst·meis·te·rin** <f.; -, -nen>; **'Forst·re·vier** <[-'vi:r]; n.; -s, -e>; **'Forst·ver·wal·tung** <f.; -, -en>; **'Forst·we·sen** <n.; -s; unz.>; **'Forst·wirt** <m.; -(e)s, -e; Berufsbez.>; **'Forst·wir·tin** <f.; -, -nen>; **'Forst·wirt·schaft** <f.; -; unz.>; **'Forst·wis·sen·schaft** <f.; -; unz.>
For·sy·thie <[-'sytsiə]; f.; -, -n; Bot.> *ein Zierstrauch*
fort <Adv.> 1 *abwesend, weg;* er ist schon ~; nur ~ von hier! 2 *vorwärts, weiter;* und so ~ <Abk. usf.> *und so weiter;* in einem ~ *immerzu;* **fort...** <in Zus.> 1 *weg...;* z. B. fortgehen 2 *weiter...;* z. B. fortbestehen
Fort <[fo:r]; n.; -s, -s> *kleine Festung* [lat.-frz.]

'fort|be·ge·ben <V. refl. 143; ich begebe mich fort; sie hat sich fortbegeben; sich fortzubegeben> sich ~ *weggehen*

'Fort·be·stand <m.; -(e)s; unz.>; 'fort|be·ste·hen <V. i. 256> *andauern*

'fort|be·we·gen <V. t./V. refl.>; 'Fort·be·we·gung <f.; -, -en; Pl. selten>; 'Fort·be·we·gungs·mit·tel <n.; -s, ->

'fort|bil·den <V. t./V. refl.>; 'Fort·bil·dung <f.; -; unz.>; 'Fort·bil·dungs·kurs <m.; -es, -e>

'fort|blei·ben <V. i. (s.) 114; ich bleibe fort; sie ist fortgeblieben; fortzubleiben>

'fort|brin·gen <V. t. 118>

'Fort·dau·er <f.; -; unz.>; 'fort|dau·ern <V. i.>

'for·te <Adv.; Mus.; Abk.: f> *laut, stark* [ital.]; for·te·for'tis·si·mo <Mus.; Abk.: fff> *ganz besonders laut, stark*

'fort|ei·len <V. i. (s.)>

'fort|ent·wi·ckeln <V. t.>

for·te·pi'a·no <Adv.; Mus.> *laut u. gleich wieder leise* [ital.]; For·te·pi'a·no <n.; -s, -s od.; alte Bez. für> *Pianoforte*

'fort|fah·ren <V. t. u. V. i. 130> ~ zu schreiben <geh.> *weiterschreiben*

'Fort·fall <m.; -(e)s; unz.>; 'fort|fal·len <V. i. (s.) 131>

'fort|flie·gen <V. i. (s.) 136>

'fort|füh·ren <V. t.; ich führe fort; sie hat fortgeführt; fortzuführen> 1 jmdn. ~ *wegführen* 2 etwas ~ *weiterführen*; 'Fort·füh·rung <f.; -; unz.>

'Fort·gang <m.; -(e)s; unz.>; 'fort|ge·hen <V. i. (s.) 145>

'fort·ge·schrit·ten <Adj.> eine Krankheit in ~em Stadium; 'Fort·ge·schrit·te·ne(r) <f. 2 (m. 1)>; 'Fort·ge·schrit·te·nen·kurs <m.; -es, -e>

'fort·ge·setzt <Adj.; ⚡Z28.1> *unaufhörlich, wiederholt*

For·ti·fi·ka·ti'on <f.; -, -en> 1 <unz.> *Befestigungskunst* 2 <veralt.> *Befestigungswerk* [lat.]; for·ti·fi·ka'to·risch <Adj.> *auf Befestigung beruhend, Befestigungs...*; for·ti·fi'zie·ren <V. t.> *befestigen*

'For·tis <f. od. m.; -, -tes [-te:s]; Sprachw.> *mit starker Intensität artikulierter Laut*, z. B. k, p, t;

Ggs *Lenis*; for'tis·si·mo <Mus.; Abk.: ff> *sehr laut, stark* [ital.]; For'tis·si·mo <n.; - od. -s; unz.> im ~ *spielen*

'fort|kom·men <V. i. (s.) 170> mach, dass du fortkommst!; 'Fort·kom·men <n.; -s; unz.> sein ~ haben *sein Auskommen*

'fort|kön·nen <V. i. 171; umg.>

'fort|las·sen <V. t. 175>

'fort|lau·fen <V. i. (s.) 176>; 'fort·lau·fend <Adj.; ⚡Z28.1> *aufeinander folgend, fortgesetzt;* die Seiten sind ~ nummeriert

'fort|le·ben <V. i.>

'fort|müs·sen <V. i. 188; umg.>

'fort|pflan·zen <V. t./V. refl.>; 'Fort·pflan·zung <f.; -; unz.> *Erzeugung von Nachkommen*; 'Fort·pflan·zungs·or·gan <n.; -(e)s, -e>; 'Fort·pflan·zungs·trieb <m.; -(e)s; unz.>

FORTRAN <n.; -; unz.; ⚡Z56; EDV> *eine Programmiersprache* [Kurzw. aus engl. *fo*rmula *tran*slator]

'fort|rei·ßen <V. t. 198> jmdn. mit sich ~

'fort|ren·nen <V. i. (s.) 200>

'Fort·satz <m.; -es, ⁻e> *Verlängerung*

'fort|schaf·fen <V. t.>

'fort|sche·ren <V. refl. 213; schwach konj.; umg.; abwertend> sie hat sich endlich fortgeschert *sie sei gegangen*

'fort|scheu·chen <V. t.>

'fort|schi·cken <V. t.>

'fort|schlep·pen <V. t.; umg.>

'fort|schrei·ben <V. t. 230> *fortsetzen*; 'Fort·schrei·bung <f.; -; unz.>

'fort|schrei·ten <V. i. (s.) 232; ich schreite fort; sie ist fortgeschritten; fortzuschreiten> fortgeschrittenes Alter *hohes A.*; 'Fort·schritt <m.; -(e)s, -e> Ggs *Rückschritt*; 'Fort·schritt·ler <m.; -s, -; umg.> *fortschrittlicher Mensch*; Ggs *Rückschrittler*; 'fort·schritt·lich <Adj.> *zukunftsorientiert, progressiv*; Ggs *rückschrittlich*; 'fort·schritts·feind·lich <Adj.>; 'fort·schritts·gläu·big <Adj.>

'fort|set·zen <V. t.; du setzt fort>; 'Fort·set·zung <f.; -, -en> ~ folgt; 'Fort·set·zungs·ro·man <m.; -(e)s, -e>

'fort|steh·len <V. refl. 257> *heimlich wegschleichen*

'fort|tra·gen <V. t. 265>

'fort|trei·ben <V. 267>

For'tu·na <f.; -; unz.; meist ohne Art.> 1 <röm. Myth.> *Göttin des Glücks* 2 <allg.> *Glück;* ~ war ihm hold [lat.]

For·tune <[-'ty:n]>, For'tü·ne <f.; -; unz.> *Glück, Erfolg;* keine ~ haben [frz.]

'fort|wäh·ren <V. i.>; 'fort·wäh·rend <Adj.; ⚡Z28.1> *anhaltend, ununterbrochen;* ~e Störung im Unterricht

'fort|wer·fen <V. t. 286>

'fort|wir·ken <V. i.>

'fort|wol·len <V. i. 290; umg.>

'fort|wün·schen <V. t.> jmdn. ~

'fort|zah·len <V. t.>; 'Fort·zah·lung <f.; -, -en> *Lohn~*

'fort|zie·hen <V. t. u. V. i. 293; ich ziehe fort; sie ist fortgezogen; fortzuziehen>

'Fo·rum <n.; -s, 'Fo·ren od. 'Fo·ra> 1 *Markt- u. Gerichtsplatz im alten Rom;* ~ Romanum 2 <Pl. nur 'Fo·ren> *Öffentlichkeit, Plattform* 3 *ausgewählte Personengruppe, die ein Thema sachverständig erörtert* [lat.]

For·ward <['fɔ:wəd]; m.; -s, -s; Fußb.; schweiz.> *Stürmer* [engl.]; 'for·war·den <[-wɔdən]; V. t.> *weiterbefördern*

for'zan·do, for'zan·to <Mus.; Abk.: fz> = *sforzando, sforzato*

FOS <umg.; Abk. für> *Fachoberschule*

Fos·bu·ry·flop <['fɔsbəri-]; m.; -s, -s; ⚡Z35> 1 <unz.> *ein Hochsprungstil* 2 *ein Sprung in diesem Stil* [nach dem amerikan. Leichtathleten R. *Fosbury*]

fos'sil <Adj.> *versteinert* [lat.]; Fos'sil <n.; -s, -li·en> *versteinerter Rest eines urweltl. Lebewesens;* fos·si·li'sie·ren <V. i.> *fossilisierte Pflanzen*

fot., f.o.t. <Abk. für> *free on truck*

fö'tal <Adj.> = *fetal*

'Fo·to¹ <n.; -s, -s; ⚡Z11.3; kurz für> *Fotografie;* oV *Photo;* 'Fo·to² <m.; -s, -s; kurz für> *Fotoapparat;* oV *Photo;* Fo·to... <in Zus.> *licht..., Licht...;* → a. *photo..., Photo...* [grch.]; 'Fo·to·al·bum <n.; -s, -al·ben>; 'Fo·to·ap·pa·rat <m.; -(e)s, -e>; Fo·to·bi·o·lo'gie <f.; -; unz.> =

Photobiologie; **Fo·to·che'mie** <[-çe-]; f.; -; unz.> = *Photochemie;* **'Fo·to·ef·fekt** <m.; -(e)s, -e> = *Photoeffekt;* **fo·to·e'lektrisch,** <auch> **fo·to·e'lektrisch,** <Adj.; ⟋Z53>; **Fo·to·e·lektri·zi'tät** <f.; -; unz.> = *Photoelektrizität;* **'Fo·to·e·lek·tron** <n.; -s, -en> = *Photoelektron;* **'Fo·to·e·le·ment** <n.; -(e)s, -e; ⟋Z55> = *Photoelement;* **'Fo·to·e·mul·si·on** <f.; -, -en; ⟋Z55> = *Photoemulsion;* **'Fo·to·fi·nish** <[-finiʃ]; n.; -s, -s; Sp.> *Entscheidung eines Rennens aufgrund des Zielfotos* [engl.]; **fo·to·'gen** <Adj.> *bildwirksam;* **Fo·to·ge·ni'tät** <f.; -; unz.> **Fo·to'graf** <m.; -en, -en>; **Fo·to·gra'fie** <f.; -, -n> *Erzeugung von dauerhaften Lichtbildern (auf Filmen);* **fo·to·gra'fie·ren** <V. i.>; **Fo·to·'gra·fin** <f.; -, -n·nen>; **fo·to·'gra·fisch** <Adj.>; **Fo·to'gramm** <n.; -(e)s, -e> = *Photogramm;* **Fo·to·gram·me'trie,** <auch> **Fo·to·gramm·met'rie** <f.; -; unz.; ⟋Z53> = *Photogrammetrie;* **Fo·to·ko'pie** <f.; -, -n> *Lichtbildabzug von Druckschriften;* **fo·to·ko'pie·ren** <V. t.> oV *photokopieren;* **'Fo·to·la·bor** <n.; -s, -s od. -e>; **'Fo·to·la·bo·rant** <m.; -en, -en>; **'Fo·to·la·bo·ran·tin** <f.; -, -n·nen>; **Fo·to·li·tho·gra'fie** <f.; -; unz.> = *Photolithographie;* **Fo·to'me·ter** <n.; -s, -> = *Photometer;* **Fo·to·me'trie,** <auch> **Fo·to·met'rie** <f.; -; unz.; ⟋Z53> = *Photometrie;* **fo·to·me'trisch** <Adj.>; **'Fo·to·mo·dell** <n.; -(e)s, -e> *jmd., der sich für Werbeaufnahmen zur Verfügung stellt;* **'Fo·to·mon·ta·ge** <[-ʒə]; f.; -, -n> *Zusammensetzung von Bildausschnitten zu einem Gesamtbild;* **Fo'ton** <n.; -s, -en> = *Photon;* **'Fo·to·re·a·lis·mus** <m.; -; unz.; Mal.> *Stilrichtung der modernen Malerei, in der Fotografien als Vorlage für Bilder benutzt werden;* **'Fo·to·safa·ri** <f.; -, -s> *Gesellschaftsreise zum Fotografieren wild lebender Tiere;* **'Fo·to·satz** <m.; -es; unz.> *durch lichtelektr. Verfahren gerasteter Schriftsatz;* **Fo·to'sphä·re,** <auch> **Fo·tos'phä·re** <f.; -; unz.; ⟋Z54> = *Photo-*

sphäre; **Fo·to·syn'the·se** <f.; -; unz.; Biol.> = *Photosynthese;* **fo·to'tak·tisch** <Adj.; Bot.>; **Fo·to·'ta·xis** <f.; -, -'ta·xen; Bot.> = *Phototaxis;* **Fo·to'thek** <f.; -, -en> *Lichtbildsammlung;* **fo·to·'to·xisch** <Adj.> = *phototoxisch;* **fo·to'trop, fo·to'tro·pisch** <Adj.>; **Fo·to·tro'pie** <f.; -; unz.; Chem.> = *Phototropie;* **Fo·to·tro'pis·mus** <m.; -; unz.> = *Phototropismus;* **Fo·to·vol'ta·ik** <[-vɔl-]; f.; -; unz.> = *Photovoltaik;* **fo·to·vol'ta·isch** <Adj.>; **'Fo·to·wi·der·stand** <m.; -(e)s, -e> = *Photowiderstand;* **Fo·to·zel·le** <f.; -, -n> = *Photozelle*

'Fö·tus <m.; - od. -s·ses, 'Fö·ten od. -s·se> = *Fetus*

'Fot·ze <f.; -, -n; derb> 1 *Vulva* 2 <bair.; österr.> *Ohrfeige* 3 <bair.; österr.> *Mund;* halt die ~!; **'Fot·zen** <f.; -, -; bair.; österr.> = *Fotze(2, 3)*

fou·caul·t·sche(s) 'Pen·del, <auch> **Fou·caul't·sches 'Pen·del** <[fu'ko-]; n.; -n -s, -n -; ⟋Z58.1> *Pendel, mit dem die Achsendrehung der Erde nachgewiesen werden kann* [nach dem frz. Physiker J. B. Foucault]

foul <[faul]; Adj.; undekl.; Sp.> *regelwidrig, unfair* [engl.]; **Foul** <n.; -s, -s> *Regelverstoß;* **'Foul·elf·me·ter** <m.; -s, -; Fußb.>; **'fou·len** <V. i.; Sp.> *regelwidrig spielen*

fow, f.o.w. <Abk. für> *free on waggon*

Fox <m.; - od. -es, -e; kurz für> 1 *Foxterrier* 2 *Foxtrott;* **'Fox·ter·ri·er** <m.; -s, -; Zool.> *eine Hunderasse* [engl.]; **'Fox·trott** <m.; -(e)s, -e od. -s> *ein Tanz*

Foy·er <auch> **Fo·yer** <[foa'je:]; n.; -s, -s; ⟋Z52> *im Theater Wandel-, Pausenhalle* [frz.]

FPÖ <Abk. für> *Freiheitliche Partei Österreichs*

fr <Abk. für> *Franc*

Fr 1 <Chem.; Zeichen für> *Francium* 2 <Abk. für> *Freitag*

Fr. <Abk. für> 1 *Franken²* 2 *Frau*

Fra <nur vor Eigennamen> *Klosterbruder, z. B. ~ Angelico* [ital.]

Fracht <f.; -, -en> 1 *zu befördernde Ware, Ladung* 2 *Beförderungskosten;* **'Fracht·brief** <m.; -(e)s, -e>; **'Frach·ter** <m.; -s, -> *Frachtschiff;* **'Fräch·ter** <m.; -s,

-; österr.> *Transportunternehmer;* **'fracht·frei** <Adj.> *ohne Frachtkosten (für den Empfänger);* **'Fracht·füh·rer** <m.; -s, -; österr.> *Spediteur,* **'Fracht·gut** <n.; -(e)s, ⁼er>; **'Fracht·raum** <m.; -(e)s, ⁼e>; **'Fracht·schein** <m.; -(e)s, -e>; **'Fracht·schiff** <n.; -(e)s, -e>; **'Fracht·ver·kehr** <m.; -(e)s; unz.>

Frack <m.; -(e)s, ⁼e od. -s> *knielanger Herrenschoßrock für festl. Anlässe* [engl.]; **'Frack·hemd** <n.; -(e)s, -en>; **'Frack·sau·sen** <scherzh.; in der Wendung> ~ *haben Angst haben*

'Fra·ge <f.; -, -n> 1 <⟋Z19.2> *Äußerung, auf die man eine Antwort erwartet;* Scherz~; Suggestiv~; das ist ohne ~ *richtig zweifellos;* das steht außer ~ *das ist gewiss;* etwas in -/<auch> in·frage stellen 2 *Thema, Angelegenheit;* Schuld~; es ist nur eine ~ der Zeit; **'Fra·ge·bo·gen** <m.; -s, -od. (süddt.) ⁼>; **'Fra·ge·für·wort** <n.; -(e)s, ⁼er; Gramm.> → a. *Kasten Interrogativpronomen;* **'frä·geln** <V. t.; ich fräg(e)le; schweiz.> *vorsichtig, listig fragen;* **'fra·gen** <V.; du fragst; er fragt; du fragtest od. (umg.) du frägst; er fragt; du frugst> 1 <V. i.> *eine Frage(1) stellen;* frag(e) ihn doch!; durch Fragen zum Ziel kommen; Fragen kostet nichts 2 <V. t./V. refl.> sich ~ *überlegen, nachdenken;* sie fragte sich, wo sie ihn schon gesehen hatte; das habe ich mich auch schon gefragt; **'Fra·gen·ka·ta·log** <m.; -(e)s, -e>; **'Fra·gen·kom·plex** <m.; -es, -e> *umfangreiche Themenstellung;* **'Fra·ger** <m.; -s, ->; **Fra·ge'rei** <f.; -; unz.>; **'Fra·ge·rin** <f.; -, -n·nen>; **'Fra·ge·satz** <m.; -es, ⁼e; Gramm.> → a. *Kasten S. 396;* **'Fra·ge·stel·ler** <m.; -s, ->; **'Fra·ge·stel·le·rin** <f.; -, -n·nen>; **'Fra·ge·stel·lung** <f.; -, -en>; **'Fra·ge·stun·de** <f.; -, -n>; **'Fra·ge·und·'Ant·wort·Spiel** <n.; -(e)s, -e; ⟋Z33>; **'Fra·ge·wort** <n.; -(e)s, ⁼er; Gramm.> → a. *Kasten S. 396;* **'Fra·ge·zei·chen** <n.; -s, -; Zeichen: ?> → a. *Kasten S. 396;* **fra'gil** <Adj.; geh.> *zerbrechlich* [lat.]; **Fra·gi·li'tät** <f.; -; unz.>

F

Fragesatz: Der F. ist ein Satztyp mit der Funktion, Fragen zu formulieren. Der F. ist neben dem ↗Aufforderungs- und dem ↗Aussagesatz eine der grundlegenden Satzarten. **Direkte F.** werden formal in drei Gruppen aufgeteilt:
a) **Entscheidungsfragesatz,** der die Antwort *ja* oder *nein* fordert und bei dem das Verb am Satzanfang steht: *Hast du den Kuchen aufgegessen? Ist er immer noch nicht gekommen?*
b) **Alternativfragesatz,** der aus zwei Entscheidungsfragen besteht, die durch *oder* verknüpft sind: *Hat sie dir Bescheid gesagt oder nicht?*
c) **Ergänzungsfragesatz** (oder W-Frage), der durch ein ↗**Fragewort** (*wer, was, wo, warum* usw.) eingeleitet wird: *Warum hat sie nicht Geige gespielt? Wer hat uns da eben gegrüßt?*
Darüber hinaus gibt es auch **rhetorische Fragen**, auf die der Fragende keine Antwort erwartet: *Bist du denn von allen guten Geistern verlassen? Wie weit muss es noch kommen, bis endlich etwas getan wird?*
Der **direkte F.** wird in der Regel mit einem ↗Fragezeichen abgeschlossen.
Ein **indirekter F.** ist ein durch *ob* oder ein Fragewort eingeleiteter, einem Hauptsatz untergeordneter ↗Nebensatz: *Wir wissen noch*

nicht, ob wir bleiben werden. Sie sagte mir, wer kommen wird.

Fragewort: Ein F. indiziert den Satztyp des Fragesatzes. Im Deutschen werden ↗Interrogativpronomen und -adverbien als Fragewörter verwendet, z. B. *wer, wo, warum, woran, womit.*

Fragezeichen: F. (?) kennzeichnen sprachliche Ausdrücke als Fragen. Sie stehen nach
a) direkten **Fragesätzen:** *Wohin gehst du? Weißt du, ob sie bleibt?*
b) **Überschriften:** *Ende der kriegerischen Auseinandersetzung in Sicht?*
c) Fragen in **Zitaten** oder **direkter Rede:** *Das Thema „Kinderfrau oder Kindergarten?" wurde in der Volkshochschule referiert. „Wann ist das Buch erschienen?", fragte er. Nach der Frage „wessen?" steht der Genitiv.*
d) Sätzen anderer Art, wenn sie als Fragen gemeint sind: *Du gehst nach Berlin?*
F. können auch als Kennzeichnung einer fragwürdigen Aussage verwendet werden: *Der Schauspieler hat große (?) Erfolge errungen.*
Soll ein Fragesatz gleichzeitig als Ausrufesatz gekennzeichnet werden, so können Ausrufezeichen und F. gemeinsam stehen: *Was hat er sich denn dabei gedacht?!*

'frag·lich <Adj.> 1 *zweifelhaft, ungewiss* 2 *betreffend, erwähnt; zur ~en Zeit;* **'frag·los** <Adv.>
Frag'ment <n.; -(e)s, -e> 1 *Bruchstück* 2 *unvollendetes literar. od. musikal. Werk* [lat.]; **frag·men·'ta·risch** <Adj.>
'frag·wür·dig <Adj.>; **'Frag·wür·dig·keit** <f.; -, -en> unz.>
frais <[frɛːs]; Adj.; meist undekl.> *erdbeerfarben; ein ~/* <auch> *~es Kleid; ein Kleid in Frais* [frz.]; **fraise** <[frɛːz]; Adj.; österr.> = *frais*
frak'tal <Adj.> *komplex strukturiert; ~es Modell* [lat.]; **Frak'tal** <n.; -s, -e> *Objekt mit unregelmäßiger, oft selbstähnlicher Struktur;* **Frak·ti'on** <f.; -, -en> 1 <Pol.> *Gruppe innerhalb einer Partei* 2 <Chem.> *z. B. durch*

Destillation entstandener Teil eines Stoffgemisches; **frak·ti·o·'nell** <Adj.>; **Frak·ti·o'nier·ap·pa·rat** <m.; -(e)s, -e; Chem.>; **frak·ti·o'nie·ren** <V. t.; Chem.> *in Fraktionen(2) trennen;* **Frak·ti·o'nie·rung** <f.; -, -en>; **Frak·ti'ons·be·schluss** <m.; -es, ⸗e>; **Frak·ti'ons·chef** <[-ʃɛf]; m.; -s; unz.; Pol.>; **Frak·ti'ons·che·fin** <f.; -, -n·nen>; **Frak·ti'ons·füh·rer** <m.; -s, -; Pol.>; **Frak·ti'ons·füh·re·rin** <f.; -, -n·nen>; **Frak·ti'ons·vor·sit·zen·de(r)** <f. 2 (m. 1)>; **Frak·ti'ons·zwang** <m.; -(e)s; unz.; Pol.> *Verpflichtung zu einheitl. Stimmenabgabe;* **Frak'tur** <f.; -, -en> 1 <unz.; Typ.> *eine Schriftart* 2 <Med.> *Knochenbruch* 3 *mit jmdm. ~ reden* <fig.; umg.> *ihm deutlich*

die Meinung sagen [lat.]; **Frak·'tur·schrift** <f.; -; unz.>
Fram·bö'sie <f.; -, -n; Med.> *eine trop. Infektionskrankheit mit Hautausschlag* [frz.]
Frame <[freim]; m.; -s, -s> 1 *Rahmen, Träger bei eisernen Fahrzeugen der Eisenbahn* 2 <EDV> *Rahmen einer Übertragungseinheit od. eines Netzes vielfältiger Beziehungen* [engl.]
Franc <[frã]; m.; -s, -s [frã] od. (bei Zahlenangaben) -; Abk.: fr., Pl. frs.; früher> *Währungseinheit; frz. ~* <Abk.: F, FF> belg. ~ <Abk.: bfr, bfrs> Luxemburger ~ <Abk.: lfr, lfrs>
Fran·çai·se <[frãˈsɛːz(ə)]; f.; -, -n> *ein alter Tanz* [frz.]
Fran·chi·se¹ <[frãˈʃiːz(ə)]; f.; -, -n> 1 *Selbstbeteiligungssumme bei Versicherungen* 2 <veralt.> *Freimut* [frz.], **Fran·chise²** <[ˈfrãtʃais]; n.; -; unz.>; **Fran·chi·sing** <[ˈfrãtʃaizɪŋ]; n.; - od. -s; unz.> *Vertriebssystem, bei dem ein Unternehmen seine Produkte in Lizenz verkaufen lässt* [engl.]
'Fran·ci·um <[-tsium]; n.; -s; unz.; Chem.; Zeichen: Fr> *chem. Element, Metall*
frank <Adj.; in der Wendung> *~ und frei offen* [frz.-lat.]
Fran·ka'tur <f.; -, -en> *das Freimachen von Postsendungen* [ital.]
'Fran·ke <m.; -n, -n> 1 *Angehöriger eines westgerman. Volksstammes* 2 *Einwohner von Franken¹;* **'Fran·ken¹** *Landschaft in Nordbayern;* **'Fran·ken²** <m.; -s, -; Abk.: Fr., sfr (Pl. sfrs), (schweiz.) sFr.> *schweiz. Währungseinheit;* **'Fran·ken·wein** <m.; -(e)s, -e>
'Frank·furt 1 *~ am Main Stadt in Hessen* 2 *~ an der Oder Stadt in Brandenburg;* **'Frank·fur·ter¹** <m.; -s, -> *Einwohner von Frankfurt;* **'Frank·fur·ter²** <n.; -s, -; kurz für> ~ *Würstchen;* **'Frank·fur·te·rin** <f.; -, -n·nen>; **'frank·fur·tisch** <Adj.>
fran'kie·ren <V. t.> *Postsendungen ~ freimachen* [ital.]; **Fran·'kier·ma·schi·ne** <f.; -, -n>; **Fran'kie·rung** <f.; -, -en>
'Frän·kin <f.; -, -n·nen>; **'frän·kisch** <Adj.; ↗Z 46> *die ~e*

Mundart; <aber> die Fränkische Alb; die Fränkische Schweiz

'fran·ko <Adj.; undekl.> *porto-, kostenfrei; ein Paket ~ zustellen* [ital.]

'Fran·ko·ka·na·di·er <m.; -s, -> *französischsprachiger Kanadier;* **'Fran·ko·ka·na·di·e·rin** <f.; -, -n·nen>; **'fran·ko·ka·na·disch** <Adj.>; **Fran·ko·ma'nie** <f.; -; unz.> *übertriebene Vorliebe für alles Französische;* **Fran·ko·phi'lie** <f.; -; unz.> *Liebe zu Frankreich;* **'Frank·reich** *Staat in Westeuropa; Französische Republik*

'Fran·se <f.; -, -n; meist Pl.> *Strähne, Faden (als Ziersaum); die ~n hängen ihr in die Stirn; ein Teppich mit ~n;* **'fran·sen** <V. i.> *das Gewebe franst;* **'fran·sig** <Adj.> 1 *mit Fransen besetzt* 2 *ausgefranst*

'Franz·band <m.; -(e)s, ⸚e> *Bucheinband als Leder;* **'Franz·brannt·wein** <m.; -(e)s; unz.> *Mittel zum Einreiben*

Fran·zis·ka·ner <m.; -es, -s, ->; **Fran·zis·ka·ne·rin** <f.; -, -n·nen>; **Fran·zis·ka·ner·or·den** <m.; -s; unz.> *ein Bettelorden [nach dem Gründer Franz von Assisi]*

'Fran·zi·um <n.; -s; unz.> = *Francium;* **'Franz·mann** <m.; -(e)s, ⸚er; volkstüml.; veralt.> *Franzose;* **Fran'zo·se** <m.; -n, -n> 1 *Einwohner von Frankreich* 2 *ein verstellbarer Schraubenschlüssel;* **fran·zö'sie·ren** <V. t.> oV *französieren;* **Fran'zö·sin** <f.; -, -n·nen>; **fran'zö·sisch** <Adj.; ⚹Z46> *Frankreich betreffend; die ~e Küche; die ~e Schweiz; das Französische; die ~e Sprache; <aber> die Französische Revolution; er spricht Französisch; wie heißt das auf Französisch?; → a. deutsch;* **fran·zö·si'sie·ren** <V. t.>

frap'pant <Adj.; geh.> *verblüffend* [frz.]; **Frap·pé**, **Frap'pee** <[-'pe:]> = *Frappee;* **Frap'pee** [1] <m.; -s, -s> *Stoff mit eingepresstem Muster;* **Frap'pee** [2] <n.; -s, -s> *ein Milchmischgetränk mit Eis;* **frap'pie·ren** <V. t.> 1 *verblüffen* 2 *Getränke ~ mit Eis kühlen*

Fras·ca·ti <[-'ka:-]; m.; -, -> *ital.*

Weißwein [nach der gleichnamigen ital. Stadt]

'Fräs·dorn <m.; -(e)s, -e> *Teil der Fräse;* **'Frä·se** <f.; -, -n> *Maschine zum spanabhebenden Formen von Werkstoffen;* **'frä·sen** <V. t.> *mit der Fräse bearbeiten;* **'Frä·ser** <m.; -s, -> 1 *Teil an der Fräse* 2 <Berufsbez.>; **'Frä·se·rin** <f.; -, -n·nen>; **'Fräs·ma·schi·ne** <f.; -, -n> = *Fräse*

Fraß <m.; -es, -e; Pl. selten> 1 *Futter für Raubtiere; Tigern Fleisch zum ~ vorwerfen* 2 <umg.; abwertend> *schlechtes Essen* 3 *Vorgang des Abfressens durch Schädlinge; Baum~*

'Fra·ter <m.; -s, 'Fra·tres/ 'Frat·res> *Ordensbruder* [lat.]; **fra·ter·ni'sie·ren** <V. i.> *sich verbrüdern;* **Fra·ter·ni'tät** <f.; -, -en> 1 *Brüderlichkeit* 2 *Verbrüderung* 3 *kirchl. Bruderschaft;* **Fra·ter·ni'té** <f.; -; unz.> *Brüderlichkeit (Schlagwort der Frz. Revolution); a. Egalité, Liberté* [frz.]; **'Fra·tres**, <auch> **'Frat·res** <⚹Z53; Pl. von> *Frater*

Fratz <m.; -es, -en; südd.; österr.> *niedliches, <auch> ungezogenes Kind; ein verzogener ~;* **'Frätz·chen** <n.; -s, -; Verkleinerungsf. von> *Fratz;* **'Frat·ze** <f.; -, -n> 1 *verzerrtes Gesicht* 2 *Grimasse;* **'frat·zen·haft** <Adj.>

frau <Indefinitpron.; in der Frauenbewegung Ersatzbez. für> *man; das hat ~ nun davon!;* **Frau** <f.; -, -en; Abk.: Fr.> 1 *erwachsene weibl. Person; meine ~ Ehefrau; ~ Müller (als Anrede);* **'Frau·chen** <n.; -s, -; Verkleinerungsf. von> *Frau;* **'Frau·en·ar·beit** <f.; -, -en>; **'Frau·en·arzt** <m.; -es, ⸚e>; **'Frau·en·ärz·tin** <f.; -, -n·nen>; **'Frau·en·be·we·gung** <f.; -; unz.>; **'Frau·en·eis** <n.; -es; unz.; Min.> *ein Mineral;* **'Frau·en·e·man·zi·pa·ti·on** <f.; -; unz.; ⚹Z55>; **'frau·en·feind·lich** <Adj.> *eine ~e Gesellschaft;* **'Frau·en·feind·lich·keit** <f.; -; unz.>; **'Frau·en·fra·ge** <f.; -, -n>; **'Frau·en·ge·fäng·nis** <n.; -es·ses, -se>; **'Frau·en·haar** <n.; -es; unz.; Bot.> *eine Moosart;* **'frau·en·haft** <Adj.>; **'Frau·en·haus** <n.; -er> *Schutz bietendes Haus für Frauen, die von Männern misshandelt wer-*

---

den, **'Frau·en·heil·kun·de** <f.; -; unz.> *Gynäkologie;* **'Frau·en·held** <m.; -en, -en> *bei Frauen erfolgreicher Mann;* **'Frau·en·kli·nik** <f.; -, -en>; **'Frau·en·krank·heit** <f.; -, -en; meist Pl.>; **'Frau·en·lei·den** <n.; -s, -; meist Pl.>; **'Frau·en·mann·schaft** <f.; -, -en; Sp.>; **'Frau·en·pow·er**, <auch> **'Frau·en·po·wer** <[-'pau·ə(r)]; f.; -; unz.>; **'Frau·en·quo·te** <f.; -, -n>; **'Frau·en·recht·le·rin** <f.; -, -n·nen>; **'frau·en·recht·le·risch** <Adj.>; **'Frau·en·schuh** <m.; -(e)s; unz.; Bot.> *eine Orchideenart;* **'Frau·ens·leu·te** <Pl.; veralt.> *Frauen;* **'Frau·ens·per·son** <f.; -, -en; abwertend>; **'Frau·en·stimm·recht** <n.; -(e)s; unz.>; **'Frau·en·ü·ber·schuss** <m.; -es; unz.; ⚹Z55>; **'Frau·en·wahl·recht** <n.; -(e)s; unz.>; **'Frau·en·zeit·schrift** <f.; -, -en>; **'Frau·en·zim·mer** <n.; -s, -; veralt.; abwertend>; **'Fräu·lein** <n.; -s od. (vor Namen) -; od. (umg. a.) -s; Abk.: Frl.; veralt.> 1 *unverheiratete (junge) Frau (als Anrede heute allg. durch "Frau" ersetzt)* 2 *Kellnerin (als Anrede);* **'frau·lich** <Adj.>; **'Frau·lich·keit** <f.; -; unz.>

'fraun·ho·fer·sche 'Li·ni·en, <auch> **'Fraun·ho·fer·sche 'Li·ni·en** <Pl.; ⚹Z58.1> *Linien im Spektrum des Sonnenlichts* [nach dem dt. Physiker J. Fraunhofer]

Freak <[fri:k]; m.; -s, -s; salopp; umg.> 1 *unangepasster Mensch* 2 *jmd., der sich leidenschaftl. für etwas begeistert;* Computer~ [amerikan.]; **'frea·kig** <Adj.> *ausgefallen, unangepasst*

frech <Adj.> 1 *dreist, unverschämt, respektlos* 2 *keck, anzüglich; ein ~es Lied;* **'Frech·dachs** <[-ks]; m.; -es, -e; fig.; umg.; scherzh.> *vorlautes Kind;* **'Frech·heit** <f.; -, -en>

Free·clim·ber <['fri:klaimɐ(r)]; m.; -s, -; Sp.>; **'Free·clim·bing** <[-'klaimiŋ]; n.; -s; unz.> *Bergsteigen ohne jegliche Hilfsmittel* [engl.]; **'Free·hol·der** <[-'houldɐr]; m.; -s, -s; in England> *lehnsfreier Landbesitzer* [engl.]; **'Free·jazz**, <auch> **'Free Jazz** <[-'dʒæs]; m.; (-)-; unz.;

F

Mus.; seit etwa 1960> *frei improvisierter Jazz;* **'Free·lan·cer** <[-la:nsə(r)]; m.; -s, -> *Freiberufler,* **'free on board** <[- ɔn 'bɔ:(r)d]; Abk.: fob, f.o.b.>, **'free on plane** <[- ɔn 'plεin]; Abk.: fop, f.o.p.>, **'free on truck** <[-ɔn 'trʌk]; Abk.: fot, f.o.t.>; **'free on wag·gon** <[- ɔn 'wægən]; Abk.: fow, f.o.w.> *Handelsklauseln, nach denen der Verkäufer die Kosten des Transports bis zum Transportmittel übernimmt* [engl.]

'Free·sie <[-ziə]; f.; -, -n; Bot.> *eine Zierpflanze* [nach dem Arzt F. H. T. *Freese*]

Free·style <['fri:staıl]; m.; -s; unz.; Sp.> *frei gewählter Stil* [engl.]; **'Free·ware** <[-wε:r]; f.; -, -s; EDV> *kostenlos zu nutzendes Programm*

Freeze <[fri:z]; n.; -; unz.; Pol.> *Einstellung der Produktion zur atomaren Rüstung* [engl.]

Fre'gat·te <f.; -, -n; früher> 1 *Kriegsschiff* 2 <umg.; abwertend> *abgetakelte Frau* [frz.]; **Fre'gat·ten·ka·pi·tän** <m.; -(e)s, -e>; **Fre'gatt·vo·gel** <m.; -s, =; Zool.> *ein Meeresvogel*

frei <Adj.> 1 *unabhängig, unbehindert;* aus ~en Stücken *freiwillig;* auf ~em Fuß sein *nicht mehr in Haft;* ein ~er Mitarbeiter; ~ nach Goethe; eine ~e Übersetzung; ~ von Hass, Schmerzen, Schuld; ~e Reichsstädte; <aber> die Freie Reichsstadt Nürnberg; Freie und Hansestadt Hamburg; Sender Freies Berlin; Freie Demokratische Partei <Abk.: FDP, F.D.P.> 2 <↗Z 24; Getrenntschreibung mit Verben, wenn steiger- od. erweiterbar> ~ lebende Tiere; du musst dich von Vorurteilen ~ machen; ~ bewegliche Aufhängung; den Oberkörper ~ machen; <aber> → *freimachen;* ~ sprechen *offen, freimütig,* <auch> *ohne Manuskript;* <aber> → *freisprechen;* ein ~ stehendes Haus; <aber> → *freistehen* 3 *verfügbar;* keine ~e Minute haben; diese Ware kann man jetzt überall ~ bekommen; <aber> → *freibekommen* 4 *offen daliegend;* in ~er Wildbahn; im Freien; lass uns ins Freie gehen

5 *kostenlos;* ~er Eintritt; Lieferung ~ Haus; **'Frei·bad** <n.; -(e)s, =er> Ggs *Hallenbad;* **'Frei·bal·lon** <[-lõ] od. [-lɔŋ] od. [-lo:n]; m.; -s, -s>; **'Frei·bank** <f.; -, =e> *Verkaufsstelle für geringwertiges Fleisch*

'freilbe·kom·men <V. 170; ich bekomme frei; sie hat freibekommen; freizubekommen> 1 <V. t.> jmdn. ~ *durch Fürsprache, Geld o. Ä. befreien;* <aber> ich habe alles frei bekommen *ohne Beschränkung,* <auch> *kostenlos* 2 <V. i. u. V. t.> *arbeitsfreie Zeit gewährt bekommen;* kann ich (einen Tag) ~?; → a. *frei(1,2)*

'Frei·be·ruf·ler <m.; -s, -; umg.>; **'Frei·be·ruf·le·rin** <f.; -, -n·nen>; **'frei·be·ruf·lich** <Adj.>

'Frei·be·trag <m; -(e)s, =e; Steuerw.>

'Frei·beu·ter <m.; -s, -; früher> *Seeräuber;* **Frei·beu·te'rei** <f.; -; unz.>; **'Frei·beu·ter·schiff** <n.; -(e)s, -e>

'Frei·bier <n.; -(e)s; unz.> *Gratisbier*

'frei·blei·bend <Adj.; Kaufmannsspr.> *unverbindlich;* ein ~es Angebot; → a. *frei(1, 2)*

'Frei·bord <m.; -(e)s, -e> *über dem Wasserspiegel liegender Teil des Schiffsbords*

'Frei·brief <m.; -(e)s, -e> 1 *Urkunde für best. Vorrechte* 2 <fig.> *Erlaubnis*

'Frei·de·mo·krat <m.; -en, -en> *Angehöriger der FDP;* **'Frei·de·mo·kra·tin** <f.; -, -n·nen>; **'frei·de·mo·kra·tisch** <Adj.>

'Frei·den·ker <m.; -s, -> *Freigeist;* **'Frei·den·ke·rin** <f.; -, -n·nen>; **'frei·den·ke·risch** <Adj.>

'Frei·e(r) <f. 2 (m. 1)> *freier Mensch, Bürger;* Ggs *Sklave*

'frei·en <V.; veralt.> 1 <V. t.> ein Mädchen ~ *heiraten* 2 <V. i.> um ein Mädchen ~ *werben;* **'Frei·er** <m.; -s, -> 1 <veralt.> *Verehrer;* sie hat viele ~ 2 <verhüllend> *Kunde einer Prostituierten;* **'Frei·ers·fü·ße** <Pl.; in der Wendung> auf ~n sein, *wandeln heiraten wollen*

'Frei·ex·em·plar, <auch> **'Frei·e·xem·plar** <n.; -s, -e; ↗Z 53>

'Frei·fahr·kar·te <f.; -, -n>

'Frei·flä·che <f.; -, -n>

'Frei·frau <f.; -, -en> *Baronin;* **'Frei·fräu·lein** <n.; -s, -> *Baronesse;* Sy *Freiin*

'Frei·ga·be <f.; -, -n>

'Frei·gang <m.; -(e)s, =e> *Zeit, während der ein Häftling die Strafanstalt verlassen darf;* **'Frei·gän·ger** <m.; -s, ->; **'Frei·gän·ge·rin** <f.; -, -n·nen>

'freilge·ben <V. 143; ich gebe frei; sie hat freigegeben; freizugeben> 1 <V. t.> einen Sklaven ~ *ihm seine Freiheit zurückgeben* 2 <V. t.> etwas ~ *eine Beschränkung, Sperre aufheben;* eine Straße für den Verkehr ~ 3 <V. i.> jmdm. ~ *Urlaub geben;* → a. *frei;* **'frei·ge·big** <Adj.> *großzügig;* oV *freigiebig;* **'Frei·ge·big·keit** <f.; -; unz.>

'Frei·ge·he·ge <n.; -s, ->

'Frei·geist <m.; -(e)s, -er> *jmd., der sich von der herrschenden Meinung unabhängig macht;* **Frei·geis·te'rei** <f.; -; unz.; meist abwertend>; **'frei·geis·tig** <Adj.>

'Frei·ge·las·se·ne(r) <f. 2 (m. 1)>

'Frei·ge·richt <n.; -(e)s, -e; früher> = *Feme*

'frei·gie·big <Adj.> = *freigebig;* **'Frei·gie·big·keit** <f.; -; unz.>

'Frei·graf <m.; -en, -en; früher> *Vorsitzender im Femgericht*

'Frei·gren·ze <f.; -, -n; Steuerw.>

'freilha·ben <V. i. 159; ich habe frei; sie hat freigehabt; freizuhaben; umg.> *Urlaub haben;* kann ich morgen ~?; → a. *frei*

'Frei·ha·fen <m.; -s, => *Hafen außerhalb der Zollkontrolle*

'freilhal·ten <V. t. 160; ich halte frei; sie hat freigehalten; freizuhalten> jmdn. (im Lokal) ~ *für jmdn. bezahlen;* Ausfahrt ~!

'Frei·hand·bi·bli·o·thek, <auch> **'Frei·hand·bib·li·o·thek** <↗Z 53>, **'Frei·hand·bü·che·rei** <f.; -, -en> *Bücherei, in der man die Bücher frei einsehen kann;* **'Frei·han·del** <m.; -s; unz.>; **'Frei·han·dels·zo·ne** <f.; -, -n>; **'frei·hän·dig** <Adj.>; **'Frei·hand·ü·bung** <f.; -, -en; ↗Z 55> Turnen>; **'Frei·hand·zeich·nen** <n.; -s; unz.>

'Frei·heit <f.; -, -en>; **'frei·heit·lich** <Adj.>; **'Frei·heits·be·griff** <m.; -(e)s, -e>; **'Frei·heits·be·rau·bung** <f.; -, -en>; **'Frei-**

heits·drang <m.; -(e)s; unz.>;
'Frei·heits·ent·zug <m.; -(e)s;
unz.>; 'Frei·heits·kampf <m.;
-(e)s, ⁻e>; 'Frei·heits·kämp·fer
<m.; -s, ->; 'Frei·heits·kämp·fe·
rin <f.; -, -n·nen>; 'Frei·heits·
krieg <m.; -(e)s, -e>; 'Frei·
heits·lie·be <f.; -; unz.>; 'frei·
heits·lie·bend <Adj.>; 'Frei·
heits·sta·tue <[-tuə] f.; -; unz.;
am Hafen von New York>; 'Frei·
heits·stra·fe <f.; -, -n>
frei·her'aus, <auch> frei·he'raus
<Adv., ◢Z54> offen, ohne Um-
schweife; sagen Sie es ~!
'Frei·herr <m.; -en, -en; Abk.:
Frhr.> (dem Baron entsprechen-
der Adelstitel); 'Frei·in <f.; -,
-n·nen> = Freifräulein
'Frei·kar·te <f.; -, -n>
'frei|kau·fen <V. t.; ich kaufe frei;
sie hat freigekauft; freizukau-
fen> durch Zahlung einer Geld-
summe befreien; → a. frei
'Frei·kir·che <f.; -, -n> unabhän-
gige christl. Gemeinde
'frei|kom·men <V. i. (s.) 170; ich
komme frei; sie ist freigekom-
men; freizukommen> sich be-
freien können; → a. frei
'Frei·kör·per·kul·tur <f.; -; unz.;
Abk.: FKK>
'Frei·korps <[-ko:r] n.; - [-ko:rs],
- [-ko:rs]; Mil.; früher> Freiwilli-
gentruppe
'Frei·land <n.; -(e)s; unz.>; 'Frei·
land·hal·tung <f.; -; unz.> Hüh-
ner in ~
'frei|las·sen <V. t. 175; ich lasse
frei; sie hat freigelassen; freizu-
lassen> in die Freiheit entlas-
sen; 'Frei·las·sung <f.; -; unz.>
'Frei·lauf <m.; -(e)s, ⁻e; Tech.>;
'Frei·lauf·brem·se <f.; -, -n>;
'frei|lau·fen <V. refl.; Ballspiel>
sich ~ sich von Angreifern lösen;
<aber> Hunde dürfen hier frei
laufen ohne Leine; → a. frei
'frei|le·gen <V. t.; ich lege frei; sie
hat freigelegt; freizulegen> eine
Hülle od. deckende Schicht ent-
fernen; Mauerreste ~; → a. frei;
'Frei·le·gung <f.; -; unz.>
'frei·lich <Adv.> allerdings, gewiss
'Frei·licht·büh·ne <f.; -, -n;
Theat.> Bühne unter freiem
Himmel; 'Frei·licht·ki·no <n.;
-s, -s>; 'Frei·licht·mu·se·um
<n.; -s, -mu·se·en>; 'Frei·licht·
the·a·ter <n.; -s, -> = Freilicht-

bühne; 'Frei·luft·mu·se·um <n.;
-s, -mu·se·en>
'frei|ma·chen <V. t.; ich mache
frei; sie hat freigemacht; freizu-
machen> Briefe ~ frankieren;
→ a. frei(1); 'Frei·ma·chung <f.;
-, -en; Post>
'Frei·mar·ke <f.; -, -n> Briefmar-
ke
'Frei·mau·rer <m.; -s, ->; Frei·
mau·re'rei <f.; -; unz.> weltwei-
te Humanitätsbewegung; 'frei·
mau·re·risch <Adj.>; 'Frei·mau·
rer·lo·ge <[-ʒə] f.; -, -n> Verei-
nigung von Freimaurern; 'Frei·
mau·rer·tum <n.; -s; unz.>
'Frei·mut <m.; -(e)s; unz.>; 'frei·
mü·tig <Adj.> offen, aufrichtig;
'Frei·mü·tig·keit <f.; -; unz.>
'frei|pres·sen <V. t.> jmdn. ~
durch Erpressung jmds. Freilas-
sung erzwingen; → a. frei
'Frei·raum <m.; -(e)s, ⁻e>
'frei·re·li·gi·ös <Adj.>
'Frei·sass <m.; -en, -en>; 'Frei·
sas·se <m.; -n, -n; früher> frei-
er Bauer
'frei·schaf·fend <Adj.> ~er
Künstler; 'Frei·schaf·fen·de(r)
<f. 2 (m. 1)>
'Frei·schar <f.; -, -en> = Frei-
korps; 'Frei·schär·ler <m.; -s, ->
Angehöriger einer Freischar
'Frei·schlag <m.; -(e)s, ⁻e;
Schlagballspiel>
'Frei·schuss <m.; -es, ⁻e; auf
Jahrmärkten>
'frei|schwim·men <V. refl. 235>
sich ~ <fig.> von allem unab-
hängig werden; → a. frei; 'Frei·
schwim·mer <m.; -s, -; früher>
eine Schwimmprüfung
'frei|set·zen <V. t.; du setzt frei;
sie hat freigesetzt; freizuset-
zen> aus einer Bindung lösen;
Energie ~; Arbeitskräfte ~ <be-
schönigend> entlassen; → a.
frei
'Frei·sinn <m.; -(e)s; unz.; ver-
alt.>; 'frei·sin·nig <Adj.> liberal;
'Frei·sin·nig·keit <f.; -; unz.>
'frei|spie·len <V. refl.; Sp.> sich ~
sich der gegnerischen Deckung
entziehen; → a. frei
'frei|spre·chen <V. t. 251/V. refl.;
ich spreche frei; sie hat freige-
sprochen; freizusprechen>
jmdn. ~ von einer Anklage los-
sprechen; → a. frei(1); 'Frei·

spre·chung <f.; -, -en>; 'Frei·
spruch <m.; -(e)s, ⁻e>
'Frei·staat <m.; -(e)s, -en> der ~
Bayern, Sachsen
'Frei·statt <f.; -, -stät·ten>, 'Frei·
stät·te <f.; -, -n; geh.> Asyl, Zu-
fluchtsort
'frei|ste·hen <V. i. 256> die Ent-
scheidung soll dir ~ bleibt dir
überlassen; es hat dir freige-
standen zu kommen; → a.
frei(1)
'frei|stel·len <V. t.> jmdm. etwas
~ die Entscheidung überlassen;
die Teilnahme wurde uns frei-
gestellt; → a. frei
'frei|stem·peln <V. t.; ich
stemp(e)le frei; Post>
'Frei·stil <m.; -(e)s; unz.; Sp.;
meist in Zus.>; 'Frei·stil·rin·gen
<n.; -s; unz.; Sp.>; 'Frei·stil·
schwim·men <n.; -s; unz.; Sp.>
'Frei·stoß <m.; -es, ⁻e; Fußb.>
'Frei·stun·de <f.; -, -n> unter-
richtsfreie Schulstunde
'Frei·tag <m.; -(e)s, -e; Abk.: Fr>
→ a. Dienstag; Frei·tag'a·bend
<m.; -s, -e; ◢Z45.2> → a. Diens-
tagabend; 'frei·tags <Adv.> → a.
dienstags
'Frei·tod <m.; -(e)s, -e; Pl. selten>
Selbstmord
'frei·tra·gend <Adj.> ohne Stütze;
eine ~e Brücke
'Frei·trep·pe <f.; -, -n>
'Frei·um·schlag <m.; -(e)s, ⁻e>
frankierter Briefumschlag
'frei·weg <Adv.; umg.> ohne Um-
schweife, unbekümmert
'Frei·wild <n.; -(e)s; unz.; fig.>
jmd., der Angriffen schutzlos
ausgeliefert ist
'frei·wil·lig <Adj.; ◢Z46> die ~e
Feuerwehr; <aber> die Freiwilli-
ge Feuerwehr Passau (als Ei-
genname); 'Frei·wil·li·ge(r) <f. 2
(m. 1)> ~ vor!; 'Frei·wil·lig·keit
<f.; -; unz.> die Teilnahme be-
ruht auf ~
'Frei·wurf <m.; -(e)s, ⁻e; Handb.>
'Frei·zei·chen <n.; -s, -; Tel.> Ggs
Besetztzeichen
'Frei·zeit <f.; -, -en>; 'Frei·zeit·
be·schäf·ti·gung <f.; -, -en>;
'Frei·zeit·ein·rich·tung <f.; -,
-en>; 'Frei·zeit·ge·sell·schaft
<f.; -, -en; leicht abwertend>;
'Frei·zeit·ge·stal·tung <f.; -,
-en>; 'Frei·zeit·klei·dung <f.; -;

F

unz.>; **'Frei·zeit·sport** <m.; -(e)s, -e; Pl. selten>
'frei·zü·gig <Adj.> *großzügig in der Einstellung;* **'Frei·zü·gig·keit** <f.; -; unz.>
fremd <Adj.> **1** *von anderer Herkunft;* ~e Länder **2** *einen anderen betreffend;* ~e Angelegenheiten **3** *unbekannt, unvertraut;* ein ~er Mann; **'Fremd·ar·bei·ter** <m.; -s, -> = *Gastarbeiter;* **'Fremd·ar·bei·te·rin** <f.; -, -n·nen>; **'fremd·ar·tig** <Adj.>; **'Fremd·ar·tig·keit** <f.; -; unz.>; **'Fremd·be·stim·mung** <f.; -; unz.>; **'Fremd·de** <f.; -; unz.> *Ausland;* in der ~; **'Frem·de(r)** <f. 2 (m. 1)> **1** *jmd., der aus einem anderen Ort, Land stammt* **2** *jmd., den man nicht kennt;* **'Fremd·ein·wir·kung** <f.; -, -en> durch ~; **'frem·deln** <V. i.; ich fremd(e)le> *Fremden gegenüber schüchtern sein;* **'frem·den** <V. i.; schweiz.> = *fremdeln;* **'frem·den·feind·lich** <Adj.>; **'Frem·den·feind·lich·keit** <f.; unz.>; **'Frem·den·füh·rer** <m.; -s, ->; **'Frem·den·füh·re·rin** <f.; -, -n·nen>; **'Frem·den·le·gi·on** <f.; -; unz.; in Frankreich> *aus angeworbenen Ausländern bestehende Truppe;* **'Frem·den·le·gi·o·när** <m.; -s, -e>; **'Frem·den·ver·kehr** <m.; -s; unz.>; **'Frem·den·ver·kehrs·amt** <n.; -(e)s, ∸er>; **'Frem·den·ver·kehrs·ver·ein** <m.; -(e)s, -e>; **'Frem·den·zim·mer** <n.; -s, ->; **'Fremd·fi·nan·zie·rung** <f.; -, -en; Wirtsch.>; **'fremd|ge·hen** <V. i. (s.) 145; ich gehe fremd; sie ist fremdgegangen; fremdzugehen; umg.> *Ehebruch begehen;* **'Fremd·heit** <f.; -; unz.>; **'Fremd·herr·schaft** <f.; -; unz.> Sy *Feindherrschaft;* **'Fremd·ka·pi·tal** <n.; -(e)s; unz.; Wirtsch.>; **'Fremd·kör·per** <m.; -s, ->; **'fremd·län·disch** <Adj.>; **'Fremd·ling** <m.; -s, -e; veralt.> *Fremde(r);* **'Fremd·spra·che** <f.; -, -n> ~ a. *Kasten Muttersprache;* **'Fremd·spra·chen·kor·re·spon·den·tin,** <auch> **'Fremd·spra·chen·kor·re·spon·den·tin** <f.; -, -n·nen>; ↗Z54; Berufsbez.>; **'Fremd·spra·chen·un·ter·richt** <m.; -(e)s; unz.>; **'fremd·spra·chig** <Adj.> **1** *eine*

Fremdwort: Ein F. enthält Bestandteile, die aus einer anderen Sprache übernommen sind und sich in Aussprache, Betonung und/oder Schreibweise und/oder Flexion nicht oder nur teilweise dem eigenen Sprachsystem angepasst haben. Je nach Herkunft der Fremdwörter spricht man im Deutschen z. B. auch von

a) **Anglizismus** für Wörter aus dem Englischen: *Baby, Gate, Happening*
b) **Gallizismus** für Wörter aus dem Französischen: *Trottoir, Agent provocateur*
c) **Gräzismus** für Wörter aus dem Griechischen: *Philosophie, Demokratie*
d) **Latinismus** für Wörter aus dem Lateinischen: *Senat, Kollaps, Adjektiv*

Auch aus dem Russischen, Hebräischen, Italienischen, Spanischen u. a. sowie außereuropäischen Sprachen sind Wörter in die deutsche Sprache übernommen worden.
Der Anteil der F. am deutschen Wortschatz beträgt ca. 25% (einschließlich derjenigen F., die heute im Deutschen nicht mehr als „fremd" empfunden werden). Vgl. ↗Erbwort

fremde Sprache sprechend **2** *in einer fremden Sprache geschrieben, gehalten;* ~e Literatur; ~er Unterricht *U., der in einer fremden Sprache gehalten wird;* **'fremd·sprach·lich** <Adj.> *eine fremde Sprache betreffend;* ~er Unterricht *U. über eine fremde Sprache;* **'fremd·stäm·mig** <Adj.>; **'Fremd·stäm·mig·keit** <f.; -; unz.>; **'Fremd·ver·schul·den** <n.; -s; unz.; Amtsdt.> durch ~; **'Fremd·wort** <n.; -(e)s, ∸er> → *Kasten;* **'Fremd·wör·ter·buch** <n.; -(e)s, ∸er>; **'fremd·wort·reich** <Adj.> ~er Text
fre'ne·tisch <Adj.> *leidenschaftlich, heftig;* ~er Beifall; <aber> → *phrenetisch* [frz.]
fre'quent <Adj.; geh.> *häufig, zahlreich* [lat.]; **Fre·quen·ta·ti·on** <f.; -, -en; veralt.>; **fre·quen·'tie·ren** <V. t.> *häufig besuchen;* ein gut frequentiertes Lokal; **Fre'quenz** <f.; -, -en> **1** *Besucherzahl, Verkehrsdichte* **2** <Phys.> *Schwingungszahl;* **Fre-**

'quenz·be·reich <m.; -(e)s, -e> im oberen, unteren ~; **Fre'quenz·mes·ser** <m.; -s, ->
'Fres·ke <f.; -, -n>, **'Fres·ko** <n.; -s, 'Fres·ken> *Wandmalerei auf frischem Putz* [ital.]; **'Fres·ko·ma·le·rei** <f.; -, -en>
Fres'sa·li·en <Pl.; umg.; scherzh.> *Esswaren;* **'Fres·se** <f.; -, -n; derb> *Mund;* halt die ~!; **'fres·sen** <V. 139> **1** <V. i.> *dem Hund etwas zu ~/zum Fressen geben* **2** <V. i.; derb> *essen;* jmdn. zum Fressen gern haben <fig.; umg.> *sehr gern* **3** <V. t.; fig.; umg.> *beanspruchen, verbrauchen;* das Auto frisst viel Benzin; **'Fres·sen** <n.; -s; unz.> **1** *Futter für Tiere* **2** <derb> *Essen;* ein gefundenes ~ <fig.; umg.>; **'Fres·ser** <m.; -s, -; umg.>; **Fres·se'rei** <f.; -, -en; umg.>; **'Fres·se·rin** <f.; -, -n·nen>; **'Fress·gier** <f.; -; unz.>; **'fress·gie·rig** <Adj.>; **'Fress·korb** <m.; -(e)s, ∸e; umg.> *Geschenkkorb mit Delikatessen;* **'Fress·lust** <f.; -; unz.>; **'Fress·napf** <m.; -(e)s, ∸e>; **'Fress·pa·ket** <n.; -(e)s, -e; umg.>; **'Fress·sack** <m.; -(e)s, ∸e; umg.> *Vielfraß;* ↗Z37; derb> *Vielfraß;* **'Fress·sucht** <f.; -; unz.; ↗Z37>
Frett <n.; -(e)s, -e>, **'Frett·chen** <n.; -s, -; Zool.> *eine Iltisart*
'Freu·de <f.; -, -n> *Gefühl der Hochstimmung;* in Freud u. Leid zusammenstehen; **'Freu·den·bot·schaft** <f.; -, -en>; **'Freu·den·fest** <n.; -(e)s, -e>; **'Freu·den·feu·er** <n.; -s, ->; **'Freu·den·ge·heul** <n.; -(e)s; unz.> ein ~ brach aus; **'Freu·den·haus** <n.; -es, ∸er; veralt.> = *Bordell;* **'Freu·den·mäd·chen** <n.; -s, -; veralt.> *Prostituierte;* **'freu·den·reich** <Adj.; geh.> ein ~es Leben; <aber> ein an Freuden reiches Leben; **'Freu·den·ruf** <m.; -(e)s, -e>; **'Freu·den·sprung** <m.; -(e)s, ∸e>; **'Freu·den·tag** <m.; -(e)s, -e>; **'Freu·den·tanz** <m.; -es, ∸e> einen ~ aufführen; **'Freu·den·tau·mel** <m.; -s, ->; **'Freu·den·trä·nen** <Pl.>; **'freu·de·strah·lend** <Adj.; ↗Z29> *vor Freude strahlend*
Freu·di'a·ner <m.; -s, -> *Anhänger der Lehre Freuds* [nach dem Psychoanalytiker S. *Freud*];

Freu·di·a·ne·rin <f.; -, -n·nen>; **freu·di·a·nisch** <Adj.>
'freu·dig <Adj.> ein ~es Ereignis *Geburt eines Kindes*; **'Freu·dig·keit** <f.; -; unz.>; **'freud·los** <Adj.>; **'Freud·lo·sig·keit** <f.; -; unz.>
'freud·sche 'Fehl·leis·tung, <auch> **'Freud'sche 'Fehl·leis·tung** <f.; -n -, -n -en; ⤴Z58.1> [nach dem österr. Arzt u. Psychologen S. *Freud*]; **'freud·sche(r) Ver'spre·cher,** <auch> **'Freud'scher Ver'spre·cher** <m.; -n -s, -n -; Psych.> *unbeabsichtigter, aber (vermeintlich) aufschlussreicher Versprecher*
'freud·voll <Adj.; geh.> ein ~es Leben führen; **'freu·en** <V. t./V. refl.> sich ~ *Freude empfinden*
Freund <m.; -(e)s, -e> *Kamerad,* <auch> *Geliebter*; Brief~; Jugend~; Schul~; unter ~en *unter uns*; gut ~ mit jmdm. sein, werden; jmdm. ~ sein *freundlich gesinnt sein*; **'Freund·chen** <n.; -s, -; meist scherzh. drohend> ~, ~!; **'Freun·des·kreis** <m.; -es, -e> im ~; Freund~/Feind-Schema <n.; -s; unz.; ⤴Z33>; **'Freun·din** <f.; -, -n·nen>; ⤴Z38>; **'freund·lich** <Adj.> 1 *liebenswürdig, entgegenkommend*; kinder~; fahrrad~; SPD-~ 2 *heiter, ansprechend*; ~e Farben; **freund·li·cher'wei·se** <Adv.>; **'Freund·lich·keit** <f.; -, -en>; **freund'nach·bar·lich** <Adj.>; **'Freund·schaft** <f.; -, -en>; **'freund·schaft·lich** <Adj.>; **'Freund·schafts·ban·de** <Pl.; fig.; geh.>; **'Freund·schafts·bund** <m.; -(e)s, ⸚e>; **'Freund·schafts·dienst** <m.; -(e)s, -e> jmdm. einen ~ erweisen; **'Freund·schafts·preis** <m.; -es, -e> *ermäßigter Preis für Freunde u. Bekannte*; **'Freund·schafts·spiel** <n.; -(e)s, -e; Sp.>; **'Freund·schafts·ver·trag** <m.; -(e)s, ⸚e>
'fre·vel <Adj.; poet.; veralt.> 1 *verbrecherisch*; frevles Tun 2 *tollkühn, keck*; frevler Mut; **'Fre·vel** <m.; -s, -; geh.> *Verbrechen, Verstoß*; Baum~; **'fre·vel·haft** <Adj.>; **'fre·veln** <V. i.; ich frev(e)le; geh.; veralt.>; **'Fre·vel·tat** <f.; -, -en>; **'Frev·ler** <m.; -s, -> *Gotteslästerer, Missetäter*;

'Frev·le·rin <f.; -, -n·nen>; **'frev·le·risch** <Adj.>
Frhr. <Abk. für> *Freiherr*
Fri'dat·te <f.; -, -n> = *Frittate*
fri·de·ri·zi·a·nisch <Adj.> *Friedrich II. von Preußen u. seine Zeit betreffend*
'Frie·de <m.; -ns, -n; älter für> *Frieden*; **'Frie·den** <m.; -s, -> *Zustand ungestörter (polit.) Ordnung*; **'Frie·dens·ab·kom·men** <n.; -s, ->; **'Frie·dens·be·din·gung** <f.; -, -en; meist Pl.>; **'Frie·dens·be·we·gung** <f.; -, -en>; **'Frie·dens·bre·cher** <m.; -s, ->; **'Frie·dens·bruch** <m.; -(e)s, ⸚e>; **'Frie·dens·en·gel** <m.; -s, -> *Engel mit Palmzweig (als Symbol)*; **'Frie·dens·fest** <n.; -(e)s, -e>; **'Frie·dens·for·schung** <f.; -; unz.>; **'frie·dens·freund·lich** <Adj.>; **'Frie·dens·fürst** <m.; -en, -en; Bez. für> *Christus*; **'Frie·dens·kämp·fer** <m.; -s, ->; **'Frie·dens·kämp·fe·rin** <f.; -, -n·nen>; **'Frie·dens·kon·fe·renz** <f.; -, -en>; **'Frie·dens·kuss** <m.; -es, ⸚e>; **'Frie·dens·lie·be** <f.; -; unz.>; **'Frie·dens·no·bel·preis** <[-noˈbɛl-]; m.; -es, -e>; **'Frie·dens·pfei·fe** <f.; -, -n> die ~ rauchen <a. fig.>; **'Frie·dens·pflicht** <f.; -; unz.; schweiz.> *arbeitsrechtl. Verpflichtung, Kampfmaßnahmen zu unterlassen*; **'Frie·dens·pro·zess** <m.; -es, -e>; **'Frie·dens·rich·ter** <m.; -s, ->; **'Frie·dens·rich·te·rin** <f.; -, -n·nen>; **'Frie·dens·schluss** <m.; -es, ⸚e>; **'Frie·dens·stif·ter** <m.; -s, ->; **'Frie·dens·stif·te·rin** <f.; -, -n·nen>; **'Frie·dens·stö·rer** <m.; -s, ->; **'Frie·dens·stö·re·rin** <f.; -, -n·nen>; **'Frie·dens·tau·be** <f.; -, -n> *Taube mit Ölzweig (als Symbol)*; **'Frie·dens·ver·hand·lung** <f.; -, -en; meist Pl.>; **'Frie·dens·ver·trag** <m.; -(e)s, ⸚e>; **'Frie·dens·zeit** <f.; -, -en> in, zu ~en; **'fried·fer·tig** <Adj.> *verträglich*; **'Fried·fer·tig·keit** <f.; -; unz.>; **'Fried·fisch** <m.; -(e)s, -e; Zool.> Ggs *Raubfisch*; **'Fried·hof** <m.; -(e)s, ⸚e> *(christl.) Begräbnisplatz*; **'Fried·hofs·gärt·ne·rei** <f.; -, -en>; **'Fried·hofs·ver·wal·tung** <f.; -, -en>; **'Fried·hofs·we·sen** <n.; -s; unz.>; **'fried·lich** <Adj.>;

'fried·lie·bend <Adj.>; **'fried·los** <Adj.>; **'Fried·lo·sig·keit** <f.; -; unz.>
'Fried·richs·dor <m.; -(e)s, -e od. (bei Zahlenangaben) -; 1750–1857> *preuß. Goldmünze*
'fried·voll <Adj.>
'frie·ren <V. 140> 1 <V. i. u. V. t.> *Kälte empfinden*; ich friere; mich friert (an den Füßen); mich friert; hat es dich gefroren? 2 <V. i.> es friert *es herrscht Frost*; es hat heute Nacht gefroren 3 <V. i. (s.)> *zu Eis werden*; das Wasser ist gefroren
Fries <m.; -es, -e> 1 <Arch.> *bemalter Zierstreifen, Gesimsverzierung* 2 *ein Gewebe [frz.]*
'Frie·se <m.; -n, -n> *Einwohner von Friesland*; Sy *Friesländer*
'Frie·sel <m. od. n.; -s, -n; meist Pl.; umg.> *Hitzebläschen, Pustel*
'Frie·sen·nerz <m.; -es, -e; umg.; scherzh.> *Öljacke, Regenumhang*; **'Frie·sin** <f.; -, -n·nen>; **'frie·sisch** <Adj.>; **'Fries·land** *Küstengebiet an der Nordsee*; **'Fries·län·der** <m.; -s, -> = *Friese*; **'Fries·län·de·rin** <f.; -, -n·nen>; **'fries·län·disch** <Adj.>
fri'gid <Adj.; Med.> *sexuell nicht erregbar (von Frauen)* [lat.]; **Fri·gi·daire** <[friˈʒidɛːr] od. [frigiˈdɛːr]; m.; -s, - od. -s; Warenz.> *Kühlschrank [frz.]*; **Fri·gi'där** <m.; -s, - od. -s; eindeutschend für> *Frigidaire*; **Fri·gi·da·ri·um** <n.; -s, -ri·en; in altröm. Bädern> *Abkühlungsraum*; **fri'gi·de** <Adj.> = *frigid*; **Fri·gi·di'tät** <f.; -; unz.> *fehlende sexuelle Erregbarkeit*
Fri·ka'del·le, Fri·kan'del·le <f.; -, -n; Kochk.> *gebratenes Fleischklößchen*; Sy *Bulette*
Fri·kas'see <n.; -s, -s; Kochk.> *Gericht aus klein geschnittenem Fleisch in heller Soße [frz.]*; **fri·kas'sie·ren** <V. t.> *zu Frikassee verarbeiten*
fri·ka'tiv <Adj.> *auf Reibung beruhend* [lat.]; **Fri·ka'tiv** <m.; -s, -e [-vol]>, **Fri·ka'tiv·laut** <m.; -(e)s, -e; Sprachw.> = *Reibelaut*; → a. *Kasten Konsonant*, **Frik·ti'on** <f.; -, -en> *Reibung*
'Fris·bee <[-biː]; n.; -s, -s; Warenz.> *Wurfscheibe [engl.]*
frisch <Adj.; -er, am -es·ten> 1 *neu, sauber*; druck~; ein ~es

Hemd; von ~em beginnen 2 <↗Z24; Getrenntschreibung in Verbindung mit dem Part. Perf.> ~ gebackenes Brot; <aber> → *frischbacken;* ein ~ gebackenes Ehepaar <fig.; umg.> *ein erst vor kurzem getrautes E.;* Vorsicht, ~ gestrichen! 3 *kühl;* ein ~er Wind; **'frisch·ba·cken** <Adj.> *soeben fertig gebacken;* ~es Brot; → a. *frisch(1);* **'Fri·sche** <f.; -; unz.>; **'fri·schen** <V.; du frischst> 1 <V. t.> Eisen ~ <Met.> *reinigen* 2 <V. i.; Jägerspr.> *Junge werfen* (vom Wildschwein); **'Frisch·fleisch** <n.; -(e)s; unz.>; **'Frisch·ge·mü·se** <n.; -s, ->; **'Frisch·hal·te·beu·tel** <m.; -s, ->; **'Frisch·hal·te·fo·lie** <[-liə]; f.; -, -nə>; **'Frisch·hal·te·pa·ckung** <f.; -, -en>; **'Frisch·kä·se** <m.; -s, ->; **'Frisch·kost** <f.; -; unz.>; **'Frisch·ling** <m.; -s, -e; Jägerspr.> *junges Wildschwein;* **'Frisch·luft** <f.; -; unz.>; **'Frisch·luft·zu·fuhr** <f.; -; unz.>; **'Frisch·was·ser** <n.; -s, ->; **'frisch·weg** <a. [-'-]; Adv.; umg.> *offen, munter, ohne Scheu;* **'Frisch·zel·le** <f.; -, -n>; **'Frisch·zel·len·the·ra·pie** <f.; -; unz.; Med.>
Fri·sé <[-'ze:]; n.; - od. -s; unz.; Textilw.> *Kräuselstoff* [frz.]; **Fri·'sée** <m.; -s, -s; Bot.> *krause Salatsorte*
Fri·seur <[-'zø:r]; m.; -s, -e> *Haarschneider;* Damen- u. Herren~ [frz.]; **Fri'seu·rin** <f.; -, -n·nen; bes. österr.>; **Fri'seur·sa·lon** <[-lɔ̃] od. [-lɔŋ] od. österr. a. [-lo:n]; m.; -s, -s>; **Fri·seu·se** <[-'zø:zə]; f.; -, -n> oV *Frisöse;* **fri'sie·ren** <V. t./V. refl.> 1 *das Haar zu einer Frisur formen* 2 einen Motor ~ <fig.; umg.> *(unerlaubt) verändern, leistungsfähiger machen;* **Fri·'sier·kom·mo·de** <f.; -, -n>; **Fri·'sier·sa·lon** <[-lɔ̃] od. [-lɔŋ] od. österr. a. [-lo:n]; m.; -s, -s>; **Fri·'sier·spie·gel** <m.; -s, ->; **Fri·'sier·stab** <m.; -(e)s, ⸚e>; **Fri·'sier·um·hang** <m.; -(e)s, ⸚e>; **Fri·'sör** <m.; -s, -e; eindeutschend für> *Friseur;* **Fri·'sö·se** <f.; -, -n; eindeutschend für> *Friseuse*
Frist <f.; -, -en> *festgesetzter Zeit-*

raum, Zeitpunkt; **'fris·ten** <V. t.> sein Dasein ~ *mühsam hinbringen;* **'Fris·ten·lö·sung** <f.; -; unz.>, **'Fris·ten·re·ge·lung** <f.; -; unz.> *gesetzl. Regelung, nach der ein Schwangerschaftsabbruch innerhalb einer bestimmten Frist straffrei bleibt;* **'frist·ge·recht** <Adj.>; **'frist·los** <Adj.> ~e Kündigung; **'Frist·wech·sel** <[-ks-]; m.; -s, -; Kaufmannsspr.>
Fri'sur <f.; -, -en> *Haartracht*
Fri'teu·se <[-'tø:-]; f.; -, -n; künftig nicht mehr zulässige Schreibweise für> *Fritteuse;* **fri'tie·ren** <V. t.; künftig nicht mehr zulässige Schreibweise für> *frittieren;* **Frit'ta·te** <f.; -, -n; meist Pl.; österr.> *in Streifen geschnittene Eierkuchen (als Suppeneinlage);* oV *Fridatte* [ital.]; **Frit'ta·ten·sup·pe** <f.; -, -n>; **'frit·ten** <V. t.> 1 *eine pulverförmige Mischung schmelzen* 2 <umg.> = *frittieren* [engl.].
Frit·teu·se <[-'tø:-]; f.; -, -n> *elektr. Gerät zum Frittieren* [frz.]; **frit'tie·ren** <V. t.> *in heißem, schwimmendem Fett braten;* **Frit'tü·re** <f.; -, -n> 1 *heißes Ausbackfett* 2 *die darin gebackene Speise;* **Fri'tü·re** <f.; -, -n; künftig nicht mehr zulässige Schreibweise für> *Frittüre*
fri·vol <[-'vo:l]; Adj.> *leichtfertig, schlüpfrig* [frz.]; **Fri·vo·li'tät** <f.; -; unz.>
Frl. <Abk. für> *Fräulein*
froh <Adj.; ↗Z46> *heiter, von Freude erfüllt, Freude bereitend;* ~es Fest!; die Frohe Botschaft *das Evangelium;* ein ~ gelaunter Mensch; <aber> → *frohgemut;* **'Froh·bot·schaft** <f.; -; unz.> *das Evangelium;* **'froh·ge·mut** <Adj.; geh.> *zuversichtlich;* <aber> froh gelaunt; **'fröh·lich** <Adj.> *heiter, unbeschwert;* **'Fröh·lich·keit** <f.; -; unz.>; **froh·'lo·cken** <V. i.; geh.> *jubeln, (schadenfroh) triumphieren;* sie hat frohlockt; **Froh'lo·cken** <n.; -s; unz.>; **'Froh·mut** <m.; -(e)s; unz.; geh.>; **'Froh·na·tur** <f.; -, -en>; **'Froh·sinn** <m.; -(e)s; unz.>
fromm <Adj.; -er, am -s·ten, (auch) 'fröm·mer, am 'frömms·ten> *gottesfürchtig,*

gläubig, **'From·me** <m.; -n; unz.; veralt.> *Nutzen, Ertrag;* <nur noch in der Wendung> zu Nutz und -n; **Fröm·me'lei** <f.; -; unz.; abwertend>; **'fröm·meln** <V. i.; ich frömm(e)le; abwertend> *sich übertrieben fromm geben;* **'from·men** <V. i.> *was, wem soll es ~?* <veralt.> *nützen;* **'Fromm·heit, 'Fröm·mig·keit** <f.; -; unz.>; **'fröm·me·lisch** <Adj.>
Fron <f.; -, -en; früher> *dem Lehnsherrn zu leistende Arbeit;* **'Fron·ar·beit** <f.; -, -en; schweiz. a.> *freiwillige, unbezahlte Arbeit für gemeinnützige Zwecke;* **'Fron·de¹** <f.; -, -n; veralt.> = *Fron*
'Fron·de² <['frõ:də]; f.; -, -n> 1 *frz. Gegner des Absolutismus* 2 *regierungsfeindliche Partei* [frz.] **'fron·den** <V. i.; veralt.> = *fronen;* **'Fron·dienst** <m.; -(e)s, -e> = *Fronarbeit,* **'fro·nen** <V. i.> *Frondienst leisten;* **'frö·nen** <V. i.> *einem Laster, einer Leidenschaft* ~ <geh.> *sich einem L., einer L. hingeben;* **Fron·'leich·nam** <m.; -(e)s; unz.; Kath.> *ein kath. Feiertag;* **'fron·pflich·tig** <Adj.>
Front <f.; -, -en> 1 *Vorderseite, Stirnseite;* Häuser~; in ~ liegen *an der Spitze;* gegen jmdn. ~ machen *sich widersetzen* 2 <Mil.> *vorderste Linie einer Truppe;* an zwei ~en kämpfen [frz.]; **'Front·ab·schnitt** <m.; -(e)s, -e>; **fron'tal** <Adj.> *von vorn (kommend);* ein ~er Angriff; **Fron'tal·an·griff** <m.; -(e)s, -e>; **Fron'tal·un·ter·richt** <m.; -(e)s; unz.>; **Fron'tal·zu·sam·men·stoß** <m.; -es, ⸚e>; **'Front·an·trieb** <m.; -(e)s; unz.> *Vorderradantrieb;* **'Front·dienst** <m.; -(e)s; unz.; Mil.>; **'Fron·ten·wech·sel** <[-ks-]; m.; -s, -; bes. Pol.; fig.> *Gesinnungswandel;* **'Front·frau** <f.; -, -en> = *Frontwoman;* **'Front·tis·piz** <n.; -es, -e; ↗Z54> 1 <Arch.> *Giebeldreieck* 2 *Verzierung, Illustration auf dem Titelblatt* [lat.]; **'Front·kämp·fer** <m.; -s, ->; **'Front·kämp·fe·rin** <f.; -, -n·nen>; **'Front·la·der** <m.; -s, -> *Fahrzeug mit einer Ladevorrichtung*

an der Vorderseite; **'Front·li·nie** <[-niə]; f.; -, -n> = *Front(2);* **Front·man** <['frʌntmæn] m.; - od. -s, -men [-mən]>, **'Front·mann** <m.; -(e)s, -män·ner> *Musiker einer Band, der (als Sänger) im Vordergrund steht, Leadsänger;* **'Front·mo·tor** <m.; -s, -'to·ren>; **Fron·ton** [frɔ̃'tɔ̃:]; n.; -s, -s> = *Frontispiz(1);* **'Front·schei·be** <f.; -, -n> *Windschutzscheibe;* **'Front·sol·dat** <m.; -en, -en; Mil.>; **'Front·wech·sel** <[-ks-]; m.; -s, -> = *Frontenwechsel;* **Front·wo·man** <['frʌntwumən]; f.; -, -wo·men [-wimin]> *Musikerin einer Band, die (als Sängerin) im Vordergrund steht*

Frosch <m.; -(e)s, ̈e; Zool.> *im u. am Wasser lebendes, zu den Lurchen gehörendes Tier;* **'Frosch·au·ge** <n.; -s, -n>; **'Frösch·chen** <n.; -s, -; Verkleinerungsf. von> *Frosch;* **'Frosch·kö·nig** <m.; -(e)s; unz.> *eine Märchenfigur;* **'Frosch·laich** <m.; -(e)s, -e>; **'Frösch·lein** <n.; -s, -; poet.; Verkleinerungsf. von> *Frosch;* **'Frosch·lurch** <m.; -(e)s, -e; Zool.> *eine Amphibienart;* **'Frosch·mann** <m.; -(e)s, ̈er> *Taucher für Spezialeinsätze;* **'Frosch·per·spek·ti·ve** <f.; -, -n; ↗Z54; fig.; umg.> *aus der ~;* **'Frosch·schen·kel** <m.; -s, ->

Frost <m.; -(e)s, ̈e> *Temperatur unter dem Gefrierpunkt;* **'Frost·auf·bruch** <m.; -(e)s, ̈e; im Straßenbelag>; **'frost·be·stän·dig** <Adj.>; **'Frost·beu·le** <f.; -, -n; Med.>; **'Frost·brand** <m.; -(e)s; unz.; Med.> *dritter Erfrierungsgrad;* **'frös·te·lig** <Adj.> *leicht frierend;* **'frös·teln** <V.; ich fröst(e)le> **1** <V. t.; unpersönl.> *mich fröstelt (es) mir ist kühl* **2** <V. i.> *wir ~ wir frieren;* **'fros·ten** <V. t.> *Gemüse, Obst ~ zum Gefrieren bringen;* **'Fros·ter** <m.; -s, -> *Tiefkühlfach (im Kühlschrank);* **'Frost·ge·mü·se** <n.; -s, -; unz.>; **'fros·tig** <Adj.; a. fig.> *kalt; ein ~er Empfang;* **'frost·klar** <Adj.> *~e Nacht;* **'frost·lig** <Adj.> = *fröstelig;* **'Frost·sal·be** <f.; -, -n>; **'Frost·scha·den** <m.; -s, ̈>; **Frost-**

schutz·mit·tel <n.; -s, -; Kfz>; **'Frost·span·ner** <m.; -s, -; Zool.> *ein Schmetterling;* **'Frost·wet·ter** <n.; -s; unz.> **Frot·té** <m. od. n.; - od. -s, -s; schweiz.; österr. auch für> *Frottee* [frz.]; **Frot'tee** <m. od. n.; - od. -s, -s> *Gewebe mit gekräuselter Oberfläche;* **Frot'tee·hand·schuh** <m.; -(e)s, -e>; **Frot'tee·tuch** <n.; -(e)s, ̈er>; **frot'tie·ren** <V. t.> *jmdn. ~ mit einem Handtuch (ab)trocknen;* **Frot'tier·hand·schuh** <m.; -(e)s, -e> *Frotteehandschuh;* **Frot'tier·tuch** <n.; -(e)s, ̈er> *Frotteehandschuh;* oV *Frottee·tuch*

Frot·ze'lei <f.; -, -en; umg.>; **'frot·zeln** <V. i.; ich frotz(e)le; umg.> *neckend spotten*

frs. <Abk. für> *Francs*

Frucht <f.; -, ̈e; ↗Z29> **1** *essbares Pflanzenprodukt;* Zitrusfrüchte; ein ~ tragender/<auch> fruchttragender Baum* **2** <geh.> *Ertrag, Ergebnis;* die Früchte seiner Arbeit ernten; eine ~ bringende/<auch> fruchtbringende Tätigkeit; **'frucht·bar** <Adj.>; **'Frucht·bar·keit** <f.; -; unz.>; **'Frucht·be·cher** <m.; -s, -; a. Bot.> **'Frucht·bla·se** <f.; -, -n; Med.> *mit Fruchtwasser gefüllte, den Embryo umgebende Hülle;* **'Frucht·blatt** <n.; -(e)s, ̈er; Bot.>; **'Frucht·bon·bon** <[-bɔ̃bɔ̃] od. [-bɔŋbɔŋ]; n. od. m.; -s, -s>; **'frucht·brin·gend,** <auch> **'Frucht brin·gend** <Adj.; ↗Z29> *fruchtbar;* **'Frücht·chen** <n.; -s, -; Verkleinerungsf. von> **1** *Frucht* **2** <umg.> *Taugenichts;* **'Früch·te·brot** <n.; -(e)s, -e>; **'Frucht·eis** <n.; -es; unz.>; **'fruch·ten** <V. i.> *nützen, wirksam sein;* die Nachhilfestunden haben schon gefruchtet; **'frücht·te·reich** <Adj.>; **'Frucht·fleisch** <n.; -(e)s; unz.>; **'Frucht·flie·ge** <f.; -, -n; Zool.>; **'Frucht·fol·ge** <f.; -; unz.; Landw.> *planmäßige Aufeinanderfolge best. Feldfrüchte;* **'fruch·tig** <Adj.> *~er Geschmack;* **'Frucht·kno·ten** <m.; -s, -; Bot.>; **'frucht·los** <Adj.>; **'Frucht·lo·sig·keit** <f.; -; unz.>; **'Frucht·mark** <n.; -(e)s; unz.>; **'Frucht·pres·se** <f.; -,

-n>; **'frucht·reich** <Adj.>; **'Frucht·saft** <m.; -(e)s, ̈e>; **'Frucht·säu·re** <f.; -, -n>; **'frucht·tra·gend,** <auch> **'Frucht tra·gend** <Adj.; ↗Z29>; **'Frucht·was·ser** <n.; -s; unz.; Med.> *Flüssigkeit in der Fruchtblase;* **'Frucht·wech·sel** <[-ks-]; m.; -s; unz.> = *Fruchtfolge;* **'Frucht·wech·sel·wirt·schaft** <f.; -; unz.>; **'Frucht·zu·cker** <m.; -s, -; Pl. selten>; **Fruc·to·se** <f.; -; unz.> = *Fruktose*

fru'gal <Adj.; geh.> *einfach, bescheiden;* ein ~es Mahl [lat.]; **Fru·ga·li'tät** <f.; -; unz.>

früh <Adj.; -er, am -(e)s·ten> **1** *am Beginn eines Zeitabschnitts liegend, vorzeitig;* ein ~es Werk; von ~ an, auf *von Anfang an;* von ~ bis spät; das kenne ich von ~er; allzu ~; er ist ~ verstorben; ein ~ verstorbener Dichter; ein ~ vollendetes Werk **2** <nur adv.> *am Morgen;* um vier Uhr ~; gestern, heute, morgen ~/<auch> Früh; ~ am Morgen; am Montag ~; **Früh** <f.; -; unz.; umg.> = *Frühe;* **'Früh·ap·fel** <m.; -s, ̈>; **'früh·auf** <Adv.> von *~ von Kindheit an;* **'Früh·auf·ste·her** <m.; -s, ->; **'Früh·auf·ste·he·rin** <f.; -, -n·nen>; **'Früh·beet** <n.; -(e)s, -e>; **'Früh·chen** <n.; -s, -; umg.> = *Frühgeburt(2);* **'früh·christ·lich** <[-krist-]; Adj.>; **'Früh·di·a·gno·se,** <auch> **'Früh·di·ag·no·se** <f.; -, -n; ↗Z53; Med.>; **'Frü·he** <f.; -; unz.; geh.> *bis in die ~; in der ~; in aller ~;* **'frü·her** <Adj.> *zurückliegend, vergangen, einst;* in ~en Zeiten; wir kennen uns von ~ <adv.>; **'Früh·er·ken·nung** <f.; -; unz.; Med.>; **'frü·hes·tens** <Adv.> oV *frühstens;* **'frü·hest·mög·lich** <Adj.> *wir beginnen zum ~en Zeitpunkt;* <aber> wir beginnen möglichst früh; **'Früh·ge·bo·re·ne(s)** <n. 3> = *Frühgeburt(2);* **'Früh·ge·burt** <f.; -, -en> **1** *vorzeitige Geburt eines lebensfähigen Kindes* **2** *zu früh geborenes Kind;* **'Früh·ge·schich·te** <f.; -; unz.>; **'Früh·in·va·li·di·tät** <f.; -[-va-]; f.; -; unz.>; **'Früh·jahr** <n.; -s, -(e)s, -e> = *Frühling;* **'Früh·jahrs·kol·lek·ti·on** <f.; -, -en; Mode>; **'Früh·jahrs·mü·dig·keit** <f.; -; unz.>;

F

Frühneuhochdeutsch: Das F. ist eine Sprachstufe des Deutschen, die zwischen dem ↗Mittelhochdeutschen und dem ↗Neuhochdeutschen angesiedelt ist. Es ist die Zeit der Ausprägung der neuhochdeutschen Schriftsprache (ca. 1350 – 1650 n. Chr.). Diese Schriftsprache ist zunächst in viele unterschiedliche Schreibdialekte zersplittert, aus denen sich erst nach und nach eine einheitliche Schriftform entwickelt. Zur Verbreitung des F. tragen die Einführung des Papiers, die Erfindung des Buchdrucks durch Johannes Gutenberg sowie die Entwicklung des Bürgertums und des Handels bei. Im F. ist u.a. ein zunehmender Gebrauch von Majuskeln (Großbuchstaben) zu verzeichnen.
Vgl. ↗Althochdeutsch

'**Früh·jahrs·putz** <m.; -es; unz.>; '**Früh·kar·tof·fel** <f.; -, -n>; '**früh·kind·lich** <Adj.> ~e Phase; '**Früh·ling** <m.; -s, -e> *eine Jahreszeit;* '**Früh·lings·an·fang** <m.; -(e)s; unz.>; '**Früh·lings·er·wa·chen** <n.; -s; unz.; poet.>; '**Früh·lings·ge·füh·le** <Pl.; umg.; scherzh.> *Verliebtheit im reiferen Alter;* '**früh·lings·haft** <Adj.> ~e Temperaturen; '**Früh·lings·mo·nat** <m.; -(e)s, -e> *März;* '**Früh·lings·rol·le** <f.; -, -n> chin. Kochk.>; '**Früh·mes·se** <f.; -, -n>; '**früh·'mor·gens** <Adv.>; '**Früh·ne·bel** <m.; -s; unz.>; '**früh·neu·hochdeutsch** <Adj.> ~e Sprache; das Frühneuhochdeutsche; → a. *Kasten;* '**Früh·obst** <n.; -es; unz.>; '**früh·pen·si·o·nie·ren** <[-pā-] od. [-pen-]; V. t.; nur im Inf. u. als Part.> er wurde frühpensioniert; '**früh·reif** <Adj.>; '**Früh·reif** <m.; -(e)s; unz.> *gefrorener Tau;* '**Früh·rei·fe** <f.; -; unz.>; '**Früh·ren·te** <f.; -, -n>; '**Früh·rent·ner** <m.; -s, ->; '**Früh·rent·ne·rin** <f.; -, -n·nen>; '**Früh·schicht** <f.; -, -en> → a. *Schicht(4);* '**Früh·schop·pen** <m.; -s, -> *geselliger Umtrunk am Vormittag;* Ggs *Dämmerschoppen;* '**Früh·som·mer** <m.; -s, -> im ~; '**Früh·sta·di·um** <n.; -s, -di·en; Pl. selten; bes.

Med.> im ~; '**Früh·start** <m.; -(e)s, -s; Sp.>; '**frühs·tens** <Adv.> oV *frühestens;* '**Früh·stück** <n.; -(e)s, -e> *Morgenmahlzeit;* '**früh·stü·cken** <V. i.> wir haben gefrühstückt; '**Früh·stücks·ei** <n.; -(e)s, -er>; '**Früh·stücks·pau·se** <f.; -, -n>; '**Früh·warn·sys·tem** <n.; -s, -e; Mil.>; '**Früh·werk** <n.; -(e)s, -e>; '**Früh·zeit** <f.; -, -en> in der ~ des Eisenbahnbaus; '**früh·zei·tig** <Adj.>

Fruk·ti·fi·ka·ti·on <f.; -, -en; Bot.> *Fruchtbildung* [lat.]; **fruk·ti·fi·'zie·ren** <V. i.> *Früchte bilden;* **Fruk·ti·fi'zie·rung** <f.; -, -en>; **Fruk·to·se** <f.; -; unz.> *Fruchtzucker*

Frust <m.; -(e)s, -e; Pl. selten; umg.; kurz für> *Frustration;* '**frus·ten** <V. t.; bes. Jugendspr.> *enttäuschen;* sie war völlig gefrustet; **Frus·tra·ti·on** <f.; -, -en; ⟨auch⟩ **Frust·ra·ti·on** <f.; -, -en; ↗Z 55; Psych.> *Enttäuschung (durch Misserfolg)* [lat.]; **frus·'trie·ren** <V. t.> frustriert sein *enttäuscht, entmutigt*

'**Frut·ti** <Pl.> *Früchte;* ~ di Mare *Meeresfrüchte* [ital.]

'**F-Schlüs·sel** <m.; -s; unz.; Mus.> *Bassschlüssel*

ft <Abk. für> *foot (engl. Längenmaß)*

Ft <Abk. für> *Forint*

Fuchs <[-ks]; m.; -es, ⁀e; Zool.> *hundeartiges Raubtier,* '**Fuchs·bau** <m.; -(e)s, -ten>; '**Füchs·chen** <n.; -s, -; Verkleinerungsf. von> *Fuchs;* '**fuch·sen** <V. t./V. refl.; umg.; meist unpersönl.> *ärgern;* das fuchst mich; du fuchst dich; '**Fuchs·fal·ter** <m.; -s, -; Zool.> *ein Schmetterling*

'**Fuch·sia** <f.; -, -si·en>, **Fuch·sie** <['fuksiə]; f.; -, -n; Bot.> *eine Zierpflanze [nach dem Botaniker L. Fuchs]*

'**fuch·sig** <[-ks-]; Adj.; umg.> *ärgerlich;* das macht mich ~

Fuch·sin <[-ks-]; n.; -s; unz.; Chem.> *roter Farbstoff*

'**Füch·sin** <[-ks-]; f.; -, -n·nen> *weibl. Fuchs;* '**Fuchs·jagd** <f.; -, -en>; '**Füchs·lein** <n.; -s, -; poet.; Verkleinerungsf. von> *Fuchs;* '**fuchs·rot** <Adj.>; '**Fuchs·schwanz** <m.; -es, ⁀e; auch> *eine Handsäge;* '**fuchs-

'**teu·fels·wild** <Adj.; umg.> *sehr zornig*

'**Fuch·tel** <f.; -, -n> 1 <früher> *breiter Degen* 2 <unz.; in der Wendung> unter jmds. ~ stehen *von jmdm. bevormundet werden;* '**fuch·teln** <V. i.; ich fucht(e)le> (mit den Händen) ~ *wild gestikulieren;* '**fuch·tig** <Adj.; umg.> *wütend, aufgebracht*

fud. <Abk. für> *fudit*

'**Fu·der** <n.; -s, -> *altes Raum- u. Flüssigkeitsmaß;* ein ~ Heu; '**fu·der·wei·se** <Adj.>

'**fu·dit** *"hat (es) gegossen" (Vermerk auf Gusswerken)* [lat.]

'**fuff·zehn** <Num.; berlin.> *fünfzehn;* '**Fuff·zi·ger** <m.; -s, -; berlin.> = *Fünfziger*

Fug <nur in der Wendung> mit ~ und Recht *mit voller Berechtigung*

fu'ga·to <Mus.> *fugenartig* [ital.]; **Fu'ga·to** <n.; -s, -s od -'ga·ti; Mus.>

'**Fu·ge¹** <f.; -, -n; Bauw.> *(schmaler) Hohlraum;* die Welt ist aus den ~n <fig.>

'**Fu·ge²** <f.; -, -n; Mus.> *mehrstimmiges Musikstück*

'**fu·gen** <V. t.; Bauteile> *zusammenfügen, miteinander verbinden;* '**fü·gen** <V. t.> 1 <geh.> *aneinander setzen;* ein Wort zum anderen ~ 2 <V. refl.> sich ~ *gehorchen;* sich ins Unvermeidliche ~; '**Fu·gen·e·le·ment** <n.; -(e)s, -e; Gramm.> → *Kasten S. 405;* = *Kompositionsfuge;* '**fu·gen·los** <Adj.>; '**Fu·gen·s** <n.; -, -; Gramm.>

Fu'ghet·ta <[-g-]; f.; -, -s od. -'ghet·ten; Mus.> *kleine, einfache Fuge* [ital.]; **fu'gie·ren** <V. t.; Mus.> *in der Art einer Fuge² gestalten*

'**füg·lich** <Adj.; veralt.> 1 *in passender Weise* 2 *mit Fug u. Recht;* '**füg·sam** <Adj.> *gehorsam;* '**Füg·sam·keit** <f.; -; unz.>; '**Fu·gung** <f.; -; unz.> *das Fugen;* '**Fü·gung** <f.; -, -en> eine ~ des Schicksals

'**fühl·bar** <Adj.>; '**füh·len** <V.> 1 <V. t. u. V. i.> *körperlich od. seelisch wahrnehmen;* ich fühle mit dir; er hat Wut in sich aufsteigen ~/<auch> gefühlt 2 <V. refl.> sich ~ *sich in einem be-

Fugenelement: Das F. wird auch Kompositionsfuge genannt. Es steht an der Nahtstelle zwischen zwei Elementen einer Zusammensetzung, dies kann sowohl ein ↗Kompositum (*Liebesdienst*) als auch eine Ableitung sein (*versuchsweise, anstandslos*). F. treten im Deutschen recht häufig auf, es sind (nach ihrer Häufigkeit geordnet): *-(e)s, -e, -(e)n, -er, -ens* (*Feindeshand, Hundehalsband, sonnenklar, Kindergarten, Herzenssache*). Im Deutschen ist das Auftreten von F. abhängig vom Stamm. Es gibt viele Stämme, die kein F. aufweisen: *Türsteher, Kugelschreiber*. Es gibt auch Wörter, die in einigen Verbindungen F. aufweisen, in anderen nicht (vgl. *Himmelstür/Himmelreich*). Vgl. ↗Wortbildungslehre

stimmten Zustand befinden; sich krank, schuldig ~; **'Füh·ler** <m.; -s, -; meist Pl.; Zool.; bei Tieren> *paarig am Kopf sitzende Sinnesorgane;* die ~ ausstrecken <fig.> *in Erfahrung zu bringen suchen;* **'fühl·los** <Adj.; geh.>; **'Fühl·lo·sig·keit** <f.; -; unz.>; **'Füh·lung** <f.; -; unz.> *Kontakt;* Tuch~; ~ mit jmdm. aufnehmen; **'Füh·lung·nah·me** <f.; -; unz.; geh.>
'Fuhr·be·trieb <m.; -(e)s, -e>; **'Fuh·re** <f.; -, -n> *(Wagen-)Ladung*
'Füh·re <f.; -, -n> *Bergtour, Kletterweg;* **'füh·ren** <V.> **1** <V. t.> *lenken, (verantwortlich) leiten;* jmdn. spazieren ~; eine ~de Rolle spielen; Aufsicht, Buch, ein Gespräch, Protokoll, Regie ~ **2** <V. refl.> er hat sich gut geführt *gut benommen* **3** <V. t.> *im Sortiment haben;* das ~ wir nicht **4** <V. i.> *verlaufen;* das führt zu nichts; das würde zu weit ~; **'Füh·rer** <m.; -s, ->; **'Füh·rer·flucht** <f.; -; unz.; schweiz. für> *Fahrerflucht;* **'Füh·re·rin** <f.; -, -·nnen>; **'füh·rer·los** <Adj.>; **'Füh·rer·schein** <m.; -(e)s, -e>; **'Füh·rer·schein·prü·fung** <f.; -, -en>
'Fuhr·ge·schäft <n.; -(e)s, -e> Sy *Fuhrunternehmen*
'füh·rig <Adj.> = *geführig;* **'Füh-**

rig·keit <f.; -; unz.> = *Gefürigkeit*
'Fuhr·mann <m.; -(e)s, -leu·te od. (selten) ⸚er>; **'Fuhr·park** <m.; -s, -s> *Gesamtheit der Fahrzeuge (eines Unternehmens)*
'Füh·rung <f.; -, -en> **1** <unz.> *Leitung;* unter (der) ~ von ... **2** <unz.> *Spitzenposition;* in ~ liegen <Sp.> **3** *Besichtigung mit Erläuterung;* Stadt~; **'Füh·rungs·auf·ga·be** <f.; -, -n>; **'Füh·rungs·ei·gen·schaf·ten** <Pl.>; **'Füh·rungs·kraft** <f.; -, ⸚e; a. Phys.>; **'Füh·rungs·spit·ze** <f.; -, -n>; **'Füh·rungs·stil** <m.; -(e)s; unz.>; **'Füh·rungs·tor** <n.; -(e)s, -e; Fußb.>; **'Füh·rungs·wech·sel** <[-ks-]; m.; -s, ->; **'Füh·rungs·zeug·nis** <n.; -s·ses, -s·se>
'Fuhr·un·ter·neh·men <n.; -s, ->; **'Fuhr·werk** <n.; -(e)s, -e>; **'fuhr·wer·ken** <V. i.; ich fuhrwerke; sie hat gefuhrwerkt; zu ~; fig.; umg.> *geschäftig wirtschaften;* **'Fuhr·we·sen** <n.; -s; unz.>
Ful·gu·rit <m.; -(e)s, -e; Geol.> *Blitzröhre in Sandböden* [lat.]
'Fül·le <f.; -, -n> **1** <unz.> *große Menge;* eine ~ von Ideen; in Hülle u. ~ *überreichlich* **2** <Kochk.; umg.> *Füllung;* **'fül·len** <V. t./V. refl.> *voll machen, mit einer Füllung versehen;* die Grube füllte sich mit Wasser; das Glas voll ~
'Fül·len <n.; -s, -; poet.> = *Fohlen*
'Fül·ler <m.; -s, -; kurz für> *Füllfederhalter*
Ful·le·ren <Pl.; Phys.> *Form des Kohlenstoffs* [nach dem Kuppeln des Architekten R. B. *Fuller*]
'Füll·fe·der·hal·ter <m.; -s, -> *ein Schreibgerät;* **'Füll·ge·wicht** <n.; -(e)s, -e> *einer Ware;* **'Füll·horn** <n.; -(e)s, ⸚er; geh.> *Symbol für Reichtum u. Überfluss*
Full·house, <auch> **Full House** <[-'haus]; n.; (-), (-)-s [-ziz]; ↗Z30; Kart.> *ein best. Pokerblatt* [engl.]
'fül·lig <Adj.> *korpulent, rundlich;* **'Füll·ort** <m.; -(e)s, ⸚er; Bgb.>; **'Füll·sel** <n.; -s, -> *bedeutungslose Einfügung*
Full·ser·vice, <auch> **Full Ser·vice** <[ful 'sɜːvis]; m.; -; unz.; ↗Z30; meist in Zus.> *Dienstleistungsunternehmen, das alle an-*

fallenden Arbeiten übernimmt; eine ~agentur, <auch> Full-Service-Agentur [engl.]; **Full·speed**, <auch> **Full Speed** <[-'spiːd]; m.; (-)- od. (-)-s; unz.; ↗Z30; umg.> *Höchstgeschwindigkeit;* mit ~; **'Full·time·job**, <auch> **'Full-Time-Job** <[-taimdʒɔb]; m.; -s, -s; ↗Z36> *Ganztagsbeschäftigung*
'Fül·lung <f.; -, -en>; **'Füll·wort** <n.; -(e)s, ⸚er>
ful·mi'nant <Adj.; -er, am -es·ten> *prächtig, großartig* [lat.]; **Ful·mi'nanz** <f.; -; unz.>
Fu·ma'ro·le <f.; -, -n> *vulkan. Dampfausströmung* [ital.]
'Fum·mel <m.; -s, -; umg.; abwertend> *billiges Kleidungsstück;* **'fum·meln** <V. i.; ich fumm(e)le; umg.> *sich an etwas zu schaffen machen*
Fun <[fʌn]; m.; -; unz.; salopp> *Vergnügen, Spaß* [engl.]
Fund <m.; -(e)s, -e> **1** *das Finden;* einen ~ machen **2** *der gefundene Gegenstand;* einen ~ abliefern
Fun·da'ment <n.; -(e)s, -e> *Basis, Grundlage* [lat.]; **fun·da·men'tal** <Adj.> *grundlegend;* ein ~er Fehler; **Fun·da·men'ta·lis·mus** <m.; -; unz.> *Kompromisslosigkeit bezüglich der religiösen od. polit. Grundsätze;* **Fun·da·men·ta'list** <m.; -en, -en>; **Fun·da·men·ta'lis·tin** <f.; -, -·nnen>; **fun·da·men·ta'lis·tisch** <Adj.>; **Fun·da·men·tal·the·o·lo·gie** <f.; -; unz.> = *Apologetik;* **fun·da·men'tie·ren** <V. t.>
'Fund·amt <n.; -(e)s, ⸚er>
Fun·da·ti'on <f.; -, -en; schweiz.> *Gründung*
'Fund·bü·ro <n.; -s, -s>; **'Fund·ge·gen·stand** <m.; -(e)s, ⸚e>; **'Fund·gru·be** <f.; -, -n; fig.>
'Fun·di <m.; -s, -s; umg.; kurz für> *Fundamentalist;* **fun'die·ren** <V. t.> **1** *(be)gründen* **2** *mit Geldmitteln versehen;* **fun'diert** <Adj.; ↗Z28.1> **1** *stichhaltig;* seine Ausführungen sind nicht ~ **2** <Kaufmannsspr.> *(durch Grundbesitz) gedeckt;* ~e Schuld
'fün·dig <Adj.; Bgb.; Geol.> *ergiebig;* ~ werden <a. fig.> *etwas ausfindig machen;* **'Fund·ort** <m.; -(e)s, -e>
Fund·rai·sing <['fʌndreiziŋ]; n.;

F

-s; unz.> *Aktivitäten zum Sammeln von Geldspenden für wohltätige Zwecke* [engl.]
'Fund·sa·che <f.; -, -n>
'Fun·dus <m.; -, -> **1** <Theat.> *Bestand an Kostümen, Requisiten* **2** <fig.; geh.> *Grundlage, Grundstock* [lat.]
fu·ne·bre, <auch> **fu·neb·re** <[fy'ne:brə]; ⏺Z53; Mus.> *traurig, düster* [frz.]

fünf <Num.; ⏺Z44; in Ziffern: 5; röm. Zahlzeichen: V> *die ~ Sinne; ~ gerade sein lassen* <fig.; umg.> *etwas nicht allzu genau nehmen;* → *a. acht, vier,* **Fünf** <f.; -, -en> *die Ziffer 5; im Zeugnis eine ~ bekommen; mit der ~ nach Hause fahren mit der Buslinie Nr. 5;* → *a. Acht, Eins;* **Fünf·'cent·stück** <n.; -(e)s, -e; ⏺Z34; in Ziffern: 5-Cent-Stück>;
'Fünf·eck <n.; -(e)s, -e>; **'fünf·e·ckig** <Adj.; ⏺Z55>; **'Fün·fer** <m.; -s, -> **1** <umg.> *Fünfpfennigstück* **2** = *Fünf;* **'fün·fer·lei** <Adj.; undekl.> *~ Käse;* **Fünf'eu·ro·schein** <m.; -(e)s, -e; in Ziffern: 5-Euro-Schein>; **'fünf·fach** <Adj.> *~ gefaltet;* → *a. achtfach;* **'Fünf·fa·che(s)** <n. 3> *das ~ einer Summe;* → *a. Achtfache(s);* **'Fünf·flach** <n.; -(e)s, -e>; **'Fünf·fläch·ner** <m.; -s, ->; **Fünf'fran·ken·stück** <n.; -(e)s, -e; in Ziffern: 5-Franken-Stück>; **'fünf·fü·ßig** <Adj.> *mit fünf Versfüßen versehen; ~er Jambus;* **'Fünf·gang·ge·trie·be** <n.; -s, -; Kfz.>; **'fünf·hun·dert** <Num.; in Ziffern: 500; röm. Zahlzeichen: D>; **Fünf'jah·res·plan, Fünf'jahr·plan** <m.; -(e)s, ⸚e; in Ziffern: 5-Jahr(es)-Plan; bes. in sozialist. Ländern> *Wirtschaftsplan;* **'fünf·jäh·rig** <Adj.> *die Fünfjährigen;* **'Fünf·kampf** <m.; -(e)s, ⸚e; Sp.>; **'Fünf·ling** <m.; -s, -e>; **'fünf·mal** <Adv.> → *a. achtmal;* **'fünf·ma·lig** <Adj.> *~es Klingeln;* **'Fünf'mark·stück** <n.; -(e)s, -e; früher: in Ziffern: 5-Mark-Stück>; **fünf·'mark·stück·groß** <Adj.> *eine ~e Wunde;* **'Fünf·pass** <m.; -es, ⸚e> got. *Ornament;* **Fünf·pro·'zent·klau·sel** <f.; -, -n; in Ziffern: 5-Prozent-Klausel; mit Zeichen: 5%-Klausel>; **'fünf·stel·lig** <Adj.> *ein ~er Betrag;*

'Fünf·strom·land <n.; -(e)s; unz.> *das Pandschab;* **Fünf'ta·ge·fie·ber** <n.; -s; unz.; Med.>; **Fünf'ta·ge·wo·che** <f.; -; unz.>; **'fünf·tau·send** <Num.; in Ziffern: 5000> → *a. achttausend;* **'fünf·te(r, -s)** <Zahladj.; in Ziffern: 5.> → *a. achte(r, -s);* **'fünf·tel** <Zahladj.> → *a. achtel;* **'Fünf·tel** <n. od. (schweiz.) m.; -s, -> → *a. Achtel;* **'fünf·tens** <Adv.>; **Fünf'ton·ner** <m.; -s, -; in Ziffern: 5-Tonner>; **'Fünf·tü·rer** <m.; -s, -; in Ziffern: 5-Türer> *fünftüriges Auto;* **Fünf'uhr·tee** <m.; -s, -s>; **'fünf·und·zwan·zig** <Num.; in Ziffern: 25>; **'fünf·und·zwan·zig·jäh·rig** <Adj.> *~es Dienstjubiläum; die Fünfundzwanzigjährigen;* **'fünf·zehn** <Num.; in Ziffern: 15>; **'fünf·zig** <Num.; ⏺Z44; in Ziffern: 50; röm. Zahlzeichen: L> → *a. achtzig;* **'Fünf·zi·ger** <m.; -s, -> *ein Fünfzigcentstück, Fünfziggrappenstück; ein falscher ~* <fig.> *jmd., dem man nicht trauen kann;* **Fünf'zig·eu·ro·schein** <m.; -(e)s, -e; in Ziffern: 50-Euro-Schein>; **'fünf·zig·jäh·rig** <Adj.> *die Fünfzigjährigen;* **Fünf'zim·mer·woh·nung** <f.; -, -en; in Ziffern: 5-Zimmer-Wohnung>

'Fun·gi <Pl.; Bot.> *Pilze* [lat.]
fun·gi·bel <Adj.; -'gib·ler, am -s·ten; Rechtsw.> *einsetzbar, vertretbar* [lat.]; **Fun·gi·bi·li'tät** <f.; -; unz.>; **fun'gie·ren** <V. i.> *eine Funktion innehaben; als Anwalt ~*
fun·gi'zid <Adj.; Med.> *Pilze vernichtend* [lat.]; **Fun·gi'zid** <n.; -(e)s, -e>; **'Fun·gus** <m.; -, -gi; Med.> *breite, flache Geschwulst*

Funk[1] <m.; -s; unz.> *drahtlose Übermittlung von Informationen; Hör~; Rund~; in ~ und Fernsehen*

Funk[2] <[fʌŋk] m.; -s; unz.> *Stilrichtung der Popmusik* [engl.]
'Funk·a·ma·teur <[-tø:r]; m.; -s, -e; ⏺Z55>; **'Funk·aus·stel·lung** <f.; -, -en>; **'Funk·be·richt** <m.; -(e)s, -e>; **'Funk·bild** <n.; -(e)s, -er>; **'Fünk·chen** <n.; -s, -; Verkleinerungsf. von *Funke;* **'Fun·ke** <m.; -n, -n> oV *Funken* **1** <⏺Z29> *glühendes Teilchen; eine ~ sprühende Maschine* **2**

<fig.> *Eingebung, zündende Idee; es springt kein ~ über* **3** <fig.> *ein bisschen;* sie hat noch *einen ~n Hoffnung;* **'fun·keln** <V. i.; ich funk(e)le> *unruhig glitzern, leuchten; mit ~den Augen;* **'fun·kel'na·gel'neu** <Adj.> *ganz neu;* **'fun·ken** <V.> **1** <V. t.> *durch Funk[1] übermitteln* **2** <V. i.> *etwas funkt gibt Funken von sich; zwischen den beiden hat es gefunkt* <fig.; umg.> *sie haben sich verliebt;* **'Fun·ken** <m.; -s, -> = *Funke;* **'Fun·ken·ent·la·dung** <f.; -, -en>; **'Fun·ken·flug** <m.; -(e)s, ⸚e>; **'Fun·ker** <m.; -s, -> *jmd., der funkt;* **'Fun·ke·rin** <f.; -, -·nnen>; **'Funk·ge·rät** <n.; -(e)s, -e>; **'Funk·haus** <n.; -es, ⸚er>
'Fun·kie <[-kiə]; f.; -, -n; Bot.> *ein Liliengewächs* [nach dem Apotheker H. Chr. *Funk*]
fun·kig <['fʌŋkig]; Adj.; Mus.> *in der Art des Funk[2]*
'Funk·kol·leg <n.; -s, -(e)s, -s>; **'Fünk·lein** <n.; -s, -; poet.> *Verkleinerungsf. von Funke;* **'Funk·loch** <n.; -(e)s, ⸚er; umg.> *Gebiet, in dem keine drahtlose Telefonverbindung möglich ist;* **'Funk·mess·ge·rät** <n.; -(e)s, -e> *Radar(gerät);* **'Funk·mess·tech·nik** <f.; -; unz.> *Radar;* **'Funk·pei·lung** <f.; -, -en>; **'Funk·spot** <[-spɔt]; m.; -s, -s> *kurze Werbeeinlage im Hörfunk;* **'Funk·sprech·ge·rät** <n.; -(e)s, -e>; **'Funk·sprech·ver·kehr** <m.; -s; unz.>; **'Funk·spruch** <m.; -(e)s, ⸚e>; **'Funk·sta·ti·on** <f.; -, -en>; **'Funk·stil·le** <f.; -; unz.> *zwischen uns herrscht ~* <fig.>; **'Funk·strei·fe** <f.; -, -n; Polizei>; **'Funk·ta·xi** <n.; -s, -s>; **'Funk·tech·nik** <f.; -; unz.>; **'Funk·te·le·fon** <n.; -(e)s, -e>
Funk·ti'on <f.; -, -en> **1** *Amt, Aufgabe* **2** *Tätigkeit, Wirkungsweise; die ~ der Schilddrüse; Über~; Unter~; in ~ treten* **3** <Math.> *Zuordnungsvorschrift* [lat.]; **funk·ti·o'nal** <Adj.; selten> = *funktionell;* **funk·ti·o·na·li'sie·ren** <V. t.>; **Funk·ti·o·na·'lis·mus** <m.; -; unz.; Arch.; Völkerk.; Psych.; Soziol.> *Zweckgerichtetheit;* **Funk·ti·o·na·'list** <m.; -en, -en>; **Funk·ti·o·na·'lis-**

Funktionsverb: Ein F. ist ein ↗Verb, das in einer festen Verbindung mit einem Nomen seine Eigenbedeutung fast vollständig verliert. F. sind Verben wie *sein, halten, finden, gehen, haben, kommen, stehen, geraten, nehmen, bringen, versetzen* in Verbindungen wie *Abschied nehmen, in Erfüllung gehen, zum Abschluss kommen, in Angst versetzen.* Solche Verbindungen heißen Funktionsverbgefüge. In vielen Fällen können sie als „Streckformen" zu einfachen Verben angesehen werden, z. B. *beweisen – unter Beweis stellen; erfahren – in Erfahrung bringen.*

Funktionswort: Ein F. ist ein Wort mit einer rein grammatischen Funktion, das sind die Wortarten ↗Artikel, ↗Hilfsverb, ↗Modalverb, ↗Konjunktion und ↗Präposition. Der Begriff F. wird auch als Synonym für ↗Partikel verwendet. Ggs ↗Inhaltswort

tin ‹f.; -, -n·nen›; **funk·ti·o·na·'lis·tisch** ‹Adj.›; **Funk·ti·o·na·li·'tät** ‹f.; -; unz.› *Zweckmäßigkeit;* **Funk·ti·o'när** ‹m.; -s, -e› *Beauftragter;* Gewerkschafts~ [frz.]; **funk·ti·o'nell** ‹Adj.› *die Funktion betreffend;* ~e Erkrankung ‹Med.›; **Funk·ti'o·nen·the·o·rie** ‹f.; -; unz.; Math.›; **funk·ti·o'nie·ren** ‹V. i.› *ordnungsgemäß, störungsfrei arbeiten;* **funk·ti'ons·fä·hig** ‹Adj.›; **Funk·ti'ons·fä·hig·keit** ‹f.; -; unz.›; **Funk·ti'ons·glei·chung** ‹f.; -, -en›; Math.›; **Funk·ti'ons·leis·te** ‹f.; -, -n›; EDV› *aktivierbare Symbolleiste;* **Funk·ti'ons·stö·rung** ‹f.; -, -en›; **funk·ti'ons·tüch·tig** ‹Adj.›; **Funk·ti'ons·verb** ‹n.; -s, -en; Gramm.› *in fester Verbindung mit einem Substantiv stehendes Verb,* z. B. "finden" in "Gehör, Verwendung finden"; → a. *Kasten;* **Funk·ti'ons·wort** ‹n.; -(e)s, ≔er; Gramm.› → *Kasten*
'Funk·turm ‹m.; -(e)s, ≔e›; **'Funk·ver·bin·dung** ‹f.; -, -en›; **'Funk·ver·kehr** ‹m.; -s; unz.›; **'Funk·wer·bung** ‹f.; -; unz.›; **'Funk·we·sen** ‹n.; -s; unz.›; **'Funk·zei·chen** ‹n.; -s, -›

'Fun·sel ‹f.; -, -n› = *Funzel*
Fun·sport ‹[ˈfʌn-]; m.; -(e)s; unz.›; **'Fun·sport·art** ‹f.; -, -en› *nicht leistungsorientierte Sportart als Freizeitvergnügen*
'Fun·zel ‹f.; -, -n; umg.; abwertend› *wenig Licht gebende Lampe*
für ‹Präp.; m. Akk.› **1** *anstelle, statt;* ich spiele ~ ihn; ~ nichts und wieder nichts *ganz umsonst;* ein ~ allemal **2** *jmdm. zugedacht;* hier ist im Brief ~ dich; bist du ~ oder gegen Leistungssport?; das Für und Wider bedenken **3** ... = *eines nach dem anderen;* Wort ~ Wort; Tag ~ Tag **4** *von welcher Art;* was ~ ein Tier ist das?; was ~ eine Freude! **5** *einen Zeitraum betreffend;* er geht ~ zwei Jahre ins Ausland; → a. *fürs*
für'bass ‹Adv.; veralt.; poet.› *weiter, vorwärts;* ~ schreiten
'Für·bit·te ‹f.; -, -n; veralt.; geh.› *Gebet für andere;* **'für·bit·ten** ‹V. i.; nur im Inf.; fürzubitten›; **'Für·bit·ter** ‹m.; -s, -›; **'Für·bit·te·rin** ‹f.; -, -nnen›
'Fur·che ‹f.; -, -n› *schmale Vertiefung;* **'fur·chen** ‹V. t.› die Stirn ~; **'fur·chig** ‹Adj.; selten› *voller Furchen*
Furcht ‹f.; -; unz.; ↗Z 29› *Angst;* eine ~ einflößende Darstellung; ein ~ erregender Anblick; ‹bei Steigerung u. mit Attribut nur Zusammenschreibung› er sah noch furchterregender aus als sie; **'furcht·bar** ‹Adj.› *schrecklich, schlimm, von enormem Ausmaß, fürchterlich;* **'Furcht·bar·keit** ‹f.; -; unz.›; **'fürch·ten** ‹V.› **1** ‹V. t./V. refl.› *Angst vor jmdm. od. etwas haben;* ich fürchte die Dunkelheit; ich fürchte mich im Dunkeln; ich fürchte mich vor ihm **2** ‹V. i.› *besorgt sein;* er fürchtet um/für ihr Leben; **'fürch·ter·lich** ‹Adj.› = *furchtbar;* **'furcht·los** ‹Adj.›; **'Furcht·lo·sig·keit** ‹f.; -; unz.›; **'furcht·sam** ‹Adj.› *ängstlich;* **'Furcht·sam·keit** ‹f.; -; unz.›
'Fur·chung ‹f.; -, -en›
'für·der, 'für·der·hin ‹Adv.; poet.› *von jetzt an, künftig*
für·ei·n'an·der ‹Adv.; ‹auch› **für·ei·'nan·der** ‹Adv.; ↗Z 54, 22; Getrenntschreibung in Verbin-

dung mit Verben› ~ da sein, arbeiten, einspringen
Fu·ri'ant ‹m.; -s, -s› *schneller böhmischer Tanz* [lat.]
'Fu·rie ‹[-riə]; f.; -, -n› **1** ‹Myth.› *röm. Rachegöttin* **2** *wütende, rasende Frau* [lat.]; **fu·ri'os** ‹Adj.; geh.› *begeisternd, mitreißend, temperamentvoll;* ein ~es Finale; **fu·ri'o·so** ‹Mus.› *wild u. leidenschaftlich* [ital.]; **Fu·ri·'o·so** ‹n.; -s, -s od. -si; Mus.›
für'lieb ‹veralt.› = *vorlieb*
Fur'nier ‹n.; -s, -e› *dünnes Deckblatt aus hochwertigem Holz* [frz.]; **fur'nie·ren** ‹V. t.› *mit einem Furnier versehen;* **Fur'nier·holz** ‹n.; -es, ≔er›; **Fur'nie·rung** ‹f.; -, -en›
'Fu·ror ‹m.; -s; unz.; Med.› *Wut, Raserei* [lat.]; **Fu'ro·re** ‹f.; -; unz. od. n.; - od. -s; unz.› *Aufsehen;* ~ machen [ital.]
fürs ‹Verschmelzungsform von Präp. u. Art.› *für das;* den Bund ~ Leben schließen; das ist ~ Erste alles; → a. *für*
'Für·sor·ge ‹f.; -; unz.› **1** *Pflege, Hilfe,* ‹früher a.› *Sozialhilfe* **2** *Sorge für das Wohl der anderen;* **'für·sor·gend** ‹Adj.; selten› = *fürsorglich;* **'Für·sor·ger** ‹m.; -s, -; frühere Bez. für› *Sozialarbeiter;* **'Für·sor·ge·rin** ‹f.; -, -n·nen›; **'für·sorg·lich** ‹Adj.› *pfleglich, liebevoll;* **'Für·sorg·lich·keit** ‹f.; -; unz.›
'Für·spra·che ‹f.; -, -n; geh.› *bei jmdm. für jmdn. ~ einlegen sich für jmdn. (vermittelnd) einsetzen;* **'Für·spre·cher** ‹m.; -s, -›; **'Für·spre·che·rin** ‹f.; -, -n·nen›
Fürst ‹m.; -en, -en› *Angehöriger des hohen Adels;* **'Fürst·bi·schof** ‹m.; -(e)s, ≔e; bis 1918›; **'fürs·ten** ‹V. t.; meist im Part. Perf.› *in den Fürstenstand erheben;* er wurde gefürstet; **'Fürs·ten·tum** ‹n.; -(e)s, ≔er›; **'Fürs·tin** ‹f.; -, -n·nen›; **'fürst·lich** ‹Adj.; fig.› *üppig, reichlich;* ein ~es Trinkgeld; **'Fürst·lich·keit** ‹f.; -; unz.›; **Fürst·'Pück·ler-Eis** ‹n.; -es, -e; ↗Z 33› *ein dreischichtiges Speiseeis*
Furt ‹f.; -, -en› *flache Stelle in einem Fluss*
Fu'run·kel ‹m. od. n.; -s, -; Med.›

eitriges Geschwür [lat.]; **Fu·run·ku·lo·se** <f.; -, -n; Med.>

für'wahr <Adv.; geh.> *wahrhaftig, wirklich*

'Für·witz <m.; -es; unz.; veralt.> = *Vorwitz*; **'für·wit·zig** <Adj.; veralt.> = *vorwitzig*

'Für·wort <n.; -(e)s, ⸚er; Gramm.> = *Pronomen*; → a. *Kasten Pronomen*; **'für·wört·lich** <Adj.>

Furz <m.; -es, ⸚e; derb> *abgehende Blähung*; **'fur·zen** <V. i.; du furzt; derb>

'fu·scheln, 'fu·schen, 'fu·schern <V. i.; ich fusch(e)le; ich fusch(e)re> **1** *hin u. her laufen* **2** *pfuschen*

'Fu·sel <m.; -s, -; abwertend> *schlechter Branntwein*; **'fu·seln** <V. i.; ich fus(e)le> **1** *schlecht arbeiten, schreiben* **2** = *fusseln*; **'Fu·sel·öl** <n.; -(e)s, -e; Chem.>

Fü·si'lier <m.; -s, -e; Mil.; veralt.> *Infanterist* [frz.]; **fü·si'lie·ren** <V. t.; veralt.> *standrechtlich erschießen*

Fu·si'on <f.; -, -en> *Verschmelzung, Vereinigung;* Banken~ [lat.]; **fu·si·o'nie·ren** <V. i.> **u.** **V. i.>** **Fu·si·o'nie·rung** <f.; -, -en>

Fuß <m.; -es, ⸚e> **1** *unterster Teil des Beines;* zu ~ gehen; jmdm. zu Füßen liegen *jmdn. bedingungslos verehren;* auf großem ~(e) leben <fig.> *verschwenderisch;* ~ fassen <fig.> *Halt gewinnen* **2** *unterer Teil;* am ~(e) des Berges **3** <Verslehre> *betonte Silbe;* Vers~ **4** *altes Längenmaß;* drei ~ lang, hoch, breit; <aber> *keinen Fußbreit von einer Meinung abgehen; das Rinnsal ist kaum fußbreit;* **'Fuß·ab·strei·fer, 'Fuß·ab·tre·ter** <m.; -s, ->; **'Fuß·an·gel** <f.; -, -n> *eine Falle;* **'Fuß·bad** <n.; -(e)s, ⸚er> ein ~ nehmen; **'Fuß·ball** <m.; -(e)s, ⸚e; Sp.> wollen wir ~ spielen?; <aber> das/beim Fußballspielen; **'Fuß·ball·elf** <f.; -, -en; Sp.> *Fußballmannschaft;* **'Fuß·bal·ler** <m.; -s, -; Sp.; umg.> *Fußballspieler;* **'Fuß·bal·le·rin** <f.; -, -nen; Sp.; umg.>; **'fuß·bal·le·risch** <Adj.; Sp.>; **'Fuß·ball'län·der·spiel** <n.; -(e)s, -e; Sp.; Sp.>; **'Fuß·ball·mann·schaft** <f.; -, -en; Sp.>; **'Fuß·ball·spiel** <n.;

-(e)s, -e; Sp.>; **'Fuß·ball·spie·len** <n.; -s; unz.; ⸚Z42> das ~ macht ihm große Freude; <aber> lass uns Fußball spielen!; **'Fuß·ball·spie·ler** <m.; -s, -; Sp.>; **'Fuß·ball·spie·le·rin** <f.; -, -nen; Sp.>; **'Fuß·ball·sta·di·on** <n.; -s, -di·en; Sp.>; **'Fuß·ball·trai·ner** <[-tre:-]; m.; -s, -; Sp.>; **'Fuß·ball'welt·meis·ter·schaft** <f.; -, -en>, **'Fuß·ball·WM** <f.; - od. (umg.) -s; Sp.>; **'Fuß·bank** <f.; -, ⸚e>; **'Fuß·bo·den** <m.; -s, ⸚>; **'Fuß·bo·den·be·lag** <m.; -(e)s, ⸚e>; **'Fuß·bo·den·hei·zung** <f.; -, -en; Pl. selten>; **'Fuß·bo·den·leis·te** <f.; -, -n>; **'fuß·breit** <Adj.> ein knapp ~er Trampelpfad; → a. *Fuß(4);* **'Fuß·breit** <m.; -, -> *Maß von der Breite (eigtl. Länge) eines Fußes;* drei ~; um jeden ~ Boden kämpfen; → a. *Fuß(4);* **'Fuß·brem·se** <f.; -, -n> Ggs *Handbremse;* **'Füß·chen** <n.; -s, -; Verkleinerungsf. von> *Fuß*

'Fus·sel <f.; -, -n od. m.; -s, - od. -n; umg.> *(Woll-)Faser, Faden;* **'fus·se·lig** <Adj.> *voller Fusseln, ausgefranst;* oV *fusslig;* **'fus·seln** <V. i.> *der Stoff fusselt verliert Fusseln*

'fu·ßeln, 'fü·ßeln <V. i.; ich fuß(e)le> *mit jmdm. ~ unter dem Tisch Fußkontakt zu jmdm. herstellen;* **'fu·ßen** <V. i.; fig.> *beruhen auf;* **'Fuß·en·de** <n.; -s, -n> *unteres Ende;* am ~ des Bettes; **...fü·ßer** <m.; -s, -; Zool.; in Zus.> z. B. Kopffüßer, Tausendfüßer; oV *...füßler;* **'Fuß·fall** <m.; -(e)s, ⸚e> *Kniefall;* **'fuß·fäl·lig** <Adj.; veralt.; nur in der Wendung> jmdn. ~ bitten *inständig;* **'Fuß·feh·ler** <m.; -s, -; Sp., bes. Tennis>; **'fuß·frei** <Adj.> *bis zum Knöchel reichend;* ein ~er Rock; **'Fuß·gän·ger** <m.; -s, ->; **'Fuß·gän·ger·am·pel** <f.; -, -n; Verkehrsw.>; **'Fuß·gän·ge·rin** <f.; -, -n·nen>; **'Fuß·gän·ger·ü·ber·weg** <m.; -(e)s, -e; ⸚Z55>; **'Fuß·gän·ger·zo·ne** <f.; -, -n>; **'fuß·hoch** <Adj.> das Wasser steht ~; eine fußhohe Pfütze; → a. *Fuß(4);* **...fü·ßig** <Adj.; in Zus.> z. B. zweifüßig; leichtfüßig; **'fuß·kalt** <Adj.> eine ~e Wohnung; **'fuß·krank** <Adj.>; **'fuß·lang** <Adj.>

Fußnoten: F. und Anmerkungen können zum einen zusätzliche Informationen beinhalten, die nicht in einem fortlaufenden Text selbst erläutert werden, zum anderen wird mithilfe von F. auf Belegstellen (z. B. bei Zitaten) verwiesen.

Im Allgemeinen werden F. mit hochgestellten Ziffern ohne Klammern dargestellt:

Die Uraufführung der Oper „Don Giovanni" von Wolfgang Amadeus Mozart fand am 29. Oktober 1787 in Prag statt.[1] Die Oper wurde in Prag mit großer Begeisterung aufgenommen.[2] Die Partitur wurde von Mozart für die Erstaufführung des Werkes in Wien an einigen Stellen geändert.[3]

[1] *Ursprünglich war die Uraufführung für den 14. Oktober geplant, musste jedoch wegen technischer Schwierigkeiten verschoben werden.*

[2] *In Wien war Mozarts Oper dagegen weniger erfolgreich.*

[3] *Gestrichen wurde z. B. im 2. Akt Ottavios Arie „Folget der Heißgeliebten".*

Steht eine F. am Ende eines Satzes, so wird die Ziffer nach dem ↗Punkt gesetzt, wenn sie sich auf den ganzen Satz bezieht. Bezieht sich die F. dagegen nur auf das letzte Wort eines Satzes, so steht sie vor dem Punkt bzw. dem Satzschlusszeichen.

→ a. *Fuß(4);* **'Fuß·lei·den** <n.; -s, ->; **'Füß·lein** <n.; -s, -; poet.; Verkleinerungsf. von> *Fuß;* **...füß·ler** <m.; -s, -; Zool.; in Zus.> = *...füßer*

'fuss·lig <Adj.> = *fusselig*

'Füß·ling <m.; -s, -e> *Fußteil des Strumpfes;* **'Fuß·marsch** <m.; -(e)s, ⸚e>; **'Fuß·mat·te** <f.; -, -n> *Abstreifer;* **'Fuß·no·te** <f.; -, -n> *Anmerkung zum Text am unteren Seitenrand;* → a. *Kasten;* **'Fuß·pfle·ge** <f.; -; unz.>; **'Fuß·pfle·ger** <m.; -s, -; Berufsbez.>; **'Fuß·pfle·ge·rin** <f.; -, -n·nen; Berufsbez.>; **'Fuß·pilz** <m.; -es, -e; Med.>; **'Fuß·ras·te** <f.; -, -n> *Fußstütze (am Motorrad);* **'Fuß·re·flex·zo·nen·mas·sa·ge** <[-ɟə]; f.; -, -n>; **'Fuß·sack** <m.;

-(e)s, ⁻e>; **'Fuß·sche·mel** <m.; -s, ->; **'Fuß·schweiß** <m.; -es; unz.>; **'Fuß·soh·le** <f.; -, -n>; **'Fuß·sol·dat** <m.; -en, -en>; **'Fuß·spit·ze** <f.; -, -n>; **'Fuß·spur** <f.; -, -en>; **'Fuß·stap·fe** <f.; -, -n>, **'Fuß·stap·fen** <m.; -s, -> Fußabdruck (im Schnee); in jmds. ~ treten <fig.> ihm nacheifern; **'Fuß·steig** <m.; -(e)s, -e> = Gehsteig; **'Fuß·tap·fe** <f.; -, -n>, **'Fuß·tap·fen** <m.; -s, -; selten> <Adj.> ~ einsinken; ~ im Wasser stehen; ein ~es Loch; → a. Fuß(4); **'Fuß·tritt** <m.; -(e)s, -e> mit einem ~ davonjagen; **'Fuß·volk** <n.; -(e)s; unz.; fig.; scherzh.> die einfachen Bürger; das ist kein Lokal fürs ~; **'Fuß·weg** <m.; -(e)s, -e> Gehweg

Fus'ta·ge <[-ʒə]; f.; -, -n> (Preis für) Leergut [frz.]

Fus·ta'nel·la <f.; -, -'nel·len> knielanger Männerrock der Griechen u. Albaner [grch.-ital.]

'Fus·ti <Pl.> (Preisnachlass für) unbrauchbare, verunreinigte Teile einer Ware [ital.]

Fu·thark <['fuθark]; n.; -s; unz.> Runenalphabet [skand.]

'Fu·ton <m.; -s, -s> hart gepolsterte Matte eines Bettes [jap.]

futsch, fut·schi'ka·to <Adj.; un-dekl.; umg.> kaputt, verloren; die Uhr ist ~

'Fut·ter¹ <n.; -s; unz.> Nahrung der Tiere

'Fut·ter² <n.; -s, -> innere Stoffschicht in Kleidungsstücken; **Fut·te'ral** <n.; -s, -e> Etui; Brillen~

'Fut·ter·ge·trei·de <n.; -s, ->; **'Fut·ter·krip·pe** <f.; -, -n>

'Fut·ter·mau·er <f.; -, -n; Bauw.> verstärkende Mauer

'Fut·ter·mit·tel <n.; -s, ->; **'fut·tern** <V. t. u. V. i.; ich futt(e)re; umg.; scherzh.> essen; **'füt·tern¹** <V. t.; ich fütt(e)re> einem Säugling, einem Tier Nahrung geben

'füt·tern² <V. t.; ich fütt(e)re> Futterstoff in ein Kleidungsstück einlegen

'Fut·ter·neid <m.; -(e)s; unz.> Neid auf das (üppigere) Essen anderer; **'fut·ter·nei·disch** <Adj.>; **'Fut·ter·pflan·ze** <f.; -, -n>; **'Fut·ter·rau·fe** <f.; -, -n>; **'Fut·ter·rü·be** <f.; -, -n>

'Fut·ter·sei·de <f.; -, -n>; **'Fut·ter·stoff** <m.; -(e)s, -e>

'Füt·te·rung <f.; -, -en>; **'Fut·ter·ver·wer·ter** <m.; -s, -; umg.; scherzh.> er ist ein guter ~ er wird schnell dick

Fu'tur <n.; -s, -e; Pl. selten; Gramm.> Zukunft(sform); → a. Kasten Zukunft [lat.]; **Fu'tu·ra** <f.; -; unz.; Typ.> eine Schriftart; **fu'tu·risch** <Adj.> in der Form des Futurs gebraucht; **Fu·tu'ris·mus** <m.; -; unz.> Kunstrichtung des 20. Jh.; **Fu·tu'rist** <m.; -en, -en>; **Fu·tu'ris·tik** <f.; -; unz.> = Futurologie; **Fu·tu'ris·tin** <f.; -, -nen>; **fu·tu'ris·tisch** <Adj.>; **Fu·tu·ro'lo·ge** <m.; -n, -n>; **Fu·tu·ro·lo'gie** <f.; -; unz.> Zukunftsforschung; **Fu·tu·ro'lo·gin** <f.; -, -nen>; **fu·tu·ro'lo·gisch** <Adj.>; **Fu'tu·rum** <n.; -s, -ra; Gramm.; veralt.> = Futur; **Fu'tu·rum ex'ak·tum,** <auch> **Fu'tu·rum e'xak·tum** <n.; --, -ra -ta; Gramm.> vollendete Zukunft (z. B. ich werde gegangen sein; sie wird gelesen haben)

'Fu·zel <m.; -s, -; österr.; umg.> = Fussel

'Fuz·zi <m.; -s, -s; umg.; scherzh.> lächerlicher Kerl

Fuz·zy·lo·gic, <auch> **Fuz·zy Lo·gic** <['fʌzilɔdʒik]; f.; (-)-; unz.; ↗Z 30; EDV> "unscharfe Logik", Anwendung des menschl. Denkens (bei Computern) [engl.]; **'Fuz·zy·lo·gik** <f.; -; unz.> = Fuzzylogic

fz <Abk. für> forzando, forzato

G

g 1 <n.; -, - od. (umg.) -s> *ein Buchstabe* 2 <Abk. für> *Gramm* 3 <österr. Abk. für> *Groschen* 4 <Mus.> *Tonbez.* 5 <Mus.; Abk. für> *g-Moll* (Tonartbez.) 6 <Zeichen für> *Gon*

G 1 <n.; -, - od. (umg.) -s> *ein Buchstabe* 2 <Mus.> *Tonbez.* 3 <Mus.; Abk. für> *G-Dur* (Tonartbez.) 4 <Börse; Abk. für> *Geld* 5 <Phys.; Zeichen für> *Gauß* 6 <Zeichen für> *Giga...* 7 <Abk. für> *Gourde*

Ga <Chem.; Zeichen für> *Gallium*

Ga·bar·di·ne <[ˈgabardiːn] od. [-ˈdiːn(ə)]; f.; -; unz. od. m.; -s; unz.> *ein Gewebe* [frz.]

'Gab·bro, <auch> **'Gabb·ro** <m.; -s; unz.; ↗Z53; Geol.> *ein Tiefengestein* [ital.]

'Ga·be <f.; -, -n> 1 *Geschenk* 2 *Arzneimittelmenge* 3 *Talent, Befähigung;* Beobachtungs~

'gä·be → *gang*

'Ga·bel <f.; -, -n> 1 *Teil des Essbestecks* 2 *ein landwirtschaftl. Gerät;* Heu~; Mist~ 3 <früher> *Teil des Telefonapparates;* den Hörer auf die ~ legen 4 <Jägerspr.> *Geweih mit zwei Enden;* **'Ga·bel·bis·sen** <m.; -s, -> *kleiner (delikater) Imbiss;* **'Gä·bel·chen** <n.; -s, -> *Verkleinerungsf. von:* *Gabel;* **ga·bel·för·mig** <Adj.>; **'Ga·bel·früh·stück** <n.; -(e)s, -e; veralt.> *kleine Vormittagsmahlzeit;* **'Ga·bel·griff** <m.; -(e)s, -e; Turnen>; **Ga·bel·hirsch** <m.; -(e)s, -e; Jägerspr.>; **'ga·be·lig** <Adj.> *gabelförmig;* oV *gablig;* **'Ga·bel·mü·cke** <f.; -, -n; Zool.> = *Anopheles;* **'ga·beln** <V. t./V. refl.; ich gab(e)le> der Weg gabelt sich *teilt sich;* **'Ga·bel·stap·ler** <m.; -s, -> *Fahrzeug zum Heben u. Transportieren von Lasten;* **'Ga·be·lung** <f.; -, -en>; **'Ga·bel·wei·he** <f.; -, -n; Zool.> *ein Greifvogel*

'Ga·ben·tisch <m.; -(e)s, -e>
'Gab·ler <m.; -s, ->; **'gab·lig** <Adj.> = *gabelig*
Ga'bun *Staat in Zentralafrika; Gabunische Republik;* **Ga'bu·ner** <m.; -s, ->; **Ga'bu·ne·rin** <f.; -, -nnen>; **ga'bu·nisch** <Adj.>
'ga·ckeln <V. i.; ich gack(e)le; umg.> = *gackern;* **'ga·ckern** <V. i.; ich gack(e)re>; **'gack·sen** <V. i.; du gackst; umg.> 1 *helle, kurze Töne ausstoßen;* ~de Hühner 2 <fig.; umg.> *kichern*
Ga·do'li·nit <m.; -(e)s, -e; Min.> *ein Mineral;* **Ga·do'li·ni·um** <n.; -s; unz.; Chem.; Zeichen: Gd> *ein chem. Element* [nach dem finn. Chemiker Gadolin]
'Gaf·fel <f.; -, -n> *schwenkbare Segelstange;* **'Gaf·fel·se·gel** <n.; -s, ->
'gaf·fen <V. i.; umg.; abwertend> *neugierig starren;* **'Gaf·fer** <m.; -s, ->; **'Gaf·fe'rei** <f.; -; unz.>; **'Gaf·fe·rin** <f.; -, -nnen>
Gag <[gæg]; m.; -s, -s> *witziger Einfall, Überraschung;* → a. *Runninggag* [engl.]
ga'ga <Adj.; undekl.; umg.> *verrückt, vertrottelt;* er ist schon ein bisschen ~ [frz.]
Ga'gat <m.; -(e)s, -e> *muschelige Braunkohle* [grch.]
Ga·ge <[ˈgaːʒə]; f.; -, -n> *Bezahlung, Gehalt von Künstlern* [frz.]
Ga·gli·ar·de, <auch> **Gag·li·ar·de** <[-ˈljar-]; f.; -, -n; ↗Z53; Mus.> *altital. Springtanz* [frz.]
'gäh·nen <V. i.> *mit (vor Müdigkeit od. Langeweile) weit geöffnetem Mund tief atmen;* ~de Leere <fig.>
Gah'nit <m.; -s, -e; Min.> *ein Mineral* [nach dem schwed. Chemiker J. G. Gahn]
Gail·lar·de <[gaˈjardə]; f.; -, -n> = *Gagliarde*
Ga·la <f.; -, -s> 1 <unz.> *Festkleidung* 2 <kurz für> *Galavorstellung* [span.-arab.]; **'Ga·la·a·bend** <m.; -(e)s, -e>
Ga·lac'to·se <f.; -, -n> = *Galaktose*
'Ga·la·emp·fang <m.; -(e)s, ⸚e>
ga'lak·tisch <Adj.; Astr.> *zur Galaxis gehörig* [grch.], **Ga·lak·tor·'rhö** <f.; -, -en>, **Ga·lak·tor·rhoe** <[-ˈrø]; f.; -, -n; Med.> *Milchfluss nach dem Stillen;* **Ga·lak·'to·se** <f.; -, -n> *eine Zuckerart;* oV *Galactose;* **Ga·lak·to'ze·le** <f.; -, -n; Med.> *Milchzyste bei Milchstau in den Brustdrüsen*
Ga'lan <m.; -s, -e; veralt.> *vornehm auftretender Liebhaber* [span.]; **ga'lant** <Adj.> *höflich, ritterlich* [frz.]; **Ga·lan·te'rie** <f.; -, -n>; **Ga·lan·te'rie·wa·ren** <Pl.; veralt.> 1 (*Mode-)Schmuck* 2 *Kurzwaren*
'Ga·la·ter <Pl.> *Bund dreier kelt. Stämme;* **'Ga·la·ter·brief** <m.; -(e)s, -e; NT>
'Ga·la·u·ni·form <f.; -, -en; ↗Z55>; **'Ga·la·vor·stel·lung** <f.; -, -en; Theat.; Kurzw.: Gala> *Aufführung in bes. festlichem Rahmen*
Ga·la'xie <f.; -, -n; Astr.> *Sternsystem;* **Ga'la·xis** <f.; -, -'xi·en; Astr.> *die Milchstraße*
'Gä·le <m.; -n, -n> *irisch-schottischer Kelte*
Ga'lee·re <f.; -, -n; MA> *Ruderkriegsschiff;* **Ga'lee·ren·skla·ve** <m.; -n, -n>; **Ga'lee·ren·stra·fe** <f.; -, -n>
Ga'le·nik <f.; -; unz.> *Lehre von den natürl. (pflanzl.) Heilmitteln* [nach dem röm. Arzt *Galenus*]
Ga·le'o·ne <f.; -, -n> *mittelalterl. Kriegs- u. Handelsschiff* [span.]; **Ga'le·ot** <m.; -en, -en> *Galeerensklave*
Ga·le'rie <f.; -, -n> 1 <Theat.> *die oberen Ränge des Zuschauerraums* 2 *Sammlung von Kunstwerken;* Gemälde~ [ital.]; **Ga·le'rist** <m.; -en, -en>; **Ga·le'ris·tin** <f.; -, -nnen>
'Gal·gen <m.; -s, -> *Balkengerüst zur Hinrichtung durch den Strang;* **'Gal·gen·frist** <f.; -, -en; Pl. selten; fig.; umg.> *Zeitraum bis zu einem (unangenehmen) Ereignis;* **'Gal·gen·hu·mor** <m.; -s; unz.>; **'Gal·gen·strick** <m.; -(e)s, -e; umg.>; **'Gal·gen·vo·gel** <m.; -s, ⸚; umg.>
Ga·li·ma'thi·as <m. od. n.; -; unz.; geh.> *verworrenes Gerede* [frz.]
Ga·li'on <n.; -s, -s> *Vorbau am Bug eines Holzschiffes;* oV *Gallion* [span.]; **Ga·li'o·ne** <f.; -, -n> = *Galeone;* **Ga·li'ons·fi·gur** <f.; -, -en> 1 *geschnitzte, meist*

weibl. Figur am Galion 2 <fig.; umg.> *zugkräftige Person*

Ga·li·pot <[-'po:]; m.; -s; unz.> *Harz der Nadelbäume* [frz.]

'gä·lisch <Adj.> *die Gälen betreffend; die ~e Sprache*

'Gall·ap·fel <m.; -s, :; Bot.> *kugeliger Auswuchs an Blättern*

'Gal·le[1] <f.; -, -n> 1 <Physiol.> *Sekret der Leber* 2 *Organ, in dem sich dieses Sekret sammelt* 3 <unz.; fig.> *Sinnbild für Bosheit;* Gift u. ~ *spucken* <umg.>

'Gal·le[2] <f.; -, -n> 1 <Vet.> *Flüssigkeitsansammlung in den Gelenken (bes. der Pferde)* 2 <Bot.> = *Gallapfel*

'gal·le·bit·ter, 'gal·len·bit·ter <Adj.>; **'Gal·len·bla·se** <f.; -, -n; Anat.>; **'Gal·len·ko·lik** <f.; -, -en; Med.>; **'Gal·len·stein** <m.; -(e)s, -e>

Gal·le·ria <f.; -, -s; Arch.> *hallenähnl. Glasbau (häufig als Einkaufszentrum)* [ital.]

'Gal·lert <a. [-'-]; n.; -(e)s, -e; Kochk.> *aus Fleischsaft bzw. Knochenbrühe gewonnene steife, durchsichtige Masse* [lat.]; **'gal·lert·ar·tig** <Adj.>; **Gal·ler·te** <a. ['---]; f.; -, -n; österr.> = *Gallert;* **gal'ler·tig** <Adj.>; **'Gal·lert·mas·se** <f.; -; unz.>

Gal·li·ar·de <f.; -, -n; Mus.> = *Gagliarde*

'Gal·li·en <röm. Name für *Frankreich;* **'Gal·li·er** <m.; -s, ->; **'Gal·li·e·rin** <f.; -, -n·nen>

'gal·lig <Adj.> 1 *bitter wie Galle* 2 <fig.> *bitter; ~er Humor*

gal·li·ka·nisch <Adj.>; **Gal·li·ka·'nis·mus** <m.; -; unz.; Kath.; in Frankreich bis 1789> *Bewegung, die die Entscheidungs- u. Verfügungsgewalt des Papstes einschränken wollte*

Gal·li·ma·thi·as <m. od. n.; -; unz.> = *Galimathias*

Gal·li·on <n.; -s, -s> = *Galion;* **Gal·li·ons·fi·gur** <f.; -, -en>

'gal·lisch <Adj.> *Gallien betreffend;* **'Gal·li·um** <n.; -s; unz.; Chem.; Zeichen: Ga> *chem. Element, Metall;* **Gal·li·zis·mus** <m.; -, -men> *in eine andere Sprache übernommene frz. Spracheigentümlichkeit;* **Gal·lo·ma'nie** <f.; -; unz.> = *Frankomanie*

Gal·lon <['galən]; m. od. n.; -s,

-s>; **Gal'lo·ne** <f.; -, -n> *altes engl. Hohlmaß* [engl.]

gal·lo·ro'ma·nisch <Adj.> *~e Sprachen die aus dem Vulgärlatein entstandenen roman. S.*

Gal·lo·way <['gæləwe:]; n.; -s, -s; Zool.> *robuste Rinderrasse* [nach der schott. Landschaft *Galloway*]

'Gal·lup·me·tho·de, <auch> **'Gal·lup-Me·tho·de** <a. ['gæləp-]; f.; -; unz.; ↗Z35> *Methode der repräsentativen Meinungsumfrage* [nach dem Amerikaner G. H. *Gallup*]

'Gal·lus·säu·re <f.; -; unz.> *Säure des Gallapfels*

Gal'mei <a. ['--]; m.; -s; unz.> *Zinkerz* [grch.]

Ga·lon <[ga'lõ]; m.; -s, -s>, **Ga·lo·ne** <f.; -, -n> *Tresse, Borte (an Uniformen)* [frz.]

Ga'lopp <m.; -s, -e od. -s> *Gangart des Pferdes; ~ reiten;* **Ga'lop·per** <m.; -s, ->; **ga'lop·pie·ren** <V. i. (ist od. h.)> *im Galopp laufen bzw. reiten; ~de Schwindsucht* <früher volkstüml. Bez. für> *Lungentuberkulose;* **Ga·'lopp·ren·nen** <n.; -s, ->

Ga'lo·sche <f.; -, -n; veralt.> *Überschuh* [frz.]

'Galt·vieh <n.; -s; unz.; bair.; österr.; schweiz.> *Jungvieh*

Gal·va·ni·sa·ti'on <[-va-]; f.; -, -en>; **gal·va·nisch** <Adj.>; **Gal·va·ni·seur** <[-'zø:r]; m.; -s, -e>; **gal·va·ni'sie·ren** <f.; -, -en>; **Gal'va·no** <n.; -s; Druckw.> *im galvan. Bad hergestellter Druckstock für hohe Auflagen;* **Gal·va·no'me·ter** <n.; -s, -; Phys.> *Strommessgerät;* **Gal·va·no'plas·tik** <f.; -; unz.> *galvan. Nachbildung von Druckstöcken;* **gal·va·no'plas·tisch** <Adj.>; **Gal'va·no·tech·nik** <f.; -; unz.> *elektrolyt. Oberflächenbehandlung von Metallen u. Nichtmetallen;* **Gal·va·no·the·ra'pie** <f.; -; Med.> *Heilbehandlung mit elektr. Strom*

...gam <in Zus.> *die Befruchtung, Bestäubung betreffend* [grch.]

Ga'man·der <m.; -s, -; Bot.> *eine Pflanze* [grch.]

Ga·ma·sche <f.; -, -n> *die Wade bedeckende Beinbekleidung* [arab.]

'Gam·be <f.; -, -n; Instrumentenk.; 16.–18. Jh.> *ein Streichinstrument* [ital.]

'Gam·bia *Staat in Westafrika;* Republik ~; **'Gam·bi·er** <m.; -s, ->; **'Gam·bi·e·rin** <f.; -, -n·nen>; **'gam·bisch** <Adj.>

Gam'bist <m.; -en, -en> *Gambenspieler;* **Gam'bis·tin** <f.; -, -n·nen>

Gam'bit <engl. ['gæmbit]; n.; -s, -s; Schach> *Zug zur Spieleröffnung* [span.]

...ga·me <in Zus.> *befruchtende(s) Pflanze, Tier*

Game <[ge:m]; n.; -s, -s; Tennis> *Spielgewinn (innerhalb eines Satzes)* [engl.]; **'Game·boy** <[-bɔi]; m.; -s, -s; Warenz.> *ein elektronisches Spielgerät*

'Ga·me·lan, 'Ga·me·lang <n.; -s, -s; Mus.; auf Java u. Bali> *viele unterschiedl. Instrumente umfassendes Orchester* [malaiisch]

Game·show <['gɛimʃou]; f.; -, -s; TV> *Live-Unterhaltungssendung (mit hohen Gewinnchancen)* [engl.]

Ga'met <m.; -en, -en; Biol.> *Keimzelle* [grch.]; **Ga·me·to·ge·'ne·se** <f.; -; unz.> *Bildung von Gameten;* **Ga·me·to'phyt** <m.; -en, -en; Bot.> *Gameten hervorbringende Pflanzengeneration*

'Gam·ma <n.; -s; Zeichen: γ, Γ> *dritter Buchstabe des grch. Alphabets;* **Gam·ma·glo·bu·lin** <n.; -s, -e> *ein Abwehrstoff des Blutplasmas;* **'Gam·ma·quan·ten** <Pl.>; **'Gam·ma·strah·len, γ-Strah·len** <Pl.> *energiereiche, kurzwellige, elektromagnet. Strahlung*

'Gam·mel <m.; -s; unz.; umg.> *wertloser Kram;* **'gam·me·lig** <Adj.; umg.> *verkommen, verdorben;* **'gam·meln** <V. i.; ich gamm(e)le; umg.> 1 *untätig die Zeit verbringen* 2 *verderben; das Obst beginnt zu ~;* **'Gamm·ler** <m.; -s, -; abwertend>; **'Gamm·le·rin** <f.; -, -n·nen>; **'gamm·lig** <Adj.; umg.> = *gammelig*

Gams <f. od. m. od. n.; -, - od. -en; Zool.; oberdt.> = *Gämse;* **'Gams·bart, 'Gäms·bart** <m.; -(e)s, :e> *ein Hutschmuck;*

G

'**Gams·bock**, '**Gäms·bock** <m.; -(e)s, ⸗e; Zool.> *männl. Gämse*; '**Gäm·se** <f.; -, -n; ⸗Z.5.2; Zool.> *zu den Antilopen gehörendes Horntier*; '**gäms·far·ben**, '**gäms·far·big** <Adj.>; '**Gams·le·der**, '**Gäms·le·der** <n.; -s; unz.>; '**Gams·wild**, '**Gäms·wild** <n.; -(e)s; unz.; oberdt.; Sammelbez.>; '**Gams·wurz**, '**Gäms·wurz** <f.; -, -en; Bot.> *eine Zierpflanze*

Gand <f.; -, -en od. n.; -s, 'Gän·der; österr.; schweiz.> *Geröllhalde im Gebirge*

'**Ga·neff** <m.; -s, -s> = *Ganove* [jidd.]

gang <Adj.; nur in der Wendung> *das ist ~ u. gäbe allgemein üblich*; **Gang¹** <m.; -(e)s, ⸗e> **1** <unz.> *die Art des Gehens*; Watschel- **2** <unz.> *Bewegung*; die Party ist in vollem ~(e); ein Gespräch in ~ bringen; <aber> das Ingangbringen eines G. **3** <unz.> *Verlauf*; ruhiger Geschäfts- **4** *Weg zu einem best. Zweck*; Boten- **5** *Stufe der Übersetzung eines Getriebes*; Vorwärts-; Rückwärts- **6** *Teil einer Folge*; Haupt-; Arbeits- **7** *Flur, schmaler Weg*

Gang² <[gæŋ]; f.; -, -s> *organisierte (Verbrecher-)Bande* [engl.]

'**Gang·art** <f.; -, -en>; '**gang·bar** <Adj.>

'**Gän·gel·band** <n.; -(e)s, ⸗er> *jmdn. am ~ führen bevormunden*; **Gän·ge·lei** <f.; -; unz.>; '**gän·geln** <V. t.; ich gäng(e)le; abwertend> *jmdn. ~ ständig bevormunden*

...**gän·ger** <in Zus.> z. B. Doppelgänger, Fußgänger; '**Gang·ge·stein** <n.; -(e)s, -e; Geol.>; '**Gang·grab** <n.; -(e)s, ⸗er; Archäol.> **1** <n.; -(e)s, ⸗er; Archäol.>; '**gän·gig** <Adj.> *gebräuchlich, üblich*

'**Gan·gli·en·zel·le**, <auch> '**Gang·li·en·zel·le** <f.; -, -n; ⸗Z53; Anat.> *Nervenzelle*; '**Gan·gli·on** <n.; -s, -gli·en; Anat.> *Nervenknoten* [grch.]

Gan'grän, <auch> **Gang'rän** <n.; -s, -e; ⸗Z53; Med.> *Gewebebrand, Nekrose* [grch.]; **gan·grä·nes'zie·ren** <V. i.; Med.>; **gan·grä'nös** <Adj.; Med.>

'**Gang·schal·tung** <f.; -, -en; Kfz>

'**Gang·spill** <n.; -(e)s, -e; Mar.> *Ankerwinde* [ndrl.]

Gangs·ter <['gæŋs-]; m.; -s, -> *(organisierter) Verbrecher* [engl.-amerikan.]; '**Gangs·ter·ban·de** <f.; -, -n>; '**Gangs·ter·boss** <m.; -es, -e>; '**Gangs·ter·braut** <f.; -, ⸗e; umg.>

Gang·way <['gæŋwɛi]; f.; -, -s> *beweglicher Steg zum Ein- u. Aussteigen bei Flugzeugen u. Schiffen* [engl.]

'**Gang·zahl** <f.; -, -en>

Ga'no·ve <[-və]; m.; -n, -n> *Gauner, Betrüger* [jidd.]; **Ga'no·ven·spra·che** <f.; -; unz.>

Gans <f.; -, ⸗e; Zool.> *ein Wasservogel*; '**Gans·bra·ten** <m.; -s, -; süddt.> *Gänsebraten*; '**Gäns·chen** <n.; -s, -; Verkleinerungsf. von> *Gans*; '**Gän·se·blüm·chen** <n.; -s, -; Zool.> *eine Wiesenpflanze*; '**Gän·se·bra·ten** <m.; -s, ->; '**Gän·se·brust** <f.; -, ⸗e>; '**Gän·se·fe·der** <f.; -, -n>; '**Gän·se·fett** <n.; -(e)s; unz.>; '**Gän·se·füß·chen** <Pl.; umg.> *Anführungszeichen*; '**Gän·se·haut** <f.; -; unz.; fig.> *Hervortreten der Talgdrüsen in der Haut durch Kälte od. Angst*; '**Gän·se·kiel** <m.; -(e)s, -e>; '**Gän·se·klein** <n.; -s; unz.> *gekochte Innereien u. Hals der Gans*; '**Gän·se·le·ber** <f.; -, -n>; '**Gän·se·le·ber·pas·te·te** <f.; -, -n>; '**Gän·se·marsch** <m.; -es, ⸗e; Pl. selten; meist in der Wendung> *im ~ gehen* <umg.> *einer hinter dem anderen*; '**Gan·ser** <m.; -s, -; süddt.; österr.> = *Gänserich*; '**Gän·se·rich** <m.; -s, -e; Zool.> *männl. Gans*; '**Gän·se·schmalz** <n.; -es; unz.>; '**Gän·se·wein** <m.; -(e)s; unz.; scherzh.> *Wasser*; '**Gans·jung** <n.; -s; unz.; süddt.; österr.> = *Gänseklein*; '**Gäns·lein** <n.; -s, -; poet.; Verkleinerungsf. von> *Gans*

Gant <f.; -, -en; schweiz.> *Versteigerung*; '**gan·ten** <V. t.> *versteigern*

'**Gan·ter** <m.; -s, -; norddt.> *Gänserich*

Ga·ny'med <m.; -s, -e; scherzh.> *Kellner* [nach dem Mundschenk des Zeus in der grch. Mythologie]

ganz¹ <Adj.> **1** <umg.> *unbe-*

schädigt; das Glas ist ~ geblieben; er hat keine ~en Strümpfe mehr; etwas wieder ~ machen; Ggs entzwei **2** <⸗Z43; nur attr.> *gesamt, ungeteilt*; die ~e Zeit; auf der ~en Linie; das Ganze; ein Ganzes; als Ganzes; das ist nichts Halbes u. nichts Ganzes; im Ganzen; im großen Ganzen, im Großen und Ganzen *im Allgemeinen*; aufs Ganze gehen *alles riskieren, wollen*; es geht ums Ganze; fürs Ganze; ~e Zahlen <Math.>; die ~en Sachen <umg.> *alles* **3** <umg.> *nicht mehr als*; ich besitze noch ~e drei Euro; **ganz²** <Partikel> **1** *völlig* ~ u. gar; sie ist ~ allein; das ist etwas ~ Anderes!; du hast ~ Recht **2** *sehr*; ein ~ armer Mensch **3** *ziemlich, einigermaßen*; es geht ihr ~ gut; '**Gän·ze** <Amtsdt.; nur in Wendungen wie> *zur ~ vollständig*; in ihrer, seiner ~ *in vollem Umfang*; '**Ganz·fa·bri·kat**, <auch> '**Ganz·fab·ri·kat** <n.; -(e)s, -e; ⸗Z53> *Fertigfabrikat*; '**ganz·gar** <Adj.> *Gerberei fertig gegerbt*; ~e Häute; <aber> der Braten ist noch nicht ganz gar; '**Ganz·heit** <f.; -; unz.>; '**ganz·heit·lich** <Adj.>; '**Ganz·heits·me·di·zin** <f.; -; unz.>; '**Ganz·heits·me·tho·de** <f.; -; unz.> *Methode des Lesenlernens*; '**Ganz·heits·the·ra·pie** <f.; -, -n>; '**Ganz·jah·res·rei·fen** <m.; -s, -; meist Pl.; Kfz>; '**ganz·jäh·rig** <Adj.>; '**Ganz·kör·per·mas·sa·ge** <[-ʒə]; f.; -, -n>; '**Ganz·kör·per·tat·too** <[-tu:]; n.; -s, -s>; '**Ganz·le·der** <n.; -s; unz.; Buchw.> *Ledereinband*; ein Buch in ~; '**Ganz·le·der·band** <m.; -(e)s, ⸗e>; '**ganz·le·dern** <Adj.> *aus reinem Leder*; <aber> das Fleisch ist schon ganz ledern <umg.> *zäh*; '**ganz·lei·nen** <Adj.> *aus reinem Leinen*; ein ~es Kostüm; '**Ganz·lei·nen** <n.; -s; unz.; Buchw.> *Leineneinband*; ein Buch in ~; '**Ganz·lei·nen·band** <m.; -(e)s, ⸗e>; '**gänz·lich** <Adj.; meist adv.> *vollständig*; '**ganz·sei·tig** <Adj.> eine ~e Zeitungsannonce; '**ganz·tä·gig** <Adj.> *den ganzen Tag über*; ~er Unterricht; '**Ganz·tags·schu·le** <f.; -, -n>; '**Ganz·ton** <m.; -s, -(e)s,

ᵊe; Mus.>; **'Ganz·wort·me·tho·de** <f.; -; unz.> = *Ganzheitsmethode*

Gap <[gæp]; m.; -s, -s; Wirtsch.; Tech.> *Lücke, Mangel* [engl.]

gar[1] <Adj.; ↗Z24> *fertig gekocht; das Fleisch ~ kochen; ~ gekochtes Fleisch; um das Fleisch ~ zu kochen*

gar[2] <Partikel> *überhaupt, durchaus, etwa, sogar; ganz u. ~ völlig;* <verstärkend> *~ kein; ~ nicht(s); nimm es nicht ~ so ernst!*

Ga·ra·ge <[-ʒə]; f.; -, -n> *Raum zum Einstellen von Kraftwagen* [frz.]; **Ga·ra·gen·tor** <n.; -(e)s, -e>; **Ga·ra·gen·wa·gen** <m.; -s, ->; **ga·ra·gie·ren** <[-ʒi:-]; V. t.; österr.; schweiz.> *in der Garage unterbringen*

Ga·ra·mond <[-'mɔ̃]; f.; -; unz.; Typ.> *eine Antiquadruckschrift* [nach dem frz. Stempelschneider C. *Garamond*]

Ga·rant <m.; -en, -en> *Bürge; ein ~ für Sicherheit* [frz.]; **Ga·ran·'tie** <f.; -, -n> *Gewähr, Haftung;* **ga·ran'tie·ren** <V. i. u. V. t.> *für etwas einstehen;* **ga·ran'tiert** <Adj.; ↗Z28.1; umg.; adv.> *mit Sicherheit; das hat er ~ vergessen;* **Ga·ran'tie·schein** <m.; -(e)s, -e>; **Ga·ran·tin** <f.; -, -n·nen>

'Gar·aus <nur in der Wendung> *jmdm. den ~ machen jmdn. töten*

'Gar·be <f.; -, -n> 1 *Getreidebündel* 2 *rasche Folge von Schüssen;* Maschinengewehr~; **'Gar·ben·bin·der** <m.; -s, ->

Gar·çon <[-'sɔ̃]; m.; -s, -s; frz. Bez. für> *Kellner;* **Gar·çon·ni·è·re** <[-sɔn'jɛːrə]; f.; -, -n; österr.> *Einzimmerwohnung*

'Gar·de <f.; -, -n; Mil.> 1 *Leibwache* 2 *Elitetruppe;* **Gar·de·du·korps** <[-dy'koːr]; n.; - [koːrs], - [koːrs]; früher für> *Leibwache* [frz.]; **'Gar·de·korps** <[-koːr]; n.; - [koːrs], - [koːrs]> *Gesamtheit der Garden;* **'Gar·de·maß** <n.; -es, -e>

Gar·de·nie <[-niə]; f.; -, -n; Bot.> *eine Pflanze*

'Gar·de·ro·be <f.; -, -n> 1 *jmds. gesamte Kleidung* 2 *Umkleideraum (im Theater)* 3 *Kleiderab-*

lage [frz.]; **Gar·de'ro·ben·frau** <f.; -, -en>; **Gar·de'ro·ben·mar·ke** <f.; -, -n>; **Gar·de'ro·ben·schrank** <m.; -(e)s, ᵊe>; **Gar·de·ro·bi·er** <[-'bje:]; m.; -s, -s; Theat.> *jmd., der für die Pflege der Kostüme zuständig ist;* **Gar·de·ro·bi·e·re** <[-'bje:rə]; f.; -, -n>

gar·dez <[-'de:]; Schach> *(Warnung beim Angriff auf die Dame des Gegners)* [frz.]

Gar'di·ne <f.; -, -n> *Vorhang* [ndrl.]; **Gar'di·nen·pre·digt** <f.; -, -en; umg.; scherzh.> *Vorwürfe;* jmdm. eine ~ halten; **Gar'di·nen·stan·ge** <f.; -, -n>

Gar'dist <m.; -en, -en> *Soldat der Garde*

'Ga·re <f.; -; unz.; Landw.> *günstiger Zustand des Ackerbodens*

'Gä·re <f.; -, -n> = *Gärung*

'ga·ren <V.> 1 <V. i.> *etwas gart wird gar* 2 <V. t.> *etwas ~ kochen, bis es gar*[1] *ist*

'gä·ren <V. i.> 1 <141 (s.)> *sich zersetzen; der Most ist gegoren* 2 <schwach konjugiert> *Unruhe verbreiten; es hat schon lange im Volk gegärt;* <aber> → *gehren,* **'Gär·fut·ter** <n.; -s; unz.>; **'Gär·mit·tel** <n.; -s, -> *Gärung erzeugender Stoff*

Gar·mond <[-'mɔ̃]; f.; -; unz.; Typ.; süddt.; österr. für> *Garamond*

Garn <n.; -(e)s, -e> 1 *Faden, Zwirn;* Baumwoll~ 2 <Jägerspr.> *Netz vom Vogel- u. Fischfang*

Gar'ne·le <f.; -, -n; Zool.> *eine Krebsart*

gar'ni → *Hotel;* **gar'nie·ren** <V. t.> *verzieren, schmücken* [frz.]; **Gar·'nie·rung** <f.; -, -en>

Gar·ni'son <f.; -, -en; Mil.> 1 *Standort einer Truppe* 2 *die Truppe selbst* [frz.]; **gar·ni·so·'nie·ren** <V. i.; veralt.>

Gar·ni'tur <f.; -, -en> 1 *Besatz, Verzierung* 2 *mehrere zusammengehörige Stücke;* Wäsche~ [frz.]

'Garn·rol·le <f.; -, -n>

Gar'rot·te <f.; -, -n; früher> *Halseisen für die Hinrichtung* [frz.]; **gar·rot'tie·ren** <V. t.; früher>

'gars·tig <Adj.> *hässlich, abstoßend, böse;* **'Gars·tig·keit** <f.; -; unz.>

'Gär·stoff <m.; -(e)s, -e> = *Gärmittel*

'Gärt·chen <n.; -s, -; Verkleinerungsf. von> *Garten;* **'gär·teln** <V. i.; ich gärt(e)le; süddt.> = *gärtnern;* **'Gar·ten** <m.; -s, ᵊ> *abgegrenztes Stück Land zum Anbau von Nutz- od. Zierpflanzen;* Obst~; **'Gar·ten·ar·beit** <f.; -, -en>; **'Gar·ten·ar·chi·tekt** <[-çi-]; m.; -en, -en>; **'Gar·ten·ar·chi·tek·tin** <f.; -, -n·nen>; **'Gar·ten·bau** <m.; -(e)s; unz.>; **'Gar·ten·bau·aus·stel·lung** <f.; -, -en>; **'Gar·ten·fest** <n.; -(e)s, -e>; **'Gar·ten·ge·rät** <n.; -(e)s, -e>; **'Gar·ten·haus** <n.; -es, ᵊer>; **'Gar·ten·lau·be** <f.; -, -n>; **'Gar·ten·mö·bel** <Pl.>; **'Gar·ten·res·tau·rant** <[-restorã]; n.; -s, -s> *Ausflugslokal mit Garten;* **'Gar·ten·sche·re** <f.; -, -n>; **'Gar·ten·schlauch** <m.; -(e)s, ᵊe>; **'Gar·ten·stadt** <f.; -, ᵊe> *in Grünanlagen eingebettete Stadt;* **'Gar·ten·wirt·schaft** <f.; -, -en; süddt.>; **'Gar·ten·zaun** <m.; -(e)s, ᵊe>; **'Gar·ten·zwerg** <m.; -(e)s, -e>; **'Gärt·lein** <n.; -s, -; poet.; Verkleinerungsf. von> *Garten;* **'Gärt·ner** <m.; -s, ->; **Gärt·ne'rei** <f.; -, -en>; **'Gärt·ne·rin** <f.; -, -n·nen>; **'Gärt·ne·rin·art** <Kochk.; nur in der Wendung> *(Forelle) nach ~ mit Gemüsegarnitur;* **'gärt·ne·risch** <Adj.>; **'gärt·nern** <V. i.; ich gärtnere>

'Gä·rung <f.; -, -en>; **'gä·rungs·fä·hig** <Adj.>; **'Gä·rungs·pro·zess** <m.; -es, -e>

'Gär·zeit <f.; -, -en>

Gas <n.; -es, -e> *unsichtbarer (Brenn-)Stoff;* Erd~; Tränen~; ~ *geben* <Kfz>; **'Gas·aus·tausch** <m.; -(e)s; unz.; Chem.>; **'Gas·au·to** <n.; -s, -s>; **'Gas·bren·ner** <m.; -s, ->

Ga'sel <n.; -s, ->, **Ga'se·le** <f.; -, -n> *in Vorderasien verbreitete Gedichtform;* oV *Ghasel(e)* [arab.]

'Gas·ex·plo·si·on <f.; -, -en>; **'Gas·feu·er·zeug** <n.; -(e)s, -e>; **'Gas·flam·me** <f.; -, -n>; **'Gas·fla·sche** <f.; -, -n>; **'gas·för·mig** <Adj.>; **'Gas·ge·misch** <n.; -(e)s, -e>; **'Gas·hahn** <m.; -(e)s, ᵊe>; **'Gas·hei·zung** <f.; -, -en>; **'Gas·herd** <m.; -(e)s, -e>; **ga-**

G

'sie·ren <V. t.; Textilw.> *Garn durch Absengen von Fasern befreien;* **'ga·sig** <Adj.> *gasartig;* **'Gas·kam·mer** <f.; -, -n; in Konzentrationslagern>; **'Gas·ko·cher** <m.; -s, ->; **'Gas·lam·pe** <f.; -, -n>; **'Gas·la·ter·ne** <f.; -, -n>; **'Gas·lei·tung** <f.; -, -en>; **'Gas·mann** <m.; -(e)s, "er; umg.> *jmd., der den privaten Gasverbrauch überprüft;* **'Gas·mas·ke** <f.; -, -n>; **'Gas·o·fen** <m.; -s, "; ↗Z55>; **Ga·so'lin** <n.; -s; unz.; Warenz.> *ein Mineralölerzeugnis;* **'Gas·pe·dal** <n.; -(e)s, -e; Kfz>; **'Gas·pis·to·le** <f.; -, -n>

'Gäss·chen <n.; -s, -; Verkleinerungsf. von> *Gasse* **'Gas·se** <f.; -, -n> *enge Straße, schmaler Durchgang;* **'Gas·sen·hau·er** <m.; -s, -> *bekannter Schlager;* **'Gas·sen·jun·ge** <m.; -n, -n>; **'gas·sen·sei·tig** <Adj.; österr.> *zur Straße gelegen; eine ~e Wohnung;* **'Gas·si** <umg.; in den Wendungen> *den Hund ~ führen, mit dem Hund ~ gehen den H. spazieren führen;* **'Gäss·lein** <n.; -s, -; poet.> *Verkleinerungsf. von* Gasse

Gast[1] <m.; -(e)s, "e> *Besucher, eingeladene Person; Fahr~; Ehren~; bei jmdm. zu ~ sein; jmdn. zu ~ bitten; Gäste haben;* **Gast[2]** <m.; -(e)s, -en; Mar.> *Matrose für best. Aufgaben; Signal~;* **'Gast·ar·bei·ter** <m.; -s, -> *jmd., der für eine best. Zeit in einem ihm fremden Land arbeitet;* **'Gast·ar·bei·te·rin** <f.; -, -n·nen>; **'Gast·di·ri·gent** <m.; -en, -en>; **'Gast·di·ri·gen·tin** <f.; -, -n·nen>; **'Gast·do·zent** <m.; -en, -en>; **'Gast·do·zen·tin** <f.; -, -n·nen>; **'Gäs·te·bett** <n.; -(e)s, -en>; **'Gäs·te·buch** <n.; -(e)s, "er> *sich ins ~ eintragen;* **'Gäs·te·hand·tuch** <n.; -(e)s, "er>; **'Gäs·te·to·i·let·te** <[-toa-]; f.; -, -n>; **'Gäs·te·zim·mer** <n.; -s, ->; **'gast·frei** <Adj.> *gastfreundlich;* **'Gast·frei·heit** <f.; -; unz.> *Gastfreundlichkeit;* **'gast·freund·lich** <Adj.>; **'Gast·freund·lich·keit** <f.; -; unz.>; **'Gast·freund·schaft** <f.; -; unz.> *Bereitschaft, Gäste aufzunehmen;* **'Gast·ge·ber** <m.; -s, -> *jmd., der Gäste einlädt;*

'Gast·ge·be·rin <f.; -, -n·nen>; **'Gast·haus** <n.; -es, "er>; **'Gast·hof** <m.; -s, -e; an Universitäten>; **'Gast·hö·rer** <m.; -s, ->; **'Gast·hö·re·rin** <f.; -, -n·nen>; **gas'tie·ren** <V. i.; Theat.> *als Gast auf einer fremden Bühne spielen;* **'Gast·land** <n.; -(e)s, "er>; **'gast·lich** <Adj.> *gastfreundlich;* **'Gast·lich·keit** <f.; -; unz.>; **'Gast·mahl** <n.; -(e)s, "er od. -e; geh.>; **'Gast·pro·fes·sor** <m.; -s, -toren>; **'Gast·pro·fes·so·rin** <f.; -, -n·nen>; **'Gast·pro·fes·sur** <f.; -, -en>

Gas'träa, <auch> **Gast'räa** <f.; -, -'trä·en/-t'rä·en; ↗Z53; Zool.> *gedachte Urtierform* [grch.]; **gas'tral** <Adj.; Med.> *Magen u. Darm betreffend*

'Gast·recht <n.; -(e)s; unz.>; **'Gast·red·ner** <m.; -s, ->; **'Gast·red·ne·rin** <f.; -, -n·nen>

'gas·trisch, <auch> **'gast·risch** <Adj.; ↗Z53; Med.> *den Magen betreffend;* **Gas'tri·tis** <f.; -, -'ti·den; Med.> *Magenschleimhautentzündung* [grch.]

'Gast·rol·le <f.; -, -n; Theat.>

Gas·tro'nom, <auch> **Gast·ro·'nom** <m.; -en, -en; ↗Z53> *(die Kochkunst beherrschender) Gastwirt* [grch.]; **Gas·tro·no·'mie** <f.; -; unz.> 1 *Gaststättengewerbe* 2 *feine Kochkunst;* **Gas·tro'no·min** <f.; -, -n·nen>; **gas·tro'no·misch** <Adj.>; **Gas·tro'po·de** <m.; -n, -n; Zool.> *Schnecke;* **Gas·tro·sko'pie**, <auch> **Gast·ros·ko'pie** <f.; -, -n; ↗Z54> *Magenspiegelung;* **Gas'tru·la** <f.; -; unz.; Biol.> *embryonales Entwicklungsstadium vielzelliger Tiere*

'Gast·spiel <n.; -(e)s, -e; Theat.>; **'Gast·spiel·rei·se** <f.; -, -n>; **'Gast·stät·te** <f.; -, -n>; **'Gast·stät·ten·ge·wer·be** <n.; -s; unz.>; **'Gast·stu·be** <f.; -, -n>; **'Gast·tier** <n.; -(e)s, -e; Zool.> *Schmarotzer;* **'Gast·vor·le·sung** <f.; -, -en>; **'Gast·wirt** <m.; -(e)s, -e> *Besitzer od. Pächter einer Gaststätte;* **'Gast·wir·tin** <f.; -, -n·nen>; **'Gast·wirt·schaft** <f.; -, -en>

'Gas·uhr <f.; -, -en> = *Gaszähler;* **'Gas·waa·ge** <f.; -, -n; Phys.> *Messgerät zur Bestimmung der Gasdichte;* **'Gas·werk** <n.; -(e)s,

-e>; **'Gas·zäh·ler** <m.; -s, -> *den Verbrauch eines Gasgerätes registrierendes Zählwerk*

Gate <[geit]; n.; -s, -s> 1 *auf Flughäfen> Ankunfts-, Abflugstor* 2 *Elektrode eines Transistors* [engl.]; **'Gate·way** <[-wei]; n.; -s, -s; EDV> *Verbindungsstelle zw. mehreren Computernetzwerken*

Gatt <n.; -s, -s od. -e; Seemannsspr.> 1 *Schiffsheck; Spitz~* 2 *Loch zum Wasserabfluss* 3 *enge Durchfahrt;* Katte~

GATT <Abk. für engl.> *General Agreement on Tariffs and Trade*

'Gat·te <m.; -n, -n; geh.> *Ehemann;* **'Gat·ten·mord** <m.; -(e)s, -e; geh.>

'Gat·ter <n.; -s, -> *Gitter, (Holz-) Zaun;* **'Gat·ter·sä·ge** <f.; -, -n> *eine Holzbearbeitungsmaschine;* **gat'tie·ren** <V. t.; Gießerei, Spinnerei> *Ausgangsstoffe fachgemäß mischen*

'Gat·tin <f.; -, -n·nen; geh.> *Ehefrau;* **'Gat·tung** <f.; -, -en> *Gruppe von Lebewesen od. Dingen, die in wesentlichen Eigenschaften od. Merkmalen übereinstimmen;* Tier~; **'Gat·tungs·be·griff** <m.; -(e)s, -e>; **'Gat·tungs·na·me** <m.; -ns, -n> *Wort, das die Gesamtheit gleichartiger Lebewesen od. Dinge u. zugleich jedes einzelne L. od. D. bezeichnet, z. B. "Mensch"*

Gau <m.; -(e)s, -e>, **Gäu** <n.; -(e)s, -e; süddt.; schweiz.> *Bezirk, Landschaft*

GAU <m.; -s, -s; Abk. für> *größter anzunehmender Unfall (z. B. in einem Atomkraftwerk)*

'Gau·be <f.; -, -n; Arch.> = *Gaupe* **'Gau·cho** <[-tʃo]; m.; -s, -s> *berittener Viehhirt in Südamerika* [span.]

Gau·de'a·mus 'i·gi·tur! *Drum lasst uns fröhlich sein! (Beginn eines alten student. Trinkliedes)* [lat.]; **'Gau·di** <n.; -s; unz. od. (süddt.; österr. nur) f.; -; unz.; umg.> *Spaß, Vergnügen;* **'Gau·di·um** <n.; -s; unz.> *Spaß*

Gau·fra·ge, <auch> **Gauf·ra·ge** <[goˈfraːʒə]; f.; -, -n; ↗Z53> *geprägte Musterung* [frz.]; **gau·'frie·ren** <V. t.>

Gau·ke·lei <f.; -, -en>; **'gau·kel·haft** <Adj.>; **'gau·keln** <V. i.; ich

gauk(e)le **1** *flattern* **2** *etwas vortäuschen*; **'Gauk·ler** <m.; -s, -> **1** *Zauberkünstler, Taschenspieler* **2** <Zool.> *afrikan. Greifvogel*; **'Gauk·le·rin** <f.; -, -n·nen>; **'Gauk·ler·trup·pe** <f.; -, -n>

Gaul <m.; -(e)s, ⸚e; abwertend> *(altes) Pferd*; Acker~

'Gau·lei·ter <m.; -s, -; 1933–45>

Gaul'lis·mus <[go-]; m.; -; unz.> *polit. Bewegung in Frankreich* [nach dem frz. Präsidenten Charles de *Gaulle*]; **Gaul'list** <m.; -en, -en>; **Gaul'lis·tin** <f.; -, -n·nen>

Gault <[go:lt]; m.; -s; unz.> Geol.> *Stufe der Kreidezeit* [engl.]

'Gau·men <m.; -s, -> *Scheidewand zw. Mund- u. Nasenhöhle*; **'Gau·men·kit·zel** <m.; -s; unz.; umg.; scherzh.> *Leckerbissen*; **'Gau·men·laut** <m.; -(e)s, -e; Phon.> *mit Zunge u. Gaumen gebildeter Laut*; **'Gau·men·se·gel** <n.; -s, -; Anat.> *hinterer Teil des Gaumens*; **'Gau·men·spal·te** <f.; -, -n; Med.> *Missbildung des Gaumens*; **'Gau·men·zäpf·chen** <n.; -s, -; Anat.>

'Gau·ner <m.; -s, -; abwertend> *Betrüger, gerissener Mensch*; **'Gau·ner·ban·de** <f.; -, -n>; **Gau·ne'rei** <f.; -, -en>; **'Gau·ne·rin** <f.; -, -n·nen; abwertend>; **'gau·ne·risch** <Adj.>; **'gau·nern** <V. i.; ich gaunere> *Betrügereien verüben*; **'Gau·ner·pack** <n.; -s; unz.; umg.; abwertend>; **'Gau·ner·spra·che** <f.; -; unz.>; **'Gau·ner·zin·ken** <m.; -s, -; früher> *Geheimzeichen (an Türen)*

'Gau·pe <f.; -, -n; Arch.> *Dachvorsprung mit Fenster*

Gauß <n.; -; unz.; Zeichen: G> *(durch Tesla ersetzte) veralt. Maßeinheit der magnet. Induktion* [nach dem dt. Mathematiker C. F. *Gauß*]

'Gautsch·brief <m.; -(e)s, -e> *schriftl. Bestätigung für erfolgtes Gautschen(3)*; **'Gaut·sche** <f.; -, -n> **1** <süddt.> *Schaukel* **2** <Papierherstellung> *Walzenmaschine*; **'gaut·schen** <V. t.; du gautschst> **1** <süddt.> *schaukeln, wiegen* **2** <Papierherstellung> *die nasse Papierbahn mit Walzen auspressen* **3**

einen Lehrling ~ *in eine Bütte mit Wasser tauchen u. damit in die Zunft aufnehmen (alter Drucker- u. Setzerbrauch)*; **'Gaut·scher** <m.; -s, ->

Ga·vot·te <[-'vɔtə]; f.; -, -n; 17./18. Jh.> **1** *heiterer Tanz* **2** <Mus.> *Satz der Suite* [frz.]

gay <[geɪ]; Adj.; umg.> *homosexuell*; Ggs *straight* [engl.]; **Gay** <m.; -s, -s; umg.> *Homosexueller*

Ga·ze <[ˈga:zə]; f.; -; unz.> **1** *durchsichtiges Gewebe* **2** *Verbandsmull*

Ga'zel·le <f.; -, -n; Zool.> *eine Antilopenart* [arab.-ital.]

Ga'zet·te <a. [-ˈzɛtə]; f.; -, -n; veralt.> *Zeitung* [frz.]

Gaz·pa·cho <[gasˈpatʃo]; m.; -s, -s; span. Kochk.> *kalte Gemüsesuppe* [span.]

GBl. <Abk. für> *Gesetzblatt*

Gbyte <EDV; Zeichen für> *Gigabyte*

Gd <Chem.; Zeichen für> *Gadolinium*

'G-Dur <a. [-'-]; n.; -; unz.; Mus.; Abk.: G> *auf dem Grundton G beruhende Tonart*; **'G-Dur-Drei·klang** <m.; -(e)s, ⸚e; Mus.>; **'G-Dur-Ton·lei·ter** <f.; -, -n; Mus.>

Ge <Chem.; Zeichen für> *Germanium*

ge... <Vors.> **1** <vor Verben> *Eintritt od. Abschluss einer Handlung bezeichnend, oft a. nur verstärkend, z. B. genesen, getrauen* **2** <vor Adj.> *Eigenart des dazugehörigen Substantivs od. Verbs bezeichnend, z. B. gewitzt, gekonnt*

Ge... <Vors.; vor Substantiven> **1** *das Zusammengehörige bezeichnend, z. B. Geäst* **2** *häufige Wiederholung einer Tätigkeit bezeichnend, z. B. Gejammer*

Ge'äch·te·te(r) <f. 2 (m. 1)>

Ge'äch·ze <n.; -s; unz.>

Ge'ä·der <n.; -s; unz.> *Muster, Netz aus Adern*

ge'ar·tet <Adj.> *von einer best. Eigenart*; *ganz unterschiedlich ~e Geschwister*

Ge'ä·se <n.; -s, -> *Äsung*

Ge'äst <n.; -(e)s; unz.> *Astwerk*

geb. <Abk. für> **1** *geboren(e)*; *Frau Müller(,) geb. Maier mit Mädchenname M.* **2** *gebunden (bei Büchern)*

Ge'bab·bel <n.; -s; unz.; hess.> *Geplapper*

Ge'bäck <n.; -(e)s, -e; Pl. selten> *(kleines) Backwerk*

Ge'bälk <n.; -(e)s; unz.; Arch.> *Gesamtheit der Balken einer Decken- od. Dachkonstruktion*

Ge'bän·de <n.; -s, -; MA> *Kopftracht für Frauen u. Mädchen*; oV *Gebende*

Ge'bär·de <f.; -, -n> *Geste*; **ge'bär·den** <V. refl.> *sich ~ sich benehmen*; **Ge'bär·den·spiel** <n.; -(e)s, -e; Pl. selten>; **Ge'bär·den·spra·che** <f.; -, -n>

ge'ba·ren <V. refl.; veralt.> *sich gebärden*; **Ge'ba·ren** <n.; -s; unz.; meist abwertend> *ein seltsames ~*

ge'bä·ren <V. t. 142> *zur Welt bringen*; *sie ist/wurde am 22. November 1985 geboren*; **ge'bär·fä·hig** <Adj.>; **ge'bär·freu·dig** <Adj.>; **Ge'bär·mut·ter** <f.; -, ⸚; Anat.> *Teil der weibl. Geschlechtsorgane*; Sy *Uterus*; **Ge'bär·mut·ter·spie·gel** <m.; -s, -; Med.>; **Ge'bär·mut·ter·vor·fall** <m.; -(e)s, ⸚e; Med.>

ge'bauch·kit·zelt, ge'bauch·pin·selt <umg.; scherzh.; Part. Perf. zweier nicht üblicher Verben> *sich ~ fühlen geehrt, geschmeichelt*; **ge'baucht** <Adj.> *bauchig*

Ge'bäu·de <n.; -s, -> *größeres Bauwerk*; **Ge'bäu·de·kom·plex**, <auch> **Ge'bäu·de·komp·lex** <m.; -es, -e; ⤢Z53>; **Ge'bäu·de·teil** <m.; -(e)s, -e>

'ge·be·freu·dig <Adj.> *freigebig*

Ge'bein <n.; -(e)s, -e; meist Pl.; geh.> *Knochen, Skelett eines Toten*

Ge'bell <n.; -s; unz.> → *bellen*

'ge·ben <V. 143> **1** <V. t.> *schenken, überlassen, (hin)reichen*; *Geben ist seliger denn Nehmen/<auch> ~ ist seliger denn nehmen* **2** <V. t./V. refl.> *als Funktionsverb> *eine Antwort, einen Rat, ein Zeichen, sich Mühe ~*; *ein Konzert ~ veranstalten*; *dem hast du's gegeben!* <umg.> **3** <V. refl.> *sich ~ sich verhalten, benehmen*; *das gibt sich das lässt nach* **4** <V. t.> *vorhanden sein*; *es gibt keine Karten mehr*; *das gibt es nicht!*

Ge'ben·de <n.; -s, -> = *Gebände*

G

Ge·be·ne'dei·te <f. 2; unz.> *Gottesmutter*

'Ge·ber <m.; -s, ->; **'Ge·be·rin** <f.; -, -n·nen>; **'Ge·ber·lau·ne** <f.; -; unz.> in ~ sein *freigebig*

Ge'bet <n.; -(e)s, -e> *eine an Gott gerichtete Äußerung (Bitte, Dank)*; Abend~; **Ge'bet·buch** <n.; -(e)s, ̈er>; **Ge'bets·müh·le** <f.; -, -n; Lamaismus> *drehbares Gerät mit auf Papierstreifen geschriebenen Gebeten*; **Ge'bets·ni·sche** <f.; -, -n; in der Moschee>; **Ge'bets·rie·men** <m.; -s, -; Judentum>; **Ge'bets·tep·pich** <m.; -(e)s, -e; Islam>

Ge'bet·tel <n.; -s; unz.; umg.> *ständiges Betteln*

Ge'biet <n.; -(e)s, -e> 1 *Teil einer Landschaft*; Naturschutz~; Ruhr~ 2 *Hoheitsbereich (eines Staates)* 3 <fig.> *Sachbereich*; **ge'bie·ten** <V. 110; geh.> 1 <V. t.> *befehlen*; Einhalt ~ 2 <V. i.> *über etwas ~ herrschen* 3 <V. t.> *hier ist Vorsicht geboten angebracht*; **Ge'bie·ter** <m.; -s, ->; **Ge'bie·te·rin** <f.; -, -n·nen>; **ge'bie·te·risch** <Adj.> *herrisch*; **Ge'biets·an·spruch** <m.; -(e)s, ̈e>; **Ge'biets·kör·per·schaft** <f.; -, -en; Rechtsw.>; **Ge'biets·re·form** <f.; -, -en>; **ge'biets·wei·se** <Adj.; meist adv.> ~ Regen

Ge'bild·brot <n.; -(e)s, -e> *zu symbol. Figuren geformtes Gebäck*; **Ge'bil·de** <n.; -s, -> *in best. Weise Geformtes*; **ge'bil·det** <Adj.; ⭨Z28.1> *kultiviert*

Ge'bim·mel <n.; -s; unz.; umg.> → *bimmeln*

Ge'bin·de <n.; -s, -> 1 *Zusammengebundenes*; Blumen~ 2 *größeres Fass*; Wein in ~n verkaufen

Ge'bir·ge <n.; -s, -> *zusammenhängende Gruppe von Bergen*; Hoch~; Mittel~; **ge'bir·gig** <Adj.>; **Ge'birg·ler** <m.; -s, -> *Gebirgsbewohner*; **Ge'birg·le·rin** <f.; -, -n·nen>; **Ge'birgs·bach** <m.; -(e)s, ̈e>; **Ge'birgs·jä·ger** <m.; -s, -; Mil.>; **Ge'birgs·ket·te** <f.; -, -n>; **Ge'birgs·stock** <m.; -(e)s, ̈e> *Bergmassiv*; **Ge'birgs·zug** <m.; -(e)s, ̈e>

Ge'biss <n.; -es, -e> 1 *Gesamt-* *heit der Zähne* 2 *vollständiger Zahnersatz, Prothese*

Ge'blä·se <n.; -s, -> *Gerät zum Erzeugen eines Luftstroms*

Ge'blök, Ge'blö·ke <n.; -s; unz.> → *blöken*

ge'blümt <Adj.> *mit Blumenmuster verziert*

Ge'blüt <n.; -(e)s; unz.; geh.> *Herkunft*; von edlem ~

ge'bo·ren <Adj.; ⭨Z28.1> 1 *gebürtig*; er ist ~er Münchner; <Abk.: geb.> Frau Müller(,) ~e Maier; sie ist eine ~e Maier *ihr Mädchenname ist M.* 2 *von Natur aus begabt*; er ist der ~e Erzähler

ge'bor·gen <Adj.; ⭨Z28.1> *sicher, gut aufgehoben*; sich ~ fühlen; **Ge'bor·gen·heit** <f.; -; unz.>

Ge'bot <n.; -(e)s, -e> 1 *(moralisches) Grundgesetz*; ein ~ der Nächstenliebe; die Zehn ~e <bibl.> 2 *Befehl* 3 *Angebot bei Versteigerungen*; das erste, zweite ~ 4 jmdm. zu ~ stehen *zur Verfügung*; **Ge'bots·schild** <n.; -(e)s, -er; Verkehrsw.>

Gebr. <Abk. für> *Gebrüder*

Ge'bräch <n.; -(e)s, -e>, **Ge'brä·che** <n.; -s, -> 1 <Bgb.> *mürbes Gestein* 2 <Jägerspr.> *von Wildschweinen mit dem Rüssel aufgewühlter Boden*

ge'brand·markt <Adj.; fig.> *öffentlich bloßgestellt*

Ge'bräu <n.; -(e)s, -e; abwertend> *minderwertiges Getränk*

Ge'brauch <m.; -(e)s, ̈e> 1 <unz.> *Benutzung, Anwendung*; in ~ sein; von etwas ~ machen; Sprach~ 2 <nur Pl.> *Gebräuche Sitten*; **ge'brau·chen** <V. t.> *benutzen, verwenden*; **ge'bräuch·lich** <Adj.> *allgemein üblich*; **Ge'brauchs·an·wei·sung** <f.; -, -en>; **ge'brauchs·fä·hig** <Adj.>; **ge'brauchs·fer·tig** <Adj.>; **Ge'brauchs·ge·gen·stand** <m.; -(e)s, ̈e>; **Ge'brauchs·gra·fik, Ge'brauchs·gra·phik** <f.; -; unz.; ⭨Z11.3>; **Ge'brauchs·gut** <n.; -(e)s, ̈er; meist Pl.> *Gebrauchsgegenstände*; **Ge'brauchs·li·te·ra·tur** <f.; -; unz.>; **Ge'brauchs·mus·ter** <n.; -s, -> *Schutzrecht für kleinere, nicht patentfähige Erfindung*; **Ge'brauchs·wert** <m.;

-(e)s; unz.>; **Ge'braucht·wa·gen** <m.; -s, -; Kfz>

Ge'braus <n.; -es; unz.; poet.>, **Ge'brau·se** <n.; -s; unz.> → *brausen*

Ge'brech <n.; -(e)s, -e>, **Ge'bre·che** <n.; -s, -> = *Gebräch(e)*; **ge'bre·chen** <V. i. 116; geh.; unpersönl.> *fehlen, mangeln*; es gebricht jmdm. an etwas; **Ge'bre·chen** <n.; -s, -; geh.> *körperl. Schaden*; **ge'brech·lich** <Adj.> *hinfällig, kränklich*; **Ge'brech·lich·keit** <f.; -; unz.>; **ge'bro·chen** <Adj.; ⭨Z28.1; fig.> 1 er spricht nur ~ Deutsch *stockend u. fehlerhaft*; er spricht ~es Deutsch 2 er ist ein ~er Mann <fig.>

Ge'brü·der <Pl.; Abk.: Gebr.> *in einer gemeinsamen Aktion, Firma usw. tätige Brüder*; ~ Asam

Ge'brüll <n.; -s; unz.> → *brüllen*

Ge'brumm <n.; -s; unz.> → *brummen*

Ge'bühr <f.; -, -en> 1 *Abgabe, Entgelt*; Telefon~ 2 <unz.> *Angemessenheit*; jmdn. über ~ beanspruchen; **ge'büh·ren** <V.> 1 <V. i.> *etwas gebührt jmdm. steht jmdm. zu* 2 <V. refl.; unpersönl.> *es gebührt sich es gehört sich*; **ge'büh·rend** <Adj.; ⭨Z28.1> jmdm. den ~en Respekt entgegenbringen; **Ge'büh·ren·ein·heit** <f.; -, -en>; **Ge·büh·ren·ein·zugs·zen·tra·le**, <auch> **Ge·büh·ren·ein·zugs·zent·ra·le** <f.; -, -; unz.; ⭨Z53; Abk. GEZ>; **ge'büh·ren·frei** <Adj.>; **Ge'büh·ren·ord·nung** <f.; -, -en>; **ge'büh·ren·pflich·tig** <Adj.>; **Ge'büh·ren·zäh·ler** <m.; -s, ->; **ge'bühr·lich** <Adj.; veralt.>

Ge'bum·se <n.; -s; unz.; umg.> → *bumsen*

Ge'bund <n.; -(e)s; unz.; umg.> *Bündel*; **ge'bun·den** <Adj.; ⭨Z28.1> 1 <Abk.: geb.> *(bei Büchern)* 2 <Sprachw.> ~e Rede *Versform*; **Ge'bun·den·heit** <f.; -; unz.>

Ge'burt <f.; -, -en> 1 *Entbindung* 2 das war eine schwierige ~ <fig.; umg.>; **Ge'bur·ten·be·schrän·kung** <f.; -, -en>; **Ge'bur·ten·häu·fig·keit** <f.; -; unz.>; **Ge'bur·ten·kon·trol·le**, <auch> **Ge'bur·ten·kont·rol·le**

<f.; -; unz.; ↗Z53>; **Ge'bur·ten·re·ge·lung** <f.; -, -en>; **Ge'bur·ten·rück·gang** <m.; -(e)s, ⸚e>; **ge·bur·ten·schwach** <Adj.> ein ~er Jahrgang; Ggs geburtenstark; **ge'bur·ten·stark** <Adj.> Ggs geburtenschwach; **Ge'bur·ten·ü·ber·schuss** <m.; -es, ⸚e; ↗Z55>; **Ge'bur·ten·zahl** <f.; -, -en>; **Ge'bur·ten·zif·fer** <f.; -, -n> Zahl der jährl. Geburten (auf 1000 Einwohner); Ggs Sterblichkeitsziffer; **Ge'bur·ten·zu·wachs** <[-ks]; m.; -es; unz.>; **ge'bür·tig** <Adj.> er ist ~er Schweizer; er ist aus der Schweiz ~; **Ge'burts·a·del** <m.; -s; unz.; ↗Z55> Ggs Verdienstadel; **Ge'burts·an·zei·ge** <f.; -, -n>; **Ge'burts·da·tum** <n.; -s, -da·ten>; **Ge'burts·haus** <n.; -es, ⸚er> Goethes ~; **Ge'burts·hel·fer** <m.; -s, ->; **Ge'burts·hel·fe·rin** <f.; -, -n·nen> Hebamme; **Ge'burts·hil·fe** <f.; -; unz.>; **Ge'burts·jahr** <n.; -(e)s, -e>; **Ge'burts·land** <n.; -(e)s, ⸚er>; **Ge'burts·na·me** <m.; -ns, -n>; **Ge'burts·ort** <m.; -(e)s, -e>; **Ge'burts·tag** <m.; -(e)s, -e>; **Ge'burts·tags·fei·er** <f.; -, -n>; **Ge'burts·tags·kind** <n.; -(e)s, -er>; **Ge'burts·tags·tor·te** <f.; -, -n>; **Ge'burts·ur·kun·de** <f.; -, -n>; **Ge'burts·vor·be·rei·tung** <f.; -, -en>

Ge'büsch <n.; -(e)s, -e> Dickicht
ge·chintzt <[gə't∫inst]; Adj.; ↗Z28.1> eine ~e Bluse; → a. Chintz

geck <Adj.; nordwestdt.; meist präd.> närrisch, verrückt; du bist wohl ~?; **Geck** <m.; -en, -en> Modenarr, eitler Mensch; **'ge·cken·haft** <Adj.>; **'Ge·cken·haf·tig·keit** <f.; -; unz.>

'Ge·cko <m.; -s, -s od. -'cko·nen; Zool.> eine Echsenart [malai.]

Ge'dächt·nis <n.; -ses, -s·se> Merkfähigkeit, Erinnerung; **Ge'dächt·nis·fei·er** <f.; -, -n> Gedenkfeier; **Ge'dächt·nis·hil·fe** <f.; -, -n>; **Ge'dächt·nis·lü·cke** <f.; -, -n>; **Ge'dächt·nis·schwä·che** <f.; -; unz.>; **Ge'dächt·nis·schwund** <m.; -(e)s; unz.>; **Ge'dächt·nis·stö·rung** <f.; -, -en>; **Ge'dächt·nis·stüt·ze** <f.; -, -n> Gedächtnishilfe

Gedankenstrich: Der G. ist ein ↗Satzzeichen, das meistens aus stilistischen Gründen zur grafischen Kennzeichnung von Einschüben, Pausen o. Ä. verwendet wird. In der Regel können anstelle von G. auch Kommas oder Klammern gesetzt werden.

Der G. zeigt

a) eine **Pause** an: Alles Flehen war vergebens, er verließ Haus und Hof. – Seine Spuren verloren sich in Australien.

b) einen **Sprecherwechsel** an: „Du bestehst darauf?" – „Warum sollten wir es nicht wagen?"

c) einen **Themawechsel** zwischen Sätzen an: Der Schulelternbeirat beschloss die Anschaffung zusätzlicher Sportgeräte. – Einige Elternvertreter beklagten den schlechten Zustand der Pausenhalle.

d) den Eintritt von etwas Unerwartetem an: Sie war überrascht – ihr Gesuch war erhört worden. Es ist unglaublich – 20.000 Euro in bar! Stille – plötzlich ein lautes Krachen! Anstelle des G. kann hier auch ein ↗Doppelpunkt gesetzt werden, z. B. Sie war überrascht: Ihr Gesuch war erhört worden. Es ist unglaublich: 20.000 Euro in bar! Stille: plötzlich ein lautes Krachen!

e) als doppelter G. **Einschaltungen** an. Ausrufe- oder Fragezeichen stehen bei der Einschaltung; vor dem zweiten G. wird grundsätzlich kein Punkt oder Komma gesetzt: Es war aussichtslos – warum hatte sie das getan? – ihr in dieser Situation zu helfen. Wir waren alle entsetzt – wir erfuhren es von unserer früheren Nachbarin –, dass unser altes Haus niedergebrannt war.

f) **Auslassungen** an: Er hat alles genauestens berichtet, und – ? Na, dabei wird man ja – !

ge'dackt <Adj.; Orgelbau> oben verschlossen; ~e Pfeifen
Ge'dan·ke <m.; -ns, -n> 1 das, was gedacht wird od. wurde; in ~n sein geistesabwesend 2 Idee, Plan; sich mit einem ~n tragen; **Ge'dan·ken** <m.; -s, -; selten für> Gedanke; **Ge'dan·ken·ar·beit** <f.; -; unz.>; **Ge'dan·ken·aus·tausch** <m.; -(e)s; unz.>; **Ge'dan·ken·frei·heit** <f.; -; unz.>; **Ge'dan·ken·gang** <m.; -(e)s, ⸚e>; **Ge'dan·ken·gut** <n.; -(e)s; unz.> Denkweise; **Ge'dan·ken·le·sen** <n.; -s; unz.>; **ge·'dan·ken·los** <Adj.> 1 unüberlegt 2 zerstreut; **Ge'dan·ken·lo·sig·keit** <f.; -; unz.>; **Ge'dan·ken·sprung** <m.; -(e)s, ⸚e>; **Ge·'dan·ken·strich** <m.; -(e)s, -e; Zeichen: –> unterbrechendes Satzzeichen; → a. Kasten; **Ge'dan·ken·ü·ber·tra·gung** <f.; -, -en; Pl. selten; ↗Z55>; **Ge'dan·ken·ver·bin·dung** <f.; -, -en>; **ge'dan·ken·ver·lo·ren** <Adj.> geistesabwesend; **ge'dan·ken·voll** <Adj.>; **Ge'dan·ken·welt** <f.; -; unz.>

ge'dank·lich <Adj.> eine ~e Leistung
Ge'därm <n.; -(e)s, -e> Eingeweide
Ge'deck <n.; -(e)s, -e> 1 Geschirr u. Besteck für die Mahlzeit einer Person 2 feste Speisenfolge im Restaurant
Ge'deih <nur in der Wendung> auf ~ u. Verderb bedingungslos; **ge'dei·hen** <V. i. (s.) 144> sich gut entwickeln; **ge'deih·lich** <Adj.> ~e Zusammenarbeit
Ge'denk·aus·ga·be <f.; -, -n>; **Ge'denk·buch** <n.; -(e)s, ⸚er>; **ge·'den·ken** <V. 119> 1 jmds. od. einer Sache ~ <geh.> 2 etwas zu tun ~ beabsichtigen; **Ge'denk·fei·er** <f.; -, -n>; **Ge'denk·mi·nu·te** <f.; -, -n>; **Ge'denk·mün·ze** <f.; -, -n>; **Ge'denk·stät·te** <f.; -, -n>; **Ge'denk·stein** <m.; -(e)s, -e>; **Ge'denk·stun·de** <f.; -, -n>; **Ge'denk·ta·fel** <f.; -, -n>; **Ge'denk·tag** <m.; -(e)s, -e>
Ge'dicht <n.; -(e)s, -e> Sprachkunstwerk in (gereimten) Versen; der Kuchen ist ein ~! <fig.>; **Ge'dicht·form** <f.; -, -en> in ~;

G

G

Ge'dicht·in·ter·pre·ta·ti·on <f.; -, -en>

ge'die·gen <Adj.> 1 *solide (gearbeitet), fundiert* 2 *rein, unvermischt;* ~es Gold 3 <umg.> *wunderlich; das ist ja ~!;* **Ge'die·gen·heit** <f.; -; unz.>

ge'dient <Adj.> ein ~er Soldat

Ge'din·ge <n.; -s, -; Bgb.> *Akkordlohn;* **Ge'din·ge·ar·beit** <f.; -; unz.; Bgb.>

Ge'döns <n.; -; unz.; norddt.> *Getue, Aufhebens*

Ge'drän·ge <n.; -s; unz.>; **Ge'drän·gel** <n.; -s; unz.; umg.>; **ge'drängt** <Adj.; ✐Z28.1> in ~er Form *verkürzt;* **Ge'drängt·heit** <f.; -; unz.>

Ge'dröhn, Ge'dröh·ne <n.; -s; unz.> → *dröhnen*

ge'drückt <Adj.> *niedergeschlagen;* in ~er Stimmung sein; **Ge'drückt·heit** <f.; -; unz.>

ge'drun·gen <Adj.> *untersetzt, klein u. stämmig,* **Ge'drun·gen·heit** <f.; -; unz.>

Ge'du·del <n.; -s; unz.; umg.> *als lästig empfundene Musik*

Ge'duld <f.; -; unz.> *Langmut, Bereitschaft zu warten;* **ge'dul·den** <V. refl.> sich ~; **ge'dul·dig** <Adj.>; *jmds.* ~ *reißt;* ~ *nur in der Wendung> jmdm. reißt der* ~ *jmd. verliert die Geduld;* **Ge'dulds·pro·be** <f., -n>; **Ge'dulds·spiel** <n.; -(e)s, -e>

ge'dun·gen <Adj.; ✐Z28.1> ein ~er Mörder *bezahlter M.;* → a. *dingen*

ge'dun·sen <Adj.> *aufgequollen;* **Ge'dun·sen·heit** <f.; -; unz.>

ge'eig·net <Adj.; ✐Z28.1> *passend*

Geest <f.; -, -en>, **'Geest·land** <n.; -(e)s; unz.; Geogr.> *hoch gelegenes, trockenes Küstenland*

gef. <Abk. für> *gefallen²*

Ge'fach <n.; -(e)s, ¨er> *Gefüge von Fächern*

Ge'fahr <f.; -, -en> *drohendes Unheil;* ~ *laufen; auf eigene* ~; eine ~ *bringende;* <auch> gefahrbringende Aktion; <✐Z29; bei Steigerung u. mit Attribut nur Zusammenschreibung> sehr, äußerst gefahrbringend; **ge'fähr·den** <V. t./V. refl.> *aufs Spiel setzen;* **Ge'fah·ren·be·reich** <m.; -(e)s, -e>; **Ge'fah·ren·herd**

<m.; -(e)s, -e; fig.>; **Ge'fah·ren·klas·se** <f.; -, -n> = *Gefahrklasse;* **Ge'fah·ren·quel·le** <f.; -, -n>; **Ge'fah·ren·zo·ne** <f.; -, -n>; **Ge'fah·ren·zu·la·ge** <f.; -, -n> *Zusatzentlohnung bei bes. gefährlicher Arbeit;* **Ge'fahr·klas·se** <f.; -, -n> *Einstufung des Transportgutes nach dem Grad der Gefährlichkeit* <Adj.> **ge'fähr·lich** <Adj.>; **Ge'fähr·lich·keit** <f.; -; unz.>; **ge'fahr·los** <Adj.>; **Ge'fahr·lo·sig·keit** <f.; -; unz.>

Ge'fährt <n.; -(e)s, -e; geh.> *Fahrzeug;* **Ge'fähr·te** <m.; -n, -n> *Begleiter, Kamerad;* Lebens~; **Ge'fähr·tin** <f.; -, -nnen>

ge'fahr·voll <Adj.>

Ge'fäl·le <n.; -s, -> *(Grad der) Abschüssigkeit, Neigung;* Ggs *Steigung(1)*

ge'fal·len¹ <V. i. 131> 1 das gefällt mir *das sagt mir zu* 2 sich etwas ~ lassen *etwas widerspruchslos hinnehmen*

ge'fal·len² <Adj.; Abk.> gef.> *an der Front ums Leben gekommen*

Ge'fal·len¹ <m.; -s, -> *Gefälligkeit, Freundschaftsdienst;* jmdm. einen ~ tun; **Ge'fal·len²** <n.; -s; unz.> *Freude;* ~ an etwas finden

Ge'fal·le·ne(r) <m. 1>; **Ge'fal·le·nen·denk·mal** <n.; -(e)s, ¨er od. -e>

ge'fäl·lig <Adj.> 1 *hilfsbereit* 2 *ansprechend;* eine ~e Form; **Ge'fäl·lig·keit** <f.; -, -en>; **ge'fäl·ligst** <Adv.; umg.> benimm dich ~!

ge'fan·gen <Adj.; ✐Z28.1> *in den Bann gezogen;* er war von ihr ganz ~; jmdn. ~ halten, nehmen, setzen *jmdn. der Freiheit berauben;* er wurde ~ genommen; es gibt keinen Grund, ihn ~ zu setzen; **Ge'fan·ge·ne(r)** <f. 2 (m. 1)>; **Ge'fan·ge·nen·be·frei·ung** <f.; -, -en>; **Ge'fan·ge·nen·la·ger** <n.; -s, ->; **Ge'fan·ge·nen·wär·ter** <m.; -s, ->; **Ge'fan·ge·nen·wär·te·rin** <f.; -, -nnen>; **Ge'fan·gen·nah·me** <f.; -; unz.>; **Ge'fan·gen·schaft** <f.; -; unz.> in ~ geraten; **Ge'fäng·nis** <n.; -s·ses, -s·se; bis 1969 amtl. Bez. für> *Strafanstalt;* **Ge'fäng·nis·stra·fe** <f.; -, -n>; **Ge'fäng·nis·wär·ter** <m.;

-s, ->; **Ge'fäng·nis·wär·te·rin** <f.; -, -n·nen>

Ge'fa·sel <n.; -s; unz.> *zusammenhangloses Gerede*

Ge'fäß <n.; -es, -e> 1 *(Flüssigkeits-)Behälter* 2 <Anat.> *schmaler, den Körper durchziehender Kanal;* Blut~; Lymph~; **Ge'fäß·chir·ur·gie,** <auch> **Ge'fäß·chi·rur·gie** <[-çir-]; f.; -; unz.; ✐Z54; Med.>; **Ge'fäß·ent·zün·dung** <f.; -, -en; Med.>; **Ge'fäß·er·wei·te·rung** <f.; -, -en; Med.>; **Ge'fäß·nerv** <m.; -s od. (fachsprachl.) -en, -en; Med.>

Ge'fasst·heit <f.; -; unz.>

Ge'fäß·ver·en·gung <f.; -, -en; Med.>

Ge'fecht <n.; -(e)s, -e> *Kampf;* in der Hitze des ~s <fig.; umg.> *im Übereifer;* **ge'fechts·be·reit** <Adj.>; **ge'fechts·klar** <Adj.> *kampfbereit (Schiff);* **Ge'fechts·kopf** <m.; -(e)s, ¨e> *Vorderteil einer Granate od. Rakete mit Sprengladung u. Zünder;* **Ge'fechts·pau·se** <f.; -, -n>

Ge'fe·ge <n.; -s, -; Jägerspr.> *vom Geweih abgefegter Bast*

Ge'feil·sche <n.; -s; unz.; umg.; abwertend> → *feilschen*

ge'feit <Adj.; nur in der Wendung> gegen etwas ~ sein *geschützt, sicher;* → a. *feien*

Ge'fie·del <n.; -s; unz.; abwertend> *Geigenspiel*

Ge'fie·der <n.; -s, -> *Federkleid der Vögel;* **ge'fie·dert** <Adj.>

Ge'fil·de <n.; -s, -; poet.> *Landschaft, Gegend*

ge'fin·kelt <Adj.; österr.> *schlau, durchtrieben*

ge'fitzt <Adj.; schweiz.> *durchtrieben, aufgeweckt*

ge'flammt <Adj.> *flammenartig gemustert*

Ge'flat·ter <n.; -s; unz.> → *flattern*

Ge'flecht <n.; -(e)s, -e> *Flechtwerk*

ge'fleckt <Adj.> schwarz ~es Vieh

Ge'flim·mer <n.; -s; unz.> → *flimmern*

ge'flis·sent·lich <Adj.> 1 *absichtlich;* jmdn. ~ übersehen 2 <Amtsdt.; veralt.> *freundlich;* zur ~en Kenntnisnahme

Ge'flü·gel <n.; -s; unz.; Sammelbez. für> *Nutzvögel;* **Ge'flü·gel-**

farm <f.; -, -en> **Ge'flü·gel·hof** <m.; -(e)s, ⸚e> **Ge'flü·gel·pest** <f.; -; unz.; Vet.> *eine Viruserkrankung der Hühner;* **Ge'flü·gel·sche·re** <f.; -, -n>; **ge'flü·gelt** <Adj.> ein ⸚es Wort <fig.> *Redewendung, Zitat;* **Ge'flü·gel·zucht** <f.; -, -en; Pl. selten>

Ge'flun·ker <n.; -s; unz.; umg.> → *flunkern*

Ge'flüs·ter <n.; -s; unz.> → *flüstern*

Ge'fol·ge <n.; -s, -; Pl. selten> *Begleitung (einer hohen Persönlichkeit);* **Ge'folg·schaft** <f.; -; unz.; früher>; **Ge'folgs·mann** <m.; -(e)s, ⸚er od. -leu·te>

ge'fragt <Adj.; ↗Z28.1> *begehrt, beliebt;* ein ⸚er Artikel, Schauspieler

ge'frä·ßig <Adj.; umg.; abwertend>; **Ge'frä·ßig·keit** <f.; -; unz.>

Ge'frei·te(r) <m. 1; Mil.> *erster Beförderungsgrad*

Ge'frett <n.; -(e)s; unz.> = *Gfrett*

ge'frie·ren <V. i. (s. u. h.) 140> *zu Eis erstarren;* es hat heute Nacht gefroren; ich bin ganz steif gefroren <fig.>; **Ge'frier·fach** <n.; -(e)s, ⸚er; im Kühlschrank> **Ge'frier·fleisch** <n.; -(e)s; unz.>; **ge'frier·ge·trock·net** <Adj.>; **Ge'frier·ket·te** <f.; -; unz.> *von der Herstellung bis zur Verwendung durchgängig konstant gehaltene Kühlung von Tiefkühlprodukten;* **Ge'frier·punkt** <m.; -(e)s; unz.>; **Ge'frier·schrank** <m.; -(e)s, ⸚e>; **Ge'frier·schutz·mit·tel** <n.; -s, ->; **Ge'frier·trock·nung** <f.; -; unz.>; **Ge'frier·tru·he** <f.; -, -n>; **Ge'frier·ver·fah·ren** <n.; -s, ->

Ge'frieß <n.; -es, -e> = *Gfrieß*

Ge'fro·re·ne(s) <n. 3; süddt.; österr.> *Speiseeis*

Ge'fü·ge <n.; -s, -> *innerer Aufbau, Struktur;* Preis–; **ge'fü·gig** <Adj.> sich jmdn. ~ machen; **Ge'fü·gig·keit** <f.; -; unz.>

Ge'fühl <n.; -(e)s, -e> 1 <unz.> *Wahrnehmung;* Hunger~; Zeit– 2 <unz.> *Sicherheit im Umgang mit etwas;* Ball~; Sprach~ 3 *innere Regung, Empfindung;* Minderwertigkeits–e 4 <unz.> *Ahnung, Gespür;* das habe ich im ~; **ge'fühl·los** <Adj.>; **Ge'fühl·lo·sig·keit** <f.; -; unz.>; **ge·**

'fühls·be·tont <Adj.>; **Ge·fühls·du·se'lei** <f.; -; unz.; umg.> *Sentimentalität;* **Ge'fühls·ein·druck** <m.; -(e)s, ⸚e>; **ge'fühls·kalt** <Adj.>; **Ge'fühls·käl·te** <f.; -; unz.>; **ge'fühls·le·ben** <n.; -s; unz.>; **ge'fühls·mä·ßig** <Adj.> rein –; **Ge'fühls·mensch** <m.; -en, -en>; **Ge'fühls·re·gung** <f.; -, -en>; **Ge'fühls·sa·che** <f.; -, -n>; **Ge'fühls·wär·me** <f.; -; unz.>; **ge'fühl·voll** <Adj.>

ge'füh·rig <Adj.> ⸚er Schnee zum Skilaufen günstiger S.; **Ge'füh·rig·keit** <f.; -; unz.>

Ge'fum·mel <n.; -s; unz.; umg.> → *fummeln*

Ge'fun·kel <n.; -s; unz.> → *funkeln*

ge'fürs·tet <Adj.> *mit fürstlichen Rechten od. Titeln ausgestattet;* ⸚er Abt, Graf

Ga'ga·cker <n.; -s; unz.> → *gackern*

ge'ge·ben <Adj.; ↗Z28.1> 1 *vorhanden, bekannt;* im ~en Fall; aus ~em Anlass 2 *passend, geeignet;* zu ~er Zeit; das Gegebene ist ...; **ge'ge·be·nen·falls** <Adv.; Abk.: ggf.> *wenn es sich so ergibt;* **Ge'ge·ben·heit** <f.; -, -en>

'ge·gen..., Ge·gen... <Vors.; ↗Z22; in Zus.; mit Verben betont u. abtrennbar> 1 *in Opposition zu etwas stehend;* Gegendarstellung 2 *Bestehendes prüfend;* gegenrechnen; ich rechne gegen; sie hat gegengerechnet; gegenzurechnen 3 *erwidernd;* Gegenbesuch; **'ge·gen**[1] <Präp.; m. Akk.> 1 *feindlich gesinnt, bekämpfend;* ein Mittel – Husten 2 *in Richtung auf;* er fuhr ~ die Mauer 3 *verglichen mit;* ~ ihn ist sie klein; **'ge·gen**[2] <Adv.> *ungefähr;* er kommt ~ Abend; es waren ~ 50 Personen

'Ge·gen·an·ge·bot <n.; -(e)s, -e>

'Ge·gen·an·griff <m.; -(e)s, -e>

'Ge·gen·an·trag <m.; -(e)s, ⸚e>

'Ge·gen·an·zei·ge <f.; -, -n; Med.> *Gründe, die eine best. Behandlung ausschließen*

'Ge·gen·aus·sa·ge <f.; -, -n>

'Ge·gen·be·haup·tung <f.; -, -en>

'Ge·gen·be·such <m.; -(e)s, -e>

'Ge·gen·be·we·gung <f.; -, -en>

'Ge·gen·be·weis <m.; -es, -e>

'ge·gen·bu·chen <V. t.; ich buche gegen; sie hat gegengebucht; gegenzubuchen; doppelte Buchführung>; **'Ge·gen·bu·chung** <f.; -, -en>

'Ge·gend <f.; -, -en> *Gebiet, Landschaft*

'Ge·gen·dar·stel·lung <f.; -, -en; Presserecht>

'Ge·gen·dienst <m.; -(e)s, -e>

ge·gen·ein·an·der, gegen·ei'nan·der <Adv.; ↗Z54; in Verbindung mit Verben immer getrennt> ~ stoßen; wir stoßen ~; wir sind ~ gestoßen; ~ zu stoßen

'Ge·gen·er·klä·rung <f.; -, -en>

'Ge·gen·fahr·bahn <f.; -, -en>

'Ge·gen·fra·ge <f.; -, -n>

'Ge·gen·ge·wicht <n.; -(e)s, -e>

'Ge·gen·gift <n.; -(e)s, -e>

'Ge·gen·kan·di·dat <m.; -en, -en>; **'Ge·gen·kan·di·da·tin** <f.; -, -n·nen>

'Ge·gen·kla·ge <f.; -, -n>

'Ge·gen·kraft <f.; -, ⸚e>

'Ge·gen·kul·tur <f.; -, -en>

'ge·gen·läu·fig <Adj.> eine ⸚e Bewegung

'Ge·gen·leis·tung <f.; -, -en>

'ge·gen·len·ken <V. i.>

'ge·gen·le·sen <V. t. 179> *als Zweiter zur Kontrolle nochmal lesen*

'Ge·gen·licht <n.; -(e)s; unz.>; **'Ge·gen·licht·auf·nah·me** <f.; -, -n; Fot.>

'Ge·gen·lie·be <f.; -; unz.> der Vorschlag stößt nicht auf ~

'Ge·gen·maß·nah·me <f.; -, -n>

'Ge·gen·mei·nung <f.; -, -en>

'Ge·gen·mit·tel <n.; -s, ->

'Ge·gen·par·tei <f.; -, -en; Rechtsw.; Sp.; Spiel>

'Ge·gen·pol <m.; -(e)s, -e>

'Ge·gen·pro·be <f.; -, -n>

'Ge·gen·rech·nung <f.; -, -en>

'Ge·gen·re·de <f.; -, -n>

'Ge·gen·re·gie·rung <f.; -, -en>

'Ge·gen·re·vo·lu·ti·on <[-vo-] f.; -, -en>

'Ge·gen·satz <m.; -es, ⸚e> im ~ zu; → a. *Kasten Antonymie;* **'ge·gen·sätz·lich** <Adj.> *konträr, unvereinbar;* ~er Meinung sein; **'Ge·gen·sätz·lich·keit** <f.; -; unz.>

'Ge·gen·schlag <m.; -(e)s, ⸚e>

'Ge·gen·sei·tig <Adj.> *wechselseitig, beiderseitig;* in ~em Einvernehmen; **'Ge·gen·sei·tig·keit** <f.; -; unz.>

'Ge·gen·spie·ler <m.; -s, ->; **'Ge·gen·spie·le·rin** <f.; -, -n·nen>

'Ge·gen·spi·o·na·ge <[-ʒə]; f.; -; unz.>

'Ge·gen·sprech·an·la·ge <f.; -, -n> = Wechselsprechanlage

'Ge·gen·stand <m.; -(e)s, ⸚e> 1 Sache, Ding 2 Ziel, Thema; ~ des Gesprächs; **'ge·gen·stän·dig** <Adj.; Bot.> ~e Blätter einander gegenüberstehende B.; **'ge·gen·ständ·lich** <Adj.> dinglich, sachlich; ~e Malerei; **'Ge·gen·ständ·lich·keit** <f.; -; unz.>; **'Ge·gen·stand·punkt** <m.; -(e)s, -e>; **'ge·gen·stands·be·zo·gen** <Adj.>; **'ge·gen·stands·los** <Adj.> hinfällig, wertlos; **'Ge·gen·stands·lo·sig·keit** <f.; -; unz.>; **'Ge·gen·stands·wort** <n.; -(e)s, ⸚er; Gramm.> → a. Kasten Substantiv

'ge·gen|steu·ern <V. i.; ich steu(e)re gegen>

'Ge·gen·stim·me <f.; -, -n>; **'ge·gen·stim·mig** <Adj.; Mus.>

'Ge·gen·stoß <m.; -es, ⸚e>

'ge·gen·stro·mig, 'ge·gen·strö·mig <Adj.>; **'Ge·gen·strö·mung** <f.; -, -en>

'Ge·gen·stück <n.; -(e)s, -e> passende Entsprechung, Pendant

'Ge·gen·teil <n.; -(e)s, -e> im ~! es ist genau umgekehrt!; etwas ins ~ verkehren; **'ge·gen·tei·lig** <Adj.>

'Ge·gen·tor <n.; -(e)s, -e; Sp.>

'Ge·gen·tref·fer <m.; -s, -; Sp.>

ge·gen'ü·ber <Präp.; m. Dat.; ⤢Z.55> 1 auf der entgegengesetzten Seite; das Rathaus liegt ~ der Kirche/<od.> der Kirche ~; die Leute von ~ <umg.> 2 in Bezug auf jmdn. od. etwas; das ist ihm ~ nicht fair; **Ge·gen'ü·ber** <n.; -s, -s>; **ge·gen'ü·ber|lie·gen** <V. i. 180; es liegt gegenüber; es hat gegenübergelegen; gegenüberzuliegen>; **ge·gen'ü·ber|set·zen** <V. t./V. refl.> sich jmdm. ~; **ge·gen'ü·ber|sit·zen** <V. i. 246 (h. od. (süddt.; österr.; schweiz.) s.)>; **ge·gen'ü·ber|ste·hen** <V. i. 256>; **ge·gen'ü·ber|stel·len** <V. t.>; **Ge·gen'ü·ber|stel·lung** <f.; -, -en>; **ge·gen'ü·ber|tre·ten** <V. i. (s.) 268>

'Ge·gen·ver·kehr <m.; -(e)s; unz.>

'Ge·gen·vor·schlag <m.; -(e)s, ⸚e>

'Ge·gen·wart <f.; -; unz.> 1 Zeit, in der man gerade lebt 2 <Gramm.> → a. Kasten Präsens 3 Anwesenheit; in ~ des Arztes; **'ge·gen·wär·tig** <a. [--'--]; Adj.>; **'ge·gen·warts·be·zo·gen** <Adj.>; **'Ge·gen·warts·form** <f.; -; unz.; Gramm.> = Präsens; **'ge·gen·warts·nah, 'ge·gen·warts·na·he** <Adj.>; **'Ge·gen·warts·spra·che** <f.; -; unz.>

'Ge·gen·wehr <f.; -; unz.> Verteidigung, Widerstand

'Ge·gen·wert <m.; -(e)s, -e> etwas als ~ erhalten

'Ge·gen·wind <m.; -(e)s; unz.>

'Ge·gen·wir·kung <f.; -, -en>

'ge·gen|zeich·nen <V. t.> (zur Kontrolle) mitunterschreiben; **'Ge·gen·zeich·nung** <f.; -; unz.>

'Ge·gen·zug <m.; -(e)s, ⸚e> 1 <Eisenb.> Zug aus entgegengesetzter Richtung 2 <Brettspiel> gegnerische Aktion; im ~ <fig.> als Ausgleich

'Geg·ner <m.; -s, ->; **'Geg·ne·rin** <f.; -, -n·nen>; **'geg·ne·risch** <Adj.>; **'Geg·ner·schaft** <f.; -; unz.>

gegr. <Abk. für> gegründet

Ge'grin·se <n.; -s; unz.> → grinsen

Ge'grö·le <n.; -s; unz.> → grölen

Ge'grun·ze <n.; -s; unz.> → grunzen

geh. <Abk. für> 1 geheftet (Bücher) 2 gehoben (Stilebene)

Ge'ha·be <n.; -s; unz.> Getue, gespreiztes Benehmen; **ge'ha·ben** <V. refl.; veralt.> gehab dich wohl! leb wohl!; **Ge'ha·ben** <n.; -s; unz.>

Ge'hack·te(s) <n. 3> Hackfleisch

Ge'halt¹ <m.; -(e)s, -e> 1 gedanklicher Inhalt (eines Kunstwerkes) 2 Anteil (eines Stoffes in einer Mischung); Alkohol~; **Ge'halt²** <n.; -(e)s, ⸚er> Arbeitsvergütung für Beamte u. Angestellte; **ge'hal·ten** <Adj.; ⤢Z.28.1> ~ sein <geh.> verpflichtet sein; **ge'halt·los** <Adj.> inhaltsleer; **Ge'halt·lo·sig·keit** <f.; -; unz.>; **ge'halt·reich** <Adj.>; **Ge'halts·an·spruch** <m.; -(e)s, ⸚e>; **Ge'halts·emp·fän·ger** <m.; -s, ->; **Ge'halts·emp·fän·ge·rin** <f.; -, -n·nen>; **Ge'halts·er·hö·hung** <f.; -, -en>; **Ge'halts·for·de·rung** <f.; -, -en>; **Ge'halts·grup·pe, Ge'halts·stu·fe** <f.; -, -n>; **Ge'halts·vor·rü·ckung** <f.; -, -en; österr.> Gehaltserhöhung; **Ge'halts·zu·la·ge** <f.; -, -n> Gehaltserhöhung; **ge'halt·voll** <Adj.>

ge·han·di·kapt <[gə'hændikæpt]; Adj.> behindert, benachteiligt [engl.]

Ge'hän·ge <n.; -s, -> 1 Hirschfängerkoppel 2 hängender Schmuck 3 <Bgb.> Abhang

ge'har·nischt <Adj.> 1 gepanzert 2 <fig.> energisch, heftig

ge'harzt <Adj.> mit Harz versetzt; ~er Wein

ge'häs·sig <Adj.> hasserfüllt; **Ge'häs·sig·keit** <f.; -, -en>

Ge'häu·se <n.; -s, -> feste Hülle; Uhr~

ge'haut <Adj.; österr.; umg.> durchtrieben

'geh·be·hin·dert <Adj.>

Ge'heck <n.; -(e)s, -e; Jägerspr.> 1 die Brut bei Entenvögeln 2 die Jungen vom Raubwild

Ge'he·ge <n.; -s, -> (eingezäuntes) Revier; jmdm. ins ~ kommen <fig.> sich einmischen

ge'heim <Adj.> 1 <⤢Z.43> nicht für andere bestimmt, der öffentl. Kontrolle entzogen; ~e Wahl; im Geheimen; Geheimer Rat; Geheime Staatspolizei <1934–45; Abk.: Gestapo> 2 <⤢Z.24> Getrenntschreibung in Verbindung mit Verben> ~ bleiben, halten, tun; ich halte es ~; sie hat es ~ gehalten; ~ zu halten; **Ge'heim·a·gent** <m.; -en, -en; ⤢Z.55>; **Ge'heim·a·gen·tin** <f.; -, -n·nen>; **Ge'heim·bund** <m.; -(e)s, ⸚e>; **Ge'heim·dienst** <m.; -(e)s, -e>; **Ge'heim·fach** <n.; -(e)s, ⸚er>; **Ge'heim·hal·tung** <f.; -; unz.>; **Ge'heim·leh·re** <f.; -, -n>; **Ge'heim·mit·tel** <n.; -s, ->; **Ge'heim·nis** <n.; -s·ses, -s·se>; **Ge'heim·nis·krä·me·rei** <f.; -; unz.; umg.> geheimnisvolles Getue; **Ge'heim·nis·trä·ger** <m.; -s, ->; **Ge'heim·nis·trä·ge·rin** <f.; -, -n·nen>; **Ge·heim·nis·tu·e·rei** <f.; -; unz.; umg.>; **ge'heim·nis·voll** <Adj.>

1 *rätselhaft* 2 *ein Geheimnis an-deutend;* **Ge'heim·num·mer** <f.; -, -n>; **Ge'heim·po·li·zei** <f.; -; unz.>; **Ge'heim·rat** <m.; -(e)s, ⸚e; bis 1918 Titel für hohe Beamte>; **Ge'heim·rats·e·cken** <Pl.; ⤳ Z55; umg.; scherzh.> *hoher Haaransatz über den Schläfen;* **Ge'heim·schrift** <f.; -, -en>; **Ge'heim·sen·der** <m.; -s, ->; **Ge'heim·spra·che** <f.; -, -n>; **Ge'heim·tipp** <m.; -s, -s>; **Ge'heim·tür** <f.; -, -en>; **Ge'heim·waf·fe** <f.; -, -n>; **Ge'heim·zahl** <f.; -, -en; Bankw.>; **Ge'heim·zei·chen** <n.; -s, ->

Ge'heiß <n.; -es; unz.; geh.> *Anordnung, Befehl;* auf ~ des, von

ge'hemmt <Adj.; ⤳ Z28.1> *schüchtern*

'ge·hen <V. i. (s.) 145> 1 *sich (zu Fuß) fortbewegen;* es war ein reges Kommen u. Gehen *es herrschte lebhafter Betrieb* 2 *sich zu einem best. Zweck irgendwohin begeben;* ins Theater ~; in sich ~ <fig.> *(über sich) nachdenken* 3 <unpersönl.> *wie geht's?; es geht (so)* 4 <⤳ Z23; Getrenntschreibung in Verbindung mit Adj. od. Verben> lass es dir gut ~; sich ~ lassen *unbeherrscht, <auch> nachlässig sein;* sie lässt sich ~; sie hat sich ~ lassen/<selten> gelassen; sich ~ zu lassen; schlafen, schwimmen, tanzen ~; **'Ge·hen** <n.; -s; unz.> *eine Sportart;* er ist Weltmeister im ~

Ge'henk <n.; -(e)s, -e> *Gurt zum Befestigen einer Waffe*

Ge'hen·na <f.; -; unz.> *Hölle* [hebr.]

'Ge·her <m.; -s, -; Sp.>; **'Ge·he·rin** <f.; -, -nen>

ge'heu·er <Adj.; nur verneinend gebraucht> das ist mir nicht ~ *unheimlich, verdächtig*

Ge'heul <n.; -s; unz.> → *heulen*

'Geh·gips <m.; -es, -e; Med.> *das Gehen ermöglichender fester Verband;* **'Geh·hil·fe** <f.; -, -n>

Ge'hil·fe <m.; -n, -n> *Helfer, Geselle;* **Ge'hil·fen·brief** <m.; -(e)s, -e>; **Ge'hil·fen·schaft** <f.; -; unz.; Rechtsw.; schweiz.> *Beihilfe;* **Ge'hil·fin** <f.; -, -nnen>

Ge'hirn <n.; -(e)s, -e> *Schädelorgan mit den wichtigsten Steuerungszentren des Körpers;* oV

Hirn; **Ge'hirn·a·kro·ba·tik,** <auch> **Ge'hirn·ak·ro·ba·tik** <f.; -; unz.; ⤳ Z53; umg.; scherzh.> *anstrengende Geistesarbeit;* **Ge'hirn·blu·tung** <f.; -, -en; Med.>; **Ge'hirn·chir·ur·gie,** <auch> **Ge'hirn·chi·rur·gie** <[- çir-]; f.; -; unz.; ⤳ Z54; Med.>; **Ge'hirn·er·schüt·te·rung** <f.; -, -en; Med.>; **Ge'hirn·er·wei·chung** <f.; -, -en; Med.>; **Ge'hirn·haut** <f.; -, ⸚e; Anat.>; **Ge'hirn·haut·ent·zün·dung** <f.; -, -en; Med.> Sy *Meningitis;* **Ge'hirn·nerv** <m.; -s od. (fachsprachl.) -en, -en; Anat.>; **Ge'hirn·quet·schung** <f.; -, -en; Med.>; **Ge'hirn·schlag** <m.; -(e)s, ⸚e; Med.>; **Ge'hirn·schmalz** <n.; -es; unz.; umg.; scherzh.> *Denkvermögen;* **Ge'hirn·tu·mor** <m.; -(e)s, -en; Med.>; **Ge'hirn·wä·sche** <f.; -; unz.; fig.> *Foltermethode zur Brechung des Willens u. der Persönlichkeit;* **Ge'hirn·zel·le** <f.; -, -n; Anat.>

gehl <Adj.; veralt.> *gelb;* **'Gehl·chen** <n.; -s, -; Bot.; mdt.; norddt.> *Pfifferling*

ge'ho·ben <Adj.; ⤳ Z28.1> 1 *im Rang höher stehend;* ~er Dienst 2 *sich über das Alltägliche erhebend;* ~er Stimmung sein; ~e Sprache; ~e Ausstattung

Ge'höft <n.; -(e)s, -e> *Bauernhof*

Ge'hölz <n.; -es, -e> *Wäldchen*

Ge'hol·ze <n.; -s; unz.; Sp.; umg.; abwertend> *rücksichtsloses, schlechtes Spiel*

Ge'hör <n.; -(e)s; unz.> 1 *Fähigkeit zu hören;* das absolute ~ <Mus.> 2 *Aufmerksamkeit, Beachtung;* ich bitte um Ihr ~!; ~ finden; jmdm. ~ schenken; **Ge'hör·bil·dung** <f.; -; unz.; Mus.>

ge'hor·chen <V. i.> *jmds. Anordnungen befolgen*

ge'hö·ren <V.> 1 <V. i.> *jmds. Eigentum sein;* das Buch gehört mir 2 <V. i.> *Teil von etwas sein;* er gehört zu den besten Schülern; wir ~ zusammen 3 <V. i.> *für einen best. Platz bestimmt sein;* wohin ~ die Gläser? 4 <V. i.> *erforderlich sein;* dazu gehört Mut 5 <V. refl.> *das gehört sich nicht! das macht man nicht!;* **Ge'hör·feh·ler** <m.; -s, -; Med.>; **Ge'hör·gang** <m.; -(e)s, ⸚e; Anat.>; **ge'hö·rig** <Adj.> 1

das zu dem Hof ~e Vieh 2 *angemessen, gebührend;* jmdm. mit der ~en Achtung begegnen; jmdm. ~ die Meinung sagen <umg.>; **Ge'hör·knö·chel·chen** <Pl.; Anat.>; **ge'hör·los** <Adj.>; **Ge'hör·lo·sen·schu·le** <f.; -, -n>; **Ge'hör·lo·sen·spra·che** <f.; -; unz.>

Ge'hörn <n.; -(e)s, -e> *Geweih des Rehbocks*

Ge'hör·nerv <m.; -s od. (fachsprachl.) -en, -en; Anat.>

ge'hörnt <Adj.> *mit Hörnern versehen;* ~er Ehemann <fig.; umg.> *betrogener E.*

Ge'hör·or·gan <n.; -(e)s, -e>

ge'hor·sam <Adj.> *folgsam;* **Ge'hor·sam** <m.; -s; unz.>; **Ge'hor·sams·ver·wei·ge·rung** <f.; -; unz.; bes. Mil.>

Ge'hör·scha·den <m.; -s, ⸚>; **Ge'hör·sinn** <m.; -(e)s; unz.>

'Geh·re <f.; -, -n> 1 <Tech.> = *Gehrung* 2 = *Gehren;* **'geh·ren** <V. t.> *schräg abschneiden;* <aber> → *gären,* **'Geh·ren** <m.; -s, -> *Zwickel, Einsatz*

'Geh·rock <m.; -(e)s, ⸚e; früher> *knielange Männeroberbekleidung*

'Geh·rung <f.; -, -en> *schräger Zuschnitt von Brettern od. Leisten;* auf ~ sägen; **'Geh·rungs·sä·ge** <f.; -, -n>

'Geh·steig <m.; -(e)s, -e> *neben der Straße befindl. Weg für Fußgänger,* Sy *Bürgersteig*

'Geht·nicht·mehr <umg.; nur in der Wendung> bis zum ~ *bis zum Überdruss*

Ge'hu·del <n.; -s; unz.; umg.> → *hudeln*

'Geh·ver·band <m.; -(e)s, ⸚e; Med.> = *Gehgips;* **'Geh·weg** <m.; -(e)s, -e>; **'Geh·werk** <n.; -(e)s, -e> *Teil des Uhrwerks*

Gei <f.; -, -e od. -en; Seemannsspr.> *Tau zum Geien;* **'gei·en** <V. t.> *(Segel) zusammenziehen*

'Gei·er <m.; -s, -; Zool.> *ein Greifvogel*

'Gei·fer <m.; -s; unz.> *Speichel;* **'gei·fern** <V. i.; ich geif(e)re>

'Gei·ge <f.; -, -n; Instrumentenk.> *ein Streichinstrument,* Sy *Violine,* **'gei·gen** <V. i.; Mus.>; **'Gei·gen·bau·er** <m.; -s, -; Mus.>; **'Gei·gen·kas·ten** <m.; -s, ⸚; Mus.>; **'Gei·ger** <m.; -s, -;

G

Mus.> *Geigenspieler;* **'Gei·ge·rin** <f.; -, -nnen; Mus.>

'Gei·ger·zäh·ler <m.; -s, -> *Gerät zur Messung radioaktiver Strahlung* [nach dem dt. Physiker H. Geiger]

geil <Adj.> 1 *fett, üppig* 2 <meist abwertend> *lüstern, verlangend;* karriere~ 3 <Jugendspr.> *toll, großartig;* **'Gei·le** <f.; -, -n> 1 <unz.; veralt.> *Geilheit* 2 <Jägerspr.> *Hoden (bei Hund u. Wild);* **'gei·len** <V. i.> *gieren (nach);* **'Geil·heit** <f.; -; unz.>

'Gei·sel <f.; -, -n od. (veralt.) m.; -s, -> *jmd., der zum Zweck der Erpressung festgehalten wird;* <aber> → *Geißel;* **'Gei·sel·dra·ma** <n.; -s, -dra·men> <f.; -, -n>; **'Gei·sel·nah·me** <f.; -, -n>; **'Gei·sel·neh·mer** <m.; -s, ->; **'Gei·sel·neh·me·rin** <f.; -, -n·nen>

'Gei·ser <m.; -s, -; eindeutschend für> *Geysir*

Gei·sha <['ge:ʃa]; f.; -, -s; in Japan> *Gesellschafterin in Teehäusern* [jap.]

'Gei·sir <m.; -(e)s, -e> = *Geysir*

'Gei·son <n.; -s, -s od. -sa; Arch.> *Kranzgesims des grch. Tempels* [grch.]

Geiß <f.; -, -en; Zool.> 1 <süddt.; österr.; schweiz.> *weibl. Ziege* 2 *Weibchen von Gäms-, Stein- u. Rehwild;* **'Geiß·bart** <m.; -(e)s; unz.; Bot.> *ein Rosengewächs;* **'Geiß·blatt** <n.; -(e)s; unz.; Bot.> *ein Kletterstrauch;* **'Geiß·blatt·ge·wächs** <[-ks]; n.; -es, -e; Bot.>; **'Geiß·bock** <m.; -(e)s, ⸚e; süddt.; österr.; schweiz.> *Ziegenbock*

'Gei·ßel <f.; -, -n> 1 <oberdt.> *Peitsche* 2 <fig.> *Plage, Heimsuchung;* die Pest war eine ~ der Menschheit; <aber> → *Geisel;* **'gei·ßeln** <V. t.; ich geiß(e)le> 1 *peitschen, züchtigen* 2 <fig.> *scharf tadeln, anprangern;* **'Gei·ßel·tier·chen** <n.; -s, -; Biol.> = *Flagellat;* **'Gei·ße·lung** <f.; -, -en>

'Geiß·klee <m.; -s; unz.; Bot.> *ein Schmetterlingsblütler;* **'Geiß·lein** <n.; -s, -; poet.; Verkleinerungsf. von> *Geiß*

Geist¹ <m.; -(e)s, -er> 1 <unz.> *das denkende Bewusstsein des Menschen, Verstand;* im ~(e) 2 <unz.> *Gesinnung, Einstellung;*

Zeit~; daran sieht man, wes ~es Kind er ist 3 *überirdisches Wesen;* der Heilige ~; du bist wohl von allen guten ~ern verlassen! *nicht ganz gescheit* 4 *Gespenst;* **Geist²** <m.; -(e)s, -e> *Alkohol;* Himbeer~; Wein~; **'Geis·ter·bahn** <f.; -, -en; auf Jahrmärkten>; **'Geis·ter·be·schwö·rung** <f.; -, -en> *Magie;* **'Geis·ter·er·schei·nung** <f.; -, -en>; **'Geis·ter·fah·rer** <m.; -s, -; umg.> = *Falschfahrer;* **'Geis·ter·fah·re·rin** <f.; -, -n·nen; umg.>; **'Geis·ter·ge·schich·te** <f.; -, -n>; **'Geis·ter·glau·be** <m.; -ns; unz.>; **'geis·ter·haft** <Adj.>; **'Geis·ter·hand** <in der Wendung> wie von ~; **'geis·tern** <V. i.; ich geist(e)re> *spuken;* durchs Haus ~ <umg. (s.)> *huschen;* **'Geis·ter·se·her** <m.; -s, ->; **'Geis·ter·se·he·rin** <f.; -, -n·nen>; **'Geis·ter·stadt** <f.; -, ⸚e> *menschenleere, verlassene Stadt;* **'Geis·ter·stun·de** <f.; -, -n> *die Stunde nach Mitternacht;* **'Geis·ter·welt** <f.; -; unz.>; **'geis·tes·ab·we·send** <Adj.> *unaufmerksam;* **'Geis·tes·ab·we·sen·heit** <f.; -; unz.>; **'Geis·tes·ar·beit** <f.; -; unz.>; **'Geis·tes·blitz** <m.; -es, -e> *plötzlicher (geistreicher) Einfall;* **'Geis·tes·frei·heit** <f.; -; unz.>; **'Geis·tes·ge·gen·wart** <f.; -; unz.> *schnelles Reaktionsvermögen;* **'geis·tes·ge·gen·wär·tig** <Adj.>; **'Geis·tes·ge·schich·te** <f.; -; unz.> *die dt. ~;* **'geis·tes·ge·stört** <Adj.> *geisteskrank;* **'Geis·tes·ge·stört·heit** <f.; -; unz.>; **'Geis·tes·grö·ße** <f.; -; unz.>; **'geis·tes·hal·tung** <f.; -, -en>; **'geis·tes·krank** <Adj.>; **'Geis·tes·krank·heit** <f.; -, -en>; **'Geis·tes·le·ben** <n.; -s; unz.> *alle Vorgänge auf wissenschaftl. u. kulturellem Gebiet;* **'Geis·tes·stö·rung** <f.; -, -en>; **'geis·tes·ver·wandt** <Adj.> *mit jmdm. ~ sein ähnliche od. gleiche Anschauungen haben;* **'Geis·tes·ver·wandt·schaft** <f.; -; unz.>; **'Geis·tes·ver·wir·rung** <f.; -, -en>; **'Geis·tes·welt** <f.; -; unz.> *Gedankenwelt;* **'Geis·tes·wis·sen·schaft** <f.; -, -en> *Wissenschaft auf kulturellem Gebiet, z. B. Literatur-, Sprachwis-*

senschaft; Ggs *Naturwissenschaft;* **'geis·tes·wis·sen·schaft·lich** <Adj.> ~e *Fakultät;* **'Geis·tes·zu·stand** <m.; -; -(e)s, ⸚e>; **'geis·tig** <Adj.> *den Geist¹(1, 2) betreffend;* ~ behindert, beschränkt; ~e Umnachtung; ich sah es vor meinem ~en Auge *in meiner Vorstellung;* ~es Eigentum *urheberrechtlich geschützte gedankliche Arbeit;* Ggs *körperlich;* **'geis·tig²** <Adj.> ~e *Getränke alkoholische G.;* **'Geis·tig·keit** <f.; -; unz.; selten>; **'geist·lich** <Adj.> Ggs *weltlich* 1 *auf die Gottesverehrung bezogen;* ~e *Gesänge* 2 *zur Kirche gehörig;* ~er *Orden;* **'Geist·li·che(r)** <m. 1> *Theologe, Priester, Pfarrer;* **'Geist·lich·keit** <f.; -; unz.> = *Klerus;* **'geist·los** <Adj.>; **'Geist·lo·sig·keit** <f.; -, -en>; **'geist·reich** <Adj.>; **'geist·sprü·hend** <Adj.>; **'geist·tö·tend** <Adj.> *langweilig, monoton;* eine ~e Beschäftigung; <aber> eine den Geist tötende B.; **'geist·voll** <Adj.>

Geiz <m.; -es, -e> 1 <unz.> *übertriebene Sparsamkeit* 2 <Bot.> *Blattachseltrieb einer Pflanze;* **'gei·zen** <V. i.; du geizt> *knausern;* **'Geiz·hals** <m.; -es, ⸚e; umg.; abwertend> *geiziger Mensch;* **'gei·zig** <Adj.; abwertend> *übertrieben sparsam;* **'Geiz·kra·gen** <m.; -s, -; umg.; abwertend>; **'Geiz·trieb** <m.; -(e)s, -e; Bot.> = *Geiz(2)*

Ge'jam·mer <n.; -s; unz.> → *jammern*

Ge'jau·le <n.; -s; unz.> → *jaulen*

Ge'joh·le <n.; -s; unz.> → *johlen*

Ge'kei·fe <n.; -s; unz.> → *keifen*

Ge'kläff, Ge'kläf·fe <n.; -s; unz.> → *kläffen*

Ge'klap·per <n.; -s; unz.> → *klappern*

Ge'kle·cker <n.; -s; unz.> → *kleckern*

Ge'klim·per <n.; -s; unz.> → *klimpern*

Ge'klin·gel <n.; -s; unz.> → *klingeln*

Ge'klirr <n.; -s; unz.> → *klirren*

Ge'klop·fe <n.; -s; unz.> → *klopfen*

Ge'klüft <n.; -(e)s; unz.> *zerklüftetes Gebirge*

Ge·knat·ter <n.; -s; unz.> → *knattern*

ge·knickt <Adj.; ↗Z28.1; a. fig.> *niedergeschlagen, traurig*

ge·knif·fen <Adj.; ↗Z28.1; fig.> *auf der Verliererseite stehend, benachteiligt; du bist der Gekniffene*

Ge·knis·ter <n.; -s; unz.> → *knistern*

ge·konnt <Adj.; ↗Z28.1> *mit großem Können (gemacht); eine ~e Darbietung*

ge·kö·pert <Adj.> *in Köperbindung gewebt*

ge·körnt <Adj.> *~e Brühe*

Ge·krächz, Ge·kräch·ze <n.; -(e)s; unz.> → *krächzen*

Ge·kra·kel <n.; -s; unz.; umg.> *schlechte Handschrift*

Ge·krat·ze <n.; -s; unz.> → *kratzen*

Ge·kreisch <n.; -s; unz.> → *kreischen*

Ge·kreu·zig·te(r) <m. 1>

Ge·krit·zel <n.; -s; unz.> → *kritzeln*

Ge·krö·se <n.; -s, -; Anat.> *Bauchfellfalten*

ge·küns·telt <Adj.; abwertend> *unnatürlich*

Gel <n.; -(e)s, -e; Chem.> *gallertartige Masse; Haar~*

Ge·lab·ber <n.; -s; unz.; umg.> *fades Getränk*

Ge·la·ber <n.; -s; unz.> *seichtes Gerede*

Ge·läch·ter <n.; -s, -> *lautes Lachen*

ge·lack·mei·ert <Adj.; umg.> *hereingelegt, betrogen;* **Ge·lack·mei·er·te** <f. 2 (m. 1)>

ge·la·den <Adj.; ↗Z28.1; a. fig.; umg.> *wütend, zornig*

Ge·la·ge <n.; -s, -> *ausschweifendes Gastmahl*

Ge·lä·ger <n.; -s, -> *Ablagerungen im Fass nach der Gärung des Weines*

ge·lähmt <Adj.>; **Ge·lähm·te(r)** <f. 2 (m. 1)>; **Ge·lähmt·heit** <f.; -; unz.>

ge·lahrt <Adj.; veralt.; noch scherzh.> *gelehrt*

Ge·län·de <n.; -s, -> 1 *Landschaft, Gegend* 2 *für best. Zwecke genutztes Grundstück; Bau~; Fabrik~;* **Ge·län·de·auf·nah·me** <f.; -, -n>; **Ge·län·de·fahr·zeug** <n.; -(e)s, -e>; **ge·län**-

de·gän·gig <Adj.> *ein ~es Fahrzeug;* **Ge·län·de·lauf** <m.; -(e)s, ᵉe; Leichtathletik> Sy *Querfeldeinlauf;* **Ge·län·de·marsch** <m.; -(e)s, ᵉe>

Ge·län·der <n.; -s, -> *Vorrichtung zum Festhalten; Treppen~*

Ge·län·de·ritt <m.; -(e)s, -e>; **Ge·län·de·spiel** <n.; -(e)s, -e>; **Ge·län·de·ü·bung** <f.; -, -en; ↗Z55; Mil.>

ge·lan·gen <V. i. (s.)> 1 *an, zu etwas – erreichen, bekommen* 2 <als Funktionsverb zur Umschreibung des Passivs> *zum Abschluss – abgeschlossen werden; zur Aufführung – aufgeführt werden; in jmds. Besitz ~*

ge·lappt <Adj.> *lappenförmig*

Ge·lass <n.; -es, -e; geh.> *enger Raum;* **ge·las·sen** <Adj.; ↗Z28.1> *gleichmütig, ruhig;* **Ge·las·sen·heit** <f.; -; unz.>

Ge·la·ti·ne <[ʒe-]; f.; -; unz.> *aus Knochen gewonnene Substanz zur Herstellung von Geleespeisen [frz.];* **ge·la·ti·nie·ren** <V. i. (s.)>; **ge·la·ti·nös** <Adj.>

Ge·läuf <n.; -(e)s, -e> 1 *Boden der Pferderennbahn* 2 <Jägerspr.> *Spur des Federwildes;* **Ge·lau·fe** <n.; -s; unz.> → *laufen;* **ge·läu·fig** <Adj.> *bekannt, oft gebraucht; eine ~e Redewendung;* **Ge·läu·fig·keit** <f.; -; unz.>

ge·launt <Adj.> *ein gut, schlecht ~er Lehrer; der Lehrer ist gut, schlecht gelaunt*

Ge·läut <n.; -(e)s; unz.> *Glockenläuten;* **Ge·läu·te** <n.; -s; unz.> → *läuten*

gelb <Adj.; ↗Z46> *das ~e Fieber Gelbfieber; ~er Sack; ~e Tonne; das ~e Trikot Symbol des Spitzenreiters im Radsport; die ~e Karte <bes. Fußb.>; der Gelbe Fluss (in China); Gelbe Rüben; Gelbe Engel Pannenhelfer des ADAC;* **Gelb** <n.; -s, -s> *bei ~ über die Ampel fahren; das ist nicht gerade das ~e vom Ei <fig.; umg.> nicht sehr vorteilhaft;* **Gelb·blei·erz** <n.; -es; unz.; Chem.> = *Wulfenit;* **gelb·braun** <Adj.>; **Gelb·fie·ber** <n.; -s; unz.; Med.> *eine schwere Infektionskrankheit;* **Gelb·fie·ber·mü·cke** <f.; -, -n; Zool.>; **Gelb·fil·ter** <m.; -s; unz.>; **gelb·grün** <Adj.> *ein ~er Farb-*

ton; **Gelb·kör·per·hor·mo·ne** <Pl.; Abk.: GKH> *Sexualhormone;* **Gelb·kreuz** <n.; -es; unz.; Sammelbez. für> *giftige Kampfgase;* **gelb·lich** <Adj.> *von leicht gelbem Farbton; ~ grün; ein ~ grüner Schimmer;* **Gelbling** <m.; -s, -e; Bot.> = *Pfifferling;* **Gelb·rand·kä·fer** <m.; -s, -; Zool.> *ein Schwimmkäfer;* **gelb·rot** <Adj.>; **Gelb·sucht** <f.; -; unz.; Med.> *eine Krankheit;* **gelb·süch·tig** <Adj.; Med.>; **Gelb·wurst** <f.; -; unz.>; **Gelb·wurz** <f.; -, -en>; **Gelb·wur·zel** <f.; -, -n; Bot.> *südasiat. Ingwergewächs;* Sy *Kurkuma*

Geld <n.; -(e)s, -er> 1 *Zahlungsmittel; Hart~; Papier~* 2 <unz.; Börse; Abk.: G> *Kurswert* 3 <Pl.> *~er (zweckgebundene) größere Geldsumme; öffentliche ~er;* **Geld·a·del** <m.; -s; unz.; ↗Z55> *erkaufter Adel;* **Geld·an·ge·le·gen·heit** <f.; -, -en>; **Geld·an·la·ge** <f.; -, -n>; **Geld·a·ris·to·kra·tie** <f.; -, -n; ↗Z55> *reiche Oberschicht;* **Geld·au·to·mat** <m.; -en, -en>; **Geld·beu·tel** <m.; -s, ->; **Geld·bom·be** <f.; -, -n; Metallgefäß für Geld (zum Aufbewahren in Tresoren);* **Geld·bör·se** <f.; -, -n> *Geldbeutel;* **Geld·bu·ße** <f.; -, -n; Pl. selten> *Geldstrafe;* **Geld·ent·wer·tung** <f.; -, -en> *Inflation;* **Geld·er·werb** <m.; -(e)s; unz.>; **Gel·des·wert** <m.; -(e)s, -e> *als Zahlungsmittel verwendeter Gegenstand;* **Geld·ge·ber** <m.; -s, ->; **Geld·ge·be·rin** <f.; -, -n·nen>; **Geld·ge·schäft** <n.; -(e)s, -e>; **Geld·ge·schenk** <n.; -(e)s, -e>; **Geld·gier** <f.; -; unz.>; **geld·gie·rig** <Adj.; abwertend>; **Geld·hahn** <nur in der Wendung> *jmdm. den ~ zudrehen <fig.; umg.>;* **Geld·hei·rat** <f.; -, -en> *Heirat um des Geldes willen;* **Geld·in·sti·tut,** <auch> **Geld·ins·ti·tut** <n.; -(e)s, -e; ↗Z54>; **Geld·kar·te** <f.; -, -n> *Scheckkarte;* **geld·lich** <Adj.> *das Geld betreffend; ~e Gründe;* <aber> → *unentgeltlich;* **Geld·markt** <m.; -(e)s, ᵉe>; **Geld·mit·tel** <Pl.>; **Geld·not** <f.; -, ᵉe> *in ~ geraten;* **Geld·quel·le** <f.; -, -n>; **Geld**-

G

G

rol·le <f.; -, -n>; '**Geld·sack** <m.; -(e)s, ≃e>; '**Geld·schein** <m.; -(e)s, -e>; **Geld·schnei·de·'rei** <f.; -; unz.; umg.> *Wucher;* '**Geld·schrank** <m.; -(e)s, ≃e>; '**Geld·schrank·kna·cker** <m.; -s, -; umg.>; '**Geld·sen·dung** <f.; -, -en>; '**Geld·sor·te** <f.; -, -n> *Geld in einer best. Währung;* '**Geld·stra·fe** <f.; -, -n>; '**Geld·stück** <n.; -(e)s, -e>; '**Geld·sum·me** <f.; -, -n>; '**Geld·ta·sche** <f.; -, -n>; '**Geld·ver·kehr** <m.; -(e)s; unz.>; '**Geld·ver·le·gen·heit** <f.; -, -en> in ~(en) sein; '**Geld·wä·sche** <f.; -; unz.; fig.; umg.> *Legalisierung ungesetzl. erworbenen Geldes durch fingierte Geschäfte;* '**Geld·wech·sel** <[-ks-]; m.; -s, ->; '**Geld·wert** <m.; -(e)s, -e>; '**Geld·we·sen** <n.; -s; unz.>

Ge·lee <[ʒə-]; n.; -s, -s> 1 *eingedickter Fruchtsaft; Apfel~; ~ royale Nahrung für die Larven der Bienenkönigin* 2 = *Gallert* [frz.]

Ge·le·ge <n.; -s, -s> *alle an einem Platz abgelegten Eier von Vögeln u. anderen Tieren*

ge·le·gen <Adj.; ↗Z28.1> *passend; zu ~ er Zeit; das kommt mir sehr ~;* **Ge·le·gen·heit** <f.; -, -en> 1 *günstige Umstände für die Durchführung eines Vorhabens; Mitfahr~; bei ~* 2 *Anlass; er nutzt jede ~;* **Ge·le·gen·heits·ar·beit** <f.; -, -en> *unregelmäßige, kurzfristige Arbeit;* **Ge·le·gen·heits·dich·tung** <f.; -, -en> *Dichtung für einen best. Anlass;* **Ge·le·gen·heits·kauf** <m.; -(e)s, ≃e> *Kauf zu günstigen Konditionen;* **ge·le·gent·lich**[1] <Adj.> *wenn sich eine Gelegenheit ergibt, ab u. zu;* **ge·le·gent·lich**[2] <Präp.; m. Gen.; Amtsdt.> *~ einer Reise anlässlich einer R.*

ge·leh·rig <Adj.> *lernwillig; ein ~ er Hund;* **Ge·leh·rig·keit** <f.; -; unz.>; **Ge·lehr·sam·keit** <f.; -; unz.>; **ge·lehrt** <Adj.> *wissenschaftlich gebildet;* **Ge·lehr·te(r)** <f. 2 (m. 1)>; **Ge·lehr·ten·streit** <m.; -(e)s, -e; Pl. selten>; **Ge·lehrt·heit** <f.; -; unz.>

Ge·lei·er <n.; -s; unz.> → *leiern*
Ge·lei·se <n.; -s, -> = *Gleis*
Ge·leit <n.; -(e)s; unz.> *Begleitung; jmdm. das letzte ~ geben an jmds. Beerdigung teilnehmen; jmdm. freies ~ zusichern* <Rechtsw.>; **ge·lei·ten** <V. t.; geh.> *begleiten;* **Ge·leit·schiff** <n.; -(e)s, -e>; **Ge·leit·schutz** <m.; -es; unz.>; **Ge·leit·wort** <n.; -(e)s, -e> *Vorwort, Einführung;* **Ge·leit·zug** <m.; -(e)s, ≃e>

'ge·len <V. t./V. refl.> *mit Haargel in Form bringen; gegelte Haare*

Ge·lenk <n.; -(e)s, -e; Anat.> *bewegl. Verbindung zw. Skelettteilen; Hand~;* **Ge·lenk·band** <n.; -(e)s, ≃er>; **Ge·lenk·ent·zün·dung** <f.; -, -en; Med.> *Arthritis;* **ge·len·kig** <Adj.> *beweglich, gewandt;* **Ge·len·kig·keit** <f.; -; unz.>; **Ge·lenk·ket·te** <f.; -, -n> *Ggs Gliederkette;* **Ge·lenk·pfan·ne** <f.; -, -n; Anat.>; **Ge·lenk·pup·pe** <f.; -, -n> *Gliederpuppe;* **Ge·lenk·rheu·ma·tis·mus** <m.; -; unz.; Med.>; **Ge·lenk·schei·be** <f.; -, -n; Anat.> *Bandscheibe;* **Ge·lenk·schmie·re** <f.; -; unz.; Anat.>; **Ge·lenk·ver·stei·fung** <f.; -, -en; Med.>

ge·lernt <Adj.; ↗Z28.1> *ausgebildet; ein ~ er Bäcker*

Ge·lieb·te <f. 2>; **Ge·lieb·te(r)** <m. 1> *Sy Liebhaber*

ge·lie·fert <Adj.; ↗Z28.1; umg.> *jetzt bin ich ~ verloren, ruiniert*

ge·lie·ren <[ʒə-]; V. i. (s.)> *zu Gelee werden* [frz.]; **Ge·lier·zu·cker** <m.; -s; unz.>

ge·lin·de <Adj.> *mild, sanft, schonend; das ist(,) ~ gesagt(,) eine Zumutung*

ge·lin·gen <V. i. (s.) 146> *glücken, nach Wunsch ablaufen; ein gelungenes Buch; auf gutes Gelingen!*

gell[1] <Adj.> *durchdringend, hell tönend; ein ~ er Schrei*

gell[2] <oberdt.>, '**gel·le** <mdt. gelt?, nicht wahr?*

'gel·len <V. i.> *durchdringend tönen*

ge·lo·ben <V. t.> *feierlich versprechen; das Gelobte Land* <bibl.> *Palästina;* **Ge·löb·nis** <n.; -s·ses, -s·se> *feierl. Versprechen*

ge·löst <Adj.; ↗Z28.1> *locker, entspannt*

'Gel·se <f.; -, -n; österr.> *Stechmücke*

gelt[1] <Adj.> *unfruchtbar (bes. von Kühen)*

gelt[2] <oberdt.> *nicht wahr?;* oV *gell*

'gel·ten <V. i. 147> *gültig sein; nach ~ dem Recht; etwas ~ lassen anerkennen; das hat dir gegolten!; es gilt; es gilt vorsichtig zu sein; etwas ~d machen zum Tragen bringen; seinen Einfluss ~d machen;* '**Gel·tung** <f.; -; unz.> *Gültigkeit, Einfluss, Ansehen; Welt~; sich ~ verschaffen; zur ~ kommen;* '**Gel·tungs·be·dürf·nis** <n.; -s·ses; unz.>; '**Gel·tungs·be·reich** <m.; -(e)s, -e>; '**Gel·tungs·sucht** <f.; -; unz.>

Ge·lüb·de <n.; -s, -> *feierliches Versprechen*

Ge·lum·pe <n.; -s; unz.; umg.> *minderwertiges Zeug*

Ge·lün·ge <n.; -s, -; Jägerspr.> = *Geräusch²*

ge·lun·gen <Adj.; ↗Z28.1> *geglückt; ein (gut) ~ er Film*

Ge·lüst <n.; -(e)s, -e>, **Ge·lüs·te** <n.; -s, -> *Wunsch, Verlangen;* **ge·lüs·ten** <V. t.; geh.; unpersönl.> *es gelüstet mich nach Pralinen*

'Ge·ma, <auch> '**GEMA** <f.; -; unz.; ↗Z56; Kurzw. für> *Gesellschaft für musikal. Aufführungs- u. mechan. Vervielfältigungsrechte*

ge·mach <Adv.> *~, ~! langsam, nur nichts überstürzen!;* **Ge·'mach**[1] <nur in der Wendung> *mit ~ mit Ruhe;* **Ge·'mach**[2] <n.; -(e)s, ≃er; geh.> *prunkvolles, großes Zimmer; sie zog sich in ihre Gemächer zurück;* **ge·'mäch·lich** <Adj.> *langsam, gemütlich;* **Ge·'mäch·lich·keit** <f.; -; unz.>

Ge·'mächt <n.; -(e)s, -e; veralt.> *männl. Geschlechtsteil*

Ge·'mahl <m.; -(e)s, -e; geh.> *Ehemann;* **Ge·'mah·lin** <f.; -, -n·nen> *Ehefrau*

ge·mah·nen <V. t.; geh.> *erinnern, mahnen; das gemahnt mich an mein Versprechen*

Ge·mäl·de <n.; -s, -> 1 *gemaltes Bild* 2 <fig.> *Darstellung; Sitten~;* **Ge·mäl·de·ga·le·rie** <f.; -, -n>; **Ge·mäl·de·samm·lung** <f.; -, -en>

Ge·'mar·chen <Pl.; schweiz.>, **Ge·'mar·kung** <f.; -, -en> 1 *Grenze* 2 *Gemeindegebiet*

ge·'mäß <Präp.; m. Dat.> *zufolge,*

in Übereinstimmung mit; ~ *Paragraph 5; Ihrem Wunsch* ~; <aber> wunschgemäß; **...gemäß** <in Zus.; zur Bildung von Adj.> z. B. standesgemäß, wunschgemäß, zeitgemäß; **ge'mä·ßigt** <Adj.> *maßvoll;* ~es Klima

Ge'mäu·er <n.; -s, -> *Mauerwerk, Ruine*

Ge'mau·schel <n.; -s; unz.; umg.> → *mauscheln*

Ge'me·cker <n.; -s; unz.> → *meckern*

ge'mein <Adj.> 1 <↗Z46> *gewöhnlich;* der Gemeine Löwenzahn 2 *einfach;* das ~e Volk 3 *allgemein;* das ~e Wohl 4 *gemeinsam;* nichts mit jmdm. ~ haben 5 *niederträchtig;* **Ge·'mein·de** <f.; -, -n> 1 *dem Staat untergeordneter Verwaltungsbezirk* 2 *Einheit eines kirchl. Bezirks;* Pfarr~ 3 *Anhängerschaft;* Fan~; **Ge'mein·de·am·mann** <m.; -(e)s, ¨er; schweiz.> *Gemeindevorsteher, Bürgermeister;* **Ge'mein·de·flur** <f.; -, -en>; **Ge'mein·de·gut** <n.; -(e)s, ¨er> = *Allmende;* **Ge'mein·de·mitglied** <n.; -(e)s, -er>; **Ge'mein·de·ord·nung** <f.; -, -en>; **Ge·'mein·de·rat** <m.; -(e)s, ¨e>; **Ge·'mein·de·rä·tin** <f.; -, -nnen>; **Ge'mein·de·schwes·ter** <f.; -, -n> *von der Gemeinde angestellte Krankenschwester;* **Ge·'mein·de·steu·er** <f.; -, -n>; **ge·'mein·deutsch** <Adj.> 1 *gesamtdeutsch* 2 *umgangsdeutsch;* **Ge·'mein·de·ver·tre·tung** <f.; -, -en>; **Ge·'mein·de·vor·stand** <m.; -(e)s, ¨e>; **Ge'mein·de·vor·ste·her** <m.; -s, ->; **Ge'mein·de·vor·ste·he·rin** <f.; -, -nnen>; **Ge'mein·de·wahl** <f.; -, -en> Sy *Kommunalwahl;* **ge'meind·lich** <Adj.> *die Gemeinde betreffend;* **Ge'mei·ne** <f.; -, -n; selten für> *Gemeinde;* **Ge'mein·ei·gen·tum** <n.; -s; unz.>; **Ge'mei·ne(r)** <m. 1; Typ.> *kleiner Druckbuchstabe;* Ggs *Großbuchstabe;* **ge·'mein·ge·fähr·lich** <Adj.> *gefährlich für die Allgemeinheit;* **Ge'mein·ge·fähr·lich·keit** <f.; -; unz.>; **Ge'mein·geist** <m.; -es; unz.>; **ge'mein·gül·tig** <Adj.>; **Ge'mein·gut** <n.; -(e)s, ¨er>; **Ge·'mein·heit** <f.; -, -en> *Nieder-*

tracht; **ge'mein·hin** <Adv.>, **ge·'mei·nig·lich** <Adv.; veralt.> *gewöhnlich, im Allgemeinen;* **Ge·'mein·nutz** <m.; -es; unz.>; **ge·'mein·nüt·zig** <Adj.> eine ~e Einrichtung; **Ge'mein·nüt·zig·keit** <f.; -; unz.>; **Ge'mein·platz** <m.; -es, ¨e> *nichts sagende Redensart;* **Ge'mein·recht** <n.; -(e)s; unz.>; **Ge'mein·recht·lich** <Adj.>; **ge'mein·sam** <Adj.> 1 *mehreren gehörend, gemeinschaftlich* 2 <adv.> *gleichzeitig, zusammen;* **Ge'mein·sam·keit** <f.; -, -en>; **Ge·'mein·schaft** <f.; -, -en> 1 *durch etwas Gemeinsames verbundene Gruppe von Menschen;* Arbeits~ 2 <unz.> *das Zusammensein;* Lebens~; **ge'mein·schaft·lich** <Adj.>; **Ge'mein·schaft·lich·keit** <f.; -; unz.>; **Ge'mein·schafts·an·tei·ne** <f.; -, -n>; **Ge'mein·schafts·ar·beit** <f.; -, -en>; **Ge'mein·schafts·ge·fühl** <n.; -(e)s, -e; Pl. selten>; **Ge'mein·schafts·geist** <m.; -es; unz.>; **Ge'mein·schafts·kun·de** <f.; -; unz.> *ein Schulfach (Gesellschaftslehre);* **Ge'mein·schafts·schu·le** <f.; -, -n> *Schule für Kinder aller Bekenntnisse(2);* Ggs *Bekenntnisschule;* **Ge'mein·schafts·sinn** <m.; -(e)s; unz.>; **Ge'mein·schuld·ner** <m.; -s, -; Rechtsw.> *Schuldner im Konkurs;* **Ge·'mein·schuld·ne·rin** <f.; -, -nnen>; **Ge'mein·sinn** <m.; -(e)s; unz.>; **Ge'mein·spra·che** <f.; -, -n> *Umgangssprache;* **ge·'mein·sprach·lich** <Adj.>; **ge·'mein·ver·ständ·lich** <Adj.>; **Ge'mein·ver·ständ·lich·keit** <f.; -; unz.>; **Ge'mein·werk** <n.; -(e)s, -e; schweiz.> *unbezahlte Arbeit für die Gemeinde;* **Ge'mein·we·sen** <n.; -s, ->; **Ge'mein·wirt·schaft** <f.; -; unz.>; **Ge'mein·wohl** <n.; -(e)s; unz.> zum ~

Ge'men·ge <n.; -s, -> 1 *Mischung, Gemisch* 2 *tätliche Auseinandersetzung;* Hand~; **Ge·'meng·sel** <n.; -s, ->

ge'mes·sen <Adj.> *bedächtig, würdig;* ~en Schrittes daherkommen; **Ge'mes·sen·heit** <f.; -; unz.>

Ge'met·zel <n.; -s, -> *Blutbad*

Ge·mi·na·ti·on <f.; -, -en; Sprachw.> *Konsonantenverdop-*

pelung [lat.]; **ge·mi·'nie·ren** <V. i. u. V. t.>

Ge'misch <n.; -(e)s, -e>; **ge·'mischt** <Adj.; ↗Z28.1> *verschiedenartig zusammengesetzt;* ~er Chor; ~es Doppel <Sp.>; mit ~en Gefühlen <umg.>; **ge'mischt·spra·chig** <Adj.>; **Ge'mischt·wa·ren·hand·lung** <f.; -, -en; früher>

'Gem·me <f.; -, -n> *Schmuckstein mit vertieft eingeschnittenem Bild;* Ggs *Kamee* [lat.]; **Gem·mo·'lo·ge** <m.; -n, -n>; **Gem·mo·lo·'gie** <f.; -; unz.> *Edelsteinkunde;* **Gem·mo·'lo·gin** <f.; -, -nnen>

Ge'mot·ze <n.; -s; unz.; umg.> → *motzen*

'Gem·se <f.; -, -n; ↗Z5.2> *künftig nicht mehr zulässige Schreibweise für* → *Gämse*

Ge'mun·kel <n.; -s; unz.> → *munkeln*

Ge'mur·mel <n.; -s; unz.> → *murmeln*

Ge'mü·se <n.; -s, -> *essbare Pflanzen(teile);* **Ge'mü·se·ein·topf** <m.; -(e)s, ¨e>; **Ge'mü·se·gar·ten** <m.; -s, ¨>; **Ge'mü·se·händ·ler** <m.; -s, ->; **Ge'mü·se·händ·le·rin** <f.; -, -nnen>; **Ge·'mü·se·pflan·ze** <f.; -, -n>; **Ge'mü·se·sup·pe** <f.; -, -n>

Ge'müt <n.; -(e)s, -er> *Seelen- u. Gefühlsleben;* erhitzte Gemüter; sich etwas zu ~e führen <umg.> *genießen;* **ge'müt·lich** <Adj.> *behaglich, anheimelnd;* **Ge'müt·lich·keit** <f.; -; unz.>; **Ge'müts·ar·mut** <f.; -; unz.>; **Ge'müts·art** <f.; -, -en>; **Ge·'müts·be·we·gung** <f.; -, -en>; **Ge'müts·er·re·gung** <f.; -, -en>; **Ge'müts·kräf·te** <Pl.>; **ge·'müts·krank** <Adj.> *depressiv;* **Ge'müts·krank·heit** <f.; -, -en>; **Ge'müts·le·ben** <n.; -s; unz.>; **Ge'müts·mensch** <m.; -en, -en> *jmd., der sich durch nichts aus der Ruhe bringen lässt;* **Ge·'müts·re·gung** <f.; -, -en>; **Ge·'müts·ru·he** <f.; -; unz.> in aller ~; **Ge'müts·ver·fas·sung** <f.; -, -en>; **Ge'müts·zu·stand** <m.; -(e)s, ¨e>; **ge'müt·voll** <Adj.>

gen <Präp.; m. Akk.; veralt.; noch poet.; Kurzform von> *gegen;* ~ Süden

Gen <[ge:n]; n.; -s, -e; Biol.> *Träger der Erbanlagen* [grch.]

gen. <Abk. für> *genannt*

Gen. <Abk. für> *Genitiv*

ge·nant <[ʒã-]; Adj.; -er, am -es·ten> **1** *peinlich, unangenehm;* das ist mir ~ **2** *schüchtern, gehemmt* [frz.]

ge·narbt <Adj.> *mit Narben;* ~es Leder

ge·nä·schig <Adj.; selten> *naschhaft*

ge·nau[1] <Adj.; -er, am -(e)s·ten; Getrenntschreibung mit Verben u. Part.> **1** *exakt stimmend;* eine ganz ~ gehende Uhr; ich weiß noch nichts Genaues über den Vorfall **2** <adv.; ✎ Z43.3> *sorgfältig, gründlich, gewissenhaft;* etwas ~ nehmen; er nimmt es mit seiner Arbeit sehr ~; das ist(,) ~ genommen(,) nicht vergleichbar; etwas ~es·tens prüfen; etwas aufs Genaueste/<auch> ~este prüfen; **ge·nau**[2] <Partikel> *gerade;* du kommst ~ richtig; ~! <umg.> *jawohl, ganz recht!;* ~ so hättest du es nicht machen sollen!; <aber> → *genauso;* **ge·nau·ig·keit** <f.; -; unz.> **ge·nau·so** <Adv.> *ebenso;* dieses Kleid ist ~ schön wie das andere; er kann ~ gut zeichnen wie seine Schwester; ~ viel; ~ wenig; ~ lange wie er; <aber> du musst den Pudding genau so lange kochen lassen, bis er fest ist; → a. *genau*[2]; **ge·nau·so·viel·mal**, <auch> **ge·nau·so·viel Mal** <Adv.>

'Gen·bank <f.; -, -en> *Einrichtung zur Sammlung u. Erhaltung von Erbgut*

Gen'darm <[ʒã-] od. [ʒan-]; m.; -en, -en; österr., sonst veralt.> *Polizist (auf dem Land);* **Gen·dar·me'rie** <f.; -, -n> *Polizei*

Ge·ne·a'lo·ge <m.; -n, -n> [grch.]; **Ge·ne·a·lo'gie** <f.; -, -n> *Familien-, Ahnenforschung;* **Ge·ne·a'lo·gin** <f.; -, -nen>; **ge·ne·a·lo·gisch** <Adj.>

ge·nehm <Adj.; geh.> *willkommen;* ist Ihnen das ~?; **ge·neh·mi·gen** <V. t./V. refl.> *erlauben, bewilligen;* **Ge'neh·mi·gung** <f.; -, -en>; **ge'neh·mi·gungs·pflich·tig** <Adj.>

ge'neigt <Adj.; geh.> der ~e Leser

'Ge·ne·ra <Pl. von> *Genus*

Ge·ne'ral <m.; -s, -e od. ≃e; Mil.> *Offizier der höchsten Rangklasse* [lat.]; **ge·ne'ral..., Ge·ne'ral...** <in Zus.> *allgemein..., Allgemein..., haupt..., Haupt...,* z. B. generalüberholen, Generalvollmacht; **Ge·ne'ral·a·gent** <m.; -en, -en; ✎ Z55> *Hauptvertreter;* **Ge·ne'ral·a·gen·tin** <f.; -, -nen>; **Ge·ne'ral·a·mnes·tie,** <auch> **Ge·ne'ral·am·nes·tie** <f.; -, -n; ✎ Z54> **Ge·ne'ra'lat** <n.; -(e)s, -e> *Rang eines Generals;* **Ge·ne'ral·bass** <m.; -es, ≃e; Mus.; 17./18. Jh.> *fortlaufende Basstimme; Sy Basso continuo;* **Ge·ne'ral·be·voll·mäch·tig·te(r)** <f. 2 (m. 1)>; **Ge·ne'ral·'bun·des·an·walt** <m.; -(e)s, ≃e; Rechtsw.>; **Ge·ne'ral·bun·des·an·wäl·tin** <f.; -, -nnen>; **Ge·ne·'ral·di·rek·tor** <m.; -s, -'to·ren>; **Ge·ne'ral·di·rek·to·rin** <f.; -, -nnen> **1** *allgemein Gültiges* **2** *allgemeine Angelegenheit;* **Ge·ne'ral·feld·mar·schall** <m.; -(e)s, ≃e; Mil.>; **Ge·ne'ral·gou·ver·ne·ment** <[-guvernəmã]; n.; -s, -s> *große Provinz;* **Ge·ne'ral·gou·ver·neur** <[-guvernø:r]; m.; -s, -e>; **Ge·ne'ra·lin** <f.; -, -nnen>; **Ge·ne'ral·in·spek·teur,** <auch> **Ge·ne'ral·ins·pek·teur** <[-tø:r]; m.; -s, -e; ✎ Z54; Mil.>; **Ge·ne'ral·in·spek·ti·on** <f.; -, -en>; **Ge·ne'ral·in·ten·dant** <m.; -en, -en>; **Ge·ne'ral·in·ten·dan·tin** <f.; -, -nnen>; **ge·ne·ra·li'sie·ren** <V. t.> *verallgemeinern* [frz.]; **Ge·ne·ra·li'sie·rung** <f.; -, -en>; **Ge·ne·ra·'lis·si·mus** <m.; -, -mi od. -mus·se; Mil.> *Oberbefehlshaber;* **Ge·ne·ra·li'tät** <f.; -; unz.> **1** <Mil.> *Gesamtheit der Generäle* **2** *Allgemeinheit;* **ge·ne·ra·li·ter** <Adv.; geh.> *im Allgemeinen, generell gesehen;* **Ge·ne'ral·ka·pi·tel** <n.; -s, -; Kath.> *Gesamtheit der Oberen einer Klostergemeinschaft;* **Ge·ne'ral·kon·sul** <m.; -s, -n>; **Ge·ne'ral·leut·nant** <m.; -s, -s od. -e; Mil.>; **Ge·ne'ral·ma·jor** <m.; -s, -e; Mil.>; **Ge·ne'ral·mu·sik·di·rek·tor** <m.; -s, -'to·ren; Abk.: GMD>; **Ge·ne'ral·o·berst** <m.; -en od. -s, -en od. (selten) -e;

Mil.>; **Ge·ne'ral·pau·se** <f.; -, -n; Mus.> *gleichzeitige Pause für alle Instrumente u. Singstimmen;* **Ge·ne'ral·pro·be** <f.; -, -n> *Hauptprobe;* **Ge·ne'ral·se·kre·tär,** <auch> **Ge·ne'ral·sek·re·tär** <m.; -'-(e)s, -e; ✎ Z53> *hoher Vertreter einer polit. Vereinigung;* **Ge·ne'ral·se·kre·tä·rin** <f.; -, -nnen>; **Ge·ne'ral·staa·ten** <Pl.> *das ndrl. Parlament;* **Ge·ne'ral·staats·an·walt** <m.; -(e)s, ≃e>; **Ge·ne'ral·staats·an·wäl·tin** <f.; -, -nnen>; **Ge·ne'ral·stab** <m.; -(e)s, ≃e; Mil.> *die hohen Offiziere zur Unterstützung der Heeresleitung;* **Ge·ne'ral·stabs·kar·te** <f.; -, -n; veralt.> *amtl. Landkarte im Maßstab 1:100000;* **Ge·ne'ral·streik** <m.; -s, -s>; **ge·ne'ral·ü·ber·ho·len** <V. t.; nur im Inf. u. Part. Perf.; ✎ Z55> generalüberholtes Auto; **Ge·ne'ral·ver·samm·lung** <f.; -, -en>; **Ge·ne'ral·ver·tre·ter** <m.; -s, ->; **Ge·ne'ral·ver·tre·te·rin** <f.; -, -nnen>; **Ge·ne'ral·ver·tre·tung** <f.; -, -en> *Alleinvertretung;* **Ge·ne'ral·ver·trieb** <m.; -(e)s; unz.> *Alleinhandel;* **Ge·ne'ral·voll·macht** <f.; -, -en> jmdm. eine ~ erteilen

Ge·ne·ra·ti'on <f.; -, -en> *Stufe in der Geschlechterfolge, Altersklasse;* die jüngere, ältere ~ [lat.]; **Ge·ne·ra·ti'ons·kon·flikt** <m.; -(e)s, -e>; **Ge·ne·ra·ti'ons·wech·sel** <[-ks-]; m.; -s, -> **Ge·ne·ra'tiv** <Adj.> *die Fortpflanzung betreffend;* ~e Grammatik *Grammatiktheorie, die nach den Gesetzen der math. Logik die Sprache als eine Vernetzung von einander bedingenden Regeln definiert;* **Ge·ne'ra·tor** <m.; -s, -'to·ren> **1** *Maschine, die Strom erzeugt* **2** *Anlage zur Gasgewinnung*

ge·ne'rell <Adj.> *allgemein (gültig);* Ggs *speziell* [lat.]

ge·ne'rie·ren <V. t.> *erzeugen, hervorbringen* [lat.]; **Ge·ne'rie·rung** <f.; -; unz.>; **ge·ne'risch** <Adj.> *das Geschlecht, die Gattung betreffend, Gattungs...*

ge·ne'rös <Adj.; geh.> *großzügig* [frz.]; **Ge·ne·ro·si'tät** <f.; -; unz.>

Ge·ne·se <f.; -; unz.> *Entstehung, Entwicklung* [grch.]

ge·ne·sen <V. i. (s.) 148> *gesund werden*

'Ge·ne·sis <f.; -; unz.> *Schöpfungsgeschichte (Titel des 1. Buches Mosis)* [grch.]

Ge·ne·sung <f.; -; unz.>

Ge·ne·tik <f.; -; unz.; Biol.> *Vererbungslehre* [grch.]; **Ge·ne·ti·ker** <m.; -s, -; Biol.>; **ge·ne·tisch** <Adj.>

'Ge·ne·tiv <m.; -(e)s, -e; Gramm.; Nebenform von> *Genitiv*

Ge·ne·ver <a. [ʒe'neːvə(r)]; m.; -s, -> *Wacholderbranntwein* [frz.]

Genf *Kanton u. Stadt in der Schweiz;* **'gen·fe·risch** <Adj.; ↗Z 46> *Genf betreffend;* eine ~e *Spezialität;* <aber> die Genfer *Konvention;* der Genfer See

'Gen·for·schung <f.; -, -en>

ge·ni·al <Adj.> 1 *in höchstem Maße begabt u. schöpferisch* 2 *großartig;* das ist ~!; **ge·ni·a·lisch** <Adj.>; **Ge·ni·a·li·tät** <f.; -; unz.>

Ge·nick <n.; -(e)s, -e> *Nacken;* jmdm. das ~ *brechen* <fig.> *jmdn. ruinieren;* **Ge'nick·fang** <m.; -(e)s, ⸚e; Jägerspr.> *Genickstoß;* **Ge'nick·fän·ger** <m.; -s, -> *Jagd-, Wildmesser;* **'Ge·nick·schuss** <m.; -es, ⸚e>; **Ge·'nick·star·re** <f.; -; unz.; Med.> *Steifheit des Nackens;* **Ge'nick·stoß** <m.; -es, ⸚e>

Ge·nie <[ʒe'niː]; n.; -s, -s> 1 <unz.> *höchste schöpferische Schaffenskraft* 2 *Mensch von höchster schöpferischer Begabung;* ein *musikalisches* ~ 3 <schweiz.> *technische Truppe;* ~korps [frz.-lat.]; **'Ge·ni·en** <Pl. von> *Genius*

ge·nie·ren <[ʒe-]; V. t.> 1 *stören;* was geniert dich daran? 2 <V. refl.> sich ~ *sich schämen* [frz.]; **ge'nier·lich** <Adj.>; veralt.>

ge·nieß·bar <Adj.; häufig verneint> 1 *verzehrbar* 2 *heute ist er nicht* ~ <fig.> umg.> *schlechter Laune, unausstehlich;* **Ge·'nieß·bar·keit** <f.; -; unz.>; **ge·'nieß·en** <V. t. 149; du genießt> 1 *auskosten, zu schätzen wissen* 2 <geh.> *teilhaftig werden;* er hat eine gute Erziehung genossen; sie genießt unser volles Vertrauen; **Ge'nie·ßer** <m.; -s, ->; **Ge'nie·ße·rin** <f.; -, -n·nen>; **ge'nie·ße·risch** <Adj.> genussvoll

Ge'nie·streich <[ʒa-]; m.; -(e)s, -e> *geniale Leistung*

ge·ni·tal <Adj.> *die Genitalien betreffend* [lat.]; **Ge·ni·tal, Ge·ni·'ta·le** <n.; -s, -li·en; meist Pl.> *Geschlechtsorgan*

'Ge·ni·tiv <m.; -s, -e; Gramm.> *zweiter Fall der Deklination;* Sy *Wesfall;* → a. *Kasten* [lat.-grch.]; **'Ge·ni·tiv·at·tri·but** <n.; -(e)s, -e; Gramm.> → a. *Kasten;* **'ge·ni·ti·visch** <Adj.>; **'Ge·ni·tiv·ob·jekt** <n.; -(e)s, -e; Gramm.> *Satzergänzung im Genitiv;* → a. *Kasten;* **Ge'ni·ti·vus** <m.; -, -vi> = *Genitiv*

'Ge·ni·us <m.; -, 'Ge·ni·en> 1 <unz.; geh.> *schöpferischer Geist, Geisteskraft* 2 <↗Z 31; röm. Myth.> *Schutzgeist;* ~ Loci <geh.> *Schutzgeist eines Ortes* [lat.]

'Gen·ma·ni·pu·la·ti·on <f.; -, -en; Genetik> *Manipulation an der Erbsubstanz;* **'Gen·mu·ta·ti·on** <f.; -, -en; Genetik> *Verände-*

Genitiv: Der G., auch Wesfall genannt, ist im Deutschen der ↗Kasus, der in erster Linie in der Funktion des Attributs zur Kennzeichnung von Zugehörigkeit, Besitz oder Eigenschaft dient: *das Pferd seines Onkels; Mutters Hut; Michaels Starrsinn.* In dieser Funktion kann der G. mithilfe der Frage „*wessen?*" ermittelt werden. Einige Präpositionen erfordern den G., z. B. „wegen": *wegen des Gewitters; aufgrund ihrer Hilfe.* Hier wird der G. in der Umgangssprache zunehmend durch den Dativ ersetzt. Vgl. auch ↗Akkusativ, ↗Dativ, ↗Nominativ

Genitivattribut: Das G. wird entsprechend seiner inhaltlichen Beziehung zum Substantiv klassifiziert. Man unterscheidet dabei: **Genitivus definitivus/explicativus** oder Definitionsgenitiv: *die Herzlichkeit der Gäste;* **Genitivus partitivus,** er drückt eine Teil-Ganzes-Relation aus: *ein Drittel seiner Ausgaben; der Bruchteil einer Sekunde;* **Genitivus possessivus,** er bezeichnet die Zugehörigkeit zu einer Person oder Sache: *das Pferd der Bäuerin; Mathildas Füller;* **Genitivus qualitatis** oder Eigenschaftsgenitiv: *Äpfel bester Qualität; ein Vorhaben niedrigster Denkweise;* **Genitivus subjectivus,** er drückt ein Subjekt-Prädikat-Verhältnis aus: *das Bellen eines Hundes; die Liebe der Mutter;* **Genitivus objectivus,** er drückt ein Objekt-Prädikat-Verhältnis aus: *die Liebe zur Mutter; die Verteilung der Hefte.*

Genitivobjekt: Das G. ist ein ↗Objekt im Genitiv, das im Deutschen einige (meist reflexive) Verben und Adjektive fordern: *sich bedienen, sich bemächtigen, bedürfen, sich brüsten, sich erinnern, gedenken, sich enthalten, sich entledigen.* Als G.: *Das bedarf seiner Zustimmung. Sie erinnerte sich des Vorfalls. Sie gedenken der Toten.* G. werden häufig durch ↗Präpositionalobjekte ersetzt: *Sie erinnerte sich an den Vorfall. Sie denken an die Toten.*

G

rung der Genstruktur; **Ge'nom** <n.; -s, -e; Genetik> *die im Chromosomensatz vereinigten Erbanlagen;* **Ge'nom·a·na·ly·se** <f.; -, -n; ↗Z 55>

ge'noppt <Adj.> *mit Noppen versehen*

Ge'nör·gel <n.; -s; unz.> → *nörgeln*

Ge·nos·se <m.; -n, -n> 1 *Gefährte, Kamerad;* Gesinnungs~ 2 *Parteifreund (in einer sozialist. od. kommunist. Partei);* **Ge'nos·sen·schaf·ter** <m.; -s, ->; **Ge'nos·sen·schaf·te·rin** <f.; -, -n·nen>; **Ge'nos·sen·schaft** <f.; -, -en> *Zusammenschluss zur Förderung gleicher wirtschaftl. Interessen;* Berufs~; **Ge'nos·sen·schaf·ter** <m.; -s, ->; **Ge'nos·sen·schaf·te·rin** <f.; -, -n·nen>; **Ge'nos·sen·schaft·ler** <m.; -s, ->; **Ge·'nos·sen·schaft·le·rin** <f.; -, -n·nen>; **ge'nos·sen·schaft·lich** <Adj.>; **ge·nos·sen·schafts·bank** <f.; -, -en>; **Ge·'nos·sin** <f.; -, -n·nen>; **Ge·'noss·sa·me** <f.; -, -n; ↗Z 37; schweiz.> *Alp-, Allmendgenossenschaft*

'ge·no·ty·pisch <Adj.; Genetik> *erbmäßig*; **'Ge·no·ty·pus** <m.; -, -pen; Genetik> *Gesamtheit der Erbfaktoren*; Ggs *Phänotypus*; **Ge·no'zid** <m. od. n.; -(e)s, -e od. -di·en> *Völkermord* [lat.]

Gen·re <['ʒãrə] n.; -s, -s> *Gattung, Art* [frz.]; **'Gen·re·bild** <n.; -(e)s, -er> *Sittenbild, Bild aus dem Alltagsleben*; **'gen·re·haft** <Adj.>; **'Gen·re·ma·le·rei** <f.; -; unz.>

'Gen·tech·nik <f.; -, -en; Pl. selten> *Technik der Neukombination von Genen*; **'gen·tech·nisch** <Adj.>; **'Gen·tech·no·lo·gie** <f.; -; unz.>

Gen·tle·man, <auch> **Gent·le·man** <['dʒɛntlmæn] m.; -s, -men [-mən]; ✍Z53> *Mann mit perfekten Umgangsformen* [engl.]; **'gen·tle·man·like** <[-laik]; Adj.>; **Gen·tle·men's A·gree·ment,** <auch> **Gent·le·men's Ag·ree·ment** <[dʒɛntlmənz ə'gri:mənt] n.; --, --s; ✍Z53> *Übereinkunft auf Treu u. Glauben*

'Gen·trans·fer <m.; -s, -s; Genetik> *das Einfügen fremder Erbanlagen in einen Zellkern*

Gen·try, <auch> **Gent·ry** <['dʒɛntri] f.; -; unz.; ✍Z53; in Großbritannien> *niederer Adel* [engl.]

'Ge·nua *Stadt in Oberitalien*; **Ge·nu'e·se** <m.; -n, -n>; **Ge·nu'e·sin** <f.; -, -n·nen>

ge'nug <Adv.> *in ausreichendem Maße*; ~ u. übergenug *viel zuviel*; von etwas ~ haben <a. fig.> *etwas satt haben*; ich habe nun genug getan; <aber> → *genugtun*; **Ge'nü·ge** <f.; -; unz.> 1 einer Sache ~ leisten, tun *die Anforderungen erfüllen* 2 zur ~ *in ausreichendem Maße*; **ge'nü·gen** <V. i.> 1 *ausreichen*; ~d *ausreichend*; danke, das genügt 2 einer Sache ~ *gerecht werden*; **ge'nüg·sam** <Adj.> *bescheiden*; **Ge'nüg·sam·keit** <f.; -; unz.>; **ge'nug·tun** <V. i. 272> jmdm. ~ *Genugtuung(2) verschaffen*; er hat ihr genuggetan; <aber> er hat genug getan (→ *genug*); **Ge'nug·tu·ung** <f.; -; unz.> 1 *Befriedigung*; es ist mir eine ~, ... 2 *Wiedergutmachung*

Genus: Das G. ist eine grammatische Kategorie der ✍Substantive, die auch den ✍Artikel, das ✍Pronomen und das ✍Adjektiv betrifft. Man unterscheidet drei Genera: ✍Femininum, ✍Maskulinum, ✍Neutrum.

Das G. als grammatisches Geschlecht stimmt mit dem natürlichen Geschlecht von Lebewesen nicht immer überein, z. B. gibt es einige Neutra, die weibliche Lebewesen bezeichnen: *das Weib, das Mädchen*.

Bei den Tiernamen sind alle Genera vertreten: *die Meise, der Adler, das Pferd*. Die Genuszuweisung scheint hier teilweise willkürlich zu sein. Bei einigen Tiernamen gibt es Begriffspaare, die dem männlichen und weiblichen Geschlecht entsprechen: *der Hund – die Hündin, der Kater – die Katze, der Hengst – die Stute*.

Eine Reihe von Suffixen (Wortendsilben) können genusbestimmend sein, z. B.

-and, -er, -ig, -ling für **Maskulina** (*Proband, Denker, Honig, Pfifferling*);

-ade, -ei, -in, -heit, -keit, -schaft, -ung für **Feminina** (*Olympiade, Schreierei, Ärztin, Frechheit, Munterkeit, Autorschaft, Befreiung*);

-chen, -lein, -ment, -tum für **Neutra** (*Häuschen, Röslein, Sakrament, Bürgertum*).

Substantivierte Infinitive (*das Reiten*), Adjektive (*das Schöne*)

und Partikeln (*das Wenn und Aber*) sind – ebenso wie Kollektiva und Verbableitungen mit der Vorsilbe *Ge-* (*das Gewässer*) – immer Neutra.

Zusammengesetzte Substantive haben stets das G. des Grundwortes, d. h. des letzten Substantivs: *der Birnenbaum, das Schulfest, die Jubiläumsaufführung*.

Genus Verbi: Das G. V. [lat. „Art des Verbs"] wird auch als Handlungsrichtung des Verbs bezeichnet. Der Begriff G. V. bezeichnet eine Kategorie des Verbs, die im Deutschen mithilfe von **Aktiv** und ✍Passiv realisiert wird.

Häufig kann eine Handlung von zwei Punkten aus betrachtet werden:

1) *Der Vater trägt das Kind.*

2) *Das Kind wird vom Vater getragen.*

Im ersten Satz steht das Verb im Aktiv (d. h. in der Tätigkeitsform), im zweiten Satz erscheint das Akkusativobjekt des ersten Satzes (*das Kind*) als ✍Subjekt. Das Verb steht im zweiten Satz im Passiv (d. h. in der so genannten Leideform).

In anderen Sprachen (z. B. im Griechischen und im Sanskrit) gibt es als dritte Form des G. V. das **Medium**, eine passivähnliche Konstruktion, bei der ein vom Subjekt ausgehender und auf das Subjekt bezogener (reflexiver) Vorgang ausgedrückt wird.

---

ge·nu'in <Adj.; geh.> *angeboren, unverfälscht* [lat.]

'Ge·nus <n.; -s, -, 'Ge·ne·ra> 1 <geh.; veralt.> *Gattung, Art* 2 <Gramm.> *grammatisches Geschlecht (des Substantive u. Pronomen)* ~ *Verbi Handlungsrichtung des Verbs*; → a. *Kasten* [lat.]

Ge'nuss <m.; -es, ⁔e> 1 *das Zusichnehmen von Speisen u. Getränken*; nach dem ~ von Alkohol 2 *Vergnügen, beglückendes Erlebnis*; in den ~ von etwas kommen; **ge'nüss·lich** <Adj.> *genießerisch*; **Ge'nuss·mensch** <m.; -en, -en>; **Ge'nuss·mit·tel** <n.; -s, -> *Nahrungs- u. -industrie*; **ge'nuss·reich** <Adj.>; **Ge'nuss·sucht** <f.; -; unz.; ✍Z37>; **ge'nuss·süch·tig** <Adj.>

---

ge·o..., Ge·o... <in Zus.> *erd..., Erd...* [grch.]

Ge·o·bi'on·ten <Pl.> *die im Erdboden lebenden Organismen*

Ge·o·bo'ta·nik <f.; -; unz.> *Lehre von der geograph. Verbreitung der Pflanzen*; **ge·o·bo'ta·nisch** <Adj.>

Ge·o·che'mie <[-çe-]; f.; -; unz.> *Lehre vom chem. Aufbau der Erde*; **ge·o'che·misch** <Adj.>

Ge·o·dä'sie <f.; -; unz.> *Vermessungskunde* [grch.]; **Ge·o'dät** <m.; -en, -en> Sy *Geometer*; **Ge·o'dä·tin** <f.; -, -n·nen>; **ge·o'dä·tisch** <Adj.>

'Ge·o·drei·eck <n.; -(e)s, -e; Math.; kurz für> *geometrisches Dreieck (Hilfsmittel zum Zeichnen von Winkeln u. a.)*

Ge·o·ge'nie, Ge·o·go'nie <f.; -;

unz.> *Lehre von der Entstehung der Erde*

Ge·o'graf <m.; -en, -en> ↗Z11.3>; **Ge·o·gra'fie** <f.; -; unz.>; **Ge·o·'gra·fin** <f.; -, -n·nen>; **ge·o'gra·fisch** <Adj.>; **Ge·o'graph** <m.; -en, -en> ↗Z11.3>; **Ge·o·gra'phie** <f.; -; unz.> *Wissenschaft von der Erde*; Sy *Erdkunde*; **Ge·o'gra·phin** <f.; -, -n·nen>; **ge·o'gra·phisch** <Adj.>

ge·o'karp <Adj.; Bot.> *unter der Erde reifend*

Ge·o·lo·ge <m.; -n, -n>; **Ge·o·lo·'gie** <f.; -; unz.> *Lehre vom Aufbau u. von der Entwicklung der Erde;* **Ge·o'lo·gin** <f.; -, -n·nen>; **ge·o'lo·gisch** <Adj.>

Ge·o·man'tie <f.; -; unz.> *Wahrsagerei aus Zeichen im Sand*

Ge·o'me·ter <m.; -s, -> *Feld-, Landmesser;* **Ge·o·me'trie,** <auch> **Ge·o·met'rie** <f.; -; unz.; ↗Z53> *Zweig der Mathematik;* **ge·o'me·trisch** <Adj.>

Ge·o·mor·pho·lo'gie <f.; -; unz.> *Lehre von der Oberflächengestaltung der Erde;* **ge·o·mor·pho'lo·gisch** <Adj.>

Ge·o·phy'sik <f.; -; unz.> *Lehre von den physikal. Erscheinungen in u. auf der Erde;* **ge·o·phy·si'ka·lisch** <Adj.>

Ge·o'plas·tik <f.; -; unz.> *räuml. Darstellung eines Teils der Erdoberfläche*

Ge·o·po·li'tik <f.; -; unz.> *Lehre von der Wechselwirkung geographischer u. polit. Gegebenheiten;* **ge·o·po'li·tisch** <Adj.>

ge'ord·net <Adj.; ↗Z28.1> in ~en *Verhältnissen leben*

Geor·gette <[ʒɔr'ʒɛt]; m.; -s; unz.; Textilw.> *durchsichtiges Gewebe aus Kreppgarn* [frz.]

Geor·gia <['dʒɔː(r)dʒ(i)a]> *Staat in den USA*

Ge·or·gi·en *Staat in Vorderasien; Republik ~;* **Ge·or·gi·er** <m.; -s, -> *Bewohner von Georgien;* Sy *Grusiner;* **Ge·or·gi·e·rin** <f.; -, -n·nen>

Ge·or'gi·ne <f.; -, -n; Bot.> = *Dahlie* [nach dem Petersburger Botaniker J. G. *Georgi*]

ge·or'gisch <Adj.>

Ge·o·tek'to·nik <f.; -; unz.> *Lehre vom Aufbau u. von der Entwicklung der Erdkruste;* **ge·o·tek'to·nisch** <Adj.>

Ge·o'ther·mik <f.; -; unz.> *Verfahren zur Messung der Erdwärme;* **ge·o'ther·misch** <Adj.>

ge·o'trop, ge·o'tro·pisch <Adj.; Bot.>; **Ge·o·tro'pis·mus** <m.; -; unz.; Bot.> *Fähigkeit der Pflanzen, nach dem Gesetz der Schwerkraft in eine best. Richtung zu wachsen* [grch.]

'Ge·o·wis·sen·schaft <f.; -, -en>

ge·o'zen·trisch, <auch> **ge·o·'zent·risch** <Adj.; ↗Z53> **1** *auf die Erde als Mittelpunkt bezogen* **2** *auf den Erdmittelpunkt bezogen*

Ge·o·zo·o·lo'gie <[-tso:o-]; f.; -; unz.> *Lehre von der Verbreitung der Tiere auf der Erde*

ge·o'zy·klisch, <auch> **ge·o'zyk·lisch** <Adj.; ↗Z53> *den Umlauf der Erde um die Sonne betreffend*

Ge'päck <n.; -(e)s; unz.> *verpackte (Ausrüstungs-)Gegenstände für eine Reise od. Wanderung;* **Ge'päck·ab·la·ge** <f.; -, -n>; **Ge'päck·an·nah·me** <f.; -, -n>; **Ge'päck·auf·be·wah·rung** <f.; -, -en>; **Ge'päck·aus·ga·be** <f.; -, -n>; **Ge'päck·kon·trol·le,** <auch> **Ge'päck·kont·rol·le** <f.; -, -n; ↗Z53>; **Ge'päck·netz** <n.; -es, -e>; **Ge'päck·raum** <m.; -(e)s, ⸚e; auf Schiffen> **Ge·'päcks...** <in Zus.; österr. für> *Gepäck...,* z. B. *Gepäcksablage;* **Ge'päck·schal·ter** <m.; -s, ->; **Ge'päck·stück** <n.; -(e)s, -e>; **Ge'päck·trä·ger** <m.; -s, -; früher>; **Ge'päck·ver·si·che·rung** <f.; -, -en>; **Ge'päck·wa·gen** <m.; -s, -; Eisenb.>

Ge·pard <a. ['--]; m.; -s, -e; Zool.> *ein katzenähnl. Raubtier*

ge'pfef·fert <Adj.; ↗Z28.1; fig.; umg.> ~e *Preise*

ge'pflegt <Adj.; ↗Z28.1> *eine* ~e *Erscheinung;* **Ge'pflegt·heit** <f.; -; unz.>; **Ge'pflo·gen·heit** <f.; -, -en> *Gewohnheit, Brauch;* nach *den hiesigen* ~en

Ge'plän·kel <n.; -s, -> *kleines (Wort-)Gefecht*

Ge'plap·per <n.; -s; unz.> → *plappern*

Ge'plärr <n.; -s; unz.> → *plärren*

Ge'plät·scher <n.; -s; unz.> → *plätschern*

ge'plät·tet <Adj.; umg.> *nur*

präd.> *ich war völlig* ~ <fig.> *verblüfft, sprachlos*

Ge'plau·der <n.; -s; unz.> → *plaudern*

Ge'pol·ter <n.; -s; unz.> → *poltern*

Ge'prä·ge <n.; -s; unz.> **1** *Prägung (auf Münzen)* **2** *charakterist. Eigenart*

Ge'prän·ge <n.; -s; unz.; geh.> *Pracht, Prunk*

Ge'pras·sel <n.; -s; unz.> → *prasseln*

ge'punk·tet <Adj.> *mit Punkten versehen; ein* ~es *Kleid*

Ge'qua·ke <n.; -s; unz.> → *quaken*

Ge'quas·sel <n.; -s; unz.> → *quasseln*

Ge'quat·sche <n.; -s; unz.> → *quatschen*

Ge'quie·ke <n.; -s; unz.> → *quieken*

Ger <[ɡe:r]; m.; -(e)s, -e> *german. Wurfspieß*

ge'ra·de¹ <Adj.> oV *grade* **1** *ohne Krümmung (verlaufend); eine* ~ *Linie;* Ggs *krumm, schief* **2** <↗Z24; Getrenntschr. mit Verben, wenn sinnvoll steiger- od. erweiterbar> *einen Draht wieder* ~ *biegen;* <aber> → *geradebiegen; sich* ~ *halten aufrecht; ich halte mich* ~; *sie hat sich* ~ *gehalten; sich* ~ *zu halten;* ~ *sitzen;* ~ *stellen;* ~ *stehen;* <aber> → *geradestehen* **3** *eine* ~ *Zahl eine ohne Rest durch 2 teilbare Zahl; auch mal fünf* ~ *sein lassen* <umg.> *großzügig sein;* Ggs *ungerade;* **ge'ra·de²** <Adv.> **1** *genau, direkt; es ist* ~ *umgekehrt* **2** *soeben; er ist* ~ *gegangen* **3** *mit Mühe, knapp; das reicht* ~ *noch für dich;* **ge'ra·de³** <Partikel; umg.> *eben, genau, vor allem;* ~ *darauf hatte ich mich gefreut; warum* ~ *ich?;* **Ge'ra·de** <f.; - od. -n, -n> **1** *gerade Linie* **2** *ein Boxschlag;* **ge·ra·de·aus** <Adv.> ~ *gehen;* **ge·'ra·de·bie·gen** <V. t. 109; ich biege gerade; sie hat geradegebogen; geradezubiegen> *eine Angelegenheit wieder* ~ <fig.; umg.> *klären, schlichten, bereinigen;* <aber> *etwas Verbogenes gerade biegen* (→ *gerade¹*); **ge·ra·de·her·aus,** <auch> **ge·'ra·de·he·raus** <a. [----'-']; Adv.;

✐Z54> *freimütig, ohne Umschweife;* du kannst es ~ sagen; **ge·ra·den·wegs** <Adv.> = *geradeweges*

ge·rä·dert <Adj.; nur präd.; umg.> *erschöpft, zerschlagen;* er war wie ~

ge·ra·de·so <Adv.> *ebenso, genauso;* sie kann das ~ gut wie er; dieses Motorrad kostet ~ viel wie ein Auto; <aber> er hat für die Prüfung (nur) gerade so viel gelernt wie unbedingt notwendig (→ *gerade²(1)*); **ge·ra·de·ste·hen** <V. i. 256; ich stehe gerade; sie hat geradegestanden; geradezustehen> für eine Sache, für jmdn. ~ <fig.> *die Verantwortung übernehmen;* <aber> kannst du nicht mal gerade stehen? *aufrecht* (→ *gerade¹(1)*); **ge·ra·des·wegs** <Adv.; selten> **ge·ra·de·wegs** <Adv.> *ohne Umweg;* **ge·ra·de·zu¹** <a. [---'-]; Adv.> *geradeheraus;* er ist immer sehr ~; **ge·ra·de·zu²** <Partikel; umg.> *regelrecht;* das ist ~ lächerlich; **Ge·rad·flüg·ler** <Pl.; Zool.; Sammelbez. für verschiedene Insektenordnungen;* **Ge·rad·heit** <f.; -; unz.>; **ge·rad·li·nig** <Adj.; a. fig.> *aufrichtig;* ein ~er Mensch; **Ge·rad·li·nig·keit** <f.; -; unz.>

ge·ram·melt <Adv.; umg.; nur in der Wendung> ~ *voll übervoll;* der Saal war ~ voll

Ge·ran·gel <n.; -s; unz.> → *rangeln*

Ge·ra·nie <[-niə]; f.; -, -n; Bot.> *eine Zierpflanze*

Ge·rank <n.; -(e)s; unz.>, **Ge·ran·ke** <n.; -s; unz.> *Rankenwerk*

Ge·ra·schel <n.; -s; unz.> → *rascheln*

Ge·ras·sel <n.; -s; unz.>, **Ge·rass·le** <n.; -s·sels; unz.> → *rasseln*

Ge·rät <n.; -(e)s, -e> **1** *Maschine, Apparat für best. Zwecke;* Küchen~; Radio~ **2** <meist Pl.; Turnen> *Vorrichtung für best. Übungen*

ge·ra·ten¹ <V. i. (s.) 195> **1** *gelingen, gut werden, gedeihen;* wohl ~e Kinder **2** *unvermutet irgendwohin gelangen;* da bist du wohl an den Falschen ~ **3** <als Funktionsverb> in Brand ~; in Vergessenheit ~; **ge·ra·ten²**

<Adj.; nur adv.> ich halte es für ~ ... *für sinnvoll*

Ge·rä·te·schup·pen <m.; -s, ->; **Ge·rä·te·tur·nen** <n.; -s; unz.; Sp.>

Ge·ra·te·wohl <a. [-'---]; nur in der Wendung> aufs ~ *auf gut Glück*

Ge·rät·schaf·ten <Pl.>

Ge·rat·ter <n.; -s; unz.> → *rattern*

Ge·räu·cher·te(s) <n. 3> *geräuchertes Fleisch*

ge·raum <Adj.; geh.> *lange;* nach ~er Zeit; **Ge·räum·de** <n.; -s, -; Forstw.> *abgeholztes Waldstück;* oV *Geräumte;* **ge·räu·mig** <Adj.> *viel Platz bietend;* eine ~e Wohnung; **Ge·räu·mig·keit** <f.; -; unz.>; **Ge·räum·te** <n.; -s, -> = *Geräumde*

Ge·räusch¹ <n.; -(e)s, -e> *(unbestimmter) Laut;* Motoren~

Ge·räusch² <n.; -(e)s; unz.; Jägerspr.> *Lunge, Herz, Leber u. Nieren des Schalenwildes*

Ge·räusch·dämp·fung <f.; -, -en> **ge·räusch·emp·find·lich** <Adj.>; **Ge·räusch·ku·lis·se** <f.; -, -n; umg.> *ständige Geräusche im Hintergrund;* **ge·räusch·los** <Adj.>; **Ge·räusch·lo·sig·keit** <f.; -; unz.>; **Ge·räusch·pe·gel** <m.; -s, -> *Lautstärke;* **ge·räusch·voll** <Adj.>

Ge·räus·per <n.; -s; unz.> → *räuspern*

ger·ben <V. t.> Häute ~ *zu Leder verarbeiten;* jmdm. das Fell ~ <fig.; umg.> *jmdn. verprügeln;* **Ger·ber** <m.; -s, ->

Ger·be·ra <f.; -, - od. -s; Bot.> *eine (Schnitt-)Pflanze* [nach dem dt. Arzt T. *Gerber*]

Ger·be·rei <f.; -, -en> *Werkstatt des Gerbers;* **Ger·be·rin** <f.; -, -nnen>; **Ger·ber·lo·he** <f.; -, -n> *pflanzl. Gerbemittel;* **Gerb·mit·tel** <n.; -s, ->; **Gerb·säu·re** <f.; -; unz.>; **Gerb·stoff** <m.; -(e)s, -e>; **Ger·bung** <f.; -, -en>

ge·recht <Adj.> **1** *dem Recht entsprechend, danach urteilend, handelnd;* eine ~e Strafe **2** jmdm. od. einer Sache ~ werden *jmdn. od. etwas angemessen beurteilen;* ...ge·recht <in Zus.> z. B. termingerecht; weidgerecht; **ge·recht·fer·tigt** <Adj.> *rechtlich begründet;* **Ge·rech·tig·keit** <f.; -; unz.>; **Ge·rech-**

---

tig·keits·lie·be <f.; -; unz.>; **ge·rech·tig·keits·lie·bend** <Adj.>; **Ge·rech·tig·keits·sinn** <m.; -(e)s; unz.>

Ge·re·de <n.; -s; unz.> *Geschwätz, Klatsch;* jmdn. ins ~ bringen

ge·re·gelt <Adj.; ✐Z28.1> ~e Arbeitszeit

ge·rei·chen <V. i.; geh.> es gereicht ihm zur Ehre *es ehrt ihn*

ge·reizt <Adj.; ✐Z28.1> ~e Stimmung; **Ge·reizt·heit** <f.; -; unz.>

Ge·ren·ne <n.; -s; unz.> → *rennen*

ge·reu·en <V. t.; veralt.> etwas gereut jmdn. <geh.>

'Ger·fal·ke <m.; -n, -n> *Jagdfalke*

Ger·i·a·ter, <auch> **Ge·ri·a·ter** <m.; -s, -; ✐Z54> *Med.>*; **Ger·i·a·te·rin** <f.; -, -nnen; Med.>; **Ger·i·a·trie**, <auch> **Ge·ri·a·trie** <f.; -; unz.; Med.> *Altersheilkunde* [grch.]; **Ger·i·a·tri·kum** <n.; -s, -ka; Pharm.>; **Ger·i·a·trin** <f.; -, -nnen; Med.>; **ger·i·a·trisch** <Adj.>

Ge·richt¹ <n.; -(e)s, -e> *angerichtete Speise;* Fleisch~

Ge·richt² <n.; -(e)s, -e> *Recht sprechende Behörde;* Oberlandes~; → a. *jüngst;* **ge·richt·lich** <Adj.> *das Gericht² betreffend;* eine ~e Verfügung; **Ge·richts·ak·te** <f.; -, -n>; **Ge·richts·arzt** <m.; -es, =e>; **Ge·richts·ärz·tin** <f.; -, -nnen>; **Ge·richts·as·ses·sor** <m.; -s, -'so·ren>; **Ge·richts·as·ses·so·rin** <f.; -, -nnen>; **Ge·richts·bar·keit** <f.; -; unz.> *Befugnis zur Rechtsprechung;* **Ge·richts·die·ner** <m.; -s, -> *niederer Angestellter beim Gericht;* **Ge·richts·die·ne·rin** <f.; -, -nnen>; **Ge·richts·hof** <m.; -(e)s, =e> *ein mit mehreren Richtern besetztes Gericht;* der Oberste ~; **Ge·richts·kos·ten** <Pl.>; **Ge·richts·me·di·zin** <f.; -; unz.> *der Aufklärung von Verbrechen dienende medizin. Untersuchungen;* **Ge·richts·me·di·zi·ner** <m.; -s, ->; **Ge·richts·me·di·zi·ne·rin** <f.; -, -nnen>; **ge·richts·no·to·risch** <Adj.> *vom Gericht zur Kenntnis genommen;* **Ge·richts·ord·nung** <f.; -, -en>; **Ge·richts·per·son** <f.; -, -en>; **Ge·richts·re·fe·ren·dar** <m.; -(e)s, -e>; **Ge·richts·re·fe-**

ren·da·rin <f.; -, -n·nen>; **Ge-
'richts·saal** <m.; -(e)s, -sä·le;
↗Z 18.1>; **Ge'richts·stand** <m.;
-(e)s, ⸗e> *Ort des zuständigen
Gerichts*; **Ge'richts·ur·teil** <n.;
-(e)s, -e>; **Ge'richts·ver·fah·ren**
<n.; -s, ->; **Ge'richts·ver·hand-
lung** <f.; -, -en>; **Ge'richts·voll-
zie·her** <m.; -s, -> *Zustellungs-
u. Vollstreckungsbeamter*; **Ge-
'richts·we·sen** <n.; -s; unz.>
ge'rie·ben <Adj.; ↗Z 28.1; fig.;
umg.> *schlau, verschlagen*; **Ge-
'rie·ben·heit** <f.; -; unz.>
ge'rie·ren <V. refl.; geh.> sich ~
sich benehmen, auftreten [lat.]
ge'ring <Adj.> 1 <↗Z 43> *klein,
wenig, unbedeutend*; ein ~es
Vermögen; auch der Geringste
wurde gefragt; er hat das Haus
um ein Geringes erworben
<geh.> *für wenig Geld*; kein Ge-
ringerer als Goethe; das geht
ihn nicht das Geringste an; das
stört mich nicht im Geringsten
ganz u. gar nicht 2 <Getrennt-
schreibung in Verbindung mit
Verben> ~ achten, schätzen; ich
achte ~; sie hat ~ geachtet; ~ zu
achten 3 *sozial niedrig gestellt*;
von ~er Herkunft
ge'rin·gelt <Adj.> *mit Ringen ver-
sehen*; ~e Strümpfe
ge'ring·fü·gig <Adj.> *unwesent-
lich*; ~e Unterschiede; **ge'ring-
fü·gig·keit** <f.; -, -en>; **ge'ring-
schät·zig** <Adj.> *abfällig*; ~e Be-
merkungen; **Ge'ring·schät-
zung** <f.; -; unz.>; **ge'ring·wer-
tig** <Adj.>
Ge'rin·ne <n.; -s, -> 1 *künstl.
Wasserlauf* 2 *Rinnsal*; **ge'rin-
nen** <V. i. (s.) 203> *flockig,
klumpig werden*; geronnene
Milch; **Ge'rinn·sel** <n.; -s, ->
*kleine Menge einer geronnenen
Flüssigkeit*; Blut~; **ge'rin-
nungs·fä·hig** <Adj.>; **Ge'rin-
nungs·fä·hig·keit** <f.; -; unz.>
Ge'rip·pe <n.; -s, -> = *Skelett*; **ge-
'rippt** <Adj.> *mit Rippen verse-
hen*; ~er Stoff
ge'ris·sen <Adj.; ↗Z 28.1; fig.;
umg.> *schlau, durchtrieben*; ein
~er Bursche; **Ge'ris·sen·heit**
<f.; -; unz.>
ge'ritzt <Adj.; ↗Z 28.1; umg.> sa-
lopp; präd.> die Sache ist ~ *in
Ordnung, erledigt*

Germ <m.; -s; unz. od. (österr.) f.;
-; unz.; süddt.; österr.> = *Hefe*
Ger'ma·ne <m.; -n, -n> *Angehöri-
ger eines indogerman. Volks-
stammes*; **Ger'ma·ni·en** *Sied-
lungsgebiet der Germanen wäh-
rend der Römerzeit*; **Ger'ma·nin**
<f.; -, -n·nen>; **ger'ma·nisch**
<Adj.; ↗Z 46> ~e Sprachen;
<aber> ~ *Germanisches Natio-
nalmuseum (in Nürnberg)*; **ger-
ma·ni'sie·ren** <V. t.> *eindeut-
schen*; **Ger·ma·ni'sie·rung** <f.; -;
unz.>; **Ger'ma·nis·mus** <m.; -,
-'nis·men> *dt. Spracheigentüm-
lichkeit in einer anderen Spra-
che*; **Ger·ma'nist** <m.; -en,
-en>; **Ger·ma'nis·tik** <f.; -;
unz.> *Wissenschaft von der dt.
(u. german.) Sprache u. Litera-
tur*; **Ger·ma'nis·tin** <f.; -,
-n·nen>; **ger·ma'nis·tisch**
<Adj.>; **Ger'ma·ni·um** <n.; -s;
unz.; Chem.; Zeichen: Ge>
chem. Element, Metall
'Ger·mer <m.; -s, -; Bot.> *ein Lili-
engewächs*
ger·mi'nal <Adj.; Bot.> *den Keim
betreffend* [lat.]; **Ger·mi·na·ti'on**
<f.; -, -en; Bot.> *Keimungsperi-
ode*
'Germ·knö·del <m.; -s, -; bes. ös-
terr.> *eine Süßspeise*
gern <Adv.> oV *gerne* 1 <'lie·ber,
am 'liebs·ten> *mit Vergnügen* 2
~ gesehen *beliebt*; ein ~ gesehe-
ner Gast 3 jmdn., etwas ~ ha-
ben *mögen*; allzu ~; **'ger·ne**
<Adv.> = *gern*; **'Gern·e·groß**
<m.; -, -e; Pl. selten; umg.>
*jmd., der sich gern wichtig
macht*; **'Gern·e·klug** <m.; - od.
-s, - s od. -e; Pl. selten; umg.>
Ge'rö·chel <n.; -s; unz.> → *rö-
cheln*
Ge'röll <n.; -(e)s, -e> *durch flie-
ßendes Wasser gerundete Ge-
steinsbruchstücke*
Ge'ront <m.; -en, -en> *Mitglied
der Gerusia* [grch.]; **Ge·ron·to-
'lo·ge** <m.; -n, -n; Med.>; **Ge-
ron·to·lo'gie** <f.; -; unz.; Med.>
Altersforschung; **Ge·ron·to'lo-
gin** <f.; -, -n·nen; Med.>; **ge-
ron·to'lo·gisch** <Adj.; Med.>
'Gers·te <f.; -, -n; Pl. selten> *eine
Getreideart*; **'Gers·tel** <n.; -s, -
od. -n; österr.> *Graupe*; **'Gers-
ten·korn** <n.; -(e)s, ⸗er> 1
Frucht der Gerste 2 <Med.> *eit-

rige Entzündung am Augenlid;
'Gers·ten·saft <m.; -(e)s; unz.;
poet.> *Bier*
'Ger·te <f.; -, -n> *Rute*; Reit~;
'ger·ten·schlank <Adj.>
Ge'ruch <m.; -(e)s, ⸗e> *Art, wie
etwas riecht*; **ge'ruch·los**
<Adj.>; **Ge'ruchs·be·läs·ti-
gung** <f.; -, -en>; **Ge'ruchs-
emp·fin·dung** <f.; -, -en>; **Ge-
'ruchs·fil·ter** <m.; -s, ->; **ge-
'ruchs·in·ten·siv** <Adj.>; **Ge-
'ruchs·nerv** <m.; -(e)s od.
(fachsprachl.) -en, -en>; **Ge-
'ruchs·or·gan** <n.; -(e)s, -e>; **Ge-
'ruchs·sinn** <m.; -(e)s; unz.>;
Ge'ruchs·ver·schluss <m.; -es,
⸗e> = *Geruchverschluss*
Ge'rücht <n.; -(e)s, -e> *in Um-
lauf gesetztes Gerede, unver-
bürgte Nachricht*; **Ge'rüch·te·
kü·che** <f.; -, -n; fig.; umg.>; **ge-
'rücht·wei·se** <Adv.>
Ge'ruch·ver·schluss <m.; -es,
⸗e> *Rohrstück in Abwasserlei-
tungen*; oV *Geruchsverschluss*
ge'ru·hen <V. i.; veralt.; noch
scherzh.> *sich (herablassend)
bereitfinden*; könntest du ~,
dich zu erheben?; **ge'ruh·sam**
<Adj.> *behaglich, ohne Eile*; **Ge-
'ruh·sam·keit** <f.; -; unz.>
Ge'rum·pel <n.; -s; unz.> → *rum-
peln*
Ge'rüm·pel <n.; -s; unz.; umg.>
alter Kram
Ge'run·di·um <n.; -s, -di·en;
Gramm.> *deklinierter Infinitiv,
z. B. die Kunst des Schreibens*
[lat.]; **Ge·run'div** <n.; -s, -e
[-və]; Gramm.> = *Gerundivum*;
ge·run'di·visch <Adj.;
Gramm.>; **Ge·run'di·vum**
<[-v-]; n.; -s, -va; Gramm.> *vom
Infinitiv abgeleitetes Adjektiv
mit passiver Bedeutung, z. B.
ein zu Lobender, einer, der ge-
lobt werden muss*
Ge·ru'sia <f.; -; unz.; im alten
Sparta> *Ältestenrat* [grch.]
Ge'rüst <n.; -(e)s, -e> *Stützkons-
truktion*; Bau~; **Ge'rüst·ar·bei-
ter** <m.; -s, ->; **Ge'rüst·bau** <m.;
-(e)s; unz.>; **Ge'rüs·ter** <m.; -s,
-; österr.> *Gerüstarbeiter*
Ge'rüt·tel <n.; -s; unz.> → *rüt-
teln*; **ge'rüt·telt** <Adj.; ↗Z 28.1>
bis oben hin; ihn trifft ein ~(es)
Maß an Schuld *viel S.*

G

ges, Ges ‹n.; -, -; Mus.› *Tonbe-zeichnung*

Ge'sab·ber ‹n.; -s; unz.; umg.› → *sabbern*

ge'sal·zen ‹Adj.; ↗Z28.1; fig.; umg.› ~ *Preise* ‹fig.›; **Ge'sal-ze·ne(s)** ‹n. 3›

ge'sam·melt ‹Adj.› ~e *Werke eines Dichters ausgewählte W.;* ‹aber› *die gesamten Werke alle W.;* **ge'samt** ‹Adj.› *ganz, vollständig;* die ~e Familie; im Gesamten ‹veralt.› *insgesamt;* **Ge-'samt·an·sicht** ‹f.; -, -en›; **Ge-'samt·aus·ga·be** ‹f.; -, -n›; **Ge-'samt·be·trag** ‹m.; -(e)s, ⸚e›; **Ge'samt·bild** ‹n.; -(e)s, -er›; **Ge'samt·dau·er** ‹f.; -; unz.›; **ge-'samt·deutsch** ‹Adj.› ~ *e Themen;* **Ge'samt·deutsch·land** ‹n.; -s; unz.›; **Ge'samt·ein-druck** ‹m.; -(e)s, ⸚e›; **Ge'samt-ein·kom·men** ‹n.; -s, -›; **Ge-'samt·er·geb·nis** ‹n.; -s·ses, -s·se›; **ge'samt·eu·ro·pä·isch** ‹Adj.›; **Ge'samt·ge·wicht** ‹n.; -(e)s, -e›; **Ge'samt·gut** ‹n.; -(e)s, ⸚er›; **ge'samt·haft** ‹Adj.› *österr.; schweiz.› (ins)gesamt;* **Ge'samt·haf·tung** ‹f.; -, -en; Wirtsch.› *Haftung jedes einzelnen Schuldners für die gesamte Schuld;* **Ge'samt·heit** ‹f.; -; unz.›; **Ge'samt·hoch·schu·le** ‹f.; -, -n›; **Ge'samt·kunst·werk** ‹n.; -(e)s, -e›; **Ge'samt·no·te** ‹f.; -, -n›; **Ge'samt·schu·le** ‹f.; -, -n› *Haupt-, Mittel- u. höhere Schule verbindende Schulform;* **Ge'samt·sum·me** ‹f.; -, -n›; **Ge-'samt·ver·band** ‹m.; -(e)s, ⸚e›; **Ge'samt·werk** ‹n.; -(e)s, -e› *alle Werke (eines Künstlers);* → a. *gesammelt;* **Ge'samt·wert** ‹m.; -(e)s, -e›; **ge'samt·wirt·schaft-lich** ‹Adj.›; **Ge'samt·wohl** ‹n.; -(e)s; unz.›

Ge'sand·te(r) ‹m. 1› *diplomatischer Vertreter, Botschafter;* **Ge-'sand·tin** ‹f.; -, -n·nen›; **Ge-'sandt·schaft** ‹f.; -, -en›

Ge'sang ‹m.; -(e)s, ⸚e› 1 *das Singen* 2 *vertonte Dichtung; Lob~;* **Ge'sang·buch** ‹n.; -(e)s, ⸚er› *Sammlung geistl. Lieder;* **ge-'sang·lich** ‹Adj.›; **Ge'sangs-kunst** ‹f.; -; unz.›; **Ge'sangs-leh·rer** ‹m.; -s, -›; **Ge'sangs-leh·re·rin** ‹f.; -, -n·nen›; **Ge-'sangs·un·ter·richt** ‹m.; -(e)s;

unz.›; **Ge'sang·ver·ein** ‹m.; -(e)s, -e›

Ge'säß ‹n.; -es, -e› *Sitzfläche des Menschen;* **Ge'säß·bein** ‹n.; -(e)s, -e; Anat.›; **Ge'säß·mus-kel** ‹m.; -s, -n›; **Ge'säß·ta·sche** ‹f.; -, -n› *hintere Hosentasche*

ge'sät·tigt ‹Adj.; ↗Z28.1; Chem.› *best. Substanzen in größtmöglicher Menge enthaltend;* ~e *Fettsäuren;* ~e *Kohlenwasserstoffe*

Ge'säu·ge ‹n.; -s, -; Jägerspr.› *Milchdrüsen*

Ge'säu·sel ‹n.; -s; unz.› → *säuseln*

gesch. ‹Abk. für› 1 *geschieden* 2 *geschützt*

ge'schafft ‹Adj.; ↗Z28.1; umg.› *erschöpft;* sie machte einen ~en Eindruck

Ge'schäft ‹n.; -(e)s, -e› 1 *kaufmänn. od. gewerbl. Unternehmen;* er hat das ~ seines Vaters übernommen; ins ~ *gehen* 2 *Laden;* die ~e schließen um 20 Uhr 3 *auf Gewinn ausgerichtete Tätigkeit;* Tausch~; gute ~e machen; **Ge'schäft·chen** ‹n.; -s, -; Verkleinerungsf. von› *Geschäft;* **Ge'schäf·te·ma·cher** ‹m.; -s, -; oft abwertend›; **Ge·schäf·te-ma·che'rei** ‹f.; -; unz.›; **Ge-'schäf·te·ma·che·rin** ‹f.; -, -n·nen›; **ge'schäf·tig** ‹Adj.› *emsig, unentwegt tätig;* **Ge-'schäf·tig·keit** ‹f.; -; unz.›; **Ge-'schaftl·hu·ber** ‹m.; -s, -; umg.› = *Gschaftlhuber;* **Ge-'schaftl·hu·be·rin** ‹f.; -, -n·nen; umg.›; **ge'schäft·lich** ‹Adj.› 1 *beruflich, dienstlich* 2 *förmlich;* **Ge'schäfts·ab·schluss** ‹m.; -es, ⸚e›; **Ge'schäfts·auf·ga·be** ‹f.; -, -n›; **Ge'schäfts·au·to** ‹n.; -s, -s› *Firmenwagen;* **Ge-'schäfts·be·din·gung** ‹f.; -, -en; meist Pl.› *zum Abschluss eines Geschäftes(3) vertraglich festgelegte Bedingung;* **Ge'schäfts-be·reich** ‹m.; -(e)s, -e› *Minister ohne ~;* **Ge'schäfts·be·richt** ‹m.; -(e)s, -e›; **Ge'schäfts-buch** ‹n.; -(e)s, ⸚er›; **Ge-'schäfts·er·öff·nung** ‹f.; -, -en›; **ge'schäfts·fä·hig** ‹Adj.› *fähig, Rechtsgeschäfte vorzunehmen;* Ggs *geschäftsunfähig;* **Ge'schäfts·fä·hig·keit** ‹f.; -; unz.›; **Ge'schäfts·feld** ‹n.;

-(e)s, -er›; **Ge'schäfts·frau** ‹f.; -, -en›; **Ge'schäfts·freund** ‹m.; -(e)s, -e›; **Ge'schäfts·freun·din** ‹f.; -, -n·nen›; **ge'schäfts·füh-rend** ‹Adj.›; **Ge'schäfts·füh·re·rin** ‹f.; -, -n·nen›; **Ge'schäfts-füh·rung** ‹f.; -; unz.›; **Ge-'schäfts·gang** ‹m.; -(e)s; unz.›; **Ge'schäfts·ge·ba·ren** ‹n.; -s; unz.›; **Ge'schäfts·ge·heim·nis** ‹n.; -s·ses, -s·se›; **Ge'schäfts-grund·la·ge** ‹f.; -, -n›; **Ge-'schäfts·in·ha·ber** ‹m.; -s, -›; **Ge'schäfts·in·ha·be·rin** ‹f.; -, -n·nen›; **ge'schäfts·in·ter·es-se**, ‹auch› **Ge'schäfts·in·te-res·se** ‹n.; -s; unz.; ↗Z54›; **Ge-'schäfts·jahr** ‹n.; -(e)s, -e›; **Ge-'schäfts·kos·ten** ‹Pl.›; **Ge-'schäfts·la·ge** ‹f.; -, -n; Pl. selten› *Geschäftsleben* ‹n.; -s; unz.›; **Ge'schäfts·lei·tung** ‹f.; -; unz.›; **Ge'schäfts·mann** ‹m.; -(e)s, -leu·te›; **ge'schäfts·mä-ßig** ‹Adj.› *den kaufmänn. Gepflogenheiten entsprechend;* **Ge-'schäfts·ord·nung** ‹f.; -, -en›; **Ge'schäfts·part·ner** ‹m.; -s, -›; **Ge'schäfts·part·ne·rin** ‹f.; -, -n·nen›; **Ge'schäfts·rei·se** ‹f.; -, -n›; **ge'schäfts·schä·di·gend** ‹Adj.›; **Ge'schäfts·schluss** ‹m.; -es; unz.›; **Ge'schäfts-sinn** ‹m.; -(e)s; unz.›; **Ge-'schäfts·stel·le** ‹f.; -, -n›; **Ge-'schäfts·stun·den** ‹Pl.›; **Ge-'schäfts·tä·tig·keit** ‹f.; -, -en›; **ge'schäfts·tüch·tig** ‹Adj.›; **Ge-'schäfts·tüch·tig·keit** ‹f.; -; unz.›; **Ge'schäfts·ü·ber·nah-me** ‹f.; -, -n; ↗Z55›; **ge-'schäfts·un·fä·hig** ‹Adj.› *Ggs geschäftsfähig;* **Ge'schäfts·un-fä·hig·keit** ‹f.; -; unz.›; **Ge-'schäfts·ver·bin·dung** ‹f.; -, -en›; **Ge'schäfts·ver·kehr** ‹m.; -(e)s; unz.›; **Ge'schäfts·vier·tel** ‹n.; -s, -›; **Ge'schäfts·welt** ‹f.; -; unz.›; **Ge'schäfts·zeit** ‹f.; -, -en›

Ge'schä·ker ‹n.; -s; unz.› → *schäkern*

ge'scha·mig ‹Adj.› = *gschamig*

ge'scheckt ‹Adj.› *gefleckt, scheckig*

ge'sche·hen ‹V. i. (s.) 150› 1 *passieren, sich ereignen* 2 *widerfahren;* das geschieht ihr recht ‹umg.›; es ist um ihn ~ *er ist* *verloren;* **Ge'sche·hen** <n.; -s, -> *Ereignis;* **Ge'scheh·nis** <n.; -s·ses, -s·se; geh.> = *Geschehen*

Ge'schei·de <n.; -s, -; Jägerspr.> *Magen u. Gedärme des Wildes*

Ge'schein <n.; -(e)s, -e; Bot.> *Blütenstand von Weinreben*

ge'scheit <Adj.> **1** *klug* **2** <oberdt.> *gut, ordentlich;* es kommt nichts Gescheites im Kino; **Ge'scheit·heit** <f.; -; unz.>

Ge'schenk <n.; -(e)s, -e> *Gabe;* **Ge'schenk·ar·ti·kel** <m.; -s, ->; **Ge'schenk·pa·ckung** <f.; -, -en>; **Ge'schenk·pa·pier** <n.; -s, -e>; **ge'schenk·wei·se** <Adv.> jmdm. etwas ~ überlassen *als Geschenk*

Ge'schicht·chen <n.; -s, -; Verkleinerungsf. von> *Geschichte;* **Ge'schich·te** <f.; -, -n> **1** <unz.> *die polit., kulturelle u. gesellschaftl. Entwicklung einer Epoche;* die ~ des Altertums; Kunst~ **2** *Erzählung, Schilderung* **3** *(unangenehme) Angelegenheit;* die ~ ist für mich erledigt; **Ge'schich·ten·buch** <n.; -(e)s, ̈er> *Buch mit Erzählungen;* <aber> → *Geschichtsbuch;* **Ge'schich·ten·zäh·ler** <m.; -s, ->; **Ge'schich·ten·er·zäh·le·rin** <f.; -, -n·nen>; **ge'schicht·lich** <Adj.>; **Ge'schichts·be·wusst·sein** <n.; -s; unz.>; **Ge'schichts·bild** <n.; -(e)s, -er>; **Ge'schichts·buch** <n.; -(e)s, ̈er> *Lehrbuch der Geschichte(1);* <aber> → *Geschichtenbuch;* **Ge'schichts·fäl·schung** <f.; -, -en>; **Ge'schichts·for·schung** <f.; -; unz.>; **Ge'schichts·klit·te·rung** <f.; -, -en> *Geschichtsfälschung;* **Ge'schichts·schrei·bung** <f.; -; unz.>; **Ge'schichts·un·ter·richt** <m.; -(e)s; unz.>; **Ge'schichts·ver·ständ·nis** <n.; -s·ses; unz.>; **Ge'schichts·werk** <n.; -(e)s, -e> *umfangreiches Buch über Geschichte(1);* **Ge'schichts·wis·sen·schaft** <f.; -; unz.>

Ge'schick <n.; -(e)s, -e> **1** *Schicksal, Fügung* **2** *Verlauf der Ereignisse;* die ~e des Staates lenken **3** <unz.> *Talent, Begabung;* **Ge'schick·lich·keit** <f.; -; unz.>; **Ge'schick·lich·keits-**

spiel <n.; -(e)s, -e>; **ge'schickt** <Adj.; ↗Z28.1> *geübt, gewandt*

Ge'schie·be <n.; -s; unz.> → *schieben*

ge'schie·den <Adj.; ↗Z28.1; Abk.: gesch.>; **Ge'schie·de·ne(r)** <f. 2 (m. 1)>

Ge'schimp·fe <n.; -s; unz.; umg.> → *schimpfen*

Ge'schirr <n.; -(e)s, -e> **1** *Haushaltsgegenstände für Speisen u. Getränke* **2** *Zaumzeug für Zugtiere;* sich (mächtig) ins ~ legen <fig.> *kräftig arbeiten, sich anstrengen;* **Ge'schirr·rei·ni·ger** <m.; -s, -; ↗Z37>; **Ge'schirr·schrank** <m.; -(e)s, ̈e>; **Ge'schirr·spül·ma·schi·ne** <f.; -, -n>; **Ge'schirr·spül·mit·tel** <n.; -s, ->; **Ge'schirr·tuch** <n.; -(e)s, ̈er>

Ge'schiss <n.; -es; unz.; derb; meist in der Wendung> ein (arges) ~ um etwas machen *Getue*

ge'schla·gen <Adj.; ↗Z28.1> eine ~e Stunde *eine volle S.*

Ge'schlecht <n.; -(e)s, -er> **1** *Gesamtheit der Merkmale, die die Zugehörigkeit zur weibl. bzw. männl. Ausrichtung bestimmen* **2** <unz.> *Geschlechtteil* **3** *Art, Gattung;* Menschen~ **4** *Familie;* das ~ der Hohenzollern **5** <Gramm.> = *Genus(2);* → a. *Kasten Genus;* **Ge'schlech·ter·fol·ge** <f.; -, -n> *Generationenfolge;* **Ge'schlech·ter·kun·de** <f.; -; unz.> = *Genealogie;* **Ge'schlech·ter·rol·le** <f.; -, -n; Psych.; Soziol.> *gesellschaftl. erwartetes Verhalten von Mann u. Frau;* **ge'schlecht·lich** <Adj.> *das Geschlecht(1, 2) betreffend;* ~e Fortpflanzung; ~e Liebe; **ge'schlechts·ab·hän·gig** <Adj.> ~e Merkmale; **Ge'schlechts·akt** <m.; -(e)s, -e>; **Ge'schlechts·ap·pa·rat** <m.; -(e)s, -e> *Gesamtheit der Geschlechtsorgane;* **ge'schlechts·krank** <Adj.>; **Ge'schlechts·krank·heit** <f.; -, -en>; **Ge'schlechts·le·ben** <n.; -s; unz.>; **ge'schlechts·los** <Adj.>; **Ge'schlechts·lo·sig·keit** <f.; -; unz.>; **Ge'schlechts·merk·mal** <n.; -(e)s, -e>; **ge'schlechts·neu·tral,** <auch> **ge'schlechts·neut·ral** <Adj.; ↗Z53>; **Ge'schlechts·or·gan** <n.; -(e)s, -e>; **ge'schlechts·reif**

<Adj.; Biol.> *fähig zur geschlechtl. Fortpflanzung;* **Ge'schlechts·rei·fe** <f.; -; unz.>; **Ge'schlechts·rol·le** <f.; -, -n> = *Geschlechterrolle;* **ge'schlechts·spe·zi·fisch** <Adj.>; **Ge'schlechts·teil** <n. od. m.; -(e)s, -e>; **Ge'schlechts·trieb** <m.; -(e)s; unz.>; **Ge'schlechts·um·wand·lung** <f.; -, -en>; **Ge'schlechts·ver·kehr** <m.; -s, -e>; **Ge'schlechts·wort** <n.; -(e)s, ̈er; Gramm.> → a. *Kasten Artikel*

Ge'schlep·pe <n.; -s, -> **1** <unz.> → *schleppen* **2** <Jägerspr.> *durch das Revier geschleifter Köder*

ge'schlif·fen <Adj.; ↗Z28.1; fig.> *formvollendet;* ~es Benehmen; ~er Stil; **Ge'schlif·fen·heit** <f.; -; unz.; fig.>

Ge'schling <n.; -(e)s, -e>, **Ge'schlin·ge**[1] <n.; -s, -> *Herz, Lunge u. Leber von Schlachttieren*

Ge'schlin·ge[2] <n.; -s, -> *mehrfach Geschlungenes*

ge'schlos·sen <Adj.; ↗Z28.1> *als Einheit betrachtet;* ~e Gesellschaft; in ~en Ortschaften; **Ge'schlos·sen·heit** <f.; -; unz.>

Ge'schmack <m.; -(e)s, ̈er; Pl. selten> **1** *Fähigkeit, etwas zu schmecken* **2** *Art, wie etwas schmeckt;* ein bitterer ~; ein ~ gebendes Gewürz **3** *Urteilsfähigkeit, Gefallen, Vorliebe;* ~ an etwas finden; **ge'schmäck·le·risch** <Adj.; abwertend> *übertrieben anspruchsvoll;* **ge'schmack·lich** <Adj.>; **ge'schmack·los** <Adj.; -er, am -es·ten> **1** *ohne Geschmack(2)* **2** <fig.> *hässlich, kitschig* **3** *taktlos;* ein ~er Witz; **Ge'schmack·lo·sig·keit** <f.; -, -en>; **Ge'schmack·sa·che** <f.; -; unz.> das ist ~; **Ge'schmacks·knos·pe** <f.; -, -n; Anat.> *Organ des Geschmackssinnes auf der Zunge;* **Ge'schmacks·nerv** <m.; -s od. (fachsprachl.) -en, -en; Anat.>; **Ge'schmacks·rich·tung** <f.; -, -en>; **Ge'schmacks·sa·che** <f.; -; unz.> = *Geschmacksache;* **Ge'schmacks·sinn** <m.; -(e)s; unz.>; **Ge'schmack(s)·stoff** <m.; -(e)s, -e>; **Ge'schmacks·ver·ir·rung**

G

G

<f.; -, -en>; **Ge'schmacks·ver·stär·ker** <m.; -s, ->; **ge'schmack·voll** <Adj.>

Ge'schmei·de <n.; -s, -; geh.> *Schmuck*; **ge'schmei·dig** <Adj.> *schmiegsam, biegsam, gelenkig*; **Ge'schmei·dig·keit** <f.; -; unz.>

Ge'schmeiß <n.; -es; unz.; umg.> **1** *Ungeziefer* **2** <derb> *Gesindel, Pack* **3** <Jägerspr.> *Kot (von Raubvögeln)*

Ge'schmet·ter <n.; -s; unz.> → *schmettern*

Ge'schmier, Ge'schmie·re <n.; -s; unz.> → *schmieren*

Ge'schmor·te(s) <n. 3> *Schmorfleisch*

Ge'schmu·se <n.; -s; unz.; umg.> → *schmusen*

Ge'schnat·ter <n.; -s; unz.> → *schnattern*

ge'schnie·gelt <Adj.> *(übertrieben) fein zurechtgemacht; ~ u. gebügelt* <umg.>

Ge'schöpf <n.; -(e)s, -e> *Lebewesen, Kreatur*

Ge'schoss <n.; -es, -e>, **Ge'schoß** <n.; -es, -e; österr.; schweiz.> **1** *mit einer Waffe geschleuderter Körper* **2** *Stockwerk*; *Erd~; Zwischen~*; **Ge'schoss·bahn** <f.; -, -en>; **...ge'schos·sig** <Adj.; ⟋Z34; in Zus.> *z. B. dreigeschossig, <in Ziffern> 3-geschossig*

ge'schraubt <Adj.; ⟋Z28.1> *geziert, gekünstelt; ein ~er Stil*; **Ge'schraubt·heit** <f.; -; unz.>

Ge'schrei <n.; -s; unz.> → *schreien*

Ge'schreib·sel <n.; -s; unz.; umg.; abwertend> *minderwertiges literar. Produkt*

ge'schult <Adj.; ⟋Z28.1> *fachlich ausgebildet; ~es Personal*

ge'schuppt <Adj.; ⟋Z28.1> *mit Schuppen*

Ge'schütz <n.; -es, -e> *große, schwere Waffe zum Abfeuern von Geschossen(1)*; **Ge'schütz·feu·er** <n.; -s, ->

Ge'schwa·der <n.; -s, -; Mil.> *Verband von Kriegsschiffen od. Kampfflugzeugen*

Ge'schwa·fel <n.; -s; unz.; umg.> → *schwafeln*

Ge'schwätz <n.; -es; unz.; abwertend> *dummes Gerede, Tratsch*; **Ge'schwat·ze** <n.; -s; unz.;**

umg.> → *schwatzen*; **ge'schwät·zig** <Adj.>; **Ge'schwät·zig·keit** <f.; -; unz.>

ge'schwei·ge <Konj.; meist in der Wendung> *~ denn noch viel weniger; die Kleine kann noch nicht sitzen, ~ denn stehen*

ge'schwind <Adj.> *schnell, flink*; **Ge'schwin·dig·keit** <f.; -, -en> *Tempo*; **Ge'schwin·dig·keits·be·gren·zung** <f.; -, -en>, **Ge'schwin·dig·keits·be·schrän·kung** <f.; -, -en>; **Ge'schwin·dig·keits·mes·ser** <m.; -s, -> *Tachometer*; **Ge'schwin·dig·keits·ü·ber·schrei·tung** <f.; -; unz.; ⟋Z55>; **Ge'schwind·schritt** <m.; -(e)s; unz.> *im ~*

Ge'schwis·ter <n.; -s, -; meist Pl.> *Bruder u./od. Schwester*; **Ge'schwis·ter·chen** <n.; -s, ->; Verkleinerungsf. von *Geschwister*; **ge'schwis·ter·lich** <Adj.> *~ teilen*; **Ge'schwis·ter·lie·be** <f.; -; unz.>; **Ge'schwis·ter·paar** <n.; -(e)s, -e>

ge'schwol·len <Adj.; ⟋Z28.1; fig.; umg.> *unnatürlich, aufgeblasen; ~ daherreden*

Ge'schwo·re·ne(r) <f. 2 (m. 1); bis 1972 amtl. Bez. für> *Schöffe*; **Ge'schwo·re·nen·ge·richt** <n.; -(e)s, -e> = *Schwurgericht*

Ge'schwulst <f.; -, ⸚e; Med.> *krankhafte Gewebewucherung*

Ge'schwür <n.; -(e)s, -e; Med.> *(eitrige) Entzündung an Haut od. Schleimhäuten*; **ge'schwü·rig** <Adj.>

'Ges-Dur <n.; -; unz.; Mus.; Abk.: Ges> *eine Tonart*; **'Ges-Dur-Drei·klang** <m.; -(e)s, ⸚e; Mus.>; **'Ges-Dur-Ton·lei·ter** <f.; -, -n; ⟋Z35; Mus.>

Ge'sei·che <n.; -s; unz.; umg.; derb> *leeres Gerede*

Ge'sei·re <n.; -s; unz.; umg.> *Gejammer* [jidd.]

Ge'selch·te(s) <n. 3; bair.; österr.> *gepökeltes u. geräuchertes Fleisch*

Ge'sell <m.; -en, -en; poet.>, **Ge'sel·le** <m.; -n, -n> **1** *Handwerker nach abgeschlossener Lehre* **2** *Gefährte; ein lustiger ~*; **ge'sel·len** <V. refl.> *sich zu jmdm. ~*; **Ge'sel·len·brief** <m.; -(e)s, -e>; **Ge'sel·len·jah·re** <Pl.>; **Ge'sel·len·prü·fung** <f.; -, -en; Handwerk>; **Ge'sel·len·stück**

<n.; -(e)s, -e>; **Ge'sel·len·zeit** <f.; -; unz.>; **ge'sel·lig** <Adj.> **1** *Gesellschaft liebend; ein ~er Mensch* **2** *unterhaltsam; ein ~er Abend*; **Ge'sel·lig·keit** <f.; -, -en>; **Ge'sel·lin** <f.; -, -n·nen>; **Ge'sell·schaft** <f.; -, -en> **1** *geselliges Beisammensein; Abend~* **2** *Gruppe von Menschen; Reise~; jmdm. ~ leisten* **3** *Umgang; in schlechte ~ geraten* **4** *Gesamtheit der unter best. polit. od. sozialen Bedingungen zusammenlebenden Menschen; Klassen~* **5** *Vereinigung mehrerer Personen zu best. Zwecken; Aktien~; ~ mit beschränkter Haftung* <Abk.: GmbH>; **Ge'sell·schaf·ter** <m.; -s, -> **1** *Unterhalter, Begleiter* **2** *Teilhaber einer Handelsgesellschaft*; **Ge'sell·schaf·te·rin** <f.; -, -n·nen>; **ge'sell·schaft·lich** <Adj.>; **Ge'sell·schafts·an·zug** <m.; -(e)s, ⸚e>; **Ge'sell·schafts·da·me** <f.; -, -n; früher> *Unterhalterin, Begleiterin*; **ge'sell·schafts·fä·hig** <Adj.>; **Ge'sell·schafts·form** <f.; -, -en>; **Ge'sell·schafts·kleid** <n.; -(e)s, -er>; **Ge'sell·schafts·kri·tik** <f.; -, -en; Pl. selten>; **Ge'sell·schafts·leh·re** <f.; -; unz.> *Soziologie, Gemeinschaftskunde*; **Ge'sell·schafts·ord·nung** <f.; -, -en>; **ge'sell·schafts·po·li·tisch** <Adj.>; **Ge'sell·schafts·ro·man** <m.; -(e)s, -e>; **Ge'sell·schafts·schicht** <f.; -, -en>; **Ge'sell·schafts·spiel** <n.; -(e)s, -e>; **Ge'sell·schafts·wis·sen·schaft** <f.; -, -en> Sy *Soziologie*

Ge'senk <n.; -(e)s, -e> **1** <Bgb.> *zwei Sohlen(4) verbindender Blindschacht* **2** *ein Presswerkzeug in Hohlform*

'ges·es, 'Ges·es <n.; -, -; Mus.> *Tonbezeichnung*

Ge'setz <n.; -es, -e> **1** *rechtlich bindende Vorschrift; Straf~* **2** *den Ablauf einer Sache bestimmendes Prinzip; Natur~; die mendelschen ~e*; **Ge'setz·blatt** <n.; -(e)s, ⸚er; Abk.: GBl.>; **Ge'setz·buch** <n.; -(e)s, ⸚er>; **Ge'setz·ent·wurf** <m.; -(e)s, ⸚e>; **Ge'set·zes·än·de·rung** <f.; -, -en>; **Ge'set·zes·ent·wurf** <m.; -(e)s, ⸚e; schweiz. für> *Gesetzentwurf*; **Ge'set·zes·kraft** <f.; -;

unz.>; **Ge·set·zes·no·vel·le** <[-vel-]; f.; -, -n> *Abänderung eines Gesetzes, Nachtrag;* **Ge·set·zes·samm·lung** <f.; -, -en>; **Ge·set·zes·ta·fel** <f.; -, -n; nach der bibl. Überlieferung> *Tafel mit den Zehn Geboten;* **Ge·set·zes·text** <m.; -(e)s, -e>; **Ge·set·zes·vor·la·ge** <f.; -, -n>; **ge·'setz·ge·bend** <Adj.> ~e Versammlung; **Ge·'setz·ge·ber** <m.; -s, ->; **Ge·'setz·ge·bung** <f.; -, -en>; **ge·'setz·lich** <Adj.> *das Gesetz(1) betreffend;* ~ geschützt <Abk.: ges. gesch.> *(Vermerk auf Geräten);* ~e Krankenkasse; **Ge·'setz·lich·keit** <f.; -; unz.>; **ge·'setz·los** <Adj.>; **Ge·'setz·lo·sig·keit** <f.; -; unz.>; **Ge·'setz·mä·ßig** <Adj.> *einem Gesetz(2) entsprechend, regelmäßig;* **Ge·'setz·mä·ßig·keit** <f.; -; unz.>; **Ge·'setz·samm·lung** <f.; -, -en>

ge·'setzt <Adj.; ↗Z28.1> *ernst, besonnen;* ein ~er Mensch; ~(,) dass ...; → a. *setzen(5);* **ge·setz·ten·falls** <Adv.; selten> *angenommen, dass;* **Ge·'setzt·heit** <f.; -; unz.>

ge·setz·wid·rig <Adj.> ~es Verhalten; **Ge·'setz·wid·rig·keit** <f.; -; unz.>; **ges. gesch.** <Abk. für *gesetzlich geschützt;* → a. *gesetzlich*

Ge·'sicht[1] <n.; -(e)s, -er> 1 *vordere Seite des Kopfes* 2 *Miene;* ~er schneiden *Grimassen machen* 3 *Person;* andere ~er sehen 4 *Ansehen;* das ~ verlieren; **Ge·'sicht**[2] <n.; -(e)s, -e> *Erscheinung, Vision;* **Ge·'sichts·aus·druck** <m.; -(e)s, ⸚e>; **Ge·'sichts·creme** <[-kre:m]; f.; -, -s od. (österr.; schweiz.) -n>; **Ge·'sichts·far·be** <f.; -, -n>; **Ge·'sichts·feld** <n.; -(e)s, -er>; **Ge·'sichts·kreis** <m.; -es, -e> = *Horizont(2);* **Ge·'sichts·kre·me** <f.; -, -s od. (österr.; schweiz.) -(e)n>; **Ge·'sichts·mas·ke** <f.; -, -n>; **Ge·'sichts·nerv** <m.; -s od. (fachsprachl.) -en, -en>; **Ge·'sichts·punkt** <m.; -(e)s, -e> unter diesem ~ <fig.> *bei dieser Betrachtungsweise;* **Ge·'sichts·ver·lust** <m.; -(e)s; unz.; fig.> → a. *Ge·sicht*[1]*(4);* **Ge·'sichts·was·ser** <n.; -s, ⸚>; **Ge·'sichts·win·kel**

<m.; -s, -> = *Gesichtspunkt;* **Ge·'sichts·zug** <m.; -(e)s, ⸚e; meist Pl.>

Ge·'sims <n.; -es, -e> *waagrecht verlaufender Mauervorsprung*

Ge·'sin·de <n.; -s, -; früher> *Gesamtheit der Knechte u. Mägde;* **Ge·'sin·del** <n.; -s; unz.; abwertend> *nichtswürdige Menschen, Pack;* **Ge·'sin·de·stu·be** <f.; -, -n; früher>

ge·'sinnt <Adj.> *eine best. Gesinnung habend;* jmdm. gut ~ sein; <aber> → *gesonnen;* **Ge·'sin·nung** <f.; -, -en> *Einstellung, Denkart;* **Ge·'sin·nungs·ge·nos·se** <m.; -n, -n>; **Ge·'sin·nungs·ge·nos·sin** <f.; -, -nen>; **ge·'sin·nungs·los** <Adj.>; **Ge·'sin·nungs·lo·sig·keit** <f.; -; unz.>; **ge·'sin·nungs·treu** <Adj.>; **Ge·'sin·nungs·treue** <f.; -; unz.>; **Ge·'sin·nungs·wan·del** <m.; -s; unz.; früher u. a. die Sitte u.>; **Ge·'sin·nungs·wech·sel** <[-ks-]; m.; -s, ->

ge·'sit·tet <Adj.> *wie es Sitte u. Anstand entspricht;* **Ge·'sit·tung** <f.; -; unz.; selten>

'ges-Moll <n.; -; unz.; Mus.; Abk.: ges> *eine Tonart;* **'ges-Moll-Drei·klang** <m.; -(e)s, ⸚e; Mus.>; **'ges-Moll-Ton·lei·ter** <f.; -, -n>

Ge·'socks <n.; -; unz.; umg.; abwertend> *Gesindel*

Ge·'söff <n.; -(e)s, -e; umg.> *(schlechtes) Getränk*

ge·'son·nen <Adj.> *bereit, gewillt;* ich bin nicht ~(,) das zu tun; <aber> → *gesinnt*

Ge·'sot·te·ne(s) <n. 3> *gekochtes Fleischgericht*

Ge·'span <m.; -(e)s od. -en, -e od. -en; veralt.> *Gefährte, Mitarbeiter*

Ge·'spann <n.; -(e)s, -e> 1 *Zugtiere (mit Wagen)* 2 <fig.; umg.> *zwei zusammengehörende Menschen;* die beiden geben ein gutes ~ ab; **ge·'spannt** <Adj.; ↗Z28.1> 1 *erwartungsvoll, interessiert;* ~ zuhören 2 *gereizt, konfliktgeladen;* ein ~es Verhältnis; **Ge·'spannt·heit** <f.; -; unz.>

Ge·'sparr <n.; -(e)s; Bauw.> *Gesamtheit der Dachsparren*

Ge·'spenst <n.; -(e)s, -er> *Geistererscheinung, Trugbild;* **Ge·'spens·ter·ge·schich·te** <f.; -, -n>; **ge·'spens·ter·haft** <Adj.>;

ge·'spens·tern <V. i.; ich gespenst(e)re> *spuken;* **ge·'spens·tig, ge·'spens·tisch** <Adj.> *wie ein Gespenst, unheimlich*

ge·'sper·bert <Adj.; Jägerspr.> *wellenförmig gezeichnet;* ~es Gefieder

Ge·'sperr <n.; -(e)s, -e>, **Ge·'sper·re** <n.; -s, -> 1 *Sperr-, Hemmvorrichtung* 2 <Jägerspr.> *Gesamtheit von Jungvögeln u. Alten beim Auer- u. Birkhahn, Fasan u. Rebhuhn*

Ge·'spie·le[1] <n.; -s; unz.> → *spielen;* **Ge·'spie·le**[2] <m.; -n, -n; veralt.> *Spielkamerad;* **Ge·'spie·lin** <f.; -, -nen>

Ge·'spinst <n.; -(e)s, -e> *ineinander Verflochtenes* <a. fig.>; *Lügen*~

Ge·'spons[1] <m.; -es, -e; veralt., sonst scherzh.> *Bräutigam, Ehemann;* Ehe~ [lat.]; **Ge·'spons**[2] <n.; -es, -e; veralt., sonst scherzh.> *Braut, Ehefrau*

Ge·'spött <n.; -(e)s; unz.> sich zum ~ machen

Ge·'spräch <n.; -(e)s, -e> *(Gegenstand einer) Unterhaltung;* im ~ sein; **ge·'sprä·chig** <Adj.> *mitteilsam;* **Ge·'sprä·chig·keit** <f.; -; unz.>; **ge·'sprächs·be·reit** <Adj.>; **Ge·'sprächs·be·reit·schaft** <f.; -; unz.> ~ signalisieren; **Ge·'sprächs·form** <f.; -, -en; Pl. selten>; **Ge·'sprächs·ge·gen·stand** <m.; -(e)s, ⸚e> *Gesprächsthema;* **Ge·'sprächs·me·di·zin** <f.; -; unz.>; **Ge·'sprächs·part·ner** <m.; -s, ->; **Ge·'sprächs·part·ne·rin** <f.; -, -nen>; **Ge·'sprächs·run·de** <f.; -, -n>; **Ge·'sprächs·stoff** <m.; -(e)s, -e>; **Ge·'sprächs·teil·neh·mer** <m.; -s, ->; **Ge·'sprächs·teil·neh·me·rin** <f.; -, -nen>; **Ge·'sprächs·the·ma** <n.; -s, -the·men> zum ~ werden; **Ge·'sprächs·wei·se** <Adv.> etwas ~ erwähnen

ge·'spreizt <Adj.; ↗Z28.1; a. fig.> *unnatürlich, geziert;* **Ge·'spreizt·heit** <f.; -; unz.>

Ge·'spren·ge <n.; -s, -; Arch.> *Aufbau über spätgot. Altären*

ge·'spren·kelt <Adj.> *mit kleinen Flecken versehen*

Ge·'spritz·te(r) <m. 1; süddt.; österr.> *mit Sodawasser verdünnter Wein*

Ge·spür <n.; -(e)s; unz.> *Gefühl*

gest. <Abk. für> *gestorben* <Zeichen: †>

Ge·sta·de <n.; -s, -; poet.> *Ufer, Küste*

Ges·ta·ge·ne <Pl.> *Gelbkörperhormone*

Ge·stalt <f.; -, -en> 1 <unz.> *äußere Erscheinung (eines Menschen);* von schlanker ~ 2 *von einem Dichter geschaffene Figur* 3 *Form;* der Plan nimmt allmählich ~ an; **ge·stalt·bar** <Adj.>; **ge·stal·ten** <V. t./V. refl.> *formen;* **Ge·stal·ter** <m.; -s, ->; **Ge·stal·te·rin** <f.; -, -n·nen>; **ge·stal·te·risch** <Adj.>; **ge·stalt·haft** <Adj.>; **ge·stalt·los** <Adj.>; **Ge·stalt·lo·sig·keit** <f.; -; unz.>; **Ge·stal·tung** <f.; -; unz.>

Ge·stam·mel <n.; -s; unz.> → *stammeln*

ge·stan·den <Adj.; ↗Z28.1> *erfahren, bodenständig;* ein ~es Mannsbild <bair.; österr.>

ge·stän·dig <Adj.> *die Schuld eingestehend;* **Ge·ständ·nis** <n.; -s·ses, -s·se>

Ge·stän·ge <n.; -s, -> *Gefüge von Stangen*

Ge·stank <m.; -(e)s; unz.> *übler Geruch*

Ge·sta·po <f.; -; unz.; 1933–45; Kurzw. für> *Geheime Staatspolizei*

ge·stat·ten <V. t.> *erlauben, bewilligen*

Ges·te <f.; -, -n> 1 *Gebärde* 2 *Zeichen* [lat.]

Ge·steck <n.; -(e)s, -e> 1 *Blumenarrangement* 2 <österr.> *Hutschmuck*

ge·ste·hen <V. t. 256> *bekennen, zugeben;* **Ge·ste·hungs·kos·ten** <Pl.; Wirtsch.> *Herstellungskosten*

Ge·stein <n.; -(e)s, -e>; **Ge·steins·art** <f.; -, -en>; **Ge·steins·kun·de** <f.; -; unz.>

Ge·stell <n.; -(e)s, -e> *Gefüge, Stützrahmen;* Bücher~; Brillen~

ge·stelzt <Adj.; fig.> *unnatürlich, hochtrabend*

ges·tern <Adv.; ↗Z45> 1 *einen Tag zurückliegend;* ~ Abend, Morgen, Nachmittag, Nacht 2 <fig.> *früher;* von altmodisch; ~ u. heute *früher u. jetzt;* der Unterschied zwischen ~ u.

heute, <auch> (dem) Gestern u. (dem) Heute

Ge·sti·chel <n.; -s; unz.> → *sticheln(2)*

ge·stie·felt <Adj.; ↗Z46> ~ u. gespornt <fig.; umg.> *abmarschbereit;* <aber> der Gestiefelte Kater (eine Märchengestalt)

ge·stielt <Adj.> *mit Stiel*

'Ges·tik <f.; -; unz.> *Gebärdenspiel* [lat.]; **Ges·ti·ku·la·ti·on** <f.; -; unz.>; **ges·ti·ku·lie·ren** <V. i.>

Ge·stimmt·heit <f.; -; unz.> *Stimmung*

Ges·ti·on <f.; -, -en; noch österr.; veralt.> *Verwaltung* [lat.]

Ge·stirn <n.; -(e)s, -e; geh.> *Himmelskörper;* **ge·stirnt** <Adj.> der ~e Himmel

'ges·tisch <Adj.> *mithilfe von Gesten*

Ge·stö·ber <n.; -s, -> *stürmischer Niederschlag;* Schnee~

ge·sto·chen <Adj.; ↗Z28.1> eine ~e Handschrift *eine saubere, klare H.;* → a. *stechen(1)*

ge·stockt <Adj.; ↗Z28.1; süddt.; österr.> *geronnen;* ~e Milch

Ge·stör <n.; -(e)s, -e> *Teil eines Floßes*

ge·stor·ben <Adj.; ↗Z28.1; nur präd.; Zeichen: †>

Ge·stot·ter <n.; -s; unz.> → *stottern*

Ge·stram·pel <n.; -s; unz.; umg.> → *strampeln*

Ge·sträuch <n.; -(e)s, -e; geh.> *Gebüsch, Strauchwerk*

ge·streift <Adj.> *mit Streifen versehen;* ein grün ~er Pullover

ge·streng <Adj.; veralt.> *streng*

Ge·strick·te(s) <n. 3; unz.>

'ges·trig <auch> **'gest·rig** <Adj.; ↗Z53> *von gestern;* die ~e Zeitung; ein ewig Gestriger <abwertend>

Ge·strüpp <n.; -(e)s, -e> *dichtes Buschwerk*

Ge·stühl <n.; -(e)s, -e> *zusammenhängende Stuhlreihe(n);* Chor~

Ge·stüm·per <n.; -s; unz.; umg.> → *stümpern*

'Ges·tus <m.; -; unz.> *Gebärde, Ausdruck* [lat.]

Ge·stüt <n.; -(e)s, -e> *Pferdezuchtbetrieb;* **Ge·stüts·brand** <m.; -(e)s; unz.> *Brandzeichen für Pferde eines Gestüts*

Ge·such <n.; -(e)s, -e> *schriftl.*

Bitte, Eingabe; **ge·sucht** <Adj.; -er, am -es·ten; ↗Z28.1> *gekünstelt, steif;* ~e Ausdrucksweise; **Ge·sucht·heit** <f.; -; unz.>

Ge·su·del <n.; -s; unz.; umg.> → *sudeln*

Ge·sül·ze <n.; -s; unz.; Jugendspr.> *langweiliges Geschwätz*

Ge·summ <n.; -s; unz.> → *summen*

ge·sund <Adj.; ge·sün·der, am ge·sün·des·ten, <selten> ge·sun·der, am ge·sun·des·ten> 1 <↗Z24> *frei von Krankheit, leistungsfähig;* ~ sein, bleiben, werden; jmdn. ~ pflegen, machen; <aber Zusammenschreibung in Verbindung mit Verben bei fig. Bedeutung> → *gesundbeten, gesundschreiben, gesundschrumpfen, gesundstoßen* 2 *der Gesundheit zuträglich;* ~e Ernährung 3 *natürlich, vernünftig;* der ~e Menschenverstand; **ge·sund|be·ten** <V. t.; ich bete gesund; sie hat gesundgebetet; gesundzubeten; fig.> *durch optimistische Reden zu heilen suchen;* ein Unternehmen ~; **Ge·sund·brun·nen** <m.; -s, -> 1 *Heilquelle* 2 = *Jungbrunnen;* **ge·sun·den** <V. i. (s.); geh.> *gesund werden;* **Ge·sund·heit** <f.; -; unz.>; **ge·sund·heit·lich** <Adj.>; **Ge·sund·heits·amt** <n.; -(e)s, ⸚er> staatl. ~; **Ge·sund·heits·a·pos·tel** <m.; -s, -; ↗Z55; umg.; scherzh.> *Verfechter einer gesunden Lebensweise;* **Ge·sund·heits·be·hör·de** <f.; -, -n>; **ge·sund·heits·hal·ber** <Adv.>; **Ge·sund·heits·leh·re** <f.; -; unz.> = *Hygiene;* **Ge·sund·heits·mi·nis·ter** <m.; -s, ->; **Ge·sund·heits·mi·nis·te·rin** <f.; -, -n·nen>; **Ge·sund·heits·mi·nis·te·ri·um** <n.; -s, -ri·en>; **Ge·sund·heits·pfle·ge** <f.; -; unz.>; **Ge·sund·heits·re·form** <f.; -, -en; Pol.>; **ge·sund·heits·schäd·lich** <Adj.>; **Ge·sund·heits·we·sen** <n.; -s; unz.> öffentl. ~; **Ge·sund·heits·zu·stand** <m.; -(e)s; unz.>; **ge·sund|schrei·ben** <V. t.> jmdn. ~ *jmds. wiedererlangte Arbeitsfähigkeit schriftl. bestätigen;* Ggs *krankschreiben;* **ge·sund|schrump·fen** <V. refl.>

sich ~ *sich auf eine rentable Größe verkleinern;* **ge'sund|sto·ßen** <V. refl. 262; umg.> sich ~ *sich bereichern;* **Ge'sun·dung** <f.; -; unz.>

get. <Abk. für> *getauft*

Ge'tä·fel, Ge'tä·fer <n.; -s; unz.; schweiz.> *Täfelung*

Ge'tän·del <n.; -s; unz.> → *tändeln*

ge'tauft <Adj.; ↗Z28.1; Abk.: get.>

Ge'tier <n.; -s; unz.; geh.> *(kleine) Tiere*

ge'ti·gert <Adj.; ↗Z28.1> *gestreift*

Ge'to·be <n.; -s; unz.; umg.> → *toben*

Ge'to·se <n.; -s; unz.> → *tosen;* **Ge'tö·se** <n.; -s; unz.; meist abwertend> *Lärm, Krach*

ge'tra·gen <Adj.; ↗Z28.1> *ruhig, ernst, langsam;* ~e Musik; **Ge'tra·gen·heit** <f.; -; unz.>

Ge'tränk <n.; -(e)s, -e> *Flüssigkeit zum Trinken;* **Ge'trän·ke·au·to·mat** <m.; -en, -en>; **Ge'trän·ke·steu·er** <f.; -; unz.>

Ge'trap·pel <n.; -s; unz.> → *trappeln*

Ge'tratsch <n.; -(e)s; umg.>, **Ge'trat·sche** <n.; -s; unz.; umg.> → *tratschen*

ge'trau·en <V. refl.> sich etwas ~ *etwas wagen*

Ge'trei·de <n.; -s; unz.> *Kulturpflanzen mit meist mehlreichen Körnerfrüchten;* **Ge'trei·de·korn** <n.; -(e)s, ⸚er>; **Ge'trei·de·müh·le** <f.; -; -n>; **Ge'trei·de·pflan·ze** <f.; -, -n>; **Ge'trei·de·pro·dukt** <n.; -(e)s, -e>; **Ge'trei·de·wirt·schaft** <f.; -; unz.>

Ge'trennt·schrei·bung <f.; -; unz.> → *Kasten S. 438*

ge'treu <Adj.> 1 *treu, zuverlässig;* ein ~er Diener 2 *(der Wirklichkeit) entsprechend;* eine ~e Wiedergabe; ~ meiner Devise; maßstabs~; **ge'treu·lich** <Adv.>

Ge'trie·be <n.; -s, -> *Bewegung übertragendes Gefüge von Maschinenteilen;* **Ge'trie·be·scha·den** <m.; -s, ⸚>

Ge'trip·pel <n.; -s; unz.> → *trippeln*

ge'trost <Adj.> *guten Mutes;* sich ~ auf den Weg machen

'Get·to <n.; -s, -s> oV *Ghetto* 1 *abgeschlossenes Stadtviertel (bes. für Juden)* 2 <abwertend>

anonymes, unattraktives Wohnviertel [ital.]; **'Get·to·blas·ter** <m.; -s, -> *tragbarer Radiokassettenrekorder,* **get·to·i'sie·ren** <V. t.> *isolieren*

Ge·tue <[-'tuə]; n.; -s; unz.; abwertend> *geziertes Benehmen*

Ge'tüm·mel <n.; -s, -> *Tumult, Trubel*

ge'türkt <Adj.; ↗Z28.1; umg.> *vorgetäuscht*

'Geu·se <m.; -n, -n> *ndrl. Freiheitskämpfer gegen Spanien* [frz.]

Ge'vat·ter <m.; -s od. -n, -n; veralt.; noch scherzh.> *Freund, guter Bekannter;* **Ge'vat·te·rin** <f.; -, -n·nen>

Ge'viert <n.; -(e)s, -e> *Viereck, Quadrat;* **ge'vier·teilt** <Adj.; ↗Z28.1> *in vier Teile geteilt;* **Ge'viert·schein** <m.; -(e)s, -e; Astr.>

Ge'wächs <[-ks]; n.; -es, -e; Bot.> *Pflanze;* **ge'wach·sen** <Adj.; ↗Z28.1> jmdm. ~ sein *ebenbürtig;* **Ge'wächs·haus** <n.; -es, ⸚er; Bot.>

Ge'wa·ckel, Ge'wack·le <n.; -s; unz.> → *wackeln*

ge'wagt <Adj.; ↗Z28.1> *kühn, gefährlich;* ein ~es Unternehmen; **Ge'wagt·heit** <f.; -; unz.>

ge'wählt <Adj.> *überlegt, gehoben;* er drückt sich sehr ~ aus

ge'wahr <Adj.; nur in der Wendung> jmdn., jmds. od. etwas ~ werden *jmdn. od. etwas entdecken*

Ge'währ <f.; -; unz.> *Garantie*

ge'wah·ren <V. t.> jmdn. od. etwas ~ <geh.>

ge'wäh·ren <V. t.> 1 jmdm. etwas ~ *bewilligen* 2 jmdn. ~ lassen *jmdn. an seinem Tun nicht hindern;* **ge'währ·leis·ten** <V. t.; ich gewährleiste; sie hat gewährleistet; zu gewährleisten> *garantieren, sichern;* <aber> ich leiste (für den Zustand) Gewähr; sie hat Gewähr geleistet; Gewähr zu leisten; **Ge'währ·leis·tung** <f.; -, -en>

Ge'wahr·sam <m.; -s, -e> *Obhut, Verwahrung;* jmdn. in ~ nehmen *verhaften*

Ge'währs·man·gel <m.; -s, ⸚; Vet.>; **Ge'währs·mann** <m.; -(e)s, ⸚er od. -leu·te>; **Ge'wäh·rung** <f.; -, -en>

ge'walmt <Adj.> ~es Dach

Ge'walt <f.; -, -en> 1 *Macht, über jmdn. zu bestimmen;* die gesetzgebende ~; Erziehungs~ 2 <unz.> *rücksichtsloses, rohes Vorgehen* 3 *Heftigkeit, Wucht;* Natur~en; mit aller ~ *um jeden Preis;* **ge'walt·akt** <m.; -(e)s, -e>; **ge'walt·be·reit** <Adj.>; **Ge'walt·be·reit·schaft** <f.; -; unz.>; **Ge'wal·ten·tei·lung** <f.; -, -en; Pl. selten; Pol.>; **Ge'walt·herr·schaft** <f.; -; unz.> *Tyrannei, Despotie;* **Ge'walt·herr·scher** <m.; -s, ->; **ge'wal·tig** <Adj.> 1 *eindrucksvoll, mächtig, riesig* 2 <umg.; nur akt.> *schwer;* du irrst du dich ~; **ge'wäl·ti·gen** <V. t.; Bgb.> *wieder zugänglich machen;* **Ge'walt·kur** <f.; -, -en; umg.> *Radikalkur;* **ge'walt·los** <Adj.>; **Ge'walt·lo·sig·keit** <f.; -; unz.>; **Ge'walt·marsch** <m.; -(e)s, ⸚e>; **Ge'walt·maß·nah·me** <f.; -, -n>; **Ge'walt·mensch** <m.; -en, -en>; **ge'walt·sam** <Adj.>; **Ge'walt·tat** <f.; -, -en>; **Ge'walt·tä·ter** <m.; -s, ->; **ge'walt·tä·tig** <Adj.>; **Ge'walt·tä·tig·keit** <f.; -, -en>; **Ge'walt·ver·zicht** <m.; -(e)s; unz.> unter ~

Ge'wand <n.; -(e)s, ⸚er od. (poet. a.) -e> *Kleidung, äußeres Erscheinungsbild;* in neuem ~

Ge'wän·de <n.; -s, -; Arch.> *seitl. Begrenzung eines Portals od. Fensters*

ge'wan·den <V. t./V. refl.; veralt.> *festlich gewandet;* **Ge'wandhaus** <n.; -es, ⸚er> 1 *<früher> Lagerhaus der Tuchhändler* 2 <unz.> *Konzerthaus in Leipzig*

ge'wandt <Adj.; ↗Z28.1> *sicher im Auftreten, geschickt;* **Ge'wandt·heit** <f.; -; unz.>

ge'wär·tig <Adj.; nur in der Wendung> einer Sache ~ sein *etwas erwarten, darauf gefasst sein;* **ge'wär·ti·gen** <V. t.; geh.>

Ge'wäsch <n.; -(e)s; unz.; umg.> *dummes Geschwätz*

Ge'wäs·ser <n.; -s, -> *natürl. Ansammlung von Wasser;* Binnen~; **Ge'wäs·ser·kun·de** <f.; -; unz.>

Ge'we·be <n.; -s, -> 1 <Web.> *aus sich kreuzenden Fäden bestehender Stoff* 2 <Biol.> *Gefüge gleichartiger Zellen;* Binde~; **Ge'webs·flüs·sig·keit** <f.; -; unz.;

G

Getrennt- und Zusammenschreibung: Die G. wurde im Zuge der Reform der deutschen ↗Rechtschreibung von 1998 neu geregelt.

Die G. beschäftigt sich mit Wortformen, die im Text unmittelbar benachbart und aufeinander bezogen sind. Grundsätzlich schreibt man **Wortgruppen** getrennt und **Zusammensetzungen** zusammen. Die Neuregelung der G. geht davon aus, dass Getrenntschreibung der Normalfall und nur die Zusammenschreibung regelungsbedürftig ist.

1. Verbindungen mit Verben als zweitem Bestandteil

1.1 Zusammenschreibung

1.1.1 Bei untrennbaren Verben ändert sich die Reihenfolge der Bestandteile nicht: *er maßregelt/maßregelte/hat gemaßregelt/zu maßregeln*

a) **Zusammensetzungen aus Substantiv und Verb:** *wehklagen, brandmarken, handhaben, lobpreisen, maßregeln, nachtwandeln, schlafwandeln, schlussfolgern, wetteifern*
   In Einzelfällen kann eine Zusammensetzung auch als Wortgruppe aufgefasst werden: *danksagen/Dank sagen, gewährleisten/Gewähr leisten*

b) **Zusammensetzungen aus Adjektiv und Verb:** *frohlocken, langweilen, liebäugeln, liebkosen, vollbringen, vollenden, weissagen*

c) **Verbzusammensetzungen mit den Partikeln** *durch-, hinter-, über-, um-, unter-, wider-, wieder-;* z. B. *(eine Regel) durchbrechen, (ein Buch) übersetzen.* Hier liegt die Betonung auf dem zweiten Verbbestandteil.

1.1.2 **Trennbare Verben** werden im Infinitiv, in den beiden Partizipien sowie bei Endstellung im Nebensatz zusammengeschrieben. Bei diesen zusammengesetzten Verben ist die Reihenfolge der Bestandteile veränderlich, z. B. *davonlau-*

fen: er läuft davon/lief davon/ ist davongelaufen/davonzulaufen

a) **Partikel und Verb:** Verbindungen mit *ab-, an-, auf-, dabei-, herab-, entgegen-, hinein-, zusammen-* usw. werden zusammengeschrieben. Hier kann es zu Schreibvarianten kommen, wenn die Fügung als Wortgruppe verstanden wird: *dabei (beim Kartoffelschälen) sitzen,* aber: *sie möchte mit dabeisitzen*

b) **Adverb, Adjektiv und Verb** werden zusammengeschrieben, wenn der erste Bestandteil nicht selbstständig vorkommt: *fehlgehen, fehlschlagen, feilbieten, kundgeben, kundtun, weismachen.* (In konjugierten Formen trennbar: *er bietet feil.*)
   Es wird ebenfalls zusammengeschrieben, wenn der erste Bestandteil nicht erweiter- oder steigerbar ist: *bereithalten, bloßstellen, fernsehen, festsetzen, freisprechen, gutschreiben, schwarzarbeiten*
   Aufgrund dieses Kriteriums sind zahlreiche orthografische Zweifelsfälle entstanden, da es sich nicht immer zweifelsfrei entscheiden lässt, welche Verbzusammensetzungen steiger- oder erweiterbar sind.

c) **Verblasste Substantive und Verben** werden zusammengeschrieben: *heimführen, irreleiten, preisgeben, standhalten, stattgeben, teilnehmen, wettmachen, wundernehmen*

1.2 Getrenntschreibung

Getrenntschreibung gilt dagegen für

a) Verbindungen mit den (zusammengesetzten) **Adverbien** *dahinter, darunter, darin, darüber, darunter, davor,* z. B. *Er möchte darüber klettern* (aber Zusammenschreibung bei der umgangssprachlichen Form *drüber: Er möchte drüberklettern*).

Ebenso: *abhanden kommen, anheim fallen, beiseite nehmen, fürlieb nehmen, überhand nehmen, vonstatten gehen, zugute halten, zupass kommen, zustatten kommen, zuteil werden, aneinander denken, aufeinander achten, auseinander gehen, daheim bleiben, aufwärts streben*

b) Verbindungen aus **Adjektiven und Verben,** wenn das Adjektiv in dieser Verbindung steigerbar ist: *bekannt machen, fest halten, genau nehmen, nahe bringen*

c) **Ableitungen auf -ig, -isch oder -lich** als erstem Bestandteil: *übrig bleiben, tragisch nehmen, deutlich machen, rötlich gelb*

d) **Partizipien** als erstem Bestandteil der Wortgruppe: *getrennt schreiben, gefangen nehmen*

e) **Substantive** als erstem Bestandteil der Wortgruppe, die eindeutig als solche verwendet werden: *Eis laufen, Auto fahren, Rad fahren, Schlange stehen*

f) **Verbindungen aus zwei Verben:** *spazieren gehen, kennen lernen, sitzen bleiben*

g) **Verbindungen mit dem Verb** *sein: da sein (da gewesen), auf sein, zusammen sein*

2. Verbindungen mit Adjektiven oder Partizipien als zweitem Bestandteil

Ebenso wie bei den oben beschriebenen Verbzusammensetzungen werden Zusammensetzungen mit Adjektiven oder Partizipien als zweitem Bestandteil zusammengeschrieben und Wortgruppen getrennt geschrieben.

Bei Zusammensetzungen wird gegenüber einer freien Wortgruppe ein Element eingespart: *angsterfüllt* (= von Angst erfüllt), *butterweich* (= weich wie Butter), *jahrelang* (= mehrere Jahre lang). Liegt jedoch eine Wortgruppe zugrunde, so erfolgt Getrennt-

schreibung: *Rat suchend, vorwärts drängend, Not leidend, gefangen genommen*
Partizipverbindungen werden zusammengeschrieben, wenn das zugrunde liegende Verb zusammengeschrieben wird: *wehklagend* (wegen: *wehklagen*), *irregeführt, teilnehmend*
Zusammensetzungen, bei denen der erste Bestandteil eine bedeutungsverstärkende oder -mindernde Funktion besitzt, werden ebenfalls zusammengeschrieben: *bitterböse, dunkelblau, megastark, superklug*

Verbindungen, bei denen **der erste Bestandteil erweitert oder gesteigert** werden kann, werden getrennt geschrieben: *vor Freude strahlend, zwei Finger breit, drei Meter lang, dicht behaart, dünn besiedelt, dick belegt*

3.   Verbindungen mit Substantiven als zweitem Bestandteil

3.1 Zusammenschreibung gilt für

a)   Zusammensetzungen mit Substantiven, Adjektiven, Verben, Pronomen oder Partikeln, bei denen der letzte Bestandteil ein **Substantiv** ist: *Nadelstich, Apfelschale, Zweierbob, Selbstsucht, Laufband, Wirgefühl*

b)   Zusammensetzungen, bei denen der letzte Wortbestandteil **kein** Substantiv ist: *das Autofahren, das Schwimmengehen* (aber als Infinitivform: *schwimmen gehen*), *das Liegenlassen* usw.

c)   **Verbindungen mit fremdsprachlichen Wortbestandteilen.** Aus Adjektiv und Substantiv bestehende Fremdwörter können in Anlehnung an die Herkunftssprache auch getrennt geschrieben werden: *Blackbox/Black Box, Softdrink/Soft Drink, Happyend/Happy End* (Vgl. ↗Groß- und Kleinschreibung 3.)

3.2 Getrenntschreibung gilt für

Ableitungen auf *-er* von geografischen Einwohnernamen: *Berliner Zoo, Thüringer Wald, Schweizer Alpen*

4.   Aus Wortfügungen entstandene Adverbien und Präpositionen

Hier gibt es eine Reihe von Wortfügungen, die sowohl getrennt als auch zusammengeschrieben werden können: *aufgrund/auf Grund, mithilfe/mit Hilfe, aufseiten/auf Seiten* usw. In anderen Fällen ist dagegen nur Getrenntschreibung (*zu Ende, zu Hilfe*) oder nur Zusammenschreibung (*anhand, infolge*) möglich.

5.   Mehrteilige Adverbien, Konjunktionen, Präpositionen und Pronomen

5.1 Zusammenschreibung gilt, wenn die Bedeutung der einzelnen Bestandteile verblasst ist:

a)   **Adverbien:** *indessen, allerdings, allenfalls, ehrenhalber, diesmal, himmelwärts, deswegen, derzeit, vorzeiten, allzu, beileibe, nichtsdestotrotz*

b)   **Konjunktionen:** *anstatt, indem, inwiefern, sobald, sofern, solange, sooft, soviel, soweit*

c)   **Präpositionen:** *anhand, anstatt, infolge, inmitten, zufolge, zuliebe*

d)   **Pronomen:** *irgendein, irgendetwas, irgendjemand, irgendwas, irgendwelcher, irgendwer*

5.2 Getrenntschreibung gilt für

a)   **Fügungen mit so, wie oder zu** mit Adjektiv, Adverb oder Pronomen: *so viel, so viele, so oft, so weit*

b)   **Fügungen mit allzu:** *allzu bald, allzu oft, allzu sehr*

c)   **Fügungen mit gar:** *gar kein, gar nichts*

d)   **mehrteilige Konjunktionen:** *ohne dass, statt dass, außer dass.* (Für die Konjunktionen *sodass/so dass* gilt Zusammen- oder Getrenntschreibung.)

In Zweifelsfällen, in denen keine klare Zuordnung zu den einzelnen Regeln getroffen werden kann, entscheidet der Schreibende darüber, ob er die Getrennt- oder die Zusammenschreibung anwendet.

Med.> *Lymphe;* **Ge'webs·verpflan·zung** <f.; -, -en; Med.>
ge'weckt <Adj.; ↗Z28.1; veralt.> *aufgeweckt;* **Ge'weckt·heit** <f.; -; unz.; veralt.>
Ge'wehr <n.; -(e)s, -e> *eine Handfeuerwaffe;* Maschinen~; **Ge'wehr·kol·ben** <m.; -s, ->; **Ge'wehr·lauf** <m.; -(e)s, ⁺e>; **Ge'wehr·schrank** <m.; -(e)s, ⁺e>
Ge'weih <n.; -(e)s, -e> *knöcherne Stirnwaffen des Rot-, Dam-, Elch- u. Rehwildes;* **Ge'weihfarn** <m.; -(e)s; unz.; Bot.>; **ge'weiht** <Adj.; ↗Z28.1; Jägerspr.> *ein Geweih tragend;* → a. *weihen*

Ge'wer·be <n.; -s, -> *auf Erwerb ausgerichtete Tätigkeit;* **Gewerbe·auf·sicht** <f.; -; unz.>; **Ge'wer·be·be·trieb** <m.; -(e)s, -e>; **Ge'wer·be·frei·heit** <f.; -; unz.>; **Ge'wer·be·ge·biet** <n.; -(e)s, -e>; **Ge'wer·be·ord·nung** <f.; -; unz.; Abk.: GewO>; **Ge'wer·be·schein** <m.; -(e)s, -e>; **Ge'wer·be·steu·er** <f.; -, -n>; **ge'wer·be·trei·bend** <Adj.>; **Ge'wer·be·trei·ben·de(r)** <f. 2 (m. 1)>; **ge'werb·lich** <Adj.> *genutzte Räume;* **ge'werbs·mä·ßig** <Adj.>
Ge'werk <n.; -(e)s, -e; veralt.> **1** *Gewerbe, Zunft* **2** *(Räder-)Werk;*

Ge'werk·schaft <f.; -, -en> *Vereinigung von Arbeitnehmern zur Wahrung ihrer Interessen;* **Ge'werk·schaf·ter** <m.; -s, -> *Mitglied einer Gewerkschaft;* **Ge'werk·schaf·te·rin** <f.; -, -nnen>; **Ge'werk·schaft·ler** <m.; -s, -> = *Gewerkschafter;* **Ge'werk·schaft·le·rin** <f.; -, -nnen>; **ge'werk·schaft·lich** <Adj.>; **Ge'werk·schafts·be·we·gung** <f.; -, -en>; **Ge'werk·schafts·bund** <m.; -(e)s, ⁺e; Pl. selten> *Vereinigung mehrerer Gewerkschaften;* **Ge'werk·schafts·füh·rer** <m.; -s, ->; **Ge-**

G

G

'werk·schafts·füh·re·rin <f.; -, -n·nen>

Ge'wicht¹ <n.; -(e)s, -e> 1 *Schwere; nach* ~ *verkaufen* 2 *Körper von genau bestimmter Schwere; Zentner~* 3 <unz.; fig.> *Bedeutung, Wichtigkeit; einer Sache kein besonderes* ~ *beimessen; das fällt nicht ins* ~

Ge'wicht² <n.; -(e)s, -er; Jägerspr.> *Gehörn des Rehbocks*

ge'wich·ten <V. t.> 1 <Stat.> *eine Gewichtung vornehmen* 2 *einzelne Punkte unterschiedlich* ~; **Ge'wicht·he·ben** <n.; -s; unz.; Sp.>; **Ge'wicht·he·ber** <m.; -s, ->; **ge'wich·tig** <Adj.> *bedeutsam*; **Ge'wich·tig·keit** <f.; -; unz.>; **Ge'wichts·ab·nah·me** <f.; -, -n>; **Ge'wichts·ein·heit** <f.; -, -en>; **Ge'wichts·klas·se** <f.; -, -n; Schwerathletik>; **Ge'wichts·kon·trol·le** <auch> **Ge'wichts·kont·rol·le** <f.; -, -n; ✎Z53>; **ge'wichts·los** <Adj.>; **Ge'wichts·ver·la·ge·rung** <f.; -, -en>; **Ge'wichts·ver·lust** <m.; -(e)s, -e>; **Ge'wichts·zu·nah·me** <f.; -, -n>; **Ge'wich·tung** <f.; -, -en; Stat.>

ge'wieft <Adj.; -er, am -es·ten; umg.> *schlau, durchtrieben*

ge'wiegt <Adj.; -er, am -es·ten; fig.; umg.> *erfahren, gerissen*

Ge'wie·her <n.; -s; unz.> → *wiehern*

ge'willt <Adj.; in der Wendung> *(nicht)* ~ *sein(,) etwas zu tun (nicht) bereit*

Ge'wim·mel <n.; -s; unz.> *lebhaftes Durcheinander, Gewühl*

Ge'wim·mer <n.; -s; unz.> → *wimmern*

Ge'win·de <n.; -s, -> 1 *Geflecht; Blumen~* 2 <Tech.> *Rille um einen zylindr. Mantel*; **Ge'win·de·boh·rer** <m.; -s, ->; **Ge'win·de·gang** <m.; -(e)s, ⸚e>; **Ge'win·de·schnei·der** <m.; -s, -; Tech.>

Ge'winn <m.; -(e)s, -e> 1 *materieller od. idealler Nutzen, Bereicherung; einen* ~ *aus etwas ziehen; eine* ~ *bringende/<auch> gewinnbringende Geldanlage;* → a. *gewinnbringend* 2 *Treffer, Preis; Lotterie~*; **Ge'winn·an·teil** <m.; -(e)s, -e>; **Ge'winn·aus·schüt·tung** <f.; -; unz.> *Auszahlung von Gewinnanteilen*; **Ge'winn·be·tei·li·gung** <f.; -, -en>;

ge'winn·brin·gend <Adj.> *erheblichen Gewinn erzielend; ein* ~*es/<auch> Gewinn bringendes Unternehmen; <bei Steigerung u. mit Attribut nur Zusammenschreibung> ein höchst* ~*es Unternehmen;* → a. *Gewinn(1)*; **ge'win·nen** <V. 151> 1 <V. t. u. V. i.> *als Sieger aus einem Wettkampf hervorgehen* 2 <V. t. u. V. i.> *durch Glück erlangen; er hat bei einem Preisausschreiben (ein Auto) gewonnen* 3 <V. t.> *durch eigene Anstrengung erlangen; Ansehen, Einfluss* ~ 4 <V. t.> *werben; er konnte für die Mitarbeit gewonnen werden* 5 <V. i.> *zunehmen, wirkungsvoller werden; es hat noch gewonnen* 6 <V. t.> *fördern, erzeugen; Kohle* ~; **ge'win·nend** <Adj.; ✎Z28.1> *einnehmend, ansprechend; sie hat ein* ~*es Lächeln*; **Ge'win·ner** <m.; -s, ->; **Ge'win·ne·rin** <f.; -, -n·nen>; **Ge'winn·ge·mein·schaft** <f.; -, -en>; **...ge·winn·ler** <m.; -s, -; in Zus.> *jmd., der aus einer Situation Gewinn schlägt; Kriegsgewinnler*; **Ge'winn·lis·te** <f.; -, -n>; **Ge'winn·los** <n.; -es, -e>; **Ge'winn·ma·xi·mie·rung** <f.; -; unz.; Wirtsch.>; **Ge'winn·num·mer** <f.; -, -n; ✎Z37>; **Ge'winn·span·ne** <f.; -, -n>; **Ge'winn·steu·er** <f.; -; unz.>; **Ge'winn·stre·ben** <n.; -s; unz.>; **Ge'winn·und-Ver'lust-Rech·nung** <f.; -, -en; ✎Z33> *Gegenüberstellung der Einnahme- u. Ausgabekonten;* **Ge'win·nung** <f.; -; unz.> *Förderung, Erzeugung; Erz~*

Ge'win·sel <n.; -s; unz.> → *winseln*

Ge'wir·ke <n.; -s, -> *aus Maschen bestehender Stoff*

Ge'wirr <n.; -(e)s, -e> *schwer durchschaubares Durcheinander; Straßen~*

Ge'wis·per <n.; -s; unz.> → *wispern*

ge'wiss <Adj.> 1 *sicher, unbestreitbar* 2 *nicht näher bestimmt; in einem* ~*en Alter; das* ~ *Etwas*; **Ge'wis·sen** <n.; -s; unz.> *das sittlich-moralische Bewusstsein von Gut u. Böse*; **ge'wis·sen·haft** <Adj.> *sorgfältig,*

zuverlässig; **Ge'wis·sen·haf·tig·keit** <f.; -; unz.>; **ge'wis·sen·los** <Adj.>; **Ge'wis·sen·lo·sig·keit** <f.; -; unz.>; **Ge'wis·sens·biss** <m.; -es, -e; meist Pl.> *Schuldgefühl*; **Ge'wis·sens·fra·ge** <f.; -; -> *eine* ~ *stellen*; **Ge'wis·sens·frei·heit** <f.; -; unz.>; **Ge'wis·sens·grün·de** <Pl.> *Kriegsdienstverweigerung aus* ~*n*; **Ge'wis·sens·kon·flikt** <m.; -(e)s, -e> *in einen* ~ *geraten*; **ge'wis·ser·ma·ßen** <a. [---'--]; Adv.> *sozusagen*; **Ge'wiss·heit** <f.; -; unz.>; **ge'wiss·lich** <Adv.; poet.; verstärkend>

Ge'wit·ter <n.; -s, -> *kurzes Unwetter mit Niederschlägen, Blitz u. Donner*; **ge'wit·te·rig** <Adj.>; **ge'wit·tern** <V. i.; unpersönl.> *es gewittert*; **Ge'wit·ter·nei·gung** <f.; -; unz.>; **Ge'wit·ter·schau·er** <m.; -s, ->; **ge'wit·ter·schwül** <Adj.>; **Ge'wit·ter·schwü·le** <f.; -; unz.>; **Ge'wit·ter·sturm** <m.; -(e)s, ⸚e>; **ge'witt·rig** <Adj.>

ge'wit·zigt <Adj.> *klug, vorsichtig geworden*; **ge'witzt** <Adj.> *schlau, pfiffig*; **Ge'witzt·heit** <f.; -; unz.>

GewO <Abk. für> *Gewerbeordnung*

ge'wo·gen <Adj.; ✎Z28.1> *jmdm.* ~ *sein wohlwollend gesinnt, zugetan*; **Ge'wo·gen·heit** <f.; -; unz.>

ge'wöh·nen <V. t.> *jmdn., sich an etwas* ~; **Ge'wohn·heit** <f.; -, -en> *Handlungsweise od. Eigenschaft, die durch häufige Wiederholung nicht mehr hinterfragt wird*; **ge'wohn·heits·mä·ßig** <Adj.>; **Ge'wohn·heits·mensch** <m.; -en, -en>; **Ge'wohn·heits·recht** <n.; -(e)s; unz.>; **Ge'wohn·heits·tier** <nur in der Wendung> *der Mensch ist ein* ~; **Ge'wohn·heits·ver·bre·cher** <m.; -s, ->; **ge'wöhn·lich** <Adj.> 1 *alltäglich, gebräuchlich* 2 *ordinär, niveaulos* 3 <nur adv.> *im Allgemeinen, meist; (wie)* ~ *kommt er zu spät zur Arbeit; für* ~ *halte ich einen Mittagsschlaf*; **Ge'wöhn·lich·keit** <f.; -; unz.>; **ge'wohnt** <Adj.> *vertraut, zur Gewohnheit geworden*; **ge'wöhnt** <Adj.; ✎Z28.1> *an etwas* ~ *sein*; **ge-**

wohn·ter'ma·ßen <Adv.>; **Ge-'wöh·nung** <f.; -; unz.>

Ge'wölb·be <n.; -s, -> *gekrümmte Überdachung (u. der darunter befindliche Raum);* Kreuzrippen~; Keller~; **Ge'wöl·be·bo·gen** <m.; -s, - od. (süddt.; österr.; schweiz.) ⇥

Ge'wölk <n.; -(e)s; unz.> *Wolkenansammlung*

Ge'wöl·le <n.; -s, -; Jägerspr.> *von Raubvögeln herausgewürgter Klumpen unverdaulicher Nahrungsreste*

Ge'wühl <n.; -(e)s; unz.> *dichtes Durcheinander*

ge'wür·felt <Adj.; ⬈Z28.1> *kariert*

Ge'würm <n.; -s; geh.> *ekles ~*

Ge'würz <n.; -es, -e> *Mittel zum Würzen von Speisen;* **Ge'würz·gur·ke** <f.; -, -n>; **ge'wür·zig** <Adj.; selten> *würzig;* **Ge'würz·kraut** <n.; -(e)s, ⁼er>; **Ge'würz·nel·ke** <f.; -, -n>

Ge'wu·sel <n.; -s; unz.; umg.> *Gedränge*

Gey·sir <['gai-]; m.; -s, -e> *heiße Quelle auf vulkanischem Boden;* oV *Geisir* [isländ.]

GEZ <Abk. für> *Gebühreneinzugszentrale*

gez. <Abk. für> *gezeichnet*

ge'zackt <Adj.; ⬈Z28.1> *mit Zacken versehen*

Ge'zä·he <n.; -s, -; Bgb.> *Arbeitsgerät der Bergleute*

ge'zäh·nelt, ge'zahnt, ge'zähnt <Adj.> = *gezackt*

Ge'zänk <n.; -s; unz.> *Streiterei;* **Ge'zan·ke** <n.; -s; unz.> → *zanken*

Ge'zap·pel <n.; -s; unz.> → *zappeln*

ge'zeich·net <Adj.; ⬈Z28.1> 1 <fig.> *angeschlagen wirkend;* er ist von seiner Krankheit ~ 2 <Abk.: gez.> *eigenhändig unterschrieben*

Ge'zei·ten <Pl.> *Wechsel von Ebbe u. Flut;* **Ge'zei·ten·kraftwerk** <n.; -(e)s, -e>; **Ge'zei·ten·wech·sel** <[-ks-]; m.; -s, ->

Ge'zer·re <n.; -s; unz.; umg.> → *zerren*

Ge'ze·ter <n.; -s; unz.> → *zetern*

ge'zielt <Adj.; ⬈Z28.1> *zielgerichtet;* ~e Fragen stellen

ge'zie·men <V. i.; geh.> 1 <V.

refl.> *es geziemt sich gehört sich* 2 *es geziemt ihm steht ihm zu;* **ge'zie·mend** <Adj.; ⬈Z28.1> *gebührend*

ge'ziert <Adj.> *unnatürlich;* **Ge-'ziert·heit** <f.; -; unz.>

Ge'zirp <n.; -s; unz.> → *zirpen*

Ge'zisch <n.; -s; unz.> → *zischen;* **Ge'zi·schel** <n.; -s; unz.> → *zischeln*

Ge'zücht <n.; -(e)s, -e; veralt.; abwertend> 1 *Brut;* Nattern~ 2 *Gesindel*

Ge'zweig <n.; -(e)s; unz.; poet.>

Ge'zwit·scher <n.; -s; unz.> → *zwitschern*

ge'zwun·gen <Adj.; ⬈Z28.1> *gekünstelt, steif;* **ge·zwun·ge·ner-'ma·ßen** <Adv.>; **Ge'zwun·gen·heit** <f.; -; unz.>

Gfrett <n.; -s; unz.; bair.; österr.> *dauernder Ärger, Plage;* → a. *fretten*

Gfrieß <n.; -es, -er; bair.; österr.; derb> *Gesicht*

GG <Abk. für> *Grundgesetz*

ggf. <Abk. für> *gegebenenfalls*

'Gha·na <Staat in Westafrika; Republik ~;* **'Gha·na·er** <m.; -s, -> *Bewohner von Ghana,* **'Gha·na·e·rin** <f.; -, -n·nen>; **'gha·na·isch** <Adj.>

'Gha·sel <n.; -(e)s, -e>, **Gha'se·le** <f.; -, -n> = *Gasel(e)*

'Ghet·to <n.; -s, -s> = *Getto;* **ghet·to·i'sie·ren** <V. t.>

Ghi·bel'li·ne <[gi-]; m.; -n, -n> *Anhänger der Staufenkaiser in Italien;* oV *Gibelline*

Ghost·wri·ter <['goustraitə(r)]; m.; -s, -> *jmd., der für eine bekannte Persönlichkeit Reden u. Ä. schreibt, ohne namentlich genannt zu werden* [engl.]

GI, G. I. <[ˈdʒiː'ai]; m.; -s od. -, -s od. -]; volkstüml. Bez. für> *amerikan. Soldat* [engl.; Abk. für *Government Issue*]

Gi'aur <m.; -s, -s; abwertend im Islam für> *Ungläubiger, Nichtmoslem* [pers.]

'Gib·bon <m.; -s, -s; Zool.> *eine Affenart* [frz.]

Gi·bel'li·ne <m.; -n, -n> = *Ghibelline*

Gicht <f.; -; unz.; Med.> *eine Stoffwechselkrankheit;* **'Gicht·bee·re** <f.; -, -n; Bot.> *Schwarze Johannisbeere;* **'gich·tig, 'gich·tisch** <Adj.; Med.>; **'Gicht·kno-**

ten <m.; -s, -s>, **'Gicht·mor·chel** <f.; -, -n; Bot.> = *Stinkmorchel*

'Gi·ckel <m.; -s, -; mdt.> *Hahn;* **'gi·ckeln, 'gi·ckern** <V. i.; ich gick(e)le/gick(e)re; umg.> *kichern;* **gicks, Gicks** <Adj.; undekl.; umg.; in der Wendung> ~ u. gacks/Gacks *allerlei,* **'gicksen** <V.; du gickst> 1 <V. i.; umg.> *einen spitzen Laut von sich geben* 2 <V. t.> *stechen*

'Gie·bel¹ <m.; -s, -; Zool.> *ein Fisch*

'Gie·bel² <m.; -s, -> *(dreieckiger) Dachabschluss;* **Gie·bel·fen·ster** <n.; -s, ->; **'Gie·bel·haus** <n.; -es, ⁼er>; **'gie·be·lig** <Adj.> *mit einem Giebel;* **'Gie·bel·sei·te** <f.; -, -n>; **'Gie·bel·wand** <f.; -, ⁼e>; **'gieb·lig** <Adj.> = *giebelig*

'Giek·baum <m.; -(e)s, ⁼e; Mar.> *unteres Rundholz des Giek·segels;* **'Giek·se·gel** <n.; -s, -; Mar.>

'giek·sen <V. t.; du giekst; mdt.> = *gicksen(2)*

'Gie·men <n.; -s; unz.; Med.> *pfeifendes Atemgeräusch*

Gien <n.; -(e)s, -e; Mar.> *Hebevorrichtung, Flaschenzug* [engl.]; **'gie·nen** <V. t.>

'Gie·per <m.; -s; unz.; umg.> *Begierde, Appetit,* **'gie·pe·rig** <Adj.; umg.> *gierig;* **'gie·pern** <V. i.; ich giep(e)re; umg.> *nach etwas ~ heftiges Verlangen nach etwas haben;* **'giep·rig** <Adj.> = *gieperig*

Gier <f.; -; unz.> *heftiges Verlangen;* **'gie·ren** <V. i.> 1 *heftig begehren;* nach etwas ~ 2 <Mar.> *vom Kurs abweichen;* **'gie·rig** <Adj.>; **'Gie·rig·keit** <f.; -; unz.>

Giersch <m.; -(e)s; unz.; Bot.> *ein Wiesenkraut*

'gie·ßen <V. 152> 1 <V. t.> *eine Flüssigkeit herausschütten* 2 <V. t.> *mit Wasser tränken;* Blumen ~ 3 <V. t.> *schmelzen u. in Formen füllen;* Blei ~ 4 <V. i.; umg.; unpersönl.> *stark regnen;* es gießt; **'Gie·ßer** <m.; -s, -> *Arbeiter in der Gießerei,* **Gie·ße'rei** <f.; -, -en> *Fabrik, in der Metall gegossen wird;* **'Gie·ße·rin** <f.; -, -n·nen>; **'Gieß·form** <f.; -, -en>; **'Gieß·harz** <n.; -es, -e>; **'Gießkan·ne** <f.; -, -n>; **'Gieß·kan·nen·prin·zip** <n.; -s; unz.> *et-*

was nach dem ~ verteilen *unterschiedslos*

Gift¹ <n.; -(e)s, -e> *gesundheitsschädlicher od. tödlicher Stoff;* **Gift**² <m.; -(e)s; unz.; umg.> *Ärger, Zorn;* einen ~ auf jmdn. haben; **'Gift·be·cher** <m.; -s, -; *im antiken Griechenland> → a. Schierlingsbecher;* **'Gift·bee·re** <f.; -, -n>; **'Gift·drü·se** <f.; -, -n>; **'gif·teln** <V. i.; ich gift(e)le; schweiz.> = *giften(1);* **'gif·ten** <V.; umg.> 1 <V. i.> *boshaft reden* 2 <V. refl.> sich ~ *sich ärgern;* **'gift·fest** <Adj.> *unempfindlich gegen Gift;* **'gift·frei** <Adj.>; **'Gift·gas** <n.; -es, -e>; **'gift·grün** <Adj.> *schreiend grün;* **'gif·tig** <Adj.> 1 *Gift enthaltend* 2 <fig.> *gehässig* 3 <fig.> *grell;* ein ~es Grün; **'Gif·tig·keit** <f.; -; unz.>; **'Gift·mi·scher** <m.; -s, ->; **'Gift·mi·sche·rin** <f.; -, -n·nen>; **'Gift·mord** <m.; -(e)s, -e>; **'Gift·müll** <m.; -(e)s; unz.>; **'Gift·nat·ter** <f.; -, -n; Zool.> *eine Schlange;* **'Gift·nu·del** <f.; -, -n; umg.> *boshafter (weibl.) Mensch;* **'Gift·pfeil** <m.; -(e)s, -e>; **'Gift·pflan·ze** <f.; -, -n>; **'Gift·pilz** <m.; -es, -e>; **'Gift·schlan·ge** <f.; -, -n>; **'Gift·schrank** <m.; -(e)s, ⸚e; umg.> *Schrank, in dem best. Medikamente u. Chemikalien aufbewahrt werden;* **'Gift·stoff** <m.; -(e)s, -e>; **'Gift·zahn** <m.; -(e)s, ⸚e; bei Giftschlangen>; **'Gift·zwerg** <m.; -(e)s, -e; umg.; scherzh.> *boshafter Mensch*

Gig¹ <f.; -, -s od. n.; -s, -s> 1 *Einspänner* 2 *leichtes (Sport-)Ruderboot* [engl.]; **Gig**² <m.; -s, -s; Jazz> *(einmaliger) Auftritt*

'Gi·ga... <Zeichen: G; vor Maßeinheiten> *das Milliardenfache einer Einheit* [grch.]; **Gi·ga·byte** <[-'bait]; n.; -s, -s; EDV, Zeichen: Gbyte>; **Gi·ga'hertz** <n.; -, -; Zeichen: Ghz>; **Gi·ga'me·ter** <n. od. m.; -s, -; Zeichen: Gm>

Gi'gant <m.; -en, -en; a. fig.> *Riese* [grch.]; **gi'gan·tisch** <Adj.>; **Gi·gan'tis·mus** <m.; -; unz.> 1 <Med.> *Riesenwuchs* 2 *übertriebene Größensucht;* **Gi·gan·to·ma'nie** <f.; -; unz.> *Größenwahn;* **gi·gan·to'ma·nisch** <Adj.; umg.>

Gi·go·lo <['ʒi-]; m.; -s, -s> *Mann, der sich von Frauen aushalten lässt* [frz.]

Gigue <[ʒiːg]; f.; -, -n> *ein Tanz(satz)* [frz.]

Gilb·hard, 'Gilb·hart <m.; -(e)s, -e; alter Name für> *Oktober*

'Gil·de <f.; -, -n> *eine Berufsvereinigung;* Handwerks~; **'Gil·de·meis·ter** <m.; -s, ->; **'Gil·den·hal·le** <f.; -, -n>

Gi·let <[ʒi'leː]; n.; -s, -s; österr.; schweiz.; veralt.> *Weste* [frz.]

'Gil·ling <f.; -, -s od. -e>, **'Gil·lung** <f.; -, -en; Seemannsspr.> 1 *nach innen gewölbter Teil des Schiffshecks* 2 *einwärts gebogener Teil des Rahsegels* [ndrl.]

'Gim·mick <n. od. m.; -s, -s; Film; Werbung> *auf Effekte zielender Gag* [engl.]

'Gim·pe <f.; -, -n> *mit Seide umwickelter Baumwollfaden* [engl.]

'Gim·pel <m.; -s, -> 1 <Zool.> *ein Singvogel* 2 *einfältiger Mensch*

Gin <[dʒin]; m.; -s, -s> *Wacholderbranntwein* [engl.]

Gin-fizz, <auch> **Gin Fizz** <[dʒin'fiz]; m.; (-), (-)-; ↗ Z 30> *ein Mixgetränk mit Gin* [engl.]

Gin·gan, Gin·gang <['gin-]; m.; -s, -s; Textilw.> *ein Baumwollgewebe* [mal.]

Gin·ger <['dʒindʒə(r)]; m.; -s; unz.; engl. Bez. für> *Ingwer;* **'Gin·ger·ale** <[-'ɛil]; n.; -s; unz.> *alkoholfreies Ingwerbier*

'Gin·kgo <['giŋko]; m.>, **'Gin·ko** <m.; -s, -s; Bot.> *ein Zierbaum* [jap.]

'Gin·seng <m.; -s, -s; Bot.> *eine chines. Heilpflanze* [chin.]

'Gins·ter <m.; -s, -; Bot.> *ein Strauch*

Gin-to·nic, <auch> **Gin To·nic** <[dʒin 'tonik]; m.; (-)- od. (-)-s, (-)-s; ↗ Z 30> *ein alkoholisches Mixgetränk* [engl.]

gio·co·so <[dʒɔ'koː-]; Mus.> *spielerisch, heiter* [ital.]

'Gip·fel <m.; -s, -> 1 *Berg- od. Baumspitze* 2 <fig.> *Höhepunkt;* der ~ der Geschmacklosigkeit; **...gip·fe·lig** <Adj.; in Zus.> z. B. zweigipfelig; oV **...gipflig; 'Gip·fel·kon·fe·renz** <f.; -, -en; fig.> *Treffen führender Staatsmänner;* **'Gip·fel·kreuz** <n.; -es, -e>; **'gip·feln** <V. i.> in etwas ~ *seinen Höhe-*

punkt erreichen; **'Gip·fel·punkt** <m.; -(e)s, -e>; **'Gip·fel·stür·mer** <m.; -s, -; fig.> *ehrgeiziger, zielstrebiger Mensch;* **'Gip·fel·stür·me·rin** <f.; -, -n·nen>; **'Gip·fel·tref·fen** <n.; -s, -; fig.> = *Gipfelkonferenz;* **...gipf·lig** <Adj.; in Zus.> = *...gipfelig*

Gips <m.; -es, -e> *pulveriger (Bau-)Stoff;* **'Gips·ab·druck** <m.; -(e)s, ⸚e>; **'Gips·ab·guss** <m.; -es, ⸚e> *aus Gips gefertigte Nachformung einer metallenen Bildhauerarbeit;* **'Gips·bein** <n.; -(e)s, -e; umg.>; **'Gips·be·ton** <[-tɔ̃]; umg. [-tɔŋ]; m.; -s; unz.>; **'Gips·bett** <n.; -(e)s, -en>; **'gip·sen** <V. t.; du gipst> 1 *mit Gips ausbessern* 2 *einen Gipsverband anlegen;* **'gip·sern** <Adj.> *aus Gips;* **'Gips·kopf** <m.; -(e)s, ⸚e; fig.; umg.; abwertend> *einfältiger Mensch;* **'Gips·mo·dell** <n.; -(e)s, -e>; **'Gips·ver·band** <m.; -(e)s, ⸚e>

Gi'pür·ar·beit <f.; -, -en>, **Gi'pü·re** <f.; -, -n> *Klöppelspitze aus Gimpen* [frz.]

Gi'raf·fe <schweiz. ['---]; f.; -, -n; Zool.> *langhalsiges Huftier* [arab.]

gi'ral <[ʒi-]; Adj.; Bankw.> *bargeldlos;* ~e Verfügungen

Gi·ran·do·la <[dʒi-]>, **Gi·ran'do·le** <f.; -, 'do·len> 1 *ein Feuerwerkskörper* 2 *Armleuchter* [frz.]

Gi'rant <[ʒi-]; m.; -en, -en; Bankw.> *jmd., der ein Orderpapier auf einen anderen überträgt;* **Gi'rat** <m.; -en, -en; Bankw.>, **Gi·ra'tar** <m.; -s, -e; Bankw.> *jmd., dem bei der Übertragung eines Orderpapiers ein Indossament erteilt wurde;* **gi'rie·ren** <V. t.; Bankw.> *(Wechsel, Schecks) übertragen* [ital.]

Girl <[gøːl]; n.; -s, -s> 1 *Mädchen* 2 *weibl. Mitglied einer Tanzgruppe;* Show~ [engl.]

Gir'lan·de <f.; -, -n> *dekoratives Blumen- od. Papiergeflecht* [frz.]

'Gir·litz <m.; -es, -e; Zool.> *ein Singvogel*

Gi·ro <['ʒi-]; n.; -s, -s od. (österr.) 'Gi·ri; Bankw.> 1 *bargeldloser Zahlungsverkehr* 2 *Übertragungsvermerk an einem Wech-*

sel [ital.]; **'Gi·ro·bank** <f.; -, -en; Bankw.>

Gi·ro d'I·ta·lia <['dʒi:ro di'ta:lja]; m.; --; unz.> *Etappenrennen durch Italien von Berufsradsportlern* [ital.]

Gi·ro·ge·schäft <['ʒi:-]; n.; -(e)s, -e; Bankw.>; **'Gi·ro·kon·to** <n.; -s, -s od. -kon·ten; Bankw.>

Gi·ron'dist <[ʒirõ-]; m.; -en, -en; in der Frz. Revolution> *gemäßigter Republikaner* [nach den aus dem Département *Gironde* stammenden Führern]

'Gi·ros <n.; -, -> = *Gyros*

Gi·ro·ver·kehr <['ʒi-]; m.; -(e)s; unz.; Bankw.>

'gir·ren <V. i.> = *gurren*

gis <n.; -, -; Mus.> 1 *Tonbezeichnung* 2 <Abk. für> *gis-Moll*; **Gis** <n.; -, -; Mus.> 1 *Tonbezeichnung* 2 <Abk. für> *Gis-Dur*

Gischt <m.; -(e)s, -e od. f.; -, -en; Pl. selten> *Schaum, Brandung*; **'gisch·ten** <V. i.; selten> *(auf)schäumen*

'Gis-Dur <n.; -; unz.; Mus.> *eine Tonart*; **'Gis-Dur-Drei·klang** <m.; -(e)s, ⁼e; ↗Z35; Mus.>; **'Gis-Dur-Ton·lei·ter** <f.; -, -n; Mus.>; **'gis-Moll** <n.; -; unz.; Mus.> *eine Tonart*; **'gis-Moll-Drei·klang** <m.; -(e)s, ⁼e; Mus.>; **'gis-Moll-Ton·lei·ter** <f.; -, -n; Mus.>

'gis·sen <V. i.; Seemannsspr.> *den Schiffsstandort schätzen* [ndrl.]

Gi'tar·re <f.; -, -n; Mus.> *ein Zupfinstrument*; **Gi·tar'rist** <m.; -en, -en; Mus.> *Gitarrenspieler*; **Gi·tar'ris·tin** <f.; -, -·n·nen; Mus.>

'Git·ter <n.; -s, -> *Absperrung aus Stäben od. Drahtgeflecht*; **'Git·ter·bett** <n.; -(e)s, -en>; **'Git·ter·fens·ter** <n.; -s, ->; **'Git·ter·lei·nen** <n.; -s; unz.; Textilw.>; **'Git·ter·lei·ter** <f.; -, -n>; **'git·tern** <V. t.; selten> *mit einem Gitter versehen*; **'Git·ter·netz** <n.; -es, -e; Kartogr.>; **'Git·ter·rost** <m.; -(e)s, -e>; **'Git·ter·span·nung** <f.; -; unz.; El.>; **'Git·ter·stoff** <m.; -(e)s, -e; Textilw.>; **'Git·ter·strom** <m.; -(e)s; unz.; El.>; **'Git·ter·tür** <f.; -, -en>; **'Git·ter·zaun** <m.; -(e)s, ⁼e>; **gius·to** <['dʒusto]; Mus.> *in angemessenem Tempo* [ital.]

GKH <Abk. für> *Gelbkörperhormone*

Glace <[gla:s]; f.; -, -s [gla:s]; Kochk.> 1 *Zuckerglasur* 2 *eingedickte Fleischbrühe* 3 <schweiz.> *Speiseeis* [frz.]; **Gla·cé**, *<auch>* **Gla·cee** <[gla'se:]; m.; - od. -s, -s; ↗Z18.4> *ein glänzendes Gewebe*; **Gla'cé·hand·schuh** <m.; -(e)s, -e> *jmdn. mit ~en anfassen* <fig.>; **Gla'cé·le·der** <n.; -s, -> *weiches Leder aus Ziegen- od. Lammfell*; **gla·cie·ren** <[-'si:-]; V. t.> 1 *Speisen mit Glace(1, 2) glänzend machen* 2 <veralt.> *zum Gefrieren bringen*; → a. *glasieren*

Gla·cis <[-'si:]; n.; - [-'si:s], - [-'si:s]; Mil.> *Abdachung, Vorfeld einer Festung* [frz.]

Gla·di·a·tor <m.; -s, -'to·ren; im alten Rom> *Schwertfechter bei Kampfspielen* [lat.]; **Gla·di·o·le** <f.; -, -n; Bot.> *ein Schwertliliengewächs*

gla·go'li·tisch <Adj.> *~e Schrift kirchenslaw. Schrift* [slaw.]; **Gla·'go·li·za** <f.; -; unz.> *glagolitische Schrift*

Gla·mour <['glæmə(r)]; m.; -s; unz.> *auffälliger Glanz u. Glitter* [engl.]; **Gla·'mour·girl** <[-gɔːl]; n.; -s, -s> *gla·mou'rös* <[-mu-]; Adj.> *betörend aufgemacht*

Glans <f.; -, 'Glan·des; Anat.> *Eichel des Penis* [lat.]

Glanz <m.; -es; unz.> 1 *das Glänzen, Strahlen*; Hoch~; Seiden~ 2 <fig.> *Pracht*; *mit ~ u. Gloria*; **'glän·zen** <V. i.; du glänzt> 1 *leuchten, reflektieren* 2 *(durch besondere Fähigkeiten) hervorstechen*; <Adj.> *glän·zend* <Adj.; ↗Z28.1> 1 *strahlend*; *~e Augen* 2 *hervorragend*; *ein ~es Ergebnis*; **'Glanz·far·be** <f.; -, -n>; **'Glanz·form** <f.; -; unz.; bes. Sp.; umg.> *Hochform*; *er ist in ~*; **'Glanz·leis·tung** <f.; -, -en>; **'Glanz·licht** <n.; -(e)s, -er; meist Pl.; a. fig.> *(einem Fest) ein paar ~er aufsetzen*; **'glanz·los** <Adj.>; **'Glanz·num·mer** <f.; -, -n> *herausragende Darbietung*; **'Glanz·pa·pier** <n.; -s, -e>; **'Glanz·punkt** <m.; -(e)s, -e> *Höhepunkt*; **'Glanz·stück** <n.; -(e)s, -e> *schönstes Stück (einer Sammlung)*; **'glanz·voll** <Adj.>; **'Glanz·zeit** <f.; -, -en>

'Glar·ner <m.; -s, -> *Einwohner von Glarus*; **'Glar·ne·rin** <f.; -, -·n·nen>; **'Gla·rus** *Kanton u. Stadt in der Schweiz*

Glas¹ <n. 7; -es, ⁼er> 1 <unz.> *zerbrechlicher, durchsichtiger Werkstoff*; Fenster~ 2 *(gläsernes (Trink-)Gefäß*; Wein~; *zwei Gläser/<auch> ~ Milch* 3 *optisches Gerät*; *Augengläser*; **Glas²** <n.; -es, -en; Seemannsspr.> *halbe Stunde*; **'Glas·au·ge** <n.; -s, -n>; **'Glas·bau·stein** <m.; -(e)s, -e>; **'Glas·blä·ser** <m.; -s, ->; **Glas·blä·se'rei** <f.; -, -en>; **'Glas·blä·se·rin** <f.; -, -·n·nen>; **'Glas·bruch** <m.; -(e)s, unz.>; **'Gläs·chen** <n.; -s, -; Verkleinerungsf. von> *Glas¹(2)*; **'Glas·dach** <n.; -(e)s, ⁼er>; **'gla·sen** <V.> 1 <V. t.> *verglasen* 2 <V. i.> *stieren*; **'Gla·ser** <m.; -s, -> *Handwerker, der Glasscheiben bearbeitet*; **Gla·se'rei** <f.; -, -en>; **'Gla·se·rin** <f.; -, -·n·nen>; **'glä·sern** <Adj.> *aus Glas(1), durchsichtig*; **'glä·ser·wei·se** <Adv.>; **'Glas·fa·den** <m.; -s, ⁼>; **'Glas·fa·ser** <f.; -, -n>; **'Glas·fa·ser·ka·bel** <n.; -s, ->; **'Glas·fi·ber·stab** <m.; -(e)s, ⁼e; Sp., bes. Stabhochsprung>; **'Glas·har·fe** <f.; -, -n; Instrumentenk.>; **'Glas·har·mo·ni·ka** <f.; -, -·s od. -ken; Instrumentenk.>; **'glas·hart** <Adj.>; **'Glas·haus** <n.; -es, ⁼er> *wer im ~ sitzt, soll nicht mit Steinen werfen* <Sprichw.>; **'Glas·hüt·te** <f.; -, -n> *Betrieb, in dem Glas hergestellt u. verarbeitet wird*; **gla·'sie·ren** <V. t.> *mit einer Glasur versehen*; **'gla·sig** <Adj.> *wie aus Glas wirkend*; *~e Augen*; **'glas·klar** <Adj.; a. fig.> *eindeutig*; **'Glas·kol·ben** <m.; -s, -> *flaschenartiges Glasgefäß*; **'Glas·kör·per** <m.; -s, -; Anat.> *gallertartiger Teil des Auges*; **'Glas·ku·gel** <f.; -, -n>; **'Glas·ma·ler** <m.; -s, ->; **Glas·ma·le'rei** <f.; -, -en>; **'Glas·ma·le·rin** <f.; -, -·n·nen>

'Glas·nost <f.; -; unz.; in der ehem. Sowjetunion> *Politik der Offenheit* [russ.]

'Glas·nu·del <f.; -, -n; meist Pl.>; **'Glas·pa·last** <m.; -(e)s, ⁼e; im

Märchen>; **'Glas·per·le** <f.; -, -n>; **'Glas·schei·be** <f.; -, -n>; **'Glas·scher·be** <f.; -, -n>; **'Glas·schrank** <m.; -(e)s, ⸚e>; **'Glas·split·ter** <m.; -s, ->

Glast <m.; -(e)s; unz.; oberdt.; poet.> *Glanz*; **'glas·tig** <Adj.>

'Glas·tür <f.; -, -en>; **Gla'sur** <f.; -, -en> *glänzender Überzug*; Schokoladen~; **'Glas·ver·si·che·rung** <f.; -, -en>; **'glas·wei·se** <Adv.>; **'Glas·wol·le** <f.; -; unz.> *Vlies aus Glasfasern zur elektr. Isolierung*

glatt <Adj.; -er, am -es·ten od. (umg.) glät·ter, am 'glät·tes·ten; ⸜Z24) Getrenntschreibung mit Verben, wenn steiger- od. erweiterbar> **1** *frei von Unebenheiten;* Wäsche ~ bügeln, streichen; Holz ~ hobeln; das Haar ~ kämmen; sich ~ rasieren; Teig ~ rühren; ~glatt → glattmachen, glattstellen **2** *rutschig, schlüpfrig* **3** *ohne Hindernisse;* eine ~e Landung; wird alles ~ gehen?; es ging alles ~; es ist ~ gegangen **4** *offenkundig;* eine ~e Lüge; **'Glät·te** <f.; -; unz.> *Straßen~;* **'Glatt·eis** <n.; -es; unz.>; **'Glatt·eis·bil·dung** <f.; -; unz.>; **'glät·ten** <V.> **1** <V. t./V. refl.> *(sich) von Unebenheiten befreien* **2** <schweiz. a.> *bügeln;* **'glat·ter·dings** <Adv.; veralt.> *geradezu;* das ist ~ unmöglich; **'Glatt·heit** <f.; -; unz.>; **'glatt|ma·chen** <V. t.; ich mache glatt; teile hat glattgemacht; glattzumachen; umg.> *bezahlen;* eine Rechnung ~; → a. *glatt(1);* **'glatt|stel·len** <V. t.; Kaufmannsspr.> *ausgleichen;* → a. *glatt(1);* **'Glät·tung** <f.; -; unz.>; **'Glatt·wal** <m.; -(e)s, -e Zool.>; **'glatt·weg** <Adv.> *kurzerhand;* er hat mir die Bitte ~ abgeschlagen; **'glatt·zün·gig** <Adj.; fig.> *schmeichlerisch*

'Glat·ze <f.; -, -n> *kahle Stelle auf dem Kopf;* **'Glatz·kopf** <m.; -(e)s, ⸚e; umg.>; **'glatz·köp·fig** <Adj.>

'Glau·be <m.; -ns; unz.> oV *Glauben* **1** *gefühlsmäßige Überzeugung* **2** <Rel.> *Konfession;* vom ~n abfallen; zum kath. ~n konvertieren; **'glau·ben** <V.> **1** <V. t.> *etwas ~ annehmen, vermuten* **2** <V. t.> *etwas ~ für zu-*

treffend halten; jmdn. etwas ~ machen *jmdm. etwas vorspiegeln, einreden* **3** <V. i.> an jmdn. od. etwas ~ *auf jmdn. od. etwas vertrauen;* **'Glau·ben** <m.; -s; unz.> = *Glaube;* **'Glau·bens·ab·fall** <m.; -(e)s; unz.>; **'Glau·bens·be·kennt·nis** <n.; -s·ses, -s·se>; **'Glau·bens·be·we·gung** <f.; -, -en>; **'Glau·bens·bru·der** <m.; -s, ⸚>; **'glau·bens·fest** <Adj.>; **'Glau·bens·fra·ge** <f.; -, -n>; **'Glau·bens·frei·heit** <f.; -; unz.>; **'Glau·bens·ge·mein·schaft** <f.; -, -en>; **'Glau·bens·krieg** <m.; -(e)s, -e>; **'Glau·bens·leh·re** <f.; -, -n>; **'Glau·bens·sa·che** <f.; -, -n>; **'Glau·bens·satz** <m.; -es, ⸚e>; **'glau·bens·stark** <Adj.>; **'Glau·bens·streit** <m.; -(e)s, -e

'Glau·ber·salz <n.; -es; unz.> *Natriumsulfat* [nach dem Chemiker u. Apotheker J. R. *Glauber*]

'glaub·haft <Adj.; -er, am -es·ten>; **'Glaub·haf·tig·keit** <f.; -; unz.>; **'Glaub·haft·ma·chung** <f.; -; unz.; Rechtsw.>; **'gläu·big** <Adj.> *an Gott glaubend;* **Gläu·bi·ge(r)** <f. 2 (m. 1)>; **'Gläu·bi·ger** <m.; -s, -> *jmd., der eine berechtigte Schuldforderung an jmdn. hat;* **'Gläu·bi·ge·rin** <f.; -, -n·nen>; **'Gläu·big·keit** <f.; -; unz.>; **'glaub·lich** <Adj.; meist verneinend gebraucht> das ist kaum ~; **'glaub·wür·dig** <Adj.>; **'Glaub·wür·dig·keit** <f.; -; unz.>

Glau'kom <n.; -s, -e; Med.> *grüner* → *Star²* [grch.]; **Glau·ko'nit** <m.; -(e)s, -e> *ein Mineral*

gla·zi'al <Adj.; Geol.> **1** *eiszeitlich* **2** *die Gletscher betreffend* [lat.]; **Gla·zi'al** <n.; -(e)s, -e>; **Gla·zi·al·fau·na** <f.; -; unz.>; **Gla·zi·al·flo·ra** <f.; -; unz.>; **Gla·zi·al·zeit** <f.; -, -en> *Eiszeit;* **Gla·zi·o·lo·gie** <f.; -; unz.> *Eis- u. Gletscherkunde;* **gla·zi·o'lo·gisch** <Adj.; Geol.>

'Glei·bo·den <m.; -s, ⸚; Geol.> *Bodenart im Grundwasserbereich* [russ.]

gleich¹ <Adj.> **1** < ⸜Z42, 44.4> *in allen Merkmalen übereinstimmend, gleichwertig, gleichrangig;* er hat den ~en PC wie sein Freund; einem Feuerball ~/<auch> ~ einem Feuerball ging die Sonne unter; das läuft

auf das Gleiche hinaus; das Gleiche gilt für dich; von mir kann ich Gleiches berichten; Gleich u. Gleich gesellt sich gern; Gleiches mit Gleichem vergelten **2** < ⸜Z24>; Getrenntschreibung mit Adjektiven, Verben u. Partizipien> ~ alt, breit, groß, gut, lang, schnell, viel, weit; zwei ~ lange Stangen; die Stangen sind ~ lang; ~ bleiben(d), denkend, geartet, gelagert, gesinnt, gestimmt, lautend; <aber> → *gleichkommen, gleichlaufend, gleichmachen, gleichschalten, gleichsetzen, gleichstehen, gleichstellen, gleichtun, gleichziehen* **3** *sich nicht verändernd;* sie ist immer ~ höflich; mit immer ~er Höflichkeit **4** <attr. u. präd.> *gleichgültig;* das kann dir doch ~ sein!; **gleich²** <Adv.> **1** *sofort;* ich bin ~ wieder da; er soll ~ kommen!; <aber> → *gleichkommen;* du musst es ~ machen!; <aber> → *gleichmachen;* wirst du es ~ richten?; <aber> → *gleichrichten;* das werden wir ~ sehen!; <aber> → *gleichsehen;* du kannst dich ~ setzen; <aber> → *gleichsetzen* **2** *in unmittelbarer Nähe von;* er wohnt ~ um die Ecke; **gleich³** <Partikel; umg.> *nur;* wie hieß doch ~ das Stück?; **'gleich·al·te·rig, 'gleich·alt·rig** <Adj.>; **'gleich·ar·mig** <Adj.>; **'gleich·ar·tig** <Adj.> *etwas Gleichartiges;* **'Gleich·ar·tig·keit** <f.; -; unz.>; **'gleich·auf** <a. [-'-]; Adj.; Sp.> *punktgleich;* mit jmdm. ~ liegen; **'gleich·be·deu·tend** <Adj.>; **'gleich·be·rech·tigt** <Adj.>; **'Gleich·be·rech·ti·gung** <f.; -; unz.>; **'Glei·che** <f.; -; unz.; veralt.> etwas in die ~ bringen *in Ordnung;* **'glei·chen** <V. i. 153> *ähnlich sein;* **'Glei·chen·fei·er** <f.; -, -n; österr.> *Richtfest;* **'glei·chen·tags** <Adv.; schweiz.> *am selben Tag;* **'glei·cher·ma·ßen, 'glei·cher·wei·se** <a. [--'--]; Adv.> *auch, ebenso;* <aber> in gleicher Weise; **'gleich·falls** <Partikel> *ebenfalls;* danke, ~!; **'gleich·för·mig** <Adj.> **1** *gleich gestaltet* **2** *eintönig;* **'Gleich·för·mig·keit** <f.; -; unz.>; **'gleich·ge·schlecht·lich**

G

<Adj.>; **'Gleich·ge·sinn·te(r)** <f. 2 (m. 1)>; **'Gleich·ge·wicht** <n.; -(e)s; unz. od. (Phys.) -e> sich im ~ befinden; **'gleich·ge·wich·tig** <Adj.>; **'Gleich·ge·wichts·or·gan** <n.; -(e)s, -e; Anat.>; **'Gleich·ge·wichts·sinn** <m.; -(e)s; unz.>; **'Gleich·ge·wichts·stö·rung** <f.; -, -en>; **'gleich·gül·tig** <Adj.> 1 *uninteressiert, teilnahmslos* 2 *unwichtig*; **'Gleich·gül·tig·keit** <f.; -; unz.>; **'Gleich·heit** <f.; -; unz.>; **'Gleich·heits·zei·chen** <n.; -s, -; Zeichen: => *Istgleichzeichen*; **'Gleich·klang** <m.; -(e)s, ⸚e; a. fig.> *Übereinstimmung (von Tönen)*; **'gleich|kom·men** <V. i. (s.) 170; es kommt gleich; es ist gleichgekommen; gleichzukommen> *entsprechen;* die Gehaltserhöhung kommt einer Beförderung gleich; <aber getrennt> 'gleich 'kommen; → a. *gleich²(1)*; **'Gleich·lauf** <m.; -(e)s; unz.; Tech.>; **'gleich·lau·fend** <Adj.> ~e Maschinen *parallel, gleichzeitig arbeitende M.*; **'gleich·läu·fig** <Adj.; Tech.>; **'Gleich·läu·fig·keit** <f.; -; unz.>; **'gleich|ma·chen** <V. t.> *angleichen;* eine Stadt dem Erdboden ~ *völlig zerstören;* <aber getrennt> 'gleich 'machen; → a. *gleich²(1)*; **Gleich·ma·che'rei** <f.; -; unz.>; **'gleich·ma·che·risch** <Adj.>; **'Gleich·maß** <n.; -es, -e> im ~; **'gleich·mä·ßig** <Adj.>; **'Gleich·mä·ßig·keit** <f.; -; unz.>; **'Gleich·mut** <m.; -(e)s; unz. od. (selten) f.; -; unz.> *Gelassenheit;* **'gleich·mü·tig** <Adj.>; **'gleich·na·mig** <Adj.>; **'Gleich·nis** <n.; -s·ses, -s·se> *sinnbildl. Erzählung, Allegorie*; **'gleich·nis·haft** <Adj.>; **'gleich·ran·gig** <Adj.>; **'gleich|rich·ten** <V. t.; El.> Wechselstrom ~ *in Gleichstrom umwandeln;* <aber getrennt> 'gleich 'richten; → a. *gleich²(1)*; **'Gleich·rich·ter** <m.; -s, ->; **'gleich·sam** <Adv.; geh.> *wie, sozusagen;* **'gleich|schal·ten** <V. t.> *(politisch, wirtschaftlich, kulturell) auf eine einheitl. Linie bringen;* <aber getrennt> 'gleich 'schalten; → a. *gleich²(1)*; **'Gleich·schal·tung** <f.; -; unz.>; **'gleich·schen·ke·lig, 'gleich·schenk·lig** <Adj.;

Geom.> *mit zwei gleich langen Seiten versehen;* ein ~es Dreieck; **'Gleich·schritt** <m.; -(e)s; unz.> im ~ marschieren; **'gleich|se·hen** <V. i. 239> *ähneln;* das sieht ihm ~! <fig.; umg.> *das passt zu seinem sonstigen Verhalten;* <aber getrennt> 'gleich 'sehen; → a. *gleich²(1)*; **'gleich·sei·tig** <Adj.>; **'Gleich·sei·tig·keit** <f.; -; unz.>; **'gleich|set·zen** <V. t.; du setzt gleich> *auf die gleiche Stufe stellen;* das Wunderkind wurde mit Mozart gleichgesetzt; <aber getrennt> 'gleich 'setzen; → a. *gleich²(1)*; **'Gleich·set·zung** <f.; -; unz.>; **'Gleich·set·zungs·ak·ku·sa·tiv** <m.; -s, -e; Gramm.> → *Kasten S. 112*; **'Gleich·set·zungs·no·mi·na·tiv** <m.; -s, -e; Gramm.> → *Kasten S. 758*; **'gleich·sin·nig** <Adj.>; **'Gleich·stand** <m.; -(e)s; unz.; Sp.> *gleicher Punktstand*; **'gleich|ste·hen** <V. i. 256; süddt.; österr.> *gleich sein, auf gleicher Leistungsstufe stehen;* (mit) jmdm. ~; <aber getrennt> 'gleich 'stehen; → a. *gleich²(1)*; **'gleich|stel·len** <V. t.; ich stelle (ihn ihr) gleich; sie hat (ihn ihr) gleichgestellt; gleichzustellen> *auf die gleiche Stufe mit jmdm. od. etwas stellen;* → a. *gleich²(1)*; **'Gleich·stel·lung** <f.; -; unz.>; **'gleich·stim·mig** <Adj.> ~e Instrumente; **'Gleich·strom** <m.; -(e)s, ⸚e; El.> Ggs *Wechselstrom;* **'gleich|tun** <V. t. 272; ich tue (es ihm) gleich; sie hat (es ihm) gleichgetan; gleichzutun> es jmdm. ~ *jmdm. nacheifern;* <aber getrennt> etwas 'gleich 'tun; → a. *gleich²(1)*; **'Glei·chung** <f.; -, -en>; **gleich'viel** <Adv.; geh.> *wie dem auch sei;* ~ du wirst es erfahren; <aber getrennt> ich habe 'gleich 'viel getan wie du; → a. *gleich¹(1)*; **'gleich·wer·tig** <Adj.>; **'Gleich·wer·tig·keit** <f.; -; unz.>; **gleich'wie** <Konj.> *ebenso wie, nicht anders als;* **'gleich·win·ke·lig, 'gleich·wink·lig** <Adj.; Geom.>; **gleich·'wohl** <Konj.> *dennoch, trotzdem;* <aber getrennt> wir fühlen uns hier alle 'gleich 'wohl; → a. *gleich¹(1)*; **'gleich·zei·tig**

<Adj.>; **'Gleich·zei·tig·keit** <f.; -; unz.>; **'gleich|zie·hen** <V. i. 293; umg.> mit jmdm. ~ *den gleichen Leistungsstand erreichen;* → a. *gleich¹(1)*
Gleis <n.; -es, -e> *Fahrspur für Schienenfahrzeuge;* oV *Geleise*; **'Gleis·an·schluss** <m.; -es, ⸚e>; **'Gleis·bet·tung** <f.; -, -en> *Untergrund einer Schienenanlage;* **'Gleis·drei·eck** <n.; -(e)s, -e>; **...glei·sig** <Adj.; in Zus.> z. B. mehrgleisig; **'Gleis·kör·per** <m.; -s, ->
'gleis·ne·risch <Adj.; veralt.> *heuchlerisch*
'glei·ßen <V. i. 154; du gleißt; geh.; poet.> *glänzen*
'Gleit·bahn <f.; -, -en> *Rutschbahn;* **'Gleit·boot** <n.; -(e)s, -e>; **'glei·ten** <V. i. (s.) 155> *sich leicht u. mühelos fort- od. abwärtsbewegen;* ~de Arbeitszeit *nicht exakt festgelegte A.;* **'Glei·ter** <m.; -s, -; Flugw.>; **'Gleit·flä·che** <f.; -, -n>; **'Gleit·flug** <m.; -(e)s; unz.>; **'Gleit·flug·zeug** <n.; -(e)s, -e>; **'Gleit·klau·sel** <f.; -, -n; Rechtsw.>; **'Gleit·mit·tel** <n.; -s, ->; **'Gleit·schuh** <m.; -(e)s, -e>; **'Gleit·schutz** <m.; -es; unz.>; **'gleit·si·cher** <Adj.>; **'Gleit·zeit** <f.; -; unz.; kurz für> *gleitende Arbeitszeit (→ gleiten)*
Glen·check <[ˈɡlɛntʃɛk]; m.; -s, -s> *Gewebe mit großflächigem Karomuster* [engl.]
'Glet·scher <m.; -s, -; im Hochgebirge> *sich sehr langsam bewegender Eisstrom;* **'Glet·scher·brand** <m.; -(e)s; unz.> *Sonnenbrand im Hochgebirge;* **'Glet·scher·kun·de** <f.; -; unz.>; **'Glet·scher·spal·te** <f.; -, -n>; **'Glet·scher·zun·ge** <f.; -, -n>
'Glib·ber <m.; -s; unz.; norddt.> *gallertartige Masse;* **'glib·be·rig, 'glibb·rig** <Adj.> *glitschig*
Glied <n.; -(e)s, -er> 1 *Teil eines Ganzen;* Binde- 2 *Extremität;* der Schreck fuhr ihr in die ~er; das männliche ~ *Penis* 3 *wohlgeordnete Personenreihe;* in Reih u. ~; bis ins letzte ~; **'Glie·der·arm·band** <n.; -(e)s, ⸚er>; **'Glie·der·fü·ßer** <m.; -s, -; Zool.>; **...glie·de·rig** <Adj.; ⚹Z34; in Zus.> z. B. feingliederig; mehrgliederig; zweigliederig, <in Ziffern> 2-gliederig;

Gliedsatz: Der G. oder Nebensatz ist ein Teilsatz eines Satzgefüges, der dem Hauptsatz syntaktisch untergeordnet ist.
G. werden zum einen danach unterschieden, welche grammatische Funktion sie besitzen, zum anderen, mit welchen Einleitewörtern sie beginnen.

Ihrer **grammatischen Funktion** entsprechend unterscheidet man die folgenden Arten von G.:
a) **Subjektsatz:** *Wer zuletzt lacht, lacht am besten.*
b) **Objektsatz:** *Was sie sagt, wird sie auch denken.*
c) **Adverbialsatz:** *Als ich ihn besuchte, war er noch gesund.*
d) **Prädikatsatz:** *Er ist, was man einen Intellektuellen nennt.*
e) **Attributsatz:** *Die Erwartung, dass er pünktlich ist, war verfehlt.*

Nach Einleitewörtern unterscheidet man: ↗Relativsätze, indirekte ↗Fragesätze und ↗Konjunktionalsätze.

G. können auch uneingeleitet sein:
a) **Bedingungssatz oder Konditionalsatz:** *Sollte er nicht kommen, werden wir ohne ihn fahren.*
b) **Konzessivsatz:** *Sei es auch noch so mühsam, die Arbeit muss erledigt werden.*

Die Stellung des G. zum Hauptsatz kann variieren:
a) als **Vordersatz:** *Wenn es regnet, gehen wir wieder.*
b) als **Nachsatz:** *Ich denke, dass er kommen wird.*
c) als **Zwischensatz** (Einschubsatz) – meistens als attributiver Relativsatz: *Die Frau, die wir sahen, war nicht Peters Mutter.*

Anstelle von G. können mitunter **Infinitivgruppen** mit *zu* oder **Partizipialgruppen** stehen: *Unser Ziel war, den Frieden zu bewahren. Der Minister, aus Moskau zurückgekehrt, informierte den Bundestag über die Ergebnisse seiner Verhandlungen.*

G

'Glie·der·kak·tus <m.; -, -te·en od. (österr.) -s·ses, -s·se; Bot.>;
'Glie·der·ket·te <f.; -, -n>; **'glieder·lahm** <Adj.>; **'Glie·der·lähmung** <f.; -, -en>; **'glie·dern** <V. t.; ich glied(e)re> *in Abschnitte einteilen, unterteilen;* **'Glie·der·pup·pe** <f.; -, -n>; **'Glie·der·schmerz** <m.; -es, -en>; **'Glie·der·tier** <m.; -(e)s, -e; Zool.>; **'Glie·de·rung** <f.; -, -en> *Unterteilung, Aufbau;* **'Glie·derzu·cken** <n.; -s; unz.>; **'Gliedma·ße** <f.; -, -n; meist Pl.>; **...glied·rig** <Adj.; in Zus.> = ...gliederig; **'Glied·satz** <m.; -es, ⁻e; Gramm.> *Satz innerhalb eines Satzgefüges;* → a. *Kasten; Kasten Nebensatz;* **'Glied·staat** <m.; -(e)s, -en> *Mitgliedstaat eines Bundesstaates;* **'glied·weise** <Adv.> *Glied für Glied; ~ wegtreten*
'glim·men <V. i. 156> *schwach glühen;* <aber> → *klimmen;* **'Glim·mer** <m.; -s, -> 1 *Schimmer, Glanz* 2 <Min.> *eine Mineralgruppe;* **'glim·me·rig** <Adj.> *schimmernd;* **'glim·mern** <V. i.> = *glimmen;* **'glimm·rig** <Adj.> =

glimmerig; **'Glimm·stän·gel** <m.; -s, -; umg.; scherzh.> *Zigarette*
'glimpf·lich <Adj.> *ohne schlimme Folgen;* ~ *davonkommen*
Gli'om <n.; -s, -e; Med.> *vom Nervenstützgewebe ausgehende Geschwulst* [grch.]
Glis'sa·de <f.; -, -n> *Gleitschritt beim Tanzen* [frz.]; **glis'san·do** <Mus.> *gleitend* [ital.]; **Glis'san·do** <n.; -s, -s od. -di; Mus.>
'glit·schen <V. i. (s.); du glitschst; umg.> *rutschen, (aus)gleiten,* **'glit·sche·rig, 'glit·schig, 'glitsch·rig** <Adj.> *feucht u. glatt*
'Glit·ter <m.; -s; unz.> = *Flitter*
'glit·ze·rig <Adj.>; **'glit·zern** <V. i.> *funkeln;* **'glitz·rig** <Adj.>
glo'bal <Adj.> *weltweit, erdumfassend;* ~es *Management* [lat.]; **glo·ba·li'sie·ren** <V. t.> *weltweit ausrichten;* **Glo·ba·li'sie·rung** <f.; -, -en>; **Glo·bal·play·er,** <auch> **Glo·bal Pla·yer** <['gloːbəlpleɪə(r)]; m.; (-)-s, (-)-s; Wirtsch.> *weltweit verbreitetes Unternehmen* [engl.]

'Glo·be·trot·ter <m.; -s, -> *Weltenbummler* [engl.]; **'Glo·betrot·te·rin** <f.; -, -n·nen>
Glo'bin <n.; -s, -e; Med.; Biol.> *Eiweißkomponente des Hämoglobins;* **Glo·bu'lin** <n.; -s, -e> *Eiweißkörper,* **'Glo·bus** <m.; - od. -bus·ses, 'Glo·ben od. -bus·se> *(Nachbildung der) Erdkugel od. Himmelskugel* [lat.]
'Glöck·chen <n.; -s, -; Verkleine­rungsf. von> *Glocke;* **'Glo·cke** <f.; -, -n> 1 *hohler, metallener Klangkörper mit Klöppel* 2 *Gegenstand in Form einer Glocke(1);* Käse~; **'Glo·cken·blume** <f.; -, -n; Bot.>, **'Glo·ckenge·läut** <n.; -(e)s; unz.>; **'Glocken·ge·läu·te** <n.; -s; unz.>; **'Glo·cken·gie·ßer** <m.; -s, ->; **Glo·cken·gie·ße'rei** <f.; -, -en>; **'Glo·cken·gie·ße·rin** <f.; -, -n·nen>; **'Glo·cken·hei·de** <f.; -; unz.; Bot.> *ein Gewächs;* **'glocken·hell** <Adj.> *eine* ~ *Stimme;* **'Glo·cken·läu·ten** <n.; -s; unz.>; **'Glo·cken·man·tel** <m.; -s, ⁻> *Lehmform der Glocke, in die das flüssige Metall gegossen wird;* **'glo·cken·rein** <Adj.> ~e *Stimme;* **'Glo·cken·rock** <m.; -(e)s, ⁻e> *glockig geschnittener Damenrock;* **'Glo·cken·schlag** <m.; -(e)s, ⁻e>; **'Glo·cken·spiel** <n.; -(e)s, -e; Mus.> 1 *Instrument aus abgestimmten (Turm-)Glocken* 2 *ein Musikinstrument;* **'Glo·cken·stuhl** <m.; -(e)s, ⁻e> *Gerüst, an dem eine (Turm-)Glocke aufgehängt ist;* **'Glo·cken·turm** <m.; -(e)s, ⁻e>; **'Glo·cken·wei·he** <f.; -, -n>; **'Glo·cken·zei·chen** <n.; -s, ->; **'Glo·cken·zug** <m.; -(e)s, ⁻e>; **'glo·ckig** <Adj.> *sich wie eine Glocke nach unten erweiternd;* **'Glöck·lein** <n.; -s, -; poet.; Ver­kleinerungsf. von> *Glocke;* **'Glöck·ner** <m.; -s, -; veralt.> *Kirchendiener*
'Glo·ria <n.; -s, -s od. f.; -, -s> 1 <unz.> *Ruhm, Pracht;* mit Glanz u. ~ 2 <nur n.; Kath.> *Lobgesang* [lat.]; **'Glo·rie** <[-riə]; f.; -; unz.> *Ruhm, Glanz, himmlische Herrlichkeit;* **'Glo·ri·enschein** <m.; -(e)s, -e> *Heiligenschein, Strahlenkranz;* **Glo·ri·fika·ti'on** <f.; -, -en> *Verherrli-*

G

chung; **glo·ri·fi'zie·ren** <V. t.>;
Glo·ri·fi'zie·rung <f.; -, -en>;
Glo·ri'o·le <f.; -, -n> = *Glorien-
schein;* **glo·ri'os** <Adj.>; **'glor-
reich** <Adj.> *ruhmreich*
Glos'sar <n.; -s, -e>, **Glos'sa·ri-
um** <n.; -s, -ri·en> 1 *Sammlung
von Glossen* 2 *Wörterverzeich-
nis mit Erläuterungen* [lat.];
'Glos·se <f.; -, -n> 1 *Erläute-
rung eines schwer verständli-
chen Ausdrucks* 2 *feuilletonisti-
scher Kurzkommentar* 3 *spötti-
sche Randbemerkung;* **glos'sie-
ren** <V. t.> 1 *erläutern* 2 *spöt-
tisch kommentieren*
Glot'tal <m.; -(e)s, -e; Phon.>
Kehlkopflaut; → a. *Kasten Kon-
sonant;* **'Glot·tis** <f.; -;
'Glot·ti·des; Anat.> *Stimmritze
im Kehlkopf* [grch.]; **'Glot·tis-
schlag** <m.; -(e)s; unz.> *harter
Tonansatz*
'Glotz·au·ge <n.; -s, -n; meist
Pl.>; **'Glot·ze** <f.; -, -n; umg.; ab-
wertend> *Fernsehgerät;* **'glot-
zen** <V. i.; du glotzt; umg.; ab-
wertend> 1 *starr blicken* 2 *fern-
sehen*
Glo'xi·nie <[-niə] f.; -, -n; Bot.>
*eine tropische Zier- u. Zimmer-
pflanze* [nach dem elsäss. Arzt
B. P. *Gloxin*]
gluck <Schallwort> ~, ~!
Glück <n.; -(e)s; unz.> 1 <↗Z29>
*günstige Fügung des Geschicks;
auf gut ~ aufs Geratewohl; ein ~
bringender Talisman;* Ggs *Un-
glück, Pech* 2 *Zustand innerer
Hochstimmung;* Mutter~;
Glück'auf <n.; -s; unz.> *jmdm.
ein herzliches ~ wünschen gu-
tes Gelingen;* <aber> Glück auf!
(Bergmannsgruß)
'Glu·cke <f.; -, -n> *brütende od.
Küken führende Henne;* **'glu-
cken** <V. i.> *die Henne gluckt
lockt mit tiefem Kehllaut*
'glü·cken <V. i. (s.)> *gelingen; es
ist nicht geglückt*
'glu·ckern <V. i.; ich gluck(e)re>
gurgelnde Laute hervorbringen
'glück·haft <Adj.>
'Gluck·hen·ne <f.; -, -n>
'glück·lich <Adj.>; **glück·li·cher-
'wei·se** <Adv.> *zum Glück;*
'glück·los <Adj.>; **'Glücks·brin-
ger** <m.; -s, -> *Talisman;* **glück-
'se·lig** <Adj.>; **Glück'se·lig·keit**
<f.; -; unz.>

'gluck·sen <V. i.; du gluckst> =
gluckern
'Glücks·fall <m.; -(e)s, ⸚e>;
'Glücks·kind <n.; -(e)s, -er>;
'Glücks·klee <m.; -s; unz.;
Bot.> *Klee mit vierteiligen Blät-
tern (gilt als Glückssymbol);*
'Glücks·pfen·nig <m.; -(e)s, -e;
umg.>; **'Glücks·pilz** <m.; -es,
-e; fig.; umg.> *jmd., der vom
Glück begünstigt ist;* **'Glücks-
rad** <n.; -(e)s, ⸚er; auf Jahrmärk-
ten>; **'Glücks·rit·ter** <m.; -s, ->
Abenteurer; **'Glücks·sa·che** <f.;
-; unz.> *das ist ~;* **'Glücks-
schwein** <n.; -(e)s, -e>;
'Glücks·spiel <n.; -(e)s, -e>;
'Glücks·sträh·ne <f.; -, -n;
umg.> *Phase, in der einem alles
gelingt;* Ggs *Pechsträhne;*
'Glücks·tag <m.; -(e)s, -e>;
'glück·strah·lend <Adj.> ~
nahm sie den Preis entgegen;
<aber> *vor Glück strahlend ...;*
'Glück·wunsch <m.; -(e)s, ⸚e>;
'Glück·wunsch·kar·te <f.; -,
-n>; **'Glück·wunsch·schrei-
ben** <n.; -s, ->
Glu'co·se <f.; -; unz.; Biochem.>
= *Glukose*
'Glüh·bir·ne <f.; -, -n>; **'glü·hen**
<V. i.> 1 *aufgrund hoher Tempe-
ratur rötlich leuchten; bei ~der
Hitze* 2 <fig.> *innerlich ent-
flammt sein; vor der Verehrer;*
'Glüh·fa·den <m.; -s, ⸚> *Leucht-
körper in Glühlampen;* **'glüh-
'heiß** <Adj.>; **'Glüh·hit·ze** <f.; -;
unz.> *Gluthitze;* **'Glüh·lam·pe**
<f.; -, -n>; **'Glüh·wein** <m.;
-(e)s, -e> *erhitzter, gesüßter Rot-
wein;* **'Glüh·würm·chen** <n.; -s,
-; Zool.> *Leuchtkäfer*
Glu'ko·se <f.; -; unz.; Biochem.>
Traubenzucker; oV *Glucose*
[grch.]
'Glupsch·au·gen <Pl.; umg.>
stark hervortretende Augen;
'glup·schen <V. i.; umg.> *starr
blicken*
Glut <f.; -, -en> 1 *glühender
Brennstoff* 2 *sengende Hitze*
Glut·a·mat, <auch> **Glu·ta'mat**
<n.; -(e)s, -e; ↗Z54; Bio-
chem.> *Würzzusatz, Ge-
schmacksverstärker;* **Glut·a'min**
<n.; -s; unz.; Biochem.> *eine
Aminosäure;* **Glut·a'min·säu·re**
<f.; -; unz.; Biochem.>; **Glu'ten**
<n.; -s; unz.> *Kleber* [lat.]

'Glut·hit·ze <f.; -; unz.; Fachspr.>
1 *zum Glühen benötigte Hitze* 2
<fig.> *sengende Hitze*
Glu'tin <n.; -s; unz.; Biochem.>
Eiweißstoff
'glut'rot <Adj.>
Gly·ce'rin <n.; -s; unz.; Chem.> =
Glyzerin; **Glyk·ä'mie**, <auch>
Gly·kä'mie <f.; -; unz.; ↗Z54;
Med.> *Zuckergehalt des Blutes*
[grch.]; **Gly·ko'gen** <n.; -s; unz.;
Biochem.> *tierische Stärke;* **Gly-
'kol** <n.; -s, -e; Chem.> *ein
Frostschutz- u. Lösungsmittel;*
Gly·ko·se <f.; -; unz.; Biochem.;
veralt.> = *Glukose;* **Gly·ko'sid**
<n.; -(e)s, -e; meist Pl.; Chem.>
eine organ. Verbindung; **Gly-
kos·u'rie**, <auch> **Gly·ko·su'rie**
<f.; -, -n; ↗Z54; Med.> *Zucker-
ausscheidung im Harn*
'Glyp·te <f.; -, -n> *geschnittener
Stein* [grch.]; **'Glyp·tik** <f.; -;
unz.> *Bildhauerei;* **Glyp·to'thek**
<f.; -, -en> *Sammlung von Bild-
hauerarbeiten*
Gly·ze'rin <n.; -s; unz.; Chem.>
dreiwertiger Alkohol; oV *Glyce-
rin* [grch.]
Gly'zi·ne, **Gly·zi·nie** <[-niə] f.; -,
-n; Bot.> *ein Kletterstrauch*
[grch.]
Gm <Zeichen für> *Gigameter*
G-Man <[ˈdʒiːmæn]; m.; -s, -Men
[-mən]; Kurzw. für> *Govern-
ment Man (Agent des FBI)*
[engl.]
GmbH <Abk. für> *Gesellschaft
mit beschränkter Haftung;* → a.
Gesellschaft(5)
GMD <Abk. für> *Generalmusikdi-
rektor*
'g-Moll <n.; -; unz.; Mus.> *eine
Tonart;* **'g-Moll-Drei·klang** <m.;
-(e)s, -e; Mus.>; **'g-Moll-Ton·lei-
ter** <f.; -, -n; ↗Z35>
'Gna·de <f.; -, -n; Pl. selten> *Gü-
te, Barmherzigkeit, Milde; von
Gottes ~n; Euer ~n* <veralt. An-
rede>; **'gna·den** <V. i.; noch in
der Wendung> *gnade
dir Gott!;* **'Gna·den·akt** <m.;
-(e)s, -e>; **'Gna·den·be·weis**
<m.; -es, -e>; **'Gna·den·bild** <n.;
-(e)s, -er; Kath.> *Heiligenbild,
dem Wunderkraft zugeschrie-
ben wird, bes. Bild der Jungfrau
Maria;* **'Gna·den·brot** <n.; -(e)s;
unz.; fig.> *einem alten Tier das
~ geben es bis zum Tod versor-*

gen; **'Gna·den·er·lass** <m.; -es, ⸚e> **'Gna·den·frist** <f.; -, -en> *letzte Frist;* **'Gna·den·ge·such** <n.; -(e)s, -e>; **'gna·den·los** <Adj.>; **'Gna·den·stoß** <m.; -es, ⸚e; Pl. selten> *einem leidenden Tier den ~ geben;* **'gna·den·voll** <Adj.>; **'Gna·den·weg** <m.; -(e)s; unz.; fig.> *auf dem ~ mithilfe eines Gnadengesuchs;* **'gnä·dig** <Adj.> 1 *milde, nachsichtig, freundlich gesinnt; ~e Frau* (höfl. Anrede) 2 *herablassend;* **'gnä·dig·lich** <Adv.; poet.; veralt.> = *gnädig*

'Gna·gi <n.; -s; unz.; schweiz.> *gepökelte Teile vom Schwein*

'gnat·zen <V. i.; du gnatzt; norddt.; mdt.> *mürrisch, übellaunig sein;* **'gnat·zig** <Adj.>

Gneis <m.; -es, -e; Geol.> *ein Gestein;* **'gnei·sig** <Adj.>

'gnei·ßen <V. t.; du gneißt; österr.; umg.> *merken, durchschauen*

Gnoc·chi <['njɔki]; Pl.; ital. Kochk.> *Klößchen aus Kartoffelteig*

Gnom <m.; -en, -en> *Zwerg, Kobold;* **'Gno·me** <f.; -, -n> *kurzer Sinnspruch* [grch.]; **'gno·men·haft** <Adj.>; **'Gno·mi·ker** <m.; -s, -> **'gno·misch** <Adj.> *in der Art einer Gnome; ~er Dichter Spruchdichter*

'Gno·mon <m.; -s, -'mo·ne> *ältestes astronom. Gerät, Sonnenuhr* [grch.]

'Gno·sis <f.; -; unz.> *Erkenntnis, Einsicht in eine relig. Gedankenwelt* [grch.]; **'Gnos·tik** <f.; -; unz.> *Lehre der Gnosis;* **'Gnos·ti·ker** <m.; -s, ->; **'Gnos·ti·ke·rin** <f.; -, -n·nen>; **'gnos·tisch** <Adj.>; **Gnos·ti'zis·mus** <m.; -; unz.; Sammelbez. für> *relig. Bewegungen in der Spätantike*

Gnu <n.; -s, -s; Zool.> *eine Antilopenart* [hottentott.]

Go <n.; -; unz.> *ein jap. Brettspiel* [jap.]

Goal <[go:l]; n.; -s, -s; Sp.; österr.; schweiz.> *Tor, Treffer* [engl.]; **'Goal·get·ter** <m.; -s, -; Sp.> *erfolgreicher Torschütze;* **'Goa·li(e)** <m.; -s, -s; Sp.> *Torhüter;* **'Goal·kee·per** <[-ki:pə(r)]; m.; -s, -; Sp.> *Torwart*

Go·be·lin <[gɔbə'lɛ̃]; m.; -s, -s>

---

kunstvoll gewirkter Wandbildteppich [frz.]

Go·cart <['go:ka:rt]; m.; -s, -s> = *Gokart*

'Go·ckel <m.; -s, -; bes. süddt.; umg.> *Hahn;* **'Go·ckel·hahn** <m.; -(e)s, ⸚e; umg.>

Göd <m.; -en, -en; österr.> *Pate;* **'Go·de** <m.; -n, -n; Nebenform von> *Gote[1];* **'Go·del, 'Gö·del** <f.; -, -n; süddt.; österr.> *Patin*

Gode·mi·ché <[go:dmi'ʃe:]; m.; -s, -s> *künstl. Penis zur sexuellen Befriedigung* [lat.-frz.]

'Godl <f.; -, -n> = *Godel*

Go·go·Boy <[-bɔi]; m.; -s, -s; ⚡Z33>; **Go·go·Girl** <[-gɜ:l]; n.; -s, -s> *Vortänzerin in Nachtlokalen* [engl.]

Goi <m.; -s, 'Go·jim od. Go'jim; Bez. der Juden für> *Nichtjude, Ungläubiger* [hebr.]

Go·'in <n.; - od. -s, -s; ⚡Z32> *Eindringen in eine Veranstaltung, um eine Diskussion zu erzwingen* [engl.]

'Goi·se·rer <m.; -s, -; österr.> *schwerer, genagelter Bergschuh* [nach dem Ort *Goisern*]

'Go·kart <m.; -s, -s> *kleiner, unverkleideter Rennwagen;* oV *Gocart* [engl.]

'go·keln <V. i.; ich gok(e)le; mdt.> *mit Feuer spielen*

Go·'lat·sche <f.; -, -n> = *Kolatsche*

Gold <n.; -(e)s; unz.; Zeichen: Au> *chem. Element, Edelmetall; das ist ~ wert!* <fig.> *von großem Nutzen;* → a. *Aurum;* **'Gold·am·mer** <f.; -, -n; Zool.> *ein Singvogel;* **'Gold·am·sel** <f.; -, -n; Zool.> = *Pirol;* **'Gold·bar·ren** <m.; -s, -> *Block aus massivem Gold;* **'Gold·barsch** <m.; -(e)s, -e; Zool.> *ein Fisch;* **'gold·blond** <Adj.>; **'gold·braun** <Adj.>; **'Gold·bro·kat** <m.; -(e)s; unz.; Textilw.> *Seidenstoff mit eingewebten Goldfäden;* **'Gold·bron·ze** <[-brɔsə] od. [-brɔŋsə]; f.; -; unz.>; **'Gold·dou·blé, 'Gold·doub·lee** <auch> **'Gold·doub·lé** <[-du-]; n.; -s, -s; ⚡Z53> = *Golddublee;* **'Gold·dros·sel** <f.; -, -n; Zool.> = *Pirol;* **'Gold·druck** <m.; -(e)s; unz.>; **'Gold·du·blee, 'Gold·dub·lee** <auch> **'Gold·dub·lee** <n.; -s, -s; ⚡Z18> *mit Gold überzogenes Metall;* **'gold·durch·wirkt** <Adj.>; **'gol·den** <Adj.; ⚡Z46> *aus Gold,*

---

goldfarben, von besonderer Bedeutung; ein ~er Ring; ~e Hochzeit 50. Jahrestag der H.; die ~e Mitte, den ~en Mittelweg wählen das rechte Maß halten; der ~e Schnitt <Math.>; *ein ~es Zeitalter ein wirtschaftl. u. kulturell blühendes Z.;* <aber> *das Goldene Zeitalter* <Myth.> *paradies. Zeitalter; die Goldene Bulle; das Goldene Kalb (in der Bibel); die Goldene Schallplatte; die Goldene Stadt Prag; das Goldene Vlies* <grch. Myth.>; *das Goldene Buch der Stadt Gästebuch; die Goldenen Zwanziger(jahre);* **Gol·den De·li·cious** <['gouldən də'liʃəs]; m.; --, --; Bot.> *eine Apfelsorte* [engl.]; **'Gol·den·goal,** <auch> **'Gol·den Goal** <[-goul]; n.; (-)-s, (-)-s; ⚡Z30; Sp., bes. Fußb.> *spielentscheidendes, in der Verlängerung erzieltes Tor;* **'Gol·den Re·trie·ver,** <auch> **'Gol·den Ret·rie·ver** <[-ri'tri:və(r)]; m.; --s, --; ⚡Z53; Zool.> *eine Hunderasse;* **'Gol·den Twen·ties** <[-'twenti:z]; Pl.> *die goldenen zwanziger Jahre (des 20 Jh.);* **'gold·far·ben, 'gold·far·big** <Adj.>; **'Gold·fa·san** <m.; -(e)s, -e od. -en; Zool.> *ein Hühnervogel;* **'Gold·fisch** <m.; -(e)s, -e; Zool.>; **'Gold·flie·der** <m.; -s, -; Bot.> = *Forsythie;* **'Gold·ge·halt** <m.; -(e)s; unz.>; **'gold·gelb** <Adj.>; **'gold·ge·rän·dert** <Adj.> *~es Porzellan;* **'Gold·grä·ber** <m.; -s, ->; **'Gold·gru·be** <f.; -, -n> 1 *Goldlagerstätte* 2 <fig.> *einträgliches Geschäft; sein Laden ist eine wahre ~;* **'Gold·hähn·chen** <n.; -s, -; Zool.> *ein Singvogel;* **'Gold·hams·ter** <m.; -s, -; Zool.> *ein Nagetier;* **'Gold·ha·se** <m.; -n, -n; Zool.> *ein Nagetier;* **'gol·dig** <Adj.> 1 *wie Gold glänzend* 2 <fig.; umg.> *reizend, niedlich;* **'Gold·kind** <n.; -(e)s, -er; Kosewort>; **'Gold·le·gie·rung** <f.; -, -en>; **'Gold·ma·cher·kunst** <f.; -; unz.; MA> = *Alchimie;* **'Gold·me·dail·le** <[-daljə]; f.; -, -n; Sp.> *höchste Auszeichnung;* **'Gold·mi·ne** <f.; -, -n>; **'Gold·mün·ze** <f.; -, -n; Zool.>; **'Gold·pa·pier** <n.; -s; unz.>; **'Gold·par·mä·ne** <f.; -, -n; Bot.>

eine Apfelsorte; '**Gold·rausch** ‹m.; -(e)s; unz.; fig.› '**Gold·re·gen** ‹m.; -s, -; Bot.› *ein Strauch, Baum;* '**Gold·reiz·ker** ‹m.; -s, -; Bot.› *ein Pilz;* '**gold·rich·tig** ‹Adj.; umg.; meist präd.› *genau passend;* '**gold·rot** ‹Adj.›; '**Gold·ru·te** ‹f.; -, -n; Bot.› *eine Staudenpflanze;* '**Gold·schmied** ‹m.; -(e)s, -e›; '**Gold·schmie·de·ar·beit** ‹f.; -, -en›; '**Gold·schmie·de·kunst** ‹f.; -; unz.›; '**Gold·schmie·din** ‹f.; -, -n·nen›; '**Gold·schnitt** ‹m.; -(e)s; unz.; Buchw.›; '**Gold·sti·cke·rei** ‹f.; -, -en›; '**Gold·stück** ‹n.; -(e)s, -e›; '**Gold·waa·ge** ‹f.; -, -n›; '**Gold·wäh·rung** ‹f.; -; unz.›; '**Gold·wert** ‹m.; -(e)s; unz.›; '**Gold·zahn** ‹m.; -(e)s, ⸚e›

'**Go·lem** ‹m.; -s; unz.; in der jüd. Sage› *aus Ton geschaffenes, zum Leben erwecktes menschenähnl. Wesen* [hebr.]

Golf[1] ‹m.; -(e)s, -e› *größere Meeresbucht; ~ von Mexiko* [ital.]

Golf[2] ‹n.; -s; unz.› *ein Rasenspiel* [engl.]; '**gol·fen** ‹V. i.; umg.› *Golf spielen;* '**Gol·fer** ‹m.; -s, -› *Golfspieler;* '**Gol·fe·rin** ‹f.; -, -n·nen›; '**Golf·platz** ‹m.; -es, ⸚e›; '**Golf·schlä·ger** ‹m.; -s, -›; '**Golf·spiel** ‹n.; -(e)s; unz.›; '**Golf·strom** ‹m.; -(e)s; unz.› *warme Meeresströmung im Atlantik*

'**Gol·ga·tha** ‹n.; -; unz.; Sinnbild für› *Schmerzensort* [hebr.; nach der Kreuzigungsstätte Christi]

'**Gol·gi·ap·pa·rat,** ‹auch› '**Gol·gi·Ap·pa·rat** ‹[-dʒi-]; m.; -(e)s, -e; ⤴Z35; Biol.› *ein Zellorgan* [nach dem ital. Histologen C. Golgi]

'**Go·li·ath** ‹m.; -s, -s; fig.; umg.› *riesiger Mensch*

Go'mor·ra, Go'mor·rha → **So·dom**

'**gon** ‹Zeichen für› *Gon;* **Gon** ‹n.; -s, -e od. (nach Zahlenangaben) -; Geodäsie; Zeichen: gon, g› *Maßeinheit für den ebenen Winkel* [grch.]

Go'na·de ‹f.; -, -n; Anat.› = *Keimdrüse* [grch.]

'**Gon·a·gra,** ‹auch› '**Go·nag·ra** ‹n.; -s; unz.; ⤴Z54; Med.› *Gicht im Kniegelenk* [grch.]

'**Gon·del** ‹f.; -, -n› 1 *schmales ve-* *nezianisches Ruderboot* 2 *Kabine an Seilbahnen* 3 *Korb am Freiballon;* '**gon·deln** ‹V. i.; ich gond(e)le› *gemächlich u. ziellos umherfahren;* durch Spanien ~; **Gon·do·li·e·re** ‹[-'lje-]; m.; -, -ri› *Führer der Gondel(1)*

Gong ‹m.; -s, -s› *Metallscheibe, die, mit einem Klöppel angeschlagen, einen dumpfen Ton erzeugt;* '**gon·gen** ‹V. i.› *es hat zum Essen gegongt;* '**Gong·schlag** ‹m.; -(e)s, ⸚e› *beim ~*

Go·ni·o'me·ter ‹n.; -s, -; Phys.› *Winkelmesser* [grch.]; **go·ni·o·'me·trisch,** ‹auch› **go·ni·o·'met·risch,** ‹Adj.; Phys.›

'**gön·nen** ‹V.› 1 ‹V. t.› *jmdm. etwas – sich darüber freuen (a. boshaft), dass jmd. etwas bekommt;* das gönne ich ihr! 2 ‹V. refl.› *sich etwas – (außer der Reihe) zugestehen;* er gönnt sich keine Pause; '**Gön·ner** ‹m.; -s, -› *freundlicher Förderer;* '**gön·ner·haft** ‹Adj.› *herablassend;* '**Gön·ne·rin** ‹f.; -, -n·nen›; '**Gön·ner·mie·ne** ‹f.; -; unz.› *mit ~*

Go·no'kok·kus ‹m.; -, -kok·ken; Med.› *Erreger der Gonorrhöe* [grch.]; **Go·nor'rhö** ‹f.; -, -en›, **Go·nor·rhöe** ‹[-'rø:]; f.; -, -n; Med.› = *Tripper;* **go·nor'rho·isch** ‹Adj.; Med.›

good·bye! ‹[gud 'bai]› *auf Wiedersehen!* [engl.]

Good·will ‹[gud'wil]; m.; -s; unz.› 1 *Geschäftswert* 2 *Ansehen, Ruf* 3 *Wohlwollen* [engl.]; '**Good'will·rei·se** ‹f.; -, -n›; '**Good'will·tour** ‹[-tu:r]; f.; -, -en od. -s›

'**Gö·pel** ‹m.; -s, -›, '**Gö·pel·werk** ‹n.; -(e)s, -e; früher› *mit Zugtier bewegte Vorrichtung zum Antrieb von Arbeitsmaschinen*

Gör ‹n.; -(e)s, -en; bes. norddt.› 1 *kleines Kind* 2 *vorlautes Mädchen*

'**Gor·ding** ‹f.; -, -s od. -e; Seemannsspr.› *Tau zum Zusammenschnüren der Segel*

'**gor·disch** ‹Adj.; ⤴Z46› *der Gordische Knoten* ‹Myth.›; ‹aber› ein ~er Knoten ‹fig.› *eine unlösbar scheinende Aufgabe* [nach dem altphryg. König *Gordios I.*]

'**Gö·re** ‹f.; -, -n› = **Gör(2)**

Gore·tex ‹[ˈgoːr-]; n.; -; unz.; Warenz.› *wasser- u. windundurchlässiges, atmungsaktives Gewebe*

'**Gor·go** ‹f.; -, ˈgo·nen; meist Pl.; in der grch. Sage› *weibl. Ungeheuer,* **Gor'go·nen·haupt** ‹n.; -(e)s, ⸚er›

Gor·gon'zo·la ‹m.; -s; unz.› *ein Edelschimmelkäse* [nach dem gleichnamigen ital. Ort]

Go'ril·la ‹m.; -s, -s› 1 ‹Zool.› *größter Menschenaffe* 2 ‹umg.› *kräftiger Leibwächter* [grch.]

Gösch ‹f.; -, -en; Seemannsspr.› 1 *kleine Nationalflagge am Bug* 2 *Flaggenstock am Vorsteven* [ndrl.]

'**Go·sche** ‹f.; -, -n; schweiz.›, '**Go·schen** ‹f.; -, -; süddt.; österr.; abwertend› *Mund*

'**Go·se** ‹f.; -, -n; mdt.› *obergäriges Bier*

Go·slow ‹[gou'slou]; m.; - od. -s, -s; ⤴Z32› *Bummelstreik* [engl.]

'**Gos·pel** ‹n.; -s, -› = **Gospelsong** [engl.]; '**Gos·pel·sän·ger** ‹m.; -s, -›; '**Gos·pel·sän·ge·rin** ‹f.; -, -n·nen›; '**Gos·pel·song** ‹m.; -s, -s› *religiöses Lied der nordamerikanischen Schwarzen*

Gos·po'dar ‹m.; -s od. -en, -en› = *Hospodar*

Gos·po'din ‹m.; -s, -po'da› *Herr (Anrede)* [russ.]

'**Gos·se** ‹f.; -, -n› *Rinnstein entlang einer Straße;* in der ~ landen ‹fig.; umg.› *verkommen*

'**Gös·sel** ‹n.; -s, - od. -n; norddt.› *Gänseküken*

'**Go·te**[1] ‹m.; -n, -n od. f.; -, -n; oberdt.› *Pate, Patin*

'**Go·te**[2] ‹m.; -n, -n› *Angehöriger eines german. Volksstammes* [anord.]

'**Go·tha** ‹m.; -; unz.› *Adelskalender* [nach der Stadt, in der er herausgegeben wird]

'**Go·tik** ‹f.; -; unz.; 12.–15. Jh.› *Stilepoche der europ. Kunst;* '**go·tisch** ‹Adj.› 1 *die Gotik betreffend, im Stil der Gotik* 2 *die Goten*[2] *betreffend*

Gott ‹m.; -es, ⸚er› 1 ‹unz.; meist ohne Art.› *höchstes Wesen im Christentum; ~ (,) der Herr;* grüß ~!; vergelt's ~! (Dankesformel); um ~es willen!; in ~es Namen! ‹umg.› *meinetwegen; ~ behüte, bewahre!* ‹umg.› *kei-*

nesfalls!; leider ~es <umg.> bedauerlicherweise; ~ sei Dank! <umg.> glücklicherweise; bei ~ nicht wirklich nicht 2 <Myth.> übermenschliches, kultisch verehrtes Wesen; Donner~; das wissen die Götter! <umg.> niemand weiß es; **'gott·be·gna·det** <Adj.>; **'Got·te** <f.; -, -n; schweiz.> Patin; **'Gott·er·bar·men** <nur in der Wendung> zum ~ <umg.> jämmerlich; **'gott'er'bärm·lich** <Adj.; umg.>; **'Göt·ter·bild** <n.; -(e)s, -er>; **'Göt·ter·bo·te** <m.; -n, -n; Myth.>; **'Göt·ter·däm·me·rung** <f.; -; unz.> Untergang der Götter; **'Göt·ter·gat·te** <m.; -n, -n; umg.; scherzh.> (vergötterter) Ehemann; **'gott·er·ge·ben** <Adj.>; **'göt·ter·gleich** <Adj.>; **'Göt·ter·sa·ge** <f.; -, -n>; **'Göt·ter·spei·se** <f.; -, -n> 1 <Myth.> Unsterblichkeit verleihende Speise der Götter 2 eine Süßspeise; **'Göt·ter·trank** <m.; -(e)s; unz.>; **'Got·tes·a·cker** <m.; -s, ⸗; ↗Z55; geh.> veralt.> Friedhof; **'Got·tes·an·be·te·rin** <f.; -, -nnen; Zool.> eine Heuschreckenart; **'Got·tes·be·weis** <m.; -es, -e>; **'Got·tes·dienst** <m.; -(e)s, -e>; **'got·tes·dienst·lich** <Adj.>; **'Got·tes·furcht** <f.; -; unz.> Gehorsam u. Ehrfurcht vor Gott; **'got·tes·fürch·tig** <Adj.>; **'Got·tes·ga·be** <f.; -, -n> es ist eine große ~; <aber> ein König von Gottes Gnaden (Herrschertitel); **'Got·tes·haus** <n.; -es, ⸗er> Kirche; **'got·tes·läs·ter·lich** <Adj.> ~e Reden führen; **'Got·tes·läs·te·rung** <f.; -, -en>; **'Got·tes·leug·ner** <m.; -s, ->; **'Got·tes·leug·ne·rin** <f.; -, -nnen>; **'Got·tes·lohn** <m.; -(e)s; unz.> etwas um einen ~ tun unentgeltlich; **'Got·tes·mut·ter** <f.; -; unz.>; **'Got·tes·sohn** <m.; -(e)s; unz.>; **'Got·tes·ur·teil** <n.; -(e)s, -e; im MA> Ermittlung des Schuldigen durch das scheinbare Eingreifen Gottes; **'Got·tes·ver·eh·rung** <f.; -; unz.>; **'gott·ge·fäl·lig** <Adj.> ein ~es Leben führen; **'gott·ge·wollt** <Adj.>; **'gott·gläu·big** <Adj.>; **'Gott·heit** <f.; -, -en>; **'Göt·ti** <m.; -s, -; schweiz.> Pa-

te; **'Göt·tin** <f.; -, -nnen> weibl. Gott(2); Sieges~; **'gött·lich** <Adj.; ↗Z46> 1 Gott betreffend; ~e Gnade; <aber> die Göttliche Komödie (von Dante) 2 <fig.; umg.> herrlich, wunderbar; ein ~es Getränk; **'Gött·lich·keit** <f.; -; unz.>; **gott'lob** <kurz für> Gott sei Lob u. Dank; ~ ist nichts passiert; **'gott·los** <Adj.> 1 verwerflich; ein ~es Leben führen 2 Gott verleugnend; **'Gott·lo·sig·keit** <f.; -; unz.>; **'Gott·mensch** <m.; -en; unz.> Christus; **'gott'se·lig** <Adj.>; **'gotts·er'bärm·lich** <Adj.; umg.> sehr erbärmlich; ~ frieren; **Gott'va·ter** <m.; -s; unz.; ohne Art.>; **'gott·ver·ges·sen** <Adj.> gottlos; **'gott·ver·las·sen** <Adj.; umg.> öde, trostlos, abgelegen; ein ~es Dorf; <aber> ein von Gott verlassenes D.; **'Gott·ver·trau·en** <n.; -s; unz.>; **'gott·voll** <Adj.; fig.; umg.> = göttlich(2)

'Göt·ze <m.; -n, -n> als Gottheit verehrtes Wesen, Abgott; **'Göt·zen·bild** <n.; -(e)s, -er>; **'Göt·zen·dienst** <m.; -(e)s; unz.>

Gouache <[gu'aʃ]; f.; -, -n [gu'aʃən]> oV Guasch 1 <unz.> Malerei mit deckenden Wasserfarben 2 in dieser Technik gemaltes Bild [frz.]

Gou·da <['xau-], eindeutschend ['gau-]; m.; -s, -s> **'Gou·da·kä·se** <m.; -s, -> ein Schnittkäse [nach der ndrl. Herkunftsstadt]

Gourde <[gurd]; m.; -, -s [-dəs] od. (bei Zahlenangaben) -; Abk.: G> haitische Währungseinheit [frz.]

Gour·mand <[gur'mã]; m.; -s, -s> Vielesser, Schlemmer [frz.]; **Gour·man·di·se** <[gurmã'diːzə]; f.; -, -n> Schlemmerei; **Gour·met** <[gur'me:] od. [gur'me:]; m.; -s, -s> Feinschmecker

Gout <[gu]; m.; -s; unz.; geh.> Geschmack, Neigung [frz.]; **gou'tie·ren** <[gu-]; V. t.; geh.> Speisen, Getränke ~ probieren

Gou·ver'nan·te <[guver-]; f.; -, -n; veralt.> Erzieherin [frz.]; **gou·ver'nan·te·haft** <Adj.>; **Gou·ver·ne·ment** <[guvərnə'mã]; n.; -s, -s> 1 Regierung 2 Verwaltung(sbezirk); **gou·ver·ne·men-**

tal <[-mã'taːl]; Adj.; schweiz., sonst veralt.> regierungsfreundlich, Regierungs...; **Gou·ver·neur** <[guver'nøːr]; m.; -s, -e>; **Gou·ver'neu·rin** <f.; -, -nnen>

Gr. <Abk. für> 1 Greenwich 2 Groß...; Gr.-2° Großfolio; Gr.-4° Großquart; Gr.-8° Großoktav

Grab <n.; -(e)s, ⸗er> letzte Ruhestätte für Tote; Einzel~; Familien~; **'Grab·bei·ga·be** <f.; -, -n>

Grab·be'lei <f.; -, -en; norddt.>; **'grab·beln** <V. i.; ich grabb(e)le schnell greifen (nach); <aber> → krabbeln; **'Grab·bel·tisch** <m.; -(e)s, -e; umg.> Wühltisch

'gra·ben <V. 157> 1 <V. i.> (in der Erde) eine Vertiefung machen 2 <V. t./V. refl.> sich in etwas ~ bohrend in etwas eindringen; **'Gra·ben** <m.; -s, ⸗> lange, schmale, in die Erde gegrabene Vertiefung; Schützen~; Straßen~; **'Gra·ben·bruch** <m.; -(e)s, ⸗e; Geol.>; **'Gra·ben·kampf** <m.; -(e)s, ⸗e; Mil.>; **'Grä·ber** <m.; -s, -> Gold~; Toten~; **'Grä·ber·feld** <n.; -(e)s, -er>; **'Grä·ber·fund** <m.; -(e)s, -e>; **'Gra·bes·ru·he** <f.; -; unz.>; **'Gra·bes·stil·le** <f.; -; unz.>; **'Gra·bes·stim·me** <f.; -; unz.> tiefe, unheiml. Stimme; **'Grab·hü·gel** <m.; -s, ->; **'Grab·in·schrift** <f.; -, -en>; **'Grab·le·gung** <f.; -, -en>; **'Grab·mal** <n.; -(e)s, -er od. -e>; **'Grab·plat·te** <f.; -, -n>; **'Grab·re·de** <f.; -, -n>; **'grab·schen** <V. t. u. V. i.> = grapschen, grapsen; **'Grab·scher** <m.; -s, ->; **'Grab·spruch** <m.; -(e)s, ⸗e>; **'Grab·stät·te** <f.; -, -n> = Grab; **'Grab·stein** <m.; -(e)s, -e>; **'Gra·bung** <f.; -, -en>

'Grac·che <['graxə]; m.; -n, -n> Angehöriger eines altröm. Geschlechts

Gracht <f.; -, -en; in ndrl. Städten> schiffbarer Kanal

gra·ci'o·so <Mus.> = grazioso

grad. <Abk. für> graduiert

Grad <m. 7; -(e)s, -e> 1 Abstufung, Stärke, Ausmaß; ein Vetter zweiten ~es; Verbrennungen dritten ~es; das ist im höchsten ~(e) ärgerlich 2 militär. Rang, akademische Würde; Dienst~ 3 <Zeichen: °> eine Maßeinheit;

Gradzeichen: Das G. steht grundsätzlich vor der Temperatureinheit: °*C*, °*F*.
Steht eine Zahl vor der Temperatureinheit, so setzt man dazwischen ein Leerzeichen:
+25 °*C*, -2 °*F*
Wenn die Einheit Grad einen Längen- oder Breitengrad bezeichnet, steht das G. ohne Leerzeichen bei der Zahl:
30° südlicher Breite

Längen~; Breiten~; 20 ~ nördlicher Breite; der 20. ~; Minus~e; Plus~e; es hat heute 5 ~ minus <umg.>; 12 ~ Celsius (12°C); ein Winkel von 45°; ein 45°-Winkel; → a. *Kasten Gradzeichen* [lat.]; **Gra·da·ti'on** <f.; -, -en> 1 *Steigerung* 2 *Abstufung*
'gra·de <Adj.; umg.> = *gerade*
'Grad·ein·tei·lung <f.; -, -en>; **Gra·di'ent** <m.; -en, -en; Math.> *Gefälle od. Anstieg einer Größe* [lat.]; **Gra·di'en·te** <f.; -, -n; Math.> *Neigungslinie*; **gra'die·ren** <V. t.> 1 *in Grade einteilen, abstufen* 2 *verstärken; eine Salzlösung ~ durch Verdunstung konzentrieren;* **Gra'die·rung** <f.; -, -en>; **'Grad·mes·ser** <m.; -s, -; fig.> *Maßstab;* **'Grad·par·ti·kel** <f.; -, -n; Gramm.> → a. *Kasten Partikel;* **gra·du'al** <Adj.> *den Grad, Rang betreffend;* **Gra·du'a·le** <n.; -s, -li·en; Kath.> *kurzer Zwischengesang nach der Epistel;* **Gra·du·a·ti'on** <f.; -, -en> *Einteilung nach Graden;* **gra·du'ell** <Adj.> 1 *gering;* ~e Unterschiede 2 *abgestuft, allmählich; ein ~er Übergang;* **gra·du'ie·ren** <V. t.> 1 *etwas ~ in Grade einteilen* 2 *jmdn. ~ jmdm. eine akadem. Würde verleihen;* **gra·du'iert** <Adj.; Abk.: grad.> *über einen akad. Grad verfügend; ein ~er Ingenieur* (Abk.: Ing. grad.); **Gra·du'ier·te(r)** <f. 2 (m. 1.)>; **Gra·du'ie·rung** <f.; -, -en>; **'grad·wei·se** <Adv.>
Grae·cum <['grɛːkʊm]; n.; -s, -s> *Prüfung der Kenntnisse im Altgriechischen* [grch.]
Graf¹ <m.; -en, -en> *ein Adeliger*
Graf² <m.; -en, -en; ↗Z11.3> eindeutschende Schreibung für> *Graph*

Gra'fem <n.; -(e)s, -e; ↗Z11.3; Sprachw.; eindeutschende Schreibung für> *Graphem*
Graf'fi·ti <n.; -s, -s> *auf eine Wand gesprühte bildl. Darstellung od. Parole* [ital.]; **Graf'fi·to** <m. od. n.; - od. -s, -fi·ti> *in Stein eingeritzte Inschrift od. figürl. Darstellung*
Gra'fie <f.; -, -n; ↗Z11.3; Sprachw.; eindeutschende Schreibung für> *Graphie;* **...gra·'fie** <in Zus.> ...*schrift, ...beschreibung; z. B. Telegrafie; Geografie;* **'Gra·fik** <f.; -, -en> oV *Graphik* 1 <unz.> *(Kunst der) Vervielfältigung von Schrift u. Druck;* Werbe~ 2 *durch eine Vervielfältigungstechnik entstandenes Bild* [grch.]; **'Gra·fi·ker** <m.; -s, -∞>; **'Gra·fi·ke·rin** <f.; -, -n·nen>; **'Gra·fik·kar·te** <f.; -, -n; EDV> *Erweiterungskomponente für den PC*
'Grä·fin <f.; -, -n·nen> *Adelige*
'gra·fisch <Adj.> oV *Graphisch* 1 *die Grafik betreffend* 2 *die Schriftzeichen (u. ihre Form) betreffend;* ↗Z11.3; eindeutschende Schreibung für> *Graphit*
'gräf·lich <Adj.>
gra·fo..., Gra·fo... <↗Z11.3; in Zus.; eindeutschende Schreibung für> *grapho..., Grapho...;* **Gra·fo'lo·ge** <m.; -n, -n>; **Gra·fo·lo'gie** <f.; -; unz.> = *Graphologie;* **Gra·fo'lo·gin** <f.; -, -n·nen>; **gra·fo'lo·gisch** <Adj.>
'Graf·schaft <f.; -, -en> *Verwaltungsbezirk eines Grafen*
'Gra·ham·brot <n.; -(e)s, -e> *Weizenvollkornbrot* [nach dem amerikan. Arzt S. Graham]
Grain <[grɛin]; m.; -s, -s od. (bei Zahlenangaben) -> *älteres kleines (Juwelen-)Gewicht* [lat.]
'grä·ko·la·tei·nisch <Adj.> *griechisch-lateinisch;* **'Grä·kum** <n.; -s, -s> = *Graecum* [lat.]
Gral <m.; -s; unz.; in der mittelalterl. Dichtung> *geheimnisvoller, wundertätiger Gegenstand; der Heilige ~;* <aber> → *Kral;* **'Grals·burg** <f.; -; unz.>; **'Grals·rit·ter** <m.; -s, -∞>
gram <Adj.; geh.; nur präd.> *jmdm. ~ sein jmdm. zürnen, grollen;* **Gram** <m.; -(e)s; unz.> *nagender Kummer;* **'grä·men**

Grammatik: Unter G. [< grch. *gramma* „Buchstabe"] verstand man ursprünglich die „Lehre von den Buchstaben". In der Antike entsprach die G. eher der Philologie, im Mittelalter war G. neben Rhetorik und Stilistik Bestandteil des so genannten **Triviums**. Heute versteht man unter G.
a) die regelhaften Strukturen einer Sprache
b) die Beschreibung dieser Zusammenhänge (in Form eines Nachschlagewerkes oder Lehrbuches)
c) Sprachtheorie, die ein sprachliches Regelsystem beschreibt (Kasusgrammatik, Transformationsgrammatik usw.)

<V. t./V. refl.> geh.> es grämt mich *es bereitet mir Kummer;* **'gram·er·füllt** <Adj.>
'Gram·fär·bung, <auch> **'Gram-Fär·bung** <f.; -, -en; ↗Z35; Bakt.> *Färbemethode zur Unterscheidung ähnlich aussehender Bakterien* [nach dem dän. Arzt H. C. *Gram*]
'gram·ge·beugt <Adj.> ein ~er Mann; <aber> ein von Gram gebeugter Mann; **'gräm·lich** <Adj.; selten> *verdrießlich*
Gramm <n. 7; -(e)s, -> Zeichen: g> *Maßeinheit;* 100 ~ [grch.]
Gram'ma·tik <f.; -, -en> *(Lehrbuch der) Sprachlehre;* → a. *Kasten* [lat.-grch.]; **gram·ma·ti·'ka·lisch** <Adj.> *die Grammatik betreffend;* **Gram'ma·ti·ker** <m.; -s, -∞>; **Gram'ma·ti·ke·rin** <f.; -, -n·nen>; **gram'ma·tisch** <Adj.> = *grammatikalisch*
'Gram·mel <f.; -, -n; bair.-österr.> *(Speck-)Griebe*
'gram·meln <V. i.; ich gramm(e)le; bes. mdt.; norddt.> *grämlich sein*
...gräm·mig <Adj.; ↗Z34; schweiz.; in Zus.> *ein tausendgrämmiges,* <in Ziffern> 1000-grämmiges Päckchen *ein 1000 g schweres P.*
'Gramm·mol, 'Gramm·mo·le·kül <n.; -s, -e; ↗Z37; Chem.> *diejenige Menge eines Stoffes, deren Masse gleich dem Molekulargewicht in Gramm ist*
'Gram·mo·fon <n. od. (schweiz. a.) m.; -s, -e; eindeutschende

Schreibung>, **'Gram·mo·phon** <n. od. (schweiz. a.) m.; -s, -e; ↗Z 11.3; früher> *Plattenspieler mit Schalltrichter* [grch.]

Gram·my <['græmi]; m.; -s, -s> *amerikan. Schallplattenpreis*

gram'ne·ga·tiv <Adj.> *sich bei der Gramfärbung rot färbend;* **gram'po·si·tiv** <Adj.> *sich bei der Gramfärbung blau färbend*

'gram·voll <Adj.>

Gran, Grän <n.; -s, -; früher> *Gewichtseinheit für Arzneien u. Edelmetalle* [lat.]

Gra'nat¹ <m.; -(e)s od. (österr.) -en, -e od. (österr.) -en> *ein Mineral, Edelstein* [lat.]

Gra'nat² <m.; -(e)s, -e> *eine Garnelenart*

Gra'nat·ap·fel <m.; -s, ⸚; Bot.> *Frucht des Granatapfelbaums* [lat.]; **Gra'nat·ap·fel·baum, Gra'nat·baum** <m.; -(e)s, ⸚e>; **Gra'na·te** <f.; -, -n> *mit Sprengstoff gefülltes Geschoss* [ital.]; **Gra'nat·feu·er** <n.; -s; unz.>; **Gra'nat·split·ter** <m.; -s, ->; **Gra'nat·wer·fer** <m.; -s, -> *ein Steilfeuergeschütz*

Grand <[grã]; m.; -s, -s; Skat> *höchstes Spiel* [frz.]; **Grand Cru** <[-'kry]; m.; --, -s -s [grã 'kry:s]> *guter frz. Wein*

'Gran·de <m.; -n, -n> *(höchster span. Adelstitel)* [span.]

'Gran·del <f.; -, -n]; Jägerspr.> *oberer Eckzahn des Rotwildes*

Gran·deur <[grã'dø:r]; f.; -; unz.; geh.> *Großartigkeit, Erhabenheit* [frz.]

Gran'dez·za <f.; -; unz.> *Würde, Anmut* [ital.]

Grand·ho·tel <['grã-]; n.; -s, -s> *großes, vornehmes Hotel* [frz.]

gran·di'os <Adj.; -er, am -es·ten> *überwältigend* [ital.]

Grand Old La·dy <['grænd 'o:ld 'le:di]; f.; ---, ---s> *bedeutende ältere Dame; die – des Tennissports* [engl.]; **Grand 'Old Man** <[--'mæn]; m.; ---s, --s Man [-mən]> *bedeutender älterer Mann*

Grand ou·vert <[grã u've:r]; m.; --, --s; Skat> *höchstes Spiel mit Aufdecken der Karten* [frz.]

Grand·prix, <auch> **Grand Prix** <[grã'pri:]; m.; (-)-, (-)- [-'pri:s]; ↗Z30; bes. Sp.> *"Großer Preis"* [frz.]

Grand·sei·gneur, <auch> **Grandseig·neur** <[grãsɛ'njœ:r]; m.; -s, -s od. -e; ↗Z53; geh.> *vornehmer, würdevoller Herr* [frz.]

Grand·slam, <auch> **Grand Slam** <[ˈgrænd ˈslæm]; m.; (-)-od. (-)-s, (-)-s; ↗Z30; Tennis> *bedeutendes Tennisturnier* [engl.]

gra'nie·ren <V. t.> = *granulieren;* **gra'niert** <Adj.; ↗Z28.1> *körnig, gekörnt;* **Gra'nit** <m.; -s, -e; Min.> *ein Gestein* [ital.]; **gra'ni·ten** <Adj.> *aus Granit*

'Gran·ne <f.; -, -n> *Ährenborste;* **'gran·nig** <Adj.>

Gran·ny Smith <['græni 'smiθ]; m.; --, --; Bot.> *eine Apfelsorte* [engl.]

Grant <m.; -s; unz.; süddt.> österr.> *Übellaunigkeit,* **'gran·teln** <V. i.; ich grant(e)le; umg.> *grantig sein;* **'gran·tig** <Adj.> *mürrisch*

gra·nu'lar <Adj.> = *granulös;* **Gra·nu'lat** <n.; -(e)s, -e> *Substanz in Körnerform* [lat.]; **Gra·nu·la'ti·on** <f.; -, -en; Med.> **gra·nu'lie·ren** <V.> 1 <V. t.> *zu Körnern zermahlen* 2 <V. i.; Med.> *Granulationsgewebe bilden;* **Gra·nu'lit** <m.; -(e)s, -e; ein Gestein]; **Gra·nu'lom** <n.; -s, -e; Med.> *geschwulstartiges Granulationsgewebe;* **gra·nu'lös** <Adj.> *körnig, gekörnt;* **Gra·nu'lo·se** <f.; -, -n; Med.> *Bildung von Granulomen*

Grape·fruit <['gre:pfru:t]; f.; -, -s; Bot.> *eine Zitrusfrucht* [engl.]

Graph¹ <[gra:f]; m.; -en, -en; ↗Z11.3> *abstrahierende Darstellung von Größen u. ihren Beziehungen zueinander,* oV **Graf** [grch.]; **Graph²** <n.; -s, -e; Sprachw.> *Buchstabe, Schriftzeichen;* **Gra'phem** <n.; -s, -e; Sprachw.> *kleinste bedeutungsunterscheidende Einheit der geschriebenen Sprache;* **Gra'phie** <f.; -, -n; Sprachw.>; = *...grafie;* **Gra'phik** <f.; -, -en> = *Grafik;* **'Gra·phi·ker** <m.; -s, ->; **'Gra·phi·ke·rin** <f.; -, -nen>; **Gra'phik·kar·te** <f.; -, -n; EDV>; **gra'phisch** <Adj.>; **Gra'phit** <m.; -s, -e; Min.> *ein Mineral,* oV **Grafit; gra'phi·tisch** <Adj.>; **gra·pho..., Gra·pho...** <in Zus.>

schrift..., Schrift...; **Gra·pho'lo·ge** <m.; -n, -n> *Handschriftendeutung;* **Gra·pho'lo·gie** <f.; -; unz.> *Handschriftendeutung;* **Gra·pho'lo·gin** <f.; -, -nen>; **gra·pho·lo·gisch** <Adj.> *ein ~es Gutachten erstellen*

'Grap·pa <m.; -s, -s> *ital. Branntwein aus Trester* [ital.]

'grap·schen, 'grap·sen <V. t. u. V. i.; du grapschst, grapst; norddt.; umg.> *schnell u. begierig nach etwas greifen,* <auch> *sexuell belästigen;* oV **grabschen; 'Grap·scher** <m.; -s, -; umg.> *Busen~*

Gras <n.; -es, ⸚er; Bot.> 1 *schlankes grünes Gewächs* 2 <unz.> *aus Gräsern bestehende Pflanzendecke; im ~ liegen;* Sy *Wiese* 3 <Drogenszene> = *Grass;* **'gras·be·wach·sen** <[-ks-]; Adj.> *ein ~er Weg; <aber> ein mit Gras bewachsener Weg;* **'Gras·bo·den** <m.; -s, ⸚>; **'Gräs·chen** <n.; -s, - od. 'Grä·ser·chen; Verkleinerungsform von** *Gras(1);* **'gra·sen** <V. i.> *Gras fressen, weiden;* **'Gra·ser** <m.; -s, -; Jägerspr.> *Zunge von Rot- u. Damwild;* **'Gras·flä·che** <f.; -, -n>; **'Gras·fleck** <m.; -(e)s, -e>; **'Gras·frosch** <m.; -(e)s, ⸚e; Zool.>; **'gras'grün** <Adj.>; **'Gras·halm** <m.; -(e)s, -e>; **'Gras·hüp·fer** <m.; -s, -; Zool.; umg.> = *Heuschrecke;* **'gra·sig** <Adj.>; **'Gras·land** <n.; -(e)s; unz.>; **'Gras·li·lie** <[-liə]; f.; -, -n; Bot.>; **'Gras·mü·cke** <f.; -, -n; Zool.> *ein Singvogel;* **'Gras·nar·be** <f.; -, -n> *oberste grasbewachsene Bodenschicht;* **'Gras·pferd·chen** <n.; -s, -; Zool.; umg.> = *Heuschrecke*

Grass <[gra:s]; n.; -; unz.; Drogenszene> *Marihuana;* oV **Gras** [engl.]

gras'sie·ren <V. i.> *sich ausbreiten; zurzeit grassiert die Grippe* [lat.]

'gräss·lich <Adj.> *fürchterlich, entsetzlich;* **'Gräss·lich·keit** <f.; -; unz.>

'Gras·wirt·schaft <f.; -; unz.>

Grat <m.; -(e)s, -e> 1 *scharfe Kante* 2 *Bergkamm;* Fels~; **'Grä·te** <f.; -, -n> *Verknöcherung zwischen den Muskeln der Fi-*

sche; '**Grä·ten·fisch** ‹m.; -(e)s, -e› Sy _Knochenfisch_

'**Gra·ti·as** ‹n.; -, -› _Dank(gebet)_ [lat.]

Gra·ti·fi·ka·ti·on ‹f.; -, -en› _Sonderzuwendung;_ Weihnachts~ [lat.]

'**grä·tig** ‹Adj.› _voller Gräten_

Gra·tin ‹[gra'tɛ̃]; n.; -s, -s› _mit Käse überbackenes Gericht;_ Kartoffel~ [frz.]

'**Grä·ting** ‹f.; -, -s od. -e; Seemannsspr.› _Gitterauflage auf Schiffsdecks_ [engl.]

gra·ti·nie·ren ‹V. t.; Kochk.› _krustig überbacken_ [frz.]

'**gra·tis** ‹Adj.› _kostenlos;_ ~ u. franko _unentgeltlich u. portofrei_ [lat.]; '**Gra·tis·vor·stel·lung** ‹f.; -, -en›

'**grätsch·bei·nig** ‹Adj.›; '**Grätsche** ‹f.; -, -n; Turnen› _Turnübung mit seitwärts gespreizten Beinen;_ '**grät·schen** ‹V.; du grätschst; Turnen› **1** ‹V. t.› _die Beine spreizen;_ sie hat die Beine gegrätscht **2** ‹V. i. (s.)› _im Grätschsprung springen;_ sie ist über den Kasten gegrätscht; '**Grätsch·stel·lung** ‹f.; -; unz.›

Gra·tu·lant ‹m.; -en, -en› _jmd., der einem anderen gratuliert_ [lat.]; **Gra·tu·lan·tin** ‹f.; -, -n·nen›; **Gra·tu·la·ti·on** ‹f.; -, -en› _Glückwunsch;_ **gra·tu·lie·ren** ‹V. i./V. refl.› _beglückwünschen;_ jmdm. zum Geburtstag ~

'**Grat·wan·de·rung** ‹f.; -, -en› **1** _Wanderung entlang eines Grates(2)_ **2** _riskantes od. heikles Unternehmen, dessen Ausgang völlig offen ist_

grau ‹Adj.; ↗Z46› **1** _farblich zwischen schwarz u. weiß;_ ein ~ gestreifter Pullover; ~ meliertes Haar; ~er Star ‹Med.› _eine Augenerkrankung;_ die Grauen Panther _Partei älterer Bürger;_ die Grauen Schwestern _eine kath. Kongregation_ **2** ‹fig.› _eintönig, trostlos;_ der ~e Alltag; alles ~ in ~ malen _pessimistisch sein_ **3** _unbestimmt;_ vor ~en Zeiten; ~e Eminenz ‹fig.› _einflussreiche, im Hintergrund aktive Person;_ ‹aber› die Graue Eminenz _F v. Holstein;_ ~e Maus ‹fig.; umg.› _unscheinbare Frau;_ **Grau** ‹n.; -s, -s› _graue Farbe;_ sie kam ganz in ~; '**Grau·bart**

‹m.; -(e)s, ⸚e›; '**grau·bär·tig** ‹Adj.›; '**grau·blau** ‹Adj.›; '**Grau·brot** ‹n.; -(e)s, -e›

Grau'bün·den _schweiz. Kanton;_ **Grau'bünd·ner** ‹m.; -s, -›; **Grau'bünd·ne·rin** ‹f.; -, -n·nen›; **grau'bünd·ne·risch** ‹Adj.›

'**Grau·chen** ‹n.; -s, -; Kosename für› _Eselchen_

'**Gräu·el** ‹m.; -s, -› **1** _Empfindung größten Abscheus;_ das ist mir ein ~ **2** ‹meist Pl.› _abscheuliche Gewalttat;_ die ~ des Krieges; '**Gräu·el·mär·chen** ‹n.; -s, -›; '**Gräu·el·nach·richt** ‹f.; -, -en›

'**grau·en¹** ‹V. i.› _allmählich hell werden, dämmern;_ der Morgen graut; beim ersten Grauen des Tages

'**grau·en²** ‹V. i. u. V. t.› _Furcht haben;_ mir/‹selten› mich graut vor der Prüfung; '**Grau·en** ‹n.; -s; unz.; ↗Z29› _Schauder, Entsetzen;_ eine ~ erregende, ‹auch› grauenerregende Tat; ‹bei Steigerung u. mit Attribut nur Zusammenschreibung› eine äußerst, höchst grauenerregende Tat; '**grau·en·haft** ‹Adj.›; '**grau·en·voll** ‹Adj.›

'**Grau·gans** ‹f.; -, ⸚e; Zool.› _Wildgans;_ '**grau·grün** ‹Adj.›; '**grau·haa·rig** ‹Adj.›; **Grau-in-'Grau-Ma·le·rei** ‹f.; -, -en; ↗Z33› = _Grisaille_

'**grau·len** ‹V. i. u. V. t./V. refl.; umg.› _sich fürchten, Ekel empfinden;_ es grault mir, ich graule mich vor Spinnen; ‹aber› → _kraulen_

'**gräu·lich¹** ‹Adj.› _ins Graue spielend_

'**gräu·lich²** ‹Adj.› _grauenvoll_

'**Grau·pa·pa·gei** ‹m.; -(e)s, -en; Zool.›

'**Gräup·chen** ‹n.; -s, -; Verkleinerungsf. von› _Graupe;_ '**Grau·pe** ‹f.; -, -n; meist Pl.› _enthülstes Gersten- od. Weizenkorn (als Suppeneinlage)_ [slaw.]; '**Graupel** ‹f.; -, -n; meist Pl.› _kleines Hagelkorn;_ '**grau·peln** ‹V. i.; unpersönl.› es graupelt; '**Graupel·schau·er** ‹m.; -s, -› Schnee- u. ~

graus ‹Adj.; veralt.› _grausig, schrecklich;_ ein ~es Morden; **Graus** ‹m.; -es; unz.› _Furcht,_

Entsetzen, Ekel; o Schreck, o ~!; '**grau·sam** ‹Adj.› _roh, unmenschlich;_ '**Grau·sam·keit** ‹f.; -, -en›

'**Grau·schim·mel** ‹m.; -s, -; Zool.› _Pferd mit grauem Fell;_ '**Grau·schlei·er** ‹m.; -s, -; Pl. selten›; '**grau·schwarz** ‹Adj.›

'**grau·sen** ‹V. i. u. V. t./V. refl.› _sich fürchten, Ekel empfinden;_ mir/‹selten› mich graust vor Schlangen; ich habe mich davor gegraust; '**Grau·sen** ‹n.; -s; unz.›; '**grau·sig** ‹Adj.›; '**grauslich** ‹Adj.; bair.; österr.› _grässlich, hässlich_

'**Grau·specht** ‹m.; -(e)s, -e; Zool.› _ein Vogel;_ '**Grau·tier** ‹n.; -(e)s, -e; umg.; scherzh.› _Esel;_ '**Grau·wa·cke** ‹f.; -, -n; Geol.› _ein Sedimentgestein;_ '**Grauwerk** ‹n.; -(e)s; unz.› = _Feh(2);_ '**Grau·zo·ne** ‹f.; -, -n› _(gesetzl.) nicht eindeutig definierter u. geregelter Bereich_

'**gra·ve** ‹[-və]; Mus.› _schwer, getragen_ [ital.]; '**Gra·ve** ‹n.; -s, -s; Mus.›

'**Gra·ven·stei·ner** ‹[-vən-]; m.; -s, -; Bot.› _eine Apfelsorte_

Gra·veur ‹[-'vøːr]; m.; -s, -e› _Steinschneider, Kupfer-, Stahlstecher;_ **Gra'veu·rin** ‹f.; -, -n·nen› [frz.]

gra'vid ‹[-'viːd]; Adj.; Med.› _schwanger_ [lat.]; **Gra·vi·di'tät** ‹f.; -, -en› _Schwangerschaft_

gra·vie·ren ‹[-'viː-]; V. t.› _einritzen, schneiden;_ Metall, Stein, Glas ~ [frz.]

gra'vie·rend ‹Adj.; ↗Z28.1› _schwer wiegend, einschneidend;_ ein ~er Fehler [lat.]

Gra'vie·rung ‹f.; -, -en›

Gra·vi'me·ter ‹[-'viː-]; n.; -s, -; Phys.› _Gerät zum Messen der Schwerkraft_ [lat.]; **Gra·vi·me·'trie**, ‹auch› **Gra·vi·met'rie** ‹f.; -; unz.; ↗Z53; Phys.›; **gra·vi·'me·trisch** ‹Adj.; Phys.›

'**Gra·vis** ‹[-vis]; m.; -, -; Zeichen: `; frz.: accent grave› _ein Betonungs- bzw. Aussprachezeichen;_ → a. _Kasten S. 454_ [lat.]

Gra·vi·ta·ti·on ‹[-vi-]; f.; -; unz.; Phys.› _Anziehungskraft_ [lat.]; **Gra·vi·ta·ti'ons·feld** ‹n.; -(e)s, -er; Phys.›; **Gra·vi·ta·ti'ons·ge·setz** ‹n.; -es, -e; Phys.›; **gra·vi·tä·tisch** ‹Adj.› _würde-, ho-_

G

Gravis: Der G. ist ein ✓diakritisches Zeichen – ein nach links ausgerichteter Strich oberhalb eines Buchstabens, z. B. à, ò, ù – mit unterschiedlichen Funktionen. Im Italienischen markiert der G. den Wortakzent (z. B. ital. *città* „Stadt"), im Französischen dagegen die Vokalqualität: vgl. frz. *la* (bestimmter Artikel fem.) gegenüber *là* (dort). Vgl. ✓Akut, ✓Akzent, ✓Zirkumflex

---

heitsvoll; **gra·vi'tie·ren** <V. i.; Phys.> *aufgrund der Schwerkraft angezogen werden*

Gra·vur <[-'vu:r]; f.; -, -en> *das Gravierte*; **Gra·vü·re** <[-'vy:-]; f.; -, -n> 1 *Kupfer-, Stahlstich* 2 *Tiefdruckplatte* [frz.]

Gray <[grei]; n.; -s, -s; Zeichen: Gy> *Maßeinheit der Energiedosis* [nach dem angloamerikan. Physiker L. H. *Gray*]

Graz *Hauptstadt der Steiermark*; **'Gra·zer** <m.; -s, ->; **'Gra·ze·rin** <f.; -, -n·nen>

Gra·zie <[-'tsiə]; f.; -, -n> 1 <unz.> *Anmut* 2 *die drei* ~n <röm. Myth.> *die drei Göttinnen der Anmut*; **gra'zil** <Adj.> *zierlich, feingliederig* [lat.]; **Gra·zi·li'tät** <f.; -; unz.> **gra·zi'ös** <Adj.> *anmutig, geschmeidig* [frz.]; **gra·zi'o·so** <Mus.> *anmutig, lieblich* [ital.]

grä·zi'sie·ren <V. t.> *nach grch. Muster gestalten* [lat.]; **Grä·zi'sie·rung** <f.; -; unz.>; **Grä'zis·mus** <m.; -, -men> *in eine andere Sprache übernommene altgrch. Spracheigentümlichkeit*; **Grä'zist** <m.; -en, -en>; **Grä·zis·tik** <f.; -; unz.> *Erforschung des Altgriechischen*; **Grä'zis·tin** <f.; -, -n·nen>

Green·card <['gri:n-]; f.; -, -s> *Aufenthaltsgenehmigung für ausländische Fachkräfte*

Green·horn <['gri:n-]; n.; -s, -s; häufig abwertend> *unerfahrener Anfänger, Neuling* [engl.]

Green·peace <['gri:npi:s]; f.; -; unz.> *eine internationale Umweltschutzorganisation*

Green·wich <['gri:nidʒ]; Abk.: Gr.> *Stadtteil Londons, durch dessen Sternwarte der Nullmeridian verläuft*

Grège <[grɛ:ʒ]; f.; -; unz.; Textilw.> *Rohseidenfaden* [frz.]

gre·go·ri'a·nisch <Adj.> ~er Choral, Gesang, Kalender [nach Papst *Gregor I.*]

Greif <m.; -(e)s od. -en, -e od. -en> 1 *geflügeltes Fabeltier* 2 <kurz für> *Greifvogel*; **'Greif·arm** <m.; -(e)s, -e; an Maschinen>; **'greif·bar** <Adj.> 1 *in der Nähe befindlich*; *er ist zurzeit nicht ~* 2 <fig.> *offenkundig*; ~e *Erfolge*; **'grei·fen** <V. t. u. V. i.> *(mit der Hand) fassen, packen*; *es war zum Greifen nah*; *in die Tasten ~ Klavier spielen*; *zu den Waffen ~* <geh.>; *zu einer List ~* <fig.>; *etwas greift um sich breitet sich aus; die Räder ~ nicht finden keinen Halt*; **'Grei·fer** <m.; -s, -> *Gerät(eil) zum Greifen*; **'Greif·vo·gel** <m.; -s, ÷>; **'Greif·zan·ge** <f.; -, -n>

'grei·nen <V. i.; veralt.> *weinen*

greis <Adj.; poet.> *sehr alt*; **Greis** <m.; -es, -e> *sehr alter Mann*; <aber> → *Kreis*; **'grei·sen·al·ter** <n.; -s; unz.>; **'grei·sen·haft** <Adj.>; **'Grei·sen·haf·tig·keit** <f.; -; unz.>; **'Grei·sin** <f.; -, -n·nen>

'Greiß·ler <m.; -s, -; österr.> *Lebensmittelhändler*; **'Greiß·le·rin** <f.; -, -n·nen; österr.>

grell <Adj.> *blendend, auffallend, schrill*; *ein* ~es *Rot*; *ein* ~ *beleuchtetes Lokal*; *eine* ~e *Stimme*; **'Grel·le** <f.; -; unz.>; **'grell·gelb** <Adj.>; **'grell·rot** <Adj.>

'Gre·mi·um <n.; -s, -mi·en> *Ausschuss, Körperschaft* [lat.]

Gre'na·da *Inselstaat bei den Westindien*; State of ~; **Gre'na·der** <m.; -s, ->; **Gre'na·de·rin** <f.; -, -n·nen>

Gre·na'dier <m.; -s, -e; Mil.> *Soldat der Infanterie* [frz.]

Gre·na'dil·le <f.; -, -n> *Frucht der Passionsblume* [span.]

Gre·na'di·ne[1] <f.; -; unz.; Textilw.> *ein Seidengewebe*

Gre·na'di·ne[2] <f.; -; unz.> *Sirup aus Granatäpfeln*

gre·na'disch <Adj.>

'Grenz·bahn·hof <m.; -(e)s, ÷e>; **'Grenz·be·fes·ti·gung** <f.; -, -en>; **'Grenz·be·ge·hung** <f.; -, -en>; **'Grenz·be·las·tung** <f.; -, -en> *äußerste zumutbare Belastung*; **'Grenz·be·reich** <m.;

-(e)s, -e>; **'Grenz·be·zirk** <m.; -(e)s, -e>; **'Gren·ze** <f.; -, -n> 1 *polit. Trennungslinie zw. zwei Staaten* 2 <fig.> *gedachte Trennungslinie zw. unterschiedl. Bereichen*; *Baum~*; **'gren·zen** <V. i.; du grenzt> 1 *an etwas stoßen*; *sein Grundstück grenzt an unseres* 2 *nahe kommen*; *das grenzt an Betrug*; **'gren·zen·los** <Adj.>; **'Gren·zen·lo·sig·keit** <f.; -; unz.>; **'Gren·zer** <m.; -s, -; umg.> 1 *Zoll- od. Wachbeamter an der Grenze(1)* 2 *Bewohner eines Grenzgebietes*; **'Grenz·fall** <m.; -(e)s, ÷e> *am Rande des Normalen liegender Fall*; **'Grenz·fluss** <m.; -es, ÷e>; **'Grenz·gän·ger** <m.; -s, -> *jmd., der die Staatsgrenze (aus berufl. Gründen) häufig überschreitet*; **'Grenz·gän·ge·rin** <f.; -, -n·nen>; **'Grenz·ge·biet** <n.; -(e)s, -e>; **'Grenz·kon·trol·le**, <auch> **'Grenz·kont·rol·le** <f.; -, -n; ✓Z53>; **'Grenz·land** <n.; -(e)s, ÷er>; **'Grenz·pos·ten** <m.; -s, ->; **'Grenz·schutz** <m.; -es; unz.> Bundes~; **'Grenz·stadt** <f.; -, ÷e>; **'Grenz·sta·ti·on** <f.; -, -en>; **'Grenz·stein** <m.; -(e)s, -e>; **'Grenz·strei·tig·keit** <f.; -, -en>; **'Grenz·ü·ber·gang** <m.; -(e)s, ÷e; ✓Z55>; **'grenz·ü·ber·schrei·tend** <Adj.; ✓Z55> ~er *Verkehr*; **'Grenz·ü·ber·tritt** <m.; -(e)s, -e; ✓Z55>; **'Grenz·ver·kehr** <m.; -(e)s; unz.>; **'Grenz·ver·let·zung** <f.; -, -en>; **'Grenz·wa·che** <f.; -, -n>; **'Grenz·wert** <m.; -(e)s, -e> *äußerster tolerierter (Richt-)Wert*; **'Grenz·wis·sen·schaft** <f.; -, -en> *Spezialzweig einer Wissenschaft, z. B. Biophysik*; **'Grenz·zwi·schen·fall** <m.; -(e)s, ÷e>

'Gret·chen·fra·ge <f.; -; unz.; fig.> *Gewissensfrage* [nach einer best. Frage *Gretchens* in Goethes "Faust I"]

'Greu·el <m.; -s, -; künftig nicht mehr zulässige Schreibweise für> *Gräuel*; **'greu·lich** <Adj.; künftig nicht mehr zulässige Schreibweise für> *gräulich[2]*

'Grey·er·zer <m.; -s, -> *ein Hartkäse*; oV *Gruyère* [nach dem westschweizer. Ort *Greyerz*]

Grey·hound <['grɛ:haund]; m.; -s, -s> 1 *eine für Rennen ge-*

griechisches Alphabet:
Das g. A. umfasst 24 Buchstaben:

groß/klein/Transliteration/Name

1.	A	α	a	Alpha
2.	B	β	b	Beta
3.	Γ	γ	g	Gamma
4.	Δ	δ	d	Delta
5.	E	ε	e	Epsilon
6.	Z	ζ	z	Zeta
7.	H	η	e (gespr. ä)	Eta
8.	Θ	θ	th	Theta
9.	I	ι	i	Iota
10.	K	κ	k	Kappa
11.	Λ	λ	l	Lambda
12.	M	μ	m	My
13.	N	ν	n	Ny
14.	Ξ	ξ	x	Xi
15.	O	ο	o	Omikron
16.	Π	π	p	Pi
17.	P	ρ	r	Rho
18.	Σ	σ, ς	s	Sigma
19.	T	τ	t	Tau
20.	Y	υ	y (gespr. ü)	Ypsilon
21.	Φ	φ	ph (gespr. f)	Phi
22.	X	χ	ch	Chi
23.	Ψ	ψ	ps	Psi
24.	Ω	ω	o	Omega

züchtete Windhundrasse 2 <in den USA> Überlandbus [engl.]
'Grie·be <f.; -, -n> *ausgebratener Speckwürfel;* **'Grie·ben·schmalz** <n.; -es; unz.>, **'Grie·ben·wurst** <f.; -; unz.>
Griebs <m.; -es, -e> *Kerngehäuse des Obstes*
'Grie·che <m.; -n, -n> *Bewohner von Griechenland;* **Grie·chen·land** *Staat in Südosteuropa; Griechische Republik;* **'Grie·chen·tum** <n.; -s; unz.>; **'Grie·chin** <f.; -, -n·nen>; **'grie·chisch** <Adj.> *~es Alphabet;* → a. *Kasten;* **grie·chisch·ka·'tho·lisch** <Adj.; Abk.: gr.-kath.> *die ~e Kirche;* **grie·chisch-or·tho'dox** <Adj.> *die ~e Kirche;* **grie·chisch-'rö·misch** <Adj.; Ringen> *~er Stil;* **grie·chisch-u·'niert** <Adj.; ⟋Z55> = *griechisch-katholisch*
'Grie·fe <f.; -, -n; mdt.> = *Griebe*
'grie·nen <V. i.; norddt.> *grinsen*
'Gries·gram <m.; -s, -e> *mürrischer Mensch;* **'gries·grä·mig** <Adj.> *übellaunig;* **'gries·grä-**

misch, **'gries·gräm·lich** <Adj.; selten für> *griesgrämig*
Grieß <m.; -es, -e; Pl. selten> *geschälte, geschrotete Getreidekörner;* **'Grieß·brei** <m.; -(e)s, -e>; **'grie·ßeln** <V. i.> *2 es grießelt Schnee fällt in körnigen Flocken,* **'grie·ßig** <Adj.> *feinkörnig; ~es Mehl;* **'Grie·ßig** <n.; -s; unz.> *Bienenkot*
Griff <m.; -(e)s, -e> *1 das Greifen;* Hand~; *ein guter ~* <fig.> *eine gute Wahl; etwas im ~ haben* <fig.> *beherrschen 2 Vorrichtung zum Anfassen u. Festhalten;* Tür~; **'griff·be·reit** <Adj.>; **'Griff·brett** <n.; -(e)s, -er; bei Streich- u. Zupfinstrumenten>
'Grif·fel <m.; -s, -> *1 <früher> ein Schreibgerät 2 <Bot.> Teil des Fruchtknotens*
'griff·fest <Adj.; ⟋Z37>; **'grif·fig** <Adj.> *gut zu greifen; eine ~e Formulierung* <fig.; umg.>
Grif·fon <[-'fɔ̃]; m.; -s, -s; Zool.> *ein Vorstehhund* [frz.]
Grill <m.; -s, -s> *Bratrost* [engl.]; **Grill·la·de** <[gri'ja:də]; f.; -, -n> *gegrilltes (Fleisch-)Stück* [frz.]
'Gril·le <f.; -, -n> *1 <Zool.> ein Insekt 2 Laune, wunderlicher Einfall* [lat.]
'gril·len <V. t.> *auf od. über dem Grill (am Spieß) braten* [engl.]; **Gril'let·te** <f.; -, -n; ostdt.> *gegrilltes Hacksteak;* **'Grill·fleisch** <n.; -(e)s; unz.>; **'Grill·handschuh** <m.; -(e)s, -e>; **gril·lieren** <[-'li:-] od. [-'ji:-]; V. t.; schweiz.> = *grillen;* **'Grill·platz** <m.; -es, ≈e>; **'Grill·res·tau·rant** <[-torã]; n.; -s, -s>; **'Grill·room** <[-ru:m]; m.; -s, -s> *Grillrestaurant* [engl.]; **'Grill·wurst** <f.; -, ≈e>
Gri'mas·se <f.; -, -n> *absichtl. Verzerrung des Gesichts* [frz.]; **gri·mas'sie·ren** <V. i.> *Grimassen schneiden*
'Grim·bart <m.; -(e)s; unz.; in der Tierfabel Name für den> *Dachs*
grimm <Adj.; veralt.; poet.> *grimmig, zornig;* **Grimm** <m.; -s; unz.; veralt.> *Zorn, Wut*
'Grimm·darm <m.; -(e)s, ≈e; Anat.> *Hauptteil des Dickdarms;* **'Grim·men** <n.; -s; unz.> *Bauchschmerzen*
'grimm·er·füllt <Adj.>; **'grim·mig**

<Adj.> *1 wütend 2 schrecklich; eine ~e Kälte;* **'Grim·mig·keit** <f.; -; unz.>
Grind <m.; -(e)s, -e> *1 Schorf (auf der Kopfhaut) 2* <Jägerspr.> *Kopf von Hirsch u. Gamswild 3* <oberdt.; schweiz.; derb> *Kopf;* **'grin·dig** <Adj.>; **'Grind·wal** <m.; -(e)s, -e; Zool.> *eine Delphinart;* Sy *Schwarzwal*
Grin·go <['gringo]; m.; -s, -s; abwertend> *Nichtromane in Südamerika* [span.]
'grin·sen <V. i.; du grinst> *breit lächeln*
grip'pal <Adj.> *der Grippe ähnlich; ein ~er Infekt;* **'Grip·pe** <f.; -, -n; Med.> *eine Infektionskrankheit; <aber> ~ Krippe* [frz.]; **'Grip·pe·wel·le** <f.; -, -n>; **grip'pös** <Adj.> = *grippal*
Grips <m.; -es, -e; umg.> *Verstand, Auffassungsgabe*
Gri·saille <[gri'za:j]; f.; -, -n> *1* <unz.> *monochrome Maltechnik 2 in dieser Technik hergestelltes Bild* [frz.]
'Gris·li·bär <m.; -en, -en; Zool.> *nordamerikan. Braunbär;* oV *Grizzlybär* [engl.]
Grit <m.; -s, -e> *grober Sand* [engl.]
Grizz·ly·bär <['grizli-]; m.; -en, -en> = *Grislibär*
gr.-kath. <Abk. für> *griechisch-katholisch*
grob <Adj.; 'grö·ber, am 'gröbsten; ⟋Z24; Getrenntschreibung mit Verben> *1 von derber, rauer Beschaffenheit; ~es Gewebe; ~ gemahlenes Mehl;* Ggs *fein(1) 2 ungenau, auf das Wichtigste beschränkt; etwas in ~en Zügen darlegen 3* <⟋Z44.3> *stark, schlimm; ein ~er Fehler; ~ fahrlässig handeln; aus dem Gröbsten heraus sein* <umg.>; *jmdn. aufs Gröbste/<auch> gröbste beleidigen 4 unhöflich, barsch;* **'Grob·fa·ser** <f.; -, -n>; **'grob·glie·de·rig, 'grob·glied·rig** <Adj.>; **'Grob·heit** <f.; -, -en>; **'Gro·bi·an** <m.; -(e)s, -e> *grober Mensch;* **'Grob·ke·ra·mik** <f.; -, -en> Ggs *Feinkeramik;* **'grob·kör·nig** <Adj.>; **'gröb·lich** <Adj.> *grob, stark; jmdn. ~ beleidigen;* **'grob·ma·schig** <Adj.>; **'grob·schläch·tig** <Adj.; abwertend> *ungeschlacht,*

G

plump; ein ~er Mensch; **'Grob·schmied** <m.; -(e)s, -e; veralt.> *Eisen-, Hufschmied*

'Gro·den <m.; -s, -; norddt.> *angeschwemmtes Deichvorland*

Grog <m.; -s, -s> *heißes alkoholisches Getränk [nach dem Spitznamen des engl. Admirals Vernon, Old Grog]; groggy* <['grɔgi]; Adj.; undekl.> 1 <Boxen> *schwer angeschlagen* 2 <umg.> *erschöpft, matt* [engl.]

'grö·len <V. i.; du grölst; umg.; abwertend> *rücksichtslos lärmen, schreien;* **Grö·le'rei** <f.; -; unz.>

Groll <m.; -(e)s; unz.> *unterdrückter Zorn, Ärger,* **'grol·len** <V. i.> 1 *dumpf dröhnen; das Grollen des Donners* 2 *jmdm. ~ Groll gegen jmdn. hegen*

'Grön·land *größte Insel der Erde;* **'Grön·län·der** <m.; -s, ->; **'Grön·län·de·rin** <f.; -, -n·nen>; **'grön·län·disch** <Adj.>; **'Grön·land·wal** <m.; -(e)s, -e; Zool.>

Groove <[gruːv]; m.; -s; unz.; Mus.> *gefühlsbetonter Musikstil im Jazz* [engl.]; **'groo·ven** <V. i.; sie groovt; Mus.>; **'groo·vy** <Adj.; undekl.; Jugendspr.> *prima, schön*

'Grop·pe <f.; -, -n; Zool.> *ein Fisch*

gros → *en gros;* **Gros**[1] <[groː]; n.; -, - [groː] od. [groːs]> *überwiegender Teil, Hauptmenge; das ~ der Besucher* [frz.]

Gros[2] <[groː]; n.; -, -> *altes Zählmaß, zwölf Dutzend* [ndrl.]

'Gro·schen <m.; -s, -> 1 <Abk.: g; früher> *kleinste österr. Münze* 2 <umg.; früher> *dt. Zehnpfennigstück; sich ein paar ~ dazuverdienen* [lat.]; **'Gro·schen·blatt** <n.; -(e)s, ∺er; umg.> *anspruchslose, billige Zeitung;* **'Gro·schen·heft** <n.; -(e)s, -e> *anspruchsloser Roman in Heftform;* **'gro·schen·wei·se** <Adv.; fig.; umg.> *nach u. nach*

groß <Adj.; 'grö·ßer, am 'größ·ten> 1 <∠Z46> *räumlich, zeitlich od. mengenmäßig von beträchtlichem Ausmaß, heftig; die ~e Zehe; das ~e Einmaleins* <Math.> *der Große Bär, Wagen ein Sternbild; der Große Teich* <fig.; umg.> *der Atlantische Ozean; die ~en Ferien; etwas an*

die ~e Glocke hängen <fig.; umg.> *überall herumerzählen; auf ~em Fuß leben* <fig.; umg.> *verschwenderisch sein;* im Großen einkaufen, verkaufen *en gros* 2 <∠Z24> *Getrenntschr. mit V. u. Part., wenn sinnvoll steiger- od. erweiterbar> eine ~ angelegte Suchaktion; eine ~ gemusterte Bluse; ein ~ gewachsener Mann; ~ sein, werden; <aber>* → *großtun, großziehen; Ordnung ~ schreiben* <fig.> *Ordnung wird bei uns ~ geschrieben; <aber> ein Wort großschreiben mit großem Anfangsbuchstaben* 3 <∠Z44.4> *erwachsen, älter; mein ~er Bruder; unser Großer studiert jetzt* <umg.> *Groß und Klein, Große und Kleine, die Großen und Kleinen alle, jedermann* 4 <∠Z46, 43; fig.> *bedeutend, wesentlich; ein ~er Künstler; er gehört zu den Großen seines Fachs; sie hat einen Hang zum Großen; Alexander der Große; der Große Rat* <schweiz.> *das Kantonsparlament; etwas, nichts Großes; er hat Großes geleistet; im Großen und Ganzen, im ~en Ganzen; das ~e Los ziehen den Hauptgewinn; vom Kleinen auf das Große schließen; das Größte wäre für sie ein eigenes Pferd* 5 <umg.; nur adv.> *besonders; was ist schon ~ dabei; sie ist mit ihrem ersten Song ganz ~ herausgekommen;* **'Groß·ab·neh·mer** <m.; -s, -; Kaufmannsspr.> **'Groß·ab·neh·me·rin** <f.; -, -n·nen>; **'Groß·ad·mi·ral** <m.; -(e)s, -e od. ∺e>; **'Groß·ak·ti·o·när** <m.; -(e)s, -e>; **'groß·ar·tig** <Adj.> *herrlich, prächtig, eindrucksvoll;* **'Groß·ar·tig·keit** <f.; -; unz.>; **'Groß·auf·nah·me** <f.; -, -n; Fot.>

Groß·Ber'lin; Groß·Ber'li·ner, <auch> **Groß Ber'li·ner** <m.; (-)-s, (-)-; ∠Z35.1>; **Groß·Ber'li·ne·rin** <f.; -, -n·nen>

'Groß·be·trieb <m.; -(e)s, -e>; **'Groß·bour·geoi·sie** <[-burʒwaziː]; f.; -; unz.; meist abwertend> *Großbürgertum;* **'Groß·brand** <m.; -(e)s, ∺e>

Groß·bri'tan·ni·en *Staat in Westeuropa; Vereinigtes Königreich*

~ *und Nordirland;* → a. *Britannien*

'Groß·buch·sta·be <m.; -ns, -n>; **'Groß·bür·ger·tum** <n.; -s; unz.>; **'groß·deutsch** <Adj.; früher> ~e Idee *nationalstaatliche Vereinigungsbestrebung;* **'Grö·ße** <f.; -, -n> 1 *messbare Ausdehnung; Schuhe in ~ 36* 2 <Math.> *Wert, Zahl; eine unbekannte ~* 3 <umg.> *bedeutende Persönlichkeit; sie ist eine ~ in ihrem Fach;* **'Groß·ein·kauf** <m.; -(e)s, ∺e;* **'Groß·el·tern** <Pl.>; **'Grö·ßen·klas·se** <f.; -, -n>; **'Grö·ßen·ord·nung** <f.; -, -en>; **'gro·ßen·teils** <Adv.> *zum großen Teil;* **'Grö·ßen·un·ter·schied** <m.; -(e)s, -e>; **'Grö·ßen·ver·hält·nis** <n.; -s·ses, -s·se>; **'Grö·ßen·wahn** <m.; -(e)s; unz.> *(krankhaft) übersteigertes Selbstbewusstsein;* **'grö·ßen·wahn·sin·nig** <Adj.>; **'grö·ße·ren·teils,** **'grö·ßern·teils** <Adv.> = größtenteils; **'Groß·fahn·dung** <f.; -, -en>; **'Groß·fa·mi·lie** <[-liə]; f.; -, -n>; **'Groß·feu·er** <n.; -s, ->; **'groß·flä·chig** <Adj.>; **'Groß·for·mat** <n.; -(e)s, -e>; **'groß·for·ma·tig** <Adj.>; **'Groß·fürst** <m.; -en, -en>; **'Groß·fürs·tin** <f.; -, -n·nen>; **Groß'grund·be·sitz** <m.; -es; unz.>; **Groß'grund·be·sit·zer** <m.; -s, ->; **Groß·'grund·be·sit·ze·rin** <f.; -, -n·nen>; **'Groß·han·del** <m.; -s; unz.; Wirtsch.> Ggs *Einzelhandel;* **'Groß·händ·ler** <m.; -s, -> Ggs *Einzelhändler;* **'Groß·händ·le·rin** <f.; -, -n·nen>; **'Groß·hand·lung** <f.; -, -en>; **'groß·her·zig** <Adj.; geh.> *edel(mütig); eine ~ Spende;* **'Groß·her·zig·keit** <f.; -; unz.>; **'Groß·her·zog** <m.; -(e)s, ∺e>; **'Groß·her·zo·gin** <f.; -, -n·nen>; **'groß·her·zog·lich** <Adj.>; **'Groß·hirn** <n.; -(e)s, -e; Anat.>; **'Groß·hirn·rin·de** <f.; -, -n; Anat.>; **'Groß·in·dus·trie,** <auch> **'Groß·in·dust·rie** <f.; -, -n; ∠Z53>; **'Groß·in·dus·tri·el·le(r)** <f. 2 (m. 1)>

Gros'sist <m.; -en, -en> *Großhändler* [frz.]; **Gros'sis·tin** <f.; -, -n·nen>

'groß·ka·lib·rig <Adj.> *mit großem Durchmesser versehen; ~es*

Geschütz, Geschoss; **'Groß·kampf·tag** <m.; -(e)s, -e; Mil.; a. fig.> *harter Arbeitstag*; **'Groß·kat·ze** <f.; -, -n; Zool.> z. B. Tiger, Löwe; **'Groß·kauf·frau** <f.; -, -en>; **'Groß·kauf·mann** <m.; -(e)s, -leu·te> *Großhändler*; **'Groß·kind** <n.; -(e)s, -er; schweiz.> *Enkelkind*; **'Groß·kli·ma** <n.; -s; unz.> *großräumiges, wetterbestimmendes Klima*; Ggs Kleinklima; **'Groß·kon·zern** <m.; -(e)s, -e>; **'Groß·kop·fe·te(r)** <m. 1; österr.>, **'Groß·kop·fe·te(r)** <m. 1; bair.; abwertend> *einflussreiche Persönlichkeit*; **'Groß·kotz** <m.; -es, -e; umg.; derb> *Angeber*; **'groß·kot·zig** <Adj.; umg.; derb>; **'Groß·kund·ge·bung** <f.; -, -en>; **'Groß·macht** <f.; -, ⸚e> *mächtiger, international einflussreicher Staat*; **'Groß·macht·po·li·tik** <f.; -; unz.>; **'Groß·macht·stel·lung** <f.; -; unz.>; **'Groß·ma·ma** <f.; -, -s>; **'groß·maß·stä·big** <Adj.> ⸚e Landkarten; **'Groß·mast** <m.; -(e)s, -en; Seemannsspr.> *zweitvorderster Mast eines Segelschiffes*; **'Groß·maul** <n.; -(e)s, ⸚er; umg.; abwertend> *Angeber*; **'groß·mäu·lig** <Adj.>; **'Groß·meis·ter** <m.; -s, -> *Oberhaupt eines Ritterordens*; **'Groß·mo·gul** <m.; -s, -n; früher; in Indien> *Herrschername einer Dynastie*; **'Groß·muf·ti** <m.; -s, -s> *hoher islam. Rechtsgelehrter*; **'Groß·mut** <f.; -; unz.> *Edelmut, Großzügigkeit*; **'groß·mü·tig** <Adj.>; **'Groß·mut·ter** <f.; -, ⸚>; **'groß·müt·ter·lich** <Adj.>; **'groß·müt·ter·li·cher·seits** <Adv.>; **'Groß·nef·fe** <m.; -n, -n>; **'Groß·nich·te** <f.; -, -n>; **'Groß·ok·tav** <n.; -(e)s; unz.; Buchw.; Abk.: Gr.-8°>

'gros·so 'mo·do <Adv.> *im Großen u. Ganzen* [ital.]

'Groß·on·kel <m.; -s, ->; **'Groß·pa·ckung** <f.; -, -en>; **'Groß·pa·pa** <m.; -s, -s>; **'Groß·quart** <n.; -s; unz.; Buchw.; Abk.: Gr.-4°>; **'Groß·rat** <m.; -(e)s, ⸚e> *Mitglied einer schweiz. Kantonsvertretung*; **'Groß·raum** <m.; -(e)s, ⸚e> *Stadt mit näherer Umgebung*; im ~ München; **'Groß·raum·bü·ro** <n.; -s, -s>; **'Groß·raum·flug·zeug** <n.; -(e)s, -e>

'groß·räu·mig <Adj.> eine Unfallstelle ~ umfahren; **'Groß·raum·wa·gen** <m.; -s, -; Eisenb.>; **'Groß·rech·ner** <m.; -s, -; EDV>; **Groß'rei·ne·ma·chen** <n.; -s; unz.; umg.> *gründlicher Hausputz*; **'Groß·schiff·fahrts·weg** <m.; -(e)s, -e ↗ Z37>; **'groß·schnau·zig**, **'groß·schnäu·zig** <Adj.> *großmäulig*; **'groß|schrei·ben** <V. t. 230; ich schreibe groß; sie hat großgeschrieben; großzuschreiben> *(ein Wort) mit großem Anfangsbuchstaben schreiben*; Substantive muss man ~; <aber getrennt> kannst du bitte (ganz) groß schreiben? *in großer Schrift*; → a. *groß(1)*; **'Groß·schrei·bung** <f.; -; unz.> → *Kasten Groß- und Kleinschreibung* S. 458; **'Groß·se·gel** <n.; -s, -; Seemannsspr.> *unterstes Segel am Großmast*; **'groß·spre·che·risch** <Adj.> *prahlerisch*; **'groß·spu·rig** <Adj.> *angeberisch, überheblich*; **'Groß·spu·rig·keit** <f.; -; unz.>; **'Groß·stadt** <f.; -, ⸚e>; **'Groß·städ·ter** <m.; -s, ->; **'Groß·städ·te·rin** <f.; -, -nnen>; **'groß·städ·tisch** <Adj.>; **'Groß·stadt·luft** <f.; -; unz.; meist fig.> von Zeit zu Zeit ~ (ein)atmen; **'Groß·stadt·ver·kehr** <m.; -(e)s; unz.>; **'Groß·stein·grab** <n.; -(e)s, ⸚er> = *Megalithgrab*; **'Groß·stein·grä·ber·leu·te** <Pl.> = *Megalithiker*; **'Groß·tan·te** <f.; -, -n>; **'Groß·tat** <f.; -, -en>; **'Groß·teil** <m.; -(e)s, -e> der ~ der Bevölkerung; **'größ·ten·teils** <Adv.> *zum größten Teil*; **'Größt·maß** <n.; -es, -e>; **'größt·mög·lich** <Adj.>; **'Groß·tu·er** <m.; -s, ->; **'Groß·tu·e·rei** <f.; -; unz.>; **'Groß·tu·e·rin** <f.; -, -nnen>; **'groß·tu·e·risch** <Adj.> ⸚es Benehmen; **'groß|tun** <V. i. 272; ich tue groß; sie hat großgetan; großzutun> *prahlen*; → a. *groß(1)*; **'Groß·un·ter·neh·men** <n.; -s, ->; **'Groß·un·ter·neh·mer** <m.; -s, ->; **'Groß·un·ter·neh·me·rin** <f.; -, -nnen>; **'Groß·va·ter** <m.; -s, ⸚>; **'groß·vä·ter·lich** <Adj.>; **'groß·vä·ter·li·cher·seits** <Adv.>; **'Groß·va·ter·stuhl** <m.; -(e)s, ⸚e; umg.> *Ohrensessel*; **'Groß·ver·die·ner** <m.; -s,

->; **'Groß·ver·die·ne·rin** <f.; -, -nnen>; **'Groß·ver·kauf** <m.; -(e)s, ⸚e> Ggs Einzelverkauf; **'Groß·vieh** <n.; -s; unz.; Sammelbez. für *Pferde u. Rinder*, Ggs Kleinvieh>; **'Groß·we·sir** <m.; -(e)s, -e; früher; in islam. Ländern> *höchster Beamter*; **'Groß·wet·ter·la·ge** <f.; -; unz.; a. fig.> *allgemeine Situation*; die politische ~; **'Groß·wild** <n.; -(e)s; unz.; Sammelbez.>; **'Groß·wuchs** <[-ks]; m.; -es; unz.; Med.>; **'groß·wüch·sig** <Adj.; Med.>; **'groß|zie·hen** <V. t. 293; ich ziehe groß; sie hat großgezogen; großzuziehen> Kinder, Tiere ~ *(bis zur Selbstständigkeit) aufziehen*; → a. *groß(1)*; **'groß·zü·gig** <Adj.> **1** *freigebig* **2** *nachsichtig* **3** *weiträumig, ausladend*; ein ~er Neubau; **'Groß·zü·gig·keit** <f.; -; unz.>

'Grös·tel, Gröstl <n.; -s; unz.; Kochk.> *eine Kartoffelspeise*; Tiroler ~

Grosz <[grɔʃ]; m.; -, -y> *poln. Währungseinheit* [lat.-poln.]

gro'tesk <Adj.> *wunderlich, überspannt* [frz.]; **Gro'tesk** <f.; -; unz.; Typ.> *eine Schriftart*; **Gro'tes·ke** <f.; -, -n> **1** *phantastische Tier- u. Pflanzenornamentik der Antike u. der Renaissance* **2** *phantastische Dichtung*

'Grot·te <f.; -, -n> *(künstl.) Felsenhöhle* [ital.]; **grot'ten'doof** <Adj.; umg.; verstärkend>; **grot·ten'falsch** <Adj.; umg.; verstärkend> *völlig falsch*; **'Grot·ten·olm** <m.; -(e)s, -e; Zool.> *eine Lurchart*; **grot·ten'schlecht** <Adj.; umg.; verstärkend> *sehr, äußerst schlecht*; ⸚es Essen

'Grot·zen <m.; -s, -; umg.> *Kerngehäuse*

Grou·pie <[ˈgruːpi]; n. od. m.; -s, -s> *weibl. Fan, der immer wieder Kontakt zu seinem Idol sucht* [engl.]

Growl <[graul]; n.; -s; unz.; Jazz> *ein spezieller Klangeffekt* [engl.]

'grub·ben <V. i.> *mit dem Grubber den Boden lockern* [engl.]; **'Grub·ber** <m.; -s, -> = *Krümmer(2)*; **'grub·bern** <V. i.; ich grubbere> = *grubben*

'Grüb·chen <n.; -s, -> *kleine Vertiefung in der Wange*; **'Gru·be**

Groß- und Kleinschreibung:
Die G. wurde im Zuge der 1998 in Kraft gesetzten Rechtschreibreform neu geregelt.

Die Verwendung großer Anfangsbuchstaben findet sich bereits in althochdeutschen Handschriften: Zu Beginn eines Abschnittes wurde ein großer, reich verzierter Buchstabe gemalt. Im Laufe der Zeit setzte sich die Verwendung von Großbuchstaben nach einem Punkt – d. h. am Anfang von Sätzen – durch. Besonders im ⟋Frühneuhochdeutschen dehnte sich die Großschreibung immer weiter aus. Feste Regeln gab es nicht, teilweise wurden ganze Wörter großgeschrieben. Erst allmählich entwickelte sich eine Einschränkung auf Substantive und Eigennamen. Es blieben aber zahlreiche Fehlermöglichkeiten bestehen, so dass im 19. Jahrhundert die Großschreibung der Substantive bekämpft wurde. So propagierte Jacob Grimm die Kleinschreibung der Substantive. Er begründete dies vor allem sprachhistorisch, da auch im Lateinischen die Substantive kleingeschrieben werden. Jacob Grimm praktizierte die Kleinschreibung der Substantive selbst in seinem „Deutschen Wörterbuch".

Für eine „gemäßigte Kleinschreibung" plädierten auch die „Wiesbadener Empfehlungen" von 1958, sie fanden jedoch – ebenso wie später bei der Wiener Konferenz der Rechtschreibkommission von 1994 – keine Mehrheit. So wurde die Großschreibung der Substantive auch bei der Rechtschreibreform von 1998 beibehalten und zusätzlich auf eine Reihe weiterer Substantivierungen ausgedehnt.

Im Folgenden die wichtigsten Grundsätze der G. in der Reform von 1998:

1. Das **erste Wort** einer Überschrift, eines Titels, einer Anschrift, eines Gesetzes, Vertrages oder eines Textes und dergleichen schreibt man groß:
Verheerende Schäden durch Waldbrand
Mein Herz so weiß
Großes Wörterbuch der deutschen Sprache
Wo warst du, Adam?
Ungarische Rhapsodie
An den
Hessischen Rundfunk
...
Sehr geehrter Herr Meier, ...
Bayerisches Hochschulgesetz
Internationale Gartenschau

Wird ein **Titel** o. Ä. innerhalb eines Textes zitiert, so bleibt die Großschreibung des ersten Wortes erhalten:
Ich habe gestern „Die Zeit" gelesen. Wir lasen Kellers Roman „Der grüne Heinrich".
Bei Veränderung des Titels (z. B. Beugung des Artikels) schreibt man das nächstfolgende Wort des Titels groß:
Wir lasen den „Grünen Heinrich".

2. Das **erste Wort** eines Satzes schreibt man groß:
Dieser Tag blieb ihm im Gedächtnis. Anfangs beschäftigte ihn der Vorfall kaum. Ob sie heute kommen würde? Wohl kaum. Warum nicht?

Folgt nach einem ⟋**Doppelpunkt** ein Ganzsatz, so schreibt man ebenfalls groß:
Es ist jedes Jahr das Gleiche: Der Sommer geht, der Winter kommt.
Das erste Wort der ⟋**direkten Rede** schreibt man groß:
Sie fragte: „Wie sieht es aus?"
Stehen **Ziffern, Gliederungsbuchstaben, Paragrafen** o. Ä. vor einem Satz, Titel oder dergleichen, so wird das folgende Wort großgeschrieben:
§ 3 Abschließende Beratung
d) Der Kommentar
5. Bedrohte Säugetiere

3. **Substantive** schreibt man groß:
Mehl, Blume, Haus und Hof, Dunkelheit, Philosophie usw.
Dies gilt auch für Namen:
Peter, Sabine, Schmidt, Wien, Rothaargebirge, Donau

Nichtsubstantivische Wörter, die am **Anfang einer Zusammensetzung mit Bindestrich** stehen und substantiviert wurden, werden großgeschrieben:
die S-Bahn, die Ad-hoc-Entscheidung, das In-den-Tag-hinein-Leben
Kleingeschriebene Abkürzungen oder Einzelbuchstaben bleiben jedoch erhalten:
die km-Zahl, die a-moll-Tonleiter, der ph-Wert

Substantivische **Fremdwörter** schreibt man groß, wenn sie nicht als Zitatwörter gebraucht werden:
das Happening, das Adagio, der Mainstream
Bei **mehrteiligen fremdsprachigen Substantiven** wird der erste Teil immer großgeschrieben, der zweite nur, wenn er auch substantivisch ist:
das Cordon bleu, die Ultima Ratio, der Soft Drink, das Corned Beef, das Happy End, der Full-Time-Job
(Teilweise kann hier auch zusammengeschrieben werden: *Happyend, Softdrink, Cornedbeef, Fulltimejob*; vgl. ⟋Getrennt- und Zusammenschreibung)

Großgeschrieben werden ebenfalls Substantive, die Bestandteil **fester Gefüge** sind und nicht mit anderen Bestandteilen zusammengeschrieben werden:
in/mit Bezug auf, außer Acht lassen, Rad fahren, Auto fahren, Kopf stehen, Angst haben, Recht haben, Not tun, Pleite gehen
Bei Verbindungen der Verben *sein, bleiben, werden* wie *angst, bange, gram, leid, pleite* und *schuld* werden Letztere als Adjektive aufgefasst und kleingeschrieben:
Ihm wurde angst. Es war ihm leid. Die Firma ist pleite.

In **adverbialen Fügungen**, die als Ganzes aus einer Fremdsprache entlehnt wurden, gilt Kleinschreibung:
a cappella, de facto, in nuce, ex cathedra

Zahlsubstantive schreibt man groß:
ein Dutzend, das Paar, eine Million, das erste Hundert Blätter

Bruchzahlen auf *-(s)tel* werden kleingeschrieben:
ein achtel Liter, in fünf hundertstel Sekunden. (Hier ist auch Zusammenschreibung möglich: *ein Achtelliter, in fünf Hundertstelsekunden.*)
Als Substantive schreibt man **Bruchzahlen** groß:
ein Drittel, das erste Fünftel, ein Sechstel des Einkommens

Substantive, die **Tageszeiten** bezeichnen, werden nach den Adverbien *gestern, heute, morgen, vorgestern* und *übermorgen* großgeschrieben:
Wir telefonieren morgen Mittag. Sie trafen sich gestern Nachmittag. Er kam heute Abend. Heute Morgen stand ich um sechs Uhr auf.

Uhrzeitangaben vor Kardinalzahlen werden kleingeschrieben:
um viertel fünf, gegen drei viertel acht

4. Substantivisch gebrauchte **Wörter anderer Wortarten** schreibt man groß. Der substantivische Gebrauch wird meistens durch einen vorausgehenden **Artikel** (*der, die, das; ein, eine, ein*), ein **Pronomen** (*mein, dein, dieser, jener, kein, nichts, alle, einige*) oder ein **unbestimmtes Zahlwort** (*ein paar, genug, viel, wenig*) kenntlich gemacht:
das Aufstehen, das Beste, das Deutsche, ein Gutes, mein Angestellter, dieser Dritte, jener Studierende, nichts/wenig Neues, alles Übrige, einige Eifrige, ein paar Überzählige, genug Schlechtes, viel Schönes. Der Artikel kann auch mit einer Präposition verschmolzen sein:
im Allgemeinen, im Übrigen, im Dunkeln tappen, im Folgenden, etwas zum Besten geben, auf dem Trockenen sitzen

Unbestimmte Zahlwörter wie *Unzählige, Zahllose, Verschiedene* schreibt man groß. Großschreibung gilt auch für **paarweise** auftretende, undeklinierte **Adjektive:**

Jung und Alt, Arm und Reich (aber: *durch dick und dünn gehen*)

Substantivierte **Ordnungszahlen** werden ebenfalls großgeschrieben:
als Erster ankommen, jeder Zweite lachte

Sprachbezeichnungen werden großgeschrieben, wenn ihr Gebrauch eindeutig weder adjektivisch noch adverbial ist:
sie lernt Spanisch; sie spricht Spanisch (auf die Frage „was?"), aber: *sie spricht spanisch* (auf die Frage „wie?")

Superlative mit „am" werden kleingeschrieben:
Sie kann es am besten. Das war am interessantesten.
Aber es gilt Groß- oder Kleinschreibung bei Superlativen mit „aufs":
Er wurde aufs Schlimmste/schlimmste zugerichtet.

Substantivierte Verben werden großgeschrieben:
Das Lesen fällt ihm schwer. Es war ein einziges Kommen und Gehen. Es ist zum Heulen. Sie fährt zum Reiten.
Bei **mehrteiligen Verbfügungen**, die durch Bindestrich verbunden sind, schreibt man das erste Wort, den Infinitiv und alle substantivischen Bestandteile groß:
Es ist zum Nicht-mehr-Aushalten; ein erfolgreiches Hand-in-Hand-Arbeiten.
Substantivierte Pronomen und Kardinalzahlen werden großgeschrieben:
Er hat mir das Du angeboten. Wir wollen Mein und Dein unterscheiden. Wir standen vor dem Nichts. Er hat ein gewisses Etwas. Er schreibt nur Fünfen in der Schule. Sie fürchtet sich vor der Dreizehn.
Nichtsubstantivierte Pronomen und Kardinalzahlen unter einer Million werden jedoch grundsätzlich kleingeschrieben:
Er kann mir das nicht zeigen. Diese vier sind mir bekannt.
Bezeichnen *hundert* und *tausend* eine unbestimmte

Menge, so können sie groß- oder kleingeschrieben werden:
Es kamen viele tausende/Tausende von Zuhörern. Sie kamen zu aberhunderten/Aberhunderten.
Alle Formen von *viel, wenig, ein* und *andere(r, -s)* werden kleingeschrieben:
die vielen, dieses wenige, die einen und die anderen
Wird *andere* in der Bedeutung von „völlig neu" gebraucht, kann auch großgeschrieben werden:
Sie strebte etwas ganz Anderes/anderes an.
Substantivierte Adverbien, Präpositionen, Konjunktionen und **Interjektionen** schreibt man groß:
ein großes Durcheinander; ein ewiges Hin und Her; das Jetzt erleben; das Danach war ihm egal; ein freudiges Oh ertönte.
Bei mehrteiligen substantivierten Präpositionen schreibt man nur den ersten Bestandteil groß:
das Sowohl-als-auch, das Entweder-oder
Wörter, deren substantivische Bedeutung verblasst ist, schreibt man klein:
a) **Präpositionen:** *kraft Gesetzes, dank des Zwischenfalls, zeit seines Lebens*
b) **Adverbien:** *abends, anfangs, eingangs*
c) **Unbestimmte Zahlwörter:** *ein bisschen, ein paar*

5. **Eigennamen** schreibt man groß:
Sophie, Paula, Emilie, Charlotte, Frankfurt, Australien, Alpen
Bei **mehrteiligen Eigennamen** werden das erste Wort sowie alle Bestandteile außer Artikel, Präpositionen und Konjunktionen großgeschrieben:
Johann Wolfgang von Goethe, Deutsches Rotes Kreuz, Heinrich-Heine-Straße, Neuer Markt, Auf der Heide, Holsteinische Schweiz, Goldene Aue, Stiller Ozean, Freie und Hansestadt Hamburg, Vereinigte Staaten von Amerika, Börsenverein des Deutschen Buchhandels

G

Ableitungen von **geografischen Eigennamen** auf *-er* werden großgeschrieben: *Berliner U-Bahn, Kölner Dom, Wiener Opera, Frankfurter Würstchen*
Adjektivische Ableitungen von Eigennamen auf *-(i)sch* werden in der Regel kleingeschrieben. Möglich ist jedoch auch die Verwendung der Großschreibung, wenn der Personenname durch einen Apostroph abgetrennt wird: *die darwinsche/Darwin'sche Evolutionstheorie.*
In festen Verbindungen aus Adjektiv und Substantiv wird

das Adjektiv kleingeschrieben, wenn es sich nicht um Eigennamen handelt: *das olympische Feuer, die graue Eminenz, die grüne Lunge*

Handelt es sich bei den Wendungen um **Titel, Ehrenbezeigungen, fachsprachliche Bezeichnungen, besondere Kalendertage, historische Ereignisse** o. Ä. schreibt man das Adjektiv groß: *der Technische Direktor, Heiliger Vater, der Regierende Bürgermeister, der Erste Geiger, das Fleißige Lieschen, der*

Rote Milan, der Weiße Sonntag, der Erste Weltkrieg

6. Die **Anredepronomen** *Sie* und *Ihr* einschließlich der flektierten Formen werden großgeschrieben: *Werden Sie am Montag kommen? Wir möchten Ihnen gratulieren.*

Die Anredepronomen *du* und *ihr* einschließlich ihrer flektierten Formen werden dagegen – auch in Briefen – kleingeschrieben: *Liebe Susanne, ich danke dir für deinen Brief.*

‹f.; -, -n› 1 *Vertiefung in der Erde* 2 ‹Bgb.› *Bergwerk*
Grü·be·lei ‹f.; -, -en›; '**grü·beln** ‹V. i.; ich grüb(e)le› *lange u. intensiv nachsinnen*
'**Gru·ben·ar·bei·ter** ‹m.; -s, -; Bgb.›; '**Gru·ben·bau** ‹m.; -(e)s, -e›; '**Gru·ben·brand** ‹m.; -(e)s, ⸗e›; '**Gru·ben·ex·plo·si·on** ‹f.; -, -en›; '**Gru·ben·gas** ‹n.; -es; unz.›; '**Gru·ben·lam·pe** ‹f.; -, -n›; '**Gru·ben·licht** ‹n.; -(e)s, -er›; '**Gru·ben·un·glück** ‹n.; -(e)s, -e›; '**Gru·ben·wa·gen** ‹m.; -s, -› *Förderwagen*
'**Grüb·ler** ‹m.; -s, -› *jmd., der grübelt*; '**Grüb·le·rin** ‹f.; -, -n·nen›; '**grüb·le·risch** ‹Adj.›
'**Gru·de** ‹f.; -; unz.› *Braunkohlenrückstand*
'**grü·e·zi!** ‹schweiz.› *guten Tag!*
Gruft ‹f.; -, ⸗e› *(gemauerte) Grabstätte*; '**Gruf·ti** ‹m.; -s, -s; Jugendspr.; abwertend› *ältere Person*
'**grum·meln** ‹V. t. u. V. i.; ich grumm(e)le› 1 *murmeln, brummen* 2 *rollend dröhnen*; es grummelt in der Ferne
'**Grum·met, Grumt** ‹n.; -s; unz.› *das zweite Heu*
grün ‹Adj.› 1 ‹↗Z 46› *in der Farbe der Pflanzen, auf die Umwelt bezogen*; ~ in ~; ~es Licht, ~e Welle ‹Verkehrsw.›; ~e Lunge *Parkanlage in einer Großstadt*; ~e Grenze *Grünstreifen außerhalb der bewachten Grenzwege*; ~er Star ‹Med.› *eine Augenkrankheit*; ~e Weihnachten *W. ohne Schnee*; jmdn. über den ~en Klee loben ‹fig.; umg.› *au-*

ßerordentlich; er kommt auf keinen ~en Zweig *er bringt es zu nichts*; die ~e Minna ‹umg.› *Polizeiauto*; die Grüne Insel *Irland*; die Grüne Woche *landwirtschaftl. Ausstellung in Berlin*; das Grüne Gewölbe *Kunstsammlung in Dresden*; die Grünen *eine Partei u. ihre Mitglieder* 2 *unreif, unerfahren*; ~es Obst; vom ~en Tisch aus; ach du ~e Neune! (Ausruf der Überraschung) ‹umg.› 3 ‹präd.› *wohlgesonnen, gewogen*; er ist mir nicht ~; **Grün** ‹n.; -s, -s› 1 *grüne Farbe*; sie trägt gern ~; du hast ~ (an der Ampel); das ist dasselbe in ~ *etwas sehr Ähnliches* 2 ‹unz.› *Sammelbez. für Pflanzen, Natur*; viel ~ in der Wohnung haben; → a. *Grüne*;
'**Grün·al·ge** ‹f.; -, -n; Bot.›;
'**Grün·an·la·ge** ‹f.; -, -n› *Park*;
'**grün·blau** ‹Adj.›; '**Grün·blind·heit** ‹f.; -; unz.; Med.› *eine Form der Farbenblindheit*
Grund ‹m.; -(e)s, ⸗e; ↗Z 19.2› 1 *Stück Land, (Erd-)Boden*; etwas in ~ u. Boden verdammen ‹fig.› *völlig ablehnen* 2 *Boden eines Gewässers od. Gefäßes* 3 ‹unz.› *Fundament, Tiefe*; im ~ meines Herzens, im ~e (genommen) *letztlich, eigentlich*; von ~ auf; zugrunde/‹auch› zu ~ gehen, legen, liegen, richten; → a. *zugrunde* 4 *Ursache, Veranlassung*; aufgrund/‹auch› auf ~ von; → a. *aufgrund*; '**Grund·ak·kord** ‹m.; -(e)s, -e; Mus.›; '**grund·an·stän·dig** ‹Adj.›; '**Grund·an·strich** ‹m.;

-(e)s, -e›; '**Grund·aus·bil·dung** ‹f.; -, -en›; '**Grund·aus·stat·tung** ‹f.; -, -en›; '**Grund·be·darf** ‹m.; -(e)s; unz.›; '**Grund·be·deu·tung** ‹f.; -, -en›; '**Grund·be·din·gung** ‹f.; -, -en›; '**Grund·be·griff** ‹m.; -(e)s, -e›; '**Grund·be·sitz** ‹m.; -es; unz.›; '**Grund·be·sit·zer** ‹m.; -s, -›; '**Grund·be·sit·ze·rin** ‹f.; -, -n·nen›; '**Grund·be·stand·teil** ‹m.; -(e)s, -e›; '**Grund·buch** ‹n.; -(e)s, ⸗er› *amtl. Verzeichnis des Grund- u. Hausbesitzes*; '**Grund·buch·amt** ‹n.; -(e)s, ⸗er›; '**grund·ehr·lich** ‹Adj.›; '**Grund·ei·gen·tum** ‹n.; -s; unz.›; '**Grund·ei·gen·tü·mer** ‹m.; -s, -›; '**Grund·ei·gen·tü·me·rin** ‹f.; -, -n·nen›; '**Grund·ein·heit** ‹f.; -, -en›; '**Grund·eis** ‹n.; -es; unz.› *auf dem Grund von Flüssen gebildetes Eis*; '**Grun·del, Grün·del** ‹f.; -, -n od. m.; -s, -; Zool.› *ein Fisch*; '**grün·deln** ‹V. i.› *Enten – suchen unter Wasser nach Nahrung*
'**grün·den** ‹V.› 1 ‹V. t.› *ins Leben rufen*; eine Familie ~ 2 ‹V. refl.› *sich auf etwas – auf etwas beruhen*; '**Grün·der** ‹m.; -s, -›; '**Grün·de·rin** ‹f.; -, -n·nen›; '**Grün·der·jah·re** ‹Pl.; 1871– ca. 95› *Zeit scheinbaren wirtschaftl. Aufschwungs in Deutschland*; Sy *Gründerzeit*
'**Grund·er·werb** ‹m.; -(e)s; unz.›; '**Grund·er·werb(s)·steu·er** ‹f.; -, -n›
'**Grün·der·zeit** ‹f.; -; unz.› = *Gründerjahre*

'grund·falsch <Adj.> *völlig falsch*; **'Grund·far·be** <f.; -, -n>; **'Grund·feh·ler** <m.; -s, ->; **'Grund·fes·te** <f.; -, -n; meist Pl.> *in seinen ~n erschüttert sein*; **'Grund·flä·che** <f.; -, -n>; **'Grund·form** <f.; -, -en> → *a. Kasten Infinitiv*; **'Grund·fra·ge** <f.; -, -n>; **'Grund·ge·bühr** <f.; -, -en>; **'Grund·ge·dan·ke** <m.; -ns, -n>; **'Grund·ge·halt** <n.; -(e)s, ⸚er>; **'Grund·ge·setz** <n.; -es, -e> *Statut, Hauptgesetz; ~ für die BRD vom 23. Mai 1949* <Abk.: GG> *Verfassung der BRD;* **'Grund·hal·tung** <f.; -, -en; Pl. selten>; **'grund·häss·lich** <Adj.>

grun'die·ren <V. t.> *Grundfarbe auftragen,* **Grun'dier·far·be** <f.; -, -n>; **Grun'die·rung** <f.; -, -en>

'grun·dig <Adj.> *schlammig;* **'Grund·ka·pi·tal** <n.; -s, -ta·li·en od. -e; Wirtsch.> *Stammkapital eines Unternehmens;* **'Grund·kurs** <m.; -es, -e>; **'Grund·la·ge** <f.; -, -n>; **'Grund·la·gen·for·schung** <f.; -; unz.> *~ betreiben;* **'grund·le·gend** <Adj.>; **'Grund·le·gung** <f.; -, -en>

'gründ·lich <Adj.>; **'Gründ·lich·keit** <f.; -; unz.>

'Gründ·ling <m.; -s, -e; Zool.> *ein Fisch;* **'Grund·li·nie** <[-niə] f.; -, -n>; **'Grund·li·ni·en·spiel** <n.; -(e)s, -e; Tennis>; **'Grund·lohn** <m.; -(e)s, ⸚e>; **'grund·los** <Adj.>; **'Grund·lo·sig·keit** <f.; -; unz.>; **'Grund·mau·er** <f.; -, -n; meist Pl.> *bis auf die ~n abgebrannt;* **'Grund·nah·rungs·mit·tel** <n.; -s, ->

Grün'don·ners·tag <m.; -(e)s, -e> *Donnerstag vor Ostern*

'Grund·pfei·ler <m.; -s, -> 1 <Arch.> *tragender Pfeiler* 2 <fig.> *starke Stütze; ein ~ des Staatswesens;* **'Grund·preis** <m.; -es, -e>; **'Grund·prin·zip** <n.; -s, -zi·pi·en od. (selten) -e>; **'Grund·re·chen·art** <f.; -, -en> *die vier ~en Addition, Subtraktion, Multiplikation, Division;* **'Grund·recht** <n.; -(e)s, -e; meist Pl.> *durch die Verfassung garantiertes unantastbares Recht des Einzelnen;* **'Grund·re·gel** <f.; -, -n>; **'Grund·ren·te** <f.; -, -n>; **'Grund·riss** <m.; -es, -e>

1 *maßstabgerechte zeichnerische Darstellung einer Grundfläche* 2 *kurz gefasstes Lehrbuch; ~ der französischen Grammatik (Buchtitel);* **'Grund·satz** <m.; -es, ⸚e> *Richtlinie, Prinzip;* **'Grund·satz·ent·schei·dung** <f.; -, -en>; **'Grund·satz·fra·ge** <f.; -, -n>; **'grund·sätz·lich** <Adj.> 1 *einen Grundsatz betreffend; eine Frage von ~er Bedeutung* 2 *als Regel gedacht, Ausnahmen u. Einschränkungen zulassend; ~ bin ich dafür, aber ...;* **'Grund·säu·le** <f.; -, -n> = *Grundpfeiler;* **'Grund·schuld** <f.; -, -en> *auf einem Grundstück lastende Schuld;* **'Grund·schu·le** <f.; -, -n> *Pflichtschule vom 1.–4. Schuljahr;* **'Grund·schü·ler** <m.; -s, ->; **'Grund·schü·le·rin** <f.; -, -n·nen>; **'Grund·schul·leh·rer** <m.; -s, ->; **'Grund·schul·leh·re·rin** <f.; -, -n·nen>; **'grund·stän·dig** <Adj.> 1 = *bodenständig* 2 <Bot.> *am Spross der Pflanze stehend; ~e Blätter;* **'Grund·stein** <m.; -(e)s, -e> 1 *erster Stein bei Baubeginn* 2 <fig.> *Beginn;* **'Grund·stein·le·gung** <f.; -, -en>; **'Grund·stel·lung** <f.; -, -en>; **'Grund·steu·er** <f.; -, -n> *Steuer auf Grundbesitz;* **'Grund·stock** <m.; -(e)s, ⸚e> *Grundlage;* **'Grund·stoff** <m.; -(e)s, -e>; **'Grund·stück** <n.; -(e)s, -e>; **'Grund·stücks·mak·ler** <m.; -s, ->; **'Grund·stücks·mak·le·rin** <f.; -, -n·nen>; **'Grund·stu·di·um** <n.; -s; unz.>; **'Grund·stu·fe** <f.; -, -n; Gramm.> → *a. Kasten Positiv;* **'Grund·ton** <m.; -(e)s, ⸚e; Mus.>; **'Grund·ü·bel** <n.; -s, -; ↗Z.55>; **'Grund·um·satz** <m.; -es, ⸚e; Med.> *zur Aufrechterhaltung der Lebensvorgänge benötigte Energiemenge*

Grün·dung¹ <['gry:n-]; m.; -(e)s; unz.> *aus Grünpflanzen bestehender Dung*

Grün·dung² <['gryn-]; f.; -, -en> *Schaffung; Unternehmens~;* **'Grün·dungs·ka·pi·tal** <n.; -s, -li·en od. -e>

'Grün·dün·gung <f.; -; unz.> = *Gründung¹*

grund·ver'kehrt <Adj.>; **'grund·ver'schie·den** <Adj.>; **'Grund·ver·sor·gung** <f.; -; unz.>;

Grundwortschatz: Als G. oder Kernwortschatz bezeichnet man den Wortbestand, der Voraussetzung für die Verständigung in einer Sprache ist. Das wichtigste Kriterium für die Zugehörigkeit von Wörtern zum G. ist die Häufigkeit ihres Vorkommens. Die Frage nach dem Umfang des G. spielt insbes. im Rechtschreibunterricht und für das Lesen- und Schreibenlernen in der Schule eine Rolle.

G

'Grund·was·ser <n.; -s; unz.> *Wasseransammlung im Boden;* **'Grund·was·ser·spie·gel** <m.; -s, ->; **'Grund·was·ser·stand** <m.; -(e)s, ⸚e>; **'Grund·wehr·dienst** <m.; -(e)s; unz.; Mil.>; **'Grund·wis·sen** <n.; -s; unz.>; **'Grund·wort** <n.; -(e)s, ⸚er; Gramm.> *durch ein Bestimmungswort erläuterter zweiter Bestandteil eines zusammengesetzten Wortes, z. B. "Freund" in "Jugendfreund";* **'Grund·wort·schatz** <m.; -es, ⸚e> → *Kasten;* **'Grund·zahl** <f.; -, -en> *Ggs Ordnungszahl;* → *a. Kasten Kardinalzahl;* **'Grund·zug** <m.; -(e)s, ⸚e> *kennzeichnendes Merkmal;* **'Grund·zu·stand** <m.; -(e)s, ⸚e; Phys.>

'Grü·ne <n.; -n; unz.> *Natur; ins ~ fahren; → a. Grün(2);* **'Grü·ne(r)** <f. 2 (m. 1)> *Angehörige(r) einer Partei, die bes. umweltpolit. Interessen vertritt; die ~n; → a. grün(1);* **'grü·nen** <V. i.> *grün werden; es grünt;* **'Grün·fink** <m.; -en, -en; Zool.> *ein Singvogel;* **'Grün·flä·che** <f.; -, -n>; **'Grün·flä·chen·amt** <n.; -(e)s, ⸚er>; **'Grün·fut·ter** <n.; -s; unz.>

Grunge <[grʌndʒ]; m.; -; unz.; Mus.> *Stilrichtung der Rockmusik* [engl.]

'grün·gelb <Adj.>; **'Grün·gür·tel** <m.; -s, -; fig.> *einen Stadtkern umgebende Grünanlagen;* **'Grün·horn** <n.; -(e)s, ⸚er; eindeutschend für> *Greenhorn;* **'Grün·kern** <m.; -(e)s, -e; Zool.> *= unreifer Dinkel;* **'Grün·kohl** <m.; -(e)s; unz.; Bot.>; **'Grün·land** <n.; -(e)s; unz.>; **'grün·lich** <Adj.> *ein ~ gelber Farbton; ins Grünliche spielen;* **'Grün·li·lie**

<[-liə]; f.; -, -n; Bot.> *eine Hängepflanze;* **'Grün·ling** <m.; -s,
-e> 1 <Zool.> = *Grünfink 2*
<Bot.> *ein Pilz* 3 <fig.; umg.>
unreifer Mensch; **'Grün·pflanze** <f.; -, -n>; **'Grün·rock** <m.;
-(e)s, ⸚e; fig.; volkstüml.> *Förster, Jäger;* **Grün'rot·blind·heit**
<f.; -; unz.; Med.> = *Rotgrünblindheit;* **'Grün·schna·bel**
<m.; -s, ⸚; fig.; umg.> *unreifer
Mensch;* **'Grün·span** <m.; -(e)s;
unz.> *grüner Belag auf Kupfer
od. Messing;* ~ *ansetzen;* **'Grün·
specht** <m.; -(e)s, -e; Zool.>;
'Grün·strei·fen <m.; -s, ->

'grun·zen <V. i.; du grunzt od.
(geh.) grunzest> *raue Kehllaute
ausstoßen*

'Grün·zeug <n.; -(e)s; unz.; umg.;
Sammelbez. für> *Gemüse u. Salat*

Grupp <m.; -s, -s> *verschlossenes
Geldpaket;* <aber> → *Krupp*
[ital.]

'Grüpp·chen <n.; -s, -; Verkleinerungsf. von> *Gruppe;* **'Grup·pe**
<f.; -, -n> *kleinere Zahl von
Menschen od. zusammengehörenden Dingen;* Sitz~; **'Grup·
pen·auf·nah·me** <f.; -, -n>;
'Grup·pen·bild <n.; -(e)s, -er>;
'Grup·pen·dy·na·mik <f.; -;
unz.; Soziol.; Psych.> *(Lehre von
den) Wechselbeziehungen zwischen den Mitgliedern einer
Gruppe;* **grup·pen·dy·na·
misch** <Adj.> ~e *Prozesse;*
'Grup·pen·füh·rer <m.; -s, ->;
'Grup·pen·füh·re·rin <f.; -,
-n·nen>; **'Grup·pen·sex** <m.;
-es; unz.>; **'grup·pen·spe·zi·
fisch** <Adj.>; **'Grup·pen·the·ra·
pie** <f.; -, -n>; **'Grup·pen·unter·richt** <m.; -(e)s; unz.>;
'grup·pen·wei·se <Adv.>; **grup·
'pie·ren** <V.> 1 <V. t.> *nach
Gruppen ordnen, zusammenstellen* 2 <V. refl.> *sich (um
jmdn. od. etwas)* ~ *sammeln,
aufstellen;* **Grup'pie·rung** <f.; -,
-en>; **'Grüpp·lein** <n.; -s, -; poet.; Verkleinerungsf. von>
Gruppe

Grus <m.; -es, -e> 1 *verwitterte
Gesteinsbrocken* 2 *Kohlenstaub;*
<aber> → *Gruß*

'Gru·sel·film <m.; -(e)s, -e>; **'gru·
se·lig** <Adj.> *unheimlich,
schaurig;* oV *gruslig;* **'gru·seln**

<V. i. u. V. t./V. refl.; ich grus(e)le
mich> *es gruselt mir/mich;*
'Gru·si·cal <[-kəl]; n.; -s, -s;
umg.> *Gruselfilm* [engl.]

'gru·sig <Adj.> *aus, wie Grus*
Gru'si·ner <m.; -s, -> = *Georgier;*
Gru'si·ne·rin <f.; -, -n·nen>;
Gru'si·ni·en <russ. Name für>
Georgien; **gru'si·nisch** <Adj.>
'grus·lig <Adj.> = *gruselig*
Gruß <m.; -es, ⸚e> *Abschieds- od.
Begrüßungsworte;* herzliche Urlaubsgrüße aus ...; mit freundlichem ~; mit freundlichen Grü
ßen; <aber> → *Grus;* **'Gruß·adres·se,** <auch> **'Gruß·ad·res·
se** <f.; -, -n; ⚹Z 53, 55>; **'grü·
ßen** <V. t.; du grüßt> jmdn. ~
*jmdm. einen Gruß entbieten od.
übermitteln; grüß dich!; grüß
Gott!; grüß Gott sagen;* **'Grußfor·mel** <f.; -, -n>; **'gruß·los**
<Adj.>; **'Gruß·wort** <n.; -(e)s,
-e>

'Grütz·beu·tel <m.; -s, -; Med.>
verstopfte Talgdrüse; **'Grüt·ze[1]**
<f.; -, -n> 1 *grob gemahlene Getreidekörner;* Hafer~ 2 *eine Süßspeise;* rote ~

'Grüt·ze[2] <f.; -; unz.; fig.; umg.>
Verstand

'Grütz·wurst <f.; -, ⸚e>

Gruy·ère, <auch> **Gru·yère**
<[gry'jɛːr]; m.; -s, -; ⚹Z52; frz.
Bez. für> *Greyerzer* [nach der
westschweizer. Ort *Gruyères*]

GS <Abk. für> *geprüfte Sicherheit
(Qualitätsbez. bes. bei Kinderartikeln)*

'Gschaftl·hu·ber <m.; -s, -; bair.;
österr.> *wichtigtuerischer, geschäftiger Mensch*

'gscha·mig <Adj.; bair.; österr.>
schamhaft, verschämt

'G-Schlüs·sel <m.; -s; unz.;
Mus.> = *Violinschlüssel*

'gschnap·pig <Adj.; bair.; österr.> *schnippisch*

'Gschnas·fest <n.; -(e)s, -e; österr.> *ein Kostümfest*

'gspa·ßig <Adj.; bair.; österr.>
spaßig, lustig

'Gspu·si <n.; -s, -s; bair.; österr.>
1 *Liebschaft* 2 *Liebste(r)* [ital.]

'Gstan·zel, Gstanzl <n.; -s, -n;
bair.; österr.> *lustiges Lied*

Gu·a'jak·baum <m.; -(e)s, ⸚e;
Bot.> *ein trop. Jochblattgewächs*
[indian.-span.]; **Gu·a'jak·harz**

<n.; -es; unz.>; **Gu·a'jak·holz**
<n.; -es; unz.>

Gu·a'ja·ve <[-və]; f.; -, -n> *Frucht
des Guajavenbaums;* oV *Guave*
[span.]; **Gu·a'ja·ven·baum** <m.;
-(e)s, ⸚e; Bot.>

Gu·a'na·ko <n. od. m.; -s, -s;
Zool.> *südamerikan. Lama*
[span.]

Gu'an·che <[-tʃə]; m.; -n, -n> *Ureinwohner der Kanarischen Inseln*

Gu·a'no <m.; -s; unz.> *Vogeldünger* [span.]

Gu·a'ra·ni[1] <m.; -, -> 1 *Angehöriger eines indian. Volkes in Südamerika* 2 *Währungseinheit in
Paraguay;* **Gu·a'ra·ni[2]** <n.; -;
unz.> *Sprache der Guarani(1)*

Gu·ar·dia ci·vil <[gu'ardia θi'vil];
f.; --; unz.> *span. Gendarmerie*
[span.]

Gu'asch <f.; -, -en; eindeutschend für> *Gouache*

Gu·a·te'ma·la *Staat in Mittelamerika;* Republik ~; **Gu·a·te·mal
'te·ke** <m.; -n, -n>; **Gu·a·te·mal
'te·kin** <f.; -, -n·nen>; **gu·a·te·
mal'te·kisch** <Adj.>

Gu'a·ve <[-və]; f.; -, -n> = *Guajave*

'gu·cken <V. i. u. V. t.> *schauen,
blicken;* oV *kucken;* **'Guck·fenster** <n.; -s, ->; **'Guck·in·die·luft,**
<auch> **'Guck-in-die-Luft** <m.;
-; unz.; ⚹Z33> *Hans* ~ *jmd., der
nicht auf den Weg achtet;*
'Guck·kas·ten <m.; -s, ⸚; früher>; **'Guck·loch** <n.; -(e)s, ⸚er>

'Gü·dis·mon·tag <m.; -(e)s, -e;
schweiz.> *Rosenmontag*

Gu'el·fe <m.; -n, -n; im MA> *Anhänger des Papstes, Gegner der
Ghibellinen* [ital.]

Gue·ril·la[1] <[ge'rilja]; f.; -, -s od.
-l·len [-ljən]; kurz für> *Guerillakrieg;* **Gue·ril·la[2]** <m.; -s, -s;
meist Pl.>, **Gue'ril·la·kämp·fer**
<m.; -s, -> *Partisan* [span.];
Gue'ril·la·krieg <m.; -(e)s, -e>;
Gue·ril·le·ro <[geri'lje:ro]; m.;
-s, -s; span. u. port. Bez. für>
Partisan

'Gu·gel·hopf <schweiz.>, **'Gu·
gel·hupf** <m.; -(e)s, -e; süddt.;
österr.> *Napfkuchen*

'Güg·gel <m.; -s, -; schweiz.;
umg.> *Gockel*

Guide <engl. [gaid], frz. [giːd];

m.; -s, -s> *Reisebegleiter, -füh-rer,* <auch> *Reisehandbuch*

Guil·loche <[gi(l)'jɔʃ]; f.; -, -n> **1** *verschlungene Linienverzierung* **2** *Werkzeug zum Guillochieren* [frz.]; **guil·lo·chie·ren** <[-'ʃiː-]; V. t.>

Guil·lo·ti·ne <[gi(l)jo'tiːnə]; f.; -, -n; in der Frz. Revolution> *Hin-richtungsgerät mit Fallbeil* [nach dem frz. Arzt J. I. *Guillo-tin*]; **guil·lo·ti·nie·ren** <V. t.>

Gui·nea¹ <[gi-]> *Staat in West-afrika;* Republik ~; **Gui·nea²** <['gini]; f.; -, -s> = *Guinee* [engl.]; **Gui·nea-Bis·sau** <[gi-]> *Staat in Westafrika;* Republik ~; **Gui·nea Bis·sau·er,** <auch> **Gui·nea Bis·sau·er** <m.; -s, -;** ↗Z35.1>; **Gui·nea-Bis·sau·e·rin** <f.; -, -n·nen>; **gu·i'nea-bis·'sau·isch** <Adj.>; **Gui·nee** <[gi'ne:(ə)]; f.; -, -n> *ehem. engl. Münze;* **Gui·ne·er** <[gi-]; m.; -s, -> *Einwohner von Guinea¹;* **Gui·'ne·e·rin** <f.; -, -n·nen>; **gui·ne·isch** <Adj.>

'Gu·lag <m.; - od. -s; unz.; Kurzw. für> *das Straflagersystem in der UdSSR (1930–55)* [russ.]

'Gu·lasch <n. od. m.; -(e)s, -e od. -s; österr. nur n.; -(e)s, -e> *eine Fleischspeise;* Rinds~; oV *Gulyás* [ung.]; **'Gu·lasch·ka·no·ne** <f.; -, -n; scherzh.> *Feldküche;* **'Gu·lasch·sup·pe** <f.; -, -n>

'Gul·den <m.; -s, -> **1** <14.–19. Jh.> *Gold-, später auch Silber-münze* **2** <bis 2001; Abk.: hfl.; früher> *ndrl. Währungseinheit*

'gül·den <Adj.; poet.> *golden;* **'gül·disch** <Adj.; Bgb.> *goldhal-tig*

'Gül·le <f.; -, -n> *flüssiger Stall-dünger, Jauche;* ~ fahren; **'Gül·le(n)·fass** <n.; -es, ⸚er>

'Gul·ly <m. od. n.; -s, -s> *Einlauf-schacht für Straßenabwässer* [engl.]

Gült <m.; -(e)s, -en>, **'Gül·te** <f.; -, -n; oberdt.> **1** *Abgabe, Zins* **2** *Grundstücksertrag* **3** *Grund-schuld;* **'gül·tig** <Adj.> *in Kraft, amtl. anerkannt;* **'Gül·tig·keit** <f.; -; unz.>

'Gu·lyás <[-laʃ]; n.; -, -; österr.> = *Gulasch*

'Gum·mi <n. od. (österr. nur so) m.; -s, - od. -s> **1** *elastisches Kautschukprodukt* **2** <kurz für>

Gummiband **3** <kurz für> *Ra-diergummi* **4** <umg.> *Präserva-tiv;* **'Gum·mi·ad·ler** <m.; -s, -; umg.; scherzh.> *(zähes) Brat-hähnchen;* **Gum·mi·a'ra·bi·kum** <n.; -s; unz.; ↗Z55> *Klebstoff* [lat.]; **'Gum·mi·ball** <m.; -(e)s, ⸚e>; **'Gum·mi·band** <n.; -(e)s, ⸚er>; **'Gum·mi·bär·chen** <n.; -s, -> *eine Süßigkeit;* **'Gum·mi·baum** <m.; -(e)s, ⸚e; Bot.> *eine Zimmerpflanze;* **gum'mie·ren** <V. t.> *mit Klebmasse bestrei-chen;* **Gum'mie·rung** <f.; -, -en>; **'Gum·mi·gutt** <n.; -s; unz.> *(als Farbe verwendetes) giftiges Harz* [mal.]; **'Gum·mi·hand·schuh** <m.; -(e)s, -e>; **'Gum·mi·knüp·pel** <m.; -s, ->; **'Gum·mi·pa·ra·graf,** **'Gum·mi·pa·ra·graph** <m.; -en, -en; ↗Z11.3; umg.> *nicht eindeutig formulierter, verschieden aus-legbarer Paragraph;* **'Gum·mi·ring** <m.; -(e)s, -e>; **'Gum·mi·soh·le** <f.; -, -n>; **'Gum·mi·stie·fel** <m.; -s, ->; **'Gum·mi·strumpf** <m.; -(e)s, ⸚e>; **'Gum·mi·zug** <m.; -(e)s, ⸚e> *dehnba-rer Teil in der Kleidung;* **Gum'mo·se** <f.; -; unz.; Bot.> *eine Pflanzenkrankheit*

'Gum·pe <f.; -, -n>, **'Gum·pen** <m.; -s, -> **1** <Bergmannsspr.> *Schlammkasten* **2** <süddt.; schweiz.; umg.> *Wasserloch*

'Gun·del·kraut <n.; -(e)s; unz.>, **'Gun·del·re·be** <f.; -; unz.>, **'Gun·der·mann** <m.; -(e)s; unz.; Bot.> *eine Wiesenpflanze*

Gun·man <['gʌnmæn]; m.; -s, -men [-mən]> *bewaffneter Ver-brecher, Killer* [engl.]

'Gün·sel <m.; -s, -; Bot.> *eine Wald- u. Wiesenpflanze*

Gunst <f.; -; unz.> **1** *Wohlwollen;* in jmds. ~ stehen **2** <↗Z19.2> *Vorteil;* die ~ der Stunde nut-zen; zu jmds. ~en; er hat sich zu meinen ~en verrechnet; <aber> ein Benefizkonzert zugunsten/ <auch> zu ~en der Erdbeben-opfer; → a. *zugunsten;* **'Gunst-be·weis** <m.; -es, -e>; **'Gunst-be·zei·gung** <f.; -, -en>; **'güns-tig** <Adj.> *vorteilhaft, preiswert;* **'güns·tigs·ten·falls** <Adv.>; **'Günst·ling** <m.; -s, -e> *jmd., der bevorzugt wird;* **'Günst-**

lings·wirt·schaft <f.; -; unz.; ab-wertend>

Gupf <m.; -(e)s, -e od. ⸚e; süddt.; österr.; schweiz.; umg.> *Gipfel, Spitze*

'Gup·py <m.; -s, -s; Zool.> *ein Aquarienfisch* [nach dem Na-turforscher R. J. L. *Guppy*]

Gur <f.; -; unz.; Geol.> *Schlamm*

'Gur·gel <f.; -, -n> *Kehle;* **'gur·geln** <V. i.; ich gurg(e)le> *mit dumpfem Geräusch sprudeln*

'Gürk·chen <n.; -s, -; Verkleine-rungsf. von> *Gurke;* **'Gur·ke** <f.; -, -n; Bot.> *eine Salat- u. Gemü-sepflanze* [grch.]; **'Gur·ken·ho·bel** <m.; -s, ->; **'Gur·ken·kraut** <n.; -(e)s; unz.; Bot.> = *Bor-retsch*

'Gur·kha <m.; -s od. -, -s od. -> *Angehöriger eines hinduist. Vol-kes in Nepal*

'gur·ren <V. i.> *ein kehlig dump-fes, rollendes Geräusch von sich geben;* das Gurren der Tauben

Gurt <m.; -(e)s, -e> *festes, breites Band;* Sicherheits~; oV *Gurte;* **'Gurt·bo·gen** <m.; -s, - od. ⸚ (süd-dt.; österr.; schweiz.) ⸚; Arch.> *verstärkter Bogen eines Tonnen-gewölbes;* **'Gur·te** <f.; -, -n; schweiz.> = *Gurt;* **'Gür·tel** <m.; -s, -> **1** *Stoff- od. Lederband (als Accessoire)* **2** *ringförmige Zone;* Grün~; **'Gür·tel·li·nie** <[-niə]; f.; -, -n; Pl. selten> *gedachte Linie um die Taille;* ein Schlag unter die ~ <fig.; umg.> *unfaires, be-leidigendes Verhalten* [nach den im Boxkampf verbotenen Schlägen]; **'Gür·tel·rei·fen** <m.; -s, -; Kfz>; **'Gür·tel·ro·se** <f.; -; unz.; Med.> *eine Infektions-krankheit;* **'Gür·tel·ta·sche** <f.; -, -n>; **'Gür·tel·tier** <n.; -(e)s, -e; Zool.> *ein mit Hornplatten be-decktes Tier;* **'gür·ten** <V. t./V. refl.; veralt.> *sich – einen Gürtel umlegen;* **'Gürt·ler** <m.; -s, -> *Hersteller von Gürtelschnallen, Messingschlosser;* **'Gurt·muf·fel** <m.; -s, -; Kfz; umg.> *jmd., der unangeschnallt Auto fährt;* **'Gurt·pflicht** <f.; -; unz.; Kfz>

'Gu·ru <m.; -s, -s> **1** <im Hinduis-mus> *geistl. Lehrer* **2** <salopp; scherzh.> *von einer Anhänger-schaft verehrter geistiger Führer* [Hindi]

GUS <Abk. für> *Gemeinschaft*

G

Unabhängiger Staaten (Staatenbund der Länder der ehem. Sowjetunion)

'Gu·sche ‹f.; -, -n; mdt.› = Gosche(n)

Guss ‹m.; -es, ⸚e› **1** das Gießen von flüssigem Metall in eine Form; aus einem ~ ‹fig.› einheitlich **2** kurzer, heftiger Regen **3** glänzender Überzug, Glasur; Schokoladen~; **'Guss·ei·sen** ‹n.; -s; unz.› Ggs Schmiedeeisen; **'guss·ei·sern** ‹Adj.›; **'Guss·form** ‹f.; -, -en›; **'Guss·stahl** ‹m.; -(e)s; unz.; ↗Z37›; **'Guss·stück** ‹n.; -(e)s, -e; ↗Z37›

güst ‹Adj.; norddt.› **1** unfruchtbar **2** keine Milch gebend (Kühe)

gus'tie·ren ‹V. t.; österr.› = goutieren [ital.]; **gus·ti'ös** ‹Adj.; österr.; umg.› appetitlich; **'Gus·to** ‹m.; -s; unz.; bes. süddt.; österr.› **1** Geschmack, Neigung; das ist nicht nach meinem ~ **2** Appetit, Verlangen

gut ‹Adj.; 'bes·ser, am 'bes·ten› **1** besonderen Ansprüchen genügend; ein ~er Arzt; ~e Augen haben; sie hat (die Note) "~" bekommen; ‹aber› sie hat ein Gut bekommen **2** ‹↗Z24; getrennt in Verbindung mit Adj., Part. u. V., wenn sinnvoll steiger- od. erweiterbar› ein ~ aussehender Mann; ein ~ bezahlter, dotierter Job; er ist ~ gelaunt; ein ~ gemeinter Rat; ein ~ sitzendes Kleid; eine ~ situierte Familie; wie wir aus ~ informierten, unterrichteten Kreisen hören, ...; wofür wird das ~ sein?; lass es ~ sein!; lass es dir ~ gehen; kannst du in den Schuhen ~ gehen?; die Bücher sind ~ gegangen haben sich gut verkauft; das wird dir ~ tun!; ‹aber› → gutachten, gutbringen, guthaben, gutheißen, gutmachen, gutsagen, gutschreiben, gutsprechen, gutstehen **3** reichlich gerechnet; eine ~e Stunde; ~ 20 Meter; ~ u. gern mindestens; so ~ wie beinahe **4** ‹↗Z42, 44› günstig, erfreulich, sittlich einwandfrei, freundschaftlich; (etwas) Gutes tun; das bedeutet nichts Gutes; das Gute an der Sache ist, ...; zu viel

des Guten; es wird sich zum Guten wenden; alles Gute (zum Geburtstag)!; ~e Besserung!; ~en Abend, Morgen, Tag!; Guten Tag/‹auch› ~en Tag sagen; ~en Mutes, ~er Dinge sein; ~er Hoffnung sein ‹veralt.› schwanger; das Kap der Guten Hoffnung Spitze Südafrikas; Gut und Böse voneinander trennen; ‹aber› jenseits von ~ und böse die Grenzen (des Anstands, der Kosten usw.) überschreitend; Gute(s) und Böse(s); im Guten wie im Bösen immer; sich im Guten trennen ohne Streit; **Gut** ‹n.; -(e)s, ⸚er› **1** Besitz; mein ganzes Hab u. ~; Gesundheit ist das höchste ~ **2** versandfertige Ware; Eil~; Stück~ **3** großer landwirtschaftl. Betrieb; Wein~; **'gut·ach·ten** ‹V. i.; nur im Inf. u. Part. Perf.› ein Gutachten erstellen; wer hat bei diesem Schaden gegutachtet?; → a. gut(1); **'Gut·ach·ten** ‹n.; -s, -› fachmännisches (schriftl.) Urteil; **'Gut·ach·ter** ‹m.; -s, -›; **'Gut·ach·te·rin** ‹f.; -, -n·nen›; **'gut·acht·lich** ‹Adj.; geh.› sich ~ äußern; **'gut·ar·tig** ‹Adj.› **1** ‹Med.› nicht lebensbedrohend, harmlos **2** gutmütig; ein ~er Hund; **'Gut·ar·tig·keit** ‹f.; -; unz.›; **'gut|brin·gen** ‹V. t.; 118; nur im Inf.; sie hat gutgebracht; gutzubringen; Kaufmannsspr.› = gutschreiben; → a. gut(1); **gut|bür·ger·lich** ‹Adj.› gediegen, herkömmlich; ~e Küche; **'Güt·chen** ‹n.; -s, -; Verkleinerungsf. von› Gut(3); **'Gut·dün·ken** ‹n.; -s; unz.› Belieben, Ermessen; nach jmds. ~; **'Gü·te** ‹f.; -; unz.› **1** edle, großherzige Gesinnung; sich in ~ einigen **2** Qualität; Waren von geringer ~; **'Gü·te·klas·se** ‹f.; -, -n› ~ eins, zwei (z. B. bei Eiern); **Gu·te'nacht·gruß** ‹m.; -es, ⸚e›; **Gu·te'nacht·kuss** ‹m.; -es, ⸚e›; **Gu·ten'mor·gen·gruß** ‹m.; -es, ⸚e›; **'Gü·ter·ab·fer·ti·gung** ‹f.; -, -en›; **'Gü·ter·bahn·hof** ‹m.; -(e)s, ⸚e›; **'Gü·ter·ge·mein·schaft** ‹f.; -, -en› Rechtsw.› in ~ leben; Ggs Gütertrennung; **'Gü·ter·recht** ‹n.; -(e)s; unz.› eheliches ~; **'gü·ter·recht·lich** ‹Adj.›; **'Gü·ter·tren-**

nung ‹f.; -; unz.; Rechtsw.› in ~ leben; Ggs Gütergemeinschaft; **'Gü·ter·ver·kehr** ‹m.; -(e)s; unz.› Ggs Personenverkehr; **'Gü·ter·wa·gen** ‹m.; -s, -›; **'Gü·ter·zug** ‹m.; -(e)s, ⸚e› Ggs Personenzug; **'Gü·te·zei·chen** ‹n.; -s, -› auf Waren angebrachter Qualitätsnachweis; **'gut·gläu·big** ‹Adj.›; **'Gut·gläu·big·keit** ‹f.; -; unz.›; **'gut|ha·ben** ‹V. t. 159; ich habe gut; sie hat gutgehabt; gutzuhaben; Kaufmannsspr.› zu fordern haben; du hast bei mir noch ein Geschenk gut; ‹aber getrennt› der Hund wird es bei uns gut haben wir werden gut für ihn sorgen; → a. gut(1); **'Gut·ha·ben** ‹n.; -s, -› (auf einer Bank deponierte) Geldsumme; sie hat ein ~ von 2000 Euro; **'gut|hei·ßen** ‹V. t. 164› billigen; → a. gut(1); **'gut·her·zig** ‹Adj.›; **'Gut·her·zig·keit** ‹f.; -; unz.›; **'gü·tig** ‹Adj.› sanftmütig, gefällig; **'güt·lich** ‹Adj.› **1** friedlich; sich ~ einigen **2** sich an etwas ~ tun etwas genießen; **'gut|ma·chen** ‹V. t.› → a. gut(1) **1** einen Fehler ~ ausmerzen, in Ordnung bringen; ‹aber getrennt› das hast du gut gemacht! **2** Geld ~ einen Gewinn erzielen; **'gut·mü·tig** ‹Adj.›; **'Gut·mü·tig·keit** ‹f.; -; unz.› sanfter, verzeihender Charakter; Rosi ist die ~ in Person; **gut'nach·bar·lich** ‹Adj.› ~e Beziehungen; **'gut|sa·gen** ‹V. i.; geh.› bürgen, haften; für jmdn. od. etwas ~; ‹aber getrennt› das hast du gut gesagt!; → a. gut(1); **'Gut·schein** ‹m.; -(e)s, -e›; **'Guts·chen** ‹n.; -s, -; süddt.› Bonbon; **'gut|schrei·ben** ‹V. t. 230; ich schreibe gut; sie hat gutgeschrieben; gutzuschreiben› jmdm. einen Betrag ~ als Guthaben anrechnen; ‹aber› sie kann schon ganz gut schreiben; → a. gut(1); **'Gut·schrift** ‹f.; -, -en› eingetragenes Guthaben; Ggs Lastschrift; **'Gut·sel** ‹n.; -s, -n; süddt.› Bonbon; **'Guts·herr** ‹m.; -en, -en›; **'Guts·herr·schaft** ‹f.; -, -en›; **'Guts·hof** ‹m.; -(e)s, ⸚e›; **'Guts·jer** ‹n.; -s, -; hess.› Bonbon; **'Guts·le** ‹n.; -s, -; alemann.› Bonbon; **'gut|spre·chen** ‹V. i.

251> = *gutsagen;* → a. *gut(1);*
'gut|ste·hen <V. i. 256; selten> = *gutsagen;* → a. *gut(1);* **'Guts·ver·wal·ter** <m.; -s, ->
Gut·'ta'per·cha <f.; -; unz. od. n.; -s; unz.> *kautschukähnlicher Stoff* [mal.]
'Gut·temp·ler <m.; -s, ->; **'Gut·temp·ler·or·den** <m.; -s; unz.> *den Alkoholgenuss bekämpfender Orden*
gut·tu'ral <Adj.; Phon.> *die Kehle betreffend, kehlig* [lat.]; **Gut·tu·'ral** <m.; -s, -e; Phon.>; **Gut·tu·'ral·laut** <m.; -(e)s, -e; Phon.> = *Gaumenlaut*
'gut·wil·lig <Adj.>; **'Gut·wil·lig·keit** <f.; -; unz.>
Gu'ya·na *Staat in Südamerika; Kooperative Republik ~;* **Gu'ya·ner** <m.; -s, ->; **Gu'ya·ne·rin** <f.; -, -n·nen>; **gu'ya·nisch** <Adj.>
Gy <Zeichen für> *Gray*
Gym'kha·na <n.; -s, -s> *sportl. Geschicklichkeitsspiel* [pers.]
Gym·naes'tra·da, <auch> **Gym-naest'ra·da** <f.; -, -s; ⚡Z53; Sp.> *internat. Turnfest* [grch.; span.]
gym·na·si'al <Adj.> *das Gymnasium betreffend; ~e Oberstufe;* **Gym·na·si'al·leh·rer** <m.; -s, ->; **Gym·na·si'al·leh·re·rin** <f.; -, -n·nen>; **Gym·na·si'ast** <m.; -en, -en> *Schüler eines Gymnasiums;* **Gym·na·si'as·tin** <f.; -, -n·nen>; **Gym'na·si·um** <n.; -s, -si·en> 1 <im Altertum> *Raum für athlet. Schulung* 2 <heute> *höhere, zum Abitur führende Schule* [grch.]; **Gym'nast** <m.; -en, -en; im alten Griechenland> *Lehrer der Athleten*
Gym'nas·tik <f.; -; unz.> *rhythmische Bewegungsübungen (auch zu Heilzwecken);* Kranken~ [grch.]; **Gym'nas·ti·ker** <m.; -s, ->; **Gym'nas·ti·ke·rin** <f.; -, -n·nen> *Lehrerin für (Heil-) Gymnastik;* **gym'nas·tisch** <Adj.> *~e Übungen*
Gym·no'sper·men <Pl.; Bot.> = *Nacktsamer;* Ggs *Angiospermen*

Gy·nä·ko·lo·ge <m.; -n, -n; Med.> *Frauenarzt;* **Gy·nä·ko·lo·'gie** <f.; -; unz.; Med.> *Frauenheilkunde* [grch.]; **Gy·nä·ko·lo·gin** <f.; -, -n·nen; Med.>; **gy·nä·ko·lo·gisch** <Adj.; Med.>
Gyn'an·der, <auch> **Gy'nan·der** <m.; -s, -; ⚡Z54> *Individuum, das Gynandrie aufweist* [grch.]; **Gyn·an'drie,** <auch> **Gy·nand·'rie** <f.; -; unz.; ⚡Z53; Med.> *Nebeneinander von männl. u. weibl. Merkmalen bei einem Individuum*
Gy·nä'ze·um <n.; -s, -'ze·en; Bot.> *Gesamtheit der weibl. Blütenorgane* [grch.]
Gy·ro·man'tie <f.; -, -n> = *Hieromantie*
'Gy·ros <n.; -, -; grch. Kochk.> *Gericht mit am Drehspieß gegrilltem Fleisch* [grch.]
Gy·ro'skop, <auch> **Gy·ros'kop** <n.; -s, -e; ⚡Z54; Phys.> *Kreisel zum Nachweis der Rotation der Erde*

H

h 1 <n.; -, - od. (umg.) -s> *ein Buchstabe* 2 <meist hochgestellt; Zeichen für> *hora;* wir trafen uns um 15^h *um 15 Uhr* 3 <vor Maßeinheiten Zeichen für> *Hekto...* 4 <Phys.; Zeichen für> *plancksches Wirkungsquantum* 5 <Mus.> *Tonbez.* 6 <Mus.; Abk. für> *h-Moll* (Tonartbez.)

H 1 <n.; -, - od. (umg.) -s> *ein Buchstabe* 2 <Chem.; Zeichen für> *Wasserstoff* 3 <Phys.; Zeichen für> *Henry* 4 <Mus.> *Tonbez.* 5 <Mus.; Abk. für> *H-Dur* (Tonartbez.)

ha <Abk. für> *Hektar*

Ha <Chem.; Zeichen für> *Hahnium*

Haar <n.; -(e)s, -e> 1 *fadenförmiges Gebilde auf der Haut von Menschen u. vielen Tieren;* sich in den ~en liegen <fig.> *sich streiten;* ~e spalten <fig.> *sich wegen unwesentlicher Kleinigkeiten streiten;* um ein ~ wäre es passiert <fig.> *beinahe;* er ist um kein ~ besser als sie <fig.> 2 <unz.> *Gesamtheit der Kopfhaare;* das ~ kurz tragen; **'Haar·an·satz** <m.; -es, -e> **'Haar·aus·fall** <m.; -(e)s; Bot.> *eine* **'Haar·band** <n.; -(e)s, -er> **'Haar·breit** <nur in der Wendung> um kein ~ *kein bisschen;* **'haa·ren** <V. i./V. refl.> *Haare verlieren;* der Hund haart (sich); **'Haar·ent·fer·ner** <m.; -s, -> **'Haar·ent·fer·nungs·mit·tel** <n.; -s, -> **'Haar·er·satz** <m.; -es unz.> **'Haa·res·brei·te** <nur in der Wendung> um ~; er entging um ~ einem Anschlag; **'Haar·far·be** <f.; -, -n> **'Haar·farn** <m.; -(e)s; Bot.> *eine Farnart;* **'Haar·fa·ser** <f.; -, -n> **'haar'fein** <Adj.> **'Haar·fes·ti·ger** <m.; -s, -> **'Haar·garn** <n.; -(e)s, -e> *Teppichgarn aus Tierhaaren u. (Baum-)Wolle;* **'Haar-**

ge·fäß <n.; -es, -e> *feinstes Blutgefäß;* **'haar·ge'nau** <Adj.; umg.> *sehr genau;* **'haa·rig** <Adj.> 1 *voller Haare, dicht behaart* 2 <fig.; umg.> *heikel;* eine ~e Angelegenheit; **...haa·rig** <in Zus.> z. B. rothaarig; **'Haar·kamm** <m.; -(e)s, -e> **'Haar·klam·mer** <f.; -, -n> **'Haar·kleid** <n.; -(e)s, -er; geh.> *Fell;* **'haar'klein** <Adv.> etwas ~ berichten *ganz genau u. ausführlich;* **'Haar·kranz** <m.; -es, -e>; **'Haar·lack** <m.; -(e)s, -e> **'haar·los** <Adj.> **'Haar·na·del** <f.; -, -n> **'Haar·na·del·kur·ve** <f.; -, -n> *sehr spitze Kurve (bes. an Passstraßen);* **'Haar·netz** <n.; -es, -e> **'Haar·pfle·ge** <f.; -; unz.> **'Haar·riss** <m.; -es, -e> *kaum erkennbarer Riss;* **'Haar·röhr·chen** <n.; -s, -> *sehr enger Hohlraum;* **'haar'scharf** <Adj.> 1 *ganz nahe;* er fuhr ~ an mir vorbei 2 *sehr genau;* das hast du ~ erkannt; **'Haar·sche·re** <f.; -, -n>; **'Haar·schlei·fe** <f.; -, -n>; **'Haar·schmuck** <m.; -(e)s unz.>; **'Haar·schnei·der** <m.; -s, -> *Friseur;* **'Haar·schnei·de·rin** <f.; -, -n·nen>; **'Haar·schnitt** <m.; -(e)s, -e>; **'Haar·sieb** <n.; -(e)s, -e> *sehr feines Sieb;* **'Haar·spal·ter** <m.; -s, -; fig.>; **Haar·spal·te'rei** <f.; -, -en; fig.> *Spitzfindigkeit, Wortklauberei;* **'Haar·spal·te·rin** <f.; -, -n·nen>; **'haar·spal·te·risch** <Adj.>; **'Haar·span·ge** <f.; -, -n>; **'Haar·spray** <[-∫pre:]; n.; -s, -s>; **'Haar·sträh·ne** <f.; -, -n>; **'haar·sträu·bend** <Adj.; umg.> *grauenhaft, schrecklich;* **'Haar·teil** <n.; -(e)s, -e> **'Haar·tol·le** <f.; -, -n> *Haarlocke;* **'Haar·tracht** <f.; -, -en>; **'Haar·wasch·mit·tel** <n.; -s, -> *Shampoo;* **'Haar·was·ser** <n.; -s, ->; **'Haar·wech·sel** <[-ks-]; m.; -s, -; bei Tieren>; **'Haar·wild** <n.; -(e)s; unz.; Sammelbez. für> *alle jagdbaren Säugetiere;* **'Haar·wuchs** <[-ks]; m.; -es; unz.> **'Haar·wuchs·mit·tel** <n.; -s, ->

Hab <nur in der Wendung> ~ u. Gut *Besitz*

Ha·ba'ne·ra <f.; -, -s> *ein kubanischer Tanz* [nach der kuban. Stadt *Habana*]

'Ha·be <f.; -; unz.; geh.> *Besitz*

Ha·be·as'kor·pus·ak·te <f.; -; unz.> *engl. Verfassungsgesetz zum Schutz der persönl. Freiheit* [lat.]

'ha·ben <V. 159> 1 <V. t.> *(als Eigenschaft) besitzen;* Geld, Mut, Recht ~; was fehlt dir?; wie gehabt <umg.> *so wie immer;* damit hat es sich *das ist alles;* damit hat es nichts auf sich *das bedeutet nichts Besonderes;* habt Acht auf der Straße!; <aber> Habt Acht (rufen) (milit. Kommando); Gott hab ihn selig! 2 <Hilfsverb zur Bildung des Perfekts von Verben> wir ~ gelesen; das hättest du gleich sagen können; **'Ha·ben** <n.; -s; unz.; Kaufmannsspr.> 1 *Gesamtheit der Einnahmen, Guthaben* 2 *die rechte Seite im Buchführungskonto;* Soll u. ~; **'Ha·be·nichts** <m.; -, -e; umg.; abwertend> *mittelloser Mensch;* **'Ha·ben·sei·te** <f.; -, -n; Kaufmannsspr.> Ggs *Sollseite;* **'Ha·ben·zin·sen** <Pl.> Ggs *Sollzinsen*

'Ha·ber <m.; -s; unz.; süddt.; österr.; schweiz.; umg.> = *Hafer*

'Ha·be·rer <m.; -s, -; österr.> *Freund, Liebhaber*

'Ha·ber·geiß <f.; -, -en; bair.; österr.> *eine Spukgestalt*

'ha·bern <V. i. u. V. t.; hab(e)re; österr.; umg.> *essen*

'Hab·gier <f.; -; unz.; abwertend> *übertriebenes Streben nach Besitz;* **'hab·gie·rig** <Adj.; abwertend> **'hab·haft** <Adv.; geh.> einer Person od. Sache ~ werden *sie (unter Mühen) erwischen*

'Ha·bicht <m.; -(e)s, -e; Zool.> *ein Greifvogel;* **'Ha·bichts·kraut** <n.; -(e)s, -er; Bot.> **'Ha·bichts·na·se** <f.; -, -n> *stark gebogene Nase*

ha'bil <Adj.; veralt.> *fähig, flink, gewandt* [lat.]; **ha'bil.** <Abk. für> *habilitatus (habilitiert);* **Ha·bi·li'tand** <m.; -en, -en> *jmd., der im Begriff ist, sich zu habilitieren;* **Ha·bi·li'tan·din** <f.; -, -n·nen>; **Ha·bi·li·ta·ti'on** <f.; -, -en> *Erwerb der Lehrbefugnis an Hochschulen;* **Ha·bi·li·ta·ti'ons·schrift** <f.; -, -en>; **ha·bi·li'tie·ren** <V. t.> 1 jmdn. ~ *jmdm. die Lehrberechtigung an Hochschulen erteilen* 2 <V. refl.> sich

~ die Lehrberechtigung an Hochschulen erlangen

'**Ha·bit**¹ <n. od. m.; -s, -e> Amts-, Ordenstracht [frz.]

Ha·bit² <['hæbɪt]; n. od. m.; -s, -s; Psych.> Gewohnheit, erworbene Fähigkeit [engl.]

Ha·bi·tat <n.; -s, -e; Biol.> Lebensraum einer Tierart [lat.]; **ha·bi·tu·a·li'sie·ren** <V. i. (s. u. h.); Psych.> als Gewohnheit ausbilden, zur G. machen; **Ha·bi·tu·a·li'sie·rung** <f.; -, -en>; **Ha·bi·tu·a·ti'on** <f.; -, -en; Psych.> Gewöhnung; **ha·bi·tu'ell** <Adj.> gewohnheitsmäßig, häufig; '**Ha·bi·tus** <m.; -; unz.> 1 Erscheinungsbild, Gebaren einer Person 2 Gesamtheit der äußerl. erkennbaren Merkmale eines Minerals, Tieres od. einer Pflanze

'**Hab·se·lig·keit** <f.; -, -en; meist Pl.> (wertloser) Besitz; '**Hab·sucht** <f.; -; unz.> = Habgier; '**hab·süch·tig** <Adj.>

Habt'acht·stel·lung, <auch> **Habt'Acht-Stel·lung** <f.; -; unz.; ⬈Z33; österr.> straffe militär. Haltung

Há·ček <['ha:tʃɛk]; n.; -s, -s; Zeichen: ˇ> Aussprachezeichen (bes. in slaw. Sprachen, z. B. č [tʃ], š [ʃ]), z [ʒ]); oV Hatschek [tschech.]

Ha·ché <[-'ʃe:]; n.; -s, -s> = Haschee [frz.]

'**Hach·se** <[-ks-]; f.; -, -n> unterer Teil des Beines von Schwein od. Kalb; Kalbs~; oV Haxe

Ha·ci·en·da <[asi'ɛnda] od. [aθ-]; f.; -, -s> = Hazienda

Hack <n.; -s; unz.; bes. norddt.; kurz für> Hackfleisch; Rinder~; '**Hack·bank** <f.; -, ⁓e>; '**Hack·bau** <m.; -(e)s; unz.> Bodenarbeitung mit der Hacke; '**Hack·beil** <n.; -(e)s, -e>; '**Hack·block** <m.; -(e)s, ⁓e>; '**Hack·bra·ten** <m.; -s, ->; '**Hack·brett** <n.; -(e)s, -er> 1 Hackbank für Fleischer 2 <Instrumentenk.> ein Saiteninstrument; '**Ha·cke**¹ <f.; -, -n> ein Werkzeug; '**Ha·cke**² <f.; -, -n> oV Hacken 1 Ferse 2 Schuhabsatz; sich die ~n nach etwas ablaufen <umg.>; '**Ha·cke·beil** <n.; -(e)s, -e>; '**ha·cken** <V. t.> 1 (mit dem Beil od. Messer) spalten, zerkleinern; Holz, Kräuter ~ 2 Erde ~ mit der Ha-

cke¹ lockern; '**Ha·cken** <m.; -s, -> = Hacke²; '**Ha·cke·pe·ter** <m.; -s; unz.; umg.> gewürztes rohes Hackfleisch

Ha·cker <['hækə(r)]; m.; -s, -> jmd., der unerlaubt in fremde Computersysteme eindringt [engl.]; '**Ha·cke·rin** <f.; -, -n·nen>

'**Hack·fleisch** <n.; -(e)s; unz.>; '**Hack·frucht** <f.; -, ⁓e; meist Pl.> Ackerfrucht (z. B. Kartoffeln, Rüben), die zur Pflege behackt werden muss; '**Hack·klotz** <m.; -es, ⁓e>; '**Hack·mes·ser** <n.; -s, ->; '**Hack·ord·nung** <f.; -, -en> soziale Rangordnung (im Tierreich)

'**Häck·sel** <n.; -s; unz.> klein geschnittenes Stroh (als Streu od. Viehfutter); '**Häck·sel·ma·schi·ne** <f.; -, -n>; '**häck·seln** <V. t.; ich häcks(e)le> Stroh ~ mithilfe einer Maschine zerkleinern; '**Häcks·ler** <m.; -s, -> Häckselmaschine

'**Hack·steak** <[-ste:k]; n.; -s, -s>

Haddsch <m.; -; unz.> = Hadsch; '**Hadd·schi** <m.; -s, -s> = Hadschi

'**Ha·der** <m.; -s; unz.> Streit, Zank; '**Ha·der·lump** <m.; -en, -en; oberdt.> Taugenichts; '**ha·dern** <V. i.; ich had(e)re; geh.> 1 mit jmdm. ~ streiten, jmdn. anklagen; mit Gott ~ 2 mit seinem Schicksal ~ <fig.>; '**Ha·dern** <m.; -s, -> Lumpen, Fetzen

'**Ha·des** <m.; -; unz.; grch. Myth.> Totenreich, Unterwelt [grch.]

Ha'dith <m. od. n.; -, -e> Sammlung religiös-moralischer Vorschriften für Muslime [arab.]

Hadsch <m.; -; unz.> Pilgerfahrt nach Mekka [arab.]; '**Had·schi** <m.; -s, -s> 1 muslim. Mekkapilger 2 <a.> christl. Jerusalempilger

Haem·oc'cult-Test, <auch> **Haemoc'cult-Test** <[hɛm-]; m.; -(e)s, -s od. -e; ⬈Z54; Med.> Warenz.> Test zur Krebsvorsorgeuntersuchung

'**Ha·fen**¹ <m.; -s, ⁓> 1 geschützter Anlegeplatz für Schiffe 2 <unz.; fig.> Schutz, Geborgenheit; im sicheren ~ gelandet sein

'**Ha·fen**² <m.; -s, ⁓; süddt.; österr.; schweiz.> Gefäß, Topf; '**Hä·fen**

<m. od. n.; -s, -; österr.; umg.> 1 Gefäß, Topf 2 Gefängnis

'**Ha·fen·amt** <n.; -(e)s, ⁓er>; '**Ha·fen·ar·bei·ter** <m.; -s, ->; '**Ha·fen·be·hör·de** <f.; -, -n>, '**Ha·fen·ge·bühr** <f.; -, -en>; '**Ha·fen·geld** <n.; -(e)s, -er>; '**Ha·fen·po·li·zei** <f.; -; unz.>; '**Ha·fen·rund·fahrt** <f.; -, -en>; '**Ha·fen·stadt** <f.; -, ⁓e>; '**Ha·fen·vier·tel** <n.; -s, ->

'**Ha·fer** <m.; -s, - (Pl. selten)> eine Getreideart; '**Ha·fer·flo·cken** <Pl.>; '**Ha·fer·grüt·ze** <f.; -; unz.>; '**Ha·ferl**, '**Hä·ferl** <n.; -s, -n; österr.> größeres Trinkgefäß; Kaffee~; '**Ha·ferl·schuh** <m.; -(e)s, -e; bair.; österr.> ein Trachtenhalbschuh; '**Ha·fer·schleim** <m.; -(e)s; unz.> aus Haferflocken gekochter Brei; '**Ha·fer·schrot** <m.; -(e)s; unz.>

Haff <n.; -s, -s> durch eine Nehrung vom offenen Meer abgetrennte Küstenbucht

'**Haf·lin·ger** <m.; -s, -; Zool.> eine Pferderasse

Haf·ne'rei <f.; -, -en> 1 Töpferei 2 Ofensetzgeschäft; '**Haf·ner**, '**Häf·ner** <m.; -s, -; süddt.; österr.> 1 Töpfer 2 Ofensetzer

'**Haf·ni·um** <n.; -s; unz.; Chem.; Zeichen: Hf> chem. Element, Metall

...**haft** <Adj.; in Zus.> eine best. Eigenschaft aufweisend, ...artig; z. B. krankhaft; tugendhaft

Haft <f.; -; unz.> polizeil. Gewahrsam; '**Haft·an·stalt** <f.; -, -en>; '**Haft·aus·set·zung** <f.; -; unz.> Unterbrechung der Haft; '**haft·bar** <Adj.; nur in den Wendungen> 1 für etwas ~ sein verantwortlich 2 jmdn. für etwas ~ machen zur Verantwortung ziehen; '**Haft·bar·keit** <f.; -; unz.> Schadenersatzpflicht; '**Haft·bar·ma·chung** <f.; -; unz.>; '**Haft·be·din·gun·gen** <Pl.>; '**Haft·be·fehl** <m.; -(e)s, -e> ~ gegen jmdn. erlassen; '**Haft·be·schwer·de** <f.; -, -n>; '**Haf·tel** <n.; -s, -n> = Heftel; '**häf·teln** <V. t.; ich häft(e)le> = hefteln; '**haf·ten** <V. i.> 1 <⬈Z23> kleben, fest sitzen; das Pflaster haftet gut; das wird im Gedächtnis ~ bleiben; es ist nicht ~ geblieben 2 für etwas od. jmdn. ~ bürgen, verantwortlich sein; für

H

Garderobe wird nicht gehaftet; **'Haft·ent·las·sung** <f.; -, -en> **'Haft·ent·schä·di·gung** <f.; -, -en>; **'haft·fä·hig** <Adj.> Ggs *haftunfähig*; **'Haft·fä·hig·keit** <f.; -; unz.>; **'Häft·ling** <m.; -s, -e> *jmd., der sich in Haft befindet*; **'Haft·pflicht** <f.; -; unz.; Rechtsw.>; **'haft·pflich·tig** <Adj.>; **'haft·pflicht·ver·si·chert** <Adj.>; **'Haft·pflicht·ver·si·che·rung** <f.; -, -en>; **'Haft·rei·fen** <m.; -s, -; meist Pl.>; **'Haft·rich·ter** <m.; -s, ->; **'Haft·rich·te·rin** <f.; -, -n·nen>; **'Haft·scha·len** <Pl.> = *Kontaktlinsen*; **'Haft·stra·fe** <f.; -, -n>; **'haft·un·fä·hig** <Adj.> Ggs *haftfähig*; **'Haft·un·fä·hig·keit** <f.; -; unz.>; **'Haf·tung** <f.; -; unz.> *Verpflichtung, für etwas zu haften*; → a. *Gesellschaft(5)*; **'Haf·tungs·scha·den** <m.; -s, =>; **'Haft·ur·laub** <m.; -(e)s, -e>; **'Haft·ze·her** <m.; -s, -; Zool.> = *Gecko*

Hag <m.; -(e)s, -e od. (schweiz.) =e; veralt.; geh.> 1 *Hecke, Zaun (als Einfriedung)* 2 *umgrenztes Waldgrundstück, Hain*; **'Ha·ge·bu·che** <f.; -, -n; Bot.> = *Hainbuche*; **'Ha·ge·but·te** <a. [--'--]; f.; -, -n; Bot.> *Scheinfrucht der wilden Rose*; **'Ha·ge·dorn** <m.; -(e)s, -e; Bot.> = *Weißdorn*

'Ha·gel <m.; -s; unz.> *Niederschlag in Form von Eisstückchen*; **'ha·gel·dicht** <Adj.>; **'Ha·gel·korn** <n.; -(e)s, =er>; **'ha·geln** <V. i.; unpersönl.> es *hagelt es fällt Hagel*; **'Ha·gel·scha·den** <m.; -s, =>; **'Ha·gel·schau·er** <m.; -s, ->; **'Ha·gel·schlag** <m.; -(e)s, =e>; **'Ha·gel·ver·si·che·rung** <f.; -, -en>; **'Ha·gel·zu·cker** <m.; -s; unz.> *grobkörniger Zucker*

'ha·ger <Adj.> *mager, knochig*; ~e *Gestalt*; **'Ha·ger·keit** <f.; -; unz.>

'Ha·ge·stolz <m.; -es, -e; veralt.> *älterer, wunderl. Junggeselle*

Hag·ga'da(h) <f.; -, -doth; im Talmud> *erbaulich-belehrende Erzählung biblischer Stoffe* [hebr.]

Ha·gi·o'graf <m.; -en, -en; ↗Z 11.3> = *Hagiograph*; **Ha·gi·o·gra'fie** <f.; -, -n>; **Ha·gi·o·gra·fin** <f.; -, -n·nen>; **ha·gi·o'gra·fisch** <Adj.>; **Ha·gi·o'graph** <m.; -en, -en> *Verfasser von Le-*

bensbeschreibungen Heiliger [grch.]; **Ha·gi·o·gra'phie** <f.; -, -n> *Lebensbeschreibung von Heiligen*; **Ha·gi·o'gra·phin** <f.; -, -n·nen>; **ha·gi·o'gra·phisch** <Adj.>; **Ha·gi·o·la'trie,** <auch> **Ha·gi·o·lat'rie** <f.; -; unz.; ↗Z 53> *Heiligenverehrung*; **Ha·gi·o·lo'gie** <f.; -; unz.> *Wissenschaft vom Leben u. Wirken der Heiligen*; **ha·gi·o'lo·gisch** <Adj.>

ha'ha <Int.> *Ausruf des Lachens u. der Schadenfreude*

'Hä·her <m.; -s, -; Zool.> *ein Vogel*

Hahn <m.; -(e)s, =e> 1 <Zool.> *männl. Hühnervogel*; *danach kräht kein ~* <fig.> *dafür interessiert sich niemand* 2 <Pl. a. -en; Tech.> *Vorrichtung zum Sperren u. Öffnen von Rohrleitungen*; Gas.>; **'Hähn·chen** <n.; -s, -; Verkleinerungsf. von *Hahn*, **'Hah·nen·bal·ken** <m.; -s, -; Bauw.> *oberster Querriegel im Sparrendach*; **'Hah·nen·fe·der** <f.; -, -n>; **'Hah·nen·fuß** <m.; -es, =e; Pl. selten; Bot.> *eine Wiesenblume*; **'Hah·nen·kamm** <m.; -(e)s, =e> 1 *Kopfputz des Hahns* 2 <Bot.> *eine Zierpflanze*; **'Hah·nen·kampf** <m.; -(e)s, =e>; **'Hah·nen·schrei** <m.; -(e)s, -e>; **'Hah·nen·tritt** <m.; -(e)s, -e> 1 *Keimscheibe des Hühnereis* 2 *fehlerhaftes Hochheben des Hinterbeines (beim Pferd)* 3 *ein Stoffmuster*

'Hah·ni·um <n.; -s; unz.; Chem.; Zeichen: Ha; nichtamtl. Bez.> *chem. Element* [nach dem Physiker Otto *Hahn*]

'Hahn·rei <m.; -s, -e; veralt.> *betrogener Ehemann*

Hai, 'Hai·fisch <m.; -(e)s, -e; Zool.> *ein Raubfisch* [ndrl.]

'Hai·ku <n.; - od. -s, -s> *dreizeilige, aus 17 Silben bestehende jap. Gedichtform* [jap.]

'Hai·mons·kin·der <Pl.; fig.> *treue Geschwister, Freunde* [nach den Kindern des Grafen *Haimon* in der karoling. Sage]

Hain <m.; -(e)s, -e; geh.> *kleiner, lichter Wald*; <aber> → *Hein*; **'Hain·bu·che** <f.; -, -n; Bot.> *ein Baum*

Hair·sty·ling <['hε:rstailɪŋ]; n.; -s; unz.> *Frisierkunst* [engl.]; **'Hair-**

sty·list <m.; -en, -en>; **'Hair·sty·lis·tin** <f.; -, -n·nen>

Ha'i·ti *Staat in Mittelamerika*; Republik <; **Ha·i·ti'a·ner** <m.; -s, ->; **Ha·i·ti'a·ne·rin** <f.; -, -n·nen>; **ha·i·ti'a·nisch; ha'i·tisch** <Adj.>

'Häk·chen <n.; -s, -; Verkleinerungsf. von *Haken*; **Hä·ke'lei** <f.; -, -en> *Häkelarbeit*; **'ha·keln** <V.; ich hak(e)le> 1 <V. t. u. V. i.; Sp., bes. Ringen> *ein Bein um das Bein des Gegners klemmen* 2 <V. refl.> *sich im Scherz streiten*; *müsst ihr euch immer ~?*; **'hä·keln** <V. i. u. V. t.; ich häk(e)le> *mit einer Häkelnadel eine Handarbeit aus Garn anfertigen*; **'Hä·kel·na·del** <f.; -, -n>; **'ha·ken** <V.> 1 <V. t.> *mit einem Haken befestigen*; *das Seil an den Gürtel ~* 2 <V. i.> *festhängen, klemmen*; *der Reißverschluss hakt*; **'Ha·ken** <m.; -s, -> 1 *gebogenes Metallstück*; *Angel~; Kleider~* 2 <fig.> *Schwierigkeit, (verborgenes) Problem*; *die Sache hat einen ~* 3 <fig.> *einen ~ schlagen (vom Hasen)*; **'ha·ken·för·mig** <Adj.>; **'Ha·ken·kreuz** <n.; -es, -e> 1 *in verschiedenen Kulturen vorkommendes Symbol* 2 *Kampfabzeichen im Nationalsozialismus*; **'Ha·ken·na·se** <f.; -, -n>; **'ha·kig** <Adj.> *hakenförmig*

'Ha·kim <m.; -s, -s; im Nahen Osten Bez. für> *Arzt, Gelehrter* [arab.]

Ha·la'li <a. [-'--]; n.; -s, -s> *ein Jagdruf*; *~ blasen* [frz.]

halb <Adj.> 1 *die Hälfte von*; *eine u. eine ~e Stunde*; *alle ~e(n) Stunden*; *alle, jede ~e Stunde*; *es ist, schlägt ~ drei (Uhr)*; *der Zeiger steht auf ~*; *~e-~e machen* <umg.> *(den Gewinn) gerecht auf zwei verteilen*; *ein ~(es) Dutzend*; *ein ~es Dutzend Mal*; *ein ~es Hundert Mal*; *das ist nichts Halbes u. nichts Ganzes*; *eine Halbe* <bair. für> *eine halbe Maß (Bier)* 2 <Getrenntschreibung mit Adjektiven, wenn "halb" im Sinne von* zur Hälfte *gebraucht wird:> ~ lachend, ~ weinend lachend u. weinend zugleich*; *~ bekleidet*; *~ durchlässige Membran*; *ein ~ durchsichtiges Kleid*; *~ erblin-*

det sein; ich war ~ erfroren; die Kinder sind schon ~ erwachsen; das Eis ist noch ~ flüssig; ~ gezähmte Tiere; ~ krank vor Sehnsucht; ein ~ leeres Glas; sie war ~ nackt; ein ~ offenes Tor; ~ sitzend, ~ liegend; er ist schon ~ taub; er war ~ tot vor Angst; sich ~ totlachen; jmdn. ~ totschlagen; ~ verdaute Speisen; ~ verhungert sein; ~ verwelkte Blumen; ein ~ volles Glas; ein ~ vollendetes Werk; sie war bereits ~ wach; <in Zweifelsfällen ist Getrennt- und Zusammenschreibung möglich> die Arbeit ist erst ~ fertig; <aber> eine halbfertige Arbeit *eine nicht abgeschlossene A.* **3** *nur einen Teil von etwas ausmachend, abgeschwächt;* mit ~er Kraft; nur mit ~em Ohr zuhören *unaufmerksam;* er ist noch ein ~es Kind *noch nicht erwachsen;* ohne seine Frau ist er nur ein ~er Mensch <umg.; scherzh.> **4** <Zusammenschr. mit Adjektiven, wenn es der Bedeutungsabschwächung dient> halbbittere Schokolade *nicht sehr bittere S.;* die Schale ist halbrund *nicht ganz rund;* <aber> die Ornamente sind ~ rund u. ~ spitz *zur Hälfte rund, zur Hälfte spitz;* **halb...** <in Zus. zur Bedeutungsabschwächung des Adjektivs od. Adverbs> z. B. halbbitter, halbherzig; → a. *halb(4);* '**Halb·af·fe** <m.; -n, -n>; '**halb·amt·lich** <Adj.> eine ~e Nachricht; <aber> ein halb amtliches, halb persönliches Schreiben; → a. *halb;* '**halb·au·to·ma·tisch** <Adj.> ~e Fertigung; '**halb·bat·zig** <Adj.; schweiz.> *halbherzig (durchgeführt), unzulänglich;* '**Halb·bild** <n.; -(e)s, -er; Fot.> *Porträtaufnahme;* '**Halb·bil·dung** <f.; -; unz.>; '**halb·bit·ter** <Adj.> *nicht besonders bitter;* → a. *halb;* '**halb·blind** <Adj.> er ist ~ *er sieht sehr schlecht;* <aber> er ist bereits halb blind *zur Hälfte erblindet;* → a. *halb;* '**Halb·blut** <n.; -(e)s; unz.; Zool.> *ein Mischlingspferd;* '**Halb·blü·ter** <m.; -s, -> = *Halbblut;* '**Halb·bru·der** <m.; -s, ⁻>; '**halb·bür·tig** <Adj.> *nur einen Elternteil*

gemeinsam habend; '**Halb·dre·hung** <f.; -, -en>; '**halb·dun·kel** <Adj.> eine halbdunkle Hautfarbe; <aber> der Raum war halb dunkel, halb hell *teils – teils;* → a. *halb,* '**Halb·dun·kel** <n.; -s; unz.> *Dämmerlicht, Zwielicht;* '**Hal·be(r, -s)** <f. 2 (m. 1; n. 3); bair.> eine ~, ein -r, ein ~s *ein halber Liter Bier;* '**Halb·e·del·stein** <m.; -(e)s, -e; ↗Z55; veralt. für> *Schmuckstein;* '**hal·be-'hal·be** <Adv.; umg.> (mit jmdm.) ~ machen *teilen* '**hal·ber** <Präp.; m. Gen.; nachgestellt> *wegen, um ...;* der Bequemlichkeit ~; **...hal·ber** <in Zus.> *wegen;* z. B. krankheitshalber; umständehalber '**Halb·fa·bri·kat,** <auch> '**Halb·fab·ri·kat** <n.; -(e)s, -e; ↗Z53> Ggs *Fertigfabrikat;* '**halb·fer·tig** <Adj.> ~e Produkte; <aber> die Arbeit ist erst halb fertig; → a. *halb;* '**halb·fest** <Adj.> ~e/<auch> halb feste Bestandteile; '**halb·fett** <Adj.> *nicht mager, aber auch nicht fett;* ~e Buchstaben <Typ.>; <aber> der Text war halb fett, halb mager gedruckt *teils – teils;* ~er Käse; → a. *halb;* '**Halb·fi·na·le** <n.; -s, -; Sp.> *Vorschlussrunde;* '**halb·flä·chig** <Adj.; Kristallogr.>; '**Halb·flüg·ler** <m.; -s, -; Zool.> = *Wanze;* '**Halb·franz** <n.; -; unz.; Buchw.> *Halbleder;* '**Halb·franz·band** <m.; -(e)s, ⁻e; Buchw.>; '**halb·gar** <Adj.> ~es/ <auch> halb gares Gemüse; '**halb·ge·bil·det** <Adj.; abwertend> → a. *halb;* '**Halb·ge·fro·re·ne(s)** <n. 3> *Speise aus nicht ganz gefrorenem Eis u. Sahne;* '**Halb·ge·schoss** <n.; -es, -e> *Zwischenetage;* '**Halb·ge·schwis·ter** <Pl.>; '**Halb·glat·ze** <f.; -, -n>; '**Halb·gott** <m.; -(e)s, ⁻er> *in Weiß* <fig.; umg.; abwertend> *selbstherrlicher Arzt;* '**Halb·heit** <f.; -, -en> *Unvollkommenes;* sich nicht mit ~en zufrieden geben; '**halb·her·zig** <Adj.> *nicht mit voller Überzeugung;* '**halb·hoch** <Adj.> eine halbhohe Hecke; '**hal·bie·ren** <V. t.> *in zwei gleich große Teile teilen;* '**Hal·bie·rung** <f.; -, -en>; '**Halb·in·sel** <f.; -, -n>; '**Halb·jahr** <n.; -(e)s, -e>; '**halb·jäh·rig**

<Adj.> ein ~es Kind *ein K. mit sechs Monaten;* '**halb·jähr·lich** <Adj.> *alle sechs Monate;* die Zeitschrift erscheint ~; '**Halb·kreis** <m.; -es, -e> sich im ~ aufstellen; '**Halb·kris·tall** <n.; -s, -e> *billiger Ersatz für Bleikristall;* '**Halb·ku·gel** <f.; -, -n>; '**halb·lang** <Adj.> ein ~es Kleid *ein nicht ganz zum Boden reichendes K.;* <aber> die Damen trugen die Kleider halb lang, halb kurz *ein Teil trug lange, ein Teil kurze K.;* nun mach (es) mal ~! <fig.; umg.> *übertreibe nicht!;* → a. *halb;* '**halb·laut** <Adj.> *nicht besonders laut;* <aber> sie sagte es halb laut, halb leise *teils – teils;* → a. *halb;* '**Halb·le·der** <n.; -s, -; Buchw.>; '**Halb·le·der·band** <m.; -(e)s, ⁻e; Buchw.>; '**halb·lei·nen** <Adj.> *nicht aus reinem Leinen bestehend;* <aber> ein halb leinenes, halb wollenes Kostüm; → a. *halb;* '**Halb·lei·nen** <n.; -s; unz.> *Mischgewebe aus Leinen u. Baumwolle;* '**Halb·lei·nen·band** <m.; -(e)s, ⁻e; Buchw.>; '**Halb·lei·ter** <m.; -s, -; El.> *Festkörper, der bei tiefer Temperatur isoliert, bei hoher leitet;* '**Halb·lei·ter·tech·nik** <f.; -; unz.>; '**Halb·licht** <n.; -(e)s; unz.; poet.> = *Halbdunkel;* '**halb·links** <Adj.; adv.> halten Sie sich ~/<auch> halb links; → a. *halb(1, 2);* '**Halb·links** <m.; -, -; Fußb.> *Stürmer zw. Linksaußen u. Mittelstürmer;* '**halb·mast** <Adv.> die Flagge steht auf ~ *ist (zum Zeichen der Trauer) nur auf halbe Masthöhe gezogen;* Ggs *vollmast;* '**halb·matt** <Adj.; Fot.> ~es Papier; → a. *halb;* '**Halb·mes·ser** <m.; -s, -; Geom.; Zeichen:* r> *der halbe Durchmesser,* '**Halb·me·tall** <n.; -(e)s, -e> *chem. Element mit teils metallischen, teils nichtmetallischen Eigenschaften;* '**Halb·'mo·nats·schrift** <f.; -, -en>; '**Halb·mond** <m.; -(e)s, -e>; '**halb·mond·för·mig** <Adj.>; '**halb·of·fi·zi·ell** <Adj.> eine ~e Meldung; <aber> eine halb offizielle, halb vertrauliche Mitteilung; '**Halb·part** <Adv.> *zu gleichen Teilen* [lat.]; '**Halb·pen·si·on** <[-pã-] od. [-pɛn-]; f.; -;

unz.> *Unterkunft mit Frühstück u. Mittag- od. Abendessen;* **'Halb·pro·dukt** <n.; -(e)s, -e> = *Halbfabrikat;* **halb'rechts** <Adj.; adv.> halten Sie sich ~/<auch> halb rechts!; → a. *halb;* **Halb'rechts** <m.; -, -; Fußb.> *Stürmer zw. Rechtsaußen u. Mittelstürmer;* **'halb·reif** <Adj.> ~es/<auch> halb reifes Obst; → a. *halb;* **'halb·rund** <Adj.> *halbkreisförmig;* **'Halb·rund** <n.; -(e)s; unz.> = *Halbkreis;* **'Halb·schat·ten** <m.; -s; unz.> Ggs *Kernschatten;* **'Halb·schlaf** <m.; -(e)s; unz.> im ~; **'Halb·schuh** <m.; -(e)s, -e>; **'halb·schü·rig** <Adj.> 1 *von halbjährlich geschorenen Schafen stammend* (Wolle) 2 <fig.> *minderwertig;* **'Halb·schwer·ge·wicht** <n.; -(e)s, -e; Sp.> *Körpergewichtsklasse;* **'Halb·schwer·ge·wicht·ler** <m.; -s, ->; **'Halb·schwes·ter** <f.; -, -n>; **'Halb·sei·de** <f.; -, -n> *Gewebe aus Seide u. einem anderen Material;* **'halb·sei·den** <Adj.> 1 *nicht aus reiner Seide bestehend;* ein ~es Tuch; <aber> eine halb seidene, halb wollene Bluse; → a. *halb* 2 <fig.> *wenig Vertrauen erweckend;* eine ~ Gesellschaft; **'Halb·sei·ten·läh·mung** <f.; -, -en>; **'halb·sei·tig** <Adj.> ~ gelähmt; **'halb·staat·lich** <Adj.> *mit staatlicher Beteiligung;* ein ~er Betrieb; <aber> ein halb staatlicher, halb privater Betrieb; → a. *halb;* **'halb·stark** <Adj.>; **'Halb·star·ke(r)** <m. 1; abwertend> *undisziplinierter, rüder Jugendlicher;* **'Halb·stie·fel** <m.; -s, ->; **'halb·stock** <Adv.> = *halbmast;* **'halb·stün·dig** <Adj.> *30 Minuten lang;* eine ~e Pause; **'halb·stünd·lich** <Adj.> *alle 30 Minuten;* der Zug verkehrt ~; **'halb·tä·gig** <Adj.> *einen halben Tag dauernd;* **'halb·täg·lich** <Adj.> *alle zwölf Stunden;* **'Halb·tags** <Adv.> sie arbeitet ~ *nur den halben Tag;* **'Halb·tags·ar·beit** <f.; -, -en>; **'Halb·tags·kraft** <f.; -, ⸚e>; **'Halb·teil** <n.; -(e)s, -e> = *Hälfte;* **'Halb·ton** <m.; -(e)s, ⸚e; Mus.> *kleinste Tonstufe der diaton. Tonleiter;* **'Halb·ton·schritt** <m.; -(e)s, -e; Mus.>; **'halb·tro-**

Halbvokal: Als H. bezeichnet man einen Laut, der aufgrund seiner Artikulation weder voll den ⟋Vokalen noch den ⟋Konsonanten zuzuordnen ist. Im Deutschen sind dies z. B. [j] und [w].

cken <Adj.> *nicht sehr herb* (Wein, Sekt); → a. *halb;* **'Halb·vo·kal** <[-vo-]; m.; -(e)s, -e; Phon.> → *Kasten;* **'Halb·vol·ley** <[-vɔle-]; m.; -s, -s; Tennis> = *Halfvolley;* **'Halb·wahr·heit** <f.; -, -en>; **'Halb·wai·se** <f.; -, -n>; **'halb·wegs** <Adv.> *einigermaßen;* wir hatten ~ gutes Wetter; **'Halb·welt** <f.; -; unz.> *moralisch zwielichtige Gesellschaftsschicht;* **'Halb·welt·da·me** <f.; -, -n>; **'Halb·werts·zeit** <f.; -, -en; Kernphys.> *Zeit, nach der die Hälfte einer radioaktiven Substanz zerfallen ist;* **'halb·wild** <Adj.> ~ lebende Pferde; → a. *halb;* **'Halb·wis·sen** <n.; -s; unz.; abwertend> *oberflächliches Wissen;* **'Halb·wol·le** <f.; -; unz.> **'halb·wol·len** <Adj.> *nicht aus reiner Wolle bestehend;* ein ~er Stoff; <aber> ein halb leinenes, halb wollenes Kostüm; → a. *halb;* **'halb·wüch·sig** <[-ks-]; Adj.> *noch nicht erwachsen;* **'Halb·wüch·si·ge(r)** <f. 2 (m. 1)>; **'Halb·zeit** <f.; -, -en; Sp.> *halbe Spielzeit*

'Hal·de <f.; -, -n> *Anhäufung von Schüttgütern (zur Lagerung);* Kohlen~; Schutt~

'Hal·fa <f.; -; unz.>, **'Hal·fa·gras** <n.; -es; unz.; Bot.> *Espartogras*

Half·court, <auch> **Half Court** <['ha:fkɔːt]; m.; -(s)s, -(s)s; ⟋Z30; Tennis> *Mittelfeld des Tennisplatzes* [engl.]

Half·pipe, <auch> **Half Pipe** <['ha:fpaip]; f.; -(-)-, -(-)-s; ⟋Z30; Sp.> *röhrenartige Vorrichtung zum Skate- od. Snowboardfahren* [engl.]

'Hälf·te <f.; -, -n> *einer von zwei gleichen Teilen eines Ganzen;* die größere, kleinere ~ <umg. fälschlich für> *etwas mehr bzw. weniger als die Hälfte;* meine bessere ~ <fig.; umg.; scherzh.> *meine Frau, mein Mann;* **'hälf·ten** <V. t.> = *halbieren*

'Half·ter¹ <m. od. n.; -s, - od. (ver-**

alt.) f.; -, -n> *Zaum ohne Gebiss;* ein Pferd am ~ führen **'Half·ter²** <m. od. n.; -s, - od. (veralt.) f.; -, -n> = *Pistolentasche* **'hälf·tig** <Adj.> *in zwei Hälften;* eine Summe ~ auszahlen; **'Hälf·tung** <f.; -, -en> = *Halbierung* **Half·vol·ley,** <auch> **Half Vol·ley** <['ha:fvɔle:] od. ['ha:f'vɔli]; m.; (-)-s, (-)-s; ⟋Z30; Tennis> *best. Ballschlagart* [engl.] **Ha'lit** <m.; -s, -e; Chem.> = *Halogenid;* Sy *Haloid* **Hall** <m.; -(e)s; unz.> *Nachhall, Echo* **'Hal·le** <f.; -, -n> *großer, hoher Raum, Saal;* Fabrik~; Turn~ **Hall·ef·fekt,** <auch> **Hall-Ef·fekt** <['hɔːl-]; m.; -(e)s; unz.; El.> *ein physikal. Effekt in einem stromdurchflossenen Leiter, in dem senkrecht zum Stromfluss ein magnet. Feld wirkt* [nach dem amerikan. Physiker E. H. *Hall*] **hal·le'lu·ja** <Int.> *lobet den Herrn!;* oV *alleluja;* **Hal·le'lu·ja** <n.; -s, -s> *jubelnder Gebetsruf;* oV *Alleluja* **'hal·len** <V. i.> *dröhnend od. hohl tönen, schallen* **'Hal·len·bad** <n.; -(e)s, ⸚er> Ggs *Freibad;* **'Hal·len·hand·ball** <m.; -(e)s; unz.; Sp.>; **'Hal·len·kir·che** <f.; -, -n>; **'Hal·len·sport** <m.; -(e)s, -e; Pl. selten>; **'Hal·len·ten·nis** <n.; -; unz.; Sp.>; **'Hal·len·tur·nier** <n.; -(e)s, -e> **'Hal·lig** <f.; -, -en> *flache Insel aus Marschland an der Westküste von Schleswig-Holstein;* **'Hal·lig·leu·te** <Pl.> *Bewohner einer Hallig* **'Hal·li·masch** <m.; -(e)s, -e; Bot.> *ein Pilz* **'Hall·jahr** <n.; -(e)s, -e> = *Jubeljahr* **'hal·lo** <a. [-'-]; Int.> ~/<auch> Hallo rufen, sagen; **Hal'lo** <a. ['--]; n.; -s, -s; umg.> *Lärm, freudiges Durcheinander;* er wurde mit großem ~ empfangen **Hal'lo·dri,** <auch> **Hal'lod·ri** <m.; -s, -s; ⟋Z53; bair.; österr.> *ausgelassener, leichtsinniger Mensch* **Hal·lo·ween** <[hæloʊ'wiːn]; n.; - od. -s, -s> *(bes. in den USA gefeierter) Tag vor Allerheiligen,* an dem nach Volksglauben die Geister umgehen [engl.]

'Hall·statt·kunst <f.; -; unz.> *reich verzierter Kunststil der Hallstattzeit*; **'Hall·statt·zeit** <f.; -; unz.> *erste Stufe der Eisenzeit*

Hal·lu·zi·na·ti'on <f.; -, -en> *Sinnestäuschung* [lat.]; **hal·lu·zi·na'to·risch** <Adj.>; **hal·lu·zi'nie·ren** <V. i.>; **Hal·lu·zi·no'gen** <n.; -s, -e> *Droge, die Halluzinationen hervorruft*

Halm <m.; -(e)s, -e> *Stängel der Gräser*

'Hal·ma <n.; -s; unz.> *ein Brettspiel* [grch.]

'Hälm·chen <n.; -s, -; Verkleinerungsf. von *Halm*; **'Halm·früch·te** <Pl.> *Getreide*; **'Hälm·lein** <n.; -s, -; poet.> Verkleinerungsf. von *Halm*; **'halm·wei·se** <Adj.>

'Ha·lo <m.; -s, -'lo·nen; Phys.> *Hof um eine Lichtquelle (z. B. um Sonne, Mond)* [grch.]; **'Ha·lo·ef·fekt** <m.; -(e)s; unz., Psych.> *unbewusste Beeinflussung bei der Beurteilung einer Gesamtpersönlichkeit aufgrund der Kenntnis von Einzelmerkmalen*

ha·lo'gen <Adj.; Chem.> *Salz bildend* [grch.]; **Ha·lo'gen** <n.; -s, -e> *chem. Element, das mit Metallen Salz bildet*; **Ha·lo·ge'nid** <n.; -s, -e; meist Pl.; Chem.> *Verbindung eines Halogens mit einem stärker elektropositiven chem. Element*; **ha·lo·ge'nie·ren** <V. t.; Chem.> *Salz bilden*; **Ha·lo'gen·lam·pe** <f.; -, -n>; **Ha·lo'gen·schein·wer·fer** <m.; -s, ->; **Ha·lo'id** <n.; -(e)s, -e; Chem.> = *Halogenid*; **Ha·lo'phyt** <m.; -en, -en; Bot.> = *Salzpflanze*

Hals <m.; -es, ⁻e> **1** *Verbindungsstück von Kopf u. Rumpf*; ~~ u. Beinbruch! *viel Glück!*; ~ über Kopf *überstürzt* **2** *Kehle*; *das hängt mir zum ~ heraus* <fig.; umg.> *ich habe es satt* **3** <fig.> *Flaschen~*; **'Hals·ab·schnei·der** <m.; -s, -; umg.; abwertend> *Betrüger, Wucherer*; **'Hals·ab·schnei·de·rin** <f.; -, -nen>; **'Hals·aus·schnitt** <m.; -(e)s, -e; an Kleidungsstücken>; **'Hals·band** <n.; -(e)s, ⁻er>; **'Hals·ber·ge** <f.; -, -n> *Halsschutz am Harnisch*; **'Hals·bin·de** <f.; -, -n;

früher>; **'hals·bre·che·risch** <Adj.> *tollkühn, lebensgefährlich*; **'Häls·chen** <n.; -s, -; Verkleinerungsf. von *Hals*; **'Hal·se** <f.; -, -n; Seemannsspr.> *ein Wendemanöver beim Segeln*; **'hal·sen** <V. i.; du halst; Seemannsspr.>; **'Hals·ent·zün·dung** <f.; -, -en>; **'hals·fern** <Adj.> *ein ~ er Kragen*; **'Hals·ge·richt** <n.; -(e)s, -e; MA> *Gericht für Verbrechen, die mit dem Tod geahndet wurden*; **'Hals·krau·se** <f.; -, -n> *gekräuselter od. gefältelter Kragen*; **Hals·Na·sen·'Oh·ren·Arzt** <m.; -es, -Ärzte; ⤳Z33; Med.; Kurzw.: HNO-Arzt>; **Hals·Na·sen·'Oh·ren·Ärz·tin** <f.; -, -nnen; Med.>; **Hals·Na·sen·'Oh·ren·Heil·kun·de** <f.; -; unz.; Med.; Kurzw.: HNO-Heilkunde>; **'Hals·schlag·a·der** <f.; -, -n; ⤳Z55; Anat.>; **'Hals·schmerz** <m.; -es, -en; meist Pl.>; **'Hals·schmuck** <m.; -(e)s; unz.>; **'Hals·star·re** <f.; -; unz.; Med.> *Genickstarre*; **'hals·star·rig** <Adj.; abwertend> *eigensinnig*; **'Hals·star·rig·keit** <f.; -; unz.>; **'Hals·tuch** <n.; -(e)s; ⁻er>; **'Hals- und 'Bein·bruch!** <⤳Z19.4> *(Wunsch für gutes Gelingen)* [Jägerspr.] *Halsband des Jagdhundes*; **'Hals·weh** <n.; -s; unz.> *Halsschmerz*; **'Hals·wei·te** <f.; -, -n> *Umfang des Halses*; **'Hals·wir·bel** <m.; -s, ->

halt¹ <Adv.; Partikel; süddt.> *einfach, eben, nun einmal*; *das ist ~ so*

halt² <Int.> *stehen bleiben!; aufhören!*; → a. *Halt*; **Halt** <m.; -(e)s, -e (Pl. selten)> **1** *das Anhalten*; -/<auch> *halt rufen*; -machen; *bei der nächsten Bank ~ machen wir ~; wir haben ~ gemacht; habt ihr vor, ~ zu machen?* **2** <a. fig.> *Stütze*; ~ *am Geländer suchen; er war ihr einziger ~ (im Leben)* **3** *fester Stand; den ~ verlieren*; **'halt·bar** <Adj.> *Lebensmittel ~ machen*; **'Halt·bar·keit** <f.; -; unz.>; **'Halt·bar·keits·da·tum** <n.; -s, -da·ten>; **'Hal·te·bo·gen** <m.; -s, ⁻; Mus.>; **'Hal·te·buchl** <f.; -, -en>; **'Hal·te·griff** <m.; -(e)s, -e>; **'hal·ten** <V. 160; du hältst

1 <V. t.> *etwas od. jmdn. ~ mit den Händen gefasst haben u. nicht loslassen; haltet den Dieb!; es hält dich niemand* <fig.> *du kannst gehen; es gab kein Halten mehr* **2** <V. t./V. refl.> *etwas in gleicher Weise weiterführen; sein Wort, Versprechen ~; sich an ein Versprechen ~; den Takt ~* <Mus.>; *jmdm. die Treue ~ treu bleiben; sich rechts, links ~ auf der rechten, linken Seite bleiben* **3** <V. t./V. refl.> *(sich) Tiere ~ als Haustiere haben, züchten* **4** <V. t./V. refl.> *Lebensmittel, Pflanzen ~ (sich) verderben nicht* **5** <V. t./V. refl.> *einschätzen; für wen hältst du dich eigentlich?; davon halte ich nichts* **6** <V. i.> *stehen bleiben; das Auto hält; den Zug zum Halten bringen; an sich ~ beherrscht bleiben*; **'Hal·te·platz** <m.; -es, ⁻e>; **'Hal·te·punkt** <m.; -(e)s, -e>; **'Hal·ter** <m.; -s, -> **1** *Vorrichtung, die etwas festhält; Strumpf~* **2** *Besitzer (von Haustieren, Kfz); Fahrzeug~*;

Hal·te·ren <Pl.; Zool.> *zurückgebildete Hinterflügel der Zweiflügler* [grch.]

'Hal·te·rin <f.; -, -nnen>; **'Hal·te·rung** <f.; -, -en> *Haltevorrichtung*; **'Hal·te·stel·le** <f.; -, -n>; **'Hal·te·ver·bot** <n.; -(e)s, -e>; **...hal·tig** <in Zus.; zur Bildung von Adj.> *enthaltend, z. B. fetthaltig, koffeinhaltig*; **'halt·los** <Adj.>; **'Halt·lo·sig·keit** <f.; -; unz.>; **'Halt·ma·chen** <n.; -s; unz.>; **'Hal·tung** <f.; -, -en> **1** <unz.> *Schweine~* **2** <Pl. selten> *Körperstellung* **3** <unz.> *Selbstbeherrschung, Fassung; die ~ bewahren, verlieren* **4** <Pl. selten> *Gesinnung*; **'Hal·tungs·feh·ler** <m.; -s, ->; **'Hal·tungs·no·te** <f.; -, -n; in manchen Sportarten>; **'Hal·tungs·scha·den** <m.; -s, ⁻; Med.>

Ha'lun·ke <m.; -n, -n> *Gauner, Betrüger, Schlingel* [tschech.]

'Hal·wa <n.; - od. -s; unz.> *Süßigkeit aus Sesamsamen u. Honig* [arab.]

Ha·ma'me·lis <f.; -; unz.; Bot.> *ein Zierstrauch, eine Heilpflanze; Sy Zaubernuss* [grch.]

Häm·an·gi'om, <auch> **Hä·man-**

gi'om <n.; -s, -e; ↗Z54; Med.> *gutartige Blutgefäßgeschwulst* [grch.]; **Hä·ma'tin** <n.; -s; unz.; Med.> *eisenhaltiger Bestandteil des roten Blutfarbstoffes;* **Hä·ma·tit** <m.; -(e)s, -e; Min.> *Blutstein;* **Hä·ma·to·lo'gie** <f.; -; unz.; Med.> *Lehre, Wissenschaft vom Blut;* **hä·ma·to·lo'gisch** <Adj.>; **Hä·ma'tom** <n.; -s, -e; Med.> *Bluterguss;* **Hä·ma·to·sko'pie,** <auch> **Hä·ma·tos·ko'pie** <f.; -, -n; ↗Z54; Med.> *Blutuntersuchung;* **Hä·ma·to'zyt** <m.; -en, -en> = *Hämozyt;* **Hä·mat·u'rie,** <auch> **Hä·ma·tu'rie** <f.; -, -n; ↗Z54; Med.> *Blutharnen*

Ham·burg *Bundesland der BRD u. dessen Hauptstadt;* **Ham·bur·ger¹** <m.; -s, -> *Einwohner von Hamburg;* **Ham·bur·ger²** <['hæmbə:gə(r)]; m.; -s, -od. -s> *mit einem Rinderhacksteak gefülltes Brötchen* [engl.]; **Ham·bur·ge·rin** <f.; -, -nnen>; **ham·bur·gisch** <Adj.>

Hä·me <f.; -; unz.; geh.> *Gehässigkeit, Boshaftigkeit*

Ha·men <m.; -s, -> *sackartiges Fangnetz, Kescher*

Hä'min <n.; -s, -e; Chem.> *eine chem. Verbindung* [grch.]

hä·misch <Adj.> *gehässig, schadenfroh*

Ha'mit <m.; -en, -en>, **Ha'mi·te** <m.; -n, -n> *Angehöriger einer afrikan. Völkergruppe* [nach *Ham,* einem Sohn Noahs]; **ha·'mi·tisch** <Adj.>

Ham·mel <m.; -s, -> *kastrierter Schafbock;* **'Ham·mel·bein** <nur in der umg., scherzh. Wendung> *jmdm. die ~e lang ziehen jmdn. scharf zurechtweisen;* **'Ham·mel·sprung** <m.; -(e)s; unz.; Pol.> *ein Abstimmungsverfahren im Parlament*

'Ham·mer <m.; -s, ⁻> 1 *ein Schlagwerkzeug;* Pressluft~; *das Haus kommt unter den ~* <umg.> *wird zwangsversteigert; das ist ein ~!* <fig.; umg.> *unglaublich* 2 <Sp.> *ein Wurfgerät* 3 <Anat.> *ein Gehörknöchelchen;* **'Häm·mer·chen** <n.; -s, -; Verkleinerungsf. von> *Hammer(1);* **'Häm·mer·fisch** <m.; -(e)s, -e; Zool.> *ein Hammerhai;* **'ham·mer·för·mig** <Adj.>; **'Ham·mer·hai** <m.;

-(e)s, -e; Zool.>; **'ham·mer·hart** <Adj.; umg.; verstärkend> *~es Auftreten;* **'Ham·mer·kla·vier** <[-vi:r]; n.; -s, -e; Instrumententk.> *frühe Form des Klaviers;* **'Häm·mer·lein** <n.; -s, -; poet.; Verkleinerungsf. von> *Hammer;* **'Ham·mer·me·cha·nik** <f.; -; unz.; bei Tasteninstrumenten>; **'häm·mern** <V.; ich hämm(e)re> 1 <V. i.> *mit dem Hammer arbeiten, klopfen* 2 <V. t.> *etwas ~ mit dem Hammer bearbeiten;* Blech *~* 3 <V. i.; fig.> *kurz u. heftig schlagen; das Herz hämmert;* an die Tür *~;* **'Ham·mer·wer·fen** <n.; -s; unz.; Sp.>

Ham·mond·or·gel <['hæmənd-]; f.; -, -n; Mus.> *elektrisches Tasteninstrument* [nach dem amerikan. Erfinder L. *Hammond*]

Häm·oc'cult-Test, <auch> **Hä·moc'cult-Test** <m.; -(e)s, -e od. -s; Med.> = *Haemoccult-Test* [grch.]; **Hä·mo·glo'bin** <n.; -s; unz.; Abk.: Hb> *roter Blutfarbstoff;* **Hä·mo'gramm** <n.; -s, -e; Med.> *Blutbild;* **Hä·mo·phi'lie** <f.; -; unz.; Med.> *Bluterkrankheit;* **hä·mor·rho·i'dal** <Adj.>; **Hä·mor·rho·i'de** <f.; -, -n; meist Pl.; Med.> *(leicht blutende) Krampfader im Mastdarm;* **hä·mor·ri'dal** <Adj.>; **Hä·mor'ri·de** <f.; -, -n; meist Pl.> = *Hämorrhoide,* **Hä·mo·the·ra'pie** <f.; -, -n; Med.> *Einspritzung von venösem Eigenblut;* **Hä·mo'zyt** <m.; -en, -en> *Blutkörperchen*

'Ham·pel·mann <m.; -(e)s, ⁻er> *ein Spielzeug;* **'ham·peln** <V. i.; ich hamp(e)le; umg.> *zappeln, Faxen machen*

'Hams·ter <m.; -s, -; Zool.> *ein Nagetier;* **'Hams·ter·ba·cken** <Pl.; umg.> *dicke Backen;* **'Hams·te·rer** <m.; -s, -; umg.>; **'Hams·te·rin** <f.; -, -nnen>; **'Hams·ter·kauf** <m.; -(e)s, ⁻e; umg.> *Vorratskauf für Notzeiten;* **'hams·tern** <V. i.; ich hamst(e)re> *Vorräte anhäufen (aus Furcht vor Verknappung in Notzeiten)*

Hand <f.; -, ⁻e> *unterster Teil des Armes bei Menschen u. Affen;* von langer *~ vorbereitet* <fig.>; linker/rechter *~ auf der linken/ rechten Seite; etwas bei der/zur*

~ haben in greifbarer Nähe; das habe ich nicht in der ~ <fig.> *darauf habe ich keinen Einfluss;* jmdm. in die Hände fallen *in jmds. Gewalt gelangen;* in guten Händen sein; jmdm. zur *~ gehen helfen;* (mit) *~ anlegen* (bei) *(mit)helfen (bei);* mit jmdm. *~ in ~ arbeiten zusammenarbeiten; das ~-in-~-Arbeiten;* mir sind die Hände gebunden <fig.>; alle Hände voll zu tun haben *sehr viel;* eine *~ voll Beeren; was er sagt, hat ~ u. Fuß ist durchdacht; etwas unter der ~ verkaufen heimlich;* der Brief geht zu Händen Herrn X; → a. anhand, kurzerhand, überhand, vorderhand; **'Hand·ab·zug** <m.; -(e)s, ⁻e; Typ.>; **'Hand·ap·pa·rat** <m.; -(e)s, -e; Bibliotheksw.> = *Handbibliothek;* **'Hand·ar·beit** <f.; -, -en> in ~ Ggs *Maschinenarbeit;* **'hand·ar·bei·ten** <V. i.> *ich habe gestern lange gehandarbeitet eine Handarbeit ausgeführt;* <aber> *dieser Teppich ist handgearbeitet von Hand, nicht maschinell erstellt;* **'Hand·ar·bei·ter** <m.; -s, -> Ggs *Maschinenarbeiter;* **'Hand·ar·bei·te·rin** <f.; -, -nnen>; **'Hand·auf·le·gen** <n.; -s; unz.> *symbol. Geste;* **'Hand·ball** <m.; -(e)s; unz.; Sp.> *lass uns ~ spielen;* <aber> *gehen zum Handballspielen;* **'Hand·bal·len** <m.; -s, -; Anat.> *Muskelhügel unterhalb des Daumens;* **'Hand·bal·ler** <m.; -s, -; Sp.>; **'Hand·bal·le·rin** <f.; -, -nnen; Sp.>; **'Hand·be·sen** <m.; -s, -> Sy *Handfeger;* **'Hand·be·trieb** <m.; -(e)s; unz.>; **'Hand·be·we·gung** <f.; -, -en>; **'Hand·bi·bli·o·thek,** <auch> **'Hand·bib·li·o·thek** <f.; -, -en; ↗Z53> *leicht zugängliche Auswahl von Büchern (z. B. in einem Lesesaal);* **'hand·breit** <Adj.; meist adv.> *ein ~er Rand; der Rand ist ~;* <aber> *der Rand ist eine/zwei Hand breit;* → a. *Handbreit;* **'Hand·breit** <f.; -, -> *Spanne von der Breite einer Hand; zwei ~ über dem Tisch;* <aber> *der Abstand war zwei Hand breit;* → a. *handbreit;* **'Hand·brem·se** <f.; -, -n> Ggs *Fußbremse;* **'Hand·buch** <n.;

-(e)s, ⸚er>; **'Händ·chen** <n.; -s, -; Verkleinerungsf. von *Hand*; **'Händ·chen·hal·ten** <n.; -s; unz.; umg.> wir haben die beiden beim ~ beobachtet *in verliebter Pose;* <aber> ein Händchen haltendes Paar; sie wollen am liebsten Händchen halten; **'Hand·cre·me** <[-kre:m]; f.; -, -s od. (österr.; schweiz.) -n>; **'Hand·deu·tung** <f.; -; unz.> = Handlesekunst; **'Hand·druck** <m.; -(e)s, -e> *Abdruck eines Holz- od. Linolschnittes von Hand;* **'Hän·de·druck** <m.; -(e)s, ⸚e; Pl. selten> *als Belohnung gab's nur einen feuchten ~* <umg.> *kein Geld;* **'Hän·de·klat·schen** <n.; -s; unz.> *sie begrüßten ihn mit ~* <aber> *vor Freude in die Hände klatschen* **Han·del¹** <m.; -s; unz.> *gewerbsmäßiger Ein- u. Verkauf von Waren; Groß~; ~ treiben; ein ~ treibendes Volk;* **'Han·del²** <m.; -s, ⸚; meist Pl.; veralt.> *Streit; Händel anfangen, suchen;* **han·deln¹** <V.; ich hand(e)le> **1** <V. i.> *etwas tun, eingreifen; er hat schnell gehandelt; da hilft nur schnelles Handeln* **2** <V. i. u. V. t.> *Handel treiben; mit Getreide, Wein ~; an der Börse werden Wertpapiere gehandelt* **3** <V. i.> *(um den Preis) feilschen; er lässt mit sich handeln* **4** <V. refl.; unpersönl.> *es handelt sich um … es ist die Rede von …*

han·deln² <['hɛndln]; V. t.; umg.> *handhaben; dieses Gerät ist gut zu ~* [engl.]

'Han·dels·ab·kom·men <n.; -s, ->; **'Han·dels·a·ka·de·mie** <f.; -, -n; ↗Z55; in Österreich> *höhere kaufmänn. Schule;* **'Han·dels·bank** <f.; -, -en> <Pl.: -en>; **'Han·dels·be·zie·hung** <f.; -, -en; meist Pl.>; **'Han·dels·bi·lanz** <f.; -, -en>; **'Han·dels·blatt** <n.; -(e)s, ⸚er> *Wirtschafts- u. Finanzzeitung;* **'Han·dels·brauch** <m.; -(e)s, ⸚e>; **han·dels·ei·nig, han·dels·'eins** <Adv.> *~ sein, werden;* **'Han·dels·em·bar·go** <n.; -s, -s> = *Handelssperre;* **'Han·dels·frei·heit** <f.; -; unz.>; **'han·dels·gän·gig** <Adj.>; **'Han·dels·ge·richt** <n.; -(e)s, -e>; **'han·dels·ge·richt·lich** <Adj.>;

'Han·dels·ge·sell·schaft <f.; -, -en>; **'Han·dels·ge·setz·buch** <n.; -(e)s, ⸚er; Abk.: HGB>; **'Han·dels·ge·wer·be** <n.; -s; unz.>; **'Han·dels·ha·fen** <m.; -s, ⸚> Ggs *Kriegshafen;* **'Han·dels·hoch·schu·le** <f.; -, -n; Abk.: HH>; **'Han·dels·kam·mer** <f.; -, -n> = *Industrie- und Handelskammer;* **'Han·dels·ket·te** <f.; -, -n> *Weg einer Ware vom Hersteller zum Verbraucher;* **'Han·dels·klas·se** <f.; -, -n> *Qualitätsnorm; ~ A;* **'Han·dels·leh·rer** <m.; -s, ->; **'Han·dels·leh·re·rin** <f.; -, -·nnen>; **'Han·dels·ma·ri·ne** <f.; -; unz.> Ggs *Kriegsmarine;* **'Han·dels·mar·ke** <f.; -, -n> = *Warenzeichen;* **'Han·dels·nie·der·las·sung** <f.; -, -en>; **'Han·dels·or·ga·ni·sa·ti·on** <f.; -; unz.; Abk.: HO; DDR>; **'Han·dels·platz** <m.; -es, ⸚e> *Handelsniederlassung;* **'Han·dels·po·li·tik** <f.; -; unz.>; **'han·dels·po·li·tisch** <Adj.>; **'Han·dels·recht** <n.; -(e)s; unz.>; **'Han·dels·re·gis·ter** <n.; -s, -> *amtl. Verzeichnis aller Einzelkaufleute u. Handelsbetriebe;* **'Han·dels·schiff** <n.; -(e)s, -e>; **'Han·dels·schu·le** <f.; -, -n>; **'Han·dels·schü·ler** <m.; -s, ->; **'Han·dels·schü·le·rin** <f.; -, -·nnen>; **'Han·dels·span·ne** <f.; -, -n> *Spanne zw. Herstellungs- od. Einkaufs- u. Verkaufspreis;* **'Han·dels·sper·re** <f.; -, -n> *Ein- u. Ausfuhrsperre für einen Staat;* **'Han·dels·spra·che** <f.; -, -n>; **'Han·dels·stra·ße** <f.; -, -n>; **'han·dels·üb·lich** <Adj.>; **'Han·dels·ver·trag** <m.; -(e)s, ⸚e>; **'Han·dels·ver·tre·ter** <m.; -s, ->; **'Han·dels·ver·tre·te·rin** <f.; -, -·nnen>; **'Han·dels·ver·tre·tung** <f.; -, -en>; **'Han·dels·wa·re** <f.; -, -n>; **'Han·dels·wert** <m.; -(e)s, -e>; **'Han·dels·zweig** <m.; -(e)s, -e> *Branche*

'Hän·de·rin·gen <n.; -s; unz.>; **'hän·de·rin·gend** <Adj.; ↗Z29> *flehentlich, verzweifelt; ~ um etwas bitten;* <aber> *die Hände ringend eilte er davon; die Hände schütteln* **'Hän·de·schüt·teln** <n.; -s; unz.> *es war ein endloses ~;* <aber> *ich musste jedem die Hände schütteln;* **'Hän·de·wa·schen** <n.; -s; unz.> *nach (dem) ~;* <aber> *du*

musst dir die Hände waschen; **'Hand·fe·ger** <m.; -s, -> Sy *Handbesen;* **'Hand·fer·tig·keit** <f.; -; unz.> *Geschicklichkeit;* **'Hand·fes·sel** <f.; -, -n> jmdm. ~n anlegen; **'hand·fest** <Adj.; -er, am -es·ten> **1** *kräftig; ein ~er Knüppel; eine ~e Mahlzeit* **2** *deutlich, klar; ~e Beweise;* **'Hand·feu·er·waf·fe** <f.; -, -n>; **'Hand·flä·che** <f.; -, -n>; **'hand·ge·ar·bei·tet** <Adj.> *~e Teppiche;* → a. *handarbeiten;* **'Hand·ge·brauch** <m.; -s; unz.> *zum/ für den ~;* **'hand·ge·bun·den** <Adj.; ↗Z29> *als ~es Buch;* <aber> *ein mit der Hand gebundenes Buch;* **'Hand·geld** <n.; -(e)s, -er> *Vermittlungsgebühr, Provision;* **'Hand·ge·lenk** <n.; -(e)s, -e>; **'hand·ge·mein** <Adv.; veralt.; nur in der Wendung> *~ werden tätlich werden;* **'Hand·ge·men·ge** <n.; -s, -> *Schlägerei, Rauferei;* **'hand·ge·näht** <Adj.> *mit der Hand genäht;* <aber> *dieses Stück ist von Hand genäht;* **'Hand·ge·päck** <n.; -(e)s; unz.>; **'hand·ge·schöpft** <Adj.> *~es Bütten;* **'hand·ge·schrie·ben** <Adj.> *ein ~er Brief;* <aber> *ein mit der Hand/von Hand geschriebener B.;* **'hand·ge·strickt** <Adj.> *ein ~er Pullover;* <aber> *ein mit der Hand gestrickter P.;* **'hand·ge·webt** <Adj.> *eine ~e Weste;* <aber> *eine mit der Hand gewebte Weste;* **'Hand·gra·na·te** <f.; -, -n>; **'hand·greif·lich** <Adj.> *~ werden tätlich werden, zu raufen beginnen;* **'Hand·greif·lich·keit** <f.; -, -en>; **'Hand·griff** <m.; -(e)s, -e> *kleine, für eine best. Arbeit notwendige Bewegung; da muss jeder ~ sitzen; mit ein paar ~en war alles erledigt;* **'hand·groß** <Adj.> *ein ~es Mauerstück;* **'hand·hab·bar** <Adj.>; **'Hand·hab·bar·keit** <f.; -; unz.>; **'Hand·ha·be** <f.; -, -n; fig.> *Möglichkeit, gegen jmdn. od. etwas vorzugehen; ich habe keinerlei ~ gegen ihn;* **'hand·ha·ben** <V. t.; du handhabst; sie hat gehandhabt; zu ->** **1** *er weiß das Gerät zu ~ er kann damit umgehen* **2** *behandeln; wir wollen die Angelegenheit so ~, dass …;* **'Hand·ha-**

bung <f.; -, -en>; **'Hand·har·mo·ni·ka** <f.; -, -s od. -ni·ken; Instrumentenk.>

Han·di·cap <['hændikæp]; n.; -s, -s>; **'han·di·ca·pen** <V. t.> = handikapen

...hän·dig <Adj.; in Zus.> z. B. zweihändig

Han·di·kap <['hændikæp]; n.; -s, -s> oV Handicap **1** Nachteil, Beeinträchtigung **2** <Sp.> Ausgleichsvorgabe beim Wettkampf [engl.]; **'han·di·ka·pen** <V. t.> durch seine Verletzung ist er im Gehen gehandikapt

Hand-in-'Hand-Ar·bei·ten <n.; -s; unz.; ↗Z33>; **Hand-in-'Hand-Ge·hen** <n.; -s; unz.> das reibungslose Ineinandergreifen (von mehreren Arbeitsgängen); **'hän·disch** <Adj.; österr.; umg.> etwas ~ verarbeiten von Hand, nicht maschinell; **'Hand·kan·ten·schlag** <m.; -(e)s, ⸚e>; **'Hand·kä·se** <m.; -s, -; bes. hess.> Harzer Käse; Handkäs' mit Musik mit Zwiebeln angemachter H.; **'hand·kehr·um** <Adv.; schweiz.> plötzlich, unversehens; **'Hand·kehr·um** <schweiz.; nur in der Wendung> im ~ im Handumdrehen; **'Hand·kof·fer** <m.; -s, ->; **'hand·ko·lo·riert** <Adj.> ein ~er Stich; **'Hand·kre·m, 'Hand·kre·me** <f.; -, -s od. -(e)n>; **'Hand·kuss** <m.; -es, ⸚e>; **'hand·lang** <Adj.> ein ~er Riss; der Riss war ~; <aber> er war zwei Hand lang; **'Hand·lan·ger** <m.; -s, -> ungelernter Helfer für einfache Aufgaben; **'Hand·lan·ger·dienst** <m.; -(e)s, -e>; **'Hand·lan·ge·rin** <f.; -, -n·nen>; **'hand·lan·gern** <V. i.; ich handlangere>; **'Hand·lauf** <m.; -(e)s, ⸚e Treppengeländer; **'Händ·ler** <m.; -s, -> jmd., der gewerbsmäßig Waren ein- u. verkauft; **'Händ·le·rin** <f.; -, -n·nen>; **'Hand·le·se·kunst** <f.; -; unz.> (angebl.) Fähigkeit, aus den Handlinien die Zukunft zu deuten; **'Hand·le·xi·kon** <n.; -s, -xi·ka> handliches Lexikon; **'hand·lich** <Adj.> bequem zu handhaben, klein; **'Hand·lich·keit** <f.; -; unz.>

Hand·ling <['hændlɪŋ]; n.; - od. -s, -s; Pl. selten> Handhabung, Gebrauch [engl.]

'Hand·li·nie <[-niə]; f.; -, -n>; **'Hand·li·ni·en·deu·tung** <f.; -; unz.> = Handlesekunst

'Hand·lung <f.; -, -en> **1** Tat, Tun; eine strafbare ~ **2** Ablauf des Geschehens (in einer Dichtung, im Film) **3** Geschäft, Laden; Buch~; **'Hand·lungs·ab·lauf** <m.; -(e)s, ⸚e>; **'Hand·lungs·be·darf** <m.; -(e)s; unz.; bes. Pol.> es besteht dringender ~; **'Hand·lungs·be·voll·mäch·tig·te(r)** <f. 2 (m. 1)>; **'hand·lungs·fä·hig** <Adj.; Rechtsw.>; **'Hand·lungs·fä·hig·keit** <f.; -; unz.>; **'Hand·lungs·frei·heit** <f.; -; unz.>; **'Hand·lungs·rei·sen·de(r)** <f. 2 (m. 1)>; **'hand·lungs·un·fä·hig** <Adj.>; **'Hand·lungs·un·fä·hig·keit** <f.; -; unz.>; **'Hand·lungs·voll·macht** <f.; -, -en>; **'Hand·lungs·wei·se** <f.; -, -n>

Hand-out, <auch> **Hand·out** <['hændaut]; n.; -s, -s; ↗Z32> Arbeitspapier (bei Vorträgen, Konferenzen u. a.) [engl.]

'Hand·pferd <n.; -(e)s, -e> Ggs Sattelpferd; **'Hand·pfle·ge** <f.; -; unz.>; **'Hand·pres·se** <f.; -, -n; Druckw.>; **'Hand·pup·pe** <f.; -, -n; im Puppentheater>; **'Hand·rei·chung** <f.; -, -en> kleine Hilfeleistung; **'Hand·rü·cken** <m.; -s, ->

Hands <[hændz]; n.; -, -; Fußb.; österr.; schweiz.> unerlaubtes Handspiel [engl.]

'Hand·sal·be <f.; -, -n>; **'hand·sam** <Adj.; österr., sonst veralt.> handlich; **'Hand·satz** <m.; -es; unz.; Druckw.> Ggs Maschinensatz; **'Hand·schel·le** <f.; -, -n; meist Pl.> metallene Handfessel; **'Hand·schlag** <m.; -(e)s, ⸚e Händedruck (bes. bei Geschäftsabschlüssen)> etwas mit einem ~ besiegeln; **'Hand·schrei·ben** <n.; -s, ->; **'Hand·schrift** <f.; -, -en> **1** Schriftzüge; eine leserliche ~ haben **2** <Abk.: Hs., Pl. Hss.> handgeschriebenes Buch des MA; **'Hand·schrif·ten·deu·ter** <m.; -s, ->; **'Hand·schrif·ten·deu·te·rin** <f.; -, -n·nen>; **'Hand·schrif·ten·deu·tung** <f.; -; unz.> Sy Graphologie; **'Hand·schrif·ten·kun·de** <f.; -; unz.> = Paläographie; **'hand·schrift·lich** <Adj.> ~e Notiz; **'Hand·schuh** <m.; -(e)s, -e>; **'Hand·schuh·fach** <n.; -(e)s, ⸚er; in Kfz>; **'Hand·spie·gel** <m.; -s, -s, ->; **'Hand·stand** <m.; -(e)s, ⸚e eine Turnübung; **'Hand·streich** <m.; -(e)s, -e; bes. Mil.> geschickter Überfall; eine Festung im ~ nehmen; **'Hand·ta·sche** <f.; -, -n>; **'Hand·tel·ler** <m.; -s, -> Handfläche; **'Hand·tuch** <n.; -(e)s, ⸚er> das ~ werfen <fig.> aufgeben; **'Hand·um·dre·hen** <nur in der Wendung> im ~ sofort, schnell, mühelos; **'hand·ver·le·sen** <Adj.> **1** von Hand ausgesucht; eine ~e Beerenmischung **2** <fig.; meist scherzh.> sorgfältig ausgewählt; ~e Gäste; **'Hand·wa·gen** <m.; -s, ->; **'hand·warm** <Adj.> lauwarm; **'Hand·werk** <n.; -(e)s, -e> Tätigkeit, die mit der Hand od. einfachen Werkzeugen ausgeführt wird; jmdm. ins ~ pfuschen <fig.>; jmdm. das ~ legen <fig.> jmdn. an seinem schändlichen Treiben hindern; **'Hand·wer·ker** <m.; -s, ->; **'Hand·wer·ke·rin** <f.; -, -n·nen>; **'hand·werk·lich** <Adj.> das Handwerk betreffend; **'Hand·werks·be·trieb** <m.; -(e)s, -e>; **'Hand·werks·bur·sche, 'Hand·werks·ge·sel·le** <m.; -n, -n>; **'Hand·werks·kam·mer** <f.; -, -n> Körperschaft zur Interessenvertretung der Handwerker, **'Hand·werks·zeug** <n.; -(e)s; unz.>; **'Hand·wör·ter·buch** <n.; -(e)s, ⸚er> handliches Wörterbuch; **'Hand·wur·zel** <f.; -, -n; Anat.>

Han·dy <['hændi]; n.; -s, -s> handliches Mobiltelefon [engl.]

'hand·zahm <Adj.> ein ~er Hase; **'Hand·zei·chen** <n.; -s, ->; **'Hand·zeich·nung** <f.; -, -en>; **'Hand·zet·tel** <m.; -s, -> Flugblatt

'ha·ne·bü·chen <Adj.; veralt.> unglaublich; ein ~er Unsinn

Hanf <m.; -(e)s; unz.; Bot.> eine Faserpflanze; **'han·fen, 'hän·fen** <Adj.> aus Hanffasern; **'Hänf·ling** <m.; -s, -e; Zool.> ein Finkenvogel; **'Hanf·öl** <n.; -(e)s; unz.>

Hang <m.; -(e)s, ⸚e> **1** geneigte Fläche; ein Haus am ~ **2** <unz.; fig.> Neigung, Vorliebe; sie hat einen ~ zur Übertreibung;

'**Hang·ab·fahrt** <f.; -, -en; Skisp.>; **hang'ab·wärts** <Adv.> *den Hang hinab*

Han·gar <['haŋga:r]; a. [-'-]; m.; -s, -s> *Flugzeughalle* [frz.]

'**Hän·ge·ba·cken** <Pl.>; '**Hän·ge·bank** <f.; -, ⸗e; Bgb.>; '**Hän·ge·bauch** <m.; -(e)s, ⸗e>; '**Hän·ge·bauch·schwein** <n.; -(e)s, -e; Zool.>; '**Hän·ge·brü·cke** <f.; -, -n>; '**Hän·ge·bu·sen** <m.; -s, ->; '**Hän·ge·lam·pe** <f.; -, -n>; '**Han·gel·lei·ter** <f.; -, -n; Turnen>; '**han·geln** <V. i./V. refl.; ich hang(e)le> *sich an etwas hängend fortbewegen;* '**Hän·ge·mat·te** <f.; -, -n>; '**han·gen** <V. 161; schweiz.; sonst veralt. für> *hängen¹;* mit Hangen u. Bangen *voller Sorge;* '**hän·gen¹** <V. i. (h. od. (süddt.; österr.; schweiz.) s.) 161> 1 <↗Z23> *an einer best. Stelle befestigt sein;* das Bild hängt am Haken; die Zuhörer ~ an seinen Lippen <fig.>; an einem Nagel ~ bleiben; ich bin ~ geblieben; ich befürchtete ~ zu bleiben 2 <↗Z46> *nach unten fallen, sich neigen;* die Haare ~ ihm ins Gesicht; die Hängenden Gärten der Semiramis (in Babylon) *eines der sieben Weltwunder* 3 an jmdm. od. etwas ~ *jmdn. od. etwas nicht missen wollen* 4 <umg.> *nicht vorwärts kommen;* wir ~ noch im Stau; mit Hängen u. Würgen *mit Mühe u. Not;* '**hän·gen²** <V. t./V. refl.; schwach konjugiert> 1 <↗Z23> *an einer best. Stelle befestigen;* das Bild an die Wand ~; den Kopf ~ lassen <a. fig.> *mutlos, verzagt sein;* du brauchst ihn nicht ~ zu lassen; jmdn. ~ lassen <fig.> *im Stich lassen;* warum hast du ihn ~ lassen/<selten> gelassen?; sich ~ lassen <fig.> *sich zu nichts aufraffen können* 2 *nach unten fallen lassen;* er lässt (sich) die Haare ins Gesicht ~ 3 *durch den Strang töten;* der Mörder wurde gehängt; '**Han·gen·de(s)** <n. 3; Bgb.> *über einer anderen Schicht lagernde Gesteinsschicht;* Ggs Liegende(s); '**Hän·ge·ohr** <n.; -(e)s, -en>; '**Hän·ge·par·tie** <f.; -, -n; Schach>; '**Hän·ger** <m.; -s, -> 1 *eine Mantelform* 2 <Jugendspr.; in der Wen-

dung> einen ~ haben *im Vortrag stecken bleiben* 3 <umg.; kurz für> *(Fahrzeug-)Anhänger;* '**Hän·ge·schloss** <n.; -es, ⸗er>; '**Hän·ge·schrank** <m.; -(e)s, ⸗e>; '**Hän·ge·wei·de** <f.; -, -n; Bot.> *Trauerweide;* '**hän·gig** <Adj.> schweiz.> *anhängig, unerledigt;* ~es Verfahren

Hang·o·ver, <auch> **Hang·o·ver** <[hæŋ'o:vɐ(r)]; m.; -s; unz.; ↗Z32> *Katerstimmung nach starkem Alkoholgenuss* [engl.]

'**Hang·wind** <m.; -(e)s, -e; Flugw.>

Han'no·ver <[-fɐr] *Hauptstadt von Niedersachsen;* **Han·no·ve·'ra·ner** <[-vɐ-]; m.; -s, -> 1 *Einwohner von Hannover* 2 *eine Pferderasse;* **Han·no·ve·'ra·ne·rin** <f.; -, -·nen>; **han'no·ve·risch, han'nö·ve·risch** <[-vɐ-]>, **han'no·versch** <[-f-]; Adj.>

Ha'noi *Hauptstadt von Vietnam*

Hans <m.; -; unz. od. (als Gattungsname in Zus.) ⸗e> ~ Dampf, <auch> **Hansdampf** (in allen Gassen) *in vielen Bereichen aktiver Mensch;* ~ im Glück; ~ Guckindieluft

Han·sa'plast <n.; -(e)s; unz.; Warenz.> *ein Verbandpflaster*

'**Häns·chen** <n.; -s, -; Koseform von> *Hans;* **Hans'dampf** <m.; - od. -s; unz.> → *Hans*

'**Han·se** <f.; -; unz.; MA> *norddt. Kaufmanns- u. Städtebund;* **Han·se'at** <m.; -en, -en> *Angehöriger der Hanse, Hansestädter;* **Han·se'a·tin** <f.; -, -·nen>; **han·se'a·tisch** <Adj.; latinisierte Form von> *hansisch*

Hän·se'lei <f.; -, -en> *Neckerei, Verspottung;* '**hän·seln** <V. t./V. refl.; ich häns(e)le>

'**Han·se·stadt** <f.; -, ⸗e>; '**Han·se·städ·ter** <m.; -s, ->; '**Han·se·städ·te·rin** <f.; -, -·nen>; '**han·se·städ·tisch** <Adj.>; '**han·sisch** <Adj.> *die Hanse betreffend;* <aber> die Hansische Universität (in Hamburg)

Hans'wurst <a. ['--]; m.; -(e)s, -e od. (scherzh.) ⸗e> 1 <Theat.; 17./18. Jh.> *komische, Possen treibende Figur* <abwertend> *jmd., der nichts zu sagen hat;* er ist zu Hause nur der ~; **Hans-**

wurs·te'rei <f.; -, -en>; **Hans·wurs·ti'a·de** <f.; -, -n> *Posse*

'**Han·tel** <f.; -, -n> *ein Sportgerät;* '**han·teln** <V. i.; ich hant(e)le>

han'tie·ren <V. i.> *mit etwas umgehen, beschäftigt sein* [ndrl.]; **Han'tie·rung** <f.; -, -en>

'**han·tig** <Adj.; bair.; österr.> 1 *bitter, herb;* ~er Kaffee 2 *unfreundlich, zänkisch*

Ha'o·ri <m.; - od. -s, -s> *Oberbekleidung der jap. Tracht* [jap.]

'**ha·pe·rig** <Adj.; umg.> *stockend;* oV haprig; '**ha·pern** <V. i.; umg.; unpersönl.> *fehlen;* im Rechnen hapert es bei ihm

ha·plo'id, <auch> **hap·lo'id** <Adj.; ↗Z53; Biol.> *mit einfachem Chromosomensatz;* Ggs diploid [grch.]; **Ha·plo·lo'gie** <f.; -, -n; Phon.> *Verschmelzung zweier aufeinander folgender gleicher Silben, z. B. Zauberin statt Zaubererin*

'**Häpp·chen** <n.; -s, -; Verkleinerungsf. von> *Happen;* '**Hap·pen** <m.; -s, -; umg.> *Bissen, Kleinigkeit*

Hap·pe·ning <['hæpə-]; n.; - od. -s, -s> *künstlerische Veranstaltung (provozierender Art)* [engl.]

'**hap·pig** <Adj.; umg.> *übertrieben (hoch);* der Preis ist wohl etwas ~!

hap·py <['hæpi]; Adj.; undekl.; umg.; salopp> *glücklich, zufrieden;* sie ist ganz ~ [engl.]; **Hap·py·end,** <auch> **Hap·py End** <[-'ɛnd]; n.; (-)-s, (-)-s; ↗Z30> *guter Ausgang (einer Roman-, Film- od. Bühnenhandlung);* **Hap·py·few,** <auch> **Hap·py Few** <[(-)-fju:]; Pl.> *kleine Anzahl von Begünstigten;* **Hap·py·hour,** <auch> **Hap·py Hour** <[-'auɐr]; f.; (-)-, (-)-s> *(in manchen Lokalen) verbilligte Preise für alkohol. Getränke zu einer best. Tageszeit*

'**hap·rig** <Adj.> = *haperig*

'**Hap·tik** <f.; -; unz.> *Lehre vom Tastsinn* [grch.]; '**hap·tisch** <Adj.>

Ha·ra·ki·ri <n.; - od. -s, -s; in Japan> *rituelle Selbsttötung durch Bauchaufschlitzen* [jap.]

'**Ha·rass** <m.; -es, -e> *Transportkiste aus Latten für zerbrechl. Güter* [frz.]

H

'**Här·chen** <n.; -s, -; ↗Z 18.1; Verkleinerungsf. von> *Haar(1)*
Hard·bop <['ha:d-]; m.; -s, -s; Mus.> *Form des Jazz* [engl.];
'**Hard·co·py,** <auch> '**Hard Co·py** <[-kɔpi]; f.; (-)-, (-)-s; ↗Z30; EDV> *Ausdruck einer Bildschirmseite, Screenshot;* Ggs *Softcopy;* '**Hard·co·re** <[-kɔ:(r)]; m.; - od. -s, -s> 1 <Phys.> *harter Kern von Elementarteilchen* 2 <in Zus.> *fanatisch betrieben;* ~*kommunist;* ~*porno;* '**Hard·court,** <auch> '**Hard Court** <[-kɔ:t]; m.; (-)-s, (-)-s; Sp.; bes. Tennis> = *Hartplatz;* '**Hard·co·ver,** <auch> '**Hard Co·ver** <[-kavə(r)]; n.; (-)-s, (-)-> *Buch mit festem Einband;* Ggs *Paperback;* '**Hard·co·ver·ein·band,** <auch> '**Hard-Co·ver-Ein·band** <m.; -(e)s, ⸚e; ↗Z33;> '**Hard·disk,** <auch> '**Hard Disk** <f.; (-)-, (-)-s; EDV; engl. Bez. für> *Festplatte;* '**Hard·drink,** <auch> '**Hard Drink** <m.; (-)-s, (-)-s> *stark alkoholhaltiges Getränk;* Ggs *Softdrink;* '**Hard·drug,** <auch> '**Hard Drug** <[-drʌg]; f.; (-)-, (-)-s; umg.> *harte Droge;* Ggs *Softdrug*
'**Har·de** <f.; -, -n; norddt.; früher in Schleswig-Holstein> *Verwaltungsbezirk von mehreren Gehöften od. Dörfern;* '**Har·des·vogt** <m.; -(e)s, ⸚e; früher> *Vorsteher einer Harde*
Hard·li·ner <['ha:dlainə(r)]; m.; -s, -; Pol.> *Politiker, der einen harten Kurs verfolgt* [engl.];
'**Hard·rock,** <auch> '**Hard Rock** <m.; (-)-s; unz.; ↗Z30> *Mus.> extrem laute u. rhythmisierte Form der Rockmusik;* **Hard·stuff,** <auch> '**Hard Stuff** <[-'stʌf]; m.; (-)-s, (-)-s> = *Harddrug;* '**Hard·top,** <auch> '**Hard Top** <n. od. m.; (-)-s, (-)-s> *abnehmbares Verdeck (bei Sportwagen);* '**Hard·ware** <[-wɛ:r]; f.; -; unz.; EDV> *die techn. Apparate einer EDV-Anlage;* Ggs *Software*
'**Ha·rem** <m.; -s, -s> 1 *die von Frauen bewohnten Räume eines islam. Hauses* 2 *die Frauen darin* 3 *die (Ehe-)Frauen eines Moslems* [arab.]; '**Ha·rems·wäch·ter** <m.; -s, ->

'**hä·ren** <Adj.> *aus Haar;* ein ~er Mantel
Hä·re·sie <f.; -, -n> *Ketzerei* [grch.]; **Hä·re·ti·ker** <m.; -s, -> *Ketzer;* **Hä·re·ti·ke·rin** <f.; -, -n·nen>; **hä·re·tisch** <Adj.>
'**Har·fe** <f.; -, -n> 1 <Instrumentenk.> *ein Zupfinstrument* 2 <umg.> *Gestell zum Trocknen von Getreide;* **Har·fe·nist** <m.; -en, -en> *Harfenspieler;* **Har·fe·nis·tin** <f.; -, -n·nen>; '**Har·fen·spiel** <n.; -(e)s; unz.>
'**Har·ke** <f.; -, -n; bes. norddt.> *Rechen;* '**har·ken** <V. t.; du harkst> *Blätter* ~
'**Här·lein** <n.; -s, -; ↗Z18.1; poet.> *Verkleinerungsf. von> Haar(1)*
'**Har·le·kin** <m.; -s, -e> *Hanswurst* [frz.]; **Har·le·ki·na·de** <f.; -, -n>; '**har·le·ki·nisch** <Adj.>
Harm <m.; -(e)s; unz.; veralt.> *tiefer Gram, Kummer;* '**här·men** <V. t./V. refl.; geh.; veralt.> *sich* ~ *sich grämen;* '**harm·los** <Adj.> 1 *arglos, unspektakulär;* ein ~er Film 2 *ungefährlich;* eine ~e *Krankheit* 3 *ohne böse Absicht;* ein ~er Scherz; '**Harm·lo·sig·keit** <f.; -; unz.>
Har·mo·nie <f.; -, -n> 1 *Einklang, Wohlklang* 2 *Ausgewogenheit* [grch.]; **Har·mo·nie·leh·re** <f.; -; unz.; Mus.>; **har·mo·nie·ren** <V. i.> *Har·mo·ni·ka <f.; -, -s od. -ni·ken> ein Musikinstrument;* **har·mo·nisch** <Adj.> *angenehm übereinstimmend;* **har·mo·ni·sie·ren** <V. t.> *in Einklang bringen;* **Har·mo·ni·um** <n.; -s, -ni·en; Instrumentenk.> *ein Tasteninstrument*
Harn <m.; -(e)s, -e; Pl. selten> *Urin;* '**Harn·bla·se** <f.; -, -n; Anat.>; '**Harn·drang** <m.; -(e)s; unz.>; '**har·nen** <V. i.> *urinieren*
'**Har·nisch** <m.; -(e)s, -e> *Rüstung, Panzer;* jmdn. in ~ bringen <fig.> *wütend machen*
'**Harn·lei·ter** <m.; -s, -; Anat.>; '**Harn·röh·re** <f.; -, -n; Anat.>; '**Harn·säu·re** <f.; -, -n>; '**Harn·stoff** <m.; -(e)s, -e> *mit dem Harn ausgeschiedenes Endprodukt des Eiweißstoffwechsels;* '**harn·trei·bend** <Adj.; ↗Z29> ~e *Medikamente;* '**Harn·we·ge**

<Pl.>; '**Harn·weg·in·fek·ti·on** <f.; -, -en; Med.>
'**Harp·si·chort** <[-kɔ:d]; n.; -(e)s, -e; Instrumentenk.> *Cembalo* [engl.]
Har·pu·ne <f.; -, -n> *Wurfspeer mit Widerhaken für den Fischfang* [ndrl.]; **Har·pu·nier** <m.; -s, -e>; **har·pu·nie·ren** <V. t.> ein Tier ~
Har·py·ie <[-'py:jə]; f.; -, -n; in der grch. Sage> 1 *geflügeltes weibl. Ungeheuer* 2 <Zool.> *ein Greifvogel* [grch.-lat.]
'**har·ren** <V. i.> *sehnsüchtig warten;* wir ~ seiner; der Dinge ~, die noch kommen werden
harsch <Adj.> 1 *rau, eisig;* ein ~er Wind 2 <fig.> *barsch, unfreundlich;* **Harsch** <m.; -(e)s; unz.> *hart gefrorener Schnee;* '**har·schen** <V. i.> *der Schnee harscht;* '**har·schig** <Adj.>; '**Harsch·schnee** <m.; -s; unz.>
Harst <m.; -(e)s, -e; schweiz.> *Schar, Haufen*
hart [1] <Adj.; 'här·ter, am 'här·tes·ten> 1 <↗Z24; Getrenntschr. mit Verben u. Part., wenn erweiter- od. steigerbar> *fest;* ~es Brot; ~ gebrannter Ton; ~ gefrorene Erde; ~ gekochte, <a.> gesottene Eier; ~ gewordener Lehm; Ggs *weich;* → a. *hartgesotten* 2 *intensiv, gehaltreich;* ~e Getränke *stark alkoholhaltige G.;* ~e Währung <umg.> *sichere, stabile W.;* ~es Wasser *sehr kalkhaltiges W.;* ein ~er Winter *kalter W.* 3 *belastend, schmerzlich, anstrengend;* ein ~er (Schicksals-)Schlag; eine ~e Nuss <a. fig.> *eine schwierige Aufgabe* 4 *ohne Mitgefühl;* sie hat ein ~es Herz; ~ im Nehmen sein *unempfindlich, nicht wehleidig sein;* **hart** [2] <Adv.> *dicht, knapp;* das ist ~ an der Grenze (des Erträglichen) *kaum noch zumutbar;* '**Hart·brand·zie·gel** <m.; -s, ->; '**Här·te** <f.; -, -n> *harte Beschaffenheit;* '**Här·te·be·reich** <m.; -(e)s, -e>; '**Här·te·fall** <m.; -(e)s, ⸚e> *ein sozialer* ~; '**Här·te·grad** <m.; -(e)s, -e>; '**här·ten** <V. t.> *hart machen;* '**Här·te·pa·ra·graf,** '**Här·te·pa·ra·graph** <m.; -en, -en; ↗Z11.3; Rechtsw.> *Vorschrift, die die Härten eines Gesetzes im Einzel-*

fall ausgleichen soll; '**Här·ter** <m.; -s, -; Chem.> *Härtemittel;* **Här·te'rei** <f.; -, -en> *Teil eines Metall verarbeitenden Betriebes;* '**Hart·fa·ser** <f.; -, -n>; '**Hart·fa·ser·plat·te** <f.; -, -n>; '**Hart·geld** <n.; -(e)s; unz.> *Münzen;* Ggs *Papiergeld;* '**hart·ge·sot·ten** <Adj.; umg.> *unbelehrbar;* ein ~er Kerl; <aber> *hart gesotten;* → a. *hart¹(1);* '**Hart·gum·mi** <m.; -s; unz.>; '**hart·her·zig** <Adj.> *mitleidlos;* '**Hart·her·zig·keit** <f.; -; unz.>; '**Hart·heu** <n.; -(e)s; unz.> Bot.> *Johanniskraut;* '**Hart·holz** <n.; -es, ⸗er> Ggs *Weichholz;* '**hart·köp·fig** <Adj.; fig.; selten> *eigensinnig, störrisch;* '**Hart·köp·fig·keit** <f.; -; unz.>; '**hart·lei·big** <Adj.; veralt.> *an Verstopfung leidend;* '**Hart·lei·big·keit** <f.; -; unz.>; '**Härt·ling** <m.; -s, -e; Geol.> *aus abgetragenem Gestein aufragende Erhebung;* '**hart·lö·ten** <V. t.; nur im Inf. u. Part. Perf.> *bei hohen Temperaturen löten;* hartgelötet; '**Hart·me·tall** <n.; -(e)s, -e>; '**hart·nä·ckig** <Adj.> *beharrlich;* '**Hart·nä·ckig·keit** <f.; -; unz.>; '**Hart·platz** <m.; -es, ⸗e; Sp.; bes. Tennis> *Platz mit fester Oberfläche;* '**Hart·rie·gel** <m.; -s, -; Bot.> *ein Strauch;* '**hart·rin·dig** <Adj.>; '**Har·tung** <m.; -s, -e; alter Name für> *Januar;* '**Här·tung** <f.; -, -en>

Ha·ru·spex, <auch> '**Ha·rus·pex** <m.; -es od. -, -e od. -spi·zes; ↗Z54> *bei den Etruskern u. Römern> jmd., der aus den Eingeweiden von Opfertieren wahrsagt* [lat.]

Harz¹ <m.; -es; unz.> *dt. Gebirgszug*

Harz² <n.; -es, -e> *klebrige Absonderung aus dem Holz von Nadelbäumen;* '**har·zen** <V. i.> 1 *Harz absondern 2* <schweiz. a.> *schleppend vonstatten gehen*

'**Har·zer** <m.; -s, -> 1 *Bewohner des Harzes¹* 2 <kurz für> ~ *Käse* 3 <Zool.; kurz für> ~ *Roller ein Kanarienvogel*

'**har·zig** <Adj.> 1 *wie, voll Harz²* 2 <schweiz. a.> *mühsam*

Ha·sard <n.; -s; unz.; kurz für> *Hasardspiel* [frz.]; **Ha·sar·deur** <[-'dø:r]; m.; -s, -e> 1 *Glücksspieler 2* <fig.> *waghalsiger*

Mensch; **ha·sar'die·ren** <V. i.; veralt.>; **Ha'sard·spiel** <n.; -(e)s, -e> 1 *Glücksspiel 2* <fig.> *gewagtes Unterfangen*

Hasch <n.; -; unz.; umg.; kurz für> *Haschisch*

Ha'schee <n.; -s, -s> *Gericht aus klein geschnittenem Fleisch* [frz.]

Ha·sche'mi·ten <Pl.> = *Haschimiden*

'**ha·schen¹** <V.; du haschst> 1 <V. t./V. refl.> *jmdn. od. etwas ~ schnell zu fangen versuchen 2* <V. i.> *nach etwas ~* <fig.>

'**ha·schen²** <V. i.; du haschst; umg.> *Haschisch rauchen*

'**Ha·schen** <n.; -s; unz.> ~ *spielen;* Sy *Greifen*

'**Häs·chen** <n.; -s, -; Verkleinerungsf. von> *Hase*

'**Ha·scher** <m.; -s, -; umg.> 1 *jmd., der Haschisch raucht 2* <österr.> *bedauernswerter Mensch;* ein armer ~

'**Hä·scher** <m.; -s, -> 1 <veralt.> *Gerichtsdiener 2 Verfolger*

'**Ha·scherl** <n.; -s, -n; bair.; österr.> *bedauernswertes Geschöpf;* ein armes ~

ha'schie·ren <V. t.> *klein schneiden, hacken* [frz.]

Ha·schi'mi·den <Pl.> *arab. Herrscherhaus im Irak u. in Jordanien*

Ha·schisch <n. od. m.; - od. -s; unz.> *ein Rauschgift* [arab.]

'**Hasch·mich** <nur in der Wendung> *einen ~ haben nicht ganz bei Verstand sein*

'**Ha·se** <m.; -n, -n; Zool.> *ein Nagetier;* falscher ~ <umg.> *Hackbraten*

'**Ha·sel** <f.; -, -n; Bot.; kurz für> *Haselnuss;* '**Ha·sel·busch** <m.; -(e)s, ⸗e; Bot.> *Haselnussstrauch;* '**Ha·sel·huhn** <n.; -(e)s, ⸗er; Zool.> *ein Raufußhuhn;* '**Ha·sel·nuss** <f.; -, ⸗e; Bot.> *Frucht des Haselnussstrauchs;* '**Ha·sel·nuss·ge·wächs** <[-ks]; n.; -es, -e>; '**Ha·sel·nuss·strauch** <↗Z37>, '**Ha·sel·strauch** <m.; -(e)s, ⸗er; Bot.>

'**Ha·sen·fuß** <m.; -es, ⸗e; fig.; umg.> *Feigling;* '**ha·sen·fü·ßig** <Adj.> *ängstlich;* '**Ha·sen·jung** <n.; -s; unz.; österr.>, '**Ha·sen·klein** <n.; -s; unz.; Kochk.> *Gericht aus Innereien, Kopf u.*

Läufen des Hasen; '**Ha·sen·lip·pe** <f.; -, -n; Med.> = *Hasenscharte;* '**Ha·sen·pa·nier** <nur in der Wendung> das ~ *ergreifen fliehen;* '**Ha·sen·pfef·fer** <m.; -s; unz.; Kochk.> *stark gewürztes Hasenklein;* '**ha·sen·rein** <Adj.; Jägerspr.> 1 *ein ~er Jagdhund ein J., der Hasen aufspürt, aber nicht verfolgt 2 die Sache ist nicht ~* <fig.; umg.> *verdächtig;* '**Ha·sen·schar·te** <f.; -, -n; Med.> *angeborene Spaltbildung der Oberlippe;* '**Hä·sin** <f.; -, -n·nen>; '**Häs·lein** <n.; -s, -; poet.; Verkleinerungsf. von> *Hase*

'**Has·pe** <f.; -, -n> *Tür- od. Fensterhaken;* '**Has·pel** <f.; -, -n od. (selten) m.; -s, -> 1 <Web.> *Vorrichtung zum Aufwickeln von Garn 2 Seilwinde;* '**has·peln** <V.; ich hasp(e)le> 1 <V. t.; Web.> *auf Haspeln(1) wickeln 2* <V. i.; fig.; umg.> *hastig sprechen od. arbeiten;* '**Has·pen** <m.; -s, -> = *Haspe*

Hass <m.; -es; unz.> *feindl. Gesinnung;* Ggs *Liebe;* '**has·sen** <V. t.; du hasst>; '**has·sens·wert** <Adj.>; '**Has·ser** <m.; -s, -> Frauen~; '**Hass·er·füllt** <Adj.; ↗Z29> ~er *Blick;* <aber> ein *von Hass erfüllter Blick;* '**Has·se·rin** <f.; -, -n·nen> Männer~; '**häs·sig** <Adj.; schweiz.> *übellaunig, mürrisch;* '**häss·lich** <Adj.> *unschön, missgestaltet;* '**Häss·lich·keit** <f.; -; unz.>; '**Hass·lie·be** <f.; -; unz.>; '**hass·ver·zerrt** <Adj.> ein ~es *Gesicht;* <aber> ein *von Hass verzerrtes Gesicht*

Hast <f.; -; unz.> *überstürzte Eile;* '**has·ten** <V. i. (s.); du hastest>; '**has·tig** <Adj.> *überstürzt;* '**Has·tig·keit** <f.; -; unz.>

'**Hat·schek** <m.; -s, -s; eingedeutschte Schreibweise für> *Háček*

'**Hät·schel·kind** <n.; -(e)s, -er; umg.> *verwöhntes Kind;* '**hät·scheln** <V. t.; ich hätsch(e)le; umg.> *verwöhnen, verzärteln;* '**hat·schen** <V. i. (s.); du hatschst; bair.; österr.; umg.> 1 *schleppend gehen 2 hinken*

hat'schi <a. ['--]; Schallwort>

Hat·trick <[ˈhæt-]; m.; -s, -s; Sp.>

dreimaliger Erfolg hintereinander [engl.]

Hatz <f.; -, -en> 1 <Jägerspr.> *Hetzjagd mit Hunden* 2 <bair.> *Eile, Hetze*

Hau <m.; -(e)s, -e; Forstw.> 1 *Stelle, wo Holz geschlagen werden darf* 2 <veralt.> *Hieb;* → a. *Haue;* **'hau·bar** <Adj.; Forstw.> *~e Bäume*

'Hau·barg, 'Hau·berg <m.; -(e)s, -e; in Schleswig-Holstein> *Bauernhaus, unter dessen hohem Reetdach Heu gelagert wird*

'Hau·bar·keits·al·ter <n.; -s; unz.; Forstw.>

'Häub·chen <n.; -s, -; Verkleinerungsf. von> *Haube;* **'Hau·be** <f.; -, -n> *Kopfbedeckung für Frauen;* Schwestern~; *unter die ~ kommen* <fig.; umg.> *heiraten;* **'Hau·ben·ler·che** <f.; -, -n; Zool.>; **'Hau·ben·mei·se** <f.; -, -n; Zool.>; **'Hau·ben·tau·cher** <m.; -s, -; Zool.>

Hau·bit·ze <f.; -, -n; Mil.> *ein Geschütz* [tschech.]

'Häub·lein <n.; -s, -; poet.> Verkleinerungsf. von> *Haube*

Hauch <m.; -(e)s, -e> 1 <geh.> *feiner Luftzug;* Atem~; Wind~ 2 <fig.> *Spur, Andeutung; der ~ eines Lächelns;* **'hauch·dünn** <Adj.> *sehr dünn;* **'hau·chen** <V. i. u. V. t.> *leise* – (d); **'hauch·fein** <Adj.> *sehr fein;* **'Hauch·laut** <m.; -(e)s, -e; Phon.> = *Aspirata;* **'hauch·zart** <Adj.> *sehr zart*

'Hau·de·gen <m.; -s, -; fig.> *angriffslustiger, derber Mensch*

'Hau·den·'Lu·kas <m.; -; unz.; ⫽Z.33; auf Jahrmärkten> ⫽Haue <f.; -, -n> 1 <süddt.> *Hacke, Hackbeil* 2 <unz.; umg.> *Prügel, Schläge; ~ bekommen;* **'hau·en** <V. t. u. V. i. 162> *schlagen; jmdn. ~; jmdm. auf die Schulter ~;* Bäume *~ fällen;* **'Hau·er** <m.; -s, -> 1 <Bgb.> *Bergmann* 2 <süddt.; österr.> *Weinbauer, Winzer* 3 <Jägerspr.> *Eckzahn des Keilers*

'Häuf·chen <n.; -s, -; Verkleinerungsf. von> *Haufen;* **'Hau·fe** <m.; -ns, -n; veralt.; noch poet.> *Haufen;* **'Häu·fel** <n.; -s, -; umg.> *Häufchen;* **'häu·feln** <V. t.; ich häuf(e)le> *Kartoffeln, Rüben ~ lockere Erde um die K.,*

R. aufschichten; **'Hau·fen** <m.; -s, -> 1 *eine Menge aufgeschichteter Dinge;* Ameisen~; Scheiter~ 2 *große Menge, sehr viel;* einen ~ *Geld ausgeben* <umg.>; → a. *zuhauf;* **'häu·fen** <V. t./V. refl.> 1 *(an)sammeln;* zwei gehäufte Teelöffel 2 *die Beschwerden ~ sich* <fig.> *nehmen zu, überhand;* **'Hau·fen·dorf** <n.; -(e)s, ⸚er> *unregelmäßig angelegtes Dorf;* **'hau·fen·wei·se** <Adv.> *in Mengen, massenhaft;* **'Hau·fen·wol·ke** <f.; -, -n> *scharf abgegrenzte, dichte Wolke;* **'häu·fig** <Adj.> *oft vorkommend;* **'Häu·fig·keit** <f.; -; unz.> **'Häuf·lein** <n.; -s, -; poet.> Verkleinerungsf. von *Haufen;* wie ein ~ *Elend* <fig.; umg.> *ganz verzweifelt;* **'Häu·fung** <f.; -, -en> **'Hau·werk** <n.; -(e)s; unz.; Bgb.> *durch Hauen gewonnener Rohstoff*

'Hau·klotz <m.; -es, ⸚e>

Haupt <n.; -(e)s, ⸚er> 1 <geh.> *Kopf;* zu Häupten *in der Nähe* 2 <fig.> *Führer, Leiter;* er ist das ~ *der Familie;* Ober~; **haupt...,** **Haupt...,** <in Zus.> *der, die, das führende, größte, wichtigste ...;* z. B. Haupteingang, Hauptgewinn...; **Neben...;** **'Haupt·al·tar** <m.; -(e)s, ⸚e>; **'haupt·amt·lich** <Adj.>; **'Haupt·an·ge·klag·te(r)** <f. 2 (m. 1)>; **'Haupt·an·schluss** <m.; -es, ⸚e>; **'Haupt·au·gen·merk** <n.; -(e)s; unz.> *sein – auf etwas richten;* **'Haupt·bahn·hof** <m.; -(e)s, ⸚e; Abk.: Hbf.>; **'Haupt·be·ruf** <m.; -(e)s; unz.>; **'haupt·be·ruf·lich** <Adj.> Ggs *nebenberuflich;* **'Haupt·buch** <n.; -(e)s, ⸚er; Kaufmannsspr.>; **'Haupt·büh·ne** <f.; -, -n; Theat.>; **'Haupt·dar·stel·ler** <m.; -s, ->; **'Haupt·dar·stel·le·rin** <f.; -, -n·nen>; **'Haupt·ein·gang** <m.; -(e)s, ⸚e>; **'Häup·tel** <n.; -s, - od. -n; süddt.; österr.> *Kopf einer Gemüsepflanze;* Salat~; ~salat *Kopfsalat;* **'Haup·tes·län·ge** <f.; -; unz.> *jmdn. um – überragen;* **'Haupt·fach** <n.; -(e)s, ⸚er>; **'Haupt·feld·we·bel** <m.; -s, -> *frühere Bez. für* **Kompaniefeldwebel;** **'Haupt·film** <m.; -(e)s, -e>; **'Haupt·frau** <f.; -, -en> *bei Völkern mit Polygamie>;*

Hauptsatz: Der H. ist ein unabhängiger, selbstständiger Satz in einem ⫽Satzgefüge, wobei dem H. ein ⫽Gliedsatz untergeordnet sein kann: *Er sagte nicht viel, als sie ging.*
Beim ⫽Aussagesatz und bei der Ergänzungsfrage (⫽Fragesatz) steht die finite Verbform in Zweitstellung, während bei der Entscheidungsfrage und bei ⫽Aufforderungssätzen an erster Stelle steht.

'Haupt·ge·bäu·de <n.; -s, ->; **'Haupt·ge·dan·ke** <m.; -ns, -n>; **'Haupt·ge·richt** <n.; -(e)s, -e> *Hauptspeise;* **'Haupt·ge·schäfts·zeit** <f.; -, -en>; **'Haupt·ge·winn** <m.; -(e)s, -e>; **'Haupt·haar** <n.; -(e)s; unz.> *Kopfhaar;* **'Haupt·hahn** <m.; -(e)s, ⸚e>; **'Haupt·lei·tung** <f.; -, -en>; **'Häupt·ling** <m.; -s, -e; bei Naturvölkern> *Anführer eines Dorfes od. Stammes;* Indianer~; **'häupt·lings** <Adv.> *kopfüber;* **'Haupt·mahl·zeit** <f.; -, -en>; **'Haupt·mann** <m.; -(e)s, ⸚er, -leu·te> 1 *ein mil. Dienstgrad* 2 *Führer best. Gruppierungen;* Feuerwehr~; **'Haupt·mie·ter** <m.; -s, -> Ggs *Untermieter;* **'Haupt·mie·te·rin** <f.; -, -n·nen>; **'Haupt·nah·rung** <f.; -; unz.>; **'Haupt·nen·ner** <m.; -s, -; Math.> *der kleinste gemeinsame Nenner mehrerer Brüche;* **'Haupt·per·son** <f.; -, -en>; **'Haupt·por·tal** <n.; -(e)s, -e> Ggs *Seitenportal;* **'Haupt·post·amt** <n.; -(e)s, ⸚er>; **'Haupt·pro·be** <f.; -, -n> *Generalprobe;* **'Haupt·punkt** <m.; -(e)s, -e>; **'Haupt·quar·tier** <n.; -s, -e; Mil.; Abk.: H.Qu.>; **'Haupt·rech·nungs·art** <f.; -, -en> = *Grundrechenart;* **'Haupt·re·gel** <f.; -, -n>; **'Haupt·rei·se·zeit** <f.; -; unz.>; **'Haupt·rol·le** <f.; -, -n>; **'Haupt·sa·che** <f.; -, -n>; **'haupt·säch·lich** <a. [-'--]> 1 <Adv.> *vor allem, in erster Linie;* er klagte ~ *über das schlechte Essen* 2 <Adj.> *das ~e Ereignis dieses Abends;* **'Haupt·sai·son** <[-sɛzõ] od. [-sɛzɔŋ]; f.; -, -s od. (österr.) -en [-zo:nən]>; **'Haupt·satz** <m.; -es, ⸚e; Gramm.> → *Kasten;* **'Haupt-**

schal·ter <m.; -s, ->; **'Haupt·schiff** <n.; -(e)s, -e; bei mehrschiffigen Kirchen> = *Mittelschiff*; **'Haupt·schlag·a·der** <f.; -, -n; ↗Z55; Med.>; **'Haupt·schul·ab·schluss** <m.; -es, ⁼e>; **'Haupt·schuld** <f.; -; unz.>; **'Haupt·schuld·ner** <m.; -s, ->; **'Haupt·schuld·ne·rin** <f.; -, -n·nen>; **'Haupt·schu·le** <f.; -, -n>; **'Haupt·se·gel** <n.; -s, -> = *Großsegel*; **'Haupt·se·mi·nar** <n.; -s, -e; an Universitäten>; **'Haupt·spei·cher** <m.; -s, -; EDV> *Zentralspeicher*; **'Haupt·spei·se** <f.; -, -n>; **'Haupt·stadt** <f.; -, ⁼e>; **'haupt·städ·tisch** <Adj.>; **'Haupt·stra·ße** <f.; -, -n> Ggs *Seitenstraße*; **'Haupt·stre·cke** <f.; -, -n>; **'Haupt·teil** <m.; -(e)s, -e>; **'Haupt·the·ma** <n.; -s, -the·men>; **'Haupt·tref·fer** <m.; -s, -> *Hauptgewinn*; **'Haupt- und 'Staats·ak·ti·on** <f.; -, -en; ↗Z19.4> mach doch keine ~ daraus! <fig.; umg.> *bausche das Ganze nicht unnötig auf!*; **'Haupt·ver·ant·wort·li·che(r)** <f. 2 (m. 1)>; **'Haupt·ver·fah·ren** <n.; -s, -; im Strafprozess>; **'Haupt·ver·hand·lung** <f.; -, -en>; **'Haupt·ver·kehrs·stra·ße** <f.; -, -n>; **'Haupt·ver·kehrs·zeit** <f.; -, -en>; **'Haupt·ver·samm·lung** <f.; -, -en>; **'Haupt·ver·wal·tung** <f.; -, -en>; **'Haupt·wohn·sitz** <m.; -es, -e> Ggs *Zweitwohnsitz*; **'Haupt·wort** <n.; -(e)s, ⁼er; Gramm.> → a. *Kasten Substantiv*, **'haupt·wört·lich** <Adj.>

hau 'ruck *(Ausruf beim gemeinsamen Anheben od. Ziehen schwerer Lasten)*; **Hau'ruck** <n.; -s; unz.>

Haus <n.; -es, ⁼er> 1 <↗Z19.2> *Gebäude;* er ist zurzeit außer ~; im ~e; wir gehen nach ~e/<österr.; schweiz. a.> nachhause; wir sind zu ~e/<österr.; schweiz. a.> zuhause; von zu ~e/<österr.; schweiz. a.> zuhause telefonieren; von ~ zu ~; mir steht noch einiges ins ~ <fig.; umg.> *bevor;* er hat ~ u. Hof verloren *alles;* → a. *Zuhause; haushalten* 2 *Familie, Herkunft;* ein Mädchen aus gutem ~e; ein Freund des ~es; das ~ Habs-burg; von ~ aus <fig.> *ursprünglich*

'Hau·sa <m.; -, -> = *Haussa*

'Haus·al·tar <m.; -(e)s, ⁼e>; **'Haus·an·ge·stell·te** <f. 2>; **'Haus·an·zug** <m.; -(e)s, ⁼e>; **'Haus·a·po·the·ke** <f.; -, -n; ↗Z55>; **'Haus·ar·beit** <f.; -, -en>; **'Haus·ar·rest** <m.; -(e)s, -e> jmdn. unter ~ stellen; **'Haus·arzt** <m.; -(e)s, ⁼e>; **'Haus·ärz·tin** <f.; -, -n·nen>; **'Haus·auf·ga·be** <f.; -, -n; meist Pl.>; **'Haus·auf·satz** <m.; -es, ⁼e>; **haus·ba·cken** <Adj.; abwertend> *bieder*; **'Haus·bar** <f.; -, -s>; **'Haus·bau** <m.; -(e)s unz.>; **'Haus·berg** <m.; -(e)s, -e> *Berg in der näheren Umgebung;* **'Haus·be·set·zer** <m.; -s, ->; **'Haus·be·set·ze·rin** <f.; -, -n·nen>; **'Haus·be·set·zung** <f.; -, -en>; **'Haus·be·sit·zer** <m.; -s, ->; **'Haus·be·sit·ze·rin** <f.; -, -n·nen>; **'Haus·be·sor·ger** <m.; -s, -; österr.> *Hausmeister;* **'Haus·be·sor·ge·rin** <f.; -, -n·nen>; **'Haus·be·such** <m.; -(e)s, -e> *Besuch des Arztes in der Wohnung eines Kranken;* **'Haus·be·woh·ner** <m.; -s, ->; **'Haus·be·woh·ne·rin** <f.; -, -n·nen>; **'Haus·boot** <n.; -(e)s, -e> *kleines, als Wohnung dienendes Schiff;* **'Häus·chen** <n.; -s, - od. 'Häu·ser·chen> *Verkleinerungsf. von Haus;* aus dem ~ sein <fig.; umg.> *in freudiger Erregung;* **'Haus·da·me** <f.; -, -n; veralt.>; **'Haus·die·ner** <m.; -s, ->; **'Haus·dra·che** <m.; -ns, -n>; <fig.; umg.; abwertend od. scherzh.> *zänkische Ehefrau od. Hausangestellte;* **'Haus·durch·su·chung** <f.; -, -en; österr.; schweiz.> = *Haussuchung;* **'hau·sen** <V. i.; du haust> 1 *in ärmlichen Verhältnissen menschenunwürdig wohnen* 2 *wüten, Verwüstungen anrichten*

'Hau·sen <m.; -s, -; Zool.> *ein Fisch*

'Häu·ser·block <m.; -(e)s, ⁼e od. -s>; **'Häu·ser·flucht** <f.; -, -en> *Häuserreihe;* **'Häu·ser·meer** <n.; -(e)s, -e; fig.>; **'Häu·ser·rei·he** <f.; -, -n>; **'Häu·ser·zei·le** <f.; -, -n>; **'Haus·flur** <m.; -(e)s, -e>; **'Haus·frau** <f.; -, -en> 1 *den*

Haushalt führende (Ehe-)Frau 2 <süddt.; österr. a.> *Vermieterin;* **'haus·frau·lich** <Adj.> ~e Aufgaben; **'Haus·freund** <m.; -(e)s, -e>; **'Haus·frie·dens·bruch** <m.; -(e)s, ⁼e> *widerrechtl. Eindringen in eine fremde Wohnung;* **'Haus·ge·brauch** <m.; -s; unz.> das genügt für den ~; **'Haus·ge·burt** <f.; -, -en>; **'haus·ge·macht** <Adj.> *daheim, selbst hergestellt;* ~e Leberwurst; ein ~es Problem <fig.; umg.>; **'Haus·ge·mein·schaft** <f.; -, -en>

'Haus·halt <m.; -(e)s, -e> 1 *Wirtschaftsführung einer Familie od. Lebensgemeinschaft* 2 *alle Einnahmen u. Ausgaben eines Staates;* der öffentliche ~; **'haus|hal·ten,** <auch> **'Haus hal·ten** <V. i. 160; ich halte haus/Haus; sie hat hausgehalten/Haus gehalten; hauszuhalten/Haus zu halten> *sparsam mit etwas umgehen, einteilen;* mit dem Geld, den Kräften ~; **'Haus·häl·ter** <m.; -s, ->; **'Haus·häl·te·rin** <f.; -, -n·nen>; **'haus·häl·te·risch** <Adj.>; **'Haus·halt(s)·aus·schuss** <m.; -es, ⁼e; Pol.>; **'Haus·halt(s)·de·bat·te** <f.; -, -n; Pol.>; **'Haus·halts·de·fi·zit** <n.; -(e)s, -e; Pol.>; **'Haus·halt(s)·ge·rät** <n.; -(e)s, -e>; **'Haus·halt(s)·hil·fe** <f.; -, -n>; **'Haus·halt(s)·jahr** <n.; -(e)s, -e; Pol.>; **'Haus·halt(s)·kas·se** <f.; -, -n>; **'Haus·halt(s)·plan** <m.; -(e)s, ⁼e; Pol.>; **'Haus·halt(s)·sper·re** <f.; -, -n; Pol.>; **'Haus·halt(s)·wa·ren** <Pl.>; **'haus·halt(s)·üb·lich** <Adj.> in ~en Mengen; **'Haus·hal·tung** <f.; -, -en>; **'Haus·hal·tungs·buch** <n.; -(e)s, ⁼er>

'Haus·herr <m.; -(e)n, -(e)n>; **'Haus·her·rin** <f.; -, -n·nen> = *Hausfrau;* **'haus·hoch** <Adj.> 1 *so hoch wie ein Haus;* haushohe Flammen 2 jmdm. ~ überlegen sein <fig.> *sehr;* **'Haus·hof·meis·ter** <m.; -s, -; früher>

hau'sie·ren <V. i.> *von Haus zu Haus gehen u. Waren anbieten;* <aber> → *haussieren;* **Hau'sie·rer** <m.; -s, ->; **Hau'sie·re·rin** <f.; -, -n·nen>

'haus·in·tern <Adj.> eine ~e Regelung R., die nur innerhalb eines Betriebes ihre Gültigkeit hat; **'Haus·ka·pel·le** <f.; -, -n>; **'Haus·kleid** <n.; -(e)s, -er>; **'Haus·kor·rek·tur** <f.; -, -en; Buchw.>; **'Haus·leh·rer** <m.; -s, ->; **'Haus·leh·re·rin** <f.; -, -n·nen>; **'Häus·lein** <n.; -s, -; poet.; Verkleinerungsf. von *Haus;* **'Häus·ler** <m.; -s, -; früher> *Dorfbewohner, der ein Haus, aber kein Land besitzt;* **'Häus·le·rin** <f.; -, -n·nen>; **'häus·lich** <Pl.>; **'häus·lich** <Adj.> *das Haus betreffend; ~e* Pflichten; **'Häus·lich·keit** <f.; -, -en>; **'Haus·ma·cher·art** <nur in der Wendung> nach ~; **'Haus·ma·cher·wurst** <f.; -, ⸗e>; **'Haus·macht** <f.; -; unz.> *die auf Landbesitz gegründete Macht einer Dynastie;* **'Haus·mäd·chen** <n.; -s, ->; **'Haus·mann** <m.; -(e)s, ⸗er> *Ehemann, der den Haushalt führt* **Haus·man'nit** <m.; -(e)s; unz.> *ein Mineral* [nach dem Mineralogen L. *Hausmann*] **'Haus·manns·kost** <f.; -; unz.; Kochk.> *einfache, kräftige Kost;* **'Haus·mar·ke** <f.; -, -n> *Markenfabrikat einer Einzelhandelsfirma;* **'Haus·meis·ter** <m.; -s, ->; **'Haus·meis·te·rin** <f.; -, -n·nen>; **'Haus·mit·tel** <n.; -s, -> *einfaches, traditionelles Arzneimittel;* **'Haus·müll** <m.; -(e)s; unz.>; **'Haus·mu·sik** <f.; -, -en; Pl. selten>; **'Haus·müt·terchen** <n.; -s, -; scherzh.> *Frau, die sich nur für Haushalt u. Familie interessiert;* **'Haus·nummer** <f.; -, -n>; **'Haus·ord·nung** <f.; -, -en>; **'Haus·putz** <m.; -es, -e; Pl. selten> *Großreinemachen im Haus;* **'Haus·rat** <m.; -(e)s; unz.> *Gesamtheit der in einem Haus od. einer Wohnung befindlichen Gegenstände;* **'Haus·rat·ver·si·che·rung** <f.; -, -en>; **'Haus·recht** <n.; -(e)s; unz.> *vom ~ Gebrauch machen jmdm. die Tür weisen* **'Haus·sa** <m.; -, -> *Angehöriger eines afrikan. Volkes;* oV *Hausa* **'haus·schlach·ten¹** <V. i.; nur im Inf. u. Part. Perf.> *auf dem eigenen Hof schlachten;* hausgeschlachtetes Vieh; **'haus·schlach·ten²** <Adj.> *durch Hausschlachtung hergestellt; ~e*

Wurst; **'Haus·schlach·tung** <f.; -, -en>; **'Haus·schlüs·sel** <m.; -s, ->; **'Haus·schuh** <m.; -(e)s, -e>; **'Haus·schwamm** <m.; -(e)s, ⸗e> *Pilz, der das Holz feuchter Gebäude zerstört* **Hausse** <['o:s]; f.; -, -n; Wirtsch.> Ggs *Baisse 1 wirtschaftl. Aufschwung* 2 *Hochstand der Börsenkurse* [frz.] **'Haus·se·gen** <m.; -s; unz.> der ~ hängt schief <fig.; umg.> **Haus·si·er** <[o:'sje:]; m.; -s, -s> *jmd., der auf Hausse spekuliert;* Ggs *Baissier;* **haus·sie·ren** <[o'si:-]; V. i.> *im Kurswert steigen;* <aber> → *hausieren* **'Haus·spin·ne** <f.; -, -n; Zool.>; **'Haus·stand** <m.; -(e)s; unz.> *Haushalt u. Familie;* einen eigenen ~ gründen; **'Haus·su·chung** <f.; -, -en> *polizeil. Durchsuchung des Hauses od. der Wohnung;* **'Haus·tier** <n.; -(e)s, -e>; **'Haus·tor** <n.; -(e)s, -e>; **'Haus·tür** <f.; -, -en>; **'Haus·tür·ge·schäft** <n.; -(e)s, -e; abwertend>; **'Haus·ty·rann** <m.; -en, -en> *tyrann. Familienmitglied;* **'Haus·un·ter·richt** <m.; -(e)s; unz.>; **'Haus·ver·bot** <n.; -(e)s; unz.> jmdm. ~ erteilen; **'Haus·ver·wal·ter** <m.; -s, ->; **'Haus·ver·wal·te·rin** <f.; -, -n·nen>; **'Haus·wart** <m.; -(e)s, -e; bes. österr. u. schweiz.> *Pförtner, Hausmeister;* **'Haus·war·tin** <f.; -, -n·nen>; **'Haus·we·sen** <n.; -s; unz.>; **'Haus·wirt** <m.; -(e)s, -e>; **'Haus·wir·tin** <f.; -, -n·nen>; **'Haus·wirt·schaft** <f.; -; unz.> *Führung eines Haushalts;* **'Haus·wirt·schafts·schu·le** <f.; -, -n>; **'Haus·wurz** <f.; -; unz.; Bot.> *ein Dickblattgewächs;* **'Haus·zelt** <n.; -(e)s, -e> **Haut** <f.; -, ⸗e> 1 *mehrschichtiges Organ, das die gesamte Körperoberfläche des Menschen u. vieler Tiere bildet;* mit ~ u. Haar(en) <fig.; umg.> *ganz u. gar;* aus der ~ fahren <fig.; umg.> *ungeduldig werden;* es ist zum Aus-der-Haut-Fahren 2 *dünne Schicht auf der Oberfläche von Flüssigkeiten* 3 *der Haut(1) ähnliche Hülle;* Pfirsich~; Regen~ *ein wasserdichtes Kleidungsstück;* **'Haut·ab-**

schür·fung <f.; -, -en>; **'Haut·arzt** <m.; -es, ⸗e; Med.> Sy *Dermatologe;* **'Haut·ärz·tin** <f.; -, -n·nen; Med.>; **'Haut·ausschlag** <m.; -(e)s, ⸗e; Med.>; **'Häut·chen** <n.; -s, -; Verkleinerungsf. von *Haut;* **'Haut·creme** <[-kre:m]; f.; -, -s od. (österr.; schweiz.) -n> **Haute·coif·fure,** <auch> **Haute Coif·fure** <[o:t kwa'fy:r]; f.; (-)-; unz.; ↗Z30> *modische Frisierkunst* [frz.]; **Haute·cou·ture,** <auch> **Haute Cou·ture** <[-ku'ty:r]; f.; (-)-; unz.> *für die neueste Mode maßgebliche Schneiderkunst;* **Haute·cou·tu·ri·er,** <auch> **Haute Cou·tu·ri·er** <[-tyri'e:]; m.; (-)- od. (-)-s, (-)-s> *Modeschöpfer;* **Haute·fi·nance,** <auch> **Haute Fi·nance** <[-fi'nãs]; f.; (-)-; unz.> *Hochfinanz, Geldaristokratie;* **Haute·lisse·we·be·rei** <[(h)o:t'lis-]; f.; -, -en; Textilw.> *Webart mit senkrechten Kettfäden* **'häu·ten** <V. t./V. refl.> *die Haut abziehen, abstoßen;* ein Tier ~; die Schlange häutet sich; **'haut·eng** <Adj.> *~e* Jeans; **'Haut·entzün·dung** <f.; -, -en; Med.> **Haute·vo·lee** <[o:tvo'le:]; f.; -; unz.; meist abwertend> *vornehme Gesellschaft, die oberen Zehntausend* [frz.] **'Haut·far·be** <f.; -, -n>; **'Haut·fetzen** <m.; -s, ->; **'Haut·flüg·ler** <m.; -s, -; Zool.> *eine Insektenart;* **'haut·freund·lich** <Adj.> **Haut·gout** <[o'gu:]; m.; -s; unz.> 1 *scharfer Wildgeschmack* 2 <fig.> *Anrüchigkeit* [frz.] **'häu·tig** <Adj.> *aus Haut, wie Haut;* dünn~; <aber> → *heutig;* **'Haut·ju·cken** <n.; -s; unz.>; **'Haut·krank·heit** <f.; -, -en> Sy *Dermatose;* **'Haut·krebs** <m.; -es; unz.; Med.>, **'Haut·kre·m,** **'Haut·kre·me** <f.; -, -s od. -(e)n> **'haut·nah** <Adj.; umg.> *sehr nah;* **'Haut·pfle·ge** <f.; -; unz.>; **'Haut·pilz** <m.; -es, -e; Med.> *eine Hautkrankheit;* **'Haut·trans·plan·ta·ti·on** <f.; -, -en; Med.>; **'Häu·tung** <f.; -, -en>; **'Haut·un·rein·heit** <f.; -, -en>; **'Haut·ver·pflan·zung** <f.; -, -en; Med.>; **'Haut·wolf** <m.; -(e)s; unz.; Med.> = *Intertrigo*

'Hau·werk <n.; -(e)s; unz.; Bgb.> = Hauwerk

Ha·van·na¹ <[-'van-]> Hauptstadt von Kuba; **Ha'van·na²** <f.; -, -s>, **Ha'van·na·zi·gar·re** <f.; -, -n>

Ha·va·rie <[-va-]; f.; -, -n > 1 Unfall von Schiffen od. Flugzeugen 2 durch Brand od. Explosion verursachte schwere Betriebsstörung (z. B. in einem Kernreaktor) 3 <österr.> Kraftfahrzeugunfall [arab.]; **ha·va·rie·ren** <V. i. (s.); Mar.; Flugw.> der Tanker ist havariert; **Ha·va'rist** <m.; -en, -en> Eigentümer eines havarierten Schiffes

Ha'waii Staat der USA, Hauptinsel der Hawaii-Inseln im Pazifischen Ozean; **Ha·wai·ia·ner** <[-'ja:-]; m.; -s, ->; **Ha·wai·ia·ne·rin** <f.; -, -n·nen>; **Ha'waii·gi·tar·re** <f.; -, -n>; **Ha'waii·in·seln** <Pl.; ⟋Z37>; **ha'waii·isch** <Adj.>

Ha·xe <f.; -, -n; bair.; österr. für> Hachse

Ha·zi'en·da <[-si-]; f.; -, -s> Farm, Plantage in Mittel- u. Südamerika; oV Hacienda [span.]

Hb <Abk. für> Hämoglobin

HB <Abk. für> Brinellhärte

H. B. <Abk. für> Helvetisches Bekenntnis

Hbf. <Abk. für> Hauptbahnhof

'H-Bom·be <f.; -, -n; ⟋Z34> = Wasserstoffbombe

h. c. <Abk. für> honoris causa

'H-Dur <n.; -; unz.; Mus.; Abk.: H> eine Dur-Tonart; **'H-Dur-Drei·klang** <m.; -(e)s, ⸚e; ⟋Z35; Mus.>; **'H-Dur-Ton·lei·ter** <f.; -, -n; Mus.>

He <Chem.; Zeichen für> Helium

'Head·crash <m.; ['hɛdkraeʃ]; -s, -s; EDV> Berührung der Festplattenoberfläche durch den Lesekopf mit darauf folgendem Datenverlust [engl.]; **'Head·hun·ter** <[-hʌntə(r)]; m.; -s, -> jmd., der Führungskräfte abwirbt u. an andere Unternehmen vermittelt [engl.]; **'Head·hun·ting** <n.; - od. -s; unz.>; **'Head·line** <[-lain]; f.; -, -s> Schlagzeile; **'Head·star·ter** <m.; -s, -; TV> Programm für Kinder im Vorschulalter

Health·food <['hɛlθfuːd]; n.; - od. -s; unz.> gesundes, von chem.

Zusätzen o. Ä. freies Nahrungsmittel [engl.]

Hea·ring <['hi:rɪŋ]; n.; - od. -s, -s; bes. Pol.> Anhörung [engl.]

Hea·vi·side·schicht, <auch> **Hea·vi·side-Schicht** <['hevisaid-]; ⟋Z35; Phys.> elektr. leitende Schicht in der Atmosphäre [nach dem engl. Physiker Heaviside]

Hea·vy·me·tal, <auch> **Hea·vy Me·tal** <['hɛvɪ 'mɛtəl]; n.; (-) - od. (-)-s; unz.; ⟋Z30; Mus.> = Hardrock [engl.]; **Hea·vy'rock**, <auch> **Hea·vy 'Rock** <m.; (-)-; unz.; Mus.> aggressive Form der Rockmusik

'Heb·am·me <f.; -, -n> Geburtshelferin

'He·be <[-be:]; f.; -; unz.; Myth.> grch. Göttin der Jugend [grch.]

'He·be·arm <m.; -(e)s, -e>; **'He·be·bal·ken** <m.; -s, ->; **'He·be·baum** <m.; -(e)s, ⸚e> Hebestange; **'He·be·büh·ne** <f.; -, -n> Einrichtung zum Heben von Lasten (bes. bei LKW); **'He·bel** <m.; -s, -> 1 drehbarer Körper zum Heben od. Verschieben von Lasten 2 Griff zum Einschalten od. Steuern einer Maschine; Schalt-; alle ~ in Bewegung setzen <fig.; umg.>; am längeren ~ sitzen <fig.; umg.>; **'He·bel·arm** <m.; -(e)s, -e>; **'he·beln** <V. t.; ich heb(e)le>; **'he·ben** <V. t./V. refl. 163> 1 in die Höhe bewegen; die Schranke hob sich; Schätze ~ 2 <fig.> verbessern; die Stimmung ~; in gehobener Position; **'He·ber** <m.; -s, ->; **'He·be·werk** <n.; -(e)s, -e> Vorrichtung zum Heben von Schiffen; Schiffs~

He'brä·er, <auch> **Heb'rä·er** <m.; -s, -; ⟋Z53> Angehöriger des Volkes Israel; **He'brä·e·rin** <f.; -, -n·nen>; **He'brä·i·ka** <[-'bra:i-]; Pl.> Werke über die hebräische Geschichte u. Kultur; **He'bra·i·kum** <n.; -s> Prüfung der Hebräischkenntnisse (für Theologiestudenten); **he'brä·isch** <Adj.>; **He·bra'is·tik** <f.; -; unz.> Wissenschaft von der hebr. Sprache u. Kultur; **He·bra'is·tin** <f.; -, -n·nen>; **he·bra'is·tisch** <Adj.>

'He·bung <f.; -, -en> 1 das Zuta-

gefördern (eines Schatzes, eines gesunkenen Schiffes o. Ä.) 2 <Geol.> Erhöhung der Erdkruste 3 <fig.> Steigerung, Verbesserung 4 <Verslehre> betonte Verssilbe; Ggs Senkung(4)

'He·chel <f.; -, -n> Gerät für die Flachs- u. Hanfbearbeitung; **He·che'lei** <f.; -, -en; umg.> Klatsch; **'He·chel·kamm** <m.; -(e)s, ⸚e> = Hechel; **'he·cheln** <V.; ich hech(e)le> 1 <V. t.> Flachs ~ Flachs-, Hanffasern spalten 2 <V. i.> schnell u. hörbar atmen; der Hund hechelt

Hecht <m.; -(e)s, -e; Zool.> ein Fisch; ein toller ~! <fig.; umg.; scherzh.>; **'Hecht·barsch** <m.; -(e)s, -e; Zool.> = Zander; **'hech·ten** <V. i. (s.)> ins Wasser ~; **'Hecht·rol·le** <f.; -, -n> eine Turnübung; **'Hecht·sprung** <m.; -(e)s, ⸚e> 1 eine Turnübung 2 Kopfsprung ins Wasser; **'Hecht·sup·pe** <umg.; nur in der Wendung> es zieht wie ~ stark

Heck <n.; -(e)s, -e od. -s> hinterer Teil des Autos, Schiffes od. Flugzeugs; **'Heck·an·trieb** <m.; -(e)s; unz.; bei Kfz>

'He·cke¹ <f.; -, -n> Umzäunung aus Büschen u. Sträuchern

'He·cke² <f.; -, -n> 1 Brut(raum) von Vögeln 2 Brutzeit

'He·cken·ro·se <f.; -, -n; Bot.>; **'He·cken·sche·re** <f.; -, -n>; **'He·cken·schüt·ze** <m.; -n, -n> jmd., der aus dem Hinterhalt schießt

'Heck·fens·ter <n.; -s, -; bei Kfz>; **'Heck·flos·se** <f.; -, -n; meist Pl.; bei Kfz> Zierleiste am Heck; **'Heck·klap·pe** <f.; -, -n; an Kfz>; **'Heck·lam·pe** <f.; -, -n>; **'Heck·last** <f.; -, -en>; **'heck·las·tig** <Adj.>

'Heck·meck <n.; -s; unz.; umg.> 1 unnötige Umstände; mach bloß kein ~! 2 Geschwätz

'Heck·mo·tor <m.; -s, -en>; **'Heck·schei·be** <f.; -, -n; an Kfz>

'He·de·rich <m.; -s, -(e)s, -e; Bot.> ein Ackerunkraut

Hedge·ge·schäft <['hɛdʒ-]; n.; -(e)s, -e; Wirtsch.> Art des Warentermingeschäftes [engl.]

He'do·nik <f.; -; unz.> = Hedonismus [grch.]; **He'do·ni·ker** <m.;

-s, ->; **He·do'nis·mus** <m.; -; unz.> *altgrch. Lehre, nach der Lust u. Genuss das höchste Gut des Lebens sind;* **He·do'nist** <m.; -en, -en>; **he·do'nis·tisch** <Adj.>

He·dschra, <auch> **'Hedsch·ra** <f.; -; unz.; ↗Z54> *Aufbruch Mohammeds von Mekka nach Medina 622 n. Chr. (Beginn der islam. Zeitrechnung)* [arab.]

Heer <n.; -(e)s, -e> **1** <Mil.> *Gesamtheit der Streitkräfte eines Landes;* Sy Armee **2** <fig.> *große Zahl;* ein ~ von Schülern; **'Hee·res·be·richt** <m.; -(e)s, -e; Mil.>; **'Hee·res·dienst** <m.; -(e)s; unz.; Mil.>; **'Hee·res·lei·tung** <f.; -; unz.; Mil.>; **'Hee·res·zug** <m.; -(e)s, ⸚e; Mil.>; **'Heer·füh·rer** <m.; -s, -; Mil.> oberster ~; **'Heer·la·ger** <n.; -s, -; Mil.>; **'Heer·schar** <f.; -, -en> *große Menge;* die himmlischen ~en *die Engel;* **'Heer·schau** <f.; -, -en; Mil.> *Truppenparade*

'He·fe <f.; -, -n> *Gärung erzeugende einzellige Organismen;* **'He·fe·brot** <n.; -(e)s, -e>; **'He·fe·kranz** <m.; -es, ⸚e>; **'He·fe·ku·chen** <m.; -s, ->; **'He·fe·pilz** <m.; -es, -e> *einzelner Organismus der Hefe;* **'He·fe·stück** <n.; -(e)s, -e>; **'He·fe·teig** <m.; -(e)s, -e>; **'He·fe·zopf** <m.; -(e)s, ⸚e>; **'he·fig** <Adj.> *Hefe enthaltend*

Heft¹ <n.; -(e)s, -e> *gefaltete u. geheftete Papierblätter;* Schreib~

Heft² <n.; -(e)s, -e> **1** *Griff an Stichwaffen u. Werkzeugen* **2** <fig.> *Leitung, Führung;* das ~ (fest) in der Hand behalten

'Heft·draht <m.; -(e)s; unz.>

'Hef·tel <n.; -s, - od. -n; umg.> *Häkchen, Öse;* **'hef·teln** <V. t.; ich heft(e)le>, **'hef·ten** <V. t./V. refl.> **1** *mit Klammern, Reißnägeln o. Ä. befestigen;* eine Visitenkarte an den Brief ~ **2** *mit lockeren Stichen nähen;* die Bluse ist nur geheftet **3** <fig.> die Augen, den Blick auf jmdn. od. etwas ~; sich an jmds. Fersen ~; **'Hef·ter** <m.; -s, -; kurz für> **1** *Schnellhefter* **2** *ein Bürogerät;* **'Heft·fa·den** <m.; -s, ⸚>

'hef·tig <Adj.> **1** *gewaltig;* ~e Regenfälle **2** er wird immer gleich ~; **'Hef·tig·keit** <f.; -, -en>

'Heft·klam·mer <f.; -, -n; Buchbinderei>; **'Heft·ma·schi·ne** <f.; -, -n>; **'Heft·pflas·ter** <n.; -s, ->

'He·ge <f.; -; unz.> *Schutz u. Pflege von Wild u. jungen Pflanzen*

He·ge·li'a·ner <m.; -s, -> *Anhänger der Philosophie Hegels*

He·ge'mon <m.; -en, -en> *Herrscher, Führer* [grch.]; **he·ge·mo·ni'al** <Adj.>; **He·ge·mo'nie** <f.; -, -n> *Vormachtstellung, Vorherrschaft (eines Staates);* **he·ge·'mo·nisch** <Adj.>

'he·gen <V. t.> **1** *schützen, behüten;* ~ und pflegen **2** *Gefühle (für, gegen jmdn. od. etwas) ~ haben;* ein lang gehegter Wunsch; <Jägerspr.> *Schützer;* Wild~; **'He·ge·ring** <m.; -(e)s, -e; Jägerspr.> *Jagdbezirk;* **'He·ge·wald** <m.; -(e)s, ⸚er; Jägerspr.> *geschonter Wald;* **'He·ge·zeit** <f.; -, -en; Jägerspr.> *Schonzeit*

Hehl <m. od. n.; nur in der Wendung> kein(en) ~ aus etwas machen *etwas nicht verheimlichen;* **'heh·len** <V. t.; veralt.> *verheimlichen;* Hehlen ist schlimmer als Stehlen <Sprichw.>; **'Heh·ler** <m.; -s, -> *Mitwisser;* **Heh·le'rei** <f.; -, -en>; **'Heh·le·rin** <f.; -, -n·nen>

hehr <Adj.> *erhaben, Ehrfurcht gebietend*

'Heia <f.; -; unz.; Kinderspr.> *Bett;* in die ~ gehen; ~ machen *schlafen;* **'Hei·a·bett** <n.; -(e)s, -en; Kinderspr.>; **hei·a·po'peia** = *eiapopeia*

'Hei·de¹ <m.; -n, -n> **1** *Anhänger einer polytheistischen Religion* **2** *Ungläubiger*

'Hei·de² <f.; -, -n> **1** *eine Landschaft* **2** <unz.; Bot.> *Erika, Heidekraut;* **'Hei·de·korn** <n.; -(e)s; unz.> = *Buchweizen;* **'Hei·de·kraut** <n.; -(e)s; unz.; Bot.> *ein Gewächs;* **'Hei·de·land** <n.; -(e)s; unz.>

'Hei·del·bee·re <f.; -, -n; Bot.> *ein Heidekrautgewächs mit blauschwarzen Beeren;* **'Hei·del·beer·kraut** <n.; -(e)s; unz.>

'Hei·del·berg·mensch <m.; -en; unz.> *mitteleiszeitl. Mensch* [nach dem Fundort *Heidelberg*]

'Hei·de·ler·che <f.; -, -n; Zool.> *eine Lerchenart*

'Hei·den... <umg.; in Zus.> *groß, sehr viel;* **'Hei·den·angst** <f.; -; unz.; umg.>; **'Hei·den·ar·beit** <f.; -; unz.; umg.>; **'Hei·den·chris·ten·tum** <[-kris-]; n.; -s; unz.>; **'Hei·den·geld** <n.; -(e)s; unz.; umg.> das kostet ein ~; **'Hei·den·lärm** <m.; -s; unz.; umg.>

'Hei·den·rös·chen <n.; -s, ->, **'Hei·den·rös·lein** <n.; -s, -; poet.> = *Heideröschen*

'Hei·den·schreck <m.; -(e)s; unz.; umg.> *riesiger Schreck;* **'Hei·den·spaß** <m.; -es; unz.; umg.> einen ~ machen; **'Hei·den·spek·ta·kel** <n.; -s; unz.; umg.>; **'Hei·den·tum** <n.; -s; unz.>

'Hei·de·rös·chen <n.; -s, ->, **'Hei·de·ro·se** <f.; -, -n; Bot.>

'Hei·din <f.; -, -n·nen>

'Heid·jer <m.; -s, -> *Bewohner der (Lüneburger) Heide;* **'Heid·je·rin** <f.; -, -n·nen>

'heid·nisch <Adj.> *die Heiden betreffend*

'Heid·schnu·cke <f.; -, -n; Zool.> *eine Schafrasse*

'hei·kel <Adj.; 'heik·ler, am -s·ten> **1** *schwierig, peinlich, unangenehm;* eine heikle Angelegenheit **2** *wählerisch (bes. beim Essen);* sei nicht so ~!

heil <Adj.> **1** *gesund, unverletzt* **2** *unbeschädigt;* der Teller ist ~ geblieben; ~e Welt <fig.>; **Heil** <n.; -(e)s; unz.> *Glück, Wohlergehen, Segen;* Ski ~!; eine ~ bringende/<auch> heilbringende Arznei; <aber nur getrennt> eine großes ~ bringende Botschaft; **'Heil·land** <m.; -(e)s, -e> **1** <unz.> *Jesus Christus* **2** <geh.> *Retter, Erlöser;* **'Heil·bad** <n.; -(e)s, ⸚er>; **'heil·bar** <Adj.>; **'Heil·bar·keit** <f.; -; unz.>; **'heil·brin·gend,** <auch> **'heil brin·gend** <Adj.> eine ~e Arznei; <bei Steigerung u. mit Attribut nur Zusammenschreibung> noch heilbringender als ...; **'Heil·butt** <m.; -(e)s, -e; Zool.> *ein Fisch;* **'Heil·dis·tel** <f.; -, -n; Bot.> = *Benediktenkraut;* **'hei·len** <V.> **1** <V. t.> jmdn. ~ *gesund machen* **2** <V. i. (s.)> die Wunde ist geheilt *verschwunden;* **'Heil·er·de** <f.; -; unz.>; **'Heil·er·folg** <m.; -(e)s, -e>; **'Heil·fas·ten** <n.; -s; unz.>; **'heil-**

'froh <Adj.; verstärkend> *sehr froh;* **'Heil·gym·nas·tik** <f.; -; unz.; veralt.> *Krankengymnastik*

'hei·lig <Adj.; Abk.: hl., Pl.: hll.> **1** <✏Z 46> *geweiht, gesegnet;* das ~e Abendmahl; der ~e Antonius; die erste ~e Kommunion; ~e Gegenstände; der ~e Krieg; das ist mein ~er Ernst <fig.; umg.>; in ~em Zorn <fig.; umg.>; ~e Einfalt! *(Ausruf der Verwunderung);* alle ~en Zeiten <fig.; umg.> *sehr selten;* <aber> die Heilige Allianz *Bündnis zw. Preußen, Russland u. Österreich 1815;* die Heilige Dreifaltigkeit; die Heilige Familie; der Heilige Christ; der Heilige Geist; die Heilige Jungfrau Maria; die Heiligen Drei Könige; das Heilige Land <bibl. Bez. für> *Palästina;* der Heilige Abend *der 24. Dezember;* die Heilige Nacht; die Heilige Schrift *die Bibel;* das Heilige Römische Reich (Deutscher Nation); der Heilige Stuhl *Thron des Papstes, päpstliche Regierung;* Heiliger Vater (Anrede für den Papst) **2** <✏Z 24; Getrenntschreibung mit Verben und Part.> *etwas* ~ *halten feiern, verehren;* ich habe es ~ gehalten; ~ zu halten; jmdn. ~ sprechen *zum Heiligen erklären;* er wurde ~ gesprochen; ~ zu sprechen; **Hei'lig·a·bend** <m.; -s, -e; ✏Z 55> = *Heiliger Abend;* **Hei·li·ge(r)** <f. 2 (m. 1)>; **Hei·li·ge·drei'kö·nigs·tag** <m.; des Heilige(n)dreikönigstag(e)s, die Heilige(n)dreikönigstage> *der 6. Januar;* ein Heiligerdreikönigstag; **'hei·li·gen** <V. t.> du sollst den Namen Gottes ~; der Zweck heiligt die Mittel <fig.> *rechtfertigt sie;* **Hei'li·gen·bild** <n.; -(e)s, -er>; **Hei'li·gen·fi·gur** <f.; -, -en>; **Hei'li·gen·schein** <m.; -(e)s, -e>; **Hei'li·gen·schrein** <m.; -(e)s, -e> = *Reliquiar;* **Hei'lig·keit** <f.; -; unz.> Seine ~ *der Papst;* **Hei'lig·spre·chung** <f.; -, -en>; **Hei'lig·tum** <n.; -(e)s, ⸚er>

'Heil·kli·ma <n.; -s; unz.>; **'heil·kli·ma·tisch** <Adj.> ~er Kurort; **'Heil·kraft** <f.; -, ⸚e>; **'heil·kräf·tig** <Adj.> *heilende Wirkung besitzend;* **'Heil·kraut** <n.; -(e)s,

⸚er>; **'Heil·kun·de** <f.; -; unz.> *Medizin;* **'heil·kun·dig** <Adj.>; **'Heil·kun·di·ge(r)** <f. 2 (m. 1)>; **'heil·los** <Adj.> *schlimm;* ein ~es Durcheinander; **'Heil·mit·tel** <n.; -s, ->; **'Heil·päd·a·go·gik**, <auch> **'Heil·pä·da·go·gik** <f.; -; unz.; ✏Z 54; veralt.> = *Sonderpädagogik;* **'Heil·pflan·ze** <f.; -, -n>; **'Heil·prak·ti·ker** <m.; -s, -> *staatl. geprüfter, auf Naturheilverfahren spezialisierter Heilkundiger;* **'Heil·prak·ti·ke·rin** <f.; -, -n·nen>; **'Heil·quel·le** <f.; -, -n>; **'Heil·ruf** <m.; -(e)s, -e; bes. 1933–45>; **'Heil·sal·be** <f.; -, -n>; **'heil·sam** <Adj.> eine ~e Lehre; **'Heils·ar·mee** <f.; -; unz.> *eine internat. christl. Organisation mit karitativer Zielrichtung;* **'Heils·bot·schaft** <f.; -; unz.>; **'Heil·schlaf** <m.; -(e)s; unz.; Med.>; **'Heil·se·rum** <n.; -s, -se·ren>; **'Heils·ge·schich·te** <f.; -; unz.; Theol.>; **'Heils·leh·re** <f.; -; unz.>; **'Hei·lung** <f.; -, -en>; **'Hei·lungs·pro·zess** <m.; -es, -e>; **'Heil·ver·fah·ren** <n.; -s, ->; **'Heil·wir·kung** <f.; -, -en>; **'Heil·zweck** <nur in der Wendung> zu ~en

heim <Adv.> *nach Hause;* **Heim** <n.; -(e)s, -e **1** <unz.; geh.> *Wohnung, Zuhause* **2** *gemeinschaftliche Wohnstätte;* Alters-; Kinder-; **'Heim·a·bend** <m.; -s, -e; ✏Z 55> *geselliger Abend in einem Heim(2);* **'Heim·ar·beit** <f.; -, -en> in ~ fertigen; **'Heim·ar·bei·ter** <m.; -s, ->; **'Heim·ar·bei·te·rin** <f.; -, -n·nen>

'Hei·mat <f.; -; unz.> *Ort, wo jmd. geboren, aufgewachsen od. zu Hause ist;* **'hei·mat·be·rech·tigt** <Adj.>; **'Hei·mat·be·rech·ti·gung** <f.; -, -en>; **'Hei·mat·dich·ter** <m.; -s, ->; **'Hei·mat·dich·te·rin** <f.; -, -n·nen>; **'Hei·mat·dich·tung** <f.; -, -en>; **'Hei·mat·er·de** <f.; -; unz.>; **'Hei·mat·film** <m.; -(e)s, -e>; **'Hei·mat·for·scher** <m.; -s, ->; **'Hei·mat·for·sche·rin** <f.; -, -n·nen>; **'Hei·mat·for·schung** <f.; -; unz.>; **'Hei·mat·ha·fen** <m.; -s, ⸚>; **'Hei·mat·kun·de** <f.; -; unz.>; **'Hei·mat·land** <n.; -(e)s, ⸚er>; **'hei·mat·lich** <Adj.> ~en Boden betreten; **'Hei·mat·lie·be** <f.; -; unz.>; **'hei·mat·los** <Adj.>; **'Hei-**

mat·mu·se·um <n.; -s, -mu·se·en>; **'Hei·mat·ort** <m.; -(e)s, -e>; **'Hei·mat·recht** <n.; -(e)s; unz.>; **'Hei·mat·staat** <m.; -(e)s, -en>; **'Hei·mat·stadt** <f.; -, ⸚e>; **'Hei·mat·ver·trie·be·ne(r)** <f. 2 (m. 1)>

'heim|be·ge·ben <V. refl. 143; ich begebe mich heim; sie hat sich heimbegeben; heimzubegeben; ✏Z 26> *nach Hause gehen;* **'heim|be·glei·ten** <V. t.> jmdn. ~; **'heim|brin·gen** <V. t. 118>; **'Heim·chen** <n.; -s, -> **1** <Zool.> *eine Grille* **2** ~ am Herd <fig.; abwertend> *Hausmütterchen;* **'Heim·com·pu·ter** <[-pju:-]; m.; -s, -> *Computer für den privaten Gebrauch;* **'hei·me·lig** <Adj.> *anheimelnd, gemütlich;* **'heim|fah·ren** <V. i. (s.) u. V. t.> sie ist heimgefahren; ich werde ihn ~; **'Heim·fahrt** <f.; -, -en>; **'Heim·fall** <m.; -(e)s; unz.; im Lehnsrecht> *Rückfall eines Lehnsgutes an den Lehnsherrn;* **'heim|fal·len** <V. i. (s.) 131> *an den Lehnsherrn od. Staat übergehen;* **'heim·fäl·lig** <Adj.>; **'heim|füh·ren** <V. t.>; **'Heim·gang** <m.; -(e)s; unz.; fig.; geh.> *Tod;* nach dem ~ unseres lieben ...; **'heim|ge·hen** <V. i. (s.) 145; umg.> **1** *nach Hause gehen* **2** <fig.; geh.> *sterben;* **'heim|gei·gen** <V. i.; umg.> jmdm. ~ *jmdn. derb abweisen;* **'heim|ho·len** <V. t.>; **'hei·misch** <Adj.> **1** *zur Heimat gehörend;* die ~e Tierwelt **2** *wie zu Hause;* ich bin hier schnell ~ geworden; **'Heim·kehr** <f.; -; unz.>; **'heim|keh·ren** <V. i. (s.)>; **'Heim·keh·rer** <m.; -s, ->; **'Heim·keh·re·rin** <f.; -, -n·nen>; **'Heim·kind** <n.; -(e)s, -er> *Kind, das in einem Heim(2) aufwächst;* **'Heim·ki·no** <n.; -s, -s> **1** *Vorführung von selbst gedrehten Filmen* **2** <scherzh. a.> *Fernsehapparat;* **'heim|kom·men** <V. i. (s.) 170>; **'Heim·kunft** <f.; -; unz.> *Heimkehr;* **'heim|leuch·ten** <V. i.> = *heimgeigen*

'heim·lich <Adj.> *unauffällig, (von anderen) unbemerkt;* ~ tun <abwertend> *geheimnisvoll tun;* sie hat heimlich getan; **'Heim·lich·keit** <f.; -, -en>; **'Heim·lich·tu·er** <m.; -s, ->;

Heim·lich·tu·e'rei <f.; -, -en>; **'Heim·lich·tu·e·rin** <f.; -, -n·nen>

'heim|müs·sen <V. i. 188; ich muss heim; sie hat heimgemusst; heimzumüssen>; ⬀Z26>; **'Heim·nie·der·la·ge** <f.; -, -n; Sp.>; **'Heim·or·gel** <f.; -, -n>; **'Heim·rei·se** <f.; -, -n>; **'heim|rei·sen** <V. i. (s.); du reist heim>; **'heim|schi·cken** <V. t.> ich habe ihn heimgeschickt; **'Heim·sieg** <m.; -(e)s, -e; Sp.>; **'Heim·spiel** <n.; -(e)s, -e; Sp.>; **'Heim·statt** <f.; -, -stät·ten>, **'Heim·stät·te** <f.; -, -n; geh.> Ort, an dem sich jmd. heimisch fühlt; **'heim|su·chen** <V. t.> etwas sucht jmdn. heim trifft jmdn. unerwartet; **'Heim·su·chung** <f.; -, -en> 1 großes Unglück, Plage 2 Besuch; Mariä ~ (ein kirchl. Fest); **'Heim·tier** <n.; -(e)s, -e>; **'Heim·trai·ner** <[-tre:-]; m.; -s, -; eindeutschend für> Hometrainer; **'Heim·tü·cke** <f.; -, -n> Hinterhältigkeit, Arglist; **'heim·tü·ckisch** <Adj.> 1 hinterlistig, boshaft 2 gefährlich, unberechenbar; eine ~e Krankheit; **'Heim·vor·teil** <m.; -(e)s; unz.; Sp.>; **'heim·wärts** <Adv.> nach Hause; **'Heim·weg** <m.; -(e)s, -e>; **'Heim·weh** <n.; -s; unz.> Sehnsucht nach der Heimat; **'heim·weh·krank** <Adj.>; **'Heim·wer·ker** <m.; -s, -> jmd., der handwerkliche Arbeiten zu Hause selbst macht; **'Heim·wer·ke·rin** <f.; -, -n·nen>; **'Heim·we·sen** <n.; -s, -; schweiz.> Anwesen; **'heim|wol·len** <V. i. 290; umg.> sie hat nicht heimgewollt; er wollte heim; **'heim·zah·len** <V. t.; fig.> jmdm. etwas ~ sich an jmdm. rächen; **'heim·zu** <Adv.; umg.> = heimwärts

Hein <nur in der Wendung> Freund ~ <verhüllend> der Tod; <aber> → Hain; **'Hei·ni** <m.; -s, -s; umg.; abwertend> (einfältiger, blöder) Kerl; so ein ~!

'Hein·zel·bank <f.; -, -e; österr.> Werkbank, **'Hein·zel·männ·chen** <n.; -s, -; im Volksglauben> hilfreicher Hausgeist

'Hei·rat <f.; -, -en> Eheschließung; **'hei·ra·ten** <V. t. u. V. i.> (mit jmdm.) die Ehe schließen;

'Hei·rats·al·ter <n.; -s; unz.>; **'Hei·rats·an·trag** <m.; -(e)s, ·e> er machte ihr einen ~; **'Hei·rats·an·zei·ge** <f.; -, -n; in der Zeitung>; **'hei·rats·fä·hig** <Adj.> im ~en Alter sein; **'Hei·rats·fä·hig·keit** <f.; -; unz.>; **'hei·rats·lus·tig** <Adj.> gewillt zu heiraten; **'Hei·rats·schwin·del** <m.; -s; unz.>; **'Hei·rats·ur·kun·de** <f.; -, -n>; **'Hei·rats·ver·mitt·lung** <f.; -, -en>

'hei·schen <V. t.; du heischst; veralt.> erbitten, verlangen

'hei·ser <Adj.> rau; eine ~ Stimme; **'Hei·ser·keit** <f.; -; unz.>

heiß <Adj.; -er, am -es·ten> 1 sehr warm; das Essen ~ machen; jmdm. die Hölle ~ machen <fig.; umg.> jmdn. heftig beschimpfen 2 <fig.> heftig, hitzig; eine ~e Diskussion; ~en Dank! <umg.> 3 <fig.; umg.> ein ~es Eisen eine heikle Angelegenheit; ein ~er Draht telefon. Direktverbindung; ein ~er Tipp ein interessanter T.; ein ~er Ofen ein Sportwagen od. schweres Motorrad; eine ~e Spur eine Erfolg versprechende S. 4 <Getrenntschreibung mit dem Part. Perf.> ~ begehrt, ersehnt, geliebt, umkämpft, umstritten; ihr ~ geliebtes Kuscheltier; **'heiß·blü·tig** <Adj.; fig.> leidenschaftlich; **'Heiß·blü·tig·keit** <f.; -; unz.>

'hei·ßen¹ <V. 164> 1 <V. i.> sich nennen, den Namen haben; wie heißt du?; sie heißt Corinna 2 <V. i.> bedeuten, besagen; was soll das ~?; ... das heißt <Abk.: d. h.>; wie heißt das auf Spanisch?; <unpersönl.> es heißt ... man sagt ... 3 <V. t.> jmdn. od. etwas ... ~ <geh.> als ... bezeichnen; er hieß ihn einen Betrüger; jmdn. willkommen ~ 4 <V. t.; veralt.> auffordern; wer hat dich kommen ~/<selten> geheißen?; wer hat dich geheißen zu kommen?

'hei·ßen² <V. t.; du heißt od. heißest; du heißtest; du hast geheißt; heiß!> hissen; heißt Flagge!

'Heiß·hun·ger <m.; -s; unz.> sehr großer Hunger; **'heiß·hung·rig** <Adj.>; **'heiß|lau·fen** <auch> **'heiß lau·fen** <V. i. (s.) 176; ⬀Z24>; es läuft heiß; es ist heiß-

gelaufen/heiß gelaufen; heißzulaufen/heiß zu laufen> die Telefondrähte sind heißgelaufen/heiß gelaufen <fig.; umg.> es herrschte reger Telefonverkehr; **'Heiß·luft** <f.; -; unz.> künstl. erhitzte Luft; **'Heiß·luft·ge·rät** <n.; -(e)s, -e>; **'Heiß·man·gel** <f.; -, -n> Maschine zum Glätten von Wäsche; **'Heiß·sporn** <m.; -(e)s, -e; fig.> hitziger, unbesonnener Mensch; **Heiß'was·ser·be·rei·ter** <m.; -s, ->; **Heiß'was·ser·spei·cher** <m.; -s, ->

'Heis·ter <m.; -s, -; Bot.> junger Laubbaum aus Baumschulen

...heit <Suffix; zur Bildung fem. Substantive> (zur Bez. der Art u. Weise); z. B. Schönheit; Weisheit

'hei·ter <Adj.; 'heit(e)rer, am -s·ten> 1 hell, sonnig; ~es Wetter 2 fröhlich, unbeschwert; ein ~er Roman 3 <umg.; iron.> unangenehm; das kann ja ~ werden!; **'Hei·ter·keit** <f.; -; unz.>; **'Hei·ter·keits·er·folg** <m.; -(e)s, -e>

'Heiz·an·la·ge <f.; -, -n>; **'heiz·bar** <Adj.>; **'Heiz·bar·keit** <f.; -; unz.>; **'Heiz·de·cke** <f.; -, -n>; **'hei·zen** <V. i. u. V. t.; du heizt od. (veralt.) heizest> mit Wärme versorgen; wir ~ mit Öl; **'Hei·zer** <m.; -s, ->; **'Heiz·ge·rät** <n.; -(e)s, -e>; **'Heiz·kes·sel** <m.; -s, ->; **'Heiz·kis·sen** <n.; -s, ->; **'Heiz·kör·per** <m.; -s, -> Teil der Heizung; **'Heiz·kos·ten** <Pl.>; **'Heiz·kraft·werk** <n.; -(e)s, -e>; **'Heiz·lüf·ter** <m.; -s, -> elektr. Heizgerät; **'Heiz·ma·te·ri·al** <n.; -s, -li·en>; **'Heiz·o·fen** <m.; -s, ·>; ⬀Z55>; **'Heiz·öl** <n.; -(e)s, -e>; **'Heiz·pe·ri·o·de** <f.; -, -n>; **'Heiz·plat·te** <f.; -, -n> elektr. Platte zum Kochen; **'Heiz·son·ne** <f.; -, -n>; **'Heiz·stoff** <m.; -(e)s, -e>; **'Heiz·strah·ler** <m.; -s, -> kleines Elektrogerät; **'Hei·zung** <f.; -, -en> Anlage zum Beheizen von Räumen; **'Hei·zungs·an·la·ge** <f.; -, -n>; **'Hei·zungs·bau·er** <m.; -s, ->; **'Hei·zungs·kel·ler** <m.; -s, ->; **'Hei·zungs·mon·teur** <[-tø:r]; m.; -s, -e>

He·ka'tom·be <f.; -, -n> große Anzahl von Menschen, die einem

Unglück zum Opfer gefallen sind [grch.]

'He·kim <m.; -s, -s> = *Hakim*

Hekt'ar, <auch> **Hek'tar** <a. ['--]; n.; -s, -; ↗Z54> Zeichen: ha> *ein Flächenmaß (100 Ar);* drei ~ Land [grch.]; **Hekt'a·re** <f.; -, -n; schweiz.> = *Hektar*

'Hek·tik <f.; -; unz.> *nervöse Unruhe, Geschäftigkeit* [grch.]; **'Hek·ti·ker** <m.; -s, -; umg.>; **'Hek·ti·ke·rin** <f.; -, -n·nen>; **'hek·tisch** <Adj.> *aufgeregt, fieberhaft;* ~e Röte

'Hek·to... <in Zus.; Zeichen: h; vor Maßeinheiten> *das Hundertfache der Grundeinheit;* ~li·ter [grch.]; **Hek·to·graf** <m.; -en, -en; ↗Z11.3> = *Hektograph;* **Hek·to·gra'fie** <f.; -, -n>; **Hek·to'gramm** <a. ['---]; n.; -s, -; Zeichen: hg> *eine Gewichtseinheit (100 g);* **Hek·to'graph** <m.; -en, -en; veralt.> *Vervielfältigungsgerät;* **Hek·to·gra'phie** <f.; -, -n> *Vervielfältigung;* **Hek·to'li·ter** <a. ['----]; n. od. (umg.) m., schweiz. nur m.; -s, -; Zeichen: hl> *ein Flüssigkeitsmaß (100 l);* **Hek·to'me·ter** <a. ['----]; n.; -s, -; Zeichen: hm> *ein Längenmaß (100 m);* **Hek·to·pas'cal** <a. ['----]; n.; -s, -; Zeichen: hPa> *eine Druckeinheit (100 Pascal);* **Hek·to'watt** <a. ['---]; n.; -s, -; Zeichen: hw> *Maßeinheit der elektr. Leistung (100 Watt)*

Hel <f.; -; einz.> *german. Myth.> Welt der Toten, Unterwelt*

He'lan·ca <n.; -s; unz.; Warenz.> *hochelastisches Kräuselgarn aus Nylon*

he'lau *(Ruf der rhein. Karnevalisten)*

Held <m.; -en, -en> 1 *jmd., der sich mutig für etwas eingesetzt hat* 2 *Hauptfigur (einer Dichtung);* **'Hel·den·brust** <f.; -, ~e; meist scherzh.>; **'Hel·den·dar·stel·ler** <m.; -s, ->; **'Hel·den·dar·stel·le·rin** <f.; -, -n·nen>; **'Hel·den·dich·tung** <f.; -, -en>; **'Hel·den·e·pos** <n.; -, ...pen; ↗Z55>; **'Hel·den·ge·dicht** <n.; -(e)s, -e>; **'hel·den·haft** <Adj.; -er, am ~·sten> *tapfer wie ein Held;* **'Hel·den·lied** <n.; -(e)s, -er>; **'Hel·den·mut** <m.; -(e)s; unz.>; **'hel·den·mü·tig** <Adj.> =

heldenhaft; **'Hel·den·sa·ge** <f.; -, -n>; **'Hel·den·tat** <f.; -, -en>; **'Hel·den·tod** <m.; -(e)s; unz.>; **'Hel·den·tum** <n.; -s; unz.>; **'Hel·din** <f.; -, -n·nen>; **'hel·disch** <Adj.>

'Hel·fe <f.; -, -n; Web.> *Stützfaden;* **'hel·fen** <V. i./V. refl. 165> 1 *jmdn. unterstützen;* sich zu ~ wissen 2 *die Arznei hat geholfen war von Nutzen;* **'Hel·fer** <m.; -s, ->; **'Hel·fe·rin** <f.; -, -n·nen>; ↗Z38>; **'Hel·fers·hel·fer** <m.; -s, -; abwertend> *Komplize*

'Hel·ge <f.; -, -n>, **'Hel·gen[1]** <m.; -s, -; Nebenform von> *Helling*

'Hel·gen[2] <m.; -s, -; schweiz.> 1 <urspr.> *Heiligenbild* 2 <dann abwertend> *Bild*

'he·li..., **'He·li...** <Vors.> = *helio..., Helio...;* **he·li'a·kisch** <Adj.> *auf die Sonne bezogen* [grch.]

'He·li·and <m.; -(e)s; unz.> *Evangeliendichtung des 9. Jh.*

He·li'an·thus <m.; -, -'an·then; Bot.> *Sonnenblume*

'He·li·kon <n.; -s; Instrumentenk.> *runde Basstuba* [grch.]; **He·li'ko·pter,** <auch> **He·li'kop·ter** <m.; -s, -; ↗Z54> = *Hubschrauber*

'he·lio..., **'He·lio...** <in Zus.> *licht..., Licht..., sonnen..., Sonnen...* [grch.]; **He·li·o'dor** <m.; -(e)s, -e> *ein Edelstein;* **He·li·o'graf** <m.; -en, -en; ↗Z11.3> 1 *Fernrohr mit Kamera zum Fotografieren der Sonne* 2 *Gerät zum Übermitteln opt. Signale mithilfe des Sonnenlichts;* **He·li·o'skop,** <auch> **He·li·os'kop** <n.; -s, -e; ↗Z54> *Gerät mit Lichtschwächung zur Beobachtung der Sonne;* **He·li·o'stat,** <auch> **He·li·os'tat** <m.; -en, -en; ↗Z54> *Spiegelvorrichtung, die das Sonnenlicht auf ein stationär montiertes Fernrohr wirft;* **'He·li·o·the·ra·pie** <f.; -; unz.; Med.> *Heilbehandlung mit Sonnenlicht u. -wärme;* **He·li·o'trop[1]** <n.; -s, -e> 1 <Bot.> *eine Zierpflanze* 2 <unz.> *ein Farbstoff für Baumwolle* 3 <Geodäsie> *Spiegelinstrument;* **He·li·o'trop[2]** <m.; -s, -e; Min.> *ein Edelstein;* **he·li·o'trop, he·li·o'tro·pisch** <Adj.>; **He·li·o·tro'pis·mus** <m.; -; unz.;

Biol.> *Eigenschaft von Pflanzen, das Wachstum nach dem Licht auszurichten;* **he·li·o'zen·trisch,** <auch> **he·li·o'zent·risch,** <Adj.; ↗Z53> *auf die Sonne als Mittelpunkt bezogen;* **He·li·o'zo·on** <n.; -s, -'zo·en; Zool.> = *Sonnentierchen*

He·li'port <m.; -s, -s> *Landeplatz für Hubschrauber* [engl.]; **'He·li·ski·ing** <[-ski:iŋ]; n.; - od. -s; unz.> *Skifahren in schwer zugänglichen Gebieten, zu denen man mit einem Helikopter gebracht wird*

'He·li·um <n.; -s; unz.; Chem.; Zeichen: He> *chem. Element, Edelgas*

'He·lix <f.; -, -li·ces [-tse:s]> 1 <Zool.> *Weinbergschnecke* 2 <Chem.> *spiralförmige Molekülstruktur* [grch.]

hell <Adj.> 1 <↗Z24> *reich an Licht;* ins Helle treten; ~ brennend; ~ erleuchtet; ~ glänzend; ~ leuchtende Sterne; ein ~ loderndes Feuer; ~ strahlend 2 *rein, hoch, klar;* eine ~e Stimme 3 <fig.> *gescheit, aufgeweckt;* ein ~es Köpfchen <umg.> 4 *echt, rein, ungetrübt;* in ~e Begeisterung ausbrechen; ~er Wahnsinn

'Hel·las *(das antike) Griechenland*

'hell·auf <Adv.> ~ begeistert sein ganz u. gar; ~ lachen *plötzlich kurz u. laut lachen;* <aber getrennt> 'hell 'auflachen (→ hell(2)); **'hell·äu·gig** <Adj.>; **'hell·blau** <Adj.>; **'hell·blond** <Adj.>; **'hell·braun** <Adj.>; **hell·'dun·kel** <Adj.> *zw. Licht u. Schatten, hellen u. dunklen Farben wechselnd;* **Hell'dun·kel** <n.; -s; unz.>; **'hel·le** <Adj.; umg.; nur präd.> *er ist nicht besonders ~ nicht gescheit;* **'Hel·le** <f.; -; unz.> *Helligkeit;* **'Hel·le(s)** <n. 3; umg.> ein (kleines) ~s bitte! *ein Glas helles Bier*

Hel·le'bar·de <f.; -, -n; im MA> *Hieb- u. Stoßwaffe;* **Hel·le·bar·'dier** <m.; -s, -e>

'Hel·le·gatt <n.; -s, -s> *Vorrats- u. Geräteraum (auf Schiffen)*

Hel'le·ne <m.; -n, -n> *Grieche;* **Hel'le·nin** <f.; -, -n·nen>; **hel'le·nisch** <Adj.>; **hel·le·ni'sie·ren** <V. t.>; **Hel·le'nis·mus** <m.; -;

unz.> *Abschnitt der grch. Kultur;* **Hel·le·nist** <m.; -en, -en>; **Hel·le·nis·tik** <f.; -; unz.> *Lehre von der altgrch. Sprache u. Kultur;* **Hel·le·nis·tin** <f.; -, -n·nen>; **hel·le·nis·tisch** <Adj.>

'Hel·ler <m.; -s, -> *alte dt. Münze;* Schulden auf ~ u. Pfennig zurückzahlen <fig.> *restlos*

'hell·gelb <Adj.>; **'hell·grau** <Adj.>; **'hell·grün** <Adj.>; **'hell·haa·rig** <Adj.>; **'hell·häu·tig** <Adj.>; **'hell·hö·rig** <Adj.> 1 *schalldurchlässig;* eine ~e Wohnung 2 <fig.> *aufmerksam;* ~ werden; **'Hell·hö·rig·keit** <f.; -; unz.>

'Hel·ling <Pl. von> *Helling*

'Hel·lig·keit <f.; -; unz.>; **'Hel·lig·keits·grad** <m.; -(e)s, -e>; **'Hel·lig·keits·reg·ler** <m.; -s, -> = *Dimmer*

'Hel·ling <f.; -, -en od. -li·gen od. m.; -(e)s, -e> *geneigter Schiffsbauplatz*

'hell·licht <Adj., ⚡Z37> *hell u. licht;* am ~en Tag; **'hell·li·la** <Adj.; undekl., ⚡Z37> ein ~ Kleid; **'hell·rot** <Adj.>; **'hell·se·hen** <V. i.; nur im Inf.> *die Zukunft vorhersehen;* **'Hell·se·her** <m.; -s, ->; **'Hell·se·he·rin** <f.; -, -n·nen>; **'hell·sich·tig** <Adj.> *mit scharfem Verstand begabt;* **'Hell·sich·tig·keit** <f.; -; unz.>; **'hell'wach** <Adj.> *völlig wach*

Helm¹ <m.; -(e)s, -e> *Stiel von Werkzeugen*

Helm² <m.; -(e)s, -e> 1 *Kopfschutz* 2 <Arch.> *Turmdach;* **'Helm·busch** <m.; -(e)s, ⸚e> *Federschmuck auf dem Helm²(1);* **'Helm·dach** <n.; -(e)s, ⸚er; Arch.>

Hel'min·the <f.; -, -n; meist Pl.; Med.> *Eingeweidewurm* [grch.]; **Hel·min'thi·a·sis** <f.; -; unz.; Med.> *Wurmkrankheit*

He·lo'phyt <m.; -en, -en; Bot.> *Sumpfpflanze* [grch.]

He'lot <m.; -en, -en>; **He'lo·te** <m.; -n, -n; im alten Sparta> *Staatssklave* [grch.]

'Hel·sin·ki *Hauptstadt von Finnland*

Hel·ve·ti·en <[-'ve:-]; lat. Name für> *die Schweiz;* **Hel've·ti·er** <m.; -s, -> *Angehöriger eines kelt. Volksstammes;* **Hel've·ti·e·rin** <f.; -, -n·nen>; **Hel've·ti·ka**

<Pl.> *Bücher, Bilder usw. über die Schweiz;* **hel've·tisch** <Adj.; ⚡Z46> *die Schweiz betreffend;* ~es Brauchtum; <aber> Helvetisches Bekenntnis <Abk.: H. B.> *Glaubensbekenntnis der ev.-reform. Kirche;* die Helvetische Republik *die Schweiz;* **Hel've·tis·mus** <m.; -, -'tismen; Sprachw.> *schweiz. Spracheigentümlichkeit*

He·man <['hi:mæn]; m.; - od. -s, He·men ['hi:mən]> *besonders männlich wirkender Mann* [engl.]

Hemd <n.; -(e)s, -en> *Kleidungs- u. Wäschestück;* Nacht~; Unter~; **'Hemd·blu·se** <f.; -, -n>; **'Hemd·blu·sen·kleid** <n.; -(e)s, -er>; **'Hem·den·knopf** <m.; -(e)s, ⸚e>; **'Hem·den·matz** <m.; -es, ⸚e; umg.> *kleines, nur mit einem Hemd bekleidetes Kind;* **'Hemds·är·mel** <m.; -s, -; meist Pl.> in ~ *ohne Jacke;* **'hemds·är·me·lig, 'hemds·ärm·lig** <Adj.>

'he·mi..., 'He·mi... <in Zus.: halb..., Halb...> [grch.]; **He·mi'o·le** <f.; -, -n; Mus.> *Notation für den Übergang in die andere Taktart;* **he·mi·pe'la·gisch** <Adj.> *aus großer Meerestiefe (stammend);* **He·mi·ple'gie** <f.; -, -n; Med.> *halbseitige Lähmung;* **He·mi'pte·re,** <auch> **He·mip'te·re** <m.; -n, -n; Zool.> = *Wanze;* **He·mi'sphä·re,** <auch> **He·mis'phä·re** <f.; -, -n; ⚡Z54> 1 *Erdhalbkugel;* die nördliche ~ 2 <Anat.> *jede der beiden Großhirnhälften;* **he·mi'sphä·risch** <Adj.>; **He·mi'sti·chi·on, He·mi'sti·chi·um,** <auch> **He·mis'ti·chi·on, He·mis'ti·chi·um** <n.; -s, -chi·en; ⚡Z54> *antike Metrik> Halbvers;* **he·mi'zy·klisch,** <auch> **he·mis'zyk·lisch** <Adj.; ⚡Z53> *halbkreisförmig*

'Hem·lock·tan·ne <f.; -, -n; Bot.> [engl.]

'hem·men <V. t.> *in der Bewegung od. Entwicklung bremsen, verlangsamen, zum Stillstand bringen;* **'Hemm·klotz** <m.; -es, ⸚e> = *Bremsklotz;* **'Hemm·nis** <n.; -s·ses, -s·se> *Hindernis, Erschwernis;* **'Hemm·schuh** <m.; -(e)s, -e> 1 *eine Bremshilfe* 2

<fig.> *Behinderung;* ein ~ für jmdn. sein; **'Hemm·schwel·le** <f.; -, -n; bes. Psych.> *Grad der Hemmungen;* eine hohe, niedrige ~ haben; die ~ überschreiten; **'Hemm·stoff** <m.; -(e)s, -e; Chem.> *Substanz, die chem. Reaktionen hemmt;* **'Hem·mung** <f.; -, -en> Lade~; Wachstums~; er hat keine ~(en) *er geniert sich nicht;* **'hem·mungs·los** <Adj.>; **'Hem·mungs·lo·sig·keit** <f.; -; unz.>

Hen·de·ka'gon <n.; -s, -e> *Elfeck* [grch.]

Hen·di·a·dy'oin <n.; -s, -e> *Verwendung zweier sinnverwandter Wörter als Stilmittel zur Ausdrucksverstärkung* [grch.]

Hendl <n.; -s, -n; süddt.; österr.> *junges Huhn;* Back~; Brat~

Hengst <m.; -es, -e> *männl. Einhufer, bes. männl. Pferd;* Ggs Stute; **'Hengst·foh·len** <n.; -s, -> Ggs *Stutfohlen*

'Hen·kel <m.; -s, -> *gebogener Griff zum Heben od. Tragen;* **'Hen·kel·glas** <n.; -es, ⸚er>; **...hen·ke·lig** <Adj.; in Zus.> z. B. zweihenkelig; **'Hen·kel·korb** <m.; -(e)s, ⸚e>; **'Hen·kel·krug** <m.; -(e)s, ⸚e>; **'Hen·kel·mann** <m.; -(e)s, ⸚er; umg.> *Gefäß zum Transport von warmem Essen;* **'Hen·kel·topf** <m.; -(e)s, ⸚e>

'hen·ken <V. t.; veralt.> er wurde gehenkt; → a. *hängen²(3);* **'Hen·ker** <m.; -s, ->; **'Hen·ker(s)·beil** <n.; -(e)s, -e>; **'Hen·kers·frist** <f.; -; -en> *Gnadenfrist;* **'Hen·kers·knecht** <m.; -(e)s, -e>; **'Hen·kers·mahl·zeit** <f.; -, -en; fig.> *letzte Mahlzeit*

...henk·lig <Adj.; in Zus.> = *...henkelig*

'Hen·na <f.; -; unz. od. n.; - od. -s; unz.> *ein pflanzl. (Haar-)Farbstoff* [arab.]

'Hen·ne <f.; -, -n> *weibl. Hühnertier;* Sy *Huhn*

'Hen·ne·gatt <n.; -(e)s, -e; norddt.> = *Koker¹*

He·no·the'is·mus <m.; -; unz.> *Verehrung eines unter mehreren Göttern bevorzugten Gottes* [grch.]; **he·no·the'is·tisch** <Adj.>

Hen·ri·qua·tre, <auch> **Hen·ri·quat·re** <[āri'katr]; m.; -s, -s;

⤴Z53> *Spitzbart* [frz.; nach dem Bartschnitt von *Henri Quatre* (1553–1610)]

'**Hen·ry** <n.; -, -; Phys.; Zeichen: H> *Einheit der magnet. Induktivität* [nach dem amerikan. Physiker J. *Henry*]

'**He·par** <n.; -s, -pa·ta; Anat.> *Leber* [grch.]; **He·pa'rin** <n.; -s; unz.> *Stoff mit gerinnungshemmenden Eigenschaften*; **he·pa·tisch** <Adj.; Med.>; **He·pa'ti·tis** <f.; -, He·pa·ti'ti·den; Med.> *Leberentzündung*; **he·pa·to...**, **He·pa·to...** <in Zus.> *leber...*, *Leber...*; **He·pa·to'lo·ge** <m.; -n, -n; Med.>; **He·pa·to·lo'gie** <f.; -; unz.; Med.> *Lehre von der Leber u. ihren Krankheiten*; **He·pa·to·'lo·gin** <f.; -, -n·nen>

hept..., **Hept...**, **hep·ta...**, **Hep·ta...** <in Zus.> *sieben...*, *Sieben...* [grch.]; **Hep·ta·chord** <[-'kɔrd]; m. od. n.; -(e)s, -e; Mus.> *große Septime*; **Hep·ta'e·der** <n.; -s, -; Geom.> *Siebenflächner*; **Hep·ta·'gon** <n.; -s, -e; Geom.> *Siebeneck*; **Hept'a·me·ron**, <auch> **Hept'a·me·ron** <n.; -s; unz.> ⤴Z54> *an sieben Tagen erzählte Novellensammlung von Margarete von Navarra*; **Hep'ta·me·ter** <m.; -s, -; Metrik> *siebenfüßiger Vers*; **Hep'tan** <n.; -(s); unz.; Chem.> *Kohlenwasserstoff mit sieben Kohlenstoffatomen*; **Hep·ta'teuch** <m.; -(e)s; unz.> *die ersten sieben Bücher des AT*; **Hep·ta'to·nik** <f.; -; unz.; Mus.> *sieben Töne umfassende Tonleiter*; **Hept'o·de**, <auch> **Hept'o·de** <f.; -, -n; ⤴Z54>; Phys.> *Elektronenröhre mit sieben Elektroden*

her <Adv.> **1** <räumlich> *von dort nach hier*; ~ damit!; hinter jmdm. od. etwas ~ sein *jmdn. od. etwas verfolgen*; sie läuft hin u. ~; <aber> nach langem Hin u. Her; → a. *hin* **2** <zeitlich> *zurückliegend, vergangen* ~ sein; es ist schon lange ~; von alters ~ **3** *einen Sachverhalt betreffend*; von der Ausstattung ~ ist es ein schönes Buch; damit ist es nicht weit ~ <fig.; umg.>; **her...** <Vors.> <V. ⤴Z22; in Zus. mit Verben betont u. abtrennbar> z. B. herbeten; ich bete her; sie hat hergebetet; herzu-

beten **2** <unbetont u. nicht trennbar> *eine Richtung bezeichnend*, z. B. herauf, herunter

her'ab, <auch> **he'rab** <Adv.; ⤴Z54>; geh.> *von oben nach unten*; von oben ~ <fig.; umg.> *hochmütig*; **her'ab...** <Vors.; ⤴Z22> in Zus. mit Verben betont u. abtrennbar> z. B. herabblicken; ich blicke herab; sie hat herabgeblickt; herabzublicken; **her'ab|bli·cken** <V. i.; a. fig.> auf jmdn. ~; **her'ab|fal·len** <V. i. (s.) 131>; **her'ab|hän·gen** <V. i. 161 (h. od. (süddt.; österr.; schweiz.) s.)>; **her'ab|las·sen** <V. t./V. refl. 175> *herunterlassen*; sich zu etwas ~ <fig.>; **her·'ab·las·send** <Adj.; ⤴Z28.1> *hochmütig, gönnerhaft, gnädig*; **Her'ab·las·sung** <f.; -; unz.; fig.>; **her'ab|schau·en** <V. i.> *herunterschauen, <a. fig.> auf jmdn. ~*; **her'ab|se·hen** <V. i. 239> = *herabschauen*; **her'ab·set·zen** <V. t.> **1** *vermindern*; zu herabgesetzten Preisen *günstiger* **2** jmdn. ~ <fig.> *geringschätzig, kränkend behandeln*; **Her·'ab·set·zung** <f.; -; unz.>; **her'ab|sin·ken** <V. i. (s.) 244>; **her·'ab|stür·zen** <V. i. (s.)>; **her'ab·wür·di·gen** <V. t.; fig.> = *herabsetzen(2)*; **Her'ab·wür·di·gung** <f.; -; unz.>

He·ra'kli·de, <auch> **He·rak'li·de** <m.; -n, -n; ⤴Z53> *Nachkomme des Herakles (Halbgott u. Held der grch.-röm. Sage)*

He'ral·dik <f.; -; unz.> *Wappenkunde* [frz.]; **He'ral·di·ker** <m.; -s, ->; **he'ral·disch** <Adj.>

her'an, <auch> **he'ran** <Adv.; ⤴Z54> *von dort nach hier, hierher*; nur ~!; ~ sein *nahe (an etwas) sein*; sie ist ~; **her'an...** <Vors.; ⤴Z22> in Zus. mit Verben betont u. abtrennbar> z. B. herankommen; ich komme heran; sie ist herangekommen; heranzukommen; **her'an·ar·bei·ten** <V. refl.> *sich (mühsam) einem Ziel nähern*; **her·'an|bil·den** <V. t.> *ausbilden*; **her'an|brin·gen** <V. t. 118>; **her'an|dür·fen** <V. i. 124>; **her'an·fah·ren** <V. i. (s.) 130>; **her'an·füh·ren** <V. t.>; **her'an|ge·hen** <V. i. (s.) 145>; **her'an|kom·men**

<V. i. (s.) 170> etwas an sich ~ *lassen abwarten u. nichts unternehmen*; **her'an|kön·nen** <V. i. 171>; **her'an|las·sen** <V. i.>; **her'an|ma·chen** <V. refl.; umg.> **1** sich an jmdn. ~ *sich jmdm. mit einer best. Absicht nähern* **2** sich an etwas ~ *damit beginnen*; **her'an|rei·chen** <V. i.>; **her'an|rei·fen** <V. i. (s.)> *reif, erwachsen werden*; **her'an·rü·cken** <V.> **1** <V. t.> den Tisch ~ *näher rücken* **2** <V. i. (s.)> *näher kommen*; **her'an|tas·ten** <V. refl.>; **her'an·tra·gen** <V. t. 265> **1** *herbeitragen* **2** einen Wunsch an jmdn. ~ <fig.> *vorbringen*; **her'an|tre·ten** <V. i. (s.) 268> **1** *näher treten* **2** an jmdn. mit einer Bitte ~ <fig.> *jmdn. um etwas bitten*; **her'an|wach·sen** <[-ks-]; V. i. (s.) 277>; **Her'an·wach·sen·de(r)** <f.·2 (m. 1)>; **her'an|wa·gen** <V. refl.>; **her·'an|zie·hen** <V. 293> **1** <V. t.> jmdn. od. etwas ~ *näher zu sich ziehen* **2** <V. i. (s.) 268> **1** jmdn. od. etwas ~ *Pflanzen ~ zum Gedeihen bringen* **3** <V. i. (s.)> *ein Unwetter zieht heran*

her'auf, <auch> **he'rauf** <Adv.; ⤴Z54> *von (dort) unten nach (hier) oben*; hier ~!; oV *rauf*; **her·'auf...** <Vors.; ⤴Z22> in Zus. mit Verben betont u. abtrennbar> z. B. heraufklettern; ich klett(e)re herauf; sie ist heraufgeklettert; heraufzuklettern; **her'auf|be·schwö·ren** <V. t. 238> **1** etwas ~ *(aus Unachtsamkeit) ein Unglück verursachen* **2** etwas ~ *sich Vergangenes in Erinnerung rufen*; **her·'auf|bit·ten** <V. t. 112> jmdn. ~; **her'auf|brin·gen** <V. t. 118>; **her'auf|drin·gen** <V. i. (s.) 122>; **her'auf|füh·ren** <V.> **1** <V. t.> jmdn. ~ *jmdn. von unten nach oben führen* **2** <V. i.> *von unten nach oben verlaufen*; der Weg führt hier herauf; **her'auf·ge·hen** <V. i. (s.) 145>; **her'auf·kom·men** <V. i. (s.) 170>; **her·'auf|rei·chen** <V.> **1** <V. i.> der Baum reicht bis zu unserem Dach herauf **2** <V. t.> *nach oben reichen*; **her'auf|tra·gen** <V. t. 265>; **her·'auf|zie·hen** <V. 293> **1** <V. t.> *nach oben ziehen* **2** <V. i. (s.)> *sich ankündigen*; ein Gewitter zieht herauf

her·aus, <auch> **he·raus** <Adv.; ↗Z54> *von innen nach außen;* ~ mit der Sprache! <fig.; umg.> *sprich doch!;* ~ sein; aus dem Gröbsten ~ sein <fig.>; oV *raus;* **her·aus...** <Vors.; ↗Z22; in Zus. mit Verben betont u. abtrennbar> z. B. herauskommen; ich komme heraus; sie ist herausgekommen; herauszukommen; **her·aus|ar·bei·ten** <V. t./V. refl.>; **her·aus|be·kom·men** <V. t. 170>; **her·aus|bil·den** <V. refl.> sich ~ *entstehen;* **Her·aus·bil·dung** <f.; -; unz.>; **her·aus·bit·ten** <V. t. 112>; **her·aus|brin·gen** <V. t. 118>; **her·aus|drü·cken** <V. t.>; **her·aus|dür·fen** <V. i. 124>; **her·aus|fah·ren** <V. t. u. V. i.> (das Auto) aus der Garage ~ 2 <V. i. (s.)> etwas Unbedachtes fährt jmdm. heraus <fig.; umg.>; **her·aus·fin·den** <V. t. 134>; **her·aus|fi·schen** <V. t.>; **her·aus|flie·ßen** <V. i. (s.) 138>; **Her·aus·for·de·rer** <m.; -s, ->; **Her·aus·for·de·rin** <f.; -, -n·nen>; **her·aus|for·dern** <V. t.; ich ford(e)re heraus> *jmdn. zum Kampf auffordern;* **her·aus·for·dernd** <Adj.; ↗Z28.1> *aufreizend, angriffslustig;* **Her·aus·for·de·rung** <f.; -, -en>; **Her·aus·ga·be** <f.; -, -n>; **her·aus|ge·ben** <V. t. 143> 1 <V. t.> *von drinnen nach draußen geben* 2 <V. t.> Gefangene ~ *ausliefern* 3 <V. t. u. V. i.> *Wechselgeld zurückgeben;* können Sie mir (zwei Euro) ~? 4 <V. t.> Bücher, Zeitschriften ~ *veröffentlichen;* **Her·aus·ge·ber** <m.; -s, -; Abk.: Hg., Hrsg.> *jmd., der ein Buch, eine Zeitschrift veröffentlicht;* **Her·aus·ge·be·rin** <f.; -, -n·nen>; **her·aus|ge·hen** <V. i. (s.) 145> aus sich ~ <fig.> *unbefangen sein, lebhaft werden;* **Her·aus·geld** <n.; -(e)s; unz.; schweiz.> *Wechselgeld;* **her·aus|grei·fen** <V. t. 158> *erläuternd erwähnen;* um ein Beispiel herauszugreifen ...; **her·aus|ha·ben** <V. t. 159; umg.> *begriffen, ergründet haben;* hast du das Ergebnis heraus?; **her·aus|hal·ten** <V. t./V. refl. 160> etwas sich aus etwas ~; **her·aus|hän·gen**[1] <V. t.> ich habe die Wäsche herausgehängt *ins Freie*

gehängt; **her·aus|hän·gen**[2] <V. i. 161> die Bluse hat ihr aus dem Rock herausgehangen; das hängt mir zum Hals heraus <fig.>; **her·aus|he·ben** <V. t./V. refl. 163> sich ~ *von etwas anderem abheben;* **her·aus|ho·len** <V. t.>; **her·aus|hö·ren** <V. t.> *etwas akustisch od. gefühlsmäßig wahrnehmen;* ihre Stimme war gut herauszuhören; **her·aus|keh·ren** <V. t.> er kehrt gern seine Bildung heraus <fig.> *gibt mit seiner B. an;* **her·aus|kom·men** <V. t. 170 (s.)> groß ~ <umg.> *im öffentlichen Leben erfolgreich sein;* aus dem Staunen nicht ~ <umg.>; **her·aus|kris·tal·li·sie·ren** <V. refl.> etwas kristallisiert sich heraus *wird deutlich;* **her·aus|las·sen** <V. t. 175; umg.> *entweichen, ins Freie lassen;* **her·aus|le·sen** <V. t. 179> aus schriftl. Andeutungen etwas ~; **her·aus|lo·cken** <V. t.>; **her·aus|ma·chen** <V. t./V. refl.; umg.> der Junge hat sich gut herausgemacht *gut entwickelt;* **her·aus|neh·men** <V. t./V. refl. 189> sich etwas ~ <fig.> *sich etwas anmaßen;* **her·aus|plat·zen** <V. i. (s.); du platzt heraus; umg.> (mit etwas) ~ *laut u. plötzlich lachen od. reden;* **her·aus|po·sau·nen** <V. t.; umg.> *lauthals kundtun;* **her·aus|put·zen** <V. t./V. refl.; du putzt (dich) heraus> *festlich zurechtmachen;* **her·aus|ra·gen** <V. i.>; **her·aus·ra·gend** <Adj.; ↗Z28.1> *außerordentlich;* eine ~e Arbeit; **her·aus|re·den** <V. refl.> sich ~ *Ausreden gebrauchen;* **her·aus|rei·ßen** <V. t. 198; du reißt heraus> etwas reißt jmdn. heraus <fig.> *verändert jmds. Lage;* **her·aus|rü·cken** <V.> 1 <V. t.> Geld ~ <fig.; umg.> *hergeben* 2 <V. i. (s.)> mit der Wahrheit, einer Mitteilung ~ <fig.; umg.>; **her·aus|rut·schen** <V. i. (s.)> das ist mir so herausgerutscht <fig.; umg.>; **her·aus|schaf·fen** <V. t.>; **her·aus|schau·en** <V. i.>; **her·aus|schie·ßen** <V. i. (s.) u. V. t. 215; du schießt heraus> etwas schießt heraus <fig.> *quillt heftig hervor,* **her·aus|schin·den** <V. t. 216> *mit Mühe einen Ge-*

winn erzielen; **her·aus|schla·gen** <V. t. 218> 1 <V. t.> er will bei allem etwas für sich ~ <fig.; umg.> *gewinnen* 2 <V. i.> Flammen schlagen heraus *dringen nach draußen,* **her·aus|schlüp·fen** <V. i. (s.)>; **her·aus|schme·cken** <V. t.> ein Gewürz ~ *in einem Gericht wahrnehmen;* **her·aus|schmug·geln** <V. t.; ich schmugg(e)le heraus>; **her·aus·schnei·den** <V. t. 227>; **her·aus|schrei·en** <V. t. 231> **her·au·ßen** <Adv.; südd.; österr.> *draußen;* die Gäste sind noch ~ **her·aus|sprin·gen** <V. i. (s.) 253> da ist nichts dabei herausgesprungen <fig.; umg.> *es hat sich nicht gelohnt;* **her·aus|sprit·zen** <V. i. (s.) u. V. t.>; **her·aus|spru·deln** <V. i. (s.) u. V. t.>; **her·aus|stel·len** <V. t.> 1 jmdn. od. etwas ~ <fig.> *in den Mittelpunkt rücken* 2 <V. refl.> sich ~ *sich erweisen als;* es hat sich als falsch herausgestellt; **her·aus|stre·cken** <V. t.> jmdm. die Zunge ~; **her·aus|strei·chen** <V. t. 263> jmdn. od. etwas ~ <fig.; umg.> *hervorheben, rühmen;* **her·aus·su·chen** <V. t.>; **her·aus|tra·gen** <V. t. 265>; **her·aus|tre·ten** <V. i. (s.) 268>; **her·aus|wach·sen** <[-ks-]; V. i. (s.) 277> er ist aus der Hose herausgewachsen <fig.; umg.>; **her·aus|wa·gen** <V. refl.>; **her·aus|wol·len** <V. i. 290>; **her·aus|zie·hen** <V. t. 293>

herb <Adj.> 1 *leicht bitter* 2 *schmerzlich;* eine ~e Enttäuschung 3 <fig.> *verschlossen, spröde*

Her·bar, Her·ba·ri·um <n.; -s, -ri·en> *Sammlung gepresster u. getrockneter Pflanzen* [lat.]

'Her·be <f.; -; unz.; geh.> *Herbheit*

'her·be·ge·ben <V. refl. 143; ich begebe mich her; sie hat sich herbegeben; sich herzubegeben; ↗Z22>; **'her·be·glei·ten** <V. t.> er hat mich herbegleitet **her·bei** <Adv.> *hierher;* **her·bei...** <Vors.; ↗Z22; in Zus. mit Verben betont u. abtrennbar> z. B. herbeieilen; ich eile herbei; sie ist herbeigeeilt; herbeizueilen; **her·bei|ei·len** <V. i. (s.)>;

her'bei|füh·ren <V. t.; fig.> *bewirken;* einen Unfall ~ *verschulden;* **her'bei|ho·len** <V. t.> jmdn. ~; **her'bei|las·sen** <V. refl. 175; fig.> sich ~ *sich zögernd herbeifinden, etwas zu tun;* **her'bei|re·den** <V. t.> ein Unglück ~ *so lange davon reden, bis es eintritt;* **her'bei|ru·fen** <V. t. 204>; **her'bei·schaf·fen** <V. t.>; **her'bei·schlep·pen** <V. t.>; **her'bei·strö·men** <V. i. (s.)> Massen strömten herbei; **her'bei|zie·hen** <V. t. 293> das ist doch an den Haaren herbeigezogen! <fig.> *sehr weit hergeholt*

her|be·kom·men <V. t. 170; ich bekomme her; sie hat herbekommen; herzubekommen; umg.; meist in Fragesätzen> wo soll ich das ~?; **her|be·mü·hen** <V. t./V. refl.> er hat sich herbemüht; **her|be·or·dern** <V. t.; ich beord(e)re her> *herbestellen*

'Her·ber·ge <f.; -, -n; veralt.> *Unterkunft;* <heute meist nur> Jugend~; **'her·ber·gen** <V. t.; veralt. für> *beherbergen;* **'Her·bergs·el·tern** <Pl.>; **'Her·bergs·mut·ter** <f.; -, ⸚> *Verwalterin einer Jugendherberge;* **'Her·bergs·va·ter** <m.; -s, ⸚>

'her|be·stel·len <V. t.; ich bestelle her; sie hat herbestellt; herzubestellen; umg.> *jmdn. kommen lassen;* **'her|be·ten** <V. t.; umg.> *herunterleiern;* sein Sprüchlein ~

'Herb·heit, 'Her·big·keit <f.; -; unz.>

'her|bit·ten <V. t. 112> *jmdn. bitten zu kommen*

Her·bi·vo·re <[-'vo:-]; m.; -n, -n; Zool.> *Pflanzen fressendes Tier* [lat.]; **Her·bi·zid** <n.; -(e)s, -e> *chem. Mittel zur Unkrautbekämpfung*

'her|brin·gen <V. t. 118>

Herbst <m.; -(e)s, -e> *Jahreszeit zw. Sommer u. Winter;* **'Herbst·an·fang** <m.; -(e)s, ⸚e>; **'Herbst·blu·me** <f.; -, -n>; **'herbs·teln, 'herbs·ten** <V. i.; unpersönl.> es herbste(l)t *es wird allmählich Herbst;* **'Herbst·far·ben** <Pl.>; **'Herbst·fär·bung** <f.; -; unz.>; **'Herbst·fe·ri·en** <Pl.>; **'Herbst·kleid** <n.; -(e)s; unz.; poet.> *das Herbstlaub der Bäume;* **'herbst·lich** <Adj.> ~ kalte Tage; **'Herbst·ling** <m.; -s, -e; Bot.> = *Reizker,* **'Herbst·mo·nat** <m.; -(e)s, -e; alte Bez. für> *September,* **'Herbst·sturm** <m.; -(e)s, ⸚e>; **'Herbst-Tag-und-nacht·glei·che,** <auch> **'Herbst-Tag-und-Nacht-Glei·che** <f.; -; unz.> *Äquinoktium zu Herbstanfang (23. Sept.);* **'Herbst·zeit·lo·se** <f.; -, -n; Bot.> *ein Liliengewächs*

Herd <m.; -(e)s, -e> 1 *Feuerstelle zum Kochen;* Gas~ 2 *Ausgangspunkt, Zentrum;* Krankheits~ **'Herd·buch** <n.; -(e)s, ⸚er> *Stammbuch für Zuchtvieh;* **'Her·de** <f.; -, -n> *größere Anzahl gleichartiger Tiere;* Schaf~; **'Her·den·mensch** <m.; -en, -en> *Mensch mit Herdentrieb;* **'Her·den·tier** <n.; -(e)s, -e>; **'Her·den·trieb** <m.; unz.> *Bedürfnis, sich mit anderen zusammenzuschließen;* **'her·den·wei·se** <Adv.; fig.>

'Herd·in·fek·ti·on <f.; -, -en; Med.> *von einem Herd(2) ausgehende Infektion;* **'Herd·plat·te** <f.; -, -n>

'her|dür·fen <V. i. 124> *wir haben nicht hergedurft*

he·re·di·tär <Adj.>; **He·re·di·tät** <f.; -; unz.> *Vererbung, Vererbbarkeit* [lat.]

her'ein, <auch> **he'rein** <Adv.; ⸙Z 54> *von draußen nach drinnen;* "Herein!" rufen; oV *rein;* **her'ein...** <Vors.; ⸙Z 22>; in Zus. mit Verben betont u. abtrennbar> z. B. hereinbitten; ich bitte herein; sie hat hereingebeten; hereinzubitten; **her'ein|be·kom·men** <V. t. 170> neue Ware ~; **her'ein|be·mü·hen** <V. t./V. refl.>; **her'ein|bit·ten** <V. t. 112>; **her'ein|bre·chen** <V. i. (s.) 116> ein Gewitter brach über uns herein <fig.>; **her'ein|brin·gen** <V. t. 118>; **her'ein|drän·gen** <V. i.>; **her'ein|drin·gen** <V. i. (s.) 122>; **her'ein|fal·len** <V. i. (s.) 131; fig.> 1 das Licht fiel durchs Fenster herein 2 <umg.> *betrogen, enttäuscht werden;* auf jmdn. od. etwas ~; **her'ein|füh·ren** <V. t.>; **her'ein·ge·ben** <V. t. 143>; **her'ein·ho·len** <V. t.>; **her'ein|kom·men** <V. i. (s.) 170>; **her'ein|kön·nen** <V. i. 171> du kannst hier nicht herein; **her'ein|las·sen** <V. t. 175; du lässt herein; umg.> lass niemanden herein!; **her'ein|le·gen** <V. t.> jmdn. ~ <fig.; umg.> *anführen, betrügen;* **her'ein|lo·cken** <V. t.>; **her'ein|müs·sen** <V. i. 188> musst du hier herein?; **her'ein|plat·zen** <V. i. (s.)> du platzt herein; umg.> *plötzlich hereinkommen, unerwartet erscheinen;* **her'ein|ras·seln** <V. i. (s.)> ich rass(e)le herein; umg.> *hereinfallen;* **her'ein·reg·nen** <V. i.; unpersönl.> hier regnet es herein; **her'ein·rei·chen** <V.> 1 <V. t.; geh.> *hereingeben* 2 <V. i.> die Äste reichen ins Baumhaus herein; **her'ein|ru·fen** <V. t. 204> 1 <V. i.> er hat von der Straße zu uns hereingerufen 2 <V. t.> *jmdn. hereinbitten;* <aber> "Herein!" rufen; **her'ein|schau·en** <V. i.>; **her'ein|schei·nen** <V. i. 210>; **her'ein|schlei·chen** <V. i. (s.) u. V. refl.> er ist hereingeschlichen; sie hat sich hereingeschlichen; **her'ein|schmug·geln** <V. t.; ich schmugg(e)le herein>; **her'ein|schnei·en** <V. i.> 1 <unpersönl.> es hat (zum Fenster) hereingeschneit 2 <(s.); fig.; umg.> *unerwartet kommen;* gestern kam/ist X bei uns hereingeschneit; **her'ein|spä·hen** <V. i.>; **her'ein·spa·zie·ren** <V. i. (s.); umg.> nur hereinspaziert!; **her'ein·stei·gen** <V. i. (s.) 258>; **her'ein·stre·cken** <V. t.>; **her'ein|strö·men** <V. i. (s.)>; **her'ein|tra·gen** <V. t. 265>; **her'ein|tre·ten** <V. i. (s.) 268>; **her'ein|wa·gen** <V. refl.; umg.>; **her'ein|wol·len** <V. i.>

He're·ro¹ <m.; - od. -s, - od. -s> *Angehöriger eines Bantustammes;* **He're·ro²** <n.; - od. -s; unz.> *Sprache der Herero¹*

'her|fah·ren <V. t. 130; ich fahre her; sie ist/hat hergefahren; herzufahren; ⸙Z 22> 1 <V. i. (s.)> *vor einem Auto* ~ *ihm folgen* 2 <V. t.> *jmdn.* ~ *mit einem Fahrzeug herbringen;* **'Her·fahrt** <f.; -; unz.>; **'her|fal·len** <V. i. (s.) 131> über jmdn. od. etwas ~ *sich auf jmdn. od. etwas stürzen;* **'her|fin·den** <V. i.

134; umg.> hast du gleich hergefunden?; **'her|füh·ren** <V. t.> was führt Sie her? *weshalb kommen Sie?*; **'Her·gang** <m.; -(e)s, ¨e; Pl. selten> *Verlauf eines Geschehens*; **'her|ge·ben** <V. t./V. refl. 143> jmd. gibt sich für/zu etwas her *stellt sich für etwas zur Verfügung*; **'her·ge·bracht** <Adj.; ✎Z28.1 > *herkömmlich, üblich*; in ~er Weise; am Hergebrachten hängen; **'her|ge·hen** <V. i. 145 (s.)> **1** hinter jmdm. od. etwas ~ **2** <süddt.> geh her! **3** auf dem Fest ist es hoch hergegangen <fig.>; **'her|ge·hö·ren** <V. i.> das Buch gehört hier nicht her; **'her·ge·lau·fen** <Adj.; ✎Z28.1 > = *dahergelaufen*; **'her|ha·ben** <V. t. 159; umg.> wo hast du das her? *woher hast du das?*; **'her|hal·ten** <V. i. 160> als etwas ~ *müssen* <fig.; umg.> *dienen müssen*; für etwas ~ *müssen* <fig.; umg.> *einstehen*; **'her|ho·len** <V. t.; umg.> deine Gründe sind weit hergeholt <fig.>; **'her|hö·ren** <V. i.; umg.> alle(s) mal ~!

'He·ring <m.; -s, -e> **1** <Zool.> *ein Fisch* **2** *Zeltpflock*; **'He·rings·kö·nig** <m.; -(e)s, -e; Zool.> *ein Fisch*; **'He·rings·sa·lat** <m.; -(e)s, -e>

her'in·nen, <auch> **he'rin·nen** <Adv.; ✎Z54.> süddt.; österr.> *(hier) drinnen*

'her|kom·men <V. i. (s.) 170; ich komme her; sie ist hergekommen; herzukommen> er ist eigens hergekommen; <aber> er ist von Norden her gekommen *aus nördlicher Richtung*; **'Her·kom·men** <n.; -s; unz.> **1** *Herkunft, Abstammung* **2** *Überlieferung, Brauch*; **'her·kömm·lich** <Adj.> *gebräuchlich*; **'her|krie·gen** <V. t.; umg.>

'Her·ku·les·ar·beit <f.; -, -en> *übermenschliche Anstrengung erfordernde Arbeit [nach dem grch. Sagenheld Herkules]*; **'Her·ku·les·stau·de** <f.; -, -n; Bot.> = *Bärenklau*; **her'ku·lisch** <Adj.> *riesenstark*

'Her·kunft <f.; -, -e; Pl. selten> *Ursprung, Abstammung*; **'Her·kunfts·an·ga·be** <f.; -, -n>; **'Her·kunfts·be·zeich·nung** <f.;

-, -en>; **'Her·kunfts·ort** <m.; -(e)s, -e>

'her|lau·fen <V. i. (s.) 176; ich laufe her; sie ist hergelaufen; herzulaufen; ✎Z22> hinter jmdm. ~; **'her|lei·hen** <V. t. 178; umg.> *verleihen*; **'her|lei·ten** <V. t./V. refl.> sich von etwas ~ *herrühren, abstammen von*

'Her·lit·ze <a. [-'--]; f.; -, -n; Bot.> = *Kornelkirsche*

'her|ma·chen <V. t./V. refl.; umg.> ich mache mich her; sie hat sich hergemacht; herzumachen; umg.> **1** sich über etwas ~ *sich auf etwas stürzen* **2** sich über jmdn. ~ <fig.> *jmdn. schlecht machen* **3** das macht nichts her *das sieht nach nichts Besonderem aus*

Herm·a·phro'dis·mus, <auch> **Herm·aph·ro'dis·mus** <m.; -; unz.; ✎Z54> = *Hermaphroditismus*; **Herm·a·phro'dit** <m.; -en, -en> = *Zwitter [nach dem Sohn des Gottes Hermes u. der Göttin Aphrodite]*; **herm·a·phro·di'tisch** <Adj.> *zwitterhaft*; **Herm·a·phro·di'tis·mus** <m.; -; unz.; Med.; Biol.> *Zweigeschlechtigkeit, Zwittrigkeit*; **'Her·me** <f.; -, -n> *Pfeiler, der an der Spitze mit dem Kopf eines Gottes (urspr. des Gottes Hermes) geschmückt ist*

Her·me'lin¹ <n.; -s, -e; Zool.> *großes Wiesel*; **Her·me'lin²** <m.; -s, -e> *Pelz des Hermelins¹*

Her·me'neu·tik <f.; -; unz.> *Kunst der Auslegung, Deutung [grch.]*; **her·me'neu·tisch** <Adj.>

her'me·tisch <Adj.> *luft- u. wasserdicht (verschlossen) [grch.]*

Her·mun'du·re <m.; -n, -n> *Angehöriger eines german. Volksstammes*

'her|müs·sen <V. i. 188; ich muss her; sie hat hergemusst; herzumüssen; umg.>

her'nach <Adv.; umg.> *nachher, später*

'her|neh·men <V. t. 189; ich nehme her; sie hat hergenommen; herzunehmen>

'Her·nie <[-niə]; f.; -, -n> **1** <Med.> *Eingeweidebruch* **2** <Bot.> *eine Pflanzenkrankheit [lat.]*

her'nie·der <Adv.; geh.; meist poet.> *herab, herunter*; **her'nie-**

der... <Vors.; ✎Z22> geh.; in Zus. mit Verben betont u. abtrennbar> = *herab..., herunter...*; z. B. herniedersteigen; ich steige hernieder; sie ist herniedergestiegen; herniederzusteigen; **her'nie·der|ge·hen** <V. i. (s.) 145; geh.> eine Lawine ging hernieder; **her'nie·der|stei·gen** <V. i. (s.)>

Her·ni·o·to'mie <f.; -, -n; Med.> *Operation eines (Eingeweide-) Bruches [lat.; grch.]*

her'oben, <auch> **he'ro·ben** <Adv.; ✎Z54; bair.; österr.> *hier oben*

He·roe <[-'ro:ə]; m.; -n, -n> = *Heros [grch.]*; **He'ro·en·kult** <m.; -(e)s, -e; Pl. selten> *Heldenverehrung*; **He'ro·ik** <f.; -; unz.; geh.> *Heldenhaftigkeit*; **He'ro·in** <f.; -; -, -n·nen; geh.> *Heldin*

He·ro'in <n.; -s; unz.> *ein Rauschgift*

He·ro'i·ne <f.; -, -n; Theat.> *Heldendarstellerin [grch.]*; **he'ro·isch** <Adj.> eine ~e Tat; **he·ro·i·'sie·ren** <V. t.> *verherrlichen*; **He·ro'is·mus** <m.; -; unz.> *Heldentum*

'He·rold <m.; -(e)s, -e; im MA> *Verkünder, Ausrufer*

'He·rons·ball <m.; -(e)s, ¨e> *bauchiges Gefäß, aus dem durch Einblasen von Luft Flüssigkeit hinausgedrückt wird [nach dem altgrch. Physiker Heron]*

He'ro·on <n.; -s, -'roa> *Heiligtum, Grabmal eines Heros [grch.]*; **'He·ros** <m.; -, He'ro·en> **1** <grch. Myth.> *Halbgott* **2** <geh.> *Held*

He·ros'trat, <auch> **He·rost'rat** <m.; -en, -en; ✎Z53> *Verbrecher aus Ruhmsucht [nach dem Griechen Herostratos]*

'Her·pes <f. od. m.; -; unz.; Med.> *Bläschenausschlag [grch.]*

Her·pe·to·lo'gie <f.; -; unz.> *Wissenschaft von den Amphibien u. Kriechtieren [grch.]*

'her|plap·pern <V. t.; umg.> *ausdruckslos aufsagen*

Herr <m.; -(e)n, -(e)n; Abk.: Hr.; Dat., Akk., Pl.: Hrn.> *Mann (bes. als respektvolle Anrede)*; Lehr~; ~ der Lage sein, einer Sache ~ werden *etwas unter Kontrolle haben/bringen*; aus aller ~en

Länder *von überall her;* die ~en der Schöpfung <umg.; scherzh.> *die Männer;* mein ~!; meine ~en!; meine sehr verehrten Damen u. ~en!; Ihr ~ Vater <geh.>; **'Her·chen** <n.; -s, -; umg.; scherzh.> *Besitzer eines Hundes;* Waldi, komm zum ~!

'Her·rei·se <f.; -; unz.>

'Her·ren·a·bend <m.; -s, -e; ↗Z55> *Gesellschaftsabend nur für Männer;* **'Her·ren·aus·stat·ter** <m.; -s, -> *Geschäft für Herrenmode;* **'Her·ren·be·kannt·schaft** <f.; -, -en>; **'Her·ren·be·such** <m.; -(e)s, -e>; **'Her·ren·dop·pel** <n.; -s, -; Tennis>; **'Her·ren·ein·zel** <n.; -s, -; Tennis>; **'Her·ren·fahr·rad** <n.; -(e)s, ÷er>; **'Her·ren·haus** <n.; -es, ÷er> *Gutshaus;* **'Her·ren·hemd** <n.; -(e)s, -en>; **'her·ren·los** <Adj.> *(scheinbar) niemandem gehörend;* das Gepäck stand ~ auf dem Bahnsteig; **'Her·ren·mensch** <m.; -en, -en> *jmd., der sich anderen überlegen fühlt;* **'Her·ren·mo·de** <f.; -, -n>; **'Her·ren·pilz** <m.; -es, -e; Bot.> *Steinpilz;* **'Her·ren·rad** <n.; -(e)s, ÷er>; **'Her·ren·ras·se** <im Nationalsozialismus Bez. für> *anderen (vermeintlich) überlegene Rasse;* **'Her·ren·rei·ter** <m.; -s, -; veralt.> *Reiter auf eigenem Pferd;* **'Her·ren·sa·lon** <[-lő] od. [-lɔŋ], österr. a. [-lo:n]; m.; -s, -s> *Friseurgeschäft für Männer;* **'Her·ren·sat·tel** <m.; -s, ÷; Reitsp.> *Ggs Damensattel;* **'Her·ren·schnei·der** <m.; -s, ->; **'Her·ren·schnitt** <m.; -(e)s, -e> *kurzer Haarschnitt (für Damen);* **'Her·ren·sitz** <m.; -es; unz.> 1 *herrschaftl. Gutshof* 2 <Reitsp.> *Sitzhaltung beim Reiten;* Ggs *Damensitz;* **'Her·ren·toi·let·te** <[-toa-]; f.; -, -n>

'Herr·gott <m.; -(e)s; unz.> *Gott;* **'Herr·gotts·frü·he** <f.; -; unz.; umg.; in der Wendung> in aller ~; **'Herr·gotts·schnit·zer** <m.; -s, -; süddt.; österr.> *Holzbildhauer, der v. a. Kruzifixe schnitzt;* **'Herr·gotts·win·kel** <m.; -s, -; süddt.; österr.> *Zimmerecke mit Kruzifix*

'her|rich·ten <V. t./V. refl.; ich richte her; sie hat hergerichtet;

herzurichten> *etwas ~ instand setzen;* sich ~ *zurechtmachen*

'Her·rin <f.; -, -.-nen> *Gebieterin;* **'her·risch** <Adj.> *gebieterisch*

herr'je(h), herr'je·mi·ne <umg.> *(Ausruf des Erstaunens od. Entsetzens)* [verkürzt aus *Herr Jesu (Domine)*]

'Herr·lein <n.; -s, -; poet.; Verkleinerungsf. von> *Herr*

'herr·lich <Adj.> *wunderbar, großartig;* **'Herr·lich·keit** <f.; -, -en>

'Herrn·hu·ter <m.; -s, -> *Angehöriger der Herrnhuter Brüdergemeine (protestant. Religionsgemeinschaft)*

'Herr·schaft <f.; -, -en> 1 <unz.> *Befehls-, Regierungsgewalt, Macht;* unter deutscher ~; er verlor die ~ über sein Fahrzeug <fig.> *die Gewalt* 2 <früher> *die Dienstgeber (auf einem Gut)* 3 <nur Pl.; geh.> *Anrede> Herr(en) u. Dame(n) in Gesellschaft;* was wünschen die ~en zu trinken?; **'herr·schaft·lich** <Adj.>; **'Herr·schafts·an·spruch** <m.; -(e)s, ÷e>; **'Herr·schafts·be·reich** <m.; -(e)s, -e>; **'herr·schen** <V. i.; du herrschst> 1 *über etwas ~ gebieten* 2 *vorhanden sein;* nach ~dem Recht; hier ~ Zucht u. Ordnung; **'Herr·scher** <m.; -s, ->; **'Herr·scher·ge·schlecht** <n.; -(e)s, -er>; **'Herr·scher·haus** <n.; -es, ÷er>; **'Herr·sche·rin** <f.; -, -.-nen>; **'Herrsch·sucht** <f.; -; unz.>; **'herrsch·süch·tig** <Adj.>

'her|rü·cken <V. i. (s.) u. V. t.; ich rücke her; sie ist/hat hergerückt; herzurücken>; **'her|ru·fen** <V. t. 204>; **'her|rüh·ren** <V. i.> *herstammen, sich herleiten;* **'her|sa·gen** <V. t.> *(auswendig) aufsagen;* **'her|schaf·fen** <V. t.; umg.>; **'her|schau·en** <V. i.; umg.> da schau her! <bair.; österr.> *sieh mal an!;* **'her|schi·cken** <V. t.>; **'her·schie·ben** <V. t. 214; umg.> etwas vor sich ~ <fig.> *die Erledigung von etwas Unangenehmem aufschieben;* **'her|stam·men** <V. i.; Perf. selten>; **'her·stell·bar** <Adj.>; **'her|stel·len** <V. t.> 1 *anfertigen, produzieren* 2 *schaffen;* die Ruhe ist wieder hergestellt; **'Her·stel·ler** <m.; -s,

->; **'Her·stel·le·rin** <f.; -, -.-nen>; **'Her·stel·lung** <f.; -; unz.>; **'Her|stel·lungs·kos·ten** <Pl.>; **'her|trei·ben** <V. t. 267> *Tiere vor sich ~*

Hertz <n.; -, -; Zeichen: Hz> *Maßeinheit der Frequenz;* hertzsche, <auch> Hertz'sche Wellen *elektromagnetische Wellen* [nach dem Physiker H. R. *Hertz*]

her'ü·ben, <auch> **he'rü·ben** <Adv.; ↗Z54; bair.; österr.> *hier auf dieser Seite*

her'ü·ber, <auch> **he'rü·ber** <Adv.; ↗Z54> *von der anderen auf diese Seite;* es ist nicht weit zu uns ~; oV *rüber;* **her'ü·ber...** <Vors.; in Zus. mit Verben betont u. abtrennbar> z. B. herüberkommen; ich komme herüber; sie ist herübergekommen; herüberzukommen; **her'ü·ber·bit·ten** <V. t. 112>; **her'ü·ber·brin·gen** <V. t. 118>; **her'ü·ber·drin·gen** <V. i. (s.) 122>; **her'ü·ber|kom·men** <V. i. (s.) 170>; **her'ü·ber|rei·chen** <V.> 1 <V. t.; geh.> würden Sie mir bitte das Salz ~? 2 <V. i.> die Schnur reicht nicht bis zu mir herüber; **her'ü·ber|tra·gen** <V. t.> *(aus einer vergangenen Zeit) bewahren können;* sie konnte den Schmuck über den Krieg ~; **her'ü·ber|tra·gen** <V. t. 265>; **her'ü·ber|wach·sen** <[-ks-]; V. i. (s.) 277> die Sträucher sind vom Nachbargrundstück zu uns herübergewachsen; **her'ü·ber|wer·fen** <V. t. 286>; **her'ü·ber|zie·hen** <V. t. 293> 1 <V. t.> *von der anderen auf diese Seite ziehen* 2 <V. i. (s.)> das Gewitter zieht zu uns herüber

her'um, <auch> **he'rum** <Adv.; ↗Z54> oV *rum* 1 <räumlich> *rings um jmdn. od. etwas;* ~ sein; sie ist immer um ihn ~ *in seiner Nähe;* der Zaun verläuft um den Garten ~ 2 <zeitlich> *zirka;* um Ostern ~; **her'um...**, <auch> **he'rum...** <Vors.; ↗Z22; in Zus. mit Verben betont u. abtrennbar> z. B. herumdrehen; ich drehe herum; sie hat herumgedreht; herumzudrehen; **her'um|al·bern** <V. i.; ich alb(e)re herum; umg.> *Schabernack treiben;* **her'um|lär·gern** <V. refl.; ich ärg(e)re mich he-

rum; umg.> sich mit jmdm. ~;
her'um|bas·teln <V. i.; ich
bast(e)le herum; umg.> an et-
was ~; **her'um|bin·den** <V. t.
111; umg.>; **her'um|blät·tern**
<V. i.; ich blätt(e)re herum> in
einer Zeitschrift ~ *flüchtig u.
ziellos blättern;* **her'um|bli·
cken** <V. i.>; **her'um|brin·gen**
<V. t. 118; umg.> *mühsam hin-
ter sich bringen;* ich wusste
nicht, wie ich die Zeit ~ sollte;
her'um|deu·teln <V. i.; ich
deut(e)le herum; umg.> *(erfolg-
los) nach Erklärungen suchen;*
her'um|dok·tern <V. i.; ich
dokt(e)re herum; umg.; abwer-
tend> an jmdm. od. etwas ~ *(er-
folglos) jmdn. zu heilen od. et-
was instandzusetzen versuchen;*
her'um|dre·hen <V. t./V. refl.>;
her'um|drü·cken <V. i. u. V. t./V.
refl.> wo hast du dich so lange
herumgedrückt? <umg.> *wo
warst du?;* sich (um eine unan-
genehme Sache) ~ <fig.; umg.>;
her'um|druck·sen <V. i.; du
druckst herum; umg.> *etwas
nicht sagen wollen;* **her'um|ex-
pe·ri·men·tie·ren** <V. i.; umg.>;
her'um|fah·ren <V. i. 130> um
eine Kurve ~; in der Stadt ~; **her-
'um|flat·tern** <V. i. (s.)>; **her'um|
fra·gen** <V. i.; umg.>; **her'um|
fuch·teln** <V. i. ich fucht(e)le
herum; umg.>; **her'um|füh·ren**
<V.; umg.> 1 <V. t.> jmdn. im
Schloss ~ *erklärend begleiten* 2
<V. i.> der Weg führt um den
See herum *verläuft um den S.;*
her'um|fuhr·wer·ken <V. i.;
umg.; abwertend> *geräuschvoll
u. planlos hantieren;* **her'um|
fum·meln** <V. i.; ich fumm(e)le
herum; umg.> an etwas ~ *etwas
betasten, bearbeiten;*
her'um|ge·ben <V. t. 143>; **her-
'um|ge·hen** <V. i. (s.) 145> die
Zeit ist schnell herumgegangen
<fig.> *verstrichen;* **her'um|geis-
tern** <V. i. (s.); ich geist(e)re he-
rum; scherzh.> *planlos herum-
gehen;* **her'um|ha·cken** <V. i.;
du hackst herum; umg.> auf
jmdm. ~ *jmdn. ständig kritisie-
ren;* **her'um|hän·gen** <V. i. (s.)
161; umg.> *nichts mit sich an-
zufangen wissen;* **her'um|hor-
chen** <V. i.; umg.> *sich umhö-
ren;* **her'um|ir·ren** <V. i. (s.);

umg.> *umherirren;*
her'um|kom·man·die·ren <V. t.;
umg.>; **her'um|kom·men** <V. i.
(s.) 170> 1 <umg.> er ist viel he-
rumgekommen *hat viel (von
der Welt) gesehen* 2 <fig.; umg.>
darum wirst du nicht ~ *du wirst
es tun müssen;* **her'um|krie·gen**
<V. t.; umg.> jmdn. ~ <fig.>
jmdn. überreden (können);
her'um|lau·fen <V. i. (s.) 176> 1
ziellos umherlaufen 2 <umg.>
aussehen, angezogen sein; wie
läufst du denn herum?; **her'um|
lie·gen** <V. i. 180; umg.>;
her'um|lun·gern <V. i.; ich
lung(e)re herum; umg.> *müßig
dastehen od. umhergehen;* **her-
'um|me·ckern** <V. i. (s.) – <fig.>
meck(e)re herum; umg.> *an al-
lem nörgeln;* **her'um|pfu·schen**
<V. i.>; **her'um|pla·gen** <V. refl.;
umg.> sich mit jmdm. od. et-
was ~; **her'um|prö·beln** <V. i.;
schweiz.> an etwas ~ *mit etwas
Versuche anstellen, experimen-
tieren,* <auch> *herumpfuschen;*
her'um|re·den <V. i. (s.)> um
den heißen Brei ~ <fig.; umg.>
*nicht zur Sache kommen (wol-
len);* **her'um|rei·ßen** <V. t. 198;
du reißt herum> das Steuer ~
<a. fig.> *im letzten Moment eine
Kursänderung herbeiführen;*
her'um|rei·ten <V. i. (s.) 199;
umg.> auf etwas ~ <fig.> *nicht
von etw. best. Thema ablas-
sen;* **her'um|ren·nen** <V. i. (s.)
200>; **her'um|schar·wen·zeln**
<V. i.; ich scharwenz(e)le he-
rum; umg.> um jmdn. ~; **her-
'um|schla·gen** <V. t./V. refl.
218> sich mit jmdm. od. etwas
~ *mit jmdm. od. etwas Ärger ha-
ben;* **her'um|schlei·chen** <V. i.
(s.) 219; umg.>; **her'um|schlei·
fen** <V. t.; umg.> jmdn. überall
~ *(gegen dessen Willen) überall-
hin mitnehmen;* **her'um|
schlep·pen** <V. t.; umg.> eine
Krankheit mit sich ~ <fig.>; **her-
'um|schnüf·feln** <V. i.; ich
schnüff(e)le herum; umg.; abwer-
tend> *(in etwas)* ~ *neugierig
jmds. Dinge untersuchen;* **her-
'um|schrei·en** <V. i. 231; umg.>;
her'um|sit·zen <V. i. 246 (h. od.
(süddt.; österr.; schweiz.) s.); du
sitzt herum; umg.> 1 *müßig da-
sitzen* 2 um ein Feuer ~ *im Kreis

um ein F. sitzen;* **her'um|spie·
len** <V. i.> (an etwas) ~; **her'um-
spre·chen** <V. refl. 251; umg.>
etwas hat sich herumgespro-
chen <fig.; umg.>; **her'um|ste·hen**
<V. i. 256; umg.> 1 um jmdn. ~ *einen Kreis
um jmdn. bilden* 2 in ihrer
Wohnung steht viel Ramsch he-
rum; **her'um|stö·bern** <V. i.; ich
stöb(e)re herum; umg.> in et-
was ~ *etwas durchsuchen;* **her-
'um|sto·chern** <V. i.; ich
stoch(e)re herum; umg.> im Es-
sen ~ *lustlos essen;* **her'um|sto-
ßen** <V. t. 262; du stößt herum;
fig.> er ist als Kind nur herum-
gestoßen worden; **her'um|te·le-
fo·nie·ren** <V. i.; umg.> *viele Te-
lefongespräche führen;* **her'um|
trei·ben** <V. t. 267/V. refl.; ab-
wertend> sich ~ *ziellos umher-
ziehen;* **Her'um·trei·ber** <m.; -s,
-> *Landstreicher;* **Her'um·trei·
be·rin** <f.; -, -n·nen>; **her'um-
trö·deln** <V. i.; ich tröd(e)le he-
rum; umg.>; **her'um|tun** <V. i.
272; süddt.; umg.> da tun wir
gar nicht lange herum; **her'um-
wäl·zen** <V. i., meist refl.> du
wälzt (dich) herum>; **her'um-
wer·fen** <V. t. 286>
her'un·ten, <auch> **he'run·ten**
<Adv.; ↗ Z 54; bair.; österr.>
(hier) unten
her'un·ter, <auch> **he'run·ter**
<Adv.; ↗ Z 54> *von oben nach
unten;* ~ vom Tisch!; ~ sein
<fig.; umg.> *elend, abgespannt
sein;* oV **runter**, **her·un·ter...**
<Vors.; ↗ Z 22; in Zus. mit Ver-
ben betont u. abtrennbar> z. B.
herunterfallen; ich falle herun-
ter; sie ist heruntergefallen; he-
runterzufallen; **her'un·ter|
bit·ten** <V. t. 112> jmdn. ~; **her-
'un·ter|bren·nen** <V. i. (s.) 117>;
her'un·ter|brin·gen <V. t. 118>;
her'un·ter|dür·fen <V. i. 124>;
her'un·ter|fah·ren <V. t. u. V. i.
(s.)> den Computer ~ <fig.> *vor
dem Abschalten auf Niedrigtou-
ren bringen;* **her'un·ter|fal·len**
<V. i. (s) 131>; **her'un·ter|ge-
kom·men** <Adj.; ↗ Z 28.1> *ver-
kommen, armselig;* ein ~es
Haus; **her'un·ter|hän·gen** <V. i.
161>; **her'un·ter|hau·en** <V. t.
162; umg.> jmdm. eine ~ *jmdn.
ohrfeigen;* **her'un·ter|ho·len**
<V. t.>; **her'un·ter|kom·men**

<V. i. (s.) 170> er ist völlig heruntergekommen <fig.; umg.> *wirtschaftlich gesunken, verwahrlost;* → a. *heruntergekommen;* **her·un·ter·la·den** <V. t. 174; du lädst herunter; EDV> Dateien aus dem Internet – *auf die eigene Festplatte übertragen;* **her·un·ter·lei·ern** <V. t.; ich lei(e)re herunter; umg.> *ausdrucklos aufsagen;* **her·un·ter·ma·chen** <V. t.; fig.; umg.> jmdn. ~ *abwerten, scharf kritisieren;* **her·un·ter·müs·sen** <V. i. 188; du musst herunter; umg.> **her·un·ter·put·zen** <V. t.; du putzt herunter; umg.> jmdn. ~ *grob ausschelten;* **her·un·ter·ras·seln** <V. t.> 1 <V. t.; ich rass(e)le herunter> *rasch (und monoton) aufsagen;* ein Gedicht – 2 <V. i. (s.)> *sich rasselnd nach unten bewegen;* die Jalousie rasselte herunter; **her·un·ter·rei·ßen** <V. t. 198; du reißt herunter>; **her·un·ter·ren·nen** <V. i. (s.) 200>; **her·un·ter·schau·en** <V. i.>; **her·un·ter·schrau·ben** <V. t.> er muss seine Ansprüche ~ <fig.> *verringern;* **her·un·ter·sol·len** <V. i. 247; umg.> sie hat heruntergesollt; **her·un·ter·spie·len** <V. t.> eine Angelegenheit ~ <fig.>; **her·un·ter·sprin·gen** <V. i. (s.) 253>; **her·un·ter·stei·gen** <V. i. (s.) 258>; **her·un·ter·wirt·schaf·ten** <V. t.> einen Betrieb – *die wirtschaftl. Substanz eines Betriebes auszehren;* **her·un·ter·wol·len** <V. i. 290; umg.> er hat heruntergewollt; **her·un·ter·zie·hen** <V. t. 293>

her·vor <Adv.> *von drinnen nach draußen, von hinten nach vorn;* **her·vor...** <Vors.; ↗Z22; in Zus. mit Verben betont u. abtrennbar> z. B. hervorholen; ich hole hervor; sie hat hervorgeholt; hervorzuholen; **her·vor·bre·chen** <V. i. (s.) 116> *plötzlich hervorkommen;* **her·vor·brin·gen** <V. t. 118>; **her·vor·ge·hen** <V. i. (s.) 145> 1 *die Folge von etwas sein;* aus der Ehe gingen drei Kinder hervor 2 aus dem Brief geht hervor, dass ...; **her·vor·he·ben** <V. t. 163>; **her·vor·ho·len** <V. t.>; **her·vor·keh·ren** <V. t.> *betonen;* **her·vor·ra·gen**

<V. i.; a. fig.> *sich vor anderen auszeichnen;* **her·vor·ra·gend** <Adj.; ↗Z28.1> *ausgezeichnet, vortrefflich;* **her·vor·ru·fen** <V. t. 204> seine Bemerkung rief Heiterkeit hervor <fig.>; **her·vor·schie·ßen** <V. i. (h. u. s.) 215; du schießt hervor>; **her·vor·ste·chen** <V. i. 254> *auffallen, sich deutlich abheben;* **her·vor·ste·chend** <Adj.; ↗Z28.1> *auffallend;* seine ~ste Eigenschaft ist ...; **her·vor·ste·hen** <V. i. 256>; **her·vor·su·chen** <V. t.>; **her·vor·tre·ten** <V. i. (s.) 268>; **her·vor·tun** <V. refl. 272> 1 sich ~ *sich auszeichnen* 2 sich ~ *sich wichtig machen;* **her·vor·wa·gen** <V. refl.>; **her·vor·zau·bern** <V. t.; ich zaub(e)re hervor>

her·wärts <Adv.> *auf dem Weg hierher;* **her·weg** <m.; -(e)s, -e> auf dem ~; **her·wer·fen** <V. t. 286; ich werfe her; sie hat hergeworfen; herzuwerfen>; **her·win·ken** <V. t.; umg.>; **her·wol·len** <V. i. 290; umg.> sie hat hergewollt

Herz <n.; -ens, -en> 1 <Anat.> *Organ, das den Blutkreislauf in Bewegung hält* 2 <fig.> *Zentrum von Gefühlen;* schweren ~ens *ungern;* ich habe es nicht übers ~ gebracht *ich konnte mich nicht dazu überwinden;* an gebrochenem ~en sterben <fig.>; ich bedaure es von ~en aufrichtig 3 <Pl. -; Kart.> *eine Farbe im Kartenspiel;* ~ ist Trumpf; ich habe zwei ~

her·zäh·len <V. t.> *aufzählen*
herz·al·ler·liebst <Adj.; veralt.> *entzückend;* **Herz·al·ler·liebs·te(r)** <f. 2 (m. 1)>; **Herz·an·fall** <m.; -(e)s, -e; Med.> *plötzl. Unregelmäßigkeit in der Herztätigkeit;* **Herz·ass** <a. [-'-]; n.; -es, -e; Kart.>; **Herz·at·ta·cke** <f.; -, -n; Med.> = *Herzanfall*

her·zau·bern <V. t.; umg.>
herz·be·klem·mend <Adj.>; **Herz·be·klem·mung** <f.; -, -en; Med.>; **Herz·be·schwer·den** <Pl.>; **Herz·beu·tel** <m.; -s, -; Anat.> *das Herz umgebender Hautsack;* **herz·be·we·gend** <Adj.; ↗Z29> *erschütternd, ergreifend;* **Herz·blatt** <n.; -(e)s, ̈er> 1 <scherzh.> *Liebling* 2 <Bot.> *ein Steinbrechgewächs;*

Herz·blut <n.; -(e)s; unz.; fig.; poet.> er hat dieses Buch mit seinem ~ geschrieben; **Herz·bu·be** <a. [-'--]; m.; -n, -n; Kart.> *eine Spielkarte;* **Herz·chen** <n.; -s, -; Verkleinerungsf. von> *Herz;* **Herz·chir·ur·gie**, <auch> **Herz·chi·rur·gie** <[-çir-]; f.; -; unz.; ↗Z54; Med.>; **Herz·da·me** <a. [-'--]; f.; -, -n; Kart.> *eine Spielkarte;* **Her·ze** <n.; -ns, -n; poet.> *Herz*

Her·ze·go·wi·na <a. [-'vi:na]> *südl. Teil der Republik Bosnien-Herzegowina;* **Her·ze·go·wi·ner** <m.; -s, ->; **Her·ze·go·wi·ne·rin** <f.; -, -nen>; **her·ze·go·wi·nisch** <Adj.>

her·zei·gen <V. t.>
Her·ze·leid <n.; -(e)s; unz.; poet.> *Kummer, Gram;* **her·zen** <V. t./V. refl.; du herzt> *liebkosen, umarmen;* **Her·zens·an·ge·le·gen·heit** <f.; -, -en> *Gefühlssache, inniger Wunsch;* **Her·zens·angst** <f.; -; unz.> *große Angst;* **Her·zens·bre·cher** <m.; -s, -; fig.; umg.> *Mann mit vielen Liebschaften;* **Her·zens·er·guss** <m.; -es, ̈e; poet.> *Liebesbekenntnis;* **Her·zens·grund** <m.; -(e)s; unz.; in Wendungen wie> jmdm. aus ~ danken; im tiefsten ~ hoffen; **Her·zens·gut** <Adj.> *äußerst gutmütig;* **Her·zens·gü·te** <f.; -; unz.; veralt.>; **Her·zens·kind** <n.; -(e)s, -er; Kosewort>; **Her·zens·lust** <nur in der Wendung> nach ~ (ausschlafen, essen usw.) *ganz, wie man es sich wünscht;* **Her·zens·wunsch** <m.; -(e)s, ̈e>; **Herz·ent·zün·dung** <f.; -, -en; Med.>; **herz·er·freu·end** <Adj.; ↗Z29> eine ~e Lektüre; <aber> eine das Herz erfreuende L.; **herz·er·fri·schend** <Adj.; ↗Z29>; **herz·er·grei·fend** <Adj.> *bewegend, rührend;* **herz·er·qui·ckend** <Adj.>; **Herz·feh·ler** <m.; -s, -; Med.>; **Herz·flim·mern** <n.; -s; unz.; Med.>; **herz·för·mig** <Adj.>; **Herz·fre·quenz** <f.; -, -en>; **Herz·funk·ti·ons·prü·fung** <f.; -, -en; Med.>; **Herz·ge·gend** <f.; -; unz.>; **Herz·ge·räusch** <n.; -(e)s, -e>; **Herz·gru·be** <f.; -, -n> = *Magengrube;* **herz·haft** <Adj.> 1 *heftig, stark;* ~ lachen;

einen ~en Schluck nehmen 2 *würzig;* eine ~e Mahlzeit; *etwas Herzhaftes*

'her|zie·hen <V. 293; ich ziehe her; sie hat hergezogen; herzuziehen> 1 <V. t.> etwas hinter sich ~ 2 <V. i.> über etwas od. jmdn. ~ <fig.; abwertend>

'her·zig <Adj.> *reizend;* 'Herz·in·farkt <m.; -(e)s, -e; Med.>; herz·'in·nig <Adj.; veralt.>; 'Herz·in·suf·fi·zi·enz <f.; -, -en; Med.> *Herzschwäche;* 'Herz·ja·gen <n.; -s; unz.; Med.>; Herz-'Je·su-Bild <n.; -(e)s, -er; ↗Z33; Mal.>; 'Herz·kas·perl <n.; -s; unz.; umg.> *Herzanfall;* 'Herz·ka·the·ter <m.; -s, -; Med.> *ins Herz eingeführtes Röhrchen;* 'Herz·kir·sche <f.; -, -n; Bot.> *Süßkirschensorte;* 'Herz·klap·pe <f.; -, -n; meist Pl.; Anat.> ~n *wie Ventile wirkende Häute am Herzen;* 'Herz·klap·pen·feh·ler <m.; -s, -; Med.>; 'Herz·klop·fen <n.; -s; unz.>; 'Herz·kö·nig <a. [-'--]; m.; -(e)s, -e; Kart.> *eine Spielkarte;* 'herz·krank <Adj.>; 'Herz·krank·heit <f.; -, -en>; 'Herz·kranz·ge·fäß <n.; -es, -e; Anat.> *Blutgefäß des Herzens;* 'Herz-'Kreis·lauf-Er·kran·kung <f.; -, -en; meist Pl.; ↗Z33; Med.>; 'Herz·kur·ve <f.; -, -n; Math.> = *Kardioide;* 'Herz·lei·den <n.; -s; unz.; Med.>; 'herz·lei·dend <Adj.>; 'herz·lich <Adj.> 1 *innig, liebevoll;* sie haben ein ~es Verhältnis 2 <↗Z43.3> *aufrichtig;* ~e Grüße; jmdm. auf das Herzlichste/ <auch> ~ste danken 3 <nur adv.> *ziemlich;* ein ~ schlechtes Buch; 'Herz·lich·keit <f.; -; unz.>; 'Herz·li·lie <[-liə]; f.; -, -n; Bot.> = *Funkie;* 'herz·los <Adj.; fig.; abwertend> *gefühllos, grausam;* 'Herz·lo·sig·keit <f.; -; unz.>; 'Herz-'Lun·gen-Ma·schi·ne <f.; -, -n; ↗Z33; Med.>; 'Herz·mas·sa·ge <[-ʒə]; f.; -, -n>; 'Herz·mit·tel <n.; -s, -; Pharm.>; 'Herz·mus·kel <m.; -s, -; Med.>; 'Herz·mus·kel·ent·zün·dung <f.; -, -en; Med.> 'Her·zog <m.; -(e)s, ˷e od. -e> *Adliger im Rang an. König u. Fürst;* 'Her·zo·gin <f.; -, -n·nen>; 'her·zog·lich <Adj.>; 'Her·zog·tum <n.; -s, ˷er>

'Herz·rhyth·mus <m.; -; unz.>; 'Herz·rhyth·mus·stö·rung <f.; -, -en; meist Pl.; Med.>; 'Herz·schlag <m.; -(e)s, ˷e> 1 *Zusammenziehung des Herzmuskels;* Sy *Systole* 2 <Med.> *schlagartiges Aufhören der Herztätigkeit;* er erlitt einen ~; 'Herz·schritt·ma·cher <m.; -s, -; Med.> *elektr. Gerät zur Unterstützung der Herztätigkeit;* 'Herz·schwä·che <f.; -; unz.>; 'Herz·still·stand <m.; -(e)s; unz.>; 'Herz·stück <n.; -(e)s, -e; geh.> *das Wesentliche;* 'Herz·tä·tig·keit <f.; -; unz.>; 'Herz·tö·ne <Pl.> *kindliche ~;* 'Herz·trans·plan·ta·ti·on <f.; -, -en; Med.> *Herzverpflanzung*

her·'zu <Adv.> *herbei;* sie kam gerade noch rechtzeitig ~; <aber> komm her zu mir!; her'zu... <Vors.; ↗Z22; in Zus. mit Verben betont u. abtrennbar> z. B. herzukommen; ich komme herzu; sie ist herzugekommen; herzuzukommen; her'zu|ei·len <V. i. (s.)>; her'zu|kom·men <V. i. (s.) 170; geh.>

'Herz·ver·pflan·zung <f.; -, -en; Med.>; 'Herz·ver·sa·gen <n.; -s; unz.>; 'Herz·weh <n.; -s; unz.; selten> 1 *Herzschmerzen* 2 <fig.> *tiefer Kummer;* 'herz·zer·rei·ßend <Adj.; ↗Z29> *jammervoll, Mitleid erregend;* ein ~es Schluchzen

Hes·pe·ri·de <f.; -, -n; meist Pl.; grch. Myth.> *Nymphe, die im Göttergarten die goldenen Äpfel des Lebens hütet* [grch.]; 'Hes·pe·ros, 'Hes·pe·rus <m.; -; unz.; grch. Myth.> *Abend(stern)* 'Hes·se <m.; -n, -n> *Bewohner von Hessen;* 'Hes·sen *Bundesland der BRD;* 'Hes·sin <f.; -, -n·nen>; 'hes·sisch <Adj.; ↗Z46> ~e Mundart; <aber> Hessischer Rundfunk; Hessisches Bergland

He·'tä·re <f.; -, -n; im antiken Griechenland> *gebildete, einflussreiche Freundin eines bedeutenden Mannes* [grch.] 'he·te·ro..., 'He·te·ro... <in Zus.> *fremd..., Fremd..., verschieden* [grch.]; he·te·ro·'dox <Adj.>; He·te·ro·do'xie <f.; -, -n; Rel.> *Irrglaube, Irrlehre;* he·te·ro·'fon <Adj.; ↗Z11.3; Mus.> = *heterophon;* he·te·ro·'gen <Adj.> *ver-schiedenartig, fremdstoffig;* Ggs *homogen;* He·te·ro·ge·ni'tät <f.; -; unz.>; He·te·ro·gra'fie, He·te·ro·gra'phie <f.; -; unz.; ↗Z11.3; Sprachw.> *unterschiedl. Schreibweise für gleich klingende Laute od. Wörter, z. B. Saite – Seite;* he·te·ro·'log <Adj.; Med.> *abweichend, nicht übereinstimmend;* he·te·ro·'morph <Adj.> *anders-, verschiedengestaltig;* He·te·ro·mor'phie <f.; -; unz.>; he·te·ro·'nom <Adj.> 1 *von fremden Gesetzen abhängig;* Ggs *autonom* 2 *ungleichwertig;* Ggs *homonom;* He·te·ro·no'mie <f.; -; unz.>; he·te·ro·'phon <Adj.; ↗Z11.3; Mus.> *von der Einstimmigkeit abweichend;* He·te·ro·phyl'lie <f.; -; unz.; Bot.> *Verschiedenartigkeit der Blätter einer Pflanze;* He·te·ro·'pte·ren, <auch> He·te·ro·'rop·te·ren <Pl.; ↗Z54; Zool.> *Wanzen;* 'He·te·ro·se·xu·a·li·tät <f.; -; unz.> *auf das andere Geschlecht gerichtetes Empfinden;* Ggs *Homosexualität;* he·te·ro·se·xu·'ell <Adj.; ↗Z54; <auch> He·te·ros·phä·re, <auch> He·te·ros·phä·re <f.; -; unz.; ↗Z54; Meteor.> *der obere Bereich der Atmosphäre;* he·te·ro·'therm <Adj.; Zool.> *wechselwarm (z. B. von Kriechtieren);* He·te·ro·to'nie <f.; -, -n; Med.> *fortwährendes Schwanken des Blutdrucks;* he·te·ro·'troph <Adj.; Biol.> *von organ. Stoffen ernährend;* Ggs *autotroph;* He·te·ro·tro'phie <f.; -; unz.; Biol.>; he·te·ro·zy·'got <Adj.; Biol.> *mit verschiedenartigen Erbanlagen ausgestattet;* Ggs *homozygot;* He·te·ro·zy·go·'tie <f.; -; unz.; Biol.>

He·'thi·ter <m.; -s, -> *Angehöriger eines indogerman. Volkes in Kleinasien;* oV *Hettiter;* he·'thi·tisch <Adj.>

'Het·man <m.; -(e)s, -e; im Königreich Polen u. in der Ukraine> *Oberbefehlshaber*

Het'ti·ter <m.; -s, -> = *Hethiter*

Hetz <f.; -; unz.; österr.> *Spaß;* aus ~; 'Hetz·blatt <n.; -(e)s, ˷er; umg.; abwertend> *der Hetze(1) dienende Flugschrift;* 'Het·ze <f.; -, -n> 1 *(Aufwiegelung zur) Verunglimpfung* 2 <fig.> *große Eile, Hast* 3 = *Hatz(1);* 'het·zen

<V.; du hetzt> 1 <V. i.> *Hetze(1) betreiben;* gegen jmdn. ~ 2 <V. i. u. V. t./V. refl.> *hasten, sich sehr beeilen;* wir mussten (uns) ~; **'Het·zer** <m.; -s, -> *Aufwiegler;* **Het·ze'rei** <f.; -; unz.>; **'Het·ze·rin** <f.; -, -n·nen>; **'het·ze·risch** <Adj.>; **'hetz·hal·ber** <Adv.; österr.> *zum Spaß;* **'Hetz·jagd** <f.; -, -en> = *Hatz(1);* **'Hetz·kam·pa·gne,** <auch> **'Hetz·kam·pag·ne** <[-panja]; f.; -, -n; ↗Z53> *Verleumdungsaktion;* **'Hetz·re·de** <f.; -, -n>; **'Hetz·schrift** <f.; -, -en>

Heu <n.; -(e)s; unz.> *getrocknetes Gras;* **'Heu·bal·len** <m.; -s, ->; **'Heu·blu·men** <Pl.> *Grasblüten;* **'Heu·bo·den** <m.; -s, ⁺> *Speicherraum zum Aufbewahren von Heu;* **'Heu·büh·ne** <f.; -, -n; schweiz.> = *Heuboden;* **'Heu·bün·del** <n.; -s, ->

Heu·che'lei <f.; -, -en>; **'heu·cheln** <V.; ich heuch(e)le> 1 <V. t.> *(nicht vorhandene Gefühle) vortäuschen;* Liebe ~ 2 <V. i.> *sich verstellen;* er heuchelt nur; **'Heuch·ler** <m.; -s, ->; **'Heuch·le·rin** <f.; -, -n·nen>; **'heuch·le·risch** <Adj.>

'Heu·die·le <f.; -, -n; schweiz.> = *Heuboden;* **'heu·en** <V. i.> *Heu machen*

'heu·er <Adv.; süddt.; österr.; schweiz.> *in diesem Jahr*

'Heu·er <f.; -, -n> 1 *Lohn der Seeleute* 2 *Anstellung eines Seemanns;* → a. *anheuern;* **'Heu·er·bü·ro** <n.; -s, -s>; **'heu·ern** <V. t.; ich heu(e)re> 1 *anwerben;* Matrosen ~ 2 *mieten;* Schiffe ~

'Heu·ern·te <f.; -, -n>; **'Heu·ert** <m.; -(e)s, -e; alte Bez. für> *Juli (Heumonat);* **'Heu·et¹** <m.; -s, -e> = *Heuert;* **'Heu·et²** <m.; -s; unz. od. (süddt.) f.; -; unz.; süddt.; schweiz.> *Heuernte;* **'Heu·fu·der** <n.; -s, ->; **'Heu·ga·bel** <f.; -, -n>; **'Heu·hau·fen** <m.; -s, ->; **'Heu·hüp·fer** <m.; -s, -; Zool.> = *Heuschrecke*

'Heul·bo·je <f.; -, -n; Seew.> *Boje mit selbsttätiger Sirene;* **'heu·len** <V. i.; du heulst> 1 <umg.> *weinen;* es ist zum Heulen; Heulen u. Zähneklappern 2 *lang gezogene (Klage-)Laute ausstoßen;* Hunde, Wölfe, Sire-

nen ~; der Wind heult; **'Heu·ler** <m.; -s, -> *Robbenjunges;* **Heu·le'rei** <f.; -; unz.>; **'Heul·su·se, 'Heul·tri·ne** <f.; -, -n; umg.; abwertend> *Mädchen, das schnell zu weinen beginnt*

'Heu·mahd <f.; -, -en; veralt.> *Heuernte;* **'Heu·mo·nat, 'Heu·mond** <m.; -(e)s, -e; alte Bez. für> *Juli;* **'Heu·pferd** <n.; -(e)s, -e; Zool.> = *Heuschrecke*

'heu·re·ka *"ich hab's gefunden!"* [grch.]

'heu·rig <Adj.; süddt.; österr.; schweiz.> *diesjährig;* **'Heu·ri·ge(r)** <m. 1; oberdt.; bes. österr.> *junger Wein im ersten Jahr;* **'Heu·ri·gen** <Pl.; österr.> *Frühkartoffeln;* **'Heu·ri·gen·lo·kal** <n.; -(e)s, -e> *Lokal, in dem Heuriger ausgeschenkt wird*

Heu·ris·tik <f.; -; unz.> *Lehre von den Wegen zur Gewinnung neuer Erkenntnisse* [grch.]; **heu'ris·tisch** <Adj.>

'Heu·schnup·fen <m.; -s; unz.> *eine Pollenallergie;* **'Heu·scho·ber** <m.; -s, -> *Heuhaufen;* **'Heu·schreck** <m.; -(e)s, -e; österr.>, **'Heu·schre·cke** <f.; -, -n; Zool.> *ein Insekt;* **'Heu·sta·del** <m.; -s, -; oberdt.>; **'Heu·stock** <m.; -(e)s, ⁺e; schweiz.> *Scheune zum Aufbewahren von Heu*

heut <Adv.; oberdt.; umg.> = *heute;* **'heu·te** <Adv.> 1 *an diesem Tag;* ~ Abend, Morgen, Nachmittag, Nacht, Vormittag; <aber> ~ früh/<auch> Früh; gestern und ~; von ~ an 2 *in der Gegenwart;* die Jugend von ~; bis ~; **'Heu·te** <n.; -; unz.> *die Gegenwart;* das ~ u. Morgen; **'heu·tig** <Adj.> 1 *an, von diesem Tag;* die ~e Zeitung; bis auf den ~en Tag 2 *gegenwärtig;* in der ~en Zeit; wir Heutigen *wir modernen Menschen;* <aber> → *häutig;* **'heu·ti·gen·tags** <Adv.; veralt.>; **'heut·zu·ta·ge** <Adv.>

'Heu·wa·gen <m.; -s, ->

hex..., Hex..., he·xa..., He·xa... <in Zus.> *sechs..., sechsfach...* [grch.]; **He·xa·chord** <[-'kɔrd]; m. od. n.; -(e)s, -e; Mus.> *Aufeinanderfolge von sechs Tönen der diatonischen Tonleiter;* **He·xa'e·der** <n.; -s, -; ↗Z55; Geom.> *Sechsflächner, Würfel;* **he-**

xa'e·drisch, <auch> **he·xa'ed·risch** <Adj.; ↗Z53; Geom.> *würfelförmig;* **He·xa'e·me·ron** <n.; -s; unz.; ↗Z55> *Schöpfungswoche (außer Sabbat);* **He·xa'gon** <n.; -s, -e; Geom.> *Sechseck;* **he·xa·go'nal** <Adj.; Geom.> *sechseckig;* **He·xa·'gramm** <n.; -(e)s, -e> *sechszackiger Stern, Davidstern;* **he·xa·'mer** <Adj.; Bot.> *sechsteilig, sechszählig (z. B. von Blüten);* **He'xa·me·ter** <m.; -s, -; Metrik> *Vers mit sechs Versfüßen;* **he·xa·'me·trisch,** <auch> **he·xa'met·risch** <Adj.; ↗Z53; Metrik>; **He·xa'min** <n.; -s; unz.; Chem.> *hochbrisanter Sprengstoff;* **He·xa'po·de** <m.; -n, -n; meist Pl.; Zool.> *Insekt (Sechsfüßer);* **He·xa'teuch** <m.; -s; unz.> *die ersten sechs Bücher des AT*

'He·xe <f.; -, -n> 1 <im Märchen u. Volksglauben> *Frau mit Zauberkräften* 2 <14.–18. Jh.; nach kirchl. Vorstellung> *mit dem Teufel verbündete Frau* 3 <fig.; umg.; abwertend> *böse, zänkische Frau;* **'he·xen** <V. i. u. V. t.; du hext> *zaubern;* **'He·xen·häus·chen** <n.; -s, -> = *Knusperhäuschen;* **'He·xen·jagd** <f.; -, -en>; **'He·xen·kes·sel** <m.; -s, -; fig.; umg.> *tosendes Durcheinander;* die Innenstadt war ein einziger ~; **'He·xen·kü·che** <f.; -, -n>; **'He·xen·meis·ter** <m.; -s, -> *Zauberer;* **'He·xen·pro·zess** <m.; -es, -e; 14.–18. Jh.>; **'He·xen·ring** <m.; -(e)s, -e> *kreisförmige Anordnung von Pilzen, Elfenring;* **'He·xen·sab·bat** <m.; -s, -e; fig.> *wüstes, ausschweifendes Durcheinander;* **'He·xen·schuss** <m.; -es; unz.; Med.> *plötzl. auftretender Schmerz in der Lendengegend;* **'He·xen·ver·bren·nung** <f.; -, -en; 14.–18. Jh.> *Verbrennung von Hexen(2) auf dem Scheiterhaufen;* **He·xe·'rei** <f.; -, -en>

Hex'o·de, <auch> **He'xo·de** <f.; -, -n; ↗Z54> *Elektronenröhre mit sechs Elektroden* [grch.]

Hf <Chem.; Zeichen für> *Hafnium*

HF <Phys.; Abk. für> *Hochfrequenz*

hfl. <früher Abk. für> *holländi-*

H

scher Florin (niederländ. Gulden)

hg <Zeichen für> *Hektogramm*

hg. <Abk. für> *herausgegeben;* oV *hrsg.*

Hg <Chem.; Zeichen für> *Quecksilber*

Hg. <Abk. für> *Herausgeber;* oV *Hrsg.*

HGB <Abk. für> *Handelsgesetzbuch*

HH <Abk. für> *Handelshochschule*

Hi'at <m.; -(e)s, -e>, **Hi'a·tus** <m.; -, -> 1 *Öffnung, Kluft, Spalt, Lücke* 2 <Metrik> *Zusammentreffen zweier Vokale am Ende des einen u. am Anfang des folgenden Wortes* [lat.]

Hi·ber'na·kel <n.; -s, -n; Bot.> *Überwinterungsknospe von Wasserpflanzen* [lat.]; **Hi·ber·na·ti'on** <f.; -, -en> 1 <Biol.> *Überwinterung, Winterschlaf* 2 <Med.> *Heilschlaf*

Hi'bis·kus <m.; -, -'bis·ken; Bot.> *eine Zierpflanze* [lat.-grch.]

hic et 'nunc *hier u. jetzt, sofort* [lat.]

'Hick·hack <m. od. n.; -s, -s; umg.> *nutzlose Streiterei*

'Hi·cko·ry <m.; -s, -s od. f.; -, -s>, **'Hi·cko·ry·baum** <m.; -(e)s, ⸚e; Bot.> *nordamerikan. Walnussgewächs* [indian.-engl.]

'hick·sen <V. i.; du hickst; umg.> *einen Schluckauf haben;* **'Hick·ser** <m.; -s, -; umg.>

Hi'dal·go <m.; -s, -s> 1 *Angehöriger des niederen span. Adels* 2 *eine Goldmünze* [span.]

Hi'dro·se, <auch> **Hid'ro·se** <f.; -, -n; ⟋Z53; Med.> *Schweißabsonderung* [grch.]

hie <Adv.; veralt.> *hier*

Hieb <m.; -(e)s, -e> *gezielter Schlag;* **'hieb·fest** <Adj.; nur in der Wendung> hieb- u. stichfest <fig.> *stichhaltig, unwiderlegbar*

hier <Adv.; ⟋Z19.2> *an diesem Ort;* ~ und da *ab und zu;* im Hier u. Jetzt; ~ zu Lande/ <auch> *hierzulande;* ~ behalten; ~ bleiben; sie ist nicht ~ geblieben; ~ lassen; er hat das Heft ~ gelassen; wann kannst du ~ sein?; Ggs *dort,* **'hier·an**, <auch> **'hie·ran** <Adv.; ⟋Z54> *daran;* ~ knüpfte er die Frage ...

Hier·ar'chie, <auch> **Hie·rar'chie** <f.; -, -n; ⟋Z54> *Rangfolge, -ordnung* [grch.]; **hier'ar·chisch** <Adj.> *in der Art einer Hierarchie;* **hier·ar·chi'sie·ren** <V. t.> *in Rangfolgen anordnen*

hi·e'ra·tisch <Adj.> *priesterlich;* ~e Schrift *altägyptische Hieroglyphenschrift* [grch.]

'hier·auf, <auch> **'hie·rauf** <a. [-'-]; Adv.; ⟋Z54> *sodann, danach;* **'hier·auf·hin** <a. [--'-]; Adv.>; **'hier·aus**, <auch> **'hie·raus** <a. [-'-]; Adv.> *daraus;* ~ folgt, dass ...; du musst ~ trinken; **'hier·bei** <a. [-'-]; Adv.> *bei dieser Gelegenheit;* **'hier·durch** <a. [-'-]; Adv.> *hierfür* <a. [-'-]; Adv.> *zu diesem Zweck;* das ist ~ gut zu gebrauchen; **'hier·ge·gen** <a. [-'--]; Adv.>; **'hier·her** <a. [-'-]; Adv.; ⟋Z22.3; Getrenntschreibung mit Verben> *an diese Stelle;* jmdn., sich ~ bemühen; jmdn. ~ führen; er hat mich ~ geführt; ~ gehören; das gehört ~; ~ gehörend; ~ gehörig; ~ kommen; darf ich mich ~ setzen?; etwas ~ stellen; **'hier·her·auf**, <auch> **'hier·he·rauf** <a. [--'-]; Adv.; ⟋Z54> *der Weg führt ~;* **'hier·her·um**, <auch> **'hier·he·rum** <a. [--'-]; Adv.; ⟋Z54> *der Weg führt ~;* **'hier·hin** <a. [-'-]; Adv.> *wir gingen ~ und dorthin;* **'hier·hin·auf**, <auch> **'hier·hi·nauf** <a. [--'-]; Adv.> *wir müssen ~;* **'hier·hin·aus**, <auch> **'hier·hi·naus** <a. [--'-]; Adv.; ⟋Z54>; **'hier·in**, <auch> **'hie·rin** <a. [-'-]; Adv.; ⟋Z54> *in dieser Hinsicht;* ~ muss ich dir Recht geben; **'hier·mit** <a. [-'-]; Adv.> *auf diesem Wege;* ~ geben wir unsere Verlobung bekannt; **'hier·nach** <a. [-'-]; Adv.> *danach, sodann*

Hi·e·ro'du·le <[hi(e)-]; m.; -, -n od. f.; -, -n; in der Antike> *Tempeldiener(in), Tempelsklave, -sklavin* [grch.]

Hi·e·ro'gly·phe <[hi(e)-]; f.; -, -n> 1 *altägypt. Bilderschriftzeichen* 2 <nur Pl.; umg.; scherzh.> *unleserliche Schrift;* ich kann deine ~ nicht entziffern [grch.]; **hi·e·ro'gly·phisch** <Adj.>

Hi·e·ro'krat <[hi(e)-]; m.; -en, -en>; **Hi·e·ro·kra'tie** <f.; -, -n>

Priesterherrschaft [grch.]; **hi·e·ro'kra·tisch** <Adj.>

Hi·e·ro·man'tie <[hi(e)-]; f.; -, -n> *Weissagung aus Tieropfern* [grch.]; **hi·e·ro'man·tisch** <Adj.>

'hier·orts <a. [-'-]; Adv.; Amtsdt.> *hier,* **'Hier·sein** <n.; -s; unz.> *Anwesenheit;* während meines ~s; **hier'selbst** <a. ['-']; Adv.; veralt.> *hier,* **'hier·ü·ber**, <auch> **'hie·rü·ber** <a. [-'-]; Adv.; ⟋Z54> *darüber;* ~ sprechen wir später; ~ befindet sich die Dachterrasse; **'hier·un·ter**, <auch> **'hie·run·ter** <a. [-'-]; Adv.; ⟋Z54> *darunter;* ~ fallen folgende Beispiele ...; ~ ist nur noch der Keller; **'hier·von** <a. [-'-]; Adv.> *davon;* ~ verstehe ich nichts; ~ wird mir übel; **'hier·zu** <a. [-'-]; Adv.> *dazu;* ~ möchte ich bemerken ...; ~ möchte ich nicht gehören; ~ passt an besten Weißwein; **'hier·zu·lan·de**, <auch> **'hier zu Lan·de** <a. [--'--]; Adv.; ⟋Z19.2> *hier bei uns;* ~ ist das nicht üblich

'hie·sig <Adj.> *einheimisch;* er ist kein Hiesiger

'hie·ven <V. t.; Seemannsspr.> *hoch-, hinaufheben* [engl.]

Hi-Fi <['haifi] a. ['hai'fai]; Abk. für> *Highfidelity;* **'Hi-Fi-An·la·ge** <f.; -, -n>

high <[hai]; Adj.; umg.; undekl.; nur präd. gebraucht> *er war- (nach dem Genuss von Rauschgift) in gehobener Stimmung* [engl.]; **'High·board**, <auch> **'High Board** <['-bɔːd]; n.; (-)-s, (-)-s; ⟋Z30> *mittelhohes Möbelstück;* **'High·brow** <[-braung] m.; -s, -s> 1 *seriöse Tageszeitung* 2 <abwertend> *Intellektueller;* **'High·end ...** <in Zus.> *hochwertig u. teuer;* **'High-Fi·de·li·ty**, **'High-Fi·de·li·ty** <[-fi'dɛliti]; f.; (-)-; unz.; ⟋Z30; Abk.: Hi-Fi> *wirklichkeitsgetreue Tonwiedergabe;* **'High·heels**, <auch> **'High Heels** <[hiːls]; Pl.> *Stöckelschuhe;* **'High·im·pact**, <auch> **'High Im·pact** <[-'impækt]; m.; (-) od. (-)-s, -s> *hohes Maß an Belastung od. Beeinflussung;* **'High·life**, <auch> **'High Life** <[-'laif]; n.; (-)-s; unz.; ⟋Z30> 1 *luxuriö-*

ses Leben der oberen Gesellschaftsschicht 2 <salopp> *Hochstimmung, geschäftiger Betrieb;* bei uns ist gerade ~; **'High·light** <[-lait]> n.; -s, -s> *Höhepunkt, Glanzpunkt;* **'High·ri·ser** <[-raizə(r)]; m.; -s, -> *Motorrad mit hohem Lenker u. Rückenlehne am Sattel;* **'High·school,** <auch> **'High School** <[-sku:l]; f.; (-)-, (-)-s; ✎Z 30; in den USA> *die an die Grundschule anschließende höhere Schule;* **'High·sno·bi·e·ty,** <auch> **'High Sno·bi·e·ty** <[- snoˈbaiəti]; f.; (-)-; unz.; ✎Z30; abwertend> *snobistisch auftretende Personengruppe, die sich der höheren Gesellschaftsschicht zugehörig fühlt;* **'High·so·ci·e·ty,** <auch> **'High So·ci·e·ty** <[- sɔˈsaiəti]; f.; (-)-; unz.; ✎Z30> *die vornehme Gesellschaft, "die oberen Zehntausend";* **'High·tech,** <auch> **'High Tech** <[-'tek]; n.; (-)- od. (-)-s; unz. od. f.; (-)-; unz.; ✎Z30; kurz für> *Hightechnologie;* **'High·tech·no·lo·gie,** <auch> **High Tech·no·lo·gie** <[-tɛkˈnɔlɔdʒi]; f.; (-)-; unz.; Kurzw.: Hightech, Hitech> *Spitzentechnologie;* **'High·way** <[-wɛi]; m.; -s, -s> *Land-, Schnellstraße in Großbritannien u. den USA*
hi'hi <Int.> *(Ausdruck der Schadenfreude)*
Hi·ja·cker <[ˈhaidʒækə(r)]; m.; -s, -> *Flugzeugentführer;* **'Hi·ja·cking** <n.; - od. -s, -s> [engl.]
'Hil·fe <f.; -, -n; ✎Z29> *Beistand, Unterstützung;* erste ~ leisten; er irrte ~ suchend umher; mithilfe/<auch> mit ~ einer Schnur; **'hil·fe·fle·hend** <Adj.> jmdn. ~ rufen; <aber> jmdn. um Hilfe flehend ansehen; **'Hil·fe·leis·tung** <f.; -, -en>; **'Hil·fe·ruf** <m.; -(e)s, -e>; **'hil·fe·ru·fend** <Adj.> ~ am Fenster stehen; <aber> um Hilfe rufend; **'Hil·fe·stel·lung** <f.; -, -en; bes. Turnen> jmdm. ~ geben; **'hilf·los** <Adj.>; **'Hilf·lo·sig·keit** <f.; -; unz.>; **'hilf·reich** <Adj.>; **'Hilfs·ak·ti·on** <f.; -, -en>; **'Hilfs·ar·bei·ter** <m.; -s, -> *ungelernter Arbeiter,* **'Hilfs·ar·bei·te·rin** <f.; -, -·nnen>; **'hilfs·be·dürf·tig** <Adj.>; **'Hilfs·be·dürf·tig·keit**

Hilfsverb: Ein H. oder Hilfszeitwort kann nur in Verbindung mit einem ✎Vollverb ein ✎Prädikat bilden.
Man bezeichnet im Deutschen die Verben *haben, sein* und *werden* als H., sofern sie zur Bildung von zusammengesetzten Verbformen beitragen:
– Mit *werden* und der Infinitivform bildet man das Futur I: *Sie wird gehen.*
– Mit *sein* und *haben* werden mit dem ✎Partizip Perfekt die Formen des aktiven ✎Perfekts gebildet: *Ich bin gegangen. Wir haben gefeiert.*
– Mit *werden* und *sein* und dem Partizip Perfekt werden die Passivformen gebildet: *Er wird/wurde getadelt. Der Schrank ist aufgebaut (worden).*

Die H. können jedoch auch als selbstständige Verben gebraucht werden: *Er hat das Buch. Das ist schön. Sie wird Lehrerin.* Mitunter werden auch die ✎Modalverben zu den H. gezählt.

<f.; -; unz.>; **'hilfs·be·reit** <Adj.>; **'Hilfs·be·reit·schaft** <f.; -; unz.>; **'Hilfs·dienst** <m.; -(e)s, -e>; **'Hilfs·kons·truk·ti·on,** <auch> **'Hilfs·konst·ruk·ti·on** <f.; -, -en; ✎Z53; Geom.>; **'Hilfs·kraft** <f.; -, ̈-e>; **'Hilfs·li·nie** <[-niə]; f.; -, -n; Geom.; Mus.>; **'Hilfs·mit·tel** <n.; -s, ->; **'Hilfs·mo·tor** <m.; -s, -'to·ren>; **'Hilfs·or·ga·ni·sa·ti·on** <f.; -, -en>; **'Hilfs·verb** <[-verb]; n.; -s, -en; Gramm.> *Verb, das zur Bildung der Zeitformen anderer Verben benötigt wird: haben, sein, werden;* → a. Kasten; **'Hilfs·werk** <n.; -(e)s, -e> *Einrichtung zur Unterstützung Bedürftiger;* **'Hilfs·wis·sen·schaft** <f.; -, -en> *Wissenschaft, die für eine andere W. notwendig ist;* **'Hilfs·zeit·wort** <n.; -(e)s, ̈-er; Gramm.> = *Hilfsverb*
'Hill·bil·li·mu·sik <f.; -; unz.> = *Hillbillymusic;* **'Hill·bil·ly** <m.; -s, -s; abwertend> *Hinterwäldler aus den Südstaaten der USA* [engl.]; **'Hill·bil·ly·mu·sic** <[-mju:zik]; f.; -; unz.; Mus.>

Volksmusik aus den Südstaaten der USA
'Hi·lum, 'Hi·lus <m.; -, 'Hi·li; Med.> *Ein- od. Austrittsstelle von Nerven u. Gefäßen an Organen* [lat.]
'Him·bee·re <f.; -, -n; Bot.> *ein Strauch u. dessen Frucht;* **'Him·beer·geist** <m.; -(e)s; unz.> *ein Obstschnaps;* **'Him·beer·strauch** <m.; -(e)s, ̈-er; Bot.>
'Him·mel <m.; -s, -> 1 *Firmament;* Sternen~ 2 *gedachter Sitz Gottes, Jenseits;* ~ u. Hölle in Bewegung setzen <fig.> *alles nur Erdenkliche versuchen;* um (des) ~s willen!; **him·mel'an** <Adv.; geh.> *zum Himmel empor;* **'him·mel·angst** <Adv.; nur präd.> ihm wurde ~ <umg.>; **'Him·mel·bett** <n.; -(e)s, -en> *Bett mit Baldachin;* **'him·mel·blau** <Adj.> *hellblau;* **'Him·mel·don·ner·wet·ter** <umg.> *(Ausruf des Unwillens);* **'Him·mel·fahrt** <f.; -; unz.> Christi ~; Mariä ~ kirchl. Fest; **'Him·mel·fahrts·kom·man·do** <n.; -s, -s; Mil.; umg.> *lebensgefährlicher Auftrag;* **'Him·mel·fahrts·na·se** <f.; -, -n; umg.; scherzh.> *Stupsnase;* **'Him·mel·fahrts·tag** <m.; -(e)s, -e> = *Himmelfahrt;* **'him·mel'hoch** <Adj.> *sehr hoch;* ~ jauchzend <fig.> *überglücklich;* **'Him·mel·hund** <m.; -(e)s, -e; umg.> 1 *wagemutiger Kerl* 2 *Schuft;* **'Him·mel·in** <V. i.; ich himm(e)le> *schwärmerisch blicken;* → a. anhimmeln; **'Him·mel·reich** <n.; -(e)s; unz.>; **'Him·mel·schlüs·sel** <m.; -s, -; Bot.> *ein Primelgewächs;* **'him·mel·schrei·end** <Adj.> *empörend, unerhört;* eine ~e Ungerechtigkeit; <aber> eine zum Himmel schreiende U.; **'Him·mels·fes·te** <f.; -; unz.; poet.> *Firmament;* **'Him·mels·kör·per** <m.; -s, ->; **'Him·mels·ku·gel** <f.; -, -n>; **'Him·mels·lei·ter** <f.; -, -n; AT> *eine Vision Jakobs;* **'Him·mels·licht** <n.; -(e)s; unz.>; **'Him·mels·li·lie** <[-liə]; f.; -, -n; Bot.> = *Schwertlilie;* **'Him·mels·rich·tung** <f.; -, -en>; **'Him·mels·schlüs·sel** <m.; -s, -; Bot.> = *Himmelschlüssel;* **'Him·mel(s)·stür·mer** <m.; -s, -; umg.> *jmd., der sein Ziel mit*

Schwung verfolgt; '**Him·mels·tür** <f.; -; unz.; fig.>; '**him·mel·stür·mend** <Adj.> voller Energie; '**Him·mels·zelt** <n.; -(e)s; unz.; poet.> Firmament; '**Him·mel·und-'Höl·le** <n.; -; unz.; Z33> ein Kinderspiel; '**him·mel·wärts** <Adv.> zum Himmel hinauf; '**him·mel·weit** <Adj.> sehr weit; ein ~er Unterschied; '**himm·lisch** <Adj.> 1 zum Himmel(2) gehörend, göttlich; die ~en Heerscharen, die Himmlischen die Engel 2 <fig.> wunderbar, herrlich

hin <Adv.> 1 < Z19.4; räumlich> auf einen best. Punkt zu; wo willst du ~?; wo denkst du ~? was für eine verrückte Idee!; es ist nicht weit zur Schule ~; es war ein ewiges Hin u. Her; nach langem Hin und Her; ~ u. her laufen ohne bestimmtes Ziel; <aber> hin- u. herlaufen hin u. wieder zurück; wo sich ~ lachen; etwas vor sich ~ sagen; <aber> → hinsagen 2 <zeitlich> es ist noch eine Weile ~ es dauert noch eine W.; ~ und wieder manchmal 3 < Z22.2; präd.> ~ sein <umg.> verloren, erledigt <a. fig.>; unser Auto ist ~ kaputt; die Fliege ist ~ tot; ich bin ganz ~ von der Musik hingerissen; ich bin ~ u. weg <salopp>; **hin...** <Vors.; Z22; in Zus. mit Verben betont u. abtrennbar> z. B. hinfahren; ich fahre hin; sie ist hingefahren; hinzufahren; <aber> hin sein (→ hin(3))

hin'ab, <auch> **hi'nab** <Adv.> hinunter; **hin'ab...** < Z22; geh.; in Zus. mit Verben betont u. abtrennbar> z. B. hinabsteigen; ich steige hinab; ich bin hinabgestiegen; hinabzusteigen; **hin-'ab|bli·cken** <V. i.>; **hin'ab|ge·hen** <V. i. (s.) 145>; **hin'ab|stür·zen** <V. t. u. V. i. (h. u. s.); du stürzt hinab>

hin'an, <auch> **hi'nan** <Adv.; Z54; poet.> hinauf; **hin'an...** < Z22; selten; in Zus. mit Verben betont u. abtrennbar> z. B. hinangehen; er geht hinan; er ist hinangegangen; **hin'an·bei·ten** <V. i.> auf etwas ~ auf ein Ziel zu

hin'auf, <auch> **hi'nauf** <Adv.; Z54> von unten nach oben; ~

u. hinunter; **hin'auf...** <Vors.; Z22; in Zus. mit Verben betont u. abtrennbar> z. B. hinaufklettern; ich klett(e)re hinauf; sie ist hinaufgeklettert; hinaufzuklettern; **hin'auf|ar·bei·ten** <V. refl.> sich ~ durch Fleiß u. Tüchtigkeit eine höhere Position erringen; **hin'auf|dür·fen** <V. i. 124>; **hin'auf|füh·ren** <V.> 1 <V. t.> jmdn. in den ersten Stock ~ 2 <V. i.> der Weg führt hinauf; **hin'auf|hel·fen** <V. i. 165>; **hin'auf|klet·tern** <V. i. (s.)>; **hin'auf|las·sen** <V. t. 175>; **hin'auf|müs·sen** <V. t. 188>; **hin'auf|schie·ben** <V. t. 214>; **hin'auf|schrau·ben** <V. t.; fig.> allmählich erhöhen; er hat seine Ansprüche zu weit hinaufgeschraubt; **hin'auf|set·zen** <V. t.; du setzt hinauf>; **hin-'auf|sol·len** <V. i.; umg.>; **hin-'auf|stei·gen** <V. i. (s.) 258>; **hin-'auf|trei·ben** <V. t. 267>; **hin-'auf|win·den** <V. t. 288/V. refl.>; **hin'auf|wol·len** <V. i. 290>; **hin-'auf|zie·hen** <V. 293> 1 <V. t.> etwas nach oben ziehen 2 <V. i. (s.)> er ist vom Erdgeschoss in den dritten Stock hinaufgezogen

hin'aus, <auch> **hi'naus** <Adv.; Z54> von drinnen nach draußen; ~ mit dir!; darüber ~ außerdem; ~ sein; über solche Kindereien bin ich ~; **hin'aus...** <Vors.; Z22; in Zus. mit Verben betont u. abtrennbar> z. B. hinausgehen; ich gehe hinaus; sie ist hinausgegangen; hinauszugehen; <aber> hinaus sein (→ hinaus); **hin'aus|be·för·dern** <V. t.; ich beförd(e)re hinaus>; **hin'aus|be·ge·ben** <V. refl. 143>; **hin'aus|be·glei·ten** <V. t.>; **hin'aus|be·keln** <V. t.; ich ek(e)le hinaus; Z55; umg.> jmdn. ~; **hin'aus|fal·len** <V. i. (s.) 131>; **hin'aus|füh·ren** <V.> 1 <V. t.> jmdn. von drinnen nach draußen begleiten 2 <V. i.> die Tür führt auf den Hof hinaus; **hin'aus|ge·hen** <V. i. (s.) 145>; **hin'aus|fal·len** <V. t. 160>; **hin-'aus|ja·gen** <V. t.>; **hin'aus-kom·men** <V. i. (s.) 170>; **hin-'aus|kom·pli·men·tie·ren** <V. t.;

umg.> jmdn. ~ mit sanfter Gewalt zum Gehen veranlassen; **hin'aus|las·sen** <V. t. 175; du lässt hinaus>; **hin'aus|lau·fen** <V. i. (s.) 176> das Ganze wird darauf ~ ... ; das läuft auf das Gleiche hinaus; **hin'aus|leh·nen** <V. refl.> sich ~; **hin'aus-schie·ben** <V. t. 214>; **hin'aus-schie·ßen** <V. 215; du schießt hinaus> 1 <V. t.> er schoss den Ball weit übers Ziel hinaus 2 <V. i. (s.)> übers Ziel ~ <fig.> ein vernünftiges Maß überschreiten; **hin'aus|schlüp·fen** <V. i. (s.)>; **hin'aus|schmei·ßen** <V. t. 224; du schmeißt hinaus; umg.>; **hin'aus|tra·gen** <V. t. 265>; **hin'aus|wach·sen** <[-ks-]; V. i. (s.) 277> über sich selbst ~ bisher ungeahnte Kräfte in sich mobilisieren; **hin'aus-wa·gen** <V. refl.>; **hin'aus|wei·sen** <V. t.>; **hin'aus|wer·fen** <V. t. 286; du wirfst hinaus>; **hin'aus|wol·len** <V. i. 290; sie hat hinausgewollt; umg.>; **Hin-'aus·wurf** <m.; -(e)s; -e; Pl. selten; umg.>; **hin'aus|zie·hen** <V. 293> 1 <V. t.> einen Termin ~ <fig.> verzögern 2 <V. i. (s.)> aufs Land ~; **hin'aus|zö·gern** <V. t.; ich zög(e)re hinaus; umg.>

'**hin|be·glei·ten** <V. t.; ich begleite hin; sie hat hinbegleitet; hinzubegleiten>; '**hin|be·kom·men** <V. t.; umg.> das werden wir schon ~ schaffen; '**hin|bie·gen** <V. t. 109; umg.> hinkriegen; '**hin|blät·tern** <V. t.; ich blätt(e)re hin; umg.> Geld ~; '**Hin·blick** <nur in der Wendung> im ~ auf ... unter Berücksichtigung von ...; '**hin|brin·gen** <V. t. 118>; '**hin|brü·ten** <V. i.> vor sich ~

'**hin·der·lich** <Adj.> störend; '**hin·dern** <V. t./V. refl.; ich hind(e)re> jmdn. an etwas ~; '**Hin·der·nis** <n.; -s·ses, -s·se> 1 Sperre 2 <fig.> Schwierigkeit, Behinderung; '**Hin·der·nis·lauf** <m.; -(e)s, -e>; '**Hin·der·nis·ren·nen** <n.; -s, ->; '**Hin·de·rung** <f.; -, -en>; '**Hin·de·rungs·grund** <m.; -(e)s, -e> das ist kein ~

'**hin|deu·ten** <V. i.; ich deute hin; sie hat hingedeutet; hinzudeu-

ten> das deutet darauf hin, dass ... *es sieht so aus, als ob ...*

'Hin·di <n.; - od. -s; unz.> *Amtssprache in Indien*

'hin|drän·gen <V. t. u. V. i.>

'Hin·du <m.; -s, -s> *Anhänger des Hinduismus*; **Hin·du'is·mus** <m.; -; unz.> *indische Volksreligion*; **hin·du'is·tisch** <Adj.>

hin'durch <Adv.; räumlich u. zeitlich> fast den ganzen Juni ~ regnete es; **hin'durch...** <↗ Z 22; in Zus. mit Verben betont u. abtrennbar> z. B. hindurchgehen; ich gehe hindurch; sie ist hindurchgegangen; hindurchzugehen; **hin'durch|ar·bei·ten** <V. refl.> sich durch etwas ~; **hin·'durch|ge·hen** <V. i. (s.) 145>; **hin'durch|krie·chen** <V. i. (s.) 173>; **hin'durch|zwän·gen** <V. t./V. refl.>

'hin|dür·fen <V. i. 124; umg.>

Hin·dus'ta·ni <n.; - od. -s; unz.> *Umgangssprache in Nordindien*

hin·ein, <auch> **hi'nein** <Adv.; ↗ Z 54> **1** <räumlich> *von draußen nach drinnen;* ~ mit euch! **2** <zeitlich; verstärkend> bis in unsere Tage ~ *bis heute;* **hin·'ein...** <Vors.; ↗ Z 22; in Zus. mit Verben betont u. abtrennbar> z. B. hineinspringen; ich springe hinein; sie ist hineingesprungen; hineinzuspringen; **hin'ein|ar·bei·ten** <V. refl.> sich in etwas ~ <fig.>; **hin'ein|bei·ßen** <V. i. 105; du beißt hinein>; **hin'ein|den·ken** <V. refl. 119> sich in jmdn. ~ *sich an jmds. Stelle versetzen;* sich in etwas ~; **hin'ein|drän·gen** <V. t. u. V. i.>; **hin'ein|dür·fen** <V. i. 124>; **hin·'ein|fal·len** <V. i. 131>; **hin·'ein|fin·den** <V. i./V. refl. 134; a. fig.> sich in etwas ~ *mit etwas vertraut werden;* **hin'ein|fres·sen** <V. t./V. refl. 139; du frisst hinein; umg.> Ärger, Kummer in sich ~ *nicht darüber sprechen;* der Rost hat sich in das Blech hineingefressen; **hin'ein|ge·bo·ren** <Adj.; nur präd.> er wurde in eine reiche Familie ~; **hin'ein|ge·heim·nis·sen** <V. t.; umg.> wir wollen hier nichts ~ *nicht mehr dahinter vermuten als tatsächlich darin ist;* **hin·'ein|ge·hen** <V. i. (s.) 145>; **hin·'ein|ge·ra·ten** <V. i. (s.) 195>;

hin'ein|hel·fen <V. i. 165>; **hin·'ein|in·ter·pre·tie·ren** <V. t.> = *hineingeheimnissen;* **hin'ein|klet·tern** <V. i. (s.); ich klett(e)re hinein>; **hin'ein|kni·en** <V. refl.; fig.; umg.> sich in etwas ~ *sich gründlich damit befassen;* **hin·'ein|kom·men** <V. i. (s.) 170>; **hin'ein|kön·nen** <V. i. 171>; **hin·'ein|las·sen** <V. t. 175; du lässt hinein>; **hin'ein|le·ben** <V. i.; nur in der Wendung> in den Tag ~ *den T. müßig u. planlos verbringen;* **hin'ein|le·gen** <V. t.>; **hin'ein|leuch·ten** <V. i.>; **hin'ein|müs·sen** <V. i. 188; sie hat hineingemusst>; **hin'ein|pas·sen** <V. i.>; **hin'ein|pfer·chen** <V. t.> *auf engstem Raum unterbringen;* **hin'ein|plat·zen** <V. i. (s.); du platzt hinein; fig.; umg.> *unerwartet hinzukommen;* er ist mitten in unser Gespräch hineingeplatzt; **hin'ein|pres·sen** <V. t.; du presst hinein>; **hin'ein|re·den** <V. i.> *unbefugt dazwischenreden;* jmdm. ~ <fig.>; **hin'ein|rei·ßen** <V. t. 198; du reißt hinein, fig.; umg.> jmdn. ~ *in Schwierigkeiten verwickeln;* **hin'ein|rei·ten** <V. 199> **1** <V. i. (s.)> in den Hof ~ **2** <V. t.; fig.; umg.> jmdn. ~ *in Schwierigkeiten bringen;* **hin'ein|schau·en** <V. i.>; **hin'ein|schlid·dern, hin·'ein|schlit·tern** <V. i. (s.); ich schlidd(e)re/schlitt(e)re hinein; fig.; umg.> *in Unannehmlichkeiten geraten;* **hin'ein|schlüp·fen** <V. i. (s.)>; **hin'ein|spä·hen** <V. i.>; **hin'ein|sprin·gen** <V. i. (s.) 253>; **hin'ein|stei·gern** <V. refl.; ich steig(e)re mich hinein> sich in etwas ~ *etwas übertrieben ernst nehmen;* **hin·'ein|stel·len** <V. t.>; **hin'ein|stop·fen** <V. t.; umg.>; **hin'ein|stür·zen** <V.; du stürzt hinein> **1** <V. i.> *hineinfallen,* <auch> *überstürzt hineinlaufen* **2** <V. refl.> sich in die Arbeit ~ <fig.> *mit Eifer u. Begeisterung zu arbeiten beginnen;* **hin'ein|ver·set·zen** <V. refl.> *hineindenken;* **hin'ein|wach·sen** <[-ks-]; V. i. (s.) 277; a. fig.> in eine Sache ~ *allmählich mit ihr vertraut werden;* **hin'ein|wa·gen** <V. refl.>; **hin'ein|wer·fen** <V. t.

286>; **hin'ein|wol·len** <V. i. 290; sie hat hineingewollt>; **hin'ein·zie·hen** <V. 293> **1** <V. t.> *von draußen nach drinnen ziehen;* jmdn. in etwas ~ <fig.; umg.> **2** <V. i.> in die Stadt ~

'hin|fah·ren <V. t. u. V. i. 130 (s.); ich fahre hin; sie ist hingefahren; hinzufahren> *(jmdn.) an einen best. Ort fahren;* **'Hin·fahrt** <f.; -, -en; Pl. selten>; **'hin|fal·len** <V. i. 131>; **'hin·fäl·lig** <Adj.> **1** *gebrechlich, altersschwach* **2** *gegenstandslos, ungültig;* **'Hin·fäl·lig·keit** <f.; -; unz.>; **'hin|fin·den** <V. i. 134>; **'hin|flä·zen** <V. refl.; du fläzt dich hin; mdt.>; **'hin|fle·geln** <V. refl.; umg.> sich ~ *sich sehr nachlässig hinsetzen;* **'hin|flie·gen** <V. i. (s.) 136>; **'Hin·flug** <m.; -(e)s, ⸗e> Hin- u. Rückflug; **'hin|füh·ren** <V.> **1** <V. t.> jmdn. ~ *irgendwohin begleiten* **2** <V. i.> wo soll das ~? <fig.>; **'Hin·ga·be** <f.; -; unz.> *großer Eifer, Opferbereitschaft;* **'hin·ga·be·fä·hig** <Adj.>; **'Hin·gang** <m.; -(e)s; unz.; geh.> *Tod;* **'hin·ge·ben** <V. refl./V. t. 143> sein Leben für jmdn. ~ *opfern;* sich einer Sache ~; ich gebe mich keinen Illusionen hin; **'hin·ge·bungs·voll** <Adj.>; **'hin·ge·gen** <Konj.> *dagegen;* **'hin·ge·gos·sen** <Adj.; fig.; umg.; fast nur in der Wendung> wie ~ daliegen *in malerischer Haltung;* **'hin|ge·hen** <V. i. (s.) 145>; **'hin|ge·hö·ren** <V.> *seinen Platz haben;* wo gehört das Buch hin?; **'hin·ge·ra·ten** <V. i. (s.) 195>; **'hin·ge·ris·sen** <Adj.; ↗ Z 28.1> *begeistert;* sie war von dem Konzert ganz ~; sie war hin- u. hergerissen; **'hin·ge·zo·gen** <Adj.; ↗ Z 28.1> sich zu jmdm. ~ fühlen *jmds. Nähe suchen;* **'Hin·gu·cker** <m.; -s, -; umg.> *etwas, das die Aufmerksamkeit auf sich zieht (zur Kundenwerbung);* **'hin|hal·ten** <V. t. 160> jmdn. etwas ~; jmdn. ~ *immer wieder vertrösten;* **'Hin·hal·te·po·li·tik** <f.; -; unz.> *taktisches Vertrösten;* **'hin|hän·gen** <V. t. 161>; **'hin|hau·en** <V.; schwach konjugiert> **1** <V. t./V. refl.> sich ~ <umg.> *sich hinlegen* **2** <V. i.> das haut hin <umg.> *das* klappt; **'hin|ho·cken** <V. refl.>; **'hin|hö·ren** <V. i.>; **'hin|kau·ern** <V. refl.; ich kau(e)re mich hin> **'Hin·kel** <n.; -s, -; umg.> *junges Huhn*

'Hin·kel·stein <m.; -(e)s, -e> *Megalith*

'hin·ken <V. i.> *lahmen;* der Vergleich hinkt <fig.>

'hin|kni·en <V. refl.; ich knie mich hin; sie hat sich hingekniet; sich hinzuknien>; **'hin|kom·men** <V. i. (s.) 170>; **'hin|kön·nen** <V. i. 171>; **'hin|krie·gen** <V. t.; umg.> *zustande bringen;* **'Hin·kunft** <f.; -; unz.> österr.> in ~ *von nun an;* **'hin|lan·gen** <V. i.; umg.>; **'hin·läng·lich** <Adv.> *ausreichend;* das ist ~ bekannt; **'hin|le·gen** <V. t./V. refl.>; **'hin|lüm·meln** <V. refl.; ich lümm(e)le mich hin; umg.>; **'hin|ma·chen** <V.; umg.> 1 <V. t.> *kaputtmachen* 2 <V. i.> *seine Notdurft verrichten;* da hat ein Hund hingemacht; **'Hin·marsch** <m.; -(e)s, ˭e> ↗Z 19.4> auf dem ~; Hin- u. Rückmarsch; **'hin|mor·den** <V. t.>; **'hin|müs·sen** <V. i. 188; sie hat hingemusst; umg.>; **'Hin·nah·me** <f.; -; unz.> *Duldung;* **'hin|neh·men** <V. t. 189> *dulden;* **'hin|nei·gen** <V. refl.> sich zu jmdm. od. etwas ~ *sich jmdm. od. einer Sache zuwenden*

'hin·nen <Adv.; geh.; veralt.> von ~ *von hier fort*

'hin|pas·sen <V. i.; du passt hin; sie hat hingepasst; hinzupassen>; **'hin|raf·fen** <V. t.; poet.> *töten;* von einer Seuche hingerafft werden; **'hin|rei·chen** <V.> 1 <V. t.; geh.> *hinhalten* 2 <V. i.> *genügen;* das Geld reicht nicht hin; **'hin·rei·chend** <Adj.; ↗Z 28.1> = *hinlänglich;* **'hin·rei·se** <f.; -; unz.; ↗Z 19.4> auf der ~; Hin- u. Rückreise; **'hin|rei·sen** <V. i. (s.); du reist hin>; **'hin|rei·ßen** <V. t. 198; du reißt hin> 1 jmdn. ~ *begeistern;* er riss seine Zuhörer hin 2 <V. refl.> sich ~ lassen *sich verleiten lassen;* **'hin·rei·ßend** <Adj.; ↗Z 28.1> *überwältigend;* **'hin·ren·nen** <V. i. (s.) 200>; **'hin·rich·ten** <V. t.> jmdn. ~ *die Todesstrafe an jmdm. vollstrecken;*

'Hin·rich·tung <f.; -, -en> *Vollstreckung der Todesstrafe;* **'hin·sa·gen** <V. t.; umg.> das war nur so hingesagt *absichtslos geäußert;* → a. *hin(1);* **'hin|schau·en** <V. i.; du schaust hin> genau ~; **'hin|schei·den** <V. i. (s.) 209; poet.> *sterben;* **'Hin·schied** <m.; -s; unz.; schweiz.> *Tod;* **'hin|schlach·ten** <V. t.> *auf grausame Weise ermorden;* **'hin·schla·gen** <V. i. 218> 1 <(h.)> *auf eine best. Stelle schlagen;* er hat kräftig hingeschlagen 2 <(s.)> *stürzen;* sie ist der Länge nach hingeschlagen; **'hin·schlep·pen** <V. t./V. refl.> etwas schleppt sich hin <fig.> *verzögert sich immer wieder;* **'hin·schmei·ßen** <V. t./V. refl. 224; du schmeißt hin; umg.> *hinwerfen;* **'hin|schmel·zen** <V. i. (s.) 225; du schmilzt hin; fig.; umg.; scherzh.> *sehr gerührt von etwas sein;* **'hin|se·hen** <V. i. 239>; **'hin|set·zen** <V. t./V. refl.; du setzt (dich) hin>; **'Hin·sicht** <f.; -; unz.; nur in best. Wendungen> *Beziehung, Berücksichtigung;* in dieser, in gewisser, in jeder ~; in ~ auf den Urlaub; **'hin·sicht·lich** <Präp.; m. Gen.> *was ... betrifft;* ~ seines Gesundheitszustandes; **'hin|sie·chen** <V. i. (s.)>; **'Hin·spiel** <n.; -(e)s, -e> Sp.> Ggs *Rückspiel;* **'hin|stel·len** <V. t./V. refl.> jmdn. als Betrüger ~ <fig.> *bezeichnen;* **'hin|stre·cken** <V. t.> 1 jmdm. etwas ~ *hinreichen* 2 <V. refl.> sich ~ *hinlegen* 3 jmdn. ~ <poet.> *töten;* **'hin|strö·men** <V. i. (s.)>

hint'an... <Vors.; ↗Z 22; geh.; in Zus. mit Verben betont u. abtrennbar z. B. hintanstellen; ich stelle hintan; sie hat hintangestellt; hintanzustellen; **hint'an|set·zen** <V. t./V. refl.> *vernachlässigen;* **Hint'an·set·zung** <f.; -; unz.; geh.>; **hint'an|stel·len** <V. t.; geh.> *zurückstellen, unberücksichtigt lassen;* **Hint'an·stel·lung** <f.; -; unz.> unter ~ aller Pläne

'hin·ten <Adv.> 1 *im Hintergrund* 2 *am Ende;* sich ~ u. vorn bedienen lassen <umg.> *überhaupt nichts selbst tun;* das stimmt ~ u. vorne nicht <umg.>

das ist völlig falsch; **hin·ten'an** <Adv.> *am Ende, an letzter Stelle;* **hin·ten'drauf** <Adv.; umg.> *auf die Rückseite;* sie gibt ihm oft ein paar ~; **'hin·ten·her·um,** <auch> **hin·ten·he·rum** <Adv.; ↗Z54> 1 geh.~! *an der hinteren Seite vorbei* 2 *heimlich, auf Umwegen;* das habe ich ~ erfahren; **'hin·ten·hin** <Adv.; umg.> *nach hinten hin;* etwas ~ stellen; <aber> das kannst du dahinten hinstellen; **hin·ten'nach** <Adv.; südd.; österr.> *hinterher*

hin·ten'ü·ber <Adv.; ↗Z55> *nach hinten, rückwärts,* **hin·ten'ü·ber...** <Vors.; ↗Z22; in Zus. mit Verben betont u. abtrennbar z. B. hintenüberfallen; ich falle hintenüber; sie ist hintenübergefallen; hintenüberzufallen; **hin·ten'ü·ber|fal·len** <V. i. (s.) 131>; **hin·ten'ü·ber|kip·pen** <V. i. (s.)>

'hin·ter <Präp.; m. Dat. auf die Frage wo?, m. Akk. a. d. F. wohin?> *auf der, auf die Rückseite;* **hin·ter...** <Vors.; in Zus. mit Verben> 1 <↗Z22; betont u. abtrennbar z. B. 'hin·ter|ge·hen *nach hinten gehen;* ich gehe hinter; sie ist hintergegangen; hinterzugehen 2 <unbetont u. nicht abtrennbar> z. B. hin·ter'ge·hen *betrügen;* ich hintergehe; sie hat hintergangen; zu hintergehen; **'Hin·ter·ach·se** <[-ks-]; f.; -, -n> an Fahrzeugen; **'Hin·ter·ba·cke** <f.; -, -n; meist Pl.> *Gesäßhälfte;* **'Hin·ter·bänk·ler** <m.; -s, -; abwertend> *wenig einflussreiches Parlamentsmitglied;* **'Hin·ter·bänk·le·rin** <f.; -, -n·nen>; **'Hin·ter·bein** <n.; -(e)s, -e> Ggs *Vorderbein;* **Hin·ter'blie·be·ne(r)** <f. 2 (m. 1)> *Angehörige(r) eines Verstorbenen;* **Hin·ter'blie·be·nen·ren·te** <f.; -, -n>; **'hin·ter|brin·gen¹** <V. t. 118> *nach hinten bringen;* sie hat es hintergebracht; **hin·ter'brin·gen²** <V. t. 118> jmdm. etwas ~ *heimlich melden;* sie hat es ihm hinterbracht; **'Hin·ter·deck** <n.; -s, -s od. -e; Mar.>; **hin·ter'drein** <Adv.> *hinterher;* **'hin·te·re(r, -s)** <Adj.> *hinten, am Ende, auf der Rückseite befindlich;* in der

hintersten Reihe; der Hintere <umg.> *Gesäß* (→ *Hintern*)
hin·ter·ein·an·der, <auch> **hin·ter·ei'nan·der** <Adv.; ⤴Z 54> *einer hinter dem anderen;* vier Tage ~; <in Verbindung mit Verben immer Getrenntschreibung> z. B. ~ *fahren;* **Hin·ter·ein'an·der·schal·tung**, <auch> **Hin·ter·ei'nan·der·schal·tung** <f.; -, -en; El.> = *Reihenschaltung;* **hin·ter·ein·an·der'weg** <Adv.; umg.> *ohne Pause*
'Hin·ter·ein·gang <m.; -(e)s, ⸚e>; **'hin·ter·föt·zig** <Adj.; derb> *heimtückisch, hinterlistig;* **'Hin·ter·föt·zig·keit** <f.; -; unz.; derb>; **hin·ter'fra·gen** <V. t.> *etwas ~ nach den Hintergründen von etwas fragen;* **'Hin·ter·front** <f.; -, -en>; **'Hin·ter·fuß** <m.; -es, ⸚e>; **'Hin·ter·gau·men·laut** <m.; -(e)s, -e; Phon.> = *Velar;* **'Hin·ter·ge·bäu·de** <n.; -s, ->; **'Hin·ter·ge·dan·ke** <m.; -ns, -> *heimliche Absicht;* **'hin·ter|ge·hen**[1] <V. i. (s) 145; umg.> *nach hinten gehen;* sie ist hintergegangen; **hin·ter'ge·hen**[2] <V. t. 145> jmdn. ~ *betrügen, täuschen;* sie hat ihn hintergangen; **Hin·ter'glas·ma·le·rei** <f.; -, -en>; **'Hin·ter·grund** <m.; -(e)s, ⸚e> 1 *hinterer Teil dessen, was im Blickfeld liegt* 2 <fig.> *Sphäre von geringer Bedeutung;* in den ~ *treten* 3 <fig.> *Ursache, verborgener Zusammenhang;* die Tat hat einen politischen ~; **'hin·ter·grün·dig** <Adj.> *schwer durchschaubar;* **'Hin·ter·grün·dig·keit** <f.; -; unz.>; **'Hin·ter·grund·mu·sik** <f.; -; unz.>; **'hin·ter|ha·ken** <V. i.; umg.> = *nach·haken*
'Hin·ter·halt <m.; -(e)s, -e; Pl. selten> *Versteck, von dem aus jmd. überfallen wird;* **'hin·ter·häl·tig** <Adj.> *tückisch;* **'Hin·ter·häl·tig·keit** <f.; -; unz.>
'Hin·ter·hand <f.; -, ⸚e> *Hinterbein (z. B. beim Pferd);* noch etwas in der ~ *haben* <Kart.; a. fig.> *einen Trumpf;* **'Hin·ter·haupt** <n.; -(e)s, ⸚er; Anat.>; **'Hin·ter·haupts·bein** <n.; -(e)s, -e; Anat.>; **'Hin·ter·haupts·la·ge** <f.; -; unz.; Med.> *häufigste Kindslage bei der Geburt;* **'Hin·ter·haus** <n.; -es, ⸚er>

'hin·ter·her <a. [--'-]; Adv.> *danach;* sie ist (erst) ~ *gekommen als schon alles vorüber war;* <aber> sie ist (kaum) hinterhergekommen *konnte kaum folgen;* ~ sein *zurück(geblieben) sein,* <auch> *sorgsam auf etwas bedacht sein;* **hin·ter'her...** <⤴Z 22; Vors.; in Zus. mit Verben betont u. abtrennbar> z. B. hinterherkommen; ich komme hinterher; sie ist hinterhergekommen; hinterherzukommen; **hin·ter'her|ge·hen** <V. i. (s) 145> jmdm. ~ *folgen;* → a. *hinterher;* **hin·ter'her|hin·ken** <V. i. (s.)> → a. *hinterher;* **hin·ter'her|kom·men** <V. i. (s.) 170> → a. *hinterher;* **hin·ter'her|lau·fen** <V. i. (s.) 176> → a. *hinterher*
'Hin·ter·hof <m.; -(e)s, ⸚e>; **'Hin·ter·kopf** <m.; -(e)s, ⸚e>; **'Hin·ter·la·der** <m.; -s, -> *eine Schusswaffe;* **'Hin·ter·la·ge** <f.; -, -n; schweiz.> *Kaution;* **'Hin·ter·land** <n.; -(e)s, ⸚er> *Einzugsbereich einer Großstadt*
hin·ter'las·sen <V. t. 175> *zurücklassen, vererben;* das hat Spuren ~; **Hin·ter'las·se·ne(r)** <f. 2 (m. 1); schweiz.> = *Hinterbliebene(r);* **Hin·ter'las·sen·schaft** <f.; -, -en>; **Hin·ter'las·sung** <f.; -; unz.; Amtsdt.>
'hin·ter·las·tig <Adj.; Mar.> = *achterlastig*
'Hin·ter·lauf <m.; -(e)s, ⸚e; Jägerspr.> *Hinterbein (beim Haarwild)*
hin·ter'le·gen <V. t.> *etwas ~ dalassen, als Pfand zurücklassen;* **Hin·ter'le·gung** <f.; -; unz.>; **Hin·ter'le·gungs·sum·me** <f.; -, -n>
'Hin·ter·leib <m.; -(e)s, -er>
'Hin·ter·list <f.; -; unz.>; **'hin·ter·lis·tig** <Adj.> *tückisch;* **'Hin·ter·lis·tig·keit** <f.; -; unz.>
'hin·term <Verschmelzungsform von Präp. u. Art.> *hinter dem*
'Hin·ter·mann <m.; -(e)s, ⸚er> 1 *jmd., der hinter einem sitzt od. steht* 2 *Drahtzieher*
hin·ter'mau·ern <V. t.; ich hintermau(e)re; Bauw.>; **Hin·ter'mau·e·rung** <f.; -; unz.>
'hin·tern <Verschmelzungsform von Präp. u. Art.> *hinter den*
'Hin·tern <m.; -s, -; umg.> *Gesäß*

'Hin·ter·pfor·te <f.; -, -n>
'Hin·ter·pfo·te <f.; -, -n>
'Hin·ter·rad <n.; -(e)s, ⸚er>; **'Hin·ter·rad·an·trieb** <m.; -(e)s; unz.; bei Kfz>
'hin·ter·rücks <Adv.> *von hinten, aus dem Hinterhalt*
'hin·ters <Verschmelzungsform von Präp. u. Art.> *hinter das*
'Hin·ter·sass <m.; -en, -en>, **'Hin·ter·säss** <m.; -en, -en; schweiz.>, **'Hin·ter·sas·se** <m.; -n, -n; früher> *zinspflichtiger Kleinbauer*
'Hin·ter·schin·ken <m.; -s, ->
'Hin·ter·sei·te <f.; -, -n>
'Hin·ter·sinn <m.; -(e)s; unz.> *(verborgene) Nebenbedeutung;* **hin·ter'sin·nen** <V. refl.; schweiz.> sich ~ *grübeln, schwermütig werden;* er hat sich hintersonnen; **'hin·ter·sin·nig** <Adj.> = *hintergründig*
'Hin·ter·sitz <m.; -es, -e>
'Hin·ters·te(r) <m. 1> = *Gesäß*
'Hin·ter·stüb·chen <n.; -s; unz.; fig.; umg.> *hinterster Gedächtniswinkel*
'Hin·ter·teil <n.; -(e)s, -e; umg.> = *Gesäß*
'Hin·ter·tref·fen <n.; -s; unz.; meist in der Wendung> ins ~ *geraten, kommen Nachteile haben*
hin·ter'trei·ben <V. t. 267> *ein Vorhaben ~ vereiteln;* **Hin·ter'trei·bung** <f.; -; unz.>
'Hin·ter·trep·pe <f.; -, -n>; **'Hin·ter·trep·pen·ro·man** <m.; -(e)s, -e; abwertend>
Hin·ter'tup·fin·gen <umg.; abwertend> *abgelegener, unbedeutender Ort*
'Hin·ter·tür <f.; -, -en>; **'Hin·ter·tür·chen** <n.; -s, -; fig.> sich ein ~ *offen halten einen Ausweg*
'Hin·ter·wäld·ler <m.; -s, -; abwertend> *ungeschliffener, rückständiger Mensch;* **'Hin·ter·wäld·le·rin** <f.; -, -n·nen>; **'hin·ter·wäld·le·risch** <Adj.>
'hin·ter|zie·hen[1] <V. t. 293> *nach hinten ziehen;* er hat den Teppich hintergezogen; **hin·ter'zie·hen**[2] <V. t. 293> *unterschlagen;* er hat Steuern hinterzogen; **Hin·ter'zie·hung** <f.; -, -en>
'Hin·ter·zim·mer <n.; -s, ->
'hin|tre·ten <V. i. 268> wo bist du hingetreten?

'hin|tun <V. t. 272; umg.>
hin'ü·ber, <auch> **hi'nü·ber**
<Adv.; ↗Z54> *von hier nach
drüben;* ~ *sein* <umg.> *tot;* die
Fliege ist ~; **hin'ü·ber...** <Vors.;
↗Z22>; in Zus. mit Verben be-
tont u. abtrennbar> z. B. hinü-
berspringen; ich springe hinü-
ber; sie ist hinübergesprungen;
hinüberzuspringen; **hin'ü·ber-
dür·fen** <V. i. 124>; **hin'ü·ber-
füh·ren** <V.> 1 <V. t.> *jmdn. auf
die andere Seite begleiten* 2
<V. i.> die Tür führt ins Bad hi-
nüber; **hin'ü·ber|ge·hen** <V. i.
(s.) 145>; **hin'ü·ber|klet·tern**
<V. i. (s.); ich klett(e)re hinü-
ber>; **hin'ü·ber|kön·nen** <V. i.
171>; **hin'ü·ber|las·sen** <V. i.
175; du lässt hinüber>; **hin'ü·
ber|müs·sen** <V. i. 188; sie hat
hinübergemusst>; **hin'ü·ber-
ret·ten** <V. t.> *etwas über den
Krieg* ~; **hin'ü·ber|spie·len**
<V. i.> *das Grau spielt ins Bläu-
liche hinüber;* **hin'ü·ber|wach-
sen** <[-ks-]; V. i. (s.) 277>; **hin'ü·
ber|wer·fen** <V. t. 286>; **hin'ü·
ber|wol·len** <V. i. 290; sie hat hi-
nübergewollt; umg.>
'hin und 'her → *hin(1);* **'Hin und
'Her** <n.; ---(s); unz.> → *hin(1);*
Hin-und-'her-Ge·re·de <n.; -s;
unz.; ↗Z33>; **'hin- und 'her·ge-
ris·sen** <Adj.; ↗Z19.4> → a.
hingerissen; **'Hin- und 'Rück·
fahrt** <f.; -; unz.; ↗Z19.4>
hin'un·ter, <auch> **hi'nun·ter**
<Adv.; ↗Z54> *von oben nach
unten;* **hin'un·ter...** <Vors.;
↗Z22>; in Zus. mit Verben be-
tont u. abtrennbar> z. B. hinun-
tergehen; ich gehe hinunter; sie
ist hinuntergegangen; hinun-
terzugehen; **hin'un·ter|be·glei-
ten** <V. t.>; **hin'un·ter|fal·len**
<V. i. (s.) 131>; **hin'un·ter|
ge·hen** <V. i. (s.) 145>; **hin'un·
ter|kip·pen** <V. t.>; **hin'un·
ter|las·sen** <V. t. 175; du lässt
hinunter>; **hin'un·ter|schlin-
gen** <V. t. 223; umg.>; **hin'un·
ter|schlu·cken** <V. t.>; **hin'un·
ter|stür·zen** <V.; du stürzt hi-
nunter> 1 <V. i. (s.)> ich bin die
Treppe hinuntergestürzt 2
<V. t./V. refl. (h.)> ein Getränk ~
hastig trinken; sich ~ (in selbst-
mörderischer Absicht); **hin'un·
ter|wür·gen** <V. t.>

'hin|wa·gen <V. refl.; umg.>; **'hin-
wärts** <Adv.> *auf dem Hinweg*
hin'weg <Adv.; geh.> *weg, fort
von hier;* über etwas ~ sein *et-
was überwunden haben;* **'Hin-
weg** <m.; -(e)s, -e; ↗Z19.4>
Hin- u. Herweg; **hin'weg...**
<Vors.; ↗Z22>; in Zus. mit Ver-
ben betont u. abtrennbar> z. B.
hinwegsehen; ich sehe darüber
hinweg; sie hat darüber hin-
weggesehen; hinwegzusehen;
hin'weg|fe·gen <V. i. (s.)>; **hin·
'weg|ge·hen** <V. i. (s.) 145>
über etwas ~ *unbeachtet lassen;*
hin'weg|hel·fen <V. i.> jmdm.
über eine Enttäuschung ~; **hin·
'weg|kom·men** <V. i. (s.) 170>;
hin'weg|se·hen <V. i. 239> über
etwas ~ <fig.> *kein Wort darü-
ber verlieren;* **hin'weg|set·zen**
<V. refl.> sich über etwas ~
<fig.> *etwas bewusst außer Acht
lassen;* **hin'weg|täu·schen**
<V. t./V. refl.>; **hin'weg|trös·ten**
<V. t./V. refl.>

'Hin·weis <m.; -es, -e> *Andeu-
tung, Tipp;* **'hin|wei·sen** <V. t.
282> jmdn. auf etwas ~; *des
Fürworts;* → a. *Kasten Demons-
trativpronomen;* **'Hin·weis-
schild** <n.; -(e)s, -er>; **'Hin·wei·
sung** <f.; -; unz.>

'hin|wel·ken <V. i. (s.)> *allmäh-
lich verwelken;* **'hin|wen·den**
<V. t./V. refl. 283> wo kann ich
mich ~?; **'hin|wer·fen** <V. t./V.
refl. 286>

hin'wie·der·um[1], <auch> **hin·
'wie·de·rum** <Adv.; veralt.>
nochmals, aufs Neue; **hin'wie·
der·um**[2] <Konj.> *hingegen, an-
dererseits*

'hin|wol·len <V. i. 290>

Hinz → *Hinz und Kunz*

'hin|zäh·len <V. t.> Geld ~ *Münze
für Münze auf den Tisch legen;*
'hin|zei·gen <V. i.>; **'hin|zie·hen**
<V. 293> 1 <V. t./V. refl. (h.)> et-
was zieht sich länger *als geplant* 2
<V. i. (s.)> *seinen
Wohnsitz verlegen;* sie ist nun
hingezogen; **'hin|zie·len** <V. i.;
fig.> auf etwas ~

hin'zu <Adv.> *noch dazu, oben-
drein;* **hin'zu...** <Vors.; ↗Z22>; in
Zus. mit Verben betont u. ab-
trennbar> z. B. hinzufügen; ich
füge hinzu; sie hat hinzugefügt;
hinzuzufügen; **hin'zu|den·ken**

<V. t. 119> *in Gedanken hinzu-
fügen;* **hin'zu|dich·ten** <V. t.>;
hin'zu|fü·gen <V. t.>; **hin'zu|ge-
sel·len** <V. refl.> sich ~ *sich
jmdm. anschließen;* **hin'zu-
kom·men** <V. i. (s.) 170> es
kommt noch hinzu, dass ...

'Hinz und 'Kunz <undekl.; fig.;
umg.; abwertend> *jeder*

hin'zu|neh·men <V. t. 189>; **hin-
'zu|set·zen** <V. t.> *hinzufügen;*
hin'zu|tre·ten <V. i. (s.) 268>;
hin'zu|tun <V. t. 272; umg.>;
Hin'zu·tun <n.; -s; unz.> ohne
mein ~; **hin'zu|zäh·len** <V. t.>;
hin'zu|zie·hen <V. t. 293> jmdn.
~ *zu Rate ziehen;* **Hin'zu·zie-
hung** <f.; -; unz.> unter ~ von

'Hi·obs·bot·schaft <f.; -, -en>
Schreckensnachricht [nach dem
Buch *Hiob* im AT]

hip <Adj.; undekl.> *zeitgemäß, im
Trend* [engl.]; **'Hip-hop** <m.; -s;
unz.> *Stilrichtung der (ameri-
kan.) Popmusik*

hipp..., Hipp... <Vors.> = *hippo...,
Hippo...* [grch.]; **Hipp'a·ri·on,**
<auch> **Hip'pa·ri·on** <n.; -s,
-ri·en; ↗Z54> *fossiles Urpferd*
'Hip·pe[1] <f.; -, -n> *sichelartiges
Messer, Sense*
'Hip·pe[2] <f.; -, -n; mdt.; oberdt.>
Ziege
'Hip·pe[3] <f.; -, -n; fränk.; thü-
ring.> *eine Art Fladenkuchen*
hipp, hipp, hur'ra (*ein (Rude-
rer-)Ruf*)
Hipp·i'a·trik, <auch> **Hip·pi'at·rik**
<f.; -; unz.; ↗Z53> *Pferdeheil-
kunde* [grch.]
'Hip·pie <m.; -s, -s; bes. in den
60er und 70er Jahren> *Anhän-
ger(in) einer naturnahen, ge-
waltfreien, antibürgerlichen Le-
bensform* [amerikan.]
hip·po..., Hip·po... <Vors.>
pferd..., Pferd... [grch.]; **Hip·po-
'drom** <n.; -s, -e> *Reitbahn;*
Hip·po'gryph <m.; -(e)s od.
-en, -en; Lit.> *geflügeltes Ross*
Hip·po'kra·ti·ker <m.; -s, ->; **hip·
po'kra·tisch** <Adj.> *auf der Leh-
re des Hippokrates beruhend;*
~er Eid *Grundlage der ärztl.
Ethik;* die ~en Schriften [nach
dem grch. Arzt *Hippokrates*]
Hip·po·lo'gie <f.; -; unz.> *Pferde-
kunde* [grch.]; **hip·po'lo·gisch**
<Adj.>; **Hip·po'po·ta·mus** <m.;
-, -; Zool.> *Flusspferd;* **Hip·po-**

the·ra'pie <a. ['-----]; f.; -; unz.; Med.> *Therapie, die best. körperl. Behinderungen od. psych. Störungen durch Reiten zu heilen versucht;* **Hip·pu'rit** <m.; -en, -en> *fossile Meermuschel;* **Hip'pur·säu·re** <f.; -; unz.; Chem.> *eine organ. Säure*

'Hips·ter <m.; -s, -> *jmd., der über alles (Modische) Bescheid weiß* [engl.]

Hi·ra'ga·na <f.; -; unz. od. n.; - od. -s; unz.> *eine jap. Silbenschrift* [jap.]

Hirn <n.; -(e)s, -e> 1 *Gehirn* 2 <fig.; umg.> *Verstand, Kopf;* sich sein ~ zermartern *angestrengt nachdenken;* **'Hirn·anhangs·drü·se** <f.; -, -n; Anat.> *Hypophyse;* **'Hirn·blu·tung** <f.; -, -en; Med.>; **'hirn·ge·schädigt** <Adj.>; **'Hirn·ge·spinst** <n.; -(e)s, -e; abwertend> *absurde Vorstellung, Fantasiegebilde;* **'Hirn·haut** <f.; -, ⁼e; Anat.> *Gehirnhaut;* **'Hirn·haut·ent·zündung** <f.; -, -en; Med.>; **'Hirn·holz** <n.; -es; unz.> *quer zur Faser geschnittenes Holz;* **'Hir·ni** <m.; -s, -s; umg.; abwertend> *Dummkopf;* **'hirn·los** <Adj.>; **'Hirn·rin·de** <f.; -, -n; Anat.> *Kortex;* **'hirn·ris·sig** <Adj.; umg.> *unsinnig;* **'Hirn·scha·le** <f.; -, -n; Anat.>; **'Hirn·schmalz** <n.; -es; unz.; fig.; umg.; scherzh.> *Denkvermögen, Verstand;* **'Hirn·tod** <m.; -(e)s; unz.; Med.>; **'hirn·ver·brannt** <Adj.; fig.; umg.; abwertend> *unsinnig, verrückt;* **'hirn·ver·letzt** <Adj.>; **'Hirn·win·dung** <f.; -, -en>

Hirsch <m.; -(e)s, -e; Zool.> *ein Geweih tragender Paarhufer;* **'Hirsch·fän·ger** <m.; -s, -> *Waffe, mit dem angeschossenes Wild getötet wird;* **'Hirsch·ge·weih** <n.; -(e)s, -e>; **'Hirsch·horn** <n.; -(e)s; unz.> *das (z. B. für Knöpfe verwendete) Material des Hirschgeweihs;* **'Hirsch·kä·fer** <m.; -s, -; Zool.>; **'Hirsch·kalb** <n.; -(e)s, ⁼er; Zool.>; **'Hirsch·klee** <m.; -s; unz.; Bot.> = *Honigklee;* **'Hirsch·kuh** <f.; -, ⁼e> *weibl. Hirsch;* **'Hirsch·le·der** <n.; -s; unz.>; **'hirsch·le·dern** <Adj.>

'Hir·se <f.; -, -n> *eine Getreideart;*

'Hir·se·brei <m.; -(e)s; unz.>; **'Hir·se·korn** <n.; -(e)s, ⁼er>

Hirt <m.; -en, -en>, **'Hir·te** <m.; -n, -n> *Hüter einer Tierherde;* **'Hir·ten·amt** <n.; -(e)s; ⁼er; fig.; veralt.> *die kirchl. Seelsorge;* **'Hir·ten·brief** <m.; -(e)s, -e> *bischöfl. Rundschreiben;* **'Hir·ten·dich·tung** <f.; -, -en> *Schäferdichtung;* **'Hir·ten·flö·te** <f.; -, -n>; **'Hir·ten·hund** <m.; -(e)s, -e>; **'Hir·ten·spiel** <n.; -(e)s, -e>; **'Hir·ten·stab** <m.; -(e)s, ⁼e> *Bischofsstab;* **'Hir·ten·tä·schel** <n.; -s, -; Bot.> *eine Pflanze;* **'Hir·tin** <f.; -, -·nen>

His'bol·lah¹ <f.; -; unz.> *radikale Organisation der Schiiten;* **His·'bol·lah²** <m.; -s, -s> *Anhänger der Hisbollah¹*

his, his <n.; -, -; Mus.> *Tonbezeichnung*

His·pa·ni·en *die (antike) Pyrenäenhalbinsel;* **his·pa·nisch** <Adj.>; **his·pa·ni'sie·ren** <V. t.> *nach span. Muster gestalten;* **His·pa'nis·mus** <m.; -, -men> *in eine andere Sprache übernommene Eigentümlichkeit der span. Sprache;* **His·pa'nist** <m.; -en, -en> *Wissenschaftler f.; -; unz.> Wissenschaft von der span. Sprache, Literatur u. Kultur;* **His·pa'nis·tik** <f.; -; unz.>; **His·pa·no·a·me·ri'ka·ner** <m.; -s, -> *Spanisch sprechender Bewohner des amerikan. Kontinents*

'his·sen <V. t.; du hisst> *(eine Flagge od. ein Segel) hochziehen*

hist..., **Hist...** <Vors.> = *histo..., Histo...,* **Hist·a'min,** <auch> **Hista'min** <n.; -s; unz.; ↗Z 54> *ein Gewebehormon;* **his·to...,** **Histo...** <Vors.> *gewebe..., Gewebe...* [grch.]; **His·to·ge'ne·se** <f.; -; unz.; Physiol.> *Lehre von der Entstehung der Gewebe;* **his·to·ge'ne·tisch** <Adj.>; **His·to'gramm** <n.; -(e)s, -e> *graph. Darstellung von Messwerten in Form von Säulen;* **His·to'lo·ge** <m.; -n, -n; Physiol.>; **His·to·lo'gie** <f.; -; unz.; Physiol.> *Lehre von den Geweben des Körpers;* **His·to'lo·gin** <f.; -, -·nen; Physiol.>; **his·to'lo·gisch** <Adj.; Physiol.>; **His·to'ly·se** <f.; -, -n> *Auflösung des Gewebes (durch Enzyme)*

'His·to·mat, **'HISTOMAT** <a. [-·'-]; m.; -; unz.; ↗Z 56; Kurzw. für> *historischer Materialismus;* (→ *historisch*)

His'tör·chen <n.; -s, -> *(meist pikante) kleine Geschichte;* **His·'to·rie** <[-riə]; f.; -, -n; veralt.> 1 *(Welt-)Geschichte* 2 *Bericht, Kunde* [grch.]; **His'to·ri·en·ma·ler** <m.; -s, ->; **His'to·ri·en·ma·le·rei** <f.; -; unz.>; **His'to·rik** <f.; -; unz.> *Geschichtsforschung;* **His'to·ri·ker** <m.; -s, -> *Geschichtsforscher;* **His'to·ri·ke·rin** <f.; -, -·nen>; **His·to·ri·o'graf** <m.; -en, -en; ↗Z 11.3> *Geschichtsschreiber;* **his'to·risch** <Adj.> *geschichtlich;* ~er Augenblick *geschichtl. bedeutsamer A.;* ~er Materialismus <Philos.; Kurzw.: Histomat> *der kommunist. Weltanschauung zugrunde liegende Lehre;* **his·to·ri'sie·ren** <V. t.> *das Geschichtliche betonen;* **His·to'ris·mus** <m.; -; unz.> *Überbetonung des Geschichtlichen;* **his·to'ris·tisch** <Adj.>; **His·to·ri'zis·mus** <m.; -; unz.> = *Historismus*

Hit <m.; -s, -s; umg.> *(musikalischer Verkaufs-)Erfolg* [engl.]

Hitch·hi·ker <['hɪtʃhaɪkə(r)]; m.; -s, -> *Tramper* [engl.]

Hi·tech <[haɪ'tɛk]; f.; -; unz.> = *Hightechnology*

'Hit·ler·deutsch·land <n.; -s; unz.> *Deutschland von 1933–45;* **'Hit·ler·gruß** <m.; -es; unz.; 1933–45> *Gruß im Nationalsozialismus;* **'Hit·ler·ju·gend** <f.; -; unz.; Abk.: HJ; 1933–45> *eine Jugendorganisation im Nationalsozialismus*

'Hit·lis·te <f.; -, -n>; **'Hit·pa·ra·de** <f.; -, -n> *Sendung, in der erfolgreiche Musiktitel vorgestellt werden*

'Hit·sche <f.; -, -n; norddt.; mdt.> 1 *Fußbank* 2 *kleiner Rodelschlitten*

'Hit·ze <f.; -; unz.> *hohe Temperatur; ein ~ abweisendes Material;* in der ~ des Gefechts <fig.> *in der Erregung;* **'Hit·ze·ausschlag** <m.; -(e)s, ⁼e>; **'hit·ze·be·stän·dig** <Adj.>; **'Hit·ze·bläs·chen** <Pl.>; **'hit·ze·emp·find·lich** <Adj.>; **'hit·ze·frei** <Adj.> *schulfrei wegen großer*

H

Hitze; wir haben ~; **'Hit·ze·frei** <n.; -; unz.> ~ erteilen; kein ~ bekommen; **'Hit·ze·pe·ri·o·de** <f.; -, -n>; **'Hit·ze·wel·le** <f.; -, -n>; **'hit·zig** <Adj.> 1 <fig.> jähzornig, ungestüm 2 läufig (Hündin); **'Hitz·kopf** <m.; -(e)s, ⸚e; abwertend> aufbrausender Mensch; **'hitz·köp·fig** <Adj.>; **'Hitz·schlag** <m.; -(e)s, ⸚e; Med.> Kreislaufkollaps infolge sehr hoher Temperatur

HIV <[ha:i'fau]; n.; - od. -s; unz.; Abk. für engl.> Human Immunodeficiency Virus, Erreger von Aids; **HIV-Er·re·ger** <m.; -s, -; ⤳Z34>; **HIV-'ne·ga·tiv** <Adj.>; **HIV-'po·si·tiv** <Adj.> mit dem HIV-Erreger infiziert

'Hi·wi <m.; -s, -s; umg.; Kurzw. für> 1 Hilfswilliger 2 wissenschaftl. Hilfskraft

HJ <1933–45; Abk. für> Hitlerjugend

HK <Zeichen für> Hefnerkerze

hl <Zeichen für> Hektoliter

hl., Hl. <Abk. für> heilig, Heilige(r)

hll., Hll. <Abk. für den Pl. von> heilig, Heilige(r)

hm <Zeichen für> Hektometer

'H-Milch <f.; -; unz.> durch starke Erhitzung haltbar gemachte Milch

'h-Moll <n.; -; unz.; Mus.; Abk.: h> Tonart; **'h-Moll-Drei·klang** <m.; -(e)s, ⸚e; ⤳Z35; Mus.>; **'h-Moll-Ton·lei·ter** <f.; -, -n; Mus.>

HNO-Arzt <m.; -(e)s, ⸚e; ⤳Z34; kurz für> Hals-Nasen-Ohren-Arzt; **HNO-'Ärz·tin** <f.; -, -nnen>; **HNO-Heil·kun·de** <f.; -; unz.; kurz für> Hals-Nasen-Ohren-Heilkunde

Ho <Chem.; Zeichen für> Holmium

HO <DDR; Abk. für> Handelsorganisation

Hob. <Abk. für> Hobokenverzeichnis

'Hob·by <n.; -s, -s; ⤳Z6.1> Liebhaberei, Freizeitbeschäftigung [engl.]; **'Hob·by·ma·ler** <m.; -s, -; umg.>; **'Hob·by·ma·le·rin** <f.; -, -nnen>; **'Hob·by·raum** <m.; -(e)s, ⸚e>

'Ho·bel <m.; -s, -> 1 ein Werkzeug zum Glätten 2 ein Küchengerät; **'Ho·bel·bank** <f.; -, ⸚e>; **'Ho·bel·ma·schi·ne** <f.; -, -n>; **'ho·beln**

<V. t.; ich hob(e)le>; **'Ho·bel·span** <m.; -(e)s, ⸚e>; **'Hob·ler** <m.; -s, ->

'Ho·bo·ken·ver·zeich·nis <n.; -s·ses; unz.; Abk.: Hob.> themat. Verzeichnis der Werke Joseph Haydns [nach dem ndrl. Musikwissenschaftler A. van Hoboken]

hoc 'an·no <Abk.: h. a.> in diesem Jahr [lat.]; **hoc 'est** <Abk.: h. e.> das ist, das heißt [lat.]

hoch <Adj.; 'hö·her, am 'höchs·ten> 1 <⤳Z44.4> eine best. Höhe habend, sich in einer best. Höhe befindend, in einer Rangordnung oben stehend; Hoch u. Niedrig jedermann; etwas ~ u. heilig versprechen ganz fest; ~ im Kurs stehen angesehen sein; 2 <Getrenntschreibung in Verbindung mit V., Adj. u. Part., wenn sinnvoll steiger- u. erweiterbar> ein Bild ~ halten (damit es alle sehen können); <aber> jmds. Andenken hochhalten in Ehren halten; er kann ~ springen; er kann höher springen als sie; <aber> der Hund will an ihm hochspringen; es ist ~ hergegangen es herrschte reger Betrieb; jmdn. ~ achten; er ist ~ angesehen; ein hochbegabtes/<auch> ~ begabtes Kind; ~ od. höher besteuert; ~ od. höher bezahlt; ~ od. höher dosiert; ~ od. höher notierter Börsenkurs; eine ~ konzentrierte Säure; <aber> ein hochkonzentrierter Schüler ein sehr konzentrierter S.; ein ~ od. höher dotierter Job; ein ~ empfindlicher Film; ein ~ od. höher entwickeltes Volk; ~ geehrtes Publikum; ein hochgebildeter/<auch> ~ gebildeter Mann; ein hochgewachsener/<auch> ~ gewachsener Baum; ~ od. höher gruppieren; eine ~ industrialisierte Gesellschaft; ~ od. höher stehend; eine ~ od. höher gestellte Persönlichkeit; <aber> eine hochgestellte Zahl; ~ motiviert sein; ~ qualifizierte Mitarbeiter; jmdn. ~ od. höher schätzen; Preise ~ od. höher schrauben; ~ spezialisiert sein; jmdn. ~ od. höher stufen; ~ technisierte Welt; 3 <⤳Z46> in hohem Bogen schwungvoll; ho-

he See bewegtes, aufgewühltes Meer; im hohen Norden sehr weit nördlich gelegen; ein hoher Feiertag; ein hohes Tier <fig.; umg.> jmd., der einen hohen Rang innehat; das hohe Haus das Parlament; das Hohe Lied/<auch> → Hohelied; der Hohe Priester/<auch> → Hohepriester; die hohe Schule best. Dressurart im Reitsport; die Hohe Tatra; die Hohen Tauern; → a. höchst(1); **hoch...** <Vors.> 1 <in Zus. mit Adj.> überaus, sehr; hochanständig; hochgiftig; hochrot; → a. hoch 2 <⤳Z22; in Zus. mit Verben betont u. abtrennbar> z. B. hochklettern; ich klett(e)re hoch; sie ist hochgeklettert; hochzuklettern; → a. hoch; **Hoch** <n.; -s, -s> 1 Hochruf; ein dreifaches ~ auf das Geburtstagskind! 2 <Meteor.> Hochdruckgebiet; **'Hoch·ach·tung** <f.; -; unz.>; **'hoch·ach·tungs·voll** <Adj.>; **'Hoch·a·del** <m.; -s; unz.; ⤳Z55> die älteste u. oberste Stufe des Adels; **'hoch·a·de·lig**, **'hoch·ad·lig** <Adj.>; **'hoch·ak·tu·ell** <Adj.>; **'hoch·al·pin** <Adj.>; **'Hoch·al·tar** <m.; -(e)s, ⸚e> Hauptaltar; Ggs Seitenaltar; **'Hoch·amt** <n.; -(e)s, ⸚er; Kath.> feierl. Messe mit Gesang; **'hoch·'an·stän·dig** <Adj.>; **'hoch·ar·bei·ten** <V. refl.> sich ~ sich durch Fleiß u. Leistung eine bessere Position erarbeiten; **'hoch·'auf·lö·send** <Adj.> ~er Monitor; **'Hoch·bahn** <f.; -, -en>; **'Hoch·bau** <m.; -(e)s; unz.; Bauw.> Ggs Tiefbau; **'hoch·be·'gabt,** <auch> **'hoch·be·'gabt** <Adj.> → a. hoch(2); **'hoch·be·'glückt** <Adj.>; **'hoch·bei·nig** <Adj.>; **'hoch·be·'rühmt** <Adj.>; **'hoch·be·'tagt** <Adj.>; **'Hoch·be·trieb** <m.; -(e)s; unz.> lebhaftes Treiben; **'Hoch·bett** <n.; -(e)s, -en>; **'hoch·bin·den** <V. t. 111> hängende Äste ~ nach oben binden; **'Hoch·blü·te** <f.; -; unz.>; **'hoch·brin·gen** <V. t. 118> jmdn. od. etwas <fig.> wieder gesund bzw. leistungsfähig machen; **'hoch·bri·sant** <Adj.; umg.>; **'Hoch·burg** <f.; -, -en; fig.> Zentrum; Köln ist eine Faschings~; **'hoch·deutsch**

<Adj.> ~e Lautverschiebung; auf Hochdeutsch; im Hochdeutschen; **'hoch·die·nen** <V. refl.; a. abwertend> sich ~ sich langsam (und unterwürfig) hocharbeiten; **'hoch·dre·hen** <V. t.>; **'Hoch·druck** <m.; -(e)s; unz.> 1 <Meteor.> hoher Luftdruck 2 <Typ.> ein Druckverfahren 3 <Med.; kurz für> Bluthochdruck 4 <fig.; umg.> große Eile, Anspannung; mit, unter ~ arbeiten; **'Hoch·druck·ge·biet** <n.; -(e)s, -e; Meteor.>; **'Hoch·e·be·ne** <f.; -, -n; ⚹Z55> Ggs Tiefebene; **'hoch·er'freut** <Adj.>; **'hoch·ex·plo'siv** <Adj.>; **'hoch·fah·ren** <V. i. (s.) 130> hochschrecken; **'hoch·fah·rend** <Adj.; ⚹Z 28.1> aufbrausend; **'hoch·fein** <Adj.> ~es Papier; **'Hoch·fi·nanz** <f.; -; unz.>; **'Hoch·flä·che** <f.; -, -n>; **'hoch·flie·gen** <V. i. (s.) 136> in die Höhe fliegen; die Vögel sind gleichzeitig hochgeflogen; <aber getrennt> die Vögel sind sehr hoch geflogen in großer Höhe; **'hoch·flie·gend** <Adj.; ⚹Z28.1; fig.> ehrgeizig; ~e Pläne; **'Hoch·flor** <m.; -(e)s; unz.; Textilw.>; **'Hoch·form** <f.; -; unz.> in ~ sein besonders leistungsfähig; **'Hoch·for·mat** <n.; -(e)s, -e> Ggs Breitformat, Querformat; **'hoch·fre·quent** <Adj.> mit hoher Schwingungszahl; **'Hoch·fre·quenz** <f.; -, -en; Phys.; Abk.: HF>; **'Hoch·fri·sur** <f.; -, -en>; **'Hoch·ga·ra·ge** <[-ʒə]; f.; -, -n> Ggs Tiefgarage; **'hoch·ge'bil·det**, <auch> **'hoch ge'bil·det** <Adj.> ein ~er Mann; **'Hoch·ge·bir·ge** <n.; -s, -s>; **'hoch·ge·bo·ren** <Adj.> von adeliger Abstammung; Euer Hochgeboren (als Anrede); **'hoch·ge·fähr·lich** <Adj.> ~e Stoffe; **'Hoch·ge·fühl** <n.; -(e)s; unz.> ausgeprägtes Glücksgefühl; **'hoch|ge·hen** <V. i. (s.) 145> ein Sprengkörper geht hoch explodiert; musst du immer sofort ~? <fig.; umg.> zornig aufbrausen; du kannst schon mal ~ nach oben; **'hoch·'geis·tig** <Adj.> intellektuell anspruchsvoll; sie führen immer ~e Gespräche; **'hoch·ge·lehrt** <Adj.> ein ~er Essay; **'Hoch·ge-**

nuss <m.; -es, ⸚e>; **'Hoch·ge·richt** <n.; -(e)s, -e; MA>; **'Hoch·ge·schlos·sen** <Adj.> eine ~e Bluse; **'hoch·ge·spannt** <Adj.> ~e Erwartungen; <aber> eine zu hoch gespannte Leine; **'hoch·ge·steckt** <Adj.; ⚹Z28.1> sie hat ~e Haare nach oben gesteckte H.; <aber> hoch gesteckte Pläne <fig.>; **'hoch·ge·stellt** <Adj.; ⚹Z28.1> eine ~e Zahl; <aber> eine hoch gestellte Persönlichkeit; **'hoch·ge·stimmt** <Adj.; geh.>; **'hoch·ge·sto·chen** <Adj.; umg.> 1 übertrieben anspruchsvoll 2 hochtrabend, geschraubt (Stil); **'hoch·ge·wach·sen**, <auch> **'hoch ge·wach·sen** <[-ks-]; Adj.> ein ~er Mensch; **'hoch·ge·züch·tet** <Adj.>; **'hoch'gif·tig** <Adj.>; **'Hoch·glanz** <m.; -es; unz.>; **'Hoch·glanz·ab·zug** <m.; -(e)s, ⸚e; Fot.>; **'hoch·glän·zend** <Adj.>; **'hoch·glanz·po·liert** <Adj.> ~es Metall; <aber> auf Hochglanz poliert; **'hoch·gra·dig** <Adj.> sehr; **'hoch·ha·ckig** <Adj.> mit hohen Absätzen versehen; ~e Schuhe; **'hoch|hal·ten** <V. t. 160> das Andenken an jmdn. ~; <aber> du musst die Fahne ganz hoch halten; **'Hoch·haus** <n.; -es, ⸚er>; **'hoch|he·ben** <V. t. 163>; **'hoch·'herr·schaft·lich** <Adj.> besonders vornehm; **'hoch·her·zig** <Adj.; geh.> großmütig; **'Hoch·her·zig·keit** <f.; -; unz.>; **'hoch·ho·len** <V. t.>; **'hoch·in·tel·li·gent** <Adj.> ein ~es Kind; **'hoch·in·ter·es'sant**, <auch> **'hoch·in·te·res'sant** <Adj.; ⚹Z54; umg.>; **'hochja·gen** <V. t.> aufscheuchen; den Motor ~ <fig.; umg.> auf hohe Drehzahlen bringen; **'hoch|ju·beln** <V. t.; ich jub(e)le hoch; umg.> übermäßig loben; **'hoch·kant, 'hoch·kan·tig** <Adv.> auf die, auf der Schmalseite; eine Kiste ~ stellen; jmdn. ~ hinauswerfen <umg.> mit Nachdruck; **'hoch·ka·rä·tig** <Adj.> 1 von hohem Karat 2 <fig.; umg.> hoch qualifiziert; ein ~er Experte; **'Hoch·kir·che** <f.; -; unz.> 2 Bewegung innerhalb der anglikan. bzw. ev. Kirche; **'hoch|klap·pen** <V. t.>; **'hoch|klet·tern** <V. i. (s.)>

ich klett(e)re hoch>; **'hoch·kom·men** <V. i. (s.) 170> du sollst ~! nach oben; er lässt keinen (neben sich) ~ <fig.> er möchte sich seine Position nicht streitig machen lassen; **'Hoch·kon·junk·tur** <f.; -; unz.; Wirtsch.> Aufschwung; **'hoch·kon·zen·triert**, <auch> **'hoch·kon·zent·riert** <Adj.; ⚹Z53> eine ~e Schülerin; <aber> eine hoch konzentrierte Säure; **'hoch|krem·peln** <V. t.; ich kremp(e)le hoch>; **'Hoch·kul·tur** <f.; -, -en>; **'Hoch·land** <n.; -(e)s, ⸚er> Ggs Tiefland; **'Hoch·län·der** <m.; -s, -> 1 Bewohner eines Hochlandes 2 Bewohner des schott. Berglandes; **'Hoch·län·de·rin** <f.; -, -n·nen>; **'Hoch·lau·tung** <f.; -; unz.> normierte Aussprache des Hochdeutschen ("Bühnensprache"); **'hoch|le·ben** <V. i.; nur im Inf. u. Konjunktiv> durch Hochrufe gefeiert werden; er lebe hoch!; er soll ~!; jmdn. ~ lassen; **'hoch·le·gen** <V. t.>; **'Hoch·leis·tung** <f.; -, -en>; **'Hoch·leis·tungs·sport** <m.; -(e)s; unz.>; **'Hoch·lei·tung** <f.; -, -en> Ggs Erdleitung; **'höch·lich, 'höch·lichst** <Adv.> sehr; ~ erstaunt sein; **'Hoch·meis·ter** <m.; -s, -; früher> Oberhaupt des Deutschen Ritterordens; **'hoch·mo'dern** <Adj.>; **'hoch'mo·disch** <Adj.>; **'hoch·mö·gend** <Adj.; veralt.> mächtig; **'hoch·mo·le·ku'lar** <Adj.; Chem.> aus vielen Molekülen bestehend; **'Hoch·mut** <m.; -(e)s; unz.> unberechtigter Stolz, Überheblichkeit; **'hoch·mü·tig** <Adj.>; **'hoch·nä·sig** <Adj.; umg.> eingebildet; **'hoch|neh·men** <V. t. 189; fig.; umg.> 1 übervorteilen 2 necken; **'hoch·not'pein·lich** <Adj.> sehr streng u. unangenehm; **'Hoch·o·fen** <m.; -s, ⸚; ⚹Z55>; **'hoch·of·fi·zi'ell** <Adj.; umg.>; **'hoch·päp·peln** <V. t.; ich päpp(e)le hoch>; **'Hoch·par·ter·re** <[-ter]; n.; -s, -s> Etage zw. Erdgeschoss u. erstem Stock; Ggs Tiefparterre; **'Hoch·pla·teau** <[-to:]; n.; -s, -s> Hochebene; **'hoch·prei·sig** <Adj.> ~e Produkte; **'hoch·pro·zen·tig** <Adj.> ~er Alkohol; **'Hoch·rad** <n.; -(e)s, ⸚er>;

'hoch·rä·de·rig, 'hoch·räd·rig <Adj.> ein ~er Wagen; **'hoch·ra·gend** <Adj.>; **'hoch·ran·gig** <Adj.>; **'hoch|rap·peln** <V. refl.; ich rapp(e)le mich hoch>; **'hoch|rech·nen** <V. t.; Stat.> *aus repräsentativen Zwischenergebnissen das voraussichtl. Endergebnis berechnen;* **'Hoch·rech·nung** <f.; -, -en>; **'Hoch·re·li·ef** <[-lief]; n.; -s, -s od. -e> *Werk der Bildhauerkunst, dessen Formen stark erhaben sind;* Ggs *Flachrelief,* **'Hoch·re·nais·sance** <[-rənɛsãs]; f.; -; unz.>; **'Hoch·ro·man·tik** <f.; -; unz.>; **'hoch'rot** <Adj.>; **'Hoch·ruf** <m.; -(e)s, -e> *jubelnder Zuruf;* **'hoch|rüs·ten** <V. i.>; **'Hoch·sai·son** <[-sɛˈzõ] od. [-sɛˈzɔŋ]; f.; -, -s od. (österr.) -en [-zoːnən]>; **'Hoch·schät·zung** <f.; -; unz.>; **'Hoch·schau·bahn** <f.; -, -en> österr. für *Achterbahn;* **'hoch|schau·keln** <V. t./V. refl.; ich schauk(e)le hoch; umg.> *unangemessen steigern;* sich (gegenseitig) ~; **'Hoch·schein** <m.; -(e)s; unz.; schweiz.> keinen ~ von etwas haben *keine Ahnung;* **'hoch|scheu·chen** <V. t.>; **'hoch|schie·ben** <V. t. 214>; **'hoch|schla·gen** <V. t. 218> den Kragen ~; **'Hoch·schrank** <m.; -(e)s, ˸e>; **'Hoch·schul·ab·schluss** <m.; -es, ˸e; Pl. selten>; **'Hoch·schul·bil·dung** <f.; -; unz.>; **'Hoch·schu·le** <f.; -, -n> *Universität;* **'Hoch·schü·ler** <m.; -s, ->; **'Hoch·schü·le·rin** <f.; -, -n·nen>; **'Hoch·schul·leh·rer** <m.; -s, ->; **'Hoch·schul·leh·re·rin** <f.; -, -n·nen>; **'Hoch·schul·rei·fe** <f.; -; unz.> *Schulabschluss, der zum Studium an einer Hochschule berechtigt;* **'Hoch·schul·stu·di·um** <n.; -s; unz.>; **'hoch·schwan·ger** <Adj.>; **'Hoch·see** <f.; -; unz.> *das offene, küstenferne Meer;* **'Hoch·see·fi·sche·rei** <f.; -; unz.> Ggs *Küstenfischerei;* **'Hoch·seil** <n.; -(e)s, -e; im Zirkus>; **'Hoch·seil·akt** <m.; -(e)s, -e; a. fig.>; **'Hoch·si·cher·heits·trakt** <m.; -(e)s, -e> *besonders gesicherter Teil in Strafvollzugsanstalten;* **'hoch·sin·nig** <Adj.; veralt.> *großmütig;* **'Hoch·sitz**

Hochsprache: Unter H. – auch Schriftsprache oder Standardsprache genannt – versteht man eine über-regionale Sprachform, die im Unterschied zur ↗Umgangssprache und zum ↗Dialekten stärker normiert ist. H. wird mit Bezug auf die deutsche Sprache auch als **Hochdeutsch** bezeichnet. Mit einer anderen Bedeutung wird das Hochdeutsche unter sprachgeografischem Aspekt vom Niederdeutschen abgegrenzt. Das Hochdeutsche hat die Zweite (hochdeutsche) Lautverschiebung ganz oder teilweise vollzogen, während das Niederdeutsche diese Entwicklung nicht mitgemacht hat. Die Grenze zwischen Hochdeutsch und Niederdeutsch ist die so genannte „maken/machen"-Linie.
Innerhalb des Hochdeutschen wird noch zwischen Mitteldeutsch und Oberdeutsch differenziert.

<m.; -es, -e> = *Hochstand;* **'Hoch·som·mer** <m.; -s; unz.>; **'hoch·som·mer·lich** <Adj.>; **'Hoch·span·nung** <f.; -; unz.; El.> in ~ sein <fig.> *sehr aufgeregt;* Ggs *Niederspannung;* **'Hoch·span·nungs·lei·tung** <f.; -, -en>; **'hoch|spie·len** <V. t./V. refl.> eine Angelegenheit ~ *aufbauschen;* **'Hoch·spra·che** <f.; -, -n> *mundartfreie Sprache;* → a. *Kasten;* **'hoch|sprin·gen** <V. i. (s.) 253> sie ist vor Freude in ihm hochgesprungen; <aber> sie ist vier Meter hoch gesprungen; **'Hoch·sprung** <m.; -(e)s, ˸e; Sp.>; **höchst¹** <Adj.; ↗Z 43.3; Superlativ von *hoch;* es ist ~e Zeit *die Z. drängt;* ich bin aufs Höchste/ <auch> ~e überrascht *außerordentlich;* **höchst²** <Partikel> *sehr, äußerst;* das kommt ~ selten vor; → a. *hoch;* **'Hoch·stamm** <m.; -(e)s, ˸e; Gartenb.>; **'Hoch·stämm·chen** <n.; -s, -; Verkleinerungsf. von *Hochstamm;* **'hoch·stäm·mig** <Adj.>; **'Hoch·stand** <m.; -(e)s, ˸e> *erhöhter Jagdsitz;* **'Hoch·sta·pe'lei** <f.; -; unz.>; **'hoch|sta·peln** <V. i.; ich stap(e)le hoch> Ggs *tiefstapeln;* **'Hoch·stap·ler**

<m.; -s, -> *jmd., der vorgibt, mehr zu sein, als er in Wirklichkeit ist;* **'Hoch·stap·le·rin** <f.; -, -n·nen>; **'Höchst·be·las·tung** <f.; -; unz.>; **'hoch|ste·cken** <V. t.>; **'hoch|stei·gen** <V. i. (s.) 258> den Berg ~; **'höchst'ei·gen** <Adj.; veralt.> in ~er Person *selbst, persönlich;* **'hoch|stel·len** <V. t.> Stühle ~; **'höchs·tens** <Partikel> 1 *nicht mehr als* 2 *im äußersten Fall;* **'Höchst·fall** <nur in der Wendung> im ~; **'Höchst·ge·schwin·dig·keit** <f.; -; unz.> mit ~; **'Hoch·stift** <n.; -(e)s, -e; MA> *Bistum u. weltl. Territorium eines Bischofs;* **'hoch|sti·li·sie·ren** <V. t.> *zu hoch einschätzen;* **'Hoch·stim·mung** <f.; -; unz.>; **'Höchst·leis·tung** <f.; -, -en>; **'Höchst·maß** <n.; -es, -e> ein ~ an Schönheit; **'höchst·per'sön·lich** <Adj.> er war ~ anwesend *selbst;* <aber> eine höchst persönliche Angelegenheit *eine sehr persönl. A.;* **'Höchst·preis** <m.; -es, -e>; **'höchst'rich·ter·lich** <Adj.> eine ~e Verfügung; **'Höchst·satz** <m.; -es, ˸e> *höchste Beitragsklasse;* **'höchst·'selbst** <Adj.; verstärkend; scherzh.> *selbst;* **'Höchst·stand** <m.; -(e)s; unz.>; **'Höchst·stra·fe** <f.; -, -n>; **'Höchst·stu·fe** <f.; -, -n; Gramm.> → a. *Kasten Superlativ;* **'Höchst·tem·pe·ra·tur** <f.; -; unz.>; **'höchst·wahr·'schein·lich** <Adv.> ~ kommt er *aller Voraussicht nach;* <aber> es ist höchst wahrscheinlich, dass er kommt *es ist so gut wie sicher;* **'Höchst·wert** <m.; -(e)s, -e>; **'höchst·zu·läs·sig** <Adj.> ~es Gesamtgewicht; **'Hoch·tal** <n.; -(e)s, ˸er>; **'Hoch·tech·no·lo·gie** <f.; -; unz.> *Spitzentechnologie;* **'Hoch·ton** <m.; -(e)s, ˸e; Sprachw.> *Hauptbetonung;* **'hoch·tö·nend** <Adj.> *prahlerisch;* **'hoch·to·nig** <Adj.; Sprachw.>; **'Hoch·tour** <[-tuːr]; f.; -, -en> *Bergtour im Hochgebirge;* auf ~en arbeiten <fig.; umg.> *mit äußerstem Einsatz;* **'hoch·tou·rig** <[-tuː-]; Adj.> *mit hoher Drehzahl laufend;* Ggs *niedertourig;* **'Hoch·tou·ris·tik** <[-tuː-]; f.; -; unz.> *alpines Bergsteigen;* **'hoch·tra·bend** <Adj.>

übertrieben, schwülstig; '**Hoch·tra·gen** <V. t. 265; norddt.; mdt.> *hinauftragen;* '**Hoch·ver·rat** <m.; -(e)s; unz.> *Verbrechen gegen den eigenen Staat;* '**Hoch·ver·rä·ter** <m.; -s, ->; '**Hoch·ver·rä·te·rin** <f.; -, -n·nen>; '**hoch·ver·rä·te·risch** <Adj.>; '**Hoch·wald** <m.; -(e)s; ⸚er> *hochstämmiger, aus Samen u. Stecklingen entstandener Wald;* '**Hoch·was·ser** <n.; -s, ->; '**hoch|wer·fen** <V. t. 286> *kannst du den Ball zu mir ~?; <aber> er kann weit und hoch werfen; ich bin nicht gut im Hochwerfen;* '**hoch·wer·tig** <Adj.> *~e Nahrungsmittel;* '**Hoch·wild** <n.; -(e)s; unz.> *Sammelbez. für:* Hirsch, Wolf, Gämse, Adler u. a.; Ggs *Niederwild;* '**hoch·will·kom·men** <Adj.> *ein ~es Geschenk;* '**hoch·'wirk·sam** <Adj.> *eine ~e Arznei;* '**hoch·wohl·ge·bo·ren** <Adj.; veralt.> *(Euer) Hochwohlgeboren (als Anrede u. Titel);* '**hoch|wöl·ben** <V. t./V. refl.>; '**Hoch·wür·den** *(Anrede für kath. Geistliche)* '**hoch·wür·dig** <Adj.; veralt.>; '**Hoch·zahl** <f.; -, -en; Math.>; **Hoch·zeit** <f.; -, -en> **1** <['hɔx-]> *Eheschließung; goldene ~ 50. Jahrestag der H.* **2** <['hoːx-]> *Glanzzeit, Höhepunkt;* '**Hoch·zei·ter** <m.; -s, -; umg.> *Bräutigam;* '**Hoch·zei·te·rin** <f.; -, -n·nen; umg.> *Braut;* '**hoch·zeit·lich** <Adj.>; '**Hoch·zeits·bit·ter** <m.; -s, -; veralt.> *jmd., der die Einladungen zur Hochzeit überbringt;* '**Hoch·zeits·fei·er** <f.; -, -n>; '**Hoch·zeits·fest** <n.; -(e)s, -e>; '**Hoch·zeits·flug** <m.; -(e)s, ⸚e; Zool.> *das Ausschwärmen Staaten bildender Insekten;* '**Hoch·zeits·kleid** <n.; -(e)s, -er>; '**Hoch·zeits·rei·se** <f.; -, -n>; '**Hoch·zeits·tag** <m.; -(e)s, -e>; '**hoch·zie·hen** <V. t. 293>; '**Hoch·zins·po·li·tik** <f.; -; unz.; Wirtsch.; Bankw.>

'**Ho·cke** <f.; -, -n> **1** <Sp.> *eine Turnübung* **2** *Stellung in tiefer Kniebeuge; in die ~ gehen;* '**ho·cken** <V. i.> *~ bleiben; vor dem*

Fernseher ~ <umg.>; '**Ho·cker** <m.; -s, -> *Stuhl ohne Lehne;* Bar~

'**Hö·cker** <m.; -s, -> **1** *Buckel* **2** *Fettpolster auf dem Rücken von Kamel u. Dromedar;* '**hö·cker·ar·tig** <Adj.>; '**hö·cke·rig** <Adj.>; '**Hö·cker·schwan** <m.; -(e)s, ⸚e; Zool.>

Ho·ckey <['hɔkeː], engl. ['hɔki]; n.; -s; unz.> *eine Sportart;* Eis~ [engl.]; '**Ho·ckey·schlä·ger** <m.; -s, ->; '**Ho·ckey·spiel** <n.; -(e)s, -e>

'**Hock·stel·lung** <f.; -; unz.>

'**Ho·de** <m.; -n, -n od. f.; -, -n>, '**Ho·den** <m.; -s, -; Anat.> *männl. Keimdrüse;* '**Ho·den·bruch** <m.; -(e)s, ⸚e; Med.>; '**Ho·den·ent·zün·dung** <f.; -, -en; Med.>; '**Ho·den·sack** <m.; -(e)s, ⸚e; Anat.>

Ho·do·me·ter <n.; -s, -> *Wegemesser, Schrittzähler* [grch.]

'**Ho·dscha** <auch> '**Hod·scha** <m.; -s, -s; ↗ Z54> *Lehrer, Geistlicher* [pers.-türk.]

Hof <m.; -(e)s, ⸚e> **1** *umschlossener Platz;* Schul~ **2** *landwirtschaftl. Betrieb;* Bauern~ **3** *fürstl. Wohnsitz; am ~e; ~ halten residieren; ich halte ~; sie hat ~ gehalten; ~ zu halten* **4** <Meteor.> *Ring um Sonne od. Mond;* '**Hof·ball** <m.; -(e)s, ⸚e>; '**Hof·burg** <f.; -, -en>; '**Hof·da·me** <f.; -, -n>; '**hö·feln** <V. i.; schweiz.> *schmeicheln;* '**Hö·fe·recht** <n.; -(e)s; unz.> *Art des Erbrechts;* '**hof·fä·hig** <Adj.> **1** *berechtigt, bei Hofe zu erscheinen* **2** <fig.> *den gesellschaftl. Erwartungen entsprechend;* '**Hof·fä·hig·keit** <f.; -; unz.>

Hof·fart <['hɔf-]; f.; -; unz.; veralt.> *Hochmut, Dünkel;* '**hof·fär·tig** <Adj.; geh.>

'**hof·fen** <V. i. u. V. t.> *wünschen, zuversichtl. erwarten; ~ wir das Beste!; das will ich ~!;* '**hof·fent·lich** <Adv.> *es ist zu hoffen, dass ...;* **...höf·fig** <Adj.; Bgb.; in Zus.> *reiche Ausbeute versprechend, z. B. erzhöffig;* '**höff·lich** <Adj.; Bgb.> *reiche Ausbeute versprechend;* '**Hoff·nung** <f.; -, -en> *zuversichtl. Erwartung; guter ~ sein* <fig.; geh.; veralt.> *schwanger;* '**Hoff·nungs·lauf** <m.; -(e)s, ⸚e; Sp.> *zusätzl. Lauf für die*

Verlierer der Zwischenrunde; '**hoff·nungs·los** <Adj.>; '**Hoff·nungs·lo·sig·keit** <f.; -; unz.>; '**Hoff·nungs·schim·mer** <m.; -s, ->; '**Hoff·nungs·trä·ger** <m.; -s, -> *einer Partei;* '**Hoff·nungs·trä·ge·rin** <f.; -, -n·nen>; '**hoff·nungs·voll** <Adj.>

'**Hof·hal·tung** <f.; -, -en>; '**Hof·hund** <m.; -(e)s, -e> *Wachhund im Bauern-, Gutshof;* **ho'fie·ren** <V. t./V. refl.> *jmdn. ~ jmdm. schmeicheln;* '**hö·fisch** <Adj.; MA> *dem Leben, den Sitten bei Hofe entsprechend;* '**Hof·ka·pell·meis·ter** <m.; -s, -; früher>; '**Hof·leu·te** <Pl.>; '**höf·lich** <Adj.> *zuvorkommend, wohlerzogen;* '**Höf·lich·keit** <f.; -, -en>; '**Höf·lich·keits·flos·kel** <f.; -, -n>; '**Höf·lich·keits·form** <f.; -, -en; Gramm.>; '**Höf·lich·keits·for·mel** <f.; -, -n>; '**Höf·lie·fe·rant** <m.; -en, -en; früher>; '**Höf·ling** <m.; -s, -e> **1** *Inhaber eines Hofamtes* **2** *Fürstendiener;* '**Hof·mar·schall** <m.; -(e)s, ⸚e> *für das fürstl. Hauswesen zuständiger Beamter bei Hofe;* '**Hof·narr** <m.; -en, -en>; '**Hof·rat** <m.; -(e)s, ⸚e; seit dem 16. Jh. Titel für> *hoher Beamter der Regierung;* '**Hof·recht** <n.; -(e)s; unz.; MA>; '**Hof·staat** <m.; -(e)s; unz.> *fürstl. Gefolge;* '**Hof·statt** <f.; -, -en; schweiz.> *um ein Haus befindliches Land, Hauswiese;* '**Hof·the·a·ter** <n.; -s, ->; '**Hof·tor** <n.; -(e)s, -e>; '**Hof·trau·er** <f.; -; unz.>

HO-Ge·schäft <n.; -(e)s, -e; DDR> *Ladengeschäft der HO*

'**ho·he(r, -s)** <Adj.> → *hoch;* '**Hö·he** <f.; -, -n> **1** *Hügel; ein Haus auf der ~* **2** *Ausdehnung nach oben* <a. fig.>; *Preise in die ~ treiben* **3** *höchste Stufe; ich bin heute nicht ganz auf der ~; das ist doch die ~! der Gipfel der Unverschämtheit*

'**Ho·heit** <f.; -, -en> **1** <unz.> *Erhabenheit, Würde* **2** <unz.> *oberste Staatsgewalt;* Finanz~ **3** <Titel für> *fürstl. Person;* Eure ~; '**ho·heit·lich** <Adj.>; '**Ho·heits·ge·biet** <n.; -(e)s, -e>; '**Ho·heits·ge·wäs·ser** <n.; -s, ->; '**Ho·heits·recht** <n.; -(e)s, -e>; '**Ho·heits·trä·ger** <m.; -s, ->;

H

'**ho·heits·voll** <Adj.>; '**Ho·heits-zei·chen** <n.; -s, ->

'**Ho·he·lied**, <auch> '**Ho·he Lied** <n.; des Hoheliedes od. Hohen Liedes, dem Hohelied od. Hohen Lied; unz.; Beugung des adj. Bestandteils nur bei Getrenntschreibung> *Sammlung altjüd. Liebes- u. Hochzeitslieder,* <a. fig.> *Loblied*

'**Hö·hen·angst** <f.; -; unz.>; '**Hö·hen·flug** <m.; -(e)s, ⸚e> *geistiger ~* <fig.> *oft abwertend>;* '**Hö·hen·gren·ze** <f.; -, -n; Geogr.>; '**Hö·hen·kli·ma** <n.; -s>; '**Hö·hen·krank·heit** <f.; -; unz.> *durch Sauerstoffmangel in großer Höhe verursachte Krankheit;* '**Hö·hen·kur·ort** <m.; -(e)s, -e>; '**Hö·hen·la·ge** <f.; -, -n>; '**Hö·hen·leit·werk** <n.; -(e)s, -e; Flugw.> *Steuereinrichtung am Flugzeug;* '**Hö·hen·li·nie** <[-niǝ]; f.; -, -n; Geogr.>; '**Hö·hen·luft** <f.; -; unz.>; '**Hö·hen·mes·ser** <m.; -s, -; Flugw.>; '**Hö·hen·mes·sung** <f.; -, -en>; '**Hö·hen·rü·cken** <m.; -s, -> *Bergrücken;* '**Hö·hen·schrei·ber** <m.; -s, -; Flugw.>; '**Hö·hen·son·ne** <f.; -, -n> 1 <unz.> *die Sonne im Hochgebirge* 2 *ein zu Heilzwecken verwendetes Bestrahlungsgerät;* '**Hö·hen·steu·er** <n.; -s, -; Flugw.>; '**Hö·hen·strah·lung** <f.; -, -en> *kosmische Strahlung;* '**Hö·hen·un·ter·schied** <m.; -(e)s, -e>; '**Hö·hen·weg** <m.; -(e)s, -e>; '**Hö·hen·wind** <m.; -(e)s, -e>; '**Hö·hen·zug** <m.; -(e)s, ⸚e>

'**Ho·he·pries·ter**, <auch> '**Ho·he Pries·ter** <m.; des Hohepriesters od. Hohen Priesters, dem Hohepriester od. Hohen Priester, die Hohepriester od. Hohen Priester; Beugung des adj. Bestandteils nur bei Getrenntschreibung> *altjüd. Oberpriester*

'**Hö·he·punkt** <m.; -(e)s, -e; fig.> *wichtigster, a. schönster Teil eines Geschehens;* '**hö·he·re(r, -s)** <Adj.; Komparativ von> *hoch;* *in ~n Sphären schweben* <umg.; scherzh.> *weltfremd sein; ~ Gewalt nicht beeinflussbares (Natur-)Geschehen; das ~ Lehramt; ~e Schule weiterfüh-*

rende S., Gymnasium; → a. *hoch;* '**Hö·her·stu·fe** <f.; -, -n; Gramm.> → a. *Kasten Komparativ;* '**Hö·her·stu·fung** <f.; -, -en>

hohl <Adj.> *ausgehöhlt, inhaltsleer;* '**hohl·äu·gig** <Adj.>; '**Hohl·block·stein** <m.; -(e)s, -e; Bauw.>; '**Höh·le** <f.; -, -n> *natürl. (unterirdischer) Hohlraum; Tropfstein~; Mund~;* '**Höh·len·bär** <m.; -en, -en> *ausgestorbene Bärenart;* '**Höh·len·be·woh·ner** <m.; -s, ->; '**Höh·len·be·woh·ne·rin** <f.; -, -n·nen>; '**Höh·len·brü·ter** <m.; -s, -; Zool.>; '**Höh·len·for·scher** <m.; -s, ->; '**Höh·len·for·sche·rin** <f.; -, -n·nen>; '**Höh·len·kir·che** <f.; -, -n>; '**Höh·len·kun·de** <f.; -; unz.>; '**Höh·len·ma·le·rei** <f.; -, -en>; '**Höh·len·mensch** <m.; -en, -en>; '**Hohl·fuß** <m.; -es, ⸚e; Med.> Ggs *Plattfuß;* '**Hohl·heit** <f.; -; unz.>; '**Hohl·keh·le** <f.; -, -n> *rinnenförmige Vertiefung;* '**Hohl·kopf** <m.; -(e)s, ⸚e; abwertend> *geistloser Mensch;* '**Hohl·kör·per** <m.; -s, ->; '**Hohl·kreuz** <n.; -es, -e; Anat.> *Fehlstellung der Wirbelsäule;* '**Hohl·ku·gel** <f.; -, -n>; '**Hohl·leis·te** <f.; -, -n>; '**Hohl·maß** <n.; -es, -e> Sy *Raummaß;* '**Hohl·na·del** <f.; -, -n> *Nadel für Einspritzungen u. Punktionen;* '**Hohl·naht** <f.; -, ⸚e> *Ziermuster im Leinengewebe;* '**Hohl·raum** <m.; -(e)s, ⸚e>; '**Hohl·raum·ver·sie·ge·lung** <f.; -, -en; bei Kfz>; '**Hohl·saum** <m.; -(e)s, ⸚e> *Verzierung im Leinengewebe;* '**hohl∣schlei·fen** <V. t. 220; ich schleife hohl; sie hat hohlgeschliffen; hohlzuschleifen; Tech.>; '**Hohl·schliff** <m.; -(e)s; unz.>; '**Hohl·spie·gel** <m.; -s, -; Opt.>; '**Hohl·stein** <m.; -(e)s, -e; Bauw.>; '**Hohl·tier** <n.; -(e)s, -e; meist Pl.; Zool.> *eine Meerestierart;* '**Höh·lung** <f.; -, -en>; '**Hohl·ve·ne** <[-ve-]; f.; -, -n; Anat.> *Vene, durch die das sauerstoffarme Blut in den rechten Herzvorhof zurückfließt;* '**hohl·wan·gig** <Adj.>; '**Hohl·war·ze** <f.; -, -n>; '**Hohl·weg** <m.; -(e)s, -e>; '**Hohl·zie·gel** <m.; -s, ->

Hohn <m.; -(e)s; unz.> *scharfer Spott;* '**höh·nen** <V. i.>; '**Hohn-**

ge·läch·ter <n.; -s; unz.>; '**höh·nisch** <Adj.> *spöttisch;* '**hohn·lä·cheln**, <auch> '**Hohn lä·cheln** <V. i.>; '**Hohn·lä·cheln** <n.; -s; unz.>; '**hohn∣la·chen**, <auch> '**Hohn la·chen** <V. i.>; '**hohn∣spre·chen**, <auch> '**Hohn spre·chen** <V. i. 251>

ho'ho <Int.>

'**hö·ken** <V. i.> = *hökern;* '**Hö·ker** <m.; -s, -> *Kleinhändler;* **Hö·ke·'rei** <f.; -; unz.>; '**Hö·ke·rin** <f.; -, -n·nen>; '**hö·kern** <V. i.; ich hök(e)re> → a. *verhökern*

Ho·kus'po·kus <m.; -; unz.> 1 <ohne Art.> *Zauberformel* 2 <fig.> *Blendwerk; was soll dieser ~?*

hold <Adj.; geh.; veralt.> *bezaubernd, anmutig; jmdm. ~ sein*

'**Ho·der** <m.; -s, -; oberdt.; mdt.> = *Holunder*

Hol·ding <[ˈhoːl-]; f.; -, -s>, '**Holding·ge·sell·schaft** <f.; -, -en; Wirtsch.> *Gesellschaft, die Vermögen u. Geschäftsanteile anderer Firmen verwaltet* [engl.]

'**hol·drio**, <auch> '**hold·rio** <Int.> *↗Z 53;* süddt.> *(Freudenruf)*

'**hold·se·lig** <Adj.; veralt.> *liebreizend;* '**Hold·se·lig·keit** <f.; -; unz.>

Hole <[houl]; n.; -s, -s; Golf> *Loch* [engl.]

'**ho·len** <V. t./V. refl.> *herbeirufen, -schaffen; sich eine Erkältung ~*

Ho·lis·mus <m.; -; unz.; Philos.> *Ganzheitslehre* [grch.]; **ho·lis·tisch** <Adj.>

Holk <m.; -(e)s, -e od. -en od. f.; -, -e od. -en; im MA> *dreimastiges Segelschiff,* oV *Hulk* [engl.]

'**hol·la** <Int.>

'**Hol·land** 1 *der Westteil der Niederlande* 2 <volkstüml. Bez. für> *die Niederlande;* '**Hol·län·der** <m.; -s, -> 1 <volkstüml. Bez. für> *Bewohner der Niederlande* 2 <Papierherstellung> *Maschine zum Zermahlen der Fasern;* '**Hol·län·de·rin** <f.; -, -n·nen>; '**hol·län·dern** <V. t. u. V. i.; ich holländ(e)re; Buchbinderei> *leicht mit Fäden heften, die im Buchrücken verklebt werden;* '**hol·län·disch** <Adj.>

'**Hol·le** <f.; -, -n> *Federhaube (bei manchen Vögeln)*

'**Höl·le** <f.; -, -n> 1 <in vielen Religionen> *gedachter Ort der Ver-*

dammnis für Sünder **2** <fig.> *Qual;* seine Ehe ist die ~; es war die ~ los; **'Höl·len...** <fig.; in Zus.> *sehr groß, schlimm, beängstigend;* **'Höl·len·angst** <f.; -; unz.; fig.>; **'Höl·len·fahrt** <f.; -, -en; fig.>; **'Höl·len·hund** <m.; -(e)s; unz.; grch. Myth.> *Wachhund am Eingang zur Unterwelt, Zerberus;* **'Höl·len·lärm** <m.; -(e)s; unz.; fig.>; **'Höl·len·ma·schi·ne** <f.; -, -n; fig.>; **'Höl·len·pein** <f.; -; unz.; fig.>; **'Höl·len·qual** <f.; -, -en; fig.>; **'Höl·len·spaß** <m.; -es; unz.; umg.>; **'Höl·len·spek·ta·kel** <m.; -s, -; fig.>; **'Höl·len·stein** <m.; -(e)s, -e> *ein Ätzmittel*

'Hol·ler <m.; -s, -; oberdt.> = *Holunder*

'höl·lisch <Adj.; fig.; umg.> *unerträglich, sehr groß;* ~e Schmerzen; man muss ~ aufpassen

'Hol·ly·wood·film <[-wud-]; m.; -(e)s, -e>; **'Hol·ly·wood·schaukel** <f.; -, -n> *an einem Gestänge hängende (Garten-)Sitzbank* [nach der amerikan. Filmstadt *Hollywood*]

Holm¹ <m.; -(e)s, -e> *(Griff-) Stange an Leiter u. Barren*

Holm² <m.; -(e)s, -e; norddt.> *kleine (Fluss-)Insel;* **'Holm·gang** <m.; -(e)s, ⸚e> *german. Zweikampf auf einem Holm²*

'Hol·mi·um <n.; -s; unz.; Chem.; Zeichen: Ho> *chem. Element, Metall*

'ho·lo..., 'Ho·lo... <Vors.> *ganz, völlig* [grch.]

'Ho·lo·caust <m.; - od. -s, -s> **1** <i. e. S.> *die Judenvernichtung während des Nationalsozialismus* **2** <i. w. S.> *Völkermord* [engl.]

Ho·lo·gra'fie <f.; -, -n; ⸗Z 11.3> = *Holographie* [grch.]; **ho·lo'gra·fisch** <Adj.> = *holographisch;* **Ho·lo'gramm** <n.; -(e)s, -e> *durch Holographie gewonnene Aufnahme;* **Ho·lo·gra'phie** <f.; -, -n; Fot.> *Verfahren zum Erzeugen räumlicher Bilder;* **ho·lo'gra·phisch** <Adj.> *eigenhändig geschrieben;* **ho·lo·kris·tal'lin** <Adj.> *ganz kristallen;* **Ho·lo·pa·ra'sit** <m.; -en, -en; Bot.> *Vollschmarotzer (bei Pflanzen);* **ho·lo'zän** <Adj.>; **Ho·lo'zän** <n.;

-s; unz.; Geol.> *jüngste Abteilung des Quartärs*

'hol·pe·rig <Adj.> *uneben;* **'holpern** <V. i. (s.)> *auf unebenem Weg rüttelnd fahren;* **'Hol·perschwel·le** <f.; -, -n>; **'holp·rig** <Adj.> = *holperig*

'Hol·schuld <f.; -, -en; Rechtsw.> *vom Schuldner einzuziehende Schuld;* Ggs *Bringschuld*

'Hol·stei·ner <m.; -s, -> *eine Pferderasse*

'hol·ter·die'pol·ter <Adv.; umg.> *überstürzt*

Ho'lun·der <m.; -s, -; Bot.> *ein Strauch;* **Ho'lun·der·bee·re** <f.; -, -n>; **Ho'lun·der·tee** <m.; -s; unz.>

Holz <n.; -es, ⸚er> **1** *hartes Gewebe von Bäumen u. Sträuchern;* ein ~ verarbeitender Betrieb **2** <unz.; umg.; fig.; Wald.> ins ~ gehen; **'Holz·ap·fel** <m.; -s, ⸚> *ein Wildapfel;* **'Holz·bein** <n.; -(e)s, -e>; **'Holz·bild·hau·er** <m.; -s, -> *Bildschnitzer;* **'Holz·bild·hau·e·rei** <f.; -; unz.>; **'Holz·bild·hau·e·rin** <f.; -, -n·nen>; **'Holz·blä·ser** <m.; -s, ->; **'Holz·blä·se·rin** <f.; -, -n·nen>; **'Holz·blas·in·stru·ment,** <auch> **'Holz·blas·instru·ment, 'Holz·blas·inst·ru·ment** <n.; -(e)s, -e; ⸗Z 54>; **'Holz·bock** <m.; -(e)s, ⸚e; Zool.> *eine Zeckenart;* **'Holz·bo·den** <m.; -s, ⸚>; **'Holz·boh·rer** <m.; -s, ->; **'Holz·brand·ma·le·rei** <f.; -; unz.>; **'Hölz·chen** <n.; -s, -; Verkleinerungsf. von> *Holz;* **'Holz·ein·schlag** <m.; -(e)s; unz.; Forstw.> *Gewinnung von Nutz- u. Brennholz;* **'hol·zen** <V. i.; du holzt> **1** *Bäume schlagen* **2** <Sp., bes. Fußb.; umg.> *roh u. regelwidrig spielen;* **'Holzer** <m.; -s, -> **1** <umg.> *Waldarbeiter* **2** <Sp., bes. Fußb.> *roher Spieler;* **Hol·ze'rei** <f.; -; unz.; Sp.; bes. Fußb.>; **'höl·zern** <Adj.> **1** *aus Holz* **2** *steif, linkisch;* **'Holz·fäll·ar·beit** <f.; -, -en>; **'Holz·fäl·ler** <m.; -s, ->; **'holz·frei** <Adj.> ~es Papier; **'Holz·geist** <m.; -(e)s; unz.> *Produkt der Holzdestillation;* **'holz·ge·tä·felt** <Adj.> ~e Wände; **'holz·hal·tig** <Adj.>; **'Holz·ham·mer** <m.; -s, ⸚> jmdm. etwas mit dem ~ beibringen <fig.;

umg.> *grob, schonungslos;* **'Holz·ham·mer·me·tho·de** <f.; -; unz.; umg.; scherzh.> *plumpes, undiplomatisches Vorgehen;* **'hol·zig** <Adj.> ~er Spargel; **'Holz·koh·le** <f.; -, -n>; **'Holzkopf** <m.; -(e)s, ⸚e; fig.; umg.; scherzh.> *Dummkopf;* **'Holzleim** <m.; -(e)s, -e>; **'Holz·pan·ti·ne** <f.; -, -n>, **'Holz·pan·tof·fel** <m.; -s, ->; **'Holz·plas·tik** <f.; -, -en>; **'Holz·scheit** <n.; -(e)s, -e>; **'Holz·schliff** <m.; -(e)s; unz.; Papierherstellung>; **'Holzschnei·de·kunst** <f.; -; unz.>; **'Holz·schnei·der** <m.; -s, ->; **'Holz·schnei·de·rin** <f.; -, -n·nen>; **'Holz·schnitt** <m.; -(e)s, -e> **1** <unz.> *Holzschneidekunst* **2** *Produkt des Holzschnittes(1);* **'Holz·schnit·zer** <m.; -s, ->; **'Holz·schnit·ze·rei** <f.; -, -en>; **'Holz·schnit·ze·rin** <f.; -, -n·nen>; **'Holz·schutz·mit·tel** <n.; -s, ->; **'Holz·schwamm** <m.; -(e)s, ⸚e>; **'Holz·span** <m.; -(e)s, ⸚e>; **'Holz·stich** <m.; -(e)s, -e> **1** *dem Holzschnitt ähnl. Kunst* **2** *Produkt des Holzstiches(1);* **'Hol·zung** <f.; -, -en> **1** *Wald, Gehölz* **2** *das Holzen, Holzschlag;* **'holz·ver·klei·det** <Adj.; ⸗Z 29> ~e Wände; <aber> eine mit Holz verkleidete W.; **'Holz·ver·klei·dung** <f.; -, -en>; **'Holzweg** <m.; -(e)s, -e; fig.> *falsche Fährte;* auf dem ~ sein; **'Holz·wirt·schaft** <f.; -; unz.>; **'Holz·wol·le** <f.; -; unz.> *gekräuselte Holzspänchen (als Verpackungsmaterial);* **'Holz·wurm** <m.; -(e)s, ⸚er; Zool.> *ein Holzschädling*

Home·ban·king <['houmbænkıŋ] n.; - od. -s; unz.; EDV; Wirtsch.> *Abwicklung von Bankgeschäften von zu Hause aus* [engl.]; **'Home·base** <[-bεıs]; n.; -, -s [-sız]; Sp.> *Markierung beim Baseballspiel;* **'Home·com·pu·ter** <[-kɔmpju:tə(r)]; m.; -s, -> = *Heimcomputer;* **'Home·dress** <[-drεs]; m. od. n.; -, -es [-drεsız]> *bequeme Hauskleidung;* **'Home·land** <[-lænd]; n.; - od. -s, -s; während der Apartheid in der Republik Südafrika> *der farbigen Bevölkerung zugestandenes*

H

Siedlungsland; **'Home·lear·ning** <[-lə:(r)-]; n.; - od. -s; unz.> *Lernen von zu Hause aus;* **'Home·page** <[-peidʒ]; f.; -, -s [-dʒiz]; EDV> *im Internet eingerichtete Informationsseite von Firmen o. Ä.*; **'Home·plate** <[-pleit]; n.; -s, -s; Sp.> = *Homebase*

ho'me·risch <Adj.> *dem altgrch. Dichter Homer entsprechend; ~es Gelächter lautes, anhaltendes G.; ~e Schriften*

Home·rule <['houmru:l]; f.; -; unz.> *Selbstregierung Irlands* [engl.]; **'Home·spun** <[-spʌn]; n.; -s, -s; Textilw.> *grobes Wollgewebe;* **'Home·sto·ry** <f.; -, -s; ↗Z6.1> *Bericht über das Privatleben einer bekannten Persönlichkeit;* **'Home·trai·ner** <[-tre:-]; m.; -s, -> *Sportgerät für häusl. Training;* **'Home·wear** <[-we:r]; f.; -; unz.> = *Homedress*

Ho·mi'let <m.; -en, -en>; **Ho·mi'le·tik** <f.; -; unz.> *Geschichte u. Theorie der Predigt* [grch.]; **ho·mi'le·tisch** <Adj.>; **Ho·mi·li'ar** <n.; -s, -ri·en> *Predigtsammlung*

Ho·mi'ni·de <m.; -n, -n; meist Pl.; Biol.> *zu der Familie der Primaten Gehöriger, Menschenartiger* [lat.]

Hom·mage <[ɔ'ma:ʒ]; f.; -, -n; Pl. selten> *Würdigung* [frz.]

Homme de Let·tres, <auch> **Homme de Lett·res** <['ɔm də 'letrə]; m.; ---, -s ['ɔm]--> **1** *Schriftsteller* **2** *gebildeter Mensch* [frz.]

'Ho·mo¹ <m.; -, 'Ho·mi·nes; Anthrop.> *Vorform des Menschen od. der Mensch selbst; ~ faber <lat.> der Mensch als Handwerker; ~ sapiens <lat.> der verständige Mensch* [lat.]

'Ho·mo² <m.; -s, -s; umg.> *kurz für Homosexueller*

'ho·mo..., 'Ho·mo... <in Zus.> *gleich..., Gleich...* [grch.]; **'Ho·mo·e·ro·tik** <f.; -; unz.> *gleichgeschlechtl. Erotik;* **ho·mo·e'ro·tisch** <Adj.>; **ho·mo'fon** <Adj.; ↗Z11.3> = *homophon;* **Ho·mo·'fon** <n.; -s, -e>; **Ho·mo·fo'nie** <f.; -; unz.>; **ho·mo'gen** <Adj.> *gleichartig, gleichmäßig zusammengesetzt;* **ho·mo·ge·ni'sie-**

---

ren <V. t.> homogenisierte Milch; **Ho·mo·ge·ni'tät** <f.; -; unz.> *Gleichartigkeit;* **Ho·mo·'graf, Ho·mo'graph** <n.; -s, -e; ↗Z11.3; Sprachw.> *Wort, das wie ein anderes geschrieben wird, aber nicht dieselbe Betonung u. Bedeutung hat, z. B. über'setzen – 'übersetzen;* **ho·mo'log** <Adj.> *übereinstimmend;* **Ho·mo·lo'gie** <f.; -, -n; Philos.> *Übereinstimmung von Vernunft u. Handeln (im Einklang mit der Natur);* **ho·mo·lo·'gie·ren** <V. t.; Motorsp.> *ein Rennfahrzeug verbindlich nach Bautyp u. Serienversion einstufen;* **ho·mo'nom** <Adj.> *gleichwertig, gleichartig;* **Ho·mo·no·'mie** <f.; -; unz.> *homonome Beschaffenheit;* **hom·o'nym,** <auch> **ho·mo'nym** <Adj.; ↗Z54> *gleich lautend, aber von verschiedener Bedeutung, mehrdeutig;* **Hom·o'nym** <n.; -s, -e; Sprachw.> *Wort, das gleich lautet wie ein anderes, aber eine andere Herkunft u. Bedeutung hat, z. B. das Steuer – die Steuer;* **Hom·o·ny'mie** <f.; -; unz.; Sprachw.> → *Kasten;* **hom·o'ny·misch** <Adj.; veralt.> = *homonym*

'ho·mö·o..., 'Ho·mö·o... <in Zus.> *ähnlich..., Ähnlich...* [grch.]; **Ho·mö·o'nym** <n.; -s, -e; Sprachw.> **1** *Wort, das ähnlich wie ein anderes lautet, z. B. Schmied – Schmidt* **2** *Wort, das auf einer anderen Stilebene bedeutungsgleich mit einem anderen Wort ist, z. B. Geld – Zaster;* **Ho·mö·o'path** <m.; -en, -en>;

Ho·mö·o·pa'thie <f.; -; unz.> *ein Heilverfahren;* **Ho·mö·o'pa·thin** <f.; -, -n·nen>; **ho·mö·o'pa·thisch** <Adj.>

ho·mo'phil <Adj.; geh.> = *homosexuell* [grch.]; **Ho·mo·phi'lie** <f.; -; unz.; geh.>; **ho·mo'phon** <Adj.; ↗Z11.3> *gleich lautend;* Ggs *polyphon;* **Ho·mo'phon** <n.; -s, -e; Sprachw.> *Wort, das gleich lautet wie ein anderes, aber eine andere Bedeutung u. Schreibung hat, z. B. Leere – Lehre;* **Ho·mo·pho'nie** <f.; -; unz.; Mus.> *Kompositionsstil, bei dem alle Stimmen hinter der führenden Melodiestimme zurücktreten;* Ggs *Polyphonie;* **ho·mo'sem** <Adj.; Sprachw.> = *synonym;* **'Ho·mo·se·xu·a·li'tät** <f.; -; unz.> *gleichgeschlechtl. Liebe,* Ggs *Heterosexualität;* **ho·mo·se·xu'ell** <Adj.> *zum gleichen Geschlecht hinneigend;* **Ho·mo·se·xu'el·le(r)** <m. 1; selten f. 2>; **ho·mo·zy'got** <Adj.; Biol.> *reinerbig;* Ggs *heterozygot;* **Ho·mo·zy·go'tie** <f.; -; unz.>

Ho'mun·ku·lus <m.; -, -ku·li> *künstl. geschaffener Mensch* [lat.]

'Ho·nan·sei·de <f.; -; unz.; Textilw.> *chin. Seide in Taftbindung* [nach der chin. Provinz *Honan*]

Hon·du'ra·ner <m.; -s, ->; **Hon·du'ra·ne·rin** <f.; -, -n·nen>; **hon·du'ra·nisch** <Adj.>; **Hon·'du·ras** *Staat in Mittelamerika;* Republik ~

'ho·nen <V. t.> *(Metallflächen) fein schleifen* [engl.]

Ho·ney·moon <['hʌnimu:n]; m.; -s, -s; engl. Bez. für> *Flitterwochen*

'Ho·nig <m.; -s; unz.> *von Bienen gewonnene, als Nahrungsmittel verwendete dickflüssige, süße gelbliche Masse;* **'Ho·nig·bie·ne** <f.; -, -n>; **'ho·nig·far·ben** <Adj.>; **'ho·nig·gelb** <Adj.>; **'Ho·nig·glas** <n.; -es, -ᵉer>; **'Ho·nig·klee** <m.; -s; unz.; Bot.> *eine Pflanze;* **'Ho·nig·ku·chen** <m.; -s, ->; **'Ho·nig·ku·chen·pferd** <fig.; umg.; scherzh.; nur in der Wendung> *strahlen wie ein ~ übers ganze Gesicht;* **'Ho·nig·le·cken** <n.> = *Honigschle-*

H

cken; **'Ho·nig·me·lo·ne** <f.; -, -n>; **'Ho·nig·mond** <m.; -(e)s, -e; veralt.> Flitterwochen; **'Ho·nig·pilz** <m.; -es, -e; Bot.> Sy Hallimasch; **'Ho·nig·schle·cken** <n.; umg.; nur in der Wendung> das ist kein ~ das ist unangenehm; **'Ho·nig·schleu·der** <f.; -, -n>; **'ho·nig·süß** <Adj.>; **'Ho·nig·tau** <m.; -(e)s; unz.> Ausscheidung von Getreideblüten bzw. von Blattläusen; **'Ho·nig·wa·be** <f.; -, -n> Sy Bienenwabe; **'Ho·nig·wein** <m.; -(e)s; unz.> = Met

Hon·neurs <[ɔ'nœːrs]; Pl.; geh.> Ehrenbezeigungen; die ~ machen [frz.]

ho·no·ra·bel <Adj.; ho·no·ra·bler/<auch> ho·no'rab·ler, am -s·ten; veralt.> ehrenvoll, ehrbar [frz.]; **Ho·no'rar** <n.; -s, -e> Vergütung von Leistungen in freien Berufen; Autoren~ [lat.]; **Ho·no'rar·for·de·rung** <f.; -, -en>; **Ho·no'rar·pro·fes·sor** <m.; -s, -'so·ren> nebenamtl. Professor; **Ho·no'rar·pro·fes·so·ren** <Pl.; -n·nen>; **Ho·no·ra·ti'o·ren** <Pl.> angesehene, bedeutende Bürger (bes. einer Kleinstadt); **ho·no'rie·ren** <V. t.> 1 vergüten, bezahlen 2 anerkennen; **ho·no'rig** <Adj.; veralt.> 1 ehrenhaft 2 freigebig; **ho·no·ris 'cau·sa** <Abk.; h. c.> ehrenhalber; Dr. h. c.

hooked <[hukt]; Adj.; undekl.; Drogenszene> drogenabhängig [engl.]

Hook·spin <['hukspin]; m.; -s, -s; Sp.; Golf> mit Seitwärtsdrall geschlagener Ball [engl.]

Hoo·li·gan <['hu:ligan]; m.; -s, -s> gewalttätiger, randalierender Fußballfan [engl.]

Hop <m.; -s, -s; Sp.> der erste Sprung beim Dreisprung [engl.]

'hop·fen <V. t.> dem Bier Hopfen zusetzen; **'Hop·fen** <m.; -s, -; Bot.> rankende, zur Bierherstellung verwendete Nutzpflanze; bei ihm ist ~ u. Malz verloren <fig.; umg.>; **'Hop·fen·dar·re** <f.; -, -n> Anlage zum Trocknen des Hopfens; **'Hop·fen·stan·ge** <f.; -, -n>

'Ho·pi <m.; - od. -s, - od. -s> Angehöriger eines nordamerikan. Indianerstammes

Ho'plit, <auch> **Hop'lit** <m.; -en,

-en; ⤤Z 53> schwer bewaffneter altgrch. Fußsoldat [grch.]

hopp <Int.>; **'hop·peln** <V. i.; ich hopp(e)le> ungleichmäßig hüpfen; **Hop·pel'pop·pel** <n.; -s, -; umg.> deftiges Bauernfrühstück; **hopp'hopp** <Int.> mach mal ein bisschen ~! <umg.>; **'hoppnehmen** <V. t. 189; umg.> jmdn. ~ verhaften; **hops¹** <Adv.; umg.> ~ sein kaputt, weg sein; **hops²** <Int.; umg.>; **Hops** <m.; -es; unz.; umg.> kleiner Sprung; **'hop·sen** <V. i. (s.); du hopst; umg.> hüpfen; **'Hop·ser** <m.; -s, -; umg.> = Hops; **'hops|ge·hen** <V. i. (s.) 145; umg.> 1 kaputtgehen, verloren gehen 2 <salopp> ums Leben kommen; **'hops|neh·men** <V. t. 189.> = hoppnehmen

'ho·ra <Zeichen: ʰ> Stunde [lat.]; **'Ho·ra** <f.; -, 'Ho·ren; meist Pl.; Kath.> 1 Zeit des Stundengebets 2 das Stundengebet selbst

'Hör·ap·pa·rat <m.; -(e)s, -e>; **'hör·bar** <Adj.>; **'Hör·bar·keit** <f.; -; unz.>; **'hör·be·hin·dert** <Adj.>; **'Hör·be·hin·der·te(r)** <f. 2 (m. 1)>; **'Hör·be·reich** <m.; -(e)s, -e>; **'Hör·bril·le** <f.; -, -n> Brille mit eingebautem Hörapparat; **'Hör·buch** <n.; -(e)s, ¨er>

'hor·chen <V. i.> lauschen; **'Horcher** <m.; -s, ->; **'Hor·che·rin** <f.; -, -n·nen>; **'Horch·pos·ten** <m.; -s, -; Mil.>

'Hor·de¹ <f.; -, -n> Lattengestell; Obst~

'Hor·de² <f.; -, -n> wilde, ungeordnete Menge

'Ho·re <f.; -, -n> = Hora; **'Ho·ren** 1 <Pl. von> Hora 2 <Pl.; grch. Myth.> die Göttinnen der Jahreszeiten

'hö·ren <V.> 1 <V. t. u. V. i.> mit dem Gehör wahrnehmen; er hört nicht(s); ich habe es läuten ~/<auch> gehört; ihr verging Hören u. Sehen sie wusste nicht, wie ihr geschieht 2 <V. i.> in Erfahrung bringen; wie ich höre ...; lass bald von dir ~! 3 <V. i.> auf jmdn. ~ sich nach jmdm. richten; nicht ~ wollen; **'Hö·ren·sa·gen** <n.; nur in der Wendung> etwas nur vom ~ kennen gerüchteweise; **'hö·rens·wert** <Adj.>; **'Hö·rer** <m.; -s, ->

1 jmd., der etwas anhört; sehr verehrte Hörerinnen und ~! 2 Teil des Telefons; **'Hö·re·rin** <f.; -, -n·nen>; **'Hö·rer·schaft** <f.; -; unz.>; **'Hör·feh·ler** <m.; -s, ->; **'Hör·funk** <m.; -s; unz.>; **'Hör·ge·rät** <n.; -(e)s, -e>; **'hör·ge·schä·digt** <Adj.>; **'Hör·ge·schä·dig·te(r)** <f. 2 (m. 1)>; **'hö·rig** <Adj.> bis zur Selbstaufgabe an jmdn. gebunden u. ihm zu Willen; **'Hö·ri·ge(r)** <f. 2 (m. 1); früher> ein Unfreier, ein zu Abgaben verpflichteter Bauer; **'Hö·rig·keit** <f.; -; unz.>

Ho·ri'zont <m.; -(e)s, -e> 1 scheinbare Berührungslinie von Himmel u. Erde 2 Umfang der geistigen Interessen u. der Bildung; er hat einen beschränkten ~ [grch.]; **ho·ri·zon'tal** <Adj.> waagerecht; ~es Gewerbe <fig.; umg.> Prostitution; Ggs vertikal; **Ho·ri·zon'ta·le** <f.; -, -n> waagerechte Linie

Hor'mon <n.; -s, -e; Physiol.> von den Drüsen erzeugter Wirkstoff zur Regulierung von Körperfunktionen [grch.]; **hor·mo'nal**, **hor·mo'nell** <Adj.; Physiol.> auf Hormonen beruhend; **Hor'mon·haus·halt** <m.; -(e)s; unz.> das Zusammenspiel der Hormone; **Hor'mon·prä·pa·rat** <n.; -(e)s, -e; Med.>; **Hor'mon·spie·gel** <m.; -s, -; Med.>; **Hor'mon·the·ra·pie** <f.; -, -n; Med.>

'Hör·mu·schel <f.; -, -n> Teil des Telefonhörers

Horn¹ <n.; -(e)s, ¨er> 1 spitzer Auswuchs am Kopf best. Tiere; sich die Hörner abstoßen <fig.> lehrreiche Erfahrungen sammeln 2 <Instrumentenk.> ein Blechblasinstrument; **Horn²** <n.; -(e)s, -e> harte Substanz aus dem Horn¹ best. Tiere (z. B. für Knöpfe); **'horn·ar·tig** <Adj.>

'Horn·ber·ger 'Schie·ßen <nur in der Wendung> es ging aus wie das ~ ~ ergebnislos [nach dem angebl. missglückten Schießmanöver in Hornberg]

'Horn·blen·de <f.; -, -n> ein Mineral; **'Horn·bril·le** <f.; -, -n>; **'Hörn·chen** <n.; -s, -> Verkleinerungsf. von Horn; **'Hörndl·bau·er** <m.; -n, -n; österr.> Bauer, der Viehzucht betreibt; Ggs Körndlbauer; **'hor·nen** <Adj.;

veralt.> *aus Horn*; **'hör·nen** <V.>
1 <V. i.> *das Gehörn abwerfen* 2
<V. t.; umg.; scherzh.> *den Ehe-*
mann betrügen; **'hör·nern**
<Adj.> *aus Horn*; **'Hör·ner-**
schall <m.; -(e)s; unz.>

'Hör·nerv <m.; -(e)s od. (fach-
sprachl.) -en, -en>

'Horn·haut <f.; -, =e> 1 *schwielige*
Hautstelle 2 <Anat.> *Teil des*
Augapfels; **'Horn·haut·ent·zün-**
dung <f.; -, -en; Med.> *eine Au-*
generkrankung; **'Horn·haut·trü-**
bung <f.; -, -en; Med.>; **'hor·nig**
<Adj.> *aus, wie Hornhaut*

Hor'nis·se <a. ['---]; f.; -, -n;
Zool.> *eine Wespenart*; **Hor'nis-**
sen·schwär·mer <m.; -s, -;
Zool.> *ein Schmetterling*

Hor'nist <m.; -en, -en> *Hornblä-*
ser; **Hor'nis·tin** <f.; -, -n·nen>;
'Horn·klee <m.; -s; unz.; Bot.>
eine (Futter-)Pflanze; **'Horn-**
kraut <n.; -(e)s, =er; Bot.> *ein*
Nelkengewächs; **'Horn·och·se**
<[-ks-]; m.; -n, -n; fig.; derb>
sehr dummer Mensch; **'Horn-**
pipe <[-paip]; f.; -, -s; Mus.>
volkstüml. Blasinstrument
[engl.]; **'Horn·si·gnal,** <auch>
'Horn·sig·nal <n.; -(e)s, -e;
↗Z53>; **'Horn·spä·ne** <Pl.> *Ab-*
fall bei der Hornverarbeitung;
'Horn·stoff <m.; -(e)s; unz.> *Ke-*
ratin; **'Horn·tier** <n.; -(e)s, -e>,
'Horn·trä·ger <m.; -s, -; Zool.>

'Hor·nung <m.; -s, -e; alte Bez.
für> *Februar*

'Hor·nuß <[-nu:s]; m.; -es, -e;
schweiz.> *eiförmige Hartgum-*
mischeibe (als Schlagkörper);
'Hor·nu·ßen <n.; -s; unz.;
schweiz.> *schlagballähnl.*
Schweizer Spiel

'Horn·vieh <n.; -s; unz.; Sam-
melbez. für> *Horntiere (als*
Haus- u. Nutztiere) 2 <n.; -s,
-vie·cher; fig.; derb> = *Horn-*
ochse

'Hör·or·gan <n.; -(e)s, -e>

Ho·ro'skop, <auch> **Ho·ros'kop**
<n.; -s, -e; ↗Z54> *astrologisch*
begründeter Charakter- u.
Schicksalsdeutung [grch.]; **ho-**
ro'sko·pisch <Adj.>

hor'rend <Adj.> *übermäßig, un-*
geheuer; *~e Preise* [lat.]; **hor'ri-**
bel <Adj.>; hor'ri·bler/<auch>
hor'rib·ler, am -s·ten; veralt.>
schrecklich, grauenvoll; **hor'ri-**

bi·le 'dic·tu *"schrecklich, es sa-*
gen zu müssen" (als Einfügung
in eine Aussage) [lat.]

hor·ri'do <Int.> *ein Jagdruf*, <a.>
Ausruf der Freude; **Hor·ri'do**
<n.; -s, -s; Jägerspr.>

'Hör·rohr <n.; -(e)s, -e>

'Hor·ror <m.; -s; unz.> *Grauen,*
Entsetzen [lat.]; **'Hor·ror·film**
<m.; -(e)s, -e>; **'Hor·ror·trip**
<m.; -s, -s; umg.> 1 *Drogen-*
rausch mit Panikgefühlen 2
grauenvolles Erlebnis; **'Hor·ror**
'Va·cui <[-va:ku:i]; m.; --; unz.;
↗Z31> *Angst vor der Leere*

'Hör·saal <m.; -(e)s, -sä·le;
↗Z18.1; in Universitäten>

Hors·d'œu·vre, <auch>
Hors·d'œuv·re <[ɔr'dœ:vr(ə)];
n.; - od. -s, -s> *Vorspeise* [frz.]

'Hör·spiel <n.; -(e)s, -e> *für den*
Rundfunk bearbeitete dramat.
Literatur

Horst <m.; -(e)s, -e> 1 *Nest von*
Greifvögeln; *Adler- 2* <Forstw.>
Gehölz; **'hors·ten** <V. i.> *nisten*
(Raubvogel)

'Hör·sturz <m.; -es, =e; Med.>
plötzl. auftretender (vorüberge-
hender) Gehörverlust

Hort <m.; -(e)s, -e> 1 <poet.>
Schatz 2 *Schutz, Zuflucht*; *ein*
sicherer ~ 3 *Tagesstätte für Kin-*
der

Hor·ta'tiv <a. ['---]; m.; -(e)s, -e;
Gramm.> = *Adhortativ* [lat.]

'hor·ten <V. t.> *ansammeln, auf-*
häufen

Hor'ten·sie <[-siə]; f.; -, -n; Bot.>
ein Zierstrauch

'Hör·ver·mö·gen <n.; -s; unz.>;
'Hör·wei·te <f.; -; unz.> *in ~; au-*
ßer ~

ho·si'an·na <Int.> = *hosianna*

'Hös·chen <n.; -s, -; Verkleine-
rungsf. von> *Hose*; **'Ho·se** <f.; -,
-n> *Bekleidung für den unteren*
Rumpfteil u. die Beine; **'Ho·sen-**
an·zug <m.; -(e)s, =e>; **'Ho·sen-**
band <n.; -(e)s, =er>; **'Ho·sen-**
band·or·den <m.; -s; unz.>
höchster engl. Orden; **'Ho·sen-**
bein <n.; -(e)s, -e>; **'Ho·sen·bo-**
den <m.; -s, =; umg.> *sich auf*
den ~ setzen <fig.> *fleißig ler-*
nen; **'Ho·sen·bund** <m.; -(e)s,
=e>; **'Ho·sen·knopf** <m.; -(e)s,
=e>; **'Ho·sen·la·den** <m.; -s, =;
umg. a. für> *Hosenschlitz*; **'Ho·**
sen·latz <m.; -es, =e>; **'Ho·sen-**

lupf <m.; -(e)s, =e; schweiz.> 1
Ringkampf 2 <fig.> *(polit.) Kräf-*
temessen; **'Ho·sen·matz** <m.;
-es, =e; umg.> *kleines Kind*; **'Ho-**
sen·rock <m.; -(e)s, =e>; **'Ho-**
sen·rol·le <f.; -, -n; Theat.> *von*
einer Frau gespielte Männerrol-
le; **'Ho·sen·schei·ßer** <m.; -s, -;
derb> *sehr ängstl. od. feiger*
Mensch; **'Ho·sen·schlitz** <m.;
-es, -e>; **'Ho·sen·stall** <m.;
-(e)s, =e; umg.> *vordere Öffnung*
der Hose; **'Ho·sen·ta·sche** <f.; -,
-n>; **'Ho·sen·trä·ger** <m.; -s, ->

Hos·pi'tal <n.; -s, -e od. -'tä·ler>
Krankenhaus [lat.]; **hos·pi·ta·li-**
'sie·ren <V. t.> *in ein Kranken-*
haus od. Pflegeheim einweisen;
Hos·pi·ta·li·'sie·rung <f.; -, -en>;
Hos·pi·ta'lis·mus <m.; -; unz.;
Psych.; Med.; Sammelbez. für>
seel. u. körperl. Schäden durch
lang andauernden Krankenen-
haus- od. Heimaufenthalt; **Hos-**
pi'tant <m.; -en, -en> *Gasthörer*
(an Universitäten); **Hos·pi'tan-**
tin <f.; -, -n·nen>; **Hos·pi'tanz**
<f.; -, -en>; **hos·pi'tie·ren** <V. i.>
als Gast teilnehmen (zu Ausbil-
dungszwecken); **Hos'piz** <n.;
-es, -e> 1 *christl. geführtes*
Übernachtungsheim 2 *Einrich-*
tung zur Betreuung im Sterben
liegender Menschen

Hos·po'dar <m.; -s od. -en, -en;
früher in der Moldau u. Wala-
chei Titel für> *Fürst*

Host <[houst]; m.; - od. -s, -s> 1
<TV> *Gastgeber* 2 <kurz für>
Hostcomputer [engl.]; **'Host-**
com·pu·ter <[-kɔmpju:tə(r)];
m.; -s, -; EDV> *Hauptrechner*

Hos·ta'len <n.; -s; unz.; Warenz.>
ein Kunststoff

Hos'tess <f.; -, -en> 1 *Reisebe-*
gleiterin, Betreuerin 2 <verhül-
lend> *Prostituierte* [engl.]

'Hos·tie <[-tjə]; f.; -, -n> *Abend-*
mahlsbrot in Form einer Oblate
[lat.]; **'Hos·ti·en·kelch** <m.;
-(e)s, -e>; **'Hos·ti·en·schrein**
<m.; -(e)s, -e>

Hot <m.; -s; unz.; kurz für> *Hot-*
jazz [amerikan.]; **Hot·dog,**
<auch> **Hot Dog** <['hɔt'dɔ:g];
m. od. n.; (-)-s, (-)-s; ↗Z30>
heißes Würstchen in einer Sem-
mel

Ho·tel <n.; -s, -s> *Übernachtungs- u. Verpflegungseinrichtung; ~ garni H., das nur Unterkunft u. Frühstück anbietet* [frz.]; **Ho·tel·fach** <n.; -(e)s; unz.> *dem Hotelgewerbe dienender Berufszweig;* **Ho·tel·fach·schu·le** <f.; -, -n>; **Ho·tel·ge·wer·be** <n.; -s; unz.>; **Ho·te·li·er** <[-'lje:]; m.; -s, -s> *Besitzer od. Pächter eines Hotels;* **Ho·tel·kauf·frau** <f.; -, -en; Berufsbez.>; **Ho·tel·kauf·mann** <m.; -(e)s, -leu·te; Berufsbez.>; **Ho·tel·ket·te** <f.; -, -n>; **Ho·tel·le·'rie** <f.; -; unz.> *Gaststätten- u. Hotelgewerbe*

Hot·jazz, <auch> **Hot Jazz** <[hɔt'dʒæz]; m.; (-)-; unz.> ↗Z.30> *scharf akzentuierter Jazzstil* [engl.]; **'Hot·line** <[-lain]; f.; -, -s> *schnelle Telefonverbindung, heißer Draht;* **Hot·pants,** <auch> **Hot Pants** <[-'pænts]; Pl.; ↗Z.30> *sehr kurze Damenshorts;* **'Hot·spot,** <auch> **'Hot Spot** <m.; (-)- od. (-)-s, (-)-s> 1 <Geol.> *Aufschmelzungspunkt im Erdinneren* 2 *interessanter Ort, brisanter Sachverhalt*

hott <Int.> *nach rechts! (Ruf an Zugtiere);* → a. *hüh*

Hot·ten'tot·te <m.; -n, -n> *Angehöriger eines Volkes in Südwestafrika;* **hot·ten'tot·tisch** <Adj.>

'Hot·te·pferd <n.; -(e)s, -e; Kinderspr.>

'Ho·va·wart <[-va-]; m.; -s, -s; Zool.> *eine Hunderasse*

Ho·ver·craft <['hɔvə(r)kra:ft]; n.; -s, -s> *auf einem Luftkissen gleitendes Wasserfahrzeug* [engl.]

Hptst. <Abk. für> *Hauptstadt*

H. Qu. <Abk. für> *Hauptquartier*

Hr. <Abk. für> *Herr*

HR <Abk. für> *Hessischer Rundfunk*

Hrn. <Abk. für> *Herrn (Dat. u. Akk.)*

hrsg. <Abk. für> *herausgegeben;* oV *hg.;* **Hrsg.** <Abk. für> *Herausgeber(in);* oV *Hg.*

Hs. <Abk. für> *Handschrift;* **Hss.** <Abk. für> *Handschriften*

HTL <in Österr. u. der Schweiz Abk. für> *höhere technische Lehranstalt*

HTML <EDV; Abk. für engl.> *Hyper Text Markup Language;*

HTTP <EDV; Abk. für engl.> *Hypertext Transfer Protocol*

Hub[1] <m.; -(e)s, ¨e> 1 *Hebebewegung* 2 *Hin- od. Herbewegung eines Kolbens*

Hub[2] <[hʌb]; m.; -(e)s, -s> *internationaler zentraler Flughafen (als Verkehrsknotenpunkt mehrerer Flughäfen)* [engl.]

'Hub·bel <m.; -s, -; umg.> *Unebenheit;* **'hub·be·lig,** **'hubb·lig** <Adj.> *eine ~e Straße*

'Hub·brü·cke <f.; -, -n> *Brücke, die angehoben werden kann*

'Hu·be <f.; -, -n> = *Hufe*

'hü·ben <Adv.> *auf dieser Seite; ~ u. drüben*

Hu'ber·tus·jagd <f.; -, -en> *festl. Treibjagd;* **Hu'ber·tus·man·tel** <m.; -s, ¨; österr. für> *Lodenmantel*

'Hub·kraft <f.; -, ¨e>; **'Hub·raum** <m.; -(e)s, ¨e; bei Verbrennungskraftmaschinen>

hübsch[1] <Adj.> 1 *nett anzusehen, angenehm* 2 <umg.> *beachtlich, groß; eine ~e Summe;* **hübsch[2]** <Partikel; umg.> *recht, ziemlich; da hat er sich ~ verrechnet*

'Hub·schrau·ber <m.; -s, -> *senkrecht startendes Flugzeug;* **'Hub·stap·ler** <m.; -s, -> *Fahrzeug zum Befördern u. Stapeln von Lasten;* **'Hub·vo·lu·men** <[-vo-]; n.; -s, -> Sy *Hubraum*

huch <Int.; mdt.; norddt.>

'Hu·chen <m.; -s, -; Zool.> *ein Lachsfisch*

'Hu·cke <f.; -, -n; mdt.; norddt.> *auf dem Rücken getragene Last; jmdm. die ~ voll lügen* <fig.; umg.>; **'Hu·ckel** <m.; -s, -; umg.> *kleiner Hügel;* **'hu·cke·lig** <Adj.> *hügelig, uneben;* **'Hu·cke·pack** <Adv.; umg.> *auf dem Rücken;* **'Hu·cke·pack·ver·kehr** <m.; -(e)s; unz.; Eisenb.> *Transport von Straßenfahrzeugen auf Waggons;* **'huck·lig** <Adj.> = *huckelig*

'Hu·del <m.; -s, -; umg.> 1 *Lappen, Lumpen* 2 *Lump, Gauner;* **Hu·de'lei** <f.; -, -en> ; **'hu·de·lig** <Adj.; umg.>; **'hu·deln** <V. i.; ich hud(e)le; umg.> *schnell, aber nachlässig arbeiten, pfuschen;* **'hu·dern** <V.; Jägerspr.> 1 <V. t.> *die Jungen - unter die Flügel nehmen* <V. i./V. refl.> *Vögel ~*

(sich) *baden im Sand;* **'hud·lig** <Adj.>

Huf <m.; -(e)s, -e> *mit Horn überzogenes Zehenende der Huftiere;* **'Huf·be·schlag** <m.; -(e)s, ¨e>

'Hu·fe <f.; -, -n; früher> *für die Lebenshaltung der bäuerl. Familie ausreichender Landbesitz*

'Huf·ei·sen <n.; -s, -> 1 *Eisenschlag am Huf des Pferdes* 2 *Symbol für Glück;* **'huf·ei·sen·för·mig** <Adj.>

'Hu·fen·dorf <n.; -(e)s, ¨er>

'Huf·lat·tich <m.; -(e)s, -e; Bot.> *eine (Heil-)Pflanze;* **'Huf·na·gel** <m.; -s, ¨>; **'Huf·schlag** <m.; -(e)s, ¨e>; **'Huf·schmied** <m.; -(e)s, -e>

'Hüft·bein <n.; -(e)s, -e; Anat.>; **'Hüf·te** <f.; -, -n> *seitl. Körperpartie;* **'Hüft·ge·lenk** <n.; -(e)s, -e>; **'Hüft·gür·tel** <m.; -s, ->

'Huf·tier <n.; -(e)s, -e>

'Hüft·kno·chen <m.; -s, ->; **'Hüft·lei·den** <n.; -s, ->; **'Hüft·nerv** <m.; -(e)s od. (fachsprachl.) -en, -en> *Nerv an der Hinterseite des Oberschenkels;* Sy *Ischiasnerv;* **'Hüft·schwung** <m.; -(e)s, ¨e; Skisp., Tanz>

'Hü·gel <m.; -s, -> *(kleine) Bodenerhebung;* **hü·gel·ab** <Adv.>; **hü·gel·an** <Adv.>; **hü·gel·auf** <Adv.>; **'Hü·gel·grab** <n.; -(e)s, ¨er; Vor- u. Frühzeit>; **'hü·ge·lig** <Adj.>; **'Hü·gel·ket·te** <f.; -, -n>; **'Hü·gel·land** <n.; -(e)s; unz.>

Hu·ge'not·te <m.; -n, -n; früher> *Protestant in Frankreich* [frz.]; **hu·ge'not·tisch** <Adj.>

'hüg·lig <Adj.> = *hügelig*

hüh <Int.> *nach links! (Ruf an Zugtiere); was jetzt? ~ od. hott?* <umg.> *entscheide dich!;* → a. *hott*

huh <Int.>

Huhn <n.; -(e)s, ¨er; Zool.> = *Henne;* **'Hühn·chen** <n.; -s, -; Verkleinerungsf. von> *Huhn; mit jmdm. ein ~ rupfen* <fig.; umg.> *ein ernstes Wort reden;* **'Hüh·ner·au·ge** <n.; -s, -n; Med.> *Druckstelle am Fuß;* **'Hüh·ner·au·gen·pflas·ter** <n.; -s, ->; **'Hüh·ner·brü·he** <f.; -, -n> *Brühe von gekochtem Huhn;* **'Hüh·ner·brust** <f.; -, ¨e>; **'Hüh·ner·ei** <n.; -(e)s, -er>; **'Hüh·ner·farm** <f.; -, -en>; **'Hüh-**

ner·fri·kas·see <n.; -s, -s; Kochk.>; **'Hüh·ner·ha·bicht** <m.; -[e]s, -e; Zool.>; **'Hüh·ner·hof** <m.; -[e]s, ¨e>; **'Hüh·ner·hund** <m.; -[e]s, -e> *Vorstehhund*; **'Hüh·ner·lei·ter** <f.; -, -n>; **'Hüh·ner·pest** <f.; -; unz.> = *Geflügelpest*; **'Hüh·ner·vo·gel** <m.; -s, ¨>

'hu·hu <Int.>

hui <Int.> *(Ausruf der Überraschung);* <aber> *in einem Hui sehr schnell*

'Hu·ka <f.; -, -s> *indische Wasserpfeife* [arab.]

'Huk·boot <n.; -[e]s, -e>, **'Hu·ker** <m.; -s, -> *Fahrzeug der Hochseefischerei* [engl.]

'Hu·la·'Hoop <[-hup]>, **'Hu·la·'Hopp** <m.; -s, -s> *schmaler Plastikreifen zum Hüftkreisen* [hawaiisch; engl.]

Huld <f.; -; unz.; geh.; veralt.> *Wohlwollen, Gunst,* **'hul·di·gen** <V. i.> *jmdm. ~ jmdm., seine Verehrung zeigen;* **'Hul·di·gung** <f.; -, -en>; **'huld·reich, 'huld·voll** <Adj.>

Hulk <m.; -[e]s , -e od. -en od. f.; -, -e od. -en> = *Holk*

'Hül·le <f.; -, -n> *etwas, das etwas anderes umschließt;* *in ~ u. Fülle im Überfluss;* **'hül·len** <V. t./V. refl.> *sich in Schweigen ~* <fig.> *nichts sagen;* **'hül·len·los** <Adj.>

'Hül·se <f.; -, -n> 1 *steife, röhrenförmige Hülle* 2 *längl. Frucht best. Pflanzen;* **'Hül·sen·frucht** <f.; -, ¨e; meist Pl.; nicht bot. Bez. für> *Samen von Erbsen, Bohnen u. Linsen;* **'Hül·sen·frücht·ler** <m.; -s, ->; **...hül·sig** <in Zus.> z. B. dickhülsig, dünnhülsig

hu·man <Adj.> *menschlich, menschenfreundlich;* Ggs *inhuman* [lat.]; **Hu·man·bi·o·lo·gie** <f.; -; unz.>; **Hu·man·en·gi·nee·ring,** <auch> **Hu·man En·gi·nee·ring** <['ju:mən ɛndʒi'niːriŋ]; n.; (-)-; unz.; ↗Z30; Arbeitspsych.> *Berücksichtigung der sozialen Bedürfnisse des Menschen bei der Gestaltung des Arbeitsplatzes* [engl.]; **Hu·man·ge·ne·tik** <f.; -; unz.> *Wissenschaft von der Vererbung des Menschen;* **Hu'man·ge·ne·ti·ker** <m.; -s, ->; **Hu·'man·ge·ne·ti·ke·rin** <f.; -, -n·nen>; **hu'man·ge·ne·tisch**

<Adj.>; **hu·ma·ni·'sie·ren** <V. t.> *menschlich machen;* **Hu·ma·ni·'sie·rung** <f.; -; unz.>; **Hu·ma·'nis·mus** <m.; -; unz.; 13.–16. Jh.> 1 *Streben nach Menschlichkeit* 2 *auf das Bildungsideal der Antike gegründetes Denken u. Handeln;* **Hu·ma·nist** <m.; -en, -en> 1 *Anhänger des Humanismus* 2 *Kenner der grch. u. lat. Sprache;* **Hu·ma·'nis·tin** <f.; -, -nen>; **hu·ma·'nis·tisch** <Adj.>; **hu·ma·ni'tär** <Adj.> *menschenfreundlich, wohltätig;* **Hu·ma·ni·tas** <f.; -; unz.> *Menschlichkeit;* **Hu·ma·ni'tät** <f.; -; unz.> 1 *Menschlichkeit* 2 *Sinn für das Gute u. Edle;* **Hu·'man·me·di·zin** <f.; -; unz.> *Medizin für den Menschen;* **Hu·man·re·la·tions,** <auch> **Hu·man Re·la·tions** <['ju:mən ri'leɪʃənz]; Pl.; ↗Z30> *zwischenmenschliche Beziehungen* [engl.]; **Hu·man·touch,** <auch> **'Hu·man Touch** <[- 'tʌtʃ]; m.; (-)-; unz.; ↗Z30> *die einer Sache anhaftende menschliche Note* [engl.]; **Hu'man·wis·sen·schaft** <f.; -, -en>

'Hum·bug <m.; -s; unz.; umg.; abwertend> 1 *Schwindel* 2 *Unsinn* [engl.]

Hu·me·ra·le <n.; -s, -li·en od. -lia> *Schultertuch des kath. Priesters* [lat.]

hu'mid <Adj.> *feucht, niederschlagsreich* [lat.]; **Hu·mi·di'tät** <f.; -; unz.>; **Hu·mi'dor** <m.; -s, -s> *Behältnis zum Feuchthalten u. Lagern von Zigarren*

Hu·mi·fi·ka·ti'on <f.; -; unz.> *Vermoderung, Humusbildung* [lat.]; **hu·mi·fi'zie·ren** <V. t.>; **Hu·mi·fi'zie·rung** <f.; -; unz.>

Hu'mit <a. ['ju:mɪt]; m.; -s, -e; Min.> *ein Mineral* [nach dem engl. Geologen A. *Hume*]

'Hum·mel <f.; -, -n; Zool.> *ein Insekt;* **'Hum·mel·flie·ge** <f.; -, -n; Zool.>

'Hum·mer <m.; -s, -; Zool.> *ein Krebs;* **'Hum·mer·cock·tail** <[-tɛil]; m.; -s, -s; Kochk.>

Hu'mor¹ <m.; -s; unz.> *heitere Gelassenheit, fröhliche Grundhaltung* [lat.]; **'Hu·mor²** <m.; -s, -'mo·res; Med.> *Körperflüssigkeit;* **hu·mo'ral** <Adj.; Med.> *die Körperflüssigkeiten betreffend;*

Hu·mo·ral·pa·tho·lo·gie <f.; -; unz.> *antike Lehre, nach der eine falsche Mischung der Körpersäfte die Ursache von Krankheiten ist;* **Hu·mo'res·ke** <f.; -, -n> 1 *kurze, humorvolle Erzählung* 2 *heiteres Musikstück;* **hu'mo·rig** <Adj.>; **Hu'mo·rist** <m.; -en, -en> *Verfasser od. Vortragender humorvoller Dichtungen;* **Hu·mo'ris·tin** <f.; -, -n·nen>; **hu·mo'ris·tisch** <Adj.>; **hu'mor·los** <Adj.>; **Hu'mor·lo·sig·keit** <f.; -; unz.>; **hu'mor·voll** <Adj.>

hu'mos <Adj.> *reich an Humus*

'hum·pe·lig <Adj.> *ein ~er Weg;* **'hum·peln** <V. i. (h. u. s.); ich hump(e)le> *hinken*

'Hum·pen <m.; -s, -> *ein großes Trinkgefäß*

'hump·lig <Adj.> = *humpelig*

'Hu·mus <m.; -; unz.> *aus organ. Abfällen gebildete fruchtbare Bodenschicht* [lat.]

Hund¹ <m.; -[e]s, -e; Zool.> *ein mittelgroßes Haustier;* Blinden-; Schoß~; Wach~

Hund² <m.; -[e]s, -e; Bgb.> *kleiner Förderwagen;* oV *Hunt*

'Hünd·chen <n.; -s, -; Verkleinerungsf. von *Hund¹*; **'Hun·de·band·wurm** <m.; -[e]s, ¨er>; **'hun·de'elend** <Adj.; ↗Z55; umg.; meist präd.> *mir ist ~ sehr übel;* **'Hun·de·hal·ter** <m.; -s, ->; **'Hun·de·hal·te·rin** <f.; -, -n·nen>; **'Hun·de·hüt·te** <f.; -, -n>; **'hun·de'kalt** <Adj.; umg.> *sehr kalt;* **'Hun·de'käl·te** <f.; -; unz.; umg.>; **'Hun·de·ku·chen** <m.; -s, ->; **'Hun·de·le·ben** <n.; -s; unz.> *elendes Dasein;* **'Hun·de·mar·ke** <f.; -, -n> *am Hundehalsband befestigte Marke mit der Steuernummer;* **'hun·de·'mü·de** <Adj.; umg.; meist präd.> *sehr müde;* oV *hundsmüde;* **'Hun·de·ras·se** <f.; -, -n>

'hun·dert <Num.; in Ziffern: 100; als röm. Zahlzeichen: C> 1 *bis ~ zählen;* (mit) *~ fahren mit einer Geschwindigkeit von 100 km pro Stunde* 2 <↗Z44; bei unbestimmten Mengen Klein- od. Großschreibung> *ein paar, einige, viele ~/<od.> Hundert Menschen; mehrere ~/<od.> Hundert Stück bestellen; ~ e u. aber-hunderte/<od.> Hunderte u. Aberhunderte; ~ e/<od.> Hun-*

derte von Menschen; sie strömten zu ~en/<od.> Hunderten ins Stadion; viele ~/<od.> Hundert Mal(e) ; → a. *acht; hundertmal;* '**Hun·dert** <n.; -s, -e> (vier) vom ~ <Abk.: v. H.; Zeichen: (4)%> *Prozent;* ein halbes ~; '**Hun·der·ter** <m.; -s, -; umg.> *Hunderteuroschein;* '**hun·der·ter·lei** <Adj.; fig.; undekl.> ~ Dinge *sehr viele verschiedene D.;* **Hun·dert'eu·ro·schein** <m.; -(e)s, -e>; '**hun·dert·fach** <Adj.; ✎Z34.1; in Ziffern 100fach> eine ~e Vergrößerung; um das Hundertfache größer; → a. *achtfach;* '**hun·dert·fäl·tig** <Adj.; veralt.>; **hun·dert'fünf·zig·pro·zen·tig** <Adj.; oft abwertend> *übertrieben>;* ein ~er Kommunist; das ist ein Hundertfünfzigprozentiger; **Hun·dert'jahr·fei·er** <f.; -, -n; ✎Z34> in Ziffern: 100-Jahr-Feier>; '**hun·dert·jäh·rig** <Adj.; ✎Z46> ~es Bestehen; der ~e Kalender; <aber> Hundertjähriger Kalender *(Werktitel);* '**hun·dert·jähr·lich** <Adj.> *alle hundert Jahre;* '**hun·dert·mal** <bei bes. Betonung auch> '**hun·dert 'Mal** <Adv.> das habe ich dir schon ~ gesagt!; <aber> das hundertste Mal, zum hundertsten Mal; viel hundert/<od.> Hundert Male; ein halbes Hundert Mal; → a. *achtmal; hundert; Mal²;* '**hun·dert·ma·lig** <Adj.>; **Hun·dert'me·ter·lauf** <m.; -(e)s, ²e; ✎Z33; Sp.; in Ziffern: 100-Meter-Lauf, 100-m-Lauf>; '**hun·dert·pro·zen·tig** <Adj.; ✎Z34; in Ziffern: 100-prozentig, 100%ig> mit ~er Sicherheit; '**Hun·dert·satz** <m.; -es, ²e> = *Prozentsatz;* '**Hun·dert·schaft** <f.; -, -en> *aus 100 Mann bestehende Einheit;* '**hun·derts·te(r, -s)** <Num.; in Ziffern: 100.; Ordinalzahl von 100> die ~ Folge; sie ist die Hundertste von Hundertsten ins Tausendste kommen; '**hun·derts·tel** <Zahladj.; ✎Z34.1; in Ziffern: 100stel, 1/100> *den hundertsten Teil vom Ganzen umfassend;* eine ~ Sekunde/<a.> Hundertstelsekunde, <in Ziffern> 100stel-Sekunde; '**Hun·derts·tel** <n.; -s, -> *der 100. Teil;* **hun·dert'tau·send**

<Num.; in Ziffern: 100 000> ~ Euro; ~e/<od.> Hunderttausende von Menschen; **Hun·dert'tau·sends·tel** <n.; -s, -> *der 100 000. Teil*

'**Hun·de·sa·lon** <[-'lõ] od. [-'lɔŋ], österr. a. [-'lo:n]; m.; -s, -s>; '**Hun·de·schlit·ten** <m.; -s, ->; '**Hun·de·schnau·ze** <f.; -, -n>; '**Hun·de·wet·ter** <n.; -s; unz.; umg.> *sehr schlechtes Wetter;* '**Hün·din** <f.; -, -nen>; '**hün·disch** <Adj.; fig.> *kriecherisch;* '**Hünd·lein** <n.; -s, -; poet.; Verkleinerungsf. von> *Hund*

Hun·dred·weight, <auch> **Hund·red·weight** <['hʌndrədweit]; n.; -, -; ✎Z53; Abk.: cwt, cwt. (für centweight)> *engl. Gewichtseinheit* [engl.]

'**Hunds·fott** <m.; -(e)s, ²e; umg.> *Schurke, Schuft;* **Hunds·föt·te·'rei** <f.; -, -en; umg.>; '**hunds·föt·tisch** <Adj.; umg.>; '**hunds·ge'mein** <Adj.; umg.> *sehr gemein;* '**Hunds·ka·mil·le** <f.; -; unz.; Bot.> = *Färberkamille;* '**Hunds·lat·tich** <m.; -(e)s; unz.; Bot.> = *Löwenzahn;* '**hunds·mi·se'ra·bel** <Adj.; umg.> *sehr schlecht, elend;* ein hundsmiserables Zeugnis; '**hunds'mü·de** <Adj.> = *hundemüde;* '**Hunds·stern** <m.; -(e)s; unz.> *der Sirius im Sternbild Großer Hund;* '**Hunds·ta·ge** <Pl.> *die heißeste Zeit im Jahr (23.7.–23.8.)*

'**Hü·ne** <m.; -n, -n> *sehr großer, kräftiger Mann;* '**Hü·nen·ge·stalt** <f.; -, -en>; '**Hü·nen·grab** <n.; -(e)s, ²er> *Megalithgrab;* '**hü·nen·haft** <Adj.>

Hun·ga·ri·ka <Pl.> *Bücher, Bilder usw. von Ungarn;* **Hun·ga'ris·tik** <f.; -; unz.> *Lehre von der Sprache u. Kultur Ungarns*

'**Hun·ger** <m.; -s; unz.> 1 *Verlangen nach Nahrung;* ~ leiden; vor ~ sterben; <aber> hungers sterben 2 <fig.; geh.> ~ nach Sonne; '**Hun·ger·blu·me** <f.; -, -n; Bot.>; '**Hun·ger·da·sein** <n.; -s; unz.>; '**Hun·ger·ge·fühl** <n.; -(e)s; unz.>; '**Hun·ger·künst·ler** <m.; -s, ->; '**Hun·ger·künst·le·rin** <f.; -, -nen>; '**Hun·ger·kur** <f.; -, -en>; '**Hun·ger·lei·der** <m.; -s, -; umg.> *armer Schlucker;* '**Hun·ger·lei·de·rin** <f.; -,

-n·nen>; '**Hun·ger·lohn** <m.; -(e)s, ²e; abwertend> *für einen* ~; '**hun·gern** <V.; ich hung(e)re> 1 <V. i. u. V. t.> *hungrig sein, Hunger leiden, fasten;* wir ~; mich hungert 2 <V. i.> *nach etwas* ~ <fig.>; '**Hun·gers·not** <f.; -, ²e>; '**Hun·ger·streik** <m.; -s, -s od. -e>; '**Hun·ger·tod** <m.; -(e)s; unz.> *den* ~ *erleiden;* '**Hun·ger·tuch** <n.; -(e)s, ²er> *am ~ nagen* <fig.> *Hunger leiden;* '**hung·rig** <Adj.>

'**Hun·ne** <m.; -n, -n; früher> *Angehöriger eines mittelasiat. Reitervolkes;* '**hun·nisch** <Adj.>

Hunt <m.; -(e)s, -e; Bgb.> = *Hund²*

Hun·ter <['hʌn-]; m.; -s, -> *Jagdpferd bzw. Jagdhund* [engl.]

'**Hu·pe** <f.; -, -n> *akust. Warnsignal;* '**hu·pen** <V. i.>; **Hu·pe'rei** <f.; -; unz.>

Hupf <m.; -(e)s, -e; oberdt.> = *Hüpfer;* '**Hüpf·burg** <f.; -, -en> *großes, aufblasbares Spielgerät für Kinder;* '**hüp·feln** <V. i. (s.); ich hüpf(e)le> *in kleinen Sprüngen hüpfen;* '**hup·fen** <V. i. (s.); oberdt.> = *hüpfen;* '**hüp·fen** <V. i. (s.); du hüpfst> *kleine Sprünge machen;* '**Hup·fer,** '**Hüp·fer** <m.; -s, -> *kleiner Luftsprung;* '**Hüp·fer·ling** <m.; -s, -e; Zool.> *eine Krebsart*

'**Hup·kon·zert** <n.; -(e)s, -e; umg.> *anhaltendes Hupen mehrerer Autofahrer*

'**Hur·de** <f.; -, -n> 1 *Flechtwerk* 2 <schweiz.> = *Horde¹;* '**Hür·de** <f.; -, -n> *Hindernis;* '**Hür·den·lauf** <m.; -(e)s, ²e; Sp.>

'**Hu·re** <f.; -, -n; derb; abwertend> *Prostituierte;* '**hu·ren** <V. i.; derb>; '**Hu·ren·bock** <m.; -(e)s, ²e; derb>; '**Hu·ren·kind** <n.; -(e)s, -er; Typ.> *auf einer neuen Seite bzw. in einer neuen Spalte stehende letzte Zeile eines Absatzes;* '**Hu·ren·sohn** <m.; -(e)s, ²e; derb>; **Hu·re'rei** <f.; -; unz.; derb>

Hur·ling <['hɔ:liŋ]; n.; - od. -s; unz.; Sp.> *ein altes irisches Schlagballspiel* [engl.]

Hu'ro·ne <m.; -n, -n> *Angehöriger eines amerikan. Indianerstammes;* **hu'ro·nisch** <Adj.>

hur'ra <a. ['--]; Int.> *ein Hochruf;* ~/<od.> Hurra schreien; **Hur'ra**

<n.; -s, -s> ein dreifaches ~; jmdn. mit lautem ~ begrüßen; → a. *hurra*; **Hur'ra·pa·tri·ot**, <auch> **Hur·ra·pat·ri·ot** <m.; -en, -en; ↗Z53> *übereifriger Patriot*; **Hur'ra·pa·tri·o·tis·mus** <m.; -; unz.>; **Hur'ra·ruf** <m.; -(e)s, -e>

'Hur·ri·kan <engl. ['hʌrɪkən]; m.; -s, -e od. (bei engl. Aussprache) -s> *trop. Wirbelsturm in Westindien und Mittelamerika* [indian.]

'hur·tig <Adj.> *geschwind*

Hu'sar <m.; -en, -en; früher> *Angehöriger einer leichten Reitertruppe in ungar. Tracht* [ung.]; **Hu'sa·ren·streich** <m.; -(e)s, -e> *tollkühne Tat*

husch <Int.> ~, ~, ins Bett!; **Husch** <m.; -(e)s, -e> meist in den Wendungen> jmdn. auf einen ~ besuchen *kurz*; im ~ *rasch*; **'Hu·sche** <f.; -, -n; mdt.> *Regenschauer*; **'hu·sche·lig** <Adj.; umg.> 1 *oberflächlich* 2 *gemütlich*; **'hu·scheln** <V.; ich husch(e)le 〉 1 <V. i.> *ungenau arbeiten* 2 <V. refl.> *sich in etwas ~ einwickeln, hineinkuscheln*; **'hu·schen** <V. i. (s.)> *sich schnell u. lautlos fortbewegen*; **'husch·lig** <Adj.> = *huschelig*

Hus·ky <['hʌs-]; m.; -s, -s; Zool.> *Schlittenhund* [engl.]

'hus·sen <V. t.; du husst; bair.; österr.> *hetzen, aufwiegeln*

Hus'sit <m.; -en, -en> *Anhänger des böhm. Reformators J. Hus*

'hüs·teln <V. i.; ich hüst(e)le〉 *leicht husten, sich räuspern*; **'hus·ten** <V. i.> *über die Atemwege geräuschvoll u. anfallartig Luft ausstoßen*; **'Hus·ten** <m.; -s, -; Pl. selten>; **'Hus·ten·an·fall** <m.; -(e)s, ⸚e>; **'Hus·ten·mit·tel** <n.; -s, ->; **'Hus·ten·reiz** <m.; -es; unz.>; **'Hus·ten·saft** <m.; -(e)s, ⸚e>

Hus·tle, <auch> **Hust·le** <['hʌsəl]; m.; -s; unz.; ↗Z53> *ein Gesellschaftstanz* [engl.]

Hut¹ <m.; -(e)s, ⸚e> *Kopfbedeckung*; Schlapp~; Stroh~; mehrere Dinge unter einen ~ bringen <fig.; umg.> *in Übereinstimmung*; **Hut²** <f.; -; unz.> *Schutz*; auf der ~ sein *vorsichtig*; **'Hut·band** <n.; -(e)s, ⸚er>;

'Hüt·chen <n.; -s, -; Verkleinerungsf. von> *Hut*; **'Hüt·chen·spiel** <n.; -(e)s; unz.>

'Hü·te·hund <m.; -(e)s, -e>; **'Hü·te·jun·ge** <m.; -n, -n>; **'hü·ten** <V. t.> 1 *beaufsichtigen, bewachen* 2 *das Bett ~ wegen Krankheit im B. bleiben müssen* 3 <V. refl.> *sich vor etwas ~ in Acht nehmen*; *ich werde mich ~, es zu tun! ich tue es bestimmt nicht!*; **'Hü·ter** <m.; -s, -> *des Gesetzes; Ordnungs~*; **'Hü·te·rin** <f.; -, -nnen>

'Hut·kof·fer <m.; -s, ->; **'hut·los** <Adj.>; **'Hut·na·del** <f.; -, -n>; **'Hut·schach·tel** <f.; -, -n>

'Hut·sche <f.; -, -n; bair.; österr.> 1 *Schaukel* 2 = *Hitsche*; **'hut·schen** <V. i.; du hutschst; österr.> *schaukeln*

'Hut·schnur <f.; -, ⸚e; meist in der Wendung> *das geht über die ~! das geht zu weit!*

'Hütt·chen <n.; -s, -; Verkleinerungsf. von> *Hütte*; **'Hüt·te** <f.; -, -n> 1 *kleines, einfaches Haus* 2 *Anlage zur Gewinnung von Metallen, Glas u. Ä.*; Eisen~; Glas~; **'Hüt·ten·in·dus·trie**, <auch> **'Hüt·ten·in·dust·rie** <f.; -, -n; ↗Z53>; **'Hüt·ten·kä·se** <m.; -s, -> *körniger Quark*; **'Hüt·ten·kun·de** <f.; -; unz.> = *Metallurgie*; **'Hüt·ten·schuh** <m.; -(e)s, -e> *Hausschuh aus Filz od. Wolle*; **'Hüt·ten·werk** <n.; -(e)s, -e> = *Hütte(2)*; **'Hüt·ten·we·sen** <n.; -s; unz.>

'Hut·zel <f.; -, -n; oberdt.> 1 *Dörrfrucht* 2 *Hutzelweib*; **'Hut·zel·brot** <n.; -(e)s, -e; oberdt.> *Früchtebrot*; **'hut·ze·lig** <Adj.; umg.> *runzlig, faltig, schrumpelig*; **'Hut·zel·männ·chen** <n.; -s, -> *eine Märchengestalt*; **'hut·zeln** <V.; ich hutz(e)le〉 1 <V. t.> *dörren, trocknen (Obst)* 2 <V. i. (s.)> *schrumpfen*; **'Hut·zel·weib** <n.; -(e)s, -er>, **'Hut·zel·weib·lein** <n.; -s, ->; **'hutz·lig** <Adj.; umg.> = *hutzelig*

huy·gens·sche(s) Prinzip, <auch> **Huy·gens'sche(s) Prin·zip** <['hɔɪ-]; n.; -schen -s; unz.; ↗Z58.1; Phys.> *Satz der Wellenlehre* [nach dem ndrl. Physiker C. Huygens]

hw <Zeichen für> *Hektowatt*

Hy'a·de <f.; -, -n; grch. Myth.> 1

in ein Sternbild verwandelte Nymphe 2 <nur Pl.> ~n *Sternhaufen im Sternbild Stier, Regengestirn* [grch.]

hy·a'lin <Adj.> *glasartig*; **Hy·a'lit** <m.; -en, -en; Min.> *glasklarer Quarz*; **hy·a·lo..., Hy·a·lo...** <Vors.> *glas..., Glas...* [grch.]

Hy'ä·ne <f.; -, -n> 1 <Zool.> *in Aas fressendes Raubtier* 2 <fig.; abwertend> *gieriger Mensch, Plünderer* [grch.]

Hy·a'zinth <m.; -(e)s, -e; Min.> *rotbrauner Zirkon*; **Hy·a'zin·the** <f.; -, -n; Bot.> *ein Liliengewächs* [grch.]

hy'brid¹, <auch> **hyb'rid** <Adj.; ↗Z53> *hochmütig, vermessen* [grch.]

hy'brid², <auch> **hyb'rid** <Adj.; ↗Z53> *von zweierlei Herkunft, gemischt* [grch.]; **Hy'brid·an·trieb** <m.; -(e)s, -e>; **Hy'bri·de** <f.; -, -n od. m.; -n, -n; Biol.> *pflanzl. od. tier. Kreuzung*; **Hy'brid·fahr·zeug** <n.; -(e)s, -e>; **Hy·bri·di·sa·ti'on** <f.; -, -en; Biol.> *Kreuzung*; **hy·bri·di'sie·ren** <V. t.> *kreuzen*; **Hy·bri·di'sie·rung** <f.; -, -en; Biol.>; **Hy'brid·ra·ke·te** <f.; -, -n>; **Hy'brid·rech·ner** <m.; -s, -; EDV> *analog und digital arbeitende Rechenanlage*; **Hy'brid·schal·tung** <f.; -, -en; El.>; **Hy'brid·sys·tem** <n.; -s, -e; EDV>

'Hy·bris, <auch> **'Hyb·ris** <f.; -; unz.; ↗Z53; geh.> *Selbstüberschätzung, Hochmut* [grch.]

hy·dr..., Hy·dr..., <auch> **hyd·r..., Hyd·r...** <<↗Z53; in Zus.> = *hydro..., Hydro...*; **'Hy·dra** <f.; -, -dren/-d·ren> 1 <Zool.> *ein Süßwasserpolyp* 2 <Myth.> *neunköpfiges Wasserungeheuer* 3 <Astr.> *ein Sternbild* [grch.]; **Hy'drant** <m.; -en, -en> *Wasserzapfstelle*; **hy'drar'gy·rum** <n.; -s; unz.; Chem.; Zeichen: Hg> = *Quecksilber*; **Hy'drat** <n.; -(e)s, -e; Chem.> *Verbindung, die Wasser gebunden hält*; **Hy·dra·ta·ti'on, Hy·dra·ti'on** <f.; -; unz.; Chem.> *Bildung von Hydraten*; **hy·dra·ti'sie·ren** <V.> 1 <V. i.> *Hydrate bilden* 2 <V. t.> *in Hydrate umwandeln*

Hy'drau·lik, <auch> **Hyd'rau·lik** <f.; -; unz.; ↗Z53> 1 *Theorie der Strömung von Flüssigkeiten in*

Rohren 2 deren techn. Anwendung [grch.]; **hy'drau·lisch** <Adj.> mit Flüssigkeitsdruck betrieben; ~e Bremse; ~es Getriebe; **Hy·dra'zin** <n.; -s, -e; Chem.> 1 Verbindung von Wasserstoff u. Stickstoff 2 giftige, u. a. als Rostschutzmittel verwendete Flüssigkeit [zu Hydrogen] <V. t.; Chem.> Wasserstoff anlagern; Ggs dehydrieren; **Hy'drie·rung** <f.; -, -en; Chem.>

hy·dro..., **Hy·dro...**, <auch> **hyd·ro...**, **Hyd·ro...** wasser..., Wasser... [grch.]; **Hy·dro·bi·o·lo'gie** <f.; -; unz.> Lehre von den im Wasser lebenden Organismen; **hy·dro·bi·o'lo·gisch** <Adj.>; **Hy·dro·chi'non** <[-çi-]; n.; -s; unz.; Chem.> eine organ. Verbindung (bes. als fotograf. Entwicklersubstanz); **Hy·dro·dy'na·mik** <f.; -; unz.> Strömungslehre; **hy·dro·dy'na·misch** <Adj.>; **hy·dro·e'lek·trisch**, <auch> **hyd·ro·e'lekt·risch** <Adj.; ↗Z53> Elektrizität durch Wasserkraft gewinnend; **hy·dro·en·er'ge·tisch**, <auch> **Hy·dro·e·ner'ge·tisch** <Adj.; ↗Z54>; **hy·dro'gen** <Adj.> aus Wasser abgeschieden; **Hy·dro'gen** <n.; -s; Chem.; Zeichen: H> 1 chem. Element 2 Wasserstoff; **hy·dro·ge'nie·ren** <V. t.> = hydrieren; **Hy·dro·ge'nie·rung**, **Hy·dro·ge·ni'sie·rung** <f.; -; unz.>; **Hy·dro·'ge·ni·um** <n.; -s; unz.; Chem.> = Hydrogen; **Hy·dro·gra'fie** <f.; -; unz.; ↗Z11.3> = Hydrographie; **hy·dro'gra·fisch** <Adj.>; **Hy·dro·gra'phie** <f.; -; unz.> Gewässerkunde; **hy·dro'gra·phisch** <Adj.>; **Hy·dro'ke·pha·lus** <m.; -, -'ke·pha·len; Med.> = Hydrozephalus; **'Hy·dro·kul·tur** <f.; -; unz.> 1 Wasserkultur 2 Pflanzenaufzucht in Nährlösungen ohne Erde; **Hy·dro·lo·'gie** <f.; -; unz.> Lehre vom Wasser; **hy·dro'lo·gisch** <Adj.>; **Hy·dro·lo·gi·um** <n.; -s, -gi·en> Wasseruhr; **Hy·dro'ly·se** <f.; -, -n> Spaltung chem. Verbindungen durch Wasser; **hy·dro'ly·tisch** <Adj.>; **'Hy·dro·me·cha·nik** <f.; -; unz.> Lehre von den bewegten u. unbewegten Flüssigkeiten; **hy·dro·me'cha·nisch** <Adj.>; **Hy·dro'me·ter** <n.; -s, ->

= Wassermesser, **Hy·dro·me·'trie**, <auch> **Hyd·ro·met'rie** <f.; -; unz.; ↗Z53> Messarbeiten an Gewässern; **hy·dro'me·trisch** <Adj.>; **Hy·dro·pa'thie** <f.; -; unz.> Wasserheilkunde; **hy·dro·'pa·thisch** <Adj.>; **hy·dro'phil** <Adj.> 1 wasserliebend 2 im od. am Wasser lebend; **hy·dro·phi'lie** <f.; -; unz.>; **hy·dro'phob** <Adj.> das Wasser meidend; **Hy·dro·pho'bie** <f.; -; unz.>; **Hy·dro'phyt** <m.; -en, -en; Bot.> Wasserpflanze; **hy'dro·pisch** <Adj.; Med.> an Hydrops leidend; **Hy·dro·pneu'ma·tisch** <Adj.; Tech.> durch Wasser u. Luft angetrieben; **'Hy·drops** <m.; -; unz.; Med.> Wassersucht; **Hy·dro'sphä·re**, <auch> **Hyd·ros'phä·re** <f.; -; unz.; ↗Z54> Wasserhülle der Erde; **Hy·dro'sta·tik** <f.; -; unz.> Lehre von den Gleichgewichtskräften der Flüssigkeiten; **hy·dro'sta·tisch** <Adj.>; **Hy·dro'tech·nik** <f.; -; unz.> Wasserbautechnik; **hy·dro'tech·nisch** <Adj.>; **hy·dro·the·ra'peu·tisch** <Adj.>; **Hy·dro·the·ra'pie** <f.; -; unz.> = Hydropathie; **Hy·dro'xid**, **Hy·dro'xyd** <n.; -(e)s, -e; Chem.> eine anorgan. Verbindung; **Hy·dro'xyl** <n.; -(e)s, -e>, **Hy·dro·'xyl·grup·pe** <f.; -, -n; Chem.> Wasserstoff-Sauerstoff-Gruppe; **Hy·dro'ze·pha·lus** <m.; -, -'pha·len; Med.> Wasserkopf; **Hy·dro'zo·on** <n.; -s, -'zo·en; Zool.> ein Nesseltier

Hy·e·to·gra'fie, **Hy·e·to·gra'phie** <f.; -; unz.; ↗Z11.3; Meteor.> 1 Niederschlagsmessung 2 Beschreibung der Niederschlagsverteilung auf der Erde; **Hy·e·to'me·ter** <n.; -s, -> Regenmesser

Hy·gi·e'ne <f.; -; unz.> Gesundheitslehre u. -vorsorge, Körperpflege [grch.]; **Hy·gi·e'ni·ker** <m.; -s, ->; **Hy·gi·e·ni·ke·rin** <f.; -, -nnen>; **hy·gi·e'nisch** <Adj.>

hy·gr..., **Hy·gr...**, <auch> **hyg·r...**, **Hyg·r...** <Vors.> = hygro..., Hygro...; **'hy·grisch** <Adj.; Meteor.> sich auf Feuchtigkeit u. Niederschläge beziehend; **hy·gro...**, **Hy·gro...** <Vors.> feuchtigkeits..., Feuchtigkeits... [grch.]; **Hy·gro'graf**, **Hy·gro·'graph** <m.; -en, -en; ↗Z11.3>;

Hy·gro'me·ter <n.; -s, -> Luftfeuchtigkeitsmesser; **Hy·gro·me·'trie**, <auch> **Hyg·ro·met'rie** <f.; -, -n; ↗Z53>; **hy·gro'me·trisch** <Adj.>; **hy·gro'phil** <Adj.; Bot.> feuchte Standorte liebend (Pflanzen); **Hy·gro'phyt** <m.; -en, -en; Bot.> Landpflanze mit hohem Wasserverbrauch; Ggs Xerophyt; **Hy·gro'skop**, <auch> **Hyg·ros'kop** <n.; -s, -e; ↗Z54; Meteor.> Luftfeuchtigkeitsmesser; **hy·gro'sko·pisch** <Adj.> wasseranziehend

'Hy·le <a. [-le:]; f.; -; unz.; Philos.> (Ur-)Stoff [grch.]

'Hy·men¹ <n.; -s, -; Med.> Jungfernhäutchen [grch.]

'Hy·men² <m.; -s, -> antikes Hochzeitslied [nach Hymenaios, dem grch. Gott der Ehe]

Hy·me·no'pte·re, <auch> **Hy·me·nop'te·re** <m.; -n, -n; ↗Z54; Zool.> = Hautflügler [grch.]

'Hym·ne <f.; -, -n> feierl., meist rel. Lobgesang [grch.]; **'Hym·nen·kun·de** <f.; -; unz.>; **'Hym·nik** <f.; -; unz.> (Kunst-)Form der Hymne; **'hym·nisch** <Adj.>; **Hym·no·lo'gie** <f.; -; unz.> Hymnenkunde; **hym·no'lo·gisch** <Adj.>; **'Hym·nus** <m.; -, 'Hym·nen> = Hymne

hyp..., **Hyp...** <in Zus.> = hypo..., Hypo... [grch.]; **Hyp·al·la·ge**, <auch> **Hy·pal·la·ge** <[-'ge:]; a. [--'--]; f.; -, -n; ↗Z54; Sprachw.> Veränderung der Wortbeziehung od. scheinbare Verwechslung einzelner Satzteile, z. B. "Segen des Himmels" u. "himmlischer Segen"; → a. Enallage

Hype <[haip]; m. od. n.; -s, -s; Pl. selten; umg.> übertriebene, aggressive Werbung [engl.]

'hy·per..., **'Hy·per...** <in Zus.> über..., Über...; Ggs hypo..., Hypo... [grch.]; **hy·per·ak'tiv** <a. ['----]; Adj.; Med.> motorisch überaktiv; **Hy·per·äs·the'sie** <f.; -; unz.; Med.> gesteigerte Berührungsempfindlichkeit; **hy·per·äs'the·tisch** <Adj.; Med.>

Hy'per·bel <f.; -, -n> 1 <Geom.> Kegelschnitt 2 <Stilk.> sprachl. Übertreibung [grch.]; **hy·per·'bo·li·ker** <m.; -s, ->; **Hy·per'bo·li·ke·rin** <f.; -, -n·nen>; **hy·per-**

H

'bo·lisch <Adj.> 1 *hyperbelartig;* ~e Funktion <Geom.> 2 sprachl. übertreibend; **Hy·per·bo·lo'id** <n.; -(e)s, -e; Geom.> *Fläche, die durch Drehung einer Hyperbel um ihre Achse entsteht*

Hy·per·bo're·er <m.; -s, -; nach altgrch. Auffassung> *Angehöriger eines sagenhaften Volkes;* **hy·per·bo're·isch** <Adj.>

hy·per·ka·ta'lek·tisch <Adj.; Metrik> *mit überzähliger Silbe versehen;* **Hy·per·ki'ne·se** <f.; -; unz.; Med.> *übermäßig gesteigerter Bewegungsdrang;* Ggs *Hypokinese;* **hy·per·ki'ne·tisch** <Adj.>; **'hy·per·kor·rekt** <Adj.> *übertrieben korrekt;* **'hy·per·kri·tisch** <Adj.> *übertrieben kritisch*

Hy·per·link <['hai-]; m.; -s, -s; EDV> *zu weiteren Informationen führender Hinweis* [engl.]

Hy'per·me·ter <m.; -s, -; Metrik> *Vers mit überzähliger Schlusssilbe, die durch Elision mit der Anfangssilbe des folgenden Verses verschmolzen wird* [grch.]; **hy·per'me·trisch**, <auch> **hy·per'met·risch** <Adj.; ↗Z53; Metrik>; **Hy'per·me·tron** <n.; -s, -me·tra/-met·ra; Metrik> = *Hypermeter,* **'hy·per·mo·dern** <Adj.> *übertrieben modern;* **Hy·pe'ro·nen** <Pl.; Phys.> *überschwere Elementarteilchen;* **Hy·per·o'nym**, <auch> **Hy·pe·ro'nym** <n.; -s, -e; ↗Z54; Sprachw.> *übergeordneter Begriff, z. B. "Tier" gegenüber "Pferd";* Ggs *Hyponym;* **Hy·per·pla'sie** <f.; -, -n; Med.; Biol.> *abnorme Zellvermehrung;* **'hy·per·sen·si·bel** <Adj.> *überempfindlich;* ein hypersensibler Mensch; **hy·per'so·nisch** <Adj.; Phys.> *im Bereich des Überschalls;* **Hy·per·ten·si'on** <f.; -, -en; Med.> = *Hypertonie*

Hy·per·text <['hai-]; m.; -(e)s, -e; EDV> *Art der Textdarbietung, die auf weiterführende Beschreibungsebenen führt* [engl.]

Hy·per·to'nie <f.; -, -n; Med.> *Hypotonie* 1 *erhöhter Blutdruck* 2 *gesteigerte Muskelspannung* [grch.]; **Hy·per'to·ni·ker** <m.; -s, -; Med.>; **Hy·per'to·ni·ke·rin** <f.; -, -nen; Med.>; **hy·per'to·nisch** <Adj.; Med.>; **hy·per·**

'troph <Adj.; Med.>; **Hy·per·tro·'phie** <f.; -, -n; Med.> *übermäßige Vergrößerung von Geweben u. Organen;* Ggs *Hypotrophie;* **Hy·per·ven·ti·la·ti'on** <[-ven-]; f.; -; unz.; Med.> *erhöhte Atmungsfrequenz*

'Hy·phe <f.; -, -n; Bot.> *Pilzfaden* [grch.]

Hyph'en, <auch> **Hy'phen** <n.; -s, -; ↗Z54; antike Gramm.> 1 *Zusammenziehung zweier Wörter zu einem* 2 *Bindestrich bei zusammengesetzten Wörtern* [grch.]

hyp·no'id <Adj.; Psych.> *traumähnlich, der Hypnose ähnlich;* **Hyp·no·pä'die** <f.; -; unz.> = *Schlaflernmethode;* **hyp·no'pä·disch** <Adj.>; **Hyp'no·se** <f.; -, -n> *durch Suggestion herbeigeführter Schlaf* [grch.]; **Hyp·no·'sie** <f.; -; unz.; Med.> *Schlafkrankheit;* **Hyp·no·the·ra'peut** <m.; -en, -en>; **Hyp·no·the·ra·'peu·tin** <f.; -, -n·nen>; **Hyp·no·the·ra'pie** <f.; -; unz.> *mithilfe von Hypnose durchgeführte Psychotherapie;* **Hyp'no·tik** <f.; -; unz.> *Lehre von der Hypnose;* **Hyp'no·ti·kum** <n.; -s, -ti·ka; Pharm.> *Schlafmittel;* **hyp'no·tisch** <Adj.>; **Hyp·no·ti·seur** <[-'zø:r]; m.; -s, -e> *jmd., der einen anderen in Hypnose versetzt* [frz.]; **hyp·no·ti'sie·ren** <V. t.> *in Hypnose versetzen;* **Hyp·no'tis·mus** <m.; -; unz.>

'hy·po..., **'Hy·po...** <in Zus.> *unter..., Unter...;* Ggs *hyper..., Hyper...* [grch.]; **Hy·po'blast** <n.; -(e)s, -e> = *Entoderm;* **Hy·po·chon·der** <[-'xɔn-]; m.; -s, -> 1 *jmd., der sich einbildet, krank zu sein* 2 *krankhaft Schwermütiger;* **Hy·po·chon·drie**, <auch> **Hy·po·chond'rie** <f.; -; unz.; ↗Z53; Med.>; **hy·po'chon·drisch** <Adj.; Med.>; **Hy·po·dak·ty'lie** <f.; -; unz.; Med.> *angeborenes Fehlen von Fingern od. Zehen;* **Hy·po'derm** <n.; -s; unz.; Anat.> *Unterhaut;* **Hy·po·'gas·tri·um**, <auch> **Hy·po·'gast·ri·um** <n.; -s, -tri·en/-t·ri·en; ↗Z53; Anat.> *Unterleib;* **hy·po'kaus·tisch** <Adj.>; **Hy·po·'kaus·tum** <n.; -s, -kaus·ten; Altertum u. MA> *Fußbodenheizung;* **Hy·po·ki'ne·se** <f.; -;

unz.; Med.> *verminderte Bewegungsaktivität;* Ggs *Hyperkinese;* **hy·po·ki'ne·tisch** <Adj.; Med.>; **Hy·po·kri'sie** <f.; -; unz.> *Heuchelei, Verstellung;* **Hy·po'krit** <m.; -en, -en> *Heuchler;* **hy·po'kri·tisch** <Adj.>; **Hy·po'lim·ni·on** <n.; -s, -ni·en> *kaltes Tiefenwasser;* **Hyp·o'nym**, <auch> **Hy·po'nym** <n.; -s, -e; ↗Z54; Sprachw.> *untergeordneter Begriff;* Ggs *Hyperonym;* **Hy·po'phy·se** <f.; -, -n; Med.> *Hirnanhang(sdrüse)*

Hy·po'sta·se, <auch> **Hy·pos'ta·se** <f.; -, -n; Med.> 1 *Grundlage, Unterlage* 2 *Personifizierung von Begriffen* 3 <in antiken Religionen> *die Verselbstständigung göttl. Eigenschaften* [grch.]; **hy·po·sta'sie·ren** <V. t.> 1 <im vorhanden> *unterstellen* 2 *personifizieren* 3 *verselbstständigen;* **hy·po·sta'tisch** <Adj.>

Hy·po·sty'lon, <auch> **Hy'pos·ty·lon** <n.; -s, -la; ↗Z54>, **Hy·'po·sty·los** <m.; -, -loi; Arch.> *gedeckter Säulengang* [grch.]; **hy·po'tak·tisch** <Adj.; Sprachw.> *unterordnend;* Ggs *parataktisch;* **Hy·po'ta·xe** <f.; -, -n; Sprachw.> *Unterordnung (eines Satzteiles);* Ggs *Parataxe;* → a. *Kasten Subordination;* **Hy·po·ten·si'on** <f.; -, -en; Med.> = *Hypotonie;* **Hy·po·te'nu·se** <f.; -, -n; Geom.> *im rechtwinkligen Dreieck die dem rechten Winkel gegenüberliegende Seite;* **Hy·po'tha·la·mus** <m.; -, -mi; Anat.> *Teil des Zwischenhirns*

Hy·po'thek <f.; -, -en> 1 *im Grundbuch eingetragenes Pfandrecht zur Sicherung einer Forderung* 2 <fig.> *Belastung* [grch.]; **Hy·po·the'kar** <m.; -s, -e> = *Hypothekengläubiger;* **hy·po·the'ka·risch** <Adj.>; **Hy·po·'the·ken·bank** <f.; -, -en>; **Hy·po·the·ken·brief** <m.; -(e)s, -e>; **hy·po'the·ken·frei** <Adj.> ~es Grundstück; **Hy·po'the·ken·gläu·bi·ger** <m.; -s, -> *Inhaber einer Hypothek;* **Hy·po'the·ken·pfand·brief** <m.; -(e)s, -e>

Hy·po'the·se <f.; -, -n> *unbewiesene Annahme* [grch.]; **hy·po·'the·tisch** <Adj.>

Hy·po·to'nie <f.; -, -n; Med.> Ggs *Hypertonie* 1 *niederer Blutdruck*

2 *herabgesetzte (Muskel-)Spannung* [grch.]; **Hy·po'to·ni·ker** <m.; -s, ->; **Hy·po'to·ni·ke·rin** <f.; -, -n·nen>; **hy·po'to·nisch** <Adj.; Med.>

Hy·po·tra·che·li·on <[-'xe:-]; n.; -s, -li·en; Arch.> *Säulenhals* [grch.]; **Hy·po·tro'phie** <f.; -, -n; Med.> *Unterernährung (von Organen)*; Ggs *Hypertrophie*; **Hy·po'zen·trum**, <auch> **Hy·po·'zent·rum** <n.; -s, -tren/-t·ren; ↗Z53> = *Erdbebenherd*; **Hy·po·zy·klo'i·de**, <auch> **Hy·po·zyk·lo'i·de** <f.; -, -n; ↗Z53; Geom.> *eine best. Kurve*

Hyp·so'me·ter <n.; -s, -> *Höhen-messer* [grch.]; **Hyp·so·me'trie**, <auch> **Hyp·so·met'rie** <f.; -; unz.; ↗Z53> *Höhenmessung*; **hyp·so'me·trisch** <Adj.>

hys·ter..., Hys·ter... <Vors.> = *hystero..., Hystero...* [grch.]; **Hys·ter·ek·to'mie**, <auch> **Hys·te·rek·to'mie** <f.; -, -n; ↗Z54; Med.> *operative Entfernung der Gebärmutter*

Hys·te're·se, Hys·te're·sis <f.; -; unz.; Phys.> *Nachwirkung, Fortdauer eines Zustandes nach Wegfall der Ursache* [grch.]

Hys·te'rie <f.; -, -n; Med.; Psych.> *krankhafte Erregtheit*; **Hys'te·ri·ker** <m.; -s, -> *jmd., der leicht hysterisch wird*; **Hys'te·ri·ke·rin** <f.; -, -n·nen>; **hys'te·risch** <Adj.>; **hys·te·ro..., Hys·te·ro...** <Vors.> 1 *Gebärmutter...* 2 *hysterisch..., Hysterie...* [grch.]

'Hys·te·ron-'Pro·te·ron <n.; -s, 'Hys·te·ra-'Pro·te·ra> 1 <Rhet.> *Redefigur, bei der dem Gedanken das logisch Erstere nachgestellt ist* 2 *Scheinbeweis* [grch.]

Hys·te·ro·sko'pie, <auch> **Hys·te·ros·ko'pie** <f.; -, -n; ↗Z54; Med.> *Untersuchung der Gebärmutter mit einem Spiegel* [grch.]

Hz <Zeichen für> *Hertz*

H

I

i 1 <n.; -, - od. (umg.) -s> *ein Buchstabe;* der Punkt, das Tüpfelchen auf dem ~ *die Vollendung;* → a. *i-Punkt* 2 <Math.; Zeichen für> *imaginäre Zahl*

I 1 <n.; -, - od. (umg.) -s> *ein Buchstabe* 2 <röm. Zahlzeichen für> *1;* ~a-Qualität *beste Q.;* das ist ~a/<auch> eins a *hervorragend* 3 <Chem.; Zeichen für> *Jod*

i. <in geograph. Angaben Abk. für> *in, im;* Freiburg ~ Breisgau

Ia → *I(2)*

i. A., I. A. <vor der Unterschrift in Geschäftsbriefen Abk. für> *im Auftrag;* <Kleinschreibung, wenn die Abk. der Bezeichnung für eine Behörde, Firma o. Ä. folgt; Großschreibung, wenn sie nach einem abgeschlossenen Text od. allein vor einer Unterschrift steht>

i'a·hen <V. i.> *der Esel (hat) iaht*

'Iam·bus <m.; -, *Iam·ben;* Metrik> = *Jambus*

I'a·trik, <auch> **I'at·rik** <f.; -; unz.; ↗Z53; Med.> *Heilkunst* [grch.]; **i·a·tro'gen** <Adj.> *durch ärztl. Einwirkung hervorgerufen*

ib., ibd. <Abk. für> *ibidem*

I'be·rer <m.; -s, -> *Angehöriger eines der in vor- u. frühgeschichtl. Zeit auf der Iber. Halbinsel ansässige Völker;* **i'be·risch** <Adj.>; **I'be·ro·a·me·ri·ka** = *Lateinamerika;* **I'be·ro·a·me·ri·ka·ner** <m.; -s, ->; **i'be·ro·a·me·ri'ka·nisch** <Adj.>; **i'be·ro·ro'ma·nisch** <Adj.> ~e Sprachen *zur westroman. Sprachgruppe gehörige Sprachen, z. B. Spanisch, Portugiesisch, Katalanisch* [lat.]

'i·bi·dem <Abk.: ib., ibd.> *ebenda, am angeführten Ort* [lat.]

'I·bis <m.; -s·ses, -s·se; Zool.> *ein Schreitvogel* [ägypt.]

'I·bi·za *eine Baleareninsel;* **I·bi'zen·ker** <m.; -s, -> *Einwohner von Ibiza;* **I·bi'zen·ke·rin** <f.; -, -n·nen>; **i·bi'zen·kisch** <Adj.>

Ibn <Teil arab. Namen> *Sohn des,* z. B. ~ Saud [arab.]

IC <[i:'tse:]; m.; -s, -s; Warenz.; Abk. für> *Intercityzug;* **ICE** <[i:tse:'e:]; m.; -s, -s; Warenz.; Abk. für> *Intercity-Expresszug*

ich <Personalpron., 1. Pers. Sg.; Gen.: mein(er); Dat.: mir; Akk.: mich>; **Ich** <n.; -, - od. -s> *die eigene Person; das zweite ~ das Gewissen;* mein anderes ~; **'Ich·be·zo·gen** <Adj.>; **'Ich·be·zo·gen·heit** <f.; -; unz.>; **'Ich·er·zäh·ler** <m.; -s, -; ↗Z36>; **'Ich·er·zäh·le·rin** <f.; -, -n·nen>; **'Ich·er·zäh·lung** <f.; -, -en>; **'Ich·form** <f.; -; unz.> *Erzählform in der 1. Person;* **'Ich·ge·fühl** <n.; -(e)s, -e>; **'Ich·laut** <m.; -(e)s, -e; Phon.>

Ich'neu·mon <n. od. m.; -s, -e od. -s; Zool.> *eine Schleichkatze* [grch.]

'Ich·ro·man <m.; -(e)s, -e; ↗Z36> *Roman in der Ichform;* **'Ich·sucht** <f.; -; unz.> *Egoismus;* **'ich·süch·tig** <Adj.>

ich·thy·o..., ich·thy·o... <in Zus.> *fisch..., Fisch...* [grch.]; **ich·thy·o'lo·ge** <m.; -n, -n>; **ich·thy·o·lo'gie** <f.; -; unz.> *Wissenschaft von den Fischen;* **Ich·thy·o'lo·gin** <f.; -, -n·nen>; **ich·thy·o'lo·gisch** <Adj.>; **Ich·thy·o'sau·ri·er** <m.; -s, ->, **Ich·thy·o'sau·rus** <m.; -, -ri·er> *ausgestorbenes fischförmiges Kriechtier*

I·cing <['aisiŋ]; n.; - od. -s, -s; Sp.; Eishockey> *Befreiungsschlag* [engl.]

I·con <['aikən]; n.; -s, -s; EDV> *Bildsymbol, Piktogramm* [engl.]

id. <Abk. für> *idem*

I·da·ho <['aidəho:]> *Staat in den USA*

i·de'al <Adj.> 1 *nur gedacht, nur in der Vorstellung existierend* 2 *vollkommen, mustergültig;* **I·de'al** <n.; -s, -e> *Inbegriff höchster (u. erstrebenswerter) Vollkommenheit* [grch.-lat.]; **I·de'al·fall** <m.; -(e)s, ⸚e> im ~; **I·de'al·fi·gur** <f.; -, -en>; **I·de'al·ge·stalt** <f.; -, -en>; **I·de'al·ge·wicht** <n.; -(e)s; unz.>; **i·de·a·li'sie·ren** <V. t.> 1 *einem Ideal angleichen* 2 *verklären;* **I·de·a·li'sie·rung** <f.; -, -en>; **I·de·a'lis·mus** <m.;

-; unz.> 1 *Glaube an Ideale* 2 *selbstloses Engagement;* **I·de·a'list** <m.; -en, -en>; **I·de·a'lis·tin** <f.; -, -n·nen>; **i·de·a'lis·tisch** <Adj.>; **I·de·a·li'tät** <f.; -; unz.>; **i·de'a·li·ter** <Adv.; geh.> *im Idealfall;* **I·de'al·kon·kur·renz** <f.; -; unz.; Rechtsw.> = *Tateinheit;* Ggs *Realkonkurrenz;* **I·de'al·lö·sung** <f.; -, -en>; **I·de'al·maß** <n.; -es, -e>; **I·de'al·typ** <m.; -s, -en>; **i·de'al·ty·pisch** <Adj.>; **I·de'al·ty·pus** <m.; -, -pen>; **I·de'al·wert** <m.; -(e)s; unz.> = *Kunstwert;* **I·de'al·zu·stand** <m.; -(e)s; unz.>

I'dee <f.; -, -n> 1 *Grundbegriff, Leitgedanke* 2 *Einfall, Vorstellung, Plan* 3 *ein bisschen;* das war eine ~ zu groß [grch.]; **I·dée fixe** <[i'de: 'fiks]; f.; - -, -s -s [i'de: 'fiks]> 1 *Zwangsvorstellung* 2 <Mus.> *Kernthema, Leitmotiv* [frz.]; **i·de'ell** <Adj.> *gedacht, nur in der Vorstellung vorhanden;* Ggs *materiell* [grch.]; **I'de·en·arm** <Adj.>; **I'de·en·ar·mut** <f.; -; unz.>; **I'de·en·as·so·zi·a·ti·on** <f.; -, -en>; **I'de·en·fül·le** <f.; -; unz.>; **I'de·en·ge·schich·te** <f.; -; unz.>; **I'de·en·leh·re** <f.; -; -n; Philos.>; **i'de·en·reich** <Adj.>; **I'de·en·reich·tum** <m.; -s; unz.>

'i·dem <Abk.: id.> *der-, dasselbe* [lat.]

'I·den <Pl.> *der 13. od. 15. Monatstag des altröm. Kalenders;* die ~ des März [lat.]

I·den·ti·fi·ka·ti·on <f.; -, -en> 1 *Feststellung der Identität* 2 *Gleichsetzung* [lat.]; **i·den·ti·fi'zie·ren** <V. t.> 1 *jmdn. od. etwas ~ seine Identität feststellen* 2 <V. refl.> *sich mit jmdm. od. etwas ~ sich gleichsetzen;* **I·den·ti·fi'zie·rung** <f.; -, -en>; **i'den·tisch** <Adj.> *übereinstimmend;* **I·den·ti'tät** <f.; -; unz.>; **I·den·ti'täts·kri·se** <f.; -, -n; Psych.>; **I·den·ti'täts·nach·weis** <m.; -es, -e>; **I·den·ti'täts·ver·lust** <m.; -(e)s; unz.; Psych.>

i·de·o..., I·de·o... <in Zus.> *begriffs..., Begriffs...* [grch.]; **I·de·o·gra'fie** <f.; -; unz.; ↗Z11.3> = *Ideographie;* **i·de·o·gra·fisch** <Adj.>; **I·de·o'gramm** <n.; -(e)s, -e> *(z. B. chines.) Schriftzeichen, das einen ganzen Begriff*

Idiolekt: Als I. bezeichnet man den spezifischen Sprachgebrauch eines Individuums.

Idiom: Ein I. – oder Phraseologismus – ist eine Wortgruppe, deren Gesamtbedeutung als Redewendung nicht aus der Bedeutung der einzelnen Elemente ableitbar ist: *Gift und Galle speien (sehr zornig, ärgerlich sein); seine Hände in Unschuld waschen (sich für unschuldig erklären)* Die einzelnen Elemente eines I. sind nicht austauschbar: **Galle und Gift speien; *in Unschuld seine Hände waschen*

Idiomatik: I. – oder Phraseologie – ist die Lehre von der Erfassung, Beschreibung und Klassifizierung der Idiome.

ausdrückt; **I·de·o·gra'phie** <f.; -; unz.> *aus Ideogrammen bestehende Schrift;* **i·de·o'gra·phisch** <Adj.> *~e Schrift*
I·de·o·lo·ge <m.; -n, -n>; **I·de·o·lo'gem** <n.; -s, -e; geh.> *Gedankengebilde;* **I·de·o·lo'gie** <f.; -, -n; oft abwertend> *Gesamtheit von Weltanschauungen u. polit. Einstellungen* [grch.]; **i·de·o·lo'gie·frei** <Adj.>; **I·de·o·lo'gie·kri·tik** <f.; -; unz.>; **I·de·o·lo'gin** <f.; -, -nnen>; **i·de·o·lo'gisch** <Adj.>; **i·de·o·lo·gi'sie·ren** <V. t.> *im Sinne einer best. Ideologie auslegen;* **I·de·o·lo·gi'sie·rung** <f.; -, -en>
i·de·o·mo'to·risch <Adj.; Psych.> *unbewusst getätigt*
id est <Abk.: i. e.> *das ist, das heißt* [lat.]
idg. <Abk. für> *indogermanisch*
i·di·o..., I·di·o... <in Zus.> *eigen..., selbst..., Eigen..., Selbst...* [grch.]
I·di·o'blast <m.; -en, -en; Bot.> *Pflanzenzelle mit best. Aufgaben, die in anderes Zellgewebe eingestreut ist*
I·di·o·la'trie, <auch> **i·di·o·lat'rie** <f.; -; unz.>; *↗Z53; geh.> Selbstvergötterung;* <aber> → *Idolatrie* [grch.]
I·di·o'lekt <m.; -(e)s, -e; Sprachw.> *individuelle Ausdrucksweise;* → a. *Kasten;* **i·di·o·lek'tal** <Adj.; Sprachw.>; **I·di'om** <n.; -s, -e; Sprachw.> → a. *Kasten* 1 *Spracheigentümlichkeit,*

Mundart 2 *feste Redewendung;* **I·di·o'ma·tik** <f.; -; unz.> 1 *Gesamtheit der Idiome(1) eines Menschen, Landes od. Standes* 2 *Lehre von den Idiomen;* → a. *Kasten;* **i·di·o'ma·tisch** <Adj.> *eine ~e Redewendung;* **i·di·o·ma·ti'sie·ren** <V. t. u. V. i.>; **I·di·o·ma·ti'sie·rung** <f.; -, -en>
i·di·o'morph <Adj.> *~e Kristalle K. mit einer charakteristischen eigenen Form* [grch.]
i·di·o'pa·thisch <Adj.; Med.> *selbstständig, unabhängig (von Krankheiten)* [grch.]
I·di·o'plas·ma <n.; -s; unz.> *im Zellplasma vorhandene Erbsubstanz* [grch.]
I·di·o·syn·kra'sie <f.; -, -n; Med.> *Überempfindlichkeit gegen best. Stoffe*
I·di'ot <m.; -en, -en> 1 *Schwachsinniger* 2 <fig.; umg.> *Dummkopf* [grch.]; **I·di'o·ten·hü·gel** <m.; -s, -; umg.; scherzh.> *kleiner Hang für Anfänger im Skisport;* **i·di'o·ten·si·cher** <Adj.; umg.>; **I·di·o'tie** <f.; -, -n> 1 <Med.> *Schwachsinn* 2 <fig.; umg.> *Dummheit, Unsinn;* **I·di'o·ti·kon** <n.; -s, -ti·ka od. -ti·ken> *Mundartwörterbuch;* **I·di'o·tin** <f.; -, -nnen>; **i·di'o·tisch** <Adj.>; **I·di·o'tis·mus** <m.; -, -men>
i·di·o'ty·pisch <Adj.; Biol.>; **I·di·o'ty·pus** <m.; -, -pen; Biol.> *Gesamtheit des Erbgutes*
I·do'kras <m.; - od. -es, -e> *ein Mineral* [grch.]
I'dol <n.; -s, -e> 1 *Götzenbild* 2 *angebetete Person* [grch.]; **I·do·la'trie,** <auch> **I·do·lat'rie** <f.; -; unz.;> *↗Z53> Verehrung von (Götter-)Bildern;* <aber> → *Idiolatrie;* **i·do·li'sie·ren** <V. t.> *zum Idol erheben;* **I·do·li'sie·rung** <f.; -, -en>; **I·do·lo·la'trie,** <auch> **I·do·lo·lat'rie** <f.; -; unz.;> *↗Z53> = Idolatrie*
I'dyll <n.; -s, -e> *friedliche, beschauliche, meist ländliche Szene* [grch.]; **I'dyl·le** <f.; -, -n> 1 *Darstellung beschaulichen Lebens in Literatur u. bildender Kunst* 2 = *Idyll;* **I'dyl·lik** <f.; -; unz.>; **i'dyl·lisch** <Adj.>
i. e. <Abk. für> *id est*
I. E., IE <Pharm.; Abk. für> *Internationale Einheit*

i. f. <Abk. für> *ipse fecit*
'IFOR, 'I·for <f.; -; unz.;> *↗Z56;* kurz für engl.> *Implementation Force;* **'IFOR·'Frie·dens·trup·pe** <f.; -; unz.>
IG <Abk. für> 1 *Industriegewerkschaft; ~ Metall* 2 *Interessengemeinschaft*
'I·gel <m.; -s, -; Zool.> *ein kleines Säugetier mit Rückenstacheln;* **'I·gel·fisch** <m.; -(e)s, -e; Zool.>; **'I·gel·stel·lung** <f.; -, -en> *kreisförmige Verteidigungsstellung*
i'gitt, i'gitt·i·gitt <Int.> *(Ausruf des Ekels)*
'Ig·lu, <auch> **'I·glu** <n. od. m.; -s, -s;> *↗Z54> rundes Schneehaus der Eskimos* [eskim.]
i·gno'rant, <auch> **ig·no'rant** <Adj.;> *↗Z53> Überheblichkeit od. Unwissenheit ausdrückend; ein ~es Benehmen* [lat.]; **I·gno'rant** <m.; -en, -en> *Unwissender;* **I·gno·ran'tin** <f.; -, -nnen>; **I·gno'ranz** <f.; -; unz.> *Unwissenheit, Nichtbeachtung;* **i·gno'rie·ren** <V. t.> *jmdn. od. etwas ~ absichtl. übersehen*
I·gu·an'o·don, <auch> **I·gu·a·no·don** <n.; -s, -s> *großer, Pflanzen fressender Dinosaurier* [grch.]
i. H. <Abk. für> *im Haus(e)*
IHK <Abk. für> *Industrie- und Handelskammer*
'Ih·le <m.; -n, -n; Zool.> *abgelaichter Hering*
ihm <Dat. von> *er, es;* **ihn** <Akk. von> *er;* **Ih·nen** <Dat. Pl. von> *er, sie, es;* **'Ih·nen** <Dat. von> *Sie¹*
ihr 1 <Dat. von> *sie* <3. Pers. Sg. f.> 2 <Personalpron.; 2. Pers. Pl.; Kleinschreibung auch als Anrede in Briefen> *habt ~ das gehört?* 3 <Possessivpron.; Gen.: ihres/ihrer; Dat. ihrem, ihrer/ihren; Akk.: ihr, ihre/ihre; 3. Pers. Sg. f./3. Pers. Pl.> <Großschreibung entsprechend Sie¹ in der Anrede> *ist das Ihr Buch?; gehört das Buch Ihnen?;* <Groß- od. Kleinschreibung bei den substantivierten Formen> *dieses Buch ist das ~e/* <auch> *das Ihre es gehört ihr/Ihnen; grüßen Sie die ~en/* <auch> *die Ihren Ihre Angehörigen;* → a. *ihrige;* **'ih·rer·seits** <Adv.> *von ihr, von ihnen aus;*

sie machte(n) ~ einen Vorschlag; **'Ih·rer·seits** <Adv.; in der Anrede> *von Ihnen aus; wenn ~ keine Bedenken bestehen, ...;* **'ih·res·glei·chen** <Pron.> *in ihrer Art;* eine Frechheit, die ~ sucht; sie bleibt am liebsten unter ~; **'Ih·res·glei·chen** <Pron.; meist abwertend; in der Anrede> *Leute wie Sie;* Sie und ~; **'ih·ret·hal·ben, 'ih·ret·we·gen, 'ih·ret·wil·len** <Pronominaladv.> *ihr, ihnen zuliebe;* ich habe es nur ~ getan; **'Ih·ret·hal·ben, 'Ih·ret·we·gen, 'Ih·ret·wil·len** <Pronominaladv.; in der Anrede> *Ihnen zuliebe, wegen Ihnen;* ich bin eigens ~ gekommen; **'ih·ri·ge** <substantiviertes Possessivpron.> er u. seine Frau haben beide einen Wagen, ~r ist neu; der ~/<auch> Ihrige ist neu; → a. *ihr(3);* **'Ih·ro** <Personalpron.; veralt. für> *Ihre;* ~ Gnaden; **'ihr·zen** <V. t.; du ihrzt; umg.; selten> *mit "ihr" anreden*
I. H. S. <Abk. für> *in hoc salus*
i. J. <Abk. für> *im Jahre*
I·ke'ba·na <n.; - od. -s; unz.> *die Kunst des Blumensteckens* [jap.]
I'ko·ne <f.; -, -n> *Heiligenbild der Ostkirche* [grch.]; **I'ko·nen·ma·le·rei** <f.; -; unz.>; **I·ko·no'graf** <m.; -en, -en; ↗Z11.3> = *Ikonograph;* **I·ko·no·gra'fie** <f.; -; unz.>; **i·ko·no'gra·fisch** <Adj.>; **I·ko·no'graph** <m.; -en, -en; ↗Z11.3> *wissenschaftl. Bilderbeschreibung;* **I·ko·no·gra·phisch** <Adj.>; **I·ko·no'klas·mus** <m.; -; unz.> *Bildersturm;* **I·ko·no·'klast** <m.; -en, -en> *Bilderstürmer;* **i·ko·no'klas·tisch** <Adj.>; **I·ko·no·la'trie, <auch> I·ko·no·lat'rie** <f.; -; unz.; ↗Z53> = *Idolatrie;* **I·ko·no'lo'gie** <f.; -; unz.> = *Ikonographie;* **I·ko·no'skop,** <auch> **I·ko·nos'kop** <n.; -(e)s, -e; ↗Z54> *elektron. Bildzerleger zur Aufnahme von Fernsehbildern;* **I·ko·no'stas,** <auch> **I·ko·nos'tas** <m.; -, -e>, **I·ko·no'sta·se** <f.; -, -n; ↗Z54; in grch.-orthodox. Kirchen> *dreitürige Bilderwand zw. Gemeinde- u. Altarraum*
I·ko·sa'e·der <n.; -s, -; ↗Z55; Math.> *von 20 Flächen begrenz-*

ter Körper, Zwanzigflächner [grch.]
ikr <Abk. für> *isländ. Krone*
'Ik·tus <m.; -, - od. 'Ik·ten> 1 <Metrik> *bes. starke Betonung* 2 <Med.> *plötzl. auftretendes schweres Krankheitszeichen* [lat.]
'I·lang-'I·lang <n.; -s, -s> = *Ylang-Ylang;* **'I·lang-'I·lang-Öl** <n.; -(e)s, -e> = *Ylang-Ylang-Öl*
'I·le·us <m.; -, 'I·le·en; Med.> *Darmverschluss* [grch.-lat.]
'I·lex <f.; -, -; Bot.> *Stechpalme* [lat.]
ill. <Abk. für> *illustriert*
'il·le·gal <Adj.> *gesetzwidrig,* Ggs *legal* [lat.]; **Il·le·ga·li'tät** <f.; -; unz.>; **'il·le·gi·tim** <Adj.> *unrechtmäßig,* Ggs *legitim;* **'Il·le·gi·ti·mi·tät** <f.; -; unz.>
'il·lern <V. i.; ich ill(e)re; mdt.> *lugen, spähen*
'il·li·be·ral <Adj.; selten> *engherzig, kleinlich,* Ggs *liberal* [lat.]; **'Il·li·be·ra·li·tät** <f.; -; unz.>
il·li·nois <[-nɔyz]> *Staat in den USA*
'il·li·quid <Adj.> *nicht zahlungsfähig* [lat.]; **Il·li·qui·di'tät** <f.; -; unz.>
il·li·te'rat <Adj.; geh.> *ungebildet* [lat.]; **Il·li·te'rat** <m.; -en, -en; geh.> *Ungelehrter, Ungebildeter*
Il·lo·ku·ti'on <f.; -, -en; Sprachw.> *kommunikative Funktion eines Sprechaktes* [lat.]; **il·lo·ku'tiv** <Adj.>
'il·lo·yal, <auch> **'il·loy·al** <a. [-loa'ja:l], umg. [-loial]; Adj.; ↗Z52> *unaufrichtig, unredlich,* Ggs *loyal* [frz.]; **'Il·lo·ya·li·tät** <f.; -; unz.>
Il·lu·mi'nat <m.; -en, -en; 16./18. Jh.> *Il·lu·mi'na·ten·or·den* <m.; -s; unz.> *1776 gegründeter aufklärerischer Geheimbund;* **Il·lu·mi·na·ti'on** <f.; -, -en> 1 *Festbeleuchtung* 2 *Ausmalung (von Stichen, Drucken u. Ä.)* 3 *Buchmalerei* [lat.]; **Il·lu·mi'na·tor** <m.; -s, -'to·ren> *Hersteller von Buchmalereien;* **il·lu·mi·nie·ren** <V. t.> *festlich erleuchten;* **Il·lu·mi'nie·rung** <f.; -, -en>
Il·lu·si·on <f.; -, -en> *trügerische Hoffnung, Sinnestäuschung* [lat.]; **Il·lu·si·o·nis·mus** <m.; -; unz.> 1 *philos. Auffassung, dass die*

Welt nur Schein sei 2 <Mal.> *Räumlichkeit vortäuschende Darstellungsweise;* **Il·lu·si·o'nist** <m.; -en, -en>; **Il·lu·si·o'nis·tin** <f.; -, -n·nen>; **il·lu·si·o'nis·tisch** <Adj.>; **il·lu·si'ons·los** <Adj.>; **il·lu'so·risch** <Adj.>
il'lus·ter <Adj.> *glänzend, erlesen;* eine illustre Gesellschaft [lat.]; **Il·lus·tra·ti'on,** <auch> **Il·lust·ra·ti'on** <f.; -, -en; ↗Z53> 1 *Bebilderung* 2 <fig.> *Veranschaulichung;* **il·lus·tra'tiv** <Adj.> *veranschaulichend;* **Il·lus'tra·tor** <m.; -s, -'to·ren>; **Il·lus·tra·to·rin** <f.; -, -n·nen>; **il·lus'trie·ren** <V. t.> *mit Bildern versehen;* **Il·lus'trier·te** <f. 2> *bebilderte Zeitschrift;* **Il·lus'trie·rung** <f.; -, -en>
Il'ly·rer <m.; -s, -> *Angehöriger eines indogerman. Volkes in Illyrien;* **Il'ly·ri·en** <im Altertum Name für> *das Gebiet im Osten d. Adriatischen Meeres;* **Il'ly·ri·er** <m.; -s, ->; **il'ly·risch** <Adj.>
Il·me'nit <m.; -(e)s, -e> *ein Mineral* [nach dem *Ilmen*gebirge im Südural]
'Il·tis <m.; -s·ses, -s·se; Zool.> *eine Marderart*
im <Verschmelzungsform von Präp. u. Art.; ↗Z43> *in dem;* ~ Auftrag <Abk.: i. A.>; ~ Allgemeinen; ~ Besonderen; ~ Einzelnen; ~ Nachhinein; ~ Stand(e)/<auch> imstand(e); ~ Übrigen; ~ Voraus; ~ Vorhinein
IM <Abk. für> *inoffizieller Mitarbeiter (des Staatssicherheitsdienstes der DDR)*
I. M. <Abk. für> 1 *Ihre Majestät* 2 *Innere Mission*
I·mage <['imidʒ]; n.; -, -s ['imid-ʒiz]> *das Bild, das die Öffentlichkeit von jmdm. od. etwas hat* [engl.]; **'I·mage·pfle·ge** <f.; -; unz.>; **'I·mage·trans·fer** <[-fe·r]; m.; -s, -s>; **'I·mage·ver·lust** <m.; -(e)s; unz.>
i·ma·gi'na·bel <Adj.; geh.> *imaginable Größe* [lat.]; **i·ma·gi'när** <Adj.> *nur in der Vorstellung bestehend, scheinbar;* eine ~e Zahl <Math.; Zeichen: i> [frz.]; **I·ma·gi·na·ti'on** <f.; -, -en; geh.> *Einbildung(skraft), Vorstellungsvermögen* [lat.]; **i·ma·gi·na·'tiv** <Adj.>; **i·ma·gi'nie·ren** <V. t.> *etwas ~ sich vorstellen*

I'ma·go <f.; -, -gi·nes; Zool.; bei Insekten> *erwachsenes, geschlechtsreifes Tier* [lat.]

I'mam <m.; -s, -s od. -e> 1 *Vorbeter in der Moschee* 2 *geistliches Oberhaupt der Schiiten* 3 *Ehrentitel für Gelehrte des Islams* [arab.]; **I'man** <n.; -s; unz.; im Islam> *Glaube*

Im·bi·bi·ti'on <f.; -, -en; Biol.> *Durchdringung fester Körper mit Flüssigkeiten* [lat.]

'Im·biss <m.; -es, -e> *kleine (Zwischen-)Mahlzeit*; **'Im·biss·bu·de** <f.; -, -n>; **'Im·biss·stand** <m.; -(e)s, ⁓e; ↗Z37>

I·mi'tat <n.; -(e)s, -e>; **I·mi·ta·ti'on** <f.; -, -en> *Nachahmung, Fälschung* [lat.]; **I·mi'ta·tor** <m.; -s, -'to·ren> *Tierstimmen-*; **I·mi·ta'to·rin** <f.; -, -n·nen>; **i·mi·ta'to·risch** <Adj.>; **i·mi'tie·ren** <V. t.> *nachahmen*; **i·mi·'tiert** <Adj.>

'Im·ker <m.; -s, -> *Bienenzüchter*; **Im·ke'rei** <f.; -, -en>; **'Im·ke·rin** <f.; -, -n·nen>; **'im·kern** <V. i.> *ich imkere*

im·ma'nent <Adj.> *innewohnend, enthalten in; system~* [lat.]; **Im·ma'nenz** <f.; -; unz.>

Im·ma·te·ri'al·gü·ter·recht <n.; -(e)s; unz.; Rechtsw.> *Recht an geistigem Eigentum, z. B. Patentrecht*; **Im·ma·te·ri·a'lis·mus** <a. ['- - - - - -]; m.; -; unz.; Philos.> Ggs *Materialismus*; **Im·ma·te·ri·a·li'tät** <f.; -; unz.> *stoffloses Dasein, Körperlosigkeit*; **im·ma·te·ri'ell** <Adj.> *nicht stofflich, geistig* Ggs *materiell*

Im·ma·tri·ku·la·ti'on <auch> **Im·mat·ri·ku·la·ti'on** <f.; -, -en; ↗Z53> Ggs *Exmatrikulation* 1 *Einschreibung an einer Hochschule* 2 <schweiz. a. für> *amtliche Zulassung eines Kfz* [lat.]; **im·ma·tri·ku'lie·ren** <V. t./V. refl.> Ggs *exmatrikulieren*

'Im·me <f.; -, -n> poet.> *Biene*

im'mens <Adj.> *gewaltig, unermesslich groß* [lat.]; **Im·men·si'tät** <f.; -; unz.>; **im·men·su'ra·bel** <Adj.; geh.> *unmessbar*; **Im·men·su·ra·bi·li'tät** <f.; -; unz.>

'im·mer¹ <Adv.> *ständig, stets;* ~ *wieder;* ~ *noch; noch* ~*; auf, für* ~ *die Heimat verlassen endgültig; der* ~ *während Kalender*; **'im·mer²** <Partikel> *in zuneh-*

---

mendem Maß; es wird ~ *schlechter;* ~ *mehr Leute; wer auch* ~ *jeder, der; was auch* ~ *alles, was; wo auch* ~ *überall; wann auch* ~ *jederzeit; wie* ~ *wie üblich;* ~ *rein hier!* umg.>

im·mer'dar <Adv.; geh.; poet.> *für immer*

im·mer'fort <Adv.> *ununterbrochen*

'im·mer·grün <Adj.> *eine -e Pflanze; <aber> die Pflanze bleibt 'immer 'grün*

'Im·mer·grün <n.; -s, -e; Bot.> *eine Pflanze*

im·mer'hin <a. ['- - -]; Partikel> *wenigstens, zumindest*

Im·mer·si'on <f.; -, -en> 1 *Eintauchen, Untertauchen* 2 <Astr.> *Eintritt eines Himmelskörpers in den Schatten eines anderen* [lat.]

im·mer'zu <a. ['- - -]; Adv.; umg.> *dauernd*

Im·mi'grant <auch> **Im·mig'rant** <m.; -en, -en; ↗Z53> *Einwanderer* [lat.]; **Im·mi'gran·tin** <f.; -, -n·nen>; **Im·mi·gra·ti'on** <f.; -, -en> *Einwanderung* Ggs *Emigration*; **im·mi'grie·ren** <V. i. (s.)>

im·mi'nent <Adj.> *drohend, nahe bevorstehend* [lat.]

Im·mis·si'on <f.; -, -en> 1 *Amtseinsetzung* 2 *Einwirkung von Schadstoffen auf die Umwelt* [lat.]; **Im·mis·si'ons·grenz·wert** <m.; -(e)s, -e>; **Im·mis·si'ons·schutz** <m.; -es; unz.>

'im·mo·bil <Adj.> *unbeweglich*; Ggs *mobil* [lat.]; **Im·mo·bi·li'ar·ver·mö·gen** <n.; -s> *Grundbesitz*; **Im·mo'bi·lie** <[-li̯ə] f.; -, -n; meist Pl.> *Grundstück, Grundbesitz*; **Im·mo'bi·li·en·händ·ler** <m.; -s, ->; **Im·mo'bi·li·en·händ·le·rin** <f.; -, -n·nen>; **Im·mo'bi·li·en·mak·ler** <m.; -s, -; ↗Z53.1>; **Im·mo'bi·li·en·mak·le·rin** <f.; -, -n·nen>; **Im·mo'bi·li·en·markt** <m.; -(e)s, ⁓e>; **im·mo·bi·li'sie·ren** <V. t.> *ein gebrochenes Glied, Gelenk* ~ <Med.> *ruhig stellen*; **Im·mo·bi·li'sie·rung** <f.; -, -en; Med.>; **Im·mo·bi'lis·mus** <m.; -; unz.; geh.>; **Im·mo·bi·li'tät** <f.; -; unz.> *Unbeweglichkeit*

'im·mo·ra·lisch <Adj.> Ggs *moralisch* [lat.]; **Im·mo·ra'lis·mus**

<m.; -; unz.>; **Im·mo·ra·li'tät** <a. ['- - - - -]; f.; -; unz.> 1 *Unsittlichkeit* 2 *Gleichgültigkeit gegenüber moralischen Grundsätzen*

Im·mor·ta·li'tät <a. ['- - - - -]; f.; -; unz.> *Unsterblichkeit*; Ggs *Mortalität* [lat.]; **Im·mor'tel·le** <f.; -, -n; Bot.> *Strohblume* [frz.]

im'mun <Adj.> 1 *nicht empfänglich (für best. Krankheiten)* 2 *unter Rechtsschutz stehend* [lat.]; **Im'mun·bi·o·lo·gie** <f.; -; unz.>; **im·mu·ni'sie·ren** <V. t.> *immun(1) machen*; **Im·mu·ni·'sie·rung** <f.; -, -en>; **Im·mu·ni'tät** <f.; -; unz.> 1 *Unempfindlichkeit gegenüber Krankheitserregern* 2 *Schutz für Parlamentsmitglieder u. Diplomaten vor Strafverfolgung;* ~ *genießen*; **Im'mun·kör·per** <m.; -s, -; Med.> *Antikörper*; **Im·mu·no'lo·ge** <m.; -n, -n>; **Im·mu·no·lo'gie** <f.; -; unz.; Med.> *Lehre von der Immunität(1)*; **Im·mu·no'lo·gin** <f.; -, -n·nen>; **im·mu·no'lo·gisch** <Adj.>; **Im'mun·schwä·che** <f.; -; unz.; Med.>; **Im'mun·sys·tem** <n.; -s, -e>

imp. <Abk. für> *imprimatur*

Imp. <Abk. für> *Imperator*

'Im·pact <[-pækt]; m.; -s, -s; Werbung> *Wirkung einer Werbemaßnahme* [engl.]

Im'pas·to <n.; -s, -pas·ti; Mal.> *dicker Farbauftrag* [ital.]

Im·peach·ment <[im'pi:t∫mənt]; n.; - od. -s, -s; in den USA> *öffentl. Anklage gegen einen hohen Staatsbeamten wegen Fehlverhaltens im Amt, Amtsenthebungsverfahren* [engl.]

Im·pe'danz <f.; -, -en; El.> *Scheinwiderstand* [lat.]

im·pe·ra'tiv <Adj.> *befehlend, zwingend, bindend;* ~*es Mandat M., das den Abgeordneten an den Wählerauftrag bindet* [lat.]; **'Im·pe·ra·tiv** <a. [- - - -]; m.; -s, -e> 1 <Sprachw.> *Befehlsform des Verbs, z. B. bleib(t) hier!;* → a. *Kasten S. 524* 2 *kategorischer* ~ <nach I. Kant> *unbedingt gültige moralische Forderung*; **'im·pe·ra·ti·visch** <Adj.> *ein ~ gebrauchtes Verb*; **'Im·pe·ra·tiv·satz** <m.; -es, ⁓e> *Befehlssatz*; **Im·pe'ra·tor** <m.; -s, -'to·ren; röm. Titel für> 1 *Feldherr u. Kaiser* <Abk.:

Imperativ: Als I. bezeichnet man die Befehlsform, die neben ↗Indikativ und ↗Konjunktiv eine der drei Aussagearten (↗**Modus**) des ↗Verbs ist. Mithilfe des I. werden in einem ↗Aufforderungssatz Anweisungen, Befehle, Bitten oder Wünsche ausgedrückt: *Lass das sein! Iss dein Brot! Unterschreib(e) bitte hier!*
Der I. hat jeweils eine Form im Singular und im Plural.
Im Singular wird an den Verbstamm ein *-e* angehängt, das häufig auch wegfallen kann: *Arbeite sauber! Schreib(e) ordentlich!*
Bei starken Verben mit *e/i*-Wechsel entfällt das *-e* grundsätzlich: *lies, iss, gib.*
Im Plural stimmt die Form des I. mit der 2. Person ↗Indikativ überein: *Kommt her! Lasst das! Öffnet die Tür!*
Der I. des ↗Hilfsverbs *sein* wird vom Stamm des Konjunktivs Präsens abgeleitet: *Sei ruhig! Seid nicht so laut!*

Imperfekt: Das I. bezeichnet in lateinischen und griechischen Grammatiken die "erste Vergangenheit". In den alten Sprachen ist das I. vom ↗Präsens abgeleitet und bezeichnet ein "nicht abgeschlossenes, im Vollzug befindliches" Geschehen. Es bezeichnet damit nicht nur eine Zeitform, sondern auch eine ↗Aktionsart, was auf die Formen der ersten Vergangenheit, des ↗Präteritums, im Deutschen nicht zutrifft. Aus diesem Grund hat sich die Verwendung des Terminus Präteritum anstelle von I. in der Grammatik des Deutschen durchgesetzt.

Imp.> 2 *Herrscher;* ~ *Rex* <Abk.: I. R.> *Kaiser u. König*; **im·pe·ra·'to·risch** <Adj.>
'Im·per·fekt <m.; -s, -e; Gramm.> *Präteritum*; → a. Kasten [lat.]; **'im·per·fek·tisch, 'im·per·fek·tiv** <Adj.; Gramm.> → a. Kasten *Aktionsart*
im·pe·ri'al <Adj.> 1 *zum Imperium gehörend* 2 *kaiserlich* [lat.]; **Im·pe·ri·a·lis·mus** <m.; -; unz.> *Streben eines Staates nach (Vor-)Macht u. Besitzerweiterung*; **Im·pe·ri·a·list** <m.; -en, -en>; **Im·pe·ri·a·lis·tin** <f.; -,

-n·nen>; **im·pe·ri·a·lis·tisch** <Adj.>; **Im·pe·ri·um** <n.; -s, -ri·en> *Weltmacht, (bes. das römische) Weltreich*
im·per·me·a·bel <Adj.> *undurchlässig, undurchdringlich;* impermeabler Stoff [lat.]; **Im·per·me·a·bi·li'tät** <f.; -; unz.>
Im·per·so·na·le <n.; -s, -li·en od. -lia; Gramm.> *unpersönl. Verb, das immer "es" als Subjekt hat, z. B. regnen, schneien; → a. Kasten unpersönliches Verb* [lat.]
im·per·ti·nent <Adj.> *frech, ungehörig, unverschämt* [lat.]; **Im·per·ti·nenz** <f.; -; unz.>
Im·pe·ti·go <f.; -; unz.; Med.> *eine Hautkrankheit* [lat.]
im·pe·tu·o·so <Mus.> *stürmisch (zu spielen)* [ital.]; **'Im·pe·tus** <m.; -; unz.> *Antrieb, Ungestüm* [lat.]
'Impf·aus·weis <m.; -es, -e>; **'imp·fen** <V. t.; du impfst>; **'Impf·ling** <m.; -s, -e> *jmd., der geimpft wird*; **'Impf·pass** <m.; -es, ⁼e>; **'Impf·pflicht** <f.; -; unz.>; **'Impf·pis·to·le** <f.; -, -n>; **'Impf·stoff** <m.; -(e)s, -e>; **'Impf·fung** <f.; -, -en> *Zuführung von Schutzstoffen als Vorbeugemaßnahme gegen best. Krankheiten;* Schluck–; **'Impf·zwang** <m.; -(e)s; unz.>
Im·plan'tat <n.; -(e)s, -e; Med.> 1 *implantiertes Gewebestück* 2 *Zahnersatz* [lat.]; **Im·plan·ta·ti·on** <f.; -, -en>; **im·plan'tie·ren** <V. t.> *in den Körper einpflanzen, einsetzen;* Gewebe, Organteile, Zähne –
im·ple·men'tie·ren <V. t.> *ins Werk setzen, durchführen* [lat.]; **Im·ple·men'tie·rung** <f.; -, -en>
Im·pli·ka'ti·on <f.; -; unz.> *das Einbeziehen (einer Sache in eine andere)* [lat.]; **im·pli'zie·ren** <V. t.; geh.> *einschließen, mit einbegreifen*; **im·pli'zit** <Adj.> *inbegriffen, mit einbezogen;* Ggs explizit; **im·pli·zi·te** <[-te]; Adv.> *einschließlich, inbegriffen;* Ggs explizite
im·plo'die·ren <V. i. (s.)> *durch Druck von außen eingedrückt werden;* Ggs explodieren [lat.]; **Im·plo·si'on** <f.; -, -en>
im·pon·de·ra·bel <Adj.; veraltet> *unwägbar, unberechenbar;* im-

ponderable Größen [lat.]; **Im·pon·de·ra·bi·li·en** <Pl.; veralt.> *Unwägbarkeiten*
im·po·'nie·ren <V. i.> jmdm. ~ *großen Eindruck auf jmdn. machen* [lat.]; **Im·po'nier·ge·ha·be** <n.; -s; unz.; Zool.; a. fig.; abwertend>
Im'port <m.; -(e)s, -e> *Einfuhr;* Im- und Export; Ggs Export [engl.]; **im'port·ab·hän·gig** <Adj.>; **Im·por·teur** <[-'tø:r]; m.; -s, -e> *jmd., der Waren importiert;* Ggs Exporteur [frz.]; **Im·'port·ge·schäft** <n.; -(e)s, -e>; **Im'port·han·del** <m.; -s; unz.>; **im·por'tie·ren** <V. t.> *(Waren aus dem Ausland) einführen;* Ggs exportieren; **Im'port·wa·re** <f.; -, -n>
im·po'sant <Adj.> *beeindruckend* [frz.]; **Im·po'sanz** <f.; -; unz.>
'im·po·tent <Adj.> *unfähig, den Geschlechtsverkehr auszuführen, zeugungsunfähig* [lat.]; **'Im·po·tenz** <f.; -; unz.>
impr. <Abk. für> *imprimatur*
Im·prä·gna·ti·on, <auch> Im·präg·na·ti·on <f.; -, -en; ↗Z53> 1 <Geol.> *durch Eindringen von Lösungen in die Poren von Gesteinen entstandene feine Verteilung von Mineralien* 2 <Med.> *Befruchtung* [lat.]; **im·prä'gnie·ren** <V. t.> *mit einem Schutzmittel gegen äußere Einflüsse widerstandsfähig machen* [lat.]; **Im·prä'gnie·rung** <f.; -, -en>
im·prak'ti·ka·bel <a. ['-----]; Adj.> *undurchführbar, nicht anwendbar;* impraktikable Maßnahmen [frz.]
Im·pre'sa·rio <m.; -s, -s od. -ri> *Theater- od. Konzertagent* [ital.]
Im·pres·si'on <f.; -, -en; geh.> *Empfindung, Wahrnehmung* [lat.]; **Im·pres·si·o'nis·mus** <m.; -; unz.; Mal.> *Ende des 19. Jh. in Frankreich entstandene Kunstrichtung*; **Im·pres·si·o'nist** <m.; -en, -en>; **Im·pres·si·o'nis·tin** <f.; -, -n·nen>; **im·pres·si·o'nis·tisch** <Adj.>
Im'pres·sum <n.; -s, -'pres·sen; in Druckerzeugnissen> *Vermerk mit Angaben über Herausgeber, Verlagsort, Auflagenhöhe usw.* [lat.]
im·pri'ma·tur <Abk.: imp., impr.>

"es werde gedruckt" (Vermerk des Autors od. Verlages auf dem letzten Korrekturabzug) [lat.]; **Im·pri'ma·tur** <n.; -s; unz.> *Druckerlaubnis;* das ~ erteilen; **im·pri'mie·ren** <V. t.>

Im·promp·tu <[ɛ̃prɔ̃'ty:]; n.; -s, -s; Mus.> *frei gestaltete Komposition* [frz.]

Im·pro·vi·sa·ti·on <[-vi-]; f.; -, -en> 1 <unz.> *unvorbereitete Handlung* 2 *künstlerische Darbietung aus dem Stegreif* [ital.-frz.]; **Im·pro·vi·sa·ti·ons·ta·lent** <n.; -(e)s, -e>; **Im·pro·vi·sa·tor** <m.; -s, -'to·ren> *jmd., der improvisieren kann;* **Im·pro·vi·sa·'to·rin** <f.; -, -nnen>; **im·pro·vi·'sie·ren** <V. i. u. V. t.> sie kann gut ~; improvisierte Rede

Im'puls <m.; -es, -e> *Anstoß, Antrieb* [lat.]; **im·pul'siv** <Adj.> *spontan;* **Im·pul·si·vi'tät** <[-vi-]; f.; -; unz.>

im'stand, im'stan·de, <auch> **im Stand, im 'Stan·de** <Adj.; ↗Z 19.2> ~ sein, etwas zu tun *fähig, in der Lage*

in¹ <Präp.; mit Dat. auf die Frage "wo?", mit Akk. auf die Frage "wohin?"; zur Orts- bzw. Ziel- u. Zeitangabe> ~ der Schule sein; <aber> in die Schule gehen; ~ zwei Minuten; St. Johann ~ <Abk.: i.> Tirol; ~ eins setzen *gleichsetzen;* → a. *im, ins*

in² <Adv.> ~ sein <umg.> *modern, aktuell sein;* Ggs *out* [engl.]

...in <f.; in Zus.> *weiblich...;* Lehrerin, Ärztin

in, in. <Abk. für> *Inch*

In <Chem.; Zeichen für> *Indium*

in ab'sen·tia <[-'tsia]> *in Abwesenheit (des Angeklagten);* jmdn. ~ verurteilen [lat.]

in ab'strac·to, <auch> **in abs·'trac·to, in abst'rac·to** <↗Z 54> *rein begrifflich, im Allgemeinen;* Ggs *in concreto;* → a. *abstrakt* [lat.]

in·ad·ä·quat, <auch> **'in·a·dä·quat** <Adj.; ↗Z 54> *nicht passend, unangemessen* [lat.]; **'In·ad·ä·quat·heit** <f.; -, -en>

in ae'ter·num *in Ewigkeit, für immer* [lat.]

'in·ak·ku·rat <Adj.> *ungenau, flüchtig* [lat.]

'in·ak·tiv <Adj.> 1 *untätig, passiv*

2 *ruhend, außer Dienst* 3 *unwirksam* [lat.]; **in·ak·ti·vie·ren** <[-'vi:-]; V. t.> *unwirksam machen;* **In·ak·ti'vie·rung** <f.; -; unz.>; **In·ak·ti·vi'tät** <f.; -; unz.> 1 *Untätigkeit* 2 *Ruhestand* 3 *Unwirksamkeit*

'in·ak·zep·ta·bel <Adj.> *unannehmbar;* inakzeptable Bedingungen [lat.]

in'an, <auch> **i'nan** <Adj.; ↗Z 54; Philos.> *nichtig, leer, eitel* [lat.]

In'an·griff·nah·me <f.; -; unz.>

In'an·spruch·nah·me <f.; -; unz.>

'in·ar·ti·ku·liert <Adj.> *ohne Gliederung, undeutlich ausgesprochen* [lat.]

In'au·gen·schein·nah·me <f.; -; unz.; Amtsdt.> nach ~ der Akten

In·au·gu'ral·dis·ser·ta·ti·on <f.; -, -en> *Doktorarbeit;* **In·au·gu·ra·ti'on** <f.; -, -en> *feierl. Einsetzung in ein (akadem.) Amt* [lat.]; **in·au·gu'rie·ren** <V. t.>

'In·be·griff <m.; -(e)s; unz.> *Verkörperung, Musterbeispiel;* **'in·be·grif·fen** <Adj.> *eingeschlossen, mitgezählt;* der Service ist im Preis ~

In'be·sitz·nah·me <f.; -; unz.>

In'be·trieb·nah·me <f.; -; unz.>

'In·bild <n.; -(e)s, -er> *Ideal, mustergültige Verkörperung*

'In·brunst <f.; -; unz.> *leidenschaftl. Eifer;* mit ~; **'in·brüns·tig** <Adj.>

'In·bus <m.; -s·ses, -s·se; Warenz.>; **'In·bus·schlüs·sel** <m.; -s, -> *ein hakenähnl. Schraubwerkzeug;* **'In·bus·schrau·be** <f.; -, -n; Warenz.>

inc. <Abk. für> *incidit*

Inc. <Abk. für engl.-amerikan.> *incorporated (im Handelsregister eingetragen)*

In·cen·tive <[in'sentiv]; m.; -s, -s> 1 <Wirtsch.> *Gratifikation* 2 <allg.> *Ansporn, Anreiz* [engl.]

Inch <[intʃ]; m. od. n.; -, -es od. (bei Maßangaben) -; Abk.: in, in.; Zeichen: "> *angelsächs. Längenmaß* [engl.]

in·cho·a'tiv <[-ko-]; Adj.; Gramm.> *den plötzl. Beginn eines Vorgangs ausdrückend;* → a. *Kasten Aktionsart* [lat.]; **In·cho·a'tiv** <n.; -s, -va> *Verb, das den Beginn einer Handlung bezeichnet, z. B. erblühen*

'in·ci·dit <Abk.> inc.> *(er) hat (es) geschnitten* [lat.]

incl. = *inkl.*

in con·cert <[-'kɔnsət]; Popmus.> *in einem öffentl. Konzert auftretend, aufgenommen;* Michael Jackson ~ [engl.]

in con·cre·to Ggs *in abstracto* 1 *in Wirklichkeit* 2 *im Einzelfall, im Besonderen* [lat.]

in 'cor·po·re *insgesamt, alle gemeinsam* [lat.]

Ind. <Abk. für> *Indikativ*

I. N. D. <Abk. für> 1 *in nomine Dei* (→ in nomine) 2 *in nomine Domini* (→ in nomine)

Ind·an'thren, <auch> **In·danth·'ren** <n.; -s, -e; ↗Z 54; Warenz.> *ein licht- u. waschechter Textilfarbstoff*

'in·de·fi·nit <a. [---'-]; Adj.; Gramm.> *unbestimmt;* ~er Artikel [lat.]; **In·de·fi'nit·pro·no·men** <n.; -s, - od. -mi·na; Gramm.> → *Kasten S. 526;* **In·de·fi'ni·tum** <n.; -s, -ta; Gramm.> *unbest. Fürwort, z. B. jeder, viele*

'in·de·kli·na·bel <Adj.> *nicht beugbar;* ein indeklinables Wort

'in·de·li·kat <Adj.; geh.> *unfein, taktlos* [lat.]

in'dem <unterordnende Konj.> 1 <instrumental> *dadurch, dass;* du machst ihm eine Freude, ~ du ihn besuchst 2 <temporal> *während;* ~ er dies sagte, nahm er Platz; <aber> der Monat, in dem er Geburtstag hat

In·dem·ni'tät <f.; -; unz.> *Straflosigkeit des Abgeordneten für alle parlamentar. Handlungen* [lat.]

In'dent·ge·schäft <n.; -(e)s, -e; Wirtsch.> *überseeisches Warengeschäft* [lat.]

In·de·pen'denz <f.; -; unz.> *Unabhängigkeit* [lat.]

'In·der <m.; -s, -> *Einwohner von Indien;* **'In·de·rin** <f.; -, -nnen>

in'des <Konj.; veralt.> = *indessen(2);* **in'des·sen** <Konj.> 1 <unterordnend, temporal> *währenddessen, inzwischen;* ich bereite das Essen zu, du kannst ~ den Tisch decken 2 <nebenordnend, adversativ> *allerdings, aber;* das hätte ~ keiner gedacht; der Dieb, in dessen Auto die Beute gefunden wurde, ...

Indefinitpronomen: Das I. oder **unbestimmte Fürwort** ist eine Untergruppe der Wortart ↗**Pronomen.** Es bezeichnet Personen oder Sachen, die hinsichtlich ↗**Genus** und ↗**Numerus** unbestimmt sind. I. können entweder nur Stellvertreterfunktion (*jedermann, irgendwer, einer, man*) oder sowohl Stellvertreter- als auch Begleiterfunktion haben: *jeder (Schüler), alle (Kinder), etwas (Warmes), sämtliche (Leute)*

Deklination von *jeder*:

	Mask.	Fem.	Neutr.
Nom.	*jeder*	*jede*	*jedes*
Gen.	*jedes/jeden*	*jeder*	*jedes/jeden*
Dat.	*jedem*	*jeder*	*jedem*
Akk.	*jeden*	*jede*	*jedes*

Während *jeder* nur im Numerus unbestimmt ist, ist das I. *jemand* in Numerus und Genus unbestimmt und wird nur den vier ↗Kasus entsprechend gebeugt:

Nom.	*jemand*
Gen.	*jemand(e)s*
Dat.	*jemand(em)*
Akk.	*jemand(en)*

Einige I. bleiben auch in Begleiterfunktion unflektiert: *ein bisschen Wasser; mit viel Liebe; mit etwas Geduld*

Unbestimmte ↗Numeralia wie *alle, mehrere, wenige* werden heute den I. zugerechnet.

Indikativ: Der I. oder die **Wirklichkeitsform** ist neben ↗Konjunktiv und ↗Imperativ eine der drei Aussagearten (↗Modus) des Verbs. Er bezeichnet als „Normalform" des Verbs einen Sachverhalt als tatsächlich gegeben, stattfindend oder stattgefunden habend: *er ist gegangen; sie singt;* vgl. dagegen den Konjunktiv: *er wäre gegangen; sie hätte gesungen.*

'in·de·ter·mi·na·bel ‹a. [----'--]; Adj.› *unbestimmbar;* ein indeterminabler Begriff [lat.]; **'In·de·ter·mi·na·ti·on** ‹f.; -; unz.› *Unbestimmtheit;* **'in·de·ter·mi·niert** ‹Adj.› **'In·de·ter·mi·nis·mus** ‹m.; -; unz.; Philos.› *Lehre von der Willensfreiheit;* Ggs *Determinismus*

'In·dex ‹m.; - od. -es, -e od. -di·zes od. -di·ces› 1 *alphabet. Namen-, Sach-, Stichwortverzeichnis, Register* 2 *Messziffer* 3 ‹kurz für› ~ *librorum prohibitorum Verzeichnis der von der kath. Kirche verbotenen Schriften;* ein Buch auf den ~ setzen [lat.]; **In·de'xie·ren** ‹V. t.› Dokumente ~; **In·de'xie·rung** ‹f.; -, -en›; **'In·dex·klau·sel** ‹f.; -, -n; Wirtsch.›; **'In·dex·wäh·rung** ‹f.; -; unz.; Wirtsch.›; **'In·dex·zif·fer** ‹f.; -, -n›

'in·de·zent ‹Adj.› *unfein, taktlos;* Ggs *dezent* [lat.]; **'In·de·zenz** ‹f.; -; unz.›

In·di'a·ca[1] ‹f.; -, -s; Sp.› *lederner Federball;* **In·di'a·ca**[2] ‹n.; - od. -s; unz.; Sp.› *ein Flugballspiel, Handtennis* [span.]

'In·di·an ‹m.; -s, -e; österr.› *Truthahn*

In·di'a·na *Staat in den USA*

In·di'a·na·po·lis·start ‹m.; -(e)s, -s od. -e; Autorennsp.› *fliegender Start bei Autorennen*

In·di'a·ner ‹m.; -s, -› *Ureinwohner von Amerika (außer den Es-*

kimos); **In·di'a·ner·häupt·ling** ‹m.; -s, -e›; **In·di'a·ne·rin** ‹f.; -, -nnen›; **In·di'a·ner·krap·fen** ‹m.; -s, -; österr.› *eine Süßspeise, Mohrenkopf;* **In·di'a·ner·schmuck** ‹m.; -(e)s; unz.›; **In·di'a·ner·spra·che** ‹f.; -, -n›; **In·di'a·ner·stamm** ‹m.; -(e)s, ⸚e›; **in·di'a·nisch** ‹Adj.›; **In·di'a·nist** ‹m.; -en, -en›; **In·di'a·nis·tik** ‹f.; -; unz.› *Wissenschaft von den indian. Sprachen u. Kulturen;* **In·di'a·nis·tin** ‹f.; -, -nnen›

'In·di·ces ‹Pl. von› *Index;* oV *Indizes*

'In·di·en *Staat in Südasien;* Republik ~

In'dienst·stel·lung ‹f.; -; unz.; Amtsdt.› *nach seiner* ~

'in·dif·fe·rent ‹a. [---'-]; Adj.› 1 *unbestimmt* 2 *gleichgültig, teilnahmslos* 3 *wirkungslos* [lat.]; **In·dif·fe·ren'tis·mus** ‹m.; -; unz.›; **'In·dif·fe·renz** ‹f.; -; unz.›

In·di·ges'ti·on ‹f.; -, -en; Med.› *Verdauungsstörung* [lat.]

In·di·gna'ti·on ‹auch› **In·dig·na·ti'on** ‹f.; -; unz.; ↗Z.53; geh.› *Unwille, Entrüstung* [lat.]; **in·di·'gniert** ‹Adj.; geh.› *entrüstet;* **In·di·gni'tät** ‹f.; -; unz.›

'In·di·go ‹n. od. m.; -s; unz.› *ein blauer Farbstoff* [span.]; **'in·di·go·blau** ‹Adj.›; **'In·di·go·blau** ‹n.; -s; unz.›; **In·di·go'lith** ‹m.; -s od. -en, -e od. -en; Min.› *ein*

Mineral; **In·di·go'id** ‹n.; -(e)s, -e; Chem.›

In·di·ka·ti'on ‹f.; -, -en; Med.› 1 *Anzeichen, Merkmal, Heilanzeige* 2 *gesetzl. anerkannter Grund, einen Schwangerschaftsabbruch vorzunehmen* [lat.]; **In·di·ka·ti'ons·mo·dell** ‹n.; -s; unz.; Med.› *Modell zur Freigabe eines medizinisch od. ethisch motivierten Schwangerschaftsabbruchs;* **'In·di·ka·tiv** ‹m.; -s, -e; Gramm.; Abk.: Ind.› *Wirklichkeitsform;* → a. *Kasten;* **'in·di·ka·ti·visch** ‹a. [---'--]; Adj.›; **'In·di·ka·tor** ‹m.; -s, -'to·ren› 1 *Merkmal, das etwas anzeigt* 2 ‹Chem.› *Stoff, der durch Farbänderung den Verlauf einer chem. Reaktion anzeigt;* **In·di'ka·tor·di·a·gramm** ‹n.; -(e)s, -e›; **In·di'ka·trix**, ‹auch› **In·di'kat·rix** ‹f.; -; unz.; ↗Z.53; Kartogr.› *Maß zur Feststellung der Verzerrung bei der Abbildung einer gekrümmten Fläche*

'In·dio ‹m.; -s, -s› *mittel- u. südamerikan. Indianer* [span.]

'in·di·rekt ‹Adj.› *auf Umwegen, mittelbar, abhängig;* ~e Beleuchtung; ~e Frage ‹Gramm.›; ~es Objekt ‹Gramm.›; ~e Rede ‹Gramm.› *nicht wörtliche Rede;* Ggs *direkt;* → a. *Kasten indirekte Rede; Fragesatz, Dativobjekt* [lat.]

'in·disch ‹Adj.; ↗Z.46› *Indien betreffend;* ~e Kunst; ‹aber› der Indische Ozean

'in·dis·kret ‹Adj.› *nicht verschwiegen, neugierig, taktlos;* Ggs *diskret* [frz.]; **'In·dis·kre·ti·on** ‹f.; -, -en›

'in·dis·ku·ta·bel ‹Adj.› *keiner Erörterung wert;* ein indiskutabler Vorschlag [frz.]

indirekte Rede: Die i. R. steht – im Gegensatz zur ↗direkten Rede – nicht in ↗Anführungszeichen. Bei der i. R. werden nicht die Worte, wie sie gesprochen werden, sondern es wird ihr Inhalt mit beliebigen Worten wiedergegeben. Sie wird in der Regel durch ein Verb des Sagens, Fragens, Meines, Bittens o. Ä. eingeleitet.

Meist steht das Verb nicht im ↗Indikativ, sondern wird in den ↗Konjunktiv gesetzt: *Er sagt, dass sie morgen verhindert sei. Ich fragte, ob er kommen würde. Sie sagte neulich, dass sie dort gewesen wäre.*

'in·dis·po·ni·bel <a. [---'--']; Adj.> *nicht verwendbar;* indisponible Masse; Ggs *disponibel* [lat.]; **'in·dis·po·niert** <Adj.> *unpässlich;* der Sänger ist ~; **'In·dis·po·niert·heit** <f.; -; unz.>; **'In·dis·po·si·ti·on** <f.; -; unz.> *Unpässlichkeit, schlechte Verfassung*
'in·dis·zi·pli·niert <Adj.> *ungeordnet, ohne Disziplin*
'In·di·um <n.; -s; unz.; Chem.; Zeichen: In> *chem. Element, Metall*
in·di·vi·du·al..., **In·di·vi·du·al...** <[-vi-]; in Zus.> *das Individuum betreffend* [lat.]; **In·di·vi·du·a·li·sa·ti·on** <f.; -, -en> *Behandlung, Betrachtung des Einzelwesens, des Besonderen;* **in·di·vi·du·a·li'sie·ren** <V. t.> *die Individualität hervorheben;* Ggs *generalisieren;* **In·di·vi·du·a·li'sie·rung** <f.; -, -en> *Behand·;* **in·di·vi·du·a·'lis·mus** <m.; -; unz.>; **In·di·vi·du·a'list** <m.; -en, -en> *Einzelgänger;* **In·di·vi·du·a'lis·tin** <f.; -, -nnen>; **in·di·vi·du·a'lis·tisch** <Adj.>; **In·di·vi·du·a·li'tät** <f.; -, -en> **1** <unz.> *Gesamtheit der Eigenarten, die ein Einzelwesen auszeichnen* **2** *das Einzelwesen in seiner es kennzeichnenden Eigenart;* **In·di·vi·du·al·psy·cho·lo·gie** <f.; -; unz.>; **In·di·vi·du·al·recht** <n.; -(e)s; unz.>; **In·di·vi·du·a·ti'on** <f.; -, -en> **1** <Philos.> *Vereinzelung, Herausbildung des Einzelnen aus dem Allgemeinen* **2** <Psych.> *die Entwicklung zur Individualität;* **in·di·vi·du·ell**

<Adj.> *der Eigenart des Einzelnen entsprechend;* **In·di·vi·du·um** <n.; -s, -du·en> **1** *Einzelwesen* **2** <abwertend> *Kerl, Lump;* ein verdächtiges ~
In'diz <n.; -es, -zi·en> **1** *Anzeichen* **2** *verdächtiger Umstand* [lat.]; **'In·di·zes** <Pl. von> *Index;* **in·di·zi'ell** <Adj.; Rechtsw.> *auf Indizien beruhend;* **In'di·zi·en·be·weis** <m.; -es, -e; Rechtsw.>; **In'di·zi·en·ket·te** <f.; -, -n; fig.>; **In'di·zi·en·pro·zess** <m.; -es, -e>; **in·di'zie·ren** <V. t.> **1** *anzeigen, hinweisen auf* **2** <Med.> *angezeigt, ratsam erscheinen lassen* **3** *auf den Index(3) setzen* **4** *mit einem Index(1) versehen;* **in·di'ziert** <Adj.; Med.> *eine best. Behandlung ist ~ ratsam;* **In·di'zie·rung** <f.; -, -en>
In·do·eu·ro'pä·er <m.; -s, -> = *Indogermane;* **in·do·eu·ro'pä·isch** <Adj.>; **In·do·ger'ma·ne** <m.; -n, -n> *Angehöriger der indisch-westasiatisch-europäischen Sprachfamilie;* **in·do·ger'ma·nisch** <Adj.; Abk.: idg.> ~e Sprachen; *das Indogermanische;* **In·do·ger·ma'nist** <m.; -en, -en>; **In·do·ger·ma'nis·tik** <f.; -; unz.> *die Erforschung der indogerman. Sprachen hinsichtl. ihrer Ähnlichkeiten u. Unterschiede;* **In·do·ger·ma'nis·tin** <f.; -, -nnen>
In·dok·tri·na·ti'on, <auch> **In·dokt·ri·na·ti'on** <f.; -, -en; ↗Z.53> *ideologische Beeinflussung;* **in·dok·tri·na'tiv** <Adj.; geh.>; **in·dok·tri'nie·ren** <V. t.>; **In·dok·tri'nie·rung** <f.; -, -en>
In'dol <n.; -s; unz.; Chem.> *eine chem. Verbindung*
'in·do·lent <a. [--'-]; Adj.> **1** *gleichgültig, träge* **2** <Med.> *unempfindlich (gegen Schmerz)* [lat.]; **'In·do·lenz** <f.; -; unz.>
In·do·lo·ge <m.; -n, -n>; **In·do·lo·'gie** <f.; -; unz.> *Wissenschaft von den indischen Sprachen u. Kulturen;* **In·do·lo·gin** <f.; -, -nnen>
In·do·ne·si·en *Inselstaat in Südostasien;* Republik ~; **In·do·ne·si·er** <m.; -s, ->; **In·do·ne·si·e·rin** <f.; -, -nnen>; **in·do·ne·sisch** <Adj.>
in·do·pa'zi·fisch <Adj.> *zum In-*

dischen u. Pazifischen Ozean gehörend; der ~e Raum
in·dos'sa·bel <Adj.; Bankw.> *übertragbar;* indossable Wertpapiere; **In·dos'sa·ment** <n.; -(e)s, -e; Bankw.> *Übertragung der Rechte an einem Wechsel auf einen anderen* [ital.]; **In·dos'sant** <m.; -en, -en; Bankw.>; **In·dos'sat** <m.; -en, -en; Bankw.>; **In·dos·sa'tar** <m.; -s, -e; Bankw.>; **In·dos'sent** <m.; -en, -en; Bankw.>; **in·dos'sier·bar** <Adj.; Bankw.>; **in·dos'sie·ren** <V. t.; Bankw.> *einen Wechsel ~ die Rechte an einem W. auf jmdn. übertragen;* **In·dos'sie·rung** <f.; -, -en; Bankw.>; **In·'dos·so** <n.; -s, -s od. -'dos·si; Bankw.> = *Indossament*
in 'du·bio *im Zweifelsfall;* ~ pro reo *»alter Rechtsgrundsatz« im Zweifelsfall (ist) für den Angeklagten (zu entscheiden)* [lat.]
In'duk·tanz <f.; -; unz.; El.> *induktiver Widerstand* [lat.]; **In·duk·ti'on** <f.; -, -en> **1** <Philos.> *Schlussfolgerung vom Einzelfall auf das Allgemeine* **2** <El.> *Erzeugung elektr. Ströme durch bewegte Magnetfelder;* **In·duk·ti'ons·ap·pa·rat** <m.; -(e)s, -e> = *Induktor;* **In·duk·ti'ons·be·weis** <m.; -es, -e; Philos.; Logik>; **In·duk·ti'ons·o·fen** <m.; -s, -; ↗Z.55; Tech.>; **In·duk·ti'ons·strom** <m.; -(e)s; unz.; El.>; **in·duk'tiv** <Adj.> **1** <Philos.> *auf Induktion(1) beruhend;* Ggs *deduktiv* **2** <Phys.> *durch Induktion(2) entstehend;* ~er Widerstand; **In·duk·ti·vi'tät** <[-vi-]; f.; -; unz.; Phys.> *physikal. Größe;* **In'duk·tor** <m.; -s, -'to·ren> *Transformator zur Erzeugung hoher Spannung*
in 'dul·ci 'ju·bi·lo **1** *»in süßem Jubel« (Anfang eines alten Weihnachtsliedes)* **2** <fig.; umg.> *herrlich u. in Freuden* [lat.]
in·dul'gent <Adj.> *nachsichtig* [lat.]; **In·dul'genz** <f.; -, -en>
In·du·ra·ti'on <f.; -, -en; Med.> *Verhärtung von Gewebe od. Organen* [lat.]
In'du·si <f.; -; unz.; Eisenb.; kurz für> *induktive Zugsicherung, ein Überwachungsverfahren für Züge*
In'du·si·um <n.; -s, -si·en; Bot.>

häutiger Auswuchs des Farn-blattes [lat.]

In·dus·tri·al·de·sign, <auch> **In-dust·ri·al De·sign** <[in-'dʌstriəldi'zain]; n.; (-)-s, (-)-s; ↗Z53, 30> *Formgebung industriell gefertigter Waren* [engl.]

In·dus·tri·al·en·gi·nee·ring, <auch> **In·dust·ri·al En·gi·nee·ring** <[in'dʌstriəlɛndʒi'ni:riŋ]; n.; (-)- od. (-)-s; unz.; ↗Z53, 30> *Erforschung der Rationalisierung u. Optimierung von Arbeitsprozessen* [engl.]

in·dus·tri·a·li·sie·ren, <auch> **indust·ri·a·li·sie·ren** <V. t.; ↗Z53> *eine Region ~;* **In·dus-tri·a·lis·mus** <m.; -; unz.> *das Vorherrschen der Industrie in der Wirtschaft eines Landes;* **In-dus'trie** <f.; -, -n> *Gesamtheit der Fabrikbetriebe, die Produkte in großer Menge herstellen;* Textil~ [frz.-lat.]; **In·dus'trie·an·la-ge** <f.; -, -n>; **In·dus'trie·ar·bei-ter** <m.; -s, ->; **In·dus'trie·ar·bei·te·rin** <f.; -, -n·nen>; **In·dus'trie·aus·stel·lung** <f.; -, -en>; **In·dus'trie·bau** <m.; -(e)s, -bau-ten>; **In·dus'trie·be·trieb** <m.; -(e)s, -e>; **In·dus'trie·de·sign** <[-dizain]; n.; -s, -s> = *Industri-aldesign;* **In·dus'trie·ge·biet** <n.; -(e)s, -e>; **In·dus'trie·ge-werk·schaft** <f.; -, -en; Abk.: IG>; **In·dus'trie·land** <n.; -(e)s, ⁼er>; **in·dus·tri'ell** <Adj.> *die Industrie betreffend, mithilfe der Industrie; ~ gefertigte Ware;* **In-dus'tri·el·le(r)** <f. 2 (m. 1)> *Inhaber(in) eines Industriebetriebes;* **In·dus'trie·müll** <m.; -s; unz.>; **In·dus'trie·pro·dukt** <n.; -(e)s, -e>; **In·dus'trie·ro·bo·ter** <m.; -s, ->; **In·dus'trie·staat** <m.; -(e)s, -en>; **In·dus'trie-stadt** <f.; -, ⁼e>; **In·dus·trie-und 'Han·dels·kam·mer** <f.; -, -n; Abk.: IHK>; **In·dus'trie·un·ter·neh·men** <n.; -s, ->; **In·dus'trie·zen·trum,** <auch> **In·dust'rie·zent·rum** <n.; -s, -tren/-t-ren; ↗Z53>; **In·dus'trie·zweig** <m.; -(e)s, -e>

in·du'zie·ren <V. t.> 1 <Philos.> *vom Einzelfall auf das Allgemeine schließen* 2 *durch Induktion(2) erzeugen* [lat.]

'in·ef·fek·tiv <Adj.> *unwirksam,*

frucht-, nutzlos; Ggs *effektiv* [lat.]; **'In·ef·fek·ti·vi·tät** <[-vi-]; f.; -; unz.>

'in·ef·fi·zi·ent <a. [----'-]; Adj.; geh.> Ggs *effizient* 1 *wirkungslos* 2 *unwirtschaftlich;* **'In·ef·fi·zi·enz** <f.; -; unz.>

'in·e·gal <Adj.> *ungleich(mäßig)* [frz.]

in·ein'an·der, <auch> **in·ei'nan-der** <Adv.; ↗Z54> *einer in den od. dem anderen; ~ fließen, fügen, greifen; ~ verwoben sein;* <aber> *das Ineinanderfügen der Teile*

In'eins·set·zung <f.; -, -en; geh.> *Gleichsetzung;* → a. *in¹*

in'ert, <auch> **i'nert** <Adj.; ↗Z54> *(reaktions)träge, untätig; ~e Stoffe* <Chem.> [lat.]

'in·es·sen·ti·ell; 'in·es·sen·zi·ell <Adj.; ↗Z11.4> *unwesentlich;* Ggs *essenziell* [lat.]

'in·ex·akt, <auch> **'in·e·xakt** <Adj.; ↗Z54> *ungenau;* Ggs *exakt* [lat.]

'in·e·xis·tent <Adj.> *nicht vorhanden;* Ggs *existent* [lat.]; **'In-e·xis·tenz** <f.; -; unz.>

in ex'ten·so *ausführlich, vollständig* [lat.]

in ex'tre·mis, <auch> **in ext're-mis** <↗Z53; Med.> *in den letzten Zügen (liegend)* [lat.]

in·fal'li·bel <Adj.> *unfehlbar (vom Papst);* *ein infallibles Urteil* [lat.]; **In·fal·li·bi·li'tät** <f.; -; unz.>

in'fam <Adj.> *niederträchtig, gemein* [lat.]; **In·fa'mie** <f.; -, -n>

In'fant <m.; -en, -en; in Spanien u. Portugal Titel für> *Thronfolger* [span.]; **'In·fan·te·rie** <a. [----'-]; f.; -, -n; Mil.> *Fußtruppe* [lat.]; **In·fan·te'rist** <m.; -en, -en; Mil.>; **in·fan·te'ris·tisch** <Adj.; Mil.>; **in·fan'til** <Adj.> *kindisch, unreif;* **In·fan·ti'lis·mus** <m.; -; unz.>; **In·fan·ti·li'tät** <f.; -; unz.>; **In·fan·tin** <f.; -, -n·nen; in Spanien u. Portugal Titel für> *Thronfolgerin* [span.]

In'farkt <m.; -(e)s, -e; Med.> *Absterben eines Organ(teil)s infolge Gefäßverschlusses;* Herz~ [lat.]

In'fekt <m.; -(e)s, -e; Med.> 1 *vollzogene Ansteckung* 2 *Infektion(skrankheit);* grippaler ~ [lat.]; **In·fek·ti'on** <f.; -, -en>

Übertragung von Krankheitserregern; **In·fek·ti'ons·ge·fahr** <f.; -, -en>; **In·fek·ti'ons·krank·heit** <f.; -, -en>; **in·fek·ti'ös** <Adj.> *ansteckend*

'In·fel <f.; -, -n> = *Inful*

In·fe'renz <f.; -, -en> *Wissen, das durch logische Schlussfolgerungen gewonnen wurde* [lat.]

in·fe·ri'or <Adj.> Ggs *superior* 1 *untergeordnet* 2 *unterlegen* 3 *minderwertig* [lat.]; **In·fe·ri·o·ri'tät** <f.; -; unz.>

in·fer'na·lisch <Adj.> *höllisch, teuflisch* [lat.]; **In'fer·no** <n.; -s; unz.; geh.> 1 *Hölle, Unterwelt* 2 <fig.> *Ort eines grauenvollen Ereignisses od. das Ereignis selbst;* Flammen~

in·fer'til <Adj.; Med.> *unfruchtbar,* Ggs *fertil* [lat.]; **In·fer·ti·li'tät** <f.; -; unz.>

In'fight <[-'infait]; m.; -s, -s>; **'In-figh·ting** <n.; - od. -s, -s; Boxen> *Nahkampf* [engl.]

In·fil'trat, <auch> **In·filt'rat** <n.; -(e)s, -e; ↗Z53; Med.> [lat.]; **In-fil·tra·ti'on** <f.; -, -en> 1 <Med.> *das Eindringen von fremdartigen Substanzen od. Gewebeteilen in anderes Gewebe* 2 <fig.> *(ideologische) Unterwanderung;* **in·fil'trie·ren** <V.> 1 <V. i. (s.)> *eindringen, einsickern* 2 <V. t.> *durchtränken;* **In·fil'trie-rung** <f.; -, -en>

'in·fi·nit <a. [--'-]; Adj.; Gramm.> *im Hinblick auf Person u. Numerus unbestimmt; ~e Verbform nicht konjugierte Verbform,* z. B. Infinitiv, Partizip; ~es Verb; Ggs *finit;* → a. *Kasten infinites Verb* [lat.]

in·fi·ni·te·si'mal <Adj.; Math.> *ins unendlich Kleine gehend* [lat.]; **In·fi·ni·te·si'mal·rech·nung** <f.; -, -en; Math.>

'In·fi·ni·tiv <m.; -s, -e; Gramm.> *Grundform des Verbs,* z. B. "lesen"; → a. *Kasten S. 529* [lat.]; **'In·fi·ni·tiv·kon·junk·ti·on** <f.; -, -en; Gramm.> *Konjunktion, mit der infinite Verben angebunden werden können,* z. B. "zu", "um zu", "anstatt zu"; **'In·fi·ni·tiv-satz** <m.; -es, ⁼e; Gramm.>

'In·fix <n.; -es, -e; Gramm.> *in den Wortstamm eingefügtes Bildungsglied,* z. B. das "n" in lat. frango (ich zerbreche) gegen-

infinites Verb: Ein i. V. ist eine unkonjugierte Verbform. Im Deutschen sind der ↗**Infinitiv,** das ↗**Partizip Präsens** und das ↗**Partizip Perfekt** infinite Verbformen.

Infinitiv: Als I. bezeichnet man die **Grundform des Verbs.** Der I. ist bezüglich ↗Person, ↗Numerus und ↗Modus unbestimmt.
Den I. bezeichnet man auch als **Nominalform des Verbs,** da er bezüglich Form und Funktion zwischen ↗Verb und ↗Nomen steht.
Es wird im Deutschen unterschieden zwischen
a) **reinem I.:** Du musst reiten.
b) **I. mit zu:** Sie ging, um zu reiten.
c) **substantiviertem I.:** Er hat das Reiten nicht verlernt.
Der I. gehört mit Partizip Präsens und Partizip Perfekt zu den infiniten Verbformen.

über fractum (zerbrochen); → a. Kasten Affix [lat.]
in·fi·zie·ren <V. t./V. refl.> anstecken, mit Krankheitserregern verunreinigen [lat.]; **In·fi·zie·rung** <f.; -, -en>
in fla'gran·ti, <auch> **in flag'ran·ti** <Adv.; ↗Z 53> auf frischer Tat; jmdn. ~ ertappen [lat.]
in·flam'ma·bel <Adj.> entzündbar; inflammable Stoffe [lat.]; **In·flam·ma·ti·on** <f.; -, -en; Med.> Entzündung
In·fla·ti·on <f.; -, -en> Ggs Deflation 1 starke Ausweitung des Geldumlaufs 2 Geldentwertung [lat.]; **in·fla·ti·o·när** <Adj.>; **in·fla·ti·o·nie·ren** <V. t.; umg.> ein inflationierter Begriff <fig.> durch übermäßigen Gebrauch entwerteter B.; **In·fla·ti·o·nis·mus** <m.; -; unz.; Wirtsch.> Position, die eine schleichende Inflation toleriert, um die Vollbeschäftigung aufrechtzuerhalten; **in·fla·ti·o'nis·tisch,** in·fla'to·risch <Adj.>; **In·fla·ti·ons·ra·te** <f.; -, -n>
'in·fle·xi·bel <a. [--'--]; Adj.> Ggs flexibel 1 unbiegsam, unveränderlich 2 <Gramm.> nicht beugbar; inflexible Wortart [lat.]; **'In·fle·xi·bi·li'tät** <a. [-----'-]; f.; -; unz.>

In·flu'enz <f.; -, -en> 1 Einfluss, Einwirkung 2 <El.> Trennung elektr. Ladungen eines urspr. neutralen Körpers durch die Einwirkung eines elektr. Feldes [lat.]; **In·flu'en·za** <f.; -; unz.; Med.; veralt.> Grippe [ital.]; **In·flu·enz·ma·schi·ne** <f.; -, -n; Phys.>
'In·fo <f.; -, -s od. n.; -s, -s; kurz für> Information(sschrift)
in'fol·ge <Präp.; m. Gen. od. "von"> als Auswirkung, Folge; ~ des schlechten Wetters; ~ von schlechtem Wetter; **in·fol·ge·'des·sen** <nebenordnende konsekutive Konj.> deshalb; die Straße war gesperrt, ~ mussten wir einen Umweg machen
'In·fo·line <[-'lain]; f.; -, -s> telefon. Auskunftsdienst von Firmen u. Ä. [engl.]; **'In·fo·mo·bil** <a. [---'-]; n.; -s, -e; umg.> mobiler Informationsstand
In·for'mand <m.; -en, -en> jmd., der (über Geheimes) informiert wird [lat.]; **In·for'man·din** <f.; -, -n·nen>; **In·for'mant** <m.; -en, -en> jmd., der (geheime) Informationen weitergibt; **In·for'man·tin** <f.; -, -n·nen>; **In·for'ma·tik** <f.; -; unz.> Wissenschaft von der Informationsübermittlung u. -verarbeitung, bes. mithilfe der EDV; **In·for'ma·ti·ker** <m.; -s, -> ; **In·for'ma·ti·ke·rin** <f.; -, -n·nen>; **In·for·ma·ti·on** <f.; -, -en> Auskunft, Aufklärung, Belehrung; **In·for·ma·ti·o·nell** <Adj.>; **In·for·ma·ti·'ons·blatt** <n.; -(e)s, ≈er>; **In·for·ma·ti·ons·bü·ro** <n.; -s, -s>; **In·for·ma·ti·ons·fluss** <m.; -es; unz.; fig.>; **In·for·ma·ti·ons·ma·te·ri·al** <n.; -s, -li·en>; **In·for·ma·ti·ons·stand** <m.; -(e)s, ≈e>; **In·for·ma·ti·ons·the·o·rie** <f.; -; unz.> Lehre über die Zusammenhänge bei Übertragung, Speicherung u. Empfang von Informationen; **In·for·ma·ti·'ons·ver·ar·bei·tung** <Adj.> ~e Systeme; **In·for·ma·ti·ons·ver·ar·bei·tung** <f.; -; unz.>; **In·for·ma·ti·ons·wert** <m.; -(e)s; unz.>; **In·for·ma·ti·ons·zen·trum,** <auch> **In·for·ma·ti·'ons·zent·rum** <n.; -s, -tren/ -t·ren; ↗Z 53>; **in·for·ma'tiv** <Adj.> lehrreich, aufschlussreich; **In·for·**

'ma·tor <m.; -s, -'to·ren> jmd., der Informationen gibt; **In·for·ma'to·rin** <f.; -, -n·nen>; **in·for·ma'to·risch** <Adj.>
In·for·mel <[ɛ̃fɔr'mɛl]; n.; -; unz.; Mal.> informelle Malerei [frz.]; **'in·for·mell** <a. [--'-]; Adj.> formlos, ohne Formalitäten; -e Malerei von kompositorischen Regeln freie Stilrichtung der M.
in·for'mie·ren <V.> 1 <V. t.> jmdn. (über etwas) ~ jmdm. Auskunft erteilen, jmdn. belehren 2 <V. refl.> sich (über etwas) ~ Erkundigungen einholen; **In·for'miert·heit** <f.; -; unz.>; **In·for'mie·rung** <f.; -, -en>; **'In·fo·stand** <m.; -(e)s, ≈e>; **In·fo·tain·ment** <[-'te:n-]; n.; -s, -s; Rundf.; TV> Mischung aus informativen u. unterhaltenden Beiträgen [lat.-engl.]
in·fra..., In·fra..., <auch> **inf·ra...,** **Inf·ra...** <↗Z 53; in Zus.> unterhalb..., Unterhalb... [lat.]
in'fra·ge, <auch> in **'Fra·ge** <Adv.; ↗Z 19.2> etwas ~/<auch> in Frage stellen bezweifeln; ~ kommen; das kommt nicht ~! keinesfalls!; **In·fra·ge·stel·lung** <f.; -, -en>
in·fra'rot, <auch> **inf·ra'rot** <Adj.; ↗Z 53> -e Strahlen; **In·fra'rot** <n.; -s; unz.; kurz für> Infrarotstrahlung; **In·fra'rot·film** <m.; -(e)s, -e; Fot.>; **In·fra'rot·strah·ler** <m.; -s, -> ein Heizgerät; **In·fra'rot·strah·lung** <f.; -; unz.> nicht wahrnehmbare elektromagnet. Strahlung, die im Spektrum an das langwellige Rot angrenzt
'In·fra·schall, <auch> **'Inf·ra·schall** <m.; -(e)s; unz.; ↗Z 53; Phys.> (nicht hörbare) Schallwellen von weniger als 16 Hz
'In·fra·struk·tur, <auch> **'Inf·ra·struk·tur** <f.; -, -en; ↗Z 53> Gesamtheit der für die Wirtschaft einer Region notwendigen Einrichtungen u. Anlagen; **'in·fra·struk·tu·rell** <Adj.>
'In·ful <f.; -, -n> oV Infel 1 <im alten Rom> weiße Stirnbinde (als Weihezeichen) 2 Mitra mit herunterhängenden Bändern [lat.]
in·fun·die·ren <V. t.; Med.> mittels Infusion einbringen [lat.]; **In·'fus** <n.; -es, -e> Aufguss; **In·fu·si·on** <f.; -, -en; Med.> das Ein-

I

bringing von Flüssigkeit in den Körper mithilfe einer Hohlnadel

Ing. <Abk. für> *Ingenieur*

In·gang·hal·tung <f.; -; unz.> die ~ der Maschine; **In'gang·set·zung** <f.; -; unz.>

In·gä·vo·ne <[-'vo:-]; m.; -n, -n> = *Ingwäone*

In·ge'brauch·nah·me <f.; -; unz.> *vor ~*

in 'ge·ne·re *im Allgemeinen* [lat.]

in·ge·ne'riert <Adj.; Med.> *angeboren*

In·ge·ni·eur <[inʒən'jøːr]; m.; -s, -e; Abk.: Ing.> *Techniker mit Hochschulbildung;* Diplom~ <Abk.: Dipl.-Ing.>; graduierter ~ <Abk.: Ing. grad.> [frz.]; **In·ge·ni'eur·bau** <m.; -(e)s; unz.> *Fachrichtung im Hoch- u. Tiefbau;* **In·ge·ni'eur·bü·ro** <n.; -s, -s>; **In·ge·ni'eu·rin** <f.; -, -n·nen>; **In·ge·ni'eur·we·sen** <n.; -s; unz.>; **In·ge·ni'eur·wis·sen·schaft** <f.; -, -en; meist Pl.>

in·ge·ni'ös <Adj.> *erfinderisch, sinnreich* [lat.]; **In·ge·ni·o·si'tät** <f.; -; unz.>; **In'ge·ni·um** <n.; -s, -ni·en> 1 *Begabung* 2 *Genie*

'in·ge·züch·tet <Adj.> *durch Inzucht entstanden*

In·got <['iŋɔt]; m.; -s, -s> *Metallbarren zum Einschmelzen od. Walzen* [engl.]

In·grain·pa·pier <[in'grein-]; n.; -s; unz.> *raues, mit Wollfasern durchsetztes Zeichenpapier* [engl.]

In'gre·di·ens <n.; -, di'en·zi·en>, **In·gre·di'enz** <f.; -, -en; meist Pl.> *Zutat, Bestandteil* [lat.]

In·gres·si'on <f.; -; unz.; Geol.> *das Eindringen von Meerwasser in Landsenken* [lat.]; **in·gres'siv** <Adj.> = *inchoativ; → a. Kasten Aktionsart;* **In·gres'siv** <n.; -s, -e; Gramm.> = *Inchoativ*

'In·grimm <m.; -(e)s; unz.> *unterdrückter Zorn;* **'in·grim·mig** <Adj.>

Ing·wä'o·ne <m.; -n, -n> *Angehöriger eines der drei german. Stammesverbände;* oV *Ingävone; → a. Irminone; Istwäone;* **ing·wä'o·nisch** <Adj.>

'Ing·wer <m.; -s; unz.; Bot.> *eine Gewürzpflanze* [sanskr.-grch.]

Inh. <Abk. für> *Inhaber;* **'In·ha·ber** <m.; -s, -; Abk.: Inh.> Geschäfts~; **'In·ha·be·rin** <f.; -,

Inhaltswort: Ein I. ist ein Wort, das eine eigene lexikalische Bedeutung besitzt, die unabhängig vom jeweiligen Kontext ist. Es kann als Satzglied fungieren. ↗Substantive, ↗Adjektive, ↗Adverbien und ↗Verben gelten als I. Den Gegensatz zum I. bildet das ↗Funktionswort, das eine rein grammatische Funktion besitzt.

-n·nen>; **'In·ha·ber·pa·pier** <n.; -s, -e; Bankw.>

in·haf'tie·ren <V. t.> jmdn. ~ *verhaften;* **In·haf'tier·te(r)** <f. 2 (m. 1)>; **In·haf'tie·rung** <f.; -, -en>

In·ha·la'ti·on <f.; -, -en; Med.> *das Einatmen von heilenden Dämpfen* [lat.]; **In·ha'la·tor** <m.; -s, -'to·ren> *Gerät zum Inhalieren;* **in·ha'lie·ren** <V. i. u. V. t.>

'In·halt <m.; -(e)s, -e> 1 *das, was in etwas enthalten ist;* Flächen~ <Geom.> 2 *das Wesentliche dessen, was mitgeteilt wird;* der ~ einer Rede 3 *Sinn;* Lebens~; **'in·halt·lich** <Adj.>; **'In·halts·an·ga·be** <f.; -, -n>; **'in·halts·leer** <Adj.>; **'in·halts·los** <Adj.>; **'in·halts·reich** <Adj.>; **'in·halts·schwer** <Adj.; fig.>; **'In·halts·ü·ber·sicht** <f.; -, -en; ↗Z55>; **'In·halts·ver·zeich·nis** <n.; -s·ses, -s·se>; **'In·halts·wort** <n.; -(e)s, ²er; Gramm.> → *Kasten*

in·hä'rent <Adj.; geh.> *(einer Sache) innewohnend* [lat.]; **In·hä'renz** <f.; -; unz.>; **in·hä'rie·ren** <V. i.> *anhaften, innewohnen*

In·hi'bi·tor <m.; -s, -'to·ren; Biochem.> *Hemmstoff* [lat.]

in hoc 'sa·lus <Abk.: I.H.S.> *"in diesem (ist) Heil"* (gemeint ist Christus) [lat.]

'in·ho·mo·gen <[-ge:n]; Adj.> = *heterogen;* Ggs *homogen* [lat.]; **'In·ho·mo·ge·ni·tät** <f.; -; unz.>

'in·hu·man <Adj.> *unmenschlich, rücksichtslos* [lat.]; **'In·hu·ma·ni·tät** <f.; -; unz.>

in in·fi'ni·tum = *ad infinitum*

In·i·ti·al <auch> **I·ni·ti·al** <[-'tsja:l]; n.; -s, -e; ↗Z54>, **In·i·ti·a'le** <f.; -, -n> *großer (verzierter) Anfangsbuchstabe* [lat.]; **In·i·ti'al·spreng·stoff** <m.; -(e)s, -e>; **In·i·ti'al·wort** <n.; -(e)s, ²er> = *Akronym; → a. Kasten Abkürzung;* **In·i·ti·al·zün·dung** <f.; -, -en>

In·i·ti·and, <auch> **I·ni·ti·and** <[-'tsjand]; m.; -en, -en; ↗Z54; geh.> *Anwärter auf eine Initiation;* **In·i·ti·ant** <[-'tsjant]; m.; -en, -en; geh.> *jmd., der die Initiative ergreift;* **In·i·ti·a·ti·on** <f.; -, -en> 1 <bei Naturvölkern> *Aufnahme eines Jugendlichen in die Gemeinschaft der Erwachsenen* 2 *Einweihung;* **In·i·ti·a·ti'ons·ri·tus** <m.; -, -ri·ten>; **in·i·ti·a'tiv** <Adj.> *die Initiative ergreifend;* **In·i·ti·a'tiv·an·trag** <m.; -(e)s, ²e> *Antrag zu einem Gesetzesentwurf;* **In·i·ti·a'ti·ve** <f.; -, -n> 1 <unz.> *der erste Schritt zu einer Handlung;* die ~ ergreifen 2 <unz.> *Entschlusskraft* 3 *Gruppe von Personen, die sich zur Durchsetzung gemeinsamer Ziele zusammenschließen;* Bürger~; Eltern~ 4 <schweiz. a.> *Volksbegehren* [lat.]; **In·i·ti·a'tiv·grup·pe** <f.; -, -n>; **In·i·ti·a'tiv·recht** <n.; -(e)s; unz.> *das Recht, Gesetzesentwürfe im Parlament einzubringen;* **In·i·ti·a'tor** <m.; -s, -'to·ren> *Urheber, Anstifter;* **In·i·ti·a'to·rin** <f.; -, -n·nen>; **in·i·ti·a'to·risch** <Adj.>; **In'i·ti·en** <[-'tsjən]; Pl.> *Anfänge, Anfangsgründe;* **in·i·ti·ie·ren** <[-'tsi'i-]; V. t.> 1 etwas ~ *in die Wege leiten* 2 jmdn. ~ *einweihen, in ein Amt einführen;* **In·i·ti·ie·rung** <f.; -, -en>

In·jek·ti·on <f.; -, -en> 1 <Med.> *Einspritzung einer Flüssigkeit* 2 <Bauw.> *das Einspritzen von flüssigem Beton zum Verfestigen des Baugrundes* 3 <Geol.> *Einschub von Magma in Gesteinsspalten* [lat.]; **In·jek·ti'ons·sprit·ze** <f.; -, -n; Med.>; **in·ji'zie·ren** <V. t.> *einspritzen*

In'ju·rie <[-riə]; f.; -, -n; Rechtsw.> *Unrecht, Beleidigung* [lat.]; **in·ju'rie·ren** <V. t.>

'In·ka <m.; -s od. -, -s od. -> 1 *Angehöriger eines altperuan. Volksstammes* 2 *Adliger im präkolumbischen Peru* [indian.]; **'In·ka·kno·chen** <m.; -s, -; Anat.> *best. Unregelmäßigkeit an den Schädelknochen*

in·kar'nat <Adj.> *fleischfarben* [lat.]; **In·kar'nat** <n.; -(e)s; unz.> *Fleischfarbe (auf Gemälden);* **In·kar·na·ti'on** <f.; -, -en> 1 <Rel.>

Menschwerdung (Christi) **2** *Verkörperung (von etwas Geistigem);* **In·kar·nat·rot** <n.; -(e)s; unz.> = *Inkarnat;* **in·kar·niert** <Adj.> **1** *Fleisch, Mensch geworden* **2** *verkörpert*

In'kas·so <n.; -s, -s od. (österr.) -'kas·si; Bankw.> *das Einziehen von Geldforderungen* [ital.]; **In·'kas·so·bü·ro** <n.; -s, -s>; **In·'kas·so·voll·macht** <f.; -, -en>; **In'kas·so·wech·sel** <[-ks-]; m.; -s, ->

In'kauf·nah·me <f.; -; unz.>

inkl. <Abk. für> *inklusive*

In·kli·na·ti'on <f.; -, -en> **1** *Neigung, Hang (zu), Vorliebe (für)* **2** *Neigung der Ebene einer Planetenbahn zur Ebene der Erdbahn* [lat.]

In·klu·si·on <f.; -, -en> *Einschluss, Enthaltensein* [lat.]; **in·klu'si·ve** <Präp.; m. Gen.; Abk.: inkl.> *einschließlich;* ~ *eines Sonderhonorars;* <allein stehende Subst. im Sg. ohne Dekl.> ~ *Sonderhonorar;* <im Pl. mit Dat., wenn der Gen. nicht erkennbar ist> ~ *Freunden;* Ggs *exklusive*

in·ko'gni·to, <auch> **in'kog·ni·to** <Adv.; ↗Z53> **1** *unerkannt* **2** *unter anderem Namen;* ~ *reisen* [ital.]; **In'ko·gni·to** <n.; -s, -s> *Verheimlichung des Namens, Gebrauch eines fremden Namens*

'in·ko·hä·rent <a. [---'-]; Adj.> *unzusammenhängend;* Ggs *kohärent* [lat.]; **'In·ko·hä·renz** <f.; -; unz.>

In'koh·lung <f.; -; unz.; Geol.> *Umwandlung von Pflanzen in Kohle unter Luftabschluss*

in·kom·men·su'ra·bel <Adj.> *nicht messbar, nicht vergleichbar;* *inkommensurable Größen* <Math.>; Ggs *kommensurabel* [lat.]; **In·kom·men·su·ra·bi·li'tät** <f.; -; unz.>

in·kom·mo'die·ren <V. t./V. refl.; veralt.> *jmdn.* ~ *jmdm. Ungelegenheiten machen* [lat.]

in·kom·pa'ra·bel <a. ['-----]; Adj.> Ggs *komparabel* **1** *nicht vergleichbar;* *inkomparable Ergebnisse* **2** <Gramm.> *nicht steigerungsfähig*

in·kom·pa'ti·bel <a. ['-----]; Adj.> *unvereinbar;* *inkompatible*

Blutgruppen <Med.>; *inkompatible Computersysteme* <EDV> *nicht vernetzbare C.*; Ggs *kompatibel* [lat.]; **In·kom·pa·ti·bi·li·'tät** <f.; -; unz.>

'in·kom·pe·tent <a. [---'-]; Adj.> Ggs *kompetent* **1** *nicht zuständig* **2** *nicht urteilsfähig* [lat.]; **'In·kom·pe·tenz** <f.; -; unz.>

in·kom·pres'si·bel <Adj.; Phys.> *nicht zusammendrückbar;* *inkompressible Stoffe;* Ggs *kompressibel* [lat.]; **In·kom·pres·si·bi·li'tät** <f.; -; unz.; Phys.>

'in·kon·gru·ent <Adj.> Ggs *kongruent* **1** *nicht übereinstimmend* **2** <Math.> *nicht deckungsgleich* [lat.]; **'In·kon·gru·enz** <f.; -; unz.>

'in·kon·se·quent <Adj.> *folgewidrig, widersprüchlich;* Ggs *konsequent* [lat.]; **'In·kon·se·quenz** <f.; -, -en; Pl. selten>

'in·kon·sis·tent <Adj.> Ggs *konsistent* **1** *unbeständig* **2** *unhaltbar, widersprüchlich* [lat.]; **'In·kon·sis·tenz** <f.; -; unz.>

'in·kon·stant, <auch> **in·kons·tant** <Adj.; ↗Z54> *veränderlich;* ~*e Größen;* Ggs *konstant* [lat.]; **'In·kon·stanz** <f.; -; unz.>

'in·kon·ti·nent <Adj.; Med.> *unfähig, Harn od. Stuhl zurückzuhalten* [lat.]; **'In·kon·ti·nenz** <f.; -; unz.; Med.>

'in·kon·ver·ti·bel <[-vɛr-]; Adj.; Wirtsch.> *nicht austauschbar;* *inkonvertible Währungen* [lat.]

'in·kon·zi·li·ant <Adj.; -er, am -es·ten> *nicht entgegenkommend;* Ggs *konziliant* [lat.]

in·kor·po'ral <Adj.; Med.> *im Körper (befindlich)* [lat.]; **In·kor·po·ra·ti'on** <f.; -, -en> **1** *Aufnahme in eine Gemeinschaft* **2** *Eingemeindung, Einverleibung;* **in·kor·po'rie·ren** <V. t.>; **In·kor·po'rie·rung** <f.; -, -en>

'in·kor·rekt <Adj.> Ggs *korrekt* **1** *ungenau* **2** *falsch, unangemessen;* ~*in* ~*es Verhalten* [lat.]; **'In·kor·rekt·heit** <f.; -, -en>

In'kraft·set·zung <f.; -; unz.> *bei* ~; **In'kraft·tre·ten,** <auch> **In·'Kraft-Tre·ten** <n.; -s; unz.> *nach* ~ *des Gesetzes*

'In·kreis <m.; -es, -e; Geom.> *im Inneren eines Vielecks liegender Kreis, der jede Seite berührt*

In·kre'ment <n.; -(e)s, -e; Math.>

Zuwachs einer Größe; Ggs *Dekrement(2)* [lat.]; **in·kre·men·'tie·ren** <V. t.>

In'kret <n.; -(e)s, -e; Med.>; **In·kre·ti'on** <f.; -; unz.; Med.> *innere Sekretion;* **in·kre'to·risch** <Adj.; Med.>

in·kri·mi'nie·ren <V. t.> *jmdn.* ~ *jmdn. beschuldigen* [lat.]; **in·kri·mi'niert** <Adj.>

In·krus·ta·ti'on <f.; -, -en> **1** *Verzierung von Flächen durch farbige Steinplatten* **2** <Geol.> *mineral. Überzug von Gesteinen* [lat.]; **in·krus'tie·ren** <V. t.>; **In·krus'tie·rung** <f.; -, -en>

In·ku·ba·ti'on <f.; -, -en> **1** <Med.> *das Einnisten von Krankheitserregern im Körper* **2** <Zool.> *Brutzeit der Vögel* **3** <in der Antike> *(Heilung bringender) Schlaf an heiligen Stätten* [lat.]; **In·ku·ba·ti'ons·zeit** <f.; -, -en; Med.> *Zeit zw. der Ansteckung u. dem Ausbruch der Krankheit;* **In·ku'ba·tor** <m.; -s, -'to·ren; Med.> *Brutkasten für Frühgeborene;* **'In·ku·bus** <m.; -, -'ku·ben; mittelalterl. Volksglauben> *Teufel, der ein Liebesverhältnis mit einer Frau od. einer Hexe hat;* Ggs *Sukkubus*

'in·ku·lant <Adj.> *(geschäftl.) nicht entgegenkommend;* Ggs *kulant* [frz.]; **'In·ku·lanz** <f.; -; unz.>

In·kul·tu·ra·ti'on <f.; -, -en> *Prozess der Durchdringung einer Kultur mit den Formen u. Werten einer anderen*

In·ku'na·bel <f.; -, -n> *Frühdruck (aus dem beginnenden 15. Jh.)* [lat.]

'in·ku·ra·bel <a. [--'--]; Adj.; Med.> *unheilbar;* *eine inkurable Krankheit;* Ggs *kurabel* [lat.]

'In·land <n.; -(e)s; unz.> Ggs *Ausland;* **'In·land·eis** <n.; -es; unz.>; **'In·län·der** <m.; -s, ->; **'In·län·de·rin** <f.; -, -·nnen>; **'In·land·flug** <m.; -(e)s, ⸗e>; **'in·län·disch** <Adj.>; **'In·lands·ge·spräch** <n.; -(e)s, -e; Tel.>; **'In·lands·markt** <m.; -(e)s, ⸗e>; **'In·lands·pro·dukt** <n.; -(e)s, -e; Wirtsch.>

'In·laut <m.; -(e)s, -e; Sprachw.> *Laut im Inneren eines Wortes;* **'in·lau·tend** <Adj.>

In·lay <['inle:]; n.; -s, -s> *eine Zahnfüllung* [engl.]

'In·lett <n.; -(e)s, -s od. -e> *Bezugsstoff für Federbetten*

'in·lie·gend <Adj.> *Porto ~ im Inneren des Briefes; das Inliegende gehört dir*

'In·li·ner <[-lai-]; m.; -s, -; meist Pl.> = *Inlineskates* [engl.]; **'In·line·ska·ter** <[-lainske:tə(r)]; m.; -s, -> **'In·line·ska·te·rin** <f.; -, -nnen> **'In·line·skates** <Pl.> *Rollschuhe mit hintereinander angeordneten Rädern;* **'In·line·ska·ting** <n.; - od. -s; unz.> *das sportl. Fahren mit Inlineskates*

in ma'io·rem Dei 'glo·ri·am <[-de:i-]> = *ad maiorem Dei gloriam*

in 'me·di·as res *unmittelbar zur Sache (kommend); ~ gehen* [lat.]

in me'mo·ri·am *zum Andenken, zur Erinnerung; ~ Martin Luther King* [lat.]

in'mit·ten <Präp.; m. Gen.> *~ dieses Dorfes; ~ von Blumen*

in na'tu·ra 1 *in Wirklichkeit* 2 *in Form von Naturallieferungen* [lat.]

'in·ne <Adv.; ↗Z22.2; Getrenntschreibung nur in Verbindung mit "sein"> *sich einer Sache ~ sein* <geh.> *sich eine S. vergegenwärtigen;* sie war sich dessen nicht ~; ich bin mir der Gefahr nicht ~ gewesen; <aber> → *innehaben, innehalten, innewerden, innewohnen;* **'in·ne|ha·ben** <V. t. 159; ich habe inne; sie hat innegehabt; innezuhaben; geh.> *ein Amt ~ bekleiden; geh.> = *inne;* **'in·ne|hal·ten** <V. i. 160> *stocken;* im Sprechen ~; → a. *inne*

'in·nen <Adv.> *innerhalb;* nach ~; etwas von ~ u. außen betrachten; Ggs *außen;* **'In·nen·ar·chi·tekt** <[-çi-]; m.; -en, -en>; **'In·nen·ar·chi·tek·tin** <f.; -, -nnen>; **'In·nen·ar·chi·tek·tur** <f.; -; unz.>; **'In·nen·auf·nah·me** <f.; -, -n; Fot.>; **'In·nen·aus·stat·tung** <f.; -, -en>; **'In·nen·dienst** <m.; -(e)s; unz.> *im ~ arbeiten;* Ggs *Außendienst;* **'In·nen·ein·rich·tung** <f.; -, -en>; **'In·nen·flä·che** <f.; -, -n>; **'In·nen·hof** <m.; -(e)s, ²e>; **'In·nen·le·ben** <n.; -s, -> *die Gefühls- u.*

Gedankenwelt; **'In·nen·mi·nis·ter** <m.; -s, ->; **'In·nen·mi·nis·te·rin** <f.; -, -nnen>; **'In·nen·mi·nis·te·ri·um** <n.; -s, -ri·en>; **'In·nen·po·li·tik** <f.; -; unz.>; **'In·nen·po·li·tisch** <Adj.> oV *innerpolitisch;* **'In·nen·raum** <m.; -(e)s, ²e>; **'In·nen·sei·te** <f.; -, -n>; **'In·nen·stadt** <f.; -, ²e> *Stadtzentrum;* **'In·nen·tem·pe·ra·tur** <f.; -, -en>; **'In·nen·welt** <f.; -; unz.> = *Innenleben*

'in·ner·be·trieb·lich <Adj.>; **'in·ner·deutsch** <Adj.> *~e Beziehungen;* **'in·ner·dienst·lich** <Adj.>; **'in·ne·re(r, -s)** <Adj.; ↗Z46> *im Innern befindlich;* die ~n Angelegenheiten eines Staates; die ~ Führung *Menschenführung in der Bundeswehr;* ~ Krankheiten; die ~ Medizin; ~r Monolog <Lit.> *eine Erzähltechnik;* eine ~ Uhr besitzen <fig.> *Zeitgefühl;* <aber> das Innere der Frucht; die Innere Mission *eine Organisation der ev. Kirche;* die Innere Mongolei; **'in·ne'rei·en** <Pl.> *die Gedärme u. inneren Organe von Schlachttieren;* **'in·ner·halb** <Präp.; m. Gen.> *~ des Hauses; ~ eines Jahres;* <im Pl. m. Dat., wenn der Gen. nicht erkennbar ist> *~ zehn Jahren;* **'in·ner·lich** <Adj.>; **'In·ner·lich·keit** <f.; -; unz.>; **'in·ner·orts** <Adv.; schweiz.; österr.> *innerhalb des Ortes;* **'in·ner·par·tei·lich** <Adj.>; **'in·ner·po·li·tisch** <Adj.> oV *innenpolitisch;* **'in·ner·se·kre·to·risch** <auch> **'in·ner·sek·re·to·risch** <Adj.; ↗Z53; Med.> *die innere Sekretion betreffend;* **'in·ner·staat·lich** <Adj.>; **'in·ner·städ·tisch** <Adj.>; **'In·ners·te(s)** <n. 3> *das ~ nach außen kehren;* im ~n verletzt sein; **'in·nert** <Präp.; m. Gen. od. Dat.; schweiz.> *innerhalb; ~ eines Jahres/* <auch> *einem Jahr*

In·ner·va·ti·on <[-va-]; f.; -; unz.; Med.> 1 *Versorgung eines Körperteils mit Nerven* 2 *Reizübertragung durch Nerven* [lat.]; **in·ner·vie·ren** <[-'vi:-]; V. t.> 1 <Med.> *mit Nervenreizen versorgen* 2 <fig.> *anregen*

'in·ne|wer·den <V. i. (s.) 285; ich

werde inne; sie ist innegeworden; innezuwerden> *einer Sache ~* <geh.> *eine S. begreifen; → a. inne;* **'in|ne·woh·nen** <V. i.> *enthalten sein in; eine ihm ~de Eigenschaft; → a. inne*

'in·nig <Adj.> *herzlich, tief empfunden;* **'In·nig·keit** <f.; -; unz.>; **'in·nig·lich** <Adj.; poet.>

in 'no·mi·ne <m. Gen.> *im Namen, im Auftrag; ~ Dei* <Abk.> I. N. D.> *im Namen Gottes; ~ Domini* <Abk.> I. N. D.> *im Namen des Herrn* [lat.]

In·no·va·ti'on <[-va-]; f.; -, -en> *(technische) Neuerung, Erneuerung* [lat.]; **in·no·va'tiv** <Adj.>; **in·no·va'to·risch** <Adj.>

in 'nu·ce <[-tsə]> *im Kern, in Kürze, in wenigen Worten* [lat.]

'In·nung <f.; -, -en> *Vereinigung selbstständiger Handwerker;* **'In·nungs·meis·ter** <m.; -s, ->

'in·of·fi·zi·ell <a. [----'-]; Adj.> *nicht amtlich, vertraulich;* Ggs *offiziell* [frz.]; **in·of·fi·zi·ös** <Adj.> *von halbamtl. Stellen nicht bestätigt;* Ggs *offiziös*

'in·o·pe·ra·bel <Adj.; Med.> *nicht operierbar;* ein inoperables Geschwür; Ggs *operabel* [frz.]

'in·op·por·tun <Adj.> *unangebracht, unpassend* [lat.]; **In·op·por·tu·ni'tät** <f.; -; unz.>

I·no'sit <m.; -s, -e> *eine organ. Verbindung, Wuchsstoff für Hefe* [grch.]

in per'so·na *persönlich, selbst* [lat.]

in 'pet·to *etwas ~ haben* <umg.> *im Sinn, bereit haben* [ital.]

in 'ple·no *vollzählig, in od. vor der Vollversammlung* [lat.]

in 'punc·to *hinsichtlich, was ... betrifft; ~ Kleidung* [lat.]

'In·put <m. od. n.; -s, -s> Ggs *Output* 1 <Wirtsch.> *von außen bezogene u. im Betrieb verarbeitete Rohstoffe u. Produktionsmittel* 2 <EDV> *in eine EDV-Anlage eingegebene Daten* [engl.]; **In·put-Out·put-A·na·ly·se** <[-'aut]; f.; -, -n; ↗Z33; Wirtsch.>

in·qui·rie·ren <V. t.; veralt.> *untersuchen, verhören* [lat.]; **In·qui·'sit** <m.; -en, -en; österr.> *Angeklagter;* **In·qui·si·ti'on** <f.; -; 12.–18. Jh.> 1 *kath. Gericht für die Bestrafung von Abtrünnigen*

u. Ketzern 2 *dessen Untersuchungsmethoden*; **In·qui·si·tor** <m.; -s, -'to·ren>; **in·qui·si·to·risch** <Adj.>

I. N. R. I. <Abk. für> *Jesus Nazarenus Rex Judaeorum (Jesus von Nazareth, König der Juden)* [lat.]

ins <Verschmelzungsform von Präp. u. Art.> *in das;* ~ *Kino gehen*

'In·sas·se <m.; -n, -n> *jmd., der sich in einem Fahrzeug od. einem Heim, einer Anstalt befindet;* Gefängnis~; **'In·sas·sen·ver·si·che·rung** <f.; -, -en; Kfz>; **'In·sas·sin** <f.; -, -n·nen>

ins·be·son·de·re <Partikel> *ganz besonders, vor allem*

in'schal·lah <islam. Int.> *"wenn Allah will"* [arab.]

'In·schrift <f.; -, -en>; **'In·schrif·ten·kun·de** <f.; -; unz.>; **'in·schrift·lich** <Adj.>

In'sekt <n.; -(e)s, -en; Zool.> *ein Gliederfüßer mit Einkerbungen zw. Kopf, Brust u. Hinterleib;* ~en fressende Tiere [lat.]; **In·sek'ta·ri·um** <n.; -s, -ri·en>; **In'sek·ten·fres·ser** <m.; -s, -; Zool.>; **In'sek·ten·gift** <n.; -(e)s, -e>; **In'sek·ten·kun·de** <f.; -; unz.>; **In'sek·ten·pul·ver** <n.; -s, ->; **In'sek·ten·stich** <m.; -(e)s, -e>; **in·sek·ti·vor** <[-'vo:r]; Adj.> *Insekten fressend*; **In·sek·ti·vo·re[1]** <m.; -n, -n; Zool.>; **In·sek·ti·vo·re[2]** <f.; -n, -n; Bot.>; **In·sek·ti·zid** <n.; -(e)s, -e> *Insekten vernichtendes Mittel*

'In·sel <f.; -, -n> *von Wasser umgebenes Landstück;* **'In·sel·berg** <m.; -(e)s, -e>; **'In·sel·grup·pe** <f.; -, -n>; **'In·sel·hop·ping** <n.; - od. -s; unz.; Touristik> *Besichtigung mehrer Inseln*; **'In·sel·reich** <n.; -(e)s, -e>; **'In·sel·volk** <n.; -(e)s, ⸚er>; **'In·sel·welt** <f.; -; unz.>

In·se·mi·na·ti·on <f.; -, -en> *(künstl.) Befruchtung* [lat.]

'in·sen·si·bel <Adj.> *unempfindlich, gefühllos;* Ggs *sensibel* [lat.-frz.]; **In·sen·si·bi·li'tät** <f.; -; unz.>

In·se'rat <n.; -(e)s, -e> *Anzeige (in einer Zeitung o. Ä.);* ein ~ *aufgeben* [lat.]; **In·se'ra·ten·teil** <m.; -(e)s, -e>; **In·se'rent** <m.; -en, -en> *jmd., der inseriert;* **In·se'ren·tin** <f.; -, -n·nen>; **in·se'rie·ren** <V. i.> *ein Inserat aufgeben*

In'sert <engl. ['insə:t]; n.; -s, -s> 1 *Werbung mit beigehefteter Bestellkarte* 2 <TV> *in eine Sendung eingeblendete graf. Darstellung* [engl.]; **In·ser·ti·on** <f.; -, -en> 1 *Veröffentlichung von Inseraten in der Zeitung* 2 <Genetik> *Einfügen von Nukleotiden in die Erbsubstanz* [lat.]

ins·ge'heim <a. ['---]; Adv.> *im Geheimen, im Stillen*

ins·ge'samt <a. ['---]; Adv.> *alle(s) zusammen, im Ganzen*

'In·si·der <[-sai-]; m.; -s, -; umg.> *jmd., der einen Bereich aus eigener Anschauung kennt, Eingeweihter* [engl.]; **'In·si·der·wis·sen** <n.; -s; unz.; umg.>

In'sie·gel <n.; -s, -> 1 <veralt.> *Siegelbild* 2 <Jägerspr.> *Fährte des Schalenwildes*

In'si·gni·en, <auch> **In'sig·ni·en** <Pl.; ↗Z53> *Abzeichen, Symbole der Macht u. Würde* [lat.]

in·sis'tent <Adj.> *hartnäckig* [lat.]; **in·sis'tenz** <f.; -; unz.>; **in·sis·tie·ren** <V. i.> *beharren*

in 'si·tu <Anat.> *in natürl. Lage, an Ort u. Stelle* [lat.]

in·skri'bie·ren, <auch> **ins·kri·'bie·ren, insk·ri'bie·ren** <V. t.; ↗Z54> *einschreiben, in eine Liste eintragen* [lat.]; **In·skrip·ti·on** <f.; -, -en>

in·so·'fern <a. ['---] od. [--'-]; einschränkende Konj.> 1 *was dies betrifft;* ~ *hat er Recht* 2 <im Vergleichssatz> *in dem Maß, Umfang;* das ist ~ *wichtig, als ...* 3 *wenn, falls;* ich werde kommen, ~ *es meine Zeit erlaubt*

In·so·la·ti·on <f.; -, -en> 1 <Meteor.> *Sonneneinstrahlung* 2 <Med.> *Sonnenstich* [lat.]

in·so'lent <a. ['---]; Adj.> *anmaßend* [lat.]; **In·so·'lenz** <f.; -; unz.>

'in·sol·vent <a. [-'vɛnt]; Adj.; Wirtsch.> *zahlungsunfähig;* Ggs *solvent* [lat.]; **'In·sol·venz** <f.; -; unz.>

in·so'weit <a. [-'--] od. ['---]; einschränkende Konj.> = *insofern*

in spe <[- 'spe:]> *zukünftig;* mein Schwiegervater ~ [lat.]

In·spek'teur, <auch> **Ins·pek·teur** <[-'tø:r]; m.; -s, -e; ↗Z54> 1 *Leiter einer Inspektion(3)* 2 *Aufsichtsbeamter* [frz.]; **In·spek·ti'on** <f.; -, -en> 1 *prüfende Besichtigung* 2 *regelmäßige Wartung;* ein Auto zur ~ *bringen* 3 *Prüf-, Aufsichts-, Dienststelle* [lat.]; **In'spek·tor** <m.; -s, -'to·ren>; **In'spek·to·rin** <f.; -, -n·nen>

In·spi·ra·ti'on, <auch> **Ins·pi·ra·ti'on** <f.; -, -en; ↗Z54> 1 *Eingebung, schöpferischer Einfall* 2 <Med.> *Einatmung;* Ggs *Exspiration* [lat.]; **In·spi·ra·ti'ons·quel·le** <f.; -, -n>; **In·spi'ra·tor,** <auch> **In·spi'ra·tor** <m.; -s, -'to·ren; ↗Z54> *jmd., der einen anderen inspiriert;* **In·spi·ra·to·rin** <f.; -, -n·nen>; **in·spi'rie·ren** <V. t.> *jmdn. (zu etwas)* ~

In·spi·zi'ent, <auch> **Ins·pi·zi'ent** <m.; -en, -en; ↗Z54> *Theat., Film, TV usw.> jmd., der für den fehlerfreien Ablauf einer Aufführung sorgt* [lat.]; **In·spi·zi'en·tin** <f.; -, -n·nen>; **in·spi'zie·ren** <V. t.> *prüfen, prüfend besichtigen;* **In·spi'zie·rung** <f.; -, -en>

'in·sta·bil <Adj.> *unbeständig, schwankend;* Ggs *stabil* [lat.]; **In·sta·bi·li'tät** <f.; -; unz.>

In·stal·la'teur, <auch> **Ins·tal·la·teur** <[-'tø:r]; m.; -s, -e; ↗Z54; Berufsbez.> *Handwerker für Installationen(1);* Heizungs~; **In·stal·la'teu·rin** <f.; -, -n·nen>; **In·stal·la·ti'on** <f.; -, -en> 1 *Einrichtung u. Anschluss von techn. Anlagen u. Rohrsystemen* 2 <EDV> *das Überspielen von Software auf die Festplatte* 3 *Kunstobjekt* [frz.]; **in·stal'lie·ren** <V. t.>

in'stand, <auch> **in 'Stand** <Adv.; ↗Z19.2; nur in den Wendungen> etwas ~/<auch> in Stand *halten in gutem Zustand erhalten, pflegen;* etwas (wieder) ~/<auch> in Stand *setzen (od. <schweiz.> stellen) ausbessern, wiederherstellen;* ein (leeres, baufälliges, renovierungsbedürftiges) Haus ~/<auch> in Stand *besetzen* <umg.>; **In'stand·be·set·zung** <f.; -, -en; umg.>; **In'stand·hal·tung** <f.; -; unz.>; **In'stand·hal·tungs·kos·ten** <Pl.>; **in·stän·dig** <Adj.> *eindringlich, flehentlich;* **'In·stän·dig·keit** <f.; -; unz.>; **In-**

'stand·set·zung <f.; -; unz.>; In-'stand·stel·lung <f.; -; unz.; schweiz.>

In·stant…, <auch> Ins·tant… <['instant]; ⚡Z54; in Zus.> pulverisiert u. sofort gebrauchsfertig; ~kaffee [engl.]

In'stanz, <auch> Ins'tanz <f.; -, -en; ⚡Z54> zuständige Stelle einer Behörde; eine Sache in erster, zweiter ~ entscheiden [lat.]; In'stan·zen·weg <m.; -(e)s, -e> den ~ beschreiten

in 'sta·tu nas·cen·di <[-'nas-'tsɛndi]> im Zustand des Entstehens [lat.]

in 'sta·tu 'quo im gegenwärtigen Zustand [lat.]

in 'sta·tu quo 'an·te im früheren Zustand [lat.]

In·stil·la·ti·on, <auch> Ins·til·la·ti·on <f.; -, -en; ⚡Z54> Med.> Einträufelung (eines Arzneimittels); Tropf~ [lat.]; in·stil'lie·ren <V. t.; Med.>

In'stinkt, <auch> Ins'tinkt <m.; -(e)s, -e; ⚡Z54> 1 <Biol.> natürl. Trieb, angeborene Verhaltensweise; Mutter~; Beschützer~ 2 sicheres Gefühl, Ahnungsvermögen [lat.]; In'stinkt·hand·lung <f.; -, -en>; in·stink·'tiv <Adj.> einem Instinkt folgend, unwillkürlich; in'stinkt·los <Adj.>; In'stinkt·lo·sig·keit <f.; -; unz.>

in·sti·tu'ie·ren, <auch> ins·ti·tu·'ie·ren <V. t.; ⚡Z54> einrichten [lat.]; In·sti'tut <n.; -(e)s, -e> (Aus-)Bildungs-, Forschungseinrichtung; In·sti·tu·ti'on <f.; -, -en> einem best. (gemeinnützigen) Zweck dienende Einrichtung; in·sti·tu·ti·o·na·li'sie·ren <V. t.>; In·sti·tu·ti·o·na·li'sie·rung <f.; -, -en>; in·sti·tu·ti·o·'nell <Adj.>; In·sti'tuts·bü·che·rei <f.; -, -en>

in·stru'ie·ren, <auch> ins·tru·'ie·ren, inst·ru·'ie·ren <V. t.; ⚡Z54> jmdn. ~ jmdm. Anweisungen erteilen [lat.]; In·struk·teur <[-'tø:r]; m.; -s, -e>; In·struk·ti·'on <f.; -, -en> Anweisung, Unterweisung, Anleitung; in·struk·'tiv <Adj.> lehrreich; In·struk·tor <m.; -s, -'to·ren> Ausbilder, Lehrer

In·stru'ment, <auch> Ins·tru·'ment, Inst·ru·'ment <n.; -(e)s,

---

Instrumentalsatz: Ein I. ist eine Art des ⚡Modalsatzes, in dem das Mittel bezeichnet wird, mit welchem eine im ⚡Hauptsatz beschriebene Handlung ausgeführt wird. Diese Art von Gliedsätzen wird häufig durch die ⚡Konjunktion indem eingeleitet: *Die Kinder machten dem Vater eine große Freude, indem sie ihm ihre Süßigkeiten schenkten.*

-e; ⚡Z54> 1 Gerät, Werkzeug 2 <fig.> Mittel; Macht~ 3 <kurz für> Musikinstrument [lat.]; in·stru·men'tal <Adj.> ~e Begleitung; In·stru·men·tal·be·glei·tung <f.; -; unz.>; In·stru·men·'ta·lis <m.; -, -les; Gramm.> Deklinationsfall des Mittels auf die Frage "womit?, wodurch?" (z. B. im Lateinischen); in·stru·men·ta·li'sie·ren <V. t.; geh.> 1 jmdn. od. etwas ~ bewusst als Mittel zum Zweck einsetzen 2 <Mus.> ein Gesangsstück zu einem Instrumentalstück umarbeiten; In·stru·men·ta·li'sie·rung <f.; -, -en>; In·stru·men·tal·mu·sik <f.; -; unz.> Ggs Vokalmusik; In·stru·men·tal·satz <m.; -es, ⁀e; Gramm.> → Kasten; In·stru·men·ta·ri·um <n.; -s, -ri·en> alle zu einem best. Zweck benötigten Instrumente; In·stru·men·ta·ti·'on <f.; -, -en> Verteilung der Stimmen einer Komposition auf die einzelnen Orchesterinstrumente; in·stru·men'tell <Adj.> mit Instrumenten; In·stru·men·ten·flug <m.; -(e)s, ⁀e; Flugw.> Blindflug nur nach Anzeige der Geräte; in·stru·men'tie·ren <V. t.> ein Musikstück (nachträglich) für Orchester einrichten; In·stru·men'tie·rung <f.; -, -en>

In·sub·or·di·na·ti'on <f.; -; unz.> Gehorsamsverweigerung (im Dienst), Auflehnung gegen Vorgesetzte [lat.]

in·suf·fi·zi'ent <Adj.> unzureichend; Ggs suffizient [lat.]; In·suf·fi·zi'enz <f.; -; unz.>

In·su'la·ner <m.; -s, -> Bewohner einer Insel [lat.]; In·su·la·ne·rin <f.; -, -n·nen>; in·su'lar <Adj.>; In·su'lin <n.; -s; unz.> ein Hormon; In·su'lin·schock <m.; -s, -s; Med.> durch zu hohe Insu-

---

lingaben eintretender Schockzustand

In·sul·ta·ti'on <f.; -, -en> 1 <Rechtsw.> Beleidigung, Beschimpfung 2 <Med.> Anfall, Schädigung, Verletzung [lat.]; in·sul'tie·ren <V. t.>

in·sze·na'to·risch, <auch> ins·ze·na'to·risch <Adj.; ⚡Z54> die Inszenierung betreffend [lat.]; in·sze·'nie·ren <V. t.> 1 die Aufführung eines Bühnenwerkes vorbereiten u. leiten 2 <fig.> ins Werk setzen; In·sze'nie·rung <f.; -, -en>

In·ta·glio, <auch> In·tag·lio <[-'taljo]; n.; -s, -gli·en [-'taljən]; ⚡Z53> = Gemme [ital.]

in'takt <Adj.> unbeschädigt, unversehrt [lat.]

In'tar·sia <f.; -, -si·en>, In'tar·sie <[-siə]; f.; -, -n; meist Pl.> Einlegearbeit (in Holz) [ital.]

in·te·ger <Adj.> unbescholten, rechtschaffen, redlich; ein integrer Charakter [lat.]; in·te'gral, <auch> in'teg·ral <Adj.; ⚡Z53; geh.> ein Ganzes ausmachend, vollständig; ~er Bestandteil ein wesentlicher B.; In·te'gral <n.; -s, -e; Math.; Zeichen: ʃ>; In·te·'gral·glei·chung <f.; -, -en; Math.>; In·te'gral·helm <m.; -(e)s, -e> Kopf u. Hals bedeckender Helm für Motorradfahrer; In·te'gral·rech·nung <f.; -, -en; Math.>; In·te·gra·ti'on <f.; -, -en> 1 Herstellung eines Ganzen, Vervollständigung 2 Eingliederung, Vereinigung; In·te·gra·ti'ons·pro·zess <m.; -es, -es>; in·te·gra'tiv <Adj.> eingliedernd, einfügend; in·te'grie·ren <V. t.> 1 eingliedern, vereinigen 2 einbeziehen; in·te'grie·rend <Adj.> ein ~er Bestandteil; in·te'griert <Adj.> ~e Gesamtschule; ~e Schaltung <El.>; In·te'grie·rung <f.; -, -en>; In·te·gri'tät <f.; -; unz.> Unversehrtheit, Rechtschaffenheit, Redlichkeit

In·te·gu'ment <n.; -s, -e> <Bot.> Hülle der pflanzl. Samenanlage 2 die äußere Haut von Mensch u. Tier [lat.]

In·tel'lekt <m.; -(e)s; unz.> Verstand, Denkvermögen [lat.]; in·tel·lek·tu'al <Adj.>; In·tel·lek·tu·a'lis·mus <m.; -; unz.> 1 Lehre, die der Vernunft Vorrang vor allem anderen gibt 2 einseitig verstandesmäßiges Denken; **in·tel·lek·tu·ell** <Adj.> 1 den Intellekt betreffend 2 das Verstandesmäßige betonend, betont geistig; **In·tel·lek·tu·el·le(r)** <f. 2 (m. 1)>

in·tel·li·gent <Adj.> klug, verstandesmäßig begabt [lat.]; **In·tel·li·genz** <f.; -; unz.> 1 Einsicht, rasche Auffassungsgabe, Verstandeskraft 2 gesellschaftl. Schicht der Intellektuellen; **In·tel·li·genz·bes·tie** <[-tia̯] f.; -, -n; umg.; abwertend> äußerst intelligenter Mensch; **In·tel·li·genz·ler** <m.; -s, -; abwertend>; **In·tel·li·genz·le·rin** <f.; -, -nnen; abwertend>; **In·tel·li·genz·quo·ti·ent** <m.; -en, -en; Abk.: IQ> Maß für den Grad der Intelligenz; **In·tel·li·genz·test** <m.; -s, -s od. -e>

in·tel·li·gi·bel <Adj.> nur gedanklich, nicht sinnlich wahrnehmbar; intelligible Welt [lat.]

In·ten·dant <m.; -en, -en> Leiter eines Theaters, eines Rundfunk- od. Fernsehsenders [frz.]; **In·ten·'dan·tin** <f.; -, -n·nen>; **In·ten·'danz** <f.; -, -en> 1 Leitung eines Theaters, Rundfunk- od. Fernsehsenders 2 Büro eines Intendanten; **in·ten·die·ren** <V. t.> beabsichtigen, erstreben [lat.]

In·ten·si·on <f.; -, -en> Anspannung, Eifer, Kraft; <aber> → Intention [lat.]; **In·ten·si·tät** <f.; -; unz.> Eindringlichkeit, Stärke, Wirksamkeit; **in·ten·siv** <Adj.> kräftig, gründlich, eindringlich; **...in·ten·siv** <Adj.; in Zus.> viel ... erfordernd; kosten~; personal~; **in·ten·si·vie·ren** <[-'vi:-]; V. t.> erhöhen, steigern, verstärken; **In·ten·si·vie·rung** <f.; -; unz.>; **In·ten·si·vi·tät** <f.; -; unz.> = Intensität; **In·ten·siv·kurs** <m.; -es, -e>; **In·ten·siv·sta·ti·on** <f.; -, -en; im Krankenhaus>; **In·ten·si·vum** <n.; -s, -va; Gramm.> Verb, das die Intensität eines Geschehens ausdrückt, z. B. "horchen" gegenüber "hören"; **In·ten·ti·on** <f.; -, -en> Absicht, Vorhaben, Plan; <aber> → Intension; **in·ten·ti·o·'nal** <Adj.> zweckbestimmt, zielgerichtet; **In·ten·ti·o·na·li·tät** <f.; -; unz.> Zielstrebigkeit

in·ter..., In·ter... <in Zus.> zwischen..., Zwischen... [lat.]

in·ter·a·'gie·ren <V. i.; ↗Z 55; Soziol.; Psych.> Interaktion betreiben, aufeinander bezogen handeln; **In·ter·ak·ti·'on** <f.; -, -en> Wechselwirkung, wechselseitiges Vorgehen; **in·ter·ak·tiv** <Adj.>; **In·ter·ak·ti·vi·tät** <[-vi-]; f.; -; unz.; bes. EDV>

'in·ter·al·li·iert <a. [-----'-]; Adj.> mehrere Verbündete betreffend, aus Verbündeten bestehend

In·ter·ci·ty <[-'siti]; m.; - od. -s, -s; Abk.: IC> = Intercityzug; **In·ter·ci·ty·ex·press** <m.; - od. -s, -e; Pl. selten; Abk.: ICE; kurz für> Intercityexpresszug; **In·ter·ci·ty·ex·press·zug** <m.; -(e)s, ≈e; Abk.: ICE> besonders schneller Intercityzug; **In·ter·ci·ty·zug** <m.; -(e)s, ≈e; Abk.: IC> zwischen best. Großstädten verkehrender Schnellzug

in·ter·de·pen·dent <Adj.> wechselseitig abhängig [lat.]; **In·ter·de·pen·denz** <f.; -, -en>

In·ter·dikt <n.; -(e)s, -e> Verbot gottesdienstl. Handlungen (als Kirchenstrafe) [lat.]

in·ter·dis·zi·pli·när <auch> **in·ter·dis·zip·li·när** <a. ['------]; Adj.; ↗Z 53> mehrere Disziplinen umfassend, zwischen Disziplinen bestehend; ~e Forschung

in·ter·es·'sant, <auch> **in·te·res·'sant** <Adj.; ↗Z 54> 1 Interesse weckend, spannend 2 vorteilhaft; ein ~es Angebot [frz.]; **in·ter·es·san·ter'wei·se** <Adv.>; **In·ter·es·se** <n.; -s, -n> 1 Aufmerksamkeit, Anteilnahme 2 <meist Pl.> Neigung, Absicht; wenig gemeinsame ~n haben 3 Vorteil, Nutzen; im ~ unserer Kunden 4 Nachfrage; an dem Produkt besteht kein ~ [lat.]; **in·ter·es·se·hal·ber** <Adv.> ich frage nur ~; **in·ter·es·se·los** <Adj.>; **In·ter·es·se·lo·sig·keit** <f.; -; unz.>; **In·ter·es·sen·ge·biet** <n.; -(e)s, -e>; **In·ter·es·sen·ge·mein·schaft** <f.; -, -en; Abk.: IG> Zweckverband; **In·ter·'es·sen·grup·pe** <f.; -, -n>; **In·ter·es·sen·kon·flikt** <m.; -(e)s, -e>; **In·ter·es·sen·la·ge** <f.; -, -n>; **In·ter·es·sent** <m.; -en, -en> Bewerber; **In·ter·es·'sen·tin**

<f.; -, -n·nen>; **In·ter·es·sen·ver·tre·tung** <f.; -, -en>; **in·ter·es·'sie·ren** <V. i.> jmdn. (für etwas) ~ jmds. Interesse an etwas wecken 2 <V. refl.> sich (für etwas) ~ wissbegierig, aufgeschlossen sein; **in·ter·es·'siert** <Adj.> ~ sein; **In·ter·es·'siert·heit** <f.; -; unz.>

'In·ter·face <[-feis]; n.; -, -s [-fei·siz]; EDV> Schnittstelle [engl.]

In·ter·fe·renz <f.; -, -en> 1 <Phys.> Überlagerung mehrerer Wellenzüge 2 <Sprachw.> gegenseitiger Einfluss verschiedener Sprachen aufeinander [lat.]; **in·ter·fe·rie·ren** <V. i.>; **In·ter·fe·ro·me·ter** <n.; -s, -; Phys.> Gerät zum Messen der Interferenz(1) von Licht- od. Schallwellen; **In·ter·fe·ron** <n.; -s, -e> von Körperzellen gebildeter Abwehrstoff bei Infektionen

in·ter·frak·ti·o·nell <Adj.> ~er Beschluss

in·ter·ga·lak·tisch <Adj.; Astr.> zwischen den Galaxien

in·ter·gla·zi·al <Adj.; Geol.> zwischen den Eiszeiten (liegend); **In·ter·gla·zi·al** <n.; -s, -e>; **In·ter·gla·zi·al·zeit** <f.; -, -en> zwischen den Eiszeiten liegender warmer Zeitabschnitt

'In·ter·ho·tel <n.; -s, -s; DDR> Hotel der besseren Kategorie (für internationale Gäste)

In·te·ri·eur <[ɛ̃teri'øːr]; n.; -s, -s od. -e; geh.> 1 Innenraum u. dessen Ausstattung 2 <Mal.> bildliche Darstellung eines Innenraums [frz.]

'In·te·rim <n.; -s, -s> Zwischenzeit, vorläufiger Zustand [lat.]; **in·te·ri·mis·tisch** <Adj.> eine ~e Vereinbarung; **'In·te·rims·lö·sung** <f.; -, -en>; **'In·te·rims·re·ge·lung** <f.; -, -en>; **'In·te·rims·re·gie·rung** <f.; -, -en>

In·ter·jek·ti·'on <f.; -, -en; Gramm.> Ausrufe-, Empfindungswort, z. B. ach!, au!; → a. Kasten S. 536 [lat.]

in·ter·ka·'lar <Adj.> eingeschoben (von Schaltjahren) [lat.]

in·ter·kan·to·nal <Adj.; schweiz.>

In·ter·ko·lum·nie <[-niə]; f.; -, -n>; **In·ter·ko·lum·ni·um** <n.; -s, -ni·en; Arch.> Zwischenraum zwischen zwei Säulen [lat.]

Interjektion: Eine I. – auch Empfindungswort genannt – ist ein unveränderliches Wort, das überwiegend der Bezeichnung von Empfindungen, Aufmunterungen, Flüchen, Verwünschungen sowie zur Kontaktaufnahme dient: *au!; verdammt!; he!; hoppla; o je!; heißa; nanu; hallo!; hauruck!*
Da die I. außerhalb des Satzzusammenhanges stehen, ist ihr Status als Wortart umstritten. Darüber hinaus ist ihre lexikalische Bedeutung häufig vage. I. wie *brr!; wumm!; peng!; wow!* haben z. B. vor allem lautmalenden Charakter.

in·ter·kom·mu·nal <Adj.> ~es Abkommen [lat.]
in·ter·kon·fes·si·o·nell <Adj.> [lat.]
in·ter·kon·ti·nen·tal <Adj.> *mehrere Erdteile betreffend, sie verbindend* [lat.]; **In·ter·kon·ti·nen·'tal·ra·ke·te** <f.; -, -n; Mil.>
in·ter·kos·tal <Adj.; Anat.> *zwischen den Rippen (liegend)* [lat.]
in·ter·kul·tu·rell <Adj.> ~e Gesellschaft [lat.]
in·ter·kur·'rent <Adj.; Med.> *dazwischentretend, hinzukommend;* ~es Fieber [lat.]
in·ter·li·ne·ar <Adj.> *zwischen den Zeilen eines Urtextes stehend* [lat.]; **In·ter·li·ne·ar·glos·se** <f.; -, -n>; **In·ter·li·ne·ar·ü·ber·set·zung** <f.; -, -en>; **In·ter·li·ne·ar·ver·si·on** <[-ver-]; f.; -, -en>
in·ter·lin·gu·al <Adj.> *mehrere Sprachen betreffend* [lat.]
'In·ter·lock·wa·re <f.; -, -n; Textilw.> *feine Wirkware für Trikotagen* [engl.]
In·ter'lu·di·um <n.; -s, -di·en; Mus.> *Zwischenspiel* [lat.]
In·ter'lu·ni·um <n.; -s, -ni·en; Astr.> *Zeit des Neumonds* [lat.]
In·ter·ma·xil'lar·kno·chen <m.; -s, -; Anat.> *Zwischenkieferknochen* [lat.]
In·ter·mé·di·aire <[ẽtə(r)med-'je:r]; f.; -, -s [-'je:r]; Reitsp.> *eine Dressurprüfung* [frz.]; **in·ter·me·di'är** <Adj.> *zwischen zwei Dingen befindlich, ein Zwischenglied bildend*
In·ter'mez·zo <n.; -s, -s od.

-mez·zi> *Zwischenspiel, Zwischenfall* [ital.]
in·ter·mi·nis·te·ri'ell <Adj.> ~e Vereinbarung
in·ter·mit'tie·rend <Adj.; Med.> *zeitweilig aussetzend;* ~es Fieber [lat.]
in'tern <Adj.> 1 *die inneren Angelegenheiten betreffend, nicht für Außenstehende bestimmt, vertraulich* 2 <veralt. für> *im Internat wohnend;* ~e Schüler [lat.]; **In'ter·na** <Pl. von> *Internum*; **in·ter·na·li·sie·ren** <V. t.; Psych.> *etwas* ~ *sich (unbewusst) aneignen, verinnerlichen;* Ggs *externalisieren*; **In·ter·na·li·sie·rung** <f.; -; unz.; Psych.> **In·ter'nat** <n.; -(e)s, -e> *höhere Lehranstalt mit angegliedertem Schülerwohnheim;* Ggs *Externat*
in·ter·na·ti·o'nal <Adj.; ↗Z 46> *über-, zwischenstaatlich, mehrere Staaten betreffend;* ~es Recht; ~e Einheit [Pharm.; Abk.: IE, I.E.>; <aber> Internationales Olympisches Komitee <Abk.: IOK>; Internationales Rotes Kreuz <Abk.: IRK>; **In·ter·na·ti·o'na·le** <f. 2; unz.; kurz für> 1 *Internationale Arbeiterassoziation, zwischenstaatl. Vereinigung sozialist. Parteien* 2 <unz.> *Kampflied der Arbeiterbewegung;* **in·ter·na·ti·o·na·li·'sie·ren** <V. t.>; **In·ter·na·ti·o·na·li·sie·rung** <f.; -; unz.>; **In·ter·na·ti·o·na'lis·mus** <m.; -; unz.> *Streben nach internationalem Zusammenschluss;* **In·ter·na·ti·o·na'list** <m.; -en, -en>; **In·ter·na·ti·o·na·li'tät** <f.; -; unz.>; **In·ter'nats·schü·ler** <m.; -s, ->; **In·ter'nats·schü·le·rin** <f.; -, -n·nen>
In·ter'ne(r) <f. 2 (m. 1)> *Schüler(in) eines Internats*
'In·ter·net <n.; -s, -s; EDV> *internat. Computernetzwerk* [engl.]; **'In·ter·net·a·dres·se**, <auch> **'In·ter·net·ad·res·se** <f.; -, -n; ↗Z 54, 55>; **'In·ter·net·an·schluss** <m.; -es, ~e>; **'In·ter·net·ca·fé** <n.; -s, -s; EDV> *Café, in dem Gäste an Computerterminals im Internet surfen können;* **'In·ter·net·nut·zer** <m.; -s, ->; **'In·ter·net·nut·ze·rin** <f.; -, -n·nen>; **'In·ter·net·zu·gang** <m.; -(e)s, ~e>

in·ter·'nie·ren <V. t.> 1 *in staatl. Gewahrsam nehmen* 2 <Med.; selten> *wegen Ansteckungsgefahr isolieren* [lat.]; **In·ter·'nie·rung** <f.; -, -en>; **In·ter·'nie·rungs·la·ger** <n.; -s, ->
In·ter'nist <m.; -en, -en; Med.> *Facharzt für innere Krankheiten;* **In·ter'nis·tin** <f.; -, -n·nen>; **in·ter'nis·tisch** <Adj.> ~e Untersuchungen
In·ter'no·di·um <n.; -s, -di·en; Bot.> *verdicktes Zwischenglied eines Sprosses* [lat.]
In·ter'num <n.; -s, -na; meist Pl.> *interne Angelegenheit* [lat.]
In·ter'nun·ti·us <m.; -, -ti·en> *päpstl. Botschafter in kleineren Ländern* [lat.]
in·ter·or·bi'tal <Adj.; Astr.> *zwischen den Umlaufbahnen von Satelliten gelegen* [lat.]
in·ter·o·ze'a·nisch <Adj.; ↗Z 55> *die Weltmeere betreffend, sie verbindend* [lat.]
in·ter·par·la·men'ta·risch <Adj.> *die Parlamente mehrerer Staaten betreffend* [lat.]
In·ter·pel'lant <m.; -en, -en; geh.>; **In·ter·pel'lan·tin** <f.; -, -n·nen>; **In·ter·pel·la·ti'on** <f.; -, -en; geh.> *Anfrage im Parlament* [lat.]; **in·ter·pel'lie·ren** <V. i.; geh.>
in·ter·pla·ne'tar, in·ter·pla·ne'ta·risch <Adj.; Astr.> *zwischen den Planeten befindlich* [lat.]
'In·ter·pol <f.; -; unz.> *kurz für* Internationale Kriminalpolizeiliche Organisation
In·ter·po·la·ti'on <f.; -, -en> 1 <Math.> *Bestimmung von Zwischenwerten;* Ggs *Extrapolation* 2 <Sprachw.> *nachträgl. Ergänzung od. Änderung in Texten* [lat.]; **in·ter·po'lie·ren** <V. t.>
In·ter'pret <m.; -en, -en> 1 *Erklärer, Deuter* 2 *reproduzierender Künstler* [lat.]; **In·ter·pre·ta·ti'on** <f.; -, -en> 1 *Erklärung, Auslegung* 2 *künstler. Wiedergabe (eines Musikstücks);* **in·ter·pre·'tie·ren** <V. t.>; **In·ter'pre·tin** <f.; -, -n·nen>
in·ter·pun·gie·ren <selten>, **in·ter·punk·'tie·ren** <V. t.> *mit Satzzeichen versehen;* **In·ter·punk·ti'on** <f.; -; unz.> *Zeichen-*

Interpunktion: Die I. oder **Zeichensetzung** umfasst die Regeln zur grafischen Gliederung von geschriebener Sprache. Mithilfe der ⚹Satzzeichen wird ein ⚹Satzgefüge grammatisch gegliedert und sein Aufbau übersichtlich gestaltet. Die Satzzeichen geben dem Lesenden Hilfen für den Leserhythmus sowie für Betonung und Einschaltung von Pausen. Einige Satzzeichen wie den Punkt gibt es bereits seit dem Altertum. Später kamen andere Zeichen wie das Komma oder das Semikolon dazu.

Der venezianische Buchdrucker Aldus Manutius stellte Ende des 15. Jahrhunderts erste Regeln für die Verwendung von Satzzeichen auf.

Es gibt zehn unterschiedliche Satzzeichen:
a) **Schwere Satzzeichen** oder Satzschlusszeichen, die am Ende von Sätzen stehen können: ⚹Punkt, ⚹Fragezeichen und ⚹Ausrufezeichen
b) **Leichte Satzzeichen** oder Satzmittezeichen, die innerhalb von ⚹Satzgefügen stehen: ⚹Komma, ⚹Semikolon und ⚹Doppelpunkt
c) **Sonderzeichen:** ⚹Gedankenstriche, ⚹Anführungszeichen, ⚹Klammern und ⚹Auslassungspunkte

setzung; → a. Kasten [lat.]; **In·ter·punk·ti·ons·re·gel** <f.; -, -n>; **In·ter·punk·ti·ons·zei·chen** <n.; -s, -> *Satzzeichen*

'In·ter·rail <[-reil]; Eisenb.; ohne Art.> *ermäßigter Tarif für Jugendliche für Fahrten innerhalb Europas* [engl.]

In·ter·re·gio <n.; -s, -s; Eisenb.; Warenz.; Abk.: IR> *überregionaler Schnellzug der Deutschen Bahn* [lat.]

In·ter·re·gnum, <auch> **In·ter·'reg·num** <n.; -s, -gnen/-g·nen od. -gna/-g·na; ⚹Z53> *Zwischenregierung, vorläufige Regierung* [lat.]

in·ter·ro·ga'tiv <Adj.; Gramm.> *fragend* [lat.]; **In·ter·ro·ga'tiv·pro·no·men** <n.; -s, -e> = *Interrogativpronomen*; **In·ter·ro·ga'tiv·ad·verb** <n.; -s, -ver·bei·en od. -ver·bi·en; Gramm.> *Adverb zur Einleitung einer Frage, z. B. "wo?, wa-*

rum?"; → a. Kasten S. 538; **In·ter·ro·ga'tiv·pro·no·men** <n.; -s, - od. -mi·na; Gramm.> *Pronomen zur Einleitung einer Frage, z. B. "wer?, welcher?"; → a. Kasten S. 538*; **In·ter·ro·ga'tiv·satz** <m.; -es, =e; Gramm.> *Fragesatz*; → a. Kasten Fragesatz

In·ter'rup·tio <f.; -, -ti'o·nes [-'tsjone:s]; Med.> *Schwangerschaftsabbruch* [lat.]

'In·ter·sex <n.; -es, -e; Biol.> *Organismus mit intersexuellen Merkmalen* [lat.]; **In·ter·se·xu·a·li'tät** <f.; -; unz.> *das Auftreten von Merkmalen, die dem anderen Geschlecht zukommen*; **in·ter·se·xu'ell** <Adj.> *zwischengeschlechtlich*

'In·ter·shop <[-ʃɔp]; m.; -s, -s; DDR> *Geschäft, in dem man nur gegen westl. Währung kaufen konnte* [lat.-engl.]

in·ter·stel'lar <Adj.; Astr.> *zwischen den Fixsternen befindlich* [lat.]

in·ter·sti·ti'ell <Adj.; Biol.; Med.> *in den Zwischenräumen gelegen* [lat.]; **In·ter'sti·ti·um** <[-tsjum]; n.; -s, -ti·en> 1 *Zwischenraum (zw. Organen)* 2 <nur Pl.> Interstitien <Kath.> *Zeit zw. dem Empfang zweier geistl. Weihen*

in·ter·sub·jek'tiv <Adj.; Psych.> *im Bewusstsein mehrerer Personen vorhanden* [lat.]

in·ter·ri·to·ri'al <Adj.> *zwischenstaatlich* [lat.]

In·ter'tri·go <f.; -, -gi·nes; Med.> *Hautentzündung* [lat.]

In·ter'vall <[-'val]; n.; -s, -e> 1 *Zwischenraum, Zwischenzeit* 2 <Mus.> *Abstand zweier aufeinander folgender Töne* [lat.]; **In·ter'vall·trai·ning** <[-tre:-]; n.; -s, -s; Sp.>

In·ter·ve·ni'ent <[-ve-]; m.; -en, -en> *jmd., der vermittelnd eingreift* [lat.]; **in·ter·ve·'nie·ren** <V. i.> *dazwischentreten, einschreiten, vermitteln*; **In·ter·ven·ti'on** <f.; -, -en> 1 *Vermittlung* 2 <Pol.> *Einmischung eines Staates in die Angelegenheiten eines anderen*; **In·ter·ven·ti'ons·kla·ge** <f.; -, -n> *Widerspruchsklage*; **In·ter·ven·ti'ons·krieg** <m.; -(e)s, -e; Pol.>

In·ter·view <[-'vju:]; a. ['---]; n.;

-s, -s> *Befragung (durch Presse- od. Rundfunkvertreter)* [engl.]; **in·ter'view·en**, <auch> **in·ter·'vie·wen** <V. t.; ⚹Z52>; **In·ter·'view·er** <m.; -s, -> *der Fragesteller in einem Interview*; **In·ter·'view·e·rin** <f.; -, -n·nen>

in·ter·zel·lu'lar, in·ter·zel·lu'lär <Adj.; Biol.; Med.> *zwischen den Zellen gelegen* [lat.]; **In·ter·zel·lu'lar·raum** <m.; -(e)s, =e>

In·ter·zes·si'on <f.; -, -en; Rechtsw.> *Schuldübernahme* [lat.]

in·ter·zo'nal <Adj.> *zwischen den Zonen*; **In·ter'zo·nen·ver·kehr** <m.; -s; unz.> *früher*

in·tes·ta·bel <Adj.; Rechtsw.> *unfähig, ein Testament zu machen od. als Zeuge aufzutreten*; *eine intestable Person* [lat.]; **In·tes·'tat·er·be** <m.; -n, -n> *gesetzlicher Erbe*

in·tes·ti'nal <Adj.; Med.>; **In·tes·'ti·num** <n.; -s, -nen od. -na; Med.> *Darm, Eingeweide* [lat.]

In·thro·ni·sa·ti'on <f.; -, -en> *feierl. Einsetzung eines neuen Fürsten od. Papstes*; **in·thro·ni·'sie·ren** <V. t.>; **In·thro·ni·sie·rung** <f.; -, -en>

In·ti'fa·da <f.; -; unz.; seit 1987> *Oppositionsbewegung der Palästinenser in den von Israel besetzten Gebieten* [arab.]

in'tim <Adj.> 1 *vertraut, innig, eng* 2 *vertraulich, nicht für andere bestimmt* 3 *geschlechtlich, sexuell; mit jmdm. ~ werden* [lat.]; **In·ti·ma** <f.; -, -mae; Pl. selten> 1 <unz.; Med.> *innerste Schicht der Blutgefäßwand* 2 <veralt.> *enge Freundin*; **In·tim·be·reich** <m.; -(e)s, -e>; **In·tim·hy·gi·e·ne** <f.; -; unz.>; **In·ti·mi·tät** <f.; -, -en> *es kam zu ~en*; **In·'tim·sphä·re**, <auch> **In·'tims·phä·re** <f.; -; unz.; ⚹Z54> *persönl. Bereich*; **In·tim·spray** <[-spre:]; n.; -s, -s>; **'In·ti·mus** <m.; -, -mi; veralt.> *enger Freund*; **In·'tim·ver·kehr** <m.; -s; unz.>; **In·tim·zo·ne** <f.; -, -n>

'in·to·le·ra·bel <a. [---'--]; Adj.> *intolerable Zustände*; **'in·to·le·rant** <Adj.> *unduldsam*; *Ggs tolerant* [lat.]; **'In·to·le·ranz** <f.; -; unz.>

In·to·na·ti'on <f.; -; unz.> 1 <Mus.> *Art der Tongebung, Ton-*

Interrogativadverb: Ein I. oder Frageadverb ist ein →Adverb, das einer Untergruppe der **Interrogativpronomen** zugerechnet wird.

Es dient der Einleitung von →Fragesätzen, die nach den Umständen eines Sachverhaltes fragen: *wo* (Ort), *wann* (Zeit), *wie viel* (Menge), *wieso, warum* (Grund), *wozu* (Zweck), *womit, wodurch* (Mittel), *wie* (Art und Weise). Das I. ist im Gegensatz zum Interrogativpronomen nicht deklinierbar.

Interrogativpronomen: Das I. oder **Fragefürwort** gehört einer Untergruppe der →Pronomen an. Es kann sowohl Stellvertreter- als auch Begleiterfunktionen wahrnehmen und dient der Einleitung von Ergänzungsfragen oder indirekten Fragesätzen. *Wer?* fragt nach **unbekannten Personen:** *Wer hat das getan?* *Was?* fragt nach **Unpersönlichem:** *Was hast du gemacht?*

Intonation: Als I. oder Sprechmelodie bezeichnet man den Stimmtonverlauf sprachlicher Äußerungen. Sie umfasst im Wesentlichen drei Merkmale:
a) **Akzent** bzw. **Betonung** einer Silbe
b) **Tonhöhenverlauf**
c) **Pausenstruktur**

Bezüglich der **Satzmelodie** kann der I. eine semantische Funktion zukommen. In dem Satz *der Lehrer ruft ihn* verändert die Voranstellung des →Akkusativobjektes *ihn ruft der Lehrer* den Schwerpunkt des Satzes. Auch in Normalstellung kann die Hebung des Stimmtones am Satzende die Bedeutung verändern, vgl.: *der Lehrer ruft ihn* vs. *der Lehrer ruft ihn.*

ansatz (beim Singen) 2 <Sprachw.> *Sprechmelodie;* → a. *Kasten* [lat.]; **in·to'nie·ren** <V. t.>
in 'to·to *im Ganzen* [lat.]
In·to·xi·ka·ti'on <f.; -, -en; Med.> *Vergiftung* [grch.]
'in·tra..., 'In·tra..., <auch> 'Int-ra..., 'Int·ra... <→Z53; in Zus.> *zwischen..., innen..., innerhalb*

Welcher? fragt – meist attributiv – nach einzelnen Elementen: *Welcher Ring gefällt dir am besten?* Im Gegensatz zu den Interrogativadverbien sind die I. deklinierbar.

1. Deklination von *wer/was:*

	Mask. und Fem.	Neutr.
Nom.	wer?	was?
Gen.	wessen?	
Dat.	wem?	
Akk.	wen?	was?

2. Deklination von *welcher:*

	Singular Mask.	Fem.
Nom.	welcher?	welche?
Gen.	welches/welchen?	welcher?
Dat.	welchem?	welcher?
Akk.	welchen?	welche?

	Singular Neutr.	Plural MFN
Nom.	welches?	welche?
Gen.	welches/welchen?	welcher?
Dat.	welchem?	welchen?
Akk.	welches?	welche?

intransitiv: Als i. (früher auch „nicht zielend") bezeichnet man →Verben, die kein **Akkusativobjekt** fordern oder kein Passiv mit *werden* bilden können: *Es hagelt. Sie friert. Er tanzt. Wir gratulierten dem Geburtstagskind* (= mit Dativobjekt). *Sie gedenken der Verstorbenen* (= mit Genitivobjekt). *Er bekommt einen Orden* (= mit Akkusativobjekt, aber kein *werden* - Passiv).
Vgl. →transitiv, →reflexiv

[lat.]; **In'tra·da, In'tra·de** <f.; -, -den; in der Barockmusik> *Eröffnungs-, Einleitungsstück* [span.]; **in·tra·kar·di'al** <Adj.; Med.> *innerhalb des Herzens* [lat.-grch.]; **in·tra·ku'tan** <Adj.> *in der Haut (gelegen), in die Haut hinein* [lat.]; **in·tra·lin·gu·'al** <Adj.; Sprachw.> *innersprachlich;* **in·tra·mo·le·ku'lar** <Adj.; Chem.>; **in·tra·mon'tan** <Adj.; Geol.> *zwischen Gebirgen gelegen;* **in·tra 'mu·ros** *"innerhalb der Mauern", nicht öffentlich;* **in·tra·mus·ku'lär** <Adj.; Med.> *im Inneren, ins Innere des Muskels;* **'In·tra·net** <n.; -s

unz.; EDV> *internes Netzwerk* [engl.]
in·tran·si'gent <Adj.; geh.> *unnachgiebig* [lat.]; **In·tran·si·'genz** <f.; -; unz.; geh.>
'in·tran·si·tiv <Adj.; Gramm.> *-e Verben V., die kein Akkusativobjekt nach sich ziehen, z. B.* "schlafen"; Ggs *transitiv;* → a. *Kasten* [lat.]; **'In·tran·si·tiv** <n.; -s, -e; Gramm.> *intransitives Verb*
in·tra·u·te'rin, <auch> int·ra·u·te·'rin <Adj.; →Z53, 55; Med.> *innerhalb des Uterus* [lat.]; **In·tra·u·te'rin·pes·sar** <n.; -s, -e> *Spirale zur Empfängnisverhütung;* **in·tra·ve'nös** <[-ve-]; Adj.; Med.> *im Inneren, ins Innere der Vene;* **in·tra·zel·lu·lar, in·tra·zel·lu'lär** <Adj.; Biol.; Med.> *innerhalb der Zelle(n) liegend*
in·tri'gant, <auch> int·ri'gant <Adj.; →Z53> *gern Intrigen spinnend, hinterhältig* [frz.]; **In·tri'gant** <m.; -en, -en>; **In·tri'gan·tin** <f.; -, -n·nen>; **In'tri·ge** <f.; -, -n> *hinterhältige Handlung;* **In'tri·gen·spiel** <n.; -(e)s, -e>; **in·tri'gie·ren** <V. i.>
in·trin·sisch, <auch> int'rin·sisch <Adj.; →Z53; bes. Psych.> *von innen kommend;* Ggs *extrinsisch* [engl.]
in·tro..., In·tro..., <auch> int·ro..., Int·ro... <→Z53; in Zus.> *nach innen, hinein* [lat.]; **In·tro·duk·ti'on** <f.; -, -en> 1 *Einführung* 2 <Mus.> *Vorspiel, Einleitung(ssatz);* **In'tro·i·tus** <m.; -, - [-tu:s]> *Einleitungslied im Gottesdienst;* **In·tro·jek·ti'on** <f.; -, -en; Psych.> *Übernahme von Verhaltensweisen od. Anschauungen;* **In·tro·spek·ti'on, <auch> Int·ros·pek·ti'on** <f.; -, -en; →Z53, 54; Psych.> *Selbstbeobachtung;* **in·tro·spek'tiv** <Adj.>; **In·tro·ver·si'on** <[-ver-]; f.; -; unz.> *Konzentration auf das eigene Seelenleben;* **in·tro·ver'tiert** <Adj.; Psych.>
In·tru·si'on, <auch> Int·ru·si'on <f.; -, -en; →Z53; Geol.> *das Eindringen von Magmamassen in die Erdkruste* [lat.]; **In'tru·siv·ge·stein** <n.; -(e)s, -e> *Tiefengestein*
In·tu·ba·ti'on <f.; -, -en; Med.> *das Einführen eines Röhrchens*

in die Luftröhre (z. B. bei Erstickungsgefahr) [lat.]; **in·tu'bie·ren** <V. i.; Med.>

In·tu·i·ti'on <f.; -, -en> *Eingebung, sofortiges, nicht vom Verstand bestimmtes Erkennen* [lat.]; **in·tu·i'tiv** <Adj.>

In·tu·mes'zenz, In·tur·ges'zenz <f.; -; unz.; Med.> *Anschwellung;* Ggs *Detumeszenz* [lat.]

'in·tus <Adj.; umg.; nur in der Wendung> *etwas ~ haben etwas gegessen, getrunken/* <auch> *verstanden haben* [lat.]

'I·nu·it <m.; - od. -s, - od. -s; Selbstbez.> *Eskimo* [eskim.]

I·nu'lin <n.; -s; unz.> *ein Fruchtzucker* [lat.]

In·un·da·ti'on, <auch> **I·nun·da·ti'on** <f.; -, -en; ◢Z54> *Überschwemmung* [lat.]

In·unk·ti'on, <auch> **I·nunk·ti'on** <f.; -, -en; ◢Z54; Med.> *Einreibung, Einsalbung* [lat.]

in 'u·sum Del'phi·ni → *ad usum*

in·va'lid; in·va'li·de <[-va-]; Adj.> *durch Krankheit, Unfall od. Kriegsverletzung arbeitsunfähig* [frz.]; **In·va'li·de(r)** <f. 2 (m. 1)>; **In·va'li·den·ren·te** <f.; -, -n>; **In·va'li·den·ver·si·che·rung** <f.; -, -en>; **in·va·li·di'sie·ren** <V. t.> *amtlich für invalide erklären;* **In·va·li·di'tät** <f.; -; unz.>

'in·va·ri·a·bel <[-va-]; Adj.> *unveränderlich;* invariable Größen <Math.> [lat.]; **In·va·ri'an·te** <f.; -, -n> *unveränderl. mathem. Größe;* **In·va·ri'anz** <f.; -; unz.> *Unveränderlichkeit*

In·va·si'on <[-va-]; f.; -, -en> *feindl. Einfall in fremdes Staatsgebiet* [frz.]; **in·va'siv** <Adj.>; **In·'va·sor** <m.; -s, -'so·ren; meist Pl.> *jmd., der widerrechtl. in fremdes Gebiet eindringt*

In·vek'ti·ve <[-vɛk-]; f.; -, -n; geh.> *Beleidigung, Beschimpfung, Schmährede* [frz.]

In·ven'tar <[-ven-]; n.; -s, -e> *Gesamtheit an Einrichtungsgegenständen* [lat.]; **In·ven·ta·ri·sa·ti'on** <f.; -, -en> *Bestandsaufnahme;* **in·ven·ta·ri'sie·ren** <V. t.> *Gegenstände in einem Verzeichnis auflisten;* **In·ven·ta·ri'sie·rung** <f.; -, -en>

In·ven·ti'on <[-ven-]; f.; -, -en; Mus.> *Einfall, Erfindung* [lat.]

In·ven'tur <[-ven-]; f.; -, -en;

Wirtsch.> *Bestandsaufnahme aller Vermögenswerte u. Schulden eines Betriebes* [lat.]

in·vers <[-'vɛrs]; Adj.> *umgekehrt, entgegengesetzt* [lat.]; **In·ver·si'on** <f.; -, -en> *Umkehrung, Umstellung (z. B. der Wortfolge im Satz)*

In·ver'te·brat, <auch> **In·ver·teb·'rat** <[-vɛr-]; m.; -en, -en; ◢Z53; Zool.> *= Evertebrat;* Ggs *Vertebrat*

In·ver·ter <[-'vɛr-]; m.; -s, -; Sprechfunkverkehr> *Gerät zur Umwandlung u. Verschlüsselung von gesprochenen Worten* [engl.]; **in·ver'tie·ren** <V. t.> *umkehren, umwandeln* [lat.]; **In·'vert·zu·cker** <m.; -s; unz.> *Mischung aus Trauben- u. Fruchtzucker*

in·ves'tie·ren <[-vɛs-]; V. t.> **1** *Geld, Kapital ~ (langfristig) anlegen* **2** <fig.> *viel Zeit in eine Arbeit ~* [lat.]; **In·ves'tie·rung** <f.; -, -en>; **In·ves·ti·ti'on** <f.; -, -en> *Kapitalanlage;* **In·ves·ti·ti'ons·för·de·rung** <f.; -, -en; Wirtsch.>; **In·ves·ti·ti'ons·gü·ter** <Pl.> *gewerbliche Gebrauchsgüter (Anlagen, Maschinen u. Ä.);* **In·ves·ti·ti'ons·mit·tel** <Pl.>; **In·ves·ti·ti'ons·rück·la·ge** <f.; -, -n>; **In·ves'ti·tur** <f.; -, -en> *Einweisung, Einsetzung (eines Geistlichen) in ein Amt;* **In·ves·ti'tur·streit** <m.; -(e)s; unz.; 11./12. Jh.> *Streit zw. Papst u. Königtum um die Einsetzung von Bischöfen u. Äbten;* **In·ves'tiv·lohn** <m.; -(e)s, ⸚e> *als Spareinlage verwendeter Teil des Lohns;* **In·vest·ment** <[-'vɛstmənt]; n.; -s, -s; engl. Bez. für> *Investition;* **In·'vest·ment·fonds** <[-fɔ̃]; m.; - [-fɔ̃s], - [-fɔ̃s]> *Vermögen einer Kapitalanlagegesellschaft;* **In·'vest·ment·ge·sell·schaft** <f.; -, -en>; **In·'vest·ment·trust** <[-trʌst]; m.; -s, -s; engl. Bez. für> *Investmentgesellschaft;* **In·'vest·ment·zer·ti·fi·kat** <n.; -(e)s, -e; Wirtsch.> *Anteilsschein an einem Investmentfonds;* **In·'ves·tor** <m.; -s, -'to·ren> *Kapitalanleger* [lat.]; **In·ves'to·rin** <f.; -, -n·nen>

in vi·no ve·ri·tas <[- 'vi:no 've:-]>

"im Wein (ist, liegt) Wahrheit" [lat.]

in vi·tro, <auch> **in vit·ro** <[-'vi:-]> *im Reagenzglas durchgeführt* [lat.]; **In·'vi·tro·Fer·ti·li·sa·ti·on** <f.; -; unz.; Abk.: IVF> *Befruchtung außerhalb des Mutterleibes*

in vi·vo <[-'vi:vo:]> *am lebendigen Organismus beobachtet, durchgeführt* [lat.]

In·vo·ka·ti'on <[-vo-]; f.; -, -en> *Anrufung (Gottes)* [lat.]; **In·vo·ka·vit** <[-vo'kavit]; ohne Art.> *erster Passionssonntag*

In·vo·lu·ti'on <[-vo-]; f.; -, -en> *Rückbildung* [lat.]

in·vol·vie·ren <[-vɔl'vi:-]; V. t.; geh.> **1** *in sich schließen, enthalten* **2** *verwickeln, beteiligen, hineinziehen;* in etwas involviert sein [lat.]

'in·wärts <Adv.> *nach innen*

'in·wen·dig <Adj.> *im Inneren;* etwas in- und auswendig kennen <umg.> *gründlich*

in·wie'fern <einschränkende Konj.> *in welcher Weise; ~ ist dies besser als jenes?*

in·wie'weit <einschränkende Konj.> *in welchem Maße;* ich weiß nicht, ~ er Recht hat

In'zah·lung·nah·me <f.; -; unz.>

In'zest <m.; -(e)s, -e> *Geschlechtsverkehr zw. engen Blutsverwandten* [lat.]; **in·zes·tu'ös** <Adj.>

In·zi'siv <m.; -s, -en>; **In·zi'siv·zahn** <m.; -(e)s, ⸚e> *Schneidezahn* [lat.]

'In·zucht <f.; -; unz.> *Fortpflanzung unter nah verwandten Individuen*

in'zwi·schen <Adv.> *mittlerweile*

IOC <Abk. für engl.> *International Olympic Committee;* → a. *IOK*

Iod <n.; -s; unz.; Chem.; fachsprachl. für> *Jod;* **Io'dat** <n.; -(e)s, -e; Chem.> *= Jodat;* **Io'did** <n.; -(e)s, -e; Chem.> *= Jodid;* **io·'die·ren** <V. t.; Chem.>

IOK <Abk. für> *Internationales Olympisches Komitee*

I·on <[i'o:n] od. ['jɔn]; n.; -s, -en [i'o:nən]; Phys.; Chem.> *elektrisch geladenes Atom od. Molekül* [grch.]; **I'o·nen·aus·tausch** <m.; -(e)s; unz.; Phys.; Chem.>; **I'o·nen·re·ak·ti·on** <f.; -, -en;

Phys.; Chem.>; **I'o·nen·wan·de·rung** <f.; -, -en; Phys.; Chem.>

I·o·ni·en <[i'o:niən]> *kleinasiat. Küstenlandschaft;* **I'o·ni·er** <m.; -s, ->; **I'o·ni·e·rin** <f.; -, -n·nen>

I·o·ni·sa·ti'on <f.; -; unz.; Phys.> *Erzeugung von Ionen* [grch.]

i'o·nisch <Adj.; ↗Z46> *Ionien od. die Ionier betreffend;* ~e *Säulen;* <aber> *die Ionischen Inseln*

i·o·ni·sie·ren <V. t.; Phys.; Chem.> *eine Ionisation erzeugen* [grch.]; **I·o·ni'sie·rung** <f.; -; unz.; Phys.; Chem.>

I·o·no'sphä·re, <auch> **I·o·nos·'phä·re** <f.; -; unz.; ↗Z54> *oberste Schicht der Atmosphäre*

'Io·ta <n.; -s, -s> = *Jota(1)*

I·o·wa <['aiəwə]> *Staat in den USA*

IPA <Abk. für> *Internationales Phonetisches Alphabet;* → a. *Kasten Aussprache*

'ip·se 'fe·cit <Abk.: i. f.> *"er hat (es) selbst gemacht" (Vermerk des Künstlers auf Kunstwerken)* [lat.]

'ip·so 'fac·to 1 *durch die Tat selbst* 2 *eigenmächtig* [lat.]

'ip·so 'ju·re *durch das Recht selbst, von Rechts wegen* [lat.]

'i-Punkt <m.; -(e)s, -e; ↗Z34>

IQ <Abk. für> *Intelligenzquotient*

Ir <Chem.; Zeichen für> *Iridium*

IR <Abk. für> *Interregio*

i. R. <Abk. für> *im Ruhestand*

I. R. <Abk. für> *Imperator Rex*

IRA <Abk. für engl.> *Irish Republican Army*

I'rak <m.; - od. -s; unz.> *Staat in Vorderasien; Republik ~;* **I'ra·ker** <m.; -s, ->; **I'ra·ke·rin** <f.; -, -n·nen>; **i'ra·kisch** <Adj.>

I'ran <m.; - od. -s; unz.> *Staat in Vorderasien; Islamische Republik ~;* **I'ra·ner** <m.; -s, ->; **I'ra·ne·rin** <f.; -, -n·nen>; **i'ra·nisch** <Adj.>; **I·ra'nist** <m.; -en, -en>; **I·ra'nis·tik** <f.; -; unz.> *Wissenschaft von den Sprachen u. Kulturen des Iran;* **I·ra'nis·tin** <f.; -, -n·nen>

'Ir·bis <m.; -s·ses, -s·se; Zool.> *Schneeleopard* [mongol.]

'ir·den <Adj.> *aus gebranntem Ton;* ~e *Schüsseln*

'ir·disch <Adj.> *weltlich, diesseitig*

'I·re <m.; -n, -n> *Einwohner von Irland*

I're·nik <f.; -; unz.; Theol.> *Friedenslehre* [grch.]; **i're·nisch** <Adj.> *friedfertig, friedliebend*

'ir·gend[1] <Adv.> *auf eine nicht näher zu bezeichnende Weise; wenn (es dir) ~ möglich (ist)* wenn (du) überhaupt (kannst); **'ir·gend**[2] <unbest. Pron.; undekl.; ↗Z19; erweitert mit "so"> ~ *so ein Kerl;* ~ *so etwas* etwas in der Art; **'ir·gend...** <↗Z19> 1 <in Zus., zur Bildung unbest. Pronomen> ~*ein Buch;* ~*eine Zeitung;* ~*einer wird es schon wissen; weiß* ~*wer Bescheid?; war* ~*jemand da?; gibt es* ~*etwas Neues?;* ~*welche verrückten Ideen; aus* ~*welcher leeren* <auch> *leerer Tüte;* ~*welches glatte(s) Papier* 2 <in Zus., zur Bildung unbest. Adv.> ~*einmal;* ~*wann;* ~*wie;* ~*wo;* ~*wo anders;* ~*wo sonst;* ~*woher;* ~*wohin;* ~*woran*

I'ri·di·um <n.; -s; unz.; Chem.; Zeichen: Ir> *chem. Element, Edelmetall*

I·ri·do·lo·ge <m.; -n, -n>; **I·ri·do·lo'gie** <f.; -; unz.> *Augendiagnose;* **I·ri·do·lo·gin** <f.; -, -n·nen>

'I·rin <f.; -, -n·nen> *Einwohnerin von Irland*

'I·ris <f.; -, -> 1 <Med.> *Regenbogenhaut* 2 <Bot.> *Schwertlilie* [grch.]

'i·risch <Adj.; ↗Z46> *Irland betreffend;* ~e *Musik;* <aber> *die Irische See;* ~-*römisches Bad* Dampfbad für Schwitzkuren; **I·rish-cof·fee**, <auch> **I·rish Cof·fee** <['airiʃ'kɔfi:]; m.; (-)-, (-)-s; ↗Z30> *Kaffee mit Schlagsahne u. einem Schuss Whisky* [engl.]; **I·rish·stew**, <auch> **I·rish Stew** <['airiʃ'stju:]; n.; (-)-od. (-)-s; unz.; ↗Z30; Kochk.> *gekochtes Hammelfleisch mit Weißkraut u. Kartoffeln*

i·ri'sie·ren <V. i.> *in Regenbogenfarben schillern* [grch.]

IRK <Abk. für> *Internationales Rotes Kreuz*

'Ir·land *Insel u. Staat in Nordwesteuropa*

Ir·mi·no·ne *Angehöriger eines der drei german. Stammesverbände;* → a. *Ingwäone, Istwäone*

I·ro'ke·se <m.; -n, -n> *Angehöriger eines Indianerstammes;* **I·ro'ke·sen·schnitt** <m.; -(e)s; unz.; umg.; scherzh.> *Frisur, bei der außer einem Haarmittelstreifen alle Haare abrasiert werden;* **I·ro'ke·sin** <f.; -, -n·nen>; **i·ro·'ke·sisch** <Adj.>

I·ro'nie <f.; -, -n> *versteckter Spott* [grch.]; **I'ro·ni·ker** <m.; -s, -> *ironischer Mensch;* **I'ro·ni·ke·rin** <f.; -, -n·nen>; **i'ro·nisch** <Adj.> *leicht spöttisch;* **i·ro·ni·'sie·ren** <V. t.>

irr <Adj.> = *irre*

Ir·ra·di·a·ti'on <f.; -, -en> 1 <Med.; Psych.> *Ausstrahlung (von Schmerzen, Gefühlen)* 2 <Fot.> *opt. Täuschung bei Hell-Dunkel-Kontrasten* [lat.]; **ir·ra·'die·ren** <V. i.> *ausstrahlen*

'ir·ra·ti·o·nal <Adj.> Ggs *rational* 1 *mit dem Verstand nicht erfassbar* 2 *vernunftwidrig* 3 <Math.> ~e *Zahl* [lat.]; **Ir·ra·ti·o·na'lis·mus** <m.; -; unz.> *philosoph. Lehre, die das Intuitive über das verstandesmäßig Begreifbare stellt;* Ggs *Rationalismus;* **Ir·ra·ti·o·na·li'tät** <f.; -; unz.>

'ir·re <Adj.; ↗Z22.2; Getrenntschreibung nur in Verbindung mit "sein"> *verrückt, verwirrt;* *eine* ~ *Geschwindigkeit* <fig.; umg.>; *ein* ~*r Blick;* ~ *sein;* <aber> → *irreführen, irregehen, irreleiten, irremachen, irreden, irrewerden;* oV *irr;* **'Ir·re** <f.; -; unz.> *Weglosigkeit, falsche Richtung; der Weg führt in die* ~; **'Ir·re(r)** <f. 2 (m. 1)> *geisteskranker Mensch*

ir·re·al <Adj.> *unwirklich;* Ggs *real* [lat.]; **'Ir·re·a·lis** <m.; -, -les; Gramm.> *Konjunktiv, der eine nur gedachte, nicht wirklich durchgeführte Handlung ausdrückt, z. B. "ich wäre gekommen, ich hätte es gelesen, wenn (nicht) ...";* → a. *Kasten Konjunktiv;* **Ir·re·a·li'tät** <f.; -; unz.>

Ir·re·den·ta <f.; -; unz.> *pol. Bewegung, die danach strebt, abgetrennte Gebiete wieder dem Mutterland anzugliedern* [ital.]; **Ir·re·den·tis·mus** <m.; -; unz.>; **ir·re·den·tis·tisch** <Adj.>

ir·re·du·zi·bel <Adj.; Philos.; Math.> *nicht zurückführbar;*

ein irreduzibler Satz; Ggs *reduzibel* [lat.]

'ir·rel·füh·ren <V. t.; ich führe irre; sie hat irregeführt; irrezuführen> → a. *irre* 1 *vom Weg abbringen* 2 jmdn. ~ *(bewusst) täuschen;* eine ~Angabe; <aber> eine in die Irre führende A.; **'ir·re·füh·rung** <f.; -, -en>; **'ir·rel·ge·hen** <V. i. (s.) 145> → a. *irre* 1 *sich verlaufen* 2 *sich täuschen*

'ir·re·gu·lär <a. [---'-]; Adj.> *regelwidrig;* Ggs *regulär* [lat.]; **'ir·re·gu·la·ri'tät** <f.; -, -en; geh.>

'ir·rellei·ten <V. t.; ich leite irre; sie hat irregeleitet; irrezuleiten> → a. *irre*

'ir·re·le·vant <[-v-]; Adj.> *unerheblich;* Ggs *relevant* [lat.]; **'ir·re·le·vanz** <f.; -; unz.>

'ir·re·li·gi·ös <Adj.> *nicht religiös;* Ggs *religiös;* **ir·re·li·gi·o·si'tät** <f.; -; unz.>

'ir·relma·chen <V. t./V. refl.; ich mache irre; sie hat irregemacht; irrezumachen> *verwirren, aus dem Konzept bringen;* → a. *irre;* **'ir·ren** <V.> 1 <V. i. (s.)> *ziellos, orientierungslos umhergehen;* durch den Wald ~ 2 <V. i./V. refl.> *falscher Meinung sein;* da irrst du (dich)!; Irren/<auch> ~ ist menschlich <Sprichw.>; **'ir·ren·an·stalt** <f.; -, -en; umg.; abwertend>; **'Ir·ren·haus** <n.; -es, ⸚er>

'ir·re·pa·ra·bel <Adj.> *irreparable Schäden;* Ggs *reparabel* [lat.]

ir·re·po'ni·bel <Adj.; Med.> *nicht wieder in die Lage zurückzubringen;* irreponible Gelenke; Ggs *reponibel* [lat.]

'ir·relre·den <V. i.; ich rede irre; sie hat irreregedet; irrezureden> *unvernünftige, wirre Reden führen;* → a. *irre;* **'Ir·re·sein** <n.; -s; unz.>

'ir·re·ver·si·bel <[-ver-]; a. [---'--]; Adj.> *nicht umkehrbar;* eine irreversible Entwicklung; Ggs *reversibel* [lat.]

'ir·relwer·den <V. i. (s.); ich werde irre; sie ist irregeworden; irrezuwerden> → a. *irre;* **'Irr·fahrt** <f.; -, -en>; **'Irr·gang** <m.; -(e)s, ⸚e>; **'Irr·gar·ten** <m.; -s, ⸚> *Labyrinth;* **'Irr·gast** <m.; -(e)s, ⸚e; Zool.> *Tier, das zufällig in ein ihm fremdes Gebiet gerät;* **'Irr-**

glau·be <m.; -ns; unz.>, **'Irr·glau·ben** <m.; -s; unz.>; **'ir·gläu·big** <Adj.>; **'Irr·gläu·big·keit** <f.; -; unz.>; **'ir·rig** <Adj.> *auf einem Irrtum beruhend;* er ist der ~en Ansicht, dass ...; **ir·ri·ger'wei·se** <Adv.>

ir·ri'ta·bel <Adj.; geh.> *reizbar, erregbar;* ein irritabler Mensch [lat.]; **Ir·ri·ta·bi·li'tät** <f.; -; unz.; geh.>; **Ir·ri·ta·ti'on** <f.; -, -en; geh.> 1 *Reizung, Erregung* 2 *Verunsicherung, Verwirrung;* **ir·ri'tie·ren** <V. t.> 1 *reizen, erregen* 2 *stören, verwirren*

'Irr·läu·fer <m.; -s, -> *an die falsche Adresse beförderter Gegenstand;* **'Irr·leh·re** <f.; -, -n> *falsche Glaubenslehre;* **'Irr·licht** <n.; -(e)s, -er> *flackernde Lichterscheinung, bes. über Sümpfen;* **'ir·rich·tern** <V. i.> es hat geirrlichtert; **'Irr·sinn** <m.; -s; unz.>; **'ir·rsin·nig** <Adj.> 1 *wahnsinnig, geistesgestört* 2 <fig.; umg.> *verrückt, unvernünftig;* ein ~er Plan; **'Irr·sin·nig·keit** <f.; -, -en; Pl. selten>; **'Irr·tum** <m.; -(e)s, ⸚er> *Fehler, Versehen;* **'irr·tüm·lich** <Adj.>; **irr·tüm·li·cher'wei·se** <Adv.>; **'Irr·weg** <m.; -(e)s, -e>; **'Irr·wisch** <m.; -(e)s, -e> 1 = *Irrlicht* 2 <fig.> *sehr lebhafter Mensch;* **'Irr·witz** <m.; -es; unz.>; **'irr·witzig** <Adj.> *hochgradig unvernünftig, verrückt;* ein ~es Tempo

i·sa'bell·far·ben, i·sa'bell·far·big <Adj.> *lehmfarben, graugelb* [nach der span. Königstochter *Isabella,* die ihr Hemd aufgrund eines Schwures nicht wechselte]

I·sa'tin <n.; -s; unz.; Chem.> *eine organ. Verbindung zur Herstellung indigoartiger Farbstoffe* [grch.]

ISBN <Abk. für> *Internationale Standardbuchnummer*

Is·chä'mie, <auch> **I·schä'mie** <[isçɛ-]od.[iʃɛ-]; f.; -, -n; ⤳Z54; Med.> *Blutmangel* [grch.]; **is·'chä·misch** <Adj.>

Is·chi·as, <auch> **I·schi·as** <['iʃias] od. ['isçias]; m. od. n.; fachspr. f.; -; unz.; ⤳Z54; Med.> *Schmerzen im Bereich des Hüftnervs* [grch.]; **'Is·chi·as·nerv**

<m.; -s od. (fachsprachl.) -en, -en>

Isch·u·rie, <auch> **I·schu·rie** <[isçu'ri:]od.[iʃu'ri:]; f.; -, -n; ⤳Z54; Med.> *Harnverhaltung* [grch.]

ISDN <Abk. für engl.> *Integrated Services Digital Network;* **ISDN-An·schluss** <m.; -es, ⸚e>; **ISDN-Netz** <n.; -es, -e>

'I·se·grim <m.; -s, -e> 1 <in der Tierfabel> *Wolf* 2 <fig.> *mürrischer Mensch*

Is'lam <a. ['--]; m.; - od. -s; unz.> *von Mohammed begründete monotheist. Religion* [arab.]

Is·la·ma'bad *Hauptstadt von Pakistan*

Is·la·mi·sa·ti'on <f.; -, -en> *Bekehrung zum Islam;* **is·la·'misch** <Adj.>; **is·la·mi'sie·ren** <V. t.>; **Is·la·mist** <m.; -en, -en>; **Is·la·'mis·tin** <f.; -, -n·nen>

'Is·land *Insel u. Staat im nördl. Atlantik;* Republik ~; **'Is·län·der** <m.; -s, ->; **'Is·län·de·rin** <f.; -, -n·nen>; **'Is·län·disch** <Adj.; ⤳Z46> *Island betreffend;* ~e Literatur; <aber> Isländisches Moos *eine Heilpflanze;* **'Is·land·po·ny** <n.; -s, -s; Zool.> *kleine, widerstandsfähige Pferderasse*

Is·ma·i'lit <m.; -en, -en> *Angehöriger einer schiitischen Sekte*

'Is·mus <m.; -, -men; iron.> *bloße Theorie* [nach den vielen auf *-ismus* gebildeten abstrakten Begriffen]

ISO <Abk. für engl.> *International Organization for Standardization*

i·so..., I·so... <in Zus.> *(an Zahl, Größe, Stärke, Bedeutung usw.) gleich..., Gleich...* [grch.]

I·so'ba·re <f.; -, -n; Kartogr.> *Verbindungslinie zw. Orten gleichen Luftdrucks* [grch.]

I·so'ba·the <f.; -, -n; Kartogr.> *Verbindungslinie zw. Punkten gleicher Wassertiefe* [grch.]

i·so·chrom <[-'kro:m]; Adj.> = *isochromatisch* [grch.]; **I·so·chro·ma'sie** <f.; -; unz.; Fot.> *Farbtonrichtigkeit;* **i·so·chro·'ma·tisch** <Adj.; Fot.> *farbtonrichtig*

i·so·chron <[-'kro:n]; Adj.> *gleich lang dauernd* [grch.]; **I·so'chro·ne** <f.; -, -n; Kartogr.> *Verbin-*

dungslinie zw. Orten, an denen ein Ereignis (z. B. Erdbeben) zur gleichen Zeit eintrat

i·so·dy'nam <Adj.> energetisch gleichwertig [grch.]; **I·so·dy·na·'mie** <f.; -, -n>; **I·so'dy·ne** <f.; -, -n; Phys.> Linie, die Punkte gleicher Kraft verbindet [grch.]

I·so·ga'mie <f.; -; unz.; Biol.> Fortpflanzung durch gleich gestaltete Geschlechtszellen [grch.]

i·so'gen <Adj.; Biol.> mit identischer Erbanlage [grch.]

I·so'glos·se <f.; -, -n; Kartogr.> Verbindungslinie zw. Gebieten mit gleichem Wortgebrauch [grch.]

I·so'gon <n.; -s, -e> regelmäßiges Vieleck [grch.]; **i·so·go'nal** <Adj.> gleichwinklig; **I·so'go·ne** <f.; -, -n; Meteor.> Verbindungslinie zw. Orten gleicher Windrichtung od. Deklination(3)

I·so·hy'e·te <f.; -, -n; Kartogr.> Verbindungslinie mit Orten gleicher Niederschlagsmenge [grch.]

I·so'hyp·se <f.; -, -n; Kartogr.> Höhenlinie [grch.]

I·so·la·ti'on <f.; -, -en> Absonderung [frz.]; **i·so·la·ti·o'nis·mus** <m.; -; unz.; bes. Pol.> Bestreben, sich abzusondern; **i·so·la·ti·o'nis·tisch** <Adj.>; **I·so·la·ti'ons·haft** <f.; -> Einzelhaft; **I·so'la·tor** <m.; -s, -'to·ren> elektr. nicht od. schlecht leitender Stoff; **I·so'lier·band** <n.; -(e)s, ²er>; **i·so'lie·ren** <V.> 1 jmdn. von anderen ~ absondern, getrennt halten 2 etwas ~ abdichten; **I·so'lier·sta·ti·on** <f.; -, -en; in Krankenhäusern>; **I·so'lie·rung** <f.; -, -en>

'I·so·li·nie <[-niə]; f.; -, -n; Kartogr.> Verbindungslinie zw. Punkten mit gleichen Merkmalen

'I·so·mat·te <f.; -, -n; kurz für> Isoliermatte

i·so'mer <Adj.; Chem.> Isomerie aufweisend [grch.]; **I·so'mer** <n.; -s, -e>, **I·so'me·re** <n. 3> Isomerie aufweisender Stoff; **I·so·me'rie** <f.; -; unz.> unterschiedl. Verhalten chem. Verbin-

dungen, obwohl Art u. Anzahl der Atome übereinstimmen

I·so·me'trie, <auch> **I·so·met'rie** <f.; -; unz.; ↗Z53> Maßgleichheit [grch.]; **i·so'me·trisch** <Adj.>

i·so'morph <Adj.> von gleicher Gestalt, gleichförmig (bes. bei Kristallen) [grch.]; **I·so·mor·'phie** <f.; -; unz.>; **I·so·mor·'phis·mus** <m.; -; unz.; Math.> umkehrbar eindeutige Zuordnung zwischen den Elementen zweier Mengen

i·so·pe·ri'me·trisch, <auch> **i·so·pe·ri'met·risch** <Adj.; ↗Z53; Geom.> von gleichem Umfang bzw. gleicher Oberfläche [grch.]

I·so'po·de <m.; -n, -n; Zool.> = Assel

I·so'pren, <auch> **I·sop'ren** <n.; -s; unz.; ↗Z53; Chem.> Stoff zur Herstellung von Kunstkautschuk

I·so'seis·te <f.; -, -n; Kartogr.> Verbindungslinie zw. Orten gleicher Erdbebenstärke [grch.]

I·so·sta'sie, <auch> **I·sos·ta'sie** <f.; -; unz.; ↗Z54; Geol.> Gleichgewichtszustand der Erdschollen [grch.]

i·so'therm <Adj.> bei gleicher Temperatur verlaufend [grch.]; **I·so'ther·me** <f.; -, -n; Kartogr.> Verbindungslinie zw. Orten gleicher Lufttemperatur

I·so'ton <n.; -s, -e; meist Pl.; Phys.> Atomkern, der bei unterschiedl. Protonenzahl die gleiche Anzahl Neutronen wie ein anderer enthält [grch.]; **i·so'to·nisch** <Adj.>

I·so'top <n.; -s, -e> Atomkern, der sich von einem anderen nur durch die Zahl seiner Neutronen unterscheidet [grch.]; **I·so·to·pen·di·a·gnos·tik**, <auch> **I·so·to·pen·di·ag·nos·tik** <f.; -; unz.; ↗Z53; Med.>; **i·so·to·pen·rein** <Adj.; Phys.>; **I·so'to·pen·tren·nung** <f.; -, -en; Phys.>

I·so'tron, <auch> **I·sot'ron** <n.; -(e)s, -e; ↗Z53> Gerät zur Isotopentrennung [grch.]

i·so'trop <Adj.> nach allen Richtungen gleiche physikal. Eigenschaften aufweisend [grch.]; **I·so·tro'pie** <f.; -; unz.>

I·so·ty'pie <f.; -; unz.; Chem.> gleiche Zusammensetzung u.

gleiche Kristallstruktur (von Stoffen)

'Is·ra·el Staat in Vorderasien; Staat ~; **Is·ra'e·li** <m.; -s, - od. (umg.) -s> Einwohner von Israel; **Is·ra'e·lin** <f.; -, -n·nen>; **is·ra'e·lisch** <Adj.>; **Is·ra'e·lit** <m.; -en, -en> Angehöriger eines der semit. Stämme im alten Palästina; **is·ra·e'li·tisch** <Adj.>

'Ist·auf·kom·men <n.; -s, -; ↗Z36> tatsächlicher Steuerertrag; **'Ist·be·stand** <m.; -(e)s, ²e> tatsächlicher Kassenbestand; Ggs Sollbestand; **'Ist·gleich·zei·chen** <n.; -s, -> Sy Gleichheitszeichen

'isth·misch <Adj.; ↗Z46> zum Isthmus gehörend; <aber> Isthmische Spiele <im Altertum> [grch.]; **'Isth·mus** <m.; -, -men> Landenge, bes. die von Korinth

'Ist·stär·ke <f.; -, -n; ↗Z36; Mil.> die in einer Einheit tatsächlich vorhandenen Soldaten

Ist·wä'o·ne <m.; -n, -n> Angehöriger eines der drei german. Stammesverbände; → a. Ingwäone, Irminone

'Ist·wert <m.; -(e)s, -e; ↗Z36> tatsächlicher Wert; Ggs Sollwert

it. <Abk. für> item

i. T. <Lebensmittelrecht; auf Verpackungen Abk. für> in (der) Trockenmasse, Trockensubstanz; oV i. Tr.

'I·ta·ker <m.; -s, -; abwertend> Italiener; **'I·ta·la** <f.; -; unz.> älteste lat. Bibelübersetzung [lat.]; **I'ta·ler** <m.; -s, -> Einwohner des antiken Italien; **i·ta·li·a·ni·'sie·ren** <V. t.> nach italien. Muster gestalten; **I·ta·li·a'nis·mus** <m.; -, -men> in eine andere Sprache übernommene italien. Spracheigentümlichkeit; **I'ta·li·en** Staat in Südeuropa; Italienische Republik; **I·ta·li'e·ner** <m.; -s, ->; **I·ta·li'e·ne·rin** <f.; -, -n·nen>; **i·ta·li'e·nisch** <Adj.; ↗Z46> Italien betreffend; die ~e Sprache; das Italienische; ~er Wein; <aber> die Italienische Republik; **I·ta·li·enne** <[-'ɛn]; f.; -; unz.; Typ.> eine Schriftart; **I'ta·li·ker** <m.; -s, -> = Italer; **I·ta·lique** <[-'lik]; f.; -; unz.; Typ.; frz. Bez. für> Kursivschrift; **i'ta·lisch** <Adj.> das Italien des Altertums betreffend;

I'ta·lo·wes·tern <m.; -s, -> *ein in Italien gedrehter Western*

I·ta'zis·mus <m.; -; unz.> *Aussprache des altgrch. Buchstabens H als i statt als e*

'i·tem <Adv.; veralt.; Abk.> it.> *desgleichen, ebenso* [lat.]; 'I·tem[1] <n.; -s, -s; veralt.> *das Weitere*

I·tem[2] <['aitəm]; n.; -s, -s> *Einzelaufgabe, Bestandteil (eines Tests)* [engl.]

I·te·ra·ti'on <f.; -, -en> 1 <Sprachw.> *Verdopplung, Wiederholung einer Silbe od. eines Wortes, z. B. jaja, soso* 2 <Math.> *schrittweises Rechenverfahren zur Annäherung an die Lösung einer Gleichung* [lat.]; i·te·ra'tiv <Adj.> *wiederholend, verdoppelnd;* → a. *Kasten Aktionsart;* I·te·ra'tiv <n.; -s, -e; Gramm.> *Verb, das die Wiederholung eines Geschehens ausdrückt, z. B. "kränkeln" (oft ein wenig krank sein)*

...'i·tis <Nachsilbe; Med.; zur Bez. für> *Entzündung, z. B. Bronchitis, Gastritis*

i. Tr. = *i. T.*

'i·Tüp·fel·chen <n.; -s, -; ⟋Z34>; 'i·Tüp·ferl <n.; -s, -n; österr.>; 'i·Tüp·ferl·Rei·ter <m.; -s, -; ⟋Z33>; österr. *Pedant*

itzt <Adv.; veralt.> = *jetzt*

IUPAC <⟋Z56; Abk. für engl.> *International Union of Pure and Applied Chemistry*

IUPAP <⟋Z56; Abk. für engl.> *International Union of Pure and Applied Physics*

i. V., I. V. <Abk. für> *in Vertretung;* <zur Klein- bzw. Großschreibung → i. A., I. A.>

IVF <Abk. für> *In-vitro-Fertilisation*

'I·wan <m.; -s, -s; volkstüml.> *Russe* [nach dem häufigen russ. Vornamen]

Iw'rith <n.; - od. -s; unz.> *Neuhebräisch, Amtssprache in Israel*

I

J

j <n.; -, - od. (umg.) -s> *ein Buchstabe*

J 1 <n.; -, - od. (umg.) -s> *ein Buchstabe 2* <Chem.; früher Zeichen für> *Jod 3* <Phys.; Zeichen für> *Joule*

ja <Partikel> ach ~!; ~ doch!; ~ freilich!; aber ~!; na ~; nun ~; **Ja** <n.; -, - od. (selten) -s> *zustimmende Antwort;* mit ~ oder Nein stimmen; zu allem ~ und Amen/<auch> ja und amen sagen *mit allem einverstanden sein;* zu etwas ~/<auch> ja sagen; mit einem deutlichen ~ antworten; das ~ und das Nein bedenken *das Für und Wider*

Jab <[dʒæb] m.; -s, -s> Boxen> *kurzer, hakenartiger Schlag* [engl.]

Ja·bot <[ʒa'bo:] n.; -s, -s> *Krause an elegganten Hemden od. Blusen* [frz.]

Jacht <f.; -, -en> *luxuriöses (Segel-)Schiff für Sport- und Vergnügungsfahrten;* oV *Yacht;* **'Jacht·klub** <m.; -s, -s>

'Jäck·chen <n.; -s, -; Verkleinerungsf. von> *Jacke;* **'Ja·cke** <f.; -, -n> *ein Oberbekleidungsstück* [frz.-arab.]; **'Ja·cken·kleid** <n.; -(e)s,-er>

Ja·cket·kro·ne <['dʒækit-]; f.; -, -n> *einen abgeschliffenen Zahn umhüllende Krone* [engl.]

Ja·ckett <[ʒa'kɛt]; n.; -s, -s od. (selten) -e> *Jacke zum Herrenanzug* [frz.]; **Ja'ckett·ta·sche** <f.; -, -n; ↗Z37>

'Jäck·lein <n.; -s, -; poet.; Verkleinerungsf. von> *Jacke*

Jack·pot <['dʒækpɔt]; m.; -s, -s> **1** <Poker> *gemeinsamer Spieleinsatz 2* <Lotto; Toto> *hohe Gewinnsumme aus mehreren Spielen;* den ~ knacken <umg.> [engl.]

Jack·stag <['dʒæk-]; n.; -s, -e od. -en; Seemannsspr.> *Laufschie-*

ne zum Festmachen der Segel [engl.-ndrl.]

Jac·quard <[ʒa'ka:r]; m.; -s, -s; Textilw.> *Gewebe mit großem Muster* [nach dem Franzosen J. M. *Jacquard*]; **Jac'quard·ge·we·be** <n.; -s, -; Textilw.>

'Ja·de <f.; -; unz. od. m.; - od. -s; unz.> *ein grüner Schmuckstein;* **'ja·de·grün** <Adj.>; **'ja·den** <Adj.; selten> *aus Jade*

Jagd <f.; -, -en> **1** *das Jagen u. Erlegen von Wild 2* <kurz für> *Jagdrevier 3* <fig.> *Verfolgung;* Verbrecher~; Schnäppchen~; **'Jagd·auf·se·her** <m.; -s, ->; **'jagd·bar** <Adj.> ~es Wild; **'Jagd·be·am·te(r)** <m. 1>; **'jagd·be·rech·tigt** <Adj.> hier ist er ~, <aber> zur Jagd berechtigt; **'Jagd·be·rech·ti·gung** <f.; -; unz.>; **'Jagd·bom·ber** <m.; -s, -; Mil.> *Jagd- u. Bombenflugzeug;* **'Jagd·flie·ger** <m.; -s, -; Mil.> *Pilot eines Jagdflugzeuges;* **'Jagd·flug·zeug** <n.; -(e)s, -e; Mil.>; **'Jagd·fre·vel** <m.; -s, ->; **'Jagd·ge·schwa·der** <n.; -s, -; Mil.>; **'Jagd·ge·wehr** <n.; -(e)s, -e>; **'Jagd·grund** <m.; -(e)s, ⸚e> *Jagdrevier;* <meist in der Wendung> in die ewigen Jagdgründe eingehen *sterben;* **'Jagd·haus** <n.; -es, ⸚er>; **'Jagd·horn** <n.; -(e)s, ⸚er> *ein Signalinstrument;* **'Jagd·hund** <m.; -(e)s, -e>; **'Jagd·hüt·te** <f.; -, -n>; **'jagd·lich** <Adj.> *die Jagd betreffend;* **'Jagd·mes·ser** <n.; -s, ->; **'Jagd·recht** <n.; -(e)s; unz.>; **'Jagd·ren·nen** <n.; -s, -; Reitsp.>; **'Jagd·re·vier** <[-vi:r]; n.; -s, -e>; **'Jagd·schein** <m.; -(e)s, -e>; **'Jagd·sprin·gen** <n.; -s, -; Reitsp.>; **'Jagd·we·sen** <n.; -s; unz.; Mil.>; **'Jagd·wurst** <f.; -, ⸚e> *eine Art Brühwurst;* **'Jagd·zeit** <f.; -, -en>

Ja·gel'lo·ne <m.; -n, -n> = *Jagiellone*

'ja·gen <V.> **1** <V. t.> *ein Lebewesen ~ verfolgen, hetzen;* ein Ereignis jagt das andere <fig.> **2** <V. i.> *auf die Jagd gehen, die Jagd betreiben;* **'Ja·gen** <n.; -s, -; Forstw.> *Teil des Forstes;* **'Jä·ger** <m.; -s, -> **1** *jmd., der auf Jagd geht;* Schnäppchen~ <fig.; umg.> **2** <Mil.> *Jagdflugzeug;* **Jä·ge'rei** <f.; -; unz.> *Jagdwe-*

sen; **'Jä·ge·rin** <f.; -, -n·nen>; **'Jä·ger·la·tein** <n.; -s; unz.; fig.; scherzh.> *prahlerisches Erzählen von Jagdabenteuern;* **'Jä·ger·meis·ter** <m.; -s, ->; **'Jä·ger·prü·fung** <f.; -, -en>; **'Jä·ger·schnit·zel** <n.; -s, -; Kochk.> *mit Pilzen zubereitetes Schnitzel;* **'Jä·gers·mann** <m.; -(e)s, -leu·te; volkstüml.> *Jäger;* **'Jä·ger·spra·che** <f.; -; unz.>; **'Jä·ger·tee** <m.; -s, -s; österr.> *Tee mit Schnaps;* **'Jä·ger·zaun** <m.; -; (e)s, ⸚e>

Ja·gi·el'lo·ne <m.; -n, -n> *Angehöriger eines lit.-poln. Königsgeschlechtes;* oV *Jagellone*

'Ja·gu·ar <m.; -s, -e; Zool.> *eine Raubkatze* [Tupí]

jäh <Adj.> **1** *unerwartet, überraschend 2* *steil abfallend;* ein ~er Abgrund; **'Jä·he** <f.; -; unz.; selten> *steile Stelle;* **'jäh·heit** <f.; -; unz.>; **'jäh·lings** <Adv.> *jäh*

Jahr <n.; -(e)s, -e> *Zeitraum von zwölf Monaten;* ~ für ~ *alljährlich;* er wird von ~ zu ~ dicker; seit ~ und Tag *schon immer;* über ~ u. Tag; vor ~en; noch nach ~en von etwas reden; Kinder unter 14 ~en; in die ~e kommen *allmählich alt werden;* im ~(e) <Abk.: i. J.> 1648; im Sommer dieses ~es <Abk.: d. J.>; im Herbst laufenden ~es <Abk.: lfd. od. l. J.>, künftigen ~es <Abk.: k. J.>, nächsten ~es <Abk.: n. J.>, vorigen ~es <Abk.: v. J.>; ohne ~ <Abk. o. J.>; **jahr'aus** <Adv.; nur in der Wendung> ~, jahrein *immer wieder, immerzu;* **'Jahr·buch** <n.; -(e)s, ⸚er; Abk.: Jb.>; **'Jähr·chen** <n.; -s, -; scherzh. od. verhüllend; Verkleinerungsf. von> *Jahr;* **jahr'ein** <Adv.> → *jahraus;* **'jah·re·lang** <Adj.> *während eines Zeitraums von mehreren Jahren;* sie hat ihn ~ gepflegt; <aber> sie hat ihn mehrere Jahre lang gepflegt; **'jäh·ren** <V. refl.> sich ~ *sich vor einem Jahr zugetragen haben;* **'Jah·res·a·bon·ne·ment** <[-n(ə)mã]; n.; -s, -s>; **'Jah·res·ab·schluss** <m.; -es, ⸚e>; **'Jah·res·an·fang** <m.; -(e)s, ⸚e; Pl. selten>; **'Jah·res·aus·gleich** <m.; -(e)s, -e; kurz für> *Lohnsteuerjahresausgleich;* **'Jäh·res·bei·trag** <m.; -(e)s,

~e>; **'Jah·res·be·richt** <m.; -(e)s, -e>; **'Jah·res·best·zeit** <f.; -, -en; Sp.>; **'Jah·res·durch·schnitt** <m.; -(e)s; unz.>; **'Jah·res·ein·kom·men** <n.; -s, ->; **'Jah·res·en·de** <n.; -s, -n; Pl. selten>; **'Jah·res·frist** <f.; -; unz.> binnen ~ *bevor ein Jahr vorübergeht;* **'Jah·res·ge·halt** <n.; -(e)s; Pl.>; **Jah·res·haupt·ver·samm·lung** <f.; -, -en>; **'Jah·res·kar·te** <f.; -, -n>; **'Jah·res·ring** <m.; -(e)s, -e; meist Pl.; an Baumstämmen>; **'Jah·res·schluss** <m.; -es, ~e; Pl. selten> zum ~; **'Jah·res·tag** <m.; -(e)s, -e> *jährlich wiederkehrender Gedenktag;* **'Jah·res·um·satz** <m.; -es, ~e>; **'Jah·res·wa·gen** <m.; -s, ->; **'Jah·res·wech·sel** <[-ks-]; m.; -s, ->; **'Jah·res·wen·de** <f.; -, -n>; **'Jah·res·zahl** <f.; -, -en>; **'Jah·res·zeit** <f.; -, -en>; **'jah·res·zeit·lich** <Adj.>; **'Jahr·fei·er** <f.; -, -n; bes. in Zus.> die Siebenhundert~, <in Ziffern> 700-~; oV *Jahresfeier;* **Jahr'fünft** <n.; -(e)s, -e> *Zeitraum von fünf Jahren;* **'Jahr·gang** <m.; -(e)s, ~e; Abk.: Jg., Pl. Jgg.>; **'Jahr·gän·ger** <m.; -s, -> er ist mein ~ <österr.; schweiz.> *im selben Jahr geboren wie ich;* **'Jahr·gän·ge·rin** <f.; -, -n·nen; österr.; schweiz.>; **Jahr'hun·dert** <n.; -s, -e; Abk.: Jh.>; **jahr·'hun·der·te·alt** <Adj.> *mehrere hundert Jahre alt;* ein ~es Bauwerk; <aber> das Bauwerk ist bereits mehrere Jahrhunderte alt; **jahr'hun·der·te·lang** <Adj.>; **Jahr'hun·der·te·eig·nis** <n.; -s·ses, -s·se>; **Jahr'hun·dert·fei·er** <f.; -, -n>; **Jahr'hun·dert·som·mer** <m.; -s, -; umg.> *ein (so schöner, so heißer) Sommer, wie er nur alle hundert Jahre einmal vorkommt;* **Jahr'hun·dert·wein** <m.; -(e)s, -e>; **Jahr'hun·dert·wen·de** <f.; -, -n>; **Jahr'hun·dert·werk** <n.; -(e)s, -e>; **'jäh·rig** <Adj.; österr.> ein ~es Fohlen; **...jäh·rig** <Adj.; ↗Z34; in Zus.> ein dreijähriges, <in Ziffern> 3-~es Kind; alle Dreijährigen, <in Ziffern> 3-Jährigen; **'Jähr·lein** <n.; -s, -; poet.; selten> Verkleinerungsf. von~ *Jahr;* **'jähr·lich** <Adj.> *je·des Jahr sich wiederholend;* die

~en Kosten; zweimal ~; **...jähr·lich** <Adj.; in Zus.> die alljähr·lich sich stellende Frage; der Betrag wird vierteljährlich ab·gebucht; **'Jähr·ling** <m.; -s, -e> *einjähriges Tier;* **'Jahr·markt** <m.; -(e)s, ~e> *jährlich stattfin·dendes Volksfest;* **'Jahr·markts·bu·de** <f.; -, -n>; **Jahr·mil·li·o·nen** <Pl.> vor ~; **Jahr'tau·send** <n.; -s, -e>; **Jahr'tau·send·fei·er** <f.; -, -n>; **Jahr'tau·send·wen·de** <f.; -, -n>; **Jahr'zehnt** <n.; -(e)s, -e>; **jahr'zehn·te·lang** <Adj.> ~es Warten; <aber> zwei Jahrzehnte lang warten

'Jah·ve, 'Jah·we <im AT> *Name Gottes*

'Jäh·zorn <m.; -(e)s; unz.> *plötzl., heftiger Wutanfall;* **'jäh·zor·nig** <Adj.>

Jai'nis·mus <[ʒai-]; m.; -; unz.> *streng asketische ind. Religion;* oV *Dschainismus* [Sanskrit]; **jai·'nis·tisch** <Adj.>

Jak <m.; -s, -s; Zool.> *langhaari·ges asiat. Hochgebirgsrind;* oV *Yak* [tibet.]

Ja·ka·ran·da·holz <n.; -es; unz.> *Palisander (aus Brasilien)* [bra·silian.]

Ja'kar·ta <[ʒa-]> *Hauptstadt von Indonesien*

'Ja·ko <m.; -s, -s; Zool.> *eine Pa·pageienart* [frz.]

'Ja·kob <in der umg. Wendung> das ist nicht der wahre ~ *nicht das Richtige,* <oder> *der Wahre* <oder> *die echte Art.> Jakobstag, 25. Juli;* an, zu ~; **Ja·ko'bi·ner** <m.; -s, -> *Mit·glied eines polit. Klubs in der Frz. Revolution;* **Ja·ko'bi·ner·müt·ze** <f.; -, -n> *Freiheitssym·bol der frz. Revolutionäre;* **ja·ko·'bi·nisch** <Adj.>; **'Ja·kobs·lei·ter** <f.; -, -n> 1 <unz.; nach dem 1. Buch Mosis> *Himmelsleiter (die Jakob im Traum erblickte)* 2 <Seemannsspr.> *Strickleiter;* **'Ja·kobs·mu·schel** <f.; -, -n; Zool.> *eine essbare Kammmu·schel*

Ja·ku·te <m.; -n, -n> *Angehöriger eines Turkvolkes;* **ja·ku·tisch** <Adj.> ~e Sprache

Ja·lon <[ʒa'lɔ̃]; m.; -s, -s> *Ab·steckpfahl (für Vermessungen)* [frz.]

Ja·lou·set·te <[ʒalu'zɛtə]; f.; -, -n> *Jalousie aus Aluminiumla·*

mellen [frz.]; **Ja·lou·sie** <[-'zi:]; f.; -, -n [-iən]> *rollladenähn·li·cher Fensterschutz*

Ja'mai·ka *Staat in der Karibik;* **Ja·mai'ka·ner** <m.; -s, -> *Ein·wohner von Jamaika;* **Ja·mai·'ka·ne·rin** <f.; -, -n·nen>; **ja·mai·'ka·nisch** <Adj.>

'Jam·be <f.; -, -n; Metrik> = *Jam·bus;* **'jam·bisch** <Adj.; Metrik>

Jam·bo·ree <[dʒæmbə'ri:]; n.; -s, -s> 1 *internat. Pfadfindertreffen* 2 *laute, vergnügliche Zusam·menkunft* [engl.]

'Jam·bus <m.; -, 'Jam·ben; Met·rik> *ein Versfuß* [grch.]

James Grieve <[ˈdʒeimz 'gri:v]; m.; --, --; Bot.> *eine Apfelsorte* [nach dem engl. Züchter]

'Jam·mer <m.; -s; unz.> 1 *lautes Klagen* 2 *Elend, Verzweiflung;* **'Jam·mer·bild** <n.; -(e)s, -er> *Mitleid erregender Anblick;* **'Jam·mer·ge·stalt** <f.; -, -en>; **'Jam·mer·lap·pen** <m.; -s, -; umg.; abwertend> *feiger Mensch;* **'jäm·mer·lich** <Adj.>; **'Jäm·mer·ling** <m.; -s, -e; umg.; abwertend> = *Jammerlappen;* **'jam·mern** <V.; ich jammere> 1 <V. i.> *laut klagen* 2 <V. t.> er jammert mich <veralt.> *ich be·mitleide ihn;* **'jam·mer·scha·de** <Adv.; verstärkend>; **'Jam·mer·tal** <n.; -(e)s; unz.; geh.> *das ir·dische Leben;* **'jam·mer·voll** <Adj.>

Jam·ses·sion, <auch> Jam Ses·sion <[ˈdʒæm ˈsɛʃn]; f.; (-)-, (-)-s; ↗Z30> *Zusammenkunft von Jazzmusikern zum gemein·samen Musizieren* [engl.]

'Jams·wur·zel <f.; -, -n; Bot.> *ei·ne trop. Staudenpflanze;* oV *Yamswurzel*

Jan. <Abk. für> *Januar*

Ja·ni'tschar, <auch> Ja·nit·'schar <m.; -en, -en; ↗Z54> *Angehöriger der ehem. Kern·truppe des türk. Sultans* [türk.]; **Ja·ni'tscha·ren·mu·sik** <f.; -; unz.>

'Jan·ker <m.; -s, -; bair.; österr.> *wollene Trachtenjacke*

'Jän·ner <m.; -s, -; österr.> *Janu·ar*

Jan·se'nis·mus <m.; -; unz.; 17./18. Jh.> *religiöse Bewegung in Frankreich* [nach C. *Jan·sen(ius), Bischof von Ypern];*

Jan·se'nist <m.; -en, -en>; **jan·se'nis·tisch** <Adj.>

'Ja·nu·ar <m.; - od. -s, -e; Abk.> Jan.> *der erste Monat im Jahr*

'Ja·nus·kopf <m.; -(e)s, ⸚e> *doppelgesichtiger Männerkopf* [nach *Janus*, dem altröm. Gott der Türen u. Eingänge]; **'ja·nus·köp·fig** <Adj.>

'Ja·pan *Staat in Ostasien;* **Ja'pa·ner** <m.; -s, -->; **Ja'pa·ne·rin** <f.; -, -n·nen>; **ja'pa·nisch** <Adj.; ↗Z46> ~e Kunst; die ~e Sprache; <aber> das Japanische Meer; das Japanische; **Ja·pa·no·lo·ge** <m.; -n, -n>; **Ja·pa·no·lo·gie** <f.; -; unz.> *Wissenschaft von der jap. Sprache, Kultur u. Literatur;* **Ja·pa·no'lo·gin** <f.; -, -n·nen>; **Ja·pan·pa·pier** <n.; -s; unz.> *ein seidig glänzendes Papier, ein ~* <frz. [ʒapɔ̃-]; m.; -; unz.> *(um die Jahrhundertwende aufkommender) Einfluss der jap. Kunst auf die europ. Malerei*

'jap·pen <V. i.; norddt.> = *japsen*

Japs <m.; -en, -en od. -e; umg.; scherzh.> *Japaner*

'jap·sen <V. i.; du japst; umg.> *schnell u. heftig atmen; nach Luft ~*

Jar·di·ni·e·re <[ʒardi'njɛːrə]; f.; -, -n> *Blumenschale* [frz.]

Jar·gon <[ʒar'gɔ̃]; m.; -s, -s> *umgangsspr. Ausdrucksweise einer best. Berufsgruppe od. gesellschaftl. Schicht;* Sy Slang [frz.]

Ja·ro·wi·sa·ti'on <f.; -; unz.> *Verfahren zur Steigerung des Pflanzenwachstums* [russ.]; **ja·ro·wi'sie·ren** <V. t.>

'Ja·sa·ger <m.; -s, -->

Jas'min <m.; -s, -e; Bot.> *ein stark duftender Zierstrauch* [pers.]

'Jas·pis <m.; - od. -s·ses, -s·se; Min.> *ein Schmuckstein* [assyr.]

Jass <m.; -es; unz.> *ein Schweizer Kartenspiel;* **'jas·sen** <V. i.; du jasst> *Jass spielen;* wir haben lange gejasst

'Ja·stim·me <f.; -, -n>

'jä·ten <V. t.> Unkraut ~ *auszupfen*

'Jau·che <f.; -, -n> *Flüssigdünger aus tier. Ausscheidungen;* **'Jau·che·gru·be** <f.; -, -n>; **'jau·chen** <V. t. u. V. i.> (die Felder) ~ *mit*

Jauche düngen; **'jau·chig** <Adj.> ~es Nass

'jauch·zen <V. i.; du jauchzt> *jubeln;* **'Jauch·zer** <m.; -s, -> *Jubelruf*

'jau·len <V. i.> *laut winseln* (von Hunden)

'Jau·se <f.; -, -n> österr.> *Zwischenmahlzeit, Imbiss* [slowen.]; **'jau·sen** <V. i.; du jaust; österr.> *Brotzeit machen;* gut gejaust haben; oV *jausnen;* **'Jau·sen·sta·ti·on** <f.; -, -en>; **'Jau·sen·zeit** <f.; -; unz.>; **'jaus·nen** <V. i.; österr.> = *jausen*

'Ja·va <[-va] od. ['dʒa:va]> 1 *eine der großen Sundainseln* 2 <EDV; Warenz.> *eine Programmiersprache;* **Ja'va·ner** <m.; -s, ->; **Ja'va·ne·rin** <f.; -, -n·nen>; **ja'va·nisch** <Adj.>

ja'wohl <Adv.; verstärkend> *ja;* **'Ja·wort** <n.; -(e)s, -e> *Zustimmung zur Heirat;* jmdm. das ~ geben

Jazz <[dʒæs]; m.; -; unz.> *aus Volksliedern der nordamerikan. Schwarzen hervorgegangener Musikstil* [engl.]; **'Jazz·band** <[-bænd]; f.; -, -s> *Jazzgruppe;* **'Jazz·dance** <[-da:ns] od. amerikan. [-dæns]; m.; -; unz.> *zu Jazzmusik entwickelter Tanzstil;* **'jaz·zen** <V. i.; du jazzt; umg.> *Jazzmusik spielen;* **'Jaz·zer** <a. ['dʒæsə(r)]; m.; -s, -; umg.> *Jazzmusiker,* **'Jazz·fan** <[-fæn]; m.; -s, -s>; **'Jazz·fes·ti·val** <[-vəl]; n.; -s, -s>; **'Jazz·gym·nas·tik** <f.; -; unz.>; **'Jazz·ka·pel·le** <f.; -, -n>; **'Jazz·kel·ler** <m.; -s, ->; **'Jazz·mu·si·ker** <m.; -s, ->; **'Jazz·mu·si·ke·rin** <f.; -, -n·nen>

Jb. <Abk. für> *Jahrbuch*

je¹ <Adv.> 1 *jemals;* wer hätte das ~ gedacht!; mehr als ~ zuvor; es ist schlimmer denn ~; seit eh und ~ *schon immer* 2 *jeweils;* er gab ihnen ~ fünf Euro; zwölf Euro Eintritt ~ Person; ~ vier Kinder bilden eine Gruppe 3 <drückt die Abhängigkeit von best. Umständen aus> ~ nachdem, wann ich fertig bin; der Preis ist ~ nach Größe unterschiedlich; **je²** <Konj.; vor Komparativen> ~ eher, desto besser; ~ älter er wird, umso schrulliger

wird er; **je³** <Int.> ach ~!; o ~! *(Ausruf des Bedauerns od. Schreckens)*

Jeans <[dʒi:nz]; Pl.; a. Sg. f.; -, -> *Freizeithose aus widerstandsfähigem Baumwollstoff;* Sy Bluejeans [amerikan.]; **'jeans·far·ben**, **'jeans·far·big** <Adj.>; **'Jeans·ja·cke** <f.; -, -n>

jeck <Adj.; bes. rhein.> *närrisch, verrückt;* **Jeck** <m.; -en, -en; rhein.> *(Fastnachts-)Narr*

'je·de(r, -s) <Indefinitpron.> *der, die, das Einzelne aus einer Gesamtheit;* ~s der Kinder; ein ~r <verstärkend>; ~r Zweite; ~r Beliebige; ~r Einzelne; ~s Mal; auf ~n Fall *unter allen Umständen;* es kann ~n Augenblick regnen <umg.> *gleich;* alles und ~s <verstärkend>; du kannst zu ~r Zeit anrufen (→ a. *jederzeit);* ~s neue Buch; am Ende ~s/<auch> ~n Jahres; <aber nur> am Ende eines ~n Jahres; von ~m neuen Buch; **'je·den·falls** <Partikel> *zumindest;* er weiß nichts Neues, ~ hat er nichts erzählt; **'je·der·lei** <Adj.; undekl.> *von jeder Art;* auf ~ Weise; **'je·der·mann** <Indefinitpron.; verstärkend> *jeder;* das ist nicht ~s Sache *das mag nicht jeder;* <aber> jeder Mann ab 65; **'je·der·zeit** <Adv.> *immer;* du bist hier ~ willkommen; → a. *je·de(r, -s);* **'je·des·ma·lig** <Adj.; selten>

je'doch <Konj.> *aber*

jed'we·de(r, -s) <a. ['---]; Indefinitpron.; veralt.> = *jede(r, -s)*

Jeep <[dʒi:p]; m.; -s, -s; Warenz.> *kleiner Geländekraftwagen (für mil. Zwecke)* [engl.]

'jeg·li·che(r, -s) <Indefinitpron.> = *jede(r, -s)*

'je·her <Adv.> das war von ~ klar *schon immer*

Je'ho·va <[-va]; falsche Lesart für> *Jahve*

jein <Adv.; umg.; scherzh.> *halb ja, halb nein*

Je'län·ger·je'lie·ber <m. od. n.; -s, -; Bot.> = *Geißblatt*

'je·mals <Adv.> *irgendwann;* ob er das ~ schaffen wird?

'je·mand <Indefinitpron.; Gen.: -(e)s; Dat. -em od. -; Akk.: -en od. -; nur substantivisch> *eine nicht näher bestimmte Person;*

das ist ~ anders/<auch> anderer; das stammt von ~ anders/<auch> anderem; ich frage ~ anders/<auch> anderen; ~ Fremdes/<auch> Fremder; ein gewisser Jemand; → a. *irgendjemand*

'**Je·men** <m.; - od. -s; unz.; meist ohne Art.> *Staat in Vorderasien;* Republik ~; **Je·me·nit** <m.; -en, -en> *Einwohner von Jemen;* **je·me·ni·tin** <f.; -, -n·nen>; **je·me·'ni·tisch** <Adj.>

'**je·mi·ne** <Int.> *(Ausruf des Schreckens)* [entstellt aus lat. *Jesu domine!*]

Jen <n.; -s, -> = *Yen*

'**Je·na** *Stadt in Thüringen;* '**Je·na·er**¹ <m.; -s, ->; '**Je·na·er**² <Adj.; ↗Z 49> *aus Jena stammend;* ~ Glas; '**Je·na·e·rin** <f.; -, -n·nen>; '**je·na·isch** <Adj.>

'**je·ne(r, -s)** <Demonstrativpron. 6> *der, die das vorher Erwähnte, Entferntere;* bald dieser, bald ~r; dies und ~s *alles Mögliche;* in ~m Jahr

Je'nen·ser <m.; -s, -> = *Jenaer;* **Je'nen·se·rin** <f.; -, -n·nen>

'**je·nisch** <Adj.> 1 *schlau, gewitzt* 2 ~e *Sprache Gaunersprache*

'**jen·sei·tig** <Adj.> *gegenüberliegend;* am ~en Ufer; Ggs *diesseitig;* '**jen·seits** <Präp.; m. Gen.> *auf der anderen Seite;* ~ der Grenze; Ggs *diesseits;* '**Jen·seits** <n.; -; unz.; Rel.> *das überirdische Leben, das Reich der Toten*

Je·re·mi'a·de <f.; -, -n> *Klagelied* [nach dem Propheten *Jeremias*]

Je·rez <['xerəθ]; m.; -, -> = *Sherry* [nach der span. Stadt *Jerez* de la Fontera]

'**Je·ri·cho·ro·se** <f.; -, -n; Bot.> *eine Wüstenpflanze* [nach der Stadt *Jericho* im Westjordanland]

Jer·sey <['dʒɔːsi]; m.; -s, - od. -s; Textilw.> *ein weiches Gewebe* [nach einer brit. Insel]

Je'ru·sa·lem *Hauptstadt von Israel*

Je'schi·wa <f.; -, -s od. -wot> *jüdische Talmudschule* [hebr.]

Je·su'it <m.; -en, -en>; **Je·su'i·ten·tum** <n.; -s; unz.>; **je·su'i·tisch** <Adj.>; '**Je·sus Chris·tus** <['kris-]; Gen.: Jesu Christi; Dat.: - - od. Jesu Christo; Akk.: - od. Jesum Christum>; '**Je-**

---

sus·kind <n.; -(e)s; unz.>; '**Je·sus·lat·schen** <Pl.; umg.; scherzh.> *einfache Ledersandalen;* **Je·sus Peo·ple,** <auch> **Je·sus Peop·le** <['dʒiːsəs piːpl]; Pl.; ↗Z 53> *religiöse Jugendbewegung in den USA* [engl.]

Jet <[dʒɛt]; m.; - od. -s, -s> *Düsenflugzeug* [engl.]; '**Jet·bag** <[-bæg]; m.; -s, -s> *Dachkoffer für Pkw,* '**Jet·lag** <[-læg]; m.; -s, -s> *Beschwerden nach dem Überfliegen mehrerer Zeitzonen;* '**Jet·li·ner** <[-laɪnə(r)]; m.; -s, -> *Düsenflugzeug zur Beförderung von Personen*

Je·ton <[ʒəˈtõ]; m.; -s, -s> *Spielmarke* [frz.]

Jet·set <['dʒɛtsɛt]; m.; -s, -s> *reiche Gesellschaftsschicht, deren Angehörige von Ort zu Ort fliegen* [engl.]; '**Jet·stream** <[-striːm]; m.; - od. -s, -s> *starker Luftstrom in der Tropo- od. Stratosphäre*

Jett <m. od. n.; -s od. -es; unz.> = *Gagat*

jet·ten <['dʒɛtən]; V. i. (s.); umg.; salopp> *(kurz entschlossen) mit einem Jet fliegen;* sie ist nach London gejettet [engl.]

'**jet·zig** <Adj.> *augenblicklich;* sein ~er Chef; '**jet·zo** <Adv.; veralt.; nur noch poet.> = *jetzt;* '**jetzt** <Adv.> *in diesem Augenblick;* ab ~; bis ~; von ~ an; '**Jetzt** <n.; -; unz.> das ~ *die Gegenwart;* das Einst und das ~; '**Jetzt·zeit** <f.; -; unz.> *in der ~*

Jeu <[ʒoː]; n.; -s, -s> *(Glücks-, Karten-)Spiel* [frz.]

Jeu·nesse do·rée <[ʒœˈnɛs doˈreː]; f.; --; unz.; früher für> *vergnügungssüchtige, reiche Großstadtjugend* [frz.]

'**je·wei·len** <Adv.; noch schweiz.; sonst veralt.> *jeweils;* '**je·wei·lig** <Adj.> *augenblicklich amtierend, vorhanden;* die Aufgabe der ~en Klassensprecher; '**je·weils** <Adv.> *immer;* ~ am ersten Sonntag im Monat

Jg. <Abk. für> *Jahrgang;* **Jgg.** <Abk. für> *Jahrgänge*

Jh. <Abk. für> *Jahrhundert*

'**jid·disch** <Adj.> *die ~e Sprache aus mhdt., hebr. u. slaw. Elementen gemischte Sprache der (osteurop.) Juden;* das Jiddische; **Jid'dist** <m.; -en, -en>;

Jid'dis·tik <f.; -; unz.> *Wissenschaft von der jidd. Sprache u. Kultur,* **Jid'dis·tin** <f.; -, -n·nen>

Jin·gle, <auch> **Jing·le** <['dʒɪŋl]; m.; -s, -s; ↗Z 53> *einprägsame Melodie eines Werbespots* [engl.]

'**Jin und 'Jang** <n.; ---; unz.> *die beiden Weltprinzipien der altchines. Naturphilosophie;* oV *Yin und Yang* [chines.]

Jit·ter·bug <['dʒitə(r)bʌg]; m; -s, -s> *amerikan. Modetanz nach Jazzmusik* [amerikan.]

Jiu-Jit·su <['dʒiːu 'dʒitsu]; n.; - od. -s; unz.; Sp.> *waffenlose Selbstverteidigung* [jap.]

Jive <[dʒaiv]; m.; -s; unz.> *ein schneller Tanz* [amerikan.]

Job <[dʒɔb]; m.; -s, -s; umg.; salopp> *(vorübergehende) Beschäftigung* [engl.]; '**job·ben** <V. i.; du jobbst; sie hat gejobbt; umg.; salopp> *Gelegenheitsarbeiten verrichten;* '**Job·ber** <m.; -s, -> 1 *Händler an der Londoner Börse, der nur für eigene Rechnung Geschäfte abschließen darf* 2 *skrupelloser Geschäftemacher* 3 <umg.> *jmd., der jobbt;* '**Job·be·rin** <f.; -, -n·nen>; '**Job·hop·ping** <[-hɔpiŋ]; n.; -s, -s; umg.> *häufiger Wechsel des Arbeitsplatzes;* '**Job·kil·ler** <m.; -s, -; fig.; umg.> *Maschine o. Ä., die Arbeitsplätze überflüssig macht,* '**Job·ro·ta·tion** <[-roteiʃn]; f.; -; unz.; Wirtsch.> *das Durchlaufen verschiedener Abteilungen eines Unternehmens;* '**Job·sha·ring** <[-ʃɛːriŋ]; n.; - od. -s; unz.> *Aufteilen eines Arbeitsplatzes auf mehrere Personen*

Joch <n.; -(e)s, -e> 1 *Teil des Zuggeschirrs* 2 <fig.> *schwere Last, Zustand der Unterdrückung;* das ~ der Ehe <scherzh.> 3 *ein altes Feldmaß* 4 *Sattel eines Berges* 5 <Bauw.> *Stützkonstruktion;* '**Joch·bein** <n.; -(e)s, -e; Anat.> *Backenknochen*

Jo·ckei <['dʒɔkɪ]; m.; -s, -s> *berufsmäßiger Rennreiter* [engl.]; **Jo·cket·te** <[dʒɔ'kɛt(ə)]; f.; -, -n> *berufsmäßige Rennreiterin;* **Jo·ckey** <['dʒɔkɪ]; m.; -s, -s> = *Jockei*

Jod <n.; -s; unz.; Chem.; Zei-

chen: J (od. I)> *chem. Element, Nichtmetall;* oV *Iod* [grch.]; **Jo·'dat** <n.; -(e)s, -e; Chem.> *Salz der Jodsauerstoffsäure*

'Jo·del·lied <n.; -(e)s, -er>; **'jo·deln** <V. i.; ich jod(e)le; Schweiz, Tirol, Oberbayern> *ohne Text mit schnellem Wechsel zw. Kopf- u. Bruststimme singen*

'jod·hal·tig <Adj.> *-es Salz;* **Jo·'did** <n.; -(e)s, -e; Chem.> *Salz der Jodwasserstoffsäure;* <aber> → *Jodit;* oV *Iodid;* **jo'die·ren** <V. t.> *jodiertes Speisesalz;* **Jo·'dit** <n.; -(e)s, -e> *ein Mineral;* <aber> → *Jodid*

'Jod·ler <m.; -s, -> 1 *Jodelgesang* 2 *jmd., der jodelt*

'Jo·ga <m. od. n.; - od. -s; unz.> *ind. (Meditations-)Verfahren zur geistig-körperl. Entspannung;* oV *Yoga* [ind.]

jog·gen <['dʒɔɡən]; V. i. (h. u. s.); du joggst; sie hat/ist gejoggt> *Jogging betreiben* [engl.]; **'Jog·ger** <m.; -s, -> *jmd., der joggt;* **'Jog·ge·rin** <f.; -, -nen>; **'Jog·ging** <n.; -s; unz.> *sportl. Laufen (als Fitnesstraining);* **'Jog·ging·an·zug** <m.; -(e)s, ⸗e>

'Jo·ghurt <m. od. n.; -s; unz.> *ein sauermilchartiges Nahrungsmittel;* oV *Jogurt* [türk.]

'Jo·gi(n) <m.; -s, -s> *Anhänger des Joga;* oV *Yogi(n)*

'Jo·gurt <m. od. n.; -s; unz.> = *Joghurt*

Jo'han·ni(s) <ohne Art.> *Johannistag;* an, zu ~; **Jo·han·nis·bee·re** <f.; -, -n; Bot.>; **Jo·han·nis·beer·strauch** <m.; -(e)s, ⸗er; Bot.>; **Jo·han·nis·brot** <n.; -(e)s; unz.; Bot.> *Frucht des Johannisbrotbaumes;* **Jo·han·nis·brot·baum** <m.; -(e)s, ⸗e; Bot.> *südeurop. Baum;* **Jo·han·nis·feu·er** <n.; -s, -> *Sonnwendfeuer in der Johannisnacht;* **Jo·'han·nis·kä·fer** <m.; -s, -; Zool.> *ein Leuchtkäfer;* **Jo·han·nis·kraut** <n.; -(e)s; unz.; Bot.>; **Jo·'han·nis·nacht** <f.; -, ⸗e>; **Jo·'han·nis·tag** <m.; -(e)s, -e> *Johannes der Täufer geweihter Tag, 24. Juni;* **Jo·han·nis·trieb** <m.; -(e)s, -e; Bot.> *zweite Wachstumsperiode mancher Bäume;* **Jo·han·nis·würm·chen** <n.; -s, -; Zool.> = *Johanniskäfer*

Jo·han'ni·ter <m.; -s, ->; **Jo·han·'ni·ter·or·den** <m.; -s; unz.> *ein geistl. Ritterorden [nach Johannes dem Täufer]*

'joh·len <V. i.; du johlst> *wild schreien;* eine ~de Menge

Joint <[dʒɔɪnt]; m.; -s, -s> *mit Haschisch od. Marihuana versetzte Zigarette* [engl.]; **Joint·ven·ture,** <auch> **Joint Ven·ture** <[dʒɔɪnt 'ventʃə(r)]; n.; (-)- od. (-)-s, (-)-s; ⚹ Z 30; Wirtsch.> *Zusammenschluss von Unternehmen*

Jo·'Jo <a. ['--]; n.; -s, -s> *ein Geschicklichkeitsspiel;* oV *Yo-Yo* [engl.]

Jo'jo·ba <f.; -, -s; Bot.> *ein Buchsbaumgewächs* [mexikan.]

Jo·Jo·Ef·fekt <a. ['----]; m.; -(e)s; unz.; fig.; umg.> *das Auf und Ab des Körpergewichtes nach Absetzung einer Diät*

Joke <[dʒoːk]; m.; -s, -s; umg.> *Witz, Spaß* [engl.]; **Jo·ker** <['dʒoː-] od. ['joː-]; m.; -s, -; Kart.> *eine Spielkarte*

jo'kos <Adj.; veralt.> *scherzhaft, spaßig* [lat.]

'Jol·le <f.; -, -n> *kleines Segel- od. Ruderboot;* **'Jol·len·tau, 'Joll·tau** <n.; -(e)s, -e>

Jom 'Kip·pur <m.; --; unz.> = *Versöhnungsfest*

'Jo·na·than <m.; -s, -; Bot.> *ein Winterapfel*

Jon·gleur, <auch> **Jong·leur** <[ʒɔŋ'løːr]; m.; -s, -e; ⚹ Z 53> *Geschicklichkeitskünstler* [frz.]; **jon'glie·ren** <[ʒɔŋg-]; V. i.> *mit mehreren Bällen*

'Jop·pe <f.; -, -n> *Jacke*

Jor'da·ni·en *Staat in Vorderasien; Haschemitisches Königreich* ~; **Jor'da·ni·er** <m.; -s, ->; **Jor'da·ni·e·rin** <f.; -, -nen>; **jor'da·nisch** <Adj.>

'Jo·ta <n.; -s, -s> oV *Iota* 1 <Zeichen: ι, I> *grch. Buchstabe* 2 <fig.> *Kleinigkeit;* kein ~ von einer Meinung abweichen; **Jo·ta·'zis·mus** <m.; -; unz.> = *Itazismus*

Joule <[dʒaul] od. [ʒuːl]; n.; - od. -s, -; Zeichen: J> *Maßeinheit für die Energie [nach dem engl. Physiker J. P. Joule]*

jour → à jour; **Jour** <[ʒuːr]; m.; -s, -s [ʒuːr]> *(Empfangs-)Tag;* ~ fixe *festgesetzter Tag* [frz.]

Jour·'nail·le <[ʒur'naljə] od. [-'naːjə]; f.; -; unz.; abwertend> *reißerisch arbeitende Presse* [frz.]; **Jour'nal** <n.; -s, -e> 1 *Tagebuch;* Schiffs~ 2 *(Mode-)Zeitschrift;* **Jour'nal·be·am·te(r)** <m. 1; österr.> *Dienst habender (Polizei-)Beamter;* **Jour'nal·be·am·tin** <f.; -, -nen>; **Jour·na·'lis·mus** <m.; -; unz.> *Zeitungswesen;* **Jour'na·list** <m.; -en, -en> *Berichterstatter (für Presse, Rundfunk od. Fernsehen);* **Jour·na·lis·tik** <f.; -; unz.> *Zeitungswissenschaft;* **Jour·na·'lis·tin** <f.; -, -nen>; **jour·na·'lis·tisch** <Adj.>

jo·vi'al <[-vi-]; Adj.> *wohlwollend* [lat.]; **Jo·vi·a·li'tät** <f.; -; unz.>

Joy·stick <['dʒɔɪ-]; m.; -s, -s> *Steuerungshebel für Computerspiele* [engl.]

jr. <Abk. für> *junior;* oV *jun.*

'Ju·bel <m.; -s; unz.> *laut geäußerte Freude;* **'Ju·bel·fest** <n.; -(e)s, -e> *Jubiläum;* **'Ju·bel·ge·schrei** <n.; -s; unz.>; **'Ju·bel·jahr** <n.; -(e)s, -e> *Jahr, in dem ein Jubiläum gefeiert wird (im jüd. Glauben jedes 50., in der kath. Kirche jedes 25. Jahr);* alle ~e einmal <fig.; umg.> *sehr selten;* **'ju·beln** <V. i.; ich jub(e)le> die ~de Menge; **'Ju·bel·paar** <n.; -(e)s, -e> *Paar, das die silberne, goldene usw. Hochzeit feiert;* **Ju·bi'lar** <m.; -s, -e> *jmd., der ein Jubiläum feiert;* **Ju·bi'la·rin** <f.; -, -nen>; **Ju·bi'la·te** <ohne Art.> *dritter Sonntag nach Ostern* [lat.]; **Ju·bi'lä·um** <n.; -s, -'lä·en> *festl. begangener Jahrestag;* Firmen~; **Ju·bi'lä·ums·aus·ga·be** <f.; -, -n>; **ju·bi'lie·ren** <V. i.> *(singend, trillernd) jubeln*

'Ju·chart, 'Ju·chert <m.; -(e)s, -e od. (schweiz.) f.; -, -en (Pl. nach Zahlenangaben a. -)> *altes südwestdt. u. schweiz. Feldmaß;* 20 ~ *Ackerland;* oV *Jauchert*

juch'he <Int.> *(Ausruf der Freude);* **Juch'he** <n.; -s, -s>

'juch·ten <Adj.> *aus Juchtenleder;* **'Juch·ten·le·der** <n.; -s; unz.> *feines, wasserdichtes Leder* [russ.]

'juch·zen <V. i.; du juchzt> = *jauchzen*

'ju·cken 1 <V. i. u. V. t.> *ein Krib-*

beln *verursachen;* die Nase juckt (mich/<auch> mir); es juckt mich am Bein; es juckt mich/<auch> mir (in den Fingern) <fig.> *es reizt mich ... 2* <V. refl.> sich – <umg.> *sich kratzen;* '**Ju·cken** <n.; -s; unz.> ein ~ *verursachen;* '**Juck·pul·ver** <n.; -s, ->; '**Juck·reiz** <m.; -es; unz.>

Ju·da·i·ka <Pl.> *Bücher, Bilder, Dokumente über das Judentum;* **Ju·da·is·mus** <m.; -; unz.> *jüd. Religion;* **Ju·da·is·tik** <f.; -; unz.> *Wissenschaft von der jüd. Geschichte u. Kultur;* **ju·da·is·tisch** <Adj.>

'**Ju·das** <m.; -, -das·se; Pl. selten> *hinterhältiger Verräter* [nach *Judas* Ischariot im NT]; '**Ju·das·kuss** <m.; -es, ⸚e; fig.> *vorgetäuschte Freundlichkeit eines Verräters;* '**Ju·das·lohn** <m.; -(e)s; unz.> *Bezahlung für Verrat*

'**Ju·de** <m.; -n, -n> *Angehöriger einer ethn. u. religiösen Gemeinschaft;* '**Ju·den·chris·tentum** <[-kris-]; n.; -s; unz.>; '**Ju·den·kir·sche** <f.; -, -n; Bot.> *ein Nachtschattengewächs;* '**Ju·den·stern** <m.; -(e)s, -e> *gelber Davidsstern zur Kennzeichnung der Juden im Nationalsozialismus;* '**Ju·den·tum** <n.; -s; unz.>; '**Ju·den·ver·fol·gung** <f.; -, -en>

Ju·di·ca, **Ju·di·ka** <ohne Art.> *vorletzter Sonntag vor Ostern* [lat.]; '**Ju·di·ka·ti·ve** <[-və]; a. [---'--]; f.; -, -n> *richterliche (Staats-)Gewalt;* → a. *Exekutive; Legislative;* **Ju·di·ka·tur** <f.; -, -en> *Rechtsprechung*

'**Jü·din** <f.; -, -n·nen>; '**jü·disch** <Adj.>

'**Ju·do** <n.; - od. -s; unz.> Sp.> *Jiu-Jitsu als sportl. Wettkampfübung* [jap.]; '**Ju·do·ka** <m.; -s, -s> *Wettkämpfer beim Judo*

'**Ju·gend** <f.; -; unz.> 1 *Lebenszeit zw. Kindheit u. Erwachsensein;* von ~ an 2 *junge Leute;* Dorf~; '**Ju·gend·al·ter** <n.; -s; unz.>; '**Ju·gend·amt** <n.; -(e)s, ⸚er>; '**Ju·gend·ar·beit** <f.; -; unz.>; '**Ju·gend·ar·beits·lo·sig·keit** <f.; -; unz.>; '**Ju·gend·ar·rest** <m.; -(e)s; unz.>; '**Ju·gend·be·we·gung** <f.; -; unz.>; '**Ju·gend-**

buch <n.; -(e)s, ⸚er>; '**ju·gend·frei** <Adj.> *ein ~er Film;* '**Ju·gend·freund** <m.; -(e)s, -e>; '**Ju·gend·freun·din** <f.; -, -n·nen>; '**ju·gend·ge·fähr·dend** <Adj.> ~e *Schriften;* <aber> *die Jugend gefährdende Schriften;* '**Ju·gend·ge·richt** <n.; -(e)s, -e>; '**Ju·gend·grup·pe** <f.; -, -n>; '**Ju·gend·her·ber·ge** <f.; -, -n>; '**Ju·gend·kri·mi·na·li·tät** <f.; -; unz.>; '**ju·gend·lich** <Adj.>; '**Ju·gend·li·che(r)** <f. 2 (m. 1)>; '**Ju·gend·lich·keit** <f.; -; unz.>; '**Ju·gend·lie·be** <f.; -, -n>; '**Ju·gend·pfle·ge** <f.; -; unz.> *Maßnahmen zum Schutz u. zur Betreuung gefährdeter Jugendlicher;* '**Ju·gend·pfle·ger** <m.; -s, ->; '**Ju·gend·pfle·ge·rin** <f.; -, -n·nen>; '**Ju·gend·psy·cho·lo·gie** <f.; -; unz.>; '**Ju·gend·recht** <n.; -(e)s; unz.>; '**Ju·gend·rich·ter** <m.; -s, ->; '**Ju·gend·rich·te·rin** <f.; -, -n·nen>; '**Ju·gend·ring** <m.; -(e)s, -e> *Zusammenschluss von Jugendverbänden;* Kreis~; '**Ju·gend·schutz** <m.; -es; unz.>; '**Ju·gend·sen·dung** <f.; -, -en>; '**Ju·gend·stil** <m.; -(e)s; unz.> *eine Kunstrichtung um 1900;* '**Ju·gend·stil·fas·sa·de** <f.; -, -n>; '**Ju·gend·stra·fe** <f.; -, -n>; '**Ju·gend·straf·recht** <n.; -(e)s; unz.>; '**Ju·gend·sün·de** <f.; -, -n; umg.>; '**Ju·gend·wei·he** <f.; -, -n; in freireligiösen Gemeinden> *Feier für Jugendliche anstelle der Konfirmation;* '**Ju·gend·werk** <n.; -(e)s, -e> ~ u. *Spätwerk eines Schriftstellers;* '**Ju·gend·zeit** <f.; -; unz.>; '**Ju·gend·zen·trum**, <auch> '**Ju·gend·zent·rum** <n.; -s, -tren/-t·ren; ↗Z53>

Ju·go·sla·we, <auch> **Ju·gos·la·we** <m.; -n, -n; ↗Z54> *Einwohner von Jugoslawien;* **Ju·go·sla·wi·en** *Staat in Südosteuropa;* Bundesrepublik ~; **Ju·go·sla·win** <f.; -, -n·nen>; **ju·go·sla·wisch** <Adj.>

ju·he, ju·hu <Int.; schweiz.> = *juchhe*

Juice <[dʒuːs]; m. od. n.; -, -s [-siz]> *Obst- od. Gemüsesaft* [engl.]

Ju·ju·be <f.; -, -n; Bot.> *ein Dornengewächs* [frz.]

Ju-'Jut·su <a. [dʒuˈdʒutsu]; n.; - od. -s; unz.; Sp.> *eine waffenlose Kampfsporttechnik* [jap.]

Juke·box <['dʒuːkbɔks]; f.; -, -es [-siz]> *Musikautomat* [engl.]

'**Jul·bock** <m.; -(e)s, -bö·cke; skand. Brauch> *aus Stroh gefertigte Bocksgestalt, die während der Weihnachtszeit Dämonen in Bann halten soll*

Ju'lei <m.; - od. -s, -s; verdeutlichende Sprechform von> *Juli*

'**Jul·fest** <n.; -(e)s, -e> 1 *Fest zur Wintersonnenwende* 2 <in Skandinavien> *Weihnachten* [skand.]

'**Ju·li** <m.; - od. -s, -s> *siebter Monat des Jahres* [lat.]; **ju·li'a·nisch** <Adj.> *von Julius Cäsar stammend;* ~er *Kalender*

Ju·li·enne <[ʒy'ljɛn]; f.; -; unz.; Kochk.> *streifenförmig geschnittenes Gemüse (als Suppeneinlage)* [frz.]

'**Ju·li·kä·fer** <m.; -s, -; Zool.>

'**Jul·klapp** <m.; -s; unz.; skand. Brauch> *kleines Geschenk, das an Weihnachten heimlich ins Zimmer geworfen wird;* '**Jul·mo·nat** <m.; -(e)s, -e>, '**Jul·mond** <m.; -(e)s, -e; alte Bez. für> *Dezember*

'**Jum·bo** <m.; -s, -s> *kurz für* '**Jum·bo·jet** <[-dʒɛt]; m.; - od. -s, -s> *Großraumflugzeug* [nach *Jumbo,* einem Zirkuselefanten]

Ju·me·la·ge <[ʒym(ə)'laːʒ(ə)]; f.; -, -n [-'laːʒən]> *Städtepartnerschaft* [frz.]

jum·pen <['dʒʌmpən]; V. i. (s.); umg.; salopp> *springen;* er ist ins Meer gejumpt [engl.]

Jum·per <['dʒʌm-]; m.; -s, -> *blusen- od. pulloverartiges Kleidungsstück* [engl.]

Jump·suit <['dʒʌmpsjuːt]; m.; -, -s; Mode> *Overall, einteiliger Anzug* [engl.]

jun. <Abk. für> *junior;* oV **jr.**

jung <Adj.; 'jün·ger, am 'jüngs·ten; ↗Z44, 46> *in jugendlichem Alter, frisch, neu;* von ~ auf; ~ gefreit hat nie gereut <Sprichw.>; sie war schon ~ verheiratet, vermählt *in jungen Jahren,* <aber> → *jungverheiratet, jungvermählt;* ein Fest für Jung und Alt *für alle;* Junge und Alte; er ist unser Jüngster *der jüngste unserer Kinder;* die jüngste unserer Töchter; er ist nicht mehr der Jüngste *er wird langsam alt;* Hans Holbein der Jüngere <Abk.: d. J.>; das Junge Deutschland *revolutionäre Dichtergruppe nach 1830;* die Junge Union *gemeinsame Jugendorganisation von CDU u. CSU;* → a. *jüngst;* **'Jung·brun·nen** <m.; -s, -> 1 <Myth.> *Wunderquelle, die ewige Jugend verleiht* 2 <fig.> *Kraftquelle;* **'Jung·bür·ger** <m.; -s, -> österr.; schweiz.> *jmd., der das Wahlalter erreicht hat;* **'Jung·bür·ge·rin** <f.; -, -n·nen> österr.; schweiz.>; **'Jung·chen** <n.; -s, -; Kosewort> *kleiner Junge;* **'Jung·de·mo·krat** <m.; -en, -en> *Mitglied der früheren Jugendorganisation der F.D.P.;* **'Jun·ge** <m.; -n, -n> *Knabe;* **'Jun·ge(s)** <n. 3> 1 *Tierkind;* die Hündin hat drei ~ geworfen 2 <unz.; Kochk.; österr.> *Flügel u. Innereien von Wild od. Geflügel.* **'Jün·gel·chen** <n.; -s, -; veralt.; Verkleinerungsf. von> *Junge;* **'jun·gen** <V. i.> *Junge zur Welt bringen;* die Hündin hat gejungt; **'jun·gen·haft** <Adj.; -er, am -es·ten> *ein ~es Äußeres;* **'Jun·gen·haf·tig·keit** <f.; -; unz.>; **'Jun·gen·streich** <m.; -(e)s, -e>

'Jün·ger <m.; -s, -> 1 *jeder der zwölf Apostel Christi* 2 *Anhänger, Gefolgsmann;* **'Jün·ge·rin** <f.; -, -n·nen>; **'Jün·ger·schaft** <f.; -; unz.>

'Jung·fer <f.; -, -n; abwertend> *unverheiratete Frau;* **'jüng·fer·lich** <Adj.; abwertend> *übertrieben schamhaft;* **'Jung·fern·fahrt** <f.; -, -en> *erste Fahrt (eines Schiffes);* **'Jung·fern·häutchen** <n.; -s, -; Anat.> *Häutchen am Scheideneingang;* **'Jung·fern·kranz** <m.; -es, ⸚e; veralt.> *Brautkranz;* **'Jung·fern·re·de** <f.; -, -n> *erste Rede (eines Parlamentsmitgliedes);* **'Jung·fern·zeu·gung** <f.; -, -en> Biol.> *Entwicklung der Eizelle ohne vorhergegangene Befruchtung;* **'Jung·frau** <f.; -, -en> 1 *Mädchen, das noch keinen Geschlechtsverkehr gehabt hat* 2 *ein Sternbild;* **'jung·fräu·lich**

<Adj.; a. fig.> *unberührt;* **'Jung·fräu·lich·keit** <f.; -; unz.>

'Jung·ge·sel·le <m.; -n, -n> *unverheirateter Mann;* **'Jung·ge·sel·len·bu·de** <f.; -, -n; umg.>; **'Jung·ge·sel·len·wirt·schaft** <f.; -; unz.; umg.; scherzh.> *ungeordnete Haushaltsführung;* **'Jung·ge·sel·len·woh·nung** <f.; -, -en>; **'Jung·ge·sel·lin** <f.; -, -n·nen>

'Jung·gram·ma·ti·ker <m.; -s, -> *Angehöriger einer sprachwissenschaftl. Richtung um 1900;* **'Jung·he·ge·li'a·ner** <Pl.> *Vertreter des linken Flügels der Hegelianer;* **'Jung·leh·rer** <m.; -s, ->; **'Jung·leh·re·rin** <f.; -, -n·nen>; **'Jüng·ling** <m.; -s, -e; poet.> *junger Mann;* **'Jung·so·zi·a·list** <m.; -en, -en; Kurzw.: Juso> *Mitglied der Nachwuchsorganisation der SPD;* **'Jung·so·zi·a·lis·tin** <f.; -, -n·nen>; **jüngst** <Adj.> 1 *eben erst vergangen;* ein Beispiel aus ~er Vergangenheit 2 <↗Z.46> *am Ende einer Zeit stehend;* der Jüngste Tag <Rel.>, das Jüngste Gericht <Rel.>; → a. *jung* 3 <adv.> *vor kurzem;* ein ~ erschienenes Buch; **'Jung·stein·zeit** <f.; -; unz.> *ein vorgeschichtl. Kulturabschnitt;* **'jung·stein·zeit·lich** <Adj.>; **'Jüngsten·recht** <n.; -(e)s; unz.> *Recht des jüngsten Sohnes auf das Erbe;* Ggs *Ältestenrecht;* **'Jung·stier** <m.; -(e)s, -e>; **'Jung·un·ter·neh·mer** <m.; -s, ->; **'Jung·un·ter·neh·me·rin** <f.; -, -n·nen>; **'jung·ver·hei·ra·tet** <Adj.; ↗Z27> *erst seit kurzem verheiratet;* ein ~es Paar; <aber> ein jung verheiratetes Mädchen *ein M., das bereits in jungen Jahren verheiratet ist;* → a. *jung;* **'jung·ver'mählt** <Adj.> → *jungverheiratet;* **'Jung·vieh** <n.; -s; unz.>; **'Jung·volk** <n.; -(e)s; unz.; umg.> *die jungen Leute;* **'Jung·wäh·ler** <m.; -s, ->; **'Jung·wäh·le·rin** <f.; -, -n·nen>; **'Jung·wild** <n.; -(e)s; unz.>

'Ju·ni <m.; - od. -s, -s> *der sechste Monat des Jahres;* **'Ju·ni·kä·fer** <m.; -s, -; Zool.> *ein Blattkäfer*

'ju·ni·or <Abk.> jr. od. jun.; hinter

Personennamen> *der Jüngere;* Franz Maier ~; Ggs *senior;* **'Ju·ni·or** <m.; -s, -'o·ren> Ggs *Senior* 1 *der Jüngere, Sohn* 2 *jugendlicher Sportler* [lat.]; **Ju·ni·o'rat** <n.; -(e)s, -e> *= Jüngstenrecht;* Ggs *Seniorat;* **Ju·ni·or·chef** <[-ʃef] m.; -s, -s>; **'Ju·ni·or·che·fin** <f.; -, -n·nen>; **Ju·ni·'o·ren·mann·schaft** <f.; -, -en; Sp.>; **Ju·ni'o·rin** <f.; -, -n·nen>; **Ju·ni·or·part·ner** <m.; -s, -; Wirtsch.>; **Ju·ni·or·part·ne·rin** <f.; -, -n·nen; Wirtsch.>

Junk <[dʒʌŋk] m.; -s; unz.; Drogenszene> *Rauschmittel* [engl.]

'Jun·ker <m.; -s, -; früher> 1 *junger Adeliger* 2 *adeliger Gutsbesitzer*

Junk·food, <auch> **Junk Food** <[ˈdʒʌŋkˈfuːd]; n.; (-)-s; unz.; ↗Z.30> *ungesunde, kalorienreiche (Schnell-)Gerichte* [engl.]; **Jun·kie** <[ˈdʒʌŋki]; m.; -s, -s; salopp> *Drogenabhängiger;* **'Junk·mail** <[-meɪl]; f.; -, -s> *unaufgefordert (per Internet) zugesandte Werbung o. Ä.*

'Junk·tim <n.; -s, -s> *Verbindung mehrerer Gesetzesvorlagen, die im Parlament gemeinsam behandelt werden* [lat.]; **'Junk·tims·vor·la·ge** <f.; -, -n>

'Ju·no <verdeutlichende Sprechform für> *Juni;* **ju'no·nisch** <Adj.; fig.> *stolz, stattlich* [nach der röm. Göttin *Juno*]

Jun·ta <[ˈxun-] od. [ˈjun-]; f.; -, 'Jun·ten; in Spanien u. Lateinamerika> 1 *(Machthaber einer) Militärdiktatur* 2 *Regierungsausschuss* [span.]

'Jüp·chen <n.; -s, -; umg.> *Säuglingsjäckchen*

Jupe <[ʒyp]; m. od. n.; -s, -s; schweiz.> *Damenrock;* **Ju·pon** <[ʒyˈpɔ̃]; m.; -s, -s; schweiz.> *Unterrock* [frz.]

'Ju·ra[1] <ohne Art.> *Rechtswissenschaft (als Studienfach)* [lat.]

'Ju·ra[2] <m.; -s; unz.> 1 *Name mehrerer Gebirge;* der Schweizer ~ 2 *Formation des Erdmittelalters;* **ju'ras·sisch** <Adj.>

ju'ri·disch <Adj.; österr.> *= juristisch* [lat.]; **ju'rie·ren** <V. i.> *in einer Jury mitwirken;* **Ju·ris·dik·ti'on** <f.; -; unz.> *Gerichtsbarkeit, Rechtsprechung;* **Ju·ris·pru'denz** <f.; -; unz.> *Rechts-*

wissenschaft; **Ju'rist** <m.; -en, -en> *Rechtskundiger*; **Ju'risten·deutsch** <n.; - od. -s; unz.; abwertend>; **Ju·ris·te'rei** <f.; -; unz.; umg.> *Rechtswissenschaft, Rechtsprechung*; **Ju'ris·tin** <f.; -, -n·nen; ✎Z38>; **ju'ris·tisch** <Adj.> ~e Fakultät; ~e Person *rechtsfähige Körperschaft*; **'Juror** <m.; -s, -'ro·ren> *Mitglied einer Jury* [engl.]; **Ju'ro·ren·ko·mi·tee** <n.; -s, -s> *Jury*; **Ju'ro·rin** <f.; -, -n·nen>

'Jur·te <f.; -, -n> *rundes Filzzelt mittelasiat. Nomaden* [russ.]

Ju·ry <[ʒyˈriː]; a. ['--]; f.; -, -s> *Ausschuss von sachkundigen Preis- od. Kampfrichtern* [engl.]; **ju'ry·frei** <Adj.> ~e Ausstellung

Jus[1] <n.; -; unz.; österr.; schweiz.; meist ohne Art.> ~ studieren; = *Jura*[1]

Jus[2] <[ʒy:]; f. od. (schweiz.) n.; -; unz.> **1** *Bratensaft* **2** *starke Fleischbrühe* **3** *Fruchtsaft* [frz.]

'Ju·so <m.; -s, -s; kurz für> *Jungsozialist*

Jus'siv <m.; -s, -e [-və]> *Gramm.> imperativisch gebrauchter Konjunktiv, z. B. "er möge sich beeilen!"* [lat.]

'Jus·stu·dent <m.; -en, -en; österr.>; **'Jus·stu·den·tin** <f.; -, -n·nen; österr.>

just <Adv.; veralt.> *noch poet.> eben, gerade*; er kam ~ in dem Moment, als ... [lat.]; **jus·ta'ment** <Adv.; veralt.> *gerade, genau*; das ist ~ derselbe Fall

jus'tie·ren <V. t.> **1** *technische Geräte ~ genau einstellen, ausrichten* **2** *Münzen ~ das Gewicht der M. überprüfen*; **Jus'tie·rer** <m.; -s, ->; **Jus'tie·rung** <f.; -; unz.>; **Jus'tier·waa·ge**

<f.; -, -n> *Münzwaage*; **jus·ti·fi·'zie·ren** <V. t.> **1** *rechtfertigen* **2** *auf die Richtigkeit hin prüfen u. anerkennen*

just in time <[dʒʌst in 'taim]> *zur rechten Zeit* [engl.]; **Just-in-'time-Pro·duk·ti·on** <f.; -, -en; Pl. selten; ✎Z33; Wirtsch.> *Produktionsform, bei der die Termine für Zulieferung u. Produktion genau aufeinander abgestimmt werden*

Jus'ti·tia <f.; -; unz.> *personifiziertes Symbol der Gerechtigkeit* [nach der gleichnamigen altröm. Göttin]; **jus·ti·ti·a·bel** <Adj.; ✎Z11.4> = *justiziabel*; **Jus·ti·ti·'ar** <m.; -s, -e> = *Justiziar*, **Jus'ti·ti·um** <n.; -s, -ti·en> = *Justizium*; **Jus'tiz** <f.; -; unz.> *Rechtswesen, Rechtspflege* [lat.]; **Jus'tiz·be·am·te(r)** <m. 1>; **Jus'tiz·be·am·tin** <f.; -, -n·nen>; **Jus'tiz·be·hör·de** <f.; -, -n>; **jus·ti·zi'a·bel** <Adj.; ✎Z11.4> *richterlicher Entscheidung unterliegend; justiziable Vorgänge*; **Jus·ti·zi'ar** <m.; -s, -e> *Rechtsbeistand (eines Betriebes od. einer Behörde)*; **Jus'tiz·irr·tum** <m.; -s, ̈-er>; **Jus'ti·zi·um** <n.; -s, -zi·en> *Stillstehen der Rechtspflege*; **Jus'tiz·mi·nis·ter** <m.; -s, ->; **Jus'tiz·mi·nis·te·rin** <f.; -, -n·nen>; **Jus'tiz·mi·nis·te·ri·um** <n.; -s, -ri·en>; **Jus'tiz·mord** <m.; -(e)s, -e> *(auf einem Justizirrtum beruhende) Tötung eines unschuldig Verurteilten*; **Jus'tiz·pa·last** <m.; -(e)s, ̈-e>; **Jus'tiz·voll·zugs·an·stalt** <f.; -, -en; Abk.: JVA>

'Ju·te <f.; -; unz.> *die Stängelfaser eines Lindengewächses*

'Jü·te <m.; -n, -n> *Einwohner von Jütland*

'Ju·te·sack <m.; -(e)s, ̈-e>

'Jü·tin <f.; -, -n·nen>; **'jü·tisch** <Adj.> *Jütland betreffend; das ~e Straßennetz; <aber> die Jütische Halbinsel*; **'Jüt·land** *dänisches Festland*; **'Jüt·län·der** <m.; -s, -> = *Jüte*; **'Jüt·län·de·rin** <f.; -, -n·nen> = *Jütin*; **'jüt·län·disch** <Adj.> = *jütisch*

ju·ve·na·lisch <[-və-]; Adj.> *satirisch, spöttisch* [nach dem röm. Satirendichter D. I. *Iuvenalis*]

ju·ve·nil <[-və-]; Adj.; geh.> **1** *jugendlich*; Ggs *senil* **2** ~es Wasser <Geol.> *aus dem Erdinneren stammendes Wasser* [lat.]

Ju'wel <n. od. m.; -s, -en> **1** *Kleinod, Schmuckstück* **2** <nur n.; fig.> *Person, die für jmdn. sehr wertvoll ist* [ndrl.]; **Ju·we·'lier** <m.; -s, -e> **1** *Goldschmied* **2** *Schmuckhändler*; **Ju·we'lier·ge·schäft** <n.; -(e)s, -e>; **Ju·we'lie·rin** <f.; -, -n·nen>; **Ju·we·'lier·la·den** <m.; -s, ̈->

Jux <m.; -es, -e; Pl. selten; umg.> *Scherz, Spaß*; aus ~ und Tollerei aus Übermut [lat.]; **'ju·xen** <V. i.; du juxt; umg.> *Spaß machen*

'Jux·ta <f.; -, 'Jux·ten> *Kontrollstreifen, Abschnitt* [lat.]; **'Jux·ta·po·si·ti·on** <f.; -, -en> **1** <Min.> *Anlagerung an der Oberfläche wachsender Kristalle* **2** <Sprachw.> *Nebeneinanderstellung einzelner Satzglieder, z. B. "Siebenmeilenstiefel"*; **'Jux·te** <f.; -, -n> *österr.* = *Juxta*

JVA <Abk. für> *Justizvollzugsanstalt*

jwd, j. w. d. <umg.; scherzh.; Abk. für> *"janz weit draußen"* <berlin.> *sehr abgelegen*

J

K

k <n.; -, - od. (umg.) -s> *ein Buchstabe* 2 <Zeichen für> *Kilo...* 3 <Abk. für> *Karat*

K 1 <n.; -, - od. (umg.) -s> *ein Buchstabe* 2 <Chem.; Zeichen für> *Kalium* 3 <Abk. für> *Kelvin*

'Ka·a·ba <f.; -; unz.> *wichtigstes islamisches Heiligtum in Mekka* [arab.]

'Ka·ba <f.; -; unz.; Warenz.> *kakaohaltiges Getränkepulver*

Ka'ba·le <f.; -, -n; veralt.> *Intrige*

Ka·ba'nos·si <f.; -, -> *eine gewürzte Brühwurst*; oV *Cabanossi* [ital.]

Ka·ba'rett <a. ['---]; n.; -s, -e od. -s> *Kleinkunstbühne*; oV *Cabaret* [frz.]; **Ka·ba·ret·ti·er** <[-'tje:]; m.; -s, -s> *Besitzer eines Kabaretts*; **Ka·ba·ret'tist** <m.; -en, -en> *Künstler in einem Kabarett*; **Ka·ba·ret'tis·tin** <f.; -, -n·nen>; **ka·ba·ret'tis·tisch** <Adj.>

Ka'bäus·chen <n.; -s, -> *Verkleinerungsform von> Kabuse*

'Kab·ba·la <f.; -; unz.> *mystische jüdische Geheimlehre* [hebr.]; **Kab·ba'lis·tik** <f.; -; unz.> 1 *Erforschung der Kabbala*; 2 <allg.> *Geheimlehre*; **kab·ba'lis·tisch** <Adj.>

Kab·be'lei <f.; -, -en; bes. norddt.; umg.> *scherzhafte Rangelei*; **'kab·beln** <V. refl.; ich kabb(e)le mich; bes. norddt.; umg.> sich ~ *scherzend streiten*

'Kab·be·lung <f.; -, -en; Seemannsspr.> *gekräuselte Meeresoberfläche*

'Ka·bel <n.; -s, -> 1 *kräftiges Tau* 2 *elektrische Leitung* 3 <kurz für> *Kabelfernsehen* [ndrl.-frz.]; **'Ka·bel·an·schluss** <m.; -es, ⸗e>; **'Ka·bel·fern·se·hen** <n.; -s; unz.>; **'Ka·bel·gatt** <n.; -s, -e> *Schiffskammer für Taue*

'Ka·bel·jau <m.; -s, -s od. -e; Zool.> *ein Speisefisch* [ndrl.]

'ka·beln <V. t.; ich kab(e)le; veralt.> *telegrafieren*; **'Ka·bel-TV** <n.; -s; unz.> *Kabelfernsehen*

Ka'bi·ne <f.; -, -n> 1 *kleines Wohnabteil (auf Schiffen)* 2 *kleiner, abgeschlossener Raum (bes. zum Umkleiden)*; *Bade~* 3 *Gondel (an Seilbahnen)* [engl.]; **Ka'bi·nen·bahn** <f.; -, -en>

Ka·bi'nett <n.; -s, -e> 1 <Pol.> *Gesamtheit der Minister (einer Regierung), Ministerrat* 2 *kleines Zimmer, Nebenraum* 3 *Raum zur Aufbewahrung einer Kunstsammlung*; *Kupferstich~* 4 *Qualitätsbezeichnung für Weißwein*; **Ka·bi'nett·sa·che** <f.; -, -n>; **Ka·bi'netts·be·schluss** <m.; -es, ⸗e>; **Ka·bi'netts·fra·ge** <f.; -, -n; Pol.> *Vertrauensfrage an das Parlament*; die ~ stellen; **Ka·bi'nett·stück** <n.; -(e)s, -e> 1 <urspr.> *bes. wertvoller Gegenstand der Kunst od. Wissenschaft* 2 <fig.> *bes. geschicktes Vorgehen od. Verhalten*; **Ka·bi'nett·wein** <m.; -(e)s, -e> *Qualitätswein mit Prädikat*

'Ka·bis <m.; -, -; oberdt.> = *Kohl[1]*

Ka·bo·ta·ge <[-'ta:ʒə]; f.; -, -n> *Personen- u. Güterbeförderung zwischen Orten eines Staates* [frz.]; **ka·bo'tie·ren** <V. i.>

'Ka·brio, <auch> **'Kab·rio** <n.; -s, -s; ⸗Z53; kurz für> *Kabriolett*; oV *Cabrio*; **Ka·bri·o'lett** <österr. [-'le:]; n.; -s, -s> oV *Cabriolet* 1 *Personenkraftwagen mit abnehmbarem Verdeck*; Ggs *Limousine* 2 <urspr.> *einspännig gefahrene Kutsche* [frz.]

Ka'buff <n.; -s, -s od. -e; umg.> *kleiner, dunkler Abstellraum*

Ka'bu·ki <n.; - od. -s, - od. -s> *japanisches Theater*

'Ka·bul *Hauptstadt von Afghanistan*

Ka'bu·se <f.; -, -n> 1 *kleine, dunkle Kammer* 2 = *Kombüse*

Ka'by·le <m.; -n, -n> *Angehöriger eines nordafrikan. Berberstammes*

Kach'ek·ti·ker, <auch> **Ka'chek·ti·ker** <m.; -s, -; ⸗Z54; Med.> *jmd., der an Kachexie leidet*; **Kach'ek·ti·ke·rin** <f.; -, -n·nen>

'Ka·chel <f.; -, -n> *gebrannte (u. glasierte) Tonplatte (als Untersetzer, Wand- und Ofenverkleidung)*; ~n legen; → a. *Fliese*; **'ka·cheln** <V. t.; ich kach(e)le>; **'Ka·chel·o·fen** <m.; -s, ⸗>

Kach·e'xie, <auch> **Ka·che'xie** <f.; -, -n; ⸗Z54; Med.> *völliger Kräfteverfall* [grch.]

'Ka·cke <f.; -; unz.; umg.; derb> *Kot*; **'ka·cken** <V. i.>; **'Ka·cker** <m.; -s, -; abwertend>; **'kack·fi·del** <Adj.> *fidel u. vergnügt*

Ka'da·ver <[-'va(r)]; m.; -s, -> *toter Körper, Tierleiche*; **Ka'da·ver·ge·hor·sam** <m.; -s; unz.; abwertend> *blinder Gehorsam, unüberlegte Befolgung von Befehlen* [lat.]

Ka'denz <f.; -, -en> 1 <Mus.> *Akkordfolge, die ein Musikstück abschließt* 2 <Mus.> *virtuose solistische Improvisation* 3 <Sprachw.> *Verlauf der Tonhöhe beim Sprechen* [ital.]; **ka·den'zie·ren** <V. i.>

'Ka·der <m. od. (schweiz.) n.; -s, -> 1 <Mil.> *Kerntruppe eines Heeres* 2 <Sp.> *Kernmannschaft*; *Dressur~* 3 *Gruppe von Funktionären*; *Führungs~* [frz.]

'Ka·der·par·tie <f.; -, -n> = *Cadrepartie*

'Ka·der·schmie·de <f.; -, -n; umg.; abwertend> *Ort, an dem (heimlich) Revolutionäre ausgebildet werden*

Ka'dett <m.; -en, -en> 1 <bis 1918> *Zögling einer militärischen Schule* 2 <hist.> *Angehöriger einer 1905 gegründeten russ. Partei*; **Ka'det·ten·an·stalt** <f.; -, -en>

'Ka·di <m.; -s, -s; in islam. Ländern> *(nach den Gesetzen des Korans sprechender) Richter* [arab.]

kad'mie·ren <V. t.> = *verkadmen*; **'Kad·mi·um** <n.; -s; unz.; Chem.; Zeichen: Cd> *chem. Element, silberweißes Metall*; oV *Cadmium*

'Kä·fer <m.; -s, -> 1 <Zool.> *Angehöriger einer Ordnung der Insekten* 2 <umg.> *Volkswagen*

Kaff <n.; -s, -s od. -e; umg.; abwertend> *abgelegenes Dorf, trostloser Ort*

'Käff·chen <n.; -s, -; umg.; Verkleinerungsf. von> *Kaffee(2)*; ein ~ trinken; **'Kaf·fee** <a. [-'-]; m. 7; -s, -s> 1 *koffeinhaltige Samen des Kaffeebaumes, Kaffee-*

bohnen 2 *Getränk aus geröstetem Kaffee(1); zwei Tassen ~ trinken; starker, schwarzer ~; ~ mit, ohne Zucker; oV Café(2)* 3 *kleine Mahlzeit (am Nachmittag, bei der Kaffee(2) und Kuchen serviert werden); jmdn. zum ~ einladen;* **'Kaf·fee·boh·ne** <f.; -, -n> ; **'kaf·fee·braun** <Adj.> ; **'Kaf·fee·er·satz** <m.; -es; unz.> ↗Z37> *Pulver aus gerösteten Pflanzenbestandteilen mit kaffeeähnlichem Geschmack;* **'Kaf·fee·ex·trakt,** <auch> **'Kaf·fee·ext·rakt** <m.; -(e)s, -e> *getrockneter Extrakt, der die löslichen Bestandteile der Kaffeebohne enthält;* **'Kaf·fee·fahrt** <f.; -, -en> *als Werbemaßnahme organisierte Fahrt mit Kaffeetrinken;* **'Kaf·fee·hau·be** <f.; -, -n> ; **'Kaf·fee·haus** <n.; -es, ⸚er> ; **'Kaf·fee·kan·ne** <f.; -, -n> ; **'Kaf·fee·klatsch** <m.; -(e)s, -e; umg.; meist abwertend> ; **'Kaf·fee·kränz·chen** <n.; -s, -> *Nachmittagskaffee für eine Damengesellschaft;* **'Kaf·fee·ma·schi·ne** <f.; -, -n> ; **'Kaf·fee·müh·le** <f.; -, -n> ; **'Kaf·fee·satz** <m.; -es; unz.> *Bodensatz vom Kaffee; aus dem ~ wahrsagen* <abwertend> *plumpe Wahrsagerei betreiben;* **'Kaf·fee·ser·vice** <[-'vi:s]; n.; - od. -s [-vi:səs], - [-vi:sə]> ; **'Kaf·fee·tan·te** <f.; -, -n; umg.; scherzh.>
'Kaf·fer <m.; -s, -> *Angehöriger eines südafrikan. Bantuvolkes* [arab.]; **'Kaf·fern·büf·fel** <m.; -s, -; Zool.> *südafrikan. Wildrind*
'Kä·fig <m.; -s, -e> *mit einem Gitter umschlossener Raum für Tiere; Vogel~; Raubtier~;* **'Kä·fig·hal·tung** <f.; -; unz.>
'Ka·fir <m.; -s, -n> *Nichtmohammedaner* [arab.]
kaf·ka·'esk <Adj.> *skurril u. beängstigend* [nach dem österr. Schriftsteller Franz *Kafka*]
'Kaf·tan <m.; -s, -e> *mantelartiges orientalisches Obergewand*
kahl <Adj.; ↗Z24; *Getrenntschreibung in Verbindung mit Verben u. Part.> leer, entblößt (ohne Schmuck, Haar od. Fell); ein ~ er Raum; ~ aussehen, sein; ~ gefressene Bäume; ein Tier ~ scheren; sie haben ihn ~ ge-*

schoren; *den Wald ~ schlagen;* **'Kahl·fraß** <m.; -es; unz.> ; **'Kahl·heit** <f.; -; unz.> ; **'Kahl·kopf** <m.; -(e)s, ⸚e> ; **'kahl·köp·fig** <Adj.> **'Kahl·schlag** <m.; -(e)s, ⸚e>
Kahm <m.; -; -(e)s; unz.> *Schimmelüberzug, Schimmelhaut auf Flüssigkeiten;* **'kah·mig** <Adj.>
Kahn <m.; -(e)s, ⸚e> 1 *kleines Boot; ~ fahren* 2 *Lastschiff auf Flüssen; Elb~, Last~;* **'Kähn·chen** <n.; -s, -; Verkleinerungsf. von> *Kahn*
Kai <m.; -s, -e od. -s> *befestigtes Ufer (Anlegestelle für Schiffe)*
'Kai·man <m.; -s, -e; Zool.> *südamerikan. Alligator* [indian.]
'Kains·mal <n.; -s, -e>, **'Kains·zei·chen** <n.; -s, -> *sichtbares Zeichen einer bösen Tat, Schandmal*
'Kai·ro *Hauptstadt von Ägypten*
'Kai·ser <m.; -s, -; hist.> *höchster Herrscher (bes. im antiken Rom); der deutsche ~; der ~ von Österreich; des ~s neue Kleider;* **'Kai·ser·haus** <n.; -es, ⸚er> ; **'Kai·se·rin** <f.; -, -nen> ; **'kai·ser·lich** <Adj.> ; **'kai·ser·lich·'kö·nig·lich** <Abk.: k. k.; in Titeln: Kaiserlich-Königlich (K. K.)> ; **'Kai·ser·ling** <m.; -s, -e; Bot.> *ein Pilz;* **'Kai·ser·reich** <n.; -s, -e> ; **'Kai·ser·schmar·ren** <m.; -s, -; österr., süddt. Kochk.> *in kleine Stückchen zerrissener Pfannkuchen* ; **'Kai·ser·schnitt** <m.; -(e)s, -e; Med.> *geburtshilfl. Operation* ; **'Kai·ser·tum** <n.; -s, ⸚er>
'Ka·jak <m. od. (selten) n.; -s, -s> *schmales, einsitziges Paddelboot* [eskim.]
Ka·jal·stift <m.; -(e)s, -e> *Stift für den Lidstrich*
Ka·jü·te <f.; -, -n> *Wohnraum auf dem Schiff*
'Ka·ka·du <m.; -s, -s; Zool.> *ein Papageienvogel*
Ka·kao <a. [-'kau]; m.; -s; unz.> 1 *(zu Pulver gemahlene) Samen des Kakaobaumes, Kakaobohnen* 2 *Getränk aus Kakaobohnen (mit Milch u. Zucker)* [span.-aztek.]; **Ka·ka·o·baum** <m.; -(e)s, ⸚e> ; **Ka·ka·o·boh·ne** <f.; -, -n> ; **Ka·ka·o·but·ter** <f.; -; unz.>
'ka·keln <V. i.; ich kak(e)le; umg.>

schwatzen, über belanglose Dinge reden; → a. *bekakeln*
Ka·ke'mo·no <n.; -s, -s> *jap. Rollbild in Hochformat* [jap.]
'Ka·ker·lak <m.; -s od. -en, -en; Zool.> *schwarzbraune Schabe, Küchenschabe* [ndrl.]
'Ka·ki <n.; -s; unz.> = *Khaki;* **'ka·ki·braun** <Adj.> ; **'ka·ki·far·ben** <Adj.>
Ka·ko·fo'nie <f.; -, -n; ↗Z11.3> = *Kakophonie;* **ka·ko'fo·nisch** <Adj.> ; **Ka·ko·pho'nie** <f.; -, -n> *Missklang, Dissonanz; Ggs Euphonie* [grch.]; **ka·ko'pho·nisch** <Adj.>
Kak·tee <[-'te:ə]; f.; -, -n>, **'Kak·tus** <m.; -, -'te·en od. (österr.) -s·ses, -s·se; Bot.> *Wüstenpflanze mit säulenförmigem, dornigem Stamm* [grch.]; **'Kak·tus·fei·ge** <f.; -, -n>
Ka·la·A'zar <f.; -; unz.; Med.> *trop. Infektionskrankheit* [ind.]
Ka·la'bas·se <f.; -, -n> = *Kalebasse*
Ka·la'bre·se, <auch> **Ka·lab're·se** <m.; -n, -n; ↗Z53> *Einwohner von Kalabrien;* **Ka·la'bre·ser** <m.; -s, -> *breitrandiger Filzhut;* **Ka·la'bre·sin** <f.; -, -n·nen> ; **Ka·la'bri·er** <m.; -s, -> = *Kalabrese;* **Ka·la'bri·e·rin** <f.; -, -n·nen> ; **ka·la'brisch** <Adj.>
Ka·la'mai·ka <f.; -, -ken> *ukrainischer Nationaltanz* [russ.]
Ka·la·mi'tät <f.; -, -en> *Übelstand, missliche Lage; in ~ en geraten* [lat.]
Ka'lan·choe <[-'çoe] f.; -, -n; Bot.> *ein Dickblattgewächs* [grch.]
Ka'lan·der <m.; -s, -> *Walzwerk, Satiniermaschine* [frz.]; **ka'lan·dern** <V. t.; ich kaland(e)re>
Ka'lasch·ni·kow <f.; -, -s> *Maschinengewehr* [nach dem Russen M. T. *Kalaschnikow*]
'Ka·lau·er <m.; -s, -> *simpler Witz; ~ erzählen* [frz.]; **'ka·lau·ern** <V. i.; ich kalau(e)re>
Kalb <n.; -(e)s, ⸚er; Zool.> 1 *junges Rind* 2 *Junges vom Rot-, Elch- u. Damwild;* → a. *golden;* **'Kälb·chen** <n.; -s, -; Verkleinerungsf. von> *Kalb;* **'Kal·be** <f.; -, -n> = *Färse;* **'kal·ben** <V. i.> *ein Kalb werfen; die Kuh hat gekalbt;* **'kal·bern, 'käl·bern** <V. i.;

K

ich kalb(e)re/kälb(e)re> *Unsinn treiben, herumalbern;* **'Käl·ber·ne(s)** <n. 3; süddt.> *Kalbfleisch;* **'Kalb·fell** <n.; -(e)s, -e; a. für *Schlagfläche der Trommel>* **'Kal·bin** <f.; -, -n·nen> = *Färse;* **'Kälb·lein** <n.; -s, -; poet.; Verkleinerungsf. von> *Kalb;* **'Kalbs·bra·ten** <m.; -s, ->; **'Kalbs·bries** <n.; - od. -es, -e>; **'Kalbs·brust** <f.; -, :e>; **'Kalbs·fell** <n.; -(e)s, -e> = *Kalbfell;* **'Kalbs·ha·xe** <f.; -, -n>; **'Kalbs·le·der** <n.; -s, ->; **'Kalbs·nuss** <f.; -, :e> *Stück aus der Innenseite der Kalbskeule;* **'Kalbs·schnit·zel** <n.; -s, ->

Kal'dau·ne <f.; -, -n; meist Pl.> *~n essbare Eingeweide, Darmzotten vom Rind;* Sy *Kuttel*

Kal'de·ra <f.; -, -ren> = *Caldera*

Ka·le'bas·se <f.; -, -n> *Trinkgefäß aus einem Flaschenkürbis;* oV *Kalabasse*

Ka·lei·do·skop, <auch> **Ka·leidos'kop** <n.; -s, -e; /Z54> 1 *mit bunten Glasstückchen gefüllter Guckkasten in der Form eines Fernrohrs* 2 <fig.> *bunter Reigen; ein ~ von künstlerischen Arbeiten* [grch.]; **ka·leido'sko·pisch** <Adj.>

ka·len'da·risch <Adj.>; **Ka·len·'da·ri·um** <n.; -s, -ri·en> 1 *Kalender* 2 *Verzeichnis kirchl. Festtage;* **Ka'len·den** <Pl.> *erster Tag des altröm. Monats;* **Ka'len·der** <m.; -s, -> 1 *Verzeichnis der Tage, Wochen u. Monate des Jahres;* Abreiß~; Lehrer~; *sich einen Tag im ~ rot anstreichen* 2 *Zeitrechnung;* julianischer, gregorianischer ~; hundertjähriger ~ [lat.]; **Ka'len·der·blatt** <n.; -(e)s, :er>; **Ka'len·der·jahr** <n.; -(e)s, -e>; **Ka'len·der·mo·nat** <m.; -s, -e>

Ka'le·sche <f.; -, -n> *leichte einspännige Kutsche* [tschech.]

'Ka·le·va·la, 'Ka·le·wa·la <n.; -; unz.> *finn. Nationalepos*

Kal'fak·ter, Kal'fak·tor <m.; -s, -'to·ren; veralt.> 1 *Bediensteter, Schuldiener* 2 *Aushorcher* [lat.]

kal'fa·tern <V. t.; ich kalfat(e)re> *abdichten;* Fugen an der Schiffswand ~ [ital.]

'Ka·li <n.; -s, -s; Chem.; Sammelbez. für> *Kaliumverbindungen*

Ka·li·ber <n.; -s, -> 1 *lichte Weite von Rohren* 2 *Durchmesser von Geschossen* 3 *Größenordnung, Art;* ein Gelehrter größten ~s [frz.]; **ka·li'brie·ren,** <auch> **ka·lib'rie·ren** <V. t.; /Z53> *auf genaues Maß bringen*

Ka'lif <m.; -en, -en; bis 1924> *Titel für den gewählten Nachfolger Mohammeds als islamischer Herrscher* [arab.]; **Ka·li'fat** <n.; -(e)s, -e> *Amt eines Kalifen*

'Ka·li·feld·spat <m.; -(e)s, -e; Chem.> *ein Mineral*

Ka·li'for·ni·en *Staat in den USA;* oV *California;* **Ka·li'for·ni·er** <m.; -s, ->; **Ka·li'for·ni·e·rin** <f.; -, -n·nen>; **ka·li'for·nisch** <Adj.>; **Ka·li'for·ni·um** <n.; -s; unz.; Chem.; Zeichen: Cf> = *Californium*

'Ka·li·ko <m.; -s, -s> *dichtes Baumwollgewebe* [nach der ostind. Stadt *Kalikut*]

'Ka·li·sal·pe·ter <m.; -; unz.> = *Kaliumnitrat;* **'Ka·li·sal·ze** <Pl.>; **'Ka·li·um** <n.; -s; unz.; Chem.; Zeichen: K> *chem. Element, Alkalimetall;* **'Ka·li·um·bro·mat** <n.; -(e)s, -e; Chem.> *Kaliumsalz der Bromsäure;* **'Ka·li·um·bro·mid** <n.; -(e)s, -e; Chem.> *fotograf. Entwickler;* **'Ka·li·um·car·bo·nat** <n.; -(e)s, -e> *Kaliumsalz der Kohlensäure;* **'Ka·li·um·chlo·rat** <[-klo-]; n.; -(e)s, -e>; **'Ka·li·um·chlo·rid** <[-klo-]; n.; -(e)s, -e>; **'Ka·li·um·hy·dro·xid,** <auch> **'Ka·li·um·hyd·ro·xid** <n.; -s; unz.; /Z53>; **'Ka·li·um·ni·trat,** <auch> **'Ka·li·um·nit·rat** <n.; -s; unz.; /Z53> *ein Düngemittel;* **'Ka·li·um·sul·fat** <n.; -(e)s, -e>

Ka·lix'ti·ner <m.; -s, -> *Vertreter der gemäßigten Hussiten* [lat.]

Kalk <m.; -(e)s, -e> *durch Brennen von Kalkstein hergestelltes Kalziumoxid;* **'kal·ken** <V. t.> *tünchen, mit Kalk streichen;* **'kalk·hal·tig** <Adj.> *~es Wasser;* **'kal·kig** <Adj.>; **'Kalk·sal·pe·ter** <m.; -s, ->; **'Kalk·sand·stein** <m.; -(e)s, -e>; **'Kalk·sin·ter** <m.; -s; unz.> *durch Ablagerung im Wasser entstandener Kalkstein;* **'Kalk·spat** <m.; -s, -e> *ein Mineral;* **'Kalk·stein** <m.; -s; unz.> *kalkhaltiges Gestein;* **'Kalk·stick·stoff** <m.; -(e)s; unz.> *ein Düngemittel*

Kal'kül <m. od. n.; -s, -e> 1 *zielgerichtete Überlegung, Berechnung;* nach meinem ~ 2 <nur m.; Math.> *System von Regeln u. Zeichen für math. Berechnungen* [frz.]; **Kal·ku·la·ti·on** <f.; -, -en> *Berechnung;* ~ von Kosten; **kal·ku·la'to·risch** <Adj.; Wirtsch.>; **kal·ku'lie·ren** <V. t.> *etwas ~ berechnen, (durch Überlegen) ermitteln;* Kosten ~

'Kal·la <f.; -, -s; Bot.> = *Calla*

Kal·li'graf <m.; -en, -en; /Z11.3> = *Kalligraph;* **Kal·li·gra'fie** <f.; -; unz.>; **kal·li'gra·fisch** <Adj.>; **Kal·li'graph** <m.; -en, -en; Schönschreiber, Schreibkünstler;* **Kal·li·gra'phie** <f.; -; unz.> *Schönschreibekunst* [grch.]; **kal·li'gra·phisch** <Adj.>

kal'lös <Adj.; Med.> *schwielig;* **'Kal·lus** <m.; -, -s·se> 1 <Med.> *neu gebildetes Gewebe (nach einem Knochenbruch)* 2 <Med.> *Schwiele* 3 <Bot.> *neu gebildetes Pflanzengewebe (an Wundrändern)*

'Kal·mar <m.; -s, -'ma·re; Zool.> *eine Tintenfischart* [lat.]

'Kal·mäu·ser <a. [-'--]; m.; -s, -; veralt.> *Stubenhocker* [jidd.]

'Kal·me <f.; -, -n> *Windstille* [frz.]; **'Kal·men·gür·tel** <m.; -s, ->; **'Kal·men·zo·ne** <f.; -, -n>

Kal'mück, Kal'mü·cke <m.; -(e)n, -(e)n> *Angehöriger eines westmongol. Volkes* [türk.]

'Kal·mus <m.; -, -s·se; Bot.> *eine Heilpflanze* [lat.]

'Ka·lo <m.; -s, -s> *Schwund an Gewicht (bei Waren)* [ital.]

Ka·lo·bi'o·tik <f.; -; unz.> *altgrch. Ideal der harmonischen Lebensführung;* **Ka·lo·ka·ga'thie** <f.; -; unz.> *altgrch. Bildungsideal (Verbindung von Schönem u. Gutem)*

Ka·lo'rie <f. 7; -, -n; Zeichen: cal> 1 <Phys.; veralt.> *Wärmeeinheit;* → a. *Joule* 2 <Fachspr.; veralt.> *Maßeinheit für den Energiewert der Nahrungsmittel;* → a. *Joule* [lat.]; **ka·lo'ri·en·arm** <Adj.> *~e Ernährung;* **ka·lo'ri·en·be·wusst** <Adj.> *sich ~ ernähren;* **Ka'lo·rik** <f.; -; unz.; Phys.> *Wärmelehre;* **Ka·lo·ri'me·ter** <n.; -s, -; Phys.> *Wärmemessgerät;* **Ka·lo·ri·me'trie,** <auch> **Ka·lo·ri·met'rie** <f.; -;

unz.; ↗Z53; Phys.> *Lehre vom Messen von Wärmemengen;* **ka·lo·ri'me·trisch** <Adj.>; **ka'lo·risch** <Adj.; Phys.> *auf Wärme beruhend;* ~e Messungen; ~e Maschine; **ka·lo·ri'sie·ren** <V. t.> *Stahl* ~ *mit einer Schutzschicht aus Aluminium versehen*

Ka'lot·te <f.; -, -n> 1 <Med.> *Schädeldecke* 2 <Kath.> *auf dem Scheitel getragenes Käppchen* 3 <Arch.> *flache Kuppel* [frz.]

'Kal·pak <a. [-'-]; m.; -s, -s> *Lammfell-, Filzmütze* [türk.]

kalt <Adj.; 'käl·ter, am 'käl·tes·ten> 1 *keine od. wenig Wärme enthaltend, abgekühlt;* ~es Blut bewahren *nicht aus der Fassung geraten;* eine ~e Dusche bekommen <fig.> *ernüchtert werden;* ~e Getränke; ~e Küche *nicht gekochte Speisen;* ~e Miete, Kaltmiete *Miete ohne Nebenkosten;* ~er Schweiß *Angstschweiß;* jmdm. ~e Umschläge machen; auf ~ u. warm reagieren (Zähne) 2 <Getrenntschreibung mit Verben u. Part., wenn steiger- od. erweiterbar> Wein ~ stellen; <aber> jmdn. ~stellen <fig.; umg.> *einflusslos machen;* ~ baden; ~ bleiben *sich nicht erschüttern lassen, Ruhe bewahren;* er ist völlig kalt geblieben; ~ essen; jmdm. ~ lächelnd die Tür weisen; ~ lassen; der Vorfall hat sie völlig ~ gelassen, lässt sie ~ <fig.; umg.> *berührt sie nicht;* <aber zusammen> → **kaltgepresst; kaltgeschlagen; kaltmachen; kaltschweißen; kaltwalzen** 3 <↗Z46> ~er Krieg *waffenlos geführter Krieg;* <aber> der Kalte Krieg *Feindseligkeiten zw. Ost- u. Westeuropa nach dem 2. Weltkrieg;* **'Kalt·blut** <n.; -(e)s, ~er> *eine schwere Pferderasse;* **'Kalt·blü·ter** <m.; -s, -; Zool.> *nicht fachspr. Bez. für* Wechselwarmblüter; **'kalt·blü·tig** <Adj.> 1 <Zool.> *wechselwarm* 2 <fig.> *unerschrocken, skrupellos;* jmdn. ~ ermorden; **'Kalt·blü·tig·keit** <f.; -; unz.> **'Käl·te** <f.; -; unz.> *das Kaltsein, Mangel an Wärme;* eine eisige, schneidende ~; vor ~ zittern;

zehn Grad ~ (-10° C); Gefühls~; Herzens~; **'käl·te·be·stän·dig** <Adj.> *tiefe Temperaturen vertragend;* **'Käl·te·ein·bruch** <m.; -(e)s, ~e>; **'käl·ten** <V. t.; Fachspr.>; **'Käl·te·pe·ri·o·de** <f.; -, -n>; **'Käl·te·pol** <m.; -s, -e>; **'Käl·te·star·re** <f.; -; unz.>; **'Käl·te·tech·nik** <f.; -; unz.>; **'Käl·te·tod** <m.; -(e)s; unz.> *den* ~ *sterben;* **'Käl·te·wel·le** <f.; -, -n> *lang andauernde Frostperiode;* **'Kalt·front** <f.; -, -en; Meteor.>; **'kalt·ge·presst** <Adj.> ~es Olivenöl; **'kalt·ge·schla·gen** <Adj.> ~es Öl; **'Kalt·här·tung** <f.; -; unz.> *Härten von Kunststoffen bei gewöhnlichen Temperaturen;* **'kalt·her·zig** <Adj.; fig.> *gefühllos;* **'Kalt·luft** <f.; -; unz.; Meteor.>; **'Kalt·luft·ein·bruch** <m.; -(e)s, ~e>; **'kalt|ma·chen** <V. t.; ich mache ihn kalt; er hat sie kaltgemacht; kaltzumachen; umg.> jmdn. ~ *ermorden, töten;* **'Kalt·mam·sell** <f.; -, -en od. -s> = *kalte* → *Mamsell(1);* **'Kalt·na·del** <f.; -, -n> *Radiernadel;* **'Kalt·na·del·ra·die·rung** <f.; -, -en>; **'Kalt·scha·le** <f.; -, -n> *kalte Fruchtsuppe;* **'kalt·schnäu·zig** <Adj.; umg.; abwertend> *gefühllos;* **'Kalt·schnäu·zig·keit** <f.; -; unz.>; **'kalt·schwei·ßen** <V. t.; nur Inf. u. Part. Perf.>; **'Kalt·start** <m.; -s, -s>; **'kalt|stel·len** <V. t.; fig.> jmdn. ~ *jmdn. seines Einflusses berauben;* er wurde von der Partei kaltgestellt; <aber> das Dessert kalt stellen *kühlen;* → a. **kalt;** <Getrenntschreibung <V. t.; Tech.; nur Inf. u. Part. Perf.> vorgewärmte Stäbe ~ *ohne weitere Erwärmung walzen u. verarbeiten;* kaltgewalzte Bleche; **'Kalt·wel·le** <f.; -, -n> *Dauerwelle mithilfe chem. Mittel;* **'Kalt·zeit** <f.; -, -en> *Beginn einer neuen Eiszeit;* Ggs *Warmzeit*

Ka·lu'met <n.; -s, -s> *Friedenspfeife (der Indianer Nordamerikas)* [frz.]

Ka'lup·pe <f.; -, -n; österr.> *baufälliges Haus*

Kal·va·ri·en·berg <[-'va:-]; m.; -(e)s; unz.> 1 <urspr.> *Kreuzigungsstätte Christi* 2 *Berg u. Wallfahrtskirche mit den Leidensstationen Christi* [lat.]

kal·vi·nisch <[-'vi-]; Adj.> oV *calvinisch;* **Kal·vi'nis·mus** <m.; -; unz.> *die Schweizer Reformators Johann Calvin (1509–1564), ev. reformierter Glaube;* oV *Calvinismus;* **Kal·vi'nist** <m.; -en, -en>; **Kal·vi'nis·tin** <f.; -, -n·nen>; **kal·vi'nis·tisch** <Adj.>

Ka'lyp·so *eine grch. Nymphe;* <aber> → *Calypso*

Ka'lyp·tra, <auch> **Ka'lypt·ra** <f.; -, -'lyp·tren/'lypt·ren; ↗Z53; Bot.> *Wurzelhaube* [grch.]

Kal·ze·o'la·rie <[-riə]; f.; -, -n; Bot.> *Pantoffelblume*

Kal·zi·fe'rol <n.; -s; unz.> = *Calciferol*

kal·zi·fi'zie·ren <V. i.> *Kalke absondern* [lat.]; **Kal·zi·na·ti'on** <f.; -; unz.> *Entfernung von Kristallwasser od. Abspaltung von Kohlendioxid durch Erhitzen;* **kal·zi'nie·ren** <V. t.> = *calcinieren;* **Kal'zit** <m.; -(e)s, -e> = *Calcit;* **'Kal·zi·um** <n.; -s; unz.> = *Calcium;* **'Kal·zi·um·chlo·rid** <[-klo-]; n.; -(e)s, -e>; **'Kal·zi·um·flu·o·rid** <n.; -(e)s, -e>; **'Kal·zi·um·kar·bo·nat** <n.; -(e)s, -e>; **'Kal·zi·um·o·xid** <n.; -(e)s, -e>; **'Kal·zi·um·phos·phat** <n.; -(e)s, -e>; **'Kal·zi·um·sul·fat** <n.; -(e)s, -e>

Ka·ma·ril·la <a. [-'rilja]; f.; -, -l·len> *Günstlingspartei, einflussreiche Gruppe von Personen in der Umgebung eines Herrschers* [span.]

Ka·ma'su·tra, <auch> **Ka·ma'sut·ra** <n.; - od. -s; unz.; ↗Z53> *altind. Lehrbuch der Liebeskunst* [Sanskrit]

'Kam·bi·um <n.; -s, -bi·en; Bot.> *ein Pflanzengewebe*

Kam'bod·scha *südostasiat. Staat;* Königreich ~; **Kam·bod'scha·ner** <m.; -s, ->; **Kam·bod'scha·ne·rin** <f.; -, -n·nen>; **kam·bod'scha·nisch** <Adj.>; **Kam·bod'scha·nisch** <n.; -; unz.> = *Khmer²*

'Kam·brik, <auch> **'Kamb·rik** <m.; -s; unz.; ↗Z53; Textilw.> *ein feinfädiges Baumwollgewebe* [engl.]

'kam·brisch, <auch> **'kamb·risch** <Adj.; Geol.>; **'Kam·bri·um** <n.; -s; unz.> *Erdzeitalter, älteste Stufe des Paläo-*

K

zoikums [nach *Cambria*, lat.-kelt. Bez. für Nordwales]

Ka'mee <f.; -, -n> *Halbedelstein mit erhaben gearbeiteter Darstellung;* Ggs *Gemme*

Ka'mel <n.; -s, -e; Zool.> 1 *ein paarhufiger Wiederkäuer, bes. als Lasttier gehalten* 2 <umg.; abwertend> *Dummkopf* [lat.-semit.]; **Ka'mel·haar** <n.; -s; unz.> ~mantel

Ka·me·lie <[-liə]; f.; -, -n; Bot.> *eine Zierpflanze* [nach dem Mönch Joseph *Kámel*]

Ka'mel·le <f.; -, -n; meist Pl.; umg.> *alte, olle* ~n *alte, vergessene Geschichten*

Ka·me'lott <m.; -s, -e; Textilw.> *leichter Angorawollstoff* [frz.]

'Ka·me·ra <f.; -, -s> *fotografischer Apparat;* Kleinbild~; Spiegelreflex~; Video~

Ka·me'rad <m.; -en, -en> 1 *Kollege, Gefährte innerhalb einer Gemeinschaft;* Berufs~; Schul~; Spiel~ 2 *enger Freund* [frz.]; **Ka·me·ra·de'rie** <f.; -; unz.; meist abwertend> *übertriebene Kameradschaft;* **Ka·me'rad·schaft** <f.; -; unz.>; **ka·me'rad·schaft·lich** <Adj.>; **Ka·me'rad·schaft·lich·keit** <f.; -; unz.>

ka·me'ral <Adj.; Wirtsch.> ~es Marketing *betriebswirtschaftl. Konzept, das auch umweltpolitische Faktoren berücksichtigt;* **Ka·me·ra'lis·tik** <f.; -; unz.; veralt.> *Staats-, Finanzwissenschaft* [lat.]; **ka·me·ra'lis·tisch** <Adj.; veralt.>

'Ka·me·ra·mann <m.; -(e)s, ~er od. -leu·te>; **'Ka·me·ra·re·kor·der** <m.; -s, -> *Videokamera für Aufnahme u. Wiedergabe;* Sy *Camcorder;* **'Ka·me·ra·ü·ber·wa·chung** <f.; -, -en; ⬀Z55>

'Ka·me·run *westafrikan. Staat;* Republik ~; **'Ka·me·ru·ner** <m.; -s, -> 1 *Einwohner von Kamerun* 2 <veralt.> *Erdnuss;* **'Ka·me·ru·ne·rin** <f.; -, -nnen>; **'ka·me·ru·nisch** <Adj.>

ka'mie·ren <V. i.; Fechten> *die gegnerische Klinge umgehen* [ital.]

Ka·mi'ka·ze <m.; -, -; im 2. Weltkrieg> *jap. Flieger, der sich unter Opferung seines Lebens mit einem Flugzeug auf ein feindliches Ziel stürzte* [jap.]

Ka'mil·le <f.; -, -n; Bot.> *eine Heilpflanze* [lat.-grch.]; **Ka'mil·len·tee** <m.; -s, -s>

Ka'min <m. od. (schweiz.) n.; -s, -e> 1 *Schornstein, Esse* 2 *offene Feuerstelle mit Rauchfang im Zimmer* 3 <Bergsp.> *Felsspalte* [lat.-grch.]; **Ka'min·fe·ger** <m.; -s, -> *Schornsteinfeger;* **ka·mi'nie·ren** <V. i. (s.); Bergsp.> *im Kamin(3) klettern;* **Ka'min·keh·rer** <m.; -s, -> *Schornsteinfeger*

Ka·mi'sol <n.; -s, -e; früher> *Unterjacke, Wams*

Kamm <m.; -(e)s, ~e> 1 *Gerät zum Kämmen der Haare (od. als Schmuck);* Zier~ 2 *Bergrücken;* Gebirgs~ 3 *oberster Teil einer Welle;* Wellen~ 4 *Nackenstück vom Schlachtvieh;* **'Kämm·chen** <n.; -s, -; Verkleinerungsf. von> *Kamm(1);* **'käm·meln** <V. t.; ich kämm(e)le> *fein kämmen;* Wolle ~; **'käm·men** <V. t.> 1 <V. t./V. refl.> *jmdn. od. sich ~; (jmdm. od. sich) das Haar ~ mit dem Kamm das Haar ordnen* 2 *Baumwolle, Flachs ~ die kurzen Fasern entfernen*

'Kam·mer <f.; -, -n> 1 *kleiner Raum;* Abstell~; Schlaf~ 2 *Behörde, Gerichtshof, Volksvertretung;* Industrie- u. Handels~; Straf~; Volks~; **'Kam·mer·bau** <m.; -(e)s; unz.; Bgb.>; **'Käm·mer·chen** <n.; -s, -; Verkleinerungsf. von> *Kammer(1);* **'Kam·mer·chor** <[-ko:r]; m.; -s, ~e>; **'Kam·mer·die·ner** <m.; -s, ->; **Käm·me'rei** <f.; -, -en> 1 *Finanzverwaltung einer Stadtgemeinde* 2 *Abteilung einer Spinnerei;* **'Käm·me·rer** <m.; -s, -> *Vorsteher der städtischen Kämmerei;* **'Kam·mer·frau** <f.; -, -en; früher> *Zofe;* **'Kam·mer·ge·richt** <n.; -(e)s, -e> *Oberlandesgericht in Berlin;* **'Kam·mer·herr** <m.; -en, -en; früher> *Hofbeamter;* **'Kam·mer·jä·ger** <m.; -s, -> = *Desinfektor;* **'Käm·mer·lein** <n.; -s, -; Verkleinerungsf. von> *Kammer(1);* **'Kam·mer·or·ches·ter** <[-kɛs-]; n.; -s, ->; **'Kam·mer·sän·ger** <m.; -s, -; Bez. als Titel verliehen> *bedeutender Sänger;* **'Kam·mer·sän·ge·rin** <f.; -, -nnen>; **'Kam·mer·spiel** <n.; -(e)s, -e> 1 *Theaterstück mit kleiner Besetzung* 2 <meist Pl.> *kleines Theater für Schauspielaufführungen;* das Stück wird in den ~en gezeigt; **'Kam·mer·ton** <m.; -(e)s; unz.; Mus.> *eingestrichenes A als Stimmton;* **'Kam·mer·zo·fe** <f.; -, -n; früher>

'Kamm·garn <n.; -s, -e; Textilw.> *Garn aus reiner gekämmter Wolle od. reinen Chemiefasern;* **'Kamm·gras** <n.; -es, ~er; Bot.>; **'Kamm·griff** <m.; -(e)s, -e; Turnen>; **'Kämm·ling** <m.; -s, -e; Textilw.> *Abfallprodukt der Kammgarnherstellung;* **'Kamm·ma·cher** <m.; -s, -; ⬀Z37; früher> *Hersteller von Kämmen;* **'Kämm·ma·schi·ne** <f.; -, -n; ⬀Z37; Textilw.>; **'Kamm·mu·schel** <f.; -, -n; ⬀Z37> *eine Meeresmuschel;* **'Kamm·stück** <n.; -(e)s, -e> *Stück vom Kamm(4)*

Ka'mor·ra <f.; -; unz.> *südital. Geheimbund, Mafia;* oV *Camorra* [ital.]

Kamp <m.; -s, ~e; norddt.> *Feldstück, Grasplatz;* → a. *Camp*

Kam·pa·gne, <auch> **Kam·pa·gne** <[-'panjə]; f.; -, -n; ⬀Z53> oV *Campagne* 1 *Betriebszeit in saisonbedingten Unternehmen;* Zucker~ 2 *Fastnachtszeit* 3 <fig.> *zweckbestimmte Unternehmung;* Presse~; Wahl~ [frz.]

Kam'pa·la *Hauptstadt von Uganda*

Kam·pa'ni·le <m.; -, -; Arch.> *frei stehender Glockenturm;* oV *Campanile* [ital.]

'Käm·pe <m.; -n, -n; veralt.; noch scherzh.> *Kämpfer, Streiter (einer gerechten Sache)*

Kam'pe·sche·holz <a. [-petʃə-]; n.; -es; unz.> *ein Farbholz;* oV *Campecheholz* [nach der mexikan. Stadt *Campeche*]

'Käm·pe·vi·se <[-vi:-]; f.; -, -r; im MA> *zum Tanz gesungene skandinavische Heldenballade;* → a. *Folkevise*

Kampf <m.; -(e)s, ~e> 1 *unerbittlicher Streit, tätliche Auseinandersetzung;* ~ *auf Leben u. Tod;* ~ *ums Dasein;* ~ *bis aufs Messer* 2 *Wettkampf zu zweit;* Box~; Ring~ 3 *kriegerische Auseinan-*

dersetzung; ~ um Troja; Straßen~; **'Kampf·ab·stim·mung** <f.; -, -en>; **'Kampf·bahn** <f.; -, -en>; **'kampf·be·reit** <Adj.>; **'kämp·fen** <V. i.> *einen Kampf führen;* mit jmdm. ~; mit dem Tode ~; für, gegen, um etwas ~; für Freiheit ~; gegen Unterdrückung ~; um sein Kind ~ **'Kamp·fer** <m.; -s; unz.> *aus dem Holz des Kampferbaumes hergestellltes Heil- u. Desinfektionsmittel;* oV *Campher* [Sanskrit] **'Kämp·fer** <m.; -s, -> 1 *jmd., der kämpft;* Box~; Ring~ **2** <Arch.> *oberste, vorspringende Platte einer Säule od. eines Pfeilers* **3** <Arch.> *Gewölbeauflage* **'Kamp·fer·baum** <m.; -(e)s, ⸚e; Bot.> **'Kämp·fe·rin** <f.; -, -n·nen>; **'kämp·fe·risch** <Adj.> *eine ~e Rede halten; sich ~ geben;* **'Kämp·fer·na·tur** <f.; -, -en> **'Kamp·fer·öl** <n.; -(e)s; unz.> **'Kamp·fes·lust** <f.; -; unz.> oV *Kampflust;* **'kampf·fä·hig** <Adj.>; **'Kampf·fä·hig·keit** <f.; -; unz.>; **'Kampf·flie·ger** <m.; -s, ->; **'Kampf·flug·zeug** <n.; -(e)s, -e>; **'Kampf·geist** <m.; -(e)s; unz.>; **'Kampf·hahn** <m.; -(e)s, ⸚e> 1 *für den Hahnenkampf abgerichteter Hahn* **2** <fig.> *streitlustiger Mensch;* **'Kampf·hand·lung** <f.; -, -en; meist Pl.>; **'Kampf·hund** <m.; -(e)s, -e>; **'kampf·los** <Adj.> *sich ~ ergeben;* **'Kampf·lust** <f.; -; unz.> = *Kampfeslust;* **'Kampf·platz** <m.; -es, ⸚e>; **'Kampf·rich·ter** <m.; -s, ->; **'Kampf·rich·te·rin** <f.; -, -n·nen>; **'kampf·schwach** <Adj.>; **'kampf·stark** <Adj.; -stär·ker, am ~stärks·ten>; **'Kampf·stoff** <m.; -(e)s, -e; meist Pl.> *chemische, nukleare ~e;* **'kampf·un·fä·hig** <Adj.>; **'Kampf·un·fä·hig·keit** <f.; -; unz.>; **'Kampf·wa·gen** <m.; -s, -> *römischer ~*

kam'pie·ren <V. i.> *im Freien od. behelfsmäßig übernachten;* auf dem Feld ~; in der Küche ~ <umg.> [frz.]

Kam·tscha'da·le, <auch> **Kamtscha'da·le** <m.; -n, -n; ⸗Z54> *Einwohner von Kamtschatka;* **Kam'tschat·ka** *eine Halbinsel in Nordostasien*

Ka'muf·fel <m.; -s, -; umg.; ab­wertend> *Dummkopf*

Ka·na·a'nä·er <m.; -s, -> *vorisraelit. Einwohner von Kanaan;* **kana·a'nä·isch** <Adj.>; **Ka·na·a'niter** <m.; -s, -> = *Kanaanäer;* **kana·a'ni·tisch** <Adj.>

'Ka·na·da *nordamerikan. Staat;* **Ka'na·di·er** <m.; -s, -> 1 *Einwohner von Kanada* **2** *Sportboot (mit Stechpaddel);* **Ka'nadi·e·rin** <f.; -, -n·nen>; **ka'nadisch** <Adj.> *Kanada betreffend;* <aber> *der Kanadische Schild Kernstück des nordamerikan. Kontinents*

Ka·nail·le <[-'naljə]; f.; -, -n; ab­wertend> oV *Canaille* 1 *Schuft, Schurke* **2** <unz.> *Pack* [frz.]

Ka'na·ke <m.; -n, -n> 1 *Einwohner der Südseeinseln* **2** <abwer­tend> *Ausländer* [hawaiisch]

Ka'nal <m.; -s, ⸚e> 1 *künstlicher Wasserlauf;* Main-Donau-~; *dunkle Kanäle* <fig.> *geheime Verbindungslinie;* den ~ voll haben <fig.; derb> **2** *Wasserstreifen zwischen zwei Kontinenten;* Ärmel-; Panama- **3** *Rohr, Leitung;* Abwasser- **4** <Med.> *Verdauungsweg;* Magen-Darm-~ **5** <Funkw.> *Frequenzband* [ital.]; **Ka'näl·chen** <n.; -s, -; Verklei­nerungsf. von> *Kanal;* **Ka·na·lisa·ti'on** <f.; -, -en> *System von unterirdischen Rohren zum Ableiten der Abwässer;* **ka·na·li'sie·ren** <V. t.> *eine Stadt ~;* einen Fluss ~ *schiffbar machen;* **Ka·na·li'sie·rung** <f.; -; unz.>; **Ka'nal·tun·nel** <m.; -s, ->

'Ka·na·pee <n.; -s, -s> oV *Canapé* 1 *Sofa* **2** *reichlich belegte kleine Scheibe Weißbrot* [frz.]

Ka·na·ri <m.; -s, -; Zool.; süddt.; österr.> *Kanarienvogel* [frz.]; **Ka'na·ri·en·vo·gel** <m.; -s, ⸚> *ein bunt gefiederter Singvogel*

Ka'nas·ter <n.; -s; unz.> = *Canasta*

Kan'da·re <f.; -, -n; Reitsp.> *Art des Zaumzeugs;* jmdn. an die ~ nehmen <fig.> *mit jmdm. energischer umgehen* [ungar.]

'Kan·del <m.; -s, -n od. f.; -, -n; oberdt.> *Dachrinne*

Kan·de'la·ber <m.; -s, -> *mehrarmiger Kerzenständer* [frz.]

'kan·deln <V. t.; ich kand(e)le; oberdt.> *aushöhlen*

'Kan·del·zu·cker <m.; -s; unz.> = *Kandiszucker*

Kan'di·dat <m.; -en, -en> 1 *jmd., der sich um ein Amt bewirbt;* Wunsch~ **2** *jmd., der sich einer Prüfung unterzieht;* Prüfungs~; Examens~ [lat.]; **Kan·di'da·tentur·nier** <n.; -s, -e> *ein Schachturnier;* **Kan·di'da·tin** <f.; -, -n·nen>; **Kan·di·da'tur** <f.; -, -en> *Bewerbung (um ein Amt);* **kan'di·del** <Adj.; veralt.> *lustig, heiter;* **kan'di'die·ren** <V. i.> *für ein Amt ~*

kan'die·ren <V. t.> *mit Zucker überziehen u. dadurch haltbar machen;* Früchte ~; kandierte Apfelsinenscheiben [frz.]; **'Kandis** <m.; -; unz.; kurz für> *Kandiszucker;* **'Kan·dis·zu·cker** <m.; -s; unz.> *an Fäden auskristallisierte Zuckerkristalle;* oV *Kandelzucker;* **Kan'dit** <m.; Pl.; österr.> 1 *kandierte Früchte* **2** *Süßigkeiten*

Ka'neel <m.; -s, -e> *Zimtsorte, weißer Zimt*

Ka·ne'pho·re <f.; -, -n> 1 <Anti­ke> *Korbträgerin* **2** <Arch.> *Gebälkträgerin;* Sy *Karyatide* [grch.]

'Ka·ne·vas <[-vas]; m.; - od. -s·ses, - od. -s·se> 1 *Gitterleinen* **2** <in der Commedia dell'Arte> *Scenario* [frz.]; **'ka·ne·vas·sen** <Adj.>

'Kän·gu·ru <n.; -s, -s; ⸗Z16.2; Zool.> *ein Beuteltier* [austral.]; **'Kän·gu·ruh** <n.; -s, -s; nicht mehr zulässige Schreibung für> *Känguru*

Ka'ni·de <m.; -n, -n> *Angehöriger der Familie der Hunde* [lat.]

Ka'nin <n.; -s; unz.> *Kaninchenfell;* **Ka'nin·chen** <n.; -s, -; Zool.> *hasenartiges Nagetier*

Ka'nis·ter <m.; -s, -> *großer, meist viereckiger Behälter (für Flüssigkeiten);* Milch~; Öl~

'Kan·ker <m.; -s, -> *Weberknecht*

'Kan·na <f.; -, -s> = *Canna*

'Kann·be·stim·mung <f.; -, -en; ⸗Z36> *nicht bindende Bestimmung*

'Känn·chen <n.; -s, -; Verkleine­rungsf. von> *Kanne;* **'Kan·ne** <f.; -, -n> *Gefäß für Flüssigkeiten (mit Ausguss);* Kaffee~; Tee~; **'Kan·ne·gie·ßer** <m.; -s, -; veralt.; abwertend>

polit. Schwätzer [nach dem Lustspiel "Der *polit. Kannegießer*"]; **'kan·ne·gie·ßern** <V. i.; veralt.> er hat wieder gekannegießert

'Kän·nel <m.; -s, -; schweiz.> Rinne, Traufe; **Kan'ne·le** <f.; -, -n> Hohlkehle, Vertiefung; **kan·ne'lie·ren** <V. t.> auskehlen; eine Säule ~; **Kan·ne'lie·rung** <f.; -, -en>

'Kän·nel·koh·le <f.; -, -n> Steinkohlenart [engl.]

Kan·ne'lü·re <f.; -, -n; Arch.> senkrechte Rille (an Säulen)

'kan·nen·wei·se <Adj.; meist adv.> 1 *in Kannen*; Milch ~ abgeben 2 <fig.> *in großen Mengen;* Suppe ~ wegschütten

Kan·ni'ba·le <m.; -n, -n> 1 *Angehöriger eines Menschen fressenden Naturvolkes* 2 <fig.> *roher, brutaler Mensch* [span.-indian.]; **kan·ni'ba·lisch** <Adj.>; **Kan·ni·ba'lis·mus** <m.; -; unz.>

'Kann·kind <n.; -(e)s, -er; ↗Z36> *noch nicht schulpflichtiges Kind, das vorzeitig eingeschult werden kann*

'Känn·lein <n.; -s, -; poet.> Verkleinerungsf. von ~ *Kanne*

'Kann·vor·schrift <f.; -, -en; ↗Z36> *nicht bindende Vorschrift*

'Ka·non <m.; -s, -s> 1 *Regel, Leitfaden, Richtschnur;* Gebets~; Gesetzes~ 2 <Mus.> *mehrstimmiges Musikstück mit nacheinander einsetzenden Stimmen* 3 <Pl. Ka'no·nes> *einzelne (kirchl.) Vorschrift* [lat.-grch.]

Ka·no'na·de <f.; -, -n> *Geschützfeuer;* **Ka'no·ne** <f.; -, -n> 1 *Geschütz;* mit ~n auf Spatzen schießen <fig.; umg.> 2 <fig.> *großer Könner;* das ist unter aller ~ *äußerst miserabel* [ital.]; **Ka·no·nen·don·ner** <m.; -s; unz.>; **Ka'no·nen·fut·ter** <n.; -s; unz.; fig.; abwertend> *sinnlos geopferte Soldaten;* **Ka'no·nen·ku·gel** <f.; -, -n>; **Ka'no'nier** <m.; -s, -e> *Soldat, der ein Geschütz bedient*

Ka'no·nik <f.; -; unz.; bei Epikur> *Logik* [lat.]; **Ka'no·ni·ker** <m.; -s, ->, **Ka'no·ni·kus** <m.; -, -ker> *Mitglied einer Ordensgemeinschaft;* **Ka·no·ni·sa·ti'on** <f.; -, -en> *Heiligsprechung;* **ka-**

'no·nisch <Adj.>; **ka·no·ni'sie·ren** <V. t.>; **Ka·no·ni'sie·rung** <f.; -, -en>; **Ka·no'nis·se** <f.; -, -n>, **Ka·no'nis·sin** <f.; -, -·n·nen> *Stiftsfrau, Chorfrau;* **Ka·no'nist** <m.; -en, -en>; **Ka·no'nis·tik** <f.; -; unz.> *Lehre des kanon. Rechts*

Ka'no·pe <f.; -, -n> *altägypt. Deckelurne*

Kä·no'phy·ti·kum <n.; -s; unz.; Geol.> *Neuzeit der pflanzl. Entwicklung* [grch.]

Ka'nos·sa·gang <m.; -(e)s, ╌e; geh.> = *Canossagang*

Kä·no'zo·i·kum <n.; -s; unz.; Geol.> *Erdneuzeit mit Tertiär und Quartär* [grch.]; **kä·no'zo·isch** <Adj.>

Kan'sas <['kænsəs]> *Staat in den USA*

kan'ta·bel <Adj.> *leicht singbar; ein kantables Stück;* **kan'ta·bi·le** <[-'le:]; Adj.; Mus.> *ernst, getragen;* **Kan'ta·te** <f.; -, -n> 1 <Mus.> *mehrsätziges Gesangsstück für Solo u. Chor* 2 <undekl.; ohne Art.> *4. Sonntag nach Ostern* [ital.-lat.]

'Kan·te <f.; -, -n> 1 *scharf abgegrenztes Ende;* Tisch~; Stuhl~ 2 *Besatz, Borte (an Stoffen);* **Kantel¹** <m. od. n.; -s, -n> *Lineal mit vier Kanten;* **Kan·tel²** <f.; -, -n> *schmales Holzstück mit vierkantigem Querschnitt;* **'kan·teln** <V. t.; ich kant(e)le> *mit Schlingenstich umnähen;* einen Saum ~; 1 *auf die Kante stellen* 2 *mit Kanten versehen* 3 Skier ~ *auf die Innenkanten drehen;* **'Kan·ten** <m.; -s, -> *Brotanschnitt*

'Kan·ter¹ <m.; -s, -; Reitsp.; veralt.> *leichter Galopp* [engl.]

'Kan·ter² <m.; -s, -> *Gestell (für Fässer)* [frz.]

'Kan·ter·sieg <m.; -(e)s, -e; Sp.> *leicht errungener Sieg*

'Kant·ha·ken <m.; -s, -> *Stange mit Eisenhaken*

Kan·tha'ri·de <m.; -n, -n; Zool.> *Weichkäfer;* **Kan·tha·ri'din** <n.; -s; unz.> *Mittel zur Hautreizung (aus der Spanischen Fliege);* oV *Cantharidin*

'Kant·holz <n.; -es, ╌er>

Kan·ti'a·ner <m.; -s, -> *Schüler, Anhänger des Philosophen Immanuel Kant*

'kan·tig <Adj.> scharf~

Kan·ti'le·ne <f.; -, -n> *gesangartige Melodie* [ital.]

Kan'til·le <a. [-'tiljə]; f.; -, -n> *Metalldraht (für Borten und Tressen)* [frz.]

Kan'ti·ne <f.; -, -n> *Speisesaal (in Betrieben o. Ä.)* [frz.]; **Kan'ti·nen·es·sen** <n.; -s, ->

Kan'ton <m.; -s, -e; Abk.: Kt.> 1 *Bundesland der Schweiz* 2 *Verwaltungsbezirk in Frankreich u. Belgien* [frz.-ital.]; **kan·to'nal** <Adj.>; **Kan·to'nist** <m.; -en, -en; veralt.> *ausgehobener Rekrut;* unsicherer ~ <umg.> *unzuverlässiger Mensch;* **Kan'tön·li·geist** <m.; -(e)s; unz.; schweiz.; abwertend> *Engstirnigkeit, Lokalpatriotismus;* **Kan'tons·ge·richt** <n.; -(e)s, -e; schweiz.>; **Kan'tons·kanz·lei** <f.; -, -en; schweiz.>; **Kan'tons·rat** <m.; -(e)s, ╌e; schweiz.>; **Kan'tons·rä·tin** <f.; -, -·n·nen>

'Kan·tor <m.; -s, -'to·ren> *Organist u. Leiter des Kirchenchores* [lat.]; **Kan·to'rei** <f.; -, -en>; **Kan'to·rin** <f.; -, -·n·nen>

'Kan·tschu, <auch> **'Kant·schu** <m.; -s, -s> *geflochtene Lederpeitsche*

'Kant·stein <m.; -(e)s, -e; norddt.> *Bordstein*

'Kan·tus <m.; -, -·s·se; veralt.> *Gesang*

'Ka·nu <n.; -s, -s> 1 <bei Naturvölkern> *Einbaum* 2 <Sp.> *Paddelboot* [engl.]

Ka'nü·le <f.; -, -n; Med.> 1 *Hohlnadel der Injektionsspritze* 2 *Luft-, Flüssigkeitsröhrchen* [frz.]

Ka'nu·te <m.; -n, -n; Sp.> *Kanufahrer;* **Ka'nu·tin** <f.; -, -·n·nen>

'Kan·zel <f.; -, -n> 1 *erhöhter Stand für den Prediger in der Kirche* 2 <Flugw.> *verglaster Führersitz* [lat.]; **'Kan·zel·re·de** <f.; -, -n>; **'Kan·zel·wort** <n.; -(e)s, -e> *Predigt*

kan·ze·ro'gen <Adj.; Med.> *Krebs erzeugend;* ~e Stoffe [lat.]; **kan·ze'rös** <Adj.> *krebsartig*

Kanz'lei <f.; -, -en> *Büro, Dienststelle;* Anwalts~; Staats~; **Kanz'lei·deutsch** <n.; - od. -s; unz.>; **Kanz'lei·spra·che** <f.; -; unz.>; **Kanz'lei·stil** <m.; -s; unz.>; **Kanz'lei·stun·den** <Pl.>; **'Kanz·ler** <m.; -s, -> 1 <im MA> *Beam-*

ter bei Hofe **2** <seit dem 15. Jh.> *Präsident des obersten Gerichtshofes* **3** *Vorsteher einer Universität* **4** *Regierungschef;* Bundes~; **'Kanz·ler·amt** <n.; -(e)s; unz.>; **'Kanz·ler·amts·mi·nis·ter** <m.; -s, -->; **'Kanz·ler·amts·mi·nis·te·rin** <f.; -, -n·nen>; **'Kanz·le·rin** <f.; -, -n·nen>; **'Kanz·ler·kan·di·dat** <m.; -en, -en>; **'Kanz·ler·kan·di·da·tin** <f.; -, -n·nen>; **Kanz'list** <m.; -en, -en; veralt.> *Schreiber;* **Kanz'lis·tin** <f.; -, -n·nen>

Kan'zo·ne <f.; -, -n> **1** *frz. Gedichtform* **2** <Mus.> *Gesangstück;* <auch> *Instrumentalstück (als Sonatensatz)* [ital.]; **Kan·zo'net·te** <f.; -, -n; Verkleinerungsf. von> *Kanzone*

Ka·o'lin <n. od. m.; -s; unz.> *Porzellanerde* [chin.]; **Ka·o·li'nit** <m.; -s; unz.> *Tonerdemineral*

'Ka·on <a. ['-']; n.; -s, -'o·nen; Phys.> = *K-Meson*

Kap <n.; -s, -s> *vorspringender Teil einer Felsküste;* ~ *der guten Hoffnung;* ~ *Hoorn* [ndrl.]

Kap. <Abk. für> *Kapitel*

Ka'paun <m.; -s, -e; Zool.> *kastrierter Hahn;* **ka'pau·nen, ka·pau·ni'sie·ren** <V. t.> *einen Hahn ~ kastrieren*

Ka·pa·zi'tät <f.; -, -en> **1** *Fassungsvermögen;* <auch> *Messgröße für die Aufnahmefähigkeit eines Kondensators;* ~ *einer Talsperre* **2** *Leistungsvermögen;* ~ *eines Betriebes* **3** *hervorragender Könner, Spezialist; eine* ~ *in der Chirurgie* [lat.]; **ka·pa·zi'tiv, ka·pa·zi·ta'tiv** <Adj.> ~e *Erwärmung;* ~er *Widerstand*

Ka'pee <nur in der Wendung> *schwer von* ~ *sein* <umg.> *schwer begreifen*

Ka·pe'lan <m.; -s, -e; Zool.> *ein Lachsfisch;* Sy *Lodde*

Ka'pel·le <f.; -, -n> **1** *kleines Gotteshaus;* Wallfahrts~ **2** *Gruppe von Musikern, kleines Orchester;* Blas~; Musik~; Militär~ [lat.]; **Ka'pell·meis·ter** <m.; -s, -> *Dirigent;* **Ka'pell·meis·te·rin** <f.; -, -n·nen>

'Ka·per¹ <f.; -, -n> *in Essig eingelegte Blütenknospe des Kapernstrauches*

'Ka·per² <m.; -s, -; früher> *privates, bewaffnetes Schiff im Han-*

delskrieg; Ggs *Freibeuter* [ndrl.]; **'Ka·per·brief** <m.; -(e)s, -e>; **Ka·pe'rei** <f.; -, -en>; **'ka·pern** <V. t.; ich kap(e)re> *(auf dem Meer) erbeuten; ein Schiff* ~

'Ka·pern·strauch <m.; -(e)s, ⸚er; Bot.>

'Ka·pe·tin·ger <m.; -s, -> *Angehöriger eines frz. Herrschergeschlechts*

'Kap·hol·län·der <m.; -s, -> = *Bure;* **'kap·hol·län·disch** <Adj.>

ka'pie·ren <V. t.; umg.> *begreifen; hast du es endlich kapiert?*

ka·pil'lar <Adj.> *haarfein, sehr eng* [lat.]; **Ka·pil'lar·a·na·ly·se** <f.; -, -n; ⸌Z55; Chem.>; **Ka·pil'la·re** <f.; -, -n; Med.> **1** *Haargefäß, kleinstes Blutgefäß* **2** *feines Röhrchen;* **Ka·pil'lar·ge·fäß** <n.; -es, -e; Med.>; **Ka·pil·la·ri'tät** <f.; -; unz.; Phys.> *Oberflächenspannung (von Flüssigkeiten) in engen Röhren*

ka·pi'tal <Adj.> *besonders, hauptsächlich, herausragend; ein* ~er *Fehler; ein* ~er *Hirsch;* **Ka·pi'tal** <n.; -s, -e od. (österr. nur) -li·en> **1** *gesamter Besitz an Bargeld u. Wertpapieren* **2** *Geldbetrag zu Investitionszwecken; bewegliches, totes* ~; **Ka·pi'tal·ab·wan·de·rung** <f.; -; unz.> = *Kapitalflucht;* **Ka·pi'tal·an·la·ge** <f.; -, -n>; **Ka·pi'tal·band** <m.; -(e)s, ⸚er; Buchw.> *Zierband am Buchrücken;* oV *Kaptalband;* **Ka·pi'tal·buch·sta·be** <m.; -ns, -n> *Großbuchstabe;* **Ka·pi'tälchen** <n.; -s, -> *Großbuchstabe in der Größe eines kleinen Buchstabens;* **Ka·pi'tal·er·trags·steu·er** <f.; -, -n>; **Ka·pi'tal·feh·ler** <m.; -s, ->; **Ka·pi'tal·flucht** <f.; -; unz.> *Transfer von Kapital, um Steuerauflagen zu umgehen;* **Ka·pi'tal·fluss** <m.; -es; unz.>; **Ka·pi'tal·ge·ber** <m.; -s, ->; **Ka·pi'tal·ge·be·rin** <f.; -, -n·nen>; **ka·pi'tal·in·ten·siv** <Adj.> *einen hohen Einsatz an Kapital erfordernd;* **Ka·pi'ta·li·sa'ti·on** <f.; -; unz.>; **ka·pi·ta·li·'sie·ren** <V. t.> *Werte* ~ *in Kapital umwandeln;* **Ka·pi·ta·li'sie·rung** <f.; -; unz.>; **Ka·pi·ta'lis·mus** <m.; -; unz.> *System der Volkswirtschaft, das dem Gewinnstreben Einzelner zugrunde liegt;* **Ka·pi·ta'list** <m.; -en,

-en; meist abwertend>; **Ka·pi·ta·'lis·tin** <f.; -, -n·nen>; **ka·pi·ta·'lis·tisch** <Adj.>; **ka·pi'tal·kräf·tig** <Adj.> *ein* ~es *Unternehmen;* **Ka·pi'tal·markt** <m.; -(e)s, ⸚e>; **Ka·pi'tal·ver·bre·chen** <n.; -s, -> *sehr schwere Straftat;* **Ka·pi'tal·wert** <m.; -(e)s, -e> [hebr.-rotw.]

Ka·pi'tän <m.; -s, -e> oV *Käpten* **1** *Befehlshaber eines Flugzeuges od. Schiffes;* Flugzeug~; Schiffs~ **2** *Anführer einer Sportmannschaft;* ~ *einer Fußballmannschaft* [frz.-ital.]; **Ka·pi'tän·leut·nant** <m.; -s, -s od. -e>; **Ka·pi·'täns·pa·tent** <n.; -(e)s, -e> *Patent, das zum Führen eines Schiffes berechtigt*

Ka·pi·tel <n.; -s, -; Abk.: Kap.> **1** *Abschnitt (eines Schriftwerkes)* **2** <fig.> *Angelegenheit, Sache; ein schwieriges* ~ **3** *geistliche Körperschaft;* Dom~ [lat.]

Ka·pi·tell <n.; -s, -e> *oberster Teil einer Säule*

Ka·pi·tol <n.; -s, -e> **1** *altröm. Senatssitz* **2** *Parlamentsgebäude der USA in Washington* [lat.]; **ka·pi·to'li·nisch** <Adj.>

Ka·pi·tu'lar <m.; -s, -e> *Mitglied eines Kapitels(3)*

Ka·pi·tu·la·ti'on <f.; -, -en>; **ka·pi·tu'lie·ren** <V. i.> *aufgeben; er hat kapituliert*

Ka'plan, <auch> **Kap'lan** <m.; -s, ⸚e; ⸌Z53> *kath. Geistlicher*

'Ka·po <m.; -s, -s; früher> **1** *leitender Häftling im Konzentrationslager* **2** *Unteroffizier* [ital.]

Ka·po'das·ter <m.; -s, -> *verschiebbare Klemme (auf dem Griffbrett von Lauten u. Gitarren) zur Veränderung der Stimmung* [ital.]

'Ka·pok <m.; -s; unz.> *als Polstermaterial verwendete Samenfasern des Kapokbaumes* [javan.]; **'Ka·pok·baum** <m.; -(e)s, ⸚e>

ka'po·res <Adj.; undekl.; umg.> *kaputt, entzwei;* ~ *gehen* [hebr.-rotw.]

Ka·po·si·sar·kom, <auch> **Ka·'po·si·Sar·kom** <n.; -s; unz.; ⸌Z35; Med.> *(meist infolge einer AIDS-Erkrankung auftretender) Hautkrebs* [nach dem ungar. Arzt Moritz *Kaposi*]

Ka'pot·te <f.; -, -n; früher> *Damenhut mit Kinnbändern* [frz.]

'Kap·pa <n.; -, -s, -s; Zeichen: κ, K> grch. Buchstabe

'Käpp·chen <n.; -s, -; Verkleinerungsf. von> Kappe; **'Kap·pe** <f.; -, -n> **1** eng anliegende Kopfbedeckung, Mütze; die nehme ich auf meine ~ <fig.; umg.> dafür übernehme ich die Verantwortung **2** Verstärkung für Ferse u. Spitze am Schuh

'kap·pen <V. t.> ab-, beschneiden, abhauen, verkürzen; Zweige ~

'Kap·pes <m.; -, -; mdt.> **1** <Bot.> Weißkohl **2** <umg.> Unsinn, dummes Zeug; er redet ~

'Käp·pi <n.; -s, -s; Verkleinerungsf. von> Kappe; **'Käpp·lein** <n.; -s, -; poet.; Verkleinerungsf. von> Kappe

'Kap·pus <m.; -, -> = Kappes(1)

'Kapp·zaum <m.; -s, ⁼e; Reitsp.> Longierhalfter [ital.]

'Kapp·zie·gel <m.; -s, -> luftdurchlässiger Ziegel

Ka'pri·ce, <auch> **Kap'ri·ce** <[-sə]; f.; -, -n; ↗Z53; geh.> Laune, Grille; oV Caprice, Kaprize

Ka·pri'o·le, <auch> **Kap·ri'o·le** <f.; -, -n; ↗Z53> oV Capriole **1** <Reitsp.> hohe Schule> Sprung des Pferdes auf der Stelle **2** <fig.> Luft-, Freudensprung; ~n schlagen **3** närrischer Einfall [ital.]; **ka·pri'o·len** <V. i.; selten>

Ka'pri·ze, <auch> **Kap'ri·ze** <f.; -, -n; ↗Z53; österr.> = Kaprice; **ka·pri·zi'ös** <Adj.; geh.> launenhaft

'Kap·sel <f.; -, -n> rundes od. ovales Behältnis aus dünnem, aber festem Material, Umhüllung; Frucht~; Gelenk~ [lat.]; **'Käp·sel·chen** <n.; -s, -; Verkleinerungsf. von> Kapsel; **'Kap·sel·för·mig** <Adj.>; **'Kap·sel·frucht** <f.; -, ⁼e>; **'Kap·sel·riss** <m.; -es, -e; Med.>

'Kap·si·kum <n.; -s; unz.; Bot.> ein Gewürz [lat.]

Kap'tal·band <m.; -(e)s, ⁼er; Buchw.> = Kapitalband

'Käp·ten <m.; -s, -; norddt.> = Kapitän

Ka'put <m.; -s, -e; schweiz.> Soldatenmantel

ka'putt <Adj.> **1** zerbrochen, entzwei, zerstört; ~es Spielzeug **2** <fig.; umg.> müde, erschöpft, abgespannt; ~ sein [frz.]; **ka·**'putt|drü·cken** <V. t.; ich drücke kaputt; sie hat kaputtgedrückt; kaputtzudrücken; ↗Z24>; **ka·'putt|ge·hen** <V. i. 145 (s.)> das Glas ist kaputtgegangen; **ka·'putt|krie·gen** <V. t.> kriegst du es kaputt?; er ist nicht kaputtzukriegen <fig.; umg.>; **ka·'putt·la·chen** <V. refl.> sich (über etwas) ~; **ka·'putt|schnei·den** <V. t. 227> sie hat das Kleid kaputtgeschnitten; **ka·'putt|spa·ren** <V. t.; umg.>; **ka·'putt|tre·ten** <V. t.; ↗Z37> etwas ~

Ka'pu·ze <f.; -, -n> an Mantel, Jacke, Pullover o. Ä. befestigte Kopfbedeckung; ~npullover; **Ka·pu'zi·ner** <m.; -s, -> **1** Angehöriger des Kapuzinerordens **2** <österr.> Kaffee mit wenig Milch [ital.]; **Ka·pu'zi·ner·af·fe** <m.; -n, -n; Zool.>; **Ka·pu'zi·ner·kres·se** <f.; -; unz.; Bot.>; **Ka·pu'zi·ner·or·den** <m.; -s; unz.> reformierter Zweig des Franziskanerordens

Kap Ver·de <[-'vɛr-]> westafrikan. Staat; Republik ~; **Kap'ver·di·er** <m.; -s, ->; **Kap'ver·di·e·rin** <f.; -, -·nen>; **kap'ver·disch** <Adj.>

Kar <n.; -(e)s, -e; Geol.> Mulde an (ehemals) vergletscherten Steilhängen

Ka·ra'bi·ner <m.; -s, -> Gewehr mit kurzem Lauf u. geringer Schussweite; **Ka·ra'bi·ner·ha·ken** <m.; -s, -> Haken mit rückfederndem Verschluss; **Ka·ra·bi·ni·er** <[-'nje:]; m.; -s, -s; früher> bewaffneter Reiter; **Ka·ra·bi·ni·e·re** <[-'nje:-]; m.; - od. -s, -ri> Mitglied einer ital. Polizeitruppe; oV Carabiniere [ital.]

Ka'ra·cho <n.; -s; unz.; umg.> großer Schwung, hohes Tempo; mit ~ in die Kurve gehen [span.]

Ka'raf·fe <f.; -, -n> (bauchige) Glasflasche mit Stöpsel; Wein~ [arab.-frz.]

Ka·ra'gös <m.; -; unz.> Kasperle im türk. Figurentheater [türk.]

Ka·ra'i·be <m.; -n, -n> = Karibe; **ka·ra'i·bisch** <Adj.>

'Ka·ra·kal <m.; -s, -s; Zool.> Wüstenfuchs

Ka·ra'kul·schaf <n.; -(e)s, -e; Zool.> Schafart, deren Lammfelle zu Persianerpelzen verarbeitet werden [nach der Oase Karakul]

Ka·ram'bo·la <f.; -, -s; Bot.> sternförmige gelbe Frucht; oV Carambola

Ka·ram·bo'la·ge <[-ʒə]; f.; -, -n> **1** <Billard> Anstoßen der Kugel an die beiden anderen Spielkugeln **2** <allg.> Zusammenstoß (bes. von Fahrzeugen); Auto~ [frz.]; **Ka·ram'bo·le** <f.; -, -n; Billard> rote Spielkugel; **ka·ram·bo'lie·ren** <V. i.>

Ka·ra'mel <m.; -s; unz.; künftig nicht mehr zulässige Schreibweise für> Karamell; **ka·ra'mell** <Adj.; undekl.> beigefarben; **Ka·ra'mell** <m.; -s, -s; unz.> dunkelbrauner, leicht bitterer Stoff aus gebranntem Zucker [frz.]; **Ka·ra'mell·bon·bon** <[-bɔ̃bɔ̃] od. [-bɔŋbɔŋ]; m. od. n.; -s, -s>, **Ka·ra'mel·le** <f.; -, -n>; **ka·ra·mel'lie·ren** <V. i.> braun werden; Zucker karamelliert; **ka·ra·mel·li'sie·ren** <V. t.> erhitzen u. bräunen; Zucker ~; **Ka·ra'mell·lut·scher** <m.; -s, -; ↗Z37>; **Ka·ra'mell·pud·ding** <m.; -s, -e od. -s>

Ka·ra'o·ke <n.; - od. -s; unz.> Musikshow (in Bars o. Ä.), bei der Gäste den Text zur Instrumentalversion eines Schlagers nachsingen

Ka'rat <n. 7; -(e)s, -e> **1** <Zeichen: k> Gewichtsmaß für Edelsteine u. Perlen, 0,200g **2** Qualität von Goldlegierungen (in Vierundzwanzigstel reinen Goldes angegeben) [frz.-ital.]

Ka'ra·te <n.; - od. -s; unz.> Nahkampf u. Sport zur Selbstverteidigung [jap.]; **Ka·ra'te·ka** <m.; -s, -s> jmd., der Karate betreibt

...ka·rä·ter <m.; -s, -; in Zus.> z. B. Zehnkaräter, <in Ziffern> 10-Karäter; **...ka·rä·tig** <Adj.; in Zus.> z. B. zehnkarätig, <in Ziffern> 10-karätig

Ka'rau·sche <f.; -, -n; Zool.> ein Süßwasserfisch [lit.]

Ka·ra·vel·le <[-'vɛl-]; f.; -, -n; im MA> dreimastiges Segelschiff [frz.]

Ka·ra'wa·ne <f.; -, -n> Zug von Reisenden (bes. mit Kamelen durch die Wüste) [ital.-pers.];

Ka·ra·wan·se·rei <f.; -, -en> *Unterkunft für Karawanen*
Kar'bid <n.; -(e)s, -e; Chem.> = *Carbid;* **Kar'bid·lam·pe** <f.; -, -n>; **kar·bo...**, **Kar·bo...** <in Zus.> *kohlen..., Kohlen...* [lat.];
Kar'bol <n.; -s; unz.; Chem.> = *Phenol;* **Kar·bo·li'ne·um** <n.; -s; unz.> *imprägnierendes Anstrichmittel für Holz;* oV *Carbolineum;* **Kar'bon** <n.; -s; unz.; Geol.> *Zeitalter der Erdgeschichte, Steinkohlenzeit;* **Kar·bo'na·de** <f.; -, -n> *Scheibe vom Rippenstück;* **Kar·bo'na·do** <m.; -s, -s> *grauschwarze Diamantenart;* **Kar·bo'nat** <n.; -(e)s, -e; Chem.> = *Carbonat;* **Kar·bo·ni·sa·ti'on** <f.; -; unz.; Chem.>; **kar·bo'nisch** <Adj.; Geol.>; **kar·bo·ni'sie·ren** <V. t.; Chem.>; **Kar'bon·pa·pier** <n.; -s; unz.; österr.> *Kohlepapier;* **Kar'bon·säu·re** <f.; -, -n; Chem.> = *Carbonsäure;* **Kar·bo'rund** <n.; -s; unz.> *ein Schleifmittel;* **kar·bo'zy·klisch**, <auch> **kar·bo'zyk·lisch** <Adj.; ⬈Z 53> = *carbocyclisch;* **Kar'bun·kel** <m.; -s, -; Med.> *mehrere dicht beieinander stehende Furunkel;* **kar·bu'rie·ren** <V. t.; Chem.> *Gase – mit Kohlenwasserstoffen anreichern (zur Erhöhung der Leuchtkraft u. des Brennwertes);* oV *carburieren*
Kar'da·mom <m. od. n.; -s, -e; Pl. selten; Bot.> *ein Gewürz* [lat.]
Kar'dan·an·trieb <m.; -(e)s; unz.; Tech.> *Leistungsantrieb mittels Kardanwelle;* **Kar'dan·ge·lenk** <n.; -(e)s, -e; Tech.> *Gelenk zur Kraftübertragung;* **kar'da·nisch** <Adj.; Tech.> *–e Aufhängung Vorrichtung zur frei beweglichen Aufhängung eines Körpers;* **Kar'dan·wel·le** <f.; -, -n; Tech.> *Antriebswelle für Kfz*
Kar'dät·sche <f.; -, -n> *ovale Bürste zum Striegeln von Pferden;* <aber> → *Kartätsche;* **kar'dät·schen** <V. t.> *du kardätschst das Pony;* <aber> → *kartätschen*
'Kar·de <f.; -, -n; Bot.> *ein Gewächs, dessen Blütenknospen in der Spinnerei verwendet wurden* [ital.-lat.]
Kar'deel <n.; -s, -e; Seemannsspr.> *Seil einer Trosse* [ndrl.]

Kardinalzahl: Als K. oder **Grundzahl** bezeichnet man **Zahlwörter** (⬈Numerale), die die Anzahl von etwas angeben: *eins, zwei, drei, zehn, hundert, tausend, eine Million* usw. Zahlen bis zur Ziffer *zwölf* schreibt man in Sätzen in der Regel in Buchstaben aus. **Substantivierung** von K.:
– mit bestimmtem oder unbestimmtem Artikel femininum: *die Eins malen; eine Drei schreiben; mit der Achtzehn fahren;*
– Münzen und Banknoten sind Maskulina, sie erhalten eine an die K. angefügte Endung *-er: ein Fünfer, drei Zehner, ein Hunderter.*
Hundert und *tausend* stehen im Plural für eine nicht genau definierte Menge, sie können groß- oder kleingeschrieben werden: *hunderte/Hunderte kamen; tausend/Tausende von Opfern waren zu beklagen.*
Zahladverbien entstehen durch Zusammensetzung mit *-mal:* *zweimal, fünfmal, zehnmal.* **Multiplikativa** werden durch Anfügen des Suffixes *-fach* (veraltet: *-fältig*) gebildet: *dreifach, zehnfach, hundertfach.* Vgl. ⬈Numerus, ⬈Ordinalzahl, ⬈Zahlen und Ziffern.

'Kar·den·dis·tel <f.; -, -n; Bot.>
Kar'di·a·kum <n.; -s, ²e; Med.> *Herzmittel* [grch.]; **kar·di'al** <Adj.; Med.>
Kar·di'nal <m.; -s, ²e; Kath.> *höchster Würdenträger nach dem Papst;* **kar·di·nal...**, **Kar·di·nal...** <in Zus.> *Haupt..., Grund...;* **Kar·di'na·le** <f.; -, -n; veralt.> = *Kardinalzahl;* **Kar·di'nal·feh·ler** <m.; -s, ->; **Kar·di'nal·punkt** <m.; -(e)s, -e> *Haupt-, Brennpunkt;* **Kar·di'nals·hut** <m.; -(e)s, ²e>; **Kar·di'nal·tu·gend** <f.; -, -en>; **Kar·di'nal·zahl** <f.; -, -en; Math.> *ganze Zahl, Grundzahl;* Ggs *Ordinalzahl;* ⬈ a. *Kasten*
kar·di·o..., **Kar·di·o...** <Med.; in Zus.> *herz..., Herz...* [grch.]; **Kar·di·o'graf** <m.; -en, -en; ⬈Z 11.3> = *Kardiograph;* **Kar·di·o'gramm** <n.; -(e)s, -e> *grafische Darstellung des Herzrhythmus;* **Kar·di·o'graph** <m.; -en, -en> *Gerät zur Aufzeichnung des Herzrhythmus;* **Kar·di·o'i·de** <f.; -, -n; Math.> *Herzkurve;* **Kar·di·o'lo·ge** <m.; -n, -n>; **Kar·di·o'lo·gie** <f.; -; unz.> *Lehre vom Herzen u. den Herzkrankheiten;* **Kar·di·o'lo·gin** <f.; -, -nen>; **kar·di·o'lo·gisch** <Adj.>; **Kar·di·o·to·ko'graf**, **Kar·di·o·to·ko'graph** <m.; -en, -en; ⬈Z 11.3; Abk.: CTG> *Gerät zur Aufzeichnung von kindlichen Herztönen u. Wehen;* **kar·di·o·vas·ku'lär** <[-vas-]; Adj.> *Herz u.Gefäße betreffend;* **Kar'di·tis** <f.; -, -'ti·den; Med.> *Herzentzündung*
Ka're·li·en *Landschaft in Nordosteuropa;* **Ka're·li·er** <m.; -s, ->; **Ka're·li·e·rin** <f.; -, -·nnen>; **ka're·lisch** <Adj.> *–e Sprache eine finn.-ugrische Sprache*
Ka'renz <f.; -, -en> **1** <bes. Versicherungsw.> *Sperrfrist, Wartezeit* **2** *Verzicht, Entfall* [lat.]; **Ka'renz·tag** <m.; -(e)s, -e> *erster Krankheitstag, für den keine Lohnfortzahlung erfolgt;* **Ka'renz·zeit** <f.; -, -en>
ka·res'sie·ren <V. t.; veralt.> *jmdn. ~ streicheln* [frz.]
Ka'ret·te <f.; -, -n; Zool.>, **Ka'rett·schild·krö·te** <f.; -, -n> *eine Meeresschildkröte* [frz.]
Ka'rez·za <f.; -; unz.> *Koitus ohne Samenerguss* [ital.]
Kar·fi'ol <m.; -s; unz.; österr.> = *Blumenkohl* [ital.]
Kar'frei·tag <m.; -(e)s, -e> *Freitag vor Ostern, Kreuzigungstag Christi*
Kar'fun·kel <m.; -s, -> **1** <kurz für> *Karfunkelstein* **2** <umg.> *Karbunkel;* **Kar'fun·kel·stein** <m.; -(e)s, -e; veralt.> *roter Granat*
karg <Adj.; 'kar·ger od. 'kär·ger, am 'kargs·ten od. am 'kärgs·ten> *spärlich, kümmerlich, ärmlich; –es Essen; ~ mit Worten sein;* **'kar·gen** <V. i.; geh.> *geizen; mit etwas ~;* **'Karg·heit** <f.; -; unz.>; **'kärg·lich** <Adj.>; **'Kärg·lich·keit** <f.; -; unz.>
'Kar·go <m.; -s, -s> *Schiffsladung, -fracht;* oV *Cargo* [span.]
Ka'ri·be <m.; -n, -n> *Angehöriger eines mittel- u. südamerikan. Völkerstammes;* oV *Karaibe;* **ka·ri·bisch** <Adj.; ⬈Z 46> *die Kari-*

ben betreffend; <aber> das Karibische Meer

'Ka·ri·bu <n.; -s, -s; Zool.> eine nordamerikan. Rentierart

ka'rie·ren <V. t.> mit Karos versehen; **ka'riert** <Adj.> gewürfelt, gekästelt; ein ~er Stoff; → a. kleinkariert

'Ka·ri·es <[-e:s]; f.; -; unz.; Med.> Zerstörung der harten Zahnsubstanz, Zahnfäule; Vorsorge gegen ~ [lat.]

Ka·ri·ka'tur <f.; -, -en> ins Lächerliche gehende Darstellung, Spottbild, Zerrbild; eine ~ von jmdm. machen [ital.]; **Ka·ri·ka·tu'rist** <m.; -en, -en>; **Ka·ri·ka·tu'ris·tin** <f.; -, -n·nen>; **ka·ri·ka·tu'ris·tisch** <Adj.>; **ka·ri'kie·ren** <V. t.> jmdn. ~

ka·ri·o'gen <Adj.; Med.> Karies erzeugend; ~e Stoffe [lat.-grch.]; **ka·ri'ös** <Adj.> ~e Zähne

'Ka·ri·tas <f.; -; unz.> christliche Wohltätigkeit; → a. Caritas; **ka·ri·ta'tiv** <Adj.> ~ tätig sein; eine ~e Veranstaltung

Kar'kas·se <f.; -, -n> 1 <Kochk.> Gerippe vom Geflügel 2 Unterbau des Fahrzeugreifens [frz.]

Kar'li·ne <f.; -, -n; umg.; abwertend> Frau; umg. ~

kar'lin·gisch <Adj.> = karolingisch

'Karls·ba·der Salz <n.; --es; unz.> Salz der Karlsbader Quellen, ein Abführmittel

'Kar·ma, 'Kar·man <n.; -s; unz.> Buddhismus, Hinduismus, Jainismus> den Menschen bestimmendes Schicksal [Sanskrit]

Kar·me'lit <m.; -en, -en>, **Kar·me·'li·ter** <m.; -s, -> Angehöriger des Karmeliterordens; **Kar·me·'li·ter·geist** <m.; -(e)s; unz.> alkohol. Aufbereitung von Heilkräutern; **Kar·me'li·te·rin** <f.; -, -n·nen>; **Kar·me'li·ter·or·den** <m.; -s; unz.> ein kath. Orden; **Kar·me'li·tin** <f.; -, -n·nen> = Karmeliterin

'Kar·men <n.; -s, -mi·na; veralt.> Festgedicht [lat.]

Kar·me'sin <n.; -s; unz.> = Karmin [ital.-pers.]; **kar·me'sin·rot** <Adj.> = karminrot; **Kar'min** <n.; -s; unz.> leuchtend roter Farbstoff (aus Koschenilleschildläusen); **kar'min·rot** <Adj.>

Karn¹ <n.; -s; unz.; Geol.> älteste Stufe der alpinen Trias [lat. Carinthia "Kärnten"]

Karn² <f.; -, -en; norddt.> Butterfass

Kar·nal'lit <m.; -s, -e> ein Mineral [nach Rudolf v. Carnall]

Kar·na·ti'on <f.; -; unz.> = Inkarnat

Kar'nau·ba·pal·me <f.; -, -n; Bot.> eine Fächerpalme [port.]

Kar·ne'ol <m.; -s, -e; Min.> gelblicher bis blutroter Schmuckstein; oV Carneol [lat.]

'Kar·ner <m.; -s, -> als Beinhaus genutzte Friedhofskapelle [lat.]

'Kar·ne·val <[-val]; m.; -s, -e od. -s> Fastnachtszeit [ital.]; **Kar·ne·va'list** <m.; -en, -en>; **Kar·ne·va'lis·tin** <f.; -, -n·nen>; **kar·ne·va'lis·tisch** <Adj.>

Kar'ni·ckel <n.; -s, -> 1 <mdt.> = Kaninchen 2 <umg.; abwertend> Dummkopf

Kar'nies <n.; -es, -e; Arch.> Bauglied am Gesims, Glockenleiste [frz.]; **Kar'nie·se** <f.; -, -n; österr.> Vorhangstange

'kar·nisch <Adj.; unz.> ⌀Z 46; Geol.> zum Karn¹ gehörend; <aber> die Karnischen Alpen

kar·ni·vor <[-'vo:r]; Adj.> Fleisch fressend; **Kar'ni·vo·re¹** <f.; -, -n; Bot.> Fleisch fressende Pflanze; **Kar'ni·vo·re²** <m.; -n, -n; Zool.> Fleischfresser

'Ka·ro <n.; -s, -s> 1 Viereck, Rhombus, Quadrat 2 Spielkartenfarbe mit rotem Rhombus; **Ka·ro'ass** <n.; -es, -e; Kart.>

'Ka·ro·lin·ger <m.; -s, -> Angehöriger eines fränk. Herrschergeschlechtes; **'ka·ro·lin·gisch** <Adj.> oV karlingisch

Ka'ros·se <f.; -, -n> 1 prunkvolle Kutsche 2 luxuriöser Personenkraftwagen; Staats~ [frz.]; **Ka·ros·se'rie** <f.; -, -n> Oberteil eines Kraftfahrzeugs; **ka·ros·sie·ren** <V. t.> mit einer Karosserie ausstatten

Ka·ro'tin <n.; -s; unz.> = Carotin

Ka'ro·tis <f.; -, -'ti·den> Halsschlagader; oV Carotis [grch.]

Ka'rot·te <f.; -, -n; Bot.; mdt.> Mohrrübe [ndrl.]

Kar'pell <n.; -s, -e od. -a; Bot.> Fruchtblatt [lat.]

'Karp·fen <m.; -s, -; Zool.> ein Süßwasserfisch; **'Karp·fen·teich** <m.; -(e)s, -e>

Kar·po·lo'gie <f.; -; unz.> Lehre von den Pflanzenfrüchten [grch.]; **kar·po'lo·gisch** <Adj.>

Kar·ra'geen, Kar·ra'gheen <n.; -od. -s; unz.> aus Rotalgen gewonnenes Heilmittel, Irländisches Moos; oV Carragen

'Kar·re¹ <f.; -, -n; österr. nur: Karren> 1 = Karren 2 <umg.> Wagen, altes Auto; (für jmdn.) die ~ aus dem Dreck ziehen <fig.>

'Kar·re² <f.; -, -n; meist Pl.; Geol.> Schmelzwasserrinne in Kalkstein

Kar'ree <n.; -s, -s> 1 Viereck; im ~ laufen; ums ~ gehen 2 <Kochk.; bes. österr.> Fleischstück von der Rippe; Kalbs~ [frz.]

'kar·ren <V. t.> (im Karren) transportieren; die Kinder nach Hause ~ <umg.>; **'Kar·ren** <m.; -s, -> kleines Gefährt zur Lastenbeförderung; jmdm. an den ~ fahren <fig.; umg.> jmdn. beleidigen; jmdn. vor seinen ~ spannen <fig.; umg.> jmdn. für seine Zwecke einsetzen; vor ⌀ Karre²); **Kar'ret·te** <f.; -, -n; schweiz.> Schubkarren [ital.]

Kar·ri·e·re <[-'e:-]; f.; -, -n> rascher berufl. Aufstieg, erfolgreiche Laufbahn [frz.]; **Kar·ri'e·re·frau** <f.; -, -en>; **Kar·ri·e'ris·mus** <m.; -; unz.>; **Kar·ri·e'rist** <m.; -en, -en>; **kar·ri·e'ris·tisch** <Adj.>

kar·ri'o·len <V. i. (s.); umg.> (ziellos) durch die Gegend fahren

Kar'sams·tag <m.; -(e)s, -e> Samstag vor Ostern

Karst <m.; -(e)s, -e> 1 <Geol.> Gebirge aus wasserlöslichen, durchlässigen Gesteinen 2 <umg.> Hacke mit abgeplatteten Zinken

kart. <Abk. für> kartoniert

Kar'tät·sche <f.; -, -n; früher> mit Bleikugeln gefülltes Hohlgeschoss; <aber> → Kardätsche; **kar'tät·schen** <V. i.; früher> mit Kartätschen feuern; <aber> → kardätschen

Kar'tau·ne <f.; -, -n; früher> schweres Geschütz [ital.]

Kar'tau·se <f.; -, -n> Kartäuserkloster; **Kar'täu·ser** <m.; -s, -> 1 Angehöriger des Kartäuserordens 2 ein Likör; **Kar'täu·ser·or·**

den <m.; -s; unz.> *ein kath. Mönchsorden*

'Kärt·chen <n.; -s, -; Verkleinerungsf. von> *Karte*; **'Kar·te** <f.; -, -n> 1 *steifes Blatt Papier;* Ansichts~; Brief~; Post~ 2 *zeichner. Darstellung der Erdoberfläche;* Land~; See~; **Kar'tei** <f.; -, -en> *(alphabetisch od. systematisch geordnete) Sammlung von Zetteln od. Karten;* **Kar'tei·kar·te** <f.; -, -n>; **Kar'tei·lei·che** <f.; -, -n; umg.; scherzh.> *veraltete, aber noch in der Kartei verzeichnete Daten*

Kar'tell <n.; -s, -e> *Zusammenschluss von Firmen des gleichen Wirtschaftszweiges* [frz.]; **Kar'tell·amt** <n.; -(e)s, ="er>; **Kar'tell·ge·setz** <n.; -es, -e>; **kar·tel·'lie·ren** <V. t.> *in einem Kartell zusammenschließen*

'Kar·ten·haus <n.; -es, ="er> *wie ein ~ zusammenstürzen* <fig.> *scheitern;* **'Kar·ten·le·ge·rin,** **'Kar·ten·le·se·rin** <f.; -, -n nen> *aus Spielkarten Weissagende;* **'Kar·ten·spiel** <n.; -(e)s, -e>; **'Kar·ten·te·le·fon** <n.; -s, -e>; **'Kar·ten·vor·ver·kauf** <m.; -(e)s, ="e>

kar·te·si·a·nisch <Adj.> *~es Blatt; ~es Koordinatensystem; ~er Taucher;* oV *cartesianisch;* **Kar·te·si·a'nis·mus** <m.; -; unz.> *philosoph. Lehre des René Descartes;* **kar'te·sisch** <Adj.>

Kar'tha·min <n.; -s; unz.> = *Carthamin*

kar'tie·ren <V. t.; Geogr.> *vermessen*

'Kar·ting <n.; - od. -s; unz.; Sp.> *Fahren mit Gokarts* [engl.]

Kar'tof·fel <f.; -, -n; Bot.> *Gemüsepflanze, deren Wurzelknollen als Nahrung dienen* [ital.]; **Kar'tof·fel·bo·fist, Kar'tof·fel·bo·vist** <m.; -s, -e> *ein giftiger Pilz;* **Kar'tof·fel·brei** <m.; -s; unz.>; **Kar'töf·fel·chen** <n.; -s, -; Verkleinerungsf. von> *Kartoffel;* **Kar'tof·fel·chip** <[-tʃip]; m.; -s, -s; meist Pl.>; **Kar'tof·fel·kä·fer** <m.; -s, -; Zool.>; **Kar'tof·fel·kloß** <m.; -es, ="e>; **Kar'tof·fel·mus** <n. od. (selten) m.; -es; unz.>; **Kar'tof·fel·puf·fer** <m.; -s, ->; **Kar'tof·fel·pü·ree** <n.; -s; unz.>; **Kar'tof·fel·sa·lat** <m.; -(e)s, -e>; **Kar'tof·fel·stär·ke** <f.;

-; unz.>; **Kar'tof·fel·stock** <m.; -(e)s; unz.; schweiz.> *Kartoffelbrei;* **Kar'tof·fel·sup·pe** <f.; -, -n>

Kar·to'graf <m.; -en, -en; ↗Z11.3> = *Kartograph;* **Kar·to·gra'fie** <f.; -; unz.>; **kar·to·gra·'fie·ren** <V. t.>; **Kar·to·gra'fin** <f.; -, -n nen>; **kar·to'gra·fisch** <Adj.>; **Kar·to'graph** <m.; -en, -en> *Zeichner von (Land-)Karten;* **Kar·to·gra'phie** <f.; -; unz.> *Lehre der Anfertigung von (Land-)Karten;* **kar·to·gra'phie·ren** <V. t.>; **Kar·to'gra·phin** <f.; -, -n nen>; **kar·to'gra·phisch** <Adj.>; **Kar·to·me'trie,** <auch> **Kar·to·met'rie** <f.; -; unz.; ↗Z53> *Kartenmessung, -auswertung;* **kar·to'me·trisch** <Adj.>

Kar·ton <[-'tɔŋ], österr. [-'to:n]; m.; -s, -s od. -e> 1 *steifes, dickes Papier* 2 *Pappschachtel, -kiste; bei dir rappelt es im ~* <umg.> *du bist verrückt* [frz.]; **Kar·to·na·ge** <[-'na:ʒə], f.; -, -n> *Pappverpackung;* **kar·to'nie·ren** <V. t.> *in Pappe einbinden;* kartonierte Bücher

Kar·to'thek <f.; -, -en> *Kartei* [frz.]

Kar'tu·sche <f.; -, -n> *Metallhülse für Artilleriegeschosse*

Ka'run·kel <f.; -, -n; Med.> *kleine Fleischwarze* [lat.]

Ka·rus'sell <n.; -s, -s od. -e> *runde Drehfläche mit Spielgeräten zum Sitzen (auf Jahrmärkten); ~ fahren;* **Ka·rus'sell·li·zenz** <f.; -, -en; ↗Z37>

'Kar·wo·che <f.; -, -n> *Woche vor dem Osterfest*

Ka·ry·a'ti·de <f.; -, -n; Arch.> *weibl. Statue (als Gebälkträgerin);* Sy *Kanephore(2), Kore* [grch.]

Ka·ry·o·lo'gie <f.; -; unz.> *Wissenschaft vom Zellkern* [grch.]; **Ka·ry'op·se** <f.; -, -n; Bot.> *Schließfrucht der Gräser*

'Kar·zer <m.; -s, -; früher in Schulen> 1 *Arrest; drei Stunden ~ bekommen* 2 *Raum für Arreststrafen* [lat.]

kar·zi·no'gen <Adj.; Med.> = *kanzerogen;* **Kar'zi·nom** <n.; -s, -e; Med.> *Krebsgeschwulst* [grch.]; **kar·zi·no·ma'tös** <Adj.; Med.>

~e Wucherung; **Kar'zi'no·se** <f.; -, -n; Med.>

Ka'sa·che <m.; -n, -n> *Angehöriger eines asiat. Turkvolkes;* **Ka·'sa·chin** <f.; -, -n nen>; **ka'sa·chisch** <Adj.>; **Ka·sachs'tan** *mittelasiat. Staat;* Republik ~

'Ka·sack <m.; -s, -s> *über die Hüfte reichende Damenbluse*

Ka·sa'tschok, <auch> **Ka·sat·'schok** <m.; -s, -s; ↗Z54> *ein russ. (kosakischer) Volkstanz* [russ.]

Kasch <m.; -s; unz.> = *Kascha*

Käsch <n.; - od. -s, -> *ostasiatische Münze;* → a. *Cash*

'Ka·scha <f.; -; unz.; Kochk.> *Buchweizengrütze, Brei* [russ.]

Ka'schem·me <f.; -, -n; abwertend> *schlechte Kneipe* [zigeuner]

'ka·schen <V. t.; umg.> *ergreifen, fangen*

'Käs·chen <n.; -s, -; Verkleinerungsf. von> *Käse*

'Kä·scher <m.; -s, -> = *Kescher*

ka'schie·ren <V. t.> *verbergen, verdecken;* oV *cachieren* [frz.]; **Ka'schie·rung** <f.; -, -en>

'Kasch·mir¹ *Landschaft in Vorderindien;* **'Kasch·mir²** <m.; -s; unz.> *Wolle, Wollstoff (aus dem Haar der Kaschmirziege);* **'Kasch·mir·sei·de** <f.; -; unz.>; **'Kasch·mir·wol·le** <f.; -; unz.>; **'Kasch·mir·zie·ge** <f.; -, -n>

Ka·scho'long <m.; -s, -s od. -e> *ein Mineral, Halbedelstein* [frz.]

Ka'schu·be <m.; -n, -n> *Angehöriger eines westslaw. Volkes;* **Ka·'schu·bin** <f.; -, -n nen>; **ka·'schu·bisch** <Adj.> *~e Sprache eine westslaw. Sprache*

'Kä·se <m.; -s, -> *als Nahrungsmittel dienendes Milchprodukt;* Schweizer ~; *das ist doch alles* <umg.> *Unsinn;* **'Kä·se·blatt** <n.; -(e)s, ="er; umg.; abwertend> *Provinzzeitung;* **'Kä·se·fon·due** <[-fɔdy:]; n.; -s, -s>; **'Kä·se·glo·cke** <f.; -, -n>; **Ka·se·'in** <n.; -s; unz.> *phosphorhaltiger Eiweißbestandteil;* oV *Casein;* **'Kä·se·ku·chen** <m.; -s, ->

'Ka·sel <f.; -, -n> *festl. Obergewand der kath. Priester*

Ka·se'mat·te <f.; -, -n> 1 <Mil.; in Festungen> *schusssicherer Raum* 2 *Geschützraum (auf Kriegsschiffen)* [frz.]

K

'kä·sen ‹V. i.› 1 *Käse herstellen;* er hat gekäst 2 *zu Käse werden;* die Milch käst; **'Kä·ser** ‹m.; -s, -› *Facharbeiter in der Käserei;* **Kä·se'rei** ‹f.; -, -en› *Betrieb zur Käseherstellung;* **'Kä·se·rin** ‹f.; -, -nnen›

Ka'ser·ne ‹f.; -, -n; Mil.› *Gebäude zur Unterbringung von Truppen* [frz.]; **Ka'ser·nen·hof** ‹m.; -(e)s, ⸚e; Mil.›; **ka·ser'nie·ren** ‹V. t.; Mil.› *Truppen ~;* **Ka·ser'nie·rung** ‹f.; -, -en›

'kä·se'weiß ‹Adj.; umg.› *sehr blass, bleich (als Hautfarbe);* sie wurde ~; **'kä·sig** ‹Adj.› 1 *wie Käse* 2 ‹fig.› *sehr blass;* ~ aussehen

Ka'si·no ‹n.; -s, -s; kurz für› *Spielkasino;* oV *Casino*

Kas'ka·de ‹f.; -, -n› *künstl. Wasserfall;* in ~n herabstürzen [frz.]; **Kas·ka'deur** ‹m.; -s, -e› *Artist*

'Kas·ko ‹m.; -s, -s› *Schiffsrumpf* [span.]; **'Kas·ko·ver·si·che·rung** ‹f.; -, -en› *Versicherung gegen Schäden an Fahrzeugen*

'Kas·per ‹m.; -s, -› 1 *lustige Gestalt im Puppenspiel* 2 ‹umg.› *alberner, zappeliger Mensch;* du bist ein ~!; **'Kas·perl** ‹m.; -s, -n; bes. österr.›, **'Kas·per·le** ‹n. od. m.; -s, -› = *Kasper;* **'Kas·per·le·the·a·ter**, **'Kas·perl·the·a·ter** ‹n.; -s, -› *Puppentheater mit Handpuppen;* **'kas·pern** ‹V. i.; ich kasp(e)re› *herumalbern;* er kasperst

'Kas·sa ‹f.; -, 'Kas·sen; österr.› = *Kasse;* **'Kas·sa·block** ‹m.; -s, ⸚e; österr.›

Kas'san·dra, ‹auch› **Kas'sand·ra** ‹—✒Z53› *in der grch. Myth.› Tochter des trojan. Königs Priamos;* **Kas'san·dra·ruf** ‹m.; -(e)s, -e› *Warnung vor einem Unheil*

Kas·sa·ti'on¹ ‹f.; -, -en; Rechtsw.› *Ungültigkeitserklärung* [lat.]

Kas·sa·ti'on² ‹f.; -, -en; Mus.› *mehrsätziges Musikstück* [ital.]

kas·sa·to·risch ‹Adj.; Rechtsw.›

'Kas·se ‹f.; -, -n; -s› oV *Kassa* 1 *Kasten für Geld, Geldvorrat;* Laden~; nicht gut bei ~ sein; die ~ führen 2 *Schalter des Kassierers;* Abend~; Kino~ 3 ‹kurz für›

Krankenkasse 4 ‹kurz für› *Sparkasse;* zur ~ gehen [ital.]

'Kas·se·ler ‹n.; -s, -› *gepökeltes Fleischstück (mit Rippen);* ~ Rippenspeer; oV *Kassler*

'Kas·sen·arzt ‹m.; -(e)s, ⸚e›; **'Kas·sen·ärz·tin** ‹f.; -, -nnen›; **'kas·sen·ärzt·lich** ‹Adj.›; **'Kas·sen·be·stand** ‹m.; -(e)s, ⸚e›; **'Kas·sen·er·folg** ‹m.; -(e)s, -e›; **'Kas·sen·schla·ger** ‹m.; -s, -› *finanziell erfolgreiches Produkt;* **'Kas·sen·sturz** ‹m.; -es; unz.› ~ machen *den Geldbestand zählen;* **'Kas·sen·zet·tel** ‹m.; -s, -›

Kas·se'rol·le ‹f.; -, -n› *kleiner Topf mit Stiel*

Kas'set·te ‹f.; -, -n› oV *Cassette* 1 *Holz- od. Metallkasten;* Geld~; Schmuck~ 2 *flacher Kunststoffbehälter;* Musik~ 3 *mehrere zusammengehörige Bücher;* Gesamtausgabe in ~ [frz.]; **Kas'set·ten·deck** ‹n.; -s, -s od. -e› *Kassettenrekorder für Stereoanlagen;* **Kas'set·ten·de·cke** ‹f.; -, -n; Arch.›; **Kas'set·ten·re·cor·der**, **Kas'set·ten·re·kor·der** ‹m.; -s, -› *Gerät zur Aufnahme und Wiedergabe von Kassetten(2);* **kas·set'tie·ren** ‹V. t.; Arch.›

'Kas·sia ‹f.; -, 'Kas·si·en; Bot.› = *Kassie*

Kas'si·ber ‹m.; -s, -› *heimlicher Brief, Geheimbotschaft* [rotw.]

Kas'si·de ‹f.; -, -n; Lit.› *arab. Gedichtform, Preisgedicht* [arab.]

'Kas·sie ‹f.; -[-siə]; f.; -, -n; Bot.› *ein Mimosengewächs;* oV *Kassia;* Sy *Sennespflanze*

Kas'sier ‹m.; -s, -e; österr.; a. süddt.› = *Kassierer;* **kas'sie·ren** ‹V. t.› 1 *einnehmen, sich aneignen;* Geld ~ 2 *für ungültig erklären;* **Kas'sie·rer** ‹m.; -s, -› *Kassenwart;* **Kas'sie·re·rin** ‹f.; -, -nnen›; **Kas'sie·rung** ‹f.; -; unz.›

Kas·si·o'peia ‹in der grch. Myth.› *Mutter der Andromeda*

Kas·si·te'rit ‹m.; -s, -e; Min.› = *Zinnstein* [grch.]

'Kass·ler ‹m.; -s, -› = *Kasseler*

Kas·ta·gnet·te, ‹auch› **Kas·tag·net·te** ‹f.[-'njetə]; f.; -, -n; meist Pl.; ✒Z53› *aus zwei Holzplättchen bestehendes span. Handklapperinstrument*

kas·ta·lisch ‹Adj.; ✒Z46› *mit dichterischer Leidenschaft;* ‹aber› *Kastalische Quelle eine heilige Quelle in Delphi* [nach der Nymphe *Castalia*]

Kas'ta·nie ‹[-niə]; f.; -, -n; Bot.› *Laubbaum mit (bei einigen Arten essbaren) Früchten;* Edel~; Ess~; Ross~; *für jmdn. die ~n aus dem Feuer holen* ‹fig.› [grch.]; **Kas'ta·ni·en·baum** ‹m.; -(e)s, ⸚e›; **kas'ta·ni·en·braun** ‹Adj.› ~es Haar

'Käst·chen ‹n.; -s, -›; Verkleinerungsf. von› *Kasten*

'Kas·te ‹f.; -, -n; im Hinduismus› *gesellschaftl. Stand mit strengen Normen* [frz.]

kas'tei·en ‹V. refl.› sich ~ *sich (zur Buße) Entbehrungen auferlegen;* **Kas'tei·ung** ‹f.; -, -en›

Kas'tell ‹n.; -s, -e› *wehrhafte Burg, Festung* [lat.]; **Kas·tel'lan** ‹m.; -s, -e› *Pförtner; Schloss-*

'käs·teln ‹V. t.; ich käst(e)le› *karieren;* **'Kas·ten** ‹m.; -s, -› *rechtwinkeliger Behälter, Truhe, Kiste;* Brief~; Schmuck~; *etwas auf dem ~ haben* ‹fig.; umg.› *viel wissen;* **'Kas·ten·wa·gen** ‹m.; -s, -›

Kas·ti·li·en *Hochland im Landesinneren Spaniens;* **kas·ti·lisch** ‹Adj.›

'Kas·tor ‹in der grch. Myth.› ~ und *Pollux unzertrennliche Zwillingsgötter*

Kas'trat, ‹auch› **Kast'rat** ‹m.; -en, -en; ✒Z53› *kastrierter Mann* [lat.]; **Kas·tra·ti'on** ‹f.; -, -en› *Entfernung der männl. Keimdrüsen;* **kas'trie·ren** ‹V. t.› *ein männliches Tier ~;* **Kas'trie·rung** ‹f.; -, -en› = *Kastration*

Ka·su'ar ‹m.; -s, -e; Zool.› *flugunfähiger Straußenvogel* [mal.]

Ka·su·a'ri·ne ‹f.; -, -n; Bot.› *trop. Baumgattung*

ka·su'ell ‹Adj.; Gramm.› *den Kasus betreffend*

Ka·su'ist ‹m.; -en, -en› 1 *Vertreter der Kasuistik* 2 ‹fig.› *Haarspalter;* **Ka·su'is·tik** ‹f.; -; unz.› 1 *Lehre von der Anwendung der Morallehre auf bestimmte Einzelfälle* 2 ‹Rechtsw.› *Beurteilung auf der Grundlage von Einzelfällen* 3 ‹fig.› *Haarspalterei* [lat.]; **ka·su'is·tisch** ‹Adj.›

'Ka·sus ‹m.; -, -; Gramm.› →

Kasus: K. ist eine Kategorie der ⏎Substantive, ⏎Adjektive, ⏎Artikel und ⏎Pronomen, also der nominalen Wortarten. Der K. dient neben ⏎**Numerus** und ⏎**Genus** zur Kennzeichnung der syntaktischen Funktion deklinierbarer Wörter im Satz. Im Deutschen haben sich von den ursprünglich acht K. nur vier erhalten: ⏎**Nominativ**, ⏎**Genitiv**, ⏎**Dativ** und ⏎**Akkusativ**. Generell unterscheidet man zwischen Casus rectus („gerader Fall"), dem ⏎Nominativ, und Casus obliquus („schiefer Fall") wie Dativ, Akkusativ und Genitiv. Während der Nominativ grundsätzlich endungslos ist, treten in den obliquen K. teilweise Endungsmorpheme auf. Vgl. ⏎**Deklination**

Kasten S. 565; = *Fall[1](4);* oV *Casus* [lat.]; '**Ka·sus·gram·ma·tik** <f.; -; unz.> *eine sprachwiss. Theorie;* '**Ka·sus·rek·ti·on** <f.; -; unz.; Gramm.> = *Rektion*

Kat <m.; -s, -s; kurz für> *Katalysator (an Kfz)*

Ka·ta·bo'lis·mus <m.; -; unz.> *Abbaustoffwechsel;* Ggs *Anabolismus*

Ka·ta·chre·se <[-'çre:-]; f.; -, -n>, **Ka·ta·chre·sis** <f.; -, -'chre·sen; Rhet.> *Vermischung nicht zueinander passender bildlicher Ausdrücke, Bildbruch, z. B. "für jmdn. die Kastanien vom Dach holen"* [grch.]; **ka·ta·chres·tisch** <[-'çres-]; Adj.>

Ka·ta'falk <m.; -s, -e> *schwarz verhängtes Gerüst für das Aufstellen des Sargs*

Ka·ta·ka·na <f.; -; unz. od. n.; -s; unz.> *eine jap. Silbenschrift;* → a. *Hiragana*

Ka·ta·kaus·tik <f.; -; unz.; Opt.> *durch spiegelnde Flächen entstandene Brennfläche;* Ggs *Diakaustik* [grch.]; **ka·ta·kaus·tisch** <Adj.>

Ka·ta·kla·se <f.; -, -n; Geol.> *Zertrümmerung von Gestein u. Mineralien* [grch.]; **ka·ta·klas·tisch** <Adj.>

Ka·ta·klys·mus <m.; -, -men; Geol.> *Naturkatastrophe;* → a. *Katastrophentheorie* [grch.]

Ka·ta·kom·be <f.; -, -n; meist Pl.> *unterirdisches Begräbnisgewölbe; die ~n von Neapel* [ital.]

Ka·ta'la·ne <m.; -n, -n> *Einwohner von Katalonien;* Sy *Katalonier;* **Ka·ta'la·nin** <f.; -, -·nen>; **ka·ta'la·nisch** <Adj.>

Ka·ta'la·se <f.; -, -n; Biochem.> *ein Enzym* [grch.]

ka·ta'lek·tisch <Adj.; Metrik> *unvollständig, bruchstückhaft; ~er* Vers; Ggs *akatalektisch* [grch.]

Ka·ta'lep·sie <f.; -; unz.; Med.> *Erstarrung der Muskeln* [grch.]; **ka·ta'lep·tisch** <Adj.>

Ka·ta'le·xe, Ka·ta'le·xis <f.; -, -'le·xen; Metrik> *Unvollständigkeit (des Verses)* [grch.]

Ka·ta'log <m.; -(e)s, -e> *Verzeichnis;* Waren~; Werk~ [grch.]; **ka·ta·lo·gi'sie·ren** <V. t.> *Bücher ~;* **Ka·ta·lo·gi'sie·rung** <f.; -; unz.>

Ka·ta'lo·ni·en *autonome Region im Nordosten Spaniens;* **Ka·ta'lo·ni·er** <m.; -s, -> = *Katalane;* **Ka·ta'lo·ni·e·rin** <f.; -, -·nen>; **ka·ta'lo·nisch** <Adj.>

Ka'tal·pa, Ka'tal·pe <f.; -, -'tal·pen; Bot.> *Trompetenbaum* [indian.]

Ka·ta·ly'sa·tor <m.; -s, -'to·ren> 1 <Chem.> *eine Reaktion auslösender Stoff* 2 <Kfz-Tech.> *Vorrichtung zur Verminderung der Schadstoffe in den Abgasen;* ~auto; **Ka·ta'ly·se** <f.; -, -n; Chem.> *Auslösung od. Beschleunigung einer chem. Reaktion* [grch.]; **ka·ta'ly·sie·ren** <V. t.>; **ka·ta'ly·tisch** <Adj.>

Ka·ta·ma'ran <m.; -s, -e> *schnelles Segelschiff mit zwei Schwimmkörpern* [tamilisch]

Ka·ta'mne·se, <auch> **Ka·tam'ne·se** <f.; -, -n; Med.> *abschließender Krankheitsbericht* [grch.]

Ka·ta·pher <f.; -, -n; Rhet.; Sprachw.> *vorausweisende sprachl. Einheit;* Ggs *Anapher(2)* [grch.]; **Ka·ta·pho're·se** <f.; -, -n; Phys.> *Bewegung positiv geladener Teilchen (in einer Flüssigkeit);* **ka·ta'pho·risch** <Adj.; Rhet.; Sprachw.> *vorausweisend*

ka·ta·plek·tisch <Adj.>; **Ka·ta·ple'xie** <f.; -, -n; Med.> *Muskellähmung durch Erschrecken* [grch.]

Ka·ta'pult <n. od. m.; -(e)s, -e> *antike Wurfmaschine*

'**Ka·tar** *Staat am Persischen Golf;* Staat ~

Ka·ta'rakt[1] <m.; -(e)s, -e> *Stromschnelle*

Ka·ta'rakt[2] <f.; -, -e; Med.> *Trübung der Augenlinse, grüner Star*

Ka·ta·rer <m.; -s, -> *Einwohner von Katar;* **Ka·ta'risch** <Adj.>

Ka'tarr <m.; -s, -e; ⏎*Z11.1*> = *Katarrh;* **ka·tar'ra·lisch** <Adj.> = *katarrhalisch;* **Ka'tarrh** <m.; -s, -e; Med.> *Entzündung der Schleimhaut;* Blasen~ [grch.]; **ka·tar'rha·lisch** <Adj.>

Ka'tas·ter <m. (österr. nur so) od. n.; -s, -> *amtliches Verzeichnis der Grundstücke eines Bezirks* [ital.]; **Ka·tas'tral·ge·mein·de,** <auch> **Ka·tast'ral·ge·mein·de** <f.; -, -n; österr.> *Steuerbezirk;* **ka·tas'trie·ren** <V. t.> *in ein Kataster eintragen*

ka·ta·stro'phal, <auch> **ka·tas·tro'phal, ka·tast·ro'phal** <Adj.; ⏎*Z54*> *entsetzlich, verhängnisvoll; ein Ereignis mit ~en Folgen;* **Ka·ta·stro·phe** <f.; -, -n; ⏎*Z54*> *Unheil, Verhängnis, großes Unglück;* Natur~; *das ist eine ~!* [grch.]; **Ka·tas·tro·phen·fall** <m.; -(e)s, -e> *im ~;* **Ka·tas'tro·phen·schutz** <m.; -es; unz.> *Maßnahmen,* <auch> *Organisation zur Abwehr u. Bekämpfung von Katastrophen;* **Ka·tas·tro·phen·the·o·rie** <f.; -; unz.; Geol.; Biol.> *Hypothese, dass die Tier- u. Pflanzenwelt durch Naturkatastrophen mehrmals zerstört wurde;* → a. *Kataklysmus*

Ka·ta·to'nie <f.; -, -n; Med.> *eine Art der Schizophrenie* [grch.]; **ka·ta'to·nisch** <Adj.>

'**Ka·te** <f.; -, -n; norddt.> *kleines, ärmliches Häuschen;* Fischer~

Ka·te·che·se <[-'çe:-]; f.; -, -n> *religiöse Unterweisung* [grch.]; **Ka·te'chet** <m.; -en, -en> *Religionslehrer (außerhalb der Schule);* **Ka·te'che·tik** <f.; -; unz.> *Lehre von der Katechese;* **Ka·te'che·tin** <f.; -, -nen>; **ka·te'che·tisch** <Adj.>; **Ka·te·chis·mus** <[-'çis-]; m.; -, -men> *kurzes Lehrbuch (bes. für den Religionsunterricht);* **Ka·te'chist** <m.; -en, -en> *Einheimischer* als Helfer in der kath. Mission; **Ka·te'chis·tin** <f.; -, -n·nen>

'Ka·te·chu <[-çu] n.; -s, -s; Pharm.> *eingedickter Saft aus Akazienholz* [malaiisch]

Ka·te·chu'me·ne <[-çu-] m.; -n, -n> *(erwachsener) Bewerber für die christl. Taufe* [grch.]

ka·te·go·ri'al <Adj.; ~es Denken; **Ka·te·go'rie** <f.; -, -n> 1 <Philos.> *Aussage über einen Gegenstand* 2 <Logik> *Grundbegriff, aus dem sich andere Begriffe ableiten lassen* 3 *Begriffsklasse, -gattung, Sorte* [grch.]; **ka·te·go·ri'ell** <Adj.> *= kategorial*; **ka·te'go·risch** <Adj.> *nachdrücklich, entschieden*; etwas ~ *ablehnen*; ~er Imperativ <nach Kant> *für jeden Einzelnen gültiges Pflichtgebot*; **ka·te·go·ri'sie·ren** <V. t.>

'Ka·ten <m.; -s, -> *= Kate*

Ka'te·ne <f.; -, -n; Theol.; seit dem 6. Jh.> *fortlaufende Bibelerläuterung* [lat.]

'Ka·ter¹ <m.; -s, -; Zool.> *männliche Hauskatze*; *Hokuspokus fidibus, dreimal schwarzer ~ (Zauberformel)*

'Ka·ter² <m.; -s; unz.; umg.> *Unwohlsein nach überhöhtem Alkoholgenuss*; einen ~ haben [zu Katarrh]; **'Ka·ter·i·dee** <f.; -, -n; ⚹Z55; umg.> *schlechte Idee, unsinniger Einfall*; → a. *Schnapsidee*

kat·e·xo·chen, <auch> **ka·te·xo·chen** <[-'xe:n]; Adv.; ⚹Z54; geh.> *schlechthin* [grch.]

'Kat·gut <a. ['kætgʌt] n.; -s; unz.; Med.> *Nähmaterial aus Tierdärmen* [engl.]

kath. <Abk. für> *katholisch*

Ka'tha·rer <m.; -s, -; im MA> *Angehöriger einer asket. Sekte* [grch.]; **Ka'thar·sis** <f.; -; unz.; Lit.> *geistig-seel. Reinigung, Läuterung (als Wirkung der Tragödie)*; **ka'thar·tisch** <Adj.>

Ka'the·der <n. od. m.; -s, -> *Podium*; <aber> → *Katheter* [grch.]; **Ka'the·der·weis·heit** <f.; -, -en; abwertend> *in der Praxis nicht stichhaltige Theorie*

Ka·the'dra·le, <auch> **Ka·thed'ra·le** <f.; -, -n; ⚹Z53> *bischöfl. Hauptkirche* [lat.]

Ka'the·te <f.; -, -n; Geom.> *eine der beiden die Schenkel des*

rechten Winkels bildenden Seiten im rechtwinkligen Dreieck [grch.]

Ka'the·ter <m.; -s, -; Med.> *Röhrchen zur Entleerung von Körperhöhlen (bes. der Harnblase);* einen ~ setzen; <aber> → *Katheder* [grch.]; **ka·the·te·ri'sie·ren, ka'the·tern** <V. t.; ich kathet(e)re> jmdn. ~

Kath'man·du *Hauptstadt von Nepal*

Ka'tho·de <f.; -, -n; ⚹Z11.1; Phys.> *negative Elektrode;* oV *Katode;* Ggs *Anode* [grch.]; **Ka'tho·den·strahl** <m.; -s, -en>; **ka'tho·disch** <Adj.>

Ka'tho·lik <m.; -en, -en> *Angehöriger der kath. Kirche* [grch.]; **Ka'tho·li·ken·tag** <m.; -(e)s, -e> *Deutscher ~ Versammlung der dt. Katholiken;* **Ka'tho'li·kin** <f.; -, -n·nen>; **ka'tho·lisch** <Adj.; Abk.> kath.> *die ~e Kirche;* **ka'tho·li·sie·ren** <V. t.> *ein Land ~ zum Katholizismus bekehren;* **Ka·tho·li'zis·mus** <m.; -; unz.> *Lehre der kath. Kirche;* **Ka'tho·li·zi'tät** <f.; -; unz.>

Ka'tho·lyt <m.; -s od. -en, -e od. -en; kurz für> *katholytischer Elektrolyt;* oV *Katolyt;* **ka'tho·ly·tisch** <Adj.> *~er Elektrolyt E. im Bereich der Kathode*

'Kat·i·on <n.; -s, -en; Phys.> *positiv geladenes Ion;* Ggs *Anion*

Kat'man·du <nicht amtl. Schreibweise für> *Kathmandu*

'Kät·ner <m.; -s, -; norddt.> *Bewohner einer Kate*

Ka'to·de <f.; -, -n; ⚹Z11.1> *= Kathode;* **Ka'to·den·strahl** <m.; -s, -en>; **ka'to·disch** <Adj.>

Ka'to·lyt <m.; -s od. -en, -e od. -en> *= Katolyt;* **ka'to·ly·tisch** <Adj.>

'Kät·scher <m.; -s, -; Gaunerspr.> *Träger, Tragband*

'Katt·an·ker <m.; -s, -; Seemannsspr.> *Hilfsanker*

'Kat·te <m.; -n, -n> *= Chatte*

'Kat·te·gat <n.; -s; unz.> *Seegebiet zw. Jütland u. Schweden* [dän.]

'kat·ten <V. t.; Seemannsspr.> *den Anker ~ aufwinden*

Kat'tun <m.; -s, -e; Textilw.> *bedruckter, dünner Baumwollstoff* [ndrl.-arab.]; **kat'tu·nen** <Adj.>

'katz·bal·gen <V. refl.; du katz-

balgst dich; sie haben sich gekatzbalgt; umg.> sich ~ *sich necken;* **Katz·bal·ge'rei** <f.; -, -en>; **'katz·bu·ckeln** <V. i.; du katzbuckelst; er hat (vor ihm) gekatzbuckelt; umg.> *sich einschmeicheln, sich unterwürfig benehmen;* **'Kätz·chen** <n.; -s, -> 1 *kleine, junge Katze* 2 <Verkleinerungsf. von> *Katze* 3 *Blütenstand von Haselnuss, Weide u. a.;* **'Kat·ze** <f.; -, -n; Zool.> *kleines, Fleisch fressendes Raubtier;* Wild~; Haus~; Siam~; die ~ *aus dem Sack lassen* <fig.; umg.>; *Katz und Maus mit jmdm. spielen* <fig.; umg.>; *alles für die Katz* <fig.; umg.> *alles umsonst*

'Kat·zel·ma·cher <m.; -s, -; süddt.; österr.; umg.; abwertend> *Italiener* [ital.]

'Kat·zen·au·ge <n.; -s, -n> 1 *Rückstrahler (am Fahrrad)* 2 *ein Mineral;* **'Kat·zen·bu·ckel** <m.; -s, -> *nach oben gekrümmter Rücken;* einen ~ machen; **'Kat·zen·fut·ter** <n.; -s; unz.>; **'kat·zen·gleich** <Adj.>; **'Kat·zen·hai** <m.; -(e)s, -e; Zool.> *ein Haifisch;* **'Kat·zen·jam·mer** <m.; -s; unz.> *Unbehagen, gedrückte Stimmung;* **'Kat·zen·mu·sik** <f.; -; unz.; umg.> *misstönende Musik;* **'Kat·zen·sprung** <m.; -(e)s; unz.; umg.> *nur einen ~ entfernt;* **'Kat·zen·tisch** <m.; -(e)s, -e; umg.> *kleiner Esstisch für Kinder;* am ~ sitzen; **'Kat·zen·wä·sche** <f.; -; unz.; umg.> *oberflächliche Wäsche;* **'Kät·zin** <f.; -, -n·nen>; **'Kätz·lein** <n.; -s, -; poet.> *kleine, junge Katze*

kau'dal <Adj.; Anat.> *schwanzwärts, fußwärts;* Ggs *kranial* [lat.]

'Kau·der·welsch <n.; - od. -s; unz.> *unverständliche, fehlerhafte Sprache;* ~ reden; **'kau·der·wel·schen** <V. i.; du kauderwelschst; sie hat gekauderwelscht>

kau·di·nisch <Adj.; ⚹Z46> ~es Joch *Zwangslage;* <aber> das *Kaudinische Joch J., durch das die geschlagenen römischen Truppen bei Caudium laufen mussten*

'Kaue <f.; -, -n> Bgb.> *Wasch- u. Umkleideraum der Bergleute*

'kau·en <V. i. u. V. t.> *mit den Zähnen zerkleinern;* an den Nägeln ~; das Essen gut ~; gut gekaut ist halb verdaut <Sprichw.>; **'käu·en** <V. i. u. V. t.; kurz für> *wiederkäuen*

'kau·ern <V. i. u. V. refl.; ich kau(e)re> *in gebückter Stellung hocken;* auf dem Teppich ~

Kauf <m.; -(e)s, ⸚e> *Erwerb gegen Bezahlung;* ~ u. Verkauf; das In-Kauf-Nehmen; zum ~ anbieten; etwas in ~ nehmen <fig.>; **'kau·fen** <V. i. u. V. t.> *gegen Geld erwerben;* auf Raten ~; etwas für teures Geld ~; er hat ihn gekauft *bestochen;* **'Käu·fer** <m.; -s, -> (k)einen ~ finden; **'Käu·fe·rin** <f.; -, -·nen>; **'Kauf·frau** <f.; -, -en; Abk.: Kffr.> *weibl. Kaufmann(2);* **'Kauf·hal·le** <f.; -, -n>; **'Kauf·haus** <n.; -es, ⸚er>; **'Kauf·kraft** <f.; -; unz.> die ~ einer Währung; **'kauf·kräf·tig** <Adj.>

'Kau·flä·che <f.; -, -n> ~ der Zähne

'Kauf·la·den <m.; -s, ⸚>; **'Kauf·leu·te** <Pl. von *Kaufmann;* **'käuf·lich** <Adj.> 1 *mit Geld zu erwerben;* ~e Liebe *Prostitution* 2 <fig.> *bestechlich;* **'Käuf·lich·keit** <f.; -; unz.>; **'Kauf·lust** <f.; -; unz.>; **'kauf·lus·tig** <Adj.>; **'Kauf·mann** <m.; -(e)s, -leu·te> 1 *jmd., der Handel treibt* 2 <Abk.: Kfm.> *jmd., der eine kaufmänn. Lehre abgeschlossen hat;* gelernter ~ 3 <mdt.> *Lebensmittelhändler;* **'kauf·männisch** <Abk.: kfm.> ~er Angestellter; ~e Lehre; **'Kauf·manns·la·den** <m.; -s, ⸚>; **'Kauf·manns·spra·che** <f.; -; unz.>; **'Kauf·preis** <m.; -es, -e>; **'Kauf·ver·hal·ten** <n.; -s; unz.> das ~ von Jugendlichen; **'Kauf·ver·trag** <m.; -(e)s, ⸚e>; **'Kauf·wert** <m.; -(e)s; unz.> ~ eines Gebäudes; **'Kauf·zwang** <m.; -(e)s; unz.> ohne ~

'Kau·gum·mi <m. od. n.; -s, -s> *kaubares, unlösliches Erzeugnis;* ~ kauende Schüler

'Kau·kamm <m.; -(e)s, ⸚e; Bgb.> *leichte Axt*

Kau'ka·si·en *Gebiet zw. Schwarzem u. Kaspischem Meer;* **Kau-**

kausal: den Grund für ein Geschehen angebend, Fragen nach *warum?, wieso?, weshalb?* beantwortend.

Kausalbestimmung: Eine K. ist eine ⸚Adverbialbestimmung, die die Ursache eines Geschehens angibt: *Sie turnte wegen ihres verstauchten Fußes nicht mit.*

Kausalsatz: Als K. oder Begründungssatz bezeichnet man einen ⸚**Nebensatz,** der durch eine ⸚**Konjunktion** eingeleitet wird. Der K. bezeichnet die Ursache eines im ⸚**Hauptsatz** genannten Geschehens oder Sachverhaltes und wird im Deutschen häufig mit den Konjunktionen *weil* oder *da* eingeleitet: *Er parkte sein Auto im Halteverbot, weil alle Parkplätze belegt waren. Da es regnete, zog Emilie Gummistiefel an.*

'ka·si·er <m.; -s, ->; **Kau'ka·si·e·rin** <f.; -, -·nen>; **kau'ka·sisch** <Adj.>; **Kau·ka·sus** *Hochgebirge in Kaukasien*

'Käul·chen <n.; -s, -; kurz für> *Quarkkäulchen*

'Kau·le <f.; -, -n; mdt.> 1 *Grube, Loch* 2 *Kugel*

kau·li'flor <Adj.>; **Kau·li·flo'rie** <f.; -; unz.; Bot.> *Blütenansatz am Stamm* [lat.]

'Kaul·quap·pe <f.; -, -n; Zool.> *Froschlarve*

kaum <Adv.> 1 *nur mit Mühe, schwerlich;* jmdn. ~ verstehen können 2 *etwas weniger als;* er ist ~ größer als sie 3 *sehr bald (nachdem);* ~ dass er gekommen war, ...

'Kau·mus·kel <m.; -s, -n>

Kau·pe'lei <f.; -, -en; ostmdt.> *(illegaler) Handel;* **'kau·peln** <V. i.; ich kaup(e)le>

'Kau·ri <f.; -, -s; kurz für> *Kaurischnecke;* **'Kau·ri·fich·te** <f.; -, -n> *neuseeländ. Nadelbaum;* Sy *Kopalfichte;* **'Kau·ri·schne·cke** <f.; -, -n> *eine Porzellanschnecke*

kau'sal <Adj.> *ursächlich;* einen ~en Zusammenhang erkennen; ~e Konjunktion <Gramm.>, z. B. *weil, denn;* → a. *Kasten* [lat.]; **Kau'sal·ad·verb** <n.; -s, -bi·en; Gramm.> *eine Ursache*

kennzeichnendes Adverb; **Kau'sal·be·stim·mung** <f.; -, -en; Gramm.> *Umstandsbestimmung der Ursache;* → a. *Kasten;* **Kau'sal·ge·setz** <n.; -es, -e>

Kaus·al'gie, <auch> **Kau·sal·gie** <f.; -, -n; ⸚Z 54; Med.> *Nervenschmerz* [grch.]

Kau·sa·li'tät <f.; -, -en> *Ursächlichkeit, Verhältnis zw. Ursache u. Wirkung;* **Kau·sa·li'täts·ge·setz** <n.; -es, -e>; **Kau'sal·ne·xus** <m.; -, -> *kausaler Zusammenhang;* **Kau'sal·satz** <m.; -es, ⸚e; Gramm.> *Begründungssatz;* → a. *Kasten;* **kau'sa·tiv** <Adj.; Gramm.> *bewirkend, begründend;* → a. *Kasten Aktionsart;* **Kau·sa·tiv** <n.; -s, -e; Gramm.> *Aktionsart des Verbs, das eine Verursachung bezeichnet,* z. B. *füttern (essen machen)*

'Kau·sche <f.; -, -n; Seemannsspr.> *verstärkende Messing- od. Stahlöse* [frz.]

kaus·ti·fi'zie·ren <V. t.; Chem.> *milde Alkalien in ätzende A. umwandeln;* **'Kaus·tik** <f.; -; unz.> 1 *kurz für> Katakaustik* 2 <Med.> = *Kauterisation* [grch.]; **'Kaus·ti·kum** <n.; -s, -ka; Med.> *Ätzmittel;* oV *Causticum;* **'kaus·tisch** <Adj.>

Kau'tel <f.; -, -en; geh.> *Vorbehalt, Vorsichtsmaßnahme* [lat.]

'Kau·ter <m.; -s, -; Med.> *Glühstift (für chirurgische Eingriffe)* [grch.]; **Kau·te·ri·sa'ti·on** <f.; -, -en; Med.> *Gewebszerstörung durch den Einsatz von Hitze oder Ätzmitteln;* **kau·te·ri'sie·ren** <V. t.>

Kau·ti'on <f.; -, -en> *(Geldsumme als) Bürgschaft;* eine ~ hinterlegen; jmdn. gegen ~ freilassen

'Kau·tschuk, <auch> **'Kaut·schuk** <m.; -s, -e; ⸚Z54> 1 *geronnener Milchsaft einiger trop. Pflanzen* 2 *durch Vulkanisation daraus gewonnene feste, zähe Masse;* Sy *Gummi* [frz.]; **'Kau·tschuk·pa·ra·graf, 'Kau·tschuk·pa·ra·graph** <m.; -en, -en; ⸚Z11.3> = *Gummiparagraph;* **kau·tschu'tie·ren** <V. t.> *mit Kautschuk überziehen*

'Kau·werk·zeu·ge <Pl.> *Zähne, Kiefer*

Kauz <m.; -es, ⸚e> 1 <Zool.> *ein Eulenvogel* 2 <fig.; umg.> *son-*

derbarer Mensch; ein komischer ~; **'Käuz·chen** <n.; -s, -; Verkleinerungsf. von> *Kauz(1)*; **'kau·zig** <Adj.> *verschroben*

Ka·va·lier <[-va-]; m.; -s, -e> 1 <früher> *Reiter, Ritter* 2 *(gegenüber Frauen) aufmerksamer Mann;* ein ~ der alten Schule 3 <meist scherzh.> *Begleiter, Liebhaber* [frz.]; **Ka·va'liers·delikt** <n.; -(e)s, -e> *die Ehre nicht beeinträchtigendes Vergehen;* ein ~ begehen; **Ka·va'lier·start, Ka·va'liers·start** <m.; -s, -s>

Ka·val'ka·de <[-val-]; f.; -, -n> *prächtiger Reiteraufzug* [frz.]

Ka·val·le·rie <[-val-]; f.; -, -n; Mil.; früher> *Reitertruppe* [frz.]; **Ka·val·le'rist** <m.; -en, -en; Mil.>

Ka·va·ti·ne <[-va-]; f.; -, -n; Mus.> oV *Cavatine* 1 *lyrisches Sologesangsstück* 2 *lyrisches Instrumentalstück* [ital.]

Ka·vents·mann <[-'vɛnts-]; m.; -(e)s, ⸚er> 1 <umg.> *bes. großes Exemplar, Prachtstück* 2 <Seemannsspr.> *hoher Wellenberg*

Ka·ver·ne <[-'vɛr-]; f.; -, -n; Geol.; Med.> *Hohlraum* [lat.]; **ka·ver·'nös** <Adj.; Geol.; Med.>

'Ka·vi·ar <[-vi-]; m.; -s, -e> *mit Salz konservierter Rogen (Eier) vom Stör* [poln.-türk.]

Ka·vi'tät <[-vi-]; f.; -, -en; Med.; Zahnmed.> *Hohlraum, Höhlung* [lat.]; **Ka·vi·ta·ti'on** <f.; -, -en> *Bildung von Hohlräumen*

'Ka·wa <f.; -; unz.> *berauschendes Getränk in Polynesien* [Maori]

Ka'wass, Ka'was·se <m.; -(e)n, -(e)n; im Vorderen Orient> *Wächter, Gesandter (einer Botschaft)*

'Ka·wi <n.; -s; unz.> *altjavan. Literatursprache* [Sanskrit]

Ka'zi·ke <m.; -n, -n> 1 <früher> *Häuptling der süd- u. mittelamerikan. Indianer* 2 <Mexiko, Guatemala> *indian. Gemeindevorsteher* [span.-indian.]

kb, KB, KByte <['ka:bait]; Zeichen für> *Kilobyte*

kcal <Zeichen für> *Kilokalorie*

'Ke·bab <a. [-'-]; m.; - od. -s, -s> *am Spieß gebratenes, in Stückchen geschnittenes Hammelfleisch*

'keb·beln <V. i.; ich kebb(e)le> = *kibbeln*

keck <Adj.> *munter, lebhaft, aufgeweckt;* ein ~es Mädchen; jmdn. ~ anschauen

'ke·ckern <V. i.> *(zornig) murren (von Marder, Fuchs, Iltis)*

'Keck·heit <f.; -; unz.>

Keep <f.; -, -en; Seemannsspr.> *Kerbe, Rille*

Kee·per <['ki:-]; m.; -s, -; Sp.; österr.; schweiz.> *Torwart* [engl.]; **'Kee·pe·rin** <f.; -, -nnen; Sp.>

Keep·smi·ling <[ki:p'smailiŋ]; n.; - od. -s; unz.> *unentwegter Optimismus, positive Grundeinstellung (trotz Misserfolgen)* [engl.]

Kees <n.; -es, -e; bair.; österr.> *Gletscher;* **'Kees·was·ser** <n.; -s, -> *Gletscherwasser, -bach*

'Ke·fe <f.; -, -n; schweiz.> *Zuckererbse*

'Ke·fir <m.; -s; unz.> *vergorene Milch*

'Ke·gel <m.; -s, -> 1 *spitz zulaufender Körper mit runder Grundfläche, Konus* 2 *Holzfigur im Kegelspiel;* mit Kind u. ~ <fig.> *mit der ganzen Familie;* ~ schieben, scheiben; er hat ~ geschoben 3 <Typ.> *Stärke der Schrifttype;* **'Ke·gel·bahn** <f.; -, -en>; **'Ke·gel·bru·der** <m.; -s, =>; **'ke·ge·lig** <Adj.> oV *keglig;* **'ke·geln** <V. i.; ich keg(e)le; er kegelt>; **'Ke·gel·schei·ben, 'Ke·gel·schie·ben** <n.; -s; unz.>; **'Ke·gel·schnitt** <m.; -(e)s, -e; Math.>; **'Ke·gel·sport** <m.; -(e)s; unz.>; **'Keg·ler** <m.; -s, -; >; **'Keg·le·rin** <f.; -, -nnen>; **'keg·lig** <Adj.> = *kegelig*

'Keh·le <f.; -, -n> *vorderer Teil des Halses mit dem Kehlkopf;* jmdm. die ~ durchschneiden; es schnürt mir (vor Angst) die ~ zu; **'keh·len** <V. t.> *auskehlen;* Fische ~; **'keh·lig** <Adj.> *tief, dumpf;* ~e Laute; **'Kehl·kopf** <m.; -(e)s, ⸚e; Anat.> *knorpeliges Eingangsteil der Luftröhre u. Organ der Stimmbildung;* Sy *Larynx;* **'Kehl·kopf·ent·zün·dung** <f.; -, -en; Med.>; **'Kehl·kopf·krebs** <m.; -es; unz.; Med.>; **'Kehl·kopf·spie·gel** <m.; -s, -; Med.> *med. Gerät;* **'Kehl·laut** <m.; -(e)s, -e; Phon.> = *Velar;* **'Kehl·rie·men** <m.; -s, -> *Teil des Zaums;* **'Keh·lung** <f.; -, -en> *Rille, Hohlkehle*

'Kehr·aus <m.; -; unz.> *letzter Tanz am Schluss eines Festes;* **'Kehr·be·sen** <m.; -s, ->

'Keh·re <f.; -, -n> 1 *scharfe Wendung, Biegung* 2 <Sp.> *Wendung am Turngerät*

'keh·ren¹ <V. i.> *fegen, mit dem Besen säubern;* die Straße ~

'keh·ren² <V. t.> 1 *wenden, drehen;* jmdm. den Rücken ~ 2 <V. refl.> *sich nicht an etwas ~* <umg.> *sich nicht um etwas kümmern*

'Kehr·icht <m. od. n.; -s; unz.; schweiz.; a. geh.> *zusammengekehrter Unrat, Müll;* **'Kehr·richt·ei·mer** <m.; -s, ->

'Kehr·reim <m.; -(e)s, -e; veralt.> *Refrain;* **'Kehr·sei·te** <f.; -, -n> 1 *Rückseite* 2 <fig.> *unangenehmer Aspekt einer Sache;* die ~ der Medaille; **'kehrtIma·chen** <V. i.; ich mache kehrt; sie hat kehrtgemacht; kehrtzumachen; *Z.24;* umg.> *eine halbe Drehung machen, umkehren;* sie machte auf dem Absatz kehrt; **'Kehrt·wen·dung** <f.; -, -en>; **'Kehr·wert** <m.; -(e)s, -e; Math.> *reziproker Wert*

'kei·fen <V. i.; sie keifte; er hat gekeift; abwertend> *in schriller Tonlage schimpfen;* **Kei·fe'rei** <f.; -, -en>

Keil <m.; -(e)s, -e> *spitzwinklig zulaufender Körper;* einen ~ zwischen zwei Personen treiben <fig.>; auf einen groben Klotz gehört ein grober ~; **'Keil·ab·satz** <m.; -es, ⸚e> *Schuh mit ~;* **'Kei·le** <nur Pl.; umg.> *Schläge, Prügel;* ~ austeilen, kriegen; **'kei·len** <V. refl.; umg.> *sich ~ sich prügeln;* **'Kei·ler** <m.; -s, -; Zool.> *männl. Wildschwein;* **Kei·le'rei** <f.; -, -en; umg.> *Prügelei;* **'keil·för·mig** <Adj.>; **'Keil·kis·sen** <n.; -s, ->; **'Keil·rie·men** <m.; -s, -; Tech.> *Zugriemen aus Gummi;* **'Keil·schrift** <f.; -, -en; im Altertum> *vorderasiat. Bilderschrift*

Keim <m.; -(e)s, -e> 1 *Krankheitserreger;* ~e abtöten 2 *einfacher Ausgangspunkt eines Lebewesens* 3 <fig.> *Beginn, Anfang;* der ~ der Liebe, des Hasses; **'Keim·blatt** <n.; -(e)s, ⸚er; Bot.> *Blatt des Keimlings;* **'Keim·drü·se** <f.; -, -n; Anat.> *Geschlechts-*

drüse; **'kei·men** <V. i.> *zu wachsen beginnen;* **'keim·fä·hig** <Adj.> *~es Getreide;* **'keim·frei** <Adj.> *steril; ~er Verband;* **'Keim·ling** <m.; -s, -e>; **'keim·tö·tend** <Adj.> *~es Mittel;* **'Keimung** <f.; -, -en>; **'Keim·zel·le** <f.; -, -n> **1** *der Fortpflanzung dienende Zelle, Geschlechtszelle* **2** <fig.> *Beginn, Ausgangspunkt; ~ des Widerstands*

kein <Indefinitpron.; ⇗Z 44> *nicht ein; ~ anderer; ~ Mensch; ~ bisschen; ~ einziges Mal;* **'kei·ne(r, -s)** <Indefinitpron.> *nicht eine(r, -s); ~ Frau; ~r von beiden; ~r ist gekommen; auf ~n Fall; in ~r Weise; ~ Angst!; ~ Ursache! gern geschehen!;* Ggs *je·de(r, -s);* **'kei·ner·lei** <Adj.; undekl.> *er hat auf sie ~ Einfluss; auf ~ Weise;* **'kei·nes·seits** <Adv.>; **'kei·nes·falls** <Adv.>; **'kei·nes·wegs** <a. [--'-]; Adv.>; **'kein 'Mal** <Adv.> *nicht ein einziges Mal; einmal ist ~; <aber> kein einziges Mal;* **'kein·mal** <bei bes. Betonung auch>; **keinst** <umg.; in der Wendung> *in ~er Weise überhaupt nicht*

Keks <m.; -es, -e od. (österr.) n. -, -(e)> *Kleingebäck;* Weihnachts~ [engl.]; **'Keks·do·se** <f.; -, -n>

Kelch <m.; -(e)s, -e> *Trinkglas mit Fuß; möge dieser ~ an mir vorüberziehen* <fig.> *möge mir dies erspart bleiben;* **'Kelch·blatt** <n.; -(e)s, ˈ'er; Bot.> *Blatt eines Blütenkelches;* **'kelch·för·mig** <Adj.>

'Ke·lim <m.; -s, -e> *ein oriental. Teppich;* oV *Kilim*

'Kel·le <f.; -, -n> **1** *Werkzeug zum Anwerfen des Putzes;* Maurer~ **2** *Schöpflöffel;* Suppen~ **3** <Eisenb.> *Signalstab für das Abfahren des Zuges*

'Kel·ler <m.; -s, -> *(Raum im) Untergeschoss des Hauses;* Wein~; Rats~; **Kel·ler·as·sel** <f.; -, -n; Zool.>; **Kel·le'rei** <f.; -, -en> Wein~; **'Kel·ler·ge·schoss** <n.; -es, -e>; **'Kel·ler·meis·ter** <m.; -s, -> Sy *Küfer(1);* **'Kel·ler·meis·te·rin** <f.; -, -nen>

'Kell·ner <m.; -s, -> *Bedienung (in einer Gaststätte);* **'Kell·ne·rin** <f.; -, -nen>; **'kell·nern** <V. i.; ich kellnere; sie hat gekellnert; umg.>

Kelt <m.; -(e)s, -e; in der Bronzezeit> *Beil* [lat.]

'Kel·te <m.; -n, -n> *Angehöriger eines indogerman. Volksstammes*

'Kel·ter <f.; -, -n> *Frucht-, Weinpresse;* **Kel·te'rei** <f.; -, -en>; **'kel·tern** <V. t.; ich kelt(e)re; er hat gekeltert> *Früchte, Wein ~;*

Kelt·i'be·rer <m.; -s, -; ⇗Z 55> *Angehöriger eines kelt.-iber. Volksstammes in Spanien;* **kelt·i'be·risch** <Adj.>; **'kel·tisch** <Adj.> *~e Sprache; das Keltische;* **Kel·to·lo·ge** <m.; -n, -n>; **Kel·to·lo·gie** <f.; -; unz.> *Wissenschaft von der kelt. Sprache u. Kultur;* **Kel·to·lo·gin** <f.; -, -n·nen>

'Kel·vin <[-vin]; n.; -s, -; Phys.; Zeichen: K> *Maßeinheit der absoluten Temperatur (0 K = -273,16 °C); ~skala* [nach dem engl. Physiker W. T. *Kelvin*]

Ke·me'na·te <f.; -, -n; meist scherzh.> *kleines, gemütliches Zimmer*

'Ken·do <n.; -s; unz.> *jap. Sportfechten (mit Bambusschwertern);* **Ken'do·ka** <m.; -s, -s> *jmd., der Kendo betreibt*

'Ke·nia *ostafrikan. Staat;* Republik ~; **Ke·ni·a·ner** <m.; -s, ->; **Ke·ni·a·ne·rin** <f.; -, -n·nen>; **ke·ni'a·nisch** <Adj.>

'Ken·nel <m.; -s, -> *Hundezwinger* [engl.]

'ken·nen <V. t. 166; ⇗Z 23> *Bescheid wissen, erfahren haben; jmdn. vom Sehen ~; jmdn. dem Namen nach ~; ich kenne ihn genau; er kannte ihn nicht; jmdn., etwas ~ lernen; ich habe ihn kennen gelernt; es freut mich, Sie kennen zu lernen;* **'Ken·ner** <m.; -s, ->; **'Ken·ner·blick** <m.; -(e)s; unz.> *mit ~;* **'Ken·ne·rin** <f.; -, -n·nen>; **'Ken·ner·mie·ne** <f.; -; unz.> *etwas mit ~ begutachten;* **'Ken·ner·schaft** <f.; unz.>

'Ken·ning <f.; -, -e od. -ar; altnord. Dichtung> *zweigliedrige poet. Umschreibung eines Begriffs* [nord.]

'Kenn·kar·te <f.; -, -n>; **'Kenn·li·nie** <[-nɪə]; f.; -, -n; Phys.> *graph. Darstellung mehrerer wichtiger Größen;* **'Kenn·num·mer** <f.; -, -n; ⇗Z 37>; **'kennt·lich** <Adj.> *erkennbar, wahr-*

nehmbar; etwas ~ machen; **'Kennt·lich·ma·chung** <f.; -; unz.>; **'Kennt·nis** <f.; -, -s·se> *Wissen (von), Erfahrung;* Sach~; Fach~; *jmdn. in ~ setzen; etwas zur ~ nehmen;* **'Kennt·nis·nah·me** <f.; -; unz.; in den Wendungen> *nach ~; zur ~;* **'Kennt·nis·stand** <m.; -(e)s; unz.> *der aktuelle ~;* **'Ken·nung** <f.; -, -en> *Merkmal, Kennzeichen;* **'Kenn·wort** <n.; -(e)s, ˈ'er> *Losungswort, Parole;* **'Kenn·zahl** <f.; -, -en>; **'Kenn·zei·chen** <n.; -s, ->; **'kenn·zeich·nen** <V. t.; ich kennzeichne es; sie hat es gekennzeichnet; zu kennzeichnen>; **'Kenn·zeich·nung** <f.; -, -en>; **'Kenn·zif·fer** <f.; -, -n>

Ke·no'taph <n.; -s, -e> = *Zenotaph* [grch.]

Ken'taur <m.; -en, -en> = *Zentaur*

'ken·tern <V. i. (s.); ich kent(e)re> *umschlagen, umkippen; das Boot ist gekentert*

Ken·tu·cky <[-'tʌki]> *Staat in den USA*

'kep·peln <V. i.; ich kepp(e)le; sie hat gekeppelt; österr.; umg.> *anhaltend schimpfen*

Ke'ra·mik <f.; -, -en> **1** <unz.> *Technik zur Herstellung von Gegenständen aus gebranntem Ton* **2** *Erzeugnis aus gebranntem Ton; ~en verkaufen* **3** <unz.> *Keramiken herstellende Industrie* [grch.]; **Ke'ra·mi·ker** <m.; -s, ->; **Ke'ra·mi·ke·rin** <f.; -, -n·nen>; **ke'ra·misch** <Adj.> *~e Farben*

Ke·ra'tin <n.; -s, -e; Biochem.> *Hornstoff;* **Ke·ra·ti·tis** <f.; -, -ti·ti·den; Med.> *Hornhautentzündung (des Auges)* [grch.]; **Ke·ra'tom** <n.; -s, -e; Med.> *Horngeschwulst;* **Ke·ra·to'skop,** <auch> **Ke·ra·tos'kop** <n.; -s, -e; ⇗Z 54; Med.> *Instrument für die Hornhautuntersuchung*

Kerb <f.; -; -n; hess.> *Jahrmarkt*

'Ker·be <f.; -, -n> *scharfkantige Vertiefung (bes. im Holz); in die gleiche ~ hauen* <fig.; umg.> *jmds. Ansicht stützen*

'Ker·bel <m.; -s; unz.; Bot.> *eine Gewürzpflanze;* **'Ker·bel·kraut** <n.; -(e)s; unz.>

'ker·ben <V. t.> *eine Kerbe machen, einkerben;* **'Kerb·holz** <n.;

-es, ⸚er; meist in der Wendung> etwas auf dem ~ haben <fig.; umg.> *etwas Unrechtes getan haben;* **'Kerb·tier** <n.; -(e)s, -e; Zool.> *Insekt;* **'Ker·bung** <f.; -, -en> *Einkerbung*

Kerf <m.; -(e)s, -e; Zool.> *Insekt*

'Ker·ker <m.; -s, -; veralt.> *Gefängnis;* **'Ker·ker·meis·ter** <m.; -s, ->

Kerl <m.; -(e)s, -e; umg.> *Mensch, Mann;* ein netter, tüchtiger ~; so ein blöder ~!; **'Kerl·chen** <n.; -s, -; Verkleinerungsf. von> *Kerl;* ein süßes ~

'Ker·mes·bee·re <f.; -, -n; Bot.> *Frucht der Kermeseiche;* **'Ker·mes·ei·che** <f.; -, -n; Bot.> *eine Eichenart;* **'Ker·mes·schild·laus** <f.; -, ⸚e; Zool.>

Kern <m.; -(e)s, -e> *innerer, mittlerer Teil von etwas, Mittelpunkt, Zentrum;* Kirsch~; Stadt~; sie hat einen guten ~ <fig.>; zum ~ einer Sache vorstoßen; **'Kern·bei·ßer** <m.; -s, -; Zool.> *ein Singvogel;* **'Kern·en·er·gie,** <auch> **'Kern·e·ner·gie** <f.; -; unz.> ↗Z54> *durch Atomkernspaltung gewonnene Energie;* Sy *Atomenergie*

'Ker·ner <m.; -s; unz.> *eine Rebsorte*

'Kern·ex·plo·si·on <f.; -, -en; Atomphys.>; **'Kern·for·schung** <f.; -; unz.; Atomphys.>; **'Kern·fra·ge** <f.; -, -n> *Hauptfrage;* **'Kern·fu·si·on** <f.; -, -en; Atomphys.> *Verschmelzung von Atomkernen;* **'Kern·ge·biet** <n.; -(e)s, -e>; **'Kern·ge·häu·se** <n.; -s, -> ~ von Apfel u. Birne; **'kern·ge·sund** <Adj.; verstärkend> *gesund;* er ist ~; **'ker·nig** <Adj.> *kraftvoll, markig, lebendig;* ein ~er Ausspruch; **'Kern·kraft** <f.; -; unz.; Atomphys.>; **'Kern·kraft·werk** <n.; -(e)s, -e; Abk.: KKW> *Kraftwerk zur Gewinnung von Kernenergie;* **'Kern·ling** <m.; -s, -e; Bot.> *aus einem Kern gezogener Wildling;* **'kern·los** <Adj.> ~e Weintrauben; **'Kern·obst** <n.; -es; unz.> *Obstgattung, deren Frucht Kernhaus und Kerne aufweist, z. B. Apfel, Birne u. a.;* → a. *Steinobst;* **'Kern·öl** <n.; -(e)s, -e> Trauben~; **'Kern·phy·sik** <f.; -; unz.> *Zweig der Atomphy-*

sik; **'kern·phy·si·ka·lisch** <Adj.>; **'Kern·punkt** <m.; -(e)s, -e> *zentraler Punkt;* **'Kern·re·ak·ti·on** <f.; -, -en; Atomphys.>; **'Kern·re·ak·tor** <m.; -s, -'to·ren> *Anlage, in der Spaltungen von Atomkernen (zur Energiegewinnung) ablaufen;* **'Kern·sei·fe** <f.; -, -n> *grobe Seife (als Reinigungsmittel);* **'Kern·spal·tung** <f.; -, -en; Atomphys.> *Spaltung, Zerfall von Atomkernen;* **'Kern·spin** <m.; -s, -s> *Gesamtdrehimpuls eines Atomkerns;* **'Kern·spin·to·mo·gra·fie, 'Kern·spin·to·mo·gra·phie** <f.; -; unz.> ↗Z11.3; Med.> *Tomografie mithilfe elektromagnetischer Wellen;* **'Kern·stück** <n.; -(e)s, -e>; **'Kern·tei·lung** <f.; -, -en; Atomphys.>; **'Kern·ver·schmel·zung** <f.; -, -en; Atomphys.; Biol.>; **'Kern·waf·fe** <f.; -, -n; meist Pl.> *Atom-, Nuklearwaffe*

Ke·ro'plas·tik <f.; -, -en> = *Zeroplastik*

Ke·ro'sin <n.; -s; unz.> *als Treibstoff für Flugzeuge verwendetes Petroleum* [grch.]

'Kerr·ef·fekt, <auch> **'Kerr-Ef·fekt** <m.; -(e)s; unz.; ↗Z35; Phys.> *Doppelbrechung unter Einwirkung eines elektr. Feldes* [nach dem Physiker J. *Kerr*]

'Ker·rie <[-riə]; f.; -, -n; Bot.> *ein Zierstrauch*

'Ke·rub <m.; -s, -'bim od. -'bi·nen> = *Cherub;* **ke·ru'bi·nisch** <Adj.>

'Ke·ryg·ma <n.; -s; unz.> *Verkündigung der christl. Botschaft* [grch.]; **ke·ryg'ma·tisch** <Adj.>

'Ker·ze <f.; -, -n> **1** *zylindrischer Beleuchtungskörper aus Stearin, Wachs o. Ä. mit einem Docht;* Weihnachts~; ~n gießen, ziehen; ~n anzünden **2** <Bot.> *kerzenähnliche Pflanzenblüte;* Königs~ **3** <Kfz-Tech.>; kurz für> *Zündkerze* **4** <Turnen> *Nackenstand;* **'ker·zen·ge·ra·de, 'ker·zen'gra·de** <Adj.> *ganz gerade;* **'ker·zen·leuch·ter** <m.; -s, ->; **'Ker·zen·schein** <m.; -s; unz.> bei ~; **'Ker·zen·stän·der** <m.; -s, ->; **'Ker·zen·wachs** <[-ks]; n.; -es, -e>

'Ke·scher <m.; -s, -> *Fangnetz*

mit Stiel (für Fische u. Krebse); oV *Käscher, Ketscher*

kess <Adj.; -er, am -es·ten; umg.> **1** *flott, schneidig, modisch;* ein ~er Hut **2** *dreist, vorlaut;* der Junge ist ~

'Kes·sel <m.; -s, -> **1** *bauchiges Metallgefäß;* Tee~; Wasser~; Heiz~ **2** <Mil.> *umzingeltes Stück Land;* Truppen in einem ~ zusammentreiben; **'Kes·sel·fli·cker** <m.; -s, -> *Handwerker, der Kessel(1) repariert;* **'Kes·sel·pau·ke** <f.; -, -n; Mus.>; **'Kes·sel·stein** <m.; -(e)s; unz.> *carbonat- u. sulfathaltiger Niederschlag an der Innenseite von Wasserkesseln;* **'Kes·sel·trei·ben** <n.; -s, -; Jagdw.> *Treibjagd (bes. auf Hasen);* ein ~ gegen jmdn. veranstalten <fig.>; **'Kess·ler** <m.; -s, -; früher> = *Kesselflicker*

Ketch·up, <auch> **Ket·chup** <['ketʃʌp]; m. od. n.; - od. -s, -s; ↗Z54> *eingedickte, würzige Tomatensoße;* Tomaten~; oV *Ketschup* [engl.-malai.]

Ke'ten <n.; -s, -e; Chem.> *farblose, gasförmige, sehr giftige chem. Verbindung;* **Ke'to·ne** <Pl.; Chem.> *Klasse von organ. Verbindungen;* **Ke'ton·har·ze** <Pl.; Chem.>; **Ke·ton·u'rie,** <auch> **Ke·to·nu'rie** <f.; -; ↗Z54; Med.> *Ausscheidung von Aceton im Harn;* **Ke'to·sen** <Pl.; Chem.> *Klasse einfacher Zucker*

Ketsch <f.; -, -en> *zweimastige Segeljacht* [engl.]

'Ket·scher <m.; -s, -> = *Kescher*

'Ket·schua <m.; - od. -s, - od. -s bzw. n.; -; unz.> = *Quechua*

Ketsch·up, <auch> **Ket·schup** <['ketʃʌp]; m. od. n.; - od. -s, -s; ↗Z11.2, 54> = *Ketchup*

'Kett·baum <m.; -(e)s, ⸚e; Web.>; **'Kett·car** <n. od. m.; -s, -s; Warenz.> *ein Kinderfahrzeug zum Treten mit Kettenantrieb;* **'Kett·chen** <n.; -s, -; Verkleinerungsf. von> *Kette;* **'Ket·te** <f.; -, -n> **1** *metallenes Gliederband;* Gold~; Fahrrad~; Anker~; den Hund an die ~ legen **2** *etwas, das nahe beieinander liegt od. miteinander verbunden ist;* Menschen~; Berg~ **3** <fig.> *Folge von Handlungen od. Vorgängen;* eine ~ von Unglücksfällen; **'ket·teln**

<V. t.; ich kett(e)le> *verbinden, abketteln;* eine Naht ~; '**ket·ten** <V. t.> *an-, festbinden;* jmdn. an sich ~ <fig.>; '**Ket·ten·brief** <m.; -(e)s, -e>; '**Ket·ten·fahr·zeug** <n.; -(e)s, -e>; '**Ket·ten·ge·bir·ge** <n.; -s, ->; '**Ket·ten·hemd** <n.; -(e)s, -en; früher> *Panzerhemd;* '**Ket·ten·hund** <m.; -(e)s, -e> *Wachhund an der Kette;* '**Ket·ten·ka·rus·sell** <n.; -s, -s od. -e>; '**Ket·ten·rau·chen** <n.; -s; unz.> *ununterbrochenes Rauchen von Zigaretten;* '**Ket·ten·rau·cher** <m.; -s, ->; '**Ket·ten·rau·che·rin** <f.; -, -n·nen>; '**Ket·ten·re·ak·ti·on** <f.; -, -en; Chem.> *Reaktion, die eine Folge weiterer Reaktionen verursacht;* eine ~ *auslösen;* '**Ket·ten·sä·ge** <f.; -, -n>; '**Ket·ten·stich** <m.; -(e)s, -e>; '**Kett·fa·den** <m.; -s, ÷>; '**Kett·lein** <n.; -s, -; poet.> *Verkleinerungsf. von* **Kette**

'**Ket·zer** <m.; -s, -> *jmd., der von dem allgemein gültigen Glauben (od. der allg. Meinung) abweicht;* **Ket·ze·rei** <f.; -, -en>; '**Ket·ze·rin** <f.; -, -n·nen>; '**ket·ze·risch** <Adj.>

'**keu·chen** <V. i.> *schnaufen, hörbar atmen;* '**Keuch·hus·ten** <m.; -s; unz.; Med.> *ansteckende Infektion der Luftwege (bes. im Kindesalter);* Sy **Pertussis**

'**Keul·chen** <n.; -s, -; Verkleinerungsf. von* **Keule**; '**Keu·le** <f.; -, -n> **1** *sich nach unten verdickender Schlag- u. Wurfstock (auch als Turngerät);* ~n *werfen* **2** *Oberschenkel von Schlachtvieh u. Wild;* Hammel~; '**keu·len·för·mig** <Adj.>; '**Keu·len·schwin·gen** <n.; -s; unz.>

'**Keu·per** <m.; -s; unz.> **1** *ein Sandstein* **2** <Geol.> *oberste Abteilung des german. Trias*

keusch <Adj.; -er, am -es·ten> *sittsam, rein, jungfräulich*

'**Keu·sche** <f.; -, -n; österr.> *kleines Haus, Kate*

'**Keusch·heit** <f.; -; unz.>; '**Keusch·heits·ge·lüb·de** <n.; -s, ->

Key-Ac·count-Ma·nage·ment <['ki:əkaunt'mænidʒmənt]; n.; -s; unz.; ↗Z33; Wirtsch.> *bes. auf Großkunden ausgerichtetes, verkaufsbezogenes Management* [engl.]

Key·board <['ki:bɔ:d]; n.; -s, -s> **1** <Mus.> *elektronisch verstärktes Tasteninstrument* **2** <EDV> *Computertastatur* [engl.]; '**Key·boar·der** <m.; -s, -; Mus.>; '**Key·boar·de·rin** <f.; -, -n·nen>

Kffr. <Abk. für> *Kauffrau*; **kfm.** <Abk. für> *kaufmännisch;* **Kfm.** <Abk. für> *Kaufmann*

Kfz <Abk. für> *Kraftfahrzeug;* **Kfz-Me·cha·ni·ker** <[--'-----]; m.; -s, -> *jmd., der Kfz repariert u. instand hält;* **Kfz-Tech·nik** <[--'---]; f.; -; unz.>

kg <Zeichen für> *Kilogramm;* 3-kg-Packung

KG <Abk. für> *Kommanditgesellschaft*

KGB <Abk. für> *sowjet. Geheimdienst (1946–1991)* [russ.]

kgl., Kgl. <in Titeln Großschreibung; Abk. für> *königlich*

'**Kha·ki** <n.; -s; unz.> *ins Gelbliche übergehende erdbraune Farbe;* oV **Kaki**; '**kha·ki·braun** <Adj.>; '**kha·ki·far·ben** <Adj.>

Khan <[ka:n]; m.; -s, -e> *mongol.-türk. Herrschertitel;* oV **Chan** [Türkspr.]

Khar'tum <a. ['--]> *Hauptstadt des Sudan*

'**Kha·si** <n.; -; unz.> *austroasiat. Sprache*

Khe·di·ve <[ke'di:və]; m.; -s od. -n, -n; früher Titel für> *ägypt. Vizekönig*

Khmer¹ <m.; -, -> *Angehöriger eines kambodschan. Volksstammes;* **Khmer²** <n.; -; unz.> *austroasiat. Sprache der Khmer¹;* Sy **Kambodschanisch**

kHz <Zeichen für> *Kilohertz*

'**kib·beln** <V. i.; ich kibb(e)le> *zornig keifen;* <aber> → **kippeln**

Kib'buz <m.; -, -bu'zim od. -e> *landwirtschaftl. Siedlergemeinschaft in Israel* [hebr.]

'**Ki·cher·erb·se** <f.; -, -n; Bot.> *eine Gemüsepflanze*

'**ki·chern** <V. i.; ich kich(e)re> *leise in kurzen Tönen lachen*

Kick <m.; - od. -s; umg.> **1** <Fußb.> *Schuss* **2** <salopp> *Schwung, Kitzel;* das gibt den richtigen ~ [engl.]; **Kick·back**, <auch> **Kick·back** <[-'bæk]; m. od. n.; - od. -s, -s; ↗Z32; Wirtsch.; umg.> *Rabatt an einen Auftraggeber;* '**Kick·board** <[-bɔ:d]; n.; -s, -s> *zusammen-*

klappbarer Tretroller; '**Kick·bo·xen** <n.; -s; unz.; Sp.> *eine Nahkampfsportart;* '**Kick·bo·xer** <m.; -s, ->; '**Kick·bo·xe·rin** <f.; -, -n·nen>; **Kick-down**, <auch> **Kick·down** <[-'daun]; n. od. m.; - od. -s, -s; ↗Z32; Kfz-Tech.> *plötzliches Durchtreten des Gaspedals zur schnelleren Beschleunigung;* '**ki·cken** <V. i.; umg.> *Fußball spielen;* er kickt schon wieder; '**Ki·cker** <m.; -s, ->; '**Ki·cke·rin** <f.; -, -n·nen>; **Kick·'off,** <auch> **Kick'off** <m.; -s, -s; ↗Z32; schweiz.> *Anstoß*

'**kick·sen** <V. i.; du kickst; umg.> = **gicksen**

'**Kick·star·ter** <m.; -s, -> *Fußhebel zum Anlassen des Motorrads* [engl.]

Kick·xia <['kiksia]; f.; -, -xi·en; Bot.> *eine Kautschukpflanze*

Kid <n.; -s, -s> **1** *Fell einer jungen Ziege* **2** <umg.; salopp> *Kind* [engl.]

Kid'dusch <m.; -, -im> *Heiligung, Segensspruch (am Sabbat od. an Feiertagen)* [hebr.]

'**kid·nap·pen** <[-'dæun]; n. od. m.; V. t.> *jmdn. ~ entführen;* er wurde gekidnappt [engl.]; '**Kid·nap·per** <m.; -s, ->; '**Kid·nap·pe·rin** <f.; -, -n·nen>; '**Kid·nap·ping** <n.; -s, -s>

'**kie·big** <Adj.; bes. norddt.> *zänkisch, schnippisch*

'**Kie·bitz** <m.; -es, -e> **1** <Zool.> *ein Vogel* **2** *Zuschauer beim Kartenspiel;* '**kie·bit·zen** <V. i.; ich kiebitze; du kiebitzt> *beim Kartenspiel zuschauen*

'**Kie·fer¹** <m.; -s, -; Anat.> *Zähne tragender Schädelknochen;* Ober~, Unter~

'**Kie·fer²** <f.; -, -n; Bot.> *eine Gattung der Nadelhölzer*

'**Kie·fer·ge·lenk** <n.; -s, -e>; '**Kie·fer·höh·le** <f.; -, -n>; '**Kie·fer·kno·chen** <m.; -s, ->

'**kie·fern** <Adj.> *aus Kiefernholz;* '**Kie·fern·holz** <n.; -es; unz.>; '**Kie·fern·span·ner** <m.; -s, -; Zool.> *ein Schmetterling;* '**Kie·fern·zap·fen** <m.; -s, ->

'**Kie·fer·or·tho·pä·de** <m.; -n, -n>; '**Kie·fer·or·tho·pä·die** <f.; -; unz.> *Zweig der Zahnmedizin, der sich mit Gebiss- u. Kieferkorrekturen befasst;* '**Kie·fer·or-**

tho·pä·din <f.; -, -n·nen>; '**kie·fer·or·tho·pä·disch** <Adj.>

'**kie·ken** <V. i.; norddt.> *gucken*; '**Kie·ker** <m.; -s, -; Seemannsspr.> *Fernglas; jmdn. auf dem ~ haben* <umg.> *jmdn. scharf beobachten*; '**Kiek-in-die-Welt** <m.; -s, -s; ⟋Z33> = *Guck-in-die-Welt*

Kiel[1] *Landeshauptstadt von Schleswig-Holstein*

Kiel[2] <m.; -(e)s, -e; früher> *als Schreibgerät verwendete Vogelfeder; Gänse~*

Kiel[3] <m.; -(e)s, -e> *unterster Längsbalken am Schiff*

'**Kiel·flü·gel** <m.; -s, -; Mus.> *Cembalo*

'**kiel·ho·len** <V. t.> *ein Schiff ~ umlegen, auf die Seite legen; es wurde gekielholt*; **kiel'o·ben** <Adv.> ~ *schwimmen*; '**Kiel·schwert** <n.; -(e)s, -er; Seemannsspr.>; '**Kiel·was·ser** <n.; -s; unz.> *Wasserspur eines fahrenden Schiffes; in jmds. ~ segeln* <fig.>

'**Kie·me** <f.; -, -n> *Atmungsorgan von im Wasser lebenden Tieren*; '**Kie·men·at·mer** <m.; -s, -; Zool.>

Kien[1] <m.; -(e)s, -e> *harziges Kiefernholz*

Kien[2] <in der Wendung> *auf dem ~ sein* <umg.> *wachsam, aufmerksam sein*

'**Kien·ap·fel** <m.; -s, ⸗>; '**Kien·fa·ckel** <f.; -, -n> = *Kienspan*; '**kie·nig** <Adj.> *Harz enthaltend*; '**Kien·span** <m.; -s, ⸗e; früher> *Fackel aus Kiefernholz*; '**Kien·zap·fen** <m.; -s, -> *Kiefernzapfen*

'**Kie·pe** <f.; -, -n> *hoher Tragekorb für den Rücken*; '**Kie·pen·hut** <m.; -(e)s, ⸗e> *ein unter dem Kinn gebundener Damenhut*

Kies[1] <m.; -es, -e; Pl. selten> *lose Anhäufung von zerkleinerten Gesteinsstücken*

Kies[2] <m.; -es; unz.; umg.> *Geld; viel ~ haben*

'**Kies·ab·bau** <m.; -(e)s, -e; Pl. selten>; '**Kie·sel** <m.; -s, -; kurz für> *Kieselstein*; '**Kie·sel·al·ge** <f.; -, -n; Bot.>; '**Kie·sel·gel** <n.; -s, -e> = *Kieselsäure*; '**Kie·sel·gur** <f.; -; unz.> *überwiegend aus Kieselalgen bestehendes*

Schichtgestein; '**Kie·sel·säu·re** <f.; -, -n; Chem.> *Sauerstoffsäure des Siliciums*; '**Kie·sel·sin·ter** <m.; -s; unz.> *ein Opal*; '**Kie·sel·stein** <m.; -(e)s, -e> *kleiner, rund geschliffener Stein*

'**kie·sen** <V. t. 127; ich kiese; du kiest; er kieste; sie haben gekoren; veralt.> *wählen, küren*

Kie·se'rit <m.; -s, -e; Pl. selten> *ein Mineral*

'**Kies·gru·be** <f.; -, -n>; '**kie·sig** <Adj.>; '**Kies·weg** <m.; -(e)s, -e>

Kiew <['kiːɛf]> *Hauptstadt der Ukraine*; '**Ki·e·wer** <m.; -s, -s>; '**Ki·e·we·rin** <f.; -, -n·nen>

Kiez <m.; -es, -e; bes. berlin.> 1 *alter Stadtteil* 2 *Prostituiertenviertel*

'**kif·fen** <V. i.; du kiffst; er hat gekifft; umg.> *Haschisch rauchen* [engl.-arab.]; '**Kif·fer** <m.; -s, -; umg.>; '**Kif·fe·rin** <f.; -, -n·nen>

Ki'ga·li *Hauptstadt von Ruanda*

Ki·ke·ri'ki <n.; -s, -s; Schallwort> *Hahnenschrei*

'**Ki·ki** <m.; -s; unz.; umg.> *dummes Zeug, Unsinn; ~kram*

'**Kil·bi** <f.; -, -be·nen; schweiz.> = *Chilbi*

'**Ki·lim** <m.; -s, -e> = *Kelim*

'**kil·len**[1] <V. t.; umg.> *jmdn. ~ töten; er hat ihn gekillt* [engl.]

'**kil·len**[2] <V. i.; Seemannsspr.> *das Segel killt flattert*

'**Kil·ler** <m.; -s, -; umg.> *bezahlter Mörder*; '**Kil·ler·al·ge** <f.; -, -n; Bot.> *eine giftige Alge*; '**Kil·le·rin** <f.; -, -n·nen>; '**Kil·ler·sa·tel·lit** <m.; -en, -en; umg.> *andere Flugkörper im Weltall zerstörender Satellit*

'**Ki·lo** <n. 7, österr. auch m.; -s, - od. -s; Kurzw. für> *Kilogramm*; **ki·lo..., Ki·lo...** <in Zus.; Abk.: k> *tausendfach, Tausend...* [grch.]

Ki·lo·byte <[-'bait]; a. ['---]; n. 7; - od. -s - od. -s; EDV; Zeichen: kb, KB, KByte> *Einheit von 1024 Byte (Maßeinheit für die Speicherkapazität)*

Ki·lo'gramm <a. ['---]; n. 7; -s, -; Zeichen: kg> *1000 Gramm*

Ki·lo'hertz <a. ['---]; n. 7; -, -; Zeichen: kHz> *1000 Hertz (Maßeinheit für die Frequenz)*

Ki·lo'joule <[-'dʒuːl] od. [-'dʒuːl]; a. ['---]; n. 7; - od. -s, -; Zeichen: kJ> *1000 Joule*

Ki·lo·ka·lo'rie <a. ['-----]; f. 7; -, -n; Zeichen: kcal> *1000 Kalorien (= 4,185 kJ), nicht mehr zulässige Maßeinheit, ersetzt durch die Einheit Kilojoule*

Ki·lo'me·ter <a. ['----]; m. 7; -s, -; Zeichen: km> *1000 m (Längenmaß)*; → a. *km/h*; **Ki·lo'me·ter·geld** <n.; -(e)s; unz.> ~ *erhalten*; **ki·lo'me·ter·lang** <Adj.> *ein ~er Stau*; <aber> *der Stau war sieben Kilometer lang*; **Ki·lo'me·ter·leis·tung** <f.; -, -en> ~ *eines Motors*; **Ki·lo'me·ter·pau·scha·le** <f.; -, -n>; **Ki·lo'me·ter·stein** <m.; -(e)s, -e>; **ki·lo'me·ter·weit** <Adj.> *wir mussten ~ laufen*; <aber> *das Haus war vier Kilometer weit entfernt*; **Ki·lo'me·ter·zäh·ler** <m.; -s, ->; **ki·lo·me'trie·ren**, <auch> **ki·lo·met'rie·ren** <V. t.; ⟋Z53> *in Kilometer einteilen; Straßen ~*; **ki·lo'me·trisch** <Adj.>

Ki·lo·new·ton <[-'njuːt(ə)n]; a. ['----]; n. 7; -s, -; Zeichen: kN> *1000 Newton*

Ki·lo'ohm <a. ['---]; n. 7; -s, -; Zeichen: kΩ> *1000 Ohm*

Ki·lo'pond <a. ['---]; n. 7; -s, -; Zeichen: kp> *1000 Pond (= 9,806 N), nicht mehr zulässige Krafteinheit, ersetzt durch Newton (N)*; **Ki·lo·pond'me·ter** <n.; -s, -; Abk.: kpm> *nicht mehr zulässige Einheit der Energie*

Ki·lo'volt <[-'vɔlt]; a. ['---]; n. 7; -s, -; Zeichen: kV> *1000 Volt*; **Ki·lo·volt·am·pere** <[-'pɛr]; a. ['-----]; n. 7; -s, -; Zeichen: kVA> *1000 Voltampere*

Ki·lo'watt <a. ['---]; n. 7; -s, -; Zeichen: kW> *1000 Watt*; **Ki·lo'watt·stun·de** <a. ['-----]; f. 7; -, -n; Zeichen: kWh> *1000 Wattstunden*

Kilt <m.; -(e)s, -e> *knielanger Schottenrock (für Männer)* [engl.]

'**Kim·ber** <m.; -s, -n> *Angehöriger eines german. Volksstammes*; oV *Zimber*; '**kim·be·risch, 'kim·brisch**, <auch> '**kimb·risch** <Adj.; ⟋Z53>

Kimm <f.; -, -e> 1 *Übergang zw. Schiffsboden u. Bordwand* 2 <unz.> *Meereshorizont*; '**Kim·me** <f.; -, -n> *Teil der Zielvorrichtung an Handfeuerwaffen*, *der mit dem Korn eine Linie bilden muss;* ~ u. Korn

kim'me·risch[1] <Adj.> ~e Finsternis **1** <grch. Myth.> *F. der Unterwelt* **2** <geh.> *völliges Dunkel* [nach dem Volk der *Kimmerier*]

kim'me·risch[2] <Adj.; Geol.> ~e Phase *Faltungsphase der Gebirgsbildung* [nach der südruss. *Kimmerischen* Halbinsel]

'Kim·mung <f.; -; unz.> = *Kimm(2)*

'Ki·mo·no <a. [-'--]; m.; -s, -s> *weit geschnittenes jap. Gewand* [jap.]

Kin·äs·the'sie, <auch> **Ki·näs·the'sie** <f.; -; unz.; ↗Z 54; Med.> *(unbewusstes) Bewegungsempfinden* [grch.]; **Kin·äs'the·tik** <f.; -; unz.> *Lehre der Kinästhesie*; **kin·äs'the·tisch** <Adj.>

Kind <n.; -(e)s, -er> *Nachkomme, Abkömmling;* von ~ an/auf; an ~es statt annehmen; das ~ beim (richtigen) Namen nennen <fig.> *etwas ohne Umschweife aussprechen;* sich bei jmdm. lieb ~ machen *sich einschmeicheln;* → a. *Kegel(2);* **'Kind·bett** <n.; -(e)s; unz.; veralt.> im ~ sterben *im Wochenbett;* **'Kind·chen** <n.; -s, -; Verkleinerungsf. von> *Kind;* **'Kin·der·ar·beit** <f.; -; unz.>; **'Kin·der·arzt** <m.; -(e)s, -̈e>; **'Kin·der·ärz·tin** <f.; -, -n·nen>; **'Kin·der·buch** <n.; -(e)s, -̈er>; **'Kin·der·chen** <Pl.; Verkleinerungsf. von> *Kinder;* **'Kin·der·dorf** <n.; -(e)s, -̈er> *Siedlung zur Betreuung von Waisenkindern;* **Kin·de'rei** <f.; -, -en; abwertend> *Dummheit, Alberei;* **'Kin·der·er·mä·ßi·gung** <f.; -, -en>; **'Kin·der·er·zie·hung** <f.; -; unz.>; **'kin·der·feind·lich** <Adj.> eine ~e Gesellschaft; **'Kin·der·frau** <f.; -, -en> *Frau für die Betreuung von Kindern;* **'kin·der·freund·lich** <Adj.> ein ~es Restaurant; **'Kin·der·gar·ten** <m.; -s, -̈> *Einrichtung zur Betreuung drei- bis sechsjähriger Kinder;* städtischer, kirchlicher, privater ~; → a. *Kinderhort, Kinderkrippe;* **'Kin·der·gärt·ne·rin** <f.; -, -n·nen>; **'Kin·der·geld** <n.; -es; unz.>; **'Kin·der·ge·si·chert** <Adj.> = *kindersicher;* **'Kin·der·got·tes·dienst** <m.; -(e)s, -e>;

'Kin·der·heil·kun·de <f.; -; unz.; Med.> Sy *Pädiatrie;* **'Kin·der·hort** <m.; -(e)s, -e> *ganztägige Betreuungseinrichtung für Schulkinder;* **'Kin·der·krank·heit** <f.; -, -en; Med.>; **'Kin·der·krie·gen** <n.; -s; unz.>; **'Kin·der·krip·pe** <f.; -, -n> *Betreuungseinrichtung für Säuglinge u. Kleinkinder;* **'Kin·der·läh·mung** <f.; -; unz.; Med.> *eine lebensgefährliche Infektionskrankheit;* Sy *Polio;* **'kin·der·leicht** <Adj.; umg.; verstärkend> *sehr leicht* (zu bewerkstelligen); **'Kin·der·lein** <Pl.; Verkleinerungsf. von> *Kinder;* **'kin·der·lieb** <Adj.> sie ist sehr ~; **'kin·der·los** <Adj.> ein ~es Ehepaar; **'Kin·der·lo·sig·keit** <f.; -; unz.>; **'Kin·der·mäd·chen** <n.; -s, ->; **'Kin·der·mund** <m.; -(e)s, -̈er>; **'Kin·der·pfle·ge·rin** <f.; -, -n·nen>; **'kin·der·reich** <Adj.> ~e Familien; **'Kin·der·schuh** <m.; -(e)s, -e> noch in den ~en stecken <fig.>; **'Kin·der·se·gen** <m.; -s; unz.>; **'kin·der·si·cher** <Adj.> Medikamente ~ aufbewahren; ~er Verschluss; **'Kin·der·spiel** <n.; -(e)s, -e> das ist ein ~ für sie <fig.>; **'Kin·der·spiel·zeug** <n.; -(e)s, -e>; **'Kin·der·spra·che** <f.; -; unz.>; **'Kin·der·stu·be** <f.; -, -n> eine gute ~ *eine gute Erziehung;* **Kin·der'ta·ges·stät·te** <f.; -, -n; Kurzw.; Kita> *Kindergarten u. -hort;* **'Kin·der·wa·gen** <m.; -s, ->; **'Kin·der·zim·mer** <n.; -s, ->; **'Kin·des·al·ter** <n.; -s; unz.> im ~; **'Kin·des·bei·ne** <Pl.; in der Wendung> von ~n an; **'Kin·des·kind** <n.; -(e)s, -er; veralt.> *Enkelkind;* Kinder u. ~er; **'Kin·des·miss·hand·lung** <f.; -, -en>; **'Kind·frau** <f.; -, -en> *kindhafte Frau;* **'kind·ge·mäß** <Adj.> ~e Reaktion; **'kind·haft** <Adj.>; **'Kind·heit** <f.; -; unz.> von ~ an; in früher ~; **'kin·disch** <Adj.; abwertend> *albern, unreif;* **'Kind·lein** <n.; -s, -; poet.> *kleines Kind;* **'kind·lich** <Adj.>; **'Kind·lich·keit** <f.; -; unz.>; **'Kinds·kopf** <m.; -(e)s, -̈e; umg.; abwertend> *alberner Mensch;* **'Kinds·pech** <n.; -s; unz.> *schwärzl. Stuhlgang des Neugeborenen;* **'Kinds·tau·fe,**

'Kind·tau·fe <f.; -, -n>; **'Kinds·tod** <m.; -(e)s; unz.; Med.> *plötzlicher* ~

Ki·ne·ma'thek <f.; -, -en> *Filmarchiv;* **Ki·ne'ma·tik** <f.; -; unz.; Phys.> *Bewegungslehre;* **ki·ne'ma·tisch** <Adj.>; **Ki·ne·ma·to'graf** <m.; -en, -en; ↗Z 11.3> = *Kinematograph;* **Ki·ne·ma·to·gra'fie** <f.; -; unz.>; **Ki·ne·ma·to'graph** <m.; -en, -en> *Kamera zur Aufnahme bewegter Bilder;* **Ki·ne·ma·to·gra'phie** <f.; -; unz.> *Filmwissenschaft, -technik;* **Ki'ne·se** <f.; -; unz.> *reizbedingte Geschwindigkeitsänderung (von Tieren);* **Ki'ne·tik** <f.; -; unz.; Phys.> *Lehre von der Beziehung zw. Bewegung u. Kraft* [grch.]; **ki'ne·tisch** <Adj.>; **Ki·ne'to·se** <f.; -, -n; Med.> *Bewegungskrankheit*

King <m.; -s, -s; umg.; salopp> *Anführer, Leiter, Chef;* er fühlt sich wie ein ~ [engl.]; **King·size** <['kɪŋsaɪz]; f.; -; unz.> *Überlänge, Übergröße (von Zigaretten)*

'Kings·ton <[-tən]> *Hauptstadt von Jamaika*

Kink <f. od. m.; -en, -en; Seemannsspr.> *Knoten, Knick im Tau*

'Kin·ker·litz·chen <Pl.; umg.> *Nichtigkeiten*

Kinn <n.; -(e)s, -e> *rundlicher Vorsprung am menschl. Unterkieferknochen;* ein fliehendes, spitzes, vorspringendes ~; sich das ~ reiben; **'Kinn·ba·cke** <f.; -, -n>; **'Kinn·ba·cken** <m.; -s, ->; **'Kinn·ha·ken** <m.; -s, -> jmdm. einen ~ versetzen; **'Kinn·la·de** <f.; -, -n>

'Ki·no <n.; -s, -s> *Saal od. Gebäude zur Vorführung von Filmen;* ins ~ gehen; **'Ki·no·be·such** <m.; -(e)s, -e>; **'Ki·no·film** <m.; -(e)s, -e>; **'Ki·no·or·gel** <f.; -, -n> *Pfeifenorgel zur Begleitung von Stummfilmen;* **'Ki·no·pro·gramm** <n.; -(e)s, -e>

Kin·sha·sa <[-'ʃa-]> *Hauptstadt von Zaïre*

'Kin·topp <m. od. n.; -s, -s od. -̈e; berlin.; umg.> *Kino*

'Ki·osk <a. [-'-]; m.; -(e)s, -e> *frei stehendes Verkaufshäuschen od. Stand;* Getränke~; Zeitungs~;

'Kip·fel <n.; -s, -; bair.; österr.>, **'Kip·ferl** <n.; -s, - od. -n; bair.;

österr.> *längliches, gebogenes Gebäckstück*

'Kipf·ler <Pl.; österr.> *eine Kartoffelsorte*

'Kip·pe[1] <f.; -, -n> **1** *Punkt des Kippens, Kante, Spitze; auf der ~ stehen* <fig.> *gefährdet sein* **2** *eine Turnübung*

'Kip·pe[2] <f.; -, -n; umg.> *Zigarettenstummel*

'kip·pe·lig <Adj.> *wackelig*; oV *kipplig*; **'kip·peln** <V. i.; ich kipp(e)le> *wackeln, schaukeln*; <aber> → *kibbeln*; **'kip·pen** <V. **1** <V. i.> *umzustürzen drohen; der Hocker kippt; vom Stuhl ~* **2** <V. t.> *schräg stellen, ausgießen; eine Kiste ~; einen (Schnaps) ~* <umg.>; **'Kip·per**[1] <-ko:r]; -s, -> *Lastwagen mit kippbarem Kasten*; **'Kip·per**[2] <m.; -s, -; früher> *jmd., der Münzen beschneidet u. sie mit geringerem Edelmetallgehalt weitergibt, Münzverschlechterer; ~ u. Wipper*

'Kip·per[3] <m.; - od. -s, - od. -s> *kalt geräucherter Hering* [engl.]

'Kipp·fens·ter <n.; -s, -> ; **'Kippla·der** <m.; -s, -> = *Kipper*[1]; **'kipp·lig** <Adj.> = *kippelig*; **'Kipp·mo·ment** <n.; -(e)s, -e> *maximales Drehmoment des Motors*; **'Kipp·pflug** <m.; -(e)s, ⸗e; ↗Z37; Landw.> *Pflug, der nicht gewendet werden muss*; **'Kipp·schal·ter** <m.; -s, ->

Kips <n.; -es, -e> *Tierhaut* [engl.]

Kir <m.; -s, -s> *ein alkohol. Mixgetränk; ~ royal* [frz.]

'Kir·be <f.; -, -n; oberdt.> *Kirchweih*

'Kir·che <f.; -, -n> **1** *christliches Gotteshaus; barocke, gotische, romanische ~* **2** *christliche Glaubensgemeinschaft; aus der ~ austreten* **3** *Gottesdienst; in die ~ gehen; das ist so sicher wie das Amen in der ~*; **'Kir·chen·äl·tes·te(r)** <f. 2 (m. 1)>; **'Kir·chen·a·syl** <n.; -s, -e; ↗Z55>; **'Kir·chen·aus·tritt** <m.; -(e)s, -e>; **'Kir·chen·bann** <m.; -(e)s, -e; früher> *Kirchenausschluss, Exkommunikation*; **'Kir·chen·chor** <[-ko:r]; m.; -s, ⸗e>; **'Kir·chen·die·ner** <m.; -s, ->; **'Kir·chen·ge·mein·de** <f.; -, -n>; **'Kir·chen·ge·schich·te** <f.; -; unz.>; **'Kir·chen·glo·cke** <f.; -, -n>; **'Kir·chen·jahr** <n.; -(e)s, -e> *am ersten Advent beginnendes Jahr mit den Sonn-, Feier- u. kirchl. Festtagen*; **'Kir·chen·licht** <in der Wendung> *er ist kein (großes) ~* <fig.> *nicht sehr begabt*; **'Kir·chen·maus** <in der Wendung> *arm wie eine ~* <fig.> *sehr arm*; **'Kir·chen·mu·sik** <f.; -; unz.>; **'Kir·chen·pa·tron,** <auch> **'Kir·chen·pat·ron** <m.; -s, -e; ↗Z53> *Schutzheiliger einer Kirche*; **'Kir·chen·pa·tro·nin** <f.; -, -nen>; **'Kir·chen·raub** <m.; -(e)s, -e> *Diebstahl von Kirchengegenständen*; **'Kir·chen·recht** <n.; -(e)s; unz.> *kanonisches Recht*; **'Kir·chen·re·gis·ter** <n.; -s, ->; **'Kir·chen·schiff** <n.; -(e)s, -e> *mittlerer Raum der Kirche, Mittelschiff*; **'Kir·chen·spren·gel** <m.; -s, -> *Pfarrbezirk*; oV *Kirchsprengel*; **'Kir·chen·steu·er** <f.; -; unz.> *~ erheben*; **'Kir·chen·tag** <m.; -(e)s, -e> *Deutscher Evangelischer ~*; **'Kir·chen·ton·art** <f.; -, -en; Mus.> *auf der altgrch. Tonsystem basierende mittelalterliche Tonart*; **'Kir·chen·va·ter** <m.; -s, ⸗> *anerkannter frühchristlicher Theologe*; **'Kir·chen·vor·stand** <m.; -(e)s; ⸗e> *im ~ tätig sein*; **'Kirch·gang** <m.; -(e)s, ⸗e> *Besuch des Gottesdienstes*; **'Kirch·gän·ger** <m.; -s, ->; **'Kirch·gän·ge·rin** <f.; -, -n·nen>; **'Kirch·hof** <m.; -(e)s, ⸗e> *Friedhof*; **'kirch·lich** <Adj.> *~e Trauung; ~es Begräbnis*; **'Kirch·spiel** <n.; -(e)s, -e> *Pfarrbezirk*; **'Kirch·spren·gel** <m.; -s, -> = *Kirchensprengel*; **'Kirch·turm·po·li·tik** <f.; -; unz.; abwertend> *engstirnige Politik od. Handlungsweise*; **'Kirch·weih** <f.; -, -en> *Jahresfeier der Kircheneinweihung mit Jahrmarkt; ~fest*

Kir'gi·se <m.; -n, -n> *Einwohner von Kirgisistan*; **Kir'gi·sin** <f.; -, -n·nen>; **kir'gi·sisch** <Adj.>; **Kir'gi·sis·tan** *zentralasiat. Staat; Kirgisische Republik*

Ki·ri'ba·ti *ozeanische Inselgruppe; Republik ~*; **Ki·ri'ba·ti·er** <m.; -s, ->; **Ki·ri'ba·ti·e·rin** <f.; -, -n·nen>; **ki·ri'ba·tisch** <Adj.>

'Kir·mes <f.; -, -mes·sen; mdt.> *Kirchweih*

'Kir·ne <f.; -, -n; rhein.> *Butter-fass*; **'kir·nen** <V. i.; rhein.> *buttern*

'kir·re <Adj.; umg.; nur adv.> **1** *jmdn. ~ machen jmdn. nervös machen* **2** *gezähmt, gefügig; ~ werden*; **'kir·ren**[1] <V. t.> *locken, ködern*; **'kir·ren**[2] <V. i.> *kurz u. schrill schreien (von Vögeln)*

Kirsch <m.; - od. -s, -; kurz für> *Kirschwasser*; **'Kirsch·baum** <m.; -(e)s, ⸗e>; **'Kir·sche** <f.; -, -n; Bot.> **1** *Obstbaum aus der Gattung der Steinobstgewächse* **2** *Frucht der Kirsche(1); mit jmdm. ist nicht gut ~n essen* <fig.> *mit jmdm. kann man nicht gut auskommen*; **'Kirsch·geist** <m.; - od. -s; unz.> = *Kirschwasser*; **'Kirsch·kern** <m.; -s, -e>; **'Kirsch·lor·beer** <m.; -s, -en; Bot.> *ein immergrünes Rosengewächs*; **'kirsch·rot** <Adj.> *rot wie Kirschen*; **'Kirsch·was·ser** <n.; -s, -> *aus Kirschen hergestellter Branntwein*

'Kir·tag <m.; -(e)s, -e> *Kirchweih*

'Kis·met <n.; -s; unz.; im Islam> *unausweichliches Schicksal* [türk.-arab.]

'Kiss·chen <n.; -s, -; Verkleinerungsf. von> *Kissen*; **'Kis·sen** <n.; -s, -> *weiches (viereckiges) Polster; Sofa~; Kopf~*; **'Kis·sen·schlacht** <f.; -, -en>; **'Kiss·lein** <n.; -s, -; poet.; Verkleinerungsf. von> *Kissen*

'Kis·te <f.; -, -n> **1** *rechtwinkliger Holz- od. Metallbehälter, Truhe; Bücher~; Zigarren~* **2** <fig.; umg.> *Sache, Angelegenheit; fertig ist die ~!* **3** <fig.; umg.> *Fahrzeug (bes. Auto); eine alte ~*

Ki·su·a'he·li <n.; -; unz.> = *Suaheli*

Kit <m. od. n.; -s, -s> **1** *Modellbausatz* **2** *Set, Satz zusammengehöriger Einzelteile;* <aber> → *Kitt* [engl.]

'Ki·ta <f.; -, -s; Kurzw. für> *Kindertagesstätte*

Kit·che·nette <[kitʃə'nɛt]; f.; -, -s> *Kochnische*

Kite·sur·fen <['kaitsə:fən]; n.; -s; unz.; Funsp.> *Form des Drachenfliegens (auf dem Wasser od. Strand)* [engl.]

Ki'tha·ra <f.; -, -s od. -'tha·ren; Instrumentenk.> *altgrch. Zupfinstrument* [grch.]; **Ki·tha'rö·de** <m.; -n, -n> *Kitharaspieler*

Kitsch <m.; -(e)s; unz.; abwertend> *süßliche, sentimentale Scheinkunst;* **'kit·schig** <Adj.>

Kitt <m.; -(e)s, -e> *erhärtendes Dichtungs- u. Klebematerial;* Fugen~; <aber> → *Kit*

'Kitt·chen <n.; -s, -; umg.> *Gefängnis;* ins ~ kommen

'Kit·tel <m.; -s, -> *hemdartige Schürze, Arbeitsmantel*

'kit·ten <V. t.> *zusammenfügen, leimen;* eine Beziehung ~ <fig.; umg.> *in Ordnung bringen*

Kitz <n.; -es, -e>, **'Kit·ze** <f.; -, -n> *Junges von Ziege, Gams-, Stein- u. Rehwild;* Reh~

'Kit·zel <m.; -s; unz.> *durch Kitzeln verursachter Juckreiz;* **'kit·ze·lig** <Adj.> = *kitzlig;* **'kit·zeln** <V. t.; ich kitz(e)le> jmdn. ~ *durch Berühren einen Juckreiz bei jmdm. hervorrufen;* **'Kitz·ler** <m.; -s, -> = *Klitoris;* **'kitz·lig** <Adj.> *empfindlich gegen das Kitzeln*

'Ki·va <[-va]; f.; -, -s> *Kultstätte des Indianerdorfes* [Hopi]

'Ki·wi [1] <m.; -s, -s; Zool.> *ein hühnergroßer Laufvogel* [Maori]; **'Ki·wi** [2] <f.; -, -; Bot.> *eine grünlich braune, behaarte Frucht*

kJ <Zeichen für> *Kilojoule*

'Kjök·ken·möd·din·ger <Pl.> = *Kökkenmöddinger*

k. k. <Abk. für> *kaiserlich-königlich*

KKW <Abk. für> *Kernkraftwerk*

Kl. <Abk. für> *Klasse*

kla'bas·tern <V. i. (s.); ich klabast(e)re; veralt.; umg.> *polternd laufen*

Kla'bau·ter·mann <m.; -(e)s; ⸚er> *Schiffskobold*

'kla·cken <V.> 1 <V. i. (s.)> *hart, metallisch tönen;* die Absätze ~ 2 <V. t.> *klecksen;* **Klacks** <m.; -es, -e> 1 *klatschendes, klackendes Geräusch* 2 <umg.> *kleine Menge, Klecks;* das ist ein ~ für ihn <fig.> *eine Kleinigkeit*

'Klad·de <f.; -, -n; norddt.> *(Schmier-)Heft*

Klad·de·ra'datsch <m.; -(e)s, -e; umg.> *Durcheinander, Entzweigegangenes*

Kla·do'ze·re <f.; -, -n; Zool.> *Wasserfloh* [grch.]

'klaf·fen <V. i.> *einen Spalt bilden, weit auseinander liegen;*

die Wunde klafft; hier klafft ein Widerspruch <fig.>

'kläf·fen <V. i.> *der Hund kläfft;* **'Kläf·fer** <m.; -s, -; umg.; abwertend> *schrill bellender Hund*

'Klaf·ter <n. 7; -s, -> *altes Längenmaß;* zwei ~ Holz; **'klaf·tern** <V. t.; ich klaft(e)re> Holz ~ *schichten;* **'klaf·ter·tief** <Adj.>

'klag·bar <Adj.; Rechtsw.> die Sache ist (nicht) ~; **'Kla·ge** <f.; -, -n> 1 *Trauer, Jammern;* laute ~n anstimmen 2 *Beschwerde* 3 <Rechtsw.> *gerichtliches Vorgehen;* **'Kla·ge·frist** <f.; -, -en; Rechtsw.>; **'Kla·ge·laut** <m.; -(e)s, -e>; **'Kla·ge·lied** <n.; -(e)s, -er>; **'Kla·ge·mau·er** <f.; -; unz.> *jüd. Gebetsmauer in Jerusalem;* **'kla·gen** <V. i.>; **'Klä·ger** <m.; -s, -> *jmd., der Klage(3) erhebt;* Ggs *Beklagte(r);* **'Klä·ge·rin** <f.; -, -n·nen>; **'Kla·ge·weg** <m.; -(e)s; unz.; Rechtsw.> auf dem ~; **'kläg·lich** <Adj.> 1 *Mitleid erregend;* ~ jammern 2 *enttäuschend, dürftig;* ~ scheitern; **'klag·los** <Adj.> sich ~ fügen

Kla'mauk <m.; -s; unz.; umg.> *Geschrei, Lärm, Albernheit*

klamm <Adj.> *feucht u. kalt;* ~e Finger; **Klamm** <f.; -, -en> *Felsschlucht (mit Gebirgsbach)*

'Klam·mer <f.; -, -n> 1 *kleines Gerät aus Draht;* Büro~; Wäsche~ 2 *Schriftzeichen für eingeschobene Wörter;* runde, eckige ~; → a. *Kasten S. 576* 3 <Sp.> *Griff beim Ringen*

'Klam·mer·af·fe <m.; -n, -n> 1 <Zool.> *ein Rollschwanzaffe* 2 <Zeichen: @; EDV> *ein Sonderzeichen (für E-Mail)*

'Kläm·mer·chen <n.; -s, -; Verkleinerungsf. von> *Klammer;* **'klam·mern** <V. t./V. refl.; ich klamm(e)re> 1 *mit Klammern verschließen* 2 sich an jmdn. ~ *sich an jmdm. festhalten*

klamm'heim·lich <Adj.; meist adv.; verstärkend> *heimlich, unbemerkt*

Kla'mot·te <f.; -, -n; umg.> 1 <meist Pl.> ~n *Kleidung* 2 <abwertend> *anspruchsloses Theaterstück, geistloser Film*

'Klam·pe <f.; -, -n> *Pflock zum Befestigen von Schiffstauen*

'Klamp·fe <f.; -, -n; umg.; salopp> *Gitarre*

Klan <m.; -s, -s od. -e> = *Clan*

klan·des'tin <Adj.; veralt.> *heimlich* [lat.]

Klang <m.; -(e)s, ⸚e> *das Klingen, Schall, Ton;* beim ~ der Musik; unter/zu den Klängen des Walzers; **'Klang·bild** <n.; -(e)s, -er> *Zusammenklang von Tönen;* **'Klang·ef·fekt** <m.; -(e)s, -e>; **'Klang·far·be** <f.; -, -n> *Charakteristik eines Klangs;* **'Klang·kör·per** <m.; -s, ->; **'klang·lich** <Adj.>; **'klang·los** <Adj.> sang- u. ~ verschwinden <fig.>; **Klang·ma·le'rei** <f.; -, -en>; **'Klang·reg·ler** <m.; -s, ->; **'klang·voll** <Adj.>

Klapf <m.; -s, ⸚e; oberdt.> 1 *Knall* 2 *Ohrfeige* 3 *Felsbrocken;* **'kläp·fen** <V. i.; oberdt.> *knallen*

'Klapp·bett <n.; -s, -en>; **'Klap·pe** <f.; -, -n> 1 *an einer Seite befestigter Verschluss, Deckel;* Herz~; Ofen~; halt die ~! <derb> *sei ruhig!* 2 <österr.> *Telefonnebenstelle;* **'klap·pen** <V.> 1 <V. t.; meist in Zus.> auf~, hoch~, auseinander~, zusammen~ *(um)drehen, wenden* 2 <V. i.> *leicht knallen, klappern* 3 <V. i.; umg.> *funktionieren;* es hat geklappt; **'Klap·pen·text** <m.; -(e)s, -e> *Text auf dem Buchumschlag;* **'Klap·per** <f.; -, -n> *Rassel;* **'klap·per'dürr** <Adj.; umg.; verstärkend> *sehr dürr;* **'klap·pe·rig** <Adj.> *klapprig;* **'Klap·per·kis·te** <f.; -, -n; umg.; scherzh.> *altes Auto;* **'klap·pern** <V. i.; ich klapp(e)re> *durch Aneinanderschlagen Geräusche machen;* die Fensterläden ~; **'Klap·per·schlan·ge** <f.; -, -n; Zool.> *eine Giftschlange;* **'Klap·per·storch** <m.; -(e)s, ⸚e; Kinderspr.>; **'Klapp·fahr·rad** <n.; -(e)s, ⸚er>; **'Klapp·fens·ter** <n.; -s, ->; **'Klapp·mes·ser** <n.; -s, ->; **'klapp·rig** <Adj.>; **'Klapp·sitz** <m.; -es, -e>; **'Klapp·stuhl** <m.; -(e)s, ⸚e>; **'Klapp·stul·le** <f.; -, -n; umg.> *Butterbrot;* **'Klapp·tisch** <m.; -(e)s, -e>; **'Klapp·ver·deck** <n.; -s, -e>

Klaps <m.; -es, -e> *leichter Schlag;* dem Hund einen ~ geben; **'klap·sen** <V. t.>; **'klap·sig** <Adj.; umg.> *verrückt;* eine ~e Idee; **'Klaps·müh·le** <f.; -, -n;

klar

Klammer: Die K. ist ein paariges Sonderzeichen (↗Interpunktion), das Zusätze oder Nachträge einschließt und grafisch aus dem Satzverband heraushebt.
Am häufigsten werden runde K. verwendet, in besonderen Fällen auch andere K.
Zu unterscheiden sind
- runde K. ( )
- eckige K. [ ]
- spitze K. < >
- geschweifte K. { }

Im Einzelnen werden **runde** – mitunter auch eckige – **K.** verwendet bei

a) **Parenthesen** (Schaltsätzen): *Heute gab es (was bisher niemals der Fall war) ein Lob von höchster Seite. Plötzlich nahm die Sache (wer hätte das gedacht?) eine völlig andere Wendung. Und nun (hört gut zu!) kam der böse Wolf ins Zimmer geschlichen.* Ausrufe- oder Fragezeichen, die zum eingeklammerten Text gehören, stehen vor der schließenden K.

b) **Appositionen** (substantivische Attribute): *Meine Tante (eine passionierte Reiterin) sieht man immer in Reitstiefeln herumlaufen. Goethe (der große deutsche Schriftsteller) wurde in Frankfurt geboren.*

c) mit *also, besonders, d. h., z. B., nämlich* usw. eingeleiteten **nachgestellten Erläuterungen:** *Nahrungsmittel (besonders Obst) sind deutlich teurer geworden. Sie bezahlte 500 Euro (in Worten: fünfhundert Euro) für das Abendkleid. Eine Reihe von Pflanzen (z. B. Oleander) haben giftige Blätter.*

d) einzelnen **Ganzsätzen** oder größeren Textteilen: *Frau Müller-Pieper verließ ohne Gruß den Raum. (Ein derartiges Benehmen war den anderen Gästen fremd.)*

Ist ein Satz an einen vorhergehenden angeschlossen, so steht der Schlusspunkt nach der K.: *Das Buch hatte ihm gut gefallen (er verschenkte es selbst zweimal).*

Bei den Punkten a) – d) können anstelle der K. in der Regel auch ↗**Gedankenstriche** verwendet werden.

e) geografischen, biografischen u. ä. **Worterläuterungen:** *Frankfurt (Main); Halle (Saale); Gustav Mahler (1860–1911)*

f) **Ausrufe- oder Fragezeichen:** *Jetzt ist wirklich (?) das Ende erreicht. Er hat einen ganzen (!) Becher Sahne an den Braten gegeben.*

g) zusätzlichen oder alternativen **Wortbestandteilen:** *Lehrer(in), Einkommen(s)steuer, Dopp(e)lung*

h) chemischen und mathematischen **Formeln:** $Ni(H_2O)_6$ $4 \cdot 8 \cdot (11 + 3)$

Eckige K. werden häufig verwendet bei
- **Ausspracheangaben** bzw. Lautzeichen: *[o:] langes geschlossenes o wie in Lohn, Lob*
- **Zusätzen** innerhalb von K.: *Er hatte die Gesetze übertreten, gilt also als Verbrecher (auch: also [folglich, somit oder mithin] gilt er als Verbrecher).*
- **Formeln:** $Cu[S–CS–N(C_2H_5)_2]_2$
- **Angaben zur Wortherkunft:** *[lat.]; [<lat. fenestra]*

Spitze und **geschweifte K.** werden bei bestimmten Schreibkonventionen verwendet, die nicht den amtlichen Vorschriften unterliegen.
Sie werden häufig bei Regelanwendungen oder Programmierungsangaben verwendet: *{kursiv}, <der; -s, ->*

Mensch; mit einer Sache ins Klare kommen; jmdm. etwas ~ machen; (sich über etwas) ~ werden; es ist nicht ganz ~ geworden, was er bezweckt; ~ sein; sich über etwas im Klaren sein; → a. *klargehen, klarkommen, klarlegen, klarmachen, klarstellen* 3 <Mar.; Mil.> *fertig, bereit;* ~ zum Einsatz; ~ Schiff machen <umg.>; **Klar** <n.; -s, -; österr.> *Eiklar;* **'Klär·an·lage** <f.; -, -n>; **'Klar·ap·fel** <m.; -s, ⸚ *eine Apfelsorte;* **'Kla·re(r)** <m. 1; umg.> *Schnaps;* **'klä·ren** <V. t.> 1 Flüssigkeiten ~ *klar, durchsichtig machen* 2 *Unklarheiten beseitigen;* eine Sache ~; **'klar|ge·hen** <V. i. 146; es geht klar; es ist klargegangen; klarzugehen> *reibungslos funktionieren;* der Termin geht klar; es ist alles klargegangen; **'Klar·heit** <f.; -; unz.> sich ~ über etwas verschaffen

Kla·ri·net·te <f.; -, -n> Instrumentenk.> *ein Holzblasinstrument* [ital.]; **Kla·ri·net'tist** <m.; -en, -en>; **Kla·ri·net'tis·tin** <f.; -, -nen>

Kla'ris·sen·or·den <m.; -s; unz.> *ein kath. Nonnenorden;* **Kla'ris·sin** <f.; -, -nen·nen> *Angehörige des Klarissenordens*

'klar|kom·men <V. i.170; ich komme klar; sie ist klargekommen; klarzukommen; umg.> *zurechtkommen;* **'klar|le·gen** <V. t.> *verständlich machen, erklären;* er hat ihr seine Gründe klargelegt; **'klar|ma·chen** <V. t.> 1 *bereitmachen;* das Schiff ist klargemacht; <aber> → *klar(2);* **Klar'schiff** <n.; -(e)s; unz.; Seemannsspr.> *Gefechtsbereitschaft;* **'Klär·schlamm** <m.; -(e)s, -e od. ⸚e>; **'Klar·sicht·folie** <[-liə]; f.; -, -n>; **'klar|stel·len** <V. t.> *etwas ~ verdeutlichen;* er hat den Irrtum klargestellt; **'Klar·text** <m.; -(e)s, -e> *nicht verschlüsselter Text;* ~ reden <fig.; umg.> *ohne Umschweife reden;* **'Klä·rung** <f.; -; unz.>

'klas·se <Adj.; undekl.; umg.> *großartig, hervorragend;* das ist ein ~ Auto; <aber> das ist Klasse!; **'Klas·se** <f.; -, -n> 1 *Gruppe von Lebewesen, Dingen od. Begriffen, Gattung mit gleichen*

umg.; abwertend> *psychiatrische Klinik;* in die ~ kommen
klar <Adj.; ↗Z.24; Getrenntschreibung mit Verben u. Part., wenn steiger- oder erweiterbar> 1 *durchsichtig, rein;* ~e Sicht; durch eine Brille ~ sehen 2 *deutlich, verständlich, nüchtern;* ~e Anweisungen geben; ~ denken; ein ~ denkender

Merkmalen od. Werten; Tiere in ~n einteilen; Alters~; Arbeiter~; Unterrichts~; erster, zweiter ~reisen 2 das ist (große) ~!; das hat ~! ‹umg.› *ist hervorragend;* ~auto; → a. *klasse* [lat.]; **'Klas·se·ment** ‹-'mā›, schweiz. [-'mɛnt]; n.; -s, -s od. schweiz. -⟨e⟩s, -er› *Reihenfolge, Einteilung* [frz.]; **'Klas·sen·äl·tes·te⟨r⟩** ‹f. 2 (m. 1)›; **'Klas·sen·ar·beit** ‹f.; -, -en›; **'Klas·sen·bes·te⟨r⟩** ‹f. 2 (m. 1)›; **'klas·sen·be·wusst** ‹Adj.›; **'Klas·sen·be·wusst·sein** ‹n.; -s; unz.› das ~ der Arbeiter; **'Klas·sen·buch** ‹n.; -⟨e⟩s, ⁻er› Eintrag ins ~; **'Klas·sen·er·halt** ‹n.; -⟨e⟩s; unz.›; **'Klas·sen·ge·sell·schaft** ‹f.; -, -en›; **'Klas·sen·hass** ‹m.; -es; unz.›; **'Klas·sen·ka·me·rad** ‹m.; -en, -en›; **'Klas·sen·ka·me·ra·din** ‹f.; -, -·nen›; **'Klas·sen·kampf** ‹m.; -⟨e⟩s, ⁻e›; **'Klas·sen·leh·rer** ‹m.; -s, -› oV *Klasslehrer;* **'Klas·sen·leh·re·rin** ‹f.; -, -·nen›; **'Klas·sen·lot·te·rie** ‹f.; -, -n› *Lotterie mit Einzelziehung jeder Loslasse;* **'Klas·sen·spre·cher** ‹m.; -s, -›; **'Klas·sen·spre·che·rin** ‹f.; -, -·nen›; **'Klas·sen·tref·fen** ‹n.; -s, -› zu einem ~ einladen; **'Klas·sen·ziel** ‹n.; -⟨e⟩s, -e› *Lernziel;* das ~ nicht erreichen; **'Klas·sen·zim·mer** ‹n.; -s, -›; **klas'sie·ren** ‹V. t.› = *klassifizieren;* **Klas·si·fi·ka·ti'on** ‹f.; -, -en› *das Klassifizieren;* **klas·si·fi·ka'to·risch** ‹Adj.›; **klas·si·fi·'zie·ren** ‹V. t.› *einordnen, gliedern;* **Klas·si·fi·'zie·rung** ‹f.; -, -en›; **...klas·sig** ‹Adj.; in Zus.› z. B. erstklassig, zweitklassig, drittklassig; eine erstklassige Darbietung
'Klas·sik ‹f.; -; unz.› 1 *Blütezeit der grch. u. röm. Kunst u. Kultur, klassisches Altertum* 2 *herausragende geistesgeschichtl. Epoche eines Volkes* 3 *literar. Bewegung in Deutschland (ca. 1786–1805);* Weimarer ~ 4 *musikgeschichtl. Epoche (ca. 1770–1825);* Wiener ~ [lat.]; **'Klas·si·ker** ‹m.; -s, -› Goethe ist ein ~; **'Klas·si·ke·rin** ‹f.; -, -·nen›; **'klas·sisch** ‹Adj.› 1 *die Klassik betreffend, zu ihr gehörig;* ~e Musik; die ~en Spra-

chen 2 *mustergültig, vorbildlich;* ~es Beispiel; ~er Beweis; **Klas·si'zis·mus** ‹m.; -; unz.› *die Klassik(1) nachahmende Stilrichtung;* Neo~; **klas·si'zis·tisch** ‹Adj.› ~e Bauwerke
'Klass·leh·rer ‹m.; -s, -; süddt.; österr.› = *Klassenlehrer,* **'Klass·leh·re·rin** ‹f.; -, -·nen›; **...kläss·ler** ‹m.; -s, -; in Zus.› z. B. Erstklässler, Zweitklässler; **...kläss·le·rin** ‹f.; -, -·nen; in Zus.›
'klas·tisch ‹Adj.; Geol.› ~e Gesteine *Trümmergesteine*
klatsch ‹Schallw.› klitsch, ~!; **Klatsch** ‹m.; -⟨e⟩s, -e› 1 *Geräusch des Fallens von etwas Nassem* 2 ‹unz.; umg.; abwertend› *Gerede, Geschwätz;* **'Klatsch·ba·se** ‹f.; -, -n; umg.; abwertend›; **'Klat·sche** ‹f.; -, -n; kurz für› *Fliegenklatsche;* **'klat·schen** ‹V.› 1 ‹V. i. u. V. t.› *aufprallen, (die Hände) zusammenschlagen;* gegen die Wand ~; du klatschst in die Hände; Beifall ~ 2 ‹V. i.; umg.; abwertend› *über andere Leute reden, tratschen;* er hat über seine Nachbarn geklatscht; **'Klatsch·mohn** ‹m.; -⟨e⟩s; unz.; Bot.› *ein Mohngewächs;* **'klatsch'nass** ‹Adj.; umg.; verstärkend› *völlig nass;* **'Klatsch·spal·te** ‹f.; -, -n› *Teil einer Zeitung mit gesellschaftl. Klatsch;* in die ~ kommen; **'Klatsch·weib** ‹n.; -⟨e⟩s, -er; umg.; abwertend›
'klau·ben ‹V. t.› *sortieren, aufheben;* Äpfel ~; Worte ~ ‹fig.; abwertend› *engstirnig an der Wortbedeutung festhalten;* **'Klau·ber** ‹m.; -s, -› Wort~; **'Klau·be·rin** ‹f.; -, -·nen›
'Klaue ‹f.; -, -n› *Tierzehe, -kralle;* jmdn. in seiner ~ haben ‹fig.; umg.›; **'klau·en** ‹V. t.; umg.› *stehlen;* **'Klau·en·seu·che** ‹f.; -; unz.; kurz für› *Maul- und Klauenseuche*
'Klau·se ‹f.; -, -n› 1 *Einsiedelei* 2 *kleines, gemütliches Zimmer* [lat.]
'Klau·sel ‹f.; -, -n› *Nebenbestimmung, Vorbehalt;* Zusatz~
'Klaus·ner ‹m.; -s, -› *Bewohner einer Klause*
Klaus·tro·pho'bie, ‹auch› **Klaust·ro·pho'bie** ‹f.; -; unz.;

⬈Z.53; Psych.› *Angst vor dem Aufenthalt in geschlossenen Räumen*
klau·su·'lie·ren ‹V. t.› *in einer Klausel formulieren;* → a. *verklausulieren*
Klau'sur ‹f.; -, -en› 1 *Prüfungsarbeit;* zwei ~en schreiben 2 ‹unz.› *Abgeschlossenheit, Einsamkeit;* **Klau'sur·ta·gung** ‹f.; -, -en›
Kla·vi·a'tur ‹f.; -[-vi-]; f.; -, -en› *Gesamtheit der Tasten (am Klavier);* **Kla·vi·chord** ‹[-'kɔːrt]; n.; -⟨e⟩s, -e; Instrumentenk.› *(ältestes) besaitetes Tasteninstrument;* **Kla·vier** ‹[-'viːr]; n.; -s, -e; Instrumentenk.› *ein Tasteninstrument;* ~ spielen; ‹aber› beim Klavierspielen [frz.]; **Kla·'vier·a·bend** ‹m.; -s, -e; ⬈Z.55› einen ~ geben; **Kla'vier·aus·zug** ‹m.; -⟨e⟩s, ⁻e› *Orchesterwerk als Klavierpartitur;* **kla·vie·'ris·tisch** ‹Adj.›; **Kla'vier·kon·zert** ‹n.; -⟨e⟩s, -e› *Konzert für Klavier u. Orchester;* **Kla'vier·spiel** ‹n.; -⟨e⟩s, -e›; **Kla'vier·stun·de** ‹f.; -, -n› *Unterrichtsstunde im Klavierspielen*
Kla·vi·ku·la ‹[-'viː-]; f.; -, -lä; Anat.› *Schlüsselbein;* oV *Clavicula* [lat.]; **kla·vi·ku·lar** ‹Adj.›
Kla'vi·zim·bel, Kla'vi·zym·bel ‹[-vi-]; n.; -s, -n› = *Cembalo*
'Kle·be·band ‹n.; -⟨e⟩s, ⁻er›; **'kle·ben** ‹V.› 1 ‹V. t.› etwas ~ *mit Klebstoff befestigen;* Plakate ~ 2 ‹V. i.› *fest haften;* die Briefmarke klebt nicht; ~ bleiben *haften bleiben;* das Pflaster bleibt nicht kleben; er ist kleben geblieben ‹umg.› *nicht versetzt worden;* **'Kle·ber** ‹m.; -s, -; umg.› *Klebstoff;* **'kle·be·rig** ‹Adj.› = *klebrig;* **'Kle·be·strei·fen** ‹m.; -s, -›; **'kleb·rig** ‹Adj.; ⬈Z.53.1› ~e Hände; **'Kleb·stoff** ‹m.; -⟨e⟩s, -e›; **'Kleb·strei·fen** ‹m.; -s, -›
'Kle·cker·kram ‹m.; -s; unz.; umg.› *Kleinkram, Nichtigkeit;* **'kle·ckern** ‹V. i.; ich kleck⟨e⟩re; umg.› *(mit flüssigen Speisen) Flecke machen;* pass auf, dass du nicht kleckerst!; nicht ~ (sondern klotzen) ‹fig.› *großen (finanziellen) Aufwand betreiben;* **'kle·cker·wei·se** ‹Adv.; umg.› *in kleinen Mengen*

Klecks <m.; -es, -e> *Fleck;* Farb~, Tinten~; **'kleck·sen** <V. i.; du kleckst> *Kleckse machen;* **Kleck·se'rei** <f.; -, -en>; **'kleck·sig** <Adj.>

Klee <m.; -s; unz.; Bot.> *zu den Schmetterlingsblütlern gehörendes Kraut;* jmdn. über den grünen ~ loben <fig.; umg.> *übertrieben loben;* **'Klee·blatt** <n.; -(e)s, ⸚er> *vierblättriges ~;* **'Klee·ern·te** <f.; -, -n; ⟋Z37>; **'Klee·farn** <m.; -s, -e; Bot.> *eine Sumpfpflanze*

Klee·nex <['kliːnɛks]; n.; -, -; Warenz.> *dünnes Papier(taschen)tuch*

Klei <m.; -(e)s; unz.; norddt.> *zäher Boden;* **'klei·ben** <V. i. u. V. t.; süddt.> *kleben;* **'Klei·ber** <m.; -s, -; Zool.> *ein Singvogel*

Kleid <n.; -(e)s, -er> 1 *Kleidung;* ~ machen Leute <fig.> *gute Kleidung erhöht das Ansehen* 2 *Oberbekleidungsstück für Frauen;* Sommer~, Winter~; einteiliges, zweiteiliges ~ 3 <unz.> *Uniform, Tracht;* Ordens~ 4 *Gefieder der Vögel;* Feder~; **'Kleid·chen** <n.; -s, -; Verkleinerungsf. von *Kleid*; **'klei·den** <V. t./V. refl.> *jmdn. od. sich – mit Kleidung versehen;* die Kinder ordentlich ~; der Hut kleidet dich gut; **'Klei·der·bü·gel** <m.; -s, ->; **'Klei·der·bürs·te** <f.; -, -n>; **'Klei·der·ha·ken** <m.; -s, -> an den ~ hängen; **'Klei·der·schrank** <m.; -(e)s, ⸚e> in den ~ hängen; **'Klei·der·stän·der** <m.; -s, ->; **'kleid·sam** <Adj.>; **'Kleid·sam·keit** <f.; -; unz.>; **'Klei·dung** <f.; -; unz.> *Gesamtheit der am Körper getragenen Anziehsachen;* sportliche ~; **'Klei·dungs·stück** <n.; -(e)s, -e>

'Kleie <f.; -, -n> *beim Mahlen von Getreide abfallende Schalen u. Hüllen;* Weizen~; **'klei·ig** <Adj.>

klein <Adj.> *von geringer Größe, geringem Wert, geringer Zahl* 1 <Kleinschreibung> ~, ~er, am kleinsten; ein ~es Kind; das ~ere Übel (von beiden); er ist ~er als sie; von ~ auf; ein ~ bisschen; ein ~ wenig; ~ anfangen; ~e Anfrage im Parlament; ~es Einmaleins; ~e Grenzverkehr; das ~e Latinum; die ~en Leute <fig.> *einfache Menschen*

2 <⟋Z 44.4, 43, 46> Großschreibung> Groß u. Klein *jedermann;* die Kleinen u. die Großen; vom Kleinen auf das Große schließen; Handel im Kleinen betreiben; etwas bis ins Kleinste vorbereiten; es wäre ihm ein Kleines, das zu tun; der Kleine Wagen <Astr.>; die Kleine Strafkammer; Kleiner Belt; Pippin der Kleine (Abk.: d. Kl.) 3 <Getrenntschreibung, wenn "klein" erweiter- od. steigerbar ist.> ~ beigeben *nachgeben;* den ~ gedruckten Text, das ~ Gedruckte <od.> Kleingedruckte lesen; ~ schreiben *in kleiner Schrift schreiben,* <umg. a.> *kaum berücksichtigen;* Fairness wird bei ihm klein geschrieben; <aber zusammen> → *kleinschreiben mit kleinen Anfangsbuchstaben schreiben;* ~ kariertes Papier; <aber zusammen> ein kleinkariert denkender Mensch; ein ~ gemusterter Stoff; Kräuter ~ hacken, schneiden; Geld (passend) ~ haben; sich ~ machen; er macht sich ~er als er ist <fig.>; das Gas (auf) ~ stellen 4 <Zusammenschreibung> → *kleinbekommen, kleindenkend, kleingewachsen, kleinkriegen;* **Klein** <n.; -s; unz.> *Füße, Hals u. Innereien vom Geflügel;* Gänse~, Hühner~; **'Klein·ak·ti·o·när** <m.; -s, -e>; **'Klein·an·zei·ge** <f.; -, -n; Ztgsw.>; **'Klein·ar·beit** <f.; -; unz.> in mühevoller ~; **klein·a·si'a·tisch** <Adj.; ⟋Z55>; **Klein'a·si·en** nach Westen vorspringende Halbinsel Asiens (Türkei); **'klein|be·kom·men** <V. t. 170> = *kleinkriegen;* **'Klein·be·trieb** <m.; -(e)s, -e>; **'Klein·bild·ka·me·ra** <f.; -, -s>; **'Klein·buch·sta·be** <m.; -ns, -n> *kleingeschriebener Buchstabe;* **'Klein·bür·ger** <m.; -s, -; abwertend> = *Spießbürger;* **'Klein·bür·ge·rin** <f.; -, -n·nen>; **'klein·bür·ger·lich** <Adj.>; **'Klein·bür·ger·tum** <n.; -s; unz.>; **'Klein·bus** <m.; -bus·ses, -bus·se>; **'Klein·chen** <n.; -s, -> *kleines Kind;* **'klein·den·kend** <Adj.> *kleinlich;* ein ~er Mensch; **'klein·deutsch** <Adj.; hist.> *einen deutschen (preußischen)*

Bundesstaat ohne Österreich erstrebend; ~e Lösung; **'Klei·ne(r, -s)** <f. 2 (m. 1, n. 3)> *kleines Kind;* **'klei·ne·ren·teils, 'klei·nern·teils** <Adv.>; **'Klein·fa·mi·lie** <[-liə]; f.; -, -n>; **'Klein·for·mat** <n.; -(e)s, -e>; **'Klein·gar·ten** <m.; -s, ⸚>; **'Klein·gärt·ner** <m.; -s, ->; **'Klein·gärt·ne·rin** <f.; -, -n·nen>; **'Klein·ge·druck·te(s)** <auch> **'klein Ge·druck·te(s)** <n. 3> auch das ~ lesen; **'Klein·geist** <m.; -(e)s, -er; abwertend> *kleinlicher, engstirniger Mensch;* **'Klein·geld** <n.; -(e)s; unz.> *Hart-, Wechselgeld;* **'klein·ge·wach·sen** <[-ks-]; Adj.> *kleinwüchsig;* **'klein·gläu·big** <Adj.; abwertend> *zweiflerisch;* **'Klein·han·del** <m.; -s; unz.>; **'Klein·heit** <f.; -; unz.>; **'klein·her·zig** <Adj.>; **'Klein·hirn** <n.; -s, -e; Anat.> *Teil des Gehirns;* **'Klein·holz** <n.; -es; unz.> etwas zu ~ machen <fig.> *zerstören, zertrümmern;* **'Klei·nig·keit** <f.; -, -en>; **'Klein·ka·li·ber** <n.; -s, -> *Gewehr mit kleinem Kaliber;* **'Klein·ka·li·ber·schie·ßen** <n.; -s; unz.>; **'klein·ka·li·brig,** <auch> **'klein·ka·lib·rig** <Adj.; ⟋Z53>; **'klein·ka·riert** <abwertend> *engstirnig;* ein ~er Mensch; ~ denken; <aber> → *klein(3);* **'Klein·kind** <n.; -(e)s, -er> *drei- bis sechsjähriges Kind;* **'Klein·kind·ab·teil** <n.; -s, -e> ein ~ im Zug belegen; **'Klein·kraft·rad** <n.; -(e)s, -rä·der>; **'Klein·kram** <m.; -s; unz.> *unwichtige Dinge;* **'Klein·krieg** <m.; -(e)s, -e> einen ~ führen; **'klein|krie·gen** <V. t.; ich kriege es klein; sie hat es kleingekriegt; kleinzukriegen; umg.> 1 jmdn. – *jmds. Widerstand brechen;* sie hat ihn kleingekriegt; er kriegt alle klein 2 *zerstören, kaputtmachen;* er hat das Radio kleingekriegt; der Teppich ist nicht kleinzukriegen <fig.> *unverwüstlich;* **'Klein·kunst** <f.; -; unz.> *Kabarett u. Ä.;* **'Klein·kunst·büh·ne** <f.; -, -n>; **'Klein·laut** <Adj.> er hat den Betrug ~ zugegeben; **'klein·lich** <Adj.; abwertend> *übertrieben genau, pedantisch;* **'Klein·lich·keit** <f.; -; unz.>; **'klein·maß·stä·big, 'klein·maß-**

stäb·lich <Adj.>; **'Klein·mut** <m.; -(e)s; unz.> *Verzagtheit;* **'klein·mü·tig** <Adj.>; **'Klein·od** <n.; -(e)s, -e od. -o·di·en> *Kostbarkeit, Schmuckstück;* **'Klein·pferd** <n.; -(e)s, -e; Bez. für *Haflinger, Fjord- und Islandpferd;* **'Klein·rech·ner** <m.; -s, -; EDV>; **'klein|schrei·ben** <V. t. 230> *mit kleinen Anfangsbuchstaben schreiben;* dieses Wort wird kleingeschrieben; <aber getrennt> klein schreiben *mit kleiner Schrift schreiben;* → a. *klein(3);* **'Klein·schrei·bung** <f.; -; unz.> → *Kasten Groß- und Kleinschreibung S. 458;* **'Klein·staat** <m.; -(e)s, -en>; **Klein·staa·te'rei** <f.; -; unz.>; **'Klein·stadt** <f.; -, ⁺e> *Stadt mit 5 000 – 20 000 Einwohnern;* **'Klein·städ·ter** <m.; -s, ->; **'Klein·städ·te·rin** <f.; -, -n·nen>; **'klein·städ·tisch** <Adj.>; **'Kleinst·le·be·we·sen** <n.; -s, ->; **'Klein·tier** <n.; -(e)s, -e>; **'Klein·tier·zucht** <f.; -; unz.> ~ *macht auch Mist* <Sprichw.> *auch kleine Dinge sind relevant;* **'Klein·wa·gen** <m.; -s, -> *kleines Auto;* **'klein·weis, 'klein·wei·se** <Adv.; österr.> *ganz allmählich;* **klein·'win·zig** <Adj.; verstärkend> *sehr winzig;* **'Klein·woh·nung** <f.; -, -en>; **'Klein·wuchs** <[-ks]; m.; -es; unz.> *zu geringes Wachstum;* **'klein·wüch·sig** <[-ks-]; Adj.>

'Kleis·ter <m.; -s, -> *zähflüssiger Klebstoff;* **'kleis·te·rig** <Adj.> oV *kleistrig;* **'kleis·tern** <V. t.; ich kleist(e)re; sie hat gekleistert>; **kleis·to'gam** <Adj.; Bot.> *sich selbst befruchtend;* **Kleis·to·ga·'mie** <f.; -; unz.> *eine Art der Selbstbefruchtung* [grch.] **'kleist·rig** <Adj.> = *kleisterig* **Kle'ma·tis** <a. ['---]; f.; -, -; Bot.> *Waldrebe,* oV *Clematis* [grch.] **Kle·men'ti·ne** <f.; -, -n> *kernlose Mandarine,* oV *Clementine* **'Klem·me** <f.; -, -n> *kleines Gerät zum Zusammendrücken u. Befestigen, Klammer; Haar –; in* der ~ *sitzen, stecken* <fig.; umg.> *sich in einer Notlage befinden;* **'klem·men** <V.> 1 <V. t.> *festdrücken, einzwängen* 2 <V. refl.> *sich ~ sich quetschen;* ich

habe mir den Finger geklemmt **3** <V. i.> *hängen bleiben;* die Tür klemmt **'Klemp·ner** <m.; -s, -> *Handwerker für Gas- u. Wasserinstallationen;* **Klemp·ne'rei** <f.; -, -en>; **'Klemp·ne·rin** <f.; -, -n·nen>; **'klemp·nern** <V. i.; ich klempnere; umg.> *Klempnerarbeiten ausführen* **'klen·gen** <V. t.> *Samen aus Nadelholzzapfen gewinnen* **'Klep·per** <m.; -s, -; umg.; abwertend> *altes Pferd*

Klep·to'ma·ne <m.; -n, -n> *jmd., der an Kleptomanie leidet;* **Klep·to·ma'nie** <f.; -; unz.> *krankhafter Trieb zu stehlen;* **Klep·to'ma·nin** <f.; -, -n·nen> **kle·ri'kal** <Adj.> *kirchlich, die Geistlichen betreffend;* **Kle·ri'ka·le(r)** <f. 2 (m. 1)> *Anhänger(in) der kath. Geistlichkeit;* **Kle·ri·ka·'lis·mus** <m.; -; unz.> *Einflussnahme der kath. Kirche auf Staat u. Gesellschaft; Ggs Laizismus;* **kle·ri·ka'lis·tisch** <Adj.>; **'Kle·ri·ker** <m.; -s, -> *kath. Geistlicher;* **'Kle·rus** <m.; -; unz.> *Gesamtheit der kath. Geistlichen*

'Klet·te <f.; -, -n> 1 <Bot.> *ein Korbblütler* 2 *stacheliger, haftender Blütenkopf dieser Pflanze* 3 <fig.; umg.> wie eine ~ *an jmdm. haften;* **'Klet·ten·ver·schluss** <m.; -es, ⁺e> = *Klettverschluss;* **'Klet·ten·wur·zel·öl** <n.; -s; unz.>

Klet·te'rei <f.; -, -en>; **'Klet·te·rer** <m.; -s, ->; **'Klet·ter·ge·rüst** <n.; -(e)s, -e> *Spielgerüst für Kinder;* **'Klet·te·rin** <f.; -, -n·nen>; **'klet·tern** <V. i. (s.); ich klett(e)re> 1 *mithilfe der Hände hinaufsteigen; auf einen Baum –* 2 *bergsteigen* 3 *Preise ~ steigen in die Höhe;* **'Klet·ter·par·tie** <f.; -, -n> *schwierige Bergwanderung;* **'Klet·ter·pflan·ze** <f.; -, -n; Bot.> *an Mauern u. Ä. emporwachsende Pflanze;* **'Klet·ter·seil** <n.; -(e)s, -e>; **'Klet·ter·stan·ge** <f.; -, -n>

'Klett·ver·schluss <m.; -es, ⁺e; Warenz.> *Kletten u. a.> textiler Haftverschluss,* oV *Klettenverschluss* **'Klet·ze** <f.; -, -n; bair.; österr.>

getrocknete Birne; **'Klet·zen·brot** <n.; -(e)s, -e> **Klez·mer** <['kles-]; Mus.> 1 <f. od. m.; -; unz.> *jüd. Instrumentalmusik* 2 <m.; -s, -> *Musiker, der Klezmer(1) spielt* [hebr.]

klick <Schallwort> *Nachahmung eines kurzen, metall. Geräusches (wie beim Auslösen einer Kamera);* **'Klick** <m.; -s, -s> [engl.]; **'kli·cken** <V. i.> *einen kurzen, metall. Ton erzeugen;* **'Kli·cker** <m.; -s, - od. f.; -, -> *Murmel;* **'kli·ckern** <V. i.; ich klick(e)re>

Kli'ent <m.; -en, -en> *Kunde (eines Rechtsanwalts)* [lat.]; **Kli·en·'tel** <f.; -, -en; Pl. selten> *Gesamtheit der Klienten,* oV *Kli'en·tin* <f.; -, -n·nen>

'klie·ren <V. i.; mdt.; norddt.> *unsauber schreiben* **Kliff** <n.; -s, -e> *steil abfallender Hang an der Küste*

'Kli·ma <n.; -s, -s od. -ta od. -'ma·te> *charakteristische durchschnittliche Wetterlage; trockenes ~; in dem Betrieb herrscht ein gutes ~* <fig.> *eine gute Atmosphäre* [grch.]; **'Kli·ma·an·la·ge** <f.; -, -n> *techn. Anlage zur Regulierung des Raumklimas;* **'Kli·ma·gip·fel** <m.; -s, -> *weltweite Klimakonferenz;* **'Kli·ma·kam·mer** <f.; -, -n> *Raum, in dem ein Klima künstlich hergestellt werden kann;* **'Kli·ma·ka·ta·stro·phe,** <auch> **'Kli·ma·ka·tas·tro·phe, 'Kli·ma·ka·tast·ro·phe** <f.; -, -n>; **'Kli·ma·kon·fe·renz** <f.; -, -en>; **kli·mak'te·ri·um** <n.; -s; unz.; Med.> *Wechseljahre (der Frau);* **'Kli·ma·kun·de** <f.; -; unz.> = *Klimatologie;* **'Kli·ma·tech·nik** <f.; -; unz.> *Technik zur Regulierung des Raumklimas;* **kli'ma·tisch** <Adj.> *das Klima betreffend; ~e Verhältnisse;* **kli·ma·ti'sie·ren** <V. t.> *mithilfe einer Klimaanlage die Raumtemperatur u. Luftfeuchtigkeit regulieren; klimatisierte Räume;* **'Kli·ma·to·lo'gie** <f.; -; unz.> *Lehre vom Klima;* **kli·ma·to·lo'gisch** <Adj.>; **'Kli·ma·wech·sel** <[-ks-]; m.; -s, ->; **'Kli·max** <f.; -; unz.> 1 *Höhepunkt,*

Steigerung; die ~ erreichen; Ggs *Antiklimax 2 = Klimakterium*

Klim'bim <m.; -s; unz.; umg.> *Kram, wertloses Beiwerk*

'klim·men <V. i. (s.) 167> *empor-, hinaufsteigen;* → a. *erklimmen* <aber> → *glimmen;* **'Klimmzug** <m.; -(e)s, ¨e> *Hochziehen des frei hängenden Körpers mit den Armen (als Turnübung)*

Klim·pe'rei <f.; -, -en; umg.>; **'Klim·per·kas·ten** <m.; -s, ¨; umg.; scherzh.> *Klavier;* **'klim·pern** <V. i.; ich klimp(e)re; sie hat geklimpert; umg.> *schlecht od. unkonzentriert musizieren (auf dem Klavier)*

kling <Schallwort> *Nachahmung eines feinen, hellen Klanges;* mit *Kling u. Klang*

'Klin·ge <f.; -, -n> *schneidende Spitze eines Werkzeugs od. einer Waffe;* Messer~; die ~n kreuzen

'Klin·gel <f.; -, -n> *Gerät zum Läuten, Glocke;* Fahrrad~; **'Klingel·beu·tel** <m.; -s, -> *Sammelbeutel für Geldspenden;* **'Klingel·knopf** <m.; -(e)s, ¨e>; **'klin·geln** <V. i.; ich kling(e)le> *die Klingel betätigen, läuten;* bei den Nachbarn ~; er hat mich aus dem Bett geklingelt; **'Klingel·zei·chen** <n.; -s, ->

'klin·gen <V. i. 168> *hell tönen;* die Musik klingt schön; die Gläser klangen; mit ~der Münze bezahlen

kling'ling <Schallw.>

'Kling·stein <m.; -(e)s, -e; Geol.> *ein Ergussgestein*

'Kli·nik <f.; -, -en> 1 *Krankenhaus;* Poli~; Spezial~ 2 <unz.> *Unterricht der Medizinstudenten am Krankenbett* [grch.]; **'Kli·nik·card** <f.; -, -s>; **'Kli·ni·ker** <m.; -s, -> *in der Klinik tätiger Arzt od. Student;* **'Kli·ni·ke·rin** <f.; -, -n·nen>; **'Kli·ni·kum** <n.; -s, -ka od. -ken> 1 *Großkrankenhaus, Komplex von Kliniken* 2 <unz.> *ärztliche Ausbildung im Krankenhaus (während des Studiums);* **'kli·nisch** <Adj.>

'Klin·ke <f.; -, -n> *Türgriff;* **'klin·ken** <V. i.> *die Klinke betätigen*

'Klin·ker <m.; -s, -> *sehr hart gebrannter Ziegel;* **'Klin·ker·bau** <m.; -s, -ten>

Kli·no'me·ter <n.; -s, -> *Gerät zum Messen einer Neigung*

[grch.]; **Kli·no'stat,** <auch> **Kli·nos'tat** <m.; -s od. -en, -e od. -en; ↗Z 54> *Gerät für Pflanzenversuche*

'Klin·se, 'Klin·ze <f.; -, -n> *Ritze, Spalte;* oV *Klunse*

klipp¹ <Adj.; nur in der Wen­dung> ~ und klar *eindeutig, deutlich*

klipp² <Schallwort> *Nachahmung eines hellen, klappenden Geräusches;* ~, klapp!

Klipp <m.; -s, -s> *Klemme;* Ohr~; oV *Clip(1), Klips* [engl.]

'Klip·pe <f.; -, -n> 1 *Riff, Felsen im Meer* 2 <fig.> *Hürde, Schwierigkeit;* alle ~n umschiffen; **'Klip·pen·rand** <m.; -(e)s, ¨er>

'Klip·per <m.; -s, -; im 19. Jh.> *schnelles Segelschiff;* oV *Clipper(1)* [engl.]

'Klipp·fisch <m.; -(e)s, -e> *gesalzener u. getrockneter Kabeljau, Seelachs od. Schellfisch*

'Klipp·schu·le <f.; -, -n; norddt.> *(private) Grundschule*

'Klipp·sprin·ger <m.; -s, -; Zool.> *eine Antilopenart*

Klips <m.; -es, -e> = *Klipp*

'klir·ren <V. i.> *Nachahmung eines hellen, leicht scheppernden Geräusches;* die Gläser klirrten; ~der Frost *eisige Kälte;* **'Klirrfak·tor** <m.; -s, -en> *Maß für die Verzerrung von Tönen*

Kli'schee <n.; -s, -s> oV *Cliché* 1 <Typ.> *Druckstock* 2 *genaues Abbild* 3 <fig.; abwertend> *abgegriffenes Wort, undifferenzierte Verallgemeinerung, Phrase;* in ~s reden [frz.]; **Kli'schee·entwurf** <m.; -(e)s, ¨e; ↗Z 37>; **kli'schee·haft** <Adj.>; **kli·schieren** <V. t.> 1 *ein Klischee anfertigen;* Zeichnungen ~ 2 <fig.; abwertend> *in Klischees darstellen*

'Klis·ter <m.; -s; unz.> *weiches Skiwachs*

Klis'tier <n.; -s, -e; Med.> *Einlauf;* Sy *Klysma* [grch.]; **klis'tieren** <V. t.> *jmdn.* ~

kli·to'ral <Adj.> *die Klitoris betreffend;* **Kli'to·ris** <f.; -, - od. -'to·ri·des; Med.> *Teil des weibl. Geschlechtsorgans*

Klitsch <m.; -(e)s, -e; mdt.; umg.> *breiige Masse, nicht durchgebackener Teig;* **'Klitsche** <f.; -, -n; umg.> *ärmliche*

Behausung; **'klit·sche'nass** <Adj.> = *klitschnass;* **'klit·schig** <Adj.> *feucht, klebrig, breiig;* **'klitsch'nass** <Adj.; umg.; ver­stärkend> *völlig nass*

'klit·tern <V. t.; ich klitt(e)re; er hat geklittert> 1 <abwertend> *unschöpferisch aneinander reihen* 2 *zerkleinern, zerstückeln;* **'Klit·te·rung** <f.; -, -en> *Geschichts~*

'klit·ze'klein <Adj.; umg.; verstär­kend> *sehr klein, winzig;* ein ~es Teilchen

'Klit·zing·ef·fekt, <auch> **'Klitzing-Ef·fekt** <m.; -(e)s; unz.; ↗Z 35> *ein physikal. Effekt* [nach dem dt. Physiker K. v. Klitzing] [grch.]

'Kli·vie <[-viə]; f.; -, -n; Bot.> = *Clivia*

Klo <n.; -s, -s; umg.; kurz für> *Klosett*

Klo'a·ke <f.; -, -n> 1 *Abwasserkanal; eine stinkende* ~ 2 <Zool.> *gemeinsame Körperöffnung für Darm-, Harn- u. Geschlechtsorgane* [lat.]; **Klo'a·ken·tier** <n.; -(e)s, -e; Zool.>

'Klo·ben <m.; -s, -> 1 *Holzklotz* 2 *Schraubstock* 3 <fig.> *grober Mensch*

'Klö·ben <m.; -s, -; norddt.> *ein Gebäck*

'klo·big <Adj.> *unförmig, massig*

'Klo·bril·le <f.; -, -n; umg.> *Klosettsitz;* **'Klo·frau** <f.; -, -en; umg.>

Klois, Klojs <f.; -, -n; jidd.> *Klause, kleine Synagoge* [hebr.]

Klon <m.; -s, -e> *durch ungeschlechtl. (genmanipulierte) Vermehrung hervorgegangener, mit einem anderen Lebewesen identischer Nachkomme;* oV *Clon, Clonus;* **'klo·nen** <V. i. u. V. t.> *Klone erzeugen;* oV *clonen;* Sy *klonieren*

klö·nen <V. i.; norddt.> *gemütlich schwatzen*

klo'nie·ren <V. t.> = *klonen*

'klo·nisch <Adj.; Med.> *krampfartig zuckend;* **'Klo·nus** <m.; -, -s·se od. 'Klo·ni; Med.> *Krampf, Zuckungen* [grch.]

Kloot <m.; -(e)s, -en; norddt.> *Kloß, Kugel*

'Klo·pa·pier <n.; -s; unz.; umg.>

'Klöp·fel <m.; -s, -> *Fäustel (der Steinmetze);* **'klop·fen** <V. t. u.

V. i.> *schlagen, pochen;* mir klopft das Herz (vor Aufregung); an die Tür ~; **'Klop·fer** <m.; -s, -> *Teppich~; Tür~;* **'klopf·fest** <Adj.> *~es Benzin;* **'Klopf·fes·tig·keit** <f.; -; unz.>; **'Klopf·zei·chen** <n.; -s, -> *ein ~ geben*

'Klop·pe <f.; -; unz.; norddt.; mdt.> *Hiebe, Schläge;* ~ *kriegen;* **'Klöp·pel** <m.; -s, -> **1** *keulenförmiges Gerät zum Anschlagen;* Glocken~ **2** *Garnspule zum Klöppeln;* **'klöp·peln** <V. i.; ich klöpp(e)le> *Garn um festgesteckte Nadeln zu Spitzen, Bändern u. a. verflechten;* **'Klöppel·spit·ze** <f.; -, -n>; **'klop·pen** <V. t./V. refl. u. V. i.; norddt.; mdt.> *schlagen, prügeln; sich ~;* **'Klöpp·le·rin** <f.; -, -n·nen>

Klops <m.; -es, -e> *gebratenes Fleischklößchen;* Königsberger ~e

Klo·sett <n.; -s, -s od. -e> *Toilette, Abort;* **Klo'sett·bril·le** <f.; -, -n>; **Klo·'sett·de·ckel** <m.; -s, ->; **Klo·'sett·frau** <f.; -, -en>; **Klo'sett·pa·pier** <n.; -s; unz.>

Kloß <m.; -es, -̈e> **1** *Klumpen;* Erd~; Lehm~ **2** *kugelförmige Speise;* rohe, gekochte Klöße; Thüringer Klöße; **'Kloß·brü·he** <f.; -, -n> *klar wie ~* <fig.; umg.; scherzh.> *völlig klar;* **'Klöß·chen** <n.; -s, -; Verkleinerungsf. von> *Kloß*

'Klos·ter <n.; -s, -̈> *Wohn- u. Arbeitsstätte von Mönchen od. Nonnen; ins ~ gehen;* **'Klos·ter·bru·der** <m.; -s, -̈>; **'Klos·ter·frau** <f.; -, -en>; **'Klos·ter·gar·ten** <m.; -s, -̈>; **'Klos·ter·kir·che** <f.; -, -n>; **'klös·ter·lich** <Adj.>; **'Klos·ter·schu·le** <f.; -, -n>

Klo·tho'i·de <f.; -, -n> *mathemat. Kurve mit spiralenförmigen Enden (im Straßenbau verwendet)* [grch.]

Klotz <m.; -es, -̈e> **1** *großes Stück Holz;* sich einen ~ ans Bein binden <fig.; umg.> *sich mit etwas belasten* **2** <umg.> *grober, unbeholfener Mensch;* **'Klotz·beu·te** <f.; -, -n> *ein Bienenstock;* **'Klötz·chen** <n.; -s, -; Verkleinerungsf. von> *Klotz;* Holz~ (für Kinder); **'klot·zen** <V. i.; umg.> *mit allen Kräften arbeiten, sich*

wichtig tun; → a. *kleckern;* **'klot·zig** <Adj.> **1** *grob, massig, ungeschlacht;* ein ~es Möbelstück **2** *sehr, ungeheuer;* ~ *Geld verdienen*

Klub <m.; -s, -s> oV *Club* **1** *Gemeinschaft, Vereinigung;* Foto~ **2** <österr.> *Zusammenschluss von Parteiabgeordneten* **3** *Raum od. Gebäude für einen Klub;* ~haus [engl.]; **'Klub·gar·ni·tur** <f.; -, -en> *Gruppe von Polstermöbeln;* **'Klub·haus** <n.; -es, -̈er>; **'Klub·ses·sel** <m.; -s, ->; **'Klub·zwang** <m.; -s; unz.; österr.> *Fraktionszwang*

Kluft[1] <f.; -, -̈e> **1** *Spalte, Riss;* Felsen~ **2** <fig.> *unüberbrückbarer Gegensatz*

Kluft[2] <f.; -, -en; umg.; salopp> *Kleidung;* in einer exotischen ~ *erscheinen*

klug <Adj.; 'klü·ger, am 'klügs·ten; ↗Z42> *intelligent, gescheit, verständig, vernünftig;* ein ~er Rat; der Klügere, Klügste gibt nach; es ist das Klügste, wenn du gehst; es wird am klügsten sein aufzubrechen; ich bin so ~ wie zuvor; ~ sein, werden; ~ reden; <aber> → *klugreden;* **'klü·geln** <V. i.; ich klüg(e)le; selten> *grübeln, nachsinnen;* **klu·ger'wei·se** <Adv.> ~ nachgeben; <aber> in kluger Weise; **'Klug·heit** <f.; -; unz.>; **'klug|re·den** <V. i.; ↗Z24> *abwertend; fast nur im Inf.> besserwisserisch reden, sachverständig tun;* <aber> er hat klug geredet; Sy *klugscheißen, klugschnacken;* **'Klug·red·ner** <m.; -s, -; abwertend> *Besserwisser;* **'klug|schei·ßen** <V. i.; derb; abwertend; fast nur im Inf.> = *klugreden;* **'Klug·schei·ßer** <m.; -s, -; derb; abwertend>; **'klug|schna·cken** <V. i.; fast nur im Inf.> = *klugreden;* **'Klug·schna·cker** <m.; -s, -; norddt.; abwertend>

Klump <m.; -s, -s -e od. -̈e; norddt.> *Klumpen;* **'Klum·patsch** <m.; -es; unz.; umg.; abwertend> *Haufen, Zeug;* **'Klümp·chen** <n.; -s, -; Verkleinerungsf. von> *Klumpen;* **'klum·pen** <V. i.> *Klumpen bilden; die Soße klumpt;* **'Klum·pen** <m.; -s, -> **1** *zähe Masse;* Butter~ **2** *großer*

Brocken; Gold~; **'Klump·fuß** <m.; -es, -̈e> *missgebildeter Fuß;* **'klump·fü·ßig** <Adj.>; **'klum·pig** <Adj.> *voller Klumpen;* **'Klümp·lein** <n.; -s, -; poet.; Verkleinerungsf. von> *Klumpen*

'Klün·gel <m.; -s, -; abwertend> *Gruppe von Menschen, die sich gegenseitig fördern, Vetternwirtschaft, Clique;* **'Klün·ge'lei** <f.; -, -en>; **'klün·geln** <V. i.; ich klüng(e)le; sie hat geklüngelt> *einen Klüngel bilden*

'Klun·ker <f.; -, -n od. m.; -s, -; umg.; scherzh.> *Schmuckstück, (großer) Edelstein*

'Klun·se <f.; -, -n> = *Klinse*

'Klunt·je <n.; -s, -s; meist Pl.; norddt.> *Kandiszuckerstück*

'Klup·pe <f.; -, -n> **1** *zangenartiges Gerät zum Einspannen von Werkstücken* **2** <österr.> *Wäscheklammer*

Klus <f.; -, -en; schweiz.> *Schlucht* [lat.]; **'Klü·se** <f.; -, -n> *Öffnung in der Schiffswand für die Ankerkette*

'Klu·ten <'Klü·ten <m.; -s, -; norddt.> *Kloß;* Bremer ~ *Pfefferminzzuckerwerk*

'klü·tern <V. i.; ich klüt(e)re; norddt.> *klappern*

'Klü·ver <[-v-]; m.; -s, -; Seemannsspr.> *ein dreieckiges Segel* [ndrl.]

'Klys·ma <n.; -s, -men; Med.> = *Klistier*

'Klys·tron, <auch> **'Klyst·ron** <n.; -s, -s od. -'tro·ne/-t'ro·ne; ↗Z53> *Elektronenröhre zur Hochfrequenzverstärkung (Erzeugung von Mikrowellen)* [grch.]

km <Zeichen für> *Kilometer;* 5-km-Lauf

km² <Zeichen für> *Quadratkilometer*

km³ <Zeichen für> *Kubikkilometer*

K-'Me·son <n.; -s, -'so·nen; ↗Z34; Phys.> *instabiles Elementarteilchen;* Sy *Kaon*

km/h <Zeichen für> *Kilometer je Stunde*

kN <Zeichen für> *Kilonewton*

kn <Mar.; Zeichen für> *Knoten(5)*

'knab·bern <V.; ich knabb(e)re> **1** <V. i.> *(hörbar) in kleinen Bissen von etwas abbeißen, nagen*

2 <V. t.; umg.> etwas ~ *naschen, essen;* an einer Sache lange zu ~ haben <fig.>

'**Kna·be** <m.; -n, -n; veralt.> *Junge;* alter ~ <scherzh.>; '**Kna·ben·al·ter** <n.; -s; unz.>; '**Kna·ben·chor** <[-ko:r]; m.; -s, =e>; '**kna·ben·haft** <Adj.> ~es Aussehen; '**Kna·ben·kraut** <n.; -(e)s; unz.; Bot.> *eine Orchideengattung;* '**Knäb·lein** <n.; -s, -; poet.> Verkleinerungsf. von *Knabe*

Knack <m.; -(e)s, -e> *kurzes, knackendes Geräusch;* '**Knä·cke·brot** <n.; -(e)s, -e> *in dünnen Scheiben knusprig gebackenes Vollkornbrot* [schwed.]; '**kna·cken** <V.> 1 <V. i.> *einen leicht krachenden Ton von sich geben;* die Dielen ~ 2 <V. t.> *aufbrechen;* Walnüsse ~; eine harte Nuss ~ <fig.> *eine schwierige Frage lösen*

'**Knäck·en·te** <f.; -, -n; Zool.> = *Knäkente*

'**Kna·cker** <m.; -s, -; umg.; abwertend> *Mann;* alter ~; '**Kna·cki** <m.; -s, -s; umg.> *Häftling;* → a. *verknacken;* '**kna·ckig** <Adj.> *frisch u. knusprig;* ~e Brötchen; '**Knack·punkt** <m.; -(e)s, -e; fig.; umg.> *entscheidender Faktor, wichtigster Gesichtspunkt; das ist der* ~ *bei der Sache;* **Knacks** <m.; -es, -e; umg.> 1 *Knack, Riss* 2 <fig.> *(seelischer od. körperlicher) Schaden;* '**knack·sen** <V. i.; du knackst> *knacken;* '**Knack·wurst** <f.; -, =e>

'**Knag·ge** <f.; -, -n>, '**Knag·gen** <m.; -s, -> 1 *mehrkantiges Holzstück* 2 *Winkelstück*

'**Knäk·en·te** <f.; -, -n; Zool.> *Art der Wildenten;* oV *Knäckente*

Knall <m.; -(e)s, -e> *kurzes, scharfes Geräusch;* mit einem ~ *zerplatzen;* (auf) ~ *u. Fall* <fig.; umg.> *plötzlich;* '**knall·blau** <Adj.; umg.; verstärkend> *sehr blau, grellblau,* '**Knall·bon·bon** <[-bɔ̃bɔ̃] od. [-bɔŋbɔŋ]; n. od. m.; -s, -s> *Scherzartikel (für Silvester);* '**knall·bunt** <Adj.; umg.; verstärkend> *sehr bunt, grell;* '**Knall·ef·fekt** <m.; -(e)s, -e; umg.> *verblüffender Höhepunkt;* '**knal·len** <V. i.> *ein kurzes, scharfes Geräusch von sich geben;* ein Schuss knallt; mit der Peitsche ~; den Sektkorken

~ *lassen;* '**Knal·ler** <m.; -s, -; umg.> 1 *Feuerwerkskörper* 2 <salopp> *großer Erfolg;* der Film ist ein ~; '**Knall·erb·se** <f.; -, -n> *kleiner kugelförmiger Sprengkörper;* **Knal·le'rei** <f.; -, -en>; '**Knall·frosch** <m.; -(e)s, =e> *kleiner Sprengkörper;* '**Knall·gas** <n.; -es; unz.>; '**knall·hart** <Adj.; umg.; verstärkend> *sehr hart, rücksichtslos, streng;* '**knall'heiß** <Adj.; umg.; verstärkend> *sehr heiß;* '**Knall'hit·ze** <f.; -; unz.>; '**knal·lig** <Adj.; umg.> 1 *grell, auffallend;* ~e Farben 2 <verstärkend> *sehr, überaus;* es war ~ heiß; '**Knall·kopf**, '**Knall·kopp** <m.; -(e)s, =e; umg.; derb> *dummer Mensch, Dummkopf;* '**Knall·kör·per** <m.; -s, ->; '**knall'rot** <Adj.; umg.; verstärkend> *sehr rot, grellrot;* '**Knall·säu·re** <f.; -; unz.; Chem.> *eine äußerst explosive Säure;* '**knall'voll** <Adj.; umg.; verstärkend> *brechend voll;* der Bus war ~

knapp <Adj.> *gerade noch ausreichend, dürftig;* ~e Mehrheit; <Getrenntschreibung mit Verben u. Partizipien; ✎ Z 24> ~ *bemessen;* ~ *sein;* ein ~ sitzendes Kleid; er wird ~ *gehalten*

'**Knap·pe** <m.; -n, -n> 1 <früher> *junger Edelmann;* Schild~ 2 <Bgb.; früher> *Bergmann*

'**Knapp·heit** <f.; -; unz.>

'**Knapp·sack** <m.; -(e)s, =e; veralt.> *Proviantbündel*

'**Knapp·schaft** <f.; -; unz.> *Zunft der Bergarbeiter*

'**knap·sen** <V. i.; du knapst; umg.> *knausern*

'**Knar·re** <f.; -, -n> 1 <umg.> *Gewehr* 2 *knarrende Kinderrassel;* '**knar·ren** <V. i.> *ein reibendes, scharrendes Geräusch erzeugen;* die Dielen, die Türen ~; eine ~de Stimme

'**Knärr·en·te** <f.; -, -n> = *Knäkente*

'**knar·zen** <V. i.; du knarzt; umg.> *nörgeln;* '**knar·zig** <Adj.; umg.> *mürrisch*

Knast <m.; -(e)s, -e od. =e; umg.> 1 *Haftanstalt;* im ~ sitzen 2 <unz.> *Haftstrafe;* drei Jahre ~ bekommen

'**Knas·ter¹** <m.; -s, -; umg.> *schlechter Tabak*

'**Knas·ter²**, '**Knas·te·rer** <m.; -s, -; umg.> *brummiger alter Mann;* '**knas·tern** <V. i.; ich knast(e)re; umg.> *unwirsch brummen, nörgeln*

Knatsch <['knatʃ]; m.; -(e)s; unz.; bes. mdt.> *Ärger, Streit, Schwierigkeiten;* es gibt ~; '**knat·schen** <V. i.; bes. mdt.> *nörgeln, weinen;* die Kinder ~; '**knat·schig** <Adj.>

'**knat·tern** <V. i.; ich knatt(e)re> *kurze, knallende Geräusche von sich geben;* das Moped knattert

'**Knäu·el** <n. od. m.; -s, -> *kugelförmig aufgerollter Faden;* Garn~; Woll~; oV *Knaul;* '**Knäu·el·gras** <n.; -es; unz.; Bot.> *ein Süßgras;* '**knäu·eln** <V. t.; ich knäu(e)le> = *knäulen*

Knauf <m.; -(e)s, =e> 1 *kugelartiger Griff;* Tür~; Stock~ 2 *Kapitell;* Säulen~

Knaul <m. od. n.; -s, -e od. =e; mdt.> = *Knäuel;* '**Knaul·chen** <n.; -s, -; Verkleinerungsf. von *Knäuel;* '**knäu·len** <V. t.> *zu einem Knäuel aufrollen;* oV *knäueln;* '**Knaul·gras** <n.; -es; unz.> = *Knäuelgras*

Knau·pe'lei <f.; -, -en>; '**knau·pe·lig** <Adj.>; '**knau·peln** <V. i.; ich knaup(e)le; mdt.; umg.> *benagen, beknabbern;* an den Fingernägeln ~; '**knaup·lig** <Adj.> oV *knaupelig*

'**Knau·ser** <m.; -s, -; umg.> *Geizhals;* **Knau·se'rei** <f.; -, -en; umg.>; '**knau·se·rig** <Adj.; umg.> *geizig;* oV *knausrig;* '**knau·sern** <V. i.; ich knaus(e)re; umg.> *geizig, übermäßig sparsam sein*

'**Knaus-O'gi·no-Me·tho·de** <f.; -; unz.; ✎ Z 33> *auf Temperaturmessung beruhende Methode zur Bestimmung der fruchtbaren Tage der Frau* [nach den Gynäkologen *Knaus* u. *Ogino*]

'**knaus·rig** <Adj.; umg.> = *knauserig*

'**Knau·tie** <[-tsiə]; f.; -, -n; Bot.> *ein Kardengewächs*

'**knaut·schen** <V.; du knautschst; umg.> 1 <V. t.> *zerdrücke, zerknüllen* 2 <V. i.> *Falten bilden, knittern;* der Stoff knautscht 3 <V. i.> *geräuschvoll essen;* '**knaut·schig** <Adj.>; '**Knautsch·zo·ne** <f.; -, -n; Kfz-

Tech.> *Pufferzone am vorderen u. hinteren Teil eines Autos*
'Kne·bel <m.; -s, -> 1 *Holzstück zum Spannen der Säge* 2 *Holzstück zum Tragen von Paketen* 3 *Stoffballen zum Knebeln;* **'Kne·bel·bart** <m.; -(e)s, ⸚e>; **'kne·beln** <V. t.; ich kneb(e)le> jmdn. ~ *jmdm. mit einem Knebel den Mund stopfen;* **'Kne·be·lung**, **'Kneb·lung** <f.; -; unz.>
Knecht <m.; -(e)s, -e; früher> *Diener, Gehilfe (des Bauern);* **'knech·ten** <V. t.> *unterdrücken;* geknechtetes Volk; **'knech·tisch** <Adj.; abwertend> *unterwürfig;* **'Knecht·schaft** <f.; -; unz.>; **'Knech·tung** <f.; -; unz.>
Kneif <m.; -(e)s, -e> *Ledermesser;* **'knei·fen** <V. 169> 1 <V. t.> *(mit den Fingern) zusammendrücken;* jmdn. in den Arm ~; der Hund kniff den Schwanz zwischen die Beine 2 <V. i.; umg.> *sich vor etwas (Unangenehmem) drücken;* er hat gekniffen; **'Knei·fer** <m.; -s, -; früher> *bügellose Brille, Zwicker;* **'Kneif·zan·ge** <f.; -, -n> *ein Werkzeug;* **Kneip** <m.; -(e)s, -e> = *Kneif*
'Kneip·bru·der <m.; -s, ⸚> ; **'Knei·pe** <f.; -, -n; umg.> *(einfaches) Gasthaus, Wirtshaus;* Bier~; in die ~ gehen; **knei·pen¹** <V. i.> *zechen, trinken;* <aber> → *kneippen*
'knei·pen² <V. t./V. refl.; mdt.> *kneifen;* <aber> → *kneippen*
'Knei·pen·a·bend <m.; -s, -e; ⚲Z55>; **'Knei·per** <m.; -s, -; umg.> = *Kneipier;* **Knei·pe'rei** <f.; -, -en; umg.> *Trinkgelage;* **Knei·pi·er** <[-'pje:]; m.; -s, -s; umg.> *Kneipenwirt*
'kneip·pen <V. i.; umg.> *eine Kneippkur machen;* <aber> → *kneipen;* **'Kneipp·kur** <f.; -, -en; ⚲Z35> *Kaltwasserkur* [nach dem Heilkundigen S. *Kneipp*]
'Knes·set(h) <f.; -; unz.> *israel. Parlament* [hebr.]
'knet·bar <Adj.>; **'Kne·te** <f.; -; unz.; umg.> 1 *Knetmasse, Plastilin* 2 <salopp> *Geld;* hast du noch ~?; **'kne·ten** <V. t.> 1 *mit den Händen drücken, bearbeiten;* Teig ~ 2 *massieren;* **'Knet·gum·mi** <m.; -s, -s>; **'Knet·ma·schi·ne** <f.; -, -n>; **'Knet·mas-**

sa·ge <[-ʒə]; f.; -, -n>; **'Knet·mas·se** <f.; -; unz.> = *Plastilin*
Knick <m.; -(e)s, -e od. -s> 1 *scharfe Biegung, Kurve* 2 *Falte* 3 <Pl.; norddt.> ~s *Hecke (zw. Wiesen od. Feldern);* **'Kni·cke·bein** <m.; -s; unz.> *Eierlikör (als Pralinenfüllung);* **'Knick·ei** <n.; -s, -er; umg.> *angeschlagenes Ei;* **'kni·cken** <V.> 1 <V. t.> *umbrechen, umbiegen;* Bäume ~; ich bin geknickt <fig.; umg.> *betrübt, enttäuscht* 2 <V. i. (s.)> *ein Ei knickt hat einen Sprung bekommen*
'Kni·cker¹ <m.; -s, -> *kleines Jagdmesser*
'Kni·cker² <m.; -s, -; umg.; abwertend> *Geizhals*
'Kni·cker·bo·ckers <a. ['ni-]; Pl.> *Kniehose mit Bund, Pumphose* [engl.]
'kni·cke·rig <Adj.; umg.; abwertend> *geizig;* **'Kni·cke·rig·keit** <f.; -; unz.; umg.>; **'kni·ckern** <V. i.; ich knick(e)re; umg.> *geizen, übertrieben sparen;* **'knick·rig** <Adj.; umg.> = *knickerig;*
Knicks <m.; -es, -e> *Beugung eines Knies (als ehrerbietiger Gruß von Mädchen u. Damen);* Hof~ ; **'knick·sen** <V. i.; du knickst; sie hat geknickst>; **'Kni·ckung** <f.; -, -en>
Knie <n.; -s, - [kni:] od. ['kni:ə]> 1 *Gelenk zwischen Oberschenkelknochen u. Schienbein;* die ~ durchdrücken; jmdm. auf den ~n danken; etwas übers ~ brechen <fig.> *überstürzt handeln* 2 <fig.> *Biegung, Krümmung;* ~ im Ofenrohr; **'Knie·beu·ge** <f.; -, -n>; **'Knie·bund·ho·se** <f.; -, -n>; **'Knie·fall** <m.; -(e)s, ⸚e> einen ~ (vor jmdm.) machen <fig.> *sich unterwerfen;* **'knie·fäl·lig** <Adj.>; **'knie·frei** <Adj.> ein ~er Rock; **'Knie·gei·ge** <f.; -, -n; Instrumentenk.> *Gambe;* → a. *Cello;* **'Knie·ge·lenk** <n.; -(e)s, -e>; **'knie·hoch** <Adj.> *kniehohes Getreide;* der Schnee liegt ~; **'Knie·holz** <n.; -es; unz.> *niedriges Kieferngestrüpp in der Tundra u. im Hochgebirge;* **'Knie·ho·se** <f.; -, -n>; **'Knie·keh·le** <f.; -, -n>; **'knie·lang** <Adj.>; **'Knie·le·der** <n.; -s, -> *Reithose mit ~;* **kni·en** <['kni:n] od. ['kni:ən]; V. i.; ich knie; du

kniest; er kniet; wir knieten> *auf dem Teppich ~;* vor jmdm. ~; **'Knie·rie·men** <m.; -s, ->
Knies <m.; -; unz.; umg.> 1 *Streit, Zank;* ich hatte ~ mit ihm 2 *Dreck, Schmutz*
'Knie·schei·be <f.; -, -n>; **'Knie·schluss** <m.; -es; unz.> 1 <Reitsp.> *Zusammenpressen beider Beine beim Reiten* 2 <fig.; bes. Pol.> *gemeinsames Vorgehen, Übereinstimmung;* **'Knie·schüt·zer** <m.; -s, -> ~ *beim Rollerskating;* **'Knie·strumpf** <m.; -(e)s, ⸚e>; **'knie·tief** <Adj.> ~er Schlamm, Matsch; **'Knie·wär·mer** <m.; -s, ->
Kniff <m.; -(e)s, -e> 1 <selten> *das Kneifen* 2 *scharfe Falte (im Stoff)* 3 <fig.> *Kunstgriff, Trick;* **'knif·fe·lig** <Adj.> *schwierig;* **'knif·fen** <V. t.> *scharf falten;* **'kniff·lig** <Adj.> = *kniffelig*
'Knig·ge <m.; - od. -s, -> *Buch über korrekte Umgangsformen* [nach A. Freiherr von *Knigge*]
Knilch <m.; -s, -e; umg.> = *Knülch*
'knip·sen <V.; du knipst; umg.> 1 <V. t.> *lochen;* Fahrscheine ~ 2 <V. i.> *fotografieren* 3 <V. i.> *schnalzen;* er hat mit den Fingern geknipst; **'Knip·ser** <m.; -s, -> 1 *(Licht-)Schalter* 2 *Druckknopf*
Knirps <m.; -es, -e> 1 <umg.> *kleiner Junge* 2 <Warenz.> *ein zusammensteckbarer Regenschirm*
'knir·schen <V. i.> *ein hartes, reibendes Geräusch von sich geben;* du knirschst mit den Zähnen; auf dem Schnee ~
'knis·tern <V. i.; ich knist(e)re> *raschelnde Laute von sich geben;* mit Papier ~
'Knit·tel <m.; -s, -> = *Knüppel;* **'Knit·tel·vers** <m.; -es, -e> *paarweise gereimter, vierhebiger Vers;* oV *Knüttelvers*
'Knit·ter <Pl.> *Druckfalten;* **'knit·ter·arm** <Adj.; -är·mer, am -ärms·ten> ~er Stoff; **'knit·ter·frei** <Adj.>; **'knit·te·rig** <Adj.; umg.> ~er Stoff; **'knit·tern** <V.; ich knitt(e)re> 1 <V. i.> *Druckfalten bilden;* der Stoff knittert 2 <V. t.> *zerknittern, zerdrücken;* du knitterst mein Kleid; **'knitt·rig** <Adj.> = *knitterig*

K

'**Kno·bel** <m.; -s, -> 1 *Fingerknöchel* 2 *Würfel*; '**Kno·bel·be·cher** <m.; -s, -> 1 *Würfelbecher* 2 <umg.; scherzh.> *Militärstiefel*; '**kno·beln** <V. i.; ich knob(e)le; umg.> 1 *würfeln* 2 *herumprobieren* 3 *(mit bestimmten Handzeichen) auslosen*

'**Knob·lauch** <m.; -s; unz.; Bot.> *eine Lauchpflanze, deren stark riechende Zwiebeln als Gewürz verwendet werden*; '**Knob·lauch·but·ter** <f.; -; unz.>; '**Knob·lauch·ze·he** <f.; -, -n>

'**Knö·chel** <m.; -s, -> 1 *ein Fußknochen*; sich den ~ verstauchen 2 *mittiges Fingergelenk*; '**Knö·chel·chen** <n.; -s, -; Verkleinerungsf. von *Knochen*; '**knö·chel·tief** <Adj.> ~ einsinken; '**Kno·chen** <m.; -s, -> *harter Teil des Körperskeletts (von Mensch u. Wirbeltieren)*; bis auf die ~ abgemagert sein; '**Kno·chen·ab·szess**, <auch> '**Kno·chen·abs·zess** <m.; -es, -e; ↗Z54> '**Kno·chen·ar·beit** <f.; -; unz.; umg.> *harte körperl. Arbeit*; '**Kno·chen·bau** <m.; -(e)s; unz.>; '**Kno·chen·bruch** <m.; -(e)s, ⸚e>; '**Kno·chen·er·wei·chung** <f.; -, -en>; '**Kno·chen·fisch** <m.; -(e)s, -e> *Grätenfisch*; '**Kno·chen·ge·rüst** <n.; -(e)s, -e> *Skelett*; '**kno·chen·hart** <Adj.; verstärkend> *sehr hart*; '**Kno·chen·haut** <f.; -; unz.; Med.>; '**Kno·chen·haut·ent·zün·dung** <f.; -, -en; Med.>; '**Kno·chen·leim** <m.; -s; unz.>; '**Kno·chen·mann** <m.; -(e)s; unz.; volkstüml.> *der Tod*; '**Knochen·mark** <n.; -s; unz.> *weiche Substanz im Inneren der Röhrenknochen*; '**Kno·chen·mark·spen·der** <m.; -s, ->; '**Kno·chen·mark·spen·de·rin** <f.; -, -nnen>; '**Kno·chen·mehl** <n.; -s; unz.>; '**Kno·chen·müh·le** <f.; -, -n; fig.; umg.> *Betrieb, in dem (körperlich) hart gearbeitet wird*; '**Kno·chen·trans·plan·ta·ti·on** <f.; -, -en; Med.>; '**kno·chen·tro·cken** <Adj.; umg.; verstärkend> *sehr trocken;* der Boden ist ~; '**knö·che·rig** <Adj.> 1 *knochenartig, hart* 2 *aus Knochen bestehend*; '**knö·chern** <Adj.> *aus Knochen bestehend*; '**kno·chig** <Adj.> *mit stark hervortretenden Knochen;* ein ~es Gesicht; → a. *verknöchert*; '**knöch·rig** <Adj.> = *knöcherig*

knock-down, <auch> **knock-down** <[nɔkˈdaʊn]; Adj.; undekl.; Boxsp.> *niedergeschlagen (nicht kampfunfähig)*; **Knock-'down**, **Knock'down** <m. od. n.; -s, -s; ↗Z32>; **knock-out**, <auch> **knock-out** <[nɔkˈaʊt]; Adj.; undekl.; Boxsp.; Abk.: k. o.> *niedergeschlagen u. kampfunfähig;* den Gegner ~ schlagen; **Knock-'out**, **Knock'out** <m. od. n.; -s, -s; ↗Z32; Abk.: K. o.>; **Knock-'out-Sieg**, <auch> **Knock'out-sieg** <m.; -(e)s, -e; Abk.: K.-o.-Sieg>

'**Knö·del** <m.; -s, -; süddt.> *Kloß; Semmel~*

'**Knöll·chen** <n.; -s, -; Verkleinerungsf. von *Knolle*; '**Knol·le** <f.; -, -n> 1 *rundlich verdicktes Speicherorgan mehrjähriger Pflanzen* 2 <umg.; scherzh.> *Nase* 3 <umg.> *Strafzettel*; '**Knol·len** <m.; -s, -> = *Knolle*; '**Knol·len·blät·ter·pilz** <m.; -es, -e; Bot.> *eine Gattung der Ständerpilze*; '**knol·len·för·mig** <Adj.>; '**Knol·len·ge·wächs** <[-ks]; n.; -es, -e; Bot.>; '**Knol·len·na·se** <f.; -, -n>; '**knol·lig** <Adj.>

Knopf <m.; -(e)s, ⸚e> 1 *rundliches, scheibenförmiges Verschlussstück an der Kleidung;* Hosen~; Hemd(en)~; Knöpfe annähen 2 *Griff, Knauf;* Tür- 3 <oberdt.> *Knoten* 4 *Knospe;* Rosen~; '**Knöpf·chen** <n.; -s, -; Verkleinerungsf. von *Knopf;* '**Knopf·druck** <m.; -(e)s, ->; die Tür öffnet sich auf ~; '**knöp·fen** <V. t.> *mit Knöpfen schließen;* → a. *vorknöpfen, zuknöpfen;* '**Knöpf·lein** <n.; -s, -; poet.> Verkleinerungsf. von *Knopf;* '**Knöpf·le, 'Knöpf·li** <Pl.> *kleine Nockerln, Spätzle;* '**Knopf·loch** <n.; -(e)s, ⸚er> eine Blume ins ~ stecken; '**Knöpf·stie·hel** <m.; -s, ->; '**Knopp** <m.; -s, ⸚e; norddt.; nddt.> *Knopf;* '**Knop·per** <f.; -, -n> *Gallapfel*

'**knö·ren** <V. i.; Jagdw.> *leise röhren (vom Rothirsch)*

'**Knor·pel** <m.; -s, -> *festes, elastisches Bindegewebe, das Knochen u. Gelenke verbindet;* '**Knor·pel·ge·schwulst** <f.; -, ⸚e>; '**knor·pe·lig** <Adj.> oV *knorplig;* '**Knor·pel·kir·sche** <f.; -, -n; Bot.> *Art der Süßkirsche;* '**knorp·lig** <Adj.>

'**Knorr·brem·se**, <auch> '**Knorr-Brem·se** <f.; -, -n; ↗Z35> *eine Schnellbremse für Eisenbahnfahrzeuge* [nach dem Ingenieur G. *Knorr*]

'**Knor·ren** <m.; -s, -> *krummer, verdickter Auswuchs (am Baum);* '**knor·rig** <Adj.> *astreich, verwachsen;* ~er Baumstumpf; **Knorz** <m.; -es, -e; süddt.> 1 = *Knorren* 2 <schweiz.> *Mühe;* '**knor·zen** <V. i.; du knorzt> 1 <schweiz.> *sich abmühen* 2 <umg.; abwertend> *knausern;* '**knor·zig** <Adj.; umg.; abwertend> *geizig;* '**Knorz·kopf** <m.; -(e)s, ⸚e; umg.; abwertend>

'**Knösp·chen** <n.; -s, -; Verkleinerungsf. von *Knospe;* '**Knos·pe** <f.; -, -n> *junger Blüten- od. Blättertrieb;* die ~n brechen auf; '**knos·pen** <V. i.> *sprießen, Knospen treiben;* die Rosen haben geknospt; '**Knos·pung** <f.; -, -en>

'**Knöt·chen** <n.; -s, -; Verkleinerungsf. von *Knoten;* '**Knöt·chen·aus·schlag** <m.; -(e)s, ⸚e>; '**knöt·chen·för·mig** <Adj.>; '**knö·teln** <V. t.; ich knöt(e)le; umg.> *verknoten;* '**kno·ten** <V. t.> *zu einem Knoten binden;* geknotetes Garn; '**Kno·ten** <m.; -s, -> 1 *feste Verschlingung von Fäden* 2 *Krawattenschlinge;* einen ~ binden 3 *Auswuchs, Verdickung* 4 *aufgestecktes Haar* 5 <Mar.; Zeichen: kn> *Seemeile pro Stunde;* '**kno·ten·för·mig** <Adj.>; '**Kno·ten·punkt** <m.; -(e)s, -e> *Schnittpunkt;* Eisenbahn~; Verkehrs~; '**Kno·ten·re·gel** <m.; -, -; unz.; Phys.>; '**Kno·ten·stich** <m.; -(e)s, -e>; '**Kno·ten·wes·pe** <f.; -, -n; Zool.> *eine Gattung der Grabwespen;* '**Knö·te·rich** <m.; -s, -e; Bot.> *eine (Unkraut-)Pflanze;* '**kno·tig** <Adj.>; '**Knot·ten·erz** <n.; -es; unz.> *Sandstein mit knötchenförmigem Bleiglanz*

Know-how <[noːˈhaʊ]; n.; - od.

-s; unz.; ↗Z32> *das Wissen, wie etwas gemacht wird* [engl.]; **Know-'how-Trans·fer** <m.; -s, -s; ↗Z33>

'Knub·be <f.; -, -n; norddt.> = *Knubben;* **'Knub·bel** <m.; -s, -; umg.> *Knötchen, Verdickung;* **'Knub·ben** <m.; -s, -; norddt.> *Knorren, Geschwulst*

'knud·deln <V. i. u. V. t.; ich knudd(e)le; umg.> *liebkosen, fest drücken; ein Kind ~*

Knuff <m.; -(e)s, ⁻e; umg.> *leichter Stoß; jmdm. einen ~ versetzen;* **'knuf·fen** <V. t.; umg.>

Knülch <m.; -s, -e; umg.> *(seltsamer) Mensch; ein komischer ~*

'knül·le <Adj.; undekl.; umg.> *betrunken;* **'knül·len** <V. i. u. V. t.> *knittern, zusammendrücken; Papier ~*

'Knül·ler <m.; -s, -; umg.> *Erfolg, Sensation; der Film ist ein ~*

'Knüpf·ar·beit <f.; -, -en>; **'knüp·fen** <V. t.; du knüpfst> **1** *zu einer Schlinge, Schleife binden; Teppiche ~* **2** <fig.> *anschließen, eine Verbindung herstellen; Kontakte ~;* **'Knüpf·tech·nik** <f.; -; unz.>

'Knüp·pel <m.; -s, -> *kurzer, dicker Stock; jmdm. einen ~ zwischen die Beine werfen* <fig.> *jmdm. Schwierigkeiten bereiten;* oV *Knittel, Knüttel;* **'Knüp·pel·brü·cke** <f.; -, -n>; **'knüp·pel·dick** <Adj.; fig.; umg.> *es kam ~ sehr viel (Unangenehmes) auf einmal;* **'knüp·pel·di·cke·voll** <Adj.; umg.; verstärkend> *sehr voll;* **'knüp·pel·hart** <Adj.; umg.; verstärkend> *sehr hart; ~es Brot;* **'knüp·peln** <V.; ich knüpp(e)le> **1** <V. t.> *mit einem Knüppel schlagen* **2** <V. i.; umg.> *ein großes Arbeitspensum (schnell) erledigen müssen* **3** <V. i.; fig.; umg.> *hageln, sich häufen;* **'Knüp·pel·schal·tung** <f.; -, -en; Kfz-Tech.>; **'knüp·pel·voll** <Adj.; umg.; verstärkend> *sehr voll*

'knup·pern <V. i.; ich knupp(e)re; umg.> *knabbern*

'knur·ren <V. i.> **1** *rollende, kollernde Geräusche von sich geben; der Hund hat geknurrt; mir knurrt der Magen;* **'Knurr·hahn** <m.; -(e)s, ⁻e; Zool.> *ein Speisefisch;* **'knur·rig** <Adj.; umg.>

mürrisch, brummig; **'Knur·rig·keit** <f.; -; unz.>

'Knus·per·flo·cken <Pl.>; **'Knus·per·häus·chen** <n.; -s, -> *Lebkuchen-, Hexenhäuschen;* **'knus·pe·rig** <Adj.> = *knusprig;* **'knus·pern** <V. i.; ich knusp(e)re> *knabbern;* **'knusp·rig** <Adj.; ↗Z53.1> *kross*

Knust <[knuːst]; m.; -(e)s, -e od. ⁻e; norddt.> *Brotkanten*

'Knu·te <f.; -, -n> *Peitsche; unter jmds. ~ stehen* <fig.> [russ.]; **'knu·ten** <V. t.> *unterdrücken, knechten; geknutetes Volk*

'knut·schen <V. i.; u. knutschst; umg.> *heftig küssen;* **Knut·sche·'rei** <f.; -, -en; umg.>; **'Knutsch·fleck** <m.; -s, -e od. -en; umg.>

'Knüt·tel <m.; -s, -> = *Knüppel;* **'Knüt·tel·vers** <m.; -es, -e> = *Knittelvers*

k. o. <Abk. für> *knock-out; ich bin ~* <fig.; umg.> *erschöpft;* **K. o.** <Abk. für> *Knock-out; ~~ Schlag; ~~-Sieg*

kΩ <Zeichen für> *Kiloohm*

Ko·a·gu'lat <n.; -(e)s, -e; Chem.> *ausgeflockter Stoff* [lat.]; **Ko·a·gu·la·ti'on** <f.; -, -en> *Ausflockung;* **ko·a·gu'lie·ren** <V. i. u. V. t.>; **Ko·a·gu·lum** <n.; -s, -la; Med.> *Blutgerinnsel*

Ko'a·la <m.; -s, -s; Zool.> *kleiner Beutelbär*

Ko·a·les'zenz <f.; -, -en> **1** *Verwachsung* **2** <Sprachw.> *Phonemverschmelzung* [lat.]; **ko·a·'lie·ren, ko·a·li'sie·ren** <V. i.> *eine Koalition bilden;* **Ko·a·li·ti·'on** <f.; -, -en; bes. Pol.> *(polit.) Bündnis, Zusammenschluss; eine ~ mit einer anderen Partei eingehen; Parteien~;* **Ko·a·li·ti·o·när** <m.; -s, -e; Pol.>; **Ko·a·li·ti'ons·par·tei** <f.; -, -en>; **Ko·a·li·ti·ons·part·ner** <m.; -s, ->; **Ko·a·li·ti'ons·re·gie·rung** <f.; -, -en>; **Ko·a·li·ti'ons·ver·ein·ba·rung** <f.; -, -en>; **Ko·a·li·ti'ons·ver·hand·lun·gen** <Pl.>; **Ko·a·li·ti'ons·ver·trag** <m.; -(e)s, ⁻e>

'Ko·au·tor <m.; -s, -en> *Mitautor, Mitverfasser;* oV *Konautor,* **'Ko·au·to·rin** <f.; -, -nen>

ko·a·xi'al <Adj.> *mit gemeinsamer Achse* [lat.]; **Ko·a·xi'al·ka·bel** <n.; -s, -; El.>

'Ko·balt <n.; -s; unz.; Chem.; Zeichen: Co> *ein graues, glänzen-*

des Metall; oV *Cobalt;* **'ko·balt·blau** <Adj.> *tiefblau;* **'Ko·balt·glanz** <m.; -es; unz.> = *Cobaltit;* **'Ko·balt·glas** <n.; -es; unz.>; **'Ko·balt·le·gie·rung** <f.; -, -en>

'Ko·bel <m.; -s, -> **1** *Nest des Eichhörnchens* **2** *kleiner Stall, Verschlag;* **'Ko·ben** <m.; -s, -> *Schweine~* = *Kobel(2)*

Kø·ben·havn <[købən'haun]> = *Kopenhagen*

'Ko·ber <m.; -s, -; ostmdt.> *Korb*

'Ko·bold <m.; -(e)s, -e> *lustiger, kleiner Erdgeist, Wichtel;* **'ko·bold·haft** <Adj.>; **'Ko·bold·ma·ki** <m.; -s, -s; Zool.> *ein Halbaffe*

Ko'bolz <m.; in der Wendung> *~e schießen Purzelbäume machen;* **ko'bol·zen** <V. i.; du kobolzt>

'Ko·bra, <auch> **'Kob·ra** <f.; -, -s; ↗Z53; Zool.> *eine Giftschlange, Brillenschlange;* <aber> → *Kopra*

Koch[1] <m.; -(e)s, ⁻e> *jmd., der (berufsmäßig) Speisen bereitet; viele Köche verderben den Brei* <fig.; umg.> *bei allzu vielen Mithelfern misslingt die Sache;* **Koch**[2] <n.; -s; unz.; österr.> *breiartige Speise;* **'koch·be·stän·dig** <Adj.> = *kochfest;* **'Koch·beu·tel** <m.; -s, -> *Reis im ~;* **'Koch·buch** <n.; -(e)s, ⁻er> *Buch mit Kochrezepten;* **'koch·echt** <Adj.> = *kochfest;* **'kö·cheln** <V. i.; ich köch(e)le> *eine Speise köchelt leicht brodelnd*

'Kö·chel·ver·zeich·nis <n.; -s·ses, -s·se; Abk.: KV> *Verzeichnis aller Kompositionen Mozarts* [nach dem Gelehrten L. v. Köchel]

'ko·chen <V.> **1** <V. i.> *sieden, wallen; die Milch kocht; ~d heißes Wasser; vor Zorn ~* <fig.> **2** <V. t.> *(durch Hitzezufuhr) gar machen, zubereiten; Essen ~;* **'Ko·cher** <m.; -s, -> *Kochapparat; Camping~*

'Kö·cher <m.; -s, -> *Pfeilbehältnis*

'koch·fer·tig <Adj.> *~e Speisen;* **'koch·fest** <Adj.> *beim Waschen in kochend heißem Wasser unveränderlich;* **'Koch·ge·le·gen·heit** <f.; -, -en> *Zimmer mit ~;* **'Koch·ge·schirr** <n.; -s,

-e>; **'Koch·herd** <m.; -(e)s, -e>;
'Kö·chin <f.; -, -n·nen>; **'Koch·
kä·se** <m.; -s, -s>; **'Koch·ni·sche**
<f.; -, -n>; **'Koch·plat·te** <f.; -,
-n> *kleines tragbares Kochgerät;*
'Koch·re·zept <n.; -(e)s, -e> *An-
leitung zum Kochen;* **'Koch·salz**
<n.; -es; unz.> *Natriumchlorid;*
'koch·salz·arm <Adj.>; **'Koch·
salz·lö·sung** <f.; -, -en>; **'Koch·
schin·ken** <m.; -s, -s>; **'Koch·
wä·sche** <f.; -; unz.>
'Ko·ckels·kör·ner <Pl.> = *Kok-
kelskörner*
'Ko·da <f.; -, -s; Mus.> *Schlussteil
(eines Satzes);* oV *Coda* [ital.]
'kod·de·rig, 'kodd·rig <Adj.;
umg.> 1 *schmutzig, schäbig; ~
angezogen sein* 2 *übel, unwohl*
Kode <[ko:d]; m.; -s, -s> oV *Code*
1 *Zeichensystem (einer Sprache)*
2 *Schlüssel zum Dechiffrieren
von Zeichen* [frz.]
Ko·de·in <n.; -s; unz.> = *Codein*
'Kö·der <m.; -s, -> *Lockmittel
(zum Fangen von Tieren);* ~ *aus-
legen;* **'kö·dern** <V. t.; ich
köd(e)re> *(mit einem Köder)
anlocken, zum fangen suchen*
'Ko·dex <m.; -es od. -, -e od.
-di·zes> oV *Codex* 1 *Gesetzbuch,
Gesetzessammlung* 2 *Hand-
schriftensammlung* [lat.]; **ko·
'die·ren** <V. t.> *verschlüsseln;* ei-
nen Text ~; oV *codieren;* **Ko'die·
rung** <f.; -, -en>; **Ko·di·fi·ka·ti·
on** <f.; -, -en> = *Kodifizierung;*
ko·di·fi'zie·ren <V. t.> *in einer
Gesetzessammlung zusammen-
fassen;* **Ko·di·fi'zie·rung** <f.; -;
unz.>
Ko·di'zill <n.; -s, -e; Rechtsw.; frü-
her> *letztwillige Verfügung*
Ko·e·di·ti'on <f.; -, -en> 1 *mehr-
fache Herausgabe eines Werkes
bei verschiedenen Verlagen* 2
*Edition eines Werkes durch
mehrere Herausgeber* [lat.]
Ko·e·du·ka·ti'on <f.; -; unz.> *Ge-
meinschaftserziehung* [lat.]; **ko·
e·du·ka'tiv** <Adj.>
Ko·ef·fi·zi'ent <m.; -en, -en> 1
<Math.> *durch eine allgemeine
od. bestimmte Zahl bezeichne-
ter Faktor* 2 <Phys.> *Kenngröße
eines Stoffes* 3 <Wirtsch.> *Ver-
hältnis zwischen einem be-
stimmten Faktor u. der Produk-
tion;* Arbeits~ [lat.]
ko·er·zi'bel <Adj.> *eine Koerzitiv-*

kraft ausübend; koerzible Grö-
ße; **Ko·er·zi'tiv·feld·stär·ke,
Ko·er·zi'tiv·kraft** <f.; -; unz.;
Phys.> *magnet. Feldstärke*
'ko·e·xis·tent <a. [---'-']; Adj.>;
'Ko·e·xis·tenz <f.; -; unz.>
*gleichzeitiges Vorhandensein;
friedliche ~ von Staaten* [lat.];
'ko·e·xis·tie·ren <V. i.>
'Ko·fel <m.; -s, -; oberdt.> *kegel-
förmiger Berggipfel;* oV *Kogel*
'Ko·fen <m.; -s, -> = *Kobel(2)*
Kof·fe'in <n.; -s; unz.> *in Kaffee
u. Tee enthaltener Wirkstoff;* oV
Coffein [engl.]; **kof·fe'in·frei**
<Adj.> *~er Kaffee;* **kof·fe'in·hal·
tig** <Adj.>
'Kof·fer <m.; -s, -> *rechteckiger,
verschließ- u. tragbarer Behälter
(für Akten, Reisebedarf u. Ä.);*
Akten~; Reise~ [frz.]; **'Köf·fer·
chen** <n.; -s, -; Verkleinerungsf.
von> *Koffer*
'Kof·fer·damm <m.; -(e)s, ²e> 1
<Zahnmed.> *isolierendes Gum-
mituch* 2 <Schiffbau> *schmaler
Trennraum* [engl.]
'Kof·fer·kleid <n.; -(e)s, -er>;
'Kof·fer·ku·li <m.; -s, -s> *Ge-
päckwagen zum Schieben;* **'Kof·
fer·qua·li·tät** <f.; -; unz.> *bügel-
freie Qualität (von Kleidungs-
stücken);* **'Kof·fer·ra·dio** <n.; -s,
-s> *kleines, tragbares Radio;*
'Kof·fer·raum <m.; -(e)s, ²e>; **'Kof·
fer·trä·ger** <m.; -s, ->
'Köf·te <f.; -, - od. n.; -s, -> *gebra-
tenes Hackfleischbällchen*
[türk.]
Kog <m.; -s, ²e> = *Koog*
'Ko·gel <m.; -s, -> = *Kofel*
'Ko·ge <f.; -, -n; früher> *Han-
dels- u. Kriegssegelschiff (der
Hanse)*
'Ko·gnak, <auch> 'Kog·nak
<[-njak]; m.; - od. -s; unz. od.
(umg.) -s> ⤢Z53> *Weinbrand;*
→ a. *Cognac;* **'Ko·gnak·boh·ne**
<f.; -, -n> *eine Weinbrandprali-
ne;* **'Ko·gnak·schwen·ker** <m.;
-s, ->
Ko'gnat, <auch> Kog'nat <m.;
-en, -en; ⤢Z53> *Blutsverwand-
ter;* Ggs Agnat [lat.]; **Ko·gna·ti·
'on** <f.; -; unz.> *Blutsverwandt-
schaft;* **ko'gna·tisch** <Adj.>
Ko·gni·ti'on, <auch> Kog·ni·ti'on
<f.; -, -en; ⤢Z53; geh.> *Erkennt-
nis, Wahrnehmung* [lat.]; **ko·
gni'tiv** <Adj.> *~e Prozesse*

**Ko'gno·men, <auch> Kog'no·
men** <m.; -s, - od. -mi·na;
⤢Z53; röm. Antike> *Beiname*
[lat.]
Ko·ha·bi·ta·ti'on <f.; -, -en> 1
<Med.> = *Koitus* 2 <Pol.; in
Frankreich> *Zusammenarbeit
des Staatspräsidenten mit dem
von einer anderen polit. Partei
regierten Parlament* [lat.]; **ko·
ha·bi'tie·ren** <V. i.> = *koitieren*
ko·hä'rent <Adj.> Ggs *inkohärent*
1 <geh.> *zusammenhängend* 2
<Phys.> *Kohärenz zeigend;* **Ko·
hä'renz** <f.; -; unz.> Ggs *Inko-
härenz* 1 <geh.> *Zusammen-
hang* 2 <Phys.> *Interferenzfä-
higkeit von Wellen* [lat.]; **Ko·hä·
'renz·grad** <m.; -(e)s, -e; unz.;
Phys.>; **ko·hä'rie·ren** <V. i.>;
Ko·hä·si'on <f.; -; unz.; Phys.>
*Wirkung der molekularen An-
ziehungskraft, Zusammenhalt;*
ko·hä'siv <Adj.>
Ko·hi·noor, Ko·hi·nur <[-'nu:r];
m.; -s; unz.> *ein großer Dia-
mant* [pers.]
Kohl[1] <m.; -(e)s, -e; Bot.> *eine
Gemüsepflanze;* Rot~; Weiß~;
Sy *Kabis*
Kohl[2] <m.; -(e)s; unz.; umg.> *Un-
sinn, dummes Zeug; red nicht
solchen ~!*
'Kohl·dampf <m.; -(e)s; unz.;
umg.> *Hunger; ~ haben,* schie-
ben
'Koh·le <f.; -, -n> 1 *(aus organi-
schen Stoffen entstandener) fes-
ter Brennstoff;* Braun~; Holz~;
*eine ~ führende Schicht; ~ ab-
bauende Industrie* 2 <umg.>
Geld; keine ~ mehr haben;
'Koh·le·ab·bau <m.; -s, -e>;
'Koh·le·ben·zin <n.; -s, -e>;
'Koh·le·berg·werk <n.; -s, -e>;
'Koh·le·fa·den <m.; -s, ²>; **'Koh·
le·hy·drat, <auch> 'Koh·le·hyd·
rat** <n.; -s, -e; ⤢Z53> = *Kohlen-
hydrat;* **'Koh·le·hy·drie·rung**
<f.; -; unz.; Chem.> *Verfahren
zur Überführung von Kohle in
flüssige (Brenn-)Stoffe;* **'Koh·le·
kraft·werk** <n.; -(e)s, -e> *Kraft-
werk, in dem durch Verbrennen
von Kohle Energie erzeugt wird;*
'koh·len[1] <V. i.> *zu Kohle ver-
brennen*
'koh·len[2] <V. i.; umg.> *Unsinn re-
den;* → a. *verkohlen*
'Koh·len·ba·ron <m.; -s, -e; umg.;*

früher> *Eigentümer eines Bergwerks*; '**Koh·len·be·cken** <n.; -s, -.>; '**Koh·len·di·o·xid, Koh·len·di·o·xyd** <n.; -(e)s; unz.; Chem.> ~vergiftung; = *Kohlenstoffdioxid*; '**Koh·len·hy·drat,** <auch> '**Koh·len·hyd·rat** <n.; -(e)s, -e; ✎Z53> *eine zucker-, stärke- od. cellulosehaltige Verbindung*; oV *Kohlehydrat*; '**Kohlen·hy·drie·rung,** <auch> '**Koh·len·hyd·rie·rung** <f.; -; unz.; ✎Z53> = *Kohlehydrierung*; '**Koh·len·mei·ler** <m.; -s, -.>; **Koh·len·mon·o·xid,** <auch> **Koh·len·mo·no·xid** <n.; -(e)s; unz.; ✎Z54> ~vergiftung; '**Koh·len·pott** <m.; -s; unz.; umg.> *Ruhrgebiet*; '**Koh·len·re·vier** <[-vi:r] n.; -s, -e>; '**koh·len·sau·er** <Adj.; Chem.> *kohlensaures Natron*; '**Koh·len·säu·re** <f.; -; unz.> *eine schwache Säure*; '**Koh·len·staub** <m.; -(e)s; unz.>; '**Koh·len·stift** <m.; -(e)s, -e> = *Kohlestift*; '**Koh·len·stoff** <m.; -(e)s; unz.; Chem.; Zeichen: C> *ein nichtmetallisches Element*; **Koh·len·stoff·di·o·xid, Koh·len·stoff·di·o·xyd** <n.; -(e)s; unz.> *ein farbloses, nicht brennbares Gas*; '**Koh·len·trim·mer** <m.; -s, -.>; **Koh·len'was·ser·stoff** <m.; -(e)s; unz.; Chem.>; '**Koh·le·o·fen** <m.; -s, -.; ✎Z55>; '**Koh·le·pa·pier** <n.; -s; unz.> *einseitig gefärbtes Papier (für Durchschläge)*; '**Köh·ler**[1] <m.; -s, -.; früher> *Kohlenbrenner (ein Handwerker)*

'**Köh·ler**[2] <m.; -s, -.; Zool.> *ein Speisefisch (Seelachs)*

Köh·le'rei <f.; -, -en; früher>; '**Koh·le·stift** <m.; -(e)s, -e; Mal.> *in Zeichenstift aus Kohle*; oV *Kohlenstift*; '**Koh·le·ver·ed·lung** <f.; -; unz.>; '**Koh·le·ver·flüs·si·gung** <f.; -; unz.>; '**Koh·le·ver·ga·sung** <f.; -; unz.>; '**Koh·le·zeich·nung** <f.; -, -en>

'**Kohl·her·nie** <[-niə]; f.; -, -n; Bot.> *eine Pflanzenkrankheit*; '**Kohl·kopf** <m.; -(e)s, ⸚e; Bot.>; '**Kohl·mei·se** <f.; -, -n; Zool.> *ein Singvogel*

'**kohl·pech·ra·ben·schwarz** <Adj.; umg.; verstärkend> *tiefschwarz*; '**Kohl·ra·be** <m.; -n, -n; Zool.> = *Kolkrabe*; '**kohl·ra-**

ben'schwarz <Adj.; verstärkend> *tiefschwarz*

Kohl'ra·bi <m.; - od. -s, - od. -s; Bot.> *eine Gemüsepflanze*; '**Kohl·rou·la·de** <[-ru-]; f.; -, -n>; '**Kohl·rü·be** <f.; -, -n> *eine Futterrübe*

'**kohl'schwarz** <Adj.; verstärkend> *tiefschwarz*

'**Kohl·spros·sen** <Pl.; österr.> *Rosenkohl*; '**Kohl·weiß·ling** <m.; -s, -e; Zool.> *ein Schmetterling*

Ko·hor·ta'tiv <m.; -s, -e; Gramm.> *konjunktivische Verbform zum Ausdruck einer Bitte, eines Wunsches, z. B. er möge kommen* [lat.]

Ko'hor·te <f.; -, -n> *altröm. Truppeneinheit, Legion* [lat.]

Koi·ne <[kɔy'ne:]; f.; -; unz.> **1** <*in der Antike*> *überregionale grch. Verkehrssprache, Vorstufe des Neugriechischen* **2** <Sprachw.> *als überregionale Gemeinsprache verwendeter Dialekt* [grch.]

ko·in·zi'dent <Adj.; geh.> *(zufällig) zusammentreffend*; **Ko·in·zi'denz** <f.; -; unz.; geh.> *(zufälliges) Zusammentreffen von Ereignissen, Vorgängen* [lat.]; **ko·in·zi'die·ren** <V. i.>

ko·i'tie·ren <V. i.> *Geschlechtsverkehr ausüben*; '**Ko·i·tus** <m.; -, - od. -:-se> *Geschlechtsverkehr*; oV *Coitus* [lat.]

'**Ko·je** <f.; -, -n> *schmales Einbaubett (auf Schiffen)*

Ko'jo·te <m.; -n, -n; Zool.> *Präriewolf*; oV *Coyote* [span.-mexikan.]

'**Ko·ka** <f.; -, -; Bot.> *eine kokahaltige Pflanze*; oV *Coca* [span.]; **Ko·ka'in** <n.; -s; unz.> *ein Betäubungs- u. Rauschmittel*; oV *Cocain*; **Ko·ka·i'nis·mus** <m.; -; unz.> *Kokainsucht*; **Ko·ka'in·sucht** <f.; -; unz.>; **ko·ka'in·süch·tig** <Adj.>

Ko'kar·de <f.; -, -n> *Abzeichen, Hoheitszeichen (an Uniformmützen)* [frz.]; '**Ko'kar·den·blu·me** <f.; -, -n; Bot.> *eine Gartenzierpflanze*

'**Ko·ka·strauch** <m.; -(e)s, ⸚er> = *Koka*

'**ko·keln** <V. i.; ich kok(e)le; umg.> *mit Feuer spielen*; '**ko·ken** <V. t.> = *verkoken*

'**Ko·ker** <m.; -s, -; Seemannsspr.> *Öffnung für das Ruder*

'**Ko·ker**[2] <m.; -s, -> *Arbeiter in der Kokerei*; **Ko·ke'rei** <f.; -, -en> **1** <unz.> *Koksgewinnung* **2** *Anlage zur Koksgewinnung*

ko'kett <Adj.> *spielerisch, leicht aufreizend mit anderen den Kontakt suchend*; ~ *die Augen niederschlagen*; **Ko·ket·te'rie** <f.; -, -n>; **ko·ket'tie·ren** <V. i.> *sich kokett benehmen*; *mit einer Möglichkeit* ~ <fig.>

Ko'kil·le <f.; -, -n> *metallene Gießform* [frz.]

'**Kok·ke** <f.; -, -n> *kugelförmiges Bakterium* [grch.]

'**Kok·kels·kör·ner** <Pl.> *Fischkörner*; oV *Kockelskörner*

'**Kök·ken·möd·din·ger** <Pl.> *steinzeitl. Abfallhaufen aus Muschelschalen*; oV *Kjökkenmöddinger* [dän.]

Kok·ko'lith <m.; -s, -e od. -en; Geol.> *Tiefseegestein aus Kalkalgen* [grch.]

Ko·ko'lo·res <m.; -; unz.> *Unsinn, unnützes Zeug*

Ko·kon <[ko'kõ] od. [ko'kɔn]; m.; -s, -s> *Gehäuse der Insektenpuppen*

'**Ko·kos**[1] <f.; -, -; kurz für *Kokospalme*, oV *Cocos*; '**Ko·kos**[2] <n.; -; unz.; kurz für *Kokosfett, Kokosraspel* [span.]; '**Ko·kos·bus·serl** <n.; -s, -n; österr.> *ein Gebäck*; '**Ko·kos·but·ter** <f.; -; unz.>; '**Ko·kos·fa·ser** <f.; -, -n>; '**Ko·kos·fett** <n.; -s; unz.>; '**Ko·kos·flo·cken** <Pl.>; '**Ko·kos·milch** <f.; -; unz.>; '**Ko·kos·nuss** <f.; -, ⸚e>; '**Ko·kos·nuss·stück** <n.; -(e)s, -e; ✎Z37>; '**Ko·kos·pal·me** <f.; -, -n; Bot.>; '**Ko·kos·ras·pel** <Pl.>

Ko'kot·te <f.; -, -n; veralt.; abwertend> *Halbweltdame, Prostituierte* [frz.]

Koks[1] <m.; -es, -e> **1** *ein Kohlenbrennstoff* **2** <unz.; umg.> *Geld* [engl.]

Koks[2] <m.; -es; unz.> *Rauschmittel (bes. Kokain)*

'**kok·sen**[1] <V. i.; du kokst; umg.; scherzh.> *schlafen*

'**kok·sen**[2] <V. i.; du kokst; umg.> *Kokain nehmen*; '**Kok·ser** <m.; -s, -; umg.> *jmd., der kokainsüchtig ist*; '**Kok·se·rin** <f.; -, -nen>

'Koks·o·fen <m.; -s, ⸗>

Kok'zi·die <[-diə]; f.; -, -n; Zool.> *ein Sporentierchen* [lat.]; **Kok·zi·di'o·se** <f.; -, -n; Vet.> *eine Tierkrankheit*

'Ko·la <Pl. von> *Kolon*

'Ko·la·nuss <f.; -, ⸗e> *koffeinhaltiger Samenkern des Kolabaumes* [westafrikan.]

Ko'lat·sche <f.; -, -n; österr.> *kleiner, gefüllter Hefekuchen* [tschech.]

'Kol·ben <m.; -s, -> **1** *Stab od. Röhre mit verdicktem Ende; Destillier~; Rohr~* **2** *breites Ende des Gewehrschaftes; Gewehr~* **3** <Tech.> *bewegliches Teil in Kraftmaschinen* **4** <Bot.> *Art des Blütenstandes; Mais~;* '**Kol·ben·an·trieb** <m.; -(e)s; unz.>; '**Kol·ben·fres·ser** <m.; -s, -; Tech.; umg.> *Motorschaden durch Festlaufen eines Kolbens;* '**Kol·ben·hub** <m.; -(e)s; unz.; Tech.>; '**Kol·ben·mo·tor** <m.; -s, -en>; '**Kol·ben·pum·pe** <f.; -, -n>; '**Kol·ben·ring** <m.; -(e)s, -e>; '**Kol·ben·stan·ge** <f.; -, -n>; '**kol·big** <Adj.>

Kol·chos <['kɔlçɔs]; m. od. n.; -, -'cho·se>, **Kol·cho·se** <[kɔl'çoːzə]; f.; -, -n; frühere UdSSR> *landwirtschaftl. Genossenschaft* [russ.]

Ko·le·o'pte·re, <auch> **Ko·le·o·op·te·re** <f.; -, -n; ↗Z54; Zool.> *Käfer* [grch.]; **Ko·le·o'pti·le** <f.; -, -n; Bot.> *Keimblattscheide*

'Ko·li·bak·te·ri·um <n.; -s, -ri·en; meist Pl.> *ein Darmbakterium* [grch.]

'Ko·li·bri, <auch> '**Ko·lib·ri** <m.; -s, -s; ↗Z53> *kleiner tropischer Schwirrvogel* [karib.]

ko'lie·ren <V. t.; Chem.> *(durch ein Tuch) seihen* [lat.]; **Ko'lier·tuch** <n.; -(e)s, ⸗er; Chem.>

'Ko·lik <f.; -, -en; Med.; Vet.> *schmerzhafte, krampfartige Zusammenziehung eines inneren Organs; Darm~; Gallen~* [grch.]; **Ko'li·tis** <f.; -, -'ti·den; Med.> *Dickdarmentzündung*

Kolk <m.; -(e)s, -e; Geol.> *Höhlung im Flussbett*

Kol·ko'thar <m.; -s, -e> *rotes Eisenoxid* [arab.]

'Kolk·ra·be <m.; -n, -n; Zool.> *ein großer Rabenvogel; Sy Kohlrabe*

Koll. <Abk. für> *Kollege*

'Kol·la <f.; -; unz.; Med.> *Leim* [grch.]

kol·la'bie·ren <V. i. (s. u. h.)> *einen Kollaps erleiden;* er ist/hat kollabiert

Kol·la·bo·ra·teur <[-'tøːr]; m.; -s, -e> *jmd., der (mit dem Feind) kollaboriert* [frz.]; **Kol·la·bo·ra'teu·rin** <f.; -, -nen>; **Kol·la·bo·ra·ti'on** <f.; -, -en>; **kol·la·bo·'rie·ren** <V. i.> *(mit dem Feind) zusammenarbeiten*

Kol·la·ge <[-ʒə]; f.; -, -n> = *Collage*

kol·la'gen <Adj.; Med.> *aus Kollagen bestehend;* **Kol·la'gen** <n.; -s, -e> *Gerüsteiweiß des Bindegewebes* [grch.]

'Kol·laps <a. [-'-]; m.; -es, -e> *Kreislaufzusammenbruch;* einen ~ erleiden

Kol'lar <n.; -s, -e> *weißer Halskragen (der kath. Geistlichen)* [lat.]

kol·la·te'ral <Adj.> *seitlich (angeordnet)* [lat.]

Kol·la·ti'on <f.; -, -en> **1** *Textvergleich (zw. Abschrift u. Urschrift)* **2** *Übertragen von Korrekturen aus mehreren Exemplaren in ein Manuskript* **3** <Rechtsw.> *Erbausgleich* **4** <Kath.> *Verleihung eines Amtes* [lat.]; **kol·la·ti·o'nie·ren** <V. t.>; **Kol·la'tur** <f.; -, -en> *Recht zur Besetzung eines geistl. Amtes*

Kol·lau·da·ti'on, **Kol·lau·die·rung** <f.; -, -en; österr.; schweiz.> *amtl. Prüfung eines Neubaus* [lat.]

Kol'leg <n.; -s, -s> **1** *Vorlesung* **2** *Gebäude, in dem ein Kolleg(1) gehalten wird* **3** *kath. Studienanstalt* [lat.]; **Kol'le·ge** <m.; -n, -n; Abk.: Koll.> *Mitarbeiter, Berufsgenosse; Arbeits~;* **Kol'leg·heft** <n.; -(e)s, -e>; **kol·le·gi'al** <Adj.> *wie unter (guten) Kollegen, kooperativ; ~es Verhalten;* **Kol·le·gi·a·li'tät** <f.; -; unz.>; **Kol·le·gi'al** <m.; -en, -en> *Teilnehmer an einem Kolleg(1);* **Kol'le·gin** <f.; -, -nen; ↗Z38>; **Kol'le·gi·um** <n.; -s, -gi·en [-giən]> *Körperschaft, Gemeinschaft; Lehrer~;* oV *Collegium;* **Kol'leg·stu·fe** <f.; -, -n>

Kol·lek·ta'nea, **Kol·lek·ta'ne·en** <Pl.; veralt.> *Sammlung von li-*

terar. od. wissenschaftl. Auszügen [lat.]; **Kol'lek·te** <f.; -, -n> *Sammlung von Geldspenden (im Gottesdienst);* **Kol·lek·ti'on** <f.; -, -en> *Waren-, Mustersammlung;* Frühjahrs~; Stoff~; **kol·lek'tiv** <Adj.> *gemeinschaftlich;* **Kol·lek'tiv** <n.; -s, -e od. -s; bes. im Sozialismus> *Arbeits-, Produktionsgemeinschaft;* **Kol·lek'tiv·ar·beit** <f.; -, -en>; **Kol·lek'tiv·ei·gen·tum** <n.; -s; unz.>; **kol·lek·ti·vie·ren** <[-'viː-]; V. t.> *Kollektive bilden, in Kollektiveigentum umwandeln;* **Kol·lek·ti'vie·rung** <f.; -; unz.>; **Kol·lek·ti'vis·mus** <m.; -; unz.> *Vorrang der Gemeinschaft vor dem Einzelnen;* **kol·lek·ti'vis·tisch** <Adj.>; **Kol·lek·ti·vi'tät** <f.; -; unz.>; **Kol·lek'tiv·schuld** <f.; -; unz.>; **Kol·lek'ti·vum** <[-vum]; n.; -s, -va; Sprachw.> *Sammelname, z. B. Leute;* Ggs *Appellativum;* → a. *Kasten;* **Kol·lek'tiv·wirt·schaft** <f.; -; unz.>; **Kol'lek·tor** <m.; -s, -'to·ren> *Gerät, das Strom aufnimmt u. an die Stromleitung* *abgibt;* Sonnen~; Sy *Kommutator*

Koll·en·chym, <auch> **Kol·len·chym** <[-'çy:m]; n.; -s, -e; ↗Z.54> Bot.> *Festigungsgewebe wachsender Pflanzenteile* [grch.]

'**Kol·ler**[1] <m.; -s, -> 1 *Schulterpasse* 2 *Halskragen* 3 *lederner Brustharnisch*

'**Kol·ler**[2] <m.; -s, -> 1 <umg.> *Wutanfall* 2 <Vet.; kurz für> *Dummkoller*

'**Kol·ler·gang** <m.; -(e)s, ̈e> *Mahlwerk*

'**kol·le·rig** <Adj.; umg.> *wütend, leicht aufbrausend;* oV *kollrig*

'**kol·lern**[1] <V. i.; ich koll(e)re; umg.> *kullern*

'**kol·lern**[2] <V. i.> *schreien (vom Truthahn)*

'**kol·lern**[3] <V. i.; ich koll(e)re; umg.> *einen Koller*[2] *haben*

'**Kol·li** <Pl. von> *Kollo*

kol·li·die·ren <V. i.> *sich überschneiden;* ~de *Termine*

Kol·li·er <[kɔl'je:]; n.; -s, -s> *kostbarer Halsschmuck;* oV *Collier* [frz.]

Kol·li·ma·ti·on <f.; -, -en; Opt.> *Zusammenfallen zweier Linien* [lat.]; **Kol·li'ma·tor** <m.; -s, -'to·ren> *Gerät zur Bündelung von Strahlen*

kol·li·ne·ar <Adj.; Math.> *auf einer Geraden liegend;* ~e *Abbildung;* **Kol·li·ne·a·ti·on** <f.; -, -en; Math.> *Abbildung eines mehrdimensionalen Raumes* [lat.]

Kol·li·si·on <f.; -, -en> 1 *Zusammenstoß* 2 *(zeitliche) Überschneidung, Zusammenfallen* 3 *Konflikt;* in ~ *geraten* [lat.]; **Kol·li·si·ons·kurs** <m.; -es; unz.> *auf* ~ *gehen*

'**Kol·lo** <n.; -s, -s od. 'Kol·li> *Frachtstück* [ital.]

Kol·lo·di·um <n.; -s; unz.> *zähflüssige Lösung aus Kollodiumwolle;* oV *Collodium* [grch.]; **Kol'lo·di·um·wol·le** <f.; -; unz.>; **kol·lo'id, kol·lo·i'dal** <Adj.> *feinst verteilt;* **Kol·lo'id** <n.; -(e)s, -e; Chem.> *feinst verteilter Stoff;* **Kol·lo'id·re·ak·ti·on** <f.; -, -en; Med.>

Kol·lo·ka·ti·on <f.; -, -en; Sprachw.> 1 *charakteristische Wortverbindung* 2 = *Konkomi-*

tanz(1) [lat.]; **kol·lo·kie·ren** <V. t.; Sprachw.> *die Begriffe Tod u. schwarz* ~

Kol'lo·qui·um <n.; -s, -qui·en> *wissenschaftl. Gespräch;* ein ~ *veranstalten;* oV *Colloquium*

'**koll·rig** <Adj.> = *kollerig*

kol·lu·die·ren <V. i.; Rechtsw.> *geheime Absprachen treffen* [lat.]; **Kol·lu·si·on** <f.; -, -en; Rechtsw.> *geheimes Einverständnis*

kol·ma·tie·ren <V. i.> *aufschütten, auflanden* [ital.]; **Kol·ma·ti·on** <f.; -, -en>

Köln *Stadt am Rhein*

'**Kol ni·dre,** <auch> **Kol nid·re** <n.; --; unz.; ↗Z.53> *jüd. Gebet am Abend vor Jom Kippur* [aram.]

'**köl·nisch** <Adj.> *zu Köln gehörig, von ihm stammend;* ~e *Mundart;* <aber> *Kölnisch(es) Wasser/Kölnischwasser;* *Kölnischbraun*

Ko·lo'fo·ni·um <n.; -s; unz.; ↗Z11.3> = *Kolophonium*

Ko·lom·bi·ne <f.; -, -n> *Figur in der Commedia dell'Arte* [ital.]

Ko'lom·bo·wur·zel <f.; -, -n> *ein Heilmittel*

'**Ko·lon** <n.; -s, -s od. 'Ko·la> 1 *Teil des Dickdarms* 2 <Rhet.> *Spracheinheit* 3 → a. *Kasten Doppelpunkt* [grch.]

Ko·lo'nat <n. od. m.; -(e)s, -e> <im antiken Rom> *Hörigkeit des Bauern* 2 *Erbzinsgut* [lat.]; **Ko'lo·ne** <m.; -n, -n; im antiken Rom> *Pächter, Erbzinsbauer*

Ko·lo'nel <f.; -; unz.> *ein Schriftgrad;* → a. *Colonel* [frz.]

ko·lo·ni'al <Adj.> *die Kolonien betreffend, aus ihnen stammend;* **Ko·lo·ni'al·herr·schaft** <f.; -; unz.>; **ko·lo·ni·a·li'sie·ren** <V. t.> *ein Land* ~; **Ko·lo·ni·a·'lis·mus** <m.; -; unz.> *an Erwerb u. Nutzen von Kolonien orientierte Politik;* **ko·lo·ni·a'lis·tisch** <Adj.>; **Ko·lo·ni'al·krieg** <m.; -(e)s, -e>; **Ko·lo·ni'al·macht** <f.; -, ̈e>; **Ko·lo·ni'al·po·li·tik** <f.; -; unz.>; **Ko·lo·ni'al·wa·ren** <Pl.; veralt.> *importierte Lebensmittel;* ~*händler;* **Ko·lo·ni'al·zeit** <f.; -; unz.>; **Ko·lo'nie** <f.; -, -n> 1 *Siedlung von Ausländern* 2 *ausländischer (überseeischer) Besitz eines Staates* 3

Lager; Ferien~ 4 <Zool.> *Tierverband;* Vogel~; **Ko·lo·ni·sa·ti·on** <f.; -, -en>; **Ko·lo·ni'sa·tor** <m.; -s, -'to·ren> *jmd., der eine Kolonie(2) erobert;* **ko·lo·ni·sa·'to·risch** <Adj.>; **ko·lo·ni·sie·ren** <V. t.> *ein Gebiet* ~; **Ko·lo·ni'sie·rung** <f.; -, -en>; **Ko·lo'nist** <m.; -en, -en>; **Ko·lo'nis·tin** <f.; -, -nen>

Ko·lon'na·de <f.; -, -n> *Säulengang* [frz.]; **Ko'lon·ne** <f.; -, -n> 1 <bes. Mil.> *Gruppe, Schar, Zug;* in ~n *marschieren;* ~ *fahren* 2 *Transporttruppe;* Rettungs~ 3 *Arbeitsgruppe;* Putz~ 4 *(Druck-)Spalte* 5 *die fünfte* ~ *Spionagegruppe;* **Ko'lon·nen·fah·ren** <n.; -s; unz.>

Ko·lo'pho·ni·um <n.; -s; unz.> *ein Naturharz (u. a. für die Bögen von Streichinstrumenten);* oV *Kolofonium* [grch.]

Ko·lo'quin·te <f.; -, -n> *(Frucht einer) Kürbispflanze* [ital.]

Ko·lo'ra·do·kä·fer <m.; -s, -; Zool.> *Kartoffelkäfer [nach dem US-Staat Colorado]*

Ko·lo·ra'tur <f.; -, -en; Mus.> *virtuose Verzierung des Gesangs;* ~ *singen* [ital.-lat.]; **Ko·lo·ra'tur·sän·ge·rin** <f.; -, -nnen>; **Ko·lo·ra'tur·so·pran,** <auch> **Ko·lo·ra'tur·sop·ran** <m.; -s, -e; ↗Z.53>; **ko·lo'rie·ren** <V. t.> *bemalen, färben;* kolorierter *Stich;* **Ko·lo·ri'me·ter** <n.; -s, -> *Gerät zur Bestimmung der Farbintensität* [lat.-grch.]; **Ko·lo·ri·me·'trie,** <auch> **Ko·lo·ri·met'rie** <f.; -; unz.; ↗Z53>; **ko·lo·ri'me·trisch** <Adj.>; **Ko·lo'rist** <m.; -en, -en> *jmd., der Zeichnungen, Stiche o. Ä. koloriert;* **Ko·lo·'ris·tin** <f.; -, -nnen>; **ko·lo'ris·tisch** <Adj.>; **Ko·lo'rit** <n.; -(e)s, -e od. -s> 1 <Mal.> *Farbgebung, farbl. Gestaltung* 2 <Mus.> *Klangfarbe, -wirkung* 3 <Lit.> *Stimmung, Atmosphäre;* Lokal~

Ko'loss <m.; -es, -e> 1 *Riesenstandbild;* der ~ *von Rhodos* 2 <umg.> *riesiger, kräftiger Mensch* [grch.]; **ko·los'sal** <Adj.> *gewaltig, riesenhaft;* ~ *groß, dick;* **Ko·los'sal·film** <m.; -(e)s, -e>; **Ko·los'se·um** <n.; -s; unz.> *antikes Amphitheater in Rom*

Ko·los'tral·milch, <auch> **Ko-**

lost'ral·milch <f.; -; unz.>, **Ko·'los·trum**, <auch> **Ko'lost·rum** <n.; -s; unz.; ↗Z53> *Erstmilch* [lat.]

Ko·lo·to'mie <f.; -, -n; Med.> *operative Öffnung des Dickdarms*

'Kol·ping·werk <n.; -s; unz.> *internat. kath. Laienorganisation* [nach dem Gründer A. *Kolping*]

Kol'pi·tis <f.; -, -'ti·den; Med.> *Scheidenentzündung* [grch.]

Kol·por·ta·ge <[-'ta:ʒə]; f.; -, -n> **1** *Verbreitung von Gerüchten* **2** <früher> *Hausieren mit billigen Büchern* [frz.]; **Kol·por'ta·ge·ro·man** <m.; -s, -e> *billiger, schlechter Roman;* **Kol·por·teur** <[-'tø:r]; m.; -s, -e> **1** *jmd., der Gerüchte verbreitet* **2** <früher> *Hausierer mit billigen Büchern;* **Kol·por'teu·rin** <f.; -, -n·nen>; **kol·por'tie·ren** <V. t.> **1** *Nachrichten ~ als Gerücht verbreiten* **2** <früher> *Bücher ~ mit Büchern hausieren*

Kol·po'skop, <auch> **Kol·pos·'kop** <n.; -s, -e; ↗Z53; Med.> *gynäkolog. Untersuchungsinstrument* [grch.]; **Kol·po·sko·'pie** <f.; -, -n; Med.>

Kölsch <n.; -; unz.> **1** *ein obergäriges Bier* **2** *Kölner Dialekt; ~ sprechen*

'Kol·ter[1] <n.; -s, -> *Pflugmesser* [frz.]

'Kol·ter[2] <m.; -s, -; oberdt.> *Schlaf-, Steppdecke*

Ko·lum'ba·ri·um <n.; -s, -'ba·ri·en> **1** *altröm. Begräbnisstätte* **2** *Urnenhalle* [lat.]

Ko·lum'bi·a·ner <m.; -s, -; **Ko·lum·bi·a·ne·rin** <f.; -, -n·nen>; **ko·lum·bi·a·nisch** <Adj.>; **Ko·'lum·bi·en** *ein südamerikan. Staat;* Republik ~; **Ko'lum·bi·er** <m.; -s, -; nicht amtl. Bez.>; **Ko·'lum·bi·e·rin** <f.; -, -n·nen; nicht amtl. Bez.>

Ko·lum'bi·ne <f.; -, -n> *= Kolombine*

ko·lum·bisch <Adj.> *= kolumbianisch*

Ko·'lum·ne <f.; -, -n> **1** *Zeitungs-, Druckspalte* **2** *senkrechte (Zahlen-)Reihe* [lat.]; **Ko'lum·nen·ti·tel** <m.; -s, ->; **ko'lum·nen·wei·se** <Adv.>; **Ko·lum'nist** <m.; -en, -en> *jmd., der regelmäßig eine bestimmte Zeitungsspalte*

gestaltet; Klatsch~; **Ko·lum'nis·tin** <f.; -, -n·nen>

Köm <m. 7; -s, -s; nddt.> *Kümmelschnaps*

'Ko·ma <n.; -s, -s od. -ta; Med.> *tiefe Bewusstlosigkeit;* ins ~ fallen; im ~ liegen

Ko'mant·sche <m.; -n, -n> *Angehöriger eines Indianerstammes*

ko·ma'tös <Adj.> *das Koma betreffend;* ~er Zustand

'Kom·bi <m.; -s, -s; kurz für** *Kombiwagen;* **Kom·bi'nat** <n.; -(e)s, -e; in sozialist. Ländern> *staatseigener Betrieb* [lat.]; **Kom·bi·na'ti·on** <f.; -, -en> **1** *Verknüpfung, Zusammenfügung* **2** *gedankliche Verknüpfung, Schlussfolgerung* **3** *aufeinander abgestimmte Kleidungsstücke;* **Kom·bi·na·ti·ons·ga·be** <f.; -; unz.>; **Kom·bi·na·ti'ons·schloss** <n.; -es, ⸚er>; **Kom·bi·na·ti'ons·ton** <m.; -(e)s, ⸚e; Mus.>; **Kom·bi·na·ti'ons·ver·mö·gen** <n.; -s; unz.>; **Kom·bi·na·to'rik** <f.; -; unz.> **1** *Zusammenstellung von Begriffen od. Dingen in einem System* **2** <Math.> *Lehre von den verschiedenen Verknüpfungsmöglichkeiten der einzelnen Elemente;* **kom·bi·na·to·risch** <Adj.> *verknüpfend*

Kom·bi·ne <a. engl. [kɔm'bain]; f.; -, -n od. engl. -s; Landw.> *Maschine, die mehrere Arbeitsgänge gleichzeitig ausführt, z. B. Mähdrescher*

kom·bi'nier·bar <Adj.>; **Kom·bi·'nier·bar·keit** <f.; -; unz.>; **kom·bi'nie·ren** <V. i. u. V. t.> *verknüpfen, Zusammenhänge herstellen;* gut ~ können [lat.]; **Kom·bi·'wa·gen** <m.; -s, -; Kurzw.: Kombi> *kombinierter Personen- u. Lieferwagen;* **'Kom·bi·zan·ge** <f.; -, -n> *ein Werkzeug*

Kom·bü·se <f.; -, -n; Seemannsspr.> *Schiffsküche*

Ko'me·do <m.; -s, -'do·nen; Med.> *Mitesser*

Ko'met <m.; -en, -en> *Himmelskörper mit Schweif, Schweifstern* [grch.]; **ko·me'tar, ko·me·'ta·risch** <Adj.>; **ko·me·ten·haft** <Adj.; fig.> *sehr schnell (u. Aufsehen erregend);* ~er Aufstieg eines Künstlers

Kom·fort <[-'fo:r]; m.; - od. -s; unz.> *Luxus;* mit allem ~ [engl.]; **kom·for'ta·bel** <Adj.> *komfortables Auto*

'Ko·mik <f.; -; unz.> *komische, erheiternde Wirkung;* die ~ einer Situation [grch.]; **'Ko·mi·ker** <m.; -s, ->; **'Ko·mi·ke·rin** <f.; -, -n·nen>

Kom·in'form <n.; -s; unz.; Kurzw. für** *Kommunistisches Informationsbüro (1947–1956);* **Kom·in·'tern** <f.; -; unz.; Kurzw. für** *Kommunistische Internationale (1919–1943)*

'ko·misch <Adj.> **1** *erheiternd, belustigend, spaßig;* eine ~e Rolle **2** <fig.; umg.> *seltsam, sonderbar;* ein ~er Kauz; mir ist ~ zumute [grch.]

Ko·mi'tat <n. od. m.; -(e)s, -e; früher> **1** *feierliches Geleit* **2** *ungar. Verwaltungsbezirk* [lat.]; **'Ko·mi·ta·tiv** <m.; -s, -e; Gramm.> *Begleitung (durch "mit") ausdrückender Kasus*

Ko·mi'tee <n.; -s, -s> *leitender Ausschuss, Kommission* [frz.]

Ko'mi·ti·en <Pl.> *altrömische Bürgerversammlungen*

'Kom·ma <n.; -s, -s od. -ma·ta; Gramm.; Zeichen: ,> *ein Satzzeichen, Beistrich;* → a. Kasten S. 591 [grch.]; **'Kom·ma·ba·zil·lus** <m.; -, -ba·zil·len; Med.> *ein Schraubenbakterium, Erreger der Cholera*

Kom·man'dant <m.; -en, -en; Mil.> *Befehlshaber;* **Kom·man·'dan·tin** <f.; -, -n·nen>; **Kom·man·dan'tur** <f.; -, -en> *Dienstgebäude eines Kommandanten;* **Kom·man·deur** <[-'dø:r]; m.; -s, -e>; **Kom·man'deu·rin** <f.; -, -n·nen>; **kom·man'die·ren** <V. i. u. V. t.> *befehlen;* eine Truppe ~; der ~de General; **Kom·man'die·rung** <f.; -; unz.>

Kom·man·di'tär <m.; -s, -e; schweiz.> *= Kommanditist;* **Kom·man'di·te** <f.; -, -n> *Zweiggeschäft;* **Kom·man'dit·ge·sell·schaft** <f.; -, -en; Abk.: KG> *eine Form der Handelsgesellschaft;* ~ auf Aktien (Abk: KGaA); **Kom·man·di'tist** <m.; -en, -en> *Gesellschafter, der nur mit seiner Vermögenseinlage haftet;* Ggs Komplementär;

Komma: Das K. ist das am häufigsten verwendete Satzzeichen der ↗Interpunktion innerhalb von Sätzen. Es gehört neben den ↗Auslassungspunkten, ↗Semikolon, ↗Doppelpunkt und ↗Gedankenstrich zu den **Satzmittezeichen.** Das K. dient in erster Linie dazu, Sätze zu gliedern und verschiedene unselbstständige Satzteile voneinander abzugrenzen. Es kann als **einfaches** oder als **paariges** K. auftreten.

1. Gleichrangige (nebengeordnete) Teilsätze, Wortgruppen oder Wörter werden durch K. getrennt: *Frühling, Sommer, Herbst, Winter; Kinder, Jugendliche, Eltern, alle waren gleichermaßen begeistert; sie aß große, bunte Bonbons.*

Zwischen **nicht gleichrangigen Adjektiven** steht kein K.: *die allgemeine politische Lage; ein interessantes autobiografisches Buch.*

Sind gleichrangige Wörter oder Wortgruppen durch und, oder, sowohl ... als auch, weder ... noch verbunden, so steht kein K.: *Frühling, Sommer, Herbst und Winter; grün, blau oder gelb; sie mag weder Äpfel noch Birnen.*

Werden **entgegenstellende** ↗**Konjunktionen** wie *aber, sondern, doch, jedoch* zwischen gleichrangige Wörter, Wortgruppen oder Teilsätze gesetzt, so werden sie mit K. getrennt: *er telefoniert nicht mit seinem Bruder, sondern mit seinem Freund; hart, aber herzlich; freundlich, doch beharrlich.*

Vor **vergleichenden Konjunktionen** steht kein K.: *dieses Kleid ist schöner als das andere; er ist so groß wie ich; sie arbeitet mehr denn je.*

Ein **vorangestelltes, hervorgehobenes Satzglied** wird durch K. abgetrennt: *dein Freund, der kann dir jetzt nicht mehr helfen.*

2. Gleichrangige Teilsätze (Hauptsätze), die durch und, oder usw. verbunden sind, können durch K. getrennt werden: *Wir gingen ins Kino(,) und danach aßen wir in einem italienischen Restaurant. Sie bleiben Weihnachten zu Hause(,) oder sie fahren zu ihren Kindern. Es passierte nicht häufig, dass sie bei uns klingelte(,) und dass sie sich etwas auslieh.*

3. ↗**Hauptsätze, die nicht durch eine anreihende Konjunktion wie und, oder usw. verbunden sind, werden durch K. voneinander getrennt:** *Wir machten mehrere Versuche, das Auto sprang nicht mehr an. Sie verließen das Haus, die Tür schloss niemand ab.*

4. ↗**Nebensätze werden mit K. abgegrenzt, eingeschobene Nebensätze werden mit einem paarigen K. eingeschlossen:**
a) am Anfang von Ganzsätzen:
Was das soll, weiß ich nicht. Wenn du gehst, nimm dir einen Schirm mit.
b) eingeschoben:
Der Film, den ich gesehen habe, gefällt mir nicht. Seine Ansicht, dass der Ausflug gelungen war, teile ich nicht.
c) am Ende von Ganzsätzen:
Er lachte, weil er den Witz endlich verstanden hatte. Sie verlor den Verstand, als sie die Rechnung sah. Wir sagten, dass wir kommen würden.

5. Bei formelhaften Nebensätzen kann das K. entfallen: *Wie telefonisch vereinbart(,) schicken wir Ihnen anbei die gewünschten Artikel zu. Wie bereits gesagt(,) treffen wir uns um 9 Uhr.*

6. Bei Infinitiv-, Partizip- oder Adjektivgruppen kann ein (paariges) K. gesetzt werden, um die Satzgliederung zu verdeutlichen: *Sie hatten vereinbart(,) die Kanzlei gemeinsam zu leiten. Durch die gute Note angespornt(,) fasste sie wieder Mut. Ich bin bereit(,) meinen Anteil hierzu zu leisten. Er sah sich(,) sie laut und wütend beschimpfend(,) nach seinem Freund um. Der Kranke versuchte(,) täglich(,) etwas weiter zu laufen.*

7. Zusätze oder Nachträge in Form von Parenthesen, Substantivgruppen, mehrteiligen Orts-, Wohnungs-, Zeit- und Literaturangaben, nachgestellten Erläuterungen, angekündigten Wörtern oder Wortgruppen o. Ä. werden mit K. abgegrenzt. Eingeschobene Zusätze oder Nachträge werden mit paarigem K. eingeschlossen: *Gestern Morgen, es war wohl 10 Uhr, läutete Sonja an der Haustür. Dienstag, 13 Uhr, Hotel Kaiser. Peter Müller, Hamburg, Seestr. 33, 2. Stock(,) hat diese Anzeige aufgegeben. Die Zeit, Jahrgang 25, S. 14. Wir fahren gern Fahrrad, besonders im Urlaub. Am liebsten isst sie Gemüse, z. B. Karotten und Broccoli. Walter Simon, Dorfältester, begeht heute seinen 98. Geburtstag. Meine Tante, eine große Sängerin, besuchte uns gestern.*

Folgt auf einen Titel oder eine Berufsbezeichnung ein Eigenname, so kann die K. entfallen: *Der große Schriftsteller der Klassik(,) Johann Wolfgang v. Goethe(,) ist in Frankfurt geboren. Frau Schmidt(,) geb. Meier(,) wurde in den Ruhestand verabschiedet. Wir beide, du und ich, wissen das ganz genau.*

Mehrteilige Eigennamen mit vorangestelltem Titel ohne Artikel werden ohne K. geschrieben: *Herr Direktor Prof. Dr. phil. Müller leitete die Diskussion.*

Bei mehrteiligen Orts-, Wohnungs-, Zeit- und Literaturangaben kann das schließende K. entfallen: *Die Sitzung findet am Mittwoch, dem 3. Januar, in der Steinstraße 4(,) statt.*
Zur Zeichensetzung bei Datumsangaben vgl. ↗Datum.

8. In vielen Fällen entscheidet der Schreibende darüber, ob ein Zusatz oder Nachtrag mit K. abgegrenzt werden soll.

9. Anreden, Ausrufe oder Stellungnahmen, die besonders gekennzeichnet werden sollen, werden mit (ggf. paarigem) K. abgegrenzt bzw. eingeschlossen: *Du, dich habe ich verzweifelt gesucht. Das, mein Lieber, hättest du nicht tun sollen!*

Vgl. ↗direkte Rede, ↗Anführungszeichen

K

Kom·man·di·tis·tin ‹f.; -, -n·nen›

Kom'man·do ‹n.; -s, -s› **1** *Befehlswort;* auf ein ~ warten **2** ‹unz.› *Befehlsgewalt;* das ~ führen **3** *Sonderabteilung, -truppe;* Wach~ [ital.]; **Kom'man·do·brü·cke** ‹f.; -, -n›; **Kom'man·do·sa·che** ‹f.; -; unz.› *geheime* ~; **Kom'man·do·stab** ‹m.; -(e)s, ¨e›; **Kom'man·do·stim·me** ‹f.; -, -n› mit ~ brüllen; **Kom'man·do·tech·nik** ‹f.; -; unz.; EDV› *Form der Programmführung;* Ggs *Menütechnik;* **Kom'man·do·zen·tra·le**, ‹auch› **Kom'man·do·zent·ra·le** ‹f.; -, -n; ↗Z53›

Kom·mas·sa·ti·on ‹f.; -, -en› *Flurbereinigung* [lat.]; **kom·mas'sie·ren** ‹V. t.› *Grundstücke* ~; **Kom·mas'sie·rung** ‹f.; -, -en› = *Kommassation*

'kom·men ‹V. i. (s.) 170› *sich nähern, eintreffen, erscheinen;* ich komme gleich; er kam nicht; der Morgen ist gekommen; einen Handwerker ~ lassen; '**Kom·men** ‹n.; -s; unz.› es ist ein ~ u. Gehen; sein ~ steht infrage; im ~ sein

Kom'men·de¹ ‹f.; -, -n; früher› *kirchliche Pfründe (ohne Amtsverpflichtungen)* [lat.]

'**Kom·men·de²** ‹n. 3› *Zukünftiges;* das ~ kaum erwarten können

Kom·men'sa·le ‹m.; -n, -n; Biol.› *Organismus, der mit einem anderen zusammenlebt* [lat.]; **Kom·men·sa'lis·mus** ‹m.; -; unz.›

kom·men·su'ra·bel ‹Adj.› *vergleichbar, mit gleichem Maß messbar;* kommensurable Statistiken; Ggs *inkommensurabel* [lat.]; **Kom·men·su·ra·bi·li'tät** ‹f.; -; unz.›

Kom'ment ‹[-'mã] m.; -s, -s; geh.› *Sitte, Brauch* [frz.]

Kom·men'tar ‹m.; -s, -e› **1** *Erläuterung, Erklärung* **2** *(kritische) Stellungnahme* **3** ‹umg.› *Bemerkung;* er gibt zu allem seinen ~ [lat.]; **kom·men·ta'risch** ‹Adj.›; **kom·men'tar·los** ‹Adj.›; **Kom·men'ta·tor** ‹m.; -s, -'to·ren›; **Kom·men·ta'to·rin** ‹f.; -, -n·nen›; **kom·men'tie·ren** ‹V. t.› *erläutern, erklären;* **Kom·men'tie·rung** ‹f.; -, -en›

Kom'mers ‹m.; -es, -e› *feierl. Trinkgelage;* ‹aber› → *Kommerz*

Kom'merz ‹m.; -es; unz.; häufig abwertend› *wirtschaftl. Gewinn, Profit;* ‹aber› → *Kommers* [frz.]; **kom·mer·zi·a·li'sie·ren** ‹V. t.› **1** *wirtschaftl. nutzbar machen, dem Profitstreben preisgeben* **2** *öffentl. Schulden ~ in privatwirtschaftl. Schulden umwandeln;* **Kom·mer·zi·a·li'sie·rung** ‹f.; -, -en›; **Kom·mer·zi'al·rat** ‹m.; -(e)s, ¨e› = *Kommerzienrat;* **kom·mer·zi'ell** ‹Adj.›; **Kom'mer·zi·en·rat** ‹m.; -(e)s, ¨e; bis 1919 Titel für› *Großkaufmann*

Kom·mi·li'to·ne ‹m.; -n, -n› *Studienkollege;* **Kom·mi·li'to·nin** ‹f.; -, -n·nen›

Kom·mis ‹[-'mi:] m.; -, -; veralt.› *Handlungsgehilfe* [frz.]

Kom'miss ‹m.; -es; unz.; umg.› *Militär, Wehrdienst;* zum ~ gehen

Kom·mis'sar ‹m.; -s, -e›, **Kom·mis'sär** ‹m.; -s, -e; süddt.; österr.; schweiz.› **1** *ein Staatsbeamter;* Staats~ **2** *Dienstrang im Polizeidienst;* Kriminal~ [lat.]; **Kom·mis·sa·ri'at** ‹n.; -(e)s, -e› *Amt eines Kommissars;* **Kom·mis'sa·rin** ‹f.; -, -n·nen›; **kom·mis'sa·risch** ‹Adj.› *vertretungsweise, einstweilig;* ~er Leiter

Kom'miss·brot ‹n.; -(e)s, -e› *ein rechteckiges Brot*

Kom·mis·si'on ‹f.; -, -en› **1** *Ausschuss;* Ärzte~; Rechtschreib~ **2** ‹Wirtsch.› *Auftrag für fremde Rechnung;* eine Ware in ~ geben, nehmen [lat.]; **Kom·mis·si·o'när** ‹m.; -s, -e› *jmd., der für fremde Rechnung Geschäfte tätigt;* **kom·mis·si·o'nell** ‹Adj.›; **kom·mis·si·o'nie·ren** ‹V. t.; österr.› *einen Neubau ~ einer amtlichen Prüfung unterziehen;* **Kom·mis·si'ons·buch·han·del** ‹m.; -s; unz.› *Zwischenhandel zwischen Verlag u. Sortiment;* **Kom·mis·si'ons·ge·schäft** ‹n.; -(e)s, -e›; **Kom·mis·si'ons·wa·re** ‹f.; -, -n›

Kom'miss·stie·fel ‹m.; -s, -; ↗Z37; umg.›

Kom·mit'tent ‹m.; -en, -en› *Auftraggeber eines Kommissionärs* [lat.]; **Kom·mit'tie·ren** ‹V. t.› *beauftragen*

kom'mod ‹Adj.; österr.; umg.› *angenehm, bequem* [frz.]; **Kom'mo·de** ‹f.; -, -n› *kastenförmiges Möbelstück mit Schubkästen;* **Kom·mo'do·re** ‹m.; -s, -s od. -n› **1** *erfahrener Kapitän (im Admiralsrang)* **2** *Geschwaderführer* [engl.]

Kom·mo·ti'on ‹f.; -, -en; Med.› *(Gehirn-)Erschütterung* [lat.]

kom'mun ‹Adj.; veralt.› *gemeinsam, gemeinschaftlich;* **kom·mu'nal** ‹Adj.› *die Gemeinde betreffend;* ~er Ausgleich; **Kom·mu'nal·ab·ga·be** ‹f.; -, -n› *Gemeindesteuer;* **kom·mu·na·li'sie·ren** ‹V. t.› *einer Gemeinde angliedern;* **Kom·mu·na·li'sie·rung** ‹f.; -; unz.›; **Kom·mu'nal·ob·li·ga·ti·on**, ‹auch› **Kom·mu'nal·ob·li·ga·ti·on** ‹f.; -, -en; ↗Z53› *Schuldverschreibung;* **Kom·mu'nal·po·li·tik** ‹f.; -; unz.›; **Kom·mu'nal·po·li·ti·ker** ‹m.; -s, -›; **Kom·mu'nal·po·li·ti·ke·rin** ‹f.; -, -n·nen›; **Kom·mu'nal·ver·wal·tung** ‹f.; -, -en›; **Kom·mu'nal·wahl** ‹f.; -, -en›; **Kom·mu'nar·de** ‹m.; -n, -n› **1** *Angehöriger der Pariser Kommune* **2** ‹meist scherzh.› *Mitglied einer Wohngemeinschaft* [frz.]; **Kom'mu·ne** ‹f.; -, -n› **1** *Gemeinde* **2** ‹im MA› *Stadtstaat (bes. in Italien)* **3** ‹a. [kɔ'my:n]› *Pariser ~ Gegenregierung während der Französischen Revolution* **4** ‹abwertend› *(politisch orientierte) Wohngemeinschaft;* **Kom·mu'ni·kant** ‹m.; -en, -en; Kath.› *jmd., der an der Kommunion (u. am Abendmahl) teilnimmt;* **Kom·mu·ni'kan·tin** ‹f.; -, -n·nen›; **Kom·mu·ni·ka·ti'on** ‹f.; -; unz.› **1** *Verständigung (zwischen Menschen)* **2** *Verbindung, Zusammenhang;* die ~ von Forschung u. Technik; **Kom·mu·ni·ka·ti'ons·for·schung** ‹f.; -; unz.›; **Kom·mu·ni·ka·ti'ons·mit·tel** ‹n.; -s, -›; **Kom·mu·ni·ka·ti'ons·tech·nik** ‹f.; -; unz.›; **Kom·mu·ni·ka·ti'ons·wis·sen·schaft** ‹f.; -; unz.›; **Kom·mu·ni·ka·ti'ons·**

zen·trum, <auch> **Kom·mu·ni·ka·ti'ons·zent·rum** <n.; -s, -tren/-t·ren; ↗Z53>; **kom·mu·ni·ka'tiv** <Adj.> 1 *die Verständigung betreffend;* ~e Kompetenz <Sprachw.> *Sprachfähigkeit* 2 *mitteilsam;* **Kom·mu·ni'kee** <n.; -s, -s; ↗Z18.4> = *Kommuniqué;* **Kom·mu·ni'on** <f.; -, -en; Kath.> *Abendmahl(sfeier);* **Kom·mu·ni'on·bank** <f.; -, ̈e; Kath.>; **Kom·mu·ni'qué** <a. [kɔmyni'ke:]; n.; -s, -s; ↗Z18.4> *(amtliche) Bekanntmachung, Mitteilung;* oV *Kommunikee* [frz.]; **Kom·mu'nis·mus** <m.; -; unz.> 1 <nach der Lehre des Marxismus-Leninismus> *auf den Sozialismus folgende Wirtschafts- u. Gesellschaftsordnung ohne Privateigentum mit sozialer Gleichstellung der Individuen* 2 polit. *Bewegung, die die Verwirklichung des Kommunismus(1) anstrebt* [lat.]; **Kom·mu'nist** <m.; -en, -en>; **Kom·mu'nis·tin** <f.; -, -n·nen>; **kom·mu'nis·tisch** <Adj.; ↗Z46> *auf dem Kommunismus beruhend;* ~e Partei; <aber> Kommunistische Internationale = *Komintern;* Kommunistisches Manifest *von Marx u. Engels verfasstes Programm des Kommunismus;* **Kom·mu·ni'tät** <f.; -, -en> *Gemeinschaft;* **kom·mu·ni'zieren** <V. i.> *sich verständigen, miteinander reden*

kom·mu'ta·bel <Adj.> *veränderlich, vertauschbar;* kommutable Größen [lat.]; **Kom·mu·ta·ti'on** <f.; -, -en> 1 *Veränderung, Vertauschbarkeit* 2 *ein astron. Winkel* [lat.]; **kom·mu·ta'tiv** <Adj.> *vertauschbar;* **Kom·mu'ta·tor** <m.; -s, -'to·ren> = *Kollektor;* **kom·mu'tie·ren** <V. t.> *verändern, vertauschen;* **Kom·mu'tie·rung** <f.; -, -en> = *Kommutation*

Ko·mö·di'ant <m.; -en, -en> 1 *jmd., der Komödien spielt* 2 <fig.> *jmd., der etwas vortäuscht;* **ko·mö·di'an·ten·haft** <Adj.>; **Ko·mö·di'an·ten·tum** <n.; -s; unz.>; **Ko·mö·di'an·tin** <f.; -, -n·nen>; **ko·mö·di'an·tisch** <Adj.>; **Ko·mö'die** <[-dia] f.; -, -n> 1 *heiteres Drama, Lustspiel* 2 *Theater, in dem Komö-*

Komparation: Die K. [<lat. *comparatio* „Vergleich"] oder Steigerung ist eine grammatische Kategorie des ↗**Adjektivs,** des ↗**Adverbs** und der ↗**Partizipien,** die einen Gradunterschied ausdrückt. Bei der Bildung der Steigerungsformen werden im Deutschen drei Stufen unterschieden:

1. Grundstufe (↗**Positiv**): *Der Anzug ist so schön wie der alte.*
2. 1. Steigerungsstufe oder Höherstufe (**Komparativ**): *Diese Schuhe sind bequemer als die anderen.*
3. 2. Steigerungsstufe oder Höchststufe (↗**Superlativ**): *Sophie ist von allen am ältesten.*

Als 4. Vergleichsstufe gibt es im Deutschen noch den ↗**Elativ** oder absoluten Superlativ: *Es war äußerst/höchst interessant.*
Die K. ist neben ↗**Deklination** und ↗**Konjugation** eine der drei Flexionsarten im Deutschen. Sie wird häufig der Deklination zugerechnet, da die Formenbildung weitgehend regelmäßig ist. Die Steigerungsformen werden durch Anhängen von *-(e)r* im Komparativ und *-(e)st* im Superlativ gebildet.
Die meisten Adjektive können Vergleichsformen bilden, einige

dien(1) gespielt werden 3 <fig.> *Vortäuschung, Verstellung;* jmdm. eine ~ vorspielen [lat.-grch.]; **Ko'mö·di·en·spie·ler** <m.; -s, ->; **Ko'mö·di·en·spie·le·rin** <f.; -, -n·nen>

Ko'mo·ren <Pl.> *ostafrikan. Inselstaat;* Islamische Bundesrepublik ~; **Ko'mo·rer** <m.; -s, ->; **Ko'mo·re·rin** <f.; -, -n·nen>; **ko'mo·risch** ~e Sprache

Komp. <Abk. für> *Kompanie(2)*
'Kom·pa·gnon, <auch> **'Kom·pag·non** <[kɔmpan'jõ:]; m.; -s, -s; ↗Z53> *Mitinhaber, Teilhaber (einer Firma)* [frz.]

kom'pakt <Adj.> *massiv, konzentriert;* **Kom'pakt·bau·wei·se** <f.; -; unz.>; **Kom'pakt·heit** <f.; -; unz.>; **Kom'pakt·kas·set·te** <f.; -, -n; EDV>; **Kom'pak·tor** <m.; -s, -'to·ren> *Verdichtungsraupe (für Mülldeponien)*

Kom·pa'nie <f.; -, -n> 1 <Abk.: Co., Cie.> *Handelsgesellschaft* 2

(z. B. *orange, lila, steinern, irden, schwanger, taub, physikalisch, chemisch*) sind jedoch – häufig aufgrund inhaltlicher Beschränkung – nicht steigerbar (komparabel). Im Vergleich zu den Adjektiven lassen sich nur wenigen Adverbien Vergleichsformen bilden: *oft – öfter – am öftesten; sehr – mehr – am meisten.*
Nicht steigerbar sind dagegen: *immer, außerordentlich, unsinnigerweise* usw.

Komparativ: Der K. – auch Höherstufe oder 1. Steigerungsstufe genannt – ist die 1. Vergleichsstufe von Adjektiven, Adverbien und Partizipien (↗Komparation). Er wird durch Anhängen von *-(e)r* an die Grundform gebildet:
weise – weiser; schön – schöner; gewinnend – gewinnender; verzweifelt – verzweifelter.
Bei Adjektiven mit dem Stammvokal *a, o* und *u* tritt oft ein Umlaut ein:
arm – ärmer; klug – klüger.
Bei Adjektiven auf *-el* fällt im K. das *e* aus: *dunkel – dunkler; edel – edler; profitabel – profitabler.* Bei Adjektiven auf *-er* und *-en* kann das *e* ausfallen: *heiter – heit(e)rer; eben – eb(e)ner.*
Vgl. ↗Positiv, ↗Superlativ

<Mil.; Abk.: Komp.> *Truppeneinheit* [ital.]; **Kom·pa'nie·chef** <[-ʃef]; m.; -s, -s>; **Kom·pa'nie·füh·rer** <m.; -s, ->

kom·pa'ra·bel <Adj.> Ggs *inkomparabel* 1 *vergleichbar;* komparable Werte 2 <Gramm.> *steigerungsfähig* [lat.]; **Kom·pa·ra·ti'on** <f.; -, -en> 1 *Vergleich* 2 <Gramm.> *Steigerung (der Adjektive);* → a. *Kasten;* **Kom·pa·ra'tis·tik** <f.; -; unz.> *vergleichende Sprach- od. Literaturwissenschaft;* **kom·pa·ra'tistisch** <Adj.>; **'kom·pa·ra·tiv** <a. [---'-]; Adj.> *vergleichend;* **'Kom·pa·ra·tiv** <m.; -s, -e; Gramm.> *erste Steigerungsstufe;* → a. *Kasten; Positiv, Superlativ;* **'Kom·pa·ra·tiv·satz** <m.; -es, ̈e; Gramm.> *Vergleichssatz;* **Kom·pa'ra·tor** <m.; -s, -'to·ren> 1 *Gerät zur vergleichenden Längenmessung* 2 <Astr.> *Gerät zum Vergleichen von fotograf. Auf-*

nahmen (zur Feststellung von Helligkeits- od. Positionsunterschieden); **kom·pa'rie·ren** <V. t.; selten> 1 *vergleichen* 2 <Gramm.> *steigern*

Kom'par·se <m.; -n, -n> *Statist (beim Theater)* [ital.]; **Kom·par·se'rie** <f.; -; unz.> *Gesamtheit der Komparsen;* **Kom'par·sin** <f.; -, -nen>

'**Kom·pass** <m.; -es, -e> *kleiner Apparat zur Bestimmung der Himmelsrichtung* [ital.]; '**Kom·pass·na·del** <f.; -, -n> *Magnetnadel;* '**Kom·pass·ro·se** <f.; -, -n> *Windrose auf dem Kompassifferblatt;* '**Kom·pass·stö·rung** <f.; -, -en; ↗Z37>

kom·pa'ti·bel <Adj.> *vereinbar, zusammenpassend;* kompatible Geräte; Ggs *inkompatibel* [frz.]; **Kom·pa·ti·bi·li'tät** <f.; -; unz.> *Kombinierbarkeit*

kom·pen·di'ös <Adj.; selten> *in der Art eines Kompendiums, zusammengedrängt;* **Kom'pen·di·um** <n.; -s, -di·en; geh.> *kurz gefasster Abriss, Lehrbuch* [lat.]

Kom·pen·sa·ti'on <f.; -, -en> *Ausgleich, Ersatz, (finanzielle) Entschädigung;* **Kom·pen·sa·ti'ons·punkt** <m.; -(e)s, -e; Biol.>; **Kom·pen'sa·tor** <m.; -s, -'to·ren> 1 *ausgleichender Faktor* 2 *Gerät zur Spannungsmessung;* **kom·pen·sa'to·risch** <Adj.> *ausgleichend, ersetzend;* ~e Erziehung; **kom·pen'sie·ren** <V. t.> *ausgleichen, aufheben, ersetzen;* schulische Defizite ~

kom·pe'tent <Adj.> Ggs *inkompetent* 1 *zuständig, befugt* 2 *maßgebend, urteilsfähig* [lat.]; **Kom·pe'tenz** <f.; -, -en> Ggs *Inkompetenz* 1 *Zuständigkeit, Befugnis* 2 *Befähigung;* kommunikative ~ <Sprachw.> *Sprachfähigkeit;* **Kom·pe'tenz·fra·ge** <f.; -; unz.>; **Kom·pe'tenz·kom·petenz** <f.; -, -en; Rechtsw.> *Befugnis eines staatl. Organs, über die eigene Zuständigkeit zu bestimmen;* **Kom·pe'tenz·konflikt** <m.; -(e)s, -e>; **Kom·pe'tenz·strei·tig·keit** <f.; -, -en; meist Pl.>; **kom·pe·ti'tiv** <Adj.; Chem.> ~e Hemmung

Kom·pi·la·ti'on <f.; -, -en; geh.; abwertend> *wertloses Sammel-*

werk, Zusammentragung [lat.]; **kom·pi'lie·ren** <V. t.>

Kom·pla'nar <Adj.; Math.> *in der gleichen Ebene* [lat.]

Kom·ple'ment <n.; -(e)s, -e> *Ergänzung* [frz.]; **kom·ple·men'tär** <Adj.> *ergänzend;* **Kom·ple·men'tär** <m.; -s, -e> *persönlich haftender Teilhaber einer Kommanditgesellschaft;* Ggs *Kommanditist;* **Kom·ple·men'tär·far·be** <f.; -, -n> *Ergänzungsfarbe;* **Kom·ple·men·ta·ri'tät** <f.; -; unz.>; **kom·ple·men'tie·ren** <V. t.> *ergänzen;* **Kom·ple'ment·win·kel** <m.; -s, -; Math.> *Ergänzungswinkel;* → a. *Supplementwinkel;* **Kom·plet¹** <[-'ple:t]; f.; -, -n> *Abend-, Schlussgebet* [lat.]; **Kom·plet²** <[kom'ple:] od. [kɔ̃'ple:]; n.; - od. -s, -s> *Kleid u. Mantel (aus dem gleichen Stoff)* [frz.]; **kom·ple'tiv** <Adj.; Sprachw.> *ergänzend;* **kom'plett** <Adj.> *vollkommen, vollständig, vollzählig;* du bist ja ~ verrückt! <umg.>; **Kom'plett·an·ge·bot** <n.; -(e)s, -e>; **kom·plet'tie·ren** <V. t.> *vervollständigen, ergänzen;* **Kom·plet'tie·rung** <f.; -; unz.>

kom'plex <Adj.; -er, am -es·ten> *umfassend, vielfältig, zusammengesetzt (u. eine Einheit bildend);* ~e Zahl <Math.> *Summe aus einer reellen u. einer imaginären Zahl* [lat.]; **Kom'plex** <m.; -es, -e> 1 *Gesamtheit, Gesamtumfang;* Häuser~ 2 <Psych.> *verdrängte, negative Vorstellung;* Minderwertigkeits~; **Kom'plex·au·ge** <n.; -s, -n; Zool.> *Facettenauge;* **Kom·ple·xi'tät** <f.; -; unz.>; **Kom·'plex·ver·bin·dung** <f.; -, -en; Chem.>

Kom'pli·ce <[-tsə]; m.; -n, -n> = *Komplize;* **Kom'pli·cin** <f.; -, -n·nen>

Kom·pli·ka·ti'on <f.; -, -en> *Verwicklung, Schwierigkeit;* es sind ~en eingetreten; **kom·pli·ka·ti'ons·los** <Adj.>

Kom·pli'ment <n.; -(e)s, -e> *Schmeichelei;* jmdm. ~e machen [frz.]; **kom·pli·men'tie·ren** <V. t.> *Komplimente machen, freundlich tun;* jmdn. zur Tür ~; → a. *hinauskomplimentieren*

Kom'pli·ze <m.; -n, -n; abwertend> *Mittäter, Verbündeter;* er ist sein ~; oV *Komplice;* **Kom'pli·zen·haft** <Adj.>; **Kom'pli·zen·schaft** <f.; -; unz.>; **kom·pli'zie·ren** <V. t.> *schwieriger machen, verwickeln;* → a. *verkomplizieren* [lat.]; **kom·pli'ziert** <Adj.> *schwierig, verwickelt;* eine ~e Angelegenheit; **Kom·pli'ziert·heit** <f.; -; unz.>; **Kom'pli·zin** <f.; -, -n·nen>

Kom'plott <n. od. (umg.) m.; -(e)s, -e> *Verschwörung, heimliche Absprache;* ein(en) ~ gegen jmdn. schmieden [frz.]; **kom·plot'tie·ren** <V. i.; selten>

Kom·po'nen·te <f.; -, -n> *Teil eines Ganzen, Faktor* [lat.]; **kom·po'nie·ren** <V. t.> 1 *zusammensetzen, -stellen* 2 *Kunstwerke ~ gestalten, aufbauen* 3 <Mus.> *in Töne setzen;* eine Oper, Symphonie ~; **Kom·po'nist** <m.; -en, -en> *jmd., der Musikstücke schreibt;* Opern~; **Kom·po'nis·tin** <f.; -, -n·nen>; **Kom·po'si·te** <f.; -, -n; Bot.> *ein Korbblütler* [lat.]; **Kom·po·si'teur** <[-'tøːr]; m.; -s, -e; veralt.> *Komponist* [frz.]; **Kom·po·si·ti'on** <f.; -, -en> 1 *Zusammensetzung* 2 *künstlerische Gestaltung* 3 *Musikstück, Tondichtung* 4 <unz.> *das Komponieren* 5 <Gramm.> → a. *Kasten Wortbildungslehre* [lat.]; **kom·po·si·ti·o'nell** <Adj.>; **Kom·po·si·ti'ons·fu·ge** <f.; -, -n; Gramm.> → a. *Kasten Fugenelement;* **Kom·po·si·ti'ons·leh·re** <f.; -; unz.>; **kom·po·si'to·risch** <Adj.>; **Kom'po·si·tum** <n.; -s, -ta; Sprachw.> *zusammengesetztes Wort,* z. B. Autoreifen; Ggs *Simplex;* → a. *Kasten S. 595*

Kom'post <m.; -(e)s, -e> *organischer Dünger (aus Obst-, Gemüse- u. Gartenabfällen);* **Kom'post·er·de** <f.; -; unz.>; **Kom'post·hau·fen** <m.; -s, ->; **kom·pos'tier·bar** <Adj.>; **kom·pos'tie·ren** <V. t.> *zu Kompost verrotten lassen*

Kom'pott <n.; -(e)s, -e> *gekochtes Obst;* **Kom'pott·tel·ler** <m.; -s, -; ↗Z37>

kom'press <Adj.; veralt.> *dicht zusammengedrängt;* **Kom'pres·se** <f.; -, -n; Med.> 1 *feuchter*

Kompositum: Ein K. ist ein Wort, das aus zwei oder mehr selbstständig vorkommenden ↗Morphemen zusammengesetzt ist. Der Wortakzent liegt meistens auf dem ersten Wortbestandteil. K. werden klassifiziert in:
a) **Nominalk.** (zusammengesetzte Substantive): *Apfelbaum, Scheibenwischer, Haustür.* Das Genus von Nominalk. wird vom zweiten Wortbestandteil bestimmt.
b) **Adjektivische K.:** *röstfrisch, kinderfreundlich, messerscharf*
c) **Verbale K.:** *herumgehen, kurzarbeiten, feinschleifen*
Vgl. ↗Wortbildungslehre

Umschlag 2 *Mullbinde* [lat.]; **kom·pres·si·bel** <Adj.> *zusammenpressbar;* kompressibler Stoff; Ggs *inkompressibel* [frz.]; **Kom·pres·si·bi·li·tät** <f.; -; unz.>; **Kom·pres·si·on** <f.; -, -en> *Zusammenpressung, Verdichtung;* **Kom·pres·si·ons·prü·fer** <m.; -s, -; Kfz-Tech.>; **Kom·pres·si·ons·ver·band** <m.; -(e)s, ⸚e; Med.>; **Kom·'pres·sor** <m.; -s, -'so·ren; Tech.> *Verdichter;* **kom·pri·'mier·bar** <Adj.>; **kom·pri·'mie·ren** <V. t.> 1 *verdichten* 2 *konzentrieren, verkürzen;* einen Text ~

Kom·pro·miss <m. od. n.; -es, -e> *ausgleichende Einigung, Übereinkunft;* einen ~ *eingehen* [lat.]; **kom·pro·'miss·be·reit** <Adj.>; **Kom·pro·'miss·be·reit·schaft** <f.; -; unz.>; **Kom·pro·'miss·ler** <m.; -s, -; abwertend> *jmd., der häufig Kompromisse schließt;* **kom·pro·'miss·le·risch** <Adj.; abwertend>; **kom·pro·'miss·los** <Adj.>; **Kom·pro·'miss·lö·sung** <f.; -, -en>; **Kom·pro·'miss·vor·schlag** <m.; -(e)s, ⸚e>; **kom·pro·mit·'tie·ren** <V. t./V. refl.> *bloßstellen;* jmdn. od. sich ~

Komp·ta·bi·li·tät <f.; -; unz.> *Rechenschaftspflicht, Rechnungsführung* [frz.]

Kom·so·mol <m.; -; unz.; in der früheren UdSSR> *kommunistischer Jugendverband* [russ.]; **Kom·so·mol·ze** <m.; -n, -n>; **Kom·so·mol·zin** <f.; -, -n·nen>

Kom·'tess, Kom·'tes·se <a. [kõ'tɛs]; f.; -, -(e)n> *unverheiratete Gräfin* [frz.]

Kom·'tur <m.; -s, -e; früher> 1 *Ordensritter* 2 *Inhaber eines höheren Ordens;* **Kom·tu·'rei** <f.; -, -en; früher>

Ko·'nak <m.; -s, -e; in der Türkei> *Amtsgebäude, Palast*

Ko·na·ti·on <f.; -, -en; Psych.> *Trieb, Drang* [lat.]; **ko·na·'tiv** <Adj.>

'Kon·au·tor <m.; -s, -en> = *Koautor*

'Kon·cha <[-ça]; f.; -, -s od. 'Kon·chen>, **'Kon·che** <f.; -, -n> 1 <Arch.> *Halbkuppel der Apsis* 2 = *Apsis* 3 <Med.> *muschelförmiges Organ* [lat.]; **Kon·chi·'fe·re** <[-çi-]; f.; -, -n; Zool.> *eine Art der Weichtiere;* **kon·chi·'form** <Adj.> *muschelförmig;* **Kon·cho·'i·de** <f.; -, -n; Math.> *eine muschelförmige ebene Kurve;* **Kon·chy·lie** <[-'çyliə]; f.; -, -n; Zool.> *Weichtierschale*

Kon·den·'sat <n.; -(e)s, -e> *Niederschlag, Niederschlagswasser;* **Kon·den·sa·ti·on** <f.; -, -en> 1 <Phys.> *Verflüssigung (von Dampf)* 2 <Chem.> *Reaktion von Molekülen, wobei die Molekülverbindung unter Abspaltung eines einfachen Stoffes entsteht;* **Kon·den·sa·ti·ons·kern** <m.; -(e)s, -e>; **Kon·den·sa·ti·ons·punkt** <m.; -(e)s, -e; Phys.>; **Kon·den·'sa·tor** <m.; -s, -'to·ren> 1 *Apparat zur Kondensation(1)* 2 <El.> *Apparat zur Speicherung elektrischer Ladung;* **kon·den·'sie·ren** <V. i.> *flüssig werden;* Dampf kondensiert 2 <V. t.> *(durch Entzug von Wasser) eindicken, verdichten;* kondensierte Milch; **Kon·den·'sie·rung** <f.; -; unz.>; **Kon·dens·milch** <f.; -; unz.> *kondensierte Milch;* → a. *kondensieren(2);* **Kon·den·sor** <m.; -s, -'so·ren; Opt.> *Sammellinse, Lichtverstärker;* **Kon·dens·strei·fen** <m.; -s, -> *durch Flugzeugabgase entstehende Streifen am Himmel;* **Kon·dens·was·ser** <n.; -s; unz.>

Kon·dik·ti·on <f.; -, -en; Rechtsw.> *Rückgabeklage* [lat.]

kon·di·tern <V. i.; ich kondit(e)re; umg.> *als Konditor(in) arbeiten*

Kon·di·ti·on <f.; -, -en> 1 *Bedingung;* zu diesen ~en konnte er nicht akzeptieren 2 <unz.> *körperl. Fitness, Leistungsfähigkeit;* keine ~ haben [lat.]; **kon·di·ti·o·'nal** <Adj.; Sprachw.> *bedingend;* ~e Konjunktion (z. B. wenn, falls); **Kon·di·ti·o·'nal** <m.; -s, -e; Sprachw.> *Bedingungsform des Verbs,* z. B. ich würde ihm helfen; **Kon·di·ti·o·na·'lis·mus** <m.; -; unz.> *eine philos. Lehre;* **Kon·di·ti·o·'nal·satz** <m.; -es, ⸚e; Sprachw.> → a. *Kasten Bedingungssatz;* **kon·di·ti·o·'nell** <Adj.>; **kon·di·ti·o·'nie·ren** <V. t.> *(produktionsgerecht) anpassen, behandeln;* Textilien ~ *ihren Feuchtigkeitsgehalt bestimmen;* **Kon·di·ti·o·'nie·rung** <f.; -; unz.>; **Kon·di·ti·ons·ab·fall** <m.; -(e)s; unz.> *verminderte Leistungsfähigkeit;* **kon·di·ti·ons·schwach** <Adj.>; **kon·di·ti·ons·stark** <Adj.>; **Kon·di·ti·ons·trai·ning** <[-tre:-]; n.; -s, -s>

Kon·'di·tor <m.; -s, -'to·ren> *Zucker-, Feinbäcker* [lat.]; **Kon·di·to·'rei** <f.; -, -en>; **Kon·di·to·rin** <f.; -, -n·nen>; **Kon·'di·tor·meis·ter** <m.; -s, ->; **Kon·'di·tor·meis·te·rin** <f.; -, -n·nen>; **Kon·'di·tor·wa·re** <f.; -, -n; meist Pl.>

Kon·do·'lenz <f.; -, -en> *Beileid, Beileidsbezeigung;* **Kon·do·'lenz·be·such** <m.; -(e)s, -e>; **Kon·do·'lenz·schrei·ben** <n.; -s, ->; **kon·do·'lie·ren** <V. i.> jmdm. ~ *sein Beileid aussprechen* [lat.]

Kon·'dom <n. od. m.; -s, -e> *Präservativ* [engl.]

Kon·do·mi·nat <n.; -(e)s, -e>, **Kon·do·mi·ni·um** <n.; -s, -ni·en> 1 *von mehreren Staaten beherrschtes Gebiet* 2 *mehrfache Staatenherrschaft über ein Gebiet* [lat.]

'Kon·dor <m.; -s, -e; Zool.> *ein großer Geiervogel* [span.]

Kon·dot·ti·e·re <m.; -s, -ti·e·ri; 14./15. Jh.> *Söldnerführer in Italien* [ital.]

Kon·'dukt <m. od. n.; -(e)s, -e; veralt.> *Leichenzug, Geleit* [lat.]; **Kon·duk·'tanz** <f.; -; unz.; El.> *Wirkleitwert eines Wechselstromwiderstands;* **Kon·duk·ti·vi·'tät** <[-vi-]; f.; -; unz.; El.> *Leitfähigkeit;* **Kon·'duk·tor** <m.; -s,

K

-'to·ren> 1 <El.> *elektrischer Leiter* 2 <Med.> *(selbst gesunder) Überträger einer Krankheitsanlage* [lat.]

Kon·du·ran·go <f.; -, -s> *ein pflanzl. Rausch- u. Heilmittel* [span.-indian.]

Kon·dy·lom <n.; -s, -e; Med.> = *Feigwarze* [grch.]

'Ko·nen <Pl. von> *Konus*

Kon'fekt <n.; -(e)s, -e> *(feine) Süßigkeiten, Zuckerwerk* [lat.]; **Kon·fek·ti'on** <f.; -, -en> 1 *industriell gefertigte Kleidung;* Damen~; Herren~ 2 *Bekleidungsindustrie* [frz.]; **Kon·fek·ti·o'när** <m.; -s, -e> *jmd., der in der Konfektion tätig ist;* **kon·fek·ti·o'nie·ren** <V. t.> *serienmäßig herstellen (Kleidung);* **Kon·fek·ti'ons·an·zug** <m.; -s, ⸚e>; **Kon·fek·ti'ons·grö·ße** <f.; -, -n> ~ 42 *haben*

Kon·fe'renz <f.; -, -en> *Besprechung, Verhandlung;* Lehrer~; **Kon·fe'renz·be·schluss** <m.; -es, ⸚e>; **Kon·fe'renz·schal·tung** <f.; -, -en; Tel.>; **Kon·fe·'renz·teil·neh·mer** <m.; -s, ->; **Kon·fe'renz·teil·neh·me·rin** <f.; -, -n·nen>; **Kon·fe'renz·zim·mer** <n.; -s, ->; **kon·fe'rie·ren** <V. i.> 1 *in einer Konferenz zusammenkommen;* über etwas ~ 2 *als Conferencier tätig sein;* oV *conferieren*

Kon·fes·si'on <f.; -, -en> *Glaube, Glaubensbekenntnis;* evangelische, katholische ~ [lat.]; **Kon·fes·si·o·na'lis·mus** <m.; -; unz.> *(übermäßiges) Festhalten am Glaubensbekenntnis;* **kon·fes·si·o'nell** <Adj.>; **kon·fes·si'ons·los** <Adj.>; **Kon·fes·si'ons·un·ter·richt** <m.; -(e)s; unz.>

Kon'fet·ti <n.; -s od. -; unz.> *kleine, bunte Papierblättchen (für Karneval);* (mit) ~ *werfen;* Sy *Koriandoli* [ital.]

Kon·fi'dent <m.; -en, -en; österr.> *Polizeispitzel;* **Kon·fi'den·tin** <f.; -, -n·nen>

Kon·fi·gu·ra·ti'on <f.; -, -en> 1 *Stellung, Gruppierung;* ~ *von Planeten* 2 <Med.> *Verformung (des Schädels)* 3 <Chem.> *Anordnung der Moleküle* 4 <EDV> *Hardwareausstattung einer Computeranlage* [lat.]; **kon·fi-**

gu'rie·ren <V. t.> 1 *gestalten, anordnen* 2 <Med.> *verformen*

Kon·fir'mand <m.; -en, -en; Ev.> *Jugendlicher, der konfirmiert werden soll* [lat.]; **Kon·fir'man·den·stun·de** <f.; -, -n>; **Kon·fir'man·den·un·ter·richt** <m.; -(e)s; unz.> *am* ~ *teilnehmen;* **Kon·fir'man·din** <f.; -, -n·nen>; **Kon·fir·ma·ti'on** <f.; -, -en> *feierl. Aufnahme der Jugendlichen in die Gemeinde;* goldene ~; **kon·fir'mie·ren** <V. t.> *jmdn.* ~

Kon·fi·se'rie <a. [kɔ̃-]; f.; -, -n; bes. schweiz.> oV *Confiserie* 1 *Süßwaren, Pralinen u. Ä.* 2 *Geschäft für Konfiserie(1)* [frz.]; **Kon·fi·seur** <[-'zø:r]; m.; -s, -e; schweiz.> *Konditor*

Kon·fis·ka·ti'on <f.; -, -en> *Beschlagnahmung, ersatzlose Enteignung* [lat.]; **kon·fis'zie·ren** <V. t.> *beschlagnahmen*

Kon·fi'tü·re <f.; -, -n> *mit Zucker eingedicktes Fruchtmus (außer von Zitrusfrüchten);* → a. *Marmelade* [frz.]

Kon'flikt <m.; -(e)s, -e> *Streit, Auseinandersetzung, Zwiespalt;* (mit jmdm.) in ~ *geraten;* kriegerischer ~ [lat.]; **kon'flikt·fä·hig** <Adj.>; **Kon'flikt·fä·hig·keit** <f.; -; unz.>; **Kon'flikt·kom·mis·si·on** <f.; -, -en; DDR> *Schiedskommission;* **kon'flikt·scheu** <Adj.> *Konflikte meidend;* **Kon·'flikt·si·tu·a·ti·on** <f.; -, -en> *in eine* ~ *geraten;* **Kon'flikt·stoff** <m.; -(e)s, -e> *Anlass zum Streit*

Kon·flu'enz <f.; -, -en; Geol.> *Zusammenfluss (zweier Ströme od. Gletscher);* Ggs *Diffluenz* [lat.]; **kon·flu'ie·ren** <V. i. (s.); Geol.> *zusammenfließen;* **Kon·flux** <m.; -es, -e; Geol.> = *Konfluenz*

Kon·fö·de·ra·ti'on <f.; -, -en; Pol.> *(Staaten-)Bündnis* [lat.]; **kon·fö·de'rie·ren** <V. i. u. V. refl.; Pol.> (sich) ~ *sich verbünden;* **Kon·fö·de'rier·te(r)** <f. 2 (m. 1)>

kon·fo'kal <Adj.; Opt.> *mit gleichem Brennpunkt* [lat.]

kon'form <Adj.> *übereinstimmend, gleich gesinnt;* mit jmdm. ~ *gehen;* ~e *Abbildung* <Math.> *winkelgetreue Abbildung der Figuren* [lat.]; **Kon·for·'mis·mus** <m.; -; unz.> *meist ab-*

wertend> Angepasstsein, Übereinstimmung (mit der allgemeinen Meinung); Ggs *Nonkonformismus;* **Kon·for'mist** <m.; -en, -en> 1 *Mitglied der anglikan. Kirche;* Ggs *Dissenter* 2 *jmd., der sich der herrschenden Meinung anpasst;* **Kon·for'mis·tin** <f.; -, -n·nen>; **kon·for'mis·tisch** <Adj.>; **Kon·for·mi'tät** <f.; -; unz.> *Übereinstimmung, Gleichheit;* Ggs *Nonkonformität*

Kon'fra·ter <m.; -s, -; Kath.> *Amtsbruder* [lat.]

Kon·fron·ta·ti'on <f.; -, -en> *(unerwartete) Gegenüberstellung;* Sy *Konfrontierung* [lat.]; **kon·fron'tie·ren** <V. t.> *gegenüberstellen;* mit einer Sache konfrontiert werden; **Kon·fron'tie·rung** <f.; -, -en>

kon'fus <Adj.; -er, am -es·ten> *durcheinander, verworren;* ~es *Gerede;* **Kon·fu·si'on** <f.; -, -en> *Durcheinander*

Kon'fut·se = *Konfuzius;* **Kon·fu·zi·'a·nisch** <Adj.> *von Konfuzius stammend, im Sinne des Konfuzianismus;* ~e *Aussprüche;* ~e *Philosophie;* **Kon·fu·zi·a'nis·mus** <m.; -; unz.> *ethische Lehre des Konfuzius;* **Kon·fu·zi·us** *ein chines. Philosoph*

kon·ge·ni'al <a. ['----]; Adj.> *ebenbürtig, geistesverwandt;* ein ~er *Maler* [lat.]; **Kon·ge·ni·a·li'tät** <f.; -; unz.>

kon·ge·ni'tal <Adj.> *angeboren* [lat.]

Kon·ges·ti'on <f.; -, -en; Med.> *Blutandrang* [lat.]; **kon·ges'tiv** <Adj.>

Kon·glo·me'rat <n.; -(e)s, -e> 1 *Gemenge, Gemisch* 2 <Geol.> *Sedimentgestein* [frz.]

'Kon·go <m.; - od. -s; unz.> 1 *zentralafrikan. Staat(en);* Republik ~ *und Demokratische Republik* ~ 2 *Strom in Zentralafrika;* **'Kon·go·be·cken** <n.; -s; unz.>; **Kon·go'le·se** <m.; -n, -n>; **Kon·go'le·sin** <f.; -, -n·nen>; **kon·go'le·sisch** <Adj.>

Kon·gre·ga·ti'on <f.; -, -en> 1 *Vereinigung, Versammlung* 2 <Kath.> *Verband mehrerer ordensgleicher Klöster* [lat.]; **Kon·gre·ga·ti·o·na'list** <m.; -en, -en> *Angehöriger einer aus un-*

abhängigen Gemeinden bestehenden engl.-nordamerikan. Kirchengemeinschaft; **Kon·gre·ga·ti·o·na'lis·tin** <f.; -, -n·nen>; **Kon·gre·ga·ti·o'nist** <m.; -en, -en> Mitglied einer Kongregation; **Kon·gre·ga·ti·o'nis·tin** <f.; -, -n·nen>

Kon'gress <m.; -es, -e> 1 politische od. fachl. Tagung, Versammlung; Wiener ~; Ärzte~ 2 <in den USA> Volksvertretung im Parlament [lat.]; **Kon'gress·saal** <m.; -(e)s, -sä·le; ↗Z37>; **Kon'gress·teil·neh·mer** <m.; -s, -->; **Kon'gress·teil·neh·me·rin** <f.; -, -n·nen>

kon·gru'ent <Adj.> Ggs diskongruent, inkongruent 1 übereinstimmend 2 <Math.> deckungsgleich [lat.]; **Kon·gru'enz** <f.; -; unz.> Ggs Diskongruenz 1 Übereinstimmung 2 <Math.> Deckungsgleichheit; **Kon·gru'enz·satz** <m.; -es, ⸚e; Math.>; **kon·gru'ie·ren** <V. i.>

Ko'ni·die <[-di̯ə]; f.; -, -n; Bot.> Spore [grch.]

Ko·ni'fe·re <f.; -, -n; meist Pl.; Bot.> Nadelholz

'Kö·nig <m.; -s, -e> 1 höchster Herrscher eines Staates; die Heiligen Drei ~ e 2 <fig.> der Beste; ~ des Jazz; ~ der Tiere; ~ der Lüfte; Schützen~ 3 <Kart.> eine Spielkarte 4 <Kegelspiel> mittiger Kegel 5 <Schach> Hauptfigur; Schach dem ~; **'Kö·ni·gin** <f.; -, -n·nen>; **'Kö·ni·gin-mutter** <f.; -, ⸚>; **'Kö·ni·gin-wit·we** <f.; -, -n>; **'kö·nig·lich** <Adj.; ↗Z46; Abk.: kgl.> = a. kaiserlich-königlich 1 den König betreffend; <Großschreibung in Titeln> Königliche Hoheit 2 <fig.> wie ein König, vornehm; mit ~ er Gebärde 3 <fig.; umg.> herrlich, großartig; sich ~ amüsieren; **'Kö·nig·reich** <n.; -(e)s, -e>; **'Kö·nigs·ad·ler** <m.; -s, -; Zool.> eine Adlerart; **'kö·nigs·blau** <Adj.> = kobaltblau; **'Kö·nigs·farn** <m.; -s, -e; Bot.>; **'Kö·nigs·haus** <n.; -es, ⸚er> das englische ~; **'Kö·nigs·hof** <m.; -(e)s, ⸚e>; **'Kö·nigs·ker·ze** <f.; -, -n; Bot.> eine Heil- u. Zierpflanze mit rispenartigen (gelben) Blütenständen; **'Kö·nigs·kind** <n.; -(e)s, -er>; **'Kö·nigs·kro·ne**

Konjunktion: Als K. bezeichnet man eine unveränderliche ↗Wortart, die Wörter, Wortgruppen und Sätze verbindet. Zwei Arten von K. werden unterschieden:

a) **koordinierende** (neben- oder beiordnende) K., die gleichgeordnete Elemente verbinden

b) **subordinierende** (unterordnende) K., die Nebensätze einem anderen Satz oder Satzglied unterordnen

Bei den koordinierenden K. werden vier Arten unterschieden:

1. **kopulative** (anreihende) K.: und, auch, (so)wie, sowohl - als auch, weder - noch
2. **disjunktive** (ausschließende) K.: oder, sonst, anderenfalls, entweder - oder
3. **restriktive** und **adversative** (entgegensetzende) K.: aber, jedoch, dennoch, dagegen, indes(sen), vielmehr, nichtsdestoweniger, sondern
4. **kausale** (begründende) K.: denn, doch

Bei den subordinierenden K. gibt es sieben Arten:

1. **temporale** (zeitliche) K.: als,

während, nachdem, sobald, seit, wenn, bevor

2. **modale** (die Art und Weise bezeichnende) K.: indem, wie, insofern
3. **kausale** (begründende) K.: da, weil, sofern
4. **konzessive** (einräumende) K.: obgleich, obwohl
5. **finale** (einen Zweck bezeichnende) K.: dass, damit, auf dass
6. **konsekutive** (eine Folge bezeichnende) K.: ohne dass, so dass
7. **konditionale** (bedingende) K.: wenn, falls, sofern

Konjunktionaladverb: Ein K. ist ein ↗Adverb, das vor einer ↗finiten Verbform als selbstständiges ↗Satzglied steht und eine verbindende Funktion ausübt (z. B. daher, darum, deshalb, folglich, trotzdem): Es schneite, deshalb zogen wir unsere Skianzüge an.

Konjunktionalsatz: Ein K. ist ein ↗Nebensatz, der durch eine subordinierende (unterordnende) Konjunktion eingeleitet wird: Während er nach Hause ging, verlor er seinen Schal. Sie begrüßte ihn, indem sie ihn umarmte.

<f.; -, -n>; **'Kö·nigs·paar** <n.; -(e)s, -e> König u. Königin; **'Kö·nigs·schloss** <n.; -es, ⸚er>; **'Kö·nigs·sohn** <m.; -(e)s, ⸚e>; **'Kö·nigs·thron** <m.; -(e)s, -e>; **'Kö·nigs·ti·ger** <m.; -s, -; Zool.> größte Tigerart; **'Kö·nigs·tochter** <f.; -, ⸚>; **'kö·nigs·treu** <Adj.; -er, am -(e)s·ten>; **'Kö·nigs·was·ser** <n.; -s; unz.; Chem.> ein Salzsäuregemisch; **'Kö·nigs·weg** <m.; -(e)s, -e; fig.> beste Vorgehensweise; **'Kö·nig·tum** <n.; -s, ⸚er> 1 unz.> Würde eines Königs 2 Königreich

Ko·ni'in <n.; -s; unz.; Chem.> ein sehr giftiges Alkaloid

Ko·ni'me·ter <n.; -s, -> Staubmessgerät [grch.]

'ko·nisch <Adj.> kegelförmig; → a. Konus

Konj. <Abk. für> Konjunktiv

Kon·jek'tur <f.; -, -en; Lit.> Lesart, verbessernde Korrektur (des Herausgebers) [lat.]; **kon·jek·tu-**

'ral <Adj.>; **kon·ji'zie·ren** <V. t.> Konjekturen vornehmen

kon·ju'gal <Adj.; veralt.> ehelich; **Kon·ju·ga·ti'on** <f.; -, -en; Gramm.> Abwandlung, Beugung des Verbs; starke, schwache ~; → a. Kasten S. 599; **kon·ju'gier·bar** <Adj.>; **Kon·ju'gierbar·keit** <f.; -; unz.>; **kon·ju'gie·ren** <V. t.> abwandeln, beugen; konjugiertes Verb

kon·jun'gie·ren <V. t.; veralt.> verbinden; **Kon·junk·ti'on** <f.; -, -en> 1 <Gramm.> Wort, das zwei Sätze od. Satzteile verbindet, z. B. und, oder; koordinierende, subordinierende ~; → a. Kasten 2 <Astr.> Stellung zweier Planeten od. der Sonne in einer Verbindungslinie, Gleichschein 3 <Logik> Verknüpfung von Aussagen [lat.]; **Kon·junk·ti·o-'nal·ad·verb** <n.; -s, -i·en od. -en; Gramm.> → Kasten; **Kon·junk·ti·o'nal·satz** <m.; -es, ⸚e; Gramm.> → Kasten; **'kon·junk-**

Konjunktiv: Der K. (oder die Möglichkeitsform) ist im Deutschen neben ⁊Indikativ und ⁊Imperativ eine der drei Modi (⁊Modus) des Verbs. Der K. drückt aus, dass ein Geschehen oder ein Sachverhalt nicht wirklich stattfindet oder stattgefunden hat. In einfachen ⁊Hauptsätzen können mithilfe des K. ausgedrückt werden:
a) **Wünsche:** *Bliebe er doch bei uns!*
b) **Zweifel:** *Wäre er dazu in der Lage?*
c) **Möglichkeiten:** *Ich könnte das übernehmen.*
d) **Einschätzung:** *Ich würde ihm nicht glauben.*
Man unterscheidet zwei Formen des K.:
Der **K. I** wird auf der Grundlage der Infinitivformen gebildet, z. B. *werden: Es werde Licht! sein: Es sei!*
Am häufigsten ist der Gebrauch des K. in der indirekten Rede:

Er sagte, es sei alles geregelt. Sie erzählte, dass sie beim Arzt gewesen sei.
In Anleitungen (z. B. Kochrezepten, Konstruktionsbeschreibungen) wird häufig der K. verwendet:
Man nehme drei Teelöffel Salz.

Der **K. II** wird auf der Grundlage der Präteritumformen oder mit *würde* gebildet:
war: es wäre gut
ging: es ginge alles besser
würde: ich würde reden

Im Konditionalsatz wird der K. II als Potentialis oder Irrealis verwendet.
Potentialis (Möglichkeit): *Hätte er eine Chance, würde er sie nutzen.*
Irrealis (unwirklich, nicht mehr möglich): *Hätte er eine Chance gehabt, würde er sie genutzt haben/hätte er sie genutzt.*

Vgl. ⁊Konjugation

Konkretum: Ein K. ist ein Substantiv, das etwas Gegenständliches bezeichnet.
Konkreta bezeichnen im Einzelnen:
a) **natürliche Gegenstände:** *Apfel, Wald, Gebirge*
b) **künstliche Gegenstände:** *Stuhl, Haus, Gärtnerei*
c) **Personen (Eigennamen):** *Charlotte, Manuel, Einstein, Kant*
d) **Gattungen:** *Mensch, Arzt, Tier, Vogel*
e) **Substanzen (Stoffnamen):** *Mehl, Metall, Wasser*
f) **Kollektiva:** *Gebüsch, Vieh*
Ggs ⁊Abstraktum

K

---

tiv <Adj.; Gramm.> *verbindend*; Ggs *disjunktiv*; **'Kon·junk·tiv** <m.; -s, -e; Gramm.; Abk.: Konj.> *Möglichkeitsform*; → a. Kasten; **Kon·junk'ti·va** <[-va]; f.; -, -vä; Med.> *Bindehaut des Auges*; **'kon·junk·ti·visch** <Adj.; Gramm.>; **Kon·junk·ti·vi·tis** <[-'vi:-]; f.; -, -'ti·den; Med.> *Bindehautentzündung*

Kon·junk'tur <f.; -, -en> *Wirtschaftslage, wirtschaftl. Entwicklungstendenz; fallende, steigende ~; Hoch~* [lat.]; **Kon·junk'tur·auf·schwung** <m.; -(e)s, ⸚e>; **kon·junk'tur·be·dingt** <Adj.>; **Kon·junk'tur·be·le·bung** <f.; -, -en>; **kon·junk·tu·'rell** <Adj.> *die Konjunktur betreffend;* **Kon·junk'tur·la·ge** <f.; -; unz.>; **Kon·junk'tur·pha·se** <f.; -, -n>; **Kon·junk'tur·po·li·tik** <f.; -; unz.>; **Kon·junk'tur·schwan·kung** <f.; -, -en> *wirtschaftl. Schwankung;* **Kon·junk·'tur·sprit·ze** <f.; -, -n; fig.; umg.> *Maßnahmen zur Belebung der Konjunktur*

kon'kav <Adj.; Opt.> *nach innen gewölbt (von Linsen);* Ggs *konvex,* **Kon'kav·glas** <n.; -es, ⸚er>; **Kon·ka·vi'tät** <[-vi-]; f.; -; unz.>

Ggs *Konvexität;* **Kon'kav·lin·se** <f.; -, -n>

Kon'kla·ve <[-və]; n.; -s, -n> 1 *streng verschlossener Versammlungsraum der Kardinäle bei der Papstwahl* 2 *die Versammlung selbst* [lat.]

kon·klu'dent <Adj.; geh.> *schlüssig* [lat.]; **kon·klu'die·ren** <V. i.; geh.> *schließen, folgern;* **Kon·klu·si'on** <f.; -, -en; geh.> *Schlussfolgerung;* **kon·klu'siv** <Adj.; geh.> *folgernd*

kon·ko·mi'tant <Adj.> *überflüssig;* **Kon·ko·mi'tanz** <f.; -, -en> 1 <Sprachw.> *Bedingung für ein gemeinsames Vorkommen* 2 <unz.; Kath.> *Vorhandensein Christi in Brot u. Wein* [lat.]

kon·kor'dant <Adj.> Ggs *diskordant* 1 *übereinstimmend* 2 <Geol.> *gleichmäßig;* ~*e Lagerung* [lat.]; **Kon·kor'danz** <f.; -, -en> 1 *alphabet. Verzeichnis von übereinstimmenden Wörtern od. Textstellen;* Bibel~ 2 *Übereinstimmung, übereinstimmendes Merkmal;* Ggs *Diskordanz* 3 <Geol.> *gleichmäßige Überlagerung älterer Schichten;* Ggs *Diskordanz* 4 <Typ.> *ein Schriftgrad;* **Kon·kor'dat** <n.; -(e)s, -e> *Übereinkommen, Vertrag (zw.*

geistlicher u. weltlicher Macht); **Kon'kor·dia** <f.; -; unz.; bes. als Vereinsname> *Eintracht;* **Kon·'kor·di·en·buch** <n.; -(e)s, ⸚er> *Sammlung von luther. Bekenntnisschriften*

Kon·kre'ment <n.; -(e)s, -e> 1 <Med.> *steinartiges Gebilde (in Hohlorganen)* 2 <Zahnmed.> *am Zahnhals anhaftender Zahnstein* [lat.]

kon'kret <Adj.> *wirklich, greifbar, real;* ~*e Vorstellungen besitzen;* **Kon·kre·ti'on** <f.; -, -en> 1 <Med.> *Verwachsung, Konkrement* 2 <Geol.> *Ansammlung mineralischer Stoffe;* **kon·kre·ti·'sie·ren** <V. t.> *verdeutlichen, anschaulich darstellen, detailliert erläutern; einen Plan ~;* Ggs *abstrahieren;* **Kon'kre·tum** <n.; -s, -'kre·ta; Sprachw.> *Substantiv, das etwas Gegenständliches bezeichnet, z. B. Haus;* Ggs *Abstraktum;* → a. Kasten

Kon·ku·bi'nat <n.; -(e)s, -e; veralt.> *eheähnliche Gemeinschaft ohne gesetzl. Bestätigung; im ~ leben* [lat.]; **Kon·ku'bi·ne** <f.; -, -n; veralt.> *Geliebte*

Kon·ku·pis'zenz <f.; -; unz.; Theol.> *Verlangen, sinnl. Begierde* [lat.]

Kon·kur'rent <m.; -en, -en> *Mitbewerber, (sportl. od. wirtschaftl.) Rivale, Gegner;* **Kon·kur'ren·tin** <f.; -, -nen>; **Kon·kur'renz** <f.; -, -en> *Wettstreit, (sportl. od. wirtschaftl.) Wettbewerb, konkurrierende Unternehmen; jmdm. ~ machen; zur*

Konjugation: Als K. bezeichnet man im Deutschen die Beugung (Flexion) des Verbs nach ↗**Person** (1., 2., 3. Person Singular und Plural), ↗**Numerus** (↗Singular und ↗Plural), ↗**Modus** (↗Indikativ, ↗Konjunktiv und ↗Imperativ), ↗**Tempus** (↗Präsens, ↗Präteritum, ↗Perfekt, ↗Plusquamperfekt, ↗Futur I und II) , ↗**Genus Verbi** (↗Aktiv und ↗Passiv).

Im Deutschen ist die K. maßgeblich durch die Unterscheidung zwischen starken, schwachen und unregelmäßigen Verben bestimmt.

Bei der **starken K.** findet ein Wechsel des Stammvokals statt, z. B.
befehlen – befahl – befohlen
beginnen – begann – begonnen
kommen – kam – gekommen
(Vgl. die Tabelle der Konjugationen)

Bei der **schwachen K.** bleibt der Stammvokal in allen drei Grundformen unverändert, z. B.
sagen – sagte – gesagt
leiten – leitete – geleitet
holen – holte – geholt

Die **unregelmäßigen Verben** sind u. a.
a) Verben mit schwankender K. (*backen – buk/backte – gebacken*)
b) rückumlautende Verben (*senden – sandte*)
c) Verben mit Änderung von Vokal und Konsonanten (*denken – dachte*)
d) Verben mit stark abweichenden Stämmen wie *sein* oder *tun*

Zur K. der einzelnen Tempora am Beispiel von sein:

Präsens

		Indikativ	Konjunktiv
Sg.	1.	*ich bin*	*sei*
	2.	*du bist*	*sei(e)st*
	3.	*er, sie, es ist*	*sei*
Pl.	1.	*wir sind*	*seien*
	2.	*ihr seid*	*seiet*
	3.	*sie sind*	*seien*

Präteritum

		Indikativ	Konjunktiv
Sg.	1.	*ich war*	*wäre*
	2.	*du warst*	*wär(e)st*
	3.	*er, sie, es war*	*wäre*
Pl.	1.	*wir waren*	*wären*
	2.	*ihr wart*	*wär(e)t*
	3.	*sie waren*	*wären*

Perfekt

		Indikativ	Konjunktiv
Sg.	1.	*ich bin gewesen*	*sei gewesen*
	2.	*du bist gewesen*	*sei(e)st gewesen*
	3.	*er, sie, es ist gewesen*	*sei gewesen*
Pl.	1.	*wir sind gewesen*	*seien gewesen*
	2.	*ihr seid gewesen*	*sei(e)t gewesen*
	3.	*wir sind gewesen*	*seien gewesen*

Plusquamperfekt

		Indikativ	Konjunktiv
Sg.	1.	*ich war gewesen*	*wäre gewesen*
	2.	*du warst gewesen*	*wär(e)st gewesen*
	3.	*er, sie, es war gewesen*	*wäre gewesen*
Pl.	1.	*wir waren gewesen*	*wären gewesen*
	2.	*ihr wart gewesen*	*wär(e)t gewesen*
	3.	*sie waren gewesen*	*wären gewesen*

Futur I

		Indikativ	Konjunktiv
Sg.	1.	*ich werde sein*	*werde sein*
	2.	*du wirst sein*	*werdest sein*
	3.	*er, sie, es wird sein*	*werde sein*
Pl.	1.	*wir werden sein*	*werden sein*
	2.	*ihr werdet sein*	*werdet sein*
	3.	*wir werden sein*	*werden sein*

Futur II

		Indikativ
Sg.	1.	*ich werde gewesen sein*
	2.	*du wirst gewesen sein*
	3.	*er, sie, es wird gewesen sein*
Pl.	1.	*wir werden gewesen sein*
	2.	*ihr werdet gewesen sein*
	3.	*sie werden gewesen sein*

		Konjunktiv
Sg.	1.	*ich werde gewesen sein*
	2.	*du werdest gewesen sein*
	3.	*er, sie, es werde gewesen sein*
Pl.	1.	*wir werden gewesen sein*
	2.	*ihr werdet gewesen sein*
	3.	*sie werden gewesen sein*

Imperativ

Sg.	*sei!*
Pl.	*seid!*

~ gehen; außer ~ laufen <Sp.>; **Kon·kur'renz·an·ge·bot** <n.; -(e)s, -e>; **kon·kur'renz·fä·hig** <Adj.>; **kon·kur·ren'zie·ren** <V. t.; schweiz.; österr.> jmdn. ~ *jmdm. Konkurrenz machen*; **Kon·kur'renz·kampf** <m.; -(e)s, ⸗e>; **kon·kur'renz·los** <Adj.>; **Kon·kur'renz·un·ter·neh·men** <n.; -s, -->; **kon·kur·rie·ren** <V. i.> *in Wettstreit stehen (mit), wetteifern;* mit jmdm. ~ **Kon'kurs** <m.; -es, -e> **1** *Zahlungsunfähigkeit;* in ~ gehen **2** <kurz für> *Konkursverfahren;* den ~ eröffnen; **Kon'kurs·er·öff·nung** <f.; -, -en>; **Kon'kurs·mas·se** <f.; -, -n>; **Kon'kurs·recht** <n.; -(e)s; unz.>; **Kon'kurs·ver·fah·ren** <n.; -s, ->; **Kon'kurs·ver·wal·ter** <m.; -s, ->; **Kon'kurs·ver·wal·te·rin** <f.; -, -n·nen>

Kon'nek·tor <m.; -s, -'to·ren; EDV> *Verbindungsstelle* [engl.] **'kön·nen** <V. t. 171> *gelernt haben, verstehen, beherrschen, fähig sein;* du kannst das nicht; hat es gekonnt; du konntest es nicht sehen; ich habe es nicht hören ~; **'Kön·nen** <n.; -s; unz.> *Vermögen, Fähigkeit;* sein ~ zeigen; **'Kön·ner** <m.; -s, -> er ist kein großer ~; **'Kön·ne·rin** <f.; -, -n·nen>

Kon'nex <m.; -es, -e; geh.> *Zusammenhang, Verbindung* [lat.]; **Kon·ne·xi'on** <f.; -, -en> *vorteilhafte Beziehung, Bekanntschaft;* ~en besitzen **kon·ni·vent** <[-'vɛnt]; Adj.; geh.>

Konnotation: Unter K. (oder „Mitbezeichnetes") versteht man eine zusätzliche Bedeutungskomponente eines Wortes oder Begriffes, die meistens eine gefühlsmäßige oder soziale Wertung beinhaltet.
So haben die Wörter *Obdachloser – Landstreicher, Lehrer – Pauker* oder *Putzfrau – Reinigungskraft* eine jeweils unterschiedliche K.

Konsekutivsatz: Ein K. oder Folgesatz ist ein ↗Nebensatz, der eine Folge oder Wirkung der im ↗Hauptsatz dargestellten Handlung beschreibt. Er wird durch eine ↗Konjunktion (meistens: *ohne dass, so dass*) eingeleitet und gehört deshalb zu den ↗Konjunktionalsätzen:
Der Busfahrer fuhr ohne zu bremsen über die Schlaglöcher, so dass die Insassen bald Kopfschmerzen bekamen. Sie traf eine Entscheidung, ohne dass sie vorher jemanden informiert hätte.

Anstelle eines K. kann auch der ↗Infinitiv mit *um zu* verwendet werden:
Er hatte noch nicht alle Prüfungen bestanden, um diese Tätigkeiten ausüben zu können. (Als K.: *Er hatte nicht alle Prüfungen bestanden, so dass er diese Tätigkeiten noch nicht ausüben konnte.*)

nachsichtig, tolerant [lat.]; **Kon·ni·venz** <[-'vɛnts]; f.; -, -en> **Kon·nos·se'ment** <n.; -(e)s, -e> *Seefrachtbrief* **Kon·no'tat** <n.; -(e)s, -e; Sprachw.> *zusätzlicher Bedeutungsaspekt eines sprachl. Zeichens*; **Kon·no·ta·ti'on** <f.; -, -en; Sprachw.> Ggs *Denotation* 1 *Gesamtheit der zusätzlichen, assoziativen Bedeutungen eines Wortes, Nebenbedeutung*; → a. *Kasten* 2 *Begriffsinhalt* [lat.]; **kon·no·ta'tiv** <Adj.>; **kon·no·'tie·ren** <V. t.> **Kon'nu·bi·um** <n.; -s, -bi·en; geh.; veralt.> *Ehegemeinschaft* [lat.] **Ko·no'id** <n.; -(e)s, -e; Geom.> *kegelartiger Körper* [lat.] **Kon·quis·ta'dor** <[-kis-]; m.; -en, -en; im 16. Jh.> *span. Eroberer Mittel- u. Südamerikas* **'Kon·rek·tor** <m.; -s, -en> *stell-*

vertretender Rektor einer Schule [lat.]; **'Kon·rek·to·rin** <f.; -, -nen> **Kon·se·kra·ti'on**, <auch> **Kon·sek·ra·ti'on** <f.; -, -en; ↗Z53; Kath.> 1 *liturgische Weihe* 2 *Wandlung von Brot u. Wein (beim Abendmahl)* [lat.]; **kon·se'krie·ren** <V. t.> **'kon·se·ku·tiv** <a. [----'-]; Adj.; Gramm.> *die Folge bezeichnend (von), Folge...* [lat.]; **Kon·se·ku·'tiv·dol·met·scher** <m.; -s, -> *den übersetzten Text nachträglich sprechender Dolmetscher*; Ggs *Simultandolmetscher*; **Kon·se·ku'tiv·satz** <m.; -es, ⸚e; Gramm.> *Folgesatz*; → a. *Kasten* **'Kon·se·mes·ter** <n.; -s, -; geh.> *Kommilitone im gleichen Semester* **Kon'sens** <m.; -es, -e> *Übereinstimmung, Gleichklang (der Meinungen)*; keinen ~ erzielen; Ggs *Dissens*; **kon'sens·fä·hig** <Adj.> ein ~er Vorschlag; **Kon·'sens·fä·hig·keit** <f.; -; unz.>; **Kon'sen·sus** <m.; -, -> = *Konsens*, **kon·sen'tie·ren** <V. t.; veralt.> *einwilligen* **kon·se'quent** <Adj.> Ggs *inkonsequent* 1 *folgerichtig*; ~ handeln 2 *beharrlich, prinzipientreu* [lat.]; **Kon·se'quenz** <f.; -, -en> 1 *Folge(richtigkeit)*; die ~en ziehen 2 <unz.> *Beharrlichkeit, Prinzipientreue* **Kon·ser·va'tis·mus** <[-va-]; m.; -; unz.> = *Konservativismus*; **kon·ser·va'tiv** <a. ['----]; Adj.; ↗Z46> *das Bestehende, Traditionelle befürwortend*; jmd. ist (nicht) ~; eine ~e Partei; <aber> die Konservative Partei (in Großbritannien) [lat.]; **Kon·ser·va'ti·ve(r)** <f. 2 (m. 1)> *Anhänger, Mitglied einer konservativen Partei*; **Kon·ser·va·ti·vis·mus** <[-'vis-]; m.; -; unz.> *konservative, auf Erhalt des Hergebrachten beruhende Geisteshaltung*; **Kon·ser·va·ti·vi'tät** <f.; -; unz.>; **Kon·ser'va·tor** <m.; -s, -'to·ren> *für die Pflege u. den Erhalt von Kunstdenkmälern zuständiger Beamter*; **Kon·ser·va·to·risch** <Adj.> *pflegend, erhaltend*; **kon·ser·va·to'ris-**

tisch <Adj.> *das Konservatorium betreffend*; ~e Ausbildung; **Kon·ser·va'to·ri·um** <n.; -s, -ri·en> *Musik(hoch)schule* [ital.]; **Kon'ser·ve** <f.; -, -n> 1 *in Glas od. Blechdose eingekochtes (haltbar gemachtes) Obst od. Gemüse* 2 <kurz für> *Blutkonserve*; **Kon·ser·ven·büch·se** <[-ks-]>, **Kon'ser·ven·do·se** <f.; -, -n>; **Kon'ser·ven·fa·brik**, <auch> **Kon'ser·ven·fab·rik** <f.; -, -en; ↗Z53>; **Kon'ser·ven·öff·ner** <m.; -s, -,>; **kon·ser·vie·ren** <[-'vi:-]; V. t.> 1 *haltbar machen*; *Nahrungsmittel* ~ 2 *bewahren, pflegen*; *Kunstwerke* ~; **Kon·ser'vie·rung** <f.; -; unz.>; **Kon·ser'vie·rungs·mit·tel** <n.; -s, ->
Kon·si'gnant, <auch> **Kon·sig·'nant** <m.; -en, -en; ↗Z53; Wirtsch.> *jmd., der Waren in Kommission gibt*; **Kon·si·gna·'tar** <m.; -s, -e; Wirtsch.> *jmd., der eine in Kommission genommene Ware weiterverkauft*; **Kon·si·gna·ti'on** <f.; -, -en> 1 <Wirtsch.> *Kommissionsgeschäft* 2 *(zweckgebundene) Geldanweisung* [lat.]; **kon·si·'gnie·ren** <V. t.> **Kon·si·li'a·ri·us** <m.; -, -rii; veralt.> *beratend hinzugezogener Arzt* [lat.] **Kon'si·li·um** <n.; -s, -li·en> *Beratung(sgremium)*; → a. *Consilium abeundi* **kon·sis'tent** <Adj.; geh.> 1 *dicht, fest, beständig* 2 *schlüssig, widerspruchsfrei* [lat.]; **Kon·sis·'tenz** <f.; -; unz.> **Kon·sis·to·ri'al·rat** <m.; -(e)s, ⸚e> *ein Titel für Geistliche*; **Kon·sis·'to·ri·um** <n.; -s, -ri·en> 1 <Ev.> *oberste Verwaltungsbehörde* 2 <Kath.> *Versammlung der Kardinäle unter Vorsitz des Papstes* [lat.]
kon·skri'bie·ren, <auch> **kons·kri'bie·ren, konsk·ri'bie·ren** <V. t.; ↗Z54; früher> *zum Wehrdienst einschreiben* [lat.]; **Kon·skrip·ti'on** <f.; -, -en> **Kon'sol** <m.; -s, -s> *Staatsanleihe* [engl.]; **Kon'so·le** <f.; -, -n> 1 *stützender Mauervorsprung, Sims* 2 *Wandbrett* [frz.]; **Kon·so·li·da·ti'on** <f.; -, -en> 1 *Sicherung, Festigung* 2 *Vereinigung mehrerer Staatsanleihen* 3

Konsonant: Ein K. oder Mitlaut ist ein Sprachlaut, der im Gegensatz zum ↗**Vokal** durch einen Verschluss oder eine Engebildung im Ansatzrohr (= Artikulationskanal) gebildet wird.

1. Nach der **Artikulationsstelle** wird unterschieden zwischen

a) **Lippenlaut** oder **Bilabial:** (weil beide Lippen betroffen sind): [p], [b], [m]

b) **Labiodental** oder **Lippenzahnlaut:** [f], [v] Bilabiale und Labiodentale werden unter dem Terminus **Labiale** zusammengefasst.

c) **Dental** oder **Zahnlaut:** [t], [d], [n], [l], [s], [z], [ʃ], [ts], [tʃ], [ʒ], [dʒ]

d) **Palatal** oder **Gaumenlaut:** [ç], [j]

e) **Velar** oder **Hintergaumenlaut:** [k], [g], [ŋ], [x]

f) **Uvular** oder **Zäpfchenlaut:** [R]

g) **Laryngal, Glottal** oder **Kehlkopflaut:** [h] Ein durch Kehlkopfverschluss und anschließende Öffnung gebildeter Laut wird **Glottisverschlusslaut** oder **Knacklaut** genannt [ʔ].

h) **Lingual** oder **Zungenlaut:** [r]

2. Nach der **Artikulationsart** werden die folgenden Laute unterschieden:

a) **Plosiv** oder **Explosiv:** [p], [b], [t], [d], [k], [g], [ʔ]

b) **Nasal** (auch Nasenlaut): [m], [n], [ŋ]

c) **Lateral** oder **Seitenlaut:** [l]

d) **Vibrant, Liquida** oder **Schwinglaut:** [r]

e) **Frikativ** oder **Reibelaut:** [f], [v], [s], [z], [ʃ], [ʒ], [ç], [h], [x], [h]. Als **Sibilant** oder **Zischlaut** bezeichnet man: [s], [z], [ʃ], [ʒ]

f) **Affrikate** oder **angeriebener Laut:** [pf], [ts], [tʃ], [dʒ]

3. Nach der **Sonorität** wird unterschieden zwischen

a) **stimmhaften Lauten,** bei denen die Bänder des Kehlkopfes schwingen: [b], [d], [g], [m], [n], [ŋ], [l], [r], [v], [z], [dʒ], [j]

b) **stimmlosen Lauten,** bei denen das nicht der Fall ist: [p], [t], [k], [ʔ],[f], [s], [ʃ], [ç], [x], [h], [pf], [ts], [tʃ]

Umschuldung von Staatsanleihen 4 <Geol.> Versteifung von Teilen der Erdkruste; **kon·so·li·'die·ren** <V. t. u. V. refl.> 1 festigen, sichern 2 Anleihen ~ zusammenlegen, vereinigen; **Kon·so·li·'die·rung** <f.; -, -en> ~ eines Unternehmens; **Kon·so·li·'die·rungs·plan** <m.; -(e)s, ⁼e> **Kon·som·mee** <a. [kõsɔ'me:]; f.; -, -s> = Consommé

kon·so·nant <Adj.> zusammenklingend, -stimmend; Ggs dissonant; **Kon·so·nant** <m.; -en, -en; Phon.> mithilfe eines anderen Lautes artikulierter Laut, Mitlaut, z. B. t, k, z; Ggs Vokal; → a. Kasten; **Kon·so·nan·ten·häu·fung** <f.; -, -en>; **kon·so·'nan·tisch** <Adj.>; **Kon·so'nanz** <f.; -, -en> 1 <Mus.> harmonischer Zusammenklang; Ggs Dissonanz 2 <Sprachw.> Häufung von Mitlauten; **kon·so·'nie·ren** <V. i.> mitklingen **Kon·sor·te** <m.; -n, -n> 1

<Wirtsch.> Angehöriger eines Konsortiums 2 <meist Pl.; umg.; abwertend> Mitbeteiligter, Genosse, Angehöriger; Familie Meier und ~n [lat.]; **Kon·'sor·ti·um** <n.; -s, -ti·en; Wirtsch.> vorübergehender Zusammenschluss von Geschäftsleuten od. Firmen; Banken~

Kon·'spekt, <auch> **Kons'pekt** <m.; -(e)s, -e; ↗Z54> Überblick, Zusammenfassung

kon·spe·'zi·fisch <Adj.; Biol.> der gleichen Art zugehörig

Kon·spi·ra·teur, <auch> **Kons·pi·ra·teur** <[-'tø:r]; m.; -s, -e; ↗Z54> [frz.]; **Kon·spi·ra·ti'on** <f.; -, -en> Verschwörung [lat.]; **kon·spi·ra'tiv** <Adj.> verschwörerisch; **kon·spi'rie·ren** <V. i.> sich verschwören

Kon·'sta·bler, <auch> **Kons'tab·ler** <m.; -s, -; ↗Z54, 53> 1 <früher> Geschützmeister 2 <veralt.; Großbritannien u. USA> Polizist [engl.]

---

kon·'stant, <auch> **kons'tant** <Adj.; ↗Z54> fest, beständig, wiederkehrend; ~e Größe; Ggs inkonstant [lat.]; **Kon·'stan·te** <f.; -, -n; Math.> unveränderliche Größe

kon·stan·'ti·nisch, <auch> **kons·tan·ti·'nisch** <Adj.; ↗Z54, 46> die Konstantinische Schenkung; **Kon·stan·ti'no·pel** <früherer Name für> Istanbul; **Kon·stan·ti'no·pe·ler, Kon·stan·ti·'nop·ler** <m.; -s, ->; **Kon·stan·ti·no·po·li'ta·ner** <m.; -s, ->

Kon·'stanz, <auch> **Kons'tanz** <f.; - ; unz.; ↗Z54> Festigkeit, Beständigkeit; Ggs Inkonstanz; **Kon·'stanz·prü·fung** <f.; -, -en; Tech.> [lat.]

kon·sta·'tie·ren, <auch> **kons·ta·'tie·ren** <V. t.; geh.> feststellen, bemerken [frz.]

Kon·stel·la·ti'on, <auch> **Kons·tel·la·ti'on** <f.; -, -en; ↗Z54> 1 Zusammentreffen bestimmter Umstände 2 <Astr.> Stellung der Gestirne zueinander; (un)günstige ~ [lat.]

Kon·ster·na·ti'on, <auch> **Kons·ter·na·ti'on** <f.; -, -en; ↗Z54; selten> Betroffenheit, Fassungslosigkeit [lat.]; **kon·ster'nie·ren** <V. t.> verblüffen, bestürzen; konsterniert sein fassungslos sein

Kon·sti·pa·ti'on, <auch> **Kons·ti·pa·ti'on** <f.; -, -en; ↗Z54; Med.> Verstopfung

Kon·sti·tu·ens, <auch> **Kons'ti·tu·ens** <n.; -, -'en·zi·en; ↗Z54; geh.> wesentlicher Bestandteil; **Kon·sti'tu·en·te** <f.; -, -n; Sprachw.> sprachl. Element; **Kon·sti·tu'en·ten·satz** <m.; -es, ⁼e; Gramm.> → a. Kasten Matrixsatz; **kon·sti·tu'ie·ren** <V. t.> gründen, bilden, aufbauen; **Kon·sti·tu'ie·rung** <f.; -, -en>; **Kon·sti·tu·ti'on** <f.; -, -en> 1 Zusammensetzung 2 <Chem.> Anordnung der Atome 3 <Anthrop.; Med.> körperl. Verfassung; eine gute, schlechte ~ besitzen 4 <Pol.> Verfassung, Grundgesetz (eines Staates); **Kon·sti·tu·ti·o·na'lis·mus** <m.; -; unz.> auf einer Verfassung beruhende Regierungsform; **kon·sti·tu·ti·o'nell** <Adj.> die Konstitution betreffend, verfassungs-

K

mäßig; ~e Monarchie; **Kon·stitu·ti·ons·typ** <m.; -s od. -en, -en; Anthrop.; Med.> athletischer ~; **kon·sti·tu·tiv** <Adj.>

Kon·strik·ti·on, <auch> **Konstrik·ti·on, Konst·rik·ti·on** <f.; -, -en; ↗Z54; Med.; Biol.> *Abschnürung, Zusammenziehung, Verengung* [lat.]; **Kon'strik·tor** <m.; -s, -'to·ren; Med.> *Schließmuskel;* **kon·strin'gie·ren** <V. t. u. V. i.; Med.> *abschnüren*

kon·stru'ie·ren, <auch> **kons·tru'ie·ren, konst·ru'ie·ren** <V. t.; ↗Z54> 1 *entwerfen, bauen;* Maschinen ~ 2 *Sätze ~ bilden* 3 <Geom.> *zeichnen;* Dreiecke ~ 4 *erfinden;* eine Handlung ~ [lat.]; **Kon'strukt** <n.; -(e)s, -e> *Gedankengebilde, hypothetischer Entwurf;* **Kon·struk·teur** <[-'tø:r]; m.; -s, -e> *jmd., der etwas entwirft, gestaltet, baut;* **Kon·struk·teu·rin** <f.; -, -nnen>; **Kon·struk·ti·on** <f.; -, -en> 1 *Entwurf, Bau* 2 *Gebilde, Zusammenfügung* 3 <Math.> *Zeichnung* [lat.]; **Kon·struk·ti'ons·a·na·ly·se** <f.; -, -n; ↗Z55>; **kon·struk·ti'ons·bedingt** <Adj.> ~e Mängel; **Kon·struk·ti'ons·feh·ler** <m.; -s, ->; **Kon·struk·ti'ons·zeich·nung** <f.; -, -en>; **kon·struk'tiv** <Adj.> 1 *weiterführend;* ~e Kritik 2 *auf einer Konstruktion beruhend;* **Kon·struk·ti·vis·mus** <[-'vis-]; m.; -; unz.> *Stilrichtung der bildenden Kunst u. der Musik;* **Kon·struk·ti'vist** <m.; -en, -en>; **Kon·struk·ti'vis·tin** <f.; -, -nnen>; **kon·struk·ti'vis·tisch** <Adj.>

'Kon·sul <m.; -s, -n> 1 <im anti­ken Rom> *höchster Staatsbeamter* 2 *Diplomat als ständiger Staatsvertreter in einem anderen Staat* [lat.]; **Kon·su'lar·agent** <m.; -en, -en; ↗Z55> *von einem Konsul Beauftragter;* **kon·su'la·risch** <Adj.; ↗Z46> *einen Konsul od. ein Konsulat betreffend;* <aber> das Konsularische Korps; → a. *CC;* **Kon·su'lat** <n.; -(e)s, -e> *Amt;(gebäude) eines Konsuls;* **Kon·su'lent** <m.; -en, -en> *Fach-, Rechtsberater;* **Kon·su'len·tin** <f.; -, -nnen>; **Kon·su·lin** <f.; -, -nnen>; **Kon·sul·ta·ti·on** <f.; -,

-en> 1 *Beratung;* ärztliche ~ 2 *Befragung (eines Wissenschaftlers);* **Kon·sul·ta·ti'ons·zeit** <f.; -, -en>; **kon·sul·ta'tiv** <Adj.> *beratend;* **kon·sul'tie·ren** <V. t.> *(zwecks Beratung) aufsuchen;* einen Arzt ~

Kon'sum <m.; -s; unz.> 1 *Verbrauch;* ~ an Nahrungsmitteln 2 <früher> *genossenschaftliche Vereinigung* 3 *Verkaufsstelle eines Konsums(2)* [ital.]; **Kon'sum·ar·ti·kel** <m.; -s, ->; **Konsu·ma·ti'on** <f.; -, -en; österr.; schweiz.> *Verzehr;* **Kon'sumden·ken** <n.; -s; unz.> *auf Konsumieren ausgerichtete Lebensführung;* **Kon·su'ment** <m.; -en, -en>; **Kon·su'men·ten·fang** <m.; -s; unz.; umg.> auf ~ aus sein; **kon·su'men·tenfeind·lich** <Adj.>; **Kon·su'menten·schutz** <m.; -es; unz.>; **Kon·su'men·tin** <f.; -, -nnen>; **Kon'sum·ge·nos·sen·schaft** <f.; -; unz.>; **Kon'sum·ge·sellschaft** <f.; -; unz.>; **Kon'sumgü·ter** <Pl.>; **kon·su'mie·ren** <V. t.> *verbrauchen, verzehren;* **Kon·sump·ti'on** <f.; -; unz.> 1 <Med.> *Abmagerung* 2 *Verbrauch* [lat.]; **Kon'sum·ter·ror** <m.; -s; unz.; umg.>; **Kon'sumti'on** <f.; -; unz.> = *Konsumption;* **Kon'sum·zwang** <m.; -s; unz.; umg.>

Kon·ta·gi'on <f.; -, -en; Med.> *Ansteckung* [lat.]; **kon·ta·gi'ös** <Adj.; Med.>; **Kon·ta·gi·o·si'tät** <f.; -; unz.; Med.> *Ansteckungsgefahr*

Kon'takt <m.; -(e)s, -e> 1 *Berührung, Verbindung, Beziehung* 2 <Chem.> *Katalysator bei techn. Prozessen* [lat.]; **Kon'takt·abzug** <m.; -(e)s, ⁻e; Fot.>; **Kon'takt·a·dres·se,** <auch> **Kon'takt·ad·res·se** <f.; -, -n; ↗Z53, 55> eine ~ angeben; **kon'taktarm** <Adj.>; **Kon'takt·ar·mut** <f.; -; unz.>; **kon'tak·ten** <V. t.> = *kontaktieren;* **Kon'tak·ter** <m.; -s, ->; **kon'takt·freu·dig** <Adj.>; **Kon'takt·freu·dig·keit** <f.; -; unz.>; **kon'takt·leu·te** <V. t.; geh.> *in Verbindung treten;* **Kon'takt·in·fek·ti·on** <f.; -, -en; Med.>; **Kon'takt·leu·te** <Pl.>; **Kon'takt·lin·sen** <Pl.> *dünne Kunststoffschalen zur*

Korrektur der Fehlsichtigkeit, die direkt auf dem Auge getragen werden; **Kon'takt·lin·senträ·ger** <m.; -s, ->; **Kon'takt·linsen·trä·ge·rin** <f.; -, -n·nen>; **Kon'takt·per·son** <f.; -, -en>; **Kon'takt·scha·len** <Pl.> = *Kontaktlinsen;* **kon'takt·scheu** <Adj.>; **Kon'takt·scheu** <f.; -; unz.>; **Kon'takt·schwä·che** <f.; -; unz.>; **Kon'takt·ste·cker** <m.; -s, ->; **Kon'takt·stu·di·um** <n.; -s, -di·en> *Studium für berufstätige Personen*

Kon·ta·mi·na·ti·on <f.; -, -en> 1 <Phys.> *(radioaktive) Verunreinigung* 2 <Sprachw.> *Vermengung von Wörtern od. Wortteilen zu neuen Begriffen* [lat.]; **kon·ta·mi'nie·ren** <V. i.> 1 <Phys.> *(radioaktiv) verseuchen;* kontaminierte Gebiete 2 <Sprachw.> *vermengen*

Kon·tem·pla·ti·on, <auch> **Kontemp·la·ti·on** <f.; -, -en; ↗Z53; geh.> *Beschaulichkeit, (religiöse) Versenkung* [lat.]; **kon·templa'tiv** <Adj.; geh.> *in sich gekehrt*

kon·tem·po·rär <Adj.> *dem gleichen Zeitabschnitt entstammend, zeitgenössisch* [lat.]

'Kon·ten <Pl. von> *Konto*

Kon·te·nance <[kõtə'nãs]; f.; -; unz.> = *Contenance*

'Kon·ten·füh·rung <f.; -; unz.> ~ *des Staatshaushaltes;* **'Kon·tenplan** <m.; -(e)s, ⁻e; Wirtsch.> *Buchführung der Konten*

Kon'ten·ten <Pl.; Seemannsspr.> *Ladeverzeichnis* [lat.]

kon·ter..., **Kon·ter...** <in Zus.> *gegen..., Gegen...* [frz.-lat.]; **'Konter** <m.; -s, -; Sp.> *rascher Gegenangriff;* **'Kon·ter·ad·mi·ral** <m.; -s, ⁻e> *Admiralsdienstgrad in der Marine;* **'kon·ter·a·gieren** <a. [---'--]; V. i.; ich kontera­giere; sie hat konteragiert; ↗Z55; geh.> *dagegenarbeiten;* **'Kon·ter·fei** <n.; -s, -s od. -e; veralt.; noch scherzh.> *Abbild, Porträt* [frz.]; **'kon·ter·fei·en** <a. [--'--]; V. t.; veralt.; noch scherzh.> *jmdn. ~ abbilden, malen;* **'kon·ter·ka·rie·ren** <a. [---'--]; V. t.> *hintertreiben, entgegenwirken;* eine Sache ~; er hat das Vorhaben kontrakariert; **'kon·tern** <V. i.; ich**

kont(e)re> 1 <Sp.> *einen Gegenangriff ausführen* 2 *scharf widersprechen, dagegenhalten; das war gut gekontert;* **'Kon·ter·re·vo·lu·ti·on** <[-'vo-]; f.; -, -en> *Gegenrevolution;* **'kon·ter·re·vo·lu·ti·o·när** <Adj.>; **'Kon·ter·tanz** <m.; -es, ⸚e> *ein Paartanz, Quadrille;* oV *Kontretanz*

kon·tes·tie·ren <V. t.; geh.> 1 *bestätigen* 2 *bestreiten* [lat.]

'Kon·text <a. [-'-]; m.; -(e)s, -e> 1 *der ein Wort umgebende Text* 2 *Zusammenhang, Inhalt* [lat.]; **kon·tex·tu·al, kon·tex·tu·ell** <Adj.> *den Kontext betreffend*

'Kon·ti <Pl. von *Konto*; **kon·tie·ren** <V. t.; Bankw.> *verbuchen*; **Kon·tie·rung** <f.; -, -en>

Kon·ti·gu·i·tät <f.; -; unz.; Psych.> *Zusammenfallen, -fließen (von Erlebnissen)*

Kon·ti·nent <a. ['---]; m.; -(e)s, -e> 1 *Erdteil* 2 <in Großbritannien> *Festland* [lat.]; **kon·ti·nen·'tal** <Adj.>; **kon·ti·nen·'tal·kli·ma** <n.; -s; unz.> **kon·ti·nen·'tal·kli·ma·tisch** <Adj.>; **Kon·ti·nen·'tal·plat·te** <f.; -, -n; Geol.>; **Kon·ti·nen·'tal·so·ckel** <m.; -s, -; Geol.> *vom Meer bedeckter Festlandssockel;* **Kon·ti·nen·'tal·ver·schie·bung** <f.; -, -en; Geol.>

Kon·ti·nenz <f.; -; unz.; Med.> *Beherrschung des Harn- u. Stuhldrangs;* Ggs *Inkontinenz*

kon·tin'gent <Adj.> *das Kontingenz betreffend;* **Kon·tin'gent** <n.; -(e)s, -e> 1 *Pflichtanteil* 2 *begrenzte Menge, Anzahl* 3 *größere Truppeneinheit* [frz.]; **kon·tin·gen·'tie·ren** <V. t.> *ein Kontingent festsetzen, einteilen, begrenzen; Lebensmittel ~;* **Kon·tin·gen·'tie·rung** <f.; -, -en>; **Kon·tin'genz** <f.; -; unz.> 1 <Philos.> *Zufälligkeit, das Nicht-Notwendige (der Existenz)* 2 <Stat.> *Wahrscheinlichkeitsgrad des Zusammentreffens von Merkmalen* [lat.]

Kon·ti·nu·a·ti·on <f.; -; unz.; veralt.> *Fortsetzung, Fortdauer* [lat.]; **kon·ti·nu'ie·ren** <V. i. u. V. t.; veralt.> *fortsetzen, fortdauern;* **kon·ti·nu'ier·lich** <Adj.> *beständig, unaufhörlich (fortschreitend); eine ~e Steigerung; ~er Bruch* <Math.>; **Kon·ti·nu·i·**

'tät <f.; -; unz.> *Beständigkeit, Fortdauer,* **Kon·ti·nu·i'täts·glei·chung** <f.; -, -en; Math.>; **Kon·'ti·nuo** <m.; -s, -s> = *Continuo;* **Kon'ti·nu·um** <n.; -s, -nua> *lückenloses Fortschreiten, Ineinanderübergehen;* Dialekt~

'Kon·to <n.; -s, -s od. 'Kon·ten od. 'Kon·ti; Bankw.; Abk.: Kto.> 1 *(Ergebnis der) Erfassung von Geschäftsvorgängen;* Personen~; Sach~; *einen Betrag einem ~ gutschreiben; Geld auf ein ~ einzahlen* 2 *das geht auf mein ~* <fig.; umg.> *das übernehme ich, daran bin ich schuld* [ital.]; **'Kon·to·ab·schluss** <m.; -es, ⸚e>; **'Kon·to·aus·zug** <m.; -(e)s, ⸚e>; **'Kon·to·aus·zugs·dru·cker** <m.; -s, ->; **'Kon·to·er·öff·nung** <f.; -, -en>; **'Kon·to·füh·rung** <f.; -, -en>; **'Kon·to·in·ha·ber** <m.; -s, ->; **'Kon·to·in·ha·be·rin** <f.; -, -n·nen>; **Kon·to·kor'rent** <n.; -s, -e> *laufende Rechnung;* **Kon·to·kor'rent·kre·dit** <m.; -(e)s, -e; Bankw.> *eine Form des Geldleihgeschäfte;* **'Kon·to·num·mer** <f.; -, -n>

Kon'tor <n.; -s, -e> *Geschäftsraum, Handelsniederlassung (im Ausland)* [ndrl.]; **Kon·to·'rist** <m.; -en, -en>; **Kon·to·'ris·tin** <f.; -, -n·nen>

Kon·tor·si'on <f.; -, -en; Med.> *Verrenkung* [frz.]; **Kon·tor·si·o·'nist** <m.; -en, -en> *(Artist als) Schlangenmensch;* **Kon·tor·si·o·'nis·tin** <f.; -, -n·nen>

'Kon·to·stand <m.; -(e)s, ⸚e>

'kon·tra, <auch> **'kont·ra** <Präp.; ↗Z53> *gegen, wider,* oV *contra;* Ggs *pro* [lat.]; **'Kon·tra** <n.; -s, -s> *das Entgegengesetzte, das Wider; das Pro u. ~ einer Sache abwägen; jmdm. ~ geben jmdm. entgegnen, widersprechen;* **'Kon·tra·bass** <m.; -es, ⸚e> *größtes, tiefstes Streichinstrument;* Sy *Bassgeige, Violone;* **'Kon·tra·bas·sist** <m.; -en, -en>; **'Kon·tra·bas·sis·tin** <f.; -, -n·nen>; **Kon·tra·dik·ti'on** <f.; -, -en; Philos.> *Widerspruch;* → a. *Contradictio in adjecto;* **kon·tra·dik'to·risch** <Adj.> *widersprechend, widersprüchlich;* **'Kon·tra·fa·gott** <n.; -(e)s, -e> *eine Oktave tiefer gestimmtes*

Fagott; **Kon·tra·fak'tur** <f.; -, -en; Lit.> *Nachdichtung eines geistl. Gesangstextes*

Kon·tra·ha·ge <[-'ha:ʒə]; f.; -, -n; früher> *Forderung zum Duell* [lat.-frz.]; **Kon·tra·hent** <m.; -en, -en> 1 *Gegner, Gegenspieler* 2 *Vertragspartner* [lat.]; **Kon·tra·'hen·tin** <f.; -, -n·nen>; **kon·tra·'hie·ren** <V. t.> 1 <Biol.; Med.> *sich zusammenziehen (von Muskeln)* 2 *einen Kontrakt (Vertrag) schließen* 3 <früher> *sich duellieren*

'Kon·tra·in·di·ka·ti·on, <auch> **'Kont·ra·in·di·ka·ti·on** <f.; -, -en; ↗Z53; Med.> *Gegenanzeige (gegen die Verwendung eines bestimmten Medikamentes);* **'kon·tra·in·di·ziert** <Adj.>

kon'trakt <Adj.; veralt.> *zusammengezogen, verkrümmt* [lat.]; **Kon'trakt** <m.; -(e)s, -e; geh.> *Vertrag, Abmachung; einen ~ schließen;* **kon'trakt·brü·chig** <Adj.>; **kon·trak'til** <Adj.; Med.> *zusammenziehbar,* **Kon·trak·ti·li'tät** <f.; -; unz.; Med.> *Fähigkeit (eines Muskels), sich zusammenzuziehen;* **Kon·trak·ti·'on** <f.; -, -en> 1 *Zusammenziehung* 2 <Sprachw.> *Zusammenziehung zweier Laute;* **kon·trak'tiv** <Adj.> *auf einer Kontraktion beruhend;* **Kon·trak'tur** <f.; -, -en; Med.> *Verkürzung (von Muskeln), Gelenkversteifung*

'Kon·tra·ok·ta·ve, <auch> **'Kont·ra·ok·ta·ve** <f.; -, -n; ↗Z53; Mus.> *unter der großen Oktave liegende Oktave;* **'Kon·tra·post** <m.; -(e)s, -e; Bildhauerei> *harmonischer Ausgleich, ausgewogene Verteilung des Körpergewichts (zw. Stand- u. Spielbein);* **'kon·tra·pro·duk·tiv** <Adj.> *nicht produktiv, entgegenwirkend, verhindernd; eine ~ Äußerung* [lat.]; **'Kon·tra·punkt** <m.; -(e)s, -e; Mus.> *Führung mehrerer Stimmen als selbstständige Melodien (in der Fuge);* **kon·tra·punk'tie·ren** <V. t.> 1 <Mus.> *gegeneinander führen (von Stimmen)* 2 <fig.> *einen Gegensatz darstellen, einen Kontrast bilden;* **Kon·tra'punk·tik** <f.; -; unz.> 1 *Lehre vom Kontrapunkt* 2 *kontrapunktische Stimmführung;* **kon·tra·**

K

'punk·tisch <Adj.>; **kon'trär** <Adj.> *gegensätzlich* [frz.]

Kon'trast, <auch> **Kont'rast** <m.; -(e)s, -e; ⤳Z53> 1 *auffälliger Gegensatz, Unterschied* 2 <Fot.> *Helligkeitsunterschied* [ital.]; **kont'rast·arm** <Adj.; bes. Fot.> Ggs *kontrastreich;* **Kon'trast·fil·ter** <m.; -s, -; Fot.>; **kon·tras·'tie·ren** <V. i.> *in einem Gegensatz (zu etwas) stehen;* mit etwas ~ [frz.]; **kon·tras'tiv** <Adj.> *vergleichend, gegensätzlich;* ~e Grammatik; **Kon'trast·mit·tel** <n.; -s, -; Med.>; **Kon'trast·pro·gramm** <n.; -(e)s, -e> ein ~ anbieten; **kon'trast·reich** <Adj.; bes. Fot.> Ggs *kontrastarm*

'Kon·tra·te·nor, <auch> **'Kont·ra·te·nor** <m.; -s, ⸗e; ⤳Z53> = *Contratenor,* **Kon·tra·zep·ti·on** <f.; -; unz.; Med.> *Empfängnisverhütung* [lat.]; **kon·tra·zep'tiv** <Adj.> *empfängnisverhütend;* **Kon·tra·zep'ti·vum** <n.; -s, -va> *empfängnisverhütendes Mittel*

'Kon·tre·tanz, <auch> **'Kont·re·tanz** <m.; -es, ⸗e; ⤳Z53> = *Kontertanz*

kon·tri·bu'ie·ren <V. t.> *beitragen, beisteuern;* **Kon·tri·bu·ti·on** <f.; -, -en> *Beitrag, Entschädigung* [lat.]

Kon'troll·ab·schnitt, <auch> **Kont'roll·ab·schnitt** <m.; -(e)s, -e; ⤳Z53>; **Kon'trol·le** <f.; -, -n> 1 *Überwachung, Aufsicht* 2 *Überprüfung;* Fahrschein~; Pass~ 3 *Probe(lauf)* 4 *Beherrschung;* die ~ (über etwas) verlieren [frz.]; **Kon'trol·ler** <m.; -s, -; Tech.> *Steuerschalter, Anlasser* [engl.]; **Kon'trol·leur** <[-'lø:r]; m.; -s, -e> *Aufseher, Prüfer;* Fahrkarten~; **Kon·trol·'leu·rin** <f.; -, -n·nen>; **Kon·'troll·funk·ti·on** <f.; -, -en>; **kon·trol'lier·bar** <Adj.>; **kon·trol'lie·ren** <V. t.> 1 *überwachen, überprüfen* 2 *beherrschen;* den Markt ~; **Kon'troll·kom·mis·si·on** <f.; -, -en>; **Kon'troll·lam·pe** <f.; -, -n; ⤳Z37>; **Kon·'troll·lauf** <m.; -(e)s, ⸗e; ⤳Z37> einen ~ durchführen; **Kon'troll·lis·te** <f.; -, -n; ⤳Z37>; **Kon·trol·'lor** <m.; -s, -e; österr.> = *Kontrolleur;* **Kon'troll·or·gan** <n.;

-s, -e>; **Kon·trol'lo·rin** <f.; -, -n·nen; österr.>; **Kon'troll·rat** <m.; -(e)s, ⸗e; 1945–1948> *von den Besatzungsmächten eingesetztes Regierungsorgan;* **Kon'troll·turm** <m.; -(e)s, ⸗e>

kon·tro·vers, <auch> **kont·ro·vers** <[-'vers]; Adj.; ⤳Z53; geh.> *gegensätzlich, zweifelhaft, umstritten;* ~e Standpunkte; **Kon·tro'ver·se** <f.; -, -n> *Streit, Auseinandersetzung;* wissenschaftliche ~

Kon'tur <f.; -, -en od. (in der Kunst) m.; -s, -en> *Umriss* [frz.]; **kon'tu·ren·arm** <Adj.>; **Kon'tu·ren·schär·fe** <f.; -; unz.; Fot.>; **Kon'tu·ren·stift** <m.; -(e)s, -e> *dünner Lippenstift;* **Kon'tur·fe·der** <f.; -, -n; Zool.> *Teil des Gefieders;* **kon·tu·rie·ren** <V. t.> *mit einer Kontur versehen*

Kon·tu·si·on <f.; -, -en; Med.> *Quetschung* [lat.]

'Ko·nus <m.; -, -nus·se od. (in der Tech.) 'Ko·nen> oV *Conus* 1 *Kegel, kegelförmiger Stift* 2 <Typ.> *das Schriftbild tragender Teil der Type* [lat.]

Kon·va·les'zenz <[-va-]; f.; -; unz.> 1 <Med.> *Genesung, Rekonvaleszenz* 2 <Rechtsw.> *nachträgliches Gültigwerden eines Rechtsgeschäftes* [lat.]

Kon·vek·ti·on <[-vek-]; f.; -, -en; Phys.> *Wärmetransport durch bewegte Teilchen einer Strömung;* **Kon·vek·ti·ons·strom** <m.; -(e)s, ⸗e; El.>; **kon·vek'tiv** <Adj.>; **Kon·vek'tor** <m.; -s, -'to·ren> *ein Heizkörper*

kon·ve'na·bel <[-ve-]; Adj.; veralt.> *annehmbar, bequem, schicklich;* konvenable Beiträge [frz.]; **kon·ve·ni'ent** <Adj.> *schicklich, passend;* **Kon·ve·ni·'enz** <f.; -, -en; veralt.> *Schicklichkeit, Annehmbarkeit, Bequemlichkeit;* **kon·ve'nie·ren** <V. i.; veralt.>; **Kon'vent** <[-'vent]; m.; -(e)s, -e> 1 *Versammlung (von Angehörigen eines Klosters)* 2 *Organ einer Universität* 3 *Mitgliederversammlung einer Studentenverbindung* 4 <unz.> *frz. Nationalversammlung (1792–95)* 5 <in den USA> *Delegiertenversammlung einer polit. Partei* [lat.]; **Kon·ven'ti·kel** <n.; -s, -> 1 *geheime*

Versammlung 2 *religiöse Versammlung außerhalb der Kirche;* **Kon·ven·ti·on** <f.; -, -en> 1 *Vereinbarung, Übereinkommen* 2 *völkerrechtl. Vertrag* 3 *Brauch, Tradition, Herkommen* [frz.]; **kon·ven·ti·o'nal** <Adj.> *auf einer Konvention beruhend;* **kon·ven·ti·o·na·li'sie·ren** <V. t.>; **Kon·ven·ti·o'nal·stra·fe** <f.; -, -n; Rechtsw.> *Vertragsstrafe;* **kon·ven·ti·o'nell** <Adj.> *auf einer Konvention beruhend, herkömmlich, üblich;* ~e Waffen *herkömmliche (nicht nukleare) Kampfmittel;* **Kon·ven·ti·ons·flücht·ling** <m.; -s, -e> *aufgrund der Genfer Konvention anerkannter Flüchtling;* **Kon·ven·tu'a·le** <m.; -n, -n> *stimmberechtigter Angehöriger eines Klosters;* **Kon·ven·tu'a·lin** <f.; -, -n·nen>

kon·ver'gent <[-ver-]; Adj.> *übereinstimmend, zusammenlaufend, sich annähernd;* ~e Reihe <Math.> [lat.]; **Kon·ver'genz** <f.; -, -en> *Annäherung, Übereinstimmung;* **Kon·ver'genz·kri·te·ri·um** <n.; -s, -ri·en; Math.>; **kon·ver'gie·ren** <V. i.> *übereinstimmen, sich annähern*

kon·vers <[-'vers]; Sprachw.> *unterscheidend, ergänzend* [lat.]

Kon·ver·sa·ti·on <[-ver-]; f.; -, -en> *geselliges Gespräch, gewandte Unterhaltung;* ~ machen [frz.]; **Kon·ver·sa·ti·ons·le·xi·kon** <n.; -s, -ka>; **kon·ver·'sie·ren** <V. i.; geh.> *Konversation machen*

Kon·ver·si·on <[-ver-]; f.; -, -en> 1 *Umwandlung, Umkehrung* 2 *Glaubenswechsel* 3 <Sprachw.> *durch die Vertauschung von Subjekt u. Prädikat dargestellter Bedeutungsgegensatz* 4 <Sprachw.> *Wortbildung durch Wechsel der Wortart* [lat.]; **Kon·ver·si·ons·fil·ter** <m.; -s, -; Fot.>; **Kon·ver·ter** <[-ver-]; m.; -s, -> 1 *zur Stahlherstellung verwendeter Behälter* 2 <Fot.> *ein Linsensystem* 3 *ein Kernreaktor* [engl.]; **kon·ver'ti·bel** <Adj.> *konvertierbar;* konvertible Währungen; Ggs *inkonvertibel;* **Kon·ver·ti·bi·li'tät** <f.; -; unz.>; **kon·ver'tier·bar** <Adj.> *austausch-, umwandelbar;* **Kon-**

ver·tier·bar·keit <f.; -; unz.>; **kon·ver'tie·ren** <V.> 1 <V. i. (h. od. s.)> *die Religion wechseln;* zum Katholizismus ~ 2 <V. t.> *umwandeln;* konvertierte Daten <EDV> [lat.]; **Kon·ver'tit** <m.; -en, -en> *jmd., der seine Religion gewechselt hat;* **Kon·ver'ti·tin** <f.; -, -nen>

kon·vex <[-'vɛks]; Adj.> Opt.> *nach außen gewölbt* (von Linsen); Ggs *konkav* [lat.]; **Kon·ve·xi'tät** <f.; -; unz.> Ggs *Konkavität;* **Kon'vex·lin·se** <f.; -, -n>

Kon·vikt <[-'vikt]; n.; -(e)s, -e; österr.> *kath. Internat* [lat.]; **Kon·vik·tu'a·le** <m.; -n, -n> *Mitglied eines Konvikts;* **Kon·vik·tu'a·lin** <f.; -, -nen>

Kon·vi·vi·um <[-'vi:vi-]; n.; -s, -vi·en; veralt.> *üppiges Gastmahl, Gelage* [lat.]

Kon·voi <[-'vɔi]; m.; -s, -s> *Kolonne (von Schiffen od. Fahrzeugen);* ~ *fahren* [engl.]

Kon·vo·ka·ti·on <[-vo-]; f.; -, -en; veralt.> *Einberufung (von Körperschaften)*

Kon·vo'lut <[-vo-]; n.; -(e)s, -e> 1 *Sammelband, Bündel von Schriftstücken* 2 <Med.> *Darmschlinge, Verwachsung* [lat.]

Kon·vul·si·on <[-vul-]; f.; -, -en; Med.> *Schüttelkrampf (bei Nervenerkrankungen)* [lat.]; **Kon·vul·siv, kon·vul·si·visch** <Adj.; Med.> *krampfartig (zuckend);* ~e Zuckungen

kon·ze'die·ren <V. t.; geh.> *zugestehen;* → a. *Konzession* [lat.]

Kon·zen·trat, <auch> **Kon·zent·rat** <n.; -(e)s, -e; ↗Z53> *hochprozentiges, verdichtetes Produkt;* Fruchtsaft~; **Kon·zen·tra·ti·on** <f.; -, -en> 1 *Zusammendrängung, Zusammenballung* 2 <Chem.> *Anreicherung, Verdichtung* 3 <Psych.> *Anspannung, Sammlung;* mit äußerster ~ arbeiten [frz.]; **Kon·zen·tra·ti'ons·fä·hig·keit** <f.; -; unz.>; **Kon·zen·tra·ti'ons·la·ger** <n.; -s, -; Abk.> KZ; im Nationalsozialismus> *Arbeits- u. Massenvernichtungslager,* **Kon·zen·tra·ti'ons·schwä·che** <f.; -; unz.>; **Kon·zen·tra·ti'ons·test** <m.; -(e)s, -e od. -e>; **kon·zen·'trie·ren** <V. t.> 1 *zusammendrängen, sammeln* 2 <Chem.>

verstärken, verdichten 3 sich ~ sich geistig sammeln; er kann sich (nicht) gut ~; **kon·zen·'triert** <Adj.; -er, am -es·ten; ↗Z28.1> 1 <Chem.> *angereichert, verdichtet;* ~e Lösung 2 *angespannt, aufmerksam, intensiv;* ~ zuhören; **Kon·zen·'triert·heit** <f.; -; unz.>; **Kon·zen·'trie·rung** <f.; -, -en>; **kon·zen·trisch** <Adj.> *einen gemeinsamen Mittelpunkt besitzend;* ~e Kreise; **Kon·zen·tri·zi'tät** <f.; -; unz.> *konzentrische Beschaffenheit*

Kon'zept <n.; -(e)s, -e> *Entwurf, Plan* [lat.]; **Kon·zep·ti·on** <f.; -, -en> 1 *Planung, Entwurf* 2 <Med.> *Empfängnis;* **kon·zep·ti·o'nell** <Adj.>; **kon·zep·ti'ons·los** <Adj.>; **kon·zep'tiv** <Adj.> *entwerfend;* ~ *tätig sein;* **Kon·'zept·kunst** <f.; -; unz.> = *Conceptart;* **kon·zep·tu'ell** <Adj.> *ein Konzept aufweisend*

Kon'zern <m.; -s, -e> *Gruppe selbstständiger Unternehmen;* Groß~; Multimedia~ [engl.]; **Kon'zern·bi·lanz** <f.; -, -en>; **Kon'zern·füh·rung** <f.; -, -en>; **kon·zer'nie·ren** <V. i.> *einen Konzern bilden;* **Kon·zer'nie·rung** <f.; -, -en>; **Kon'zern·lei·tung** <f.; -, -en>

Kon'zert <n.; -(e)s, -e> 1 *öffentl. Musikveranstaltung;* Orchester~; Pop~ 2 *Orchesterwerk* 3 *Vielfalt;* das ~ der europäischen Mächte [ital.]; **Kon'zert·a·gen·tur** <f.; -, -en; ↗Z55>; **Kon·zer·'tant** <Adj.> *in Form eines Konzertes (dargeboten);* ~e Opernaufführung; **Kon'zert·di·rek·ti·on** <f.; -, -en>; **Kon'zert·flü·gel** <m.; -s, -> *großer Flügel;* **Kon·'zert·haus** <n.; -es, ⸚er>; **kon·zer'tie·ren** <V. i.> *ein Konzert geben;* in der Stadthalle ~; **kon·zer'tiert** <Adj.; ↗Z28.1> ~e Aktion *aufeinander abgestimmtes Verhalten;* **Kon'zert·meis·ter** <m.; -s, ->; **Kon'zert·meis·te·rin** <f.; -, -nen>; **kon'zert·reif** <Adj.> ~ Klavier spielen; **Kon·'zert·rei·fe** <f.; -; unz.>

Kon·zes·si·on <f.; -, -en> → a. *konzedieren* 1 *behördliche Genehmigung* 2 *Zugeständnis;* er ist nicht zu ~en bereit [lat.]; **Kon·zes·si·o'när** <m.; -s, -e>

Konzessivsatz: Ein K. oder Einräumungssatz ist ein ↗Nebensatz, der durch eine konzessive einräumende ↗Konjunktion eingeleitet wird und deshalb zu den ↗Konjunktionalsätzen gehört. Der K. räumt das Vorliegen eines Umstandes ein, der unzureichend oder ungeeignet ist, das Geschehen im ↗Hauptsatz zu begründen. Insofern tritt das Geschehen entgegen der Erwartung ein. Die folgenden Konjunktionen können einen K. einleiten: *obgleich, obwohl, obschon, wenn auch, trotzdem, wenngleich, wennschon, wiewohl: Obgleich er sich die Ohren zuhielt, war der Lärm ohrenbetäubend. Trotzdem er krank war, ging er in die Schule.*
Vgl. ↗Konsekutivsatz

Inhaber einer Konzession(1); **Kon·zes·si·o'nä·rin** <f.; -, -n·nen>; **kon·zes·si·o'nie·ren** <V. t.> *behördlich genehmigen;* **Kon·zes·si·ons·prü·fung** <f.; -, -en>; **kon·zes'siv** <Adj.; Gramm.> *einräumend;* **Kon·zes'siv·satz** <m.; -es, ⸚e; Gramm.> *Einräumungssatz;* → a. *Kasten*

Kon'zet·ti <Pl.; Lit.> *geistreiche Wortspielereien (in der Barockdichtung)* [ital.]

Kon'zil <n.; -s, -e od. -li·en; Kath.> 1 *Versammlung kirchl. Würdenträger* 2 = *Konvent(2)* [lat.]; **kon·zi·li'ant** <Adj.; -er, am -es·ten> *umgänglich, verbindlich, entgegenkommend;* Ggs *inkonziliant;* **Kon·zi·li'anz** <f.; -; unz.>; **Kon·zi·li·a'ris·mus** <m.; -; unz.; Kath.> *Lehre, dass das Konzil als oberste Instanz dem Papst übergeordnet sein müsse;* **Kon'zils·va·ter** <m.; -s, ⸚> *Teilnehmer an einem Konzil*

kon'zinn <Adj.; Rhet.> *ebenmäßig* [lat.]

Kon·zi·pi'ent <m.; -en, -en> 1 <österr.> *juristische Hilfskraft* 2 <veralt.> *Verfasser,* **Kon·zi·pi·'en·tin** <f.; -, -n·nen>; **kon·zi·'pie·ren** <V.> 1 <V. t.> *entwerfen, ein Konzept erstellen* 2 <V. i.; Med.> *schwanger sein*

kon'zis <Adj.; -er, am -es·ten; Rhet.> *kurz, knapp;* ein ~er Entwurf

Koordination: Eine K. – auch Beiordnung oder Nebenordnung genannt – ist eine Verknüpfung von zwei oder mehr gleichartigen Wörtern, Satzgliedern oder Sätzen. Es wird zwischen **syndetischer** und **asyndetischer** K. unterschieden. Bei syndetischer K. sind die verschiedenen Elemente durch eine koordinierende ↗Konjunktion wie *und, aber, denn* verknüpft, während bei einer asyndetischen K. die einzelnen Elemente nicht durch Konjunktionen, sondern durch Satzzeichen (z.B. Kommas) verknüpft sind: *nach unten, nach oben laufen.*
Vgl. ↗Satzreihe

Koog <m.; -(e)s, 'Kö·ge; ↗Z 18.1> *eingedeichtes Marschland;* oV *Kog*

Ko·o·pe·ra·ti·on <f.; -, -en> *Zusammenarbeit;* in ~ mit einer Firma [lat.]; **Ko·o·pe·ra·ti'ons·be·reit·schaft** <f.; -; unz.>; **ko·o·pe·ra·tiv** <Adj.> *zusammenarbeitend;* **Ko·o·pe·ra·tiv** <n.; -s, -e od. -s>, **Ko·o·pe·ra·ti·ve** <f.; -, -n; DDR> *Arbeitsgemeinschaft;* **Ko·o·pe·ra·tor** <m.; -s, -'to·ren; Kath.> *Hilfsgeistlicher;* **ko·o·pe·rie·ren** <V. i.> *zusammenarbeiten*

Ko·op·ta·ti'on <f.; -, -en> *Ergänzungswahl* [lat.]; **ko·op·ta·tiv** <Adj.>; **ko·op'tie·ren** <V. t.> *hinzuwählen*

Ko·or·di·na·te <f.; -, -n; Math.> *Zahlenangabe zur Festlegung der Lage eines Punktes* [lat.]; **Ko·or·di·na·ten·ach·se** <[-ks-]; f.; -, -n; Math.>; **Ko·or·di·na·ten·sys·tem** <n.; -s, -e; Math.>; **Ko·or·di·na·ti'on** <f.; -, -en> 1 <Gramm.> *Zuordnung, Beiordnung; ~ von Satzteilen;* Ggs *Subordination* <m.; → a. *Kasten 2 das Koordinieren, Abstimmen verschiedener Vorgänge aufeinander* 3 <Physiol.> *Zusammenspiel der Muskeln;* **Ko·or·di·na·tor** <m.; -s, -'to·ren>; **ko·or·di·nie·ren** <V. t.> 1 <Gramm.> *beiordnen, nebenordnen;* koordinierende Konjunktion, z. B. *und, oder* 2 *aufeinander abstimmen;* Termine ~; **Ko·or·di·nie·rung** <f.; -, -en>

Ko·pa'i·va·baum <[-va-]; m.;

-(e)s, ⸚e; Bot.> *eine Baumgattung, deren Holz Balsam enthält*

Ko'pal <m.; -s, -e> *ein Harz* [span.-indian.]; **Ko'pal·fich·te** <f.; -, -n; Bot.> = *Kaurifichte;* **Ko·'pal·harz** <n.; -es, -e> = *Kopal*

Ko·pe·ke <f.; -, -n> *russ. Währungseinheit, 1/100 Rubel*

Ko·pen'ha·gen *Hauptstadt von Dänemark;* oV *København;* **Ko·pen'ha·ge·ner** <m.; -s, ->; **Ko·pen'ha·ge·ne·rin** <f.; -, -n·nen>

Kö·pe·ni·cki'a·de <f.; -, -n> *Gaunerei, Streich*

Ko·pe'po·de <m.; -n, -n; Zool.> *Ruderfußkrebs* [grch.]

'Kö·per <m.; -s, -; Textilw.> *eine Grundbindungsart;* **'Kö·per·band** <n.; -(e)s, ⸚er>; **'Kö·per·bin·dung** <f.; -, -en> in ~ hergestellt

ko·per·ni·ka·nisch <Adj.> ~es Weltsystem; ~e Wende; die ~en Schriften [nach dem Astronom Nikolaus *Kopernikus*]

Kopf <m.; -(e)s, ⸚e> 1 <↗Z 26> *Haupt, Schädel;* Tier~; den ~ neigen, einziehen; auf dem ~ stehen; den ~ schütteln; die Köpfe zusammenstecken; mir brummt der ~; sich auf den ~ stellen; (auf dem) ~ stehen; ich habe ~ gestanden; der Erfolg ist ihm zu ~ gestiegen; von ~ bis Fuß 2 <fig.> *Sitz des Lebens;* es geht um ~ u. Kragen 3 <fig.> *Organ des Gedächtnisses, des Verstandes, des Willens;* etwas im ~ behalten; sich etwas durch den ~ gehen lassen; seinen ~ durchsetzen 4 *Mensch, Person;* eine 100 Köpfe starke Besatzung; **Kopf-an-'Kopf-Ren·nen** <n.; -s, -; ↗Z 33>; **'Kopf·ar·beit** <f.; -; unz.>; **'Kopf·bahn·hof** <m.; -(e)s, ⸚e> *Sackbahnhof;* **'Kopf·ball** <m.; -(e)s, ⸚e; Fußb.> ~tor; **'Kopf·be·de·ckung** <f.; -, -en>; **'Köpf·chen** <n.; -s, -; Verkleinerungsf. von> *Kopf;* mit ~ *mit Verstand;* **'Kopf·feln** <V. t.; ich köpf(e)le; österr.; schweiz.> *einen Kopfball spielen;* **'köp·fen** <V. t.> *den Kopf, das obere Ende abschlagen;* ein Ei ~; **'Kopf·en·de** <n.; -s, -n> *oberes Ende des Bettes;* ~ **'Kopf·fü·ßer** <m.; -s, -; Zool.> *Angehöriger einer Gruppe von Weichtieren, z. B.*

Tintenfisch; **'Kopf·geld** <n.; -(e)s, -er> *Belohnung für die Ergreifung eines Gesuchten;* ein ~ aussetzen; **'Kopf·haar** <n.; -(e)s, -e>; **'Kopf·haut** <f.; -; unz.>; **'Kopf·hö·rer** <m.; -s, ->; **'Kopf·hö·rer·an·schluss** <m.; -es, ⸚e>; **...köp·fig** <Adj.; in Zus.> z. B. rundköpfig, vielköpfig; **'Kopf·jagd** <f.; -, -en>; **'Kopf·jä·ger** <m.; -s, ->; **'Kopf·kis·sen** <n.; -s, ->; **'Kopf·la·ge** <f.; -; unz.; Med.> *normale Geburtslage;* **'kopf·las·tig** <Adj.> 1 *vorderlastig* (Flugzeug) 2 *(übermäßig) vom Verstand geleitet;* **'Kopf·laus** <f.; -, ⸚e>; **'Köpf·lein** <n.; -s, -; poet.; Verkleinerungsf. von> *Kopf;* **'Kopf·ler** <m.; -s, -; österr.> 1 *Kopfsprung* 2 *Kopfball;* **'kopf·los** <Adj.; fig.> *unüberlegt;* **'Kopf·ni·cken** <n.; -s; unz.>; **'Kopf·nuss** <f.; -, ⸚e> 1 *leichter Schlag auf den Kopf* 2 *schwierige Denkaufgabe;* **'Kopf·putz** <m.; -es; unz.> *Schmuck für den Kopf* (Hut, Schleife); **'kopf·rech·nen** <V. i.; nur im Inf.> er kann gut ~; **'Kopf·rech·nen** <n.; -s; unz.>; **'Kopf·sa·lat** <m.; -(e)s, -e; Bot.> *eine Gemüsepflanze;* **'kopf·scheu** <Adj.> jmdn. ~ machen <fig.>; **'Kopf·schmerz** <m.; -es, -en; meist Pl.>; **'Kopf·schmuck** <m.; -(e)s; unz.>; **'Kopf·schuss** <m.; -es, ⸚e>; **'Kopf·schüt·teln** <n.; -s; unz.>; **'Kopf·schüt·telnd** <Adj.> *verwundert, verneinend;* **'Kopf·sprung** <m.; -(e)s, ⸚e>; **'Kopf·stand** <m.; -(e)s; unz.>; **'Kopf·ste·hen** <n.; -s; unz.>; **'Kopf·stein·pflas·ter** <n.; -s, ->; **'Kopf·steu·er** <f.; -; unz.>; **'Kopf·stim·me** <f.; -; unz.> Ggs *Bruststimme;* **'Kopf·stoß** <m.; -es, ⸚e; Fußb.>; **'Kopf·stüt·ze** <f.; -, -n>; **kopf'ü·ber** <Adv.; ↗Z 55> *mit dem Kopf voran;* **kopf'un·ter** <Adv.> *mit dem Kopf unter Wasser,* **'Kopf·ver·let·zung** <f.; -, -en>; **'Kopf·weh** <n.; -s; unz.; umg.> *Kopfschmerzen;* **'Kopf·zer·bre·chen** <n.; -s; unz.> *angestrengtes Nachdenken*

'Koph·ta <m.; -s, -s> *geheimnisvoller ägypt. Weiser;* Groß~ [arab.]; **'koph·tisch** <Adj.>

Ko·pi'al·buch <n.; -(e)s, ⸚er> *Buch für Urkundenabschriften;*

Ko·pie <österr. a. ['ko:piə] f.; -, -n> 1 *Abschrift, Durchschlag* 2 *fotomechanische Vervielfältigung* [lat.]; **ko·pie·ren** <V. t.> 1 *eine Abschrift herstellen* 2 *vervielfältigen* 3 *nachahmen, nachbilden;* → a. *Copyshop;* **Ko·'pie·rer** <m.; -s, -> *Kopiergerät;* **Ko'pier·ge·rät** <n.; -(e)s, -e>; **Ko·'pier·pa·pier** <n.; -s, -e>; **Ko·'pier·vor·la·ge** <f.; -, -n>

Ko·pi·lot <m.; -en, -en> *zweiter Pilot;* oV *Copilot;* **Ko·pi·lo·tin** <f.; -, -n·nen>

Ko'pist <m.; -en, -en> *jmd., der eine (handschriftliche) Kopie anfertigt*

Kopp <m.; -s, ⸚e; umg.> *Kopf*

Kop·pe <f.; -, -n; meist in Bergnamen> *Kuppel*

Kop·pel <f.; -, -n> 1 *eingezäunte Weide 2 Riemen, durch diese verbundene Hunde* 3 <a. n.; -s, -> *Uniformgürtel;* **'kop·pel·bän·dig, 'kop·pel·gän·gig** <Adj.; Jägerspr.> ~e *Hunde;* **'kop·peln** <V. t.; ich kopp(e)le> *miteinander verbinden;* **'Kop·pel·schloss** <n.; -es, ⸚er>; **'Kop·pe·lung** <f.; -, -en> = *Kopplung*

'kop·pen <V. i.> *das Pferd koppt schluckt Luft;* **'Kop·per** <m.; -s, -> *koppendes Pferd*

kopp'heis·ter <Adv.; norddt.> *kopfüber;* ~ *gehen*

'Kopp·lung <f.; -, -en> *das Koppeln, Verbindung;* oV *Koppelung;* **'Kopp·lungs·ma·nö·ver** <n.; -s, ->

'Ko·pra, <auch> 'Kop·ra <f.; -; unz.; ⸚Z 53> *getrocknete Kokosnussstücke;* <aber> → *Kobra* [port.-hind.]

'Ko·pro·duk·ti·on <f.; -, -en; bes. Film; TV> *Gemeinschaftsproduktion;* **'Ko·pro·du·zent** <m.; -en, -en>; **'Ko·pro·du·zen·tin** <f.; -, -n·nen>; **'ko·pro·du·zie·ren** <V. t.>

Ko·pro·lith, <auch> Kop·ro·lith <m.; -s od. -en, -e od. -en; ⸚Z 53> *fossiler Kot* [grch.]; **ko·pro'phag** <Adj.; Biol.> *Kot fressend;* **Ko·pro'pha·ge** <m. od. f.; -n, -n>

'Ko·pro·zes·sor <m.; -s, -en> = *Coprozessor*

Kops <m.; -es, -e; Textilw.> *Garnträger, Spule;* Sy *Kötzer* [engl.]

'Kop·te <m.; -n, -n> *Angehöriger*

Kopula: Die K. oder das Kopulativverb gehört einer Gruppe von Verben an, die ein Bindeglied zwischen ⸗Subjekt und ⸗Prädikativ darstellen. K. sind finite Formen der Verben *sein, werden, bleiben, erscheinen, heißen* und verfügen nur über eine ungefähre Eigenbedeutung:

Sie ist Malerin. Er wird Landwirt.

---

der ägyptischen Christen; **'Kop·tin** <f.; -, -n·nen>; **'kop·tisch** <Adj.> ~e *Kirche;* ~e *Sprache eine hamit. Sprache*

'Ko·pu·la <f.; -, -s od. -lae; Sprachw.> *Subjekt u. Prädikat verbindende (Hilfs-)Verbform;* → a. *Kasten;* **Ko·pu·la·ti·on** <f.; -, -en> 1 <Biol.> *Begattung* 2 <Gartenb.> *Veredelung, Pfropfung* [lat.]; **ko·pu·la·tiv** <Adj.; Sprachw.> *verbindend;* ~e *Konjunktion;* **Ko·pu·la·tiv·kom·po·si·tum** <n.; -s, -ta; Sprachw.> *aus gleich gewichteten Bestandteilen zusammengesetztes Kompositum, z. B. Hosenrock;* **Ko·pu·la·tiv·verb** <n.; -s, -en>; **ko·pu'lie·ren** <V.> 1 <V. i.; Biol.> *sich begatten* 2 <V. t.; Gartenb.> *veredeln* 3 <V. t.; Sprachw.> *verbinden*

'Ko·rach, 'Ko·rah <veralt.; in der Wendung> *eine Rotte ~ randalierende Gruppe* [nach dem Enkel Levis in 4. Mos.]

Ko'ral·le <f.; -, -n> 1 *meeresbewohnendes Nesseltier* 2 *Schmuckstein aus dem Kalkgerüst der Koralle(1)* [grch.]; **ko·'ral·len** <Adj.> 1 *aus Korallen bestehend* 2 *korallenfarbig, hellrot;* **Ko'ral·len·bank** <f.; -, ⸚e>; **Ko'ral·len·baum** <m.; -(e)s, ⸚e>; **ko'ral·len·far·big** <Adj.> *hellrot;* **Ko'ral·len·in·sel** <f.; -, -n>; **Ko'ral·len·ket·te** <f.; -, -n>; **Ko'ral·len·riff** <n.; -s, -e>; **ko·'ral·len·rot** <Adj.>; **Ko'ral·len·tier** <n.; -(e)s, -e>; **Ko'ral·len·wurz** <m.; -es, -e; Bot.>

Ko'ran <a. ['--]; m.; -s, -e> *die heilige Schrift des Islams*

Korb <m. 7; -(e)s, ⸚e> 1 *(geflochtenes) oben offenes Behältnis, meist zum Tragen; fünf ~ Äpfel* 2 <fig.> *Abweisung, Absage; jmdm. einen ~ erteilen;* **'Korb·ball** <m.; -s; unz.; Sp.> = *Basket-*

---

ball; **'Korb·blüt·ler** <m.; -s, -; Bot.> *eine artenreiche Pflanzenfamilie mit korbförmigen Blütenständen;* **'Körb·chen** <n.; -s, -; Verkleinerungsf. von> *Korb(1);* **Korb·ма·cher** <m.; -s, ->; schweiz.> *Korbmacher;* **'Korb·fla·sche** <f.; -, -n>; **'Korb·flech·ter** <m.; -s, ->; Verkleinerungsf. **'Korb·flech·te·rin** <f.; -, -n·nen>; **'Körb·lein** <n.; -s, -; poet.; Verkleinerungsf. von> *Korb(1);* **'Korb·ma·cher** <m.; -s, ->; **'Korb·ma·che·rin** <f.; -, -n·nen>; **'Korb·mö·bel** <n.; -s, ->; **'Korb·stuhl** <m.; -(e)s, ⸚e>; **'Korb·wa·ren** <Pl.>; **'korb·wei·se** <Adv.> *in Körben*

Kord <m.; -(e)s, -e> *ein geripptes Gewebe;* oV *Cord* [engl.]; **'Kor·de, 'Kor·del** <f.; -, -n> *Schnur aus gedrehten Fäden;* **'Kör·del·chen** <n.; -s, -; Verkleinerungsf. von> *Kordel;* **'Kord·ho·se** <f.; -, -n>

kor·di'al <Adj.> *vertraulich, herzlich;* **Kor·di·a·li'tät** <f.; -; unz.>

kor'die·ren <V. t.; Tech.> *Vertiefungen einarbeiten; Metalle* ~

Kor·don <[-'dõ:], österr. [-'do:n]; m.; -s, -e> *(polizeiliche) Absperrung* [frz.]

'Kord·samt <m.; -(e)s, -e> *gerippter Samt*

'Ko·re <f.; -, -n; Arch.> = *Karyatide* [grch.]

Ko'rea *ostasiatische Halbinsel;* Demokratische Volksrepublik ~ *Nordkorea;* Republik ~ *Südkorea;* **Ko·re'a·ner** <m.; -s, ->; **Ko·re'a·ne·rin** <f.; -, -n·nen>; **ko·re·'a·nisch** <Adj.>

'Ko·re·fe·rat <n.; -(e)s, -e; österr.> = *Korreferat;* **'Ko·re·fe·rent** <m.; -en, -en; österr.>; **'Ko·re·fe·ren·tin** <f.; -, -n·nen; österr.>; **'Ko·re·fe·renz** <f.; -, -en> 1 <Sprachw.> *Beziehung zwischen zwei od. mehreren Textelementen innerhalb eines Textes* 2 <österr.> = *Korreferenz;* **'ko·re·fe·rie·ren** <V. i.; österr.>

'kö·ren <V. t.> *männl. Tiere für die Zucht auswählen; gekörter Hengst*

Kor·fi'ot <m.; -en, -en> *Bewohner der Insel Korfu;* **Kor·fi'o·tin** <f.; -, -n·nen>; **kor·fi'o·tisch** <Adj.>; **'Kor·fu** *ionische Insel*

'Kör·hengst <m.; -(e)s, -e> *gekörter Hengst, Zuchthengst*

K

Ko·ri·an·der <m.; -s, -; Bot.> *eine Gewürzpflanze* [grch.]

Ko·ri·an·do·li <Pl.; österr.> = *Konfetti*

Ko'rinth *eine grch. Stadt*; **Ko'rin·the** <f.; -, -n> *kleine Rosine*; **Ko'rin·then·ka·cker** <m.; -s, -; derb> *pedantischer Mensch*; **Ko'rin·ther** <m.; -s, -> *Einwohner von Korinth*; **Ko'rin·ther·brief** <m.; -(e)s, -e; NT> *Brief des Apostels Paulus an die Einwohner von Korinth*; **ko'rin·thisch** <Adj.> ~e Säulen <Arch.>

Kork <m.; -(e)s, -e> 1 *Rinde der Korkeiche* 2 = *Korken* [ndrl.]; **'Kork·be·lag** <m.; -(e)s, ≈e>; **'Kork·ei·che** <f.; -, -n>; **'kor·ken** <Adj.> *aus Kork*; **'Kor·ken** <m.; -s, -> *Pfropfen aus Kork*; **'Kor·ken·zie·her** <m.; -s, ->; **'Kor·ken·zie·her·lo·cke** <f.; -, -n>; **'kor·kig** <Adj.> *nach Korken schmeckend*; **'Kork·soh·le** <f.; -, -n>; **'Kork·zie·her** <m.; -s, ->

Kor·mo'phyt <m.; -en, -en; Bot.> *Angehöriger der Farn- u. Samenpflanzen*; Ggs *Thallophyt* [grch.]

'Kor·mo·ran <a. [-·'-]; m.; -s, -e> *ein Wasservogel* [lat.]

'Kor·mus <m.; -; unz.> *Pflanzenkörper der Kormophyten*

Korn <n.; -(e)s, ≈er> 1 *Getreide, -sorte* 2 *kleines Bröckchen, Teilchen*; Salz~; Sand~ 3 <unz.> *aus Getreide hergestellter Branntwein*; zwei ~ bestellen 4 <Pl.; -e; Waffenk.> *Teil der Visiereinrichtung*; etwas aufs ~ nehmen *auf etwas zielen*; <a. fig.> *darüber spotten* 5 <Fot.> *Struktur der lichtempfindlichen Schicht*; **'Korn·äh·re** <f.; -, -n>; **'Korn·blu·me** <f.; -, -n; Bot.> *ein Korbblütler mit azurblauen Blüten*; **'korn·blu·men·blau** <Adj.> *leuchtend blau*; **'Korn·brannt·wein** <m.; -(e)s, -e> = *Korn(3)*; **'Körn·chen** <n.; -s, -; Verkleinerungsf. von *Korn*; **Körndl** <n.; -s, -n; österr.> *Korn*; **'Körndl·bau·er** <m.; -s, -n>; **'Körndl·brot** <n.; -(e)s, -e>

'Kor·nea <f.; -; unz.> = *Cornea* [lat.]

Kor'nel·kir·sche <f.; -, -n; Bot.> *ein Zierstrauch*

'kör·nen <V. t.> 1 *zu Körnern zer-* kleinern; gekörnte Brühe 2 *anrauen, einschlagen*; **'Kör·ner** <m.; -s, -> *Stahlstift zum Körnen(2)*; **'Kör·ner·fres·ser** <m.; -s, -; umg.> 1 <Zool.> *ein kurzschnäbliger Vogel, der überwiegend Körner frisst* 2 <scherzh.> *jmd., der sich hauptsächlich von Getreide ernährt*; **'Kör·ner·fres·se·rin** <f.; -, -nnen; umg.>; **'Kör·ner·frucht** <f.; -, ≈e>

Kor'nett¹ <n.; -(e)s, -e od. -s; Instrumentenk.> *kleinstes, höchstes Blechblasinstrument* [ital.]

Kor'nett² <m.; -(e)s, -e od. -s; früher> *Fähnrich (einer Reiterabteilung)* [frz.]

Kor·net'tist <m.; -en, -en; Mus.> *Kornettspieler*; **Kor·net'tis·tin** <f.; -, -nnen; Mus.>

'Korn·feld <n.; -(e)s, -er>; **'kör·nig** <Adj.> 1 *aus Körnern bestehend* 2 *angeraut*

'kor·nisch <Adj.> *Cornwall betreffend*; ~e Sprache

'Korn·kä·fer <m.; -s, -; Zool.> *ein Rüsselkäfer*; **'Korn·kam·mer** <f.; -, -n>; **'Körn·lein** <n.; -s, -; poet.; Verkleinerungsf. von *Korn*; **'Korn·mot·te** <f.; -, -n; Zool.>; **'Korn·ra·de** <f.; -, -n; Bot.> *ein Nelkengewächs*; **'Korn·nung** <f.; -; unz.> 1 *das Körnen* 2 *Korn-, Teilchengröße*

Ko'rol·la <f.; -, -'rol·len> *Blütenkrone*; **Ko'rol'lar** <n.; -s, -en>, **Ko·rol'la·ri·um** <n.; -s, -ri·en; Logik> *Satz, der aus einem vorangegangenen gefolgert ist*; **Ko'rol·le** <f.; -, -n> = *Korolla*

Ko·ro·na <f.; -, -'ro·nen> 1 *Strahlenkranz der Sonne* 2 <umg.; scherzh.> *fröhliche Runde, Teilnehmerkreis* [lat.]; **ko·ro'nar** <Adj.; Med.> *die Herzkranzgefäße betreffend*; **Ko·ro'nar·ar·te·rie** <[-riə]; f.; -, -n; Anat.>; **Ko·ro'nar·in·suf·fi·zi·enz** <f.; -, -en; Med.>; **Ko·ro'nar·throm·bo·se** <f.; -, -n; Med.>

'Kör·per <m.; -s, -> 1 *Form eines Lebewesens in seiner Gesamtheit* 2 *Form eines Gegenstandes*; Licht~; Schiffs~ 3 <Math.> *von Flächen begrenzter Teil des dreidimensionalen Raumes* 4 <bes. in Zus.> *Personengruppe*; Lehr~; **'Kör·per·bau** <m.; -(e)s; unz.>; **'kör·per·be·hin·dert** <Adj.>; **'Kör·per·be·hin·der·** te(r) <f. 2 (m. 1)>; **'kör·per·ei·gen** <Adj.> ~e Abwehrstoffe; **'Kör·per·er·zie·hung** <f.; -; unz.>; **'kör·per·fremd** <Adj.>; **'Kör·per·fül·le** <f.; -; unz.>; **'Kör·per·ge·wicht** <n.; -(e)s; unz.>; **'Kör·per·grö·ße** <f.; -, -n>; **'Kör·per·haar** <n.; -(e)s, -e; meist Pl.>; **'Kör·per·hal·tung** <f.; -, -en> gute, schlechte ~; **'Kör·per·kon·takt** <m.; -(e)s, -e>; **'Kör·per·kraft** <f.; -, ≈e>; **'kör·per·lich** <Adj.> 1 *den Körper betreffend* 2 *stofflich*; **'Kör·per·lich·keit** <f.; -; unz.>; **'Kör·per·ma·ße** <Pl.> *Länge, Umfang usw. des (menschl.) Körpers*; **'Kör·per·pfle·ge** <f.; -; unz.>; **'Kör·per·schaft** <f.; -, -en> *Gruppe, Vereinigung von Personen*; **'kör·per·schaft·lich** <Adj.>; **'Kör·per·schafts·steu·er** <f.; -, -n>; **'Kör·per·spra·che** <f.; -; unz.>; **'Kör·per·teil** <m.; -(e)s, -e>; **'Kör·per·ver·let·zung** <f.; -, -en> schwere ~ mit Todesfolge; **'Kör·per·wär·me** <f.; -; unz.>

'Kor·po·ra <Pl. von *Korpus²*

Kor·po'ral <m.; -(e)s, -e od. -'rä·le; Mil.; schweiz.> *niedrigster Unteroffiziersgrad* [ital.]

Kor·po·ra·ti'on <f.; -, -en> 1 *Körperschaft* 2 *student. Verbindung* [lat.]; **kor·po·ra'tiv** <Adj.>; **kor·po'riert** <Adj.; ⤴Z28.1> *einer Korporation angehörend*

Korps <[ko:r]; n.; - [ko:rs], - [ko:rs]> oV *Corps* 1 *Armeekorps* 2 *Studentenverbindung* 3 <⤴Z46> *Berufs-, Standesgemeinschaft*; ein diplomatisches ~; <aber> das Diplomatische Korps in Bangkok <Abk.: CD> [frz.]; **'Korps·bru·der** <m.; -s, ≈>; **'Korps·geist** <m.; -(e)s; unz.> *Zusammengehörigkeitssinn einer Gemeinschaft*

kor·pu'lent <Adj.; -er, am -es·ten> *beleibt, dick* [lat.]; **Kor·pu'lenz** <f.; -; unz.> *Beleibtheit*; **'Kor·pus¹** <m.; -, -s·se> 1 *Grundkörper eines Möbelstücks* 2 <scherzh.> *menschlicher Körper*; **'Kor·pus²** <n.; -, -po·ra> 1 *Schriften-, Text-, Belegsammlung* 2 <Mus.> *Resonanzkörper*; **'Kor·pus³** <f.; -; unz.; Typ.> *ein Schriftgrad*; **Kor'pus·kel** <n.; -s, -n od. f.; -, -n; Phys.> *kleinstes*

Teilchen der Materie; **kor·pus·ku'lar** <Adj.>; **Kor·pus·ku'lar·strah·len** <Pl.> *aus bewegten Teilchen bestehende Strahlen*

Kor·ra·si'on <f.; -, -en; Geol.> *Abschleifung von Gestein durch Wind od. Schuttmassen* [lat.]

'Kor·re·fe·rat <n.; -(e)s, -e> *zweites, zusätzliches Referat;* oV *Koreferat* [lat.]; **'Kor·re·fe·rent** <m.; -en, -en> 1 *zweiter Referent* 2 *Zweitgutachter;* **'Kor·re·fe·ren·tin** <f.; -, -nnen>; **'Kor·re·fe·renz** <f.; -, -en; Sprachw.> *Bezeichnung einer Person durch zwei nominelle Phrasen;* **kor·re·fe'rie·ren** <V. i.> *ein Korreferat halten*

kor'rekt <Adj.> *richtig, fehlerfrei;* Ggs *inkorrekt* [lat.]; **Kor'rekt·heit** <f.; -; unz.>; **kor·rek'tiv** <Adj.> *verbessernd, korrigierend;* **Kor·rek'tiv** <n.; -s, -e [-və]; geh.> *ausgleichendes, verbesserndes Mittel;* **Kor·rek'tor** <m.; -s, -'to·ren> *jmd., der Druckvorlagen korrigiert;* **Kor·rek'to·rin** <f.; -, -nnen>; **Kor·rek'tur** <f.; -, -en> *Berichtigung (der Druckvorlage); ~ lesen;* **Kor·rek'tur·fah·ne** <f.; -, -n>; **Kor·rek'tur·le·sen** <n.; -s; unz.>; **Kor·rek'tur·zei·chen** <n.; -s, -> → *Kasten S. 610*

kor·re'lat <Adj.> = *korrelativ;* **Kor·re'lat** <n.; -(e)s, -e> *ergänzender Begriff od. Gegenstand;* **Kor·re·la·ti'on** <f.; -, -en> 1 *(wechselseitige) Beziehung;* etwas in eine ~ mit etwas anderem bringen 2 <Math.> *statistisch darstellbare Abhängigkeit zwischen mehreren Größen* [lat.]; **Kor·re·la·ti'ons·ana·ly·se** <f.; -, -n; ⬈Z55>; **kor·re·la'tiv** <Adj.> *wechselseitig;* **kor·re'lie·ren** <V. i.> *in einer Wechselbeziehung stehen*

kor·re·pe'tie·ren <V. t.> *wiederholen, einüben;* eine Gesangspartie am Klavier ~ [lat.]; **Kor·re·pe'ti·tor** <m.; -s, -'to·ren>; **Kor·re·pe·ti'to·rin** <f.; -, -nnen>

kor·re·spek'tiv, <auch> **kor·res·pek'tiv** <Adj.> ⬈Z54> *gemeinschaftlich*

Kor·re·spon'dent, <auch> **Kor·res·pon'dent** <m.; -en, -en; ⬈Z54> 1 *die Korrespondenz*

führender Angestellter; Fremdsprachen~ 2 *auswärtiger Berichterstatter;* Zeitungs~ [lat.]; **Kor·re·spon'den·tin** <f.; -, -nnen>; **Kor·re·spon'denz** <f.; -, -en> 1 *Schriftverkehr,* Briefwechsel 2 <veralt.> *Übereinstimmung;* **kor·re·spon'die·ren** <V. i.> *mit jmdm. ~ im Briefwechsel stehen; ~des Mitglied einer Akademie*

'Kor·ri·dor <m.; -s, -e> 1 *Wohnungsflur, Gang* 2 *schmaler Landstreifen* [ital.]; **'Kor·ri·dor·zug** <m.; -(e)s, ⸚e> *fremdes Staatsgebiet durchfahrender Zug*

Kor·ri'gen·dum <n.; -s, -'gen·da; meist Pl.> *(Druck-)Fehler;* **kor·ri'gier·bar** <Adj.>; **kor·ri'gie·ren** <V. t./V. refl.> *berichtigen, verbessern*

kor·ro·die·ren <V.> 1 <V. t.> *zerstören, zersetzen* 2 <V. i. (s.)> *der Korrosion ausgesetzt sein;* **Kor·ro·si'on** <f.; -, -en> *Zersetzung, Zerstörung (durch Wasser, Chemikalien u. a.);* der ~ *unterliegen* [lat.]; **kor·ro·si'ons·be·stän·dig** <Adj.>; **Kor·ro·si'ons·scha·den** <m.; -s, ⸚>; **Kor·ro·si'ons·schutz** <m.; -es; unz.>; **kor·ro'siv** <Adj.> *zersetzend*

kor·rum'pier·bar <Adj.>; **kor·rum'pie·ren** <V. t.> *jmdn. ~ bestechen, verderben;* **Kor·rum'pie·rung** <f.; -, -en>; **kor'rupt** <Adj.> *-er, am -esten> bestechlich, ohne Moral;* **Kor·rup·ti'on** <f.; -, -en> 1 *Bestechung* 2 *Bestechlichkeit* 3 *moralischer Verfall* [lat.]; **Kor·rup·ti'ons·ver·dacht** <m.; -(e)s; unz.> unter ~ *stehen*

Kor'sa·ge <[-ʒ(ə)]; f.; -, -n> *versteiftes, trägerloses Kleideroberteil*

Kor'sar <m.; -en, -en> 1 <früher> *Seeräuber(schiff)* 2 *kleine, schnelle Jolle* [ital.]

'Kor·se <m.; -n, -n> *Bewohner der Insel Korsika*

Kor·se'lett <n.; -s, -s od. -e> *leichtes Korsett* [frz.]; **Kor'sett** <n.; -(e)s, -e od. -s> *(stützendes, geschnürtes) Mieder*

'Kor·si·ka *eine Mittelmeerinsel;* **'Kor·sin** <f.; -, -nnen>; **'kor·sisch** <Adj.> *die Insel Korsika betreffend, von ihr stammend*

'Kor·so <m.; -s, -s> *Festumzug, Schaufahrt;* Blumen~

'Kor·tex <m.; - od. -es, -e od. -ti·zes; Med.> oV *Cortex* 1 <Med.> *Rinde von Organen, bes. Hirnrinde* 2 *Faserschicht des Haares* [lat.]; **kor·ti'kal** <Adj.>; **kor·ti·ko'trop** <Adj.; Med.> *die Nebennierenrinde beeinflussend;* **Kor·ti'son** <n.; -s; unz.> = *Cortison*

Ko'rund <m.; -(e)s, -e> *ein natürliches Mineral* [Sanskrit]

'Kö·rung <f.; -, -en> *das Kören*

Kor'vet·te <[-'vɛtə]; f.; -, -n; Mil.> *kleines Segelschiff* [frz.]; **Kor·'vet·ten·ka·pi·tän** <m.; -s, -e>

Ko·ry'bant <m.; -en, -en> *Priester der Kybele* [grch.]; **ko·ry'ban·tisch** <Adj.; fig.; geh.> *zügellos*

Ko·ry'phäe <f.; -, -n> *ausgezeichnete(r) Sachkenner(in)* [grch.]

Ko'sak <m.; -en, -en; im Zarismus> *berittener Bauernkrieger*

Ko·sche'nil·le <[-'niljə]; f.; -, -n> oV *Cochenille* 1 <kurz für> *Koschenilleschildlaus* 2 <unz.> *ein roter Farbstoff;* **Ko·sche'nil·le·schild·laus** <f.; -, ⸚e; Zool.> *eine Schildlaus (zur Farbstoffgewinnung)*

'ko·scher <Adj.> 1 *rein (nach den jüdischen Speisevorschriften)* 2 <umg.> *unbedenklich;* die Sache ist nicht ganz ~ [hebr.]

K.-o.-Schlag <[ka'o:-]; m.; -(e)s, ⸚e; ⬈Z33; Boxen> *Schlag zum Knock-out*

'Ko·se·form <f.; -, -en> *liebevoller Name*

'Ko·se·kans <m.; -, -; Math.; Abk.: cosec> *eine Winkelfunktion, Kehrwert des Sinus*

'ko·sen <V. i. u. V. t.> *zärtlich sein;* er kost mit ihr; du kost sie; **'Ko·se·na·me** <m.; -ns, -n>; **'Ko·se·wort** <n.; -(e)s, ⸚er>

'Ko·si·nus <m.; -, -; Math.; Abk.: cos> *eine Winkelfunktion, Sinus des Komplementwinkels* [lat.]

Kos'me·tik <f.; -; unz.> *Schönheitspflege* [frz.]; **Kos'me·ti·ke·rin** <f.; -, -nnen>; **Kos'me·ti·kum** <n.; -s, -ka>; **kos'me·tisch** <Adj.> 1 *zur Kosmetik gehörend, schönheitspflegerisch* 2 <fig.> *oberflächlich*

'kos·misch <Adj.> *den Kosmos betreffend; ~e Geschwindigkeit;*

K

Korrekturzeichen: K. sind nach der DIN-Norm 16511 vereinheitlicht. Sie dienen dazu, Korrekturanweisungen in Manuskripten bzw. in Texten in einer normierten, allgemein üblichen Form darzustellen.

Alle in einem Text eingezeichneten K. sind am Papierrand zu wiederholen. Ausnahmen sind Zeichen, die innerhalb eines Textes für sich selbst stehen, z.B.

K. sollten farbig eingezeichnet werden.

Bei Satzabzügen sollte jeder einzelne nach der Korrektur signiert werden.

Zu den K. im Einzelnen:

Falsche, fehlende oder umgedrehte Buchstaben, Satzzeichen oder Wörter werden mit einem K. durchgestrichen und am Rand korrigiert. Werden innerhalb einer Zeile mehrere K. gesetzt, so siend hierfür unterschiedliche Zeichen zu verwelden.

Überflüssige Buchstaben oder Wörter werden mit einem der K. markiert und mit dem Deleaturzeichen gestrichen.

Falsche Schriftarten werden mit unterstreichenden K. gekennzeichnet. am Rand wird die gewünschte Schriftart angegeben.

Ebenso werden (fehlerhafte) Sperrungen unterstrichen und markiert.

Das Streichen und Verbinden oder Trennen von Buchstaben wird folgendermaßen markiert:

Ein apfel grünes Kleid (Verbinden)
Ein säuerlich lachender Zwerg (Trennen)

Eine einzufügende **Wortverbindung** wird durch einen Doppelbogen angezeigt:

hin unter gehen

Ist der **Zwischenraum** zwischen einzelnen Wörtern zu groß, verwendet man das Zeichen, bei fehlendem oder zu engem Zwischenraum verwendet man das Zeichen.

Falsche Worttrennungen werden jeweils am Schluss der Zeile und am nachfolgenden Zeile-nanfang markiert.

Ist die **Reihenfolge von Buchstaben** feherhaft, so wird dies ebenfalls am Rand korrigiert.

Eine **falsche Wortfolge** man korrigiert mithilfe von Umstellungszeichen.

Bei größeren Umstellungen die einzelnen Wörter können auch nummeriert werden.

Fehlende Wörter werden Text mit einem Winkelzeichen oder ähnlichen Markierungen wie kenntlich gemacht.

Das Einfügen von Absätzen wird mit dem Zeichen angezeigt:

Das Museum für Neue Kunst wurde am vergangenen Samstag nach langer Umbauphase wieder eröffnet. Der Oberbürgermeister eröffnete den Reigen der Vortragenden.

Das Auflösen von Absätzen und Anschließen an die vorangehende Zeile wird mittels einer Schleife markiert:

Es wurde viel Zeit darauf verwendet, die einzelnen Teilnehmer der Tagung vorzustellen und zu begrüßen.
Auch der erste Referent wurde den Zuhörern eingehend bekannt gemacht.

Fehlerhafter Druck wird im Text kreisförmig markiert.   *ŏ*
Fehlerhaft gedruckte Stellen werden waagerecht unterstrichen oder die
fehlerhafte Stelle wird verdeutlichend an den Rand geschrieben.   ⊢ *verdeutlichend*

Soll der **Einzug** verringert werden, so setzt man das folgende Zeichen:
⊢— *5.2 Protokoll des Dekanats*   ⊢
5.3 Vorhaben der Gemeinde
5.4 Vorstellung der neuen Vorstandsmitglieder

Fehlender Einzug wird mit folgendem Zeichen angezeigt:
ad) 1: Besprechung der Bauzeichnung
       ad) 2: Termin mit dem Bauamt
       ad) 3: Eigentümerversammlung

Fehlender Durchschuss zwischen den Zeilen kennzeichnet ein Strich
zwischen den Zeilen mit einem nach außen geöffneten Bogen.
Ein **zu großer Durchschuss** zwischen den Zeilen wird mit einem Strich
mit nach innen offenem Bogen gekennzeichnet.

Sollen zu einer Korrektur **erläuternde Anmerkungen** gemacht werden,
so setzt man diese in doppelte Klammern:
in bezug auf die neuen Stelle ...   ⌐B ((*neue Rechtschreibung!*))

Irrtümlich gesetzte K. werden im Text unterpunktet   ⌐ *sollen*
und am Rand ggf. ausgestrichen.

K

~e Strahlung; **kos·mo...**, **Kos-
mo...** ‹in Zus.› *welt..., Welt-
all...;* **Kos·mo·bi·o·lo'gie** ‹a.
['------]; f.; -; unz.› *Erforschung
der außerirdischen Lebenser-
scheinungen;* **kos·mo·bi·o'lo-
gisch** ‹Adj.›; **Kos·mo·che'mie**
‹[-çe-]; f.; -; unz.› *Erforschung
der kosmischen Materie;* **kos-
mo'che·misch** ‹Adj.›; **Kos·mo-
go'nie** ‹f.; -, -n› *Lehre von der
Entstehung der Welt;* **kos·mo-
'go·nisch** ‹Adj.›; **Kos·mo·lo-
'gie** ‹f.; -, -n› *Lehre vom Welt-
all;* **kos·mo'lo·gisch** ‹Adj.›;
Kos·mo'naut ‹m.; -en, -en;
bes. DDR› = *Astronaut;* **Kos-
mo'nau·tik** ‹f.; -; unz.›; **Kos-
mo'nau·tin** ‹f.; -, -n·nen›; **Kos-
mo·po'lit** ‹m.; -en, -en› 1 *Welt-
bürger* 2 *weltweit verbreitete
Pflanzen- od. Tierart;* **Kos·mo-
po'li·tin** ‹f.; -, -n·nen›; **kos·mo-
po'li·tisch** ‹Adj.›; **Kos·mo·po·li-
'tis·mus** ‹m.; -; unz.› *Weltbür-
gertum;* **Kos·mos** ‹m.; -; unz.›
Weltall
Ko·so·vo ‹n.; - od. -s; unz.› *eine
Balkanregion*
Kost ‹f.; -; unz.› 1 *Nahrung, Es-
sen; (freie) ~ u. Logis (kostenlo-
se) Verpflegung u. Unterkunft* 2

‹fig.› *etwas, das verstandesmä-
ßig zu verarbeiten ist;* geistige ~
kos'tal ‹Adj.; Med.› *die Rippen
betreffend* [lat.]
'kost·bar ‹Adj.› *äußerst wertvoll,
teuer,* **'Kost·bar·keit** ‹f.; -, -en›
'kos·ten[1] ‹V. i. u. V. t.› *schme-
cken u. prüfen; koste bitte (die
Soße!)*
'kos·ten[2] ‹V. t.› *einen bestimm-
ten Preis haben; wie viel kostet
das?; das kostet nichts; das kos-
tet nicht die Welt* ‹umg.›; *das
Kleid kostet zweihundert Euro;
das kostet ihn den Kopf, die
Stellung* ‹fig.›; *das kostet mich
einige Überwindung* ‹fig.›;
'Kos·ten ‹nur Pl.; ⬈Z29› *Aus-
gaben, Gebühren, Rechnung;
die ~ aufbringen, übernehmen;
etwas ist mit hohen ~ verbun-
den; ~ sparende Eingriffe; auf
anderer ~ leben; das geht auf ~
seiner Gesundheit* ‹fig.›; *sie ist
auf ihre ~ gekommen* ‹fig.›;
'Kos·ten·auf·wand ‹m.; -(e)s;
unz.› *wie hoch ist der ~?;* **'Kos-
ten·dämp·fung** ‹f.; -, -en›
Maßnahmen zur ~; **'kos·ten-
de·ckend** ‹Adj.›; **'Kos·ten·fak-
tor** ‹m.; -s, -en›; **'Kos·ten·fra-
ge** ‹f.; -; unz.›; **'kos·ten·güns-
tig** ‹Adj.›; **'kos·ten·in·ten·siv**

‹Adj.›; **'kos·ten·los** ‹Adj.›;
'kos·ten·neu·tral, ‹auch› **'kos-
ten·neut·ral** ‹Adj.; ⬈Z53›;
'Kos·ten-'Nut·zen-A·na·ly·se
‹f.; -, -n; ⬈Z33›; **'kos·ten-
pflich·tig** ‹Adj.›; **'Kos·ten·sen-
kung** ‹f.; -, -en›; **Kos·ten'vor-
an·schlag** ‹m.; -(e)s, ⁼e›
'Kost·gän·ger ‹m.; -s, -; veralt.›;
'Kost·geld ‹n.; -(e)s; unz.›
'köst·lich ‹Adj.› 1 *von feinem,
edlem Geschmack, wohlschme-
ckend; ein ~er Genuss* 2 ‹fig.;
umg.› *erheiternd, sehr komisch;
das ist ja ~!; wir haben uns ~
amüsiert;* **'Köst·lich·keit** ‹f.; -,
-en› *Leckerbissen*
'Kost·pro·be ‹f.; -, -n› *eine ~ sei-
nes Könnens*
'kost·spie·lig ‹Adj.› *teuer,* **'Kost-
spie·lig·keit** ‹f.; -, -en›
Kos'tüm ‹n.; -s, -e› 1 *Damenbe-
kleidung aus Rock u. Jacke;
Sommer~* 2 *Verkleidung, Büh-
nenkleidung;* **Kos'tüm·ball**
‹m.; -(e)s, ⁼e› *Tanzveranstal-
tung;* **Kos'tüm·bild·ner** ‹m.; -s,
-; Theat.› **Kos'tüm·bild·ne·rin**
‹f.; -, -n·nen›; **Kos'tüm·fest**
‹n.; -(e)s, -e›; **kos·tü'mie·ren**
‹V. t./V. refl.› *verkleiden; sich ~;*
Kos·tü'mie·rung ‹f.; -, -en›;

Kos·tüm·pro·be <f.; -, -n; Theat.>

'Kost·ver·äch·ter <m.; -s, -; umg.; in der Wendung> kein ~ sein *ein Feinschmecker, Lebensgenießer sein*

K.-o.-Sys·tem <[ka'o:-]; n.; -s; unz.; Z33; Sp.> *Ausscheidungsmodus*

Kot <m.; -(e)s; unz.> 1 *Darmausscheidung, Exkrement* 2 <veralt.> *Dreck, Schmutz;* seine Hosen waren mit ~ bespritzt

'Ko·tan·gens <m.; -, -; Math.; Abk.: cot> *eine Winkelfunktion, Umkehrung des Tangens* [lat.]

Ko'tau <m.; -s, -s> *tiefe Verbeugung;* ~ machen <fig.> *sich demütigen* [chin.]

'Ko·te[1] <f.; -, -n> = *Kate*

'Ko·te[2] <f.; -, -n; Geogr.> *(vermessener) Geländepunkt* [frz.]

'Ko·te[3] <f.; -, -n> *kegelförmiges Zelt (der Lappen)* [finn.]

'Kö·te <f.; -, -n> *hintere Seite der Zehe bei Rindern*

'Kö·tel <m.; -s, -; norddt.> *kleines Kotbällchen*

Ko·te'lett <a. ['kɔtlɛt]; n.; -s, -s> *Rippenstück (von Schwein, Kalb, Lamm);* **Ko·te'let·ten** <Pl.> *kurzer beidseitiger Backenbart*

'ko·ten <V. i.> *Kot ausscheiden*

'Ko·ten·ta·fel <f.; -, -n; Geogr.> *Höhentafel*

'Kö·ter <m.; -s, -; abwertend> *Hund*

'Ko·text <m.; -(e)s, -e> = *Kontext*

'Kot·flü·gel <m.; -s, -; Kfz> *Karosserieteil über den Rädern*

Ko'thurn <m.; -s, -e; in der grch. Tragödie> *Schuh mit sehr dicker Sohle;* auf ~en schreiten <fig.> *pathetisch sein* [grch.]

ko'tie·ren <V. t.> *Wertpapiere ~ an der Börse zulassen;* **Ko'tierung** <f.; -, -en>

'ko·tig <Adj.> *voller Kot*

Ko·til·lon <[-ti(l)'jõː]; m.; -s, -s> *ein altes Gesellschaftstanzspiel* [frz.]

'Köt·ner <m.; -s, -; norddt.> = *Kätner*

'Ko·to <n.; -s, -s od. f.; -, -s; Instrumentk.> *ein jap. Saiteninstrument* [jap.]

Ko·ton <[-'tõ]; m. od. n.; -s; unz.> = *Cotton* [frz.-engl.]; **ko·to·ni-**

'sie·ren <V. t.> *zu Baumwolle verarbeiten*

'Kot·sass, 'Kot·sas·se <m.; -(e)n, -(e)n> = *Kätner;* **'Kot·ten** <m.; -s, -; norddt.> = *Kate;* **'Kot·ter** <m.; -s, -; österr.; umg.> *Arrest;* **'Köt·ter** <m.; -s, -> = *Kätner*

Ko·ty·le'do·ne <f.; -, -n; Bot.> *Keimblatt*

'Kotz·bro·cken <m.; -s, -; derb> *widerwärtiger Mensch*

'Kot·ze[1] <f.; -, -n> *Wolldecke, -umhang;* Loden~; oV *Kotzen*

'Kot·ze[2] <f.; -; unz.; derb> *Erbrochenes*

'Köt·ze <f.; -, -n> *Tragekorb für den Rücken*

kotz'e·lend <Adj.; Z55; derb; verstärkend> *elend, schlecht;* **'kot·zen** <V. i.; du kotzt; derb> *sich übergeben;* es ist zum Kotzen <fig.; derb>

'Kot·zen <m.; -s, - od. f.; -, -; österr.> = *Kotze[1]*

'Köt·zer <m.; -s, -> = *Kops*

'kot·ze·rig, 'kot·zig <Adj.; derb> mir ist ~ *übel (zum Erbrechen);* **kotz'ü·bel** <Adj.; Z55; derb; verstärkend> *übel*

ko·va'lent <[-va-]; Adj.> ~e *Bindung Kovalenzbindung;* **Ko·va·'lenz·bin·dung** <f.; -, -en; Chem.> *Bindungsform bei Molekülen nichtmetallischer Elemente* [lat.]

'Ko·va·ri·anz <[-va-]; f.; -, -en> 1 <Phys.> *Unveränderlichkeit der Form einer Gleichung* 2 <Math.; Stat.> *Abhängigkeitsverhältnis zweier Größen* [lat.]

Kox·al'gie, <auch> Ko·xal'gie <f.; -, -n; Med.> *Hüftschmerz* [lat.-grch.]; **Kox'i·tis, <auch> Ko'xi·tis** <f.; -, -i'ti·den/-xi'ti·den; Z54; Med.> *Arthritis des Hüftgelenks* [lat.]

kp <Zeichen für> *Kilopond*

KPD <f.; -; unz.; Abk. für> *Kommunistische Partei Deutschlands*

kpm <Zeichen für> *Kilopondmeter*

KPÖ <f.; -; unz.; Abk. für> *Kommunistische Partei Österreichs*

kr <Zeichen für> *Krone (Währungseinheit)*

Kr <Chem.; Zeichen für> *Krypton*

Kr. <Abk. für> *Kreis*

'Krab·be <f.; -, -n> 1 <Zool.> *ein kurzschwänziges Krebstier, Gar-*

nele 2 <Arch.> *kleines Blattornament* 3 <umg.> *kleines Kind*

'Krab·bel·al·ter <n.; -s; unz.>; **'Krab·bel·grup·pe** <f.; -, -n> *Gruppe von Krabbelkindern*

'krab·be·lig <Adj.> *kitzelig;* oV *krabblig;* **'Krab·bel·kind** <n.; -(e)s, -er> *Kleinkind (bis drei Jahre);* **'krab·beln** <V. i.; ich krabb(e)le> 1 <umg.> *kitzeln, jucken;* es krabbelt mich; → a. *kribbeln* 2 *rasch kriechen;* **'Krab·bel·stu·be** <f.; -, -n>

'Krab·ben·kut·ter <m.; -s, ->; **'Krab·ben·tau·cher** <m.; -s, -; Zool.> *eine Alkenart*

'krabb·lig <Adj.> = *krabbelig*

Krach <m.; -(e)s, -e od. -s, (umg. a.) ~e> 1 <unz.> *Lärm, Knall;* mach nicht solchen ~!; ~ schlagen; mit Ach und ~ <fig.; umg.> *mit Mühe u. Not* 2 <fig.; umg.> *Streit, Zerwürfnis;* im ~ auseinander gehen 3 <fig.; umg.> *wirtschaftlicher Zusammenbruch;* Börsen~; **'kra·chen** <V.> 1 <V. i. (h. od. s.)> *klirrenden Lärm erzeugen, knallen;* die Tür krachte ins Schloss; ein Schuss krachte 2 <V. refl.> *sich (mit jmdm.) ~* <fig.; umg.> *sich streiten;* **'Kra·chen[1]** <m.; -s, -; schweiz.> *Schlucht;* **'Kra·chen[2]** <f.; -, -; österr.; umg.> *Feuerwaffe, Gewehr;* **'Kra·cher** <m.; -s, -> 1 <umg.> *Knallkörper* 2 <umg.> = *Crack[1](1);* **'Kra·cherl** <n.; -s, -n; österr.; umg.> *Limonade;* **'Krach·le·der·ne** <f.; 2; österr.> *kurze Männerlederhose;* **'Krach·man·del** <f.; -, -n>; **'kräch·zen** <V. i.; du krächzt> *heisere, raue Töne von sich geben;* der Rabe krächzt; **'Kräch·zer** <m.; -s, -> *heiserer Laut*

'kra·cken <V. t.> = *cracken;* **'Krä·cker** <m.; -s, -> oV *Cracker*

Krad <n.; -(e)s, ¨er; Kurzw. für> *Kraftrad*

kraft <Präp. m. Gen.> *aufgrund, durch;* ~ seines Amtes; **Kraft** <f.; -, ¨e> 1 *(körperliche) Stärke, (geistige) Fähigkeit, Leistung;* ~ raubend, <auch> kraftraubend <bei Steigerung u. mit Attribut nur Zusammenschreibung> eine sehr, äußerst kraftraubende Tätigkeit 2 *Wirksamkeit;* Heil~ 3 *Gültigkeit;* Gesetzes~; in, außer ~ treten; außer ~ setzen;

das In-Kraft-Treten einer Ver-ordnung 4 *Arbeitskraft, Mitarbeiter(in);* Lehr~; **'Kraft·akt** <m.; -(e)s, -e> **'Kraft·an·stren·gung** <f.; -, -en> **'Kraft·auf·wand** <m.; -(e)s; unz.> mit gro-ßem ~; **'Kraft·aus·druck** <m.; -(e)s, ⸚e> *derbes Wort;* **'Kraft·brü·he** <f.; -, -n> **'Kräf·te·mes·sen** <n.; -s; unz.>; **'Kräf·te·par·al·le·lo·gramm,** <auch> **'Kräf·te·pa·ral·le·lo·gramm** <n.; -s, -e; ⟋Z54; Phys.> *Parallelogramm aus zwei in verschiedene Richtungen wirkenden Kräften;* **'Kräf·te·ver·fall** <m.; -s; unz.>; **'Kräf·te·ver·hält·nis** <n.; -s·ses, -s·se>; **'kräf·te·zeh·rend** <Adj.>; **'Kraft·fah·rer** <m.; -s, ->; **'Kraft·fah·re·rin** <f.; -, -n·nen>; **'Kraft·fahr·zeug** <n.; -(e)s, -e; Abk.: Kfz> *von einem Motor angetriebenes, nicht an Schienen gebundenes Landfahrzeug;* **'Kraft·fahr·zeug·brief** <m.; -(e)s, -e>; **'Kraft·fahr·zeug·hal·ter** <m.; -s, ->; **'Kraft·fahr·zeug·hal·te·rin** <f.; -, -n·nen>; **'Kraft·fahr·zeug·me·cha·ni·ker** <m.; -s, -> *Kfz-Mechaniker;* **'Kraft·fahr·zeug·steu·er** <f.; -, -n>; **'Kraft·fahr·zeug·tech·nik** <f.; -; unz.> *Kfz-Technik;* **'Kraft·feld** <n.; -(e)s, -er; Phys.>; **'Kraft·fut·ter** <n.; -s; unz.> Ggs *Raufutter;* **'kräf·tig** <Adj.> *kraftvoll, stark;* jmdm. ~ die Meinung sagen <fig.>; **'kräf·ti·gen** <V. t./V. refl.> jmdn., sich ~; **'Kräf·ti·gung** <f.; -, -en>; **'kraft·los** <Adj.> *ohne Kraft, schwach;* saft- u. ~; **'Kraft·los·er·klä·rung** <f.; -, -en; Rechtsw.> *Ungültigkeitserklärung;* **'Kraft·lo·sig·keit** <f.; -; unz.>; **'Kraft·mei·er** <m.; -s, -; umg.; abwertend> = *Kraftprotz;* **'Kraft·pa·ket** <n.; -(e)s, -e; fig.; umg.> *(tat)kräftiger Mensch;* **'Kraft·pro·be** <f.; -, -n>; **'Kraft·protz** <m.; -es, -e; umg.> *Mensch mit großer körperl. Kraft;* **'Kraft·rad** <n.; -(e)s, ⸚er; Kurzw.: Krad> *einspuriges Kraftfahrzeug mit zwei Rädern;* **'kraft·rau·bend,** <auch> **'Kraft rau·bend** <Adj.> → *Kraft(1);* **'Kraft·stoff** <m.; -(e)s, -e> *Brennstoff für Verbrennungsmotoren;* **'kraft·strot·zend**

<Adj.; ⟋Z29> ein ~er Kerl; <aber> vor Kraft strotzend; **'Kraft·ver·kehr** <m.; -s; unz.> *Verkehr von Kraftwagen;* **'kraft·voll** <Adj.> *voller Kraft, kräftig;* ~ zubeißen; **'Kraft·wa·gen** <m.; -s, -> *Kraftfahrzeug, Auto;* **Kraft-'Wär·me·Kopp·lung** <f.; -, -en; ⟋Z33; Abk.: KWK> *gleichzeitige Erzeugung u. Abgabe von Energie für Heizzwecke;* **'Kraft·werk** <n.; -(e)s, -e> *Elektrizitätswerk;* Atom~; Heiz~; Kern~; **'Kraft·werks·bau** <m.; -(e)s; unz.>; **'Kraft·wort** <n.; -(e)s, ⸚er> *derbes Wort*

'Kra·ge <f.; -, -n; Arch.> *Konsole;* **'Krä·gel·chen** <n.; -s, -; Verkleinerungsf. von *Kragen(1);* **'Kra·gen** <m.; -s, -, (süddt. a.) ⸚> 1 *den Hals umschließender Teil der Kleidung;* Steh~; Pelz~ 2 <fig.; umg.> *Leben, Existenz;* es geht ihm an den ~; Kopf u. ~ riskieren; **'Kra·gen·bär** <m.; -en, -en; Zool.> *großer asiat. Bär;* **'Kra·gen·ech·se** <[-ks-]; f.; -, -n; Zool.> *große austral. Agame;* **'Kra·gen·wei·te** <f.; -, -n> er ist nicht meine ~ <fig.; umg.> *er ist mir nicht sympathisch;* **'Krag·stein** <m.; -(e)s, -e> *Konsole*

'Krä·he <f.; -, -n; Zool.> *mittelgroßer Rabenvogel;* eine ~ hackt der anderen kein Auge aus <Sprichw.>; **'krä·hen** <V. i.> *schrille Töne von sich geben;* der Hahn kräht; **'Krä·hen·fü·ße** <Pl.> 1 *Gekritzel* 2 *Augenfältchen* 3 *Eisenhaken, die Autoreifen verfolgender Fahrzeuge zerstören sollen;* **'Krä·hen·nest** <n.; -(e)s, -er>; **Kräh'win·kel** <a. ['---]; m.; -s, -; fig.; umg.> *spießige Kleinstadt;* **Kräh'wink·ler** <a. ['---]; m.; -s, ->

'Kra·kau *Stadt in Polen;* **'Kra·kau·er¹** <m.; -s, -> *Einwohner von Krakau;* **'Kra·kau·er²** <f.; -, -> *würzige Fleischwurst;* **Kra·kau·e·rin** <f.; -, -n·nen>

'Kra·ke <f.; -, -n od. m.; -n, -n; Zool.> *Weichtier mit mehreren Fangarmen, Riesentintenfisch*

Kra'keel <m.; -s; unz.; umg.> *Lärm, Radau, Streit;* **kra'kee·len** <V. i.; umg.> warum krakeelst du immerzu?

'Kra·kel <m.; -s, -; umg.> *unleserliches Schriftzeichen*

Kra·ke'lee <n.; -s; unz.> = *Craquelée*

Kra·ke'lei <f.; -, -en; umg.>; **'kra·ke·lig** <Adj.> ~ schreiben; oV *kraklig;* **'kra·keln** <V. i.; ich krak(e)le; du krakelst; umg.> *unsauber schreiben;* **'krak·lig** <Adj.> = *krakelig*

Kra'ko·wi·ak <m.; -s, -s> *poln. Nationaltanz* [poln.]

Kral <m.; -s, -e od. -s> *afrikan. Runddorf;* <aber> → *Gral*

'Kral·le <f.; -, -n> *scharfer, gebogener Zehennagel (von Vögeln);* jmdm. die ~n zeigen <a. fig.>; **'kral·len** <V. t. u. V. refl.> sich an etwas od. jmdn. ~ *festhalten, -klammern* <a. fig.>; **'Kral·len·af·fe** <m.; -n, -n>; **'kral·lig** <Adj.>

Kram <m.; -s; unz.; umg.> 1 *(wertloses) Zeug, Sachen* 2 <fig.> *(unwichtige) Angelegenheit, Sache;* das passt ihr nicht in den ~; den ~ satt haben

Kram'bam·bu·li <m.; - od. -s, - od. -s> *ein alkohol. Mischgetränk*

'kra·men <V. i.> 1 *herum-, durchsuchen* 2 <schweiz.> *Besorgungen machen;* **'Krä·mer** <m.; -s, -> 1 <veralt.> *Lebensmittelhändler* 2 <fig.; umg.> *engstirniger Mensch;* Klein~; **'Krä·mer·geist** <m.; -(e)s; unz.; fig.; abwertend>; **'Krä·mer·see·le** <f.; -, -n; fig.; abwertend> *Krämer(2);* **'Kram·la·den** <m.; -s, ⸚>

'Kram·met <m.; -s, -s; Bot.> *Wacholder;* **'Kram·mets·bee·re** <f.; -, -n>; **'Kram·mets·vo·gel** <m.; -s, ⸚; Zool.> *Wacholderdrossel*

'Kram·pe <f.; -, -n> *kleiner U-förmiger Metallhaken;* **'kram·pen** <V. t.> *mit einer Krampe befestigen;* **'Kram·pen** <m.; -s, -> 1 = *Krampe* 2 <österr.> *Spitzhacke*

Krampf <m.; -(e)s, ⸚e> 1 *unwillkürliche (schmerzhafte) Muskelkontraktion;* Waden~ 2 <unz.; fig.; umg.> *übertriebenes Getue;* so ein ~!; **'Krampf·a·der** <f.; -, -n; ⟋Z55; Med.> *sichtbar erweiterte Blutader;* **'krampf·ar·tig** <Adj.>; **'kramp·fen** <V. t./V. refl.> sich ~ *zusammenziehen;* die Finger in, um etwas ~ *hineinbohren, anklammern;*

'**krampf·haft** <Adj.> sich ~ be-
mühen <fig.> *verbissen*;
'**kramp·fig** <Adj.>; '**krampf·lö-
send** <Adj.> ~es Medikament;
'**krampf·stil·lend** <Adj.>
'**Kram·pus**¹ <m.; -s·ses, -s·se;
bair.; österr.> *Knecht Ruprecht*
'**Kram·pus**² <m.; -, 'Kram·pi;
Med.> *Krampf* [lat.]
Kra'mu·ri <f.; -; unz.; österr.>
Kram, Gerümpel
Kran <m.; -(e)s, -e od. -e> 1 *Ma-
schine mit Hebevorrichtung* 2
<norddt.> *Wasserhahn*; '**Kran-
füh·rer** <m.; -s, ->
'**krän·gen** <V. i.; Mar.> ein Schiff
krängt *neigt sich*; oV *krengen*
kra·ni'al <Adj.; Anat.> *kopfwärts*;
Ggs *kaudal* [lat.]
'**Kra·nich** <m.; -s, -e; Zool.> *lang-
beinige Vogelart*; Grauer ~; Kro-
nen~
Kra·ni·o·lo'gie <f.; -; unz.; Med.>
Schädellehre; **kra·ni·o'lo·gisch**
<Adj.>; **Kra·ni·o·me'trie**,
(auch) **Kra·ni·o·met'rie** <f.; -;
unz.; ⟋Z53; Med.> *Schädelmes-
sung*; **kra·ni·o'me·trisch** <Adj.>;
Kra·ni'o·te <m.; -n, -n; Zool.>
Wirbeltier mit Schädel; **Kra·ni-
o·to'mie** <f.; -, -n; Med.> *opera-
tive Schädelöffnung*
krank <Adj.; 'krän·ker, am
'kränks·ten; ⟋Z21; Getrennt-
schreibung mit Verben, wenn
steiger- od. erweiterbar> 1 *ge-
sundheitlich beeinträchtigt*; ~
sein, werden 2 <fig.> *seelisch
leidend*; diese Misstöne ma-
chen mich ganz ~; ~ machen-
der Lärm; → a. *krankärgern,
krankfeiern, kranklachen,
krankmachen, krankmelden,
krankschießen, krankschreiben*;
'**krank|är·gern** <V. refl.; fig.>
ich ärg(e)re mich krank; sie hat
sich krankgeärgert; krankär-
gern; fig.; umg.> sich ~; '**Kran-
ke(r)** <f. 2 (m. 1)>; '**krän·keln**
<V. i.; ich kränk(e)le, du krän-
kelst> *ständig leicht krank sein*;
'**kran·ken** <V. i.; fig.> *beein-
trächtigt sein*; die Sache krankt
an mangelnder Vorbereitung;
'**krän·ken** <V. t.> jmdn. ~ *belei-
digen*; du kränkst mich; '**Kran-
ken·be·richt** <m.; -(e)s, -e>;
'**Kran·ken·be·such** <m.; -(e)s,
-e> einen ~ machen; '**Kran·ken-
bett** <n.; -(e)s, -en> am ~ sitzen;

'**Kran·ken·geld** <n.; -(e)s, -er>;
'**Kran·ken·ge·schich·te** <f.; -,
-n>; '**Kran·ken·gym·nast** <m.;
-en, -en>; '**Kran·ken·gym·nas-
tik** <f.; -; unz.> *Heilgymnastik*;
'**Kran·ken·gym·nas·tin** <f.; -,
-n·nen; Berufsbez.>; '**Kran·ken-
haus** <n.; -es, -er> *Gebäude zur
Aufnahme u. ärztlichen Betreu-
ung von Kranken*; im ~ liegen;
'**kran·ken·haus·reif** <Adj.>
jmdn. ~ schlagen; '**Kran·ken-
kas·se** <f.; -, -n> gesetzliche,
private ~; '**Kran·ken·la·ger** <n.;
-s, ->; '**Kran·ken·pfle·ge** <f.; -;
unz.> *Pflege u. ärztliche Betreu-
ung kranker Menschen*; '**Kran-
ken·pfle·ger** <m.; -s, -; Berufs-
bez.>; '**Kran·ken·pfle·ge·rin** <f.;
-, -n·nen> *Krankenschwester*;
'**Kran·ken·schein** <m.; -s, -e>
ärztliche Behandlung auf ~;
'**Kran·ken·schwes·ter** <f.; -, -n;
Berufsbez.>; '**Kran·ken·stand**
<m.; -(e)s, -e> *Gesamtzahl der
Kranken (in einem Betrieb)*; ho-
her, niedriger ~; '**Kran·ken·ver-
si·che·rung** <f.; -, -en>; '**Kran-
ken·wa·gen** <m.; -s, -> *ärztli-
cher Rettungswagen*; '**Kran·ken-
zim·mer** <n.; -s, ->; '**krank|fei-
ern** <V. i.; ich fei(e)re krank;
umg.> *gesund sein, aber nicht
zur Arbeit gehen*; Sy *krankma-
chen*; → a. *krank*; '**krank·haft**
<Adj.>; '**Krank·heit** <f.; -, -en> 1
Gesundheitsstörung; Gemüts~;
eine ~ durchmachen 2 <fig.>
Übel; '**Krank·heits·bild** <n.;
-(e)s, -er>; '**krank·heits·er·re-
gend** <Adj.>; '**Krank·heits·er-
re·ger** <m.; -s, ->; '**krank·heits-
hal·ber** <Adv.> ~ fehlen;
'**krank|la·chen** <V. refl.; fig.;
umg.> sich ~ *heftig lachen*; er
hat sich (halb) krankgelacht;
→ a. *krank*; '**kränk·lich** <Adj.>
kränkelnd; '**Kränk·lich·keit** <f.;
-; unz.>; '**krank|ma·chen** <V. i.;
umg.> er will ~ <aber ge-
trennt> die Sorgen haben ihn
krank gemacht; → a. *krank*;
'**krank|mel·den** <V. t./V. refl.>
jmdn. od. sich ~; → a. *krank*;
'**Krank·mel·dung** <f.; -, -en>;
'**krank|schie·ßen** <V. t. 215;
Jagdw.> Wild ~ *anschießen*; → a.
krank; '**krank|schrei·ben** <V. t.
230> jmdn. ~; → a. *krank*;
'**Krän·kung** <f.; -, -en>

'**Kran·wa·gen** <m.; -s, ->
Kranz <m.; -es, -e> *zusammenge-
bundene od. -gewundene Ge-
genstände*; Blumen~; Lorbeer~;
das Haar zum ~ aufstecken;
'**Kränz·chen** <n.; -s, -> *Verklei-
nerungsf. von* **Kranz**; '**krän-
zen** <V. t.> *bekränzen*; '**Kranz-
ge·sims** <n.; -es, -e; Arch.>;
'**Kranz·jung·fer** <f.; -, -n> Sy
Brautjungfer; '**Kranz·ku·chen**
<m.; -s, ->; '**Kränz·lein** <n.; -s, -;
poet.; Verkleinerungsf. von
Kranz; '**Kranz·leis·te** <f.; -, -n;
Arch.>; '**Kranz·nie·der·le·gung**
<f.; -, -en> ~ am Kriegerdenk-
mal; '**Kranz·riff** <n.; -s, -e>
'**Kräp·fel** <m.; -s, -; süddt.>,
'**Krap·fen** <m.; -s, -> *kugelför-
miges Schmalzgebäck*; oV *Kräp-
pel*
Krapp <m.; -s; unz.> *Färberröte*
'**Kräp·pel** <m.; -s, -; mdt.> =
Krapfen
krass <Adj.; 'kras·ser, am
'kras·ses·ten> 1 *überdeutlich*;
~er Gegensatz 2 *extrem*; ein ~er
Standpunkt 3 <umg.> *auffällig,
schrill*; ~e Kleidung; ~es Beneh-
men; '**Krass·heit** <f.; -; unz.>
'**Kra·ter**¹ <m.; -s, -> *trichterförmi-
ge Vulkanöffnung*
Kra'ter² <m.; -s, -e> *altgrch. Hen-
kelgefäß*
'**kra·ter·för·mig** <Adj.>; '**Kra·ter-
land·schaft** <f.; -, -en>; '**Kra-
ter·see** <m.; -s, -n>
kra·ti·ku'lie·ren <V. t.; Math.>
*(mithilfe eines Gitternetzes)
maßgetreu zeichnen* [lat.]
Kra·to'gen, '**Kra·ton** <n.; -s; unz.;
Geol.> *verfestigter Bereich der
Erdkruste* [grch.]
Kratt <n.; -s, -e; nddt.> *niedriges
Buschwerk, Gestrüpp*; '**Kratt-
wald** <m.; -(e)s, -er> *windge-
schorener Küstenwald*
'**Kratz·bürs·te** <f.; -, -n; fig.;
umg.> *widerspenstige, un-
freundliche (weibliche) Person*;
'**kratz·bürs·tig** <Adj.>; '**Krat·ze**
<f.; -, -n> *ein Werkzeug*
'**Krät·ze**¹ <f.; -, -n; süddt.> *Rü-
ckentrage, -korb*; Sy *Kraxe*
'**Krät·ze**² <f.; -; unz.; Med.> *ju-
ckende Hautkrankheit*; Sy *Ska-
bies*; '**krat·zen** <V. i.; du kratzt>
reiben, schaben, jucken ~ u.
beißen; Schmutz von den Schu-
hen ~; er kratzt sich; '**Krat·zer**

<m.; -s, -> 1 *Schramme;* Lack~ 2 *Schürfwunde* 3 *Huf~; = Kratze;* **'Krät·zer** <m.; -s, -> *(saurer) Wein;* **'Kratz·fuß** <m.; -es, ⸚e; fig.; scherzh.> *tiefe Verbeugung; einen ~ machen;* **'krat·zig** <Adj.> *~e Wolle;* **'krät·zig** <Adj.>; **'Kratz·putz** <m.; -es, -e> *mehrschichtiger, reliefartiger Putz*

'krau·chen <V. i.; mdt.> *kriechen* **'krau·en** <V. t.> *kraulend streicheln*

Kraul <n.; - od. -s; unz.; Sp.; kurz für> *Kraulstil;* Sy *Crawl;* **'krau·len¹** <V. i.>

'krau·len² <V. t.> *(massierend) streicheln; einem Tier das Fell ~* **'Krau·ler** <m.; -s, ->; **'Krau·le·rin** <f.; -, -n·nen>; **'Kraul·schwim·men** <n.; -s; unz.>; **'Kraul·stil** <m.; -(e)s; unz.> *Schwimmstil, bei dem die Arme abwechselnd über den Kopf gezogen werden*

kraus <Adj.> 1 *gelockt; ~es Haar* 2 *faltig, runzlig; die Stirn ~ ziehen* 3 *wirr; ~e Gedanken;* **'Krau·se** <f.; -, -n> 1 *gefältelter Kragen; Hals~* 2 <unz.> *gelocktes Haar; Natur~;* **'Kräu·sel·garn** <n.; -s, -e>; **'kräu·seln** <V. t.; ich kräus(e)le> 1 *Haar ~ in Locken drehen* 2 *Stoff ~ fälteln* 3 *die Lippen ~ verziehen;* **'Kräu·se·lung** <f.; -; unz.>; **'Krau·se·min·ze** <f.; -, -n; Bot.> *ein Minzengewächs;* **'krau·sen** <V. t.; du kraust> *kraus machen, kräuseln;* **'Kraus·haar** <n.; -(e)s; unz.>; **'kraus·haa·rig** <Adj.>; **'Kraus·kopf** <m.; -(e)s, ⸚e> *Lockenkopf;* **'kraus·köp·fig** <Adj.>

Kraut¹ <n.; -(e)s, ⸚er> 1 *Teile mancher Nutzpflanzen; Bohnen~; ins ~ schießen* <fig.; umg.> *unkontrolliert wachsen* 2 <unz.> *Kohl; Rot~; Weiß~* 3 <kurz für> *Gewürz-, Heilkraut* **Kraut²** <m.; -s; unz.; norddt.; Sammelbez. für> *Krabben*

'kraut·ar·tig <Adj.>; **'Kräut·chen** <n.; -s, -; Verkleinerungsf. von> *Kraut¹;* **'krau·ten** <V. i.; oberdt.> *Unkraut jäten;* **'Kräu·ter** <Pl.> *Kraut¹(3); Gewürz~; Heil~;* **'Kräu·ter·buch** <n.; -(e)s, ⸚er>; **'Kräu·ter·but·ter** <f.; -; unz.>; **'Krau·te·rer** <m.; -s, -; oberdt.> *(alter) Sonderling;* **Kräu·ter·es-**

---

sig <m.; -s; unz.>; **'Kräu·ter·frau** <f.; -, -en>; **'Kräu·ter·kä·se** <m.; -s, ->; **'Kräu·ter·kis·sen** <n.; -s, ->; **'Kräu·ter·li·kör** <m.; -s, -e>; **'Kräu·ter·quark** <m.; -s; unz.>; **'Kräu·ter·tee** <m.; -s, -s>; **'Kraut·häup·tel** <n.; -s, -n; österr.> *Kraut-, Kohlkopf;* **'krau·tig** <Adj.> *wie Kraut;* **'Kraut·kopf** <m.; -(e)s, ⸚e> *Kohlkopf;* **'Kräut·lein** <n.; -s, -; poet.> Verkleinerungsf. von *Kraut;* **'Kräut·ler** <m.; -s, -; österr.> *Gemüsehändler;* **'Kräut·le·rin** <f.; -, -n·nen>; **'Kraut·wi·ckel** <m.; -s, -; Kochk.; österr.; schweiz.> *Kohlroulade*

Kra'wall <m.; -s, -e> 1 *Aufruhr* 2 <unz.> *Lärm, Streit; ~ machen*

Kra'wat·te <f.; -, -n> 1 *schmückendes Halstuch, Schlips, Binder* 2 <Boxen> *zangenartiger Griff um den Kopf* [frz.]; **Kra'wat·ten·na·del** <f.; -, -n>; **Kra'wat·ten·zwang** <m.; -(e)s; unz.> *Vorschrift, eine Krawatte zu tragen*

Kra'weel <f.; -, -en; früher> *Lastschiff;* → a. *Karavelle;* **Kra'weel·bau** <m.; -(e)s; unz.> *Bauweise für Holzboote;* **kra'weel·ge·baut** <Adj.> *~es Schiff*

'Kra·xe <f.; -, -n; bair.; österr.> = *Krätze¹;* **'kra·xeln** <V. i. (s.); ich krax(e)le; bes. süddt.; österr.; umg.> *bergauf klettern;* **'Kraxler** <m.; -s, ->; **'Krax·le·rin** <f.; -, -n·nen>

Kra·yon, <auch> **Kray·on** <[kre'jõː]; m.; -s, -s; ↗Z52> = *Crayon;* **Kra'yon·ma·nier** <f.; -; unz.; Mal.; 18./19. Jh.> *Art des Kupferstichs*

Kre·a'tin <n.; -s; unz.; Biol.; Med.> *Eiweißverbindung (im Muskel)* [grch.]

Kre·a'ti·on <f.; -, -en> *künstlerische Gestaltung, Neuschöpfung; Mode~* [lat.-frz.]; **kre·a'tiv** <Adj.> *schöpferisch, (künstlerisch) gestaltend;* **Kre·a·ti·vi'tät** <[-vi-]; f.; -; unz.>; **Kre·a'tur** <f.; -, -en> *Geschöpf, Lebewesen; die ~en Gottes* [lat.]; **kre·a'tür·lich** <Adj.>

Krebs¹ <m.; -es, -e> 1 <Zool.> *Angehöriger einer Klasse der Gliederfüßer, Krebstier; rot wie ein ~* 2 <unz.> *ein Sternbild* **Krebs²** <m.; -es, -e; Biol.; Med.>

---

bösartige Geschwulstbildung, Karzinom; eine ~ erregende <od.> *krebserregende Substanz,* <bei Steigerung u. mit Attribut nur Zusammenschreibung> *sehr, äußerst krebserregend* [lat.]; **'krebs·ar·tig** <Adj.>

'kreb·sen <V. i.; du krebst> 1 *Krebse fangen* 2 <fig.; umg.> *sich abmühen* 3 <fig.; umg.> *kriechen*

'krebs·er·re·gend, <auch> **'Krebs er·re·gend** <Adj.> → *Krebs²;* **'Krebs·früh·er·ken·nung** <f.; -, -en; Med.>

'Krebs·gang <m.; -(e)s; unz.> *Rückwärtsgang; im ~* **'Krebs·ge·schwulst** <f.; -, ⸚e>; **'Krebs·ge·schwür** <n.; -s, -e>; **'krebs·krank** <Adj.>; **'Krebs·re·gis·ter** <n.; -s, ->

'krebs'rot <Adj.> *sehr rot; du bist ~;* **'Krebs·tier** <n.; -(e)s, -e> **'Krebs·vor·sor·ge** <f.; -; unz.; Med.>; **'Krebs·zel·le** <f.; -, -n>

Kre'denz <f.; -, -en> *Anrichte* [ital.]; **kre'den·zen** <V. t.; du kredenzt; poet.> *darreichen; einen Wein ~*

Kre'dit¹ <m.; -(e)s, -e> 1 *Darlehen (eines Kreditinstituts); jmdm. ~ geben; auf ~ kaufen* 2 *Vertrauens-, Glaubwürdigkeit* [ital.-frz.]; **'Kre·dit²** <n.; -s, -s> *Habenseite (des Kontos);* Ggs *Debet* [lat.]; **Kre'dit·an·stalt** <f.; -, -en> *Kreditinstitut;* **kre'dit·fä·hig** <Adj.>; **Kre'dit·ge·ber** <m.; -s, ->; **Kre'dit·ge·be·rin** <f.; -, -n·nen>; **kre·di'tie·ren** <V. t.> *jmdm. einen Geldbetrag ~ als Kredit gewähren;* **Kre·di'tie·rung** <f.; -, -en>; **Kre'dit·in·sti·tut,** <auch> **Kre'dit·ins·ti·tut** <n.; -(e)s, -e; ↗Z54> *Bank;* **Kre'dit·kar·te** <f.; -, -n> *mit, per ~ zahlen bargeldlos;* **Kre'dit·neh·mer** <m.; -s, ->; **Kre'dit·neh·me·rin** <f.; -, -n·nen>; **'Kre·di·tor** <m.; -s, -'to·ren> *Kreditgeber;* Ggs *Debitor;* **kre'dit·un·wür·dig** <Adj.>; **Kre'dit·we·sen** <n.; -s; unz.>; **kre'dit·wür·dig** <Adj.>; **Kre'dit·wür·dig·keit** <f.; -; unz.>

'Kre·do <n.; -s, -s> oV *Credo* 1 *das katholische Glaubensbekenntnis* 2 <allg.> *Glaubensbekenntnis, Grundüberzeugung*

'kre·gel <Adj.; 'kreg·ler, am -s·ten> *munter, rüstig; ~ sein*

'Krei·de <f.; -, -n> 1 <unz.> *weiß färbender Kalkstein* 2 *Stift aus Kreide(1)* 3 <Geol.; kurz für> *Kreidezeit* 4 <fig.; umg.> (bei jmdm.) *tief in der ~ sitzen hoch verschuldet sein;* **'krei·de·bleich** <Adj.>; **'Krei·de·for·ma·ti·on** <f.; -; unz.; Geol.> *Kreidezeit;* **'krei·de·weiß** <Adj.>; **'Krei·de·zeich·nung** <f.; -, -en>; **'Krei·de·zeit** <f.; -; unz.; Geol.> *Formation des Erdmittelalters (Mesozoikum);* **'krei·dig** <Adj.> *wie Kreide, voller Kreide*

kre·ie·ren <V. t.> *gestalten, erschaffen;* einen neuen Trend ~

Kreis <m.; -es, -e> 1 *runde, sich schließende Linie, Kreisfläche;* im ~ gehen; weite ~e ziehen <fig.> *weit reichende Folgen haben* 2 <Abk.: Kr., Krs.> *Verwaltungsgebiet;* Land~; Stadt~ 3 *Gruppe von Personen;* Sing~; Freundes~; in politischen ~en; **'Kreis·amt** <n.; -(e)s, ⸗er>; **'Kreis·arzt** <m.; -es, ⸗e>; **'Kreis·ärz·tin** <f.; -, -nnen>; **'Kreis·bahn** <f.; -, -en> ~ eines Satelliten; **'Kreis·bo·gen** <m.; -s, ⸗>; **'krei·schen** <V. i. 172; du kreischst> *misstönend schreien, laut quietschen;* ~de Krähen; das Kind hat gekreischt; **'Krei·sel** <m.; -s, -> 1 *um eine Achse drehbarer Körper (als Spielzeug)* 2 *kreisförmiger Verkehrsknotenpunkt;* **'Krei·sel·kom·pass** <m.; -es, -e>; **'krei·seln** <V. i.; ich kreis(e)le>; **'Krei·sel·pum·pe** <f.; -, -n>; **'Krei·sel·ver·dich·ter** <m.; -s, -> *ein Kompressor;* **'Krei·sel·wes·pe** <f.; -, -n; Zool.>; **'krei·sen** <V. i. (s.); du kreist> *sich im Kreis bewegen;* um etwas Gedanken ~ um sie <fig.>; <aber> → *kreißen;* **'Kreis·flä·che** <f.; -, -n>; **'kreis·för·mig** <Adj.>; **'kreis·frei** <Adj.> ~e Stadt; **'Kreis·ge·richt** <n.; -(e)s, -e>; **'Kreis·in·halt** <m.; -(e)s, -e> *Inhalt einer Kreisfläche;* **'Kreis·lauf** <m.; -(e)s, ⸗e> 1 *Kreisbewegung (zum Ausgangspunkt)* 2 <Med.; kurz für> *Blutkreislauf;* **'kreis·lauf·för·dernd** <Adj.>; **'Kreis·lauf·kol·laps** <m.; -es, -e>; **'Kreis·lauf·stö·rung** <f.; -, -en; Med.> funktionelle ~; **'Kreis·lauf·ver·sa·gen** <n.; -s; unz.>; **'Kreis·li·nie** <[-niə]; f.; -, -n>; **'kreis·rund** <Adj.>; **'Kreis·sä·ge** <f.; -, -n> *ein Werkzeug*

'krei·ßen <V. i.; du kreißt> *in Geburtswehen liegen;* der Berg kreißt u. gebiert eine Maus <Sprichw.> *große Anstrengungen führen nur zu unbedeutenden Ergebnissen;* <aber> → *kreisen;* **'Kreiß·saal** <m.; -(e)s, -säle; ⸗Z 18.1> *Entbindungsraum im Krankenhaus*

'Kreis·stadt <f.; -, ⸗e> ~ Groß-Gerau; **'Kreis·tag** <m.; -(e)s, -e> *Volksvertretung eines Landkreises;* **'Kreis·ver·kehr** <m.; -s; unz.>; **'Kreis·wehr·er·satz·amt** <n.; -(e)s, ⸗er; Mil.> *unterste Dienststelle der Wehrersatzbehörde*

Krem, 'Kre·me <f.; -, -s od. -(e)n> = *Creme*

Kre·ma·ti·on <f.; -, -en> *Feuerbestattung;* **Kre·ma·to·ri·um** <n.; -s, -ri·en> *Anlage zur Feuerbestattung*

'kre·mig <Adj.> oV *cremig*

Kreml <m.; - od. -s, -> 1 <i. w. S.> *Burg, Stadtfestung* 2 <unz.; i. e. S.> *(Sitz der) russ. Regierung* [russ.]

'Krem·pe <f.; -, -n> *Hutrand*

'Krem·pel¹ <m.; -s; unz.; umg.> *Kram, wertloses Zeug*

'Krem·pel² <f.; -, -n; Textilw.> *Maschine zum Auflösen des Fasergutes*

'krem·peln <V. t.; ich kremp(e)le> 1 *umschlagen;* er krempelt die Ärmel (auf, um) 2 *mit der Krempel² bearbeiten*

'Krem·ser <m.; -s, -; früher> *offener Pferdewagen*

'Krem·ser 'Weiß <n.; - od. --es; unz.> *Bleiweiß, weißer Farbstoff*

Kren <m.; -s; unz.; süddt.; österr.> *Meerrettich* [tschech.]

'Kren·gel <m.; -s, -; Nebenf. von *Kringel;* **'kren·geln** <V. refl.; ich kreng(e)le mich> sich ~ *sich winden, sich herumdrücken*

'kren·gen <V. i.> = *krängen*

Kre·o·le <m.; -n, -n; in Mittel- u. Südamerika> 1 *im Land geborener weißer Nachkomme europäischer Einwanderer* 2 *Nachkomme schwarzer Sklaven;* → a. *Creole* [frz.]; **Kre·o·lin** <f.; -, -nnen>; **kre·o·lisch** <Adj.>; **Kre·o·lisch** <n.; - od. -s; unz.>; **Kre·ol·spra·che** <f.; -, -n> *aus Eingeborenen- u. Einwanderersprache entstandene (reduzierte) Sprache;* → a. *Pidginsprache*

Kre·o·pha·ge <m. 1; Zool.> *Fleisch fressendes Tier*

kre'pie·ren <V. i. (s.)> 1 *Sprengkörper* ~ *bersten* 2 *Lebewesen* ~ <derb> *sterben* [lat.]

Kre·pi·ta·ti·on <f.; -, -en; Med.> 1 *reibendes Geräusch (bei einer Fraktur)* 2 *Atmungsgeräusch (bei Lungenentzündung)* [lat.]

Krepp¹ <m.; -s, -s od. -e; Textilw.> *krauses od. genarbtes Gewebe;* oV *Crêpe(2);* **Krepp²** <f.; -, -s> = *Crêpe(1);* **'krepp·ar·tig** <Adj.>; **'krep·pen** <V. t.> *fälteln;* **'Krepp·pa·pier** <n.; -s; unz.; ⸗Z37> *leicht gekräuseltes Papier;* **'Krepp·schuh** <m.; -(e)s, -e>; **'Krepp·soh·le** <f.; -, -n>

Kre'sol <n.; -s; unz.; Chem.; Med.> *ein Desinfektionsmittel*

'Kres·se <f.; -, -n; Bot.> *eine Gewürzpflanze;* Brunnen~; Kapuziner~

'Kress·ling <m.; -s, -e; Zool.> = *Gründling*

Kres'zenz <f.; -; unz.> *Herkunft (von Wein)*

'Kre·ta *eine grch. Insel*

kre·ta·ze·isch, kre·ta·zisch <Geol.> *zur Kreidezeit gehörend* [lat.]

'Kre·ter <m.; -s, -> *Bewohner der Insel Kreta;* **'Kre·te·rin** <f.; -, -n·nen>; **'Kre·thi und 'Ple·thi** <ohne Art.; umg.; abwertend> *gemischte Gesellschaft;* ~ waren dort [nach den *Kretern* u. *Philistern* in Davids Leibwache]; **'Kre·ti·kus** <m.; -, -ti·zi> *antiker Versfuß* [lat.]

Kre·tin <[kreˈtɛː]; m.; -s, -s; abwertend> *Schwachsinniger* [frz.]; **Kre·ti·nis·mus** <m.; -; unz.; Med.> *angeborene Schwachsinnigkeit*

'kre·tisch <Adj.> *Kreta betreffend*

Kre'ton <m.; -s, -e; österr.>, **Kre·tonne** <[-ˈtɔn]; f. od. m.; -, -s> = *Cretonne*

'Kret·scham, 'Kret·schem <m.; -s, -e; ostmdt.> *Wirtshaus* [tschech.]; **'Kretsch·mar, 'Kretsch·mer** <m.; -s, -; ostmdt.> *Gastwirt*

kreucht <poet.> *kriecht;* alles

was da ~ u. fleugt *alle Lebewesen*

kreuz <Adv.; in der Wendung> ~ u. quer *durcheinander*

Kreuz <n.; -es, -e> **1** *Zeichen aus zwei sich schneidenden Balken od. Linien; ein* ~ *malen; Fenster~; Autobahn~; in die* ~ *u. in die Quere laufen planlos;* <aber> *kreuz u. quer laufen* **2** *Rücken;* jmdn. *aufs* ~ *legen* <fig.; umg.> *überlisten* **3** *Ehren-, Organisationszeichen; das Eiserne* ~*; das Rote* ~ **4** *Kreuz(1) als christl. Symbol;* am ~ *sterben;* zu ~*e kriechen* <umg.; fig.> *demütig um Verzeihung bitten* **5** <fig.> *Last, Unglück;* es ist ein ~! **6** <Mus.; Zeichen: #> *Notenschriftzeichen für die Erhöhung eines Tones um einen Halbton;* **'Kreuz·ab·nah·me** <f.; -; unz.> *Herabnehmen Christi vom Kreuz;* **'Kreuz·ass** <n.; -es, -e; Kart.>; **'Kreuz·band** <n.; -(e)s, ~er; Anat.> *Kniegelenksband;* ~*riss;* **'Kreuz·bein** <n.; -(e)s, -e; Anat.> *unterer Teil der Wirbelsäule;* **'Kreuz·blu·me** <f.; -, -n; Arch.; Bot.>; **'Kreuz·blüt·ler** <m.; -s, -; Bot.> *Pflanzenfamilie mit kreuzförmig angelegten Blüten;* **'kreuz·brav** <Adj.; umg.; verstärkend> *brav;* **'Kreuz·bu·be** <m.; -n, -n; Kart.>; **'Kreuz·da·me** <f.; -, -n; Kart.>; **'Kreuz·dorn** <m.; -(e)s, -e; Bot.> *eine Pflanzengattung;* **'kreuz·dumm** <Adj.; umg.; verstärkend> *dumm;* **'Kreuz·eck** <n.; -s; unz.; Sp.> *ins* ~ *treffen;* **'kreuz·ehr·lich** <Adj.; umg.; verstärkend> *ehrlich;* **'kreu·zen¹** <V. t.> **1** *kreuzförmig legen;* du kreuzt die Arme **2** <V. refl.> *durch-, überschneiden; sich* ~*de Linien* **3** <Biol.> *unterschiedliche Tierrassen* ~ *paaren;* **'kreu·zen²** <V. i. (h. od. s.)> *im Zickzack gegen den Wind segeln* [ndrl.]; **'Kreu·zer¹** <m.; -s, -; früher> *eine Münze;* **'Kreu·zer²** <m.; -s, -> *schnelles Kriegsschiff* [ndrl.]; **'Kreu·zes·tod** <m.; -(e)s; unz.> *den* ~ *erleiden;* **'Kreu·zes·zei·chen** <n.; -s, -> = *Kreuzzeichen;* **'Kreuz·fah·rer** <m.; -s, ->; **'Kreuz·fahrt** <m.; -, -en>; **'Kreuz·feu·er** <n.; -s, -> *mehrfacher Beschuss;* im ~ *der*

Kritik stehen <fig.>; **'kreuz·fi·del** <Adj.; umg.; verstärkend> *fidel, munter;* **'kreuz·för·mig** <Adj.>; **'Kreuz·gang** <m.; -; -(e)s, ~e> *viereckiger Bogengang (im Klosterhof);* **'Kreuz·ge·wöl·be** <n.; -s, -; Arch.>; **'kreu·zi·gen** <V. t.> jmdn. ~ *ans Kreuz schlagen;* **'Kreu·zi·gung** <f.; -, -en>; **'Kreuz·kö·nig** <m.; -s, -e; Kart.>; **'Kreuz·kopf·schrau·be** <f.; -, -n>; **'Kreuz·kup·pel·ge·wöl·be** <n.; -s, -; Arch.>; **'kreuz·lahm** <Adj.>; **'Kreuz·mast** <m.; -(e)s, -e od. -en; Mar.> *dritter Mast im Kreuzschiff;* **'Kreuz·ot·ter** <f.; -, -n; Zool.> *eine Giftschlange;* **'Kreuz·rit·ter** <m.; -s, -> *Ritter eines Kreuzzuges;* **'Kreuz·schlitz·schrau·be** <f.; -, -n>; **'Kreuz·schlüs·sel** <m.; -s, -; Kfz> *Schlüssel für Radmuttern;* **'Kreuz·schmer·zen** <Pl.>; **'Kreuz·schna·bel** <m.; -s, ~; Zool.> *ein Finkenvogel;* **'Kreuz·spin·ne** <f.; -, -n; Zool.>; **'kreuz·stän·dig** <Adj.; Bot.>; **'Kreuz·stich** <m.; -(e)s, -e> *ein Zierstich;* **'Kreu·zung** <f.; -, -en> **1** *Schnittpunkt;* Verkehrs~ **2** ~ *von Tieren od. Pflanzen das Kreuzen¹(3)* **3** *Produkt einer Kreuzung(2);* **'kreuz·un·glück·lich** <Adj.; umg.; verstärkend>; **'Kreu·zungs·punkt** <m.; -(e)s, -e>; **'Kreuz·ver·hör** <n.; -s, -e>; **'Kreuz·weg** <m.; -(e)s, -e> **1** *Kreuzungsstelle;* am ~ stehen <fig.> *vor einem schwierigen Entschluss* **2** <unz.> *Leidensweg Christi;* **'Kreuz·weh** <n.; -s; unz.>; **'kreuz·wei·se** <Adv.> *wie ein Kreuz, kreuzförmig;* **'Kreuz·wort·rät·sel** <n.; -s, -> ~ *lösen;* **'Kreuz·zei·chen** <n.; -s, -> *Zeichen des Kreuzes (beim Segnen od. Sichbekreuzigen);* **'Kreuz·zug** <m.; -(e)s, ~e; früher> *Kriegszug gegen Ungläubige*

Kre·vet·te <[-'vɛtə]; f.; -, -n> *Nordseegarnele;* oV *Crevette* [frz.]

'krib·be·lig <Adj.; umg.> *unruhig, nervös;* oV *kribblig;* **'krib·beln** <V. i.> **1** *sich schnell u. lebhaft bewegen;* Ameisen ~; es kribbelt u. krabbelt **2** *jucken, kitzeln;* → a. *krabbeln;* **'kribb·lig** <Adj.>

Krick <m.; -(e)s, -e> = *Kriek*

'Kri·ckel <n.; -s, -n> = *Krucke*

'kri·ckeln <V. i.; ich krick(e)le; umg.> *kritzeln, krakeln*

'Krick·el·wild <n.; -(e)s; unz.> *Gamswild*

'Krick·en·te <f.; -, -n; Zool.> *kleine Schwimmente;* oV *Kriekente*

'Kri·cket <n.; -s; unz.> *ein Ballspiel zw. zwei Mannschaften;* oV *Cricket* [engl.]

'Kri·da <f.; -; unz.; österr.> *vorgetäuschte Zahlungsunfähigkeit;* **Kri·da·tar** <m.; -s, -e; österr.> *Betrüger*

'Krie·bel·mü·cke <f.; -, -n; Zool.>

'Kriech·blu·me <f.; -, -n; Arch.>

'Krie·che <f.; -, -n; Bot.> *eine Pflaumenart*

'krie·chen <V. i. (s.)> **1** *sich dicht am Boden fortbewegen; die Schlange kroch über den Stein* **2** *sich auf allen Vieren fortbewegen;* du kriechst auf dem Boden **3** *sich langsam fortbewegen;* **'Krie·cher** <m.; -s, -; fig.; abwertend> *unterwürfiger Mensch;* **Krie·che'rei** <f.; -; abwertend>; **'Krie·che·rin** <f.; -, -nnen>; **'krie·che·risch** <Adj.; abwertend>; **'Kriech·ge·wächs** <[-ks]; n.; -es, -e; Bot.>; **'Kriech·spur** <f.; -, -en> *auf der* ~ *fahren;* **'Kriech·strom** <m.; -(e)s; unz.>; **'Kriech·tem·po** <n.; -s; unz.> *im* ~ *fahren;* **'Kriech·tier** <n.; -(e)s, -e>

Krieg <m.; -(e)s, -e; ✗Z.29> *bewaffnete Auseinandersetzung, offene Feindschaft;* einen Krieg gewinnen, verlieren; ~ führende Staaten; jmdm. den ~ ansagen <fig.>; **'krie·gen** <V. t.; umg.> **1** *erhalten, bekommen;* du kriegst noch fünf Euro; ein Kind ~ *erwarten od. bekommen* **2** jmdn. ~ *erwischen;* warte, wenn ich dich kriege!; **'Krie·ger** <m.; -s, ->; **'Krie·ger·denk·mal** <n.; -s, ~er>; **'Krie·ge·rin** <f.; -, -nnen>; **'krie·ge·risch** <Adj.>; **'Kriegs·an·lei·he** <f.; -, -n>; **'Kriegs·aus·bruch** <m.; -(e)s, ~e> bei ~; **'kriegs·be·dingt** <Adj.>; **'Kriegs·beil** <n.; -(e)s, -e; fig.> *Krieg;* das ~ ausgraben; **'Kriegs·be·richt·er·stat·ter** <m.; -s, ->; **'kriegs·be·schä·digt** <Adj.>; **'Kriegs·be·schä·dig·te(r)** <m. 1>; **'Kriegs·dienst** <m.; -(e)s; unz.> den ~ *verweigern;* **'Kriegs·dienst·ver·wei·**

ge·rer <m.; -s, ->; **'Kriegs·dienst·ver·wei·ge·rung** <f.; -, -en>; **'Kriegs·er·klä·rung** <f.; -, -en>; **'Kriegs·frei·wil·li·ge(r)** <m. 1>; **'Kriegs·fuß** <nur in der Wendung> mit jmdm. auf ~ ste·hen; **'kriegs·ge·fan·gen** <Adj.>; **'Kriegs·ge·fan·ge·ne(r)** <m. 1>; **'Kriegs·ge·fan·gen·schaft** <f.; -; unz.> in ~ geraten; **'Kriegs·grä·ber·für·sor·ge** <f.; -; unz.>; **'Kriegs·ka·me·rad** <m.; -en, -en>; **'Kriegs·list** <f.; -, -en>; **'Kriegs·rat** <m.; -(e)s unz.> ~ halten; **'Kriegs·recht** <n.; -(e)s; unz.>; **'Kriegs·schau·platz** <m.; -es, ⸚e>; **'Kriegs·schiff** <n.; -(e)s, -e>; **'Kriegs·schuld** <f.; -; unz.>; **'Kriegs·spiel·zeug** <n.; -(e)s, -e>; **'kriegs·taug·lich** <Adj.>; **'Kriegs·trei·ber** <m.; -s, ->; **'kriegs·un·taug·lich** <Adj.>; **'Kriegs·ver·bre·chen** <n.; -s, ->; **'Kriegs·ver·bre·cher** <m.; -s, ->; **'Kriegs·ver·let·zung** <f.; -, -en>; **'kriegs·ver·sehrt** <Adj.>; **'Kriegs·ver·sehr·te(r)** <m. 1>; **'Kriegs·wir·ren** <Pl.> in den ~; **'Kriegs·zu·stand** <m.; -(e)s; unz.> sich im ~ befinden
Kriek <m.; -(e)s, -e> *Wasserlauf;* oV *Krick* [ndrl.]
'Kriek·en·te <f.; -, -n> = *Krickente*
Kri·ko·to'mie <f.; -, -n; Med.> *Luftröhreneinschnitt* [grch.]
Krill <n.; -s; unz.> *Plankton*
Krim <f.; -; unz.> *Halbinsel in der südl. Ukraine*
'Kri·mi <m.; -s, -s; umg.> *kurz für* Kriminalroman, Kriminalfilm; *einen ~ lesen, sehen;* **kri·mi'nal** <Adj.> *Straftat, -recht u. -verfahren betreffend* [lat.]; **Kri·mi'nal** <n.; -s, -e; österr.; veralt.> *Gericht, Strafanstalt;* **Kri·mi'nal·be·am·te(r)** <m. 1>; **Kri·mi'nal·be·am·tin** <f.; -, -nen>; **Kri·mi'nal·be·am·te(r)** <m. 1; umg.> = *Kriminalbeamte(r);* **Kri·mi'nal·film** <m.; -(e)s, -e> *Film um ein Verbrechen u. seine Aufklärung;* **Kri·mi'nal·ge·schich·te** <f.; -, -n>; **Kri·mi'nal·hör·spiel** <n.; -(e)s, -e>; **kri·mi·na·li'sie·ren** <V. t.> *jmdn. od. etwas ~ als kriminell hinstellen;* **Kri·mi·na·li·'sie·rung** <f.; -; unz.>; **Kri·mi·na·'list** <m.; -en, -en> 1 *Kriminalbeamter* 2 *Strafrechtslehrer;* **Kri·mi·na·lis·tik** <f.; -; unz.> *Krimi-nalwissenschaft;* **Kri·mi·na·lis·tin** <f.; -, -nen>; **kri·mi·na·lis·tisch** <Adj.>; **Kri·mi·na·li·'tät** <f.; -; unz.> *(Ausmaß der) Straffäl-ligkeit;* **Kri·mi'nal·kom·mis·sar** <m.; -s, -e>; **Kri·mi'nal·kom·mis·sa·rin** <f.; -, -nen>; **Kri·mi'nal·po·li·zei** <f.; -; unz.; Kurzw.: Kripo> *Zweig der Poli-zei für die Aufklärung u. Ver-hinderung von Straftaten;* **Kri·mi'nal·pro·zess** <m.; -es, -e; veralt.> *Strafprozess;* **Kri·mi'nal·ro·man** <m.; -s, -e> *Roman um ein Verbrechen u. seine Aufklä-rung;* **kri·mi'nell** <Adj.> 1 *jmd. ist ~ verbrecherisch, straffällig* 2 *eine Tat ist ~ strafbar* [frz.]; **Kri·mi'nel·le(r)** <f. 2 (m. 1)> *krimi-nelle Person, Verbrecher;* **kri·mi·no'gen** <Adj.> *Kriminalität för-dernd;* **Kri·mi·no'lo·ge** <m.; -n, -n>; **Kri·mi·no·lo'gie** <f.; -; unz.> *Wissenschaft von der Auf-klärung u. Verhinderung von Verbrechen;* **Kri·mi·no'lo·gin** <f.; -, -nen>; **kri·mi·no'lo·gisch** <Adj.>
'krim·meln <V. i.; nddt.> *krab-beln;* es krimmelt u. wimmelt
'Krim·mer <m.; -s, -> *eine Fell-imitation*
'krim·pen <V. i. u. V. t.; nddt.> *einschrumpfen, einlaufen (las-sen)*
'Krim·sekt <m.; -(e)s; unz.> *Schaumwein von der Krim*
'Krims·krams <m.; -; unz.; umg.> *Kram, Plunder*
'Krin·gel <m.; -s, -> 1 *kleiner Kreis, Bogen* 2 *ringförmiges Ge-bäck;* **'krin·ge·lig** <Adj.> *wie ein Kringel;* sich ~ lachen <fig.; umg.> oV *kringlig;* **'krin·geln** <V. t./V. refl.; sich> er kringele(e) mich> sich ~ vor Lachen <fig.; umg.>; **'kring·lig** <Adj.>
Kri·no'i·de <m.; -n, -n; Zool.> *sta-chelhäutiges Meerestier, Haar-stern* [lat.-grch.]
Kri·no'li·ne <f.; -, -n; früher> *Reifrock* [frz.]
'Kri·po <f.; -; unz.; Kurzw. für> *Kriminalpolizei*
'Krip·pe <f.; -, -n> 1 *Futtertrog* 2 <kurz für> *Kinderkrippe* 3 *fi-gürliche Darstellung der Heili-gen Familie;* Weihnachts~; **'Krip·pen·bei·ßer** <m.; -s, -> = *Kopper;* **'Krip·pen·fi·gur** <f.; -,

-en>; **'Krip·pen·set·zer** <m.; -s, -> = *Kopper;* **'Krip·pen·spiel** <n.; -(e)s, -e> *weihnachtliches ~;* **'Krip·pen·tod** <m.; -(e)s, -e> *plötzl. Kindstod*
Kris <m.; -es, -e> *Dolch der Ma-laien*
'Kri·se <f.; -, -n> 1 *schwierige La-ge, Situation, Konflikt;* Ehe~ 2 <bes. Med.> *Entscheidung, Hö-hepunkt (einer Krankheit)* 3 <Wirtsch.> *Zustand finanzwirt-schaftl. Schwierigkeiten, De-pression* [grch.]; **'kri·seln** <V. i.; unpersönl.> es kriselt; **'kri·sen·an·fäl·lig** <Adj.>; **'kri·sen·fest** <Adj.>; **'kri·sen·ge·schüt·telt** <Adj.> ~e Region; **'Kri·sen·herd** <m.; -(e)s, -e; fig.> *Ausgangs-punkt häufiger Krisen u. Kon-flikte;* **'Kri·sen·ma·na·ge·ment** <[-mænidʒmənt]; n.; -s, -s>; **'kri·sen·si·cher** <Adj.> *eine ~e Region;* **'Kri·sen·sit·zung** <f.; -, -en>; **'Kri·sen·stab** <m.; -(e)s, ⸚e; fig.> *Gremium von Experten für die Bewältigung einer aku-ten Krise;* **'Kri·sis** <f.; -, 'Kri·sen> = *Krise(2)*
'kris·peln <V. t.; ich krisp(e)le> Leder ~ *bearbeiten, um die Nar-ben sichtbar zu machen*
Kris'tall¹ <m.; -s, -e; Chem.; Phys.> *fester Körper, in dem Mo-leküle raumgitterartig angeord-net sind;* ~e bilden; **Kris'tall²** <n.; -s; unz.> 1 *sehr reines, ge-schliffenes Glas von hoher Dich-te* 2 *Gegenstand aus Kristall²(1)* [grch.]; **kris'tall·ar·tig** <Adj.>; **Kris'tall·bil·dung** <f.; -, -en>; **Kris'tall·che·mie** <[-çe-]; f.; -; unz.>; **kris'tal·len** <Adj.> *wie Kristall, aus Kristall bestehend;* **Kris'tall·git·ter** <n.; -s, -; Chem.>; **Kris'tall·glas** <n.; -es, ⸚er> = *Kristall²(1);* **kris'tal·lin, kris'tal·li·nisch** <Adj.> *aus Kris-tallen bestehend;* **kris·tal·li·sa·ti·'on** <f.; -, -en> *das Kristallisie-ren, Kristallbildung;* **kris'tal·lisch** <Adj.> = *kristallin;* **kris·tal·li·'sie·ren** <V. i./V. refl.> *Kris-talle bilden;* Stoffe ~ (sich); **Kris'tall·li·sie·rung** <f.; -, -en>; **Kris'tal·lit** <m.; -s, -e> *Einzel-kristall, kristallähnliches Gebil-de;* **kris'tall·klar** <Adj.> ~es Was-ser; **Kris'tall·leuch·ter** <m.; -s, -; ⚡Z37>; **Kris'tall·lus·ter, Kris-**

'tall·lüs·ter <m.; -s, -; ↗Z37>; **Kris'tall·nacht** <f.; -; unz.> *Pogrom gegen die Juden in der Nacht vom 9. zum 10.11.1938, bei dem zahlreiche Geschäfte deutscher Juden zerschlagen wurden;* Sy Reichskristallnacht; **Kris·tal·lo·gra'fie, Kris·tal·lo·gra'phie** <f.; -; unz.; ↗Z11.3; Chem.; Phys.> *Lehre von den Kristallen;* **Kris·tal·lo'id** <n.; -(e)s, -e> *kristallartiger Körper;* **Kris'tall·op·tik** <f.; -; unz.> *Teilgebiet der Kristallografie;* **Kris'tall·pa·last** <m.; -(e)s; unz.> *Gebäude der Londoner Weltausstellung 1851;* **Kris'tall·phy·sik** <f.; -; unz.>; **kris'tall·rein** <Adj.>; **Kris'tall·tel·ler** <m.; -s, ->; **Kris'tall·wa·ren** <Pl.>; **Kris'tall·was·ser** <n.; -s, -> *in mineralischen Substanzen chem. gebundenes Wasser;* **Kris'tall·zu·cker** <m.; -s, -> *Zucker in Form von Kristallen*

Kri'te·ri·um <n.; -s, -'te·ri·en> **1** *Kennzeichen, Merkmal* **2** *Prüfstein;* ein ~ nicht erfüllen **3** <Radsp.> *Rennen im Rundkurs* **4** <Skisp.> *Rennen mit großer Teilnehmerzahl* [grch.]; **Kri'tik** <f.; -, -en> **1** *wissenschaftliche od. künstlerische Beurteilung;* Literatur~; Musik~ **2** *wertende Besprechung;* Buch~; Film~; *lobende, tadelnde, scharfe* ~ **3** <unz.> *Beanstandung, Tadel;* ~ an jmdm. od. etwas üben; ~ äußern **4** <unz.> *Urteilsfähigkeit, Unterscheidungsvermögen* **5** <unz.> *Gesamtheit der Kritiker;* **Kri·ti·ka·li'tät** <f.; -; unz.> *kritischer Zustand (eines Kernreaktors);* ~sstörfall; **Kri·ti·kas·ter** <m.; -s, -; abwertend> *kleinlicher Kritiker;* **'Kri·ti·ker** <m.; -s, -> **1** *jmd., der eine Kritik(2) schreibt;* Musik~ **2** <allg.> *jmd., der etwas kritisiert;* **'Kri·ti·ke·rin** <f.; -, -·nen>; **kri'tik·fä·hig** <Adj.>; **Kri'tik·fä·hig·keit** <f.; -; unz.>; **kri'tik·los** <Adj.> *ohne Kritik; etwas* ~ *hinnehmen;* **Kri'tik·lo·sig·keit** <f.; -; unz.>; **Kri'tik·punkt** <m.; -(e)s, -e> *etwas, woran man Kritik übt;* ~e äußern; **'kri·tisch** <Adj.> **1** *gewissenhaft prüfend;* ~e Werkausgabe <Lit.> **2** *streng, anspruchsvoll urteilend;* jmdn. od. etwas ~ betrachten **3** *entscheidend, ei-*

ne *Wendung bringend, problematisch;* ein ~er Punkt; ~e Temperatur **4** *bedrohlich;* eine ~e Situation **5** <Kernphys.> ~er Reaktor *R., in dem eine gesteuerte Kettenreaktion abläuft (als normaler Betriebszustand);* **kri·ti'sie·ren** <V. t.> **1** *beurteilen, begutachten;* einen Roman, eine Opernaufführung ~ **2** *beanstanden, tadeln;* er hat an allem etwas zu ~; **Kri·ti'zis·mus** <m.; -; unz.; Philos.> *(von Kant begründetes) Verfahren zur Feststellung der menschl. Erkenntnisfähigkeit;* **Krit'te'lei** <f.; -, -en; umg.; abwertend> *andauerndes Kritteln;* **'krit·te·lig** <Adj.> oV *krittlig;* **'krit·teln** <V. i.; ich kritt(e)le; du krittelst; umg.; abwertend> *kleinliche Kritik üben;* **'Kritt·ler** <m.; -s, ->; **'kritt·lig** <Adj.> = *krittelig*

'Krit·ze <f.; -, -n; Geol.> *kleine Gesteinsschramme;* **'Krit·ze'lei** <f.; -, -en> *Gekritzel;* **'krit·ze·lig** <Adj.> *gekritzelt;* **'krit·zeln** <V. i.> **1** <ich kritz(e)le> *schlecht u. unleserlich schreiben* **2** *sinnlose Striche u. kleine Zeichnungen machen;* **'kritz·lig** <Adj.> = *kritzelig*

Kro'a·te <m.; -n, -n> *Einwohner von Kroatien;* **Kro'a·ti·en** *südosteuropäischer Staat;* Republik ~; **Kro'a·tin** <f.; -, -·nen>; **kro'a·tisch** <Adj.> die ~e Sprache; das Kroatische

Kro'atz·bee·re <f.; -, -n; Bot.> *süddt.> Brombeere*

'Kro·cket <a. [-'-]; n.; -s, -s> *ein Rasenspiel mit Holzkugeln;* **kro·cket'tie·ren, kro'ckie·ren** <V. i. u. V. t.; Krocket> *(eine Kugel)* ~ *wegschlagen*

Kroe·poek <['kru:pu:k]; m.; - od. -s; unz.; asiat. Kochk.> *Fettgebackenes (aus Garnelen u. Tapiokamehl)* [indones.]

Kro'kant <m.; -s; unz.> *Karamellzucker mit Mandeln od. Nussstückchen* [frz.]

Kro'ket·te <f.; -, -n> *in Fett gebackenes Klößchen aus Kartoffelbrei;* oV *Croquette* [frz.]

'Kro·ki <n.; -s, -s> *Kartenskizze* [frz.]; **kro'kie·ren** <V. t.> *skizzieren*

'Kro·ko <n.; - od. -s; unz.; kurz für> *Krokodilleder;* **Kro·ko'dil**

<n.; -s, -e; Zool.> *Angehöriges einer im Wasser lebenden großen Reptilienart* [grch.]; **Kro·ko'dils·trä·ne** <f.; -, -n; meist Pl.; fig.; umg.> *bes. große Träne;* ~n weinen; **Kro·ko'dil·wäch·ter** <m.; -s, -; Zool.> *ein Watvogel*

'Kro·kus <m.; -, - od. -kus·se; Bot.> *ein Schwertliliengewächs, das zu Beginn des Frühlings blüht* [lat.]

'Krom·lech <a. [-lɛk]; m.; -s, -e od. -s> *jungsteinzeitl. Grab- od. Kultstätte* [kelt.]

'Kron·bein <n.; -(e)s, -e; Anat.> *zweites Zehenglied der Huftiere;* **'Kron·blatt** <n.; -(e)s, ²er; Bot.> *oberstes Blütenblatt;* oV *Kronenblatt;* **'Krön·chen** <n.; -s, -; Verkleinerungsf. von> *Krone;* **'Kro·ne** <f.; -, -n> **1** *Kopfschmuck (bes. als Zeichen der Würde u. Macht des Herrschers);* die ~ niederlegen <fig.> *als Herrscher abdanken* **2** <fig.> *Monarch, Träger der Krone(1)* **3** *oberer Teil von etwas;* Baum~; Zahn~ **4** *das Beste, der Höhepunkt;* die ~ der Schöpfung **5** <Zool.> *Ringwulst am oberen Rand der Hufe u. Klauen* **6** *Währungseinheit in verschiedenen europäischen Ländern;* norwegische ~ <Abk.: nkr>; schwedische ~ <Abk.: skr>; dänische ~ <Abk.: dkr>; isländische ~ <Abk.: ikr>; slowakische ~ <Abk.: Sk>; tschechische ~ <Abk.: Kč>; **'krö·nen** <V. t.> **1** *gekröntes Haupt* <fig.> *Herrscher* **2** *ein Werk* ~ <fig.> *erfolgreich beenden, abschließen;* seine Bemühungen waren von Erfolg gekrönt; **'Kro·nen·blatt** <n.; -(e)s, ²er> = *Kronblatt;* **'Kro·nen·kor·ken** <m.; -s, -> = *Kronkorken;* **'Kro·nen·kra·nich** <m.; -s, -e; Zool.> *bunter Kranich mit Federkrone;* **'Kro·nen·mut·ter** <f.; -, -n> *Schraubenmutter mit kronenartigem Aufsatz;* **'Kron·er·be** <m.; -n, -n>; **'Kron·er·bin** <f.; -, -·nen>; **'Kron·ge·lenk** <n.; -(e)s, -e> *Gelenk am Kronbein von Huftieren;* **'Kron·glas** <n.; -es, ²er> *für optische Gläser verwendete Glasart;* **'Kron·ju·wel** <m. od. n.; -s, -en; meist Pl.> *bes. kostbarer Edelstein (einer Königskrone);*

'**Kron·ko·lo·nie** <f.; -, -n; früher> *britische Kolonie;* '**Kron·kor·ken** <m.; -s, -> *kleiner metallener Flaschenverschluss (bes. für Bierflaschen);* '**Krön·lein** <n.; -s, -; poet.> Verkleinerungsf. von> *Krone;* '**Kron·leuch·ter** <m.; -s, ->; '**Kron·prinz** <m.; -en, -en>; '**Kron·prin·zes·sin** <f.; -, -·nen>; '**Kron·rat** <m.; -(e)s, ╥e>

'**Krons·bee·re** <f.; -, -n; Bot.; norddt.> *Preiselbeere*

'**Kron·schatz** <m.; -es, ╥e>; '**Krö·nung** <f.; -, -en> *das war die ~ des Abends* <fig.> *der Höhepunkt;* '**Kron·wi·cke** <f.; -, -n; Bot.>; '**Kron·zeu·ge** <m.; -n, -n> 1 *Hauptzeuge* 2 *Mittäter als Hauptzeuge der Anklage;* '**Kron·zeu·gin** <f.; -, -·nen>

Kropf <m.; -(e)s, ╥e> 1 <Med.> *krankhafte Vergrößerung der Schilddrüse* 2 <Zool.> *Erweiterung der Speiseröhre* 3 <Bot.> *knollige Wucherung;* '**Kröpf·chen** <n.; -s, -; Verkleinerungsf. von> *Kropf;* '**kröp·fen** 1 <V. t.; Tech.> *umbiegen, -schmieden, herumführen;* Bleche, Stäbe ~ 2 <V. i.; Zool.> Raubvögel ~ *fressen;* '**Kröp·fer** <m.; -s, -> *männl. Kropftaube;* '**krop·fig**, '**kröp·fig** <Adj.> *einen Kropf besitzend;* '**Kropf·tau·be** <f.; -, -n; Zool.> *eine Haustaubenrasse;* '**Kröp·fung** <f.; -, -en; Tech.; Zool.> *das Kröpfen*

'**Kropp·zeug** <n.; -s; unz.; umg.> 1 <abwertend> *wertlose Kleinigkeiten* 2 *kleine Kinder*

'**Krö·se** <f.; -, -n> 1 *Halskrause* 2 *Nut der Fassdaube;* '**Krö·se·ei·sen, 'Krö·sel·ei·sen** <n.; -s, -> *ein Werkzeug;* '**krö·seln** <V. t.; ich krös(e)le>, '**krö·sen** <V. t.> *ein-, abschneiden*

kross <Adj.; norddt.> *knusprig;* ~e *Brötchen;* <aber> → *cross*

'**Krö·sus** <m.; -, -sus·se; fig.; umg.> *außerordentlich reicher Mann;* ich bin doch kein ~!

'**Krö·te** <f.; -, -n; Zool.> 1 *Angehörige einer (warzenbedeckten) Familie der Froschlurche* 2 <fig.; umg.> *kleines freches Mädchen;* '**Krö·ten** <Pl.; fig.; umg.> *Geld;* '**Krö·ten·ech·se** <[-ks-]; f.; -, -n; Zool.>; '**Krö·ten·test** <m.; -(e)s, -e od. -s; früher> *ein Schwan-*

gerschaftstest; '**Krö·ten·wan·de·rung** <f.; -, -en>

'**Kro·ton** <m.; -s, -e; Bot.> *ein Wolfsmilchgewächs* [grch.]; '**Kro·ton·öl** <n.; -(e)s; unz.> *ein starkes Abführmittel*

Krs. <Abk. für> *Kreis*

'**Kru·cke** <f.; -, -n; Jagdw.> *Horn der Gämse;* '**Krü·cke** <f.; -, -n> 1 *Stock für Gehbehinderte* 2 *Stock-, Schirmgriff* 3 <umg.; abwertend> *schlecht funktionierendes Gerät;* '**Krü·cken·kreuz,** '**Krü·cken·kreuz** <n.; -es, -e> *Kreuz mit Querbalken;* '**Krück·stock** <m.; -(e)s, ╥e>

krud, 'kru·de <Adj.; geh.> *rau, grob;* ~(e)s *Benehmen* [lat.]; **Kru·di·tät** <f.; -; unz.; geh.>

Krug[1] <m.; -(e)s, ╥e> *zylindrisches od. bauchiges Henkelgefäß;* Milch-; Bier-

Krug[2] <m.; -(e)s, ╥e; norddt.> *Schenke, Wirtshaus*

'**Krü·gel** <n.; -s, -; österr.> *Krug;* drei ~ Bier; '**Krü·gel·chen** <n.; -s, -; Verkleinerungsf. von> *Krug[1];* '**Krü·ger** <m.; -s, -; norddt.> *Wirt, Pächter;* '**Krüg·lein** <n.; -s, -; poet.> Verkleinerungsf. von> *Krug[1];* '**Kru·ke** <f.; -, -n; nddt.> *Krug, Kanne*

'**Krul·le** <f.; -, -n; früher> *Halskrause;* '**Krüll·ta·bak** <m.; -s, -e> *mittelfein geschnittener Tabak*

'**Krüm·chen** <n.; -s, -; Verkleinerungsf. von> *Krume;* '**Kru·me** <f.; -, -n> 1 *abgebröckeltes Brotstückchen, Krümel* 2 *Brotinneres* 3 *oberste Bodenschicht;* '**Krü·mel** <m. od. n.; -s, -> *Brotbrösel;* '**Krü·mel·chen** <n.; -s, -; Verkleinerungsf. von> *Krümel;* '**krü·me·lig** <Adj.> *voller Krümel;* '**krü·meln** <V. i. u. V. t.; ich krüm(e)le> *in Krümel zerfallen (lassen);* der Kuchen krümelt; '**Krüm·lein** <n.; -s, -; poet.> Verkleinerungsf. von> *Krümel;* '**krüm·lig** <Adj.> = *krümelig*

krumm <Adj.; -er, am -s·ten od. (umg.) 'krüm·mer, am 'krümms·ten> 1 <↗Z24> Getrenntschreibung mit Verben u. Part.> *bogenförmig, gekrümmt;* eine ~e Nase; ~ u. schief; etwas ~ biegen; ~ gehen; ~ liegen; ~ sitzen; sich (für etwas) ~ legen <fig.; umg.> *hart arbeiten;*

jmdm. etwas ~ nehmen <fig.; umg.> *verübeln;* <aber zusammen> → *krummlachen* 2 <fig.; umg.> *unehrlich, betrügerisch;* ~e Geschäfte machen; '**krumm·bei·nig** <Adj.> ~er Hund; '**krüm·men** <V. t./V. refl.> *krumm(1) machen, biegen, wölben;* sich vor Schmerzen ~; du krümmst dich vor Lachen; '**Krum·me(r)** <m. 1; Jagdw.> *Feldhase;* '**Krüm·mer** <m.; -s, -> 1 *gebogenes Rohrstück* 2 *dreizinkige Hacke;* '**Krumm·holz** <n.; -es, ╥er> *gebogener Holzstab;* '**Krumm·holz·kie·fer** <f.; -, -n; Bot.>; '**Krumm·horn** <n.; -s, ╥er> *ein altes Holzblasinstrument;* '**krummla·chen** <V. refl.; fig.; umg.> *sich ~ heftig lachen;* sie hat sich (halb) krummgelacht; → a. *krumm(1);* '**Krumm·mes·ser** <n.; -s, -; ↗Z37>; '**Krumm·sä·bel** <m.; -s, ->; '**Krumm·schna·bel** <m.; -s, ╥> = *Kreuzschnabel;* '**Krumm·stab** <m.; -(e)s, ╥e>; '**Krüm·mung** <f.; -, -en> *gekrümmte Linie*

'**krum·pe·lig** <Adj.; umg.> *zerknittert;* '**krum·peln, 'krüm·peln** <V. i./V. refl.; ich krump(e)le; umg.> *zerknittern;* '**krumpf·echt** <Adj.; Textilw.> *nicht einlaufend* (Gewebe); '**krumpf·fen** <V. i.; Textilw.> *einlaufen, schrumpfen;* '**krump·lig** <Adj.> = *krumpelig*

Krupp <m.; -s; unz.; Med.> *entzündlicher Verschluss der Atemwege im Kehlkopfbereich* [engl.]

Krup'pa·de <f.; -, -n; hohe Schule> *Sprung in die Höhe mit waagerechtem Rücken;* oV *Croupade*

'**krupp·ar·tig** <Adj.; Med.>

'**Krup·pe** <f.; -, -n> *hinterer, erhöhter Teil des Rückens zwischen Kreuz u. Schweifansatz (bei Pferd u. Rind)* [frz.]

'**Krüp·pel** <m.; -s, -; abwertend> *Körperbehinderte(r);* zum ~ werden; '**krüp·pe·lig** <Adj.> *verwachsen;* oV *krüpplig;* '**Krüp·pel·kie·fer** <f.; -, -n; Bot.>; '**krüpp·lig** <Adj.>

Krus'ta·de <f.; -, -n> *Pastete mit Teighülle;* oV *Croustade* [frz.]; **Krus·ta·zee** <[-'tse:ə]; f.; -, -n; Zool.> *Krebs;* '**Krüst·chen** <n.; -s, -; Verkleinerungsf. von>

Kruste; **'Krus·te** <f.; -, -n> *trockene, harte Oberfläche;* Brot~;
'Krus·ten·ech·se <[-ks-]; f.; -, -n; Zool.>; **'Krus·ten·tier** <n.; -(e)s, -e>; **'krus·tig** <Adj.>
Krux <f.; -; unz.> = *Crux;* **Kru·zi·'fe·re** <f.; -, -n; Bot.> *Kreuzblütler* [lat.]; **Kru·zi·'fix** <a. ['---]; n.; -es, -e> *plastische Darstellung von Christus am Kreuz;* **Kru·zi·'tür·ken** <Int.; oberdt.> *(ein Fluch)*
kry..., **Kry...** <in Zus.> = *kryo..., Kryo...;* **Kry·äs·the·sie** <f.; -; unz.; Med.> *erhöhte Kälteempfindlichkeit;* **kry·o...,** **Kry·o...** <in Zus.> *Kälte..., Frost...* [grch.]; **Kry·o·bi·o·lo·gie** <f.; -; unz.> *Zweig der Biologie, der sich mit der Wirkung tiefer Temperaturen auf Lebewesen befasst;* **Kry·o·chir·ur'gie,** <auch> **Kry·o·chi·rur'gie** <[-çi-]; f.; -; unz.; ↗Z54; Med.> *Kälte-, Gefrierchirurgie;* **Kry·o·lith** <m.; -s od. -en, -e od. -en> *ein leicht schmelzbares Mineral;* **Kry·o·me·ter** <n.; -s, -> *Thermometer zum Messen tiefer Temperaturen;* **Kry'o·mik** <f.; -; unz.> = *Kryotechnik;* **Kry·o·sko·'pie,** <auch> **Kry·os·ko'pie** <f.; -, -n; ↗Z54> *Bestimmung der Molekülmasse durch Messung der Gefrierpunktserniedrigung;* **Kry·o'sphä·re,** <auch> **Kry·os·'phä·re** <f.; -; unz.> *von Eis bedeckter Teil der Erdoberfläche;* **'Kry·o·tech·nik** <f.; -; unz.> *Kältetechnik (für sehr tiefe Temperaturen);* **Kry·o·the·ra·pie** <f.; -, -n; Med.> *therapeutische Kälteanwendung;* **Kry·o'tron,** <auch> **Kry·ot'ron** <n.; -s, -e od. -s; ↗Z53; EDV> *ein Schaltelement*
krypt..., **Krypt...** <in Zus.> = *krypto..., Krypto...;* **'Kryp·ta** <f.; -, 'Kryp·ten> *unterirdischer (Grab-)Raum in einer Kirche;* **'Kryp·ten 1** <Pl. von> *Krypta* **2** <Med.> *verborgene Höhlen in den Rachenmandeln;* **'kryp·tisch** <Adj.> *versteckt, verborgen, rätselhaft;* **kryp·to...,** **Kryp·to...** <in Zus.> *verborgen, heimlich* [grch.]; **Kryp·to'ga·me** <f.; -, -n; Bot.; veralt.> *Sporenpflanze;* **kryp·to'gen, kryp·to·ge'ne·tisch** <Adj.; Med.> *von verbor-*

genem Ursprung; ~e *Krankheit;*
Kryp·to·gra'fie <f.; -, -n; ↗Z11.3> *Geheimschrift;* oV *Kryptographie;* **kryp·to'gra·fisch** <Adj.> ~es *Verfahren* <EDV>; **Kryp·to'gramm** <n.; -s, -e> *Text, bei dem eine Folge bestimmter (Anfangs-)Buchstaben einen zusätzlichen Sinn ergibt;* **Kryp·to·gra'phie** <f.; -, -n; ↗Z11.3> = *Kryptografie;* **kryp·to·'gra·phisch** <Adj.>; **Kryp·to·lo'gie** <f.; -; unz.; EDV> *Ver- u. Entschlüsselung von Daten;* **kryp·to'mer** <Adj.; Geol.> *mit bloßem Auge nicht zu erkennen;* **'Kryp·ton** <a. [-'to:n]; n.; -s; unz.; Chem.; Zeichen: Kr> *ein Edelgas;* **'Kryp·ton·lam·pe** <f.; -, -n>; **Krypt·o'nym,** <auch> **Kryp·to'nym** <n.; -s, -e; ↗Z54> *verkürzter od. verschlüsselter Autorenname;* **Kryp·to'phy·ten** <Pl.; Bot.> *Landpflanzen;* **Krypt·or'chis·mus,** <auch> **Kryp·tor'chis·mus** <m.; -, -men; ↗Z54; Med.> *Entwicklungsstörung der Hoden*
KSZE <früher Abk. für> *Konferenz für Sicherheit u. Zusammenarbeit in Europa;* <heute> → *OSZE;* ~-*Schlussakte*
Kt. <Abk. für> *Kanton*
kte·no'id <Adj.> *kammartig;* **Kte·no'id·schup·pe** <f.; -, -n; meist Pl.; Zool.> *Schuppe bei Knochenfischen*
Kto. <Abk. für> *Konto*
Ku <Chem.; Zeichen für> *Kurtschatovium*
k. u. <Abk. für> *königlich ungarisch;* → a. *k. u. k.*
Ku·a·la 'Lum·pur *Hauptstadt von Malaysia*
'Ku·ba *mittelamerikan. Staat;* Republik ~; **Ku'ba·ner** <m.; -s, ->; **Ku'ba·ne·rin** <f.; -, -nen>; **ku·'ba·nisch** <Adj.>
Ku·ba'tur <f.; -, -en; Math.> **1** *Erhebung in die dritte Potenz* **2** *Berechnung des Rauminhalts;* → a. *Kubus* [lat.-grch.]
'Kub·ba <f.; -, 'Kub·ben; islam. Arch.> *Kuppel* [arab.]
Ku·be·be <f.; -, -n; Bot.> *beerenartige Frucht des Kubebenpfeffers;* **Ku·be·ben·pfef·fer** <m.; -s, -; Bot.>
'Kü·bel <m.; -s, -> *eimerähnliches Gefäß, Bottich;* **'kü·beln**

<V. i.; ich küb(e)le; umg.> **1** *viel Alkohol trinken* **2** <derb> *sich erbrechen* **3** <unpersönl.> *heftig regnen;* es kübelt; **'Kü·bel·pflan·ze** <f.; -, -n>; **'Kü·bel·wa·gen** <m.; -s, -; Mil.> *Jeep*
'Ku·ben <Pl. von> *Kubus;* **ku'bie·ren** <V. t.; Math.> **1** *in die dritte Potenz erheben* **2** *den Rauminhalt ermitteln;* **Ku'bie·rung** <f.; -, -en>; **ku'bik ...,** **Ku'bik ...** <in Zus.> *dritte Potenz von ..., Raum...;* **Ku'bik·de·zi·me·ter** <m. od. n.; -s, -; Zeichen: dm³>; **Ku'bik·in·halt** <m.; -(e)s, -e> *Rauminhalt;* **Ku'bik·ki·lo·me·ter** <m. od. n.; -s, -; Zeichen: km³> *Raumkilometer;* **Ku'bik·maß** <n.; -es, -e>; **Ku'bik·me·ter** <m. od. n.; -s, -; Zeichen: m³> *Raummaß von je einem Meter Länge, Breite u. Höhe;* **Ku'bik·mil·li·me·ter** <m. od. n.; -s, -; Zeichen: mm³>; **Ku'bik·wur·zel** <f.; -, -n; Math.> *die dritte Wurzel;* **Ku'bik·zahl** <f.; -, -en>; **Ku'bik·zen·ti·me·ter** <m. od. n.; -s, -; Zeichen: cm³> *Raumzentimeter;* **'ku·bisch** <Adj.> **1** <Math.> *in die dritte Potenz erhoben* **2** *würfelförmig;* **Ku'bis·mus** <m.; -; unz.; Mal.> *Richtung des Expressionismus;* **Ku·'bist** <m.; -en, -en>; **Ku'bis·tin** <f.; -, -nen>; **ku'bis·tisch** <Adj.>
ku·bi'tal <Adj.; Med.> *zum Ellenbogen gehörend*
'Ku·bus <m.; -, - od. (österr. nur so) 'Ku·ben> **1** *Würfel* **2** *dritte Potenz* [lat.-grch.]
'Kü·che <f.; -, -n> **1** *Raum zum Zubereiten von Speisen* **2** *Einrichtung für eine Küche(1)* **3** <unz.> *Nahrung;* kalte, warme ~ **4** <unz.> *Kochkunst;* französische, italienische ~
'Ku·chen¹ <m.; -s, -> **1** *größeres Gebäck;* Obst~; Hefe~ **2** *breiartige Masse*
'Ku·chen² <m.; -s, -; bair.> *Schlittenkufe*
'Ku·chen·bä·cker <m.; -s, ->; **'Ku·chen·bä·cke·rin** <f.; -, -n·nen>; **'Ku·chen·blech** <n.; -(e)s, -e>
'Kü·chen·chef <[-ʃɛf]; m.; -s, -s>; **'Kü·chen·che·fin** <f.; -, -n·nen>; **'Kü·chen·fee** <f.; -; unz.; umg.; scherzh.>

'Ku·chen·form <f.; -, -en>; **'Ku·chen·ga·bel** <f.; -, -n>
'Kü·chen·ge·rät <n.; -(e)s, -e>; **'Kü·chen·ge·schirr** <n.; -s, -e>; **'Kü·chen·kraut** <n.; -(e)s, ⸚er> *Gewürzkraut*; **'Kü·chen·la·tein** <n.; -s; unz.; scherzh.> *schlechtes Latein*; **'Kü·chen·ma·schi·ne** <f.; -, -n>; **'Kü·chen·rol·le** <f.; -, -n> *Papierrolle*; **'Kü·chen·scha·be** <f.; -, -n; Zool.> *eine Schabe, Kakerlak*; **'Kü·chen·schel·le** <f.; -, -n; Bot.> *Anemone*; **'Kü·chen·schluss** <m.; -es; unz.> *um 23 Uhr ist ~*; **'Kü·chen·schür·ze** <f.; -, -n>; **'Kü·chen·stu·dio** <n.; -s, -s> *Küchenfirma*; **'Kü·chen·tisch** <m.; -(e)s, -e> *am ~ sitzen*; **'Kü·chen·tuch** <n.; -(e)s, ⸚er>; **'Kü·chen·waa·ge** <f.; -, -n>; **'Kü·chen·zei·le** <f.; -, -n>
'Küch·lein <n.; -s, -; poet.> *Verkleinerungsf. von* `Kuchen[1]`
'ku·cken <V. i.; umg.> = *gucken*
'Kü·cken <n.; -s, -; österr.> = *Küken*
'ku·ckuck <Schallw.>; **'Ku·ckuck** <m.; -s, -e; Zool.> **1** *einheimischer Singvogel, der seine Eier in fremde Nester legt* **2** <umg.> *Siegel des Gerichtsvollziehers*; **'Ku·ckucks·ei** <n.; -(e)s, -er; umg.> **1** *Ei des Kuckucks* **2** <fig.> *zweifelhafte Gabe*; **'Ku·ckucks·uhr** <f.; -, -en>
'Ku·damm <m.; -s; unz.; umg.; kurz für> *Kurfürstendamm*
'Kud·del·mud·del <m. od. n.; -s; unz.; umg.> *Durcheinander*
'Ku·der <m.; -s, -; Jägerspr.> *Kater*
'ku·dern <V. i.; in kud(e)re; österr.; umg.> *albern lachen*
'Ku·du <m.; -s, -s; Zool.> *afrikan. Antilope*
'Ku·fe[1] <f.; -, -n> **1** *aufgebogene Gleitschiene*; *Schlitten~* **2** *gebogenes Holzbrett (an Segelflugzeugen)*
'Ku·fe[2] <f.; -, -n> **1** *Kübel, Bottich* **2** *altes dt. Biermaß*; **'Kü·fer** <m.; -s, -> **1** *Kellermeister* **2** *Böttcher*
Kuff <f.; -, -e> *breites Küstenschiff*
Ku'fi·ja <f.; -, -s> *Kopftuch der Araber* [arab.]
'ku·fisch <Adj.> *~e Schrift eine altarab. Schrift*
'Ku·gel <f.; -, -n> **1** *runder Körper, rundes Gebilde*; *Erd~*;

Holz~; -> *stoßen*; *~ scheiben; ich scheibe ~* **2** *Geschoss der Feuerwaffen*; *Gewehr~* **3** *Fleischstück aus der Keule*; *Sy Nuss(3)*; **'Ku·gel·blitz** <m.; -es, -e>; **'Kü·gel·chen** <n.; -s, -> *Verkleinerungsf. von* `Kugel(1)`; **'Ku·gel·dis·tel** <f.; -, -n; Bot.>; **'Ku·gel·drei·eck** <n.; -s, -e> **'ku·gel·fest** <Adj.> *~e Weste*; **'Ku·gel·fisch** <m.; -(e)s, -e; Zool.>; **'Ku·gel·flä·che** <f.; -, -n>; **'ku·gel·för·mig** <Adj.>; **'Ku·gel·ge·lenk** <n.; -s, -e>; **'Ku·gel·ha·gel** <m.; -s, -; Mil.> *heftiger Beschuss*; **'ku·ge·lig** <Adj.>; **'Ku·gel·kopf** <m.; -(e)s, ⸚e>; **'Ku·gel·la·ger** <n.; -s, -; Tech.>; **'ku·geln** <V.; ich kug(e)le> **1** <V. t.> *rollen, wälzen*; *Murmeln ~* **2** <V. i.> *sich drehend fortbewegen*; *der Ball kugelte fort* **3** <V. refl.> *sich ~ sich rollend fortbewegen; sich vor Lachen ~* <fig.; umg.>; **'ku·gel'rund** <Adj.>; **'Ku·gel·schei·ben** <n.; -s; österr.> *ein Murmelspiel*; **'Ku·gel·schrei·ber** <m.; -s, -> *ein Schreibgerät*; **'ku·gel·si·cher** <Adj.> *~e Weste*; **'Ku·gel·sto·ßen** <n.; -s; unz.>; **'Kü·glein** <n.; -s, -; poet.> *Verkleinerungsf. von* `Kugel(1)`; **'kug·lig** <Adj.> *Sy* `kugelig`
'Ku·gu·ar <m.; -s, -e; Zool.> *Puma*
Kuh <f.; -, ⸚e> *Muttertier von Rind, Büffel, Elch, Elefant, Flusspferd, Hirsch u. Nashorn*; *eine ~ melken; dumme, blöde ~! (Schimpfw.)*; **'Kuh·an·ti·lo·pe** <f.; -, -n; Zool.>; **'Kuh·blu·me** <f.; -, -n; Bot.; umg.> *Löwenzahn*; **'Kuh·dorf** <n.; -(e)s, ⸚er; umg.; abwertend>; **'Kuh·fla·den** <m.; -s, ->; **'Kuh·glo·cke** <f.; -, -n>; **'Kuh·han·del** <m.; -s; unz.; fig.; umg.> *schlechtes Tauschgeschäft*; *jmdm. einen ~ vorschlagen*; **'Kuh·haut** <f.; -, ⸚e> *Fell der Kuh*; *das geht auf keine ~* <fig.; umg.>; **'kuh·hes·sig** <Adj.> *x-beinig (bes. von Hund u. Pferd)*
kühl <Adj.> **1** *mäßig kalt, frisch*; *~es Wetter*; *im Kühlen sitzen*; *Getränke ~ stellen* **2** <fig.> *ohne Gefühl, wenig herzlich, reserviert*; *eine ~e Begrüßung; einen ~en Kopf behalten*; **'Kühl·ag·gre·gat** <n.; -(e)s, -e>; **'Kühl·le**

<f.; -; unz.> **1** *kühle Luft, Frische*; *morgendliche ~* **2** <fig.> *wenig herzliches, reserviertes Wesen*
'Kuh·le <f.; -, -n; norddt.> *Grube, Mulde*; *Sand~*
'küh·len <V. t.> *kühl, kalt machen*; *Bier, Wein ~*; *~de Getränke*; **'Küh·ler** <m.; -s, -> **1** <Kfz> *Kühleinrichtung an Verbrennungsmotoren* **2** *Gefäß für das Kühlen von Getränken*; *Wein~*; **'Küh·ler·grill** <m.; -s, -e; Kfz>; **'Küh·ler·hau·be** <f.; -, -n; Kfz>; **'Kühl·haus** <n.; -es, ⸚er>; **'Kühl·ket·te** <f.; -, -n> *ununterbrochenes Kühlen verderblicher Nahrungsmittel während des Transportes; die ~ unterbrechen*; **'Kühl·raum** <m.; -(e)s, ⸚e>; **'Kühl·schrank** <m.; -(e)s, ⸚e> *Eisschrank*; **'Kühl·ta·sche** <f.; -, -n>; **'Kühl·te** <f.; -, -n; Mar.> *leichte Brise*; **'Kühl·tru·he** <f.; -, -n> *Tiefkühltruhe*; **'Küh·lung** <f.; -; unz.>; **'Kühl·was·ser** <n.; -s; unz.; Kfz>
'Kuh·milch <f.; -; unz.>
kühn <Adj.> **1** *unwahrscheinlich, fantasievoll, ungewöhnlich*; *~e Pläne; etwas in den ~sten Träumen nicht erhoffen* **2** *Mut erfordernd*; *ein ~er Plan*; **'Kühn·heit** <f.; -, -en>
'Kuh·po·cken <Pl.> *(zur Pockenschutzimpfung verwendete) abgeschwächte Pockenviren*; **'Kuh·rei·gen, 'Kuh·rei·hen** <m.; -s, -> *Hirtenlied, -tanz*; **'Kuh·rei·her** <m.; -s, -; Zool.> *ein Schreitreiher*; **'Kuh·schel·le** <f.; -, -n; Bot.>; **'Kuh·stall** <m.; -(e)s, ⸚e>; **'kuh·warm** <Adj.> *~e Milch*
k. u. k. <Abk. für> *kaiserlich u. königlich*; *die ~-Zeit*; → *a. k. k.*
'Kü·ken <n.; -s, -> *gerade geschlüpftes Hausgeflügel*
'Ku-Klux-'Klan <engl. ['kjuːklʌksˈklæn] m.; -s; unz.> *amerikan. Geheimbund* [engl.-grch.]
'Kuk·sa <f.; -, -s> *aus Birkenholz gefertigte Holztasse* [lappländ.]
Ku'kum·ber, Ku'ku·mer <f.; -, -n; rheinfränk.> *Gurke* [lat.]
'Ku·ku·ruz <m.; - od. -es; unz.; österr.> *Mais(kolben)*
ku'lant <Adj.; -er, am -es·ten> *entgegenkommend, großzügig,*

Ggs *inkulant* [frz.]; **Ku'lanz** <f.; -; unz.>

'Ku·li[1] <m.; -s, -s> 1 *ostasiat. Lastenträger* 2 <fig.> *ausgebeuteter Arbeiter* [engl.-hind.]

'Ku·li[2] <m.; -s, -s; umg.; kurz für> *Kugelschreiber*

ku·li'na·risch <Adj.> *die Kochkunst betreffend;* ~e *Genüsse*

Ku'lis·se <f.; -, -n> 1 *verschiebbare, bemalte Leinwand (als Bühnendekoration)* 2 <fig.> *hinter den* ~n *nicht öffentlich, im Hintergrund* [frz.]

'Kul·ler <f.; -, -n> *kleine Kugel, Murmel;* **'Kul·ler·au·gen** <Pl.; umg.> *große, runde Augen;* ~ *machen;* **'kul·lern** <V.; ich kull(e)re; umg.> 1 <V. i. (s.)> *sich um die eigene Achse drehend rollen; der Apfel kullerte vom Tisch* 2 <V. t.> *etwas* ~ *rollen* 3 <Jägerspr.> *balzen (vom Birkhahn)*

Kulm <m.; -(e)s, -e; Geol.> *abgerundete Bergkuppe;* **Kul·mi·na·ti'on** <f.; -, -en> 1 <Astr.> *Durchgang durch den höchsten bzw. tiefsten Punkt (von Gestirnen)* 2 <fig.> *Erreichen des Gipfelpunktes* [frz.]; **Kul·mi·na·ti'ons·punkt** <m.; -(e)s, -e>; **kul·mi'nie·ren** <V. i.> 1 <Astr.> *den höchsten bzw. tiefsten Punkt erreichen* 2 <fig.> *die Auseinandersetzung kulminierte;* **kul·misch** <Adj.>

Kult <m.; -(e)s, -e> 1 *durch feste Formen geregelter Gottesdienst;* oV *Kultus* 2 <fig.> *übertrieben verehrungsvolle Behandlung; einen* ~ *mit etwas treiben* [lat.]; **'Kult·buch** <n.; -(e)s, ˸er; umg.>; **'Kult·hand·lung** <f.; -, -en>; **'kul·tig** <Adj.; Jugendspr.> *super, hervorragend; der neue Song ist echt* ~; **'kul·tisch** <Adj.> *zum Kult gehörend;* ~e *Verehrung;* **Kul·ti·va·tor** <[-'va:-]; m.; -s, -'to·ren>; **kul·ti'vier·bar** <[-'vi:r-]; Adj.>; **kul·ti'vie·ren** <V. t.> 1 *Land, Boden* ~ *urbar machen* 2 *ein Volk* ~ *ihm menschliche Zivilisation nahe bringen* 3 *pflegen, verfeinern; ein Benehmen* ~; **kul·ti'viert** <Adj.; -er, am -es·ten; ⚲Z28.1> *gebildet, verfeinert;* **Kul·ti'vie·rung** <f.; -, -en>; **'Kult·stät·te** <f.; -, -n> *Ort kultischer Vereh-*

rung; **Kul'tur** <f.; -, -en> 1 *das Kultivieren, Urbarmachen, Pflanzenanbau;* Boden~ 2 *auf Nährböden gezüchtete Bakterien o. Ä.* 3 <unz.> *geistige u. seelische Bildung, Lebensweise (eines Volkes);* **Kul'tur·ab·kom·men** <n.; -s, ->; **Kul'tur·at·ta·ché** <[-ʃeː]; m.; -s, -s>; **Kul'tur·aus·tausch** <m.; -(e)s; unz.>; **Kul'tur·ba·nau·se** <m.; -n, -n; umg.; abwertend>; **Kul'tur·beu·tel** <m.; -s, -> *Beutel für Toilettenartikel;* **Kul'tur·bund** <m.; -(e)s; unz.> ~ *der DDR;* **Kul'tur·denk·mal** <n.; -s, ˸er>; **kul·tu·'rell** <Adj.>; **Kul'tur·er·be** <n.; -s; unz.> *überlieferte Kultur (eines Volkes);* **Kul'tur·flüch·ter** <m.; -s, -> *aus seinem Lebensraum verdrängte(s) Tier/Pflanze;* **Kul'tur·fol·ger** <m.; -s, -> *durch veränderte Umweltbedingungen begünstigte(s) Tier/Pflanze;* **Kul'tur·ge·schich·te** <f.; -; unz.>; **kul'tur·ge·schicht·lich** <Adj.>; **Kul'tur·gut** <n.; -(e)s, ˸er>; **Kul'tur·haus** <n.; -es, ˸er>; **Kul'tur·hi·sto·risch** <Adj.>; **Kul'tur·kreis** <m.; -es, -e> *fremder* ~; **Kul'tur·kri·tik** <f.; -; unz.; Philos.>; **Kul'tur·los** <Adj.>; **Kul'tur·mi·nis·ter** <m.; -s, ->; **Kul'tur·mi·nis·te·rin** <f.; -, -n·nen>; **Kul'tur·mi·nis·te·ri·um** <n.; -s, -ri·en> = *Kultusministerium;* **Kul'tur·pes·si·mis·mus** <m.; -; unz.; Philos.>; **Kul'tur·pflan·ze** <f.; -, -n; Bot.>; **Kul'tur·po·li·tik** <f.; -; unz.>; **kul'tur·po·li·tisch** <Adj.>; **Kul'tur·raum** <m.; -(e)s, ˸e; Geogr.> *räumliche Einheit;* **Kul'tur·re·vo·lu·ti·on** <[-'vo-]; f.; -, -en; Marxismus> *sozialistische Revolution;* **Kul'tur·schaf·fen·de(r)** <f. 2 (m. 1)>; **Kul'tur·schock** <m.; -s, -s>; **Kul'tur·spon·so·ring** <n.; -s; unz.> *Förderung kultureller Veranstaltungen durch Firmen;* **Kul'tur·staats·mi·nis·ter** <m.; -s, ->; **Kul'tur·staats·mi·nis·te·rin** <f.; -, -n·nen>; **Kul'tur·staats·mi·nis·te·ri·um** <n.; -s, -ri·en>; **Kul'tur·stu·fe** <f.; -, -n>; **Kul'tur·zen·trum**, <auch> **Kul'tur·zent·rum** <n.; -s, -tren/-t·ren>; **'Kul·tus** <m.; -; unz.> = *Kult(1);* **'Kul·tus·mi·nis·ter** <m.; -s, ->; **Kul-**

tus·mi·nis·te·rin <f.; -, -n·nen>; **'Kul·tus·mi·nis·te·ri·um** <n.; -s, -ri·en> *Ministerium für kulturelle Angelegenheiten*

Ku·ma'rin <n.; -s; unz.> *ein Pflanzenwirkstoff;* oV *Cumarin;* **Ku·ma'ron** <n.; -s; unz.> *aus Steinkohlenteer gewonnenes wohlriechendes Öl;* oV *Cumaron*

'Küm·mel <m.; -s, -> 1 *eine zweijährige Gewürzpflanze* 2 *deren Früchte* 3 <kurz für> *Kümmelbranntwein;* **'Küm·mel·brannt·wein** <m.; -(e)s; unz.>; **'küm·meln** <V. t. u. V. i.; ich kümm(e)le; umg.> *trinken, zechen;* **'Küm·mel·öl** <n.; -s; unz.>; **'Küm·mel·tür·ke** <m.; -n, -n; umg.; abwertend> *türkischer Gastarbeiter*

'Kum·mer <m.; -s; unz.> *Sorge, Gram, Problem; jmdm.* ~ *bereiten; wir sind* ~ *gewöhnt!* <umg.>; **'Küm·me·rer** <m.; -s, -; Jägerspr.> *männl. Tier mit verkümmertem Gehörn;* **'küm·mer·lich** <Adj.> *armselig, kärglich; eine* ~e *Pflanze;* **'Küm·mer·ling** <m.; -s, -e> *zurückgebliebenes Lebewesen;* **'küm·mern** <V. refl.> *sich sorgen (um); ich kümmere mich nicht darum; kümmere dich um deine eigenen Angelegenheiten; was kümmert's mich?;* **'Küm·mer·nis** <f.; -, -s·se; veralt.> *Kummer;* **'Kum·mer·speck** <m.; -s; unz.; umg.> ~ *ansetzen;* **'kum·mer·voll** <Adj.>

'Kum·met <n.; -s, -e> *Teil des Pferdegeschirrs, das um den Hals liegt;* oV *Kumt*

Kum'pan <m.; -s, -e; umg.> 1 *Gefährte;* Sauf~ 2 <abwertend> *Komplize;* **Kum·pa'nei** <f.; -; unz.; umg.; abwertend> **Kum·'pa·nin** <f.; -, -n·nen>

'Kum·pel <m.; -s, - od. -s> 1 *Bergmann* 2 *Arbeitskollege;* **'kum·pel·haft** <Adj.>

'küm·peln <V. t.; ich kümp(e)le; Tech.> *Blechplatten* ~ *wölben u. am Rand aufbiegen;* **'Kum·pen** <m.; -s, -; norddt.> *großes Gefäß, Schüssel;* **Kumpf** <m.; -(e)s, -e od. ˸e; österr.; süddt.> *Behälter (für Wetzsteine)*

'Kum·quat <f.; -, -s> *Zwergorange* [chin.]

Kumt <n.; -s, -e> = *Kummet*

Ku·mu·la·ti'on <f.; -, -en; geh.> *Anhäufung, Ansammlung;* ~ von Ausgaben [lat.]; **ku·mu·la·'tiv** <Adj.>; **Ku·mu'le·ne** <Pl.; Chem.> *organ. Verbindungen mit mehreren Doppelbindungen in ununterbrochener Folge;* **ku·mu'lie·ren** <V. i.> *sich anhäufen;* ~de Bibliografie; **ku·mu'liert** <Adj.; ⚡Z 28.1; Chem.> ~e Doppelbindungen; **Ku·mu'lie·rung** <f.; -, -en>; **Ku·mu·lo'nim·bus** <m.; -, -s·se; Meteor.> *dunkle Haufenwolke;* **'Ku·mu·lus** <m.; -, 'Ku·mu·li; Meteor.> *Haufenwolke;* **'Ku·mu·lus·wol·ke** <f.; -, -n; Meteor.>

'Ku·mys, 'Ku·myss <a. [-'-]; m.; -; unz.> *vergorene Stutenmilch* [russ.]

kund <Adj.; veralt.; in der Wendung> jmdm. etwas ~ (und zu wissen) tun <poet.> *mitteilen;* **'künd·bar** <Adj.> der Vertrag ist vierteljährlich ~; **'Künd·bar·keit** <f.; -; unz.>; **...kun·de** <f.; -; unz.; in Zus.> *Wissenschaft, Lehre;* Naturkunde; Heimatkunde; **'Kun·de¹** <f.; -, -n; Pl. selten; poet.> *Nachricht, Kenntnis;* ~ haben (von etwas); **'Kun·de²** <m.; -n, -n> *jmd., der eine Dienstleistung in Anspruch nimmt, Käufer;* Stamm~; neue ~n werben; **'Kun·de³** <f.; -, -n; österr.> *Kundschaft;* **'Kun·de⁴** <f.; -, -n; Vet.> *Vertiefung an der Reibefläche des Pferdezahns;* **'kün·den** <V. t.; veralt.; nur noch poet.> *verkünden, kundgeben;* von etwas ~; **'Kun·den·be·ra·tung** <f.; -, -en>; **'Kun·den·buch** <n.; -(e)s, ⸚er>; **'Kun·den·dienst** <m.; -(e)s, -e>; **'Kun·den·fang** <m.; -(e)s; unz.; fig.; umg.> auf ~ gehen; **'kun·den·feind·lich** <Adj.>; **'kun·den·freund·lich** <Adj.>; **'Kun·den·kar·te** <f.; -, -n>; **'Kun·den·kar·tei** <f.; -, -en>; **'Kun·den·park·platz** <m.; -es, ⸚e>; **'Kun·den·spra·che** <f.; -; unz.> *Gaunersprache;* **'Kun·den·wer·bung** <f.; -; unz.>; **'Kün·der** <m.; -s, -; geh.> *Verkünder;* **'Kün·de·rin** <f.; -, -n·nen>; **'Kund·ga·be** <f.; -; unz.>; **'kund|ge·ben** <V. t. 143; ich gebe kund; sie hat kundgegeben;

kundzugeben> *mitteilen, bekannt geben;* **'Kund·ge·bung** <f.; -, -en> 1 *das Kundgeben* 2 *öffentliche polit. Versammlung;* Massen~; **'kun·dig** <Adj.> *wissend, sachverständig;* einer Sache ~ sein; **'kün·di·gen** <V. t.> einen Vertrag, eine Stelle ~ lösen, aufgeben; schriftlich ~; ihm wurde die Wohnung gekündigt; zum 1. Juli ~; jmdm. die Freundschaft ~; **'Kün·di·gung** <f.; -, -en> Vertrag mit vierteljährlicher ~; **'Kün·di·gungs·frist** <f.; -, -en>; **'Kün·di·gungs·schutz** <m.; -es; unz.>; **'Kun·din** <f.; -, -n·nen>; **'kund|ma·chen** <V. t.; österr.> *kundgeben, veröffentlichen;* das Gesetz wurde kundgemacht; **'Kund·schaft¹** <f.; -, -en; Pl. selten> *Erkundung;* jmdn. auf ~ schicken; **'Kund·schaft²** <f.; -, -en; Pl. selten> 1 *Kunde;* im Laden ist ~ 2 *Gesamtheit an Kunden;* **'kund·schaf·ten** <V. t.> er kundschaftet; sie hat gekundschaftet; **'Kund·schaf·ter** <m.; -s, ->; **'Kund·schaf·te·rin** <f.; -, -n·nen>; **'kund|tun** <V. t. 272> (jmdm.) etwas ~ *verkünden;* **'kund|wer·den** <V. i. 285; poet.> etwas wird kund *wird bekannt*

ku·ne·i'form <Adj.; Med.> *keilförmig;* → a. *Cuneus* [lat.]

Kü'net·te <f.; -, -n> *Abflussgraben (an Festungen)* [frz.]

...kunft <f.; -, ⸚e; in Zus.> *Kommen;* Herkunft; Zusammenkunft; **'künf·tig** <Adj.> *in Zukunft;* ~e Generationen; **'künf·tig·hin** <a. [-'-']; Adv.>

Kun·ge'lei <f.; -, -en; umg.>; **'kun·geln** <V. i.; ich kung(e)le *heimliche Absprachen treffen;* sie hat mit ihm gekungelt

Kung-'Fu <n.; - od. -s; unz.> *asiat. Methode der Selbstverteidigung*

'Kun·kel <f.; -, -n; süddt.; westdt.> *Spinnrocken*

Kun·ni'lin·gus <m.; -, -lin·gi> = *Cunnilingus*

Kunst <f.; -, ⸚e> 1 <unz.> *schöpferisch gestaltende Tätigkeit;* Bau~; Dicht~; Volks~ 2 <unz.> *die Gesamtheit der Erzeugnisse der Kunst, Kunstwerke* 3 *Können, Fertigkeit, Geschicklichkeit;* Gesangs~; ärztliche ~; die

sieben freien Künste <MA>; jetzt bin ich mit meiner ~ am Ende <fig.>; was macht die ~? <umg.> *wie geht es?;* **'Kunst·a·ka·de·mie** <f.; -, -n; ⚡Z 55>; **'Kunst·aus·stel·lung** <f.; -, -en>; **'Kunst·ba·nau·se** <m.; -n, -n; umg.; abwertend>; **'Kunst·druck** <m.; -(e)s, -e>; **'Kunst·dün·ger** <m.; -s, -> *chem. erzeugter Dünger,* **'Kunst·eis** <n.; -es; unz.>; **'Kunst·eis·bahn** <f.; -, -en>; **Küns·te'lei** <f.; -, -en>; **'küns·teln** <V.; nur im Part. Perf.> gekünstelt *geziert, unnatürlich;* **'Kunst·er·zie·her** <m.; -s, ->; **'Kunst·er·zie·he·rin** <f.; -, -n·nen>; **'Kunst·er·zie·hung** <f.; -; unz.>; **'Kunst·fa·ser** <f.; -, -n> = *Chemiefaser;* **'Kunst·feh·ler** <m.; -s, -> *ärztlicher ~;* **'kunst·fer·tig** <Adj.> *geschickt;* **'Kunst·fer·tig·keit** <f.; -; unz.>; **'Kunst·flie·ger** <m.; -s, ->; **'Kunst·flug** <m.; -(e)s, ⸚e>; **'Kunst·füh·rer** <m.; -s, ->; **'Kunst·ge·gen·stand** <m.; -(e)s, ⸚e>; **'kunst·ge·recht** <Adj.> *maßgenau, richtig;* **'Kunst·ge·schich·te** <f.; -; unz.>; **'kunst·ge·schicht·lich** <Adj.>; **'Kunst·ge·wer·be** <n.; -s; unz.> *produktionsorientierter Zweig der bildenden Kunst;* **'Kunst·ge·werb·ler** <m.; -s, ->; **'Kunst·ge·werb·le·rin** <f.; -, -n·nen>; **'kunst·ge·werb·lich** <Adj.>; **'Kunst·glas** <n.; -es; unz.>; **'Kunst·glied** <n.; -(e)s, -er> *Prothese;* **'Kunst·griff** <m.; -(e)s, -e> *Trick, Kniff;* **'Kunst·hal·le** <f.; -, -n>; **'Kunst·han·del** <m.; -s; unz.>; **'Kunst·händ·ler** <m.; -s, ->; **'Kunst·händ·le·rin** <f.; -, -n·nen>; **'Kunst·hand·lung** <f.; -, -en>; **'Kunst·hand·werk** <n.; -(e)s; unz.> *Kunstgewerbe;* **'Kunst·hand·wer·ker** <m.; -s, ->; **'Kunst·hand·wer·ke·rin** <f.; -, -n·nen>; **'kunst·hand·werk·lich** <Adj.>; **'Kunst·harz** <n.; -es, -e> *harzähnlicher Stoff;* **'Kunst·herz** <n.; -ens, -en; Med.> *künstliches Herz;* **'Kunst·his·to·rie** <[-riə]; f.; -; unz.; selten für> *Kunstgeschichte;* **'Kunst·his·to·ri·ker** <m.; -s, ->; **'Kunst·his·to·ri·ke·rin** <f.; -, -n·nen>; **'kunst·his·to·risch**

K

<Adj.; ✎Z 46> ein ~es Museum; <aber> das Kunsthistorische Museum in Wien; **'Kunst·hoch·schu·le** <f.; -, -n>; **'Kunst·ho·nig** <m.; -s; unz.> honigähnliches Nahrungsmittel aus Zucker u. a.; **'Kunst·kri·tik** <f.; -, -en>; **'Kunst·kri·ti·ker** <m.; -s, ->; **'Kunst·kri·ti·ke·rin** <f.; -, -n·nen>; **'Kunst·le·der** <n.; -s; unz.>; **'Künst·ler** <m.; -s, ->; **'Künst·ler·ca·fé** <n.; -s, -s>; **'Künst·le·rin** <f.; -, -n·nen>; **'künst·le·risch** <Adj.> ~e Begabung; etwas ~ gestalten; **'Künst·ler·ko·lo·nie** <f.; -, -n> Wohn- u. Arbeitsgemeinschaft bildender Künstler; **'Künst·ler·na·me** <m.; -ns, -n> Pseudonym; **'Künst·ler·pech** <n.; -(e)s; unz.; umg.> **'künst·lich** <Adj.> ~e Intelligenz, ~e Befruchtung; ~e Intelligenz <EDV>; jmdn. ~ ernähren mittels Magensonde; **'Künst·lich·keit** <f.; -, -en>; **'Kunst·licht** <n.; -(e)s; unz.> künstliches (elektrisches) Licht; **'kunst·lie·bend** <Adj.> ein ~er Herr; <aber> ein die Kunst liebender Herr; **'Kunst·lieb·ha·ber** <m.; -s, ->; **'Kunst·lieb·ha·be·rin** <f.; -, -n·nen>; **'Kunst·lied** <n.; -(e)s, -er; Mus.> Ggs Volkslied; **'kunst·los** <Adj.> einfach; **'Kunst·lo·sig·keit** <f.; -; unz.>; **'Kunst·ma·ler** <m.; -s, ->; **'Kunst·ma·le·rin** <f.; -, -n·nen>; **'Kunst·märchen** <n.; -s, -> Ggs Volksmärchen; **'Kunst·markt** <m.; -(e)s, ⁼e; Pl. selten>; **'Kunst·pau·se** <f.; -, -n>; **'Kunst·post·kar·te** <f.; -, -n>; **'Kunst·pro·dukt** <n.; -(e)s, -e>; **'Kunst·rei·ter** <m.; -s, -> Zirkusreiter; **'Kunst·rei·te·rin** <f.; -, -n·nen>; **'Kunst·samm·lung** <f.; -, -en>; **'Kunst·schaf·fen·de(r)** <f. 2 (m. 1)>; **'Kunst·schnee** <m.; -s; unz.> künstlich hergestellter Schnee; **'Kunst·schrei·ner** <m.; -s, -> = Kunsttischler; **'Kunst·schrei·ne·rin** <f.; -, -n·nen>; **'Kunst·sei·de** <f.; -; unz.>; **'Kunst·sinn** <m.; -(e)s; unz.>; **'Kunst·sin·nig** <Adj.>; **'Kunst·spra·che** <f.; -, -n> Welthilfssprache; **'Kunst·sprin·gen** <n.; -s; unz.; Schwimmsp.>; **'Kunst·stoff** <m.; -(e)s, -e> künstlich herge-

Kunstwort: Ein K. ist ein bewusst neu gebildetes Wort, das häufig zur Bezeichnung von wissenschaftlichen oder technischen Termini sowie für Warennamen in Gebrauch genommen wird: Neutron, Quark (Physik), Odol, Tempo, Zewa. Vgl. ✎Abkürzung, ✎Kurzwort

stellte chem.-organische Verbindung; **'Kunst·stoff·fla·sche** <f.; -, -n; ✎Z37>; **'Kunst·stoff·form** <f.; -, -en; ✎Z37>; **'kunst·stop·fen** <V. t. u. V. i.; nur im Inf. od. Part. Perf.> (der Gewebestruktur entsprechend) kunstvoll stopfen; ein Loch ~; kunstgestopftes Gewebe; **Kunst·stop·fe'rei** <f.; -, -en>; **'Kunst·stück** <n.; -(e)s, -e> 1 Leistung, die außergewöhnliches Können erfordert; das ist doch kein ~! 2 Vorführung, schwierige Darbietung (bes. im Zirkus); Zauber~; Karten~; **'Kunst·stu·dent** <m.; -en, -en>; **'Kunst·stu·den·tin** <f.; -, -n·nen>; **'Kunst·stu·di·um** <n.; -s; unz.>; **'Kunst·tisch·ler** <m.; -s, -> kunsthandwerklich arbeitender Tischler; **'Kunst·tisch·le·rin** <f.; -, -n·nen>; **'Kunst·tur·nen** <n.; -s; unz.; Sp.>; **'Kunst·ver·ein** <m.; -(e)s, -e> Wiesbadener ~; **'Kunst·ver·stand** <m.; -(e)s; unz.> mit (viel, wenig, keinem) ~ urteilen; **'kunst·ver·stän·dig** <Adj.>; **'kunst·voll** <Adj.>; **'Kunst·werk** <n.; -(e)s, -e> schöpferisch gestaltetes Werk od. Gebilde; **'Kunst·wert** <m.; -(e)s, -e> eine Sammlung von großem ~; **'Kunst·wis·sen·schaft** <f.; -; unz.>; **'Kunst·wis·sen·schaft·ler** <m.; -s, ->; **'Kunst·wis·sen·schaft·le·rin** <f.; -, -n·nen>; **'kunst·wis·sen·schaft·lich** <Adj.>; **'Kunst·wort** <n.; -(e)s, ⁼er> → Kasten

'kun·ter·bunt <Adj.; fig.; umg.> 1 sehr bunt 2 durcheinander, ungeordnet; ~es Durcheinander; **'Kun·ter·bunt** <n.; -s; unz.> ein ~ von Vorschlägen

Ku·o·min'tang <f.; -; unz.; in China> Nationale Volkspartei

'Kü·pe <f.; -, -n> Färbebad

Ku'pee <n.; -s, -s> = Coupé

'Kü·per <m.; -s, -; norddt.> Kellermeister, Böttcher

'Kup·fer <n.; -s, -> 1 <unz.; Chem.; Zeichen: Cu> hellrotes, weiches Metall 2 <kurz für> Kupfergeld 3 <kurz für> Kupferstich; **'Kup·fer·blech** <n.; -(e)s, -e>; **'Kup·fer·druck** <m.; -(e)s, -e>; **'Kup·fer·erz** <n.; -es, -e>; **'kup·fer·far·ben, 'kup·fer·far·big** <Adj.> braunrot; **'Kup·fer·geld** <n.; -(e)s; unz.> Kupfermünzen; **'Kup·fer·glanz** <m.; -es; unz.> ein Mineral; **'kup·fe·rig** <Adj.> oV **'kup·fe·rig**; **'Kup·fer·mün·ze** <f.; -, -n>; **'kup·fern** <Adj.> aus Kupfer bestehend; ~er Kessel; **'Kup·fer·o·xid** <n.; -(e)s; unz.; ✎Z55>; **'Kup·fer·pfan·ne** <f.; -, -n>; **'kup·fer·rot** <Adj.> braunrot; **'Kup·fer·ste·cher** <m.; -s, -> 1 Künstler, der Kupferstiche herstellt; mein lieber Freund u. ~! (scherzhafte Warnung) 2 <Zool.> Angehöriger der Familie der Borkenkäfer; **'Kup·fer·stech·kunst** <f.; -; unz.>; **'Kup·fer·stich** <m.; -(e)s, -e; Mal.>; **'Kup·fer·stich·ka·bi·nett** <n.; -(e)s, -e; Mal.>; **'Kup·fer·tief·druck** <m.; -(e)s, -e>; **'Kup·fer·ti·tel** <m.; -s, -> Kupferstich als Titelblatt; **'Kup·fer·ver·gif·tung** <f.; -, -en>; **'Kup·fer·vi·tri·ol**, <auch> **'Kup·fer·vi·tri·ol** <[-vi-]; n.; -s; unz.; ✎Z53> ein Kupfersulfatmineral; **'Kup·fer·zeit** <f.; -; unz.> Epoche zwischen Jungsteinzeit u. Bronzezeit; **'kupf·rig** <Adj.> oV kupferig

Ku·pi·di'tät <f.; -; unz.; geh.> Lüsternheit; **Ku'pi·do** <f.; -; unz.> = Cupido

ku'pie·ren <V. t.> 1 einen Hund ~ einem Hund Schwanz u. (od.) Ohren stutzen 2 <Med.> eine Krankheit ~ in den ersten Anfängen unterdrücken [frz.]

Ku'pol·o·fen <m.; -s, ⁼; ✎Z55> Schachtofen; oV Kuppelofen

Ku·pon <[-'pɔ̃:]; m.; -s, -s> oV Coupon 1 (abtrennbarer) Abschnitt, Gutschein 2 Zinsabschnitt (bei Wertpapieren) [frz.]; **Ku'pon·steu·er** <f.; -, -n>

'Kup·pe <f.; -, -n> abgerundetes Ende von etwas; Finger~; Berg~

'Kup·pel <f.; -, -n> gleichmäßig gewölbtes Dach; Kirchen~

Kup·pe'lei <f.; -; veralt.> 1 <abwertend> unlautere Heiratsvermittlung 2 <Rechtsw.>

Begünstigung od. Betreiben der Prostitution; '**kup·peln** <V.> 1 <V. i.; ich kupp(e)le; Kfz> die Kupplung betätigen 2 <V. t.> verbinden, koppeln; Eisenbahnwagen ~ 3 <V. i.; veralt.> Kuppelei betreiben

'**Kup·pel·o·fen** <m.; -s, -̈; ↗Z55> = Kupolofen

'**kup·pen** <V. t.> stutzen; Bäume ~

'**Kupp·ler** <m.; -s, -; veralt.>; '**Kupp·le·rin** <f.; -, -n·nen>; '**kupp·le·risch** <Adj.>; '**Kupp·lung** <f.; -, -en> 1 <unz.> das Kuppeln, Verbinden 2 <Tech.; Kfz> Maschinenteil zur Verbindung zweier anderer Teile (z. B. Motor u. Getriebe) 3 <kurz für> Kupplungspedal; die ~ treten; '**Kupp·lungs·be·lag** <m.; -(e)s, -̈e>; '**Kupp·lungs·pe·dal** <n.; -s, -e>; '**Kupp·lungs·schei·be** <f.; -, -n>

Ku'pris·mus, <auch> **Kup'ris·mus** <m.; -; unz.; ↗Z53; Med.> Kupfervergiftung

Kur <f.; -, -en> 1 ärztliche Maßnahme als Heilverfahren; Trink~; Kaltwasser~ 2 Aufenthalt in einem Kurort; zur ~ fahren; jmdn. zur ~ schicken; in ~ gehen [lat.]

Kür <f.; -, -en; Sp.> frei zusammengestelltes Programm von Übungen (bei Wettkämpfen); die Pflicht~ absolvieren; eine Musik~ reiten; (eine) ~ laufen; sie ist gestern ~ gelaufen; sie hat eine ~ geturnt; er ist eine ~ geritten; → a. Kürlaufen, Kürreiten, Kürturnen

ku'ra·bel <Adj.; Med.> heilbar; kurable Krankheiten; Ggs inkurabel [lat.]

ku'rant <Adj.; Abk. crt.> im Umlauf; ~e Münzen; **Ku'rant¹** <n.; -(e)s, -e> kurz für> Kurantgeld

Ku'rant² <m.; -en, -en; schweiz.> Kurgast

Ku'rant·geld <n.; -(e)s; unz.> gesetzliches Zahlungsmittel

Ku'ra·re <n.; - od. -s; unz.> ein indian. Pfeilgift (auch als Narkosemittel verwendet); oV Curare [span.-karib.]

'**Kur·arzt** <m.; -es, -̈e>; '**Kur·ärz·tin** <f.; -, -n·nen>

Kü'rass <m.; -es, -e; im MA> Brustschutz der Rüstung [frz.]; **Kü·ras'sier** <m.; -s, -e; Mil.; früher> Angehöriger einer reitenden Einheit [frz.]

Ku'rat <m.; -en, -en> ein kath. Seelsorger [lat.]; **Ku·ra'tel** <f.; -, -en; österr.> Vormundschaft; unter ~ stehen; jmdn. unter ~ stellen; **ku·ra'tiv** <Adj.; Med.> heilend; **Ku'ra·tor** <m.; -s, -'to·ren> 1 Verwalter, Treuhänder (einer Stiftung) 2 österr.> Vormund; **Ku·ra'to·ri·um** <n.; -s, -ri·en> 1 Amt eines Kurators 2 Aufsichtsbehörde (öffentlicher Körperschaften)

'**Kur·bel** <f.; -, -n> Hebel zum Drehen einer Welle; **Kur·be'lei** <f.; -, -en>; '**Kur·bel·la·ger** <n.; -s, -; Tech.>; '**kur·beln** <V. i.; ich kurb(e)le> an einer Kurbel drehen; '**Kur·bel·stan·ge** <f.; -, -n; Tech.>; '**Kur·bel·wel·le** <f.; -, -n>

Kur'bet·te <f.; -, -n> hohe Schule; Sprungfolge auf der Hinterhand; oV Courbette [frz.]; **kur·bet'tie·ren** <V. i.>

'**Kür·bis** <m.; -s·ses, -s·se; Bot.> rankende Pflanze mit sehr großen, dickschaligen Früchten; Flaschen~; Zier~; '**Kür·bis·ge·wächs** <[-ks]; n.; -es, -e>; '**Kür·bis·kern** <m.; -(e)s, -e>

'**Kur·de** <m.; -n, -n> Angehöriger eines vorderasiatischen Volkes; '**Kur·din** <f.; -, -n·nen>; '**kur·disch** <Adj.>; '**Kur·dis·tan** von Kurden bewohntes gebirgiges Grenzgebiet zwischen der Türkei, Iran u. Irak

'**ku·ren** <V. i.; ich kure; sie hat gekurt; umg.> eine Kur machen

'**kü·ren** <V. t.> jmdn. ~ (in ein Ehrenamt) wählen; sie wurde zur Miss World gekürt

Kü·ret'ta·ge <[-ʒə]; f.; -, -n; Med.> Ausschabung (der Gebärmutter); oV Curettage; **Kü'ret·te** <f.; -, -n; Med.> Instrument für die Kürettage; **kü·ret'tie·ren** <V. t.>

'**Kur·fürst** <m.; -en, -en; bis 1806> Reichsfürst, der den dt. König mitwählen durfte; '**Kur·fürs·ten·damm** <m.; -s; unz.> große Boulevardstraße in Berlin; '**Kur·fürs·ten·hut** <m.; -(e)s, -̈e>; '**Kur·fürs·ten·tum** <n.; -s, -̈er>; '**kur·fürst·lich** <Adj.>

Kur'gan <m.; -s, -e> vorgeschichtl. Grabhügel [türk.-russ.]

'**Kur·gast** <m.; -(e)s, -̈e>; '**Kur·haus** <n.; -es, -̈er>

'**Kur·hes·sen** <1803–07 und 1813–66> Kurfürstentum Hessen; '**kur·hes·sisch** <Adj.>

'**Kur·ho·tel** <n.; -s, -s>

ku·ri'al <Adj.> zur Kurie gehörend; **Ku·ri'al·stim·me** <f.; -, -n; früher> Gesamtstimme; '**Ku·rie** <[-riə]; f.; -, -n> 1 <im alten Rom> bürgerschaftl. Verband 2 <unz.> (Sitz der) päpstl. Behörde [lat.]; '**Ku·ri·en·kon·gre·ga·ti·on** <f.; -, -en>

Ku'rier <m.; -s, -e> 1 Bote, Eilbote; einen Brief mit ~ schicken 2 <in Zus. mit Städtenamen> Tageszeitung [frz.]; **Ku'rier·dienst** <m.; -(e)s, -e> Dienstleistungsunternehmen, das (Waren-)Sendungen sehr rasch von Haus zu Haus transportiert; privater ~

ku·rie·ren <V. t.> heilen; jmdn. von einer Krankheit ~; kurier dich erst richtig aus!; davon bin ich kuriert <fig.>

Ku'rier·post <f.; -; unz.>

Ku'ri·len Inselkette im Pazifischen Ozean

ku·ri'os <Adj.> merkwürdig, spaßig; eine ~e Begebenheit; **Ku·ri·o·si'tät** <f.; -, -en>; **Ku·ri·o·si·tä·ten·ka·bi·nett** <n.; -(e)s, -e>; **Ku·ri·o'sum** <n.; -s, -'o·sa>

'**Ku·ri·sche(s) Haff** <n.; -n -s; unz.> abgeschlossene Küstenbucht an der Ostsee im Gebiet Kaliningrad; '**Ku·ri·sche 'Neh·rung** <f.; -n -; unz.> schmaler Dünenstreifen zw. der Ostsee u. dem Kurischen Haff

'**Kur·ka·pel·le** <f.; -, -n>; '**Kur·kar·te** <f.; -, -n>; '**Kur·kli·nik** <f.; -, -en>; '**Kur·kon·zert** <n.; -(e)s, -e>

'**Kur·ku·ma** <a. [-'--]; f.; -, -'ku·men> ein Gewürz (Gelbwurz); oV Curcuma [arab.]; **Kur·ku'min** <n.; -s; unz.> gelber Farbstoff der Gelbwurz

'**Kur·laub** <m.; -(e)s, -e; umg.> Verbindung von Kur u. Urlaub

'**Kür·lauf** <m.; -(e)s, -̈e> Kür im Eiskunstlauf; '**Kür·lau·fen** <n.; -s; unz.; aber> (eine) Kür laufen

'**Kur·or·ches·ter** <[-kɛs-]; n.; -s, ->; '**Kur·ort** <m.; -(e)s, -e> Ort mit Heilquelle od. günstigem Klima; Höhen~; Klima~; Luft~;

'**Kur·park** <m.; -s, -s> städtischer ~

'**Kur·pfalz** <früher> *Kurfürstentum Pfalz;* '**kur·pfäl·zisch** <Adj.>

'**kur·pfu·schen** <V. i.; sie hat ge­kurpfuscht; zu kurpfuschen; abwertend> '**Kur·pfu·scher** <m.; -s, -> 1 *jmd., der ohne Ausbildung u. behördliche Genehmigung Kranke behandelt* 2 *schlechter Arzt;* **Kur·pfu·sche·'rei** <f.; -; unz.>; '**Kur·pfu·sche·rin** <f.; -, -n·nen>

'**Kur·prinz** <m.; -en, -en> *Erbprinz eines Kurfürsten;* '**kur·prinz·lich** <Adj.>

'**Kur·pro·me·na·de** <f.; -, -n>

Kurr, 'Kur·re <f.; -, -(e)n; See­mannsspr.; nddt.> *Schlepp-, Grundnetz*

'**Kür·rei·ten** <n.; -s; unz.; Reitsp.> → a. *Kür*

Kur'ren·de <f.; -, -n> 1 <früher> *Schülerchor, der gegen geringe Bezahlung geistliche Lieder vor Privathäusern vortrug* 2 <Ev. Jugendchor* [lat.]

kur'rent <Adj.; österr.> *in deutscher Schrift (geschrieben);* **Kur·'rent·schrift** <f.; -; unz.> österr.> *deutsche Schreibschrift;* in ~

Kur'ri·ku·lum <n.; -s, -la> = *Curriculum*

'**Kurr·lei·ne** <f.; -, -n>

Kurs <m.; -es, -e> 1 *(Fahrt-, Flug-)Richtung;* vom ~ abkommen; den polit. ~ ändern <fig.> 2 *Preis der an der Börse gehandelten Wertpapiere;* hoch im ~ stehen <a. fig.> *angesehen, beliebt sein* 3 *Lehrgang, Unterricht;* einen ~ im Fach Englisch belegen; ein ~ für Maschineschreiben; oV *Kursus* 4 *Gesamtheit der an einem Kurs(3) teilnehmenden Personen;* oV *Kursus* [lat.]; '**Kurs·ab·schlag** <m.; -(e)s, ⸚e; Börse>; '**Kurs·auf·schlag** <m.; -(e)s, ⸚e; Börse>; '**Kurs·buch** <n.; -(e)s, ⸚er> *Fahrplan der Deutschen Bahn*

Kürsch <n.; -es; unz.; Her.> *Pelzwerk*

'**Kur·schat·ten** <m.; -s, -; fig.; umg.; scherzh.> *(intime) Bekanntschaft während eines Kuraufenthaltes*

'**Kürsch·ner** <m.; -s, -; Berufs­bez.> *jmd., der Pelzbekleidung herstellt;* **Kürsch·ne·rei** <f.; -, -en>; '**Kürsch·ne·rin** <f.; -, -n·nen>

'**Kur·se** <Pl. von> *Kurs, Kursus;* '**Kurs·ein·bruch** <m.; -(e)s, ⸚e; Börse>; '**Kurs·feu·er** <n.; -s, -> *(Scheinwerfer-)Licht zur geograph. Orientierung;* '**Kurs·ge·winn** <m.; -(e)s, -e>; **kur'sie·ren** <V. i.> *im Umlauf sein; Geld kursiert; ~de Neuigkeiten;* **kur·'siv** <Adj.> *schräg nach rechts verlaufend (Druckschrift);* **Kur·'si·ve** <[-və]; f.; -, -n; kurz für> *Kursivschrift;* **Kur'siv·schrift** <f.; -, -en> *schräg verlaufende Druckschrift;* '**Kurs·kor·rek·tur** <f.; -, -en; bes. Pol.>; **kur'so·risch** <Adj.> *fortlaufend, voranschreitend;* '**Kurs·sturz** <m.; -es, ⸚e; Börse> *plötzliches Absinken der Kurse;* '**Kurs·sys·tem** <n.; -s, -e> *ein Schulsystem;* '**Kur·sus** <m.; -, 'Kur·se> = *Kurs(3, 4);* '**Kurs·ver·lust** <m.; -(e)s, -e; Börse>; '**Kurs·wa·gen** <m.; -s, -; DB> *vom Ausgangs- bis zum Zielbahnhof durchgehender Wagen;* '**Kurs·wech·sel** <[-ks-]; m.; -s, -; Pol.> *(plötzliche) Kursänderung;* '**Kurs·wert** <m.; -(e)s, -e; Börse> *Wert eines Wertpapiers*

Kur'ta·ge <[-ʒə]; f.; -, -n> *Vermittlungsgebühr, Maklerprovision;* oV *Courtage* [frz.]

'**Kur·ta·xe** <f.; -, -n> *Gebühr für Kurgäste*

Kur·ti'sa·ne <f.; -, -n; früher> *vornehme Geliebte einer höher gestellten Persönlichkeit* [frz.]

Kur·tscha'to·vi·um, <auch> **Kurt·scha'to·vi·um** <[-vi-]; n.; -s; unz.; ⚹Z50, 52> *Zeichen: Ku> ein radioaktives chem. Element* [nach dem Physiker I. W. *Kurtschatow*]

'**Kür·tur·nen** <n.; -s; unz.; Sp.> → a. *Kür;* '**Kür·ü·bung** <f.; -, -en; ⚹Z55>

ku'ru·lisch <Adj.; in der Wen­dung> ~er Stuhl *tragbarer Klappstuhl der höchsten altröm. Beamten*

Ku·rus <[ku'ruʃ]; m.; -, -> *türk. Währungseinheit* [türk.]

Kur·va'tur <[-va-]; f.; -, -en; Med.> *Krümmung (bes. Magens);* '**Kur·ve** <[-və] od. [-fə]; f.; -, -n> 1 <Math.> *gekrümmte Li-*

nie 2 *Krümmung, Biegung;* Straßen~; in die ~ gehen; aus der ~ geschleudert werden; das Flugzeug beschreibt eine ~; die ~ kratzen <fig.; umg.> *sich rasch u. unauffällig entfernen;* '**kur·ven** <V. i. (s.); du kurvst; sie ist gekurvt; umg.> durch die Gegend ~; '**Kur·ven·dis·kus·si·on** <f.; -, -en; Math.>; '**Kur·ven·för·mig** <Adj.>; '**Kur·ven·li·ne·al** <n.; -s, -e; Math.> *ein Zeichengerät;* '**Kur·ven·mes·ser** <m.; -s, -; Geom.; Kartogr.> *ein Gerät zur Längenmessung von Kurven;* '**kur·vig** <Adj.> *gekrümmt, gebogen;* **Kur·vi'me·ter** <[-vi-]; n.; -s, -> = *Kurvenmesser,* **Kur·vi·me'trie,** <auch> **Kur·vi·met·'rie** <f.; -; unz.; ⚹Z53>; **kur·vi·'me·trisch** <Adj.>

kurz <Adj.; 'kür·zer, am 'kür­zes·ten; ⚹Z24;* Getrenntschrei­bung mit Verben, wenn steiger- od. erweiterbar> 1 <räumlich> *von geringer Längenausdehnung;* die Strecke ist ~; ~ verliert u. lang gewinnt (beim Losen); den Kürzeren ziehen <fig.> *unterliegen, nachgeben müssen;* sich das Haar ~ schneiden; ~ geschnittene Haare 2 <zeitlich> *eine geringe Zeitspanne dauernd;* ~ danach; ~ darauf; (eine) ~e Zeit; er muss noch ~ arbeiten, dann kommt er; Zwiebeln ~ anbraten; ~ gebratenes Steak; binnen ~em; bis vor ~em; seit ~em; über ~ od. lang *bald;* etwas auf dem kürzesten Wege erledigen; ~ u. schmerzlos <fig.; umg.> *ohne viele Umstände* 3 <fig.> *knapp, gedrängt;* ~er Abriss; etwas Kurzes vorspielen; sich ~ fassen; fasse dich ~!; eine ~ gefasste Erläuterung; sie war ~ angebunden *unfreundlich;* wir wollen es ~ machen; jmdm. ~ halten *jmdm. wenig (Essen, Geld) geben* 4 <fig.> alles ~ u. klein schlagen *zerstören;* zu ~ kommen *benachteiligt werden;* ~ u. gut *um zum Ende zu kommen;* mit jmdm. ~en Prozess machen *energisch über jmdn. verfügen;* sie muss kürzer treten *sich mehr schonen;* '**Kurz·ar·beit** <f.; -; unz.> *verkürzte Arbeitszeit;* '**kurz|ar·bei·ten** <V. i.; ich arbei-

te kurz; sie hat kurzgearbeitet; kurzzuarbeiten) *Kurzarbeit machen;* <aber> *kurz arbeiten;* → a. *kurz(2);* **'Kurz·ar·bei·ter** <m.; -s, ->; **'Kurz·ar·bei·te·rin** <f.; -, -n·nen>; **'kurz·är·me·lig,** **kurz·ärm·lig** <Adj.> ~e Bluse; **'kurz·at·mig** <Adj.>; **'Kurz·at·mig·keit** <f.; -; unz.>; **'Kurz·dar·stel·lung** <f.; -, -en>; **'Kur·ze(r)** <m. 1; umg.> **1** <kurz für> *Kurzschluss* **2** *Gläschen Schnaps;* zwei Kurze bitte!; **'Kür·ze** <f.; -; unz.> **1** *räumlich kleine Ausdehnung* **2** *Zeitspanne von geringer Dauer;* in ~ bald **3** <fig.> *Bündigkeit, Knappheit;* in aller ~ berichten; in der ~ liegt die Würze <Sprichw.>; **'Kür·zel** <n.; -s, -; bes. Stenografie> *stark kürzendes Schriftzeichen;* **'kür·zen** <V. t.; du kürzt> *vermindern, kürzer machen;* eine Rede ~; sie hat den Rock gekürzt; jmdm. das Gehalt ~; gekürzter Bruch <Math.>; **kur·zer'hand** <Adv.> *kurz entschlossen;* **'Kurz·fas·sung** <f.; -, -en>; **'Kurz·film** <m.; -(e)s, -e>; **'Kurz·form** <f.; -, -en> *verkürzte (Wort-)Form;* **'kurz·fris·tig** <Adj.> *sehr bald;* ~ liefern; **'Kurz·ge·schich·te** <f.; -, -n>; **'kurz·haa·rig** <Adj.>; **'kurz·le·big** <Adj.> **1** *nicht lang lebend;* ~e Tiere **2** <fig.> *nicht lang andauernd;* ein ~er Trend; **'Kurz·le·big·keit** <f.; -; unz.>; **'kürz·lich** <Adj.> *neulich;* ich habe ihn ~ gesehen; **'Kurz·nar·ko·se** <f.; -, -n; Med.>; **'Kurz·park·platz** <m.; -es, ⸚e; Eiskunstlauf>; **'Kurz·pro·gramm** <n.; -(e)s, -e; Eiskunstlauf>; **'Kurz·schleu·dern** <n.; -s; unz.>; **'kurz|schlie·ßen** <V. t. 222; El.> einen Stromkreis ~; sich mit jmdm. ~ <fig.> *in Verbindung setzen;* **'Kurz·schluss** <m.; -es, ⸚e; El.> einen ~ verursachen; **'Kurz·schluss·hand·lung** <f.; -, -en>; **'Kurz·schluss·re·ak·ti·on** <f.; -, -en>; **'Kurz·schrift** <f.; -, -en> *Schrift mit verkürzten Schriftzeichen;* Sy *Stenografie;* **'kurz·schrift·lich** <Adj.>; **'kurz·sich·tig** <Adj.> *an verminderter Sehkraft bei weiteren Entfernungen leidend;* das war ~ gehandelt <fig.> *unüberlegt;* Ggs *weitsichtig;* **'Kurz-**

Kurzwort: Ein K. ist ein Wort, das durch die Verkürzung eines (häufig zusammengesetzten) Ausgangswortes entstanden ist. Die folgenden Arten werden unterschieden:

a) **Kopfwort:** Der erste Wortbestandteil bildet das K.: *Uni(versität), Zoo(logischer Garten), Akku(mulator), Mathe(matik)*

b) **Schwanz- oder Endwort:** Der letzte Wortbestandteil bildet das K.: *(Omni)Bus, (Violon)Cello, (Eisen)Bahn*

c) **Klammerwort:** Die äußeren Bestandteile einer Zusammensetzung bilden das K.: *Fern(sprech)amt, K(raft)rad, Mo(torho)tel*

K., die durch Aneinanderreihung von Anfangsbuchstaben oder -silben mehrerer Wörter gebildet wurden, nennt man **Initialwörter:** *EDV (Elektronische Datenverarbeitung), LKW (Lastkraftwagen), Agfa (Aktiengesellschaft für Anilinfabrikation)*

Genitiv und Dativ werden in der Regel durch Anhängen von *-s* gebildet:
Akkus, Krads, LKWs
Vgl. ⬈Abkürzung, ⬈Kunstwort

---

sich·tig·keit <f.; -; unz.>; **'Kurz·ski** <[-ʃi]; m.; - od. -s - od. -er>; **'kurz·stäm·mig** <Adj.; Bot.>; **'Kurz·stre·cken·lauf** <m.; -(e)s, ⸚e; Sp.> Ggs *Langstreckenlauf;* **'Kurz·stre·cken·läu·fer** <m.; -s, ->; **'Kurz·stre·cken·läu·fe·rin** <f.; -, -n·nen>; **'Kurz·stre·cken·ra·ke·te** <f.; -, -n>; **'Kurz·streck·ler** <m.; -s, -; kurz für> *Kurzstreckenläufer;* **'Kurz·tag·pflan·ze** <f.; -, -n; Bot.>; **'Kurz·trieb** <m.; -(e)s, -e; Bot.>; **kurz·'um** <Adv.> *um es kurz zu machen;* **'Kür·zung** <f.; -, -en>; **'Kurz·wa·ren** <Pl.> *Nähbedarf;* ~abteilung; **kurz'weg** <Adv.> *kurzerhand;* **'Kurz·weil** <f.; -; unz.; geh.> *unterhaltsamer Zeitvertreib;* ~ treiben; zur ~; **'kurz·wei·lig** <Adj.> Ggs *langweilig;* **'Kurz·wel·le** <f.; -, -n; Abk.: KW> **1** <Phys.> *elektromagnet. Welle* **2** <Rundf.> *Frequenzbereich der Kurzwellen;*

'Kurz·wel·len·sen·der <m.; -s, ->; **'Kurz·wort** <n.; -(e)s, ⸚er> *durch Abkürzen od. Weglassen entstandenes Wort,* z. B. UNO; → a. *Kasten;* **'Kurz·zeit·ge·dächt·nis** <n.; -s·ses, -s·se; Psych.> Ggs *Langzeitgedächtnis;* **'kurz·zei·tig** <Adj.> *für kurze Zeit;* ~e Unterbrechung

kusch <Int.> *still!, leg dich!* (Befehl an den Hund); **'ku·sche·lig** <Adj.>; **'ku·scheln** <V. i./V. refl.; ich kusch(e)le (mich)> *anschmiegen;* sie ~; sich in jmds. Arme ~; **'Ku·schel·tier** <n.; -(e)s, -e>; **'ku·schen** <V. i./V. refl.; du kuschst> **1** *sich lautlos auf den Boden legen;* kusch dich! **2** <fig.; umg.> *sich fügen, ruhig sein* [frz.]; **'kusch·lig** <Adj.> oV *kuschelig*

'Ku·sen <Pl.; nddt.> *(Backen-)Zähne;* **'Ku·sen·bre·ker** <m.; -s, -; nddt.; scherzh.> *Zahnarzt*

Ku·si·ne <f.; -, -n> *Tochter des Onkels od. der Tante;* oV *Cousine;* Sy *Base*[1]

'Kus·kus[1] <m. od. n.; -, -> = *Couscous*

'Kus·kus[2] <m.; -, -; Zool.> *ein katzengroßes Beuteltier*

Kuss <m.; -es, ⸚e> *Aufdrücken der Lippen auf den Körper (als Liebes- od. Begrüßungszeichen);* Hand~; Küsse tauschen; jmdm. einen ~ geben; jmdn. mit Küssen bedecken; Gruß u. ~ dein Julius (als Briefschluss); Grüße u. Küsse (als Briefschluss); **'Küss·chen** <n.; -s, -; Verkleinerungsf. von> *Kuss;* **'kuss·echt** <Adj.> ~er Lippenstift

'Kus·sel <f.; -, -n; oberdt.> *Kieferngehölz, niedriges Buschwerk*

'küs·sen <V. i./V. refl.; ich küsse; du küsst/du küsstest> jmdn. ~ *jmdm. einen Kuss geben;* sie küssten sich; küss(e) mich!; küss die Hand! <österr.>; **Küs·se'rei** <f.; -, -en>; **'kuss·fest** <Adj.> = *kussecht;* **'Kuss·hand** <f.; -; ⸚e> jmdm. eine ~ od. Kusshände zuwerfen; **'Küss·lein** <n.; -s, -; poet.; Verkleinerungsf. von> *Kuss*

'Küs·te <f.; -, -n> *(Landschaft am) Meeresufer;* Steil~; an der ~ entlangfahren; **'Küs·ten·be·feu·e·rung** <f.; -, -en> *Sichtbarmachen der Küste mit Leuchtfeu-*

ern; **'Küs·ten·fi·sche·rei** <f.; -; unz.>; **'Küs·ten·ge·wäs·ser** <n.; -s, ->; **'Küs·ten·mo·tor·schiff** <n.; -(e)s, -e>; **'Küs·ten·nä·he** <f.; -; unz.> in ~ wohnen; **'Küs·ten·schiff·fahrt** <f.; -; unz.; ⚹Z37>; **'Küs·ten·schutz** <m.; -es; unz.> Maßnahmen zum ~; **'Küs·ten·stra·ße** <f.; -, -n>; **'Küs·ten·wa·che** <f.; -, -n>; **'küs·ten·wärts** <Adv.>

'Küs·ter <m.; -s, -> Angestellter für Kirchendienste; **'Küs·te·rei** <f.; -, -en>; **'Küs·te·rin** <f.; -, -n·nen>; **Kus'to·de¹** <f.; -, -n] Buchw.> Markierung zur Nummerierung der einzelnen Lagen einer Handschrift; **Kus'to·de²** <m.; -n, -n> = Kustos; **Kus'to·din** <f.; -, -n·nen>; **'Kus·tos** <m.; -, -'to·den> Vorsteher einer Museums- od. Bibliothekssammlung [lat.]

ku'tan <Adj.; Med.> die Haut betreffend; ~e Impfung = Kutanimpfung; **Ku'tan·imp·fung** <f.; -, -en; Med.> Einspritzung von Antigenen in die Haut; **Ku'tan·pro·be** <f.; -, -n>; **Ku'tan·re·ak·ti·on** <f.; -, -en>; **Ku'ti·ku·la** <f.; -, -s od. -lä; Biol.> (bei Lebewesen u. Pflanzen) von der äußeren Zellschicht ausgeschiedenes dünnes Häutchen; oV Cutikula; **Ku'tin** <n.; -s; unz.; Bot.> wachsartige Substanz der pflanzl. Zellwände; oV Cutin; **'Ku·tis** <f.; -; unz.; Biol.> Haut (der Wirbeltiere); oV Cutis

'Ku·to <m.; -s, -s; Jägerspr.> großes Waidmesser [frz.]

'Kutsch·bock <m.; -(e)s, -e> Sitz des Kutschers; **'Kut·sche** <f.; -, -n> gefederter Pferdewagen (mit Verdeck); Hochzeits~; Post~; Staats~; **'kut·schen** <V. i. (s.) u. V. t.; du kutschst> = kutschieren; **'Kut·schen·schlag** <m.; -(e)s, -e> Kutschentür; den ~ öffnen; **'Kut·scher** <m.; -s, ->; **'Kut·sche·rin** <f.; -, -·nen>; **'Kut·scher·sitz** <m.; -es, -e> Kutschbock; **kut'schie·ren** <V. i. (s.) u. V. t.; kutschier(e)!> oV kutschen 1 eine Kutsche lenken; ~ lernen, können 2 <umg.> fahren; jmdn. durch die Gegend ~; **'Kutsch·kas·ten** <m.; -s, -> Oberteil der Kutsche; **'Kutschpferd** <n.; -(e)s, -e>

'Kut·te <f.; -, -n> langer Überrock der Mönche; Mönchs~

'Kut·tel <f.; -; -n; meist Pl.> = Kaldaunen; **'Kut·tel·fle·cke** <Pl.; bair.; österr.> (Gericht aus) Kaldaunen; **'Kut·tel·kraut** <n.; -(e)s; unz.; österr.> Thymian

'Kut·ter <m.; -s, -> kleines Küsten-, Fischereischiff

'kut·tern <V. i.; ich kutt(e)re; österr.; umg.> = kudern

Kü·ve·la·ge <[-və'la:ʒə]; f.; -, -n; Bgb.> Verschalung; ~ eines Schachtes [frz.]; **kü·ve'lie·ren** <V. t.>; **Kü·ve'lie·rung** <f.; -, -en>

'Kü·ver·deich <[-v-]; m.; -(e)s, -e> ein zusätzlicher Schutzdeich

Ku·vert <[-'vert] od. [-'ve:r]; n.; -(e)s, -e od. -s> 1 Briefumschlag 2 <geh.> Gedeck [frz.]; **ku·ver'tie·ren** <V. t.; selten> in einen Umschlag stecken; **Ku·ver'tü·re** <f.; -, -n> (kakaohaltige) Überzugsmasse

Kü·vet·te <[-'vɛt-]; f.; -, -n> 1 Innendeckel der Taschenuhr 2 <Med.> kleines trogartiges Gefäß [frz.]

Ku'wait 1 Emirat am Persischen Golf; Staat ~ 2 Hauptstadt von Kuwait(1); **Ku'wai·ter** <m.; -s, ->; **Ku'wai·te·rin** <f.; -, -·nen>; **ku'wai·tisch** <Adj.>

Kux <m.; -es, -e; Bgb.> Wertpapier, Kapitalanteil [tschech.]

kV <Zeichen für> Kilovolt

kv. <Abk. für> kriegsverwendungsfähig

KV <Abk. für> 1 Köchelverzeichnis 2 Kassenärztliche Vereinigung

kVA <Zeichen für> Kilovoltampere

kW <Zeichen für> Kilowatt

KW <Abk. für> Kurzwelle

Kwass <m.; -; unz.> Getränk aus vergorenem Malz u. a. [russ.]

kWh <Zeichen für> Kilowattstunde

KWK <Abk. für> Kraft-Wärme-Kopplung

KWV <DDR; Abk. für> Kommunale Wohnungsverwaltung

'Ky·a·thos <m.; -; -> altgrch. Schöpfgefäß; oV Zyathos [grch.]

Ky·ber'ne·tik <f.; -; unz.> Wissenschaft, die sich mit der Struktur, den Beziehungen u. dem Verhalten künstlicher od. natürlicher Systeme befasst [grch.]; **Ky·ber'ne·ti·ker** <m.; -s, ->; **Ky·ber·'ne·ti·ke·rin** <f.; -, -·n·nen>; **ky·ber'ne·tisch** <Adj.>

Ky'em <n.; -s, -e; Med.> befruchtete Eizelle [grch.]

'Ky·kli·ker, <auch> **'Kyk·li·ker** <m.; -s, -; ⚹Z53> = Zykliker

Ky'klop, <auch> **Kyk'lop** <m.; -en, -en; ⚹Z53> = Zyklop

Ky'ma <n.; -s, -s>, **Ky'ma·ti·on** <n.; -s, -s od. -ti·en; Arch.> blattförmige Zierleiste (an grch. Tempeln) [grch.]

'Kym·ba·la <Pl.; Mus.> kleine altgrch. Becken; oV Cymbala; → a. Zimbel [grch.]

Ky·mo·gra'fie <f.; -; unz.; ⚹Z11.3> = Kymographie; **ky·mo·gra'fie·ren** <V. t.>; **Ky·mo·'gramm** <n.; -s, -e; Med.>; **Ky·mo·gra'phie** <f.; -; unz.; ⚹Z11.3; Med.> (röntgenologische) Aufzeichnung von Organbewegungen (bes. des Herzens) [grch.]; **ky·mo·gra'phie·ren** <V. t.>

'Kym·re <m.; -n, -n> kelt. Bewohner von Wales [walis.]; **'kym·risch** <Adj.> ~e Sprache

'Ky·ni·ker <m.; -s, -> Angehöriger einer altgrch. Philosophenschule; → a. Zyniker; **'ky·nisch** <Adj.>

Ky·no·lo'gie <f.; -; unz.> Lehre von der Hundezucht u. -abrichtung [grch.]

Kyn·o·re'xie, <auch> **Ky·no·re·'xie** <f.; -; unz.; ⚹Z54; Med.> Heißhunger [grch.]

Ky'pho·se <f.; -, -n; Med.> Wirbelsäulenverkrümmung; **ky·'pho·tisch** <Adj.>

'Ky·rie <[-'rie:]; n.; -, -s; kurz für> Kyrieeleison; **'Ky·ri·e·e·le·i·son** <[-rie:e'le:i-] od. [-'le:-]; n.; -s, -s; christl. Kirche> Bittruf "Herr erbarme dich!" (als Teil des Gottesdienstes) [grch.]; **Ky·ri·e·le·is** <[-rie:'le:is]; n.; -; unz.>

ky'ril·lisch <Adj.> ~e Schrift S. der grch.-orthodoxen Slawen; oV cyrillisch, zyrillisch [nach dem Slawenapostel Kyrillos]

Kyu <[kju:]; m.; -s, -s; Judo> unterer Ausbildungsgrad [jap.]

Ky'u·do <n.; -s; unz.> Kunst des Bogenschießens (jap. Kampfsport)

K

KZ <[ka:ˈtsɛt]; Abk. für> *Konzen-trationslager*; **KZ-Häft·ling** <m.; -s, -e>; **KZ-ler** <m.; -s, -; umg.>; **KZ·le·rin** <f.; -, -n·nen>; **KZ-Syn·drom** <n.; -s, -e; Psych.; Med.>

L

l 1 <n.; -, - od. (umg.) -s> *ein Buchstabe* 2 <Zeichen für> *Liter* 3 <Abk. für> *Leu*

L 1 <n.; -, - od. (umg.) -s> *ein Buchstabe* 2 <röm. Zahlzeichen für> *50* 3 <Abk. für> *large* 4 <Phys.; Zeichen für> *Leuchtdichte*

L. 1 <Bot.; Zeichen für> *Linné'sches System* 2 <Phys.; Zeichen für> *Luminosität* 3 <Med.; Abk. für> *Liquor* 4 <Abk. für> *Länge*

l- <Zeichen für> *lävogyr*

La[1] <Chem.; Zeichen für> *Lanthan*

La[2] <n.; -, -; Tonika-Do-Methode> *Ton A;* → a. *Solmisation*

LA 1 <Abk. für> *Lastenausgleich* 2 <Abk. für> *Los Angeles*

Lab <n.; -(e)s, -e> *Ferment im Kalbs- u. Schafmagen, das Milch gerinnen lässt*

La·'Bam·ba <m.; -- od. --s, --s; od. (fachspr.) f.; --, --s> *ein lateinamerikan. Modetanz* [brasilian.]

'lab·be·rig <Adj.; norddt.> oV *labbrig* 1 *fade, geschmacklos* 2 *breiig, wabbelig;* **'lab·bern** <V. i.; Mar.> *schlaff hängen; das Segel labbert;* <aber> → *labern;* **'labb·rig** <Adj.> = *labberig*

'Lab·da·num <n.; -s; unz.> = *Ladanum*

'La·be[1] <f.; -; unz.> 1 <geh.> *Erfrischung, Labung* 2 *Erholung*

'La·be[2] <f.; -, -n; österr.> *Laube*

La·bel <['le:bəl]; n.; -s, -s> 1 *Aufkleber* 2 *Marken-, Firmenbezeichnung* [engl.]; **'La·bel·sys·tem** <n.; -s; unz.; Wirtsch.; in den USA> *Kenntlichmachen von Produkten aus gewerkschaftl. organisierten Betrieben*

'la·ben <V. t./V. refl.; geh.> *du labst dich an Wein u. Brot*

La·ber'dan <m.; -s, -e> *gesalzener Kabeljau* [ndrl.]

'la·bern <V. i.; ich lab(e)re; umg.;

abwertend> *unentwegt reden, schwätzen;* <aber> → *labbern*

'Lab·fer·ment <n.; -(e)s, -e> = *Lab*

la·bi·al <Adj.> *zu den Lippen gehörend;* **La·bi·al, La·bi·al·laut** <m.; -(e)s, -e; Phon.> = *Lippenlaut;* → a. *Kasten Konsonant* [lat.]; **la·bi·a·li·sie·ren** <V. t.> *Konsonanten, Vokale --;* **La·bi·'al·pfei·fe** <f.; -, -n; Mus.> = *Lippenpfeife;* **La·bi·al·stim·me** <f.; -, -n; Mus.> *Orgelregister mit Labialpfeifen;* **La·bi·'a·te** <f.; -, -n; Bot.> = *Lippenblütler*

la·'bil <Adj.> *Ggs stabil* 1 *schwankend, leicht veränderlich; -es Gleichgewicht* <Phys.> 2 *-e Gesundheit häufiges Kranksein* [lat.]; **La·bi·li·'tät** <f.; -; unz.> *Ggs Stabilität*

la·bi·o·den·tal <Adj.; Phon.>; **La·bi·o·den·tal, La·bi·o·den·tal·laut** <m.; -(e)s, -e> *Lippenzahnlaut, z. B. f, v, w;* → a. *Kasten Konsonant;* **la·bi·o·ve·'lar** <[-ve-]; Adj.; Phon.>; **La·bi·o·ve·'lar, La·bi·o·ve·'lar·laut** <m.; -(e)s, -e> *Lippengaumenlaut, z. B.* k^w, g^w; **'La·bi·um** <n.; -s, -bi·en od. -bia; Anat.; Biol.> *Lippe* [lat.]

'Lab·kä·se <m.; -s, -> *Süßmilchkäse; Ggs Sauermilchkäse;* **'Lab·kraut** <n.; -(e)s; unz.; Bot.> *ein Rötegewächs;* **'Lab·ma·gen** <m.; -s, -> *Teil des Wiederkäuermagens*

La·'bor <österr., schweiz. a. ['--]; n.; -s, -s od. -e> *Arbeitsstätte für medizin., naturwissenschaftl. od. techn. Arbeiten; Dental-, Foto-* [lat.]; **La·bo·r·a·na·ly·se** <f.; -, -n; ⟋Z55>; **La·bo·'rant** <m.; -en, -en; Berufsbez.> *Fachkraft für Laborarbeiten;* **La·bo·ran·tin** <f.; -, -n·nen>; **La·bo·ra·to·ri·um** <n.; -s, -ri·en> = *Labor,* **La·'bor·be·fund** <m.; -(e)s, -e>; **la·bo·'rie·ren** <V. i.; ich laboriere; du laborierst> *an etwas* — *sich (längere Zeit) abmühen;* **La·'bor·sys·tem** <n.; -s, -e; Phys.>

La·Bos·'tel·la <m.; --s, --s; fachspr. f.; --, --s> *ein lateinamerikan. Modetanz*

'La·bra·dor, ⟨auch⟩ 'La·bra·dor <⟋Z53> 1 *eine nordamerikan. Halbinsel* 2 <m.; -s, -e> = *La-*

bradorit 3 <m.; -s, -e; Zool.> *große schwarzbraune Hunderasse;* **La·bra·do·'rit** <m.; -s, -e; Min.> *ein Schmuckstein (Feldspat);* oV *Labrador*

'La·brum, ⟨auch⟩ 'La·rum <n.; -s, -bren/ -b·ren; ⟋Z53> 1 <Anat.> *Lippe einer Gelenkpfanne* 2 <Biol.> *Oberlippe der Insekten* [lat.]

'Lab·sal <n.; -(e)s, -e; österr., bair. a. f.; -, -e; geh.> *Erfrischung, Erholung*

'lab·sal·ben <V. t.; ich labsalbe; er hat gelabsalbt, zu labsalben; Seemannsspr.> *Tauwerk* — *vor Verrottung schützen* [ndrl.]

'Labs·kaus <n.; -; unz.> *ein Seemannsgericht* [engl.]

'La·bung <f.; -, -en> *das Laben*

La·by·rinth <n.; -(e)s, -e> 1 *Irrgarten* 2 <fig.> *Durcheinander, Chaos* 3 <Anat.> *inneres Ohr* [grch.]; **La·by·rinth·fisch** <m.; -(e)s, -e; Zool.>; **la·by·rin·thisch** <Adj.>; **La·by·rinth·o·don, ⟨auch⟩ La·by·rin·tho·don** <n.; -s, -'don·ten; ⟋Z54; Paläontol.> *fossiler Lurch*

La·che[1] <['laxə]; f.; -, -n; umg.> *Art zu lachen*

La·che[2] <['la:xə]; f.; -, -n> *Pfütze; Blut-; Wasser-;* oV *Lacke*

La·che[3] <['laxə]; f.; -, -n; Forstw.> = *Lachte*

'lä·cheln <V. i.; ich läch(e)le; du lächelst; sie hat gelächelt> 1 *lautlos lachen; nachsichtig* — 2 <fig.> *nicht ernst nehmen; über eine Sache* —; **'la·chen** <V. i.> 1 *Heiterkeit mit schallenden Lauten äußern; herzhaft, laut* —; *wir haben Tränen gelacht; aus vollem Halse* —; *über jmdn.* — 2 <fig.> *spotten; darüber kann ich nur* —!; *du hast, kannst gut* —!; *nichts zu* — *haben* <fig.>; umg.> *schlecht behandelt werden; der* — *de Dritte; das ist zum Lachen;* **'La·chen** <n.; -s; unz.> *ein lautes* —; **'La·cher** <m.; -s, -> *die* — *auf seiner Seite haben;* **'Lach·er·folg** <m.; -(e)s, -e> *einen unfreiwilligen* — *erzielen;* **'La·che·rin** <f.; -, -n·nen>; **'lä·cher·lich** <Adj.> 1 *Spott herausfordernd; eine* — *e Figur machen; etwas ins Lächerliche ziehen* 2 *unbedeutend, gering(fügig); einen* — *en Preis bezahlen;* **'Lä·cher-**

lich·keit <f.; -, -en> jmdn. der ~ preisgeben; **'Lach·gas** <n.; -es; unz.; Med.> *ein sauerstoffhaltiges Anästhetikum*; **'lach·haft** <Adj.> das ist ja ~!; **'Lach·haftig·keit** <f.; -; unz.>; **'Lachkrampf** <m.; -(e)s, ˝e>; **'Lachlust** <f.; -; unz.> **lach·lus·tig** <Adj.>; **'Lach·mö·we** <f.; -, -n; Zool.> **'Lach·mus·kel** <m.; -s, -n> die ~n strapazieren; **'Lachnum·mer** <f.; -, -n> *Lächerlichkeit*; **'Lach·reiz** <m.; -es; unz.> **Lachs** <[laks]; m.; -es, -e; Zool.> *ein schmackhafter Speisefisch mit rötlichem Fleisch; ein Kostüm in ~*; → a. *lachsfarben* **'Lach·sack** <m.; -(e)s, ˝e>; **'Lachsal·ve** <[-və]; f.; -, -n> **lachs·ar·tig** <['laks-]; Adj.>; **'lachs·far·ben, 'lachs·far·big** <Adj.> *orangerosa (wie Lachsfleisch);* **'Lachs·fo·rel·le** <f.; -, -n; Zool.> **'lachs·ro·sa** <Adj.; undekl.>; **'lachs·rot** <Adj.>; **'Lachs·schin·ken** <m.; -s, -> **'Lach·te** <f.; -, -n; Forstw.> *Kerbe an Nadelbäumen (zur Harzgewinnung);* oV *Lache³* **la·cie·ren** <[-'si:-]; V. t.; selten> *mit Bändern durchflechten* [frz.] **Lack** <m.; -(e)s, -e> *(mit Farbstoffen versetzte) Lösung zum Oberflächenschutz;* Klar~; Matt~; der ~ ist ab <fig.> [ital.]; **'Lack·af·fe** <m.; -n, -n; umg.; abwertend> *eitler Mensch;* **'Lack·an·strich** <m.; -(e)s, -e>; **'Lack·ar·beit** <f.; -, -en>; **'lackar·tig** <Adj.>; **'Lack·ben·zin** <n.; -s; unz.> = *Ligroin* **'La·cke** <f.; -, -n; österr.; bair.> = *Lache²* **'La·ckel** <m.; -s, -(n); süddt.; österr.; umg.; abwertend> *Tölpel* **'la·cken** <V. t.> = *lackieren;* **'Lackfar·be** <f.; -, -n>; **'Lack·glanz** <m.; -(e)s; unz.>; **'lack·glän·zend** <Adj.>; **la'ckie·ren** <V. t.> *mit Lack überziehen;* sich die Fingernägel grün ~; du bist der Lackierte! <fig.; umg.>; **La'ckie·rer** <m.; -s, -; Berufsbez.>; **La·ckie·re'rei** <f.; -, -en>; **La'ckie·re·rin** <f.; -, -n·nen>; **La'ckie·rung** <f.; -, -en> *Lackanstrich;* **'Lack·le·der** <n.; -s, -> *glänzendes Leder;* **'lack·mei·ern** <V. t.;

umg.; nur als Part. Perf.> gelackmeiert *betrogen* **'Lack·mus** <m. od. n.; -; unz.; Chem.> *blauer Naturfarbstoff, der auf Säuren rot u. auf Basen blau reagiert* [ndrl.]; **'Lackmus·pa·pier** <n.; -s; unz.; Chem.> **'Lack·scha·den** <m.; -s, ˝; Kfz>; **'Lack·schuh** <m.; -(e)s, -e> *(eleganter) Schuh aus Lackleder;* **'Lack·ta·sche** <f.; -, -n> **'La·cri·mae Chris·ti,** <auch> **'Lac·ri·mae Chris·ti** <[-me:­kris-]; m.; --, --; ⤢Z53> *Wein vom Vesuv* [lat., "Christustränen"]; **la·cri'mo·so** <Mus.> *klagend (zu spielen);* oV *lagrimoso* [ital.] **La·crosse,** <auch> **Lac·rosse** <[-'krɔs]; n.; -; unz.; ⤢Z53> *eine Art des Hockeyspiels* [engl.-frz.] **Lact·al·bu'min,** <auch> **Lac·tal·bu'min** <n.; -s, -e; ⤢Z54> *ein Eiweißstoff in der Säugetiermilch* [lat.]; **Lac'tam** <n.; -s, -e; Chem.> = *Laktam;* **Lac'ta·se** <f.; -, -n> = *Laktase;* **Lac'ton** <n.; -s, -e; Chem.> = *Lakton;* **Lac'to·se** <f.; -; unz.> = *Laktose* **'La·da·num** <n.; -s; unz.> *ein Harz;* oV *Labdanum* [grch.] **'Läd·chen** <n.; -s, -; Verkleine­rungsf. von> *Lade(n);* **'La·de** <f.; -, -n> 1 <umg.; kurz für> *Schublade* 2 *Kasten;* **'La·debaum** <m.; -(e)s, ˝e> *Ladeeinrichtung auf Schiffen;* **'La·deflä·che** <f.; -, -n>; **'La·de·ge·rät** <n.; -(e)s, -e> ~ *für Akkumulatoren;* **'La·de·hem·mung** <f.; -, -en> ~ *einer Schusswaffe;* **'Lade·klap·pe** <f.; -, -n>; **'La·demast** <m.; -(e)s, -en od. -e> *Schiffsmast für den Ladebaum;* **'la·den¹** <V. t. 174> 1 *aufladen;* Waren ~; der Wagen hat zu schwer geladen; eine Sache auf sich ~ <fig.> 2 *mit Munition versehen;* die Waffe ist scharf geladen; geladen sein <a. fig.> *wütend sein* 3 *mit elektr. Energie versehen;* einen Akkumulator ~ **'la·den²** <V. t. 174> 1 <Rechtsw.> *auffordern zu erscheinen;* jmdn. vor Gericht ~ 2 <geh.> *einladen;* geladene Gäste **'La·den** <m.; -s, ˝> 1 *Geschäft, Verkaufsraum;* Schreibwaren~;

den ~ um acht Uhr schließen 2 *äußerer Fensterverschluss;* Fenster~; Roll~ 3 <unz.; umg.> *Angelegenheit, Unternehmen;* der ~ läuft nicht; **'La·den·dieb** <m.; -(e)s, -e>; **'La·den·die·bin** <f.; -, -n·nen>; **'La·den·dieb·stahl** <m.; -(e)s, ˝e> einen ~ zur Anzeige bringen; **'La·den·glo·cke** <f.; -, -n>; **'La·den·hü·ter** <m.; -s, -; fig.; abwertend> *schlecht verkäufliche Ware;* **'La·den·kasse** <f.; -, -n>; **'La·den·preis** <m.; -es, -e> fester ~ **'La·denschluss** <m.; -es; unz.> *Uhrzeit des Schließens von Läden;* kurz vor ~; nach ~; **'La·den·schlussge·setz** <n.; -es, -e>; **'La·denschluss·zei·ten** <Pl.> **'La·denstra·ße** <f.; -, -n>; **'La·den·tisch** <m.; -(e)s, -e> hinter dem ~ stehen; etwas unter dem ~ verkaufen <fig.> *unerlaubt verkaufen;* **'La·der** <m.; -s, -> 1 *jmd., der etwas lädt* 2 *Maschine zum Laden* 3 <Kfz> *Einrichtung an Verbrennungsmotoren;* **'La·de·rampe** <f.; -, -n>; **'La·de·raum** <m.; -(e)s, ˝e>; **'La·de·schein** <m.; -(e)s, -e; Wirtsch.>; **'La·de·zone** <f.; -, -n> **lä'die·ren** <V. t.> *beschädigen, verwunden;* lädiert sein [lat.]; **Lä'die·rung** <f.; -, -en> **La'di·ner** <m.; -s, -> *Angehöriger einer rätoroman. Volksgruppe* [lat.]; **La'di·ne·rin** <f.; -, -n·nen>; **la'di·nisch** <Adj.> ~e *Sprache rätoromanische Mundart; das Ladinische* **'Lad·ner** <m.; -s, -; österr.> *Verkäufer;* **'Lad·ne·rin** <f.; -, -n·nen; österr.> **'La·dung** <f.; -, -en> 1 *Fracht, Güter* 2 <umg.> *Menge;* eine geballte ~ 3 *Füllung, Pulver;* ~ einer Schusswaffe 4 <Rechtsw.> *Vorladung* 5 <Phys.> elektrische ~; **'Ladungs·er·hal·tung** <f.; -; unz.; Phys.>; **'La·dungs·trä·ger** <m.; -s, -; Phys.> **La·dy** <['le:di]; f.; -, -s; ⤢Z6.1> engl. Bez. für> *Dame (a. Adelstitel)* [engl.]; **'la·dy·like** <[-laik]; Adj.; undekl.> *vornehm;* **'La·dysha·ver** <[-ʃeːvə(r)]; m.; -s, -> *Rasierapparat für Damen* **La'fet·te** <f.; -, -n; Mil.> *Untergestell für Geschütze* [frz.]; **la·fet'tie·ren** <V. t.>

'**Laf·fe** <m.; -n, -n; umg.; abwertend> *eingebildeter, eitler Mann*

Lag <[læg] m.; -s, -s; Wirtsch.> *zeitl. Verzögerung;* Time~ [engl.]

'**La·ge** <f.; -, -n> 1 *Stellung, Anordnung (eines Körpers);* in ruhiger ~; in höheren ~n fällt Schnee 2 *Zustand;* ~ der Nation; in eine schwierige ~ geraten 3 *Schicht* 4 <umg.> *Runde;* eine ~ Bier ausgeben 5 <Mus.> *Tonhöhe;* '**La·ge·be·spre·chung** <f.; -, -en>; '**La·ge·en·er·gie,** <auch> '**La·ge·e·ner·gie** <f.; -; unz.; Phys.> *potenzielle Energie*

'**Lä·gel** <n.; -s, -> *ovales Fass als Rückentrage*

'**La·gen·schwim·men** <n.; -s; unz.; Sp.> *Form des Schwimmwettkampfs;* '**la·gen·wei·se** <Adv.> *in Lagen;* '**La·ge·plan** <m.; -(e)s, ⸚e>; '**La·ger** <n.; -s, -> 1 <Pl. a. ⸚> *Raum, Gebäude zum Aufbewahren von Waren;* nicht mehr am, auf ~; eine Ware auf ~ halten 2 *Schlaf-, Ruhestätte;* Kranken~ 3 *Gelände zur vorübergehenden Beherbergung von Personen;* Gefangenen~; Zelt~ 4 <Tech.> *ein Bau- od. Maschinenteil* 5 <fig.> *Gruppe von Gleichgesinnten;* ins gegnerische ~ überlaufen; '**La·ger·ar·bei·ter** <m.; -s, ->; '**La·ger·ar·bei·te·rin** <f.; -, -n·nen>; '**La·ger·be·stand** <m.; -(e)s, ⸚e>; '**La·ger·bier** <n.; -(e)s, -e> *untergäriges Bier, das während des Lagerns reift;* '**La·ger·buch** <n.; -(e)s, ⸚er>; '**la·ger·fest** <Adj.>; '**La·ger·feu·er** <n.; -s, ->; '**La·ger·fu·ge** <f.; -, -n; Bauw.> *waagerechte Fuge im Mauerwerk;* Ggs *Stoßfuge;* '**La·ger·hal·le** <f.; -, -n>; '**La·ger·hal·ter** <m.; -s, ->; '**La·ger·in·sas·se** <m.; -n, -n>; '**La·ge·rist** <m.; -en, -en> *Lagerarbeiter;* **La·ge·ris·tin** <f.; -, -n·nen>; '**La·ger·le·ben** <n.; -s; unz.>; '**La·ger·meis·ter** <m.; -s, ->; '**la·gern** <V.; ich lag(e)re> 1 <V. t. u. V. i.> *aufbewahren, speichern;* Nahrungsmittel ~ 2 <V. i.> *sie lagerten am Fluss;* '**La·ger·obst** <n.; -(e)s; unz.>; '**La·ger·platz** <m.; -es, ⸚e>; '**La·ger·statt** <f.; -, -en; geh.> *Ruhelager;* '**La·ger·stät·te** <f.; -, -n> 1 *Lagerplatz* 2 <Geol.> *Vorkommen von Bodenschätzen;* '**La·ge·rung** <f.; -, -en> die ~ einer Ware; ~ von radioaktiven Abfällen; '**La·ger·ver·wal·ter** <m.; -s, ->

Lagg <m.; -s, -s> *Randsumpf* [schwed.]

'**La·go Mag·gio·re** <[-'ma·dʒo·rə]; m.; --; unz.> *See in Norditalien bzw. der Schweiz*

la·gri·mo·so, <auch> **lag·ri'mo·so** <✎Z 53; Mus.> = *lacrimoso*

'**Lag·ting** <n.; -s; unz.; in Norwegen> *zweite Kammer im Parlament* [norw.]

la·gu'när <Adj.>; **La'gu·ne** <f.; -, -n> *flacher Strandsee* [ital.]; **La'gu·nen·küs·te** <f.; -, -n>; **La'gu·nen·riff** <n.; -s, -e; Geogr.> *ringförmiges Korallenriff;* **La'gu·nen·stadt** <f.; -, ⸚e>

lahm <Adj.; Getrenntschreibung mit Verben u. Part.> 1 *bewegungsunfähig, gelähmt;* ein Körperteil ist ~ 2 *einem hinken;* das Pferd geht, ist ~ 3 <umg.> *müde, erschöpft;* jmd. ist ~ 4 <umg.; fig.> *langweilig* 5 ~ *legen Untätigkeit, Bewegungslosigkeit erzwingen;* die Krankheit hat ihn ~ gelegt; der Verkehr liegt ~; '**lahm·ar·schig** <Adj.; umg.; derb> *langweilig;* '**Läh·me** <f.; -; unz.; Vet.> *Fohlen~;* '**lahm·men** <V. i.> *lahm gehen, hinken;* '**läh·men** <V. t.> *bewegungs-, handlungsunfähig machen;* er war wie gelähmt; ~des Entsetzen machte sich breit; '**Lahm·heit** <f.; -, -en>; '**Läh·mung** <f.; -, -en>; '**Läh·mungs·er·schei·nun·gen** <Pl.>

Lahn¹ <m.; -(e)s, -e> *bandförmiger Metalldraht* [frz.]

Lahn² <f.; -, -en; süddt.; österr.> *Lawine;* '**lah·nen** <V. i.; bair.> *österr.> es lahnt es taut*

'**Lah·nung** <f.; -, -en> *schmaler Damm an der Küste od. an Binnengewässern*

Lai <[le:]; n.; -s, -s> = *Leich* [frz.]

Laib <m. 7; -(e)s, -e> *runde od. ovale feste Masse;* zwei ~ Brot, Käse; <aber> → *Leib*

'**Lai·bach** <dt. Name für> *Ljubljana*

'**Laib·chen** <n.; -s, -> *Verkleinerungsf. von Laib;* <auch> *Gebäck;* <aber> → *Leibchen*

'**Lai·bung** <f.; -, -en> oV *Leibung*

1 *innere Fläche bei Maueröffnungen* 2 *innere (untere) Wölbfläche*

Laich <m.; -(e)s, -e> *ins Wasser abgelegte Eier von Wassertieren;* '**lai·chen** <V. i.> *Laich ablegen;* '**Laich·kraut** <n.; -(e)s, ⸚er; Pl. selten; Bot.>; '**Laich·zeit** <f.; -, -en> die ~ der Makrele

'**Laie** <m.; -n, -n> 1 *Nichtfachmann* 2 <christl. Kirche> *Nichtgeistlicher* [grch.]; '**Lai·en·bru·der** <m.; -s, ⸚; christl. Kirche> *Klostermitglied;* '**Lai·en·büh·ne** <f.; -, -n> *Laientheater;* '**lai·en·haft** <Adj.>; '**Lai·en·kelch** <m.; -(e)s, -e; christl. Kirche>; '**Lai·en·rich·ter** <m.; -s, -> *Schöffe;* '**Lai·en·rich·te·rin** <f.; -, -n·nen>; '**Lai·en·schau·spie·ler** <m.; -s, ->; '**Lai·en·schau·spie·le·rin** <f.; -, -n·nen>; '**Lai·en·spiel** <n.; -(e)s, -e> *Aufführung von Laienschauspielern;* '**Lai·en·stand** <m.; -(e)s; unz.; christl. Kirche> *der geistliche u. der ~;* '**Lai·en·the·a·ter** <n.; -s, ->; **la·i'sie·ren** <[la:i-]; V. t.; christl. Kirche> *in den Laienstand zurückversetzen;* einen Geistlichen ~; **La·i'sie·rung** <f.; -, -en>

Lais·ser·faire <['lɛse'fɛːr]; n.; -; unz.> *Gewährenlassen* [frz.]

La·i'zis·mus <[la:i-]; m.; -; unz.> *Trennung von Staat u. Kirche;* Ggs *Klerikalismus* [lat.]; **la·i'zis·tisch** <Adj.>

La'kai <m.; -en, -en> 1 <früher> *herrschaftlicher Diener* 2 <abwertend> *unterwürfiger, kriecherischer Mensch* [frz.]; **la'kai·en·haft** <Adj.>

'**La·ke** <f.; -, -n> *Salzbrühe zum Einlegen von Lebensmitteln*

'**La·ken** <n.; -s, -> *großes Stofftuch;* Bett~; Bade~

Lak·ko'lith <m.; -en od. -s, -en od. -e; Geol.> *oberflächennahes, pilzförmiges Magma* [grch.]

la'ko·nisch <Adj.> 1 *wortkarg* 2 *kurz u. treffend* [nach der grch. Landschaft *Lakonien*]; **La·ko'nis·mus** <m.; -, -'nis·men> *lakonischer Ausdruck*

La'kritz, <auch> **Lak'ritz** <m. od. n.; -es, -e; ✎Z 53>, **La'krit·ze** <f.; -, -n> *schwarze Masse aus dem Saft von Süßholz (für Süßwa-*

ren) [lat.-grch.]; **La'kritz·stan·ge** <f.; -, -n>

Lak'tam <n.; -s, -e; Chem.> *zyklisches Amid von Aminosäuren;* oV *Lactam;* **Lak'ta·se** <f.; -, -n> *Milchzucker spaltendes Enzym;* oV *Lactase;* **Lak·ta·ti'on** <f.; -; unz.; Med.> 1 *Milchabsonderung 2 das Stillen* [lat.]; **Lak·ta·ti'ons·pe·ri·o·de** <f.; -, -n> *Stillzeit;* **lak'tie·ren** <V.> 1 <V. i.> *Milch absondern* 2 <V. t.> *stillen;* **Lak·to·den·si'me·ter, Lak·to'me·ter** <n.; -s, -> *Apparat zur Bestimmung des spezifischen Gewichts der Milch;* **Lak'ton** <n.; -s, -e; Chem.> *innerer Ester hydratisierter Carbonsäuren;* oV *Lacton;* **Lak'to·se** <f.; -; unz.; Biochem.> *Milchzucker;* oV *Lactose;* **Lak·tos·u'rie,** <auch> **Lak·to·su'rie** <f.; -; unz.; ↗Z 54; Med.> *Auftreten von Milchzucker im Harn;* **lak·to'trop** <Adj.> *~es Hormon;* → a. *Prolactin*

la'kus·trisch, <auch> **la'kust·risch** <Adj.; ↗Z 53; Geol.> *in stehenden Gewässern vorkommend* [lat.]

la'la <Adv.; umg.; in der Wendung> so ~ *mittelmäßig*

'lal·len <V. i.> *unartikulierte Laute bilden;* das Baby lallt; **'Lall·pha·se** <f.; -, -n> *frühkindliche ~;* **'Lall·wort** <n.; -(e)s, -er>; **La·lo·pho'bie** <f.; -, -n; Med.> *Sprechangst* [grch.]

L. A. M. <Abk. für> *Liberalium Artium Magister*

'La·ma[1] <n.; -s, -s; Zool.> *Kamelschaf* [span.]

'La·ma[2] <m.; - od. -s, -s> *lamaistischer Priester* [tibet.]; **La·ma·'is·mus** <m.; -; unz.> *tibetische Form des Buddhismus;* **La·ma·'ist** <m.; -en, -en>; **la·ma'istisch** <Adj.>

La'mäng <scherzh.; in der Wendung> aus der (freien, kalten) ~ *unvorbereitet* [frz. *la main* "die Hand"]

La·man'tin <m.; -s, -e; Zool.> *Gattung der Seekühe* [frz.]

La·mar'ckis·mus <m.; -; unz.; Biol.> *eine Evolutionstheorie* [nach Jean de *Lamarck*]

Lam'ba·da <m.; -s, -s; fachspr. f.; -, -s> *ein brasilian. Modetanz* [port.]

'Lamb·da <n.; - od. -s, -s; Zei-

chen: λ, Λ> grch. *Buchstabe;* **'Lamb·da·naht** <f.; -, -e; Anat.> *eine Naht am menschl. Schädel;* **'Lamb·da·teil·chen** <n.; -s, ->; Kernphys.> *ein Elementarteilchen;* **Lamb·da'zis·mus** <m.; -; unz.; Sprachw.; Med.> *fehlerhafte Aussprache des R als L-Laut* [grch.]

'Lam·berts·nuss <f.; -, -e; Bot.> *Art der Haselnuss*

'Lam·bi·tus <m.; -; unz.> *das Belecken der Geschlechtsteile* [lat.]

Lam'brus·co, <auch> **Lamb'rus·co** <m.; -; unz.; ↗Z 53> *leicht moussierender ital. Rotwein* [ital.]

Lamb·skin <['læmskin]; n.; - od. -s, -s; Textilw.> *Lammfell(imitation)* [engl.]; **Lambs·wool** <['læmzwu:l]; f.; -; unz.; Textilw.> *Schafwolle;* 100% ~

la·mé <Adj.; undekl.; ↗Z 18.4; Textilw.> *aus Lamé;* oV *lamee;* **La'mé** <m.; - od. -s, -s; Textilw.> *mit Metallfäden durchwirktes Seidengewebe;* oV *Lamee* [frz.]; **la'mee** <Adj.; undekl.; Textilw.> = *lamé;* **La'mee** <m.; - od. -s, -s; Textilw.> = *Lamé*

la·mel'lar <Adj.>; **La'mel·le** <f.; -, -n> 1 *dünne Scheibe* 2 *schmale Platte, Rippe;* ~*nheizkörper* 3 <Bot.> *streifenförmiger Teil des Fruchtkörpers unter dem Hut von Blätterpilzen* [frz.]; **la·mel·len·för·mig** <Adj.>; **La'mel·len·heiz·kör·per** <m.; -s, ->; **La'mel·len·pilz** <m.; -es, -e; Bot.> *Blätterpilz;* **La'mel·len·rei·fen** <m.; -s, ->; **La'mel·len·ver·schluss** <m.; -es, -e; Fot.>; **la·mel'lie·ren** <V. t.> *in Lamellen anordnen;* **la·mel'lös** <Adj.>

la·men'tie·ren <V. i.; abwertend> *jammern, wehklagen* [lat.]; **La·'men·to** <n.; -s, -s od. -ti> 1 <Mus.> *Klagelied* 2 <allg.> *Wehklage, Gejammer* [ital.]

La'met·ta <n.; -s; unz. od. f.; -; unz.> *dünne Metallfolie (als Weihnachtsbaumschmuck)* [ital.]

'La·mi·na <f.; -, -nä> 1 <Bot.> *Blattspreite, Teil des Laubblattes* 2 <Zool.> *plattenförmiges Organteil* [lat.]; **la·mi'nar** <Adj.; Phys.> *nebeneinander gleitend;* ~*e Strömung* S., *deren Schichten sich nicht vermischen;* Ggs

turbulente Strömung; **La·mi'nat** <n.; -(e)s, -e> *Schichtstoff aus Kunststoffen u. -harzen;* ~*fußboden;* **la·mi'nie·ren** <V. t.> 1 *überziehen, beschichten;* Buchdeckel ~ 2 <Tech.> *walzen*

Lamm <n.; -(e)s, -er> 1 *junges Schaf;* ~ Gottes <Theol.> *(Titel für) Jesus Christus* 2 *junge Ziege* 3 <unz.; kurz für> *Lammfleisch* 4 <fig.> *sanftmütiger Mensch;* geduldig wie ein ~; **'Lamm·bra·ten** <m.; -s, ->; **'Läm·mer·chen** <n.; -s, -; Verkleinerungsf. von> *Lamm;* **'läm·men** <V. i.> *ein Lamm werfen;* das Schaf lammt; **'Läm·mer·gei·er** <m.; -s, -; Zool.> *Bartgeier;* **'Läm·mer·ne(s)** <n. 3; österr.> *Lammfleisch;* **'Läm·mer·wol·ke** <f.; -, -n> *Schäfchenwolke;* **'Lamm·fell** <n.; -(e)s, -e>; **'Lamm·fleisch** <n.; -(e)s; unz.>; **'lamm'fromm** <Adj.; umg.> *sehr gehorsam, ruhig;* das Pferd ist ~; **'Lämm·lein** <n.; -s, -; poet.; Verkleinerungsf. von> *Lamm;* **'Lamms·ge·duld** <f.; -; unz.; umg.> eine ~ (mit jmdm.) haben

Lam'pas <m.; -, -> *ein schwerer Möbelstoff* [frz.]; **Lam'pas·sen** <österr. ['---]; Pl.> *Streifen an der Uniformhose*

'Lämp·chen <n.; -s, -; Verkleinerungsf. von> *Lampe*[1]; **'Lam·pe**[1] <f.; -, -n> *Gerät zum Erzeugen von Licht;* Gas~; Glüh~; Hänge~

'Lam·pe[2] <m.; -s; unz.; poet.> *Meister ~ der Hase*

'Lam·pen·fie·ber <n.; -s; unz.> *Nervosität (vor dem Auftritt);* ~ haben; **'Lam·pen·schirm** <m.; -(e)s, -e>; **Lam·pi·on** <[-pi'ɔ:] od. [-'pjɔŋ], österr. [-pi'jo:n]; m. od. n.; -s, -s> *beleuchtete Laterne aus buntem Papier o. Ä.* [frz.]; **'Lämp·lein** <n.; -s, -; poet.; Verkleinerungsf. von> *Lampe*[1]

Lam·pre·te, <auch> **Lamp're·te** <f.; -, -n; ↗Z 53; Zool.> *Meerneunauge* [lat.]

Lan·ça·de <[lã'sa:də]; f.; -, -n; hohe Schule> *Bogensprung* [frz.]; **lan·cie·ren** <[lã'si:-]; V. t.> 1 *in Gang, auf den Markt bringen;* ein neues Produkt ~ 2 *in eine vorteilhafte Stellung bringen;* einen Künstler ~

Land <n.; -(e)s, ⁓er> **1** <unz.> *abgegrenztes Stück Erdboden, Grundstück;* Acker-⁓; Bau-⁓; Weide-⁓ **2** <unz.> *Festland (im Gegensatz zum Wasser);* ⁓ in Sicht; zu Wasser u. zu -e; ⁓ unter **3** <unz.> *landwirtschaftliche, wenig bebaute Region, Landschaft;* auf dem (flachen) ⁓ wohnen; eine Unschuld vom ⁓e <früher> *naives Bauernmädchen;* Ggs Stadt **4** <Pl. poet. -e; ↗Z19.2> *begrenztes Gebiet, Staat;* jmdn. außer ⁓es verweisen; hier zu ⁓e <auch> *hierzulande;* bei uns zu ⁓e; das Heilige ⁓ *Palästina;* **land·ab** <Adv.> → a. *landauf;* **'Land·a·del** <m.; -s; unz.; ↗Z55>; **'Land·am·mann** <m.; -(e)s, ⁓er; schweiz.> *Präsident der Kantonsregierung;* regierender ⁓; stillstehender ⁓; **'Land·ar·beit** <f.; -, -en> *Feldarbeit;* **'Land·ar·bei·ter** <m.; -s, ->; **'Land·ar·bei·te·rin** <f.; -, -n·nen>; **Land·art,** <auch> **Land-Art** <['lænda:rt]; f.; -; unz.; ↗Z36; Mal.> *Stilrichtung der zeitgenössischen Kunst* [engl.]; **'Land·arzt** <m.; -(e)s, ⁓e>; **'Land·ärz·tin** <f.; -, -n·nen> **'Lan·dau** *ein Städtename;* ⁓ an der Isar; ⁓ in der Pfalz; **'Lan·dau·er** <m.; -s, -> *viersitzige Kutsche* **land·auf** <Adv.; in der Wendung> ⁓, landab *im ganzen Land, überall;* **'Land·auf·ent·halt** <m.; -(e)s, -e>; **land·aus** <Adv.; in der Wendung> ⁓, landein *im In- u. Ausland, überall;* **'Land·bau** <m.; -(e)s; unz.> *Land- u. Forstwirtschaft;* im ⁓ tätig sein; **'Land·be·völ·ke·rung** <f.; -; unz.>; **'Land·be·woh·ner** <m.; -s, ->; **'Land·be·woh·ne·rin** <f.; -, -n·nen>; **'Land·brot** <n.; -(e)s, -e>; **'Länd·chen** <n.; -s, -; Verkleinerungsf. von> *Land;* **'Län·de** <f.; -, -n; schweiz.> *Landungsplatz;* **'Land·bahn** <f.; -, -en; Luftf.> *Strecke für das Landen von Flugzeugen;* **'Lan·de·er·laub·nis** <f.; -; unz.; Luftf.>; **'Lan·dei** <n.; -(e)s, -er>; **'Land·ein** <Adv.> → a. *landaus;* **land·'ein·wärts** <Adv.>; **'lan·den** <V.> **1** <V. i.> ⁓ *am Bestimmungsort ankommen;* wir sind wieder gut zu Hause gelandet; an einem

Ort ⁓ <fig.> *zufällig, versehentlich an einen Ort geraten;* ich bin im Straßengraben gelandet **2** <V. t.> Truppen ⁓ *an Land bringen* **3** <V. t.; umg.> *anbringen, platzieren;* er landete eine kräftige Linke; **'län·den** <V. t.; schweiz.; oberdt.> *an Land bringen;* sie haben die Leiche geländet; **'Land·en·ge** <f.; -, -n> *schmaler Landstreifen (zwischen zwei Meeren);* **'Län·de'rei** <f.; -, -en> *großer Grundbesitz;* **'Län·der·kampf** <m.; -(e)s, ⁓e; Sp.> = *Länderspiel;* **'Län·der·kun·de** <f.; -; unz.> *Hauptgebiet der Geographie;* **'län·der·kund·lich** <Adj.>; **'Län·der·na·me** <m.; -ns, -n>; **'Län·der·spiel** <n.; -(e)s, -e; Sp.> *Wettkampf zwischen Mannschaften verschiedener Länder;* **'Lan·des·amt** <n.; -(e)s, ⁓er>; **'Lan·des·aus·stel·lung** <f.; -, -en>; **'Lan·des·bank** <f.; -, -en; Wirtsch.>; **'Lan·des·be·hör·de** <f.; -, -n>; **'Lan·des·bi·bli·o·thek,** <auch> **'Lan·des·bib·li·o·thek** <f.; -, -en; ↗Z53>; **'Lan·des·bi·schof** <m.; -s, ⁓e> *einer Landeskirche vorstehender Bischof;* **'Lan·des·e·be·ne** <f.; ↗Z55; in der Wendung> auf ⁓; **'Lan·des·far·ben** <Pl.>; **'Lan·des·ge·richt** <n.; -(e)s, -e; Rechtsw.>; **'Lan·des·ge·schich·te** <f.; -; unz.>; **'Lan·des·gren·ze** <f.; -, -n> über die ⁓n hinaus; **'Lan·des·haupt·mann** <m.; -(e)s, ⁓er od. -leu·te; österr.> *Regierungschef eines Bundeslandes;* **'Lan·des·herr** <m.; -(e)n, -(e)n) früher> *Herrscher;* **'Lan·des·her·rin** <f.; -, -n·nen>; **'lan·des·herr·lich** <Adj.>; **'Lan·des·ho·heit** <f.; -; unz.>; **'Lan·des·kir·che** <f.; -, -n>; **'Lan·des·kri·mi·nal·amt** <n.; -(e)s, ⁓er>; **'Lan·des·kun·de** <f.; -; unz.>; **'lan·des·kund·lich** <Adj.>; **'Lan·des·lis·te** <f.; -, -n; Pol.> *(bei Bundestagswahlen) Kandidatenliste einer Partei in einem Bundesland;* **'Lan·des·meis·ter·schaft** <f.; -, -en; Sp.> *Wettkampf um den Meistertitel eines Bundeslandes;* **'Lan·des·mut·ter** <f.; -, ⁓>; **'Lan·des·rat** <m.; -(e)s, ⁓e; österr.> *Mitglied einer Landesregierung;* **'Lan·des·re·gie·rung** <f.; -,

-en>; **Lan·des'schul·rat** <m.; -(e)s, ⁓e; österr.>; **'Lan·des·sit·te** <f.; -, -n> gegen die ⁓n verstoßen; **'Lan·des·spra·che** <f.; -, -n>; **'Lan·des·trau·er** <f.; -; unz.>; **'Lan·des·üb·lich** <Adj.>; **'Lan·des·va·ter** <m.; -s, ⁓>; **'Lan·des·ver·rat** <m.; -(e)s; unz.> ⁓ begehen; **'Lan·des·ver·rä·ter** <m.; -s, ->; **'Lan·des·ver·si·che·rungs·an·stalt** <f.; -, -en; Abk.: LVA>; **'Lan·des·ver·tei·di·gung** <f.; -; unz.>; **'Lan·des·wäh·rung** <f.; -, -en> in (der) ⁓ bezahlen; **'lan·des·weit** <Adj.> ⁓es Fahrverbot; **Lan·des·zen·'tral·bank,** <auch> **Lan·des·zent'ral·bank** <f.; -, -en; ↗Z53; Abk.: LZB>; **'Land·flucht** <f.; -; unz.> *Abwanderung von Landbewohnern in die Städte;* **'Land·frau** <f.; -, -en>; **'land·fremd** <Adj.>; **'Land·frie·de, 'Land·frie·den** <m.; -(n)s, -(n)>; **'Land·frie·dens·bruch** <m.; -(e)s, ⁓e>; **'Land·gang** <m.; -(e)s, ⁓e; Seemannsspr.> ⁓ haben; auf ⁓ sein; **'Land·ge·richt** <n.; -(e)s, -e; Abk.: LG>; **'land·ge·stützt** <Adj.; Mil.> ⁓e Mittelstreckenraketen; **'Land·graf** <m.; -en, -en>; **'Land·grä·fin** <f.; -, -n·nen>; **'land·gräf·lich** <Adj.>; **'Land·gut** <n.; -(e)s, ⁓er>; **'Land·haus** <n.; -es, ⁓er>; **'Land·jä·ger** <m.; -s, -> **1** <veralt.> *Polizist auf dem Land* **2** *flache Dauerwurst;* **'Land·ju·gend** <f.; -; unz.>; **'Land·kar·te** <f.; -, -n>; **'Land·kreis** <m.; -es, -e> *Verwaltungsbezirk;* ⁓ Groß-Gerau; **'land·läu·fig** <Adj.> *verbreitet;* eine ⁓e Meinung; **'Länd·ler** <m.; -s, -> *ein Volkstanz;* **'Land·leu·te** <Pl.> *ländliche Bevölkerung;* **'länd·lich** <Adj.> im ⁓en Raum; ⁓e Stille; **'Länd·lich·keit** <f.; -; unz.>; **'land·lie·bend** <Adj.>; **'Land·luft** <f.; -; unz.> frische ⁓ atmen; **'Land·mann** <m.; -(e)s, -leu·te; veralt.> *Landbewohner, Bauer;* <aber> → *Landsmann;* **'Land·ma·schi·ne** <f.; -, -n>; **'Land·nah·me** <f.; -, -n>; **'Land·par·tie** <f.; -, -n; veralt.> *Ausflug aufs Land;* **'Land·pla·ge** <f.; -, -n> zu einer ⁓ werden; **'Land·rat** <m.; -(e)s, ⁓e> *Leiter der Landkreisverwaltung;* **'Land·rä·tin** <f.; -,

-n·nen>; **'Land·rat·te** <f.; -, -n; Seemannsspr.; fig.> *Nichtseemann;* **'Land·re·gen** <m.; -s, -> *anhaltender Regen;* **Land·rover** <['lændro:vǝ(r)]; m.; -s, -; Warenz.> *ein Geländewagen mit Allradantrieb* [engl.]; **'Landrü·cken** <m.; -s, -; Geogr.>; **'Land·säu·ge·tier** <n.; -(e)s, -e Zool.> Ggs *Meeressäugetier;* **'Land·schaft** <f.; -, -en> 1 <Geogr.> *geograf. Gebiet mit best. Eigenart, Gegend;* bergige, hügelige ~ 2 <Mal.> *Darstellung einer Landschaft(1)* 3 <fig.> *best. Bereich;* Kultur~; politische ~; Presse~; Wohn~; **'landschaft·lich** <Adj.>; **'Landschafts·bau** <m.; -(e)s; unz.>; **'Land·schafts·gärt·ner** <m.; -s, -; Berufsbez.>; **'Land·schaftsgärt·ne·rin** <f.; -, -n·nen>; **'Land·schafts·pfle·ge** <f.; -; unz.>; **'Land·schafts·schutz** <m.; -es; unz.; Ökol.>; **'Landschafts·schutz·ge·biet** <n.; -(e)s, -e; Ökol.; Abk.: LSG>; **'Land·schild·krö·te** <f.; -, -n; Zool.>; **'Land·schrei·ber** <m.; -s, -; schweiz.> *Vorsteher einer Landeskanzlei;* **'Land·schulheim** <n.; -(e)s, -e>; **'Land·ser** <m.; -s, -; Soldatenspr.> *Soldat;* **'Lands·ge·mein·de** <f.; -, -n; schweiz.> *Versammlung stimmberechtigter Bürger;* **'Land·sitz** <m.; -es, -e> *Landgut;* **'Lands·knecht** <m.; -(e)s, -e; 15.–16. Jh.> *Berufssoldat;* **'Lands·mål** <[-mɔːl]; n.; -; unz.> = *Nynorsk; → a. Riksmål* [norw.]; **'Lands·mann** <m.; -(e)s, -leu·te> <aber> → *Landmann* 1 *Einwohner des gleichen Landes;* er ist ein ~ von mir 2 *Einwohner eines best. Landes;* was ist er für ein ~?; **'Landsmän·nin** <f.; -, -n·nen>; **'landsmän·nisch** <Adj.>; **'Landsmann·schaft** <f.; -, -en> *Zusammenschluss von Heimatvertriebenen;* **'Land·stra·ße** <f.; -, -n>; **'Land·strei·cher** <m.; -s, -> *Obdachloser;* **'Land·strei·cherin** <f.; -, -n·nen>; **'Land·streifen** <m.; -s, -> *schmaler* ~; **'Land·streit·kräf·te** <Pl.; Mil.> → a. *Luftstreitkräfte, Seestreitkräfte;* **'Land·strich** <m.; -(e)s, -e> *Gegend;* **'Land·sturm** <m.;

-(e)s, ⁼e; schweiz.> *die älteren Jahrgänge der Wehrpflichtigen;* **'Land·tag** <m.; -(e)s, -e> *Volksvertretung eines Bundeslandes;* der Hessische ~; **'Land·tags·abge·ord·ne·te(r)** <f. 2 (m. 1)>; **'Land·tags·frak·ti·on** <f.; -, -en>; **'Land·tags·wahl** <f.; -, -en>; **'Land·tier** <n.; -(e)s, -e>; **'Lan·dung** <f.; -, -en> zur ~ ansetzen; **'Lan·dungs·brü·cke** <f.; -, -n>; **'Land·ur·laub** <m.; -(e)s, -e; Seew.> *Urlaub für Seeleute;* **'Land·ver·mes·ser** <m.; -s, ->; **'Land·ver·mes·se·rin** <f.; -, -n·nen>; **'Land·ver·mes·sung** <f.; -, -en>; **'Land·vogt** <m.; -(e)s, -e; im alten Dt. Reich> *vom König eingesetzter Verwalter;* **'Land·volk** <n.; -(e)s; unz.> *ländliche Bevölkerung;* **'landwärts** <Adv.> *der Wind weht* ~; ~ *segeln;* **'Land·weg** <m.; -(e)s, -e> *auf dem* ~ *reisen;* **'Landwehr** <f.; -; unz.; Mil.> 1 <ös­terr.> *Reservetruppe des Bundesheeres* 2 <schweiz.> *zweite Altersgruppe der Wehrpflichtigen;* **'Land·wein** <m.; -(e)s, -e> *französischer* ~; **'Land·wirt** <m.; -(e)s, -e; Berufsbez.> *Besitzer od. Pächter eines landwirtschaftl. Betriebes;* **'Land·wir·tin** <f.; -, -n·nen>; **'Land·wirtschaft** <f.; -, -en 1 <unz.> *planmäßiger Betrieb von Ackerbau u. Viehzucht;* intensive ~; in der ~ arbeiten 2 *landwirtschaftl. Betrieb;* **'land·wirtschaft·lich** <Adj.> -e *Erzeugnisse;* -e *Produktionsgenossenschaft* <DDR; Abk.: LPG>; **'Land·wirt·schafts·kam·mer** <f.; -, -n>; **'Land·wirt·schaftsmeis·ter** <m.; -s, ->; **'Land·wirtschafts·mi·nis·ter** <m.; -s, ->; **'Land·wirt·schafts·mi·nis·terin** <f.; -, -n·nen>; **'Land·wirtschafts·mi·nis·te·ri·um** <n.; -s, -ri·en>; **'Land·wirt·schafts·wissen·schaft** <f.; -, -en; meist Pl.>; **'Land·zun·ge** <f.; -, -n> *ins Wasser ragender Küstenstreifen*

lang <'län·ger, am 'längs·ten> → a. *kurz* 1 <Adj.; ↗Z24; Ge­trenntschreibung mit Verben, wenn steiger- od. erweiterbar> *von einer best. räumlichen Ausdehnung;* meter~; <aber> *der Tisch ist zwei Meter* ~; *ein* ~er

Weg; ~es *Haar;* einen ~en *Brief* schreiben; *ein* ~ gestreckter Badestrand; *sich einen* ~ gehegten *Wunsch erfüllen;* Wäsche ~ ziehen; *ein* ~ gezogenes *Grundstück;* jmdm. die *Ohren* ~ ziehen <fig.> 2 <Adj.; ↗Z43> *von einer best. zeitlichen Ausdehnung, eine best. Zeit dauernd;* jahre~; ~em *Nachdenken;* <aber> *es dauerte zwei Jahre* ~; *nach* ~em *Nachdenken;* eine ~e *Zeit;* vor (noch) nicht ~er *Zeit; die Zeit wird mir* ~; *vor* ~en *Jahren;* eine Sache des Langen u. Breiten darlegen; etwas des Längeren vorbereiten; seit, vor ~em; seit, vor längerem; über kurz od. ~; ich kann es nicht länger ertragen 3 <Adv.> = *lange*

Lan·gage <[lɑ̃'ga:ʒǝ]; f.; -; unz.; nach F. de Saussure> *Sprachfähigkeit des Menschen; → a. Langue, Parole* [frz.]

'lang·är·me·lig, 'lang·ärm·lig <Adj.> *ein* ~er *Pullover;* **'langat·mig** <Adj.> *weitschweifig;* etwas ~ *erzählen;* **'Lang·bein** <n.; -(e)s, -e> *weitschweifig;* <poet.> *der Storch;* **'lang·bei·nig** <Adj.>; **'lan·ge** <Adv.> 'län·ger, am 'längs·ten> *lange Zeit ausmachend;* ~ *bevor er kam;* ~ *danach; es dauert* ~; *er ließ sich* ~ *bitten; wie* ~ *soll ich noch warten?; sie ist* ~ *gelaufen;* oV *lang(3);* **'Län·ge** <f.; -, -n> 1 <unz.> *zeitl. Ausdehnung, Dauer; die Sache zieht sich in die* ~ 2 <unz.; Zeichen: L> *Abstand zwischen zwei Punkten (räuml. Ausdehnung);* die ~ *eines Gegenstandes;* eine Strecke von drei Meter(n) ~ 3 <unz.; Geogr.> *Längengrad; 20°* westlicher ~ 4 *langweilige Stelle; der Film hat* ~n; **'lan·gen** <V.> 1 <V. i.; umg.> *ausreichen; es langt (gerade) noch; mir langt's!* <fig.> *jetzt habe ich genug!* 2 <V. i.> *die Hand ausstrecken; kannst du bis zu mir* ~? 3 <V. t.> *etwas* ~ *ergreifen;* **'län·gen** <V. t.> *verlängern, länger machen;* **'Län·gen·ein·heit** <f.; -, -en> = *Längenmaß;* **'Län·gengrad** <m.; -(e)s, -e; Geogr.>; **'Län·gen·kreis** <m.; -es, -e; Geogr.> *senkrechter, durch Nord- u. Südpol gehender Kreis* *auf der Erdkugel;* Sy *Meridian;* Ggs *Breitenkreis;* **'Län·gen·maß** <n.; -es, -e> *Maßeinheit für die Längenausdehnung*

'Lan·ge·oog *eine ostfries. Insel*

'län·ger·fri·stig <Adj.> *für längere Zeit;* eine ~e Planung

Lan'get·te <f.; -, -n> *ein Schlingenstich* [frz.]; **lan·get'tie·ren** <V. t.>

Lan·ge'wei·le <a. ['----]; f.; Gen. der Lan·ge(n)·wei·le, aus Lan·ge(r)·wei·le; unz.> *Mangel an Abwechslung, Überdruss;* ~ haben; oV *Langweile;* **'lang·fä·dig** <Adj.; schweiz.> *langatmig;* ~e Debatten; **'Lang·fin·ger** <m.; -s, -; umg.> *scherzh.> Dieb;* **'lang·fin·ge·rig, 'lang·fing·rig** <Adj.>; **'lang·fri·stig** <Adj.> ~er Wartungsvertrag; → a. *kurzfristig, mittelfristig;* **'lang|ge·hen** <V. i. u. V. t. 145; ich gehe lang; sie ist langgegangen; langzugehen> an etwas – *entlanggehen;* wo geht's lang? nicht wissen, wo es langgeht <fig.> *nicht wissen, wie es weitergehen soll;* **'lang·glie·de·rig, 'lang·glied·rig** <Adj.>; **'lang·haa·rig** <Adj.>; **'lang·hal·sig** <Adj.> ~e Schildkröte; **'Lang·haus** <n.; -es, ⸗er; Arch.> *Hauptteil einer Basilika;* **lang'her** <Adv.; geh.> von ~ *seit langem;* <aber> es ist schon lang her; → a. *lang(3);* **lang'hin** <Adv.; geh.> *weithin;* ~ tönen; <aber> es ist noch lang hin *es dauert noch lange;* → a. *lang(3);* **'lang·jäh·rig** <Adj.> eine ~e Freundin; **'lang·köp·fig** <Adj.>; **'Lang·lauf** <m.; -(e)s; unz.; Sp.> *Skilauf auf ebenem Gelände;* **'lang·lau·fen** <V. i. (s.)> *nur im Inf. od. Part. Perf.> Langlauf betreiben;* sie ist langgelaufen; er will ~; → a. *lange;* **'Lang·lauf·ski·er** <[-ʃi-]; Pl.>; **'lang·le·big** <Adj.> eine ~e Erscheinung; **'Lang·le·big·keit** <f.; -; unz.>; **'lang|le·gen** <V. refl.; umg.> sich – *sich niederlegen (um auszuruhen);* er hat sich langgelegt; **'läng·lich** <Adj.> *mehr lang als breit;* von ~er Form; ~ rund; **'lang|lie·gen** <V. i. 180; ich liege lang; sie hat langgelegen; langzuliegen; umg.> *ausgestreckt liegen;* **'lang·mäh·nig** <Adj.> ein ~es Pferd; ein ~er

Typ <umg.>; **'Lang·mut** <f.; -; unz.; geh.> *Nachsicht;* meine ~ ist erschöpft; **'lang·mü·tig** <Adj.>; **'Lang·mü·tig·keit** <f.; -; unz.>

Lan·go'bar·de <m.; -n, -n> *Angehöriger eines german. Volksstammes;* **lan·go'bar·disch** <Adj.>

'Lang·ohr <n.; -(e)s, -en> Meister ~ <poet.> *Esel, Hase;* **längs**[1] <Präp. m. Gen.> *entlang;* ~ des Flusses; **längs**[2] <Adv.> *in Richtung der größten Ausdehnung;* die Ananas ~ durchschneiden; ein ~ gestreifter Stoff; Ggs *quer;* **längs**[3] <Adv.; norddt.> *vorbei;* schau mal bei uns ~!; **'Längs·ach·se** <[-ks-]; f.; -, -n> *Achse der Längenausdehnung;* Ggs *Querachse*

'lang·sam <Adj.> *eine geraume Zeit brauchend, nicht schnell;* er ist ~; ein ~er Esser; ~e Fortschritte machen; ~er Walzer; ~ fahren; ~ näher kommen; **'Lang·sam·keit** <f.; -; unz.>

'Lang·schä·del <m.; -s, ->; **'lang·schä·de·lig, 'lang·schäd·lig** <Adj.>; **'Lang·schäf·ter** <m.; -s, -> *Stiefel mit langem Schaft;* **'lang·schäf·tig** <Adj.>; **'Lang·schiff** <n.; -(e)s, -e; Arch.> = *Langhaus;* **'Lang·schlä·fer** <m.; -s, ->; **'Lang·schlä·fe·rin** <f.; -, -n·nen>; **'lang·schnä·be·lig** <Adj.>; **'Lang·schnäb·ler** <m.; -s, -; Zool.>; **'lang·schnäb·lig** <Adj.>; **'Lang·schrift** <f.; -, -en; Pl. selten> *normale Schreibschrift;* Ggs *Kurzschrift;* **'Lang·spiel·plat·te** <f.; -, -n; Abk.: LP> *Schallplatte von 30 cm Durchmesser;* **'Längs·rich·tung** <f.; -, -en> in ~; Ggs *Querrichtung;* **'längs·schiffs** <Adv.> Ggs *querschiffs;* **'Längs·schnitt** <m.; -(e)s, -e> Ggs *Querschnitt* 1 *Schnitt der Länge nach* 2 *Zeichnung eines Längsschnittes(1);* **'längs·seit** <Adv. u. Präp.> = *längsseits;* **'Längs·sei·te** <f.; -, -n>; **'längs·seits** <Seemannsspr.> 1 <Adv.> *mit der Längsseite* 2 <Präp. mit Gen.> ~ *des Schiffes;* **'Längs·strei·fen** <m.; -s, ->; **'Längs·strich** <m.; -(e)s, -e> *senkrechter Strich;* Ggs *Querstrich;* **längst** <Adv.> *schon lange;* das Bild ist ~ fertig;

'lang·stän·ge·lig, 'lang·stäng·lig <Adj.>; **'längs·tens** <Adv.; zeitl.; umg.> 1 *höchstens;* ~ eine halbe Stunde 2 *spätestens;* in ~ zwei Wochen; **'lang·stie·lig** <Adj.> 1 ~e Rosen 2 <fig.; umg.> *langweilig, einfallslos;* **'Lang·stie·lig·keit** <f.; -; unz.>; **'Lang·stre·cken·flug** <m.; -(e)s, ⸗e>; **'Lang·stre·cken·lauf** <m.; -(e)s, ⸗e; Sp.> Ggs *Kurzstreckenlauf;* **'Lang·stre·cken·läu·fer** <m.; -s, ->; **'Lang·stre·cken·läu·fe·rin** <f.; -, -n·nen>; **'Lang·stre·cken·ra·ke·te** <f.; -, -n; Mil.>; **'Lang·streck·ler** <m.; -s, -; Sp.; kurz für> *Langstreckenläufer;* **'Längst·wel·le** <f.; -, -n; Phys.> *elektromagnet. Welle (Wellenlänge zwischen 10 u. 100 km);* **'Längs·wel·le** <f.; -, -n; Phys.> = *Longitudinalwelle*

Langue <[lãg]; f.; -; unz.; nach F. de Saussure> *Sprache als Zeichensystem;* → a. *Langage, Parole* [frz.]

Langue·doc <[lãg'dɔk]; n. od. f.; -; unz.> *eine südfrz. Landschaft;* **Langue'doc·wein** <m.; -(e)s, -e> *ein südfrz. Wein*

Lan'gus·te <f.; -, -n; Zool.> *ein großer Speisekrebs* [frz.]

'Lang·wei·le <f.; -; unz.> = *Langeweile;* **'lang·wei·len** <V. t.> 1 jmdn. ~; er langweilt mich 2 <V. refl.> sich ~ *Langeweile haben;* **'Lang·wei·ler** <m.; -s, -; umg.> *langweiliger Mensch;* **'Lang·wei·le·rin** <f.; -, -n·nen>; **'lang·wei·lig** <Adj.> *eintönig, ermüdend, öde;* **'Lang·wei·lig·keit** <f.; -; unz.>; **'Lang·wel·le** <f.; -, -n; Phys.; Abk.: LW> *elektromagnet. Welle (Wellenlänge zwischen 1 u. 10 km);* **'Lang·wel·len·sen·der** <m.; -s, -; Rundf.>; **'lang·wie·rig** <Adj.> *lange dauernd;* eine ~e Krankheit; **'Lang·wie·rig·keit** <f.; -; unz.>; **'Lang·zeit·ar·beits·lo·se(r)** <f. 2 (m. 1)>; **'Lang·zeit·ar·beits·lo·sig·keit** <f.; -; unz.>; **'Lang·zeit·ge·dächt·nis** <n.; -s·ses; unz.; Psych.> Ggs *Kurzzeitgedächtnis;* **'Lang·zeit·wir·kung** <f.; -, -en> Medikamente mit ~

La·no'lin <n.; -s; unz.; Chem.> *Wollwachs* [lat.]

Lan'than <n.; -s; unz.; Chem.;

Zeichen: La> *ein metallisches Element* [grch.]; **Lan·tha·no'i·de** <Pl.; Chem.; Zeichen: Ln> *dem Lanthan folgende Elementengruppe*

La'nu·go <f.; -, -gi·nes; Med.> *Behaarung im Embryonalstadium* [lat.]

'Lan·ze <f.; -, -n> *Speer, Spieß;* eine ~ *für jmdn. brechen* <fig.> *(öffentlich) für jmdn. eintreten;* **'lan·zen·för·mig** <Adj.>; **'Lan·zen·rei·ter** <m.; -s, ->; **Lan'zett·bo·gen** <m.; -s, -; süddt.; österr.; schweiz. a. -̈; Arch.> *Art des got. Spitzbogens;* **Lan'zet·te** <f.; -, -n; Med.> *zweischneidiges Operationsmesser* [frz.]; **Lan'zett·fisch·chen** <n.; -s, -; Zool.> *ein Chordate*

La 'O·la <f.; --, --s; Sp.> *wellenförmiges Aufstehen u. Setzen der Zuschauer in einem Sportstadion* [span.]; **La-'O·la-Wel·le** <f.; -, -n; ↗Z33>

'La·os *südostasiat. Staat;* Demokratische Volksrepublik ~; **La'o·te** <m.; -n, -n>; **La'o·tin** <f.; -, -nnen>; **la'o·tisch** <Adj.>

La·pa·ro'skop, <auch> **La·pa·ros·'kop** <n.; -s, -e; ↗Z54; Med.> *Endoskop zur Untersuchung der Bauchhöhle* [grch.]; **La·pa·ro·sko'pie** <f.; -, -n>; **La·pa·ro·to'mie** <f.; -, -n; Med.> *Bauchschnitt*

La Paz <[-'pa:s]> *bolivianische Großstadt, Regierungssitz*

la·pi'dar <Adj.> *kurz u. bündig, knapp;* in ~er Kürze [lat.]; **La·pi·'där** <m.; -s, -e> *Schleif- u. Polierapparat des Uhrmachers;* **La·pi'dar·schrift** <f.; -, -en> *Schrift in Großbuchstaben (bes. für Steininschriften)*

La'pil·lus <m.; -, -'pil·li; meist Pl.; Geol.> *Lavabrocken* [ital.]; **'La·pis** <m.; -, -pi·des; geh.> *Stein* [lat.]; **La·pis'la·zu·li** <m.; -, -; Min.> *ein blauer Halbedelstein*

La·place'sche Dif·fe·ren·ti'al·glei·chung, <auch> **la·place·sche Dif·fe·ren·ti'al·glei·chung** <f.; -n -, -n -en; ↗Z58.1; Math.> *eine Differentialgleichung (bes. in der Elektrotechnik)* [nach dem frz. Mathematiker P. S. de Laplace]

Lap'pa·lie <[-liə]; f.; -, -n> *Nich-*

tigkeit; streitet euch nicht wegen dieser ~n

'Läpp·chen <n.; -s, -; Verkleinerungsf. von> *Lappen*

'Lap·pe <m.; -n, -n> *Einwohner von Lappland*

'Lap·pen <m.; -s, -> 1 *kleines Stück Stoff;* Putz~; Wasch~ 2 <fig.; umg.> *Geldschein* 3 <Pl.; Jagdw.> *große Stoffstücke (für Treibjagden);* jmdm. durch die ~ *gehen* <umg.> *entwischen* 4 <Jagdw.> = *Lefze*

'Lap·pen·zelt <n.; -(e)s, -e> *Zelt der Lappländer*

'läp·pern <V. t.; ich läpp(e)re; umg.> 1 *in kleinen Schlucken trinken;* Tee ~ 2 es läppert ihn nach Schokolade *es gelüstet ihn nach Sch.* 3 <V. refl./unpersönl.> es läppert sich *es sammelt sich*

'lap·pig <Adj.> 1 *wie ein Lappen geformt* 2 <umg.> *unbedeutend, lächerlich (gering);* es hat ~e 100 Euro gekostet

'Lap·pin <f.; -, -nnen> *Einwohnerin von Lappland;* **'lap·pisch** <Adj.> *Lappland betreffend*

'läp·pisch <Adj.> *unbedeutend, lächerlich;* wegen einer ~en Kleinigkeit

'Läpp·lein <n.; -s, -; poet.> Verkleinerungsf. von> *Lappen*

'Lap·sus <m.; -, -; geh.> *Fehler, Ungeschicklichkeit;* einen ~ *begehen* [lat.]; **'Lap·sus 'Ca·la·mi** <m.; --, --; ↗Z31; geh.> *Schreibfehler;* **'Lap·sus 'Lin·gu·ae** <m.; --, --; geh.> *Versprecher;* **'Lap·sus Me'mo·ri·ae** <m.; --, --; geh.> *Gedächtnisfehler*

Lap·top <['læptɔp]; m.; -s, -s> *kleiner tragbarer Computer* [engl.]

'Lär·che <f.; -, -n; Bot.> *ein Nadelbaum, der im Herbst seine Nadeln abwirft;* <aber> → *Lerche*

'La·ren <Pl.; röm. Myth.> *Schutzgeister* [lat.]

lar'gan·do <Mus.> = *allargando*

large <['la:rdʒ]; Abk.: L> *groß (als Kleidergröße)* [engl.]

lar'ghet·to <[-'gɛto]; Mus.> *etwas langsam* [ital.]; **Lar'ghet·to** <n.;

-s, -s od. -t·ti; Mus.>; **'lar·go** <Mus.> *langsam, getragen;* **'Lar·go** <n.; -s, -s od. -ghi/-gi; Mus.>

La·ri'fa·ri <n.; -s; unz.; umg.> *Gerede, Geschwätz*

Lärm <m.; -(e)s; unz.> *Krach, Getöse, Geschrei;* viel ~ *um nichts;* **'lärm·arm** <Adj.>; **'Lärm·be·läs·ti·gung** <f.; -, -en>; **'Lärm·be·las·tung** <f.; -, -en; Psych.> *andauernde ~;* **'lärm·emp·find·lich** <Adj.>; **'lär·men** <V. i.> *Lärm, Krach machen;* auf der Straße ~; **'lär·mig** <Adj.; schweiz.> *lärmend*

lar·mo·yant, <auch> **lar·mo·yant** <[larmoa'jant]; Adj.; -er, am -es·ten; ↗Z52> *weinerlich* [frz.]; **Lar·moy'anz** <f.; -; unz.; geh.>

'Lärm·schutz <m.; -es; unz.>; **'Lärm·schutz·wand** <f.; -, -̈e>

l'art pour l'art <[la:r pur 'la:r]; n.; ---; unz.> *"die Kunst für die Kunst" (ohne Zweckbestimmung)* [frz.]

lar·val <[-'va:l]; Adj.; Biol.> ~es Stadium; **'Lar·ve** <f.; -, -n> 1 <Zool.> *Entwicklungsstadium vieler Tierarten;* Schmetterlings~; ~n tötendes Mittel 2 *Maske;* jmdm. die ~ *vom Gesicht reißen* <fig.> [lat.]; **'lar·ven·ar·tig** <Adj.>; **'Lar·ven·typ** <m.; -s, -en>; **Lar·vi'zid** <[-vi-]; n.; -(e)s, -e> *Larven tötendes Insektizid*

La·ryn'gal <m.; -s, -e; Phon.>, **La·ryn'gal·laut** <m.; -(e)s, -e; Phon.> *Kehlkopflaut;* → a. *Kasten Konsonant* [grch.]; **La·ryng·ek·to'mie,** <auch> **La·ryn·gek·to'mie** <f.; -, -n; Med.> *Entfernung des Kehlkopfes;* **La·ryn·gi'tis** <f.; -, -'ti·den; Med.> *Kehlkopfentzündung;* **La·ryn·go'skop,** <auch> **La·ryn·gos·'kop** <n.; -s, -e; ↗Z54; Med.> = *Kehlkopfspiegel;* **'La·rynx** <m.; -, -'ryn·gen; Med.> = *Kehlkopf;* **'La·rynx·kar·zi·nom** <n.; -s, -e> *Kehlkopfkrebs*

La·sa·gne, <auch> **La·sa·gne** <[la'zanjə]; Pl. od. (umg.) f.; -, -n; ↗Z53; ital. Kochk.> *ein überbackenes Nudelgericht* [ital.]

lasch <Adj.; -er, am -(e)s·ten> *schlaff, energielos;* **'La·sche** <f.; -, -n> *Verbindungs-, Schlussstück;* **'la·schen** <V. t.; du

laschst *mit einer Lasche verse-hen;* **'Lasch·heit** <f.; -, -en>

'La·se <f.; -, -n> *ein Henkelgefäß* [lat.]

La·ser <['le:zə(r)]; m.; -s, -; Phys.; Tech.> *Gerät zur Verstärkung elektromagnet. Wellen* [engl.]; **'la·ser·ak·tiv** <Adj.>; **'La·ser-chir·ur·gie,** <auch> **'La·ser·chi-rur·gie** <[-çir-]; f.; -; unz.; ⇗Z54>; **'La·ser·disc** <f.; -, -s; EDV; Abk.: LD> = *Laserplatte;* **'La·ser·dru·cker** <m.; -s, -; EDV> *Druckgerät für Compu-ter;* **'La·ser·ka·no·ne** <f.; -, -n> *Gerät, das intensive Laserstrah-len aussendet;* **'La·ser·plat·te** <f.; -, -n; EDV> *eine optische Speicherplatte;* → a. *CD;* **'La-ser·show** <[-ʃou]; f.; -, -s> *Show mit Lichteffekten durch Laser-strahlen;* **'La·ser·strahl** <m.; -(e)s, -en>; **'La·ser·tech·nik** <f.; -, -en>

LASH-Car·ri·er <['læʃkæriə(r)]; m.; -s, -> *Hochseeschiff, das Binnenschiffe ohne eigenen An-trieb transportiert* [engl.]

la·sie·ren <V. t.> *mit Lasur über-ziehen* [pers.]; **La·sie·rung** <f.; -, -en>

Lä·si·on <f.; -, -en; Med.> *Verlet-zung* [lat.]

Las 'Pal·mas *Hauptstadt von Gran Canaria;* ~ *de Gran Cana-ria*

lass <Adj.; -er, am -es·ten> *schlapp, träge*

'Las·sa·fie·ber <n.; -s; unz.; Med.> *eine infektiöse Viruser-krankung* [nach dem nigerian. Ort *Lassa*]

'las·sen <V. t. 175; ⇗Z23> **1** *zu-lassen, dulden, veranlassen;* lass dir das nicht bieten!; er lässt nicht mit sich reden; das lässt sich machen; jmdn. kommen, rufen ~ **2** *belassen;* wo habe ich mein Geld gelassen?; alles beim Alten ~!; sie soll das bleiben ~! **3** *unterlassen;* lass das!; das Rau-chen ~ **4** *verkaufen, überlassen;* ich lasse es dir für 200 Euro **5** *(weg)geben;* sein Leben ~; Was-ser ~ *urinieren;* **'Lass·heit** <f.; -; unz.> *lasse Beschaffenheit;* **'läs-sig** <Adj.> *ungezwungen, un-achtsam;* ~ winken; ~ die Ach-seln zucken; **'Läs·sig·keit** <f.; -; unz.>

'Las·so <n. od. m.; -s, -s> *langer Strick mit Schlaufe zum Fangen von Herdentieren;* Wildpferde mit dem ~ einfangen [span.]

Last <f.; -, -en> **1** *Gewicht, Fracht;* ~en befördern, tragen; unter der ~ zusammenbrechen **2** <Schiffsw.> *Frachtraum* **3** <⇗Z19.2> *drückende Sorge;* mir fiel eine ~ von der Seele; jmdm. zur ~ fallen; zu ~en <od.> zulas-ten der Firma X; das geht zu meinen ~en **4** <Wirtsch.> *Steu-ern, Zinsen, Schulden;* soziale, steuerliche ~en; **'Last·arm** <m.; -(e)s, -e>; **'Last·au·to** <n.; -s, -s> = *Lastkraftwagen*

last, (but) not least <[la:st bʌt nɔt li:st]> *der Letzte, (aber) nicht der Geringste* [engl.]

'las·ten <V. i.> du lastest dir zu viel auf; alle Arbeit lastet auf ihr; **'Las·ten·auf·zug** <m.; -(e)s, ⸚e>; **'Las·ten·aus·gleich** <m.; -(e)s, -e; Rechtsw.; Abk.> *Zahlungen an die Geschädigten des Nationalsozialismus;* **'Las-ten·be·för·de·rung** <f.; -, -en>; **'las·ten·frei** <Adj.> *schulden-frei;* **'Las·ten·stand** <m.; -(e)s, ⸚e; Rechtsw.> *Höhe der Hypo-thekenbelastung;* **'Las·ten·zug** <m.; -(e)s, ⸚e; schweiz.> = *Last-zug*

'Las·ter¹ <n.; -s, -> *(sittliche) Un-tugend;* das ~ des Rauchens

'Las·ter² <m.; -s, -; umg.; kurz für> *Lastkraftwagen*

Läs·te·rei <f.; -, -en>; **'Läs·te·rer** <m.; -s, -> *Gottes~;* **'las·ter·haft** <Adj.> *unsittlich;* ein ~es Leben führen; **'Las·ter·haf·tig·keit** <f.; -; unz.>; **'Läs·te·rin** <f.; -, -·nen>; **'Las·ter·le·ben** <n.; -s; unz.>; **'läs·ter·lich** <Adj.> *läs-ternd;* ~e Reden führen; **'Läs-ter·maul** <n.; -s, ⸚er; fig.; umg.> *Lästerer;* **'läs·tern** <V. i. u. V. t.; ich läst(e)re> *Schlechtes (über jmdn.) sprechen;* Gott ~; **'Läs-te·rung** <f.; -, -en>

'Las·tex <n.; -; unz.; Textilw.; Wa-renz.> *ein elastisches Gewebe;* **'Las·tex·strumpf** <m.; -(e)s, ⸚e>

'läs·tig <Adj.> *störend, aufdring-lich, unangenehm;* seine Frage-rei wird mir ~; **'Las·tig·keit** <f.; -; unz.> *Gewicht, Schwimmlage eines Schiffes;* **'Läs·tig·keit** <f.; -; unz.>

Las·ting <['la:s-]; m.; -s, -s; Tex-tilw.> *ein harter Kammgarnstoff* [engl.]

'Last·kahn <m.; -(e)s, ⸚e> *Schiffs-kahn zur Lastenbeförderung;* **'Last·kraft·wa·gen** <m.; -s, -; Abk.: Lkw, LKW> *Kraftwagen zur Güterbeförderung*

Last-Mi·nute-Rei·se <[la:st-'minit-]; f.; -, -n> *kurzfristig zu buchende u. anzutretende Reise* [engl.-dt.]

'Last·schiff <n.; -(e)s, -e>; **'Last-schrift** <f.; -, -en; Bankw.> Ggs *Gutschrift;* **'Last·spit·ze** <f.; -, -n> *höchste Belastung eines Kraftwerkes;* **'Last·tier** <n.; -(e)s, -e> *Tier, das Lasten beför-dert, z. B. Esel;* **'Last·wa·gen** <m.; -s, -; kurz für> *Lastkraft-wagen;* **'Last·wa·gen·ver·kehr** <m.; -s; unz.>; **'Last·zug** <m.; -(e)s, ⸚e> *Lastkraftwagen mit Anhängern;* oV *Lastenzug*

La'sur <f.; -, -en> *durchsichtige Lack- od. Farbschicht* [pers.]; **La-'sur·far·be** <f.; -, -n>; **La·su'rit** <m.; -s, -e; Min.>, **La'sur·stein** <m.; -(e)s, -e; Min.> = *Lapisla-zuli*

las'ziv <Adj.; geh.> *betont sinn-lich, anstößig* [lat.]; **Las·zi·vi'tät** <[-vi-]; f.; -; unz.; geh.>

Lä'ta·re <ohne Art.> *dritter Sonn-tag vor Ostern* [lat.]

Late·hit, <auch> **Late Hit** <['leit'hit]; m.; (-)-s, (-)-s; ⇗Z30; Golf> *verspäteter Schlag* [engl.]

La'tein <n.; -s; unz.> *Sprache der alten Römer;* ich bin mit mei-nem ~ am Ende <fig.> *ich weiß nicht weiter;* **La'tein·a·me·ri·ka** <⇗Z55> *von den Spaniern u. Portugiesen kolonisierter Teil Amerikas (Süd-, Mittelamerika, Mexiko);* **La'tein·a·me·ri·ka·ner** <m.; -s, ->; **La'tein·a·me·ri·ka-ne·rin** <f.; -, -·nen>; **la'tein·a-me·ri·ka·nisch** <Adj.>; **La'tei-ner** <m.; -s, -> *jmd., der Latein kann;* **La'tei·ne·rin** <f.; -, -·nen>; **la'tei·nisch** <Adj.> ~e Sprache, Schrift; in, auf Latei-nisch; im Lateinischen; **La'tein-leh·rer** <m.; -s, ->; **La'tein·leh-re·rin** <f.; -, -·nen>; **La'tein·se-gel** <n.; -s, -> *dreieckiges Segel*

La-Tène-Kul·tur, La-Tène-Zeit <[la'tɛ:n-]; f.; -; unz.> *zweiter Abschnitt der europ. Eisenzeit*

L

[nach *La Tène*, einer Untiefe im Neuenburger See in der Schweiz]; **la·tène·zeit·lich** <Adj.>

la·tent <Adj.; Med.> *verborgen (vorhanden);* ~e Krankheiten [lat.]; **La·tenz** <f.; -; unz.>; **La·'tenz·pe·ri·o·de** <f.; -, -n; Biol.> *Ruhephase in verschiedenen Stadien der Gesamtentwicklung;* **La·tenz·zeit** <f.; -, -en> 1 *Ruhestadium* 2 <Physiol.> *Zeitraum zw. Reiz u. Reaktion*

la·te·ral <Adj.> *seitlich;* → a. *Kasten Konsonant* [lat.]; **La·te·ral** <m.; -s, -e; Phon.> *Konsonant, bei dessen Bildung die Luft seitlich der Zunge entweicht, z. B.* l; → a. *Kasten Konsonant;* **La·te·'ral·in·farkt** <m.; -(e)s, -e; Med.> *Seiteninfarkt;* **La·te·ra·li·'tät** <f.; -; unz.> *Ungleichheit der menschl. Körperseiten*

La·te·ran <m.; -s; unz.> *früherer päpstl. Palast in Rom;* **La·te·'ran·kon·zil** <n.; -s, -e od. -li·en; im MA>

La·te·rit <m.; -s, -e; Geol.> *ein Verwitterungsboden* [lat.]; **La·te·ri·ti·sie·rung** <f.; -, -en; Geol.> *Härtung tropischer Böden*

La·ter·na 'ma·gi·ca <f.; --, -nae -cae [-nɛ -kɛ]; Fot.> *(im 17. Jh. erfundener) einfacher Projektionsapparat* [lat.]; **La·ter·ne** <f.; -, -n> 1 *durch Glas- od. Papiergehäuse geschützte Lichtquelle* 2 <Arch.> *Türmchen auf einer Kuppel* 3 *weißer Stirnfleck verschiedener Haustiere* [grch.-lat.]

La·ter·nen·licht <n.; -(e)s; unz.>

La·ter·nen·pfahl <m.; -(e)s, =e>

La·ter·nen·um·zug <m.; -(e)s, =e>

'La·tex <m.; -, -ti·zes> 1 *Kautschuk enthaltender Milchsaft* 2 *ein Anstrichmittel* [lat.]; **'La·tex·far·be** <f.; -, -n>

La·ti·fun·die <[-diə]; f.; -, -n; altes Röm. Reich>, **La·ti·fun·di·um** <n.; -s, -di·en> *großes Landgut* [lat.]

La·ti·ner <m.; -s, -> *Angehöriger eines indogerman. Volksstammes Mittelitaliens;* **La·ti·ne·rin** <f.; -, -n·nen>; **la·ti·nisch** <Adj.>; **la·ti·ni·sie·ren** <V. t.> *ins Lateinische übersetzen;* **La·ti·'nis·mus** <m.; -, -'nis·men> *lat. Spracheigentümlichkeit;* **La·ti·nist** <m.; -en, -en> *Wis-*
senschaftler od. Kenner der latein. Sprache; **La·ti·'nis·tin** <f.; -, -n·nen>; **La·ti·ni·'tät** <f.; -; unz.> *(mustergültige) latein. Ausdrucksweise;* **La·tin·lo·ver,** <auch> **La·tin Lo·ver** <['lætin-'lʌvər]; m.; (-)-s, (-)-; ✓Z30; umg.> *temperamentvoller südländischer Liebhaber* [engl.]; **La·'ti·num** <n.; -s; unz.> *Prüfung in der latein. Sprache; großes, kleines ~*

La·'tri·ne, <auch> **Lat·'ri·ne** <f.; -, -n; ✓Z53; veralt.> *Abort* [lat.]

Latsch <[la:tʃ]; m.; -(e)s, -e; umg.> = *Latschen*

Lat·sche¹ <['la:t-]; f.; -, -n; Bot.> *kurz für* *Latschenkiefer*

Lat·sche² <['la:t-]; f.; -, -n> 1 <umg.> = *Latschen* 2 <Jagdw.> *Fuß mit Schwimmhäuten (bei Schwimmvögeln);* **lat·schen** <['la:t-]; V. i. (s.); ich latsche; du latschst; er latscht; umg.> *schlurfend gehen;* **'Lat·schen** <m.; -s, -; meist Pl.; umg.> *ausgetretener Schuh, Pantoffel; aus den ~ kippen* <fig.>

'Lat·schen·kie·fer <f.; -, -n; Bot.> *niedrigwüchsige Kiefer;* **'Lat·schen·kie·fern·öl** <n.; -(e)s; unz.>

'lat·schig <Adj.; umg.> *nachlässig, schlurfend;* ~er Gang

'Lat·te <f.; -, -n> 1 *langes, dünnes Stück Holz;* Dach~; Zaun~; lange ~ <fig.; umg.> *großer, dünner Mensch;* eine lange ~ von Wünschen <fig.> 2 <Forstw.> *gerader Schössling;* **'Lat·ten·git·ter** <n.; -s, ->; **'Lat·ten·kis·te** <f.; -, -n>; **'Lat·ten·kreuz** <n.; -es, -e; Fußb.> *obere Ecke des Tores;* **'Lat·ten·rost** <m.; -(e)s, -e>; **'Lat·ten·zaun** <m.; -(e)s, =e>

'Lat·tich <m.; -s, -e; Bot.> *ein Korbblütler*

Lat'wer·ge <f.; -, -n; mdt.> *Pflaumenmus*

Latz <m.; -es, =e od. (österr.) -e> 1 *(herunterklappbares) Brustteil an Kleidungsstücken;* Brust~ 2 *Hosenlatz;* **'Lätz·chen** <n.; -s, -> *um den Hals zu bindendes kleines Tuch für Kleinkinder;* **'Latz·ho·se** <f.; -, -n>

lau <Adj.> *mild;* ~es Lüftchen

Laub <n.; -(e)s; unz.> *Blätter von Bäumen u. Sträuchern;* ~ tragende Gewächse; **'laub·ähn-**
lich <Adj.>; **'Laub·baum** <m.; -(e)s, =e> *Ggs* Nadelbaum; **'Laub·blatt** <n.; -(e)s, =er>

'Lau·be¹ <m.; -, -n; Zool.> *ein Karpfenfisch*

'Lau·be² <f.; -, -n> 1 *(offenes) Gartenhäuschen* 2 <nur Pl.> ~n <Arch.> *Bogengang (mit Läden)* 3 <Sp.> *eine Turnübung;* **'Lau·ben·gang** <m.; -(e)s, =e>; **'Lau·ben·ko·lo·nie** <f.; -, -n>; **'Lau·ben·vo·gel** <m.; -s, =; Zool.> *ein Singvogel;* **'Laub·fle·cken** <m.; -s, -; schweiz.> *Sommersprosse;* **'Laub·frosch** <m.; -(e)s, =e; Zool.> *ein Froschlurch;* Gemeiner ~; **'Laub·heu·schre·cke** <f.; -, -n; Zool.>; **'Laub·holz** <n.; -es, =er; meist Pl.>; **'Laub·hüt·ten·fest** <n.; -(e)s, -e> *jüd. Erntedankfest;* **'Laub·kä·fer** <m.; -s, -; Zool.>; **'Laub·sä·ge** <f.; -, -n> *Säge mit dünnem, fein gezahntem Blatt;* **'Laub·wald** <m.; -(e)s, =er> *Ggs* Nadelwald; **'Laub·werk** <n.; -(e)s; unz.> 1 <unz.> *Gesamtheit der Blätter eines Baumes* 2 *laubähnliche Verzierungen an Bauteilen*

Lauch <m.; -(e)s, -e; Bot.> *Gattung der Lauchgewächse (Zwiebel, Schnittlauch, Porree, Knoblauch);* **'lauch·grün** <Adj.>

Lau·da·num <n.; -s; unz.; frühere Bez.> *für Opium* [lat.]

Lau·da·tio <f.; -, -ti·o·nes> *Lobrede (auf Preisträger)* [lat.]; **'Lau·des** <Pl.; Kath.> *Lobpreisungen*

'Laue <f.; -, -n; schweiz.> *Lawine*

'Lau·er¹ <m.; -s, -> *Wein aus Pressrückständen*

'Lau·er² <f.; -; unz.> *Hinterhalt; auf der ~ liegen; sich auf die ~ legen;* **'lau·ern** <V. i.; ich lau(e)re> 1 *verborgen warten, auf der Lauer liegen; im Versteck;* → a. *auflauern* 2 <fig.; umg.> *sehnsüchtig warten;* auf jmds. Kommen ~

Lauf <m.; -(e)s, =e> 1 <unz.> *Fortbewegung zu Fuß* 2 <Sp.> *sportlich betriebenes Laufen;* Eis~; Ski~; 100-m-~ 3 <unz.> *Gang;* ~ einer Maschine 4 *Strecke, Bahn;* Fluss~; Kreis~ 5 <unz.> *Entwicklung; der ~ der Dinge; im ~e der Zeit* 6 *Rohr von Handfeuerwaffen;* Gewehr~ 7 <Jagdw.> *Bein (von Hund, Hase u. a.)* 8 <Mus.> *schnelle Folge* von Tönen; **'Lauf·bahn** ‹f.; -, -en› 1 ‹Sp.› *Strecke für Laufwettbewerbe* 2 *berufl. Werdegang;* eine große ~ vor sich haben; **'Lauf·bur·sche** ‹m.; -n, -n; abwertend› *Bote;* **'lau·fen** ‹V. i. (s.)176› 1 ‹↗Z26› *sich leicht springend fortbewegen;* lauf los!; das ist zum Auf-und-davon-Laufen!; Rollschuh, Schlittschuh, Ski ~ 2 ‹↗Z23; mdt.› *zu Fuß gehen;* in die Stadt ~; ~ lernen; das Kind läuft schon; hin- und her~; jmdn. ~ lassen ‹fig.› *nicht festnehmen;* sich die Füße wund ~ 3 *in Gang sein, arbeiten, sich entwickeln;* die Maschine, die Sache läuft; Gefahr ~; das läuft ins Geld ‹fig.› *wird teuer* 4 *rinnen, strömen;* der Wasserhahn läuft 5 *eine Richtung einschlagen;* der Weg läuft am Fluss entlang; ~ ‹schweiz.› *Stromschnelle;* **'lau·fend** ‹Adj.; ↗Z28.1› *dauernd, ununterbrochen, aufeinander folgend;* ~er Meter ‹Abk.: lfd. m., lfd. M., lfm.›; ~e Nummer ‹Abk.: lfd. Nr.›; der ~e Monat ‹Abk.: lfd. M.›; auf dem Laufenden sein *Bescheid wissen;* jmdn. auf dem Laufenden halten; **'Läu·fer** ‹m.; -s, -›; **Lau·fe'rei** ‹f.; -, -en›; **'Läu·fe·rin** ‹f.; -, -nnen›; **'läu·fe·risch** ‹Adj.›; **'lauf·faul** ‹Adj.›; **'Lauf·feu·er** ‹n.; -s, -› *Bodenfeuer;* die Nachricht verbreitete sich wie ein ~ ‹fig.› *sehr schnell;* **'Lauf·flä·che** ‹f.; -, -n› ~ eines Reifens; **'lauf·freu·dig** ‹Adj.›; **'Lauf·git·ter** ‹n.; -s, -› *aufstellbares rechteckiges (Holz-)Gitter für Kleinkinder;* **'Lauf·hund** ‹m.; -(e)s, -e; Jagdw.› *eine Hunderasse;* **'läu·fig** ‹Adj.› ~e Hündin *brünstige H.;* **'Läu·fig·keit** ‹f.; -; unz.›; **'Lauf·jun·ge** ‹m.; -n, -n› = *Laufbursche;* **'Lauf·kä·fer** ‹m.; -s, -; Zool.›; **'Lauf·kat·ze** ‹f.; -, -n› *Fahrwerk auf Trägern;* **'Lauf·kran** ‹m.; -(e)s, ⸚e od. (fachspr.) -e›; **'Lauf·kundschaft** ‹f.; -; unz.› Ggs *Stammkundschaft;* **'lauf·lahm** ‹Adj.; Jagdw.› ~es *Wild;* **'Lauf·masche** ‹f.; -, -n› *lose, abwärts gleitende Masche (an Strumpf u. Strickwaren);* **'Lauf·pass** ‹m.; umg.; nur in der Wen-

dung› jmdm. den ~ geben *jmdn. entlassen, ein Verhältnis mit jmdm. beenden;* **'Lauf·rad** ‹n.; -(e)s, ⸚er›; **'Lauf·rich·tung** ‹f.; -, -en›; **'Lauf·schritt** ‹m.; -(e)s, -e› *rasche Gangart;* im ~; **'Lauf·stall** ‹m.; -(e)s, ⸚e› 1 *größerer Viehstall* 2 = *Laufgitter;* **'Lauf·steg** ‹m.; -(e)s, -e› *erhöhter Steg für Modenschauen;* **'Lauf·vo·gel** ‹m.; -s, ⸚›; **'Lauf·werk** ‹n.; -(e)s, -e› 1 ‹Tech.› *Mechanismus zum (Maschinen-)Antrieb* 2 ‹EDV› *elektromechanisches Gerät (in einem Computersystem);* Disketten~; **'Lauf·wett·be·werb** ‹m.; -(e)s, -e; Sp.›; **'Lauf·zeit** ‹f.; -, -en› 1 ‹Bankw.› ~ einer Hypothek 2 ‹EDV; Phys.; Tech.› *Zeitintervall* 3 *Läufigkeit der Hündin;* **'Lauf·zeit·spei·cher** ‹m.; -s, -; EDV› *ein Informationsspeicher;* **'Lauf·zet·tel** ‹m.; -s, -›

'Lau·ge ‹f.; -, -n› 1 ‹i. w. S.› *scharfe Lösung* 2 ‹Chem.; i. e. S.› *wässrige Lösung von Basen²;* **'lau·gen** ‹V. t.›; **'lau·gen·ar·tig** ‹Adj.›; **'Lau·gen·bad** ‹n.; -(e)s, ⸚er› *alkalisches Bad;* **'Lau·gen·bre·zel** ‹f.; -, -n›; **'Lau·gen·bröt·chen** ‹n.; -s, -›

'Lau·heit ‹f.; unz.› *Unentschlossenheit*

laun·chen ‹['lɔːntʃən]; V. t.› *neue Produkte ~ auf den Markt bringen, einführen* [engl.]; **'Laun·cher** ‹m.; -s, -›

'Lau·ne ‹f.; -, -n› 1 *augenblickliche Gemütsstimmung;* bei guter ~ sein; das hat mir die ~ verdorben 2 *plötzlicher Einfall;* etwas aus einer ~ heraus tun

'Lau·ned·das ‹f.; -, -; Instrumentenk.› *sardisches Musikinstrument aus drei Schilfpfeifen*

'lau·nen·haft ‹Adj.; -er, am -es·ten›; **'Lau·nen·haf·tig·keit** ‹f.; -; unz.›; **'lau·nig** ‹Adj.› *humorvoll, geistreich;* ein ~er Einfall; **'lau·nisch** ‹Adj.› *launenhaft, unberechenbar*

Lau·re'at ‹m.; -en, -en› *preisgekrönter Wissenschaftler, Dichter od. Künstler* [lat.]; **Lau'rin·säu·re** ‹f.; unz.; Chem.› *kristallisierende Fettsäure;* **'Lau·rus** ‹m.; - od. -s·ses, - od. -s·se; Bot.› = *Lorbeer*

Laus ‹f.; -, ⸚e› *ein flügelloses In-*

sekt; Kopf~; Läuse haben; **'Laus·bub, 'Laus·bu·be** ‹m.; -(e)n, -(e)n; bes. oberdt.› *frecher kleiner Junge;* **'Laus·bu·ben·streich** ‹m.; -(e)s, -e›; **Laus·bü·be'rei** ‹f.; -, -en›; **'laus·bü·bisch** ‹Adj.› ~es *Grinsen*

'Lausch·an·griff ‹m.; -(e)s, -e› *unbemerkter (polizeilicher) Einsatz von Abhörgeräten;* **'lauschen** ‹V. i.; du lauschst› 1 *unbemerkt zuhören* 2 *aufmerksam zuhören;* jmds. Worten ~

'Läus·chen ‹n.; -s, -›; *Verkleinerungsf. von* Laus

'Lau·scher ‹m.; -s, -› 1 *jmd., der lauscht* 2 ‹Jagdw.› *Ohr (beim Schalenwild);* **'lau·schig** ‹Adj.› *einsam u. gemütlich;* ein ~es Plätzchen

'Läu·se·be·fall ‹m.; -(e)s; unz.›; **'Lau·se·ben·gel** ‹m.; -s, -; umg.› *frecher Junge;* **'Lau·se·jun·ge** ‹m.; -n, -n; umg.›; **'lau·se'kalt** ‹Adj.; umg.› *sehr kalt;* **'Lau·se'käl·te** ‹f.; -; unz.; umg.›; **'Lau·se·kerl** ‹m.; -(e)s, -e; umg.›; **'Läu·se·kraut** ‹n.; -(e)s; unz.; Bot.› *ein Rachenblütler;* **'lau·sen** ‹V. t. / V. refl.; du laust› *(im Fell) nach Läusen suchen;* **'Lau·ser** ‹m.; -s, -; umg.› *Schlingel;* **'lau·sig** ‹Adj.› *schlecht;* ~e Zeiten

'Lau·sitz ‹f.; -, -en› *eine ostdt. Landschaft;* Nieder~; Ober~; **'Lau·sit·zer** ‹m.; -s, -›; **'Lau·sit·ze·rin** ‹f.; -, -n·nen›; **'lau·sit·zisch** ‹Adj.›

laut¹ ‹Adj.; -er, am -es·ten› *geräuschvoll;* ~ aufschreien; ~ bellen, lachen, schreien; ~ lesen; das darf nicht ~ werden ‹fig.› *darf nicht bekannt werden;* Ggs *leise*

laut² ‹Präp. m. Dat. od. Gen.; nachfolgende artikellose Subst. werden gewöhnlich nicht flektiert› *gemäß, entsprechend;* ~ Anweisung; ~ unterzeichnetem Vertrag ‹od.› ~ (des) unterzeichneten Vertrages; ~ amtlichen Berichten

Laut ‹m.; -(e)s, -e› 1 *Schall, Ton;* der Hund gibt ~ ‹Jagdw.› 2 ‹Phon.› ~e bilden; → a. *Kasten S. 642;* **'laut·bar** ‹Adj.; in der Wendung› ~ werden ‹geh.› *be-*

Laut: Ein L. ist ein einzelner Ton oder ein Geräusch mit Ton, der oder das von den Sprechorganen erzeugt wird und Bestandteil von ⁒Silben und Wörtern ist. Man unterscheidet dabei zwischen ⁒Vokalen (Selbstlauten) und ⁒Konsonanten (Mitlauten). Bezogen auf das sprachliche System wird der L. als ⁒Phonem gefasst. In der Schrift werden L. durch Buchstaben repräsentiert, wobei das Entsprechungsverhältnis nicht eindeutig ist.

Laut-Buchstaben-Zuordnungen: Laute und Buchstaben sind einander zugeordnet, dabei gibt es jedoch keine 1:1-Entsprechung, so kann z. B. der Laut [i:] im Deutschen durch die Buchstabenfolgen *ie* (*Liebe*), *ih* (*ihr*) oder *i* (*Mine*) repräsentiert werden. Aufgrund der L. können auch gleich lautende Wörter schriftsprachlich unterschieden werden: *leeren – lehren, malen – mahlen, Lärche – Lerche.*
Die Schreibung von ⁒Wortstämmen bleibt bei der Flexion und Abwandlung der Wörter in der Regel konstant (Stammprinzip): *reiten, Reiter, Reiterball, reiterlich,* aber mit verändertem Wortstamm: *gritten, Beritt.* Wortstämme können durch ⁒Ablaut (*singen – sang – gesungen*) und ⁒Umlaut (*Haus – Häuser, Wand – Wände*) verändert werden.

1. Stärkung des Stammprinzips: Die Neuregelung der L. im Zuge der Rechtschreibreform sieht eine Stärkung des Stammprinzips vor, die einige alte Schreibweisen ersetzen soll, z. B.
Bändel (statt *Bendel*) zu *Band*
Stängel (statt *Stengel*) zu *Stange*
Gämse (statt *Gemse*) zu *Gams*
Quäntchen (statt *Quentchen*), heute zu *Quantum*, früher zu *Quent*
Karamell (statt *Karamel*) zu *Karamelle*
platzieren (statt *plazieren*) zu *Platz*
nummerieren (statt *numerieren*) zu *Nummer*
Tipp (statt *Tip*) *zu tippen.*
Endet das Stammwort einer Ableitung auf -*z*, so kann neben der Endung -*tial*, -*tiell*, nun auch -*zial*, -*ziell* gebraucht werden, z. B.

Potenzial, potenziell (neben *Potential, potentiell*) zu *Potenz.*
Ebenso wurden einige Schreibungen anderen angeglichen, z. B. *rau* statt früher *rauh* (jetzt wie *genau, Tau, flau* usw.), *Känguru* statt früher *Känguruh* (jetzt wie *Kakadu, Emu, Gnu*), *Zierrat* statt früher *Zierat* (jetzt wie *Verrat, Vorrat*).

2. Neuregelung der s- Schreibung: Künftig wird *ß* nur noch nach langem Vokal und Diphthong geschrieben, z. B. *Maß – Maße, grüßen – grüßte, heißen, draußen.* Nach kurzem Vokal steht immer *ss*.
Neu sind z. B. die Schreibweisen
dass (statt bisher *daß*)
Kuss – küssen – küsste (statt bisher *Kuß – küssen – küßte*)
Fluss – Flüsse (statt bisher *Fluß – Flüsse*).

3. Zusammentreffen von drei gleichen Buchstaben: Treffen drei gleiche Buchstaben in Zusammensetzungen aufeinander, so werden grundsätzlich alle Buchstaben geschrieben. Generell kann ein Bindestrich zwischen den entsprechenden Wortbestandteilen gesetzt werden.
Flusssand oder *Fluss-Sand*
Kaffeeersatz oder *Kaffee-Ersatz*
Fetttropfen oder *Fett-Tropfen*
seeerfahren oder *see-erfahren*

4. Fremdwörter unterliegen häufig fremdsprachigen Schreibgewohnheiten (z. B. *Sympathie, Happy End, Canapé*). Viele Fremdwörter wurden bereits der deutschen Schreibweise angeglichen, z. B. *Telefon* (früher *Telephon*), *Büro* (früher *Bureau*), *Foto* (früher *Photo*). Im Zuge der Rechtschreibreform wurde versucht, das Anpassen von Fremdwörtern an die deutsche Orthografie weiter zu forcieren.

4.1 Die aus dem Griechischen stammenden Wortbestandteile -*phon*, -*phot*, -*graph* können generell durch die eingedeutschten Formen -*fon*, -*fot*, -*graf* ersetzt werden. Daneben können auch die Schreibvarianten *Delfin* (neben *Delphin*) und *Grafit* (neben *Graphit*) verwendet werden.

4.2 Auch die Buchstabenfolgen

gh, rh und *th* können in einigen Fällen durch *g, r, t* ersetzt werden:
Getto neben *Ghetto*
Jogurt neben *Joghurt*
Katarr neben *Katarrh*
Myrre neben *Myrrhe*
Panter neben *Panther*
Tunfisch neben *Thunfisch*

4.3 In einigen Fällen können diakritische (Akzent-)Zeichen entfallen: *ee* neben *é, ée* ersetzen:
Frottee neben *Frotté*
Exposee neben *Exposé*
Dublee neben *Doublé*
(vgl. a. 4.7)

4.4 *ä* kann *ai* ersetzen:
Frigidär neben *Frigidaire*
Majonäse neben *Mayonnaise*

4.5 *u* kann *ou* ersetzen:
Buklee neben *Bouclé*

4.6 *ss* kann *c* ersetzen:
Fassette neben *Facette*
Nessessär neben *Necessär* oder *Necessaire*

4.7 *sch* kann *ch* ersetzen:
Ketschup neben *Ketchup*
Schikoree neben *Chicorée*

4.8 *k* kann *qu* ersetzen:
Kommunikee neben *Kommuniqué*

Lautschrift: Die L. oder phonetische Umschrift ist eine Schreibweise, die verwendet wird, um gesprochene Sprache mithilfe eines Zeichensystems schriftlich zu fixieren.
Man unterscheidet dabei alphabetische L. wie das IPA, das bereits vorhandene Buchstaben und Zeichen des lateinischen und griechischen Alphabets verwendet, von analphabetischen Transkriptionssystemen. Das **IPA** (*International Phonetic Alphabet*) besitzt heute als standardisierte L. internationale Gültigkeit.
In Wörterbüchern und Lexika wird die L. häufig bei Fremdwörtern und schwierig oder abweichend von der deutschen Aussprache zu artikulierenden Stichwörtern in eckigen Klammern angegeben: *Buffet* [byˈfeː].

Vgl. auch die Tabelle der Aussprachezeichen

kannt werden; **'Laut·bil·dung** <f.; -, -en> Phon.> Artikulation
Lau·te <f.; -, -n; Instrumentenk.> spitz zulaufendes Saiteninstrument; ~ spielen
lau·ten <V. i.> einen best. Inhalt haben; wie lautet die Lösung?; das Urteil lautet auf fünf Jahre Freiheitsentzug; **'läu·ten** <V. i. u. V. t.> ertönen (lassen); es läutet (zur Kirche); er läutet die Glocken; etwas ~ hören <fig.> vernehmen
lau·ten·ar·tig <Adj.>; **Lau·te'nist** <m.; -en, -en> Lautenspieler; **Lau·te'nis·tin** <f.; -, -n·nen>; **'Lau·ten·mu·sik** <f.; -; unz.>; **'Lau·ten·zug** <m.; -(e)s, ⁓e; Mus.> Register des Cembalos
lau·ter¹ <Adj.> rein, unverfälscht; ~es Gold; ~e Absichten haben <fig.> ehrliche A.
lau·ter² <Adj.; undekl.> nichts als, nur; ~ Lügen; vor ~ Angst
'Lau·ter·keit <f.; -; unz.>
läu·tern <V. t.; ich läut(e)re> 1 filtern, reinigen 2 jmdn. ~ <fig.; geh.> bessern; er ist daraus geläutert hervorgegangen; **'Läu·te·rung** <f.; -, -en>
'Laut·er·zeu·gung <f.; -; unz.>; **'Läu·te·werk** <n.; -(e)s, -e> elektr. Klingel; oV Läutwerk; **'Laut·ge·setz** <n.; -es, -e; Phon.> Regel des Lautwandels; **'laut·ge·treu** <Adj.>; **'laut·hals** <Adv.> ~ schreien; **'Laut·heit** <f.; -; unz.>; **lau'tie·ren** <V. i.> Laut für Laut aussprechen; **Lau'tier·me·tho·de** <f.; -; unz.> Methode des Lesenlernens; Ggs Ganzheitsmethode; → a. Kasten Phonetik; **'laut·lich** <Adj.>; **'laut·los** <Adj.>; **'Laut·lo·sig·keit** <f.; -; unz.>; **'laut·ma·lend** <Adj.>; **Laut·ma·le'rei** <f.; -, -en> Nachahmung von Naturlauten durch ähnl. Sprachlaute; **'Laut·schrift** <f.; -, -en> phonet. Umschrift; → a. Kasten S. 642; **'Laut·spre·cher** <m.; -s, -> Gerät zur Wiedergabe elektromag. Wellen; **'Laut·spre·cher·box** <f.; -, -en>; **'laut·stark** <Adj.> sehr laut, vehement; sich ~ zu Wort melden; **'Laut·stär·ke** <f.; -, -n> Stärke der Schallempfindung; **'Laut·stär·ke·pe·gel** <m.; -s, ->; **'Laut·stär·ke·**

reg·ler <m.; -s, ->; **'Laut·tung** <f.; -, -en> = Lautbildung; **'Laut·ver·schie·bung** <f.; -, -en> gesetzmäßige Veränderung des Konsonantensystems; germanische, hochdeutsche ~; **'Laut·wan·del** <m.; -s; unz.>; **'Läut·werk** <n.; -(e)s, -e> = Läutewerk; **'Laut·zei·chen** <n.; -s, -> phonet. Zeichen
'lau·warm <Adj.> 1 mäßig warm; ~es Essen 2 <fig.> halbherzig; ~er Beifall
'La·va <[-va]; f.; -, 'La·ven; Geol.> geschmolzenes Gestein (bei Vulkanausbrüchen) [ital.]
La·va·bo <[-'va-], schweiz. ['---]; n.; - od. -s, -s> 1 <schweiz.> Waschbecken 2 <Kath.> Handwaschung des Priesters [frz.]
'La·va·de·cke <[-va-]; f.; -, -n; Geol.>; **'La·va·strom** <m.; -(e)s, ⁓e>; **'La·ven** <Pl. von> Lava
la·ven·del <[-'ven-]; Adj.; undekl.> hellviolett; eine ~ Bluse; **La'ven·del** <m.; -s; unz.; Bot.> ein Lippenblütler mit violetten Blüten [ital.]; **la'ven·del·blau** <Adj.>; **la'ven·del·far·ben, la'ven·del·far·big** <Adj.>; **La'ven·del·öl** <n.; -(e)s; unz.>; **La'ven·del·was·ser** <n.; -es; unz.>
la·vie·ren¹ <[-'vi:-]; V.> 1 <V. i.; veralt.> gegen den Wind kreuzen 2 <V. i. u. V. t.; refl.; fig.> Schwierigkeiten geschickt umgehen; sich aus, durch etwas ~ [ndrl.]
la·vie·ren² <[-'vi:-]; V. t.> ineinander übergehen lassen; lavierte Federzeichnung [frz.]
lä·vo'gyr <[-vo-]; Adj.; Chem.; Phys.; Zeichen: l-> linksdrehend; Ggs dextrogyr [grch.]
Law and Or·der <['lɔː ənd 'ɔːdə(r)]; ohne Art.; engl. Bez. für> Gesetz und Ordnung
La'wi·ne <f.; -, -n> herabstürzende Schnee- od. Steinmasse [rätoroman.]; **la'wi·nen·ge·fahr** <f.; -; unz.>; **la'wi·nen·ge·fähr·det** <Adj.> ~es Gebiet; **La'wi·nen·hang** <m.; -(e)s, ⁓e>; **La'wi·nen·op·fer** <n.; -s, ->; **La'wi·nen·un·glück** <n.; -(e)s, -e>
Lawn·ten·nis <['lɔːn-]; n.; -; unz.; Sp.> Rasentennis [engl.]
Law'ren·ci·um <[lɔ-]; n.; -s; unz.; Chem.; Zeichen: Lr> ein radio-

aktives Element [nach dem Physiker E. O. Lawrence]
lax <Adj.; -er, am -es·ten> locker, lässig; ~es Benehmen [lat.]; **'La·xans** <n.; -, -'xan·zi·en od. -'xan·tia; Med.>, **La·xa'tiv, La·xa'ti·vum** <[-v-]; n.; -s, -va; Med.> Abführmittel; **'Lax·heit** <f.; -; unz.> Lässigkeit; **la'xie·ren** <V. i.; Med.> abführen
Lay·out <auch> **Lay·out** <[le:'aut], a. ['--]; n.; -s, -s; ↗Z32> Text-, Bildentwurf [engl.]; **lay'ou·ten** <a. ['---]; V. t.; ich layoute; du layoutest; sie layoutet; er hat layoutet>; **Lay·'ou·ter** <a. ['---]; m.; -s, ->; **Lay·'ou·te·rin** <f.; -, -n·nen>
La·za'rett <n.; -(e)s, -e; Mil.> Krankenhaus für Soldaten [frz.]; **La·za'rist** <m.; -en, -en; Kath.> Angehöriger einer Priesterkongregation ohne Gelübde [nach dem Pariser Mutterhaus Saint-Lazare]; **'La·za·rus** <m.; -, -s·se> kranker, zu bedauernder Mensch [nach der bibl. Gestalt des armen Lazarus]
La·ze·ra·ti'on <f.; -, -en; Med.> Einriss [lat.]; **la·ze'rie·ren** <V. i. (s.); Med.> einreißen
La'zert·e <f.; -, -n; Zool.> Eidechse [lat.]
La·zu'lith <m.; -(e)s, -e; Min.> = Blauspat [pers.]
l. c. <Abk. für> loco citato
LCD <Abk. für engl.> Liquid Crystal Display (z. B. bei Taschenrechnern)
ld., Ld. <Abk. für> limited [engl.]
LD <Abk. für> Laserdisc
LDC <Abk. für engl.> Less Developed Countries; → a. LLDC
LDPD <f.; -; unz.; DDR; 1945–1990; Abk. für> Liberal-Demokratische Partei Deutschlands
Lead <[li:d]; n.; - od. -s, -s; Jazz> Führungsstimme [engl.]; **'Lea·der** <m.; -s, -> 1 <kurz für> Bandleader 2 <Mus.> Konzertmeister, Dirigent 3 <Sp.> Tabellenführer, Spitzenreiter; **'Lea·de·rin** <f.; -, -n·nen>; **'Lead·gi·tar·re** <f.; -, -n; Popmus.> melodieführende Gitarre; **'Lead·gi·ta·rist** <m.; -en, -en; Popmus.>; **'Lead·gi·tar·ris·tin** <f.; -, -n·nen; Popmus.>; **'Lead·sän·ger** <m.; -s, -; Popmus.>; **'Lead-**

L

sän·ge·rin <f.; -, -n·nen; Pop-mus.>

Leaf·let <['li:flət]; n.; -s, -s> *Werbeblatt* [engl.]

Lean·ma·nage·ment, <auch> **Lean Ma·nage·ment** <['li:n 'mænidʒmənt]; n.; (-)-s; unz.; ↗Z30; Wirtsch.> *kostengünstige Unternehmensführung* [engl.]; **Lean·pro·duc·tion**, <auch> **Lean Pro·duc·tion** <['li:n prɔ'dʌkʃn]; f.; (-)-; unz.; Wirtsch.> *kostengünstige Produktion*

Lear·ning by Do·ing <['lɔ:niŋ bai 'du:iŋ]; n.; ---; unz.> *Lernen durch praktische Tätigkeit* [engl.]

lea·sen <['li:-]; V. t.; ich lease; du least; sie least; er hat geleast> *für längere Zeit mieten;* ein Auto – [engl.]; **'Lea·sing** <n.; -s, -s> *Mietkauf;* **'Lea·sing·ge·sell·schaft** <f.; -, -en>; **'Lea·sing·ra·te** <f.; -, -n>

Le·be·hoch <n.; -s, -s> *Hochruf;* ein – ausbringen; **'Le·be·mann** <m.; -(e)s, ‥er> *ausschweifend lebender Mann;* **'le·be·män·nisch** <Adj.>; **'le·ben** <V. i.; ↗Z23> **1** *am Leben sein;* er lebt nicht mehr; sie hat nicht mehr lange zu –; jmdn. – lassen; leb wohl! *(Abschiedsgruß);* das ist zum Leben zu wenig, zum Sterben zu viel <fig.; umg.>; –d oder tot; –d gebärende Tiere; kein –des Wesen war zu sehen; –des Inventar *Tiere, Menschen* **2** *(das Leben) verbringen;* gut, bescheiden –; – und – lassen; über seine Verhältnisse –; das In-den-Tag-hinein-Leben; **'Le·ben** <n.; -s, -> **1** *Daseinsform von Lebewesen u. Pflanzen;* das – nach dem Tode; am – bleiben; seines –s nicht mehr sicher sein; mit dem – davonkommen; sich das – nehmen; jmdn. ums – bringen *töten;* die – spendende Kraft des Lichtes; – vernichtende Schadstoffe; eine – zerstörende Entwicklung **2** *Lebenskraft;* voller – stecken; – in jmdn. bringen; sich seines –s freuen **3** *Lebensdauer;* zeit seines –s; mein – lang; ins – treten **4** *Lebensweise;* das – der Waschbären; ein neues – beginnen; das tue ich für mein – gern; **'le-**

ben·be·ja·hend <Adj.> = *lebensbejahend;* **'Le·bend·ge·burt** <f.; -, -en> Ggs *Totgeburt;* **'Le·bend·ge·wicht** <n.; -(e)s; unz.> Ggs *Schlachtgewicht;* **le'ben·dig** <Adj.> **1** *lebend;* mehr tot als –; bei –em Leibe **2** *lebhaft, ausdrucksvoll;* eine –e Schilderung; **Le'ben·dig·keit** <f.; -; unz.>; **'Le·bend·impf·stoff** <m.; -(e)s, -e; Med.> *Impfstoff aus lebenden, inaktivierten Krankheitserregern;* **'Le·bens·a·bend** <m.; -s, -e; ↗Z55> *ein beschaulicher –;* **'Le·bens·ab·lauf** <m.; -(e)s, ‥e>; **'Le·bens·ab·schnitt** <m.; -(e)s, -e>; **'Le·bens·ab·schnitts·ge·fähr·te** <m.; -n, -n; oft iron.>; **'Le·bens·ab·schnitts·ge·fähr·tin** <f.; -, -n·nen>; **'Le·bens·al·ter** <n.; -s, -> *ein hohes – erreichen;* **'Le·bens·ar·beits·zeit** <f.; -; unz.> *Verkürzung der –;* **'Le·bens·art** <f.; -; unz.>; **'Le·bens·auf·ga·be** <f.; -, -n; Pl. selten>; **'Le·bens·bahn** <f.; -; unz.; poet.> *Lebensverlauf;* **'Le·bens·baum** <m.; -(e)s, ‥e; Bot.> *ein Nadelholzgewächs;* **'Le·bens·be·din·gung** <f.; -, -en; meist Pl.> *gute, schlechte –en;* **'le·bens·be·dro·hend** <Adj.>; **'le·bens·be·droh·lich** <Adj.>; **'Le·bens·be·dro·hung** <f.; -, -en>; **'le·bens·be·ja·hend** <Adj.> *das Leben bejahend, optimistisch;* oV *lebensbejahend;* Ggs *lebensverneinend;* **'Le·bens·be·ja·hung** <f.; -; unz.>; **'Le·bens·be·schrei·bung** <f.; -, -en>; **'Le·bens·bund** <m.; -(e)s, ‥e; Pl. selten; geh.> *Ehe;* den – schließen; **'Le·bens·dau·er** <f.; -; unz.>; **'le·bens·echt** <Adj.>; **'Le·bens·e·li·xier** <n.; -s, -e; ↗Z55; Myth.> *Leben spendender od. verlängernder Zaubertrank;* **'Le·bens·en·de** <n.; -s; unz.> *Tod;* bis ans –; **'Le·bens·er·fah·rung** <f.; -, -en> *reich an –;* **'Le·bens·er·in·ne·run·gen** <Pl.>; **'Le·bens·er·war·tung** <f.; -; unz.> *hohe, niedrige –;* **'le·bens·fä·hig** <Adj.>; **'Le·bens·fä·hig·keit** <f.; -; unz.>; **'le·bens·feind·lich** <Adj.>; **'Le·bens·form** <f.; -, -en> *alternative –en;* **'Le·bens·fra·ge** <f.; -, -n> *entscheidende Frage;* **'le·bens·fremd** <Adj.>

weltfremd; **'Le·bens·freu·de** <f.; -; unz.> *voller –;* **'le·bens·froh** <Adj.>; **'le·bens·fü·hrung** <f.; -; unz.>; **'Le·bens·ge·fahr** <f.; -; unz.> *in – schweben; etwas mit, unter – tun;* **'le·bens·ge·fähr·lich** <Adj.>; **'Le·bens·ge·fähr·te** <m.; -n, -n>; **'Le·bens·ge·fähr·tin** <f.; -, -n·nen>; **'Le·bens·geis·ter** <Pl.> *Leben, Munterkeit;* jmds. – wieder wecken; **'Le·bens·ge·mein·schaft** <f.; -, -en> *eheähnliches Zusammenleben;* **'Le·bens·ge·schich·te** <f.; -; -n> *seine – erzählen;* **'le·bens·groß** <Adj.> *–e Puppe;* **'Le·bens·grö·ße** <f.; -; unz.> *in – darstellen;* **'Le·bens·grund·la·ge** <f.; -, -n> *Existenzgrundlage;* **'Le·bens·hal·tung** <f.; -; unz.> *wirtschaftl. Haushaltsführung;* **'Le·bens·hal·tungs·kos·ten** <Pl.> *Senkung der –;* **'Le·bens·hil·fe** <f.; -, -n> **1** *Hilfe in schwierigen Lebenssituationen* **2** *eine soziale Hilfsorganisation;* **'Le·bens·jahr** <n.; -(e)s, -e> *im 8. –;* **'le·bens·klug** <Adj.>; **'Le·bens·klug·heit** <f.; -; unz.>; **'Le·bens·kraft** <f.; -; unz.> *neue – schöpfen;* **'le·bens·kräf·tig** <Adj.>; **'Le·bens·künst·ler** <m.; -s, -> *jmd., der das Leben (mit geringen Mitteln) schön zu gestalten weiß;* **'Le·bens·künst·le·rin** <f.; -, -n·nen>; **'Le·bens·la·ge** <f.; -, -n> *in eine mißliche – geraten;* **'le·bens·lang** <Adj.> *zu –er Haft verurteilt sein;* **'le·bens·läng·lich** <Adj.> *–er Freiheitsentzug;* **'Le·bens·läng·li·che(r)** <f. 2 (m. 1)>; **'Le·bens·lauf** <m.; -(e)s, ‥e> *kurze Beschreibung des Werde- u. Bildungsganges;* **'Le·bens·licht** <n.; -(e)s, -er> *jmdm. das – ausblasen* <umg.> *jmdn. töten;* **'Le·bens·lust** <f.; -; unz.>; **'le·bens·lus·tig** <Adj.>; **'Le·bens·mit·tel** <n.; -s, -; meist Pl.> *Nahrungs- u. Genussmittel;* **'Le·bens·mit·tel·farb·stoff** <m.; -(e)s, -e>; **'Le·bens·mit·tel·ver·gif·tung** <f.; -, -en>; **'le·bens·mü·de** <Adj.> *– sein;* **'Le·bens·mut** <m.; -(e)s; unz.> *neuen – schöpfen;* **'le·bens·nah** <Adj.> *–e Schilderung;* **'Le·bens·nerv** <m.; -s, -en; fig.> *jmdn. an sei-*

nem ~ treffen; **'le·bens·not·wen·dig** <Adj.>; **'Le·bens·not·wen·dig·keit** <f.; -; unz.>; **'Le·bens·part·ner** <m.; -s, ->; **'Le·bens·part·ne·rin** <f.; -, -n·nen>; **'le·ben·sprü·hend** <Adj.> *lebhaft;* <aber> vor Leben sprühend; **'le·bens·ret·tend** <Adj.> ~e Maßnahmen; **'Le·bens·ret·ter** <m.; -s, ->; **'Le·bens·ret·te·rin** <f.; -, -n·nen>; **'Le·bens·ret·tungs·me·dail·le** <[-daljə] f.; -, -n>; **'Le·bens·stan·dard** <m.; -s, -s> hoher, niedriger ~; **'Le·bens·stel·lung** <f.; -, -en> *Stellung auf Lebenszeit;* **'Le·bens·stil** <m.; -(e)s, -e>; **'le·bens·tüch·tig** <Adj.>; **'Le·bens·ü·ber·druss** <m.; -es; unz.> ↗Z55; **'le·bens·ü·ber·drüs·sig** <Adj.>; **'le·bens·un·fä·hig** <Adj.>; **'Le·bens·un·ter·halt** <m.; -s; unz.> *Gesamtkosten für lebensnotwendige Dinge;* **'le·bens·un·tüch·tig** <Adj.>; **'le·bens·ver·nei·nend** <Adj.> *das Leben verneinend, pessimistisch; oV lebenverneinend;* Ggs *lebensbejahend;* **'Le·bens·ver·nei·nung** <f.; -; unz.>; **'Le·bens·ver·si·che·rung** <f.; -, -en> *eine ~ abschließen;* **'Le·bens·wahr·heit** <f.; -, -en>; **'Le·bens·wan·del** <m.; -s; unz.> *einen unsittlichen ~ führen;* **'Le·bens·was·ser** <n.; -s, -; Myth.> = *Lebenselixier;* **'Le·bens·weg** <m.; -(e)s, -e; Pl. selten; fig.> *den gemeinsamen ~ gehen heiraten;* **'Le·bens·wei·se** <f.; -; unz.> *gesunde, ungesunde ~;* **'Le·bens·werk** <n.; -(e)s, -e> ~ *eines Künstlers;* **'le·bens·wert** <Adj.> *ein ~es Leben;* **'le·bens·wich·tig** <Adj.>; **'Le·bens·wil·le** <m.; -ns; unz.>; **'Le·bens·zei·chen** <n.; -s, -> *kein ~ mehr von sich geben;* **'Le·bens·zeit** <f.; -; unz.> *Stellung auf ~;* **'le·ben·ver·nei·nend** <Adj.> = *lebensverneinend*

'Le·ber <f.; -, -n; Med.> *ein Drüsenorgan;* **'Le·ber·blüm·chen** <n.; -s, -; Bot.> *ein Hahnenfußgewächs;* **'Le·ber·e·gel** <m.; -s, -; ↗Z55; Zool.> *ein Saugwurm; Großer ~; Kleiner ~;* **'Le·ber·ent·zün·dung** <f.; -, -en; Med.> Sy *Hepatitis;* **'Le·ber·fleck** <m.; -(e)s, -e> *brauner Pigmentfleck auf der Haut;* **'Le·ber·kä·se** <m.; -s, -; bes. süddt.> *laibförmiges Fleischgericht;* **'Le·ber·knö·del** <m.; -s, ->; **'Le·ber·krebs** <m.; -es; unz.; Med.>; **'Le·ber·pas·te·te** <f.; -, -n>; **'Le·ber·tran** <m.; -(e)s; unz.> *u. a. aus Dorschleber gewonnenes Öl;* **'Le·ber·wurst** <f.; -, ⁓e>; **'Le·ber·zir·rho·se** <f.; -, -n; Med.> *krankhafte Schrumpfung der Leber*

'Le·be·welt <f.; -; unz.>; **'Le·be·we·sen** <n.; -s, -> *lebender Organismus;* **Le·be'wohl** <n.; -(e)s, -e od. -s> ~ *sagen;* <aber> *er sagte: "Leb(e) wohl!";* **'leb·haft** <Adj.; -er, am -es·ten> *munter, temperamentvoll, intensiv;* ~er *Beifall;* **'Leb·haf·tig·keit** <f.; -; unz.>

'Leb·ku·chen <m.; -s, -; bes. süd­dt. u. westdt.> = *Pfefferkuchen;* **'Leb·ku·chen·herz** <n.; -ens, -en>

'leb·los <Adj.> *tot (aussehend);* **'Leb·lo·sig·keit** <f.; -; unz.>; **'Leb·tag** <m.; -(e)s, -e; in der Wendung> *mein (dein, sein, ihr) ~ das ganze Leben lang; das habe ich mein ~ nicht gesehen;* **'Leb·zei·ten** <nur Pl.; in den Wendungen> *zu ~, bei ~; zu meiner Mutter ~*

'Leb·zel·ten <m.; -s, -; österr.> *Lebkuchen;* **'Leb·zel·ter** <m.; -s, -; österr.> *Lebkuchenbäcker;* **'Leb·zel·te·rin** <f.; -, -n·nen> österr.>

'lech·zen <V. i.; ich lechze; du lechzt; sie lechzt> *nach etwas ~ begierig sein nach etwas*

Le·ci'thin <n.; -s; unz.> = *Lezithin*

leck <Adj.> *undicht; das Schiff ist ~;* **Leck** <n.; -(e)s, -e> *undichte Stelle, Loch;* **'Le·cka·ge** <[-ʒə] f.; -, -n> 1 *Gewichtsverlust bei flüssigen Gütern* 2 *undichte Stelle, Leck; ~ an einem Kernreaktor*

'Le·cke <f.; -, -n; Jagdw.> = *Salzlecke*

'le·cken¹ <V. i.> *leck sein; das Schiff leckt*

'le·cken² <V. i. u. V. t.> *mit der Zunge über etwas gleiten; Eis ~; leck mich (am Arsch)!* <derb> *lass mich in Ruhe!;* **'le·cker** <Adj.> *wohlschmeckend, appetitlich; das sieht ~ aus;* **'Le·cker**

<m.; -s, -; Jagdw.> *Zunge (des Schalenwildes);* **'Le·cker·bis·sen** <m.; -s, -; ↗> **Le·cke'rei** <f.; -, -en> ~en *servieren;* **'Le·cker·li** <n.; -s, -> 1 <schweiz.> *ein Gebäck* 2 *Leckerei;* **'Le·cker·maul** <n.; -(e)s, ⁓er; umg.> *naschhafte Person;* **'Le·cker·mäul·chen** <n.; -s, -; umg.> *Verkleinerungsf. von Leckermaul*

'leck|schla·gen <V. i. (s.) 218> *ein Leck bekommen; das Schiff ist leckgeschlagen*

Lec'ti·ne <Pl.; Biochem.> = *Lektine*

LED <Abk. für Lumineszenzdiode*

'Le·der <n.; -s, -> 1 *gegerbte Tierhaut; ~ verarbeitende Firmen; jmdm. ans ~ wollen* <fig.> *jmdn. angreifen; vom ~ ziehen* <fig.> *schimpfen* 2 *aus Leder(1) gefertigter Gegenstand; ~schuhe; ~tasche* 3 <Sp.; umg.> *Fußball;* **'Le·der·ball** <m.; -(e)s, ⁓e>; **'Le·der·band¹** <m.; -(e)s, ⁓e> *(Buch mit) Ledereinband;* **'Le·der·band²** <n.; -(e)s, ⁓er> *ledernes (Arm-)Band;* **'Le·der·far·ben, 'le·der·far·big** <Adj.>; **'Le·der·haut** <f.; -; unz.; Anat.> *Hautschicht unter der Oberhaut;* **'Le·der·ho·se** <f.; -, -n>; **'le·de·rig** <Adj.> *lederartig; oV ledrig;* **'Le·der·ja·cke** <f.; -, -n>; **'le·dern¹** <V. t.; ich led(e)re gerben;* **'le·dern²** <Adj.> *aus Leder; die Sache ist ~* <fig.> *langweilig;* **'Le·der·na·cken** <m.; -s, -> *Soldat einer US-amerikan. Elitetruppe;* **'Le·der·rie·men** <m.; -s, ->; **'Le·der·schuh** <m.; -(e)s, -e>; **'Le·der·ses·sel** <m.; -s, ->; **'Le·der·soh·le** <f.; -, -n>; **'Le·der·ta·sche** <f.; -, -n>; **'Le·der·wa·ren** <Pl.>

'le·dig <Adj.> *frei, ungebunden, unverheiratet; ~ sein; er ist ~ geblieben; aller Sorgen ~ sein* **'le·dig·lich** <Partikel> *nur, bloß* **'led·rig** <Adj.> = *lederig*

Lee <f.; -; unz.; Mar.> *dem Wind abgekehrte Seite; in, nach ~;* Ggs *Luv*

leer <Adj.; ↗Z24; Getrenntschrei­bung mit Verben u. Part.> 1 *nichts enthaltend, entleert; ein ~es Glas; halb, ganz ~; den Becher ~ trinken; ein Fass ~ laufen lassen; den Motor ~ laufen las-*

sen *ohne Arbeitsleistung betätigen* **2** *frei, unbenutzt;* eine Wohnung ~ machen, räumen; ein ~ stehendes Zimmer **3** ‹fig.› *gehaltlos;* ~es Gerede; **'Lee·re** ‹f.; -; unz.› *das Leersein, Gehaltlosigkeit;* gähnende ~; ins ~ starren; ‹aber› → *Lehre;* **'lee·ren** ‹V. t./V. refl.› *leer machen, ausschütten;* seine Taschen ~; der Raum leerte sich; ‹aber› → *lehren;* **'Leer·ge·wicht** ‹n.; -(e)s; unz.› Kfz *Gewicht ohne Ladung;* **'Leer·gut** ‹n.; -(e)s; unz.› ~ bitte zurück; **'Leer·heit** ‹f.; -; unz.›; **'Leer·lauf** ‹m.; -(e)s; unz.› **1** ~ eines Motors *Lauf ohne Arbeitsleistung* **2** ‹fig.› ~ haben *(vorübergehend) ohne Arbeit sein;* **'Leer·stel·le** ‹f.; -, -n› **1** *nicht ausgefüllte Stelle* **2** ‹Sprachw.› *aufgrund der Verbvalenz eröffnete Stelle im Satz;* ‹aber› → *Lehrstelle;* **'Leer·tas·te** ‹f.; -, -n; an Tastaturen› *Taste für den Zwischenraum;* **'Lee·rung** ‹f.; -, -en› ~ des Briefkastens

'lee·wärts ‹Adv.; Mar.› *nach Lee;* Ggs *luvwärts*

'Lef·ze ‹f.; -, -n; Jagdw.› *Lippe (von Hund u. Raubwild)*

leg. ‹Mus.; Abk. für› *legato*

le'gal ‹Adj.› *dem Gesetz entsprechend;* Ggs *illegal* [lat.]; **Le·ga·li·sa·ti'on** ‹f.; -, -en› *amtliche Beglaubigung;* **le·ga·li·sie·ren** ‹V. t.› *gesetzlich machen;* **Le·ga·li·sie·rung** ‹f.; -, -en›; **Le·ga·'lis·mus** ‹m.; -; unz.› geh.› *strikte Gesetzestreue;* **le·ga·'lis·tisch** ‹Adj.›; **Le·ga·li·'tät** ‹f.; -; unz.› *Gesetzlichkeit;* **Le·ga·li·'täts·prin·zip** ‹n.; -s; unz.; Rechtsw.› *Grundsatz, nach dem die Staatsanwaltschaft beim Verdacht einer Straftat tätig werden muss*

leg·as'then, ‹auch› **le·gas'then** ‹Adj.; ⟋Z.54› oV *legasthenisch* [grch.]; **Leg·as·the'nie** ‹f.; -, -n; Med.; Päd.› *Schwäche im Erlernen des Lesens u. Schreibens;* → a. *Kasten Lese-Rechtschreib-Schwäche;* **Leg·as'the·ni·ker** ‹m.; -s, -›; **Leg·as'the·ni·ke·rin** ‹f.; -, -n·nen›; **leg·as'the·nisch** ‹Adj.› oV *legasthen*

Le'gat¹ ‹n.; -(e)s, -e; Rechtsw.› *Vermächtnis* [lat.]; **Le'gat²** ‹m.;

-en, -en› **1** ‹altröm. Reich› *Gesandter* **2** *päpstl. Gesandter;* **Le·ga'tar** ‹m.; -s, -e; Rechtsw.› *Vermächtnisnehmer;* **Le·ga·ta·rin** ‹f.; -, -n·nen›; **Le·ga·ti'on** ‹f.; -, -en› *päpstl. Gesandtschaft;* **Le·ga·ti'ons·rat** ‹m.; -(e)s, ⸚e; Amtsbez.› *Rat im auswärtigen diplomat. Dienst;* **Le·ga·ti'ons·rä·tin** ‹f.; -, -n·nen›

le·ga'tis·si·mo ‹Mus.› *äußerst legato* [ital.]; **le·ga'to** ‹Mus.; Abk.: leg.› *gebunden (zu spielen)*

'le·ge 'ar·tis ‹Med.; geh.› *nach den Regeln der (ärztlichen) Kunst* [lat.]

'Le·ge·bat·te·rie ‹f.; -, -n› *Drahtkäfige für die Haltung von Legehennen;* **'Le·ge·hen·ne** ‹f.; -, -n› *bes. viele Eier legende Henne;* oV *Leghenne*

'Le·gel ‹m. od. n.; -s, -; Seemannsspr.› *Ring zum beweglichen Festmachen eines Segels*

'le·gen ‹V. t./V. refl.; ich lege; du legst; sie legt; er hat gelegt› → a. *gelegen; liegen* **1** *zum Liegen bringen, hinlegen;* das Buch auf den Tisch ~; er hat sich aufs Bett gelegt **2** *einrichten, installieren;* Fliesen, Parkett ~; er hat Feuer gelegt **3** *berühren;* jmdm. die Hand auf die Stirn ~ **4** *festmachen, anketten;* einen Hund an die Kette ~; jmdn. in Fesseln ~ **5** *hervorbringen, erzeugen;* Eier ~de Tiere **6** *hervorheben, betonen;* Nachdruck auf etwas ~

le·gen'där ‹Adj.› *legendenhaft, unwahrscheinlich* [lat.]; **Le·gen·'dar** ‹n.; -s, -e›, **Le·gen·da·ri·um** ‹n.; -s, -ri·en› *Sammlung von Heiligenlegenden;* **Le'gen·de** ‹f.; -, -n› **1** *Sage* **2** *nicht belegtes historisches Ereignis* **3** *Text von Inschriften;* ~n von Münzen **4** *erläuternder Text zu Karten, Abbildungen o. Ä.;* **Le'gen·den·bil·dung** ‹f.; -; unz.›; **le'gen·den·haft** ‹Adj.›

le·ger ‹[le'ʒe:r]; Adj.› *ungezwungen, formlos;* ~e Kleidung [frz.]

'Le·ger ‹m.; -s, -; meist in Zus.› *Fliesen~; Parkett~*

'Le·ges ‹Pl. von› *Lex*

'Leg·föh·re ‹f.; -, -n; Bot.› = *Latschenkiefer*

leg·gie·ro ‹[lɛ'dʒe:ro]; Mus.› *leicht, flüchtig (zu spielen)* [ital.]

'Leg·gings, 'Leg·gins ‹Pl.› *eng anliegende Strumpfhose ohne Füßlinge* [engl.]

'Leg·hen·ne ‹f.; -, -n› = *Legehenne*

'Leg·horn ‹n.; -s, - od. -s od. ⸚er; Zool.› *weiße Haushuhnrasse* [nach der ital. Stadt *Livorno*]

le'gie·ren ‹V. t.› **1** *Metalle* ~ *verschmelzen* **2** *Soßen* ~ *eindicken* [ital.]; **Le'gie·rung** ‹f.; -, -en› *Metallgemisch*

Le·gi'on ‹f.; -, -en› **1** ‹urspr.› *röm. Truppeneinheit* **2** *Söldnertruppe; Fremden~* **3** *große Menge;* ihre Zahl war ~ [lat.]; **Le·gi·o·'när** ‹m.; -s, -e› **1** *röm. Soldat* **2** *Soldat einer Legion(2);* **Le·gi·o·'närs·krank·heit** ‹f.; -; unz.; Med.› *eine schwere Infektionskrankheit;* **Le·gi·o'nel·le** ‹f.; -, -n; Med.› *im Stäbchenbakterium (Erreger der Legionärskrankheit);* **Le·gi·o·nel'lo·se** ‹f.; -; unz.; Med.› = *Legionärskrankheit*

le·gis·la'tiv ‹Adj.› *gesetzgebend* [lat.]; **Le·gis·la·ti've** ‹[-və]; f.; -, -n› → a. *Exekutive, Judikative* **1** *gesetzgebende (Staats)Gewalt* **2** *gesetzgebende Versammlung;* **le·gis·la'to·risch** ‹Adj.› *gesetzgeberisch;* **Le·gis·la·tur** ‹f.; -, -en› *gesetzgebende Körperschaft;* **Le·gis·la'tur·pe·ri·o·de** ‹f.; -, -n› *Zeitraum, für den eine Volksvertretung gewählt wurde;* **le·gi'tim** ‹Adj.› *(gesetzlich) zulässig;* **Le·gi·ti·ma·ti'on** ‹f.; -, -en› *Beglaubigung, Berechtigung(sausweis);* **Le·gi·ti·ma·ti'ons·pa·pier** ‹n.; -s, -e; Rechtsw.›; **le·gi·ti·mie·ren** ‹V. t.› *beglaubigen, berechtigen* **2** ‹V. refl.› *sich* ~ *sich ausweisen;* **Le·gi·ti·mie·rung** ‹f.; -, -en›; **Le·gi·ti'mis·mus** ‹m.; -; unz.; hist.› *Auffassung, nach der ein regierender Herrscher nicht absetzbar ist;* **le·gi·ti'mis·tisch** ‹Adj.; hist.›; **Le·gi·ti·mi'tät** ‹f.; -; unz.› *Rechtmäßigkeit;* Ggs *Illegitimität*

'Le·go ‹n.; -s, -s; Warenz.› *kleine Plastikbausteine (als Kinderspielzeug)*

'Le·gu·an ‹m.; -s, -e; Zool.› *eine Echsenart;* Grüner ~ [span.]

Le'gu·men ‹n.; -s, -; Bot.› *Hülse* [lat.]; **Le·gu'min** ‹n.; -s, -e; Bio-

Lehnwort: Ein L. ist – im Unterschied zum ↗**Erbwort** – ein Wort, das aus einer fremden Sprache übernommen wurde, also nicht bereits in allen früheren Sprachstufen vorhanden war. Im Allgemeinen ist das L. bezüglich ↗Aussprache, Schreibung, Betonung und ↗Flexion vollkommen an die „ausleihende" Sprache angepasst.
Viele Lehnwörter wurden in althochdeutscher Zeit aus dem Lateinischen in das Deutsche übernommen, z.B. aus dem Militärwesen: *Straße (<strata), Pfeil (<pilum);* aus dem Handel: *Pfund (<pondo), Münze (<moneta),* aber auch aus anderen Bereichen wie dem Wein- oder Gartenbau.
Mit dem Vordringen des Christentums wurden weitere zahlreiche griechische und lateinische Wörter in die deutsche Sprache aufgenommen: *Kirche (<grch. kyriake), Pfingsten (<grch. pentekoste).*
Häufig sind L. ohne Kenntnis ihrer etymologischen Herkunft kaum von Erbwörtern zu unterscheiden. Im Gegensatz dazu steht jedoch das ↗**Fremdwort,** das dem eigenen Sprachsystem nicht oder nur in Teilen angepasst ist.

chem.> *Eiweißstoff der Hülsenfrüchte;* **Le·gu·mi'no·se** <f.; -, -n; Bot.> *Hülsenfrüchtler*
Leg·war·mer <['lɛgwɔ:mə(r)]; m.; - od. -s, - od. -s> *über die Knie reichender Strumpf ohne Füßling* [engl.]
'**Leh·de** <f.; -, -n; nddt.> *Brachland*
'**Le·hen** <n.; -s, -; MA> *Nutzungsrecht an einem Gut;* oV *Lehn*
Lehm <m.; -(e)s, -e> *(gelbbrauner) sandiger Ton;* '**Lehm·boden** <m.; -s, ⸚>; '**lehm·far·ben,** '**lehm·far·big** <Adj.>; '**Lehm·hüt·te** <f.; -, -n>; '**leh·mig** <Adj.>
Lehn <n.; -s, -> = *Lehen*
'**Leh·ne** <f.; -, -n> *Stütze (eines Sitzmöbels);* Arm~; Stuhl~; '**leh·nen** <V. t./V. refl.> 1 *stützend hinstellen;* eine Leiter an die Wand ~; sich an jmdn. ~ **2** *sich auf, gegen etwas stützen;* sich über eine Brüstung ~; er hat

sich weit aus dem Fenster gelehnt <a. fig.> *viel riskiert*
'**Lehns·dienst** <m.; -(e)s, -e; MA>
'**Lehn·ses·sel** <m.; -s, ->
'**Lehns·herr** <m.; -(e)n, -(e)n; MA> *Eigentümer eines Lehens;* '**lehns·herr·lich** <Adj.; MA>; '**Lehns·herr·schaft** <f.; -; unz.; MA>; '**Lehns·mann** <m.; -(e)s, ⸚er od. -leu·te; MA> *jmd., der ein Lehen erhalten hat*
'**Lehn·stuhl** <m.; -(e)s, ⸚e>
'**Lehns·we·sen** <n.; -s; unz.>
'**Lehn·über·set·zung** <f.; -, -en; ↗Z 55; Sprachw.> *wörtl. Übersetzung eines Fremdwortes, z. B.* "Montag" *für lat.* "dies lunae", *Tag des Mondes;* '**Lehn·wort** <n.; -(e)s; Sprachw.> *aus einer fremden Sprache entlehntes Wort;* → a. *Kasten*
'**Lehr·amt** <n.; -(e)s, ⸚er> *Amt des Lehrers;* ~ an höheren Schulen; '**Lehr·amts·an·wär·ter** <m.; -s, ->; '**Lehr·amts·an·wär·te·rin** <f.; -, -n·nen>; '**Lehr·an·stalt** <f.; -, -en> öffentliche ~; '**Lehr·auf·trag** <m.; -(e)s, ⸚e> jmdm. einen ~ erteilen; '**lehr·bar** <Adj.>; '**Lehr·bar·keit** <f.; -; unz.>; '**Lehr·be·fä·hi·gung** <f.; -; unz.>; '**Lehr·be·helf** <m.; -(e)s, -e; österr.> *Lehrmittel;* '**Lehr·be·ruf** <m.; -(e)s, -e>; '**Lehr·brief** <m.; -(e)s, -e> **1** *früher Urkunde über eine abgeschlossene Lehre* **2** *Unterrichtseinheit für Fernschüler;* '**Lehr·buch** <n.; -(e)s, ⸚er>; '**Leh·re** <f.; -, -n> **1** *Regel, Ratschlag* **2** *Erfahrung;* die ~n aus etwas ziehen **3** *wissenschaftl. System;* die ~ Einsteins **4** *Lehrzeit, Ausbildung;* jmdn. in die ~ geben; in der ~ sein; in die ~ gehen **5** <Tech.> *Modell, Schablone, Messwerkzeug;* <aber> → *Leere;* '**leh·ren** <V.; ↗Z 23> **1** <V. t.> *unterrichten, unterweisen;* jmdn. <od.> jmdm. schreiben ~; Kinder <od.> Kindern das Lesen u. Schreiben ~; sie hat ihn <od.> ihm schwimmen gelehrt **2** <V. i.> *Vorlesungen halten;* er lehrt an der Universität **3** <V. t.; fig.> *zeigen;* die Zukunft wird es ~!, <aber> → *leeren;* '**Leh·rer** <m.; -s, -> *jmd., der beruflich unterrichtet;* Grundschul~; Mathematik~; ~ für Deutsch; '**Leh-**

rer·aus·bil·dung, '**Leh·rer·bil·dung** <f.; -, -en>; '**Leh·rer·bil·dungs·an·stalt** <f.; -, -en>; '**Lehr·er·folg** <m.; -(e)s, -e>; '**Leh·re·rin** <f.; -, -n·nen; ↗Z 38>; '**Leh·rer·kol·le·gi·um** <n.; -s, -gi·en>; '**Leh·rer·schaft** <f.; -; unz.>; '**Leh·rer·schwem·me** <f.; -, -n; umg.> *Überangebot an Lehrern;* '**Leh·rer·se·mi·nar** <n.; -s, -e; schweiz.> *Lehrerbildungsanstalt;* '**Lehr·fach** <n.; -(e)s, ⸚er> *Berufs-, Unterrichtszweig;* '**Lehr·film** <m.; -(e)s, -e>; '**Lehr·gang** <m.; -(e)s, ⸚e> **1** *zeitl. begrenzte Ausbildung* **2** *Einführung in ein Fach;* ~ für erste Hilfe; '**Lehr·geld** <n.; -(e)s, -er> ~ zahlen <fig.> *durch Misserfolge lernen;* '**lehr·haft** <Adj.; -er, am -es·ten>; '**Lehr·herr** <m.; -(e)n, -(e)n; früher> *(Lehr-)Meister;* '**Lehr·jah·re** <Pl.> *während der* ~; '**Lehr·kom·bi·nat** <n.; -(e)s, -e; DDR> *Lehrwerkstatt;* '**Lehr·kör·per** <m.; -s, -> *Lehrerschaft (einer Schule);* '**Lehr·kraft** <f.; -, ⸚e>; '**Lehr·ling** <m.; -s, -e> *Jugendliche(r) während der Lehrzeit;* '**Lehr·mei·nung** <f.; -, -en> *anerkannte* ~; '**Lehr·meis·ter** <m.; -s, -> *ein guter, schlechter* ~; '**Lehr·meis·te·rin** <f.; -, -n·nen>; '**Lehr·mit·tel** <n.; -s, -> *Hilfsmittel für den Unterricht (z. B. Karte, Modell);* → a. *Lernmittel;* '**Lehr·mit·tel·frei·heit** <f.; -; unz.> *unentgeltl. Benutzung der Lehrmittel;* '**Lehr·plan** <m.; -(e)s, ⸚e; Päd.> *Richtlinien für den Unterricht;* ~ für die 5. Klasse; nach ~ unterrichten; '**Lehr·pro·be** <f.; -, -n> *Unterrichtsstunde zur Prüfung der Lehrbefähigung;* '**lehr·reich** <Adj.>; '**Lehr·satz** <m.; -es, ⸚e> *Satz einer wissenschaftl. Lehre;* '**Lehr·stel·le** <f.; -, -n> *Ausbildungsplatz für Lehrlinge;* <aber> → *Leerstelle;* '**Lehr·stel·len·an·ge·bot** <n.; -(e)s, -e>; '**Lehr·stoff** <m.; -(e)s, -e>; '**Lehr·stück** <n.; -(e)s, -e> *belehrendes Drama;* Brechts ~; '**Lehr·stuhl** <m.; -(e)s, ⸚e> *Stelle eines Hochschullehrers, Professur;* '**Lehr·stun·de** <f.; -, -n>; '**Lehr·ver·an·stal·tung** <f.; -, -en>; '**Lehr·ver·trag** <m.; -(e)s,

≈e>; **'Lehr·zeit** <f.; -, -en> *Ausbildungszeit*; ~ von drei Jahren

Lei¹ <[le:i]; Pl. von> *Leu*

Lei² <f.; -, -en; rhein.> *Fels*; Lorelei

Leib <m.; -(e)s, -er> **1** <i. w. S.> *(belebter) Körper*; kein Herz im ~ haben <fig.>; sich jmdn. vom ~ halten; mit ~ u. Seele <fig.> *ganz u. gar* **2** <i. e. S.> *Bauch, Magen*; der ~ schmerzt; <aber> → *Laib*; **'Leib·arzt** <m.; -es, ≈e; veralt.> *persönl. Hausarzt*; **'Leib·chen** <n.; -s, -> **1** <früher> *Mieder* **2** <österr.> *Unterhemd*; <aber> → *Laibchen*; **'leib·ei·gen** <Adj.; früher> *abhängig von einem Grundherrn*; **'Leib·ei·ge·ne(r)** <f. 2 (m. 1); früher>; **'Leib·ei·gen·schaft** <f.; -; unz.; früher> *persönl. Abhängigkeit von einem Grundherrn*; **'lei·ben¹** <V. i.; in der Wendung> wie er leibt u. lebt *so wie er wirklich ist*

'lei·ben² <V. t.; Bauw.> *eine Öffnung lassen*; Fenster, Türen ~

'Lei·berl <n.; -s, -n; österr.> = *Leibchen(2)*; **'Lei·bes·be·schaffen·heit** <f.; -; unz.> **'Lei·beser·zie·hung** <f.; -; unz.; Sp.; früher> *Sportunterricht*; **'Lei·besfrucht** <f.; -, ≈e; Med.> *Kind im Mutterleib*; **'Lei·bes·höh·le** <f.; -, -n; Med.>; **'Lei·bes·kräf·te** <Pl.; in der Wendung> aus ~n schreien; **'Lei·bes·ü·bung** <f.; -, -en; ↗Z55; Sp.; früher>; **'Lei·bes·um·fang** <m.; -(e)s; unz.>; **'Lei·bes·vi·si·ta·ti·on** <[-vi-]; f.; -, -en> *körperl. Durchsuchung*; **'Leib·gar·de** <f.; -, -n> *Truppe für den Personenschutz*; königliche ~; **'Leib·ge·richt** <n.; -(e)s, -e> *Lieblingsspeise*; **leib'haf·tig** <Adj.> *echt, wirklich u. wahrhaftig*; wie der ~e Teufel; **Leib'haf·ti·ge** <m.; -n; unz.> *der ~ der Teufel*; **'leib·lich** <Adj.> **1** *körperlich*; ~e Genüsse **2** *blutsverwandt*; ~e Kinder; **'Leib·lich·keit** <f.; -; unz.>; **'Leib·ren·te** <f.; -, -n; Rechtsw.> *Rente auf Lebenszeit*; **'Leib·schmerz** <m.; -es, -en; meist Pl.> *Schmerz im Bauch*; ~en haben; **'Leib·spei·se** <f.; -, -n> *Lieblingsspeise*

'Lei·bung <f.; -, -en> = *Laibung*

'Lei·wa·che <f.; -, -n> = *Leibgar-*

de; **'Leib·wäch·ter** <m.; -s, ->; **'Leib·wä·sche** <f.; -; unz.> *Unterwäsche*

Leich <m.; -(e)s, -e> *mittelhochdt. Liedform*; Sy *Lai*

'Lei·che <f.; -, -n> **1** *toter Körper*; er geht über ~n <fig.> *er ist vollkommen rücksichtslos* **2** <fig.; umg.> *stark Betrunkener*; Bier-; Schnaps- **3** <Typ.; fig.> *vom Setzer vergessene Wörter*; **'Lei·chen·be·gäng·nis** <n.; -s·ses, -s·se> *Beerdigung*; **'Lei·chen·be·schau** <f.; -, -en> = *Leichenschau*; **'Lei·chen·be·schau·er** <m.; -s, ->; **'lei·chen·blass** <Adj.; verstärkend> *sehr blass*; **'Lei·chen·fle·cke** <Pl.> = *Totenflecke*; **'Lei·chen·fled·de·rei** <f.; -, -en> *das Bestehlen toter od. schlafender Personen*; **'Lei·chen·fled·de·rer** <m.; -s, ->; **'Lei·chen·fled·de·rin** <f.; -, -n·nen>; **'Lei·chen·frau** <f.; -, -en> *Totenwäscherin*; **'Lei·chen·gift** <n.; -(e)s; unz.>; **'Lei·chen·hal·le** <f.; -, -n>; **'Lei·chen·öff·nung** <f.; -, -en> *Obduktion*; **'Lei·chen·schän·der** <m.; -s, ->; **'Lei·chen·schän·dung** <f.; -, -en>; **'Lei·chen·schau** <f.; -, -en> *Feststellung der Todesursache durch den Arzt*; oV *Leichenbeschau*; **'Lei·chen·schau·haus** <n.; -(e)s, ≈er>; **'Lei·chen·schmaus** <m.; -es, ≈e; umg.> *Mahl für die Trauergäste nach einer Beerdigung*; **'Lei·chen·star·re** <f.; -; unz.> = *Totenstarre*; **'Lei·chen·tuch** <n.; -(e)s, ≈er>; **'Lei·chen·ver·bren·nung** <f.; -, -en>; **'Lei·chen·wa·gen** <m.; -s, ->; **'Lei·chen·wä·sche·rin** <f.; -, -n·nen>; **'Lei·chen·zug** <m.; -(e)s, ≈e> *Trauergefolge*; **'Leich·nam** <m.; -(e)s, -e> = *Leiche(1)*

leicht <Adj.; -er, -em -es·ten; ↗Z24; Getrenntschreibung mit Verben u. Part.> **1** *von geringem Gewicht*; der Koffer ist ~; etwas ~ nehmen <fig.> **2** *geringfügig, wenig intensiv, unbedeutend*; er ist ~ gefallen; ~ klopfen; ~ behindert; ein ~ Behinderter <oder> ein Leichtbehinderter; ~ bewaffnet; ~ geschürzt *kaum bekleidet*; eine ~ verletzte Person; die ~ Verletzten <oder> die Leichtverletzten; ~ verwundet;

eine ~e Krankheit **3** <↗Z42; fig.> *einfach, nicht schwierig, mühelos*; das geht ganz ~!; nichts ~er als das!; das ist (mir) ein Leichtes *das macht mir keine Mühe*; nichts Leichtes; es ist ihr ~ gefallen; ~ lernen; sich ~ eine Arbeit ~ machen; das ist ~er gesagt als getan; ~ begreifen; sich ~ tun; er hat sich damit nicht ~ getan; ~ entzündliche Stoffe; eine ~ verdauliche Speise; ~ verderbliche Nahrung; eine ~ verständliche Rede **4** *anspruchslos, unterhaltsam*; ~e Lektüre; ~ beschwingte Musik **5** *oberflächlich, leichtfertig*; ein ~es Mädchen; eine Sache ~ nehmen; er hat es zu ~ genommen **6** *froh, unbeschwert*; ~en Herzens sein **7** *kalorienarm*; ~e Kost; Sy *light*; **'Leicht·ath·let** <m.; -en, -en>; **'Leicht·ath·le·tik** <f.; -; unz.; Sp.; Sammelbez. für> *Laufen, Werfen, Springen u. a.*; ~ betreiben; **'Leicht·ath·le·tin** <f.; -, -n·nen>; **'leicht·ath·le·tisch** <Adj.> ~e Disziplinen; **'Leicht·bau** <m.; -s; unz.; Bauw.>; **'Leicht·bau·plat·te** <f.; -, -n; Bauw.>; **'Leicht·bau·wei·se** <f.; -; unz.; Bauw.>; **'Leicht·ben·zin** <n.; -s; unz.> *Benzin, das bei 60 bis 100° C siedet*; **'leicht·blü·tig** <Adj.; fig.> *unbesorgt, unbeschwert*; Ggs *schwerblütig*; **'Leich·te** <f.; -; unz.; geh.> *Leichtheit*; **'Leich·ter** <m.; -s, -; Mar.> *kleines, offenes Wasserfahrzeug*; oV *Lichter*; **'Leich·ter·mut·ter·schiff** <n.; -(e)s, -e; Mar.> = *LASH-Carrier*; **'leich·tern** <V. t.; ich leicht(e)re; Mar.> *(mithilfe eines Leichters) entladen*; oV *lichtern*; **'leicht·fer·tig** <Adj.> *leichtsinnig, bedenkenlos*; ~ handeln; **'Leicht·fer·tig·keit** <f.; -; unz.>; **'leicht·flüs·sig** <Adj.> ~e Legierungen; **'Leicht·fuß** <m.; -es, ≈e; fig.; scherzh.; in der Wendung> Bruder ~ *leichtsinniger Mensch*; **'leicht·fü·ßig** <Adj.> *behände*; **'Leicht·ge·wicht** <n.; -(e)s, -e; Schwerathletik> *eine Gewichtsklasse*; **'Leicht·ge·wicht·ler** <m.; -s, ->; **'leicht·gläu·big** <Adj.> *leicht zu hintergehen*; ein ~er Mensch; **'Leicht·gläu·big·keit** <f.; -; unz.>; **'leicht·gra·dig** <Adj.> ~e

Störung; Ggs *hochgradig*; **'Leicht·gut** <n.; -(e)s, ⸚er; Mar.> **'Leicht·heit** <f.; -; unz.>; **'leicht·her·zig** <Adj.> *unbeschwert, sorglos*; **'Leicht·her·zig·keit** <f.; -; unz.>; **'leicht·hin** <a. [-'-]; Adv.> *unüberlegt, gedankenlos*; **'Leich·tig·keit** <f.; -; unz.> *mit ~*; **'Leicht·in·du·strie,** <auch> **'Leicht·in·dus·trie,** **'Leicht·in·dust·rie** <f.; -; unz.> *Sammelbez. für* Konsumgüterindustrie; **'leicht·le·big** <Adj.> *lebenslustig (in moralischer Hinsicht), oberflächlich*; **'Leicht·le·big·keit** <f.; -; unz.>; **'Leicht·lohn·grup·pe** <f.; -, -n> *niedrigste Lohngruppe*; **'Leicht·ma·tro·se,** <auch> **'Leicht·mat·ro·se** <m.; -n, -n; →Z 53; Mar.> *Rang zw. Schiffsjunge u. Vollmatrose*; **'Leicht·me·tall** <n.; -s, -e> *Ggs Schwermetall*; **'Leicht·öl** <n.; -(e)s; unz.> *aus Steinkohlenteer gewonnenes Öl*; **'Leicht·sinn** <m.; -(e)s; unz.> *zu große Sorglosigkeit*; **'leicht·sin·nig** <Adj.>; **'Leicht·sin·nig·keit** <f.; -, -en>; **'Leicht·ver·letz·te(r)** <f. 2 (m.1)> → a. *leicht(2)*; **'Leicht·ver·wun·de·te(r)** <f. 2 (m. 1)> → a. *leicht(2)*

leid <Adv.; in festen Wendungen> *~ sein, werden* bereuen, bedauern; *das ist mir ~; ich bin es ~; es ist mir ~ geworden* ich bin dessen überdrüssig; **Leid** <n.; -es; unz.; →Z26> *Kummer, Schmerz, Unglück; schweres ~; ~ erdulden;* Freud u. *~ teilen;* in Freud u. *~ zusammenstehen;* jmdm. ein *~ antun;* jmdm. sein *~ klagen; es tut mir ~;* jmdm. etwas zu *~* <od.> zuleide tun; **'Lei·de·form** <f.; -, -en; Gramm.> *Ggs Tatform;* → a. *Kasten Passiv;* **'lei·den** <V. 177> 1 <V. i.> *Leid erdulden; viel ~ müssen;* an, unter etwas *~; die Pflanzen haben durch den Frost gelitten* 2 <V. t.> jmdn. (nicht) *~ können* jmdm. (nicht) gut gesinnt sein; *sie kann ihn nicht ~;* **'Lei·den** <n.; -s, -> 1 *anhaltende Krankheit;* chronisches, schweres *~* 2 *Qual, Schmerz; das ~ Christi;* **'lei·dend** <Adj.; →Z28.1> *krank, kränklich; ~ aussehen;* **'Lei·den·de(r)** <f.2 (m. 1)>

'Lei·de·ner 'Fla·sche <f.; --, --n; Phys.> *erste Form eines einfachen elektr. Kondensators* [nach der ndrl. Stadt *Leiden*] **'Lei·den·schaft** <f.; -, -en> 1 *starke Zuneigung, Begierde; eine glühende ~* 2 *große Begeisterung;* Kochen ist seine *~; ~ fürs Skilaufen;* **'lei·den·schaft·lich** <Adj.>; **'Lei·den·schaft·lich·keit** <f.; -; unz.>; **'lei·den·schafts·los** <Adj.> *kühl, gefühllos;* **'Lei·dens·fä·hig·keit** <f.; -; unz.>; **'Lei·dens·ge·fähr·te** <m.; -n, -n> *er ist mein ~;* **'Lei·dens·ge·fähr·tin** <f.; -, -nnen>; **'Lei·dens·ge·nos·se** <m.; -n, -n>; **'Lei·dens·ge·nos·sin** <f.; -, -nnen>; **'Lei·dens·ge·schich·te** <f.; -, -n> jmdm. seine *~* erzählen; **'Lei·dens·mie·ne** <f.; -, -n> *mit einer ~* berichten; **'Lei·dens·weg** <m.; -(e)s, -e> *der ~ Christi;* **'lei·der** <Adv.> *bedauerlicherweise; ~ kann ich nicht kommen; ~ nicht!; ~ nein!; ~ Gottes!;* **'leid·er·füllt** <Adj.>; **'leid·ge·prüft** <Adj.>; **'lei·dig** <Adj.> *lästig, unangenehm;* eine ~e Sache; **'leid·lich** <Adj.> *einigermaßen gut;* es geht mir *~;* **'leid·tra·gend** <Adj.> *die ~e Familie;* die Leidtragenden; **'leid·voll** <Adj.> *kummervoll, schmerzlich;* **'Leid·we·sen** <n.; -s; unz.; in der Wendung> *zu jmds. ~* Bedauern **'Lei·er** <f.; -, -n; Instrumentenk.> *altgrch. Zupfinstrument;* **'Lei·er·kas·ten** <m.; -s, ⸚> *Drehorgel;* **'lei·ern** <V.; ich lei(e)re> 1 <V. i.> *drehen;* an einer Kurbel *~* 2 <V. i. u. V. t.> *eintönig sprechen;* ein Gedicht (herunter)~ **'Lei·er·schwanz** <m.; -es, ⸚e; Zool.> *fasanenartiger austral. Singvogel* **'Leih·ar·bei·ter** <m.; -s, -> *Arbeitnehmer in einem Leiharbeitsverhältnis;* **'Leih·ar·bei·te·rin** <f.; -, -nnen>; **'Leih·ar·beits·ver·hält·nis** <n.; -s·ses, -s·se> *das Arbeiten in einem fremden Betrieb (unter Fortbestand des bisherigen Arbeitsverhältnisses);* **'Leih·au·to** <n.; -s, -s> = *Leihwagen;* **'Leih·bi·bli·o·thek,** <auch> **'Leih·bib·li·o·thek** <f.; -, -en; →Z53> *Ausleihbücherei;*

'Lei·he <f.; -, -n> 1 *Ausleihe* 2 <Rechtsw.> *unvollkommen beidseitig verpflichtender Vertrag;* **'lei·hen** <V. t. 178> *borgen, zum zeitweiligen Gebrauch erbitten;* jmdm. etwas *~;* leihst du mir das Buch?; der Frack ist nur geliehen; **'Leih·ga·be** <f.; -, -n> *eine ~ des Museums;* **'Leih·ge·bühr** <f.; -, -en>; **'Leih·kauf** <m.; -(e)s, ⸚e> 1 <Rechtsw.> *Mietkauf* 2 = *Leikauf;* **'Leih·mut·ter** <f.; -, ⸚> *Frau, die gegen Bezahlung für andere ein Kind austrägt;* **'Leih·schein** <m.; -(e)s, -e> 1 *Quittung einer Leihbibliothek* 2 *Pfandschein;* **'Leih·wa·gen** <m.; -s, -> *gegen Entgelt geliehenes Auto;* **'leih·wei·se** <Adv.> jmdm. etwas *~* überlassen

'Lei·kauf <m.; -(e)s, ⸚e> *Umtrunk als Handelsabschluss; oV Leihkauf, Leitkauf;* → a. *Weinkauf* **Leim** <m.; -(e)s, -e> *Klebstoff;* Holz~; *etwas geht aus dem ~* <fig.> *geht entzwei;* jmdm. auf den *~ gehen* <fig.; umg.> *von jmdm. überlistet werden;* **'lei·men** <V. t.; ich leime; du leimst; sie leimt> *(mit Leim) kleben;* **'lei·mig** <Adj.>; **'Leim·kraut** <n.; -(e)s, ⸚er; Bot.> *ein Nelkengewächs;* **'Leim·ring** <m.; -(e)s, -e; Gartenb.> *Stoffstreifen gegen Baumschädlinge*

Lein <m.; -s; unz.> = *Flachs(1);* **'Lei·ne** <f.; -, -n> *Schnur, Tau, Strick;* einen Hund an die *~ nehmen;* Wäsche hängt auf der *~;* zieh *~!* <fig.; umg.> *verschwinde!;* **'lei·nen** <Adj.> *eine ~e Bluse;* **'Lei·nen** <n.; -s, -> *Gewebe aus Flachs;* **'Lei·nen·band¹** <m.; -(e)s, ⸚e; Abk.: Ln., Lnbd.> *Leineneinband;* **'Lei·nen·band²** <n.; -(e)s, ⸚er> *Band aus Leinen;* **'Lei·nen·bin·dung** <f.; -; unz.> *einfachste Bindung beim Weben;* **'Lei·nen·blu·se** <f.; -, -n>; **'Lei·nen·ho·se** <f.; -, -n>; **'Lei·nen·kleid** <n.; -(e)s, -er>; **'Lei·nen·we·ber,** **'Lei·ne·we·ber** <m.; -s, -; früher>; **'Lein·kraut** <n.; -(e)s; unz.; Bot.> *ein Rachenblütler;* **'Lein·öl** <n.; -(e)s, -e> *Öl aus Flachssamen;* **'Lein·sa·men** <m.; -s; unz.> *ölhaltiger Samen des Flachses;* **'Lein·tuch** <n.; -(e)s,

L

≖er* Betttuch;* **'Lein·wand** ‹f.; -, ≖e› 1 ‹unz.› = Leinen 2 Bildwand, Fläche für die Filmprojektion; **'Lein·wand·bin·dung** ‹f.; -› ‹unz.› = Leinenbindung; **'Lein·zeug** ‹n.; -(e)s; unz.› (leinene) Bett- u. Tischwäsche

'Leip·zig Stadt in Sachsen; **'Leip·zi·ger** ‹m.; -s, -›; **'Leip·zi·ger 'Al·ler·lei** ‹n.; --s; unz.; Kochk.› Gemüse aus Karotten, Erbsen u. Spargel; **'Leip·zi·ge·rin** ‹f.; -, -n·nen›

leis ‹Adj.; poet.› leise

Leis ‹m.; - od. -es, -e od. -en; Mus.› mittelalterliches volkstüml. Kirchenlied; oV Leise

'lei·se ‹Adj.› 1 kaum hörbar; ~ rufen; ~ weinend; ein ~ Husten 2 behutsam, vorsichtig; ~ auftreten 3 gering, schwach; nicht die ~ste Ahnung haben; etwas nicht im Leisesten bereuen; Ggs laut[1]

'Lei·se ‹m.; -n, -n› = Leis

'Lei·se·tre·ter ‹m.; -s, -; fig.; umg.; abwertend› Schmeichler, Duckmäuser; **'Lei·se·tre·te·rin** ‹f.; -, -n·nen; fig.; umg.; abwertend›; **'lei·se·tre·te·risch** ‹Adj.›

Leish'ma·nia ‹[laiʃ-]; f.; -, -ni·en; Zool.› Geißeltierchen, Erreger der Leishmaniose [nach dem Arzt W. B. Leishman]; **Leish·ma·ni'o·se** ‹f.; -, -n; Med.› eine Tropenkrankheit

'Leis·te ‹f.; -, -n› 1 schmale Randeinfassung; Holz- 2 ‹Anat.› Beugeseite des Hüftgelenks

'leis·ten ‹V. t.› 1 vollbringen, schaffen; Gewaltiges ~; er hat viel geleistet; nichts ~ 2 ‹V. refl.› sich etwas ~ gönnen, erlauben; sich ein teures Auto ~; da hast du dir etwas Schönes geleistet ‹fig.; iron.› etwas Dummes gemacht 3 gewähren, darbringen; jmdm. Gesellschaft ~; erste Hilfe ~

'Leis·ten ‹m.; -s, -› Schuhform zum Spannen der Schuhe

'Leis·ten·band ‹n.; -(e)s; ≖er; Anat.›; **'Leis·ten·beu·ge** ‹f.; -, -n; Anat.›; **'Leis·ten·bruch** ‹m.; -(e)s; ≖e; Med.› Bruch oberhalb des Leistenbandes; **'Leis·ten·ge·gend** ‹f.; -; unz.; Anat.›; **'Leis-**

ten·ho·den ‹m.; -s; unz.› = Kryptorchismus

'Leis·tung ‹f.; -, -en› 1 Resultat der Ausführung einer Arbeit od. Anstrengung; gute ~en erbringen; sportliche, wissenschaftliche ~ 2 finanzielle Verpflichtungen; die ~en der Krankenkasse 3 ‹Phys.› Arbeit in der Zeiteinheit 4 ‹Rechtsw.› Gegenstand einer Schuldverpflichtung; **'Leis·tungs·bi·lanz** ‹f.; -, -en; Wirtsch.›; **'Leis·tungs·druck** ‹m.; -(e)s; unz.› den ~ erhöhen; **'Leis·tungs·fach** ‹n.; -(e)s, ≖er; Schulw.› Schulfach, das vertieft unterrichtet wird; **'leis·tungs·fä·hig** ‹Adj.›; **'Leis·tungs·fä·hig·keit** ‹f.; -; unz.›; **'Leis·tungs·ge·sell·schaft** ‹f.; -; unz.› die moderne ~; **'Leis·tungs·gren·ze** ‹f.; -, -n› die ~ erreichen; **'Leis·tungs·kurs** ‹m.; -es, -e; Schulw.› Oberstufenkurs im Leistungsfach; → a. Grundkurs; **'Leis·tungs·lohn** ‹m.; -(e)s; ≖e; bes. DDR› Akkordlohn; **'Leis·tungs·mes·ser** ‹m.; -s, -; Phys.› Sy Wattmeter; **'leis·tungs·o·ri·en·tiert** ‹Adj.› in hohem Maße Leistung fordernd; **'Leis·tungs·prin·zip** ‹n.; -s; unz.›; **'Leis·tungs·prü·fung** ‹f.; -, -en; Sch.; Landw.; Sp.›; **'leis·tungs·schwach** ‹Adj.›; **'Leis·tungs·sport** ‹m.; -(e)s; unz.›; **'leis·tungs·stark** ‹Adj.›; **'Leis·tungs·stei·ge·rung** ‹f.; -, -en›; **'Leis·tungs·ver·mö·gen** ‹n.; -s; unz.›; **'Leis·tungs·ver·wei·ge·rung** ‹f.; -, -en›; **'Leis·tungs·wil·le** ‹m.; -ns; unz.›; **'Leis·tungs·zen·trum**, ‹auch› **'Leis·tungs·zent·rum** ‹n.; -s, -tren/ -t·ren; ⇗Z53; Sp.›

'Leit·ar·ti·kel ‹m.; -s, -; Ztgsw.› kommentierender (polit.) Aufsatz (auf der ersten Seite); **'Leit·ar·tik·ler** ‹m.; -s, -› jmd., der Leitartikel schreibt; **'leit·bar** ‹Adj.› lenkbar; **'Leit·bar·keit** ‹f.; -; unz.›; **'Leit·bild** ‹n.; -(e)s, -er› Vorbild

'Lei·te ‹f.; -, -n; süddt.; österr.› Berghang

'lei·ten ‹V. t.› 1 führen, lenken; den Vorsitz, die Versammlung ~; ~die Stellung; sich von Gefühlen ~ lassen 2 etwas in die Wege ~ organisieren 3 ‹Phys.› Ener-

gie, Wärme, Schall ~ weiterführen; **'Lei·ten·de(r)** ‹f. 2 (m. 1)›; **'Lei·ter[1]** ‹m.; -s, -› 1 jmd., der etwas leitet; Bau~; Schul~; Verlags~ 2 ‹Phys.› Stoff, der Strom, Wärme, Schall weitergibt; Wärme~; **'Lei·ter[2]** ‹f.; -, -n› Sprossengerät zum Hinaufsteigen; die ~ hinauf-, hinuntersteigen; eine ~ am Baum anlegen; **'lei·ter·ar·tig** ‹Adj.›; **'Lei·te·rin** ‹f.; -, -n·nen›

'Lei·ter·wa·gen ‹m.; -s, -› ein Handwagen

'Leit·fa·den ‹m.; -s, ≖; fig.› Lehrbuch; **'leit·fä·hig** ‹Adj.; Phys.›; **'Leit·fä·hig·keit** ‹f.; -; unz.; Phys.› Fähigkeit, Strom, Wärme od. Schall weiterzuleiten; **'Leit·feu·er** ‹n.; -s, -› Leuchtfeuer; **'Leit·fos·sil** ‹n.; -s, -si·li·en; Geol.› Fossil, das für eine best. Erdschicht kennzeichnend ist; **'Leit·ge·dan·ke** ‹m.; -ns, -n› Grundgedanke; **'Leit·ge·sell·schaft** ‹f.; -, -en; Geogr.› auf einer best. Fläche vorherrschende Baumarten; **'Leit·ham·mel** ‹m.; -s, -; fig.; abwertend› Anführer; **'Leit·i·dee** ‹f.; -, -n; ⇗Z55› grundlegende Idee, Leitmotiv

'Leit·kauf ‹m.; -(e)s; ≖e› = Leikauf

'Leit·ke·gel ‹m.; -s, -› kegelförmiges Verkehrszeichen; **'Leit·kul·tur** ‹f.; -, -en› maßgebliche Kultur in einer multikulturellen Gesellschaft; **'Leit·li·nie** ‹[-nia]; f.; -, -n› 1 weiße Linie auf der Straße zur Verkehrslenkung 2 ‹Math.› senkrecht stehende Gerade auf der Hauptachse eines Kegelschnitts; **'Leit·mo·tiv** ‹n.; -(e)s, -e› 1 ‹Mus.› oft wiederholte Tonfolge 2 ‹Lit.› grundlegendes Motiv, Leitgedanke; **'Leit·plan·ke** ‹f.; -, -n› Stahlod. Betonplanke (als Fahrbahnbegrenzung); **'Leit·satz** ‹m.; -es, ≖e›; **'Leit·spruch** ‹m.; -(e)s, ≖e› Wahlspruch; **'Leit·strahl** ‹m.; -(e)s, -en› 1 ‹Tech.› stark gebündelter Funkstrahl 2 ‹Phys.; Geom.› Verbindungsstrecke zwischen Kegelschnitt- u. Brennpunkt; **'Leit·tier** ‹n.; -(e)s, -e; Jagdw.› Tier, das ein Rudel führt; **'Leit·ton** ‹m.; -(e)s, ≖e; Mus.› zu einem Zielton hin-

Lemma: Ein L. [<lat. *lemma* „Überschrift"] ist ein meist fett gedruckter Stichworteintrag in einem Wörterbuch oder Lexikon, der einleitend am Anfang eines Stichwortartikels steht. Lemmata sind in der Regel Repräsentanten eines ⚲Lexems.

strebender Ton; **'Lei·tung** <f.; -, -en> 1 <unz.> *das Leiten;* unter ~ von ... 2 *Gesamtheit mehrerer Leiter;* Geschäfts~ 3 *Vorrichtung zum Weiterleiten von Energie u. a.;* Gas~; Wasser~; Telefon~; elektrische ~; eine lange ~ haben <fig.; umg.> *nur langsam begreifen;* **'Lei·tungs·draht** <m.; -(e)s, ⸚e>; **'Lei·tungs·rohr** <n.; -(e)s, -e>; **'Lei·tungs·was·ser** <n.; -s; unz.> *Wasser aus der Wasserleitung;* **'Leit·wäh·rung** <f.; -, -en>; **'Leit·werk** <n.; -(e)s, -e> 1 <Flugw.> *stabilisierende flügelartige Teile am Flugzeug* 2 <Geogr.> *den Fluss lenkendes Bauwerk;* **'Leit·wert** <m.; -(e)s, -e; Phys.; El.> *Leitfähigkeit eines Leiters[1](2);* **'Leit·wort** <n.; -(e)s, -e od. ⸚er> *Leitspruch;* **'Leit·zins** <m.; -es, -en; Bankw.>

Lek <m.; -, -> *alban. Währungseinheit (100 Qindarka)*

Lek'ti·ne <Pl.; Biochem.> *organspezifische Eiweißstoffe;* oV *Lectine* [lat.]

Lek·ti'on <f.; -, -en> 1 *Vorlesung, Lehrstunde;* jmdm. eine ~ erteilen <fig.> *jmdn. zurechtweisen* 2 *Abschnitt im Lehrbuch, Aufgabe* [lat.]; **'Lek·tor** <m.; -s, -'to·ren> 1 *Hochschullehrer für bestimmte Übungen* 2 *Angestellter eines Verlages, der Manuskripte redigiert;* **Lek·to'rat** <n.; -(e)s, -e>; **lek·to'rie·ren** <V. t.>; **Lek·to'rin** <f.; -, -n·nen>; **Lek'tü·re** <f.; -, -n> 1 <unz.> *das Lesen* 2 *Lesestoff;* leichte, schwere ~ 3 <Schulw.> *fremdsprachliche Leseübung* [frz.]

'Le·ky·thos <f.; -, -'ky·then> *altgrch. Kanne* [grch.]

Le-Mans-Start <[lǝ'mã-]; m.; -(e)s, -s od. -e> *Art des Starts bei Autorennen* [nach der frz. Stadt *Le Mans*]

'Lem·ma <n.; -s, 'Lem·ma·ta> 1

<Sprachw.> *Stichwort(eintrag) in einem Nachschlagewerk;* → a. *Kasten 2* <Logik> *Annahme, Hilfssatz* [grch.]; **lem·ma·tisch** <Adj.>; **lem·ma·ti'sie·ren** <V. t.> *(Stichwörter) kennzeichnen u. ordnen*

'Lem·ming <m.; -s, -e; Zool.> *ein Nagetier* [dän.]

Lem·nis'ka·te <f.; -, -n> *algebraische Kurve 4. Ordnung* [grch.]

Le'mur, Le'mu·re <m.; -(e)n, -(e)n> 1 <röm. Myth.> *Geist eines Verstorbenen* 2 <Zool.> = *Maki* [lat.]; **le'mu·ren·haft** <Adj.>; **Le'mu·ria** <f.; -; unz.; Geol.> *Landbrücke zw. Madagaskar u. Vorderindien während der Trias;* **le'mu·risch** <Adj.>

Len·de <f.; -, -n> 1 <Anat.> *Gegend zwischen Rippenbogen, Darmbein u. Wirbelsäule* 2 *Fleisch unterhalb des Rückgrats beim Schlachttier;* Rinds~; Schweine~; **'Len·den·lahm** <Adj.>; **'Len·den·schmerz** <m.; -es, -en; Med.>; **'Len·den·schurz** <m.; -es, -e; bei Naturvölkern> *Kleidungsstück, das Scham u. Gesäß bedeckt;* **'Len·den·stück** <n.; -(e)s, -e>; **'Len·den·wir·bel** <m.; -s, -; Anat.>

Leng, 'Leng·fisch <m.; -(e)s, -e; Zool.> *ein Schellfisch*

'Le·nin·grad <1925–91 Bez. für *Sankt Petersburg;* **'Le·nin·gra·der** <m.; -s, ->; **'Le·nin·gra·de·rin** <f.; -, -n·nen>; **Le·ni'nis·mus** <m.; -; unz.> *marxist. Lehre nach Lenin, Bolschewismus* [nach dem russ. Revolutionär W. I. Uljanow, genannt *Lenin*, 1870–1924]; **Le·ni'nist** <m.; -en, -en>; **Le·ni'nis·tin** <f.; -, -n·nen>; **le·ni'nis·tisch** <Adj.>

'Le·nis <f.; -, 'Le·nes [-ne:s]; Phon.> *Verschluss- od. Reibelaut, der mit schwachem Luftdruck ausgesprochen wird;* Ggs *Fortis* [lat.]; **Le·ni'sie·rung** <f.; -, -en; Phon.>

'Lenk·ach·se <[-ks-]; f.; -, -n; Eisenb.> *bewegl. Achse an Lokomotiven;* **'lenk·bar** <Adj.>; **'Lenk·bar·keit** <f.; -; unz.>; **'len·ken** <V. t.> 1 *ein Fahrzeug ~ führen, steuern* 2 jmdn. ~ <fig.> *jmds. Verhalten stark beeinflussen;* sich von jmdm. ~ lassen 3

in eine best. Richtung bringen; die Aufmerksamkeit auf etwas ~; jmds. Blicke auf sich ~; **'Len·ker** <m.; -s, -> 1 *jmd., der etwas (bes. ein Fahrzeug) lenkt* 2 *Lenkstange, Steuerrad;* **'Len·ke·rin** <f.; -, -n·nen>; **'Lenk·rad** <n.; -(e)s, ⸚er> *Steuerrad eines Fahrzeuges;* **'Lenk·rad·schal·tung** <f.; -, -en; Kfz>; **'Lenk·rad·schloss** <n.; -es, ⸚er>; **'Lenk·stan·ge** <f.; -, -n> ~ am Fahrrad; **'Len·kung** <f.; -, -en> 1 *das Lenken, Leiten* 2 *Einrichtung zum Lenken*

'len·to <Mus.> *langsam (zu spielen)* [ital.]; **'Len·to** <n.; -s, -s od. 'Len·ti>

lenz <Seemannsspr.> *leer, trocken;* ~ segeln

Lenz <m.; -es, -e; poet.> 1 *Frühling;* ~ des Lebens <fig.> *Jugend* 2 <nur Pl.> ~e <geh.> *Lebensjahre;* er zählt 50 ~e 3 sich einen ~ machen *faul sein;* **'len·zen[1]** <V. i.; unpersönl.; geh.> es lenzt *es wird Frühling*

'len·zen[2] <V.; ich lenze; du lenzt; er lenzt; Mar.> 1 <V. t.> *leer pumpen* 2 <V. i.> *bei Sturm mit geringster Segelfläche fahren*

'Len·zing <m.; -s, -e; alte Bez. für> *März;* **'Lenz·mo·nat** <m.; -(e)s, -e> = *Lenzing*

'Le·on·ber·ger <m.; -s, -> *eine Hunderasse* [nach der Stadt *Leonberg*]

Le·o'ni·den <Pl.> *Sternschnuppenschwarm (im November)* [lat.]; **le'o·nisch** <Adj.; Textilw.> *mit Metallfäden umsponnen*

Le·o'pard <m.; -en, -en; Zool.> *Großwildkatze mit gelbem Fell u. braunschwarzen Punkten* [lat.]; **Le·o'par·din** <f.; -, -n·nen>

Le·po·rel·lo <n.; -s, -s> *harmonikaartig gefaltete Papierbahn* [nach *Leporello,* dem Diener Don Giovannis in der Mozartoper]; **Le·po'rel·lo·buch** <n.; -(e)s, ⸚er>

'Le·pra, <auch> 'Lep·ra <f.; -; unz.; ⚲Z53; Med.> *schwere Infektionskrankheit der Haut, die zu Lähmungen u. Verstümmelungen führt* [grch.]; **Le'prom** <n.; -s, -e; Med.> *durch Lepra verursachter Hautknoten;* **le·'pros, le'prös** <Adj.; Med.>

L

'**Lep·ta** <Pl. von> *Lepton²*
'**Lep·ton¹** <n.; -s, -'to·nen; Phys.> *leichtes Elementarteilchen (z. B. Elektron)* [grch.]; **Lep'ton²** <n.; -s, -'p'ta> **1** <früher> grch. Währungseinheit **2** altgrch. Gewicht
lep·to'som <Adj.; Med.> *schmalwüchsig* [grch.]; **Lep·to'so·me(r)** <f. 2 (m. 1); Med.>; **Lep·to'spi·ra** <f.; -, -'spi·ren; Med.> *bewegliches Schraubenbakterium*
'**Ler·che** <f.; -, -n; Zool.> *ein Singvogel;* <aber> → *Lärche;* '**Ler·chen·sporn** <m.; -s, -spo·ren; Bot.> *ein Mohngewächs*
'**lern·bar** <Adj.>; '**Lern·be·gier,** '**Lern·be·gier·de** <f.; -; unz.>; '**lern·be·gie·rig** <Adj.> *begierig zu lernen, wissbegierig;* '**lern·be·hin·dert** <Adj.; Päd.> *von eingeschränkter Lernfähigkeit;* '**Lern·be·hin·der·te(r)** <f. 2 (m. 1)>; '**Lern·ei·fer** <m.; -s; unz.> *großen ~ zeigen;* '**lern·eif·rig** <Adj.>; '**ler·nen** <V. i. u. V. t.; ✐Z23> *Kenntnisse, Wissen erwerben, sich Fähigkeiten aneignen; er lernt gut, schlecht; das lernst du nie!; Deutsch ~; Vokabeln ~; Klavier spielen ~; Auto fahren, Rad fahren ~; lesen, schreiben, singen ~; einen Beruf ~; er lernt Schreiner; gelernter Buchhändler; etwas auswendig ~;* <aber> *das Auswendiglernen; aus Fehlern ~; von jmdm. ~; jmdn. lieben – allmählich lieben; ich habe ihn kennen gelernt; seine Bekanntschaft gemacht; jmdn. schätzen ~; sie haben ihn schätzen u. lieben gelernt;* '**Ler·nen·de(r)** <f. 2 (m. 1)>; '**Ler·ner** <m.; -s, -; Päd.; Sprachw.>; '**Lern·er·folg** <m.; -(e)s, -e>; '**Ler·ne·rin** <f.; -, -n·nen>; '**lern·fä·hig** <Adj.>; '**Lern·fä·hig·keit** <f.; -; unz.>; '**Lern·in·halt** <m.; -(e)s, -e> *~e vermitteln;* '**Lern·mit·tel** <n.; -s, -; meist Pl.> *Hilfsmittel für die Lernenden (z. B. Lehrbücher);* → a. *Lehrmittel;* '**Lern·mit·tel·frei·heit** <f.; -; unz.> *unentgeltliches Bereitstellen von Lernmitteln;* '**Lern·pro·zess** <m.; -es, -e> *einen ~ durchmachen;* '**Lern·schritt** <m.; -(e)s, -e>; '**Lern·spiel** <n.; -(e)s, -e>; '**Lern·wil·le** <m.; -ns; unz.>;

'**lern·wil·lig** <Adj.>; '**Lern·ziel** <n.; -(e)s, -e> *das ~ nicht erreichen*
'**Les·art** <f.; -, -en> *Auslegung, Deutung;* '**les·bar** <Adj.>; '**Les·bar·keit** <f.; -; unz.>
'**Les·be** <f.; -, -n; umg.; kurz für> *Lesbierin;* '**Les·bi·e·rin** <f.; -, -n·nen> *homosexuelle Frau [nach der grch. Insel Lesbos];* '**les·bisch** <Adj.>
'**Le·se** <f.; -, -n> *Ernte, bes. Weinernte; Wein~*
'**Le·se·bril·le** <f.; -, -n>; '**Le·se·buch** <n.; -(e)s, ⸚er> *~ für die Mittelstufe;* '**Le·se·e·cke** <f.; -, -n; ✐Z55> *gemütliche ~;* '**Le·se·früch·te** <Pl.; fig.> *durch Lesen erworbene Kenntnisse;* '**Le·se·hun·ger** <m.; -s; unz.; fig.>; '**le·sen** <V. 179> **1** <V. i. u. V. t.; du liest; ✐Z23> *den Sinn von Schriftzeichen erfassen; ~ lernen; ein Buch ~; Zeitung ~; Korrektur ~; eine Gesetzesvorlage ~ beraten; beim Lesen eines Briefes; das Buch liest sich leicht, schwer;* **2** <V. i.> *Vorlesungen*

halten; (über) *deutsche Literatur ~* **3** <V. t.> *die Messe ~ halten* **4** <V. t.> *Trauben, Wein ~ ernten, sammeln;* '**le·sens·wert** <Adj.; -er, am -es·ten>; '**Le·se·pro·be** <f.; -, -n> *~ eines neuen Romans;* '**Le·se·pult** <n.; -(e)s, -e>; '**Le·ser** <m.; -s, -> *ein Buch für junge ~;* '**Le·se·rat·te** <f.; -, -n; umg.; scherzh.> *jmd., der gern u. viel liest;* '**Le·ser·brief** <m.; -(e)s, -e> *einen ~ an die Zeitung schreiben;* **Le·se·-Recht·schreib·Schwä·che** <f.; -; unz.; Abk.: LRS> → *Kasten;* = *Legasthenie;* '**Le·se·rin** <f.; -, -n·nen; ✐Z38>; '**Le·ser·kreis** <m.; -es, -e> *Leserschaft;* '**le·ser·lich** <Adj.> *~ schreiben;* '**Le·ser·lich·keit** <f.; -; unz.>; '**Le·ser·schaft** <f.; -; unz.>; '**Le·se·saal** <m.; -(e)s, -sä·le; ✐Z18.1>; '**Le·se·stoff** <m.; -(e)s, -e>; '**Le·se·wut** <f.; -; unz.; umg.; scherzh.> *die ~ hat ihn erfasst;* '**Le·se·zei·chen** <n.; -s, ->
Le·so·ther <m.; -s, ->; **Le·so·the·rin** <f.; -, -n·nen>; **le·so·thisch** <Adj.> *südafrikan. Staat;* Königreich ~
Les·si·vie·rung <[-'vi:-] f.; -, -en; Geol.> *Verlagerung von Ton* [frz.]
'**Le·sung** <f.; -, -en> *öffentliche ~*
Let <m.; -s, -s> **1** <Tennis> *ungültiger Aufschlag* **2** <Squash> *Behinderung durch den Gegner* [engl.]
le'tal <Adj.; Med.> *tödlich* [lat.]; **Le'tal·do·sis** <f.; -, -do·sen; Med.>; **Le·ta·li'tät** <f.; -; unz.; Med.> *Tödlichkeit (einer Krankheit); ~rate*
l'é·tat c'est moi <[le'ta sε 'moa]> *"der Staat bin ich" (Schlagwort des Absolutismus)* [frz.]
Le·thar'gie <f.; -; unz.> **1** <Med.> *Schläfrigkeit* **2** <allg.> *Lustlosigkeit, Trägheit* [grch.]; **le'thar·gisch** <Adj.>
'**Le·the** <f.; -; unz.; grch. Myth.> *Strom in der Unterwelt, aus dem die Toten Vergessenheit trinken; ~ trinken* <fig.>
'**Let·kiss** <m.; -; unz.; 60er Jahre> *ein finnischer Modetanz*
let·schert <['le:-] Adj.; österr.> *kraftlos, fade, langweilig*
'**Let·scho** <n. od. m.; -s; unz.;

Kochk.> *ein ungar. Paprikage-richt* [ungar.]

'Let·te <m.; -, -n> *Einwohner von Lettland*

'Let·ten <m.; -s, -; Geol.> *Ton, Kalk-Ton-Gemenge, Lehm*

'Let·ter <f.; -, -n; Typ.> = *Type(1)*

'let·tig <Adj.> *ton-, lehmhaltig*

'Let·tin <f.; -, -n·nen>; **'let·tisch** <Adj.> ~e Sprache; das Lettisch(e); **'Lett·land** *nordosteuro-päischer Staat; Republik* ~

'Lett·ner <m.; -s, -; in Kirchen> *Trennwand zwischen Chor u. Mittelschiff*

'let·ze·bur·gisch <Adj.> ~e Sprache; das Letzeburgische *mosel-fränkische Mundart, eine der drei Amtssprachen Luxemburgs*

Letzt <nur in der Wendung> zu guter ~ *zum Schluss*; **'letz·te(r, -s)** <Adj.> 1 <↗Z44> *ein Reihe beschließend*; der ~ Versuch; ~n Endes *schließlich*; das ~ Mal; zum (ersten u.) ~n Mal; bis auf den ~n Mann *alle*; jmdm. die ~ Ehre erweisen *jmdn. beerdigen*; der Letzte des Monats; der Letzte sein; die Ersten werden die Letzten sein u. die Letzten werden die Ersten sein (Matth. 19,30); er ist der Letzte seiner Familie; als Letzter kommen; den Letzten beißen die Hunde <Sprichw.>; das ist das Letzte, was er tun sollte; das Letzte Gericht; die Letzte Ölung erhalten <Kath.>; ~r Wille *Testament*; der Weisheit ~r Schluss *die höchste W.*; zum Dritten u. Letzten; bis zum Letzten gehen; etwas bis ins Letzte genau planen; fürs Letzte *zuletzt* 2 *eben erst vergangen, vorig*; in der ~n Woche; ~ Woche; am ~n Sonntag 3 *neueste(r, -s)*; die ~n Nachrichten; der ~ Schrei *die neueste Mode*; **letzt'end·lich** <Adv.> *schließlich, letztlich*; **'letz·tens** <Adv.> 1 *kürzlich* 2 *zum Schluss*; drittens u. ~; **'letz·te·re(r, -s)** <Adj.> *im ~n Fall*; der, die, das Letztere; **'letzt·ge·nannt** <Adj.> die ~ Person; der, die, das Letztgenannte; **'letzt·hin** <a. [-'-]; Adv.> *kürzlich*; **'letzt·jäh·rig** <Adj.>; **'letzt·lich** <Adv.> *schließlich*; **'letzt·ma·lig** <Adj.> eine ~ Verwarnung; **'letzt·mals** <Adv.>; **'letzt·mög·lich** <Adj.> zum ~en

Termin; **'letzt·wil·lig** <Adj.> ~e Verfügung *Testament*

Leu <['le:u]; m.; -, Lei ['le:i]; Abk.: l> *rumän. Währungseinheit* [lat.]

'Leucht·bo·je <f.; -, -n; Mar.>; **'Leucht·buch·sta·be** <m.; -ns, -n>; **'Leucht·dich·te** <f.; -; unz.; Phys.; Zeichen: L> *Lichtstärke pro Flächeneinheit*; **'Leucht·di·o·de** <f.; -, -n; Phys.> = *Lumi-neszenzdiode*; **'Leuch·te** <f.; -, -n> 1 *Lichtquelle (Lampe, Laterne, Fackel)* 2 <fig.; umg.> *kluger Mensch*; **'leuch·ten** <V. i.> 1 *mittels einer Lampe er-hellen*; du leuchtest mir ins Gesicht 2 *etwas leuchtet verbreitet Helligkeit*; ein ~des Rot; ein ~d rotes Kleid; ~d blau 3 *glänzen, schimmern*; Mond u. Sterne ~ am Himmel; mit ~den Augen; **'Leuch·ter** <m.; -s, -> *Gestell für Kerzen*; **'Leucht·far·be** <f.; -, -n> *fluoreszierende Farbe*; **'Leucht·feu·er** <n.; -s, -> *Leuchtsignal für den See- u. Luftverkehr*; **'Leucht·ge·schoss** <n.; -es, -e>; **'Leucht·kä·fer** <m.; -s, -; Zool.>; **'Leucht·kraft** <f.; -; unz.> 1 *das Leuchten einer Farbe od. eines Gegenstandes*; die ~ der Blumen 2 <Astr.> *von einem Stern aus-gestrahlte Energie*; **'Leucht·ku·gel** <f.; -, -n> *leuchtende Munition*; **'Leucht·pis·to·le** <f.; -, -n>; **'Leucht·ra·ke·te** <f.; -, -n> ~n abschießen; **'Leucht·re·kla·me** <f.; -, -n>; **'Leucht·röh·re** <f.; -, -n> *mit Leuchtstoff be-schichtete Röhre, Gasentla-dungslampe*; **'Leucht·si·gnal**, <auch> **'Leucht·sig·nal** <n.; -(e)s, -e; ↗Z53>; **'Leucht·stoff** <m.; -(e)s, -e> *fluoreszierende od. phosphoreszierende Sub-stanz*; **'Leucht·stoff·lam·pe** <f.; -, -n>; **'Leucht·turm** <m.; -(e)s, ⸚e; Mar.> *Turm, der Lichtzei-chen aussendet*; **'Leucht·turm·wär·ter** <m.; -s, ->; **'Leucht·zei·chen** <n.; -s, -> ~ geben; **'Leucht·zif·fer** <f.; -, -n>; **'Leucht·zif·fer·blatt** <n.; -(e)s, ⸚er> Uhr mit ~

Leu·cin <n.; -s, -e; Biochem.> *ei-ne Aminosäure*; oV *Leuzin* [grch.]; **Leu·cit** <m.; -s, -e; Ge-

ol.> *ein Mineral (Feldspat)*; oV *Leuzit* [grch.]

'leug·nen <V. t.> *die Wahrheit ab-streiten*; eine Tat ~; er leugnete, dass ...; sein Leugnen half ihm nichts

leuk..., **Leuk...** <in Zus.> *weiß...*, *Weiß...* [grch.]; **Leuk·ä'mie**, <auch> **Leu·kä'mie** <f.; -, -n; Med.> *krankhafte Vermehrung der weißen Blutkörperchen, Blutkrebs*; **leuk'ä·misch** <Adj.; Med.>; **Leu·ko'blast** <m.; -en, -en; meist Pl.; Med.> *Vorstufe der Leukozyten*; <aber> → *Leu-koplast*; **Leu·ko'plast**[1] <m.; -en, -en; Biol.> *Bestandteil der Pflanzen-zelle*; <aber> → *Leukoblast*; **Leu·ko'plast**[2] <n.; -(e)s, -e> *Wa-renz.> ein Heftpflaster*; <aber> → *Leukoblast*; **Leu·kor·rhö**, **Leu·kor·rhöe** <[-'rø:]; f.; -, -(e)n; Med.> *übermäßiger Ge-bärmutterausfluss*; **Leu·ko·tri'chie**, **Leu·ko·tri'cho·se** <f.; -, -n; Med.> *Weißwerden des Haa-res*; **Leu·ko'zyt** <m.; -en, -en; meist Pl.; Med.> *weißes Blut-körperchen*; **Leu·ko·zy'to·se** <f.; -; unz.; Med.> *Vermehrung der Leukozyten im Blut*

'Leu·mund <m.; -(e)s; unz.> *Ruf, Nachrede*; einen schlechten ~ haben

'Leut·chen <Pl.; umg.> *Verklei-nerungsf. von> Leute*; **'Leu·te** <nur Pl.> 1 *Menschen*; recht-schaffene ~; Land u. ~ kennen lernen; die ~ reden darüber; wenig unter die ~ kommen 2 *Angestellte, Arbeitskräfte*; **'leu·te·scheu** <Adj.>; **'Leu·te·scheu** <f.; -; unz.>

'Leut·nant <m.; -s, -s od. (selten) -e; Abk.: Lt., Ltn.> 1 *unterste Rangstufe des Offiziers* 2 *Offi-zier dieser Rangstufe*; ~ zur See [frz.]

'leut·se·lig <Adj.> *kollegial, um-gänglich, liebenswürdig*; **'Leut-se·lig·keit** <f.; -; unz.>

Leu·zin <n.; -s, -e; Biochem.> = *Leucin*; **Leu'zit** <m.; -s, -e; Ge-ol.> = *Leucit*

Le·va·de <[-'va:-]; f.; -, -n; hohe Schule> *Aufrichten des Pferdes u. Heben der Vorderbeine* [frz.]

Le·van·te <[-'van-]; f.; -; unz.>

L

Lexem: Als L. bezeichnet man im weiteren Sinn ein Wort, im engeren Sinn eine Grundeinheit des Wortschatzes. Ein L. kann in verschiedenen Wortformen realisiert werden, z. B. das L. *bitten* in *bittest, gebeten, Abbitte, Bittschreiben* usw. Im Wörterbuch werden die L. in ihrer Grundform (Substantive im Nominativ Singular, Verben im Infinitiv Aktiv Präsens, Adjektive in der undeklinierten Form) wiedergegeben. Vgl. ↗Lemma, ↗Morphem

östliche Mittelmeerländer [ital.]; **Le·van·ti·ner** <m.; -s, ->; **Le·van·'ti·ne·rin** <f.; -, -n·nen>; **le·van·'ti·nisch** <Adj.>

Le·vel <['lɛvəl]; m.; -s, -s> *Stufe, Niveau, Ranghöhe; auf hohem, niedrigem ~* [engl.]

Le·ver <[lə've:]; n.; -s, -s; früher> *Morgenempfang (bei einem Fürsten)* [frz.]

Le·vi·a'than <a. [-vi'a:-]; m.; -s; unz.; Myth.; Bibel> *Ungeheuer* [hebr.]

Le·vi'rat <[-vi-]; n. od. m.; -(e)s, -e; Völkerk.> *Ehe mit der Witwe des Bruders (z. B. bei den Israeliten)* [lat.]

Le·vit <[-'vi:t]; m.; -en, -en> 1 <urspr.> *Angehöriger eines israelit. Stammes 2 jüd. Priester(diener)* [hebr.]; **Le'vi·ten** <Pl.; in der Wendung> *jmdm. die ~ lesen jmdn. scharf zurechtweisen;* **le'vi·tisch** <Adj.>

Lev'ko·je <f.; -, -n; Bot.> *eine Zierpflanze (Kreuzblütler)* [grch.]

Lew <[lɛf]; m.; -s, Le·wa ['lɛva]; Abk.: Lw> *bulgarische Währungseinheit* [lat.]

Lex <f.; -, 'Le·ges [-ge:s]> *Gesetz* [lat.]

Lex-8° <Abk. für> *Lexikonoktav,* **Le'xem** <n.; -s, -e; Sprachw.> *Element des Wortschatzes, (Wort als) lexikalische Einheit* [grch.]; → a. *Kasten;* **le·xe'ma·tisch** <Adj.>; **'Le·xik** <f.; -; unz.> *Wortschatz (einer Sprache);* **le·xi'ka·lisch** <Adj.> 1 *den Wortschatz betreffend 2 das Lexikon betreffend;* **le·xi·ka·li'sie·ren** <V. t.> *als Lexem (Worteinheit) festlegen;* **Le·xi·ko'graf** <m.; -en, -en; ↗Z11.3>; **Le·xi·ko·gra-**

'fie <f.; -; unz.> = *Lexikographie;* **Le·xi·ko'gra·fin** <f.; -, -n·nen>; **le·xi·ko'gra·fisch** <Adj.>; **Le·xi·ko'graph** <m.; -en, -en>; **Le·xi·ko·gra'phie** <f.; -; unz.> *(Lehre u. Methode der) Abfassung von Wörterbüchern;* **Le·xi·ko'gra·phin** <f.; -, -n·nen>; **le·xi·ko'gra·phisch** <Adj.>; **Le·xi·ko·lo'ge** <m.; -n, -n>; **Le·xi·ko·lo'gie** <f.; -; unz.> *Lehre von der Erforschung u. Beschreibung des Wortschatzes, Wortkunde;* **Le·xi·ko'lo·gin** <f.; -, -n·nen>; **le·xi·ko'lo·gisch** <Adj.>; **'Le·xi·kon** <n.; -s, -ka od. -xi·ken> 1 *alphabetisch geordnetes Nachschlagewerk; Konversations– 2 Wörterbuch; Fremdwörter– 3 Wortbestand einer Sprache;* **'Le·xi·kon·for·mat** <n.; -(e)s, -e> *Buchmaß von Lexika;* **'Le·xi·kon·ok·tav** <n.; -s; unz.; Abk.: Lex-8°> *Buchformat von Lexika (ca. 25–30 cm); die ~* **le·xisch** <Adj.> *die Lexik betreffend*

Le·zi'thin <n.; -s; unz.; Biochem.> *in pflanzl. u. tier. Zellen vorkommender fettähnl. Stoff (Lipoid); oV Lecithin* [grch.]

lfd. <Abk. für> *laufend;* **lfd. m.** <Abk. für> *laufender Meter, laufenden Meters; oV lfd. M.;* **lfm.**; **lfd. M.** <Abk. für> 1 *laufenden Monats = lfd. m.;* **lfd. Nr.** <Abk. für> *laufende Nummer;* **lfm.** = *lfd. m.*

LG <Abk. für> *Landgericht*

LH <Abk. für> *luteinisierendes Hormon; Sy Lutropin*

'Lha·sa *Hauptstadt von Tibet*

L'hom·bre, <auch> **L'homb·re** <['lɔ̃:bər] od. ['lɔ̃br(ə)]; n.; -; unz.; ↗Z53> = *Lomber*

Li¹ <Chem.; Zeichen für> *Lithium*

Li² <n.; -, -> *altes chines. Längenmaß*

Li·ai·son <[lic'zɔ̃:]; f.; -, -s> 1 <geh.> *Liebesverhältnis; eine ~ mit jmdm. eingehen 2 <frz. Gramm.> Artikulation eines stummen Auslautkonsonanten bei Wortverbindungen, z. B. les amis* [lezami] [frz.]

Li'a·ne <f.; -, -n; Bot.> *eine Schlingpflanze* [frz.]; **li'a·nen·ar·tig** <Adj.>

'Li·as <m. od. f.; -; unz.; Geol.>

älteste Abteilung des Jura [frz.]; **li'as·sisch** <Adj.; Geol.>

Li·ba·ne·se <m.; -n, -n>; **Li·ba·'ne·sin** <f.; -, -n·nen>; **li·ba·ne·sisch** <Adj.>; **'Li·ba·non** <m.; - od. -s; unz.> *Staat in Vorderasien;* *Libanesische Republik*

Li'bell <n.; -s, -e; im alten Rom> *Schmähschrift* [lat.]

Li'bel·le <f.; -, -n> 1 <Zool.> *ein Insekt 2 Glasröhrchen der Wasserwaage* [lat.]

Li·bel'list <m.; -en, -en; geh.> *Verfasser von Schmähschriften* [lat.]

li·be'ral <Adj.> 1 *freiheitlich; Ggs illiberal 2 vorurteilsfrei, großzügig 3 <↗Z46> den Liberalismus vertretend; eine ~e Partei;* <aber> *das Liberale Forum eine österr. Partei* [lat.]; **Li·be'ra·le(r)** <f. 2 (m. 1)>; **li·be·ra·li'sie·ren** <V. t.> *freier gestalten;* **Li·be·ra·li'sie·rung** <f.; -, -en>; **Li·be·ra·'lis·mus** <m.; -; unz.; Pol.> *in der Aufklärung begründete Staats- u. Wirtschaftsauffassung;* **Li·be·ra'list** <m.; -en, -en>; **Li·be·ra·lis·tin** <f.; -, -n·nen>; **li·be·ra·'lis·tisch** <Adj.> 1 *(übertrieben) liberal 2* <abwertend> *ohne Prinzipien;* **Li·be·ra·li'tät** <f.; -; unz.> *liberale Gesinnung, Großzügigkeit; Ggs Illiberalität;* **Li·be·ra·li·um** **'Ar·ti·um Ma'gis·ter** <m.; ---; unz.; Abk.: L. A. M.; im MA> *Magister der freien Künste (Titel)*

Li'be·ria *westafrikan. Staat; Republik ~;* **Li·be·ri'a·ner** <m.; -s, -> *oV Liberier;* **Li·be·ri'a·ne·rin** <f.; -, -n·nen>; **li·be·ri'a·nisch** <Adj.>; **Li·be·ri·e·rin** <f.; -, -n·nen>; **li'be·risch** <Adj.>

'Li·be·ro <m.; -s, -s; Fußb.> *Spieler, der in der Abwehr oder im Angriff spielt* [ital.]

li·ber'tär <Adj.; abwertend> *extrem freizügig* [lat.]; **Li·ber'tät** <f.; -; unz.; bes. früher> *Freiheit (der Stände);* **Li·ber·té, E·ga·li·té, Fra·ter·ni·té** <[-'te]; Schlagwort der Frz. Revolution> *Freiheit, Gleichheit, Brüderlichkeit;* **Li·ber'tin** <[-'tɛ̃:]; m.; -s, -s; geh.; veralt.> 1 *Freigeist 2 leichtfertiger, ausschweifender Mensch* [frz.]; **Li·ber'ti·ner** <m.; -s, -; NT> *freigelassener röm. Sklave* [lat.]; **Li·ber·ti'nis·mus**

<m.; -; unz.; geh.> *Leichtfertig-keit, ausschweifender Lebens-wandel*

li·bi·di·ni·sie·ren <V. t.; Psych.> *mit Libido besetzen* [lat.]; **Li·bi-di·nist** <m.; -en, -en; Psych.> *Mensch mit starkem Ge-schlechtstrieb, Wollüstling*; **Li-bi·di·nis·tin** <f.; -, -n·nen; Psych.>; **li·bi·di·nös** <Adj.; Psych.> *triebhaft, wollüstig*; **Li-bi·do** <a. [-'--]; f.; -; unz.; Psych.> 1 <nach Freud> *Ge-schlechtstrieb* 2 <nach C. G. Jung> *psychische Energie*

Li·bra·ti·on, <auch> **Lib·ra·ti·on** <f.; -, -en; ↗Z53; Astr.> *Schwan-kung des Mondkörpers* [lat.]

Li·bret·tist, <auch> **Lib·ret·tist** <m.; -en, -en; ↗Z53> *Verfasser eines Librettos*; **Li·bret·tis·tin** <f.; -, -n·nen>; **Li·bret·to** <n.; -s, -s od. -ti> *Text einer Oper od. Operette* [ital.]

'Li·by·en *in nordafrikan. Staat*; So-zialistische Libysch-Arabische Volks-Dschamahirija; **'Li·by·er** <m.; -s, ->; **'Li·by·e·rin** <f.; -, -n·nen>; **'Li·bysch** <Adj.; ↗Z46> *die ~e Sprache; <aber> die Li-bysche Wüste*

Lic. <Abk. für> *Lizentiat²*

'Li·chen <m.; -s; unz.> Med.> *Hautausschlag, Flechte* [grch.]; **Li·che·nes** <Pl.; Bot.> *in Sym-biose lebende Pilze u. Algen, Flechten*; **Li·che'nin** <n.; -s, -e; Bot.> *zelluloseartige Substanz in Flechten*; **li·che·no'id** <Adj.; Med.; Bot.> *flechtenartig*

licht <Adj.; -er, am -es·ten> 1 *hell*; ~es Blau 2 *nicht dicht*; ~er Wald 3 ~e Höhe, Weite *Abstand zwischen den inneren Begren-zungen einer Öffnung o. Ä.* 4 <fig.> *klar, ungetrübt*; *in einem ~en Augenblick*; **Licht** <n.; -(e)s, -er> 1 *Helligkeit, Strah-lung, Beleuchtung*; *Kerzen~; elektrisches ~; das ~ ein-, aus-schalten; ~ machen; jmdm. aus dem ~(e) gehen; das ~ der Welt erblicken geboren werden* 2 <fig.> *Geist, Wissen, Klärung*; *kein großes ~ sein; etwas ans ~ bringen etwas aufdecken, ent-rätseln; jmdn. hinters ~ führen betrügen* 3 <Jagdw.> *Auge (vom Schalenwild)*; **'Licht·an·la·ge** <f.; -, -n>; **'licht·be·stän·dig**

<Adj.> = *lichtecht*, **'Licht·bild** <n.; -(e)s, -er> = *Fotografie*; **'licht·blau** <Adj.> *hellblau*; **'Licht·blick** <m.; -(e)s, -e> *Hoff-nung, angenehmes Ereignis*; **'Licht·bo·gen** <m.; -s od. (süddt.; österr.; schweiz.) -; Phys.> *hell leuchtende elektr. Entladung*; **'licht·bre·chend** <Adj.; ↗Z29>; **'Licht·bre·chung** <f.; -, -en>; **'Licht·bün·del** <n.; -s, -; Phys.>; **'Licht·chen** <n.; -s; Verkleinerungsf. von> *Licht*; **'licht·dicht** <Adj.> *lichtun-durchlässig*; **'Licht·druck** <m.; -(e)s, -e> 1 <unz.; Phys.> *Druck eines Lichtstrahls* 2 <Typ.> *(Druckerzeugnis im) Licht-druckverfahren*; **'Licht·druck-ver·fah·ren** <n.; -s; unz.; Typ.> *ein Druckverfahren mittels lichtempfindlicher Gelatinelö-sung*; **'licht·durch·läs·sig** <Adj.>; **Lich·te** <f.; -; unz.> *lichte Weite*; **'licht·echt** <Adj.> *unempfindlich gegen Tages-licht*; **'Licht·ef·fekt** <m.; -(e)s, -e>; **'Licht·ein·fall** <m.; -(e)s; unz.>; **'licht·e·lek·trisch,** <auch> **'licht·e·lekt·risch** <Adj.; ↗Z53; Phys.> *auf der Wechsel-wirkung zwischen Licht u. Elek-trizität beruhend*; ~er Effekt; **'licht·emp·find·lich** <Adj.> *~er Film*; **'Licht·emp·find·lich·keit** <f.; -; unz.>; **'lich·ten¹** <V. t./V. refl.> 1 *verringern, auslichten*; *den Wald ~* 2 *etwas lichtet sich wird heller, übersichtlicher*

'lich·ten² <V. t.; Seew.> *heben, hochziehen*; *den Anker ~*

'Lich·ter <m.; -s, -; Mar.> = *Leich-ter*

'Lich·ter·baum <m.; -(e)s, -e *Weihnachtsbaum*; **'Licht·er·fest** <n.; -(e)s, -e; jüd. Rel.> *achttä-giges Weihefest im Dezember*; **'licht·er·füllt** <Adj.> *ein ~er Raum*; *<aber> der Raum war von Licht erfüllt*; **'Lich·ter·ket-te** <f.; -, -n>; **'licht·er·loh** <Adv.> *die Scheune brennt ~*; **'Lich·ter·meer** <n.; -(e)s, -e *große Men-ge von Lichtern*

'lich·tern <V. t.; ich licht(e)re> = *leichtern*

'Licht·fil·ter <m.; -s, -; Fot.>; **'Licht·fluss** <m.; -es; unz.> = *Lichtstrom*; **'Licht·ge·schwin-dig·keit** <f.; -; unz.; Phys.>;

'Licht·grif·fel <m.; -s, -; EDV> *Eingabegerät in Form eines Stif-tes*; **'licht·grün** <Adj.> *hellgrün*; **'Licht·hof** <m.; -(e)s, -e> 1 <Bauw.> *Lichtschacht* 2 <Fot.> *überbelichtete Stelle* 3 <Astr.> *Lichtschein um Sonne od. Mond*; **'Licht·hu·pe** <f.; -, -n; Kfz> *warnendes Lichtsignal*; **'Licht·in·ten·si·tät** <f.; -; unz.>; **'Licht·jahr** <n.; -(e)s, -e; Astr.; Abk.: Lj> *von Licht in einem Jahr zurückgelegte Entfernung*; **'Licht·ke·gel** <m.; -s, -> *Strah-lenbündel*; **'Licht·leh·re** <f.; -; unz.> *Optik*; **'Licht·lein** <n.; -s, -; poet.; Verkleinerungsf. von> *Licht*; **'Licht·lei·ter** <m.; -s, -; Phys.> *lichtdurchlässiger Kör-per (Glasfasern), in dem Licht weitergeleitet wird*; **'licht·los** <Adj.> *~er Raum*; **'Licht·ma-schi·ne** <f.; -, -n; Kfz> *vom Mo-tor angetriebener Generator*; **'Licht·mess** <ohne Art.; Kath.> *Mariä – Fest am 2. Februar*; **'Licht·mes·sung** <f.; -, -en; Phys.>; **'Licht·müh·le** <f.; -, -n; Phys.> = *Radiometer*; **'Licht-nel·ke** <f.; -, -n; Bot.> *ein Nel-kengewächs*; **'Licht·or·gel** <f.; -, -n> *Anlage für Lichteffekte*; **'Licht·quant** <n.; -s, -en; Phys.> = *Photon*; **'Licht·quel·le** <f.; -, -n; Phys.> *Körper, der Licht ab-strahlt*; **'Licht·re·kla·me** <f.; -, -n>; **'Licht·satz** <m.; -es; unz.; Typ.> = *Fotosatz*; **'Licht-schacht** <m.; -(e)s, -e>; **'Licht-schal·ter** <m.; -s, ->; **'Licht-schein** <m.; -(e)s; unz.> *bei ~*; **'licht·scheu** <Adj.> *~e Tiere*; **'Licht·scheu** <f.; -; unz.>; **'Licht·schran·ke** <f.; -, -n> *bei Durchbrechung eines Licht-strahles ausgelöste Sperr- od. Öffnungsvorrichtung*; **'Licht-schutz·fak·tor** <m.; -s, -en> *Maß für den Schutz vor UV-Strahlen*; **'licht·schwach** <Adj.> *~schwä·cher, am ~schwächs-ten; Fot.> ~es Objektiv*; **'Licht-si·gnal,** <auch> **'Licht·sig·nal** <n.; -(e)s, -e; ↗Z53> *Lichtzei-chen (im Straßenverkehr)*; **'Licht·spiel·haus** <n.; -es, -e *Kino*; **'licht·stark** <Adj.; ~stär·ker, am ~stärks·ten; Fot.> *~es Objektiv*; **'Licht·stär·ke** <f.; -, -n; Phys.> *Strahlungsstärke*

L

einer Lichtquelle; **'Licht·strahl** <m.; -(e)s, -en>; **'Licht·strei·fen** <m.; -s, ->; **'Licht·strom** <m.; -(e)s, ²e; Phys.> Strahlungsleistung (in Lumen gemessen); **'Licht·tech·nik** <f.; -; unz.>; **'licht·tech·nisch** <Adj.>; **'Licht·the·ra·pie** <f.; -; unz.; Med.> ein Heilverfahren; **'licht·un·durch·läs·sig** <Adj.>; **'Licht·ung** <f.; -, -en ausgeholzte Stelle im Wald; **'Licht·weg** <m.; -(e)s; unz.; Phys.> optische Weglänge; **'Licht·wel·le** <f.; -, -n> Phys.> elektromagnet. Welle; **'Licht·wel·len·lei·ter** <m.; -s, -; Phys.> = Lichtleiter; **'Licht·wert** <m.; -(e)s, -e; Fot.> Wert für die Belichtungszeit; **'Licht·wir·kung** <f.; -, -en> Beleuchtungseffekt **Lid** <n.; -(e)s, -er> das Auge bedeckende Hautfalte; <aber> → Lied

'Li·do <m.; -s, -s od. 'Li·di> Landzunge (bes. bei Venedig) [ital.] **'Lid·rand** <m.; -(e)s, ²er>; **'Lid·schat·ten** <m.; -s, -> farbige Augenschminke; **'Lid·schlag** <m.; -(e)s, ²e>; **'Lid·strich** <m.; -(e)s, -e> dunkler Strich am Lidrand **lieb** <Adj.> 1 teuer, wert, geliebt; ~e Eltern, ~e Kinder (als Anrede); der ~e Gott; die ~en Kleinen; meine Lieben!; er ist mir der Liebste; jmdn. ~ haben; sie haben sich sehr ~ gehabt; jmdn. ~ behalten; jmdn. ~ gewinnen; ein ~ gewordener Brauch; sich bei jmdm. ~ Kind machen <fig.> sich einschmeicheln 2 liebevoll, fürsorglich; sie ist sehr ~ mit/zu den Kindern 3 <↗Z 42> angenehm, willkommen; ein ~er Gast; das ist mir viel ~er; am ~sten wäre mir ...; es wäre mir das Liebste ...; jmdm. etwas Liebes tun 4 brav, folgsam; ein ~es Kind 5 <verstärkend> du ~er Himmel!; du ~e Zeit!; **'lieb·äu·geln** <V. i.; ich liebäug(e)le; du liebäugelst; sie liebäugelt; er hat geliebäugelt> mit etwas ~ mit dem Gedanken an etwas spielen; **'Lieb·chen** <n.; -s, -; poet.> Geliebte; **'Lie·be** <f.; -, -n> 1 <unz.> starke Zuneigung; Menschen~; Nächsten~; Vaterlands~; ~ zur Musik 2 <unz.> heftiges Verlangen nach etwas; Freiheits~ 3 <unz.>

leidenschaftl. körperliche u. seelische Bindung zwischen zwei Menschen; ~ zwischen Mann u. Frau; aus ~ heiraten; jmds. ~ nicht erwidern; kein Glück in der ~ haben 4 geliebte Person 5 Liebesverhältnis 6 <unz.> Gefälligkeit; jmdm. eine ~ erweisen; → a. zuliebe; **'lie·be·be·dürf·tig** <Adj.> ~ sein; **'lie·be·die·ner** <m.; -s, -; abwertend> Schmeichler; **Lie·be·die·ne'rei** <f.; -; unz.; abwertend>; **'lie·be·die·ne·risch** <Adj.; abwertend>; **'lie·be·die·nern** <V. i.; sie liebedienert; er hat liebedienert; abwertend> sich einschmeicheln; **'lie·be·glü·hend** <Adj.; poet.> mit ~en Wangen; <aber> vor Liebe glühend; **'lie·be·leer** <Adj.> ein ~es Dasein; **Lie·be·lei** <f.; -, -en> oberflächliche Liebschaft; **'lie·ben** <V. t.> 1 Liebe empfinden; jmdn. ~; die Liebenden 2 gern haben, gern tun; Musik ~; ich würde es ~d gern tun; jmdn. od. etwas ~ lernen; sie hat ihn ~ gelernt; **'Lie·ben·de(r)** <f. 2 (m. 1)>; **'lie·bens·wert** <Adj.; -er, am ~es·ten> ein ~er Mensch; **'lie·bens·wür·dig** <Adj.> zuvorkommend; das ist sehr ~ von Ihnen; **'lie·bens·wür·di·ger·wei·se** <Adv.> er hat es mir ~ angeboten; **'Lie·bens·wür·dig·keit** <f.; -; unz.> jmdn. um eine ~ bitten; **'lie·ber** <Adv.> 1 <Komparativ von gern 2 besser; tu das ~ nicht; wir wollen ~ aufhören; **'Lie·bes·a·ben·teu·er** <n.; -s, -; ↗Z55> oberflächl. Liebschaft; **'Lie·bes·af·fä·re** <f.; -, -n>; **'Lie·bes·akt** <m.; -(e)s, -e; geh.> Geschlechtsakt; **'Lie·bes·ap·fel** <m.; -s, ²> Apfel am Stiel mit roter Glasur; **'Lie·bes·be·dürf·nis** <n.; -s·ses; unz.>; **'Lie·bes·be·weis** <m.; -es, -e>; **'Lie·bes·be·zei·gung** <f.; -, -en; geh.>; **'Lie·bes·be·zie·hung** <f.; -, -en> eine ~ (mit jmdm.) eingehen; **'Lie·bes·brief** <m.; -(e)s, -e>; **'Lie·bes·dienst** <m.; -(e)s, -e> jmdm. einen ~ erweisen; **'Lie·bes·er·klä·rung** <f.; -, -en> jmdm. eine ~ machen; **'Lie·bes·ge·dicht** <n.; -(e)s, -e>; **'Lie·bes·ge·schich·te** <f.; -, -n>; **'Lie·bes·glück** <n.; -s;

unz.; geh.> sein ~ finden; **'Lie·bes·hei·rat** <f.; -, -en>; **'Lie·bes·kum·mer** <m.; -s; unz.> ~ haben; sich aus ~ umbringen wollen; **'Lie·bes·le·ben** <n.; -s; unz.> Gesamtheit der geschlechtl. Aktivitäten; in jmds. ~ herumforschen; das ~ der Vögel; **'Lie·bes·lied** <n.; -(e)s, -er>; **'Lie·bes·müh·** <f.; -; unz.>; in der Wendung> das ist verlorene ~ vergeblich; **'Lie·bes·paar** <n.; -(e)s, -e>; **'Lie·bes·per·len** <Pl.> kleine Zuckerperlen; **'Lie·bes·sze·ne** <f.; -, -n>; **'Lie·bes·toll** <Adj.>; **'Lie·bes·tö·ter** <m.; -s, -; umg.; scherzh.> knielange Damenunterhose; **'Lie·bes·trank** <m.; -(e)s, ²e; Myth.> ein Zaubertrank; **'lie·bes·trun·ken** <Adj.; poet.>; **'Lie·bes·ver·hält·nis** <n.; -s·ses, -s·se> Liebschaft; **'lie·be·voll** <Adj.> zärtlich; **Lieb·'frau·en·kir·che** <f.; -, -n> der Jungfrau Maria geweihte Kirche; **'Lieb·ha·ber** <m.; -s, -> 1 Geliebter 2 <fig.> Kenner, Sammler; Kunst~; **Lieb·ha·be·'rei** <f.; -, -en> Hobby; **'Lieb·ha·be·rin** <f.; -, -n·nen>; **'Lieb·ha·ber·preis** <m.; -es, -e> hoher Preis; **'Lieb·ha·ber·wert** <m.; -(e)s, -e> Ggs Gebrauchswert; **lieb'ko·sen** <V. t./V. refl.; ich liebkose; du liebkost; sie liebkost; er hat (ge)liebkost> zärtlich sein, küssen; er liebkoste sie; **'Lieb'ko·sung** <f.; -, -en>; **'lieb·lich** <Adj.> 1 anmutig, zart, heiter; ~ aussehen 2 köstlich, leicht süß; ~er Wein; **'Lieb·lich·keit** <f.; -; unz.>; **'Lieb·ling** <m.; -s, -e> geliebte Person; der ~ der Familie; **'Lieb·lings·be·schäf·ti·gung** <f.; -, -en> seiner ~ nachgehen; **'Lieb·lings·far·be** <f.; -, -n>; **'Lieb·lings·spei·se** <f.; -, -n>; **'lieb·los** <Adj.; -er, am -lo·ses·ten> achtlos, gefühllos; **'Lieb·lo·sig·keit** <f.; -, -en>; **'lieb·reich** <Adj.; geh.> liebevoll; **'Lieb·reiz** <m.; -es; unz.> Anmut; **'lieb·rei·zend** <Adj.>; **'Lieb·schaft** <f.; -, -en> kurzes Liebesverhältnis; **'Liebs·te** <f. 2; geh.> Geliebte; **'Liebs·te(r)** <m. 1; geh.> Geliebter

'Lieb·stö·ckel <m. od. n.; -s, -; Bot.> eine Gewürzpflanze

Liech·ten·stein <['liç-]> *kleiner mitteleurop. Staat;* Fürstentum ~; '**Liech·ten·stei·ner** <m.; -s, ->; '**Liech·ten·stei·ne·rin** <f.; -, -n·nen>; '**liech·ten·stei·nisch** <Adj.>

Lied <n.; -(e)s, -er> **1** *Melodie, Weise* **2** *sangbares, vertontes Gedicht;* Kinder~; Kirchen~ **3** <fig.> *Geschichte, Sache;* davon kann ich ein ~ singen; es ist immer das alte ~!; das ist das Ende vom ~; <aber> → *Lid;* '**lied·ar·tig** <Adj.>; '**Lied·chen** <n.; -s, -; Verkleinerungsf. von> *Lied;* '**Lie·der·a·bend** <m.; -s, -e; ↗Z55>; '**Lie·der·buch** <n.; -(e)s, ̈-er>

'**lie·der·lich** <Adj.> **1** *unordentlich, nachlässig;* ein ~es Zimmer **2** <fig.> *sittenlos, unmoralisch;* ein ~er Lebenswandel; '**Lie·der·lich·keit** <f.; -; unz.>

'**Lie·der·ma·cher** <m.; -s, ->; '**Lie·der·ma·che·rin** <f.; -, -n·nen>

Lie·fe·rant <m.; -en, -en> *jmd., der Waren liefert;* **Lie·fe·ran·tin** <f.; -, -n·nen>; '**lie·fer·bar** <Adj.> *vorrätig;* die Ware ist nicht ~; '**Lie·fer·da·tum** <n.; -s, -da·ten>; '**Lie·fe·rer** <m.; -s, ->; '**Lie·fer·frist** <f.; -, -en>; '**lie·fern** <V. t.; ich lief(e)re; du lieferst; sie liefert> **1** *zustellen, schicken,* frei Haus ~ **2** *erzeugen, produzieren;* Bienen ~ Honig **3** *schaffen, bereiten;* dem Feind eine Schlacht ~; jmdn. ans Messer ~ <fig.> *zugrunde richten;* '**Lie·fer·schein** <m.; -(e)s, -e>; '**Lie·fe·rung** <f.; -, -en> *Bezahlung bei ~;* '**lie·fe·rungs·wei·se** <Adv.> *in einzelnen Lieferungen;* '**Lie·fer·wa·gen** <m.; -s, -> *kleiner Lastkraftwagen;* '**Lie·fer·zeit** <f.; -, -en>

'**Lie·ge** <f.; -, -n> *Möbelstück zum Liegen;* Garten~; '**Lie·ge·geld** <n.; -(e)s, -er; Seew.>; '**Lie·ge·mö·bel** <n.; -s, -> → a. *Sitzmöbel;* '**lie·gen** <V. i. 180> **1** <↗Z23> *lang ausgestreckt sein;* auf dem Sofa ~; im Sterben ~ *kurz vor dem Tode sein;* ~ bleiben; er ist ~ geblieben; jmdn. ~ lassen <fig.>; sie haben ihn links ~ (ge)lassen <fig.> *nicht beachtet;* <aber> das Liegenlassen (einer Sache) **2** *sich (auf etwas) befinden;* der Ort liegt bei

...; das Schiff liegt im Hafen; vor Anker ~; der Staub liegt fingerdick auf den Möbeln; der Schnee liegt meterhoch **3** *wahrnehmbar sein, zusammenhängen;* wie die Dinge (wirklich) ~; der Gedanke liegt nahe, dass ...; es lag ihm viel daran *er legte großen Wert darauf;* '**Lie·gen·de(s)** <n. 3; Bgb.> *unter der zu betrachtenden Schicht liegende Erdschicht;* Ggs *Hangende(s);* '**Lie·gen·schaft** <f.; -, -en> *Grundstück, -besitz;* '**Lie·ger** <m.; -s, -; Seew.> *Schiff außer Dienst;* '**Lie·ge·sitz** <m.; -es, -e> *Sitz mit zurückklappbarer Rückenlehne;* '**Lie·ge·statt** <f.; -, ̈-en; geh.>, '**Lie·ge·stät·te** <f.; -, -n> *Bett, Sofa;* '**Lie·ge·stuhl** <m.; -(e)s, ̈-e>; '**Lie·ge·stütz** <m.; -es, -e; Sp.> *eine Turnübung;* '**Lie·ge·wa·gen** <m.; -s, -; Eisenb.>; '**Lie·ge·wie·se** <f.; -, -n>; '**Lie·ge·zeit** <f.; -, -en; Seew.> **1** *Zeit des Liegens im Hafen* **2** *Zeit zum Laden u. Löschen einer Schiffsfracht*

Li·en <['li:ən]; m.; -s; unz.; Anat.> *Milz* [lat.]; **li·e'nal** <Adj.; Anat.>; **Li·e'ni·tis** <f.; -, -'ti·den; Med.> *Milzentzündung*

'**Lies·chen** <n.; -s, -; Verkleinerungsf. von> *Liese²;* ~ Müller *ungebildete Durchschnittsbürgerin;* → a. *fleißig*

'**Liesch·gras** <n.; -es; unz.; Bot.> *ein Rasengras*

'**Lie·se¹** <f.; -, -n; Bgb.> *enge Kluft*

'**Lie·se²** <f.; -, -n> *weibl. Vorname;* dumme, blöde ~ <umg.; abwertend>

Life·is·land <['laifailænd]; n.; -s, -s> **1** <Med.> *keimfreies Plastikzelt* **2** *aufblasbare Rettungsinsel* [engl.]; **Life·ja·cket** <['laifdʒækit]; n.; -s, -s> = *Lifevest;* **Life·style** <['laifstail]; m.; -s; unz.> *Lebensstil;* **Life·time·sport** <['laiftaim-]; m.; -s; unz.> *Sportart für jedes Lebensalter;* **Life·vest** <['laifvest]; f.; -, -s> *aufblasbare Schwimmweste*

Lift¹ <m.; -(e)s, -e od. -s> *Aufzug, Seilbahn;* Sessel~; Ski~ [engl.]; **Lift²** <m. od. n.; -s, -s> *Straffung erschlafften (Gesichts-)Gewebes;* '**Lift·boy** <[-bɔi]; m.; -s, -s> *Fahrstuhlführer;* '**lif·ten** <V. t.> *straffen, anheben;* sich

das Gesicht ~ lassen; sie wurde geliftet; '**Lif·ting** <n.; -s, -s> = *Lift²;* '**Lift·kurs** <m.; -es, -e> *Stützkurs*

'**Li·ga** <f.; -, 'Li·gen> **1** *Bund, Vereinigung* **2** <Sp.> *Klasse im Mannschaftssport;* erste, zweite ~ [span.-lat.]; **Li·ga'ment** <n.; -(e)s, -e; Anat.>, **Li·ga'men·tum** <n.; -s, -ta; Anat.> *Band* [lat.]; **Li·'gand** <m.; -en, -en; Chem.> *um das Zentralatom gruppiertes Molekül od. Atom;* '**Li·ga·po·kal** <m.; -s, -e; Sp.>; '**Li·ga·se** <f.; -, -n; Biochem.> *ein Enzym;* '**Li·ga·spie·ler** <m.; -s, -; Sp.>; '**Li·ga·spie·le·rin** <f.; -, -n·nen; Sp.>; **Li·ga'tur** <f.; -, -en> **1** <Typ.> *Verbindung mehrerer Buchstaben* 2 <Mus.> *Verbindung von Noten* **3** <Med.> *Unterbindung (von Blutgefäßen);* '**Li·gen** <Pl. von> *Liga*

light <[lait]; Adj.; undekl.> Cola ~; = *leicht(7)* [engl.]

Light·pen <['laitpɛn]; m.; - od. -s, -s; EDV> *Eingabestift für Computer* [engl.]; '**Light·show** <[-ʃou]; f.; -, -s> *Darbietung von Lichteffekten*

Li'gist <m.; -en, -en> *Angehöriger einer Liga;* **li'gis·tisch** <Adj.>

'**Li·gni·kul·tur,** <auch> '**Lig·ni·kul·tur** <f.; -, -en; ↗Z53> *Holzanbau* [lat.]; **Li'gnin** <n.; -s, -e> *festigender Bestandteil des Holzes;* **Li'gnit** <m.; -s, -e> *Braunkohle mit Holzstruktur*

Li·gro'in, <auch> **Lig·ro'in** <n.; -s; unz.; ↗Z53> *Bestandteil des Erdöls* [Kunstw.]

Li'gus·ter <m.; -s, -; Bot.> *ein Ölbaumgewächs;* Gemeiner ~ [lat.]

li·i'e·ren <V. refl.> sich (mit jmdm.) ~ *eine Liebesbeziehung beginnen* [frz.]; **Li·i'e·rung** <f.; -, -en>

Like·li·hood <['laiklihud]; f.; -; unz.; Stat.> *Wahrscheinlichkeit(swert)* [engl.]

Li'kör <m.; -s, -e> *sehr süßes alkoholisches Getränk* [frz.]; **Li'kör·glas** <n.; -es, ̈-er>

'**Lik·tor** <m.; -s, -'to·ren; im alten Rom> *Diener* [lat.]

'**Li·kud·block** <m.; -s; unz.; in Israel> *Parteienbündnis*

'**li·la** <Adj.; undekl.> *hellviolett,*

fliederfarben; ein ~ Stoff [frz.]; **'Li·la** <n.; -s, -s> *lila Farbe;* ein dunkles ~; **'li·la·far·ben, 'li·la·far·big** <Adj.>

Li·li·a·zee <[-'tse:ə]; f.; -, -n; Bot.> *Liliengewächs;* **'Li·lie** <[-liə]; f.; -, -n; Bot.> *ein Liliengewächs mit trichterförmigen Blüten; Spanische ~* [lat.]; **'Li·li·en·ge·wächs** <[-ks]; n.; -es, -e; Bot.>

'Li·li·put <n.; - od. -s; unz.> *Märchenland mit sehr kleinen Menschen* [nach dem Roman "Gullivers Reisen" von J. Swift]; **Li·li·pu'ta·ner** <m.; -s, -> 1 *Einwohner von Liliput* 2 *zwergwüchsiger Mensch;* **Li·li·pu'ta·ne·rin** <f.; -, -nnen>; **li·li·pu'ta·nisch** <Adj.>; **'Li·li·put·aus·ga·be** <f.; -, -n>

lim <Math.; Abk. für> *Limes*

lim., Lim. <Abk. für> *limited*

'Li·ma *Hauptstadt von Peru*

Li·ma·ko·lo'gie <f.; -; unz.; Zool.> *Schneckenkunde* [grch.]

'Lim·ba <n.; -s; unz.> *eine tropische Holzart* [westafrikan.]

'Lim·bi <Pl. von> *Limbus,* **'lim·bisch** <Adj.; Med.> *~es System entwicklungsgeschichtlich altes System von Gehirnstrukturen*

'Lim·bo <m.; -s, -s> *ein westafrikan. Tanz* [karib.]

'Lim·burg 1 *dt. Stadt; ~ an der Lahn* 2 *eine belgische Stadt;* **'Lim·bur·ger** <m.; -s, -> 1 *Einwohner von Limburg* 2 *ein würziger Weichkäse;* **'Lim·bur·ge·rin** <f.; -, -nnen>; **'Lim·bur·gisch** <Adj.>; **Lim·bur'git** <m.; -s, -e; Min.> *ein Glasbasalt*

'Lim·bus <m.; -, 'Lim·bi> 1 <Bot.> *Teil der Blumenkrone* 2 <Scholastik> *Vorhölle* 3 <Tech.> *Teilkreis an Winkelmessgeräten* [lat.]

'Li·me·rick <m.; -s, -s; Lit.> *komisch-iron. Gedicht* [nach der irischen Stadt u. Grafschaft *Limerick*]

'Li·mes <m.; -; unz.> 1 *römischer Grenzwall* 2 <Math.; Abk.: lim> *Grenzwert* [lat.]

Li'met·ta, Li'met·te <f.; -, -'metten; Bot.> *eine grüne Zitrusfrucht;* Sy *Limone* [frz.]

'Li·mit <n.; - od. -s, -s od. -e> *äußerste Grenze;* ein ~ setzen; das ~ überschreiten [engl.]; **Li·mi·ta·ti·on** <f.; -, -en; selten> *das*

Limitieren [lat.]; **li·mi·ta'tiv** <Adj.> *begrenzend;* **Li'mi·te** <a. ['---]; f.; -, -n; schweiz.> *Limit* [frz.]; **'li·mi·ted** <[-'tid]; Abk.: lim., Lim., ltd., Ltd., ld., Ld.> *mit beschränkter Haftung* [engl.]; **Li·mi·ted E·di·tion** <[-i'diʃn]; f.; --, --s; engl. Bez. für> *limitierte Auflage,* **li·mi'tie·ren** <V. t.> *begrenzen, einschränken;* **Li·mi'tie·rung** <f.; -, -en>

Lim·ni'graf, Lim·ni'graph <m.; -en, -en; ➚ Z 11.3>, **Lim·ni'me·ter** <n.; -s, -> *Wasserstandsmesser für Seen* [grch.]; **'lim·nisch** <Adj.> *im Süßwasser gebildet od. lebend; ~e Fazies;* **Lim·no·lo·'gie** <f.; -; unz.> *Seenkunde;* **lim·no'lo·gisch** <Adj.>; **'Lim·no·plank·ton** <n.; -s; unz.> *Plankton der Seen*

'Li·mo <m.; -s; kurz für> *Limonade;* **Li·mo'na·de** <f.; -, -n> *ein Erfrischungsgetränk (mit Kohlensäure)* [ital.]; **Li'mo·ne** <f.; -, -n> = *Limetta*

Li·mo'nit <m.; -(e)s, -e; Min.> *Brauneisenerz* [lat.]

Li·mou·si·ne <[-mu-]; f.; -, -n> *geschlossener Personenkraftwagen;* Ggs *Kabriolett(1)* [frz.]

lind <Adj.> *mild, sanft*

Lin'dan <n.; -s; unz.; Chem.; Warenz.> *ein giftiges Pestizid*

'Lin·de <f.; -, -n; Bot.> *ein großer Laubbaum;* **'lin·den** <Adj.> *aus Lindenholz;* **'Lin·den·baum** <m.; -(e)s, ᵉe>; **'Lin·den·blü·ten·ho·nig** <m.; -s, -e>; **'Lin·den·blü·ten·tee** <m.; -s, -s>; **'Lin·den·holz** <n.; -es; unz.>

'lin·dern <V. t.; ich lind(e)re; du linderst; sie lindert> *mildern, verringern;* Schmerzen ~; **'Lin·de·rung** <f.; -, -en>

'lind·grün <Adj.> *zartgrün, gelbgrün*

'Lind·heit <f.; -; unz.> *Milde, Zartheit*

'Lind·wurm <m.; -(e)s, ᵉer> 1 *drachenähnliches Fabeltier* 2 *langer Festumzug*

'Li·nea <f.; -, -ne·ae; Med.> *Linie;* **li·ne'al** <Adj.> *länglich* [lat.]; **Li·ne'al** <n.; -s, -e> *Gerät zum Ziehen von Linien;* **li·ne·a'lisch** <Adj.> = *lineal;* **Li·ne·a'ment** <n.; -(e)s, -e; Geol.> *tektonische Schwächezone in der Erdkruste;*

li·ne'ar <Adj.> *linienförmig, geradlinig; ~e Abbildung; -e Welle;* **Li·ne'ar·be·schleu·ni·ger** <m.; -s, -; Phys.> *Anlage zur Beschleunigung elektrisch geladener Teilchen;* **Li·ne·a·ri'tät** <f.; -; unz.>; **li·ne'ar·mo·tor** <m.; -s, -'to·ren; El.> *ein Elektromotor;* **Li·ne'ar·schrift** <f.; -, -en; Schriftw.> *weiterentwickelte Bilderschrift;* **Li·ne·a'tur** <f.; -, -en> = *Linierung;* **Line·man** <['lainmæn]; m.; -, -men [-mən]> = *Linesman;* **Li·ner** <['lai-]; m.; -s, -> *Passagier-, Linienschiff;* Luxus~ [engl.]; **Lines·man** <['lainzmæn]; m.; -, -men [-mən]; Tennis> *Linienrichter* [engl.]

'Lin·gua 'fran·ca <f.; --; unz.> *Verkehrssprache eines mehrsprachigen Raumes* [ital.]; **lin·gu'al** <Adj.> *zur Zunge gehörend* [lat.]; **Lin·gu'al** <m.; -s, -e; Phon.> *Zungenlaut, z. B. Zungen-R;* → a. *Kasten Konsonant;* **Lin·gu'al·laut** <m.; -(e)s, -e; Phon.>; **Lin·gu'al·pfei·fe** <f.; -, -n; Mus.> *Zungenpfeife (der Orgel);* **Lin·gu'ist** <m.; -en, -en>; **Lin·gu·is'tik** <f.; -; unz.> → a. *Kasten Sprachwissenschaft;* **Lin·gu'is·tin** <f.; -, -nnen>; **lin·gu·'is·tisch** <Adj.>

'Li·nie <[-niə]; f.; -, -n> 1 *Gerade, Strich; ~n ziehen; sich in einer ~ aufstellen* <fig.> *in einer Reihe* 2 *Strecke;* Eisenbahn~ 3 <General.> *Folge von Abkömmlingen;* Haupt~; Neben~ 4 <unz.; Seew.> *Äquator* 5 <fig.> *Richtung;* Partei~; auf der ganzen ~ *völlig* 6 *Umriss;* die ~n ihrer Gestalt [lat.]; **'Li·ni·en·bus** <m.; -s·ses, -s·se> *Bus im Linienverkehr;* **'Li·ni·en·flug** <m.; -(e)s, ᵉe> *Flug im Linienverkehr;* **'Li·ni·en·flug·zeug** <n.; -(e)s, -e>; **'Li·ni·en·pa·pier** <n.; -s, -e>; **'Li·ni·en·rich·ter** <m.; -s, -; Sp.> *Helfer des Schiedsrichters;* **'Li·ni·en·rich·te·rin** <f.; -, -nnen>; **'Li·ni·en·schiff** <n.; -(e)s, -e> *Schiff im Linienverkehr;* **'Li·ni·en·schiff·fahrt** <f.; -; unz.; ➚ Z 37>; **'Li·ni·en·spek·trum,** <auch> **'Li·ni·en·spekt·rum** <n.; -s, -tra/ -t·ra; ➚ Z 53; Phys.> *aus Spektrallinien bestehendes Spektrum, das bei Übergängen*

zwischen Energiezuständen ab-
gestrahlt wird; **'Li·ni·en·sys-**
tem <n.; -s, -e; Mus.> *System*
der Notation mithilfe von Lini-
en; **li·ni·en·treu** <Adj.> *kritik-*
los, streng der Parteiideologie
folgend; **Li·ni·en·ver·kehr** <m.;*
-s; unz.> regelmäßig betriebene
Verkehrsverbindung; **li'nie·ren**
<V. t.> *mit Linien versehen;* li-
niertes Papier; oV liniieren; **Li-**
'nie·rung <f.; -, -en> 1 <unz.>
das Linieren 2 *Gesamtheit von*
Linien; Sy *Lineatur;* **li·ni'ie·ren**
<V. t.> = *linieren;* **Li·ni'ie·rung**
<f.; -, -en>

Li·ni'ment <n.; -(e)s, -e; Pharm.>
Salbe (zum Einreiben) [lat.]

link <Adj.; umg.> *hinterhältig, ge-*
mein; jmdm. auf die ~e Tour
kommen; das war ~ von ihm

Link <m.; -s, -s> 1 <umg.> *Ver-*
bindung 2 *<kurz für> Hyperlink*
[engl.]; **Lin·kage** <['liŋkidʒ]; n.;
-; unz.; Pol.> *Verknüpfung der*
Verhandlungsbereitschaft mit
dem polit. Wohlverhalten eines
Staates

'lin·ke(r, -s) <Adj.> 1 *auf der Seite*
befindlich, auf der das Herz
liegt; der ~ Arm, das ~ Bein; ~r
Hand *links;* Ggs *rechte(r, -s)* 2
<Stricken> ~ Masche M., bei der
der Faden vor der Nadel liegt;
→ a. *links;* **'Lin·ke** <f.; -n, -n> 1
die linke Seite; zur ~n sitzen; zu
seiner ~n; sich zur ~n wenden 2
<unz.; Pol.> *Gruppierungen, die*
dem Sozialismus u. Kommunis-
mus nahe stehen; die neue ~;
die äußerste ~ 3 <Pol.> *urspr.>*
die links (vom Vorsitzenden aus
gesehen) sitzenden Parteien im
Parlament; **Lin·ke'hand·re·gel**
<f.; -; unz.; Phys.; El.> *veran-*
schaulichende Handregel zur
Richtung der in einem Magnet-
feld auf einen Strom wirkenden
Kraft; **'lin·ken** <V. t.; umg.>
jmdn. ~ *betrügen, täuschen;* er
hat mich gelinkt; **Lin·ke(r)** <f. 2
(m. 1)> *Linksparteien nahe ste-*
hende Person; **'Lin·ker** <m.; -s,
-> 1 <EDV> *Programm zur Zu-*
sammenfassung von Subpro-
grammen 2 <Genetik> *Teil des*
Chromatins [engl.]; **'lin·ker-**
hand <Adv.> *links;* oV *linker*
Hand; **'lin·ker·seits** <Adv.>
links; **'lin·kisch** <Adj.; abwer-

tend> *unbeholfen, ungeschickt;*
links <Adv.> 1 *auf der linken*
Seite befindlich; zweite Straße
~; ~ abbiegen; nach ~ gehen;
weder ~ noch rechts schauen;
rechts vor ~ <Verk.>; jmdn. ~
liegen lassen <fig.> *nicht beach-*
ten; ~ außen spielen <bes.
Fußb.>; ~ um! <Mil.>; Ggs
rechts 2 <Pol.> ~ stehen *einer*
linken (sozialist., kommunist.)
Partei nahe stehen; ~ stehende
Parteimitglieder; **'Links·ab·bie-**
ger <m.; -s, -; Verkehrsw.>;
Links'au·ßen <m.; -s, -; bes.
Fußb.> *linker Flügelstürmer;*
'links·bün·dig <Adj.; Typ.> *am*
linken Rand eine senkrechte Li-
nie bildend; **'Links·drall** <m.;
-(e)s; unz.> *Drall, Tendenz nach*
links; **'links·dre·hend** <Adj.;
Chem.>; **'links·ex·trem** <auch
'links·ext·rem** <Adj.; ↗Z53;
Pol.>; **'Links·ex·tre·mis·mus**
<m.; -; unz.; Pol.> *radikale, ex-*
trem links gerichtete polit. Be-
wegung; Ggs *Rechtsextremis-*
mus; **'Links·ex·tre·mist** <m.;
-en, -en; Pol.>; **'Links·ex·tre-**
mis·tin <f.; -, -n·nen; Pol.>;
'links·ex·tre·mis·tisch <Adj.;
Pol.>; **'Links·ga·lopp** <m.; -s;
unz.>; **'links·ge·rich·tet** <Adj.;
Pol.>; **'Links·ha·ken** <m.; -s, -;
Boxen>; **'Links·hän·der** <m.; -s,
-> *jmd., der mit der linken*
Hand schreibt; Ggs *Rechtshän-*
der; **'Links·hän·de·rin** <f.; -,
-n·nen>; **'links·hän·dig** <Adj.>
~ sein; **'Links·hän·dig·keit** <f.;
-; unz.>; **'links·her·um,** <auch
'links·he·rum** <Adv.; ↗Z54>
den Schlüssel ~ drehen; **'Links-**
kur·ve <f.; -, -n>; **'links·las·tig**
<Adj.> 1 *zu stark nach links be-*
lastet 2 <Pol.; fig.> *stark linksge-*
richtet; **'links·läu·fig** <Adj.> *ent-*
gegen dem Uhrzeigersinn;
'links·li·be·ral <Adj.; Pol.>;
'links·o·ri·en·tiert <Adj.; ↗Z55>
eine ~e Politik; **'Links·par·tei**
<f.; -, -en; Pol.>; **'links·ra·di·kal**
<Adj.; Pol.>; **'Links·ra·di·ka-**
le(r) <f. 2 (m. 1)>; **'Links·ra·di-**
ka·lis·mus <m.; -; unz.; Pol.>
Linksextremismus; **'Links·re-**
gie·rung <f.; -, -en; Pol.> *von*
linken Parteien gebildete Regie-
rung; **'links·rhei·nisch** <Adj.>
auf der linken Rheinseite gele-

gen; Ggs *rechtsrheinisch;*
'Links·ruck <m.; -(e)s; unz.;
Pol.> *starker Stimmenzuwachs*
der linken Parteien; **'links·rum**
<Adj.; umg.> = *linksherum;*
'links·sei·tig <Adj.>; **'links·um**
<a. [-'-]; Adv.; bes. Mil.> ~ ma-
chen; **'Links·ver·kehr** <m.;
-(e)s; unz.; Verkehrsw.> *Stra-*
ßenverkehr, bei dem auf der lin-
ken Straßenseite gefahren wird;
'Links·wen·dung <f.; -, -en>

'lin·nen <Adj.; veralt.> *leinen;*
'Lin·nen <n.; -s, -; veralt.> *Lei-*
nen

'Lin·né'sches Sys'tem, <auch
lin·né'sches Sys'tem <n.; -n -s;
unz.; Biol.; Zeichen: L.> *eine*
Einteilung des Pflanzenreichs
[nach dem schwed. Naturfor-
scher C. von *Linné,* 1707–1778]

Li'no·le·um <österr. a. [--'--]; n.;
-s; unz.> *Fußbodenbelag aus*
Leinöl [lat.]; **Li'nol·säu·re** <f.; -;
unz.; Chem.> *ungesättigte, flüs-*
sige Fettsäure; **Li'nol·schnitt**
<m.; -(e)s, -e> *aus Linoleum ge-*
schnitzte Abbildung

Li·non <[li'nɔ̃]; m.; - od. -s, -s;
Textilw.> *dickes Baumwollge-*
webe [frz.]

Li·no·type <['lainotaip]; f.; -, -s;
Typ.; Warenz.> *eine Zeilenguss-*
Setzmaschine [engl.]

'Lin·se <f.; -, -n> 1 <Bot.> *eine*
Hülsenfrucht 2 <Opt.> *kugelig*
gekrümmter, lichtdurchlässiger
Körper; Kontakt~ 3 <Anat.> *Teil*
des Auges 4 <Geol.> *in andere*
Gesteine eingelagerter Körper;
'lin·sen <V. i.; ich linse; du linst;
sie linst; umg.> *spähen, lugen;*
'Lin·sen·ein·topf <m.; -(e)s, ⸚e;
Kochk.> *Gericht aus Linsen;*
'lin·sen·för·mig <Adj.>; **'Lin-**
sen·sup·pe <f.; -, -n>; **'Lin·sen-**
sys·tem <n.; -s, -e; Opt.> *zwei-*
linsiges <in Ziffern> *2-linsiges*
~; **'Lin·sen·trü·bung** <f.; -, -en;
Med.>; **'Lin·sen·wi·cke** <f.; -,
-n; Bot.> *eine Futterpflanze*

Linz 1 *mittelrhein. Stadt;* ~ am
Rhein 2 *Landeshauptstadt von*
Oberösterreich; **'Lin·zer** <m.;
-s, -> *Einwohner von Linz* 2 ~
Torte *eine österr. Kuchenspezia-*
lität mit Marmelade; **'Lin·ze·rin**
<f.; -, -n·nen>

Li·on <['laiən]; m.; -s, -s> *Mit-*
glied des Lions Clubs; **Li·ons**

L

Club <['laɪəns klʌb]; m.; --s, --s> *internat. Vereinigung von Clubs, die karitative Hilfe leistet* [engl.]; **'Li·ons In·ter·na·tio·nal** <[-intər'næʃənəl]; m.; --; unz.>

Lip·ä'mie, <auch> **Li·pä'mie** <f.; -, -n; ↗Z54; Med.> *erhöhter Fettgehalt im Blut* [grch.]; **lip'ä·misch** <Adj.; Med.>

Li·pa'rit <m.; -s, -e; Min.> *ein Ergussgestein* [nach der Äolischen Insel *Lipari* im Mittelmeer]

Li'pa·se <f.; -, -n> *ein Enzym* [grch.]

'Lip·gloss <n.; -, -; Kosmetik> *Lippenglanz* [engl.]

Li'pi·de <Pl.; Biochem.> *natürliche Fette, Wachse, Öle* [grch.]

Li·piz'za·ner <m.; -s, -> *eine Pferderasse (meist Schimmel)* [nach dem Gestüt *Lipizza* bei Triest]

li·po'id <Adj.; Biochem.>; **Li·po'i·de** <Pl.; Biochem.> *fettähnliche Substanzen* [grch.]; **Li'pom** <n.; -s, -e>, **Li'po·ma** <n.; -s, -ma·ta; Med.> *Fettgeschwulst;* **li·po'phil** <Adj.; Chem.> *Fett lösend;* **li·po-'phob** <Adj.; Chem.> *Fett abweisend;* **Li·po·pro·te'in** <n.; -s, -e; Biochem.> *organ. Verbindung aus Eiweißstoff u. Lipoid;* **Li·po'som** <n.; -s, -e; Biochem.> *kugelförmiges Fettpartikel*

'Lip·pe <f.; -, -n> 1 *fleischiger Rand spaltartiger Körperöffnungen (bes. des Mundes);* Ober~; Unter~; Scham~; *sich die ~n schminken; mit gespitzten ~n* 2 <fig.> *Organ der Lautbildung; etwas nicht über die ~n bringen es nicht auszusprechen wagen; eine ~ riskieren* <umg.> *widersprechen, vorlaut sein;* **'Lip·pen·be·kennt·nis** <n.; -·s·ses, -s·se> *wider der inneren Überzeugung geäußertes Bekenntnis;* **'Lip·pen·blüt·ler** <m.; -s, -; Bot.> *eine Pflanzengattung;* **'Lip·pen·laut** <m.; -(e)s, -e; Phon.> *mit beiden Lippen gebildeter Laut, z. B. b, p, m;* → a. *Kasten Konsonant,* **'Lip·pen·pfei·fe** <f.; -, -n; Mus.> *eine Orgelpfeife;* **'Lip·pen·stift** <m.; -(e)s, -e; Kosmetik> *Schminkstift für die Lippen;* **'lip·pen·syn·chron** <[-kro:n]; Adj.> *~es Sprechen;* **'Lipp·fisch** <m.; -(e)s, -e; Zool.> *ein Knochenfisch;* **...lip·pig** <in Zus.> z. B. *schmallippig; breitlippig*

Lip·u'rie, <auch> **Li·pu'rie** <f.; -, -n; ↗Z54; Med.> *Ausscheiden von Lipiden im Harn* [grch.]

Liq. <Med.; Abk. für> *Liquor;* **Li·que·fak·ti'on** <f.; -, -en; Chem.> *Verflüssigung;* **Li·ques'zenz** <f.; -; unz.; Chem.> *das Flüssigsein;* **li·ques'zie·ren** <V. i. (s.); Chem.> *flüssig werden;* **li'quid** <Adj.> 1 <Chem.> *flüssig* 2 <Wirtsch.> *zahlungsfähig* [lat.]; **'Li·quid** <m. od. n.; - od. -s, -s; Kosmetik; meist in Zus.> *flüssige Emulsion;* Make-up-~ [engl.]; **'Li·qui·da** <f.; -, -dä od. -'qui·den; Phon.> *Laut, bei dem die Zunge in Schwingungen versetzt wird, z. B. l, r;* → a. *Kasten Konsonant* [lat.]; **Li·qui·da·ti'on** <f.; -, -en> 1 *das Liquidieren, Beseitigen* 2 *Auflösung (einer Firma)* 3 *Kostenberechnung, Forderung;* **Li·qui'da·tor** <m.; -s, -'to·ren> *jmd., der eine Liquidation durchführt;* **li'qui·de** <Adj.> = *liquid;* **li·qui'die·ren** <V. t.> 1 *einen Gegner ~ beseitigen, töten* 2 *ein Geschäft ~ auflösen* 3 *Kosten ~ berechnen, fordern;* **Li·qui'die·rung** <f.; -, -en>; **Li·qui·di'tät** <f.; -; unz.> *Zahlungsfähigkeit;* **'Li·quor** <m.; -s, -'quo·res [-re:s]; Med.; Abk.: L., Liq.> *Flüssigkeit, flüssiges Arzneimittel*

'Li·ra¹ <f.; -, 'Li·re; Zeichen: Lit; früher> *ital. Währungseinheit*

'Li·ra² <f.; -, -; Zeichen: TL> *türk. Währungseinheit, türk. Pfund*

'Li·ra³ <f.; -, 'Li·ren; Instrumentenk.> *ein antikes Zupfinstrument;* oV *Lyra* [ital.]

'li·ri·co <Mus.> *lyrisch* [ital.]

Lis'boa <portug. für> *Lissabon*

Li'se·ne <f.; -, -n; Arch.> *senkrecht hervortretender Mauerstreifen* [frz.]

LISP <EDV; Abk. für engl.> *List Processing Language (Programmiersprache zur Bearbeitung von Listen)*

'lis·peln <V. i.; ich lisp(e)le; du lispelst; sie lispelt> 1 *beim Sprechen von S-Lauten mit der Zunge an die Schneidezähne anstoßen* 2 *tonlos flüstern* 3 <fig.; poet.> *sanft rauschen*

Lis·sa'bon <a. ['---]> *Hauptstadt von Portugal*

List <f.; -, -en> *schlaue, geschickte Täuschung; eine ~ anwenden; mit ~ u. Tücke* <umg.>

'Lis·te <f.; -, -n> *tabellarische Übersicht, Aufstellung;* Namens~; Preis~; **'Lis·ten·platz** <m.; -es, -·e; Pol.> *Platz eines Kandidaten auf der Wahlvorschlagsliste;* **'lis·ten·reich** <Adj.>; **'Lis·ten·wahl** <f.; -, -en; Pol.> *Wahl von Parteien (anhand von Listen);* Ggs *Persönlichkeitswahl*

Lis'te·ria <f.; -, -ri·en od. -ri·ae [-ɛ]; Med.> *Gattung von Stäbchenbakterien* [nach dem engl. Chirurgen *Lister*]; **Lis·te·ri'o·se** <f.; -, -n; Med.; Vet.> *(auf den Menschen übertragbare) Infektionskrankheit bei Tieren*

'lis·tig <Adj.> *schlau, verschmitzt, geschickt täuschend; mit ~em Blick;* **'lis·ti·ger'wei·se** <Adv.>; **'Lis·tig·keit** <f.; -; unz.>

Lit <Zeichen für> *Lira¹*

Lit. 1 <Abk. für> *Literatur(wissenschaft)* 2 <Abk. für> *Litera*

Li·ta'nei <f.; -, -en> 1 <Rel.> *Wechselgebet zwischen Geistlichem u. Gemeinde* 2 <fig.> *eintöniges Gerede; eine ~ von Klagen* [grch.]

'Li·tas <Zeichen: LTL> *litauische Währungseinheit;* **'Li·tau·en** *nordosteurop. Staat;* Republik ~; **'Li·tau·er** <m.; -s, ->; **'Li·tau·e·rin** <f.; -, -·nnen>; **'li·tau·isch** <Adj.> *~e Sprache; das Litauisch(e)*

'Lit·chi <[-ʃi]; f.; -, -s> = *Litschi*

'lite <[laɪt]; Adj.; undekl.; vereinfachend für> *light*

'Li·ter <n. od. (schweiz. nur so) m.; -s, -; Zeichen: l> *Hohl-, Flüssigkeitsmaß, 1 Kubikdezimeter; zwei ~ Milch; ein viertel ~* <od.> *ein Viertelliter; drei achtel ~* <od.> *drei Achtelliter*

'Li·te·ra <f.; -, -s od. -rä; Abk.: Lit.> *(Gliederungs-)Buchstabe* [lat.]; **Li·te·ra·li'tät** <f.; -; unz.; geh.> *literar. Beschaffenheit;* **Li·te'rar·his·to·ri·ker** <m.; -s, -> = *Literaturhistoriker;* **Li·te'rar·his·to·ri·ke·rin** <f.; -, -·nnen>; **li·te'rar·his·to·risch** <Adj.>; **li·te·'ra·risch** <Adj.> *die Literatur betreffend, schriftstellerisch;* **Li·te-**

'rar·kri·tik ‹f.; -; unz.› = *Literaturkritik;* **Li·te·rat** ‹m.; -en, -en› *Schriftsteller;* **Li·te·ra·ten·kreis** ‹m.; -es, -e; meist in der Wendung› in ~ en; **Li·te·ra·tin** ‹f.; -, -n-nen› **Li·te·ra·tur** ‹f.; -, -en› *Gesamtheit der schriftl. Äußerungen (eines Volkes od. eines Wissensgebietes);* deutsche ~; schöngeistige, unterhaltende ~; Fach~; **li·te·ra·tur·fä·hig** ‹Adj.› ~ es Thema; **Li·te·ra·tur·ge·schich·te** ‹f.; -, -n› 1 ‹unz.› *Geschichte der Literatur* 2 *Werk der Literaturgeschichte(1);* **Li·te·ra·tur·haus** ‹n.; -es, ²er›; **Li·te·ra·tur·his·to·ri·ker** ‹m.; -s, -› *Wissenschaftler der Literaturgeschichte;* **Li·te·ra·tur·his·to·risch** ‹Adj.; -, -n-nen›; **Li·te·ra·'tur·kri·tik** ‹f.; -; unz.› *kritische Betrachtung literar. Werke;* oV *Literarkritik;* **li·te·ra·tur·kri·tisch** ‹Adj.›; **Li·te·ra·tur·papst** ‹m.; -(e)s, ²e; meist iron.› *einflussreicher Literaturkritiker;* **Li·te·ra·tur·preis** ‹m.; -es, -e› *Auszeichnung eines Schriftstellers;* **Li·te·ra·tur·wis·sen·schaft** ‹f.; -; unz.› *Wissenschaft von der (schöngeistigen) Literatur;* **Li·te·ra·tur·wis·sen·schaft·ler** ‹m.; -s, -›; **Li·te·ra·tur·wis·sen·schaft·le·rin** ‹f.; -, -n-nen›; **li·te·ra·tur·wis·sen·schaft·lich** ‹Adj.›; **Li·te·ra·tur·zeit·schrift** ‹f.; -, -en›
'Li·ter·maß ‹n.; -es, -e› *Messgerät für Flüssigkeiten;* **'li·ter·wei·se** ‹Adv.› Wein ~ verkaufen
'Lit·faß·säu·le ‹f.; -, -n› *Säule zum Plakatieren* [nach dem Erfinder Ernst *Litfaß,* 1816–1874]
'lith..., Lith... ‹in Zus.› *stein..., Stein...* [grch.]; **Lith·a'go·gum,** ‹auch› **Li·tha'go·gum** ‹n.; -s, -'go·ga; ↗Z54; Med.› *steinabführendes Arzneimittel;* **Li'thi·a·sis** ‹f.; -, -thi'a·sen; Med.› *Neigung zur Steinbildung (in Gallen- u. Harnwegen);* **'Li·thi·um** ‹n.; -s; unz.; Chem.; Zeichen: Li› *ein Alkalimetall;* **'Li·tho** ‹n.; -s, -s; kurz für› *Lithografie;* **Li·tho·ge'ne·se** ‹f.; -; unz.; Geol.› *Lehre von der Gesteinsentstehung;* **Li·tho'graf** ‹m.; -en, -en; ↗Z11.3› *Steindrucker, -zeichner;* **Li·tho·gra'fie** ‹f.; -, -n› 1 ‹unz.› *Steindruck, ältestes*

Flachdruckverfahren 2 *mithilfe der Lithografie(1) hergestelltes Druckwerk;* oV *Lithographie;* **li·tho·gra'fie·ren** ‹V. t.› *eine Lithografie(2) herstellen;* **Li·tho·'gra·fin** ‹f.; -, -n-nen›; **li·tho·'gra·fisch** ‹Adj.›; **Li·tho'graph** ‹m.; -en, -en› = *Lithograf;* **Li·tho·gra'phie** ‹f.; -, -n›; **li·tho·gra'phie·ren** ‹V. t.›; **Li·tho'gra·phin** ‹f.; -, -n-nen›; **li·tho'gra·phisch** ‹Adj.›; **Li·tho·lo'gie** ‹f.; -; unz.; Geol.› = *Petrologie;* **Li·tho'ly·se** ‹f.; -, -n; Med.› *medikamentöse Auflösung von Blasen-, Gallen- und Nierensteinen;* **li·tho'phag** ‹Adj.; Zool.› *sich in Gestein fressend;* **li·tho·'phil** ‹Adj.› 1 ‹Zool.; Bot.› *in Gesteinen vorkommend* 2 ‹Geol.› *in der Lithosphäre auftretend;* **Li·tho'sol** ‹m.; -s, -e; Geol.› *Rohboden auf Festgestein* [grch.-lat.]; **Li·tho'sphä·re,** ‹auch› **Li·thos'phä·re** ‹f.; -; unz.; Geol.› *oberste Schicht der Erdoberfläche, Erdmantel;* **Li·tho·trip'sie** ‹f.; -, -n; Med.› *Zertrümmerung von Nieren-, Blasen- od. Gallensteinen;* **Lith'ur·gik,** ‹auch› **Li·'thur·gik** ‹f.; -; unz.; ↗Z54› *Lehre von der Mineral- u. Gesteinsverarbeitung;* ‹aber› → *Liturgik*
li·to'ral ‹Adj.; Geogr.›; **Li·to'ral** ‹n.; -s, -e; Geogr.› *Küsten-, Uferregion* [lat.]; **Li·to'ral·fau·na** ‹f.; -, -faunen›; **Li·to'ral·flo·ra** ‹f.; -, -flo·ren›; **Li·to'ri·na** ‹f.; -, -'ri·nen; Zool.› *eine Strandschnecke*
Li·to·tes ‹f.; -; unz.; Rhet.› *Stilfigur der doppelten Verneinung, z. B. das war nicht uninteressant* [grch.]
'Lit·schi ‹f.; -, -s› *rötliche, hartschalige Frucht;* oV *Litchi* [chin.]
Li'turg ‹m.; -en, -en; christl. Rel.› *Geistlicher, der die Liturgie hält* [grch.]; **Li·tur'gie** ‹f.; -, -n; christl. Rel.› *Gesamtheit der gottesdienstlichen Handlungen;* **Li·tur·gik** ‹f.; -; unz.; christl. Rel.› *Lehre von der Liturgie;* ‹aber› → *Lithurgik;* **li'tur·gisch** ‹Adj.; christl. Rel.› = *Gefäße*
'Lit·ze ‹f.; -, -n› 1 *flache Schnur* 2 ‹El.› *biegsame Leitung*

live ‹[laif]; Adv.; Radio; TV› *aktuell, direkt übertragen;* ein Konzert ~ senden [engl.]
'Li·ve ‹[-və]; m.; -n, -n› *Angehöriger eines finn. Volksstammes*
Live·act ‹[ˈlaifækt]; m.; -s, -s; Popmus.› *Konzert, Liveauftritt einer Band* [engl.]; **'Live·auf·zeich·nung** ‹f.; -, -en; Radio; TV›; **'Live·fo·to·gra·fie** ‹f.; -, -n; ↗Z11.3›; **'Live·mit·schnitt** ‹m.; -(e)s, -e›; **'Live·re·por·ta·ge** ‹[-ʒə]; f.; -, -n›; **'Live·sen·dung** ‹f.; -, -en; Radio; TV› *Direktsendung;* **'Live·show** ‹[-ˈʃou]; f.; -, -s› *direkt übertragene Unterhaltungssendung*
li'vid, li·vi·de ‹[-'vi:-]; Adj.; Med.› *bläulich, fahl* [frz.]
'Liv·land *eine der drei früheren russ. Ostseeprovinzen;* → a. *Estland; Lettland;* **'Liv·län·der** ‹m.; -s, -›; **'Liv·län·de·rin** ‹f.; -, -n-nen›; **'liv·län·disch** ‹Adj.›
Li·vree, ‹auch› **Liv·ree** ‹[li'vre:]; f.; -, -n› *uniformartige Bedienstetenkleidung;* Chauffeur in ~ [frz.]; **li'vriert** ‹Adj.›
Li·zen·ti'at¹ ‹n.; -(e)s, -e; österr.› = *Lizenziat¹;* **Li·zen·ti'at²** ‹m.; -en, -en; Abk.: Lic.› = *Lizentiat¹;* **Li'zenz** ‹f.; -, -en› 1 *Genehmigung* 2 ‹Rechtsw.› *Nutzungsrecht;* Erteilung einer ~ [lat.]; **Li'zenz·aus·ga·be** ‹f.; -, -n; Buchw.›; **Li'zenz·ge·ber** ‹m.; -s, -›; **Li·zen·zi'at¹** ‹n.; -(e)s, -e; österr.› *ein akademischer Grad;* oV *Lizentiat¹;* **Li·zen·zi'at²** ‹m.; -en, -en; österr.; Abk.: Lic.› *Träger eines Lizenziats¹;* oV *Lizentiat²;* **li·zen'zie·ren** ‹V. t.›; **Li'zenz·nah·me** ‹f.; -, -n›; **Li'zenz·neh·mer** ‹m.; -s, -›; **li'zenz·pflich·tig** ‹Adj.›; **Li·'zenz·spie·ler** ‹m.; -s, -; Sp.›; **Li·'zenz·spie·le·rin** ‹f.; -, -n-nen›
Lj ‹Abk. für› *Lichtjahr*
Lju'blja·na, ‹auch› **Ljubl'ja·na** ‹↗Z54› *Hauptstadt von Slowenien (Laibach)*
Lkw, LKW ‹m.; - od. -s, -s; Abk. für› *Lastkraftwagen*
Lla·no ‹['lja:no]; m.; -s, -s; meist Pl.› *südamerikan. Savanne* [span.]
LLDC ‹Abk. für engl.› *Least Developed Countries;* → a. *LDC*
lm ‹Zeichen für› *Lumen(2)*
lmh ‹Zeichen für› *Lumenstunde*

L

Ln 1 <Zeichen für> *Lanthanoide* **2** <Abk. für> *Leinenband¹*
Load <[loud]; f.; -, -s; umg.> *Drogendosis* [engl.]; **loa·ded** <['loudid]; Adj.; undekl.; umg.>
Lob¹ <[lo:b]; n.; -(e)s, -e; Pl. selten> *Ausdruck der Anerkennung;* ein ~ aussprechen, erteilen; er war des ~es voll
Lob² <[lɔb]; m.; -s, -s; Tennis> *über den am Netz stehenden Gegner hoch hinweggeschlagener Ball* [engl.]; **'lob·ben** <V. i.; Tennis>
'Lob·by <f.; -, -s; ↗Z 6.1> **1** *Gesamtheit der Angehörigen eines Interessenverbandes;* Kinder haben keine ~ **2** <Pol.> *Vorraum im (engl.) Parlament* [engl.];
Lob·by·ing <['lɔbiiŋ]; n.; - od. -s; unz.; Pol.> *polit. Einflussnahme bestimmter Interessengruppen;* **Lob·by'is·mus** <m.; -; unz.; Pol.> *Einflussnahme auf Abgeordnete;* **Lob·by'ist** <m.; -en, -en>; **Lob·by'is·tin** <f.; -, -n·nen>; **lob·by'is·tisch** <Adj.>
Lob·ek·to·mie, <auch> **Lo·bek·to'mie** <f.; -, -n; ↗Z 54; Med.> *Entfernung eines Lungenlappens* [grch.]
Lo·be·lie <[-liə]; f.; -, -n; Bot.> *ein Glockenblumengewächs* [nach dem Botaniker M. *Lobelius*]; **Lo·be'lin** <n.; -s; unz.; Chem.> *ein anregendes Alkaloid vieler Lobelienarten*
'lo·ben <V. t.> *sich anerkennend äußern, ein Lob erteilen;* sich über jmdn. ~d aussprechen; **'lobens·wert** <Adj.; -er, am -es·ten>; **'lo·bens·wer·ter'wei·se** <Adv.>; **'Lo·bes·hym·ne** <f.; -, -n>; **'Lob·ge·sang** <m.; -(e)s, ⸚e> einen ~ auf jmdn. anstimmen; **Lob·hu·de'lei** <f.; -, -en> *abwertend> übertriebenes Loben;* **'lob·hu·deln** <V. t. u. V. i.; ich lobhud(e)le; du lobhudelst; sie lobhudelt; er hat gelobhudelt> jmdn. od. jmdm. ~ *übermäßig loben;* **'Lob·hud·ler** <m.; -s, ->; **'Lob·hud·le·rin** <f.; -, -n·nen>; **'löb·lich** <Adj.> *anerkennenswert;* eine ~e Absicht; **'Lob·lied** <n.; -(e)s, -er> ein ~ auf jmdn. singen; **'Lob·preis** <m.; -es, -e> *jubelndes Lob;* zum ~ Gottes; **'lob·prei·sen** <V. t. 193; ich lobpreise; du lob-

preis(es)t; sie lobpreist; er hat lobgepriesen> *rühmen;* Gott ~; **'Lob·prei·sung** <f.; -, -en>; **'Lob·re·de** <f.; -, -n> eine ~ auf jmdn. halten; **'Lob·red·ner** <m.; -s, ->; **'Lob·red·ne·rin** <f.; -, -n·nen>; **'lob·red·ne·risch** <Adj.> ~e Worte; **'lob·sin·gen** <V. i. 243; ich lobsinge; du lobsingst; sie lobsingt; er hat lobgesungen>
Lo·ca·tion <[lo'ke:ʃn]; f.; -, -s> *Ort, Örtlichkeit* [engl.]
Loch <n.; -(e)s, ⸚er> **1** *Öffnung, Lücke, Riss, Spalte;* Knopf~; ein ~ bohren; ~ in ~ im Strumpf haben; jmdm. ein ~ in den Bauch fragen <fig.> *unentwegt fragen* **2** *Tierhöhle;* Mause~ **3** <fig.; umg.> *Gefängnis;* **'Loch·ei·sen** <n.; -s, -> *ein Schneidwerkzeug;* **'Lö·chel·chen** <n.; -s, -; Verkleinerungsf. von> *Loch;* **'lo·chen** <V. t.> *mit einem Loch versehen;* einen Fahrschein ~; **'Lo·cher** <m.; -s, -> *Gerät zum Lochen von Schriftstücken;* **'lö·che·rig** <Adj.> *voller Löcher;* ein ~er Strumpf; oV *löchrig;* **'lö·chern** <V. t.; ich löch(e)re; du löcherst; sie löchert; umg.> *dauernd bitten, fragen;* er hat mich den ganzen Tag gelöchert
Lo·chi·en <['lɔxiən]; Pl.; Med.> *Ausfluss nach der Geburt;* Sy *Wochenfluss* [grch.]
'Loch·ka·me·ra <f.; -, -s; Fot.> → a. *Camera obscura;* **'Loch·kar·te** <f.; -, -n; EDV; früher> *Karte für die Datenspeicherung;* **'Löch·lein** <n.; -s, -; poet.; Verkleinerungsf. von> *Loch;* **'löch·rig** <Adj.> = *löcherig;* **'Loch·sti·cke·rei** <f.; -, -en>; **'Loch·strei·fen** <m.; -s, -; EDV; früher> *Streifen für die Datenspeicherung;* **'Lo·chung** <f.; -, -en>; **'Loch·zan·ge** <f.; -, -n> *ein Werkzeug*
'Löck·chen <n.; -s, -; Verkleinerungsf. von> *Locke¹;* **'Lo·cke¹** <f.; -, -n> *geringelte Haarsträhne;* jmdm. ~n drehen; eine ~ fiel ihr in die Stirn
'Lo·cke² <f.; -, -n> **1** *Lockvogel* **2** *Lockpfeife;* **'lo·cken¹** <V. t.> **1** *zum Näherkommen zu bewegen suchen;* eine Katze (zu sich)

~ **2** *Lust, Interesse erzeugen;* das Angebot lockt mich
'lo·cken² <V. t.> *ringeln, kräuseln;* Haar ~; gelocktes Haar
'lö·cken <V. i.; in der Wendung> *wider den Stachel ~ sich widersetzen*
'Lo·cken·fri·sur <f.; -, -en>; **'Lo·cken·haar** <n.; -(e)s; unz.>; **'Lo·cken·kopf** <m.; -(e)s, ⸚e>; **'Lo·cken·pracht** <f.; -; unz.> *große Menge schöner Locken;* **'Lo·cken·stab** <m.; -(e)s, ⸚e> *ein Frisiergerät;* **'Lo·cken·wi·ckel,** **'Lo·cken·wick·ler** <m.; -s, -> *Röllchen zum Aufwickeln einzelner Haarsträhnen*
'lo·cker <Adj.> **1** *wackelig;* eine ~e Schraube **2** <↗Z 24; Getrenntschreibung mit Verben, wenn steiger- od. erweiterbar> *lose, nicht straff;* ~ sein; ~ stricken; ein Seil ~ lassen; eine Fessel ~ machen; <aber> → *lockerlassen; lockermachen* **3** *weich, nicht fest zusammengeballt;* ~e Erde **4** <fig.; umg.> *nicht streng, zwanglos, unbesorgt;* die Dinge ~ sehen; <a. (e)s, ~e>; unz.>; **'lo·cker·heit** <f.; -; unz.>; **'lo·cker‖las·sen** <V. i. 175; du lässt locker; sie hat lockergelassen; lockerzulassen; fig.; umg.> *nachgeben;* du darfst nicht ~; → a. *locker(2);* **'lo·cker‖ma·chen** <V. t.; fig.; umg.> *Geld ~ hergeben;* kannst du etwas ~?; er hat 200 Euro lockergemacht; → a. *locker(2);* **'lo·ckern** <V. t.; ich lock(e)re; du lockerst; sie lockert> **1** *lose machen;* seinen Griff ~; er lockerte die Zügel **2** *locker(3), weich machen;* Erde ~; Muskeln ~ **3** <V. refl.> sich ~ *sich zu lösen beginnen* **4** <fig.> *Vorschriften ~ weniger streng handhaben;* **'Lo·cker·schnee** <m.; -s; unz.>; **'Lo·cke·rung** <f.; -, -en>
'lo·ckig <Adj.> *in Locken fallend*
'Lock·mit·tel <n.; -s, ->
Lock·out <[-'aut]; n.; -s, -s> *Aussperrung (von Arbeitern)* [engl.]
'Lock·pfei·fe <f.; -, -n; Jagdw.> *Pfeife, die Vogelrufe imitiert;* **'Lock·ruf** <m.; -(e)s, -e> ~ des Geldes <fig.>; **'Lock·spit·zel** <m.; -s, ->; **'Lock·stoff** <m.; -(e)s, -e> Insekten~; **'Lo·ckung** <f.; -, -en> *Versuchung, Reiz;*

'**Lock·vo·gel** <m.; -s, ÷> 1 *Vogel zum Anlocken anderer Vögel* 2 <fig.> als ~ dienen

'**lo·co** <Wirtsch.> *am Ort, vorrätig;* ~ *München ab München;* oV *loko* [lat.]; '**lo·co ci'ta·to** <[-tsi-]; Abk.: l. c.> *am angeführten Ort;* '**Lo·cus** <m.; -, 'Lo·ci> 1 = *Lokus(1)* 2 <Biochem.> *Position eines Gens*

'**Lod·de** <f.; -, -n; Zool.> = *Kapelan*

'**Lo·de** <f.; -, -n; Bot.> *Schössling vom Laubholz;* oV *Lohde*

'**lo·den** <Adj.> *aus Loden;* '**Loden** <m.; -s, -; Textilw.> *filzartiges Wollgewebe;* '**Lo·den·ja·cke** <f.; -, -n>; '**Lo·den·man·tel** <m.; -s, ÷>; '**Lo·den·stoff** <m.; -(e)s, -e>

'**lo·dern** <V. i.; ich lod(e)re; du loderst; sie lodert> *mit heller Flamme brennen;* das Feuer lodert

'**Löf·fel** <m.; -s, -> 1 *muldenförmiges Essgerät;* Suppen~; Tee~; zwei ~ voll 2 <umg.> *Ohren;* sich etwas hinter die ~ schreiben <fig.>; '**Löf·fel·bis·kuit** <[-kvit]> *ein länglicher Keks;* '**Löf·fel·chen** <n.; -s, -; Verkleinerungsf. von> *Löffel;* '**Löf·fel·en·te** <f.; -, -n; Zool.> *eine Schwimmente;* '**löf·fel·fer·tig** <Adj.; Werbespr.> ~e Babynahrung; '**Löf·fel·för·mig** <Adj.>; '**Löf·fel·kraut** <n.; -(e)s; unz.; Bot.> *ein Kreuzblütler;* '**löf·feln** <V. t.; ich löff(e)le; du löffelst; sie löffelt> *mit einem Löffel schöpfen;* '**Löf·fel·rei·her** <m.; -s, -; Zool.> = *Löffler;* '**Löf·fel·wei·se** <Adv.>; '**Löff·ler** <m.; -s, -> 1 <Zool.> *ein Schreitvogel* 2 <Jagdw.> *junger Damhirsch*

Loft <m.; -s, -s> 1 <Golf> *Höhe der Flugbahn* 2 *obere Etage (in einem Industriegebäude)* [engl.] '**Loft-jazz** <[-dʒæs]; m.; -; unz.> *progressive Form des Jazz* [engl.]

log <Zeichen für> *Logarithmus*

Log <n.; -s, -e; Seew.> *Messgerät für die Fahrgeschwindigkeit von Schiffen;* oV *Logge* [engl.]

Log·a'rith·men·ta·fel, auch **Lo·ga'rith·men·ta·fel** <f.; -, -n; ↗Z 54; Math.> *Liste mit Logarithmen;* **log·a'rith·mie·ren** <V. i.; Math.> *den Logarithmus bilden;* **log·a'rith·misch** <Adj.;

Math.>; Log·a'rith·mus <m.; -, -men; Math.; Zeichen: log> *die Zahl b in der Gleichung $a^b = c$* [grch.]

'**Log·buch** <n.; -(e)s, ÷er; Seew.>

'**Lo·ge** <[-ʒə]; f.; -, -n> 1 *kleiner Raum im Zuschauerraum* 2 *Vereinigung von Freimaurern* [frz.]; '**Lo·gen·bru·der** <m.; -s, ÷> *Mitglied einer Loge(2);* '**Lo·gen·schlie·ßer** <m.; -s, -> *Türschließer im Theater*

'**Log·gast** <m.; -(e)s, -en; Seew.> *Matrose am Log;* '**Log·ge** <f.; -, -n; Seew.> = *Log;* '**log·gen** <V. i.; Seew.> *mit dem Log messen;* '**Log·ger** <m.; -s, -; Seew.> *ein Fischereifahrzeug* [engl.]

Log·gia <['lɔdʒ(i)a]; f.; -, -gi·en [-dʒ(i)ən]> 1 <Arch.> *offene Bogenhalle* 2 *ins Haus eingezogener Balkon* [ital.]

'**Log·glas** <n.; -es, ÷er; Seew.> *Sanduhr zum Loggen*

...lo'gie <in Zus.> *Lehre, Wissenschaft,* z. B. *Soziologie*

Lo·gier·be·such <[-'ʒiːr-]; m.; -(e)s, -e> 1 *Gast, den man vorübergehend beherbergt* 2 *Aufenthalt als Logierbesuch(1);* **lo'gie·ren** <V.> 1 <V. t.> *jmdn.* ~ *beherbergen* 2 <V. i.> *bei jmdm. wohnen;* im Hotel ~ [frz.]

'**Lo·gik** <f.; -; unz.> 1 *Lehre von den Formen u. Gesetzen richtigen Denkens* 2 *folgerichtiges Denken* [grch.]; '**Lo·gi·ker** <m.; -s, -> 1 *Lehrer der Logik* 2 *klarer, logischer Denker;* '**Lo·gi·ke·rin** <f.; -, -nnen>

Log-in <[lɔg'in]; n.; -s, -s; EDV> *Einbuchen in ein Computersystem;* Ggs *Log-out* [engl.]

Lo·gis <[-'ʒiː]; n.; - [-'ʒiːs]> od. [-'ʒiːs], - [-'ʒiːs]> *Unterkunft, Wohnung;* gegen Kost u. ~ *arbeiten* [frz.]

'**lo·gisch** <Adj.> 1 *folgerichtig, denkrichtig* 2 <umg.> *klar, einleuchtend;* das ist doch ~! [grch.]; '**lo·gi·scher'wei·se** <Adv.>; **Lo'gis·mus** <m.; -, -men> 1 *logische Schlussfolgerung* 2 <unz.> *Vernunftlehre, Logik;* **Lo'gis·tik** <f.; -; unz.> 1 *mathemat., philosoph. Logik* 2 *Gesamtheit an Organisationsprozessen (in Unternehmen)* 3 <Mil.> *Versorgung der Streitkräfte;* **Lo'gis·ti·ker** <m.; -s, ->;

Lo'gis·ti·ke·rin <f.; -, -nnen>; **lo'gis·tisch** <Adj.>; **Lo·gi'zis·mus** <m.; -; unz.; meist abwertend> *Überbetonung der Logik;* **lo·gi'zis·tisch** <Adj.; meist abwertend>; **Lo·gi·zi'tät** <f.; -; unz.>; '**Lo·go** <n.; -, -s; kurz für> *Logogramm;* **LOGO** <n.; - od. -s; unz.; EDV> *eine Programmiersprache (als Lehr- u. Lernsprache);* '**Lo·go·gramm** <n.; -s, -e> *Namenskürzel,* z. B. ARD, ZDF; '**Lo·go·griph** <m.; -s od. -en, -en> *Buchstaben- od. Worträtsel;* **Lo·go·klo'nie** <f.; -, -n; Med.> *krampfartiges Wiederholen von Silben od. Lauten;* **Lo·go·pä·de** <m.; -n, -n; Med.> ; **Lo·go·pä'die** <f.; -; unz.> *Sprachheilkunde;* **Lo·go·pä·din** <f.; -, -nnen>; **lo·go·pä·disch** <Adj.>; **Lo·gor'rhö, Lo·gor'rhöe** <f.; -, -n; Med.> *starker Rededrang, Geschwätzigkeit;* '**Lo·gos** <m.; -, -goi; Philos.> 1 *Wort, Rede* 2 *Vernunft, Gedanke* 3 <NT> *Wort Gottes;* '**Lo·go·the·ra·pie** <f.; -; unz.; Psych.> *Form der Psychotherapie*

Log-out <[lɔg'aut]; n.; -s, -s; EDV> *Ausbuchen aus einem Computersystem;* Ggs *Log-in* [engl.]

Loh[1] <m. od. n.; -(e)s, -e; bair.; mdt.> *Gehölz, Wäldchen*

Loh[2] <f.; -, -en; bair.> *sumpfige Wiese*

'**Loh·bad** <n.; -(e)s, ÷er> *Bad mit Lohe*[2]

'**Loh·blü·te** <f.; -, -n; Bot.> *(auf Gerberlohe wachsender) Schleimpilz*

'**Loh·de** <f.; -, -n; Bot.> = *Lode*

'**Lo·he**[1] <f.; -, -n> *lodernde Flamme*

'**Lo·he**[2] <f.; -, -n> *gemahlene Rinde zum Gerben;* '**lo·hen** <V. t.> *gerben;* '**Loh·far·ben, loh·far·big** <Adj.> *rotbraun;* '**loh·gar** <Adj.; Gerberei> *mit Lohe*[2] *gefärbt;* '**Loh·ger·ber** <m.; -s, ->; '**Loh·ger·be·rei** <f.; -, -en>; '**Loh·ger·be·rin** <f.; -, -nnen>

Lohn <m.; -(e)s, ÷e> 1 *Vergütung, Entgelt;* hoher, reicher ~; jmdn. um Brot u. ~ *bringen* <fig.> *ar-*

L

lokal: den Ort, die Richtung bezeichnend, örtlich, Fragen nach *wo?*, *woher?*, *wie weit?* und *wohin?* beantwortend.

Lokaladverb: Adverbien, die einen örtlichen Umstand bezeichnen, nennt man L. Man unterscheidet drei Arten:
a) eine **Örtlichkeit** auf die Frage „wo" bezeichnend, z. B. *hier, da, dort, oben/unten, draußen/drinnen, links/rechts*
b) die **Richtung** auf die Frage „wohin?" bezeichnend, z. B. *hierhin, dahin, dorthin, aufwärts/abwärts, hinauf/hinunter, hinein/hinaus*
c) die **Herkunft** auf die Frage „woher?" bezeichnend, z. B. *daher, dorther, herunter, herauf, heraus, herein*

Lokalbestimmung: Eine L. ist eine ↗Adverbialbestimmung des Ortes, die durch ein Lokaladverb, eine lokale Präpositionalgruppe oder einen Lokalsatz ausgedrückt

werden kann: *Sie arbeitet dort. Er wohnt zu Hause. Wir sind in Berlin. Ich bin dort, wo es mir gefällt.*

Lokalsatz: Ein L. ist ein ↗Nebensatz mit der Funktion einer lokalen ↗Adverbialbestimmung. L. erläutern Ort, Richtung usw. einer im ↗Hauptsatz dargestellten Handlung oder eines Geschehens. Der Form nach ist der L. ein ↗Relativsatz.

a) **Angabe des Ortes** auf die Frage *wo?*: *Ich kann niemanden entdecken, wo ich auch hinschaue.*
b) **Angabe einer Richtung, eines Ziels** auf die Frage *wohin?*: *Er sagt mir nicht, wohin er gehen will.*
c) **Angabe des Herkunftsortes** auf die Frage *woher?*: *Er weiß nicht, woher/von wo sie kommt.*
d) **Angabe der Erstreckung** auf die Frage *wie weit?*: *Du siehst Meer, so weit du blicken kannst.*

---

beitslos machen* 2 ‹unz.; fig.› *Gegenwert für eine Leistung; das ist ein schlechter ~ für meine Mühe;* '**Lohn·ab·hän·gi·ge(r)** ‹f. 2 (m. 1)›; '**Lohn·an·pas·sung** ‹f.; -, -en›; '**Lohn·aus·fall** ‹m.; -(e)s, ≈e›; '**Lohn·aus·gleich** ‹m.; -(e)s, -e› *1 Erstattung der Differenz zwischen Krankengeld u. Nettolohn 2 Gleichbleiben des Lohns;* Arbeitszeitverkürzung bei vollem *~;* '**Lohn·buch·hal·tung** ‹f.; -, -en›; '**Lohn·emp·fän·ger** ‹m.; -s, -›; '**Lohn·emp·fän·ge·rin** ‹f.; -, -n·nen›; '**loh·nen** ‹V. t./V. refl.› *1 etwas lohnt (sich) bringt Gewinn; das Ergebnis lohnt die/der Mühe nicht 2 jmdm. etwas ~ danken;* '**löh·nen** ‹V. t.› *jmdn. ~ jmdm. Lohn auszahlen;* '**loh·nend** ‹Adj.› ↗Z28.1 *Gewinn bringend, nutzbringend; ~e Arbeit;* '**Lohn·for·de·rung** ‹f.; -, -en›; '**Lohn·fort·zah·lung** ‹f.; -, -en› *~ im Krankheitsfall;* '**Lohn·grup·pe** ‹f.; -, -n›; '**Lohn·kos·ten** ‹Pl.›; '**Lohn·kür·zung** ‹f.; -, -en›; '**Lohn·ne·ben·kos·ten** ‹Pl.›; '**Lohn·po·li·tik** ‹f.; -; unz.›;

'**lohn·po·li·tisch** ‹Adj.›; '**Lohn-'Preis-Spi·ra·le** ‹f.; -, -n; ↗Z33; Wirtsch.› *Wechselverhältnis zwischen Löhnen u. Preisen;* '**Lohn·run·de** ‹f.; -, -n; Wirtsch.› *Gesamtheit der (jährlichen) Lohnverhandlungen;* Sy *Tarifrunde;* '**Lohn·steu·er** ‹f.; -, -n› *Einkommenssteuer für Einkünfte aus unselbständiger Arbeit;* '**Lohn·steu·er·jah·res·aus·gleich** ‹m.; -(e)s, -e›; '**Lohn·steu·er·kar·te** ‹f.; -, -n› *auf ~ arbeiten;* '**Lohn·strei·fen** ‹m.; -s, -› = *Lohnzettel;* '**Lohn·tü·te** ‹f.; -, -n›; '**Lohn·nung** ‹f.; -, -en›; '**Lohn·ver·hand·lung** ‹f.; -, -en; meist Pl.›; '**Lohn·zet·tel** ‹m.; -s, -› *Beleg über die Auszahlung des Lohns*
'**Loi·pe** ‹f.; -, -n› *Spur für den Skilanglauf* [norw.]
Lok ‹f.; -, -s; kurz für› *Lokomotive*
lo·kal ‹Adj.› *örtlich (beschränkt); ~e Betäubung* ‹Med.›; → a. *Kasten* [lat.]; **Lo·kal** ‹n.; -(e)s, -e› *1 Ort, Raum; Wahl~ 2 Gaststätte;* Speise~; Wein~; *im ~ essen*

Lo·kal·ad·verb ‹n.; -s, -bi·en; Gramm.› → *Kasten*
Lo·kal·an·äs·the·sie, ‹auch› **Lo·'kal·an·äs·the·sie** ‹f.; -, -n; ↗Z.54; Med.› *örtliche Betäubung*
Lo·kal·be·stim·mung ‹f.; -, -en; Gramm.› → *Kasten;* = *Adverbialbestimmung*
Lo·kal·blatt ‹n.; -(e)s, ≈er›
Lo·kal·der·by ‹[-ˈdɛrbi] od. [-ˈdɑːbi]; n.; -s, -s; Sp.› *regionaler Wettkampf*
Lo·ka·le(s) ‹n. 3; Ztgsw.› *örtliche Nachrichten*
Lo·kal·far·be ‹f.; -, -n› *1* ‹Mal.› *Eigenfarbe eines gemalten Gegenstandes ohne Zwischentöne 2* = *Lokalkolorit*
Lo·ka·li·sa·ti·on ‹f.; -, -en› *Ortsbestimmung*
lo·ka·li·sie·ren ‹V. t.› *1 örtlich bestimmen; einen Krankheitsherd ~ 2 örtlich beschränken, begrenzen*
Lo·ka·li·sie·rung ‹f.; -, -en›
Lo·ka·li·tät ‹f.; -, -en› *Örtlichkeit; die ~en* ‹umg.; verhüllend› *Toilette*
Lo·kal·kennt·nis ‹f.; -, -s·se› *gute ~ (se) besitzen*
Lo·kal·ko·lo·rit ‹n.; -(e)s; unz.; bes. Lit.› *spezifische Atmosphäre (einer Gegend)*
Lo·kal·ma·ta·dor ‹m.; -s, -e; bes. Sp.› *ortsansässige, favorisierte Person*
Lo·kal·nach·rich·ten ‹Pl.; Ztgsw.; Radio; TV›
lo·kal·pa·tri·o·tisch, ‹auch› **lo·'kal·pa·tri·o·tisch** ‹Adj.; ↗Z53›
Lo·kal·pa·tri·o·tis·mus ‹m.; -; unz.› *übertriebene Begeisterung für die engste Heimat*
Lo·kal·po·li·tik ‹f.; -; unz.›
Lo·kal·po·li·ti·ker ‹m.; -s, -›
Lo·kal·po·li·ti·ke·rin ‹f.; -, -n·nen›
Lo·kal·pres·se ‹f.; -; unz.› *lokale Tageszeitung(en)*
Lo·kal·satz ‹m.; -(e)s, ≈e; Gramm.› *Umstandssatz des Ortes;* → a. *Kasten*
Lo·kal·ter·min ‹m.; -(e)s, -e; Rechtsw.› *gerichtlicher Termin am Ort einer Straftat*
Lo·kal·zei·tung ‹f.; -, -en›
'**Lo·ka·tiv** ‹m.; -s, -e; Gramm.› *Kasus des Ortes (im Lateinischen)*

'Lok·füh·rer <m.; -s, -; kurz für> *Lokomotivführer*

'lo·ko <Wirtsch.> = *loco*

'Lo·ko·ge·schäft <n.; -(e)s, -e; Wirtsch.> *Geschäft über sofort lieferbare Ware*

Lo·ko·mo·ti'on <f.; -, -en; Biol.> *freie Fortbewegung (von Organismen)*

Lo·ko·mo'ti·ve <f.; -, -n> *Kraftmaschine zum Ziehen von Eisenbahnen*

Lo·ko·mo'tiv·füh·rer <m.; -s, ->

lo·ko·mo'to·risch <Adj.> *auf Fortbewegung beruhend*

'Lo·kus¹ <m.; -, 'Lo·zi> *Ort, Stelle*; oV *Locus*

'Lo·kus² <m.; -, -kus·se; umg.> *Toilette*

Lo·ku·ti'on <f.; -, -en; Sprachw.; in der Sprechakttheorie> *Äußerungsaspekt; → a. Illokution* [lat.]; **lo·ku·ti·o'när, lo·ku'tiv** <Adj.; Sprachw.> *~er Akt*

Lolch <m.; -(e)s, -e; Bot.> *ein Süßgras*; Sy *Raigras*

Lo'li·ta <f.; -, -s> *verführerische Kindfrau* [nach dem gleichnamigen Roman von V. Nabokov]

'Lol·li, 'Lol·ly <m.; -s, -s; umg.> *runder Lutscher* [engl.]

'Lom·bard <a. [-'-]; m. od. n.; -(e)s, -e; Bankw.> *Beleihung von Gegenständen, Wertpapieren o. Ä.* [frz.]; **Lom'bar·de** <m.; -n, -n> **1** *Einwohner der Lombardei* **2** <MA> *Pfandleiher, Geldwechsler*; **Lom·bar'dei** <f.; -; unz.> *eine nordital. Landschaft*; **'Lom·bard·ge·schäft** <n.; -(e)s, -e; Wirtsch.> = *Lombard*; **lom·bar'die·ren** <V. t.; Wirtsch.> *beleihen*; **Lom·bar'din** <f.; -, -n·nen> **lom'bar·disch** <Adj.> **'Lom·bard·kre·dit** <m.; -(e)s, -e; Bankw.> *ein Geldleihgeschäft*; **'Lom·bard·satz** <m.; -es, ⸚e; Bankw.> *Zinssatz für Lombardkredite*

'Lom·ber <n.; -s; unz.> *ein frz. Kartenspiel*; oV *L'hombre* [span.]

Lo·mé <[-'me:]> *Hauptstadt von Togo*; **Lo'mé-Ab·kom·men** <n.; -s; unz.; Wirtsch.> *Wirtschaftsabkommen zwischen der EU u. (afrikan.) Entwicklungsländern*

'Lon·don *Hauptstadt von Großbritannien*; **'Lon·do·ner** <m.; -s,

->; **'Lon·do·ne·rin** <f.; -, -n·nen>

'Lon·don'sche The·o·rie, <auch> **'lon·don·sche The·o·rie** <f.; -n; unz.; ↗Z58.1; Phys.> *eine Theorie der Supraleitung* [nach dem dt. Physiker F. W. *London*]

'Lon·gan <f.; -, -s; Bot.> *eine südostasiat. Frucht* [engl.]

'Long·drink, <auch> **'Long Drink** <m.; -s, -s; ↗Z30> *wenig Alkohol enthaltendes Getränk*; Ggs *Shortdrink* [engl.]

Lon·ge <['lõːʒə] od. ['lɔŋʒə]; f.; -, -n; Reitsp.> *lange Leine für das Longieren von Pferden* [frz.]; **lon·gie·ren** <[-'ʒiː-]; V. t.> *ein Pferd ~ im Kreise um sich herumlaufen lassen*

Lon·gi·me'trie, <auch> **Lon·gi·met'rie** <f.; -; unz.; ↗Z53; Phys.> *Längenmessung* [lat.-grch.]; **lon·gi·tu·di'nal** <Adj.; Phys.> *in Längsrichtung; ~e Schwingung* [lat.]; **Lon·gi·tu·di'nal·wel·le** <f.; -, -n; Phys.> *Ausbreitung longitudinaler Schwingung*

long·line <['lɔŋlain]; Adv.; Tennis> *entlang der seitl. Linie; den Ball ~ spielen* [engl.]; **'Long·line** <m.; - od. -s, -s; Tennis> *entlang der Seitenlinie gespielter Ball*; Ggs *Cross*; **'Long·sel·ler** <m.; -s, -> *Buch, das sich lange Zeit sehr gut verkauft*; **'Long·shirt** <[-'ʃɔːt]; n.; -s, -s> *sehr langes Baumwollhemd*

Lon·guet·te <[-'gɛtə]; f.; -, -n; Med.> *Gips- od. Kunststoffbinden, Verband* [frz.]

Look <[luk]; m.; -s, -s; Pl. selten; salopp> *Aussehen, äußeres Erscheinungsbild; Disko~; Partner~; New ~* [engl.]

loo·pen <['luː-]; V. i.> *einen Looping fliegen* [engl.]; **'Loo·ping** <n.; -s, -s> *Überschlag (mit dem Flugzeug od. der Achterbahn)*

'Lo·quat <m.; -, -s; Bot.> *eine japanische Mispelart* [engl.]

'Lor·bass <m.; -es, -e; norddt.> *Flegel, Lümmel* [lit.]

'Lor·beer <m.; -s, -en> **1** <Bot.> *eine Gewürz- und Heilpflanze* **2** *Ehrenkranz aus Lorbeer(1)*; **'Lor·beer·baum** <m.; -(e)s, ⸚e; Bot.>; **'Lor·beer·blatt** <n.; -(e)s, ⸚er>; **'Lor·bee·re** <f.; -, -n; Bot.> *Frucht des Lorbeers; ~n ernten*

<fig.> *gelobt werden*; **'Lor·beer·kranz** <m.; -es, ⸚e>

'Lor·chel <f.; -, -n; Bot.> *ein Schlauchpilz*

Lord <m.; -s, -s> *engl. Adelstitel* [engl.]; **'Lord·kanz·ler** <m.; -s, -> *höchster engl. Staatsbeamter*; **Lord Ma·yor,** <auch> **Lord May·or** <['lɔːd 'mɛər]; m.; --s, --s; ↗Z52> *Oberbürgermeister (Londons u. anderer engl. Großstädte)*

Lor'do·se <f.; -, -n; Med.> *Wirbelsäulenverkrümmung* [grch.]

'Lord·ship <[-'ʃip]; f.; -; unz.> **1** *Titel eines Lords* **2** *höfliche Anrede für einen Lord* [engl.]

'Lo·re <f.; -, -n> *offener Schienenwagen (in Bergwerken u. Ä.)* [engl.]

Lo·re'lei, Lo·re'ley <f.; -; unz.> **1** *Felsen am rechten Rheinufer* **2** *sagenhafte Rheinnixe*

Lor·gnet·te, <auch> **Lorg·net·te** <[lɔrn'jɛtə]; f.; -, -n; ↗Z53> *Stielbrille* [frz.]; **Lor·gnon** <[lɔrn'jõː]; n.; -s, -s> *Augenglas mit Stiel, Stielbrille*

'Lo·ri <m.; -s, -s; Zool.> **1** *ein schwanzloser Halbaffe* **2** *ein Papagei* [mal.]

'Lo·ro·kon·to <n.; -s, -s od. -kon·ten od. -kon·ti; Bankw.> *für eine andere Bank geführtes Konto* [ital.]

los <Adj.; undekl.; ↗Z22.2; in Zus. mit Verben Getrenntschreibung nur bei "sein"> **1** *nicht befestigt, locker; der Knopf ist ~*; oV *lose* **2** <umg.> *etwas ~ haben Geschick, Intelligenz, Wissen besitzen* **3** jmdn. od. etwas ~ haben <umg.> *davon befreit sein; einer Sache ~ u. ledig sein* **4** <umg.> *etwas ist ~ geschieht; was ist ~?* **5** *Aufforderung zum Starten; auf die Plätze, fertig, ~!; nun aber ~!* **6** <umg.; kurz für> *los(ge)fahren usw.; er ist schon ~*

Los <n.; -es, -e> **1** *zufällig herbeigeführte Entscheidung; das ~ bestimmen lassen* **2** *Schicksal; ein schweres, bitteres ~* **3** *Anteilschein in der Lotterie; das große ~ ziehen* **4** *Warenposten; ein ~ Kleider*

los... <Vors.; in Zus. mit Verben betont u. abtrennbar> **1** *weg von ..., ab ...,* z. B. loslösen; du

löst los; sie hat losgelöst; loszu-
lösen **2** *einen (plötzlichen) Be-
ginn anzeigend;* losarbeiten;
losdrücken
...los <Adj.; in Zus.> *ohne;* ar-
beitslos, hoffnungslos, sinnlos
Los An·ge·les <[lɔs ˈændʒələs];
Abk.: LA> *Stadt in Kalifornien
(USA)*
'los|ar·bei·ten <V. i.> *zu arbeiten
beginnen*
'los|bal·lern <V. i.; ich ball(e)re
los; umg.> *losschießen*
'lös·bar <Adj.>; **'Lös·bar·keit** <f.;
-; unz.>
'los|be·kom·men <V. t. 170> ich
bekomme es nicht los
'los|bin·den <V. t. 111> binde ihn
los!; sie hat ihn losgebunden
'los|brau·sen <V. i. (s.); du braust
los; umg.> *schnell wegfahren*
'los|bre·chen <V. 116> **1** <V. t.>
abbrechen; er hat es losgebro-
chen **2** <V. i. (s.); fig.> *plötzlich
beginnen;* ein Gewitter brach
los
'Lösch·ar·beit <f.; -, -en>; **'lösch·
bar** <Adj.>; **'Lösch·blatt** <n.;
-(e)s, ⸚er> = *Löschpapier;* **'lö·
schen**[1] <V. t.> **1** *das Weiterbren-
nen verhindern;* ein Feuer ~ **2**
ausschalten; das Licht ~ **3** *auf-
saugen;* eine Flüssigkeit ~ **4** ei-
ne Schuld ~ *tilgen, streichen* **5**
seinen Durst ~ *trinken* **6** Kalk ~
mit Wasser übergießen; **'lö·
schen**[2] <V. t.; Seew.> *eine La-
dung ~ entladen;* **'Lö·scher**
<m.; -s, -; kurz für *Feuerlö-
scher;* **'Lösch·ge·rät** <n.; -(e)s,
-e>; **'Lösch·pa·pier** <n.; -s, -e>
*Papier zum Aufsaugen von Tin-
te;* **'Lösch·tas·te** <f.; -, -n;
EDV>; **'Lösch·zug** <m.; -(e)s,
⸚e *zum Feuerlöschen eingesetz-
te Feuerwehrleute*
'los|drü·cken <V. i.> *abdrücken
(am Gewehr)*
'lo·se <Adj.> **1** = *los(1)* **2** *nicht ge-
bunden;* ~ Blätter **3** *leichtfertig;*
ein ~s Mädchen, **Lo·se'blatt-
samm·lung** <f.; der Lose(n)-
blattsammlung, die Lose(n)-
blattsammlungen>
'Lö·se·geld <n.; -(e)s, -er> *Geld
für die Freilassung von Entführ-
ten;* ~ erpressen
'los|ei·sen <V. t. u. V. refl.; du eist
(dich) los; sie hat sich losgeeist>

sich loszueisen; fig.; umg.> *mü-
hevoll frei machen, lösen*
'Lö·sen <n.; -s, ->
'lo·sen[1] <V. i.; ich lose; du lost;
sie lost> *das Los ziehen;* lass
uns ~
lo·sen[2] <['luːzən]; V. i.; ich lose;
du lost; sie lost; salopp> *verlie-
ren, versagen;* dabei kannst du
nur ~ [engl.]
'lö·sen <V. t.; ich löse; du löst; sie
löst> **1** *entfernen, lockern, auf-
binden;* ein Dachziegel hat sich
gelöst **2** *auflösen, zergehen;* Pul-
ver ~ **3** <fig.> *abbrechen;* eine
Beziehung ~; sich nicht vom El-
ternhaus ~ können **4** *klären, er-
raten;* eine Aufgabe, ein Rätsel
~ **5** eine Fahrkarte ~ *kaufen* **6**
jmd. ist gelöst *entspannt*
'Los·ent·scheid <m.; -(e)s, -e>
durch ~
Lo·ser <['luːzɐ(r)]; m.; -s, -; sa-
lopp> *Verlierer, Versager;*
<aber> → *Luser* [engl.]; **'Lo·se-
rin** <f.; -, -n·nen>
'los|fah·ren <V. i. (s.) 130>
'los|flit·zen <V. i. (s.); du flitzt los;
sie ist losgeflitzt; loszuflitzen;
umg.>
'los|ga·lop·pie·ren <V. i. (s.)>
'los|ge·hen <V. i. 145 (s.)> **1** *auf-
brechen, weggehen;* sie sind
schon losgegangen **2** auf etwas
~ *zugehen,* <auch> *etwas in An-
griff nehmen* **3** ein Schuss geht
los *wird versehentlich abgefeu-
ert* **4** <umg.> *beginnen;* wann
geht das Kino los?
'los|ha·ben <V. t. 159; umg.> viel,
nichts ~ *viel, nichts können*
'los|heu·len <V. i.; umg.> sie
heult immer gleich los
'Los·kauf <m.; -(e)s, ⸚e>
'los|kau·fen <V. t.> jmdn. ~ *frei-
kaufen*
'los|kom·men <V. i. (s.) 170> *weg-
kommen, sich trennen;* ich bin
nicht früher losgekommen
'los|krie·gen <V. t.; umg.> = *los-
bekommen*
'los|la·chen <V. i.> laut ~
'los|las·sen <V. t. 175; du lässt
los; sie hat losgelassen; loszu-
lassen> **1** *nicht länger festhal-
ten, freigeben;* er lässt den
Hund nicht los **2** <fig.; umg.>
jmdn. auf etwas (jmdn.) ~ *ihn
mit einer zu schwierigen Aufga-*

be betrauen **3** <fig.; umg.> *ei-
nen Brief ~ schreiben*
'los|lau·fen <V. i. (s.) 176; ich lau-
fe los; du läufst los; sie läuft
los> *zu laufen beginnen;*
'los|le·gen <V. i.; umg.> *unge-
stüm beginnen (zu schimpfen)*
'lös·lich <Adj.> ~er Kaffee; **'Lös-
lich·keit** <f.; unz.>
'los|lö·sen <V. refl.; du löst los>
sie hat sich von ihm losgelöst
<fig.>; **'Los·lö·sung** <f.; -; unz.>
'los|ma·chen <V. t.> *abmachen,
von etwas lösen;* sie hat den
Strick losgemacht
'los|mar·schie·ren <V. i. (s.)> sie
sind losmarschiert
'Los·num·mer <f.; -, -n>
'los|ra·sen <V. i. (s.); du rast los;
sie ist losgerast; loszurasen;
umg.> *schnell loslaufen, -fahren*
'los|rei·ßen <V. t./V. refl. 198; du
reißt (dich) los; sie hat sich los-
gerissen; sich loszureißen>
'los|ren·nen <V. i. (s.) 200> sie ist
losgerannt
Löss <m.; -es, -e; Geol.> *kalkhal-
tige Ablagerung*
'los|sa·gen <V. refl.> sich von et-
was (od. jmdm.) ~ *Abstand neh-
men, trennen;* **'Los·sa·gung** <f.;
-, -en>
'Löss·bo·den <m.; -s, ⸚>
'los|schie·ßen <V. i. 215> **1** *plötz-
lich schießen* **2** <(s.)> *plötzlich
zu laufen beginnen;* die Kinder
sind losgeschossen; auf jmdn. ~
3 <umg.> *zu sprechen begin-
nen;* nun schieß schon los!
'los|schla·gen <V. 218> **1** <V. t.>
entfernen, abschlagen; er hat
das Brett losgeschlagen **2** <V. i.>
plötzlich zu schlagen beginnen;
er schlug los; aufeinander ~ **3**
<V. t.> Ware ~ *(billig) verkaufen*
'los|schrau·ben <V. t.> Bretter ~
'lös·sig <Adj.; Geol.> *wie Löss*
'los|spre·chen <V. t. 251> jmdn.
von einer Schuld ~ *befreien;* sie
hat ihn losgesprochen; **'Los-
spre·chung** <f.; -, -en>
'los|sprin·gen <V. i. 253> auf
jmdn. ~ *zuspringen;* er ist losge-
sprungen
'Löss·schicht <f.; -, -en; ⬈Z 37;
Geol.>
'los|steu·ern <V. i.; ich steu(e)re
los> auf jmdn. od. etwas ~ *ziel-*

bewusst zugehen; er steuerte auf den Eisstand los

'**los**|**stür·men** <V. i. (s.)> *das Kind ist losgestürmt*

Lost <m.; -(e)s; unz.; Chem.> *Senfgas, ein chem. Kampfstoff* [nach den Herstellern *Lommel* u. *Steinkopf*]

'**Los·tag** <m.; -(e)s, -e; im Volksglauben> *wetterbestimmender Tag,* Sy *Lurtag*

'**los**|**tre·ten** <V. t. 268> 1 *durch Treten lösen* 2 <bes. Pol.; fig.> *initiieren;* eine Diskussion ~

'**Los·trom·mel** <f.; -, -n>

'**Lo·sung**[1] <f.; -, -en> *Kennwort,* (*Bibel-)Spruch*

'**Lo·sung**[2] <f.; -; unz.; Jagdw.> *Kot (von Wild u. Hund)*

'**Lö·sung** <f.; -, -en> 1 *Bewältigung eines Problems;* keine ~ finden 2 *durch Überlegung gewonnenes Resultat* 3 *Trennung, Aufhebung;* ~ einer Ehe 4 <Chem.; Phys.> *aufgelöste Mischung, das Sichauflösen;* '**Lö·sungs·mit·tel** <n.; -s, ->; '**Lö·sungs·wär·me** <f.; -; unz.; Chem.; Phys.>

'**Lo·sungs·wort** <n.; -(e)s, -e> *Kennwort*

'**Lö·sungs·wort** <n.; -(e)s, ⸗er> *Auflösungswort*

'**Los·ver·käu·fer** <m.; -s, ->; '**Los·ver·käu·fe·rin** <f.; -, -n·nen>

'**los**|**wer·den** <V. t. (s.) 285> 1 *etwas od. jmdn. ~ sich befreien von etwas od. jmdm.;* du wirst den Schnupfen nicht los, bemühe dich, dass du ihn loswirst 2 <umg.> *Geld – ausgeben* 3 <umg.> *Waren – verkaufen;* sie ist alles losgeworden

'**los**|**zie·hen** <V. i. (s.) 293; umg.> *weg-, ausgehen;* sie sind zusammen losgezogen; mit wem ziehst du los?

Lot[1] <'lo:t]; n.; -(e)s, -e> 1 <Math.> *senkrecht auf einer Geraden stehende Gerade* 2 <Bauw.> *kegelförmiges Metallstück an einer Schnur zur Bestimmung der Senkrechten;* etwas wieder ins ~ bringen <fig.> *in Ordnung bringen* 3 <Mar.> *Leine mit Gewicht zur Bestimmung der Wassertiefe* 4 <Tech.> *Metalllegierung zum Löten*

Lot[2] <[lɔt]; n.; - od. -s, -s> *Posten, Auswahl (für Sammlungen),*

Zusammenstellung (für Auktionen); ein ~ Briefmarken [engl.]

'**lo·ten** <V. i. u. V. t.> *mit dem Lot messen*

'**lö·ten** <V. t.; Tech.> *mithilfe einer Metalllegierung verbinden*

'**Loth·rin·gen** *Region im Nordosten Frankreichs;* '**Loth·rin·ger** <m.; -s, ->; '**Loth·rin·ge·rin** <f.; -, -n·nen>; '**loth·rin·gisch** <Adj.>

Lo·ti'on <engl. ['lo:ʃn]; f.; -, -en; a. engl. f.; -, -s> *flüssiges Kosmetikum;* Body~; Gesichts~ [engl.]

'**Löt·kol·ben** <m.; -s, ->; '**Löt·me·tall** <n.; -s, -e>

Lo·to'pha·ge <m.; -n, -n; in der Odyssee> *Angehöriger eines sagenhaften Volkes* [grch.]

'**Lo·tos** <m.; -, -; Bot.> = *Lotosblume;* oV *Lotus* [grch.]; '**Lo·tos·blu·me** <f.; -, -n; Bot.> *eine Seerosengewächs;* '**Lo·tos·sitz** <m.; -(e)s; unz.; Joga> *eine Art Schneidersitz*

'**Löt·pis·to·le** <f.; -, -n> *ein Gerät zum Löten*

'**lot·recht** <Adj.> *senkrecht;* '**Lot·rech·te** <f.; -, -n> *Senkrechte*

'**Löt·rohr** <n.; -(e)s, -e; Chem.> *abgebogenes Messingrohr mit Mundstück;* '**Löt·rohr·pro·be** <f.; -, -n; Chem.> *Teil der qualitativen chem. Analyse*

'**Lot·se** <m.; -n, -n> 1 <Seew.> *jmd., der Schiffe durch schwierige Gewässer leitet* 2 <fig.> *wegkundiger Führer;* Schüler~ [engl.]; '**lot·sen** <V. t.; ich lotse; du lotst; sie lotst; Seew.; Flugw.> *als Lotse führen, dirigieren;* '**Lot·sen·boot** <n.; -(e)s, -e>; '**Lot·sen·dienst** <m.; -(e)s, -e>; '**Lot·sin** <f.; -, -n·nen>

Lot·te'rie <f.; -, -n> *staatl. od. private Auslosung, Glücksspiel* [ndrl.]; **Lot·te'rie·ein·neh·mer** <m.; -s, -> *Betreiber einer Lotterie;* **Lot·te'rie·los** <n.; -es, -e>; **Lot·te'rie·steu·er** <f.; -, -n; Wirtsch.>

'**lot·te·rig** <Adj.; umg.> *liederlich;* oV *lottrig,* '**Lot·ter·le·ben** <n.; -s; unz; abwertend> *liederliches, ausschweifendes Leben;* ein ~ führen; '**lot·tern** <V. i.; ich lott(e)re; du lotterst; sie lottert> *faulenzen, ein Lotterleben führen;* '**Lot·ter·wirt·schaft** <f.; -;

unz.; abwertend> *unordentliche Wirtschaftsführung*

'**Lot·to** <n.; -s, -s> 1 *ein Gesellschaftsspiel für Kinder;* Bilder~; Zahlen~ 2 *eine Art Lotterie (Zahlenwette)* [ital.]; '**Lot·to·an·nah·me·stel·le** <f.; -, -n>; '**Lot·to·block** <m.; -(e)s, ⸗e>; '**Lot·to·fee** <f.; -, -n; umg.; scherzh.> *Ansagerin bei der (wöchentlichen) Ziehung der Lottozahlen;* '**Lot·to·schein** <m.; -(e)s, -e> *den ~ ausfüllen;* '**Lot·to·zahl** <f.; -, -en; meist Pl.> *Ziehung der ~en*

'**Lo·tung** <f.; -, -en> *das Loten*

'**Lö·tung** <f.; -, -en> *das Löten*

'**Lo·tus** <m.; -; unz.; Bot.> = *Lotos*

Lou·is <['lu:i]; m.; - ['lu:i(s)], - ['lu:is]; umg.> *Zuhälter;* → a. *Lude* [frz. Vorname für *Ludwig*]; **Lou·is·dor** <['lui'do:r]; m.; -s, -e> *eine alte frz. Goldmünze*

Lou·i·si·a·na <[luizi'ana] od. [luizi'ænə]> *Staat in den USA*

Lou·is·qua·torze <[luika'tɔːrz]; n.; -; unz.> *frz. Möbelstil (unter Ludwig XIV.);* **Lou·is·quinze** <[lui'kɛːz]; n.; -; unz.> *frz. Möbelstil (unter Ludwig XV.);* **Lou·is·seize** <[lui'sɛːz]; n.; -; unz.> *frz. Möbelstil (unter Ludwig XVI.)*

Lounge <['laundʒ]; f.; -, -s [-ʒiz]> *Aufenthalts-, Warteraum (im Hotel)* [engl.]

Lou·re <['luːr(ə)]; f.; -, -n; Mus.> 1 <MA> *frz. Sackpfeife* 2 *Tanz der Suite* [frz.]

love <[lʌv]; Tennis> *null (Punkte)* [engl.]; '**Love·in** <a. [-'-]; n.; -s, -s> *Protestveranstaltung, bei dem es öffentlich zu sexuellen Handlungen kommt;* '**Love·pa·rade,** <auch> '**Love Pa·rade** <[-pəreid]; f.; (-)-, (-)-s; ⭧Z30; in Berlin> *Großveranstaltung mit Technomusik;* '**Lo·ver** <m.; -s, -; umg.> *Geliebter, Liebhaber;* '**Love·sto·ry** <[-stori]; f.; -, -s; ⭧Z6.1> *romantische Liebesgeschichte*

'**Lö·we** <m.; -n, -n; Zool.> *eine Großwildkatze;* brüllen wie ein ~; '**Lö·wen·an·teil** <m.; -(e)s; unz.> *Hauptanteil;* '**Lö·wen·gru·be** <f.; -, -n; fig.> *gefährlicher Ort;* '**Lö·wen·mäh·ne** <f.; -, -n>; '**Lö·wen·maul** <n.; -(e)s; unz.; Bot.> *ein Rachenblütler*

L

(Gartenpflanze); '**Lö·wen·mäul·chen** <n.; -s, -; Bot.; Verkleinerungsf. von> Löwenmaul; '**Lö·wen·mut** <m.; -(e)s; unz.> mit ~ kämpfen; '**lö·wen·stark** <Adj.>; '**Lö·wen·zahn** <m.; -(e)s; unz.; Bot.> ein Korbblütler (Wiesenblume)

Low·im·pact, <auch> **Low Impact** <['lou'impækt]; m.; -(-)-s, (-)-s; ↗Z30> geringer Grad an Belastung; Ggs Highimpact [engl.]

'**Lö·win** <f.; -, -nnen; Zool.>

lo·xo'drom <Adj.; Geol.>; **Lo·xo'dro·me** <f.; -, -n> alle Längenkreise unter dem gleichen Winkel schneidende Verbindungslinie [grch.]

loy·al, <auch> **lo·yal** <[loa'ja:l]; Adj.; ↗Z52; geh.> 1 regierungstreu 2 rechtschaffen, anständig [frz.]; **Loy·a·li'tät** <f.; -; unz.> Ggs Illoyalität

LP <[ɛl'pe:] od. [ɛl'pi:]; f.; -, -s; Abk. für> Langspielplatte

LPG <DDR; Abk. für> landwirtschaftliche Produktionsgenossenschaft

Lr <Chem.; Zeichen für> Lawrencium

LRS <Abk. für> Lese-Rechtschreib-Schwäche

L-Scha·le <f.; -, -n; Atomphys.> Hauptschale in der Elektronenhülle eines Atoms

LSD <n.; - od. -s; unz.; Chem.; Abk. für> Lysergsäurediäthylamid, ein Psychopharmakon u. Rauschmittel

LSG <Abk. für> Landschaftsschutzgebiet

lt. <Abk. für> laut²

Lt. <Abk. für> Leutnant

ltd., Ltd. <Abk. für> limited

LTI <Abk. für> Lingua Tertii Imperii (Sprache des Dritten Reiches) [nach Victor Klemperer]

LTL <Zeichen für> Litas

Ltn. <Abk. für> Leutnant

Lu <Chem.; Zeichen für> Lutetium

Lu'an·da Hauptstadt von Angola

'**Lü·beck** eine dt. Hansestadt; '**Lü·be·cker** <m.; -s, -x>; '**Lü·be·cke·rin** <f.; -, -nnen>; '**lü·be·ckisch, 'lü·bisch** <Adj.>

Luch <f.; - od. n.; -(e)s, -e; Geogr.> sumpfige Wiese (bes. in Brandenburg)

Luchs <[luks]; m.; -es, -e; Zool.> eine hochbeinige Raubkatze; aufpassen wie ein ~; '**Luchs·au·ge** <n.; -s, -n; fig.> mit ~n beobachten; '**luch·sen** <V. i.; du luchst; umg.> lauern, lugen

'**Lü·cke** <f.; -, -n> 1 Loch, Spalte; eine ~ ausfüllen 2 fehlender Teil, Auslassung; '**Lü·cken·bau** <m.; -(e)s, -ten> zwischen zwei Häusern errichteter Bau; '**Lü·cken·bü·ßer** <m.; -s, -> als Ersatz dienende Person; nur ~ sein; als ~ fungieren; '**Lü·cken·bü·ße·rin** <f.; -, -nnen>; '**lü·cken·haft** <Adj.>; -er, am -esten>; '**Lü·cken·haf·tig·keit** <f.; -; unz.>; '**lü·cken·los** <Adj.> ~er Beweis; '**Lü·cken·lo·sig·keit** <f.; -; unz.>; '**Lü·cken·text** <m.; -(e)s, -e> auf Formularen auszufüllender Text; '**lü·ckig** <Adj.> ~ stehende Zähne

'**Lu·de** <m.; -n, -n; umg.> Zuhälter; → a. Louis

'**Lu·der** <n.; -s, -> 1 <abwertend> leichtfertige Frau 2 <abwertend> Gauner, gemeiner Kerl; so ein ~! 3 <umg.> armes Geschöpf 4 <Jagdw.> Kadaver, totes Tier

'**Lu·dolf'sche Zahl**, <auch> '**lu·dolf'sche Zahl** <f.; - -; unz.; ↗Z58.1; selten für> Zahl π [nach dem ndrl. Mathematiker Ludolph van Ceulen]

'**Lu·es** <f.; -; unz.; Med.> Syphilis [lat.]; **lu'e·tisch** <Adj.; Med.>

'**Luf·fa** <f.; -, -s; Bot.> ein Kürbisgewächs [engl.-arab.]; '**Luf·fa·schwamm** <m.; -(e)s, ⸗e>

Luft <f.; -, ⸗e; Pl. oft nur poet.> 1 Gasgemisch der Atmosphäre; Licht u. ~; von ~ u. Liebe leben; sich in die ~ erheben; vor Freude in die ~ springen 2 das Freie, freier Raum; jmdn. an die ~ setzen <umg.> hinauswerfen; seinem Ärger <fig.> sich aussprechen 3 Atem, Atmung; keine ~ bekommen; jmdm. die ~ abschnüren; jmdm. die ~ abschnüren; '**Luft·ab·wehr** <f.; -; unz.; Mil.>; '**Luft·an·griff** <m.; -(e)s, -e; Mil.>; '**Luft·auf·nah·me** <f.; -, -n> = Luftbild; '**Luft·bal·lon** <[-ba'lõ] od. [-'lo:n]; m.; -s, -s (südd., österr., schweiz. a.) -e> mit Gas od. Luft gefüllter dünner Ballon aus Gummi; '**lüft·bar** <Adj.> ~e Räume; '**Luft·bild** <n.; -(e)s, -er;

Fot.> Aufnahme aus der Luft; '**Luft·bla·se** <f.; -, -n> im Wasser aufsteigende ~; **Luft·'Bo·den-Ra·ke·te** <f.; -, -n; ↗Z33; Mil.>; '**Luft·brü·cke** <f.; -, -n> Versorgung eines abgeschnittenen Gebietes mithilfe von Flugzeugen; eine ~ errichten; einen Ort über eine ~ versorgen; '**Lüft·chen** <n.; -s, -> leichter Wind; ein kühles ~; '**luft·dicht** <Adj.> ~er Verschluss; '**Luft·druck** <m.; -(e)s; unz.> 1 <Phys.> Druck der atmosphärischen Luft (in Hektopascal gemessen) 2 Druck der Luft in einem geschlossenen Behältnis; den ~ im Autoreifen messen; '**Luft·druck·brem·se** <f.; -, -n; falsch für> Druckluftbremse; '**luft·durch·läs·sig** <Adj.>; '**Luft·durch·läs·sig·keit** <f.; -; unz.>; '**luft·e·lek·trisch**, <auch> '**luft·e·lek·trisch** <Adj.; ↗Z53; Phys.>; '**Luft·e·lek·tri·zi·tät** <f.; -; unz.; Phys.> atmosphärische Elektrizität; '**Luft·em·bo·lie** <f.; -, -n; Med.>; '**lüf·ten** <V.> 1 <V. i.> frische Luft zuführen 2 <V. t.> der Luft aussetzen; Kleidung - 3 <V. t.> leicht anheben; er lüftet den Hut; '**Lüf·ter** <m.; -s, -> Ventilator; '**Luft·fahrt** <f.; -; unz.> (planmäßiger) Verkehr mit Flugzeugen; '**Luft·fahr·zeug** <n.; -(e)s, -e>; '**Luft·feuch·tig·keit** <f.; -; unz.; Phys.> Wassergehalt der Luft; '**Luft·feuch·tig·keits·mes·ser** <m.; -s, -> Sy Hygrometer; '**Luft·fil·ter** <m.; -s, -> Filter zur Reinigung der Luft; '**Luft·flot·te** <f.; -, -n; Mil.>; '**Luft·fracht** <f.; -, -en> (Entgelt für die) im Luftverkehr beförderte Fracht; '**Luft·fracht·ver·kehr** <m.; -s; unz.>; '**luft·fremd** <Adj.> ~e Stoffe; '**luft·ge·füllt** <Adj.>; '**Luft·geist** <m.; -(e)s, -er; Myth.> körperloses Wesen; → a. Sylphe; '**luft·ge·kühlt** <Adj.>; '**luft·ge·schützt** <Adj.> ~er Platz; '**luft·ge·trock·net** <Adj.> ~e Salami; '**Luft·ge·wehr** <n.; -(e)s, -e>; '**Luft·hauch** <m.; -(e)s, -e; geh.> feiner Luftzug; '**Luft·ho·heit** <f.; -; unz.> die ~ eines Staates verletzen; → a. Luftraum; '**Luft·hung·rig** <Adj.> begierig nach frischer Luft; '**luf·tig** <Adj.> 1 viel Luftzufuhr er-

möglichend, zugig; in ~er Höhe
2 *dünn, luftdurchlässig;* ein ~es
Kleid 3 <umg.> *leichtsinnig,
flatterhaft;* ein ~er Bursche;
'**Luf·tig·keit** <f.; -; unz.>; '**Luf·ti·kus** <m.; -s·ses, -s·se; umg.;
scherzh.> *flatterhafter Mensch;*
'**Luft·kampf** <m.; -(e)s, ⸚e;
Mil.>; '**Luft·kis·sen** <n.; -s, ->;
'**Luft·kis·sen·boot** <n.; -(e)s,
-e> *Boot, das über das Wasser
gleitet;* '**Luft·klap·pe** <f.; -, -n>
verstellbare Klappe, Ventil;
'**Luft·kor·ri·dor** <m.; -s, -e> *vorgeschriebener Luftweg zum
Überqueren fremder Staaten;*
'**Luft·krank·heit** <f.; -; unz.>
Übelkeit beim Fliegen; '**Luftkrieg** <m.; -(e)s, -e; Mil.>; '**Luftkur·ort** <m.; -(e)s, -e> *Erholungs-, Kurort;* '**luft·leer** <Adj.>
~er Raum *Vakuum;* '**Luft·leuchten** <n.; -s; unz.>; '**Luft·li·nie**
<[-niə]; f.; -, -n> *gedachte, kürzeste Linie zwischen zwei Orten;*
'**Lüftl·ma·le·rei** <f.; -, -en; in
Bayern> *Wandmalerei;* '**Luftloch** <n.; -(e)s, ⸚er>; '**Luft·masche** <f.; -, -n> *einfache Masche
beim Häkeln;* '**Luft·mas·se** <f.;
-, -n; Meteor.> *feuchte, kalte
~n;* '**Luft·ma·trat·ze,** <auch>
'**Luft·mat·rat·ze** <f.; -, -n;
↗Z53> *aufblasbare Matratze;*
'**Luft·pi·rat** <m.; -en, -en> *Flugzeugentführer;* '**Luft·pi·ra·te·rie**
<f.; -; unz.>; '**Luft·pi·ra·tin** <f.; -,
-n·nen>; '**Luft·pols·ter** <n.; -s,
->; '**Luft·post** <f.; -; unz.> *mit
Flugzeugen beförderte Post;* ein
Paket mit, per ~ schicken; '**Luftpost·brief** <m.; -(e)s, -e>; '**Luftpum·pe** <f.; -, -n> *Gerät zum
Aufpumpen von Reifen u. Ä.;*
'**Luft·raum** <m.; -(e)s, ⸚e> *der
über der Erde befindliche Raum
(als Hoheitsgebiet eines Staates);* '**Luft·rein·hal·tung** <f.; -;
unz.> Maßnahmen zur ~; '**Luftröh·re** <f.; -, -n; Anat.> *Teil der
Atmungsorgane;* '**Luft·röh·ren·schnitt** <m.; -(e)s, -e; Med.>;
'**Luft·sack** <m.; -(e)s, ⸚e; Zool.>
*blasenförmiger Teil der Bronchien (bei Vögeln, Reptilien u.
a.);* '**Luft·schacht** <m.; -(e)s,
⸚e>; '**Luft·schicht** <f.; -, -en;
Meteor.> *höhere ~en;* '**Luftschiff** <n.; -(e)s, -e> *ein Luftfahrzeug;* '**Luft·schiff·fahrt** <f.;

-; unz.; ↗Z37>; '**Luft·schlan·ge**
<f.; -, -n> *aufgerollter, farbiger
Papierstreifen;* '**Luft·schloss**
<n.; -es, ⸚er> *Wunschvorstellung, Traum;* '**Luft·schutz** <m.;
-es; unz.; Mil.> *Maßnahmen gegen Luftangriffe;* '**Luft·schutzbun·ker** <m.; -s, -; Mil.>; '**Luftschutz·kel·ler** <m.; -s, -; Mil.>;
'**Luft·spie·ge·lung,** '**Luft·spieglung** <f.; -, -en> → a. *Fata Morgana;* '**Luft·sprung** <m.; -(e)s,
⸚e> *vor Freude einen ~ machen;* '**Luft·streit·kräf·te** <Pl.;
Mil.> → a. *Landstreitkräfte, Seestreitkräfte;* '**Luft·stütz·punkt**
<m.; -(e)s, -e; Mil.>; '**Lüf·tung**
<f.; -, -en> *das Lüften;* '**Luft·ver·än·de·rung** <f.; -, -en> *zeitweiliger Ortswechsel;* '**Luft·ver·kehr**
<m.; -s; unz.> *gewerbsmäßiger
Transport von Personen u. Gütern mithilfe von Flugzeugen;*
'**Luft·ver·kehrs·ge·sell·schaft**
<f.; -, -en>; '**Luft·ver·schmutzung,** '**Luft·ver·un·rei·ni·gung**
<f.; -, -en>; '**Luft·waf·fe** <f.; -;
unz.; Mil.> *Luftstreitkräfte;*
'**Luft·wech·sel** <[-ks-]; m.; -s,
->; '**Luft·weg** <m.; -(e)s, -e> *Beförderung auf dem ~;* '**Luft·wege** <Pl.; Anat.> *Atmungsorgane;*
'**Luft·wi·der·stand** <m.; -(e)s;
unz.; Phys.> *Strömungswiderstand eines Körpers in der Luft;*
'**Luft·wur·zel** <f.; -, -n; meist Pl.;
Bot.> *Wurzel an Stammteilen;*
'**Luft·zug** <m.; -(e)s; unz.>
leichter Wind

Lug <nur in der Wendung> ~ u.
Trug *Lüge u. Täuschung;* '**Lü·ge**
<f.; -, -n> *absichtlich falsche
Aussage;* es ist alles ~; sich in ~n
verstricken; jmdn. ~n strafen
nachweisen, dass er gelogen hat

'**lu·gen** <V. i.> *vorsichtig (hervor)schauen;* er lugte über den
Zaun

'**lü·gen** <V. i. 181> *absichtlich Unwahres sagen;* du lügst!; das ist
gelogen! *das ist nicht wahr!;* er
log wie gedruckt <fig.> *unverschämt;* '**Lü·gen·bold** <m.;
-(e)s, -e; umg.; abwertend>
jmd., der häufig lügt; '**Lü·gen·de·tek·tor** <m.; -s, -en>; '**Lü·gen·ge·schich·te** <f.; -, -n>;
'**Lü·gen·ge·spinst** <n.; -(e)s,
-e> *Netz aus Lügen;* '**lü·gen·haft**
<Adj.>; '**Lü·gen·haf·tig·keit** <f.;

-; unz.>; '**Lü·gen·maul** <n.; -s,
⸚er; umg.; abwertend> *jmd., der
oft lügt;* '**Lüg·ner** <m.; -s, ->;
'**Lüg·ne·rin** <f.; -, -n·nen>; '**lügne·risch** <Adj.>

lu·gu·ber <Adj.; geh.> *trist, traurig;* eine lugubre Inszenierung
[lat.]

Lu·kar·ne <f.; -, -n> *Dachluke,
-erker* [frz.]

'**Lu·ke** <f.; -, -n> *kleines Fenster,
kleine Öffnung;* Dach~

lu·kra·tiv, <auch> **luk·ra·tiv** <Adj.;
↗Z53> *Gewinn bringend, einträglich* [lat.]

lu·kul·lisch <Adj.; geh.; meist
scherzh.> *sehr schmackhaft u.
üppig;* ~ speisen; ~e Freuden;
Lu'kul·lus <m.; -, -s·se> 1
<geh.> *Genießer, Feinschmecker*
2 *ein Kuchen* [nach dem röm.
Feldherrn *Lucullus*]

'**Lu·latsch** <m.; -(e)s, -e; umg.;
abwertend> *großer, schlaksiger
Mann;* langer ~

Lul·la·by <['lʌləbai]; n.; -s, -s;
↗Z6.1> *Schlaflied* [engl.]

'**Lul·le** <f.; -, -n; umg.> 1 *Zigarette*
2 *Schnuller;* '**lul·len** <V. t.;
umg.> jmdn. in den Schlaf ~
leise singen; → a. *einlullen*

'**Lu·lo** <f.; -, -s> *eine südamerikan. Frucht*

Lum·ba·go <f.; -; unz.> 1 <Med.>
Hexenschuss 2 <Vet.> *eine Muskelerkrankung des Pferdes mit
Lähmungserscheinungen;* **lumbal'** <Adj.; Med.> *zur Lende gehörig* [lat.]; **Lum·bal·an·äs·thesie,** <auch> **Lum·bal·a·näs·the·sie** <f.; -, -n; ↗Z54; Med.> =
Spinalanästhesie; **Lum·bal·punk·ti·on** <f.; -, -en; Med.>

'**lum·be·cken** <V. t.; Buchw.> *im
Lumbeckverfahren binden;* gelumbeckte Bücher; '**Lum·beck·ver·fah·ren** <n.; -s; unz.;
Buchw.> *eine fadenlose Klebebindung* [nach dem Erfinder E.
Lumbeck]

Lum·ber <[ˈlʌmbɐ(r)]; m.; -s, -;
kurz für> *Lumberjack;* **Lum·ber·jack** <['lʌmbɐdʒæk]; m.;
-s, -s> *Jacke mit Strickbund*
[engl.]

'**Lu·men** <n.; -s, - od. -mi·na> 1
<Biol.> *Weite von Hohlräumen*
2 <Pl. -> <Phys.; Zeichen: lm>
Maßeinheit für den Lichtstrom
[lat.]; '**Lu·men·stun·de** <f.; -, -n;

Phys.; Zeichen: lmh>; **Lu·mi·nes'zenz** <f.; -, -en; Phys.> *Abstrahlung von Licht (ohne Wärmeentwicklung);* **Lu·mi·nes·'zenz-di·o·de** <f.; -, -n; Phys.; Abk.: LED> *Licht aussendende Halbleiterdiode; Sy Leuchtdiode;* **lu·mi·nes'zie·ren** <V. i.>; **Lu·mi·no'phor** <m.; -s, -e> Phys.> *Leuchtstoff;* **Lu·mi·no·si'tät** <f.; -; unz.; Kernphys.; Zeichen: L> *Messgröße für die Anzahl von Ereignissen beim Zusammenstoß von Teilchen*

'Lum·me <f.; -, -n; Zool.> *ein Seevogel der Nordmeere* [dän.]

'Lüm·mel <m.; -s, -; umg.> *ungezogener Mensch, Flegel;* **Lümme'lei** <f.; -, -en; abwertend>; **'lüm·mel·haft** <Adj.; -er, am -es·ten>; **'Lüm·mel·haf·tig·keit** <f.; -; unz.>; **'lüm·meln** <V. refl.> *ich lümm(e)le mich; du lümmelst dich; sie lümmelt sich; umg.> sich aufs Sofa ~*

Lump[1] <m.; -en, -en; umg.> *unehrenhafter Mensch*

Lump[2] <m.; -en, -en; Zool.> *Seehase, ein Meeresfisch*

Lum·pa·zi·va·ga'bun·dus <[-va]; m.; -, -di od. -dus·se; scherzh.> *Landstreicher* [nach einem Stück J. Nestroys]

'lum·pen <V. i.; umg.> 1 *liederlich leben* 2 *sich nicht ~ lassen großzügig sein;* **'Lum·pen** <m.; -s, -> 1 *Stofffetzen, alte Kleidung; ~ sammeln* 2 <süddt.> *Scheuerlappen;* **'Lum·pen·ge·sin·del,** **'Lum·pen·pack** <n.; -s; unz.; abwertend> *heruntergekommene Menschen;* **'Lum·pen·pro·le·ta·ri·at** <n.; -(e)s; unz.; Marxismus>; **'Lum·pen·samm·ler** <m.; -s, ->; **Lum·pe'rei** <f.; -, -en; abwertend> *Gemeinheit;* **'lum·pig** <Adj.; umg.> 1 *gemein* 2 *geringfügig; sich wegen ~er zwei Euro streiten*

'Lu·na 1 <ohne Art.; poet.> *Mond* 2 <f.; -; unz.> *Mondgöttin* [lat.]; **lu'nar, lu'na·risch** <Adj.> *den Mond betreffend;* **Lu'nar·mo·nat** <m.; -(e)s, -e; bes. Med.> *Monat mit 28 Tagen (als Zeitmaß);* **Lu'na·ti·ker** <m.; -s, -; Med.> *Mondsüchtiger;* **Lu'na·ti·ke·rin** <f.; -, -nen; Med.>; **lu'na·tisch** <Adj.; Med.>; **Lu·na-**

'tis·mus <m.; -; unz.; Med.> *Mondsüchtigkeit*

Lunch <[lʌntʃ]; m.; - od. -(e)s, -e od. -(e)s> *kleine Mittagsmahlzeit* [engl.]; **'lun·chen** <V. i.; ich lunche; du lunchst; er luncht; sie hat geluncht>; **'Lunch·pa·ket** <n.; -(e)s, -e>; **'Lunch·zeit** <f.; -; unz.>

'Lü·ne·burg *Stadt in Niedersachsen;* **'Lü·ne·bur·ger 'Hei·de** <f.; --; unz.> *Landschaft in Niedersachsen*

Lü'net·te <f.; -, -n> 1 <Tech.> *Vorrichtung an Drehbänken für lange Werkstücke* 2 <Arch.> *halbkreisförmiges Feld über Türen od. Fenstern* 3 <Mil.> *mondförmiger Grundriss alter Schanzen* [frz.]

'Lun·ge <f.; -, -n; Anat.> *Atmungsorgan; eiserne ~ Beatmungsgerät; es auf der ~ haben; sich die ~ aus dem Hals schreien; auf ~ rauchen; grüne ~* <fig.> *Parkanlage in der Stadt;* **'Lun·gen·at·mung** <f.; -; unz.>; **'Lun·gen·bläs·chen** <n.; -s, -; Anat.>; **'Lun·gen·em·bo·lie** <f.; -, -n; Med.>; **'Lun·gen·em·phy·sem** <n.; -s, -e; Med.> *Erweiterung der Lunge;* **'Lun·gen·ent·zün·dung** <f.; -, -en; Med.>; **'Lun·gen·fell** <n.; -(e)s, -e; Anat.> *Teil des Brustfells;* **'Lun·gen·fisch** <m.; -(e)s, -e; Zool.>; **'Lun·gen·flü·gel** <m.; -s, -; Anat.> *eine Hälfte der Lunge;* **'lun·gen·krank** <Adj.>; **'Lun·gen·krank·heit** <f.; -, -en>; **'Lun·gen·krebs** <m.; -es; unz.; Med.>; **'Lun·gen·rei·fung** <f.; -; unz.; Med.> *fetale ~;* **'Lun·gen·re·sek·ti·on** <f.; -, -en; Med.>; **'Lun·gen·schwind·sucht, 'Lun·gen·tu·ber·ku·lo·se** <f.; -; unz.; Med.>; **'Lun·gen·zug** <m.; -(e)s, ⁻e> *einen tiefen ~ machen (beim Rauchen)*

'lun·gern <V. i.; ich lung(e)re; du lungerst; sie lungert; umg.> *müßig herumstehen*

'Lun·ker <m.; -s, -; Met.> *Hohlraum in Gussstücken*

'Lun·te <f.; -, -n> 1 *Schnur für die Entzündung einer Sprengladung; ~ riechen* <fig.; umg.> *Verdacht schöpfen* 2 <Jagdw.> *Schwanz (von Fuchs u. Marder)*

'Lu·nu·la <f.; -, -lae od. -'nu·len> 1 <Bronzezeit> *halbmondförmiger Halsschmuck* 2 <Med.> *weißliches Feld des Nagelbettes* [lat.]; **lu·nu'lar** <Adj.> *halbmondförmig*

'lun·zen <V. i.; du lunzt; umg.> *lugen, vorsichtig spähen*

'Lu·pe <f.; -, -n> *Vergrößerungslinse; etwas unter die ~ nehmen* <a. fig.>; **'Lu·pen·bril·le** <f.; -, -n>; **'lu·pen·rein** <Adj.> *makellos; ~er Diamant;* **'Lu·pen·rein·heit** <f.; -; unz.>

'lup·fen <V. t.; süddt.; österr.; schweiz.>, **'lüp·fen** <V. t.> *etwas ~ leicht anheben; ein Geheimnis ~* <fig.>

Lu'pi·ne <f.; -, -n; Bot.> *ein Schmetterlingsblütler, eiweißreiches Viehfutter* [lat.]; **Lu·pi'nin** <n.; -s; unz.> *in Lupinen vorkommendes Alkaloid;* **Lu·pi'no·se** <f.; -, -n; Med.> *Lupinenvergiftung*

'Lup·pe <f.; -, -n; Met.> *Schlacke enthaltender Eisenklumpen* [frz.]

Lu·pu'lin <n.; -s; unz.> *Hopfenmehl* [lat.]

'Lu·pus <m.; -, - od. -s·se> 1 <Astr.> *ein Sternbild (Wolf)* 2 <Med.> *eine Hauterkrankung* 3 *~ in fabula* <eigtl.> *der Wolf in der Fabel* <jmd., der kommt, wenn man gerade über ihn spricht> [lat.]

Lurch <m.; -(e)s, -e; Zool.> = *Amphibie*

'Lu·re <f.; -, -n; Instrumentenk.; Bronzezeit> *ein nord. Blasinstrument*

'Lu·rex <n.; -; unz.; Textilw.; Warenz.> *glänzende Aluminiumfäden (in Stoffen)*

'Lur·tag <m.; -(e)s, -e> = *Lostag*

Lu'sa·ka *Hauptstadt von Sambia*

'Lu·sche <f.; -, -n; umg.> *Spielkarte ohne Zählwert;* **'lu·schig** <Adj.; umg.> *flüchtig, ungenau; ~ arbeiten*

'Lu·ser <m.; -s, -; Jagdw.> = *Lauscher(2)* <aber> → *Loser*

Lu·si·ta·ni·en <früher> *röm. Provinz (entspricht dem heutigen Portugal);* **Lu·si'ta·no** <m.; -s, -s> *eine portug. Pferderasse* [portug.]

Lust <f.; -, 'Lüs·te> 1 <unz.> *Gefühl des Wohlbehagens, Genuss;*

~ empfinden 2 <unz.> *Neigung, Verlangen;* keine ~ haben; ~ auf Schokolade; ~ zu einem Beruf; nach ~ u. Laune 3 *sinnliche, sexuelle Begierde;* **'lust·be·tont** <Adj.>; **'Lust·emp·fin·den** <n.; -s; unz.>

'Lus·ter, 'Lüs·ter <m.; -s, -> *Kronleuchter;* Kristall~

'lüs·tern <Adj.> 1 *sexuell erregt;* ein ~er Mensch 2 ~ nach etwas sein *Appetit auf etwas haben;* **'Lüs·tern·heit** <f.; -; unz.>; **'lust·feind·lich** <Adj.>; **'Lust·feind·lich·keit** <f.; -; unz.>; **'Lust·gar·ten** <m.; -s, ~; früher *parkähnl. Garten;* **'Lust·ge·fühl** <n.; -(e)s, -e>, **'Lust·ge·winn** <m.; -(e)s; unz.>; **'lus·tig** <Adj.> *fröhlich, ausgelassen, komisch;* ~ sein; ein ~es Fest; sich über jmdn. ~ machen *über ihn spotten;* **'Lus·tig·keit** <f.; -; unz.>; **'Lüst·ling** <m.; -s, -e; abwertend> *lüsterner Mann;* **'lust·los** <Adj.>; **'Lust·lo·sig·keit** <f.; -; unz.>; **'Lust·molch** <m.; -(e)s, -e; scherzh.> *Lüstling;* **'Lust·prin·zip** <n.; -s; unz.> nach dem ~ leben

Lus·tra·ti·on, <auch> **Lust·ra·ti·'on** <f.; -, -en; ↗Z53, 55> *religiöse Reinigung* [lat.]; **lus·tra·tiv** <Adj.>; **lus·'trie·ren** <V. t.>

'Lust·schloss <n.; -es, ~er> *kleines Schloss (als Sommerresidenz);* **'Lust·spiel** <n.; -(e)s, -e> *heiteres Theaterstück;* → a. *Komödie;* **'lust·voll** <Adj.>; **'lust·wan·deln** <V. i. (s.); ich lustwand(e)le; sie ist gelustwandelt; poet.> *spazieren gehen*

Lu·te·in <n.; -s; unz.; Biochem.> *ein gelber organischer Farbstoff (z. B. im Eidotter)* [lat.]; **Lu·te·om** <n.; -s, -e; Med.> *Eierstockgeschwulst* [lat.]

Lu·te·ti·um <n.; -s; unz.; Chem.; Zeichen: Lu> *ein metallisches Element* [nach *Lutetia,* dem lat. Namen für Paris]

Lu·the·ra·ner <m.; -s, -; Theol.> *Anhänger der Lehre des Reformators Martin Luther;* **lu'the·risch** <a. ['- - -]; Adj.; ↗Z58.1; Theol.> die ~e <auch> luthersche <od.> Luther'sche Glaubenslehre

Lu·tro'pin, <auch> **Lut·ro'pin**

<n.; -s; unz.; ↗Z53; Biochem.> *ein Hormon*

'lut·schen <V.; du lutschst> 1 <V. t.> ein Bonbon ~ *im Mund zergehen lassen* 2 <V. i.> an etwas ~ *saugen;* das Kind lutscht am Daumen; **'Lut·scher** <m.; -s, -> *großes Bonbon am Stiel; Dauer~;* → a. *Lolli*

lütt <Adj.; norddt.> *klein*

'Lut·te <f.; -, -n; Bgb.> *Belüftungsrohr*

Lutz <m.; -, -; Eiskunstlauf> *ein Drehsprung* [nach dem Österreicher A. *Lutz*]

Luv <f.; -; unz.; Mar.> *dem Wind zugewandte Seite;* in, nach ~; Ggs *Lee;* **'lu·ven** <V. i.; Mar.> *in den Wind drehen;* **'luv·wärts** <Adv.; Mar.> *nach Luv,* Ggs *leewärts*

Lux <n.; -, -; Phys.; Zeichen: lx> *Maßeinheit der Beleuchtungsstärke* [lat.]

Lu·xa·ti'on <f.; -, -en; Med.> *Verrenkung* [lat.]

'Lu·xem·burg 1 *Staat in Westeuropa;* Großherzogtum ~ 2 *Hauptstadt von Luxemburg(1)* 3 *eine Provinz in Belgien;* **'Lu·xem·bur·ger** <m.; -s, ->; **'Lu·xem·bur·ge·rin** <f.; -, -n·nen>; **'lu·xem·bur·gisch** <Adj.>

lu'xie·ren <V. t.; Med.> *verrenken* [lat.]

'Lux·me·ter <n.; -s, -; Phys.> *Messinstrument zum Ermitteln der Beleuchtungsstärke;* **'Lux·se·kun·de** <f.; -, -n; Phys.; Zeichen: lxs> *Maßeinheit für die Belichtung*

lu·xu·ri'ös <Adj.; -er, am -es·ten> *verschwenderisch, kostspielig;* ~ leben; ein ~es Hotel; **'Lu·xus** <m.; -; unz.> *überdurchschnittlicher Lebensstandard, Verschwendung, Prunk* [lat.]; **'Lu·xus·ar·ti·kel** <m.; -s, ->; **'Lu·xus·aus·füh·rung** <f.; -, -en> ~ eines Autos; **'Lu·xus·aus·ga·be** <f.; -, -n>; **'Lu·xus·aus·stat·tung** <f.; -, -en>; **'Lu·xus·gü·ter** <Pl.>; **'Lu·xus·ho·tel** <n.; -s, -s>; **'Lu·xus·klas·se** <f.; -; unz.> ein Wagen der ~; **'Lu·xus·steu·er** <f.; -, -n; Wirtsch.> *Steuer auf Luxusgüter*

Lu'zern *Schweizer Kanton u. Stadt*

Lu'zer·ne <f.; -, -n; Bot.> *eine*

Futterpflanze (Schmetterlingsblütler) [frz.-lat.]

Lu'zer·ner <m.; -s, -> *Einwohner von Luzern;* **Lu'zer·ne·rin** <f.; -, -n·nen>; **lu'zer·nisch** <Adj.>

lu'zid <Adj.; geh.> *klar, einleuchtend, verständlich* [lat.]

'Lu·zi·fer <m.; -s; unz.> 1 <Astr.> *der Morgenstern* 2 <ohne Art.> *Teufel* [lat.]; **Lu·zi·fe'rin** <n.; -s; unz.; Chem.; Biol.> *eine chem. Verbindung, Leuchtstoff von Tiefseetieren, Glühwürmchen u. a.;* **lu·zi'fe·risch** <Adj.> *teuflisch;* ein ~es Grinsen

LVA <Abk. für> *Landesversicherungsanstalt*

Lw <Abk. für> *Lew*

LW <Abk. für> *Langwelle*

lx <Zeichen für> *Lux;* **lxs** <Zeichen für> *Luxsekunde*

Ly·a·se <f.; -, -n; Biochem.> *ein Enzym*

'Ly·cra, <auch> **'Lyc·ra** <n.; - od. -s; unz.; ↗Z53; Textilw.> *Warenz.> eine sehr elastische Kunstfaser (für Strümpfe u. Ä.)*

'Ly·der <m.; -s, ->; **'Ly·de·rin** <f.; -, -n·nen>; **'Ly·di·en** <in der Antike> *eine Landschaft in Kleinasien;* **'Ly·di·er** <m.; -s, ->; **'Ly·di·e·rin** <f.; -, -n·nen>; **'ly·disch** <Adj.> 1 *Lydien betreffend* 2 <Mus.> ~e *Tonart Kirchentonart mit dem Grundton f*

Lymph·a·de·ni·tis <f.; -, -'ti·den; ↗Z55; Med.> = *Lymphom;* **lym·'pha·tisch** <Adj.; Med.> *die Lymphe betreffend;* ~es *Gewebe;* **'Lymph·drü·se** <f.; -, -n; Med.; veralt.> = *Lymphknoten;* **'Lym·phe** <f.; -, -n; Med.> *hellgelbe Körperflüssigkeit* [lat.]; **'Lymph·flüs·sig·keit** <f.; -; unz.; Med.>; **'Lymph·ge·fäß** <n.; -es, -e; Med.>; **'Lymph·kno·ten** <m.; -s, -; Med.> *kleines Organ innerhalb des Lymphgefäßsystems;* **lym·pho'gen** <Adj.> *lymphatischen Ursprungs;* **Lym·'phom** <n.; -s, -e; Med.> *Lymphknotenentzündung;* **Lym·pho'zyt** <m.; -en, -en; Med.> *in der Lymphe vorkommende Form der weißen Blutkörperchen;* **Lym·pho·zy·to·se** <f.; -, -n; Med.> *krankheitsbedingte Vermehrung der Lymphozyten*

'lyn·chen <V. t.; ich lynche; du

lynchst; sie lyncht> jmdn. ~ *un-gesetzlich richten u. töten* [nach dem Richter William *Lynch* in Virginia]; **'Lynch·jus·tiz** <f.; -; unz.> ~ üben

Ly·on <[liˈ5ː]> *frz. Stadt* ; **Ly·o·ner** 1 <m.; -s, -> *Einwohner von Lyon*; oV *Lyoneser* 2 <f.; -, -> *eine Brühwurst* ; **Ly·o·ne·rin** <f.; -, -n·nen>; **Ly·o·ne·ser** <m.; -s, -> = *Lyoner(1)*; **Ly·o·ne·se·rin** <f.; -, -n·nen>; **ly·o·ne·sisch** <Adj.>

'Ly·ra <f.; -, 'Ly·ren; Instrumentenk.> = *Lira³* [grch.]; **'Ly·rik** <f.; -; unz.; Lit.> *rhythmische Dichtung(sart), meist mit Reimen u. Versen*; → a. *Prosa*; **'Ly·ri·ker** <m.; -s, ->; **'Ly·ri·ke·rin** <f.; -, -n·nen>; **'ly·risch** <Adj.> ~e

Dichtung; ~e Stimmung <fig.> *gefühlvolle, romantische St.*

'Ly·se <f.; -, -n; Med.> 1 *Auflösung (von Bakterien)* 2 *Fieber-, Krankheitsrückgang* [grch.]

Ly'serg·säu·re·di·ä·thyl·a·mid, <auch> **Ly'serg·säu·re·di·ä·thy·la·mid** <n.; -(e)s; unz.; ↗Z54; Chem.> *ein teilsynthetisches Halluzinogen, LSD*

ly·si'gen <Adj.; Biol.> *durch Auflösung entstanden* [grch.]

Ly'sin <n.; -s, -e> 1 <unz.; Biochem.> *eine basische Aminosäure* 2 <Med.> *ein Antikörper, der Bakterien auflösen kann*

'Ly·sis <f.; -, 'Ly·sen; Med.> = *Lyse*

Ly·so'som <n.; -s, -en; Med.;

Biol.> *bläschenförmiger Bestandteil des Zellplasmas* [grch.]

Ly·so'typ <m.; -s, -en; meist Pl.; Med.> *Bakterienstamm* [grch.]

Ly·so'zym <n.; -s, -e; Med.> *körpereigenes Abwehrenzym*

'Lys·sa <f.; -; unz.; Med.; Vet.> *Tollwut* [grch.]

'ly·tisch <Adj.; Med.> *allmählich sinkend* [grch.]

Ly'ze·um <n.; -s, -'ze·en> 1 <früher> *höhere Mädchenschule* 2 <schweiz.> *Oberstufe des Gymnasiums* [lat.-grch.]

LZB <Abk. für> *Landeszentralbank*

L

M

m 1 <n.; -, - od. (umg.) -s> *ein Buchstabe* 2 <Math.; Zeichen für> *Meter* 3 <Zeichen für> *Milli...* 4 <Astr.; hochgestellt; Zeichen für> *Minute;* 5 ^{m}

m- <Zeichen für> *meta-*

m² <Math.; Zeichen für> *Quadratmeter*

m³ <Math.; Zeichen für> *Kubikmeter*

M 1 <n.; -, - od. (umg.) -s> *ein Buchstabe* 2 <röm. Zahlzeichen für> *Mille (1000)* 3 <Abk. für> *Mark* 4 <Math.; Abk. für> *Mega...* 5 <Textilw.; Abk. für> *medium(2)*

m. <Gramm.; Abk. für> *Maskulinum*

M. <Abk. für frz.> *Monsieur*

M' <Abk. für engl.> *Mac*

μ <Zeichen für> *Mikro...*

mA <Phys.; Zeichen für> *Milliampere*

Ma <Phys.; Zeichen für> *Mach(zahl)*

MA <Abk. für> *Mittelalter*

M. A. <Abk. für> 1 *Magister Artium* 2 <engl.> *Master of Arts*

Mä·an·der <m.; -(s), -> 1 <Geogr.> *geschlängelter Flusslauf* 2 *wellenförmiges Ornament* [nach dem grch. Fluss *Maiandros*]; **mä·an·dern, mä·an'drie·ren,** <auch> **mä·and'rie·ren** <V.; ↗Z53; Geogr.> 1 <V. t.> *mit Mäandern(2) verzieren* 2 <V. i.> *sich schlängeln;* **mä·'an·drisch** <Adj.; Geogr.>

Maar <n.; -(e)s, -e; Geogr.> *mit Wasser gefüllte, kraterartige Vertiefung* [lat.]

Maat <m.; -(e)s, -e od. -en; Mil.> *Unteroffizier in der Marine*

Mac <[mæk]; Abk.: M', Mc; vor schottischen Familiennamen> *Sohn des ...;* MacMurphy [kelt.]

Mach <n.; -, -; Phys.; Zeichen: Ma> *Geschwindigkeit eines Körpers bezogen auf die Schallge-*

schwindigkeit [nach dem österr. Physiker E. *Mach*]

Ma'chan·del·baum <m.; -(e)s, -̈e; Bot.; norddt.> *Wacholderbaum*

'Mach·art <f.; -, -en> *die Art, wie ein Kleidungsstück hergestellt wird;* **'mach·bar** <Adj.> *so beschaffen, dass es gemacht werden kann;* **'Ma·che** <f.; -; unz.; umg.> 1 *Vortäuschung, Schein; das ist alles nur ~* 2 *etwas in der ~ haben an etwas arbeiten;* **'ma·chen** <V.> 1 <V. t.> *erzeugen, anfertigen;* Tee ~; Feuer ~ 2 <V. t.> *tun; was machst du am Wochenende?* 3 <V. t.> *durchführen, erledigen;* Hausaufgaben ~; mach's gut! *(Abschiedsformel)* <umg.>; *ein gemachter Mann ein finanziell abgesicherter M.* 4 <V. t./V. refl.> *bewirken, dass etwas geschieht;* jmdn. glücklich ~; sich wichtig ~ *so tun, als sei man wichtig;* jmdn. lachen ~; jmdm. Kummer ~; *etwas zu Geld ~ verkaufen; das macht nichts; mach dir nichts draus! ärgere dich nicht darüber!* 5 <V. t.> *aufräumen; sein* Bett ~ 6 <V. t.; umg.> *(beim Rechnen) ergeben; zwei und fünf macht sieben* 7 <V. t.; umg.> *kosten; was macht es?* 8 <V. i.; umg.> *die Harnblase, den Darm entleeren;* ins Bett ~ 9 <V. i.> *sich beeilen; mach doch!* 10 <V. t./V. refl.> *sich etwas aus etwas od. jmdm. ~ etwas od. jmdn. gern haben; ich mache mir nicht viel aus ihr* 11 <V. t./V. refl.; umg.> *sich (gut) ~ gut vorankommen, passen; er macht sich in der Lehre recht gut; die Blumen ~ sich dort gut* 12 <V. t.> *etwas aus sich ~ sich positiv darstellen;* **'Ma·chen·schaf·ten** <Pl.; abwertend> *Intrigen;* **'Ma·cher** <m.; -s, -> 1 *Urheber, Leiter* 2 *durchsetzungsfähiger Mensch;* **'Ma·che·rin** <f.; -, -n·nen>; **'Ma·cher·lohn** <m.; -(e)s, -̈e> *Lohn für die Herstellung*

Ma·che·te <[-'tʃe:-] od. [-'xe:-]; f.; -, -n; Landw.> *Buschmesser* [span.]

Ma·chi·a·vel·lis·mus <[-kjavɛl-]; m.; -; unz.; Pol.; abwertend> *Machtpolitik ohne moral. Bedenken* [nach dem ital. Politiker

u. Geschichtsschreiber N. *Machiavelli*]; **Ma·chi·a·vel'list** <m.; -en, -en; Pol.; abwertend> *Anhänger des Machiavellismus;* **Ma·chi·a·vel'lis·tin** <f.; -, -n·nen; Pol.; abwertend>; **ma·chi·a·vel'lis·tisch** <Adj.; Pol.; abwertend>

Ma·chis·mo <[-'tʃis-]; m.; - od. -s; unz.; abwertend> *Männlichkeitswahn* [span.]; **'Ma·cho** <[-'tʃo:]; m.; -s, -s; umg.; meist abwertend> *übertrieben männl. auftretender Mann*

Ma·chor·ka <[-'xɔr-]; m.; -s, -s> *russ. Tabak* [russ.]

Macht <f.; -, -̈e> 1 <unz.> *Gewalt, Herrschaft;* an die ~ kommen; *das steht nicht in meiner ~ das ist mir nicht möglich* 2 <unz.> *Kraft;* die ~ der Liebe 3 *einflussreicher Staat;* Welt~ 4 <Volksglauben> *außerird. Kraft; böse Mächte;* **'Macht·be·reich** <m.; -(e)s, -e>; **'Macht·block** <m.; -(e)s, -̈e od. (selten) -s> *einflussreiche Gruppe von Staaten;* **'Macht·er·grei·fung** <f.; -; unz.>; **'Macht·ha·ber** <m.; -s, -> *Person, die die Macht(1) ausübt;* **'Macht·ha·be·rin** <f.; -, -n·nen>; **'mäch·tig** <Adj.> 1 *große Macht(1, 2) besitzend; ein ~es Land* 2 *einer Sache ~ sein eine S. können; einer Sprache ~ sein* 3 *massig; ein ~er Bau* 4 <umg.> *sehr groß; ~er Hunger;* **'Mäch·tig·keit** <f.; -; unz.>; **'Mäch·tig·keits·sprin·gen** <n.; -s; unz.; Reitsp.> *Wettbewerb im Springreiten;* **'Macht·kampf** <m.; -(e)s, -̈e>; **'Macht·los** <Adj.>; **'Macht·lo·sig·keit** <f.; -; unz.>; **'Macht·po·li·tik** <f.; -; unz.; Pol.> *Politik, die nur nach Macht(1) strebt;* **'Macht·po·si·ti·on, 'Macht·stel·lung** <f.; -, -en>; **'Macht·ü·ber·nah·me** <f.; -; unz.; ↗Z55>; **'macht·voll** <Adj.>; **'Macht·voll·kom·men·heit** <f.; -; unz.> *uneingeschränktes Recht, die Macht(1) auszuüben; aus eigener ~;* **'Macht·wech·sel** <[-ks-]; m.; -s, ->; **'Macht·wort** <n.; -(e)s, -e> *Befehlswort; ein ~ sprechen*

ma'chul·le <Adj.; meist präd.; umg.> 1 *bankrott* 2 *müde* [jidd.]

'Mach·werk <n.; -(e)s, -e; abwertend> *minderwertige Arbeit*

'Mach·zahl <f.; -, -en; Phys.; Zeichen: Ma> = *Mach*

'Ma·cke <f.; -, -n; umg.> 1 *Fehler* 2 *Spleen, Tick* [jidd.]

'Ma·cker <m.; -s, -; umg.; häufig abwertend> 1 *Freund (bes. eines Mädchens)* 2 *Anführer*

MAD <Mil.; Abk. für> *Militärischer Abschirmdienst*

Ma·da'gas·kar *Inselstaat in Südostafrika; Republik ~;* **Ma·da·'gas·se** <m.; -n, -n>; **Ma·da·'gas·sin** <f.; -, -nen>; **ma·da·'gas·sisch** <Adj.>

Ma·dam <f.; -, -s od. -en> 1 <['mædam]; Pl. -s; engl. Anrede für> *gnädige Frau* [engl.] 2 <[-'-]; umg.> *Hausherrin* [frz.]; **Ma·dame** <[-'dam]; f.; -, Mesdames [me'dam]; Abk.: Mme., Pl.: Mmes. (schweiz. jeweils ohne Punkt); frz. Anrede für> *gnädige Frau*

Ma·da·po'lam <m.; -s, -s; Textilw.> = *Renforcé* [nach der ind. Stadt *Madapolam*]

'Mäd·chen <n.; -s, -> 1 *junge weibl. Person;* Jungen und ~ 2 <veralt.> *Hausangestellte;* Dienst~; ~ für alles; **'Mäd·chen·han·del** <m.; -s; unz.> *illegale Vermittlung von Mädchen zur Prostitution;* **'Mäd·chen·na·me** <m.; -ns, -n> 1 *weibl. Vorname* 2 *Familienname der Frau vor der Ehe*

made <[meid]; Part. Perf.; Warenaufdruck; in der Wendung> ~ in ... *hergestellt in ...* [engl.]

'Ma·de <f.; -, -n; Zool.> *Insektenlarve*

Ma·dei·ra <[-'de:-]> 1 *portugies. Insel* 2 <m.; -s, -s> *Süßwein aus Madeira(1)*

'Mä·del <n.; -s, - od. (umg.) -s od. (oberdt.) -n> *Mädchen*

Ma·de·moi·sel·le <[madmoa'zel(ə)]; f.; -, Mes·de·moi·sel·les [medmoa'zel(ə)], dt. a. -n; Abk.: Mlle., Pl. Mlles. (schweiz. jeweils ohne Punkt); frz. Anrede für> *(mein) Fräulein* [frz.]

'Ma·den·wurm <m.; -(e)s, ⸚er; Biol.> *ein Parasit*

'Mä·de·süß <n.; -, -; Bot.> *ein Rosengewächs*

ma·des'zent <Adj.; Med.> *nässend* [lat.]

'ma·dig <Adj.> 1 *von Maden befallen; ~es Obst* 2 <fig.; umg.> jmdn. ~ machen *schlecht machen;* jmdm. etwas ~ machen *verleiden*

Ma·di·son <['mædisən]; m.; -s, -s; Mus.> *ein Tanz* [nach der US-Stadt *Madison*]

Ma'djar, <auch> **Mad'jar** <m.; -en, -en; ↗Z54; eindeutschende Schreibung für> *Magyar*

Ma'don·na <f.; -, -'don·nen> 1 <unz.; Rel.> *die Jungfrau Maria* 2 *Marienbildnis;* **Ma'don·nen·bild** <n.; -(e)s, -er>

'Ma·dras, <auch> **'Mad·ras** <n.; -, -; ↗Z53; Textilw.> *ein Gardinenstoff* [nach der ind. Stadt *Madras*]

Ma·dre'po·re, <auch> **Mad·re'po·re** <f.; -, -n; meist Pl.; ↗Z53; Zool.> *Steinkoralle* [ital.]; **Ma·dre'po·ren·plat·te** <f.; -, -n; Geol.> *siebartige Skelettplatte der Seeigel*

Ma'drid, <auch> **Mad'rid** <↗Z53> *Hauptstadt von Spanien;* **Ma·'dri·der** <m.; -s, -> Sy *Madrilene;* **Ma'dri·de·rin** <f.; -, -n·nen> Sy *Madrilenin*

Ma·dri'gal, <auch> **Mad·ri'gal** <n.; -s, -e; ↗Z53; Mus.; Lit.> 1 <urspr.> *lyr.-mus. Schäferdichtung* 2 *mehrstimmiges Lied* [ital.]; **Ma·dri'gal·stil** <m.; -(e)s; unz.; Mus.>

Ma·dri'le·ne, <auch> **Mad·ri'le·ne** <m.; -n, -n; ↗Z53> = *Madrider;* **Ma·dri'le·nin** <f.; -, -n·nen>

Ma·es'tà <[maes-]; f.; -, unz.> *Madonnenbildnis* [ital.]

ma·es'to·so <[maes-]; Mus.> *würdevoll* [ital.]; **Ma·es'to·so** <n.; -s, -s od. -si; Mus.> *maestoso zu spielendes Stück*

Ma·es·tro, <auch> **Ma·est·ro** <[ma'ɛs-]; m.; -s, -s od. -tri/-t·ri; ↗Z53> *großer Künstler* [ital.]

Mä'eu·tik <f.; -; unz.; Päd.> *Lehrmethode des Sokrates;* oV *Maieutik* [grch.]; **mä'eu·tisch** <Adj.> oV *maieutisch*

'Maf·fia, 'Ma·fia <f.; -; unz.> *terrorist. sizilian. Geheimorganisation* [ital.]; **Ma·fi'o·so** <m.; - od. -s, -si> *Mitglied der Mafia*

Mag. <Abk. für> *Magister*

Ma·ga'zin <n.; -s, -e> 1 *Lagerraum, -haus* 2 <in Bibliotheken> *Lagerraum für Bücher* 3 <bei Handfeuerwaffen> *Patronenkammer* 4 *Zeitschrift* 5 <Rundf.; TV> *informative Sendung* [ital.-arab.]; **ma·ga·zi'nie·ren** <V. t.> *lagern;* **Ma·ga'zin·sen·dung** <f.; -, -en; Rundf.; TV> = *Magazin(5)*

Magd <f.; -, ⸚e; früher> 1 *Angestellte für grobe Arbeiten;* Küchen~ 2 *Arbeiterin auf dem Bauernhof*

'Mag·de·burg *Hauptstadt von Sachsen-Anhalt*

'Mäg·de·lein, 'Mägd·lein <n.; -s, -; poet.> *Mädchen*

'Ma·gen <m.; -s, ⸚ od. -; Anat.> *Verdauungsorgan;* auf nüchternen ~; etwas liegt jmdm. (schwer) im ~ <a. fig.>; **'Ma·gen·bit·ter** <m.; -s, -> *Kräuterlikör;* **'Ma·gen·blu·tung** <f.; -, -en; Med.>; **Ma·gen·'Darm-Trakt** <m.; -(e)s; unz.; ↗Z33; Anat.; Sammelbez. für> *Magen u. Darm;* **'Ma·gen·drü·cken** <n.; -s; unz.; Med.>; **'Ma·gen·ent·zün·dung** <f.; -, -en; Med.>; **'Ma·gen·er·wei·te·rung** <f.; -, -en; Med.> *ein Magenleiden;* **'Ma·gen·fis·tel** <f.; -, -n; Med.> *künstl. Verbindung zw. Magen u. Bauchhaut;* **'Ma·gen·ge·schwür** <n.; -(e)s, -e; Med.> *ein Magenleiden;* **'Ma·gen·gru·be** <f.; -, -n; Anat.> *Vertiefung unter dem Brustbein;* **'Ma·gen·kar·zi·nom** <n.; -s, -e; Med.> *Magenkrebs;* **'Ma·gen·knur·ren** <n.; -s; unz.; umg.> *Magenkrebs;* **'Ma·gen·krampf** <m.; -(e)s, ⸚e; Med.> *ein Magenleiden;* **'Ma·gen·krebs** <m.; -es, -e; Med.>; **'Ma·gen·lei·den** <n.; -s, ->; **'Ma·gen·mund** <m.; -(e)s, ⸚er; Anat.> *Mageneingang;* **'Ma·gen·pfört·ner** <m.; -s, -; Anat.> *Magenspitze am Magenausgang;* **'Ma·gen·re·sek·ti·on** <f.; -, -en; Med.> *operative Entfernung eines Magenstücks;* **'Ma·gen·saft** <m.; -(e)s, ⸚e> *Verdauungsflüssigkeit;* **'Ma·gen·säu·re** <f.; -; unz.> *Salzsäure im Magensaft;* **'Ma·gen·schleim·haut** <f.; -, ⸚e; Anat.> *Teil der Magenwand;* **'Ma·gen·schleim·haut·ent·zün·dung** <f.; -, -en; Med.>; **'Ma·gen·spie·gel** <m.; -s, -; Med.> *Gerät zur Magenspiegelung;* **'Ma·gen·spie·ge·lung** <f.; -,

-en; Med.> *Untersuchung der Magenschleimhaut;* **'Ma·gen·spü·lung** <f.; -, -en; Med.> *Magenentleerung über einen Schlauch*

Ma·gen·ta <[-'dʒɛn-]; n.; - od. -s; unz.> *roter Farbstoff* [nach der ital. Stadt *Magenta*]

'Ma·gen·ver·stim·mung <f.; -, -en> *ein Magenleiden*

'ma·ger <Adj.> **1** *sehr dünn;* ~e Gestalt; ~es Fleisch *fettarmes F.* **2** <fig.; umg.> *dürftig, kümmerlich;* ~e Ausbeute **3** <fig.; geh.> *wenig fruchtbar, karg;* ~er Boden; **'Ma·ger·keit** <f.; -; unz.>; **'Ma·ger·koh·le** <f.; -; unz.> *Steinkohle mit 10-14% flüchtigen Bestandteilen;* **'Ma·ger·milch** <f.; -; unz.> *entrahmte Milch;* **'Ma·ger·sucht** <f.; -; unz.; Med.> *bewusst herbeigeführte, krankhafte Gewichtsabnahme;* → a. *Bulimie;* **'ma·ger·süch·tig** <Adj.; Med.>

'Mag·gi <n.; - od. -s; unz.; Warenz.> *Speisewürze* [nach dem schweiz. Hersteller J. *Maggi*]

mag·gio·re <[ma'dʒo:rə]; Mus.; ital. Bez. für> *Dur,* Ggs *minore* [ital.]

'Ma·ghreb, <auch> **'Magh·reb** <m.; -; unz.; ⬈Z 53> *westl. Teil der arab.-muslim. Welt (Marokko, Nordalgerien, Tunesien, Libyen)* [arab.]; **ma·ghre·bi·nisch** <Adj.>

Ma·gie <f.; -; unz.> *Zauberkunst; schwarze, weiße* ~ [pers.]; **'Ma·gi·er** <m.; -s, -> *Zauberer;* **'Ma·gi·e·rin** <f.; -, -n·nen>; **'ma·gisch** <Adj.> **1** *auf Magie beruhend* **2** <fig.> *unwiderstehlich; von etwas* ~ *angezogen werden*

Ma'gis·ter <m.; -s, -; Abk.: Mag.> *akadem. Grad;* ~ *Artium* <seit 1960 in der BRD; Abk.: M. A.> *Abschluss in geisteswissenschaftl. Studienfächern;* ~ *pharmaciae* <österr.; Abk.: M. pharm.> *Titel für Apotheker;* ~ *philosophiae* <Abk.: M. phil.> *M. der Philosophie;* ~ *theologiae* <Abk.: M. theol.> *M. der Theologie* [lat.]; **Ma·gis'tra·le,** <auch> **Ma·gist'ra·le** <f.; -, -n; ⬈Z 53> *Hauptverkehrsstraße;* **Ma·gis'trat**[1] <m.; -(e)s, -e> **1** <im antiken Rom> *ein Beamter* **2** <heute> *Stadtverwaltung;*

Ma·gis'trat[2] <m.; -en, -en; schweiz.> *Regierungsmitglied;* **Ma·gis'tra·tin** <f.; -, -n·nen; schweiz.>

'Mag·ma <n.; -s, 'Mag·men; Geol.> *unterird. vulkan. Gesteinsschmelze;* → a. *Lava* [grch.]; **mag'ma·tisch** <Adj.; Geol.>

'Ma·gna Char·ta, <auch> **'Magna Char·ta** <[-'kar-]; f.; --; unz.; ⬈Z 53> *engl. Grundgesetz von 1215* [lat.]

'ma·gna cum 'lau·de, <auch> **'mag·na cum 'lau·de** <⬈Z 53> *"mit großem Lob" (zweitbeste Note bei akadem. Prüfungen);* → a. *summa cum laude* [lat.]

Ma'gnat, <auch> **Mag'nat** <m.; -en, -en; ⬈Z 53> *Großindustrieller;* Öl~ [lat.]

Ma'gne·sia, <auch> **Mag'ne·sia** <f.; -; unz.; ⬈Z 53; Chem.> = *Magnesiumoxid* [nach der thessal. Landschaft *Magnesia*]; **Ma·gne·sit** <[-'zit]; m.; -s; unz.; Min.> *ein Mineral;* **Ma'gne·si·um** <n.; -s; unz.; Chem.; Zeichen: Mg> *chem. Element, Leichtmetall;* **Ma'gne·si·um·chlo·rid** <[-klo-]; n.; -s; unz.>; **Ma'gne·si·um·o·xid** <n.; -(e)s, -e> *eine Magnesiumverbindung;* **Ma'gne·si·um·sul·fat** <n.; -(e)s; unz.; Chem.; Med.> *ein Abführmittel*

Ma'gnet, <auch> **Mag'net** <m.; -en, -en; ⬈Z 53> **1** *ferromagnet. Stoff;* Dauer~ **2** <fig.> *anziehende Sache od. Person* [grch.]; **Ma'gnet·band** <n.; -(e)s, =er> *ein Informationsspeicher;* **Ma'gnet·ei·sen·erz** <n.; -es; unz.; Min.> Sy *Magnetit;* **Ma'gnet·feld** <n.; -(e)s, -er; Phys.> *magnet. Kraftfeld;* **ma'gne·tisch** <Adj.> **1** <Phys.> *auf Magnetismus(1) beruhend;* ~e *Bildaufzeichnung* <Kurzw.: MAZ> *Anlage zur Aufzeichnung von Fernsehbildern;* ~es *Feld;* ~e *Induktion Maß für die Stärke eines Magnetfeldes;* ~es *Moment Maß für die Stärke eines magnet. Feldes* **2** <fig.> *wie ein Magnet;* **Ma·gne·ti·seur** <[-'zø:r]; m.; -s, -e> *mit Magnetismus(2) behandelnder Heilkundiger;* **Ma·gne·ti'seu·rin** <f.; -, -n·nen; Med.>; **ma·gne·ti'sie·ren** <V. t.> **1** <Phys.> *magnetisch machen* **2** <Med.> *mit*

Magnetismus(2) behandeln; **Ma·gne·ti'sie·rung** <f.; -, -en>; **Ma·gne'tis·mus** <m.; -; unz.> **1** <Phys.> *Lehre von den magnet.(1) Erscheinungen* **2** <Med.> *ein Heilverfahren;* **Ma·gne'tit** <m.; -s; unz.; Min.> *ein Eisenerz;* **Ma'gnet·kern** <m.; -(e)s, -e; Phys.> *Kern eines Elektromagneten;* **Ma·gne·na·del** <f.; -, -n> *Kompassnadel;* **Ma·gne·to'fon** <n.; -(e)s, -e; ⬈Z 11.3> = *Magnetophon;* **Ma·gne·to'graf, Ma·gne·to'graph** <m.; -en, -en; ⬈Z 11.3> *Gerät zum Aufzeichnen erdmagnet. Schwankungen;* **Ma·gne·to'me·ter** <n.; -s, -; Phys.> *Messgerät für magnet. Feldstärke;* **Ma·gne·ton** <a. [--'-]; n.; -s, -; Phys.> *Einheit des magnet. Moments;* **Ma·gne·to·op·tik** <f.; -; unz.; Phys.> *Lehre vom Einfluss magnet. Felder auf opt. Erscheinungen;* **Ma·gne·to·'phon** <n.; -(e)s, -e; ⬈Z 11.3> *Magnetbandgerät;* **Ma·gne·tos·'phä·re,** <auch> **Mag·ne·tos·'phä·re** <f.; -; unz.; ⬈Z 54; Meteor.> *Teil der Atmosphäre;* **Ma'gnet·plat·te** <f.; -, -n; EDV> *Platte für die Datenspeicherung;* **Ma'gnet·pol** <m.; -s; unz.> **1** *Pol des Magnetfeldes der Erde* **2** *Ende eines Magneten(1);* **'Ma·gne·tron,** <auch> **'Mag·ne·tron** <n.; -s, -s od. -'tro·ne/-'t'ro·ne; ⬈Z 53; Phys.> *Elektronenröhre mit hoher Leistung;* **Ma'gnet·spu·le** <f.; -, -n; Phys.> *Spule eines Magnetneten;* **Ma'gnet·stein** <m.; -(e)s; unz.; Min.> = *Magnetit;* **Ma'gnet·strei·fen** <m.; -s, -; EDV> *Magnetschicht zur Datenspeicherung;* **Ma'gnet·ton·ge·rät** <n.; -(e)s, -e> *Tonbandgerät;* **Ma'gnet·ton·ver·fah·ren** <n.; -s; unz.> *elektr. Aufzeichnung durch Magnetisierung eines Zeichenträgers*

ma·gni'fik, <auch> **mag·ni'fik** <[manji-]; Adj.; ⬈Z 53; veralt.> *großartig* [lat.]; **Ma'gni·fi·kat** <n.; -s, -s; Mus.> *Lobgesang Marias;* **Ma'gni·fi·kus** <m.; -, -fi·zi; veralt.> *Hochschulrektor;* **Ma·gni·fi'zenz** <f.; -, -en; Titel für> *Hochschulrektor*

Ma·gni'tu·de, <auch> **Mag·ni'tu·de** <f.; -, -n; ⬈Z 53; Geol.> *Kenn-*

M

zahl für die Stärke eines Erdbebens [lat.]

Ma·gno·lie, <auch> **Mag'no·lie** <[-liə]; f.; -, -n; ↗Z53; Bot.> ein Ziergewächs [nach dem frz. Botaniker *Magnol*]

'Ma·gnum, <auch> **'Mag·num** <f.; -, -gna/ -g·na; ↗Z53> 1,5-Liter-Flasche für Wein od. Sekt [lat.]

'Ma·got <m.; -s, -s; Zool.> eine Affenart [frz.]

Mag. pharm. <Abk. für> *Magister pharmaciae;* **Mag. phil.** <Abk. für> *Magister philosophiae;* **Mag. theol.** <Abk. für> *Magister theologiae*

Ma·gyar, <auch> **Mag·yar** <[ma'dja:r]; m.; -en, -en; ↗Z54> = *Ungar;* **Ma'gya·rin** <f.; -, -nen>; **ma'gya·risch** <Adj.>

Ma·ha·go·ni <n.; -s; unz.> ein Edelholz [span.]; **Ma·ha'go·ni·baum** <m.; -(e)s, ⸚e; Bot.> zentralamerikan. Baum

Ma·ha'ja·na <n.; - od. -s; unz.; Rel.> = *Mahayana*

Ma·ha'ra·dscha, <auch> **Ma·ha·'rad·scha** <m.; -s, -s; ↗Z54> ind. Herrscher [Sanskrit]; **Ma·ha·'ra·ni** <f.; -, -s> Frau des Maharadschas

Ma'hat·ma <m.; -s, -s; ind. Ehrentitel für> geistig hoch stehender Mensch; ~ Gandhi [Sanskrit]

Ma·ha'ya·na <n.; - od. -s; unz.; Rel.> Form des Buddhismus; oV *Mahajana* [Sanskrit]

Mahd¹ <f.; -, -en; Landw.> 1 das *Mähen¹* 2 das Gemähte; **Mahd²** <n.; -(e)s, 'Mäh·der; österr.; schweiz.> Bergwiese

Mah·di <['maxdi] od. ['ma:di]; m.; -s, -s; Rel.> von den Moslems erwarteter Welterneuerer [arab.]

'Mäh·dre·scher <m.; -s, -; Landw.>; **'mä·hen¹** <V. t.> abschneiden, ernten; Gras, Getreide ~

'mä·hen² <V. i.; umg.> blöken

'Mä·her <m.; -s, -> 1 jmd., der mäht 2 Mähmaschine

Mah-Jongg <[-'dʒɔŋ]; n.; -s; unz.> chin. Gesellschaftsspiel; oV *Ma-Jongg* [chin.]

Mahl¹ <n.; -(e)s, -e od. (veralt.) ⸚er; geh.> Essen; Abend~

Mahl² <n.; -(e)s, -e> german. Gerichtsverhandlung

'mah·len <V. 182; sie hat gemah-

len> 1 <V. t. u. V. i.> zerreiben; Pfeffer ~; wer zuerst kommt, mahlt zuerst <Sprichw.> hat das Vorrecht 2 <V. i.> Räder ~ greifen nicht; <aber> → malen;

'Mahl·gang <m.; -(e)s, ⸚e; Tech.> Maschine, die das Mahlgut zermahlt(1)

'mäh·lich <Adj.; poet.> allmählich

'Mahl·statt, 'Mahl·stät·te <f.; -, -stät·ten> german. Gerichtsstätte

'Mahl·stein <m.; -(e)s, -e = *Mühlstein;* **'Mahl·zahn** <m.; -(e)s, ⸚e; Anat.> *Backenzahn*

'Mahl·zeit <f.; -, -en> Essen; eine ~ einnehmen; (gesegnete) ~!

'Mäh·ma·schi·ne <f.; -, -n; Landw.>

'Mahn·be·scheid <m.; -(e)s, -e; Rechtsw.> schriftl. Zahlungsaufforderung

'Mäh·ne <f.; -, -n> 1 <Zool.; bei Säugetieren> verstärkter Haarwuchs; Löwen~ 2 <fig.; umg.> langes Haar

'mah·nen <V. t. od. V. i.> nachdrückl. auffordern; <der Blick> jmdn. an eine Pflicht ~

'Mäh·nen·gers·te <f.; -; unz.; Bot.> ein Ziergras

'Mah·ner <m.; -s, -> jmd., der mahnt; **'Mah·ne·rin** <f.; -, -n·nen>; **'Mahn·mal** <n.; -(e)s, -e od. (selten) ⸚er> Denkmal als mahnendes Zeichen; **'Mah·nung** <f.; -, -en> 1 <unz.> das Mahnen, Gemahntwerden 2 mahnende Äußerung; ~ zur Eile 3 schriftl. Erinnerung an eine Verpflichtung; eine ~ bekommen; **'Mahn·ver·fah·ren** <n.; -s, -; Rechtsw.> Verfahren, bei dem der Schuldner eine mündl. Verhandlung einen Mahnbescheid erhält

Ma'ho·nie <[-niə]; f.; -, -n; Bot.> ein Zierstrauch [nach dem amerikan. Botaniker B. *McMahon*]

Mahr <m.; -(e)s, -e> Alp, Gespenst

'Mäh·re¹ <f.; -, -n; abwertend> altes Pferd

'Mäh·re² <m.; -n, -n> Einwohner von Mähren; **'Mäh·ren** Region in der Tschechischen Republik; **'Mäh·rer** <m.; -s, -> = *Mähre²;* **'Mäh·re·rin, 'Mäh·rin** <f.; -, -n·nen>; **'mäh·risch** <Adj.>

Mai <m.; - od. -s, -e> 5. Monat

des Jahres; Erster ~ ein Feiertag [lat.]; **'Mai·baum** <m.; -(e)s, ⸚e> geschmückter Baum zum Maifest; **'Mai·blu·me** <f.; -, -n; Bot.> = *Maiglöckchen;* **'Mai·bow·le** <[-bo:-]; f.; -, -n> Waldmeisterbowle

Maid <f.; -, -en; poet.> *Mädchen*

'Mai·den <['mɛɪdən]; n.; -s, -; Reitsp.> Pferd, das noch kein Rennen gelaufen ist [engl.]; **'Mai·den·ren·nen** <n.; -s, -; Reitsp.>

'Mai·en·säss, <auch> **'Mai·en·säß** <n.; -es, -e; schweiz.> Bergweide

Mai'eu·tik <f.; -; unz.> = *Mäeutik;* **mai'eu·tisch** <Adj.>

'Mai·fei·er·tag <m.; -(e)s, -e> Erster Mai; **'Mai·fest** <n.; -(e)s, -e> Frühlingsfeier; **'Mai·fisch** <m.; -(e)s, -e; Zool.> ein Fisch; **'Mai·glöck·chen** <n.; -s, -; Bot.> ein Liliengewächs; **'Mai·kä·fer** <m.; -s, -; Zool.> eine Käferart; **'Mai·kätz·chen** <n.; -s, -; Bot.>; **'Mai·kraut** <n.; -(e)s; unz.; Bot.> = *Waldmeister*

Mail <[mɛɪl]; f.; -, -s; umg.; kurz für> *Electronic Mail* [engl.]; **'Mail·art** <f.; -; unz.> Gestaltung von Kunstpostkarten; **'Mail·box** <f.; -, -es [-bɔksiz]; EDV> Speicher für den Nachrichtenaustausch in Datennetzen; **'mai·len** <V. i.; ich maile; du mailst; sie hat gemailt; EDV> eine elektron. Nachricht versenden; **'Mai·ling** <n.; -, od. -s, -s> Verschicken von Werbematerial; **'Mai·ling·lis·te** <f.; -, -n>; **'Mail·or·der** <f.; -; unz.> Verkauf von Waren aus Prospekten

'Main·au, <auch> **'Mai·nau** <↗Z54> Insel im Bodensee

Maine <[mɛɪn]> US-Bundesstaat

main·li·nen <['mɛɪnlaɪnən]; V. i.> Rauschgift intravenös injizieren [engl.]; **'Main·li·ner** <m.; -s, -> Drogensüchtiger, der sich Rauschgift injiziert; **'Main·li·ne·rin** <f.; -, -n·nen>

Main·stream <['mɛɪnstriːm]; m.; -s; unz.; häufig abwertend> Durchschnitt, Hauptrichtung [engl.]

Mainz Hauptstadt von Rheinland-Pfalz

'Mai·pilz <m.; -es, -e; Bot.> ein Speisepilz

'Mai·ran <m.; -(e)s, -e; Kochk.; oberdt.> = *Majoran*

Maire <[mɛːr]; m.; -s, -s; in Frankreich> *Bürgermeister* [frz.]; **Mairie** <[mɛˈriː]; f.; -, -n> *Amtsbereich eines Maires*

Mais <m.; -es, (Pl. für Sorten) -e; Bot.> *eine Getreidepflanze* [indian.]

'Mai·sche <f.; -, -n> **1** <bei der Weingewinnung> *gekelterte Weintrauben* **2** <bei der Bierherstellung> *mit Wasser angesetztes Darrmalz* **3** <bei der Spiritusgewinnung> *Grünmalzgemisch* [engl.]; **'mai·schen** <V. t. u. V. i.> *zu Maische anrühren*

'Mais·kol·ben <m.; -s, -; Bot.>

Mai·so·net·te <[mɛzoˈnɛt(ə)]; f.; -, -n od. -s> *mehrstöckige Wohnung* [frz.]

Maiß <m.; -es, -e od. f.; -, -en; bair.; österr.> **1** *Holzschlag* **2** *Jungwald*

Mai·tres·se, <auch> **Mait·res·se** <[mɛˈtrɛs(ə)]; f.; -, -n; ↗Z53> = *Mätresse* [frz.]

'Mai·trieb <m.; -(e)s, -e; Bot.; an Nadelbäumen> *junger Trieb;* **'Mai·wurm** <m.; -(e)s, ⸗er; Zool.> *eine Käferart*

Ma·jes·tas 'Do·mi·ni <f.; --; unz.; Mal.> *Christusdarstellung* [lat.]

Ma·jes·tät <f.; -, -en> **1** <unz.> *Erhabenheit* **2** <unz.; Titel für Kaiser(in), König(in)>* Euer, Eure ~ <Abk.: Ew. M.>; Ihre ~ <Abk.: I. M.>; Seine ~ <Abk.: S(e). M.> **3** *Kaiser(in), König(in)* [lat.]; **ma·jes·tä·tisch** <Adj.> *erhaben, würdevoll;* **Ma·jes·täts·be·lei·di·gung** <f.; -, -en>

Ma'jo·li·ka <f.; -, -li·ken; ital. Bez. für> *Fayence* [ital.]

Ma·jo·nä·se <f.; -, -n; Kochk.> *pikante Soße aus Eigelb u. Öl;* oV *Mayonnaise* [nach der Stadt Mahon auf Menorca]

Ma-Jongg <[-ˈdʒɔŋ]; n.; -s; unz.> = *Mah-Jongg*

Ma'jor <m.; -s, -e; Mil.> *unterster Stabsoffizier* [lat.]

Ma·jo'ran <a. ['---]; m.; -s, -e; Kochk.> *eine Gewürzpflanze;* oV *Mairan, Meiran* [grch.]

Ma·jo'rat <n.; -(e)s, -e; Rechtsw.> Ggs *Minorat* **1** *Ältestenrecht* **2** *Erbgut des Ältesten* [lat.]; **Ma·jor·'do·mus** <m.; -, -; früher> **1** *Hausmeier* **2** *Befehlshaber des*

fränk. Heeres; **ma·jo'renn** <Adj.; undekl.; Rechtsw.> = *mündig;* Ggs *minorenn;* **Ma·jo·ren·ni'tät** <f.; -; unz.> *Mündigkeit;* **ma·jo·ri'sie·ren** <V. t.> *überstimmen;* **Ma·jo·ri'tät** <f.; -, -en> *Stimmenmehrheit;* Ggs *Minorität;* **Ma·jo·ri'täts·be·schluss** <m.; -es, ⸗e>; **Ma·jo·ri'täts·prin·zip** <n.; -s; unz.> *Prinzip, dass die Mehrheit die Wahl entscheidet;* **Ma·jo·ri'täts·trä·ger** <Pl.; Phys.; in Halbleitern> *Träger der Überschussladung;* **Ma·jo·ri'täts·wahl** <f.; -, -en; Pol.> = *Mehrheitswahl;* Ggs *Proportionalwahl*

Ma·jors <[ˈmeɪdʒəz]; Pl.; Golf> *die vier wichtigsten Golfmeisterschaften* [engl.]

Ma'jorz <m.; -es; unz.; Pol.; schweiz.> = *Majoritätswahl;* Ggs *Proporz*

Ma'jus·kel <f.; -, -n> *Großbuchstabe;* Ggs *Minuskel* [lat.]

MAK <f.; -, -s; Abk. für> *Maximale Arbeitsplatzkonzentration (höchstzulässige Konzentration luftverunreinigender Stoffe)*

ma·ka·ber <Adj.; makab(e)rer, am -s·ten> **1** *an den Tod erinnernd;* ein makabrer Anblick **2** *mit dem Tod spaßend;* makabrer Humor [frz.]

Ma·ka'dam <m. od. n.; -s, -e> *ein Straßenbelag* [nach dem schott. Straßenbauer J. L. *MacAdam*]; **ma·ka·da·mi'sie·ren** <V. t.> *mit Makadam versehen*

'Ma·kak <a. [-ˈkaːk]; m.; -en od. -s, -en; Zool.> *eine Meerkatze* [port.]

Ma·ka·me <f.; -, -n; Lit.> *witzige altarab. Stegreifdichtung* [arab.]

Ma'kao¹ <a. [ma'kau]; m.; -s, -s; Zool.> *eine Papageienart* [Hindi]

Ma'kao² <a. [ma'kau]; n.; -s; unz.> *ein Glücksspiel* [nach der portugies. Kolonie *Macao*]

Ma·ke'do·ni·en = *Mazedonien;* **Ma·ke'do·ni·er** <m.; -s, -->; **Ma·ke'do·ni·e·rin** <f.; -, -·nen>; **ma·ke'do·nisch** <Adj.>

'Ma·kel <m.; -s, -; geh.> **1** *Fehler;* ohne ~ **2** *Schande;* etwas als ~ empfinden

'mä·ke·lig <Adj.> *häufig mäkelnd;* oV *mäklig*

'ma·kel·los <Adj.>; **'Ma·kel·lo·sig·keit** <f.; -; unz.>

'ma·keln <V. i.; ich mak(e)le, du makelst> *als Makler tätig sein* [ndrl.]

'mä·keln <V. i.; ich mäk(e)le, du mäkelst; umg.; abwertend> *nörgeln;* am Essen ~

Make-up <[meɪkˈʌp]; n.; - od. -s, -s> **1** *Verschönerung mit Kosmetikprodukten* **2** *eine kosmetische Creme;* ~ auflegen; ~-frei [engl.]

'Ma·ki <m.; -s, -s; Zool.> *ein Halbaffe,* Sy *Lemur* [port.]

Ma·ki'mo·no <n.; -s, -s> *asiat. Rollbild im Querformat;* Ggs *Kakemono* [jap.]

Mak·ka'bä·er <m.; -s, -> *Angehöriger eines jüd. Herrschergeschlechtes* [hebr.]

Mak'ka·bi <m.; - od. -s, -s; Sp.> *Name jüd. Sportvereine* [hebr.]

Mak·ka'ro·ni <Pl.; Kochk.> *röhrenförmige Nudeln* [ital.]; **mak·ka'ro·nisch** <Adj.> *in schlechtem Latein verfasst;* ~e Dichtung *Scherzgedichte aus lat. u. latinisierten Wörtern*

'Mak·ler <m.; -s, -> *jmd., der Geschäfte vermittelt;* Börsen~; **'Mak·le·rin** <f.; -, -·nen>

'mäk·lig <Adj.> = *mäkelig*

'Ma·ko <m.; - od. -s, -s od. f.; -, -s; Textilw.> *ägypt. Baumwolle* [nach dem ägypt. Gouverneur *Mako* Bey]

Ma·ko·ré <[-ˈreː]; n.; -s; unz.> *afrikan. Hartholz* [frz.]

Ma·kra'mee, <auch> **Mak·ra'mee** <n.; -s, -s; ↗Z53; Textilw.> *eine Knüpfarbeit* [arab.]

Ma'kre·le, <auch> **Mak're·le** <f.; -, -n; ↗Z53; Zool.> *ein Fisch;* **Ma'kre·len·hecht** <m.; -(e)s, -e; Zool.> *ein Fisch*

'Ma·kro, <auch> **'Mak·ro** <n.; -s, -s; ↗Z53; EDV; kurz für> *Makrobefehl;* **ma·kro...**, **Ma·kro...** <in Zus.> *lang..., groß..., Lang..., Groß...;* Ggs *mikro..., Mikro...(1)* [grch.]; **'Ma·kro·a·na·ly·se** <f.; -, -n; ↗Z55; Chem.> *Analyse großer Substanzmengen;* **'Ma·kro·auf·nah·me** <f.; -, -n; Fot.>; **'Ma·kro·be·fehl** <m.; -(e)s, -e; EDV; Kurzw.: Makro> *Kurzform von sehr häufigen Befehlen;* **Ma·kro·bi'o·se** <f.; -; unz.; Biol.; Med.> *Langlebigkeit;* **Ma·kro·bi'o·tik**

<f.; -; unz.> 1 <Med.> *Kunst, das Leben zu verlängern* 2 *eine Ernährungsweise;* **ma·kro·bi·o·tisch** <Adj.>; **'ma·kro·fau·na** <f.; -, -fau·nen; Biol.> *die ohne Mikroskop erkennbare Tierwelt;* Ggs *Mikrofauna;* **'ma·kro·fo·to·gra·fie** <f.; -, -n; ↗Z 11.3; Fot.> *Fotografie mit starker Vergrößerung;* Ggs *Mikrofotografie;* **Ma·kro·ga'met** <m.; -en, -en> *weibl. Geschlechtszelle der Einzeller;* Ggs *Mikrogamet;* **'Ma·kro·kli·ma** <n.; -s; unz.> Ggs *Mikroklima;* **ma·kro'kos·misch** <Adj.> Ggs *mikrokosmisch;* **Ma·kro'kos·mos** <m.; -; unz.> *Weltall;* Ggs *Mikrokosmos;* **Ma·kro·me'lie** <f.; -, -n; Med.> = *Riesenwuchs;* Ggs *Mikromelie;* **'Ma·kro·mo·le·kül** <n.; -(e)s, -e; Chem.> *Molekül aus mindestens 1000 Atomen;* **'ma·kro·mo·le·ku·lar** <Adj.; Chem.>

Ma'kro·ne, <auch> **Mak'ro·ne** <f.; -, -n; ↗Z53> *ein Kleingebäck* [frz.]

'Ma·kro·ob·jek·tiv, <auch> **'Mak·ro·ob·jek·tiv** <n.; -(e)s, -e; ↗Z53; Fot.> *Objektiv für Nahaufnahmen;* **Ma·kro·ö·ko·no·mik** <a. ['------]; f.; -; unz.; Wirtsch.> *Zweig der Wirtschaftswissenschaften, der sich mit gesamtwirtschaftl. Größen befasst;* Ggs *Mikroökonomik;* **'ma·kro·ö·ko·no·misch** <Adj.; ↗Z55; Wirtsch.> Ggs *mikroökonomisch;* **Ma·kro'phyt** <m.; -en, -en; Biol.> *ohne Mikroskop erkennbarer Pflanzenorganismus;* Ggs *Mikrophyt;* **Ma·kro'po·de** <m.; -n, -n; Zool.> *ein Fisch;* **Ma·kro'seis·mik** <f.; -; unz.; Geol.> *Lehre von den Erdbeben, die ohne Instrumente wahrnehmbar sind;* Ggs *Mikroseismik;* **ma·kro'seis·misch** <Adj.; Geol.> Ggs *mikroseismisch;* **ma·kro'sko·pisch,** <auch> **mak·ros'ko·pisch** <Adj.; ↗Z53> *ohne Mikroskop erkennbar;* Ggs *mikroskopisch(2);* **Ma·kro·so·'mie** <f.; -; unz.; Med.> *Riesenwuchs;* Ggs *Mikrosomie;* **'Ma·kro·spo·re** <f.; -, -n; Bot.> *weibl. Spore einiger Farne;* Ggs *Mikrospore;* **'Ma·kro·struk·tur** <f.; -, -en> *Grobstruktur;* Ggs *Mikrostruktur;* **ma·kro·ze'phal**

<Adj.; Med.> *großköpfig;* Ggs *mikrozephal;* **Ma·kro·ze·pha'lie** <f.; -; unz.; Med.> *anomale Vergrößerung des Kopfes;* Ggs *Mikrozephalie;* **Ma·kro'zyt** <m.; -en, -en; Med.> *anomal großes Blutkörperchen*

Ma·ku·la'tur <f.; -, -en> 1 <Typ.> *fehlerhafte Druckbogen* 2 *Altpapier* [lat.]; **ma·ku'lie·ren** <V. t.> *zu Makulatur machen*

MAK-Wert <m.; -(e)s, -e> = *MAK*

mal[1] <Konj.; Zeichen: x, ·> *multipliziert mit;* vier ~ zwei ist acht; **mal**[2] <Adv.; umg.> *kurz für* ~ *einmal;* warst du schon ~ in Paris?; **mal**[3] <Partikel> schau ~ her; du kannst mich ~!; **...mal** <↗Z34; in Zus.> *eine best. Anzahl von Malen wiederholt;* viermal, <in Ziffern> 4-mal; zwei- bis dreimal, <in Ziffern> 2-3-mal; achtmal, <bei bes. Betonung getrennt> acht Mal; → a. *Mal*[2]

Mal[1] <n.; -(e)s, -e od. ⸚er> 1 *Fleck;* Mutter~ 2 *Gedenkstein;* Denk~

Mal[2] <n.; -(e)s, -e> *ein Zeitpunkt von mehreren;* ein anderes ~; zum ersten ~; viele ~(e); ein Dutzend ~; Millionen ~; ich war erst zwei ~ dort; <aber unbetont zusammen> zweimal; → a. *...mal*

Ma'la·bo *Hauptstadt von Äquatorialguinea*

Ma·la·chit <[-'xi:t] od. [-'xit]; m.; -s, -e; Min.> *ein Mineral* [grch.]

ma'lad, ma'la·de <Adj.; umg.> *krank* [frz.]

'Ma·la·ga 1 *span. Hafenstadt u. Provinz* 2 <m.; -s, -s> *Süßwein aus Malaga(1)*

Ma'laie <m.; -n, -n> *Angehöriger einer südostasiat. Völkergruppe;* **Ma'lai·in** <f.; -, -nen> **ma'lai·isch** <Adj.>

Ma·lai·se <[-'lɛːz(ə)]; f.; -, -n od. (schweiz.; österr.) n.; -s, -> = *Maläse* [frz.]

Ma·la·ko·lo'gie <f.; -; unz.; Zool.> *Lehre von den Weichtieren* [grch.]; **Ma·la·ko'zo·on** <n.; -s, -'zo·en; Zool.> *Weichtier*

Ma'la·ria <f.; -; unz.; Med.> *eine Infektionskrankheit* [ital.]; **ma·'la·ri·a·krank** <Adj.; undekl.; Med.>; **Ma'la·ri·a·mü·cke** <f.; -, -n; Zool.> = *Anopheles*

Ma'lä·se <f.; -, -n od. (schweiz.;

österr.) n.; -s, -> → *Übelkeit, Missstand;* oV *Malaise* [frz.]

Ma'la·wi *Staat in Südostafrika;* Republik ~; **Ma'la·wi·er** <m.; -s, ->; **Ma'la·wi·e·rin** <f.; -, -n·nen>; **ma'la·wisch** <Adj.>

Ma·lay·sia <[-'lai-]> *Staat in Südostasien;* **Ma'lay·si·er** <m.; -s, ->; **Ma'lay·si·e·rin** <f.; -, -n·nen>; **ma'lay·sisch** <Adj.>

'Mal·buch <n.; -(e)s, ⸚er> *Buch mit Malvorlagen für Kinder*

Ma·le <['ma:le(:)]> *Hauptstadt der Malediven;* **Ma·le'di·ven** <[-v-]; Pl.> *südasiat. Staat;* Republik ~; **Ma·le'di·ve·rin** <m.; -s, ->; **Ma·le'di·ve·rin** <f.; -, -n·nen>; **ma·le'di·visch** <Adj.>

Ma·le'fiz <n.; -es, -e> 1 <veralt.> *Missetat* 2 <Warenz.> *ein Würfelspiel* [lat.]

Ma·le'in·säu·re <f.; -; unz.; Chem.> *eine Dicarbonsäure*

'ma·len <V. i. u. V. t.> 1 *mit Pinsel u. Farbe herstellen;* ein Bild ~; eine Sache in schwarz ~ <fig.> *darstellen* 2 *anstreichen;* eine Tür ~; <aber> → *mahlen;* **'Ma·ler** <m.; -s, ->; *jmd., der malt(1,2);* **Ma·le'rei** <f.; -, -en>; **'Ma·le·rin** <f.; -, -n·nen>; **'ma·le·risch** <Adj.> 1 <Mal.> *das Malen(1) betreffend* 2 *sehr reizvoll;* ~e Landschaft; **'Ma·ler·lein·wand** <f.; -; unz.; Mal.> *Leinwand für Ölgemälde;* **'ma·lern** <V.; ich mal(e)re; umg.> 1 <V. t.> *anstreichen* 2 <V. i.> *Malerarbeiten verrichten*

Ma·le·sche <f.; -, -n> *Unannehmlichkeit* [frz.]

'Mal·grund <m.; -(e)s, ⸚e; Mal.> *Maluntergrund*

Mal·heur <[ma'løːr]; n.; -s, -e od. -s> *Unglück, Missgeschick* [frz.]

'Ma·li *Staat in Westafrika;* Republik ~; **'Ma·li·er** <m.; -s, ->; **'Ma·li·e·rin** <f.; -, -n·nen>

...ma·lig <Adj.; ↗Z34; in Zus.> *eine (un)bestimmte Anzahl von Malen geschehend;* mehrmalig; viermalig <in Ziffern> 4-malig

ma'li·gne, <auch> **ma'lig·ne** <Adj.; ↗Z53; Med.> *bösartig;* ~ Geschwulst; Ggs *benigne* [lat.]; **Ma·li·gni'tät** <f.; -; unz.; Med.> Ggs *Benignität;* **Ma·li'gnom** <n.; -s, -e; Med.> *bösartige Geschwulst*

'ma·lisch <Adj.> *Mali betreffend*

ma·li·zi'ös <Adj.> *boshaft* [frz.]

'Mal·kas·ten <m.; -s, ⇌ *Kasten mit Malfarben*

mall <Adj.> 1 <Mar.> *verdreht (vom Wind)* 2 <nddt.> *verrückt* [ndrl.]; **Mall** <n.; -(e)s, -e; Mar.> *Modell für Schiffsteile*; **'mal·len** <V.; Mar.> 1 <V. t.> *nach dem Mall herstellen* 2 <V. i.> *der Wind mallt dreht sich*

Mal·lor·ca <a. [ma'jorka]> *Hauptinsel der Balearen*; **Mal·lor·qui·ner** <m.; -s, ->; **Mal·lor·qui·ne·rin** <f.; -, -n·nen>; **mal·lor·qui·nisch** <Adj.>

'Mal·lung <f.; -; unz.; Mar.> *das Mallen(2)*

Malm <m.; -(e)s; unz.; Geol.> *obere Juraschicht* [engl.]

'mal·men <V. i.; selten> *zermahlen*

'mallneh·men <V. t.; ich nehme mal; sie hat malgenommen; malzunehmen> *multiplizieren*; *zwei mit sechs ~*

Ma·lo·che <[-'lɔxə] od. [-'loːxə]; f.; -, -n; umg.> *harte Arbeit* [jidd.]; **ma'lo·chen** <V. i.; umg.> *hart arbeiten*; **Ma'lo·cher** <m.; -s, -; umg.>; **Ma'lo·che·rin** <f.; -, -n·nen; umg.>

Ma'lon·säu·re <f.; -, -n; Chem.> *eine Dicarbonsäure*

'Mal·ta *Inselstaat in Südeuropa*; *Republik ~*; → a. *Malteser*; **'Mal·ta·fie·ber** <n.; -s; unz.; Med.> *eine Infektionskrankheit*

Mal'ta·se <f.; -; unz.> *ein Enzym*

Mal'te·ser <m.; -s, -> 1 *Einwohner von Malta* 2 *Angehöriger des Malteserordens* 3 <Zool.> *ein Schoßhund*; **Mal'te·se·rin** <f.; -, -n·nen>; **Mal'te·ser·kreuz** <n.; -es, -e> *Abzeichen des Malteserordens*; **Mal'te·ser·or·den** <m.; -s; unz.> *kath. Ritterorden*; **Mal'te·ser·rit·ter** <m.; -s, -> *Angehöriger des Malteserordens*; **mal'te·sisch** <Adj.; ↗Z46> *Malta betreffend*; *~e Küche*; <aber> *Maltesische Inseln*

Mal·thu·si·a'nis·mus <m.; -; unz.; Soziol.> *Lehre des engl. Sozialforschers Th. R. Malthus*

Mal'to·se <f.; -; unz.; Chem.> *eine Zuckerart* [engl.; frz.]

mal·trä'tie·ren, <auch> **malt·rä'tie·ren** <V. t.; ↗Z53> *schlecht behandeln* [frz.]

Malt·whis·ky <['mɔːlt-]; m.; -s, -s> *Whisky aus Malz* [engl.]

'Ma·lus <m.; - od. -s·ses, - od. -s·se; Kfz> *Beitragszuschlag bei der Kfz-Versicherung wegen häufiger Schäden* [lat.]

Mal·va·sier <[-va'siːr]; m.; -s; unz.> *ein Süßwein* [ital.]

'Mal·ve <[-və]; f.; -, -n; Bot.> *eine Zier- u. Heilpflanze* [lat.]; **'mal·ven·far·ben**, **'mal·ven·far·big** <Adj.; undekl.> *lila*; *Sy mauve*

Malz <n.; -es; unz.> *gekeimtes Getreide*; **'Malz·bier** <n.; -(e)s, -e>

'Mal·zei·chen <n.; -s, -; Math.; Zeichen: × od. ·> *Zeichen zum Multiplizieren*

'mal·zen, **'mäl·zen** <V. t. u. V. i.; du malzt/mälzt> *Malz bereiten*; **'Malz·kaf·fee** <m.; -s, -s>; **'Malz·zu·cker** <m.; -s; unz.; Chem.> = *Maltose*

Ma'ma <a. ['--]; f.; -, -s; umg.; bes. Kinderspr.> *Mutter*

'Mam·ba <f.; -, -s; Zool.> *eine Giftschlange* [Bantuspr.]

'Mam·bo <m.; -s, -s> *kuban. Gesellschaftstanz* [span.-kuban.]

Ma·me·luck, **Ma·me'luk** <m.; -en, -en; umg.; meist abwertend> 1 *Söldner pers. u. ägypt. Herrscher* 2 <Pl.> *~en ägypt. Herrschergeschlecht von 1250–1517* [arab.-ital.]; **ma·me'lu·ckisch**, **ma·me'lu·kisch** <Adj.>

'Ma·mi <f.; -, -s; umg.; bes. Kinderspr.> *Mutter*

Ma'mil·la, **Ma'mil·le** <f.; -, -'mil·len; Anat.> *Brustwarze*; **'Mam·ma** <f.; -, -mae [-mɛː]> 1 <Anat.> *Brustdrüse* 2 <Zool.> *Zitze*; **'Mam·ma·kar·zi·nom** <n.; -(e)s, -e; Med.> *Brustkrebs* [lat.]; **Mam'ma·lia** <Pl.; Biol.> *Säugetiere*; **Mam·mo·gra'fie**, **Mam·mo·gra'phie** <f.; -, -n; ↗Z11.3; Med.> *Röntgenuntersuchung der weibl. Brust* [lat.; grch.]; **Mam·mo·lo'gie** <f.; -; unz.; Biol.> *Lehre von den Säugetieren*

'Mam·mon <m.; -s; unz.; abwertend> *Reichtum*; *schnöder ~* [aram.]; **Mam·mo'nis·mus** <m.; -; unz.> 1 *Geldgier* 2 *Geldherrschaft*

'Mam·mut <n.; -s, -s od. -e; Zool.> *ausgestorbene Elefantenart* [jakut.]; **Mam·mut...** <fig.; in Zus.> *Riesen...*, *z. B. Mammut-*

projekt; **'Mam·mut·baum** <m.; -(e)s, ⸚e; Bot.> *eine Baumart*; **'Mam·mut·film** <m.; -(e)s, -e> *Film mit starker Überlänge*

'mamp·fen <V. i.; du mampfst; umg.> *mit vollen Backen essen*

Mam'sell <f.; -, -en od. -s; veralt.> 1 *Wirtschafterin im Gaststättengewerbe* 2 <scherzh.> *Fräulein* [frz.]

man¹ <Indefinitpron.; Dat.: einem; Akk.: einen> 1 *manche Leute*; *das kann ~ sagen* 2 *jeder*; *von hier kann ~ ihn sehen* 3 *(irgend)jemand*; *wenn ~ bedenkt, ...* 4 *jmd., der eine Norm erfüllen will*; *so etwas tut ~ nicht*

man² <Partikel; bes. norddt.; umg.> 1 *nur*; *sag ihr ~ ja nichts!* 2 *mal(2)*; *na, denn ~ los!*

Mä'na·de <f.; -, -n> 1 <grch. Myth.> *verzückte Dienerin des Dionysos* 2 <fig.> *rasendes Weib* [grch.]

Ma·nage·ment <['mænɪdʒmənt]; n.; -s, -s; Wirtsch.> *Unternehmensleitung*; **'Ma·nage·ment-Buy-out** <[-'baiaut]; n.; -s; unz.; ↗Z33; Wirtsch.> *Aufkauf einer Firma durch das eigene Management*; **ma·na·gen** <['mænɪdʒən]; V. t.; du managst; sie hat gemanagt> 1 *zustande bringen* 2 *geschäftl. betreuen* [engl.]; **Ma·na·ger** <['mænɪdʒə(r)]; m.; -s, -> 1 <Wirtsch.> *Unternehmensleiter* 2 *geschäftl. Betreuer* 3 *jmd., der eine Sache vorbereitet*; **'Ma·na·ge·rin** <f.; -, -n·nen>; **'Ma·na·ger·krank·heit** <f.; -; unz.> *stressbedingte Herz-Kreislauf-Krankheit*

Ma'na·gua *Hauptstadt von Nicaragua*

Ma'na·ma *Hauptstadt von Bahrain*

man'can·do <Mus.> *leiser werdend* [ital.]

manch <Indefinitpron.; ↗Z44> 1 *der, die, das eine od. andere*; *~ einer denkt, er könnte ...* 2 *so ~es erzählen*; *(so) ~e einige*; *so ~ einer etliche*; *~ Gutes* <od.> *~es Gute*; *~ guter Rat*; *~ guten Rates*; *mit ~ gutem Rat* <od.> *mit ~em guten Rat*; *für ~ guten Rat* <od.> *für ~en guten Rat*; **'man·chen·orts** <Adv.> = *mancherorts*; **'man·cher·lei** <Indefi-

nitpron.; attr. od. substantivisch; undekl.> *einiges;* ~ Dinge; **man·cher·orts** <Adv.> *an manchen Orten*

Man·ches·ter <['mæntʃistə(r)] od. umg. a. [man'ʃɛstər] m.; -s; unz.; Textilw.> *Kordgewebe* [nach der engl. Stadt *Manchester*]; **'Man·ches·ter·li·be·ra·lis·mus** <m.; -; unz.; Wirtsch.> *liberale Wirtschaftspolitik im 19. Jh.;* **'Man·ches·ter·tum** <n.; -s; unz.; Wirtsch.> *extrem liberale Wirtschaftsrichtung*

'manch·mal <Adv.> *einige Male;* er besucht sie ~; <aber getrennt> manches Mal

Man·dä·er <Pl.; Rel.> *Mitglieder einer gnostischen Täufersekte* [aram.]; **man·dä·isch** <Adj.>

'Man·da·la <n.; -s, -s> *Diagramm als Meditationshilfe* [Sanskrit]

Man·dant <m.; -en, -en; Rechtsw.> *Auftraggeber (eines Rechtsanwalts)* [lat.]; **Man·dan·tin** <f.; -, -·nnen>

Man·da·rin <m.; -s, -e; früher europ. Bez. für> *hoher chin. Beamter* [Sanskrit]

Man·da·ri·ne <f.; -, -n; Bot.> *eine Zitrusfrucht* [span.]

Man·da·rin·en·te <f.; -, -n; Zool.> *asiat. Entenart*

Man·dat <n.; -(e)s, -e> 1 *Auftrag eines Mandanten* 2 <Pol.> *auf Wahl beruhendes Amt;* ~ eines Abgeordneten 3 <Pol.> = *Mandatsgebiet* [lat.]; **Man·da·tar** <m.; -s, -e> *jmd., der im Auftrag eines anderen handelt;* **Man·da·'ta·rin** <f.; -, -·nnen>; **Man·da·'tar·staat** <m.; -(e)s, -en; Pol.> *Staat, der ein Mandat(3) verwaltet;* **man·da·'tie·ren** <V. t.> *beauftragen;* **Man'dats·ge·biet** <n.; -(e)s, -e; Pol.> *treuhänderisch von einem Staat verwaltetes Gebiet*

'Man·del¹ <f.; -, -n; veralt.> *altes Mengenmaß* [lat.]

'Man·del² <f.; -, -n> 1 <Bot.> *Frucht des Mandelbaums;* gebrannte ~n 2 <Anat.> *mandelförmige Organe in Gaumen u. Rachen;* entzündete ~n; **'Man·del·baum** <m.; -(e)s, ⁼e; Bot.> *eine Baumart;* **'Man·del·ent·zün·dung** <f.; -, -en; Med.> *Entzündung der Rachenmandeln;* **'man·del·för·mig** <Adj.>; **'Man·**

del·kleie, **'Man·del·milch** <f.; -; unz.> *ein Kosmetikprodukt;* **'Man·del·öl** <n.; -(e)s; unz.> **'Man·del·o·pe·ra·ti·on** <f.; -, -en; Med.>; **'Man·del·rös·chen** <n.; -s, -; Bot.> *ein Rosengewächs;* **'Man·del·säu·re** <f.; -; unz.; Chem.> *eine organ. Säure;* **'Man·del·stein** <m.; -(e)s, -e; Geol.> = *Diabas*

'Män·di <Koseform von> *Mann¹*

Man'di·bel <f.; -, -n> 1 <Anat.> *Unterkieferknochen* 2 <Pl.; Zool.> ~n *ein Paar der Mundgliedmaßen bei Krebsen u. Insekten* [lat.]; **man·di·bu'lar** <Adj.; Anat.>

Mandl <n.; -s, -n; oberdt.> 1 *Männlein* 2 *Vogelscheuche*

Man·do·li·ne <f.; -, -n; Instrumentenk.> *ein Zupfinstrument* [ital.]

Man·dra·go·ra, Man·dra·go·re, <auch> **Mand'ra·go·ra, Mand·ra'go·re** <f.; -, -'go·ren; ⟋Z53; Bot.> *ein Nachtschattengewächs* [grch.]

Man'drill, <auch> **Mand'rill** <m.; -s, -e; ⟋Z53; Zool.> *eine Pavianart* [span.]

'Man·dschu¹, <auch> **'Mand·schu** <m.; - od. -s, - od. -s; ⟋Z54> *Angehöriger eines nordostchin. Volkes;* **'Man·dschu²** <n.; - od. -s; unz.> *Sprache der Mandschu¹;* **man'dschu·risch** <Adj.>

Ma'ne·ge <[-ʒə] f.; -, -n> *Reitbahn, bes. im Zirkus* [frz.]

'Ma·nen <Pl.; röm. Myth.> *gute Geister der Verstorbenen* [lat.]

ma'nes·sisch <Adj.; ⟋Z46; Lit.> Manessische Handschrift *mittelhochdt. Liedersammlung*

mang <Präp.; norddt.; berlin.> *mitten unter;* ~ der Zuschauer

Man·ga·be <f.; -, -n; Zool.> *eine Pavianart* [afrikan.]

Man'gan <n.; -s; unz.; Chem.; Zeichen: Mn> *ein Metall* [lat.]; **Man·ga'nat** <n.; -(e)s, -e; Chem.> *Salz der Mangansäure;* **Man'gan·bron·ze** <[-brõsə] f.; -; unz.> *eine Kupferlegierung;* **Man'gan·ei·sen** <n.; -s; unz.> *eine Eisenlegierung;* **Man'gan·erz** <n.; -es, -e> *manganhaltiges Erz;* **Man·ga'nit** <m.; -s; unz.; Min.> *ein Mineral;* **Man-**

'gan·spat <m.; -(e)s; unz.; Min.> *ein Mineral*

'Man·ge <f.; -, -n; oberdt.>, **'Man·gel¹** <f.; -, -n> *Maschine zum Glätten der Wäsche;* jmdn. in die ~ nehmen <fig.> [lat.]

'Man·gel² <m.; -s, -; ⟋Z53> 1 <unz.> *Fehlen, Defizit;* ~ an Elan; aus ~ an Beweisen 2 *Fehler, Defekt;* Mängel beseitigen; **'Man·gel·be·ruf** <m.; -(e)s, -e> *Beruf, in dem Arbeitskräfte fehlen;* **'Man·gel·er·schei·nung** <f.; -, -en; Med.>; **'Man·gel·ge·burt** <f.; -, -en; Med.>; **'man·gel·haft** <Adj.; -er, am ~es·ten> 1 *fehlerhaft;* ~es Deutsch 2 *unvollkommen;* ~e Ernährung; **'Män·gel·haf·tung** <f.; -; unz.; Rechtsw.>

'man·geln¹ <V. t.; ich mang(e)le> *glätten;* Wäsche ~

'man·geln² <V. i.> *fehlen;* ihr mangelt der Mut <od.> es mangelt ihr an Mut; es hat an nichts gemangelt; **'Män·gel·rü·ge** <f.; -, -n; Kaufmannsspr.> *Klage über fehlerhafte Ware;* **'man·gels** <Präp. m. Gen.; im Pl. (wenn Gen. nicht erkennbar ist) mit Dat.> *aus Mangel an;* ~ eines Beweises; ~ Argumenten; **'Man·gel·wa·re** <f.; -, -n> *Ware, die nicht ausreichend vorhanden ist*

'man·gen <V. t.; oberdt.> *mangeln¹*

'Man·go <f.; -, -s od. -'go·nen; Bot.> *Frucht des Mangobaums* [port.-tamil.]; **'Man·go·baum** <m.; -(e)s, ⁼e; Bot.> *ein trop. Baum*

'Man·gold <m.; -(e)s, -e; Bot.> *eine Runkelrübe*

Man'gro·ve, <auch> **Mang'ro·ve** <[-və]; f.; -, -n; ⟋Z53; Bot.> *ein trop. Gehölz* [port.-span.; engl.]

Man'gus·te <f.; -, -n; Zool.> = *Mungo¹* [drawid.]

Ma·ni·chä·er <[-'çe:-]; m.; -s, -; Rel.> *Anhänger des Manichäismus* [nach dem pers. Religionsstifter *Mani*]; **Ma·ni'chä·e·rin** <f.; -, -·nnen; Rel.>; **Ma·ni·chä·'is·mus** <m.; -; unz.; Rel.> *eine Weltreligion*

Ma'nie <f.; -, -n> 1 *Besessenheit* 2 <Psych.> *affektiver Extremzustand* [grch.]

Ma'nier <f.; -, -en> 1 <unz.> *Art u. Weise;* in der ~ Renoirs 2

<unz.; abwertend> *Künstelei, formale Nachahmung* 3 <meist Pl.> *Umgangsformen; keine ~en haben* [lat.]; **ma·nie·riert** <Adj.; -er, am -es·ten; abwertend> *gekünstelt;* **Ma·nie·riert·heit** <f.; -, -en; abwertend> *Künstelei;* **Ma·nie·ris·mus** <m.; -; unz.> 1 *gekünstelter Stil* 2 *Stilrichtung zw. Renaissance u. Barock;* **Ma·nie·'rist** <m.; -en, -en> *Vertreter des Manierismus;* **Ma·nie·ris·tin** <f.; -, -n·nen>; **ma·nie·ris·tisch** <Adj.>; **ma'nier·lich** <Adj.> 1 *wohlerzogen* 2 <umg.> *akzeptabel*

ma·ni'fest <Adj.; geh.> *deutlich* [lat.]; **Ma·ni'fest** <n.; -(e)s, -e> 1 *öffentl. Erklärung* 2 *Grundsatzerklärung* 3 <Mar.> *Verzeichnis der Schiffsladung;* **Ma·ni·fes·ta·ti'on** <f.; -, -en> *das Offenbarwerden;* **ma·ni·fes'tie·ren** <V. t.> 1 *offenbaren, öffentl. erklären* 2 <V. refl.> *sich ~ offenbar werden*

Ma·ni'kü·re <f.; -, -n> 1 <unz.> *Handpflege* 2 *Handpflegerin* 3 *Etui für die Maniküre(1)* [frz.]; **ma·ni'kü·ren** <V. t.> *die Hände pflegen*

Ma'ni·la *Hauptstadt der Philippinen;* **Ma'ni·la·hanf** <m.; -; unz.; Textilw.> *eine Bastfaser;* **Ma'ni·la·ta·bak** <m.; -s; unz.> *philippin. Tabak*

Ma·ni'le <[-'niljə]; f.; -, -n> 1 *ein Armreif* 2 <Kart.> *Trumpfkarte im Lomber* [span.]

Ma·ni'ok <m.; -s; unz.; Bot.> *ein Wolfsmilchgewächs* [span.]

Ma·ni'pel[1] <m.; -s, -> *Unterabteilung der röm. Kohorte* [lat.]

Ma·ni'pel[2] <f.; -, -n; Kath.> *Teil des Messgewandes* [ital.]

Ma·ni·pu'lant <m.; -en, -en>; **Ma·ni·pu·la·ti'on** <f.; -, -en> *das Manipulieren* [lat.]; **Ma·ni·pu'la·tor** <m.; -s, -'to·ren; Tech.> *Gerät zur Handhabung gefährlicher Gegenstände;* **ma·ni·pu·la'to·risch** <Adj.> *manipulierend;* **ma·ni·pu'lier·bar** <Adj.> *beeinflussbar;* **ma·ni·pu'lie·ren** <V.> 1 <V. t.> *jmdn. ~ unbemerkt beeinflussen; etwas ~ verfälschen; Wahlergebnisse ~* 2 <V. i.> *(geschickt) handhaben; mit Werkzeugen ~;* **Ma·ni·pu'lie·rung** <f.; -, -en>

'ma·nisch <Adj.> 1 *die Manie(1) betreffend* 2 <Psych.> *an Manie(2) leidend* [grch.]; **'ma·nisch-de·pres'siv** <Adj.; Psych.> *abwechselnd manisch u. depressiv*

Ma'nis·mus <m.; -; unz.; Völkerk.> *Ahnenkult* [lat.]

'Ma·ni·tu <m.; -s; unz.> *bei den Algonkinindianern Bez. für die allen Dingen innewohnende Macht* [Algonkin]

'Man·ko <n.; -s, -s> 1 *Fehler, Mangel* 2 <Wirtsch.> *Fehlbetrag* [ital.]

Mann[1] <m.; -(e)s, ⸚er; als Zählmaß ungebeugt> 1 *Erwachsener männl. Geschlechts; ~ und Frau; ein ~ der Tat* 2 *betont männliche(3) Person; ~s genug mutig genug; seinen ~ stehen seine Aufgaben bewältigen* 3 *Ehemann* 4 <unz.> *Person; ~ über Bord!* <Mar.>; *pro ~ fünf ~; der ~ von der Straße* <a. fig.> *der Durchschnittsmensch;* **Mann**[2] <m.; -(e)s, -en> 1 <früher> *Lehns-, Gefolgsmann* 2 <poet. od. iron.> *Diener; ein ~ Gottes*

'Man·na <n.; - od. -s; unz. od. f.; -; unz.> 1 <Rel.; AT> *himml. Brot der Israeliten in der Wüste* 2 *ein Pflanzensaft* [hebr.]; **'Man·na·e·sche** <f.; -, -n; ↗Z55; Bot.> *ein Strauchgewächs;* **'Man·na·zu·cker** <m.; -s; unz.; Chem.> = *Mannit*

'mann·bar <Adj.> *geschlechtsreif (vom Mann1)*; **'Mann·bar·keit** <f.; -; unz.>; **'Män·chen** <n.; -s, - od. a. 'Män·ner·chen> 1 <Verkleinerungsf. von> *Mann1* 2 <Zool.> *männl. Tier; Vogel~* 3 *der Hund macht ~ setzt sich aufrecht auf die Hinterbeine;* **'Män·ne** <umg.> *Koseform von Mann1*; **'Män·ne·ken** <n.; -s, -; norddt.> *Männchen;* **'man·nen** <V. t.; Mar.> *von Mann zu Mann reichen*

Man·ne·quin <[-'kɛ̃] a. ['---]; n.; -s, -s> = *Model2* [frz.]

'Män·ner·bund <m.; -(e)s, ⸚e; bei Naturvölkern>; **'Män·ner·chen** <Pl. von Männchen>; **'Män·ner·haus** <n.; -es, ⸚er; bes. bei Naturvölkern> *Versammlungsort des Männerbundes;* **'Män·ner·heil·kun·de** <f.; -; unz.>; **'Män·ner·stim·me** <f.; -, -n>; **'Män-**

ner·treu <f.; -, -; Bot.> = *Ehrenpreis;* **'Man·nes·al·ter** <n.; -s; unz.> *Lebenszeit des Mannes1; im besten ~ sein;* **'Man·nes·kraft** <f.; -; unz.> *männl. Körperkraft, Zeugungskraft;* **'mann·haft** <Adj.> *wacker, aufrecht; sich ~ wehren;* **'Mann·haf·tig·keit** <f.; -; unz.>

'man·nig·fach <Adj.> *vielfach;* **'man·nig·fal·tig** <Adj.; attr. u. adv.> *vielfältig;* **'Man·nig·fal·tig·keit** <f.; -; unz.>

Man'nit <m.; -s, -e; Chem.> *sechswertiger Alkohol, ein Zucker*

'Männ·lein <n.; -s, -; poet.; Verkleinerungsf. von> *Mann1*; **'männ·lich** <Adj.> 1 <Gramm.> *maskulin; ~es Geschlecht; ~es Substantiv* 2 *zum Mann1(1) gehörig; ~e Vornamen* 3 <fig.> *tapfer;* **'Männ·lich·keit** <f.; -; unz.>; **'Männ·lich·keits·wahn** <m.; -(e)s; unz.>; **'Mann·loch** <n.; -(e)s, ⸚er> *Öffnung zum Einsteigen in große Gefäße*

Man'no·se <f.; -; unz.; Chem.> *ein Zucker*

'Manns·bild <n.; -(e)s, -er; umg.> *ein stattliches ~;* **'Mann·schaft** <f.; -, -en> 1 <Mil.> *die Soldaten einer Einheit ohne Offiziere* 2 *Besatzung; die ~ ist an Bord* 3 *Arbeitsgruppe, Belegschaft* 4 <Sp.> *Gruppe von Sportlern, Team; Fußball~;* **'Mann·schafts·geist** <m.; -(e)s; unz.> *guter Gruppenzusammenhalt;* **'Mann·schafts·kampf** <m.; -(e)s, ⸚e; Sp.> *Ggs Einzelkampf;* **'Mann·schafts·ka·pi·tän** <m.; -(e)s, -e; Sp.> *Führer einer Mannschaft(4);* **'Mann·schafts·ka·pi·tä·nin** <f.; -, -n·nen; Sp.>; **'Mann·schafts·ren·nen** <n.; -s, -; Sp.>; **'Mann·schafts·sie·ger** <m.; -s, -; Sp.>; **'Mann·schafts·spiel** <n.; -(e)s, -e; Sp.>; **'Mann·schafts·sport** <m.; -(e)s; unz.; Sp.>; **'Mann·schafts·wa·gen** <m.; -s, -> *Kfz zum Transport mehrerer Soldaten od. Polizisten;* **'manns·dick** <Adj.; undekl.> *so dick wie ein Mann1;* **'manns·hoch** <Adj.> *so hoch wie ein Mann1;* **'Manns·hö·he** <f.; -; unz.>; **'Manns·leu·te** <Pl.; umg.> *Männer;* **'Manns·per·son** <f.; -, -en; umg.> *Mann1;* **'manns·toll** <Adj.> *nympho-*

man; '**Manns·volk** <n.; -(e)s; unz.; umg.> *Männer*, '**Mann·weib** <n.; -(e)s, -er> 1 *Zwitter* 2 *männl. wirkende Frau*

'**ma·no 'des·tra**, <auch> '**ma·no 'dest·ra** <✗Z53; Mus.; Abk.: m. d.> *mit der rechten Hand* [ital.]

Ma·no'me·ter <n.; -s, -; Phys.> *Druckmesser* [grch.]; **Ma·no·me·'trie**, <auch> **Ma·no·met'rie** <f.; -; unz.; ✗Z53; Phys.> *Druckmessung*; **ma·no'me·trisch** <Adj.; Phys.>

'**ma·no si'nis·tra**, <auch> '**ma·no si'nist·ra** <✗Z53; Mus.; Abk.: m. s.> *mit der linken Hand* [ital.]

Ma·nö'ver <[-vər]; n.; -s, -> 1 <Mil.> *größere Truppenübung* 2 *Aktion mit einem Fahrzeug*; *Lande-*; *Überhol-* 3 <fig.> *geschicktes Vorgehen*; *taktisches ~* [lat.-frz.]; **Ma·nö'ver·kri·tik** <f.; -; unz.; fig.> *krit. Besprechung*; **ma·nö'vrie·ren**, <auch> **ma·növ'rie·ren** <V. i.; ✗Z53> *ein Manöver ausführen*; **ma·nö·'vrier·fä·hig** <Adj.> *fähig, Manöver(2) auszuführen*; **ma·nö·'vrier·un·fä·hig** <Adj.>

Man·pow·er, <auch> **Man·po·wer** <['mænpauə(r)]; f.; -; unz.; ✗Z52; Wirtsch.> *menschl. Arbeitskraft* [engl.]

manque <[mãːk]; Roulett> *die Zahlen 1 bis 18 betreffend*; Ggs *passe* [frz.]

Man'sar·de <f.; -, -n; Arch.> *Dachzimmer* [nach dem frz. Architekten F. *Mansard*]; **Man'sar·den·woh·nung** <f.; -, -en; Arch.>; **Man'sar·den·zim·mer** <n.; -s, -; Arch.>

Mansch <m.; -(e)s; unz.; bes. nord- u. mdt.; umg.> *Brei, Matsch*[2]; '**man·schen** <V.; du manschst; umg.> oV *mantschen* 1 <V. t.> *mischen* 2 <V. i.> *planschen*; *im Wasser ~*

Man'schet·te <f.; -, -n> 1 *Ärmelabschluss*; *Hemd-* 2 *Papierhülle für Blumentöpfe* 3 <Sp.> *verbotener Würgegriff beim Ringen* [frz.]; **Man'schet·ten·dich·tung** <f.; -, -en; Tech.>; **Man'schet·ten·knopf** <m.; -(e)s, ⸚e>

'**Man·tel** <m.; -s, ⸚> 1 *ein Kleidungsstück*; *Regen-* 2 <fig.> *Schutzhülle, Bedeckung*; *Fahrrad~*; *Kabel~*; '**Män·tel·chen** <n.; -s, -; Verkleinerungsf. von>

'**Män·te·lein** <n.; -s, -; poet.; Verkleinerungsf. von> *Mantel*; '**Man·tel·ge·schoss** <n.; -es, -e> *Geschoss mit Bleihülle*; '**Man·tel·ge·setz** <n.; -es, -e> *Rahmengesetz*; '**Man·tel·kro·ne** <f.; -, -n; Zahnmed.> = *Jacketkrone*; '**Man·tel·mö·we** <f.; -, -n; Zool.> *eine Möwenart*; '**Man·tel·pa·vi·an** <m.; -(e)s, -e; Zool.> *eine Pavianart*; '**Man·tel·ta·rif** <m.; -(e)s, -e; Wirtsch.> *grundsätzl. Tarifvertrag über die allg. Arbeitsbedingungen*; '**Man·tel·tier** <n.; -(e)s, -e; Zool.> *ein Meerestier*

'**Man·tik** <f.; -; unz.> *Seherkunst* [grch.]; '**man·tisch** <Adj.> *die Mantik betreffend*

Man'tis·se <f.; -, -n; Math.; beim dekad. Logarithmus> *Zahl hinter dem Komma* [lat.]

'**Man·tra**, <auch> '**Mant·ra** <n.; -s, -s; ✗Z53> 1 *gedachtes od. gesungenes Wort als Meditationshilfe* 2 <ind. Bez. für> *heilige Texte* [Sanskrit]

'**mant·schen** <V. t.; du mantschst> = *manschen*

Ma·nu'al <n.; -s, -e; Mus.> *Handtastenreihe der Orgel* [lat.]; **ma·nu'a·li·ter** <Adv.; Mus.> *aus dem Manual*; **ma·nu'ell** <Adj.> *per Hand*; *~ hergestellt*

Ma·nu'fakt <n.; -(e)s, -e> *manuell hergestelltes Erzeugnis* [lat.]; **Ma·nu·fak'tur** <f.; -, -en> 1 *Handarbeit* 2 *Betrieb mit Handarbeit*; **Ma·nu·fak'tur·wa·re** <f.; -, -n> *Textilware*

Ma'nul·druck <m.; -(e)s, -e> 1 <unz.> *ein Flachdruckverfahren* 2 *Erzeugnis des Manuldruckes(1)* [nach dem Erfinder M. *Ullmann*]

'**ma·nu 'pro·pria**, <auch> '**ma·nu 'prop·ria** <✗Z53; Abk.: m. p.> *eigenhändig* [lat.]

Ma·nu'skript, <auch> **Ma·nus·'kript** <n.; -(e)s, -e; ✗Z54; Abk. für Sg.: Ms. od. Mskr., für Pl.: Mss.> 1 <urspr.> *Handschrift* 2 *erste Niederschrift, Druckvorlage*; *als ~ gedruckt nur für einen kleinen Leserkreis* [lat.]

Man·za'nil·la <[-'nilja]; m.; -s; unz.> *ein Dessertwein* [span.]

Ma·o'is·mus <m.; -; unz.; Pol.> *chin. Marxismus* [nach dem Begründer *Mao* Tse-tung]; **Ma·o·**

'**ist** <m.; -en, -en; Pol.>; **Ma·o·'is·tin** <f.; -, -n·nen; Pol.>; **ma·o·'is·tisch** <Adj.; Pol.>; '**Ma·o·look** <auch> '**Mao-Look** <[-luk]; m.; -s; unz.; ✗Z35> *Mao Tse-tung nachempfundener Kleidungsstil*

Ma'o·ri[1] <m.; - od. -s, - od. -s> *Eingeborener Neuseelands*; **Ma·'o·ri**[2] <n.; - od. -s; unz.> *Sprache der Maori*[1]

MAP <EDV; Abk. für engl.> *Manufacturing Automation Protocol*

'**Mäpp·chen** <n.; -s, -; Verkleinerungsf. von>; **Map·pe** <f.; -, -n> 1 *flache Tasche*; *Schul-* 2 *Aufbewahrungshülle für einzelne Blätter*; *Zeichen~*; **Map·ping** <['mæp-]; n.; - od. -s, -s; Kart.> *Methode der Abbildung, Zuordnung* [engl.]

Ma'pu·to *Hauptstadt von Mosambik*

Mär <f.; -, -en; veralt., noch scherzh.> oV *Märe* 1 *Nachricht* 2 *Sage*

'**Ma·ra**[1] <f.; -, -s; Zool.> *eine Meerschweinchenart* [hebr.]

'**Ma·ra**[2] <m.; - od. -s; unz.; Rel.; im Buddhismus> *Versucher des Buddha* [Sanskrit]

'**Ma·ra·bu** <m.; -s, -s; Zool.> *ein Schreitvogel* [arab.]; **Ma·ra'but** <m.; - od. -(e)s, -s; Rel.> *mohammedan. Einsiedler, Heiliger*

Ma·ra'cu·ja <f.; -, -s; Bot.> *Frucht der Passionsblume* [indian.]

Ma'rä·ne <f.; -, -n; Zool.> *ein Fisch* [slaw.]

ma'ran·tisch <Adj.; Med.> *an Marasmus leidend, verfallen*

Ma·ras·chi·no <[-'ki:no]; m.; -s, -s> *ein Kirschlikör* [ital.]

Ma'ras·mus <m.; -; unz.; Med.> *Körperverfall* [grch.]; **ma'ras·tisch** <Adj.; Med.> = *marantisch*

Ma'ra·the <m.; -n, -n> *Angehöriger eines ind. Volkes*; **Ma'ra·thi** <n.; - od. -s; unz.> *Sprache der Marathen*; **Ma'ra·thin** <f.; -, -n·nen>

'**Ma·ra·thon** <m.; -s, -s; Sp.; kurz für> *Marathonlauf* [nach der grch. Stadt *Marathon*]; '**Ma·ra·thon...** <fig.; in Zus. zur Bildung von Substantiven> *von langer Dauer*, z. B. Marathonkonferenz; '**Ma·ra·thon·lauf** <m.;

-(e)s, ‚e; Sp.> *Langstreckenlauf*; **'Ma·ra·thon·läu·fer** <m.; -s, -; Sp.>; **'Ma·ra·thon·läu·fe·rin** <f.; -, -n·nen; Sp.>

'Mar·bel¹, **'Mär·bel** <f.; -, -n> = *Murmel* [grch.]

'Mar·bel² <n. od. m.; -s, -> *Formgerät der Glasbläser*

Mar·ble·wood, <auch> **Marb·le·wood** <['ma:blwud]; n.; -s; unz.; ↗Z53> *Ebenholz* [engl.]

Marc <[ma:r]; m.; -s [ma:r]; unz.> *ein Branntwein*; ~ de Champagne [frz.]

mar'ca·to <Mus.> *kräftig betont* [ital.]

March <f.; -, -en; schweiz.> *Flurgrenze, Mark²*

'Mär·chen <n.; -s, -> 1 <Lit.> *abenteuerl., wundersame Erzählung*; Volks~ 2 <fig.; umg.> *Lüge*; erzähl uns doch keine ~!; **'mär·chen·haft** <Adj.> 1 *in der Art eines Märchens(1)*; ~e Geschichte 2 *wunderbar wie im Märchen(1)*; ~er Anblick 3 <umg.> *unglaublich*; ~e Karriere; **'Mär·chen·o·per** <f.; -, -n; ↗Z55; Mus.>; **'Mär·chen·prinz** <m.; -en, -en>

Mar·che·sa <[-'ke:-]; f.; -, -'che·sen> *Gattin eines Marchesen*; **Mar·che·se** <m.; -, -n> *ital. Adelstitel* [ital.]

Mar·ching·band, <auch> **Marching Band** <['ma:tʃiŋ bænd]; f.; (-)-, (-)-s; ↗Z30; Mus.> *Marschkapelle* [engl.]

'March·zins <m.; -es, -en; Bankw.; schweiz.> *Zwischenzinsen*

Mar·cia <['ma:rtʃa]; f.; -, -s; Mus.> *Marsch* [ital.]

Mar'del·le <f.; -, -n; Geol.> *kleiner Hohlraum im Boden*

'Mar·der <m.; -s, -; Zool.> *ein Raubtier*

'Ma·re <n.; -s, -od. -ria> *dunkler Teil der Oberfläche von Gestirnen* [lat.]

'Mä·re <f.; -, -n> = *Mär*

Ma'rel·le <f.; -, -n; österr.> = *Aprikose*; oV *Marille* [ital.]

Ma'ren·da, **Ma'ren·de** <f.; -, -'den·den; österr.; schweiz.> *Vesperbrot* [ital.]

ma'ren·go <Adj.; undekl.> *grau od. braun mit weißen Punkten* [nach der ital. Stadt *Marengo*];

Ma'ren·go <m.; -s, -s; Textilw.> *ein Wollgewebe*

Mar·ga're·ten·blu·me <f.; -, -n; Bot.> = *Margerite*

Mar·ga'rin <f.; -, -en; österr.; umg.>, **Mar·ga'ri·ne** <f.; -, -n> *ein Speisefett* [grch.]

'Mar·ge <[-ʒə]; f.; -, -n> 1 *Abstand* 2 <Wirtsch.> *Preisspanne* [lat.]

Mar·ge'ri·te <f.; -, -n; Bot.> *eine Wiesenblume*

mar·gi'nal <Adj.> 1 *am Rand stehend* 2 *nebensächlich* [lat.]; **Mar·gi'na·lie** <[-lia]; f.; -, -li·en; meist Pl.; Typ.> *Randbemerkung auf der Buchseite*; **mar·gi·na·li'sie·ren** <V. t.> *an den Rand drängen*

Ma·ri·a·ge <[-'a:ʒə]; f.; -, -n; Kart.> *König u. Dame gleicher Farbe* [frz.]

ma·ri·a·nisch <Adj.; ↗Z46; Rel.> *die Marienverehrung betreffend*; Marianische Kongregation *kath. Vereinigung*

ma·ria·the·re·si·a·nisch <Adj.> *die Zeit Maria Theresias betreffend*

Ma·ri·en·bild <n.; -(e)s, -er; Rel.>; **Ma·ri·en·dich·tung** <f.; -, -en; Lit.; Rel.>; **Ma·ri·en·dis·tel** <f.; -, -n; Bot.> *eine Distelart*; **Ma·ri·en·fest** <n.; -(e)s, -e; Rel.>; **Ma·ri·en·kä·fer** <m.; -s, -; Zool.> *eine Käferart*; **Ma·ri·en·le·ben** <n.; -s; unz.; Kunst> *Bilderfolge über das Leben der Jungfrau Maria*; **Ma·ri·en·tag** <m.; -(e)s, -e; Rel.> *ein Feiertag*

Ma·ri·hu·a·na <n.; -s; unz.> *ein Rauschgift* [amerikan.; span.]

Ma'ril·le <f.; -, -n; Bot.; österr.> = *Aprikose*; oV *Marelle* [ital.]

Ma'rim·ba <f.; -, -s; Instrumentenk.> *ein xylophonartiges Musikinstrument* [span.]; **Ma·rim·ba'fon**, **Ma·rim·ba'phon** <n.; -(e)s, -e; ↗Z11.3; Instrumentenk.> *Marimba mit Resonanzröhren aus Metall*

ma'rin <Adj.> *aus dem Meer stammend* [lat.]

Ma·ri'na·de <f.; -, -n; Kochk.> 1 *Soße zum Einlegen von Fisch u. Fleisch* 2 *Salatsoße* [frz.]

ma'ri·ne <Adj.; undekl.> *dunkelblau*; **Ma'ri·ne** <f.; -; unz.> *See-, Flottenwesen eines Staates* [frz.-lat.]; **ma'ri·ne·blau** <Adj.>; **Ma·'ri·ne·in·fan·te·rie** <f.; -; unz.;

Mar.; Mil.>; **Ma'ri·ne·of·fi·zier** <m.; -s, -e; Mar.; Mil.>; **Ma'ri·ner** <m.; -s, -; Mar.; umg.; scherzh.> *Matrose*; **Ma'ri·ne·streit·kräf·te** <Pl.; Mar.; Mil.>

ma·ri'nie·ren <V. t.; Kochk.> *in Marinade(1) einlegen*; Fisch ~

Ma·ri'nis·mus <m.; -; unz.; Lit.> *schwülstiger Stil des ital. Barock* [nach dem Dichter G. *Marino*]

Ma·ri·o·la·trie, <auch> **Ma·ri·o·lat·'rie** <f.; -; unz.; ↗Z53; Rel.> *Marienverehrung* [grch.]; **Ma·ri·o·lo'gie** <f.; -; unz.; Rel.> *Lehre von der Gottesmutter*; **ma·ri·o·'lo·gisch** <Adj.; Rel.>

Ma·ri·o'net·te <f.; -, -n> 1 *Gliederpuppe* 2 <fig.> *manipulierbarer Mensch* [frz.]; **Ma·ri·o'net·ten·the·a·ter** <n.; -s, ->

Ma'rist <m.; -en, -en; Rel.> *Mitglied einer kath. Missionsvereinigung*

ma·ri'tim <Adj.> *das Meer betreffend*; ~es Klima [lat.]

Mar'jell <f.; -, -en; ostpreuß.> *Mädchen* [lit.]

Mark¹ <f.; -, -; Pl. umg., scherzh. a. 'Mär·ker); Abk.: M> 1 <von 1871 bis 2002> *dt. Währungseinheit*; er muss jede ~ umdrehen <fig.; umg.> *muss sparsam sein* 2 Deutsche ~ <Abk.: DM> *Währungseinheit der BRD bis 2002*; 25 DM; 25,00 DM; 25,- DM 3 <1968-1990> ~ *der Deutschen Demokratischen Republik Währungseinheit der DDR*

Mark² <f.; -, -en> 1 *umgrenztes Land*; ~ Brandenburg 2 <Rugby> *Teil des Spielfeldes*

Mark³ <n.; -(e)s; unz.> 1 <Anat.> *Knochen- u. Organgewebe* 2 <fig.> *Kraft*; kein ~ in den Knochen haben *schwächlich, feige sein* 3 <fig.> *das Innerste*; durch ~ und Bein <umg.> *durch u. durch* 4 <Bot.> *innerstes Achsengewebe*

mar'kant <Adj.; -er, am -es·ten> *stark ausgeprägt*; ~es Profil [frz.]

Mar·ka'sit <m.; -s; unz.; Min.> *ein Mineral* [arab.]

'Mar·ke <f.; -, -n> 1 *Merkzeichen*; Grenz~ 2 *Zeichen als Ausweis*; Hunde~ 3 *Produkt mit einem Warenz.*; eine best. ~ rauchen 4 *Wertbon, -zeichen*; Essens~; Brief~; 41-Cent-~; **'mär·ken**

M

<V. t.; österr.> *kennzeichnen;*
'Mar·ken·ar·ti·kel <m.; -s, ->,
'Mar·ken·fa·bri·kat, <auch>
'Mar·ken·fab·ri·kat <n.; -(e)s,
-e; ↗Z53> *Ware mit Warenz. u.*
einheitl. Preis; **'mar·ken·frei**
<Adj.; im u. nach dem 2. Welt-
krieg> *ohne Lebensmittelmar-*
ken erhältlich; **'Mar·ken·na·me**
<m.; -ns, -n> *Name eines Mar-*
kenartikels; **'Mar·ken·schutz**
<m.; -es; unz.> *Schutz für Mar-*
kenartikel; **'Mar·ken·wa·re** <f.;
-, -n> = *Markenartikel;* **'Mar-**
ken·zei·chen <n.; -s, -> *gesetzl.*
geschütztes Handelszeichen;
'Mar·ker <m.; -s, -> 1 *Stift zum*
Markieren; Text~ 2 <Sprachw.>
Merkmal 3 <Biol.; bei Viren>
genet. Merkmal [engl.]
'Mär·ker <m.; -s, -> *Einwohner ei-*
ner Mark²(1); **'Mär·ke·rin** <f.; -,
-nnen>
'mark·er·schüt·ternd <Adj.;
↗Z29> *durchdringend;* ein ~er
Schrei
Mar·ke'ten·der <m.; -s, -; Mil.;
früher> *eine Truppe während*
des Manövers begleitender Le-
bensmittelhändler [ital.]; **Mar-**
ke·ten·de'rei <f.; -, -en; Mil.;
früher>; **Mar·ke'ten·de·rin** <f.;
-, -nnen; Mil.; früher>; **Mar·ke-**
'ten·der·wa·re <f.; -, -n; Mil.>
Mar·ke'te·rie <f.; -, -n> *Einlegear-*
beit in Holz [frz.]
'Mar·ke·ting <n.; - od. -s; unz.;
Wirtsch.> *unternehmer. Maß-*
nahmen zur Absatzförderung
[engl.]; **'Mar·ke·ting·mix** <m.; -
od. -es; unz.; Wirtsch.> *Mi-*
schung verschiedener Marke-
tingmaßnahmen; **Mar·ke·ting-**
re·search <[-ri'sə:tʃ]; n.; - od.
-es; unz.; Wirtsch.> *Marktfor-*
schung
'Mark·graf <m.; -en, -en; früher>
Verwalter eines größeren Land-
bezirkes; **'Mark·grä·fin** <f.; -,
-nnen; früher>; **'Mark·gräf·ler**
<m.; -s, -> *eine Weinsorte;*
'Mark·graf·schaft <f.; -, -en>
mar'kie·ren <V. t.> 1 *kennzeich-*
nen; einen Weg ~; eine wichtige
Textstelle ~ 2 *betonen;* beim
Sprechen jedes Wort ~ 3
<Theat.> *eine Rolle ~ andeuten*
4 *vortäuschen;* Anteilnahme ~ 5
<Biol.> *(an den Reviergrenzen)*
Marken setzen; der Dachs mar-

kiert sein Revier [frz.]; **Mar'kier-**
stein <m.; -(e)s, -e> *Stein zur*
Wegmarkierung; **Mar'kie·rung**
<f.; -, -en> 1 <unz.> *das Markie-*
ren 2 *markierte Stelle*
'mar·kig <Adj.> *kräftig;* ~e Worte
'mär·kisch <Adj.> *die Mark²(1)*
betreffend
Mar'ki·se <f.; -, -n> *aufrollbares*
Sonnendach [frz.]; **Mar·ki·set·te**
<[-'zet(ə)]; m.; -s, -s od. f.; -, -s;
Textilw.> *Gardinengewebe;* oV
Marquisette
'Mark·ka <f.; -, -; Abk.: mk> =
Finnmark¹
'Mark·kno·chen <m.; -s, ->
Mar·ko'man·ne <m.; -n, -n> *An-*
gehöriger eines german. Volkes
Mar'kör <m.; -s, -e; Billard>
Punktezähler [frz.]
'Mark·schei·de <f.; -, -n; Bgb.>
Grenzlinie (eines Grubenfeldes);
'Mark·schei·de·kun·de <f.; -;
unz.; Bgb.> *Vermessungslehre;*
'Mark·schei·der <m.; -s, -;
Bgb.> *bergbaul. Vermessungsin-*
genieur; **'Mark·schei·de·rin** <f.;
-, -nnen; Bgb.>
'Mark·stein <m.; -(e)s, -e; veralt.>
= *Markierstein*
'Mark·strahl <m.; -(e)s, -en; Biol.;
bei Bäumen> *Verbindungswege*
zw. Mark³(4) u. Rinde
'Mark·stück <n.; -(e)s, -e> *1-DM-*
Stück
Markt <m.; -(e)s, ⁻e; ↗Z55> 1
<Wirtsch.> *Gesamtheit von Wa-*
ren- u. Geldverkehr; Welt~; den
~ erobern 2 *öffentl. Verkauf von*
Waren; Wochen~ 3 *Platz für*
den Markt(2); am ~ wohnen;
'Markt·ab·spra·che <f.; -, -n;
Wirtsch.> *(nicht erlaubte) Preis-*
absprache; **'Markt·a·na·ly·se**
<f.; -, -n; ↗Z55; Wirtsch.>;
'Markt·an·teil <m.; -(e)s, -e;
Wirtsch.>; **'mark·ten** <V. i.>
handeln; **'markt·fä·hig** <Adj.;
Wirtsch.> *absetzbar;* **Markt·fle-**
cken <m.; -s, -> *kleiner Ort mit*
Marktrecht; **'Markt·for·schung**
<f.; -; unz.; Wirtsch.> *Erfor-*
schung von Angebot u. Nachfra-
ge; **'Markt·frau** <f.; -, -en>
Händlerin auf dem Markt(2);
'Markt·füh·rer <m.; -s, -;
Wirtsch.>; **'Markt·füh·re·rin** <f.;
-, -nnen; Wirtsch.> 1 *gut absetz-*
bar; ~es Produkt 2 *allg. üblich;*

~er Preis; **'Markt·hal·le** <f.; -, -n>
in Großstädten> *Halle für den*
Markt(2); **'Markt·hel·fer** <m.; -s,
->; **'Markt·hel·fe·rin** <f.; -,
-nnen>; **'Markt·la·ge** <f.; -;
unz.; Wirtsch.> *Situation be-*
zügl. der Absatzmöglichkeit von
Waren; **'Markt·lü·cke** <f.; -, -n>
Angebotsdefizit einer marktgän-
gigen Ware; eine ~ entdecken;
'Markt·ord·nung <f.; -, -en;
Wirtsch.> *Vorschriften zur Rege-*
lung von Angebot u. Nachfrage;
'Markt·platz <m.; -es, ⁻e>;
'Markt·preis <m.; -es, -e> *aktu-*
eller Warenpreis auf dem
Markt(1); **'Markt·psy·cho·lo-**
gie <f.; -; unz.; Wirtsch.> *For-*
schung über Kaufverhalten;
'Markt·recht <n.; -(e)s; unz.;
Rechtsw.> *das Recht, Markt(2)*
abzuhalten; **'Markt·schrei·er**
<m.; -s, -> *die Ware laut anprei-*
sender Händler; **'Markt·schrei-**
e·rin <f.; -, -nnen>; **'markt-**
schrei·e·risch <Adj.>; **'Markt-**
tag <m.; -(e)s, -e>; **'Markt·wert**
<m.; -(e)s, -e; Wirtsch.> *aktuel-*
ler Warenwert auf dem
Markt(1); **'Markt·wirt·schaft** <f.;
-; unz.; Wirtsch.> *von Angebot*
u. Nachfrage bestimmte Wirt-
schaftsform; freie ~; soziale ~ *M.*
mit sozialen Beschränkungen;
Ggs *Planwirtschaft;* **'markt·wirt-**
schaft·lich <Adj.>
'Mar·kung <f.; -, -en; veralt.>
Grenze
'Mär·lein <n.; -s, -; oberdt.; poet.>
Märchen
'mar·len <V. t.; Mar.> *das Segel ~*
am Mast festmachen [ndrl.]
'Mar·mel¹ <m.; -s, -; Geol.; ver-
alt.; poet.> = *Marmor;* **'Mar-**
mel² <f.; -, -n> = *Murmel*
Mar·me'la·de <f.; -, -n> *ein Brot-*
aufstrich [span.]
'mar·meln <V. i.; ich marm(e)le>
= *murmeln;* **'Mar·mor** <m.; -s,
-e; Geol.> *ein Kalkstein;* **'Mar-**
mor·bruch <m.; -(e)s, ⁻e; Bgb.>
Tagebau zum Brechen von Mar-
mor; **'Mar·mor·büs·te** <f.; -,
-n>; **'Mar·mor·gips** <m.; -es;
unz.> *gebrannter Gips;* **mar·mo-**
'rie·ren <V. t.> *marmorartig*
mustern; marmorierte Fläche;
Mar·mo'rie·rung <f.; -, -en>;
'Mar·mor·ku·chen <m.; -s, ->;
'mar·morn <Adj.> *aus Marmor;*

'**Mar·mor·ze·ment** <m.; -(e)s; unz.>

Mar·mo'sett <m.; -s, -e; Zool.> = *Krallenaffe* [engl.]

Ma·ro·cain <[-'kɛ̃]; m.; -s; unz.; Textilw.> *kreppartiger Stoff;* <aber> → *Maroquin* [frz.]

ma'rod <Adj.; österr.> *leicht krank, erschöpft;* **ma'ro·de** <Adj.> 1 <Mil.> *marschunfähig* 2 <abwertend> *zerrüttet, verkommen;* ~ *Zustände* [frz.]

Ma·rok'ka·ner <m.; -s, -> *Einwohner von Marokko;* **Ma·rok·'ka·ne·rin** <f.; -, -n·nen>; **ma·rok'ka·nisch** <Adj.>; **Ma'rok·ko** *Staat in Nordwestafrika;* Königreich ~; **Ma'rok·ko·le·der** <n.; -s; unz.; Textilw.> = *Maroquin*

Ma'ro·ne <f.; -, -n od. -'ro·ni; Bot.> *essbare Kastanienfrucht;* oV *Maroni, Marroni* [Schweiz.]; **Ma'ro·nen·pilz** <m.; -es, -e; Bot.> *ein Speisepilz;* **Ma'ro·ni** <f.; -, -; Bot.; süddt.; österr.> = *Marone*

Ma·ro·quin <[-'kɛ̃]; m. od. n.; -s; unz.; Textilw.> *Hammel- od. Ziegenleder;* <aber> → *Marocain* [frz.]; **Ma·ro·qui·ne'rie** <[-ki-]; f.; -; unz.; schweiz.> *Lederbearbeitung*

Ma'rot·te <f.; -, -n> *Verschrobenheit* [frz.]

Mar·quis <[-'kiː]; m.; - [-'kiː(s)], - [-'kiːs]> *frz. Adelstitel* [frz.]; **Mar·qui'sat** <n.; -(e)s, -e> *Würde, Bezirk eines Marquis;* **Mar·qui·se** <[-'kiːzə]; f.; -, -n> *Gattin od. Tochter eines Marquis;* **Mar·qui·set·te** <[-ki'zɛt(ə)]; m.; -s, -s od. f.; -, -s; Textilw.> = *Markisette*

Mar'ro·ni <f.; -, -; Bot.; schweiz.> = *Marone*

Mars[1] <m.; -; unz.; röm. Myth.> *Kriegsgott*

Mars[2] <m.; -; Astr.> *ein Planet*

Mars[3] <m.; -es, -e od. f.; -, -en; Mar.> *Plattform beim Topp der Untermasten*

Mar'sa·la <m.; -s, -s> *ein Süßwein* [nach der ital. Stadt *Marsala*]

'**Mars·be·woh·ner** <m.; -s, -> = *Marsmensch;* '**Mars·be·woh·ne·rin** <f.; -, -n·nen>

marsch <Int.; Kommando zum Ausführen von Marschbewegungen; bes. Mil.> *vorwärts!,*

los!; im Gleichschritt ~!;

Marsch[1] <m.; -es, ‐e> 1 <bes. Mil.> *regelmäßiger Gangart;* ~ im Gleichschritt 2 *Zurücklegen einer langen Strecke zu Fuß;* Tages~; in ~ setzen <bes. Mil.> *in Bewegung setzen* 3 <Mus.> *Musikstück, das das Marschieren(2) unterstützt;* Militär~; jmdm. den ~ blasen <fig.; umg.> *jmdn. zurechtweisen* [frz.]

Marsch[2] <f.; -, -en> *Schwemmland an Küsten*

'**Mar·schall** <m.; -s, ‐e> 1 <früher> *Hofbeamter* 2 <früher; 15.–17. Jh.> *militär. Dienstgrad;* '**Mar·schal·lin** <f.; -, -n·nen; früher>; '**Mar·schall(s)·stab** <m.; -(e)s, ‐e> *Stab als Dienstzeichen des Marschalls(2)*

'**Marsch·bo·den** <m.; -s, ‐> *fruchtbarer Boden der Marsch*[2]*;* '**Mar·schen·dorf** <n.; -(e)s, ‐er> *Dorf in der Marsch*[2]

'**Marsch·flug·kör·per** <m.; -s; Mil.> *Raketenflugkörper der USA, der sein Ziel selbstständig ansteuert;* **mar'schie·ren** <V. i. (s.)> 1 *weit gehen;* stundenlang ~ 2 <bes. Mil.> *in geschlossener Reihe gehen;* im Gleichschritt ~; '**Marsch·ko·lon·ne** <f.; -, -n; Mil.> *eine Marschordnung;* '**Marsch·kom·pass** <m.; -es, -e> *Kompass mit Visiereinrichtung*

'**Marsch·land** <n.; -(e)s; unz.> = *Marsch*[2]

'**Marsch·lied** <n.; -(e)s, -er; Mus.>; '**marsch·mä·ßig** <Adj.> *nach Art eines Marsches;* ~es Lied; '**Marsch·mu·sik** <f.; -, -en; Mus.>; '**Marsch·ord·nung** <f.; -, -en; bes. Mil.> *Aufstellung zum Marschieren;* '**Marsch·rou·te** <[-·ruː-]; f.; -, -n>; '**Marsch·tem·po** <n.; -s; unz.; Mus.> im ~; '**Marsch·ver·pfle·gung** <f.; -; unz.>

Mar·seil·lai·se <[marsɛ'jɛːzə]; f.; -; unz.> *frz. Nationalhymne* [frz.]; **Mar·seille** <[-'sɛːj]> *südfrz. Stadt;* **Mar·seil·ler** <[-'sɛːjər]; m.; -s, ->; **Mar'seil·le·rin** <f.; -, -n·nen>

'**Mars·feld** <n.; -(e)s; unz.> 1 <im alten Rom> *milit. Übungsplatz* 2 <in Paris> *ein Ausstellungsgelände*

'**Mar·shal·ler** <m.; -s, ->; '**Mar·shal·le·rin** <[-'ʃal-]; f.; -, -n·nen>; **Mar·shall·in·seln** <['marʃal-]; engl. ['maːrʃ(ə)l-]; Pl.>, '**Mar·shall·in·seln** <Pl.; schweiz.> *Inselstaat im Pazifik; Republik* ~; '**mar·shal·lisch** <[-'ʃal-]; Adj.> *die Marshallinseln betreffend*

Mar·shall·plan, <auch> **Mar·shall-Plan** <['maːrʃ(ə)l-]; m.; -(e)s; unz.; ↗Z 35; nach dem 2. Weltkrieg> *amerikan. Hilfsprogramm für Europa* [nach dem US-Außenminister G. C. *Marshall*]

Marsh·mal·low <['maːʃmɛlo]; n.; -s, -s> *eine Süßigkeit* [engl.]

mar·si'a·nisch <Adj.; Astr.> *zum Mars*[2] *gehörig;* '**Mars·mensch** <m.; -en, -en> *angebl. Lebewesen auf dem Mars*[2]

'**Mars·ra·he** <f.; -, -n; Mar.> *Querholz am Mars*[3]*;* '**Mars·se·gel** <n.; -s, -; Mar.> *Segel an der Marsstenge;* '**Mars·son·de** <f.; -, -n; Astr.> *Sonde zur Erforschung des Mars*[2]*;* '**Mars·sten·ge** <f.; -, -n; Mar.> *erste Verlängerung des Untermastes*

'**Mar·stall** <m.; -(e)s, ‐e; früher> *Pferdehaltung am Fürstenhof*

Mar·su·pi'a·li·er <m.; -s, -; Zool.> = *Beuteltier* [lat.]

mar·tel'lan·do, mar·tel'la·to <Mus.> *in kräftigem Staccato* [ital.]

'**Mar·ter** <f.; -, -n> 1 <veralt.> *Folter* 2 <geh.> *Qual;* ~n erdulden; '**Mar·terl** <n.; -s, -n; oberdt.> *Tafel mit dem Bildnis Christi zur Erinnerung an Verunglückte;* '**mar·tern** <V. t. / V. refl.> 1 *foltern* 2 <fig.; geh.> *seel. quälen;* sich mit Sorgen ~; '**Mar·ter·pfahl** <m.; -(e)s, ‐e; früher bei den nordamerikan. Indianern> *Pfahl zum Foltern von Feinden;* '**Mar·ter·tod** <m.; -(e)s; unz.> 1 *Tod durch Foltern* 2 *Märtyrertod;* '**Mar·te·rung** <f.; -, -en>

mar·ti·a·lisch <[-ts'ja-]; Adj.> *kriegerisch* [nach dem röm. Kriegsgott *Mars*]

'**Mar·tin·gal** <n.; -s, -e; Reitsp.> *Halsriemen an Sattelgurt u. Zügeln* [frz.]

Mar'ti·ni[1] <m.; -s, -s; Warenz.> *ein Cocktail*

Mar'ti·ni[2] <ohne Art.; Rel.> an, zu

~ *am Martinstag;* **'Mar·tins-gans** ‹f.; -, ⸚e› *am Martinstag verzehrte Gans;* **'Mar·tins·horn** ‹n.; -(e)s, ⸚er› *Warnsignal von Krankenwagen, Feuerwehr u. a.* [nach der Herstellerfirma *Martin*]; **'Mar·tins·tag** ‹m.; -(e)s, -e; Rel.› *Fest des hl. Martin (11. Nov.)*

'Mar·ty·rer ‹m.; -s, -; oberdt.›, **'Mär·ty·rer** ‹m.; -s, -› 1 ‹Rel.› *jmd., der für seinen Glauben gestorben ist* 2 *für eine Überzeugung Gestorbener* [grch.]; **'Mär·ty·re·rin** ‹f.; -, -n·nen›; **'Mär·ty·rer·tod** ‹m.; -(e)s; unz.› *den ~ erleiden;* **'Mär·ty·rer·tum** ‹n.; -s; unz.›; **'Mar·ty·rin** ‹f.; -, -n·nen; Rel.; oberdt.› *Märtyrerin;* **Mar·ty·ri·um** ‹n.; -s, -ri·en› 1 ‹geh.› *Qual, Pein; ein ~ erleiden* 2 ‹Rel.› *Opfertod für den Glauben; das ~ Christi;* **Mar·ty·ro·lo·gi·um** ‹n.; -s, -gi·en; Kath.› *Verzeichnis der Festtage der Märtyrer u. Heiligen*

Mar'xis·mus ‹m.; -; unz.› *Lehre des Sozialismus nach Marx u. Engels;* **Mar'xis·mus-Le·ni'nis·mus** ‹m.; -; unz.› *der von Lenin weiterentwickelte Marxismus;* **Mar'xist** ‹m.; -en, -en›; **Mar'xis·tin** ‹f.; -, -n·nen›; **mar'xis·tisch** ‹Adj.›; **Mar'xist-Le·ni'nist** ‹m.; Gen. u. Pl.: Marxisten-Leninisten›

Ma·ry Jane ‹[ˈmæri ˈdʒɛin]; f.; -; unz.; umg.; verhüllend› *Marihuana* [engl.]

Ma·ry·land ‹[ˈmærilənd]› *US-Bundesstaat*

März ‹m.; - od. -es od. (poet.) -en, -e› 3. *Monat des Jahres;* **'März·be·cher** ‹m.; -s, -; Bot.› *eine Blume;* **'Mär·zen** ‹m.; -s, -; oberdt.; poet.› *März;* **'Mär·zen·be·cher** ‹m.; -s, -; Bot.› = *Märzbecher;* **'Mär·zen·bier** ‹n.; -(e)s, -e› *Biersorte;* **'Mär·zen·fle·cken** ‹m.; -s, -; meist Pl.; schweiz.› = *Sommersprossen;* **'März·glöck·chen** ‹n.; -s, -; Bot.› = *Märzbecher*

Mar·zi'pan ‹a. [ˈ---]; n. od. (selten) m.; -s, -e› *ein Konfekt* [arab.]

'märz·lich ‹Adj.› *lau u. stürmisch wie im März;* **'März·re·vo·lu·ti·on** ‹f.; -; unz.› *Unruhen in Deutschland u. Ös-*

terreich im März 1848; **'März·veil·chen** ‹n.; -s, -; Bot.› *eine Veilchenart*

Mas'ca·ra ‹f.; -, -s od. n.; -s, -s› = *Wimperntusche* [span.]

Mas·car'po·ne ‹m.; -s; unz.; ital. Kochk.› *ital. Weichkäse* [ital.]

'Ma·sche¹ ‹f.; -, -n› *kleine Schlinge; ~n aufnehmen (beim Stricken)*

'Ma·sche² ‹f.; -, -n› *Trick, Lösung; das ist die ~!; eine neue ~* [jidd.]

'Ma·schen·draht ‹m.; -(e)s; unz.›; **'ma·schen·fest** ‹Adj.› *nicht leicht Laufmaschen bekommend; ~e Strümpfe;* **'Ma·schen·werk** ‹n.; -(e)s; unz.› *Geflecht;* **...ma·schig** ‹in Zus.› *aus einer best. Art von Maschen¹ bestehend,* z. B. *grobmaschig*

Ma·schi·ne ‹f.; -, -n; ↗ Z29› *mechan. Apparat, der Kraft überträgt; eine ~ bedienen; mit der nächsten ~ fliegen mit dem nächsten Flugzeug; ~ schreiben mit der Schreibmaschine schreiben; ich schreibe ~; sie hat ~ geschrieben; ~ zu schreiben;* ‹aber› *ein maschinegeschriebenes Formular;* → a. *maschinegeschrieben, maschinschreiben* [lat.]; **ma·schi·ne·ge·schrie·ben** ‹Adj.› *mit der Schreibmaschine geschrieben; ein ~er Brief;* ‹aber› *er hat Maschine geschrieben;* oV *maschinengeschrieben;* → a. *Maschine;* **ma·schi'nell** ‹Adj.› *mit einer Maschine; ~e Herstellung;* **Ma·'schi·nen·ar·beit** ‹f.; -, -en› Ggs *Handarbeit;* **Ma'schi·nen·bau** ‹m.; -(e)s; unz.›; **Ma'schi·nen·bau·er** ‹m.; -s, -›; **Ma'schi·nen·bau·e·rin** ‹f.; -, -n·nen›; **Ma'schi·nen·bau·in·ge·ni·eur** ‹[-inʒenˈjøːr]; m.; -s, -e›; **Ma'schi·nen·bau·in·ge·ni·eu·rin** ‹f.; -, -n·nen›; **Ma'schi·nen·bruch** ‹m.; -(e)s, ⸚e› Sy *Maschinenschaden;* **Ma'schi·nen·garn** ‹n.; -(e)s, -e; Textilw.› *Nähmaschinengarn;* **ma'schi·nen·ge·schrie·ben** ‹Adj.› = *maschinegeschrieben;* **Ma'schi·nen·ge·wehr** ‹n.; -(e)s, -e; Abk.: MG, Mg.› *eine Schnellfeuerwaffe;* **ma'schi·nen·les·bar** ‹Adj.; EDV› *direkt von einer EDV-An-*

lage erfassbar; **Ma'schi·nen·meis·ter** ‹m.; -s, -› *Arbeiter, der die betriebl. Maschinen wartet;* **Ma'schi·nen·meis·te·rin** ‹f.; -, -n·nen›; **Ma'schi·nen·pa·pier** ‹n.; -s, -e› *Schreibmaschinenpapier;* **Ma'schi·nen·park** ‹m.; -s, -s› *alle betriebseigenen Maschinen;* **Ma'schi·nen·pis·to·le** ‹f.; -, -n; Abk.; MP, Mp.› *eine Schnellfeuerwaffe;* **Ma'schi·nen·raum** ‹m.; -(e)s, ⸚e› *Raum für Kraftmaschinen;* **Ma'schi·nen·re·vi·si·on** ‹[-vi-]; f.; -, -en; Typ.› *Überprüfung der Druckbogen;* **Ma'schi·nen·satz** ‹m.; -es; unz.; Typ.› *das Setzen mit der Setzmaschine;* Ggs *Handsatz;* **Ma'schi·nen·scha·den** ‹m.; -s, ⸚; ⸗›; **Ma'schi·nen·schlos·ser** ‹m.; -s, -›; **Ma'schi·nen·schlos·se·rin** ‹f.; -, -n·nen›; **Ma'schi·nen·schrei·ben** ‹n.; -s; unz.› *das Schreiben mit der Schreibmaschine;* oV *Maschineschreiben;* → a. *Kasten E-Mail;* **Ma'schi·nen·schrift** ‹f.; -, -en› Ggs *Handschrift;* **ma·'schi·nen·schrift·lich** ‹Adj.› Ggs *handschriftlich;* **Ma'schi·nen·the·o·rie** ‹f.; -; unz.; Philos.› *Auffassung, nach der Lebewesen mit Maschinen gleichgesetzt werden;* **Ma'schi·nen·waf·fe** ‹f.; -, -n› *eine Schnellfeuerwaffe;* **Ma'schi·nen·zeit·al·ter** ‹n.; -s, -› *Epoche der Industrialisierung;* **Ma·schi·ne'rie** ‹f.; -, -n› 1 *Getriebe* 2 ‹fig.› *undurchschaubares System; ~ der Justiz;* **Ma'schi·ne·schrei·ben** ‹n.; -s; unz.› = *Maschinenschreiben;* **Ma'schi·nist** ‹m.; -en, -en› *Arbeiter, der Maschinen bedient;* **Ma'schi·nis·tin** ‹f.; -, -n·nen›; **ma'schin|schrei·ben** ‹V. i. 230; ich schreibe maschin; sie hat maschingeschrieben; maschinzuschreiben; österr. für› *Maschine schreiben;* → a. *Maschine*

'Ma·ser¹ ‹f.; -, -n› *Zeichnung im Holz*

Ma·ser² ‹[ˈmeizə(r)]; m.; -s, -; Phys.› *dem Laser ähnliches Gerät* [engl.]

'ma·se·rig ‹Adj.› *Masern¹ aufweisend;* **'ma·sern** ‹V.› 1 ‹V. t.› *mit Masern¹ versehen* 2 ‹V. i.› *Masern¹ bilden;* **'Ma·sern** ‹Pl.; Med.› *eine Viruserkrankung*

Maskulinum: Das M. [<lat. *(genus) masculinum* „männliches Geschlecht" zu *masculus* „männlich"] ist neben ↗**Femininum** und ↗**Neutrum** eines der drei Genera im Deutschen.
Als Maskulina bezeichnet man auch ↗Substantive, die diesem Genus angehören. Das ↗Genus, also das grammatische Geschlecht der Substantive, stimmt mit dem natürlichen Geschlecht (dem Sexus) von Lebewesen nicht immer überein. So erscheint die Genuszuweisung bei den Tiernamen oft völlig willkürlich: *der Hund, der Adler, die Katze, die Meise, das Pferd, das Huhn.*
Eine Reihe von Wortendungen können das Genus eines Substantivs bestimmen. Für das M. sind das z. B. Wörter mit den Suffixen *-and, -er, -ig, -ismus, -ler, -ling (Proband, Bläser, Honig, Fanatismus, Postler, Däumling).*

'Ma·se·ru *Hauptstadt von Lesotho*
'Ma·se·rung <f.; -, -en> *Musterung im Holz*
Ma·shie <['mæʃi:]; m.; -s, -s; Golf> *ein Golfschläger* [engl.]
Mas·ka'rill <m.; - od. -s, -e; Lit.> *span. Komödiengestalt* [span.]
Mas·ka'ron <m.; -s, -e; Arch.; bes. im Barock> *ornamentale Maske(1)* [ital.]
'Mas·kat *Hauptstadt von Oman*
'Mas·ke <f.; -, -n> 1 *künstl. Hohlgesichtsform;* eine ~ *tragen* 2 *Schutzvorrichtung für den Kopf;* Gas- 3 <fig.> *Vortäuschung;* unter der ~ *der Armut;* die ~ *abwerfen* [ital.]; **'Mas·ken·ball** <m.; -(e)s, ⸚e>; **'Mas·ken·bild·ner** <m.; -s, -; Theat.; Film> *jmd., der die Schauspieler schminkt;* **'Mas·ken·bild·ne·rin** <f.; -, -nnen; Theat.; Film>; **'Mas·ken·fest** <n.; -(e)s, -e>; **'mas·ken·haft** <Adj.> *wie eine Maske(1);* ~es *Gesicht;* **'Mas·ken·kos·tüm** <n.; -s, -e>; **'Mas·ken·ver·leih** <m.; -(e)s, -e>; **'Mas·ken·zug** <m.; -(e)s, ⸚e> *Umzug verkleideter Personen;* **Mas·ke'ra·de** <f.; -, -n> 1 *Verkleidung* 2 *Maskenball* 3 <fig.> *Täuschung* [span.]; **mas'kie·ren** <V. t.> 1 <V. t./V. refl.> *verkleiden* 2 <Kochk.> *eine Speise* ~

mit Soße bedecken; **Mas'kie·rung** <f.; -, -en> 1 <unz.> *das Maskieren* 2 *Verkleidung*
Mas'kott·chen <n.; -s, ->, **Mas'kot·te** <f.; -, -n; selten> *Glück bringender Talisman* [frz.]
mas·ku'lin <a. ['---]; Adj.> 1 <Gramm.> *männl. Geschlechts* 2 *männl. wirkend* [lat.]; **Mas·ku·'li·num** <a. ['----]; n.; -s, -'li·na; Gramm.; Abk.: m.> *maskulines(1) Substantiv,* → a. *Kasten*
Ma·so·chis·mus <[-'xɪs-]; m.; -; unz.> *geschlechtl. Befriedigung durch Erleben von Misshandlungen* [nach dem österr. Schriftsteller v. Sacher-*Masoch*]; **Ma·so·chist** <m.; -en, -en>; **Ma·so·chis·tin** <f.; -, -n·nen>; **ma·so·chis·tisch** <Adj.>
Maß [1] <n.; -es, -e> 1 *Einheit, Maßstab;* Längen~; *mit zweierlei* ~ *messen* <fig.> *ungerecht sein* 2 *Messwert;* die ~ *e des Zimmers;* ~ *nehmen;* ein Anzug *nach* ~ *nach der Figur* 3 *Grad, Ausmaß;* in höchstem ~(e); *ein großes* ~ *an Geduld* 4 ↗Z26> *das rechte Maß(3), Mäßigung;* in ~en; ~ *halten sich mäßigen;* ich halte ~; sie hat ~ gehalten; ~ zu halten; **Maß** [2] <n. 7; -(e)s, -e (süddt. a.) f.; -, -e; bair.; österr.; schweiz.> *ein Flüssigkeitsmaß;* ein ~ *Bier 1 Liter*
Mas·sa·chu·setts <[mæsə-'tʃu:səts]> *ein US-Bundesstaat*
Mas'sa·ge <[-'ʒə]; f.; -, -n> *Körperbehandlung durch Kneten, Klopfen, Reiben o. Ä.* [frz.]; **Mas'sa·ge·sa·lon** <[-'lɔ̃] od. österr. a. [-'lo:n]; m.; -s, -s; verhüllend> *bordellähnl. Betrieb*
Mas'sai <a. ['--]; m.; -s od. -, -s od. -> *Angehöriger eines ostafrikan. Volkes*
Mas'sa·ker <n.; -s, -> *Gemetzel* [frz.]; **mas·sa'krie·ren,** <auch> **mas·sak'rie·ren** <V. t.; ↗Z53> *niedermetzeln*
'Maß·a·na·ly·se <f.; -, -n; ↗Z55; Chem.> *Verfahren zur Bestimmung der Stoffkonzentration in Lösungen;* **'Maß·an·zug** <m.; -(e)s, ⸚e> *Anzug nach Maß[1](2);* **'Maß·ar·beit** <f.; -, -en> *Anfertigung nach Maß[1](2);* **'Ma·ße** <f.; -, -n; veralt.> *Maß[1](4)*

'Mas·se <f.; -, -n> 1 *Brei, unförmiger Stoff;* Knet~ 2 <umg.> *große Quantität;* eine ~ *Einladungen;* in ~n *in großer Zahl* 3 *Mehrheit;* die breite ~ *des Volkes* 4 *undifferenzierte Menschenmenge;* in der ~ *untergehen* 5 <Phys.> *Grundeigenschaft der Materie;* ~ *und Energie* 6 <Rechtsw.> *Vermögen eines Erblassers od. Schuldners;* Konkurs~
'Maß·ein·heit <f.; -, -en> *Einheit zum Messen von Größen*
'Mas·sel [1] <m.; österr. n.; -s; unz.> *Glück* [hebr.]
'Mas·sel [2] <f.; -, -n> *Roheisenbarren*
...'ma·ßen <Adverbialsuffix> *die Art u. Weise bezeichnend, z. B. verdientermaßen*
'Mas·sen·an·zie·hung <f.; -; unz.; Phys.> = *Gravitation;* **'Mas·sen·ar·ti·kel** <m.; -s, -; Wirtsch.>; **'Mas·sen·auf·ge·bot** <n.; -(e)s; unz.> *große Menschenmenge;* **'Mas·sen·aus·gleich** <m.; -(e)s, -e; Phys.> *durch eine Gegenlast bewirkter Ausgleich;* **'Mas·sen·be·darfs·ar·ti·kel** <m.; -s, -; Wirtsch.>; **'Mas·sen·be·för·de·rungs·mit·tel** <n.; -s, -> = *Massenverkehrsmittel;* **'Mas·sen·druck·sa·che** <f.; -, -n> *in großer Menge produzierte Drucksache;* **'Mas·sen·fa·bri·ka·ti·on,** <auch> **'Mas·sen·fab·ri·ka·ti·on** <f.; -; unz.; ↗Z53; Wirtsch.>; **'Mas·sen·ge·sell·schaft** <f.; -; unz.; Soziol.> *Gesellschaft, die als anonyme Masse(4) erscheint;* **'Mas·sen·ge·stei·ne** <Pl.; Geol.> *nicht geschichtete Gesteine;* **'Mas·sen·grab** <n.; -(e)s, ⸚er> *Grab für viele Leichen;* **'Mas·sen·gü·ter** <Pl.; Wirtsch.>; **mas·sen·haft** <Adj.; meist umg.> *sehr viel;* er hat ~ *Angebote;* **'Mas·sen·her·stel·lung** <f.; -; unz.; Wirtsch.>; **'Mas·sen·hys·te·rie** <f.; -; unz.; Psych.>; **'Mas·sen·ka·ram·bo·la·ge** <[-ʒə]; f.; -, -n> *Auffahrunfall mit vielen Autos;* **'Mas·sen·kom·mu·ni·ka·ti·ons·mit·tel** <n.; -s, -> = *Massenmedium;* **'Mas·sen·kund·ge·bung** <f.; -, -en>; **'Mas·sen·me·di·um** <n.; -s, -me·di·en> *Kommunikationsmittel für ein großes Publi-*

kum; **'Mas·sen·mit·tel·punkt** <m.; -(e)s, -e; Phys.> *Punkt, in dem man sich die gesamte Masse(5) eines physikal. Systems konzentriert denken kann;* Sy *Schwerpunkt;* **'Mas·sen·mord** <m.; -(e)s, -e> *Ermordung vieler Menschen;* **'Mas·sen·mör·der** <m.; -s, -> **'Mas·sen·mör·de·rin** <f.; -, -n·nen>; **'Mas·sen·or·ga·ni·sa·ti·on** <f.; -, -en> *Organisation mit vielen Mitgliedern;* **'Mas·sen·pro·duk·ti·on** <f.; -; unz.; Wirtsch.>; **'Mas·sen·psy·cho·lo·gie** <f.; -; unz.; Psych.>; **'Mas·sen·psy·cho·se** <f.; -, -n; Psych.> *Erregung einer Masse(4);* **'Mas·sen·punkt** <m.; -(e)s, -e; Phys.> *Idealvorstellung eines punktförmigen Körpers mit Masse(5);* **'Mas·sen·spek·tro·graf, 'Mas·sen·spek·tro·graph,** <auch> **'Mas·sen·spek·tro·graf, 'Mas·sen·spek·tro·graph** <m.; -en, -en; ↗Z11.3, 53; Phys.> *Gerät zur Ermittlung der relativen Häufigkeit von Teilchen unterschiedl. Masse(5);* **'Mas·sen·spek·tro·me·ter** <n.; -s, -; Phys.> = *Massenspektrograph;* **'Mas·sen·spek·tro·sko·pie,** <auch> **'Mas·sen·spek·tros·ko·pie** <f.; -, -n; ↗Z54; Phys.> *Bestimmung u. Untersuchung von Massenspektren;* **'Mas·sen·spek·trum** <n.; -s, -tren/·t·ren; Phys.> *Häufigkeitsverteilung der Ruhemassen atomarer Teilchen;* **'Mas·sen·sport** <m.; -(e)s; unz.; Sp.> *Sport, den viele betreiben;* **'Mas·sen·ster·ben** <n.; -s, -> *gleichzeitiges Sterben vieler Lebewesen;* **'Mas·sen·streik** <m.; -s, -s od. -e>; **'Mas·sen·tou·ris·mus** <[-tu-]; m.; -; unz.> *Tourismus für breite Bevölkerungsschichten;* **'Mas·sen·ver·an·stal·tung** <f.; -, -en>; **'Mas·sen·ver·brauch** <m.; -(e)s; unz.> *Verbrauch großer Mengen;* **'Mas·sen·ver·kehr** <m.; -(e)s; unz.> *Verkehr mit öffentl. Verkehrsmitteln;* **'Mas·sen·ver·kehrs·mit·tel** <n.; -s, -> *Verkehrsmittel für viele Fahrgäste;* **'Mas·sen·ver·meh·rung** <f.; -; unz.; Biol.> = *Gradation;* **'Mas·sen·ver·samm·lung** <f.; -, -en>; **'Mas·sen·wa·re** <f.; -, -n;

Wirtsch.>; **'Mas·sen·wech·sel** <[-ks-]; m.; -s, -; Biol.> *Änderung der Bevölkerungsdichte einer Tierart;* **'mas·sen·wei·se** <Adv.> = *massenhaft;* **'Mas·sen·wir·kung** <f.; -, -en> *Wirkung auf die Masse(4);* **'Mas·sen·wir·kungs·ge·setz** <n.; -(e)s; unz.; Chem.> *ein chem. Grundgesetz;* **'Mas·sen·zahl** <f.; -, -en; Phys.> *Nukleonenzahl eines Atomkerns;* **'Mas·se·schul·den** <Pl.; Wirtsch.> *durch Handlungen des Konkursverwalters entstandene Schulden*

Mas·se·ter <m.; -s, -; Anat.> *Kaumuskel* [grch.]

Mas·seur <[-'sø:r]; m.; -s, -e> *jmd., der Massagen ausübt* [frz.]; **Mas·seu·rin** <f.; -, -n·nen>; **Mas·seu·se** <[-'sø:zə]; f.; -, -n> <veralt.> *Masseurin* 2 <verhüllend> *Prostituierte*

'Mas·se·ver·wal·ter <m.; -s, -; österr.> *Konkursverwalter;* **'Mas·se·ver·wal·te·rin** <f.; -, -n·nen; österr.>

'Maß·ga·be <f.; -; unz.; in der Wendung> *nach ~ entsprechend;* **'maß·ge·bend, 'maß·geb·lich** <Adj.> *entscheidend;* -es Beispiel; **'maß·ge·schnei·dert** <Adj.> ~er Anzug; **'maß·hal·tig** <Adj.; Tech.>

'Maß·hol·der <m.; -s, -; Bot.> *Feldahorn*

mas·sie·ren[1] <V. t.> *mit Massage behandeln*

mas·sie·ren[2] <V. t.> *zusammenziehen, verstärken;* Truppen ~

'mas·sig <Adj.> 1 *wuchtig, groß;* ~er Mensch 2 <adv.; umg.> *sehr viel;* ~ essen

'mä·ßig <Adj.> 1 *nicht übertreibend;* ~e Forderungen 2 *nicht besonders gut;* ~er Sänger; **...mä·ßig** <Adj.; in Zus.> 1 *in der Art, z. B. gewohnheitsmäßig* 2 *entsprechend, z. B. vorschriftsmäßig* 3 <umg.> *bezüglich, z. B. gefühlsmäßig;* **'mä·ßi·gen** <V. t.> 1 *auf das reche Maß(4) herabmindern;* seine Ansprüche ~; gemäßigtes Klima 2 <V. refl.> *sich beherrschen;* sich im Trinken ~; **'Mä·ßig·keit** <f.; -; unz.>

'Mas·sig·keit <f.; -; unz.>

'Mä·ßi·gung <f.; -; unz.>

mas·siv <Adj.> 1 *fest, solide,*

wuchtig; ~es Gold 2 ~er Angriff <Mil.> *massierter*[2] A. 3 <fig.> *heftig, rücksichtslos;* ~e Kritik; ~ werden <umg.> *ausfallend werden* [frz.]; **Mas·siv** <n.; -s, -e [-ə]; Pl.; Geol.> *Gebirgsstock, Bergkette;* **Mas·siv·bau** <m.; -(e)s, -ten; Bauw.> *Bauweise mit Stein, Beton od. Stahlbeton;* **Mas·si·vi·tät** <[-vi-]; f.; -; unz.>

'Maß·kon·fek·ti·on <f.; -; unz.> *Kleidungsanfertigung nach Maß*[1](2); **'Maß·krug** <m.; -(e)s, ⸚e> *Krug für 1 Maß*[2] *Bier,* **'maß·lei·dig** <Adj.; bair.> *verdrossen*

Maß'lieb <a. ['--]; n.; -(e)s, -e; Bot.> = *Gänseblümchen* [ndrl.]

'maß·los <Adj.> 1 *übermäßig;* ~e Wut 2 <adv.; verstärkend> *sehr;* ~ übertreiben; **'Maß·lo·sig·keit** <f.; -; unz.>; **'Maß·nah·me** <f.; -, -n> *zweckbestimmte Handlung, Vorkehrung;* ~n ergreifen

Mas'so·ra <f.; -; unz.; Rel.> *Kommentar zum AT* [hebr.]; **Mas·so'ret** <m.; -en, -en> *mit der Massora beschäftigter jüd. Schriftgelehrter*

Mass·re·ac·tion <['mæsrɪækʃn]; f.; -, -s; Psych.> *Instinktreaktion auf best. Umweltreize* [engl.]

'Maß·re·gel <f.; -, -n> *Richtlinie,* **'maß·re·geln** <V. t.; ich maß·reg(e)le; sie hat gemaßregelt, zu maßregeln;* ↗Z25.1> *tadeln;* **'Maß·re·ge·lung, 'Maß·reg·lung** <f.; -, -en>; **'Maß·schnei·der** <m.; -s, -> *Schneider für Maßkonfektion;* **'Maß·schnei·de·rin** <f.; -, -n·nen>; **'Maß·stab** <m.; -(e)s, ⸚e> 1 *Meterstab, Zollstock* 2 *Größenverhältnis;* im ~ 1 : 10 3 <fig.> *Richtlinie;* als ~ dienen; **'maß·stäb·lich** <Adj.> *nach einem best. Maßstab(2);* **'maß·stab(s)·ge·recht, 'maß·stab(s)·ge·treu** <Adj.> *im richtigen Maßstab(2);* **'Maß·sys·tem** <n.; -s, -e> *Grundsystem wichtiger Maßeinheiten;* **'maß·voll** <Adj.> *gemäßigt, beherrscht;* ~e Ansprüche; **'Maß·werk** <n.; -(e)s; unz.; Arch.> *got. Bauornament (an Bögen u. Ä.)*

Mast[1] <m.; -(e)s, -e od. -en> 1 <Mar.> *senkrechte Stange für das Segelwerk;* Schiffs- 2 *senkrechter Pfahl als Träger;* Antennen-

Mast[2] <f.; -, -en; Landw.> 1 <frü-

her> *ein Mastfutter* 2 *das Mäs-ten;* die ~ *von Schweinen*
'**Mas·ta·ba** <f.; -, -s> *altägypt. Grabbau* [arab.]
Mast·al'gie, <auch> **Mas·tal'gie** <f.; -, -n; ↗Z54; Med.> = *Mastodynie*
'**Mast·baum** <m.; -(e)s, ⸚e; Mar.> = *Mast¹(1)*
'**Mast·darm** <m.; -(e)s, ⸚e; Anat.> *letzter Darmabschnitt;* Sy *Rektum;* '**Mast·darm·ent·zün·dung** <f.; -, -en; Med.>; '**Mast·darm·fis·tel** <f.; -, -n; Med.>; '**Mast·darm·spie·gel** <m.; -s, -; Med.>; '**Mast·darm·spie·ge·lung** <f.; -, -en; Med.>
'**mäs·ten** <V. t.; du mästest> 1 <Landw.> *Tiere ~ reichlich füttern* 2 <fig.; scherzh.> *zu viel zu essen geben; willst du mich ~?;* '**Mast·en·te** <f.; -, -n; Landw.>
Mas·ter <['ma:s-]; m.; -s, -> 1 <in Großbritannien u. den USA> *akadem. Grad; ~ of Arts* <Abk.: M. A.> 2 <Jagdw.> *Leiter einer Parforcejagd* [engl.]
Mäs·te·rei <f.; -, -en; Landw.> *Betrieb zur Viehmast*
'**Mas·ters** <n.; -, -; Sp.> *Wettkampf für die besten Sportler* [engl.]
'**Mast·fut·ter** <n.; -s; unz.; Landw.>; '**Mast·gans** <f.; -, ⸚e; Landw.>; '**Mast·huhn** <n.; -(e)s, ⸚er; Landw.>
'**Mas·tiff** <m.; -s, -s; Zool.> *eine Hunderasse* [engl.]
Mas·ti·ka·tor <m.; -s, -'to·ren> *Knetmaschine* [lat.]
Mas·ti·tis <f.; -, -'ti·ti·den; Med.> *Brustentzündung* [grch.]
'**Mas·tix** <m.; - od. -es; unz.> 1 <Bot.> *ein Harz* 2 *ein Straßenbelag* [lat.]; '**Mas·tix·strauch** <m.; -(e)s, ⸚er; Bot.> *ein Sumachgewächs*
'**Mast·korb** <m.; -(e)s, ⸚e; unseemänn. Bez. für> *Mars³*
'**Mast·kur** <f.; -, -en> *Kur zur Gewichtszunahme*
'**Mast·o·don**, <auch> '**Mas·to·don** <n.; -s, -s od. -'don·ten; ↗Z54; Zool.> *ausgestorbenes Rüsseltier* [grch.]; **Mast·o·dy'nie** <f.; -, -n; Med.> *Brustschmerzen vor der Periode;* **mas·to'id** <Adj.>
'**Mast·schwein** <n.; -(e)s, -e; Landw.>

Mas·tur·ba·ti'on <f.; -, -en> *geschlechtl. Selbstbefriedigung;* Sy *Onanie* [lat.]; **mas·tur·ba'to·risch** <Adj.>; **mas·tur'bie·ren** <V. i.> *sich geschlechtl. befriedigen;* Sy *onanieren*
'**Mast·vieh** <n.; -s; unz.; Landw.>
Ma'su·re <m.; -n, -n> *Bewohner Masurens;* **Ma'su·ren** *Region im ehem. Ostpreußen;* **Ma'su·rin** <f.; -, -·nen>; **ma'su·risch** <Adj.>; **Ma'sur·ka** <f.; -, -'sur·ken od. -s; Mus.> *poln. Nationaltanz;* oV *Mazurka* [poln.]
Ma'sut <n.; -(e)s; unz.> *Erdölrückstand* [russ.]
Ma·ta'dor <m.; -s od. -en, -e od. -en> 1 *Stierkämpfer* 2 <fig.> *Hauptperson* [span.]
Ma·ta'ma·ta <f.; -, -s; Zool.> *eine Schildkrötenart* [portugies.]
Match <[mætʃ], schweiz. [matʃ]; n. od. (schweiz. nur so) m.; -(e)s, -s od. -e; Sp.> *Wettkampf* [engl.]; '**Match·ball** <m.; -(e)s, ⸚e; Tennis> *spielentscheidender Punkt;* '**Match·beu·tel** <m.; -s, -> *sackartiger Beutel;* **Mat·ching** <['mætʃiŋ]; n.; - od. -s, -s; Wirtsch.> *in bestimmten Merkmalen übereinstimmende Personengruppe;* '**Match·play** <[-pleı]; n.; -s, -s; Golf> *Spielart, bei der die gewonnenen Löcher gewertet werden;* '**Match·sack** <m.; -(e)s, ⸚e> = *Matchbeutel;* '**Match·stra·fe** <f.; -, -n; Sp.> *Ausschluss eines Spielers für die restl. Spielzeit*
'**Ma·te** <m.; -; unz.> *teeähnl. Getränk* [indian.]
'**Ma·ter** <f.; -, -n; Typ.> = *Matrize(1)* [lat.]; '**Ma·ter do·lo'ro·sa** <f.; - -; Rel.> *schmerzensreiche Mutter (Christi)*
ma·te·ri'al <Adj.> *stofflich, sachlich* [lat.]; **Ma·te·ri'al** <n.; -s, -li·en>; **Ma·te·ri'al·feh·ler** <m.; -s, ->; **Ma·te·ri'al·i·en·samm·lung** <f.; -, -en> = *Materialsammlung;* **Ma·te·ri·a·li·sa·ti'on** <f.; -, -en> 1 *Verstofflichung* 2 <Phys.> *Umwandlung von Energie in Materie(2)* 3 <Okk.> *körperl. Geistererscheinung;* **ma·te·ri·a·li'sie·ren** <V. t.> *stofflich machen;* **Ma·te·ri·a'lis·mus** <m.; -; unz.> 1 <Philos.> *Lehre, dass das Wirkliche die Auswir-*

kung des Stofflichen sei 2 *auf den Besitz materieller(3) Güter ausgerichtete Haltung;* **Ma·te·ri·a'list** <m.; -en, -en> 1 <Philos.> *Anhänger des Materialismus(1)* 2 *auf den Besitz materieller(3) Güter ausgerichteter Mensch;* **Ma·te·ri·a'lis·tin** <f.; -, -·nnen>; **ma·te·ri·a'lis·tisch** <Adj.>; **Ma·te·ri·a·li'tät** <f.; -; unz.> *Stofflichkeit, Körperlichkeit;* Ggs *Spiritualität;* **Ma·te·ri'al·kon·stan·te**, <auch> **Ma·te·ri'al·kons·tan·te** <f.; -, -n; ↗Z54; Phys.> *vom Material abhängige physikal. Größe;* **Ma·te·ri'al·kos·ten** <Pl.>; **Ma·te·ri'al·prü·fung** <f.; -, -en> *Werkstoffprüfung;* **Ma·te·ri'al·samm·lung** <f.; -, -en> *Sammlung von schriftl. Unterlagen;* oV *Materialiensammlung;* **Ma'te·rie** <[-riə]; f.; -, -n> 1 <unz.; Philos.> *Geist und ~;* = *Urstoff* 2 *Stoff, Substanz;* tote ~ 3 *Inhalt, Thema;* die ~ *beherrschen;* **ma·te·ri'ell** <Adj.> 1 <Philos.> *die Materie(1) betreffend;* Ggs *spirituell* 2 *stofflich, körperlich;* Ggs *ideell* 3 *finanziell; ~e Probleme;* **Ma'te·ri·e·wel·le** <[-riə-]; f.; -, -n; Phys.> *Wellencharakter von Teilchenstrahlen*
'**ma·tern¹** <V. t.; Typ.> *eine Mater anfertigen; Druckvorlagen ~* [lat.]; **ma'tern²** <Adj.; Med.> *mütterlich;* **Ma·ter·ni'tät** <f.; -; unz.; Med.> *Mutterschaft*
'**Ma·te·strauch** <m.; -(e)s, ⸚er; Bot.> *ein Stechpalmengewächs;* '**Ma·te·tee** <m.; -s; unz.>
'**Ma·the** <f.; -; unz.; Schülerspr.> *Mathematik(stunde);* **Ma·the·ma'tik** <österr. [--'--]; f.; -; unz.> *Lehre von den Zahlen u. Figuren;* höhere ~ [grch.]; **Ma·the·'ma·ti·ker** <m.; -s, -> *Kenner der Mathematik;* **Ma·the·ma·ti·ke·rin** <f.; -, -·nnen>; **ma·the·ma·tisch** <Adj.>; **ma·the·ma·ti'sie·ren** <V. t.> *mathemat. betrachten; ein Problem ~;* **Ma·the·ma·ti'sie·rung** <f.; -, -en> *Anwendung mathemat. Gesetzmäßigkeiten*
Ma·ti'nee <f.; -, -n> *künstler. Vormittagsveranstaltung;* Ggs *Soiree* [frz.]
'**Mat·jes·he·ring** <m.; -s, -e> *junger Hering*

M

Matrixsatz: Ein M. oder Träger-
satz ist ein übergeordneter Satz in
einem ↗Satzgefüge. Er kann ein
↗Hauptsatz oder ein selbst ein-
gebetteter Satz sein. Die einem M.
untergeordneten Sätze werden
Konstituentensätze genannt.

Ma'trat·ze, <auch> Mat'rat·ze <f.;
-, -n; ↗Z53> Bettpolster; Ross-
haar~; Ma'trat·zen·drell <m.;
-(e)s, -e> Matratzenüberzug
Mä'tres·se, <auch> Mät'res·se
<f.; -, -n; ↗Z53> Geliebte; oV
Maitresse [frz.]
ma·tri·ar·cha·lisch, <auch> mat-
ri·ar·cha·lisch <[-'ça:-]; Adj.;
↗Z53> das Matriarchat betref-
fend; Ggs patriarchalisch; Ma-
tri·ar'chat <n.; -(e)s, -e> = Mut-
terherrschaft; Ggs Patriarchat
[lat.; grch.]; Ma'tri·kel <f.; -, -n>
1 amtl. Verzeichnis 2 <österr.>
Personenstandsregister
ma·tri·mo·ni'al, <auch> mat·ri-
mo·ni'al <Adj.; ↗Z53; geh.>
ehelich [lat.]
'Ma·trix, <auch> 'Mat·rix <f.; -,
-'tri·zen od. 'Ma·tri·zes [-tse:s]
od. -'tri·ces [-tse:s]; ↗Z53> 1
<Anat.> Muttergewebe 2 <Biol.>
Chromosomenhülle 3 <Geol.>
mineral. Gesteinsmasse 4
<Math.> schemat. Anordnung
von Elementen [lat.]; 'Ma·trix-
dru·cker <m.; -s, -; EDV>; 'Ma-
trix·or·ga·ni·sa·ti·on <f.; -, -en;
Wirtsch.> Unternehmensstruk-
tur mit mehreren gleichberech-
tigten Bereichen; 'Ma·trix·po-
ten·ti·al, 'Ma·trix·po·ten·zi·al
<n.; -s, -e; ↗Z11.4; Phys.; Ge-
ol.> elektrostat. Kräftewirkun-
gen der Bodensubstanz auf das
Bodenwasser; 'Ma·trix·satz <m.;
-es, -e; Sprachw.> übergeordne-
ter Satz; → a. Kasten; Ma'tri·ze
<f.; -, -n> Ggs Patrize 1 <Typ.>
Metallform zum Guss von
Schriftzeichen; Sy Mater 2
<Tech.> Teil einer Pressform, in
den ein Werkstoff gepresst wird;
Ma'tri·zen·me·cha·nik <f.; -;
unz.; Math.; Phys.> Formulie-
rung der Quantenmechanik;
Ma'tri·zen·rech·nung <f.; -, -en>
Math.> Rechnung mit Matrizen;
→ a. Matrix(4); ma·tri'zie·ren
<V. t.; österr.> hektographieren
Ma'tro·ne, <auch> Mat'ro·ne <f.;

-, -n; ↗Z53> 1 ältere Frau 2
<abwertend> dickl. Frau [lat.];
ma'tro·nen·haft <Adj.; abwer-
tend>
Ma'trosch·ka, <auch> Mat-
'rosch·ka <f.; -, -s; ↗Z53> Holz-
figur mit ineinander gesetzten
kleineren Figuren [russ.]
Ma'tro·se, <auch> Mat'ro·se <m.;
-n, -n; ↗Z53> 1 <Handelsmari-
ne> Seemann 2 <Kriegsmarine>
Soldat im untersten Dienstgrad
[ndrl.]; Ma'tro·sen·an·zug <m.;
-(e)s, ⸚e>
matsch <Adj.; umg.> 1 verfault
(bes. Obst) 2 <Kart.> völlig be-
siegt 3 <fig.> schlapp; völlig ~
sein; Matsch¹ <m.; -(e)s; -e;
Kart.> völliger Spielverlust;
Matsch² <m.; -(e)s, -e; Pl. sel-
ten>, 'Mat·sche <f.; -; unz.>
Schlamm; Schnee~; 'mat·schen
<V. t.; du matschst; umg.> mit
Matsch² spielen; 'mat·schig
<Adj.> feucht-schmutzig
matt <Adj.; -er, am -es·ten> 1
kraftlos, erschöpft; ~ vor Müdig-
keit 2 glanzlos; ~es Gold 3 <un-
dekl.; Schach> besiegt; Schach
und ~!; jmdn. ~ setzen <a. fig.>;
Matt <n.; -, od. -s; unz.; Schach>
Schlussstellung
'Mat·te¹ <f.; -, -n> geflochtene
Unterlage; Fuß~; Hänge~
'Mat·te² <f.; -, -n; poet.> Wiese,
Weide
'Matt·glas <n.; -es; unz.> un-
durchsichtiges Glas; 'Matt·gold
<n.; -(e)s; unz.
Mat'thäi <Gen. von> Matthäus;
bei mir ist ~ am Letzten <fig.;
umg.> ich habe kein Geld mehr
'Matt·heit <f.; -; unz.>; mat'tie-
ren <V. t.> matt(2) machen;
'Mat·tig·keit <f.; -; unz.> Er-
schöpfung, Schwäche; 'Matt-
lack <m.; -(e)s, -e>; 'Matt·pa-
pier <n.; -s, -e> Papier mit mat-
ter(2) Oberfläche; 'Matt·schei-
be <f.; -, -n> 1 <Fot.> Teil der
Kamera 2 Fernsehbildschirm 3
<fig.; umg.> ~ haben benom-
men sein
Ma'tu·ra <f.; -; unz.; österr.;
schweiz.> Reifeprüfung [lat.];
Ma·tu'rand <m.; -en, -en;
schweiz.> Abiturient; Ma·tu-
'ran·din <f.; -, -nen;
schweiz.>; Ma·tu'rant <m.; -en,
-en; österr.> Abiturient; Ma·tu-

'ran·tin <f.; -, -n·nen; österr.>;
ma·tu'rie·ren <V. i.; österr.> die
Reifeprüfung absolvieren; Ma-
tu·ri'tät <f.; -; unz.> 1 <veralt.>
Reife 2 <schweiz.a> Hoch-
schulreife; Ma·tu·ri'täts·ex·a-
men, <auch> Ma·tu·ri'täts·exa-
men <n.; -s, - od. -mi·na; ↗Z54;
schweiz.> Reifeprüfung
Ma'tu'tin <f.; -, -e od. -en; Rel.>
nächtl. Stundengebet [lat.]
Matz <m.; -es, -e od. ⸚e;
scherzh.> kleiner Kerl; Hosen~;
'Mätz·chen <n.; -s, -; umg.> 1
kleiner Vogel 2 <Pl.> Ausflüchte,
<auch> Unfug; ~ machen
'Mat·ze <f.; -, -n>, 'Mat·zen <m.;
-s, -; Rel.> ungesäuertes Oster-
brot der Juden [hebr.]
mau <Adj.; umg.> schlecht, flau;
mir ist ~
'mau·en <V. i.; schweiz.> = miau-
en
'Mau·er <f.; -, -n> 1 Steinwand;
die Chinesische ~; die (Berli-
ner) ~ M., die die Stadt bis 1989
teilte 2 <fig.> Barriere; eine ~
von Vorurteilen; 'Mau·er·as·sel
<f.; -, -n; Zool.> eine Landassel;
'Mau·er·bie·ne <f.; -, -n; Zool.>
eine Bienenart; 'Mau·er·blüm-
chen <n.; -s, -; fig.; umg.; ab-
wertend> Mädchen, das beim
Tanz selten aufgefordert wird;
'Mau·er·ei·dech·se <[-ks-]; f.; -,
-n; Zool.> eine Eidechsenart;
'Mau·er·fall <m.; -(e)s; unz.>
Fall der Berliner Mauer 1989;
'Mau·er·ge·cko <m.; -s, -s;
Zool.> eine Eidechsenart; 'Mau-
er·ha·ken <m.; -s, ->; 'Mau·er-
kro·ne <f.; -, -n> oberer Mauer-
abschluss; 'Mau·er·lat·tich <m.;
-(e)s; unz.; Bot.> ein Korbblüt-
ler; 'Mau·er·läu·fer <m.; -s, -;
Zool.> ein Singvogel; 'mau·ern
<V. i.; ich mau(e)re> 1 an einer
Mauer(1) bauen 2 <Kart.> Kar-
ten zurückhalten; 'Mau·er·pfef-
fer <m.; -s; unz.; Bot.> eine
Pflanze; 'Mau·er·schwal·be <f.;
-, -n; Zool.> ein Vogel; 'Mau·er-
seg·ler <m.; -s, -; Zool.> ein Vo-
gel; 'Mau·er·specht <m.; -(e)s,
-e; fig.; umg.> Souvenirjäger,
der Stücke der Berliner Mauer
mitnahm; 'Mau·er·speis <m.;
-es, -e; Bauw.; süddt.> = Mörtel;
'Mau·er·stein <m.; -(e)s, -e;
Bauw.> nicht gebrannter Bau-

stein; **'Mau·er·ver·band** <m.;
-(e)s, ⸗e> *Art der Verbindung
der Mauersteine;* **'Mau·er·werk**
<n.; -(e)s; unz.> *Mauer(1);*
'Mau·er·zie·gel <m.; -s, -;
Bauw.> *gebrannter Baustein*
'Mau·ke¹ <f.; -; unz.; Vet.> *Haut-
entzündung bei Tieren*
'Mau·ke² <f.; -; unz.; sächs.> *Lust;
keine ~ zu etwas haben*
Maul <n.; -(e)s, ⸗er> 1 <Zool.>
Mund vieler Tiere 2 <derb/
menschl. Mund;* das ~ aufrei-
ßen <a. fig.> *angeben;* halt's ~!
sei still!; jmdm. Honig ums ~
schmieren <fig.> *schmeicheln;*
'Maul·af·fen <Pl.; umg.; nur in
der Wendung> ~ *feilhalten un-
tätig mit offenem Mund herum-
stehen;* **'Maul·beer·baum** <m.;
-(e)s, ⸗e; Bot.> *ein Maulbeerge-
wächs;* **'Maul·bee·re** <f.; -, -n;
Bot.> *Frucht des Schwarzen
Maulbeerbaums;* **'Maul·beer-
fei·ge** <f.; -, -n; Bot.> = *Sykomo-
re;* **'Maul·beer·keim** <m.; -(e)s,
-e; Biol.> = *Morula;* **'Maul·beer-
spin·ner** <m.; -s, -; Zool.> *ein
Schmetterling;* **'Maul·brü·ter**
<m.; -s, -; Zool.> *Fisch mit
Maulbrutpflege;* **'Mäul·chen**
<n.; -s, - od. a. 'Mäu·ler·chen;
Verkleinerungsf. von> *Maul;*
'mau·len <V. i.; du maulst;
umg.> *murren, sich beklagen;*
'Maul·e·sel <m.; -s, -; ↗Z55;
Zool.> *Kreuzung von Pferde-
hengst u. Eselstute;* → a. *Maul-
tier;* **'maul·faul** <Adj.; umg.>
schweigsam; **'Maul·held** <m.;
-en, -en; umg.> *abwertend>
Prahler, Angeber;* **'Maul·korb**
<m.; -(e)s, ⸗e> *Beißschutz für
bissige Tiere;* **'Maul·korb·er·lass**
<m.; -es, -e; fig.; umg.> **'Maul-
korb·ge·setz** <n.; -es, -e; fig.;
umg.> *Gesetz, das die freie Mei-
nungsäußerung einschränkt;*
'Maul·schel·le <f.; -, -n; umg.>
= *Ohrfeige;* **'Maul·sper·re** <f.; -,
-n>; **'Maul·ta·sche** <f.; -, -n;
Kochk.> *gefüllte Nudelteigta-
sche;* **'Maul·tier** <n.; -(e)s, -e;
Zool.> *Kreuzung von Eselhengst
u. Pferdestute;* → a. *Maulesel;*
'Maul·trom·mel <f.; -, -n; In-
strumentenk.> *ein Musikin-
strument;* **'Maul- und 'Klau·en-
seu·che** <f.; unz.; ↗Z19.4;
Vet.; Zool.; Abk.: MKS> *Viruser-

---

krankung der Klauentiere;*
'Maul·wurf <m.; -(e)s, ⸗e> 1
<Zool.> *ein Insektenfresser* 2
<fig.> *Spion;* **'Maul·wurfs·gril·le**
<f.; -, -n; Zool.> *eine Grillenart;*
**'Maul·wurfs·hau·fen, 'Maul-
wurfs·hü·gel** <m.; -s, ->; **'Maul-
wurfs·rat·te** <f.; -, -n; Zool.>
'maun·zen <V. i.; du maunzt> 1
miauen 2 *weinerlich klagen*
'Mau·re <m.; -n, -n> *Berber*
[grch.]
'Mau·rer <m.; -s, -> *jmd., der
Mauerwerk herstellt;* pünktlich
wie die ~ <umg.; scherzh.> *sehr
pünktlich;* **Mau·re'rei** <f.; -;
unz.>; **'Mau·rer·kel·le** <f.; -, -n>
*Gerät zum Auftragen von Mör-
tel;* **'Mau·rer·po·lier** <m.; -s, -e>
Maurer als Vorarbeiter
Mau'res·ke <f.; -, -n> *Ornament
in der islam. Kunst;* oV *Moreske*
[frz.]
Mau·re'ta·ni·en 1 <im Altertum>
Gebiet in Nordwestafrika 2
<heute> *Staat in Westafrika;* Is-
lamische Republik ~; **Mau·re'ta-
ni·er** <m.; -s, ->; **Mau·re'ta·ni·e-
rin** <f.; -, -n·nen>; **mau·re'ta-
nisch** <Adj.>; **'Mau·rin** <f.; -,
-n·nen> *weibl. Maure;* **'mau-
risch** <Adj.>
Mau'ri·ti·er <[-tsjər] m.; -s, ->
Einwohner von Mauritius; **Mau-
'ri·ti·e·rin** <f.; -, -n·nen>; **mau'ri-
tisch** <Adj.>; **Mau'ri·ti·us**
<[-tsjus> *Inselstaat bei Südost-
afrika;* Republik ~; **mau'ri·zisch**
<Adj.> oV *mauritisch*
Maus <f.; -, ⸗e> 1 <Zool.> *ein Na-
getier;* Feld-; *da beißt die ~ kei-
nen Faden ab* <fig.; umg.> *es ist
unvermeidbar* 2 <EDV> *rollba-
res Eingabegerät;* oV *Mouse*
'mau·scheln <V. i.; ich
mausch(e)le> 1 *jiddisch spre-
chen* 2 <abwertend> *dubiose
Geschäfte betreiben* 3 <Kart.>
Mauscheln spielen; **'Mau-
scheln** <n.; -s; unz.> 1 *das Jid-
dische* 2 <Kart.> *ein Kartenspiel*
'Mäus·chen <n.; -s, -> 1 <Verklei-
nerungsf. von> *Maus;* ~ *spielen*
<fig.; umg.> *heimlich dabei sein*
2 <Anat.; umg.> *freier Gelenk-
körper;* **'mäus·chen'still** <Adj.>
ganz still; **'Mäu·se·bus·sard**
<m.; -(e)s, -e; Zool.> *ein Raub-
vogel;* **'Mau·se·fal·le, 'Mäu·se-
fal·le** <f.; -, -n>; **'mau·seln**,

'mäu·seln <V. i.; ich maus(e)le,
mäus(e)le; Jagdw.> *den Pfiff der
Mäuse imitieren;* **'Mau·se·loch,
'Mäu·se·loch** <n.; -(e)s, ⸗er>
Eingang zum Bau der Maus(1);
'mau·sen <V.; du maust> 1
<V. t.; umg.> *stehlen* 2 <V. i.>
Mäuse(1) fangen; die Katze
lässt das Mausen nicht
<Sprichw.> *alte Gewohnheiten
kann man nicht ablegen*
'Mau·ser <f.; -; unz.; Zool.> *Fe-
derwechsel;* in der ~ *sein*
'Mau·ser·ge·wehr, <auch> **'Mau-
ser-Ge·wehr** <n.; -(e)s, -e;
↗Z35> *ein Gewehr* [nach den
Brüdern P. u. W. *Mauser*]
'Mäu·se·rich <m.; -s, -e; Zool.>
männl. Maus(1)
'mau·sern <V. refl.> 1 <Zool.> *die
Federn wechseln* 2 <fig.> *sich
vorteilhaft entwickeln;* **'Mau·se-
rung** <f.; -; unz.; Zool.> = *Mau-
ser*
'mau·se'tot <Adj.; umg.; verstär-
kend> *tot;* **'Mau·se·zähn·chen**
<n.; -s, -; Textilw.> *gezahnte
Kante an Häkeleien;* **'maus-
grau** <Adj.>; **'Maus·klick** <m.;
-s, -s; EDV> = *Mouseclick;*
'Mäus·lein <n.; -s, -; poet.; Ver-
kleinerungsf. von> *Maus*
Mau·so'le·um <n.; -s, -'le·en>
monumentaler Grabbau [nach
dem König *Mausolos*]
Maus·pad <[-'pæd]; n.; -s, -s;
EDV> = *Mousepad;* **'Maus·tas-
te** <f.; -, -n; EDV>
Maut <f.; -, -en> 1 <veralt.> *Zoll* 2
<österr.> *Gebühr für Straßen- u.
Brückenbenutzung;* **'Maut·ner**
<m.; -s, -; veralt.> *Zöllner*
mauve <[mo:v]; Adj.; undekl.>
malvenfarben; **Mau·ve·in**
<[move'i:n]; n.; -s; unz.;
Chem.> *violetter Farbstoff* [frz.]
m. a. W. <Abk. für> *mit anderen
Worten*
'ma·xi <Adj.; undekl.; Mode>
knöchellang; das Kleid ist ~;
Ggs *mini* [lat.]; **'Ma·xi¹** <n.; -s,
-s; Mode> *knöchellanges Klei-
dungsstück;* ~ *tragen;* **'Ma·xi²**
<m.; -s, -s; Mode> *knöchellan-
ger Rock;* **'Ma·xi³** <f.; -, -s; Mus.;
kurz für> *Maxisingle;* **'Ma·xi...**
<Mode; in Zus.> *bis an die Knö-
chel reichend,* z. B. *Maxirock*
Ma'xil·la <f.; -, -'xil·lae> 1 <Zool.>
Mundwerkzeug der Krebse u. In-

M

sekten 2 <Anat.> *Oberkiefer* [lat.]; **ma·xil'lar** <Adj.>
'Ma·xi·ma <Pl. von> *Maximum*; **ma·xi'mal** <Adj.> *größt-, höchstmöglich; ~e Geschwindigkeit; ~ zwei Stunden*; Ggs *minimal*; **Ma·xi'mal...** <in Zus.> *Größt..., Höchst..., z. B. Maximalwert*; **Ma·xi'mal·be·las·tung** <f.; -, -en>; **Ma·xi'mal·be·trag** <n.; -(e)s, ⁼e>; **Ma·xi'mal·do·sis** <f.; -, -'do·sen; Med.; Abk.: MD> *höchste zulässige Arzneidosis*; **Ma·xi'mal·ge·wicht** <n.; -(e)s, -e>; **Ma·xi'mal·hö·he** <f.; -, -n>; **Ma·xi'mal·leis·tung** <f.; -, -en>; **Ma·xi'mal·prin·zip** <n.; -s, -pi·en od. -e; Wirtsch.>; **Ma·xi'mal·wert** <m.; -(e)s, -e>; **Ma·xi·me** <f.; -, -n> *Grundsatz*; **ma·xi·'mie·ren** <V. t.> *das Maximum erreichen; den Profit ~*; Ggs *minimieren*; **Ma·xi'mie·rung** <f.; -; unz.>; **'Ma·xi·mum** <n.; -s, -ma> *Höchstwert*; Ggs *Minimum* [lat.]; **'Ma·xi·mum-'Mi·ni·mum-Ther·mo'me·ter** <n.; -s, -; ⤢Z 33> *Thermometer, das tägl. die tiefste u. höchste gemessene Temperatur anzeigt*; **'Ma·xi·sin·gle**, <auch> **'Ma·xi·sing·le** <[-sɪŋgl]; f.; -, -s; ⤢Z 53; Mus.; Kurzw.: Maxi³> *Single mit langer Spieldauer*
Max-'Planck-Ge·sell·schaft <f.; -; unz.; Abk.: MPG> *Gesellschaft zur Förderung der Wissenschaften* [nach dem dt. Physiker *Max Planck*]
Max·well <['mæks-]; n.; -, -; Phys.; veralt.; Zeichen: Mx> *Einheit des magnet. Flusses* [nach dem engl. Physiker J. C. *Maxwell*]
Ma·ya <['ma:ja]; m.; -s od. -, -s od. -> *Angehöriger eines indian. Kulturvolkes in Mittelamerika*
May·day <['meɪdeɪ]; n.; -s; unz.; Funkw.> *internat. Notruf* [frz.]
May·on·nai·se <[majo'nɛ:zə]; f.; -, -n; Kochk.> = *Majonäse* [span.-frz.]
May·or, <auch> **Ma·yor** <['mɛ:ər]; m.; -s, -s; ⤢Z 52; in Großbritannien und den USA> *Bürgermeister* [engl.]
MAZ <f.; -; unz.; TV; Kurzw. für> *magnet. Bildaufzeichnung; → a. magnetisch(1)*
Ma·ze·do·ni·en *Staat im Süden*

des ehem. Jugoslawien; die ehemalige jugoslawische Republik *~*; oV *Makedonien*; **Ma·ze'do·ni·er** <m.; -s, ->; **Ma·ze'do·ni·e·rin** <f.; -, -n·nen>; **ma·ze'do·nisch** <Adj.>
Mä'zen <m.; -s, -e> *Kunstfreund, -förderer* [nach dem Römer *Maecenas*]; **Mä·ze'na·ten·tum** <n.; -s; unz.>; **Mä·ze'na·tin, Mä·'ze·nin** <f.; -, -n·nen>
Ma·ze·ra·ti·on <f.; -, -en> 1 <Biol.; Med.> *Gewebeerweichung durch Wasser* 2 *Auslaugung von Stoffen aus Drogen* [lat.]; **ma·ze·'rie·ren** <V. i.> *der Mazeration unterliegen*
'Ma·zis <m.; -; unz.>, **'Ma·zis·blü·te** <f.; -; unz.> *Muskatblüte* [lat.]
Ma·zur·ka <[-'zur-]; f.; -, -s od. -'zur·ken; Mus.> = *Masurka* [poln.]
MB <EDV; Zeichen für> *Megabyte*
Mba'ba·ne *Hauptstadt von Swasiland*
mbar <Phys.; Meteor.; Zeichen für> *Millibar*
μbar <Phys.; Abk. für> *Mikrobar*
MByte <['embaɪt]; n.; - od. -s, - od. -s; EDV; Zeichen für> *Megabyte*
m. c. <Abk. für> *mensis currentis*
Mc <Abk. für> *Mac*
MC <Mus.; Abk. für> *Musikkassette* [engl.]
Md <Chem.; Zeichen für> *Mendelevium*
Md. <Abk. für> *Milliarde(n)*
MD <Abk. für> 1 <Med.> *Maximaldosis* 2 <Mus.> *Musikdirektor(in)*
m. d. <Mus.; Abk. für> *mano destra*
MdB <Pol.; Abk. für> *Mitglied des Bundestages*
MdL <Pol.; Abk. für> *Mitglied des Landtages*
MDR <Abk. für> *Mitteldeutscher Rundfunk*
m. E. <Abk. für> *meines Erachtens; → a. mein¹(3)*
ME <Phys.; veralt.; Zeichen für> *Mache-Einheit*
Me'cha·nik <f.; -, -en> 1 <unz.; Phys.> *Lehre von der Bewegung materieller Systeme u. ihrer Beeinflussung durch Kräfte* 2 <Tech.> *Triebwerk, Mechanismus* [grch.]; **Me'cha·ni·ker** <m.;

-s, -> *Facharbeiter für Maschinen u. techn. Geräte*; **Me'cha·ni·ke·rin** <f.; -, -n·nen>; **Me'cha·ni·kus** <m.; -, -·s·se; scherzh.> *Mechaniker*; **me'cha·nisch** <Adj.> 1 <Phys.> *die Mechanik(1) betreffend* 2 *maschinell angetrieben u. bewirkt; ~er Webstuhl* 3 <adv.; fig.> *automatisch, gedankenlos; ~ lernen*; **me·cha·ni'sie·ren** <V. t.> *auf mechan. Arbeitsweise umstellen; einen Betrieb ~*; **Me·cha·'nis·mus** <m.; -, -'nis·men> 1 *Triebwerk* 2 <fig.> *automat., zwangsläufig ablaufender Vorgang* 3 <Philos.> *Lehre, die alles Geschehen kausal-mechan. erklärt*; **me·cha'nis·tisch** <Adj.> 1 *in der Art eines Mechanismus* 2 <Philos.> *nur mechan. Ursachen anerkennend; ~e Weltanschauung*; **Me'cha·no·the·ra·pie** <f.; -, -n; Med.> *Behandlung durch mechan. Beeinflussung des Körpers*
'Me·cke·rer <m.; -s, -; umg.; abwertend> *jmd., der oft meckert(2)*; **'me·ckern** <V. i.; ich meck(e)re> 1 *ziegenhafte Laute von sich geben* 2 <fig.; umg.; abwertend> *nörgeln; er hat immer etwas zu ~*
Meck·len·burg-'Vor·pom·mer <m.; -s, -> *Einwohner von Mecklenburg-Vorpommern*; **Meck·len·burg-'Vor·pom·me·rin** <f.; -, -n·nen>; **meck·len·burg-'vor·pom·me·risch** <Adj.>; **Meck·len·burg-'Vor·pom·mern** *dt. Bundesland*
Me·dail·le <[-'daljə]; f.; -, -n> *Gedenkmünze; Gold- <Sp.>; die Kehrseite der ~* <fig.> *die unangenehmere Seite einer Sache* [frz.]; **Me·dail·leur** <[-dal'jø:r]; m.; -s, -e> *jmd., der Medaillenstempel anfertigt*; **Me·dail·leu·rin** <f.; -, -n·nen>; **me·dail·lie·ren** <[-dal'ji:-]; V. t.; selten> *mit einer Medaille auszeichnen*; **Me·dail·lon** <[-dal'jõ] od. [-dal'jɔŋ]; n.; -s, -s> 1 <Arch.; Kunst> *ein Ornament* 2 *Schmuckkapsel mit Bild* 3 <Kochk.> *kleines, rundes Fleischstück; Kalbs~*
'Me·der <m.; -s, -; im Altertum> *Einwohner von Medien²*; **'Me·de·rin** <f.; -, -n·nen; im Altertum>

'Me·dia ‹f.; -, -diä od. -di·en› 1 ‹Sprachw.› stimmhafter Explosivlaut; → a. *Kasten Konsonant* 2 ‹Anat.› *Teil der Gefäßwand*; **'Me·di·a·a·na·ly·se** ‹a. engl. ['mi:diə-]; f.; -, -n; ↗Z55; Wirtsch.› *Vergleich verschiedener Werbemedien*; **'Me·di·a·kom·bi·na·ti·on** ‹f.; -, -en; Wirtsch.› *Einsatz verschiedener Werbemedien*; **me·di·al** ‹Adj.› 1 ‹Med.; Phys.› *zur Mitte hin gerichtet* 2 ‹Okk.› *wie ein Medium(4)* 3 ‹Gramm.› *in passiv. Form, aber in aktiv. Bedeutung stehend* [lat.]; **Me·di·a·man** ‹['mi:diəmæn]; m.; -, -men [-mən] [engl.]; **me·di·an** ‹Adj.; Anat.› *zur Mitte gehörig* [lat.]; **Me·di·a·ne, Me·di·an·e·be·ne** ‹f.; -, -n; ↗Z55; Biol.› *Symmetrieebene eines Körpers*; **Me·di·'an·te** ‹f.; -, -n; Mus.› *Mittelton u. darauf errichteter Dreiklang der Tonika*; **Me·di·'an·wert** ‹m.; -(e)s, -e› *Mittelwert*

me·di·at ‹Adj.› 1 *mittelbar* 2 ‹im alten Dt. Reich› *einem Reichsstand unterstehend* [frz.]; **Me·di·a·ti·on** ‹f.; -, -en› *Vermittlung*; **Me·di·a·ti·ons·ver·fah·ren** ‹n.; -s, -›; **me·di·a·ti·sie·ren** ‹V. t.; früher› *aus der reichsunmittelbaren Stellung einem Landesherren unterwerfen*; **Me·di·a·tor** ‹m.; -s, -'to·ren› 1 ‹bes. Rechtsw.› *Schlichter* 2 ‹Med.› *hormonähnl. Wirkstoff*; **Me·di·a·'to·rin** ‹f.; -, -n·nen; Rechtsw.›

me·di·ä·val ‹[-'va:l]; Adj.› *mittelalterlich* [lat.]; **Me·di·ä·val** ‹[-'va:l] od. fachsprachl. [-'ɛ:vəl]; f.; -; unz.; Typ.› *Variante der Antiquaschrift*; **Me·di·ä'vist** ‹m.; -en, -en› *Wissenschaftler der Mediävistik*; **Me·di·ä·'vis·tik** ‹f.; -; unz.› *Lehre von Geschichte u. Kultur des Mittelalters*; **Me·di·ä·'vis·tin** ‹f.; -, -n·nen›

Me·di·ce·er ‹[-'tʃe:ər]; m.; -s, -› = *Medici*; **Me·di·ce·e·rin** ‹f.; -, -n·nen›; **me·di·ce·isch** ‹Adj.›; **'Me·di·ci** ‹[-'di:tʃi]; m.; -, -› *Angehöriger eines florentin. Adelsgeschlechts*; Sy *Mediceer*

'Me·di·en¹ ‹Pl. von› 1 *Media* 2 *Medium*

'Me·di·en² ‹im Altertum› *Land im Iran*

'Me·di·en·kon·zern ‹m.; -(e)s, -e›; **'Me·di·en·päd·a·go·ge,** ‹auch› **'Me·di·en·pä·da·go·ge** ‹m.; -n, -n; ↗Z54› *Wissenschaftler der Medienpädagogik(1)*; **'Me·di·en·päd·a·go·gik** ‹f.; -; unz.› 1 *Zweig der Erziehungswissenschaft* 2 *Erziehung zum kritischen Umgang mit Medien¹(2)*; **'Me·di·en·päd·a·go·gin** ‹f.; -, -n·nen›; **'Me·di·en·ver·bund** ‹m.; -(e)s; unz.› *Kombination von Lehrmedien*

Me·di·ka·ment ‹n.; -(e)s, -e; Med.› *Arzneimittel* [lat.]; **me·di·ka·men·tie·ren** ‹V. t.; Med.› *jmdn. ~ mit Medikamenten behandeln*; **me·di·ka·men·tös** ‹Adj.; Med.› *mit Medikamenten*; **Me·di·ka·ti·on** ‹f.; -, -en; Med.› *Verabreichung eines Medikaments*; **'Me·di·kus** ‹m.; -, -di·zi od. umg. -s·se; scherzh.› *Arzt*

Me·di·na ‹f.; -, -s› *islam. Altstadt* [arab.]

'Me·dio ‹m.; -s, -s; Bankw.; österr.› *Monatsmitte* [lat.]

'Me·di·o·garn ‹n.; -(e)s; unz.; Textilw.› *ein Baumwollgarn*

me·di·o·ker ‹Adj.› *mittelmäßig* [lat.]; **Me·di·o·kri'tät,** ‹auch› **Me·di·ok·ri'tät** ‹f.; -; unz.; ↗Z53›

Me·di·o·thek ‹f.; -, -en› *Mediensammlung*

'Me·di·o·twist ‹m.; -(e)s; unz.; Textilw.› = *Mediogarn*

'Me·di·o·wech·sel ‹m.; -[-ks-]; m.; -s, -; Bankw.› *in der Monatsmitte fälliger Wechsel*

Me·di·ta·ti·on ‹f.; -, -en› 1 ‹Rel.; Psych.› *Kontemplation* 2 ‹geh.› *tiefes Nachdenken* [lat.]; **me·di·ta'tiv** ‹Adj.› *die Meditation betreffend*

me·di·ter·ran ‹Adj.› *mittelmeerisch* [lat.]; **Me·di·ter·ran·flo·ra** ‹f.; -; unz.; Bot.› *mittelmeer. Pflanzenwelt*

me·di'tie·ren ‹V. i.› 1 ‹Rel.; Psych.› *Meditation(1) üben* 2 ‹geh.› *tief nachdenken* [lat.]

me·di·um ‹['mi:diəm]; Adj.; undekl.› 1 ‹Kochk.› *nicht ganz durchgebraten*; Steak ~ 2 ‹Textilw.; Abk.: M› *mittelgroß (Kleidergröße)* [engl.]; **'Me·di·um** ‹n.; -s, 'Me·di·en od. 'Me·dia› 1 *Mittler, Mittelglied* 2 *Kommuni-* *kationsmittel zur Verbreitung von Informationen, Unterhaltung u. Ä.*; das ~ Film; Massen- 3 ‹Phys.› *Substanz, in der sich physikal. Vorgänge abspielen* 4 ‹Okk.› *Mittler zw. Geister- u. Menschenwelt* 5 ‹Gramm.› *eine Aktionsform des Verbums*; → a. *Kasten Genus Verbi* [lat.]

'Me·di·zi ‹Pl. von› *Medikus*; **Me·di'zin** ‹f.; -, -en› 1 ‹unz.› *Heilkunde* 2 ‹umg.› *Medikament*; **me·di·zi'nal** ‹Adj.› *die Medizin(1) betreffend* [lat.]; **Me·di·zi·'nal·rat** ‹m.; -(e)s, ̈e; Med.; Titel für› *Arzt im öffentl. Gesundheitsdienst*; **Me·di·zi·'nal·rä·tin** ‹f.; -, -n·nen; Med.›; **Me·di'zin·ball** ‹m.; -(e)s, ̈e; Sp.› *Ball für Gymnastikübungen*; **Me·di'zi·ner** ‹m.; -s, -; Med.› 1 *Arzt* 2 *Medizinstudent*; **Me·di'zi·ne·rin** ‹f.; -, -n·nen; Med.›; **me·di'zi·nisch** ‹Adj.; Med.› *die Medizin(1) betreffend*; ~-technische(r) Assistent(in) ‹Abk.: MTA› *Helfer(in) im medizin. Bereich*; die Medizinische Fakultät; **Me·di'zin·mann** ‹m.; -(e)s, ̈er; bei Naturvölkern› *Heilkundiger, Priester*; **Me·di'zin·stu·dent** ‹m.; -en, -en›; **Me·di'zin·stu·den·tin** ‹f.; -, -n·nen›; **Me·di'zin·stu·di·um** ‹n.; -s, -di·en; Pl. selten›

Med·ley ‹['mɛdli]; n.; -s, -s; Mus.› *Potpourri* [engl.]

Mé·doc ‹[me:'dɔk]; m.; -s, -s› *ein Rotwein* [nach der frz. Landschaft *Médoc*]

Me'dre(s)·se, ‹auch› **Med're(s)·se** ‹f.; -, -n› *islam. Hochschule für Jura u. Theologie* [arab.]

Me'dul·la ‹f.; -; unz.; Anat.› *Mark³(1)* [lat.]; **me·dul'lär** ‹Adj.; Anat.›

Me·du·sa ‹f.; -; unz.; grch. Myth.› *weibl. Ungeheuer*; oV *Meduse(1)* [grch.]; **Me'du·se** ‹f.; -, -n› 1 ‹unz.; grch. Myth.› = *Medusa* 2 ‹Zool.› *ein Meerestier*; Sy *Qualle*; **Me'du·sen·blick** ‹m.; -(e)s, -e; grch. Myth.› *versteinernder Blick der Medusa*; **Me'du·sen·haupt** ‹n.; -(e)s, ̈er; grch. Myth.› *Kopf der Medusa*; **me'du·sisch** ‹Adj.; geh.› *in der Art der Medusa*

Meer ‹n.; -(e)s, -e› 1 ‹Geogr.› *zusammenhängende Wasser-*

masse der Erde; die Sonne versinkt im ~ <fig.> **2** <Geogr.> Ozean; Rotes ~; übers ~ fahren **3** <fig.> sehr große Menge; Lichter~; ein ~ von Blumen; **'Meer·aal** <m.; -(e)s, -e; Zool.> ein Raubfisch; **'Meer·ä·sche** <f.; -, -n; ↗Z55; Zool.> ein Knochenfisch; **'Meer·bar·be** <f.; -, -n; Zool.> ein Meeresfisch; **'Meer·bras·se** <f.; -, -n; Zool.> ein Meeresfisch; **'Meer·bu·sen** <m.; -s, -; Geogr.> = Golf[1]; **'Meer·ech·se** <[-ks-]; f.; -, -n; Zool.> ein Leguan; **'Meer·en·ge** <f.; -, -n; Geogr.> schmale Meeresstraße; **'Meer·en·gel** <m.; -s, -; Zool.> ein Raubfisch; **'Mee·res·al·ge** <f.; -, -n; Bot.>; **'Mee·res·arm** <m.; -(e)s, -e; Geogr.; fig.> = Golf[1]; **'Mee·res·bi·o·lo·ge** <m.; -n, -n>; **'Mee·res·bi·o·lo·gie** <f.; -; unz.>; **'Mee·res·bi·o·lo·gin** <f.; -, -n·nen>; **'Mee·res·bo·den** <m.; -s; unz.>; **'Mee·res·fau·na** <f.; -; unz.; Zool.>; **'Mee·res·flo·ra** <f.; -; unz.; Bot.>; **'Mee·res·früch·te** <Pl.; Kochk.; Sammelbez. für kleine, essbare Meerestiere; → a. Frutti di mare; **'Mee·res·grund** <m.; -(e)s; unz.>; **'Mee·res·heil·kun·de** <f.; -; unz.> Erforschung der Heilwirkung des Meeres(1); **'Mee·res·hö·he** <f.; -; unz.; Geogr.> = Meeresspiegel; **'Mee·res·kun·de** <f.; -; unz.> Wissenschaft vom Meer(1); Sy Ozeanografie, Ozeanologie; **'Mee·res·leuch·ten** <n.; -s; unz.> nächtl. Lichterscheinung auf dem Meer(1); **'Mee·res·säu·ge·tier** <n.; -(e)s, -e; Zool.> Ggs Landsäugetier; **'Mee·res·schild·krö·te** <f.; -, -n; Zool.> oV Meerschildkröte; **'Mee·res·spie·gel** <m.; -s; unz.; Geogr.> mittlerer Wasserstand des Meeres(1); über dem ~ <Abk.: ü. M.>; unter dem ~ <Abk.: u. M.>; **'Mee·res·strö·mung** <f.; -, -en; Geogr.>; **'Meer·frau** <f.; -, -en; Myth.> eine Sagengestalt; **'Meer·gott** <m.; -(e)s, ⸚er; Myth.> eine Sagengestalt; **'Meer·göt·tin** <f.; -, -n·nen; Myth.>; **'meer·grün** <Adj.> blaugrün; **'Meer·jung·frau** <f.; -, -en; Myth.> eine Sagengestalt; **'Meer·kalb** <n.; -(e)s, ⸚er; Zool.> eine Robbenart;

'Meer·kat·ze <f.; -, -n; Zool.> eine Affenart; **'Meer·ret·tich** <m.; -(e)s, -e; Bot.> eine Gewürzpflanze; Sy Kren; **'Meer·salz** <n.; -es; unz.> ein Speisesalz; **'Meer·schaum** <m.; -(e)s; unz.; Min.> ein Mineral; **'Meer·schaum·pfei·fe** <f.; -, -n>; **'Meer·schild·krö·te** <f.; -, -n; Zool.> oV Meeresschildkröte; **'Meer·schwein** <n.; -(e)s, -e; Zool.> ein Zahnwal; **'Meer·schwein·chen** <n.; -s, -; Zool.> ein Nagetier; **'meer·um·bran·det, 'meer·um·spült** <Adj.>; **'meer·um·schlun·gen** <Adj.; poet.> vom Meer eingeschlossen; **'Meer·un·ge·heu·er** <n.; -s, -; Myth.>; **'meer·wärts** <Adv.> zum Meer hin; **'Meer·was·ser** <n.; -s; unz.>; **'Meer·zwie·bel** <f.; -, -n; Bot.> ein Liliengewächs

Mee·ting <['mi:-]; n.; -s, -s> Treffen; an einem ~ teilnehmen [engl.]

me'fi·tisch <Adj.> zu Schwefelquellen gehörend [nach der altital. Göttin Mephitis]

me·ga..., Me·ga... <in Zus.; Abk.: M> **1** groß..., Groß..., z. B. Megaseller, Megabyte **2** <umg.; salopp> super..., Super..., z. B. Megastar [grch.]; **Me·ga·byte** <[-'bait]; n.; - od. -s, - od. -s; EDV; Zeichen: MB, MByte> 1 048 576 Bit; **Me·ga·chip** <[-'tʃɪp]; m.; -s, -s; EDV> Mikrochip als Speicher, <auch> Me·ga·e·lek·'tro·nen·volt, <auch> Me·ga·e·lekt'ro·nen·volt <[-'vɔlt]; n.; -s, -; ↗Z53; Phys.; Zeichen: MeV> 1 Million Elektronenvolt; **Me·ga·'fon** <n.; -s, -e; ↗Z11.3> trichterförmiges Sprachrohr; **Me·ga·'hertz** <n.; -; -; Phys.; Zeichen: MHz> 1 Million Hertz; **'me·ga·in** <Adj.; undekl.; umg.> sehr modisch, aktuell; diese Frisur ist ~; Ggs mega-out; **'Me·ga·joule** <[-dʒʊl]; Phys.; Zeichen: MJ> 1 Million Joule

Me·ga·'lith <m.; -s od. -en, -e od. -en; Archäol.> vorgeschichtl. Steindenkmal [grch.]; **Me·ga·'lith·grab** <n.; -(e)s, ⸚er; Archäol.> vorgeschichtl. Grabbau; Sy Hünengrab; **Me·ga·'li·thi·ker** <Pl.; Archäol.> Träger der Megalithkultur; **me·ga'li·thisch** <Adj.; Archäol.>; **Me·ga'lith·kul·**

tur <f.; -; unz.; Archäol.> vorgeschichtl. Kultur

me·ga·lo'man <Adj.; Psych.> an Megalomanie leidend; **Me·ga·lo·ma'nie** <f.; -; unz.; Psych.> Größenwahn [grch.]; **Me·ga·lo·'po·le** <f.; -, -n>, **Me·ga·'lo·po·lis** <f.; -, -'po·len> Riesenstadt [grch.]; **'Me·ga·ohm** <n.; -s, -; Phys.; Zeichen: MΩ> 1 Million Ohm; oV Megohm; **'me·ga-out** <[-aut]; Adj.; undekl.; umg.> sehr unmodisch, nicht mehr aktuell; diese Musik ist ~; Ggs mega-in; **Me·ga'phon** <n.; -s, -e; ↗Z11.3> = Megafon

Me'gä·re <f.; -, -n> **1** <Myth.> eine der Erinnyen **2** <abwertend> böse Frau [grch.]

Me·ga'the·ri·um <n.; -s, -ri·en; Zool.> urzeitl. Riesenfaultier [grch.]

Me·ga'ton·ne <f.; -, -n; Phys.; Zeichen: Mt> 1 Million Tonnen(2); **Me·ga·volt** <[-'vɔlt]; n.; - od. -s, -; Phys.; Zeichen: MV> 1 Million Volt; **Me·ga'watt** <n.; -s, -; Phys.; Zeichen: MW> 1 Million Watt; **Me·ga'ohm** <n.; -s, -; Phys.; Zeichen: MΩ> = Megaohm

Mehl <n.; -(e)s, -e> **1** Nahrungsmittel aus zermahlenem Getreide; Weizen~ **2** pulverförmiges Mahlprodukt; Holz~; **'Mehl·bee·re** <f.; -, -n; Bot.> ein Rosengewächs; **'meh·lig** <Adj.> **1** Mehl enthaltend **2** nicht saftig; ~es Obst; **'Mehl·kä·fer** <m.; -s, -; Zool.> ein Schwarzkäfer; **'Mehl·mot·te** <f.; -, -n>; **'Mehl·sack** <m.; -(e)s, ⸚e>; **'Mehl·schwal·be** <f.; -, -n; Zool.> eine Schwalbenart; **'Mehl·schwamm** <m.; -(e)s, ⸚e; Bot.> ein Speisepilz; **'Mehl·schwit·ze** <f.; -, -n; Kochk.> = Einbrenne; **'Mehl·spei·se** <f.; -, -n; Kochk.> Speise aus Mehl, Milch, Eiern u. Zucker; **'Mehl·tau** <m.; -(e)s, -e; Bot.> schimmelartige Pflanzenkrankheit; <aber> → Meltau; **'Mehl·wurm** <m.; -(e)s, ⸚er; Zool.> Larve des Mehlkäfers

mehr <Adv.> **1** <Komparativ von> viel, sehr; ~ Geld; ~ oder weniger; ~ als ärgerlich außerordentlich ärgerl.; ~ und ~; je ~, desto besser; ~ als die Hälfte **2** größer, wichtiger; ~ sein als scheinen **3** eher; ~ reich als schön; um so ~, als ... **4** *ferner, weiter;* es ist niemand ~ da; er hat keine Lust ~; nicht ~ können *erschöpft sein;* nie ~; **Mehr** <n.; -; unz.> *Überschuss;* ein ~ an Kosten; **'Mehr·ar·beit** <f.; -; unz.>; **'Mehr·auf·wand** <m.; -(e)s; unz.>; **'Mehr·be·las·tung** <f.; -; unz.>; **'Mehr·be·trag** <m.; -(e)s; ~e>; **'mehr·deu·tig** <Adj.> *mehrere Bedeutungen habend;* ~e Aussage; **'Mehr·deu·tig·keit** <f.; -; unz.>; **'mehr·di·men·si·o·nal** <Adj.; Geom.>; **'Mehr·di·men·si·o·na·li·tät** <f.; -; unz.; Geom.>; **'Mehr·ein·nah·me** <f.; -, -n>; **'meh·ren** <V. t.; geh.> **1** *vergrößern;* sein Kapital ~ **2** <V. refl.> sich ~ *sich vermehren;* **'meh·re·re** <Indefinitpron.; nur Pl.; ↗Z 44> **1** *einige;* ~ Male; ~ gute Noten; die Verteilung ~r guter Noten; <im Gen. Pl. gelegentl. a. noch schwache Beugung des nachfolgenden Adj.> ~r guten Noten; nach der Wahl ~r Abgeordneter <selten a.> ~r Abgeordneten **2** ~s *manches;* ich muss noch ~s erledigen; **'meh·rer·lei** <Adj.; undekl.> *allerlei;* **'Mehr·er·trag** <m.; -(e)s; ~e>; **'mehr·fach** <Adj.> **1** *häufiger auftretend;* in ~er Ausfertigung; um das Mehrfache steigern **2** *mehrmalig;* ~er Weltmeister; **'mehr·fach·be·hin·dert** <Adj.>; **'Mehr·fach·imp·fung** <f.; -, -en; Med.>; **'Mehr·fach·streu·ung** <f.; -, -en; Phys.>; **'Mehr·fach·ver·si·che·rung** <f.; -, -en> **1** *Mitversicherung* **2** *Doppelversicherung;* **'Mehr·fa·mi·li·en·haus** <n.; -es, ~er; Bauw.> *Haus mit mehreren Wohnungen;* **'Mehr·far·ben·druck** <m.; -(e)s, -e; Typ.>; **'mehr·far·big** <Adj.>; **'Mehr·ge·bä·ren·de** <f. 2> Ggs *Erstgebärende;* **'Mehr·ge·bot** <n.; -(e)s, -e; bei Auktionen> *höheres Angebot;* **'Mehr·ge·wicht** <n.; -(e)s; unz.>; **'mehr·glie·de·rig, 'mehr·glied·rig** <Adj.; Math.> *mit mehr als zwei Gliedern versehen;* **'Mehr·heit** <f.; -, -en> *der größere Teil einer Gesamtheit;* die ~ der Stimmen; einfache ~; Ggs *Minderheit;* **'mehr·heit·lich** <Adj.> *der Mehrheit entsprechend;* **'Mehr·heits·ak·ti·o·när**

<m.; -s, -e; Wirtsch.> *Aktionär, der die Mehrheit der Anteile am Grundkapital einer AG besitzt;* **'Mehr·heits·be·schluss** <m.; -es, ≃e>; **'Mehr·heits·be·tei·li·gung** <f.; -, -en>; **'Mehr·heits·prin·zip** <n.; -s; unz.> *Grundsatz, dass die Mehrheit entscheidet;* **'Mehr·heits·wahl** <f.; -, -en; Pol.> *Wahl nach dem Mehrheitswahlrecht;* Ggs *Verhältniswahl;* **'Mehr·heits·wahl·recht** <n.; -(e)s; unz.; Pol.> *Wahlrecht, nach dem der Kandidat mit den meisten Stimmen gewinnt;* **'mehr·jäh·rig** <Adj.>; **'Mehr·kampf** <m.; -(e)s, ≃e; Sp.> *Wettkampf mit mehreren Disziplinen;* **'Mehr·kos·ten** <Pl.>; **'Mehr·la·der** <m.; -s, -> *ein Gewehr;* **'Mehr·leis·tung** <f.; -, -en>; **'Mehr·ling** <m.; -s, -e; Med.> *eins von mehreren am selben Tag geborenen Geschwistern;* **'mehr·ma·lig** <Adj.> *wiederholt;* **'mehr·mals** <Adv.> *öfters;* <aber> *mehrere Male;* **'Mehr·pha·sen·strom** <m.; -(e)s; unz.; Tech.> *Wechselstrom mit mehreren Phasen;* **'Mehr·preis** <m.; -es; unz.>; **'mehr·sil·big** <Adj.> *aus mehr als zwei Silben bestehend;* **'mehr·spra·chig** <Adj.> **1** *in mehreren Sprachen verfasst;* ~er Bildband **2** *mehr als eine Sprache könnend;* ~ aufwachsen; **'mehr·spu·rig** <Adj.> *mehrere Spuren aufweisend;* ~e Fahrbahn; **'mehr·stim·mig** <Adj.; Mus.> ~er Gesang; **'Mehr·stim·mig·keit** <f.; -; unz.; Mus.>; **'mehr·stö·ckig** <Adj.> ~es Haus; **'Mehr·stu·fe** <f.; -, -n; Gramm.> *eindeutschend für Komparativ;* → a. Kasten *Komparativ,* **'Mehr·stu·fen·ra·ke·te** <f.; -, -n>; **'mehr·tä·gig** <Adj.> *mehrere Tage dauernd;* **'mehr·tei·lig** <Adj.> ~es Set; **'Meh·rung** <f.; -; unz.; geh.>; **'Mehr·ver·brauch** <m.; -(e)s; unz.>; **'Mehr·völ·ker·staat** <m.; -(e)s, -en> *Nationalitätenstaat;* **'Mehr·weg·fla·sche** <f.; -, -n> = *Pfandflasche;* Ggs *Einwegflasche;* **'Mehr·wert** <m.; -(e)s; unz.; nach marxist. Lehre> *die Differenz zw. Arbeitsleistung u. Arbeitslohn;* **'Mehr·wert·steu·er**

<f.; -; unz.; Abk.: MwSt> *Umsatzsteuer, die auf dem Wertzuwachs einer Ware beruht;* **'Mehr·zahl** <f.; -; unz.> **1** = *Mehrheit* **2** <Gramm.> Ggs *Einzahl;* → a. Kasten *Plural;* **'mehr·zel·lig** <Adj.; Biol.> ~er Organismus; **'Mehr·zweck·ge·rät** <n.; -(e)s, -e>; **'Mehr·zweck·raum** <m.; -(e)s, ≃e>

'mei·den <V. t. 183; geh.> jmdn. od. etwas ~ *jmdm. od. etwas aus dem Wege gehen;* schlechte Gesellschaft ~

'Mei·er <m.; -s, -> **1** <im MA> *Gutsverwalter* **2** <später> *Pächter eines Landgutes* **3** <oberdt.> *Milchwirt;* **Mei·e'rei** <f.; -, -en; veralt.> **1** *Pachtgut* **2** <Landw.> *Molkerei;* **'Mei·e·rin** <f.; -, -n·nen> *Eigentümerin od. Verwalterin einer Milchwirtschaft*

'Mei·le <f.; -, -n> *ein Längenmaß;* **'mei·len·lang** <Adj.> *eine od. mehrere Meilen lang;* die Straße ist ~; <aber> vier Meilen lang; **'Mei·len·stein** <m.; -(e)s, -e> **1** <früher> *Stein am Weg als Entfernungsanzeige* **2** <fig.> *bedeutendes Ereignis;* ein ~ in der Geschichte; **'mei·len·weit** <Adj.> *eine od. mehrere Meilen weit;* ~ entfernt; <aber> vier Meilen weit

'Mei·ler <m.; -s, -> **1** *Holzstoß zum Verkohlen* **2** <kurz für> *Atommeiler*

mein¹ <Possessivpron.; 1. Pers. Sg.> **1** <↗Z 44.4> *mir gehörend;* ~ Haus; ~ Vater; ~e Arbeit; das Meine <od.> meine mein *Eigentum;* Mein und Dein *eigenes u. fremdes Eigentum;* Mein und Dein verwechseln *stehlen;* die Meinen <od.> meinen *meine Familie;* ich werde das Meine <od.> meine tun **2** *ein Merkmal von mir darstellend;* ~ Ehrgeiz **3** *von mir getan, verursacht;* ~e Arbeit; ~es Erachtens <Abk.: m. E.>; ~es Wissens <Abk.: m. W.> **4** <emotiv; in Ausrufen> ~ Gott! *(Ausruf des Schreckens, Erstaunens);* ~e Damen und Herren! *(Publikumsanrede);* **mein²** <poet.; Gen. von> *ich;* gedenke ~!

'Mein·eid <m.; -(e)s, -e; Rechtsw.> *vorsätzl. falscher Eid;* einen ~ leisten; **'mein·ei·dig**

M

<Adj.; Rechtsw.> ~ werden *ei-nen Meineid leisten*
'mei·nen <V. t.> **1** *denken, vermu-ten;* was meinst du dazu?; wenn Sie ~! *wenn Sie wollen* **2** jmdn. od. etwas ~ *im Sinn haben;* wen ~ Sie?; er ist gemeint **3** etwas ~ *beabsichtigen;* ein gut gemein-ter Rat; sie meint es gut mit ihm **4** *sagen, anmerken*
'mei·ner <Gen. von> *ich;* gedenke ~!; **'mei·ner·seits** <Adv.> *von meiner Seite;* ~ ist nichts auszu-setzen; **'mei·nes·glei·chen** <In-definitpron.; undekl.> *jmd. meines Standes;* **'mei·nes·teils** <Adv.> *was mich betrifft;* **'mei-net·hal·ben** <Adv.; veralt.>, **'mei·net·we·gen** <Adv.> **1** *um meinetwillen;* beeile dich nicht ~! **2** <umg.> *von mir aus;* ~!; ~ kann er mitkommen; **'mei·net-wil·len** <Adv.> um *– für mich;* **'mei·ni·ge** <substantiviertes Possessivpron.> *mein;* hier ist dein Hut, aber wo ist der ~?; die Meinigen <od.> meinigen *mei-ne Familie;* ich werde das Mei-nige <od.> meinige tun
'Mei·nung <f.; -, -en> **1** *Ansicht;* eine ~ vertreten; meiner ~ nach **2** *Urteil,* eine hohe ~ von jmdm. haben; jmdm. die ~ sagen *jmdn. offen kritisieren;* **'Mei-nungs·äu·ße·rung** <f.; -, -en>; **'Mei·nungs·bil·dung** <f.; -; unz.>; **'Mei·nungs·for·schung** <f.; -; unz.> *Erforschung der öf-fentl. Meinung(2);* **'Mei·nungs-frei·heit** <f.; -; unz.> *Grundrecht der freien Meinungsäußerung;* **'Mei·nungs·füh·rer** <m.; -s, -> *Hauptvertreter einer best. An-schauung;* **'Mei·nungs·füh·re-rin** <f.; -, -nnen>; **'Mei·nungs-um·fra·ge** <f.; -, -n> *Befragung zwecks Meinungsforschung;* **'Mei·nungs·ver·schie·den·heit** <f.; -, -en> *leichter Streit*
Mei'o·se <f.; -, -n; Biol.> *Redukti-onsteilung* [grch.]
'Mei·ran <m.; -s, -e; Kochk.> = *Majoran*
'Mei·se <f.; -, -n; Zool.> *ein Sing-vogel;* er hat eine ~! <fig.; umg.> *ist verrückt(2)*
'Meis·je <n.; -s, -s> *holländ. Mädchen* [ndrl.]
'Mei·ßel <m.; -s, -> *ein Werkzeug;* **'mei·ßeln** <V. t./V. i.; ich

meiß(e)le> *mit dem Meißel (be)arbeiten*
'Mei·ßen *Stadt in Sachsen;* **'Mei-ße·ner,** **'Meiß·ner**[1] <m.; -s, -> *Bewohner der Stadt Meißen;* **'Mei·ße·ner,** **'Meiß·ner**[2] <n.; -s; unz.; umg.; kurz für> *Porzel-lan berühmtes P. aus Meißen*
meist <Adj.> **1** <↗ Z 44; Superlativ von> *viel, sehr;* die ~en (Leute) meinen, dass ...; das ~e habe ich erledigt; am ~en **2** <adv.> = *meistens;* **'meist·be·güns·tigt** <Adj.>; **'Meist·be·güns·ti-gungs·klau·sel** <f.; -, -n; Wirtsch.> *Klausel in Wirt-schaftsverträgen;* **'meist·bie-tend** <Adj.> in der Wendung> etwas ~ *versteigern an den Meistbietenden;* **'Meist·bie·ten-de(r)** <f. 2 (m. 1)> *jmd., der bei einer Versteigerung das Höchst-gebot macht;* **'meist·en·orts** <Adv.> *fast überall;* **'meis·tens** <Adv.> *fast immer, größtenteils;* sie hat – Recht; oV *meist(2);* **'meis·ten·teils** <Adv.> *selten*
'Meis·ter <m.; -s, -> **1** *Handwer-ker mit abgelegter Meisterprü-fung;* Tischler– **2** *jmd., der et-was beherrscht;* ~ des Gesangs; Übung macht den ~ <Sprichw.>; ein berühmter ~ *Künstler* **3** *Überwinder;* seinen ~ gefunden haben; einer Sache ~ werden **4** <poet.> *Teil des Na-mens von Märchengestalten;* ~ Lampe der Hase; **'Meis·ter·brief** <m.; -(e)s, -e> *Urkunde über die Meisterprüfung;* **'Meis·ter·ge-sang** <m.; -(e)s; unz.; Mus.; Lit.> *zunftmäßig betriebene Lieddichtung des 14.–16. Jh.;* oV *Meistersang;* **'meis·ter·haft** <Adj.> *hervorragend;* ~e Insze-nierung; **'Meis·ter·haf·tig·keit** <f.; -; unz.>; **'Meis·ter·hand** <f.; -; unz.; fig.> von ~ *von einem Meister(2) geschaffen;* **'Meis·te-rin** <f.; -, -nnen>; **'Meis·ter-klas·se** <f.; -, -n> **1** *Klasse eines Meisters(2)* **2** <Sp.> *höchste Leis-tungsklasse einer Disziplin;* **'Meis·ter·leis·tung** <f.; -, -en>; **'meis·ter·lich** <Adj.> = *meister-haft;* **'meis·tern** <V. t.; ich meist(e)re; geh.> **1** etwas ~ *gut bewältigen;* ein Problem – **2** jmdn. ~ *ständig kritisieren;* **'Meis·ter·prü·fung** <f.; -, -en>

Abschlussprüfung eines Hand-werkers nach der Gesellenzeit; **'Meis·ter·sang** <m.; -(e)s; unz.; Mus.; Lit.> = *Meistergesang;* **'Meis·ter·sän·ger** <m.; -s, -; Mus.; Lit.> = *Meistersinger;* **'Meis·ter·schaft** <f.; -, -en> **1** <unz.> *großes Können;* mit voll-endeter ~ **2** <Sp.> *Wettkampf;* Welt– **3** <Sp.> *Sieg in der Meis-terschaft(2);* die ~ erringen; **'Meis·ter·schaft·ler** <m.; -s, -; Sp.; schweiz.> *Teilnehmer an ei-ner Meisterschaft(2);* **'Meis·ter-schaft·le·rin** <f.; -, -nnen; Sp.>; **'Meis·ter·schafts·spiel** <n.; -(e)s, -e; Sp.>; **'Meis·ter-schafts·ti·tel** <m.; -s, -; Sp.>; **'Meis·ter·schü·ler** <m.; -s, -> *Schüler einer Meisterklasse(1);* **'Meis·ter·schü·le·rin** <f.; -, -nnen>; **'Meis·ter·schuss** <m.; -es, ⸚e>; **'Meis·ter·sin·ger** <m.; -s, -; Mus.; Lit.> *Künstler des Meistergesangs;* **'Meis·ter·stück** <n.; -(e)s, -e> **1** *prakt. Gesellen-arbeit zur Meisterprüfung* **2** <fig.> *hervorragende Arbeit;* **'Meis·ter·ti·tel** <m.; -s, -; bes. Sp.>; **'Meis·ter·werk** <n.; -(e)s, -e> *großes Kunstwerk;* **'Meis-ter·wurz** <f.; -, -en; Bot.> *ein Doldengewächs*
'Meist·ge·bot <n.; -(e)s, -e> bei Versteigerungen> *Höchstgebot;* **'meist·ge·bräuch·lich** <Adj.>; **'meist·ge·fragt** <Adj.>; **'meist-ge·nannt** <Adj.>; **'Meist·stu·fe** <f.; -, -n; Gramm.; eindeut-schend für> *Superlativ;* → a. *Kasten Superlativ*
Meit'ne·ri·um <n.; -s; unz.; Chem.; Zeichen: Mt> *ein chem. Element*
'Mek·ka <n.; -s, -s> *Ort mit gro-ßer Anziehungskraft;* ein ~ für Touristen [nach der saudiarab. Stadt *Mekka*]
Me·ko'ni·um <n.; -s; unz.; Med.> *erster Stuhlgang des Säuglings;* Sy *Kindspech* [grch.]
Mel·a'min·harz, <auch> **Me·la-'min·harz** <n.; -es; unz.; ↗ Z 54; Chem.> *ein Kunstharz*
me·lan..., **Me·lan...** <in Zus.> *dunkel, schwarz* [grch.]
Me·lan·cho'lie <[-ko-]; f.; -; unz.> *Schwermut, Trübsinn* [grch.];
Me·lan'cho·li·ker <m.; -s, -> *schwermütiger Mensch;* **Me·lan-**

'cho·li·ke·rin <f.; -, -n·nen>;
me·lan'cho·lisch <Adj.>
Me·la'ne·si·en *westpazif. Inseln*
[grch.]; **Me·la·ne·si·er** <m.; -s,
->; **Me·la·ne·si·e·rin** <f.; -,
-n·nen>; **me·la·ne·sisch** <Adj.>
Melanesien betreffend
Me·lan·ge <[-'lãːʒ(ə)]; f.; -, -n> **1**
Gemisch **2** <österr.> *Milchkaffee*
3 <Textilw.> *Mischgarn* [frz.]
Me'lan·glanz <m.; -es; unz.;
Min.> = *Stephanit;* **Me·la'nin**
<n.; -s, -e; Biol.> *dunkler Pig-
mentfarbstoff* [grch.]; **Me·la'nit**
<m.; -(e)s, -e; Min.> *ein Granat;*
me·la·no'krat <Adj.; Geol.>
dunkel (von Gesteinen); **Me·la·
'nom** <n.; -s, -e; Med.> *bösarti-
ge Pigmentgeschwulst;* **Me·la·
'no·se** <f.; -, -n; Biol.> *Dunkel-
färbung in pflanzl. Geweben;*
Me·la·no·tro'pin <n.; -s; unz.;
Biol.; Med.> *ein Hormon;* **Me-
lan·u'rie,** <auch> **Me·la·nu'rie**
<↗Z54; Med.> *Ausscheidung
melaninhaltigen Harns;* **Me·la·
phyr** <[-'fyːr]; m.; -s, -e; Geol.>
ein Gestein
Me'las·se <f.; -, -n> *Rückstand
bei der Zuckergewinnung* [frz.]
Me·la·to'nin <n.; -s; unz.; Biol.;
Med.> *ein Hormon*
'Mel·de <f.; -, -n; Bot.> *ein Gänse-
fußgewächs*
'Mel·de·amt <n.; -(e)s, ⁼er> *Ein-
wohnermeldeamt;* 'mel·den
<V.> **1** <V. t.> *mitteilen, bekannt
geben;* der Wetterbericht mel-
det sonniges Wetter **2** <V. t.>
angeben, zur Kenntnis bringen;
einen Unfall ~ *anzeigen;* sich
polizeilich ~ *anmelden;* sich zu
einer Arbeit ~ *sich anbieten;*
sich am Telefon ~ **3** <V. t.; fig.;
umg.> nichts zu ~ *haben ohne
Einfluss sein* **4** <V. i.> der Hund
meldet *schlägt an;* 'Mel·de-
pflicht <f.; -; unz.> **1** *Pflicht,
sich polizeil. zu melden(2)* **2**
<Med.> *ärztl. Pflicht, best.
Krankheiten bei der Gesund-
heitsbehörde anzugeben;* 'mel·
de·pflich·tig <Adj.>; 'Mel·de·
schein <m.; -(e)s, -e> *Anmelde-
formular;* 'Mel·de·schluss <m.;
-es; unz.> *letzter Termin für ei-
ne Meldung;* 'Mel·de·stel·le <f.;
-, -n> *Einwohnermeldeamt;*
'Mel·de·we·sen <n.; -s; unz.>

---

polizeil. Erfassung von Perso-
nen, Wohnungswechsel usw.;
'Mel·dung <f.; -, -en> **1** *offizielle
Mitteilung;* die neuesten ~en **2** *Mitteilung
der An- od. Abwesenheit;* Ge-
sund~; Krank~
me'lie·ren <V. t.> *mischen, spren-
keln;* grau meliertes Haar [frz.]
Me·li·o·ra·ti'on <f.; -, -en;
Landw.> *Verbesserung (bes. des
Bodens)* [lat.]; **me·li·o·ra'tiv**
<Adj.; Sprachw.> *die Bedeutung
verbessernd;* Ggs *pejorativ;* **Me-
li·o·ra'ti·vum** <[-vum]; n.; -s,
-va; Sprachw.> *Wort, dessen Be-
deutung sich verbessert hat;* Ggs
Pejorativum; → a. *Kasten;* **me·li·
o'rie·ren** <V. t.; Landw.> *verbes-
sern;* Ackerboden ~; **Me·li·o'rie·
rung** <f.; -, -en; Landw.> = *Me-
lioration*
'Me·lis <m.; -; unz.> *minderwer-
tige Zuckersorte* [grch.]
'me·lisch <Adj.; Mus.> *liedhaft*
[grch.]; **Me'lis·ma** <n.; -s,
-'lis·men; Mus.> *melod. Verzie-
rung;* **Me·lis'ma·tik** <f.; -; unz.;
Mus.> *Kunst der melod. Verzie-
rung;* **me·lis'ma·tisch** <Adj.;
Mus.>
Me·lis·se <f.; -, -n; Bot.> *eine Ge-
würzpflanze,* Sy *Zitronenkraut*
[grch.]; **Me'lis·sen·geist** <m.;
-(e)s; unz.> = *Karmelitergeist*
Me·li'to·se <f.; -, -n> *eine Zucker-
art*
'mel·ken <V. 184> **1** <V. t.> *ein
Tier ~ Milch entziehen;* die Kuh
~ **2** <V. i.> *Milch geben;* eine ~de
Kuh <a. fig.; umg.> *eine gute
Geldquelle;* 'Mel·ker <m.; -s, -;
Landw.> *jmd., der die Kühe
melkt(1) u. pflegt;* 'Mel·ke·rin
<f.; -, -n·nen; Landw.>; 'Melk-

---

ma·schi·ne <f.; -, -n; Landw.>;
'Melk·sche·mel <m.; -s, ->
Mel·lo'tron, <auch> **Mel·lot'ron**
<n.; -s, -e; ↗Z53; Instrumen-
tenk.> *elektromechan. Tasten-
instrument*
Me·lo'die <f.; -, -n> *sangbare Ton-
folge* [grch.]; **Me·lo'die·in·stru-
ment,** <auch> **Me·lo'die·ins-
tru·ment, Me·lo'die·inst·ru-
ment** <n.; -(e)s, -e; ↗Z54; Mus.>
*Instrument, das die Melodie
spielt;* **Me'lo·dik** <f.; -; unz.;
Mus.> *Melodielehre;* **me·lo·di-
'ös** <Adj.; Mus.> *wohlklingend;*
me'lo·disch <Adj.; Mus.> *die
Melodie betreffend, melodiös;*
Me·lo'dram, Me·lo'dra·ma <n.;
-s, -'dra·men; Lit.> **1** *gesproche-
ne Dichtung mit untermalender
Musik* **2** *rührseliges Schauspiel*
3 <fig.; umg.> *leidenschaftlich-
rührseliger Konflikt;* **Me·lo·dra-
'ma·tik** <f.; -; unz.> *(übertrie-
ben) gefühlvolle Art;* **me·lo·dra-
'ma·tisch** <Adj.>
Me·lo·ne <f.; -, -n> **1** <Bot.> *ein
Kürbisgewächs;* Honig~ **2**
<umg.> *runder Herrenhut*
[grch.]; **Me'lo·nen·baum** <m.;
-(e)s, ⁼e; Bot.> *ein trop. Baum*
Me·lo'pö'ie <f.; -; unz.; Mus.>
(antike) Kompositionslehre;
'Me·los <n.; -; unz.; Mus.> *Me-
lodie, melod. Gehalt* [grch.]
'Mel·tau <n.; -s; unz.; Biol.>
Blattlaushonig; <aber> → *Mehl-
tau*
Mem·ber of Par·lia·ment
<['membər ɔv 'paːləmənt]; n.;
---, -s--; Pol.; Abk.: M. P.; in
Großbritannien> *Mitglied des
House of Commons* [engl.]
Mem'bran, <auch> **Memb'ran**
<f.; -, -en; ↗Z53>, **Mem'bra·ne,**
<auch> **Memb'ra·ne** <f.; -, -n> **1**
<Phys.; Tech.> *dünnes Gebilde
zur Schallwellenübertragung;*
Mikrofon~ **2** <Biol.> *dünnes
Häutchen;* Zell~ [lat.]; 'Mem-
brum <n.; -s, -bra/-b·ra; Med.>
Körperglied
Me'men·to <n.; -s, -s> *Mahnung;*
~ mori! *gedenke des Todes* [lat.]
'Mem·me <f.; -, -n; umg.; abwer-
tend> *Feigling*
'Me·mo <n.; -s, -s> kurz für *Me-
morandum;* **Me·moi·re** <n.; -s, -s> *Denk-
schrift* [frz.]; **Me'moi·ren** <Pl.>

Lebenserinnerungen; seine ~ schreiben; **Me·mo·ra'bi·li·en** <Pl.> *Denkwürdigkeiten* [lat.]; **Me·mo'ran·dum** <n.; -s, -'ran·den od. -'ran·da; Kurzw.: Memo> 1 *Denkschrift* 2 *Notizbuch;* **Me·mo·ri'al** <n.; -s, -e od. -li·en> *Tagebuch;* **Me·mo·ri·al²** <[mi'mɔriəl] n.; -s, -s> *Gedenkveranstaltung für einen Verstorbenen* [engl.]; **me·mo·'rie·ren** <V. t.; veralt.> *auswendig lernen* [lat.]; **'Me·mo·ry** <n.; - od. -s, -s> 1 <EDV> *Speicher* 2 <Warenz.> *ein Spiel für Kinder* [engl.]

'Mem·phis <m.; -, -; Mus.> *ein Gesellschaftstanz* [nach der US-amerikan. Stadt *Memphis*]

Me·na·ge <[-ʒə]; f.; -, -n> 1 *Ständer für Essig u. Öl* 2 <veralt.> *Haushalt* 3 <Mil.; österr.> *militär. Verpflegung* [frz.]; **Me·na·ge·'rie** <f.; -, -n; veralt.> 1 *Tierschau* 2 *Tiergehege*

Men'ar·che, <auch> **Me'nar·che** <f.; -; unz.; ⌕Z54; Med.> *Eintritt der ersten Regelblutung* [grch.]

Men·de'le·vi·um <[-vi-]; n.; -s; unz.; Chem.; Zeichen: Md> *ein chem. Element* [nach dem russ. Chemiker D. *Mendelejew*]

Men·de'lis·mus <m.; -; unz.; Biol.> *Richtung der Vererbungslehre* [nach dem Vererbungsforscher G. J. *Mendel*]; **'men·deln** <V. i.> *den Vererbungsregeln folgen*

'Men·dhi <n.; -s, -s> *kunstvolle Bemalung von Körperteilen mit Henna*

Men·di'kant <m.; -en, -en; Rel.> *Bettelmönch* [lat.]; **Men·di'kan·ten·or·den** <m.; -s, -; Rel.>

Me·ne'te·kel <n.; -s, -> *warnendes Zeichen* [nach der Geisterschrift an König Belsazar im AT]; **me·ne'te·keln** <V. i.; ich menetek(e)le; umg.> *Unheilvolles prophezeien*

'Men·ge <f.; -, -n> 1 *große Zahl (von);* eine ~ Bücher; in ~n; ich habe eine ~ zu tun *viel* 2 *Menschenschar;* Menschen~ 3 *bestimmte Anzahl, Dosis;* Stoff~; in kleinen ~n 4 <Math.> *Zusammenfassung von Objekten;* Zahlen~; **'men·gen** <V. t.> 1 *vermischen;* Teig ~ 2 <V. refl.> sich in etwas ~ *sich einmischen;* **'Men·gen·leh·re** <f.; -, -n; Math.>; **'Men·gen·preis** <m.; -es, -e; Wirtsch.> *günstiger Preis für eine große Warenmenge;* **'Men·gen·ra·batt** <m.; -(e)s, -e; Wirtsch.> *Rabatt für den Käufer größerer Mengen;* **'Men·gen·rech·nung** <f.; -; unz.; Math.>; **'Meng·sel** <n.; -s, -> *Gemisch*

'Men·hir <m.; -s, -e; Archäol.> *jungsteinzeitl. Steinsäule* [kelt.]

me·nin·ge'al <Adj.; Med.> *zu den Hirnhäuten gehörend;* **Me·nin·'gi·tis** <f.; -, -'ti·den; Med.> *Gehirnhautentzündung;* **Me·nin·go'kok·ke** <f.; -, -n; meist Pl.; Med.> *Meningitiserreger;* **'Me·ninx** <n.; -, -nin·ges [-'ge:s]; Anat.> *Hirn- bzw. Rückenmarkshaut* [grch.]

me·nip'pe·isch <Adj.; Lit.> ~e Satire *Form der antiken Satire* [nach dem Begründer *Menippos* von Gadera]

Me'nis·ken·glas <n.; -es, =er; Opt.> *Glas, bei dem beide Oberflächen gleich gekrümmt sind;* **Me'nis·kus** <m.; -, -'nis·ken> 1 <Anat.> *Knorpelscheibe im Kniegelenk* 2 <Phys.> *Oberfläche einer Flüssigkeit in einem dünnen Rohr* 3 <Opt.> = *Meniskenglas* [grch.]; **Me'nis·kus·riss** <m.; -es, -e; Med.> *Verletzung des Meniskus(1)*

'Men·ni·ge <f.; -; unz.> *rote Malerfarbe als Rostschutz* [lat.]; **'men·nig·rot** <Adj.>

Men·no'nit <m.; -en, -en; Rel.> *Angehöriger einer Wiedertäufersekte* [nach dem Gründer *Menno* Simmons]

'me·no <Mus.> *weniger* [ital.]

Me·no'pau·se <f.; -, -n; Med.> *Aufhören der Regelblutungen im Klimakterium* [grch.]

Me·no'ra <f.; -; unz.; Rel.> *siebenarmiger Leuchter in der Synagoge* [hebr.]

Me·nor'rhö <f.; -, -en; Med.> = *Menstruation* [grch.]; **me·nor·'rhö·isch** <Adj.; Med.>; **Me·no·'sta·se,** <auch> **Me·nos'ta·se** <f.; -, -n; ⌕Z54; Med.> *Ausbleiben der Menstruation*

'Men·sa <f.; -, 'Men·sen> 1 *Altarplatte* 2 *Studentenkantine* [lat.]

Mensch <m.; -en, -en> 1 *menschl. Wesen;* alle ~en; des ~en Wille ist sein Himmelreich <Sprichw.> 2 *Person;* ein ehrlicher ~; **'men·scheln** <V. i.; umg.> *es menschelt überall überall zeigen sich menschl. Unzulänglichkeiten;* **'Men·schen·af·fe** <m.; -n, -n; Zool.> *Angehöriger einer menschenähnl. Affenfamilie;* **'men·schen·ähn·lich** <Adj.>; **'Men·schen·al·ter** <n.; -s, -> *die Lebenszeit eines Menschen;* **'Men·schen·art** <f.; -, -en>; **'Men·schen·auf·lauf** <m.; -(e)s, =e>; **'Men·schen·bild** <n.; -(e)s; unz.; Philos.> *Vorstellung, Auffassung vom Menschen;* **'Men·schen·feind** <m.; -(e)s, -e> *Verächter des Menschen;* **'Men·schen·fein·din** <f.; -, -n·nen>; **'men·schen·feind·lich** <Adj.>; **'Men·schen·feind·lich·keit** <f.; -; unz.>; **'Men·schen·fres·ser** <m.; -s, -> 1 <im Märchen> *Wesen, das Menschen verzehrt* 2 <volkstüml.> = *Kannibale;* **Men·schen·fres·se'rei** <f.; -; unz.; volkstüml.> *Kannibalismus;* **'Men·schen·fres·se·rin** <f.; -, -n·nen; volkstüml.>; **'Men·schen·freund** <m.; -(e)s, -e> *Wohltäter der Menschen;* Sy *Philanthrop;* **'Men·schen·freun·din** <f.; -, -n·nen>; **'men·schen·freund·lich** <Adj.>; **'Men·schen·freund·lich·keit** <f.; -; unz.>; **'Men·schen·füh·rung** <f.; -; unz.> *die Kunst, Menschen zu erziehen;* **'Men·schen·ge·den·ken** <n.; in der Wendung> seit ~ *seit Beginn der geschichtl. Überlieferung;* **'Men·schen·ge·schlecht** <n.; -(e)s; unz.> *alle Menschen;* **'Men·schen·ge·stalt** <f.; -, -en> *äußere menschl. Erscheinung;* in ~; **'Men·schen·haar** <n.; -(e)s, -e> *menschl. Kopfhaar;* **'Men·schen·hai** <m.; -(e)s, -e; Zool.> *eine Haifischart;* **'Men·schen·hand** <f.; -, =e; bes. in den Wendungen> von, durch ~ *vom Menschen geschaffen;* **'Men·schen·han·del** <m.; -s; unz.>; **'Men·schen·herz** <n.; -ens, -en; fig.> *menschl. Empfindungsfähigkeit;* **'Men·schen·ken·ner** <m.; -s, ->; **'Men·schen·ken·ne·rin** <f.; -, -n·nen>; **'Men·schen·kennt·nis** <f.; -; unz.>; **'Men-**

schen·ket·te <f.; -, -n> *Kette von Menschen (bei Demonstrationen)*; **'Men·schen·kind** <n.; -(e)s, -er> *Kind*; <aber> → *Menschenskind*; **'Men·schen·kraft** <f.; -, ²e> mit ~ *betrieben*; **'Men·schen·kun·de** <f.; -; unz.> = *Anthropologie*; **'Men·schen·le·ben** <n.; -s, -> 1 *menschl. Lebensspanne*; ein ~ *lang* 2 *der lebendige Mensch*; *Verluste an* ~; **'men·schen·leer** <Adj.> ~e *Gegend*; **'Men·schen·lie·be** <f.; -; unz.>; **'Men·schen·mas·se** <f.; -, -n>; **'Men·schen·ma·te·ri·al** <n.; -s; unz.> *Menschen als Arbeitskräfte od. Soldaten*; **'Men·schen·men·ge** <f.; -, -n>; **'men·schen·mög·lich** <Adj.; ↗Z42> *für einen Menschen möglich*; ~e *Leistung*; *wir tun, was* ~ *ist*; <aber> *alles Menschenmögliche versuchen*; *sie hat ihr Menschenmöglichstes getan*; **'Men·schen·op·fer** <n.; -s, -·>; **'Men·schen·ras·se** <f.; -, -n>; **'Men·schen·raub** <m.; -(e)s; unz.; Rechtsw.> *Überwältigung u. Entführung eines Menschen*; **'Men·schen·recht** <n.; -(e)s, -e> *angeborenes, unveräußerl. Recht des Menschen*; *gegen die* ~e *verstoßen*; **'Men·schen·rechts·or·ga·ni·sa·ti·on** <f.; -, -en>; **'Men·schen·rechts·ver·let·zung** <f.; -, -en>; **'men·schen·scheu** <Adj.> *die Menschen meidend*; **'Men·schen·scheu** <f.; -; unz.>; **'Men·schen·schlag** <m.; -(e)s; unz.> *best. Menschentypus*; *ein fröhlicher* ~; **'Men·schen·see·le** <f.; -, -n> 1 *menschl. Seele* 2 <fig.> *Mensch*; *ich traf keine* ~; **'Men·schens·kind** <umg.> *(überraschter od. vorwurfsvoller Ausruf)*; <aber> → *Menschenkind*; **'Men·schen·sohn** <m.; -(e)s; unz.; Rel.> *Titel Jesu*; **'Men·schen·stim·me** <f.; -, -n>; **'Men·schen·tum** <n.; -s; unz.> *das Wesen der Menschen*; **'men·schen·un·wür·dig** <Adj.> ~e *Behandlung*; **'Men·schen·ver·stand** <m.; -(e)s; unz.> *der gesunde* ~; **'Men·schen·werk** <n.; -(e)s, -e, Pl. selten> geh.> *Unzulänglichkeiten aufweisendes Werk des Menschen*; **'Men·schen·wür·de** <f.; -; unz.>;

'men·schen·wür·dig <Adj.> ~ *leben*
Men·sche'wik <m.; -en, -en, Pl. a. -ki; Pol.> *Anhänger des Menschewismus* [russ.]; **Men·sche·'wi·kin** <f.; -, -·nnen; Pol.>; **Men·sche·wis·mus** <m.; -; unz.; Pol.> *gemäßigte Richtung innerhalb der ehem. russ. Sozialdemokratie* [russ.]; **Men·sche·'wist** <m.; -en, -en; Pol.> = *Menschewik*; **Men·sche·'wis·tin** <f.; -, -·nnen; Pol.>; **men·sche·'wis·tisch** <Adj.>
'Mensch·heit <f.; -; unz.> *das Menschengeschlecht*; *die Geschichte der* ~; **'mensch·heit·lich** <Adj.>; **'mensch·lich** <Adj.> 1 *den Menschen betreffend*; ~e *Gesellschaft* 2 *dem menschl. Wesen gemäß*; ~e *Schwäche*; *Irren ist* ~ <Sprichw.> 3 *verständnisvoll, freundlich*; ~ *handeln* 4 <fig.; umg.> *erträglich, annehmbar*; *in der Küche sieht es wieder* ~ *aus*; **'Mensch·lich·keit** <f.; -; unz.>; **'Mensch·wer·dung** <f.; -, -en> 1 *die Entstehung des Menschen* 2 <Rel.; NT> *die Verwandlung Gottes in den Menschen Christus*
'Men·sel <f.; -, -n> = *Messtisch* [lat.]
'Men·ses <[-se:s]; Pl.; Med.> = *Menstruation* [lat.]; **'men·sis cur'ren·tis** <Abk.: m. c.> *(des) laufenden Monats*; **mens·tru'al**, <auch> **menst·ru'al** <Adj.; ↗Z53> 1 *monatlich wiederkehrend* 2 <Med.> *zur Menstruation gehörend*; **Mens·tru·a·ti'on** <f.; -, -en; Med.> *die in etwa 28-tägigem Abstand erfolgende Blutung der Gebärmutter*; Sy *Periode, Regel*; **mens·tru'ell** <Adj.; Med.> = *menstrual(2)*; **mens·tru'ie·ren** <V. i.; Med.> *die Menstruation haben*
'Men·sul <f.; -, -n> = *Messtisch*
Men'sur <f.; -, -en> 1 *Maßverhältnis* 2 <Sp.> *Abstand beim Fechten* 3 <Mus.> *um 1250 festgelegtes Notenmaß* 4 <Mus.> *Maßverhältnis bei Musikinstrumenten* 5 <Chem.> *Messgefäß* [lat.]; **men·su'ra·bel** <Adj.; geh.> *messbar*; *mensurable Werte*; Ggs *immensurabel*; **Men·su·ra·bi·li'tät** <f.; -; unz.;

geh.>; **Men·su'ral·mu·sik** <f.; -; unz.; Mus.; 13.–16. Jh.> *Instrumentalmusik in Mensuralnotation*; **Men·su'ral·no·ta·ti·on** <f.; -; unz.; Mus.; bis 1600> *die Tondauer angebende Notenschrift*
men'tal¹ <Adj.> *geistig, verstandesmäßig*; ~e *Fähigkeiten* [lat.]
men'tal² <Adj.; Anat.> *zum Kinn gehörig* [lat.]
Men·ta·li'tät <f.; -, -en> *seel.-geistige Haltung*; **Men'tal·re·ser·va·ti·on** <[-va-]; f.; -, -en; Rechtsw.> *stiller Vorbehalt*; **Men'tal·sug·ges·ti·on** <f.; -, -en> *Gedankenübertragung*
Men'thol <n.; -s; unz.> *Bestandteil des Pfefferminzöls* [lat.]
'Men·tor <m.; -s, -'to·ren> *Lehrer, Erzieher* [nach *Mentor*, dem Erzieher des *Telemach*]; **Men·to·rin** <f.; -, -·nnen>
'Men·tum <n.; -s, 'Men·ta> 1 <Anat.> *Kinn* 2 <Zool.> *Unterlippenteil von Insekten* [lat.]
Me'nü, Me·nu <[me'ny]; n.; -s, -s> 1 *Speisenfolge* 2 <EDV> *auf dem Bildschirm dargestellte Programmübersicht* [frz.]
Me·nu'ett <n.; -(e)s, -e; Mus.> *altfrz. Volkstanz* [frz.]
Me'phis·to, Me·phis·to·phe·les <m.; -; unz.; Lit.> *Teufel*; *er spielt den* ~ *in Goethes "Faust"*; **me·phis·to'phe·lisch** <Adj.> *teuflisch*
...mer <in Zus.> *...teilig*, z. B. *polymer* [grch.]
Mer'cal·li·ska·la, <auch> **Mer'cal·li·Ska·la** <f.; -; unz.; ↗Z35> *eine Erdbebenskala* [nach dem ital. Geologen G. *Mercalli*]
Mer'cap·tan <n.; -s, -e; Chem.> = *Thiol*
Mer'ca·tor·pro·jek·ti·on <f.; -, -en; Geogr.> *eine Kartenprojektion* [nach dem dt. Geografen *Mercator*]
Mer·ce'rie <[mɛrsə-]; f.; -, -n; schweiz.> *Kurzwarenhandlung* [frz.]
Mer·chan·di·ser <[ˈmɔːtʃənˌdaizə(r)]; m.; -s, -; Wirtsch.> *Angestellter im Bereich der Verkaufsförderung* [engl.]; **'Mer·chan·di·se·rin** <f.; -, -·nnen; Wirtsch.>; **'Mer·chan·di·sing** <[-daiziŋ]; n.; - od. -s; unz.; Wirtsch.> *Maßnahmen zur Verkaufsförderung*

M

mer·ci <[mεr'si:]> *danke!* [frz.]

merde <[mεrd]> *Scheiße!* [frz.]

'Me·re·dith <m.; -s, -s> *ein Schachproblem* [nach dem Komponisten *Meredith*]

'Mer·gel <m.; -s, -; Geol.> *Mischgestein;* **'mer·ge·lig** <Adj.; Geol.>

Mer·ger <['mə:dʒə(r)]; m.; -s, -; Wirtsch.> *Fusion* [engl.]

Me·ri·di·an <m.; -s, -e; Geogr.; Astr.> *der durch Zenit u. Pole gehende Kreis am Himmel* [lat.]; **Me·ri·di·an·in·stru·ment,** <auch> **Me·ri·di·an·ins·tru·ment,** **Me·ri·di·an·inst·ru·ment** <n.; -(e)s, -e; ⤳Z54; Astr.> *astronom. Messinstrument;* **Me·ri·di·an·kreis** <m.; -es, -e; Astr.> *astronom. Messinstrument;* **me·ri·di·o·nal** <Adj.; Geogr.; Astr.> *den Meridian betreffend*

Me'rin·ge(l) <f.; -, -n; österr.>, **Me·ringue** <[me'rɛ̃g] od. [mε'rɛ̃]; f.; -, -s od. n.; -s, -s; österr.> = *Baiser* [frz.]

Me'ri·no <m.; -s, -s; Zool.> *eine span. Schafrasse* [span.]; **Me'ri·no·wol·le** <f.; -; unz.; Textilw.>

Me·ris'tem <n.; -s, -e; Bot.> *Bildungsgewebe* [grch.]; **me·ris·te·'ma·tisch** <Adj.; Bot.> *teilungsfähig (von Gewebszellen);* **Me·ris'tom** <n.; -s, -e; Med.> = *Zytoblastom*

Me'ri·ten <Pl. von> *Meritum;* **me·ri'to·risch** <Adj.> *verdienstvoll;* **Me'ri·tum** <n.; -s, -'ri·ten> *das Verdienst[2]* [lat.]

mer·kan'til, mer·kan'ti·lisch <Adj.; Wirtsch.> *Handels...* [lat.]; **Mer·kan'ti·lis·mus** <m.; -; unz.; Wirtsch.> *Wirtschaftssystem in der Zeit des Absolutismus;* **mer·kan'ti·lis·tisch** <Adj.; Wirtsch.> *den Merkantilismus betreffend;* **Mer·kan'til·sys·tem** <n.; -s; unz.; Wirtsch.>

Mer·kap'tan <n.; -s, -e; Chem.> = *Thiol;* oV *Mercaptan* [lat.]

'merk·bar <Adj.> 1 *einprägbar;* *~e Vokabeln* 2 = *merklich;* **'Merk·blatt** <n.; -(e)s, ⸚er> *Blatt mit Erklärungen; ein ~ zur neuen Rechtschreibung;* **'Merk·buch** <n.; -(e)s, ⸚er> *Notizbuch;* **'mer·ken** <V. t.> 1 *gefühlsmäßig od. beobachtend wahrnehmen; ich habe nichts gemerkt* 2 *im Gedächtnis behalten; das Wort*

ist schwer zu ~ 3 <oberdt.> *notieren;* **'merk·lich** <Adj.> *spürbar, sichtlich; ~e Verschlechterung;* **'Merk·mal** <n.; -(e)s, -e> *charakterist. Zeichen; ein untrügliches ~;* **'Merk·spruch** <m.; -(e)s, ⸚e> *Spruch als Merkhilfe*

'Mer·kur[1] <a. [-'-]; m.; -s; unz.; röm. Myth.> *Gott des Handels, Götterbote;* **'Mer·kur[2]** <a. [-'-]; m.; -s; unz.; Astr.> *ein Planet;* **'Mer·kur[3]** <a. [-'-]; m. od. n.; -s; unz.; Alchimie> *Quecksilber* [lat.]; **'Mer·kur·stab** <a. [-'--]; m.; -(e)s; unz.; röm. Myth.> *Heroldsstab des Merkur[1]*

'merk·wür·dig <Adj.> *eigenartig, seltsam; ~es Ereignis;* **merk·wür·di·ger'wei·se** <Adv.>; **'Merk·wür·dig·keit** <f.; -, -en>; **'Merk·zei·chen** <n.; -s, ->; **'Merk·zet·tel** <m.; -s, ->

Mer'lan <m.; -s, -e; Zool.> *ein Schellfisch* [frz.]

'Mer·le <f.; -, -n; Zool.; umg.> = *Amsel* [frz.]

Mer'lin[1] <a. ['--]; kelt. Myth.> *Zauberer*

Mer'lin[2] <a. ['--]; m.; -s, -e; Zool.> *ein Falke*

me·ro'krin <Adj.; Biol.; Med.> *~e Drüsen*

'Me·ro·win·ger <m.; -s, -> *Angehöriger eines westfränk. Königsgeschlechts;* **'Me·ro·win·ge·rin** <f.; -, -nnen>; **'me·ro·win·gisch** <Adj.>

Mer·ze·ri·sa·ti'on <f.; -; unz.; Textilw.> *ein Veredelungsverfahren für Baumwolle* [nach dem engl. Erfinder J. *Mercer*]; **mer·ze·ri·'sie·ren** <V. t.; Textilw.> *Baumwolle ~*

'Merz·schaf <n.; -(e)s, -e; Landw.>; **'Merz·vieh** <n.; -s; unz.; Landw.> *zur Zucht untaugl. Vieh*

Mes·al·li·ance, <auch> **Me·sal·li·ance** <[meza'ljã:s]; f.; -, -n; ⤳Z54> 1 <veralt.> = *Missheirat* 2 <fig.> *ungute Verbindung* [frz.]

Mes·ca'lin <n.; -s; unz.> = *Meskalin*

me'schug·ge <Adj.; umg.> *verrückt(2)* [hebr.]

Mes·dames <[me'dam]; Abk.: Mmes. (schweiz. ohne Punkt); Pl. von> *Madame* [frz.]; **Mes·de·moi·sel·les** <[medmoa'zε:l];

Abk.: Mlles. (schweiz. ohne Punkt); Pl. von> *Mademoiselle*

Mes·en·ce·pha·lon, <auch> **Me·sen·ce·pha·lon** <n.; -s, -la; ⤳Z54; Anat.> *Mittelhirn* [grch.]; **Mes·en·chym,** <auch> **Me·sen·chym** <[-'çy:m]; n.; -s; unz.; ⤳Z54; Biol.; Med.> *embryonales Bindegewebe*

Me·se·ta <[me'ze:ta]; f.; -, -'se·ten; Geogr.> *Hochebene* [span.]

'me·si·al <Adj.; Med.> *nach der Mitte des Zahnbogens hin*

Mes'kal <m.; -s; unz.> *ein Agavenschnaps* [mexikan.]; **Mes·ka·'lin** <n.; -s; unz.; Biol.; Chem.> *Alkaloid einer mexikan. Kakteenart, ein Rauschmittel;* oV *Mescalin*

'Mes·mer <m.; -s, -; schweiz.> = *Mesner*

Mes·me·ri'a·ner <m.; -s, -; Med.> *Anhänger des Mesmerismus;* **Mes·me·ri'a·ne·rin** <f.; -, -nnen; Med.>; **Mes·me·'ris·mus** <m.; -; unz.; Med.> *Heilverfahren durch magnet. Kräfte* [nach dem dt. Arzt *Mesmer*]

'Mes·ner <m.; -s, -; süddt.> = *Küster;* oV *Messner*

me·so..., **Me·so...** <in Zus.> *mittel..., Mittel...,* z. B. *Mesosphäre* [grch.]; **Me·so'blast** <n.; -s, -e; Biol.; Med.> *mittlere Zellschicht bei der Embryonalentwicklung;* **Me·so'derm** <n.; -s, -e; Biol.; Med.> *mittleres Keimblatt des Embryos;* **me·so'der'mal** <Adj.; Biol.; Med.> *aus dem Mesoderm hervorgehend;* **Me·so'karp** <n.; -s, -e; Bot.> *Gewebe der Steinfrüchte;* **Me·so'li·thi·kum** <n.; -s; unz.> *Mittelsteinzeit;* **me·so·'li·thisch** <Adj.> *mittelsteinzeitlich;* **Me·so·me'rie** <f.; -, -n; Chem.> = *Resonanz;* **'Me·son** <n.; -s, -'so·nen; meist Pl.; Phys.> *mittelschweres Elementarteilchen;* **Me·so'pau·se** <f.; -; unz.; Meteor.> *Schicht der Erdatmosphäre;* **Me·so'phyll** <n.; -s; unz.; Bot.> *pflanzl. Blattgewebe;* **Me·so'phyt** <m.; -en, -en; Bot.> *mäßig feuchten Boden bevorzugende Pflanze;* **Me·so·'phy·ti·kum** <n.; -s; unz.> *erdgeschichtl. Periode in der Entwicklung der Pflanzenwelt;* **Me·so·'sphä·re,** <auch> **Me·sos'phä-**

re <f.; -; unz.; ⤢Z54; Meteor.> *Schicht der Erdatmosphäre;* **Me·'so·tes** <f.; -; unz.; Philos.; nach Aristoteles> *ethischer Wert, der zw. zwei Extremen liegt;* **Me·so·'the·li·um** <n.; -s, -li·en> **Me·so·'tho·ri·um** <n.; -s; unz.; Chem.> *Zerfallsprodukt des Thoriums;* **'Me·so·tron,** <auch> **'Me·sot·ron** <n.; -s, -'tro·nen/-t'ro·nen; meist Pl.; ⤢Z53; Phys.; veralt.> = *Meson;* **Me·so·'zo·i·kum** <n.; -s; unz.; Geol.; Sammelbez. für Trias, Jura u. Kreidezeit; Sy *Erd­mittelalter>* **me·so·'zo·isch** <Adj.; Geol.> **Me·so'zo·on** <n.; -s, -'zo·en; Zool.> *einfach gebautes, mehrzelliges Tier*
Mes·sage <['mɛsidʒ]; f.; -, -s [-sidʒs] od. [-sidʒiz]> 1 *Nachricht an einen Empfänger* 2 <umg.> *Botschaft;* eine ~ rüberbringen [engl.]
Mes·sa·li·ne <f.; -; unz.; Textilw.> *ein Seidenstoff* [frz.]
'Mess·amt <n.; -(e)s, -'er> 1 <Kath.> *Amt des Priesters, die Messe¹(1) zu lesen* 2 = *Messeamt*
'Mess·band <n.; -(e)s, -'er>; **'mess·bar** <Adj.> *so beschaffen, dass es gemessen werden kann;* **'Mess·bar·keit** <f.; -; unz.>; **'Mess·be·cher** <m.; -s, ->; **'Mess·bild** <n.; -(e)s, -er> Sy *Photogramm*
'Mess·buch <n.; -(e)s, -'er; Kath.> *Altarbuch für die Messe¹(1);* **'Mess·die·ner** <m.; -s, -; Kath.> = *Ministrant;* **'Mes·se¹** <f.; -, -n> 1 <Kath.> *Gottesdienst;* die ~ halten 2 <Mus.> *Musik zur Messe¹(1);* die Hohe ~ von Bach 3 *große Industrieausstellung;* Buch~ [lat.]
'Mes·se² <f.; -, -n; Mar.> 1 *Aufenthalts- u. Speiseraum für Marineoffiziere* 2 *Personen in der Messe²(1)* [engl.]
'Mes·se·amt <n.; -(e)s, -'er> *Organisationsstelle einer Messe¹(3);* oV *Messamt(2);* **'Mes·se·hal·le** <f.; -, -n> *Ausstellungshalle*
'mes·sen <V. t. 185; du misst; sie misst> 1 *nach einem Maß¹(1) bestimmen;* die Temperatur ~ 2 *prüfend betrachten;* jmdn. mit strengem Blick ~ 3 <V. refl.> *sich mit jmdm. ~ (die eigenen Kräfte) vergleichend ermitteln;* er kann sich nicht mit ihr ~

kommt ihr nicht gleich 4 eine best. Größe haben; das Bett misst 2 Meter; **'Mes·ser¹** <m.; -s, -> 1 *Messgerät;* Druck~ 2 *jmd., der etwas misst;* Feld~
'Mes·ser² <n.; -s, -> *Schneidewerkzeug;* Taschen~; jmdm. das ~ an die Kehle setzen <a. fig.> *jmdn. zu etwas zwingen;* es steht auf des ~s Schneide <fig.> *das Ergebnis ist noch ungewiss*
'Mes·ser³ <m.; -, -; Lit.; in der ital. Komödie> *Herr (Anrede)* [ital.]
'Mes·ser·fisch <m.; -(e)s, -e; Zool.> *trop. Fisch;* **'Mes·serheld** <m.; -en, -en; umg.; ab­wertend> *gefährlicher Raufbold;* **'Mes·ser·rü·cken** <m.; -s, -n>; **'Mes·ser·rü·cken** <m.; -s, -> *stumpfe Klingenseite;* **'mes·ser·scharf** <Adj.>; **'Mes·ser·schnei·de** <f.; -, -n> *schneidende Klingenseite;* **'Mes·ser·spitze** <f.; -, -n> *Spitze der Klinge;* eine ~ voll *eine Prise;* **Mes·ser·ste·che·rei** <f.; -, -en>
'Mes·se·stand <m.; -(e)s, -'e> *Stand auf der Messe¹(3)*
'Mess·flü·gel <m.; -s, -; Tech.> *Gerät zur Geschwindigkeitsmessung bei fließendem Wasser;* **'Mess·füh·ler** <m.; -s, -> = *Sensor;* **'Mess·ge·fäß** <n.; -es, -e> = *Messzylinder,* **'Mess·ge·rät** <n.; -(e)s, -e> *Gerät zum Messen(1)*
'Mess·ge·wand <n.; -(e)s, -'er; Kath.> *festl. Obergewand des Priesters*
'Mess·glas <n.; -es, -'er> = *Messzylinder,* **'Mess·grö·ße** <f.; -, -n>
Mes·si·a·de <f.; -, -n; Lit.; Rel.> *Dichtung über den Messias;* **mes·si'a·nisch** <Adj.; Rel.> *den Messias betreffend;* **Mes·si·a·'nis·mus** <m.; -; unz.; Rel.> *Messiasglaube;* **Mes·si·as** <m.; -; unz.; Rel.> 1 <nach dem AT> *der verheißene Erlöser* 2 <nach dem NT> *Beiname Jesu Christi* [hebr.]
Mes·sieurs <[mɛ'sjø:]; Abk.: MM. (schweiz. ohne Punkt); Pl. von> *Monsieur* [frz.]
'Mes·sing <n.; -s, -e> *Legierung aus Kupfer u. Zink;* **'mes·singen** <Adj.> *aus Messing;* **'Messing·gie·ße·rei** <f.; -, -en>
'Mess·in·stru·ment, <auch>

'Mess·ins·tru·ment, 'Mess·inst·ru·ment <n.; -(e)s, -e; ⤢Z54>
'Mess·kelch <m.; -(e)s, -e; Kath.> *Weinkelch für den Messwein*
'Mess·lat·te <f.; -, -n> *ein Messgerät bei der Landvermessung;* **'Mess·lei·ne** <f.; -, -n>
'Mess·ner <m.; -s, -> = *Mesner;* **'Mess·op·fer** <n.; -s, -; Kath.> *Eucharistiefeier;* **'Mess·ordnung** <f.; -, -en; Kath.> *Vorschriften für die Messe¹(1)*
'Mess·rad <n.; -(e)s, -'er> *Gerät zur Längenmessung auf Karten;* **'Mess·schal·tung** <f.; -, -en; ⤢Z37> *Schaltung zum Messen(1) elektr. Größen;* **'Mess·schie·ber** <m.; -s, -; ⤢Z37> *ein Messgerät;* **'Mess·schnur** <f.; -, -'e; ⤢Z37> *ein Messgerät;* **'Mess·schrau·be** <f.; -, -n; ⤢Z37> *ein Messgerät;* **'Mess·stab** <m.; -(e)s, -'e; ⤢Z37> *Stab zum Markieren der gemessenen Entfernung;* **'Mess·stan·ge** <f.; -, -n; ⤢Z37> = *Messlatte;* **'Mess·stock** <m.; -(e)s, -'e; ⤢Z37> = *Messlatte;* **'Mess·tech·nik** <f.; -, -en> *Technik zur Ermittlung von Maßen u. Gewichten;* **'Mess·tisch** <m.; -(e)s, -e> *Gerät für topograph. Aufnahmen;* **'Mess·tisch·blatt** <n.; -(e)s, -'er> *am Messtisch aufgenommene Karte;* **'Mes·sung** <f.; -, -en> *Messgerät für Dicken u. Abstände;* **'Mess·wand·ler** <m.; -s, -> *Transformator für die Strommessung*
'Mess·wein <m.; -(e)s, -e; Kath.> *Wein für das Messopfer*
'Mess·wert <m.; -(e)s, -e>; **'Mess·we·sen** <n.; -s, -; unz.> = *Metrologie;* **'Mess·wi·der·stand** <m.; -(e)s, -'e> *Widerstand in elektr. Messgeräten;* **'Mess·zahl** <f.; -, -en> *statist. Maßzahl zur Verdeutlichung von Entwicklungen;* **'Mess·zy·lin·der** <m.; -s, -> *schmales Glasgefäß zum Abmessen von Flüssigkeiten*
Mes·ti·ze <m.; -n, -n> *Mischling von Weißen u. Indianern* [span.]; **Mes·ti·zin** <f.; -, -n·nen>
'mes·to <Mus.> *traurig* [ital.]
Met¹ <[me:t]; m.; -(e)s; unz.> *al-*

M

kohol. Getränk aus Honig u. Wasser; Sy Honigwein
Met² <[mɛt]; f.; -; unz.; kurz für> Metropolitan Opera
me·ta..., **Me·ta...** <in Zus.; Abk.: m-> nach, zwischen, um..., über..., z. B. metaphysisch, Metakritik [grch.]; **Me·ta·ba·sis** <f.; -, -'ba·sen> Übergang zu einem anderen Thema; **Me·ta·bi·o·se** <f.; -, -n; Biol.> Zusammenleben zweier Organismen; **me·ta·bol** <Adj.; Biol.> = metabolisch; **Me·ta·bo·lie** <f.; -, -n; Biol.> Veränderung, Umwandlung; **me·ta·bo·lisch** <Adj.; Biol.> 1 verändernd 2 veränderlich; **Me·ta·bo·lis·mus** <m.; -; unz.; Biol.; Med.> = Stoffwechsel; **Me·ta·brenn·stoff** <m.; -(e)s; unz.> künstl. Brennstoff; **Me·ta·chro·nis·mus** <[-kro-]; m.; -, -'nis·men> fälschl. Einordnung in eine spätere Zeit; **'Me·ta·ga·la·xis** <f.; -; unz.; Astr.> hypothet. Sternensystem; **me·ta·gam** <Adj.; Biol.; Med.> nach der Befruchtung geschehend; **Me·ta·ge·'ne·se** <f.; -, -n; Biol.> Generationswechsel, bei dem geschlechtl. auf ungeschlechtl. Fortpflanzung folgt; **me·ta·ge·'ne·tisch** <Adj.; Biol.>; **Me·ta·ge·schäft** <n.; -(e)s, -e; Wirtsch.> Geschäft mit gleichmäßiger Profitverteilung [ital.]; **'Me·ta·kom·mu·ni·ka·ti·on** <f.; -; unz.> Kommunikation neben dem eigentl. Gespräch; **'Me·ta·kri·tik** <f.; -, -en> Kritik der Kritik; **Me·ta'lep·se**, **Me·ta·lep·sis** <f.; -, -'lep·sen; Rhet.> Stilfigur, die Begriffe miteinander vertauscht; **Me·ta'lim·ni·on** <n.; -s, -ni·en; Biol.> Gewässerschicht mit sprunghaftem Temperaturabfall; **'Me·ta·lin·gu·is·tik** <f.; -; unz.> Wissenschaft von den Metasprachen
Me·tall <n.; -s, -e> meist fester Stoff mit guter elektr. u. therm. Leitfähigkeit; ~ gießen; ~ verarbeitende Industrie; **Me·tall·ar·bei·ter** <m.; -s, -> Arbeiter in der Metall verarbeitenden Industrie; **Me·tall·ar·bei·te·rin** <f.; -, -n·nen>; **me·tal·len** <Adj.> aus Metall; **Me·tal·ler** <m.; -s, -; umg.> Mitglied der IG Metall; **Me·tal·le·rin** <f.; -, -n·nen;

umg.>; **Me·tall·far·be** <f.; -, -n> aus Metallen bestehende Farbe; **Me·tall·fär·bung** <f.; -, -en>; **Me·tall·fa·ser** <f.; -, -n>; **Me·tall·fo·lie** <[-liə]; f.; -, -n>; **Me·tall·geld** <n.; -(e)s; unz.> Münzen; **Me·tall·guss** <m.; -es, ⸗e>; **me·tal·lic** <Adj.; undekl.> metallisch glänzend [engl.]; **Me·tal·lic·la·ckie·rung** <f.; -, -en; bes. Kfz> ein Anstrichverfahren; **Me·tal·li·sa·ti·on** <f.; -; unz.; Tech.> das Überziehen mit Metall; **Me·tal·li·'sa·tor** <m.; -s, -'to·ren; Tech.> Spritzpistole zur Metallisation; **me·tal·lisch** <Adj.> 1 metallen; -er Überzug 2 wie Metall; -er Glanz 3 <fig.> hart klingend; -e Stimme; **me·tal·li·sie·ren** <V. t.; Tech.> mit Metall beschichten; **Me·tal·li·sie·rung** <f.; -, -en>; **Me·tal·lis·mus** <m.; -; unz.> Geldwertlehre, nach der der Geldwert vom Metallwert abhängt; **Me·tall·kle·ber** <m.; -s, -; Tech.> Klebstoff im Brücken- u. Flugzeugbau; **'Me·tall·kun·de** <f.; -; unz.> = Metallogie; **Me·'tall·le·gie·rung** <f.; -, -en; ↗Z37>; **Me·tal·lo·chro·'mie** <[-kro-]; f.; -; unz.; Tech.> elektrolyt. Metallfärbung; **Me·tal·lo·'fon** <n.; -(e)s, -e; ↗Z11.3; Mus.> = Metallophon; **Me·tal·lo·ge** <m.; -n, -n> Metallkundler; **Me·tal·lo·gie** <f.; -; unz.> Lehre von den Metallen; **Me·tal·lo·gin** <f.; -, -n·nen>; **Me·tal·lo·gra·fie**, **Me·tal·lo·gra·phie** <f.; -; unz.; ↗Z11.3> Zweig der Metallogie; **Me·tal·lo·phon** <n.; -s, -e; ↗Z11.3; Instrumentenk.> xylophonähnl. Musikinstrument; **Me·tall·op·tik** <f.; -; unz.; Opt.> Zweig der Optik; **Me·tall·o·xid** <n.; -s, -e; ↗Z55; Chem.> Metall-Sauerstoff-Verbindung; **Me·tall·pa·pier** <n.; -s, -e> Papier mit Metallschicht; **Me·tall·schlauch** <m.; -(e)s, ⸗e>; **Me·tall·schutz** <m.; -es; unz.>; **Me·tall·spritz·ver·fah·ren** <n.; -s; unz.> ein Metallisationsverfahren; **Me·tall·urg**, <auch> **Me·tal·lurg** <m.; -en, -en; ↗Z54> auf dem Gebiet der Metallurgie Arbeitender; **Me·tall·ur·gie** <f.; -; unz.> Hüttenkunde; **Me·tall·ur·gin** <f.; -, -n·nen>; **me·tall·ur·gisch** <Adj.>; **Me·tall·wäh·rung**

<f.; -, -en; Wirtsch.> durch Metall gedeckte Währung; **Me·tall·wol·le** <f.; -; unz.> Drahtgebilde zum Abdichten u. Putzen; **Me·tall·zei·ten** <Pl.; Sammelbez. für> Bronze- u. Eisenzeit
me·ta·mer <Adj.; Biol.>; **Me·ta·me·rie** <f.; -; unz.; Biol.> Gliederung des Körpers in gleichartige Abschnitte [grch.]; **me·ta·'morph**, **me·ta·mor·phisch** <Adj.> die Gestalt, den Zustand ändernd; **Me·ta·mor·phis·mus** <m.; -, -men; Geol.> Umwandlung der Erdkruste; **Me·ta·mor·'pho·se** <f.; -, -n; Geol.> Gesteinsumwandlung 2 <Zool.> Gestaltsabwandlungen des Tieres während seiner Entwicklung 3 <Bot.> Umwandlung eines Pflanzenorgans 4 <Myth.> Verwandlung von Menschen; **me·ta·mor·pho'sie·ren** <V. t.> verwandeln, umwandeln; **me·ta·no'e·tisch** <Adj.; Philos.> undenkbar; **Me·ta·noia** <f.; -; unz.> 1 <Theol.> innere Umkehr 2 <Philos.> Änderung der Weltsicht; **Me·ta'pha·se** <f.; -, -n; Biol.> Kernteilungsstadium der Zelle(2)
Me·ta·pher <f.; -, -n; Lit.; Rhet.> bildl. Ausdruck [grch.]; **Me·ta·'pho·rik** <f.; -; unz.; Lit.; Rhet.> Metapherngebrauch; **me·ta·'pho·risch** <Adj.>
Me·ta·phra·se <f.; -, -n> Übertragung, Umschreibung [grch.]; **me·ta·'phras·tisch** <Adj.> in der Art einer Metaphrase umschreibend; **Me·ta·phy·sik** <f.; -; unz.; Philos.> Lehre von den grundlegenden Bedingungen des Seins; **Me·ta·phy·si·ker** <m.; -s, -; Philos.>; **Me·ta·phy·si·ke·rin** <f.; -, -n·nen; Philos.>; **me·ta·phy·sisch** <Adj.; Philos.>; **Me·ta·pla·'sie** <f.; -, -n; Med.> Umwandlung von Gewebe; **Me·ta·plas·mus** <m.; -, -'plas·men; Gramm.> Doppelform; **Me·ta·'psy·chik** <f.; -; unz.> = Parapsychologie; **me·ta·'psy·chisch** <Adj.>; **Me·ta·psy·cho·lo·gie** <f.; -; unz.> = Parapsychologie; **me·ta·so·ma·tisch** <Adj.; Geol.>; **Me·ta·so·ma'to·se** <f.; -, -n; Geol.> Gesteinsumwandlung durch Austausch von Mineralien; **'Me·ta·spra·che** <f.; -,

-n> *Sprache zur Beschreibung einer anderen Sprache*
Me·ta'sta·se, <auch> **Me·tas'ta·se** <f.; -, -n; ⚶ Z 54; Med.> *Ableger einer Erstgeschwulst* [grch.]; **me·ta'sta'sie·ren** <V. i.; Med.> *Metastasen bilden*; **me·ta'sta·tisch** <Adj.; Med.>
'Me·ta·the·o·rie <f.; -, -n> *Theorie über eine Theorie*; **Me·ta'the·se**, **Me·ta·the·sis** <f.; -, -'the·sen; Sprachw.> *Lautumstellung im Laufe der Sprachgeschichte* [grch.]; **Me·ta·tro'pis·mus** <m.; -, -men; Psych.> *Verschiebung des geschlechtl. Empfindens*
Me'ta·xa <m.; - od. -s, -s; Warenz.> *grch. Branntwein*
me·ta'zen·trisch, <auch> **me·ta·'zent·risch** <Adj.; ⚶ Z 53; Mar.>; **Me·ta'zen·trum** <n.; -s, -tren/-t·ren; Mar.> *Schnittpunkt der senkrechten Schiffsachse mit der Auftriebskraft*; **Me·ta'zo·on** <n.; -s, -'zo·en; Biol.> *mehrzelliges Tier*; Ggs *Protozoon*
Me·te'or <m. od. n.; -s, -e; Astr.> *Licht am Nachthimmel bei Eintritt eines Meteoriten in die Erdatmosphäre*, Sy *Sternschnuppe* [grch.]; **me·te'o·risch** <Adj.; Meteor.> *Lufterscheinungen u. -verhältnisse betreffend*; **Me·te·o'rit** <m.; -s od. -en, -e od. -en; Astr.> *Festkörper, der beim Eintritt in die Erdatmosphäre verdampft*; **me·te·o'ri·tisch** <Adj.; Astr.>; **Me·te·o·ro'lo·ge** <m.; -n, -n; Meteor.>; **Me·te·o·ro·lo'gie** <f.; -; unz.; Meteor.> *Lehre von den Witterungserscheinungen*; Sy *Wetterkunde*; **Me·te·o·ro'lo·gin** <f.; -, -·nen; Meteor.>; **me·te·o·ro·lo'gisch** <Adj.; Meteor.> *~e Station Wetterwarte*; **Me·te·o·ro'trop** <Adj.; Med.> *wetterbedingt*; **Me·te·o·ro·tro'pis·mus** <m.; -; unz.; Med.> *wetterbedingte Krankheit*; **Me·te'or·stein** <m.; -(e)s, -e; Astr.>
'Me·ter <n. 7, umg. u. schweiz. m. 7; -s, -; Zeichen: m> *Längenmaß*; 100-~-*Lauf*; *in einer Höhe von drei ~*(n); **...me·ter** <in Zus.> 1 <n. od. m.; -s, -> *Längenmaß, z. B. Zentimeter* 2 <n.; -s, -> *Messgerät, z. B. Chronometer* 3 <m.; -s, -> *jmd., der misst(1), z. B. Geometer*; **'Me·ter·band** <n.; -(e)s, ≈er> *Mess-*

band; **'me·ter·hoch** <Adj.> *einen od. mehrere Meter hoch*; *die Mauer ist ~*; <aber> *vier Meter hoch*; *ein meterhoher Haufen*; **'me·ter·lang** <Adj.> *einen od. mehrere Meter lang*; *die Mauer ist ~*; <aber> *vier Meter lang*; **'Me·ter·lat·te** <f.; -, -n; Bgb.> *Geh- u. Messstock des Grubensteigers*; **'Me·ter·maß** <n.; -es, -e> *ein Messgerät*; **'Me·ter·wa·re** <f.; -, -n> *Ware, deren Preis nach Metern berechnet wird*; **'me·ter·wei·se** <Adv.> *in Metern*; **'me·ter·weit** <Adj.> *mehr als einen Meter weit*; *der Graben ist ~*; <aber> *vier Meter weit*
Me·tha'don <n.; -s; unz.; Med.> *morphiumhaltiges Medikament*
Me'than <n.; -s; unz.; Chem.> *ein Gas* [grch.]; **Me·tha'nal** <n.; -s; unz.> = *Formaldehyd*; **Me·tha·'nol** <n.; -s; unz.; Chem.> = *Methylalkohol*; **Me'than·säu·re** <f.; -; unz.; Chem.> *Ameisensäure*; **Me·thi·o'nin** <n.; -s; unz.; Chem.> *eine Aminosäure*
Me'thod·ac·ting <['meθəd 'æktɪŋ]; n.; - od. -s; unz.; Theat.; Film> *eine Schauspielschule* [engl.]; **Me'thod·ac·tor** <[-'æktə(r)]; m.; -s, -s; Theat.; Film> *Schauspieler, der im Sinne des Methodactings spielt*; **'Me'thod·ac·tress**, <auch> **'Me'thod·act·ress** <[-'æktrəs]; f.; -, -es [-sɪz]; Theat.; Film>
Me'tho·de <f.; -, -n> *planmäßiges Vorgehen*; *Lern~*; *~ haben* [grch.]; **Me'tho·den·leh·re** <f.; -; unz.> = *Methodologie*; **Me'tho·dik** <f.; -; unz.> *Unterrichtslehre*; **Me'tho·di·ker** <m.; -s, -> 1 *planmäßig Vorgehender* 2 *Begründer einer Methode*; **Me'tho·di·ke·rin** <f.; -, -·nen>; **me'tho·disch** <Adj.> *auf einer best. Methode beruhend*; **me·tho·di'sie·ren** <V. t.> *in eine Methode bringen*
Me·tho'dis·mus <m.; -; unz.; Rel.> *relig. Erneuerungsbewegung im 18. Jh.* [engl.]; **Me·tho·'dist** <m.; -en, -en; Rel.> *ev. Freikirche*; **Me·tho'dis·tin** <f.; -, -·nen; Rel.>; **me·tho·'dis·tisch** <Adj.; Rel.>
Me·tho·do·lo'gie <f.; -; unz.>

Lehre von den wissenschaftl. Methoden [grch.]
Me'thu·sa·lem <m.; - od. -s, -s> *sehr alter Mann* [nach dem Großvater Noahs]
Me'thyl <n.; -s; unz.; Chem.> *einwertiges Radikal* [grch.]; **Me·'thyl·al·ko·hol** <m.; -s; unz.; Chem.> *sehr giftiger Alkohol*; **Me·thyl·a'min**, <auch> **Me·thy·la'min** <n.; -s, -e; ⚶ Z 54; Chem.> *eine chem. Verbindung*; **Me'thyl·ben·zol** <n.; -s; unz.; Chem.> = *Toluol*; **Me·thy'len** <n.; -s; unz.; Chem.> *eine Atomgruppierung*; **Me·thy'len·blau** <n.; -s; unz.; Chem.> *synthet. Farbstoff*
Me·ti·er <[me'tje:]; n.; -s, -s; veralt.; noch umg.> *Beruf*; *ein ~ erlernen* [frz.]
Me'tist <m.; -en, -en; Wirtsch.> *an einem Metageschäft Beteiligter*; **Me'tis·tin** <f.; -, -·nen; Wirtsch.>
Met'ö·ke, <auch> **Me'tö·ke** <m.; -n, -n; ⚶ Z 54; im alten Athen> *Zugewanderter ohne polit. Rechte* [grch.]
Met·o·no·ma'sie, <auch> **Me·to·no·ma'sie** <f.; -, -n; ⚶ Z 54> *Namensveränderung durch Übersetzung(1)* [grch.]; **Met·o·ny'mie** <f.; -, -n; Lit.; Rhet.> *Gebrauch eines Wortes für einen verwandten Begriff*; **met·o'ny·misch** <Adj.; Lit.; Rhet.>
'Me·tra, **'Me·tren**, <auch> **'Met·ra**, **'Met·ren** < ⚶ Z 53; Pl. von> *Metrum*; **...me'trie** <in Zus.> *Messung, z. B. Geometrie*; **'Me·trik** <f.; -; unz.> 1 <Lit.> *Verslehre* 2 <Mus.> *Taktlehre* [grch.]; **'Me·tri·ker** <m.; -s, -> *Erforscher der Metrik*; **'Me·tri·ke·rin** <f.; -, -·nen>; **'me·trisch** <Adj.> 1 *auf dem Meter beruhend* 2 <Lit.> *die Verslehre betreffend* 3 <Mus.> *die Taktlehre betreffend*
'Me·tro, <auch> **'Met·ro** <f.; -, -s; ⚶ Z 53> *Untergrundbahn, bes. in Paris u. Moskau* [frz.]
Me·tro·lo'gie, <auch> **Met·ro·lo'gie** <f.; -; unz.; ⚶ Z 53> *Lehre von den Maßen*[1]*(1) u. Gewichten* [grch.]; **Me·tro'nom** <n.; -s, -e; Mus.> *das Tempo anzeigendes Gerät*; Sy *Taktmesser*
Me·tro'po·le, <auch> **Met·ro'po·le** <f.; -, -n; ⚶ Z 53> *Hauptstadt*

[grch.]; **Me·tro·po'lit** <m.; -en, -en; Kath.> *Erzbischof;* **Me·tro·po·li'tan·kir·che** <f.; -, -n; Kath.> *Hauptkirche eines Metropoliten*

Me·tro·po·li·tan O·pe·ra, <auch> **Met·ro·po·li·tan O·pe·ra** <[metrə'politən 'ɔpəra] f.; --; unz.; ⤹Z53; Kurzw.: Met> *New Yorker Opernhaus* [engl.]

'Me·trum, <auch> **'Met·rum** <n.; -s, -tren/-t·ren od. -tra/-t·ra; ⤹Z53> 1 [Lit.> *Versmaß* 2 <Mus.> *Taktmaß* [grch.]

Mett <n.; -s; unz.; Kochk.> *gehacktes Schweinefleisch*

Met'ta·ge <[-ʒə] f.; -, -n; Typ.> *Umbruch(2)* [frz.]

'Met·te <f.; -, -n; Rel.> *nächtl. Gottesdienst;* Christ~ [lat.]

'Mett·wurst <f.; -, ⸚e; nddt.> *eine Wurstsorte*

'Met·ze <f.; -, -n; früher> *altes Getreidemaß;* oV Metzen

Met·ze'lei <f.; -, -en> *Gemetzel, Blutbad;* **'met·zeln** <V. t.; ich metz(e)le; veralt.> *schlachten;* **'Met·zel·sup·pe** <f.; -, -n; Kochk.; süddt.> *Wurstsuppe;* **'Met·zel·tag** <m.; -(e)s, -e; süddt.> *Schlachtfest;* **'met·zen** <V. t.; du metzt> 1 *schlachten* 2 *in Stein hauen*

'Met·zen <m.; -s, -; oberdt.; früher> = *Metze*

Met'zer <m.; -s, -; rhein.> *Metzger;* **'Met·ze·rin** <f.; -, -n·nen; rhein.>; **'metz·gen** <V. t.; süddt.; schweiz.> *schlachten;* **'Metz·ger** <m.; -s, -; süddt.; westdt.; schweiz.> Sy *Fleischer;* **Metz·ge'rei** <f.; -, -en; süddt.; westdt.; schweiz.> Sy *Fleischerei;* **'Metz·ge·rin** <f.; -, -n·nen; süddt.; westdt.; schweiz.>; **'Metz·ger·meis·ter** <m.; -s, ->; **'Metz·ger·meis·te·rin** <f.; -, -n·nen>; **'Metz·ge·te** <f.; -, -n; schweiz.> *Schlachtfest;* **'Metz·ler** <m.; -s, -; rhein.> *Fleischer;* **'Metz·le·rin** <f.; -, -n·nen; rhein.>

'Meu·chel·mord <m.; -(e)s, -e; abwertend> *heimtückischer Mord;* **'Meu·chel·mör·der** <m.; -s, -; abwertend>; **'Meu·chel·mör·de·rin** <f.; -, -n·nen; abwertend>; **'meu·cheln** <V. t.; ich meuch(e)le; veralt.; abwertend> *heimtückisch ermorden;*

'meuch·le·risch <Adj.>; **'meuch·lings** <Adv.; abwertend> *heimtückisch*

'Meu·te <f.; -, -n> 1 <Jagdw.> *Hundeschar* 2 <fig.; abwertend> *zügellose Horde;* **Meu·te'rei** <f.; -, -en> *Aufruhr mehrerer Personen gegen Vorgesetzte;* eine ~ *unterdrücken;* **'Meu·te·rer** <m.; -s, -> *jmd., der meutert;* **'meu·tern** <V. i.; ich meut(e)re> 1 *sich auflehnen;* Soldaten ~ 2 <fig.; umg.> *murren;* bei jeder Gelegenheit ~

MeV <Phys.; Zeichen für> *Megaelektronenvolt*

Me·xi·ka·ner <m.; -s, ->; **Me·xi·'ka·ne·rin** <f.; -, -n·nen>; **me·xi·'ka·nisch** <Adj.>; **Me·xi·ko** *Staat in Mittelamerika;* Vereinigte Mexikanische Staaten; **'Me·xi·ko-'Stadt** *Hauptstadt von Mexiko*

MEZ <Zeichen für> *mitteleurop. Zeit*

Mez·za'nin <n.; -s, -e; Arch.; österr.> *Zwischenetage über dem Erdgeschoss* [ital.]; **'mez·za vo·ce** <[-'vo:tʃə] Mus.; Abk.: m. v.> *halblaut;* **mez·zo'for·te** <Mus.; Abk.: mf> *mittelstark;* **mez·zo·pi'a·no** <Mus.; Abk.: mp> *recht leise;* **'Mez·zo·so·pran,** <auch> **'Mez·zo·sop·ran** <m.; -s, -e; ⤹Z53; Mus.> 1 *mittlere Frauenstimme* 2 *Mezzosopranistin;* **'Mez·zo·so·pra·nis·tin** <f.; -, -n·nen; Mus.>; **Mez·zo'tin·to** <n.; -s, -s od. -'tin·ti> 1 <unz.> *ein Tiefdruckverfahren* 2 *Produkt des Mezzotintos(1)*

mf <Mus.; Abk. für> *mezzoforte*

µF <Phys.; Zeichen für> *Mikrofarad*

Mfg <bes. in E-Mails; Abk. für> *Mit freundlichen Grüßen*

mg <Zeichen für> *Milligramm*

Mg <Chem.; Zeichen für> *Magnesium*

µg <Abk. für> *Mikrogramm*

MG, Mg. <Abk. für> *Maschinengewehr*

Mgr. <Abk. für> *Monseigneur, Monsignore*

MHz <Phys.; Zeichen für> *Megahertz*

Mi¹ <n.; -, -; Mus.; ital. u. frz. Bez. für> *Ton E*

Mi² <Abk. für> *Mittwoch*

Mia. <Abk. für> *Milliarde(n)*

mi'au <Schallw.> *(Laut der Katze);* **mi'au·en** <V. i.> *miau machen;* oV mauen

mich <Akk. von> *ich*

Mi·cha·e·li(s) <ohne Art.; Rel.> *Michaelstag (29. 9.)*

'Mi·chel <m.; -s, -; oberdt.; fig.> *ein Spottname;* deutscher ~

Mi·chi·gan <['miʃigən]> *ein US-Bundesstaat*

'mi·cke·rig, 'mick·rig <Adj.; umg.> *kümmerlich, klein;* ~er Baum

'Mi·cky·maus <f.; -, ⸚e> *Trickfilmgestalt von W. Disney* [engl.]

'Mi·cro·fa·ser, <auch> **'Mi·kro·fa·ser** <f.; -, -n; ⤹Z53; Textilw.; Warenz.> *ein Faserstoff*

'Mid·gard <m.; -s; unz.; Myth.> *Erde* [altnord.]; **'Mid·gard·schlan·ge** <f.; -; unz.; nord. Myth.> 1 *Ungeheuer des Weltmeeres* 2 <fig.> *Sinnbild für das die Erde umschlingende Meer*

'mi·di <Adj.; undekl.; Mode> *halblang;* ~ tragen

'Mi·di... <Mode; in Zus.> *bis an die Waden reichend,* z. B. Midirock

Mid·life·cri·sis, <auch> **Mid·life-Cri·sis** <['midlaifkraisiz] f.; -; unz.; ⤹Z36> *krisenhafte Phase in der Lebensmitte* [engl.]

'Mid·ship·man <[-ʃipmæn] m.; -s, -men [-mən]; Mar.; in Großbritannien u. den USA> *Seeoffiziersanwärter*

'Mie·der <n.; -s, -; Damenmode> 1 *Leibchen;* Dirndl~ 2 *Teil der Unterkleidung;* **'Mie·der·tuch** <n.; -(e)s, ⸚er; Damenmode> *Brusttuch;* **'Mie·der·wa·ren** <Pl.; Damenmode; Sammelbez. für> *Büsten-, Hüfthalter, Korsetts*

Mief <m.; -(e)s; unz.; umg.> *Gestank;* **'mie·fen** <V. i.; umg.> *schlecht riechen;* es mieft

'Mie·ne <f.; -, -n> 1 *Gesichtsausdruck;* heitere ~; ohne eine ~ zu verziehen 2 <fig.> ~ *machen* zu ... *sich anschicken* zu ...; <aber> → *Mine;* **'Mie·nen·spiel** <n.; -(e)s; unz.> *Wechsel der Miene(1)*

'Mie·re <f.; -, -n; Bot.> *ein Nelkengewächs*

mies <Adj.; umg.> *schlecht, übel;* ~er Laune; ~e Laune; ~ machen *schlecht machen* [jidd.]

Mies <n.; -es, -e; oberdt.> *Sumpf*

'Mie·se <nur Pl.> *Minusbetrag;* in die ~n kommen; → a. *Mise;* **'Mie·se·pe·ter** <m.; -s, -; umg.; scherzh.> *mürrischer Mensch;* **'mie·se·pe·te·rig, 'mie·se·pet·rig** <Adj.; ↗Z53.1> *mürrisch;* **'Mies·ma·cher** <m.; -s, -; umg.> *jmd., der über alles abfällig redet;* **'Mies·ma·che·rin** <f.; -, -n·nen; umg.>
'Mies·mu·schel <f.; -, -n; Zool.> *eine Muschelart*
'Miet·au·to <n.; -s, -s>; **'Mie·te**[1] <f.; -, -n> 1 *Entgelt für die Nutzung einer Sache;* ~ bezahlen; Wohnungs~ 2 *entgeltl. Nutzung einer Sache;* zur ~ wohnen
'Mie·te[2] <f.; -, -n; Landw.> *gegen Frost geschützter Stapel von Feldfrüchten zum Überwintern;* **'mie·ten**[1] <V.; Landw.> *Feldfrüchte ~ in Mieten*[2] *setzen*
'mie·ten[2] <V. t.> *gegen Bezahlung benutzen;* ein Haus ~; **'Mie·ter** <m.; -s, -> *jmd., der etwas gemietet*[1] *hat;* **'Miet·er·ho·lung** <f.; -, -en>; **'Mie·te·rin** <f.; -, -n·nen; ↗Z38>; **'Mie·ter·schutz** <m.; -es; unz.; Rechtsw.>; **'Miet·er·trag** <m.; -(e)s, ⁻e>; **'miet·frei** <Adj.> ~ wohnen; **'Miet·kauf** <m.; -s, ⁻e> *Kauf, bei dem die gemietete Sache nach einem best. Zeitraum dem Mieter gehört;* **'Miet·preis** <m.; -es, -e>; **'Miets·haus** <n.; -es, ⁻er> *Haus mit Mietwohnungen;* **'Miets·ka·ser·ne** <f.; -, -n; umg.; abwertend> *großes Mietshaus;* **'Miet·spie·gel** <m.; -s, -> *Verzeichnis üblicher Mietpreise;* **'Miet(s)·strei·tig·keit** <f.; -, -en; meist Pl.>; **'Miet(s)·ver·hält·nis** <n.; -s·ses, -s·se> *vertragl. festgelegtes Verhältnis zw. Vermieter u. Mieter;* **'Miet·ver·trag** <m.; -(e)s, ⁻e>; **'Miet·wa·gen** <m.; -s, ->; **'miet·wei·se** <Adv.> *zur Miete*[1]*(2);* **'Miet·wert** <m.; -(e)s; unz.>; **'Miet·woh·nung** <f.; -, -en>; **'Miet·wu·cher** <m.; -s; unz.; abwertend>; **'Miet·zins** <m.; -es, -en; süddt., österr., schweiz.> *Miete*[1]*(1)*
Miez <f.; -, -en; Kosename für *Katze,* oV *Mieze(1);* **'Mie·ze** <f.; -, -n> 1 = *Miez* 2 <fig.; umg.; abwertend> *Frau;* **'Mie·ze·kat·ze** <f.; -, -n; Koseform für *Katze*
Mi·gnon, <auch> **Mig·non**

<[min'jõ] od. ['--]; f.; -; unz.; ↗Z53; Typ.> = *Kolonel* [frz.]; **Mi·'gnon·fas·sung** <f.; -, -en> *Glühlampenfassung;* **Mi'gnon·zel·le** <f.; -, -n> *kleine Batterie*
Mi'grä·ne <f.; -, -n>; **Mig'rä·ne** <f.; -, -n; ↗Z53; Med.> *anfallsweise auftretender Kopfschmerz* [grch.]
Mi'grant, <auch> **Mig'rant** <m.; -en, -en; ↗Z53; Soziol.> *jmd., der ein- od. auswandert* [lat.]; **Mi'gran·tin** <f.; -, -n·nen; Soziol.>; **Mi·gra·ti·on** <f.; -, -en> 1 <Soziol.> *Übersiedelung* 2 <Zool.> *Wanderung, Wirtswechsel;* **mi·gra'to·risch** <Adj.; fachspr.>; **mi·'grie·ren** <V. i.> 1 <Soziol.> *übersiedeln* 2 <Zool.> *wandern*
Mi·hrab <[-'xra:b]; m.; -s, -s; Rel.> *Gebetsnische* [arab.]
Mijn·heer <[məˈne:r]; m.; -s, -s> oV *Mynherr* 1 *mein Herr (ndrl. Anrede)* 2 <umg.; scherzh.> *Holländer* [ndrl.]
MIK <f.; -; -s; Abk. für *Maximale Immissions-Konzentration*
Mi·ka <f.; -; unz.; Min.> = *Glimmer* [lat.]
Mi·ka·do[1] <m.; -s, -s> 1 <literar. Bez. für *jap. Kaiser* 2 *Stäbchen im Mikado*[2] *[jap.];* **Mi·ka·do**[2] <n.; -s; unz.> *ein Geschicklichkeitsspiel*
'mi·kro..., 'Mi·kro..., <auch> **'mik·ro..., 'Mik·ro...** <↗Z53; in Zus.> 1 *klein..., Klein...,* z. B. *Mikrochip;* *Mi·kro makro...,* auch... 2 <vor Maßeinheiten; Zeichen: µ> 1 Millionstel [grch.]; **'Mi·kro** <n.; -s, -s; kurz für *Mikrofon;* **'Mi·kro·a·na·ly·se** <f.; -, -n; ↗Z55; Chem.> *Analyse kleinster Substanzmengen;* Ggs *Makroanalyse;* **Mi·kro'bar** <n.; -s, -; Phys.; Abk.: µbar, früher µb> *Maßeinheit des Druckes;* **'Mi·kro·be** <f.; -, -n; Biol.> *Einzeller;* **mi·kro·bi'ell** <Adj.; Biol.> *durch Mikroben verursacht, sie betreffend;* **'Mi·kro·bild** <n.; -(e)s, -er> *stark verkleinerte Fotografie;* **'Mi·kro·bi·o·lo·ge** <m.; -n, -n; Biol.>; **Mi·kro·bi·o·lo·gie** <f.; -; unz.; Biol.> *Lehre von den Mikroben;* **'Mi·kro·bi·o·lo·gin** <f.; -, -n·nen; Biol.>; **Mi·kro·bi·on** <n.; -s, -bi·en; Biol.> *Mikrobe;* **'Mi·kro·che·mie** <[-çe-]; f.; -;

unz.; Chem.> *die Chemie kleinster Mengen;* **'Mi·kro·chip** <[-t∫ip]; m.; -s, -s> *hochintegrierte elektron. Schaltung;* **'Mi·kro·chi·rur·gie,** <auch> **'Mik·ro·chir·ur·gie** <[-çir-]; f.; -; unz.; ↗Z54>; **'Mi·kro·com·pu·ter** <[-kɔmpju-]; m.; -s, -; EDV> *kleiner Computer;* **'Mi·kro·e·lek·tro·nik,** <auch> **Mik·ro·e·lekt'ro·nik** <f.; -; unz.; ↗Z53> *Teilgebiet der Elektronik;* **'mi·kro·e·lek·tro·nisch** <Adj.>; **'Mi·kro·fa·rad** <n.; -s, -; Phys.; Zeichen: µF> *elektr. Maßeinheit;* **'Mi·kro·fa·ser** <f.; -, -n; Textilw.> *feine Chemiefaser;* **'Mi·kro·fau·na** <f.; -, -fau·nen; Biol.> *nur mikroskop. erkennbare Tierwelt;* Ggs *Makrofauna;* **'Mi·kro·fiche** <[-fi∫]; m.; -s, -s> *Film mit Mikrokopien;* **Mi·kro·'fon** <n.; -s, -e; ↗Z11.3>; Kurzw.: *Mikro Gerät zur Umwandlung von akust. in elektr. Schwingungen;* **'mi·kro·fo·nisch** <Adj.> *feinstimmig;* **'Mi·kro·fo·to·gra·fie** <f.; -, -n; ↗Z11.3; Fot.> *Fotografie mit starker Verkleinerung;* Ggs *Makrofotografie;* **'Mi·kro·fo·to·ko·pie** <f.; -, -n> = *Mikrokopie;* **Mi·kro·ga'met** <m.; -en, -en> *männl. Geschlechtszelle der Einzeller;* Ggs *Makrogamet;* **'Mi·kro·gramm** <n.; -s, -; Abk.: µg> *Maßeinheit der Masse;* **'Mi·kro·herd** <m.; -(e)s, -e; kurz für *Mikrowellenherd;* **'Mi·kro·kli·ma** <n.; -s; unz.>; **'Mi·kro·kok·kus** <m.; -, -kok·ken; Biol.> *Kugelbakterium;* **'Mi·kro·ko·pie** <f.; -, -n> *stark verkleinerte fotograf. Wiedergabe;* **mi·kro'kos·misch** <Adj.> Ggs *makrokosmisch;* **Mi·kro'kos·mos** <m.; -; unz.> 1 <Biol.> *Welt der Kleinstlebewesen* 2 <Philos.> *der Mensch u. seine Umwelt;* Ggs *Makrokosmos;* **Mi·kro·me·'lie,** <auch> **Mik·ro·me'lie** <f.; -, -n; Med.> *anomale Kleinheit;* Ggs *Makromelie;* **'Mi·kro·me·ter** <n.; -s, -> 1 *Feinmessgerät* 2 <Zeichen: µm> 1 *Millionstel Meter;* **Mi·kro'me·ter·schrau·be** <f.; -, -n> *ein Mikrometer(1);* **'Mi·kro·mu·ta·ti·on** <f.; -, -en; Biol.> *Mutation eines Gens*
Mi·kro·ne·si·en, <auch> **Mik·ro·'ne·si·en** <↗Z53> *Inselstaat im*

M

Pazifik; Föderierte Staaten von ~; **Mi·kro'ne·si·er** <m.; -s, ->; **Mi·kro'ne·si·e·rin** <f.; -, -n·nen>; **mi·kro'ne·sisch** <Adj.>

'Mi·kro·nu·kle·us, <auch> **'Mik·ro·nuk·le·us** <m.; -, -klei [-klei:i/ -k.lei:i]; ↗Z53; Biol.> *Geschlechtskern der Protozoen* [grch.; lat.]; **Mi·kro·ö·ko·no·mik** <f.; -; unz.; ↗Z55; Wirtsch.> *Zweig der Wirtschaftswissenschaften, der sich mit einzelnen Unternehmen befasst*; Ggs *Makroökonomik*; **mi·kro·ö·ko·no·misch** <Adj.; Wirtsch.>; **'Mi·kro·or·ga·nis·mus** <m.; -, -men; Biol.> *Mikrobe*; **Mi·kro'phon** <n.; -s, -e; ↗Z11.3> = *Mikrofon*; **mi·kro'pho·nisch** <Adj.>; **'Mi·kro·phy·sik** <f.; -; unz.>; **Mi·kro'phyt** <m.; -en, -en; Biol.> *pflanzl. Mikrobe*, Ggs *Makrophyt*; **'Mi·kro·prä·pa·rat** <n.; -(e)s, -e> *Präparat für mikroskop. Untersuchungen*; **'Mi·kro·pro·zes·sor** <m.; -s, -'so·ren; EDV> *Zentraleinheit eines Mikrocomputers*; **'Mi·kro·ra·di·o·me·ter** <n.; -s, -> *Messgerät für kleinste Strahlungsmengen*; **Mi·kro'seis·mik** <f.; -; unz.; Geol.> *Lehre von den kleinsten Schwingungen der Erdkruste*; Ggs *Makroseismik*; **mi·kro'seis·misch** <Adj.; Geol.>; **Mi·kro'skop,** <auch> **Mik·ros'kop** <n.; -s, -e; ↗Z54; Opt.> *Vergrößerungsgerät* [grch.]; **Mi·kro·sko'pie** <f.; -; unz.; Opt.> *mikroskop. Untersuchung*; **Mi·kro·sko'pie·ren** <V. t.; Opt.> *mikroskop. untersuchen*; **mi·kro'sko·pisch** <Adj.>; **Mi·kro'som** <n.; -(e)s, -en> *Körperchen im Zellplasma*; **Mi·kro·so'mie** <f.; -; unz.; Med.> *Kleinwuchs*; Ggs *Makrosomie*; **'Mi·kro·spo·re** <f.; -, -n; Bot.> *männl. Spore einiger Farne*; Ggs *Makrospore*; **'Mi·kro·struk·tur** <f.; -, -en> *Feinstruktur*; Ggs *Makrostruktur*, **Mi·kro'tom** <n. od. m.; -s, -e> *Gerät zur Anfertigung feinster Schnitte für mikroskop. Untersuchungen*; **'Mi·kro·tron** <n.; -(e)s, -e; Phys.> *Elektronenbeschleuniger*; **'Mi·kro·waa·ge** <f.; -, -n> *Feinwaage*; **'Mi·kro·wel·le** <f.; -,

-n> **1** <kurz für> *Mikrowellengerät* **2** <Pl.; Phys.; Zeichen: µW> *~n elektromagnet. Frequenz mit Wellenlänge unter 10 cm*; **'Mi·kro·wel·len·ge·rät** <n.; -(e)s, -e; Kurzw.: Mikrowelle> *Herd mit Hochfrequenzwärme*; **'Mi·kro·wel·len·herd** <m.; -(e)s, -e; Kurzw.: Mikroherd> = *Mikrowellengerät*; **'Mi·kro·wel·len·spek·tro·sko·pie,** <auch> **'Mik·ro·wel·len·spekt·ros·ko·pie** <f.; -, -n; ↗Z54; Phys.> *Untersuchung der Mikrowellen*; **'Mi·kro·zen·sus** <m.; -; unz.; in der BRD> *Repräsentativstatistik der Bevölkerungsentwicklung*; **mi·kro·ze'phal** <Adj.; Med.> *kleinköpfig*; Ggs *makrozephal*; **Mi·kro·ze·pha'lie** <f.; -; unz.; Med.> *anomal kleine Kopfform*

Mik·ti'on <f.; -, -en; Med.> *das Harnen* [lat.]

MIK-Wert <m.; -(e)s, -e> = *MIK*

Mi'lan <a. [ˈ--]; m.; -s, -e; Zool.> *ein Greifvogel* [lat.]

'Mil·be <f.; -, -n; Zool.> *ein Spinnentier*, **'Mil·ben·seu·che** <f.; -; unz.; Zool.> *eine Bienenkrankheit*; **'mil·big** <Adj.> *von Milben befallen*

Milch <f.; -, -en; Pl. nur fachsprachl.> **1** *weiße Flüssigkeit, die von den Milchdrüsen der Frau u. der weibl. Säugetiere austritt*; Kuh~; frische ~ **2** <Zool.> *Samenflüssigkeit männl. Fische* **3** <Bot.> *Pflanzensaft*; die ~ des Löwenzahns; **'Milch·ab·schei·der** <m.; -s, -; Landw.> = *Milchzentrifuge*; **'Milch·bart** <m.; -(e)s, ⸚e; fig.; abwertend> *unerfahrener Jüngling*; **'Milch·baum** <m.; -(e)s, ⸚e; Bot.> *eine Baumart*; **'Milch·brei** <m.; -(e)s, -e>; **'Milch·brot** <n.; -(e)s, -e>; **'Milch·bröt·chen** <n.; -s, ->; **'Milch·drü·se** <f.; -, -n; Anat.> *Brustdrüse*; **'Milch·ei·weiß** <n.; -es; unz.>; **'mil·chen¹** <Adj.> *aus Milch*; **mil·chen²** <V. i.; Landw.; umg.> *Milch geben*; **'Mil·cher** <m.; -s, -> **1** <Landw.; umg.> *Melker* **2** <Zool.> = *Milchner*; **'Mil·che·rin** <f.; -, -n·nen; Landw.; umg.>; **'Milch·fla·sche** <f.; -, -n>; **'Milch·fluss** <m.; -es; unz.; Med.> *selbstständiges Abfließen von Milch in der Stillzeit*;

'Milch·ge·biss <n.; -es, -e; Anat.> *die ersten Zähne*; **'Milch·ge·sicht** <n.; -(e)s, -er; fig.; meist abwertend> = *Milchbart*; **'Milch·glas** <n.; -es; unz.> *milchiges Glas*; **'Milch·grind** <m.; -(e)s; unz.; Med.> = *Milchschorf*; **'Milch·hof** <m.; -(e)s, ⸚e; Landw.> *Sammelstelle für Milch(1)*; **'mil·chig** <Adj.> *weißlich-trüb*; **'Milch·kaf·fee** <m.; -s, -s>; **'Milch·kalb** <n.; -(e)s, ⸚er; Landw.> *Kalb, das noch gesäugt wird*; **'Milch·känn·chen** <n.; -s, -; Verkleinerungsf. von> *Milchkanne*; **'Milch·kan·ne** <f.; -, -n>; **'Milch·kuh** <f.; -, ⸚e; Landw.> *Milch gebende Kuh*; **'Milch·ling** <m.; -s, -e> *ein Pilz*; **'Milch·mäd·chen·rech·nung** <f.; -, -en; fig.; umg.> *naive Erwartung*; **'Milch·mes·ser** <m.; -s, -> = *Milchwaage*; **'Milch·mix·ge·tränk** <n.; -(e)s, -e>; **'Milch·ner** <m.; -s, -; Zool.> *männl. Fisch*; oV *Milcher(2)*; **'Milch·pro·dukt** <n.; -(e)s, -e> *Erzeugnis aus Milch*; **'Milch·pul·ver** <n.; -s; unz.>; **'Milch·pum·pe** <f.; -, -n> *Gerät zum Entleeren der Brustdrüse*; **'Milch·reis** <m.; -es, -e> **1** *Reissorte* **2** <Kochk.> *eine Reisspeise*; **'Milch·säu·re** <f.; -; unz.; Chem.> *eine organ. Säure*; **'Milch·schleu·der** <f.; -, -n; Landw.> = *Milchzentrifuge*; **'Milch·schorf** <m.; -(e)s; unz.; Med.> *Hautkrankheit bei Säuglingen*; **'Milch·stau·ung** <f.; -, -en; Med.> *Stauung der Milch in der weibl. Brust*; **'Milch·stern** <m.; -(e)s; unz.; Bot.> *Gattung der Liliengewächse*; **'Milch·stra·ße** <f.; -; unz.; Astr.> *Sternsystem, zu dem die Erde gehört*; **'Milch·waa·ge** <f.; -, -n> *Untersuchungsgerät für Milch(1)*; **'milch·weiß** <Adj.>; **'Milch·wirt·schaft** <f.; -, -en; Landw.> **1** <unz.> *Milchgewinnung u. -vertrieb* **2** = *Molkerei*; **'Milch·zahn** <m.; -(e)s, ⸚e; Anat.> *Zahn vom Milchgebiss*; **'Milch·zen·tri·fu·ge,** <auch> **'Milch·zent·ri·fu·ge** <f.; -, -n; ↗Z53; Landw.> *Gerät zum Trennen von Milch in Rahm u. Magermilch*; **'Milch·zu·cker** <m.; -s; unz.; Chem.> Sy *Lactose*

mild <Adj.; -er, am -es·ten> **1** *sanft, gemäßigt;* ~e Worte; ~es Klima **2** *barmherzig;* ~e Gabe *Almosen;* **'mil·de** <Adj.> = *mild;* **'Mil·de** <f.; -; unz.> *Sanftheit, Nachsicht;* ~ walten lassen; **'mil·dern** <V. t.; ich mild(e)re> **1** *milder machen;* eine Strafe ~; ~de Umstände <Rechtsw.> *die Strafe verringernde U.* **2** <V. refl.> sich ~ *milder werden;* **'Mil·derung** <f.; -; unz.> **'Mil·derungs·grund** <m.; -(e)s, ~e; Rechtsw.> **'mild·tä·tig** <Adj.> *wohltätig,* **'Mild·tä·tig·keit** <f.; -; unz.>

mi·li·ar <Adj.; Med.> *hirsekorngroß* [lat.]; **Mi·li·a·ria** <Pl.; Med.> *eine Hautkrankheit;* **Mi·li·ar·tu·ber·ku·lo·se** <f.; -, -n; Med.> *Form der Tuberkulose*

Mi·li·eu <[mi'ljø:]; n.; -s, -s> **1** *Lebensumfeld;* Rotlicht~ *Gegend, in der Prostitution betrieben wird* **2** <Biol.> *Lebensraum* [frz.]; **mi·li·eu·be·dingt** <Adj.> ~e Schäden; **mi·li·eu·ge·schädigt** <Adj.; Psych.> *durch das Milieu geschädigt;* **Mi·li·eu·the·o·rie** <f.; -; unz.; Psych.; Soziol.> *Theorie, dass die menschl. Entwicklung milieuabhängig sei*

mi·li·tant <Adj.; -er, am -es·ten> *kämpferisch* [lat.]; **Mi·li·tanz** <f.; -; unz.> *aggressives Vorgehen;* **Mi·li·tär¹** <n.; -s; unz.; Mil.> *Heer(wesen);* zum ~ gehen; **Mi·li·tär²** <m.; -s, -s; Mil.> *höherer Offizier;* **Mi·li·tär·arzt** <m.; -(e)s, ~e; Mil.>; **Mi·li·tär·at·ta·ché** <[-ʃe:]; m.; -s, -s; Mil.; Pol.> *milit. Sachverständiger im diplomat. Dienst;* **Mi·li·tär·ba·sis** <f.; -, -ba·sen; Mil.> *Truppenstützpunkt;* **Mi·li·tär·dienst** <m.; -(e)s; unz.; Mil.>; **Mi·li·tär·dikta·tur** <f.; -, -en; Pol.> *diktator. Regierung aus Militärs²;* **Mi·litär·ge·fäng·nis** <n.; -s·ses, -s·se; Mil.>; **Mi·li·tär·herr·schaft** <f.; -; unz.; Pol.> = *Militärdiktatur;* **Mi·li·tär·ho·heit** <f.; -; unz.; Mil.> *Staatsgewalt in militär. Fragen;* **Mi·li·ta·ria** <Pl.; Mil.> **1** <veralt.> *militär. Angelegenheiten* **2** *Bücher u. a. über das Militär¹;* **mi·li·tä·risch** <Adj.; ↗Z46; Mil.> ~e Ausbildung; Militärischer Abschirmdienst <Abk.: MAD>; **mi·li·ta·ri·sie·ren** <V. t.>

militär. organisieren; ein Land ~; **Mi·li·ta·ris·mus** <m.; -; unz.; abwertend> *übersteigerte militär. Einstellung.* **Mi·li·ta·rist** <m.; -en, -en>; **Mi·li·ta·ris·tin** <f.; -, -n·nen>; **Mi·li·tär·jun·ta** <[-xun-]; f.; -, -jun·ten; Pol.> = *Militärregierung,* **Mi·li·tär·marsch** <m.; -es, ~e; Mil.; Mus.>; **Mi·li·tär·musik** <f.; -, -en; Mil.; Mus.>; **Mi·litär·pflicht** <f.; -; unz.; Mil.> *Verpflichtung zum Militärdienst;* **Mi·li·tär·pflicht·er·satz** <m.; -es; unz.; schweiz.> *Steuer eines vom Militärdienst Befreiten;* **mi·li·tär·pflich·tig** <Adj.; Mil.>; **Mi·li·tär·po·li·zei** <f.; -; unz.; Mil.>; **Mi·li·tär·putsch** <m.; -(e)s, -e; Pol.> *Putsch von Militärs;* **Mi·li·tär·re·gie·rung** <f.; -, -en; Pol.> *aus Militärs gebildete Regierung;* **Mi·li·tär·wesen** <n.; -s; unz.; Mil.> *Sammelbez. für» alle militär. Angelegenheiten u. Einrichtungen*

'Mi·li·ta·ry <[-təri]; f.; -, -s; Reitsp.> *Vielseitigkeitsprüfung* [engl.]; **'Mi·li·ta·ry Po·lice** <[-pɔ'li:s]; f.; --; unz.; Abk.: MP> *brit. bzw. US-amerikan. Militärpolizei*

Mi·li·tär·zeit <f.; -; unz.; Mil.> *Zeit des Militärdienstes*

Mi·liz <f.; -, -en; Mil.> **1** *Truppe mit kurzfristiger Ausbildung* **2** <bes. in sozialist. Staaten> *Militärpolizei* [lat.]; **Mi·li·zi·o·när** <m.; -s, -e; Mil.> *Milizangehöriger;* **Mi·liz·sol·dat** <m.; -en, -en; Mil.>

'Milk·shake <[-ʃeik]; m.; -s, -s> *Milchmixgetränk* [engl.]

Mill. <Abk. für> *Million(en)*

'Mil·le <f.; -; -; umg.> *Tausend;* er verlangt zwei ~ [lat.]

Mil·le·fi·o·ri·glas <n.; -es; unz.> *mehrfarbig gemustertes Glas* [ital.]

Mill'en·ni·um, <auch> **Mil'len·ni·um** <n.; -s, -ni·en; ↗Z54> *1000 Jahre* [lat.]; **Mill'en·ni·um(s)·fei·er** <f.; -, -n>

Mil·le·rit <m.; -s; unz.; Min.> *ein Mineral* [nach dem brit. Mineralogen W. H. *Miller*]

mil·li..., **Mil·li...** <in Zus.; Zeichen: m> *ein Tausendstel der jeweiligen Maßeinheit, z. B. Milligramm* [lat.]; **'Mil·li·am·pere**

<[-pɛ:r]; n.; -s od. -, -; Phys.; Zeichen: mA> *Maßeinheit kleiner elektr. Stromstärken*

Mil·li·ar·där <m.; -s, -e> *jmd., der über eine Milliarde (Euro) besitzt* [frz.]; **Mil·li·ar·de** <f.; -, -n·nen>; **Mil·li·ar·de** <f.; -, -n; Abk.: Md., Mia., Mrd.> *1000 Millionen;* **mil·li·ards·tel** <Adj.> *durch eine Milliarde geteilt;* **Milli·ards·tel** <n.; -s, -> *der milliardste Teil*

Mil·li·bar <n.; -s, -; Phys.; Meteor.; Zeichen: mbar> *Einheit für den Luftdruck;* **Mil·li·gramm** <n.; -s, -; Zeichen: mg> *Maßeinheit kleiner Gewichte;* **Mil·li·li·ter** <m. od. n.; -s, -; Zeichen: ml> *Hohl-, Flüssigkeitsmaß;* **Mil·li·'me·ter** <m. od. n.; -s, -; Zei­chen: mm> *Längenmaß;* **Mil·li·'me·ter·pa·pier** <n.; -s; unz.> *Papier mit Millimetereinteilung*

Mil·li·on <f.; -, -en; ↗Z44; Abk.: Mill., Mio.> *1000 mal 1000;* eine und drei viertel ~en; <aber> ein(und)dreiviertel ~en; drei viertel ~en <od.> eine Dreiviertel~; ~en Mal; **Mil·li·o·när** <m.; -s, -e> *jmd., der über eine Million (Euro) besitzt;* **Mil·li·o·nä·rin** <f.; -, -n·nen>; **Mil·li·ön·chen** <n.; -s, -; scherzh.; Verkleinerungsf. von» *Million(en);* **Mil·li·'o·nen·erb·schaft** <f.; -, -en>; **mil·li·o·nen·fach** <Adj.> *Millionen Mal soviel;* **Mil·li·o·nen·hö·he** <f.; -; unz.> eine Abfindung in ~; **mil·li·o·nen·tel** <Adj.> *durch eine Million geteilt;* **Mil·li·o·nens·tel** <n., schweiz. m.; -s, -> *der millionste Teil*

'Mil·li·se·kun·de <f.; -, -n> *Zeitmaß*

'Mi·lu <m.; -s, -s; Zool.> *eine Hirschart* [chines.]

Milz <f.; -, -en; Anat.> *ein Organ;* **'Milz·brand** <m.; -(e)s; unz.; Med.> *eine Infektionskrankheit;* **'Milz·farn** <m.; -(e)s; unz.; Bot.>; **'Milz·kraut** <n.; -(e)s, ~er; Bot.>; **'Milz·riss** <m.; -es, -e; Med.> *Verletzung der Milz*

'Mi·me <m.; -n, -n; Theat.> *Schauspieler* [grch.]; **'mi·men** <V. t.> **1** <Theat.> *darstellen;* eine Rolle ~ **2** <umg.> *vortäuschen;* Mitgefühl ~; **Mi'me·se** <f.; -, -n; Biol.> *Anpassung von Tieren an Gegenstände ihrer*

M

Umwelt; '**Mi·me·sis** <f.; -, -'me·sen> *nachahmende Darstellung;* **mi'me·tisch** <Adj.> *in der Art der Mimesis*

'**Mi·mik** <f.; -; unz.> *Mienenspiel* [lat.]

'**Mi·mi·kry**, <auch> '**Mi·mik·ry** <f.; -; unz.; ↗Z 53> 1 <Biol.> *Nachahmung wehrhafter Tiere durch wehrlose* 2 <fig.> *Schutzfärbung* [engl.]

'**Mi·min** <f.; -, -'·nen; Theat.> *weibl. Mime;* '**mi·misch** <Adj.> *die Mimik betreffend*

Mi'mo·se <f.; -, -n> 1 <Bot.> *eine Zierpflanze* 2 <fig.; abwertend> *überempfindlicher Mensch* [lat.]; **mi'mo·sen·haft** <Ad.; -er, am -es·ten; fig.> *überempfindlich*

min <Zeichen für> *Minute*

Mi·na'rett <n.; -(e)s, -e; Rel.> *Moscheeturm für den Gebetsruf* [arab.]

'**min·der** <Adj.; Komparativ von> *wenig, gering* 1 *weniger, geringer; von ~er Bedeutung; Minderer Bruder* <Rel.> *Franziskaner* 2 <adv.> *in geringerem Maße; ~ gut; nicht ~ genauso;* '**min·der·be·gabt** <Adj.>; '**min·der·be·las·tet** <Adj.>; '**min·der·be·mit·telt** <Adj.>; '**min·der·be·trag** <m.; -(e)s, -e> *Fehlbetrag;* '**Min·der·bru·der** <m.; -s, -; Rel.> *Franziskaner,* '**Min·der·ein·nah·me** <f.; -, -n>; '**Min·der·heit** <f.; -, -en> *der kleinere Teil einer Gesamtheit; in der ~ sein; nationale ~;* Ggs *Mehrheit;* '**Min·der·hei·ten·schutz** <m.; -es; unz.; Rechtsw.>; '**Min·der·heits·re·gie·rung** <f.; -, -en; Pol.> *von einer Minderheit gebildete Regierung;* '**min·der·jäh·rig** <Adj.; Rechtsw.> *noch nicht mündig;* Ggs *mündig, volljährig;* '**Min·der·jäh·rig·keit** <f.; -; unz.; Rechtsw.> Ggs *Mündigkeit, Volljährigkeit;* '**min·dern** <V. t.; ich mind(e)re> *verringern; das Tempo ~;* '**Min·de·rung** <f.; -, -en>; '**min·der·wer·tig** <Adj.> *qualitativ schlecht; ~e Ware;* '**Min·der·wer·tig·keit** <f.; -; unz.>; '**Min·der·wer·tig·keits·ge·fühl** <n.; -(e)s, -e; Psych.> *Gefühl des Versagens gegenüber anderen;* '**Min·der·wer·tig·keits·kom·plex** <m.; -es, -e;

Psych.> *starkes Minderwertigkeitsgefühl;* '**Min·der·zahl** <m.; -; unz.> = *Minderheit*

'**Min·dest·ab·stand** <m.; -(e)s, ÷e>; '**min·des·te(r, -s)** <Adj.; ↗Z 44; Superlativ von> *wenig, gering; sie hat nicht den –n Anstand; das ist das ~* <od.> Mindeste; *nicht im –n* <od.> Mindesten; *zum –n* <od.> Mindesten; '**min·des·tens** <Partikel; Superlativ von> *wenig, gering* 1 *wenigstens; es dauert ~ eine Stunde;* Ggs *höchstens* 2 *zumindest; er hätte ~ anrufen können;* '**Min·dest·for·de·rung** <f.; -, -en>; '**Min·dest·ge·bot** <n.; -(e)s, -e; bei Auktionen>; '**Min·dest·ge·schwin·dig·keit** <f.; -, -en>; '**Min·dest·halt·bar·keit** <f.; -; unz.> *Datum, bis zu dem die Ware mindestens haltbar ist;* '**Min·dest·lohn** <m.; -(e)s, ÷e> *niedrigste Lohnstufe,* '**Min·dest·maß** <n.; -es, -e> *sich auf das ~ beschränken;* '**Min·dest·preis** <m.; -es, -e>; '**Min·dest·re·ser·ve** <f.; -, -n; Bankw.> *gesetzl. vorgeschriebenes Guthaben, das Kreditinstitute unterhalten müssen;* '**Min·dest·satz** <m.; -es, ÷e> *kleinstmögl. Betrag;* '**Min·dest·um·tausch** <m.; -(e)s; unz.; Wirtsch.> *Mindestbetrag, der bei der Einreise in best. Länder umzutauschen ist;* '**Min·dest·zahl** <f.; -; unz.>

'**Mi·ne**[1] <f.; -, -n> *altgrch. Münze* [grch.]

'**Mi·ne**[2] <f.; -, -n> 1 *ein Sprengkörper; Land~* 2 <Bgb.> *Bergwerk; Gold~* 3 *Schreibeinlage für Stifte; Bleistift~;* <aber> → *Miene* [frz.]; '**Mi·nen·ar·bei·ter** <m.; -s, -; Bgb.>; '**Mi·nen·boot** <n.; -(e)s, -e; Mil.> = *Minenleger;* '**Mi·nen·feld** <n.; -(e)s, -er; Mil.> *vermintes Gebiet;* '**Mi·nen·le·ger** <m.; -s, -; Mil.> *Schiff, das Minen auslegt;* '**Mi·nen·such·boot** <n.; -(e)s, -e; Mil.>

Mi·ne'ral <n.; -s, -e od. -li·en; Min.> *anorgan. Bestandteil der Erdkruste* [lat.]; **Mi·ne'ral·bad** <n.; -(e)s, ÷er; Med.>; **Mi·ne'ral·brun·nen** <m.; -s, -> = *Mineralquelle;* **Mi·ne'ral·dün·ger** <m.; -s, -; Landw.; Sammelbez. für> *anorgan. Düngemittel;* **Mi·ne·ra·li·sa·ti·on** <f.; -; unz.; Chem.>

Abbau organ. Substanzen zu mineralischen; **mi·ne'ra·lisch** <Adj.; Min.>; **mi·ne·ra·li'sie·ren** <V.; Chem.> 1 <V. t.> *organ. Stoff verwandeln;* **Mi·ne·ra·'lo·ge** <m.; -n, -n; Min.>; **Mi·ne·ra·lo'gie** <f.; -; unz.; Min.> *Wissenschaft von den Mineralien;* **Mi·ne·ra·lo'gin** <f.; -, -·nen; Min.>; **mi·ne·ra·lo'gisch** <Adj.; Min.>; **Mi·ne·ra·li'sie·ren** 2 <V. i.> *sich in einen mineral. Stoff verwandeln;* **Mi·ne·ra·lo'gie** <f.; -; unz.; Min.>; *Erdöl;* **Mi·ne'ral·quel·le** <f.; -, -n> *mineralhaltige Quelle;* **Mi·ne'ral·salz** <n.; -es, -e; Chem.> *anorgan. Salz;* **Mi·ne·'ral·säu·re** <f.; -, -n; Chem.> *anorgan. Säure;* **Mi·ne'ral·stoff·wech·sel** <[-ks-]; m.; -s; unz.>; **Mi·ne'ral·was·ser** <n.; -s, ÷> *Wasser aus einer Mineralquelle;* **mi·ne·ro'gen** <Adj.; Chem.> *aus mineral. Stoffen entstanden*

Mi'nes·tra, <auch> **Mi'nest·ra** <f.; -, -tren/-t·ren; ↗Z 53>, **Mi·nes·'tro·ne** <f.; -, -ni; ital. Kochk.> *Gemüsesuppe* [ital.]

Mi'net·te <f.; -, -n; Geol.> *ein Eisenerz* [frz.]

'**mi·ni** <Adj.; undekl.; Mode> *sehr kurz; der Rock ist ~;* Ggs *maxi* [lat.]; '**Mi·ni** <n.; -s, -s; Mode> *sehr kurze Mode; ~ tragen;* '**Mi·ni...** <in Zus.> 1 <kurz für> *Miniatur...,* z. B. *Minigolf* 2 <Mode> *sehr kurz,* z. B. *Minirock*

Mi·ni·a'tur <f.; -, -en> 1 *Illustration in alten Handschriften u. Büchern* 2 *kleines Bild* [lat.]; **Mi·ni·a'tur...** <in Zus.> *sehr klein,* z. B. *Miniaturmalerei;* **Mi·ni·a'tur·aus·ga·be** <f.; -, -n>; **Mi·ni·a'tur·ge·mäl·de** <n.; -s, ->; **mi·ni·a·tu·ri'sie·ren** <V. t.; El.> *verkleinern;* Bauelemente ~; **Mi·ni·a'tur·ma·ler** <m.; -s, ->; **Mi·ni·a'tur·ma·le·rei** <f.; -, -en>; **Mi·ni·a'tur·ma·le·rin** <f.; -, -·nen>

'**Mi·ni·bar** <f.; -, -s> *kleiner Kühlschrank mit Getränken* [engl.]; '**Mi·ni·car** <[-ka:]; m.; -s, -s> 1 *Kleintaxi* 2 *Seifenkiste,* '**Mi·ni·com·pu·ter** <[-pju:-]; m.; -s, ->

mi'nie·ren <V. t.> 1 <Mil.> *verminen* 2 <Bgb.> *einen Stollen anlegen* [frz.]

'**Mi·ni·golf** <n.; -s; unz.; Sp.> *vom Golf abgeleitetes Geschicklichkeitsspiel;* '**Mi·ni·ma** <Pl. von>

M

Minimum [lat.]; **mi·ni·mal** <Adj.> *sehr klein, kleinstmöglich;* ~e Forderungen; Ggs *maximal*; **Mi·ni·mal·art**, <auch> **Mi·ni·mal Art** <['miniməl a:rt]; f.; (-)-; unz.; *✎Z30*; Mal.> *moderne Kunstrichtung mit stark reduzierter Formensprache* [engl.]; **Mi·ni·mal·be·las·tung** <f.; -, -en>; **Mi·ni·mal·ge·wicht** <n.; -(e)s, -e>; **mi·ni·ma·li'sie·ren** <V. t.> *verringern;* Ausgaben ~; **Mi·ni·ma·li'sie·rung** <f.; -, -en>; **Mi·ni·ma'list** <m.; -en, -en> **1** *jmd., der sich auf das Notwendigste beschränkt* **2** <Mal.> *Vertreter der Minimalart;* **Mi·ni·ma'lis·tin** <f.; -, -nnen>; **Mi·ni·mal·lohn** <m.; -(e)s, ⸚e> = *Mindestlohn;* **Mi·ni·mal·mu·sic**, <auch> **Mi·ni·mal Mu·sic** <['miniməl 'mju:zik]; f.; (-)-; unz.; *✎Z30*; Mus.> *moderne Musikrichtung mit einfachen Melodien u. Rhythmen* [engl.]; **Mi·ni·mal·paar** <n.; -(e)s, -e; Sprachw.> *Wort- od. Morphempaar, das sich nur durch ein Phonem unterscheidet;* **Mi·ni·mal·preis** <m.; -es, -e> *Mindestpreis;* **Mi·ni·mal·pro·blem**, <auch> **Mi·ni·mal·prob·lem** <n.; -s, -e; *✎Z53*> *ein Schachproblem;* **'Mi·ni·max** <m.; - od. -es, -e; Warenz.> *ein Feuerlöscher;* **mi·ni'mie·ren** <V. t.> *das Minimum erreichen;* Kosten ~; Ggs *maximieren;* **Mi·ni'mie·rung** <f.; -; unz.>; **mi·ni·mi'sie·ren** <V. t.> = *minimieren;* **'Mi·ni·mum** <n.; -s, -ma> *kleinster Wert;* Ggs *Maximum;* **Mi·ni·mum·ther·mo·me·ter** <n.; -s, -; Meteor.> *Thermometer, das die tiefste gemessene Temperatur anzeigt;* **'Mi·ni·pil·le** <f.; -, -n; umg.> *Antibabypille mit reduziertem Gestagengehalt;* **'Mi·ni·rock** <m.; -(e)s, ⸚e; Mode>; **'Mi·ni·spi·on** <m.; -s, -e> *kleines Abhörgerät*

Mi'nis·ter <m.; -s, -; Pol.> *Leiter eines Ministeriums* [lat.]; **mi·nis·te·ri'al** <Adj.; Pol.> *ein Ministerium betreffend;* **Mi·nis·te·ri'al·be·am·te(r)** <m. 1; Pol.>; **Mi·nis·te·ri'al·be·am·tin** <f.; -, -nnen>; **Mi·nis·te·ri'al·di·rek·tor** <m.; -s, -en; Pol.> *Abteilungsleiter in einem Ministeri-*

um; **Mi·nis·te·ri'al·di·rek·to·rin** <f.; -, -nnen; Pol.>; **Mi·nis·te·ri·'a·le** <m.; -n, -n; MA> *Angehöriger des niederen Adels;* **Mi·nis·te·ri'al·rat** <m.; -(e)s, ⸚e; Pol.> *Referatsleiter in einem Ministerium;* **Mi·nis·te·ri'al·rä·tin** <f.; -, -nnen; Pol.>; **mi·nis·te·ri'ell** <Adj.; Pol.> = *ministerial;* **Mi·'nis·te·rin** <f.; -, -nnen; Pol.>; **Mi·nis·te·ri·um** <n.; -s, -ri·en; Pol.> *oberste staatl. Verwaltungsbehörde;* Außen~; **Mi·nis·ter·kon·fe·renz** <f.; -, -en; Pol.>; **Mi·nis·ter·prä·si·dent** <m.; -en, -en; Pol.> **1** <in vielen Ländern> *Regierungschef* **2** <in der BRD> *Leiter der Landesregierung;* **Mi·nis·ter·prä·si·den·tin** <f.; -, -nnen; Pol.>; **Mi·nis·ter·rat** <m.; -(e)s, ⸚e; Pol.> **1** *Gesamtheit der Minister* **2** *Ministerausschuss;* **Mi·nis·ter·ses·sel** <m.; -s, -; Pol.; fig.; umg.> *Amt des Ministers; der* ~ *steht noch leer*

Mi·nis'trant, <auch> **Mi·nist'rant** <m.; -en, -en; *✎Z53*; Kath.> *Gehilfe des Priesters bei der Messe* [lat.]; **mi·nis'trie·ren** <V. i.; *✎Z53*; Kath.> *als Ministrant tätig sein*

Mink <n.; -s, -e; Zool.> *ein Nerz* [engl.]

'Min·na <f.; -, -s> **1** <früher; abwertend> *Dienstmädchen* **2** <umg.; scherzh.> grüne ~ *Polizeiwagen zum Gefangenentransport*

'Min·ne <f.; -; unz.> **1** <MA> *höfischer Frauendienst* **2** <heute poet. u. altertümelnd> *Liebe;* **'Min·ne·dienst** <m.; -(e)s, -e; MA> = *Minne(1);* **'Min·ne·lied** <n.; -(e)s, -er; Mus.; Lit.; MA> *höf. Liebeslied;* **'min·nen** <V. t.; poet. u. altertümelnd> *lieben;* **'Min·ne·sang** <m.; -(e)s; unz.; Lit.; MA> *höf. Liebeslyrik;* **'Min·ne·sän·ger, 'Min·ne·sin·ger** <m.; -s, -; Lit.; MA> *Träger des Minnesangs;* **'min·nig·lich** <Adj.; veralt.; noch poet.> **1** *lieblich* **2** *liebevoll*

mi'no·isch <Adj.> *kretisch;* ~e Kultur [nach dem sagenhaften König *Minos* auf Kreta]

Mi·no'rat <n.; -(e)s, -e; Rechtsw.> Ggs *Majorat* **1** *Jüngstenrecht* **2** *Erbgut des Jüngsten* [lat.]

mi'no·re <Mus.; ital. Bez. für> *Moll;* Ggs *maggiore* [ital.]

mi·no'renn <Adj.; Rechtsw.; veralt.> = *minderjährig;* Ggs *majorenn* [lat.]; **Mi·no·ren·ni'tät** <f.; -; unz.; Rechtsw.; veralt.> = *Minderjährigkeit*

Mi·no'rit <m.; -en, -en; Rel.> *Franziskaner*

Mi·no·ri'tät <f.; -, -en> *Minderheit;* Ggs *Majorität;* **Mi·no·ri'täts·trä·ger** <Pl.; Phys.; in Halbleitern> *Träger der nicht ausreichend vorhandenen Ladungen;* Ggs *Majoritätsträger*

Mi·no'taur <m.; -s; unz.; grch. Myth.> *Ungeheuer mit Menschenleib u. Stierkopf;* oV *Minotaurus* [grch.]; **Mi·no'tau·rus** <m.; -; unz.; grch. Myth.> = *Minotaur*

Minsk *Hauptstadt von Weißrussland*

'Mins·trel, <auch> **'Minst·rel** <m.; -s, -s; *✎Z53*; in England u. Frankreich im MA> *Minnesänger* [engl.]

'mint <Adj.; undekl.>, **'mint·far·ben** <Adj.> *blassgrün* [engl.]

Mi·nu'end <m.; -en, -en; Math.> *Zahl, von der eine andere subtrahiert wird;* Ggs *Subtrahend* [lat.]; **'mi·nus** <Konj.; Math.; Zeichen: -> *weniger;* vier ~ zwei; -, -10°, 10° = *10° unter 0°;* Ggs *plus;* **'Mi·nus** <n.; -, ->, **'Mi·nus·be·trag** <m.; -(e)s, ⸚e> *Fehlbetrag;* Ggs *Plus;* **Mi·nus·kel** <f.; -, -n> = *Kleinbuchstabe;* Ggs *Majuskel;* **'Mi·nus·pol** <m.; -(e)s, -e; El.> *negativer Pol;* Ggs *Pluspol;* **'Mi·nus·punkt** <m.; -(e)s, -e> *Fehlerpunkt bei einer Bewertung;* Ggs *Pluspunkt;* **'Mi·nus·wachs·tum** <[-ks-]; n.; -s; unz.; Wirtsch.> *Rückgang;* **'Mi·nus·zei·chen** <n.; -s, -; Math.; Zeichen: -> *Subtraktionszeichen;* Ggs *Pluszeichen*

Mi'nu·te <f.; -, -n> **1** <Zeichen: min od. ᵐ> *60. Teil einer Stunde;* fünf ~ nach; auf die ~ <umg.> *pünktlich* **2** <Math.; Zeichen: '> *60. Teil eines Grades;* **mi'nu·ten·lang** <Adj.> *sie applaudierten* ~; <aber> *fünf Minuten lang;* **Mi·'nu·ten·zei·ger** <m.; -s, -> *Uhrzeiger für die Anzeige der Minuten;* **...mi·nu·tig, ...mi·nü·tig** <Adj.; in Zus.> *eine bestimmte*

Minutenzahl dauernd, z. B. vierminütig, <in Ziffern> 4-minütig; **mi·nu·ti·ös** <[-'tsjø:s]; Adj.> *sehr genau, detailliert; ~e Darstellung;* oV *minuziös;* **mi·'nut·lich, mi·'nüt·lich** <Adj.> *jede Minute(1);* **...mi·nut·lich, ...mi·nüt·lich** <Adj.; in Zus.> *alle ... Minuten(1), z. B.* vierminütlich, <in Ziffern> 4-minütlich; **mi·nu·zi·ös** <Adj.> = *minutiös*

'Min·ze <f.; -, -n; Bot.> *Gattung der Lippenblütler* [grch.]

Mio. <Abk. für> *Million(en)*

Mi·o·sis <f.; -, -'o·sen; Med.> *Pupillenverengung* [grch.]; **mi·'o·tisch** <Adj.; Med.>

mi·o·zän <Adj.; Geol.> *zum Miozän gehörig;* **Mi·o·zän** <n.; -s; unz.; Geol.> *älteste Stufe des Jungtertiärs*

Mi·po·lam <n.; -s; unz.; Warenz.> *ein Kunststoff* [Kurzw. aus Mischpolymerisat]

MIPS <EDV; Abk. für engl.> *Million Instructions Per Second*

mir <Dat. von> *ich*

Mir[1] <m.; -s; unz.; im zarist. Russland> *Dorfgemeinde mit Gemeinschaftsbesitz* [russ.]

Mir[2] <f.; -; unz.> *sowjet. Weltraumstation*

Mi·ra·bel·le <f.; -, -n; Bot.> *kleine gelbe Pflaumensorte* [lat.]

Mi·ra·ge <[-'ra:ʒ(ə)]; f.; -, -s [-'ra:ʒ(ə)]; Mil.> *frz. Kampfflugzeug* [frz.]

Mi·ra·kel <n.; -s, -; geh.> *Wunder* [lat.]; **Mi·'ra·kel·spiel** <n.; -(e)s, -e; Theat.; MA> *Legendenspiel;* **mi·ra·ku·lös** <Adj.> *wunderbar*

'Mi·re <f.; -, -n; Astr.> *Meridianmarke an Instrumenten* [frz.]

'Mir·za <m.; -s, -s; in Persien> **1** <nachgestellt> *Prinz* **2** <vorangestellt> *Gelehrter* [pers.]

Mis·an·'drie, <auch> **Mi·'sand·rie** <f.; -; unz.; ⁄Z54>; Med.; Psych.> *krankhafter Männerhass* [grch.]

Mis·an·throp, <auch> **Mi·santh·'rop** <m.; -en, -en; ⁄Z54>; geh.> = *Menschenfeind;* Ggs *Philanthrop* [grch.]; **Mis·an·thro·'pie** <f.; -; unz.> = *Menschenfeindlichkeit;* **Mis·an·thro·pin** <f.; -, -n·nen> = *Menschenfeindin;* **mis·an·'thro·pisch** <Adj.> = *menschenfeindlich*

Mis·cel·la·nea <Pl.> = *Miszellaneen* [lat.]

'Misch·bat·te·rie <f.; -, -n> *Armatur zur Regulierung der Wassertemperatur;* **'Misch·bin·der** <m.; -s, -> *ein Bindemittel;* **'Misch·e·he** <f.; -, -n; ⁄Z55> *Ehe von Angehörigen verschiedener Religionen od. Kulturen;* **'mi·schen** <V. t.; du mischst> **1** *miteinander vermengen;* Karten ~ **2** *ein Getränk ~ zubereiten;* Cocktails ~; Sy *mixen* **3** <V. refl.> *sich in etwas ~ sich einmischen* **4** <Film, Rundfunk, TV> *Tonspuren zu einem einheitl. Klang vereinigen;* Sy *mixen;* **'misch·er·big** <Adj.; Biol.> = *heterozygot;* **'Misch·far·be** <f.; -, -n>; **'Misch·fut·ter** <n.; -s; unz.; Landw.>; **'Misch·garn** <n.; -s, -e; Textilw.>; **'Misch·gas** <n.; -es, -e> *ein Gasgemisch;* **'Misch·ge·schwulst** <f.; -, ⁻e; Med.> *Geschwulst aus verschiedenen Gewebsarten;* **'Misch·kul·tur** <f.; -, -en; Landw.> *Anbau unterschiedl. Kulturpflanzen nebeneinander;* **'Misch·ling** <m.; -s, -e; Biol.> = *Bastard;* **'Misch·masch** <m.; -(e)s, -e; Pl. selten; umg.; meist abwertend> *Durcheinander;* **'Misch·ma·schi·ne** <f.; -, -n; Bauw.> *Maschine zum Mischen von Beton od. Mörtel*

'Misch·na <f.; -; unz.; Rel.> *erster Teil des Talmuds* [hebr.]

Misch·po·che <[-xə]>, **Misch·po·ke** <f.; -; unz.; umg.; abwertend> *Sippschaft* [hebr.]

'Misch·pult <n.; -(e)s, -e; Film, Rundfunk, TV> *Gerät zum Mischen;* **'Mi·schung** <f.; -, -en> **1** <unz.> *das Mischen* **2** *das Gemischte;* Gewürz~; **'Misch·wald** <m.; -(e)s, ⁻er; Bot.>

'Mi·se <f.; -, -n> **1** *Spieleinsatz* **2** *Einmalprämie bei einer Versicherung;* → a. *Miese* [frz.]; **Mise en scène** <[mizã'sɛ:n]; n. od. f.; ---, -s [miz] --> **1** <Theat.> *Inszenierung* **2** <fig.> *auffallender Auftritt*

mi·se·ra·bel <Adj.> *sehr schlecht; miserable Noten* [frz.]; **Mi·'se·re** <f.; -, -n> *Not*

Mi·se·re·re <n.; -s, -> **1** <Rel.> *Anfang u. Name eines Bibelpsalms* **2** <Med.> *Kotbrechen* [lat.]; **Mi-**

se·ri·cor·di·as 'Do·mi·ni <ohne Art.; Rel.> *zweiter Sonntag nach Ostern;* **Mi·se·ri·'kor·die** <[-diə]; f.; -, -n; Rel.> *Vorsprung an den Klappsitzen des Chorgestühls als Stütze beim Stehen*

Mi·so·ga·mie <f.; -; unz.; Psych.> *Ehescheu* [grch.]; **mi·so·'gyn** <Adj.; Psych.> *frauenfeindlich;* **Mi·so·'gyn** <m.; -s od. -en, -e od. -en; Psych.> *frauenfeindl. Mann;* **Mi·so·gy·'nie** <f.; -; unz.; Psych.> *Frauenhass*

'Mis·pel <f.; -, -n; Bot.> *ein Obstbaum*

Miss <f.; -, 'Mis·ses> **1** <unz.; nur in Verbindung mit Familiennamen; engl. Anrede für> *Fräulein; ~* Peacock; → a. *Ms* **2** <in Zus.> *Schönheitskönigin; ~* Germany [engl.]

miss..., Miss... <nicht abtrennbare Vors.> *schlecht, Fehl...,* z. B. missfallen; Missklang

'Mis·sa <f.; -; unz.; Rel.> *Messe, Hochamt; ~* solemnis *feierl. Hochamt* [lat.]

miss·'ach·ten <V. t.; ich missachte; sie hat missachtet; zu missachten> Ggs *achten* **1** *verachten;* jmdn. ~ **2** *absichtl. nicht befolgen;* einen Rat ~; **Miss·'ach·tung** <f.; -; unz.>

Mis·'sal[1] <f.; -; unz.; Typ.> *ein Schriftgrad* [lat.]

Mis·'sal[2] <n.; -s, -e>, **Mis·'sa·le** <n.; -s -n od. -li·en; Kath.> = *Messbuch* [lat.]

'miss·be·ha·gen <V. i.; es missbehagt mir; es hat ihm missbehagt> *nicht gefallen; es braucht dir nicht misszubehagen;* **'Miss·be·ha·gen** <n.; -s; unz.>; **'miss·be·hag·lich** <Adj.> *unbehaglich, unangenehm*

'miss·bil·den <V. t.; nur im Part. Perf.> → *missgebildet;* **'Miss·bil·dung** <f.; -, -en> *Fehlbildung; körperliche ~*

miss·bil·li·gen <V. t.; ich missbillige; sie hat missbilligt; zu missbilligen> *nicht billigen;* jmds. Verhalten ~; **'Miss·bil·li·gung** <f.; -; unz.>

'Miss·brauch <m.; -s; unz.> *das Missbrauchen;* Alkohol~; ~ *eines Amtes;* **miss·'brau·chen** <V. t.; ich missbrauche; sie hat missbraucht; zu missbrauchen> **1** *vorsätzl. falsch gebrau-*

chen; jmds. Vertrauen ~ 2 *vergewaltigen;* **'miss·bräuch·lich** <Adj.> *missbrauchend;* ~e Verwendung

miss·deu·ten <V. t.; ich missdeu­te; sie hat missdeutet; zu miss­deuten> *falsch deuten;* Worte ~; **'Miss·deu·tung** <f.; -, -en>

'mis·sen <V. t.; ich misse, du misst> 1 *vermissen* 2 <mit Mo­dalverben; geh.> ~ können, mögen *entbehren;* ich möchte diese Erinnerung nicht ~

'Miss·er·folg <m.; -(e)s, -e> *Fehlschlag;* einen ~ erleben

'Miss·ern·te <f.; -, -n; Landw.> *schlechte Ernte*

'Mis·se·tat <f.; -, -en; geh.; ver­alt.> *schlechte Tat;* **'Mis·se·täter** <m.; -s, -> *jmd., der eine Missetat begangen hat;* **'Mis·setä·te·rin** <f.; -, -n·nen>

miss·fal·len <V. i. 131; ich miss­falle; sie hat missfallen; zu miss­fallen> jmdm. ~ *nicht gefallen;* **'miss·fal·len** <n.; -s; unz.> *das Nichtgefallen;* jmds. ~ erregen; **'miss·fäl·lig** <Adj.> *abfällig, verächtlich*

'Miss·form <f.; -, -en> *missgebildete Form;* **'miss·för·mig** <Adj.>

'miss·ge·bil·det <Adj.> *schlecht gebildet;* ein ~es Tier

'Miss·ge·burt <f.; -, -en> *stark missgebildetes neugeborenes Kind od. Tier*

'miss·ge·launt <Adj.> *schlecht gelaunt*

'Miss·ge·schick <n.; -(e)s, -e> *ärgerl. od. unglückl. Vorfall;* mir ist ein ~ passiert

'Miss·ge·stalt <f.; -, -en> *missgebildete Gestalt;* **'miss·ge·staltet** <Adj.>

'miss·ge·stimmt <Adj.> *schlecht gelaunt*

'miss·ge·wach·sen <[-ks-]; Adj.> *missgebildet;* oV *misswachsen*

miss·glü·cken <V. i. (s.); es miss­glückt; es ist missglückt; zu missglücken> *nicht glücken;* missglückter Versuch

miss·gön·nen <V. t.; ich missgön­ne; sie hat missgönnt; zu miss­gönnen> jmdm. etwas ~ *nicht gönnen*

'Miss·griff <m.; -(e)s, -e> *Fehlgriff;* einen ~ tun

'Miss·gunst <f.; -; unz.> *das*

Missgönnen; **'miss·güns·tig** <Adj.>

miss·han·deln <V. t.; ich miss­hand(e)le; sie hat misshandelt; zu misshandeln> *Körperverletzungen zufügen;* er hat seinen Hund misshandelt; **Miss'handlung** <f.; -, -en>

'Miss·hei·rat <f.; -, -en> *nicht standesgemäße Heirat*

'Miss·hel·lig·keit <f.; -, -en> *Unstimmigkeit*

'Mis·sile <[-sail]; n.; -s, -s; Mil.> *Marschflugkörper* [engl.]

'Mis·sing·link, <auch> **'Mis·sing Link** <n.; -; unz.; → Z30; Biol.> *fehlende Übergangsform* [engl.]

'mis·singsch <Adj.; nur adv.> *aus Hoch- u. Plattdt. gemischt;* **'Missingsch** <n.; - od. -s; unz.> *Sprachform aus Hoch- u. Plattdt.*

'miss·in·ter·pre·tie·ren <V. t.> *falsch interpretieren*

'Mis·sio ca·no·ni·ca <f.; --; unz.; Kath.> *Erteilung der Rechts- od. Lehrgewalt* [lat.]

Mis·si·on <f.; -, -en> 1 *ernste Aufgabe;* mit einer ~ betraut 2 *Gruppe von Personen mit einer Mission(1) im Ausland;* geheime ~ 3 <unz.; Rel.> *Glaubensverbreitung* [lat.]; **Mis·si·o·nar** <m.; -s, -e; Rel.> *in der Mission(3) tätiger Geistlicher;* **Mis·sio'när** <m.; -s, -e; Rel.; österr.> = *Missionar,* **Mis·si·o·na·rin** <f.; -, -n·nen; Rel.>; **Mis·si·o'nä·rin** <f.; -, -n·nen; Rel.; österr.>; **missi·o·na·risch** <Adj.; Rel.> *bekehrend;* **mis·si·o·nie·ren** <V. i. u. V. t.; Rel.> *zu einer Glaubenslehre bekehren;* **Mis·si·o'nie·rung** <f.; -, -en; Rel.>; **Mis·si'onschef** <[-ʃef]; m.; -s, -s> *Leiter einer Mission(2);* **Mis·si'ons·chefin** <f.; -, -n·nen>; **Mis·si'onshaus** <n.; -es, ⸚er; Rel.> *Ausbildungsort für Missionare;* **Mis·si'ons·schwes·ter** <f.; -, -n; Rel.> *in der Mission(3) tätige Nonne;* **Mis·si'ons·wis·sen·schaft** <f.; -; unz.> *Lehre von der Mission(3)*

Mis·sis'sip·pi[1] <m.; - od. -s; unz.> *nordamerikan. Strom;* **Mis·sis'sip·pi[2]** *ein US-Bundesstaat*

'Miss·jahr <n.; -(e)s, -e; Landw.> *ertragloses Jahr*

'Miss·klang <m.; -(e)s, ⸚e> 1 <Mus.> *unharmon. Klang* 2 <fig.> *Unstimmigkeit*

'Miss·kre·dit <m.; -(e)s; unz.; nur in den Wendungen> 1 in ~ geraten, kommen *an Ansehen einbüßen* 2 jmdn. in ~ bringen *jmds. Ruf schaden*

'miss·lau·nig <Adj.> *schlecht gelaunt*

miss·lei·ten <a. ['---]; V. t.; ich missleite; sie hat missleitet; zu missleiten> *falsch leiten;* **'Misslei·tung** <f.; -; unz.>

'miss·lich <Adj.;> *unerfreulich, unangenehm;* ~e Lage

'miss·lie·big <Adj.> *unbeliebt*

miss·lin·gen <V. i. 186; es miss­lingt; es ist misslungen; zu misslingen> *nicht gelingen;* ein misslungener Versuch; **Miss'lin·gen** <n.; -s; unz.>

'Miss·mut <m.; -(e)s; unz.> *Unmut;* **'miss·mu·tig** <Adj.> *verdrossen, schlecht gelaunt*

Mis·sou·ri[1] <[-'su:-]; m.; - od. -s; unz.> *nordamerikan. Strom;* **Mis'sou·ri[2]** *ein US-Bundesstaat*

miss·ra·ten <V. 195; es missrät; es ist missraten; zu missraten> 1 <V. i. (s.)> *nicht gelingen* 2 <Part. Perf.> *ungezogen;* ein ~es Kind

'Miss·stand <m.; -(e)s, ⸚e; → Z37> *schlimmer Zustand;* einen ~ beseitigen

'Miss·stim·mung <f.; -, -en; → Z37> *schlechte Stimmung;* ~ aufkommen lassen

'Miss·ton <m.; -(e)s, ⸚e> 1 <Mus.> *unharmon. Ton* 2 <fig.> *Unstimmigkeit;* **'miss·tö·nend** <Adj.>

miss·trau·en <V. i./V. refl.; ich misstraue; sie hat misstraut; zu misstrauen> *nicht trauen;* ich misstraue ihm, **'Miss·trau·en** <n.; -s; unz.> *Argwohn, mangelndes Vertrauen;* **'Miss·trauens·an·trag** <m.; -(e)s, ⸚e; Pol.>, **'Miss·trau·ens·vo·tum** <[-vo:-]; n.; -s, -vo·ten; Pol.> *Parlamentsbeschluss, der zu einer neuen Regierungsbildung führt;* **'miss·trau·isch** <Adj.> *voller Misstrauen;* ~er Blick

'Miss·ver·gnü·gen <n.; -s; unz.> *Unzufriedenheit;* **'miss·vergnügt** <Adj.> *unzufrieden*

'Miss·ver·hält·nis <n.; -s·ses,

-s·se› *falsches Verhältnis;* im ~ zu etwas stehen

'miss·ver·ständ·lich ‹Adj.› *unklar;* **'Miss·ver·ständ·nis** ‹n.; -s·ses, -s·se› *falsches Verstehen;* ein ~ klären; **'miss·ver·ste·hen** ‹V. t. 256/V. refl.› ich missverstehe; sie hat missverstanden; misszuverstehen› *falsch verstehen;* in nicht miss:zuverstehender Weise

miss·wach·sen ‹[-ks-]; Adj.› = *misswachsen*

'Miss·wahl ‹f.; -, -en› *Schönheitswettbewerb unter Frauen*

'Miss·wei·sung ‹f.; -, -en; Geophys.› = *Deklination(3)*

'Miss·wirt·schaft ‹f.; -; unz.› *schlechte Geschäftsführung*

'Miss·wuchs ‹[-ks]; m.; -es; unz.› *Missbildung*

Mist¹ ‹m.; -(e)s; unz.› 1 *Tierkot* 2 ·‹Landw.› *Stroh u. Mist¹(1) als Dünger;* ~haufen; so ein ~! ‹fig.› *so ein Pech!* 3 ‹fig.; umg.› *Unsinn;* ~ schreiben

Mist² ‹m.; -es; unz.; Seemannsspr.› *leichter Nebel* [engl.]

Mist... ‹umg.; in Zus.› *schlecht,* z. B. Mistkerl; **'Mist·beet** ‹n.; -(e)s, -e› *Beet für junge Pflanzen*

'Mis·tel ‹f.; -, -n; Bot.› *ein Strauchgewächs*

'mis·ten¹ ‹V. t.; Landw.› 1 *von Mist säubern* 2 *mit Mist düngen*

'mis·ten² ‹V. i.; Seemannsspr.› *leicht neblig sein*

'Mis·ter ‹m.; -s, -; Abk.: Mr; engl. Anrede für› *Herr* [engl.]

'Mist·ga·bel ‹f.; -, -n; Landw.› *Gerät zum Mistladen;* **'Mist·hau·fen** ‹m.; -s, -; Landw.› *Sammelstelle für Mist¹(2);* **'mis·tig¹** ‹Adj.› 1 *voller Mist* 2 ‹fig.; umg.› *unangenehm;* ~e Sache

'mis·tig² ‹Adj.; Seemannsspr.› *neblig*

'Mist·kä·fer ‹m.; -s, -; Zool.› *eine Käferart*

'Mist·kerl ‹m.; -(e)s, -e; umg.; abwertend› *gemeiner Kerl*

Mis'tral, ‹auch› **Mist'ral** ‹m.; -s, -e; ⚡Z.53; Meteor.› *kalter Nordwind in Südfrankreich* [frz.]

'Mist·stock ‹m.; -(e)s, ⸗e; Landw.; schweiz.› *Misthaufen;* **'Mist·stück** ‹n.; -(e)s, -e; fig.; derb› *gemeine Person;* **'Mist·vieh** ‹n.;

-s, -vie·cher; fig.; derb› *gemeine Person;* **'Mist·wa·gen** ‹m.; -s, -; Landw.› *Wagen für den Misttransport*

Mi'su·ra ‹f.; -; unz.; Mus.› *Takt(1)* [ital.]

Mis·zel·la'ne·en ‹a. [--'---]›, **Mis-'zel·len** ‹Pl.; Ztgsw.› *kleine Artikel, Vermischtes;* oV *Miscellanea* [lat.]

mit ‹Präp. m. Dat.› 1 *in Begleitung von;* ~ dir; ~ jmdm. reden; ~ anpacken 2 *durch (Hilfe von);* ~ dem Fahrad fahren; ~ List 3 ‹bei Zeit-, Mengen-, Maßangaben› *bei, einschließlich;* ~ dir sind wir acht; ~ fünf Jahren; ~ anderen Worten ‹Abk.: m. a. W.›

'mit... ‹Vors.; in Zus. mit Verben betont und abtrennbar› z. B. mitgehen; ich gehe mit; sie ist mitgegangen; mitzugehen

'Mit·ar·beit ‹f.; -, -en; Pl. selten› **'mitlar·bei·ten** ‹V. i.› an einem Projekt ~; **'Mit·ar·bei·ter** ‹m.; -s, -›; **'Mit·ar·bei·te·rin** ‹f.; -, -n·nen›

'Mit·au·tor ‹m.; -s, -'to·ren›; **'Mit·au·to·rin** ‹f.; -, -n·nen›

'mitlbe·kom·men ‹V. t. 170; umg.› Sy mitkriegen 1 *für den späteren Gebrauch erhalten;* Proviant ~ 2 ‹fig.; umg.› *verstehen*

'mitlbe·nut·zen, 'mitlbe·nüt·zen ‹V. t.; du benutzt mit› *zusammen mit anderen benutzen;* in Gerät ~; **'Mit·be·nut·zung, 'Mit·be·nüt·zung** ‹f.; -; unz.› etwas zur ~ überlassen

'mitlbe·rück·sich·ti·gen, ‹auch› **'mit be'rück·sich·ti·gen** ‹V. t.; ⚡Z.22› *auch berücksichtigen;* das musst du ~

'Mit·be·sitz ‹m.; -es; unz.›; **'Mit·be·sit·zer** ‹m.; -s, -›; **'Mit·be·sit·ze·rin** ‹f.; -, -n·nen›

'mitlbe·stim·men ‹V. t.› *zusammen mit anderen bestimmen;* **'Mit·be·stim·mung** ‹f.; -; unz.›; **'Mit·be·stim·mungs·recht** ‹n.; -(e)s; unz.›

'mitlbe·wer·ben ‹V. refl. 284› *sich zusammen mit anderen bewerben;* **'Mit·be·wer·ber** ‹m.; -s, -›; **'Mit·be·wer·be·rin** ‹f.; -, -n·nen›

'Mit·be·woh·ner ‹m.; -s, -›; **'Mit-be·woh·ne·rin** ‹f.; -, -n·nen›

'mitlbrin·gen ‹V. t. 118› einen Gast ~; jmdm. etwas ~; **'Mit·bring·sel** ‹n.; -s, -› -> *kleines Geschenk*

'Mit·bür·ger ‹m.; -s, -›; **'Mit·bür·ge·rin** ‹f.; -, -n·nen›

'mitldür·fen ‹V. i. 124; ich darf mit; sie hat mitgedurft; mitzudürfen› *mitgehen dürfen*

'Mit·ei·gen·tum ‹n.; -s; unz.› *gemeinsames Eigentum mehrerer Personen;* **'Mit·ei·gen·tü·mer** ‹m.; -s, -›; **'Mit·ei·gen·tü·me·rin** ‹f.; -, -n·nen›

mit·ein'an·der, ‹auch› **mit·ei-'nan·der** ‹Adv.; ⚡Z22.3, 54› Getrenntschreibung mit Verben *gemeinsam;* ~ leben; ~ spielen; alle ~; **Mit·ein'an·der** ‹n.; - od. -s; unz.›

Mi'tel·la ‹f.; -, -'tel·len; Med.› *Armschlinge* [lat.]

'mitlemp·fin·den ‹V. t. 134› *mitfühlen*

'Mit·er·be ‹m.; -n, -n›; **'Mit·er·bin** ‹f.; -, -n·nen›

'mitles·sen ‹V. i. 129; du isst mit› *mit anderen zusammen essen;* **'Mit·es·ser** ‹m.; -s, -; fig.› *Talgpfropfen in einer Talgdrüse*

'mitlfah·ren ‹V. i. (s.) 130› *mit jmdm. zusammen fahren;* **'Mit·fah·rer·zen·tra·le,** ‹auch› **'Mit·fah·rer·zent·ra·le** ‹f.; -, -n; ⚡Z.53› *Vermittlung für Mitfahrgelegenheiten;* **'Mit·fahr·ge·le·gen·heit** ‹f.; -, -en› *Gelegenheit, gegen Kostenbeteiligung bei jmdm. mitzufahren*

'mitlfi·nan·zie·ren ‹V. t.› ein Projekt ~

'Mit·freu·de ‹f.; -; unz.›; **'mitlfreu·en** ‹V. refl.› sich ~ *sich über die Freude eines anderen freuen*

'mitlfüh·len ‹V. i.› mit jmdm. ~ *an jmds. Gefühlen teilhaben;* **'mitlfüh·ren** ‹V. t.› *bei sich haben;* Wertsachen ~

'mitlge·ben ‹V. t. 143› 1 *zum Mitnehmen geben;* jmdm. Proviant ~ 2 jmdm. jmdn. ~ *als Begleitung mitschicken*

'Mit·ge·fühl ‹n.; -s; unz.› ~ zeigen

'mitlge·hen ‹V. i. (s.) 145; ich gehe mit; sie ist mitgegangen; mitzugehen› 1 mit jmdm. ~ *jmdn. begleiten;* mit der Zeit ~

<fig.> *Schritt halten* 2 <fig.; umg.> *etwas ~ lassen stehlen*
'mit|ge·stal·ten <V. t.> *wir haben die Sendung mitgestaltet*
'Mit·gift <f.; -, -en> *Vermögen, das der Frau in die Ehe mitgegeben wird*
'Mit·glied <n.; -(e)s, -er> *Angehöriger einer Gemeinschaft;* Vereins–; ~ des Bundestages <Pol.; Abk.: MdB>; ~ des Landtages <Pol.; Abk.: MdL>; **'Mit·glie·der·lis·te** <f.; -, -n>; **'mit·glie·der·schwach** <Adj.>; **'mit·glie·der·stark** <Adj.> *viele Mitglieder aufweisend;* **'Mit·glied·kar·te** <f.; -, -n; schweiz. für> = *Mitgliedskarte;* **'Mit·glieds·aus·weis** <m.; -es, -e>; **'Mit·glieds·bei·trag** <m.; -(e)s, ⸚e>; **'Mit·glied·schaft** <f.; -; unz.> *das Mitgliedsein;* **'Mit·glieds·kar·te** <f.; -, -n>; **'Mit·glieds·land** <n.; -(e)s, ⸚er>; **'Mit·glied(s)·staat** <m.; -(e)s, -en; Pol.> *Bündnismitglied*
'mit|ha·ben <V. t. 159> *bei sich haben;* hast du deine Jacke mit?
'mit|hal·ten <V. i. 160> *gleichziehen;* mit jmdm. ~; <aber> den Tisch 'mit 'halten *gemeinsam mit anderen halten;* → a. *mit(1)*
'mit|hel·fen <V. i. 165> *gemeinsam mit anderen helfen;* bei einem Umzug ~
'Mit·her·aus·ge·ber, <auch> **'Mit·he·raus·ge·ber** <m.; -s, -; ⤢Z54>; **'Mit·her·aus·ge·be·rin** <f.; -, -n·nen>
'Mit·herr·schaft <f.; -; unz.> *gemeinsame Herrschaft*
mit'hil·fe, <auch> **mit 'Hil·fe** <Präp. m. Gen.; ⤢Z19.2> *mittels, durch;* etwas ~ einer Lupe erkennen; **'Mit·hil·fe** <f.; -; unz.> *Unterstützung anderer*
mit'hin <Adv.; geh.> *folglich, demnach*
'mit|hö·ren <V. t.> *gemeinsam mit anderen hören;* **'Mit·hö·rer** <m.; -s, ->; **'Mit·hö·re·rin** <f.; -, -n·nen>
Mi·ti·ga·ti'on <f.; -, -en; Med.> *Abschwächung* [lat.]
'Mit·in·ha·ber <m.; -s, ->; **'Mit·in·ha·be·rin** <f.; -, -n·nen>
'mit|kämp·fen <V. i.> *gemeinsam mit anderen kämpfen;* **'Mit·kämp·fer** <m.; -s, ->; **'Mit·kämp-**

fe·rin <f.; -, -n·nen> Sy *Mitstreiterin*
'Mit·klä·ger <m.; -s, -; Rechtsw.> *Kläger bei einer gemeinsamen Klage;* **'Mit·klä·ge·rin** <f.; -, -n·nen; Rechtsw.>
'mit|kom·men <V. i. (s.) 170> 1 mit jmdm. ~ *jmdn. begleiten* 2 <fig.; umg.> *geistig folgen können;* in der Schule gut ~
'mit|kön·nen <V. i. 171; ich kann mit; sie hat mitgekonnt; mitzukönnen; umg.> 1 *mitgehen können;* ich kann nicht mit ins Kino 2 mit jmdm. ~ <fig.; umg.> *Schritt halten, konkurrieren können*
'mit|krie·gen <V. t.> = *mitbekommen*
'mit|las·sen <V. t. 175; du lässt mit; sie hat mitgelassen; mitzulassen; umg.> *mitgehen lassen*
'mit|lau·fen <V. 176> 1 <V. i. (s.) u. V. t.> *gemeinsam mit anderen laufen;* ein Rennen ~ 2 <V. i.; fig.> *nebenher gemacht werden;* **'Mit·läu·fer** <m.; -s, -; abwertend> *jmd., der ohne Engagement bei einer Sache mitmacht;* ~ einer Partei; **'Mit·läu·fe·rin** <f.; -, -n·nen; abwertend>
'Mit·laut <m.; -(e)s, -e; Sprachw.> → a. *Kasten Konsonant*
'Mit·leid <n.; -(e)s; unz.> *Teilnahme am Leid anderer;* ~ erregend, <auch> mitleiderregend; → a. *mitleiderregend;* **'mit|lei·den** <V. i. 177; ich leide mit; sie hat mitgelitten; mitzuleiden *am Leid anderer teilnehmen;* **'Mit·lei·den·schaft** <f.; -; unz.>; nur in der Wendung> in ~ ziehen *auch beeinträchtigen;* **'mit·leid·er·re·gend,** <auch> **'Mit·leid er·re·gend** <Adj.> ein ~er/ <auch> Mitleid erregender Anblick; <bei Steigerung u. mit Attribut nur zusammen> sehr, äußerst mitleiderregend; noch mitleiderregender; der mitleiderregendste Anblick; <aber nur getrennt> großes Mitleid erregend; → a. *Mitleid;* **'mit·lei·dig** <Adj.> *voller Mitleid;* **'mit·leid(s)·los** <Adj.>
'mit|ler·nen <V. i. u. V. t.> *mit jmdm. gemeinsam lernen*
'mit|ma·chen <V.; ich mache mit; sie hat mitgemacht; mitzumachen> 1 <V. t.> *gemeinsam mit*

anderen durchführen; jeden Spaß ~ 2 <V. i.> *an einer gemeinsamen Aktion teilnehmen;* bei einem Spiel ~ 3 <V. t.; fig.; umg.> *etwas ~ durchmachen;* sie hat Furchtbares mitgemacht
'Mit·mensch <m.; -en, -en> *der andere Mensch;* **'mit·mensch·lich** <Adj.> *zwischenmenschlich*
'mit|mi·schen <V. i.; du mischst mit; sie hat mitgemischt; mitzumischen> *sich aktiv beteiligen;* bei etwas ~ *wollen*
'mit|müs·sen <V. i. 188; du musst mit; sie hat mitgemusst; mitzumüssen> *mitgehen müssen*
'Mit·nah·me <f.; -; unz.> *das Mitnehmen;* **'Mit·nah·me·preis** <m.; -es, -e> *Selbstabholerpreis;*
'mit|neh·men <V. t. 189; ich nehme mit; sie hat mitgenommen; mitzunehmen> 1 *mit sich nehmen;* jmdn. im Auto ~ 2 <fig.; umg.> *wahrnehmen;* jede Chance ~ 3 *bedrücken, zusetzen, angreifen;* die Krankheit hat sie mitgenommen; **'Mit·neh·mer** <m.; -s, -; Tech.> *Teil, das Drehbewegungen weiterleitet*
mit'nich·ten <Adv.> *durchaus nicht*
Mi·to·chon·dri·um, <auch> **Mi·to·chond·ri·um** <[-'xɔn-]; n.; -s, -dri·en/-d·ri·en; ⤢Z53; Biol.> *ein Zellorganell* [grch.]
Mi'to·se <f.; -, -n; Biol.> *indirekte Zellkernteilung* [grch.]; **Mi'to·se·gift** <n.; -(e)s, -e>; **'mi·to·tisch** <Adj.; Biol.>
'Mi·tra, <auch> **'Mit·ra** <f.; -, -tren/-t·ren; ⤢Z53> 1 *altgrch. Stirnbinde* 2 <Kath.> *Bischofsmütze* [lat.]; **Mi'tral·klap·pe** <f.; -, -n; Med.> *eine Herzklappe;* **'Mi·tra·schne·cke** <f.; -, -n; Zool.> *eine Meeresschnecke*
'mit|rech·nen <V.> 1 <V. i.> *gemeinsam mit jmdm. rechnen;* lass mich ~; → a. *rechnen* 2 <V. t.> *rechnerisch einbeziehen;* einen Posten ~
'mit|re·den <V. i.> 1 *an einem Gespräch teilnehmen* 2 auch *ein Wort mitzureden haben* <umg.> *mitbestimmen können*
'mit|rei·sen <V. i. (s.); du reist mit; sie ist mitgereist; mitzureisen>

'mit|rei·ßen <V. t. 198; du reißt mit; sie hat mitgerissen; mitzureißen> 1 *mit sich reißen;* er riss sie in den Abgrund mit 2 <fig.> *begeistern;* ~der Vortrag

Mit·ro·pa <f.; -; unz.> Kurzwort für> *Mitteleuropäische Schlaf- u. Speisewagengesellschaft;* → a. DSG

mit'samt <Präp. m. Dat.> *mit allen zusammen;* ~ dem Gepäck

'mit|schi·cken <V. t.; ich schicke mit; sie hat mitgeschickt; mitzuschicken> 1 *zusammen mit etwas anderem schicken;* ein Foto ~ 2 jmdm. jmdn. ~ <fig.> *als Begleitung mit auf den Weg geben*

'mit|schlei·fen <V. t.; ich schleife mit; sie hat mitgeschleift; mitzuschleifen> 1 *mit sich schleifen* 2 <fig.; umg.; scherzh.> *trotz Unlust mitnehmen;* jmdn. ins Museum ~

'mit|schlep·pen <V. t.> 1 *mit sich schleppen* 2 <fig.; umg.; scherzh.> = *mitschleifen(2)*

'mit|schnei·den <V. t. 224> *aufnehmen;* eine Radiosendung ~; **'Mit·schnitt** <m.; -(e)s, -e> 1 <unz.> *das Mitschneiden* 2 *Ergebnis des Mitschnitts(1);* Konzert~

'mit|schrei·ben <V. i. 230> ich schreibe mit; sie hat mitgeschrieben; mitzuschreiben> *gemeinsam mit anderen schreiben;* einen Test ~

'Mit·schuld <f.; -; unz.> *Teil einer Schuld;* **'mit·schul·dig** <Adj.> *auch schuldig;* ~ an einer Tat

'Mit·schü·ler <m.; -s, -> *Schüler derselben Klasse od. Schule;* **'Mit·schü·le·rin** <f.; -, -nnen>

'mit|schwin·gen <V. i. (s.) 237> 1 die Arme ~ lassen 2 <fig.> *mitklingen;* in seiner Stimme schwang Trauer mit

'mit|sin·gen <V. i. 243; ich singe mit; sie hat mitgesungen; mitzusingen> im Chor ~

'mit|sol·len <V. i.; umg.>

'mit|spie·len <V. i.> 1 *spielend teilnehmen;* er hat im "Hamlet" mitgespielt 2 *dazugehören, beteiligt sein;* es spielen viele Gründe mit 3 man hat ihm übel mitgespielt *zugesetzt;* **'Mit·spie·ler** <m.; -s, -> **'Mit·spie·le·rin** <f.; -, -nnen>

'Mit·spra·che <f.; -; unz.> *das*

Mitsprechen; **'Mit·spra·che·recht** <n.; -; -(e)s> unz.>; **'mit|spre·chen** <V. 251; ich spreche mit; sie hat mitgesprochen; mitzusprechen> 1 <V. t.> ein Gebet ~ 2 <V. i.> *Einfluss haben;* es sprachen viele Gründe mit

'mit|strei·ten <V. i.>; **'Mit·strei·ter** <m.; -s, -> Sy *Mitkämpfer;* **'Mit·strei·te·rin** <f.; -, -nnen>

'Mit·tag[1] <m.; -(e)s, -e> *eine Tageszeit;* am ~; Freitag~; zu ~ essen; gestern, heute, morgen ~; des ~s; <aber> → *mittags;* **'Mit·tag**[2] <n.; -s; unz.; umg.> 1 *Mittagessen* 2 *Mittagspause;* ~ machen, halten; **'Mit·tag·brot** <n.; -(e)s; unz.> *Mittagessen;* **'Mit·tag·es·sen** <n.; -s, -> **'mit·tä·gig** <Adj.> *am Mittag;* **'mit·täg·lich** <Adj.> *jeden Mittag;* ~e Ruhe; **'mit·tags** <Adv.> *um die Mittagszeit;* 12 Uhr ~; <aber> des Mittags; freitag~; → a. *Mittag;* **'Mit·tags·blu·me** <f.; -; -n; Bot.> *ein Eiskrautgewächs;* **'Mit·tags·glut, 'Mit·tags·hit·ze** <f.; -; unz.>; **'Mit·tags·kreis** <m.; -es, -e; Geogr.; Astr.> = *Meridian;* **'Mit·tags·mahl** <n.; -s; unz.>; **'Mit·tags·pau·se** <f.; -, -n>; **'Mit·tags·ru·he** <f.; -; unz.>; **'Mit·tags·schlaf** <m.; -(e)s; unz.> ~ halten; **'Mit·tags·son·ne** <f.; -; unz.>; **'Mit·tags·tisch** <m.; -(e)s; unz.> *Tisch mit dem Mittagessen;* **'Mit·tags·zeit** <f.; -; unz.>

'mit|tan·zen <V. i.> *sich tanzend beteiligen*

'Mit·tä·ter <m.; -s, -; Rechtsw.> *an einer Straftat Beteiligter;* **'Mit·tä·te·rin** <f.; -, -nnen; Rechtsw.>; **'Mit·tä·ter·schaft** <f.; -; unz.; Rechtsw.> die ~ abstreiten

'Mit·te <f.; -; unz.> 1 *Punkt, von dem aus die Abgrenzungen gleich weit entfernt sind;* ~ eines Kreises; Stadt~; ~ Mai; in der ~ 2 <fig.> *Kreis, Gemeinschaft;* der Tod hat sie aus unserer ~ gerissen 3 <Pol.> *polit. moderate Partei(en);* die linke ~

'mit|tei·len <V. t.> 1 jmdm. etwas ~ *jmdn. etwas wissen lassen* 2 <V. refl.> sich jmdm. ~ *anvertrauen;* **'mit·teil·sam** <Adj.> *gesprächig;* **'Mit·teil·sam·keit** <f.; -; unz.>; **'Mit·tei·lung** <f.; -, -en>

Benachrichtigung, Meldung; geheime ~; **'Mit·tei·lungs·be·dürf·nis** <n.; -s·ses; unz.>

'mit·tel <Adj.; umg.> *durchschnittlich;* der Film gefällt mir ~; **'Mit·tel** <n.; -s, -> 1 *mittlerer Wert* 2 *etwas, das die Erreichung eines Ziels ermöglicht;* ~ zum Zweck; zu anderen ~n greifen 3 *chem., techn. Produkt;* Spül~; ein ~ gegen Husten 4 <nur Pl.> *Kapital;* die ~ zu etwas haben

'Mit·tel·ach·se <[-ks-]; f.; -, -n>; **'Mit·tel·al·ter** <n.; -s; unz.; Abk.: MA> *Zeit zw. Altertum u. Neuzeit;* das späte ~; **'mit·tel·al·ter·lich** <Adj.>; **Mit·tel·a'me·ri·ka;** **'mit·tel·bar** <Adj.> *indirekt;* **'Mit·tel·bau** <m.; -(e)s, -ten> 1 <Bauw.> *mittlerer Gebäudeteil* 2 <unz.> *das nicht ordinierte wissenschaftl. Personal einer Hochschule;* **'Mit·tel·be·trieb** <m.; -(e)s, -e> *Betrieb mittlerer Größe;* **'Mit·tel·chen** <n.; -s, -; umg.; abwertend; Verkleinerungsform von> *Mittel(3);* **'mit·tel·deutsch** <Adj.; ↗Z46> *zu Mitteldtschld. gehörig;* ~e Mundarten; das Mitteldeutsche; Mitteldeutscher Rundfunk <Abk.: MDR>; **'Mit·tel·deutsch·land;** **'Mit·tel·ding** <n.; -(e)s; umg.> *etwas, das zw. zwei anderen Dingen liegt;* ein ~ zwischen Hut und Mütze; **'Mit·tel·eu·ro·pa; 'Mit·tel·eu·ro·pä·er** <m.; -s, ->; **'Mit·tel·eu·ro·pä·e·rin** <f.; -, -nnen>; **'mit·tel·eu·ro·pä·isch** <Adj.> ~e Zeit <Abk.: MEZ> *Zonenzeit in Mitteleuropa;* **'mit·tel·fein** <Adj.>; **'Mit·tel·feld** <n.; -(e)s, -er; Sp.>; **'Mit·tel·feld·spie·ler** <m.; -s, -; Sp.>; **'Mit·tel·feld·spie·le·rin** <f.; -, -nnen>; **'Mit·tel·fin·ger** <m.; -s, -; Anat.>; **'mit·tel·fris·tig** <Adj.> *auf eine mittellange Frist begrenzt;* ~er Kredit; **'Mit·tel·fuß** <m.; -es, ⸚e; Anat.> *ein Fußknochen;* **'Mit·tel·gang** <m.; -(e)s, ⸚e>; **'Mit·tel·ge·bir·ge** <n.; -s, -> *mittelhohes Gebirge;* **'Mit·tel·ge·wicht** <n.; -(e)s, -e; Sp.> *eine Gewichtsklasse;* **'Mit·tel·glied** <n.; -(e)s, -er>; **'mit·tel·groß** <Adj.>; **'Mit·tel·grund** <m.; -(e)s; unz.; Mar.> *das Fahrwasser in zwei Arme teilende Untie-*

Mittelhochdeutsch: Das M. ist eine Entwicklungsphase der deutschen Sprache zwischen ⁊**Althochdeutsch** und ⁊**Frühneuhochdeutsch** in der Zeit des Hochmittelalters (ca. 1050 – 1350 n. Chr.).

Der Übergang vom Althochdeutschen zum M. ist in lautlicher Hinsicht besonders durch den Verfall der Endsilben gekennzeichnet: ahd. *scôno* > mhd. *schône* > nhd. *schon*.

Das M. wird in drei Perioden unterteilt:

a) **Frühmittelhochdeutsch** (1050 – 1170/80)

b) **Klassisches M.** (1170/80 – 1250)

c) **Spätmittelhochdeutsch** (1250 – 1350)

Die schriftlichen Überlieferungen des M. entstammen den Schreibkulturen der Klöster.

(Die Erfindung des Buchdrucks erfolgte erst 1450, in der Periode des Frühneuhochdeutschen.)

fe; 'mit·tel·gut <Adj.; umg.> *mäßig*; 'Mit·tel·hand <f.; -, ⸚e> 1 <Anat.> *Teil der Hand* 2 <Kart.> *Skatspieler links vom Anspieler*; 'Mit·tel·hirn <n.; -s, -e; Anat.>; 'mit·tel·hoch·deutsch <Adj.> *~e Sprache Stufe der dt. Sprache;* das Mittelhochdeutsche; → a. Kasten; 'Mit·tel·klas·se <f.; -; unz.> *mittlere Güte*; 'Mit·tel·klas·se·wa·gen <m.; -s, -> *mittelgroßer Pkw*; 'mit·tel·län·disch <Adj.> *zu den Mittelmeerländern gehörig*; 'mit·tel·la·tei·nisch <Adj.> *~e Sprache Stufe der lat. Sprache;* das Mittellateinische; 'Mit·tel·läu·fer <m.; -s, -; Fußb., Hockey u. a.> *Spieler in der Mitte der Verteidigung*; 'Mit·tel·läu·fe·rin <f.; -, -n·nen; Fußb., Hockey u. a.>; 'Mit·tel·li·nie <[-niə]; f.; -, -n> 1 <Geom.> *Strecke zw. einer Dreiecksecke u. dem gegenüberliegenden Mittelpunkt* 2 <Ballsp.> *Querlinie in der Spielfeldmitte*; 'mit·tel·los <Adj.> *arm*; 'Mit·tel·lo·sig·keit <f.; -; unz.>; 'Mit·tel·maß <n.; -es, -e> *Durchschnitt*; 'mit·tel·mä·ßig <Adj.> *durchschnittlich;* ~es Ergebnis; 'Mit·tel·mä·ßig·keit <f.; -; unz.>; 'Mit·tel·meer <n.; -(e)s; unz.>

Meer zw. Südeuropa, Nordafrika u. Vorderasien; 'mit·tel·mee·risch <Adj.>; 'Mit·tel·meer·län·der <Pl.> *Länder um das Mittelmeer*; 'Mit·tel·mo·tor <m.; -s, -en; Kfz> *Motor vor der Hinterachse*; 'mit·tel·nie·der·deutsch <Adj.> *~e Sprache Stufe der nddt. Sprache;* das Mittelniederdeutsche; 'Mit·tel·ohr <n.; -(e)s, -en; Anat.> *Teil des Ohrs*; 'Mit·tel·ohr·ent·zün·dung <f.; -, -en; Med.>; 'mit·tel·präch·tig <Adj.; umg.; scherzh.> *mittelmäßig*; 'Mit·tel·punkt <m.; -(e)s, -e> 1 <Geom.> *in der Mitte(1) liegender Punkt;* ~ eines Kreises 2 <fig.> *Zentrum des Interesses;* im ~ stehen

'mit·tels <Präp.; m. Gen.; geh.> *mithilfe von;* ~ eines Messers, ~ Messer(s); <im Pl. a. mit Dat., wenn der Gen. nicht erkennbar ist> ~ Messern

'Mit·tel·schei·tel <m.; -s, -> Ggs *Seitenscheitel;* 'Mit·tel·schiff <n.; -(e)s, -e; Arch.; bei mehrschiffigen Kirchenbauten> *mittleres Schiff;* 'mit·tel·schläch·tig <Adj.> *unter der Radmitte angetrieben;* ~es Rad; 'Mit·tel·schmerz <m.; -es, -en; Med.> *Ovulationsschmerz;* 'Mit·tel·schu·le <f.; -, -n; früher> *Realschule;* 'Mit·tels·mann <m.; -(e)s, ⸚er od. -leu·te> *Vermittler;* 'Mit·tels·per·son <f.; -, -en> *Vermittler;* 'Mit·tel·stand <m.; -(e)s; unz.; Soziol.> *soziale Mittelschicht;* 'mit·tel·stän·dig <Adj.; Bot.> *nicht mit der Blütenachse verwachsen (Fruchtknoten);* 'mit·tel·stän·disch <Adj.; Soziol.> *den Mittelstand betreffend;* 'Mit·tel·stän·der <m.; -s, ->; 'Mit·tel·stein·zeit <f.; -; unz.>; 'mit·tel·stein·zeit·lich <Adj.>; 'Mit·tel·stre·cken·flug·zeug <n.; -(e)s, -e>; 'Mit·tel·stre·cken·lauf <m.; -(e)s, ⸚e; Sp.>; 'Mit·tel·stre·cken·läu·fer <m.; -s, -; Sp.>; 'Mit·tel·stre·cken·läu·fe·rin <f.; -, -n·nen; Sp.>; 'Mit·tel·strei·fen <m.; -s, -> *Grünstreifen zw. den Fahrbahnen der Autobahn;* 'Mit·tel·stück <n.; -(e)s, -e>; 'Mit·tel·stu·fe <f.; -, -n> *die mittleren Schulklassen;* 'Mit·tel·stür·mer <m.; -s, -; Fußb., Hockey u. a.>

Spieler in der Mitte des Angriffs; 'Mit·tel·stür·me·rin <f.; -, -n·nen; Fußb., Hockey u. a.>; 'Mit·tel·was·ser <n.; -s, -> *Stand zw. Hoch- u. Niedrigwasser;* 'Mit·tel·weg <m.; -(e)s, -e; fig.> *Weg zw. zwei Extremen;* den (goldenen) ~ gehen; 'Mit·tel·wel·le <f.; -, -n; Funk; Abk.: MW> *Rundfunkwelle von 100–1000 m;* 'Mit·tel·wert <m.; -(e)s, -e>; 'Mit·tel·wort <n.; -(e)s, ⸚er; Gramm.> → a. Kasten Partizip

'mit·ten <Adv.> 1 *in der, in die Mitte;* ~ am Tag 2 <a. fig.> *genau;* ~ ins Gesicht; ~ darin; <aber> mittendrin <umg.>; 'mit·ten'drin <Adv.; umg.> *in der Mitte;* ~ sitzen; <aber> mitten darin; 'mit·ten'drun·ter <Adv.; umg.> *mitten unter ihnen;* ~ sitzen; <aber> mitten darunter; 'mit·ten·durch <Adv.; umg.> *in der Mitte hindurch;* ~ schießen; <aber> mitten hindurch; 'mit·ten'mang <Adv.; norddt.; berlin.> *mitten unter;* ~ der Kinder

'Mit·ter·nacht <f.; -, ⸚e; Pl. selten> 12 Uhr nachts; gegen ~; heute ~; 'mit·ter·näch·tig <Adj.; selten> = *mitternächtlich;* 'mit·ter·nächt·lich <Adj.> *um Mitternacht (geschehend);* 'mit·ter·nachts <Adv.> *um Mitternacht;* 'Mit·ter·nachts·son·ne <f.; -, -n> *Sonne, die in den Polarregionen im Sommer auch mitternachts scheint;* 'Mit·ter·nachts·stun·de <f.; -, -n>

'Mitt·fas·ten <Pl.; Rel.> *Mitte der Fastenzeit*

'mit·tig <Adj.> *in der Mitte liegend*

'Mitt·ler <m.; -s, -> *Vermittler;* 'mitt·le·re(r, -s) <Adj.> 1 <⁊Z46> *in der Mitte(1) liegend;* der ~ Platz; ~ Reife *Realschulabschluss;* Mittlerer Osten *östl. Teil der islam. Länder;* ~n Alters 2 *durchschnittlich;* ~ Niederschlagsmenge; 'Mitt·le·rin <f.; -, -n·nen>; 'mitt·ler'wei·le <Adv.> *inzwischen;* ~ hat er gegessen

'mit|tra·gen <V. t. 265>

'mit|trin·ken <V. t. u. V. i. 270>

'mitt·schiffs <Adv.; Mar.> *in der, in die Schiffsmitte*

'Mitt·som·mer <m. a. [-ˈ--]; m.; -s, -> *Zeit um die Sommersonnenwende;* 'Mitt·som·mer·nacht

<a. [-'---]; f.; -, -ˀe>; **'mitt·som·mers** <Adv.>

'mit|tun <V. i. 272; ich tu(e) mit; sie hat mitgetan; mitzutun> *mitmachen*

Mitt·win·ter <a. [-'--]; m.; -s, -> *Zeit um die Wintersonnenwende;* **'mitt·win·ters** <Adv.>

Mitt·woch <m.; -(e)s, -e; ↗Z45; Abk.: Mi> *ein Wochentag;* am vergangenen ~; des ~s; <aber> → *mittwochs;* **Mitt·woch'a·bend** <m.; -s, -e; ↗Z55> des ~s; <aber> → *mittwochabends;* **mitt·woch'a·bends** <Adv.> *jeden Mittwochabend;* ~ geht er kegeln; <aber> im Laufe des Mittwochabends; **'mitt·wochs** <Adv.> *jeden Mittwoch;* ~ gehe ich schwimmen; <aber> im Laufe des Mittwochs; → a. *Mittwoch*

mit·un·ter <Adv.> *zuweilen*

'mit|un·ter·schrei·ben <V. t. 230>

'mit·ver·ant·wort·lich <Adj.> *zusammen mit anderen verantwortlich;* **'Mit·ver·ant·wor·tung** <f.; -; unz.> *gemeinsame Verantwortung*

'mit|ver·die·nen <V. t.> *sie verdient mit*

'Mit·ver·fas·ser <m.; -s, ->; **'Mit·ver·fas·se·rin** <f.; -, -n-nen>

'mit|ver·si·chern <V. t.; ich versich(e)re mit> *die Kinder sind mitversichert*

'Mit·welt <f.; -; unz.> *die Mitmenschen*

'mit|wir·ken <V. i.> *zu etwas beitragen;* in einer Aufführung ~; die Mitwirkenden; **'Mit·wir·kung** <f.; -; unz.>

'Mit·wis·sen <n.; -s; unz.> *gemeinsames Wissen;* **'Mit·wis·ser** <m.; -s, -> *jmd., der ebenso wie andere von etwas weiß;* lästige ~ beseitigen; **'Mit·wis·se·rin** <f.; -, -n-nen>; **'Mit·wis·ser·schaft** <f.; -; unz.>

'Mit·wohn·zen·tra·le, <auch> **'Mit·wohn·zent·ra·le** <f.; -, -n; ↗Z53> *Vermittlung für Wohngelegenheiten*

'mit|wol·len <V. i. 290; ich will mit; sie hat mitgewollt; mitzuwollen; umg.> *mitgehen wollen*

'mit|zah·len <V. t. u. V. i.> *kannst du für mich ~?*

'mit|zäh·len <V. t.> *die Abwesenden mitgezählt*

'mit|zie·hen <V. i. (h. u. s.) 293; ich ziehe mit; sie hat/ist mitgezogen; mitzuziehen>

Mix <m.; -, -e; häufig in Zus.> *Mischung; Getränke~* [engl.]; **'Mix·be·cher** <m.; -s, -> *Schüttelbecher;* **Mixed** <[mikst]; m.; - od. -s, - od. -s; bes. Tennis> *gemischtes Doppel;* **Mixed...** <in Zus.> *Misch...,* z. B. Mixeddrink; **Mixed'drink,** <auch> **Mixed 'Drink** <m.; (-)-s, (-)-s; ↗Z30> *Mischgetränk;* **Mixed'grill,** <auch> **Mixed 'Grill** <m.; (-)-s, (-)-s; ↗Z30; Kochk.> *Mischgericht aus Gegrilltem;* **Mixed·me·dia,** <auch> **Mixed Me·dia** <[-'mi:djə]; Pl.; ↗Z30> *multimediale Äußerungen der zeitgenöss. Kultur,* **'Mixed·pi·ckles,** <auch> **'Mixed Pick·les** <[-'piklz]; Pl.; ↗Z30, 53; Kochk.> *in Essig eingelegtes Mischgemüse;* oV Mixpickles; **'mi·xen** <V. t.; du mixt> = *mischen;* **'Mi·xer** <m.; -s, -> 1 *jmd., der Getränke mixt;* Bar~ 2 <Film, Rundfunk, TV> *Tonmeister* 3 *ein Küchengerät;* **'Mix·ge·tränk** <n.; -(e)s, -e>

mi·xo'ly·disch <Adj.; Mus.> ~e *Tonart*

'Mix·pi·ckles, <auch> **'Mix·pick·les** <[-'piklz]; Pl.; ↗Z53; Kochk.> = *Mixedpickles;* **Mix'tur** <f.; -, -en> 1 <Med.> *Arzneimischung* 2 <Mus.> *gemischte Orgelstimme*

Mi'zell <n.; -s, -e>, **Mi'zel·le** <f.; -, -n; Biol.> *Molekülgruppe, bes. in Pflanzenfasern* [lat.]

MJ <Phys.; Zeichen für> *Megajoule*

mk <Abk. für> *Markka (Finnmark)*

ml <Zeichen für> *Milliliter*

Mlle. <schweiz. ohne Punkt; Abk. für> *Mademoiselle*

Mlles. <schweiz. ohne Punkt; Abk. für> *Mesdemoiselles;* → a. *Mademoiselle*

mm <Zeichen für> *Millimeter*

mm² <Zeichen für> *Quadratmillimeter*

mm³ <Zeichen für> *Kubikmillimeter*

MM. <schweiz. ohne Punkt; Abk. für> *Messieurs;* → a. *Monsieur*

μm <Zeichen für> *Mikrometer(2)*

Mme. <schweiz. ohne Punkt; Abk. für> *Madame*

Mmes. <schweiz. ohne Punkt; Abk. für> *Mesdames;* → a. *Madame*

Mn <Chem.; Zeichen für> *Mangan*

'Mne·me <f.; -; unz.; Med.; Psych.> *Erinnerung* [grch.]; **Mne'mo·nik, Mne·mo'tech·nik** <f.; -; unz.> *Gedächtniskunst;* **mne·mo'tech·nisch** <Adj.>; **'mnes·tisch** <Adj.; Med.; Psych.>

Mo¹ <Chem.; Zeichen für> *Molybdän*

Mo² <Abk. für> *Montag*

MΩ <Phys.; Zeichen für> *Meg(a)ohm*

'Moa <m.; -s, -s; Zool.> *ausgestorbener Straußenvogel* [Maori]

Mo·ar <['mɔər]; m.; -s, -e; Eisschießen> *Moarschaftskapitän;* **'Mo·ar·schaft** <f.; -, -en> *Eisschießen> Mannschaft von vier Spielern*

Mob <m.; -s; unz.; abwertend> *Pöbel;* <aber> → *Mopp* [engl.]; **'mob·ben** <V. t.> *jmdn. ~ schikanieren, damit er kündigt;* **'Mob·bing** <n.; -s, -s> *das Mobben;*

'Mö·bel <n.; -s, -> 1 *Einrichtungsgegenstand;* Sitz~ 2 <nur Pl.> *Einrichtung;* Büro~; antike ~; Sy *Mobiliar;* **'Mö·bel·stoff** <m.; -(e)s, -e; Textilw.>; **'Mö·bel·stück** <n.; -(e)s, -e> = *Möbel(1);* **'Mö·bel·wa·gen** <m.; -s, ->

mo'bil <Adj.> 1 *beweglich;* ~es Telefon 2 <fig.; umg.> *wohlauf;* er ist noch nicht ~; jmdn. wieder ~ machen *wiederherstellen;* <aber> → *mobilmachen* [frz.]

'mo·bi·le <[-le:]; Mus.> *beweglich* [ital.]; **'Mo·bi·le** <[-le:]; n.; -s, -s> *an Fäden frei schwebende, durch Luftzug bewegte Plastik*

Mo·bi·li'ar <n.; -s; unz.> = *Möbel(2);* **Mo·bi·li'ar·ver·mö·gen** <n.; -s, -; Wirtsch.> *bewegl. Vermögen;* **Mo·bi·li·en** <Pl.; Wirtsch.> *bewegl. Güter;* Ggs *Immobilien* [lat.]; **Mo·bi·li·sa·ti·on** <f.; -, -en; Mil.> ~ <V. t.> 1 *flüssig machen;* Geld ~ 2 <Mil.> = *mobilmachen* 3 *anregen, sich einzusetzen;* Helfer ~; **Mo·bi·li'sie·rung** <f.; -; unz.>; **Mo·bi·lis·mus** <m.; -; unz.; Geo-

modal: die Art und Weise bezeichnend, Fragen nach *wie?, wie viel?, wie sehr?, wie lang?* beantwortend.

Modaladverb: Ein M. ist ein ⬈**Adverb**, das die Art und Weise eines Geschehens bezeichnet. Es wird unterschieden zwischen:
a) **M. der Qualität:** *besinnungslos, blindlings, höflicherweise, flugs, vergebens*
b) **M. der Quantität oder Intensität:** *besonders, fast, sogar, beinahe*
c) **M. der Erweiterung:** *außerdem, weiterhin*
d) **M. der Hervorhebung:** *sogar, besonders*

Modalsatz: Ein M. ist ein ⬈**Nebensatz**, der nähere Angaben über die Mittel, Art und Weise eines Geschehens enthält und durch *wie?* erfragbar ist: *Er nahm Abschied, indem er sie umarmte. Dadurch, dass er die Signalleuchte ignorierte, ruinierte er den Motor.*

Modalverb: Als M. bezeichnet man eine Gruppe von ⬈**Verben**, die in Verbindung mit dem ⬈**Infinitiv** eines ⬈**Vollverbs** gebraucht werden. Während der Infinitiv des Vollverbs die eigentliche Handlung oder das Geschehen benennt, drückt das M. die Art

und Weise des Geschehens aus. M. bezeichnen
a) den **Willen** (*wollen*): *Er will nicht bleiben.*
b) eine **Aufforderung** (*sollen*): *Sie soll das Haus verlassen.*
c) eine **Erlaubnis**, ein **Verbot** (*dürfen*): *Wir dürfen (nicht) ins Kino gehen.*
d) eine **Fähigkeit/Erlaubnis** (*können*): *Sie können das Buch lesen.*
e) eine **Notwendigkeit** (*sollen/müssen*): *Sie sollen/müssen kommen.*
f) einen **Wunsch** (*mögen*): *Möge sie sich gut erholen. Das möchte sie nicht hören.*
g) eine **Veranlassung** (*lassen*): *Sie lässt den Jungen nicht mitkommen.*

Es ist auch möglich, ein M. ohne Vollverb zu gebrauchen: *er mag kein Bier; sie kann schon gut Spanisch.* Das fehlende Vollverb (*trinken, sprechen*) erschließt sich in diesen Fällen aus dem Satzzusammenhang. Das M. wird hier wie ein Vollverb gebraucht.
Im ⬈**Perfekt** werden die M. mit dem Hilfsverb *haben* zusammengesetzt: (Präsens) *ich will das nicht sehen* – (Perfekt) *ich habe es nicht sehen wollen.* Anstelle des ⬈**Partizips** steht im Perfekt der Infinitiv.

---

phys.> *These, dass sich Teile der Erdkruste bewegen;* **Mo·bi·li'tät** <f.; -; unz.> 1 *Beweglichkeit; geistige* ~ 2 *Häufigkeit des Wohnungswechsels;* **mo'bil|ma·chen** <V. t.; ich mache mobil; er hat mobilgemacht; mobilzumachen; Mil.> *kriegsbereit machen; Truppen* ~; <aber> *jmdn. wieder mobil machen;* → a. *mobil(2);* **Mo'bil·ma·chung** <f.; -, -en; Mil.>
mö'blie·ren, <auch> **möb'lie·ren** <V. t.; ⬈Z53> *mit Möbeln einrichten; eine Wohnung* ~ [frz.]
'Moc·ca <m.; -s, -s; bes. österr.> = *Mokka*
'Mo·cha <m.; -s; unz.; Min.> *ein Quarzmineral*
'Möch·te·gern <m.; -s, -s; umg.> *jmd., der sich gern aufspielt*
'Mo·cken <m.; -s, -; oberdt.> *Brocken*
'Mock·tur·tle·sup·pe, <auch>

'Mock·turt·le·sup·pe <[-tə:tl-]; f.; -, -n; ⬈Z53; Kochk.> *falsche Schildkrötensuppe* [engl.]
mod. <Mus.; Abk. für> *moderato*
mo'dal <Adj.; Gramm.> *die Art u. Weise bezeichnend;* ~e *Konjunktion;* → a. *Kasten* [lat.]; **Mo'dal·ad·verb** <n.; -s, -bi·en od. -en; Gramm.> → *Kasten;* **Mo'dal·be·stim·mung** <f.; -, -en; Gramm.>; **Mo·da·li'tät** <f.; -, -en> 1 *Art u. Weise* 2 <Logik> *Bestimmtheitsgrad;* **Mo·da·li'tä·ten·lo·gik, Mo'dal·lo·gik** <f.; -; unz.; Logik> → *Kasten;* **Mo'dal·no·ta·ti·on** <f.; -; unz.; Mus.; 12.–13. Jh.> *die ungefähre Tonlänge bezeichnende Notenschrift;* **Mo'dal·par·ti·kel** <f.; -, -n; Gramm.> → a. *Kasten Partikel;* **Mo'dal·satz** <m.; -es, -e; Gramm.> → *Kasten;* **Mo'dal·verb** <n.; -s, -en; Gramm.> → *Kasten*
'Mod·der <m.; -s; unz.; norddt.>

Schlamm; **'mod·de·rig, 'modd·rig** <Adj.; norddt.> *schlammig*
'Mo·de <f.; -, -n> 1 <i. w. S.> *Brauch, Geschmack einer Zeit; das ist jetzt große* ~ 2 <i. e. S.> *Kleidungsgeschmack einer Zeit; aus der* ~ *sein; sich nach der neuesten* ~ *kleiden* 3 <nur Pl.> ~*n elegante Oberbekleidung;* **'Mo·de·ar·ti·kel** <m.; -s, ->; **'Mo·de·be·wusst** <Adj.> *sich bewusst nach der Mode richtend;* **'Mo·de·de·si·gner,** <auch> **'Mo·de·de·sig·ner** <[-dizain@(r)]; m.; -s, -; ⬈Z53> *Modeschöpfer;* **'Mo·de·de·si·gne·rin** <f.; -, -n·nen>; **'Mo·de·far·be** <f.; -, -n>; **'Mo·de·ge·schäft** <n.; -(e)s, -e> *Geschäft für Damenmoden;* oV *Modengeschäft;* **'Mo·de·haus** <n.; -es, -er> oV *Modenhaus*
'Mo·del[1] <m.; -s, -> 1 *Form für Knet- od. Gussprodukte; Butter-* 2 *Stempel für das Bedrucken von Textilien od. Tapeten* 3 *Vorlage für Handarbeiten*
'Mo·del[2] <['modl]; n.; -s, -s> *Frau, die Modellkleider vorführt;* Sy *Mannequin* [engl.]
Mo'dell <n.; -s, -e> 1 *Vorbild, Muster* 2 <Arch.> *verkleinerte Ausführung eines geplanten Bauwerks* 3 *Vorlage für ein Kunstwerk;* ~ *stehen* 4 *Darstellung der abstrakten Eigenschaften des Vorbildes;* ~ *des Atomkerns* 5 <Mode> *einmalig angefertigtes Kleidungsstück;* ~e *vorführen* [ital.]; **Mo'dell·ei·sen·bahn** <f.; -, -en>; **mo·dell'lie·ren** <V.> 1 <V. i.> *formen; in Ton* ~ 2 <V. t.> *nachbilden; ein Gefäß* ~; **Mo'dell·kleid** <n.; -(e)s, -er; Mode>; **Mo'dell·pup·pe** <f.; -, -n>; **Mo'dell·ver·such** <m.; -(e)s, -e>
'mo·deln <V. t.; ich mod(e)le> *gestalten*
'Mo·dem <n.; -s, -s; Tech.> *Gerät für die Datenübermittlung per Fernsprechleitung*
'Mo·de·narr <m.; -en, -en; abwertend> *übertrieben modebewusster Mensch;* **'Mo·de·när·rin** <f.; -, -n·nen; abwertend>; **'Mo·den·ge·schäft** <n.; -(e)s, -e> = *Modegeschäft;* **'Mo·den·haus** <n.; -es, -er> oV *Modehaus;* **'Mo·den·schau** <f.; -, -en; Mode> *Vorführung der neuesten*

Moden(3); **'Mo·de·pup·pe** <f.; -, -n; fig.; abwertend> *übertrieben modisch gekleidete Frau*

'Mo·der <m.; -s; unz.> 1 *Fäulnis;* nach ~ *riechen* 2 *Morast*

mo·de·rat <Adj.; geh.> *gemäßigt* [lat.]; **Mo·de·ra·ti'on** <f.; -; unz.> 1 *Mäßigung* 2 <Rundf.; TV> *das Moderieren(1);* **mo·de·'ra·to** <Mus.; Abk.: mod.> *gemäßigt* [ital.]; **Mo·de·'ra·to** <n.; -s, -s; Mus.>; **Mo·de·'ra·tor** <m.; -s, -'to·ren> 1 <Kernphys.> *Bremssubstanz bei Kernreaktionen* 2 <Rundf.; TV> *jmd., der eine Sendung moderiert(1);* **Mo·de·ra'to·rin** <f.; -, -n·nen; Rundf.; TV>; **mo·de·'rie·ren** <V. t.> 1 <Rundf.; TV> *eine Sendung ~ die verbindenden Worte sprechen* 2 <V. refl.; veralt.> *sich ~ sich mäßigen*

'mo·de·rig <Adj.> *faulig;* oV *modrig*

'Mo·der·kä·fer <m.; -s, -; Zool.> *eine Käferart*

'Mo·der·lies·chen <n.; -s, -; Zool.> *eine Karpfenart*

'mo·dern¹ <V. i.> *verfaulen;* ~*des Laub*

mo·'dern² <Adj.> *zeitgemäß;* ~ *gekleidet* [frz.]; **Mo'der·ne** <f.; -; unz.> *die heutige Zeit;* **mo·der·ni·sie·ren** <V. t.> 1 *modern machen* 2 *techn. auf den neuesten Stand bringen;* einen *Betrieb* ~; **Mo·der·ni·sie·rung** <f.; -, -en>; **Mo·der'nis·mus** <m.; -; unz.> 1 <Kath.> *liberale Bewegung innerhalb der kath. Kirche* 2 *Streben nach Modernität;* **mo·der·'nis·tisch** <Adj.>; **Mo·der·ni·tät** <f.; -; unz.> *das Modernsein*

Mo·dern·jazz, <auch> **Mo·dern Jazz** <['mɔdən'dʒɛz] m.; (-)-; unz.; ⁊Z30; Mus.> *Form der Jazzmusik* [engl.]

'Mo·de·sa·lon <[-lõ] od. [-lɔŋ] od. österr. a. [-'lo:n]; m.; -s, -s> *Geschäft für Damenmoden;* **'Mo·de·schmuck** <m.; -(e)s; unz.> *Schmuck aus billigem Material;* **'Mo·de·schöp·fer** <m.; -s, ->; **'Mo·de·schöp·fe·rin** <f.; -, -n·nen>; **'Mo·de·schöp·fung** <f.; -, -en>; **'Mo·de·schrift·stel·ler** <m.; -s, -> *zeitweise bes. beliebter Autor;* **'Mo·de·schrift·stel·le·rin** <f.; -, -n·nen>; **'Mo·de·tanz** <m.; -es, ⁼e> *zur Zeit*

Modus: Der M. < lat. *modus* „Maß, Aussageweise"] bezeichnet die Aussageweise des Verbs. Im Deutschen unterscheidet man drei Modi:
a) ⁊**Indikativ** (Wirklichkeitsform)
b) ⁊**Konjunktiv** (Möglichkeitsform)
c) ⁊**Imperativ** (Befehlsform)

moderner Tanz; **'Mo·de·wa·re** <f.; -, -n; Mode>; **'Mo·de·wort** <n.; -(e)s, ⁼er> *zeitweise bes. häufig benutztes Wort;* **'Mo·de·zeich·ner** <m.; -s, -; Mode>; **'Mo·de·zeich·ne·rin** <f.; -, -n·nen; Mode>; **'Mo·de·zei·tung,** **'Mo·de·zeit·schrift** <f.; -, -en; Mode>

'Mo·di <Pl. von> *Modus;* **Mo·di·fi·ka·ti'on** <f.; -, -en> 1 *das Modifizieren* 2 <Biol.> *umweltbedingte Veränderung;* Ggs *Mutation(1)* 3 <Chem.> *verschiedene Erscheinungsform eines Stoffes* [lat.]; **mo·di·fi·'zie·ren** <V. t.> *leicht verändern*

'mo·disch <Adj.> *den Zeitgeschmack treffend;* ~*e Kleidung*

Mo'dist <m.; -en, -en> *Hutmacher;* **Mo'dis·tin** <f.; -, -n·nen> [frz.]

'mod·rig <Adj.> = *moderig*

Mo'dul¹ <m.; -s, -n> 1 <Arch.> *Maßeinheit für Bauwerke* 2 <Math.> *Verhältniszahl* [lat.]; **Mo'dul²** <n.; -s, -e; El.; EDV> *Funktionseinheit* [engl.]; **mo·du'lar** <Adj.>; **Mo·du·la·ti'on** <f.; -, -en> 1 *Abwandlung* 2 <Mus.> *Übergang in eine andere Tonart* 3 <El.> *Beeinflussung von Schwingungen* [lat.]; **mo·du·la·ti'ons·fä·hig** <Adj.>; **Mo·du·la·tor** <m.; -s, -'to·ren; El.> *Modulationsgerät;* **mo·du'lie·ren** <V. i.> 1 *abwandeln* 2 <Mus.> *zu einer anderen Tonart übergehen* 3 <El.> *einer Modulation(3) unterwerfen;* **Mo'dul·tech·nik** <f.; -; unz.; El.; EDV> *Bündelung von Bauteilen zu Modulen²*

Mo'dus <m.; -, -'mo·di> 1 *Art u. Weise;* ~ *Operandi Arbeitsweise;* ~ *Procendi Verfahrensweise;* ~ *Vivendi Form verträgl. Zusammenlebens* 2 <Gramm.> *Aussageweise des Verbs (Indikativ,*

Konjunktiv, Imperativ); → a. *Kasten* 3 <Mus.> *Melodie, Weise(2)* 4 <Mus.> *Kirchentonart*

'Mo·fa <n.; -s, -s> *Fahrrad mit Motor*

Mo'fet·te <f.; -, -n; Geol.> *vulkan. Kohlendioxidausströmung* [ital.]

Mo·ga'di·schu *Hauptstadt von Somalia*

Mo·ge'lei <f.; -, -en; umg.> *Schummelei;* **'mo·geln** <V. i.; ich mog(e)le; umg.> *leicht betrügen;* beim *Kartenspiel* ~; **'Mo·gel·pa·ckung** <f.; -, -en; umg.; a. fig.> *Verpackung, die einen besseren Inhalt vortäuscht*

'mö·gen <V. 187> 1 <V. i. u. V. t.> *gern wollen;* er mag nicht; möchten Sie noch Tee? 2 <V. t./V. refl.> *gern haben;* ich mag ihn sehr 3 <Modalverb> *können, wenn ... doch ...;* möge sie das Richtige tun!; mag kommen, was will

'mög·lich <Adj.; ⁊Z42> 1 *verwirklichbar, ausführbar;* so schnell wie ~; es ist gut ~; nur das Mögliche verlangen; im Rahmen des Möglichen 2 *allerlei;* er kann alles Mögliche; **mög·li·chen·falls** <Adv.> *wenn möglich;* **mög·li·cher·wei·se** <Adv.> *eventuell;* **'Mög·lich·keit** <f.; -, -en> 1 *das Möglichsein, Gelegenheit;* nach ~ 2 *Hilfsmittel, Verfahren;* alle ~en in Betracht ziehen; **'Mög·lich·keits·form** <f.; -, -en; Gramm.> *Aussageform des Verbs;* → a. *Kasten Konjunktiv;* **'mög·lichst** <Adj.> 1 <adv.> *wenn möglich;* ~ *billig* 2 <umg.> *sein Möglichstes tun alles tun, was man kann*

'Mo·gul <a. [-'-]; m.; -s, -n; früher> *mohammedan. Dynastie in Indien* [pers.]

Mo·hair <[-'hɛːr]; m.; -s, -e> = *Mohär* [arab.]

'Mo·ham·med <Rel.> *islam. Religionsstifter;* **Mo·ham·me'da·ner** <m.; -s, -; Rel.> = *Muslim;* **Mo·ham·me'da·ne·rin** <f.; -, -n·nen; Rel.>; **mo·ham·me'da·nisch** <Adj.; Rel.>

Mo'här <m.; -s, -e> oV *Mohair* 1 *Haar der Angoraziege* 2 <Textilw.> *Wolle aus Mohär(1)*

Mo·hi'ka·ner <m.; -s, -> *Angehö-*

*riger eines ausgestorbenen
nordamerikan. Indianerstam-
mes; der letzte ~ <fig.; umg.;
scherzh.> der Letzte (seiner Art);*
Mo·hi·ka·ne·rin <f.; -, -n·nen>

Mohn <m.; -(e)s, -e; Bot.>,
'**Mohn·blu·me** <f.; -, -n; Bot.>
ein Mohngewächs; '**Mohn·bröt-
chen** <n.; -s, ->; '**Mohn·ge-
wächs** <[-ks]; n.; -es, -e; Bot.>;
'**Mohn·ku·chen** <m.; -s, -> *Ku-
chen mit Mohnsamen;* **Mohn·öl**
<n.; -(e)s; unz.> *Öl aus Mohnsa-
men*

Mohr <m.; -en, -en; umg.; veralt.;
abwertend> *dunkelhäutiger
Mensch*

'**Möh·re** <f.; -, -n; Bot.; mdt.> *gel-
be Rübe;* Sy *Mohrrübe*
'**Moh·ren·kopf** <m.; -(e)s, ⸗e; fig.>
ein Schokoladengebäck
'**Moh·ren·ma·ki** <m.; -s, -s; Zool.>
eine Halbaffenart
'**Mohr·rü·be** <f.; -, -n; Bot.; nord-
dt.> = *Möhre*
'**Mohs·här·te** <f.; -; unz.; Min.>
Härtemaß für Mineralien; Sy
Härteskala [nach dem dt. Mine-
ralogen F. *Mohs*]

'**Moi·ra** <f.; -, 'Moi·ren; grch.
Myth.> *eine der drei Schicksals-
göttinnen* [grch.]

Moi·ré <[moa're:]; m. od. n.; -s,
-s> 1 <Textilw.> *Gewebe mit
moirierter Oberfläche* 2 <nur n.;
Typ.> *fehlerhaftes Muster in der
Bildreproduktion* 3 <nur n.;
TV> *strichförmige Bildstörung*
[frz.]; **moi'rie·ren** <[moa-]; V. t.;
Textilw.> *flammen*

Mois·tu·ri·zer <['moistʃəraizə(r)];
m.; -s, -> *Feuchtigkeitscreme*
[engl.]

mo'kant <Adj.; geh.> *spöttisch*
[frz.]

'**Mo·kas·sin** <a. [--'-]; m.; -s, -s
od. -e> *Lederschuh der nord-
amerikan. Indianer* [Algonkin]
'**Mo·kick** <n.; -s, -s; Kurzw. für>
Moped mit Kickstarter
mo'kie·ren <V. refl.> *sich ~ sich
lustig machen* [frz.]

'**Mok·ka** <m.; -s, -s> oV *Mocca* 1
eine Kaffeesorte 2 *sehr starker
Kaffee* [nach der jemenit. Stadt
Mokka]; '**Mok·ka·löf·fel** <m.; -s,
->; '**Mok·ka·stein** <m.; -(e)s, -e;
Min.> *ein Quarzmineral;* '**Mok-
ka·tas·se** <f.; -, -n>

mol <Chem.; Zeichen für> *Mol;*

Mol <n.; -s, -e; Chem.; Zeichen:
mol> *SI-Basiseinheit der Stoff-
menge;* **mo'lar** <Adj.; Chem.>
bezogen auf 1 Mol

Mo'lar <m.; -s, -en; Anat.> *Ba-
ckenzahn* [lat.]

Mo'las·se <f.; -; unz.; Geol.> *ter-
tiäre Ablagerung* [frz.]

Molch <m.; -(e)s, -e> 1 <Zool.>
ein Schwanzlurch 2 <abwer-
tend; in Zus.> *Kerl;* Lust~;
'**Molch·fisch** <m.; -(e)s, -e>

'**Mol·dau**[1] <f.; -; unz.> *tschech.
Fluss,* '**Mol·dau**[2] *Staat in Süd-
osteuropa;* Republik ~; Sy *Mol-
dawien;* '**Mol·dau·er** <m.; -s, ->;
'**Mol·dau·e·rin** <f.; -, -n·nen>;
'**mol·dau·isch** <Adj.>; **Mol'da-
vi·er** <[-vi-]; m.; -s, -; österr.;
schweiz.> = *Moldauer;* **Mol'da-
vi·e·rin** <f.; -, -n·nen; österr.;
schweiz.>; **mol'da·visch** <[-viʃ];
Adj.; österr.; schweiz.>; **Mol·da-
vit** <[-'vit]; m.; -s, -e; Geol.> *ein
Meteoritgestein* [nach dem
Fluss *Moldau*[1]]; **Mol'da·wi·en** =
Moldau[2]; '**Mol·do·va** <[-va]; ös-
terr.; schweiz.> = *Moldau*[2]

'**Mo·le**[1] <f.; -, -n; Mar.> *Hafen-
damm;* Sy *Molo* [ital.]

'**Mo·le**[2] <f.; -, -n; Med.> *abgestor-
benes menschl. Ei* [lat.]

Mo·le·kül <n.; -s, -e; Chem.;
Phys.> *Atomverbindung* [frz.];
mo·le·ku'lar <Adj.; Chem.;
Phys.>; **Mo·le·ku'lar·bi·o·lo·gie**
<f.; -; unz.; Biol.> *Zweig der Bio-
logie;* **Mo·le·ku'lar·e·lek·tro·nik**,
<auch> **Mo·le·ku'lar·e·lekt·ro-
nik** <f.; -; unz.; ⚡Z53> *Weiter-
führung der Mikroelektronik;*
Mo·le·ku'lar·ge·ne·tik <f.; -;
unz.>; **Mo·le·ku'lar·kraft** <f.; -,
⸗e; Chem.; Phys.> *zw. Moleku-
len wirkende Kraft;* **Mo·le·ku-
'lar·ver·stär·ker** <m.; -s, -;
Phys.> = *Maser*[2]; **Mo·le·kül-
mas·se** <f.; -, -n; Chem.; Phys.>
*Summe der Atommassen der
Atome in einem Molekül;* **Mo·le-
'kül·spek·trum**, <auch> **Mo·le-
'kül·spekt·rum** <n.; -s, -tren/
-tren; ⚡Z53; Chem.; Phys.>
*charakterist. Absorptions- u.
Emissionsspektrum eines Mole-
küls*

Mole·skin <['mo:l-]; m. od. n.; -s,
-s; Textilw.> *ein Atlasgewebe*
[engl.]

Mo'let·te <f.; -, -n; Typ.> *Präge-
walze für den Tiefdruck* [frz.]
'**Mol·ke** <f.; -; unz.> *wässriger
Rückstand bei der Milchverar-
beitung;* **Mol·ke·rei** <f.; -, -en;
Landw.> *Betrieb für die Milch-
verarbeitung;* '**mol·kig** <Adj.>
aus Molke

Moll[1] <n.; -, -; Mus.> *ein Tonge-
schlecht;* a-~; Ggs *Dur* [lat.]
Moll[2] <m.; -(e)s, -e od. -e; Tex-
tilw.> = *Molton*

'**Mol·le** <f.; -, -n> 1 <norddt.>
Backtrog 2 <berlin.> *ein Glas
Bier*

'**Möl·ler** <m.; -s, -> *Gemenge von
Erz u. Zuschlag in Verhüttungs-
öfen;* '**möl·lern** <V. t.; ich
möll(e)re> *mischen;* Erz ~

'**mol·lig** <Adj.; umg.> 1 *weich, an-
genehm;* -e *Decke; ~ warm* 2
<umg.> *rundlich, dicklich;* Mo-
de *für Mollige*

'**Moll·maus** <f.; -, ⸗e; Zool.> =
Wasserratte(1)

'**Moll-Ton·art** <f.; -, -en; Mus.>;
'**Moll-Ton·lei·ter** <f.; -, -n; Mus.>

Mol'lus·ke <f.; -, -n; Zool.>
*Stamm weichhäutiger Kriech-
tiere* [ital.]

'**Mo·lo** <m.; -s, 'Mo·li; Mar.; ös-
terr.> = *Mole*[1]

'**Mo·loch** <m.; -s, -e; fig.; geh.>
*grausame, alles verschlingende
Macht* [nach dem altsemit. Gott
Moloch]

'**Mo·lo·tow·cock·tail**, <auch>
'**Mo·lo·tow-Cock·tail**
<[-tɔf'kɔkteil]; m.; -s, -s; ⚡Z35>
*Flasche mit Benzin u. Phosphor
als Behelfswaffe* [nach dem
ehem. sowjet. Außenminister V.
M. *Molotow*]

'**mol·to** <Mus.> *viel, sehr* [ital.]
'**Mol·ton** <m.; -s, -s; Textilw.> *ein
Baumwollgewebe;* Sy *Moll*[2]
Mol·to'pren <n.; -s; unz.> Wa-
renz.> *ein Schaumstoff*
'**Mol·vo·lu·men** <[-vo-]; n.; -s, -;
Chem.; Phys.> *Volumen des
Mols eines Stoffes*

Mo·lyb'dän <n.; -s; unz.; Chem.;
Zeichen: Mo> *chem. Element,
ein Metall* [grch.]; **Mo·lyb'dän-
glanz** <m.; -es; unz.>, **Mo·lyb-
dä'nit** <m.; -s; unz.; Min.> *ein
Mineral*

Mo'ment[1] <n.; -(e)s, -e> 1
<Phys.> *Produkt zweier physi-
kal. Größen;* Dreh~ **2** *entschei-*

dender Umstand; Spannungs~; die Untersuchung brachte neue ~e [lat.]; **Mo'ment²** <m.; -(e)s, -e> *Augenblick;* einen ~ warten; im entscheidenden ~; **mo·men·'tan** <Adj.> *im Moment, jetzt;* **Mo'ment·auf·nah·me** <f.; -, -n; Fot.>

Mo·ment mu·si·cal <[mɔ'mã myzi'kal]; n.; -; -s -caux [-'mã -'ko:]; ⁄ Z31; Mus.> *Klavierstück ohne feste Form* [frz.]

Mon¹ <m.; - od. -s, - od. -s> *Angehöriger eines mongol. Volkes;* **Mon²** <n.; -; unz.> *Sprache der Mon¹*

mon..., Mon... <in Zus.; vor Vokalen> = *mono..., Mono...*

Mo'na·co 1 *Staat in Westeuropa;* Fürstentum ~; → a. *Monegasse* 2 *Hauptstadt von Monaco(1)*

Mo'na·de <f.; -, -n; Philos.> *unteilbare Einheit* [grch.]; **Mo'na·den·leh·re** <f.; -; unz.; Philos.> *von Leibniz begründete Lehre, wonach die Welt aus Monaden besteht;* **mo'na·disch** <Adj.; Philos.> *unteilbar,* **Mo·na·do·lo'gie** <f.; -; unz.; Philos.> = *Monadenlehre;* **mo·na·do·lo'gisch** <Adj.; Philos.>

Mon'arch, <auch> **Mo'narch** <m.; -en, -en; ⁄ Z54; Pol.> *gekrönter Alleinherrscher* [grch.]; **Mon·ar'chie** <f.; -, -n; Pol.> *Staatsform mit einem Monarchen als Staatsoberhaupt;* Erb~; **Mon·ar'chin** <f.; -, -n·nen; Pol.>; **mon·ar·chisch** <Adj.; Pol.>; **Mon·ar'chis·mus** <m.; -; unz.; Pol.> *Streben nach einer Monarchie;* **Mon·ar'chist** <m.; -en, -en; Pol.> *Anhänger der Monarchie;* **Mon·ar'chis·tin** <f.; -, -n·nen; Pol.>; **mon·ar'chis·tisch** <Adj.; Pol.>

Mo·nas'te·ri·um <n.; -s, -ri·en; Rel.> *Kloster* [lat.]; **mo'nas·tisch** <Adj.; Rel.> *klösterlich*

'Mo·nat <m.; -(e)s, -e> *zwölfter Teil eines Jahres;* in vier ~en; dieses ~s <Abk.: d. M.>; nächsten ~s <Abk.: n. M.>; im vierten ~ sein *im vierten M. schwanger sein;* vier ~e lang; <aber> → *monatelang;* **'mo·na·te·lang** <Adj.> *mehrere Monate (dauernd);* eine ~e Wartezeit; ~ warten; <aber> *mehrere Monate lang;* → a. *Monat;* **...mo·na·tig** <Adj.;

in Zus.> *eine best. Anzahl von Monaten dauernd;* ein viermonatiger Aufenthalt; <in Ziffern> 4-monatiger Aufenthalt; **'mo·nat·lich** <Adj.> *jeden Monat;* ~es Treffen; **...mo·nat·lich** <Adj.; in Zus.> *alle ... Monate;* zweimonatlich, <in Ziffern> 2-monatlich stattfinden; **'Mo·nats·an·fang** <m.; -(e)s, ¨e>; **'Mo·nats·bin·de** <f.; -, -n> *Zellstoffbinde für die Menstruation;* **'Mo·nats·blu·tung** <f.; -, -en> *Menstruation;* **'Mo·nats·en·de** <n.; -s, -n>; **'Mo·nats·ers·te(r)** <m. 1> *erster Tag eines Monats;* **'Mo·nats·ge·halt** <n.; -(e)s, ¨er>; **'Mo·nats·kar·te** <f.; -, -n> *Fahrkarte, die einen Monat gültig ist;* **'Mo·nats·letz·te(r)** <m. 1> *letzter Tag eines Monats;* **'Mo·nats·ra·te** <f.; -, -n>; **'Mo·nats·ro·se** <f.; -, -n; Bot.> *eine Rosenart;* **'Mo·nats·schrift** <f.; -, -en> *monatl. erscheinende (Zeit-)Schrift*

Mon·a'zit, <auch> **Mo·na'zit** <m.; -(e)s, -e; ⁄ Z54; Min.> *ein Mineral* [grch.]

Mönch <m.; -(e)s, -e> 1 <Rel.> *Angehöriger eines geistl. Ordens;* Bettel~; buddhistischer ~ 2 <Jagdw.> *Kahlhirsch* 3 *Reguliervorrichtung an Teichen;* **'mön·chisch** <Adj.; Rel.> ~es Leben; **'Mönchs·klos·ter** <n.; -s, ¨; Rel.>; **'Mönchs·kol·ben** <m.; -s, -; Bot.> *ein Raublattgewächs;* **'Mönchs·la·tein** <n.; -s od. -; unz.> *schlechtes Latein;* **'Mönchs·or·den** <m.; -s, -; Rel.>; **'Mönchs·pfef·fer** <m.; -s; unz.; Bot.> *ein Eisenkrautgewächs;* **'Mönch(s)·tum** <n.; -s; unz.; Rel.> *das Mönchsein*

Mond <m.; -(e)s, -e> 1 <Astr.> *Begleiter eines Planeten;* Sy *Satellit, Trabant* 2 <Astr.; i. e. S.> *Erdtrabant;* Voll~; auf dem ~ leben <fig.; umg.> *weltfremd sein* 3 <poet.> *Monat*

Mon·da'min <n.; -s; unz.; Kochk.; Warenz.> *Speisestärke*

mon'dän <Adj.> *sehr elegant;* ~e Frau [frz.]; **Mon·dä·ni'tät** <f.; -; unz.>

'Mond·au·to <n.; -s, -s> *Fahrzeug für den Mond;* **'Mond·bahn** <f.; -, -en; Astr.>; **'Mond·bein** <n.; -(e)s, -e; Anat.> *ein Handwurzelknochen;* **'Mönd·chen** <n.; -s,

-; Verkleinerungsf. von> *Mond;* **'Mon·den·schein** <m.; -(e)s; unz.; poet.> im ~; **'Mond·fäh·re** <f.; -, -n>; **'Mond·fins·ter·nis** <f.; -, -s·se; Astr.>; **'Mond·fisch** <m.; -(e)s, -e; Zool.> *ein Meeresfisch;* **'Mond·fleck** <m.; -(e)s, -e; Zool.> = *Mondvogel;* **'Mond·flug** <m.; -(e)s, ¨e> *Raumflug zum Mond;* **'mond·för·mig** <Adj.>; **'Mond·ge·stein** <n.; -(e)s, -e; Astr.; Geol.>; **'mond·hell** <Adj.> *vom Mond erhellt;* ~e Nacht; **'Mond·jahr** <n.; -(e)s, -e> *Jahr nach dem altröm. Kalender;* **'Mond·kalb** <n.; -(e)s, ¨er> 1 <Zool.> *tier. Missgeburt* 2 <fig.; umg.> *Dummkopf;* **'Mond·lan·de·fäh·re** <f.; -, -n>; **'Mond·lan·dung** <f.; -, -en>; **'Mond·nacht** <f.; -, ¨e>; **'Mond·pha·se** <f.; -, -n; Astr.> *Beleuchtungsform des Mondes;* **'Mond·ra·ke·te** <f.; -, -n>; **'Mond·rau·te** <f.; -; unz.; Bot.> *ein Farngewächs;* **'Mond·schei·be** <f.; -, -n> *Mondfläche bei Vollmond;* **'Mond·schein** <m.; -(e)s; unz.>; **'Mond·si·chel** <f.; -, -n>; **'Mond·son·de** <f.; -, -n> *Raumflugkörper zur Erforschung des Mondes;* **'Mond·stein** <m.; -(e)s, -e; Min.> *ein Feldspat;* **'Mond·süch·tig** <Adj.; Med.; Psych.>; **'Mond·süch·tig·keit** <f.; -; unz.; Med.; Psych.> *Ausführen komplexer Handlungen im Schlaf mit anschließender Erinnerungslosigkeit;* **'Mond·vo·gel** <m.; -s, ¨; Zool.> *ein Schmetterling;* **'Mond·wech·sel** <[-ks-]; m.; -s, -; Astr.> *Wechsel der Mondphasen*

Mo·ne'gas·se <m.; -n, -n> *Einwohner von Monaco;* **Mo·ne'gas·sin** <f.; -, -n·nen>; **mo·ne'gas·sisch** <Adj.>

Mo'nem <n.; -s, -e; Sprachw.> *kleinste bedeutungstragende Einheit* [grch.]

mo·ne'tär <Adj.> *das Geld betreffend;* ~e Angelegenheiten [lat.]; **Mo·ne·ta'ris·mus** <m.; -; unz.> *Streben nach Geld;* **Mo'ne·ten** <Pl.; umg.> *Geld;* **mo·ne·ti'sie·ren** <V. t.; Wirtsch.> *zu Geld machen*

Mon'go·le <m.; -n, -n> 1 <i. w. S.> *Angehöriger der mongol. Rasse* 2 <i. e. S.> *Einwohner der*

Mongolei(2); **Mon·go'lei** <f.; -; unz.> **1** *Hochland in Zentralasien* **2** *Staat in Zentralasien;* **Mon'go·len·fal·te** <f.; -, -n; Med.> = *Epikanthus;* **Mon'go·len·fleck** <m.; -(e)s, -e; Med.> *Hautfleck in der Kreuzbeingegend od. am Gesäß;* **mon·go'lid** <Adj.>; **Mon·go'li·de(r)** <f. 2 (m. 1)> = *Mongole(1), Mongolin;* **Mon'go·lin** <f.; -, -n·nen>; **mon·'go·lisch** <Adj.>; **Mon·go'lis·mus** <m.; -; unz.; Med.> = *Down-Syndrom;* **Mon·go'lis·tik** <f.; -; unz.> *Wissenschaft von den mongol. Sprachen u. Kulturen;* **mon·go·lo'id** <Adj.> **1** *den Mongolen(1) ähnlich* **2** <Med.> *am Down-Syndrom leidend;* **Mon·go·lo'i·de(r)** <f. 2 (m. 1)>

Mo·ni·er·bau·wei·se, <auch> **Mo·ni·er·Bau·wei·se** <[mo'nje:-]; f.; -; unz.; ↗Z37; Bauw.> *Bauweise mit Stahlbetonplatten* [nach dem frz. Gärtner J. *Monier*]

mo'nie·ren <V. t.> *beanstanden* [lat.]

Mo'nis·mus <m.; -; unz.; Philos.> *Lehre, die Seiende auf ein einheitl. Prinzip zurückführt* [grch.]; **mo'nis·tisch** <Adj.; Philos.>

'Mo·ni·tor <m.; -s, -'to·ren> **1** <EDV; TV> *Bildschirm; Computer-* **2** <Kernphys.> *Strahlungsmessgerät* [lat.]; **Mo·ni·to·ring** <['mɔnit(ɔ)riŋ]; n.; -s, -s> *ständige Überwachung einer Situation* [engl.]

'Mo·ni·tum <n.; -s, -ni·ta> *Mahnung, Rüge* [lat.]

'mo·no <Adj.; undekl.; kurz für> *monofon;* **mo·no...**, **Mo·no...** <in Zus.> *allein, einzeln, z. B. monokausal, Monotheismus;* oV **mon...**, **Mon...** [grch.]

Mo·no·chord <[-'kɔrd]; n.; -(e)s, -e; Mus.> *Tonhöhenmesser*

mo·no·chrom <[-'kro:m]; Adj.> *einfarbig;* Ggs *polychrom;* **Mo·no·chro·ma'sie** <f.; -; unz.; Med.> *totale Farbenblindheit;* **mo·no·chro'ma·tisch** <Adj.; Phys.> *~es Licht L. einer Wellenlänge;* **mo·no·chro'ma·tor** <m.; -s, -'to·ren; Phys.>

mo·no'cy·clisch, <auch> **mo·no·'cyc·lisch** <Adj.; ↗Z53; Chem.> = *monozyklisch*

Mon·o'die, <auch> **Mo·no'die** <f.;

-, -n; ↗Z54; Mus.> **1** *Sologesang* **2** = *Homophonie* [grch.]; **mon·'o·disch** <Adj.; Mus.>

Mo·no'dra·ma <n.; -s, -'dra·men; Theat.> *Drama für eine Person*

mo·no'fon <Adj.; ↗Z11.3> = *monophon;* **Mo·no·fo'nie** <f.; -; unz.>

mo·no'gam <Adj.> *nur an einen Geschlechtspartner gebunden;* Ggs *polygam;* **Mo·no·ga'mie** <f.; -, -n> *Ehe mit nur einem Partner*

mo·no'gen <Adj.; Biol.> *durch nur ein Gen bestimmt;* **Mo·no·ge'ne·se, Mo·no·go'nie** <f.; -; unz.; Biol.> *ungeschlechtl. Fortpflanzung;* Ggs *Amphigonie;* **Mo·no·ge'nie** <f.; -; Biol.> *Entstehung nur männl. od. nur weibl. Nachkommen*

Mo·no·gra'fie <f.; -, -n; ↗Z11.3> = *Monographie;* **mo·no'gra·fisch** <Adj.>

Mo·no'gramm <n.; -s, -e> *Anfangsbuchstaben eines Namens*

Mo·no·gra'phie <f.; -, -n> *Abhandlung über ein Thema;* oV *Monografie;* **mo·no'gra·phisch** <Adj.>

mo·no·hy'brid, <auch> **mo·no·hyb'rid** <Adj.; ↗Z53; Biol.> *in nur einem erbl. Merkmal voneinander abweichend*

'mo·no·kau·sal <Adj.; Med.; Philos.> *von nur einer Ursache ausgehend;* Ggs *multifaktoriell*

Mon'o·kel, <auch> **Mo·no'kel** <n.; -s, -; ↗Z54; früher> *Brille für ein Auge* [grch.; lat.]

mo·no'klin <Adj.> **1** <Geol.> *~es Kristallsystem eine Kristallklasse* **2** <Biol.> *gemischtgeschlechtig* [grch.]

mo·no·ko'tyl <Adj.; Bot.> *einkeimblättrig;* **Mo·no·ko·ty'le, Mo·no·ko·ty·le'do·ne** <f.; -, -n; Bot.> *einkeimblättrige Pflanze*

Mo·no·kra'tie <f.; -, -n; Pol.> *Alleinherrschaft;* **mo·no'kra·tisch** <Adj.; Pol.>

mon·o·ku'lar, <auch> **mo·no·ku·'lar** <Adj.; ↗Z54; Med.> *einäugig, für nur ein Auge* [grch.-lat.]

'Mo·no·kul·tur <f.; -, -en; Landw.> *Anbau nur einer Pflanzenart*

Mo·no·la'trie, <auch> **Mo·no·lat·'rie** <f.; -; unz.; ↗Z53; Rel.> *Verehrung nur eines Gottes*

Monophthong: Als M. bezeichnet man einen einfachen ↗**Vokal** *(a, e, i, o, u)* im Gegensatz zum ↗**Diphthong**, der aus zwei Vokalen besteht.

Mo·no'lith <m.; -s od. -en, -e od. -en; Archäol.> **1** *großer Steinblock* **2** *monumentales Kunstwerk aus nur einem Stein* [grch.]; **mo·no'li·thisch** <Adj.>

Mo·no'log <m.; -(e)s, -e> *Selbstgespräch* [grch.]; **mo·no·lo·gisch** <Adj.>; **mo·no·lo·gi·sie·ren** <V. i.> *ein Selbstgespräch führen*

Mo'nom <n.; -s, -e; Math.> *eingliedriger Ausdruck;* oV *Monomnom* [grch.]

mo·no'man <Adj.; Psych.> *an Monomanie leidend;* oV *monomanisch* [grch.]; **Mo·no'ma·ne** <m.; -n, -n; Psych.>; **Mo·no·ma·'nie** <f.; -, -n; Psych.> *krankhafte Besessenheit, fixe Idee;* **Mo·no'ma·nin** <f.; -, -n·nen; Psych.>; **mo·no'ma·nisch** <Adj.; Psych.>

mo·no'mer <Adj.; Chem.> *aus Einzelmolekülen bestehend;* Ggs *polymer* [grch.]; **Mo·no'me·re(s)** <n. 3; Chem.> *Verbindung aus monomeren Molekülen;* **mo·'no·misch** <Adj.; Math.> *eingliedrig*

mo·no'morph <Adj.; Biol.> *gleichartig;* *~e Blüten*

Mo·no'nom <n.; -(e)s, -e; Math.> = *Monom*

mo·no'phag <Adj.; Zool.> *sich von nur einer Pflanzen- od. Tierart ernährend;* **Mo·no'pha·ge** <m.; -n, -n; Zool.> *monophages Tier,* **Mo·no·pha'gie** <f.; -; unz.; Zool.>

Mo·no·pho'bie <f.; -; unz.; Psych.> *Angst vor dem Alleinsein*

mo·no'phon <Adj.; ↗Z11.3> *~e Ausstrahlung;* oV *monofon;* **Mo·no·pho'nie** <f.; -; unz.> *einkanalige Tonwiedergabe*

Mo·no'phthong, <auch> **Mo·noph'thong** <m.; -s, -e; ↗Z54; Sprachw.> *einfacher Vokal;* Ggs *Diphthong;* → a. *Kasten* [grch.]; **mo·no'phthon·gie·ren** <V. t.; Sprachw.> *zu einem Monophthong machen;* **mo·no·'phthon·gisch** <Adj.; Sprachw.>

mo·no·phy'le·tisch <Adj.; Biol.>

auf einen Ursprung zurückge-hend; Ggs *polyphyletisch*

Mo·no·ple'gie <f.; -, -n; Med.> *Lähmung eines Gliedes*

Mo·no·po'die <f.; -, -n; Lit.> *aus einem einzigen Versfuß beste-hendes Versmaß*

Mo·no'pol <n.; -s, -e; Wirtsch.> *Recht auf Alleinhandel; das ~ für eine Ware haben*; Tabak~; Ggs *Polypol* [grch.]; **mo·no·po·li·'sie·ren** <V. t.; Wirtsch.>; **Mo·no·po'lis·mus** <m.; -; unz.; Wirtsch.> *Streben nach Mono-polbildung*; **Mo·no·po'list** <m.; -en, -en; Wirtsch.> *Monopolin-haber*; **Mo·no·po'lis·tin** <f.; -, -n·nen; Wirtsch.>; **mo·no·po·'lis·tisch** <Adj.; Wirtsch.>; **Mo·no'pol·ka·pi·tal** <n.; -s; unz.; Wirtsch.>; **Mo·no'pol·ka·pi·ta·lis·mus** <m.; -; unz.; Wirtsch.; nach Lenin> *spätes Stadium des Kapitalismus*; **Mo·no'pol·ka·pi·ta·list** <m.; -en, -en; Wirtsch.>; **mo·no'pol·ka·pi·ta·lis·tisch** <Adj.; Wirtsch.>; **Mo·'no·po·ly** <n.; - od. -s, - od. -s; Warenz.> *ein Gesellschaftsspiel* [engl.]

Mo·no·pte·ros, <auch> **Mo'nop·te·ros** <m.; -, -'pte·ren/ ·-p'te·ren od. [-'---]; ⟋Z54> 1 <Antike> *Säulenrundbau* 2 <heute> *Gartenpavillon* [grch.]

Mo·no·sac·cha'rid, Mo·no·sa·cha'rid <[-zaxa-]; n.; -s; unz.; Chem.> *einfacher Zucker*

mo·no'sem, mo·no·se'man·tisch <Adj.; Sprachw.> *nur eine Bedeutung habend*; Ggs *poly-sem* [grch.]; **Mo·no·se'mie** <f.; -; unz.; Sprachw.> *Eindeutigkeit eines sprachl. Zeichens*; Ggs *Polysemie*

'mo·no·sta·bil <Adj.; El.> *~e Kippschaltung*

mo·no·syl'la·bisch <Adj.; Sprachw.> *einsilbig*; **Mo·no'syl·la·bum** <n.; -s, -la·ba; Sprachw.> *einsilbiges Wort*

Mo·no·the'is·mus <m.; -; unz.; Rel.> *Glaube an einen einzigen Gott*; Ggs *Polytheismus*; **mo·no·the'is·tisch** <Adj.; Rel.>

mo·no'ton <Adj.; *eintönig, langweilig; ~er Vortrag*; **Mo·no·to·'nie** <f.; -; unz.> *Eintönigkeit*

mo·no'trop <Adj.; Biol.> *begrenzt anpassungsfähig*

Mo·no'top <m. od. n.; -s, -e; Ökol.> *Lebensraum einer ein-zelnen Art*

'Mo·no·type <[-taip]; f.; -, -s; Typ.; Warenz.> *Setz- u. Gießmaschine für Einzelbuchstaben* [grch.; engl.]; **Mo·no'ty'pie** <f.; -, -n> *graf. Verfahren für einen einzi-gen Abdruck*

'Mon·o·xid, <auch> **'Mo·no·xid** <n.; -(e)s, -e; ⟋Z54; Chem.> *Verbindung mit nur einem Sau-erstoffatom* [grch.]

'Mo·no·zel·le <f.; -, -n> *kleine Batterie*

Mon·ö'zie, <auch> **Mo·nö'zie** <f.; -; unz.; ⟋Z54; Bot.> = *Einhäu-sigkeit*; Ggs *Diözie* [grch.]; **mon·ö·zisch** <Adj.; Bot.> *einhäusig*; Ggs *diözisch*

mo·no·zy'got <Adj.; Biol.; Med.> *eineiig*

mo·no·zy·klisch, <auch> **mo·no·'zyk·lisch** <Adj.; ⟋Z53; Chem.> *~e Verbindungen* V., deren Ato-me nur einen Ring bilden; oV *monocyclisch*

Mo·no'zyt <m.; -en, -en; Med.> *größtes weißes Blutkörperchen* [grch.]; **Mo·no·zy'to·se** <f.; -, -n; Med.> *krankhafte Vermehrung der Monozyten*

Mon·ro'via <[-via]> *Hauptstadt von Liberia*

Mon·sei·gneur, <auch> **Mon·seig·neur** <[mɔ̃se'njœːr]; m.; -s, -e od. -s; ⟋Z53; Abk.: Mgr.; in Frankreich Titel für> *hoher Geistlicher od. Adliger* [frz.]; **Mon·si·eur** <[mə'sjøː]; m.; -s, Messieurs [mɛ'sjøː]; Abk.: M.; Pl. MM. (schweiz. jeweils ohne Punkt)> *Herr (frz. Anrede)* [frz.]; **Mon·si·gno·re**, <auch> **Mon·sig·no·re** <[mɔnsi'njoːrə]; m.; -s, -ri; ⟋Z53; Abk.: Mgr., Msgr.; in Italien> *hoher kath. Geistli-cher* [ital.]

'Mons·ter <n.; -s, -> = *Monstrum* [lat.]; **'Mons·te·ra** <f.; -, -rae [-reː]; Bot.> *eine Zierpflanze*; **'Mons·tra**, <auch> **'Monst·ra** <⟋Z53; Pl. von> *Monstrum*

Mons'tranz, <auch> **Monst'ranz** <f.; -, -en; ⟋Z53; Kath.> *Gefäß zum Zeigen der Hostie* [lat.]

mons'trös, <auch> **monst'rös** <Adj.; -er, am -es·ten; ⟋Z53> 1 *ungeheuer* 2 *missgebildet*; **Mons·tro·si'tät** <f.; -; unz.>;

'Mons·trum <n.; -s, -tra/-t·ra od. -tren/-t·ren> Sy *Monster* 1 *Ungeheuer* 2 *Missgeburt* [lat.]

Mon'sun <m.; -s, -e; Meteor.> *halbjährl. wechselnder Wind in Asien* [arab.]; **Mon'sun·wald** <m.; -(e)s, ⸚er; Bot.> *trop. Wald in Monsungebieten*

'Mon·tag <m.; -(e)s, -e; Abk.: Mo> *ein Wochentag; am kommen-den ~; des ~s; <aber> → mon-tags*; **Mon'tag·a·bend** <m.; -s, -e; ⟋Z55> *eine Besonderheit des ~s; <aber> → montag-abends*; **mon·tag·a·bends** <Adv.> *jeden Montagabend; ~ gehen wir tanzen; <aber> → Montagabend*

Mon'ta·ge <[-ʒə]; f.; -, -n> 1 *das Montieren, Aufbau; ~ einer Ma-schine* 2 <Film> *Zusammenfü-gen von Aufnahmen nach künstler. Gesichtspunkten* [frz.]; **Mon'ta·ge·bau** <m.; -(e)s; unz.> *Bauverfahren mit Fertigteilen*

'mon·tags <Adv.> *jeden Montag; ~ gehe ich kegeln; <aber> eines (schönen) Montags; → a. Mon-tag*

mon'tan <Adj.; Bgb.> *Bergbau u. Hüttenwesen betreffend* [lat.]

Mon'ta·na *ein US-Bundesstaat*

Mon'tan·in·du·strie, <auch> **Mon·'tan·in·dus·trie, Mon'tan·in·dust·rie** <f.; -; unz.; ⟋Z53; Bgb.>; **Mon'ta·nist** <m.; -en, -en; Bgb.> *Fachmann für Berg-bau u. Hüttenwesen*; **Mon·ta·'nis·tin** <f.; -, -n·nen; Bgb.>; **mon·ta'nis·tisch** <Adj.; Bgb.> = *montan*; **Mon'tan·u·ni·on** <f.; -; unz.; ⟋Z55> *Europäische Ge-meinschaft für Kohle u. Stahl*

Mont·bre·tie <[mɔ̃'breːtsjə]; f.; -, -n; Bot.> *ein Schwertlilienge-wächs* [nach dem frz. Forscher C. de Montbret]

Mon·teur <[-'tøːr]; m.; -s, -e> *Montagefacharbeiter* [frz.]; **Mon·'teu·rin** <f.; -, -n·nen>

Mon·te·vi·deo <[-vi-]> *Haupt-stadt von Uruguay*

Mont·gol·fi·e·re <[mɔ̃gɔl'fjeːrə]; f.; -, -n> *ein Heißluftballon* [nach den Brüdern Montgolfier]

mon·tie·ren <V. t.> 1 *zusammen-bauen, installieren; Maschinen ~ 2 mit techn. Mitteln anbrin-gen; eine Lampe an ein Regal ~* [frz.]; **Mon'tie·rung** <f.; -, -en>

Mon'tur <f.; -, -en> 1 <veralt.> *Dienstkleidung, Uniform* 2 <umg.> *Arbeitskleidung*

Mo·nu'ment <n.; -(e)s, -e> *Denkmal* [lat.]; **mo·nu·men'tal** <Adj.> 1 *wie ein Monument* 2 <fig.> *gewaltig, riesig;* ein ~er Bau; **Mo·nu·men'tal·film** <m.; -(e)s, -e; Film> *sehr aufwändiger, meist überlanger Film;* **Mo·nu·men·ta·li'tät** <f.; -; unz.> *gewaltige Größe;* **Mo·nu·men'tal·schrift** <f.; -, -en> = *Lapidarschrift*

Moon·boots <['mu:nbu:ts]; Mode; Pl.> *Schneestiefel* [engl.]

Moor <n.; -(e)s, -e> *Gelände mit Torfbildung;* im ~ versinken; **'Moor·bad** <n.; -(e)s, ⸚er>; **'Moor·huhn** <n.; -(e)s, ⸚er; Zool.> *ein Schneehuhn;* **'moo·rig** <Adj.> *aus Moor;* **'Moor·koh·le** <f.; -; unz.> *Braunkohlenart;* **'Moor·kul·tur** <f.; -; unz.> *Nutzlandgewinnung aus Moor;* **'Moor·lei·che** <f.; -, -n> *im Moor konservierte Leiche (aus der Eisenzeit);* **'Moor·och·se** <[-ks-]; m.; -n, -n; Zool.> = *Rohrdommel*

Moos[1] <n.; -es, -e> 1 <Bot.> *Art der Sporenpflanzen;* mit ~ bewachsen; ~ ansetzen <fig.; umg.> *alt werden* 2 <Pl.: Möser; oberdt.> *Dachauer ~;* = *Moor*

Moos[2] <n.; -es; unz.; umg.> *Geld* **'Moos·a·chat** <m.; -(e)s, -e; ⤳Z 55; Min.> *ein Quarzmineral;* **'Moos·bee·re** <f.; -, -n; Bot.> *ein Heidekrautgewächs;* **'moo·sig** <Adj.> 1 *moosbedeckt* 2 <oberdt.> *moorig;* **'Moos·tier·chen** <n.; -s, -; Zool.> *mikroskop. kleines Wassertier*

'Mo·ped <n.; -s, -s> *leichtes Motorrad*

Mopp <m.; -s, -s> *besenähnl. Wischgerät;* <aber> → *Mob* [engl.]

'Mop·pel <m.; -s, -; umg.; scherzh.> *Möpschen*

'mop·pen <V. t./V. i.> *mit dem Mopp reinigen*

Mops <m.; -es, ⸚e> 1 <Zool.> *Hunderasse* 2 <fig.; umg.; abwertend> *kleine, dicke Person* 3 <Pl.; umg.> *Möpse Geld;* **'Möps·chen** <n.; -s, -; Verkleinerungsf. von> *Mops;* **'mop·sen**[1] <V. t.; du mopst; umg.;

mildernd> *stehlen;* **'mop·sen**[2] <V. refl.; du mopst dich; umg.> *sich ~ sich langweilen;* **'mops·fi·'del** <Adj.; umg.> *äußerst vergnügt;* **'mop·sig** <Adj.; umg.> 1 *klein u. dick* 2 <fig.> *langweilig*

'Mo·ra <f.; -, 'Mo·ren> 1 <Bankw.> *Zahlungsverzögerung* 2 <Metrik> *Zeiteinheit im Vers* [lat.]

Mo'ral <f.; -, -en; Pl. selten> 1 *Sittenlehre, eth. Regelsystem;* Verstoß gegen die ~; die ~ einer Fabel <Lit.> *Lehre* 2 *Sittlichkeit;* keine ~ haben [lat.]; **Mo'ral·co·dex** <m.; -es od. -, -e od. -di·ces od. -di·zes> = *Moralkodex;* **mo·ra'lin·sau·er** <Adj.; umg.; scherzh.> *übertrieben sittlich;* **mo·ra·lisch** <Adv.> 1 *die Moral betreffend* 2 *sittlich* 3 *Moral lehrend;* **mo·ra·li'sie·ren** <V. i.> *Moral predigen;* **Mo·ra'lis·mus** <m.; -; unz.> 1 *Anerkennung moral. Grundsätze;* Ggs *Immoralismus* 2 *Überbetonung der Moral;* **Mo·ra'list** <m.; -en, -en> 1 *Vertreter des Moralismus(1);* Ggs *Immoralist* 2 *Sittenprediger;* **Mo·ra'lis·tin** <f.; -, -nen>; **mo·ra'lis·tisch** <Adj.>; **Mo·ra·li'tät** <f.; -, -en> 1 <unz.> *Sittlichkeit* 2 <Theat.; MA> *moral.-lehrhaftes Schauspiel;* **Mo'ral·ko·dex** <m.; -es od. -, -e od. -di·ces od. -di·zes> *Gesamtheit der moral.-sittl. Regeln;* oV *Moralcodex;* **Mo'ral·leh·re** <f.; -, -n> *Ethik;* **Mo'ral·phi·lo·soph** <m.; -en, -en; Philos.> *Begründer od. Anhänger einer Moralphilosophie;* **Mo'ral·phi·lo·so·phie** <f.; -, -n; Philos.> *Ethik;* **Mo'ral·phi·lo·so·phin** <f.; -, -nen; Philos.>; **Mo'ral·pre·di·ger** <m.; -s, -; umg.> *jmd., der andere moral. belehren möchte;* **Mo'ral·pre·di·ge·rin** <f.; -, -nen; umg.>; **Mo'ral·pre·digt** <f.; -, -en; umg.> *übertrieben lehrhafte Ermahnung;* **Mo'ral·prin·zip** <n.; -s, -pi·en od. -e>; **Mo'ral·psy·cho·lo·gie** <f.; -; unz.; Psych.> *Lehre von der moral. Haltung;* **Mo'ral·theo·lo·gie** <f.; -; unz.; Kath.> *Lehre vom sittl. Verhalten*

Mo'rä·ne <f.; -, -n; Geol.> *Gletschergeröll* [frz.]

Mo'rast <m.; -(e)s, -e> *sumpfiger*

Boden; im ~ stecken bleiben; **mo'ras·tig** <Adj.> ~er Boden

Mo·ra'to·ri·um <n.; -s, -ri·en; Wirtsch.> *Zahlungsaufschub* [lat.]

mor'bid <Adj.; -er, am -es·ten; geh.> 1 *krankhaft* 2 *(moral.) verwahrlost;* **Mor·bi·di'tät** <f.; -; unz.> 1 *morbide Beschaffenheit* 2 <Med.> *Erkrankungshäufigkeit innerhalb einer Bevölkerung;* **'Mor·bus** <m.; -, 'Mor·bi; Med.> *Krankheit* [lat.]

'Mor·chel <f.; -, -n; Bot.> *eine Pilzgattung*

Mord <m.; -(e)s, -e> *vorsätzl. Tötung eines Menschen;* Raub~; **'Mord·an·schlag** <m.; -(e)s, ⸚e> *Opfer eines ~s werden;* **'mor·den** <V.> 1 <V. i.> *einen Mord begehen* 2 <V. t.; veralt.> *ermorden*

Mor'dent <m.; -s, -e; Mus.> *Triller* [ital.]

'Mör·der <m.; -s, -> *jmd., der gemordet hat;* Massen~; **'Mör·der·gru·be** <f.; -, -n; fig.; umg.; nur noch in der Wendung> *aus seinem Herzen keine ~ machen offen seine Meinung sagen;* **'Mör·der·hand** <f.; -, ⸚e; poet.; nur in Wendungen wie> durch ~, von ~ sterben *ermordet werden;* **'Mör·de·rin** <f.; -, -nen>; **'mör·de·risch** <Adj.> 1 *lebensbedrohend* <fig.> *grausam;* ~e Hitze; **'mör·der·lich** <Adj.; umg.> = *mörderisch(2);* **'Mord·fall** <m.; -(e)s, ⸚e>; **'Mord·gier** <f.; -; unz.> *Lust am Morden;* **'mord·gie·rig** <Adj.>; **'Mord·kom·mis·si·on** <f.; -, -en> *Kommission der Kriminalpolizei für Mordfälle;* **'mords..., 'Mords...** <umg.> *groß, gewaltig,* z. B. mordsteuer, Mordshunger; **'Mords·durst** <m.; -es; unz.; umg.>; **'Mords'hun·ger** <m.; -s; unz.; umg.>; **'Mords'kerl** <m.; -s, -e; umg.> 1 *mutiger Mensch* 2 *großer Mensch;* **'mords·mä·ßig** <Adj.; fig.; umg.> *sehr;* sich ~ ärgern; **'Mords·spek·ta·kel** <n.; -s; unz.; umg.>; **'Mord·tat** <f.; -, -en>; **'Mord·ver·such** <m.; -(e)s, -e>; **'Mord·waf·fe** <f.; -, -n>

Mord'wi·ne <m.; -n, -n> *Angehöriger eines finn. Volksstammes;* **mord'wi·nisch** <Adj.>

M

Mo·rel·le <f.; -, -n; Bot.> *Sauerkirsche* [ital.]

mo'ren·do <Mus.> *immer leiser werdend* [ital.]

'Mo·res <Pl.> *Anstand;* jmdn. ~ lehren *energisch zurechtweisen* [lat.]

Mo'res·ca <f.; -; unz.; 15.–17. Jh.> *europ. Tanz* [ital.]; **Mo'res·ke** <f.; -, -n> = *Maureske*

mor·ga'na·tisch <Adj.; nur in der Wendung> ~e Ehe *nicht standesgemäße Ehe*

'mor·gen <Adv.; ⬈Z45> 1 *am folgenden Tag;* ich fahre ~; ~ Abend; ~ Mittag; ~ Nachmittag; ~ Früh <od.> früh 2 *in Zukunft;* die Welt von ~ *zukünftige W.;* das Heute und das Morgen; **'Mor·gen** <m.; -s, -; ⬈Z45> 1 *Tagesbeginn;* der ~ dämmert; des ~s; <aber> ~ *morgens;* Ggs *Abend(1)* 2 *Vormittag;* am ~; Montag~; heute, gestern ~!; gu-ten ~!; jmdm. guten ~ <od.> Guten Morgen sagen *(als Grußformel)* 3 *altes Feldmaß;* zwei ~ Land; **'mor·gend·lich** <Adj.; attr.> *am Morgen geschehend;* **'Mor·gen·frü·he** <f.; -; unz.>; **'Mor·gen·grau·en** <n.; -s, -> *Morgendämmerung;* **'Mor·gen·gym·nas·tik** <f.; -, -en; Sp.>; **'Mor·gen·land** <n.; -(e)s; unz.; veralt.> = *Orient;* Ggs *Abendland;* **'Mor·gen·län·der** <m.; -s, -; veralt.> *Orientale;* **'Mor·gen·län·de·rin** <f.; -, -nen; veralt.>; **'mor·gen·län·disch** <Adj.; veralt.>; **'Mor·gen·luft** <f.; -; unz.>; **'Mor·gen·post** <f.; -; unz.>; **'Mor·gen·rock** <m.; -(e)s, ⸚e> *bequemer Hausmantel;* **'Mor·gen·rot** <n.; -s; unz.>, **'Mor·gen·rö·te** <f.; -; unz.> *Himmelsfärbung bei Sonnenaufgang;* Ggs *Abendrot;* **'mor·gens** <Adv.> 1 *am Morgen(1);* von ~ bis abends; <aber> eines (schönen) Morgens 2 <umg.> *vormittags;* **'Mor·gen·son·ne** <f.; -; unz.>; **'Mor·gen·stern** <m.; -(e)s; unz.> 1 <Astr.> *Venus²* 2 *mittelalterl. Waffe;* **'Mor·gen·stun·de** <f.; -, -n> ~ hat Gold im Munde <Sprichw.>; **'Mor·gen·zei·tung** <f.; -, -en>; **'mor·gig** <Adj.> *am nächsten Tag stattfindend;* das ~e Treffen

Morphem: Als M. bezeichnet man die kleinste selbstständige bedeutungstragende Einheit einer Sprache, die nicht weiter zerlegt werden kann. Das M. entspricht häufig einem ⬈**Lexem** (z. B. *es, drei, Weg, Schau*) oder ist Teil eines Lexems (z. B. *schau-en*). Verschiedene **Morphe** (= kleinste bedeutungstragende Lautsegmente, die noch nicht als M. klassifiziert sind) werden, sofern sie die gleiche Bedeutung haben, als **Allomorphe** eines M. bezeichnet. Allomorphe des M. „Plural" sind im Deutschen z. B. die Deklinationsendungen *-e (Pferde),* *-en (Betten), -n (Tanten), -s (Bars).* Man spricht manchmal von einem **Nullmorph(em)**, wenn z. B. der Plural gegenüber dem Singular keine Endung aufweist *(der Schimmel – die SchimmelØ).*

Ausgehend von ihrer **Funktion** werden die folgenden M. unterschieden:

a) **freies M.** (auch Grundmorphem, Basismorphem), das generell als Lexem fungiert: *an, auf, Haus, Tanz*

b) **gebundenes M.**, das nicht als Einzelwort vorkommt: <u>an</u>-geben, <u>Ge</u>-büsch, <u>ab</u>-ge-leb-<u>t</u>, <u>un</u>-<u>ver</u>-drossen

c) **dikontinuierliches M.**, ein M., das aus mehreren Segmenten besteht, z. B. für das ⬈Partizip Perfekt: <u>ge</u>-stand-<u>en</u>, auf-<u>ge</u>-gebläh-<u>t</u>

d) **Flexionsmorphem**, das eine grammatische Funktion bei den veränderlichen Wortarten ausübt: sing-<u>st</u>, Tier-<u>e</u>, schön-<u>e</u>

e) **Ableitungsmorphem** mit der Funktion der Wortbildung bzw. der Überführung einer Wortart in eine andere: nütz<u>lich</u>, Denk-<u>er</u>, Heil-<u>ung</u>

Vgl. ⬈Wortstamm

mo·ri'bund <Adj.; Med.> *im Sterben liegend* [lat.]

Mo·ri'nell <m.; -s, -e; Zool.> *ein Vogel;* oV *Mornelle* [lat.-grch.]

Mo'ris·ka <f.; -, -ken> = *Moresca;* **Mo'ris·ke** <m.; -n, -n> = *spanischer Maure;* **Mo'ris·ken·tanz** <m.; -es, ⸚e> = *Moresca;* **Mo'ris·kin** <f.; -, -nen>

'Mo·ri·tat <a. [--'-]; f.; -, -en; Lit.; Mus.> *Lied über eine schaurige Begebenheit;* Sy *Bänkellied*

Mor'mo·ne <m.; -n, -n; Rel.> *Angehöriger einer nordamerikan. Sekte* [nach dem Buch "Mormon" des Gründers J. Smith]; **Mor'mo·nin** <f.; -, -nen; Rel.>; **mor'mo·nisch** <Adj.; Rel.>

Mor'nel·le <f.; -, -n; Zool.> = *Morinell*

Mo·ro'ni *Hauptstadt der Komoren*

mo'ros <Adj.> *mürrisch* [lat.]; **Mo·ro·si'tät** <f.; -; unz.> *mürrisches Wesen*

...morph <Suffix; in Zus.> *...förmig* [grch.]; **Morph** <n.; -s, -e; Sprachw.> *unklassifiziertes Morphem;* **Mor'phem** <n.; -s, -e; Sprachw.> *kleinste bedeutungstragende Einheit einer Sprache;* → a. *Kasten;* **'mor·phen** <V. t.; EDV> Bilder ~ *übergangslos verwandeln* [engl.]; **...mor'phie** <in Zus.> *Form*

Mor'phin <n.; -s; unz.; Med.> *Alkaloid des Opiums;* Sy *Morphium* [nach *Morpheus,* dem grch. Gott des Traumes]

'Mor·phing <n.; - od. -s, -s; EDV> *Verwandlung von Bildern od. Gestalten* [engl.]

Mor·phi'nis·mus <m.; -; unz.; Med.> *Morphiumsucht;* **Mor·phi'nist** <m.; -en, -en; Med.>; **Mor·phi'nis·tin** <f.; -, -nen; Med.>; **'Mor·phi·um** <n.; -s; unz.; umg.> = *Morphin;* **'Mor·phi·um·sprit·ze** <f.; -, -n>; **'Mor·phi·um·sucht** <f.; -; unz.> = *Morphinismus;* **'mor·phi·um·süch·tig** <Adj.>

Mor·pho·fo·no·lo'gie <f.; -; unz.; ⬈Z 11.3; Sprachw.> = *Morphophonologie*

Mor·pho·ge'ne·se, Mor·pho·ge'nie <f.; -, -n; Biol.> *Entwicklung der äußeren Form* [grch.]; **mor·pho·ge'ne·tisch** <Adj.; Biol.>

Mor·pho·lo'gie <f.; -; unz.> 1 <Biol.; Geol.> *Gestaltlehre* 2 <Gramm.> *Wortbildungs- u. Formenlehre;* → a. *Kasten Wortbildungslehre* [grch.]; **mor·pho·'lo·gisch** <Adj.>; **Mor·pho·pho-**

no·lo'gie <f.; -; unz.; ⚓Z11.3; Sprachw.> *Zweig der Sprachwissenschaft*; oV *Morphofonologie*

Mor'pho·se <f.; -, -n; Biol.> = *Morphogenese*

'Mor·pho·syn·tax <f.; -; unz.; Sprachw.> *Zweig der Syntax*

morsch <Adj.> *brüchig, zerfallen*; ~*es Holz*; **'mor·schen** <V. i.; selten> *morsch werden*; **'Morschheit** <f.; -; unz.>

'Mor·se·al·pha·bet <n.; -(e)s; unz.> *Telegrafencode* [nach dem nordamerikan. Erfinder S. *Morse*]; **'Mor·se·ap·pa·rat** <m.; -(e)s, -e>; **'mor·sen** <V. i.; du *morst*> *per Morsezeichen übermitteln*

'Mör·ser <m.; -s, -> 1 <ich *mörs(e)re*> *rundes Gefäß zum Zerstoßen von harten Stoffen* 2 <Mil.> *Granatwerfer*; **'mör·sern** <V. i.; ich *mörs(e)re*> *im Mörser(1) zerstoßen*

'Mor·se·zei·chen <n.; -s, -> *Zeichen des Morsealphabets*

Mor·ta'del·la <f.; -, -s> *eine Wurstsorte* [ital.]

Mor·ta·li'tät <f.; -; unz.> 1 *Sterblichkeit*; Ggs *Immortalität* 2 <Med.> *Sterblichkeitsziffer*; Ggs *Natalität*

'Mör·tel <m.; -s, -; Bauw.> *ein Bindemittel*; **'mör·teln** <V. t.; ich *mört(e)le*; Bauw.> *mit Mörtel verbinden*

'Mo·ru·la <f.; -; unz.; Biol.> *embryonales Entwicklungsstadium* [lat.]

Mo·sa'ik <n.; -s, -en> *Muster aus verschiedenfarbigen Stücken* [grch.-frz.]; **Mo·sa'ik·glas** <n.; -es; unz.> = *Millefioriglas*

mo·sa'isch <Adj.; Rel.> 1 *von Moses stammend* 2 *jüdisch*

Mo·sam'bik *Staat in Südostafrika*; Republik ~; **Mo·sam·bi'kaner** <m.; -s, -»; **Mo·sam·bi'kane·rin** <f.; -, -n·nen>; **mo·sam·bi'ka·nisch**

Mosch <[moːʃ]; m.; -s; unz.; mdt.; umg.> *Ausschuss*

Mo'schaw <m.; -s, -scha'wim; Landw.> *genossenschaftl. Siedlung in Israel* [hebr.]

Mo'schee <f.; -, -n; Rel.> *islam. Gotteshaus* [arab.-frz.]

'Mo·schus <m.; -; unz.> *ein Duftstoff* [altind.]; **'Mo·schus·hy·a-**

zin·the <f.; -, -n; Bot.> *eine Pflanze*; **'Mo·schus·och·se** <[-ks-]; m.; -n, -n; Zool.> *ein Wiederkäuer*; **'Mo·schus·rat·te** <f.; -, -n; Zool.> *eine Spitzmaus*; **'Mo·schus·tier** <n.; -(e)s, -e; Zool.> *eine Hirschart*

'Mo·sel[1] <f.; -; unz.> *ein Nebenfluss des Rheins*; **'Mo·sel**[2] <m.; -s, -; umg.; kurz für> *Moselwein*; **'mo·sel·frän·kisch** <Adj.>; **'Mo·sel·wein** <m.; -(e)s, -e; Kurzw.: *Mosel*> *eine Weinsorte*

'mo·sern <V. i.; ich *mos(e)re*; umg.> *meckern, nörgeln*

'Mos·kau *Hauptstadt von Russland*

Mos'ki·to <m.; -s, -s; Zool.; Sammelbez. für> *trop. Stechmücken* [span.]; **Mos'ki·to·netz** <n.; -es, -e> *Netz als Moskitoschutz*

Mos·ko'wi·ter <m.; -s, -; veralt.> *Moskauer*; **Mos·ko'wi·te·rin** <f.; -, -n·nen>; **mos·ko'wi·tisch** <Adj.>

'Mos·lem <m.; -s, -s; Rel.> = *Muslim*; **mos'le·misch** <Adj.; Rel.>; **Mos'li·me** <f.; -, -n; Rel.>

'mos·so <Mus.> *bewegt* [ital.]

Most <m.; -(e)s, -e> *unvergorener Fruchtsaft*; **'mos·ten** <V. i.> *Most herstellen*; **Mos·te'rei** <f.; -, -en> *Betrieb zur Mostherstellung*

'Mos·tert <m.; -s; unz.; nordwestdt.>, **'Most·rich** <m.; -s; unz.; nordostdt.> *Senf*

Mo'tel <a. ['--]; n.; -s, -s> *Hotel an Autobahnen od. Schnellstraßen* [engl.]

Mo'tet·te <f.; -, -n; Mus.> *geistl. Chorstück* [ital.]

Mo·ti·li'tät <f.; -; unz.; Med.> *Muskelbeweglichkeit* [lat.]

Mo·ti'on <f.; -, -en> 1 <Pol.; schweiz.> *Antrag im Parlament* 2 <Gramm.> *Abwandlung des Adjektivs nach dem jeweiligen Genus*; → a. *Kasten Movierung* [lat.]

Mo'tiv <a. ['--]; n.; -s, -e> 1 *Beweggrund*; ~ *einer Tat* 2 <Lit.> *charakterist. Inhaltselement*; *Märchen~* 3 <Mus.> *kleinstes melod. Glied* 4 <bild. Kunst> *Darstellungsgegenstand* [lat.]; **Mo·ti·va·ti'on** <[-va-]; f.; -, -en> 1 *Begründung* 2 <Psych.> *Gesamtheit der Handlungsmotive*;

Lern~; **mo·ti·vie·ren** <[-'viː-]; V. t.> 1 *begründen* 2 *jmdn. ~ jmds. Motivation(2) steigern*; *motiviert sein*; **Mo·ti'vie·rung** <f.; -, -en>; **Mo'ti·vik** <[-vik]; f.; -, -en; Mus.> *Kunst der Verarbeitung von Motiven(3)*; **mo'ti·visch** <[-viʃ]; Adj.; bes. Mus.> *das Motiv betreffend*

Mo·to'cross <auch> **Mo·to-'Cross** <n.; -, -e; Pl. selten; ⚓Z36; Motorsp.> *Geländerennen* [engl.]

Mo·to'drom <n.; -s, -e; Motorsp.> *geschlossene Rennstrecke* [grch.]

Mo·tor <['moːtɔr] od. [moˈtoːr]; m.; -s, -'to·ren> 1 *Kraftmaschine*; *Verbrennungs~*; *den ~ abstellen* 2 <fig.> *antreibende Kraft*; *sie ist der ~ des Projekts* [lat.]; **'Mo·tor·boot** <a. [-'--]; n.; -(e)s, -e>; **'Mo·tor·brem·se** <f.; -, -n> *Bremse an Verbrennungsmotoren*; **'Mo·tor·fahr·zeug** <n.; -(e)s, -e>; **'Mo·tor·fahr·zeug·steu·er** <f.; -; unz.; Kfz; schweiz.> *Kraftfahrzeugsteuer*; **'Mo·tor·hau·be** <f.; -, -n>; **...mo·to·rig** <Adj.; in Zus.> *eine best. Motorenzahl besitzend, z. B. zweimotorig*, <in Ziffern> 2-*motorig*; **Mo'to·rik** <f.; -; unz.> 1 *Bewegungslehre* 2 <Physiol.> *Gesamtheit der willkürl. Körperbewegungen*; **mo'to·risch** <Adj.> *auf Motorik beruhend*; **mo·to·ri'sie·ren** <V. t.> *mit Motor od. Kfz ausstatten*; *motorisiert sein* <im Kfz besitzen*; umg.> *im Kfz fahren*; **Mo·to·ri'sie·rung** <f.; -, -en>; **'Mo·tor·rad** <a. [-'--]; n.; -(e)s, ⸗er; Kfz> *ein Kraftrad*; ~ *fahren*; **'Mo·tor·rad·fah·rer** <a. [-'----]; m.; -s, ->; **'Mo·tor·rad·fah·re·rin** <a. [-'-----]; f.; -, -n·nen>; **'Mo·tor·rol·ler** <m.; -s, -; Kfz> *ein Kraftrad*; **'Mo·tor·sä·ge** <f.; -, -n>; **'Mo·tor·schiff** <n.; -(e)s, -e>; **'Mo·tor·schlep·per** <m.; -s, -; Landw.> *Traktor*; **'Mo·tor·schlit·ten** <m.; -s, ->; **'Mo·tor·seg·ler** <m.; -s, -> *Segelflugzeug od. -boot mit Hilfsmotor*; **'Mo·tor·sport** <m.; -s; unz.; Sp.> *Auto- u. Motorradfahren als Sport*

'Mot·te <f.; -, -n> 1 <volkstüml.> *kleiner Nachtfalter* 2 <Zool.> *Schmetterlingsfamilie*; **'Mot-**

M

ten·pul·ver <n.; -s, -> *ein Insektenpulver*

'Mot·to <n.; -s, -s> *Leitspruch;* Lebens~ [ital.]

Mo·tu'pro·prio, <auch> **Mo·tu·'prop·rio** < ↗Z 53; Kath.> *päpstl. Erlass aus eigenem Entschluss* [lat.]

'mot·zen <V. i.; du motzt; umg.> *nörgeln, schimpfen;* **'mot·zig** <Adj.; umg.> *unzufrieden*

Mouches vo·lantes <['muʃ vo'lã:nt]; Pl.; Med.> *eine Sehstörung* [frz.]

mouil·lie·ren <[mu'ji:-]; V. t.; Sprachw.> *erweichen;* Konsonanten ~ [frz.]; **Mouil'lie·rung** <f.; -, -en; Sprachw.>

Mou·la·ge <[mu'la:ʒə]; f.; -, -n; Med.> 1 *Abdruck* 2 *Wachsmodell* [frz.]

Mou·li·né <[muli'ne:]; m.; -s, -s; Textilw.> oV *Mulinee* 1 *ein Zwirn* 2 *ein Gewebe* [frz.]; **mou·li'nie·ren** <V. t.; Textilw.> *Seide ~ zwirnen;* oV *mulinieren*

Mound <[maund]; m.; -s, -s> *Erdhügel im vorkolumbian. Amerika* [engl.]

Mount <[maunt]; m.; -s, -s; Geogr.> *Berg;* ~ Everest [engl.]; **Moun·tain·bike** <['mauntənbaik]; n.; -s, -s; Sp.> *Geländefahrrad*

Mouse <[maus]; f.; -, Mice [mais]; EDV> = *Maus(2)* [engl.]; **'Mouse·click** <m.; -s, -s; EDV> *kurzes Betätigen der Maustaste;* **'Mouse·pad** <[-pæd]; n.; -s, -s; EDV> *Unterlage für die Maus(2);* oV *Mauspad*

Mous'sa·ka <[mus-]; n.; - od. -s, -s; grch. Kochk.> *ein überbackenes Gericht* [grch.]

Mousse <[mus]; f.; -, -s [mus]; Kochk.> *Schaumspeise;* ~ au chocolat [- o: ʃoco:'la] [frz.]; **mous'sie·ren** <[mu-]; V. i.> *schäumen;* Limonade moussiert

Mous·té·ri·en <[musteri'ɛ̃]; n.; -s; unz.> *altsteinzeitl. Jägerkultur* [nach dem frz. Ort Le Moustier]

'Mo·vens <[-v-]; n.; -; unz.> *Antrieb, Beweggrund* [lat.]

Mo·vie <['mu:vi]; m. od. n.; -s, -s; meist Pl.; Film; TV> *Spielfilm* [engl.]

mo·vie·ren <[-'vi:-]; V. t.;

Movierung: Als M. oder Motion bezeichnet man die morphologische Ableitung weiblicher Personen- oder Tiernamen von männlichen: *Lehrer – Lehrerin, Chef – Chefin, Hund – Hündin.* Da das ↗Femininum durch Anfügen der Endung *-in* gebildet wird, geht man davon aus, dass das ↗Maskulinum unmarkiert und generell Basis für eine M. ist. Im Deutschen sind movierte Formen besonders bei Berufs- und Funktionsbezeichnungen (vgl. *Amtmann – Amtmännin*) sehr häufig. Selten findet dagegen die M. von Feminina zu Maskulina statt. Beispiele hierfür sind die Formen *Ente – Enterich, Hexe – Hexer, Witwe – Witwer.*

Sprachw.> *ein Wort bezüglich des Genus verändern* [lat.]; **Mo·'vie·rung** <f.; -, -en; Sprachw.> → Kasten

'Mö·we <f.; -, -n; Zool.> *ein Schwimmvogel*

Moz'a·ra·ber <m.; -s, -> *Christ, der die arab. Kultur im maur. Spanien angenommen hatte* [arab.]; **Moz'a·ra·be·rin** <f.; -, -n·nen>; **moz·a'ra·bisch** <Adj.>

'Mo·zart·ku·gel <f.; -, -n> *ein Konfekt* [nach dem österr. Komponisten W. A. *Mozart*]; **'Mo·zart·zopf** <m.; -(e)s, ÷e> *am Hinterkopf zusammengebundener Zopf*

Moz·za'rel·la <m.; -s, -s> *ital. Käse* [ital.]

mp <Mus.; Abk. für> *mezzopiano*

m. p. <Abk. für> *manu propria*

MP <Abk. für> 1 <Mil.> *Military Police* 2 *Maschinenpistole*

M. P. <Pol.; Abk. für> *Member of Parliament*

MPG <Abk. für> *Max-Planck-Gesellschaft*

Mr <nur in Verbindung mit Familiennamen; engl. Abk. für> *Mister (Herr);* ~ Miller

Mrd. <Abk. für> *Milliarde(n)*

Mrs <['misiz]; nur in Verbindung mit Familiennamen; engl. Abk. für> *Mistress (verheiratete Frau);* ~ Smith

m. s. <Mus.; Abk. für> *mano sinistra*

Ms. <Abk. für> *Manuskript*

MS <Med.; Abk. für> *multiple Sklerose;* → a. *multipel*

---

m/s <Abk. für> *Meter pro Sekunde*

Ms <[miz]; nur in Verbindung mit Familiennamen; schriftl. engl. Abk. für> *verheiratete od. unverheiratete Frau;* ~ Green

MS-DOS <EDV; Abk. für engl.> *Microsoft Disk Operating System (ein Betriebssystem)*

Msgr. <Abk. für> *Monsignore*

Mskr. <Abk. für> *Manuskript;* **Mss.** <Abk. für> *Manuskripte*

Mt 1 <Phys.; Zeichen für> *Megatonne* 2 <Chem.; Zeichen für> *Meitnerium*

MTA <Med.; Abk. für> *medizin.-techn. Assistent(in)*

'Much·tar <m.; -s, -s> *türk. Gemeindevorsteher* [arab.]

'Mu·cke[1] <f.; -, -n; meist Pl.> 1 *Laune;* seine ~n haben 2 *Störung, Fehler*

'Mu·cke[2] <f.; -, -n; umg.> *Nebenverdienst (bes. für Musiker);* oV *Mugge*

'Mü·cke <f.; -, -n; Zool.> *Insektenart;* aus einer ~ einen Elefanten machen <fig.; umg.> *ein unbedeutendes Ereignis überbewerten*

'Mu·cke·fuck <m.; -s; unz.; umg.> *Ersatzkaffee*

'mu·cken <V.; umg.> 1 <V. refl.> sich ~ *einen Mucks von sich geben* 2 <V. i.> *murren;* ohne zu ~

'Mu·cker <m.; -s, -; umg.; abwertend> 1 *Duckmäuser* 2 *Heuchler;* **'Mu·cke·rin** <f.; -, -n·nen; umg.; abwertend>

Mucks <m.; -es, -e; umg.> *halb unterdrückter Laut;* keinen ~ von sich geben; oV *Muckser*

'muck·schen <V. i.; du muckschst; umg.> *beleidigt sein*

'muck·sen <V. refl.; du muckst dich; umg.> *sich nicht ~ keinen Mucks machen;* **'Muck·ser** <m.; -s, -; umg.> = *Mucks;* **'mucks·mäus·chen·still** <Adj.; umg.> *ganz still*

Mud, Mudd <m.; -s; unz.; norddt.> *Schlamm;* **'Mud·del** <m.; -s; unz.; mdt.; norddt.> *Unordnung;* **'mud·deln** <V. i.; ich mudd(e)le; mdt.; norddt.> *unordentl. arbeiten;* **'mud·dig** <Adj.; norddt.> *schlammig*

'mü·de <Adj.> 1 *erschöpft, schläfrig;* ~ aussehen 2 *kraftlos, ver-*

braucht; eine ~ Geste **3** <mit Gen.> einer Sache ~ sein *überdrüssig;* ich bin der ständigen Streitereien ~; ich bin es ~, ständig zu streiten; **'Mü·dig·keit** <f.; -; unz.> **1** *Schlafbedürfnis, Erschöpfung* **2** *müde(2) Beschaffenheit;* Material~

Mu'dir <m.; -s, -e; türk. Titel für> *Leiter einer ägypt. Provinz* [arab.]

Mu·dscha·hed'din, <auch> **Mudscha·hed'din** <Pl.; ↗Z54; im Iran u. in Afghanistan> *Widerstandskämpfer* [arab.]

'Mü·es·li <n.; -s, -; schweiz.> = *Müsli*

Mu'ez·zin <m.; -s, -s; Rel.> *islam. Gebetsrufer* [arab.]

muff <Adj.; schweiz.> = *muffelig*

Muff¹ <m.; -(e)s, -e; Mode> *Handwärmer* [ndrl.]

Muff² <m.; -s; unz.; norddt.> *Schimmel, Moder(geruch)*

'Muf·fe <f.; -, -n> **1** *Verbindungsglied für Rohre* **2** <El.> *Verbindungsglied für Kabel* **3** <umg.> *Angst;* ~ haben, kriegen

'Muf·fel¹ <f.; -, -n> *Schmelztiegel in keram. Öfen*

'Muf·fel² <n.; -s, -; Zool.> = *Mufflon*

'Muf·fel³ <m.; -s, -; umg.; abwertend> *übellauniger, unlustiger Mensch;* Morgen~; **'muf·fe·lig** <Adj.; umg.; abwertend> *mürrisch;* oV *muff, muffig¹, mufflig;* **'muf·feln¹** <V. i.> mit muff(e)le; umg.> *übellaunig sein*

'muf·feln², **'müf·feln** <V. i.; süddt.; österr.; umg.> *moderig, schlecht riechen;* hier müffelt es; oV *muffen*

'Muf·fel·wild <n.; -(e)s; unz.; Zool.> = *Mufflon*

'muf·fen <V. i.> = *muffeln²;* **'muf·fig¹** <Adj.> = *muffelig;* **'muf·fig²** <Adj.> **1** *moderig;* ~e Luft **2** <fig.; abwertend> *kleinbürgerlich;* ~e Atmosphäre

Muf·fins <['mʌfinz]; Pl.; engl. Kochk.> *ein Gebäck* [engl.]

'muff·lig <Adj.> = *muffelig*

'Muf·flon, <auch> **'Muff·lon** <n.; -s, -s; ↗Z53; Zool.> *ein Wildschaf;* oV *Muffel²* [lat.]

'Muf·ti <m.; -s, -s; Rechtsw.> *islam. Rechtsgelehrter* [arab.]

'mu·ge·lig <Adj.> *mit gewölbter Oberfläche;* ~er Edelstein

'Mug·ge <f.; -, -n> = *Mucke²*

'Mü·he <f.; -, -n> *Anstrengung, Aufwand;* mit großer ~; mit ~ und Not *gerade noch;* sich ~ geben *sich anstrengen;* **'mü·he·los** <Adj.> *ohne Mühe;* **'Mü·he·lo·sig·keit** <f.; -; unz.>

'mu·hen <V. i.> *das Rind muht gibt Laut*

'mü·hen <V. refl.> sich ~ *sich anstrengen;* **'mü·he·voll** <Adj.> *mit viel Mühe*

'Mühl·bach <m.; -(e)s, ⸚e> *Bach an einer Mühle(2);* **'Müh·le** <f.; -, -n> **1** *Gerät od. Anlage zum Mahlen(1);* Kaffee~; Wind~ **2** *Gebäude mit einer Mühle(1);* eine alte ~ **3** *ein Brettspiel;* Sy *Mühlespiel;* **'Müh·len·bau·er** <m.; -s, -> *Handwerker der Müllerei;* **'Müh·len·bau·e·rin** <f.; -, -n·nen>; **'Müh·le·spiel** <n.; -(e)s, -e> = *Mühle(3);* **'Mühl·gang** <m.; -(e)s, ⸚e; Tech.> = *Mahlgang;* **'Mühl·gra·ben** <m.; -s, ⸚> *Graben an einer Mühle(2);* **'Mühl·rad** <n.; -(e)s, ⸚er>; **'Mühl·stein** <m.; -(e)s, -e; Landw.> *kreisförmiger Stein zum Getreidemahlen;* Sy *Mahlstein;* **'Mühl·werk** <n.; -(e)s, -e>

'Muh·me <f.; -, -n; veralt.> *Tante*

'Müh·sal <f.; -, -e; geh.> *Mühe, Plage;* **'müh·sam** <Adj.> *mühevoll, beschwerlich;* **'Müh·sam·keit** <f.; -; unz.>; **'müh·se·lig** <Adj.> *sehr mühsam;* **'Müh·se·lig·keit** <f.; -; unz.>

mu'kös <Adj.; Med.> *schleimig* [lat.]; **Mu·ko·vis·zi'do·se** <[-vis-]; f.; -, -n; Med.> *eine Stoffwechselkrankheit*

Mu'lat·te <m.; -n, -n> *Mischling mit einem schwarzen u. einem weißen Elternteil* [span.]; **Mu'lat·tin** <f.; -, -n·nen>

Mulch <m.; -(e)s, -e> *Bodenschicht aus Gartenabfällen* [engl.]; **'mul·chen** <V. i.> *mit Mulch bedecken*

'Mul·de <f.; -, -n> *leichte Bodenvertiefung*

'Mu·li¹ <Pl. von> *Mulus;* **'Mu·li²** <n.; -s, - od. -s; Zool.; süddt.; österr.> *Maulesel*

Mu·li'nee <m.; -s, -s; Textilw.; eindeutschend> = *Mouliné;* **mu·li'nie·ren** <V. t.; Textilw.; eindeutschend> = *moulinieren*

Mull¹ <m.; -(e)s, -e; nddt.> *Humus;* Torf~

Mull² <m.; -(e)s, -e; Textilw.> *ein Baumwollgewebe;* Verbands~ [engl.]

Müll <m.; -(e)s; unz.> *Abfall;* etwas in den ~ werfen; **'Müll·ab·fuhr** <f.; -, -en>

'Mul·lah <m.; -s, -s> *islam. Gelehrter* [arab.]

'Müll·beu·tel <m.; -s, ->

'Müll·bin·de <f.; -, -n; Med.>

'Müll·con·tai·ner <[-kɔntɛːnə(r)]; m.; -s, ->; **'Müll·de·po·nie** <f.; -, -n> *Platz zur Mülllagerung;* **'Müll·ei·mer** <m.; -s, ->

'Mül·ler <m.; -s, -> **1** *Mühlenhandwerker* **2** <früher> *Mühlenbesitzer;* **'Mül·ler·bur·sche** <m.; -n, -n; früher> *Lehrling od. Geselle in einer Mühle(2);* **Mül·le'rei** <f.; -; unz.> *Mehlgewinnung in Mühlen(2);* **'Mül·ler·ge·sel·le** <m.; -n, -n>; **'Mül·le·rin** <f.; -, -n·nen>

Mül·ler-'Thur·gau <m.; -s od. -; unz.> *eine Reb- u. Weinsorte* [nach dem Schweizer Pflanzenzüchter H. *Müller-Thurgau*]

'Müll·kip·pe <f.; -, -n> *unerlaubter Müllablagerungsplatz;* **'Müll·mann** <m.; -(e)s, ⸚er; umg.> *Angestellter der Müllabfuhr;* **'Müll·schlu·cker** <m.; -s, -> *Schacht für den Müll in Wohnhäusern;* **'Müll·ton·ne** <f.; -, -n>; **'Müll·ver·bren·nung** <f.; -; unz.>; **'Müll·ver·dich·tung** <f.; -; unz.> *mechan. Verkleinerung von Abfällen;* **'Müll·wa·gen** <m.; -s, -> *Wagen der Müllabfuhr*

Mulm <m.; -(e)s; unz.> *Staubperde, morsches Holz;* **'mul·men** <V.> **1** <V. i.> *zu Mulm werden* **2** <V. t.> *zu Mulm machen;* **'mul·mig** <Adj.> **1** *vermodert* **2** <fig.; umg.> *bedrohlich, bedenklich;* ~e Lage **3** <fig.; umg.> *unbehaglich;* mir wurde ganz ~

'Mul·ti <m.; -s, -s; Wirtsch.; umg.> kurz für> *multinationaler Konzern;* Öl~

mul·ti..., **Mul·ti...** <in Zus.> *viel(fach)..., Viel...,* z. B. multikulturell; Multiplikation [lat.]

Mul·ti·ac·cess <[mʌltiɔk'sɛs]; m.; -; unz.; EDV> *gleichzeitiger Zugriff mehrerer Personen auf dieselben Daten* [engl.]

M

mul·ti·dis·zi·pli'när, <auch> **mul·ti·dis·zip·li'när** <Adj.; ⟋Z53> *mehrere Disziplinen umfassend*

mul·ti·fak·to·ri'ell <Adj.; Med.; Philos.> *von mehreren Ursachen ausgehend; Ggs monokausal*

Mul·ti·fo'kal·glas <n.; -es, ⸚er; Opt.> *Brillenglas mit Gleitsicht*

mul·ti·funk·ti·o'nal <Adj.> *mehrere Funktionen umfassend;* **Mul·ti·funk·ti'ons·dis·play** <[-ple:]; n.; -s, -s> *Anzeigefeld an Telefonen od. Taschenrechnern für mehrere Funktionen*

'mul·ti'kul·ti <Adj.; undekl.; umg.; häufig in Zus.; kurz für> **mul·ti·kul·tu'rell** <Adj.> *mehrere Kulturen umfassend;* ~e *Veranstaltung*

mul·ti·la·te'ral <Adj.> *mehrseitig;* ~e *Abmachung* [lat.]; **Mul·ti·la·te·ra'lis·mus** <m.; -; unz.>

mul·ti·lin·gu'al <Adj.> *mehrsprachig*

Mul·ti'me·dia <n.; - od. -s; unz.; meist ohne Art.; meist in Zus.> *Kombination verschiedener Medien(2);* ~show; **mul·ti·me·di'al** <Adj.> *verschiedene Medien umfassend;* ~e *Präsentation;* **Mul·ti'me·di·a·sys·tem** <n.; -s; unz.> *Unterrichtssystem mit verschiedenen Medien;* **Mul·ti'me·di·a·ver·an·stal·tung** <f.; -, -en>

'Mul·ti·mil·li·o·när <m.; -s, -e> *jmd., der mehrere Millionen (Euro) besitzt;* **'Mul·ti·mil·li·o·nä·rin** <f.; -, -nen>

mul·ti·na·ti·o'nal <Adj.> ~er *Konzern*

'mul·ti·nu·kle·ar, <auch> **'mul·ti·nuk·le·ar** <Adj.; ⟋Z53; Biol.> *mehrere Zellkerne aufweisend*

'Mul·ti·pack <m. od. n.; -s, -s> *Großpackung gleicher Waren* [lat.]

Mul·ti'pa·ra <f.; -, -'pa·ren; Med.> *Mehrfachgebärende* [lat.]

mul'ti·pel <Adj.> *vielfältig; multiple Sklerose* <Med.; Abk.: MS> *Erkrankung des Nervensystems* [lat.]; **Mul·ti·ple-choice,** <auch> **Mul·tip·le Choice** <['mʌltɪpl'tʃɔis]; n.; -; unz.; ⟋Z30, 53> *Testverfahren mit*

Auswahlantworten [engl.]; **'Mul·ti·ple'choice·ver·fah·ren,** <auch> **'Mul·tip·le-'Choice·Ver·fah·ren** <n.; -s, ->; **'mul·ti·plex** <Adj.> *vielfältig* [lat.]; **'Mul·ti·plex·ver·fah·ren** <n.; -s, -> *Übermittlungsverfahren für mehrere gleichzeitige Telefongespräche*

Mul·ti'pli'kand <m.; -en, -en; Math.> *die zu multiplizierende Zahl* [lat.]; **Mul·ti·pli·ka·ti'on** <f.; -, -en; Math.> *das Multiplizieren;* **mul·ti·pli·ka'tiv** <Adj.; Math.>; **Mul·ti·pli·ka'ti·vum** <[-vum]; n.; -s, -va; Gramm.> = *Vervielfältigungszahlwort;* → a. *Kasten Kardinalzahl;* **Mul·ti·pli'ka·tor** <m.; -s, -'to·ren; Math.> *die multiplizierende Zahl;* **mul·ti·pli·zie·ren** <V. t.; Math.> *vervielfachen; eine Zahl mit 2* ~; **Mul·ti·pli·zi'tät** <f.; -, -en> *mehrfaches Vorhandensein*

'Mul·ti·pol <m.; -(e)s, -e; Phys.> *mehrpoliges System*

'mul·ti·sta·bil <Adj.; El.> ~e *Schaltung*

Mul·ti'task <['mʌltita:sk]; n.; -; unz.; EDV> *gleichzeitige Bearbeitung mehrerer Befehle* [engl.]

Mul·ti'U·ser-Be·trieb <[-'ju:sər-]; m.; -(e)s; unz.; ⟋Z33; EDV> *Möglichkeit der gleichzeitigen Benutzung einer EDV-Anlage durch mehrere Leute* [engl.]

mul·ti·va'lent <[-va-]; Adj.> *mehrwertig;* ~er *Test T. mit mehreren richtigen Lösungen* [lat.]; **Mul·ti·va'lenz** <f.; -; unz.>

Mul·ti·vi'bra·tor, <auch> **Mul·ti·vib'ra·tor** <[-vi-]; m.; -s, -'to·ren; ⟋Z53; El.> *elektr. Schaltung für Kippschwingungen*

Mul·ti·vi·si'on <[-vi-] a. engl. ['mʌltivi:ʃn]; f.; -; unz.> *Diavortrag mit mehreren gleichzeitigen Diaprojektionen*

'Mu·lus <m.; -, 'Mu·li; Zool.> *Maulesel* [lat.]

'Mu·mie <[-miə]; f.; -, -n> *mumifizierte Leiche* [pers.]; **'mu·mi·en·haft** <Adj.>; **Mu·mi·fi·ka·ti'on** <f.; -; unz.> *das Mumifizieren;* **mu·mi·fi'zie·ren** <V.> 1 <V. i.; Med.> *trocken werden; Gewebe mumifiziert* 2 <V. t.> *eine Leiche – durch entsprechende Behandlung vor Verwe-*

---

sung schützen; **Mu·mi·fi'zie·rung** <f.; -, -en>

Mumm <m.; -s; unz.; umg.> *Mut;* ~ *in den Knochen haben*

'Mum·mel <f.; -, -n; Bot.> = *Teichrose;* **'Mum·mel·greis** <m.; -es, -e; umg.; abwertend> *alter Mann;* **'Müm·mel·mann** <m.; -(e)s, ⸚er; scherzh.> *Hase;* **'mum·meln** [1] <V. t.; ich mumm(e)le; umg.> *sich od. jmdn. in etwas* ~ *gemütlich einhüllen;* **'mum·meln** [2] <V. i.; ich mumm(e)le> *undeutlich reden;* **'müm·meln** <V. i.; ich mümm(e)le; umg.> 1 *Kaninchen, Hasen* – *äsen* 2 <umg.> *lange kauen*

'Mum·men·schanz <m.; -es; unz.> *Maskenfest*

Mum·my <['mʌmi]; m.; -s, -s> *Auftraggeber eines Ghostwriters* [engl.]

'Mum·pitz <m.; -es; unz.; umg.> *Unsinn*

Mumps <m.; -; unz.; Med.> *eine Infektionskrankheit;* Sy *Ziegenpeter* [engl.]

'Mün·chen *Hauptstadt von Bayern;* **'Mün·che·ner** <m.; -s, ->; **'Mün·che·ne·rin** <f.; -, -nen>; **'Münch·ner** <m.; -s, ->; **'Münch·ne·rin** <f.; -, -nen>; **'münch·ne·risch** <Adj.>

Mund <m.; -(e)s, ⸚er od. (selten) -e od. ⸚es> 1 <Anat.> *menschl. Körperöffnung; aus dem* ~ *riechen* 2 <i. e. S.> *Lippen; den* ~ *verziehen* 3 *Sprechorgan; den* ~ *aufmachen* <a. fig.; umg.> *sprechen; den* ~ *halten* <fig.> *still sein; nicht auf den* ~ *gefallen sein* <fig.; umg.> *schlagfertig sein; jmdm. das Wort im* ~ *herumdrehen* <fig.> *absichtlich missdeuten* 4 *Organ der Nahrungsaufnahme; mit vollem* ~; *ein* ~ *voll Bissen, Schluck; zwei* ~ *voll Milch*

'Mun·da [1] <m.; - od. -s, - od. -s> *Angehöriger eines vorderind. Volkes;* **'Mun·da** [2] <n.; -; unz.> *austroasiat. Sprachgruppe*

mun'dan <Adj.; veralt.> *weltlich* [lat.]

'Mund·art <f.; -, -en; Sprachw.> *örtl. bedingte Sprachform im Unterschied zur National- od. Hochsprache;* → a. *Kasten Dialekt;* **'Mund·art·dich·tung** <f.; -,

-en; Lit.>; **'Mund·ar·ten·for·schung, 'Mund·art·for·schung** <f.; -, -en; Sprachw.> Sy *Dialektologie*; **'mund·art·lich** <Adj.> ~er Ausdruck; **'Mund·art·wör·ter·buch** <n.; -(e)s, ⸚er>

'Mund·at·mung <f.; -; unz.; Med.>; **'Mund·bröt·chen** <n.; -s, -> *Milchbrötchen*; **'Münd·chen** <n.; -s, -; Verkleinerungsf. von> *Mund*; **'Mund·du·sche** <f.; -, -n> *elektr. Mundreiniger*

'Mün·del <n.; -s, -; Rechtsw.> *unter Vormundschaft stehende(r) Minderjährige(r)*; **'Mün·del·geld** <n.; -(e)s, -er; meist Pl.; Rechtsw.> *Vermögen eines Mündels*

'mun·den <V. i.; geh.> *schmecken; das Essen mundet mir*

'mün·den <V. i.> 1 *in etwas ~ fließen;* der Fluss mündet ins Meer; 2 *enden;* der Weg mündet auf eine Lichtung, in einen Park

'mund·faul <Adj.> *redefaul*; **'Mund·fäu·le** <f.; -; unz.; Med.> *eine Mundkrankheit*; **'Mund·flo·ra** <f.; -; unz.; Med.> *im Mund lebende Bakterien*; **'mund·ge·recht** <Adj.> *bequem zum Essen*, **'Mund·ge·ruch** <m.; -(e)s, ⸚e>; **'Mund·glied·ma·ßen** <Pl.; Zool.> *Gliedmaßen für die Nahrungsaufnahme bei Gliederfüßern*; **'Mund·har·mo·ni·ka** <f.; -, -s od. -ken; Instrumentenk.> *ein Blasinstrument*; **'Mund·höh·le** <f.; -, -n; Anat.> *Mundinneres*

'mün·dig <Adj.; Rechtsw.> *alt genug für best. Rechtshandlungen; ~ sprechen für mündig erklären; ~ gesprochen*; **'Mün·dig·keit** <f.; -; unz.; Rechtsw.>; **'Mün·dig·spre·chung** <f.; -; unz.; Rechtsw.>

'Mun·di·um <n.; -s, 'Mun·di·en od. 'Mun·dia; im alten dt. Recht> *Schutzgewalt, -pflicht*

'münd·lich <Adj.> Ggs *schriftlich* 1 *gesprächsweise verabredet; ~e Einwilligung* 2 *gesprochen; ~e Prüfung*; **'Mund·or·gel** <f.; -, -n; Instrumentenk.> *chines. Blasinstrument*; **'Mund·par·tie** <f.; -, -n>; **'Mund·pfle·ge** <f.; -; unz.>; **'Mund·pro·pa·gan·da** <f.; -; unz.> *mündl. Weiterempfehlung*; **'Mund·raub** <m.; -(e)s; unz.; Rechtsw.> *Diebstahl kleiner Mengen an Nahrungs- od. Genussmitteln*; **'Mund·schaft** <f.; -; unz.; im alten dt. Recht> *Schutzverhältnis*; Sy *Munt(2)*; **'Mund·schenk** <m.; -en, -en; MA> *für die Getränke zuständiger Hofbeamter*; **'Mund·schutz** <m.; -es, -e> 1 <Med.> *sterile Mundmaske* 2 <Boxen> *Gebissschutz*; **'Mund·stück** <n.; -s, -(e)s, -e> *für den Mund gedachter Geräteteil; Flöten~*; **'mund·tot** <Adj.; adv.; fig.> *zum Schweigen gebracht; jmdn. ~ machen*

'Mün·dung <f.; -, -en> 1 *Eintrittsstelle; Fluss~; Straßen~* 2 *vordere Öffnung einer Schusswaffe*; **'Mün·dungs·feu·er** <n.; -s; unz.>

'Mund·vor·rat <m.; -(e)s, ⸚e> *Reiseproviant*; **'Mund·was·ser** <n.; -s, ⸚> *Flüssigkeit zur Mundpflege*; **'Mund·werk** <n.; -(e)s; unz.; fig.; umg.; meist abwertend> *Redebedürfnis; ein flinkes ~ haben*; **'Mund·werk·zeu·ge** <Pl.; Zool.> *Mundgliedmaßen*; **'Mund·win·kel** <m.; -s, -> *seitl. Mundende*; **'Mund·zu·'Mund·Be·at·mung** <f.; -, -en; ⚹Z33>

'Mun·go¹ <m.; -s, -s; Zool.> *eine Schleichkatze* [ind.]

'Mun·go² <m.; -s, -s; Textilw.> *kurzfaserige Wolle* [engl.]

'Mu·ni <m.; -s, -; Landw.; schweiz.> *Zuchtstier*

Mu·ni·ti·on <f.; -; unz.> *Schießmaterial; scharfe ~* [lat.]

Mu·ni'zi·pi·um <n.; -s, -pi·en> *altröm. Landstadt* [lat.]

Mun·ke·lei <f.; -, -en> *das Munkeln*; **'mun·keln** <V. i.; ich munk(e)le; umg.> *heimlich erzählen; man munkelt, dass ...*

'Müns·ter <n.; -s, -; Arch.> 1 *Stiftskirche* 2 <bes. in Süddtschld.> *Dom; das Straßburger ~*

Munt <f.; -; unz.; im alten dt. Recht> 1 = *Mundium* 2 = *Mundschaft*

'mun·ter <Adj.> 1 *fröhlich, lebhaft; eine ~e Runde* 2 *wach(1)*; **'Mun·ter·keit** <f.; -; unz.>

'Münz·an·stalt <f.; -, -en> *Münzprägestätte*; **'Mün·ze** <f.; -, -n> 1 *Geldstück; Gold~* 2 = *Münzanstalt*; **'mün·zen** <V. t. u. V. i.; du münzt> *als Münze(1) herstellen; Goldstücke ~; etwas ist auf jmdn. gemünzt* <fig.> *bezieht sich auf jmdn.*; **'Mün·zer** <m.; -s, -> *jmd., der Münzen(1) prägt*; **'Mün·ze·rin** <f.; -, -n·nen>; **'Münz·fäl·scher** <m.; -s, ->; **'Münz·fäl·sche·rin** <f.; -, -n·nen>; **'Münz·fäl·schung** <f.; -, -en>; **'Münz·fern·spre·cher** <m.; -s, -> *öffentl. Telefon mit Münzeinwurf*; **'Münz·fuß** <m.; -es; unz.> *Maß für den Edelmetallgehalt von Münzen(1)*; **'Münz·ge·rech·tig·keit** <f.; -; unz.; Rechtsw.> = *Münzrecht*; **'Münz·ge·wicht** <n.; -(e)s, -e>; **'Münz·ho·heit** <f.; -; unz.; Rechtsw.> = *Münzregal*; **'Münz·ka·bi·nett** <n.; -(e)s, -e> *Raum für eine Münzsammlung*; **'Münz·kun·de** <f.; -; unz.> *Lehre von den Münzen(1)*; Sy *Numismatik*; **'Münz·meis·ter** <m.; -s, -> *Leiter einer Münzanstalt*; **'Münz·meis·te·rin** <f.; -, -n·nen>; **'Münz·prä·gung** <f.; -, -en>; **'Münz·recht** <n.; -(e)s; unz.; Rechtsw.> *Recht, Münzen(1) zu prägen*; **'Münz·re·gal** <n.; -s; unz.; Rechtsw.> *Gesamtheit der Hoheitsrechte im Münzwesen*; **'Münz·samm·lung** <f.; -, -en>; **'Münz·stät·te** <f.; -, -n> *Ort mit einer Münzanstalt*; **'Münz·wechs·ler** <[-ks-]; m.; -s, -> *Automat zum Wechseln von Münzen(1)*; **'Münz·zei·chen** <n.; -s, -> *Zeichen der Münzstätte*

Mu'rä·ne <f.; -, -n; Zool.> *ein Fisch* [lat.]

mürb, 'mür·be <Adj.> 1 *morsch, brüchig; ~(e)s Holz* 2 *bröcklig; ~(e)s Gebäck* 3 *zermürbt, nachgiebig; das ewige Bitten hat sie ~ gemacht*; **'Mür·be** <f.; -; unz.> *Mürbheit*; **'Mür·be·teig** <m.; -(e)s, -e> = *Mürbteig*; **'Mürb·heit** <f.; -; unz.>

'Mur·bruch <m.; -(e)s, ⸚e; Geol.> = *Mure*

'Mürb·teig <m.; -(e)s, -e> *eine Teigsorte*; oV *Mürbeteig*

'Mu·re <f.; -, -n; Geol.> *Gesteins- u. Schlammstrom im Gebirge*

'mu·ren <V. t.; Mar.> *mit einer Muring verankern* [engl.]

'Mur·gang <m.; -(e)s, ⸚e; Geol.> = *Mure*

'Mu·ring <f.; -, -e; Mar.> *Vorrich-*

tung zum Werfen zweier Anker [engl.]; **'Mu·rings·bo·je** <f.; -, -n; Mar.> *mehrfach verankerte Boje*

Murks <m.; -es; unz.; umg.> *schlechte Arbeit;* ~ *machen;* **'murk·sen** <V. i.; du murkst> *schlecht arbeiten*

'Mur·mel <f.; -, -n> *kleine Spielkugel;* **'mur·meln** <V.; ich murm(e)le> 1 <V. t.> *undeutl. flüstern; etwas Unverständliches* ~ 2 <V. i.> *leise rauschen; der Bach murmelt;* **'Mur·meltier** <n.; -(e)s, -e; Zool.> *ein Nagetier*

'mur·ren <V. i.; du murrst> *verhalten seine Unzufriedenheit bekunden; über die Verpflegung* ~; **'mür·risch** <Adj.> *unfreundlich, übellaunig;* ~e Art; **'Murr·kopf** <m.; -(e)s, ⸚e> *mürrischer Mensch*

Mus <n. od. m.; -es, -e; Pl. selten> *Brei;* Apfel~

'Mu·sa <f.; -, - od. -s; Bot.> = *Banane* [arab.]

Mus·a·get, <auch> **Mu·sa'get** <m.; -en, -en; ↗Z54> *Freund der schönen Künste* [grch.]

Mus·ca·det <[myska'dε]; m.; - od. -s, -s> *ein trockener Weißwein* [frz.]

Mus·ca'rin <n.; -s; unz.; Chem.> *ein giftiges Alkaloid;* oV *Muskarin* [lat.]

'Mu·schel <f.; -, -n> 1 <Zool.> *ein Weichtier;* Mies~ 2 <fig.> *muschelartiges Ding;* Ohr~ <Anat.>; **'mu·schel·ähn·lich** <Adj.>; **'Mu·schel·bank** <f.; -, ⸚e; Biol.> *Muschelansammlung im Meer;* **'Mü·schel·chen** <n.; -s, -; Verkleinerungsf. von> *Muschel;* **'mu·schel·för·mig** <Adj.>; **'Mu·schel·gold** <n.; -(e)s; unz.> *fein zerteiltes Gold als Malfarbe;* **'mu·sche·lig** <Adj.> *muschelförmig;* oV *muschlig;* **'Mu·schel·kalk** <m.; -(e)s; unz.; Geol.> *mittlere Abteilung der Trias;* **'Mu·schel·krebs** <m.; -es, -e; Zool.> *eine Krebsart;* **'Mu·schel·werk** <n.; -(e)s; unz.> 1 = *Rocaille* 2 <bei Naturvölkern> *Schmuck aus Muscheln(1)*

'Mu·schi <f.; -, -s> 1 <Kosewort für> *Katze* 2 <umg.> *Vulva*

'Mu·schik <m.; -s, -s> *russ. Bauer* [russ.]

Musch'ko·te <m.; -n, -n; Mil.; abwertend> *Fußsoldat*

'musch·lig <Adj.> = *muschelig*

'Mu·se <f.; -, -n> 1 <Myth.> *eine der neun grch. Göttinnen der Künste u. Wissenschaften* 2 <fig.> *Kunst; die heitere, ernste* ~ [grch.]

mu·se'al <Adj.> *Museums...*

'Mu·sel·man <m.; -en, -en; veralt.> = *Muslim* [pers.]; **'mu·sel·ma·nisch** <Adj.; veralt.> *islamisch;* **'Mu·sel·mann** <m.; -(e)s, ⸚er; volkstüml. für> *Muselman*

'Mu·sen·al·ma·nach <m.; -(e)s, -e; Lit.; Ende 18. Jh.> *period. erscheinende Gedichtanthologie;* **'Mu·sen·sohn** <m.; -(e)s, ⸚e; fig.; veralt.; poet.> *Dichter;* **'Mu·sen·tem·pel** <m.; -s, -; fig.; veralt.; poet.> *Theater*

Mu·sette <[my'zεt]; f.; -, -s od. -n [-tən]; Mus.; 17. Jh.> 1 *frz. Dudelsack* 2 *frz. Tanz* [frz.]

Mu·se·um <n.; -s, -'se·en> *öffentl. Sammlung von Kunstwerken u. a.* [lat.]; **Mu'se·ums·be·such** <m.; -(e)s, -e>; **mu'se·ums·reif** <Adj.>

'Mu·si·ca <Mus.; lat. Form von> *Musik* [lat.]

Mu·si·cal <['mju:zikəl]; n.; -s, -s; Mus.> *singspielartiges Musiktheater* [engl.]

Mu·sic·box <['mju:zik:]; f.; -, -en od. engl. -es [-iz]> = *Musikbox* [engl.]

mu·siert <Adj.> = *musivisch*

Mu'sik <f.; -; unz.> 1 *die Kunst, Töne ästhet. zu ordnen* 2 *Musikwerk(e);* ~ hören; ~ liebend 3 *Orchester, Kapelle; die* ~ *spielte einen Tusch* [grch.]; **Mu'sik·a·ka·de·mie** <f.; -, -n; ↗Z55; Mus.>; **Mu·si'ka·li·en** <Pl.; Mus.> *Notenhefte;* **mu·si'ka·lisch** <Adj.> 1 *die Musik betreffend;* ~e Untermalung 2 *musikbegabt;* ein ~er Mensch; **Mu·si·ka·li'tät** <f.; -; unz.> *Musikbegabung;* **Mu·si'kant** <m.; -en, -en> *Musiker für Tanzmusik;* **Mu·si'kan·ten·kno·chen** <m.; -s, -; Anat.; umg.> = *Mäuschen(2);* **Mu·si·kan'tin** <f.; -, -nnen>; **mu·si'kan·tisch** <Adj.> *musizierfreudig;* **Mu'sik·au·to·mat** <m.; -en, -en; Mus.> *mechan.*

Musikinstrument; **Mu'sik·bei·trag** <m.; -(e)s, ⸚e> *Musikstück im Rundfunk;* Ggs *Wortbeitrag;* **Mu'sik·box** <a. ['mju:zik:]; f.; -, -en> *Schallplattenautomat (bes. in Lokalen);* oV *Musicbox* [engl.]; **Mu'sik·di·rek·tor** <m.; -s, -en; Mus.; Abk.: MD> *städt. angestellter Orchester- od. Chorleiter;* **Mu'sik·di·rek·to·rin** <f.; -, -nnen; Mus.; Abk.: MD>; **Mu'sik·dra·ma** <n.; -s, -dra·men; Mus.> *Oper;* **'Mu·si·ker** <m.; -s, -> *jmd., der ein Musikinstrument spielt;* Berufs~; **'Mu·si·ke·rin** <f.; -, -nnen; ↗Z38>; **Mu'sik·er·zie·hung** <f.; -; unz.> *Förderung musikal. Anlagen;* **Mu'sik·fest** <n.; -(e)s, -e> *musikal. Festspiele;* **Mu'sik·film** <m.; -(e)s, -e; Film>; **Mu'sik·freund** <m.; -(e)s, -e>; **Mu'sik·freun·din** <f.; -, -nnen>; **Mu'sik·ge·schich·te** <f.; -; unz.; Mus.> *Erforschung der Geschichte der Musik(1);* **Mu'sik·hoch·schu·le** <f.; -, -n>; **Mu'sik·in·stru·ment**, <auch> **Mu'sik·ins·tru·ment**, <auch> **Mu'sik·instru·ment** <n.; -(e)s, -e; ↗Z54; Mus.>; **Mu'sik·ka·pel·le** <f.; -, -n>; **Mu'sik·kas·set·te** <f.; -, -n; Abk.: MC>; **Mu'sik·korps** <[-ko:r]; n.; - [-ko:rs], - [-ko:rs]; Mil.> *Militärkapelle;* **Mu'sik·kri·tik** <f.; -, -en>; **Mu'sik·kri·ti·ker** <m.; -s, ->; **Mu'sik·kri·ti·ke·rin** <f.; -, -nnen>; **Mu'sik·leh·rer** <m.; -s, ->; **Mu'sik·leh·re·rin** <f.; -, -nnen>; **Mu'sik·päd·a·go·ge**, <auch> **Mu'sik·pä·da·go·ge** <m.; -n, -n; ↗Z54>; **Mu'sik·päd·a·go·gik** <f.; -; unz.> *musikal. Erziehung u. Bildung;* **Mu'sik·päd·a·go·gin** <f.; -, -nnen>; **Mu'sik·schu·le** <f.; -, -n>; **Mu'sik·stück** <n.; -(e)s, -e; Mus.>; **Mu'sik·the·a·ter** <n.; -s, -; Mus.> *Opern- u. Operettentheater;* Ggs *Sprechbühne;* **Mu'sik·the·o·rie** <f.; -, -n> *Lehre von der Musik(1);* **Mu'sik·the·ra·pie** <f.; -, -n; Med.> *Heilung mittels Musik;* **Mu'sik·un·ter·richt** <m.; -(e)s; unz.>; **'Mu·si·kus** <m.; -, -si·zi; altertümelnd od. scherzh.> *Musiker* [lat.]; **Mu'sik·ver·lag** <m.; -(e)s, -e>; **Mu'sik·ver·stän·dig** <Adj.>; **Mu'sik·werk** <n.; -(e)s, -e>; **Mu'sik·**

wis·sen·schaft <f.; -; unz.; Mus.>

Mu·sique con·crè·te, <auch> **Mu·sique conc·rè·te** <[my'zik kɔ̃'kreːt(ə)]; f.; --; unz.; Mus.> *ei·ne musikal. Stilrichtung* [frz.]

'mu·sisch <Adj.> 1 *die Musen(1) betreffend* 2 *künstlerisch*

mu·siv <Adj.> = *musivisch* [lat.]; **Mu'siv·ar·beit** <f.; -, -en> *Mosaikarbeit;* **Mu'siv·gold** <n.; -(e)s; unz.> *ein Goldersatz;* **mu·si·visch** <[-viʃ]; Adj.> *mosaikartig;* oV *musiv;* **Mu'siv·sil·ber** <n.; -s; unz.> *ein Silberersatz*

mu·si'zie·ren <V. i.> *Musik machen*

Mus·ka'rin <n.; -s; unz.; Chem.> = *Muscarin*

Mus'kat <österr. ['--]; m.; -(e)s, -e; Kochk.> = *Muskatnuss,* **Mus'kat·blü·te** <österr. ['----]; f.; -, -n> *Samenmantel der Muskatnuss;* **Mus'ka·te** <f.; -, -n; Kochk.> = *Muskatnuss*

Mus'kat·el·ler <m.; -s, -> *eine Reb- u. Weinsorte*

Mus'kat·nuss <österr. ['---]; f.; -, ⸚e; Kochk.> *ein Gewürz;* **Mus'kat·nuss·baum** <österr. ['----]; m.; -(e)s, ⸚e> *ein trop. Holzgewächs*

Mus'kat·wein <m.; -(e)s, -e>

'Mus·kel <m.; -s, -n; Anat.> *Kontraktionsorgan* [lat.]; **'Mus·kel·ar·beit** <f.; -; unz.; fig.; umg.> *körperl. Arbeit;* **'Mus·kel·a·tro·phie,** <auch> **'Mus·kel·at·ro·phie** <f.; -, -n; ⤳Z53; Med.> *Muskelschwund;* **'Mus·kel·fa·ser** <f.; -, -n; Anat.>; **'Mus·kel·ge·fühl** <n.; -(e)s; unz.; Biol.> *Empfindung der jeweiligen Lage der eigenen Glieder;* **'Mus·kel·ge·schwulst** <f.; -, ⸚e; Med.> Sy *Myom;* **'Mus·kel·ge·we·be** <n.; -s, -; Anat.>; **'Mus·kel·haut** <f.; -, ⸚e; Anat.>; **'Mus·ke·lig** <Adj.> *die Muskeln betreffend, aus Muskeln bestehend;* **'Mus·kel·ka·ter** <m.; -s, -; umg.> *Muskelverhärtung nach körperl. Anstrengung;* **'Mus·kel·kraft** <f.; -, ⸚e>; **'Mus·kel·krampf** <m.; -(e)s, ⸚e; Med.>; **'Mus·kel·riss** <m.; -es, -e; Med.>; **'Mus·kel·schmerz** <m.; -es, -en; Med.>; **'Mus·kel·schwund** <m.; -(e)s; unz.; Med.>; **'Mus·kel·sinn** <m.;

-(e)s; unz.; Biol.> = *Muskelgefühl;* **'Mus·kel·star·re** <f.; -; unz.; Med.>; **'Mus·kel·zer·rung** <f.; -, -en; Med.> *Überdehnung von Muskelfasern*

Mus'ke·te <f.; -, -n; früher> *schweres Gewehr* [frz.]

'Mus·ke·tier <m.; -s, -e; Mil.; früher> *einfacher Fußsoldat*

Mus·ko·vit <[-'viːt]; m.; -es, -e; Min.> *ein Mineral* [nach der lat. Bez. *Muskovia* für Moskau]

mus·ku'lär <Adj.; Anat.> *die Muskeln betreffend;* **Mus·ku·la'tur** <f.; -, -en; Anat.> *Gesamtheit der Muskeln;* **mus·ku'lös** <Adj.; -er, am -es·ten> *viele Muskeln aufweisend; ~er Körper* [frz.]

'Müs·li <n.; -s, -s> *Gericht aus Milch u. Getreideflocken;* oV *Müesli*

'Mus·lim <m.; -s, -e; Rel.> *Anhänger des Islams;* oV *Moslem;* **'Mus·li·me** <f.; -, -n; Rel.>; **mus'li·misch** <Adj.; Rel.>

Muss <n.; -; unz.> *unumgängl. Erfordernis;* es ist ein *~;* **'Muss·be·stim·mung,** <auch> **'Muss·Be·stim·mung** <f.; -, -en; ⤳Z36> *bindende Bestimmung*

'Mu·ße <f.; -; unz.> *Freizeit, Ruhe;* keine *~ haben*

Mus·se'lin <m.; -s, -e; Textilw.> *feines Gewebe* [nach der irak. Stadt *Mosul*]

'müs·sen <V. i. 188; Modalverb; du musst; ⤳Z23> 1 *gezwungen sein; er muss kommen;* ich muss mal <Kinderspr.; a. umg.> *muss auf die Toilette;* ich habe gemusst; <aber> ich habe lachen *~* 2 *unbedingt wollen;* ich muss telefonieren 3 *wahrscheinlich sein, dass ...;* er muss sehr alt sein; das müsste klappen

'Mu·ße·stun·de <f.; -, -n>; **'mü·ßig** <Adj.> 1 *untätig; ~e* Stunden; *~ gehen faulenzen* 2 <abwertend> *unnütz; ~er Versuch;* **'Mü·ßig·gang** <m.; -(e)s; unz.> *Untätigkeit; ~ ist aller Laster Anfang* <Sprichw.>; **'Mü·ßig·gän·ger** <m.; -s, -> *Faulenzer;* **'Mü·ßig·gän·ge·rin** <f.; -, -n·nen>

'Mus·sprit·ze <f.; -, -n; umg.; scherzh.> *Regenschirm*

'Muss·vor·schrift, <auch>

'Muss·Vor·schrift <f.; -, -en; ⤳Z36> = *Mussbestimmung*

'Mus·tang <m.; -s, -s; Zool.> *Präriepferd* [span.]

'Mus·ter <n.; -s, -> 1 *Vorlage, Modell;* nach *~ stricken* 2 *Warenprobe;* ein *~ erhalten* 3 *sich wiederholende Verzierung;* Rauten~; **'Mus·ter·bei·spiel** <n.; -(e)s, -e> *vorbildl. Beispiel;* **'Mus·ter·beu·tel·klam·mer** <f.; -, -n>; **'Mus·ter·bild** <n.; -(e)s, -er>; **'Mus·ter·ex·em·plar,** <auch> **'Mus·ter·e·xemp·lar** <n.; -(e)s, -e, ⤳Z54; fig.; umg.> *ein ~ an Fleiß;* **'mus·ter·gül·tig** <Adj.> *vorbildlich;* **'Mus·ter·gül·tig·keit** <f.; -; unz.>; **'Mus·ter·gut** <n.; -(e)s, ⸚er>; **'mus·ter·haft** <Adj.> *vorbildlich;* **'Mus·ter·haf·tig·keit** <f.; -; unz.>; **'Mus·ter·kna·be** <m.; -n, -n; meist iron.> *vorbildl. Schüler od. Mensch;* **'Mus·ter·kof·fer** <m.; -s, -> *Koffer mit Mustern(2);* **'Mus·ter·kol·lek·ti·on** <f.; -, -en> *Sammlung von Mustern;* **'Mus·ter·mes·se** <f.; -, -n> *Messe[1](3) mit unverkäufl. Mustern;* **'mus·tern** <V. t.; ich must(e)re> 1 *mit Mustern versehen;* gemusterte Tapete 2 *prüfend ansehen;* jmdn. von oben bis unten *~* 3 <Mil.> *auf Wehrdienstfähigkeit hin prüfen;* **'Mus·ter·pro·zess** <m.; -es, -e; Rechtsw.> *Prozess zur Entscheidung einer Rechtslage;* **'Mus·ter·schü·ler** <m.; -s, -> *vorbildl. Schüler;* **'Mus·ter·schü·le·rin** <f.; -, -n·nen>; **'Mus·ter·schutz** <m.; -es; unz.; Rechtsw.> *rechtl. Schutz für Geschmacks- u. Gebrauchsmuster,* **'Mus·ter·sen·dung** <f.; -, -en> *Versand von Mustern(2);* **'Mus·te·rung** <f.; -, -en> 1 *Art des Musters(3); ~* einer Tapete 2 *das Mustern(2, 3);* **'Mus·ter·zeich·ner** <m.; -s, -> *Zeichner für die Entwürfe von Mustern(3);* **'Mus·ter·zeich·ne·rin** <f.; -, -n·nen>; **'Mus·ter·zeich·nung** <f.; -, -en>

Mut <m.; -(e)s; unz.> *Bereitschaft zu Gefährlichem, Furchtlosigkeit; ~ fassen;* jmdm. *~ machen;* den *~ verlieren*

mu'ta·bel <Adj.> *veränderlich; mutable Merkmale* [lat.]; **Mu·ta·**

bi·li·tät <f.; -; unz.> *Veränderlichkeit*
mu·ta·gen <Adj.; Biol.; Med.> *Mutationen hervorrufend* [lat.-grch.]; **Mu·ta·gen** <n.; -s, -e; Biol.; Med.> *mutagener Stoff*
Mu·tant <m.; -en, -en> 1 <Biol.> *durch Mutation entstandene Lebensform* 2 <österr.> *Jugendlicher im Stimmbruch* [lat.]; **Mu·tan·te** <f.; -, -n; Biol.> = *Mutant(1)*; **Mu·ta·ti·on** <f.; -, -en> 1 <Biol.; Med.> *sprunghafte, erbl. Veränderung*; Ggs *Modifikation(2)* 2 <Med.> = *Stimmwechsel*; **mu·ta·tis mu'tan·dis** <Abk.: m. m.> *mit den nötigen Abänderungen*; **mu·ta·tiv** <[-'ti:f]; Adj.; Biol.; Med.> *durch Mutation(1) entstanden*
'Müt·chen <n.; -s; unz.; fig.; umg.> Verkleinerungsform von *Mut*; sein ~ an jmdm. kühlen *seinen Ärger an jmdm. abreagieren*
'mu·ten <V. t.> 1 <Bgb.> eine Grube ~ *die Abbaugenehmigung beantragen* 2 <veralt.> das Meisterrecht ~ *beantragen*; **'Mu·ter** <m.; -s, -; Bgb.>
mu·tie·ren <V. i.> 1 <Biol.; Med.> *sich erblich verändern*; mutierte Zellen 2 <Med.> *im Stimmbruch sein* [lat.]
'mu·tig <Adj.> 1 *voller Mut*; ~er Mensch 2 *Mut erfordernd*; ~er Schritt
Mu·tis·mus <m.; -; unz.; Psych.; Med.> *psych. bedingte Stummheit* [lat.]; **Mu'tist** <m.; -en, -en; Psych.; Med.> *jmd., der an Mutismus leidet*; **Mu'tis·tin** <f.; -, -nen; Psych.; Med.>
'mut·los <Adj.> *ohne Mut*; **'Mut·lo·sig·keit** <f.; -; unz.>
'mut·ma·ßen <V. t.; du mutmaßt; sie hat gemutmaßt; zu mutmaßen> *vermuten*; **'mut·maß·lich** <Adj.> *vermutlich*; der ~e Täter; **'Mut·ma·ßung** <f.; -, -en>
'Mut·pro·be <f.; -, -n>
'Mut·ter¹ <f.; -, -> 1 *Frau, die ein od. mehrere Kinder geboren hat*; ~ werden; ~ Natur <poet.>; die ~ Gottes <od.> → *Muttergottes* 2 *Frau im Verhältnis zu ihrem Kind*; eine strenge ~; Vater und ~; Stief~
'Mut·ter² <f.; -, -n> *Teil der Schraube mit Innengewinde*; ~n anziehen

'Mut·ter·band <n.; -(e)s, ⸚er; Anat.> *Halteband der Gebärmutter*; **'Mut·ter·baum** <m.; -(e)s, ⸚e; Forstw.> *Baum für die Samengewinnung*; **'Müt·ter·be·ra·tungs·stel·le** <f.; -, -n>; **'Mut·ter·bo·den** <m.; -s; unz.; Landw.> *fruchtbare Erde*; **'Müt·ter·chen** <n.; -s, -; Verkleinerungsf. von *Mutter¹*; **'Mut·ter·de** <f.; -; unz.; Landw.> = *Mutterboden*; **'Mut·ter·freu·den** <Pl.; meist in den Wendungen> ~ entgegensehen *schwanger sein*; ~ genießen; **'Müt·ter·ge·ne·sungs·werk**, <auch> **'Müt·ter-Ge·ne·sungs·werk** <n.; -(e)s; unz.; ⬀Z36> Deutsches ~ *gemeinnützige Stiftung für Mütter¹*; **'Mut·ter·ge·stein** <n.; -(e)s, -e; Geol.> *unterster Horizont im Bodenprofil*; **Mut·ter'got·tes** <f.; -; unz.; Rel.> *die Jungfrau Maria*; → a. *Mutter¹(1)*; **'Mut·ter·haus** <n.; -es, ⸚er> 1 <Ev.; Rotes Kreuz> *Ausbildungsstätte für Pflegeschwestern* 2 <Kath.> *Kloster mit der Ordensleitung*; **'Mut·ter·herr·schaft** <f.; -; unz.> *Gesellschaft, in der die Mutter dominiert*; Sy *Matriarchat*; Ggs *Vaterherrschaft*; **'Mut·ter·kir·che** <f.; -, -n; Rel.> *Hauptkirche*; **'Mut·ter·kom·plex** <m.; -es, -e; Psych.> = *Ödipuskomplex*; **'Mut·ter·korn** <n.; -(e)s; unz.; Biol.; Landw.> *ein Getreideparasit*; **'Mut·ter·korn·ver·gif·tung** <f.; -, -en; Med.>; **'Mut·ter·kraut** <n.; -(e)s; unz.; Bot.> *eine Heilpflanze*; **'Mut·ter·ku·chen** <m.; -s, -; Med.> *Organ zur Ernährung des Embryos*; Sy *Plazenta*; **'Mut·ter·land** <n.; -(e)s, ⸚er> 1 *Heimat* 2 <Wirtsch.> *Herstellungsland von Waren*; **'Mut·ter·lau·ge** <f.; -, -n; Chem.> *Restflüssigkeit nach der Kristallisation eines Stoffes*; **'Mut·ter·leib** <m.; -(e)s, -er>; **'Müt·ter·lein** <n.; -s, -; poet.; Verkleinerungsf. von> *Mutter*; **'müt·ter·lich** <Adj.> 1 *von der Mutter¹*; ~es Erbe 2 *in der Art einer Mutter¹*; jmdn. ~ umsorgen; **'müt·ter·li·cher·seits** <Adv.> *von der Mutter¹ her*; eine Tante ~; **'Mut·ter·lich·keit** <f.; -; unz.>; **'Mut·ter·lie·be** <f.; -; unz.>; **'mut·ter·los**

Muttersprache: Als M. bezeichnet man die Sprache, die als erste (von Kind auf) gelernt wurde. Den Gegenbegriff hierzu bildet die **Fremdsprache**, die nicht im primären Spracherwerb erworben, sondern erst später erlernt wird.
In verschiedenen Grammatiktheorien wird der **Muttersprachler** oder **Native Speaker** als eine Person angenommen, die über eine ideale sprachliche Kompetenz einer bestimmten Einzelsprache verfügt.

<Adj.> *ohne Mutter¹*; **'Mut·ter·mal** <n.; -(e)s, -e od. ⸚er; Med.> *angeborene Hautveränderung*; **'Mut·ter·milch** <f.; -; unz.; Med.> *in der Stillzeit gebildete Milch*; **'Mut·ter·mund** <m.; -(e)s; unz.; Anat.> *Mündung des Gebärmutterkanals*; **'Mut·tern·schlüs·sel** <m.; -s, -> *Schraubenschlüssel*; **'Mut·ter·pass** <m.; -es, ⸚e> *Gesundheitsbuch für Schwangere*; **'Mut·ter·recht** <n.; -(e)s; unz.> = *Mutterherrschaft*; Ggs *Vaterrecht*; **'Mut·ter·ring** <m.; -(e)s, -e; Med.> = *Pessar*; **'Mut·ter·schaf** <n.; -(e)s, -e; Landw.>; **'Mut·ter·schaft** <f.; -; unz.>; **'Mut·ter·schiff** <n.; -(e)s, -e> *Schiff als Flottenstützpunkt*; **'Mut·ter·schutz** <m.; -es; unz.; Rechtsw.> *arbeitsrechtl. Schutz für werdende Mütter¹ u. Wöchnerinnen*; **'Mut·ter·schwein** <n.; -(e)s, -e; Landw.>; **'mut·ter·see·len·al'lein** <Adv.; verstärkend> *allein*; **'Mut·ter·söhn·chen** <n.; -s, -; umg.; abwertend> *unselbstständiger Junge od. Mann*; **'Mut·ter·spra·che** <f.; -, -n> *in der Kindheit primär erlernte Sprache*; → a. *Kasten*; **'Mut·ter·sprach·ler** <m.; -s, ->; **'Mut·ter·sprach·le·rin** <f.; -, -nnen>; **'Mut·ter·stel·le** <f.; nur in der Wendung> bei jmdm. ~ vertreten; **'Mut·ter·stu·te** <f.; -, -n; Landw.>; **'Mut·ter·tag** <m.; -(e)s, -e> *Ehrentag für Mütter¹*; **'Mut·ter·tier** <n.; -(e)s, -e; Landw.>; **'Mut·ter·witz** <m.; -es; unz.> *angeborene Schläue*; **Mut·ti** <f.; -, -s> *Koseform für Mutter¹*
mu·tu'al <Adj.> *gegenseitig*; oV

mutuell [lat.]; **Mu·tu·a'lis·mus** <m.; -; unz.> 1 *Gegenseitigkeit* 2 <Biol.> *förderl. Wechselbeziehung zw. Lebewesen verschiedener Art;* **Mu·tu·a·li'tät** <f.; -; unz.> *Gegenseitigkeit;* **mu·tu'ell** <Adj.> = *mutual*

'Mut·wil·le <m.; -ns; unz.> *Absicht; mit ~n;* **'mut·wil·lig** <Adj.>

'Müt·ze <f.; -, -n> 1 <Mode> *eine Kopfbedeckung; Zipfel~* 2 *mützenförmige Bedeckung; Tee~*

m. v. <Mus.; Abk. für> *mezza voce*

MV <Phys.; Zeichen für> *Megavolt*

m. W. <Abk. für> *meines Wissens;* → a. *mein¹(3)*

MW 1 <Abk. für> *Mittelwelle* 2 <Phys.; Zeichen für> *Megawatt*

µW <Phys.; Zeichen für> *Mikrowellen;* → a. *Mikrowelle(2)*

MwSt. <Abk. für> *Mehrwertsteuer*

My <n.; -s, -s; Zeichen: µ, M> *ein Buchstabe des grch. Alphabets*

My·al'gie <f.; -, -n; Med.> *Muskelschmerz* [grch.]

My'an·mar *Staat in Südostasien; Union ~;* **My·an'ma·re** <m.; -n, -n>; **My·an'ma·rin** <f.; -, -n·nen>; **my·an'ma·risch** <Adj.>

My·a·sthe'nie, <auch> **My·as·the·'nie** <f.; -, -n; ↗Z54; Med.> *Muskelschwäche*

Myd'ri·a·sis, <auch> **Myd'ri·a·sis** <f.; -; unz.; ↗Z53; Med.> *Pupillenerweiterung* [grch.]

My·e'lin <n.; -s; unz.; Med.> *Bestandteil des Nervenmarks* [grch.]; **My·e'lin·schei·de** <f.; -, -n; Med.> *Markscheide;* **My·e'li·tis** <f.; -, -'ti·den; Med.> *Rückenmarkentzündung;* **My·e·'lom** <n.; -s, -e; Med.> *Knochenmarktumor*

My·ko·lo·ge <m.; -n, -n> *Pilzforscher;* **My·ko·lo'gie** <f.; -; unz.> *Pilzkunde* [grch.]; **My·ko·lo'gin** <f.; -, -n·nen>; **my·ko·lo·gisch** <Adj.>; **My·kor'rhi·za** <f.; -, -'rhi·zen; Biol.> *Symbiose zw. höheren Pflanzen u. Pilzen;* **My·'ko·se** <f.; -, -n; Med.> *Pilz-*

krankheit; **My·ko·to'xin** <n.; -s, -e; Med.> *Giftstoff von Schimmelpilzen*

My·la·dy <[mi'lɛidi]; frühere engl. Anrede> *gnädige Frau* [engl.]

My·lo'nit <m.; -s, -e; Geol.> *eine Gesteinsart* [grch.]

My·lord <[mi'lɔːrd]; frühere engl. Anrede> *gnädiger Herr* [engl.]

Myn·herr <[məˈneːr]; m.; -s, -s> = *Mijnheer*

My·o·dy'nie <f.; -, -n; Med.> *Muskelschmerz* [grch.]; **My·o·fi'bril·le,** <auch> **My·o·fib'ril·le** <f.; -, -n; ↗Z53; Anat.> *Muskelfibrille;* **my·o'gen** <Adj.; Med.> *vom Muskel stammend;* **My·o·glo·'bin** <n.; -s; unz.; Med.> *roter Muskelfarbstoff;* **My·o'kard** <n.; -s, -e; Anat.> *Herzmuskel;* **My·o·'kard·in·farkt** <m.; -(e)s, -e; Med.> *Herzinfarkt;* **My·o·kar'di·tis** <f.; -, -'ti·den> *Herzmuskelentzündung;* **My·o·lo'gie** <f.; -; unz.; Med.> *Muskellehre;* **My·'om** <n.; -s, -e; Med.> *Muskelgeschwulst*

'My·on <n.; -s, -'o·nen; Phys.> *ein Elementarteilchen* [grch.]

My·o·pa·ra'ly·se <f.; -, -n; Med.> *Muskellähmung* [grch.]; **My·o·'sin** <n.; -s; unz.; Med.> *ein Muskeleiweiß;* **My·o'si·tis** <f.; -, -'ti·den; Med.> *Muskelentzündung;* **My·o'spas·mus** <m.; -, -men; Med.> *Muskelkrampf;* **My·o·to'nie** <f.; -, -n; Med.> *Muskelkrampf*

My·ri·a·de <f.; -, -n> *Menge von 10 000; ~n* <a. fig.> *riesige Menge* [grch.]; **My·ri·a'me·ter** <m. od. n.; -s, -> *10 000 m;* **My·ri·a·'po·de, My·ri·o'po·de** <m.; -n, -n; Zool.> *Tausendfüßler*

My·rin·gi'tis <f.; -, -'ti·den; Med.> *Trommelfellentzündung* [lat.]

Myr·me·ko·lo'gie <f.; -; unz.; Zool.> *Ameisenkunde* [grch.]

'Myr·rhe, 'Myr·re <f.; -, -n; Bot.> *ein aromat. Gummiharz* [lat.]

'Myr·te <f.; -, -n; Bot.> *eine Pflan-*

ze; **'Myr·ten·kranz** <m.; -es, ⸚e; früher> *Brautkranz*

Mys·te·ri·en <Pl. von> *Mysterium;* **Mys·te·ri·en·spiel** <n.; -(e)s, -e; Theat.; MA> *Dramatisierung bibl. Stoffe;* **mys·te·ri'ös** <Adj.; -er, am -es·ten> *geheimnisvoll;* **Mys'te·ri·um** <n.; -s, -'te·ri·en> 1 *Geheimnis* 2 *Geheimlehre* 3 <meist Pl.> *Geheimkult* [grch.]

Mys·ti·fi·ka·ti'on <f.; -, -en> *das Mystifizieren;* **mys·ti·fi'zie·ren** <V. t.> 1 *geheimnisvoll machen* 2 *täuschen;* **'Mys·tik** <f.; -; unz.; Rel.> *ekstat. religiöses Erleben* [grch.]; **'Mys·ti·ker** <m.; -s, -; Rel.> *Anhänger der Mystik;* **'Mys·ti·ke·rin** <f.; -, -n·nen; Rel.>; **'mys·tisch** <Adj.> 1 <Rel.> *die Mystik betreffend* 2 *mysteriös;* **Mys·ti'zis·mus** <m.; -; unz.>

'My·the <f.; -, -n; eindeutschend> = *Mythos(2,3);* **'my·thisch** <Adj.> *sagenhaft;* **My·tho·lo'gie** <f.; -, -n> 1 *Wissenschaft von den Mythen* 2 *Mythenschatz; griechische ~;* **my·tho'lo·gisch** <Adj.>; **my·tho·lo·gi'sie·ren** <V. t.> *zum Mythos machen;* **'My·thos, 'My·thus** <m.; -, -then> 1 *Überlieferung aus vorgeschichtl. Zeit* 2 *Sage* 3 *legendäre Sache od. Person* [grch.]

Myx·ö'dem <n.; -s, -e; Med.> *Hautverdickung infolge Schilddrüsenunterfunktion* [grch.]; **My'xom** <n.; -s, -e; Med.> *gutartige Geschwulst;* **my·xo·ma·'tös** <Adj.; Biol.; Med.> *schleimig;* **My·xo·ma'to·se** <f.; -, -n; Vet.> *seuchenhafte Viruserkrankung bei Kaninchen;* **My·xo·my·'zet** <m.; -en, -en; Bot.> *Schleimpilz*

My'zel, My'ze·li·um <n.; -s, -li·en; Bot.> *Gesamtheit der Pilzfäden;* **My'zet** <m.; -en, -en; Bot.; selten> *Pilz* [grch.]; **My·ze'tis·mus** <m.; -, -men; Med.> = *Pilzvergiftung;* oV *Myketismus*

M

N

n 1 <n.; -, - od. (umg.) -s> *ein Buchstabe* 2 <Phys.; Zeichen für> *Neutron* 3 <Phys.; Zeichen für> *Nano...* 4 <Math.> *unbestimmte (ganzzahlige) Zahl*

N 1 <n.; -, - od. (umg.) -s> *ein Buchstabe* 2 <Abk. für> *Nord(en)* 3 <Phys.; Zeichen für> *Newton* 4 <Chem.; Zeichen für> *Stickstoff* 5 <Phys.; Zeichen für> *Nukleon* 6 <Math.; Zeichen für> *Neper* 7 <Abk. für> *Nahschnellverkehrszug*

n. <Abk. für> 1 *nach;* (im Jahr) 80 ~ *Christi Geburt* 2 *Neutrum*

na <Int.; umg.> ~ *, ~!; ~, so was!*

Na <Chem.; Zeichen für> *Natrium*

'Na·be <f.; -, -n> *Mittelteil des Rades;* <aber> → a. *Narbe*

'Na·bel <m.; -s, -> 1 *vernarbte Stelle in der Bauchmitte, wo sich die Nabelschnur befand* 2 <Bot.> *Verbindung zw. Samen u. Samenträger* 3 <fig.; scherzh.> *Mittelpunkt;* am ~ *der Welt;* **'Na·bel·bin·de** <f.; -, -n>; **'Na·bel·bruch** <m.; -(e)s, ⁼e; Med.> *Bruch der Bauchwand;* **'Na·bel·schau** <f.; -, -en; umg.> 1 *übertriebene Selbstdarstellung* 2 *Zurschaustellung des wenig bekleideten Körpers;* **'Na·bel·schnur** <f.; -, ⁼e>, **'Na·bel·strang** <m.; -(e)s, ⁼e> *schnurförmiges Organ zw. Embryo u. Plazenta*

'Na·bob <m.; -s, -s> 1 <urspr.> *islam. Gouverneur in Indien* 2 <fig.> *sehr reicher Mann* [engl.-Hindi-arab.]

nach¹ <Präp. m. Dat.> 1 <örtlich> *in Richtung auf;* ~ München; ~ Hause <österr.; schweiz. a.> *nachhause fahren;* ~ der Straße (zu); 2 <modal> *auf ein Ziel hin;* ~ jmdm. schicken; Verlangen ~ etwas haben 3 <zeitlich> *später als;* sie ist ~ ihm gekommen; im Jahr 50 ~

<Abk.: n.> Christi Geburt; etwas ~ sich ziehen 4 <modal> *entsprechend;* ~ Art des Hauses; ~ Größe ordnen; ~ Belieben 5 <zur Bez. der Rangordnung> *hinter..., folgend;* einer ~ dem anderen; der Reihe ~; bitte ~ Ihnen!

nach² <Adv.; meist in festen Wendungen> ~ *und ~ allmählich;* ~ *wie vor immer noch*

nach..., Nach... <Vors.; in Zus.; bei Verben abtrennbar> 1 *hinterher;* nachlaufen; nachfolgend; Nachkriegszeit 2 *zusätzlich;* nachfordern; Nachbestellung 3 *wiederholend;* nachsprechen; Nacherzählung 4 *intensivierend;* nachdenken; Nachforschung

'nach·äf·fen <V. t.; umg.> jmdn. ~ *übertreibend nachahmen*

'nach·ah·men <V. t.; ich ahme nach; sie hat nachgeahmt; nachzuahmen> jmdn. ~ *imitieren;* **'nach·ah·mens·wert** <Adj.; -er, am ~·es·ten>; **'Nach·ah·mer** <m.; -s, ->; **'Nach·ah·me·rin** <f.; -, -nen>; **'Nach·ah·mung** <f.; -, -en> *eine billige ~;* **'nach·ah·mungs·wür·dig** <Adj.>

'nach·ar·bei·ten <V. t.> 1 *nachbilden; ein nachgearbeitetes Werk* 2 *überarbeiten* 3 *versäumte Arbeit nachholen*

'Nach·bar <m.; -n od. -s, -n> *neben jmdm. Sitzender od. Wohnender;* Bank~; Haus~; **'Nach·bar·dorf** <n.; -(e)s, ⁼er>; **'Nach·bar·haus** <n.; -es, ⁼er> *das Haus nebenan;* **'Nach·ba·rin** <f.; -, -n·nen>; **'Nach·bar·land** <n.; -(e)s, ⁼er>; **'nach·bar·lich** <Adj.> ~e *Beziehungen;* **'Nach·bar·ort** <m.; -(e)s, -e> *der nächste Ort;* **'Nach·bar·schaft** <f.; -; unz.> *das Benachbartsein;* in der ~; gute ~ halten; **'Nach·bars·kind** <n.; -es, -er>; **'Nach·bars·leu·te** <Pl.>

'Nach·be·ben <n.; -s, -> *schwächeres Erdbeben, das auf das Hauptbeben folgt*

'nach·be·han·deln <V. t.; ich behand(e)le nach; sie hat nachbehandelt; nachzubehandeln; Med.> *nachfolgend, zusätzlich behandeln;* **'Nach·be·hand·lung** <f.; -, -en>

'nach·be·rech·nen <V. t.; ich be-

rechne nach; sie hat nachberechnet; nachzuberechnen> *zusätzlich berechnen;* **'Nach·be·rech·nung** <f.; -, -en>

'nach·be·rei·ten <V. t.; ich bereite nach; sie hat nachbereitet; nachzubereiten; Päd.> *(Unterricht) vertiefen, auswerten;* Ggs *vorbereiten;* **'Nach·be·rei·tung** <f.; -, -en>

'nach·bes·sern <V. t.; ich bess(e)re nach; sie hat nachgebessert; nachzubessern> *nachträglich verbessern;* **'Nach·bes·se·rung, 'Nach·bess·rung** <f.; -, -en>

'nach·be·stel·len <V. t.; ich bestelle nach; sie hat nachbestellt; nachzubestellen> *nachträglich bestellen;* **'Nach·be·stel·lung** <f.; -, -en>

'nach·be·ten <V. t.; fig.; umg.> *unüberlegt wiederholen*

'nach·bil·den <V. t.> *nachahmen, kopieren;* **'Nach·bil·dung** <f.; -, -en>

'nach·blei·ben <V. i. (s.) 114> *zurückbleiben, nicht mitkommen;* im Unterricht ~; es sind keine Schäden nachgeblieben

'nach·bli·cken <V. i.> jmdm. ~

'Nach·blü·te <f.; -, -n>

'nach·blu·ten <V. i.> *die Wunde blutet nach;* **'Nach·blu·tung** <f.; -, -en> ~ *haben*

'nach·boh·ren <V. i.; umg.> *wiederholt nachfragen*

'Nach·bör·se <f.; -; unz.> *Börsenhandel nach der amtlichen Zeit*

'nach·christ·lich <[-kr-]; Adj.> *nach Christi Geburt;* in ~er Zeit; Ggs *vorchristlich*

'nach·da·tie·ren <V. t.> *nachträglich mit einem anderen Datum versehen;* Ggs *vordatieren*

nach'dem <Konj.> 1 <zeitlich> *später als;* ~ er abgefahren war; kurz ~ sie kam 2 <oberdt.; kausal> *da, weil;* ~ das so ist, muss er sich fügen 3 → a. *je¹(3)*

'nach·den·ken <V. i. 119> *überlegen;* denk nach!; lass mich ~!; er hat lange nachgedacht; **'nach·denk·lich** <Adj.> ~ *schweigen;* **'Nach·denk·lich·keit** <f.; -; unz.>

'nach·dich·ten <V. t.> *(frei) übersetzen od. bearbeiten;* nachgedichtetes Werk; **'Nach·dich·tung** <f.; -, -en>

'nach|drän·gen <V. i. (h. u. s.)>
die ~den Gäste

'Nach·druck <m.; -(e)s, -e> **1**
<Buchw.> *unveränderter Ab-*
druck **2** <unz.> *Hervorhebung,*
Betonung; einer Sache ~ verlei-
hen **3** *Eindringlichkeit;* eine Sa-
che mit ~ betreiben; **'nach|dru-**
cken <V. t.> *unverändert ab-*
drucken; **'nach·drück·lich**
<Adj.> *energisch, eindringlich;*
'Nach·drück·lich·keit <f.; -;
unz.> mit ~; **'nach·drucks·voll**
<Adj.>

'nach|dun·keln <V. i. (h. u. s.)>
dunkler werden; das Holz hat/
ist nachgedunkelt

'nach|ei·fern <V. i.; ich eif(e)re
nach; hat nachgeeifert;
nachzueifern> jmdm. ~; er ei-
ferte ihr nach; **'Nach·ei·fe·rung**
<f.; -; unz.>

'nach|ei·len <V. i. (s.)> jmdm. ~

nach·ein·an·der, <auch> **nach·ei-**
'nan·der <a. ['----]; Adv.; ↗Z54;
Getrenntschreibung mit Ver-
ben u. Part.> *einer nach dem*
anderen, ~ sprechen; ~ aufste-
hen

'nach|emp·fin·den <V. t. 134>
nachfühlen; jmdm. etwas ~

'Na·chen <m.; -s, -; bes. poet.>
Boot, Kahn

'nach|ent·rich·ten <V. t.> *nach-*
träglich entrichten; Versiche-
rungsbeiträge ~

'Nach·er·be <m.; -n, -n>; **'Nach-**
er·bin <f.; -, -n·nen>; **'Nach-**
erb·schaft <f.; -, -en>

'Nach·ern·te <f.; -, -n> *Ernte*
nach der eigentl. Ernte

'nach|er·zäh·len <V. t.; ich erzäh-
le nach; hat nacherzählt;
nachzuerzählen> *wiederholend*
erzählen; eine nacherzählte Ge-
schichte; **'Nach·er·zäh·lung** <f.;
-, -en>

Nachf. <Abk. für> *Nachfolger(in)*

'Nach·fahr, 'Nach·fah·re <m.;
-(e)n, -(e)n; veralt.> *Nachkom-*
me; Ggs *Vorfahr;* **'nach|fah·ren**
<V. i. 130(s.)> *hinterherfahren;*
ich bin ihm nachgefahren

'nach|fas·sen <V. i.> **1** *noch ein-*
mal zugreifen **2** *wiederholt*
nachfragen

'Nach·fei·er <f.; -, -n>; **'nach|fei-**
ern <V. t.; ich fei(e)re nach; sie
hat nachgefeiert; nachzufei-
ern> den Geburtstag später ~

'Nach·fol·ge <f.; -; unz.> jmds. ~
antreten; seine ~ ist geregelt;
'nach|fol·gen <V. i. (s.)> **1**
jmdm. ~ *hinterhergehen, folgen*
2 *später kommen, sich anschlie-*
ßen; **'nach·fol·gend** <Adj.;
↗Z43> die ~en Generationen;
im Nachfolgenden wird erör-
tert ...; Nachfolgendes wurde
heftig diskutiert; der, die, das
Nachfolgende; **'Nach·fol·ge·or-**
ga·ni·sa·ti·on <f.; -, -en> ~ der
EU; **'Nach·fol·ger** <m.; -s, -;
Abk.: N(a)chf.>; **'Nach·fol·ge-**
rin <f.; -, -n·nen>; **'Nach·fol·ge-**
staat <m.; -en, -en> die ~en
nach dem Zerfall Österreich-
Ungarns

'nach|for·dern <V. t.; ich ford(e)-
re nach; sie hat nachgefordert;
nachzufordern> *nachträglich*
fordern; **'Nach·for·de·rung** <f.;
-, -en>

'nach|for·schen <V. i.> *zu erkun-*
den suchen; **'Nach·for·schung**
<f.; -, -en>

'Nach·fra·ge <f.; -, -n> **1** *Erkundi-*
gung, Anfrage **2** *Kaufbereit-*
schaft; es herrschte große ~ da-
nach; **'nach|fra·gen** <V. i.> ich
habe zweimal nachgefragt

'Nach·frist <f.; -, -en; Amtsdt.>
jmdm. eine angemessene ~ set-
zen

'nach|füh·len <V. t.> jmdm. et-
was ~ (können)

'nach|fül·len <V. t.> Wasser ~

'nach|ge·ben <V. 143> **1** <V. i.> *ei-*
nem Druck nicht standhalten;
der Boden gab plötzlich nach **2**
<V. i.> *endlich zustimmen;* er
hat nachgegeben; jmds. Bitten
~; der Klügere gibt nach
<Sprichw.> **3** <V. t.> Essen ~ *zu-*
sätzlich geben

'nach·ge·bo·ren <Adj.> **1** *viel*
später als die Geschwister gebo-
ren; nachgebor(e)ne Tochter **2**
nach dem Tod des Vaters gebo-
ren; **'Nach·ge·bo·re·ne(r)** <f. **2**
(m. **1**)>

'Nach·ge·bühr <f.; -, -en; Post>
Nach-, Strafporto

'Nach·ge·burt <f.; -, -en> *nach*
der Geburt ausgestoßene Pla-
zenta

'nach|ge·hen <V. i. (s.) 145; ich
gehe nach; ist nachgegan-
gen; nachzugehen> **1** *folgen;*
einer Sache ~ <fig.> *sie untersu-*

chen **2** einer Tätigkeit ~ *sich ei-*
ner T. widmen **3** die Uhr geht
nach *geht zu langsam*

'nach·ge·las·sen <Adj.> ~e Wer-
ke *im Nachlass gefundene W.*

'nach·ge·ra·de <Adv.; selten für>
geradezu

'nach|ge·ra·ten <V. i. (s.)> *ähneln*

'Nach·ge·schmack <m.; -(e)s;
unz.> ein bitterer ~ <a. fig.>

'nach·ge·wie·se·ner·ma·ßen
<Adv.>

'nach·gie·big <Adj.> *leicht nach-*
gebend; **'Nach·gie·big·keit** <f.;
-; unz.>

'nach|gie·ßen <V. t. 152; ich gie-
ße nach; sie hat nachgegossen;
nachzugießen> *hinzugießen;* er
goss Wein nach

'nach|grü·beln <V. i.; ich grüb(e)-
le nach; sie hat nachgegrübelt;
nachzugrübeln; umg.> *nach-*
denken

'nach|gu·cken <V. i.; umg.>
nachschauen

'nach|ha·ken <V. i.; umg.> *sich*
nochmals erkundigen

'Nach·hall <m.; -s; unz.> **1** *Nach-*
klang **2** <fig.> *Wirkung;* seine
Worte fanden großen, keinen ~;
'nach|hal·len <V. i. (s. u. h.);
fig.> ein Erlebnis hallt nach

'nach·hal·tig <Adj.> *lange nach-*
wirkend; einen ~en Eindruck
hinterlassen; **'Nach·hal·tig·keit**
<f.; -; unz.>

'nach|hän·gen <V. i. 161> **1**
nachtrauern; einer Sache ~ **2**
nicht mitkommen; er hängt in
Englisch nach

nach'hau·se <Adv.; österr.;
schweiz. auch für> *nach Hause;*
Nach'hau·se·weg <m.; -es, -e>

'nach|hel·fen <V. i. 165> *helfend*
beschleunigen; sie hat ihm
nachgeholfen

nach'her <a. ['--]; Adv.> *später,*
danach

'Nach·hil·fe <f.; -, -n> *zusätzli-*
cher Unterricht; ~ erteilen, er-
halten; **'Nach·hil·fe·leh·rer** <m.;
-s, ->; **'Nach·hil·fe·leh·re·rin** <f.;
-, -n·nen>; **'Nach·hil·fe·stun·de**
<f.; -, -n>; **'Nach·hil·fe·un·ter-**
richt <m.; -(e)s; unz.>

'nach·hin·ein, <auch> **'nach·hi-**
nein <Adv.; ↗Z54; in der Wen-
dung> im Nachhinein *nach-*
träglich

'nach|hin·ken <V. i. (s.); fig.>

nicht Schritt halten können; der
allgemeinen Entwicklung ~
'Nach·hol·be·darf <m.; -s; unz.>
*Bedürfnis, lange Entbehrtes
nachzuholen;* **'nach|ho·len**
<V. t.> 1 *etwas ~ nachträglich
erarbeiten* 2 *jmdn. ~ später ho-
len*
'Nach·hut <f.; -, -en> 1 <Mil.>
nachfolgende Truppen 2 <fig.>
Nachzügler
'nach|ja·gen <V. i. (s.)> *hinterher-
eilen;* dem Glück ~ <fig.>
'nach|kar·ten <V. i.; umg.> *nach-
träglich (boshaft) bemerken;* er
hat zweimal nachgekartet
'Nach·klang <m.; -(e)s, ⸚e> *Nach-
hall;* **'nach|klin·gen** <V. i. 168>
Sy *nachtönen* 1 *weiterklingen,
-hallen* <fig.> *nachwirken;*
seine Worte klangen uns nach
'Nach·kom·me <m.; -n, -n> die
*~n alle, die leiblich von jmdm.
abstammen;* Ggs *Vorfahr;*
'nach|kom·men <V. i. (s.) 170>
1 *später kommen;* er kann nach
2 *mitkommen(2);* ich komme
nicht nach 3 *einer Verpflich-
tung ~ sie erfüllen;* **'Nach·kom-
men·schaft** <f.; -; unz.>; **'Nach-
kömm·ling** <m.; -s, -e> = *Nach-
zügler(2)*
'nach|kon·trol·lie·ren, <auch>
'nach|kont·rol·lie·ren <V. t.;
↗Z53; umg.; verstärkend> *kon-
trollieren*
'Nach·kriegs·ge·ne·ra·ti·on <f.; -,
-en>; **'Nach·kriegs·zeit** <f.; -,
-en>
'Nach·kur <f.; -, -en> zur ~ ans
Meer fahren
'Nach·lass <m.; -es, -e od. ⸚e> 1
(Preis-)Ermäßigung; jmdm. ei-
nen ~ *gewähren* 2 *Hinterlassen-
schaft;* den ~ *eröffnen; ~ eines
Komponisten;* **'nach|las·sen**
<V. 175> 1 <V. i.> *schwächer
werden;* der Regen lässt nach 2
<V. t.> *erlassen, tilgen;* die Strafe
wurde ihm nachgelassen 3
<V. t.> *lockern;* er ließ die Zügel
nach 4 <V. t.> *jmdm. etwas ~
hinterlassen;* **'Nach·lass·ge-
richt** <n.; -(e)s, -e>; **'nach·läs-
sig** <Adj.> *unachtsam, unor-
dentlich, gleichgültig;* **'Nach-
läs·sig·keit** <f.; -, -en; ↗Z37>;
'Nach·lass·steu·er <f.; -, -n>
Erbschaftssteuer; **'Nach·lass-
ver·wal·ter** <m.; -s, ->; **'Nach-**

'Nach·lass·ver·wal·te·rin <f.; -,
-n·nen>
'nach|lau·fen <V. i. (s.) 176> *hin-
terherlaufen, folgen;* Nachlau-
fen spielen; einer Sache ~ <fig.;
umg.> *sich anhaltend darum
bemühen;* **'Nach·läu·fer** <m.; -s,
-; Billard> *der angespielten Ku-
gel nachrollende Kugel*
'nach|le·ben <V. i.; geh.> jmdm. ~
nachstreben; **'Nach·le·ben** <n.;
-s; unz.> das ~ nach dem Tod
'nach|le·gen <V. t.> *dazulegen;*
Holz im Kamin ~
'Nach·le·se <f.; -, -n> 1 *Nachern-
te* 2 <fig.> *Nachtrag, nochmali-
ge Beschäftigung; ~ halten;*
'nach|le·sen <V. t. 179> Beeren
~; eine Stelle im Buch ~
'nach|lie·fern <V. t.; ich lief(e)re
nach; sie hat nachgeliefert;
nachzuliefern> *später ergän-
zend liefern;* **'Nach·lie·fe·rung**
<f.; -, -en>
'nach|lö·sen <V. t.; Eisenb.> eine
Fahrkarte ~ *nachträglich im
Zug bezahlen*
nachm. <Abk. für> *nachmittags*
'nach|ma·chen <V. t.> *nachah-
men, imitieren;* sie macht mir
alles nach!; Geld ~ *fälschen;*
nachgemachte Edelsteine
'nach·ma·lig <Adj.; veralt.> *spä-
ter;* der ~e Vorsitzende
'nach|mes·sen <V. t. 185> *prü-
fend messen;* er misst alles nach
'Nach·mie·ter <m.; -s, -> *nachfol-
gender Mieter;* einen ~ *suchen;*
'Nach·mie·te·rin <f.; -, -n·nen>
'Nach·mit·tag <m.; -s, -e; ↗Z45>
Zeit zwischen Mittag u. Abend;
am ~; bis zum ~ *warten;* er kam
des ~s; am frühen ~; gestern,
morgen, heute ~; am Montag-
nachmittag; um vier Uhr ~;
→ a. *nachmittags;* **'nach·mit·tä-
gig** <Adj.>; **'nach·mit·täg·lich**
<Adj.>; **'nach·mit·tags** <Adv.> ~
kommen; dienstagnachmittags
<od.> dienstags ~ hat sie Tur-
nen; → a. *Nachmittag;* **'Nach-
mit·tags·stun·de** <f.; -, -n>
während der ~n; **'Nach·mit-
tags·un·ter·richt** <m.; -(e)s, -e;
Pl. selten>; **'Nach·mit·tags·vor-
stel·lung** <f.; -, -en>
'Nach·nah·me <f.; -, -n; Post>
*vom Empfänger bei Aushändi-
gung zu zahlende Postsendung;*
ein Paket per ~ *schicken;*

'Nach·nah·me·ge·bühr <f.; -,
-en>; **'Nach·nah·me·sen·dung**
<f.; -, -en>
'Nach·na·me <m.; -ns, -n> *Fami-
lienname*
'nach|neh·men <V. t.> 1 *durch
Nachnahme erheben* 2 <V. refl.>
sich (Essen) ~
'Nach·por·to <n.; -s, -ti; Post;
umg.> ~ *bezahlen*
'nach·prüf·bar <Adj.>; **'nach|prü-
fen** <V. t.> *überprüfen;* **'Nach-
prü·fung** <f.; -, -en> ~ in Mathe-
matik
'Nach·raum <m.; -(e)s; unz.;
Forstw.> *Ausschuss*
'nach|rech·nen <V.> 1 <V. t.>
überprüfend rechnen; du
brauchst nicht (alles) nachzu-
rechnen 2 <V. i.> *durch Rech-
nen bestimmen;* lass mich ~,
wie lange es her ist
'Nach·re·de <f.; -, -n> jmdn. in
üble ~ *bringen; üble ~ über
jmdn. verbreiten;* **'nach|re·den**
<V. t.> 1 *nachsprechen* 2 *Nach-
teiliges (über jmdn.) verbreiten*
'nach|rei·chen <V. t.> Belege ~
'Nach·rei·fe <f.; -; unz.> *Reife
nach der Ernte;* **'nach|rei·fen**
<V. i. (s.)>
'nach|rei·sen <V. i. (s.)> jmdm. ~
'nach|ren·nen <V. i. (s.) 200> *hin-
terherrennen;* sie ist ihm nach-
gerannt
'Nach·richt <f.; -, -en> 1 *Bot-
schaft, Mitteilung (einer Neuig-
keit, aktuellen Begebenheit);* ei-
ne ~ *bekannt geben,* weiterlei-
ten 2 <Publ.> *Übermittlung ak-
tueller Begebenheiten;* ~en aus
aller Welt; **'Nach·rich·ten·a·
gen·tur** <f.; -, -en; ↗Z55>;
'Nach·rich·ten·dienst <m.;
-(e)s, -e>; **'Nach·rich·ten·ma-
ga·zin** <n.; -s, -e>; **'Nach·rich-
ten·sa·tel·lit** <m.; -en, -en>;
'Nach·rich·ten·sen·dung <f.; -,
-en>; **'Nach·rich·ten·sper·re**
<f.; -; unz.>; **'Nach·rich·ten·
spre·cher** <m.; -s, ->; **'Nach·
rich·ten·spre·che·rin** <f.; -,
-n·nen>; **'Nach·rich·ten·ü·ber-
tra·gung** <f.; -, -en; ↗Z55>;
'Nach·rich·ten·we·sen <n.; -s;
unz.>; **'nach·richt·lich** <Adj.>
'nach|rü·cken <V. i. (s.)> *weiter
nach vorne rücken*
'Nach·ruf <m.; -(e)s, -e> *Gedenk-
rede, -schrift für einen Verstor-*

benen; **'nach|ru·fen** <V. t. 204> hinterherrufen; jmdm. etwas ~

'Nach·ruhm <m.; -(e)s; unz.>; **'nach|rüh·men** <V. t.> jmdm. etwas ~

'nach|rüs·ten <V.> **1** <V. i.; Mil.> den Waffenbestand vermehren **2** <V. t.; Tech.> nachträglich (mit Zusatzgeräten) ausstatten

'nach|sa·gen <V. t.> wiederholen, nachsprechen; jmdm. etwas Schlechtes ~ Schlechtes über jmdn. verbreiten

'Nach·sai·son <[-sɛzõ] od. [-sɛzɔŋ]; f.; -, -s> in der ~ verreisen

'nach|sal·zen <V. t.; du salzt nach> Essen ~

'Nach·satz <m.; -(e)s, ~e> **1** Nachtrag **2** <Gramm.> nachgestellter Satz; Ggs Vordersatz; → a. Kasten Nebensatz **3** <Mus.> (viertaktiger) zweiter Abschnitt der Periode; Ggs Vordersatz

'nach|schaf·fen <V. t. 207> ein Kunstwerk ~

'Nach·schau <f.; -; unz.; meist in der Wendung> ~ halten <geh.> zurückblicken; **'nach|schau·en** <V. i.> nachsehen

'nach|schi·cken <V. t.> hinterherschicken; Sy nachsenden

'Nach·schlag <m.; -(e)s, ~e> **1** <Mus.> Triller durch verzierende Noten **2** <umg.> zusätzliche Essensportion; **'nach|schla·gen** <V. 218> **1** <V. t.> (in einem Buch) suchen u. nachlesen **2** <V. i. (s.)> jmdm. ~ ihm ähnlich werden; **'Nach·schla·ge·werk** <n.; -(e)s, -e> (alphabetisch angeordnetes) Schriftwerk, bes. Wörterbuch od. Lexikon

'nach|schlei·chen <V. i. (s.) 219> jmdm. ~

'Nach·schlüs·sel <m.; -s, -> nachgearbeiteter Schlüssel

'nach|schme·cken <V. i.> einen Nachgeschmack haben

'nach|schmei·ßen <V. t. 224; umg.> hinterherschmeißen

'nach|schnei·den <V. t. 227> nochmals schneiden

'nach|schrei·ben <V. t. 230; ich schreibe nach; sie hat nachgeschrieben; nachzuschreiben> **1** <V. t.> nach Ansage schreiben **2** <V. i.> (eine Arbeit) zu einem

späteren Termin schreiben; **'Nach·schrift** <f.; -, -en>

'Nach·schub <m.; -(e)s, ~e; Pl. selten> neues Material; ~ bekommen; jmdn. mit ~ versorgen

'Nach·schuss <m.; -es, ~e> **1** <Wirtsch.> zusätzliche finanzielle Leistung **2** <Fußb.> erneuter Schuss (aufs Tor)

'nach|schwat·zen, 'nach·schwät·zen <V. t.; umg.> unreflektiert nachreden; warum schwätzt du mir alles nach?

'nach|se·hen <V. 239> **1** <V. t.> etwas ~ überprüfen; jmdm. etwas ~ <fig.> verzeihen **2** <V. i.> nachblicken; er sah ihnen lange nach; **'Nach·se·hen** <n.; -s; unz.; nur in der Wendung> das ~ haben benachteiligt werden

'nach|sen·den <V. t. 241> = nachschicken; **'Nach·sen·dung** <f.; -, -en>

'nach|set·zen <V.; du setzt nach> **1** <V. i. (s.)> jmdm. ~ ihm hinterherlaufen **2** <V. t.> hinter etwas anderes setzen

'Nach·sicht <f.; -; unz.> Geduld, Milde; ~ haben, üben; jmdn. um ~ bitten; jmdn. mit ~ behandeln; **'nach·sich·tig** <Adj.>; **'Nach·sich·tig·keit** <f.; -; unz.>

'Nach·sil·be <f.; -, -n> Sy Suffix

'nach|sin·gen <V. t. 243> eine Melodie ~

'nach|sin·nen <V. i. 245> nachdenken; er sann lange nach; über etwas ~

'nach|sit·zen <V. i. 246; du sitzt nach; er hat nachgesessen; nachzusitzen; früher> in der Schule ~ länger bleiben müssen

'Nach·som·mer <m.; -s, ->

'Nach·sor·ge <f.; -; unz.; Med.> Ggs Vorsorge; **'Nach·sor·ge·kli·nik** <f.; -, -en; Med.>; **'Nach·sor·ge·un·ter·su·chung** <f.; -, -en>

'Nach·spann <m.; -(e)s, -e; Film; TV> einen Film abschließende Angaben über die Mitwirkenden; Sy Abspann; Ggs Vorspann

'Nach·spei·se <f.; -, -n> = Nachtisch

'Nach·spiel <n.; -(e)s, -e; fig.> unangenehme Folgen; die Sache hatte ein ~; **'nach|spie·len** <V.> **1** <V. t.> nachahmend wiedergeben; ein Lied ~ **2** <V. i.;

Fußb.> (verlorene Spielzeit) nachholen

'nach|spi·o·nie·ren <V. i.; sie hat ihm nachspioniert>

'nach|spre·chen <V. t. 251> einen Satz ~

'nach|spü·len <V. t.>

'nach|spü·ren <V. i.> jmdm. od. einer Sache ~

nächst <Präp.; m. Dat.; geh.> **1** <räumlich> unmittelbar bei; ~ der Markthalle **2** <zur Bez. der Rangfolge> als Erstes danach, neben; ~ seinen Eltern; ~ dem Bundeskanzler; → a. nächste(r, -s)

nächst'bes·te(r, -s) <Adj.> irgendeine(r), beliebig; bei ~r Gelegenheit; **Nächst'bes·te(r)** <f. 2; n. 3 (m. 1); ✎Z 44>

'nächs·te(r, -s) <Adj.; Superlativ von> nahe **1** zeitlich od. örtlich folgend; das ~ Mal; ~s Mal; in ~r Zeit; ~ Woche; Ende ~n Jahres, Monats; am ~n Morgen; in den ~n Tagen; die ~ Straße rechts **2** ~r Weg kürzester Weg **3** verwandt, vertraut; er ist mir am ~n; ; → a. nächst; **Nächs·te(r)** <f. 2; n. 3 (m. 1)> der, die ~ bitte!; liebe deinen ~n wie dich selbst; das ~, was zu tun ist ...; fürs ~ reicht es!; als ~s gab sie bekannt ...

'nach|ste·hen <V. i. 256> zurückstehen, unterlegen sein; er steht ihm in nichts nach; **'nach·ste·hend** <Adj.; ✎Z 28.1, 43> folgend; die ~en Ausführungen; im Nachstehenden wird erläutert ...; Nachstehendes bitte berücksichtigen

'nach|stel·len <V.> **1** <V. t.> genau einstellen **2** <V. i.> jmdm. ~ ihn (aufdringlich) verfolgen; **'Nach·stel·lung** <f.; -, -en>

'Nächs·ten·lie·be <f.; -; unz.>

'nächs·tens <Adv.> bald, demnächst

'nächst·fol·gend <Adj.; ✎Z 42> unmittelbar folgend; der ~e Abschnitt; der, die, das Nächstfolgende

'nächst·hö·her <Adj.; ✎Z 42> der Höhe, dem Rang nach folgend; die ~e Instanz; der, die, das Nächsthöhere

'nächst·jäh·rig <Adj.>

'nächst·lie·gend <Adj.> sich zuerst anbietend, die ~e Lösung;

N

'Nächst·lie·gen·de(s) <n. 3> *das, was am nächsten liegt, sich anbietet;* das ~ wäre ...
'nach|stre·ben <V. i.> jmdm. ~ *nacheifern*
'nach|su·chen <V. i.> 1 *intensiv suchen* 2 *um etwas – förmlich bitten;* **'Nach·su·chung** <f.; -, -en> ~en anstellen
Nacht <f.; -, ⸚e> → a. *nachts* 1 *Zeit zwischen Abend- u. Morgendämmerung;* Tag u. ~ arbeiten; eine durchwachte ~; spät in der ~; bis spät in die ~; er kam des ~s, eines ~s; bei ~; mitten in der ~; die ~ über; in der vergangenen ~; gestern, heute, morgen ~; Sonntagnacht; zu(r) ~ essen; Gute/<od.> gute ~ sagen 2 <fig.> *Dunkelheit;* finstere ~; bei ~ u. Nebel; ~-und-Nebel-Aktion <fig.> *heimliche Maßnahme;* **'nacht·ak·tiv** <Adj.; Zool.> ~e Tiere; **'Nacht·ar·beit** <f.; -, -en>; **'Nacht·ar·bei·ter** <m.; -s, ->; **'Nacht·ar·bei·te·rin** <f.; -, -nen>; **'Nacht·aus·ga·be** <f.; -, -n> *Abendausgabe einer Tageszeitung;* **'nacht·blau** <Adj.> *schwarzblau;* **'nacht·blind** <Adj.; Med.>; **'Nacht·blind·heit** <f.; -; unz.; Med.> *Unvermögen des Auges, bei Dunkelheit zu sehen;* **'Nacht·club** <m.; -s, -s> = *Nachtklub;* **'Nacht·dienst** <m.; -(e)s, -e> *Dienst während der Nacht;* ~ haben; Ggs *Tagdienst*
'Nach·teil <m.; -(e)s, -e> Ggs *Vorteil* 1 *schlechte Eigenschaft* 2 *Schaden, Verlust* 3 im ~ sein *in ungünstiger Lage;* **'nach·tei·lig** <Adj.> *ungünstig;* ~e Folgen haben
'näch·te·lang <Adv.> *während vieler Nächte;* <aber> drei Nächte lang; **'nach·ten** <V. i.; schweiz.; poet.; unpersönl.> es nachtet *wird Nacht;* **'näch·tens** <Adv.; poet.> = *nachts;* **'Nacht·es·sen** <n.; -s, -; süddt.> *Abendessen;* **'Nacht·eu·le** <f.; -, -n; fig.; umg.; scherzh.> *jmd., der gern lange aufbleibt;* **'Nacht·fahrt** <f.; -, -en>; **'Nacht·fal·ter** <m.; -s, -; Zool.>; **'Nacht·flug** <m.; -(e)s, ⸚e>; **'Nacht·flug·ver·bot** <n.; -(e)s, -e>; **'Nacht·frost** <m.; -(e)s, ⸚e>; **'Nacht·ge·bet** <n.; -(e)s, -e>; **'Nacht·ge·schirr** <n.;

-(e)s, -e; veralt.> *Nachttopf;* **'Nacht·ge·spenst** <n.; -(e)s, -er>; **'Nacht·glei·che** <f.; -, -n> = *Tagundnachtgleiche;* **'Nacht·hau·be** <f.; -, -n; früher>; **'Nacht·hemd** <n.; -(e)s, -en> *im Bett getragenes (langes) Hemd;* **'Nacht·him·mel** <m.; -s; unz.> **'Nach·ti·gall** <f.; -, -en; Zool.> *ein Singvogel;* **'Nach·ti·gal·len·schlag** <m.; -(e)s, ⸚e> *Gesang der Nachtigall*
'näch·ti·gen <V. i.> *übernachten*
'Nach·tisch <m.; -(e)s, -e> *letzter (süßer) Gang des Essens;* <aber> → *Nachtisch*
'Nacht·käst·chen <n.; -s, -; österr.> = *Nachttisch;* **'Nacht·ker·ze** <f.; -, -n; Bot.> *eine (auch als Heilmittel verwendete) Pflanze;* **'Nacht·klub** <m.; -s, -s> *Nachtlokal, Bar,* **'Nacht·la·ger** <n.; -s, -; geh.> *Schlafstätte;* jmdm. das ~ bereiten; **'Nacht·le·ben** <n.; -s; unz.>; **'nächt·lich** <Adj.> zu ~er Stunde; ~e Ruhestörung; **'Nacht·lo·kal** <n.; -(e)s, -e>; **'Nacht·mahl** <n.; -(e)s, -e od. ⸚er; bes. österr.> *Abendessen;* **'nacht·mah·len** <V. i.; sie nachtmahlt; er hat genachtmahlt; zu nachtmahlen; österr.>; **'Nacht·mahr** <m.; -(e)s, -e; poet.> *Nachtgespenst;* **'Nacht·marsch** <m.; -(e)s, ⸚e; Mil.>; **'Nacht·mensch** <m.; -en, -en; umg.> *jmd., der bes. nachts aktiv wird*
'nach|tö·nen <V. i.> = *nachklingen*
'Nacht·por·ti·er <[-tje:]; m.; -s, -s>; **'Nacht·pro·gramm** <n.; -s, -e>; **'Nacht·quar·tier** <n.; -s, -e>
'Nach·trag <m.; -(e)s, ⸚e> *Ergänzung;* **'nach|tra·gen** <V. t. 265> *hinterhertragen;* jmdm. etwas ~ <fig.> *nicht verzeihen;* **'nach·tra·gend** <Adj.; ⚡Z28.1> *lange nicht verzeihend;* ~ sein; **'nach·trä·ge·risch** <Adj.; bes. österr.> *nachtragend;* **'nach·träg·lich** <Adj.> *später, hinterher;* **'Nach·trags·haus·halt** <m.; -(e)s, -e; Pol.> *ergänzender Haushaltsplan*
'nach|trau·ern <V. i.; ich trau(e)re nach; sie hat nachgetrauert; nachzutrauern> einer Sache ~
'Nacht·ru·he <f.; -; unz.> *Schlaf;* **nachts** <Adv.> *in der Nacht;* ~ arbeiten; spät ~ nach Hause

kommen; <aber> des Nachts; eines Nachts; **'Nacht·schat·ten** <m.; -s, -; Bot.> *eine Pflanze;* Schwarzer ~; Strauchiger ~; **'Nacht·schicht** <f.; -, -en> 1 *Nachtarbeit (in Betrieben)* 2 *Gesamtheit der Nachtarbeiter;* **'Nacht·schlaf** <m.; -(e)s; unz.> *der Schlaf in der Nacht, Nachtruhe;* **'nacht·schla·fend** <Adj.; nur in den Wendungen> bei, zu ~er Zeit; **'Nacht·schwär·mer** <m.; -s, -; umg.; scherzh.> *jmd., der häufig an nächtlichen Vergnügungen teilnimmt;* **'Nacht·schwär·me·rin** <f.; -, -nen>; **'Nacht·schwes·ter** <f.; -, -n> *Krankenschwester im Nachtdienst;* **'Nacht·sicht·ge·rät** <n.; -(e)s, -e>; **'Nacht·spei·cher·o·fen** <m.; -s, ⸚; ⚡Z55> *elektr. Ofen, der den billigeren Nachtstrom speichert u. tagsüber abgibt;* **'Nacht·strom** <m.; -(e)s; unz.>; **'Nacht·stück** <n.; -(e)s, -e; Mus.> = *Nocturne;* **'Nacht·stun·de** <f.; -, -n> *in den ersten* ~n; **'nachts·ü·ber** <Adv.; ⚡Z55> Ggs *tagsüber;* **'Nacht·ta·rif** <m.; -(e)s, -e>; **'Nacht·tier** <m.; -s, -e; Zool.>; **'Nacht·tisch** <m.; -(e)s, -e> *niedriges Schränkchen neben dem Bett;* <aber> → *Nachtisch;* **'Nacht·topf** <m.; -(e)s, ⸚e> *Gefäß zur Verrichtung der Notdurft (in der Nacht);* **'Nacht·tre·sor** <m.; -(e)s, -e; Bankw.> *Tresor für Geldeingänge nach Dienstschluss;* **'Nacht·ü·bung** <f.; -, -en; ⚡Z55>
'nach|tun <V. t. 272> es jmdm. ~ *ihm nacheifern*
'Nacht·vo·gel <m.; -s, ⸚; Zool.>; **'Nacht·vor·stel·lung** <f.; -, -en; bes. im Kino>; **'Nacht·wa·che** <f.; -, -n> 1 *Nachtdienst* 2 *jmd., der Nachtwache(1) hält;* **'Nacht·wäch·ter** <m.; -s, -> *jmd., der einen Betrieb o. Ä. nachts bewacht;* **'nacht·wan·deln** <V. i. <a. od. h.)> ich nachtwand(e)le; sie ist/hat genachtwandelt; nachtzuwandeln> *nachts im Schlaf umherlaufen;* Sy *schlafwandeln;* **'Nacht·wan·deln** <n.; -s; unz.>; **'Nacht·wan·de·rung** <f.; -, -en>; **'Nacht·wand·ler** <m.; -s, ->; **'Nacht·wand·le·rin** <f.; -, -n·nen>; **'nacht·wand·le·risch** <Adj.>; **'Nacht·wä·sche** <f.; -;

unz.>; '**Nacht·zeit** <f.; -, -en>
zur ~; '**Nacht·zeug** <n.; -(e)s;
unz.; umg.> *zum Übernachten
notwendige Sachen*; '**Nacht·zug**
<m.; -(e)s, ⸚e> mit dem ~ reisen
'**nach|un·ter·su·chen** <V. t.;
Med.> jmdn. ~; '**Nach·un·ter·
su·chung** <f.; -, -en; Med.>
'**nach|ver·si·chern** <V. t./V. refl.>
nachträglich versichern; '**Nach·
ver·si·che·rung** <f.; -, -en>
'**nach·voll·zieh·bar** <Adj.>;
'**nach|voll·zie·hen** <V. t. 293>
etwas ~ sich hineinversetzen
'**nach|wach·sen** <[-ks-]; V. i. (s)
277>
'**Nach·wahl** <f.; -, -en> *nachträgliche Wahl*
'**Nach·we·he** <f.; -, -n; meist Pl.>
1 <Med.> *nachgeburtliche Wehe*
2 <fig.> *unangenehme Folge*
'**nach|wei·nen** <V. i.> sie weint
ihm keine Träne nach
'**Nach·weis** <m.; -es, -e> *gültiger
Beleg, Beweis*; einen ~ erbringen; '**nach·weis·bar** <Adj.>;
'**nach|wei·sen** <V. t. 282; du
weist nach; sie hat nachgewie­
sen; nachzuweisen> *beweisen,
belegen;* man konnte ihm
nichts ~; '**nach·weis·lich** <Adj.>
'**Nach·welt** <f.; -; unz.> *die später
Lebenden*
'**nach|wer·fen** <V. t. 286> jmdm.
etwas ~
'**nach|wie·gen** <V. t. 287>
'**nach|win·ken** <V. i.> er winkte
ihr nach
'**Nach·win·ter** <m.; -s, ->
'**nach|wir·ken** <V. i.> *noch lange
Zeit fühlbar sein;* '**Nach·wir·
kung** <f.; -, -en>
'**nach|wol·len** <V. i. 290; umg.> er
wollte ihr nach
'**Nach·wort** <n.; -(e)s, -e> *Epilog,
Schlusswort (in Schriftwerken)*
'**Nach·wuchs** <[-ks]; m.; -es;
unz.; fig.> 1 *junge Leute (in der
Ausbildung)* 2 <umg.> *Kinder;*
wann kommt der ~?; '**Nach·
wuchs·kraft** <f.; -, ⸚e>; '**Nach·
wuchs·spie·ler** <m.; -s, ->;
'**Nach·wuchs·spie·le·rin** <f.; -,
-n·nen>
'**nach|wür·zen** <V. t.; du würzt
nach; sie hat nachgewürzt;
nachzuwürzen> Speisen ~
'**nach|zah·len** <V. t.> im Zug ~
'**nach|zäh·len** <V. t.>
'**Nach·zah·lung** <f.; -, -en>

'**Nach·zäh·lung** <f.; -, -en>
'**nach|zeich·nen** <V. t.> *abzeichnen;* '**Nach·zeich·nung** <f.; -,
-en>
'**Nach·zei·tig·keit** <f.; -; unz.;
Gramm.> *zeitliches Verhältnis
im Satzgefüge, bei dem die
Handlung des Nebensatzes der
des Hauptsatzes folgt;* → a.
Gleichzeitigkeit, Vorzeitigkeit
'**nach|zie·hen** <V. 293> 1 <V. t.>
etwas ~ *hinterherziehen* 2
<V. t.> Linien ~ *nachzeichnen* 3
<V. i. (s.)> jmdm. ~ *folgen*
'**Nach·zucht** <f.; -; unz.> *Nachkommenschaft von Zuchttieren*
'**Nach·züg·ler** <m.; -s, -> 1 *verspätet Kommender* 2 *lange Zeit
nach den Geschwistern geborenes Kind;* Sy *Nachkömmling;*
'**Nach·züg·le·rin** <f.; -, -n·nen>
'**Na·cke·dei** <m.; -s, -s; umg.;
scherzh.> *nackter Mensch (bes.
Kind)*
'**Na·cken** <m.; -s, -> *hintere Halsseite, Genick;* den Feind im ~
haben <fig.>; die Angst sitzt
ihm im ~ <fig.>
'**na·ckend** <Adj.> = *nackt(1)*
'**Na·cken·rol·le** <f.; -, -n> *walzenförmiges Kissen*; '**Na·ckenschlag** <m.; -(e)s, ⸚e> jmdm. einen ~ versetzen; '**Na·cken·wirbel** <m.; -s, -; Anat.>
'**na·ckert** <Adj.; österr.; umg.>
nackt(1); '**Nack·frosch** <m.; -es,
⸚e> = *Nacktfrosch;* '**na·ckig**
<Adj.> = *nackt(1);* **nackt** <Adj.>
1 *unbekleidet;* ~ mit ~en
Füßen laufen; auf dem ~en Boden; der junge Vogel war noch
~ 2 <fig.> *schonungslos;* die ~e
Wahrheit; nur das ~e Leben retten *nichts als das Leben;* '**Nacktaal** <m.; -s, -e; Zool.> *ein Karpfenfisch;* '**Nackt·ba·den** <n.; -s;
unz.> → a. *nackt(1);* '**Nackt·bade·strand** <m.; -(e)s, ⸚e>;
'**Nackt·frosch** <m.; -es, ⸚e;
umg., scherzh.> *nacktes Kind;*
oV *Nackfrosch;* '**Nackt·heit** <f.;
-; unz.>; '**Nackt·sa·mer** <m.; -s,
-; meist Pl.; Bot.> *Samenpflanze
ohne vom Fruchtknoten umschlossenen Samen;* '**nackt·samig** <Adj.; Bot.>; '**Nackt·schnecke** <f.; -, -n; Zool.> *Schnecke
ohne Gehäuse*
'**Na·del** <f.; -, -n> 1 *feines, spitzes
Werkzeug (zum Nähen, Stri-*

cken, Ritzen); Näh~; Strick~; Radier~ 2 *Zeiger;* Kompass~ 3 *Brosche;* Krawatten~ 4 *Blatt der
Nadelbäume;* '**Na·del·ar·beit**
<f.; -, -en>; '**Na·del·baum** <m.;
-(e)s, ⸚e; Bot.> *Baum aus der
Gattung der Nadelhölzer;* Ggs
Laubbaum; '**Nä·del·chen** <n.;
-s, -> *Verkleinerungsf. von Nadel;* '**Na·del·dru·cker** <m.; -s, -;
EDV>; '**na·del·fer·tig** <Adj.> ~er
Stoff; '**na·del·för·mig** <Adj.>;
'**Na·del·ge·hölz** <n.; -es, -e;
Bot.> = *Nadelholz;* '**Na·del·geld**
<n.; -es; unz.; früher; im dt.
Recht> *Bargeld für die Ehefrau
od. Tochter für kleinere Anschaffungen;* '**Na·del·holz** <n.;
-es, ⸚er; meist Pl.; Bot.> *Baum
od. Strauch mit nadelförmigen
Blättern;* Ggs *Laubholz;* '**Na·del·
kis·sen** <n.; -s, ->; '**na·deln**
<V. i.> *Nadeln verlieren;* die
Tanne nadelt; '**Na·del·öhr** <n.;
-(e)s, -e> *längliches Loch in der
Nähnadel zum Einfädeln des
Fadens;* '**Na·del·stich** <m.; -(e)s,
-e> etwas mit ein paar ~en annähen; '**Na·del·strei·fen** <m.;
-s, -; Mode; Textilw.> *Muster
aus parallel laufenden hellen u.
dunklen Streifen;* ~anzug; '**Na·
del·wald** <m.; -(e)s, ⸚er> Ggs
Laubwald
'**Na·de·rer** <m.; -s, -; österr.;
umg.; abwertend> *Denunziant*
Na'dir <a. ['--]; m.; -s; unz.> *dem
Zenit gegenüberliegender Punkt
der Himmelskugel;* Ggs *Zenit*
[arab.]
'**Näd·lein** <n.; -s, -; poet.> *Verkleinerungsf. von Nadel*
Nae·vus <['nɛːvus]; m.; -, -vi;
Med.> *Muttermal;* oV *Nävus*
[lat.]
NAFTA <f.; -; unz.; ⏶Z55;
Wirtsch.; Abk. für engl.> *North
American Free Trade Agreement*
Na'gai·ka <f.; -, -s> *Peitsche (der
Kosaken)* [russ.]
Na·ga'sa·ki *japan. Stadt, die am
9.8.1945 von einer Atombombe
zerstört wurde*
'**Na·gel** <m.; -s, ⸚> 1 *zugespitzter
Metallstift;* Huf~; Polster~; ein
rostiger ~; etwas an den ~ hängen <fig.> *aufgeben* 2 *Hornplatte auf der Oberseite von Fingern
u. Zehen;* Finger~; Fuß~; jmdm.
auf den Nägeln brennen <fig.>

sehr eilig sein; '**Na·gel·bei·ßen** <n.; -s; unz.>; '**Na·gel·bett** <n.; -(e)s, -en od. -e> *Stelle, auf der der Finger- bzw. Zehennagel liegt;* '**Na·gel·bett·ent·zün·dung** <f.; -, -en; Med.>; '**Na·gel·boh·rer** <m.; -s, -> = *Drillbohrer;* '**Na·gel·bürs·te** <f.; -, -n>; '**Nä·gel·chen** <n.; -s, -; Verkleinerungsf. von> *Nagel;* '**Na·gel·fei·le** <f.; -, -n>; '**na·gel·fest** <Adj.; in der Wendung> *niet- und nagelfest;* '**Na·gel·fes·ti·ger** <m.; -s, -> *Mittel zum Härten der Fingernägel;* '**Na·gel·fluh** <f.; -, -̈e; Geol.> *Konglomerat verschiedener Gesteine;* '**Na·gel·här·ter** <m.; -s, -> = *Nagelfestiger;* '**Na·gel·haut** <f.; -, -̈e> *Finger- u. Zehennägel umgebende dünne Haut;* '**Nä·gel·kau·en** <n.; -s; unz.>; '**Na·gel·kopf** <m.; -(e)s, -̈e> *verdicktes Ende des Nagels(1);* '**Na·gel·lack** <m.; -(e)s, -e> *kosmet. (Farb-)Lack für Finger- u. Zehennägel;* '**Na·gel·lack·ent·fer·ner** <m.; -s, ->; '**na·geln** <V.; ich nag(e)le> 1 <V. t.> *mithilfe von Nägeln befestigen od. zusammenfügen;* genagelter Bruch <Med.> 2 <V. i.> ein Dieselmotor nagelt *erzeugt klopfende Geräusche;* '**na·gel·neu** <Adj.; umg.; verstärkend> *ganz neu;* ein ~es Auto; '**Na·gel·pfle·ge** <f.; -; unz.>; '**Na·gel·pro·be** <f.; -, -n; fig.> *Prüfstein;* etwas wird zur ~; die ~ machen; '**Na·gel·rei·ni·ger** <m.; -s, ->; '**Na·gel·sche·re** <f.; -, -n>; '**Na·gel·spit·ze** <f.; -, -n>; '**Na·ge·lung** <f.; -, -en>; '**Na·gel·wur·zel** <f.; -, -n> *hinterer Teil des Nagels(2)*

'**na·gen** <V. i.> *in kleinen Bissen (von etwas) abbeißen;* an einem Knochen ~; am Hungertuch ~ <fig.; umg.> *hungern;* '**Na·ger** <m.; -s, -; Zool.>, '**Na·ge·tier** <n.; -(e)s, -e; Zool.> *Ordnung der Säugetiere*

'**Näg·lein** <n.; -s, -; veralt.> *Nelke;* mit ~ besteckt

nah <Adj.> = *nahe[1]*

Na·hal·tig·te <[en'aː-]; Adj.; ↗Z34; Chem.>

'**Nah·auf·nah·me** <f.; -, -n; Fot.>; '**Nah·be·reich** <m.; -(e)s, -e; Fot.; Opt.; Tel.> *Bereich unmittelbarer Nähe;* '**na·he[1]** <Adj.>

Ggs *fern* 1 <↗Z46> *nicht weit entfernt;* ein ~r See; die nächste Telefonzelle; zum Greifen ~; von nah u. fern <fig.> *von überall her;* von ~m betrachtet; ~ beieinander; des Näheren erläutern <fig.> *ausführlicher erläutern;* der Nahe Osten 2 <Getrenntschreibung mit Adj., Adv., Part. u. Verben> jmdm. etwas ~ bringen <fig.> *vertraut machen;* ~ gehen; der Tod seines Vaters ist ihm sehr ~ gegangen <fig.> *hat ihn sehr ergriffen;* ~ kommen *gleichen;* jmdm. (zu) ~ kommen; sie sind sich sehr ~ gekommen; (jmdm. etwas) ~ legen *vorschlagen, empfehlen;* es hat ~ gelegen, ihn zu fragen; ~ liegen *zu vermuten sein;* ein ~ liegender Gedanke; näher liegend; am nächsten liegend; <aber> → *nächstliegend;* jmdm. ~ treten *mit jmdm. bekannt werden;* jmdm. zu ~ treten <fig.> *jmdn. kränken;* 3 *bald zu erwarten;* den ~n Tod fürchten; der Verzweiflung ~ sein; er war ~ daran zu gehen; fürs Nächste *vorerst* 4 <fig.> *eng, vertraut;* ein ~r Verwandter; ~ verwandt; er ist mir am nächsten; ein ihm ~ stehender Mensch; → a. *nächste(r, -s), näher,* '**na·he[2]** <Präp.; m. Dat.> *in der Nähe;* ~ dem Ufer; '**Nä·he** <f.; -; unz.> Ggs *Ferne* 1 *geringe Entfernung;* aus nächster ~; ganz in der ~ 2 *das Nahesein;* seine ~ tat ihr wohl; **na·he·bei** <Adv.> *ganz in der Nähe;* '**Nah·ein·stel·lung** <f.; -, -en; Fot.>; '**na·hen** <V. i. (s.)> *näher kommen;* der Abschied naht

'**nä·hen** <V. t.> *durch Fadenstiche befestigen;* einen Saum ~; mit der Nähmaschine ~

'**nä·her** <Adj.; Komparativ von *nahe* 1 *kürzer;* dieser Weg ist ~ 2 *genauer, ausführlicher, intensiver;* etwas ~ erklären; bei ~er Betrachtung; die ~en Umstände erfahren; jmdm. etwas ~ bringen *verständlicher machen* 3 *weniger weit (entfernt);* jmdm. ~ kommen *jmdn. genauer kennen lernen;* wir sind einander ~ gekommen; es lag ~ zuzustimmen ...; die ~ liegende Auffassung; das ~ Liegende wä-

re ...; jmdm. ~ stehen *vertrauter sein;* sie hat ihm ~ gestanden als ich dachte; jmdm. ~ treten *auf jmdn. zugehen;* Näheres, das Nähere *Genaueres;* Näheres habe ich nicht erfahren können; das Nähere besprechen; des Näheren erläutern *im Einzelnen*

'**Nä·he·rei** <f.; -, -en>

'**Nä·he·re(s)** <n. 3> *Genaueres;* → a. *näher,* '**Nah·er·ho·lungs·ge·biet** <n.; -(e)s, -e>

'**Nä·he·rin** <f.; -, -·n·nen>

'**nä·hern** <V. refl.; ich nähere mich> 1 *näher herankommen, -bringen;* sich jmdm. ~ 2 <fig.> *jmds. Bekanntschaft suchen;* sie versuchte sich ihm zu ~; '**Nä·he·rung** <f.; -, -en>, '**Nä·he·rungs·wert** <m.; -(e)s, -e; Math.> *dem exakten Wert angenäherter Wert;* '**na·he·zu** <Partikel> *fast, beinahe*

'**Näh·garn** <n.; -(e)s, -e>

'**Nah·kampf** <m.; -(e)s, -̈e; Boxen> *Kampf in kürzester Entfernung*

'**Näh·käst·chen** <n.; -s, -; Verkleinerungsf. von> *Nähkasten;* aus dem ~ plaudern <fig.> *Geheimnisse preisgeben;* '**Näh·kas·ten** <m.; -s, -̈> *Kasten für Nähzeug;* '**Näh·korb** <m.; -(e)s, -̈e>; '**Näh·ma·schi·ne** <f.; -, -n>; '**Näh·na·del** <f.; -, -n>

Nah·ost <ohne Art.; undekl.> *der Nahe Osten;* aus, in, von ~; **Nah·'ost·kon·flikt** <m.; -(e)s; unz.; Pol.> *Konflikt zwischen den Ländern des Nahen Ostens;* **nah·'öst·lich** <Adj.>

'**Nähr·bo·den** <m.; -s, -̈> 1 *Ackerboden* 2 *feste Nährstoffe zum Züchten von Kulturen* 3 <fig.> *Grundlage;* ein ~ für den Faschismus; '**näh·ren** <V.> 1 <V. i.> *nahrhaft sein;* Milch nährt 2 <V. t./ V. refl.> *mit Nahrung versorgen;* das Tier nährt sich von Insekten; '**nahr·haft** <Adj.>; '**Nähr·he·fe** <f.; -; unz.>; '**Nähr·lö·sung** <f.; -, -en>; '**Nähr·mit·tel** <n.; -s, -; meist Pl.>; '**Nähr·prä·pa·rat** <n.; -(e)s, -e>; '**Nähr·salz** <n.; -es; unz.>; '**Nähr·stoff** <m.; -(e)s, -e> *der Ernährung u. dem Körperaufbau dienender Stoff;* '**nähr·stoff·arm** <Adj.>; '**nähr·stoff-**

reich ‹Adj.›; **'Nah·rung** ‹f.; -; unz.› *alles zur Ernährung Dienende, Essen u. Trinken;* vitaminreiche ~; den Gerüchten ~ geben ‹fig.›; **'Nah·rungs·auf·nah·me** ‹f.; -; unz.›; **'Nah·rungs·ket·te** ‹f.; -, -n; Biol.› *Nahrungsbeziehungen verschiedener Organismen in einem Ökosystem;* **'Nah·rungs·mit·tel** ‹n.; -s, -; meist Pl.›; **'Nah·rungs·mit·tel·che·mie** ‹[-çe-]; f.; -; unz.›; **'Nah·rungs·mit·tel·ver·gif·tung** ‹f.; -, -en›; **'Nah·rungs·netz** ‹n.; -es, -e; Biol.›; **'Nah·rungs·su·che** ‹f.; -; unz.› auf ~ gehen; **'Nah·rungs·ver·wei·ge·rung** ‹f.; -; unz.›; **'Nähr·wert** ‹m.; -(e)s, -e› *ernährungsphysiologischer Wert eines Nahrungsmittels*

'Nah·schnell·ver·kehrs·zug ‹m.; -(e)s, ⸚e; Eisenb.; Abk.: N› *Zug für den Nahverkehr;* **'Nah·schuss** ‹m.; -es, ⸚e›

'Näh·sei·de ‹f.; -, -n; unz.›; **Naht** ‹f.; -, ⸚e› **1** *genähte Linie;* eine ~ auftrennen; aus allen Nähten platzen ‹fig.; umg.› *zu dick sein* **2** *durch Schweißen o. Ä. entstandene Verbindungslinie;* **'Naht·band** ‹n.; -(e)s, ⸚er›; **'Näh·tisch** ‹m.; -(e)s, -e›; **'naht·los** ‹Adj.› ~ ineinander übergehen; **'Naht·stel·le** ‹f.; -, -n›

'Nah·ver·kehr ‹m.; -s; unz.› *Verkehr im Nahbereich;* **'Nah·ver·kehrs·mit·tel** ‹n.; -s, -›

'Näh·zeug ‹n.; -(e)s; unz.› *Gesamtheit der Utensilien, die zum Nähen gebraucht werden*

'Nah·ziel ‹n.; -(e)s, -e› Ggs *Fernziel*

'Näh·zwirn ‹m.; -(e)s, -e›

Nai'ro·bi *Hauptstadt von Kenia*

na'iv ‹Adj.› **1** *natürlich, ursprünglich;* ~e Malerei **2** *kindlich, einfältig;* ~e Bemerkungen [frz.]; **Na'i·ve** ‹[-və]; f. 2; Theat.› die ~ spielen; **Na·i·vi'tät** ‹[-vi-]; f.; -; unz.›; **Na'iv·ling** ‹m.; -s, -e; umg.; abwertend› *törichter, einfältiger Mensch*

Na'ja·de ‹f.; -, -n› **1** ‹Myth.› *Quell-, Flussnymphe* **2** ‹Zool.› *eine Süßwassermuschel* [grch.]

'Na·me ‹m.; -ns, -n› oV *Namen* **1** *Benennung, Bezeichnung;* seinen ~n nennen; ein Bursche mit ~n Levis **2** *Ruf, Ansehen;* sich einen ~n machen *bekannt werden* **3** in jmds. ~ *als jmds. Vertreter;* im ~n des Volkes; → a. *Kasten Eigenname;* **Name·drop·ping** ‹['nεɪm-]; n.; -s, -s› *Verwendung von Namen berühmter Personen (zu Werbezwecken)* [engl.]; **'Na·men** ‹m.; -s, -› = *Name;* **'Na·men·for·schung** ‹f.; -; unz.› oV *Namensforschung;* **'Na·men·ge·bung** ‹f.; -, -en›; **'Na·men·ge·dächt·nis** ‹n.; -sses; unz.›; **'Na·men·kun·de** ‹f.; -; unz.› *wissenschaftl. Erforschung von (Familien-, Vor-, Orts-)Namen;* **'Na·men·kund·lich** ‹Adj.›; **'Na·men·lis·te** ‹f.; -, -n›; **'na·men·los** ‹Adj.› ~es *Elend;* **'Na·men·nen·nung** ‹f.; -, -en› ohne ~; **'Na·men·re·gis·ter** ‹n.; -s, -›; **'na·mens 1** ‹Adv.› *mit (dem) Namen;* ein Mann ~ Maier **2** ‹Präp. m. Gen.› *im Namen (von);* ~ des Finanzamtes; **'Na·mens·ak·tie** ‹[-tsiə]; f.; -, -n› *auf den Namen des Aktionärs ausgestellte Aktie;* **'Na·mens·än·de·rung** ‹f.; -, -en›; **'Na·mens·fest** ‹n.; -(e)s, -e› *Fest zum Namenstag;* **'Na·mens·for·schung** ‹f.; -; unz.› = *Namenforschung;* **'Na·mens·ge·bung** ‹f.; -, -en› = *Namengebung;* **'Na·mens·ge·dächt·nis** ‹n.; -sses; unz.›; **'Na·mens·nen·nung** ‹f.; -, -en› = *Namennennung;* **'Na·mens·pa·tron,** ‹auch› **'Na·mens·pat·ron** ‹m.; -s, -e› *Heiliger, nach dem jmd. benannt ist;* **'Na·mens·re·gis·ter** ‹n.; -s, -› = *Namenregister;* **'Na·mens·schild** ‹n.; -(e)s, -er›; **'Na·mens·tag** ‹m.; -(e)s, -e› *Kalendertag des Heiligen, nach dem man benannt ist;* **'Na·mens·ver·zeich·nis** ‹n.; -sses, -sse›; **'Na·mens·vet·ter** ‹m.; -s, -n› *jmd. mit gleichem Namen;* **'Na·mens·wahl** ‹f.; -; unz.›; **'Na·mens·zei·chen** ‹n.; -s, -› *Kürzel des Namens, Unterschrift;* **'Na·mens·zug** ‹m.; -(e)s, ⸚e› *Unterschrift;* **'na·ment·lich** ‹Adj.› **1** *mit Namen;* ~e *Abstimmung* **2** *besonders;* davon sind ~ kinderreiche Familien betroffen; **'Na·men·ver·zeich·nis** ‹n.; -sses, -sse› = *Namensverzeichnis;* **'Na·men·wahl** ‹f.; -; unz.› =

Namenswahl; **'Na·men·wech·sel** ‹[-ks-]; m.; -s, -›; **'Na·men·wort** ‹n.; -(e)s, ⸚er; Gramm.› = *Substantiv;* **'nam·haft** ‹Adj.› **1** *bekannt, angesehen;* ~e Persönlichkeiten **2** *beträchtlich;* ein ~er Geldbetrag

Na'mi·bia *südwestafrikan. Staat;* Republik ~; **Na'mi·bi·er** ‹m.; -s, -›; **Na'mi·bi·e·rin** ‹f.; -, -nnen›; **na'mi·bisch** ‹Adj.›

'näm·lich ‹nebenordnende kausale Konj.› **1** *genauer gesagt;* er hat mich ~ gefragt **2** ‹nachgestellt› *denn;* er ist nicht erschienen, er liegt ~ im Bett; **'näm·li·che(r, -s)** ‹Adj.; ↗ Z42; geh.; veralt.› *der-, die-, dasselbe;* es war der ~ Mann; sie ist noch die Nämliche; er sagt immer das Nämliche

'Nan·du ‹m.; -s, -s; Zool.› *ein südamerikan. Laufvogel* [indian.-span.]

'Nä·nie ‹[-niə]; f.; -, -n; röm. Antike› *Totenklage* [lat.]

Na·no... ‹Phys.; in Zus.; Zeichen: n› *das 10^{-9}fache (1 Milliardstel)* [lat.]; **Na·no·fa'rad** ‹n.; -s, -; Phys.; Zeichen: nF› *ein Milliardstel Farad;* **Na·no·me·ter** ‹n.; -s, -; Phys.; Zeichen: nm› *ein Milliardstel Meter;* **Na·no·se·'kun·de** ‹f.; -, -n; Phys.; Zeichen: ns› *eine Milliardstel Sekunde;* **Na·no·tech·no·lo'gie** ‹f.; -; unz.›

na'nu ‹Int.› *(Ausruf des Erstaunens)*

'Na·palm ‹n.; -s; unz.› *chem. Gemisch (aus Naphthen- und Palmitinsäure) für Brandbomben;* **'Na·palm·bom·be** ‹f.; -, -n›

Napf ‹m.; -(e)s, ⸚e› *kleine Schüssel;* Fress~; **'Näpf·chen** ‹n.; -s, -› *Verkleinerungsf. von ~ Napf;* **'Napf·ku·chen** ‹m.; -s, -›

'Naph·tha ‹n.; -s; unz. od. f.; -; unz.; Chem.› *ein Rohbenzin* [grch.]; **Naph·tha'lin** ‹n.; -s, -e; Chem.› *aus Steinkohlenteer gewonnener Kohlenwasserstoff (für Farbstoffe, Insektizide u. a. verwendet);* **Naph'the·ne** ‹Pl.; Chem.› = *Cycloalkane;* **Naph'tho·le** ‹Pl.; Chem.› *Hydroxylverbindungen des Naphthalins*

Na'po·le·on ‹m.; -s, -s od. -s; Phys.› → **Na·po·le·on'dor** ‹m.; -s, -e; früher› *eine frz. Goldmünze* [nach dem

N

Kaiser *Napoleon*]; **Na·po·le·o·'ni·de** <m.; -n, -n> *Mitglied, Nachfahre der Familie des Kaisers Napoleon;* **na·po·le·'o·nisch** <Adj.; ↗Z 46> die ~en Kriege; <aber> das Napoleonische Zeitalter

'Nap·pa <n.; - od. -s, -s> *weiches Leder aus Schaf-, Lamm- od. Ziegenfell* [nach der kaliforn. Stadt *Napa*]; **'Nap·pa·le·der** <n.; -s, ->

'Nar·be <f.; -, -n> 1 <Med.> *bleibendes Wundmal, Defekt des Gewebes;* Pocken~ 2 <fig.> *dauerhafte Spur;* der Krieg hat ~n hinterlassen 3 *geschlossene Grasdecke* 4 <Bot.> *Teil des Fruchtknotens;* <aber> → a. *Nabe;* **'nar·ben** <V. t.; Gerberei> *mit Narben versehen;* genarbtes Leder; **'Nar·ben** <m.; -s, -; Gerberei> *Vertiefung im Leder;* **'Nar·ben·bruch** <m.; -(e)s, ⸗e; Med.>; **'Nar·ben·mus·ter** <n.; -s, ->; **'Nar·ben·sei·te** <f.; -, -n; Gerberei> *Außenseite;* Ggs *Aasseite;* **'nar·big** <Adj.>

'Nar·de <f.; -, -n; Bot.> *eine wohlriechende Pflanze;* Indische ~ [lat.-grch.]; **'Nar·den·öl** <n.; -s, -e> *ein Salböl*

Nar·gi'leh <a.['---]; n.; -s, -s od. f.; -, - od. -s> *oriental. Wasserpfeife* [türk.]

Nar'ko·se <f.; -, -n; Med.> *durch Narkotika erzeugter bewusstloser Zustand mit Schmerzunempfindlichkeit, Betäubung;* intravenöse ~ [grch.]; **Nar'ko·se·arzt** <m.; -es, ⸗e; Med.> Sy *Anästhesist;* **Nar'ko·se·ärz·tin** <f.; -, -nnen; Med.>; **Nar'ko·se·mit·tel** <n.; -s, -; Med.> = *Narkotikum;* **Nar'ko·se·ri·si·ko** <n.; -s, -si·ken; Med.>; **Nar'ko·ti·kum** <n.; -s, -ti·ka; Med.; Pharm.> *schmerzbetäubendes Mittel;* **nar'ko·tisch** <Adj.> 1 <Med.> *die Narkose betreffend* 2 *berauschend, betäubend;* ~e Düfte; **nar·ko·ti'sie·ren** <V. t.> jmdn. ~ *betäuben*

Na·rod·ni·ki <[-'rɔd-]; Pl.; im 19. Jh.> *Anhänger einer polit. u. literar. Bewegung in Russland* [russ.]

Narr <m.; -en, -en> 1 *einfältiger Mensch, Tor* 2 *Spaßmacher;* jmdn. zum ~en haben, halten

nar·ra'tiv <Adj.; Lit.> *erzählend;* ~e Dichtung [lat.]; **Nar'ra·tor** <m.; -s, -'to·ren; geh.> *Erzähler;* **nar·ra'to·risch** <Adj.; Lit.>

'nar·ren <V. t./V. refl.> *necken, verspotten;* genarrt werden; er ist der Genarrte; **'Nar·ren·frei·heit** <f.; -; unz.> ~ *genießen;* jmdm. ~ *gewähren;* **'Nar·ren·hän·de** <Pl.; nur in der Wendung> ~ *beschmieren Tisch u. Wände* <Sprichw.>; **'Nar·ren·haus** <n.; -es, ⸗er>; **'Nar·ren·kap·pe** <f.; -, -n>; **'nar·ren·si·cher** <Adj.; umg.> *idiotensicher;* **'Nar·ren·streich** <m.; -(e)s, -e> *übermütiger Streich;* **Nar·re'tei** <f.; -, -en; veralt.>; **'Narr·heit** <f.; -, -en> 1 <unz.> *Dummheit, Torheit* 2 *übermütiger Streich;* **'När·rin** <f.; -, -nnen>; **'när·risch** <Adj.> die ~e Zeit *Fasching*

'Nar·wal <m.; -(e)s, -e; Zool.> *ein Zahnwal mit schraubenförmigem Stoßzahn (beim männl. Tier)* [dän.-schwed.]

Nar'ziss <m.; -es, -e> *in sich selbst verliebter Mensch* [nach *Narkissos,* dem schönen Jüngling der grch. Sage]

Nar'zis·se <f.; -, -n; Bot.> *als Zierpflanze kultiviertes Zwiebelgewächs* [lat.-grch.]

Nar'ziss·mus <m.; -; unz.; bes. Psych.> *Verliebtsein in sich selbst;* **Nar'zisst** <m.; -en, -en>; **Nar'ziss·tin** <f.; -, -n·nen>; **nar·'ziss·tisch** <Adj.>

'NASA <f.; -; unz.; ↗Z 56; Kurzw. für engl.> *National Aeronautics and Space Administration*

na'sal <Adj.> 1 *die Nase betreffend* 2 <Phon.> *als Nasal artikuliert* [lat.]; **Na'sal** <m.; -(e)s, -e; Phon.> *Laut, bei dessen Artikulation Luft durch die Nase entweicht,* z. B. m, n, ng; → a. *Kasten Konsonant;* **na·sa'lie·ren** <V. t.; Phon.> *einen Laut ~ als Nasal sprechen;* **Na·sa'lie·rung** <f.; -, -en; Phon.> *nasale Aussprache;* **Na'sal·laut** <m.; -(e)s, -e; Phon.> = *Nasal;* **Na'sal·vo·kal** <[-vo-]; m.; -s, -e; Phon.> *nasalierter Vokal,* z. B. frz. ã, ō

'na·schen <V. i.; du naschst> *(heimlich) kleine Mengen, Leckerbissen genießen;* sie hat Süßigkeiten genascht

'Näs·chen <n.; -s, -; Verkleinerungsf. von> *Nase(1)*

'Na·scher <m.; -s, ->; **Na·sche'rei** <f.; -, -en>; **'Na·sche·rin** <f.; -, -n·nen>; **'nasch·haft** <Adj.; er, am -es·ten> das Kind ist sehr ~; **'Nasch·haf·tig·keit** <f.; -; unz.>; **'Nasch·kat·ze** <f.; -, -n; umg.> *jmd., der gerne u. oft nascht;* **'Nasch·sucht** <f.; -; unz.>; **'nasch·süch·tig** <Adj.>; **'Nasch·werk** <n.; -(e)s; unz.; veralt.> *Süßigkeit(en)*

'Na·se <f.; -, -n> 1 *zu den Atemwegen führendes (Geruchs-)Organ;* eine kleine, krumme ~ haben; sich die ~ putzen, zuhalten; in der ~ bohren; die ~ hoch tragen <fig.> *hochmütig sein;* auf der ~ liegen <fig.> *krank sein;* die ~ voll haben <fig.; umg.> *genug von etwas haben;* jmdn. an der ~ herumführen <fig.; umg.> *ihn überlisten;* steck deine ~ nicht in alles hinein! <fig.; umg.> 2 <umg.> *Mensch, Person;* pro ~; **'na·se·lang** <Adj.> = *nasenlang;* **'nä·seln** <V. i.; ich näs(e)le; du näselst; sie näselt> *durch die Nase sprechen;* **'Na·sen·bär** <m.; -en, -en; Zool.> *ein Kleinbär mit rüsselartiger Nase;* **'Na·sen·bein** <n.; -(e)s, -e; Anat.> *Deckknochen der Nase;* **Na·sen·blu·ten** <n.; -s; unz.> ~ *haben;* **'Na·sen·brem·se** <f.; -, -n; Vet.> *zum Ruhigstellen von Pferden verwendeter Strick, der um die Nüstern geschnürt wird;* **'Na·sen·flü·gel** <m.; -s, ->; **'Na·sen·höh·le** <f.; -, -n; Anat.>; **'Na·sen·kor·rek·tur** <f.; -, -en; Chir.>; **'na·sen·lang** <Adj.; umg.; in der Wendung> alle ~ *immer wieder;* **'Na·sen·län·ge** <f.; -, -n> 1 <Reitsp.> *Länge eines Pferdekopfes;* mit einer ~ gewinnen 2 <fig.; umg.> *kleiner Vorsprung;* um eine ~ voraus sein; **'Na·sen·laut** <m.; -(e)s, -e; Phon.> = *Nasal;* **'Na·sen·loch** <n.; -(e)s, ⸗er>; **'Na·sen·ne·ben·höh·le** <f.; -, -n; Anat.>; **'Na·sen·plas·tik** <f.; -, -en; Chir.>; **'Na·sen·ra·chen·raum** <m.; -(e)s, ⸗e; Med.>; **'Na·sen·ring** <m.; -(e)s, -e>; **'Na·sen·rü·cken**

<m.; -s, ->; **'Na·sen·schei·de·wand** <f.; -, ⸚e; Anat.>; **'Na·sen·schleim·haut** <f.; -, ⸚e; Med.>; **'Na·sen·schmuck** <m.; -(e)s; unz.>; **'Na·sen·spie·gel** <m.; -s, -; Med.>; **'Na·sen·spit·ze** <f.; -, -n> jmdm. etwas an der ~ ansehen <umg.>; **'Na·sen·spray** <[-spre:]; n.; -s, -s> medizin. Spray gegen Schnupfen; **'Na·sen·stü·ber** <m.; -s, -> 1 <umg.> leichter Stoß gegen die Nase 2 <fig.> Verweis, Tadel; **'Na·sen·trop·fen** <Pl.> flüssiges Heilmittel für die Nase; **'Na·sen·wur·zel** <f.; -, -n>; **'na·se·rümp·fend** <Adj.; ⸚Z29> missbilligend, verächtlich; sich ~ abwenden; <aber> die Nase rümpfend; **'na·se·weis** <Adj.> vorlaut, vorwitzig; **'Na·se·weis** <m.; -es, -e>; **'nas·füh·ren** <V. t.; ich nasführe; sie hat genasführt; naszuführen> jmdn. ~ foppen, necken; **'Nas·horn** <n.; -(e)s, ⸚er; Zool.> ein Unpaarhufer mit Hörnern u. plumpem Körperbau; Sy Rhinozeros; **'Nas·horn·kä·fer** <m.; -s, -; Zool.>; **'Nas·horn·vo·gel** <m.; -s, ⸚; Zool.>; **...na·sig** <Adj.; in Zus.> z. B. breitnasig, langnasig **Na·si·go'reng** <n.; - od. -s, -s; Kochk.> indonesisches Gericht aus Reis, Fleisch u. a. [indones.] **'nas·lang** <Adj.> = nasenlang; **'Näs·lein** <n.; -s, -; poet.> Verkleinerungsf. von *Nase* **nass** <Adj.; 'nas·ser od. 'näs·ser, am 'nas·ses·ten od. 'näs·sesten> mit Flüssigkeit vollgesogen od. bedeckt; ~e Füße, Hosen; sich ~ machen; ~ geschwitzt sein; sich ~ rasieren; mit ~en Augen *weinend;* Ggs *trocken;* **Nass** <n.; -es; unz.; poet.> *Wasser;* in das kühle ~ springen **'Nas·sau** 1 *Hauptstadt der Bahamas* 2 *Stadt an der Lahn;* **'Nas·sau·er** <m.; -s, -> 1 *Einwohner von Nassau* 2 <umg.> *jmd., der auf Kosten von anderen genießt;* **'nas·sau·ern** <V. i.; ich nassau(e)re; du nassauerst; umg.> **'Nass·auf·be·rei·tung** <f.; -, -en> *Aufbereitung mit Wasser als Transport- od. Spülmittel;* **'Näs·se** <f.; -; unz.> *vor ~ schützen!;* **'näs·sen** <V.; ich nässe; du nässt; sie hat genässt> 1 <V. i.>

Feuchtigkeit absondern; die Wunde nässt 2 <V. t.> *befeuchten, nass machen;* **'Nass·fes·tig·keit** <f.; -; unz.; Tech.> *Festigkeit bei Nässe,* **'nass·forsch** <Adj.; umg.; abwertend> *unverfroren;* **'Nass-in-'Nass-Druck** <m.; -(e)s, -e; ⸚Z33; Typ.> *unmittelbar aufeinander folgendes Drucken mit mehreren Farben;* **'nass·kalt** <Adj.> ~es Wetter; **'Nass·ra·sie·rer** <m.; -s, ->; **'Nass·ra·sur** <f.; -, -en> *Rasur mit Pinsel u. Rasierseife;* **'Nass·schnee** <m.; -s; unz.; ⸚Z37> *teilweise aufgeweichter Schnee;* **'Nass·spin·ne·rei** <f.; -, -en; ⸚Z37> *Verfahren der Spinnerei für Flachs- u. Hanfgarne;* **'Nass·zel·le** <f.; -, -n; Bauw.> *Raum mit Wasseranschlüssen (Bad, Küche, Dusche)* **Nas'tie** <f.; -, -n; Bot.> *Bewegung von Pflanzenteilen auf Reize* [grch.] **'Nas·tuch** <n.; -(e)s, ⸚er; südd.; schweiz.> *Taschentuch* **nas'zie·rend** <Adj.; geh.> *entstehend, werdend;* → a. *Status* [lat.] **Na·ta·li'tät** <f.; -; unz.> *Geburtenrate;* Ggs *Mortalität* [frz.-lat.] **'Na·tes** <[-te:s]; Pl.; Med.> *Gesäß* [lat.] **Na·ti'on** <f.; -, -en> polit. Gemeinschaft innerhalb der gleichen Staatsgrenzen; die Vereinten ~en [lat.]; **na·ti·o'nal** <Adj.; ⸚Z46> ~e Einheit; ~ gesinnt sein; Nationales Olympisches Komitee <Abk.: NOK>; **na·ti·o'nal·be·wusst** <Adj.>; **Na·ti·o'nal·be·wusst·sein** <n.; -s; unz.>; **Na·ti·o'nal·bi·bli·o·thek,** <auch> **Na·ti·o'nal·bib·li·o·thek** <f.; -, -en; ⸚Z53> *Bibliothek, die das Schrifttum eines Staates sammelt;* **Na·ti·o'nal·cha·rak·ter** <[-ka-]; m.; -s, -'te·re>; **na·ti·o'nal·de·mo·kra·tisch** <Adj.> Nationaldemokratische Partei Deutschlands (NPD); **Na·ti·o'na·le** <n.; -s, -; österr.> *Angaben (Name, Geburtsdatum, Wohnsitz) zur Person;* **Na·ti·o'nal·ein·kom·men** <n.; -s, -; Wirtsch.>; **Na·ti·o'nal·elf** <f.; -, -en; Fußb.> *Fußballnationalmannschaft;* **Na·ti·o'nal·far·ben** <Pl.> *Farben der Nationalflag-*

ge; **Na·ti·o'nal·fei·er·tag** <m.; -(e)s, -e>; **Na·ti·o'nal·flag·ge** <f.; -, -n>; **Na·ti·o'nal·ge·fühl** <n.; -(e)s; unz.>; **Na·ti·o'nal·hym·ne** <f.; -, -n> die ~ spielen; **na·ti·o·na·li'sie·ren** <V. t.> 1 jmdn. ~ *einbürgern* 2 <Wirtsch.> Unternehmen ~ *verstaatlichen;* **Na·ti·o·na·li'sie·rung** <f.; -, -en>; **Na·ti·o·na'lis·mus** <m.; -, -men> *übersteigertes Nationalbewusstsein;* **Na·ti·o·na'list** <m.; -en, -en>; **Na·ti·o·na'lis·tin** <f.; -, -n·nen>; **na·ti·o·na'lis·tisch** <Adj.>; **Na·ti·o·na·li'tät** <f.; -, -en> 1 *Zugehörigkeit zu einer Nation* 2 *Staatsangehörigkeit* 3 *Volksgruppe;* **Na·ti·o·na·li'tä·ten·staat** <m.; -(e)s, -en> *Vielvölkerstaat;* **na·ti·o'nal·li·be·ral** <Adj.; früher> *Nationalliberale Partei;* **Na·ti·o'nal·li·ga** <f.; -, -li·gen; Fußb.; österr.; schweiz.> *höchste Spielklasse;* **Na·ti·o'nal·li·te·ra·tur** <f.; -, -en> *Literatur eines Volkes;* **Na·ti·o'nal·mann·schaft** <f.; -, -en; Sp.>; **Na·ti·o'nal·ö·ko·no·mie** <f.; -; unz.; ⸚Z55> *Volkswirtschaftslehre;* **Na·ti·o'nal·park** <m.; -s, -s> *staatl. Naturschutzgebiet;* **Na·ti·o'nal·preis** <m.; -es, -e; DDR> *höchste staatl. Auszeichnung;* **Na·ti·o'nal·rat** <m.; -(e)s, ⸚e; österr.; schweiz.> 1 *gewählte Volksvertretung* 2 *gewählter Volksvertreter, Abgeordneter;* **Na·ti·o'nal·rä·tin** <f.; -, -n·nen>; **Na·ti·o'nal·so·zi·a·lis·mus** <m.; -; unz.; hist.; Pol.; Abk.: NS> *faschist. Bewegung in Deutschland, die von 1933 bis 1945 an der Macht war;* **Na·ti·o'nal·so·zi·a·list** <m.; -en, -en>; **Na·ti·o'nal·so·zi·a·lis·tin** <f.; -, -n·nen>; **na·ti·o'nal·so·zi·a·lis·tisch** <Adj.>; **Na·ti·o'nal·spie·ler** <m.; -s, -; Sp.>; **Na·ti·o'nal·spie·le·rin** <f.; -, -n·nen>; **Na·ti·o'nal·staat** <m.; -(e)s, -en>; **na·ti·o'nal·staat·lich** <Adj.>; **Na·ti·o'nal·stolz** <m.; -es; unz.> in seinem ~ gekränkt sein; **Na·ti·o'nal·stra·ße** <f.; -, -n; schweiz.> *Autobahn, Fernstraße;* **Na·ti·o'nal·the·a·ter** <n.; -s, ->; **Na·ti·o'nal·tracht** <f.; -, -en>; **Na·ti·o'nal·tri·kot** <[-ko:]; n.; -s, -s; Sp.>; **Na·ti·o'nal·ver·samm-**

N

lung <f.; -, -en> *gewählte Volks-
vertretung*
na'tiv <Adj.; bes. Med.> 1 *natür-
lich, naturbelassen* 2 *angeboren*
[lat.]; **Na·tive Spea·ker** <['neitiv
'spi:kə(r)]; m.; -, -s, --> *Mutter-
sprachler;* → a. *Kasten Mutter-
sprache* [engl.]; **Na·ti·vis·mus**
<[-'vis-]; m.; -; unz.; Psych.>
*Auffassung, dass best. menschli-
che Denk- und Handlungswei-
sen angeboren sind* [lat.]; **Na·ti-
'vist** <m.; -en, -en; Psych.>; **Na-
ti'vis·tin** <f.; -, -n·nen; Psych.>;
na·ti'vis·tisch <Adj.; Psych.>
'NATO, 'Na·to <f.; -; unz.; ✓Z56>
Kurzw. für> *North Atlantic Trea-
ty Organization* [engl.]
'Na·tri·um, <auch> **'Nat·ri·um**
<n.; -s; unz.; ✓Z53; Chem.; Zei-
chen: Na> *chem. Element, ein
silberweißes, weiches Alkalime-
tall;* **'Na·tri·um·car·bo·nat** <n.;
-(e)s; unz.; Chem.> *Natrium-
salz der Kohlensäure;* **'Na·tri-
um·chlo·rid** <[-klo-]; n.; -(e)s;
unz.; Chem.> *Kochsalz;* **'Na·tri-
um·hy·dro'gen·car·bo·nat,**
<auch> **Nat·ri·um·hyd·ro'gen-
car·bo·nat** <n.; -(e)s; unz.;
✓Z53; Chem.> *weißes, alka-
lisch schmeckendes, geruchsfrei-
es Pulver (für Backpulver, Brau-
setabletten u. a.);* **'Na·tri·um·hy-
dro·xid** <n.; -(e)s, -e; Chem.>
*weiße, wasseranziehende Kör-
ner;* **'Na·tri·um·sul·fat** <n.; -(e)s;
unz.; Chem.> *schwefelsaures
Natrium, ein wasserlösliches
Salz;* **'Na·tron,** <auch> **'Nat·ron**
<n.; -s; unz.; ✓Z53; Chem.> =
Natriumhydrogencarbonat
[arab.-ägypt.]; **'Na·tron·lau·ge**
<f.; -, -n> *Lauge, die bei der Re-
aktion von Wasser u. Natrium
entsteht*
Na'tschal·nik, <auch> **Nat'schal-
nik** <m.; -s, -s; ✓Z54; ostdt.;
umg.; scherzh. od. abwertend>
Chef [russ.]
'Nat·ter <f.; -, -n; Zool.> *eine
Schlange;* **'Nat·tern·brut** <f.; -;
unz.; fig.; abwertend> *unehrli-
che, falsche Menschen*
Na'tur <f.; -, -en> 1 <unz.> *vom
Menschen nicht unschaffene
Welt, unberührte Landschaft;* in
die freie ~ fahren 2 <unz.> *bio-
log. Anlagen, Körperbeschaffen-
heit;* eine eiserne, kräftige ~ 3

Wesensart, Charakter; eine
schöpferische ~; von ~ aus
ängstlich sein 4 <unz.> *Wesen
(einer Sache); das liegt in der ~
der Sache* [lat.]; **Na·tu·ra·li·en**
<[-liən]; Pl.> 1 *Naturerzeugnisse*
2 *Gegenstände einer natur-
kundl. Sammlung;* **Na·tu·ra·li-
en·ka·bi·nett** <n.; -(e)s, -e> =
Naturalien(2); **Na·tu·ra·li·sa·ti-
'on** <f.; -, -en> *Einbürgerung;*
Ggs *Denaturalisation;* **na·tu·ra-
li'sie·ren** <V. t.; geh.>; **Na·tu·ra-
li'sie·rung** <f.; -, -en> = *Natura-
lisation;* **Na·tu·ra'lis·mus** <m.;
-; unz.; Mal.; Lit.> *wirklichkeits-
getreue Wiedergabe (als Stilrich-
tung);* **Na·tu·ra'list** <m.; -en,
-en; Mal.; Lit.>; **Na·tu·ra·'lis·tin**
<f.; -, -n·nen; Mal.; Lit.>; **na·tu-
ra'lis·tisch** <Adj.; Mal.; Lit.>;
Na·tu'ral·lohn <m.; -(e)s, ⸚e>
Lohn in Naturalien(1); **Na·tu-
'ral·ob·li·ga·ti·on,** <auch> **Na·tu-
'ral·o·bli·ga·ti·on** <f.; -, -en;
✓Z54, 55; Rechtsw.> *gültige,
nicht einklagbare Schuld;* **Na·tu-
'ral·wer·te** <Pl.> = *Natura-
lien(1);* **Na'tur·an·la·ge** <f.; -,
-n> *natürliche Veranlagung;* **Na-
'tur·a·pos·tel** <m.; -s, -; ✓Z55;
scherzh.> *Verfechter eines na-
turverbundenen Lebens;* **Na'tur-
be·ga·bung** <f.; -, -en>; **na'tur-
be·las·sen** <Adj.> *~e Milch;* **Na-
'tur·be·ob·ach·tung,** <auch>
Na'tur·be·o·bach·tung <f.; -,
-en; ✓Z54>; **Na'tur·be·schrei-
bung** <f.; -, -en>; **Na'tur·bur-
sche** <m.; -n, -n>; **Na'tur·denk-
mal** <n.; -(e)s, ⸚er od. -e>; **na-
ture** <[-'ty:r]; Adj.; undekl.; bes.
Kochk.; schweiz.> *ohne Zusatz,
ohne Zutaten;* Tee ~ [frz.]; **Na·tu-
'rell** <n.; -s, -e> *Naturanlage,
Gemüts-, Wesensart;* **Na'tur·er-
eig·nis** <n.; -s·ses, -s·se>; **Na-
'tur·er·zeug·nis** <n.; -s·ses,
-s·se> = *Naturprodukt;* **na'tur-
far·ben** <Adj.> *~er Baumwoll-
stoff;* **Na'tur·fa·ser** <f.; -, -n;
Textilw.> *aus pflanzl. od. tieri-
schen Produkten hergestellte
Faser;* **Na'tur·film** <m.; -(e)s,
-e>; **Na'tur·for·scher** <m.; -s,
->; **Na'tur·for·sche·rin** <f.; -,
-n·nen>; **Na'tur·for·schung** <f.;
-, -en>; **Na'tur·freund** <m.;
-(e)s, -e>; **Na'tur·freun·din** <f.;
-, -n·nen>; **Na'tur·ge·fühl** <n.;

-(e)s; unz.> *ein bäuerliches ~;*
na'tur·ge·ge·ben <Adj.; ✓Z29>
etwas als ~ betrachten; **na'tur-
ge·lockt** <Adj.> *~es Haar;* **na-
'tur·ge·mäß** <Adj.> *der Natur
entsprechend;* ~ *leben;* **Na'tur-
ge·schich·te** <f.; -; unz.; ver-
alt.> *Naturkunde;* **na'tur·ge-
schicht·lich** <Adj.>; **Na'tur·ge-
setz** <n.; -es, -e>; **na'tur·ge·treu**
<Adj.> *~e Wiedergabe;* **Na'tur-
ge·walt** <f.; -, -en>; **na'tur·haft**
<Adj.>; **Na'tur·heil·kun·de** <f.; -; unz.> *Krankenbe-
handlung durch Steigerung der
Selbstheilungskräfte;* **Na'tur-
heil·kun·di·ge(r)** <f. 2 (m. 1)>;
Na'tur·heil·ver·fah·ren <n.; -s,
->; **na'tur·his·to·risch** <Adj.;
✓Z46> *eine ~e Sammlung;*
<aber> *das Naturhistorische
Museum in Wien;* **Na'tur·horn**
<n.; -(e)s, ⸚er; Instrumentenk.>
Horn ohne Klappen u. Ventile;
na'tur·i·den·tisch <Adj.> *~e
Aromastoffe;* **Na'tur·ka·tas·tro-
phe,** <auch> **Na'tur·ka·tas·tro-
phe, Na'tur·ka·tast·ro·phe** <f.;
-, -n; ✓Z54>; **Na'tur·kind** <n.;
-(e)s, -er>; **Na'tur·kost** <f.; -;
unz.> *natürl., unbehandelte
Nahrung;* **Na'tur·kraft** <f.; -, ⸚e>
~ *des Wassers;* **Na'tur·kun·de**
<f.; -; unz.> *Lehre von der Tier-
u. Pflanzenwelt;* **na'tur·kun·dig**
<Adj.>; **Na'tur·kun·di·ge(r)** <f. 2
(m. 1)>; **na'tur·kund·lich** <Adj.>
~es Museum; **Na'tur·land-
schaft** <f.; -, -en>; **Na'tur·leh·re**
<f.; -; unz.; veralt.> *Naturwis-
senschaft(en);* **Na'tur·lehr·pfad**
<m.; -(e)s, -e> *Wanderweg mit
naturkundl. Hinweisschildern;*
na'tür·lich <Adj.> 1 *die Natur
betreffend;* ~*es Leben* 2 *den Na-
turgesetzen entsprechend* 3 *ein-
fach, angeboren, ungezwungen;*
ein ~er Charme 4 *klar, selbst-
verständlich;* *die ~ste Sache der
Welt* 5 <Math.> *~e Zahlen 1, 2,
3, 4 usw.;* ~*er Logarithmus* 6
<Rechtsw.> *~e Person;* Ggs *ju-
ristische Person;* **na'tür·li·cher-
'wei·se** <Adv.>; **Na'tür·lich·keit**
<f.; -; unz.>; **Na'tur·mensch**
<m.; -en, -en>; **na'tur·nah**
<Adj.>; **Na'tur·nä·he** <f.; -;
unz.>; **Na'tur·park** <m.; -s, -s>;
Na'tur·phi·lo·so·phie <f.; -;
unz.> *Teilgebiet der Philoso-*

phie; **Na·tur·pro·dukt** <n.; -(e)s, -e> *landwirtschaftl. Erzeugnis; reines ~;* **Na·tur·raum** <m.; -(e)s, ⁻e>; **Na·tur·raum·po·ten·ti·al, Na·tur·raum·po·ten·zi·al** <n.; -s, -e; ⚹ Z 11.4>; **Na·tur·recht** <n.; -(e)s; unz.>; **Na·tur·reich** <n.; -(e)s, -e>; **na·tur·rein** <Adj.> *~er Saft;* **Na·tur·re·li·gi·on** <f.; -, -en> *religiöse Verehrung der Natur,* **Na·tur·schät·ze** <Pl.>; **Na·tur·schau·spiel** <n.; -(e)s, -e> *ein eindrucksvolles ~;* **Na·tur·schutz** <m.; -es; unz.> *Maßnahmen zur Erhaltung der Tier- u. Pflanzenwelt;* **Na·tur·schüt·zer** <m.; -s, ->; **Na·tur·schüt·ze·rin** <f.; -, -n·nen>; **Na·'tur·schutz·ge·biet** <n.; -(e)s, -e>; **Na·tur·ta·lent** <n.; -(e)s, -e> *außergewöhnliche angeborene Begabung;* **Na·tur·ton** <m.; -(e)s, ⁻e> *1 natürlicher, unverfälschter Farbton 2* <Mus.> *durch reines Anblasen eines Instrumentes erzeugter Ton, Oberton;* **Na·tur·trieb** <m.; -(e)s, -e> *= Instinkt;* **na·tur·trüb** <Adj.> *~er Apfelsaft;* **na·tur·ver·bun·den** <Adj.; ⚹ Z 29>; **Na·tur·ver·eh·rung** <f.; -; unz.>; **na·tur·wid·rig** <Adj.; ⚹ Z 53.1>; **Na·tur·wis·sen·schaft** <f.; -, -en> *Wissenschaft von den Vorgängen u. Gesetzen der Natur, z. B. Physik, Chemie, Biologie, Mathematik; Ggs Geisteswissenschaft;* **Na·tur·wis·sen·schaft·ler** <m.; -s, ->; **Na·tur·wis·sen·schaft·le·rin** <f.; -, -n·nen>; **na·tur·wis·sen·schaft·lich** <Adj.>; **Na·tur·wun·der** <n.; -s, ->

Nau·'arch <m.; -en, -en; grch. Antike> *Schiffsbefehlshaber* [grch.]

'nauf <Adv.; süddt.; umg.; kurz für> *hinauf*

'Nau·pli·us, <auch> **'Naup·li·us** <m.; -, 'Nau·pli·en/'Naup·li·en; ⚹ Z 53; Zool.> *eine Krebslarve* [grch.]

Na·u·ru *Inselrepublik Ozeaniens; Republik ~;* **Na·u·ru·er** <m.; -s, ->; **Na·u·ru·e·rin** <f.; -, -n·nen>; **na·u·ru·isch** <Adj.>

'naus <Adv.; süddt.; umg.; kurz für> *hinaus*

Nau·'sea <f.; -; unz.; Med.> *Übelkeit* [grch.]

'Nau·tik <f.; -; unz.; Seew.> *Lehre von der Schifffahrt* [grch.];

'Nau·ti·ker <m.; -s, ->; **'Nau·ti·lus** <m.; -, - od. -·s·se; Zool.> *ein Kopffüßer, Tintenfisch;* **'nau·tisch** <Adj.; Seew.> *~e Karte*

Na·va·ho, Na·va·jo <engl. ['nævəhoʊ], span. [na'vaxo]; m.; - od. -s, - od. -s> *Angehöriger eines großen nordamerikan. Indianerstammes*

'Na·vel·o·ran·ge <a. ['neivələraːʒə]; f.; -, -n; ⚹ Z 55> *eine Apfelsinensorte* [engl.]

Na·vi·cu·la <[-'viː-]; f.; -, -lae> *1* <Kath.> *Weihrauchgefäß 2* <Biol.> *Schiffchenalge;* **Na·vi·ga·ti·on** <[-vi-]; f.; -; unz.; Mar.; Flugw.> *Orts- u. Kursbestimmung* [lat.]; **Na·vi·ga·ti·ons·schu·le** <f.; -, -n; Mar.> *Seefahrtsschule;* **Na·vi·ga·tor** <m.; -s, -'to·ren; Mar.; Flugw.> *für die Navigation verantwortl. Person;* **Na·vi·ga·to·rin** <f.; -, -n·nen>; **na·vi·ga·to·risch** <Adj.; Mar.; Flugw.>; **na·vi·gie·ren** <V. i. u. V. t.; Mar.; Flugw.> *ein Schiff ~*

Nä·vus <['nɛːvʊs]; m.; -, -vi; Med.> *= Naevus*

Nay <[nai]; m.; -s, -s; Instrumentenk.> *arab. Rohrflöte* [arab.]

Na·za·'rä·er <m.; -s, -> *oV Nazarener 1* <unz.> *der ~ Beiname Jesu 2* <Pl.> *Urchristen;* **Na·za·re·ner** <m.; -s, -> *1 = Nazaräer 2* <Mal.> *Angehöriger einer relig. Malergruppe der Romantik;* **na·za·re·nisch** <Adj.>

'Na·zi <m.; -s, -s; abwertendes Kurzw. für> *Nationalsozialist;* **'Na·zi·herr·schaft** <f.; -; unz.>; **Na·zis·mus** <m.; -; unz.; abwertend> *(sprachl. Wendung des) Nationalsozialismus;* **na·'zis·tisch** <Adj.>; **'Na·zi·ver·bre·chen** <n.; -s, ->

Nb <Chem.; Zeichen für> *Niob*

NB <Abk. für> *notabene*

n. Br. <Abk. für> *nördliche(r) Breite*

NC <Abk. für> *1 Numerus clausus 2* <EDV> *Numerical Control (numerische Kontrolle)*

Nchf. <Abk. für> *Nachfolger(in)*

n. Chr. <Abk. für> *nach Christi Geburt; → a. Christus*

Nd <Chem.; Zeichen für> *Neodym*

NDR <Abk. für> *Norddeutscher Rundfunk*

'ne <umg.; kurz für> *eine*

Ne <Chem.; Zeichen für> *Neon*

Ne·an·der·ta·ler <m.; -s, -> *Angehöriger einer vorgeschichtlichen Menschenrasse*

Ne·a·pel *eine südital. Stadt;* **Ne·a·po·li·ta·ner** <m.; -s, -> *1 Einwohner von Neapel 2* <Mus.> *= neapolitanischer Sextakkord 3 ein Gebäck;* **Ne·a·po·li·ta·ne·rin** <f.; -, -n·nen>; **ne·a·po·li·ta·nisch** <Adj.> *~er Sextakkord* <Mus.> *Dreiklang der Submolldominante mit kleiner Sexte*

Ne·ark·tis <f.; -; unz.; Biol.; Geogr.; Sammelbez. für> *Nordamerika, Grönland u. Mexiko;* **ne·ark·tisch** <Adj.> *~e Zone*

Ne·ar·thro·se, <auch> **Ne·arth·'ro·se** <f.; -, -n; ⚹ Z 53; Med.> *(krankhafte) Gelenkneubildung* [grch.]

'neb·bich <Int.> *leider!, schade!, na, wenn schon!* [jidd.]; **'Neb·bich** <m.; -s, -s; österr.; abwertend> *unbedeutende Person*

'Ne·bel <m.; -s, -> *1 Lufttrübung aufgrund von Wasserdampf; dichter ~; → a. Nacht(2) 2* <fig.> *Schleier, Dunkelheit; ~ der Vergangenheit 3* <Astr.> *flächenhaftes Himmelsgebilde;* **'Ne·bel·bank** <f.; -, ⁻e>; **'Ne·bel·bo·je** <f.; -, -n>; **'ne·bel·feucht** <Adj.>; **'Ne·bel·fleck** <m.; -(e)s, -e; Astr.> *= Nebel(3);* **'ne·bel·grau** <Adj.>; **'ne·bel·haft** <Adj.; fig.>; **'Ne·bel·horn** <n.; -(e)s, ⁻er; Seew.> *Signalgerät für Schiffe;* **'ne·be·lig** <Adj.> *oV neblig;* **'Ne·bel·kam·mer** <f.; -, -n; Phys.> *Nachweisgerät für ionisierende Teilchen;* **'Ne·bel·krä·he** <f.; -, -n; Zool.>; **'Ne·bel·mo·nat** <m.; -(e)s, -e; poet.> *November;* **'ne·beln** <V. i.; unpersönl.> *es nebelt;* **'Ne·bel·schein·wer·fer** <m.; -s, -; Kfz>; **'Ne·bel·schlei·er** <m.; -s, -; poet.> *feiner Nebel;* **'Ne·bel·schluss·leuch·te** <f.; -, -n; Kfz>; **'Ne·bel·schwa·den** <Pl.>; **'Ne·be·lung** <m.; -s, -e; poet.; alte Bez. für> *November;* **ne·bel·ver·han·gen** <Adj.; ⚹ Z 29> *~e Berge;* <aber> *vom Nebel verhangene Berge;* **'Ne·bel·wand** <f.; -, ⁻e; fig.>

'ne·ben <Präp. m. Dat. (auf die Frage "wo?") od. Akk. (auf die

Frage "wohin?")> **1** *dicht bei;* ~ jmdm. wohnen; den Koffer ~ den Wagen stellen **2** *außer;* ~ anderen Problemen **3** *im Vergleich zu;* ~ jmdm. bestehen können; **'Ne·ben·ab·re·de** <f.; -, -n; Rechtsw.> *zusätzl. (mündliche) Vereinbarung;* **'Ne·ben·ab·sicht** <f.; -, -en>; **'Ne·ben·amt** <n.; -(e)s, ¨er>; **'ne·ben·amt·lich** <Adj.>; **ne·ben'an** <Adv.> wohnen; **'Ne·ben·an·schluss** <m.; -es, ¨e> zusätzl. Telefonanschluss; Ggs Hauptanschluss; **'Ne·ben·ar·beit** <f.; -, -en>; **'Ne·ben·aus·gang** <m.; -(e)s, ¨e>; **'Ne·ben·be·deu·tung** <f.; -, -en>; **ne·ben'bei** <Adv.> etwas ~ bemerken; **'Ne·ben·be·ruf** <m.; -(e)s, -e> im ~ ist er Maler; **'ne·ben·be·ruf·lich** <Adj.> ~e Tätigkeit; **'Ne·ben·be·schäf·ti·gung** <f.; -, -en>; **'Ne·ben·buh·ler** <m.; -s, -; umg.; abwertend> Rivale, Mitbewerber; **'Ne·ben·buh·le·rin** <f.; -, -nnen; umg.; abwertend>; **'Ne·ben·ef·fekt** <m.; -(e)s, -e> einen ~ erzielen; **ne·ben·ein·an·der**, <auch> **ne·ben·ei'nan·der** <Adv.> ⤳Z54; Getrenntschreibung mit Verben u. Part.> **1** einer neben dem anderen; etwas ~ legen, setzen, stellen; sie wollen ~ sitzen **2** <fig.> gleichberechtigt bestehend od. stattfindend; **Ne·ben·ein'an·der** <a. ['----]; n.; -s; unz.> gleichzeitiges Bestehen; ne·ben·ein·an·der le·ben <Adv.> ~ leben; **Ne·ben·ein'an·der·schal·tung** <f.; -, -en; El.> Parallelschaltung; **'Ne·ben·ein·gang** <m.; -(e)s, ¨e>; **'Ne·ben·ein·kom·men** <n.; -s, ->; **'Ne·ben·ein·nah·me** <f.; -, -n>; **'Ne·ben·er·schei·nung** <f.; -, -en>; **'Ne·ben·er·werb** <m.; -(e)s, -e>; **'Ne·ben·er·zeug·nis** <n.; -s·ses, -s·se>; **'Ne·ben·fach** <n.; -(e)s, ¨er> Ggs Hauptfach; **'Ne·ben·fi·gur** <f.; -, -en>; **'Ne·ben·fluss** <m.; -es, ¨e> ~ der Donau; **'Ne·ben·form** <f.; -, -en>; **'Ne·ben·fra·ge** <f.; -, -n>; **'Ne·ben·ge·bäu·de** <n.; -s, -> im ~; Ggs Hauptgebäude; **'Ne·ben·ge·räusch** <n.; -(e)s, -e>; **'Ne·ben·ge·schäft** <n.; -(e)s, -e; Wirtsch.> einträgliches ~; **'Ne·ben·ge·winn** <m.; -(e)s, -e> zu-

sätzl. Gewinn; **'Ne·ben·gleis** <n.; -es, -e; Eisenb.>; **'Ne·ben·hand·lung** <f.; -, -en>; **'Ne·ben·haus** <n.; -es, ¨er>; **ne·ben'her** <Adv.> **1** nebenbei, zusätzlich; sich ~ Geld verdienen **2** daneben einher; <in Verbindung mit Verben Getrennt- od. Zusammenschreibung> ~ fahren, <auch> ~fahren; ~ gehen, <auch> ~gehen; ~ laufen, <auch> ~laufen; ~ rennen, <auch> ~rennen; **ne·ben'hin** <Adv.> beiläufig; etwas ~ bemerken; **'Ne·ben·ho·den** <m.; -s, -; Anat.> Teil der männl. Geschlechtsorgane; **'Ne·ben·höh·le** <f.; -, -n; Anat.> von der Nasenhöhle abzweigendes Hohlorgan; **'Ne·ben·job** <[-dʒɔb]; m.; -s, -s>; **'Ne·ben·kla·ge** <f.; -, -n; Rechtsw.> zusätzl. Strafklage (des Opfers); **'Ne·ben·klä·ger** <m.; -s, -; Rechtsw.>; **'Ne·ben·klä·ge·rin** <f.; -, -n·nen; Rechtsw.>; **'Ne·ben·kos·ten** <Pl.> zusätzl. Kosten; **'Ne·ben·leis·tung** <f.; -, -en; Rechtsw.>; **'Ne·ben·li·nie** <[-niə]; f.; -, -n; Geneal.> Seitenlinie eines Geschlechtes; **'Ne·ben·mann** <m.; -(e)s, ¨er od. -leu·te> (Tisch-) Nachbar; **'Ne·ben·nie·re** <f.; -, -n; Anat.> Drüse am oberen Pol der Niere; **'ne·ben|ord·nen** <V. t.; Gramm.> beiordnen; ~de Konjunktion; **'Ne·ben·per·son** <f.; -, -en> Ggs Hauptperson; **'Ne·ben·pro·dukt** <n.; -(e)s, -e>; **'Ne·ben·raum** <m.; -(e)s, ¨e> im ~; **'Ne·ben·rol·le** <f.; -, -n; Theat.> eine ~ spielen <a. fig.>; **'Ne·ben·sa·che** <f.; -, -n> Ggs Hauptsache; **'ne·ben·säch·lich** <Adj.> unwichtig, bedeutungslos; **'Ne·ben·säch·lich·keit** <f.; -, -en>; **'Ne·ben·satz** <m.; -es, ¨e; Gramm.> von einem Hauptsatz abhängiger Satz; Ggs Hauptsatz; → a. Kasten S. 747; **'Ne·ben·schild·drü·sen** <Pl.; Anat.> Drüsen an der Rückseite der Schilddrüse; **'Ne·ben·schluss** <m.; -es, ¨e; El.> Parallelschaltung; **'Ne·ben·son·ne** <f.; -, -n; Astr.>; **'ne·ben·ste·hend** <Adj.> ⤳Z43> die ~en Bemerkungen; im Nebenstehenden; Nebenstehendes beachten; das Nebenstehende be-

rücksichtigen; **'Ne·ben·stel·le** <f.; -, -n> Zweigstelle; **'Ne·ben·stra·ße** <f.; -, -n> Seitenstraße; **'Ne·ben·stre·cke** <f.; -, -n; Eisenb.> Ggs Hauptstrecke; **'Ne·ben·tisch** <m.; -(e)s, -e> am ~ sitzen; **'Ne·ben·ti·tel** <m.; -s, -; Buchw.>; **'Ne·ben·ton** <m.; -(e)s, ¨e> **1** <Mus.> harmoniefremder Ton **2** <Phon.> zweite Betonung **3** Nebengeräusch, Unterton; **'ne·ben·to·nig** <Adj.; Phon.>; **'Ne·ben·ver·dienst** <m.; -(e)s, -e> zusätzl. Einkommen; **'Ne·ben·wi·der·stand** <m.; -(e)s, ¨e; Phys.> zusätzl. elektr. Widerstand; **'Ne·ben·wir·kung** <f.; -, -en> Medikament mit ~en; **'Ne·ben·woh·nung** <f.; -, -en>; **'Ne·ben·zim·mer** <n.; -s, ->; **'Ne·ben·zweck** <m.; -(e)s, -e>; **'Ne·ben·zweig** <m.; -(e)s, -e>

'neb·lig <Adj.> oV nebelig
Ne'bras·ka, <auch> **Neb'ras·ka** <⤳Z53> Staat in den USA
nebst <Präp. m. Dat.> einschließlich; eine Kollegin ~ Ehemann; **nebst'bei** <Adv.; österr.> nebenbei
ne·bu'los, ne·bu'lös <Adj.; fig.> verschwommen, rätselhaft
Ne·ces·saire <[nɛsɛ'sɛːr]; n.; -s, -s; ⤳Z11.2> Mäppchen für kleine Gegenstände; Reise~; Nagel~; Näh~; oV Nessessär [frz.]
Neck <m.; -en, -en; dt. Myth.> = Nöck
'ne·cken <V. t./V. refl.> jmdn. ~ mit jmdm. scherzen; was sich liebt, das neckt sich <Sprichw.>; **Ne·cke'rei** <f.; -, -en>
'Ne·cking <n.; - od. -s, -s> Austausch von körperlichen Zärtlichkeiten unter Jugendlichen [engl.]
'ne·ckisch <Adj.> **1** schelmisch, verschmitzt; ein ~es Kind **2** aufreizend, kokett; jmdm. einen ~en Blick zuwerfen
nee <Partikel; bes. mdt. u. nddt.; umg.> nein
Need <[niːd]; n.; -s; unz.; Psych.> Gesamtheit an Bedürfnissen u. Wünschen [engl.]
'Ne·fas <[-faːs]; n.; -; unz.; im alten Rom> Gesamtheit des von den Göttern Verbotenen; Ggs Fas

N

Nebensatz: Ein N. oder Gliedsatz ist ein Teilsatz eines ⬈Satzgefüges, der dem ⬈Hauptsatz formal untergeordnet ist. N. sind bezüglich der Wortstellung und der Wahl von ⬈Modus und ⬈Tempus vom Hauptsatz abhängig.

1. Unter dem Gesichtspunkt ihrer **Funktion** im Satzgefüge unterscheidet man zwischen:

a) **Subjektsatz:** _Dass er kommt, ist erfreulich._
b) ⬈**Objektsatz:** _Ich habe gehört, dass er kommt._
c) **Adverbialsatz:** _Er informierte sich, indem er einen Aufsatz las._
d) **Prädikativsatz:** _Er ist, was man einen Sänger nennt._
e) **Attributsatz:** _Er besorgte sich die Information, wie man Daten speichert._

2. Den **Einleitewörtern** entsprechend wird unterschieden zwischen:

a) ⬈**Relativsatz:** _Das Mädchen, das die Hausaufgaben vergessen hatte, hob den Arm._
b) **indirektem** ⬈**Fragesatz:** _Wir wissen nicht, wann wir kommen werden._
c) ⬈**Konjunktionalsatz:** _Sie geht ins Bett, wenn sie müde ist._
Bei diesen N. steht die ⬈finite Verbform in der Regel – im Gegensatz zum Hauptsatz – am Satzende.

3. Bei **uneingeleiteten N.** können dagegen die finiten Verbformen die Erstposition oder die Zweitposition einnehmen:

a) ⬈**Bedingungssatz:** _Sollte sie nicht kommen, so fahren wir zu ihr._
b) ⬈**Konzessivsatz:** _Hast du auch keine Lust, so musst du es dennoch erledigen._
c) **Vergleichssatz:** _Sie tut, als wüsste sie von nichts._

Anstelle eines mit _dass_ eingeleiteten N. kann in der indirekten Rede auch ein Satz treten, der nach dem Satzgliedschema von Hauptsätzen (Subjekt – finite Verbform – weitere Satzglieder) gebildet ist. Dabei steht die finite Verbform meistens im ⬈Konjunktiv:
Sie sagte, sie sei einverstanden.
Trotz der einem Hauptsatz entsprechenden Wortstellung handelt es sich hier bei der Funktion nach um einen N.

4. Bezüglich der **Stellung** des N. zum Hauptsatz unterscheidet man zwischen:

a) **Vordersatz:** _Wenn wir uns wiedersehen, gehen wir essen._
b) **Nachsatz:** _Er hofft, dass sie schreibt._
c) **Zwischensatz** (Einschubsatz): _Die Frau, die über die Straße ging, war Stefans Mutter._

Einem N. können in einem Satzgefüge weitere N. untergeordnet sein: _Er hofft, dass, wenn sie sich wiedersehen, er sie in seinem neuen Auto abholen kann._

Negation: Die N. oder Verneinung ist eine semantische sprachliche Kategorie, die durch verschiedene Mittel ausgedrückt werden kann.

1. N. wird mithilfe bestimmter Wörter realisiert:

a) **Negationspartikel** oder **Adverbien** (_nein, nicht, niemals, nirgendwohin, keinesfalls, keineswegs_)
b) **Indefinitpronomen** (_niemand, nichts, kein_)
c) **koordinierende Konjunktionen** (_weder...noch_)
d) **Präpositionen** (_ohne, außer_)

2. N. wird mithilfe bestimmter ⬈**Morpheme** ausgedrückt:

a) mit dem **Präfix** _un-_: _unangemeldet, Unruhe, unordentlich_ (teilweise auch verstärkend wie in _Unkosten_ und _Unwetter_)
b) durch **Zusammensetzungen** mit _nicht-_: _Nichtraucher, nichtöffentlich_/ <auch> _nicht öffentlich_

c) durch verschiedene **Präfixe** (Vorsilben) wie _a-_ (_anomal_), _ab-_ (_abnorm_), _an-_ (_anorganisch_), _anti-_ (_Antidepressiva_), _dis-_ (_disqualifiziert_), _im-_ (_impotent_), _in-_ (_inakzeptabel_), _kontra-_ (_kontraproduktiv_), _non-_ (_nonkonformistisch_), _wider-_ (_widersinnig_)

Eine N. nennt man **Satznegation**, wenn das ganze ⬈Satzglied betroffen ist: _Dieser Artikel verkauft sich nicht._ Eine **Satzgliednegation** liegt dagegen vor, wenn die N. ein ⬈Satzglied (z. B. ein adverbiales Adjektiv) betrifft: _Dieser Artikel verkauft sich nicht gut._
Weiterhin lässt sich bei der Satzgliednegation zwischen der **N. des Subjekts** (_Nicht der Artikel ist schlecht, sondern der Händler._) und der **N. des Objekts** (_Der Händler verkauft nichts._) unterscheiden.
Im Deutschen entspricht die doppelte N. (_nicht ungefährlich_) im Allgemeinen einer Bejahung (= _gefährlich_).

---

einer Aussage; **Ne·ga·ti'on** <f.; -, -en> 1 <Logik; Gramm.> _Verneinung;_ Partikel der ~; → a. Kasten 2 <geh.> _Ablehnung, Negierung;_ Ggs _Affirmation_ [lat.]; **Ne·ga·ti'ons·par·ti·kel** <f.; -, -n; Gramm.> → a. Kasten Partikel; **ne·ga'tiv** <a. ['---]; Adj.> Ggs _positiv_ 1 _verneinend, ablehnend;_ ~er Bescheid 2 _ergebnislos, ungünstig_ 3 _schlecht, schlimm;_ die Dinge zu ~ sehen 4 <Math.; Zeichen: -> _kleiner als Null_ 5 <Fot.> _umgekehrt (von Hell u. Dunkel)_ 6 <El.> ~er Pol; **'Ne·ga·tiv** <n.; -s, -e [-və]; Fot.> _Fotografie nach dem Entwickeln, bei der Hell und Dunkel bzw. die Farben gegenüber dem Original umgekehrt sind;_ Farb~; Schwarzweiß~; Ggs _Positiv;_ **'Ne·ga·ti·ve** <[-və]; f.; -, -n; geh.> _Ablehnung, Verneinung;_ **'Ne·ga·tiv·film** <m.; -(e)s, -e; Fot.> _Filmmaterial, aus dem Negative entstehen;_ Ggs _Umkehrfilm;_ **'Ne·ga·tiv·ge·schäft** <n.; -(e)s, -e; Wirtsch.> _Verlustgeschäft;_ **'Ne·ga·tiv·i·mage** <[-imidʒ]; n.; - od. -s [-imidʒiz]; unz.; ⬈Z 55>; **Ne·ga·ti·vi'tät**

'Nef·fe <m.; -n, -n> _Sohn des Bruders od. der Schwester_

Ne'gat <n.; -(e)s, -e; Logik> _Ergebnis der logischen Negation_

<[-vi-]; f.; -; unz.>; **'Ne·ga·ti·vum** <n.; -s, -va; geh.> Ggs *Positivum;* **Ne'ga·tor** <m.; -s, -'to·ren> 1 <Logik.; Math.> *Zeichen, das Negation ausdrückt* 2 <EDV> *binäre Grundschaltung;* **Ne·ga'tron,** <auch> **Ne·gat'ron** <n.; -s, -en; ↗Z53; Phys.> = *Elektron*

'Ne·ger <m.; -s, -; abwertend> *Schwarzer;* **'Ne·ge·rin** <f.; -, -n·nen; abwertend>; **'Ne·ger·kuss** <m.; -es, ⸗e> *ein Schaumgebäck;* **'Ne·ger·lein** <n.; -s, -; Verkleinerungsf. von> *Neger;* zehn kleine ~ *ein Kinderlied;* **'Ne·ger·skla·ve** <m.; -n, -n>

ne'gie·ren <V. t.> *verneinen;* **Ne'gie·rung** <f.; -, -en>

Ne·gli·gé, <auch> **Neg·li·gee** <[negli'ʒe:]; n.; -s, -s; ↗Z53, 18.4; geh.> *Nachthemd, leichter Morgenmantel* [frz.]

ne·go·zi'a·bel <Adj.; Wirtsch.> *handelsfähig* (von Dokumenten); negoziabler Wechsel [frz.]; **Ne·go·zi·a·ti'on** <f.; -, -en; Wirtsch.> *Verkauf (von Wertpapieren) durch eine Bank*

ne'grid, <auch> **neg'rid** <Adj.; ↗Z53; Anthrop.> [lat.]; **Ne'gri·de(r)** <f. 2 (m. 1); Anthrop.> *Angehörige(r) der dunkelhäutigen Menschenrasse Afrikas;* **ne·gro·'id** <Adj.; Anthrop.>; **Ne·gro'i·de(r)** <f. 2 (m. 1); Anthrop.> *Angehörige(r) einer den Negriden ähnlichen Menschenrasse;* **Ne·gro·spi·ri·tu·al** <['ni:grospiritjual]; m. od. n.; -s, -s> *relig. Lied der Schwarzen der amerikan. Südstaaten* [engl.]

'Ne·gus <m.; -, - od. -·se; früher Titel für> *Kaiser von Äthiopien* [äthiop.]

'neh·men <V. t. 189> 1 *ergreifen, fassen;* er nimmt den Koffer; das Auto ~ *benutzen;* Platz ~ *sich setzen;* er ist hart im Nehmen <fig.>; Geben ist seliger denn Nehmen 2 *wegnehmen, entziehen;* du hast mir die Freude daran genommen; sich das Leben ~ 3 *fest halten;* jmdn. bei der Hand ~; jmdn. ins Verhör ~ 4 *auffassen, betrachten als;* etwas nicht ernst ~; jmdn. zu ~ wissen 5 Abschied ~ *sich verabschieden;* nimm dich in Acht! pass auf!; in Angriff ~ *beginnen;*

in Kauf ~ *hinnehmen;* Rücksicht ~

'Neh·rung <f.; -, -en; Geogr.> *eine Meeresbucht (fast) abschließende, schmale Landzunge*

Neid <m.; -(e)s; unz.> *Missgunst;* jmds. ~ erwecken; der blanke ~ sprach aus ihm; **'nei·den** <V. t.> jmdm. etwas ~ *missgönnen;* **'Nei·der** <m.; -s, ->; **'neid·er·füllt** <Adj.; ↗Z29> mit ~em Blick; <aber> er war von Neid erfüllt; **'Neid·e·rin** <f.; -, -n·nen>; **'Neid·ham·mel** <m.; -s, -; umg.; abwertend> *jmd., der neidisch ist;* **'neid·isch** <Adj.> er ist ~ auf ihr neues Fahrrad; **'neid·los** <Adj.>; **'Neid·lo·sig·keit** <f.; -; unz.>; **'neid·voll** <Adj.>

'Nei·ge <f.; -, -n> 1 *Rest* (*im Glas od. Gefäß*); zur ~ gehen *zu Ende gehen;* bis zur (bitteren) ~ *völlig* 2 *Abhang, Senke;* **'nei·gen** <V. t./V. refl.> 1 *schräg stellen, senken;* geneigte Ebene 2 *zu Ende gehen;* der Tag neigt sich 3 *zu etwas ~ eine Vorliebe für etwas haben;* **'Nei·gung** <f.; -, -en>; **'Nei·gungs·e·he** <f.; -, -n; ↗Z55>

nein <Partikel d. Negation> ach ~; ~ u. nochmals ~!; Nein/ <auch> ~ sagen; ~, was für eine Überraschung!; Ggs *ja*; **'nein** <Adv.; umg.; kurz für> *hinein*

Nein <n.; - od. -s, - od. -s> *ablehnende Antwort;* das Ja u. das ~; ein ~ aussprechen; mit ~ stimmen; **'Nein·sa·ger** <m.; -s, ->; **'Nein·stim·me** <f.; -, -n>

Ne·kro·bi'o·se, <auch> **Nek·ro·bi·'o·se** <f.; -, -n; ↗Z53; Biol.; Med.> *Absterben von Zellen im Organismus* [grch.]; **Ne·kro'log** <m.; -(e)s, -e> *Nachruf;* **Ne·kro'mant** <m.; -en, -en; im Altertum> *jmd., der die Geister von Toten beschwört;* **Ne·kro·man'tie** <f.; -; unz.>; **ne·kro'phil** <Adj.; Psych.> *sexuelle Handlungen an Leichen vornehmend;* **Ne·kro·phi'lie** <f.; -; unz.; Psych.>; **Ne·kro'po·le** <f.; -, -n> *Totenstadt;* **Ne'kro·se** <f.; -, -n; Med.> *Absterben von Organen od. Organteilen;* **ne'kro·tisch** <Adj.; Med.> ~es Gewebe

'Nek·tar <m.; -s; unz.> 1 <Bot.>

zuckerhaltige Absonderung der Blüten 2 <grch. Myth.> *Unsterblichkeit verleihender Göttertrank* [grch.]; **Nek'ta·ri·en** <Bot.; Pl. von> *Nektarium;* **Nek·ta'ri·ne** <f.; -, -n; Bot.> *Pfirsichsorte mit glatter Haut;* **Nek·ta·ri·um** <n.; -s, -ri·en; Bot.> *Honigdrüse*

'Nek·ton <n.; -s; unz.; Biol.> *sich aktiv bewegende Tierwelt im Wasser* [grch.]; **nek·to·nisch** <Adj.; Biol.>

'Nel·ke <f.; -, -n; Bot.> 1 *eine Blume* 2 <kurz für> *Gewürznelke;* **'Nel·ken·öl** <n.; -(e)s; unz.>; **'Nel·ken·pfef·fer** <m.; -s; unz.> = *Piment;* **'Nel·ken·wurz** <f.; -; unz.; Bot.> *eine Staudenpflanze*

'Nel·son <m.; - od. -s, - od. -s; Ringen> *Nackenhebel* [engl.]

Ne·mat·hel'min·then <Pl.; Zool.> *Rundwürmer* [grch.]; **Ne·ma·ti'zid** <n.; -(e)s, -e> *Mittel gegen Wurmbefall;* **Ne·ma'to·den** <Pl.; Zool.> *Fadenwürmer*

'Ne·me·sis <f.; -; unz.> *strafende, ausgleichende Gerechtigkeit* [nach der grch. Rachegöttin]

NE-Me·tall <[en'e:-]; n.; -(e)s, -e; ↗Z34; Abk. für> *Nichteisenmetall*

'nen <umg.; kurz für> *einen*

'nen·nen <V. t. 190> *eine Bezeichnung, einen Namen geben;* sie nannte ihn einen Betrüger; etwas sein Eigen ~; nenne die wichtigsten Städte des Landes; **'nen·nens·wert** <Adj.> *erwähnenswert;* keine ~en Abweichungen; **'Nen·ner** <m.; -s, -; Math.> *Zahl unter dem Bruchstrich;* verschiedene Interessen auf einen ~ bringen <fig.>; Ggs *Zähler;* **'Nenn·form** <f.; -, -en; Gramm.> *Grundform, ungebeugte Form;* **'Nenn·leis·tung** <f.; -, -en; Tech.> *Leistung einer Maschine;* **'Nenn·on·kel** <m.; -s, ->; **'Nenn·tan·te** <f.; -, -n>; **'Nen·nung** <f.; -, -en> 1 *das Nennen* 2 <Sp.> *Anmeldung zum Wettbewerb;* **'Nen·nungs·geld** <n.; -(e)s, -er; Sp.>; **'Nen·nungs·lis·te** <f.; -, -n; Sp.> *Teilnehmerliste;* **'Nen·nungs·schluss** <m.; -es; unz.; Sp.> *Anmeldeschluss;* **'Nenn·wert** <m.; -(e)s, -e; Wirtsch.> *(aufgedruckter) Wert eines Zahlungsmittels;*

Neologismus: Ein N. oder ein Neuwort ist ein neu gebildeter sprachlicher Ausdruck (ein Wort oder eine Wendung), der meistens eine bisher nicht bekannte Erscheinung bezeichnet.
Dabei können

a) neue Wörter mithilfe von vorhandenen ↗Morphemen und Wörtern gebildet werden: *zögerlich, Ampelkoalition*

b) Bedeutungen übertragen werden: *Computervirus, im Internet surfen*

c) neue Bezeichnungen für bereits vorhandene Sachverhalte oder Gegenstände geprägt werden: *Raumpflegerin* (für *Putzfrau*), *Grundschule* (für *Volksschule*)

d) Wörter aus anderen Sprachen entlehnt werden: *Eat-Art, Brainstorming*

Vgl. ↗Erbwort, ↗Fremdwort

'**Nenn·wort** <n.; -(e)s, ⁻er; Gramm.> = *Substantiv*; → a. *Kasten Substantiv*

'**Nen·ze** <m.; -n, -n> = *Samojede*

ne·o..., **Ne·o...** <in Zus.> *neu..., Neu...* [grch.]; **Ne·o'dym** <n.; -s; unz.; Chem.; Zeichen: Nd> *ein chem. Element*; **Ne·o·fa'schis·mus** <m.; -; unz.; nach dem 2. Weltkrieg> *Wiederbelebung des Faschismus*; **Ne·o·fa'schist** <m.; -en, -en>; '**Ne·o·fa·schis·tin** <f.; -, -·nen>; '**ne·o·fa·schis·tisch** <Adj.>; **ne·o'gen** <Adj.; Geol.>; **Ne·o'gen** <n.; -s; unz.; Geol.> *Jungtertiär*; **Ne·o·klas·si'zis·mus** <m.; -; unz.> *Wiederbelebung des Klassizismus (als Kunstrichtung)*; **ne·o·klas·si'zis·tisch** <Adj.>; '**Ne·o·ko·lo·ni·a·lis·mus** <m.; -; unz.>; **ne·o'kom** <Adj.; Geol.>; **Ne·o·'kom** <n.; -s; unz.; Geol.> *Stufe der unteren Kreideformation* [lat.]; **Ne·o'li·thi·kum** <n.; -s; unz.; Geol.> *Jungsteinzeit* [grch.]; **ne·o'li·thisch** <Adj.; Geol.>; **Ne·o·lo'gis·mus** <m.; -, -men> *Wortneubildung*; → a. *Kasten* [grch.]; **Ne·o·'mar'xis·mus** <m.; -; unz.; Pol.>

'**Ne·on** <n.; -s; unz.; Chem.; Zeichen: Ne> *ein Edelgas* [grch.]

Ne·o·na·to·lo'ge <m.; -n, -n; Med.>; **Ne·o·na·to·lo'gie** <f.; -;

---

unz.; Med.> *Lehre von der Physiologie und Pathologie Neugeborener*; **Ne·o·na·to·lo·gin** <f.; -, -·nen; Med.>; '**Ne·o·na·zi** <m.; -s, -s; abwertend; kurz für> *Neonazist*; **Ne·o·na'zis·mus** <m.; -; unz.> *Neofaschismus*; **Ne·o·na'zist** <m.; -en, -en>; **Ne·o·na'zis·tin** <f.; -, -·nen>; **ne·o·na'zis·tisch** <Adj.>

'**Ne·on·fisch** <m.; -(e)s, -e; Zool.>; '**Ne·on·licht** <n.; -(e)s, -er>; '**Ne·on·röh·re** <f.; -, -n; El.> *mit Neon gefüllte Leuchtstoffröhre*

Ne·o'phyt <m.; -en, -en> **1** <in der urchristl. Gemeinde> *Neugetaufter* **2** <Bot.> *in einem Gebiet neu angesiedelte Pflanzenart* [grch.]; **Ne·o'phy·ti·kum** <n.; -s; unz.; Geol.> = *Känophytikum*; **Ne·o'plas·ma** <n.; -s; unz.; Med.> *neu gebildetes Gewebe, Tumor*; **Ne·o·plas·ti'zis·mus** <m.; -; unz.; Mal.> *Stilrichtung der modernen Malerei*; **Ne·o·po·si·ti·vis·mus** <[-'vis-]; m.; -; unz.; Philos.> *Wiederbelebung des Positivismus im 20. Jh.*; **Ne·o'pren**, <auch> **Ne·op'ren** <n.; -s; unz.; ↗Z53; Warenz.> *ein synthet. Kautschuk*; **Ne·o·re·a'lis·mus** <m.; -; unz.> = *Neoverismus*; **Ne·o'tro·pis** <f.; -; unz.; Geogr.> *Süd- u. Mittelamerika umfassendes Tier- u. Pflanzengebiet*; **ne·o'tro·pisch** <Adj.; Geogr.> *~e Region*; **Ne·o·ve'ris·mus** <[-ve-]; m.; -; unz.; bes. Lit.; Film; nach 1945> *Wiederbelebung des Verismus*; **Ne·o·zo·i·kum** <[-'tso:i-]; n.; -s; unz.; Geol.> = *Känozoikum*; **ne·o'zo·isch** <Adj.; Geol.>

'**Ne·pal** <a. [-'-]> *südasiat. Staat im Himalaya*; *Königreich ~*; **Ne·'pa·ler** <m.; -s, ->; **Ne'pa·le·rin** <f.; -, -n·nen>; **Ne·pa'le·se** <m.; -n, -n>; **Ne·pa'le·sin** <f.; -, -n·nen>; **ne·pa'le·sisch**, **ne·pa'lisch** <Adj.>

'**Ne·per** <n.; -s, -; Math.; Zeichen: N od. Np> *Maßeinheit zum Vergleich von zwei Werten einer Größe* [nach dem engl. Mathematiker John *Napier*]

Ne·phe'lin <m.; -s, -e; Min.> *ein farbloses Mineral* [grch.]; **Ne·phe·lo·me'trie**, <auch> **Ne·phe·lo·met'rie** <f.; -, -n; ↗Z53;

Chem.> *Messung der Trübung von Flüssigkeiten od. Gasen*; **Ne·phel·op'sie**, <auch> **Ne·phe·lop'sie** <f.; -; unz.; ↗Z54; Med.> *Nebelsehen des Auges*; **Ne·pho'skop**, <auch> **Ne·phos·'kop** <n.; -(e)s, -e; ↗Z54; Meteor.> *Wolkenmesser*

Ne·phral'gie, <auch> **Neph·ral·'gie** <f.; -, -n; ↗Z54; Med.> *Nierenschmerz* [grch.]; **Ne·phrek·to·'mie** <f.; -, -n> *Entfernung einer Niere*; **Ne'phrit** <m.; -s, -e; Min.> *ein Mineral*; **Ne'phri·tis** <f.; -, -'ti·den; Med.> *Nierenentzündung*; **Ne·phro'lith** <m.; -s, -e> *Nierenstein*; **Ne·phro·lo'gie** <f.; -; unz.> *Lehre von den Nierenkrankheiten*; **ne·phro·lo·gisch** <Adj.>; **Ne'phrom** <n.; -s, -e> *Nierentumor*; '**Ne·phron** <n.; -s, -'phro·nen> *kleinster Elementarapparat der Niere*

Ne'po·te <m.; -n, -n; veralt.> *Vetter, Verwandter* [lat.]; **Ne·po'tis·mus** <m.; -; unz.> *Vetternwirtschaft*; **ne·po'tis·tisch** <Adj.>

Nepp <m.; -s; unz.; umg.> *Übervorteilung*; *'neppen* <V. t.; umg.> jmdn. ~ *übervorteilen*; **Nep·pe'rei** <f.; -, -en; umg.>

'**Nep·tun** <a. [-'-]; m.; -s; unz.> **1** <Myth.> *röm. Meeresgott* **2** <Astr.> *ein Planet*; **Nep'tu·nie** <[-niə]; f.; -, -n; Bot.> *ein Mimosengewächs*; **nep'tu·nisch** <Adj.>; **Nep·tu'nis·mus** <m.; -; unz.; Geol.> *widerlegte Annahme, dass Gesteine aus dem Meerwasser entstanden sind*; **Nep'tu·ni·um** <n.; -s; unz.; Chem.; Zeichen: Np> *ein radioaktives Element*

Ne·re·i·de <[-'re'i:-]; f.; -, -n> **1** <grch. Myth.> *Meerjungfrau* **2** <Zool.> *Borstenwurm* [grch.]

'**Nerf·ling** <m.; -s, -e; Zool.> *ein Süßwasserfisch*

ne'ri·tisch <Adj.; Geogr.> *dem Flachmeer zugehörig* [grch.]

'**Nernst·glei·chung**, <auch> '**Nernst-Glei·chung** <f.; -, -en; ↗Z35; Phys.> *Gleichung zur Berechnung elektrochemischer Spannungen*; '**Nernst·lam·pe**, <auch> '**Nernst-Lam·pe** <f.; -, -n; Phys.> *eine Lichtquelle mit sehr weißem Licht* [nach dem dt. Physiker W. *Nernst*]

Nerv <[nɛrf]; m.; -s, -en> **1**

<Med.> *faserartiges Gebilde zur Weiterleitung von Reizen* 2 <fig.> *psychische Verfassung, Nervensystem;* jmdm. auf die ~en fallen; mit den ~en herunter sein 3 <Bot.> *Skelett des Pflanzenblattes* 4 <Zool.> *Ader in Insektenflügeln* [lat.]; **ner·val** <[-'va:l]; Adj.; Med.> *zu den Nerven gehörend;* **Ner·va'tur** <[-va-]; f.; -, -en; Bot.; Zool.> *Gesamtheit der Nerven;* → a. *Nerv(3, 4);* **'ner·ven** <V. i./V. t.; umg.> *stören, lästig sein;* er nervt (mich); **'Ner·ven·an·span·nung** <f.; -; unz.> *starke seelische Anspannung;* **'ner·ven·auf·rei·bend** <Adj.; ⤢Z29> ~e Angelegenheit; **'Ner·ven·bahn** <f.; -, -en; Med.>; **'Ner·ven·blo·cka·de** <f.; -, -n; Med.>; **'Ner·ven·bün·del** <n.; -s, -; Med.> er ist nur noch ein ~ <fig.>; **'Ner·ven·ent·zün·dung** <f.; -, -en; Med.>; **'Ner·ven·fa·ser** <f.; -, -n; Med.>; **'Ner·ven·gift** <n.; -(e)s, -e>; **'Ner·ven·heil·an·stalt** <f.; -, -en; veralt.> *psychiatr. Klinik;* **'Ner·ven·heil·kun·de** <f.; -; unz.> = *Neurologie;* **'Ner·ven·kit·zel** <m.; -s, -; fig.> *(erwünschte) Nervenanspannung;* **'Ner·ven·kos·tüm** <n.; -s; unz.; fig.; umg.> ein schwaches ~ haben; **'Ner·ven·kraft** <f.; -, ⁼e>; **'ner·ven·krank** <Adj.>; **'Ner·ven·krank·heit** <f.; -, -en; Med.>; **'Ner·ven·lei·den** <n.; -s, ->; **'Ner·ven·sa·che** <f.; -, -n> das ist reine ~; **'Ner·ven·sä·ge** <f.; -, -n; fig.; umg.> *lästige Person;* **'Ner·ven·schmerz** <m.; -es, -en; Med.>; **'ner·ven·schwach** <Adj.>; **'Ner·ven·schwä·che** <f.; -; unz.>; **'ner·ven·stark** <Adj.>; **'Ner·ven·stär·ke** <f.; -; unz.>; **'Ner·ven·sys·tem** <n.; -s, -e; Anat.>; **'Ner·ven·zel·le** <f.; -, -n; Anat.>; **'ner·ven·zer·rüt·tend** <Adj.; ⤢Z29>; **'Ner·ven·zu·sam·men·bruch** <m.; -(e)s, ⁼e; Med.> *völliges Versagen des Nervensystems aufgrund (seelischer) Überbelastung;* **'ner·vig** <Adj.; fig.> 1 *sehnig, kraftvoll* 2 <umg.> *nervös;* **'nerv·lich** <Adj.>; **ner·vös** <[-'vø:s]; Adj.> 1 *zu den Nerven gehörend* 2 *überempfindlich, leicht erregbar* [frz.]; **Ner·vo·si·**

tät <[-vo-]; f.; -; unz.>; **'nerv·tö·tend** <Adj.; umg.> *sehr strapaziös, unerträglich*

Nerz <m.; -es, -e> 1 <Zool.> *ein Pelztier* 2 *dessen Fell;* **'Nerz·farm** <f.; -, -en>; **'Nerz·man·tel** <m.; -s, ⁼>; **'Nerz·öl** <n.; -(e)s, -e>

'Nes·ca·fé <m.; -s; unz.; Warenz. für> *lösliches Kaffeepulver*

'Nes·chi <[-çi] od. [-ki]; n. od. f.; -; unz.> *kursive arabische Schreibschrift* [arab.]

'Nes·sel¹ <f.; -, -n; Bot.> = *Brennnessel;* **'Nes·sel²** <m.; -s; unz.; Textilw.> *ein Gewebe;* **'Nes·sel·aus·schlag** <m.; -(e)s, ⁼e; Med.>; **'Nes·sel·stoff** <m.; -(e)s, -e; Textilw.>; **'Nes·sel·sucht** <f.; -; unz.; Med.>; **'Nes·sel·tier** <n.; -(e)s, -e; Zool.> *ein Hohltier*

Nes·ses'sär <n.; -s, -s; ⤢Z11.2> = *Necessaire*

'Nes·sus·ge·wand, 'Nes·sus·hemd <n.; -(e)s; unz.; grch. Myth.> *Verderben bringendes Gewand bzw. Geschenk*

Nest <n.; -(e)s, -er> 1 *Wohn- u. Brutstätte von Tieren;* Vogel~; Wespen~; sein eigenes ~ beschmutzen <fig.> *über die eigene Familie, Firma o. Ä. schlecht reden;* sich ins gemachte ~ setzen <fig.> 2 *Schlupfwinkel* 3 <umg.; abwertend> *kleiner Ort;* **'Nest·bau** <m.; -(e)s; unz.>; **'Nest·be·schmut·zer** <m.; -s, -; fig.; abwertend> → a. *Nest(1);* **'Nest·chen** <n.; -s, - od. 'Nes·ter·chen; Verkleinerungsf. von> *Nest*

'Nes·tel <f.; -, -n; veralt., noch umg.> *Band, Schnur;* **'nes·teln** <V. i.; ich nest(e)le; du nestelst; sie nestelt> *herumfingern, zu lösen versuchen;* an etwas ~ **'Nes·ter·chen** <Pl. von> *Nest;* **'Nest·flüch·ter** <m.; -s, -; Zool.> *das Nest verlassendes Vogeljunges;* **'Nest·häk·chen** <n.; -s, -> *jüngstes Kind der Familie;* **'Nest·ho·cker** <m.; -s, ->; **'Nest·ling** <m.; -s, -e; Zool.> *noch nicht flügges Vogeljunges*

'Nes·tor <m.; -s, -'to·ren; fig.; geh.> *ältester u. herausragender Vertreter eines Fachgebietes* [nach *Nestor,* dem grch. König von Pylos]

'nest·warm <Adj.> ein ~es Ei; **'Nest·wär·me** <f.; -; unz.; fig.> *Geborgenheit*

Net <[net]; n.; -s, -s; kurz für> *Internet, Computernetz* [engl.]

'Net·su·ke <a. ['nɛtske]; f.; -, - od. -s od. n; - od. -s, - od. -s, od. -s> *japanischer Gürtelknopf* [jap.]

net·sur·fen <['nɛtsə:fən]; V. i.; EDV; umg.; salopp> *im Internet herumsuchen* [engl.]; **Net·sur·fing** <['nɛtsə:fiŋ]; n.; - od. -s; unz.; EDV>

nett <Adj.; -er, am -es·ten> 1 *freundlich, liebenswürdig, angenehm;* eine ~e Geste; der Abend war ~ 2 <umg.> *stattlich;* eine ~e Summe; **net·ter·wei·se** <Adv.>; **'Net·tig·keit** <f.; -, -en> jmdm. ~en sagen

'net·to <Adv.; Kaufmannsspr.> Ggs *brutto* 1 *nach Abzug der Verpackung* 2 *nach Abzug der Unkosten od. Steuern;* er verdient ~ 2000 Euro [ital.]; **'Net·to·ein·kom·men** <n.; -s, ->; **'Net·to·ein·nah·me** <f.; -, -n>; **'Net·to·er·trag** <m.; -(e)s, ⁼e>; **'Net·to·ge·wicht** <n.; -(e)s, -e>; **'Net·to·ge·winn** <m.; -(e)s, -e>; **'Net·to·preis** <m.; -es, -e>; **'Net·to·re·gis·ter·ton·ne** <f.; -, -n; Abk.: NRT;>; **'Net·to·so·zi·al·pro·dukt** <n.; -(e)s, -e; Wirtsch.>; **'Net·to·ver·dienst** <m.; -(e)s, -e>

Network <[netwəːk]; n.; -s, -s; Bez. für> *Netzwerk* [engl.]

Netz <n.; -es, -e> 1 *geknüpftes Maschenwerk;* jmdn. ins ~ locken 2 *haarfeines Gespinst;* Spinnen~ 3 *System sich kreuzender Linien;* Eisenbahn~ 4 <El.> *System elektr. Schaltungen;* Telefon~ 5 <EDV; umg.> *Internet;* **'Netz·an·schluss** <m.; -es, ⁼e; El.>; **'netz·ar·tig** <Adj.>; **'Netz·au·ge** <n.; -s, -n; Zool.> *Facettenauge;* **'Netz·ball** <m.; -(e)s, ⁼e; Sp.>; **'net·zen** <V. t.; du netzt; geh.> *benetzen, befeuchten;* **'Netz·flüg·ler** <m.; -s, -; Zool.> *ein Insekt;* **'Netz·haut** <f.; -, ⁼e; Anat.> ~ des Auges; **'Netz·haut·ab·lö·sung** <f.; -, -en; Med.>; **'Netz·haut·ent·zün·dung** <f.; -, -en; Med.>; **'Netz·hemd** <n.; -(e)s, -en> *netzartiges Hemd;* **'Netz·kar·te** <f.; -, -n; Verkehrsw.> *Fahrkarte für ein* *best. Verkehrsnetz;* **'Netz·span·nung** ‹f.; -, -en; El.› *elektr. Spannung in Stromversorgungsnetzen;* **'Netz·spiel** ‹n.; -(e)s, -e; Sp.› *Ballspiel, bei dem der Ball über ein Netz zu schlagen ist;* **'Netz·ste·cker** ‹m.; -s, -; El.›; **'Netz·strumpf** ‹m.; -(e)s, ⁼e›; **'Netz·werk** ‹n.; -(e)s, -e› **1** *netzartiges Gefüge;* ein ~ von Röhren **2** ‹El.› *Anordnung von Bau- od. Schaltelementen zu einem Netz*

neu ‹Adj.; -er, am -es·ten; ⬈Z46› Ggs *alt* **1** *seit kurzem vorhanden, bekannt, modern;* das ~e Jahr; alles Gute zum ~en Jahr; die ~ere Kunst; die ~este Mode; alt gegen ~; der ~este Stand der Forschung; die Neue Musik; die Neue Welt *Amerika;* die Neuen Wilden ‹Mal.›; die ~esten Nachrichten; seit ~estem **2** ‹Getrenntschreibung mit Verben u. Part.› *der* ~ ernannte Bürgermeister; ein ~ eröffnetes Geschäft; ~ gebackenes Brot; ein ~ vermähltes Paar; ‹aber› → *neugeboren;* ein ~ gestaltetes Geschäft; eine ~ gegründete Firma **3** ‹⬈Z42› ich habe nichts darüber gehört; er hat viel Neues erlebt; das ist mir nichts Neues; was gibt es Neues?; weißt du schon das Neueste?; das Neueste vom Neuen; das Alte u. das Neue **4** *anders als früher;* ein ~es Leben beginnen **5** *sich anschließend, zusätzlich, erneut;* die ~en Bundesländer ‹seit der dt. Wiedervereinigung 1990› *die ostdt. Bundesländer;* die ~e Linke ‹Pol.›; die ~e Mathematik; die ~en Medien; die Neue Sachlichkeit ‹Mal.›; das Alte u. das Neue Testament ‹Theol.›; an einem ~en Werk arbeiten; von ~em anfangen; aufs Neue; auf ein Neues; ein Buch ~ auflegen, bearbeiten; ~ bauen; etwas ~ formulieren; ~ geschaffene Anreize; ein Stück ~ inszenieren; ein Zimmer ~ vorrichten *renovieren* **6** *noch ungebraucht;* die Möbel sind ~

'Neu·an·fang ‹m.; -(e)s, ⁼e›
'Neu·an·kömm·ling ‹m.; -s, -e›
'Neu·an·schaf·fung ‹f.; -, -en›
'neu·a·pos·to·lisch ‹Adj.; ⬈Z46, 55; Rel.› Neuapostolische Kirche
'neu·ar·tig ‹Adj.› *noch nicht da gewesen;* **'Neu·ar·tig·keit** ‹f.; -; unz.›
'Neu·auf·füh·rung ‹f.; -, -en; Theat.›
'Neu·auf·la·ge ‹f.; -, -n; Buchw.› bearbeitete, unbearbeitete ~ eines Wörterbuchs; **'Neu·aus·ga·be** ‹f.; -, -n; Buchw.›
'Neu·bau ‹m.; -(e)s, -ten›; **'Neu·bau·ge·biet** ‹n.; -(e)s, -e›; **'Neu·bau·vier·tel** ‹n.; -s, -›; **'Neu·bau·woh·nung** ‹f.; -, -en›
'Neu·be·ar·bei·tung ‹f.; -, -en›
'Neu·be·ginn ‹m.; -(e)s; unz.›
'Neu·bil·dung ‹f.; -, -en› eine sprachliche ~
'Neu·bür·ger ‹m.; -s, -›; **'Neu·bür·ge·rin** ‹f.; -, -nen›
Neu-'Del·hi Hauptstadt von Indien
'neu·deutsch ‹Adj.; meist abwertend› **1** *im Deutschen neu gebrauchten, modischen Wörter betreffend* **2** *dem neuen, modischen dt. Lebensstil entsprechend*
'Neu·druck ‹m.; -(e)s, -e›
'Neue ‹f.; -; unz.; Jägerspr.› *Neuschnee*
'Neu·ein·stu·die·rung ‹f.; -, -en; bes. Theat.›
'Neu·en·burg *schweiz. Stadt u. Kanton*
Neu'eng·land *nordöstliche Staatengruppe der USA;* **neu'eng·lisch** ‹Adj.›
'Neu·ent·de·ckung ‹f.; -, -en› eine wissenschaftliche ~
'neu·er·dings ‹Adv.› *seit kurzem;* **'Neu·e·rer** ‹m.; -s, -›; **'Neu·e·rin** ‹f.; -, -nen›; **'neu·er·lich** ‹Adj.› einen ~en Versuch starten
'Neu·er·öff·nung ‹f.; -, -en›
'Neu·er·schei·nung ‹f.; -, -en; Buchw.› Vorstellung der ~en auf der Buchmesse
'Neu·e·rung ‹f.; -, -en›
'Neu·er·wer·bung ‹f.; -, -en›; **'neu·es·tens** ‹Adv.›
Neu'fund·land *eine kanad. Provinz;* **Neu'fund·län·der** ‹m.; -s, -› **1** *Einwohner von Neufundland* **2** *eine Hunderasse;* **Neu·'fund·län·de·rin** ‹f.; -, -nen›; **neu'fund·län·disch** ‹Adj.›
'neu·ge·bo·ren ‹Adj.› sich wie ~

fühlen; → a. *neu;* **'Neu·ge·bo·re·ne(s)** ‹n. 3›
'Neu·ge·stal·tung ‹f.; -, -en›
'Neu·gier, 'Neu·gier·de ‹f.; -; unz.› *Begierde, Neuigkeiten zu erfahren;* aus reiner ~ fragen; seine ~ befriedigen; **'neu·gie·rig** ‹Adj.› *voller Neugier*
'Neu·go·tik ‹f.; -; unz.; Arch.; im 18./19. Jh.› *Wiederbelebung gotischer Bauformen;* **'neu·go·tisch** ‹Adj.›
'Neu·grad ‹n.; -(e)s, -e; Math.› = *Gon*
'neu·grie·chisch ‹Adj.› *das heutige Griechenland (u. seine Sprache) betreffend;* die ~e Sprache; das Neugriechische
'Neu·grün·dung ‹f.; -, -en› ~ eines Vereins
Neu'gui·nea ‹‹-[-gi-]› *Insel nördl. von Australien;* **Neu'gui·ne·er** ‹m.; -s, -›; **Neu'gui·ne·e·rin** ‹f.; -, -nen›; **neu'gui·ne·isch** ‹Adj.›
'neu·he·brä·isch, ‹auch› **'neu·heb·rä·isch** ‹Adj.; ⬈Z53› ~e Sprache; das Neuhebräisch(e) *die heute in Israel gesprochene Sprache*
'neu·he·ge·li·a·nisch ‹Adj.; Philos.›; **'Neu·he·ge·li·a·nis·mus** ‹m.; -; unz.; Philos.; im 20. Jh.› *Weiterentwicklung der Philosophie Hegels*
'Neu·heit ‹f.; -, -en› die ~en der Herbstmode
'neu·hoch·deutsch ‹Adj.; Abk.: nhd.› ~e Sprache; das Neuhochdeutsch(e) *die dt. Sprache vom 14. Jh. bis zur Gegenwart;* → a. *Kasten S. 752*
'Neu·hu·ma·nis·mus ‹m.; -; unz.› *Wiederbelebung des Humanismus seit 1750;* **'neu·hu·ma·nis·tisch** ‹Adj.›
'Neu·ig·keit ‹f.; -, -en› jmdm. eine ~ mitteilen
'Neu·in·sze·nie·rung, ‹auch› **'Neu·ins·ze·nie·rung** ‹f.; -, -en; ⬈Z54; Theat.›
'Neu·jahr ‹n.; -(e)s; unz.› *der erste Tag eines neuen Jahres;* Prosit ~!; **'Neu·jahrs·fest** ‹n.; -(e)s, -e›; **'Neu·jahrs·gruß** ‹m.; -es, ⁼e›; **'Neu·jahrs·tag** ‹m.; -(e)s, -e›
'neu·kan·ti·a·nisch ‹Adj.; Philos.›; **'Neu·kan·ti·a·nis·mus** ‹m.; -; unz.; Philos.; Ende des

N

Neuhochdeutsch: Als N. bezeichnet man die Schriftform der deutschen Sprache, die seit dem 14. Jahrhundert in Gebrauch genommen wurde. Die Entwicklung des N. beginnt mit dem ↗Frühneuhochdeutschen ca. 1350 n. Chr. Die Entstehung einer einheitlichen deutschen Schriftsprache ist vor allem durch die Erfindung des Buchdrucks (1450 durch Johannes Gutenberg) und die Bibelübersetzung Martin Luthers begünstigt worden. Die heutige Form des Deutschen beruht auf ostmitteldeutschen Dialekten, insbes. dem Meißnischen Deutsch, das sich bis zum 16. Jahrhundert als schriftliches Verständigungsmittel herausgebildet hatte.
Vgl. ↗Althochdeutsch, ↗Mittelhochdeutsch

19. Jh.> *Weiterentwicklung der Philosophie Kants*
'Neu·kauf <m.; -(e)s, ⁻e>
'Neu·klas·si·zis·mus <m.; -; unz.; bes. Lit.> *Wiederbelebung klassischer Ideale (um 1900)*
'Neu·land <n.; -(e)s; unz.> ~ betreten <fig.>
'neu·la·tei·nisch <Adj.> *~e Sprache; das Neulatein(e)* im Humanismus entwickelte Form *der lateinischen Sprache*
'neu·lich <Adv.> *kürzlich;* **'Neuling** <m.; -s, -e> *Anfänger*
'Neu·me <f.; -, -n; Mus.; im MA> *Notenzeichen* [grch.]; **neu·mie·ren** <V. t.>
'neu·mo·disch <Adj.; häufig abwertend> *eine ~e Unsitte*
'Neu·mond <m.; -(e)s; unz.> *Mondphase, während der der Mond nicht zu sehen ist*
neun <Num.; Kardinalzahl; in Ziffern: 9> *alle neun(e) werfen (beim Kegeln);* sie kommen zu ~en <od.> ~t; → a. *acht, vier,*
Neun <f.; -, -en> **1** *die Zahl 9* **2** *die Ziffer 9;* soll das eine ~ sein?; mit der (Straßenbahn Nr.) ~ *fahren* **3** *Spielkarte mit neun Zeichen* **4** *ach du grüne ~e! (Ausruf);* **'Neun·au·ge** <n.; -s, -n; Zool.> *ein fischähnl. Wirbeltier;* **'Neun·eck** <n.; -(e)s, -e; Math.>; **'Neun·eckig** <Adj.>; **'Neu·ner** <m.; -s, -; umg.> *Neun;* **'neun·fach** <Adj.;

↗Z34.1; in Ziffern: 9fach> etwas ~ wiederholen; das Neunfache eines Betrags; **'neun·hundert** <Num.; in Ziffern: 900>;
'neun·mal·klug <Adj.; umg.; abwertend> *besserwisserisch, naseweis;* **'neun·schwän·zig** <Adj.; nur in der Wendung> *~e Katze Peitsche mit neun Riemen;*
'neun·te(r, -s) <Num.; Ordnungszahl von> *neun;* der ~ September; er kam als Neunter; → a. *achte(r, -s);* **'neun·tel** <Adj.; in Ziffern: 1/9>; **'Neun·tel** <n. od. (schweiz.) m.; -s, -> *neunter Teil;* **'neun·tens** <Adv.; in Ziffern: 9.>; **'Neun·tö·ter** <m.; -s, -; Zool.> *ein Singvogel;* **'neun·zehn** <Num.; in Ziffern: 19>; **'neun·zig** <Num.; in Ziffern: 90> → a. *achtzig*
'Neu·ord·nung <f.; -, -en>
'Neu·o·ri·en·tie·rung <f.; -, -en>
'Neu·phi·lo·lo·ge <m.; -n, -n>
'Neu·phi·lo·lo·gie <f.; -; unz.> *Philologie der lebenden Sprachen;* **'Neu·phi·lo·lo·gin** <f.; -, -nnen>; **'neu·phi·lo·lo·gisch** <Adj.>
'Neu·pla·to·nis·mus <m.; -; Philos.> *Weiterentwicklung des Platonismus im 3.-6. Jh. n. Chr.*
'Neu·preis <m.; -es, -e>
neu'ral <Adj.> *die Nerven betreffend* [grch.]; **Neu·ral'gie**, <auch> **Neu·ral'gie** <f.; -, -n; ↗Z54; Med.> *Nervenschmerz;* **Neur'al·gi·ker** <m.; -s, ->; **neur·al'gisch** <Adj.>; **Neu'ral·plat·te** <f.; -, -n; Anat.> *erste Anlage des Zentralnervensystems;* **Neu'ral·the·ra·pie** <f.; -, -n; Med.>; **Neur·as·the'nie**, <auch> **Neu·ras·the'nie** <f.; -, -n; ↗Z54; Med.> *nervöse Übererregbarkeit;* **neur·as'the·nisch** <Adj.; Med.>
'Neu·re·ge·lung, 'Neu·reg·lung <f.; -, -en>
'neu·reich <Adj.>; **'Neu·rei·che(r)** <f. 2 (m. 1); häufig abwertend>
'Neu·ries <n.; -es, -e> *ein Papiermaß*
Neu'rin <n.; -s; unz.> *Leichengift;* **Neu·ri'nom** <n.; -s, -e; Med.> *Tumor der Nervenfasern* [grch.]; **Neu'rit** <m.; -s, -e; Anat.> *Nervenfaser;* **Neu'ri·tis** <f.; -, -'ti·den; Med.> *Nervenentzündung;* **neu'ri·tisch** <Adj.; Med.>;

'Neu·ro·bi·o·lo·gie <f.; -; unz.> *Teilgebiet der Biologie, das sich mit dem Nervensystem befasst;*
Neu·ro'blast <m.; -en, -en; Anat.> *nicht ausgereifte Nervenzelle;* **Neu·ro·chi'rurg**, <auch> **Neu·ro·chi'rurg** <[-çir-]; m.; -en, -en; ↗Z54; Med.>; **Neu·ro·chir·ur'gie** <f.; -; unz.> *Teilgebiet der Chirurgie, das sich mit Eingriffen am Nervensystem befasst;* **Neu·ro·chir·ur·gin** <f.; -, -n·nen>; **neu·ro·chir·ur·gisch** <Adj.>; **Neu·ro·der'mi·tis** <f.; -, -'ti·den; Med.> *eine Hautkrankheit;* **'Neu·ro·fi·bril·le** <f.; -, -n; ↗Z53; Anat.> *feinste, leitende Faser der Nervenzelle;* **Neu·ro'glia**, <auch> **Neu·rog'lia** <f.; -; unz.; ↗Z53; Anat.> *Hüll- u. Stützgewebe des Nervensystems;* **Neu·ro·lin·gu'is·tik** <f.; -; unz.; Sprachw.> *Teilgebiet der Linguistik, das sich mit Sprachstörungen befasst;* **neu·ro·lin·gu'is·tisch** <Adj.; Sprachw.>; **Neu·ro'lo·ge** <m.; -n, -n; Med.>; **Neu·ro·lo'gie** <f.; -; unz.; Med.> *Lehre von den Nervenerkrankungen;* **Neu·ro'lo·gin** <f.; -, -n·nen; Med.>; **neu·ro'lo·gisch** <Adj.; Med.>; **Neu'rom** <n.; -s, -e; Med.> *Geschwulst der Nervenfasern*
'Neu·ro·man·tik <f.; -; unz.; Lit.; Mus.> *Wiederbelebung der Romantik (um 1900);* **'neu·ro·man·tisch** <Adj.>
'Neu·ron <n.; -s, -'ro·nen od. 'Neu·ren; Anat.> *Nervenzelle* [grch.]; **neu·ro'nal** <Adj.>; **Neu·ro·phy·si·o·lo·ge** <m.; -n, -n; Med.>; **Neu·ro·phy·si·o·lo·gie** <f.; -; unz.; Med.> *Teilgebiet der Physiologie, das sich mit dem Nervensystem befasst;* **Neu·ro·phy·si·o·lo·gin** <f.; -, -n·nen; Med.>; **neu·ro·phy·si·o·lo·gisch** <Adj.; Med.>; **neu·ro'psy·chisch** <Adj.; Psych.>; **Neu·ro·psy·cho'lo·ge** <m.; -n, -n; Psych.>; **Neu·ro·psy·cho·lo'gie** <f.; -; unz.; Psych.> *Teilgebiet der Psychologie, das sich mit psychischen Faktoren u. dem Nervensystem befasst;* **Neu·ro·psy·cho'lo·gin** <f.; -, -n·nen; Psych.>; **Neu·ro'pte·re**, <auch> **Neu·rop'te·re** <f.; -, -n; ↗Z54;

Zool.> = *Netzflügler*; **Neu·ro·se** <f.; -, -n; Psych.; Med.> *psychische Erkrankung*; Angst~; Zwangs~; **Neu·ro·ti·ker** <m.; -s, -; Psych.; Med.>; **Neu·ro·ti·ke·rin** <f.; -, -nnen; Psych.; Med.>; **neu·ro·tisch** <Adj.; Psych.; Med.> **Neu·ro·to'mie** <f.; -, -n; Med.> *Nervenschnitt*; **Neu·ro·trans·mit·ter** <m.; -s, -; Anat.> *Substanz zur Erregungsübertragung an Nervenenden*

'Neu·schnee <m.; -s; unz.>

'Neu·schöp·fung <f.; -, -en>

Neu·see·land *Inselstaat im Pazifischen Ozean*; **Neu'see·län·der** <m.; -s, ->; **Neu'see·län·de·rin** <f.; -, -·nnen>; **neu'see·län·disch** <Adj.>

'Neu·sil·ber <n.; -s; unz.> *eine Legierung aus Kupfer, Nickel u. Zink*; **'neu·sil·bern** <Adj.>

'Neu·sprach·ler <m.; -s, -> *Neuphilologe*; **'Neu·sprach·le·rin** <f.; -, -nnen>; **'neu·sprach·lich** <Adj.> ~er Unterricht

'Neus·ton <n.; -s; unz.> Biol.> *Gemeinschaft von Organismen auf der Wasseroberfläche* [grch.]

'Neu·tes·ta·ment·ler <m.; -s, -; Theol.>; **'neu·tes·ta·ment·lich** <Adj.; Theol.>

'Neu·tö·ner <m.; -s, -; Mus.; häufig abwertend> *Vertreter der Neuen Musik*; **'neu·tö·ne·risch** <Adj.>

'Neu·tra, <auch> **'Neut·ra** <↗Z53; Pl. von> *Neutrum*; **neu'tral** <Adj.> **1** *unbeteiligt, unparteiisch* **2** <Chem.> *weder sauer noch basisch reagierend* **3** <Gramm.> *sächlich*; **Neu·tra·li·sa·ti·on** <f.; -, -en>; **neu·tra·li·sie·ren** <V. t.>; **Neu·tra·li·'sie·rung** <f.; -, -en>; **Neu·tra·'lis·mus** <m.; -; unz.; Pol.>; **neu·tra·lis·tisch** <Adj.>; **Neu·tra·li·'tät** <f.; -; unz.>; **Neu·tra·li·'täts·er·klä·rung** <f.; -, -en; Pol.>; **Neu·tra·li·'täts·ver·let·zung** <f.; -, -en>; **'Neu·tren** <Pl. von> *Neutrum*; **Neu'tri·no** <n.; -s, -s; Phys.; Zeichen: n> *beim Betazerfall entstehendes Elementarteilchen*; **Neu'tron** <n.; -s, -'tro·nen; Phys.; Zeichen: n> *ein elektrisch neutrales Teilchen (Bestandteil des Atomkerns)*; **Neu'tro·nen·bom·be**, **Neu·tro·nen·waf·fe** <f.; -, -n> *eine Atom-*

---

bombe; **'Neu·trum** <n.; -s, -tra od. -tren; Gramm.; Abk.: n.> **1** *sächliches Genus*; → a. *Kasten* **2** *Nomen od. Pronomen im Neutrum(1)*

'Neu·ver·mähl·te(r) <f. 2 (m. 1)> → a. *neu(1)*

'Neu·ver·schul·dung <f.; -, -en>

'Neu·wa·gen <m.; -s, ->

'Neu·wahl <f.; -, -en> ~ *des Bundestages*

'Neu·wert <m.; -es, -e>; **'neu·wer·tig** <Adj.>

'Neu·wort <n.; -(e)s, ⸚er; Gramm.> = *Neologismus*; → a. *Kasten Neologismus*

'Neu·zeit <f.; -; unz.> *Zeitraum seit ca. 1500 n. Chr.*; Ggs *Altertum*; **'neu·zeit·lich** <Adj.>

'Neu·zu·gang <m.; -(e)s, ⸚e> *der* ~ *an Mitgliedern*

'Neu·zu·las·sung <f.; -, -en>

New·age, <auch> **New Age** <[nju:'eidʒ]; n.; (-)-; unz.; ↗Z30> *neues, von ganzheitl. Denken u. Handeln geprägtes Zeitalter* [engl.]; **New·co·mer** <['nju:kʌmə(r)]; m.; -s, -> *Neuling*

New Hamp·shire <[nju: 'hæmpʃər]> *Staat in den USA*

New Jer·sey <[nju: 'dʒɜ:zi]> *Staat in den USA*

New·look, <auch> **New Look** <[nju:'luk]; m.; (-)-s; unz.; ↗Z30> *neuer Stil, neue Mode* [engl.]

New 'Me·xi·co <[nju:-]> *Staat in den USA*

New-Or·leans-Jazz <[nju: ɔ:(r)-'li:nz dʒæz]; m.; -; unz.> *erste eigenständige Stilform des Jazz* [nach der nordamerikan. Stadt *New Orleans*]

News <[nju:z]; Pl.> *Nachrichten, Neuigkeiten* [engl.]; **'News-group** <[-gru:p]; f.; -, -s; EDV> *thematisch strukturierte Informationsseite im Internet*; **'News·let·ter** <m.; - od. -s, -s; bes. EDV> *Rundschreiben (per E-Mail)*

New·ton <['njuːtn]; n.; -s, -; Phys.; Zeichen: N> *Maßeinheit der Kraft* [nach dem engl. Physiker Isaac *Newton*]; **'New·ton·me·ter** <n.; -s, -; Phys.; Zeichen: Nm> *Maßeinheit der Energie*

New·wave, <auch> **New Wave** <[nju: 'weiv]; f.; (-)-; unz.; ↗Z30; seit 1976> *Stilform der Rockmusik*

New York <[nju: 'jɔrk]> *Staat und Stadt in den USA*; **New-'Yor·ker**, <auch> **New 'Yor·ker** <m.; -s, -; ↗Z35.1>; **New-'Yor·ke·rin** <f.; -, -·nnen>

'Ne·xus <['nɛksu:s]; m.; -, -; geh.> *Zusammenhang* [lat.]

nF <Zeichen für> *Nanofarad*

NF <Abk. für> *Niederfrequenz*

N. F. <Abk. für> *Neue Folge*

N. H. <Abk. für> *Normalhöhenpunkt*

nhd. <Abk. für> *neuhochdeutsch*

Ni <Chem.; Zeichen für> *Nickel[1]*

'nib·beln <V. t./V. i.; ich nib-

b(e)le> Bleche ~ *zurechtschneiden* [engl.]

'Ni·be·lun·gen <Pl.> *Zwergengeschlecht der dt. Sage;* **'Ni·be·lun·gen·hort** <m.; -(e)s; unz.> *Goldschatz der Nibelungen;* **'Ni·be·lun·gen·lied** <n.; -(e)s; unz.> *mhd. Heldenepos;* **'Ni·be·lun·gen·sa·ge** <f.; -; unz.>

'Ni·blick, <auch> **'Nib·lick** <m.; -s, -s; ↗Z53; Sp.> *schwerer Golfschläger* [engl.]

NIC <[enai'si:]; Abk. für engl.> *Newly Industrializing Countries* 2 <EDV> *Network Information Center*

ni·cä·isch, ni·cä·nisch <Adj.; Theol.> = *nizäisch*

Ni·ca·ra·gua *mittelamerikan. Staat;* Republik ~; **Ni·ca·ra·gu·'a·ner** <m.; -s, ->; **Ni·ca·ra·gu·a·ne·rin** <f.; -, -n·nen>; **ni·ca·ra·gu·a·nisch** <Adj.>

nicht <Partikel> 1 *(Ausdruck der Verneinung);* das hat er ~ gesagt; ~ mehr u. ~ weniger; es ist ~ zu glauben!; sie hat dabei ~ zuletzt an sich selbst gedacht; ~ im Geringsten; er wurde ~ beamtet 2 <Zus. mit Adj./Part. werden getrennt od. zusammengeschrieben> ~ adelig/<auch> ~adelig; eine ~ amtliche/<auch> ~amtliche Mitteilung; ~ berufstätig/<auch> ~berufstätig; ~ christlich/<auch> ~christlich; ein ~ eheliches/<auch> ~eheliches Kind; ~ flektierbare/<auch> ~flektierbare Verben; ~ selbstständige/<auch> ~selbstständige Arbeit; eine ~ öffentliche/<auch> ~öffentliche Sitzung; ~ Zutreffendes/<auch> Nichtzutreffendes streichen 3 <getrennt in Verbindung mit Part.> ~ rostend; ~ verheiratet; ~ Krieg führende Staaten 4 <umg.> *(Ausdruck der Bekräftigung);* findest du das ~ auch?; was er ~ alles weiß!; ~ wahr!; er hat ~ einmal angerufen; du hast es ~ etwa geglaubt?; er war ~ gerade freundlich 5 <Konj.> ~ dass; ~ dass ich mich fürchte, aber ...

'Nicht·ach·tung <f.; -; unz.> jmdn. mit ~ strafen

Nicht'an·griffs·pakt <m.; -(e)s, -e; Pol.>

'Nicht·be·ach·tung <f.; -; unz.>

'Nicht·be·fol·gung <f.; -; unz.>

'Nicht·christ <[-kr-]; m.; -en, -en>

'Nicht·deut·sche(r) <f. 2 (m. 1)>

'Nich·te <f.; -, -n> *Tochter des Bruders od. der Schwester*

'Nicht·ein·hal·tung <f.; -; unz.>

'Nicht·ein·mi·schung <f.; -; unz.>

'Nicht·ei·sen·me·tall <n.; -s, -e; Chem.; Abk.: NE-Metall> 1 *Metall, das kein Eisen ist* 2 *Legierung, in der nicht Eisen den größten Massenanteil stellt*

'Nicht·er·fül·lung <f.; -; unz.> bei ~ der Vereinbarung

'Nicht·er·schei·nen <n.; -s; unz.> bei ~; wegen ~s

'Nicht·fach·frau <f.; -, -en>; **'Nicht·fach·mann** <m.; -(e)s, -leu·te> *Laie*

'Nicht·ge·fal·len <n.; -s; unz.> Umtauschmöglichkeit bei ~

'Nicht·ge·wünsch·te(s) <n. 3> ~s bitte streichen

'Nicht-Ich <n.; - od. -s; ↗Z36; Philos.> *außerhalb des Ichs Existierendes*

'nich·tig <Adj.> 1 *unbedeutend, wertlos* 2 <Rechtsw.> *ungültig;* → a. *null;* **'Nich·tig·keit** <f.; -, -en>; **'Nich·tig·keits·er·klä·rung** <f.; -, -en; Rechtsw.>

'Nicht·lei·ter <m.; -s, -; Phys.> = *Dielektrikum*

'Nicht·me·tall <n.; -s, -e; Chem.> *nicht zu den Metallen gehörendes (gasförmiges, festes od. flüssiges) Element*

'Nicht·mit·glied <n.; -(e)s, -er>

'Nicht·rau·cher <m.; -s, ->; **'Nicht·rau·cher·ab·teil** <n.; -(e)s, -e; Eisenb.>; **'Nicht·rau·che·rin** <f.; -, -n·nen>

nichts <Indefinitpron.; undekl.> *nicht etwas, nicht das Mindeste;* ich habe (gar) ~ getan!; es sieht nach ~ aus; ~ anderes; ~ dergleichen; ~ da!; ~ als Ärger; sich in ~ auflösen; viel Lärm um ~; ~ von Bedeutung; zu ~ nütze sein; mir ~, dir ~ *ohne weiteres;* für ~ u. wieder ~ *ganz umsonst;* um ~ in der Welt *unter gar keinen Umständen;* ~ Genaueres, ~ Näheres erfahren; ~ Ähnliches; ~ Neues; ~ ahnend kam sie herein; ein ~ bedeutender Satz; ein ~ sagendes Gesicht; **Nichts** <n.; -, -e> 1 <unz.> *Geringfügigkeit;* um ein ~ streiten

2 <unz.> *(finanzieller) Zusammenbruch;* vor dem ~ stehen 3 <abwertend> *unbedeutende Person*

'Nicht·schuld <f.; -; unz.; Rechtsw.>

'Nicht·schwim·mer <m.; -s, ->; **'Nicht·schwim·mer·be·cken** <n.; -s, ->; **'Nicht·schwim·me·rin** <f.; -, -n·nen>

nichts·des·to'min·der <Adv. u. Konj.> = *nichtsdestoweniger;* **nichts·des·to'trotz** <Adv. u. Konj.> *trotzdem;* **nichts·des·to·'we·ni·ger** <Adv. u. Konj.> *trotzdem, und doch*

'Nicht-Sein <n.; -s; unz.; ↗Z36; Philos.> *das, was nicht existiert*

Nicht'sess·haf·te(r) <f. 2 (m. 1)> Sy *Obdachlose(r)*

'Nichts·kön·ner <m.; -s, -; abwertend>

'Nichts·nutz <m.; -es, -e; abwertend>; **'nichts·nut·zig** <Adj.; abwertend> *zu nichts zu gebrauchen, faul, unsinnig*

'Nichts·tu·er <m.; -s, -; abwertend>; **'nichts·tu·e·risch** <Adj.>; **'Nichts·tun** <n.; -s; unz.>

'nichts·wür·dig <Adj.; geh.; abwertend> *verachtenswert;* **'Nichts·wür·dig·keit** <f.; -; unz.>

'Nicht·über·ein·stim·mung <f.; -; unz.>

'Nicht·wis·sen <n.; -s; unz.>

'Nicht·zu·tref·fen·de(s) <n. 3> ~s streichen

'Ni·ckel¹ <n.; -s; unz.; Chem.; Zeichen: Ni> *ein silberweißes chem. Element;* **'Ni·ckel²** <m.; -s, -> 1 <Myth.> *Wassergeist, Kobold* 2 <umg.> *eigensinnige Person (bes. Kind);* **'Ni·ckel³** <m.; -s, -; veralt.> *Zehnpfennigstück;* **'Ni·ckel·blü·te** <f.; -; unz.; Min.> *ein Mineral;* **'Ni·ckel·bril·le** <f.; -, -n> *Brille mit einem kleinen runden Gestell aus Nickel;* **'Ni·ckel·erz** <n.; -es, -e>; **'Ni·ckel·stahl** <m.; -(e)s, -e>

'ni·cken <V. i.; ich nicke; du nickst; sie nickt; umg.> *den Kopf heben u. senken;* mit dem Kopf ~; er hat genickt

'Ni·cker·chen <n.; -s, -; umg.> *kurzer Schlaf;* ein ~ machen

'Nick·haut <f.; -, ⸚e; Zool.> *drittes Augenlid bei Landwirbeltieren*

'Ni·cki <m.; -s, -s; umg.> *Pullover aus samtigem Baumwollstoff*

'ni·col·sche(s) 'Pris·ma, <auch> **'Ni·col'sche(s) 'Pris·ma** <n.; -n -s, -n -men; ↗Z58.1; Phys.> *Prisma zur Erzeugung von polarisiertem Licht* [nach dem engl. Physiker W. *Nicol*]

Ni·co'tin <n.; -s; unz.> = *Nikotin*

Ni·da·ti'on <f.; -; unz.; Med.> *Einnisten des befruchteten Eies in die Gebärmutterschleimhaut* [lat.]; **Ni·da·ti'ons·hem·mer** <m.; -s, -; Med.> *Empfängnisverhütungsmittel*

nie <Adv.> *nicht ein einziges Mal*; ~ *gehörte Geschichten*; ~ *gesehene Tiere*; ~ *mehr*; ~ u. *nimmer*; ~ *im Leben!*; *jetzt od. ~!*; ~ *wieder!*

'nie·der¹ <Adj.; ↗Z44.4> *niedrig*; *der* ~ *Adel*; ~e *Gerichtsbarkeit*; *die Hohen u. die Niederen*; *Hoch u. Nieder Arme u. Reiche*; *aus* ~*n Beweggründen*; **'nie·der²** <Adv.> *herab, hinunter*; ~ *mit ihm!*; *die Waffen* ~!; *auf u.* ~*gehen*; **'nie·der...** <Vors.; in Zus.; bei Verben abtrennbar> *hinunter...*; **'nie·der|beu·gen** <V. t./V. refl.> *du beugst dich nieder> herab-, hinabbeugen*; *sich* ~; **'nie·der|bie·gen** <V. t.> *herunterbiegen*; **'nie·der|bre·chen** <V. i. (s.) 116> *der Zweig bricht nieder*; **'nie·der|bren·nen** <V. t./V. i. (s.) 117; es *brennt nieder> es ist niedergebrannt/sie hat niedergebrannt*; *niederzubrennen*; *das Haus brannte nieder*; **'nie·der·deutsch** <Adj.> ~e *Sprache die norddeutschen Mundarten*; *das Niederdeutsch(e)*; **'nie·der|don·nern** <V. i. (s.)> *Lawinen donnerten nieder*; **'nie·der|drü·cken** <V. t.> 1 *hinunterdrücken* 2 <fig.> *entmutigen*; *er drückt sie nieder*; **'nie·der|fah·ren** <V. i. (s.) 130> ~e *Blitze*; **'nie·der|fal·len** <V. i. (s.) 131> *auf die Knie* ~; **'nie·der·fre·quent** <Adj.; Phys.>; **'Nie·der·fre·quenz** <f.; -, -en; Abk.: NF> *Bereich niedriger Frequenzen*; **'nie·der·gang** <m.; -(e)s, ⸚e; Pl. selten> *Verfall*; **'nie·der·ge·drückt** <Adj.; ↗Z28.1> ~e *Stimmung*; **'Nie·der·ge·drückt·heit** <f.; -; unz.>; **'nie·der|ge·hen**

<V. i. (s.) 145> *der Vorhang ging nieder*; *Regen geht nieder*; ~*de Lawinen*; **'nie·der·ge·schla·gen** <Adj.; ↗Z28.1; fig.> *bekümmert*; ~ *sein*; **'Nie·der·ge·schla·gen·heit** <f.; -; unz.>; **'nie·der|glei·ten** <V. i. (s.) 155> *das Flugzeug glitt nieder*; **'nie·der|hal·ten** <V. t.> *ein niedergehaltenes Volk* <fig.>; **'nie·der|hau·en** <V. t. 162> *er hieb/haute ihn nieder*; **'Nie·der·jagd** <f.; -; unz.; Jagdw.> ~ a. *Niederwild*; **'nie·der|kämp·fen** <V. t.> *Tränen* ~ <fig.> *unterdrücken*; **'nie·der|kni·en** <V. i. (s.)> *er ist niedergekniet*; **'nie·der|knüp·peln** <V. t.; ich knüpp(e)le nieder>; **'nie·der|kom·men** <V. i. (s.) 170; veralt.> *gebären*; **'Nie·der·kunft** <f.; -, ⸚e; veralt.> *Entbindung*; **'Nie·der·la·ge** <f.; -, -n> *Besiegtwerden*; *jmdm. eine* ~ *beibringen*; **'Nie·der·lan·de** <Pl.> *westeuropäischer Staat*; *Königreich der* ~; **'Nie·der·län·der** <m.; -s, ->; **'Nie·der·län·de·rin** <f.; -, -n·nen>; **'nie·der·län·disch** <Adj.> ~e *Sprache*; *das Niederländisch(e)*; **'nie·der|las·sen** <V. t. 175; du lässt nieder; sie hat niedergelassen; niederlassen> 1 *herunterlassen* 2 <V. refl.> *sich* ~ *sich setzen*; *er lässt sich als Anwalt nieder* <fig.>; **'Nie·der·las·sung** <f.; -, -en> 1 *Geschäfts-, Praxiseröffnung* 2 *Zweiggeschäft*; **'nie·der|le·gen** <V. t.> 1 *zu Boden legen*; *einen Kranz* ~ 2 <V. refl.> *er hat sich niedergelegt er ist schlafen gegangen* 3 *ein Amt* ~ *aufgeben*; **'Nie·der·le·gung** <f.; -, -en>; **'nie·der|ma·chen** <V. t.; umg.> *jmdn.* ~ *auf Schärfste zurechtweisen*; **'nie·der|met·zeln** <V. t.> *brutal töten*; **'Nie·der·moor** <n.; -(e)s, -e; Geogr.> *Flachmoor*; **'Nie·der·ös·ter·reich** *ein österr. Bundesland*; **'nie·der|pras·seln** <V. i. (s.)> *Hagelkörner sind niedergeprasselt*; **'nie·der|rei·ßen** <V. t. 198; du reißt nieder; sie hat niedergerissen; niederzureißen>; **'Nie·der·sach·se** <[-ks-]; m.; -n, -n>; **'Nie·der·sach·sen** *dt. Bundesland*; **'Nie·der·säch·sin** <f.; -, -n·nen>; **'nie·der·säch·sisch** <Adj.>; **'nie·der|schie·ßen** <V. t. 215; du

schießt nieder>; **'Nie·der·schlag** <m.; -(e)s, ⸚e> 1 <Meteor.> *aus der Atmosphäre ausgeschiedenes Wasser* 2 <Boxsp.> ~ *des Gegners* 3 <Chem.> *Bodensatz* 4 <fig.> *Auswirkung*; *seinen* ~ *finden in ...*; **'nie·der|schla·gen** <V. t. 218> 1 *er wurde niedergeschlagen*; *mit niedergeschlagenen Augen* 2 *einen Prozess* ~ <Rechtsw.> *einstellen* 3 <V. refl.> *sich* ~ *sich absetzen* 4 <V. refl.; fig.> *sich zeigen*; *es schlug sich in seiner Stimmung nieder*; **'nie·der·schlags·arm** <Adj.; Meteor.>; **'Nie·der·schlags·mes·ser** <m.; -s, -; Meteor.>; **'nie·der·schlags·reich** <Adj.; Meteor.>; **'Nie·der·schla·gung** <f.; -, -en>; **'nie·der|schmet·tern** <V. t.; ich schmettere nieder> 1 *zu Boden schlagen, werfen* 2 *das schmetterte ihn nieder* <fig.> *entmutigte ihn*; **'nie·der|schrei·ben** <V. t. 230>; **'nie·der|schrei·en** <V. t. 231> *sie wurde niedergeschrien*; **'Nie·der·schrift** <f.; -, -en>; **'nie·der|set·zen** <V. t./V. refl.; du setzt dich nieder> *sich* ~; **'nie·der|sin·ken** <V. i. (s.) 244> *er sank nieder*; **'Nie·der·span·nung** <f.; -, -en; El.> *Ggs Hochspannung*; **'nie·der|ste·chen** <V. t. 254> *jmdn.* ~; **'nie·der|stim·men** <V. t.>; **'nie·der|sto·ßen** <V. 262> 1 <V. t.> *jmdn.* ~ *umstoßen*; *warum stößt du ihn nieder?* 2 <V. i.> *der Adler stieß auf die Beute nieder*; **'nie·der|stre·cken** <V. t.> 1 *jmdn.* ~ *zu Boden schlagen* 2 <V. refl.> *sich* ~ *sich ausstrecken*; **'nie·der·tou·rig** <[-tu:-]; Adj.; Tech.> *mit niedriger Drehzahl*; *Ggs hochtourig*; **'Nie·der·tracht** <f.; -; unz.; abwertend>; **'nie·der·träch·tig** <Adj.; abwertend> *gemein, hinterlistig*; **'Nie·der·träch·tig·keit** <f.; -, -en>; **'nie·der|tram·peln** <V. t.; ich tramp(e)le nieder>; **'nie·der|tre·ten** <V. t. 268> *Blumen* ~; **'Nie·de·rung** <f.; -, -en> *Ebene*; **'Nie·der·wald** <m.; -(e)s, ⸚er; Geogr.> *Wald, der aus Stock- und Wurzelausschlägen von Laubhölzern besteht*; *Ggs Hochwald*; **'nie·der·wärts** <Adv.>; **'nie·der|wer·fen** <V. t.

286> sich vor jmdm. ~; die Gegner wurden niedergeworfen <fig.> *besiegt*; **'Nie·der·wer·fung** <f.; -; unz.>; **'Nie·der·wild** <n.; -(e)s; unz.; Jagdw.> *kleines Wild*; Ggs *Hochwild*

'nied·lich <Adj.> *zierlich, hübsch, ansprechend*; ein ~es Kind

'Nied·na·gel <m.; -s, :> *Hornstückchen am Fingernagel*; <aber> → *Nietnagel*

'nied·rig <Adj.; ↗Z53.1> Ggs *hoch* **1** *flach*; ~e Absätze; ~ stehendes Wasser **2** *(zahlenmäßig) gering*; der ~ste Preis; ~ gehaltene Kosten **3** <↗Z44.4> *auf unterer Stufe stehend*; Hoch u. Niedrig **4** *gemein*; eine ~e Denkweise; ~ gesinnt sein; **'Nied·rig·keit** <f.; -; unz.; fast nur fig.> *Gemeinheit*; **'Nied·rig·lohn** <m.; -(e)s, :e>; **'Nied·rig·lohn·land** <n.; -(e)s, :er> *Billiglohnland (meist Entwicklungsland)*; **'nie·drig·prei·sig** <Adj.> ~e Ware; **'nied·rig·pro·zen·tig** <Adj.> ~er Alkohol; **'Nied·rig·steu·er·land** <n.; -(e)s, :er>; **'Nied·rig·was·ser** <n.; -s, ->

ni·el·lie·ren <V. t.> *mit Niello verzieren*; **Ni·el·lo** <n.; -s, -s od. Ni·el·len od. Ni·el·li; Kunst> **1** *schwärzliche Legierung für die Verzierung metallener Gegenstände* **2** *mit Niello(1) verzierter Gegenstand* [ital.]

'nie·mals <Adv.; verstärkend> *nie*

'nie·mand <Indefinitpron.; substantivisch; Gen. -(e)s; Dat. -em od. -; Akk. -en od. -> **1** *keiner*; ~ weiß es; ~(e)s Freund sein; ich habe es ~(em) erzählt; er hat ~(en) gesehen **2** <vor "anders" u. substantiviertem Adj. meist endungslos> ~ anders; ~ anderer als du; ~ Besseres; es ist ~ Fremdes da; **'Nie·mand** <m.; -(e)s; unz.; abwertend> er ist ein ~ *unbedeutend*; der böse ~ *der Teufel*; **'Nie·mands·land** <n.; -(e)s; unz.> **1** *unbesiedelter Grenzstreifen* **2** *unerforschtes Land*

'Nie·re <f.; -, -n; Anat.> *Körperorgan zur Harnausscheidung*; das geht mir an die ~n <fig.> *trifft mich sehr*; **'Nie·ren·be·cken** <n.; -s, -; Anat.>; **'Nie·ren·bec·ken·ent·zün·dung** <f.; -, -en; Med.>; **'nie·ren·för·mig** <Adj.>;

'nie·ren·krank <Adj.; Med.>; **'Nie·ren·krank·heit** <f.; -, -en; Med.>; **'Nie·ren·schutz** <m.; -es, -e> *breiter, schützender Gurt für Motorradfahrer*; **'Nie·ren·stein** <m.; -(e)s, -e; Med.>; **'Nie·ren·trans·plan·ta·ti·on** <f.; -, -en; Med.>; **'Nie·ren·tu·mor** <m.; -s, -en; Med.>

'nie·seln <V. i.; unpersönl.> *leicht regnen*; es nieselt; **'Nie·sel·priem** <m.; -(e)s, -e; umg.> *langweiliger, energieloser Mann*; **'Nie·sel·re·gen** <m.; -s, -; Pl. selten>

'nie·sen <V. i.; ich niese; du niest; sie niest; er hat geniest> *die Luft ruckartig durch Nase u. Mund ausstoßen*; **'Nies·reiz** <m.; -es, -e>

'Nieß·brauch <m.; -(e)s; unz.; Rechtsw.> *Nutzungsrecht an fremdem Eigentum*; **'nieß·brau·chen** <V. t.; selten>; **'Nieß·brau·cher** <m.; -s, ->; **'Nieß·brau·che·rin** <f.; -, -nen>; **'Nieß·nutz** <m.; -es; unz.> = *Nießbrauch*; **'nieß·nut·zen** <V. t.; ich nießnutze; du nießnutzt; sie nießnutzt; er hat genießnutzt>; **'Nieß·nut·zer** <m.; -s, ->; **'Nieß·nut·ze·rin** <f.; -, -nen>

'Nies·wurz <f.; -, -en; Bot.> *ein Hahnenfußgewächs*

Niet <m.; -(e)s, -e; Tech.; Fachspr.> *Metallbolzen mit Kopf*; oV *Niete²*

'Nie·te¹ <f.; -, -n> **1** *Los, das nicht gewinnt* **2** <fig.> *Versager*

'Nie·te² <f.; -, -n> = *Niet*; **'nie·ten** <V. t.> *mithilfe von Nieten² verbinden*; **'Nie·ten·ho·se** <f.; -, -n> *Blue Jeans (mit Nieten)*; **'Niet·na·gel** <m.; -s, :> = *Niet*; <aber> → *Niednagel*; **'niet- und 'na·gel·fest** <Adj.; umg.; in der Wendung> (alles), was nicht ~ ist

'Ni·fe <a. [-fe:]; n.; -; unz.; Geol.> *aus Nickel u. Eisen bestehender Erdkern* [verkürzt aus *Nickel* + *Ferrum*]; **'Ni·fe·kern** <m.; -(e)s, -e>

'Nifl·heim <n.; -s; unz.; nord. Myth.> *Kälte-, Totenreich*

'ni·gel'na·gel'neu <Adj.; umg.; verstärkend> *neu*

'Ni·ger *westafrikan. Staat*; Republik ~

Ni'ge·ria *westafrikan. Staat*; Bundesrepublik ~; **Ni·ge·ri'a·ner** <m.; -s, ->; **Ni·ge·ri'a·ne·rin** <f.; -, -nen>; **ni·ge·ri'a·nisch** <Adj.>

'Nig·ger <m.; -s, -; stark abwertend> *Schwarze(r)* [amerikan.]

Night·club <['naitklʌb]; m.; -s, -s> *Nachtklub* [engl.]

'Ni·grer, <auch> **'Nig·rer** <m.; -s, -; ↗Z53> *Einwohner von Niger*; **'ni·grisch** <Adj.>

Ni·gro'sin, <auch> **Nig·ro'sin** <n.; -s, -e; ↗Z53> *schwarzer Teerfarbstoff* [lat.]

Ni·hi'lis·mus <m.; -; unz.> **1** <Philos.> *von der Nichtigkeit u. Sinnlosigkeit des Daseins ausgehende Geisteshaltung* **2** *ablehnende Grundhaltung gegenüber der (bürgerlichen) Gesellschaft* [lat.]; **Ni·hi'list** <m.; -en, -en>; **Ni·hi'lis·tin** <f.; -, -nnen>; **ni·hi'lis·tisch** <Adj.>

'Ni·ko·laus <m.; - od. -es, -e od. (umg. a.) -läu·se> **1** *Person, die am Nikolaustag Kinder mit Süßigkeiten beschenkt* **2** *den Nikolaus darstellende Figur (aus Schokolade)* **3** <unz.; kurz für> *Nikolaustag*; **'Ni·ko·laus·tag** <m.; -(e)s, -e> *Tag des hl. Nikolaus am 6. Dezember*

Ni·ko'sia *Hauptstadt von Zypern*

Ni·ko'tin <n.; -s; unz.> *im Tabak enthaltenes giftiges Alkaloid*; oV *Nicotin* [frz.]; **ni·ko'tin·arm** <Adj.> ~e Zigaretten; **Ni·ko'tin·ge·halt** <m.; -(e)s, -e>; **ni·ko'tin·hal·tig** <Adj.>; **Ni·ko'tin·ver·gif·tung** <f.; -, -en>

Nik·ta·ti'on <f.; -, -en; Med.> *Blinzelkrampf des Auges* [lat.]

Nil <m.; -s; unz.> *ein afrikan. Strom*; **'Nil·del·ta** <n.; -s; unz.>; **'Nil·gans** <f.; -, :e; Zool.> *eine afrikan. Halbgans*; **ni'l·grün** <Adj.>; **'Nil·hecht** <m.; -(e)s, -e; Zool.> *ein Süßwasserfisch*; **'Nil·kro·ko·dil** <n.; -s, -e; Zool.>; **'Nil·pferd** <n.; -(e)s, -e; Zool.>

Nim·bo'stra·tus <m.; -, -'stra·ti; Meteor.> *Schichtwolke* [lat.]

'Nim·bus <m.; -, -s·se> **1** <Kunst> *Heiligenschein* **2** <fig.> *Glanz, Wertschätzung* [lat.]

'nim·mer <Adv.; süddt.> *niemals (mehr)*; nie u. ~; **'Nim·mer·leins·tag** <m.; -(e)s, -e; umg.; scherzh.; in Wendungen wie> bis zum (St.) ~ *auf unbestimmte*

Zeit; am ~ *niemals;* **'nim·mer·mehr** <Adv.; süddt.> *nie mehr;* **'nim·mer·mü·de** <Adj.> *ein* ~r *Kämpfer;* **'nim·mer·satt** <Adj.; umg.> *unersättlich;* **'Nim·mer·satt** <m.; -(e)s od. -, -e; umg.>; **Nim·mer'wie·der·se·hen** <n.; -s; unz.; in der Wendung> *auf* ~ *für immer*

'Nim·rod <m.; -s, -e; geh.; AT> *begeisterter Jäger* [hebr.; nach dem Gründer des babylon. Reiches]

'nin·geln <V. i.; ich ning(e)le; du ningelst; mdt.> *nörgeln;* ningel doch nicht so!

'Nin·ja <m.; - od. -s, - od. -s; im jap. Feudalismus> *Krieger* [jap.]

'Nin'ten·do <n.; - od. -s, -s; Warenz.> *eine Telespielkonsole (Playstation)*

Ni·ob <n.; -s; unz.; Chem.; Zeichen: Nb> *ein hellgrau glänzendes Metall* [nach der grch. Sagengestalt *Niobe*]; **Ni·o'bit** <m.; -s, -e; Min.> *ein Mineral*

'Nip·pel <m.; -s, -> **1** <Tech.> *kurzes Rohrstück* **2** <umg.> *kleiner herabhängender Zapfen*

'nip·pen <V. i.> *(von) etwas* ~ *trinkend kosten*

'Nip·pes <a. [nips]; Pl.> *Ziergegenstände, Kleinkram* [frz.]; **'Nipp·sa·chen** <Pl.>

'nir·gend <Adv.; veralt.> *nirgends;* **'nir·gend·her** <Adv.> *nirgendwoher;* von ~; **'nir·gend·hin** <Adv.> *nirgendwohin;* **'nir·gends** <Adv.> *an keinem Ort;* **'nir·gends·her** <Adv.> = *nirgendher;* **'nir·gends·wo, 'nir·gend·wo** <Adv.> = *nirgends*

Ni'ros·ta <Warenz.; Kurzw. für> *nicht rostender Stahl*

Nir'wa·na <n.; -s od. -; unz.; Buddhismus> *völlige Ruhe als vollkommener Zustand (nach dem Tod)* [Sanskrit]

'Ni·sche <f.; -, -n> *Wandvertiefung* [frz.]

'Nis·se <f.; -, -n> *Ei der Laus;* **'nis·sig** <Adj.>

'nis·ten <V. i.> *ein Nest bauen;* der Vogel nistet; **'Nist·kas·ten** <m.; -s, ⸚>; **'Nist·platz** <m.; -es, ⸚e>; **'Nist·zeit** <f.; -, -en> ~ *der Vögel*

Ni'trat <auch> **Nit'rat** <n.; -(e)s, -e; ↗Z53; Chem.> *Salz der Sal-*

petersäure [lat.]; **Ni'trid** <n.; -s, -e; Chem.> *Verbindung von Stickstoff u. Metall;* **ni'trie·ren** <V. t.; Chem.> *eine Nitrogruppe in eine organ. Verbindung einführen;* **Ni'trie·rung** <f.; -, -en; Chem.>; **Ni'tril** <n.; -s, -e; Chem.> *organ. Verbindung mit einer Zyangruppe;* **Ni'trit** <n.; -s, -e; Chem.> *Salz der salpetrigen Säure;* **Ni'tritpö·kel·salz** <n.; -es, -e>; **'Ni·tro·ben·zol** <n.; -s; unz.; Chem.> *giftige organ. Verbindung;* **Ni·tro'gen** <n.; -s; unz.; Chem.; Zeichen: N> *Stickstoff;* **'Ni·tro·gly·ze·rin** <n.; -s; unz.; Chem.> *stark giftige, hochexplosive Flüssigkeit;* **'Ni·tro·grup·pe** <f.; -, -n; Chem.> *Gruppe -NO₂;* **ni'tros** <Adj.; Chem.> ~e *Gase Stickstoff enthaltende G.;* **Ni·tros·a'mi·ne,** <auch> **Nit·ro·sa'mi·ne** <Pl.; ↗Z54; Chem.> *eine (vermutlich Krebs erregende) Stickstoffverbindung*

ni·val <[-'va:l]; Adj.; Geogr.> *vom Schnee geprägt;* ~es *Klima* [lat.]; **Ni'val** <n.; -s, -e; Geogr.> *nivales Gebiet;* **Ni·va·ti'on** <[-va-]; f.; -, -en; Geol.> *Abtragung von Gestein durch Schnee*

Ni·veau <[-'vo:]; n.; -s, -s> **1** *waagerechte Ebene* **2** *Höhe, Höhenlage* **3** <fig.> *Stufe, Bildungsgrad; eine Zeitschrift mit* ~; *auf hohem* ~; *kein* ~ *haben* [frz.]; **Ni'veau·flä·che** <f.; -, -n; Meteor.> *gedachte Fläche gleichen Luftdrucks in der Atmosphäre;* **ni'veau·los** <Adj.; fig.>; **Ni'veau·lo·sig·keit** <f.; -; unz.>; **ni'veau·voll** <Adj.>; **Ni·vel·le·ment** <[-vɛl(ə)'mã]; n.; -s, -s; geh.> *das Nivellieren, Gleichmachen;* **ni·vel'lie·ren** <[-vɛl-]; V. t.> *auf gleiche Höhe bringen*

nix <Indefinitpron.; umg.> *nichts;* ~ *wie weg!*

Nix <m.; -es, -e; Myth.> *Wassermann;* **'Ni·xe** <f.; -, -n> *Wasserjungfrau*

ni'zä·isch, ni'zä·nisch <Adj.; ↗Z46; Theol.> *Nizäisches/Nizänisches Glaubensbekenntnis;* oV *nicäisch* [nach dem Konzil in *Nicaea*, 325 n. Chr.]

n. J. <Abk. für> *nächsten Jahres*

nkr <Abk. für> *norwegische Krone*

nm <Phys.; Zeichen für> *Nanometer*

n. M. <Abk. für> *nächsten Monats*

Nm <Zeichen für> *Newtonmeter*

NMR <Phys.; Abk. für engl.> *Nuclear Magnetic Resonance*

NN <Abk. für> *Normalnull*

N. N. **1** <Abk. für lat.> *nomen nescio (Name (ist mir) nicht bekannt)* **2** <Abk. für> *Normalnull*

NNO <Abk. für> *Nordnordost(en)*

NNW <Abk. für> *Nordnordwest(en)*

No¹ <Chem.; Zeichen für> *Nobelium*

No² <n.; - od. -s, - od. -s; kurz für> *No-Spiel*

NO <Abk. für> *Nordost(en)*

No., N° <veralt.; Abk. für> *Numero*

'no·bel <Adj.; 'nob·ler, am 'no·bels·ten> **1** *vornehm, edel, adelig* **2** *großzügig, freigebig* [frz.]; **'No·bel·dis·ko** <f.; -, -s; umg.>

No'be·li·um <n.; -s; unz.; Chem.; Zeichen: No> *künstl. radioaktives Element* [nach dem schwed. Chemiker Alfred *Nobel*]

'No·bel·ka·ros·se <f.; -, -n; umg.; abwertend> *luxuriöser Pkw;* **'No·bel·mar·ke** <f.; -, -n; umg.>

No'bel·preis <m.; -es, -e> *jährlich verliehener Preis für bes. Leistungen; Friedens~; Literatur~* [nach dem Schweden A. *Nobel*]; **No'bel·preis·trä·ger** <m.; -s, ->; **No'bel·preis·trä·ge·rin** <f.; -, -nnen>

'No·bel·res·tau·rant <[-rɛstorã]; n.; -s, -s> *exklusives Restaurant*

No·bi·les <['no:bile:s]; Pl.; im antiken Rom> *Angehörige der führenden Gesellschaftsschicht* [lat.]; **'No·bi·li** <Pl.; früher in Italien> *Adelsgeschlechter* [ital.]; **No·bi·li'tät** <f.; -, -en> **1** *Adel* **2** <unz.> *edle Beschaffenheit* [lat.]; **no·bi·li'tie·ren** <V. t.> *adeln;* **No'bi·li·ty** <f.; -; unz.> *Adel, Oberschicht* [engl.]; **No·bles·se,** <auch> **Nob·les·se** <[nɔ'blɛs]; f.; -, -n; ↗Z53; veralt.> **1** *Adel* **2** *vornehmes Verhalten* [frz.]; **no·blesse ob·lige,** <auch> **nob·lesse o·blige** <[nɔ'blɛs ɔb'li:ʒ]; ↗Z54> *Adel verpflichtet (edel zu handeln)*

'No·bo·dy <engl. ['noubədi]; m.;

-s, -s; ↗Z6.1> *ein Niemand* [engl.]

noch¹ <Partikel> 1 *außerdem, zusätzlich;* ~ dazu; ~ etwas; das hat mir gerade ~ gefehlt; ~ u. ~; ~ einmal so lang; ~ einmal so viel; ~ mal, <auch> nochmal <umg.> 2 <in der Gegenwart> *weiterhin (aber nicht mehr lange);* es ist ~ nicht so weit; ~ ist (es) Zeit 3 <in der Vergangenheit> *nicht später als;* ich kam gerade ~ zurecht 4 <in der Zukunft> *irgendwann;* er wird schon ~ kommen

noch² <Konj.> (weder) ... ~ *und nicht, auch nicht;* weder arm ~ reich sein; nicht Geld ~ Gut

'**noch·mal** <a. [-'-]; Adv.; umg.> *noch einmal;* '**noch·ma·lig** <Adj.> nach ~er Aufforderung; '**noch·mals** <Adv.> es ~ versuchen

Nock¹ <n.; -(e)s, -e od. f.; -, -en; Mar.> *freies Ende einer Spiere* [ndrl.]

Nock² <m.; -s, -e; oberdt.> *Felskopf, Berg*

Nöck <m.; -(e)s, -e> = *Wassermann;* oV *Neck*

'**No·cken¹** <m.; -s, -; Tech.> *rundlicher Vorsprung auf einer Welle*

'**No·cken²** <f.; -, -; österr.> 1 <umg.; abwertend> *eingebildete Frau* 2 <Kochk.> *eine Mehlspeise*

'**No·cken·wel·le** <f.; -, -n; Tech.>

'**No·ckerl** <n.; -s, -n; bair.; österr.> 1 <Kochk.> *Klößchen; Grieß-* 2 <umg.; abwertend> *eingebildetes Mädchen*

Noc·turne <[-'tyrn]; n.; -s, -s od. f.; -, -s; Mus.> *melancholisches Musikstück;* oV *Notturno* [frz.]

No·da·li·tät <f.; -, -en; Geogr.> *ein Gebiet kennzeichnende Zentrum-Peripherie-Struktur* [lat.]

'**No·di** <Pl. von> *Nodus* [lat.]; '**No·du·lus** <m.; -, -du·li; Med.> *Knötchen;* '**No·dus** <m.; -, 'No·di> 1 <Med.> *Knoten* 2 <Bot.> *verdickter Blattansatz*

No·ël <[no'ɛ:l]; m.; -s, -s; frz. Bez. für> *Weihnachten*

No'em <n.; -s, -e; Sprachw.> *kleinste bedeutungstragende Einheit* [grch.]; '**No·e·ma** <n.; -s, -'e·ma·ta; Philos.> *Gedanke, Begriff;* **No·e'ma·tik** <f.; -; unz.; Sprachw.>; '**No·e·sis** <f.; -; unz.;

Philos.> *das Denken;* **No'e·tik** <f.; -; unz.> 1 <Philos.> *Erkenntnislehre* 2 <Sprachw.> = *Noematik;* **no'e·tisch** <Adj.>

no fu·ture! <[nou 'fju:tʃə(r)]> *keine Zukunft! (Schlagwort der Jugendlichen in den 80er Jahren)* [engl.]; **No·fu·ture·ge·ne·ra·ti·on,** <auch> **No-Fu·ture-Ge·ne·ra·ti·on** <f.; -, -en; umg.>

noir <[noa:r]; Roulett> *schwarz;* Ggs *rouge* [frz.]

Noi·sette <[noa'zɛt]; f.; -, -s> *Milchschokolade mit Haselnüssen* [frz.]

NOK <Abk. für> *Nationales Olympisches Komitee*

Nokt·am·bu'lis·mus <m.; -; unz.; Med.> *Schlafwandeln* [lat.]

'**nö·len** <V. i.; norddt.> *nörgeln, leicht quäkend sprechen*

'**no·lens vo·lens** <[-'vo:-]> *wohl od. übel* [lat.]

No·li·me'tan·ge·re <n.; -, -; Bot.> = *Springkraut* [lat.]

Nom. <Abk. für> *Nominativ*

'**No·ma** <f.; -; unz.; Med.> *Erkrankung der Wangenschleimhaut* [grch.]

No'ma·de <m.; -n, -n> *Angehöriger eines umherziehenden Hirtenstammes* [grch.]; **No'ma·den·le·ben** <n.; -s; unz.; fig.>; **No'ma·den·volk** <n.; -(e)s, -er>; **No'ma·din** <f.; -, -n·nen>; **no'ma·disch** <Adj.>; **no·ma·di'sie·ren** <V. i.> *umherziehen;* **No·ma'dis·mus** <m.; -; unz.>

Nom de Plume <[nõ də 'plym]; m.; ---, -s [nõ]--; geh.> *Pseudonym* [frz.]

'**No·men** <n.; -s, -mi·na; ↗Z31; Gramm.> *deklinierbares Wort (Substantiv, Adjektiv, Pronomen); nomen est omen* der *Name sagt alles;* ~ Actionis = *Verbalabstraktum;* ~ agentis *von einem Verb abgeleitetes Substantiv;* ~ Instrumenti *von einem Verb abgeleitetes Substantiv zur Bezeichnung eines Geräts;* ~ proprium *Eigenname;* → a. *Kasten Substantiv* [lat.]; **No·men'kla·tor** <m.; -s, -'to·ren> 1 <im antiken Rom> *Sklave* 2 <im MA> *Zeremonienmeister* 3 = *Nomenklatur;* **No·men·kla'tur** <f.; -, -en> *Liste von Fachausdrücken, Glossar;* **No·men·kla'tu·ra** <f.; -; unz.; in der

früheren Sowjetunion> *Gruppe der politischen Machthaber;* **no·mi'nal** <Adj.> 1 <Gramm.> *zum Nomen gehörig* 2 <Wirtsch.> = *nominell(1);* **No·mi·nal·ab·strak·tum,** <auch> **No·mi·nal·abs'trak·tum, No·mi·nal·abst·rak·tum** <n.; -s, -ta; ↗Z54; Sprachw.> *von einem Nomen abgeleiteter abstrakter Begriff,* z. B. *Freundschaft;* **No·mi·nal·ein·kom·men** <n.; -s, -; Wirtsch.> *Einkommen ohne Berücksichtigung der Kaufkraft;* Ggs *Realeinkommen;* **No·mi'nal·form** <f.; -, -en; Gramm.> *infinite Verbform;* → a. *Kasten Infinitiv;* **no·mi·na·li'sie·ren** <V. t.> *substantivieren;* **No·mi·na'lis·mus** <m.; -; unz.; Philos.> *Lehre, nach der die allg. Begriffe außerhalb des Denkens nicht existieren;* **no·mi·na'lis·tisch** <Adj.; Philos.>; **No·mi'nal·ka·pi·tal** <n.; -s; unz.; Wirtsch.> *ausgewiesenes Grundkapital;* **No·mi'nal·lohn** <m.; -(e)s, -e; Wirtsch.> *Lohn ohne Berücksichtigung der Kaufkraft;* Ggs *Reallohn;* **No·mi'nal·phra·se** <f.; -, -n; Sprachw.; Abk.: NP>; **No·mi'nal·satz** <m.; -es, -e; Gramm.> *verbloser Satz;* **No·mi'nal·wert** <m.; -(e)s, -e; Wirtsch.> = *Nennwert;* **No·mi·na·ti'on** <f.; -, -en> *Be-, Ernennung;* '**No·mi·na·tiv** <m.; -s, -e; Gramm.; Abk.: Nom.> *erster Fall der Deklination;* → a. *Kasten S. 759;* '**no·mi·na·ti·visch** <Adj.; Gramm.>; **no·mi'nell** <Adj.> 1 <Wirtsch.> *dem Nennwert entsprechend* 2 *nicht wirklich; ein Amt nur ~ ausüben;* **no·mi'nie·ren** <V. t.> *benennen, vorschlagen; einen Kandidaten ~;* **No·mi'nie·rung** <f.; -, -en>

No·mo·gra'fie <f.; -; unz.; ↗Z11.3> = *Nomographie;* **no·mo·gra·fisch** <Adj.; Math.>; **No-**

Nominativ: Der N., auch **Werfall,** Casus rectus oder Nullkasus genannt, ist im Deutschen der unmarkierte ⏴**Kasus** des ⏵Subjekts. Der N. lässt sich durch *wer?* oder *was?* erfragen.
Der N. wird im Deutschen als generelle Grundform der Substantive aufgefasst.
Im Wörterbuch werden die als Stichwörter verzeichneten Substantive stets im N. aufgeführt. Auch die Anredeformen (*du, ihr* usw.) stehen im N.
Vgl. auch ⏴**Akkusativ,** ⏵**Dativ,** ⏵**Genitiv**

mo'gramm <n.; -s, -e; Math.> *Schaubild funktionaler Zusammenhänge;* **No·mo·gra'phie** <f.; -; unz.; ⏴Z 11.3; Math.> *Lehre von der Lösung math. Fragestellungen mithilfe von Nomogrammen* [grch.]; **no·mo'graphisch** <Adj.>

non..., Non... <in Zus.> *nicht..., Nicht...* [lat.]

'**No·na·gon** <n.; -s, -e> = *Neuneck* [lat.-grch.]

No-name-pro·dukt, <auch> **No-Name-Pro·dukt** <[no(u)-'neim-]; n.; -(e)s, -e; ⏵Z33> *Produkt ohne Markennamen* [engl.]

Non-Book-... <['nɔn-'buk-]; in Zus. mit Subst.> *andere Produkte als Bücher betreffend* [engl.]; '**Non-'Book** <n.; -s, -s, kurz für> *Non-Book-Artikel;* '**Non-'Book-Ar·ti·kel** <m.; -s, -; meist Pl.; ⏵Z33> *Produkt, das kein Buch ist*

Non·cha·lance <[nõʃa'lãs]; f.; -; unz.> *Ungezwungenheit* [frz.]; **non·cha·lant** <[nõʃa'lã]; Adj.; -er, am -es·ten>

Non-Co·o·pe·ra·tion <['nɔn-koːɔpəˈreiʃn]; f.; -; unz.; Pol.; Wirtsch.> *bewusstes Boykottieren best. Produkte* [engl.]

'**No·ne** <f.; -, -n> **1** <Mus.> *neunter Ton, Intervall von neun Tonstufen* **2** <Kath.> *9. Gebetsstunde* [lat.]; **No'nett** <n.; -s, -e; Mus.> *Komposition für neun Instrumente*

Non·fic·tion, <auch> **Non-Fiction** <['nɔn-'fikʃn]; n.; -; unz.; ⏴Z32> *Sachbuch(literatur);* Ggs *Fiction* [engl.]

non·fi·gu·ra'tiv <Adj.; Mal.> *nicht gegenständlich;* Ggs *figurativ* [lat.]

Non-Food-... <['nɔn-'fuːd]; in Zus. mit Subst.> *nicht Lebensmittel betreffend* [engl.]; '**Non-'Food-Ab·tei·lung** <f.; -, -en; ⏴Z33>; '**Non-'Food-Ar·ti·kel** <m.; -s, -; meist Pl.>

'**No·ni·us** <m.; -, -ni·en od. -s·se; Math.> *verschiebbarer Zusatz bei Messgeräten* [nach dem portug. Mathematiker P. *Nunes*]

Non·kon·for'mis·mus <m.; -; unz.> *Unabhängigkeit in Bezug auf die Weltanschauung, Unangepasstheit;* Ggs *Konformismus* [lat.]; **Non·kon·for'mist** <m.; -en, -en> Ggs *Konformist;* **Non·kon·for'mis·tin** <f.; -, -n·nen>; **non·kon·for'mis·tisch** <Adj.>; **Non·kon·for·mi'tät** <f.; -, -nen>

'**Non·ne** <f.; -, -n> → a. *Mönch* **1** *Angehörige eines weibl. Ordens* **2** <Zool.> *ein Nachtschmetterling;* '**Non·nen·klos·ter** <n.; -s, -ᵊ>; '**Non·nen·or·den** <m.; -s, ->

Non·pa·per, <auch> **Non-Pa·per** <[nɔn'pæpə(r)]; n.; -s, -; ⏴Z32; Pol.> *inoffizielles, nicht zitierfähiges Dokument* [engl.]

Non·plus·ul·tra, <auch> **Non-plus·ult·ra** <n.; -; unz.; ⏴Z53; umg.; meist scherzh.> *das Optimale* [lat.]

Non·pro·fit..., <auch> **Non-Pro·fit...** <[nɔn'prɔfit]; ⏴Z32; in Zus. mit Subst.> *ohne Gewinn;* **Non·'pro·fit·ma·nage·ment,** <auch> **Non-'Pro·fit-Ma·nage·ment** <[-mænidʒmənt]; n.; -s, -s; ⏴Z33; Wirtsch.> [engl.]

Non·pro·li·fe·ra·tion <[-'reːʃən]; f.; -; unz.; Pol.> *Nichtweitergabe von Atomwaffen* [engl.]

non scho·lae, sed vi·tae 'dis·ci·mus <[-'skoːlɛ-'viːtɛ-]; Sprichw.> *nicht für die Schule, sondern für das Leben lernen wir* [lat.]

'**Non·sens** <m.; -; unz.> *Unsinn* [engl.]

non'stop <[-stɔp]; Adv.> *ohne Unterbrechung;* ~ *fliegen* [engl.]; **Non'stop·flug,** <auch> **Non-'Stop-Flug, Non'stop-Flug** <m.; -(e)s, -ᵉe; ⏴Z33, 32> *Flug ohne Zwischenlandung*

non 'tan·to <Mus.> *nicht so sehr* [ital.]

non 'trop·po <Mus.> *nicht zu sehr* [ital.]

non·ver'bal <[-vɛr-]; Adj.> *nicht mit Worten (ausgedrückt);* ~e Kommunikation [lat.]

No·o·ge'ne·tik <f.; -; unz.; Ökol.> *Maßnahmen zur Wiederherstellung des ökologischen Gleichgewichts* [grch.]

Noor <n.; -(e)s, -e; norddt.> *Haff* [dän.]

No·o·sphä·re, <auch> **No·os·'phä·re** <f.; -; unz.; ⏴Z54; Geogr.; Ökol.> *von Menschen besiedelter u. bewusst gestalteter Teil der Erdoberfläche* [grch.]

'**Nop·pe** <f.; -, -n> *Knoten in Wolle od. Gewebe;* '**nop·pen** <V. t.> *genopptes Garn;* '**Nop·pen·garn** <n.; -s, -e>

'**Nor·ad·re·na·lin,** <auch> '**Nor·a·dre·na·lin** <n.; -s, -e; ⏴Z54; Med.> *Nebennierenhormon* [lat.]

Nord <Abk.: N> **1** <ohne Art.> *Norden;* Wind aus ~; München ~, <auch> München-~ **2** <m.; -(e)s, -e> *Nordwind;* ein kalter ~; **Nord·a·fri·ka,** <auch> **Nord·'af·ri·ka** <⏴Z53, 55>; **Nord·a·'me·ri·ka** <⏴Z55> *USA;* **Nord·a·me·ri·ka·ner** <m.; -s, ->; **Nord·a·me·ri·ka·ne·rin** <f.; -, -n·nen>; **nord·a·me·ri·ka·nisch** <Adj.>; **Nord·at·lan·tik·pakt** <m.; -(e)s; unz.> = *NATO;* **Nord·da·ko·ta** = *North Dakota;* '**nord·deutsch** <Adj.; ⏴Z46> die ~en Mundarten; die ~e Sprache; das Norddeutsch(e); das Norddeutsche Tiefland; der Norddeutsche Bund; '**Nord·deut·sche(r)** <f. 2 (m. 1)>; '**Nord·deutsch·land;** '**Nor·den** <m.; -s; unz.; Abk.: N> **1** *Himmelsrichtung;* von, nach, aus ~ **2** *nördlich gelegenes Land od. Gebiet;* die Länder des ~s; im hohen ~; **nord·'frie·sisch** <Adj.> die ~en Mundarten; das Nordfriesisch(e); die Nordfriesischen Inseln; '**Nord·halb·ku·gel** <f.; -; unz.; Geogr.>; '**Nord·hang** <m.; -(e)s, -ᵉe>; '**Nord·he·mi·sphä·re,** <auch> '**Nord·he·mis·phä·re** <f.; -; unz.; ⏴Z54; Geogr.> *Gebiet der Nordhalbkugel;* '**Nord·ir·land;** '**nor·disch** <Adj.> die ~en Sprachen *Isländisch, Dänisch, Norwegisch, Schwedisch, Färöisch;* ~es Geschiebe <Geogr.>; ~e Kombination <Skisp.> *Sprunglauf u. Langlauf*; **Nor'dist** <m.; -en, -en>; **Nor'dis·tik** <f.; -; unz.> *Wissenschaft der nordischen Sprachen*; **Nor'dis·tin** <f.; -, -n·nen>; **Nord·ka·ro'li·na** = *North Carolina*; **'Nord·ko·rea** <nicht amtl. für> *Demokratische Volksrepublik Korea*; → a. *Korea*; **'Nord·küs·te** <f.; -, -n> an der ~; **'Nord·land** <n.; -(e)s, ⸚er; meist Pl.>; **'Nord·län·der** <m.; -s, ->; **'Nord·län·de·rin** <f.; -, -n·nen>; **'Nord·land·fahrt** <f.; -, -en>; **'nord·län·disch** <Adj.>; **'Nord·land·rei·se** <f.; -, -n>; **nördl. Br.** <Abk. für> *nördliche(r) Breite*; **'nörd·lich** <Adj.; ↗Z 46> ~ von Frankfurt; ~e(r) Breite *geograf. Breite nördl. des Äquators*; *Nördliches Eismeer*; **'Nord·licht** <n.; -(e)s, -er> *nördl. Polarlicht*; **Nord·nord·'ost** <ohne Art.; Abk.: NNO> *Himmelsrichtung*; aus, nach, von ~; **Nord·nord·os·ten** <m.; -s; unz.; Abk.: NNO>; **Nord·nord·'west** <ohne Art.; Abk.: NNW> *Himmelsrichtung*; **Nord·nord·wes·ten** <m.; -s; unz.; Abk.: NNW>; **Nord·'ost** <ohne Art.; Abk.: NO> *Himmelsrichtung*; aus, nach, von ~; **Nord·os·ten** <m.; -s; unz.; Abk.: NO>; **nord·'öst·lich** <Adj.> ~ von Bremen; **Nord-'Ost·see-Ka·nal** <m.; -s; unz.; ↗Z33>, Geogr.>; **Nord·ost·wind** <m.; -(e)s, -e>; **'Nord·pol** <m.; -s; unz.> *nördlichster Pol der Erdkugel*; am ~; **'Nord·po·lar·ge·biet** <n.; -(e)s, -e> Sy *Arktis*; **'Nord·po·lar·län·der** <Pl.>; **'Nord·punkt** <m.; -(e)s, -e; Geogr.>; **Nord·rhein-West'fa·len** *dt. Bundesland*; **nord·rhein·west'fä·lisch** <Adj.>; **'Nord·see** <f.; -; unz.>; **'Nord·sei·te** <f.; -, -n> an der ~ des Hauses; **'Nord·stern** <m.; -(e)s; unz.>; **Nord-'Süd-Ge·fäl·le** <n.; -s; unz.; ↗Z33; Pol.> *wirtschaftliches u. soziales Gefälle zwischen Industriestaaten u. Entwicklungsländern*; **'nord·wärts** <Adv.>; **Nord·'west** <ohne Art.; Abk.: NW> *Himmelsrichtung*; aus, nach, von ~; **Nord·wes·ten** <m.; -s; unz.; Abk.: NW>; **nord·west-**

lich <Adj.; ↗Z 46> in ~er Richtung; ~ von Stuttgart; <aber> die Nordwestliche Durchfahrt; **Nord'west·wind** <m.; -(e)s, -e>; **'Nord·wind** <m.; -(e)s, -e> **'nör·ge·lig** <Adj.>; **'nör·geln** <V. i.; ich nörg(e)le; du nörgelst; abwertend> *etwas auszusetzen haben; an allem (herum)~*; **'Nörg·ler** <m.; -s, ->; **'Nörg·le·rin** <f.; -, -n·nen>; **'nörg·lig** <Adj.> = *nörgelig*

'No·ri·an <n.; -s; unz.; Geol.> *Stufe der alpinen Triasformation*; **'no·risch** <Adj.; ↗Z 46> *ostalpin*; <aber> die Norischen Alpen [lat.]

No'rit <m.; -s, -e; Geol.> *ein dunkelgrünes Gestein*

Norm <f.; -, -en> **1** *Richtschnur, Regel, sittliches Gesetz*; der ~ entsprechend; die ~ erfüllen **2** <Typ.> *Titelsignatur auf dem ersten Druckbogen*; **nor'mal 1** *regelgerecht* **2** *üblich, gewöhnlich*; ~e Größe **3** *geistig gesund*; du bist ja nicht ~! **4** <Chem.> *geradkettig, unverzweigt* [lat.]; **Nor'mal** <n.; -s, -e **1** <Phys.> *Prototyp einer Maßeinheit* **2** <ohne Art.; unz.; umg.; kurz für> *Normalbenzin*; **Nor'mal·ben·zin** <n.; -s; unz.>; **Nor'mal·druck** <m.; -(e)s, ⸚e; Meteor.> *mittlerer Luftdruck*; **Nor'mal·e** <f. 2; Math.> *senkrecht stehende Gerade*; **nor'ma·ler·wei·se** <Adv.>; **Nor'mal·fall** <m.; -(e)s, ⸚e; Pl. selten> im ~; **Nor'mal·hö·hen·punkt** <m.; -(e)s, -e; Vermessungsw.; Abk.: N. H.>; **Nor'ma·li·en** <Pl.> **1** *vereinheitlichte Grundformen* **2** *Vorschriften*; **nor·ma·li'sie·ren** <V. t./V. refl.> *(wieder) normal gestalten*; das normalisiert sich wieder [frz.]; **Nor·ma·li'tät** <f.; -; unz.>; **Nor'mal·kraft** <f.; -; unz.; Phys.; Zeichen: σ> *senkrecht auf eine Fläche wirkende Kraft*; **Nor'mal·lö·sung** <f.; -, -en; Chem.> *Konzentrationsmaß für Lösungen*; **Nor'mal·null** <n.; -; unz.; Vermessungsw.; Abk.: NN od. N. N.> *Basis für Höhenmessungen*; **Nor'mal·pro·fil** <n.; -s, -e; Geol.> *Darstellung einer Schichtenabfolge*; **nor'mal·sich·tig** <Adj.>; **Nor'mal·spur** <f.; -, -en; Eisenb.> *Spurweite der Schie-*

nen; **nor'mal·spu·rig** <Adj.; Eisenb.>; **Nor'mal·ton** <m.; -(e)s, ⸚e> **1** <Mus.> *Kammerton* **2** <Phys.> *Ton mit einer Frequenz von 1000 Hz*; **Nor'mal·zeit** <f.; -, -en> *mitteleuropäische ~*; Ggs *Ortszeit*; **Nor'mal·zu·stand** <m.; -(e)s; unz.>; **Nor'man·ne** <m.; -n, -n> *Angehöriger eines nordgermanischen Seefahrervolkes*; Sy *Wikinger*; **nor'man·nisch** <Adj.>; **nor·ma'tiv** <Adj.> *eine Norm darstellend*; **Nor·ma'tiv** <n.; -s, -e; Wirtsch.; DDR> *allgemeiner Richtwert*; **Nor·ma'ti·ve** <f. 2; geh.> *Festlegung*; **norm·a'zid**, <auch> **nor·ma'zid** <Adj.; ↗Z54; Med.>; **Norm·a·zi·di'tät** <f.; -; unz.; Med.> *normaler Säurewert*; **'Norm·blatt** <n.; -(e)s, ⸚er> *Verzeichnis von Größen- u. a. Vorschriften*; a. *DIN*; **'nor·men** <V. t.> *nach einer Norm festlegen*; genormte Größe; **Nor·men·aus·schuss** <m.; -es, ⸚e> *Deutscher ~* <Abk.: DNA>; → a. *DIN*; **'Nor·men·kon·trol·le**, <auch> **'Nor·men·kon·trol·le** <f.; -; unz.; ↗Z53; Rechtsw.>; **'Nor·men·kon·troll·kla·ge** <f.; -, -n; Rechtsw.; Pol.>; **'Nor·men·kon·troll·ver·fah·ren** <n.; -s, -; Rechtsw.>; **nor'mie·ren** <V. t.> *regeln, normen*; normiertes Verhalten [frz.]; **Nor'mie·rung** <f.; -, -en>; **nor·mo'ton** <Adj.; Med.> *normalen Blutdruck aufweisend* [lat.-grch.]; **Nor·mo'zyt** <m.; -en, -en; Med.> *normales rotes Blutkörperchen*; **'Nor·mung** <f.; -, -en>; **'Norm·vo·lu·men** <[-vo-]; n.; -s; unz.; Phys.> *Volumen einer bestimmten Gasmenge*; **'norm·wid·rig** <Adj.; ↗Z53.1>

'Nor·ne <f.; -, -n; Myth.> *nordische Schicksalsgöttin* [nord.]

North Ca·ro·li·na <[nɔːθ kærə'lainə]> *Staat in den USA*

North Da·ko·ta <[nɔːθ də'koutə]> *Staat in den USA*

Nor·ther <['nɔːðə(r)]; m.; -s, -; Meteor.> *Einbruch von Kaltluft* [engl.]

'Nor·we·gen *nordeurop. Staat*; *Königreich ~*; **'Nor·we·ger** <m.; -s, ->; **'Nor·we·ge·rin** <f.; -, -n·nen>; **'nor·we·gisch** <Adj.> ~e Sprache; das Norwegisch(e)

No·se·an <m.; -s, -e; Min.> *ein braunes Mineral* [nach dem dt. Geologen K. W. *Nose*]

No·so·de <f.; -, -n; Med.> *homöopathisches Arzneimittel, das aus erkranktem organischem Gewebe hergestellt wird* [grch.]

No·so·lo·gie <f.; -, -n; Med.> *Krankheitslehre* [grch.]; **no·so·lo·gisch** <Adj.>

'No-Spiel <n.; -(e)s, -e> *klassisches altjapan. Singspiel*

Nost·al'gie, <auch> **Nos·tal·gie** <f.; -, -n; ⚹Z.54> *Sehnsucht nach früheren Zeiten* [grch.]; **Nost'al·gi·ker** <m.; -s, -;> **Nost'al·gi·ke·rin** <f.; -, -n·nen>; **nost'al·gisch** <Adj.>

Nos·tri·fi·ka·ti'on, <auch> **Nostri·fi·ka·ti·on** <f.; -, -en; ⚹Z.53> *Einbürgerung* [lat.]; **nos·tri·fi·'zie·ren** <V. t.> 1 *einbürgern* 2 *staatl. anerkennen; ausländische Diplome ~* [lat.]

'Nos·tro·kon·to, <auch> **'Nostro·kon·to** <n.; -s, -ten od. -ti; ⚹Z.53; Bankw.> *Konto einer Bank bei einer anderen Bank* [ital.]

Not <f.; -, ¨e> 1 <unz.; ⚹Z.29> *Knappheit, Mangel; in ~, in (großen) Nöten sein; ~ leiden; die ~ Leidenden/<auch> Notleidenden; die ~ leidenden Länder; jmds. ~ lindern; jmdm. aus großer ~ retten* 2 *schwierige Lage, Bedrängnis; in höchster ~* 3 *Mühe, Sorge; seine (liebe) ~ haben (mit jmdm.)* 4 *dringende Notwendigkeit; ohne ~; zur ~; es tut ~*

'No·ta <f.; -, -s; Bankw.> *Rechnung* [lat.]

No·ta·beln <Pl.; in Frankreich seit dem 14. Jh. bis zur Frz. Revolution> *Oberschicht* [frz.]

no·ta·be·ne <Abk.: NB> *übrigens* [lat.]

No·ta·bi·li·tät <f.; -, -en; veralt.> *Berühmtheit* [frz.]

No'tar <m.; -s, -e> *Jurist, der Schriftstücke u. Rechtsgeschäfte beglaubigt* [lat.]; **No·ta·ri'at** <n.; -(e)s, -e> *Kanzlei eines Notars;* **no·ta·ri'ell** <Adj.> *~e Beglaubigung;* **No·ta·rin** <f.; -, -n·nen>; **no'ta·risch** <Adj.>

'Not·arzt <m.; -es, ¨e>; **'Not·ärz·tin** <f.; -, -n·nen>; **'Not·arzt·wa·gen** <m.; -s, -> *Rettungswagen*

No·ta·ti'on <f.; -, -en> 1 *Zeichen-, Symbolsystem* 2 <Mus.> *Aufzeichnung in Notenschrift* [frz.]

'Not·auf·nah·me <f.; -, -n> ~ *ins Krankenhaus;* **'Not·auf·nah·me·la·ger** <n.; -s, -;>; **'Not·aus·gang** <m.; -(e)s, ¨e>; **'Not·be·helf** <m.; -(e)s, -e> *notdürftiger Ersatz; als ~;* **'Not·be·leuch·tung** <f.; -, -en>; **'Not·brem·se** <f.; -, -n; Eisenb.> *die ~ ziehen* <a. fig.>; **'Not·brem·sung** <f.; -, -en>; **'Not·dienst** <m.; -(e)s, -e; Med.> *Bereitschaftsdienst (von Ärzten u. Apotheken); ~ haben;* **'Not·durft** <f.; -; unz.> *seine ~ verrichten* <veralt.> *den Darm bzw. die Harnblase entleeren;* **'not·dürf·tig** <Adj.> *etwas ~ reparieren behelfsmäßig*

'No·te <f.; -, -n> 1 <Mus.> *Schriftzeichen für einen Ton; ~n lesen können* 2 *(schulische) Beurteilung (in Zahlen); die ~ "Eins", die ~ "sehr gut" bekommen* 3 <Pol.> *förmliche schriftliche Mitteilung, Notiz;* Fuß~ 4 <kurz für> *Banknote* 5 <fig.> *Eigenart, Charakteristikum; der Raum hat eine besondere ~* [lat.]

Note·book <['no:tbuk]; n.; -s, -s; EDV> *kleiner, tragbarer Computer* [engl.]

'No·ten·bank <f.; -, -en; Bankw.>; **'No·ten·blatt** <n.; -(e)s, ¨er; Mus.>; **'No·ten·buch** <n.; -(e)s, ¨er; Mus.>; **'No·ten·druck** <m.; -(e)s; unz.>; **'No·ten·heft** <n.; -(e)s, -e; Mus.>; **'No·ten·li·nie** <[-niə]; f.; -, -n; Mus.>; **'No·ten·pa·pier** <n.; -s; unz.; Mus.>; **'No·ten·pult** <n.; -(e)s, -e>; **'No·ten·schlüs·sel** <m.; -s, -; Mus.>; **'No·ten·schrift** <f.; -, -en; Mus.>; **'No·ten·stän·der** <m.; -s, -; Mus.>; **'No·ten·ste·cher** <m.; -s, -; Mus.> *Facharbeiter für Notenstich;* **'No·ten·stich** <m.; -(e)s; unz.; Mus.> *das Stechen von Musiknoten in eine Metallplatte*

Note·pad <['nou:tpæd]; n.; -s, -s; EDV> *sehr kleiner Computer ohne Tastatur* [engl.]

'Not·fall <m.; -(e)s, ¨e> *im (äußersten) ~;* **'not·falls** <Adv.>; **'not·ge·drun·gen** <Adj.> *etwas ~ tun gezwungenermaßen;* **'Not·gro·schen** <m.; -s, -> *finanzielle Rücklage für Notzeiten;* **'Not-**

hel·fer <m.; -s, -> *die vierzehn ~ kath. Heilige;* **'Not·hil·fe** <f.; -; unz.>

no'tie·ren <V. t.> 1 *aufschreiben; sich etwas ~* 2 <Bankw.> *einen Kurswert ~ festsetzen* 3 <Mus.> *in Notenschrift aufzeichnen* [lat.]; **No'tie·rung** <f.; -, -en>

'nö·tig <Adj.; ⚹Z.42> *notwendig, erforderlich; danke, es ist nicht ~; etwas ~ haben; etwas für ~ halten; das, was wir am ~sten brauchen; das Nötigste besorgen; es fehlt am Nötigsten;* **'nö·ti·gen** <V. t.> *jmdn. (zu etwas) ~ zwingen;* **'nö·ti·gen·falls** <Adv.>; **'Nö·ti·gung** <f.; -; unz.> 1 *Zwang* 2 <Rechtsw.> *ein Straftatbestand; sexuelle ~*

No'tiz <f.; -, -en> *schriftlicher Vermerk; von etwas (keine) ~ nehmen etwas (nicht) beachten* [lat.]; **No'tiz·block** <m.; -(e)s, ¨e>; **No'tiz·buch** <n.; -(e)s, ¨er>

'Not·la·ge <f.; -, -n> *schwierige Lage; in eine ~ geraten;* **'not·lan·den** <V. i. (s.); ich notlande; du notlandest; sie ist notgelandet> *es gelang ihm nicht notzulanden;* **'Not·lan·dung** <f.; -, -en> *eine ~ vornehmen;* **'Not·lö·sung** <f.; -, -en>; **'Not·lü·ge** <f.; -, -n>; **'Not·maß·nah·me** <f.; -, -n>; **'Not·na·gel** <m.; -s, ¨; fig.; umg.> *Ersatz, Lückenbüßer;* **'Not·op·fer** <n.; -s, -> ein ~ bringen

no'to·risch <Adj.> 1 *offenkundig* 2 *gewohnheitsmäßig; ein ~er Trinker* [lat.]

'Not·pfen·nig <m.; -s, -e> *= Notgroschen;* **'not·reif** <Adj.> *~es Getreide;* **'Not·rei·fe** <f.; -; unz.> *vorzeitige Reife;* **'Not·ruf** <m.; -(e)s, -e>; **'Not·ruf·säu·le** <f.; -, -n>; **'not·schlach·ten** <V. t.; ich notschlachte; er hat notgeschlachtet; meist im Inf. od. Perf.>; **'Not·schlach·tung** <f.; -, -en>; **'Not·si·gnal,** <auch> **'Not·sig·nal** <n.; -(e)s, -e; ⚹Z.53>; **'Not·sitz** <m.; -es, -e>; **'Not·stand** <m.; -(e)s, ¨e; Pl. selten>; **'Not·stands·ge·biet** <n.; -(e)s, -e> *eine Region zum ~ erklären;* **'Not·strom** <m.; -es; unz.>; **'Not·strom·ag·gre·gat** <n.; -es, -e>; **'Not·tau·fe** <f.; -, -n>; **'not·tau·fen** <V. t.; ich nottaufe; du nottaufst; sie nottauft; er hat**

notgetauft; meist im Inf. od. Perf.>

Not'tur·no <n.; -s, s od. -ni; Mus.> = *Nocturne*

'Not·un·ter·kunft <f.; -, =e>; **'Not·ver·ord·nung** <f.; -, -en>; **'not·was·sern** <V. i.; ich not·wass(e)re; es notwassert; er hat notgewassert; meist im Inf. od. Perf.>; **'Not·wehr** <f.; -; unz.> aus ~ handeln; **'not·wen·dig** <Adj.; ↗Z42> *unerlässlich, er·forderlich;* ~e *Unterlagen;* es ist am notwendigsten, dass ...; sich auf das Notwendige be·schränken; es fehlt am Notwen·digsten; **'not·wen·di·gen·falls** <a. [----'-]; Adv.>; **'not·wen·di·ger·wei·se** <a. [----'--]; Adv.>; **'Not·wen·dig·keit** <a. [-'---]; f.; -, -en>; **'Not·zei·chen** <n.; -s, ->; **'Not·zei·ten** <Pl.> in ~; **'Not·zucht** <f.; -; unz.> *Vergewalti·gung;* **'not·züch·ti·gen** <V. t.; er hat genotzüchtigt>

Nou·gat <['nu-]; n. od. m.; -s; unz.> = *Nugat* [frz.]

Nou·velle Cu·i·sine <[nu'vel kyi'zi:n]; f.; --; unz.; ↗Z31> *mo·derne Kochkunst* [frz.]

Nov. <Abk. für> *November*

'No·va¹ <[-va]; f.; -, -vä; Astr.> *Fixstern, neuer Stern* [lat.]; **'No·va²** <Pl. von> *Novum*

No·ve·cen·to <[nɔvə'tʃɛnto]; n.; - od. -s; unz.> *das 20. Jh. in der italienischen Kunst* [ital.]

No·vel·food, <auch> **No·vel Food** <[nɔvəl'fu:d]; n.; - od. -s; unz.> *gentechnisch verändertes Nahrungsmittel* [engl.]

No·vel·le <[-'vɛl-]; f.; -, -n> 1 <Lit.> *Erzählung* 2 <Rechtsw.> *Nachtrag zu einem Gesetz;* Ge·setzes- [lat.]; **No'vel·len·dich·tung** <f.; -; unz.; Lit.>; **No'vel·len·form** <f.; -, -en; Lit.>; **No'vel·len·samm·lung** <f.; -, -en; Lit.>; **No·vel'let·te** <f.; -, -n; Mus.> *kurzes Musikstück* [ital.]; **no·vel'lie·ren** <V. t.; Rechtsw.> *neu formulieren, ergänzen;* no·velliertes Gesetz; **No'vel·list** <m.; -en, -en; Lit.> *Verfasser von Novellen(1);* **No'vel·lis·tik** <f.; -; unz.; Lit.>; **No'vel·lis·tin** <f.; -, -nen; Lit.>; **no·vel'lis·tisch** <Adj.; Lit.>

No·vem·ber <[-'vɛm-]; m.; -s, -; Abk.: Nov.> *der elfte Monat im*

Jahr [lat.]; **no'vem·ber·lich** <Adj.> ~es Wetter; **No'vem·ber·po·grom,** <auch> **No'vem·ber·pog·rom** <n.; -s; unz.> *Pogrom gegen die Juden im November 1938;* **No'vem·ber·re·vo·lu·ti·on** <[-vo-]; f.; -; unz.; in Dtschld. u. Österreich> *Revolution im No·vember 1918;* **No·vem·ber·wet·ter** <n.; -s; unz.> *nebliges, nass·kaltes Wetter*

No·ve'mo·le <[-və-]; f.; -, -n; Mus.> *Gruppe von neun glei·chen rhythmischen Werten* [ital.-lat.]; **No·ve·ne** <[-'ve:-]; f.; -, -n; Kath.> *neuntägige An·dacht* [lat.]

No·vi'lu·ni·um <[-vi-]; n.; -s, -ni·en; Astr.> *erstes Sichtbar·werden des Mondes nach Neu·mond* [lat.]; **No·vi'tät** <[-vi-]; f.; -, -en> *Neuheit* [lat.]; **No·vi·ze** <[-'vi-]; m.; -n, -n; Kath.> *jun·ger Mönch in der Probezeit* [lat.]; **No'vi·zin** <f.; -, -nnen>; **'No·vum** <[-vum]; n.; -s, -va> *noch nie Dagewesenes, Neue·rung;* ein absolutes ~

'No·xe <f.; -, -n; Med.> *Schadstoff* [lat.]

Np <Zeichen für>

NP <Sprachw.; Abk. für> *Nomi·nalphrase* 1 <Chem.> *Neptuni·um* 2 *Neper*

NPD <Abk. für> *Nationaldemo·kratische Partei Deutschlands*

Nr. <Abk. für> *Nummer*

NRT <Abk. für> *Nettoregisterton·ne*

ns <Phys.; Zeichen für> *Nanose·kunde*

NS <Abk. für> *Nationalsozialis·mus;* **NSDAP** <Abk. für> *Natio·nalsozialistische Deutsche Ar·beiterpartei;* **NS-Zeit** <f.; -; unz.>

NT <Abk. für> *Neues Testament*

NTC-Wi·der·stand <m.; -(e)s, =e; ↗Z34; Phys.> *Widerstand, der mit steigender Temperatur sinkt*

n-te <Num.; Math.> ~ *Potenz*

nu <Adv.; mdt.> *nun*

Nu <[nu:]; m.; nur in den Wen·dungen> im ~, in einem ~ *sehr schnell*

Nu·an·ce <[ny'ãsə]; f.; -, -n> 1 *fei·ne Abstufung* 2 *winzige Kleinig·keit* [frz.]; **nu·an·cen·reich** <Adj.>; **nu·an·cie·ren** <[nyã'si:-]; V. t.> *abstufen;* **nu·**

'an·ciert <Adj.; -er, am -es·ten> *sehr differenziert*

'nü·ber <Adv.; süddt.; umg.; kurz für> *hinüber*

'Nu·buk <n.; -s; unz.> *Leder mit samtiger Oberfläche;* ~leder [engl.]

'nüch·tern <Adj.> 1 *mit leerem Magen* 2 *nicht betrunken;* wie·der ~ *werden* 3 *realistisch, über·legt* 4 *langweilig, fantasielos;* **'Nüch·tern·heit** <f.; -; unz.>

'Nu·ckel <m.; -s, -; umg.> *Schnul·ler;* **'nu·ckeln** <V. i.; ich nuck(e)le; du nuckelst; sie nu·ckelt; umg.> *saugen;* **'Nu·ckel·pin·ne** <f.; -, -n; umg.; abwer·tend> *langsames (altes) Auto*

Nu·cle'in, <auch> **Nuc·le'in** <n.; -s, -e; ↗Z53; Biochem.> = *Nu·klein* [lat.]

'Nu·del <f.; -, -n> *Eierteigware;* Ulk- <fig.; umg.> *lustige Per·son;* **'nu·del'dick** <Adj.; fig.; umg.> *sehr dick;* **'Nu·del·holz** <n.; -es, =er>; **'nu·deln** <V. t.; ich nud(e)le; du nudelst; sie nu·delt; fig.; umg.> *überfüttern;* ich bin (wie) genudelt; **'Nu·del·teig** <m.; -(e)s, -e>

Nu'dis·mus <m.; -; unz.> *Freikör·perkultur* [lat.]; **Nu'dist** <m.; -en, -en>; **Nu'dis·tin** <f.; -, -n·nen>; **nu'dis·tisch** <Adj.>; **Nu·di'tät** <f.; -; -en> *Nacktheit*

'Nu·gat <n.; -s; unz.> *feines Kon·fekt aus Nüssen u. Schokolade;* oV *Nougat* [frz.]

Nug·get <['nʌgit]; n.; -s, -s> *na·türl. Goldklümpchen* [engl.]

nu·kle·ar, <auch> **nuk·le·ar** <Adj.; ↗Z53; Phys.> 1 *den Atomkern betreffend* 2 *Atomwaffen betref·fend* [lat.]; **Nu·kle·ar·me·di·zin** <f.; -; unz.; Med.> *Lehre von der Anwendung radioaktiver Sub·stanzen;* **Nu·kle·ar·waf·fe** <f.; -, -n; Phys.> *Atom-, Kernwaffe;* **Nu·kle·a·sen** <Pl.; Biochem.> *Nukleinsäuren spaltende Enzy·me;* **Nu·kle'in** <n.; -s, -e; Bio·chem.> *Verbindung von Nuklei·nsäuren mit Eiweißstoffen;* oV *Nuclein;* **Nu·kle'in·säu·re** <f.; -; unz.; Biochem.> *Substanz der Gene, die in allen Zellen vor·kommt;* **Nu·kle'o·le** <f.; -, -n; Biochem.> *Kernkörperchen;* **'Nu·kle·on** <n.; -s, -'o·nen; Phys.; Zeichen: N> *Teil des*

N

Nullableitung: Unter einer N. oder einer Konversion versteht man eine Form der Wortbildung, bei der ein neues Wort gebildet wird, ohne dass dem Stamm ein ↗Suffix angefügt wird, z. B. *Schrei < schreien, ölen < Öl*. N. geht mit dem Wechsel der Wortart einher. Vgl. ↗Wortbildungslehre

Nullmorphem: Ein N. ist ein ↗Morphem, das in einem Flexionsschema aus Gründen der Systematik in der Form Null (Zeichen: Ø) angenommen wird. Ein N. wird sprachlich nicht realisiert, ist jedoch inhaltlich vorhanden. Zum Beispiel unterscheiden sich die Formen des ↗Imperativs im Deutschen von den meisten anderen Verbformen dadurch, dass sie endungslos sein können: *gibØ, singØ, zeigØ* vs. *du gibst, singst, zeigst*.

Atomkerns; **Nu·kle'o·nik** <f.; -; unz.; Phys.>; **Nu·kle·o·pro·te'id** <n.; -(e)s, -e; Biochem.> = *Nu·klein;* **'Nu·kle·us** <m.; -, -klei [-kle:i]; Biochem.> *Zellkern;* **Nu·'klid** <n.; -(e)s, -e; Phys.> *durch bestimmte Protonen- u. Neutronenzahl charakterisierte Atomart*
null <Num.; Zeichen: 0> *kein, nichts;* sie hat ~ Fehler; es steht zwei zu ~ (2:0) <Sp.>; Temperatur von ~ Grad (0°C); die Temperatur sinkt unter ~; drei Grad über ~; der Zeiger steht auf ~; ~ Uhr; die Stunde ~; ~ u. nichtig *ungültig;* in ~ Komma nichts <fig.; umg.> *im Nu;* ~ Bock haben <Jugendspr.> *keine Lust;* → a. *Null¹* [ital.]; **Null¹** <f.; -, -en; Zeichen: 0> *Ziffer ohne Wert;* einer Zahl eine ~ anhängen; die Zahl ~; jmd. ist eine ~ <umg.; abwertend>; → a. *null;* **Null²** <m. od. n.; - od. -s, -s; Skat> *eine Spielart*
'Null·ab·lei·tung <f.; -, -en; Sprachw.> → *Kasten*
'null'acht'fünf·zehn <Adj.; undekl.; umg.> *durchschnittlich, nicht besonders;* **'Null'acht'fünf·zehn...** <umg.; in Zus.> *Durchschnitts..., Allerwelts...;* ~-Frisur
Null-'Bock-Ge·ne·ra·ti·on <f.; -; unz.; ↗Z33> *Generation von*

desinteressierten Jugendlichen; → a. *null*
'Null·di·ät <f.; -; unz.> *fast vollständiger Verzicht auf Nahrung*
'nul·len <V. t.> **1** <El.> *mit einem Nullleiter koppeln* **2** <V. refl.> ihr Geburtstag nullt sich <umg.; scherzh.>
'Nul·ler <m.; -s, -; Sp.; umg.> *fehlerloser Durchgang;* **Nul·li·fi·ka·ti·on** <f.; -, -en; Rechtsw.> *Ungültigkeitserklärung;* **nul·li·fi·'zie·ren** <V. t.>
Nul·li·pa·ra <f.; -, -'pa·ren; Med.> *Frau, die noch nicht entbunden hat*
Nul·li·tät <f.; -, -en; geh.> *Nichtigkeit* [frz.]
'Null·ka·sus <m.; -, -; Gramm.> → a. *Kasten Nominativ*
'Null·la·ge <f.; -, -n; ↗Z37> *Nullstellung*
'Null·lei·ter <m.; -s, -; ↗Z37> *El.> nicht spannungsführender Leiter*
'Null·li·nie <[-niə]; f.; -, -n; ↗Z37>
'Null·lö·sung <f.; -, -en; ↗Z37; Pol.> *Wahrung des (nuklearen) Gleichgewichts*
'Null·men·ge <f.; -, -n; Math.>
'Null·me·ri·di·an <m.; -s; unz.; Geogr.> *Meridian von Greenwich/London*
'Null·mor·phem <n.; -s, -e; Sprachw.; Gramm.> ↗ *Kasten*
'Null·ni·veau <[-vo:]; n.; -s, -s; Kartogr.>
'Null·num·mer <f.; -, -n> *Probenummer (einer Zeitschrift)*
'Null·o·pe·ra·ti·on <f.; -, -en; ↗Z55; EDV>
Null o·u·vert <[-u've:r]; m. od. n.; -- od. --s [-u've:r]; --s [-u've:r]; Skat> *Nullspiel mit offenen Karten*
'Null·punkt <m.; -(e)s, -e> **1** <Phys.> *Ausgangspunkt einer Skala;* auf dem ~ angekommen sein <fig.> *auf dem tiefsten Stand sein* **2** *Gefrierpunkt*
'Null·run·de <f.; -, -n; Pol.> *Tarifabschluss ohne Lohnerhöhung*
'Null·se·rie <[-riə]; f.; -, -n> *Versuchsserie*
'Null·tag <m.; -(e)s, -e; Skat> = *Null²*
'Null·ta·rif <m.; -(e)s, -e> *kostenlose Benutzung öffentl. Verkehrsmittel;* zum ~ *kostenlos*

'Nul·lum <n.; -s; unz.; Rechtsspr.> *ein Nichts*
'Null·wachs·tum <[-ks-]; n.; -s; unz.; Wirtsch.>
'Nul·pe <f.; -, -n; umg.; abwertend> *Dummkopf*
Nu·me·ra·le <n.; -s, -lia od. -li·en; Gramm.> *Zahlwort;* → a. *Kasten S. 764* [lat.]; **'Nu·me·ri** <Pl. von> *Numerus;* **nu'me·risch** <Adj.; Math.> *der Zahl nach;* -e Steuerung <EDV>; **'Nu·me·ro** <ohne Art.; veralt.; Abk.: No.> *Nummer;* ~ eins; **'Nu·me·rus** <m.; -, -me·ri> **1** <Math.> *Zahl, zu der ein Logarithmus gebildet wird* **2** <Gramm.> *Kategorie der Zahl (Singular, Plural);* → a. *Kasten S. 764;* **'Nu·me·rus 'clau·sus** <m.; --; unz.; ↗Z31; Abk.: NC> *zahlenmäßige Beschränkung für die Zulassung zum Hochschulstudium*
nu·mi'nos <Adj.; geh.> *göttlich, heilig, unbegreiflich* [lat.]
Nu·mis'ma·tik <f.; -; unz.> *Münzkunde* [lat.]; **Nu·mis'ma·ti·ker** <m.; -s, ->; **Nu·mis'ma·ti·ke·rin** <f.; -, -n·nen>; **nu·mis'ma·tisch** <Adj.>
'Num·mer <f.; -, -n; Abk.: Nr.> **1** *kennzeichnende Zahl (einer fortlaufenden Reihe);* ~ sechs; laufende ~; wir sind unter der ~ 5679 zu erreichen; Haus~; Los~; Telefon~ **2** *Größe;* Kleider~ **3** *Darbietung;* eine komische ~ **4** auf ~ Sicher/<auch> sicher gehen *kein Risiko eingehen;* **num·me·rie·ren** <V. t.> *mit Nummern versehen;* **Num·me·rie·rung** <f.; -, -en>; **'Num·mern·girl** <[-gə:l]; n.; -s, -s; bes. Boxen> *Mädchen, das den nächsten Programmpunkt ankündigt;* **'Num·mern·kon·to** <n.; -s, -kon·ten od. -kon·ti; Bankw.> *anonym geführtes Bankkonto;* **'Num·mern·schild** <n.; -(e)s, -er; Kfz>
nun¹ <Adv.> *jetzt;* wir kommen ~ doch; von ~ an; was ~?;
nun² <Partikel> *also;* ~ denn!; ~ ja; das ist ~ einmal/mal so
'Nu·na·tak <m.; -s, -s od. -er; Geogr.> *von Gletschern umgebener Fels* [eskim.]
'nun·mehr <a. [-'-]; Adv.> *von jetzt an*

N

Numerale: Als N. oder **Zahlwort** werden Wörter bezeichnet, die bestimmte Mengen- oder Größenangaben benennen.
In der traditionellen Grammatik wurde zwischen bestimmten (*zwei, vier*) und unbestimmten (*einige, mehrere*) N. unterschieden. Heute werden die N. den entsprechenden Wortarten zugeordnet, während die ↗**Kardinalzahlen** (*eins, zwei, hundert, tausend*) und die ↗**Ordinalzahlen** (*erster, zweiter, zehnter*) als N. im engeren Sinne aufgefasst werden.
N. gehören den folgenden Wortarten an:

a) ↗**Adjektiv** (*diese drei Leute, in zweierlei Hinsicht, in fünffacher Ausführung*)

b) ↗**Indefinitpronomen** (*alle, beide, mehrere*)

c) ↗**Substantive** (*ein Dutzend, ein Zehner*)

d) ↗**Adverbiale** (*sie kam dreimal vorbei*)

Von den **Kardinalzahlen** werden abgeleitet:

– **Distributiva** (Verteilungszahlwörter) durch vorangestelltes *je: je drei Kinder, je viermal*

– **Multiplikativa** (Vervielfältigungszahlwörter), die den Adjektiven zugerechnet werden, mit angehängtem *-fach* oder *-fältig: vierfach, vielfältig*

– **Iterativa** (Wiederholungszahlwörter) durch angehängtes *-mal: dreimal, hundertmal*

– **Gattungszahlwörter** durch angehängtes *-lei* an den Genitiv auf *-er: dreierlei, zweierlei*

Von den **Ordinalzahlen** werden abgeleitet:

– **Bruchzahlen** mit dem Suffix *-tel: zehntel, viertel*

– **Aufzählungswörter** mit angefügtem *-ens: erstens, zweitens, drittens*

Numerus: N. oder Zahl ist eine grammatische Kategorie der Nominalgruppe und insbesondere des ↗Substantivs zur Bezeichnung der Quantität. Im Deutschen werden ↗**Singular** (Einzahl) und ↗**Plural** (Mehrzahl) unterschieden.
Manche Sprachen besitzen zusätzlich den **Dual**, der eine Zweizahl bezeichnet. Im Bairischen sind die Wörter *ös (ihr beiden)* und *enk (euch beiden)* ursprünglich Dualisformen gewesen, die später Pluralfunktion übernommen haben.
Aufgrund der Kongruenz (Übereinstimmung) innerhalb von Nominalgruppen werden auch andere Wortarten (↗Adjektiv, ↗Pronomen und ↗finites Verb) dem N. entsprechend abgewandelt:
Singular: *Das rothaarige Kind geht nach Hause.*
Plural: *Die rothaarigen Kinder gehen nach Hause.*

'nun·ter <Adv.; südd.; umg.; kurz für> *hinunter*

Nun·ti·a'tur <f.; -, -en> *Sitz eines Nuntius* [lat.]; **'Nun·ti·us** <m.; -, -ti·en> *päpstlicher Botschafter*

nur¹ <Adv.> *nicht mehr als, bloß; es kostet ~ drei Euro; ~ du* (sonst niemand); *~ so ohne besonderen Grund;* **nur²** <konjunktional> *allerdings, jedoch, lediglich; nicht ~, sondern auch; ~ dass;* **nur³** <Partikel> *~ Mut!; das weiß er ~ zu gut; ~ keine Umstände!*

'Nürn·berg *Stadt in Bayern;* **'Nürn·ber·ger** 1 <m.; -s, -> *Einwohner von Nürnberg* 2 <Adj.; ↗Z49> *~ Lebkuchen;* **'Nürn·ber·ge·rin** <f.; -, -n·nen>; **'nürn·ber·gisch** <Adj.>

'nu·scheln <V. i.; ich nusch(e)le; du nuschelst; sie nuschelt; umg.> *undeutlich sprechen*

Nuss <f.; -, ⸗e> 1 <Bot.> *trockene Schließfrucht mit harter Schale;* Hasel~; Kokos~; Wal~; *Nüsse knacken* 2 <Jägerspr.> *weibl. Geschlechtsteil (der Hündin, Füchsin u. a.)* 3 = *Kugel(3);* **'Nuss·baum** <m.; -(e)s, ⸗e>; **'nuss·braun** <Adj.>; **'Nüss·chen** <n.; -s, -> Verkleinerungsf. von> *Nuss;* **'nus·sig** <Adj.> *~ schmecken;* **'Nuss·kern** <m.; -(e)s, -e>; **'Nuss·kna·cker** <m.; -s, -> *Gerät zum Knacken von* Nüssen; **'Nuss·öl** <n.; -(e)s, -e>; **'Nuss·scha·le** <f.; -, -n; ↗Z37>; **'Nuss·schin·ken** <m.; -s, -; ↗Z37>; **'Nuss·scho·ko·la·de** <f.; -, -n; ↗Z37>

'Nüs·ter <f.; -, -; meist Pl.> *Nasenloch (des Pferdes)*

Nut <f.; -, -en; Tech.> *rinnenförmige Vertiefung; auf ~ u. Feder;* oV *Nute*

Nu·ta·ti'on <f.; -, -en> 1 <Astr.> *Schwankung der Erdachse* 2 <Bot.> *Wachstumsbewegung bei Pflanzen* [lat.]

'Nu·te <f.; -, -n> = *Nut;* **'Nut·ei·sen** <n.; -s, -; Tech.>; **'nu·ten** <V. t.; Tech.> *einen Balken ~;* **'Nu·ten·frä·ser** <m.; -s, -; Tech.>; **'Nut·ho·bel** <m.; -s, ->

'Nu·tria¹, <auch> **'Nut·ria** <f.; -, -s; ↗Z53; Zool.> *ein Nagetier, Biberratte* [span.]; **'Nu·tria²** <m.; - od. -s, -s> *Fell der Nutria¹*

Nu·tri'ment, <auch> **Nut·ri'ment** <n.; -(e)s, -e; ↗Z53; Med.> *Nahrung(smittel)* [lat.]; **Nu·tri·ti'on** <f.; -; unz.; Med.> *Ernährung;* **nu·tri'tiv** <Adj.; Med.>

Nut·sche <['nu:t-]; f.; -, -n; Chem.> *Filter(apparatur);* **'nut·schen** <V.; du nutschst> 1 <V. t.; Chem.> *filtrieren* 2 <V. i.; mdt.; umg.> *saugen*

'Nut·te <f.; -, -n; derb; abwertend> *Prostituierte;* **'nut·ten·haft** <Adj.>; **'nut·tig** <Adj.> *~ aussehen*

nutz <Adv.; südd.; österr.> = *nütze,* **Nutz** <m.; -es; unz.; veralt.; in der Wendung> *zu jmds. ~(e); zu jmds. Nutzen; sich etwas zu ~e/<od.> zunutze machen;* **'nutz·bar** <Adj.>; **'Nutz·bar·keit** <f.; -; unz.>; **'nutz·brin·gend** <Adj.; ↗Z29> *einträglich, Nutzen bringend; ~e Geschäfte;* **'Nutz·den·ken** <n.; -s; unz.>; **'nüt·ze** <Adv.; in der Wendung> *zu nichts ~ sein;* **'Nutz·ef·fekt** <m.; -(e)s, -e>; **'Nut·zen** <m.; -s; unz.> *Vorteil; aus etwas ~ ziehen; von ~ sein;* **'nut·zen, 'nüt·zen** <V. i.; ich nütze; du nützt; sie nützt> 1 <V. i./V. refl.> *förderlich sein; das nützt mir nichts; zu etwas ~; es nutzt nichts es hat keinen Zweck* 2 <V. t.> *etwas ~ verwerten, verwenden;*

Bodenschätze ~; **'Nut·zer** <m.; -s, ->; **'Nut·ze·rin** <f.; -, -n·nen>; **'Nut·zer·o·ber·flä·che** <f.; -, -n; ⬈Z55; EDV>; **'Nutz·fahr·zeug** <n.; -(e)s, -e; Kfz>; **'Nutz·fisch** <m.; -(e)s, -e> *Speisefisch;* **'Nutz·flä·che** <f.; -, -n>; **'Nutz·gar·ten** <m.; -s, -> Ggs *Ziergarten;* **'Nutz·holz** <n.; -es; unz.>; **'Nutz·last** <f.; -, -en>; **'nütz·lich** <Adj.> *Nutzen, Gewinn bringend; ~e Dinge; sich ~ machen helfen;* **'Nütz·lich·keit** <f.; -; unz.>; **'Nütz·lich·keits·den·ken** <n.; -s; unz.>; **'Nütz·ling** <m.; -s, -e; Landw.> Ggs *Schädling;* **'nutz·los** <Adj.>; **'Nutz·lo·sig·keit** <f.; -; unz.>; **'nutz·nie·ßen** <V. i.; ich nutznieße; du nutznießt; er hat genutznießt; meist im Inf. u. im Präsens> *Nutzen haben;* **'Nutz·nie·ßer** <m.; -s, ->; **'Nutz·nie·ße·rin** <f.; -, -n·nen>; **'nutz·nie·ße·risch** <Adj.>;

'Nutz·nie·ßung <f.; -; unz.>; **'Nutz·pflan·ze** <f.; -, -n> Ggs *Zierpflanze;* **'Nutz·tier** <n.; -(e)s, -e> *Haus-, Lasttier;* **'Nut·zung** <f.; -, -en>; **'Nut·zungs·recht** <n.; -(e)s, -e; Rechtsw.>; **'Nut·zungs·ver·trag** <m.; -(e)s, ⹀e>; **'Nutz·was·ser** <n.; -s; unz.> Ggs *Brauchwasser;* **'Nutz·wert** <m.; -(e)s, -e> *Gebrauchswert;* **'Nutz·wild** <n.; -(e)s; unz.> *essbares Wild*

NVA <DDR; Abk. für> *Nationale Volksarmee*
NW <Abk. für> *Nordwest(en)*
Ny <n.; - od. -s, -s; Zeichen: n, N> *grch. Buchstabe*
Nykt·a·lo'pie, <auch> **Nyk·ta·lo·'pie** <f.; -; unz.; ⬈Z54; Med.> *Nachtblindheit* [grch.]
Nykt·u'rie, <auch> **Nyk·tu'rie** <f.; -, -n; ⬈Z54; Med.> *verstärkter nächtlicher Harndrang* [grch.]

Ny·lon <['nai-]; n.; -s; unz.; Warenz.> *eine synthetische Faser* [engl. Kunstwort]; **'Ny·lon·strumpf** <m.; -(e)s, ⹀e>
Nym'phä·um <n.; -s, -'phä·en> *antike Brunnenanlage;* **'Nym·phe** <f.; -, -n> **1** <grch. Myth.> *weibl. Naturgottheit* **2** <Zool.> *Entwicklungsstadium bei Insekten (zwischen Larve u. Puppe)* [lat.-grch.]; **'nym·phen·haft** <Adj.>; **nym·pho'man** <Adj.> Sy *mannstoll;* **Nym·pho·ma'nie** <f.; -; unz.; Med.> *Hypersexualität der Frau;* **Nym·pho'ma·nin** <f.; -, -n·nen>
Ny'norsk <n.; -; unz.> *auf den westnorwegischen Mundarten beruhende norweg. Landessprache;* Sy *Landsmål;* → a. *Riksmål* [norw.]
Nys'tag·mus <m.; -; unz.; Med.> *Augenzittern*

O

o 1 <n.; -, - od. (umg.) -s> *ein Buchstabe* 2 <Int.> *gefühlsbetonter Ausruf;* ~ je!; ~ nein!; ~ ja!; ~ weh!; ~ Herr!; → a. *oh*

O 1 <n.; -, - od. (umg.) -s> *ein Buchstabe; das A und ~ das Entscheidende, Wesentliche* 2 <Abk. für> *Ost(en)* 3 <Chem.; Zeichen für> *Sauerstoff*

Ω <Zeichen für> *Ohm(3)*

O' <vor irischen Eigennamen Abk. für> *Sohn des ..., z. B.* O'Connor

o. a. <Abk. für> *oben angeführt*

o. Ä. <Abk. für> *oder Ähnliche(s);* → a. *ähnlich*

OAS <Abk. für engl.> *Organization of American States* [engl.]

O'a·se <f.; -, -n> 1 *fruchtbare Stelle mit Quelle in der Wüste* 2 <fig.> *Ort der Stille; eine ~ des Friedens* [ägypt.]

OAU <Abk. für engl.> *Organization of African Unity*

o. B. <Abk. für> *ohne Befund*

OB <Abk. für> *Oberbürgermeister*

ob[1] <Konj.> 1 *(als Einleitung im indirekten Fragesatz); frag ihn, ~ er zum Essen kommt* 2 *und ~!* <umg.; verstärkend> *und wie!, freilich!*

ob[2] <Präp.> 1 <mit Gen.; veralt.; noch poet.> *wegen; sie ärgerte sich ~ seiner Bemerkung* 2 <mit Dat.; veralt.> *oberhalb, über;* Rothenburg ~ der Tauber

'Ob·acht, <auch> **'O·bacht** <f.; -; unz.; *↗Z54*> ~ geben *aufpassen*

ÖBB <Abk. für> *Österreichische Bundesbahn*

'Ob·dach <n.; -(e)s; unz.> *Unterkunft; kein ~ haben;* **'ob·dach·los** <Adj.>; **'Ob·dach·lo·se(r)** <f. 2 (m. 1)>; **'Ob·dach·lo·sen·heim** <n.; -(e)s, -e>

Ob·duk·ti·on <f.; -, -en> *(gerichtlich angeordnete) Öffnung einer Leiche zur Feststellung der Todesursache;* Sy *Leichenöffnung*

[lat.]; **Ob·duk·ti·ons·be·fund** <m.; -(e)s, -e>

Ob·du·ra·ti·on <f.; -, -en> *Verhärtung von Körpergewebe* [lat.]

Ob·du·zent <m.; -en, -en> *Arzt, der eine Obduktion vornimmt;* **ob·du·zie·ren** <V. t.> [lat.]

Ob·e·di·enz, <auch> **O·be·di·enz** <f.; -; unz.; *↗Z54*> *Gehorsam (gegenüber dem geistl. Vorgesetzten)* [lat.]

'O-Bei·ne <Pl.; *↗Z34*>; **'o-bei·nig,** <auch> **'O-bei·nig** <Adj.>

O·be'lisk <m.; -en, -en> *vierkantige, oben spitz zulaufende Säule* [lat.]

'o·ben <Adv.> *in der Höhe; hoch ~;* nach ~; *alles Gute kommt von ~; bis ~ hin;* ~ herum <umg.>; ~ ohne <umg.> *mit unbekleidetem Oberkörper; ~ stehend bereits weiter vorn im Text genannt; das ~ Stehende,* <auch> *Obenstehende; das ~ Erwähnte,* <auch> *Obenerwähnte;* **o·ben'an** <Adv.> *am Anfang einer Reihe;* ~ *sitzen, stehen;* **o·ben'auf, o·ben'aus** <Adv.> 1 *ganz oben darauf* 2 <fig.; umg.> ~ *sein munter, fröhlich* 3 ~ *schwingen* <schweiz.> *die Oberhand gewinnen, an der Spitze liegen;* **o·ben'drauf** <Adv.; umg.> ~ *liegen;* **o·ben'drein** <Adv.> *außerdem, noch dazu;* **o·ben'hin** <Adv.> *oberflächlich, flüchtig; etwas nur ~ ansehen;* <aber> *nach oben hin wird die Säule schlanker;* **o·ben·hin'aus,** <auch> **o·ben·hi'naus** <Adv.; *↗Z54*> ~ *wollen* <fig.> *ehrgeizig sein*

'O·ber <m.; -s, -> 1 *Kellner; Herr ~, bitte zahlen!* 2 *dt. Spielkarte*

o·ber..., O·ber... <in Zus.> 1 *weiter oben befindlich, höher gelegen;* Oberarm; Oberbayern 2 *höchst, umfassend, allein verantwortlich;* Oberleitung; Oberbürgermeister 3 <umg.; salopp> *sehr, besonders, äußerst;* oberdoof, Oberbonze

'o·ber'af·fen·geil <Adj.>; umg., bes. Schülerspr.; verstärkend für> *affengeil*

'O·ber·amt·mann <m.; -(e)s, ⸚er; schweiz.> *Vorsteher der Verwaltung eines Bezirks*

'O·ber·arm <m.; -(e)s, -e> Ggs *Unterarm*

'O·ber·arzt <m.; -(e)s, ⸚e>; **'O·ber·ärz·tin** <f.; -, -n·nen>

'O·ber·auf·sicht <f.; -; unz.> *Aufsicht u. Leitung*

'O·ber·bau <m.; -(e)s, -ten> 1 *der auf den Pfeilern einer Brücke ruhende Teil* 2 *Gleisanlage*

'O·ber·bauch <m.; -(e)s; unz.> *Magengegend*

'O·ber·be·fehl <m.; -(e)s; unz.>; **'O·ber·be·fehls·ha·ber** <m.; -s, ->

'O·ber·be·griff <m.; -(e)s, -e>

'O·ber·be·klei·dung <f.; -; unz.> *über der Unterwäsche getragene Kleidung, z. B. Rock, Mantel, Anzug*

O·ber'berg·amt <n.; -(e)s, ⸚er> *Aufsicht führende Behörde im Bergbau*

'O·ber·bett <n.; -(e)s, -en> *Deckbett*

'O·ber·bo·den <m.; -s, ⸚> *Boden unterm Dachfirst*

O·ber'bür·ger·meis·ter <a. ['------]; m.; -s, -> *Oberhaupt größerer Städte;* **O·ber'bür·ger·meis·te·rin** <f.; -, -n·nen>

'O·ber·deck <n.; -s, -e od. -s> 1 *Hauptdeck (eines Schiffes)* 2 *Obergeschoss (eines zweistöckigen Omnibusses)*

'o·ber·deutsch <Adj.> *die ~ en Mundarten bairisch-österreichische u. schwäbisch-alemannische M.*

'o·be·re(r, -s) <Adj.> *höher liegend*

'o·ber·faul <Adj.; fig.; umg.> *die Sache ist ~ bedenklich*

O·ber'feld·arzt <m.; -(e)s, ⸚e; Mil.>; **'O·ber·feld·we·bel** <m.; -s, -; Mil.> *ein Unteroffiziersrang*

'O·ber·flä·che <f.; -, -n> 1 *Gesamtheit der einen Körper begrenzenden Flächen; glatte ~; seine Rede bleibt an der ~* <fig.> *geht nicht in die Tiefe* 2 *obere Begrenzungsfläche einer Flüssigkeit; die ~ des Wassers;* **'O·ber·flä·chen·här·tung** <f.; -, -en; Met.>; **'O·ber·flä·chen·span·nung** <f.; -, -en>; **'O·ber·flä·chen·struk·tur** <f.; -, -en> Ggs *Tiefenstruktur* 1 *Struktur einer Oberfläche* 2 <Sprachw.> *konkrete, äußere Gestalt von*

Sätzen; **'O·ber·flä·chen·wel·le** <f.; -, -n>; **'o·ber·flä·chig** <Adj.> *die Oberfläche betreffend*; **'o·ber·fläch·lich** <Adj.> 1 *nicht tief eindringend*; eine ~e Wunde 2 <fig.> *flüchtig, nicht gründlich*; jmdn. nur ~ kennen; **'O·ber·fläch·lich·keit** <f.; -; unz.>

'O·ber·förs·ter <m.; -s, -> *Revierförster*; **O·ber'forst·meis·ter** <m.; -s, ->

'o·ber·gä·rig <Adj.>; **'O·ber·gä·rung** <f.; -; unz.; Brauereiw.> *Gärung bei hoher Temperatur mit obenauf schwimmender Hefe*; Ggs *Untergärung*

'O·ber·ge·frei·te(r) <m. 1> *militär. Rang zwischen Gefreitem und Hauptgefreitem*

'O·ber·ge·richt <n.; -(e)s, -e; schweiz.> *Kantonsgericht*

'O·ber·ge·schoss <n.; -es, -e>

'o·ber·halb <Präp. m. Gen.> ~ der Tür

'O·ber·hand <f.; -; unz.; fig.> *Überlegenheit*; die ~ behalten

'O·ber·haupt <n.; -(e)s, -̈er> *Herrscher*; Staats~

'O·ber·haus <n.; -es, -̈er> *erste Kammer eines Parlaments (bes. in Großbritannien)*; Ggs *Unterhaus*

'O·ber·haut <f.; -; unz.> *oberste Schicht der Haut*; Ggs *Unterhaut*

'O·ber·hemd <n.; -(e)s, -en>

'O·ber·herr·schaft <f.; -; unz.>

'O·ber·hir·te <m.; -n, -n> *Bischof, Papst*

'O·ber·ho·heit <f.; -; unz.> *höchste Staatsgewalt*

'O·be·rin <f.; -, -n·nen> 1 *Vorsteherin eines Klosters u. Ä.* 2 = *Oberschwester*

'O·ber·in·spek·tor, <auch> **'O·ber·ins·pek·tor** <m.; -s, -'to·ren; ↗Z54> *Beamter des gehobenen Dienstes*

'o·ber·ir·disch <Adj.> eine ~e Leitung; Ggs *unterirdisch*

'O·ber·kell·ner <m.; -s, ->

'O·ber·kie·fer <m.; -s, -> *zahntragender Schädelknochen*; Ggs *Unterkiefer*

'O·ber'kir·chen·rat <m.; -(e)s, -̈e> *oberste Verwaltungsbehörde der ev. Kirche*

'O·ber·klei·dung <f.; -; unz.> = *Oberbekleidung*

'O·ber·kom·man·die·ren·de(r) <m. 1>; **'O·ber·kom·man·do** <n.; -s; unz.; Mil.>

'O·ber·kör·per <m.; -s, -> *menschl. Rumpf vom Nabel bis zum Hals*

'O·ber·land <n.; -(e)s; unz.> *am höchsten gelegener Landesteil*; Ggs *Unterland*; **'O·ber·län·de·rin** <m.; -s, ->; **'O·ber·län·de·rin** <f.; -, -n·nen>; **O·ber'lan·des·ge·richt** <n.; -(e)s, -e; Abk.: OLG> *den Landgerichten übergeordnetes Gericht*; **'o·ber·län·disch** <Adj.> ~e Mundart *Dialekt der rätoromanischen Sprache*

'O·ber·län·ge <f.; -, -n> *Buchstabenteil, der über die obere Grenze bestimmter Kleinbuchstaben hinausragt*; Ggs *Unterlänge*

'o·ber·las·tig <Adj.> *zu hoch beladen*; ein ~es Schiff

'O·ber·lauf <m.; -(e)s, -̈e> *erster Abschnitt eines Flusses nach der Quelle*; Ggs *Unterlauf*

'O·ber·le·der <n.; -s, -> *das Leder am oberen Teil eines Schuhs*; Ggs *Unterleder*

'O·ber·leh·rer <m.; -s, -; früher Titel für> *Studienrat*; **'o·ber·leh·rer·haft** <Adj.; abwertend>; **'O·ber·leh·re·rin** <f.; -, -n·nen>

'O·ber·lei·tung <f.; -, -en> 1 *oberste Führung (eines Unternehmens)* 2 <bei elektr. Straßenbahnen u. Bussen> *über der Fahrbahn aufgehängte Leitung*; **'O·ber·lei·tungs·om·ni·bus** <m.; -s·ses, -s·se>

'O·ber·leut·nant <m.; -s, -s od. (selten) -e; Mil.> *Offiziersrang zwischen Leutnant u. Hauptmann*

'O·ber·licht <n.; -(e)s, -er> 1 <unz.> *durch ein (Dach)fenster einfallendes Tageslicht*; der Raum hat ~ 2 *oberer Fensterflügel*

'O·ber·li·ga <f.; -, -li·gen; Sp.> *Spielklasse*; **'O·ber·li·gist** <m.; -en, -en; Sp.>

'O·ber·lip·pe <f.; -, -n> Ggs *Unterlippe*; **'O·ber·lip·pen·bart** <m.; -(e)s, -̈e>

'O·ber·maat <m.; -(e)s, -e od. -en; Mil.> 1 <unz.> *Rang der Kriegsmarine* 2 *Soldat in diesem Rang*

'O·ber·ös·ter·reich *ein österr. Bundesland*

O·ber'post·di·rek·ti·on <f.; -, -en; früher>

'O·ber·pries·ter <m.; -s, ->

'O·ber·pri·ma <f.; -, -pri·men; veralt.> *Abschlussklasse des Gymnasiums*

'O·ber·rich·ter <m.; -s, -; schweiz.>, **'O·ber·rich·te·rin** <f.; -, -n·nen>

'O·bers <n.; -; unz.; bair.; österr. *Sahne, Rahm*; Schlag~

'O·ber·schen·kel <m.; -s, -> *oberer Teil des Beines*; Ggs *Unterschenkel*; **'O·ber·schen·kel·hals** <m.; -es, -̈e; Anat.>; **'O·ber·schen·kel·hals·bruch** <m.; -(e)s, -̈e; Med.>

'O·ber·schicht <f.; -, -en> *führende Gesellschaftsschicht*; Ggs *Unterschicht*

'o·ber·schläch·tig <Adj.> *von oben her betrieben*; ~es Wasserrad

'O·ber·schu·le <f.; -, -n> 1 *höhere, weiterführende Schule*; Polytechnische ~ <Abk.: POS; DDR> *allgemein bildende zehnklassige Einheitsschule* 2 <Schweiz> *Schule der Sekundarstufe I mit den geringsten Anforderungen*

'O·ber·schwes·ter <f.; -, -n> *Leiterin der Schwestern einer Krankenhausstation*

'O·ber·schwin·gung <f.; -, -en> Sy *Oberwelle*

'O·ber·sei·te <f.; -, -n> *nach oben gewandte Seite*; Ggs *Unterseite*

O·ber'se·kun·da <f.; -, -den; veralt.> *siebte Klasse des Gymnasiums*

'O·berst <m.; -s od. -en, -en od. (selten) -e; Mil.> 1 <unz.> *Offiziersrang zwischen Oberstleutnant u. Brigadegeneral* 2 *Offizier in diesem Rang*

O·ber'staats·an·walt <m.; -(e)s, -̈e> *erster Staatsanwalt an einem Landgericht od. Oberlandesgericht*; **O·ber'staats·an·wäl·tin** <f.; -, -n·nen>

O·ber'stabs·arzt <m.; -(e)s, -̈e; Mil.>

'o·ber·stän·dig <Adj.; Bot.> *über den anderen Blütenbestandteilen stehend*; ~er Fruchtknoten

'O·berst·arzt <m.; -(e)s, -̈e; Mil.> *Sanitätsoffizier, dem Rang eines Obersten entsprechend*

'o·bers·te(r, -s) <Adj.; Superlativ zu> *obere(r, -s)*; das ~ Fach;

<aber> das Oberste nach unten kehren <fig.> *alles durcheinander bringen*

'O·ber·stim·me <f.; -, -n>

O·berst'leut·nant <m.; -s, -s od. -e; Mil.> 1 <unz.> *Offiziersrang zwischen Major u. Oberst* 2 *Offizier in diesem Rang*

'O·ber·stock <m.; -(e)s, ⸚e> *Stockwerk über dem Erdgeschoss*

'O·ber·stüb·chen <n.; -s, -; umg.; meist in der Wendung> er ist im ~ nicht ganz richtig *er ist nicht ganz normal im Kopf*

O·ber'stu·di·en·di·rek·tor <m.; -s, -'to·ren> *Leiter einer höheren Schule;* **O·ber'stu·di·en·di·rek'to·rin** <f.; -, -nnen>; **O·ber·'stu·di·en·rat** <m.; -(e)s, ⸚e> *ranghöchster Studienrat;* **O·ber·'stu·di·en·rä·tin** <f.; -, -nen>

'O·ber·stu·fe <f.; -, -n> *die drei letzten Klassen des Gymnasiums;* Ggs *Unterstufe*

'O·ber·tas·se <f.; -, -n> *Tasse ohne Untersatz;* Ggs *Untertasse*

'O·ber·tas·te <f.; -, -n> *schwarze Taste (am Klavier)*

'O·ber·teil <n. od. m.; -(e)s, -e> Ggs *Unterteil*

O·ber'ter·tia <[-tsja]; f.; -, -ti·en [-tsjon]> *fünfte Klasse des Gymnasiums*

'O·ber·ton <m.; -(e)s, ⸚e; Mus.> *Ton, der bei einem Grundton mitschwingt*

O·ber·ver'wal·tungs·ge·richt <n.; -(e)s, -e>

'O·ber·was·ser <n.; -s; unz.; in der Wendung> (wieder) ~ haben <fig.> *(wieder) im Vorteil, überlegen sein*

'O·ber·wei·te <f.; -, -n> *Brustumfang;*

'O·ber·wel·le <f.; -, -n>

'O·ber·welt <f.; -; unz.> *die Erde*

O·ber'werk <n.; -(e)s, -e> 1 *zweites Manual der Orgel* 2 <Textilw.> *obere Gewebelage beim Doppelwebverfahren*

'O·ber·zahn <m.; -(e)s, ⸚e> *Zahn des Oberkiefers;* Ggs *Unterzahn*

'Ob·frau <f.; -, -en; österr.> = *Obmännin*

ob'gleich <Konj.> *obwohl;* ~ es regnet, geht sie spazieren

'Ob·hut <f.; -; unz.> *Aufsicht, Schutz;* jmdn. in seine ~ nehmen

---

Objekt: Das O. – auch **Satzergänzung** genannt – ist ein Satzglied, das das (direkte oder indirekte) Ziel des im Verb bezeichneten Vorgangs ausdrückt. Das O. ist Bestandteil des ⭧**Prädikats**, das gemeinsam mit dem ⭧**Subjekt** den Satz ausmacht. Zahl und Art der O. im Satz werden von der ⭧**Valenz** und der ⭧**Rektion** des Verbs bestimmt. Im Deutschen wird unterschieden zwischen **direktem** und **indirektem** O. Direktes O. ist das ⭧**Akkusativobjekt** transitiver Verben. Das indirekte O. steht im ⭧**Dativ**.

Objektsatz: Ein O. ist ein ⭧**Nebensatz**, der die Funktion eines Objektes zum Verb des übergeordneten Satzes hat. Finite O. werden meistens durch *dass* (auch durch *wie, ob* oder Fragepronomen) eingeleitet. Man unterscheidet:
a) **direktes Objekt:** *Er hat gesehen, dass sie im Schuhgeschäft war.*
b) **Präpositionalobjekt:** *Sie denkt daran, dass es regnet.*
Durch *was* eingeleitete Nebensätze werden in der Regel als **Relativsätze** bezeichnet: *Sie sah, was er getan hatte.*

'O·bi <m.; -s, -s; Judo> *Gürtel der Kampfbekleidung* [jap.]

'o·big <Adj.> *oben erwähnt;* laut ~em Schreiben; wie Sie aus Obigem <oder> aus dem Obigen ersehen können ...

Ob'jekt <n.; -(e)s, -e> 1 *Sache, Gegenstand einer Untersuchung;* Forschungs~ 2 <Philos.> *Gegenstand des Wahrnehmens u. Denkens* 3 *Satzteil, der aus einer nominalen Ergänzung zum Verb besteht;* Dativ~; → a. *Kasten* [lat.]; **Ob'jekt·e·ro·tik** <f.; -; unz.; Psych.> = *Objektlibido;* **Ob'jekt·glas** <n.; -es, ⸚er> = *Objektträger;* **ob·jek'tiv** <Adj.> 1 *gegenständlich, tatsächlich* 2 *sachlich, allgemein gültig;* ein ~es Urteil; Ggs *subjektiv;* **Ob·jek'tiv** <n.; -s, -e [-və]; Opt.> *dem Gegenstand zugewandte(s) Linse(nsystem);* **Ob·jek·ti·va·ti·'on** <f.; -, -en> *Vergegenständlichung;* **ob·jek·ti·vie·ren** <[-'vi:-]; V. t.>; **Ob·jek·ti·vie·**

---

rung <f.; -; unz.> = *Objektivation;* **Ob·jek·ti·vis·mus** <[-'vis-]; m.; -; unz.> *Lehre, dass es vom Subjekt unabhängige Wahrheiten und Werte gibt;* Ggs *Subjektivismus;* **Ob·jek·ti'vist** <m.; -en, -en>; **ob·jek·ti'vis·tisch** <Adj.>; **Ob·jek·ti·vi'tät** <[-'vi-]; f.; -; unz.>; **Ob'jekt·kunst** <f.; -; unz.> *moderne Kunstrichtung, die Kunstwerke aus Alltagsprodukten gestaltet;* **Ob'jekt·li·bi·do** <f.; -; unz.; Psych.> *auf Personen u. Dinge gerichtete Begierde;* **Ob'jekt·satz** <m.; -es, ⸚e; Sprachw.> *Objekt in Form eines Nebensatzes;* Sy *Ergänzungssatz;* → a. *Kasten;* **Ob'jekt·schutz** <m.; -es; unz.> *Polizeischutz für gefährdete Gebäude u. Ä.;* **Ob'jekt·spra·che** <f.; -, -n; Sprachw.> 1 *Sprache bzw. Sprachebene, mit der außersprachl. Sachverhalte od. Gegenstände beschrieben werden* 2 *Sprache bzw. Sprachebene, die Gegenstand sprachwissenschaftl. Analysen ist;* Ggs *Metasprache;* **Ob'jekt·steu·er** <f.; -, -n> *auf einen Gegenstand erhobene Steuer;* Ggs *Subjektsteuer;* **Ob'jekt·tisch** <m.; -(e)s, -e> *Teil des Mikroskops;* **Ob'jekt·trä·ger** <m.; -s, -> *Glasplatte des Mikroskops, auf die das Präparat gelegt wird;* Ggs *Deckglas*

Ob'la·te[1], <auch> **O'bla·te** <f.; -, -n; ⭧Z 53> 1 *noch nicht geweihte Hostie* 2 <Bäckerei> *Gebäckscheibe, bes. als Unterlage für Lebkuchen* 3 <veralt.> *Bildchen für Poesiealben;* **Ob'la·te**[2] <m.; -n, -n> 1 *für das Kloster bestimmtes u. dort erzogenes Kind* 2 <nur Pl.> ~n *Angehörige mehrerer Kongregationen;* **Ob·la·ti·'on** <f.; -, -en> *Teil der kath. Messe, Opferung von Brot und Wein* [lat.]

'Ob·leu·te <Pl. von> *Obmann*

'ob·lie·gen <a. [-'--]; V. i. 180; es liegt mir ob/es obliegt mir; es hat ihr ob(ge)legen; obzuliegen/zu obliegen; geh.> *einer Sache* ~ *etwas S. ausführen;* es oblag ihm/lag ihm ob, täglich die Post zu holen *es gehörte zu seiner Pflicht;* **Ob·lie·gen·heit** <a. [-'---]; f.; -, -en; geh.> *Pflicht*

ob·li'gat, <auch> **o·bli'gat** <Adj.;**

⚞Z.53> *verbindlich, unerlässlich;* mit ~er Flöte [lat.]; **Ob·li·ga·ti·on** <f.; -, -en> 1 *Verpflichtung* 2 *Schuldverschreibung;* **ob·li·ga'to·risch** <Adj.> *die Vorlesung ist ~ vorgeschrieben;* Ggs *fakultativ;* '**Ob·li·go** <n.; -s, -s> *Verbindlichkeit;* ohne ~ <Abk.: o. O.> *ohne Gewähr*

ob·lique <[-'li:k]; Adj.> 1 <veralt.> *schräg* 2 <Gramm.> ~r [-'li:kvər] *Kasus abhängiger Fall* [lat.]; **Ob·li·qui'tät** <f.; -, -en>

Ob·li·te·ra·ti·on <f.; -, -en> *Tilgung, Löschung* [lat.]

'**Ob·mann** <m.; -(e)s, ̈er od. -leu·te> 1 *Vorsitzender* 2 *Vertrauensmann;* Partei~; '**Ob·män·nin** <f.; -, -n·nen> Sy *Obfrau*

O·boe <[o'bo:ə]; f.; -, -n; Instrumentenk.> *ein Holzblasinstrument mit Doppelrohrblatt* [lat.-frz.]; **O·bo'ist** <m.; -en, -en>; **O·bo'is·tin** <f.; -, -n·nen>

'**O·bo·lus** <m.; -, - od. -s·se> *kleine Geldspende;* seinen ~ *entrichten* [grch.]

'**Ob·rig·keit** <f.; -, -en> *Träger der Regierungsgewalt;* '**ob·rig·keit·lich** <Adj.>; '**Ob·rig·keits·den·ken** <n.; -s; unz.>; '**Ob·rig·keits·staat** <m.; -(e)s, -en>

Ob'rist, <auch> **O'brist** <m.; -en, -en; ⚞Z.53> [veralt.> = *Oberst*

ob'schon <Konj.> *obwohl*

ob·se'quent <Adj.; Geol.> *entgegengesetzt zur Längsrichtung der Gesteinsschichten fließend;* ein ~er Fluss; Ggs *resequent, subsequent* [lat.]

Ob·se·qui·en <Pl.> = *Exequien*

ob·ser·vant <[-'vant]; Adj.> [lat.]; **Ob·ser'vant** <m.; -en, -en> 1 *Mönch, der einer strengen Ordensregel folgt* 2 <allg.> *Anhänger einer strengeren Richtung;* **Ob·ser'vanz** <f.; -, -en> 1 *Gewohnheitsrecht* 2 *Befolgen einer strengen Regel;* **Ob·ser·va·ti·on** <f.; -, -en> *wissenschaftl. Beobachtung;* **Ob·ser'va·tor** <m.; -s, -'to·ren>; **Ob·ser'va·to·ri·um** <n.; -s, -ri·en>; **ob·ser·vie·ren** <[-'vi:-]; V. t.> jmdn. ~ *beobachten*

Ob·ses·si·on <f.; -, -en; Psych.> *Zwangsvorstellung, -handlung* [lat.]; **ob·ses'siv** <Adj.>

Ob·si·di·an <m.; -s, -e> *schwar-*

---

zes, glasiges Gestein; Sy *Lavaglas* [lat.]

'**ob·sie·gen** <a. [-'--]; V. i.; ich siege ihm/ich siege ihm ob; sie hat ihm ob(ge)siegt; zu obsiegen/obzusiegen; geh.> *besiegen, überwinden* über jmdn. od etwas ~; jmdm. od. einer Sache ~; er obsiegte über seine Faulheit

ob·skur, <auch> **obs'kur** <Adj.; ⚞Z.54> 1 *dunkel, unklar* 2 *verdächtig* [lat.]; **Ob·sku·ran'tis·mus** <m.; -; unz.> *Aufklärungsfeindlichkeit;* **Ob·sku·ri'tät** <f.; -; unz.> *obskure Beschaffenheit*

Ob·so·les'zenz <f.; -, -en>; **ob·so'let** <Adj.; geh.> *unüblich, veraltet;* diese Regelung ist ~ [lat.]

Obst <n.; -es; unz.> *als Nahrung dienende Früchte;* reifes ~; '**Obst·bau** <m.; -(e)s; unz.>; '**Obst·baum** <m.; -(e)s, ̈e>; '**Obst·blü·te** <f.; -; unz.>; '**Obst·es·sig** <m.; -s; unz.>

Ob'ste·trik, <auch> **Obs'tet·rik** <f.; -; unz.; ⚞Z.54> *Lehre von der Geburtshilfe* [lat.]

'**Obst·gar·ten** <m.; -s, ̈>

ob·sti'nat, <auch> **obs·ti'nat** <Adj.; ⚞Z.54; geh.> *starrsinnig* [lat.]

Ob·sti·pa·ti·on, <auch> **Obs·ti·pa·ti'on** <f.; -, -en; ⚞Z.54; Med.> *Stuhlverstopfung* [lat.]; **ob·sti'pie·ren** <V. i.>

'**Obst·jahr** <n.; -(e)s, -e> gutes ~; '**Obst·ku·chen** <m.; -s, ->; '**Obst·ler** <m.; -s, -; süddt.> 1 *Obsthändler* 2 *aus einer Obstsorte hergestellter Branntwein;* '**Obst·mes·ser** <n.; -s, ->; '**Obst·most** <m.; -es, -e> *unausgegorener Obstwein;* '**Obst·pflü·cker** <m.; -s, ->

Ob·stru'ent, <auch> **Obs·tru'ent,** **Obst·ru'ent** <m.; -en, -en; ⚞Z.54; Sprachw.> *Konsonant, der durch Verschluss od. Verengung der Atemorgane gebildet wird* [lat.]; **ob·stru'ie·ren** <V. t.> 1 *(ver)hindern, hemmen;* Parlamentsbeschlüsse ~ 2 *Durchgänge* ~ <Med.> *verstopfen;* **Ob·struk·ti'on** <f.; -, -en>; **ob·struk'tiv** <Adj.>

'**Obst·saft** <m.; -(e)s, ̈e>; '**Obst·sa·lat** <m.; -(e)s, -e>; '**Obst·tag** <m.; -(e)s, -e> *Diättag, an dem man nur Obst isst;* '**Obst·was-**

---

ser <n.; -s, ̈> *aus vergorenem Obst hergestellter Branntwein;* '**Obst·wein** <m.; -(e)s, -e>

ob'szön, <auch> **obs'zön** <Adj.; ⚞Z.54> *unanständig, anstößig* [lat.]; **Ob·szö·ni'tät** <f.; -, -en>

Ob·tu·ra·ti·on <f.; -, -en> *das Verschließen eines Hohlorgans* [lat.]; **Ob·tu'ra·tor** <m.; -s, -'to·ren> *Verschlussplatte*

'**O·bus** <m.; -s·ses, -s·se; Kurzw. für> *Oberleitungsomnibus*

'**ob·wal·ten** <V. i.; es waltet ob/es obwaltet; es hat obgewaltet; obzuwalten; veralt.> *vorhanden sein, herrschen;* unter den ~den Umständen

ob'wohl, ob'zwar <Konj.; geh.>

Oc·ca'mis·mus <[ɔka-]; m.; -; unz.> = *Ockhamismus*

Oc·ca·si·on <[ɔkaz'jõ] od. [ɔkazi'o:n]; f.; -, -en; schweiz. für> *Okkasion* [frz.]

Och·lo·kra'tie <[ɔxlo-]; f.; -, -n> *Pöbelherrschaft* [grch.]; **och·lo·'kra·tisch** <Adj.>

Ochs <[ɔks]; m.; -en, -en; umg.> = *Ochse;* '**Ochs·chen** <n.; -s, -; Verkleinerungsf. von> *Ochse;* '**Och·se** <m.; -n, -n> 1 *männl. Rind* 2 <umg.; Schimpfw.> *Dummkopf;* dastehen wie der ~ vorm Berg <fig.> *ratlos sein;* oV *Ochs;* '**och·sen** <V. i.; du ochst; umg.> *angestrengt arbeiten;;* '**Och·sen·au·ge** <n.; -s, -n> 1 <Med.> *Vergrößerung des Augapfels* 2 <Bot.> *Gattung der Korbblütler* 3 <Zool.> *Tagfalter,* Sy *Kuhauge* 4 <fig.> *rundes Dachfenster, Bullauge* 5 <umg.> *Spiegelei* 6 *ein rundes Gebäck;* '**Och·sen·brust** <f.; -, ̈e>; '**Och·sen·frosch** <m.; -(e)s, ̈e; Zool.> *Froschlurch;* '**Och·sen·maul·sa·lat** <m.; -(e)s, -e>; '**Och·sen·schwanz·sup·pe** <f.; -, -n>; '**Och·sen·zie·mer** <m.; -s, -; früher> *ein Prügelwerkzeug;* '**Och·sen·zun·ge** <f.; -, -n>

'**Öchs·le** <[-ks-]; n.; -s, -> *Maßeinheit für das spezifische Gewicht des Mostes;* ~waage [nach dem Goldschmied F. Öchsle]

'**o·cker** <Adj.; undekl.> *gelbbraun;* eine ~ Bluse; '**O·cker** <m. od. n.; -s, -> *gelbbraune Farbe;* das Bild ist in ~ gehalten;

'o·cker·far·ben, 'o·cker·far·big <Adj.>; 'o·cker·gelb <Adj.>

Ock·ha'mis·mus <[ɔkɛ-]; m.; -; unz.> Lehre des engl. Theologen Ockham, Begründer des spätmittelalterl. Nominalismus

OCR <Abk. für engl.> Optical Character Recognition; **OCR-Schrift** <f.; -; unz.> in EDV-Anlagen einspeisbare Schrift

Od <n.; -(e)s; unz.> vom Menschen ausgestrahlte Lebenskraft

od. <Abk. für> oder

öd <Adj.> = öde

'**O·dal** <n.; -s, -e> Sippeneigentum an Grund und Boden [schwed.]

O·da'lis·ke <f.; -, -n> weiße türk. Haremssklavin [türk.]

Odd Fel·lows <[ɔd'fɛlo:z]; Pl.> ordensähnliche Brudergemeinschaft [engl.]

Odds <Pl.; (Renn-)Sp.> Vorgaben [engl.]

'**O·de** <f.; -, -n> feierliches lyrisches Gedicht [grch.]

'**ö·de** <Adj.> 1 unbewohnt, einsam, verlassen; eine ~ Gegend 2 <fig.> langweilig, geistlos; ein ~s Buch; oV öd; '**Ö·de** <f.; -, -n>

'**O·dem** <m.; -s; unz.; poet.> Atem

Ö'dem <n.; -s, -e; Med.> krankhafte Ansammlung von Flüssigkeit im Gewebe [grch.]; **ö·de-'ma·tisch, ö·de·ma'tös** <Adj.>

'**ö·den** <V. t.; umg.> jmdn. ~ jmdn. langweilen; → a. anöden

O'de·on <n.; -s, -s> Musiksaal, Gebäude für Theater u. Tanz [grch.]

'**o·der** <Konj.; Abk.: od.> 1 (zur Bez. von Alternativen) rechts ~ links?; → a. entweder 2 ~? <umg.; nachgestellt> nicht wahr?; so hast du es doch gemeint, ~?

'**O·der·men·nig** <m.; -s, -e; Bot.> ein Rosengewächs

'**O·der-'Nei·ße-Li·nie** <[-niə]; f.; -; unz.> Staatsgrenze zwischen Deutschland u. Polen

O'de·um <n.; -s, -'de·en; Altertum> Rundbau für Kunst- u. Theateraufführungen [grch.]

O·deur <[o'dø:r]; n.; -s, -s od. -e; geh.> Duft, Wohlgeruch [frz.]

'**Öd·heit** <f.; -; unz.> Langweiligkeit

o·di'os, o·di'ös <Adj.> gehässig, widerwärtig [lat.]

ö·di'pal <Adj.> die ~e Phase; '**Ö·di·pus·kom·plex, <auch> 'Ö·di·pus·komp·lex** <m.; -es; unz.; ⚡Z 53> zu starke Bindung des Sohnes an die Mutter in der frühen Kindheit [nach dem sagenhaften grch. König Ödipus]

'**O·di·um** <n.; -s; unz.; geh.> übler Ruf; das ~ des Verrats [lat.]

'**Öd·land** <n.; -(e)s; unz.> unbebautes Land

o·don·to'gen <Adj.> ~e Komplikationen; **O·don·to'lo·ge** <m.; -n, -n>; **O·don·to·lo'gie** <f.; -; unz.> Zahnheilkunde [grch.]; **O·don·to'lo·gin** <f.; -, -·nen>; **o·don·to'lo·gisch** <Adj.>

'**O·dor** <m.; -s, -'do·res; Med.> Geruch [lat.]; **o·do'rie·ren** <V. i.>; **O·do'rier·mit·tel** <n.; -s, ->; **O·do'rie·rung** <f.; -; unz.>

O·dys'see <f.; -, -n; fig.> abenteuerliche Irrfahrt [nach dem sagenhaften grch. König Odysseus]; **o·dys'se·isch** <Adj.>

Oe <Zeichen für> Oersted

OECD <Abk. für engl.> Organization for Economic Cooperation and Development

OEEC <⚡Z 56; Abk. für engl.> Organization for European Economic Cooperation

Œu·vre, <auch> Œuv·re <['œ:vrə]; n.; -, -s; ⚡Z 53; geh.> Gesamtwerk (eines Künstlers) [frz.]

OEZ <Abk. für> osteuropäische Zeit

'**Öf·chen** <n.; -s, -; Verkleinerungsf. von> Ofen; '**O·fen** <m.; -s, -> 1 Anlage zum Heizen, Kochen od. Backen; jetzt ist der ~ aus! <fig., umg.> jetzt ist es vorbei; hinter dem ~ hocken <fig.> zu viel zu Hause sein 2 <Tech.> Vorrichtung zum Schmelzen von Metallen; Hoch-'; '**O·fen·bank** <f.; -, -=e>; '**O·fen·blech** <n.; -(e)s, -e>; '**o·fen·frisch** <Adj.> ~er Kuchen; '**O·fen·küch·lein** <n.; -s, -; schweiz.> Windbeutel(1); '**O·fen·rohr** <n.; -(e)s, -e>; '**O·fen·röh·re** <f.; -, -n>; '**O·fen·sau** <f.; -; unz.> im Schmelzofen verbleibende Schlacke; '**O·fen·schirm** <m.; -(e)s, -e> vor dem Ofen stehender Schutzschirm; '**O·fen·set·zer** <m.; -s, -> Sy Hafner, Häfner; '**o·fen·warm** <Adj.> ~e Brötchen

off <Adv.; Theat.> von den Zuschauern nicht zu sehen; Ggs on [engl.]; **Off** <n.; -s, -s> Bereich außerhalb des Bildschirms od. der Bühne; die Stimme aus dem ~ ; Ggs On; '**Off·beat** <[-bi:t]; m.; - od. -s; unz.; ⚡Z 30, 36> rhythm. Besonderheit beim Jazz; **Off·brands** <['ɔfbrænds]; Pl.> (meist preisgünstig angebotene) Produkte ohne Markennamen bzw. Herstellernachweis; '**Off·de·sign** <[-dizain]; n.; -s, -s; ⚡Z 30, 36> Tech.> Betriebspunkt außerhalb des eigentlichen Auslegungsbereichs

'**of·fen** <Adj.> 1 nicht geschlossen; ~e Türen einrennen <fig.> gegen nur scheinbare Widerstände kämpfen; die Tür ~ lassen; Tag der ~en Tür; sich einen Rückzug ~ halten; ~er Wein im Glas servieren W.; Mehl ~ verkaufen <bes. österr. u. schweiz.> nicht abgepackt 2 ~e Handelsgesellschaft <Abk.: OHG> H., in der jeder Gesellschafter mit seinem Vermögen haftet 3 <fig.> nicht besetzt, frei; die Stelle eines Assistenten ist noch ~ 4 unbegrenzt; das Grundstück ist nach allen Seiten hin ~; auf ~er Straße; die Welt steht ihm ~ <fig.> er hat freie Wahl 5 <fig.> nicht heimlich, unverhüllt; ich muss ~ zugeben, dass …; ~ gestanden glaube ich …; mit ~en Karten spielen ehrlich, ohne Täuschungsabsicht handeln; Fehler schonungslos ~ legen 6 <⚡Z 24, 28.2; fig.> unentschieden, unerledigt; eine ~e Angelegenheit; ~ bleiben nicht geklärt sein; eine Entscheidung ~ lassen (vorläufig) nicht treffen; eine ~ stehende Rechnung noch nicht bezahlte R.; **of·fen'bar** <Adj.> 1 offen zutage liegend, deutlich, erkennbar; ~er Irrtum 2 offensichtlich; er hat es ~ missverstanden; **of·fen'ba·ren** <V. t.; ich offenbare; sie hat (ge)offenbart; zu ~> 1 (jmdm.) etwas ~ offenbar machen, enthüllen, zeigen; ein Geheimnis ~ 2 <V. refl.> sich ~ etwas bekennen

Of·fen'ba·rung <f.; -, -en> 1 Bekenntnis 2 plötzliche Erkenntnis; es kam wie eine ~ über mich 3 Kundgebung Gottes; die

~ des Johannes; **Of·fen'ba·rungs·eid** <m.; -(e)s, -e; frühere Bez. für> *eidesstattliche Versicherung;* **'Of·fen·heit** <f.; -; unz.>; **'of·fen·her·zig** <Adj.> 1 *aufrichtig, mitteilsam;* ein ~es Bekenntnis 2 <fig.; umg.; scherzh.> *tief ausgeschnitten;* ein ~es Kleid; **'Of·fen·her·zig·keit** <f.; -; unz.>; **'of·fen·kun·dig** <Adj.> *offensichtlich, deutlich, klar;* ein ~er Irrtum; **Of·fen'markt·po·li·tik** <f.; -; unz.; Bankw.> *Beeinflussung der in einem Land umlaufenden Geldmenge durch die staatl. Notenbank;* **'of·fen·sicht·lich** <a. [-'--]; Adj.> 1 *offenbar, offenkundig* 2 *anscheinend;* er hat es ~ *vergessen*

of·fen'siv <Adj.> *angreifend, angriffslustig,* Ggs *defensiv* [lat.]; **Of·fen·si·ve** <f.; -, -n> *(militär.) Angriff,* Ggs *Defensive*

'öf·fent·lich <Adj.> 1 *allgemein bekannt, hörbar, sichtbar;* ~es Ärgernis erregen; die ~e Meinung 2 *allen zugänglich;* ~es Verkehrsmittel 3 *staatlich, städtisch;* ein ~es Gebäude; im ~en Dienst tätig sein; **'Öf·fent·lich·keit** <f.; -; unz.> *das Volk, das Publikum;* ein Bauwerk der ~ übergeben; **'Öf·fent·lich·keits·ar·beit** <f.; -; unz.> Sy *Public Relations;* **'öf·fent·lich·'recht·lich** <Adj.; ⭷Z36.1> die ~en Fernsehanstalten

Of·fe'rent <m.; -en, -en; Kaufmannsspr.> *jmd., der eine Offerte macht;* **Of·fe'ren·tin** <f.; -, -nnen>; **of·fe'rie·ren** <V. t.; geh.> *etwas ~ anbieten* [lat.]; **Of·'fer·te** <f.; -, -n> *(kaufmänn., schriftl.) Angebot* [frz.]; **Of·fer·to·ri·um** <n.; -s, -ri·en; Kath.> *Teil der Messe* [lat.]

Of·fice¹ <['ɔfis]; n.; -s, -s ['ɔfisis]> *Büro, Dienststelle* [engl.]; **Of·fice²** <[ɔ'fis]; n.; -, -s [ɔ'fis]; schweiz.> *Anrichteraum (in Gaststätten)* [frz.]; **Of·fi·zi'al** <m.; -s, -e; Kath.> 1 *bischöfl. Vertreter bei der Ausübung der kirchl. Gerichtsbarkeit* 2 <österr.> *ein Beamtentitel* [lat.]; **Of·fi·zi·a'lat** <n.; -s, -e; Kath.> *bischöfl. Gerichtsbehörde;* **Of·fi·zi·'al·de·likt** <n.; -(e)s, -e> *Vergehen, das gerichtlich verfolgt*

werden muss, ohne dass ein Antrag eines Bürgers vorliegt; **Of·fi·zi'al·ma·xi·me** <f.; -; unz.; Rechtsw.> *Amtsprinzip;* **Of·fi·zi·'al·ver·tei·di·ger** <m.; -s, -> *amtlich bestellter Verteidiger;* **Of·fi·zi'ant** <m.; -en, -en; Kath.> *Gottesdienst haltender Geistlicher;* **of·fi·zi'ell** <Adj.> 1 *amtlich;* eine ~e Nachricht 2 *öffentlich (bekannt)* 3 *förmlich, feierlich;* eine ~e Einladung [frz.] **Of·fi'zier** <m.; -s, -e; Mil.> 1 *militärischer Rang vom Leutnant an aufwärts* 2 *Soldat in diesem Rang* [frz.]; **Of·fi'ziers·an·wär·ter** <m.; -s, ->; **Of·fi'ziers·ka·si·no** <n.; -s, -s> *Speise- u. Gesellschaftsraum für Offiziere;* **Of·fi'ziers·korps** <[-koːr]; n.; - [-koːrs], - [-koːrs]>; **Of·fi'ziers·lauf·bahn** <f.; -, -en>; **Of·fi'ziers·pa·tent** <n.; -(e)s, -e> *Beförderungsurkunde für Offiziere;* **Of·fi'ziers·rang** <m.; -(e)s, ~e>; **Of·fi'ziers·schu·le** <f.; -, -n>

Of·fi'zin <f.; -, -en; veralt.> 1 *Apotheke* 2 *Druckerei* [lat.]; **of·fi·zi·'nell** <Adj.> *als Medikament anerkannt*

of·fi·zi'ös <Adj.> *halbamtlich, nicht verbürgt* [lat.]; **Of·fi·zi·um** <n.; -s, -zi·en> *Dienstpflicht*

off 'li·mits *Zutritt verboten* [engl.]

'off·line <[-'lain]; Adj.; undekl.; EDV> *getrennt von einem System/Netzwerk arbeitend;* Ggs *online* [engl.]; **'Off·line·be·trieb** <m.; -(e)s; unz.; EDV>; **'Off·line·tech·nik** <f.; -; unz.; ⭷Z36; EDV>

'öff·nen <V. t./V. refl.> 1 *aufmachen;* den Mund ~; jmdm. die Augen ~ <fig.> *jmdm. die Wahrheit sagen* 2 *etwas ~ zugänglich machen;* das Geschäft ist geöffnet; **'Öff·ner** <m.; -s, -> Büchsen~; **'Öff·nung** <f.; -, -en> 1 *das Öffnen;* Leichen~ *Autopsie* 2 *Loch;* Mauer~; **'Öff·nungs·win·kel** <m.; -, ->; **'Öff·nungs·zeit** <f.; -, -en>

Off·'off-Büh·ne <f.; -, -n; Theat.> *kleines, meist nicht subventioniertes Theater* [engl.]

'off·road <[-'roud]; Adj.; undekl.; umg.> *außerhalb normaler Verkehrswege* [engl.]; **'Off·roa·der**

<[-'roudə(r)]; m.; -s, -> 1 = *Offroadfahrzeug* 2 <umg.> *Fahrer eines Offroadfahrzeugs;* **'Off·road·fahr·zeug** <n.; -(e)s, -e; ⭷Z36> *geländegängiges Fahrzeug*

'Off·set·druck <m.; -(e)s, -e> 1 <unz.> *Flachdruckverfahren* 2 *durch Offsetdruck(1) hergestelltes Erzeugnis* [engl.]

'off·shore <[-'ʃɔː]; Adj.; undekl.> *küstennah* [engl.]; **'Off·shore·boh·rung** <f.; -; unz.> *Bohrung von einer Bohrinsel aus;* **'Off·shore·tech·nik** <f.; -; unz.; ⭷Z36>; **'Off·shore·zen·trum,** <auch> **'Off·shore·zent·rum** <n.; -s, -tren/-t·ren; ⭷Z36, 53; Wirtsch.> *Mittelpunkt des internationalen Bankgeschäfts*

'off·side <[-'said]; Adj.; undekl.; Sp.; schweiz.> *abseits* [engl.]; **'Off·side** <n.; -s, -s> *der Spieler stand im ~;* **'Off·spre·cher** <m.; -s, -; ⭷Z36; Film, TV> *im Bild nicht sichtbarer Sprecher,* Ggs *Onsprecher;* **'Off·stim·me** <f.; -, -n; ⭷Z36> Ggs *Onstimme*

'o·för·mig, <auch> **'O-för·mig** <Adj.; ⭷Z34>

oft <Adv.; 'öf·ter, am 'öf·tes·ten> *häufig;* ich war schon so ~ hier; <aber> → *sooft;* **'öf·ter** <Adv.; Komparativ zu> *oft;* je ~ ich ihn sehe, desto besser gefällt er mir; des Öfteren fragte er nach *wiederholt, mehrmals;* **'öf·ters** <Adv.; umg. für> *öfter;* **'oft·mals** <Adv.>

o. g. <Abk. für> *oben genannt*

OG <Abk. für> *Obergeschoss*

ÖGB <Abk. für> *Österreichischer Gewerkschaftsbund*

'O·ger <m.; -s, -; im frz. Märchen> *Menschen fressendes Ungeheuer* [frz.]

O'gi·ven <[-vən], a. [-'ʒiːvən]; Pl.; Geol.> *bänderartige Struktur auf der Gletscherzunge* [frz.]

oh <Int.> *(Ausruf des Staunens, des Bedauerns, der Ablehnung);* ~, Verzeihung!; ihr freudiges Oh; oV *o;* **o'ha** <Int.> *(Ausruf der Überraschung)*

'O·heim <m.; -s, -e; veralt.> *Onkel;* Sy *Ohm¹, Öhm*

OHG <Abk. für> *offene Handelsgesellschaft;* → a. *offen(2)*

O·hio <[o'haio]> *Staat in den USA*

Ohm[1] <m.; -(e)s, -e; veralt.> = *Oheim*

Ohm[2] <n. 7; -s, -e> *altes Flüssigkeitsmaß, 130–160 l*

Ohm[3] <n. 7; - od. -s, -; Zeichen: Ω> *Maßeinheit des elektrischen Widerstandes* [nach dem dt. Physiker G. S. *Ohm*]

Öhm <m.; -s, -e; südwestdt.> *Oheim*

'**Ohm·me·ter** <n.; -s, -> *Gerät zum Messen des elektrischen Widerstandes in Ohm*[3]

'**ohm·sche(r) 'Wi·der·stand,** <auch> '**Ohm'sche(r) 'Wi·der·stand** <m.; Gen. 'ohm·schen -(e)s; unz.; ↗Z58.1>

'**oh·ne** <Präp. m. Akk. od. Inf. od. "dass"> *nicht mit;* ~ Zweifel; <aber> *zweifelsohne;* die Sache ist nicht ~ <umg.> *nicht übel,* <auch> *nicht so harmlos, wie es scheint;* oben ~ <umg.; scherzh.> *mit nacktem Oberkörper;* ~ weiteres *ohne Bedenken;* ~ Befund <meist in med. Berichten; Abk.: o. B.>; ~ Jahr <in bibliograf. Angaben; Abk.: o. J.>; ~ Obligo <Abk.: o. O.> *ohne Verbindlichkeit;* ~ Ort <in bibliograf. Angaben; Abk.: o. O.>; ~ Ort und Jahr <in bibliograf. Angaben; Abk.: o. O. u. J.>; ~ zu antworten; ~ dass ich eingreifen konnte; **oh·ne'dies** <Adv.> *sowieso;* er tut es ~; <aber> ohne dies überprüft zu haben ...; **oh·ne·ein'an·der,** <auch> **oh·ne·ei'nan·der** <Adv.; ↗Z54> sie kommen nicht ~ zurecht; **oh·ne·'glei·chen** <Adv.> *unvergleichlich;* **oh·ne'hin** <Partikel> *sowieso;* **Oh·ne·'mich-Standpunkt** <m.; -(e)s; unz.; ↗Z33; umg.>; **oh·ne'wei·teres** <Adv.; österr.> = *ohne weiteres;* → a. *ohne*

'**Ohn·macht** <f.; -, -en> 1 *Bewusstlosigkeit;* in ~ fallen 2 <fig.> *Unvermögen;* '**ohn·mäch·tig** <Adj.>

Ohr <n.; -(e)s, -en> 1 *Gehör- u. Gleichgewichtsorgan des Menschen u. der Wirbeltiere;* zu ~en kommen <fig.> *eine Neuigkeit erfahren;* ganz ~ sein *aufmerksam zuhören* 2 *umgeknickte Ecke einer Buchseite;* Esels~

Öhr <n.; -(e)s, -e> Nadel~

'**Öhr·chen** <n.; -s, -; Verkleinerungsf. von> *Ohr,* '**Oh·ren·arzt** <m.; -(e)s, ⁻e>; '**Oh·ren·ärz·tin** <f.; -, -nnen>; '**oh·ren·beich·te** <f.; -, -n; Kath.>; '**oh·ren·be·täu·bend** <Adj.> ~er Lärm; '**Oh·ren·ent·zün·dung** <f.; -, -en; Med.>; '**oh·ren·fäl·lig** <Adj.> *nicht zu überhören;* '**Oh·ren·fluss** <m.; -es; unz.; Med.> *dauernde Absonderung aus dem Ohr;* '**Oh·ren·heil·kun·de** <f.; -; unz.> Sy *Otologie, Otiatrie;* '**Oh·ren·klap·pe** <f.; -, -n>; '**Oh·ren·klin·gen** <n.; -s; unz.; Med.> = *Ohrensausen;* '**Oh·ren·krie·cher** <m.; -s, -> = *Ohrwurm(1);* '**Oh·ren·ma·ki** <m.; -s, -s; Zool.> *nachtaktiver Halbaffe,* '**Oh·ren·sau·sen** <n.; -s; unz.; Med.> *störendes Geräusch im Ohr;* '**Oh·ren·schmalz** <n.; -es; unz.> *Sekret im äußeren Gehörgang;* '**Oh·ren·schmaus** <m.; -es, ⁻e; umg.> das Konzert war ein ~ *ein Hörgenuss;* '**Oh·ren·schüt·zer** <Pl.>; '**Oh·ren·ses·sel** <m.; -s, ->; '**Oh·ren·spie·gel** <m.; -s, -> *Gerät zur Sichtbarmachung des Trommelfells;* '**Oh·ren·zeu·ge** <m.; -n, -n> bei einem Gespräch ~ sein; '**Ohr·fei·ge** <f.; -, -n> *Schlag mit der Hand auf die Backe;* '**ohr·fei·gen** <V. t.; er hat geohrfeigt; er wagte sie nicht zu ~>; '**Ohr·fei·gen·ge·sicht** <n.; -(e)s, -er; umg.> *freches Gesicht;* '**Ohr·ge·hän·ge** <Pl.> *große Ohrringe;* ...**oh·rig** <Adj.; in Zus.> z. B. langohrig; '**Ohr·klipp** <m.; -s, -s> = *Klipp;* '**Ohr·la·by·rinth** <n.; -(e)s, -e; Anat.>; '**Ohr·läpp·chen** <n.; -s, ->; '**Öhr·lein** <n.; -s, -; poet.> Verkleinerungsf. von> *Ohr,* '**Ohr·loch** <n.; -(e)s, ⁻er>; '**Ohr·mu·schel** <f.; -, -n> *Teil des äußeren Ohres;* '**Ohr·ring** <m.; -(e)s, -e>; '**Ohr·spei·chel·drü·se** <f.; -, -n>; '**Ohr·trom·pe·te** <f.; -, -n> = *eustachische Röhre;* '**Ohr·wurm** <m.; -(e)s, ⁻er> 1 <Zool.> *ein Insekt* 2 <umg.; scherzh.> *leicht zu merkende Melodie*

Oie <['ɔiə]; f.; -, -n> *pommersch> kleine Insel*

o. J. <Abk. für> *ohne Jahr*

o'je <Int.> *(Ausruf des Schreckens)*

o. k., O. K. <Abk. für> *okay, Okay*

O'ka·pi <n.; -s, -s; Zool.> *eine Giraffenart* [afrikan.]

O·ka·ri·na <f.; -, -nen; Instrumentenk.> *kleine Flöte aus Ton* [ital.]

o·kay <[ɔ'keː]; Abk.: o. k.> *einverstanden, in Ordnung;* das ist ~; **O'kay** <n.; -s, -s; umg.; Abk.: O. K.> *Zustimmung;* sein ~ zu etwas geben [amerikan.]

O·ke·a'ni·de <f.; -, -n> = *Ozeanide*

Ok·ka·si'on <f.; -, -en> *günstige Gelegenheit* [lat.]; **Ok·ka·si·o·na·'lis·mus** <m.; -; unz.> *eine philosoph. Lehre;* **ok·ka·si·o·na'lis·tisch** <Adj.>; **ok·ka·si·o'nell** <Adj.; geh.> *gelegentlich*

'**Ok·ki·ar·beit** <f.; -, -en> = *Schiffchenarbeit;* '**Ok·ki·spit·ze** <f.; -, -n>

ok·klu'die·ren <V. t.> *abschließen, hemmen* [lat.]; **Ok·klu·si'on** <f.; -, -en>; **ok·klu'siv** <Adj.>; **Ok·klu'siv** <m.; -s, -e; Sprachw.> = *Explosivlaut;* **Ok·klu·siv·pes·sar** <n.; -s, -e> *Pessar zur Empfängnisverhütung*

ok'kult <Adj.> *verborgen, geheim;* ~e Wissenschaften [lat.]; **Ok·kul·'tis·mus** <m.; -; unz.> *Lehre vom Übersinnlichen;* **Ok·kul·'tist** <m.; -en, -en>; **ok·kul'tis·tisch** <Adj.>

Ok·ku'pant <m.; -en, -en> *Besetzer;* **Ok·ku·pa·ti'on** <f.; -, -en> *Besetzung;* **ok·ku·pa'to·risch** <Adj.>; **ok·ku'pie·ren** <V. t.> [lat.]

O·kla'ho·ma, <auch> **Ok·la'ho·ma** <↗Z53> *Staat in den USA*

ö·ko..., '**Ö·ko...** <in Zus.; kurz für> *ökologisch, Ökologie;* Ökosteuer [grch.]; '**Ö·ko·bi·lanz** <f.; -, -en> *naturwiss.-techn. Methode zur Erfassung der Ursachen von Umweltbelastungen;* '**Ö·ko·freak** <[-friːk]; m.; -s, -s; umg.> *Anhänger der ökologischen Prinzipien;* '**Ö·ko·ka·ta·stro·phe,** <auch> '**Ö·ko·ka·tas·tro·phe** <f.; -, -n; ↗Z54, 53.1>; '**Ö·ko·la·den** <m.; -s, ⁻; umg.>; **Ö·ko'lo·ge** <m.; -n, -n; Zool.>; **Ö·ko·lo'gie** <f.; -; unz.> *Lehre von den Beziehungen zw. Lebewesen u. ihrer Umwelt;* **ö·ko'lo·gin** <f.; -, -nnen>; **ö·ko·lo·gisch** <Adj.>; **Ö·ko·lo·gi·'sie·rung** <f.; -, -en>

Ö·ko·nom <m.; -en, -en> 1 <österr.; veralt.> *Landwirt* 2 *Wirtschaftswissenschaftler* [grch.]; **Ö·ko·no·me'trie, <auch> Ö·ko·no·met'rie** <f.; -; unz.; ↗Z53.1; Wirtsch.> *Teilgebiet der Wirtschaftswissenschaft;* **Ö·ko·no·'me·tri·ker** <m.; -s, -›; **ö·ko·no·'me·trisch** <Adj.>; **Ö·ko·no·'mie** <f.; -, -n› 1 = *Wirtschaft(1)* 2 <österr.> = *Landwirtschaft* 3 <unz.> *Sparsamkeit, Wirtschaftlichkeit;* **Ö·ko·no·mie·rat** <m.; -(e)s, ⁻e; österr. Titel für› *Landwirt;* **Ö·ko·no·mik** <f.; -; unz.> *Wirtschaftswissenschaft;* **ö·ko·no·misch** <Adj.> 1 *die Ökonomie(1) betreffend* 2 *sparsam, wirtschaftlich;* **ö·ko·no·mi·'sie·ren** <V. t.>; **Ö·ko·no·mi'sie·rung** <f.; -, -en> *Steigerung der Wirtschaftlichkeit*

'Ö·ko·sys·tem <n.; -s, -e› *(in einem Gleichgewicht befindliche) Beziehung zw. Lebewesen und ihrem Lebensraum* [grch.]; **Ö·ko·'top** <n.; -s, -e› *ökologisch einheitlicher Raum;* **'Ö·ko·trend** <m.; -s; unz.>; **Ö·ko·tro·pho·lo·'gie** <f.; -; unz.> *Haushalts- u. Ernährungswissenschaft;* **'Ö·ko·typ** <m.; -, -'ty·pen; Biol.> *an einen best. Lebensraum angepasste Organismen;* **Ö·ko'zid** <n. od. m. od. n.; -s; unz.> *Absterben von Lebewesen eines best. Lebensraumes wegen Verschmutzung*

'O·kra, <auch> 'Ok·ra <f.; -, -s; ↗Z53› *als Gemüse genutzte Frucht eines Malvengewächses* [afrikan.]

Okt. <Abk. für› *Oktober*

Ok·ta·chord <[-'kɔrd]; n.; -s, -e; Instrumentenk.> *Instrument mit acht Saiten* [grch.]; **Ok·ta'e·der** <n.; -s, -; ↗Z55> *achtflächiger Körper;* **ok·ta'e·drisch, <auch> ok·ta'ed·risch** <Adj.; ↗Z53>; **Ok·ta'gon** <n.; -s, -e› = *Oktogon;* **Ok'tan** <n.; -s, -e› *zu den Paraffinen gehörender Kohlenwasserstoff;* **Ok'tant** <m.; -en, -en> 1 *achter Teil einer Kreisfläche* 2 *Winkelmessgerät;* **Ok'tan·zahl** <f.; -, -en; Abk.: OZ> *Maßzahl für die Klopffestigkeit von Kraftstoff;* **Ok'tav¹** <n.; -s; unz.; Zeichen: 8°› *ein Buchformat;* **Ok'tav²** <f.; -, -en›

1 <österr.> = *Oktave(1)* 2 <Kath.> *achttägige Feier hoher Feste;* Weihnachts~; **Ok'ta·va** <[-va]; f.; -, -ven; österr.> *achte Klasse des Gymnasiums;* **Ok'tav·band** <m.; -(e)s, ⁻e› *Buch im Oktavformat;* **Ok'ta·ve** <[-və]; f.; -, -n› 1 <Mus.> *achter Ton der diaton. Tonleiter* 2 <Mus.> *Intervall von acht Tönen* 3 = *Oktav²(2);* **Ok'tav·for·mat** <n.; -(e)s; unz.> *Buchformat mit achtfacher Faltung;* **ok·ta·vie·ren** <[-'vi:-]; V. i.; Mus.> *eine Oktave höher spielen;* **Ok'tett** <n.; -(e)s, -e; Mus.> 1 *Musikstück für acht Stimmen* 2 *Gruppe von acht Instrumentalisten od. Sängern*

Ok·to·ber <m.; -s, -› *der zehnte Monat im Jahr* [lat.]; **Ok'to·ber·fest** <n.; -(e)s, -e› *Münchner Volksfest;* **Ok'to·ber·re·vo·lu·ti·on** <[-vo-]; f.; -; unz.> *Revolution in Russland im Oktober 1917*

Ok'to·de <f.; -, -n› *Röhre mit acht Elektroden* [grch.]; **Ok·to·de·ka'gon** <n.; -s, -e› *Achtzehneck;* **Ok'to·gon** <n.; -s, -e› *Achteck;* oV **Oktagon;** **ok·to·go'nal** <Adj.>; **Ok·to'po·de** <m.; -n, -n; Zool.> = *Achtfüßer*

ok·troy·ie·ren, <auch> okt·ro·yie·ren <[-'troa'ji:-]; V. t.; ↗Z53.1› (jmdm.) etwas ~ *auferlegen, aufzwingen* [frz.]

o·ku'lar <Adj.> *das Auge betreffend* [lat.]; **O·ku'lar** <n.; -s, -e; Opt.> *dem Auge zugewandte(s) Linse(nsystem);* **O·ku·la·ti·on** <f.; -, -en> *eine Pflanzenveredelungsart;* **'O·ku·li** *vierter Sonntag vor Ostern;* **o·ku'lie·ren** <V. t.>; **O·ku'lier·reis** <n.; -es, -e› = *Pfropfreis*

Ö·ku·me·ne <f.; -; unz.> 1 *die Erde als Lebensraum der Menschen* 2 *ökumenische Bewegung* [grch.]; **ö·ku'me·nisch** <Adj.> *~e Bewegung B. zur Einigung verschiedener christlicher Konfessionen;* **Ö·ku·me'nis·mus** <m.; -; unz.; Kath.> *Bemühung um die Einheit der Christen*

'Ok·zi·dent <m.; -es; unz.> Ggs *Orient* 1 *Westen* 2 *Abendland (Europa)* [lat.]; **ok·zi·den'tal, ok·zi·den'ta·lisch** <Adj.> Ggs *orientalisch*

ok·zi·pi'tal <Adj.> *zum Hinterhaupt gehörend* [lat.]

ok·zi'ta·nisch <Adj.> ~e *Sprache zur westromanischen Sprachgruppe gehörige Sprache*

ö. L. <Abk. für› *östliche(r) Länge*

Öl <n.; -(e)s, -e› 1 *flüssiges Fett; pflanzliches ~* 2 <kurz für› *Ölfarbe;* in ~ *malen;* **'Öl·ab·schei·der** <m.; -s, -› *Vorrichtung zur Trennung von Öl u. Wasser;* **'Öl·baum** <m.; -(e)s, ⁻e› Sy *Olive(nbaum);* **'Öl·bild** <n.; -(e)s, -er›

Ol·die <['ouldi]; m.; -s, -s› 1 *beliebter alter Schlager* 2 <umg.; scherzh.> *Angehöriger der älteren Generation* [engl.]

Old·red, <auch> Old Red <[o:ld'red]; m.; (-)-s; unz.; ↗Z30; Geol.> *roter Sandstein des Devons* [engl.]

'Öl·druck <m.; -(e)s, -e› *ein Druckverfahren;* **'Öl·druck·brem·se** <f.; -, -n; Kfz-Tech.> *hydraulische Bremse*

Old·ti·mer <['ouldtaimər]; m.; -s, -› 1 *älteres, meist restauriertes Fahrzeug* 2 <scherzh. für› *älterer Mensch* [engl.]

o·lé <[o'le:]; Int.> *los! auf!* [span.]

'O·lea <Pl. von› *Oleum;* **O·le'an·der** <m.; -s, -; Bot.> *giftiger Strauch* [ital.]; **O·le'an·der·schwär·mer** <m.; -s, -; Zool.> *ein Nachtschmetterling;* **O·le·'as·ter** <m.; -s, -; Bot.> *Wildform des Ölbaums* [lat.]; **O·le'at** <n.; -(e)s, -e; Chem.> *Salz der Ölsäure;* **O·le'fi·ne** <Pl.; Chem.> *kettenförmige Kohlenwasserstoffverbindungen;* **o·le'fin·reich** <Adj.>; **O·le'in** <n.; -s, -e; Chem.> = *Ölsäure;* **'ö·len** <V. t.> 1 *etwas ~ einfetten* 2 jmdn. ~ *salben;* **'Ö·ler** <m.; -s, -› *Gerät für die Ölzufuhr an Maschinen;* **'O·le·um** <n.; -s, -'lea› 1 <Pharm.> *Öl* 2 <Chem.> *rauchende Schwefelsäure* [lat.]

Ol·fak·to·me'trie, <auch> Ol·fak·to·met'rie <f.; -; unz.; ↗Z53› *Messung der Geruchsempfindlichkeit;* **ol·fak·to'risch** <Adj.> [lat.]; **Ol·fak'to·ri·us** <m.; -; unz.; Anat.> = *Riechnerv*

'Öl·fän·ger <m.; -s, -› *Vorrichtung zum Abscheiden von Öl;*

'**Öl·far·be** <f.; -, -n> *Mal- u. Anstrichfarbe*; '**Öl·far·ben·druck** <m.; -(e)s, -e>; '**Öl·feld** <n.; -(e)s, -er> *Gebiet, in dem nach Erdöl gebohrt wird*; '**Öl·feu·e·rung** <f.; -; unz.>; '**Öl·film** <m.; -(e)s, -e> *dünne Ölschicht*; '**Öl·frucht** <f.; -, ⸚e; Bot.> *Pflanze mit fetthaltigem Samen*

OLG <Abk. für> *Oberlandesgericht*

'**Öl·ge·mäl·de** <n.; -s, -> *Sy Ölbild*; '**Öl·ge·sell·schaft** <f.; -, -en>; '**Öl·göt·ze** <m.; -n, -n; umg.; nur in der Wendung> *wie ein ~ dasitzen stumm, unbeteiligt*; '**Öl·haut** <f.; -, ⸚e> *wasserdichtes Gewebe*; '**Öl·hei·zung** <f.; -, -en>; '**öl·höf·fig** <Adj.> *reiche Ausbeute an Erdöl versprechend*

O·li·fant <m.; -s, -e> *mittelalterl. Jagd- od. Signalhorn aus Elfenbein*

'**ö·lig** <Adj.>

O·li·g·arch, <auch> **O·li·g·arch** <m.; -en, -en; ⸍Z 54> *Mitglied, Anhänger der Oligarchie*; **O·lig·ar'chie** <f.; -, -n> 1 *Herrschaft einer kleinen Gruppe* 2 *Staatsform, bei der eine kleine Gruppe herrscht*; **o·lig'ar·chisch** <Adj.>; **o·li·go..., O·li·go...** <in Zus.> *wenig, klein, gering*; **O·li·go·cho'lie** <[-xo-]; f.; -, -n; Med.> *Mangel an Galle*; **O·li·go'klas** <m.; - od. -es, -e; Geol.> *farbloser Feldspat*; **O·li·go·pep'tid** <n.; -s, -e> *eine chem. Verbindung*; **o·li·go'phag** <Adj.> *sich von (nur) einigen Futterpflanzen bzw. Tierarten ernährend*; **O·li·go·pha'gie** <f.; -; unz.>; **O·li·go·phre'nie** <f.; -, -n; Med.> *Schwachsinn*; **O·li·go'pol** <n.; -s, -e> *Marktbeherrschung durch wenige große Unternehmen*; **O·li·go·po'list** <m.; -en, -en>; **o·li·go·po'lis·tisch** <Adj.>; **o·li·go·se'man·tisch** <Adj.; Sprachw.> *nur wenige Bedeutungen aufweisend*; **O·li·go·sper'mie** <f.; -, -n; Med.> *starke Verminderung der Spermienzahl in der Samenflüssigkeit*; **o·li·go'troph** <Adj.> *nährstoffarm*; *~er Boden*; **O·li·go·tro'phie** <f.; -; unz.>; **o·li·go'zän** <Adj.; Geol.>; **O·li·go'zän** <n.;

-s; unz.; Geol.> *drittälteste Stufe des Tertiärs*

'**O·lim** <umg.; scherzh.; nur in der Wendung> *seit ~s Zeiten seit jeher* [lat.]

'**Öl·im·mer·si·on** <f.; -, -en> *Ölschicht*; '**Öl·in·dus·trie**, <auch> '**Öl·in·dust·rie** <f.; -, -n; ⸍Z 50, 53.1>

o·liv <Adj.; undekl.> *graugrün, braungrün* [grch.]; **O·liv** <n.; -s, - od. (umg.) -s> *olivgrüne Farbe*; *eine Hose in ~s*; **O·li·ve** <[-və]; f.; -, -n> 1 *ein Ölbaumgewächs* 2 *Frucht der Olive(1)* 3 <Tech.> *Drehgriff eines Fensterverschlusses* 4 <Med.> *Teil des verlängerten Rückenmarks*; **O·li·ven·baum** <m.; -(e)s, ⸚e> = *Ölbaum*; **o·li·ven·far·ben** <Adj.> *ein ~es Kleid*; **O·li·ven·öl** <n.; -(e)s; unz.>; **o·liv·grün** <Adj.>; **O·li·vin** <[-'vi:n]; m.; -s, -e> *olivfarbenes Mineral*

'**Öl·kon·zern** <m.; -s, -e>; '**Öl·kri·se** <f.; -, -n>; '**Öl·ku·chen** <m.; -s, -> *Rückstand bei der Gewinnung von Pflanzenöl*

oll <Adj.; norddt., berlin.> *alt, hässlich, lästig; ich werfe die ~en Schuhe jetzt weg; der Olle der Alte; ~e Kamellen längst Vergangenes, Bekanntes*

'**Öl·lam·pe** <f.; -, -n>; '**Öl·luftpum·pe** <f.; -, -n> *in Öl gelagerte Vakuumpumpe*

Olm <m.; -s, -e; Zool.> *Schwanzlurch*

'**Öl·ma·le·rei** <f.; -; unz.>; '**Ölmüh·le** <f.; -, -n> *Betrieb zur Ölgewinnung*; '**Öl·mul·ti** <m.; -s, -s; umg.; häufig abwertend> *großer Ölkonzern*; '**Öl·o·fen** <m.; -s, ⸚; ⸍Z 55>; '**Öl·pal·me** <f.; -, -n; Bot.>; '**Öl·pa·pier** <n.; -s; unz.> *wasserdichtes Packpapier*; '**Öl·pest** <f.; -; unz.> *Wasserverschmutzung durch Öl*; '**Öl·pflan·ze** <f.; -, -n>; '**Öl·preis** <m.; -es, -e>; '**Öl·pres·se** <f.; -, -n>; '**Öl·pum·pe** <f.; -, -n>; '**Öl·quel·le** <f.; -, -n>; '**Öl·raf·fi·ne·rie** <f.; -, -n>; '**Öl·saat** <f.; -; unz.> *Samen von Ölfrüchten*; '**Öl·sand** <m.; -(e)s; unz.> *erdölhaltiges Gestein*; '**Öl·sar·di·ne** <f.; -, -n> *konservierter Fisch; wir stehen hier wie die ~n* <fig.> *dicht gedrängt*; '**Öl·säu·re** <f.; -; unz.> *ungesättigte Fett*

säure; '**Öl·scheich** <m.; -s, -e; abwertend> *(durch Ölverkauf) zu Reichtum gelangter Mensch*; '**Öl·schie·fer** <m.; -s; unz.> *bituminöser Schiefer*; '**Öl·stand** <m.; -(e)s, ⸚e> *den ~ im Auto kontrollieren*; '**Öl·tank** <m.; -s, -s od. -e>; '**Öl·tan·ker** <m.; -s, -> *Schiff zum Erdöltransport*; '**Öl·tep·pich** <m.; -s, -e> *auf dem Meer treibende Erdölfläche*; '**Öl·tuch** <n.; -(e)s, ⸚er> 1 <unz.> *wasserdichte Packleinwand* 2 *ölgetränktes Tuch zur Babypflege*; '**Ö·lung** <f.; -, -en> *die Letzte ~* <Kath.> *Salbung mit geweihtem Öl vor dem Tod*; '**Öl·wan·ne** <f.; -, -n; Tech.> *Ölsammelbecken*; '**Öl·wech·sel** <[-ks-]; m.; -s, ->; '**Öl·wei·de** <f.; -, -n; Bot.> *ein Ölgewächs*

O·lymp <m.; -s; unz.> 1 *Gebirge in Nordgriechenland* 2 <grch. Myth.> *Wohnsitz der Götter* 3 <umg.; scherzh.> *oberster Rang im Theater*; **O·lym·pi·a·de** <f.; -, -n> 1 *Zeitraum von vier Jahren zwischen den altgrch. Olympischen Spielen* 2 *Olympische Spiele*; **O·lym·pi·a·dorf** <n.; -(e)s, ⸚er; ⸍Z 55> *Sportlerwohnstätte während der Olympischen Spiele*; **O·lym·pi·a·mannschaft** <f.; -, -en; ⸍Z 55>; **O·lym·pi·a·sie·ger** <m.; -s, -; ⸍Z 55; umg.>; **O·lym·pi·a·sie·ge·rin** <f.; -, -n·nen; ⸍Z 55>; **O·lym·pi·a·sta·di·on** <n.; -s, -di·en; ⸍Z 55>; **O·lym·pi·er** <[-piər]; m.; -s, -> 1 <grch. Myth.> *Bewohner des Olymps(2)* 2 <fig.> *Mann von erhabener Ruhe u. majestät. Überlegenheit*; **O·lym·pi·o·ni·ke** <m.; -n, -n> *Teilnehmer bei den Olympischen Spielen*; **O·lym·pi·o·ni·kin** <f.; -, -n·nen>; **o·lym·pisch** <Adj.> 1 *zum Olymp(2) gehörend, göttlich* 2 < ⸍Z 46> *die Olympischen Spiele betreffend; ~er Eid; ~es Feuer;* <aber> *die Olympischen Spiele; Internationales Olympisches Komitee* <Abk.: IOK>

'**Öl·zeug** <n.; -(e)s; unz.> *wasserdichte Oberbekleidung für Seeleute*; '**Öl·zweig** <m.; -(e)s, -e> *Zweig des Ölbaums, Sinnbild des Friedens*

O

'O·ma <f.; -, -s; Kinderspr.> *Großmutter*

'O·ma·ma <f.; -, -s; Kinderspr.> = *Oma*

O'man *Staat auf der Arabischen Halbinsel; Sultanat ~;* **O'ma·ner** <m.; -s, ->; **O'ma·ne·rin** <f.; -, -n·nen>; **o'ma·nisch** <Adj.>

om'briert, <auch> **omb'riert** <Adj.; ↗Z53; Textilw.> *schattiert* [frz.]

om·bro·gen, <auch> **omb·ro'gen** <Adj.; ↗Z53> *durch Niederschläge bzw. Nässe entstanden;* Ggs *topogen* [grch.]; **Om·bro·'graf, Om·bro'graph** <m.; -en, -en; ↗Z11.3> = *Pluviograph;* **om·bro'phil** <Adj.> *Feuchtigkeit liebend;* **om·bro'phob** <Adj.> *Feuchtigkeit nicht vertragend;* **om·bro'troph** <Adj.> *Nährstoffe ausschließlich über Niederschläge beziehend (von Pflanzen)*

'Om·buds·frau <f.; -, -en>; **'Om·buds·mann** <m.; -(e)s, -er> *unabhängige Vertrauensperson* [schwed.]

O·me·ga <['o:-]; n.; -s, -s; Zei­chen: ω, Ω> *letzter Buchstabe des grch. Alphabets; Alpha u. ~*

O·me·lett <n.; -(e)s, -e od. -s>, **O·me·lette** <[ɔm(ə)'lɛt]; f.; -, -n; österr.; schweiz.> *Eierkuchen* [frz.]

'O·men <n.; -s, - od. 'O·mi·na> 1 *Vorzeichen; gutes ~ 2 Vorbedeutung* [lat.]

'O·mi <f.; -, -s; Kinderspr.>

'O·mi·kron, <auch> **'O·mik·ron** <n.; -s, -s; ↗Z53; Zeichen: ο, O> *Buchstabe des grch. Alphabets*

o·mi'nös <Adj.> 1 *unheilvoll 2 bedenklich, verdächtig; eine ~e Person* [lat.]

om·ni..., Om·ni... <in Zus.> *alles..., überall..., ganz* [lat.]; **'omnia ad ma'io·rem 'Dei 'glo·riam** → *ad maiorem ...;* **'Om·nibus** <m.; -·ses, -·se; Kurzw.: Bus> *Kraftwagen zur Beförderung von mehr als acht Fahrgästen;* **'Om·ni·bus·li·nie** <[-niə]; f.; -, -n>; **om·ni·po'tent** <Adj.> *allmächtig;* **Om·ni·po'tenz** <f.; -; unz.>; **om·ni·prä'sent** <Adj.> *allgegenwärtig;* **Om·ni·prä'senz** <f.; -; unz.; geh.>; **'Om·ni·um** <n.; -s, -ni·en; Radsp.> *aus mehreren Wettbe*

werben bestehender Wettkampf; **om·ni·vor** <[-'vo:r]; Adj.; Zool.> = *pantophag;* **Om·ni'vo·re** <m.; -n, -n; Zool.>; **Om·ni'zid** <n.; -(e)s; unz.> *Vernichtung allen menschlichen Lebens*

Om·pha'li·tis <f.; -, -li'ti·den; Med.> *Nabelentzündung* [grch.]

Om·pha'zit <m.; -s, -e> *ein Mineral* [grch.]

on <[ɔn]; Film, TV> *innerhalb des Bildes;* Ggs *off*

On <[ɔn]; n.; -; unz.> *Bereich innerhalb des Bildes;* Ggs *Off* [engl.]

ON <österr.; Abk. für> 1 *Oesterreichische Nationalbank 2 Österreichisches Normungsinstitut*

'O·na·ger <m.; -s, -; Zool.> *westasiat. Halbesel* [grch.]

O·na'nie <f.; -; unz.> = *Masturbation* [fälschl. nach der bibl. Gestalt *Onan*]; **o·na'nie·ren** <V. i.>; **O·na'nist** <m.; -en, -en>; **o·na'nis·tisch** <Adj.>

on call <[-'kɔ:l]> *auf Abruf; eine Bestellung ~* [engl.]

On-dit <[ɔ̃'di:]; n.; -s, -s; geh.> *Gerücht; einem ~ zufolge* [frz.]

On·du·la·ti'on <f.; -, -en>; **on·du'lie·ren** <V. t.> *Haar ~ künstlich wellen* [frz.]

One-Man-Show <['wʌn'mæn­ʃou]; f.; -, -s; ↗Z33> = *Einmannshow* [engl.]; **'One-Night-Stand** <[-naitstænd]; m.; -s, -s; ↗Z33; umg.> 1 *einmaliges sexuelles Abenteuer 2* <Theat.> *einmalige Vorstellung;* **'One-stepp** <m.; -s, -s> *ein Gesellschaftstanz*

'On·kel <m.; -s, - od. (umg.) -s> 1 *Bruder der Mutter od. des Vaters 2* <veralt.; noch scherzh.; Kin­derspr.> *männlicher (dem Kind bekannter) Erwachsener;* **'On·kel·e·he** <f.; -, -n; ↗Z55; umg.> *Zusammenleben einer Witwe mit einem Mann, den sie nicht heiraten will, um ihre Rente nicht zu verlieren;* **'on·kel·haft** <Adj.> *gönnerhaft*

on·ko..., On·ko... <in Zus.> *geschwollen..., Geschwulst...* [grch.]; **on·ko'gen** <Adj.> *eine Geschwulst erzeugend;* **On·koge'ne·se** <f.; -; unz.> *Entstehung von Geschwülsten;* **On·ko·'lo·ge** <m.; -n, -n>; **On·ko·lo·'gie** <f.; -; unz.> *Lehre von den*

Geschwülsten; **On·ko'lo·gin** <f.; -, -n·nen>; **on·ko·lo·gisch** <Adj.>; **On·ko'ly·se** <f.; -, -n; Med.> *Abtötung von Tumorgewebe;* **on·ko'ly·tisch** <Adj.>

'on·line <[-lain]; Adj.; undekl.; EDV> *in Verbindung mit einem System/Netzwerk stehend; ~ gehen;* Ggs *offline* [engl.]; **'Online-ban·king** <[-bæŋkɪŋ]; n.; - od. -s; unz.; EDV> *Abwicklung von Bankvorgängen mittels Computer;* **'On·line-be·trieb** <m.; -(e)s; unz.; EDV>; **'On·linedienst** <m.; -(e)s, -e; ↗Z36; EDV> *Dienstleistungsangebot für Computeranwender (meist mit Verbindung zum Internet);* **'On·line-re·cher·che** <[-rəʃɛrʃə]; f.; -, -n>

Ö·no·lo'gie <f.; -; unz.> *Wein(bau)kunde* [grch.]; **ö·no'logisch** <Adj.>

O·no·ma·si·o·lo·'gie <f.; -; unz.; Sprachw.> *Begriffsforschung;* Sy *Bezeichnungslehre;* Ggs *Semasiologie* [grch.]; **o·no·ma·si·o'logisch** <Adj.>; **O·no'mas·tik** <f.; -; unz.> = *Namenkunde;* **O·no'mas·ti·kon** <n.; -s, -ka> *Namensverzeichnis;* **O·no·ma·to·lo'gie** <f.; -; unz.> = *Namenkunde;* **o·no·ma·to'lo·gisch** <Adj.>; **O·no·ma·to·po·e'se** <f.; -, -n; selten> *Lautmalerei;* **O·no·mato·po·e'ti·kum** <n.; -s, -ti·ka> *klangmalerisches Wort;* **o·noma·to·po·e'tisch** <Adj.> ~e *Wörter;* **O·no·ma·to·pö'ie** <f.; -, -n> *Lautmalerei*

Ö·no'me·ter <n.; -s, -> *Gerät zur Bestimmung des Alkoholgehaltes von Wein* [grch.]

'Ö·norm <f.; -, -en; kurz für> *österreichische Norm*

'On·spre·cher <m.; -s, -; ↗Z36; TV> *für den Zuschauer sichtbarer Sprecher;* Ggs *Offsprecher;* **'On·stim·me** <f.; -, -n; ↗Z36> Ggs *Offstimme* [engl.; dt.]

on the road <[ɔnðə'roud]> *auf Reisen, unterwegs* [engl.]; **on the rocks** <[ɔnðə'rɔks]> *mit Eiswürfeln;* Whisky ~

'on·tisch <Adj.; Philos.> *seiend* [grch.]; **On·to·ge·'ne·se** <f.; -; unz.> *Entwicklung des Lebewesens;* **on·to·ge'ne·tisch** <Adj.>; **On·to·ge'nie** <f.; -; unz.> = *Ontogenese;* **on·to'ge·nisch** <Adj.>

= *ontogenetisch;* **On·to·lo'gie** ‹f.; -; unz.› *Lehre vom Sein;* **on·to'lo·gisch** ‹Adj.›; **On·to·lo'gis·mus** ‹m.; -, -men; Philos.› 1 *Erkenntnis des Seins* 2 *theologische Lehre, nach der Gott in seinem Wesen unerkennbar ist, sich aber in seiner Schöpfung offenbart*

O·ny·chie ‹[-'çi:]; f.; -, -n; Med.› *Nagelbettentzündung* [grch.]; **O·ny·cho·pha'gie** ‹[-ço-]; f.; -; unz.; Med.› *Nägelkauen;* **O·ny'cho·se** ‹f.; -, -n; Med.› *Nagelkrankheit*

'O·nyx ‹m.; - od. -es, -e› *schwarz-weißer Quarz* [grch.-lat.]

o·o..., **O·o...** ‹[o:ɔ-]; in Zus.› *eiförmig, Ei...* [grch.]

o. O. ‹Abk. für› 1 *ohne Ort* 2 *ohne Obligo*

O·o·ga'mie ‹[o:ɔ-]; f.; -, -n› *Befruchtung der Eizelle* [grch.]; **O·o·ge'ne·se** ‹f.; -, -n› *Entwicklung der Eizelle;* **o·o·ge'ne·tisch** ‹Adj.›; **O·o·go·ni·um** ‹n.; -s, -ni·en› *Bildungsstätte der Eizelle niederer Pflanzen;* **O·o'lith** ‹m.; -(e)s od. -en, -en› *ein Gestein;* **o·o'li·thisch** ‹Adj.›; **O·o·lo'gie** ‹f.; -; unz.› *Lehre vom Vogelei;* **O·o'plas·ma** ‹n.; -s, -men› *Plasma der Eizelle*

o. O. u. J. ‹Abk. für› *ohne Ort und Jahr*

O·o'zyt ‹[o:ɔ-]; m.; -en, -en› *unreife Eizelle* [grch.]

OP ‹Abk. für› *Operationssaal*

op. ‹Abk. für› *Opus*

o. P. ‹Abk. für› *ordentlicher Professor*

'O·pa ‹m.; -s, -s; Kinderspr.› *Großvater*

o'pak ‹Adj.› *undurchsichtig;* oV *opaque* [lat.]; **O'pak·glas** ‹n.; -es; unz.›

O'pal ‹m.; -s, -e› *(als Schmuckstein verwendetes) Mineral* [Sanskrit]; **o·pa'len** ‹Adj.› *aus Opal;* **o·pa·les'zent** ‹Adj.› *wie ein Opal schimmernd;* **O·pa·les'zenz** ‹f.; -; unz.›; **o·pa·les'zie·ren** ‹V. i.›; **O'pal·glas** ‹n.; -es; unz.›; **o·pa·li'sie·ren** ‹V. i.›

O'pan·ke ‹f.; -, -n› *südslawischer absatzloser Schuh mit aufgebogener Spitze* [serb.]

'O·pa·pa ‹m.; -s, -s; Kinderspr.› = *Opa*

o'paque ‹Adj.; frz. Schreibung von› *opak*

'Op-Art ‹f.; -; unz.› *eine moderne Kunstrichtung* [engl.]

O·pa·zi'tät ‹f.; -; unz.› *Lichtundurchlässigkeit* [lat.]

'OPEC ‹f.; -; unz.; ⤤Z56; Abk. für engl.› *Organization of Petroleum Exporting Countries*

O·pen ‹['oupən]; n.; - od. -s, -; Sp.› *offene Meisterschaft;* British ~ [engl.]; **O·pen-air**, ‹auch› **O·pen Air** ‹[-'ɛːr]; n.; (-)-s, (-)-s; ⤤Z30; kurz für› *Openairfestival;* **O·pen'air·fes·ti·val**, ‹auch› **O·pen·'Air-Fes·ti·val** ‹[-'fɛstivəl]; n.; -s, -s; ⤤Z33› *Großveranstaltung im Freien;* **o·pen end** ‹[-'end]› *ohne zeitliche Begrenzung;* **O·pen'end-dis·kus·si·on**, ‹auch› **O·pen-'End-Dis·kus·si·on** ‹f.; -, -en; ⤤Z33›; **O·pe·ning** ‹['oupəniŋ]; n.; -s, -s› 1 ‹Lit.› *erste Szene eines Romans od. Dramas* 2 ‹umg.› *Beginn, Eröffnung*

'O·per ‹f.; -, -n› 1 *musikalisch gestaltetes Bühnenstück* 2 *Opernhaus* [ital.]

'O·pe·ra ‹Pl. von› *Opus*

o·pe'ra·bel ‹Adj.› *operierbar;* operabler Tumor; Ggs *inoperabel* [lat.]; **O·pe·ra·bi·li'tät** ‹f.; -; unz.›

'O·pe·ra 'buf·fa ‹f.; --, 'O·pe·re 'buf·fe› *komische Oper* [ital.]; **O·pé·ra co·mique** ‹[ɔpera kɔ'mik]; f.; --, -s -s [ɔpera kɔ'mik]› 1 ‹unz.› *überwiegend heitere Oper* 2 *Theater für heitere Opern* [frz.]

O·pe'rand ‹m.; -en, -en; EDV› *verarbeitbare Information* [lat.]; **o·pe'rant** ‹Adj.; Soziol.; Psych.› ~e *Konditionierung Lernform, die durch Erfolg od. Misserfolg gesteuert wird*

'O·pe·ra 'se·ria ‹f.; --, -re rie [-rie:]› *ernste Oper* [ital.]

O·pe·ra'teur ‹[-'tøːr]; m.; -s, -e› 1 *Arzt, der eine Operation(1) vornimmt* 2 *Filmvorführer* [frz.]; **O·pe·ra'ting** ‹[']ɔpəreitiŋ]; n.; -s; unz.› *das Bedienen einer Maschine* [engl.]; **O·pe·ra·ti'on** ‹f.; -, -en› 1 ‹Med.› *chirurgischer Eingriff* 2 *Ablauf einer Arbeit* 3 ‹Math.› *Ausführung einer Rechnung* 4 *militärisches Unternehmen* [lat.]; **o·pe·ra·ti·o-**

'na·bel ‹Adj.› *operationalisierbar;* operationable *Umsetzung;* **o·pe·ra·ti·o'nal** ‹Adj.› *verfahrensbedingt;* **o·pe·ra·ti·o·na·li·'sie·ren** ‹V. t.; Soziol.› *theoretische Begriffe anwendbar machen;* **o·pe·ra·ti·o'nell** ‹Adj.› = *operational;* **O·pe·ra·ti'ons·ba·sis** ‹f.; -, -ba·sen›; **O·pe·ra·ti·'ons·for·schung** ‹f.; -; unz.›, **O·pe·ra·tions·re·search** ‹[ɔpə'reiʃənzri'zaːtʃ]; n.; -s; unz.› *Verfahrensforschung* [engl.]; **O·pe·ra·ti'ons·saal** ‹m.; -(e)s, -säle; ⤤Z18.1; Abk.: OP›; **O·pe·ra·ti'ons·schwes·ter** ‹f.; -, -n›; **O·pe·ra·ti'ons·tisch** ‹m.; -(e)s, -e›; **O·pe·ra·ti'ons·ver·stär·ker** ‹m.; -s, -› *Gleichspannungsverstärker;* **o·pe·ra'tiv** ‹Adj.› 1 *auf chirurgischem Wege;* ~er Eingriff 2 ‹geh.› *mithilfe einer Operation* 3 ‹fig.› *weitschauend u. planvoll tätig;* **O·pe·ra·ti·vis·mus** ‹[-'vis-]; m.; -; unz.› *wissenschaftstheoretische Auffassung, nach der wissenschaftliche Grundlagen allein durch messbare Operationen gewonnen werden können;* **O·pe'ra·tor** ‹a. engl. ['ɔpəreitər]; m.; -s, -'to·ren od. engl. -s› *jmd., der eine EDV-Anlage bedient;* **O·pe·ra'to·rin** ‹f.; -, -n·nen›

O·pe'ret·te ‹f.; -, -n› *heiteres Bühnenstück mit Musik* [ital.]; **O·pe'ret·ten·kom·po·nist** ‹m.; -en, -en›; **O·pe'ret·ten·sän·ger** ‹m.; -s, -›; **O·pe'ret·ten·sän·ge·rin** ‹f.; -, -n·nen›

o·pe'rie·ren ‹V.› 1 ‹V. t.› *eine Operation(1) durchführen;* sich ~ lassen 2 ‹V. i.› *eingreifen, handeln;* bei einer Sache wenig glücklich ~

'O·pern·a·rie ‹[-riə]; f.; -, -n; ⤤Z55›; **'O·pern·ball** ‹m.; -(e)s, ⸚e›; **'O·pern·buch** ‹n.; -(e)s, ⸚er› *Textbuch;* **'O·pern·füh·rer** ‹m.; -s, -›; **'O·pern·glas** ‹n.; -es, ⸚er›; **'O·pern·gu·cker** ‹m.; -s, -; umg.› *kleines Fernglas;* Sy *Theaterglas;* **'O·pern·haus** ‹n.; -es, ⸚er›; **'O·pern·sän·ger** ‹m.; -s, -›; **'O·pern·sän·ge·rin** ‹f.; -, -n·nen›; **'O·pern·text** ‹m.; -es, -e›

'Op·fer ‹n.; -s, -› 1 *schmerzlicher Verzicht;* er hat ein großes ~ für sie gebracht 2 *Gabe für eine Gottheit;* Tier- 3 *betroffenes Objekt (eines Übels);* das ~ einer Intrige; **'op·fer·be·reit** <Adj.> ein ~er Mensch; <aber> ein zu manchem Opfer bereiter Mensch; **'Op·fer·be·reit·schaft** <f.; -; unz.>; **'Op·fer·ga·be** <f.; -, -n>; **'Op·fer·lamm** <n.; -(e)s, =er> 1 *Lamm als Opfer(2)* 2 <fig.> *unschuldiges Opfer;* **'Op·fer·mut** <m.; -(e)s; unz.; geh.>; **'op·fern** <V.; ich opf(e)re> 1 <V. t.> *etwas ~ schmerzlich auf etwas verzichten;* seine Zeit ~ 2 <V. i. u. V. t.> *einem Gott (etwas) ~;* **'Op·fer·stock** <m.; -(e)s, =e> *Behälter für Geldspenden in der Kirche;* **'Op·fer·tier** <n.; -(e)s, -e>; **'Op·fer·tod** <m.; -(e)s; unz.>; **'Op·fe·rung** <f.; -, -en>; **'Op·fer·wil·le** <m.; -ns; unz.>; **'op·fer·wil·lig** <Adj.>; **'Op·fer·wil·lig·keit** <f.; -; unz.>

O·phi·o·la'trie, <auch> **O·phi·o·lat'rie** <f.; -; unz.; ↗Z53> *religiöse Schlangenverehrung* [grch.]

'O·phir <n.; -s; unz.; im AT> *sagenhaftes Goldland*

O'phit[1] <m.; -en, -en> *Schlangenanbeter,* **O'phit**[2] <m.; -s, -e> *ein Mineral* [grch.]; **o'phi·tisch** <Adj.>

Oph'thal·mi·kum <n.; -s, -mi·ka; Med.> *in der Augenheilkunde verwendetes Mittel;* **oph'thal·misch** <Adj.>; **Oph·thal·mo·lo·'gie** <f.; -; unz.> *Augenheilkunde* [grch.]; **oph·thal·mo'lo·gisch** <Adj.>

O·pi'at <n.; -(e)s, -e> *opiumhaltiges Arzneimittel* [grch.]

O·pi·nio com'mu·nis <f.; --; unz.; ↗Z31> *allgemeine Meinung* [lat.]

'O·pi·um <n.; -s; unz.> *ein Rauschmittel* [grch.]; **'O·pi·um·pfei·fe** <f.; -, -n>

O'pos·sum <n.; -s, -s> 1 <Zool.> *eine Beutelratte* 2 *deren Fell* [Algonkin]

Op·po'nent <m.; -en, -en> *Gegner in einer Auseinandersetzung;* **Op·po'nen·tin** <f.; -, -nen; ↗Z38>; **op·po'nie·ren** <V. i.> *sich widersetzen* [lat.]

op·por'tun <Adj.; meist abwertend> 1 *gelegen, nützlich* 2 *passend, angebracht* [lat.]; **Op·por-**

tu'nis·mus <m.; -; unz.> 1 *Handeln mit dem Ziel, Vorteile zu erlangen* 2 *geschickte Anpassung an die jeweilige Lage;* **Op·por·tu'nist** <m.; -en, -en>; **Op·por·tu'nis·tin** <f.; -, -nen>; **op·por·tu'nis·tisch** <Adj.>; **Op·por·tu·ni'tät** <f.; -; unz.> *passende Gelegenheit;* **Op·por·tu·ni'täts·prin·zip** <n.; -s, -pi·en; Rechtsw.> *Grundsatz, nach dem die Anklageerhebung im Ermessen der Staatsanwaltschaft liegt*

Op·po·si'ti·on <f.; -, -en> 1 *Gegensatz, Widerstand;* ~ machen <umg.> *widersprechen* 2 *der Regierung sich entgegensetzende Partei od. Bevölkerungsgruppe* 3 <Astr.> *entgegengesetzte Konstellation* [lat.]; **op·po·si·ti·o·'nell** <Adj.>; **Op·po·si·ti·o'nel·le(r)** <f. 2 (m. 1)>; **Op·po·si·ti·'ons·füh·rer** <m.; -s, ->; **Op·po·si·ti'ons·füh·re·rin** <f.; -, -nnen>; **Op·po·si·ti'ons·geist** <m.; -es; unz.>; **Op·po·si·ti'ons·par·tei** <f.; -, -en>

Op·pres·si'on <f.; -, -en> 1 <veralt.> *Unterdrückung* 2 <Med.> *Beklemmung* [lat.]; **op·pres'siv** <Adj.>

o. Prof. <Abk. für> *ordentlicher Professor,* → a. ordentlich

OP-Saal <o'pe:-]; m.; -(e)s, -sä·le; ↗Z18.1; Kurzw. für> *Operationssaal;* **OP-Schwes·ter** <f.; -, -n; ↗Z34; Kurzw. für> *Operationsschwester*

Op'tant <m.; -en, -en> *jmd., der optiert* [lat.]; **'op·ta·tiv** <a. [--'-]; Adj.> *den Wunsch ausdrückend;* **'Op·ta·tiv** <m.; -s, -e; Gramm.> *Wunschform des Verbs;* **op'tie·ren** <V. i.> *für jmdn. od. einen Staat ~ sich für jmdn. od. einen bestimmten Staat u. die entsprechende Staatsbürgerschaft entscheiden*

'Op·tik <f.; -, -en> 1 <unz.> *Lehre vom Licht* 2 *die Linsen enthaltende Teil eines optischen Gerätes* 3 *äußerer Eindruck;* das ist nur für die ~ [grch.]; **'Op·ti·ker** <m.; -s, ->; **'Op·ti·ke·rin** <f.; -, -nen>

'op·ti·ma 'fi·de *im besten Glauben* [lat.]; **'op·ti·ma 'for·ma** <geh.> *in bester Form;* **op·ti'mal** <Adj.> *bestmöglich, ausgezeich-*

net; ~e Voraussetzungen; **Op·ti·'mat** <m.; -en, -en; im alten Rom> *Angehöriger der herrschenden Geschlechter u. der Senatspartei;* **op·ti'mie·ren** <V. t.> 1 *das Beste herausholen* 2 *eine Funktion ~* <Math.> *die Extremwerte einer Funktion bestimmen;* **Op·ti'mie·rung** <f.; -; unz.>; **Op·ti'mis·mus** <m.; -; unz.> Ggs *Pessimismus* 1 *Lebensbejahung, Zuversichtlichkeit* 2 <Philos.> *Auffassung, dass diese Welt die beste aller möglichen Welten sei;* **Op·ti'mist** <m.; -en, -en>; **Op·ti'mis·tin** <f.; -, -nnen>; **op·ti'mis·tisch** <Adj.>; **'Op·ti·mum** <n.; -s, -ma> *Höchstmaß, Ideal;* ein ~ an Genauigkeit

Op·ti'on <f.; -, -en> *Möglichkeit (zu wählen);* sich eine ~ offen halten; eine ~ auf eine Immobilie besitzen <Rechtsw.; Wirtsch.> *Vorkaufsrecht, Erwerbsrecht;* **op·ti·o'nal** <Adj.> *wahlfrei, nicht zwingend* [lat.]

'op·tisch <Adj.> 1 *die Optik betreffend;* ~es Gerät 2 *visuell;* ~e Täuschung [grch.]; **Op·to·e·lek·'tro·nik,** <auch> **Op·to·e·lekt·'ro·nik** <f.; -; unz.; ↗Z53, 55> *optische und elektronische Elemente verwendende Technik;* **Op·to'me·ter** <n.; -s> *Gerät zum Messen der Sehkraft;* **Op·to·me'trie,** <auch> **Op·to·met·'rie** <f.; -; unz.; ↗Z53>

o·pu'lent <Adj.> *üppig, reichhaltig;* ein ~es Mahl; Ggs *frugal* [lat.]; **O·pu'lenz** <f.; -; unz.> *Überfluss*

O'pun·tie <[-tsiə]; f.; -, -n; Bot.> *Feigenkaktus* [grch.]

'O·pus <n.; -, 'O·pe·ra; Abk.: op.> 1 *einzelnes Werk aus dem Gesamtschaffen eines Künstlers;* Konzert für Violine und Orchester, a-Moll, op. 26 2 *Gesamtwerk eines Künstlers od. Wissenschaftlers* [lat.]

'o·ra et la'bo·ra! *bete und arbeite! (Mönchsregel des Benediktinerordens)* [lat.]

O'ra·kel <n.; -s, -> 1 *Weissagung, Zukunftsdeutung* 2 <Antike> *Ort, an dem ein Gott durch einen Priester weissagen lässt;* das ~ von Delphi 3 *rätselhafter Ausspruch* [lat.]; **o'ra·kel·haft**

O

Oral(laut): Laut, der – im Gegensatz zum **Nasal** – im Mundraum ohne Beteiligung der Nasenhöhle gebildet wird.

‹Adj.›; **o'ra·keln** ‹V. i.; ich orak(e)le› *in Andeutungen sprechen;* **O'ra·kel·spruch** ‹m.; -(e)s, ‡e›

o'ral ‹Adj.› *den Mund betreffend;* ein Medikament ~ einnehmen; ~er Geschlechtsverkehr [lat.]; **O'ral** ‹m.; -s, -e; Sprachw.› = *Orallaut;* **O'ral·e·ro·tik** ‹f.; -; unz.; ↗Z55›; **O'ral·laut** ‹m.; -(e)s, -e; Sprachw.› → *Kasten;* **O'ral·pha·se** ‹f.; -, -n› *eine Entwicklungsphase;* **O'ral·ver·kehr** ‹m.; -s; unz.›

o·ran·ge [o'rã3(ə)]; Adj.; undekl.› *rötlich gelb* [frz.]; **O'ran·ge¹** ‹f.; -, -n› = *Apfelsine;* **O'ran·ge²** ‹n.; - s od. -; unz.› *orange Farbe;* ein Kleid in ~; **O·ran·gea·de** ‹[-'3a:t]; n.; -s, -e› *-n Erfrischungsgetränk aus Orangensirup u. Sprudelwasser;* **O·ran·geat** ‹[-'3a:t]; n.; -s, -e› *kandierte Apfelsinenschale;* **o'ran·ge·far·ben, o'ran·gen·far·ben** ‹Adj.› ein ~es Kleid; **O'ran·gen·haut** ‹f.; -; unz.; umg. für› *Cellulitis;* **O'ran·gen·mar·me·la·de** ‹f.; -, -n›; **O'ran·gen·öl** ‹n.; -(e)s, -e› *aus Apfelsinenschalen gewonnenes Öl;* **O'ran·gen·saft** ‹m.; -(e)s, ‡e›; **O·range Pe·koe** ‹['ɔrəndʒ-'pi:ko]; m.; --; unz.› *indische Teesorte* [engl.]; **O·ran·ge·rie** ‹[orãʒə'ri:]; f.; -, -n; bes. im Barock› 1 *Gewächshaus zum Züchten der Orangen* 2 *Garten mit Orangenbäumen* [frz.]

'O·rang-'U·tan ‹m.; -s, -s; Zool.› *ein Menschenaffe* [mal.]

O'ra·ni·en *ndrl. Fürstengeschlecht;* **O'ra·ni·er** ‹m.; -s, -›

O'rant ‹m.; -en, -en; bild. Kunst› *betende Gestalt;* **O'ran·ten·stel·lung** ‹f.; -; unz.› *Stellung mit über der Brust gekreuzten Armen;* **'o·ra pro 'no·bis** ‹Kath.› *bitte für uns (Antwort der Gemeinde)* [lat.]

O'ra·tio ob'li·qua, ‹auch› **O'ra·tio o'bli·qua** ‹[-'tsjo-]; f.; --; unz.; ↗Z53; Gramm.› *indirekte Rede* [lat.]; **O'ra·tio 'rec·ta** ‹f.; -

-; unz.› *direkte Rede;* **O'ra·tor** ‹m.; -s, - 'to·ren; Antike› *begabter, erfolgreicher Redner;* **o·ra·'to·risch** ‹Adj.› *redegewandt;* **O·ra·to·ri·um** ‹n.; -s, -ri·en› 1 *Betraum, für hohe Persönlichkeiten reservierte Empore* 2 ‹Mus.› *mehrteilige Komposition für Chor, Einzelstimmen u. Orchester*

ORB ‹Abk. für› *Ostdeutscher Rundfunk Brandenburg*

or·bi·ku·lar ‹Adj.› *kreisförmig;* **'Or·bis** ‹m.; -; unz.› *(Erd-)Kreis* [lat.]; **'Or·bit** ‹m.; -s, -s; Raumf.› *Umlaufbahn um einen Himmelskörper;* **'Or·bi·ta** ‹f.; -, -tae [tɛ:]; Med.› *Augenhöhle;* **or·bi'tal** ‹Adj.› 1 ‹Raumf.› *den Orbit betreffend* 2 ‹Med.› *zur Augenhöhle gehörend;* **Or·bi'tal** ‹n. od. m.; -s, -e› *bevorzugte Umlaufbahn eines Elektrons;* **Or·bi'tal·ra·ke·te** ‹f.; -, -n›; **Or·bi'tal·sta·ti·on** ‹f.; -, -en; Raumf.›; **'Or·bi·ter** ‹m.; -s, -› *Raumflugkörper, der in die Umlaufbahn eines Himmelskörpers gebracht worden ist*

Or·ches·ter ‹[-'kɛs-]; n.; -s, -› 1 ‹urspr. im altgrch. Theater› *Raum für das Auftreten des Chores* 2 ‹ab 1600› *vertiefter Platz vor der Bühne für die Musiker* 3 ‹heute› *größere Zahl von Instrumentalmusikern;* Schul~ [grch.]; **Or'ches·ter·be·glei·tung** ‹f.; -, -en›; **Or'ches·ter·gra·ben** ‹m.; -s, -› *vertiefter Raum vor der Bühne;* **Or'ches·ter·lo·ge** ‹[-ʒə]; f.; -, -n›; **Or·ches·tik** ‹[-'çɛs-]; f.; -; unz.; in der Antike› *das Zusammenwirken von Wort, Musik, Gebärde u. Tanz im lyrischen Drama;* **Or·'ches·tra,** ‹auch› **Or·ches·tra** ‹[-kɛs-]; f.; -, -tren/-t·ren; ↗Z53› 1 ‹altgrch. Theater› *kreisrunder Platz für den Chor* 2 ‹hellenist. u. röm. Theater› *hufeisen- od. halbkreisförmiger Platz zwischen Spielhaus u. Zuschauerraum;* **or·ches'tral** ‹Adj.› *-e Wirkung;* **Or·ches·tra·ti'on** ‹f.; -, -en›; **Or·ches·'trie·ren** ‹V. t.› *für Orchester bearbeiten;* ein Klavierstück ~; **Or·ches·'trie·rung** ‹f.; -, -en›; **Or·ches·tri·on** ‹n.; -s, -tri·en/

-t·ri·en› *ein mechan. Musikinstrument*

Or·chi·dee ‹[-çi'de:ə]; f.; -, -n; Bot.› *eine Zierpflanze* [grch.]; **Or·chi'de·en·art** ‹f.; -, -en›; **'Or·chis** ‹f.; -, -; Bot.› *Knabenkraut;* **Or'chi·tis** ‹f.; -, -'ti·den; Med.› *Hodenentzündung*

Or'dal ‹n.; -s, -li·en› *mittelalterl. Gottesurteil* [lat.]

'Or·den ‹m.; -s, -› 1 *rel. od. weltliche Gemeinschaft, die nach best. Regeln lebt;* Mönchs~; Ritter~ 2 *Ehrenzeichen, Auszeichnung;* Verdienst~ [lat.]; **'or·den·ge·schmückt** ‹Adj.; ↗Z29› eine ~e Uniform; ‹aber› eine mit Orden geschmückte U.; **'Or·dens·band** ‹n.; -(e)s, ‡er›; **'Or·dens·bru·der** ‹m.; -s, ‡er› *Mönch;* **'Or·dens·burg** ‹f.; -, -en›; **'Or·dens·frau** ‹f.; -, -en› = *Ordensschwester;* **'Or·dens·kleid** ‹n.; -(e)s, -er› *Ordenstracht;* **'Or·dens·meis·ter** ‹m.; -s, -› *Vorsteher eines Ritterordens;* **'Or·dens·pries·ter** ‹m.; -s, -› Ggs *Weltpriester;* **'Or·dens·re·gel** ‹f.; -, -n›; **'Or·dens·rit·ter** ‹m.; -s, -›; **'Or·dens·schwes·ter** ‹f.; -, -n› *Nonne;* **'Or·dens·stern** ‹m.; -(e)s, -e› 1 *sternförmiger Orden(2)* 2 ‹Bot.› = *Aasblume;* **'Or·dens·tracht** ‹f.; -, -en›

'or·dent·lich ‹Adj.› 1 *geordnet, aufgeräumt* 2 *ordnungsliebend* 3 *genau, sorgfältig;* eine Arbeit ~ machen 4 *ganz, recht, sehr* ~ *gut, zufrieden stellend;* das Kind spricht schon sehr ~ 5 *ordnungsgemäß;* ~er Professor P., der einen Lehrstuhl innehat 6 ‹umg.› *anständig, rechtschaffen;* ~e Leute 7 ‹umg.› *tüchtig, kräftig;* ein ~es Frühstück; es ist heute ~ kalt; **'Or·dent·lich·keit** ‹f.; -; unz.›

'Or·der ‹f.; -, -n› 1 *Anordnung, Auftrag* 2 *Verfügung, Befehl;* ~ parieren ‹veralt.› *gehorchen;* oV *Ordre* [frz.]; **'or·dern** ‹V.; ich ord(e)re; Kaufmannsspr.› *bestellen, einen Auftrag erteilen;* Waren ~; **'Or·der·pa·pier** ‹n.; -s, -e› *auf andere Personen übertragbares Wertpapier;* **'Or·der·scheck** ‹m.; -s, -s; Wirtsch.› *international verwendete Scheckform*

Ordinalzahl: Die O. – auch einordnendes Zahlwort genannt – ist eine Unterklasse der Wortart ↗**Numerale**, z. B. *der Erste, der Zweite, der Dritte, an vierter Stelle, die fünfte Frau* usw. Mit einer O. wird eine bestimmte Stelle in einer geordneten Reihe gekennzeichnet. O. werden wie ↗**Adjektive** oder ↗**Substantive** flektiert. Vgl. ↗**Kardinalzahl**

Or·di·na·le <f.; -, -n>, **Or·di'nal·zahl** <f.; -, -en> *einordnendes Zahlwort, z. B. erster, zweiter;* Sy *Ordnungszahl;* Ggs *Kardinalzahl;* → a. *Kasten* [lat.]; **or·di·'när** <Adj.> **1** *urspr.> landläufig, alltäglich* **2** <meist fig.> *gemein, gewöhnlich, unanständig* [frz.]; **Or·di·na·ri'at** <n.; -(e)s, -e> **1** *Lehrstuhl eines ordentlichen Professors* **2** *bischöfliche Verwaltungsbehörde* [lat.]; **Or·di·'na·ri·um** <n.; -s, -ri·en> **1** *ordentlicher Staatshaushalt* **2** <Kath.> *Gottesdienstordnung;* **Or·di·'na·ri·us** <m.; -, -ri·en> **1** *Professor mit Lehrstuhl* **2** <Kath.> *Träger der geistlichen Rechtsprechung;* **Or·di·'na·te** <f.; -, -n; Math.> *parallel zur Ordinatenachse abgemessene Strecke;* **Or·di'na·ten·ach·se** <[-ks-]; f.; -, -n> = *y-Achse;* **Or·di·na·ti'on** <f.; -, -en> **1** <Kath.> *Priesterweihe* **2** <Ev.> *feierliche Einsetzung in das Amt eines Pfarrers* **3** <Med.; österr.> *Sprechstunde, <auch> ärztlicher Behandlungsraum; ~ halten;* **Or·di·na·ti'ons·hil·fe** <f.; -, -n; österr.> *Sprechstundenhilfe des Arztes;* **or·di·nie·ren** <V.> **1** <V. t.; Kath.> *jmdn. ~ zum Priester weihen* **2** <V. t.; Ev.> *jmdn. ~ in das Amt des Pfarrers einsetzen* **3** <V. t.; österr.> *Arzneimittel ~ verordnen* **4** <V. i.; österr.> *ärztliche Sprechstunde halten*

'ord·nen <V. t.> *etwas ~ in (eine bestimmte) Ordnung bringen, regeln;* **'Ord·ner** <m.; -s, -> **1** *jmd., der für Ordnung sorgt; Fest~* **2** *Sammelmappe für Schriftstücke; Leitz~;* **'Ord·nung** <f.; -, -en> **1** <unz.> *das Ordnen* **2** <unz.> *ordentlicher Zustand, geregelter Ablauf, Disziplin; für ~ sorgen* **3** <unz.> *Regel, Vor-*schrift; Straßenverkehrs~* **4** *Aufbau, System, Reihenfolge; Gesellschafts~; Sitz~;* **'Ord·nungs·amt** <n.; -(e)s, ⸚er> *städtische Verwaltungsbehörde;* **'Ord·nungs·an·trag** <m.; -(e)s, ⸚e; schweiz.> *Antrag zur Tagesordnung;* **'ord·nungs·ge·mäß** <Adj.>; **'ord·nungs·hal·ber** <Adv.> *das soll ~ geschehen; <aber> das soll der Ordnung halber geschehen;* **'Ord·nungs·hü·ter** <m.; -s, -; scherzh.> *Polizist;* **'Ord·nungs·lie·be** <f.; -; unz.>; **'ord·nungs·lie·bend** <Adj.>; **'ord·nungs·mä·ßig** <Adj.>; **'Ord·nungs·prin·zip** <n.; -s, -pi·en>; **'Ord·nungs·ruf** <m.; -(e)s, -e> *Zurechtweisung eines Versammlungsmitgliedes;* **'Ord·nungs·stra·fe** <f.; -, -n> *Strafe für eine Ordnungswidrigkeit;* ↗Z.53.1>; **'Ord·nungs·wid·rig·keit** <f.; -, -en>; **'Ord·nungs·zahl** <f.; -, -en> **1** = *Ordinalzahl* **2** <Chem.> *Stellenzahl eines chem. Elements im Periodensystem*

'Or·do <f.; -, -di·nes> **1** <im antiken Rom> *Stand, Körperschaft; ~ equestris Ritterstand* **2** <unz.; im MA> *gottgewollte Gesellschafts- u. Werteordnung* **3** <Kath.> *Weihegrad* **4** <Biol.> *größere Einheit in der Tier- u. Pflanzensystematik* [lat.]; **Or·do·'nanz, Or·don'nanz** <f.; -, -en; Mil.> *für bestimmte Zwecke abkommandierter Soldat*

Or·do·vi·zi·um <[-'vi-]; n.; -s; unz.> *geologische Formation des Paläozoikums*

'Or·dre, <auch> **'Ord·re** <f.; -, -s; ↗Z.53; veralt.> = *Order* [frz.]

'Ö·re <n.; -s, -od. -; ↗ *kleinste Währungseinheit in Dänemark, Norwegen u. Schweden*

O·re'a·de <f.; -, -n; grch. Myth.> *weibl. Naturgottheit, Bergnymphe* [grch.]

o·re'al <Adj.; Geogr.> *zum Gebirgswald gehörend* [grch.]

O·re'ga·no <a. [-'---]; m.; -; unz.> = *Origano*

O·re·gon <['ɔrigən]> *Staat in den USA*

O'ren·da <n.; -s; unz.> *übernatürlich wirkende Kraft* [indian.]

ORF <Abk. für> *Österreichischer Rundfunk*

'Or·fe <f.; -, -n> = *Nerfling*

Or'gan <n.; -s, -e> **1** <Biol.> *Körperteil mit best. Funktion; die inneren ~e* **2** *Stimme; ein lautes ~ haben* **3** *mit best. Aufgaben betraute Person od. Personengruppe im öffentlichen Leben; beratendes ~* [grch.]; **Or'gan·bank** <f.; -, -en; Med.> *Sammelstelle für konservierte Organe zur Organverpflanzung;* **Or·ga·'nell** <n.; -s, -en> *organartiger Teil eines Einzellers* [grch.]; **Or'gan·haft·pflicht** <f.; -; unz.>; **Or'gan·haf·tung** <f.; -, -en; Rechtsw.; österr.> *Haftung eines Beamten gegenüber seiner Behörde;* **Or·gan·han·del** <m.; -s; unz.; Med.>; **Or·ga·ni'gramm** <n.; -s, -e; Wirtsch.> *Hilfsmittel zur Darstellung von Organisationsstrukturen;* **Or'ga·nik** <f.; -; unz.> *Wissenschaft von den Organen;* **Or·ga·ni·sa·ti'on** <f.; -, -en> **1** <unz.> *das Organisieren, Gliederung* **2** *Zusammenschluss zu einem bestimmten Zweck; karitative ~en* [frz.]; **Or·ga·ni·sa·ti'ons·ta·lent** <n.; -(e)s, -e>, **Or·ga·ni'sa·tor** <m.; -s, -'to·ren>; **Or·ga·ni·sa'to·rin** <f.; -, -·nen>; **or·ga·ni·sa'to·risch** <Adj.> *~e Fähigkeiten haben;* **or'ga·nisch** <Adj.> **1** *die Organe(1) betreffend; ~es Leiden* **2** *der belebten Natur angehörend;* Ggs *anorganisch* **3** *gegliedert, gesetzmäßig geordnet; ein ~es Ganzes;* **or·ga·ni'sie·ren** <V. t.> **1** *eine Veranstaltung ~ planen* **2** *Gegenstände, Waren ~ <umg.> (auf nicht ganz einwandfreie Weise) beschaffen* **3** *sich ~ sich einer Gewerkschaft od. Partei anschließen;* **or·ga·ni'siert** <Adj.> *einer Organisation(2) angehörend; ~e Kriminalität;* **Or·ga·ni'sie·rung** <f.; -, -en>; **or·ga·nis·misch** <Adj.; geh.>; **Or·ga'nis·mus** <m.; -, -men> **1** *selbstständiges Lebewesen* **2** *sinnvoll gegliedertes Ganzes* **Or·ga'nist** <m.; -en, -en> *Orgelspieler* [grch.]; **Or·ga'nis·tin** <f.; -, -·nen>

Or·ga·ni·zer <['ɔːgənaɪzə(r)]; m.; -s, -> *(elektron.) Terminkalender* [engl.]

Or·gan·kon·ser·ve <f.; -, -n> *konserviertes Organ zur Organverpflanzung;* Or·gan·kon·ser·vie·rung <f.; -, -en>; Or·gan·man·dat <n.; -(e)s, -e; österr.; Amtsspr.> *sofort zu bezahlende Geldstrafe;* or·ga·no'gen <Adj.> 1 *Organe bildend* 2 *aus organ. Stoffen gebildet;* Or·ga·no·ge'ne·se <f.; -, -n> *Organbildung;* Or·ga·no·gra'fie <f.; -, -n; ↗Z11.3> = *Organographie;* or·ga·no'gra·fisch <Adj.>; Or·ga·no'gramm <n.; -s, -e> = *Organigramm;* Or·ga·no·gra'phie <f.; -, -n> *Beschreibung von Bau und Lage der Organe;* or·ga·no·'gra·phisch <Adj.>; or·ga·no'id <Adj.> *organähnlich;* Or·ga·no·lo'gie <f.; -; unz.> 1 <Biol.> *Lehre von den Organen* 2 <Mus.> *Lehre vom Instrumentenbau;* or·ga·no'lo·gisch <Adj.>; 'Or·ga·non <n.; -s; unz.; Philos.> 1 <urspr.> *die logischen Schriften des Aristoteles* 2 <allg.> *System der Logik;* Or·ga·no·the·ra·pie <f.; -, -n> *Verwendung menschlicher od. tierischer Organe zu Heilzwecken;* or·ga·no'trop <Adj.> *auf Organe einwirkend;* Or'gan·schaft <f.; -, -en> *finanzielle, wirtschaftl. u. organisator. Einbindung eines rechtlich selbstständigen Unternehmens in ein anderes;* Or'gan·spen·der <m.; -s, -> ; Or'gan·spen·de·rin <f.; -, -n·nen>; Or'gan·straf·ver·fü·gung <f.; -, -en; österr.> = *Organmandat;* Or'gan·the·ra·pie <f.; -, -n> = *Organotherapie;* Or'gan·trans·plan·ta·ti·on <f.; -, -en>; 'Or·ga·num <n.; -s, -na; Mus.> *früheste Form der Mehrstimmigkeit;* Or'gan·ver·pflan·zung <f.; -, -en> Or'gan·za <m.; -s; unz.> *Gewebe aus Naturseide* [ital.]

Or'gas·mus <m.; -, -men> *Höhepunkt der geschlechtl. Erregung* [grch.]; or'gas·tisch <Adj.>

'Or·gel <f.; -, -n; Instrumentenk.> *Musikinstrument, bei dem durch Luftzuführung Pfeifen zum Tönen gebracht werden;* Kirchen~ [grch.-lat.]; 'Or·gel·bau·er <m.; -s, -> ; 'Or·gel·kon·zert <n.; -(e)s, -e> ; 'Or·gel·mu·sik <f.; -; unz.>; 'or·geln <V. i.; ich org(e)le> 1 <veralt.> *Orgel spielen* 2 *der Hirsch orgelt* <Jägerspr.> *schreit brünstig;* 'Or·gel·pfei·fe <f.; -, -n> *Pfeife der Orgel;* die Kinder stehen da wie ~n <umg.; scherzh.> *der Größe nach aufgereiht;* 'Or·gel·pro·spekt, <auch> 'Or·gel·pros·pekt <m.; -(e)s, -e; ↗Z54> *Vorderseite des Pfeifengehäuses der Orgel;* 'Or·gel·punkt <m.; -(e)s, -e> *lang ausgehaltener Basston*

Or·gi'as·mus <m.; -, -men> 1 *ausschweifende Kultfeier in den antiken Mysterien* 2 *Zügellosigkeit* [grch.]; Or·gi'ast <m.; -en, -en>; or·gi'as·tisch <Adj.>; 'Or·gie [-ɡiə]; f.; -, -n> *ausschweifendes Gelage*

'Org·ware <[-we:r]; f.; -, -s; EDV> *Programme, die der Steuerung von Abläufen dienen od. als Betriebssystem Abläufe koordinieren* [engl.]

'O·ri·ent <a. [--'-]; m.; -s; unz.> *Vorder- und Mittelasien; der Vordere* ~; Sy *Morgenland;* Ggs *Okzident* [lat.]; O·ri·en·ta·le <m.; -n, -n>; O·ri·en·ta·lin <f.; -, -n·nen>; o·ri·en·ta·lisch <Adj.> ~e *Sprachen;* o·ri·en·ta·li·sie·ren <V. t.> 1 *einer Sache ein oriental. Aussehen verleihen* 2 <Kunst; Lit.> *oriental. Stoffe, Traditionen verwenden;* O·ri·en·ta'list <m.; -en, -en>; O·ri·en·ta'lis·tik <f.; -; unz.> *Wissenschaft von den oriental. Sprachen und Kulturen;* O·ri·en·ta'lis·tin <f.; -, -n·nen>; o·ri·en·ta·'lis·tisch <Adj.>; 'O·ri·ent·ex·press <m.; -es, -e; Eisenb.> *Schnellzug zwischen Paris u. Bukarest;* o·ri·en'tie·ren <V.> 1 <V. t./V. refl.> *jmdn. (über etwas)* ~ *in Kenntnis setzen* 2 <V. refl.> *sich* ~ *zurechtfinden;* O·ri·en'tie·rung <f.; -, -en> 1 *die* ~ *verlieren* 2 *zu Ihrer* ~ *damit Sie Bescheid wissen;* O·ri·en'tie·rungs·hil·fe <f.; -, -n> ~n *bieten;* o·ri·en'tie·rungs·los <Adj.>; O·ri·en'tie·rungs·lo·sig·keit <f.; -; unz.>; O·ri·en'tie·rungs·sinn <m.; -es; unz.> *Fähigkeit, sich in unbekannten Gegenden leicht zurechtzufinden;* O·ri·en'tie·rungs·stu·fe <f.; -, -n; Schulw.> *Förderstufe;* O·ri·en'tie·rungs·ver·mö·gen <n.; -s; unz.>; 'O·ri·ent·tep·pich <m.; -(e)s, -e>

'O·ri·flam·me <f.; -, -n> *altes frz. Königsbanner* [lat.]

O·ri'ga·mi <n.; - od. -s; unz.> *japan. Kunst des Papierfaltens* [jap.]

O·ri'ga·no <a. [-'--]; m.; -; unz.; Bot.> *Gewürz- u. Heilkraut;* oV *Oregano* [lat.-ital.]

o·ri·gi'nal <Adj.> 1 *ursprünglich* 2 *schöpferisch, eigen* [lat.]; O·ri·gi'nal <n.; -s, -e> 1 = *Urbild* 2 *ursprüngliche Fassung; das* ~ *eines Gemäldes;* Ggs *Kopie* 3 *jmd. ist ein* ~ <fig.; umg.> *Person mit originellen Eigenschaften;* O·ri·gi'nal·auf·nah·me <f.; -, -n>; O·ri·gi'nal·aus·ga·be <f.; -, -n> *Erstausgabe;* O·ri·gi'nal·do·ku·ment <n.; -(e)s, -e>; O·ri·gi'nal·fas·sung <f.; -, -en>; o·ri·gi'nal·ge·treu <Adj.> ~ *abmalen;* O·ri·gi·na·li'tät <f.; -; unz.> 1 *Echtheit; die* ~ *eines Kunstwerks bestätigen* 2 *unverwechselbare Besonderheit, Eigenart;* O·ri·gi'nal·spra·che <f.; -, -n> *ursprüngliche Sprache;* O·ri·gi'nal·text <m.; -es, -e>; O·ri·gi'nal·ton <m.; -(e)s; unz.; Film, TV; Kurzw.: O-Ton> *Aufnahme im* ~; O·ri·gi'nal·treue <f.; -; unz.>; o·ri·gi'när <Adj.> *ursprünglich;* o·ri·gi'nell <Adj.> 1 *neuartig, einfallsreich; ein* ~er *Gedanke* 2 <umg.> *sonderbar, eigenartig*

O'ri·on <m.; -s; unz.> 1 *grch. Sagenheld* 2 *ein Sternbild;* O'ri·on·ne·bel <m.; -s; unz.>

Or'kan <m.; -(e)s, -e> *Sturm von größter Windstärke* [ndrl.]; or·'kan·ar·tig <Adj.> ~e *Böen*

'Or·kus <m.; -; unz.; röm. Myth.> *Unterwelt, Totenreich* [lat.]

Or·le'an <m.; -s, -e> *orangegelber bis roter Naturfarbstoff* [nach dem Spanier F. de *Orellana*]; Or·le'an·strauch <m.; -(e)s, ̈er; Bot.> *tropischer Strauch, der Orlean liefert*

'Or·lon <n.; -s; unz.; Warenz.> *synthetische Textilfaser*

Or·na'ment <n.; -(e)s, -e> *Verzierung, Schmuck* [lat.]; or·na·men·'tal <Adj.>; or·na'ment·ar·tig <Adj.>; or·na·men'tie·ren <V. t.> *verzieren;* Or·na'men·tik <f.; -; unz.> 1 *Kunst der Verzie-*

rung 2 *Gesamtheit der Ornamente (z. B. eines Bauwerks)* **Or'nat** <n.; -(e)s, -e> *feierl. Amtstracht; in vollem ~ erscheinen* [lat.]; **or·na'tiv** <Adj.>; **Or·na'tiv** <n.; -s, -e [-və]; Sprachw.> *Verb mit gedachtem Objekt, z. B. bepflanzen*

'Or·nis <f.; -; unz.> *Vogelwelt (einer Landschaft)* [grch.]; **Or·ni·tho·ga'mie** <f.; -, -n> = *Ornithophilie*; **Or·ni·tho·lo·ge** <m.; -n, -n>; **Or·ni·tho·lo'gie** <f.; -; unz.> *Vogelkunde*; **Or·ni·tho·lo·gin** <f.; -, -n·nen>; **or·ni·tho·lo·gisch** <Adj.>; **Or·ni·tho·phi'lie** <f.; -, -n> *Blütenbestäubung durch Vögel*; **Or·ni'tho·se** <f.; -, -n; Med.> *von Vögeln übertragene Infektionskrankheit*

o·ro..., **O·ro...** <in Zus.> *Berg..., Gebirgs...* [grch.]; **o·ro'gen** <Adj.>; **O·ro·ge'ne·se** <f.; -, -n> *Gebirgsbildung*; **O·ro·gra'fie** <f.; -, -n> [↗Z 11.3> = *Orographie*; **o·ro'gra·fisch** <Adj.>; **O·ro·gra'phie** <f.; -, -n> *Beschreibung der Geländeformen*; **o·ro'gra·phisch** <Adj.>; **O·ro·hy·dro·gra-'fie**, <auch> **O·ro·hy·dro·gra·fie** <f.; -, -n; ↗Z 53> = *Orohydrographie*; **o·ro·hy·dro'gra·fisch** <Adj.>; **O·ro·hy·dro·gra'phie** <f.; -, -n; ↗Z 11.3> *Gebirgs- u. Wasserlaufbeschreibung*; **o·ro·hy·dro'gra·phisch** <Adj.>; **O·ro·me'trie**, <auch> **O·ro·met'rie** <f.; -, -n; ↗Z 53> *Ausmessung der Geländeformen*; **o·ro'me·trisch** <Adj.>

'Or·phik <f.; -; unz.> *altgrch. Geheimlehre* [nach den sagenhaften thrak. Sänger *Orpheus*]; **or'phisch** <Adj.> 1 *zur Orphik gehörend* 2 *geheimnisvoll, dunkel*

'Or·ping·ton <[-tən]; n.; -s, -s; Zool.> *eine Hühnerrasse* [nach der engl. Stadt *Orpington*]

Or'plid <n.; -(e)s -s; unz.; ↗Z 53> *Trauminsel* [von Mörike erfundener Name]

Ort¹ <m.; -(e)s, -e od. (Seemannsspr.; Math.) ⁼er> 1 *Platz, Stelle; ein ~ des Schreckens; an ~ u. Stelle; stiller ~* <umg.; verhüllend> *Toilette* 2 *Ortschaft, Dorf; von ~ zu ~ ziehen* 3 <fig.> *Gelegenheit, Zeitpunkt; es ist nicht der richtige ~, darüber zu diskutieren*; **Ort²** <m. od. n.;

-(e)s, -e> 1 <veralt.; noch in geogr. Namen> *Spitze, Anfangs- u. Endpunkt* 2 <oberdt.> = *Ahle*; **Ort³** <n.; -(e)s, ⁼er; Bgb.> *Ende einer Strecke, an der gearbeitet wird; vor ~* <fig.> *direkt an Ort u. Stelle eines Geschehens*; **Ort⁴** <m. od. n.; -(e)s, -e; schweiz.; früher> *Kanton, Bundesglied; die fünf (innern) ~e die Kantone Uri, Schwyz, Unterwalden, Luzern und Zug*; **'Ört·chen** <n.; -s, -; Verkleinerungsf. von *Ort¹,²*; **'or·ten** <V. t.> *etwas ~ den Standort von etwas bestimmen; ein Schiff ~*; **'ör·tern** <V. i.; ich ört(e)re; Bgb.> 1 *Örter anlegen* 2 *sich treffen (von zwei Strecken)*

Or'the·se <f.; -, -n; Med.> *orthopädische Prothese*; **Or'the·tik** <f.; -; unz.> *Technik der Konstruktion von Orthesen*; **or'the·tisch** <Adj.>; **or·tho..., or·tho...** <in Zus.> 1 *gerade, aufrecht* 2 *richtig, recht* [grch.]; **Or·tho·chro·ma'sie** <[-kro-]; f.; -; unz.> *orthochromatische Beschaffenheit*; **or·tho·chro'ma·tisch** <Adj.> *alle Farben (außer Rot) in Grautönen wiedergebend*; **Or·tho·don'tie** <f.; -, -n> *Zahnregulierung*; **or·tho'dox** <Adj.> 1 *rechtgläubig, strenggläubig* 2 *~e Kirche Ostkirche*; **Or·tho·do·'xie** <f.; -; unz.>; **Or·tho'dro·me** <f.; -, -n; Kartogr.> *kürzeste Verbindung zweier Punkte der Erdoberfläche*; **Or·tho·e'pie, Or·tho-'e·pik** <f.; -; unz.> *Lehre von der richtigen Aussprache*; **or·tho'e·pisch** <Adj.>; **Or·tho·ge'ne·se** <f.; -; unz.> *zielgerichtete stammesgeschichtl. Entwicklung der Lebewesen*; **Or·tho·gna'thie** <f.; -, -n; Med.> *gerade Kieferstellung; → a. Progenie, Prognathie*; **Or·tho'gon** <n.; -s, -e; Geom.> *Rechteck*; **or·tho·go'nal** <Adj.> *rechtwinklig*; **Or·tho·gra'fie**, <auch> **Or·tho·gra'phie** <f.; -, -n; ↗Z 11.3> *Rechtschreibung; → a. Kasten Rechtschreibung*; **or·tho'gra·fisch** <Adj.>; **or·tho-'gra·phisch** <Adj.> *ein ~er Fehler*; **Or·tho'klas** <m.; -es, -e> *Kalifeldspat*; **orth·o'nym**, <auch> **or·tho'nym** <Adj.; ↗Z 54> Ggs *pseudonym*; **Orth·o-'nym** <n.; -s, -e> *richtiger Name*

eines Verfassers; Sy Autonym; Ggs Pseudonym; **Or·tho'pä·de** <m.; -n, -n>; **Or·tho·pä'die** <f.; -; unz.> *Lehre u. Behandlung der Erkrankungen des menschlichen Bewegungsapparates*; **Or·tho·pä'die·me·cha·ni·ker** <m.; -s, -; Berufsbez.> *jmd., der orthopädische Hilfsmittel anfertigt*; **Or·tho·pä'die·me·cha·ni·ke·rin** <f.; -, -n·nen>; **Or·tho·pä'din** <f.; -, -n·nen>; **or·tho'pä·disch** <Adj.>; **Or·tho·pä'dist** <m.; -en, -en> *Hersteller orthopädischer Geräte*; **Or·tho'pte·re**, <auch> **Or·thop'te·re** <m.; -n, -n; ↗Z 54> Zool.> *Geradflügler*; **Orth'op·tik**, <auch> **Or'thop·tik** <f.; -; unz.; ↗Z 54> *Behandlung des Schielens durch Training der Augenmuskeln*; **Or·tho-'skop**, <auch> **Or·thos'kop** <n.; -(e)s, -e; ↗Z 54; Opt.> *Beobachtungsgerät für Kristalle*; **Or·tho-'sta·se**, <auch> **Or·thos'ta·se** <f.; -; unz.; ↗Z 54> *aufrechte Körperhaltung*; **Or·tho'stat** <m.; -en, -en; meist Pl.; antike Arch.> *hochkant stehender Steinquader oder starke Platte*; **or·tho'sta·tisch** <Adj.>; **or·tho-'trop** <Adj.; Bot.> *unter dem Einfluss der Erdschwerkraft senkrecht aufwärts od. abwärts wachsend*; **'Or·tho·ver·bin·dung** <f.; -, -en; Chem.> 1 *vollständig hydratisierte Säure* 2 *Benzolabkömmling*; **'Or·tho·zen·trum**, <auch> **Or·tho·zent·rum** <n.; -s, -tren/-t·ren; ↗Z 53; Geom.> *Punkt, in dem sich die Höhen eines Dreiecks schneiden*

'ört·lich <Adj.> → a. *lokal* 1 *einen Ort betreffend; die ~en Verhältnisse* 2 *auf eine Stelle des Körpers begrenzt; ~e Betäubung*; **'Ört·lich·keit** <f.; -, -en> 1 *Ort, Gelände* 2 *die ~en, eine gewisse ~* <umg.; verhüllend> *für Toilette(n)*

Or·to'lan <m.; -s, -e; Zool.> *eine Vogelart* [ital.]

'Orts·an·ga·be <f.; -, -n>; **'orts·an·säs·sig** <Adj.>; **'Orts·be·stim·mung** <f.; -, -en>; **'orts·be·weg·lich** <Adj.> *nicht eingebaut (Maschinen)*; Ggs *ortsfest*; **'Orts·bild** <n.; -(e)s, -er; österr.>; **'Orts·bild·pfle·ge** <f.; -; unz.; österr.>; **'Orts·bür·ger** <m.; -s,

-; schweiz.> *alteingesessener Angehöriger einer Gemeinde*; → a. *Burger*; **'Orts·bür·ger·ge·mein·de** <f.; -, -n; schweiz.> *Bürgergemeinde mit besonderen Aufgaben*; **'Ort·schaft** <f.; -, -en> *Gemeinde, Dorf*; **'Ort·scheit** <n.; -(e)s, -e> *Querholz zur Befestigung an Fuhrwerken*; **'orts·fest** <Adj.> Ggs *ortsbeweglich*; **'orts·fremd** <Adj.>; **'Orts·ge·mein·de** <f.; -, -n; schweiz.>; **'Orts·ge·spräch** <n.; -(e)s, -e> 1 *Angelegenheit, über die alle Bewohner eines Ortes sprechen* 2 <Tel.> *Telefongespräch im Ortsbereich*; Ggs *Ferngespräch*; **'Orts·grup·pe** <f.; -, -n> *kleine Verwaltungseinheit eines Verbandes od. einer Partei*; **'Orts·kennt·nis** <f.; -, -s·se>; **'Orts·kern** <m.; -(e)s, -e> *Mittelpunkt des Ortes*; **'Orts·kran·ken·kas·se** <f.; -, -n> Allgemeine ~ <Abk.: AOK>; **'orts·kun·dig** <Adj.>; **'Orts·na·me** <m.; -ns, -n>; **'Orts·netz** <n.; -es, -e; Tel.>; **'Orts·netz·kenn·zahl** <f.; -, -en; Tel.; bei Ferngesprächen> *Vorwahlnummer für ein Ortsnetz*; **'Orts·po·li·zei** <f.; -; unz.>; **'Orts·sinn** <m.; -(e)s; unz.> = *Orientierungssinn*; **'Orts·ta·rif** <m.; -(e)s, -e; Tel.> zum ~ telefonieren; **'Orts·teil** <m.; -(e)s, -e>; **'Ort·stein** <m.; -(e)s, -e> 1 *Eckstein* 2 *wasserundurchlässige Bodenschicht*; **'orts·üb·lich** <Adj.>; **'Orts·um·fah·rung** <f.; -, -en; österr.>, **'Orts·um·ge·hung** <f.; -, -en> *Straße, die um einen Ort herumführt*; **'Orts·ver·ein** <m.; -(e)s, -e>; **'Orts·ver·kehr** <m.; -s; unz.>; **'Orts·wech·sel** <[-ks-]; m.; -s, ->; **'Orts·zeit** <f.; -, -en> *die wirkliche Sonnenzeit eines Ortes*; Ggs *Normalzeit*; **'Orts·zu·la·ge** <f.; -, -n> *Zuschlag zum Grundgehalt im öffentlichen Dienst*; **'Or·tung** <f.; -, -en> *Standortbestimmung*; **'O·ryx·an·ti·lo·pe** <f.; -, -n; Zool.> *rinderartige Antilope* [grch.] **öS** <Abk. für> *österr. Schilling* **Os** <Chem.; Zeichen für> *Osmium*

'O-Saft <m.; -(e)s, -e; ✎Z34; umg.; kurz für> *Orangensaft*

'Os·car <m.; -s, -s> *ein amerikan. Filmpreis* **'Ö·se** <f.; -, -n> *kleiner Metallring zum Durchziehen eines Fadens*; → a. *Haken* **'Os·ker** <m.; -s, -> *Angehöriger eines altital. Volksstammes*; **'os·kisch** <Adj.> ~e Sprache **Os·ku·la·ti'on** <f.; -, -en; Math.> *Berühren zweier Kurven* [lat.]; **os·ku'lie·ren** <V. i.> **'Os·lo** *Hauptstadt von Norwegen* **Os'ma·ne** <m.; -n, -n> *Türke im früheren Osmanischen Reich*; Sy *Ottomane(1)*; **os'ma·nisch** <Adj.; ✎Z46> ~e Sprache; <aber> das Osmanische Reich **'Os·mi·um** <n.; -s; unz.; Chem.; Zeichen: Os> *chem. Element, Metall* [grch.]; **Os·mo'lo·gie** <f.; -; unz.> *Lehre von den Riechstoffen*; **os·mo'phor** <Adj.> *Geruchsempfindungen hervorrufend*; **Os'mo·se** <f.; -, -n; Chem.> *Durchgang eines Lösungsmittels durch eine (halb-) durchlässige Membran*; **os'mo·tisch** <Adj.> ~er Druck **ö·so'pha·gisch** <Adj.>; **Ö'so·pha·gus** <m.; -, -gi; Anat.> *Speiseröhre* [grch.] **'Os·ram·lam·pe** <f.; -, -n; Warenz.> *elektrische Glühlampe* **os'sal, os'sär** <Adj.> *zu den Knochen gehörend*; **Os'sa·ri·um** <n.; -s, -ri·en> 1 *antike Urne zum Aufbewahren von Gebeinen* 2 = *Beinhaus* [lat.] **Os'se·te** <m.; -n, -n> *Angehöriger eines iran. Volkes im Kaukasus* **'Os·si** <m.; -s, -s; umg.> *Ostdeutscher*; Ggs *Wessi* **'Os·si·an** <a. [-'--]; m.; -s; unz.> *sagenhafter kelt. Sänger* **Os·si·fi·ka·ti'on** <f.; -, -en; Med.> *Knochenbildung, Verknöcherung* [lat.]; **os·si·fi'zie·ren** <V. i.>; **Os'su·a·ri·um** <n.; -s, -ri·en> = *Ossarium* **Ost** 1 <ohne Art.; Abk.: O> *Osten; ein Wind aus ~; Stuttgart ~* 2 <m.; -(e)s, -e; poet.> *Ostwind; es blies ein scharfer ~*; **Os·tal'gie** <f.; -; unz.; umg.; scherzh.> *nostalgische Erinnerung an die DDR*; **ost·a·si'a·tisch** <Adj.; ✎Z55>; **Ost·a·si·en**; **'Ost·ber·lin**; **'Ost·ber·li·ner** <m.; -s, ->; **'Ost·ber·li·ne·rin** <f.; -, -n·nen>; **'Ost·block** <m.; -s; unz.; frü-

her> *die Staaten des Warschauer Paktes*; **'Ost·block·land** <n.; -(e)s, ⸚er>; **'ost·deutsch** <Adj.>; **'Ost·deut·sche(r)** <f. 2 (m. 1)>; **'Ost·deutsch·land**; **'Os·ten** <m.; -s; unz.; Abk.: O> 1 *Himmelsrichtung; gen ~ fahren* 2 *östlich gelegenes Gebiet; im ~ der Stadt* 3 *die Länder Osteuropas (u. Ostasiens); der Nahe, Mittlere, Ferne ~* **os·ten'si·bel** <Adj.; geh.> *auffällig, zur Schau gestellt*; *ostensibler Schmuck* [lat.]; **os·ten·ta'tiv** <Adj.> 1 *offensichtlich* 2 *prahlerisch, herausfordernd* **os·te·o-..., Os·te·o...** <✎Z55; in Zus.> *knochen..., Knochen...* [grch.]; **Os·te·o'blast** <m.; -en, -en> *Knochen bildende Zelle*; **Os·te·o·blas'tom** <n.; -s, -e; Med.> *Knochengeschwulst*; **os·te·o'gen** <Adj.>; **Os·te·o·ge'ne·se** <f.; -, -n> *Knochenbildung*; **Os·te·o·lo·gie** <f.; -; unz.> *Knochenlehre*; **os·te·o'lo·gisch** <Adj.>; **Os·te·o'ly·se** <f.; -, -n> *Auflösung von Knochengewebe*; **Os·te·o·ma·la'zie** <f.; -, -n; Med.> *Knochenerweichung*; **Os·te·o·my·e'li·tis** <f.; -, -'ti·den> *Knochenmarkentzündung*; **Os·te·o·pa'thie** <f.; -, -n; Med.> *Knochenerkrankung*; **Os·te·o'plas·tik** <f.; -, -en> *Knochenersatz*; **os·te·o'plas·tisch** <Adj.>; **Os·te·o·po'ro·se** <f.; -, -n; Med.> *krankhaftes Poröswerden von Knochen* **'Os·ter·brauch** <m.; -(e)s, ⸚e>; **'Os·ter·ei** <n.; -(e)s, -er>; **'Os·ter·fe·ri·en** <Pl.>; **'Os·ter·fest** <n.; -(e)s, -e>; **'Os·ter·feu·er** <n.; -s, -> *in der Osternacht entzündetes Feuer*; **'Os·ter·glo·cke** <f.; -, -n; Bot.> *Narzisse*; **'Os·ter·ha·se** <m.; -n, -n> **Os·te'ria** <f.; -, -'ri·en; ital. Bez. für> *Gaststätte* **'Os·ter·ker·ze** <f.; -, -n>; **'Os·ter·lamm** <n.; -(e)s, ⸚er>; **'ös·ter·lich** <Adj.>; **'Os·ter·lu·zei** <f.; -, -en; Bot.> *eine Kletterpflanze*; **'Os·ter·marsch** <m.; -(e)s, ⸚e> *Friedensdemonstration zu Ostern*; **Os·ter'mon·tag** <m.; -(e)s, -e>; **'Os·tern** <n.; -, -> *Fest der Auferstehung Christi; an, zu ~; fröhliche ~* **'Ös·ter·reich** *mitteleurop. Staat;*

Republik ~; 'Ös·ter·rei·cher
‹m.; -s, -›; **'Ös·ter·rei·che·rin**
‹f.; -, -n·nen›; ✐Z38›; **'ös·ter·rei·chisch** ‹Adj.; ✐Z46› ~e
Fahne; ‹aber› die Österreichischen Bundesbahnen; **'ös·ter·rei·chisch-'un·ga·risch**
‹Adj.; ✐Z36.1› die ~e Monarchie; **'Ös·ter·reich-'Un·garn**
Doppelmonarchie von 1869 bis 1918
Os·ter'sonn·a·bend ‹m.; -s, -e›; **Os·ter'sonn·tag** ‹m.; -(e)s, -e›; **'Os·ter·spiel** ‹n.; -(e)s, -e›
geistliches Drama nach der Osterliturgie; **'Os·ter·wo·che** ‹f.; -, -n›
'ost·eu·ro·pä·isch ‹Adj.› ~e Zeit
‹Abk.: OEZ›; **Ost'fa·le** ‹m.; -n, -n; früher Bez. für› *Angehöriger eines niedersächsischen Volksstammes*; **Ost'fa·len;** **Ost'fa·lin**
‹f.; -, -n·nen›; **ost'fä·lisch**
‹Adj.›; **'Ost·frie·se** ‹m.; -n, -n›; **'Ost·frie·sin** ‹f.; -, -n·nen›;
'ost·frie·sisch ‹Adj.; ✐Z46› ein
~es Haus; ‹aber› die Ostfriesischen Inseln; **Ost'fries·land** *Gebiet an der Küste von Niedersachsen*; **'Ost·geld** ‹n.; -(e)s;
unz.; früher› = *Ostmark(3)*;
'Ost·go·te ‹m.; -n, -n› *Angehöriger eines german. Stammes*;
'ost·go·tisch ‹Adj.›
os·ti'nat, ‹auch› **o·sti'nat** ‹Adj.;
Mus.› *ständig wiederkehrend*;
~er Bass [ital.]
Ost'in·di·en; ost'in·disch ‹Adj.;
✐Z46› ~e Städte; ‹aber› die
Ostindische Kompagnie ‹früher›
Os'ti·tis ‹f.; -, Os·ti'ti·den; Med.›
Knochenentzündung [grch.]
Ost'ja·ke ‹m.; -n, -n› *Angehöriger eines Volkes in Westindien;*
'Ost·kir·che ‹f.; -; unz.› *Gesamtheit der christlichen Kirchen in Osteuropa u. Vorderasien; Sy orthodoxe Kirche; → a. orthodox;* **'Ost·küs·te** ‹f.; -, -n›;
'Ost·ler ‹m.; -s, -; umg.; häufig abwertend› *Ostdeutscher;* **'öst·lich** ‹Adj.› ~e(r) Länge ‹Abk.:
ö. L.› *Längengrad östlich des Nullmeridians; ~ von Berlin;*
'Ost·mark ‹f.; -; unz.› 1 *die Grenzländer im Osten des Deutschen Reiches (Ostpreußen, Posen, Oberschlesien)* 2 ‹Bez. für›
Österreich (1938–1945) 3

‹umg.› *Währung der DDR;*
'ost·mit·tel·deutsch ‹Adj.› ~e
Mundarten *thüringische u. obersächsische M.;* **Ost·nord·'ost 1** ‹ohne Art.; Abk.: ONO› =
Ostnordosten 2 ‹m.; -(e)s, -e›
Ostnordwind; **Ost'nord·os·ten** ‹m.; -s; unz.; Abk.: ONO›
eine Himmelsrichtung; **'Ost·po·li·tik** ‹f.; -; unz.; bes.
1945–1990› *Politik gegenüber den osteuropäischen Staaten;*
'Ost·punkt ‹m.; -(e)s, -e› *östlicher Schnittpunkt des Meridians mit dem Horizont*
'Os·tra·kon, ‹auch› **'Ost·ra·kon** ‹n.; -s, -ka; ✐Z53› *im alten Ägypten u. Griechenland als Schreibmaterial verwendete Tonscherbe* [grch.]; **Os·tra'zis·mus** ‹m.; -; unz.› = *Scherbengericht*
Ös·tro'gen, ‹auch› **Öst·ro'gen** ‹n.; -s, -e; ✐Z53; Med.› *weibl. Geschlechtshormon* [grch.]
'ost·rö·misch ‹Adj.› ~e
Einflüsse; ‹aber› das Oströmische Reich; **'Ost·see** ‹f.; -;
unz.›; **'Ost·see·bad** ‹n.; -(e)s,
~er›; **'Ost·see·in·sel** ‹f.; -, -n›;
Ost·süd'ost 1 ‹ohne Art.; Abk.:
OSO› = *Ostsüdosten* 2 ‹m.;
-(e)s, -e› *Ostsüdwind;* **Ost·süd'os·ten** ‹m.; -s; unz.; Abk.:
OSO› *eine Himmelsrichtung;*
'Os·tung ‹f.; -; unz.› *Ausrichtung nach Osten;* **'ost·wärts**
‹Adv.›; **Ost-'West-Kon·flikt**
‹m.; -(e)s, -e; ✐Z33; Pol.; früher› **'Ost·wind** ‹m.; -(e)s, -e›
OSZE ‹✐Z56; Abk. für› *Organisation für Sicherheit u. Zusammenarbeit in Europa*
Os·zil·la·ti'on ‹f.; -, -en; Phys.›
Schwingung [lat.]; **Os·zil·la'tor**
‹m.; -s, -'to·ren› 1 *Gerät zum Erzeugen von Schwingungen* 2
schwingendes System; **Os·zil·la·'to·risch** ‹Adj.›; **Os·zil'la·tor·röh·re** ‹f.; -, -n›; **os·zil'lie·ren**
‹V. i.› *schwingen;* **Os·zil·lo'graf**
‹m.; -en, -en; ✐Z11.3› = *Oszillograph;* **Os·zil·lo'gramm** ‹n.;
-(e)s, -e› *aufgezeichnete Schwingung;* **Os·zil·lo'graph**
‹m.; -en, -en› *Gerät zum Aufzeichnen von Schwingungen*
Ot·al'gie, ‹auch› **O·tal'gie** ‹f.; -,
-n; ✐Z54; Med.› *Ohrenschmerz* [grch.]; **Ot·i·a'trie,** ‹auch› **O·ti-**

at'rie ‹f.; -, -n; ✐Z53› = *Otologie;* **O'ti·tis** ‹f.; -, O·ti'ti·den;
Med.› *Ohrenentzündung;* **o'tisch** ‹Adj.›; **o·to'gen** ‹Adj.›
vom Ohr ausgehend; **O·to'lith**
‹m.; -en, -en› *Steinchen im Gleichgewichtsorgan;* **O·to'lo·ge** ‹m.; -n, -n›; **O·to·lo'gie** ‹f.;
-; unz.› *Ohrenheilkunde;* **o·to'lo·gisch** ‹Adj.›
'O-Ton ‹m.; -s; unz.; ✐Z34;
Kurzw. für› *Originalton*
O·to·skle'ro·se, ‹auch› **O·tos·kle'ro·se** ‹f.; -, -n; ✐Z54; Med.›
zur Schwerhörigkeit führende Verknöcherung des Mittelohres;
o·to·skle'ro·tisch ‹Adj.›; **O·to'skop,** ‹auch› **O·tos'kop** ‹n.;
-s, -e; ✐Z54› = *Ohrenspiegel;*
O·to·sko'pie ‹f.; -, -n› *Untersuchung des Innenohres* [grch.]
ot'ta·va ‹-[-va]; Mus.› *in der Oktave zu spielen* [ital.]; **Ot·ta·ve·'ri·me** ‹-[-ve-]; f.; -, -n› *Form der ital. Stanze;* **Ot·ta·vi·no** ‹-['vi:-];
m. od. n.; -s, -s od. -'vi·ni; Instrumentenk.› *Pikkoloflöte*
'Ot·ta·wa *Hauptstadt von Kanada*
'Ot·ter¹ ‹m.; -s, -; Zool.› *Marder mit Schwimmhäuten*
'Ot·ter² ‹f.; -, -n; Zool.› = *Viper*
'Ot·tern·brut ‹f.; unz.; fig.›, **'Ot·tern·ge·zücht** ‹n.; -(e)s; unz.›
böse Menschen
Ot·to'man ‹m.; -(e)s, -e› *geripptes Mischgewebe* [türk.]; **Ot·to'ma·ne 1** ‹m.; -n, -n› = *Osmane*
2 ‹f.; -, -n› *breites Liegemöbel ohne Rückenlehne* [frz.]
'Ot·to·mo·tor ‹m.; -s, -'to·ren;
✐Z35› *Vergasermotor* [nach dem Erfinder N. A. *Otto*]
Ot·to·nen ‹Pl.› *die drei Könige des sächsischen Herrscherhauses Otto I., II., III.;* **ot·to'nisch**
‹Adj.›
Oua·ga·dou·gou ‹[waga'du:gu]›
Hauptstadt von Burkina Faso
Ounce ‹[auns]; f.; -, -s [aunsiz];
Zeichen: oz› *in den USA u. Großbritannien übliche Gewichtseinheit* [engl.]
out ‹[aut]; Adv.› 1 ‹Sp.; österr.›
*aus, außerhalb des Spielfeldes;
der Ball ist ~ 2 ~ sein* ‹umg.›
unmodern; Ggs in [engl.]; **Out**
‹n.; -s, -s; noch österr.› *Raum außerhalb des Spielfeldes;* **'Out·back** ‹[-bæk]; n.; -s; unz.;**

O

Geogr.> *das Landesinnere Australiens*; **'Out·board** <[-bɔːd]; m.; -s, -s> *Außenbordmotor*, **'Out·burst** <[-bɜːst] m.; -s, -s> 1 *Vulkanausbruch* 2 *Explosion eines Kernreaktors*; **'Out·cast** <[-kaːst] m.; -s, -s> *Ausgestoßener*, **'Out·door...** <[-dɔːr]; ⟋Z36; in Zus.> *im Freien, draußen (getragen, betrieben)*; –jacke; –skating; Ggs *Indoor*, **'Out·ein·wurf** <m.; -(e)s, -e; Sp.; österr.>; **ou·ten** <['autən]; V. t. od. V. refl.; ich oute (mich); du outest (dich); er hat (sich) geoutet; salopp> *jmdn. od. sich ~ öffentlich bekannt machen, sich zu etwas (bes. zu seiner Homosexualität) bekennen*; **'Out·fit** <[-fit]; n.; -s, -s; salopp> *Bekleidung, Ausstattung*; *ein sportliches ~*; **'Out·fit·ter** <m.; -s, -> *Ausstatter, Bekleidungssteller*; **'Out·group** <[-gruːp]; f.; -, -s> *soziale Gruppe, der man ablehnend gegenübersteht*; Ggs *Ingroup*; **Ou·ting** <['autiŋ]; n.; -s, -s> *das Outen*; **Out·law** <[-lɔː]; m.; -s, -s> 1 *jmd., der keinen Rechtsschutz besitzt* 2 *Verbrecher*; **Out·let** <[-'autlet]; n.; -s, -s> *Geschäft, in dem die Waren einer (Mode-)Firma bes. günstig verkauft werden*; Factory~ [engl.]; **'Out·li·nie** <[-niə]; f.; -, -n; Sp.; österr.>; **'Out·pa·cing** <[-peiŋ]; n.; -s, -s; Pl. selten; Wirtsch.> *von Marktschwankungen abhängige Strategieveränderung*; *z. B. Preisanpassung*; **'Out·place·ment** <[-pleismənt]; n.; -s, -s; Wirtsch.> *Programm zur Vermittlung von gekündigten Mitarbeitern (bes. von Führungskräften) an andere Betriebe*; **'Out·put** <[-put]; m. od. n.; -s, -s> Ggs *Input* 1 *die von einer EDV-Anlage ausgegebenen Daten* 2 *die von einem Betrieb produzierten Waren*

ou·trie·ren, <auch> **out·rie·ren** <[u'triː-]; V. t.; ⟋Z53; veralt.> *übertreiben* [frz.]

out·side <['autsaid]; Adj.; undekl.; Sp.; schweiz.> *aus, außerhalb des Spielfeldes* [engl.]; **'Out·side** <m.; -s, -s; schweiz.> *Außenstürmer*; **'Out·si·der** <m.; -s, -> *Außenseiter*; Ggs *Insider*; **'out·sour·cen** <[-sɔːsən]; V. t.;

ich outsource; du outsourcst; er hat outgesourct [engl.]; **'Out·sour·cing** <[-sɔːsiŋ]; n.; -s; unz.; Wirtsch.> *Abgabe eines best. Teils der Produktion an andere Betriebe, Kompetenzverlagerung*; **'Out·wach·ler** <m.; -s, -; Fußb.; österr.; umg.; meist scherzh.> *Linienrichter*, **'Out·wach·le·rin** <f.; -, -n.nen>

Ou·ver·tü·re <[uvər-]; f.; -, -n> 1 *instrumentale Einleitung zu größeren Musikwerken, bes. Opern*; Sy *Vorspiel* 2 <bei Bach u. a.> *selbstständige Komposition* [frz.]

Ou·zo <['uːzo]; m.; -s, -s> *grch. Anisbranntwein* [grch.]

ov..., Ov... <in Zus.> = *ovo..., Ovo...*; **o·val** <[-'vaːl]; Adj.> *eiförmig* [lat.]; **O'val** <n.; -s, -e>; **O·var** <[-'vaːr]; n.; -s, -ri·en> = *Ovarium*; **o·va·ri'al** <Adj.> *zum Eierstock gehörend*; **O·va·ri·al·gra·vi·di·tät** <[-vi-]; f.; -, -en; Med.> *Eierstockschwangerschaft*; **O·va·ri'al·hor·mon** <n.; -s, -e>; **o·va·ri'ell** <Adj.> = *ovarial*; **O·va·ri·o·to'mie** <f.; -, -n> *operative Entfernung des Eierstocks*; **O'va·ri·um** <n.; -s, -ri·en> *Eierstock*

O·va·ti'on <[-va-]; f.; -, -en; meist Pl.> *Beifallssturm*; *jmdm. ~en darbringen; stehende ~en* [lat.]

OvD, O. v. D. <m.; -s, -s; Mil.; Abk. für> *Offizier vom Dienst*

O·ver·all, <auch> **O·ve·rall** <['oːvərɔːl]; m.; -s, -s; ⟋Z54> *einteiliger Schutzanzug* [engl.]; **'o·ver·dres·sed** <[-dresd]; Adj.; undekl.> *zu fein angezogen; sie ist völlig ~*; → a. *overstyled*; **'O·ver·drive** <[-draiv]; m.; -s, -s> 1 <Kfz> *Schnellgang* 2 <EDV> *Mikroprozessor höherer Leistung*; **'O·ver·flow** <[-flou]; m.; -s, -s> = *Overrun*; **'O·ver·head·pro·jek·tor** <[-hed-]; m.; -s, -'toː·ren> *Gerät, das eine beleuchtete Folie an die Wand projiziert*; Sy *Tageslichtprojektor*; **'O·ver·kill** <m.; -s, -s> *Vorrat an Waffen, der über die zur Vernichtung des Gegners nötige Menge hinausgeht*; **'O·ver·run** <[-rʌn]; m.; -s, -s; EDV> *Überschreiten der Speicherkapazität einer EDV-Anlage*; Sy *Overflow*, **'o·ver·sized** <[-saizd]; Adj.; un-

dekl.> *übergroß; einen Pullover ~ tragen*; **'O·ver·state·ment** <[-steitmənt]; n.; -s, -s; umg.> *Übertreibung, Überbewertung eines Sachverhalts*; Ggs *Understatement*; **'o·ver·styled** <[-staild]; Adj.; undekl.> *zu festlich, zu auffällig zurechtgemacht*; → a. *overdressed*

O·vi'dukt <[-vi-]; m.; -(e)s, -e> *Eileiter* [lat.]; **o·vi'par** <Adj.> *Eier legend*; Ggs *vivipar*, **O·vi·pa'rie** <f.; -; -n> *Fortpflanzung durch Eiablage*; Ggs *Viviparie*, **O·vi·'zid** <n.; -(e)s, -e> *Mittel zur Abtötung von Insekteneiern*; **o·vo...,** **O·vo...** <in Zus.> *ei..., Ei...*; **O·vo·ge'ne·se** <[-vo-]; f.; -, -n> = *Oogenese*; **o·vo'id** <Adj.> *eiförmig*; **O·vo'plas·ma** <n.; -s, -men> = *Ooplasma*; **o·vo·vi·vi'par** <[-vivi-]; Adj.> *Eier mit entwickelten Embryonen legend*

ÖVP <Abk. für> *Österreichische Volkspartei*

O·vu·la·ti'on <[-vu-]; f.; -, -en> = *Follikelsprung* [lat.]; **O·vu·la·ti'ons·hem·mer** <m.; -s, -> *Empfängnisverhütungsmittel*; **'O·vu·lum** <n.; -s, -la>, **'O·vum** <['oːva]; Med.> *Keimzelle, Eizelle*

O'wam·bo 1 <m.; - od. -s, - od. -s> *Angehöriger eines afrikan. Eingeborenenvolkes* 2 <n.; - od. -s; unz.> *Sprache der Owambo(1)*

O·xa'lat <n.; -s, -e> *Salz der Oxalsäure* [lat.; grch.]; **O·xa'lit** <m.; -(e)s, -e> *ein gelbes, erdiges Mineral*; **O'xal·salz** <n.; -es, -e> = *Oxalat*, **O'xal·säu·re** <f.; -; unz.; Chem.> *einfachste aliphatische Dikarbonsäure, in Pflanzen häufig vorkommend*

'O·xer <m.; -s, -> 1 *Zaun zwischen Viehweiden* 2 *Hindernis aus mehreren waagerechten Stangen beim Springreiten* [engl.]

'Ox·ford 1 *engl. Universitätsstadt* 2 <n.; -s, -s> *gestreifter od. karierter Baumwollhemdenstoff*

O'xid <n.; -(e)s, -e; Fachspr.> *Verbindung eines chem. Elementes mit Sauerstoff*; oV *Oxyd* [grch.]; **O·xi'da·se** <f.; -, -n; Biochem.> *oxidierend wirkendes Enzym*; **O·xi·da·ti'on** <f.; -, -en; Fachspr.> *das Oxidieren*; Ggs *Reduktion*; **o·xi·da'tiv** <Adj.>;

o·xi'die·ren <V. i.; Fachspr.> **1** Stoffe ~ *verbinden sich mit Sauerstoff* **2** *sich durch Verbindung mit Sauerstoff in einen anderen Stoff umwandeln;* Wasserstoff oxidiert zu Wasser; **O·xi'die·rung** <f.; -, -en> **o'xi·disch** <Adj.>; **O·xi'gen, O·xi'ge·ni·um** <n.; -s; unz.; Chem.; Zeichen: O> *Sauerstoff;* **O·xi·hä·mo·glo·'bin** <n.; -s; unz.> *sauerstoffhaltiger Blutfarbstoff;* **O·xy·bi'o·se** <f.; -; unz.> *Leben in sauerstoffhaltiger Umgebung;* **O'xyd** <n.; -(e)s, -e> = *Oxid;* **O·xy'da·se** <f.; -, -n> = *Oxidase;* **O·xy·da·ti'on** <f.; -, -en> = *Oxidation;* **o·xy·'die·ren** <V. i.> = *oxidieren;* **o'xy·disch** <Adj.>; **O·xy'gen, O·xy'ge·ni·um** <n.; -s; unz.> = *Oxigen(ium);* **O·xy·hä·mo·glo·'bin** <n.; -s; unz.> = *Oxihämoglobin*

O'xy·mo·ron <n.; -s, -mo·ra; Rhet.> *rhet. Figur, bei der zwei sich widersprechende Begriffe verbunden sind, z. B. alter Knabe, beredtes Schweigen* [grch.]; **O'xy·to·non** <n.; -s, -to·na; Sprachw.> *auf der letzten u. kurzen Silbe betontes Wort*

oz <Zeichen für> *Ounce*

OZ <Abk. für> *Oktanzahl*

'O·ze·an <m.; -s, -e> *Weltmeer;* der Stille ~ [grch.]; **O·ze·a'na·ri·um** <n.; -s, -ri·en> *großes Meerwasseraquarium;* **'O·ze·an·damp·fer** <m.; -s, -> **O·ze·a'ni·de** <f.; -, -n; grch. Myth.> *Tochter des grch. Meergottes Okeanos, Meernymphe;* oV Okeanide; **O·ze·a'ni·en** <[-niən]; n.; -s; unz.> *Gesamtheit der Pazifikinseln;* **o·ze·a'nisch** <Adj.> ~es Klima *Seeklima;* **O·ze·a'nist** <m.; -en, -en>; **O·ze·a'nis·tik** <f.; -; unz.> *Wissenschaft von den Sprachen und Kulturen der ozeanischen Völker;* **O·ze·a'nis·tin** <f.; -, -nnen>; **O·ze·a·ni'tät** <f.; -; unz.> *Beeinflussung des Küstenklimas durch die Nähe des Ozeans;* **O·ze·a·no'graf** <m.; -en, -en; ↗Z11.3>; **O·ze·a·no·gra'fie** <f.; -; unz.> = *Ozeanographie;* **O·ze·a·no'gra·fin** <f.; -, -nnen>; **o·ze·a·no'gra·fisch** <Adj.>; **O·ze·a·no'graph** <m.; -en, -en>; **O·ze·a·no·gra'phie** <f.; -; unz.> *Meereskunde;* **O·ze·a·no'gra·phin** <f.; -, -nnen>; **o·ze·a·no'gra·phisch** <Adj.>; **O·ze·a·no'lo·ge** <m.; -n, -n>; **O·ze·a·no·lo'gie** <f.; -; unz.> = *Ozeanographie;* **O·ze·a·no'lo·gin** <f.; -, -nnen>; **o·ze·a·no'lo·gisch** <Adj.>; **'O·ze·an·rie·se** <m.; -n, -n; umg.> *Überseedampfer*

O'zel·le <f.; -, -n> = *Punktauge* [lat.]

O·ze·lot <['o:tse-] od. ['ɔtse-]; m.; -s, -e od. -s> **1** <Zool.> *gelblich braun gefleckte Raubkatze* **2** *Fell des Ozelots(1)* **3** *Kleidungsstück aus Ozelot(2)* [Nahuatl]

O·zo·ke'rit <m.; -s; unz.> = *Erdwachs* [grch.]

O'zon <n. od. m.; -s; unz.> *Form des Sauerstoffs* [grch.]; **O'zon·a·larm** <m.; -s, -e; ↗Z55>; **O'zon·be·las·tung** <f.; -, -en>; **o'zon·hal·tig** <Adj.>, **o'zon·häl·tig** <Adj.; österr.>; **o·zo·ni'sie·ren** <V. t.> *mit Ozon versetzen;* **O'zon·loch** <n.; -s, ¨er> *lokal verringerter Ozongehalt der Ozonschicht;* **O·zo·no'sphä·re,** <auch> **O·zo·nos'phä·re** <f.; -; unz.; ↗Z54> *obere Schicht der Erdatmosphäre;* **o'zon·reich** <Adj.>; **O'zon·schicht** <f.; -; unz.> = *Ozonosphäre;* **O'zon·the·ra·pie** <f.; -, -n; Med.> *therapeut. Behandlung mit einem Ozongemisch;* **O'zon·warn·stu·fe** <f.; -, -n; österr.> *Warnung bei Zunahme des erdnahen Ozons;* **O'zon·war·nung** <f.; -, -en>; **O'zon·wert** <m.; -(e)s, -e; meist Pl.>

O

P

p 1 <n.; -, - od. (umg.) -s> *ein Buchstabe* **2** <Abk. für> *typograf. Punkt* **3** <Mus.; Abk. für> *piano* **4** <Phys.; Zeichen für> *Proton* **5** <Phys.; veralt.; Zeichen für> *Pond* **6** <Abk. für> *Penni, Penny* **7** <Abk. für> *Piko...* **8** <Zeichen für> *para-Stellung*

P 1 <n.; -, - od. (umg.) -s> *ein Buchstabe* **2** <Chem.; Zeichen für> *Phosphor*

p. **1** <Abk. für> *Pagina* **2** <auf Gemälden Abk. für> *pinxit*

P. <Abk. für> **1** *Pater* **2** *Pastor* **3** *Papier* (auf Kurszetteln)

p- <Chem.; Zeichen für> *para-*

Pa 1 <Chem.; Zeichen für> *Protactinium* **2** <Phys.; Zeichen für> *Pascal*

p. a. <Abk. für> *per annum*

p. A. <Abk. für> *per Adresse*

Pä·an <m.; -s, -e> **1** *Dank- od. Bittgesang an Apoll* **2** <später> *Kampf- od. Siegeslied* [grch.]

paar¹ <Adj.; Biol.> *paarig, zweinander gehörend;* ~e *Blätter*; **paar²** <Indefinitpron.; undekl.> *ein* ~ *einige, wenige;* (für) *ein* ~ *Minuten; ein* ~ *Mal; das kostet nur ein* ~ *Euro; etwas mit ein* ~ *Strichen skizzieren;* **Paar¹** <n.; -(e)s, -e od. (in Verbindung mit Substantiven) -> *zwei zusammengehörende Personen, Tiere od. Dinge; Ehe*~; *es kamen drei* ~e; *drei* ~ *Schuhe; ein neues* ~ *Schuhe; ein* ~ *neue(r) Schuhe; mit nur einem* ~ *Schuhe(n); mit zwei* ~ *neuen Schuhen/*<auch> *neuer Schuhe; ein wollenes* ~ *Handschuhe; ohne ein* ~ *wollener Handschuhe;* **Paar²** <nur in der veralt. Wendung> *zu* ~en *treiben in die Flucht schlagen;* **'Paar·bil·dung** <f.; -, -en>; **'paa·ren** <V.> **1** <V. t.> *Tiere* ~ *zur Zucht paarweise zusammenbringen* **2** <V. refl.> *sich* ~ *sich begatten;* **'Paar·hu·fer** <m.; -s, -;

Zool.> *Säugetier mit paarig angeordneten Hufen;* **'paa·rig** <Adj.>; **'Paa·rig·keit** <f.; -; unz.>; **'Paar·lauf** <m.; -(e)s, ≃e; Sp.> *Eiskunstlauf eines Paares;* **'paar·lau·fen** <V. i.; nur im Inf. und Part. Perf.>; **'Paar·reim** <m.; -(e)s, -e; Verslehre>; **'Paa·rung** <f.; -, -en> *das Paaren;* **'paa·rungs·be·reit** <Adj.>; **'Paa·rungs·ver·hal·ten** <n.; -s; unz.>; **'paar·wei·se** <Adv.>; **'Paar·ze·her** <m.; -s, -; Zool.> = *Paarhufer*

Pace <[peis]; f.; -; unz.> *Gangart des Pferdes* [engl.]; **'Pace·ma·ker** <[-mειkə(r)]; m.; -s, -> **1** *Pferd, das bei einem Rennen das Tempo vorgibt* **2** <Med.> *Herzschrittmacher*

Pacht <f.; -, -en> **1** *die Überlassung einer Sache zu Gebrauch u. Nutzung gegen Entgelt; etwas in* ~ *geben, nehmen* **2** *zu bezahlende Summe für das Gepachtete; die* ~ *beträgt monatlich 500 Euro;* **'pach·ten** <V. t.> **1** *ein Grundstück* ~ **2** *etwas für sich gepachtet haben* <fig.> *für sich allein in Anspruch nehmen;* **'Päch·ter** <m.; -s, ->; **'Päch·te·rin** <f.; -, -n·nen>; **'Pacht·gut** <n.; -(e)s, ≃er>; **'Pacht·hof** <m.; -(e)s, ≃e> *verpachteter Bauernhof;* **'Pach·tung** <f.; -, -en> *das Pachten;* **'Pacht·ver·trag** <m.; -(e)s, ≃e>; **'pacht·wei·se** <Adv.>; **'Pacht·zins** <m.; -es, -en>

Pa·chul·ke <[-'xul-]; m.; -n, -n; umg.> *ungehobelter Mensch* [tschech.]

Pa·chy·a·krie, <auch> **Pa·chy·ak·'rie** <f.; -, -n; ↗Z53> *Verdickung von Fingern u. Zehen* [grch.]

Pack¹ <m.; -(e)s, -e od. ≃e> **1** = *Packen(1)* **2** → a. *Sack*

Pack² <n.; -s; unz.; umg.; abwertend> *Gesindel; hier treibt sich nachts allerlei* ~ *herum*

Pack³ <engl. ['pæk]; n. od. m.; -s, -s; Handel> *Abgabeform von Waren im Einzelhandel, z. B. Bonus*~; *Doppel*~ [engl.]

Pa·ckage <['pækidʒ]; n.; - od. -s, -s; meist in Zus.> *Waren, Dienstleistungen, die als Gesamtheit angeboten werden; Gesundheits*~; *Sy Paket* [engl.]; **'Pa·ckage·tour** <[-tu:r]; f.; -, -en> *im eigenen Auto unter-*

nommene, durch ein Reisebüro organisierte Reise

'Päck·chen <n.; -s, -; Verkleinerungsf. von> *Paket;* **'Pack·eis** <n.; -es; unz.> *übereinander geschobene Eisschollen*

Pa·cke'lei <f.; -, en; österr.; umg.; abwertend> *heimliche Abmachung;* **'pa·ckeln** <V. i.; ich pack(e)le; österr.> *heimlich etwas vereinbaren*

'pa·cken <V. t.> **1** *jmdn.* ~ *(derb) ergreifen (u. festhalten); jmdn. bei der Hand* ~ **2** *etwas* ~ *geordnet legen; die Pullover über die Hemden* ~ **3** *zum Mitnehmen, für den Versand vorbereiten; den Koffer* ~ **4** *jmdn.* ~ <fig.> *jmdn. emotional bewegen; das Buch hat mich sehr gepackt* **5** <V. refl.> *sich* ~ <fig.; umg.> *sich fortscheren; er soll sich* ~!; *pack dich!;* **'Pa·cken** <m.; -s, -> **1** *großes Paket, Bündel; ein* ~ *Bücher; oV Pack¹* **2** <fig.> *große Menge; ein* ~ *Arbeit;* **'pa·ckend** <Adj.; ↗Z28.1> **1** <Part. Präs. von> *packen* **2** *spannend; ein* ~ *er Film;* **'Pa·cker** <m.; -s, ->; **Pa·cke'rei** <f.; -; unz.>; **'Pa·cke·rin** <f.; -, -n·nen>; **'Pa·ckerl** <n.; -s, -n; österr.> *Päckchen; das;* **'Pack·e·sel** <m.; -s, -; ↗Z55> *Lastesel*

'Pack·fong <n.; -s; unz.> *Legierung für Schmuck u. Besteckwaren* [chin.]

'Pack·kis·te <f.; -, -n>; **'Päck·lein** <n.; -s, -; poet.; Verkleinerungsf. von> *Paket;* **'Pack·lei·nen** <n.; -s; unz.>, **'Pack·lein·wand** <f.; -; unz.> *grobes Gewebe zum Verpacken;* **'Päck·li¹** <n.; -s, -; schweiz.> = *Päcklein*

'Päck·li² <n.; -s, -; schweiz.; umg.; abwertend> *geheime, verdächtige Abmachung*

'Pack·pa·pier <n.; -s, -e>; **'Pack·tisch** <m.; -(e)s, -e>; **'Pa·ckung** <f.; -, -en> **1** *in eine Hülle verkaufsfertig gepackte Ware; Pralinen*~ **2** *die Hülle selbst; eine* ~ *anbrechen* **3** <Tech.> *Dichtung* **4** <Straßenbau> *Unterbau einer Straße* **5** <Med.> *Umhüllung eines Körperteils mit feuchten Tüchern; kalte* ~en; **'Pack·wa·gen** <m.; -s, -> *Gepäckwagen;* **'Pack·werk** <n.; -(e)s; unz.; Wasserbau> *Gesteinslagen zur Herstellung von Leitwerken in*

Flüssen; **'Pack·zet·tel** <m.; -s, -; Wirtsch.>

Pad <[pæd]> n.; -s, -s; kurz für> *Mousepad*

päd..., **Päd...** <in Zus.> = *pädo...*, *Pädo...*; **Päd·a'go·ge**, <auch> **Pä·da'go·ge** <m.; -n, -n; ↗Z54> 1 *Erzieher, Lehrer* 2 *Wissenschaftler der Pädagogik* [grch.]; **Päd·a'go·gik** <f.; -; unz.> *Wissenschaft von Erziehung u. Bildung*; **Päd·a'go·gi·kum** <n.; -s, -gi·ka> *Bestandteil der 1. Staatsexamensprüfung von Lehramtskandidaten*; **Päd·a'go·gin** <f.; -, -n·nen>; **päd·a'go·gisch** <Adj.; ↗Z46> ~*es Geschick; es gibt verschiedene* ~*e Hochschulen* <aber> *sie studiert an der Pädagogischen Hochschule* <Abk.> PH> *in Augsburg*; **päd·a·go·gi·'sie·ren** <V. t.> *für pädagogische Ziele nutzbar machen*; **'Päd·ak**, <auch> **'Pä·dak** <f.; -, - od. -s; ↗Z54> österr.; Kurzw. für> *Pädagogische Akademie*

'Pad·del <n.; -s, -> *frei geführtes Ruder mit einem od. zwei Blättern* [engl.]; **'Pad·del·boot** <n.; -(e)s, -e>; **'pad·deln** <V. i. (s.); ich padd(e)le> 1 *mit dem Paddelboot fahren* 2 <fig.> *wie ein Hund schwimmen*; **'Pad·del·sport** <m.; -(e)s; unz.>; **'Padd·ler** <m.; -s, ->; **'Padd·le·rin** <f.; -, -n·nen>

Pad·dock <['pædɔk]; m.; -s, -s> *umzäunter Auslauf für Pferde* [engl.]

Pad·dy¹ <['pædi]; m.; -s; unz.> *ungeschälter Reis* [engl.-malai.]

Pad·dy² <['pædi]; m.; -s, -s; umg.; scherzh.> *Ire* [nach St. Patrick, dem Schutzheiligen Irlands]

Päd·e'rast, <auch> **Pä·de'rast** <m.; -en, -en; ↗Z54>; **Päd·e·ras'tie** <f.; -; unz.> *geschlechtliche Beziehung von Männern zu Knaben* [grch.]; **Päd·i'a·ter** <m.; -s, -> *Kinderarzt*; **Päd·i'a·te·rin** <f.; -, -n·nen>; **Päd·i·a'trie**, <auch> **Pä·di·a'trie** <f.; -; unz.; ↗Z53> *Kinderheilkunde*; **päd·i·'a·trisch** <Adj.>

Pa·di'schah <m.; -s, -s; früher> *islamischer Fürst* [pers.]

pä·do..., **Pä·do...** <in Zus.> *Knaben..., Kinder..., Jugend...* [grch.]; **Pä·do·au·di·o·lo'gie** <f.;

-; unz.; Med.> *Lehre von der Methode der Hörleistungsmessung bei Kindern*; **Pä·do·ge·ne·se**, **Pä·do'ge·ne·sis** <f.; -; unz.; Biol.> *Fortpflanzung im Jugend- od. Larvenstadium*; **pä·do·ge'ne·tisch** <Adj.>; **'Pä·do·lin·gu·is·tik** <f.; -; unz.; Sprachw.> *Teilgebiet der Linguistik, das Spracherwerb und Kindersprache erforscht*; **Pä·do·'lo·ge** <m.; -n, -n>; **Pä·do·lo'gie** <f.; -; unz.> *Kinder- u. Jugendpsychologie*; **Pä·do·lo·gin** <f.; -, -n·nen>; **pä·do'lo·gisch** <Adj.>; **pä·do'phil** <Adj.>; **Pä·do'phi·le(r)** <f. 2 (m. 1)>; **Pä·do·phi'lie** <f.; -; unz.> *erotische Zuneigung Erwachsener zu Kindern*

Pa·douk <[pa'dauk]; n.; -s; unz.> *rotes Edelholz* [birman.]

p. Adr. <Abk. für> *per Adresse*

Pa·dre, <auch> **'Pad·re** <m.; -s, -dri/-d·ri; ↗Z53> *Vater (Anrede für italienische Ordenspriester)* [ital.]; **Pa'dro·na** <f.; -, -'dro·ne; ital. Bez. für> *Gebieterin, Hausfrau*; <aber> → *Patrona*; **Pa·'dro·ne** <m.; -s, -'dro·ni; ital. Bez. für> *Herr, Wirt*; <aber> → *Patrone*

Pads <[pɛts]; Pl.> *zur Körperpflege verwendete kleine (Watte-)Bäusche* [engl.]

Pa·el·la <[[-'elja]; f.; -, -s> *span. Reisgericht mit verschiedenen Fleisch- u. Fischstücken* [span.]

Pa'fe·se <f.; -, -n; österr.> *in Schmalz gebackene Weißbrotschnitte*; oV *Pofese* [ital.]

paff¹ <Schallwort> *(einen lauten Knall bezeichnend)* piff ~!

paff² <österr.; umg.> = *baff*

'paf·fen <V. i.; umg.> *(heftig) rauchen, qualmen*

pag. <Abk. für> *Pagina*

Pa·ga'nis·mus <m.; -, -'nis·men> 1 <unz.> *Heidentum* 2 *heidnische Elemente in christl. Brauchtum* [lat.]

Pa'gat <m.; -(e)s, -e> *Trumpfkarte im Tarock* [ital.]; **pa·ga'to·risch** <Adj.; Wirtsch.> *Zahlungsvorgänge betreffend*

Pa·ge¹ <['pa:ʒə]; m.; -n, -n> 1 <im MA> *Edelknabe* 2 <heute> *junger livrierter Diener od. Bote, bes. im Hotel* [frz.]

Page² <[peidʒ]; f.; -, -s [-dʒiz];

EDV; kurz für> *Homepage* [engl.]

'Pa·gen·fri·sur <[-ʒɔn-]; f.; -, -en>, **'Pa·gen·kopf** <m.; -(e)s, ·e> *über Ohren u. Stirn fallendes, gerade geschnittenes, glattes Haar*; Sy *Bubikopf*

Pa·ger <['peidʒə(r)]; m.; -s, -> *sehr kleines Funkempfangsgerät, Piepser* [engl.]; **'Pa·gi·na** <f.; -, -nae [-ne:]; Abk.: p., pag.> *Buchseite, Seitenzahl* [lat.]; **Pa·ging** <['peidʒiŋ]; n.; - od. -s; unz.; EDV> *Technik des Seitenaustausches bei der virtuellen Speicherverwaltung* [engl.]; **pa·gi'nie·ren** <V. t.> *mit Seitenzahlen versehen* [lat.]; **Pa·gi'nier·ma·schi·ne** <f.; -, -n>; **Pa·gi'nie·rung** <f.; -, -en>

Pa'go·de <f.; -, -n> 1 *turmartiger japan. od. chin. Tempel* 2 *asiatische Götterfigur*; **Pa'go·den·dach** <n.; -(e)s, ·er>; **Pa'go·den·kra·gen** <m.; -s, -> *stufenartiger Kragen*

pah <Int.> *(abweisender Ausruf)*

Pah·le·wi <['pax-]; n.; - od. -s; unz.> = *Pehlewi*

Pail·let·te <[pai'jɛtə]; f.; -, -n> *kleines glänzendes Metallplättchen zum Aufnähen auf (festliche) Kleidung* [frz.]; **pail'let·ten·be·setzt** <Adj.> *ein* ~*es Kleid*; **Pail'let·ten·kleid** <n.; -(e)s, -er>

pair <[pɛ:r]; Adj.; Roulette; bei Zahlen> *gerade*; Ggs *impair* [frz.]; **Pair** <m.; -s, -s; im alten Frankreich> *Angehöriger des politisch bevorzugten Hochadels* [frz.]; **Pai·ring** <['pɛ:riŋ]; n.; -s; unz.> *partnerschaftlicher bzw. freundschaftlicher Umgang zw. Arbeitskollegen od. Geschäftspartnern* [engl.]

Pais·ley <['peisli]; n.; - od. -s; unz.> *tropfenartiges Stoffmuster* [nach der schott. Stadt *Paisley*]

Pak <f.; -, -s; Kurzw. für> *Panzerabwehrkanone*

PAK <Chem.; Zeichen für> *polycyclische aromatische Kohlenwasserstoffe*

'Pa·ka <n.; -s, -s; Zool.> = *Aguti* [port.]

Pa'ket <n.; -(e)s, -e> *verschnürter Packen, größere Postsendung; Bücher-*; <auch> **Pa'ket·a·dres·se**, <auch> **Pa'ket·ad·res·se** <f.; -,

-n; ↗Z53> **Pa'ket·han·del** <m.; -s; unz.; Wirtsch.> *meist außerhalb der Börse stattfindender Handel mit Aktienpaketen;* **pa·ke'tie·ren** <V. t.> *verpacken;* **Pa·'ket·kar·te** <f.; -, -n>; **Pa'ket·post** <f.; -; unz.>; **Pa'ket·schal·ter** <m.; -s, ->; **Pa'ket·sprung** <m.; -(e)s, ⸚e> *Sprung ins Wasser mit um die angezogenen Knie geschlungenen Armen;* **Pa·'ket·zu·stel·ler** <m.; -s, ->; **Pa·'ket·zu·stel·le·rin** <f.; -, -n·nen>; **Pa'ket·zu·stel·lung** <f.; -, -en>

'Pa·ki·stan, <auch> **'Pa·kis·tan** <↗Z54> *Staat in Vorderindien;* Islamische Republik ~; **Pa·ki·'sta·ne** <m.; -s, -> = *Pakistani;* **Pa·ki'sta·ne·rin** <f.; -, -n·nen>; **Pa·ki'sta·ni** <m.; - od. -s, - od. -s> *Einwohner von Pakistan;* **pa·kis'ta·nisch** <Adj.>

Pakt <m.; -(e)s, -e> *Vertrag, Bündnis;* Freundschafts~ [lat.]; **'pakt·fä·hig** <Adj.>; **pak'tie·ren** <V. i.>; **Pak'tie·rer** <m.; -s, -; abwertend>; **Pak'tie·re·rin** <f.; -, -n·nen>

PAL <Fernsehtech.; Abk. für engl.> *Phase Alternation Line* [engl.]

pa·lä..., **Pa·lä...** <in Zus.> = *paläo...,* *Paläo...;* **Pa·lä·an·thro·po·'lo·ge,** <auch> **Pa·lä·anth·ro·po·'lo·ge** <m.; -n, -n; ↗Z53>; **Pa·lä·an·thro·po·lo'gie** <f.; -; unz.> *Wissenschaft von der Abstammung u. Entwicklung des Menschen* [grch.]; **Pa·lä·an·thro·po·'lo·gin** <f.; -, -n·nen>; **pa·lä·an·thro·po·lo·gisch** <Adj.>; **pa·lä·'ark·tisch** <Adj.> *altarktisch;* oV *paläoarktisch*

'Pa·la·din <m.; -s, -e> 1 <urspr.> *einer der zwölf Begleiter Karls des Großen* 2 <danach> *Gefolgsmann* [lat.]

Pa·lais <[pa'lɛ]; n.; - [-'lɛs], - [-'les]> *Schloss, Palast* [frz.]

Pa·lan'kin <m.; -s, -e od. -s> *indische Sänfte* [Sanskrit]

pa·lä·o..., **Pa·lä·o...** <in Zus.> *alt..., ur..., Ur...* [grch.]; **Pa·lä·o·an·thro·po·lo'gie,** <auch> **Pa·lä·o·anth·ro·po·lo'gie** <f.; -; unz.; ↗Z53> = *Paläanthropologie;* **pa·lä·o·'ark·tisch** <Adj.> = *paläarktisch;* **Pa·lä·o·bi·o·lo'gie** <f.; -; unz.> = *Paläobiologie;* **Pa·**

lä·o·bo'ta·nik <f.; -; unz.> *Wissenschaft von den ausgestorbenen u. versteinerten Pflanzen;* **Pa·lä·o'gen** <n.; -s; unz.; Geol.> *Alttertiär;* **Pa·lä·o·ge·o·gra'fie** <↗Z11.3>, **Pa·lä·o·ge·o·gra·'phie** <f.; -; unz.> *Wissenschaft von den geografischen Verhältnissen der Vorzeit;* **Pa·lä·o·gra·'fie, Pa·lä·o·gra'phie** <f.; -; unz.; ↗Z11.3> *Lehre von den Schriften u. Schreibmaterialien des Altertums u. MA;* **Pa·lä·o·kli·ma·to·lo'gie** <f.; -; unz.> *Klimauntersuchung früherer Erdzeitalter;* **Pa·lä·o'lith** <m.; -s od. -en, -e od. -en> *Steinwerkzeug des altsteinzeitlichen Menschen;* **Pa·lä·o'li·thi·ker** <m.; -s, ->; **Pa·lä·o'li·thi·kum** <n.; -s; unz.> *Altsteinzeit;* **pa·lä·o'li·thisch** <Adj.>; **Pa·lä·on·to·gra'fie, Pa·lä·on·to·gra'phie** <f.; -; unz.; ↗Z11.3> *Lehre von den Versteinerungen;* **Pa·lä·on·to·lo'gie** <f.; -; unz.> *Lehre von den Tieren u. Pflanzen vergangener Erdzeitalter;* **pa·lä·on·to·lo·gisch** <Adj.>; **Pa·lä·o'phy·ti·kum** <n.; -s; unz.> *die Pflanzenwelt im erdgeschichtl. Altertum;* **Pa·lä·o'ty·pe** <f.; -, -n; Buchw.> *Inkunabel;* **Pa·lä·o'zän** <n.; -s; unz.> *unterste Stufe des Alttertiärs;* **Pa·lä·o·zo·i·kum** <[-'tso:i-]; n.; -s; unz.> *Zeitalter der Erdgeschichte vor 580 bis 200 Millionen Jahren;* Sy *Erdaltertum;* **pa·lä·o'zo·isch** <Adj.>; **Pa·lä·o·zo·o·lo'gie** <f.; -; unz.> *Wissenschaft von den Versteinerungen ausgestorbener Tiere*

'Pa·las <m.; -, -s·se> *Hauptgebäude der mittelalterl. Burg* [lat.]; **Pa'last** <m.; -(e)s, ⸚e> *repräsentatives Gebäude, Schloss*

Pa·'läs'ti·na *Landschaft zw. der Ostküste des Mittelmeeres u. dem Jordan;* **Pa·läs·ti'nen·ser** <m.; -s, ->; **Pa·läs·ti'nen·se·rin** <f.; -, -n·nen>; **pa·läs·ti'nen·sisch, pa·läs'ti·nisch** <Adj.>

Pa'läs·tra, <auch> **Pa'läst·ra** <f.; -, -tren/-t·ren; ↗Z53> *altgrch. Ringerschule* [grch.]

Pa'last·re·vo·lu·ti·on <[-vo-]; f.; -, -en>; **Pa'last·wa·che** <f.; -, -n>

pa·la'tal <Adj.; Phon.> *den Gaumen betreffend* [lat.]; **Pa·la'tal** <m.; -s, -e; Phon.> *Vordergau-*

menlaut; → a. *Kasten Konsonant;* **pa·la·ta·li'sie·ren** <V. t.; Phon.> = *mouillieren;* **Pa·la·ta·li·'sie·rung** <f.; -, -en; Phon.>; **Pa·la'tal·laut** <m.; -(e)s, -e; Phon.>

Pa·la'tin <m.; -s, -e; früher> *Pfalzgraf* [lat.]; **Pa·la·ti'nat** <n.; -(e)s, -e> *Pfalzgrafschaft;* **pa·la·'ti·nisch** <Adj.; ↗Z46> *pfalzgräflich;* <aber> *der Palatinische Hügel (in Rom)*

Pa·la'tschin·ke, <auch> **Pa·lat·'schin·ke** <f.; -, -n; österr.> *gefüllter zusammengerollter Eierkuchen;* Topfen~ [rumän.]

Pa'la·tum <n.; -s, -la·ta> = *Gaumen* [lat.]

'Pa·lau *Staat in Ozeanien;* Republik ~; **'Pa·lau·er** <m.; -s, ->; **'Pa·lau·e·rin** <f.; -, -n·nen>; **'pa·lau·isch** <Adj.>

Pa'la·ver <[-və(r)]; n.; -s, -> 1 <urspr.> *Eingeborenenversammlung, Unterredung von Weißen mit Schwarzen* 2 <fig.> *überflüssiges Gerede* [port.]; **pa·'la·vern** <V. i.; umg.> *sie haben endlos palavert*

Pa'laz·zo <m.; - od. -s, -z·zi; ital. Bez. für> *Palast*

'Pa·le·tot <[-'to:]; m.; -s, -s> 1 *doppelreihiger Herrenmantel* 2 *dreiviertellanger Mantel für Damen u. Herren* [frz.]

Pa'let·te <f.; -, -n> 1 *Farbenmischscheibe beim Malen* 2 <Tech.> *Untersatz für Stapelwaren* 3 <fig.> *reiche Auswahl; eine ~ an Möglichkeiten* [frz.]

pa'let·ti <Adj.; nur in der umg. Wendung> *alles ~ alles in Ordnung;* oV *palletti*

pa·let'tie·ren <V. t.> *auf einer Palette(2) stapeln*

'Pal·fen <m.; -s, -; österr.> *überhängender Fels*

'Pa·li <n.; - od. -s; unz.> *mittelindische Sprache*

Pa·li·la'lie <f.; -, -n; Med.> *eine Sprachstörung* [grch.]

Pa·lim'psest, <auch> **Pa·limp·'sest** <m. od. n.; -(e)s, -e; ↗Z54> *antikes od. mittelalterliches, beschriebenes, abgeschabtes u. wieder neu beschriebenes Pergament* [grch.-lat.]; **Pa·lin·'drom,** <auch> **Pa·lind'rom** <n.; -s, -e; ↗Z53> *Wort od. Wortreihe, das bzw. die vorwärts und rückwärts gelesen einen Sinn er-*

gibt, z. B. Neger [grch.]; **pa·lin·'gen** <Adj.> ~es Magma; **Pa·lin·ge'ne·se** <f.; -, -n> 1 <Rel.> Wiedergeburt durch Seelenwanderung 2 <Biol.> Wiederholung der stammesgeschichtl. Entwicklung während des embryonalen Stadiums 3 <Geol.> Entstehung von Magma durch Wiederaufschmelzen von Eruptivgestein; **pa·lin·ge'ne·tisch** <Adj.>

Pa·li'sa·de <f.; -, -n> 1 Pfahl zur Befestigung 2 aus einer Reihe von Palisaden(1) bestehendes Hindernis [frz.]; **Pa·li'sa·den·wurm** <m.; -(e)s, ⸚er; Zool.> schmarotzender Fadenwurm

Pa·li'san·der <m.; -s, -> südamerikan. Edelholz [indian.-frz.]; **Pa·li'san·der·holz** <n.; -es, ⸚er>; **pa·li'san·dern** <Adj.> aus Palisanderholz

'Pal·la <f.; -; unz.> 1 <im alten Rom> weiter Frauenmantel 2 <Kath.> Leinentuch über dem Messkelch [lat.]

Pal·la·di·a'nis·mus <m.; -; unz.; Arch.> ein Architekturstil [nach dem ital. Baumeister Palladio]

Pal'la·di·um <n.; -s, -di·en> 1 Kultbild der grch. Göttin Pallas Athene in Troja 2 <fig.> schützendes Heiligtum 3 <unz.; Chem.; Zeichen: Pd> chem. Element, Metall

'Pal·lasch <m.; -(e)s, -e> schwerer Degen [ung.]

'Pal·la·watsch <m.; -(e)s; unz.; österr.> Durcheinander

pal'let·ti <Adj.> = paletti

pal·li·a'tiv <Adj.>; **Pal·li·a'tiv** <n.; -s, -e> Schmerzlinderungsmittel [lat.]; **'Pal·li·um** <n.; -s, -li·en> 1 altröm. mantelähnl. Umhang 2 <MA> kaiserlicher Mantel 3 <Kath.> lange Schulterbinde der päpstlichen und erzbischöflichen Ornats

Pal'ma·rum <ohne Art.> = Palmsonntag [lat.]; **'Palm·blatt** <n.; -(e)s, ⸚er>; **'Palm·bu·schen** <m.; -s, -; österr.> Bündel aus blühenden Weidenzweigen; → a. Buschen; **'Pal·me** <f.; -, -n; Bot.> 1 tropischer Baum; jmdn. auf die ~ bringen <fig.; umg.> jmdn. wütend machen 2 Blatt einer Palme(1); die ~ erringen <fig.> siegen; **'Pal·men·art** <f.; -,

-en>; **'pal·men·ar·tig** <Adj.>; **'Pal·men·rol·ler** <m.; -s, -; Zool.> marderähnl. Katze; **'Pal·men·zweig** <m.; -(e)s, -e>; **Pal·'met·te** <f.; -, -n> dem Palmenblatt ähnliche Verzierung [frz.]; **'Palm·fett** <n.; -(e)s; unz.> aus den Früchten der Ölpalme gewonnenes Fett; **'Palm·her·zen** <Pl.> essbares Mark bestimmter Palmen; **pal'mie·ren** <V. t.> (beim Zaubern) etwas in der Handfläche verbergen; **Pal'min** <n.; -s; unz.; Warenz. für> Speisefett aus der Kokosnuss; **Pal·mi'tin** <n.; -s; unz.> Fett der Palmitinsäure [frz.]; **Pal·mi'tin·säu·re** <f.; -; unz.> eine gesättigte Fettsäure; **'Palm·kätz·chen** <n.; -s, -; meist Pl.; Bot.> Blütenkätzchen der Salweide; **'Palm·li·lie** <[-liə]; f.; -, -n; Bot.> Sy Yucca; **'Palm·öl** <n.; -s; unz.> = Palmfett; **Palm'sonn·tag** <m.; -(e)s, -e> Sonntag vor Ostern; **Palm'top** <m.; -s, -s; EDV> kleiner PC für die Hand [engl.]; **'Palm·we·del** <m.; -s, -> Blatt einer Palme; **'Palm·wei·de** <f.; -, -n; Bot.>; **'Palm·wei·he** <f.; -, -n; Kath.> Segnung der Palmenzweige am Palmsonntag; **'Palm·wein** <m.; -s, -e>; **'Palm·zu·cker** <m.; -s, -> zuckerhaltiger Saft aus verschiedenen Palmenarten

pal'pa·bel <Adj.; Med.> fühlbar, tastbar; palpables Geschwür [lat.]; **Pal·pa'ti·on** <f.; -, -en; Med.> Untersuchung durch Betasten; **'Pal·pe** <f.; -, -n> Fühleranhang der Mundwerkzeuge bei Gliederfüßern

PAL-Sys·tem <n.; -s; unz.; Abk. für engl.> Phase Alternation Line System (eine Technik des Farbfernsehens)

'Pa·mir <m. od. n.; -s; unz.> Hochland in Innerasien; **'Pa·mir·schaf** <n.; -(e)s, -e; Zool.>

'Pam·pa <f.; -, -s> südamerikan. Grassteppe; in der ~ wohnen <fig.; umg.> in einer abgelegenen Gegend [Ketschua]; **'Pam·pas·gras** <n.; -es; unz.; Bot.> eine Zierstaude

'Pam·pe <f.; -; unz.; mdt.> dicker Brei, Schmutz

Pam·pel'mu·se <a. ['----]; f.; -, -n; Bot.> ein Zitrusgewächs

Pam·pers <['paempə(r)s]; Pl.; Warenz.> Einwegwindel für Säuglinge u. Kleinkinder

Pampf <m.; -(e)s; unz.> = Pamps; **'pamp·fen** <V. i.; österr.> das Essen in sich hineinstopfen

Pam'phlet <auch> **Pamph'let** <n.; -(e)s, -e; ⟋Z 53> polit. Schmäh-, Streitschrift [frz.]; **Pam·phle'tist** <m.; -en, -en>; **pam·phle'tis·tisch** <Adj.>; abwertend>

'pam·pig <Adj.; umg.> 1 breiig, wie Pampe 2 <fig.> frech, unverschämt; da wurde er auch noch ~; **Pamps** <m.; - od. -es; unz.; umg.> dicker Brei, lieblos bereitetes Essen

Pam'pu·sche <f.; -, -n; norddt.> = Babusche

Pan <m.; -s, -ni; in Verbindung mit dem Familiennamen> Herr [poln.]

PAN <Abk. für> Polyacrylnitril

pan..., Pan... <in Zus.> all, ganz, gesamt, umfassend [grch.]

Pa·na·ché <[-'ʃe:]; n.; -s, -s> 1 mehrfarbiges Kompott, Eis o. Ä. 2 = Panaschierung [frz.]

Pa'na·de <f.; -, -n; Kochk.> 1 Paniermischung 2 breiige Mischung für Füllungen 3 <österr.> Weißbrot als Suppeneinlage [ital.]; **Pa'na·del·sup·pe** <f.; -, -n; österr.>

pan·a·fri'ka·nisch, <auch> **pan·af·ri·ka·nisch** <Adj.>; ⟋Z53>; **Pan·a·fri·ka'nis·mus** <m.; -; unz.> Streben der Völker u. Staaten Afrikas nach wirtschaftlichem u. kulturellem Zusammenschluss

'Pa·na·ma <m.; -s, -s> 1 <ohne Art.> Staat in Mittelamerika und dessen Hauptstadt; Republik ~ 2 poröses Gewebe 3 <kurz für> Panamahut; **'Pa·na·ma·er** <m.; -s, ->; **'Pa·na·ma·e·rin** <f.; -, -n·nen>; **'Pa·na·ma·hut** <m.; -(e)s, ⸚e> breitkrempiger Strohhut; **pa·na'ma·isch** <Adj.>; **'Pa·na·ma·ka·nal** <m.; -(e)s; unz.> Kanal, der Atlantik und Pazifik verbindet

pan·a·me·ri'ka·nisch <Adj.>; **Pan·a·me·ri·ka'nis·mus** <m.; -; unz.> Streben nach Zusammenarbeit aller amerikan. Staaten

pan·a·ra·bisch <Adj.>; **Pan·a·ra·'bis·mus** <m.; -; unz.> Bestre-

bung, alle Araber politisch zu
vereinen

Pa·na·ri·ti·um <n.; -s, -ti·en;
Med.> *Fingerentzündung*
[grch.]

Pa'nasch <m.; -(e)s, -e> *Feder-
busch, Helmbusch* [frz.]; **pa·na-
'schie·ren** <V. i. u. V. t.> 1 *Stoffe
~ buntstreifig mustern* 2 <Pol.>
(Kandidaten) ~ *Kandidaten auf
dem Stimmzettel zusammen-
stellen und zugleich wählen;
Pa·na'schier·sys·tem <n.; -s,
-e> *ein Wahlsystem;* **Pa·na-
'schie·rung** <f.; -; unz.> Bot.>
*durch Fehlen von Blattgrün her-
vorgerufene weiße Musterung
des Laubes*

Pan·a·the'nä·en, <auch> **Pa·na-
the'nä·en** <Pl.; ↗Z54> *im anti-
ken Athen gefeiertes Hauptfest
zu Ehren der Göttin Pallas Athe-
ne*

Pan·a·zee, <auch> **Pa·na·zee**
<[-'tse:(ə)]; f.; -, -ze·en
[-'tse:(ə)n]; ↗Z54> *Allheilmittel*
[grch.]

pan·chro'ma·tisch <[-kro-]; Adj.>
für alle Farben empfindlich
[grch.]

'Pan·da <m.; -s, -s; Zool.> *in Zen-
tralchina lebender Bär mit
schwarzweißer Fellzeichnung*

Pan·dä'mo·ni·um <n.; -s, -ni·en>
*Versammlungsort od. Gesamt-
heit aller bösen Geister* [grch.]

Pan'da·ne <f.; -, -n; Bot.> *eine
Zierpflanze* [malai.]

Pan'dek·ten <Pl.> *Sammlung alt-
römischer Rechtsgrundsätze*
[grch.]

Pan·de'mie <f.; -, -n; Med.> *Epi-
demie von großem Ausmaß*
[grch.]; **pan·de·misch** <Adj.>

Pan'de·ra <f.; -, -s>, **Pan'de·ro**
<m.; -s, -s> *Schellentrommel
aus dem Baskenland* [span.]

'Pan·dit <m.; -s, -e> *ind. Titel>
Gelehrter* [Sanskrit]

Pan'do·ra <f.; -; unz.; grch.
Myth.> *Frau, die in einem Ge-
fäß alle Übel auf die Erde brach-
te; die Büchse der ~ <fig.> Quel-
le allen Übels*

Pan·dschab, <auch> **Pand-
schab** <[pan'dʒa:p]; a. ['--];
↗Z54> *Landschaft in Vorderin-
dien, "Fünfstromland"* [Sans-
krit]; **Pan'dscha·bi** 1 <m.; -s,
-s> *Einwohner Pandschabs* 2

<n.; - od. -s; unz.> *im Pand-
schab gesprochene neuindische
Sprache*

Pan'dur <m.; -en, -en; früher> 1
bewaffneter ungar. Diener 2 *un-
gar. Fußsoldat* [ung.]

Pa'neel <n.; -s, -e> 1 *vertieftes
Feld einer Holztäfelung* 2 *Holz-
täfelung aus Paneelen(1)*
[ndrl.]; **pa·nee'lie·ren** <V. t.>

Pan·e'gy·ri·ker, <auch> **Pa·ne-
'gy·ri·ker** <m.; -s, -; ↗Z54> *Lob-
redner* [grch.]; **Pan·e'gy·ri·kos**
<m.; -, -koi>, **Pan·e'gy·ri·kus**
<m.; -, -ken od. -ki> *Fest-, Lob-
rede;* **pan·e'gy·risch** <Adj.>

Pa·nel <['pænəl]; n.; -s, -s> 1
<Meinungsforschung> *für ei-
nen bestimmten Zweck ausge-
wählte, repräsentative Gruppe* 2
<Werbung> *typograf. umgrenz-
ter Teil eines Werbemittels*
[engl.]; **'Pa·nel·a·na·ly·se** <f.; -,
-n; ↗Z55; Stat.> *Auswertung
der durch Befragung eines Pa-
nels(1) erhobenen Daten*

'pa·nem et cir'cen·ses *Brot und
Zirkusspiele (Forderung des alt-
römischen Volkes)* [lat.]

Pan·en·the'is·mus <m.; -; unz.>
*Lehre, dass das Weltall in Gott
eingeschlossen sei* [grch.]; **pan-
en·the'is·tisch** <Adj.>

Pa·net'to·ne <m.; -, -'to·ni> *ital.
Hefekuchen* [ital.]

pan·eu·ro'pä·isch <Adj.> *ganz
Europa umfassend*

'Pan·flö·te <f.; -, -n> *Hirtenflöte
aus mehreren Röhren*

Pan·ger·ma'nis·mus <m.; -; unz.;
früher> *Bestreben, alle Deut-
schen in einem Staat zu vereini-
gen;* **pan·ger·ma'nis·tisch**
<Adj.>

'Pan·has <m.; -; unz.> *rheinisch-
westfälisches Gericht aus Buch-
weizenmehl und Wurstbrühe*

pan·hel'le·nisch <Adj.>; **Pan·hel-
le'nis·mus** <m.; -; unz.; Antike>
*Bestreben, alle Griechen in ei-
nem Staat zu vereinigen*

'Pa·ni <m.; - od. -s, - od. -s> *An-
gehöriger eines nordamerikan.
Indianerstammes*

Pa'nier¹ <n.; -s, -e> 1 <veralt.>
*Banner; sich etwas auf sein ~
schreiben sich zum Ziel setzen* 2
<fig.; geh.> *Wahlspruch, Motto*
[frz.]

Pa'nier² <f.; -; unz.; österr.>

*Backhülle aus Mehl, Ei und
Semmelbröseln* [frz.]; **pa'nie-
ren** <V. t.> *in Ei, Mehl, Semmel-
bröseln u. Ä. wenden; ein
Schnitzel ~;* **Pa'nier·mehl** <n.;
-(e)s, -e>; **Pa'nie·rung** <f.; -,
-en>

'Pa·nik <f.; -, -en> *plötzlich aus-
brechende Angst (bes. bei Mas-
senansammlungen); in ~ gera-
ten* [frz.]; **'pa·nik·ar·tig** <Adj.>;
'Pa·nik·ma·che <f.; -; unz.;
umg.> *die Meldung war reine ~;*
'Pa·nik·re·ak·ti·on <f.; -, -en>;
'Pa·nik·stim·mung <f.; -; unz.>;
'pa·nisch <Adj.> *~er Schrecken*

Pan·is·la'mis·mus <m.; -; unz.>
*Bestreben, alle islamischen Völ-
ker zu vereinigen*

'Pan·je <m.; -s, -s; scherzh.> *rus-
sischer, polnischer Bauer*
[poln.]; **'Pan·je·pferd** <n.; -(e)s,
-e>; **'Pan·je·wa·gen** <m.; -s, ->

'Pan·kre·as, <auch> **Pank·re·as**
<n.; -, -'kre·a·ta od. -kre'a·ten;
↗Z53; Anat.> *Bauchspeichel-
drüse* [grch.]; **Pan·kre·a'ti·tis**
<f.; -, -'ti·ti·den; Med.> *Bauch-
speicheldrüsenentzündung*

Pan·lo'gis·mus <m.; -; unz.> *phi-
losoph. Lehre, nach der das
Weltall als Verwirklichung der
Vernunft aufzufassen sei;* **pan·lo-
'gis·tisch** <Adj.>

Pan·mi'xie <f.; -, -n> *allgemeine
Kreuzbarkeit aller Tiere oder
Pflanzen einer Population*
[grch.]

'Pan·ne <f.; -, -n> 1 *Schaden (bes.
bei Fahrzeugen); Reifen~* 2 *Stö-
rung, Fehler,* **'Pan·nen·dienst**
<m.; -(e)s, -e>; **'Pan·nen·drei-
eck** <n.; -(e)s, -e; österr.> *Warn-
dreieck;* **'Pan·nen·hil·fe** <f.; -;
unz.>

Pan·ni·ku'li·tis <f.; -, -'ti·den;
Med.> *Entzündung des Unter-
hautfett- u. Bindegewebes* [lat.]

Pan'no·ni·en <[-niən]; früher>
*römische Provinz zwischen Wie-
nerwald, Donau und Save;* **pan-
'no·nisch** <Adj.>

Pan'op·ti·kum, <auch> **Pa'nop-
ti·kum** <n.; -s, -ti·ken; ↗Z54> 1
Wachsfigurenkabinett 2 *Kurio-
sitätensammlung* [grch.]; **pan-
'op·tisch** <Adj.> *von allen Sei-
ten einsehbar; ~es System*

Pan·o'ra·ma, <auch> **Pa·no'ra-
ma** <n.; -s, -'ra·men; ↗Z54> 1

Rundblick, Ausblick in die Landschaft 2 Rundbild, das einen weiten Horizont vortäuscht 3 <Theat.> Hintergrundrundbild [grch.]; **Pan·o'ra·ma·aufnah·me** <f.; -, -n; Fot.>; **Pan·o'ra·ma·bild** <n.; -(e)s, -er; Fot.>; **Pan·o'ra·ma·bus** <m.; -s·ses, -s·se>; **Pan·o'ra·ma·fens·ter** <n.; -s, ->; **Pan·o'ra·ma·fernrohr** <n.; -(e)s, -e>; **Pan·o'ra·ma·spie·gel** <m.; -s, -; bei Kfz> Rückspiegel mit großem Blickfeld

Pan·psy'chis·mus <m.; -; unz.> philosoph. Lehre, dass alle Dinge beseelt seien [grch.]

'Pansch <m.; -(e)s österr.; umg.> Gemisch, Gebräu; oV Pantsch; **'pan·schen** <V.; du panschst> 1 <V. t.; abwertend> ein Getränk ~ mit Wasser verdünnen 2 <V. i.> mit Wasser spielen; die Kinder ~ gern; oV pantschen; **'Pan·scher** <m.; -s, -> Wein~; **Pan·sche'rei** <f.; -, -en> oV Pantscherei

'Pan·sen <m.; -s, -> erster Magenabschnitt von Wiederkäuern; <aber> → Panzen

Pan·se·xu·a'lis·mus <m.; -; unz.> psychoanalyt. Annahme, dass die Sexualität alle psychischen Vorgänge auslöse

'Pans·flö·te <f.; -, -n> = Panflöte

Pan·sla'wis·mus <m.; -; unz.; früher> Bestreben, alle slawischen Völker zu vereinigen; **pan·sla'wis·tisch** <Adj.>

Pan·so'phie <f.; -; unz.; Philos.; 16.–18. Jh.> Strömung mit dem Ziel einer Zusammenfassung aller Wissenschaften [grch.]; **pan·'so·phisch** <Adj.>

Pan·sper'mie <f.; -; unz.> Lehre, dass das Leben auf der Erde durch Keime anderer Planeten entstanden sei [grch.]

Pan'ta·le·on[1] <m.; -s; unz.> ein Heiliger, einer der 14 Nothelfer

Pan'ta·le·on[2], **Pan·ta·lon** <n.; -s, -s; Instrumentenk.> vergrößertes Hackbrett mit zwei Resonanzböden und beidseitiger Saitenbespannung

Pan·ta'lo·ne <m.; -s, -ni> Gestalt der Commedia dell'Arte [ital.]

Pan·ta·lons <[pãta'lõs]; Pl.> während der Frz. Revolution modern gewordene lange Hosen [frz.]

'pan·ta 'rhei alles fließt, alles Sein beruht auf ständigem Werden und Vergehen [grch.]

'Pan·ter <m.; -s, -; ↗Z11.2; auch für> Panther, **'Pan·ter·fell** <n.; -(e)s, -e>; **'Pan·ter·kat·ze** <f.; -, -n>

Pan·the'is·mus <m.; -; unz.; Philos.> Lehre, dass Gott und die Welt eins seien [grch.]; **pan·the·'is·tisch** <Adj.>; **'Pan·the·on** <n.; -s, -s> 1 antiker Tempel aller Götter 2 <fig.> Ehrentempel 3 Gesamtheit aller Götter

'Pan·ther <m.; -s, -; ↗Z11.2> ein Raubtier, oV Panter [grch.]; **'Pan·ther·fell** <n.; -(e)s, -e>; **'Pan·ther·kat·ze** <f.; -, -n; Zool.> = Ozelot(1)

Pan'tine <f.; -, -n; meist Pl.; norddt.> Pantoffel; Holz~

pan·to..., **Pan·to...** <in Zus.> all..., All..., alles [grch.]

Pan'tof·fel <m.; -s, -n> 1 Hausschuh ohne Fersenteil; Filz~ 2 Sinnbild des häuslichen Regiments der Frau; unter dem ~ stehen <fig.; umg.> als Mann daheim nichts zu sagen haben [frz.]; **Pan'tof·fel·blu·me** <f.; -, -n; Bot.> eine Zierpflanze; **Pan·'töf·fel·chen** <n.; -s, -; Verkleinerungsf. von> Pantoffel(1); **Pan'tof·fel·held** <m.; -en, -en; fig.; umg.; scherzh.> Mann, der sich von seiner Frau beherrschen lässt; **Pan'tof·fel·ki·no** <n.; -s, -s; umg.; scherzh.> für> Fernsehen; **Pan'tof·fel·schne·cke** <f.; -, -n; Zool.> eine Meeresschnecke; **Pan'tof·fel·tierchen** <n.; -s, -; Biol.> ein Einzeller

Pan·to'graf <m.; -en, -en; ↗Z11.3> = Pantograph; **Pan·to·gra'fie** <f.; -, -n> = Pantograph <m.; -en, -en> = Storchschnabel(2) [grch.]; **Pan·to·gra'phie** <f.; -, -n> mit dem Pantographen hergestellte Zeichnung

Pan·to'let·te <f.; -, -n> leichter, meist hochhackiger Damenschuh ohne Fersenteil

Pan·to'me·ter <n.; -s, -> Winkelmessgerät

Pan·to'mi·me[1] <f.; -, -n> Bühnenstück, das ohne Worte, nur durch Gebärden und Mienenspiel dargestellt wird [grch.]; **Pan·to'mi·me[2]** <m.; -n, -n> Künstler, der Pantomimen(1) darstellt; **Pan·to'mi·mik** <f.; -; unz.> Ausdruckskunst; **pan·to·'mi·misch** <Adj.>

pan·to'phag <Adj.> sich von Pflanzen und Tieren ernährend; → a. monophag, oligophag, polyphag [grch.]; **Pan·to'pha·ge** <m.; -n, -n>; **Pan·to·pha'gie** <f.; -; unz.>

Pan·to'then·säu·re <f.; -, -n> organische Verbindung mit Funktion im Zellstoffwechsel [grch.]

Pan·try, <auch> **Pant·ry** <[ˈpɛntri]; f.; -, -s; ↗Z53; auf Schiffen> Anrichteraum [engl.]

Pants <[pænts]; Pl.> modische Damenhose [engl.]

'Pantsch <m.; -(e)s; österr.> = Pansch; **'pant·schen** <V. i. u. V. t.>

'Pan·tschen-'La·ma, <auch> **'Pant·schen-'La·ma** <m.; - od. -s, -s; ↗Z53> zweites kirchliches Oberhaupt der Tibeter nach dem Dalai-Lama [tibet.]

'Pant·scher <m.; -s, -> = Panscher; **Pant·sche'rei** <f.; -, -en> = Panscherei

Pan·ty <[ˈpænti]; f.; -, -s [-ti:s]; meist Pl.> 1 von Frauen getragene Unterwäsche 2 Strumpfhose [engl.]

Pän'ul·ti·ma, <auch> **Pä'nul·ti·ma** <f.; -, -mae [-mɛ:] od. -men; ↗Z54; Sprachw.> vorletzte Silbe [lat.]

'Pan·zen <m.; -s, -; oberdt.> Wanst, Schmerbauch; <aber> → Pansen

'Pan·zer <m.; -s, -> 1 <MA> Rüstung 2 Stahlhülle als Schutz gegen Geschosse 3 <Mil.> Kampfwagen 4 <Zool.> Schutzhülle bestimmter Tiere; Schildkröten~; **'Pan·zer·ab·wehr·ka·no·ne** <f.; -, -n; Mil.; Kurzw.: Pak>; **'Pan·zer·ab·wehr·ra·ke·te** <f.; -, -n; Mil.>; **'Pan·zer·di·vi·si·on** <[-vi-]; f.; -, -en; Mil.>; **'Pan·zer·ech·se** <[-ks-]; f.; -, -n; Zool.> = Krokodil; **'Pan·zer·faust** <f.; -, -e; Mil.; bes. im 2. Weltkrieg> Handfeuerwaffe zur Bekämpfung von Panzern; **'Pan·zer·fisch** <m.; -(e)s, -e; Zool.> ausgestorbener Fisch mit Knochenpanzer, **'Pan·zer·glas** <n.; -es;

unz.> *schussfestes Glas;* '**Pan·zer·gra·ben** <m.; -s, -̈>; '**Pan·zer·gra·na·te** <f.; -, -n>; '**Pan·zer·hemd** <n.; -(e)s, -en; MA> Sy *Kettenhemd;* '**Pan·zer·kampf·wa·gen** <m.; -s, ->; '**Pan·zer·kna·cker** <m.; -s, -; umg.> *jmd., der Geldschränke gewaltsam öffnet;* '**Pan·zer·krebs** <m.; -es, -e; Zool.>; '**Pan·zer·kreu·zer** <m.; -s, -; Mar.> *stark gepanzertes Schiff;* '**pan·zern** <V. t./V. refl.; ich panz(e)re (mich)> *mit einem Panzer umgeben;* sich gegen etwas ~ <fig.>; '**Pan·zer·plat·te** <f.; -, -n> *Platte aus widerstandsfähigem Stahl;* '**Pan·zer·schiff** <n.; -(e)s, -e>; '**Pan·zer·schrank** <m.; -(e)s, -̈e> *Geldschrank;* Sy *Tresor;* '**Pan·zer·späh·wa·gen** <m.; -s, ->; '**Pan·zer·sper·re** <f.; -, -n>; '**Pan·ze·rung** <f.; -, -en> **Pä·o·nie** <[-'o:niə]; f.; -, -n; Bot.> = *Pfingstrose*

'**Pa·pa** <m.; -s, -s> 1 <Kinderspr.> *Vater* 2 <lat. Bez. für> *Papst* 3 <Ostkirche> *höherer Geistlicher;* **Pa'pa·bi·le** <[-'le:]; m.; -s, -li> *Kardinal, der Aussicht hat, zum Papst gewählt zu werden* [lat.]

Pa·pa'gal·lo <m.; - od. -s, -s od. -l·li; in Südeuropa> *einheimischer junger Mann, der erotische Abenteuer mit Touristinnen zu erleben sucht* [ital.]

Pa·pa'gei <österr.; schweiz. a. ['---]; m.; -(e)s od. -en, -e od. -en; Zool.> *ein tropischer Vogel* [frz.]; **Pa·pa'gei·en·grün** <n.; -s; unz.>; **pa·pa'gei·en·haft** <Adj.>; **Pa·pa'gei·en·krank·heit** <f.; -; unz.; Med.> *von Papageien übertragene Infektionskrankheit;* **Pa·pa'gei·en·tau·cher** <m.; -s, -; Zool.> *ein Meeresvogel;* **Pa·pa'gei·fisch** <m.; -(e)s, -e; Zool.> *ein Barschfisch*

pa'pal <Adj.> *päpstlich* [lat.]; **Pa·pa'lis·mus** <m.; -; unz.> = *Papalsystem;* **Pa·pa'list** <m.; -en, -en> *Befürworter des Papalismus;* **pa·pa'lis·tisch** <Adj.>; **Pa·pal·sys·tem** <n.; -s; unz.> *kirchenrechtliche Ordnung, nach der der Papst die oberste Gewalt ausübt;* Ggs *Episkopalsystem*

Pa·pa'raz·zo <m.; -s, -z·zi; meist Pl.; umg.; abwertend> *aufdringlicher Pressefotograf* [ital.]

Pa'pas <m.; -, -; Ostkirche> *Weltgeistlicher* [grch.]; **Pa'pat** <n.; -(e)s; unz.> *Amt und Würde des Papstes* [lat.]

Pa·pa·ve·ra·zee <[-vera'tse:ə]; f.; -, -n; Bot.> *ein Mohngewächs;* **Pa·pa·ve'rin** <n.; -s; unz.> *Opiumalkaloid*

Pa·pa'ya, Pa·pa'ye <f.; -, -yen; Bot.> 1 *Melonenbaum* 2 *Frucht des Melonenbaums* [karib.]

'**Pa·pel** <f.; -, -n; Med.> *entzündliche Hauterhebung* [lat.]

Pa·per <['pe:pər]; n.; -s, -> 1 *Arbeitspapier;* ein ~ verteilen 2 *Schriftstück, Dokument* 3 *Aufsatz in einer wissenschaftl. Zeitschrift* [engl.]; '**Pa·per·back** <[-bæk]; n.; -s, -s> *kartoniertes Buch, Taschenbuch;* Ggs *Hardcover;* **Pa·pe·te'rie** <f.; -, -n; schweiz.> 1 *Papier-, Schreibwarengeschäft* 2 *Briefpapierpackung* [frz.]

'**Pa·pi** <m.; -s, -s; Kinderspr.> *Koseform von Papa(1)*

Pa'pier <n.; -s, -e> 1 *dünner Faserwerkstoff zum Beschreiben, Einpacken;* ~ verarbeitende Industrie; Gedanken zu ~ bringen 2 <meist Pl.> *Schriftstück, Dokument;* er hat keine ~e bei sich er kann sich nicht ausweisen 3 <Wirtsch.; kurz für> *Wertpapier;* **Pa'pier·blu·me** <f.; -, -n>; **Pa'pier·deutsch** <n.; - od. -s; unz.> *unlebendige Ausdrucksweise;* **pa'pie·ren** <Adj.> ~er Stil *trockener (Behörden-)Stil;* **Pa'pier·fa·brik, <auch> Pa'pier·fab·rik** <f.; -, -en; ⚡Z53>; **Pa'pier·fet·zen** <m.; -s, ->; **Pa'pier·for·mat** <n.; -(e)s, -e>; **Pa'pier·geld** <n.; -(e)s; unz.> *Geldscheine, Banknoten;* Ggs *Hartgeld;* **Pa'pier·in·dus·trie, <auch> Pa'pier·in·dust·rie** <f.; -; unz.; ⚡Z53>; **Pa'pier·korb** <m.; -(e)s, -̈e>; **Pa'pier·kram** <m.; -s; unz.; umg.> *(lästiger) Schriftverkehr;* **Pa'pier·krieg** <m.; -(e)s; unz.; umg.> *lange dauernder Schriftverkehr;* **pa'pierln** <V. t./V. refl.; österr.; umg.; salopp> sich nicht ~ lassen *sich nicht zum Narren halten lassen;* **Pa'pier·ma·ché** <[-ʃe:]>; **Pa'pier·ma·schee** <n.;

-s; unz.> = *Pappmaschee;* **Pa'pier·ma·schi·ne** <f.; -, -n>; **Pa'pier·mes·ser** <n.; -s, ->; **Pa'pier·sack** <m.; -(e)s, -̈e; schweiz.> *Tüte;* **Pa'pier·sche·re** <f.; -, -n>; **Pa'pier·schlan·ge** <f.; -, -n> = *Luftschlange;* **Pa'pier·schnip·sel** <m. od. n.; -s, ->; **Pa'pier·schnit·zel** <n. od. m.; -s, -> *abgeschnittenes Papierstück;* **Pa'pier·ser·vi·et·te** <[-vi-]; f.; -, -n>; **Pa'pier·ta·schen·tuch** <n.; -(e)s, -̈er>; **Pa'pier·ti·ger** <m.; -s, -; fig.; umg.> *ein nur dem Schein nach gefährlicher Mensch;* **Pa'pier·ver·ar·bei·tung** <f.; -; unz.>; **Pa'pier·wa·ren** <Pl.>; **Pa'pier·wa·ren·hand·lung** <f.; -, -en>; **Pa'pier·win·del** <f.; -, -n>; **Pa'pier·wol·le** <f.; -; unz.> *ein Verpackungsmaterial*

pa·pil'lar <Adj.; Med.> *warzenförmig* [lat.]; **Pa·pil'lar·ge·schwulst** <f.; -, -̈e; Med.>; **Pa·pil'lar·kör·per** <m.; -s, -; Med.>; **Pa·pil'lar·li·ni·en** <Pl.>, **Pa·pil'lar·mus·ter** <n.; -s, -> *feine Hautriffelung auf der Innenseite der Handflächen und Fußsohlen;* **Pa·pil'lar·schicht** <f.; -, -en> *obere Schicht der Lederhaut;* **Pa·pil·le** <f.; -, -n> *warzenförmige Erhebung der Haut;* **Pa·pil'lom** <n.; -s, -e; Med.> *warzenartige Geschwulst*

Pa·pil·lon <[papi'jɔ̃]; m.; -s, -s> 1 <Zool.> *kleine Hunderasse, deren Ohren wie Schmetterlingsflügel geformt sind* 2 <Textilw.> *leichter Kleiderstoff aus Seide od. Chemiefaser* [frz.]

pa·pil'lös <Adj.> *warzig*

Pa·pil'lo·te <[-pi'jo:tə]; f.; -, -n> *Haar-, Lockenwickler* [frz.]; **pa·pil·lo'tie·ren** <[-pijo:-]; V. t.> *Haarsträhnen auf Papilloten aufdrehen*

Pa·pin'sche(r) Topf, <auch> pa·pin·scher Topf <[pa'pɛ̃-]; m.; -n -(e)s, -n -̈e; ⚡Z58.1> *fest schließender Topf zum Erhitzen von Wasser mit beliebig wählbarem Dampfdruck;* → a. *Schnellkochtopf* [nach dem frz. Arzt und Mathematiker D. *Papin*]

Pa·pi'ros·sa <f.; -, -'ros·si od. -'ros·sy> *russische Zigarette* [poln.-russ.]

Pa'pis·mus <m.; -; unz.; abwertend> *Papsttum*; **Pa'pist** <m.; -en, -en> *Anhänger des Papsttums*; **Pa'pis·tin** <f.; -, -n·nen>; **pa'pis·tisch** <Adj.>

papp <in der Wendung> nicht mehr ~ sagen können <umg.> *sehr satt sein*; **Papp** <m.; -s; unz.; süddt.> 1 *Brei* 2 *Klebstoff*; **'Papp·band** <m.; -(e)s, ²e> *in Pappe gebundenes Buch*; **'Papp·be·cher** <m.; -s, ->; **'Papp·de·ckel** <m.; -s, -> oV *Pappendeckel*; **'Papp·pe** <f.; -, -n> 1 *starker, papierähnlicher Werkstoff*; *Dach~; nicht von ~ sein <fig.> nicht zu unterschätzen* 2 <unz.; oberdt.> *Leim, klebriger Brei*

'Pap·pel <f.; -, -n; Bot.> *Laubbaum, Weidengewächs*; **'Pap·pel·al·lee** <f.; -, -n>; **'Pap·pel·holz** <n.; -es, ²er>

'päp·peln <V. t.; ich päpp(e)le> *jmdn. od. ein Tier* ~ <umg.> *liebevoll füttern*; → a. *aufpäppeln*

'Pap·pel·spin·ner <m.; -s, -; Zool.> *ein Nachtschmetterling*

'pap·pen <V.; umg.> 1 <V. t.> etwas auf, an etwas ~ *kleben*; *einen Zettel auf die Kiste* ~ 2 <V. i.> *etwas pappt ballt sich zusammen*; *der Schnee pappt*; **'Pap·pen** <f.; -; österr.; umg.; derb> *Mund*; *halt die* ~!; **'Pap·pen·de·ckel** <m.; -s, -> oV *Pappdeckel*

'Pap·pen·hei·mer <m.; -s, -> *Angehöriger eines Regiments unter Wallenstein*; *ich kenne meine* ~! *ich kenne diese Leute, ich weiß Bescheid!*

'Pap·pen·stiel <fig.; umg.; nur in den Wendungen> 1 *das ist keinen* ~ *wert nichts wert* 2 *etwas für einen* ~ *hergeben für sehr wenig Geld* 3 *das ist kein* ~ *keine Kleinigkeit*

pap·per·la'papp <Schallwort> *Unsinn!*

'pap·pig <Adj.> *klebrig*; ~er *Schnee*; **'Papp·ka·me·rad** <m.; -en, -en; umg.> *Figur aus Pappe für Schießübungen*; **'Papp·kar·ton** <m.; -s, -s>; **'Papp·ma·ché** <[-ʃeː]>, **'Papp·ma·schee** <n.; -s; unz.; ⤢Z11.2> *formbare Masse aus eingeweichtem Papier und Leim*; **'Papp·pla·kat** <n.; -(e)s, -e; ⤢Z37>; **'papp'satt**

<Adj.; umg.; verstärkend für> *satt*; **'Papp·schach·tel** <f.; -, -n>; **'Papp·schnee** <m.; -s; unz.> *nasser, am Ski klebender Schnee*; **'Papp·tel·ler** <m.; -s, ->

'Pap·pus <m.; -, - od. -s·se; Bot.> *Haarkrone an der Frucht der Korbblütler* [grch.]

'Pa·pri·ka, <auch> **'Pap·ri·ka** <m.; -s, - od. -s; ⤢Z53; Bot.> *eine Gemüse- und Gewürzpflanze*; **'Pa·pri·ka·scho·te** <f.; -, -n> *Frucht des Paprikas*; **pa·pri'zie·ren** <V. t.; österr.> *mit Paprika würzen*

Paps[1] <m.; -es; unz.; süddt.> = *Papp*

Paps[2] <m.; -, -e; Kinderspr.> = *Papa(1)*

...papst <salopp; in Zus.> *maßgeblicher Repräsentant*; *Literatur~*; **Papst** <m.; -(e)s, ²e> *Oberhaupt der kath. Kirche und Bischof in Rom* [lat.; grch.]; **'Papst·be·such** <m.; -(e)s, -e>; **'Papst·ka·ta·log** <m.; -(e)s, -e> *Verzeichnis der Päpste*; **'päpst·lich** <Adj.> 1 ~er *Erlass* 2 ~er *sein als der Papst <fig.> eine übertrieben strenge Haltung einnehmen*; **'Papst·mes·se** <f.; -, -n>; **'Papst·na·me** <m.; -ns, -n>; **'Papst·tum** <n.; -s; unz.>; **'Papst·wahl** <f.; -, -en>

'Pa·pua <m.; - od. -s, - od. -s> *Eingeborener Neuguineas*; **'Pa·pua-Neu·gu·i'nea** <[-gi-]> *Staat in Ozeanien*; *Unabhängiger Staat* ~; **'Pa·pua-Neu·gu·i'ne·er** <m.; -s, ->; **pa·pu'a·nisch** <Adj.>; **'Pa·pu·a·spra·che** <f.; -, -n> *jede der etwa 130 bekannten Sprachen der Papua*

Pa'py·ri <Pl. von> *Papyrus*; **Pa·py·'rin** <n.; -s; unz.> *Pergamentpapier*; **Pa·py·ro·lo'gie** <f.; -; unz.> *Wissenschaft von den Papyri*; **pa·py·ro'lo·gisch** <Adj.> ~er *Befund*; **Pa'py·rus** <m.; -, -ri; Antike> 1 *aus der Papyrusstaude gewonnenes Blatt zum Beschreiben* 2 *Schriftstück aus Papyrus(1)* [grch.]; **Pa'py·rus·rol·le** <f.; -, -n>; **Pa'py·rus·stau·de** <f.; -, -n; Bot.> *ein trop. Riedgras*

Par <n.; - od. -s, -s; Golf> *vorgegebene Anzahl von Schlägen, mit denen ein Golfloch erreicht werden soll* [engl.]

par..., Par... <in Zus.>, **pa·ra..., Pa·ra...** <in Zus.> 1 *neben..., Neben..., bei..., Bei...*; *paramilitärisch* 2 *gegen..., Gegen..., wider..., Wider...*; *paradox* [grch.]; **pa·ra-** <Chem.; Zeichen: p-> *durch zwei Kohlenstoffatome getrennt*; **Pa·ra'ba·se** <f.; -, -n> *Chorpartie in der attischen Komödie*

Pa·ra'bel <f.; -, -n> 1 *lehrhafte Erzählung, die eine allgemeine sittliche Wahrheit an einem Beispiel veranschaulicht* 2 <Math.> *Kegelschnitt ohne Mittelpunkt* [grch.]

Pa·ra'bel·lum <f.; -, -s; Warenz. für> *Selbstladepistole*; **Pa·ra'bel·lum·pis·to·le** <f.; -, -n>

Pa·ra·bi'ont <m.; -en, -en; Biol.> *Lebewesen, das mit einem anderen der gleichen Art verwachsen ist, z. B. siamesische Zwillinge*; **Pa·ra·bi'o·se** <f.; -, -n; Biol.> *Zusammenleben zweier Lebewesen, die miteinander verwachsen sind* [grch.]

Pa·ra·bol·an·ten·ne <f.; -, -n> *Antenne in Form eines Parabolspiegels*; **pa·ra'bo·lisch** <Adj.> 1 *gleichnishaft* 2 <Math.> *parabelförmig* [grch.]; **pa·ra·bo·li·'sie·ren** <V. t.>; **Pa·ra·bo·lo'id** <n.; -s, -e; Math.> *Drehkörper einer Parabel(2) oder einer Hyperbel*; **Pa·ra'bol·spie·gel** <m.; -s, -> *Hohlspiegel zur Aussendung oder zum Empfang elektromagnet. Strahlung*

pa·ra·cel'sisch <[-'tsɛl-]; Adj.> ~e *Schriften* [nach dem dt. Naturforscher, Arzt und Philosophen *Paracelsus*]; **Pa'ra·cel·sus·aus·ga·be** <f.; -, -n>

Pa·ra·ce·ta'mol <n.; -s; unz.; Pharm.; internat. Freiname für> *ein Medikament zur Schmerzbekämpfung und Fiebersenkung*

Pa'ra·de <f.; -, -n> 1 <Mil.> *(prunkvoller) Vorbeimarsch von Truppen* 2 <Fechten, Boxen> *Abwehrbewegung* 3 <Reitsp.> *Anhalten des Pferdes oder Verkürzen der Gangart* [frz.]; **Pa'ra·de·bei·spiel** <n.; -(e)s, -e> *besonders anschauliches Beispiel*; **Pa'ra·de·dis·zi·plin** <f.; -, -en; Sp.> *Disziplin, die man besonders gut beherrscht*

P

Pa·ra·deis <n.; -es, -e; poet.> *Paradies*; **Pa·ra·dei·ser** <m.; -s, -; österr.> *Tomate*; **Pa·ra·dei·ser·sa·lat**, **Pa·ra·deis·sa·lat** <m.; -(e)s, -e>; **Pa·ra·deis·sup·pe** <f.; -, -n>

Pa·ra·de·kis·sen <n.; -s, -; früher>; **Pa·ra·de·marsch** <m.; -(e)s, -̈e>

Pa·ra·den·ti·tis <f.; -, -ti·ti·den; Zahnmed.> *Entzündung des Zahnfleisches und der Wurzelhaut*; oV *Parodontitis* [grch.-lat.]; **Pa·ra·den·to·se** <f.; -, -n; Med.> = *Parodontose*

Pa·ra·de·pferd <n.; -(e)s, -e> **1** *gutes Pferd zum Vorführen* **2** <fig.> *Sache oder Person, mit der man beeindrucken kann*; **Pa·ra·de·schritt** <m.; -(e)s; unz.> *im ~*; **Pa·ra·de·stück** <n.; -(e)s, -e> *da ist ihr ein ~ gelungen*; **Pa·ra·de·u·ni·form** <f.; -, -en; ↗Z55>; **pa·ra·die·ren** <V. i.> **1** <Mil.> *vorbeimarschieren* **2** *mit etwas ~ <fig.> sich mit etwas brüsten*

Pa·ra·dies <n.; -es, -e> **1** <unz.; Rel.> *Garten Eden, Himmel* **2** <fig.> *Ort der Freude*; *dieser Garten ist ein ~ für Kinder* **3** <fig.> *besonders schöner Ort*; *dieses Fleckchen Erde ist wirklich ein ~* **4** <Arch.> *Vorhalle der altchristl. Basilika* [grch.]; **Pa·ra·dies·ap·fel** <m.; -s, -̈> **1** *ein Zwergapfel* **2** <österr.; a. für> *Tomate*; **Pa·ra·dies·fisch** <m.; -(e)s, -e; Zool.> = *Makropode*; **pa·ra·die·sisch** <Adj.> *ein ~er Ort*; **Pa·ra·dies·vo·gel** <m.; -s, -̈> **1** <Zool.> *ein farbenprächtiger Singvogel* **2** <fig.> *jmd., der sich auffällig kleidet od. ungewöhnlich verhält*

Pa·ra·dig·ma <n.; -s, -dig·men> **1** *Beispiel, Erzählung mit musterhaftem Charakter* **2** <Sprachw.> *Flexionsmuster* [grch.]; **pa·ra·dig·ma·tisch** <Adj.>

pa·ra·dox <Adj.> *widersinnig, seltsam* [grch.]; **pa·ra·do·xer·'wei·se** <Adv.>; **Pa·ra·do·xie** <f.; -, -n>; **Pa·ra·do·xon** <n.; -s, -xa> *(scheinbar) widersprüchliche Aussage*

Par·af'fin, <auch> **Pa·raf'fin** <n.; -s, -e; ↗Z54> **1** *farbloses Gemisch von gesättigten Kohlenwasserstoffen* **2** <meist Pl.;

Chem.> *-e gesättigte, kettenförmige Kohlenwasserstoffe*; **par·af'fi'nie·ren** <V. t.> *mit Paraffin behandeln*; **par·af'fi·nisch** <Adj.>; **Par·af'fin·ker·ze** <f.; -, -n>; **Par·af'fin·öl** <n.; -s; unz.>

'Pa·ra·glei·ten <n.; -s; unz.; österr.> = *Paragliding*; **'Pa·ra·glei·ter** <m.; -s, -⟩; **'Pa·ra·gli·der** <[-glai-]; m.; -s, -> *fallschirmähnliches Sportgerät, Gleitsegler*; **'Pa·ra·gli·ding** <n.; -s; unz.; Sp.> *Gleitsegelfliegen* [engl.]

'Pa·ra·gneis <m.; -es, -e; Geol.> *aus Sedimentgestein entstandener Gneis*

Pa·ra'graf <m.; -en, -en; ↗Z11.3; Zeichen: §> *nummerierter Absatz in amtl. formellen Schriftstücken, Verträgen und Gesetzbüchern*; oV *Paragraph* [grch.]; **Pa·ra'gra·fen·di·ckicht** <n.; -(e)s; unz.; umg.>; **Pa·ra'gra·fen·dschun·gel** <m.; -s; unz.; umg.>; **Pa·ra'gra·fen·rei·ter** <m.; -s, -; fig.; umg.; abwertend> *jmd., der sich zu streng an Vorschriften hält*; **Pa·ra·gra·fen·rei·te'rei** <f.; -; unz.>; **Pa·ra'gra'fie** <f.; -; unz.> = *Paragraphie*; **pa·ra·gra'fie·ren** <V. t.> *einen Text ~ in Abschnitte unterteilen*; **Pa·ra·gra'fie·rung** <f.; -, -en>; **Pa·ra'graf·zei·chen** <n.; -s, -; Zeichen: §>

Pa·ra'gramm <n.; -s, -e; Lit.> *scherzhafte, verspottende Veränderung eines Namens oder Wortes durch den Austausch eines oder mehrerer Buchstaben* [grch.]

Pa·ra'graph <m.; -en, -en; ↗Z11.3> = *Paragraf*; **Pa·ra'gra·phen·di·ckicht** <n.; -(e)s; unz.; umg.>; **Pa·ra'gra·phen·dschun·gel** <m.; -s; unz.; umg.>; **Pa·ra'gra·phen·rei·ter** <m.; -s, -; fig.; umg.; abwertend>; **Pa·ra·gra·phen·rei·te'rei** <f.; -; unz.>; **Pa·ra·gra'phie** <f.; -; unz.; Med.> *Schreibstörung, Verwechslung von Buchstaben, Silben oder Wörtern*; oV *Paragrafie*; **pa·ra·gra'phie·ren** <V. t.> = *paragrafieren*; **Pa·ra·gra'phie·rung** <f.; -, -en>; **Pa·ra'graph·zei·chen** <n.; -s, -⟩

'Pa·ra·guay <[-'gwai]; a. [--'-]> *Staat in Südamerika*; *Republik ~*; **'Pa·ra·gu·ay·er** <m.; -s, -⟩;

'Pa·ra·gu·ay·e·rin <f.; -, -n·nen>; **'pa·ra·gu·ay·isch** <Adj.>

Pa·ra·ki'ne·se <f.; -, -n; Med.> *Störung im Bewegungsablauf infolge mangelhafter Koordination* [grch.]

Pa·ra'kla·se <f.; -, -n; Geol.> *durch Auswitterung od. Erdbeben entstandene Spalte* [grch.]

Pa·ra'klet, <auch> **Pa·rak'let** <m.; -(e)s od. -en, -e od. -en; ↗Z53> *Helfer, Fürsprecher, besonders der Hl. Geist* [grch.]

Pa·ra·la'lie <f.; -, -n; Med.> *Sprechstörung, bei der es zu einer Lautvertauschung kommt* [grch.]; **Pa·ra·le'xie** <f.; -, -n; Med.> *Lesestörung infolge einer Verwechslung der gelesenen Wörter*

Pa·ra·lin·gu'is·tik <f.; -; unz.; Sprachw.> *Teilgebiet der Linguistik, das sprachbegleitende Erscheinungen wie Mimik, Atmung u. Ä. untersucht*; **pa·ra·lin·gu'is·tisch** <Adj.>

Pa·ra·li'po·me·non <n.; -s, -me·na; Lit.> *Nachtrag, Zusatz (zu einem Schriftwerk)* [grch.]

par'a·lisch, <auch> **pa·ra'lisch** <Adj.; ↗Z54; Geol.> *in Meeresnähe entstanden*; Ggs *limnisch* [grch.]

par·al'lak·tisch, <auch> **pa·ral'lak·tisch** <Adj.; ↗Z54>; **Par·al'la·xe** <f.; -, -n> **1** *scheinbare Verschiebung eines Objektes, wenn es von zwei verschiedenen Punkten aus beobachtet wird* **2** <Fot.> *Unterschied zwischen dem Bildausschnitt im Sucher und dem tatsächlich auf dem Bild erscheinenden* [grch.]; **Par·al'la·xen·se·kun·de** <f.; -, -n; Astr.; Kurzw.: Parsec, Parsek; Abk.: pc> *ein astronom. Längenmaß*; *1 pc = 3,263 Lichtjahre*

par·al'lel, <auch> **pa·ral'lel** <Adj.; ↗Z54> **1** *in gleicher Richtung und gleich bleibendem Abstand zueinander verlaufend*; *~ laufende Straßen*; *Maschinen ~ schalten*; *der Weg läuft ~ zum Fluss* **2** *gleichzeitig*; *~ dazu finden mehrere Aktivitäten statt* [grch.]; **Par·al'lel·be·trieb** <m.; -(e)s; unz.> *gleichzeitig stattfindende Arbeitsabläufe*; Ggs *Batchprocessing*; **Par·al'le·le** <f.;

-, -n> 1 <Math.> *Gerade, die zu einer anderen Geraden in gleichem Abstand verläuft* 2 <fig.> *etwas Vergleichbares, ähnliche Begebenheit; eine ~ zu einem Ereignis ziehen;* **Par·al·lel·e·pi·'ped** <n.; -s, -e; -en>; Geom.> *aus Parallelogrammen gebildeter geometrischer Körper,* **Par·al·'lel·er·schei·nung** <f.; -, -en>; **Par·al·'lel·fall** <m.; -(e)s, ⸚e>; **Par·al·'lel·flach** <n.; -(e)s, -e> = *Parallelepiped;* **par·al·le·'li·sie·ren** <V. t.> *vergleichend nebeneinander stellen;* **Par·al·le·li·sie·rung** <f.; -; unz.>; **Par·al·le·'lis·mus** <m.; -, -men> 1 *Übereinstimmung* 2 <Sprachw.> *gleichmäßiger Bau von Satzgliedern od. Sätzen;* **Par·al·le·li·'tät** <f.; -, -en>; **Par·al·'lel·klas·se** <f.; -, -n>; **Par·al·'lel·kreis** <m.; -es, -e; Geogr.> *Breitenkreis;* **Par·al·'lel·li·nie** <[-niə]; f.; -, -n>; **Par·al·le·lo·'gramm** <n.; -s, -e; Geom.> *Viereck, das von zwei Paaren paralleler Geraden begrenzt wird;* **Par·al·'lel·prin·zip** <n.; -(e)s, -pi·en od. (selten) -e; Wirtsch.> *Produktionsgrundsatz, der Lagerbildung vermeidet und bei dem die Produktionsmenge genau dem Absatz entspricht;* **Par·al·'lel·pro·jek·ti·on** <f.; -, -en; Math.>; **Par·al·'lel·rech·ner** <m.; -s, -> *EDV-Anlage mit mehreren gleichwertigen, nebeneinander arbeitenden Prozessoren;* **Par·al·'lel·schal·tung** <f.; -, -en> *Schaltung mehrerer elektrischer Widerstände;* **Par·al·'lel·schwung** <m.; -(e)s, ⸚e; Skisp.> *parallele Führung der Skier;* **Par·al·'lel·sla·lom** <m.; -s; unz.; Skisp.>; **Par·al·'lel·stel·le** <f.; -, -n>; **Par·al·'lel·stra·ße** <f.; -, -n>; **Par·al·'lel·ton·art** <f.; -, -en; Mus.> *C-Dur und a-Moll sind ~en;* **Par·al·'lel·ver·ar·bei·tung** <f.; -, -en; EDV> *gleichzeitige Bearbeitung eines Programmes durch mehrere Prozessoren*

Pa·ra·lo·'gie <f.; -, -n> *sinnwidriger Gebrauch von Wörtern* [grch.]; **Pa·ra·lo·'gis·mus** <m.; -, -men; Philos.> *Fehlschluss;* **Pa·ra·lo·'gis·tik** <f.; -; unz.> *Beweis mithilfe eines Trugschlusses*

Pa·ra·'lym·pics <Pl.; Sp.> *olympi-sche Veranstaltung für behinderte Sportler* [engl.]

Pa·ra·'ly·se <f.; -, -n; Med.> *vollständige Bewegungslähmung* [grch.]; **pa·ra·ly·'sie·ren** <V. t.> 1 *lähmen* 2 <fig.> *unwirksam machen, schwächen;* **Pa·ra·'ly·sis** <f.; -, -sen; Med.> = *Paralyse;* **Pa·ra·'ly·ti·ker** <m.; -s, -; Med.> *jmd., der an Paralyse leidet;* **Pa·ra·'ly·ti·ke·rin** <f.; -, -n·nen; Med.>; **pa·ra·'ly·tisch** <Adj.; Med.>

pa·ra·ma·'gne·tisch, <auch> **pa·ra·mag·'ne·tisch** <Adj.; ⸚Z53>; **Pa·ra·ma·gne·'tis·mus** <m.; -; unz.> *Eigenschaft vieler Stoffe, in einem Magnetfeld eine in Feldrichtung zeigende Magnetisierung anzunehmen* [grch.]

'Pa·ra·me·di·zin <f.; -; unz.> *alle von der Schulmedizin abweichenden medizinischen Systeme und Auffassungen*

Pa·ra·'ment <n.; -s, -e> *Gegenstand aus Stoff für gottesdienstliche Zwecke, z. B. Altardecke* [lat.]

Pa·ra·'me·ter <m.; -s, -> 1 <Math.> *konstante oder unbestimmte Hilfsvariable* 2 <allg.> *Vergleichsgröße* [grch.]

'pa·ra·mi·li·tä·risch <Adj.> *militärähnlich*

Par·a·'mne·sie <f.; -, -n; ⸚Z54; Med.; Psych.> *Gedächtnistäuschung, bei der man sich an etwas nie Stattgefundenes zu erinnern glaubt* [grch.]

Pa·ra·'noia <f.; -; unz.; Med.> *mit Wahnvorstellungen verbundene Geistesgestörtheit* [grch.]; **pa·ra·no·'id** <Adj.>; **Pa·ra·'no·i·ker** <m.; -s, ->; **Pa·ra·no·i·ke·rin** <f.; -, -n·nen>; **pa·ra·no·isch** <Adj.>; **Pa·ra·no·'is·mus** <m.; -; unz.> = *Paranoia*

pa·ra·nor·'mal <Adj.> *übersinnlich* [grch.]

'Pa·ra·nuss <f.; -, ⸚e> *dreikantiger, ölhaltiger Samen des Paranussbaumes;* **'Pa·ra·nuss·baum** <m.; -(e)s, ⸚e; Bot.>

Pa·ra·'pha·ge <m.; -n, -n; Zool.> *Tier, das auf einem anderen lebt, ohne diesem zu nützen oder zu schaden* [grch.]

Pa·ra·pha·'sie <f.; -; unz.; Med.> *durch Verwechslung von Wör-tern gekennzeichnete Sprachstörung* [grch.]

Pa·'ra·phe <f.; -, -n> *Namenszug* [grch.]; **pa·ra·'phie·ren** <V. t.> *unterzeichnen; einen Vertrag ~;* **Pa·ra·'phie·rung** <f.; -, -en>

Pa·ra·'phra·se <f.; -, -n> 1 <Sprachw.> *verdeutlichende Umschreibung* 2 <Mus.> *Ausschmückung einer Melodie* [grch.]; **pa·ra·phra·'sie·ren** <V. t.>; **pa·ra·'phras·tisch** <Adj.>

Pa·ra·phre·'nie <f.; -; unz.; Med.> *leichte Form der Schizophrenie* [grch.]

Pa·ra·pla·'sie <f.; -, -n; Med.> *Missbildung* [grch.]

Pa·ra·ple·'gie <f.; -, -n; Med.> *doppelseitige Lähmung* [grch.]

Pa·ra·'pluie <[-'ply]; m.; -s, -s; veralt.> *Regenschirm* [frz.]

'Pa·ra·psy·cho·lo·gie <f.; -; unz.> *Teilgebiet der Psychologie, das die außersinnlichen (okkulten) Erscheinungen untersucht* [grch.]; **'pa·ra·psy·cho·lo·gisch** <Adj.>

'Pa·ra·schi <m.; - od. -s; unz.> = *Paraski*

Pa·ra·'sit <m.; -en, -en; Biol.> = *Schmarotzer* [grch.]; **pa·ra·si·'tär** <Adj.>; **Pa·ra·si·ten·tum** <n.; -s; unz.>; **pa·ra·si·tisch** <Adj.>; **Pa·ra·si·'tis·mus** <m.; -; unz.>; **Pa·ra·si·to·lo·'gie** <f.; -; unz.> *Lehre von den pflanzlichen und tierischen Schmarotzern;* **pa·ra·si·to·'lo·gisch** <Adj.>

'Pa·ra·ski <[-ʃi]; m.; - od. -s; unz.; Sp.> *Sportdisziplin, die Fallschirmspringen und Riesenslalom beinhaltet; oV Paraschi*

Pa·ra·'sol <m.; -s, -s> 1 <veralt.> *Sonnenschirm* 2 = *Parasolpilz* [frz.]; **Pa·ra·'sol·pilz** <m.; -es, -e; Bot.> *Schirmpilz* [frz.]

'pa·ra·Stel·lung <f.; -, -en; Zeichen: p> *zwei sich gegenüberliegende Substituenten in ringförmigen Kohlenstoffverbindungen*

Par·äs·the·'sie, <auch> **Pa·räs·the·sie** <f.; -, -n; ⸚Z54; Med.> *Sensibilitätsstörung, z. B. Ameisenlaufen, Kribbeln* [grch.]

Pa·ra·sym·pa·thi·kus <m.; -; unz.; Med.> *Teil des Nervensystems* [grch.]; **pa·ra·sym·pa·thisch** <Adj.>

pa'rat <Adj.> *bereit, gebrauchsfertig;* eine Antwort ~ haben [lat.]

pa·ra'tak·tisch <Adj.; Sprachw.> Ggs *hypotaktisch;* **Pa·ra'ta·xe** <f.; -, -n> *Nebenordnung, Nebeneinander gleichberechtigter Hauptsätze;* Ggs *Hypotaxe* [grch.]

pa·ra'to·nisch <Adj.> *durch Umweltreize wie Licht, Wind u. Ä. bewirkt* [grch.]

'Pa·ra·ty·phus <m.; -; unz.; Med.> *typhusähnliche Infektionskrankheit*

pa·ra'ty·pisch <Adj.; Med.> *nicht erblich*

Pa·ra·va·ri·a·ti'on <[-va-]; f.; -, -en; Biol.> = *Modifikation(2)*

pa·ra·ve'nös <[-ve-]; Adj.> *neben einer Vene (gelegen)* [grch.-lat.]

Pa·ra·vent <[-'vã]; m. od. n.; -s, -s> *Wind-, Wand-, Ofenschirm* [frz.]

par a·vi·on <[parav'jõ]> *durch Luftpost (Vermerk auf Postsendungen)* [frz.]

Pa·ra·zen'te·se <f.; -, -n> *Einstich, Durchstich (besonders des Trommelfells)* [grch.]

par·bleu <[-'blø]; veralt.> *Donnerwetter!* [frz.]

par·boiled <['pa:rboild]; Adj.; undekl.> *vorbehandelt, vorgekocht (von Reis)* [engl.]

'Pär·chen <n.; -s, -; ↗Z18.1; Verkleinerungsf. von> *Paar;* *Liebes~*

Par·cours <[par'ku:r]; m.; - [-'ku:rs], - [-'ku:rs]> **1** *Hindernisbahn beim Reitsport* **2** <schweiz.> *Lauf-, Rennstrecke* [frz.]

par'dauz *Ausruf des Erschreckens od. Erstaunens*

'Par·del, 'Par·der <m.; -s, -> = *Leopard*

par·don <[-'dõ]> *Verzeihung!* [frz.]; **Par·don** <[-'dõ], österr. [-'do:n]; n. od. m.; -s; unz.> *kein(en) ~ kennen rücksichtslos vorgehen*

Par'dun <n.; -s, -s> *Tau, das Masten hält* [ndrl.]

Par·en·chym <auch> **Pa·ren·chym** <[-'çy:m]; n.; -s, -e; ↗Z54> **1** <Biol.> *Funktionsgewebe der Organe bei Tieren und Menschen* **2** <Bot.> *Pflanzengrundgewebe* [grch.]; **par·en·chy·ma'tös** <Adj.>

pa·ren'tal <Adj.; Biol.>; **Pa·ren'tal·ge·ne·ra·ti·on** <f.; -, -en> *Generation der Eltern* [lat.]; **Pa·ren'tel** <f.; -, -en> *Gesamtheit aller Nachkommen eines Stammvaters;* **Pa·ren'tel·sys·tem** <n.; -s, -e; Rechtsw.> *Erbfolgeregelung*

Par·en'the·se, <auch> **Pa·ren'the·se** <f.; -, -n; ↗Z54; Sprachw.> **1** = *Klammer(2)* **2** *eingeschobener Satz oder Satzteil;* → a. *Kasten Schaltsatz* [grch.]; **par·en'the·tisch** <Adj.>

'Pa·reo <m.; -s, -s> *Wickeltuch, das um die Hüften getragen wird* [polynes.]

Par'er·gon, <auch> **Pa'rer·gon** <n.; -s, -ga; ↗Z54> **1** *Anhang, Nachtrag* **2** *gesammelte kleinere Schriften* [grch.]

par ex·cel·lence <[-'ɛksə'lãs]; Adv.> *vorzugsweise, schlechthin, beispielhaft* [frz.]; **par ex·em·ple,** <auch> **par e·xem·ple** <[-ɛk'sã:pl]; ↗Z53; veralt.> *zum Beispiel*

Par·fait <[-'fɛ]; n.; -s, -s> **1** *Farce(3) aus besonders edlen Zutaten;* *Gänseleber~* **2** *halb gefrorenes Speiseeis;* *Zitronen~* [frz.]

par force <[-'fɔrs]; Adv.; veralt.> *mit Gewalt, heftig, unbedingt, unter allen Umständen* [frz.]; **Par'force** <f.; -, -n>, **Par'force·jagd** <f.; -, -en> *Hetzjagd mit Pferden und Hunden;* **Par'force·rei·ter** <m.; -s, ->; **Par'force·ritt** <m.; -(e)s, -e> **1** *schneller Ritt* **2** <fig.> *Kraftakt*

Par·fum <[-'fœ]; n.; -s, -s; bes. österr.; schweiz.>, **Par'füm** <n.; -s, -s od. -e> *flüssige, alkohol. Lösung mit meist pflanzl. od. synthet. Duftstoffen* [frz.]; **Par·fü·me'rie** <f.; -, -n> *Geschäft für Parfüms u. Kosmetikartikel;* **Par·fü·meur** <[-'møːr]; m.; -s, -e> *Fachmann für Parfümherstellung;* **Par'fü·meu·rin** <f.; -, -nnen>; **Par'füm·fla·sche** <f.; -, -n>; **par·fü'mie·ren** <V. t.>; **Par'füm·zer·stäu·ber** <m.; -s, ->

'pa·ri *die Chancen stehen ~ sind gleich;* **'Pa·ri** <m.; - od. -s; unz.> *Nennwert;* *über ~ stehen;* Sy *Pariwert;* → a. *al pari* [ital.]

'Pa·ria <m.; -s, -s> **1** <europ. Bez. für> *kastenloser Inder* **2** <fig.> *Ausgestoßener* [tamil.]

pa'rie·ren <V.> **1** <V. t.> *einen Angriff ~ abwehren* **2** <V. t.> *ein Pferd ~ zum Stehen bringen* **3** <V. t.; Kochk.> *Fleisch, Fisch ~ zurechtschneiden* **4** <V. i.; umg.> *jmdm. ~ gehorchen* [frz.]

Pa·ri·e'tal·au·ge <[-ria-]; n.; -s, -n>, **Pa·ri·e'tal·or·gan** <n.; -(e)s, -e> *lichtempfindl. Sinnesorgan niederer Wirbeltiere* [lat.]

'Pa·ri·kurs <m.; -es, -e; Wirtsch.> *dem Nennwert eines Wertpapiers entsprechender Kurs*

'Pa·ris[1] <grch. Myth.> *Sohn des Königs Priamos*

Pa·ris[2] *Hauptstadt von Frankreich;* **Pa'ri·ser** <m.; -s, -> **1** *Einwohner von Paris*[2] **2** <umg.> = *Kondom;* **Pa'ri·se·rin** <f.; -, -nnen>; **pa'ri·se·risch** <Adj.>; **Pa·ri·si'enne** <[-'zjɛn]; f.; -; unz.> **1** *mit Metallfäden durchzogenes Seidengewebe* **2** *frz. Revolutionslied von 1830;* **pa'ri·sisch** <Adj.> *auf die Stadt Paris bezogen*

pa·ri·syl'la·bisch <Adj.; Sprachw.>; **Pa·ri'syl·la·bum** <n.; -s, -ba; Sprachw.> *Substantiv, das in allen Kasus die gleiche Silbenzahl aufweist* [lat.]

Pa·ri'tät <f.; -, -en> **1** <unz.> *Gleichberechtigung, Gleichwertigkeit* **2** *Verhältnis des Wertes zweier Währungen;* **pa·ri'tä·tisch** <Adj.; ↗Z46> *gleichgestellt, gleichberechtigt; anfallende Kosten ~ aufteilen;* <aber> *Deutscher Paritätischer Wohlfahrtsverband* [lat.]; **Pa·ri'täts·klau·sel** <f.; -, -n>

'Pa·ri·wert <m.; -(e)s, -e> = *Pari*

Park <m.; -s, -s od. -e od. (österr. a.) ⸗e> *großer, meist öffentl. (Landschafts-)Garten;* *Schloss~;* <a. fig.> *Fuhr~;* *Industrie~* [frz.]

'Par·ka <m.; -s, -s od. f.; -, -s> *gefütterter Anorak mit Kapuze* [samojed.]

Park-and-ride-Sys·tem <[pa:rkənd'raid-]; n.; -s; unz.> *Verkehrssystem, bei dem Autofahrer ihr Fahrzeug auf Parkplätzen am Stadtrand abstellen u. mit öffentlichen Verkehrsmitteln in die Stadt fahren* [engl.]; **'Park·an·la·ge** <f.; -, -n>; **'park·ar·tig** <Adj.>; **'Park·bahn** <f.; -,

-en; Raumf.> *Umlaufbahn eines Raumflugkörpers, von der aus Teile in eine andere Bahn gebracht werden;* **'Park·bank** <f.; -, ⸚e>; **'Park·bucht** <f.; -, -en>; **'Park·dau·er** <f.; -; unz.> *die ~ überschreiten;* **'Park·deck** <n.; -s, -s> *das oberste ~ im Parkhaus;* **'par·ken** <V.> 1 <V. i.> *ein Auto parkt ist abgestellt* 2 <V. t.> *seinen Wagen ~ abstellen;* **'Par·ker** <m.; -s, -> *Dauer-;* **'Par·ke·rin** <f.; -, -n·nen>

Par'kett <n.; -(e)s, -e> 1 *Fußbodentäfelung aus Holz;* sich auf dem ~ bewegen können <fig.> *sich sicher in guter Gesellschaft benehmen können* 2 <Theat.> *vorderer Teil des Zuschauerraums;* im ~ sitzen 3 *offizieller Börsenverkehr* [frz.]; **Par'kett·bo·den** <m.; -s, ⸚>; **Par'kett·te** <f.; -, -n; österr.> *Einzelbrett des Parkettfußbodens;* **par'kett·tie·ren** <V. t.>; **Par'kett·le·ger** <m.; -s, ->; **Par'kett·le·ge·rin** <f.; -, -n·nen>; **Par'kett·sitz** <m.; -es, -e; Theat.>

'Park·haus <n.; -es, ⸚er>; **par'kie·ren** <V. t. u. V. i.; schweiz.> *parken;* **Par'kie·rungs·dau·er** <f.; -; unz.; schweiz.>; **Par'kie·rungs·ver·bot** <n.; -(e)s, -e; schweiz.>; **'Park·ing·me·ter** <m.; -s, -; schweiz.> *Parkuhr*

Par·kin·so'nis·mus <m.; -; unz.>; **'Par·kin·son·syn·drom,** <auch> **'Par·kin·son-Syn·drom** <n.; -s; unz.; ⸚Z35; Med.> *(Alters-)Schüttellähmung* [nach dem engl. Arzt J. *Parkinson*]

'Park·kral·le <f.; -, -n> *Vorrichtung zum Blockieren der Räder falsch parkender Autos;* **'Park·land·schaft** <f.; -, -en>; **'Park·leit·sys·tem** <n.; -s, -e>; **'Park·leuch·te** <f.; -, -n>; **'Park·licht** <n.; -(e)s, -er>; **'Park·lü·cke** <f.; -, -n>; **Par·ko'me·ter** <n.; -s, -; noch schweiz.; für> *Parkuhr;* **'Park·pi·ckerl** <n.; -s, -n; österr.; umg.; salopp> *behördliche Genehmigung für Dauerparker;* **'Park·platz** <m.; -es, ⸚e> 1 *Stellplatz für ein Kraftfahrzeug* 2 *größerer Platz für mehrere Kraftfahrzeuge;* **'Park·schei·be** <f.; -, -n>; **'Park·stu·di·um** <n.; -s; unz.; umg.> *Studium, das*

dazu dient, die Wartezeit bis zur Erteilung eines Studienplatzes im eigentlich gewünschten Fach zu überbrücken; **'Park·sün·der** <m.; -s, -; umg.>; **'Park·sün·de·rin** <f.; -, -n·nen>; **'Park·ta·sche** <f.; -, -n>; **'Park·uhr** <f.; -, -en>; **'Park·ver·bot** <n.; -(e)s, -e>; **'Park·wäch·ter** <m.; -s, ->; **'Park·wäch·te·rin** <f.; -, -n·nen>; **'Park·zeit** <f.; -, -en>

Par·la'ment <n.; -(e)s, -e> *gewählte Volksvertretung mit beratender und gesetzgebender Funktion* [engl.]; **Par·la·men'tär** <m.; -s, -e> *Unterhändler* [frz.]; **Par·la·men·ta·ri·er** <m.; -s, -> *Parlamentsangehöriger;* **Par·la·men·ta·ri·e·rin** <f.; -, -n·nen>; **Par·la·men·tä·rin** <f.; -, -n·nen>; **par·la·men·ta·risch** <Adj.>; **Par·la·men·ta·ris·mus** <m.; -; unz.> *demokrat. Regierungsform, in der das Parlament an der Regierung teilhat;* **Par·la'ments·aus·schuss** <m.; -es, ⸚e>; **Par·la'ments·be·schluss** <m.; -es, ⸚e>; **Par·la'ments·de·bat·te** <f.; -, -n>; **Par·la'ments·di·rek·tor** <m.; -s, -en; österr.> *ein Amtstitel;* **Par·la'ments·mit·glied** <n.; -s, -(e)s, -er>; **Par·la'ments·sit·zung** <f.; -, -en>; **Par·la'ments·wahl** <f.; -, -en>

par'lan·do <Mus.> *im Sprechgesang (gesungen od. zu singen)* [ital.]; **Par'lan·do** <n.; -s, -s>

'Pär·lein <n.; -s, -; ⸚Z18.1; poet.; Verkleinerungsf. von> *Paar*

par'lie·ren <V. i.; veralt.> *rasch und gewandt reden* [frz.]

Par'mä·ne <f.; -, -n> *eine Apfelsorte* [engl.]

'Par·ma·schin·ken, <auch> **'Parma-Schinken** <m.; -s, -; ⸚Z35> *ital. Schinkenspezialität* [nach der ital. Stadt *Parma*]; **Par·me'san** <m.; -s; unz.>, **Par·me'san·kä·se** <m.; -s, -> *ein ital. Hartkäse* [frz.]

Par'nass <m.; - od. -es; unz.> 1 *mittelgrch. Kalkgebirge* 2 <fig.> *Reich der Dichtkunst;* **par'nas·sisch** <Adj.>

par·o·chi·al, <auch> **pa·ro·chi·al** <[-'xja:l]; Adj.; ⸚Z54>; **Par·o·chi·'al·kir·che** <f.; -, -n> *Pfarrkirche;* **Par·o'chie** <f.; -, -n> *Pfarrbezirk* [lat.; grch.]

Par·o·die, <auch> **Pa·ro'die** <f.; -, -n; ⸚Z54> 1 *komisch-satirische, übertreibende Nachahmung od. Umbildung eines literar. Werkes* 2 <Mus.> *Unterlegung einer Komposition mit anderem Text* 3 <Mus.> *Austausch von instrumentaler und vokaler Musik* 4 <Mus.; bes. bei Bach> *Austausch von geistl. und weltl. Texten und Kompositionen* [frz.]; **Par·o'die·mes·se** <f.; -, -n; Mus.> *Komposition des 16. Jh., die Motive eines anderen Werkes (bes. Madrigal) aufgreift;* **par·o'die·ren** <V. t.>; **Par·o'dist** <m.; -en, -en>; **Par·o'dis·tik** <f.; -; unz.>; **Par·o'dis·tin** <f.; -, -n·nen>; **par·o'dis·tisch** <Adj.>

Par·o·don'ti·tis, <auch> **Pa·ro·don'ti·tis** <f.; -, -ti'ti·den; ⸚Z54> = *Paradentitis* [grch.]; **Par·o'don·ti·um** <n.; -s, -ti·en; Med.> *Zahnbett;* **Par·o·don'to·se** <f.; -, -n; Zahnmed.> *Rückbildung des Kieferknochens u. Zahnfleisches;* oV *Paradentose*

Pa'ro·li[1] <f.; -, -s> 1 *Wort als Erkennungszeichen;* Sy *Kennwort* 2 <fig.> *Wort als Handlungsanweisung;* z. B. Wahl– [frz.]; **Pa·role**[2] <[-'rɔl]; f.; -; unz.; Sprachw.; nach Saussure> *Sprechakt;* Ggs *Langue*

Pa'ro·li <n.; -s, -s> *Verdoppelung des Einsatzes beim Pharaospiel;* jmdm. ~ bieten <fig.> *jmdm. widersprechen*

Par·ö'mie <auch> **Pa·rö'mie** <f.; -, -n; ⸚Z54> *altgrch. Sprichwort, Denkspruch* [grch.]; **Par·ö·mi·o·lo'gie** <f.; -; unz.> *Sprichwortkunde*

Par·o·no·ma'sie, <auch> **Pa·ro·no·ma'sie** <f.; -, -n; ⸚Z54; Rhet.> *Wiederholung desselben Wortstamms in unterschiedl. syntaktischer Funktion, z. B. "einen guten Schlaf schlafen"* [grch.]; **par·o·no'mas·tisch** <Adj.>

par or·dre, <auch> **par ord·re** <[par'ɔrdrə]; ⸚Z53> *auf Befehl* [frz.]

Par·o·re'xie, <auch> **Pa·ro·re'xie** <f.; -, -n; ⸚Z54; Med.> *Heißhunger auf bestimmte Speisen bei Schwangeren* [grch.]

Par·os'mie, <auch> **Pa·ros'mie**

<f.; -, -n; ↗Z54; Med.> *Geruchstäuschung* [grch.]

Par·o·tis, <auch> **Pa·ro·tis** <f.; -, -'ti·den; ↗Z54> *Ohrspeicheldrüse* [grch.]; **Par·o·ti·tis** <f.; -, -ti'ti·den; Med.> = *Mumps*

Par·o'xys·mus, <auch> **Pa·ro'xys·mus** <m.; -, -men; ↗Z54> 1 <Med.> *Anfall, höchste Steigerung von Krankheitserscheinungen* 2 <Geol.> *gesteigerte Vulkantätigkeit* [grch.]

'Par·sec, 'Par·sek <f.; -, -; Kurzw. für> *Parallaxensekunde*

'par·sen <V. t.; EDV>

'Par·sen <Pl.> *Anhänger des Parsismus*

'Par·ser <m.; -s, -; EDV> *Programm, das die syntaktische Analyse des Quellprogramms durchführt, um es in eine Maschinensprache zu übertragen* [engl.]; **'Par·sing** <n.; - od. -s, -s; EDV> Sy *Syntaxanalyse*

Par'sis·mus <m.; -; unz.> *monotheistische Lehre Zarathustras*

'Pars pro 'To·to <n.; ---; unz.; Rhet.> *Stilfigur, bei der ein Teil einer Sache das Ganze bezeichnet, z. B. wir wohnen alle unter einem Dach in einem Haus* [lat.]

Part <m.; -s, -s od. -e> 1 *(An-)Teil* 2 *Anteil am Eigentum eines Schiffes;* Schiffs~ 3 *Stimme (eines Gesangs- od. Instrumentalstückes)* 4 *Rolle (im Theaterstück)* [frz.]

part. <Abk. für> *parterre*

'Par·te[1] <f.; -, -n; österr.> *Todesanzeige*

'Par·te[2] <f.; -, -n; umg.> *Mietpartei*

Par'tei <f.; -, -en> 1 *polit. Vereinigung* 2 *Mannschaft (im Sport)* 3 *Vertragspartner* 4 *Gegner im Rechtsstreit* 5 *Mieter; auf unserem Stockwerk wohnen drei ~en* 6 *für od. gegen jmdn. od. etwas ~ ergreifen* <fig.> *eintreten;* **Par'tei·ab·zei·chen** <n.; -s, ->; **Par'tei·amt** <n.; -(e)s, ≃er>; **Par'tei·an·hän·ger** <m.; -s, ->; **Par'tei·an·hän·ge·rin** <f.; -, -n·nen>; **Par'tei·ap·pa·rat** <m.; -(e)s, -e>; **Par'tei·aus·weis** <m.; -es, -e>; **Par'tei·be·schluss** <m.; -es, ≃e>; **Par'tei·buch** <n.; -(e)s, ≃er>; **Par'tei·buch·wirt·schaft** <f.; -; unz.; österr.; ab-

wertend>; **Par'tei·bü·ro** <n.; -s, -s>; **Par'tei·chef** <[-ʃef] m.; -s, -s>; **Par'tei·che·fin** <f.; -, -n·nen>; **Par'tei·chi·ne·sisch** <[-çi-]; n.; -; unz.; umg.> *unverständlicher Parteijargon;* **Par'tei·dis·zi·plin**, <auch> **Par'tei·dis·zip·lin** <f.; -; unz.; ↗Z53>; **Par'tei·en·fi·nan·zie·rung** <f.; -, -en>; **Par'tei·en·ge·setz** <n.; -es, -e>; **Par'tei·en·land·schaft** <f.; -, -en>; **Par'tei·en·staat** <m.; -(e)s, -en>; **Par'tei·en·stel·lung** <f.; -, -en; Rechtsw.; ös­terr.>; **Par'tei·en·ver·kehr** <m.; -s; unz.; österr.; Amtsspr.> *persönliche Vorsprache während der Amtsstunden;* **Par'tei·freund** <m.; -(e)s, -e>; **Par'tei·freun·din** <f.; -, -n·nen>; **Par'tei·füh·rer** <m.; -s, ->; **Par'tei·füh·re·rin** <f.; -, -n·nen>; **Par'tei·füh·rung** <f.; -, -en>; **Par'tei·funk·ti·o·när** <m.; -s, -e; häufig abwertend> *Beauftragter einer polit. Partei;* **Par'tei·funk·ti·o·nä·rin** <f.; -, -n·nen>; **Par'tei·gän·ger** <m.; -s, -> *Parteianhänger;* **Par'tei·gän·ge·rin** <f.; -, -n·nen>; **Par'tei·ge·nos·se** <m.; -n, -n>; **Par'tei·ge·nos·sin** <f.; -, -n·nen>; **par'tei·in·tern** <Adj.> ~*e Auseinandersetzungen;* **par'tei·isch** <Adj.> *für eine Partei eingenommen, nicht objektiv; der Schiedsrichter war ~;* **Par'tei·kon·gress** <m.; -es, -e>; **par'tei·lich** <Adj.> 1 *die Partei betreffend;* ~*e Interessen* 2 = *parteiisch;* **Par'tei·lich·keit** <f.; -; unz.>; **Par'tei·li·nie** <[-nio]; f.; -, -n>; **par'tei·los** <Adj.>; **Par'tei·lo·se** <f. 2 (m. 1)>; **Par'tei·lo·sig·keit** <f.; -; unz.>; **Par'tei·mit·glied** <n.; -(e)s, -er>; **Par'tei·nah·me** <f.; -, -n>; **Par'tei·ob·frau** <f.; -, -en; österr.> *Parteivorsitzende;* **Par'tei·ob·mann** <m.; -(e)s, ≃er; österr.> → a. *Obmann;* **Par'tei·or·gan** <n.; -s, -e> *Zeitung, Zeitschrift als offizielles Sprachrohr einer polit. Partei;* **Par'tei·or·ga·ni·sa·ti·on** <f.; -, -en>; **Par'tei·po·li·tik** <f.; -; unz.>; **par'tei·po·li·tisch** <Adj.>; **Par'tei·prä·si·di·um** <n.; -s, -di·en>; **Par'tei·pro·gramm** <n.; -(e)s, -e>; **Par'tei·se·kre·tär**, <auch> **Par'tei·sek·re·tär** <m.; -s, -e; ↗Z53>; **Par-**

'tei·se·kre·tä·rin <f.; -, -n·nen>; **Par'tei·spit·ze** <f.; -, -n>; **Par'tei·tag** <m.; -(e)s, -e> *regelmäßige Versammlung von Parteiabgeordneten;* **Par'tei·tags·be·schluss** <m.; -es, ≃e>; **Par'tei·ung** <f.; -, -en> *Aufteilung in mehrere Parteien;* **Par'tei·vor·sit·zen·de(r)** <f. 2 (m. 1)>; **Par'tei·vor·stand** <m.; -(e)s, ≃e>; **Par'tei·zen·tra·le**, <auch> **Par'tei·zent·ra·le** <f.; -, -n; ↗Z53>

par·terre <[-'tɛr]; Adv.; Abk. part.> *im Erdgeschoss;* wir wohnen ~; **Par'terre** <n.; -s, -s> *Erdgeschoss* [frz.]; **Par'terre·a·kro·ba·tik**, <auch> **Par'terre·ak·ro·ba·tik** <f.; -; unz.; ↗Z53> *Bodenakrobatik;* **Par'terre·woh·nung** <f.; -, -en>

Par·the·no·ge·ne·se <f.; -; unz.> 1 <Myth.> *Geburt eines Gottes od. Helden durch eine Jungfrau* 2 <Biol.> = *Jungfernzeugung* [grch.]; **par·the·no·ge'ne·tisch** <Adj.>; **par·the·no'karp** <Adj.; Biol.> *ohne Befruchtung gebildet*

'Par·ther <m.; -s, -> *im Altertum Angehöriger eines Volkes in Vorderasien*

par·ti·al <[-'tsja:l]; Adj.; veralt.> = *partiell* [lat.]; **Par'ti·al·bruch** <m.; -(e)s, ≃e; Math.> *Bruch, dessen Nenner aus weiteren Brüchen besteht;* **Par'ti·al·druck** <m.; -(e)s, ≃e> *der in einem Gasgemisch von einem Bestandteil ausgeübte Druck;* **Par'ti·al·kon·trol·le**, <auch> **Par'ti·al·kont·rol·le** <f.; -, -n; ↗Z53; Wirtsch.> *statistische Qualitätskontrolle mithilfe von Stichproben;* **Par'ti·al·o·bli·ga·ti·on**, <auch> **Par'ti·al·ob·li·ga·ti·on** <f.; -, -en; Bankw.> *Teilschuldverschreibung;* **Par'ti·al·ton** <m.; -(e)s, ≃e> = *Oberton*

Par'tie <f.; -, -n> 1 *Teil, Abschnitt; die obere ~ des Bildes* 2 <ver­alt.> *Ausflug;* Land~; *mit von der ~ sein* <a. fig.> *mitmachen* 3 *eine ~ Schach spielen* 4 *eine gute ~ machen eine reiche, vorteilhafte Ehe eingehen* 5 <Kauf­mannsspr.> *größerer Warenposten* [frz.]; **Par'tie·füh·rer** <m.; -s, -; österr.> *Vorarbeiter;* **Par'tie·füh·re·rin** <f.; -, -n·nen>; **par·ti·ell** <[-'tsjɛl]; Adj.> 1 *teilweise* 2

Partikel: Der Begriff P. – auch Funktionswort oder Füllwort genannt – bezeichnet
1. im weiteren Sinn alle unflektierbaren Wortarten, also ↗Präpositionen, ↗Konjunktionen, ↗Adverbien und ↗Interjektionen;
2. im engeren Sinn nur solche unflektierbaren Wörter, die – im Gegensatz zu Adverbien, Präpositionen, Interjektionen und Konjunktionen – nicht als selbstständiges Satzglied stehen können.
   Man unterscheidet dabei zwischen
   a) **Abtönungs-** oder **Modalpartikeln** (*aber, denn, doch, wohl, eben*)
   b) **Gradpartikeln** (*nur, einzig, auch, ferner, sogar, selbst, noch, erst*)
   c) **Negationspartikeln** (*nicht, kein*)
   d) **Steigerungspartikeln** (*außergewöhnlich, höchst, ziemlich, weitaus*)
P. spielen besonders in der gesprochenen Sprache eine große Rolle. Sie modifizieren oder verstärken häufig eine Aussage in einer bestimmten Weise. Viele P. können auch als Adverbien, Konjunktionen usw. verwendet werden.
Das Wort *aber* kann z. B. sowohl als P. (*Das hast du aber schön gemacht!*) als auch als Konjunktion verwendet werden (*Sie sang schön, aber es war zu laut.*).

Partikelverb: Ein P. ist ein zusammengesetztes ↗Verb, das aus einer Partikel bzw. einem Verbzusatz und einem ↗Wortstamm gebildet ist, z. B. *anfangen, abgehen, aufhören, austrinken.*
P. sind – im Gegensatz zu den ↗Präfixverben – in flektierten Formen trennbar: *er fängt an, sie geht ab* usw.
Der Wortakzent liegt bei den P. nicht auf dem Stamm, sondern auf der Partikel (*abfahren, úmkehren*) während es bei den Präfixverben umgekehrt ist (*verfáhren, umfríeden*).

Partizip: Das P. – auch Mittelwort – ist eine infinite, d. h. nicht gebeugte Form des Verbs. Das P. steht in einer Mittelstellung zwischen ↗Verb und ↗Nomen bzw. ↗Adjektiv, da es zum einen als Teil des Prädikats stehen kann (*er hat gesungen*), zum anderen werden P. nominal verwendet und flektiert (*das eben gesungene Lied*).
Im Deutschen wird zwischen P. I (**P. Präsens**) und P. II (**P. Perfekt**) unterschieden. Das P. Präsens wird durch an die Infinitivform angehängtes *-d* gebildet (*singend, lachend, weinend*). Das P. Perfekt, das Teil von zusammengesetzten Tempusformen ist (*er hat gesungen/sie ist gegangen*), wird
a) von **starken Verben** mit der Vorsilbe *ge-* + der Endung *-en* gebildet: *gesungen, gegangen*
b) von **schwachen Verben** mit der Vorsilbe *ge-* + der Endung *-t* gebildet: *geklaut, geregnet, gescheitert.*
Das P. Präsens stellt ein Geschehen als verlaufend dar: *sitzend, malend, essend.*
Das P. Perfekt stellt dagegen ein Geschehen als vollendet oder vollzogen dar: *Sie ist/war in die Schule gegangen. Das Kind hat/hatte gemalt.*

P. können zu **Substantiven** konvertiert werden: *der Vorsitzende, der Geschworene, die Liebenden.* Bei der adjektivischen Verwendung wird das P. gebeugt: *eine gelungene Vorführung; eine stehende Figur.*

P

anteilig; **par·ti·en·wei·se** <Adj.>; **Par·tie·preis** <m.; -es, -e>; **Par·tie·wa·re** <f.; -, -n; Wirtsch.> *veraltete od. unansehnliche Ware, die zu reduziertem Preis abgestoßen wird*; **par·'tie·wei·se** <Adj.>

Par·ti·kel[1] <f.; -, -n> 1 <Gramm.> *unbeugbares Wort, z. B. Präposition;* → a. *Kasten* 2 <Gramm.> *unbeugbares Wort, das keine Präposition, Konjunktion u. kein Adjektiv ist, z. B.* "doch" in "es ist doch keine Zeit mehr" 3 <Kath.> *Reliquienteil* [lat.]; **Par·'ti·kel**[2] <n.; -s od. f.; -, -n; Phys.> *kleiner Bestandteil*; **Par·'ti·kel·verb** <n.; -s, -en> → *Kasten*; **par·ti·ku·lar, par·ti·ku·lär** <Adj.> *einen Teil betreffend*; **Par·ti·ku·la·'ris·mus** <m.; -; unz.> 1 *Bestrebung kleinerer Gruppen od. Länder, die eigenen Interessen gegenüber dem Ganzen durchzusetzen* 2 *Vielstaaterei*; **Par·ti·ku·la·'rist** <m.; -en, -en> *Anhänger des Partikularismus*; **par·ti·ku·la·'ris·tisch** <Adj.>; **Par·ti·ku·'lar·recht** <n.; -(e)s; unz.> *Recht des Einzelstaates, Sonderrecht*; **Par·ti·ku-**

'**lier** <m.; -s, -e; Binnenschifffahrt> *Schiffseigentümer, der sein Schiff selbst führt*
Par·ti·men·to <m.; - od. -s, -ti; Mus.> *Generalbassstimme* [ital.]
Par·ti·san <m.; -s od. -en, -en> *bewaffneter Widerstandskämpfer im Hinterland* [frz.]; **Par·ti·'sa·ne** <f.; -, -n; 15.–18. Jh.> *eine Stoßwaffe*; **Par·ti·sa·nen·kampf** <m.; -(e)s, ²e>; **Par·ti·sa·nen·krieg** <m.; -(e)s, -e>; **Par·ti·sa·nin** <f.; -, -nen>
Par·ti·ta <f.; -, -'ti·ten; Mus.> = *Suite(1)* [ital.]; **Par·'ti·te** <f.; -, -n; Kaufmannsspr.> *Rechnungsposten, Warenposten* [lat.]; **Par·ti·ti·on** <f.; -, -en> 1 *Teilung, Einteilung* 2 <antike Rhet.> *Zerlegung eines Begriffs in seine Teile*; **par·ti·tiv** <Adj.; Gramm.> *eine Teilung ausdrückend*; **Par·ti·tiv·zahl** <f.; -, -en> *Bruchzahl, z. B. ein Drittel*; **Par·ti·tur** <f.; -, -en; Mus.> *Gesamtniederschrift einer Komposition, die alle Stimmen untereinander aufführt* [ital.]
Par·ti·zip <n.; -s, -'zi·pi·en; Gramm.> *infinite Verbform, die die Funktion eines Adjektivs übernehmen und flektiert werden kann*; ~ *Präsens, z. B. gehend;* ~ *Perfekt, z. B. gegangen;* → a. *Kasten* [lat.]; **Par·ti·zi·pa·ti·'on** <f.; -; unz.> *das Partizipieren* [lat.]; **Par·ti·zi·pa·ti·ons·ge·schäft** <n.; -(e)s, -e; Wirtsch.> *Handelsgeschäft, bei dessen Durchführung mehrere selbstständige Personen und Unternehmen kooperieren*; **Par·ti·zi·pa·ti·ons·kon·to** <n.; -s, -kon·ten; Wirtsch.>; **par·ti·zi·pi·'al** <Adj.; Sprachw.> *mithilfe des Partizips (gebildet)*; **Par·ti·zi·pi·'al·grup·pe** <f.; -, -n; Gramm.> *Partizip, das durch ein Objekt od. eine adverbiale Bestimmung erweitert ist, z. B. dem*

Gespött der anderen ausgeliefert; **Par·ti·zi·pi·al·satz** <m.; -es, ⸗e; Gramm.>; **par·ti·zi·pie·ren** <V. i.; geh.> an etwas ~ *teilnehmen, beteiligt sein, Anteil haben;* **Par·ti·zi·pi·um** <n.; -s, -pi·en> = *Partizip*

'**Part·ner** <m.; -s, -> 1 *Gefährte, Teilhaber;* Ehe~; Tanz~; Geschäfts~ 2 <Sp.> *Mitspieler;* Tennis~ [engl.]; '**Part·ne·rin** <f.; -, -n·nen>; '**Part·ner·look** <[-luk]; m.; -s; unz.> *ähnliche Bekleidung zweier Partner;* im ~ gehen; '**Part·ner·schaft** <f.; -, -en>; '**part·ner·schaft·lich** <Adj.>; '**Part·ner·staat** <m.; -(e)s, -en>; '**Part·ner·stadt** <f.; -, ⸗e> *Stadt, die kulturelle Beziehungen mit einer anderen (ausländischen) Stadt unterhält;* '**Part·ner·tausch** <m.; -(e)s; unz.> *zwischen Ehe- oder Liebespaaren betriebener Austausch der Sexualpartner;* '**Part·ner·wahl** <f.; -, -en>; '**Part·ner·wech·sel** <[-ks-]; m.; -s, ->

'**Par·ton** <n.; -s, -'to·nen; meist Pl.> *Komponente von Protonen* [lat.]

par·tout <[-'tu:]; Adv.; umg.> *durchaus;* er will ~ nicht mitgehen [frz.]

Part·work <['pa:rtwɐ:k]; n.; -s, -s> *Veröffentlichung eines großen Werkes in Form von regelmäßig erscheinenden Teilen* [engl.]

Par·ty <['pa:(r)ti]; f.; -, -s; ⤳ Z 6.1> *geselliges Beisammensein einer größeren Gruppe;* Cocktail~; eine ~ geben [engl.]; '**Par·ty·lö·we** <m.; -n, -n> *jmd., der oft auf Partys geht und dort umschwärmt wird;* '**Par·ty·ser·vice** <[-sə:rvɪs]; m.; -, -s [-visiz]> *Service von Restaurants, Feinkostgeschäften u. Ä., die zubereitete Speisen u. Getränke außer Haus liefern*

Par·ve·nu, Par·ve·nü <[-və'ny:]; m.; -s, -s; veralt.> *Emporkömmling* [frz.]

'**Par·ze** <f.; -, -n> *jede der drei altröm. Schicksalsgöttinnen* [lat.]

Par·zel·lar·ver·mes·sung <f.; -, -en>; **Par·zel·le** <f.; -, -n> *kleines, abgegrenztes Stück Land* [frz.]; **Par·zel·len·wirt·schaft** <f.; -; unz.>; **par·zel·lie·ren** <V. t.> *in Parzellen zerlegen;* **Par·zel·lie·rung** <f.; -, -en>

Pas <[pa]; m.; -, -> *Tanzschritt* [frz.]

Pas·cal <n.; -s, -; Phys.; Zeichen: Pa> *Maßeinheit des Drucks*

PASCAL <⤳ Z 56; EDV> *eine Programmiersprache*

Pasch <m.; -(e)s, -e od. ⸗e> 1 *Wurf mit gleicher Augenzahl auf mehreren Würfeln;* Sechser- 2 *Dominostein mit gleicher Punktzahl auf beiden Hälften* [frz.]

'**Pa·scha** <m.; -s, -s> 1 <früher> *hoher türk. und ägypt. Offizier od. Beamter* 2 <fig.; abwertend> *anspruchsvoller Mann, der sich gern bedienen lässt* [türk.]; '**Pa·scha·al·lü·ren** <Pl.>

'**pa·schen**[1] <V. i.; du paschst> *würfeln;* → a. *Pasch*

'**pa·schen**[2] <V. t.; du paschst; umg.> 1 *schmuggeln* 2 <V. i.; österr.; umg.> *in die Hände klatschen*

'**Pasch·tu** <n.; - od. -s; unz.> *afghanische Amtssprache*

Pas de deux <[padə'dø:]; m.; ---, ---; Ballett> *Tanz zu zweit* [frz.]

'**Pas·lack** <m.; -s, -s> *schwer arbeitender Diener* [slaw.]

Pa·so do·ble <auch> **Pa·so dob·le** <[-'do:bl(ə)]; m.; --, --; ⤳ Z 53> *lateinamerikan. Gesellschaftstanz* [span.]

'**Pas·pel** <f.; -, -n> *Zierstreifen (an Nähten od. Rändern von Bekleidungsstücken);* Sy *Passepoil* [frz.]; **pas·pe·lie·ren** <V. t.> *mit Paspeln versehen;* **Pas·pe·lie·rung** <f.; -, -en>; '**pas·peln** <V. t.; ich pasp(e)le> = *paspelieren*

Pass <m.; -es, ⸗e> 1 *amtlicher Ausweis für die Legitimierung einer Person;* sich einen ~ ausstellen lassen 2 *Weg durch ein Gebirge;* über den ~ laufen 3 <Fußb.> *Zuspiel;* Doppel~ 4 *aus mehreren Kreisbogen gebildete Figur der gotischen Maßwerkes;* Drei~ 5 <unz.> *Gangart mancher Vierfüßer (z. B. des Kamels), bei der beide Beine einer Seite gleichzeitig vorgesetzt werden* [lat.]

pas·sa·bel <Adj.> *annehmbar, leidlich;* es geht mir ganz ~; das ist ein passabler Vorschlag [frz.]

Pas·sa·ca·glia, <auch> **Pas·sa·cag·lia** <[-'kalja]; f.; -, -gli·en [-ljən]; ⤳ Z 53; Mus.> 1 *spanisch-italienischer Tanz* 2 *Instrumentalstück mit ostinatem Bass* [ital.]

Pas·sa·ge <[-ʒə]; f.; -, -n> 1 *Durchfahrt, Durchgang* 2 *Teil eines Textes* 3 *überdachte Ladenstraße* 4 *Überfahrt mit Schiff od. Flugzeug* 5 <Mus.> *Lauf, schnelle Tonfolge* 6 <Reitsp.> *Trab der hohen Schule* [frz.]; **Pas·sa·gier** <[-'ʒi:r]; m.; -s, -e> *Fahrgast, Fluggast, Schiffsreisender;* **Pas·sa·gier·damp·fer** <m; -s, ->; **Pas·sa·'gier·flug·zeug** <n.; -(e)s, -e>; **Pas·sa'gier·gut** <n.; -(e)s, ⸗er> *aufgegebenes Gepäck;* **Pas·sa·'gie·rin** <f.; -, -n·nen>; **Pas·sa·'gier·lis·te** <f.; -, -n>; **Pas·sa·'gier·schiff** <n.; -(e)s, -e>

'**Pas·sah** <n.; -s; unz.> *jüdisches Fest, das an den Auszug aus Ägypten erinnert* [hebr.]; '**Pas·sah·fest** <n.; -(e)s, -e>; '**Pas·sah·lamm** <n.; -(e)s, ⸗er> *Opfertier des Passahfestes;* '**Pas·sah·mahl** <n.; -(e)s, -e>

'**Pass·amt** <n.; -(e)s, ⸗er>

Pas'sant <m.; -en, -en> *(vorbeigehender) Fußgänger* [frz.]; **Pas·'san·tin** <f.; -, -n·nen>

Pas'sat, Pas'sat·wind <m.; -(e)s, -e> *beständiger tropischer Wind* [ndrl.]

'**Pass·bild** <n.; -(e)s, -er>

passe <[pas]; Roulett> *die Zahlen 19–36 betreffend;* Ggs *mangue* [frz.]

pas·sé <[-'se:]; Adj.; ⤳ Z 18.4> = *passee*

'**Pas·se** <f.; -, -n> *aufgesetztes Schulterstück bei der Kleidung* [frz.]

pas'see <Adj.; ⤳ Z 18.4; nur präd.> *vergangen, vergessen, nicht mehr aktuell;* das ist doch längst ~; oV *passé* [frz.]

'**pas·sen** <V.> 1 <V. i.> *sich eignen, angemessen sein;* das passt nicht hierher; die Hose passt *die Größe ist richtig;* am Montag passt es mir nicht *ist es mir nicht recht;* das könnte dir so ~! <umg.> 2 <V. i.; du passt> *auf ein Spiel, eine Antwort verzichten;* da muss ich ~; passe! *(Ansage beim Kartenspiel)* 3 <V.

refl.> es passt sich nicht, dass ... <umg.> *es gehört sich nicht*; **'pas·send** <Adj.; ↗Z28.1> jmd. hat es ~ <beim Bezahlen> *kann einen Betrag genau abgezählt geben;* ich habe leider nichts Passendes *nichts Geeignetes*

Passe·par·tout <[paspar'tu:]; n. od. (schweiz.) m.; -s, -s> 1 *Kartonrahmen um ein Bild* 2 <schweiz.; sonst veralt.> *Dauerkarte* 3 <schweiz.> *Hauptschlüssel* [frz.]

Passe·pied <[pas'pje:]; m.; -s, -s> 1 *altfrz. Rundtanz in raschem Dreierschritt* 2 *Satz der Suite* [frz.]

Passe·poil <[pas'poa:l]; n. od. m.; -s, -s; österr.; schweiz.> = *Paspel* [frz.]; **passe·poi'lie·ren** <V. t.; österr.; schweiz.> = *paspelieren*

Passe·port <[pas'pɔːr]; m.; -s, -s; frz. Bez. für> *Pass, Ausweis*

Pas·se'rel·le <f.; -, -n> 1 *überdachte Ladenpassage* 2 <schweiz.> *Fußgängerbrücke* [frz.]

'Pass·form <f.; -, -en> *der Anzug hat eine gute ~*; **'Pass·fo·to** <n.; -s, -s>; **'Pass·gang** <m.; -(e)s; unz.> = *Pass(5);* **'pass·ge·recht** <Adj.>; **'Pass·hö·he** <f.; -, -n>

pas'sier·bar <Adj.> *überschreitbar; die Brücke ist wieder ~;* **pas'sie·ren** <V.> 1 <V. t.> *vorübergehen, -fahren, überqueren; eine Grenze ~; jmdn. ~ lassen* 2 <V. t.> *Speisen ~* <Kochk.> *durch ein Sieb streichen* 3 <V. i.> *sich ereignen, geschehen; was ist passiert?;* **Pas'sier·ge·wicht** <n.; -(e)s, -e> *Mindestgewicht einer Münze;* **Pas'sier·schein** <m.; -(e)s, -e> *zum Eintritt, Durchgang berechtigender Schein;* **Pas'sier·schlag** <m.; -(e)s, ⸚e; Tennis>; **Pas'sier·sieb** <n.; -(e)s, -e>

'pas·sim <Adv.> *hier und da (bei Zitatnachweisen)* [lat.]

Pas·si'on <f.; -, -en> 1 = *Leidenschaft* 2 <unz.> *Leidensgeschichte (Christi)* [lat.]; **pas·si·o·'na·to** <Mus.> = *appassionato* [ital.]; **pas·si·o'niert** <Adj.> *begeistert, leidenschaftlich; er ist ein ~er Reiter;* **Pas·si'ons·blu·me** <f.; -, -n; Bot.> *ein Rankengewächs;* **Pas·si'ons·frucht** <f.;

Passiv: Das P. ist neben dem **Aktiv** im Deutschen eine der beiden Handlungsrichtungen des Verbs (vgl. ↗Genus Verbi). Während das Aktiv die Tätigkeitsform bezeichnet, d. h. das **Agens** (= der Verursacher einer Handlung) mit dem ↗Subjekt übereinstimmt, ist im P. das Subjekt nicht mit dem Handelnden identisch. Im P. erscheint das **Patiens** als Subjekt, d. h. im Subjekt steht das Ziel, auf das eine Handlung oder Tätigkeit gerichtet ist. (Deshalb ist die veraltete Bezeichnung „Leideform" für das P.)
Aktiv: *Dieter* (= Agens) *sucht Peter.*
Passiv: *Peter* (= Patiens) *wird von Dieter gesucht.*
Nach der Art des Verbgeschehens unterscheidet man zwischen ↗Vorgangspassiv und ↗Zustandspassiv.

-, ⸚e> *Gelbe ~ Maracuja;* **Pas·si'ons·sonn·tag** <m.; -(e)s, -e> *jeder der sechs Sonntage in der Passionszeit;* **Pas·si'ons·spiel** <n.; -(e)s, -e> *geistl. Schauspiel der Leidensgeschichte Christi;* **Pas·si'ons·wo·che** <f.; -, -n> *Karwoche;* **Pas·si'ons·zeit** <f.; -, -en> *Zeit zwischen Aschermittwoch und Ostern*

'pas·siv <a. [-'-]; Adj.> Ggs *aktiv* 1 *nicht tätig, träge;* ~er Wahlrecht *das Recht, gewählt zu werden;* ~er Wortschatz *W., den man kennt, ohne ihn anzuwenden* 2 <Gramm.> *im Passiv stehend* [lat.]; **'Pas·siv** <n.; -s; unz.; Gramm.> *Verbform, die ausdrückt, dass mit dem Subjekt etwas geschieht;* Ggs *Aktiv;* → a. *Kasten;* **Pas·si·va** <[-'va]> *Verbindlichkeiten, Schulden;* Ggs *Aktiva;* **'Pas·siv·bil·dung** <f.; -, -en; Gramm.>; **'Pas·siv·bür·ger** <m.; -s, -; in Staaten mit Wahlrechtsbeschränkungen> *Staatsbürger ohne aktives und passives Wahlrecht;* Ggs *Aktivbürger;* **'Pas·siv·ge·schäft** <n.; -(e)s, -e; Wirtsch.> *Aufnahme von Geldkapital durch die Banken;* **'Pas·siv·han·del** <m.; -s; unz.>; **pas·siv·vie·ren** <[-'vi:-]; V. t.> 1 <Wirtsch.> *Posten ~ vom Haben einer Bilanz auf das Soll setzen* 2 <Chem.>

Metalle ~ M. widerstandsfähiger gegen chem. Einflüsse machen; **Pas·si'vie·rungs·pflicht** <f.; -, -en; Wirtsch.> *Gebot, alle Schulden und Rückstellungen in der Jahresbilanz anzugeben;* **pas'si·visch** <Adj.> *im Passiv stehend;* **Pas·si·vi'tät** <[-vi-]; f.; -; unz.> 1 *passives Wesen, Untätigkeit;* 2 *Widerstandsfähigkeit unedler Metalle gegen chemische Einflüsse nach Behandlung mit oxidierenden Säuren;* **'Pas·siv·kre·dit** <m.; -(e)s, -e; Wirtsch.> *von einem Unternehmen im Rahmen der Fremdfinanzierung aufgenommener Kredit;* **'Pas·siv·rau·chen** <n.; -s; unz.> *das (ungewollte) Einatmen von Tabakrauch;* **'Pas·siv·sal·do** <m.; -s, -den od. -di> *Verlustergebnis;* **'Pas·siv·sei·te** <f.; -, -n> *die ~ eines Kontos;* **Pas·si'vum** <schweiz. a. [---]; n.; -s, -va od. -ven> = *Passiv;* **Pas·siv·zins** <m.; -es, -en> *Zinssatz für die von der Bank hereingenommenen Einlagen*

'Pass·kon·trol·le <auch> **'Pass·kont·rol·le** <f.; -, -n; ↗Z53>; **'pass·lich** <Adj.; veralt.> 1 *angemessen* 2 *bequem;* **'Pass·stel·le** <f.; -, -n; ↗Z37> *Passamt;* **'Pass·stra·ße** <f.; -, -n; ↗Z37> *Straße über einen Pass(2);* **'Pas·sung** <f.; -, -en; Tech.> *Art der Zusammenfügung von Maschinenteilen*

'Pas·sus <m.; -, -; geh.> *Textabschnitt* [lat.]

'Pass·wort <n.; -(e)s, ⸚er; bes. EDV> *Losung, Kennwort*

'Pas·ta 1 <f.; -, 'Pas·ten> = *Paste(1)* 2 <f.; -, -te; ital. Bez. für> *Teigware, Gericht aus Teigwaren;* ~ asciutta [-a'ʃuta] *ein Spaghettigericht* [ital.]; **'Pas·te** <f.; -, -n> 1 *streichbare Masse* 2 *Mischung aus Salbe und Pulver; Zink~;* **Pas'tell** <n.; -(e)s, -e> *mit Pastellfarben gezeichnetes Bild;* **pas'tel·len** <Adj.> *pastellfarben;* **Pas'tell·far·be** <f.; -, -n> 1 *aus Gips, Kreide und Bindemitteln hergestellte Farbe* 2 <allg.> *zarte, helle Farbe;* **pas'tell·far·ben** <Adj.>; **Pas'tell·ma·le·rei** <f.; -, -en>; **Pas'tell·stift** <m.; -(e)s, -e>; **Pas'tell·ton**

‹m.; -(e)s, ⸗e›; **Pas'tell·zeich·nung** ‹f.; -, -en›

Pas'te·te ‹f.; -, -n; Kochk.› **1** *mit Fisch, Fleisch, Gemüse o. Ä. gefüllte Blätterteigrolle* **2** *streichbare Masse aus besonders feiner Kalbs- od. Gänseleber* [lat.]

Pas·teu·ri·sa'ti·on ‹[-'tø-]; f.; -, -en› = *Pasteurisierung;* **pas·teu·ri'sie·ren** ‹V. t.› *durch Wärmebehandlung keimfrei u. haltbar machen;* Milch ~; **Pas·teu·ri·'sie·rung** ‹f.; -, -en› *Entkeimung* [nach dem frz. Chemiker u. Biologen L. *Pasteur*]

Pas'tic·cio ‹[-'tɪtʃo]; n.; -s, -s od. -tic·ci [-'tɪtʃi]› **1** *Bild, das die Manier eines Künstlers nachahmt* **2** *aus verschiedenen Kompositionen zusammengesetztes Opernwerk* [ital.]

Pas'til·le ‹f.; -, -n› *kleine Tablette zum Lutschen;* Hals~ [lat.]

Pas·ti'nak ‹m.; -s, -e›, **Pas·ti'na·ke** ‹f.; -, -n; Bot.› *ein Doldengewächs, aus dessen Wurzel ein Gemüsegericht zubereitet werden kann* [lat.]

Pas'tis ‹m.; -; unz.› *frz. Anislikör*

'Past·milch ‹f.; -; unz.; schweiz. Kurzw. für› *pasteurisierte Milch*

'Pas·tor ‹m.; -s, -'to·ren; Abk.: P.› *Pfarrer, Geistlicher* [lat.]; **pas·to·'ral** ‹Adj.› **1** *ländlich, idyllisch* **2** *den Pfarrer betreffend, seelsorgerisch* **3** ‹abwertend› *salbungsvoll;* **Pas·to'ral·brief** ‹m.; -(e)s, -e; AT› *Brief mit Anweisungen zum bischöfl. (Hirten-)Amt;* **Pas·to'ra·le** ‹n.; -s, -s od. f.; -, -n› **1** *Hirtenmusik* **2** ‹Mal.› *Darstellung einer Schäferszene;* **Pas·to'ral·syn·o·de**, ‹auch› **Pas·to'ral·sy·no·de** ‹f.; -, -n; ↗Z.54; Kath.› *die aus Bischöfen, Klerikern und Laien gebildete Synode eines Landes;* **Pas·to'ral·the·o·lo·gie** ‹f.; -; unz.› *prakt. Theologie, Seelsorge;* **Pas·to'rat** ‹n.; -(e)s, -e› *Amt, Wohnung eines Pfarrers;* **Pas·to'rel·le** ‹f.; -, -n; Mus.› *kleines Hirtenlied;* **Pas·to'rin** ‹f.; -, -n·nen›

pas'tos ‹Adj.› **1** *dick, reliefartig aufgetragen;* ~e *Farbe* **2** ‹Kochk.› *teigig, dickflüssig* [ital.]; **pas'tös** ‹Adj.; Med.› *gedunsen, aufgeschwemmt;* Pas-

to·si'tät ‹f.; -; unz.› *Schriftbild mit dicken, rundlichen Linien*

Patch ‹['pætʃ]; m. od. n.; - od. -s, -s› **1** ‹EDV› *Softwareprogramm, das in einem vorhandenen Programm enthaltene Fehler od. Mängel beheben soll;* → a. *Bug²*, *Update* **2** ‹Med.› *zur Transplantation operativ entnommenes Hautgewebe* [engl.];

Patch·work ‹['pætʃwəːk]; n.; -s, -s› *Textilerzeugnis, das aus kleinen Stücken unterschiedlicher Farbe und Form zusammengesetzt ist;* **'Patch·work·fa·mi·lie** ‹[-liə]; f.; -, -n; umg.› *Familie, deren Mitglieder unterschiedl. Partnerverbindungen entstammen;* **'Patch·work·tech·nik** ‹f.; -, -en›

'Pa·te ‹m.; -n, -n› **1** *Zeuge der Taufe bzw. Firmung; bei einem Kind* ~ *stehen die Patenschaft übernehmen* **2** ‹auch› *Patenkind* [lat.]

Pa'tel·la ‹f.; -, -'tel·len; Med.› *Kniescheibe* [lat.]; **pa·tel'lar** ‹Adj.› *zur Patella gehörend;* **Pa·tel'lar·re·flex** ‹m.; -es; unz.›

Pa'te·ne ‹f.; -, -n› *Hostienteller zur Darreichung des Abendmahls* [lat.]

'Pa·ten·ge·schenk ‹n.; -(e)s, -e›; **'Pa·ten·kind** ‹n.; -(e)s, -er› *Kind, für das die Patenschaft übernommen wurde;* **'Pa·ten·on·kel** ‹m.; -s, -› = *Pate(1);* **'Pa·ten·schaft** ‹f.; -, -en› **1** *Mitverantwortung eines Paten für die christl. Erziehung seines Patenkindes* **2** *Schirmherrschaft*

pa'tent ‹Adj.› *geschickt, tüchtig, brauchbar* [lat.]; **Pa'tent** ‹n.; -(e)s, -e› **1** *Urkunde über einen erworbenen Berufsgrad;* Kapitäns~; Offiziers~ **2** *Schutzrecht für eine Erfindung* **3** ‹österr.; schweiz.› *Bewilligung zur Ausübung einer Tätigkeit;* Fischerei~; **Pa'tent·amt** ‹n.; -(e)s, ⸗er›; **pa'tent·amt·lich** ‹Adj.›

'Pa·ten·tan·te ‹f.; -, -n› = *Patin*

Pa'tent·an·walt ‹m.; -(e)s, ⸗e› *freiberufl. Anwalt, der in Angelegenheiten des gewerbl. Rechtsschutzes berät;* **Pa'tent·an·wäl·tin** ‹f.; -, -n·nen›; **pa'tent·fä·hig** ‹Adj.›; **Pa'tent·fä·hig·keit** ‹f.; -; unz.›; **pa·ten'tie·ren** ‹V. t.› *eine Erfindung* ~ *vor nicht be-*

rechtigter Weiterverwertung schützen; **Pa·ten'tie·rung** ‹f.; -, -en; bes. österr.; schweiz.›; **Pa·'tent·in·ha·ber** ‹m.; -s, -›; **Pa·'tent·in·ha·be·rin** ‹f.; -, -n·nen›; **Pa'tent·lö·sung** ‹f.; -, -en; meist scherzh.› *eine alle Beteiligten zufrieden stellende Lösung;* **Pa'tent·recht** ‹n.; -(e)s; unz.› *Vorschriften zum Umgang mit Erfindungen und Patenten;* **pa'tent·recht·lich** ‹Adj.› *dieses Produkt ist* ~ *geschützt;* **Pa'tent·re·gis·ter** ‹n.; -s, -› *vom Patentamt geführte Liste der vergebenen Patente und deren Erfinder;* **Pa'tent·re·zept** ‹n.; -(e)s, -e; umg.› *einfache Lösung aller Schwierigkeiten;* **Pa'tent·rol·le** ‹f.; -, -n› = *Patentregister;* **Pa'tent·schrift** ‹f.; -, -en› *Schriftstück, das die Ansprüche, Beschreibung und Zeichnung eines Patentes enthält;* **Pa'tent·schutz** ‹m.; -es; unz.›

'Pa·ter ‹m.; -s, -tres/-t.res od. (umg.) -; Abk.: P., Pl. PP.› *Ordensgeistlicher, Mönch* [lat.]; **Pa·ter·fa·mi·li·as** ‹m.; -, -; altröm., heute scherzh. Bez. für› *Familien-, Hausvater;* **Pa·ter·na·'lis·mus** ‹m.; -; unz.› *Bestreben (des Staates), den Bürger zu bevormunden;* **pa·ter·na·lis·tisch** ‹Adj.›; **Pa·ter·ni'tät** ‹f.; -, -en; Rechtsw.; österr.› *Vaterschaft;* **Pa·ter'nos·ter** **1** ‹n.; -s, -› *Vaterunser* **2** ‹m.; -s, -› *ständig in Bewegung bleibender Aufzug ohne Tür;* **Pa·ter'nos·ter·auf·zug** ‹m.; -(e)s, ⸗e›; **Pa·ter·pec·'ca·vi** ‹n.; -, -› *reuiges Geständnis*

pa·te·ti·co ‹Mus.› *pathetisch, feierlich (zu spielen)* [ital.]; **Pa'the·tik** ‹f.; -; unz.› *übertriebene Feierlichkeit* [grch.]; **pa'the·tisch** ‹Adj.› **1** *voller Pathos, erhaben* **2** ‹fig.› *übertrieben feierlich*

...pa'thie ‹in Zus.› **1** *besondere Fähigkeit;* Telepathie **2** *Heilverfahren;* Homöopathie **3** *Gefühl, Anteilnahme;* Sympathie; **pa·tho..., Pa·tho...** ‹in Zus.› *krankhaft, krankheits..., Krankheits...;* **pa·tho'gen** ‹Adj.; Med.› *krankheitserregend;* **Pa·tho·ge·'ne·se** ‹f.; -, -n; Med.› *Entstehung, Entwicklung einer Krank-*

heit; **pa·tho·ge·ne·tisch** <Adj.; Med.> *Fähigkeit, Krankheiten hervorzurufen;* **Pa·tho·gno·mik**, <auch> **Pa·thog'no·mik** <f.; -; unz.> ↗Z53; Med.; Psych.> 1 *Lehre von den Merkmalen und Anzeichen der Krankheiten* 2 *Ableitung der psychischen Befindlichkeit aus körperlichen Kennzeichen;* **pa·tho·gno'mo·nisch** <Adj.> *kennzeichnend für eine Krankheit;* **Pa·tho'gnos·tik** <f.; -; unz.> = *Pathognomik;* **pa·tho'gnos·tisch** <Adj.> = *pathognomonisch;* **Pa·tho·lin·gu'is·tik** <f.; -; unz.> *Bereich der angewandten Sprachwissenschaft, die die Diagnostik u. Therapie von Sprachstörungen zum Gegenstand hat;* **Pa·tho'lo·ge** <m.; -n, -n>; **Pa·tho·lo'gie** <f.; -; unz.> *Lehre von den Krankheiten;* **Pa·tho·lo·gin** <f.; -, -n·nen>; **pa·tho·lo·gisch** <Adj.>; **Pa·tho·pho'bie** <f.; -, -n> *Angst vor Krankheiten;* **Pa·tho·phy·si·o·lo'gie** <f.; -; unz.> *Lehre von den Funktionsstörungen des menschl. Organismus;* **pa·tho·phy·si·o'lo·gisch** <Adj.>; **Pa·tho·psy·cho·lo'gie** <f.; -; unz.> *Lehre von den Krankheitserscheinungen im Seelenleben;* **'Pa·thos** <n.; -; unz.> *erhabene Leidenschaft, gefühlvoller Nachdruck;* fal-sches ~; etwas mit ~ sagen, vorbringen [grch.]

Pa·ti·ence <[pa'sjãs] f.; -, -n> *Kartengeduldspiel;* ~n legen; eine ~ geht auf [frz.]; **'Pa·ti·ens** <n.; -; unz.; Sprachw.> *Ziel des Geschehens innerhalb eines Satzes;* Ggs *Agens;* → a. *Kasten Passiv* [lat.]; **Pa·ti·ent** <[pa'tsjɛnt]; m.; -en, -en> *Kranker in ärztlicher Behandlung;* **Pa·ti·en·ten·pass** <m.; -es, ⸚e> *Ausweis für Eintragungen der Krankheiten eines Patienten;* **Pa·ti·en·tin** <f.; -, -n·nen>

'Pa·tin <f.; -, -n·nen> *weibl. Pate(1)*

'Pa·ti·na <f.; -; unz.> *grünliche Schicht auf Kupfer(-legierungen)* [ital.]; **pa·ti'nie·ren** <V. t.> *mit künstlicher Patina versehen*

'Pa·tio <[-tsjo]; m.; -s, -s> *meist gefliester Innenhof eines Hauses (bes. in Spanien)* [span.]

Pa·tis·se·rie <[patis(ə)'ri]; f.; -, -n; schweiz.> 1 *feines Backwerk* 2 *Feinbäckerei* [frz.]; **Pa·tis·si·er** <[patis'je:]; m.; -s, -s> *Konditor*

'Pat·na·reis, <auch> **'Pat·na·Reis** <m.; -es; unz.> ↗Z35> *Langkornreis* [nach der ind. Stadt *Patna*]

Pa·tois <[pa'toa]; n.; -; unz.> 1 *Mundart der frz. Landbevölkerung* 2 <allg.> *Mundart* [frz.]

'Pa·tres, <auch> **'Pat·res** <[-tre:s]; ↗Z53; Abk.: PP.; Pl. von> *Pater*

Pa·tri'arch, <auch> **Pat·ri'arch** <m.; -en, -en; ↗Z53> 1 <AT> *Stammvater der Israeliten* 2 *Bischof in bes. hervorgehobener Stellung* 3 <in der Ostkirche Titel für> *oberster Geistlicher* [grch.]; **pa·tri·ar·chal** <[-'ça:l]; Adj.>, **pa·tri·ar'cha·lisch** <Adj.> ~es *Verhalten Ehrfurcht und Gehorsam fordernd;* **Pa·tri·ar·'chal·kir·che** <f.; -, -n> *Hauptkirche;* **Pa·tri·ar'chat** <n.; -(e)s, -e> 1 *Würde, Amt(sbereich) eines Patriarchen* 2 *Vaterherrschaft, Gesellschaftsform, in der der Mann bzw. Vater eine Vormachtstellung einnimmt;* Ggs *Matriarchat;* **pa·tri'ar·chisch** <Adj.> *Ehrfurcht gebietend;* **pa·tri·mo·ni'al** <Adj.>; **Pa·tri·mo·ni·'al·ge·richts·bar·keit** <f.; -; unz.> früher> *Gerichtsbarkeit des Gutsherrn über seine Untergebenen;* **Pa·tri'mo·ni·um** <n.; -s, -ni·en; röm. Recht> *väterliches Erbgut*

Pa·tri'ot, <auch> **Pat·ri'ot** <m.; -en, -en; ↗Z53> *jmd., der vaterländisch gesinnt ist* [lat.]; **Pa·tri·'o·tin** <f.; -, -n·nen>; **pa·tri'o·tisch** <Adj.>; **Pa·tri·o'tis·mus** <m.; -; unz.> *Vaterlandsliebe*

Pa·tris·tik, <auch> **Pat·ris·tik** <f.; -; unz.> ↗Z53> *Wissenschaft von den Schriften und Lehren der Kirchenväter* [lat.]; **pa·tris·tisch** <Adj.>

Pa·tri·ze, <auch> **Pat·ri·ze** <f.; -, -n; ↗Z53> *Stanze, Stempel;* Ggs *Matrize* [lat.]; **Pa·tri·zi·at** <n.; -(e)s; unz.> *Gesamtheit der Patrizier;* **Pa·tri·zi·er** <m.; -s, -> 1 *Mitglied des altröm. Adels* 2 <MA> *vornehmer, wohlhaben-*

der Bürger; **Pa·tri·zi·er·ge·schlecht** <n.; -(e)s, -er>; **Pa·tri·zi·er·haus** <n.; -es, ⸚er> *älteres städtisches Wohnhaus der Patrizier;* **Pa·tri·zi·e·rin** <f.; -, -n·nen>; **pa·tri·zisch** <Adj.>

Pa·tro·lo·gie, <auch> **Pat·ro·lo·'gie** <f.; -; unz.; ↗Z53> = *Patristik* [grch.]; **pa·tro'lo·gisch** <Adj.> = *patristisch*

Pa'tron¹, <auch> **Pat'ron¹** <m.; -s, -e; ↗Z53> 1 <im alten Rom> *Herr (seiner freigelassenen Sklaven)* 2 *Schutzherr, Schirmherr, Gönner* 3 *Handelsherr, Schiffseigentümer;* Schiffs~ 4 <Kath.> *Schutzheiliger* [lat.]; **Pa'tron²** <[-'trõ]; m.; -s, -s; schweiz.> *Betriebsinhaber, Arbeitgeber (bes. im Gastgewerbe)* [frz.]; **Pa'tro·na** <f.; -, -nä> *heilige Beschützerin;* **Pa·tro'nat** <n.; -(e)s, -e> 1 *Würde, Stellung eines Patrons¹(1)* 2 <Kath.> *Rechte und Pflichten des Stifters einer Kirche* 3 *Schutzherrschaft, Schirmherrschaft;* **Pa·tro'nats·er·klä·rung** <f.; -, -en; Wirtsch.> *Zusicherung der Muttergesellschaft, gegenüber einem Kreditgeber darauf zu achten, dass die Tochtergesellschaft ihren Verpflichtungen nachkommt;* **Pa·tro'nats·fest** <n.; -(e)s, -e> = *Patrozinium*

Pa'tro·ne, <auch> **Pat'ro·ne** <f.; -, -n; ↗Z53> 1 *als Munition für Handfeuerwaffen dienende Hülse mit Zünder, Treibladung und Geschoss* 2 *Behälter, z.B. für Filme einer Kleinbildkamera, Tinte usw.* 3 <Web.> *auf kariertes Papier gezeichnetes Muster in der Jacquardweberei* [frz.]; **Pa'tro·nen·gurt** <m.; -(e)s, -e>; **Pa'tro·nen·hül·se** <f.; -, -n>; **Pa·'tro·nen·ta·sche** <f.; -, -n>

Pa'tro·nin, <auch> **Pat'ro·nin** <f.; -, -n·nen; ↗Z53> [lat.]; **pa·tro·ni·'sie·ren** <V. t.> 1 *beschützen* 2 *begünstigen, protegieren;* **Pa'tron·ne** <[patrɔn]; f.; -, -s; schweiz.> *Betriebsinhaberin, Arbeitgeberin, Frau des Meisters (bes. im Gastgewerbe)* [frz.]; **Pa·tro'ny·mi·kon**, **Pa·tro'ny·mi·kum** <n.; -s, -my·ka> *vom Namen des Vaters abgeleiteter Eigenname, z. B. Petersen, Niko-*

lajewitsch [grch.]; **pa·tro'ny·misch** <Adj.>

Pa·trouil·le, <auch> **Pat·rouil·le** <[-'trulja]; f.; -, -n; ↗Z53> 1 *Wachtposten, Trupp (bes. von Soldaten)* 2 *Kontrollgang einer Patrouille(1)* [frz.]; **Pa'trouil·len·boot** <n.; -(e)s, -e>; **Pa'trouil·len·fahrt** <f.; -, -en>; **Pa'trouil·len·flug** <m.; -(e)s, ⁺e>; **Pa'trouil·len·gang** <m.; -(e)s, ⁺e>; **pa·trouil·lie·ren** <[-'tru'lji:-]; V. i.> *als Wache auf und ab gehen*

Pa·tro'zi·ni·um, <auch> **Pat·ro'zi·ni·um** <n.; -s, -ni·en; ↗Z53> 1 <im alten Rom> *Vertretung durch einen Patron(1) vor Gericht* 2 <MA> *Rechtsschutz des Gutsherrn für seine Untergebenen* 3 *Schutzherrschaft eines Heiligen über eine Kirche* 4 *Fest dieses Heiligen* [lat.]

patsch <Schallwort> *(Ausruf, wenn etwas oder jmd. ins Wasser fällt);* **Patsch¹** <m.; -(e)s, -e> *Schlag (bes. ins Wasser);* **Patsch²** <m.; -en, -en; österr.> *gutmütiger, unbeholfener Mensch;* **'Pat·sche** <f.; -, -n; umg.> 1 *Hand* 2 *Gegenstand zum Schlagen;* Fliegen- 3 <unz.> *Bedrängnis, unangenehme Lage;* jmdm. aus der ~ helfen; in der ~ sitzen; **'pat·schen** <V. i.; du patschst> *mit den Händen ins Wasser ~;* durch die Pfützen ~; **'Pat·schen** <m.; -s, -; österr.; umg.> 1 *Hausschuh* 2 *Reifendefekt;* **'pat·sche·nass** <Adj.> = patschnass; **'pat·schert** <Adj.; österr.; umg.> *ungeschickt, unbeholfen;* **'Patsch·hand** <f.; -, ⁺e>, **'Patsch·händ·chen** <n.; -s, -> *kleine Hand, Kinderhand;* **'patsch'nass** <Adj.> *triefend nass*

'Pat·schu·li <n.; -s, -s; Bot.> *eine südasiat. Pflanze, deren ätherisches Öl in der Parfümerie verwendet wird* [Tamil]; **'Pat·schu·li·öl** <n.; -(e)s, -e>

patt <Adj.; nur präd.; Schach-, Damespiel> *zugunfähig;* er ist ~; das Spiel steht ~ [frz.]; **Patt** <n.; -s, -s> 1 <Schach-, Damespiel> *Stellung, bei der ein Spieler bewegungsunfähig ist* 2 <fig.; bes. Pol.> *Situation, in der keine Seite einen Vorteil erringen kann;* atomares ~

'Pat·te <f.; -, -n> *Taschenklappe, Ärmelaufschlag* [frz.]

Pat·tern <['pætərn]; n.; -s, -s> 1 <Psych.; Soziol.> *Verhaltensmuster, Denkmodell* 2 <Sprachw.> *Satzmuster* [engl.]

pat'tie·ren <V. t.> *mit einem Raster, mit Notenlinien versehen* [frz.]

'Patt·si·tu·a·ti·on <f.; -, -en>; **'Patt·stel·lung** <f.; -, -en>

'pat·zen <V. i.; du patzt; umg.> *etwas verderben, ungeschickt sein;* er hat bei der Arbeit gepatzt; beim Schreiben ~ *klecksen;* beim Klavierspielen ~ *falsch spielen;* **'Pat·zen** <m.; -s, -; österr.; umg.> *Klecks;* **'Pat·zer** <m.; -s, -; umg.> 1 *Stümper, jmd., der oft patzt* 2 *Fehler;* **Pat·ze'rei** <f.; -; unz.>; **'pat·zig** <Adj.; umg.; abwertend> 1 *frech, schroff abweisend;* eine ~e Antwort geben 2 <oberdt.> *klebrig, breiig;* **'Pat·zig·keit** <f.; -; unz.>; **'patz'weich** <Adj.; österr.; umg.> *sehr weich;* eine ~e Birne

'Pau·ke <f.; -, -n; Instrumentenk.> *kesselförmiges Schlaginstrument;* auf die ~ hauen <fig.; umg.> *ausgelassen sein, angeben;* mit ~n und Trompeten durch die Prüfung fallen <fig.; umg.> *kläglich;* **'pau·ken** <V.> 1 <V. i.; Mus.> *auf der Pauke spielen* 2 <V. i.; Studentenspr.> *fechten* 3 <V. i. u. V. t.; Schülerspr.> *angestrengt lernen;* **'Pau·ken·fell** <n.; -(e)s, -e>; **'Pau·ken·höh·le** <f.; -, -n; Med.> *Hohlraum im Mittelohr des Menschen u. der Wirbeltiere;* **'Pau·ken·schlag** <m.; -(e)s, ⁺e>; **'Pau·ken·schlä·gel** <m.; -s, -; Mus.> *Schlagstock für die Pauke;* **'Pau·ken·wir·bel** <m.; -s, -; Mus.> *schnelles Schlagen auf die Pauke;* **'Pau·ker** <m.; -s, -> 1 <Mus.> *Paukenschläger* 2 <Schülerspr.> *Lehrer;* **Pau·ke'rei** <f.; -; unz.> Studentenspr., Schülerspr.>; **'Pau·ke·rin** <f.; -, -n·nen>

'Paun·zen <m. od. f.; -, -; österr.> *ein (Schmalz-)Gebäck;* → a. *Baunzerl*

pau·pe'rie·ren <V. i.; Biol.> *gute Eigenschaften durch Inzucht verlieren* [lat.]; **Pau·pe'ris·mus** <m.; -; unz.> *Armut breiter Schichten der Bevölkerung*

'Paus·back <m.; -(e)s, -e; umg.>; **'Paus·ba·cke** <f.; -, -n; meist Pl.> *dicke rote Backen;* **'paus·ba·ckig, 'paus·bä·ckig** <Adj.>

pau'schal <Adj.> 1 *alles zusammen (gerechnet), rund* 2 *alle Kosten enthaltend;* **Pau'schal·ab·schrei·bung** <f.; -, -en; Wirtsch.> *zusammengefasste Abschreibung für mehrere Vermögensgegenstände;* **Pau'schal·be·steu·e·rung** <f.; -, -en>; **Pau'schal·be·trag** <m.; -(e)s, ⁺e> = *Pauschale;* **Pau'schal·be·wer·tung** <f.; -, -en>; **Pau'scha·le** <f.; -, -n> *Betrag, der sich aus mehreren Einzelbeträgen zusammensetzt;* **pau·scha'lie·ren** <V. t.> *abrunden;* **Pau·scha'lie·rung** <f.; -, -en>; **pau·scha·li'sie·ren** <V. t.> *sehr stark verallgemeinern;* **Pau·scha·li'tät** <f.; -, -en>; **Pau'schal·preis** <m.; -es, -e>; **Pau'schal·quan·tum** <n.; -s, -quan·ten> = *Pauschquantum;* **Pau'schal·rei·se** <f.; -, -n> *pauschal berechnete Gesellschaftsreise;* **Pau'schal·steu·er** <f.; -, -n> *Steuer, die nach dem Durchschnitt des Gesamteinkommens berechnet wird;* **Pau'schal·sum·me** <f.; -, -n>; **Pau'schal·tou·ris·mus** <m.; -[-tu:-]; -es; unz.>; **Pau'schal·ur·teil** <n.; -(e)s, -e>; **Pau'schal·ver·si·che·rung** <f.; -, -en>; **'Pausch·be·steu·e·rung** <f.; -, -en>; **'Pausch·be·trag** <m.; -(e)s, ⁺e; Rechtsw.; Wirtsch.> *Steuerfreibetrag, der unabhängig von nachweisbaren Ausgaben vom zu versteuernden Einkommen abgezogen wird;* **'Pau·sche** <f.; -, -n> 1 *Wulst (am Sattel)* 2 *Griff (am Turnpferd);* **'Pausch·en·pferd** <n.; -(e)s, -e; Sp.> *Turnpferd;* **'Pausch·ge·bühr** <f.; -, -en>; **'Pausch·preis** <m.; -es, -e> = *Pauschale;* **'Pausch·quan·tum** <n.; -s, -quan·ten> *geschätzte u. abgerundete Gesamtmenge*

'Pau·se¹ <f.; -, -n> 1 *Unterbrechung, kurze Rast;* Mittags~; kleine, große ~ (bes. in der Schule) 2 <Mus.> *Taktteil, der*

nicht durch einen Ton ausgefüllt ist; Viertel~ [grch.]
'Pau·se² <f.; -, -n> *Durchzeichnung, Kopie mithilfe von durchsichtigem Papier;* **'pau·sen** <V. t.; du paust> *eine Pause² von etwas anfertigen*
'Pau·sen·brot <n.; -(e)s, -e>; **'Pau·sen·fül·ler** <m.; -s, -; umg.>; **'pau·sen·los** <Adj.>; **'Pau·sen·raum** <m.; -(e)s, ⸗e>; **'Pau·sen·zei·chen** <n.; -s, ->; **pau'sie·ren** <V. i.>
'Paus·pa·pier <n.; -s, -e> *Papier zum Durchzeichnen*
'Pau·xerl <n.; -s, -n; österr.; umg.> *kleines Kind;* → a. *Bauxerl*
Pa·va·ne <[-'vaː-]; f.; -, -n> 1 <16.–18. Jh.> *feierlicher Schreittanz* 2 *Satz der Suite* [span.]
'Pa·vi·an <[-vi-]; m.; -s, -e; Zool.> *eine Affenart* [ndrl.]
'Pa·vil·lon <[-viljõ]; m.; -s, -s> 1 *großes, viereckiges Zelt* 2 *kleines, frei stehendes Gebäude in Gärten od. auf Ausstellungen;* Garten~ 3 = *Kiosk(1)* 4 *runder od. viereckiger Vorbau (bes. an Barockschlössern)* [frz.]; **'Pa·vil·lon·sys·tem** <n.; -s, -e; Arch.>
Paw'lat·sche <f.; -, -n; österr.> 1 *gangartiger Hofbalkon* 2 *baufälliges Haus* 3 *Bretterbühne* [tschech.]
Pax <f.; -; unz.> 1 *Friede* 2 <Kath.> *Friedensgruß;* ~ *vobiscum Friede sei mit euch* [lat.]
Pay·card <['peiˌkaːd]; f.; -, -s> *aufladbare Kreditkarte für den bargeldlosen Zahlungsverkehr* [engl.]; **Pay·ing·guest**, <auch> **Pa·ying Guest** <[ˈpeiiŋˈgest]; m.; (-)-, (-)-s; ↗Z30> *Gast, der gegen Entgelt bei einer Familie wohnt u. verköstigt wird;* **Pay-per-View** <['peipər'vjuː]; n.; - od. -s; unz.; TV> *Sendeart, bei der der Zuschauer keine monatliche Pauschale zahlt, sondern für tatsächlich empfangene Beiträge Einzelgebühren entrichten muss;* **Pay-TV** <['peitiˌviː]; n.; -; unz.> *privater Fernsehsender, der gegen eine Gebühr (mit einem Decoder) empfangen werden kann*
Pa'zi·fik <m.; -s; unz.> *kurz für Pazifischer Ozean* [lat.]; **pa·zi-**

fisch <Adj.; ↗Z46> ~e *Inseln;* <aber> *der Pazifische Ozean*
Pa·zi'fis·mus <m.; -; unz.> *Bestreben, den Frieden zu erhalten, Ablehnung des Krieges u. des Kriegsdienstes* [frz.]; **Pa·zi'fist** <m.; -en, -en> *Anhänger des Pazifismus;* **Pa·zi'fis·tin** <f.; -, -·nnen>; **pa·zi'fis·tisch** <Adj.>
Pb <Chem.; Zeichen für> *Plumbum*
pc <Zeichen für> *Parallaxensekunde*
p. c. <Abk. für> *per centum, pro centum;* → a. *Prozent*
PC <Abk. für> 1 *Personalcomputer* 2 *Political Correctness*
PCB <Med.; Abk. für> *polychlorierte Biphenyle, giftige synthet. Verbindungen*
PCD <Abk. für> *Photo-CD*
p. Chr. <Abk. für> *post Christum (natum), nach Christi (Geburt)*
PCM-Tech·nik <f.; -; unz.; Kurzw. für> *Pulse-Code-Modulations-Technik, Verfahren zur Übertragung elektromagnet. Signale*
PCP <Chem.; Zeichen für> *Pentachlorphenol*
Pd <Chem.; Zeichen für> *Palladium*
PdA <schweiz.; Abk. für> *Partei der Arbeit*
PDS <Abk. für> *Partei des Demokratischen Sozialismus (Nachfolgepartei der SED)*
p. e. <Abk. für> *per exemplum*
PE <Chem.; Zeichen für> *Polyethylen*
Peak <[piːk]; m.; -s, -s> 1 <Phys.> *Spitzenwert eines Signals o. Ä.* 2 *Bergspitze, -gipfel (bes. in engl. Namen)* [engl.]
Pea·nuts <['piːnʌts]; Pl.; umg.; meist scherzh.> <Kleinigkeiten, geringe Geldmenge; das sind doch ~! [engl.; eigtl. "Erdnüsse"]
Pearl·in·dex, <auch> **Pearl-In·dex** <['pɑːl-]; m.; - od. -es, -e od. in·di·zes/-in·di·ces; ↗Z35> *Maßstab für die Verlässlichkeit von empfängnisverhütenden Mitteln* [nach dem Amerikaner R. *Pearl*]
'Pe·can·nuss <f.; -, ⸗e> *Nuss des Hickorybaumes* [engl.]
Pech <n.; -(e)s, -e> 1 *dunkler, klebriger Rückstand bei der Des-*

tillation von Stein-, Braun- u. Holzkohlenteer u. Erdöl; wie ~ und Schwefel zusammenhalten <fig.; umg.> 2 <unz.; fig.> *unglückliche Fügung; so ein ~!;* Ggs *Glück(1);* **'Pech·blen·de** <f.; -; unz.> *ein Mineral;* **'pe·chig** <Adj.> *wie Pech, schwarz u. klebrig;* **'Pech·koh·le** <f.; -, -n> *schwarz glänzende, harte Braunkohle;* **'Pech·na·se** <f.; -, -n> *Erker an mittelalterlichen Festungen, aus dem heißes Pech(1) auf die Angreifer gegossen wurde;* **'Pech·nel·ke** <f.; -, -n; Bot.>; **'pech·ra·ben-**
'schwarz, 'pech'schwarz <Adj.; verstärkend> *völlig schwarz, sehr dunkel;* ~e *Nacht;* **'Pech·sträh·ne** <f.; -, -n; umg.> *fortwährendes Pech(2);* Ggs *Glückssträhne;* **'Pech·vo·gel** <m.; -s, ⸗; fig.; umg.> *jmd., der oft Pech(2) hat*
'pe·cken <V. t. u. V. i.; österr.; umg.> *picken(3)*
Pe'dal <n.; -s, -e> 1 <am Fahrrad> *Teil der Tretkurbel* 2 <Kfz> *Fußhebel;* Gas~ 3 <Mus.> *Fußhebel am Instrument* [lat.]; **pe'da·len** <V. i.; schweiz.; meist scherzh.> *Rad fahren*
pe'dant <Adj.; österr.> = *pedantisch;* **Pe'dant** <m.; -en, -en> *kleinlicher Mensch* [grch.]; **Pe·dan·te'rie** <f.; -, -·i·en> [frz.]; **Pe-'dan·tin** <f.; -, -·nnen>; **pe'dantisch** <Adj.> *übertrieben genau*
'Ped·dig·rohr <n.; -; unz.> *Rohr aus dem Innern der Rotangpalme zum Flechten von Körben od. Stühlen;* Sy *Rattan* [lat.]
Pe'dell <m.; -s, -e; veralt.> *Hausmeister an einer Schule od. Universität* [lat.]
pe'des·trisch, <auch> **pe'destrisch** <Adj.; ↗Z53> 1 *zu Fuß, Fußgänger betreffend* 2 <veralt.> *niedrig, gewöhnlich* [lat.]
Pe·di·gree, <auch> **Pe·dig·ree** <['pedigriː]; m.; -s, -s; ↗Z53; Biol.> *Stammbaum bei Tieren und Pflanzen* [engl.]
Pe·di·keur <[-'køːr]; m.; -s, -e; österr.> *Fußpfleger;* **Pe·di'kü·rin** <f.; -, -·nnen>; **Pe·di'kü·re** <f.; -, -n> 1 <unz.> *Fußpflege* 2 *Fußpflegerin* [frz.]; **pe·di'kü·ren** <V. t.> *jmdm. die Füße ~*
Pe·di'ment <n.; -(e)s, -e; Geol.>

P

durch Abtragung entstandene terrassenartige Fläche am Fuß von Gebirgen [grch.]; **Pe·do·ge·'ne·se** <f.; -, -n; Geol.> *Entstehung und Entwicklung von Böden;* **pe·do·ge'ne·tisch** <Adj.>; **Pe·do'graf, Pe·do'graph** <m.; -en, -en; ↗Z11.3> *Wegmesser* [lat.]; **Pe·do·lo'gie** <f.; -; unz.> *Bodenkunde;* **pe·do'lo·gisch** <Adj.> *ein ~er Befund;* **Pe·do·'me·ter** <n.; -s, -> *Schrittmesser;* **Pe·do'sphä·re**, <auch> **Pe·dos·'phä·re** <f.; -, -n; ↗Z54; Geol.> *Grenzbereich der Erdoberfläche, in dem die bodenbildenden Prozesse stattfinden*

Pee·ling <['pi:-]; n.; - od. -s, -s> *kosmetische Schälung und Reinigung der Gesichtshaut* [engl.]

Peep·show <['pi:pʃou]; f.; -, -s> *Zurschaustellung einer nackten Frau, die gegen Entgelt durch ein Fenster betrachtet werden kann* [engl.]

Peer <[pi:r]; m.; -s, -s> 1 *Mitglied des engl. Hochadels* 2 *Mitglied des Oberhauses im engl. Parlament* [engl.]; **Pee·ress** <['pi:ris]; f.; -, -res·ses [-risiz] > 1 *Ehefrau eines Peers* 2 *weibl. Mitglied des engl. Hochadels im Rang eines Peers;* **'Peer·group** <[-gru:p]; f.; -, -s> *Gruppe von Jugendlichen, die sich gegenseitig unterstützen;* **Peer·re·view** <[-'ri'vju:]; Wirtsch.> *Überprüfung der Einhaltung von Maßnahmen zur Qualitätssicherung durch unabhängige Organe*

'Pe·ga·sos, 'Pe·ga·sus <m.; -; unz.> *geflügeltes Pferd als Sinnbild der Dichtkunst* [grch.]

'Pe·ge <f.; -, -n> *Quelle, deren Wassertemperatur der mittleren Lufttemperatur ihres Ortes entspricht*

'Pe·gel <m.; -s, -> 1 *Wasserstandsmesser* 2 *Höhe des Wasserstandes;* der ~ *lag gestern bei* 8,50 m; **'Pe·gel·hö·he** <f.; -, -n>; **'Pe·gel·stand** <m.; -(e)s, ≈e>

Peg·ma'tit <m.; -(e)s, -e; Min.> *aus magmatischen Einschüben entstandenes, grobkörniges Gestein* [grch.]

Peh·le·wi <['pex-]; n.; - od. -s; unz.> *mittelpersische Sprache und Schrift;* oV *Pahlewi*

Pejorativum: Ein P. ist ein Wort, das eine negative Wertung beinhaltet.
Es kann entstehen durch
a) Anfügen von ↗**Affixen**: -ler (Protestler), -isch (kindisch), -ling (Schreiberling), Ge- (Gekreische)
b) **Bedeutungswandel**: Weib (bedeutete ursprünglich „Frau", wird heute abwertend gebraucht)
Ggs ↗Meliorativum

'Pei·es <Pl.> *Schläfenlocken (der orthodoxen Juden)* [hebr.]

'Peil·an·ten·ne <f.; -, -n; Funkw.>; **'pei·len** <V. i. u. V. t.> 1 <Seew.> *die Richtung bestimmen; die Lage ~* <fig.; umg.> *auskundschaften* 2 *die Wassertiefe feststellen; eine Bucht ~* 3 *etwas über den Daumen ~* <fig.> *ganz grob überschlagen;* **'Pei·ler** <m.; -s, -> 1 *jmd., der eine Funkpeilung durchführt* 2 *Gerät zur Peilung;* **'Peil·fre·quenz** <f.; -, -en; Funkw.>; **'Peil·ge·rät** <n.; -(e)s, -e>; **'Peil·rah·men** <m.; -s, -; Funkw.> *rahmenförmige Peilantenne;* **'Peil·ung** <f.; -, -en>

Pein <f.; -; unz.> 1 <geh.> *Qual, quälender Schmerz; seelische ~* 2 <veralt.> *Strafe; die ewige ~ Höllenstrafe;* **'pei·ni·gen** <V. t.> *quälen, Schmerz zufügen;* **'Pei·ni·ger** <m.; -s, ->; **'Pei·ni·ge·rin** <f.; -, -·nen>; **'Pei·ni·gung** <f.; -, -en>; **'pein·lich** <Adj.> 1 *unangenehm, Verlegenheit bereitend, beschämend; von etwas ~ berührt sein* 2 *sehr gewissenhaft, fast übertrieben sorgfältig; sie macht die Arbeit ~ genau; ihr Haus ist ~ sauber;* **'Pein·lich·keit** <f.; -, -en> 1 <unz.> *peinliche Beschaffenheit* 2 *peinliche Bemerkung;* **'pein·sam** <Adj.; umg.> *peinlich, peinigend;* **'pein·voll** <Adj.; geh.>

'Peit·sche <f.; -, -n> *Schlagriemen; Reit~;* **'peit·schen** <V.; du peitschst> 1 <V. t.> *mit der Peitsche schlagen; ein Tier ~* 2 <V. i.> *heftig gegen etwas schlagen; die Zweige ~ ans Fenster;* **'Peit·schen·hieb** <m.; -(e)s, -e>; **'Peit·schen·knall** <m.; -(e)s, -e>; **'Peit·schen·lam·pe** <f.; -, -n> *zur Fahrbahnseite hin*

abgewinkelte Straßenlaterne; **'Peit·schen·schlag** <m.; -(e)s, ≈e>; **'Peit·schen·schnur** <f.; -, ≈e od. (selten) -en>; **'Peit·schen·stiel** <m.; -(e)s, -e>; **'Peit·schen·wurm** <m.; -(e)s, ≈er; Zool.> *ein Fadenwurm*

Pe·jo·ra·ti'on <f.; -, -en; Sprachw.> *Bedeutungswandel eines Wortes zum Schlechteren* [lat.]; **pe·jo·ra'tiv** <Adj.; Sprachw.> *verschlechternd, abwertend;* Ggs *meliorativ,* **Pe·jo·ra'ti·vum** <n.; -s, -ti·va> *Wort, dessen Bedeutung sich im Lauf der Zeit verschlechtert hat;* Ggs *Meliorativum;* → a. *Kasten*

'Pe·kan·nuss <f.; -, ≈e = Pecannuss

Pe'ka·ri <n.; -s, -s> *amerikan. Wildschwein* [karib.]

Pe'ke·sche <f.; -, -n> 1 *mit Pelz verzierter Mantelrock der Polen* 2 *Festjacke der Verbindungsstudenten* [poln.]

Pe·ki'ne·se <m.; -n, -n; Zool.> *eine Hunderasse;* **'Pe·king** *Hauptstadt der Volksrepublik China;* **'Pe·king·en·te** <f.; -, -n; Kochk.> *eine chines. Spezialität;* **'Pe·king·mensch** <m.; -en, -en> = Sinanthropus; **'Pe·king·o·per** <f.; -, -n; ↗Z55> *chines. Form des Bühnenspiels mit Elementen von Oper, Sprechtheater, Mimik u. Akrobatik*

Pe·koe <['piko:]; m.; -s; unz.> *Sorte des schwarzen Tees* [chin.]

pekt·an·gi'nös, <auch> **pek·tan·gi'nös** <Adj.; ↗Z54; Med.> *die Angina pectoris betreffend, mit ihr vergleichbar*

Pek'ta·se <f.; -; unz.> *Pektin abbauendes Enzym, das sich in Früchten, Pilzen und Mohrrüben findet;* **Pek'tin** <n.; -s, -e> *(als Geliermittel verwendeter) Stoff in Früchten u. Wurzeln* [grch.]

pek·to'ral <Adj.> *zur Brust gehörend* [lat.]; **Pek·to'ra·le** <n.; -s, -s od. -li·en; Kath.> *Brustkreuz an goldener Kette*

Pe·ku·li·ar·be·we·gung <f.; -, -en> *Eigenbewegung von Fixsternen gegenüber den sie umgebenden Sternen* [lat.]

pe·ku·ni'är <Adj.; geh.> *finanziell; ~e Schwierigkeiten* [lat.]

pe·la·gi'al <Adj.> = pelagisch; **Pe-**

la·gi'al <n.; -s; unz.> Binnengewässer [grch.]; **pe'la·gisch** <Adj.; ⤴Z 46> im Meer u. in großen Binnengewässern lebend (Pflanzen, Tiere); <aber> Pelagische Inseln Inselgruppe südl. von Sizilien; Sy pelagial [grch.]

Pe·lar'go·nie <[-niə]; f.; -, -n; Bot.> eine Zierpflanze; Sy Geranie [grch.]

pêle-mêle <[pɛl'mɛl]; Adj.; un­dekl.> durcheinander [frz.]; **Pele-mele** <[pɛl'mɛl]; n.; -; unz.> 1 Mischmasch 2 Süßspeise aus Früchten u. Vanillecreme

Pe·le'ri·ne <f.; -, -n> weiter, ärmelloser Umhang [frz.]

Pel·ham <['pɛləm]; n.; -s, -s> eine Zäumung (für Springpferde) [engl.]

'Pe·li·kan <m.; -s, -e; Zool.> ein Ruderfüßer [grch.]

Pe'lit <m.; -s, -e; meist Pl.; Geol.> feinkörniges Sedimentgestein [grch.]; **pe'li·tisch** <Adj.; Geol.>

Pe'le <f.; -, -n; umg.> dünne Schale, Haut; jmdm. auf der ~ liegen, sitzen <fig.; umg.> jmdm. lästig sein; jmdm. auf die ~ rücken <fig.; umg.> jmdm. zu nahe kommen; **'pel·len** <V. t.; umg.> schälen

'Pel·let <n.; -s, -s> getrocknetes, gepresstes Viehfutter (in Brockenform) [engl.]; **pel·le'tie·ren**, **pel·le·ti'sie·ren** <V. t.>

'Pell·kar·tof·fel <f.; -, -n> in der Schale gekochte Kartoffel

pel·lu'zid <Adj.; Min.> lichtdurchlässig; ~e Minerale [lat.]

Pel'me·ni, Pel'me·nis <Pl.> russ. Nationalgericht (in Salzwasser od. Brühe gekochte Teigtaschen)

Pe·lo'i·de <Pl.> in der Natur vorkommende Moore und Schlamme [grch.]

Pe·lo·pon'nes <m. od. f.; -; unz.> südgrch. Halbinsel; **pe·lo·pon'ne·sisch** <Adj.; ⤴Z 46> ~e Dörfer; <aber> der Peloponnesische Krieg

Pe'lo·sol <n.; -s, -e; Geol.> tonreicher Boden [grch.]

Pe'lo·ta <f.; -; unz.> ein baskisches Ballspiel [span.]

Pe·lo·ton <[-'tɔ̃]; n.; -s, -s> 1 Unterabteilung eines Bataillons, Gefechtseinheit im 18. Jh. 2 <Radsp.> Hauptfeld der Fahrer beim Straßenrennen [frz.]

Pel·ti·er·ef·fekt, <auch> **Pel·ti·er-Ef·fekt** <[pɛl'tje:-]; m.; -(e)s, -e; ⤴Z 35> thermoelektr. Erscheinung, die darin besteht, dass sich die Kontaktstelle zw. zwei Metallen je nach Richtung des Stromflusses erwärmt od. abkühlt [nach dem frz. Physiker J. C. A. Peltier]; **Pel·ti·er·e·le·ment** <n.; -(e)s, -e; ⤴Z 55> Kühlgerät, das den Peltiereffekt ausnutzt

Pe'lusch·ke <f.; -, -n> Felderbse mit eckigem Samen [tschech.]

Pelz <m.; -es, -e> 1 Fell, Haarkleid (von Tieren) jmdm. auf den ~ rücken <fig.; umg.> jmdn. bedrängen 2 für Kleidungsstücke bearbeitetes (gegerbtes) Tierfell; **'Pelz·be·satz** <m.; -es, -e>; **'pelz·be·setzt** <Adj.> ein ~er Mantel; <aber> ein mit Pelz besetzter M.; **'pel·zen** <V.; du pelzt> 1 <V. t.> ein Tier ~ den Pelz abziehen 2 <V. t.> eine Pflanze, einen Obstbaum ~ <bair.; österr.> veredeln, pfropfen 3 <V. i.; umg.> faulenzen; **'pelz·ge·füt·tert** <Adj.> eine ~e Jacke; <aber> eine mit Pelz gefütterte J.; **'Pelz·händ·ler** <m.; -s, ->; **'Pelz·händ·le·rin** <f.; -, -nen>; **'pel·zig** <Adj.> behaart, mit dichtem Flaum besetzt; **'Pelz·kra·gen** <m.; -s, ->; **'Pelz·man·tel** <m.; -s, ➚>; **'Pelz·müt·ze** <f.; -, -n>; **'Pelz·stie·fel** <m.; -s, ->; **'Pelz·stoff** <m.; -es, -e> = Webpelz; **'Pelz·sto·la** <f.; -, -sto·len>; **'Pelz·tier** <n.; -(e)s, -e>; **'Pelz·tier·farm** <f.; -, -en>; **'Pelz·tier·zucht** <f.; -; unz.>; **'pelz·ver·brämt** <Adj.>; **'Pelz·ver·brämung** <f.; -, -en> Verzierung mit Pelz(2)

PEM-Ef·fekt <m.; -(e)s, -e; Abk. für> photoelektromagnetischer Effekt

'Pem·mi·kan <m.; -s; unz.> 1 getrocknetes Dauerfleisch der amerikan. Indianer 2 <heute> Konserve aus Fleischpulver und Fett [indian.]

'pem·pern <V. t.; ich pemp(e)re; österr.> 1 <umg.> eine klopfende Arbeit verrichten 2 <derb> koitieren

'Pem·phi·gus <m.; -; unz.; Med.> Sammelbez. für Hautkrank-

heiten mit Blasenbildung [grch.]

PEN, P.E.N. <[pɛn]; m.; - od. -s; unz.; kurz für> PEN-Club

Pe·nal·ty <['pɛnəlti]; m.; -s, -s; Sp.> Strafstoß [engl.]; **'Pe·nal·ty·schie·ßen** <n.; -s, -; bes. schweiz.> Elfmeterschießen

Pe'na·ten <Pl.> 1 altröm. Hausgötter 2 <fig.> Haus und Herd [lat.]

Pence <[pɛns]; Pl. von> Penny

'PEN-Club, P.E.N.-Club <m.; -s; unz.> internat. Schriftstellervereinigung [engl.; Abk. aus poets, essayists, novellists]

Pen·dant <[pã'dã]; n.; -s, -s> 1 Gegenstück 2 <Pl.> ~s <veralt.> Ohrgehänge [frz.]

'Pen·del <n.; -s, -> länglicher Körper, der, an einem Punkt drehbar aufgehängt, unter der Wirkung der Schwerkraft um seine Ruhelage schwingt [lat.]; **'Pen·del·ach·se** <[-ks-]; f.; -, -n; bei Kfz>; **'pen·deln** <V. i. (h./s.)> 1 <ich pend(e)le> frei hängend hin und her schwingen 2 <fig.> sich ständig zwischen zwei Orten hin und her bewegen; **'Pen·del·schlag** <m.; -(e)s, ➚e>; **'Pen·del·tür** <f.; -, -en>; **'Pen·del·uhr** <f.; -, -en>; **'Pen·del·ver·kehr** <m.; -s; unz.>

pen'dent <Adj.; schweiz.> schwebend, unerledigt; ein ~es Gerichtsverfahren [lat.]; **Pen'denz** <f.; -, -en; schweiz.> unerledigte Sache

'Pend·ler <m.; -s, -> jmd., der zwischen Arbeitsstätte und Wohnort pendelt; **'Pend·le·rin** <f.; -, -n·nen>; **'Pend·ler·strom** <m.; -(e)s, ➚e>

Pen·do'li·no <m.; -s, -s; Warenz.> Eisenbahnzug mit computergesteuerter Neigung für hohe Geschwindigkeiten [ital.]

Pen'dü·le <[pã-]; f.; -, -n> Pendeluhr, Stutzuhr [frz.]

Pe·ne·plain <['pi:niple:n]; f.; -, -s; Geol.> durch abtragende Kräfte nahezu ebenes Gelände mit flachen Erhebungen u. sehr breiten Tälern [engl.]

pe·ne'trant <auch> **pe·net'rant** <Adj.; ⤴Z 53> 1 durchdringend, hartnäckig, intensiv; ein ~er Geruch 2 <fig.; abwertend> aufdringlich; ein ~er Kerl [frz.]; **Pe-**

ne'tranz <f.; -; unz.>; **Pe·ne·tra·ti·on** <f.; -, -en> 1 *Durchdringung* 2 *das Eindringen* [lat.]; **pe·ne'trie·ren** <V. t.>

peng <Schallwort>

Pen·hol·der <['penho:ldə(r)]; m.; -s; unz.; Sp.; Tischtennis> *Schlägerhaltung, bei der die Schlagfläche nach unten weist* [engl.]

pe'ni·bel <Adj.> *peinlich genau, sehr gewissenhaft, mit äußerster Sorgfalt; ein penibler Mensch* [frz.]; **Pe·ni·bi·li'tät** <f.; -; unz.>

Pe·ni·cil'lin <n.; -s, -e; Fachspr.> = *Penizillin*; **Pe·ni'cil·li·um** <n.; -s; unz.; Bot.> *ein Schlauchpilz (der Penicillin erzeugt)*

Pen'in·su·la <f.; -, -'in·su·len od. -'in·suln> *Halbinsel* [lat.]

'Pe·nis <m.; -, -·sse od. 'Pe·nes> *schwellfähiges, männl. Begattungsorgan* [lat.]; **'Pe·nis·neid** <m.; -(e)s; unz.; Psych.>

Pe·ni·zil'lin <n.; -s, -e; Pharm.> *ein Antibiotikum*; oV *Penicillin*

Pen'nal <n.; -(e)s, -e> 1 <veralt.; Schülerspr.> *höhere Lehranstalt* 2 <österr.> *Etui für Bleistifte u. Ä.; Feder~* [lat.]; **Pen'nä·ler** <m.; -s, -; umg.> *Gymnasiast*; **Pen'nä·le·rin** <f.; -, -·nen>

'Penn·bru·der <m.; -s, =·er; umg.; abwertend> *Obdachloser*; Sy *Penner*; **'Pen·ne** <f.; -, -n; Schülerspr.> *Schule*; **'pen·nen** <V. i.; umg.> *schlafen*; **'Pen·ner** <m.; -s, -; umg.> = *Pennbruder*

'Pen·ni <m.; -s, -nia od. -s; Abk.: p; früher> *finnische Währungseinheit*

Penn·syl·va·nia <[pensil'veinjə]> *Staat in den USA*

'Pen·ny <m.; -s, Pence od. -s; Abk.: p> *engl. Währungseinheit*

'Pen·sa <Pl. von> *Pensum*

pen·see <[pã'se:]; Adj.; undekl.> *dunkellila; eine ~ Bluse*; **Pen·'see** <n.; -s, -s; veralt.> *Stiefmütterchen* [frz.]; **pen·see·far·big** <Adj.>

Pen·si'on <[pã-]; bair., österr. [pen-]; f.; -, -en> 1 *Ruhegehalt (der Beamten); ~ beziehen* 2 *Ruhestand (der Beamten); in ~ gehen* 3 *Fremdenheim* 4 *Unterkunft u. Verköstigung; Voll~; Halb~ Unterkunft und Mittag- oder Abendessen* [frz.]; **Pen·si·o'när** <m.; -s,

-e> 1 *jmd., der eine Pension(1) bezieht, im Ruhestand lebt* 2 *Gast einer Pension(3)* 3 *Schüler eines Pensionats*; **Pen·si·o'nä·rin** <f.; -, -·nen>; **Pen·si·o'nat** <n.; -(e)s, -e; veralt.> = *Internat*; **pen·si·o'nie·ren** <V. t.> *in den Ruhestand versetzen; sich ~ lassen*; **Pen·si·o'nier·te(r)** <f. 2 (m. 1); schweiz.> = *Pensionär*; **Pen·si·o'nie·rung** <f.; -, -en>; **Pen·si·o'nist** <m.; -en, -en; österr.; schweiz.> = *Pensionär, Ruheständler*; **Pen·si·o'nis·tin** <f.; -, -·nen>; **Pen·si·ons·al·ter** <n.; -s; unz.>; **Pen·si·ons·an·spruch** <m.; -(e)s, =e>; **pen·si·'ons·be·rech·tigt** <Adj.>; **Pen·si·'ons·be·rech·ti·gung** <f.; -; unz.>; **Pen·si·ons·gast** <m.; -(e)s, =e>; **Pen·si·ons·ge·schäft** <n.; -(e)s, -e; Wirtsch.> *Verkauf von Vermögensgegenständen, z. B. Wechseln, mit Rückkaufsverpflichtung*; **Pen·si·ons·ge·setz** <n.; -es, -e; österr.>; **Pen·si·ons·kas·se** <f.; -, -n> *Form der betriebl. Altersversorgung*; **Pen·si·ons·rück·stel·lun·gen** <Pl.; Rechtsw.; Wirtsch.>; **Pen·si·'ons·wei·de** <f.; -, -n> *Weide, auf der fremde Tiere gegen Entgelt gehalten werden*

'Pen·sum <n.; -s, 'Pen·sa od. 'Pen·sen> 1 *in einer best. Zeit zu erledigende Arbeit, Aufgabe; Arbeits~; Tages~* 2 *vorgeschriebener Lehrstoff; Schul~* [lat.]

pent..., Pent..., pen·ta..., Penta... <in Zus.> *fünf..., Fünf...* [grch.]; **Pen·ta·chlor·phe·nol** <[-'klo:r-]; n.; -s; Abk.: PCP> *organische Verbindung, die als Holzschutz- u. Desinfektionsmittel verwendet wird*; **Pen·ta·chord** <[-'kɔrd]; n.; -s, -e> *Saiteninstrument mit fünf Saiten*; **Pen'ta·de** <f.; -, -n> *Zeitraum von fünf aufeinander folgenden Tagen*; **Pen·ta'e·der** <n.; -s, -; ↗Z55> *von fünf gleichmäßigen Flächen begrenzter Körper*; **Pen·ta·gon** <[--'-]; n.; -s, -e> 1 *Fünfeck* 2 <['---]; unz.> *das auf einer fünfeckigen Fläche errichtete Verteidigungsministerium der USA*; **pen·ta·go'nal** <Adj.> *fünfeckig*; **Pen·ta·gon'do·de·ka·e·der** <n.; -s, -; Geom.> *Körper, der von*

zwölf regelmäßigen Fünfecken begrenzt wird*; **Pen·ta'gramm** <n.; -(e)s, -e> *Stern mit fünf Zacken, der in einem Zug gezeichnet werden kann*; **pen·ta'mer** <Adj.> *fünfgliedrig*; **Pent'a·me·ron,** <auch> **Pen·ta·me·ron** <n.; -s; unz.; ↗Z54> *Sammlung neapolitanischer Märchen*; **Pen·ta'me·ter** <m.; -s, -; Metrik> *fünffüßiger daktylischer Vers*; **Pen·'tan** <n.; -s, -e; Chem.> *gesättigter aliphatischer Kohlenwasserstoff*; **Pent·ar·chie,** <auch> **Pen·tar·chie** <[-'çi]; f.; -, -n; ↗Z54> *Herrschaft von fünf Mächten (besonders von Russland, England, Frankreich, Österreich u. Preußen 1815–60)*; **Pen·ta·'teuch** <m.; -s; unz.> *die fünf Bücher Mosis im AT*; **'Pent·ath·lon** <n.; -s; unz.> *antiker Fünfkampf*; **Pen·ta'to·nik** <f.; -; unz.> *Fünftonmusik*; **pen·ta·to·nisch** <Adj.>; **Pen·te·kos'te** <f.; -; unz.> *Pfingsten als der 50. Tag nach Ostern*; **Pen'ten** <n.; -s, -e; Chem.> *ungesättigter Kohlenwasserstoff*

'Pent·haus <n.; -es, =er>, **'Pent·house** <[-'haus]; n.; -, -s [-hauziz]> *(exklusive) Wohnung, Wohnanlage auf dem Dach eines mehrstöckigen Hauses* [engl.]

'Pen·ti·um <m.; -s; unz.; Warenz.> *ein Mikroprozessor*

Pent·lan'dit <m.; -(e)s; unz.> *ein Mineral* [nach dem engl. Naturforscher J. *Pentland*]

Pent'o·de, <auch> **Pen'to·de** <f.; -, -n; ↗Z54> *Fünfpolröhre* [grch.]

'Pen·top <m.; -s, -s; EDV; österr.> *Notepad* [engl.]

Pen'to·se <f.; -, -n> *aus fünf Kohlenstoffatomen bestehender Zucker* [grch.]; **Pen·ty'len** <n.; -s, -e> = *Penten*

Pe'nun·se, Pe'nun·ze <f.; -, -n; nordostdt.> *Geld* [poln.]

'pen·zen <V. i.; du penzt; österr.; umg.> *betteln, bitten*

Pep <m.; -s; unz.; umg.> *Schwung, Elan, Energie* [engl.]

Pe·pe'ro·ne <m.; -, -ni>, **Pe·pe·'ro·ni** <f.; -, -; meist Pl.> *kleine, sehr scharfe, meist in Essig eingelegte Paprikafrucht* [ital.]

Pe·pi·ta[1] <n.; -s, -s> *kleines Hahnentrittmuster*; **Pe·pi·ta**[2] <m.; -s, -s> *Stoff in diesem Muster* [nach einer span. Tänzerin]; **Pe·pi·ta·kleid** <n.; -(e)s, -er>

'Pe·plon, <auch> **'Pep·lon** <n.; -s, -s od. -plon / -plen>, **'Pe·plos** <m.; -, - od. -plen / -plen; ↗Z53> *ärmelloses altgrch. Frauengewand* [grch.]

'pep·pig <Adj.; umg.> *schwungvoll, flott, munter*; eine -e Unterhaltungssendung; **'Pep·pill** <f.; -, -s>, **'Pep·pil·le** <f.; -, -n> *als Rauschmittel verwendetes Weckamin* [engl.]

Pep'sin <n.; -s, -e> *Eiweiß spaltendes Enzym im Magensaft der Wirbeltiere* [grch.]; **Pep'sin·wein** <m.; -(e)s, -e> *Wein, der die Magentätigkeit unterstützt*

Pep'tid <n.; -(e)s, -e; Biochem.> *aus zwei oder mehr Aminosäuren in Peptidbindung aufgebautes Molekül* [grch.]; **Pep·ti'da·se** <f.; -, -n; Biochem.> *Enzym, das Peptide spaltet*; **Pep·ti·sa·ti'on** <f.; -; unz.; Chem.> *Umwandlung eines Gels in Sol*[2]; **'pep·tisch** <Adj.> *verdauungsfördernd*; **pep·ti'sie·ren** <V. t.>; **Pep'ton** <n.; -s, -'to·ne> *bei der Verdauung entstehendes Abbauprodukt*

per <Präp. m. Akk.> **1** <umg.> *mittels, durch, mit*; ~ Post schicken **2** *gegen, im Austausch für*; ~ cassa *gegen Barzahlung* **3** <zeitlich> *bis, am*; ~ 1. April zu liefern; zu zahlen ~ 15. Mai [lat.]

per..., Per... <in Zus.> = *peri..., Peri...*

per ac·cla·ma·ti'o·nem <veralt.> *durch Zuruf* [lat.]

per A'dres·se, <auch> **per Ad'res·se** <↗Z53; Abk.: p. A., p. Adr.; in Anschriften> *wohnhaft bei*; Herrn Meier, ~ Familie Müller

per 'an·num <Abk.: p. a.> *im Jahr, jährlich* [lat.]

per 'as·pe·ra ad 'as·tra, <auch> **per 'as·pe·ra ad 'ast·ra** <↗Z53> *auf rauen (Wegen) zu den Sternen* [lat.]

Per·bo'rat <n.; -(e)s, -e; Chem.> *Verbindung aus Wasserstoffperoxid u. Boraten, Wasch- u. Bleichmittel*

Perfekt: Das P. – oder 2. Vergangenheit – ist ein Tempus der ↗Vergangenheit, das am ↗Verb ein vergangenes, aus der Sicht der Gegenwart abgeschlossenes Geschehen darstellt. Das P. steht im Gegensatz zum ↗Präteritum. Im Deutschen wird das P. mithilfe von ↗Hilfsverben im ↗Präsens und dem ↗Partizip II (Partizip Perfekt) gebildet: *er hat gesehen; sie ist gegangen.* Vgl. ↗Konjugation

per 'cen·tum <Abk.: p. c.> = *pro centum*

Per·che <['pɛrʃ(e)]; f.; -, -n> *elastische Bambusstange* [frz.]; **'Per·che·akt** <m.; -(e)s, -e> *artist. Kunststück an einer Perche*

Per·chlo'rat <[-klo-]; n.; -(e)s, -e; Chem.> *Salz der Perchlorsäure*; **Per·chlor·säu·re** <[-'klo:r-]; f.; -, -n; Chem.> *Sauerstoffsäure des Chlors*

'Perch·ten <Pl.; im bair.-österr. Volksglauben> *die in den Raunächten umherziehenden Geister der Toten*; **'Perch·ten·lauf** <m.; -(e)s, ⸚e> *ein Volksbrauch (zur Fastnachtszeit)*; **'Perch·ten·mas·ke** <f.; -, -n>; **'Perch·ten·tanz** <m.; -es, ⸚e>

per 'con·to <Kaufmannsspr.> *auf Rechnung* [ital.]

Per·cus·sion <[pər'kʌʃn]; f.; -; unz.> = *Perkussion(3)* [engl.]

per de·fi·ni·ti'o·nem <geh.> *wie es die Definition, der Ausdruck sagt* [lat.]

per·du <[-'dy:]; Adj.; umg.; nur präd.> *verloren, weg*; das Geld ist ~ [frz.]

per·emp'to·risch, <auch> **pe·remp'to·risch, per·em'to·risch** <Adj.; ↗Z54> Ggs *dilatorisch* **1** <Rechtsw.> *vernichtend, aufhebend* **2** *zwingend* [lat.]

Per'en·ne, <auch> **Pe'ren·ne** <f.; -, -n; ↗Z54> *mehrjährige Pflanze* [lat.]; **per·en'nie·rend** <Adj.; Bot.> *ausdauernd, überwinternd*

Pe·res'troi·ka, <auch> **Pe·rest'roi·ka** <f.; -; unz.; ↗Z53> *in der früheren Sowjetunion> Politik des gesellschaftl. und wirtschaftl. Um- u. Neubaus* [russ.]

per ex'em·plum, <auch> **per e'xem·plum** <↗Z54; veralt.> *zum Beispiel* [lat.]

per'fekt <Adj.> **1** *vollkommen (ausgebildet)*; ~ Englisch sprechen **2** *gültig, abgeschlossen*; einen Vertrag ~ machen [lat.]; **'Per·fekt** <a. [-'-]; n.; -(e)s, -e; Gramm.> *zweite Vergangenheitsform des Verbums*; → a. Kasten; **per·fek'ti·bel** <Adj.> *fähig, sich zu entwickeln u. zu vervollkommnen*; perfektible Entwürfe; **Per·fek·ti·bi·li'tät** <f.; -; unz.> *Fähigkeit zur Vervollkommnung*; **Per·fek·ti'on** <f.; -, -en> *Vollendung, Vollkommenheit*; **per·fek·ti·o'nie·ren** <V. t.>; **Per·fek·ti·o'nie·rung** <f.; -; unz.>; **Per·fek·ti·o'nis·mus** <m.; -; unz.> **1** <Philos.> *Lehre von der Vervollkommnung des Menschen als sittliches Ziel der Menschheitsentwicklung* **2** <allg.> *übertriebenes Streben nach Vollkommenheit*; **Per·fek·ti·o'nist** <m.; -en, -en> **1** *Anhänger des Perfektionismus* **2** *jmd., der nach Perfektion strebt*; **Per·fek·ti·o'nis·tin** <f.; -, -nnen>; **per·fek·ti·o'nis·tisch** <Adj.>; **per'fek·tisch** <Adj.; Gramm.> *im Perfekt stehend, das Perfekt betreffend*; **per·fek'tiv** <Adj.; Gramm.> *eine zeitl. Begrenzung des Geschehens ausdrückend*; ~ Aktionsart des Verbums; **Per'fek·tiv** <n.; -s, -e; in slaw. Sprachen> *Aspekt des Verbums, der das Ende einer Handlung oder eines Vorgangs ausdrückt*; **per·fek·ti·vie·ren** <[-'vi:-]; V. t.; Sprachw.> *im Verb ~ mithilfe von Partikeln in eine perfektive Aktionsart umformen, z. B. "blühen" → "verblühen"*; **per·fek'ti·visch** <Adj.> = *perfektiv*

per'fid, per'fi·de <Adj.; geh.> *treulos, hinterhältig* [frz.]; **Per·fi'die** <f.; -, -n; geh.> **1** <unz.> *Heimtücke, Niedertracht* **2** *perfide Handlung*; **Per·fi·di'tät** <f.; -; unz.; geh.>

Per·fo·ra·ti'on <f.; -, -en> **1** <Med.> *Durchbohrung, Durchbruch* **2** *durchlochte Linie (auf Papierblättern oder Filmen)* [lat.]; **Per·fo'ra·tor** <m.; -s, -'to·ren> *Gerät zum Perforieren*; **per·fo'rie·ren** <V. t.> *durchlö-*

chern; **Per·fo'rier·ma·schi·ne** <f.; -, -n>

Per·for·mance <[pər'fɔməns]; f.; -, -s [-siz]> 1 <Theat.> *künstlerische Aktion od. Vorstellung in der Art eines Happenings* 2 <Wirtsch.> *prozentualer Wertzuwachs des Vermögens im Wertpapiergeschäft* 3 <EDV> *Leistungsfähigkeit u. Verarbeitungsgeschwindigkeit von Hard- u. Software* [engl.]; **Per'for·mance·künst·ler** <m.; -s, ->; **Per'for·mance·künst·le·rin** <f.; -, -n·nen>; **Per'for·manz** <f.; -; unz.> Sprachw.> *Verwendung von Sprache in einer konkreten Situation* [lat.]; **per·for·ma'tiv, per·for·ma'to·risch** <Adj.; Sprachw.> *die sprachl. Aussage im Moment ihrer Artikulation realisierend, z. B. ich danke Ihnen*; **Per'for·mer** <[pər-]; m.; -s, -> *Performancekünstler* [engl.]; **Per'for·me·rin** <f.; -, -n·nen>

Per·fu·si'on <f.; -, -en; Med.> 1 *der Ernährung u. Reinigung dienende Durchströmung von Gewebe mit Körperflüssigkeiten* 2 *künstl. Durchströmung des Körpers* [lat.]

Per·ga·ment <n.; -(e)s, -e> 1 *als Schreibstoff dienende Tierhaut* 2 *Schriftstück auf Pergament(1)* [nach der antiken kleinasiat. Stadt *Pergamon*]; **Per·ga'ment·band** <m.; -(e)s, ⸗e> *in Pergament(1) gebundenes Buch*; **per·ga'men·ten** <Adj.> *ein ~er Einband*; **Per·ga'ment·pa·pier** <n.; -s; unz.>; **Per·ga'min** <n.; -s; unz.> *pergamentartiges, durchsichtiges Papier*

'Per·go·la <f.; -, -'go·len> *Laube, berankter Laubengang* [ital.]

per·hor·res·zie·ren <V. t.; geh.> *verabscheuen* [lat.]

'Pe·ri <f.; -, -s; pers. Myth.> *feenhaftes Wesen*

pe·ri..., Pe·ri... <in Zus.> *um ... herum, über ... hin, über ... hinaus* [grch.]; **Pe·ri'anth** <n.; -s, -e; Bot.> 1 *Blütenhülle der höheren Pflanzen* 2 *blattartige Bildung zum Schutz der Fortpflanzungsorgane bei Moosen*; **Pe·ri·ar'thri·tis**, <auch> **Pe·ri·arth'ri·tis** <f.; -, -thri'ti·den; ⸗Z53; Med.> *Entzündung der gelenkumgebenden Teile*; **Pe·ri·as-**

tron, <auch> **Pe·ri·ast'ron** <n.; -s, -tren/-t·ren; ⸗Z53> *bei Doppelsternen der dem Hauptstern nächste Punkt, den der Begleitstern erreicht*; **Pe·ri·chon'dri·tis**, <auch> **Pe·ri·chond'ri·tis** <[-xon-]; f.; -, -'ti·den; ⸗Z53; Med.> *Knorpelhautentzündung*; **Pe·ri'chon·dri·um** <n.; -s, -dri·en> *Knorpelhaut*; **Pe·ri·cho·'re·se** <f.; -; unz.; Kath.> *die gegenseitige Durchdringung der drei göttlichen Personen (Vater, Sohn u. Heiliger Geist) in der Trinität*; **Pe·ri'derm** <n.; -s, -e; Bot.> *sekundäres pflanzl. Abschlussgewebe*

Pe·ri'dot <m.; -s; unz.; Min.> = *Olivin* [frz.]; **Pe·ri·do'tit** <m.; -s, -e; Min.> *schwarzes, hauptsächlich aus Olivin bestehendes Tiefengestein*

Pe·ri·du'ral·an·äs·the·sie, <auch> **Pe·ri·du'ral·a·näs·the·sie** <f.; -, -n; ⸗Z54; Med.> *Betäubung der unteren Körperhälfte durch Einspritzung eines Anästhetikums im Lendenwirbelbereich* [grch.]; **pe·ri·fo'kal** <Adj.; Med.> *um einen Krankheitsherd herum*; **Pe·ri'gä·um** <n.; -s, -'gä·en; Astr.> *Punkt der geringsten Entfernung (eines Planeten) von der Erde; Ggs Apogäum*; **pe·ri·gla·zi'al** <Adj.; Geol.> *das Umfeld von Gletschern und Inlandeisflächen betreffend*; **Pe·ri·gla·zi'al·ge·biet** <n.; -(e)s; unz.; Geol.> *Zwischeneisgebiet zwischen dem skandinav. Inlandeis u. der alpinen Vergletscherungsregion*; **Pe·ri·gla·zi'al·kli·ma** <n.; -s; unz.>; **Pe·ri'gon** <n.; -s, -e; Bot.> *bei höheren Pflanzen> nicht in Kelch u. Krone gegliederte Blütenhülle*; **Pe·ri'hel** <n.; -s, -e; Astr.> *Punkt der geringsten Entfernung (eines Planeten) von der Sonne; Ggs Aphel*; **Pe·ri·he·pa'ti·tis** <f.; -, -ti'ti·den; Med.> *Entzündung der Bauchfellhülle der Leber*; **Pe·ri'kard** <n.; -s, -e; Med.> = *Herzbeutel*; **pe·ri·kar·di'al** <Adj.; Med.>; **Pe·ri·kar'di·tis** <f.; -, -ti'den; Med.> *Entzündung des Herzbeutels*; **Pe·ri'karp** <n.; -s, -e; Bot.> *Fruchtwand*; **Pe·ri'klas** <m.; - od. -es,

-e> *ein seltenes, durchsichtiges bis grünliches Mineral*

pe·ri'kle·isch, <auch> **pe·rik'le·isch** <Adj.; ⸗Z53> *~es Zeitalter* [nach dem altgrch. Staatsmann *Perikles*]

Pe·ri'ko·pe <f.; -, -n> 1 *Bibelabschnitt (zum Vorlesen im Gottesdienst)* 2 *Gruppe zusammengehöriger Strophen, größerer metrischer Abschnitt* [grch.]; **Pe·ri'ko·pen·buch** <n.; -(e)s, ⸗er> = *Evangelistar*

Pe·ri'lun <n.; -s, -e> *mondnächster Punkt der Umlaufbahn eines den Erdtrabanten umkreisenden Objekts* [grch.-lat.]; **Pe·ri'lym·phe** <f.; -, -n; Biol.> *die Sinnesorgane des Innenohrs umgebende Flüssigkeit*

Pe·ri'me·ter[1] <m.; -s, -> 1 <veralt.> *Umfang einer Figur* 2 <schweiz.> *Umfang eines (Planungs-)Gebietes*; **Pe·ri'me·ter**[2] <n.; -s, -; Med.> *Gerät zum Bestimmen des Gesichtsfeldes* [grch.]; **Pe·ri'me·ter·ge·büh·ren** <Pl.; schweiz.> *Anliegergebühren*; **Pe·ri·me'trie**, <auch> **Pe·ri·met'rie** <f.; -, -n; ⸗Z53; Med.>; **pe·ri'me·trisch** <Adj.; Med.>

pe·ri·na'tal <Adj.; Med.> *den Zeitraum der Geburt betreffend; ~e Medizin*

Pe·ri·ne·phri·tis, <auch> **Pe·ri·neph'ri·tis** <f.; -, -'ti·den; ⸗Z53; Med.> *Entzündung von Nierenkapsel u. Nierenoberfläche*

Pe·ri'o·de <f.; -, -n> 1 *Zeitabschnitt* 2 <Astr.> *Umlaufzeit eines Sternes* 3 <Math.> *unendlicher Dezimalbruch* 4 *Schwingungszeit* 5 = *Menstruation* 6 *mehrfach zusammengesetzter Satz* [grch.]; **Pe·ri'o·den·er·folg** <m.; -(e)s, -e; Wirtsch.> *Gewinn od. Verlust eines bestimmten Zeitraums*; **Pe·ri'o·den·ge·winn** <m.; -(e)s, -e; Wirtsch.>; **Pe·ri'o·den·leis·tung** <f.; -, -en; Wirtsch.>; **Pe·ri'o·den·rech·nung** <f.; -, -en; Wirtsch.>; **Pe·ri'o·den·sys·tem** <n.; -s; unz.; Chem.> *Anordnungssystem der chem. Elemente*; **Pe·ri'o·den·zahl** <f.; -(e)s, -e; El.>; **Pe·ri'o·dik** <f.; -; unz.> = *Periodizität*; **Pe·ri'o·di·kum** <n.; -s, -di·ka; meist Pl.> *in gewissen Zeitabständen erscheinende Druckschrift*; **pe·ri-**

'o·disch <Adj.> *regelmäßig wiederkehrend;* ~e Steuern; **pe·ri·o·di'sie·ren** <V. t.> *in Zeitabschnitte einteilen;* **Pe·ri·o·di'sie·rung** <f.; -, -en>; **Pe·ri·o·di·zi'tät** <f.; -; unz.> *regelmäßige Wiederkehr*

Pe·ri·o·don'ti·tis <f.; -, -'ti·ti·den; Med.> *Wurzelhautentzündung der Zähne* [grch.]

Pe·ri'ö·ke <m.; -n, -n> *freier Einwohner Spartas, der das Recht auf Grundbesitz, aber keine polit. Rechte hatte;* → a. Spartiat [grch.]

pe·ri·o·pe·ra'tiv <Adj.; Med.> *vor, während oder kurz nach einem operativen Eingriff* [grch.]; **pe·ri·o'ral** <Adj.; Med.> *im Umfeld des Mundes liegend;* **Pe·ri·ost** <n.; -(e)s, -e> *Knochenhaut;* **Pe·ri·os'tal** <Adj.>; **Pe·ri·os'ti·tis** <f.; -, -'ti·ti·den; Med.> *Knochenhautentzündung*

Pe·ri·pa'te·ti·ker <m.; -s, -> *Schüler des Aristoteles (nach dem Peripatos, einem Wandelgang)*

Pe·ri·pe'tie <f.; -, -n> *Wendepunkt, Umschwung (bes. im Drama)* [grch.]

pe·ri'pher <Adj.> *am Rand (befindlich);* ~e Fragen <fig.> *weniger wichtige Fragen* [lat.-grch.]; **Pe·ri·phe'rie** <f.; -, -n> 1 *~ einer (Kreis-)Fläche* <Math.> *äußere Begrenzung 2 (Stadt-)Rand;* **Pe·ri·phe'rie·ge·rät** <n.; -(e)s, -e; EDV> *an einen Computer angeschlossenes Gerät, z. B. Maus, Drucker;* **Pe·ri·phe'rie·win·kel** <m.; -s, -> *Umfangswinkel;* **pe·ri'phe·risch** <Adj.; veralt.> = *peripher*

Pe·ri'phra·se <f.; -, -n; Rhet.> *Umschreibung eines Begriffes;* **pe·ri·phra'sie·ren** <V. t.>; **pe·ri'phras·tisch** <Adj.> *umschreibend*

Pe'ri·pte·ros, <auch> **Pe'rip·te·ros** <m.; -, - od. -'pte·ren/ -'te·ren>, ↗Z54> *Antentempel mit ringförmig umgebender Säulenhalle* [grch.]

Pe·ri'skop, <auch> **Pe·ris'kop** <n.; -(e)s, -e; ↗Z54> *ausfahrbares Rundblickfernrohr eines U-Bootes* [grch.]; **pe·ri'sko·pisch** <Adj.>

Pe·ri'spo·me·non, <auch> **Pe·ris'po·me·non** <n.; -s, -me·na;

↗Z54; Phon.; im Griechischen> *Wort mit einem Dehnungszeichen auf der letzten Silbe* [grch.]

Pe·ri'stal·tik, <auch> **Pe·ris'tal·tik** <f.; -; unz.; ↗Z54; Med.> *Bewegung von Hohlorganen, deren Wände Muskeln enthalten* [grch.]; **pe·ri'stal·tisch** <Adj.>

Pe·ri'sta·se, <auch> **Pe·ris'ta·se** <f.; -, -n; Med.> *Gesamtheit der Einflüsse, die von der Umwelt auf die Entwicklung eines Organismus ausgeübt werden* [grch.]; **pe·ri'sta·tisch** <Adj.> *umweltbedingt*

Pe·ri'styl, <auch> **Pe·ris'tyl** <n.; -s, -e; ↗Z54> *von Säulen umgebener, oft bepflanzter Innenhof des altgrch. Hauses* [grch.]

pe·ri·to·ne'al <Adj.; Anat.>; **Pe·ri·to'ne·um** <n.; -s, -'ne·en; Anat.> = *Bauchfell* [grch.]; **Pe·ri·to·ni'tis** <f.; -, -'ti·den; Med.> *Bauchfellentzündung*

Per'kal <m.; -s, -e; Textilw.> *sehr dichtes, feinfädiges Baumwollgewebe* [pers.]; **Per·ka'lin** <n.; -s, -e; Textilw.> *appretierter Perkal für Bucheinbände*

Per·ko'lat <n.; -(e)s, -e> *Pflanzenauszug;* **Per·ko·la·ti'on** <f.; -, -en> 1 *Verfahren zur Gewinnung von Pflanzenextrakten 2* <Geol.> *Durchsickern von Wasser durch porösen Boden* [lat.]; **Per·ko'la·tor** <m.; -s, -'to·ren> *Gerät zur Gewinnung von Pflanzenauszügen;* **per·ko'lie·ren** <V. t.>

Per·kus·si'on <f.; -, -en> 1 <Tech.> *Zündung durch Schlag od. Stoß auf ein Zündhütchen 2* <Med.> *Untersuchung (eines Organs) durch Beklopfen der Körperoberfläche u. Deutung der Töne 3* <Popmus.> *Schlagzeug, Gesamtheit der Schlaginstrumente;* oV Percussion [lat.]; **Per·kus·si·o'nist** <m.; -en, -en> *jmd., der auf Perkussionsinstrumenten spielt;* **Per·kus·si·o'nis·tin** <f.; -, -n·nen>; **Per·kus·si'ons·ge·wehr** <n.; -s, -e>; **Per·kus·si'ons·ham·mer** <m.; -s, -̈; Med.>; **Per·kus·si'ons·waf·fe** <f.; -, -n>; **Per·kus·si'ons·zün·dung** <f.; -, -en>; **per·kus'siv** <Adj.; Mus.> *von Rhythmusinstrumenten erzeugt;* **per·kus'so·risch** <Adj.; Med.> *durch*

Perkussion(2) nachweisbar; oV *perkutorisch*

per·ku'tan <Adj.; Med.> *durch die Haut hindurch (wirkend)* [lat.]; **per·ku'tie·ren** <V. t.; Med.> *abklopfen;* **per·ku'to·risch** <Adj.> = *perkussorisch*

'Per·le <f.; -, -n> 1 *schimmerndes, von Weichtieren abgesondertes Kügelchen 2 etwas in der Form einer Perle;* Schweiß~ 3 <fig.> *etwas bes. Schönes, Wertvolles;* eine ~ der deutschen Dichtkunst 4 <fig.; umg.; scherzh.> *gute Hausangestellte;* **'per·len** <V. i.; <fig.>> 1 *schimmernd tropfen 2 sprudeln, Bläschen bilden;* ~der Wein; **'Per·len·aus·ter** <f.; -, -n; Zool.>; **'per·len·be·setzt** <Adj.; ↗Z29> *ein ~es Kleid;* <aber> ein mit Perlen besetztes Kleid; **'per·len·be·stickt** <Adj.>; **'Per·len·fi·scher** <m.; -s, ->; **'Per·len·fi·sche·rin** <f.; -, -n·nen>; **'Per·len·ket·te** <f.; -, -n>; **'Per·len·kol·li·er** <[-'lje:]; n.; -s, -s>; **'Per·len·schnur** <f.; -, -̈e>; **'Per·len·sti·cke·rei** <f.; -, -en> *Stickerei mit aufgenähten Perlen;* **'Per·len·tau·cher** <m.; -s, ->; **'Per·len·tau·che·rin** <f.; -, -n·nen>; **'Perl·garn** <n.; -(e)s; unz.> *glänzendes Stickgarn;* **'perl·grau** <Adj.>; **'Perl·huhn** <n.; -(e)s, -̈er; Zool.> *ein Fasanenvogel;* **'per·lig** <Adj.>

per·lin·gu'al <Adj.; Med.> *durch die Zungenschleimhaut hindurch wirkend (von Medikamenten)* [lat.]

Per'lit <m.; -s, -e> 1 *feinkörniger Gefügebestandteil des Stahls 2 vulkanisches Glas;* **Per'lit·guss** <m.; -es; unz.> *sehr belastbares Gusseisen*

'Perl·mu·schel <f.; -, -n; Zool.>; **'Perl·mutt** <a. [-'-]; n.; -s; unz.>, **'Perl·mut·ter** <a. [-'--]; f.; -; unz. od. n.; -s; unz.> *Innenschicht der Schale von Perlmuscheln u. Seeschnecken;* **'Perl·mut·ter·fal·ter** <m.; -s, -; Zool.> *ein Schmetterling;* **'perl·mut·tern** <Adj.> *aus Perlmutter*

'Per·lon <n.; -s; unz.; Warenz. für> *aus einem Polyamid bestehende Kunstfaser;* **'Per·lon·strumpf** <m.; -(e)s, -̈e>

'Perl·schrift <f.; -; unz.; Typ.>

kleine Schrift der Schreibma-
schine

Per·lus·tra·ti·on, <auch> **Per-
lust·ra·ti'on** <f.; -, -en; ↗Z54,
55; noch österr.> Durchsicht,
Untersuchung [lat.]; **per·lus-
'trie·ren** <V. t.; österr.> einen
Verdächtigen –

'Perl·wein <m.; -(e)s, -e> Kohlen-
säure enthaltender Wein; **'perl-
weiß** <Adj.>; **'Perl·zwie·bel** <f.;
-, -n>; **'Perl·zwirn** <m.; -(e)s;
unz.> fest gedrehter Zwirn

Perm <n.; -s; unz.; Geol.> Forma-
tion des Paläozoikums

per·ma·nent <Adj.> ununterbro-
chen, dauernd, bleibend, stän-
dig [lat.]; **Per·ma·nent·farb-
stoff** <m.; -(e)s, -e> lichtechter
Pigmentfarbstoff; **Per·ma'nent-
gelb** <n.; -s; unz.> gelbe, bes.
lichtbeständige Malfarbe; **Per-
ma'nent·spei·cher** <m.; -s, -;
EDV> nichtflüchtiger Speicher
eines Rechensystems, der nicht
auf aktive Stromzufuhr ange-
wiesen ist; **Per·ma'nent·weiß**
<n.; -; unz.>; **Per·ma'nenz** <f.; -;
unz.> Dauer(haftigkeit); **Per-
ma'nenz·the·o·rie** <f.; -; unz.>
heute widerlegte Annahme, dass
die Anordnung von Kontinen-
ten u. Meeren während der ge-
samten Erdgeschichte keinen
wesentlichen Änderungen un-
terworfen gewesen sei

Per·man·ga·nat <n.; -(e)s, -e;
Chem.> Salz der Permangan-
säure; **Per·man'gan·säu·re** <f.;
-, -n> eine chem. Verbindung

per·me·a·bel <Adj.> durchdring-
bar, durchlässig; Ggs impermeabel
[lat.]; **Per·me·a·bi·li'tät** <f.; -;
unz.> Ggs Impermeabilität;
Per·me'at <n.; -s, -e> einen Fil-
ter durchfließender Flüssigkeits-
anteil

Per·mi·gra·ti·on, <auch> **Per-
mig·ra·ti'on** <f.; -, -en; ↗Z53>
Durchzug von Auswanderern
durch ein Land in das eigentli-
che Einwanderungsland [lat.]

'per·misch <Adj.; Geol.> –e Ge-
steinsschichten

per·mis·siv <Adj.> erlaubend; –e
Gesellschaft auf Freizügigkeit
beruhende G. [lat.]; **per·mit'tie-
ren** <V. t.; veralt.> erlauben

per·mu·ta·bel <Adj.; Math.> ver-

tauschbar, austauschbar; per-
mutable Größen [lat.]; **Per·mu-
ta·ti'on** <f.; -, -en; Math.> Um-
stellung, Vertauschung in der
Reihenfolge; **per·mu'tie·ren**
<V. t.> die Reihenfolge ändern

Per·nam'buk·holz <n.; -es; unz.>
Edelholz aus Brasilien; oV Fer-
nambukholz [nach dem brasili-
an. Bundesstaat Pernambuco]

'Per·nio <m.; -, -ni'o·nes od.
-ni'o·nen; meist Pl.; Med.>
chronische Hautschwellung in-
folge Frosteinwirkung [lat.];
Per·ni'o·sis <f.; -, -'o·sen;
Med.>

Per·nod <[per'no:]; m.; -s, -s; Wa-
renz.> frz. Anislikör [nach dem
frz. Hersteller H.-L. Pernod]

Pe·ro'nis·mus <m.; -; unz.> poli-
tisch-soziale Bewegung in Ar-
gentinien [nach J. D. Perón,
1895–1974]; **Pe·ro'nist** <m.;
-en, -en> Anhänger des Peronis-
mus; **pe·ro'nis·tisch** <Adj.>;
Pe·ro'nis·tin <f.; -,
-n·nen>; **pe·ro'nis·tisch** <Adj.>

Pe·ro'no·spo·ra, <auch> **Pe·ro-
'nos·po·ra** <f.; -; unz.; ↗Z54;
Bot.> Gattung der Algenpilze
[grch.]

per·o'ral <Adj.; Med.> durch den
Mund (einzuführen, einzuneh-
men) [lat.]

'Per·o·xid, 'Per·o·xyd <n.; -(e)s,
-e> anorganische od. organi-
sche Verbindung des
Wasserstoffperoxids; **Per·o·xi-
'da·se** <f.; -, -n> Peroxid spal-
tendes Enzym

per 'pe·des <scherzh.> zu Fuß
[lat.]

Per·pen'di·kel <n. od. m.; -s, ->
Uhrpendel [lat.]; **per·pen·di·ku-
'lar, per·pen·di·ku'lär** <Adj.>
senkrecht, lotrecht [frz.]; **Per-
pen·di·ku'lar·stil** <m.; -(e)s;
unz.> Form der engl. Gotik

per·pe·tu'ie·ren <V. i.> fortdau-
ern [lat.]; **Per'pe·tu·um 'mo·bi-
le** <[-'le:]; n.; --, -- od. -tua
-'bi·lia> 1 utopische Maschine,
die, ohne Energie zu verbrau-
chen, dauernd in Bewegung
bleibt 2 Musikstück mit ununt-
erbrochen gleichmäßigem u.
schnellem Tempo

per'plex <Adj.; umg.> verblüfft,
überrascht, betroffen [lat.]; **Per-
ple·xi'tät** <f.; -; unz.>

per pro'cu·ra <Kaufmannsspr.;

Abk.: pp., ppa.> bevollmächtigt
(als Hinweis vor der Unter-
schrift des Prokuristen) [lat.]

Per·ron <[-'rõ]; m.; -s, -s; veralt.>
1 Plattform eines Wagens der
Straßenbahn od. der alten Ei-
senbahn 2 <schweiz.> Bahn-
steig [frz.]

per 'sal·do <Kaufmannsspr.>
durch Ausgleich (der beiden Sei-
ten eines Kontos) [ital.]

per se <[-'se:]> von selbst, durch
sich selbst; das versteht sich –
[lat.]

Per·se'i·den <Pl.> in der ersten
Augusthälfte eines Jahres auftre-
tender Meteorstrom, der seinen
Ursprung scheinbar im Stern-
bild Perseus hat

Per'sen·ning <f.; -, -e od. -en>
wasserdichtes Segeltuch zum
Schutz der Luken od. als Reling;
oV Presenning [ndrl.]

'Per·ser <m.; -s, -> 1 Einwohner
von Persien 2 <kurz für> Perser-
teppich; **'Per·se·rin** <f.; -,
-n·nen>; **'Per·ser·kat·ze** <f.;
-, -n; Zool.>; **'Per·ser·tep·pich**
<m.; -(e)s, -e> (handgeknüpf-
ter) Teppich aus Persien

Per·se·ve·ra·ti·on <[-və-]; f.; -,
-en; Psych.> beharrl. Wieder-
kehr von Vorstellungen, Bildern
usw. im Bewusstsein [lat.]

Per'shing <['pə:ʃiŋ]; f.; -, -s> Bo-
denraketen der USA mit Atom-
sprengkopf [nach dem ameri-
kan. General J.-J. Pershing]

Per·si'a·ner <m.; -s, -> 1 Lamm-
fell des Karakulschafes 2
Pelz(-mantel) aus Persianer(1);
'Per·si·en <früher für> Iran

Per·si'fla·ge, <auch> **Per·sif'la-
ge** <[-ʒ(ə)]; f.; -, -n; ↗Z53>
(meist auf Ironie od. Übertrei-
bung beruhende) geistreiche
Verspottung [frz.]; **per·si'flie-
ren** <V. t.>

'Per·si·ko <m.; -s, -s> Pfirsichli-
kör [lat.]

Per'sil·schein <m.; -(e)s, -e;
umg.> Unschuldsbescheinigung
(bes. von den Entnazifizierungs-
behörden nach 1945) [nach
dem Waschmittel Persil]

Per·si'mo·ne <f.; -, -n> Frucht ei-
ner Dattelpflaumenart [indian.]

Per·si'pan <a. ['---]; n.; -s, -e>
Marzipanersatz aus Pfirsich- u.
Aprikosenkernen u. Zucker [lat.]

Person: Als P. bezeichnet man eine grammatische Kategorie des Personalpronomens und des Verbs. Beim Verb wird sie durch die finiten (gebeugten) Verbformen ausgedrückt.
Die **1. P.** bezeichnet den Sprecher selbst.
Die **2. P.** bezeichnet den Angesprochenen bzw. den Hörer.
Die **3. P.** bezeichnet weder den Sprecher noch den Hörer, sondern denjenigen oder diejenigen, über den bzw. die gesprochen wird oder auf den bzw. die sich das Besprochene bezieht.

Personalpronomen: Das P. ist eine Untergruppe der Wortart ↗Pronomen, die als Stellvertreter von Nominalgruppen steht. Das P. bezeichnet bestimmte Personen oder Gegenstände, die Sprecher und Hörer bekannt sind.

Zur Deklination der P.:

1. Person	**Singular**	**Plural**
Nominativ	ich	wir
Genitiv	meiner	unser
Dativ	mir	uns
Akkusativ	mich	uns

2. Person	**Singular**	**Plural**
Nominativ	du	ihr
Genitiv	deiner	euer
Dativ	dir	euch
Akkusativ	dich	euch

Die P. der **3. Person** werden nach dem ↗Genus unterschieden:

	Singular			**Plural**
	Mask.	**Fem.**	**Neutr.**	**MFN**
Nom.	er	sie	es	sie
Gen.	seiner	ihrer	seiner	ihrer
Dat.	ihm	ihr	ihm	ihnen
Akk.	ihn	sie	es	sie

'per·sisch <Adj.; ↗Z46> ~e Sprache; <aber> der Persische Golf **per·sis'tent** <Adj.> anhaltend, dauernd [lat.]; **Per·sis'tenz** <f.; -; unz.> 1 <Med.; Biol.> Ausdauer 2 <fig.> Eigensinn; **per·sis'tie·ren** <V. i.> 1 <veralt.> (auf etwas) bestehen, insistieren 2 <Med.> fortdauern
Per'son <f.; -, -en> 1 Mensch (als lebendes Wesen) 2 <Lit.> handelnde Figur, Gestalt 3 <Gramm.> (einen Dritten) bezeichnende grammat. Kategorie; erste, zweite, dritte ~; → a.

Kasten [lat.]; **Per'so·na** <f.; -, -nae; lat. Bez. für> Person 1 ~ grata gern gesehener Mensch 2 ~ ingrata, non grata in Ungnade gefallener Mensch; **per·so'nal** <Adj.> = personell; **Per·so'nal** <n.; -s; unz.> Gesamtheit der bes. im Dienstleistungsbereich beschäftigten Personen; Küchen~; **per·so'nal...**, **Per·so'nal...** <in Zus.> die Person betreffend, Persönlichkeits...; **Per·so'nal·ab·bau** <m.; -(e)s; unz.>; **Per·so'nal·ab·tei·lung** <f.; -, -en>; **Per·so'nal·ak·te** <f.; -, -n>; **Per·so'nal·aus·weis** <m.; -es, -e>; **Per·so'nal·be·ra·ter** <m.; -s, -> jmd., der Unternehmen in Personalfragen berät; **Per·so'nal·be·ra·te·rin** <f.; -, -n·nen>; **Per·so'nal·bü·ro** <n.; -s, -s>; **Per·so'nal·chef** <[-ʃɛf]; m.; -s, -s> = Personalleiter; **Per·so'nal·che·fin** <f.; -, -n·nen>; **Per·so'nal·com·pu·ter**, <auch> **Per·so·nal·Com·pu·ter** <['pə·sənəlkɔm'pju·tə(r)]; m.; (-)-s, (-)-; ↗Z30; Abk.: PC> kompakter Rechner [engl.]; **Per·so'nal·de·cke** <f.; -; unz.> Gesamtheit der zur Verfügung stehenden Personen in einem Betrieb; **Per·so'nal·form** <f.; -, -en; Gramm.> finite Verbform; **Per·so'na·lia** <Pl.> → Kasten persönliches Verb; **Per·so'na·li·en** <Pl.> Angaben über Geburt, Ehestand, Beruf einer Person; **per·so'nal·in·ten·siv** <Adj.> ein ~es Unternehmen; **per·so·na·li·'sie·ren** <V. t.; geh.> auf eine einzelne Person ausrichten; ein Problem ~; **Per·so·na·li'tät** <f.; -; unz.> Persönlichkeit; **Per·so·na·li'täts·prin·zip** <n.; -(e)s; unz.; Rechtsw.> Grundsatz des internat. Strafrechts, dass eine Straftat nach den im Heimatland des Täters gültigen Gesetzen zu beurteilen ist; Ggs Territorialitätsprinzip; **per·so'na·li·ter** <Adv.> persönlich; **Per·so·na·li·ty·show** <[pərsə'næ·litiʃou]; f.; -, -s> (Fernseh-) Show, die die Persönlichkeit eines Künstlers in den Mittelpunkt stellt [engl.]; **Per·so'nal·kos·ten** <Pl.>; **Per·so'nal·lea·sing** <[-li:ziŋ]; n.; - od. -s; unz.> Überlassung von Arbeitneh-

mern an einen anderen Arbeitgeber [engl.]; **Per·so'nal·lei·ter** <m.; -s, ->; **Per·so'nal·lei·te·rin** <f.; -, -n·nen>; **Per·so'nal·ma·nage·ment** <[-mænidʒmənt]; n.; -s; unz.> Personalwesen [engl.]; **Per·so'nal·pla·nung** <f.; -; unz.>; **Per·so'nal·po·li·tik** <f.; -; unz.> Gesamtheit der Maßnahmen, die das Personal (eines Betriebes) betreffen; **Per·so'nal·pro·no·men** <n.; -s, - od. -mi·na; Gramm.> persönliches Fürwort, das anstelle einer bestimmten Person od. Sache steht, z. B. ich, ihm, sie; → a. Kasten; **Per·so'nal·rat** <m.; -(e)s, ⁓e> gewählter Vertreter der Beamtenschaft; **Per·so'nal·re·fe·rent** <m.; -en, -en>; **Per·so'nal·re·fe·ren·tin** <f.; -, -n·nen>; **Per·so'nal·u·ni·on** <f.; -, -en; ↗Z55> 1 Vereinigung selbstständiger Staaten unter einem Monarchen; Ggs Realunion 2 Vereinigung mehrerer Ämter in der Hand einer Person; **Per·so'nal·ver·tre·tung** <f.; -, -en> die Vertretung der Beamten, Angestellten u. Arbeiter des öffentl. Dienstes; **Per·so'nal·ver·wal·tung** <f.; -, -en>; **Per·so'nal·we·sen** <n.; -s; unz.>; **Per·'sön·chen** <n.; -s, -; Verkleinerungsf. von> Person; **per·so'nell** <Adj.> oV personal 1 persönlich 2 das Personal betreffend [frz.]; **Per·so'nen·auf·zug** <m.; -(e)s, ⁓e> Ggs Lastenaufzug; **Per·so'nen·be·för·de·rung** <f.; -; unz.>; **Per·so'nen·be·för·de·rungs·ge·setz** <n.; -es, -e; Rechtsw.>; **Per·so'nen·be·schrei·bung** <f.; -, -en>; **per·so'nen·be·zo·gen** <Adj.> eine ~e Wahl; **Per·so'nen·fir·ma** <f.; -, -fir·men; Wirtsch.> Firma, deren Name aus einem od. mehreren Personennamen besteht; Ggs Sachfirma; **per·so'nen·ge·bun·den** <Adj.>; **Per·so'nen·ge·dächt·nis** <n.; -s·ses; unz.> Fähigkeit, sich gut an Personen erinnern zu können; **Per·so'nen·ge·sell·schaft** <f.; -, -en> Handelsgesellschaft, deren Teilhaber persönlich haften; **Per·so'nen·jahr** <n.; -(e)s, -e; Demographie> Zahl der Einwohner, die in einem Jahr in einem best.

persönliches Verb: Als p.V. oder Personalia bezeichnet man Verben mit persönlichem ⬈Subjekt (*ich, du, er, sie, wir, ihr* usw.). Sie können in allen drei ⬈Personen bzw. in der 3. Person mit ⬈Substantiven verwendet werden:
ich esse; du isst; sie isst usw.; *die Mutter isst; Kinder essen* usw. Im Gegensatz zu den p. V. werden die ⬈unpersönlichen Verben nur mit dem unpersönlichen *es* verbunden: *Es hagelt.*

Raum gelebt haben; **Per'so·nen·kenn·zahl** <f.; -, -en> *in Ziffern verschlüsselte Angaben über eine Person (zur Verwendung in der EDV);* **Per'so·nen·ki·lo·me·ter** <m.; -s, -> **Per'so·nen·ko·mi·tee** <n.; -s, -s; österr.> **Per'so·nen·kon·to** <n.; -s, -kon·ten od. -kon·ti> Ggs *Sachkonto;* **Per'so·nen·kraft·wa·gen** <m.; -s, -; Abk.: Pkw, PKW> *Auto;* Ggs *Lastkraftwagen;* **Per'so·nen·kreis** <m.; -es, -e> **Per'so·nen·kult** <m.; -(e)s; unz.; abwertend> *übersteigerte Verehrung u. Mystifizierung einer Person;* **Per'so·nen·nah·ver·kehr** <m.; -es; unz.> *Teil des Personenverkehrs, der innerhalb von Städten u. im regionalen Bereich des ländl. Raumes stattfindet;* **Per'so·nen·recht** <n.; -(e)s, -e; Rechtsw.; österr.> **Per'so·nen·re·gis·ter** <n.; -s, -> *Namenregister;* Ggs *Sachregister;* **Per'so·nen·scha·den** <m.; -s, -> *Verletzung od. Todesfall (bei Unfall o. Ä.);* Ggs *Sachschaden;* **Per'so·nen·schiff·fahrt** <f.; -; unz.; ⬈Z37> **Per'so·nen·schutz** <m.; -es; unz.> **Per'so·nen·stand** <m.; -(e)s; unz.> = *Familienstand;* **Per'so·nen·stands·re·gis·ter** <n.; -s, -> = *Einwohnerregister des Standesamtes;* **Per'so·nen·ver·kehr** <m.; -s; unz.> Ggs *Güterverkehr;* **Per'so·nen·ver·si·che·rung** <f.; -, -en; Versicherungsw.> **Per'so·nen·waa·ge** <f.; -, -n> **Per'so·nen·wa·gen** <m.; -s, -> **Per'so·nen·zug** <m.; -(e)s, -e> Ggs *Güterzug;* **Per·so·ni·fi·ka·ti'on** <f.; -, -en> 1 *Verkörperung* 2 *Vermenschlichung von Dingen od.*

Begriffen [frz.]; **per·so·ni·fi'zie·ren** <V. t.> *das personifizierte schlechte Gewissen;* **Per·so·ni·fi'zie·rung** <f.; -, -en> = *Personifikation;* **per'sön·lich** <Adj.> 1 *die Person betreffend; eine Äußerung nicht ~ nehmen nicht auf sich beziehen* 2 *selbst, privat; ~!* (Vermerk auf Briefen) *nur für den Betreffenden selbst bestimmt; ~es Eigentum* 3 *~es Fürwort Personalpronomen; ~es Verb; → a. Kästen persönliches Verb, Personalpronomen;* **Per'sön·lich·keit** <f.; -, -en> 1 <unz.> *Gesamtheit aller Wesenszüge, Verhaltensweisen u. Eigenarten eines Menschen* 2 *bedeutender Mensch, Mensch besonderer Prägung; bekannte ~en unserer Stadt;* **Per'sön·lich·keits·bild** <n.; -(e)s, -er> **Per'sön·lich·keits·for·schung** <f.; -; unz.; Psych.> *Teilbereich der Psychologie;* **Per'sön·lich·keits·kult** <m.; -(e)s, -e; österr.; selten für> *Personenkult;* **Per'sön·lich·keits·recht** <n.; -(e)s, -e; Rechtsw.; österr.> *Recht auf Ehre, körperl. Unversehrtheit, Namensführung u. Ä.;* **Per'sön·lich·keits·schutz** <m.; -es; unz.> **Per'sön·lich·keits·wahl** <f.; -, -en> *Wahl, bei der für eine einzelne Person gestimmt wird;* Ggs *Listenwahl;* **Per'sons·be·schrei·bung** <f.; -, -en; österr.; Amtsspr.>

Per·spek'tiv, <auch> **Pers·pek'tiv** <n.; -s, -e; ⬈Z54> *kleines Fernrohr;* **Per·spek'ti·ve** <[-və]; f.; -, -n> 1 *räuml. Darstellung auf einer ebenen Bildfläche* 2 <fig.> *Blick in die Zukunft, Aussicht; ungeahnte ~n* 3 *Blickwinkel; aus dieser ~ betrachtet ...* [lat.]; **per·spek'ti·visch** <Adj.> *~es Zeichnen;* **Per·spek·ti·vis·mus** <[-'vis-]; m.; -; unz.; Philos.> *Lehre, dass die Erkenntnis der Welt durch die jeweilige Perspektive(3) des Betrachters bedingt sei;* **Per·spek'tiv·lo·sig·keit** <f.; -; unz.> **Per·spek'tiv·pla·nung** <f.; -, -en; Wirtsch.> *langfristige Planung*

Per·spi·ra·ti'on, <auch> **Pers·pi·ra·ti'on** <f.; -; unz.; ⬈Z54> *Hautatmung* [lat.]; **per·spi·ra'to·risch** <Adj.>

Per·su·a·si'on <f.; -, -en; geh.> *Überredung* [lat.]; **per·su·a'siv** <Adj.; geh.> *überredend, überzeugend;* **per·su·a'so·risch** <Adj.; österr.> = *persuasiv*

Per'thit <m.; -s, -e; Min.> *ein Mineral* [nach der kanad. Stadt *Perth*]

Per·tu·ba·ti'on <f.; -, -en; Med.> *Eileiterdurchblasung* [lat.]

Per·tur·ba·ti'on <f.; -, -en; Astron.> = *Störung (in der Bewegung eines Gestirns)* [lat.]

Per'tus·sis <f.; -; unz.; Med.> = *Keuchhusten*

Pe'ru *Staat in Südamerika;* Republik -; **Pe·ru'a·ner** <m.; -s, ->; **Pe·ru'a·ne·rin** <f.; -, -n·nen>; **pe·ru'a·nisch** <Adj.>; **'Pe·ru·bal·sam** <a. [-'---]; m.; -s; unz.> *aus einem mittelamerikan. Baum gewonnene Flüssigkeit*

Pe'rü·cke <f.; -, -n> 1 *künstl. Haartracht, Haarersatz* 2 <Jägerspr.> *durch Verletzung hervorgerufene krankhafte Wucherung am Gehörn od. Geweih* [frz.]; **Pe'rü·cken·ma·cher** <m.; -s, -> **Pe'rü·cken·ma·che·rin** <f.; -, -n·nen>

per 'ul·ti·mo *am letzten Tag des Monats (zu zahlen)* [lat.]

per·vers <[-'vɛrs]; Adj.> 1 *abartig (im geschlechtl. Verhalten)* 2 *widernatürlich, verderbt* [lat.]; **Per·ver·si·on** <f.; -, -en> *krankhafte Abweichung vom Normalen;* **Per·ver·si'tät** <f.; -, -en>; **per·ver'tie·ren** <V.> 1 <V. i.> *eine abartige Entwicklung nehmen* 2 <V. t.> *etwas ~ grob verfälschen, entfremden;* **Per·ver'tiert·heit** <f.; -, -en>; **Per·ver'tie·rung** <f.; -, -en>

Per'zent <n.; -(e)s, -e; österr.> = *Prozent;* **per·zen·tu'ell** <Adj.; österr.> = *prozentual*

per·zep'ti·bel <Adj.; Philos.> *wahrnehmbar, erfassbar; perzeptible Töne* [lat.]; **Per·zep·ti·bi·li'tät** <f.; -; unz.>; **Per·zep·ti'on** <f.; -, -en> 1 <Med.; Biol.> *Wahrnehmung von Reizen durch Sinnesorgane* 2 <Philos.; Psych.> *sinnliche Wahrnehmung ohne bewusstes Erfassen;* **per·zep'tiv,** **per·zep'to·risch** <Adj.>; **Per·zi·pi'ent** <m.; -en, -en; früher> *Empfänger;* **Per·zi·pi'en·tin** <f.; -, -n·nen>; **per·zi-**

'pie·ren <V. t.> *(sinnlich) wahrnehmen*

Pe'sa·de <f.; -, -n; hohe Schule> = *Levade* [ital.]

pe'san·te <Mus.> *schwerfällig, wuchtig (zu spielen)* [ital.]

'pe·sen <V. i.; umg.> *rennen, eilen;* er peste den Gang hinunter

Pe'se·ta <f.; -, -'se·ten>, Pe'se·te <f.; -, -n; Abk.: Pta; früher> *span. Währungseinheit, 100 Centimos* [span.]

'Pe·so <m.; - od. -s, - od. -s> *südamerikan. Währungseinheit* [span.]

Pes'sar <n.; -s, -e; Med.> *Einlage in die Scheide (zur Empfängnisverhütung)* [lat.]

Pes·si'mis·mus <m.; -; unz.> *Neigung, nur das Schlechte zu sehen;* Ggs *Optimismus* [lat.]; Pes·si'mist <m.; -en, -en>; Pes·si'mis·tin <f.; -, -nnen>; pes·si·mis'tisch <Adj.>; 'Pes·si·mum <n.; -s, -ma; Biol.> *schlechteste Umweltbedingungen für ein Lebewesen;* Ggs *Optimum*

Pest <f.; -; unz.> *durch Bakterien hervorgerufene epidemische Krankheit* [lat.]; 'pest·ar·tig <Adj.> *-e Beule;* 'Pest·beu·le <f.; -, -n>; 'Pest·hauch <m.; -(e)s, -e; fig.> *giftiger Hauch, tödlicher Einfluss;* Pes·ti'lenz <f.; -, -en; veralt. für> *Pest;* pes·ti·len·zi'a·lisch <Adj.> *verpestet;* Pes·ti'zid <n.; -(e)s, -e> *Mittel zur Vernichtung von Pflanzenschädlingen;* 'pest·krank <Adj.>

'Pes·to <n.; -s; unz.> ital. Kochkunst> *Sauce aus Öl, gehackten Kräutern u. Gewürzen (bes. Basilikum)* [ital.]

'Pest·säu·le <f.; -, -n> *Votivsäule zur Erinnerung an eine Pestzeit*

'Pe·ta... <vor Maßeinheiten> *das 10¹⁵fache einer Grundeinheit* [grch.]

Pe'tal <n.; -s, -en>, 'Pe·ta·lum <n.; -s, -'ta·len; meist Pl.; Bot.> *Blüten-, Kronblatt* [grch.]

Pe·tan·que <[-'tãk]; n.; -s; unz.> *ein dem Boule entsprechendes Spiel in Spanien* [frz.]

Pe'tar·de <f.; -, -n> 1 <früher> *mit Sprengstoff gefüllter Metallkörper zum Sprengen von Festungstoren* 2 <heute> *knallender Feuerwerkskörper* [frz.]

'Pe·ter·li <m.; -s; unz.; schweiz.; umg.; für> *Petersilie*

'Pe·ter·männ·chen <n.; -s, -; Zool.> *ein giftiger Drachenfisch;* 'Pe·ters·fisch <m.; -(e)s, -e; Zool.> *ein Speisefisch*

'Pe·ter·sil <m.; -s; unz.; österr.>, Pe·ter'si·lie <[-liə]; f.; -, -n; Bot.> *ein Küchenkraut;* krause, glatte ~

'Pe·ters·pfen·nig <m.; -(e)s, -e> *freiwillige Gabe aller Katholiken an den Papst*

'Pe·ter·wa·gen <m.; -s, -; umg.> *Polizeiwagen*

Pe·tit <[pə'ti:]; f.; -; unz.; Typ.> *ein Schriftgrad, 8 Punkt* [frz.]; Pe·ti·tes·se <[pati'tɛs(ə)]; f.; -, -n> *Geringfügigkeit, Bagatelle*

Pe·ti·ti'on <f.; -, -en> *Bittschrift, Eingabe* [lat.]; pe·ti·ti·o'nie·ren <V. i.; veralt.>; Pe·ti·ti'ons·ausschuss <m.; -es, ⸚e>; Pe·ti·ti'ons·recht <n.; -(e)s; unz.> *Recht, sich mit einem Gesuch an die zuständigen Behörden zu wenden;* pe·ti'to·risch <Adj.; Rechtsw.> *-e Ansprüche*

Pe·tit·schrift <[pə'ti:-]; f.; -; unz.; Typ.>; Pe·tits Fours <[pəti­'fu:r]; Pl.> *kleine Törtchen mit Zuckerglasur* [frz.]

Pe·trar'kis·mus, <auch> Pet·rar'kis·mus <m.; -; unz.; ⤢Z53> *lyrischer Stil der Renaissance u. des Humanismus (nach dem ital. Dichter F. Petrarca]*

pe·tre..., Pe·tre..., <auch> petre..., Pet·re... <⤢Z53; in Zus.> = *petro..., Petro...;* Pe·tre'fakt <n.; -(e)s, -e> *Versteinerung* [grch.; lat.]; pe·tri..., Pe·tri... <in Zus.> = *petro..., Petro...;* Pe·tri·fi·ka·ti'on <f.; -, -en> *Versteinerungsprozess;* pe·tri·fi'zie·ren <V. t.> *versteinern*

'Pe·tri·jün·ger, <auch> 'Pet·rijün·ger <m.; -s, -; ⤢Z53; scherzh.> *Liebhaber des Angelsports (nach Petrus, dem Schutzheiligen der Fischer];* pe'tri·nisch <Adj.> *~e Briefe*

'Pe·tri·scha·le <f.; -, -n> *flache Glasschale, in der Bakterienkulturen gezüchtet werden* [nach dem dt. Bakteriologen R. J. Petri, 1852–1921]

pe·tro..., Pe·tro..., <auch> petro..., Pet·ro... <⤢Z53; in Zus.> = *stein..., Stein...* [grch.]; Pe·troche·mie <[-çe-]; f.; -; unz.> 1 *Lehre von der Zusammensetzung der Gesteine* 2 <nicht kor­rekte, aber heute übliche Bez. für> *Petrolchemie;* pe·tro'chemisch <Adj.>; Pe·tro·ge'ne·se <f.; -; unz.; Geol.> *Bildung von Gesteinen;* pe·tro·ge'ne·tisch <Adj.>; Pe'tro'gly·phe <f.; -, -n> *vorgeschichtl. Felszeichnung;* Pe·tro·gra'fie <f.; -; unz.; ⤢Z11.3> = *Petrographie;* pe·tro'gra·fisch <Adj.>; Pe·tro·gra'phie <f.; -; unz.; ⤢Z11.3> *Zweig der Petrologie, der sich mit der Beschreibung u. Klassifizierung der Gesteine befasst;* pe·tro·graphisch <Adj.>; Pe'trol <n.; -s; unz.; ⤢Z53; schweiz.> = *Petroleum;* Pe'trolche·mie <[-çe-]; f.; -; unz.> *Teilgebiet der Chemie, das sich mit der Förderung u. Verarbeitung von Erdöl befasst (heute meist als Petrochemie bezeichnet];* pe'trol·che·misch <Adj.>; Pe·tro·le·um <n.; -s; unz.> *Destillationsprodukt des Erdöls;* Sy *Kerosin;* Pe'tro·le·um·lam·pe <f.; -, -n>; Pe·tro'lo·gie <f.; -; unz.> *Teilgebiet der Geologie, das sich mit der Bildung u. Umbildung der Gesteine befasst;* pe·tro'phil <Adj.> *steinigen Untergrund liebend (von Pflanzen)*

'Pet·schaft <n.; -s, -e> *zum Siegeln verwendeter Stempel od. Ring mit eingraviertem Namenszug, Wappen o. Ä.* [tschech.]; pet'schie·ren <V. t.>; pet'schiert <Adj.; österr.; umg.; salopp> *in einer misslichen, unangenehmen Lage sein*

'Pet·ti·coat <[-ko:t]; m.; -s, -s; Mode> *weiter, stark versteifter Taillenunterrock* [engl.]

'Pet·ting <n.; - od. -s, -s> *sexuell erregende körperl. Berührungen ohne Ausübung des Koitus* [engl.]

'pet·to → *in petto* [ital.]

Pe'tu·nie <[-niə]; f.; -, -n; Bot.> *eine Zierpflanze* [indian.]

Petz <m.; -es, -e> *der Bär (in der Tierfabel);* Meister ~

'Pet·ze¹ <f.; -, -n> *Hündin*

'Pet·ze² <f.; -, -n; Schülerspr.> *jmd., der petzt*

'pet·zen¹ <V. i.; du petzt; umg.> *jmdn. verraten*

P

'**pet·zen**² <V. t.; westmdt.> jmdn. ~ *kneifen, zwicken*

'**Pet·zer** <m.; -s, -> = *Petze²*

peu à peu <m.> <[pøa'pø:]; Adv.> *allmählich, nach und nach* [frz.]

pe'xie·ren <V. t.> *Dummheiten ~ verüben, anstellen*

pF <Abk. für> *Pikofarad*

Pf <Abk. für> *Pfennig*

Pfad <m.; -(e)s, -e> *schmaler Weg;* '**pfa·den** <V. t.; schweiz.> *einen Pfad durch hohen Schnee bahnen;* die Trottoirs sind noch nicht gepfadet; '**Pfa·der** <m.; -s, -; schweiz.> *Pfadfinder;* '**Pfadfin·der** <m.; -s, -> *Mitglied einer 1907 gegründeten internationalen Jugendorganisation;* '**Pfadfin·de·rin** <f.; -, -n·nen>; '**Pfadfin·der·la·ger** <n.; -s, -s>; '**Pfa·di** <m.; -s, -; schweiz.; umg.; Abk. für> *Pfadfinder*

'**Pfaf·fe** <m.; -n, -n; abwertend> *Geistlicher;* '**Pfaf·fen·hüt·chen** <n.; -s, -; Bot.> *ein Zierstrauch;* '**Pfaf·fen·tum** <n.; -s; unz.; ab­wertend>

Pfahl <m.; -(e)s, ⸚e> **1** <Bauw.> *langer, unten zugespitzter, dicker Stab od. Balken* **2** <Her.> *senkrecht über die Mitte des Schildes gezogener Streifen;* '**Pfahl·bau** <m.; -(e)s, -ten> *im Wasser od. am Ufer eines Gewässers auf Pfählen stehendes Wohnhaus;* '**Pfahl·bür·ger** <m.; -s, -> **1** <MA> *außerhalb des Grenzen einer Stadt wohnender Bürger, Schutzbürger* **2** <fig.> *engstirniger Mensch, Spießbürger;* '**Pfahl·dorf** <n.; -(e)s, ⸚er>; '**pfäh·len** <V. t.> **1** *an Pfählen festbinden (Weinstöcke)* **2** <MA> jmdn. ~ *grausam hinrichten;* '**Pfahl·grün·dung** <f.; -, -en; Bauw.>; '**Pfahl·mu·schel** <f.; -, -n; Zool.> *an Pfählen haftende Bohrmuschel;* '**Pfahlwerk** <n.; -(e)s; unz.> *Wand aus eingerammten Pfählen (als Uferbefestigung);* '**Pfahl·wur·zel** <f.; -, -n> *pfahlförmige Wurzel*

Pfalz¹ <f.; -, -en; MA> *Schloss der Könige u. Kaiser, in dem sie sich während ihrer Reise durch ihr Reich vorübergehend aufhielten; Kaiser~* [lat.]; **Pfalz²** <f.; -; unz.> *Gebiet in Rheinland-Pfalz;* '**Pfäl·zer** <m.; -s, -> **1** *Einwohner der Pfalz²* **2** *Wein aus der Pfalz²;* '**Pfäl·ze·rin** <f.; -, -n·nen>; '**Pfalz·graf** <m.; -en, -en> *ritterlicher Vertreter des Kaisers od. Königs in dessen Pfalz¹;* '**pfalz·gräf·lich** <Adj.>; '**pfäl·zisch** <Adj.>

Pfand <n.; -(e)s, ⸚er> *Gegenstand, der als Bürgschaft für eine Forderung gegeben wird, bzw. den man erst nach Erfüllung einer Forderung zurückerhält;* '**pfänd·bar** <Adj.>; '**Pfändbar·keit** <f.; -; unz.>; '**Pfandbrief** <m.; -(e)s, -e; Bankw.>; '**Pfand·ef·fek·ten** <Pl.; Bankw.> *in Verwahrung einer Bank befindliche, vom Eigentümer verpfändete Wertpapiere (zur Sicherung eines Kredits);* '**pfänden** <V. t.> **1** etwas ~ *gerichtlich beschlagnahmen, um eine Geldforderung zu befriedigen* **2** jmdn. ~ *jmds. Eigentum pfänden;* '**Pfän·der·spiel** <n.; -(e)s, -e>; '**Pfand·fla·sche** <f.; -, -n> *Flasche, für die man ein Pfand entrichtet;* '**Pfand·haus** <n.; -es, ⸚er>; '**Pfand·leih·an·stalt** <f.; -, -en; österr.> *Leihhaus;* '**Pfandlei·he** <f.; -, -n> **1** *gewerbsmäßiges Leihen von Geld gegen Pfand* **2** *Leihhaus;* '**Pfand·lei·her** <m.; -s, ->; '**Pfand·lei·he·rin** <f.; -, -n·nen>; '**Pfand·recht** <n.; -(e)s; unz.> *Recht des Gläubigers, ein Pfand zu verkaufen;* '**Pfän·dung** <f.; -, -en>; '**Pfän·dungs·auf·trag** <m.; -(e)s, ⸚e>; '**Pfän·dungsschutz** <m.; -es; unz.>; '**Pfandwert·fla·sche** <f.; -, -n>

'**Pfänn·chen** <n.; -s, -; Verkleine­rungsf. von> *Pfanne;* '**Pfan·ne** <f.; -, -n> **1** *flaches Bratgefäß;* jmdn. in die ~ hauen <fig.; umg.> *demütigen, scharf zurechtweisen* **2** <Anat.> *hohler Teil eines Gelenks* **3** <Bauw.> *hohler Dachziegel; Dach~;* '**Pfan·nen·ge·richt** <n.; -(e)s, -e>; '**Pfan·nen·schmied** <m.; -(e)s, -e; früher>; '**Pfan·nenstiel** <m.; -(e)s, -e>; '**Pfän·ner** <m.; -s, -; früher> *Inhaber eines Anteils an einem Salzbergwerk;* '**Pfän·ner·schaft** <f.; -, -en; frü­her> *Genossenschaft zur Nutzung der Solquellen;* '**Pfann·kuchen** <m.; -s, -; Kochk.> **1** *flache Speise aus Mehl, Milch, Eiern u. Zucker* **2** *Krapfen; Berliner ~;* '**Pfänn·lein** <n.; -s, -; po­et.; Verkleinerungsf. von> *Pfanne*

'**Pfarr·amt** <n.; -(e)s, ⸚er> *Amtsräume des Pfarrers;* '**Pfarr·bezirk** <m.; -(e)s, -e>, '**Pfar·re** <f.; -, -n> *Amtsbezirk eines Pfarrers;* **Pfar'rei** <f.; -, -en> *Pfarrbezirk;* **pfar'rei·lich** <Adj.>; '**Pfar·rer** <m.; -s, -> *ausgebildeter Theologe, der den Gottesdienst u. die Seelsorge in einer Gemeinde versieht;* '**Pfar·re·rin** <f.; -, -n·nen>; '**Pfarr·frau** <f.; -, -en> *Ehefrau des Pfarrers;* '**Pfarr·gemein·de** <f.; -, -n> *Kirchengemeinde;* '**Pfarr·haus** <n.; -es, ⸚er> *Wohnung des Pfarrers;* '**Pfarr·hel·fer** <m.; -s, -> *noch nicht voll ausgebildeter ev. Theologe mit Predigtbefugnis;* '**Pfarr·hel·fe·rin** <f.; -, -n·nen>; '**Pfarr·hof** <m.; -(e)s, ⸚e>; '**Pfarrkir·che** <f.; -, -n> *Hauptkirche eines Pfarrbezirks;* '**pfarr·lich** <Adj.>; '**Pfarr·stel·le** <f.; -, -n>; '**Pfarr·vi·kar** <[-vi-]; m.; -s, -e> → *Vikar;* '**Pfarr·vi·ka·rin** <f.; -, -n·nen>

Pfau <m.; -(e)s, -en od. (bes. ös­terr.) -e; Zool.> *ein Fasanenvogel;* '**Pfau·en·au·ge** <n.; -s, -n> **1** <Zool.; Sammelbez. für> *Tag u. Nachtpfauenauge* **2** <süd­westdt.> *ein Gebäck;* '**Pfau·enfe·der** <f.; -, -n>; '**Pfau·en·hahn** <m.; -(e)s, ⸚e> *männl. Pfau;* '**Pfau·en·hen·ne** <f.; -, -n> *weibl. Pfau;* '**Pfau·en·kra·nich** <m.; -s, -e; Zool.> = *Kronenkranich;* '**Pfau·en·rad** <n.; -(e)s, ⸚er>

Pfd. <Abk. für> *Pfund*

'**Pfef·fer** <m.; -s; unz.> **1** *als Gewürz verwendete Früchte des Pfefferstrauchs; ~ u. Salz;* jmdm. ~ geben <fig.; umg.> *jmdn. reizen; er soll bleiben, wo der ~ wächst! möglichst weit weg* **2** <fig.; umg.> *Schwung, Energie;* sie hat ~ im Blut <fig.; umg.>; '**Pfef·fer·fres·ser** <m.; -s, -; Zool.> *ein Spechtvogel, Tukan;* '**pfef·fe·rig** <Adj.> oV *pfeffrig;* '**Pfef·fer·korn** <n.; -(e)s, ⸚er>; '**Pfef·fer·ku·chen** <m.; -s, -> *stark gewürztes, süßes Weihnachtsgebäck; Sy Lebkuchen;* '**Pfef·fer·ku·chen·häus·chen**

<n.; -s, ->; **'Pfef·fer·minz·bon·bon** <[-bõ'bõ] a. [-'bɔŋbɔŋ]; n.; -s, -s>; **'Pfef·fer·min·ze** <a. [-- '--]; f.; -, -n; Bot.> *ein Heil- und Gewürzkraut;* **'Pfef·fer·minz·öl** <n.; -(e)s; unz.>; **'Pfef·fer·minz·tee** <m.; -s, -s>; **'Pfef·fer·müh·le** <f.; -, -n>; **'pfef·fern** <V. t.; ich pfeff(e)re> **1** etwas ~ *mit Pfeffer würzen;* gepfefferte Preise <fig.; umg.> *sehr hohe P.* **2** etwas irgendwohin ~ <umg.> *werfen;* die Bücher in die Ecke ~; **'Pfef·fer·nuss** <f.; -, ⁻e> *ein Gebäck;* **Pfef·fe'ro·ni** <m.; -, -; österr.> = *Peperoni;* **'Pfef·fer·sack** <m.; -(e)s, ⁻e; fig.; veralt.> *allzu geschäftstüchtiger, reicher Händler;* **'Pfef·fer·steak** <[-ste:k]; n.; -s, -s>; **'Pfef·fer-und-'Salz-Muster** <n.; -s; unz.; ↗Z33> *dunkel u. hell gesprenkeltes Gewebe;* **'Pfef·fer·vo·gel** <m.; -s, ⁻; Zool.> = *Pfefferfresser;* **'pfeff·rig** <Adj.> oV *pfefferig*
'Pfei·fe <f.; -, -n> **1** *Rohr, in dem durch Blasen die Luft in Schwingungen versetzt u. so ein Ton erzeugt wird;* Orgel~; Triller~; nach jmds. ~ *tanzen* <fig.> *sich in allem nach jmdm. richten* **2** <kurz für> *Tabakspfeife;* **'pfei·fen** <V. 191; du pfeifst> **1** <V. i.> *mit der Atemluft Töne hervorbringen;* ich pfeife drauf! <fig.; umg.> *das ist mir völlig gleichgültig;* **2** <V. t.> etwas ~ *mit gespitzten Lippen Töne hervorbringen;* eine Melodie ~ **3** <V. i.> *ein heulendes Geräusch hervorbringen;* der Wind pfeift ums Haus **4** <V. i.; fig.; umg.> *etwas verraten, ausplaudern;* keiner der Gefangenen hat gepfiffen; **'Pfei·fen·be·steck** <n.; -(e)s, -e> *Zubehör, um eine Tabakspfeife zu stopfen bzw. zu reinigen;* **'Pfei·fen·kopf** <m.; -(e)s, ⁻e> *Teil einer Tabakspfeife;* **'Pfei·fen·rau·cher** <m.; -s, ->; **'Pfei·fen·strauch** <m.; -(e)s, ⁻er; Bot.> *ein Steinbrechgewächs;* **'Pfei·fen·ta·bak** <m.; -(e)s, -e>; **'Pfei·fer** <m.; -s, -; MA> *Spieler von Blasinstrumenten;* **'Pfei·fe·rei** <f.; -, -en>; **'Pfei·fe·rin** <f.; -, -nnen>; **'Pfei·ferl** <n.; -s, -n; österr.> *Trillerpfeife;* Schiedsrichter~; **'Pfeif-**

ge·räusch <n.; -(e)s, -e>; **'Pfeif·ha·se** <m.; -n, -n; Zool.> *ein Nagetier;* **'Pfeif·kon·zert** <n.; -(e)s, -e; umg.> *lautes, anhaltendes Pfeifen vieler Personen zum Zeichen des Missfallens;* **'Pfeif·ton** <m.; -(e)s, ⁻e>
Pfeil <m.; -(e)s, -e> *stabähnl. Geschoss;* ~ u. Bogen; seine ~e abschießen <fig.> *boshafte Anspielungen machen;* **'Pfei·ler** <Bauw.> *frei stehende Stütze von Decken, Gewölben, Balken o. Ä.;* Eck~; **'pfeil·ge'ra·de** <Adj.; verstärkend> *völlig gerade;* **'pfeil·ge'schwind** <Adj.> *sehr schnell;* **'Pfeil·gift** <n.; -(e)s, -e; bei Naturvölkern> *(Pflanzen-)Gift zum Bestreichen der Pfeilspitzen;* **'Pfeil·hecht** <m.; -(e)s, -e; Zool.> = *Barrakuda;* **'Pfeil·kraut** <n.; -(e)s; unz.; Bot.> *eine Wasserpflanze;* **'pfeil'schnell** <Adj.; verstärkend> **'Pfeil·schuss** <m.; -es, ⁻e; fig.> **'Pfeil·wurm** <m.; -(e)s, ⁻er; Zool.> *ein Meerestier;* **'Pfeil·wurz** <f.; -, -en; Bot.> *eine trop. Staudenpflanze*
'pfel·zen <V. t.; du pfelzt; österr.; umg.> *(einen Obstbaum) veredeln, pfropfen*
'Pfen·nig <m. 7; -(e)s, -e; Abk.> Pf; früher> *kleinste deutsche Währungseinheit;* das kostet 20 ~; **'Pfen·nig·ab·satz** <m.; -es, ⁻e; fig.; umg.> *hoher, schmaler Absatz an Damenschuhen;* **'Pfen·nig·be·trag** <m.; -(e)s, ⁻e> **'Pfen·nig·fuch·ser** <[-ks-]; m.; -s, -; umg.; abwertend> *kleinlicher, geiziger Mensch;* **'Pfen·nig·fuch·se'rei** <f.; -, -en>; **'Pfen·nig·fuch·se·rin** <f.; -, -nnen>; **'pfen·nig·wei·se** <Adv.> *bei ihm fällt der Groschen* ~ <fig.; umg.; scherzh.> *er begreift sehr langsam*
Pferch <m.; -(e)s, -e> *umzäuntes Feldstück, auf dem Vieh zusammengetrieben u. nachts eingeschlossen wird;* **'pfer·chen** <V. t.> *Menschen od. Tiere in einen Raum* ~ *eng zusammendrängen*
Pferd <n.; -(e)s, -e; Zool.> **1** <Zool.> *ein Reit- u. Zugtier;* zu ~e reitend; das beste ~ im Stall <fig.; umg.> *die beste Kraft (eines Unternehmens);* die ~e ge-

hen leicht mit ihm durch <fig.; umg.> *er verliert leicht die Beherrschung;* mit jmdm. ~e stehlen können <fig.; umg.> *mit jmdm. alles Mögliche unternehmen können;* Helga ist eine Freundin zum Pferdestehlen; keine zehn ~e brächten mich dahin <fig.; umg.> *auf keinen Fall gehe ich dahin;* das ~ beim Schwanz aufzäumen <fig.> *eine Sache falsch anfangen;* aufs richtige, falsche ~ setzen <fig.> *sich richtig, falsch entscheiden* **2** *ein Turngerät* **3** <Schach> *eine Schachfigur;* **'Pferd·chen** <n.; -s, -; Verkleinerungsf. von> *Pferd;* **'Pfer·de·ap·fel** <m.; -s, ⁻; meist Pl.; umg.> *kugelförmiger Kot des Pferdes;* **'Pfer·de·box** <f.; -, -en>; **'Pfer·de·drosch·ke** <f.; -, -n; früher>; **'Pfer·de·e·sel** <m.; -s, -; ↗Z55> *Halbesel;* **'Pfer·de·fleisch** <n.; -(e)s; unz.>; **'Pfer·de·fuß** <m.; -es, ⁻e> **1** *Attribut des Teufels* **2** <Path.> *Fußbildung, bei der nur ein Auftreten mit Ballen u. Zehen zulässt* **3** <fig.> *ein verborgener Nachteil;* die Sache hat doch einen ~!; **'Pfer·de·ge·biss** <n.; -es, -e>; **'Pfer·de·ge·sicht** <n.; -(e)s, -er; fig.; abwertend>; **'Pfer·de·kop·pel** <f.; -, -n>; **'Pfer·de·län·ge** <f.; -, -n; Reitsp.> *Maß, z. B. bei Pferderennen;* er war den anderen eine ~ voraus <fig.>; **'Pfer·de·na·tur** <f.; -, -en; umg.> *robuste Wesensart;* **'Pfer·de·ren·nen** <n.; -s, ->; **'Pfer·de·schlit·ten** <m.; -s, ->; **'Pfer·de·schwanz** <m.; -es, ⁻e> **1** <fälschlich für> *Schweif des Pferdes* **2** <fig.> *langer, am Hinterkopf zusammengebundener Haarschopf;* **'Pferd·sport** <m.; -(e)s; unz.>; **'Pfer·de·stall** <m.; -(e)s, ⁻e>; **'Pfer·de·stär·ke** <f.; -, -n; Zeichen: PS> *frühere Maßeinheit der Leistung, 1 PS = 0,735 kW;* das Auto hat 60 PS; **'Pfer·de·wirt** <m.; -(e)s, -e; Berufsbez.> *jmd., der sich beruflich mit Zucht, Haltung u. Reiten von Pferden beschäftigt;* **'Pfer·de·wir·tin** <f.; -, -nnen>; **'Pfer·de·zucht** <f.; -; unz.>; **'Pferd·sprung** <m.; -(e)s, ⁻e; Turnen>
'Pfet·te <f.; -, -n> *waagerechter*

Balken des Dachstuhls [lat.];
'**Pfet·ten·dach** <n.; -(e)s, ⸚er>
Pfiff <m.; -(e)s, -e> 1 (schriller)
Pfeifton 2 <unz.; fig.> Reiz einer
Sache; die Schleife gibt dem
Kleid erst den richtigen ~
'**Pfif·fer·ling** <m.; -s, -e> 1 würzi-
ger Speisepilz 2 keinen, nicht ei-
nen ~ wert sein <fig.; umg.>
'**pfif·fig** <Adj.> schlau, gewitzt;
'**Pfif·fig·keit** <f.; -; unz.>; '**Pfif·fi·
kus** <m.; -, -·se; umg.> pfiffiger
Kerl
'**Pfingst·blu·me** <f.; -, -n; Bot.> =
Pfingstrose; '**Pfings·ten** <n.; -, -;
oft ohne Art.> Fest der Ausgie-
ßung des Heiligen Geistes über
die Jünger; ~ fällt dieses Jahr
früh; die Pfingsten waren spät
<österr.; schweiz.>; an, zu ~
[grch.]; '**Pfingst·fei·er** <f.; -, -n>;
'**Pfingst·fe·ri·en** <Pl.>; '**Pfingst·
fest** <n.; -(e)s, -e> = Pfingsten;
'**pfingst·lich** <Adj.> die Häuser
~ schmücken; **Pfingst'mon·tag**
<m.; -(e)s, -e>; '**Pfingst·och·se**
<[-ks-] m.; -, -n, -n; Brauchtum>
mit Blumen u. Zweigen ge-
schmückter Ochse; '**Pfingst·ro·
se** <f.; -, -n; Bot.> eine Zier-
pflanze; **Pfingst'sonn·tag** <m.;
-(e)s, -e>
'**Pfir·sich** <m.; -s, -e; Bot.> eine
Kernfrucht mit pelziger Schale;
'**Pfir·sich·baum** <m.; -(e)s, ⸚e;
Bot.>; '**Pfir·sich·blü·te** <f.; -,
-n>; '**Pfir·sich·bow·le** <[-bo:lə]
f.; -, -n>; '**pfir·sich·far·ben**
<Adj.> ein ~es Kleid; '**Pfir·sich·
haut** <f.; -; unz.; fig.> zartflau-
mige Haut; '**Pfir·sich·kern** <m.;
-(e)s, -e>; '**Pfir·sich·kom·pott**
<n.; -(e)s, -e>
'**Pflanz** <m.; -; unz.; österr.;
umg.> 1 Fopperei 2 unangemes-
sener Aufwand; du treibst aber
einen ~; '**Pflänz·chen** <n.; -s, -;
Verkleinerungsf. von> Pflanze;
'**Pflan·ze** <f.; -, -n> (grünes) Ge-
wächs aus Wurzeln, Stiel u.
Blättern; '**pflan·zen** <V. t.; du
pflanzt> 1 Blumen ~ zum
Wachsen in die Erde setzen 2 <V.
refl.; fig.; umg.> hinsetzen; sich
aufs Sofa ~ 3 jmdn. ~ <österr.>
zum Narren halten; '**Pflan·zen·
bau** <m.; -(e)s; unz.> Anbau,
Pflege u. Ernte der landwirt-
schaftl. Nutzpflanzen; '**Pflan·
zen·but·ter** <f.; -; unz.> Speise-

fett aus Kokosnuss od. den Sa-
men der Ölpflanze; '**Pflan·zen·
fa·ser** <f.; -, -n>; '**Pflan·zen·fett**
<n.; -(e)s, -e> = Pflanzenbutter;
'**Pflan·zen·fres·ser** <m.; -s, ->;
'**Pflan·zen·ge·o·gra·fie**, '**Pflan·
zen·ge·o·gra·phie** <f.; -; unz.>
Geobotanik; '**Pflan·zen·gift** <n.;
-(e)s, -e>; '**Pflan·zen·haar** <n.;
-(e)s, -e> Samenfasern; '**Pflan·
zen·kun·de**, '**Pflan·zen·leh·re**
<f.; -; unz.> Lehre vom Bau u.
von der Funktion der Pflanzen;
Sy Botanik; '**Pflan·zen·öl** <n.;
-(e)s, -e>; '**Pflan·zen·reich** <n.;
-(e)s; unz.> Gesamtheit der
Pflanzen; Sy Flora; '**Pflan·zen·
säf·te** <Pl.> Presssäfte aus
Pflanzen, die für Diätkuren ver-
wendet werden; '**Pflan·zen·
schäd·ling** <m.; -s, -e>; '**Pflan·
zen·schutz** <m.; -es; unz.>
Maßnahmen zur Bekämpfung
u. Verhütung von Pflanzen-
krankheiten; '**Pflan·zen·schutz·
mit·tel** <n.; -s, ->; '**Pflan·zen·
welt** <f.; -; unz.>; '**Pflan·zer**
<m.; -s, ->; '**Pflan·ze·rin** <f.; -,
-·nen>; '**Pflanz·gar·ten** <m.;
-s, ⸚> Landstück mit Waldpflan-
zen, Baumschule; '**Pflanz·gut**
<n.; -(e)s; unz.> Stecklinge,
Knollen, Zwiebeln usw. zum An-
bau von Nutzpflanzen; '**Pflanz·
holz** <n.; -es, ⸚er> Stab zum
Bohren von Pflanzlöchern;
'**pflanz·lich** <Adj.> ~e Kost;
'**Pflänz·ling** <m.; -s, -e> junge
Pflanze, die ausgepflanzt wer-
den soll; '**Pflanz·stock** <m.;
-(e)s, ⸚e> = Pflanzholz; '**Pflan·
zung** <f.; -, -en> 1 das Pflanzen
2 bepflanztes Stück Land, Plan-
tage; Baumwoll~ 3 <Forstw.>
neu angelegte Kultur
'**Pflas·ter** <n.; -s, -> 1 Straßenbe-
lag aus dicht gefügten Steinen;
das ~ wurde ihm zu heiß unter
den Füßen <fig.> die Lage wur-
de zu gefährlich für ihn; diese
Stadt ist ein teures ~ <fig.> 2
Wundverband aus klebendem
Stoff u. Mull; Heft~; Trost~
<fig.> 3 <schweiz.> Mörtel;
'**Pfläs·ter·chen** <n.; -s, -; Ver-
kleinerungsf. von> Pflaster(2);
'**Pflas·te·rer**, '**Pfläs·te·rer** <m.;
-s, -> Arbeiter, der Straßen pflas-
tert; '**Pflas·ter·ma·ler** <m.; -s,
->; '**pflas·ter·mü·de** <Adj.;

umg.; selten> überanstrengt
(vom langen Gehen); '**pflas·
tern**, '**pfläs·tern** <V. t.; ich
pflast(e)re/pfläst(e)re> eine
Straße mit Pflaster(1) belegen;
'**Pflas·ter·stein** <m.; -(e)s, -e>;
'**Pflas·te·rung**, '**Pfläs·te·rung**
<f.; -; unz.> 1 das Pflastern 2
das Straßenpflaster
Pflatsch <m.; -(e)s, -e; oberdt.> 1
Regenguss 2 Pfütze, nasser
Fleck; '**pflat·schen** <V. i.;
oberdt.> klatschend aufschla-
gen
'**Pfläum·chen** <n.; -s, -; Verklei-
nerungsf. von> Pflaume; '**Pflau·
me** <f.; -, -n> 1 <Bot.> Pflau-
menbaum 2 eine Steinfrucht; Sy
Zwetsch(g)e 3 <abwertend> un-
geschickter Mensch; du bist ja
eine ~!; '**Pflau·men·au·gust**
<m.; -s, -e; umg.; abwertend> =
Pflaume(3); '**Pflau·men·baum**
<m.; -(e)s, ⸚e; Bot.>; '**Pflau·
men·kom·pott** <n.; -(e)s, -e>;
'**Pflau·men·ku·chen** <m.; -s, ->;
'**Pflau·men·mus** <n.; -es, -e>;
'**Pflau·men·schnaps** <m.; -es,
⸚e>; '**pflau·men'weich** <Adj.>
'**Pfle·ge** <f.; -; unz.> 1 Versor-
gung, Betreuung, Behandlung;
Kranken~; ein Tier in ~ geben 2
Instandhaltung; Denkmals~;
'**pfle·ge·be·dürf·tig** <Adj.> eine
~e Kranke; '**Pfle·ge·be·foh·le·
ne(r)** <f. 2 (m. 1.)> Pflegling;
'**Pfle·ge·dienst** <m.; -es, -e>;
'**Pfle·ge·el·tern** <Pl.> Ehepaar,
das ein Kind in Pflege genom-
men hat; '**Pfle·ge·fall** <m.; -(e)s,
⸚e> bettlägeriger Kranker, der
(meist bis zu seinem Tod) ge-
pflegt werden muss; '**Pfle·ge·
geld** <n.; -(e)s, -er> Leistung des
Staates für die Pflege eines
Kranken; '**Pfle·ge·heim** <n.;
-(e)s, -e>; '**Pfle·ge·kind** <n.; -es,
-er>; '**pfle·ge·leicht** <Adj.> bei
Textilien> ~er Baumwollstoff;
'**Pfle·ge·mut·ter** <f.; -, ⸚>; '**pfle·
gen** <V. t.; du pflegst> 1 betreu-
en, sorgsam behandeln 2 sich
mit etwas beschäftigen; Kontak-
te ~ 3 etwas zu tun ~ gewohn-
heitsmäßig tun; '**Pfle·ge·per·
so·nal** <n.; -s; unz.>; '**Pfle·ger**
<m.; -s, -> 1 Betreuer von Kran-
ken u. Tieren 2 vom Gericht ein-
gesetzter Vormund; '**Pfle·ge·rin**
<f.; -, -·nen>; '**pfle·ge·risch**

<Adj.>; **'Pfle·ge·satz** <m.; -es, ⁼e> *Festkosten pro Tag für die Behandlung einer Person in einem Krankenhaus, Pflegeheim o. Ä.;* **'Pfle·ge·sohn** <m.; -(e)s, ⁼e>; **'Pfle·ge·va·ter** <m.; -s, ⁼>; **'Pfle·ge·ver·si·che·rung** <f.; -, -en> *Versicherung für den Fall der Pflegebedürftigkeit im Alter;* **'pfleg·lich** <Adj.> *sorgsam; Tiere, Gegenstände ~ behandeln;* **'Pfleg·ling** <m.; -s, -e>; **'Pfleg·schaft** <f.; -; unz.> *behördlich angeordnete Vormundschaft od. Vermögensverwaltung*

Pflicht <f.; -, -en> **1** *sittl. od. dienstl. Aufgabe, etwas, das man tun muss;* Schul-; *die ~ ruft* <fig.; umg.> *ich muss zur Arbeit; jmdn. in die ~ nehmen* <schweiz.> *in ein Amt einsetzen* **2** <Sp.> *vorgeschriebener Übungsteil; er ist in der ~ besser als in der Kür;* **'Pflicht·be·such** <m.; -(e)s, -e>; **'pflicht·be·wusst** <Adj.; -er, am -es·ten>; **'Pflicht·be·wusst·sein** <n.; -s; unz.>; **'pflicht·ei·fer** <m.; -s; unz.>; **'pflicht·eif·rig** <Adj.>; **'Pflich·ten·heft** <n.; -(e)s, -e; EDV> *detaillierte Beschreibung der gewünschten Fähigkeiten eines zu erstellenden Programms;* **'Pflicht·er·fül·lung** <f.; -; unz.>; **'Pflicht·ex·em·plar,** ⟨auch⟩ **Pflicht·e·xemp·lar** <n.; -s, -e; ↗Z54> *Druckerzeugnis, das jmdm., bes. einer Bibliothek unentgeltlich überlassen werden muss;* **'Pflicht·fach** <n.; -(e)s, ⁼er> Ggs *Wahlfach;* **'Pflicht·ge·fühl** <n.; -(e)s; unz.>; **'pflicht·ge·mäß** <Adj.>; **'pflicht·ge·treu** <Adj.>; **...pflich·tig** <Adj.; in Zus.> *er ist jetzt schulpflichtig;* **'Pflicht·leis·tung** <f.; -, -en> *gesetzl. vorgeschriebene Leistung der Sozialversicherung;* **'Pflicht·lek·tü·re** <f.; -; unz.>; **'pflicht·mä·ßig** <Adj.>; **'Pflicht·mit·glied·schaft** <f.; -, -en; österr.>; **'Pflicht·platz** <m.; -es, ⁼e> *Arbeitsplatz, der mit einem Schwerbehinderten besetzt sein muss;* **'Pflicht·prü·fung** <f.; -, -en; Wirtsch.> *gesetzl. vorgeschriebene Prüfung;* **'Pflicht·re·ser·ve** <f.; -, -n; Wirtsch.> *gesetzl. vorgeschriebene Rückla-*

gen, die Unternehmen machen müssen; **'pflicht·schul·digst** <Adv.>; **'Pflicht·schu·le** <f.; -, -n; österr.> *Bez. für Volksschule, Hauptschule u. Ä.;* **'Pflicht·schul·leh·rer** <m.; -s, ->; **'Pflicht·schul·leh·re·rin** <f.; -, -n·nen>; **'Pflicht·teil** <m.; -s, -e> *Anteil am Erbe, das einem Erbberechtigten zusteht;* **'pflicht·treu** <Adj.>; **'Pflicht·treue** <f.; -; unz.>; **'Pflicht·ü·bung** <f.; -, -en; ↗Z55; Sp.> *Übung, die bei einem Wettkampf ausgeführt werden muss;* Ggs *Kürübung;* **'Pflicht·um·tausch** <m.; -(e)s, -e> *vorgeschriebener Geldumtausch bei Reisen in best. Länder;* **'pflicht·ver·ges·sen** <Adj.> *~ handeln;* **'Pflicht·ver·ges·sen·heit** <f.; -; unz.>; **'Pflicht·ver·let·zung** <f.; -, -en> *Nichterfüllung von Pflichten;* **'pflicht·ver·si·chert** <Adj.>; **'Pflicht·ver·si·che·rung** <f.; -, -en>; **'Pflicht·ver·tei·di·ger** <m.; -s, -; Rechtsw.>; **'Pflicht·ver·tei·di·ge·rin** <f.; -, -n·nen; Rechtsw.>; **'Pflicht·vor·le·sung** <f.; -, -en> *Vorlesung, die jeder Student besuchen muss;* **'pflicht·wid·rig** <Adj.>

Pflock <m.; -(e)s, ⁼e> *zugespitzter Pfahl;* **'Pflöck·chen** <n.; -s, -; Verkleinerungsf. von> *Pflock;* **'pflö·cken** <V. t.> *an einem Pflock befestigen*

'Pflotsch <m.; -es; unz.; schweiz.; umg.> *Schneematsch;* **'pflotsch'nass** <Adj.; schweiz.; umg.>

Pflü·cke <f.; -; unz.; schwäb.> *das Pflücken;* Obst~; **'pflü·cken** <V. t.> *abbrechen, ernten;* Blumen ~; **'Pflü·cker** <m.; -s, -> *jmd., der pflückt;* Obst~; **'Pflü·cke·rin** <f.; -, -n·nen>; **'Pflück·rei·fe** <f.; -; unz.> *die Pflaumen haben genau die richtige ~*

Pflug <m.; -(e)s, ⁼e> *landwirtschaftl. Gerät zum Lockern der Erde;* *mit dem Pflug arbeiten* **2** <V. i.> *mit dem Boden ~ mit dem Pflug aufreißen u. lockern;* **'Pflü·ger** <m.; -s; selten>; **'Pflü·ge·rin** <f.; -, -n·nen>; **'Pflug·schar** <f.; -, -en; Landw.> *Eisen am Pflug, das die Erde durchschneidet;* **'Pflug·sterz** <m.; -es, -e> *Füh-*

rungsgriff am Pflug; **'Pflug·tech·nik** <f.; -; unz.>
'Pflüm·li <n.; -s, -; schweiz.> *Pflaumenschnaps*
'Pfort·a·der <f.; -, -n; ↗Z55; Anat.> *Vene, die das Blut aus den Bauchorganen zur Leber führt;* **'Pfört·chen** <n.; -s, -; Verkleinerungsf. von> *Pforte;* **'Pfor·te** <f.; -, -n> **1** *kleine Tür;* Garten~ **2** *vom Pförtner bewachter Eingang zu Klöstern, Heimen u. Ä.;* **'Pfört·ner** <m.; -s, -> **1** *jmd., der die Pforte(2) bewacht* **2** <Anat.> *Magenausgang;* **'Pfört·ne·rin** <f.; -, -n·nen>; **'Pfört·ner·lo·ge** <[-ʒə] f.; -, -n> *Dienstraum des Pförtners*
'Pfos·ten <m.; -s, -> *kurzer Stützpfeiler;* Bett~; **'Pfos·ten·schuss** <m.; -es, ⁼e; Ballsp.>
'Pföt·chen <n.; -s, -; Verkleinerungsf. von> *Pfote;* **'Pfo·te** <f.; -, -n> **1** *der in Zehen gespaltene Tierfuß* **2** <umg.> *Hand; sich die ~n waschen* **3** <fig.; umg.> *Schrift; eine unleserliche ~*
Pfr. <vor dem Namen Abk. für> *Pfarrer*
Pfriem <m.; -(e)s, -e> *= Ahle;* **'pfrie·meln** <V. i.; ich pfriem(e)le> *mit den Fingern an etwas herumzupfen;* **'Pfrie·men·gras** <n.; -es; unz.>; **'Pfriem·kraut** <n.; -(e)s; unz.; Bot.> *= Ginster*
'Pfril·le <f.; -, -n; Zool.> *= Elritze*
Pfropf <m.; -(e)s, -e> *(eine Öffnung verstopfende) kleine, zusammengeballte Masse;* Eiter~; **'pfrop·fen** <V. t.> **1** *Bäume, Sträucher ~ durch ein Reis veredeln* **2** *einen Gegenstand in etwas ~* <umg.> *fest hineindrücken;* **'Pfrop·fen** <m.; -s, -> *Korken, Stöpsel; die Flasche mit einem ~ verschließen;* **'Pfröpf·ling** <m.; -s, -e>, **'Pfropf·reis** <n.; -es, -er> *zum Pfropfen bestimmtes Reis;* **'Pfrop·fung** <f.; -, -en>
'Pfrün·de <f.; -, -n> **1** *Einkünfte aus einem Kirchenamt* **2** <Kath.> *das Kirchenamt selbst* **3** <fig.; umg.> *Amt, das ohne die eigentlich damit verbundene Pflichterfüllung etwas einbringt; eine fette ~;* **'Pfründ·ner** <m.; -s, ->; **'Pfründ·ne·rin** <f.; -, -n·nen>

P

Pfuhl <m.; -(e)s, -e> 1 *sumpfiger Teich, Tümpel* 2 <fig.; veralt.> *Ort der Sünde;* Sünden~

Pfühl <m.; -(e)s, -e; poet.> *Bett, weiches Lager, großes Kissen*

pfui <Int.> *(Ausdruck des Ekels);* ~ Teufel!; ~ <auch> Pfui sagen; **'Pfui·ruf** <m.; -(e)s, -e>

Pfund <n. 7; -(e)s, -e; Abk.: Pfd.; Zeichen: £> 1 *Gewichtseinheit, 500 g;* zwei ~ Hackfleisch 2 <Zeichen: £; früher> *britische u. irische Währungseinheit, 100 Pence;* ein ~ Sterling; **'Pfünd·chen** <n.; -s, -; Verkleinerungsform von> *Pfund;* **...pfün·der** <m.; -s, -; in Zus.> z. B. Vierpfünder, <in Ziffern> 4-Pfünder; **'pfun·dig** <Adj.; umg.> *großartig, hervorragend;* eine ~ Wanderung; **...pfün·dig** <Adj.; in Zus.> ein dreipfündiger, <in Ziffern> 3-pfündiger Fisch; **'Pfund·no·te** <f.; -, -n> *ein Geldschein;* **Pfunds...** <umg.; in Zus. mit Subst.> *großartig;* eine Pfundsgaudi; **'Pfunds·kerl** <m.; -s, -e; umg.> *prächtiger Kerl;* **'pfund·wei·se** <Adv.> eine Ware ~ verkaufen

Pfusch <m.; -(e)s; unz.> 1 <umg.; abwertend> *schlechte, unfachmännische Arbeit;* er hat ~ gemacht 2 <österr.> *Schwarzarbeit, nicht genehmigte Lohnarbeit;* etwas im ~ reparieren; **'Pfusch·ar·beit** <f.; -, -en>; **'pfu·schen** <V. i.; du pfuschst>; **'Pfu·scher** <m.; -s, ->; **Pfu·sche'rei** <f.; -, -en>; **'pfu·scher·haft** <Adj.>; **'Pfu·sche·rin** <f.; -, -n·nen>

'Pfütz·chen <n.; -s, -; Verkleinerungsf. von> *Pfütze;* **'Pfüt·ze** <f.; -, -n> *kleine Wasserlache*

PGiroA <Abk. für> *Postgiroamt*

ph <Zeichen für> *Phot*

PH <Abk. für> *Pädagogische Hochschule*

Phä·a·ke <m.; -n, -n; bei Homer> *Angehöriger eines sorglos lebenden, genussfreudigen Inselvolkes;* **phä'a·ken·haft** <Adj.>; **Phä·'a·ken·le·ben** <n.; -s; unz.>

Pha·e·ton <['fa:e-]; m.; -s, -s> *offene Kutsche mit vier Rädern* [nach Phaeton, dem Sohn des grch. Sonnengottes]; **pha·e'to·nisch, pha·e'thon·tisch** <Adj.> *unerschrocken, beherzt*

'Pha·ge <m.; -n, -n; kurz für> *Bakteriophage;* **...pha'gie** <in Zus.> *Ernährungsweise;* z.B. Oligophagie [grch.]; **Pha·go'zyt** <m.; -en, -en; Med.> *Zelle, die Bakterien aufnehmen u. vernichten kann;* **Pha·go·zy'to·se** <f.; -; unz.; Med.> *Aufnahme fester Nahrungspartikel in das Zellinnere*

'Pha·lanx <f.; -, -'lan·gen> 1 <Antike> *lange, geschlossene Schlachtreihe* 2 <Anat.> *Knochen der Finger bzw. Zehen* [grch.]

'phal·lisch <Adj.>; **Phal·lo·gra·'fie, Phal·lo·gra'phie** <f.; -, -n; ↗ Z11.3; Med.> *Messverfahren zur Bestimmung der Erektionsfähigkeit des Penis;* **'Phal·lus** <m.; -, -l·li, -l·len od. -s·se; geh.> *erigierter Penis (als Sinnbild der männl. Zeugungskraft)* [grch.]; **'Phal·lus·kult** <m.; -(e)s; unz.; bei manchen Naturvölkern> *Verehrung des Phallus als Sinnbild der Fruchtbarkeit;* **'Phal·lus·sym·bol** <n.; -s, -e>

'Phän <n.; -s, -e; Genetik> *einzelnes Erbmerkmal, das zusammen mit anderen den Phänotyp eines Lebewesens konstituiert* [grch.]

Pha·ne·ro'ga·me <f.; -, -n; Bot.> *Blütenpflanze* [grch.]

Phä·no·lo'gie <f.; -; unz.> *Wissenschaft von den jahreszeitlich bedingten Erscheinungsformen bei Tieren u. Pflanzen* [grch.]; **phä·no·lo'gisch** <Adj.>; **Phä·no·'men** <n.; -s, -e> 1 *mit den Sinnen wahrnehmbare Erscheinung* 2 *außergewöhnl. Ereignis* 3 <fig.> *Wunder, ungewöhnlicher Mensch;* du bist wirklich ein ~!; **phä·no·me'nal** <Adj.> *großartig, erstaunlich;* **Phä·no·me·na'lis·mus** <m.; -; unz.; Philos.> *Lehre, dass man nicht die Dinge an sich, sondern nur ihre Erscheinung erkennen kann;* **Phä·no·me·no·lo'gie** <f.; -; unz.; Philos.> *Lehre von den Erscheinungen der Dinge;* **phä·no·me·no·lo'gisch** <Adj.; Philos.>; **Phä·no'typ** <m.; -en, -en> = *Phänotypus;* **phä·no'ty·pisch** <Adj.>; **Phä·no'ty·pus** <m.; -, -'ty·pen> *Erscheinungsform eines Lebewesens;* Ggs Genotypus

Phan·ta'sie <f.; -, -n; ↗Z11.3> = *Fantasie;* **phan·ta'sie..., Phan·ta'sie...** <in Zus.> = *fantasie..., Fantasie...;* **Phan·ta'sie·be·gabt** <Adj.>; **Phan·ta'sie·ge·bil·de** <n.; -s, ->; **phan·ta'sie·los** <Adj.>; **Phan·ta'sie·lo·sig·keit** <f.; -; unz.>; **phan·ta'sie·ren** <V. i.> = *fantasieren;* **phan·ta'sie·voll** <Adj.>; **Phan·ta'sie·welt** <f.; -, -en>; **Phan'tas·ma** <n.; -s, -men> 1 *Sinnestäuschung, Trugbild* 2 *Phantasiebild* [grch.]; **Phan·tas·ma·go'rie** <f.; -, -n> *Darstellung von Trugbildern, Geistererscheinungen auf der Bühne;* **phan·tas·ma·'go·risch** <Adj.>; **Phan'tast** <m.; -en, -en> = *Fantast;* **Phan·tas·te'rei** <f.; -, -en> = *Fantasterei;* **Phan'tas·tik** <f.; -; unz.>; **Phan'tas·tin** <f.; -, -·nen>; **phan'tas·tisch** <Adj.> = *fantastisch*

Phan'tom <n.; -s, -e> 1 *Trugbild, gespenstische Erscheinung* 2 <Med.> *Nachbildung eines Körperteils als Anschauungsmittel* [frz.-grch.]; **Phan'tom·bild** <n.; -(e)s, -er> *nach Zeugenaussagen skizziertes Bild eines gesuchten Täters;* **Phan'tom·schmerz** <m.; -es, -en> *Schmerz, der scheinbar von einem bereits amputierten Glied ausgeht*

'Pha·rao¹ <m.; -s, -ra'o·nen> *altägypt. König;* **'Pha·rao²** <n.; -s; unz.> *frz. Kartenglücksspiel;* **Pha·ra'o·nen·grab** <n.; -(e)s, ÷er>; **pha·ra'o·nisch** <Adj.>

Pha·ri'sä·er <m.; -s, -> 1 *Angehöriger einer altjüdischen gesetzestreuen Partei* 2 <fig.> *selbstgerechter, engstirniger Mensch* 3 *Kaffee mit Rum u. Schlagsahne;* **pha·ri'sä·er·haft** <Adj.>; **Pha·ri'sä·er·tum** <n.; -s; unz.>; **pha·ri'sä·isch** <Adj.>

'Phar·ma·in·dus·trie, <auch> **'Phar·ma·in·dust·rie** <f.; -; unz.> *Arzneimittelindustrie* [grch.; lat.]; **'Phar·ma·ka** <Pl. von> *Pharmakon;* **Phar·ma·'kant** <m.; -en, -en> *Facharbeiter in der Pharmaindustrie* [grch.]; **Phar·ma'kan·tin** <f.; -, -·nen>; **'Phar·ma·keu·le** <f.; -, -n; umg.> *sehr hohe Dosis eines Medikaments;* **Phar·ma·ko·gno-**

'sie, <auch> **Phar·ma·kog·no·** 'sie <f.; -; unz.> ✎Z53> *Lehre vom Erkennen der Arzneimittel u. ihrer Rohstoffe*; **Phar·ma·ko· 'lo·ge** <m.; -n, -n>; **Phar·ma· ko·lo'gie** <f.; -; unz.> *Lehre von den Wirkungen u. Anwendungen der Medikamente*; **Phar· ma·ko·lo·gin** <f.; -, -n·nen>; **phar·ma·ko·lo·gisch** <Adj.>; 'Phar·ma·kon <n.; -s, -ma·ka> 1 *= Medikament* 2 *Gift*; **Phar·ma· ko'pöe** <f.; -, -n> *Arzneibuch· sammlung*; 'Phar·ma·re·fe·rent <m.; -en, -en> *Arzneimittelver· treter*; 'Phar·ma·re·fe·ren·tin <f.; -, -n·nen>; **Phar·ma'zeut** <m.; -en, -en> 1 *= Pharmakolo· ge* 2 *wissenschaftl. ausgebildeter Apotheker*; **Phar·ma'zie** <f.; -; unz.> *= Pharmazie*; **Phar·ma· 'zeu·ti·kum** <n.; -s, -ti·ka> *= Pharmakon*; **Phar·ma'zeu· tisch** <Adj.> *--technische As· sistentin* <Abk.; PTA>; **Phar·ma· 'zie** <f.; -; unz.> *Lehre von der chem. Zusammensetzung u. Herstellung von Medikamenten* 'Pha·ro <n.; -s; unz.> *= Pharao(2)* **pha·ryn'gal** <Adj.; Phon.> *den Pharynx betreffend*; **Pha·ryn· 'gal** <m.; -(e)s, -e; Phon.> *Ra· chenlaut*; **Pha·ryn'gi·tis** <f.; -, -'ti·den; Med.> *Rachenentzün· dung*; **Pha·ryn·go'lo·ge** <m.; -n, -n>; **Pha·ryn·go·lo'gie** <f.; -; unz.; Med.> *Lehre von den Krankheiten des Rachens*; **Pha· ryn·go'lo·gin** <f.; -, -n·nen; Med.>; **pha·ryn·go·lo'gisch** <Adj.; Med.>; **Pha·ryn·go'skop,** <auch> **Pha·ryn·gos'kop** <n.; -s, -e; ✎Z54; Med.> *= Kehlkopf· spiegel*; **Pha·ryn·go·sko'pie** <f.; -, -n; Med.>; **pha·ryn·go·sko· pisch** <Adj.; Med.>; 'Pha·rynx <m.; -, -'ryn·gen> *= Rachen* [grch.]

'Pha·se <f.; -, -n> 1 *Abschnitt, Stufe einer Entwicklung* 2 <Astr.> *Zeit, in der ein Him· melskörper nur zum Teil er· leuchtet ist*; *Mond-* 3 <Phys.> *jeweiliger Zustand eines schwingenden Systems* [grch.]; 'Pha·sen·di·a·gramm <n.; -(e)s, -e; Wirtsch.>; 'Pha·sen·ge· schwin·dig·keit <f.; -, -en; Phys.> *Geschwindigkeit, mit der*

sich die Phase einer Welle aus· breitet; 'Pha·sen·mes·ser <m.; -s, -; El.>; 'Pha·sen·raum <m.; -(e)s, -e; Phys.> *ein mehrdimen· sionaler Raum, dessen Punkte den Bewegungszuständen eines Körpers od. Systems von Massen entsprechen*; 'Pha·sen·span· nung <f.; -, -en; El.>; 'Pha·sen· sprung <m.; -(e)s, -e; El.> *plötzl. Änderung der Phase ei· ner Welle*; 'Pha·sen·ver·schie· bung <f.; -, -en; El.> *Differenz der Phasen zweier Wechsel· stromgrößen od. der Phasen zweier Wellen gleicher Fre· quenz*; ...pha·sig <Adj.; in Zus.> *z. B. einphasig, mehrphasig*; 'pha·sisch <Adj.> *periodisch wiederkehrend; ein -er Krank· heitsverlauf*

'pha·tisch <Adj.; Sprachw.> *Kon· takt herstellend u. sichernd; die -e Funktion einer Rede* [grch.]

Phel·lo'den·dron, <auch> **Phel· lo'dend·ron** <m. od. n.; -s, -dren/ -d·ren; ✎Z53; Bot.> *Kork· baum* <aber> → *Philodendron* [grch.]

Phe'lo·ni·on, Phe·lo·ni·um <n.; -s, -ni·en> *liturg. Gewand des Priesters in der orthodoxen Kir· che* [grch.]

Phe'nol <n.; -s; unz.; Chem.> *ei· ne chem. Verbindung, die u. a. bei der Herstellung von Farb· u. Kunststoffen verwendet wird* [grch.]; **Phe'nol·harz** <n.; -es, -e> *ein Kunststoff*; **Phe·nol· phtha·le·in,** <auch> **Phe·nolph· tha·le'in** <n.; -s; unz.; ✎Z54> *ein Farbstoff, der als Indikator in der analyt. Chemie verwen· det wird*; **Phe·no'plast** <m.; -(e)s, -e> *= Phenolharz*; **Phe'nyl** <n.; -s, -e>, **Phe'nyl·grup·pe** <f.; -, -n; Chem.> *einwertiger Bestandteil vieler chem. Verbin· dungen*

Phe·ro'mon <n.; -s, -e; Biol.> *ein Sexuallockstoff* [grch.]

Phi <[fi:] n.; -s, -s; Zeichen: φ, Φ> *ein Buchstabe des grch. Alpha· bets*

Phi'a·le <f.; -, -n> *altgrch. flache Opferschale* [grch.]

...phil, Phil... <in Zus.> *liebend, ...freund, z.B. anglophil* [grch.]; **Phil·an'throp,** <auch> **Phi· lanth'rop** <m.; -en, -en> *Men·*

schenfreund; Ggs *Misanthrop*; **Phil·an·thro'pie** <f.; -; unz.> *Menschenfreundlichkeit*; Ggs *Misanthropie*; **Phil·an·thro·pi· 'nis·mus** <m.; -; unz.> *von Ba· sedow begründete, auf der Lehre Rousseaus beruhende, naturge· mäße u. philanthropische Er· ziehungsmethode*; oV *Philan· thropismus*; **phil·an'thro·pisch** <Adj.> *menschenfreundlich*; Ggs *misanthropisch*; **Phil·an· thro'pis·mus** <m.; -; unz.> *= Philanthropinismus*

Phil·a·te'lie, <auch> **Phi·la·te'lie** <f.; -; unz.; ✎Z54> *Briefmarken· kunde* [grch.]; **Phil·a·te'list** <m.; -en, -en> *Briefmarkensammler*; **Phil·a·te'lis·tin** <f.; -, -n·nen>; **phil·a·te'lis·tisch** <Adj.>

Phil·har·mo'nie <f.; -, -n> 1 *Na· me von musikal. Körperschaf· ten, Gesellschaften od. bes. Or· chestern hohen Ranges* 2 *Kon· zertsaal einer Philharmonie(1)* [grch.]; **Phil·har'mo·ni·ker** <m.; -s, -> 1 *Musiker in einem phil· harmon. Orchester* 2 <Pl.> *Ge· samtheit dieser Musiker*; *die Berliner -*; **Phil·har'mo·ni·ke· rin** <f.; -, -n·nen>; **phil·har'mo· nisch** <Adj.> *~es Orchester*

Phil·hel'le·ne <m.; -n, -n> 1 *Un· terstützer des Freiheitskampfes der Griechen gegen die Türken* 2 *Griechenfreund* [grch.]; **Phil· hel·le'nis·mus** <m.; -; unz.> ...phi'lie <in Zus.> *Liebe zu, Vor· liebe für, z. B. Homophilie* [grch.]

Phil'ip·per·brief, <auch> **Phi'lip· per·brief** <m.; -(e)s; unz.; ✎Z54> *Brief des Apostels Paulus an die Gemeinde von Philippi*; **Phil'ip·pi·ka** <f.; -, -pi·ken> 1 *ei· ne der Reden des Demosthenes gegen Philipp von Mazedonien* 2 <allg.> *Straf-, Kampfrede*; **Phil·ip'pi·nen** <Pl.> *Inselgruppe u. Staat in Südostasien*; Repu· blik der ~; **Phil·ip'pi·ner** <m.; -s, ->; **Phil·ip'pi·ne·rin** <f.; -, -n·nen>; **phil·ip'pi·nisch** <Adj.>

Phi'lis·ter <m.; -s, -> 1 <AT> *An· gehöriger eines Volkes, das in der Nachbarschaft der Israeliten angesiedelt wurde* 2 <fig.; ab· wertend> *engstirniger Mensch, kleinlicher Besserwisser* [hebr.]; **Phi·lis·te'rei** <f.; -; unz.>; **phi-**

'**lis·ter·haft** <Adj.>; **Phi'lis·ter·tum** <n.; -s; unz.>; **phi·lis'trös**, <auch> **phi·list'rös** <Adj.; ⚏Z53; geh.> *spießig*

Phil·lu·me'nie <f.; -; unz.> *das Sammeln von Streichholzschachteln u. deren Etiketten* [grch.; lat.]

phi·lo..., **Phi·lo...** <in Zus.> = *...phil, Phil...*

Phi·lo'den·dron, <auch> **Phi·lo'dend·ron** <m. od. n.; -s, -dren/ -d·ren; ⚏Z53; Bot.> *eine trop. Kletterpflanze* [grch.]

Phi·lo·lo·ge <m.; -n, -n>; **Phi·lo·lo'gie** <f.; -, -n> *Sprach- u. Literaturwissenschaft* [grch.]; **Phi·lo·lo·gin** <f.; -, -nen>; **phi·lo·lo·gisch** <Adj.> 1 *zur Philologie gehörend* 2 <fig.> *trocken wissenschaftlich, unlebendig*

Phi·lo'me·la <f.; -, -'me·len; poet.; veralt.> *Nachtigall* [grch.]

Phi·lo·se'mit <m.; -en, -en> *Freund der Juden* [grch.]; **phi·lo·se'mi·tisch** <Adj.>; **Phi·lo·se·mi'tis·mus** <m.; -; unz.> *Ggs Antisemitismus*

Phi·lo'soph <m.; -en, -en> *jmd., der die Ursprünge des Seins erforscht, nach Erkenntnis u. Wahrheit strebt* [grch.]; **Phi·lo·so'phas·ter** <m.; -s, -; abwertend> *philosoph. Schwätzer*; **Phi·lo·so'phem** <n.; -s, -e> 1 *Ergebnis philosoph. Forschung* 2 *philosoph. Behauptung*; **Phi·lo·so'phie** <f.; -, -n> *Lehre vom Wissen, von den Ursprüngen u. vom Zusammenhang der Dinge der Welt, vom Sein u. Denken*; **phi·lo·so'phie·ren** <V. i.> 1 *Philosophie betreiben* 2 <fig.> *nachdenklich über etwas sprechen*; **Phi·lo·so·phi·kum** <n.; -s, -ka> *Teilprüfung des ersten Staatsexamens für Lehramtskandidaten*; **Phi·lo·so·phin** <f.; -, -nen>; **phi·lo·so·phisch** <Adj.>

'**Phil·trum**, <auch> '**Philt·rum** <n.; -s, -tra od. -tren/ -t·ra od. -t·ren; ⚏Z53; Anat.> *Rinne in der Mitte der Oberlippe* [grch.]

Phi'mo·se <f.; -, -n; Med.> *Vorhautverengung* [grch.]

Phi'o·le <f.; -, -n; Chem.; Pharm.> *kleines birnenförmiges Fläschchen* [grch.]

Phle'bi·tis <f.; -, -'ti·den; Med.>

Phonem: Ein P. [< grch. *phonema* „Laut"] ist die kleinste bedeutungsunterscheidende lautliche Einheit einer Sprache, z. B. [s] und [m] in *sein* und *mein*.

Phonetik: Als P. bezeichnet man die Wissenschaft von den Lauten, also die Lautlehre. Die P. umfasst folgende Teilbereiche:
a) **artikulatorische P.** (Lautproduktion)
b) **akustische P.** (Struktur der akustischen Abläufe)
c) **auditive P.** (Wahrnehmungsprozesse)
Die P. untersucht im Gegensatz zur **Phonologie** die Gesamtheit an konkreten lautsprachlichen Äußerungen mit all ihren artikulatorischen, akustischen und auditiven Eigenschaften.

Phonologie: Im Gegensatz zur ⚏**Phonetik** untersucht die P. nicht sämtliche, sondern nur die funktionalen Eigenschaften der Lautstruktur, insbesondere das Lautsystem und den Silbenbau einer Sprache.

Venenentzündung [grch.]; **phle·bo'gen** <Adj.; Med.> *von den Venen ausgehend*

'**Phleg·ma** <n.; -s; unz.> *Trägheit, Schwerfälligkeit* [grch.]; **Phleg'ma·ti·ker** <m.; -s, ->; **Phleg'ma·ti·ke·rin** <f.; -, -nen>; **phleg'ma·tisch** <Adj.>; **Phleg'mo·ne** <f.; -, -n; Med.> *Zellgewebsentzündung*

Phlo'em <n.; -s, -e; Bot.> *Siebteil der Leitbündel bei Pflanzen* [grch.]

Phlox <m.; -es, -e od. f.; -, -e; Bot.> *eine Zierpflanze* [grch.]

Phlo'xin <n.; -s; unz.> *für Farblacke u. Druckfarben verwendeter roter Teerfarbstoff*

pH-neu'tral, <auch> **pH-neut'ral** <Adj.; ⚏Z53; Chem.> *weder sauer noch alkalisch reagierend*

Phnom Penh <[pnɔmˈpɛn]> *Hauptstadt von Kambodscha*

Pho'bie <f.; -, -n; Med.> *krankhafte Furcht* [grch.]; '**pho·bisch** <Adj.; Med.>

Phon <n. 7; -s, -; ⚏Z11.3; Zeichen: phon> *Maßeinheit der Lautstärke*; oV *Fon* [grch.]; **...phon** <in Zus.> *tönend, klin-*

---

gend; **phon** <Zeichen für> *Phon*; **phon...**, **Phon...** <in Zus.> = *phono..., Phono...*; **Pho·na·ti'on** <f.; -; unz.> *Stimm- u. Lautbildung*; **Pho'nem** <n.; -s, -e; Sprachw.> → *Kasten*; **Pho·ne'ma·tik** <f.; -; unz.> = *Phonologie*; **pho·ne'ma·tisch** <Adj.> 1 *ein Phonem betreffend* 2 *auf der Phonematik beruhend*; **Pho'ne·mik** <f.; -; unz.> = *Phonologie*; **pho·ne·misch** <Adj.> = *phonematisch*; **Pho'ne·tik** <f.; -; unz.> *Lehre von der Art u. Erzeugung der Laute, vom Vorgang des Sprechens*; → a. *Kasten*; **pho'ne·tisch** <Adj.>; **Pho·ni'a·ter** <m.; -s, -> oV *Foniater*, **Phon·i·a'trie**, <auch> **Pho·ni·at'rie** <f.; -; unz.; Med.> *Lehre von den Hör-, Stimm- u. Sprechkrankheiten*; **...pho'nie** <in Zus.> *Ton, Klang*

Phö'ni·ker, **Phö'ni·ki·er** <m.; -s, -> = *Phönizier*; **phö'ni·kisch** <Adj.> = *phönizisch*

'**pho·nisch** <Adj.> *die Stimme, den Laut betreffend* [grch.]

'**Phö·nix** <m.; - od. -es, -e; ägypt. Myth.> 1 *Vogel, der sich im Feuer verjüngt* 2 *Sinnbild der Unsterblichkeit*; *wie ~ aus der Asche steigen* [grch.]

Phö'ni·zi·er <m.; -s, -> *Angehöriger eines alten semit. Seefahrervolkes an der syrischen Küste*; oV *Phönik(i)er*; **phö'ni·zisch** <Adj.> oV *phönikisch*

pho·no..., **Pho·no...** < ⚏Z11.3; in Zus.> oV *fono...*, *Fono...* [grch.]; **pho·no'gen** <Adj.> *~e Stimme für Rundfunksendungen geeignete Stimme*; '**Pho·no·ge·rät** <n.; -(e)s, -e> *Gerät zur Aufzeichnung u. Wiedergabe von Schallwellen*; **Pho·no'graf** <m.; -en, -en> = *Phonograph*; **Pho·no·gra'fie** <f.; -, -n>; **Pho·no'gramm** <n.; -(e)s, -e> *Aufzeichnung von Tönen auf Schallplatten od. Tonbändern*; **Pho·no'graph** <m.; -en, -en> *von Edison erfundenes Gerät zur Aufzeichnung von Schallwellen auf Wachsplatten*; **Pho·no·gra'phie** <f.; -, -n> 1 *Schall-, Lautaufzeichnung* 2 <veralt.> *Lautschrift*; **pho·no'gra·phisch** <Adj.>; **Pho·no'lith** <m.; -s od. -en, -e od. -en> *ein Ergussge-*

stein; **Pho·no·lo·ge** <m.; -n, -n>; **Pho·no·lo·gie** <f.; -; unz.> *Lehre von den Lauten u. Lautgruppen im Hinblick auf ihre Bedeutung für die Wörter;* → a. Kasten S. 822; **Pho·no·lo·gin** <f.; -, -nen>; **pho·no·lo·gisch** <Adj.>; **Pho·no·me·ter** <n.; -s, -> 1 *Gerät zur Messung der Hörschärfe* 2 *Schallmesser;* **Pho·no·me·trie**, <auch> **Pho·no·met·rie** <f.; -; unz.> ◢Z53> *Messung der Mittelwerte der Laute beim Sprechen;* **pho·no·me·trisch** <Adj.>; **Pho'non** <n.; -s, -en; Phys.> *Schallquant;* **'Pho·no·tech·nik** <f.; -; unz.>; **Pho·no·'thek** <f.; -, -en> *Archiv von Tonbandaufnahmen;* **Pho·no·ty·'pis·tin** <f.; -, -nnen> *Angestellte, die nach einem Diktiergerät schreibt;* **'Phon·zahl** <f.; -, -en> *in Phon angegebene Lautstärke* **Phos'gen** <n.; -s; unz.> *ein giftiges Gas* [grch.]; **Phos'phat** <n.; -(e)s, -e> *Salz od. Ester der Phosphorsäure;* **Phos'phat·dün·ger** <m.; -s, ->; **phos'phat·hal·tig** <Adj.>; **Phos'phen** <n.; -s, -e; Med.> *subjektive blitzähnl. Lichterscheinung;* **Phos·'phid** <n.; -(e)s, -e; Chem.> *chem. Verbindung eines Metalls mit Phosphor;* **Phos'phin** <n.; -s, -e> *Phosphorwasserstoff;* **Phos'phit** <n.; -s, -e> *Salz der phosphorigen Säure;* **Phos·phor** <m.; -s; unz.; Zeichen: P> *ein chem. Element;* **Phos·pho·res'zenz** <f.; -; unz.> *Fähigkeit mancher Stoffe, nach einer Bestrahlung mit Lichtwellen selbst zu leuchten;* **phos·pho·res'zie·ren** <V. i.>; **'phos·phor·hal·tig** <Adj.>; **'phos·pho·rig** <Adj.> ~e Säure; **'Phos·pho·rit** <m.; -s, -e> *ein Mineral, Sedimentgestein;* **'Phos·phor·säu·re** <f.; -; unz.; Chem.>; **'Phos·phor·ver·gif·tung** <f.; -, -en>

Phot <n.; -s, -; Zeichen: ph> *nicht mehr zulässige Maßeinheit der Beleuchtungsstärke* [grch.]; **'Pho·to** <m. od. n.; -s, -s; ◢Z11.3> = *Foto;* **pho·to...**, **Pho·to...** <in Zus.> *licht..., Licht...;* → a. foto..., Foto... [grch.]; **Pho·to·bi·o·lo·gie** <f.; -; unz.> *Teilgebiet der Biologie, das sich mit den Wechselwirkungen zwi-*

schen Licht u. Organismus beschäftigt; **pho·to·bi·o·lo·gisch** <Adj.>; **'Pho·to·CD** <f.; -, -s; EDV; Abk.: PCD> *CD-ROM, auf der bis zu 100 Fotos gespeichert werden können;* **Pho·to·che·'mie** <[-çe-]; f.; -; unz.> *Teilgebiet der Chemie, das die durch Licht ausgelösten Wirkungen untersucht;* **Pho·to·che·mi·gra·'phie** <f.; -; unz.> *Herstellung von Ätzungen auf fotografischem Weg;* **pho·to·che·mi'gra·phisch** <Adj.>; **pho·to·che·misch** <[-'çe:-]; Adj.>; **'Pho·to·ef·fekt** <m.; -(e)s, -e> *lichtelektr. Effekt;* **pho·to·e'lek·trisch**, <auch> **pho·to·e'lek·trisch** <Adj.; ◢Z53>; **Pho·to·e·lek·tri·zi'tät** <f.; -; unz.> *durch Licht verursachte elektr. Erscheinung;* **'Pho·to·e·lek·tron** <n.; -s, -'tro·nen> *durch Photoeffekt freigesetztes Elektron;* **'Pho·to·e·le·ment** <n.; -(e)s, -e; ◢Z55> *Halbleiter, der durch Lichteinstrahlung elektr. Energie erzeugt;* **'Pho·to·e·mul·si·on** <f.; -, -en; ◢Z55> *lichtempfindl. Schicht fotografischer Filme;* **pho·to'gen** <Adj.> = *fotogen;* **Pho·to'gramm** <n.; -(e)s, -e> *Messbild;* **Pho·to·gram·me'trie**, <auch> **Pho·to·gram·met'rie** <f.; -; unz.> ◢Z53> *Bildmessung (bes. zur Herstellung topograph. Karten);* **pho·to·gram'me·trisch** <Adj.>; **Pho·to'graph** <m.; -en, -en> = *Fotograf;* **Pho·to·gra'phie** <f.; -, -n> = *Fotografie;* **pho·to·gra'phie·ren** <V. i.> = *fotografieren;* **Pho·to'gra·phin** <f.; -, -nnen> = *Fotografin;* **Pho·to·ko'pie** <f.; -, -n> = *Fotokopie;* **'Pho·to·la·bor** <n.; -s, -s od. -e>; **'Pho·to·la·bo·rant** <m.; -en, -en>; **'Pho·to·la·bo·ran·tin** <f.; -, -nnen>; **'Pho·to·li·tho·gra·'phie** <f.; -; unz.> *Verfahren zur Herstellung von Druckformen für den Flachdruck;* **Pho·to'me·ter** <n.; -s, -> *Gerät, das die Lichtstärke misst;* **Pho·to·me·'trie**, <auch> **Pho·to·met'rie** <f.; -; unz.> ◢Z53> *Lichtmessung;* **pho·to'me·trisch** <Adj.>; **'Pho·to·mo·dell** <n.; -(e)s, -e> = *Fotomodell;* **'Pho·to·mon·ta·ge** <[-ʒə]; f.; -, -en> = *Fotomontage;* **Pho'ton** <n.; -s, -en> *Ele-*

mentarteilchen der elektromagnet. Strahlung; **'Pho·to·re·a·lis·mus** <m.; -; unz.; Mal.> = *Fotorealismus;* **'Pho·to·sa·fa·ri** <f.; -, -s> = *Fotosafari;* **'Pho·to·sa·tz** <m.; -es; unz.> = *Fotosatz;* **Pho·to'sphä·re**, <auch> **Pho·tos·'phä·re** <f.; -; unz.> ◢Z54> *strahlende Gashülle der Sonne;* **Pho·to·syn'the·se** <f.; -; unz.> *in grünen Pflanzen unter Einwirkung von Licht stattfindende Prozesse;* **pho·to'tak·tisch** <Adj.>; **Pho·to'ta·xis** <f.; -, -ta·xen> *durch Licht ausgelöste Bewegung;* **Pho·to'thek** <f.; -, -en> = *Fotothek;* **pho·to·to·xisch** <Adj.; Med.> *durch schädliche Lichteinwirkung bedingt;* **pho·to'trop** <Adj.>; **Pho·to·tro'pie** <f.; -; unz.; Chem.> *Farbwechsel kristallisierter Substanzen unter Lichteinfluss;* **Pho·to·tro'pis·mus** <m.; -; unz.> *durch Licht ausgelöster Tropismus;* **pho·to'tro·pisch** <Adj.>; **Pho·to·vol'ta·ik** <[-'vɔl-]; f.; -; unz.> *Umwandlung von Strahlenenergie in elektr. Energie;* **pho·to·vol'ta·isch** <Adj.>; **'Pho·to·wi·der·stand** <m.; -(e)s, ⸚e> *lichtempfindl. elektron. Bauelement;* **'Pho·to·zel·le** <f.; -, -n> *Halbleitergerät*

'Phra·se <f.; -, -n> 1 *Teil eines Satzes* 2 *nichts sagende, abgegriffene Redensart* 3 *Redewendung* 4 <Mus.> *kleinster Abschnitt eines Musikstückes* 5 <EDV> *Textbaustein* [grch.]; **'Phra·sen·dre·scher** <m.; -s, -; umg.; abwertend>; **Phra·sen·dre·sche'rei** <f.; -, -en>; **'Phra·sen·dre·sche·rin** <f.; -, -nnen>; **'phra·sen·haft** <Adj.>; **Phra·se·o·lo·'gie** <f.; -, -n> 1 <unz.> *Lehre von den einer Sprache eigentümlichen Redewendungen* 2 *Sammlung solcher Redewendungen;* → a. Kasten Idiomatik; **phra·se·o·lo·gisch** <Adj.> ~es Wörterbuch; **Phra·se·o·lo·gis·mus** <m.; -, -gis·men> → a. Kasten Idiom; **Phra·se·o·'nym** <n.; -s, -e> *Redewendung, die als Deckname verwendet wird, z.B. von einem Verehrer;* **phra·'sie·ren** <V. t.; Mus.> *in sinnvolle Abschnitte einteilen;* eine Melo-

P

die ~; **Phra·sie·rung** <f.; -, -en; Mus.>

Phre·ne·sie <f.; -; unz.; Med.> *Wahnsinn* [grch.]; **phre·ne·tisch** <Adj.; Med.> *seelisch gestört;* <aber> → *frenetisch*

'**Phry·ger,** '**Phry·gi·er** <m.; -s, -> *Angehöriger eines indogerman. Volkes in der antiken kleinasiat. Landschaft Phrygien;* '**phry·gisch** <Adj.> **1** *Phrygien betreffend* **2** *~e Mütze von den Jakobinern getragene M.* **3** <Mus.> *~e Tonart eine der altgrch. Tonarten, Kirchentonart*

Phtha·lat <n.; -(e)s, -e; Chem.> *Salz bzw. Ester der Phthalsäure* [grch.]; '**Phthal·säu·re** <f.; -; unz.; Chem.> *eine Dicarbonsäure*

pH-Wert <[pe'ha:-]; m.; -(e)s, -e *Maßeinheit für die Konzentration des Wasserstoffs in einer Flüssigkeit*

Phy·ko·lo·gie <f.; -; unz.> *Algenkunde* [grch.]; **Phy·ko·my·zet** <m.; -en, -en> *Algenpilz*

'**Phy·le** <f.; -, -n> *Unterabteilung altgrch. Stämme u. Staaten* [grch.]; **phy'le·tisch** <Adj.; Biol.> *die Abstammung betreffend*

Phyl'lit <m.; -s, -e; Min.> *ein Schiefergestein* [grch.]; **phyl'li·tisch** <Adj.; Geol.> *feinblättrig (von Gesteinen);* **Phyl·lo'kak·tus** <m.; -, -'te·en> *Blattkaktus;* **Phyl'lo·kla·di·um** <n.; -s, -di·en; Bot.> *blattähnl. Pflanzenspross;* **Phyl·lo'pha·ge** <m.; -n, -n> **1** *Blattfresser* **2** <i.w.S.> *Pflanzenfresser;* **Phyl'lo·po·de** <m.; -n, -n; Zool.> *Blattfüßer;* **Phyl'lo'ta·xis** <f.; -, -'ta·xen; Bot.> *Blattstellung*

Phy·lo·ge'ne·se <f.; -, -n> *Stammesentwicklung der Lebewesen* [grch.]; **phy·lo·ge'ne·tisch** <Adj.>; **Phy·lo·ge'nie** <f.; -, -n> = *Phylogenese;* '**Phy·lum** <n.; -s, 'Phy·la; Biol.> *Stamm (von Lebewesen)*

Phy'sa·lis <f.; -, -; Bot.> *kirschförmige Beere* [grch.]

...**phy·se** <f.; -, -n; in Zus.> *Gewachsenes, z. B. Hypophyse* [grch.]

Phys·i·a·ter, <auch> **Phy·si'a·ter** <m.; -s, -; ⤺Z.54> *Naturheilkundiger* [grch.]; **Phys·i·a'trie,** <auch> **Phy·si·a'trie** <f.; -; unz.; ⤺Z.53> *Naturheilkunde*

Phy'sik <f.; -; unz.> *Lehre von den unbelebten Dingen der Natur, ihrem Aufbau u. ihrer Bewegung sowie von den Strahlungen u. Kraftfeldern* [grch.]; **phy·si'ka·lisch** <Adj.> *~e Chemie; ~e Therapie T. mit Licht, Wärme usw.;* '**Phy·si·ker** <m.; -s, ->; '**Phy·si·ke·rin** <f.; -, -n·nen>; **Phy·si·ko·che'mie** <[-çe-]; f.; -; unz.> *Wissenschaft von der physikal. Chemie;* **Phy·si·ko·'che·mi·ker** <m.; -s, ->; **Phy·si·ko'che·mi·ke·rin** <f.; -, -n·nen>; **phy·si·ko'che·misch** <Adj.>; '**Phy·si·kum** <n.; -s, -si·ka> *medizin. Vorprüfung, meist nach dem 4. Semester* [lat.]; '**Phy·si·kus** <m.; -, -s·se; früher> *Kreisod. Bezirksarzt;* **phy·si·o'gen** <Adj.; Med.> *körperlich bedingt; Ggs psychogen;* **Phy·si·o·ge·o·gra'fie, Phy·si·o·ge·o·gra'phie** <f.; -; unz.; ⤺Z.11.3> *Teilgebiet der Geografie, das die physischen Faktoren einer Landschaft untersucht;* **Phy·si·o'gnom,** <auch> **Phy·si·og·'nom** <m.; -en, -en; ⤺Z.53>; **Phy·si·o·gno'mie** <f.; -, -n> *äußere Erscheinung eines Lebewesens, bes. der Gesichtsausdruck* [grch.]; **Phy·si·o'gno·mik** <f.; -; unz.> *Lehre von den aus dem Gesichtszügen zu erschließenden charakterlichen Eigenschaften;* **Phy·si·o'gno·mi·ker** <m.; -s, ->; **phy·si·o'gno·misch** <Adj.>; **Phy·si·o·gra'fie, Phy·si·o·gra'phie** <f.; -, -n; ⤺Z.11.3> *Naturbeschreibung;* **Phy·si·o·lo·ge** <m.; -n, -n>; **Phy·si·o·lo·gie** <f.; -; unz.> *Lehre von den Lebensvorgängen* [grch.]; **Phy·si·o·'lo·gin** <f.; -, -n·nen>; **phy·si·o·'lo·gisch** <Adj.> *die Physiologie betreffend;* **Phy·si·o·no'mie** <f.; -; unz.> *Lehre von den Naturgesetzen;* **Phy·si·o·the·ra'peut** <m.; -en, -en>; **Phy·si·o·the·ra·'peu·tin** <f.; -, -n·nen>; **phy·si·o·the·ra'peu·tisch** <Adj.>; **Phy·si·o·the·ra'pie** <f.; -, -n> = *physikal. Therapie;* '**Phy·sis** <f.; -; unz.> *Natur, natürliche Beschaffenheit des Körpers;* '**phy·sisch** <Adj.> *die Physis betreffend, natürlich*

phy·to..., Phy·to... <in Zus.> *pflanzen..., Pflanzen...* [grch.]; **Phy·to·che'mie** <[-çe-]; f.; -; unz.> *Teilgebiet der Chemie, das sich mit den chem. Vorgängen in Pflanzen befasst;* **phy·to'gen** <Adj.> *aus Pflanzen entstanden;* **Phy·to·ge·o·gra'fie, Phy·to·ge·o·gra'phie** <f.; -; unz.; ⤺Z.11.3> *Pflanzengeographie;* '**Phy·to·hor·mon** <n.; -s, -e> *pflanzl. Hormon;* **Phy·to·lo'gie** <f.; -; unz.> *Pflanzenkunde;* **phy·to'phag** <Adj.; Zool.> *Pflanzen fressend;* **Phy·to'pha·ge** <m.; -n, -n; Zool.> *Pflanzenfresser;* **Phy·to·phar·ma'zie** <f.; -; unz.>; '**Phy·to·plank·ton** <n.; -s; unz.> *pflanzl. Plankton;* **Phy·to'zo·on** <n.; -s, -'zo·en; Zool.> *Meerestier mit pflanzenähnl. Gestalt*

PI <Abk. für> *Pearlindex*

Pi <n.; -s, -s; Zeichen: π, Π> **1** *grch. Buchstabe* **2** <Math.> *Zahl, die das Verhältnis eines Kreisumfangs zum Kreisdurchmesser angibt*

Pi'af·fe <f.; -, -n; Reitsp.; hohe Schule> *Trab auf der Stelle* [frz.]; **pi·af'fie·ren** <V. i.; Reitsp.>

Pi·a'ni·no <n.; -s, -s> *kleines Klavier* [ital.]; **pi·a'nis·si·mo** <Mus.; Abk.: pp> *sehr leise;* **Pi·a·'nist** <m.; -en, -en> *Musiker, der (beruflich) Klavier spielt;* **Pi·a·'nis·tin** <f.; -, -n·nen>; **pi·a'nis·tisch** <Adj.> *~es Können;* **pi·a·no** <Mus.; Abk.: p> *leise;* **Pi'a·no** <n.; -s, -s> **1** = *Klavier* **2** *leise zu spielende Stelle;* **Pi·a·no'for·te** <n.; -s, -s; veralt.> = *Klavier;* **Pi·a·'no·la** <n.; -s, -s> *selbsttätig spielendes Klavier*

Pi·a'rist <m.; -en, -en>; **Pi·a'ris·ten·or·den** <m.; -s; unz.> *1607 gestifteter Orden für kostenlosen Schulunterricht* [lat.]

Pi·as'sa·va <[-va]; f.; -, -'sa·ven> *Faser aus den Blattscheiden verschiedener Palmen* [port.]

Pi'as·ter <m.; -s, -> *Währungseinheit in Ägypten, Syrien, im Libanon, Sudan u. auf Zypern*

Pi'az·za <f.; -, -'az·ze> *Marktplatz* [ital.]

PIC <EDV; Abk. für engl.> *Programmable Interrupt Controller*

'**Pi·ca** <f.; -; unz.> *normierte*

Buchstabengröße bei Schreibmaschinen (2,6 mm) [engl.]

Pi·ca·dor ‹m.; -s, -es› *berittener Stierkämpfer* [span.]

'Pi·ca·ro ‹m.; -s, -s; span. Bez. für› *Schelm, Held des Schelmenromans*

'pic·co·lo ‹Adj.; Mus.› *sehr klein (als Zusatzbez. für Instrumente)* [ital.]; **'Pic·co·lo** ‹m., f. od. n.; -s, -s; österr.› = *Pikkolo[1,2]*

Pi·che'lei ‹f.; -, -en; umg.›; **'pi·cheln** ‹V. i.; ich pich(e)le; umg.› *(Alkohol) trinken*

'Pi·chel·stei·ner Fleisch ‹n.; --(e)s; unz.› *Eintopf mit Rindfleischwürfeln u. Gemüse*

'pi·chen ‹V.› 1 ‹V. t.› *mit Pech überziehen* 2 ‹V. i.; oberdt.› *kleben, klebrig sein*

'Pich·ler ‹m.; -s, -; umg.› *jmd., der gerne trinkt;* **'Pich·le·rin** ‹f.; -, -n·nen; umg.›

Pick[1] ‹m.; -s, -e› *Stich, Stoß*

Pick[2] ‹m.; -(e)s; unz.; österr.; umg.› *Klebstoff*

'Pi·cke ‹f.; -, -n›, **'Pi·ckel**[1] ‹m.; -s, -› *Spitzhacke;* Eis~

'Pi·ckel[2] ‹m.; -s, -› *Hautunreinheit, Eiterbläschen*

'Pi·ckel·hau·be ‹f.; -, -n; früher› 1 *(visierloser) Helm der Ritterrüstung* 2 *Lederhelm mit Metallspitze*

'Pi·ckel·he·ring ‹m.; -s, -e› 1 *gepökelter Hering* 2 *komische Figur, Hanswurst*

'pi·cke·lig ‹Adj.› *~es Gesicht*

'pi·ckeln ‹V. i.; ich pick(e)le; umg.› *mit der Spitzhacke arbeiten;* **'pi·cken** ‹V.› 1 ‹V. t.› *etwas ~ die Nahrung mit dem Schnabel aufnehmen* 2 ‹V. i.› *nach, in etwas ~ mit dem Schnabel leicht zustoßen* 3 ‹V. i.; österr.; umg.› *kleben;* **'Pi·cker** ‹m.; -s, -; Textilw.› *Maschine zum Pflücken von Baumwolle;* **'Pi·ckerl** ‹n.; -s, -n; österr.; umg.› *Aufkleber, Plakette;* Autobahn~

Pi·ckles, ‹auch› **Pick·les** ‹['pɪklz]; Pl.; ↗Z53; kurz für› *Mixedpickles* [engl.]

'Pick·nick ‹n.; -s, -s od. -e› *Mahlzeit im Freien während eines Ausflugs;* ein ~ *machen* [engl.]; **'pick·ni·cken** ‹V. i.› *wir haben heute gepicknickt;* **'Pick·nick·korb** ‹m.; -(e)s, ⸚e›

Pick-up ‹[-'ʌp]; m.; -s, -s› 1 *Ton-*

abnehmer 2 *Personenkraftwagen mit offener Ladefläche* [engl.]

Pick-up-Shop ‹[pik'ʌpʃɔp]; m.; -s, -s› *Geschäft, das nicht ausliefert* [engl.]

pi·co'bel·lo ‹Adj.; undekl.› *tadellos, sehr fein u. ordentlich; ~ angezogen* [ndrl.; ital.]

Pi·cot ‹[-'koː]; m.; -s, -s› *kleine Zacke am Rand von Spitzen* [frz.]

Pic·ture ‹['pikʒə(r)]; n.; -s, -s; EDV› *Muster, das Datentypen eines Datenfeldes festlegt* [engl.]

PID ‹Abk. für› *pränatale Implantationsdiagnostik*

Pid·gin ‹['pidʒin]; n.; -s, -s; Sprachw.› *durch das Aufeinandertreffen zweier unterschiedl. Sprachen entstandene, vereinfachte Verkehrssprache, bes. in Kolonien* [engl.]; **'Pid·gin·eng·lisch** ‹n.; - od. -s; unz.; ↗Z36› *mit Elementen einer fremden (Eingeborenen-)Sprache durchsetztes Englisch;* **pid·gi·ni'sie·ren** ‹V. t.›

Pie ‹[pai]; f.; -, -s› *gefüllte Pastete, Kuchen;* Apple~ *Apfelkuchen* [engl.]

Pi·e·des'tal ‹[pje-]; n.; -s, -e› = *Postament* [frz.]

'Pief·ke ‹m.; -s, -s; umg.› 1 *Angeber* 2 ‹österr.› *Norddeutscher, "Preuße"*

Piek ‹f.; -, -en› *unterster Raum im Schiff* [engl.]

'piek'fein ‹Adj.; umg.› *sehr fein, vornehm;* **'piek'sau·ber** ‹Adj.; umg.›

Piep ‹m.; -s, -e; umg.› = *Pieps;* **'pie·pe, piep·e'gal** ‹Adj.; nur präd.; ↗Z55; umg.› *gleichgültig, egal; das ist mir ~;* **'pie·pen** ‹V. i.; du piepst› *kurze, hohe Laute von sich geben; bei dir piept's wohl?* ‹fig.; umg.› *du bist wohl nicht gescheit!; das ist zum Piepen!* ‹umg.› *zum Lachen, sehr komisch;* oV *piepsen;* **'Pie·pen** ‹m.; Pl.; umg.› *Geld; her mit den ~!;* **'Piep·matz** ‹m.; -es, ⸚e; umg.› *kleiner Vogel;* **Pieps** ‹m.; -es, -e; umg.› oV *Piep* 1 *dünner, hoher Ton; ich möchte keinen ~ mehr hören ich dulde keine Widerrede* 2 *jmd. hat einen ~ ist nicht ganz richtig im Kopf;* **'piep·sen** ‹V. i.; du

piepst› 1 = *piepen* 2 ‹fig.› *mit hoher Stimme sprechen;* **'Piep·ser** ‹m.; -s, -; umg.› 1 = *Pieps* 2 *sehr kleines Funkempfangsgerät;* **'piep·sig** ‹Adj.; umg.› *hoch, dünn; eine ~e Stimme*

Pier[1] ‹m.; -s, -e od. (Seemannsspr.) f.; -, -s› *Landungsbrücke für Schiffe im Hafen* [engl.]

Pier[2] ‹m.; -s, -e› *(als Köder beim Angeln benutzter) Ringelwurm* [ndrl.]

pier·cen ‹['piːrsən]; V. t.› *sie ist am Bauchnabel gepierct;* **'Pier·cing** ‹[-sɪŋ]; n.; - od. -s, -s› *das Durchstechen der Haut, um Schmuck anzubringen* [engl.]; **'Pier·cing·stu·dio** ‹n.; -s, -s›

Pi·e·ret·te ‹[pjɛ'rɛta]; f.; -, -n› *weibl. Pierrot* [frz.]; **Pi·er·rot** ‹[pjɛ'roː]; m.; -s, -s› *aus der Commedia dell'Arte stammende komische, melancholische Figur*

'pie·sa·cken ‹V. t.; umg.› *peinigen, quälen; piesacke mich nicht!; sie hat ihn gepiesackt* [jidd.]; **Pie·sa·cke'rei** ‹f.; -, -en›

'pie·seln ‹V. i.; ich pies(e)le; umg.› 1 *leicht regnen, nieseln* 2 *urinieren*

Pi·e·ta, Pi·e·tà ‹[pie'ta]; f.; -, -s› *Darstellung Marias mit dem Leichnam Christi auf dem Schoß* [ital.]; **Pi·e'tät** ‹[piɛ-]; f.; -; unz.› 1 *Ehrfurcht vor der Religion, Achtung vor dem religiösen Empfinden anderer* 2 *Ehrfurcht vor den Toten;* **pi·e'tät·los** ‹Adj.›; **Pi·e'tät·lo·sig·keit** ‹f.; -; unz.›; **pi·e'tät·voll** ‹Adj.›; **Pi·e'tis·mus** ‹m.; -; unz.› *protestant. Bewegung im 17./18. Jh., die Frömmigkeit u. Nächstenliebe erstrebte;* **Pi·e'tist** ‹m.; -en, -en›; **Pi·e'tis·tin** ‹f.; -, -n·nen›; **pi·e'tis·tisch** ‹Adj.›

pi·e·zo..., Pi·e·zo... ‹['piɛtso...]; in Zus.› *druck..., Druck...* [grch.]; **Pi·e·zo·che'mie** ‹[-çe-]; f.; -; unz.› *Teilgebiet der Chemie, das Stoffeigenschaften unter hohem Druck untersucht;* **pi·e·zo·e'lek·trisch**, ‹auch› **pi·e·zo·e'lek·risch** ‹Adj.; ↗Z53›; **Pi·e·zo·e·lek·tri·zi'tät** ‹f.; -; unz.› *durch Druck auf die Flächen mancher Kristalle entstehende Elektrizität;* **Pi·e·zo'me·ter** ‹n.; -s, -› *Gerät zum Messen* *der Kompressibilität von Flüssigkeiten;* **Pi'e·zo·quarz** <m.; -es; unz.> *ein piezoelektrische Eigenschaften zeigender Quarzkristall*

Pig'ment <n.; -(e)s, -e> 1 *in einem Bindemittel unlöslicher Farbstoff* 2 <Biol.> *in menschlichen u. tierischen Zellen abgesetzter Farbstoff* [lat.]; **Pig·men·ta·ti'on** <f.; -; unz.> *Färbung durch Ablagerung von Pigment;* **Pig'ment·bak·te·ri·um** <n.; -s, -ri·en> *Farbstoff bildendes Bakterium;* **Pig'ment·druck** <m.; -(e)s; unz.> *Druckverfahren durch eine lichtempfindliche, kohlehaltige Schicht;* **Pig'ment·far·be** <f.; -, -n>; **Pig'ment·fleck** <m.; -(e)s, -e>; **pig·men'tie·ren** <V.> 1 <V. t.> *Farbstoff ~ in kleinste Teilchen zerteilen* 2 <V. i.> *sich durch Pigment färben;* **Pig·men'tie·rung** <f.; -; unz.>; **Pig'ment·mal** <n.; -(e)s, -e> *Muttermal*

Pi·gno·le, <auch> **Pig·no·le** <[pi'njo:-]; f.; -, -n; ↗Z 53> *Pinienkern* [ital.]

Pik¹ <m.; -s, -e od. -s> *Berggipfel* [engl.]

Pik² <n.; - od. -s, - od. -s> *eine der beiden schwarzen Farben im Kartenspiel* [frz.]

Pik³ <nur in der Wendung> ei·nen ~ *auf jmdn. haben* <umg.> *Groll gegen jmdn. hegen* [frz.]

pi'kant <Adj.> 1 *~e Speise scharf gewürzte Speise* 2 <fig.> *schlüpfrig, anzüglich; eine ~ Bemerkung* [frz.]; **Pi·kan·te'rie** <f.; -, -n> 1 <unz.> *pikante(2) Beschaffenheit* 2 *Anzüglichkeit*

pi·ka'resk <Adj.> *~er Roman in der Ich-Form erzählter span. Schelmenroman* [nach *Picaro,* der span. Bez. für Schelm]

'Pik·ass <a. [-'-]; n.; -es, -e; Kart.>

'Pi·ke <f.; -, -n> *Spieß (des Landknechts);* etwas von der ~ auf lernen <fig.> *von Anfang an* [frz.]

Pi'kee <m.; österr. auch n.; -s, -s> *Baumwollgewebe mit Reliefmuster;* oV *Piqué* [frz.]; **Pi'kee·hemd** <n.; -(e)s, -en>; **Pi'kee·stoff** <m.; -(e)s, -e>

'pi·ken <V. t.; du pikst; umg.> *jmdn. od. etwas ~ stechen;* oV *piksen*

Pi'kett¹ <n.; -(e)s, -e; schweiz.> *einsatzbereite Mannschaft (der Polizei, Feuerwehr usw.);* auf ~ sein; ~dienst [frz.]

Pi'kett² <n.; -s; unz.> *ein frz. Kartenspiel* [frz.]

pi'kie·ren <V. t.; Gartenb.> *mit dem Pikierholz auf größeren Abstand verpflanzen;* Stecklinge ~; **Pi'kier·holz** <n.; -es, ̈er> *kurzer, spitzer Stock;* **pi'kiert** <Adj.; ↗Z 28.1> *verärgert, ein wenig beleidigt;* sie reagierte ~ auf seine Bemerkung

'Pik·ko·lo¹ <m.; -s, -s> oV *Piccolo* 1 *Kellnerlehrling* 2 *kleines Fläschchen Sekt* [ital.]; **'Pik·ko·lo²** <n.; -s, -s od. f.; -, -s; kurz für> *Pikkoloflöte;* oV *Piccolo;* **'Pik·ko·lo·flö·te** <f.; -, -n> *kleine Querflöte in höchster Tonlage;* **'Pik·ko·lo·kla·ri·net·te** <f.; -, -n>

Pik'kö·nig <m.; -s, -e; Kart.>

Pi·ko... <Zeichen: p; vor Maßeinheiten> *ein Billionstel der betreffenden Grundeinheit, z. B. Pikofarad* [span.]

pi·ko'bel·lo <Adj.; undekl.> *pi·cobello*

Pi·ko·fa'rad <n.; -s, -; Phys.; Abk.: pF> *das 10^{-12}fache eines Farads*

Pi'kör <m.; -s, -e> *Vorreiter bei der Parforcejagd* [frz.]

Pi'krat, <auch> **Pik'rat** <n.; -s, -e; ↗Z 53> *Salz der Pikrinsäure* [grch.]; **Pi'krin·säu·re** <f.; -; unz.; Chem.> *eine organ. Verbindung, die früher als Färbemittel u. Sprengstoff verwendet wurde*

'pik·sen <V. t.; du pikst> = *piken*

Pik'sie·ben <f.; -, -; in der Wendung> *dastehen wie ~ hilflos, verdutzt*

'Pik·te <m.; -n, -n> *Angehöriger eines alten Volksstammes in Schottland* [lat.]

Pik·to·gra'fie <f.; -, -n; ↗Z 11.3> = *Piktographie;* **pik·to'gra·fisch** <Adj.>; **Pik·to'gramm** <n.; -(e)s, -e> *Bild od. Zeichen mit einer best. (international vereinbarten) Bedeutung, z. B. Verkehrszeichen* [lat.; grch.]; **Pik·to·gra·'phie** <f.; -, -n> = *Bilderschrift;* **pik·to'gra·phisch** <Adj.>

'Pi·kul <m. od. n.; -s, -> *ostasiat. Gewichtseinheit* [malai.]

Pi'lar <m.; -en, -en> *Vorrichtung*

zum Festbinden des Pferdes bei der hohen Schule [span.]

Pi'las·ter <m.; -s, -> *Wandpfeiler* [lat.]

Pi'lau, Pi'law <[-laf]; m.; -s; unz.> *oriental. Reisgericht mit Hammel- od. Hühnerfleisch* [türk.]

'Pil·ger <m.; -s, -> *Wallfahrer;* **'Pil·ger·fahrt** <f.; -, -en>; **'Pil·ge·rin** <f.; -, -n·nen>; **'pil·gern** <V. i. (s.); ich pilg(e)re> *zu einem heiligen Ort wandern;* nach Rom ~; **'Pil·ger·vä·ter** <Pl.> *die ersten puritan. Pilger in Neuengland*

pi'lie·ren <V. t.> *zerstoßen, schnitzeln;* Seife zur Weiterverarbeitung ~ [lat.]

'Pil·ke <f.; -, -n> *Köder beim Hochseeangeln;* **'pil·ken** <V. i.>

'Pil·le <f.; -, -n> 1 *Arzneimittel in Kugelform;* eine bittere ~ <fig.; umg.> *etwas Unangenehmes* 2 <kurz für> *Antibabypille;* die ~ nehmen; **'Pil·len·dre·her** <m.; -s, -> 1 *ein Käfer; scherzh.> Apotheker* 2 <Zool.> *ein Käfer;* **'Pil·len·knick** <m.; -s; unz.; umg.> *Geburtenrückgang nach der Einführung der Antibabypille;* **'Pil·len·wes·pe** <f.; -, -n; Zool.> *Wespe mit geschnürtem Hinterleib;* **'pil·le·pal·le** <Adv.; umg.> *unsinnig, nichtssagend;* **pil'lie·ren** <V. t.; Landw.> *Saatgut zu Kugeln rollen;* **Pil'lie·rung** <f.; -, -en>; **'Pil·ling** <n.; -s; unz.; Textilw.> *Knötchenbildung in Textilien* [engl.]; **'Pil·ling·ef·fekt** <m.; -(e)s; unz.; Textilw.>

Pi'lot <m.; -en, -en> 1 *Flugzeugführer* 2 <Rennsp.> *Rennfahrer* [frz.]; **Pi'lot·an·la·ge** <f.; -, -n> *Versuchsanlage, in der Verfahren vor ihrer Umsetzung noch einmal in allen Einzelheiten getestet werden;* **Pi'lot·bal·lon** <[-lõ] od. [-lɔŋ] od. [-'lo:n]; m.; -s, -s> *unbemannter Ballon zum Feststellen des Höhenwindes*

Pi'lo·te <f.; -, -n> *in den Baugrund gerammter Pfahl* [frz.]

Pi'lo·ten·schein <m.; -(e)s, -e> *Flugberechtigung;* **Pi'lot·film** <m.; -(e)s, -e> *einer geplanten Fernsehserie vorausgehender Film*

pi·lo'tie·ren <V. t.> *Piloten ein-*

rammen; **Pi·lo·tie·rung** <f.; -, -en>

Pi·lo·tin <f.; -, -n·nen>; **Pi'lot·pro·jekt** <n.; -(e)s, -e> *Versuchsprojekt;* **Pi'lot·sen·dung** <f.; -, -en> = *Pilotfilm;* **Pi'lot·stu·die** <[-diə]; f.; -, -n> *erste Studie ihrer Art;* **Pi'lot·ton** <m.; -(e)s, ⁼e; Film; TV> **1** *Bild u. Ton steuernder hochfrequenter Ton* **2** *hochfrequentes Begleitsignal bei Stereosendungen;* **Pi'lot·ver·such** <m.; -(e)s, -e>

Pils <n.; -, -> *helles, leicht bitter schmeckendes Bier*

Pilz <m.; -es, -e; Bot.> *schwammartige, blattgrünlose Pflanze; Speise~; ~e suchen;* **Pilz·er·kran·kung** <f.; -, -en>; **Pilz·ge·richt** <n.; -(e)s, -e>; **Pilz·kopf** <m.; -(e)s, ⁼e> *dem Haarschnitt der Beatles nachgeahmte Frisur;* **Pilz·krank·heit** <f.; -, -en> *durch Pilze hervorgerufene Erkrankung;* Sy *Mykose;* **Pilz·kun·de** <f.; -; unz.>; **Pilz·samm·ler** <m.; -s, ->; **Pilz·samm·le·rin** <f.; -, -n·nen>; **Pilz·ver·gif·tung** <f.; -, -en> *durch den Genuss giftiger Pilze verursachte Erkrankung*

Pi'ment <m. od. n.; -s, -e> *als Gewürz verwendete Beeren des Pimentbaumes* [lat.-span.]; **Pi'ment·baum** <m.; -(e)s, ⁼e; Bot.> *ein Myrtengewächs*

'Pim·mel <m.; -s, -; umg.> *Penis*

'pim·pe·lig <Adj.; umg.> *zimperlich;* oV *pimplig;* **'pim·peln** <V. i.; ich pimp(e)le; umg.>

'pim·pern¹ <V. i.; ich pimp(e)re> *klimpern, klappern*

'pim·pern² <V. t. u. V. i.; ich pimp(e)re; derb> *den Beischlaf mit jmdm. ausführen*

Pim·per'nell <m.; -s, -e; Bot.> = *Pimpinelle*

'Pim·per·nuss <f.; -, ⁼e; Bot.> *ein Zierstrauch*

Pimpf <m.; -(e)s, -e> **1** <österr.> *kleiner Junge, Knirps* **2** <1933–1945> *Angehöriger des Jungvolkes* (Hitlerjugend)

Pim·pi'nel·le <f.; -, -n; Bot.> *eine Heil- und Gewürzpflanze* [lat.]

'pimp·lig <Adj.> = *pimpelig*

PIN <Abk. für engl.> *Personal Identification Number*

Pin <m.; -s, -s> **1** *Anstecknadel* **2** <Sp.> *Wertungspunkt für einen getroffenen Kegel beim Bowling* [engl.]

Pi·na·ko'id <n.; -(e)s, -e> *zweiflächige Kristallform* [grch.]; **Pi·na·ko'thek** <f.; -, -en> **1** <urspr.> *Sammlung von Weihgeschenktafeln auf der Akropolis* **2** <danach Name für> *Gemäldesammlung*

Pi'nas·se <f.; -, -n> **1** <17. Jh.> *dreimastiges Segelschiff* **2** *Beiboot auf Kriegsschiffen* [frz.]

'Pin·board <[-bɔ:d]; n.; -s, -s> *Pinnwand* [engl.]

Pinch·ef·fekt <['pintʃ-]; m.; -(e)s, -e; Phys.> *das Zusammenziehen eines Plasmastranges durch Magnetfelder* [engl.]

pin'da·risch <Adj.> *~e Ode* [nach dem altgrch. Lyriker *Pindar*]

Pi·ne'al·or·gan <n.; -s, -e> *lichtempfindliches Sinnesorgan niederer Wirbeltiere* [lat.]

'pin·ge·lig <Adj.; umg.; abwertend> *übermäßig gewissenhaft, kleinlich;* **'Pin·ge·lig·keit** <f.; -; unz.>

'Ping·pong <n.; -s; unz.; veralt.> = *Tischtennis* [engl.]; **'Ping·pong·plat·te** <f.; -, -n>; **'Ping·pong·schlä·ger** <m.; -s, ->

'Pin·gu·in <m.; -(e)s, -e; Zool.> *ein flugunfähiger Meeresvogel der Südhalbkugel* [frz.]

'Pi·nie <-niə]; f.; -, -n; Bot.> *eine Kiefernart* [lat.]; **'Pi·ni·en·kern** <m.; -(e)s, -e> *essbarer Samen der Pinie;* **'Pi·ni·en·wald** <m.; -(e)s, ⁼er>; **'Pi·ni·en·zap·fen** <m.; -s, ->; **Pi·ni'o·le** <f.; -, -n> *Pinienkern*

pink <Adj.; undekl.> *leuchtend rosa; eine ~ Bluse;* **'Pink** <n.; - od. -s, -s> *leuchtendes Rosa; ein Kleid in ~* [engl.]

'Pin·ke <f.; -; unz.; bes. nord- u. mdt.; umg.> *Geld* [sorb.]

'Pin·kel¹ <m.; -s, -; umg.; meist in den Wendungen> *feiner ~, vornehmer ~ vornehm tuender Mensch* [jidd.]

'Pin·kel² <f.; -, -n; norddt.> *eine fette, gewürzte Wurst*

'pin·keln <V. i.; ich pink(e)le; umg.> = *urinieren*

'Pin·ke·pin·ke <f.; -; unz.; umg.> = *Pinke*

'Pin·ne <f.; -, -n> **1** <umg.> *kleiner Nagel, Stift, Reißzwecke* **2** <Seemannsspr.> *Hebelarm des Steuerruders* **3** *Stift, auf dem die Kompassnadel ruht* **4** *flache Seite des Hammers;* **'pin·nen** <V. t.> *mit Nadeln o. Ä. befestigen; Fotos an die Wand ~* [engl.]; **'Pinn·wand** <f.; -, ⁼e> *(aus Kork o. Ä. gefertigte) kleine Wandtafel, an die Notizzettel geheftet werden können*

Pi·noc·chio <[pi'nɔkjo]; m.; -s, -s> *hölzerne Gliederpuppe (Hauptfigur eines Kinderbuches)*

Pi'no·le <f.; -, -n> *Maschinenteil der Spitzendrehbank* [ital.]

Pi·not <[pi'no:]; m.; - od. -s, -s> *eine Rebsorte* [frz.]

'Pin·scher <m.; -s, -; Zool.> *eine Hunderasse; Zwerg~* [engl.]

'Pin·sel¹ <m.; -s, -> *Werkzeug mit Borsten zum Auftragen von Flüssigkeit, bes. Farbe;* Maler~

'Pin·sel² <m.; -s, -; abwertend> *einfältiger Mensch; Einfalts~*

'Pin·sel·äff·chen <n.; -s, -; Zool.> *ein Krallenaffe mit langem Schwanz;* **Pin·se'lei** <f.; -, -en> **1** <unz.> *anhaltendes, lästiges Pinseln* **2** <umg.> *schlechte Malerei;* **'Pin·sel·füh·rung** <f.; -; unz.> *Art des Malens;* **'pin·seln** <V. i. u. V. t.; ich pins(e)le>; **'Pin·sel·strich** <m.; -(e)s, -e>

Pint <[paint]; n.; -s, - od. -s; Abk.: pt> *engl. u. nordamerikan. Flüssigkeitsmaß;* **'Pin·te** <f.; -, -n> **1** *altes Hohlmaß* **2** <umg.> *kleine Gastwirtschaft* [lat.]

'Pin·to <m.; - od. -s, -s> *gescheckte Pferderasse*

Pin-up-Girl <[pin'ʌpgə:l]; n.; -s, -s> *an der Wand, am Schrank o. Ä. befestigtes Bild eines erotisch anziehenden Mädchens (bes. aus Illustrierten)* [engl.]

pinx. <Abk. für> *pinxit;* **'pin·xit** <Abk.: p., pinx.> *hat (es) gemalt (Vermerk auf Bildern vor od. nach dem Namen des Malers)* [lat.]

'Pin·ze <f.; -, -n; österr.> *eine (süße) Mehlspeise;* Oster~

Pin'zet·te <f.; -, -n> *kleine Greifzange* [frz.]

'Pi·on <n.; -s, -'o·nen; Phys.> *Elementarteilchen aus der Gruppe der Mesonen*

Pi·o'nier <m.; -s, -e> **1** <Mil.> *Angehöriger einer für technische Arbeiten* (Brücken-, Wegebau) *ausgebildeten Truppe* 2 <fig.> *Bahnbrecher, Wegbereiter* 3 <nur Pl.; DDR> *Angehöriger einer Jugendorganisation* [frz.]; **Pi·o'nier·ar·beit** <f.; -; unz.> hier gibt es noch ~ zu leisten; **Pi·o'nier·geist** <m.; -(e)s; unz.> *Drang, etwas Neuem den Weg zu bereiten;* **Pi·o'nie·rin** <f.; -, -n·nen>; **Pi·o'nier·la·ger** <n.; -s, -; DDR>; **Pi·o'nier·lei·ter** <m.; -s, -; DDR>; **Pi·o'nier·pflan·zen** <Pl.; Bot.> *erste Pflanzen auf vorher vegetationsfreiem Boden*

Pi·pa'po <n.; -s; unz.; umg.> *(überflüssiges) Zubehör;* eine Luxuswohnung mit Dachterrasse und allem ~

Pipe¹ <[paip]; n. od. f.; -, -s> *engl. u. nordamerikan. Flüssigkeitsmaß für (Brannt-)Wein* [engl.]

'Pi·pe² <f.; -, -n; nddt.> 1 *Pfeife* 2 *längliches Wein- od. Ölfass*

Pipe·line <['paiplain]; f.; -, -s> *große Rohrleitung (bes. für Erdgas u. Erdöl)* [engl.]

Pi'pet·te <f.; -, -n> *kleines Saugrohr (zum Aufnehmen u. Abgeben fein zu dosierender Flüssigkeitsmengen)* [frz.]

'Pi·pi <m.; -s; unz.; Kinderspr.> *Harn;* ~ machen *urinieren*

'Pi·pi·fax <m.; -; unz.; umg.; scherzh.> *Unsinn, überflüssiges Zeug;* was machst du denn da für einen ~?

'Pip·pau <m.; -(e)s; unz.; Bot.> *eine Gattung der Korbblütler*

Pips <m.; -es; unz.; Vet.> *eine Geflügelkrankheit* [lat.]

Pi·qué <[-'ke:]; m.; österr. auch n.; -s, -s> = *Pikee*

Pi·ran·ha <[-'ranja]; m.; -s, -s; Zool.> *ein südamerikan. Raubfisch;* oV *Piraya* [port.]

Pi'rat <m.; -en, -en> = *Seeräuber* [ital.]; **Pi'ra·ten·schiff** <n.; -(e)s, -e>; **Pi'ra·ten·sen·der** <m.; -s, -> *nicht genehmigter privater Rundfunksender;* **Pi·ra·te'rie** <f.; -, -n> *Seeräuberei;* **Pi'ra·tin** <f.; -, -n·nen>

Pi'ra·ya <[-ja]; m.; -s, -s> = *Piranha*

Pi'ro·ge <f.; -, -n> *indian. Einbaum mit seitlich aufgesetzten Planen* [karib.]

Pi'rog·ge <f.; -, -n> *mit Fleisch, Fisch, Reis od. Kohl gefüllte Pas-*

tete aus Hefe- od. Blätterteig [russ.]

Pi'rol <m.; -s, -e; Zool.> *ein Singvogel*

Pi·rou'et·te <[-ru-]; f.; -, -n> 1 <Eiskunstlauf; Ballett> *schnelle, mehrmalige, kunstvolle Drehung um die eigene Längsachse* 2 <hohe Schule; Dressurreiten> *Drehung des Pferdes im Galopp um das innere Hinterbein* [frz.]; **pi·rou·et'tie·ren** <V. i.>

Pirsch <f.; -; unz.; Jägerspr.> *das Anschleichen des Jägers an das Wild;* auf die ~ gehen; **'pir·schen** <V. i.> du pirschst; **'Pirsch·gang** <m.; -(e)s, ⸚e> = *Pirsch*

'Pi·sang <m.; -s, -e> *eine Bananenart* [malai.]; **'Pi·sang·fa·ser** <f.; -, -n>

Pi'see <m.; -s; unz.> *Erde od. Lehm als Baumaterial im Piseebau* [frz.]; **Pi'see·bau** <m.; -(e)s; unz.> *veralt. Bauweise, bei der Erde od. Lehm zwischen Verschalungen aus Brettern gestampft wird*

'pis·peln <V. i.; ich pisp(e)le>, **'pis·pern** <V. i.; ich pisp(e)re> *wispern*

Piss <m.; -es; unz.>, **'Pis·se** <f.; -; unz.; derb> *Harn;* **'pis·sen** <V. i.; du pisst; derb> = *harnen;* **Pis·soir** <[-'so'a:r]; n.; -s, -e od. -s> *öffentl. Toilette für Männer* [frz.]

Pis·ta·zie <[-tsiə]; f.; -, -n; Bot.> 1 *Strauch mit trockenen od. fleischigen Steinfrüchten* 2 *Samenfrucht der Pistazie(1);* **Pis'ta·zien·nuss** <f.; -, ⸚e>

'Pis·te <f.; -, -n> 1 <Skisp.> *Abfahrtstrecke* 2 *Rad-, Motorrad- od. Autorennbahn* 3 <Flugw.> *Start- u. Landebahn, Rollbahn* 4 *Einfassung der Manege im Zirkus* 5 *unbefestigter Verkehrsweg* [frz.]; **'Pis·ten·ge·rät** <n.; -(e)s, -e>; **'Pis·ten·rau·pe** <f.; -, -n> *Gerät zum Präparieren von Skipisten;* **'Pis·ten·row·dy** <[-raudi]; m.; -s, -s> *rücksichtsloser Skifahrer;* **'Pis·ten·sau** <f.; -, ⸚e; umg.; derb> = *Pistenrowdy*

Pis'till <n.; -s, -e> 1 *Stößel, Mörserkeule* 2 <Bot.> *Blütenstempel der bedecktsamigen Pflanze* [lat.]

Pis'to·le¹ <f.; -, -n> *kurze Hand-*

feuerwaffe; jmdm. die ~ auf die Brust setzen <fig.> *jmdn. zu einer Entscheidung drängen;* seine Antwort kam wie aus der ~ geschossen [tschech.]

Pis'to·le² <f.; -, -n; 17.–19. Jh.> *urspr. span., dann auch frz. u. dt. Goldmünze* [ital.]

Pis'to·len·lauf <m.; -(e)s, ⸚e>; **Pis'to·len·schuss** <m.; -es, ⸚e>

Pis'to·le·ro <m.; -s, -s> *Revolverheld* [span.]

Pis·ton <[-'tɔ̃]; n.; -s, -s> 1 *Pumpenkolben* 2 *Ventil der Blechblasinstrumente* 3 = *Kornett¹* [frz.]

'Pit <n.; -s, -s; meist Pl.; El.> *Informationsträger auf CDs und DVDs* [engl.]

'Pi·ta·hanf <m.; -(e)s; unz.> *aus verschiedenen Arten der Agave gewonnene Blattfaser* [span.]

'Pit·bull <m.; -s, -s> *engl. Hunderasse, häufig als Kampfhund ausgebildet* [engl.]

pit·chen <['pitʃən]; V. i.; Golf> *einen steilen Annäherungsschlag ausführen* [engl.]; **'Pitch·mar·ke** <f.; -, -n; Golf> *Einschlagloch*

Pitch·pine <['pitʃpain]; f.; -, -s> *Holz der nordamerikan. Sumpfkiefer* [engl.]

Pi·thek'an·thro·pus, <auch> **Pi·the'kanth·ro·pus** <m.; -, -;** ⬈Z.54> *auf Java u. China gefundene Vorform des Menschen* [grch.]; **pi·the·ko'id** <Adj.> *dem Affen ähnlich*

'pit·sche·nass, 'pitsch·nass <Adj.; umg.> *durchnässt;* **pitsch, patsch** <Schallwort> *(Nachahmung des Klatschens auf Wasser od. nasser Füße auf dem Boden)*

'Pit·tings <Pl.> *kleine Korrosionsstellen an Maschinenteilen, z. B. durch Rost entstanden* [engl.]

pit·to'resk <Adj.; geh.> *malerisch* [lat.]

Pi·ty·ri'a·sis <f.; -, -ri'a·sen; Med.> *schuppende Hauterkrankung* [grch.]

più <Mus.> *mehr;* ~ allegro [ital.]

Pi·va <['pi:va]; f.; -, 'Pi·ven> 1 *schneller altital. Volkstanz* 2 *eine Sackpfeife* [ital.]

Pi·vot <[-'vo:]; m. od. n.; -s, -s> *Zapfen, um den Geschütze geschwenkt werden können* [frz.]

'Pi·xel <m.; -s, -; EDV> *kleinstes,*

matrixartig angeordnetes Element auf dem Bildschirm einer EDV-Anlage [engl.]

Piz <m.; -es, -e> *Bergspitze (bes. in Namen von Bergen)* [ladin.]

'Piz·za <f.; -, 'Piz·zen od. -s> *mit verschiedenen Zutaten belegter Hefeteigfladen* [ital.]; **'Piz·za·bä·cker** <m.; -s, ->; **'Piz·za·bä·cke·rin** <f.; -, -n·nen>; **Piz·ze·'ria** <f.; -, -'ri·en od. -s> *ital. Restaurant, in dem vor allem Pizzas zubereitet werden*; **piz·zi·'ca·to** <Mus.; bei Streichinstrumenten> *mit den Fingern gezupft* [ital.]; **Piz·zi'ca·to** <n.; -s, -ti od. -s>; **piz·zi'ka·to** <Mus.> = *pizzicato*; **Piz·zi'ka·to** <n.; -s, -ti od. -s>

Pjöng'jang *Hauptstadt von Nordkorea*

Pkw, PKW <m.; -s, -s; Abk. für> *Personenkraftwagen*

PKZ <DDR; Abk. für> *Personenkennzahl*

Pla'ce·bo <n.; -s, -s> *einem Medikament ähnliches Präparat, das keine Wirkstoffe enthält* [lat.]

Pla·ce·ment <[plas'mã]; n.; -s, -s> 1 *Anlage, Unterbringung (von Kapital)* 2 *Absatz (von Waren)* 3 = *Platzierung* [frz.]

'Pla·cet <n.; -s, -s; österr.> = *Plazet*

'Pla·che <f.; -, -n; oberdt.> *Plane*

pla'cie·ren <V. t.; künftig nicht mehr zulässige Schreibweise für> *platzieren*

'pla·cken <V. refl.; umg.> sich ~ *sich abmühen*; **'Pla·cken** <m.; -s, -; norddt.> 1 *Fleck* 2 *flaches Stück*; **Pla·cke'rei** <f.; -; unz.> *schwere Arbeit, Mühe*

'plad·dern <V. i.; unpersönl.; norddt.> *heftig u. geräuschvoll prasseln (Regen); es pladdert*

plä'die·ren <V. i.> 1 *ein Plädoyer halten; auf Freispruch ~* 2 *für etwas ~ sich (mit Worten) für etwas einsetzen*; **Plä·do·yer**, <auch> **Plä·do·yer** <[-doa'je:]; n.; -s, -s; ⚹Z 52> 1 <Rechtsw.> *zusammenfassende Rede des Staatsanwalts od. Verteidigers vor Gericht* 2 <allg.> *engagierte Fürsprache* [frz.]

Pla·fond <[-'fõ]; m.; -s, -s> 1 <veralt.> *Zimmerdecke* 2 <Wirtsch.> *obere Grenze bei der Kreditgewährung* [frz.]; **pla·fo'nie·ren**

<V. t.> *nach oben begrenzen*; **Pla·fo'nie·rung** <f.; -, -en>

pla'gal <Adj.; Mus.> 1 *~e Kadenz Subdominante-Tonika-Kadenz* 2 *~e Kirchentöne 2., 4., 6. u. 8. Kirchenton* [grch.]

'Pla·ge <f.; -, -n> 1 <umg.> *schwere Arbeit, große Mühe* 2 *anhaltende Belästigung; die Mücken sind eine große ~*; **'Pla·ge·geist** <m.; -(e)s, -er; umg.> *jmd., der einen sehr belästigt*; **'pla·gen** <V. t.> 1 *belästigen; er wurde von Kopfschmerzen geplagt* 2 <V. refl.> sich ~ *sich abmühen*; **Pla·ge'rei** <f.; -, -en>

'Plag·ge <f.; -, -n; norddt.> *abgestochenes Rasen-, Moor- od. Heidestück*; **'Plag·gen·dün·gung** <f.; -; unz.> *Bodendüngung durch Aufschichten von Plaggen*

Pla·gi'at <n.; -(e)s, -e> *unrechtmäßige Nachahmung, geistiger Diebstahl* [lat.]; **Pla·gi'a·tor** <m.; -s, 'to·ren> *jmd., der ein Plagiat begeht*; **Pla·gi·a·to·rin** <f.; -, -n·nen>; **pla·gi·a'to·risch** <Adj.>; **pla·gi'ie·ren** <V. i.> *ein Plagiat begehen*

Pla·gi·o'klas <m.; -es, -e> *ein Feldspatmineral* [grch.]

Plaid <[ple:d]; n.; österr. auch m.; -s, -s> 1 *(Reise-)Decke* 2 *großes wollenes Umschlagtuch* [engl.]

Pla'kat <n.; -(e)s, -e> *öffentl. Aushang, Bekanntmachung in großem Format (bes. zu Werbezwecken)* [ndrl.]; **pla·ka'tie·ren** <V. t.> *öffentl. anschlagen*; **Pla·ka'tie·rer** <m.; -s, ->; **Pla·ka'tie·re·rin** <f.; -, -n·nen>; **Pla·ka'tie·rung** <f.; -, -en>; **pla·ka'tiv** <Adj.> *auffällig herausgestellt*; **Pla'kat·säu·le** <f.; -, -n> = *Anschlagsäule*; **Pla'kat·wer·bung** <f.; -, -en>

Pla'ket·te <f.; -, -n> 1 *kleine Platte mit einem Emblem, Schriftzug o. Ä.* 2 *Schildchen zum Aufkleben; Autobahn~* [frz.]

Pla·ko'id·schup·pen <Pl.> *schuppenartige Körperbedeckung der Knorpelfische* [grch.]

plan <Adj.> *eben, flach, platt; der Boden ist ~*

Plan¹ <m.; -(e)s, ⸚e> 1 *Vorhaben, Absicht; einen ~ ausführen; Pläne schmieden* 2 *schemat. Darstellung aus der Vogelperspekti-*

ve, *Grundriss; Stadt~* 3 *Entwurf; Zeit~*

Plan² <m.; -(e)s, -e; Pl. selten; geh.; veralt.> *ebene Fläche, freier Platz, Tanz-, Kampfplatz; auf dem ~ erscheinen* <fig.> *in Erscheinung treten*

Pla'nar <n.; -s, -e> *ein fotograf. Objektiv* [lat.]; **Pla'na·rie** <[-riə]; f.; -, -n; Zool.> *ein Strudelwurm*

'plan·bar <Adj.> *der Ablauf ist nicht ~*; **'Plan·bar·keit** <f.; -; unz.>; **'Plan·bi·lanz** <f.; -, -en; Wirtsch.>

Planche <[plãʃ]; f.; -, -n; Fechten> *Fechtbahn* [frz.]

'Plan·dreh·bank <f.; -, ⸚e> *Drehmaschine*; **'plan·dre·hen** <V. t.> *ein Werkstück ~; plangedrehtes Werkstück*

'Pla·ne <f.; -, -n> *Decke aus wasserfestem Material*

'pla·nen <V. t.> *etwas ~ vorhaben*; **'Pla·ner** <m.; -s, -> *Buch zur Notierung verschiedener Termine*

'Plä·ner <m.; -s; unz.> *harter, dichter Kalkstein*

'pla·ne·risch <Adj.> *er war ~ tätig*

Pla'net <m.; -en, -en> *Himmelskörper, der sich auf ovaler Bahn um die Sonne bewegt* [grch.]; **pla·ne'ta·risch** <Adj.>; **Pla·ne·'ta·ri·um** <n.; -s, -ri·en> 1 *Vorrichtung zur Darstellung der Himmelsgestirne* 2 *Raum mit halbkugelförmiger Kuppel für diese Darstellung*; **Pla'ne·ten·bahn** <f.; -, -en> *Umlaufbahn eines Planeten*; **Pla'ne·ten·ge·trie·be** <n.; -s, -; Tech.> *Zahnradgetriebe mit verschiedenen Übersetzungsmöglichkeiten*; **Pla'ne·ten·jahr** <n.; -(e)s, -e> *Zeit, die ein Planet für einen Umlauf um die Sonne benötigt*; **Pla'ne·ten·kon·stel·la·ti·on**, <auch> **Pla'ne·ten·kons·tel·la·ti·on** <f.; -, -en; ⚹Z54>; **Pla'ne·ten·sys·tem** <n.; -s, -e> *der Sonne*; **Pla·ne·to'id** <m.; -en, -en> *kleiner Planet*

'Plan·film <m.; -(e)s, -e> *flach in der Kamera gelagerter Film; Ggs Rollfilm*; **'Plan·flä·che** <f.; -, -n> *ebene, reflektierende od. brechende Grenzfläche von Spiegeln, Prismen od. Linsen*

'plan·ge·mäß <Adj.> *wir sind ~*

um drei Uhr eingetroffen; <aber> unserem Plan gemäß

Pla·nier·bank <f.; -, -̈e; Tech.>; **pla·nie·ren** <V. t.> ebnen, glätten [lat.]; **Pla·nier·rau·pe** <f.; -, -n> ein Kettenfahrzeug; **Pla·nie·rung** <f.; -, -en>

Pla·ni·glob <n.; -(e)s, -en> Darstellung der Erdoberfläche in zwei Kreisflächen [lat.]

Pla·ni·me·ter <n.; -s, -> Gerät zum Messen des Flächeninhalts ebener Figuren [lat.]; **Pla·ni·me·trie** <auch> **Pla·ni·met·rie** <f.; -; unz.; ↗Z53> Geometrie der Ebene; **pla·ni·me·trisch** <Adj.>

'Plan·ke <f.; -, -n> 1 breites Brett, bes. zur Umzäunung 2 Brett der Außenhaut des Schiffes u. der Schiffsböden

Plän·ke·lei <f.; -, -en>; **'plän·keln** <V. i.; ich plänk(e)le> 1 <veralt.> ein leichtes Gefecht ausführen, ein wenig kämpfen 2 <fig.> sich neckend streiten

'plan·kon·kav <Adj.> auf einer Seite plan, auf der anderen konkav; **'plan·kon·vex** <[-veks]; Adj.> auf einer Seite plan, auf der anderen konvex

'Plan·kos·ten <Pl.> vorausberechnete Kosten in einer Kostenrechnung

'Plank·ter <m.; -s, -> = Planktont; **'Plank·ton** <n.; -s; unz.> Gesamtheit der im Wasser schwebenden u. durch die Wasserbewegung transportierten kleinen Pflanzen u. Tiere [grch.]; **plankto·nisch** <Adj.>; **Plankt'ont** <m.; -en, -en> einzelnes Lebewesen des Planktons

'plan·los <Adj.> ~ herumlaufen; **'Plan·lo·sig·keit** <f.; -; unz.>; **'plan·mä·ßig** <Adj.> ~e Ankunft 16.20 Uhr; **'Plan·mä·ßig·keit** <f.; -; unz.>

'pla·no <Adv.> glatt, ungefalzt [lat.]

'plan·par·al·lel, <auch> **'plan·pa·ral·lel** <Adj.; ↗Z54> in parallelen Ebenen angeordnet

'Plan·qua·drat, <auch> **'Plan·quad·rat** <n.; -(e)s, -e; ↗Z53> auf Landkarten durch parallele Längs- u. Querlinien gebildetes Quadrat; **'Plan·re·vi·si·on** <[-vi-]; f.; -, -en; Wirtsch.> Änderung der bestehenden Pläne

'Plansch·be·cken <n.; -s, -> Wasserbecken für Kinder; **'plan·schen** <V. i.; du planschst> im Wasser spielen; oV plantschen

'Plan·soll <n.; -s; unz.> geplantes Soll (an Arbeit o. Ä.); **'Plan·spiel** <n.; -(e)s, -e; bes. Mil.> modellhafte Übung einer best. Situation od. eines Vorhabens; **'Plan·stel·le** <f.; -, -n; im öffentl. Dienst> im Haushaltsplan vorgesehene Arbeitsstelle

Plan'ta·ge <[-ʒə]; f.; -, -n> große landwirtschaftl. Anpflanzung; Tabak~ [frz.]; **Plan'ta·gen·be·sit·zer** <m.; -s, ->; **Plan'ta·gen·be·sit·ze·rin** <f.; -, -n·nen>

plan'tar <Adj.> zur Fußsohle gehörend [lat.]

'plant·schen <V. i.; du plantschst> = planschen

'Plan·ü·bung <f.; -, -en; ↗Z55>; **'Pla·nung** <f.; -, -en> das Ausarbeiten eines Plans; **'Pla·nungs·bü·ro** <n.; -s, -s>; **'Pla·nungs·kom·mis·si·on** <f.; -, -en>; **'plan·voll** <Adj.>

'Plan·wa·gen <m.; -s, -> mit einer Plane bedeckter Pferdewagen

'Plan·wirt·schaft <f.; -; unz.> Wirtschaft, die vorwiegend auf staatlicher Planung beruht; Ggs Marktwirtschaft

'plan·zeich·nen <V. i.; nur im Inf.> ein Gelände im Grundriss darstellen; **'Plan·zeich·ner** <m.; -s, ->; **'Plan·zeich·ne·rin** <f.; -, -n·nen>; **'Plan·zeich·nung** <f.; -, -en>

Plap·pe'rei <f.; -, -en; umg.>; **'plap·per·haft** <Adj.; umg.>; **'Plap·per·maul** <n.; -(e)s, -̈er> Schwätzer; **'plap·pern** <V. i.; ich plapp(e)re; umg.> unentwegt reden, schwätzen; **'Plap·per·ta·sche** <f.; -, -n; umg.> Schwätzer

Plaque <[plak]; f.; -, -s; Med.> 1 Zahnbelag 2 erhöhter Hautfleck [frz.]

'plär·ren <V. i.; umg.> 1 laut schreien 2 weinen

Plä'sier <n.; -s, -e; veralt.> Vergnügen [frz.]; **Plä'sier·chen** <in der Wendung> jedem Tierchen sein ~ man soll jedem sein Vergnügen gönnen

'Plas·ma <n.; -s, -men> 1 <Biol.> = Protoplasma 2 <Med.> flüssiger Bestandteil von Blut u. Milch 3 <Phys.> Gas, das nicht aus neutralen Atomen u. Mole-

külen, sondern aus freien Elektronen u. Ionen besteht 4 <Min.> grüner Chalzedon [grch.]; **'Plas·ma·bild·schirm** <m.; -(e)s, -e; EDV> flacher Bildschirm aus zwei eng zusammenstehenden Glasplatten; **Plas'ma·kris·tall** <n.; -s, -e; Phys.> eine Form von Materie; **'Plas·ma·phe're·se** <f.; -, -n; Med.> nach der Blutentnahme die Abtrennung des Plasmas von den korpuskulären Elementen; **'Plas·ma·phy·sik** <f.; -; unz.> Teilgebiet der Physik, das sich mit den Eigenschaften u. der Anwendung des Plasmas befasst; **'Plas·ma·pro·te·in** <n.; -s, -e; Med.> im Blutplasma vorhandenes Eiweiß; **plas'ma·tisch** <Adj.> das Plasma betreffend; **Plas'mid** <n.; -(e)s, -e; Genetik> in Bakterienzellen vorhandenes DNA-Molekül; **Plasmo'des·men** <Pl.; Biol.> feine Plasmastränge, die als Verbindungsstücke benachbarter Zellen den Stofftransport gewährleisten; **Plas'mo·di·um** <n.; -s, -mo·di·en> 1 vielkernige, nackte Protoplasmamasse der Schleimpilze 2 Malariaerreger

Plast <m.; -(e)s, -e>, **'Plas·te** <f.; -, -n; ostdt.; umg.> Kunststoff; **'Plas·te·tü·te** <f.; -, -n; ostdt.; umg.>; **Plas·tics** <['plɛstiks]; Pl.; engl. Bez. für> Kunststoffe

Plas'ti·de <f.; -, -n> zur Farbstoffbildung befähigte Pflanzenzelle [grch.]

'Plas·tik¹ <f.; -, -en> 1 <unz.> Bildhauerkunst 2 Werk der Bildhauerkunst 3 <unz.; Chir.> Ersatz, Wiederherstellung von zerstörten Gewebs- u. Organteilen 4 <unz.> plastische Beschaffenheit [frz.-grch.]; **'Plas·tik²** <n.; -s; unz. od. (selten) f.; -; unz.> Kunststoff; **'Plas·tik·beu·tel** <m.; -s, ->; **'Plas·tik·bom·be** <f.; -, -n>; **'Plas·ti·ker** <m.; -s, -> Bildhauer; **'Plas·ti·ke·rin** <f.; -, -n·nen>; **'Plas·tik·fo·lie** <[-liə]; f.; -, -n>; **'Plas·tik·geld** <n.; -(e)s; unz.; umg.> Zahlungsmittel, das das Bargeld ersetzen, z. B. Kreditkarten; **'Plas·tik·mu·sik** <f.; -; unz.; umg.; abwertend> elektron. Musik; **'Plas·tik·spreng·stoff** <m.; -(e)s, -e>

durch chem. Zusätze knetbar gemachter Sprengstoff; **'Plas·tik·tü·te** <f.; -, -n> **Plas·ti'lin** <n.; -s; unz.> *(meist farbige) Knetmasse zum Modellieren;* **'plas·tisch** <Adj.> **1** *die Plastik¹(1–3) betreffend;* ~e Chirurgie **2** *modellierbar, knetbar;* eine ~e Masse **3** *dreidimensional;* das Bild wirkt fast ~ **4** <fig.> *anschaulich, einprägsam;* etwas ~ *darstellen;* **Plas·ti·zi'tät** <f.; -; unz.> **1** *plastische Beschaffenheit, Körperlichkeit* **2** *Geschmeidigkeit, Form-, Knetbarkeit* **3** *Anschaulichkeit*

Plas·tron, <auch> **Plast·ron** <[-'trɔ:]; m. od. n.; -s, -s; ☞Z 53> **1** <urspr.> *Brustharnisch* **2** <Sp.; Fechten> *Brust- u. Armschutz beim Üben* **3** *breite Krawatte, Zierkragen* [frz.]

Pla'ta·ne <f.; -, -n> *ein Laubbaum* [grch.]

Pla'teau <[-'to:]; n.; -s, -s> **1** *Hochebene* **2** *obere ebene Fläche eines Felsens;* Fels~ [frz.]; **pla·'teau·för·mig** <Adj.>; **Pla'teau·ge·bir·ge** <n.; -s, -> *Gebirge mit ausgedehnten Hochflächen;* **Pla'teau·schu·he** <Pl.> *Schuhe mit einer durchgängig sehr hohen Sohle;* **Pla'teau·soh·le** <f.; -, -n; österr.> *dicke Schuhsohle*

'Pla·ten <Pl.> *flache Sandbänke im Watt*

pla·te'resk <Adj.> *wunderlich verziert* [span.]; **Pla·te'res·ken·stil** <m.; -s; unz.> *span. Schmuckstil im 15.–16. Jh.*

'Pla·tin <a. [-'-]; n.; -s; unz.; Chem.; Zeichen: Pt> *weißes, glänzendes Edelmetall, chem. Element* [span.]; **'pla·tin·blond** <Adj.> *sehr hellblond gefärbt;* **'Pla·tin·draht** <m.; -(e)s, ⸚e>

Pla'ti·ne <f.; -, -n> *Träger einer elektronischen Schaltung* [frz.]

pla·ti'nie·ren <V. t.> *mit Platin überziehen*

'Pla·tin·me·tall <n.; -(e)s, -e; Chem.>

Pla·ti·tü·de <[-'ty:-]>, **Pla·ti'tü·de** <f.; -, -n; künftig nicht mehr zulässige Schreibweise für> *Platitüde*

Pla'to·ni·ker <m.; -s, -> *Vertreter der Philosophie Platos* [nach dem grch. Philosophen *Plato,* 427–347 v. Chr.]; **pla'to·nisch**

<Adj.> **1** *die Philosophie Platos betreffend;* ~e Schriften **2** ~e Körper <Geom.> *von lauter regelmäßigen, kongruenten Vielecken begrenzte K.* **3** ~e Liebe <fig.> *nicht körperliche, rein seelische od. geistige Liebe*

platsch <Schallwort> *(Nachahmung eines klatschenden Geräusches beim Aufschlagen auf Wasser);* **'plat·schen** <V. i.; du platschst> *ein klatschendes Geräusch von sich geben;* **'plät·schern** <V. i.> *das Wasser plätschert fließt od. fällt mit leise klatschendem Geräusch*

platt <Adj.> **1** *flach, eben, breit gedrückt;* eine ~e Nase; sich die Nase ~ drücken; einen Platten haben <umg.> *eine Reifenpanne;* auf dem ~en Land **2** <fig.; abwertend> *geistlos, nichts sagend;* ~e Redensarten **3** ~ sein <fig.; umg.> *sprachlos, sehr erstaunt;* er war einfach ~; **Platt** <n.; -s; unz.> *plattdeutsche, niederdeutsche Mundart;* Hamburger ~; ~ sprechen; **'Plätt·brett** <n.; -(e)s, -er; norddt.; mdt.> *Bügelbrett;* **'Plätt·chen** <n.; -s, -; Verkleinerungsf. von> *Platte;* **'platt·deutsch** <Adj.> *niederdeutsch;* → a. deutsch; **'Plat·te** <f.; -, -n> **1** *ebenes, flaches Gebilde, Scheibe;* Mamor~; Tisch~; Herd~; Torten~; Schall~ **2** <fig.; umg.> = *Glatze;* eine ~ haben; **'Plätt·ei·sen** <n.; -s, -; norddt.; mdt.> *Bügeleisen;* **'plät·teln** <V. i.; ich plätt(e)le; süddt.> *mit Platten, Fliesen o.Ä. auslegen;* einen Gehweg ~; **'plät·ten** <V. t.> = *bügeln;* **'Plat·ten·bau** <m.; -(e)s, -ten> *Bauverfahren unter Verwendung vorgefertigter Betonplatten;* **'Plat·ten·fir·ma** <f.; -, -fir·men>; **'Plat·ten·hül·le** <f.; -, -n; kurz für> *Schallplattenhülle;* **'Plat·ten·kie·mer** <m.; -s, -; Zool.> *ein Knorpelfisch;* **'Plat·ten·samm·lung** <f.; -, -en>; **'Plat·ten·schrank** <m.; -(e)s, ⸚e>; **'Plat·ten·spie·ler** <m.; -s, ->; **'Plat·ten·tek·to·nik** <f.; -; unz.> *geotektonische Theorie über den Krustenbau der Erde;* **'Plat·ten·tel·ler** <m.; -s, -> *Schallplattenträger;* **'Platt·erb·se** <f.; -, -n;

Bot.> *ein Schmetterlingsblütler;* **Plät·te'rei** <f.; -, -en; norddt.; mdt.>; **'Platt·fisch** <m.; -(e)s, -e; Zool.>; **'Platt·form** <f.; -, -en> **1** *flacher, erhöhter Platz; die ~ eines Aussichtsturms* **2** *Raum ohne Sitzplätze an beiden Enden des Eisen- u. Straßenbahnwagens;* vordere, hintere ~ **3** <fig.> *Basis, von der man bei seinen Handlungen ausgeht;* nach einer gemeinsamen ~ suchen; **'Platt·fuß** <m.; -es, ⸚e>; **'Platt·heit** <f.; -, -en> **1** <unz.> *platte Beschaffenheit* **2** <fig.> *platte Redensart;* ~en von sich geben; **plat'tie·ren** <V. t.> **1** *ein Metallstück – eine (edlere) Metallschicht auftragen* **2** *einen Faden – mit einem anderen Faden überdecken;* **Plat'tie·rung** <f.; -, -en>; **Plat·ti'tü·de** <f.; -, -n> *nichts sagende, geistlose Redensart, Plattheit* [frz.]

'Platt·ler <m.; -s, -; kurz für> *Schuhplattler;* **'platt·na·sig** <Adj.>; **'Platt·stich** <m.; -(e)s, -e> *Stich mit unmittelbar parallel nebeneinander liegenden Fäden, die eine fast geschlossene Fläche bilden;* **'Plätt·wä·sche** <f.; -; unz.; norddt.; mdt.> *Bügelwäsche;* **'Platt·wurm** <m.; -(e)s, ⸚er; Zool.>

Platz <m.; -es, ⸚e> **1** *Stelle, Ort, freie Fläche;* Markt~; Sport~; er ist hier fehl am ~ <fig.> *er gehört hier nicht her* **2** *Sitzplatz;* ~ nehmen sich setzen **3** <unz.> *Raum, Unterbringungsmöglichkeit;* der Saal bietet ~ für 100 Personen; jmdm. ~ machen beiseite treten; ~ greifen <fig.> *um sich greifen, sich ausbreiten;* eine ~ sparende Lösung **4** *Rang, Position in einer Reihenfolge (als Ergebnis eines Wettkampfes);* den ersten ~ belegen; die anderen Teilnehmer auf die Plätze verweisen; **'Platz·angst** <f.; -; unz.; Med.; Psych.> *krankhaftes Beklemmungsgefühl in einem geschlossenen od. überfüllten Raum;* **'Platz·an·wei·ser** <m.; -s, -; Kino; Theat.>; **'Platz·an·wei·se·rin** <f.; -, -n·nen>; **'Platz·be·darf** <m.; -(e)s; unz.>; **'Plätz·chen** <n.; -s, -> **1** <Verkleinerungsf.

von> *Platz* **2** *kleines Gebäck, Keks;* ~ backen; Weihnachts~
'plat·zen <V. i. (s.); du platzt> **1** *mit großem Knall zerspringen; ein Reifen ist geplatzt; aus allen Nähten* ~ <fig.; umg.> *zu dick werden* **2** <fig.; umg.> *scheitern; die Verlobung ~ lassen* **3** *jmdm. ins Haus* ~ <fig.; umg.> *unerwartet zu jmdm. zu Besuch kommen;* **'plät·zen** <V. i.; Jägerspr.> *den Boden mit den Vorderläufen aufkratzen (Wild)*
...plät·zer <m.; -s, -; schweiz.; in Zus.> = *...sitzer,* **'Platz·hal·ter** <m.; -s, -; bes. Sprachw.> *Symbol für eine Leerstelle;* **'Platz·hirsch** <m.; -(e)s, -e> *stärkster Hirsch auf dem Brunftplatz;* **plat'zie·ren** <V. t.> **1** *an einen best. Platz stellen, legen, befördern; einen Ball ~* **2** *Kapital ~ anlegen* **3** <V. refl.> sich ~ <Sp.> *einen der ersten Plätze belegen* [frz.]; **Plat'zie·rung** <f.; -, -en>
...plät·zig <Adj.; schweiz.; in Zus.> = *...sitzig;* **'Platz·kar·te** <f.; -, -n>; **'Platz·kon·zert** <n.; -(e)s, -e> *Konzert auf einem Platz im Freien;* **'Platz·kos·ten·rech·nung** <f.; -, -en; Wirtsch.> *Berechnung der Kosten für einzelne Abteilungen eines Betriebes;* **'Plätz·li** <n.; -s, -; schweiz.> **1** *dünnes Stück Fleisch, Schnitzel* **2** *aus einer flachen Masse ausgestochenes od. -geschnittenes Stück; Grieß~;* **'Platz·man·gel** <m.; -s; unz.>; **'Platz·mie·te** <f.; -, -n> *Abonnement*
'Platz·pa·tro·ne, <auch> **'Platz·pat·ro·ne** <f.; -, -n; ↗Z53> *zu Übungszwecken benutzte Gewehrmunition;* **'Platz·re·gen** <m.; -s, -> *plötzlicher, heftiger Regen*
'Platz·ver·weis <m.; -es, -e; Sp.>; **'Platz·wart** <m.; -(e)s, -e> *jmd., der für die Pflege eines Sportplatzes verantwortlich ist;* **'Platz·wech·sel** <[-ks-]; m.; -s, ->; **'Platz·wet·te** <f.; -, -n; beim Pferderennen>
'Platz·wun·de <f.; -, -n> *durch Stoß od. Aufprall verursachte Hautverletzung*
Plau·de·rei <f.; -, -en> *leichte Unterhaltung;* **'Plau·de·rer** <m.; -s, -> *er ist ein amüsanter* ~; **'Plau·de·rin** <f.; -; -n·nen>; **'plau-**
dern <V. i.; ich plaud(e)re> *sich zwanglos mit jmdm. unterhalten; aus dem Nähkästchen* ~ *Interna weitererzählen;* **'Plau·der·stünd·chen** <n.; -s, ->; **'Plau·der·ta·sche** <f.; -, -n; umg.> *Schwätzer;* **'Plau·der·ton** <m.; -(e)s; unz.> *im* ~
Plausch <m.; -(e)s, -e> **1** *gemütl. Unterhaltung* **2** <schweiz.> *Vergnügen, Spaß, fröhliches Erlebnis;* **'plau·schen** <V. i.; du plauschst; umg.> *plaudern*
plau'si·bel <Adj.> *einleuchtend, verständlich; jmdm. etwas* ~ *machen; eine plausible Erklärung* [lat.]; **Plau·si·bi·li'tät** <f.; -; unz.>; **Plau·si·bi·li'täts·prü·fung** <f.; -, -en; EDV> *Überprüfung jeder Benutzereingabe auf logische u. kontextgemäße Korrektheit*
Plauz <m.; -es, -e; umg.> **1** *Fall, Sturz; einen ~ machen hinfallen* **2** *Schlag, Krach; mit einem ~ flog die Tür zu*
'Plau·ze <f.; -, -n; umg.> **1** *Lunge, Brust; es auf der ~ haben starken Husten haben* **2** *Bett; auf der ~ liegen krank sein* [poln.]
'plau·zen <V.; du plauzt; umg.> **1** <V. i.> *laut, krachend fallen; die Schüssel ist auf den Boden geplauzt* **2** <V. t.> *laut, krachend zuschlagen; plauz doch die Tür nicht so!*
Play·back, <auch> **Play·back** <[ˈpleɪˈbæk]; n.; - od. -s, -s; ↗Z32; Film; TV> **1** *nachträgliche Abstimmung der Bildaufnahmen mit der bereits vorliegenden Tonaufzeichnung* **2** *Verfahren, bei dem der Sänger zu dem durch Tonband eingespielten Ton synchron die Lippen bewegt* [engl.]; **'Play·boy** <[-bɔɪ]; m.; -s, -s; häufig abwertend> *wohlhabender Mann, der nicht arbeitet, sondern vor allem seinen Vergnügungen nachgeht;* **Play·er,** <auch> **Pla·yer** <[ˈpleɪər]; m.; -s, -; ↗Z52; meist in Zus.> *Abspielgerät; CD~;* **'Play·girl** <[-gɜːl]; n.; -s, -s> *dem Playboy entsprechendes junges Mädchen;* **'Play·mate** <[-meɪt]; n.; -s, -s> *attraktive Freundin, Begleiterin eines Playboys,* <auch verhüllend für> *Prostituierte;* **Play·off** <[-ˈɔf]; n.; - od.
-s, -s; Sp.> *Verfahren der Qualifikation für Wettkämpfe durch Ausscheidungsspiele;* **Play·'off·Run·de** <f.; -, -n; ↗Z33>; **'Play·sta·tion** <[-ˈsteɪʃn]; f.; -, -s> *Telespielkonsole*
Pla'zen·ta <f.; -, -s od. -'zen·ten> = *Mutterkuchen* [lat.]; **Pla'zen·ta·in·suf·fi·zi·enz** <f.; -, -en; Med.> *Leistungsschwäche der Plazenta;* **pla·zen'tal, pla·zen'tar** <Adj.>
'Pla·zet <n.; -s, -s; geh.> *Bestätigung, Erlaubnis, Zustimmung; das ~ einholen* [lat.]
pla'zie·ren <V. t.; künftig nicht mehr zulässige Schreibweise für> *platzieren;* **Pla'zie·rung** <f.; -, -en; künftig nicht mehr zulässige Schreibweise für> *Platzierung*
Ple'be·jer <m.; -s, -> **1** <im antiken Rom> *Angehöriger der Plebs* **2** <fig.> *ungehobelter, ungebildeter Mensch* [lat.]; **Ple'be·je·rin** <f.; -; -n·nen>; **ple'be·jisch** <Adj.> **1** *zu den Plebejern(1) gehörig* **2** <fig.> *ungebildet, ungehobelt, ordinär*
Ple·bis'zit <n.; -(e)s, -e; Pol.> **1** *Volksentscheid* **2** *Volksbefragung* [lat.]; **ple·bis·zi'tär** <Adj.>
Plebs¹ <f.; -; unz.; im alten Rom> *das Volk;* **Plebs²** <m.; -es; unz.; österr.: f.; -; unz.; geh.; abwertend> *die breite, ungebildete Masse des Volkes* [lat.]
Plé·i·a·de, <auch> **Plé·ia·de** <[pleˈjaːdə]; f.; -; unz.; ↗Z54; 16. Jh.> *Kreis von sieben frz. Dichtern, die eine Erneuerung der Dichtung nach antikem Vorbild anstrebten*
Plein·air, <auch> **Plei·nair** <[plɛˈnɛːr]; n.; -s; unz.>, **Plein·ai'ris·mus** <m.; -; unz.; ↗Z54> *Freilichtmalerei* [frz.]
pleis·to'zän <Adj.>; **Pleis·to'zän** <n.; -s; unz.; Geol.> *Eiszeitalter,* Sy *Diluvium* [grch.]
'plei·te <Adj.; umg.> *zahlungsunfähig, bankrott;* ~ *sein kein Geld mehr haben;* **'Plei·te** <f.; -, -n> **1** *Bankrott;* ~ *machen, gehen* **2** <fig.; umg.> *Reinfall, Misserfolg; die ganze Sache war eine* ~ [hebr.]; **'Plei·te·gei·er** <m.; -s, -; Sinnbild für> *drohende Pleite; über der Firma schwebt der* ~
Ple'ja·den <Pl.> *die sieben Töch-*

ter des Atlas u. der Pleione, die von Zeus als "Siebengestirn" an den Himmel versetzt wurden [grch.]

'Plek·tron, <auch> **'Plekt·ron** <n.; -s, -tren/-t·ren>, **'Plektrum** <n.; -s, -tren od. -tra; ⟋Z53> *Plättchen aus Holz, Metall o. Ä., mit dem die Saiten von Zupfinstrumenten angerissen werden* [grch.]

'Plem·pe <f.; -, -n; umg.> *dünnes, schlechtes Getränk;* **'plem·pern** <V. i.; ich plemp(e)re; umg.> 1 *planschen, spritzen* 2 *herumlungern;* → a. *verplempern*

plem'plem <Adj.; umg.; nur präd.> *verrückt;* du bist wohl ~!

Ple'nar... <in Zus.> *Voll..., Gesamt...* [lat.]; **Ple'nar·saal** <m.; -(e)s, -sä·le> **Ple'nar·sit·zung** <f.; -, -en> *Sitzung aller Mitglieder;* **Ple'nar·ver·samm·lung** <f.; -, -en> **Ple·ni'lu·ni·um** <n.; -s; unz.; Astr.> *Vollmond;* **ple·ni·po'tent** <Adj.; veralt.> *uneingeschränkt bevollmächtigt;* **Ple·ni·po'tenz** <f.; -; unz.; veralt.> *uneingeschränkte Vollmacht*

'Plen·te <f.; -, -n; südtt.> *Brei aus Mais- od. Buchweizenmehl* [ital.]

'Plen·ter·be·trieb <m.; -(e)s, -e>; **'plen·tern** <V. t.; ich plent(e)re> *den Wald ~ ihn von alten schadhaften Bäumen befreien, lichten;* **'Plen·ter·schlag** <m.; -(e)s, ²e; Forstw.>

'Ple·num <n.; -s; unz.> *Vollversammlung* [lat.]

ple·o..., Ple·o... <in Zus.> *mehr..., Mehr...* [grch.]; **Ple·o·chro'is·mus** <[-kro-]; m.; -; unz.> *die Eigenschaft vieler Kristalle, im polarisierten Licht nach ihren verschiedenen Richtungen unterschiedliche Farben zu zeigen;* **ple·o'morph** <Adj.> = *polymorph;* **Ple·o·mor'phis·mus** <m.; -; unz.> = *Polymorphie;* **Ple·o'nas·mus** <m.; -, -men; Rhet.> *unnötige Häufung sinnverwandter Ausdrücke, z. B. weißer Schimmel, alter Greis;* **ple·o'nas·tisch** <Adj.>

Ple'rom <n.; -s, -e; Bot.> *in der Entwicklung befindliche zentrale Röhre der Pflanzenwurzel* [grch.]

Ple·si·o'sau·ri·er <m.; -s, -> *ein*

ausgestorbenes Meeresreptil [grch.]

'Pleu·el <m.; -s, -> *Maschinenelement zum Umwandeln von kreisförmigen Bewegungen in hin- u. hergehende u. umgekehrt;* ~stange

'Pleu·ra <f.; -, 'Pleu·ren; Anat.> *Brust-, Rippenfell* [grch.]; **pleu'ral** <Adj.; Med.>; **Pleu·ral'gie**, <auch> **Pleu·ral'gie** <f.; -, -n; ⟋Z54; Med.> *Brustfellschmerz;* **Pleu'ri·tis** <f.; -, -'ti·den; Med.> *Brustfellentzündung;* **pleu'ri·tisch** <Adj.; Med.>

'Pleus·ton <n.; -s; unz.> *Lebensgemeinschaft der auf der Wasseroberfläche treibenden Organismen* [grch.]

ple·xi'form <Adj.; Med.> *geflechtartig* [lat.]; **'Ple·xi·glas** <n.; -es; unz.; Warenz.> *ein glasartiger, splittersicherer Kunststoff;* **'Ple·xus** <m.; -, -> *netzartige Vereinigung von Blut- od. Lymphgefäßen u. Nerven*

Pli <m.; -s; unz.; westdt.> *Gewandtheit, Schliff* [frz.]

Plicht <f.; -, -en> = *Cockpit(2)*

'plie·nen <V. i.; norddt.> 1 *blinzeln, verschlafen schauen* 2 *weinen;* **'plie·rig** <Adj.> *feucht*

plietsch <Adj.; norddt.> *schlau, gewitzt, aufgeweckt*

'plin·kern <V. i.; ich plink(e)re; norddt.> *blinzeln*

'Plin·se <f.; -, -n; ostmdt.> 1 *Eierkuchen;* Hefe- 2 *Kartoffelpuffer;* Kartoffel- [sorb.]

'Plin·the <f.; -, -n> *Sockel, Fußplatte (an Säulen od. Statuen)* [grch.]

pli·o'zän <Adj.>; **Pli·o'zän** <n.; -s; unz.> *Zeitabschnitt des Jungtertiärs* [grch.]

Plis'see <n.; -s, -s> *gepresste, schmale Falten im Stoff* [frz.]; **Plis'see·rock** <m.; -(e)s, ²e>; **plis'sie·ren** <V. t.> *Stoff in enge Falten legen*

PLO <Abk. für engl.> *Palestine Liberation Organization*

'Plom·be <f.; -, -n> 1 *Siegel zum Verschluss von Behältern od. Eisenbahnwagen* 2 <umg.> *Zahnfüllung;* **'Plom·ben·zie·her** <m.; -s, -; umg.> *klebriges Bonbon, das Zahnfüllungen herauszieht;* **plom'bie·ren** <V. t.> *mit einer*

Plombe versehen [frz.]; **Plom'bie·rung** <f.; -; unz.>

'Plör·re <f.; -, -n; norddt.> *dünner Kaffee od. Tee, dünne Brühe od. Suppe*

plo'siv <Adj.; Phon.>; **Plo'siv** <m.; -s od. -> *Explosivlaut;* → a. *Kasten Konsonant* [lat.]

Plot <[plɔt]; m. od. n.; -s, -s> 1 <Lit.> *Aufbau, Verwicklung der Handlung im Drama, Roman o. Ä.* 2 <EDV> *(mithilfe eines Plotters angefertigte) graf. Darstellung eines Ergebnisses, eines funktionalen Zusammenhangs* [engl.]; **'plot·ten** <V. t.> *einen Plot von etwas erstellen;* **'Plot·ter** <m.; -s, -> *Gerät zur automat. Erstellung graf. Darstellungen (Zeichnungen, Kurven, Landkarten usw.)*

'Plöt·ze <f.; -, -n; Zool.> *ein Süß- u. Brackwasserfisch* [poln.]

'plötz·lich <Adj.> *unerwartet, sehr schnell (eintretend od. geschehend), jäh;* **'Plötz·lich·keit** <f.; -; unz.>

'Plu·der·ho·se <f.; -, -n> *halblange, weite (Kniebund-)Hose;* **'plu·de·rig** <Adj.> *bauschig, weit;* ~e Hosen; **'plu·dern** <V. i.> *sich bauschen;* **plud'rig** <Adj.> = *pluderig*

Plug-in <[plʌg'in]; m. od. n.; -s, -s; EDV> *Stecker, Stöpsel, Sockel* [engl.]

'Plum·bum <n.; -s; unz.; Chem.; Zeichen: Pb> *Blei* [lat.]

Plu·meau <[ply'mo:]; n.; -s, -s; veralt.> *Federdeckbett* [frz.]

plump <Adj.> 1 *grob, unförmig* 2 *schwerfällig, ungeschickt* 3 <fig.> *derb, dreist;* ~er Annäherungsversuch; ~er Witz

'Plump·heit <f.; -; unz.>; **plumps** <Schallwort>; **Plumps** <m.; -es, -e> 1 *Fall, Sturz* <auch> *das Geräusch dabei;* mit einem ~ ins Wasser fallen; **'Plump·sack** <m.; -(e)s, ²e; fig.; umg.> *dicker, schwerfälliger Mensch;* **'plump·sen** <V. i. (s.); du plumpst; umg.> *schwerfällig od. mit dumpf klatschendem Geräusch fallen;* ins Wasser ~; **'Plumps·klo** <n.; -s; umg.> *über einer Grube angebrachter Abort ohne Wasserspülung*

Plum·pud·ding <['plʌm]; m.; -s,

P

Plural: P. oder **Mehrzahl** ist eine grammatische Kategorie des ⌐Numerus von ⌐Verben (⌐Konjugation) und ⌐Nomina (⌐Deklination), die mehr als ein Element bezeichnet.
Es gibt auch Nomen, die nur im P. vorkommen: *Ostern, Eltern, Ferien, Flitterwochen, Masern, Tropen* usw. Sie werden **Pluraletantum** (Plural: Pluraliatantum) genannt.
Auch ⌐Kollektiva und Stoffnamen bezeichnen eine größere Menge von Elementen, sie werden jedoch im ⌐Singular gebraucht und ihre Verwendung im P. ist ungebräuchlich bzw. selten: *das Geschrei, das Dickicht, das Backwerk, das Mehl, das Öl.*
Stoffnamen können teilweise mit dem Sortenplural gebraucht werden: *das Mehl – die Mehle, das Öl – die Öle.*

-s> *eine engl. Süßspeise (bes. zur Weihnachtszeit)* [engl.]
'plump·ver'trau·lich, <auch> **'plump·ver'trau·lich** <Adj.>
'Plun·der <m.; -s; unz.; umg.; abwertend> *unbrauchbar gewordene, billige od. unnütze Dinge;* **Plün·de·rei** <f.; -, -en>; **'Plün·de·rer** <m.; -s, ->; **'Plün·de·rin** <f.; -, -n·nen>; **'Plun·der·ge·bäck** <n.; -(e)s; unz.> *Gebäck aus Plunderteig;* **'plün·dern** <V. t.; ich plünd(e)re> *rauben, stehlen;* **'Plun·der·teig** <m.; -(e)s; unz.> *Blätterteig mit Hefe;* **'Plün·de·rung** <f.; -, -en>
'Plun·ze <f.; -, -n> ostmdt.> *Blutwurst*
plu'ral <Adj.> = *pluralistisch;* **'Plu·ral** <m.; -s, -e; Gramm.> *Mehrzahl;* Ggs *Singular;* → a. Kasten [lat.]; **Plu·ra·le·'tan·tum** <n.; -s, -s od. Plu·ra·lia·'tan·tum> *Wort, das nur im Plural vorkommt, z. B. Leute, Kosten;* Ggs *Singularetantum;* **plu·'ra·lisch** <Adj.> *im Plural;* **plu·ra·li'sie·ren** <V. t.>; **Plu'ra·lis Ma·jes'ta·tis** <m.; --, -les [-le:s] -> *auf die eigene Person angewandte Wirform (von Fürsten u. Ä.);* **Plu·ra'lis·mus** <m.; -; unz.> 1 *philos. Lehre, nach der die Wirklichkeit aus vielen selbstständigen Wesen besteht, die insgesamt keine Einheit bil-*

den; Ggs *Monismus, Singularismus* 2 *Auffassung, dass der Staat aus vielen koexistenten Gruppen besteht;* **Plu·ra'list** <m.; -en, -en>; **Plu·ra'lis·tin** <f.; -, -n·nen>; **plu·ra·'lis·tisch** <Adj.> *– e Gesellschaft;* **Plu·ra·li·'tät** <f.; -; unz.> *Mehrheit, Vielheit;* **Plu'ral·wahl·recht** <n.; -s; unz.> *Wahlrecht, bei dem best. Wählergruppen zusätzl. Stimmen haben;* **plu·ri'form** <Adj.> *vielgestaltig;* **Plu'ri·pa·ra** <f.; -, -'pa·ren; Med.> *Frau, die mehrmals geboren hat*
plus <Konj.; Adv.; Zeichen: +> *und, dazu, zuzüglich;* zwei ~ zwei ist, gibt, macht vier; Ggs *minus* [lat.]; **Plus** <n.; -, -> Ggs *Minus* 1 *Mehrbetrag, Überschuss* 2 <umg.> *Vorteil, Gewinn*
Plüsch <m.; -(e)s, -e> *Baumwollstoff oder Wirkware mit langem Flor* [frz.]; **'Plüsch·ha·se** <m.; -n, -n>; **'plü·schig** <Adj.>; **'Plüsch·so·fa** <n.; -s, -s>; **'Plüsch·tier** <n.; -(e)s, -e>
'Plus·pol <m.; -s, -e; El.> *positiver Pol;* Ggs *Minuspol;* **'Plus·punkt** <m.; -(e)s, -e> 1 *Punkt im Spiel* 2 <fig.> *Vorteil, Gewinn;* Ggs *Minuspunkt*
'Plus·quam·per·fekt <n.; -(e)s, -e; Gramm.> *Tempus des Verbs, das ein im Präteritum vollendetes Geschehen bezeichnet, Vorvergangenheit, z. B. ich war gekommen; er hatte gesagt;* → a. Kasten [lat.]
'plus·tern <V. t./V. refl.> *die Federn, das Gefieder ~ sträuben, aufplustern (Vogel)*

Plusquamperfekt: Das P. – auch als Vorvergangenheit bezeichnet – ist ein Tempus der ⌐Vergangenheit, das am ⌐Verb Vorvergangenes ausdrückt.
Es bezeichnet also ein vorzeitiges Geschehen, das in Bezug auf ein vergangenes Geschehen bereits zurückliegt. Das P. wird mithilfe von ⌐Hilfsverben im Präteritum und dem ⌐Partizip II (Partizip Perfekt) gebildet: *Als sie gegangen war, schaltete er das Radio ein. Während er telefoniert hatte, brachte sie die Kinder ins Bett.* Vgl. ⌐Konjugation

'Plus·zei·chen <n.; -s, -; Zeichen: +> *Zeichen für die Addition;* Ggs *Minuszeichen*
Plu·to'krat <m.; -en, -en> 1 *Träger der Macht in der Plutokratie* 2 <fig.; umg.> *Angehöriger der reichen Oberschicht der Gesellschaft;* **Plu·to·kra'tie** <f.; -, -n> *Staatsform, in der die Macht auf dem Reichtum und Besitz beruht* [grch.]; **plu·to'kra·tisch** <Adj.>
Plu'ton <m.; -s, -e; Geol.> *ein Tiefengesteinskörper;* **plu'to·nisch** <Adj.> 1 *zur Unterwelt gehörend* 2 <Geol.> *auf Plutonismus beruhend;* **Plu·to'nis·mus** <m.; -; unz.> 1 *Vulkanismus der tieferen Zonen der Erdrinde* 2 *früher vertretene geol. Lehre, dass die meisten Gesteine durch Erstarrung geschmolzener Massen entstanden seien* [nach *Pluton,* dem Gott der Unterwelt]; **Plu·to'nit** <m.; -s, -e; Geol.; Min.> *in größeren Tiefen der Erdkruste erstarrtes Eruptivgestein, z. B. Granit;* **Plu·to·ni·um** <n.; -s; unz.; Chem.; Zeichen: Pu> *ein chem. Element;* **Plu·to·ni·um·bom·be** <f.; -, -n>; **Plu·to·ni·um·re·ak·tor** <m.; -s, -en> *ein Kernreaktor*
plu·vi'al <[-vi-]; Adj.> *den Regen betreffend* [lat.]; **Plu·vi'a·le** <n.; -s, -s od. -> 1 <urspr.> *Regenmantel der kath. Geistlichen* 2 <seit dem 13. Jh.> *mantelähnlicher, ärmelloser liturg. Überwurf der kath. Geistlichen;* **Plu·vi'al·zeit** <f.; -, -en; Geol.> *Regenzeit in den heutigen Trockengebieten während der Vereisung der nördl. Breiten;* **'plu·vio...,** **'Plu·vio...** <in Zus.> *regen..., Regen...* [lat.]; **'Plu·vio·'graf, Plu·vi·o'graph** <m.; -en, -en; ⌐Z 11.3> *Gerät zum Aufzeichnen der Niederschlagsmenge;* **Plu·vi·o'me·ter** <n.; -s, -> *Niederschlagsmesser;* **Plu·vi·o·ni·vo'me·ter** <n.; -s, -> *Niederschlagsmesser, der sowohl die Regen- als auch die Schneemenge registriert*
PLZ <Abk. für> *Postleitzahl*
p. m. <Abk. für> 1 *post meridiem* 2 *pro mille*
Pm <Chem.; Zeichen für> *Promethium*

PM <Abk. für> *Publicmanagement*

Pneu <m.; -s, -s; kurz für> 1 *Pneumatik[1]* 2 *Pneumothorax* [grch.]; **'Pneu·ma** <n.; -s; unz.> 1 *Hauch, Atem, luftartige Substanz* 2 <Philos.> *Seele, Lebenskraft, Geist;* **Pneu·ma·tik[1]** <m.; -s, -s od. österr. f.; -, -en> *Luftreifen;* **Pneu·ma·tik[2]** <f.; -; unz.; Phys.> *Lehre von der Luft u. ihren Bewegungen;* **Pneu·ma·ti·ker** <m.; -s, -; Gnosis> *Prophet;* **pneu·ma·tisch** <Adj.> 1 <Philos.> *das Pneuma betreffend* 2 *vom Geist Gottes erfüllt* 3 <Med.> ~e *Kammer luftdicht verschlossene Kammer zum Herstellen von Unter- od. Überdruck;* **Pneu·mo·ko·ni'o·se** <f.; -, -n> = *Staublunge;* **Pneu·mo·'lith** <m.; -s od. -en, -e od. -en; Med.> *Lungenstein;* **Pneu·mo·lo'gie** <f.; -; unz.; Med.> *Lehre von den Lungenkrankheiten;* **Pneu·mo'nie** <f.; -, -n; Med.> *Lungenentzündung* [grch.]; **pneu'mo·nisch** <Adj.>; **Pneu·mo·pe·ri'kard** <n.; -(e)s, -e> *Luftansammlung im Herzbeutel;* **Pneu·mo'tho·rax** <m.; - od. -es, -e; Kurzwort: Pneu> *Luftansammlung im Brustfellraum*

Po[1] <Chem.; Zeichen für> *Polonium*

Po[2] <m.; -s, -s; umg.; kurz für> *Popo*

Po[3] <m.; - od. -s; unz.> *ital. Fluss*

'Pö·bel <m.; -s; unz.; abwertend> *gemeine, rohe Volksmasse;* **Pö·be'lei** <f.; -, -en>; **'pö·bel·haft** <Adj.>; **'Pö·bel·herr·schaft** <f.; -; unz.>; **'pö·beln** <V. i.; ich pöb(e)le; umg.> *durch Beleidigungen provozieren*

Poch <n. od. m.; -s; unz.> *ein Glücksspiel mit Karten u. Brett;* **'Poch·brett** <n.; -(e)s, -er; beim Pochspiel>; **'po·chen** <V.> 1 <V. i.> *etwas pocht schlägt ununterbrochen im gleichen Takt; das Herz pocht* 2 <V. i.> *(an)klopfen; er hat an die Tür gepocht* 3 <V. i.> *auf etwas ~* <fig.> *auf etwas bestehen, etwas energisch verlangen; auf sein Recht ~* 4 <V. t.> *Erz, Kohlen ~* <Bergmannsspr.> *zerklopfen;* **'Poch·erz** <n.; -es, -e> *durch Pochen zerkleinertes Erz*

po·chie·ren <[-'ʃiː-]; V. t.; Kochk.> *mit wenig Flüssigkeit unterhalb des Siedepunktes garen; pochierte Eier* [frz.]

'Poch·spiel <n.; -(e)s, -e> = *Poch*

'Po·cke <f.; -, -n> *mit Eiter gefülltes Hautbläschen od. Knötchen;* **'Po·cken** <Pl.> *gefährliche, durch ein Virus hervorgerufene Infektionskrankheit mit Bläschenbildung;* **'Po·cken·nar·be** <f.; -, -n>; **'po·cken·nar·big** <Adj.>; **'Po·cken·schutz·imp·fung** <f.; -, -en>

Po·cket·book <[ˈpɔkitbuk]; n.; -s, -s; engl. Bez. für> *Taschenbuch;* **'Po·cket·ka·me·ra** <f.; -, -s> *kleiner, handlicher Fotoapparat*

'Pock·holz <n.; -es; unz.> *Guajakholz*

'po·ckig <Adj.> *pockennarbig*

'po·co <Mus.> *ein wenig, etwas; ~ adagio; ~ a ~ nach u. nach* [ital.]

'Pod·a·gra, <auch> **'Po·dag·ra** <f.; -; unz.; ↗Z54; Med.> *Fußgicht* [grch.]; **pod'a·grisch** <Adj.>

Po'dest <n. od. m.; -es, -e> 1 *Treppenabsatz* 2 *schmales Podium* 3 *schmales Gestell mit einem Fuß* [grch.]

'Po·dex <m.; - od. -es, -e; umg.; scherzh.> *Gesäß* [lat.]

'Po·di·um <n.; -s, -di·en> *erhöhte Fläche, Bühne für Vortragende* [grch.]; **'Po·di·ums·dis·kus·si·on** <f.; -, -en>

Po·do'me·ter <n.; -s, -> *Schrittmesser*

Pod'sol <m.; -s; unz.> *sandiger, wenig fruchtbarer Boden über durchlässigen Gesteinen* [russ.]

Po'em <n.; -s, -e; veralt.> *Gedicht* [grch.]; **Po·e'sie** <f.; -, -n> 1 *Dichtkunst, Dichtung in Versen;* Ggs *Prosa(1)* 2 <fig.> *Stimmungsgehalt, Zauber; die ~ der Abenddämmerung;* Ggs *Prosa(2);* **Po·e'sie·al·bum** <n.; -s, -al·ben> *Album, in das (Schul-)Freunde zur Erinnerung Gedichte od. Sprüche schreiben;* **Po'et** <m.; -en, -en> *Dichter;* Ggs *Prosaist;* **Po'e·ta 'doc·tus** <m.; --, -[te·] -ti; ↗Z31; früher> *gelehrter, gebildeter Dichter* [lat.]; **Po'e·ta lau·re'a·tus** <m.; --, -tae -ti> 1 <Antike> *mit dem Lorbeerkranz gekrönter Dichter* 2 <MA u. in England noch heute> *mit gewissen Rechten verbundener Ehrentitel für den besten Dichter;* **Po·e'tas·ter** <m.; -s, -; abwertend> *Dichterling, Verseschmied;* **Po'e·tik** <f.; -, -en> 1 <unz.> *Lehre von der Dichtkunst* 2 *Schrift über die Dichtkunst;* **Po'e·tin** <f.; -, -nen>; **po'e·tisch** <Adj.> *dichterisch; ein ~er Brief;* Ggs *prosaisch;* **po·e·ti'sie·ren** <V. t.> *poetisch gestalten;* **Po·e·to·lo'gie** <f.; -; unz.> = *Poetik;* **po·e·to'lo·gisch** <Adj.>

'Po·fel <m.; -s; unz.> 1 <süddt.> = *Bafel* 2 <österr.> *minderwertige Ware* 3 <österr.; umg.> *dritter Grasschnitt*

'po·fen <V. i.; umg.> *schlafen*

Po'fe·se <f.; -, -n> = *Pafese*

Po'grom, <auch> **Pog'rom** <n. od. m.; -s, -e; ↗Z53> *Hetze, Ausschreitungen gegen nationale, religiöse od. rassische Gruppen;* Juden~ [russ.]; **Po'grom·op·fer** <n.; -s, ->

po·i'e·tisch <Adj.> *mit dem Hervorbringen, Schaffen zu tun habend; ~e Philosophie* <nach Plato> *Wissenschaft, die sich mit der Erzeugung einer Sache befasst, z. B. Baukunst*

po·i·ki·lo'therm <Adj.> = *wechselwarm* [grch.]; **Po·i·ki·lo·ther·'mie** <f.; -, -n; Med.> *Instabilität der Körpertemperatur*

Point <[poɛ̃]; m.; -s, -s> 1 <Kart.> *Stich* 2 <Würfelspiel> *Auge* [frz.]; **Poin·te** <[poˈɛ̃t(ə)]; f.; -, -n> *geistreiches, überraschendes Ende einer Erzählung od. eines Witzes*

Poin·ter <[ˈpɔin-]; m.; -s, -> *glatthaariger engl. Vorstehhund* [engl.]

poin'tie·ren <[poɛ̃-]; V. t.> *nachdrücklich betonen, herausheben* [frz.]; **poin'tiert** <Adj.> *auf den Punkt gebracht, zugespitzt;* **Poin·til'lis·mus** <m.; -; unz.> *impressionist. Richtung der Malerei, gekennzeichnet durch dichtes Nebeneinander von unvermischten Farbpunkten;* **Poin·til'list** <m.; -en, -en>; **poin·til'lis·tisch** <Adj.>

Point of no re·turn <[ˈpɔint ɔf no: riˈtøːn]; m.; ----; unz.> *Sta-*

dium einer Entwicklung, von
dem aus eine Änderung nicht
mehr möglich ist [engl.]

Po'kal <m.; -s, -e> *Trinkgefäß mit
Fuß (auch als Siegespreis bei
Sportwettkämpfen)* [ital.]; **Po·
'kal·sie·ger** <m.; -s, -; Sp.>; **Po·
'kal·sie·ge·rin** <f.; -, -n·nen>;
Po'kal·spiel <n.; -(e)s, -e; Sp.>

'Pö·kel <m.; -s, -e> *Salzlake zum
Pökeln*; **'Pö·kel·fleisch** <n.;
-(e)s; unz.>; **'Pö·kel·he·ring**
<m.; -s, -e>; **'pö·keln** <V. t.; ich
pök(e)le> Fleisch, Fisch ~
<Kochk.> *in eine Salzlake einle-
gen*; **'Pö·kel·salz** <n.; -es; unz.>

'Po·ker <n. od. m.; -s; unz.> *ein
Kartenglücksspiel* [engl.]; **'Po·
ker·face** <[-feis]; n.; -, -s [fei-
siz]> *regungsloses Gesicht*; **'po·
kern** <V. i.; ich pok(e)re> 1 *Po-
ker spielen* 2 <fig.> *ein hohes Ri-
siko eingehen, viel wagen*; beide
Parteien haben hoch gepokert

Pöks <[pøːks]; m.; -es, -e; Kin-
derspr.> *Gesäß, Popo*

Pol¹ <m.; -s, -e> 1 *Dreh- u. Mit-
telpunkt* 2 <Geogr.> *nördl. bzw.
südl. Endpunkt der Erdachse;
Nord~; Süd~* 3 <Math.> *Punkt
mit bes. Bedeutung* 4 <El.> *Aus-
u. Eintrittspunkt des Stromes;
Minus~; Plus~* [grch.]

Pol² <m.; -s, -e> *die mit Flor be-
deckte Oberseite von Samt u.
Plüsch* [frz.]

po'lac·ca <Mus.> *in der Art der
Polonäse; Rondo alla ~* [ital.];
Po'lack, Po'la·cke <m.; -(e)n,
-(e)n; umg.; abwertend> *Pole*;
<aber> *Pollack* [poln.]

po'lar <Adj.; Geogr.> 1 *zu den Po-
len gehörend* 2 *entgegengesetzt
wirkend* [grch.]; **Po'lar·ach·se**
<[-ks-]; f.; -; unz.> *zwischen
dem Nord- und Südpol verlau-
fende gedachte Erdachse*; **Po·
'lar·bär** <m.; -en, -en> = *Eisbär*;
Po'la·re <f.; -, -n; Math.> *durch
einen außerhalb eines Kreises
liegenden Punkt gezogene Tan-
gente zu diesem Kreis*; **Po'lar·
ex·pe·di·ti·on** <f.; -, -en>; **Po·
'lar·for·scher** <m.; -s, ->; **Po'lar·
for·sche·rin** <f.; -, -n·nen>; **Po·
'lar·front** <n.; -; Meteor.>
*Region, in der Tropen- u. Polar-
luft zusammentreffen*; **Po'lar·
fuchs** <[-fuks]; m.; -es, ⁻e;
Zool.> *im Sommer grau, im*

Winter weiß gefärbter Fuchs*; **Po·
'lar·ge·biet** <n.; -(e)s, -e>; **Po·
'lar·hund** <m.; -(e)s, -e> *in den
Polargebieten eingesetzter
Schlittenhund*; **Po·la·ri'me·ter**
<n.; -s, -> *Gerät zum Messen der
Polarisationsebene von Licht*;
Po·la·ri·sa·ti'on <f.; -, -en> 1
*Beschränkung der Schwingun-
gen des Lichts od. anderer elek-
tromagnet. Wellen auf eine best.
Ebene* 2 *Hervortreten von Ge-
gensätzen*; **Po·la·ri·sa·ti'ons·fil·
ter** <m.; fachsprachl. n.; -s, ->
*Filter zur Erzeugung polarisier-
ter elektromagnet. Wellen, bes.
Licht*; **Po·la·ri·sa·ti'ons·mi·kro·
skop**, <auch> **Po·la·ri·sa·ti·
'ons·mik·ros·kop** <n.; -(e)s, -e;
⚡Z54> *mit polarisiertem Licht
arbeitendes Mikroskop*; **Po·la·ri·
'sa·tor** <m.; -s, -'to·ren> *Vor-
richtung zur Erzeugung von li-
near polarisiertem Licht*; **po·la·
ri'sie·ren** <V.> 1 <V. t.> *der Pola-
risation unterwerfen* 2 <V. refl.>
*sich ~ sich gegensätzlich entwi-
ckeln, als Gegensätze hervortre-
ten; Meinungen ~ sich*; **Po·la·ri·
'sie·rung** <f.; -, -en>; **Po·la·ri'tät**
<f.; -; unz.> 1 *(Verhältnis der)
Gegensätzlichkeit* 2 *Existenz
zweier Pole*; **Po'lar·kreis** <m.;
-es, -e> *Breitenkreis von 66, 5°
nördl. bzw. südl. Breite*; **Po'lar·
land** <n.; -(e)s, ⁻er; meist Pl.>
*jedes der Länder um den Nord-
bzw. Südpol*; **Po'lar·licht** <n.;
-(e)s, -er> *vorwiegend an den
Erdpolen auftretende Licht-
erscheinung*; **Po'lar·luft** <f.; -;
unz.>; **Po'lar·meer** <n.; -(e)s,
-e>; **Po'lar·nacht** <f.; -, ⁻e>
*Nacht in den Polargebieten, in
der die Sonne mehr als 24 Stun-
den unter dem Horizont bleibt*;
Po·la·ro'id·ka·me·ra <a.
[-'rɔid-]; f.; -, -s; Fot.; Warenz.>
*Kamera, die sofort nach der
Aufnahme das Bild entwickelt
u. ausschiebt*; **Po·la·ro'id·ver·
fah·ren** <n.; -s; unz.> *ein foto-
graf. Verfahren*; **Po'la'ron** <n.;
-s, -en; Phys.> *ein Quasiteil-
chen*; **Po'lar·stern** <m.; -(e)s;
unz.> *hellster Stern im Stern-
bild Kleiner Bär, der fast immer
genau die Nordrichtung an-
zeigt; Sy Nordstern*; **Po'lar·zo·
ne** <f.; -, -n> *Zone zwischen*

dem Polarkreis u. dem dazuge-
hörigen Pol

'Pol·der <m.; -s, -> = *Koog* [ndrl.]

'Po·le <m.; -n, -n> *Einwohner
von Polen*

Po'lei <m.; -(e)s, -e; Bot.> *eine
Minzart* [lat.]

Po·le·mik <f.; -, -en> 1 *wissen-
schaftl. od. literarischer Streit* 2
*unsachliche Auseinanderset-
zung* [grch.]; **Po'le·mi·ker** <m.;
-s, ->; **Po'le·mi·ke·rin** <f.; -,
-n·nen>; **po·le·misch** <Adj.>;
po·le·mi'sie·ren <V. i.>

'po·len <V. t.> *an einen elektri-
schen Pol anschließen*

'Po·len *Staat in Mitteleuropa*; Re-
publik ~

Po'len·ta <f.; -; unz.> *ein Maisge-
richt* [ital.]

Po'len·te <f.; -; unz.; umg.; ab-
wertend> *Polizei* [jidd.]

Pole·po·si·tion <['poulpɔziʃn]; f.;
-, -s> *beste Startposition (bei
Autorennen)* [engl.]

'Pol·flucht <f.; -; unz.; Geogr.> ~
*der Kontinente langsames
Wandern der Kontinente von
beiden Polen auf den Äquator
zu*; **'Pol·hö·he** <f.; -; unz.;
Geogr.>

Po·li·ce <[-'liːsə]; f.; -, -n> *vom
Versicherer ausgestellte Urkun-
de über eine abgeschlossene Ver-
sicherung* [frz.]

Po'lier <m.; -s, -e> *Vorarbeiter
der Maurer u. Zimmerleute*
[frz.]

po·lie·ren <V. t.> 1 *glänzend ma-
chen, putzen*; Möbel, den Fuß-
boden ~ 2 *fein glätten*; Metall ~
[lat.]

'Po·li·kli·nik <f.; -, -en; Med.> 1
*einem Krankenhaus ange-
schlossene Abteilung zur ambu-
lanten Patientenbehandlung* 2
*Zusammenschluss mehrerer
Ärzte verschiedener Fachrich-
tungen in einer Einrichtung*;
po·li·kli·nisch <Adj.> die ~e
Abteilung

'Po·lin <f.; -, -n·nen> *Einwohne-
rin von Polen*

Po·lio <f.; -; unz.>, **Po·li·o·my·e·
'li·tis** <f.; -, -'ti·den; Med.> *Kin-
derlähmung* [grch.]

'Po·lis <f.; -, 'Po·leis; im antiken
Griechenland> *Stadtstaat*

po·lit..., **Po·lit...** <in Zus.> *die Po-
litik betreffend, z. B. Politkarrie-*

re; **Po·lit·ba·ro·me·ter** <n.; -s, -> *Meinungsumfrage zu aktuellen polit. Situationen*; **Po·lit·bü·ro** <n.; -s, -s; Kurzwort für> *Politisches Büro, ständiges Gremium einer kommunist. Partei*

Po·li·tes·se[1] <f.; -; unz.; veralt.> *Höflichkeit* [frz.]; **Po·li·tes·se**[2] <f.; -, -n> *Hilfspolizistin*

Po·li·ti·cal Cor·rect·ness <[-kəl-] f.; --; unz.; Abk.: PC> *in sprachlicher u. sozialer Hinsicht korrektes Verhalten* [engl.]

Po·li·tik <f.; -, -en; Pl. selten> 1 *Führung eines Gemeinwesens*; in die ~ gehen; Kommunal~; Außen~ 2 <fig.> *berechnendes Verhalten*; mit dieser ~ kommt er nicht durch [grch.]; **Po·li·ti·kas·ter** <m.; -s, -; abwertend> *jmd., der über Politik spricht, ohne etwas davon zu verstehen*; **Po·li·ti·ker** <m.; -s, -> *jmd., der aktiv an der Politik(1) teilnimmt, Staatsmann*; **Po·li·ti·ke·rin** <f.; -, -nnen>; **po·li·tik·fä·hig** <Adj.>; **Po·li·ti·kum** <n.; -s, -ti·ka> *Ereignis von polit. Bedeutung*; **Po·li·ti·kus** <m.; -, -s·se; umg.; scherzh.>; **Po·li·tik·ver·dros·sen·heit** <f.; -; unz.>; **Po·li·tik·ver·ständ·nis** <n.; -s·ses; unz.>; **Po·li·tik·wis·sen·schaft** <f.; -; unz.> = *Politologie*; **po·li·tisch** <Adj.> 1 *die Politik(1) betreffend*; ~e Karte *Staatenkarte*; ~er Flüchtling 2 *zielgerichtet, berechnend*; einen ~en Fehler machen; **po·li·ti·sie·ren** <V.> 1 <V. i.> *über Politik reden* 2 <V. t.> *jmdn. ~ zur Teilnahme am polit. Leben bringen*; **Po·li·ti·sie·rung** <f.; -; unz.>; **Po·lit·ö·ko·no·mie** <f.; -; unz.>

↗Z 55> = *Volkswirtschaftslehre*; **Po·li·to·lo·ge** <m.; -n, -n>; **Po·li·to·lo·gie** <f.; -; unz.> *Lehre von der Politik(1)*; **Po·li·to·lo·gin** <f.; -, -nnen>; **po·li·to·lo·gisch** <Adj.>; **Po·lit·pro·mi·nenz** <f.; -; unz.; umg.>; **Po·lit·skan·dal** <m.; -(e)s, -e>; **Po·lit·thril·ler** <[-θrɪlə(r)]; m.; -s, -; umg.> 1 *Thriller mit polit. Inhalt* 2 <fig.> *einem Thriller ähnlichen Vorfall in der Politik*

Po·li·tur <f.; -, -en> 1 *durch Polieren erzeugter Glanz* 2 *Poliermittel* [lat.]

Po·li·zei <f.; -; unz.> 1 *Behörde zur Aufrechterhaltung der öffentl. Ordnung u. Sicherheit* 2 *Gesamtheit der Polizeibeamten* [grch.]; **Po·li·zei·auf·sicht** <f.; -; unz.> unter ~ stehen; **Po·li·zei·au·to** <n.; -s, -s>; **Po·li·zei·be·am·te(r)** <m. 1>; **Po·li·zei·be·am·tin** <f.; -, -n·nen>; **Po·li·zei·ein·satz** <m.; -es, ²e>; **Po·li·zei·es·kor·te** <f.; -, -n>; **Po·li·zei·funk** <m.; -s; unz.>; **Po·li·zei·ge·wahr·sam** <m.; -s; unz.> *Haft*; jmdn. in ~ nehmen; **Po·li·'zei·ge·walt** <f.; -; unz.> *Machtbefugnis u. -ausübung der Polizei*; **Po·li·zei·griff** <m.; -(e)s; unz.> *rasches Drehen der Arme eines Festgenommenen auf den Rücken*; **Po·li·zei·hund** <m.; -(e)s, -e>; **Po·li·zei·kom·mis·sar, Po·li·zei·kom·mis·sär** <m.; -s, -e; österr.; schweiz.> *höherer Polizeibeamter*; **Po·li·zei·kom·mis·sa·ri·at** <n.; -(e)s, -e> *Polizeibehörde*; **Po·li·zei·kom·mis·sa·rin** <f.; -, -n·nen>; **Po·li·zei·kon·trol·le, <auch> Po·li·zei·kont·rol·le** <f.; -, -n; ↗Z 53> in eine ~ geraten; **po·li·zei·lich** <Adj.> *die Polizei betreffend*; unter ~er Bewachung; sich ~ anmelden *bei der zuständigen Polizeibehörde*; **Po·li·zei·prä·si·dent** <m.; -en, -en>; **Po·li·zei·prä·si·den·tin** <f.; -, -n·nen>; **Po·li·zei·prä·si·di·um** <n.; -s, -di·en> *oberste Polizeibehörde einer größeren Stadt*; **Po·li·zei·re·vier** <[-vi:r]; n.; -(e)s, -e> 1 *Stadtbezirk, für den eine Polizeiabteilung zuständig ist* 2 *Amtsräume einer Polizeiabteilung*; **Po·li·zei·schutz** <m.; -es; unz.> *Personen unter ~ stellen*; **Po·li·zei·staat** <m.; -(e)s, -en> *Staat, der mit einem großen Polizeiapparat die öffentl. Ordnung aufrechterhält*; **Po·li·zei·strei·fe** <f.; -, -n> *polizeil. Kontrollgang*; **Po·li·zei·stun·de** <f.; -, -n> *Zeitpunkt, zu dem die Bars u. Restaurants nachts geschlossen werden müssen*; Sy *Sperrstunde*; **Po·li·zei·wa·che** <f.; -, -n> *Amtsgebäude einer Polizeiabteilung*; **Po·li·zei·wid·rig** <Adj.>; **Po·li·zist** <m.; -en, -en>; **Po·li·zis·tin** <f.; -, -n·nen>

Po·liz·ze <f.; -, -n; österr.> = *Police*

'Pol·je <f.; -, -n; Geol.> *wannenförmiges Becken* [serbokr.]; **'Pol·jen·see** <m.; -s, -n; Geol.>

'Pol·ka <f.; -, -s> *ein Rundtanz* [tschech.]

Poll <[poul]; m. od. f.; -s od. -, -s> 1 *der Meinungsforschung dienende Umfrage* 2 <in den USA> *Wählerverzeichnis* [engl.]

Pol·lack <m.; -en, -en; Zool.> *eine Dorschart*; <aber> *Polack*; Sy *Seelachs* [engl.]

'Pol·len <m.; -s, -; Bot.> *Blütenstaub* [lat.]; **'Pol·len·al·ler·gie** <f.; -, -n; Med.>; **'Pol·len·blu·me** <f.; -, -n; Bot.> *Pflanze, die zum Anlocken von bestäubenden Insekten keinen Nektar, sondern einen Pollenüberschuss bildet*; **'Pol·len·sack** <m.; -(e)s, ²e; Bot.> *pflanzl. Organ, in dem Pollenkörner gebildet werden*; **'Pol·len·schlauch** <m.; -(e)s, ²e; Bot.>

'Pol·ler <m.; -s, -> 1 *Holz- od. Metallklotz am Kai zum Festmachen von Tauen* 2 *auf Bürgersteigen angebrachter Beton- od. Metallklotz* [ndrl.]

'Pol·ling <n.; -s, -s; EDV> *periodische Statusabfrage* [engl.]

Pol·lu·ti·on <f.; -, -en> 1 *Umweltverschmutzung* 2 *unwillkürlicher Samenerguss* [lat.]

'pol·nisch <Adj.> ~e Sprache; das Polnische

'Po·lo <n.; -s; unz.> *dem Hockey ähnl. Ballspiel zu Pferd* [engl.]; **'Po·lo·hemd** <n.; -(e)s, -en> *Trikothemd mit kurzen Ärmeln*

Po·lo·nai·se <[-'nɛ:-]>, **Po·lo·nä·se** <f.; -, -n> *polnischer Schreittanz im 3/4-Takt, meist zur Eröffnung des Tanzes* [frz.]; **po·lo·ni·sie·ren** <V. t.>; **Po·lo·nist** <m.; -en, -en>; **Po·lo·nis·tik** <f.; -; unz.> *Wissenschaft von der polnischen Sprache, Literatur u. Kultur*; **Po·lo·nis·tin** <f.; -, -n·nen>; **po·lo·nis·tisch** <Adj.>; **Po·lo·ni·um** <n.; -s; unz.; Chem.; Zeichen: Po> *radioaktives chem. Element, Halbmetall*

'Po·lo·pferd <n.; -(e)s, -e>; **'Po·lo·shirt** <[-ʃəːt]; n.; -s, -s> = *Polohemd*; **'Po·lo·spiel** <n.; -(e)s, -e>

'Pol·schuh <m.; -(e)s, -e; Phys.> *Teil eines Eisenkerns zur Kon-*

P

zentration des magnetischen Feldes; **'Pol·stär·ke** <f.; -; unz.; Phys.> magnetische ~

'Pols·ter <n.; -s, -; (österr.) m.; -s, ⸗ od. -> 1 weiche Auflage für Sitzmöbel 2 <fig.; umg.> Fettansammlung am Körper; Speck~ 3 <fig.> (größere) Geldrücklage, Reserven; ein finanzielles ~ haben; **'Pöls·ter·chen** <n.; -s, -; Verkleinerungsf. von> Polster; **'Pols·te·rer** <m.; -s, -> Handwerker, der Sitz- u. Liegemöbel polstert; **'Pols·ter·gar·ni·tur** <f.; -, -en> Couch u. dazu passende Polstersessel; **'Pols·te·rin** <f.; -, -n·nen>; **'Pols·ter·mö·bel** <Pl.>; **'pols·tern** <V. t.; ich polst(e)re> ein gepolsterter Sessel; **'Pols·ter·ses·sel** <m.; -s, ->; **'Pols·te·rung** <f.; -, -en>

'Pol·ter·a·bend <m.; -s, -e; ↗Z55> Vorabend der Hochzeit, an dem nach altem Brauch Geschirr zerschlagen wird; **Pol·te·'rei** <f.; -, -en>; **'Pol·ter·geist** <m.; -es, -er>; **'pol·te·rig** <Adj.> er ist ein ~er Mensch er schimpft oft laut; **'pol·tern** <V. i.; ich polt(e)re> sich geräuschvoll bewegen, laut schimpfen; **'polt·rig** <Adj.> = polterig

po·ly..., Po·ly... <in Zus.> viel..., Viel... [grch.]

Po·ly·a·cryl, <auch> **Po·ly·ac'ryl** <n.; -s; unz.; ↗Z53> eine synthet. Faser; **Po·ly·a·cryl·ni'tril**, <auch> **Po·ly·ac·ryl·nit'ril** <n.; -s, -e; ↗Z53; Abk.: PAN> ein Kunststoff

Po·ly·ad·di·ti·on <f.; -, -en; Chem.>

Po·ly·a'mid <n.; -(e)s, -e> durch Kondensation von organischen Säuren mit Aminen hergestellter thermoplastischer Kunststoff (Nylon, Perlon) [grch.]

Po·ly·an'drie, <auch> **Po·ly·and·'rie** <f.; -; unz.; ↗Z53; bei einigen Naturvölkern> Ehegemeinschaft einer Frau mit mehreren Männern; Ggs Polygynie [grch.]; **po·ly·an·drisch** <Adj.>

Po·ly·ar'thri·tis, <auch> **Po·ly·arth'ri·tis** <f.; -, 'ti·den; Med.> Entzündung mehrerer Gelenke [grch.]

Po·ly·a·se <f.; -, -n; meist Pl.> Enzym, das Polysaccharide abbaut

Po·ly·ä·thy'len <n.; -s; unz.> = Polyethylen

po·ly·chrom <[-'kro:m]; Adj.> vielfarbig; Ggs monochrom [grch.]; **Po·ly·chro'mie** <f.; -; unz.> Vielfarbigkeit; **po·ly·chro·'mie·ren** <V. t.> bunt ausmalen

po·ly·cy·clisch, <auch> **po·ly·'cyc·lisch** <Adj.; ↗Z53; Chem.> ~e Verbindung

Po·ly·dak·ty'lie <f.; -; unz.; Med.> Mehrfingrigkeit [grch.]

Po·ly·dip'sie <f.; -; unz.; Med.> krankhaft gesteigerter Durst [grch.]

Po·ly·e·der <n.; -s, -; Geom.> von mehr als vier Flächen begrenzter Körper [grch.]; **po·ly·e·drisch**, <auch> **po·ly·ed·risch** <Adj.; ↗Z53>

Po·ly·es·ter <m.; -s, -> aus Säuren u. Alkoholen synthetisierter Kunststoff zur Herstellung von Chemiefasern, Lacken u. Ä. [grch.]

Po·ly·e·thy'len <n.; -s, -e; Abk.: PE> durch Polymerisation von Ethylen hergestellter Kunststoff; oV Polyäthylen [grch.]

po·ly'fon <Adj.; ↗Z11.3> = polyphon; **Po·ly·fo'nie** <f.; -; unz.> = Polyphonie

po·ly'gam <Adj.> 1 in einer Ehegemeinschaft mit mehreren Frauen lebend 2 <Bot.> ein- und zweigeschlechtige Blüten tragend; Ggs monogam [grch.]; **Po·ly·ga'mie** <f.; -; unz.> Sy Vielweiberei; Ggs Monogamie; **Po·ly·ga'mist** <m.; -en, -en> polygam lebender Mann

po·ly'gen <Adj.> 1 durch mehrere Erbfaktoren bedingt 2 durch mehrere Ursachen hervorgerufen [grch.]; **po·ly·ge'ne·tisch** <Adj.> = polygen; **Po·ly·ge'nie** <f.; -; unz.; Biol.> Ausbildung eines Merkmals infolge Beteiligung mehrerer Gene

po·ly'glott <Adj.> 1 viel-, mehrsprachig; ~e Buchausgabe 2 viele, mehrere Sprachen sprechend [grch.]; **Po·ly'glot·te[1]** <f. u. m.; -n, -n> jmd., der viele Sprachen beherrscht; **Po·ly'glot·te[2]** <f.; -, -n> 1 mehrsprachiges Wörterbuch 2 Buch (bes. Bibel) mit Text in mehreren Sprachen

Po·ly'gon <n.; -s, -e; Geom.> Figur mit mehr als drei Seiten [grch.]; **po·ly·go'nal** <Adj.> viel-eckig; **Po·ly·gon·bo·den** <m.; -s, ⸗; Geol.> in Polygone gegliederter Frostboden; **Po'ly·go·num** <n.; -s; unz.; Bot.> Knöterichgewächs

po·ly'gyn <Adj.>; **Po·ly·gy'nie** <f.; -; unz.; im Orient> Ehegemeinschaft eines Mannes mit mehreren Frauen; Sy Vielweiberei; Ggs Polyandrie [grch.]

po·ly·hy'brid, <auch> **po·ly·hyb·'rid** <Adj.; ↗Z53> sich in mehreren erblichen Merkmalen unterscheidend [grch.]; **Po·ly·hy·bri·de** <m.; -n, -n>

po·ly'karp, po·ly'kar·pisch <Adj.; Bot.> in einem best. Zeitraum mehrere Früchte tragend [grch.]

Po·ly·kla'die <f.; -; unz.; Bot.> Seitensprossenbildung nach Verletzung einer Pflanze [grch.]

Po·ly·kon·den·sa·ti'on <f.; -, -en> chem. Verfahren zur Herstellung von Makromolekülen aus kleineren Bausteinen [grch.; lat.]

Po·ly·me·lie <f.; -, -n; Med.> Überzahl an Gliedmaßen [grch.]

po·ly'mer <Adj.; Chem.> durch Polymerisation entstanden; Ggs monomer [grch.]; **Po·ly'mer** <n.; -s, -e> durch Polymerisation entstandener Stoff aus mehreren gleichartigen Molekülen; Ggs Monomer; **Po·ly·me'rie** <f.; -, -n> 1 <Chem.> Eigenschaft polymerer Verbindungen 2 <Biol.> = Polygenie; **Po·ly·me·ri·'sat** <n.; -s, -e> = Polymer; **Po·ly·me·ri·sa·ti'on** <f.; -, -en> Kettenreaktion niedermolekularer Verbindungen; **po·ly·me·ri'sie·ren** <V. t.> Moleküle ~ zu größeren Molekülen vereinigen; **Po·ly·me·ri'sie·rung** <f.; -, -en>

Po·ly'me·ter <n.; -s, -> Messgerät zur Bestimmung von Temperatur, Luftfeuchtigkeit, Taupunkt u. Dampfdruck [grch.]

po·ly'morph <Adj.> vielgestaltig; **Po·ly·mor'phie** <f.; -; unz.>, **Po·ly·mor·phis·mus** <m.; -; unz.> 1 Ausbildung verschiedener Kristallformen von Mineralen bei gleicher chem. Zusammensetzung 2 Vielgestaltigkeit von Pflanzen od. Tieren, die je nach der Umgebung ihr Aussehen ändern [grch.]

Po·ly'ne·si·en *Inselwelt im zentralen Pazifik;* **Po·ly'ne·si·er** <m.; -s, -> **Po·ly'ne·si·e·rin** <f.; -, -nnen> **po·ly'ne·sisch** <Adj.> *~e Sprachen*

Po·ly'nom <n.; -s, -e; Math.> *mehrgliedriger Ausdruck* [grch.]; **po·ly'no·misch** <Adj.>

po·ly·nu·kle'är, <auch> **po·ly·nuk·le'är** <Adj.; ↗Z.53> *vielkernig (von Zellen)* [grch.; lat.]

Po·ly·o'pie <f.; -, -n> *durch Sehstörungen verursachtes Vielsehen* [grch.]

Po'lyp <m.; -en, -en> 1 <Med.> *gestielte Wucherung* 2 *Kopffüßler* 3 <umg.; scherzh.> *Polizist* [grch.]

Po·ly·pep'tid <n.; -(e)s, -e> *Verbindung aus vielen Aminosäuren*

po·ly'phag <Adj.> *sich von verschiedenartigen Pflanzen od. Tieren ernährend* [grch.]; **Po·ly'pha·ge** <m.; -n, -n; Zool.> *Ggs Oligophage;* **Po·ly·pha'gie** <f.; -; unz.>

po·ly'phon <Adj.; ↗Z11.3; Mus.> *vielstimmig, mehrstimmig;* oV *polyfon;* Ggs *homophon* [grch.]; **Po·ly·pho'nie** <f.; -; unz.> *Viel-, Mehrstimmigkeit*

po·ly·plo'id <Adj.; Genetik>; **Po·ly·plo·i'die** <f.; -, -n; Genetik> *Auftreten von mehr als zwei Chromosomensätzen in der Zelle* [grch.]

Po·ly'pol <n.; -s, -e; Wirtsch.> *Form der Marktwirtschaft, bei der mehrere, kleinere Anbieter einer Ware miteinander konkurrieren;* Ggs *Monopol* [grch.]; **po·ly·po'lis·tisch** <Adj.> *~e Preisbildung*

Po·ly·pro·py'len <n.; -s, -e; Abk.: PP> *durch Polymerisation von Propylen hergestellter thermoplastischer Kunststoff*

Po'ly·pto·ton, <auch> **Po'lyp·to·ton** <n.; -s, -ta; ↗Z.54; Rhet.> *Wiederholung desselben Wortes in einem anderen Fall, z. B. Auge um Auge* [grch.]

Po·ly·re·ak·ti'on <f.; -, -en; Chem.> *Bildung hochmolekularer Verbindungen* [grch.; lat.]

Po·ly'rhyth·mik <f.; -; unz.; Mus.> *Nebeneinander verschiedener Rhythmen in den einzelnen Stimmen eines Musikstücks*

Polysemie: Unter P. versteht man die Mehrdeutigkeit eines Wortes. Im Unterschied zur ↗Homonymie lassen sich bei polysemen Ausdrücken alle Bedeutungen aus einer Grundbedeutung ableiten. So kann das Wort *Wurzel* die *Wurzel* von *Pflanzen, Haaren, Zähnen, Wörtern* usw. bezeichnen, außerdem kann es im Sinne von *Ursache, Entwicklung* verwendet werden. Im Einzelfall lässt sich P. schwer von Homonymie unterscheiden, da das etymologische Kriterium häufig unscharf ist.

[grch.]; **po·ly'rhyth·misch** <Adj.>

Po·ly·sac·cha'rid, Po·ly·sa·cha'rid <[-xa-]; n.; -(e)s, -e> *aus mehr als zehn einfachen Zuckermolekülen bestehendes Kohlenhydrat, z. B. Stärke*

po·ly'sem, po·ly·se'man·tisch <Adj.; Sprachw.>; **Po·ly·se'mie** <f.; -; unz.; Sprachw.> *Mehrdeutigkeit;* Ggs *Monosemie;* → a. Kasten [grch.]

Po·ly·sty'rol <n.; -s, -e; Chem.> *durch Polymerisation von Styrol hergestellter Kunststoff* [grch.]

po·ly'syl·la·bisch <Adj.; Sprachw.> *vielsilbig;* **Po·ly'syl·la·bum** <n.; -s, -ba> *vielsilbiges Wort* [grch.]

po·ly·syn'de·tisch <Adj.; Sprachw.> *durch Konjunktionen verbunden;* Ggs *asyndetisch;* **Po·ly'syn·de·ton** <n.; -s, -ta> *durch Konjunktionen verbundene Wortreihe, z. B. und es wallet und siedet und brauset und zischt (Schiller, Der Taucher);* Ggs *Asyndeton* [grch.]

Po·ly'syn'the·se <f.; -, -n> *Zusammenfassung vieler Teile* [grch.]; **po·ly·syn'the·tisch** <Adj.; Sprachw.> *~e Sprachen "einverleibende" Sprachen, bei denen mehrere Satzteile zu einem einzigen Wort zusammengeschlossen werden*

Po·ly'tech·nik <f.; -; unz.; DDR> *polytechnische Ausbildung an allgemein bildenden Schulen;* **Po·ly'tech·ni·kum** <n.; -s, -ka od. -ken> *höhere technische Fachschule* [grch.]; **po·ly'tech-**

---

nisch <Adj.> *mehrere Zweige der Technik umfassend*

Po·ly·the'is·mus <m.; -; unz.> *Glaube an mehrere Götter;* Ggs *Monotheismus* [grch.]; **po·ly·the'is·tisch** <Adj.>

po·ly·to'nal <Adj.; Mus.>; **Po·ly·to·na·li'tät** <f.; -; unz.; Mus.> *gleichzeitiges Vorhandensein mehrerer Tonarten in den verschiedenen Stimmen eines Musikstücks* [grch.]

po·ly'trop <Adj.; Biol.> *sehr anpassungsfähig* [grch.]; **Po·ly·tro·'pis·mus** <m.; -; unz.>

Po·ly·u·re'than <n.; -s, -e; Chem.; Abk.: PUR> *ein Kunststoff*

Po·ly·vi·nyl·chlo·rid <[-'vi'nyl­klo-]; n.; -(e)s, -e; Chem.; Abk.: PVC> *durch Polymerisation von Vinylchlorid hergestellter Kunststoff*

'pöl·zen <V. t.; du pölzt; österr.> *abstützen, verschalen; einen Tunnel ~*

Po'ma·de <f.; -, -n> *fetthaltiges Haarpflegemittel* [frz.]; **po'ma·dig** <Adj.> 1 *mit Pomade eingerieben* 2 <fig.; umg.> *träge, langsam, bequem;* **po·ma·di·'sie·ren** <V. t.>

Po'me·lo <m.; -s, -s> *aus einer Pampelmuse u. Apfelsine gekreuzte große Zitrusfrucht*

Po·me'ran·ze <f.; -, -n> *ein Zitrusgewächs, dessen bittere Fruchtschale als Gewürz verwendet wird* [ital.]

'Pom·mer <m.; -s, -> 1 *Einwohner von Pommern* 2 <Instrumentenk.> *altes, schalmeiähnliches Holzblasinstrument;* Sy *Bombarde* [grch.]; **'Pom·me·rin** <f.; -, -nnen>; **'pom·me·risch** <Adj.> = *pommersch;* **'Pommern** *ehem. preußische Provinz an der Ostsee;* Vor~; Hinter~; **'pom·mersch** <Adj.; ↗Z46> *~er Dialekt;* <aber> *die Pommersche Seenplatte*

'Pom·mes <Pl.; umg.; Abk. für> *Pommes frites;* **Pommes Croquettes** <[pɔm kro'kɛt]; Pl.> *Kroketten aus Kartoffelbrei* [frz.]; **Pommes Dau·phine** <[pɔm do'fi:n]; Pl.> *Kartoffelkroketten;* **Pommes frites** <[pɔm 'frit]; Pl.> *frittierte Kartoffelstäbchen; ~ mit Ketchup*

Po·mo·lo'gie <f.; -; unz.> *Lehre*

vom Obstanbau [grch.]; **po·mo·'lo·gisch** <Adj.>

Pomp <m.; -(e)s; unz.; abwertend> *Prunk, übertriebene Pracht* [frz.]

Pom·pon <[pɔ̃'pɔ̃] m.; -s, -s> *Quaste, Troddel* [frz.]

pom'pös <Adj.> *mit viel Pomp* [frz.]

pö'nal <Adj.; Rechtsw.; veralt.> *das Strafrecht betreffend* [lat.]; **Pö·na·le** <n.; -s, -li·en; bes. österr., sonst veralt.> *Strafe, Buße*

pon·ceau <[pɔ̃'so:]; Adj.; undekl.> *hochrot; ein ~ Kleid* [frz.]; **Pon'ceau** <n.; -s; unz.> *hochroter Farbstoff;* in ~

Pon·cho <['pɔntʃo]; m.; -s, -s> *capeartiger Überwurf* [span.]

Pond <n.; -s, -; Zeichen: p> *nicht mehr zulässige Maßeinheit für die Kraft* [lat.]

pon·de'ra·bel <Adj.; veralt.> *wägbar; ponderable Pläne;* Ggs *imponderabel* [lat.]; **Pon·de·ra'bi·li·en** <Pl.; veralt.> *fass- u. wägbare Dinge;* Ggs *Imponderabilien;* **Pö·ni'tent** <m.; -en, -en; veralt.> *Büßender, Beichtender* [lat.]; **Pö·ni·ten·ti'ar** <m.; -s, -e> *= Pönitenziar;* **Pö·ni'tenz** <f.; -, -en> *Buße, Bußübung;* **Pö·ni·ten·zi'ar** <m.; -s, -e; veralt.> *Beichtvater;* oV *Pönitentiar*

Pon·ti·cel·lo <[-'tʃɛlo]; m.; -s, -s od. -li; Mus.) *bei Streichinstrumenten> Steg* [ital.]

'Pon·ti·fex <m.; -, -'ti·fi·zes od. -'ti·fi·ces> 1 <im antiken Rom> *Oberpriester* 2 *~ maximus Titel des röm. Kaisers,* <später> *Titel des Papstes* [lat.]; **pon·ti·fi'kal** <Adj.; Kath.> *zum Bischof gehörend;* **Pon·ti·fi'kal·amt** <n.; -(e)s, =er; Kath.> *vom Bischof gehaltene Messe;* **Pon·ti·fi'ka·le** <n.; - od. -s, -li·en; Kath.> *Buch mit den vorgeschriebenen Formeln für die Amtshandlungen des Bischofs;* **Pon·ti·fi'ka·li·en** <Pl.> 1 *liturg. Amtshandlungen des Bischofs* 2 *die gottesdienstl. Gewänder u. Abzeichen des Bischofs;* **Pon·ti·fi'kat** <n.; -(e)s, -e> *Amt, Amtszeit, Würde des Bischofs od. Papstes*

'pon·tisch <Adj.> *steppenhaft* [grch.]

'Pon·ti·us <in der Wendung> *von ~ zu Pilatus laufen* <fig.; umg.>

mit einem Anliegen von einem zum anderen gehen

Pon·ton <[pɔ̃'tɔ̃] od. [pɔn'tɔ̃]; m.; -s, -s> 1 *breiter, flacher Kahn als Teil einer schwimmenden Brücke;* ~brücke 2 *geschlossener Schwimmkörper von Docks u. Ä.* [frz.]; **Pon'ton·brü·cke** <f.; -, -n> Sy *Schiffbrücke*

'Po·ny¹ <n.; -s, -s> *Pferd, dessen Widerrist nicht höher als 1,48 m ist* [engl.]; **'Po·ny²** <m.; -s, -s> *in die Stirn gekämmtes, gleichmäßig geschnittenes Haar,* **'Po·ny·fri·sur** <f.; -, -en>

Pool <[pu:l]; m.; -s, -s> 1 <kurz für> *Swimmingpool* 2 <Glücksspiel> *gemeinsame Kasse, Spieleinsatz* 3 <Wirtsch.> *Zusammenschluss, Vereinigung von Unternehmen* [engl.]; **'Pool·bil·lard** <[-biljard]; n.; -s; unz.> *Billard, bei dem Kugeln in Löcher gespielt werden;* **'poo·len** <V.; Wirtsch.> 1 <V. i.> *Gewinne nach einem Verteilungsschlüssel aufteilen* 2 <V. t.> *(Beteiligungen) zusammenfassen;* **'Poo·ler** <m.; -s, -; EDV> *Gerät zur Vereinigung kleiner Datenmengen auf einem Datenträger*

Poo·na <['pu:nə] od. ['pu:na]; n.; -s; unz.; Sp.> *Vorform des Badminton* [nach der ind. Stadt *Poona*]

Pop <m.; - od. -s; unz.> 1 <kurz für> *Popmusik* 2 <Sammelbez. für> *Popkunst, Pop-Art usw.* [engl.]; **Pop...** <in Zus.> *modern, auffallend, besonders Jugendliche ansprechend*

'Po·panz <m.; -es, -e> 1 *Schreckgespenst* 2 <fig.> *willenloser, von anderen abhängiger Mensch; jmdn. zum ~ machen* [tschech.]

'Pop-Art <f.; -; unz.> *Richtung der modernen Kunst, die banale Objekte durch die Art ihrer Darstellung verfremdet und zu Kunstgegenständen macht* [engl.]

'Pop·corn <n.; -s; unz.> *unter Hitzeeinwirkung aufgeplatzte Maiskörner, Puffmais* [engl.]

'Po·pe <m.; -n, -n> *niederer Geistlicher der russ. und grch.-orthodoxen Kirche* [russ.]

'Po·pel <m.; -s, -; umg.> 1 *verhärteter Nasenschleim* 2 <abwer-

tend> *unbedeutender Mensch;* **'po·pe·lig** <Adj.; umg.> oV *poplig* 1 *armselig, dürftig* 2 *knauserig*

Po·pe'lin <m.; -s, -e>, **Po·pe·line** <[-'li:n]; m.; -s, - [-nə] od. f.; -, - [-nə]> *dichter, fester Baumwollstoff;* ~mantel [frz.]

'po·peln <V. i.; ich pop(e)le; umg.> *in der Nase bohren*

'Pop·far·be <f.; -, -n> *grelle Farbe;* **'Pop·fes·ti·val** <[-vəl]; n.; -s, -s>; **'Pop·grup·pe** <f.; -, -n>; **'Pop·kon·zert** <n.; -(e)s, -e>

'pop·lig <Adj.> *= popelig*

'Pop·mo·de <f.; -; unz.>; **'Pop·mu·sik** <f.; -; unz.> *dem Beat od. Rock verwandte Musik*

Po'po <m.; -s, -s; umg.> *Gesäß*

'Pop·per <m.; -s, -> *betont gepflegt u. teuer gekleideter Jugendlicher* [engl.]; **'Pop·pe·rin** <f.; -, -n·nen>; **'Pop·pers** <Pl.> *gefäßerweiternde Droge;* **'pop·pig** <Adj.> *in der Art des Pops, auffallend, modisch;* **'Pop·star** <m.; -s, -s>

po·pu'lär <Adj.> *volkstümlich, beliebt* [frz.]; **po·pu·la·ri'sie·ren** <V. t.> *populär machen;* **Po·pu·la·ri'sie·rung** <f.; -; unz.>; **Po·pu·la·ri'tät** <f.; -; unz.> *Volkstümlichkeit, Beliebtheit;* **Po·pu·'lär·mu·sik** <f.; -; unz.; österr.> *volkstüml. Musik;* **po·pu'lär·wis·sen·schaft·lich** <Adj.> *wissenschaftlich, aber allgemein verständlich; einen ~en Vortrag halten;* **Po·pu·la·ti'on** <f.; -, -en> 1 *Bevölkerung* 2 <Biol.> *Gesamtheit der Angehörigen einer Art in einem best. Gebiet;* **Po·pu·la·ti'ons·dich·te** <f.; -; unz.>; **Po·pu'lis·mus** <m.; -; unz.> 1 *Politik, die Volksmassen beeinflussen will* 2 *literar. Strömung, die das Leben des einfachen Volkes verständlich darstellt;* **Po·pu'list** <m.; -en, -en; abwertend>; **Po·pu'lis·tin** <f.; -, -n·nen>; **po·pu'lis·tisch** <Adj.>

Pop-up-Buch <[-'ʌp-]; n.; -(e)s, =er> *Buch, bei dem sich beim Aufklappen Bildteile aus Pappe aufstellen* [engl.]; **Pop·'up·Fens·ter** <n.; -s, -; EDV> *bei Anklicken aufgehendes kleines Fenster*

'Po·re <f.; -, -n> 1 *feines Loch, kleine Öffnung* 2 *Mündung der*

Schweißdrüsen in der Haut [grch.]; **'po·ren·tief** <Adj.; Werbespr.> dieses Waschmittel wäscht ~ rein; **'Po·ren·zie·gel** <m.; -s, -> *leichter, wärmedämmender Mauerziegel;* **...po·rig** <Adj.; in Zus.> *mit einer best. Porenart versehen, z. B. großporig;* **'po·rig** <Adj.> *mit Poren versehen*

'Por·no <m.; -s, -s; umg.; kurz für> *pornografischer Film, Roman;* **'Por·no...** <in Zus. kurz für> *Pornografie..., z. B. Pornofilm, Pornoheft;* **'Por·no·film** <m.; -(e)s, -e>; **Por·no'graf** <m.; -en, -en>; **Por·no·gra'fie** <f.; -; unz.; ↗Z11.3> *(obszöne) Darstellung geschlechtl. Vorgänge in Wort u. Bild* [grch.]; **por·no·'gra·fisch** <Adj.>; **Por·no'graph** <m.; -en, -en>; **Por·no·gra'phie** <f.; -; unz.> = *Pornografie;* **por·no'gra·phisch** <Adj.>

po'rös <Adj.> **1** *durchlässig (für Flüssigkeit u. Luft)* **2** *mit feinsten Löchern versehen* [frz.]; **Po·ro·si'tät** <f.; -; unz.>

'Por·phyr <m.; -s, -e; Geol.> *dichtes, feinkörniges Ergussgestein mit Einsprenglingen von Feldspat;* **Por·phy'rin** <n.; -s, -e; Med.> *Grundgerüst des Blutfarbstoffs od. Chlorophylls;* **por·'phy·risch** <Adj.; Geol.>; **Por·phy'rit** <m.; -s, -e> *ein Ergussgestein aus dem Paläozoikum*

'Por·ree <m.; -s, -s> *eine zu den Lauchgewächsen gehörende Gemüsepflanze* [frz.]

'Por·ridge <[-'ridʒ]; m.; -s; unz.> *dicker Brei aus Hafergrütze u. Milch* [engl.]

Porst <m.; -(e)s, -e; Bot.> *ein Heidekrautgewächs*

Port <m.; -(e)s, -e> **1** <poet.> *Hafen* **2** <EDV> *Schnittstelle*

por'ta·bel <Adj.; -bler/ -b·ler, am -s·ten> *tragbar; portable Fernsehgeräte* [lat.]; **Por·ta·ble,** <auch> **Por·tab·le** <['pɔːrtəbəl]; m. od. n.; -s, -s; ↗Z53> **1** *tragbarer Fernsehapparat* **2** *tragbarer Computer* [engl.]

Por'tal <n.; -(e)s, -e> **1** *architektonisch verziertes Tor; Kirchen~* **2** <EDV> *Startseite (im Internet)* [lat.]

Por·ta'men·to <n.; -s, -ti; Mus.>

gleitende Verbindung aufeinander folgender Töne [ital.]; **Por·ta·'tiv** <n.; -(e)s, -e; Instrumentenk.> *kleine tragbare Orgel* [frz.]; **por'ta·to** <Mus.> *getragen, aber nicht gebunden* [ital.]

Port-au-Prince <[pɔrto'prɛ̃ːs]> *Hauptstadt der Republik Haiti*

Porte·feuille <[pɔrt'fœːj]; n.; - od. -s, -s; veralt.> **1** *Brieftasche* **2** *Aktenmappe* **3** *Geschäftsbereich; Minister ohne ~ ohne eigenen Amtsbereich* **4** *Bestand an Wertpapieren* [frz.]; **Porte·mon·naie** <[pɔrtmɔ'neː]; n.; -s, -s> = *Portemonnee,* **Por·te'pee** <n.; -s, -s; ↗Z54; früher> *Band mit Quaste am Degen od. Säbel (des Offiziers)*

'Por·ter <m. od. n.; -s, -> *starkes engl. Bier* [engl.]; **Por·terhouse-steak** <['pɔrtərhausstɛːk]; n.; -s, -s> *dickes Rinderlendensteak*

Port'fo·lio <n.; -s, -s> **1** = *Portefeuille* **2** *(großformatiger) Bildband* **3** <Wirtsch.> *Bestand an Wertpapieren* [ital.]

'Por·ti <Pl. von> *Porto*

Por'ti·er <[-'tje:]; m.; -s, -s> = *Pförtner(1)* [frz.]; **Por·ti·e·re** <[-'tje:rə]; f.; -, -n> *schwerer Vorhang zu beiden Seiten der Tür;* **Por'ti·er·lo·ge** <[-lo:ʒə]; f.; -, -n> *Dienstraum des Portiers;* **Por'ti·ers·frau** <f.; -, -en>

'Por·ti·kus <m.; -, - od. -ti·ken> *Säulenvorbau* [lat.]

'Por·tio <f.; -; unz.; Anat.> *Teil, Anteil; ~ vaginalis Teil des Gebärmutterhalses* [lat.]; **'Por·ti·o·kap·pe** <f.; -, -n; Med.> *mechan. Empfängnisverhütungsmittel;* **Por'ti·on** <f.; -, -en> *abgemessene Menge (bes. von Speisen); eine ~ Eis, Gemüse; er ist nur eine halbe ~* <fig.; umg.> *er ist sehr klein, dünn; er besitzt eine tüchtige ~ Frechheit* <fig.; umg.> *er ist sehr frech;* **por·ti'o·nen·wei·se** <Adv.; österr.> *portionsweise;* **por·ti·o'nie·ren** <V. t.> *Essen ~ in Portionen einteilen;* **Por·ti·o'nie·rer** <m.; -s, -> *Gerät zum Aufteilen in Portionen (bes. von Speiseeis);* **Por·ti·o'nie·rung** <f.; -, -en>; **por·ti·'ons·wei·se** <Adv.>

'Port·juch·he <n.; -s, -s; umg.; scherzh. für> *Portmonee*

'Port Lou·is <[-'lu:is]> *Hauptstadt von Mauritius*

Port·mo'nee <n.; -s, -s; ↗Z11.2> *Geldbeutel;* oV *Portemonnaie* [frz.]

'Port Mores·by <[-'mɔːrzbi]> *Hauptstadt von Papua-Neuguinea*

'Por·to <n.; -s, -s od. 'Por·ti> *Gebühr für das Befördern von Postsendungen; Brief~, Paket~* [ital.]; **'por·to·frei** <Adj.>

'Port of Spain <[-'speːn]> *Hauptstadt von Trinidad und Tobago*

'Por·to·kas·se <f.; -, -n>

'Por·to No·vo <[-'no:vo]> *Hauptstadt von Benin*

'por·to·pflich·tig <Adj.> *das Päckchen ist ~*

'Por·to Ri·co <[-'ri:ko]; ältere Form von> *Puerto Rico,* **Por·to·ri'ka·ner** <m.; -s, -> = *Puertorikaner,* **por·to·ri'ka·nisch** <Adj.>

Por·trait, <auch> **Port·rait** <[-'trɛ:] od. [-'trɛ:]; n.; -s, -s; ↗Z53; frz. Schreibung von> *Porträt;* **Por·trät** <[-'trɛ:] od. [-'trɛ:]; n.; -s, -s> *Bildnis* [frz.]; **Por'trät·auf·nah·me** <f.; -, -n>; **por·trä'tie·ren** <V. t.> *jmds. ~ jmds. Bildnis malen;* **Por·trä'tist** <m.; -en, -en> *Porträtmaler;* **Por·trä'tis·tin** <f.; -, -n·nen>; **Por'trät·kunst** <f.; -; unz.> *Bildniskunst;* **Por'trät·zeich·nung** <f.; -, -en>

'Por·tu·gal *Staat in Südwesteuropa; Portugiesische Republik;* **Por·tu'gie·se** <m.; -n, -n> *Einwohner von Portugal;* **Por·tu·'gie·ser** <m.; -s, -> *eine rote Rebensorte;* **Por·tu'gie·sin** <f.; -, -n·nen>; **por·tu'gie·sisch** <Adj.>

'Por·tu·lak <m.; -s, -e od. -s; Bot.> *eine Gemüsepflanze* [lat.]

'Port·wein <m.; -(e)s, -e> *süßer, portugies. Dessertwein* [nach der portugies. Stadt *Porto*]

Por·zel'lan <n.; -s, -e> **1** *weißes, durchscheinendes keramisches Erzeugnis* **2** *Tafelgeschirr aus Porzellan(1)* [ital.]; **por·zel'la·nen** <Adj.> *aus Porzellan;* **Por·zel'lan·er·de** <f.; -; unz.> *ein feinerdiges Tongestein;* **Por·zel·'lan·fi·gur** <f.; -, -en>; **Por·zel·'lan·ma·le·rei** <f.; -, -en>; **Por-**

P

zel·lan·ma·nu·fak·tur <f.; -, -en> *Porzellanfabrik*; **Por·zel·'lan·schne·cke** <f.; -, -n> *Kaurischnecke*; **Por·zel·lan·tas·se** <f.; -, -n>; **Por·zel·lan·tel·ler**

POS <Abk. für> *Polytechnische Oberschule*

Pos. <Abk. für> *Position (in einer Warenliste)*

Po·sa'men·ten <Pl.; Sammelbez. für> *Waren, die als Kleidungsbesatz verwendet werden, z. B. Borten, Quasten, Bänder [frz.]*

Po'sau·ne <f.; -, -n; Instrumentenk.> *ein Blechblasinstrument; die ~n des Jüngsten Gerichts [lat.]*; **po'sau·nen** <V.> 1 <V. i.> *die Posaune blasen* 2 <V. t.; fig.; umg.> *laut rufen, verkünden; er hat die Neuigkeit in alle Welt posaunt*; **Po'sau·nen·chor** <[-ko:r]; m.; -(e)s, ⸚e>; **Po'sau·nen·en·gel** <m.; -s, -; bildende Kunst> *Engel mit Posaune*; **Po'sau'nist** <m.; -en, -en> *Posaunenbläser*; **Po'sau'nis·tin** <f.; -, -n·nen>

'Po·se <f.; -, -n> 1 *gekünstelte, gezierte Haltung; sich in ~ setzen* 2 <bildende Kunst> *Stellung, Haltung (einer Person); Figur in der ~ eines Schlafenden [frz.]*; **'po·sen** <V. i.; sie poste> *Poseur* <[-'zø:r]; m.; -s, -e> *jmd., der posiert*; **po'sie·ren** <V. i.> 1 *eine Pose einnehmen* 2 <fig.> *sich gekünstelt benehmen, sich wichtig machen*

Po·si·ti'on <f.; -, -en> 1 *Haltung, Stellung; sich in einer starken ~ befinden* 2 *Stellung im Beruf; eine gute ~ haben* 3 *Lage; die ~ eines Schiffes ermitteln; ~ eines Gestirns* 4 *Stelle in einem System; ~ einer Zahl*; <Abk.: Pos.> *einzelner Posten (in einer Liste)* 5 *Standpunkt; ~ beziehen [frz.]*; **po·si·ti·o'nell** <Adj.> *die Position betreffend*; **po·si·ti·o'nie·ren** <V. t.> 1 *in eine best. Position bringen* 2 <fig.> *in einen Zusammenhang bringen* 3 *ein Produkt ~ im Markt einordnen*; **Po·si·ti·o'nie·rung** <f.; -, -en>; **Po·si·ti'ons·be·stim·mung** <f.; -, -en>; **Po·si·ti'ons·lam·pe** <f.; -, -n> *Lampe (eines Schiffes u. Ä.) zur Kennzeichnung der Fahrtrichtung*; **Po·si·ti'ons·licht** <n.; -(e)s, -er> 1 = *Positi-*

onslampe 2 <meist Pl.> *schwache (Park-)Leuchte an Kraftwagen*; **Po·si·ti'ons·mar·ke** <f.; -, -n; EDV; österr. für> *Cursor*; **Po·si·ti'ons·win·kel** <m.; -s, -; Astr.> *Winkel zwischen den gedachten Verbindungslinien zweier Sterne zum Himmelsnordpol*

'po·si·tiv <Adj.> Ggs *negativ* 1 *bejahend; eine ~e Antwort; ~er Befund* <Med.> *B., dass tatsächlich Anzeichen einer Krankheit vorliegen;* HIV-~ 2 <Math.> *größer als Null; ~e Zahlen* 3 <El.> *~er Pol P, an dem die Elektronen in einen Körper eintreten [frz.]*; **'Po·si·tiv¹** <m.; -s, -e [-və]; Gramm.> *Grundform des Adjektivs; → a. Kasten*; **'Po·si·tiv²** <n.; -s, -e [-və]> 1 *kleine Orgel ohne festen Standort* 2 <Fot.> *Bild in der richtigen Wiedergabe der Seiten u. von Licht u. Schatten; Ggs Negativ*, **'Po·si·tiv·at·test** <n.; -(e)s, -e; Wirtsch.> *Zeugnis des Registergerichts über eine Eintragung im Handelsregister; Ggs Negativattest*; **Po·si·ti·vis·mus** <[-'vis-]; m.; -; unz.> *philos. Lehre, die auf dem tatsächlich Gegebenen beruht u. metaphysische Diskussionen ablehnt*; **Po·si·ti'vist** <m.; -en, -en>; **Po·si·ti'vis·tin** <f.; -, -n·nen>; **po·si·ti'vis·tisch** <Adj.>; **'Po·si·tiv·lin·se** <f.; -, -n; Phys.> *Sammellinse*; **'Po·si·ti·vum** <[-'vum]; n.; -s, -va; geh.> *etwas Positives; Ggs Negativum [lat.]*; **'Po·si·tron** <auch> **'Po·sit·ron** <n.; -s, -'tro·nen/-'tro·nen; Kernphys.> *Elementarteilchen mit elektrisch positiver Ladung*

Po·si'tur <f.; -, -en> 1 *für eine best. Situation gewählte Haltung; sich in ~ setzen* 2 <umg.> *Gestalt, Statur, Figur [lat.]*

'Pos·se <f.; -, -n> *derb-lustiges Bühnenstück; oV Farce(1)*; **'Pos·sen** <m.; -s, -> 1 *Streich* 2 <meist Pl.> *Spaß, Schabernack, Unfug; ~ reißen, ~ treiben*;

'pos·sen·haft <Adj.>; **'Pos·sen·haf·tig·keit** <f.; -; unz.>; **'Pos·sen·rei·ßer** <m.; -s, -> *jmd., der Witze erzählt*; **'Pos·sen·rei·ße·rin** <f.; -, -n·nen>

Pos·ses·si'on <f.; -, -en; Rechtsw.> *Besitz*; **pos·ses·'siv** <a. ['---]; Adj.; Gramm.> *besitzanzeigend; ~es Pronomen*; **Pos·ses'siv** <n.; -s, -e>, **Pos·ses·'siv·pro·no·men** <n.; -s, - od. -mi·na> *besitzanzeigendes Fürwort, z. B. mein, dein, sein; → a. Kasten S. 843*; **pos·ses·so·risch** <Adj.; Rechtsw.> *den Besitz betreffend*

pos'sier·lich <Adj.> *lustig, drollig*

Post <f.; -; unz.> 1 *(staatl.) Einrichtung zur Beförderung von Briefen, Karten, Paketen usw.; er arbeitet bei der ~* 2 *die von der Post(1) beförderten Briefe u. a. Gegenstände; ist ~ für mich da?; mit gleicher ~ senden wir Ihnen ...* 3 *Postamt; die ~ ist von 8 bis 18 Uhr geöffnet [ital.]*

post..., Post... <in Zus.> *nach..., Nach..., hinter..., Hinter...; z. B. postoperativ; Postmoderne [lat.]*

pos'ta·lisch <Adj.> *die Post betreffend*

Pos·ta'ment <n.; -(e)s, -e> *Sockel (eines Denkmals) [ital.]*

'Post·amt <n.; -(e)s, ⸚er> *Dienststelle der Post*; **'post·amt·lich** <Adj.>; **'Post·an·wei·sung** <f.; -, -en> *Geldsendung, die auf der Post(1) eingezahlt u. durch sie ausgetragen wird*; **'Post·ar·beit** <f.; -, -en; österr.; umg.> *dringende Terminarbeit*; **'Post·au·to** <n.; -s, -s>; **'Post·bank** <f.; -; unz.> *Tochterunternehmen der Deutschen Bundespost, das für den Zahlungsverkehr zuständig ist*; **'post·bar** <Adj.> *durch Postbarscheck*; **'Post·bar·scheck** <m.; -s, -s> *Anweisung an die Post zur Barauszahlung*; **'Post·be·am·te(r)** <m. 1>; **'Post·be·am·tin** <f.; -, -nen>; **'Post·diens·te·te(r)** <f. 2 (m. 1)>; **'Post·be·zirk** <m.; -(e)s, -e> *Zustellbereich eines Postamts*; **'Post·boot** <n.; -(e)s, -e>; **'Post·bo·te** <m.; -n, -n; bes. süddt.> *Briefträger*; **'Post·bo·tin** <f.; -, -n·nen>; **'Post·bus** <m.; -s·ses, -s·se>

Possessivpronomen: Das P. oder besitzanzeigende Fürwort ist eine Untergruppe der Wortart ↗Pronomen, die **Zugehörigkeit oder Besitzverhältnisse** anzeigt. Sprachhistorisch gesehen ist das P. die Genitivform des ↗Personalpronomens.

Das P. kann sowohl als **Begleiter** als auch als **Stellvertreter des Substantivs** verwendet werden (vgl. ↗Pronomen).

Als Begleiter richtet sich das P. erstens nach dem ↗Substantiv, vor dem es steht und auf das es bezogen ist, und zweitens nach dem bzw. der Person, für das bzw. die es steht. Die Flexion des P. richtet sich nach Genus, Numerus und Kasus des nachfolgenden Substantivs: *Das ist mein Pullover/meine Ho-*

se/mein Kleid. Das sind meine Schuhe.

Für die Person bzw. das Substantiv, für das bzw. das ein P. steht, gibt es unterschiedliche P.:
Singular: *mein, dein, sein, ihr, sein*
Plural: *unser, euer, ihr*
Wird das P. als Stellvertreter gebraucht, so nimmt es die Funktion des nominalen Satzgliedes ein: *Das ist das meine/Meine.*

Im Folgenden die ↗**Deklination** des P. am Beispiel von *sein* (3. Person Sg. Mask.):

Singular			Plural
	Mask.	Fem.	Neutr.	MFN
Nom.	*sein*	*seine*	*sein*	*seine*
Gen.	*seines*	*seiner*	*seines*	*seiner*
Dat.	*seinem*	*seiner*	*seinem*	*seinen*
Akk.	*seinen*	*seine*	*sein*	*seine*

'**Pöst·chen** <n.; -s, -; Verkleinerungsf. von> *Posten;*

'**Post·damp·fer** <m.; -s, ->

'**post·da·tie·ren** <V. t.; veralt.> *nachdatieren*

'**Post·dienst** <m.; -(e)s; unz.>; '**post·dienst·lich** <Adj.; österr.> ~er Vermerk; '**Post·di·rek·ti·on** <f.; -, -en>; '**Post·ein·gangs·stel·le** <f.; -, -n; österr.>

post·em·bry·o'nal, <auch> **post·emb·ry·o'nal** <Adj.; ↗Z53; Med.> *nach Abschluss der embryonalen Entwicklung auftretend* [lat.]

'**pos·ten** <V. i.> 1 <schweiz.> *Besorgungen machen, einkaufen* 2 <EDV> *im Internet verschicken* [engl.]

'**Pos·ten** <m.; -s, -> 1 *jmd., der Wache hält;* Wacht~; auf dem ~ sein <a. fig.> *wohlauf, gesund* 2 *Anstellung, Amt;* ein guter ~ 3 *bestimmte Menge von Waren (aus einem Sortiment);* ein ~ Unterhemden 4 *einzelner Betrag (in einer Rechnung)*

Pos·ter <['po:stə(r)]; n. od. m.; -s, -> *großes, plakatartiges Bild;* ein ~ an der Wand befestigen [engl.]

pos·te res'tan·te <['pɔst rɛs'tã:t]; frz. Bez. für> *postlagernd* [frz.]

'**Post·fach** <n.; -(e)s, ⸚er; kurz für> *Postschließfach;* '**post·fer·tig** <Adj.> Briefe ~ machen; '**post·frisch** <Adj.> *ungestempelt u. unbeschädigt* (Briefmar-

ke); '**Post·ge·bühr** <f.; -, -en>; '**Post·ge·heim·nis** <n.; -s·ses; unz.>; '**post·ge·neh·migt** <Adj.; österr.> ~er Anrufbeantworter; '**Post·gi·ro** <[-ʒi:-]; n.; -s, -s; kurz für> *Postgirokonto;* '**Post·gi·ro·amt** <n.; -(e)s, ⸚er; Abk.; PGiroA>; '**Post·gi·ro·kon·to** <n.; -s, -ten od. -ti od. -s>; '**Post·gi·ro·ver·kehr** <m.; -s; unz.> *bargeldloser Zahlungsverkehr durch die Post*

post·gla·zi'al <Adj.; Geol.> *nach der Eiszeit (auftretend);* Ggs *präglazial* [lat.]

post·gra·du'ell <Adj.> *nach der Graduierung an einer Hochschule stattfindend;* ein ~es Aufbaustudium

'**Post·gut** <n.; -(e)s, ⸚er>; '**Post·hal·ter** <m.; -s, -> 1 <früher> *Unternehmer, der Pferde u. Postillione bestellte* 2 <schweiz.> *Leiter eines Postbüros;* '**Post·horn** <n.; -(e)s, ⸚er; früher> *Signalhorn des Postillions*

post'hum <Adj.> = *postum*

pos'tie·ren <V. t./V. refl.> jmdn. ~ *an einer Stelle aufstellen;* sich ~ vor einem Gebäude ~ [frz.]; **Pos'tie·rung** <f.; -, -en>

Pos'til·le <f.; -, -n> 1 <urspr.> *Erklärung von Bibelstellen* 2 <danach> *religiöses Erbauungsbuch* [lat.]

'**Pos·til·li·on** <m.; -s, -e; früher> *Fahrer der Postkutsche* [frz.]

post·kar'bo·nisch <Adj.; Geol.>

nach dem Karbon (auftretend); Ggs *präkarbonisch* [lat.]

'**Post·kar·te** <f.; -, -n> *Karte für den Schriftverkehr;* '**Post·kar·ten·grö·ße** <f.; -; unz.>; '**Post·kas·ten** <m.; -s, ⸚> *Briefkasten*

'**post·kom·mu·nis·tisch** <Adj.> *die Verhältnisse nach dem Zusammenbruch des Kommunismus betreffend*

post'kul·misch <Adj.> *nach dem Kulm (liegend, auftretend)*

'**Post·kun·de** <m.; -n, -n>; '**Post·kun·din** <f.; -, -nen>; '**Post·kut·sche** <f.; -, -n; früher>; '**post·la·gernd** <Adj.> *an ein Postamt adressiert u. vom Empfänger dort abzuholen;* '**Post·leit·zahl** <f.; -, -en; Abk.: PLZ> *Kennzahl für einen Ort zur Erleichterung der Postverteilung;* '**Post·ler** <m.; -s, -; umg.> 1 *Postbeamter* 2 *Briefträger;* '**Pöst·ler** <m.; -s, -; schweiz.; umg.> = *Postler;* '**Post·le·rin** <f.; -, -nen>

post me'ri·di·em <Abk.: p. m.> *nachmittags;* 6 Uhr p. m. [lat.]

'**Post·mi·nis·ter** <m.; -s, ->; '**Post·mi·nis·te·rin** <f.; -, -nen>; '**Post·mi·nis·te·ri·um** <n.; -s, -ri·en>

'**post·mo·dern** <Adj.>; '**Post·mo·der·ne** <f.; -; unz.> *auf die Moderne folgende Epoche, die durch Subjektivismus, Stilpluralismus u. spielerischen Umgang mit historischen Elementen gekennzeichnet ist*

Post·mo·lar <m.; -en, -en; Med.> *hinterer Backenzahn* [lat.]

post·mor'tal <Adj.; Med.> *nach dem Tod (geschehend);* Ggs *prämortal* [lat.]

post·na'tal <Adj.; Med.> *nach der Geburt (geschehend);* Ggs *pränatal*

post·o·pe·ra'tiv <Adj.; ↗Z55; Med.> *nach der Operation;* Med.> *präoperativ*

Post·po·si·ti'on <f.; -, -en; Gramm.> *dem Substantiv nachgestellte Präposition,* z. B. der Kinder wegen [lat.]; **post·po·si'tiv** <Adj.; Gramm.>

'**Post·sa·che** <f.; -, -n> *Postsendung;* '**Post·schaff·ner** <m.; -s, -; österr.; Dienstbez. für> *Postbeamter der untersten Besoldungsgruppe;* '**Post·schal·ter** <m.; -s, ->;

P

'Post·scheck <m.; -s, -s> = Postbarscheck; **'Post·scheck·amt** <n.; -(e)s, ⸚er; Abk.: PSchA; früher Bez. für> Postgiroamt; **'Post·scheck·kon·to** <n.; -s, -kon·ten od. -kon·ti od. -s> früher Bez. für> Postgirokonto; **'Post·schließ·fach** <n.; -(e)s, ⸚er; Kurzw.: Postfach> im Postamt zu mietendes Fach für Briefe, die der Empfänger selbst abholt

Post'script <n.; -s; unz.; EDV> Programmiersprache zur Datenausgabe mit vielen grafischen Möglichkeiten

'Post·sen·dung <f.; -, -en>

Post'skript <n.; -(e)s, -e; Abk.: PS>, **Post'skrip·tum** <n.; -s, -ta> Nachschrift, Nachtrag (zu Briefen, Abhandlungen u. Ä.)

'Post·spar·buch <n.; -(e)s, ⸚er>

'Post·stem·pel <m.; -s> Stempel zur Briefmarkenentwertung

post·ter·ti·är <Adj.; Geol.> nach dem Tertiär (liegend, auftretend) [lat.]

post·trau·ma·tisch <Adj.; Med.> nach einem Trauma; ~es Symptom [lat.; grch.]

Pos·tu'lat <n.; -(e)s, -e> 1 Forderung 2 <Philos.> Annahme, die unbeweisbar, aber glaubhaft ist 3 Probezeit beim Eintritt in einen kath. Orden; **pos·tu'lie·ren** <V. t.> 1 etwas ~ fordern 2 ein Postulat(2) aufstellen [lat.]; **Pos·tu'lie·rung** <f.; -, -en>

pos'tum <Adj.> oV posthum 1 nach dem Tod erfolgend; ~e Würdigung 2 nach dem Tod (des Verfassers, Komponisten) erschienen, nachgelassen; ~e Werke [lat.]

Pos'tur <f.; -, -en; schweiz.> = Positur(2)

'Post·ver·kehr <m.; -s; unz.>; **'Post·weg** <m.; -(e)s, -e> auf dem ~; **post·wen·dend** <Adj.> mit der nächsten Post, sofort; ~ antworten; **'Post·wert·zei·chen** <n.; -s, -> Briefmarke, aufgedruckter Wertstempel; **'Post·wurf·sen·dung** <f.; -, -en> Massendrucksache

Pot <n.; -s; unz.; umg.> = Marihuana [engl.]

Pot·au·feu, <auch> **Po·tau·feu** <[poto'føː]; m. od. n.; - od. -s, -s; ⸚Z54; Kochk.> 1 Fleisch- u.

Gemüseeintopf 2 <nur m.> großer, hitzebeständiger Suppentopf [frz.]

po·tem·kin·sche 'Dör·fer, <auch> **Po·tem·kin·sche 'Dör·fer** <[pʌ'tjɔm-]; Pl.; ⸚Z58.1> Vorspiegelungen, Blendwerk [nach dem russ. Fürsten G. A. Potemkin]

po'tent <Adj.> 1 <Med.> zeugungsfähig, fähig zum Geschlechtsverkehr; Ggs impotent 2 <geh.> finanzstark, einflussreich, mächtig; ~e Unternehmen [lat.]; **Po·ten'tat** <m.; -en, -en> Machthaber, regierender Fürst; **Po·ten'ta·tin** <f.; -, -n·nen>; **po·ten·ti'al** <Adj.; ⸚Z11.4> = potenzial; **Po·ten·ti·'al** <n.; -s, -e>; **Po·ten·ti·al·dif·fe·renz** <f.; -, -en; Phys.>; **Po·ten·ti·al·ge·fäl·le** <n.; -s, ->; **Po·ten·ti·a·lis** <m.; -, -les [-les]; Gramm.>; **Po·ten·ti·a·li·tät** <f.; -, -en; Philos.>; **Po·ten·ti·al·strö·mung** <f.; -, -en; Phys.>; **po·ten·ti'ell** <Adj.>

Po·ten'til·la <f.; -, -'til·len; Bot.> eine Heilpflanze [lat.]

Po·ten·ti·o·me·ter <n.; -s, -; ⸚Z11.4> = Potenziometer; **Po·ten·ti·o·me'trie**, <auch> **Po·ten·ti·o·met'rie** <f.; -, -n; ⸚Z53>; **po·ten·ti·o·met'risch** <Adj.>;

Po'tenz <f.; -, -en> 1 <unz.; Med.> Fähigkeit des Mannes, den Geschlechtsverkehr auszuüben, Zeugungsfähigkeit; Ggs Impotenz 2 <unz.; Homöopathie> Grad der Verdünnung (eines Arzneimittels) 3 <Math.> Produkt mehrerer gleicher Faktoren; eine Zahl in die zweite ~ erheben zweimal mit sich selbst multiplizieren [lat.]; **Po'tenz·ex·po·nent** <m.; -en, -en> Hochzahl einer Potenz(3); **po·ten·zi'al** <Adj.; ⸚Z11.4> als Möglichkeit vorhanden; oV potential; **Po·ten·zi'al** <n.; -s, -e> 1 Leistungsfähigkeit 2 mögliches Vorhandensein; <Phys.> 3 <Phys.> Maß zur Beschreibung eines Kraftfeldes; **Po·ten·zi'al·dif·fe·renz** <f.; -, -en; Phys.> 1 Unterschied zwischen den Werten der Potenziale(3) an zwei verschiedenen Raumpunkten 2 <i. e. S.> Spannung zwischen zwei elektrisch geladenen Kör-

pern; **Po·ten·zi'al·ge·fäl·le** <n.; -s, -> = Potenzialdifferenz; **Po·ten·zi'a·lis** <m.; -, -les [-le:s]; Gramm.> Aussageweise der Möglichkeit (eine der Funktionen des Konjunktivs); **Po·ten·zi·a·li'tät** <f.; -, -en; Philos.> Möglichkeit, die zur Wirklichkeit werden kann; **Po·ten·zi'al·strö·mung** <f.; -, -en; Phys.> reibungslose Strömung, in der keine Wirbel entstehen; **po·ten·zi'ell** <Adj.; ⸚Z11.4> 1 möglich, denkbar 2 <Phys.> ~e Energie E. eines Körpers aufgrund seiner Lage; **po·ten'zie·ren** <V. t.> 1 eine Kraft ~ steigern, erhöhen 2 <Math.> Zahlen ~ in die Potenz(3) erheben, mit sich selbst multiplizieren 3 <Homöopathie> Arzneimittel ~ verdünnen; **Po·ten'zie·rung** <f.; -, -en>; **Po·ten·zi·o·me·ter** <n.; -s, -; El.> Spannungsteiler; **Po·ten·zi·o·me'trie**, <auch> **Po·ten·zi·o·met'rie** <f.; -, -n; ⸚Z53> Verfahren der Elektroanalyse; **po·ten·zi·o·met'risch** <Adj.>; **'po·tenz·schwä·che** <f.; -; unz.; Med.>; **po'tenz·stei·gernd** <Adj.; ⸚Z29; Med.> ~e Mittel; <aber> neue, die Potenz steigernde M.

'Pot·pour·ri <[-'pur-]; n.; -s, -s> 1 aus verschiedenen (miteinander verbundenen) Melodien zusammengesetztes Musikstück 2 Vermischtes, Allerlei [frz.]

'Pots·dam Hauptstadt des Bundeslandes Brandenburg

Pott <m.; -(e)s, ⸚e; umg.> Topf; **'Pott·a·sche** <f.; -; unz.; ⸚Z55> Kaliumcarbonat; **'pott'häss·lich** <Adj.; umg.; verstärkend> sehr hässlich; **'Pott·wal** <m.; -(e)s, -e; Zool.> ein Zahnwal

Pou·lard <[pu'la:r]; n.; -s, -s; österr.>, **Pou'lar·de** <f.; -, -n> junges, vor der Geschlechtsreife geschlachtetes Masthuhn od. -hähnchen; **Pou·let** <[pu'le:]; n.; -s, -s; ⸚Z53> junges Huhn od. Hähnchen zum Braten [frz.]

Pour le Mé·rite <[pu:r lə me'rit]; m.; ---; unz.> hoher (preußischer) Verdienstorden [frz.]

pous·sie·ren <[pu-]; V.> 1 <V. t.; umg.; veralt.> jmdn. ~ umwerben 2 <V. i.; umg.> mit einem Mädchen ~ flirten [frz.]

Pou·voir <[puvo'a:r]; n.; -s, -s; österr.> *Handlungsvollmacht, Vertretungsvollmacht* [frz.]

'po·wer <Adj.> *armselig, dürftig;* eine ~e Behausung [frz.]

Pow·er, <auch> **Po·wer** <['pauər]; f.; -; unz.; ↗Z52; salopp> *Stärke, Leistung, Kraft, Energie* [engl.]; **'Pow·er·book** <[-buk]; n.; -s, -s; EDV> *Laptop;* **'Pow·er·frau** <f.; -, -en; umg.; salopp> *energievolle Frau;* **'Pow·er·lif·ting** <n.; - od. -s; unz.; Sp.> *Kniebeugen mit Gewichten im Nacken;* **'pow·ern** <V. i.; umg.> **1** *mit großer Energie u. Leistungskraft arbeiten* **2** *Macht ausüben, rücksichtslos vorgehen;* **'Pow·er·pack** <[-pæk]; n.; -s, -s>; **'Pow·er·play** <[-pleı]; n.; -s, -s; Sp.> *verstärkter Ansturm auf den gegnerischen bzw. das gegnerische Tor;* **'Pow·er·slide** <[-slaıd]; n.; -s, -s; Autorennsp.> *Wegschliddern des hinteren Wagenteils in Kurven*

'Po·widl <m.; -s, -; österr.> *Pflaumenmus;* **'Po·widl·ta·scherl, 'Po·widl·tatsch·kerl** <n.; -s, -n; österr.> *eine Mehlspeise mit Pflaumenmus*

pp <Abk. für> *pianissimo*

pp. <Abk. für> *per procura*

PP <Chem.; Zeichen für> *Polypropylen*

PP. <Abk. für> *Patres*

ppa. <Abk. für> *per procura*

ppb <Abk. für engl.> *part per billion (engl. billion entspricht der dt. Milliarde)*

ppm <Abk. für engl.> *part per million*

PPS <Abk. für engl.> *Production Planning and Scheduling*

Pr <Chem.; Zeichen für> *Praseodym*

PR <Abk. für> *Publicrelations*

Prä <n.; -s, -s> *Vorrang, Vorzug;* das ~ haben [lat.]; **prä..., Prä...** <in Zus.> *vor..., Vor...;* z. B. prähistorisch; **Prä'am·bel** <f.; -, -n> *einleitende Erklärung (zu einem Vertrag o. Ä.)*

'Pra·cher <m.; -s, -; norddt.> *aufdringlicher Bettler* [poln.]; **'pra·chern** <V. i.; ich prach(e)re>

Pracht <f.; -; unz.> *strahlende Schönheit, Prunk;* es ist eine wahre ~ <fig.> *es ist herrlich;* **'Pracht·aus·ga·be** <f.; -, -n>

Prädikat: Das P. [< lat. *praedicatum* „das Ausgesagte"] ist ein ↗Satzglied, das gemeinsam mit dem ↗Subjekt einen einfachen ↗Aussagesatz bilden kann.
In der Sprachphilosophie der grch. Antike betrachtete man den einfachen Aussagesatz als Behauptung, in der einem Gegenstand (dem Subjekt) eine bestimmte Eigenschaft zugeordnet oder nicht zugeordnet wird. Dabei wurde der Ausdruck, der die Eigenschaft benennt, als P. bezeichnet.
Das einfache P. besteht im Deutschen aus einer finiten (flektierten) Verbform:
Sie liest. Er schläft. Die Pferde wiehern.
Ein mehrteiliges P. besteht überwiegend aus zusammengesetzten Tempora, wobei der finite Verbteil in der Regel an zweiter Stelle im Aussagesatz steht:

Das Geld wird in zwei Tagen eintreffen. Sie sind bereits angekommen.

Prädikativ: Das P. ist ein nominaler Satzteil, der gemeinsam mit der ↗Kopula das ↗Prädikat bildet. Man unterscheidet zwischen
a) **Prädikatsnomen** (Gleichsetzungsnominativ): *Er ist/bleibt Vorsitzender.*
b) **Prädikatsakkusativ** (Gleichsetzungsakkusativ): *Sie nannte ihn einen Angeber.*
c) **Prädikatsadjektiv:** *Es wird dunkel.*
d) **Prädikativsatz:** *Sie schien so zu sein, wie er es niemals für möglich gehalten hätte.*
e) **Subjektsprädikativ:** *Frau Meier ist Schneiderin.*
f) **Objektsprädikativ:** *Wir halten ihn für einen begabten Journalisten.*

---

bes. schön ausgestattete Buchausgabe; **'Pracht·bau** <m.; -(e)s, -ten>; **'Pracht·ex·em·plar,** <auch> **Pracht·e·xemp·lar** <n.; -s, -e; ↗Z54>; **'Pracht·fink** <m.; -en, -en; Zool.> *ein Sperlingsvogel;* **'präch·tig** <Adj.> **1** *mit großer Pracht ausgestattet;* ~e Gewänder **2** *herrlich, großartig;* das ist ja ~!; **'Präch·tig·keit** <f.; -; unz.>; **'Pracht·kä·fer** <m.; -s, -; Zool.> *metallisch glänzender Käfer;* **'Pracht·kerl** <m.; -s, -e; umg.> *jmd., an dem man seine Freude hat;* Levis ist ein echter ~; **'Pracht·spie·re** <f.; -, -n; Bot.> *eine Zierpflanze;* **'Pracht·stra·ße** <f.; -, -n> *repräsentative Straße in einer Großstadt;* **'Pracht·stück** <n.; -(e)s, -e>; **'pracht·voll** <Adj.>

'pra·cken <V.; österr.; umg.> **1** <V. i. u. V. t.> *schlagen, klopfen* **2** <V. i.> *abgehackt sprechen;* **'Pra·cker** <m.; -s, -; österr.> *Teppichklopfer*

Prä·des·ti·na·ti·on <f.; -; unz.> *göttliche Vorherbestimmung des Menschen* [lat.]; **Prä·des·ti·na·ti·ons·leh·re** <f.; -; unz.; Theol.>; **prä·des·ti·nie·ren** <V. t.> *vorausbestimmen;* **prä·des·ti·niert** <Adj.; ↗Z28.1> *wie geschaffen für etwas, besonders gut geeig-*

net; **Prä·des·ti·nie·rung** <f.; -; unz.>

'Prä·de·ter·mi·na·ti·on <f.; -; unz.; Biol.> *Vorausbestimmung der Verwirklichung von Erbanlagen* [lat.]

Prä·di'kant <m.; -en, -en> *Pfarrhelfer* [lat.]; **Prä·di'kat** <n.; -(e)s, -e> **1** *Titel, Bezeichnung für einen Rang;* Adels~ **2** *Ergebnis einer Bewertung;* eine Arbeit mit dem ~ "sehr gut" bewerten; Sy *Note(2)* **3** <Gramm.> *Satzteil, der Tätigkeit, Zustand od. Eigenschaft eines Subjektes angibt, Satzaussage;* → a. Kasten; **Prä·di·ka·ten·lo·gik** <f.; -; unz.; Philos.> *Teilgebiet der mathemat. Logik;* **Prä·di·ka·ti'on** <f.; -, -en> **1** <Logik; Philos.> *Aussage über etwas, Gebrauch von Prädikaten* **2** <Sprachw.> *Satzaussage;* **prä·di·ka·ti'sie·ren** <V. t.> *mit einem Prädikat auszeichnen;* **prä·di·ka'tiv** <Adj.; Gramm.> *zum Prädikat gehörend;* **Prä·di·ka'tiv** <n.; -s, -e; Gramm.> *auf das Subjekt od. Objekt bezogener Teil des Prädikats;* → a. Kasten; **Prä·di·ka'tiv·satz, Prä·di'kat·satz** <m.; -es, =e; Gramm.> *Nebensatz, der ein substantivisches Prädikativ ersetzt;* **Prä·di'kats·ex·a·men,** <auch> **Prä·di'kats·e·xa·men**

Präfixverb: Ein P. ist ein zusammengesetztes Verb, das im Gegensatz zum ↗**Partikelverb** nicht trennbar ist: *begéhen, gefállen, umfríeden* usw. Der Wortakzent liegt hier auf dem ↗**Wort**stamm, während die Partikelverben auf der ersten Silbe (*áusmachen, ánkommen, úmfallen*) betont werden.
Eine Reihe von Verbzusätzen wie *um-, durch-, unter-, über-, hinter-* kann sowohl Partikelverben als auch P. bilden, vgl. *híntergehen* vs. *hintergéhen*.

<n.; -s, -; ↗Z54> *Examen mit Auszeichnung*; **Prä·di'kats·no·men** <n.; -s, - od. -mi·na; Gramm.> *aus einem Nomen bestehendes Prädikativ; z. B. er ist Hausmeister*; **Prä·di'kats·wein** <m.; -(e)s, -e> *Qualitätswein*
Prä·dik·ti'on <f.; -, -en; geh.> *Vorhersage* [lat.]
prä·dis·po'nie·ren <V. t.> *vorausbestimmen; für eine Krankheit prädisponiert sein anfällig sein*; **Prä·dis·po·si·ti'on** <f.; -, -en; bes. Med.> *Anlage, Empfänglichkeit* [lat.]
Prä·do·mi·na·ti'on <f.; -, unz.>; **prä·do·mi'nie·ren** <V. i.> *vorherrschen, überwiegen* [lat.]
'**prae·cox** <Med.> *verfrüht, vorzeitig*; Ejaculatio ~ [lat.]
Prä·e·xis'tenz <f.; -, -en; Theol.; Philos.> 1 *Dasein der Seele vor Eintritt in den Körper* 2 *Dasein in einem früheren Leben* [lat.]
prä·fa·bri'zie·ren, <auch> **prä·fab·ri'zie·ren** <V. t.; ↗Z53; geh.> *im Voraus festlegen, vorfertigen; eine präfabrizierte Meinung* [lat.]
Prä·fa·ti'on <f.; -, -en; Theol.> *Teil der christl. Liturgie* [lat.]
Prä'fekt <m.; -en, -en> 1 <im antiken Rom> *hoher ziviler od. milit. Beamter* 2 *oberster Verwaltungsbeamter eines frz. Departements od. einer ital. Provinz* [lat.]; **Prä'fek·tin** <f.; -, -n·nen>; **Prä'fek·tur** <f.; -, -en> *Amt eines Präfekten*
prä·fe·ren·ti'ell <Adj.; ↗Z11.4; bes. Wirtschaft> = *präferenziell*; **Prä·fe'renz** <f.; -, -en> 1 *Vorrang, Vorzug;* ~ *erkennen lassen* 2 <Wirtsch.> *Bevorzugung,*

Begünstigung [lat.]; **Prä·fe'renz·ab·kom·men** <n.; -s, -; Wirtsch.>; **prä·fe·ren·zi'ell** <Adj.; bes. Wirtsch.> *auf Präferenzen beruhend, vorrangig*; **Prä·fe'renz·zoll** <m.; -s, ⸗e> *niedrigerer Vorzugszoll*; **prä·fe'rie·ren** <V. t.> *den Vorzug geben*
prä·fi'gie·ren <V. t.; Gramm.> *ein Präfix voranstellen;* '**Prä·fix** <a. [-'-]; n.; -es, -e; Gramm.> *Vorsilbe;* Ggs *Suffix;* → a. *Kasten Affix* [lat.]; '**Prä·fix·verb** <n.; -s, -en> → *Kasten*
Prä·for·ma·ti'on <f.; -; unz.; Biol.> *Annahme, dass das Lebewesen schon im Keim vorgebildet ist* [lat.]; **prä·for'mie·ren** <V. t.> *im Keim vorbilden;* **Prä·for'mie·rung** <f.; -; unz.>
'**Prag** *Hauptstadt von Tschechien*
'**präg·bar** <Adj.>; '**Prä·ge** <f.; -, -n> *Münzanstalt;* '**Prä·ge·druck** <m.; -(e)s, -e> *Druck mit reliefartigem Druckbild;* '**Prä·ge·ei·sen** <n.; -s, -; österr.>; '**prä·gen** <V. t.> 1 *etwas ~ durch Druck so formen, dass eine Figur, Schrift o. Ä. plastisch abgebildet wird* 2 <fig.> *gestalten; die Literatur der Klassik ist von Goethe geprägt worden* 3 *erstmalig bilden; einen Begriff ~*
'**Pra·ger** <m.; -s, -> *Einwohner von Prag*, '**Pra·ge·rin** <f.; -, -n·nen>
'**Prä·ge·stem·pel** <m.; -s, -> *Stempel, auf dem ein Bild od. eine Schrift erhaben od. vertieft eingearbeitet ist;* '**Prä·ge·stock** <m.; -(e)s, ⸗e> *Maschine mit Prägestempel*
prä·gla·zi'al <Adj.> *voreiszeitlich;* Ggs *postglazial* [lat.]
Prag·ma·lin·gu'is·tik <f.; -; unz.; Sprachw.> *soziologisch ausgerichteter Teilbereich der Linguistik;* **prag·ma·lin·gu'is·tisch** <Adj.; Sprachw.>; **Prag'ma·tik** <f.; -; unz.> 1 *Orientierung auf das Nützliche* 2 <Sprachw.> *Teilbereich der Zeichenlehre, der die Beziehungen zwischen den Zeichen und den sie verwendenden Menschen betrifft* [grch.]; **Prag'ma·ti·ker** <m.; -s, ->; **Prag'ma·ti·ke·rin** <f.; -, -n·nen>; **prag'ma·tisch** <Adj.> 1 *im Sinne des Pragmatismus* 2 *zur Pragmatik(2) gehörig* 3

sachlich; ~e *Geschichtsschreibung G., die die Ursachen u. Auswirkungen von hist. Ereignissen untersucht u. versucht daraus Lehren zu ziehen;* **prag·ma·ti·sie·ren** <V. t.; österr.> *jmdn. ~ verbeamten;* **Prag·ma·ti·sie·rung** <f.; -, -en>; **Prag·ma·tis·mus** <m.; -; unz.> *Lehre, nach der sich das Wesen des Menschen in seinem Handeln ausdrückt, das ebenso wie das Denken dem praktischen Leben dienen soll*
prä'gnant, <auch> **präg'nant** <Adj.> *kurz u. treffend;* ~e *Formulierung* [lat.]; **Präg'nanz** <f.; -; unz.>
'**Prä·gung** <f.; -, -en> 1 *das Prägen;* die ~ *einer Münze* 2 *geprägtes Bild od. Muster* 3 <fig.> *Gepräge, Eigenart; ein Mensch von eigener ~*
'**Prä·his·to·rie** <[-rio]; f.; -; unz.> *Vorgeschichte* [lat.]; '**Prä·his·to·ri·ker** <m.; -s, ->; '**Prä·his·to·ri·ke·rin** <f.; -, -n·nen>; '**prä·his·to·risch** <Adj.> *vorgeschichtlich*
'**prah·len** <V. i.; abwertend> (mit etwas) ~ *sich einer Sache rühmen;* '**Prah·ler** <m.; -s, -> *Angeber;* '**Prah·le'rei** <f.; -, -en>; '**Prah·le·rin** <f.; -, -n·nen>; '**prah·le·risch** <Adj.> *angeberisch;* '**Prahl·hans** <m.; -es, ⸗e; umg.> *jmd., der viel prahlt;* '**Prahl·sucht** <f.; -; unz.>; '**prahl·süch·tig** <Adj.>
Prahm <m.; -(e)s, -e> *flacher, breiter Lastkahn* [tschech.]
Prä·ju'diz <n.; -es, -e> 1 *vorher getroffene Entscheidung* 2 <Rechtsw.> *für spätere Fälle maßgebende richterl. Entscheidung* [lat.]; **prä·ju·di·zi'al,** **prä·ju·di·zi'ell** <Adj.>; **prä·ju·di'zie·ren** <V. t.> *eine Sache ~ der Entscheidung über eine S. vorgreifen*
prä·kam·brisch, <auch> **prä·'kamb·risch** <Adj.; ↗Z53>; **Prä·'kam·bri·um** <n.; -s; unz.; Geol.> *vor dem Kambrium liegender erdgeschichtl. Zeitraum* [lat.]
prä·kan·ze·rös <Adj.; Med.> *potenziell in Krebs übergehend* [lat.]; **Prä·kan·ze·ro·se** <f.; -, -n; Med.> *Krebsvorstufe*
prä·kar'bo·nisch <Adj.; Geol.>

vor dem Karbon liegend; Ggs *postkarbonisch* [lat.]

prä·klu·die·ren <V. t.>; **Prä·klu·si·on** <f.; -, -en> *Ausschließung, gerichtl. Verweigerung* [lat.]; **prä·klu·siv** <Adj.> *ausschließend*; **Prä·klu·siv·frist** <f.; -, -en> *gerichtl. festgelegte Frist, nach deren Ablauf ein Recht nicht mehr geltend gemacht werden kann*

Prä·ko·gni·ti·on, <auch> **Prä·kog·ni·ti·on** <f.; -, -en; ↗Z53; Parapsych.> *Wahrnehmung außersinnlicher Vorgänge* [lat.]

prä·ko·lum·bisch <Adj.> *vor der Entdeckung durch Kolumbus*

'Pra·krit, <auch> **'Prak·rit** <n.; -s; unz.; ↗Z53; Sammelbez. für *mehrere mittelindische Dialekte zwischen 500 v. Chr. u. 1000 n. Chr.* [Sanskrit]

'Prak·tik <f.; -, -en> 1 *Ausübung (einer Tätigkeit)* 2 *Handhabung (eines Werkzeugs)* 3 *Verfahren* 4 <fig.> *Kunstgriff, Kniff* 5 <Pl.> ~*en Machenschaften*; *dunkle* ~*en* [grch.]; **'Prak·ti·ka** <Pl. von> **Praktikum; prak·ti·ka·bel** <Adj.; -'kab·ler, am -s·ten> 1 *brauchbar, zweckmäßig*; *praktikable Vorschläge* 2 *anwendbar, durchführbar*; Ggs *impraktikabel* [lat.]; **Prak·ti·ka·bel** <n.; -s, -; Theat.> *begehbarer Teil der Bühnendekoration*; **Prak·ti·ka·bi·li·tät** <f.; -; unz.>; **Prak·ti·kant** <m.; -en, -en> *jmd., der ein Praktikum macht*; **Prak·ti·kan·tin** <f.; -, -n·nen>; **Prak·ti·ker** <m.; -s, -> *praktischer Mensch*; Ggs *Theoretiker*; **'Prak·ti·ke·rin** <f.; -, -n·nen>; **'Prak·ti·kum** <n.; -s, -ti·ka> 1 *Übung, Kurs zur prakt. Anwendung des in der Vorlesung Erlernten* 2 *prakt. Teil einer Ausbildung*; **'prak·tisch** <Adj.> 1 *auf Praxis(1) beruhend, in der Wirklichkeit, tatsächlich*; ~*e Ausbildung*; ~*e Erfahrung*; *sie ist* ~ *fertig* <umg.> *so gut wie fertig*; Ggs *theoretisch* 2 *zweckmäßig, gut zu handhaben*; ~*e Werkzeuge, Verfahren*; *eine* ~ *e Einrichtung*; *sie wünscht sich etwas Praktisches* 3 *geschickt, findig*; *er ist* ~ *veranlagt* 4 ~*er Arzt Allgemeinmediziner, nicht spezialisierter Arzt* 5 ~*es Jahr Prakti-*

kum von einem Jahr Dauer; **prak·ti·'zie·ren** <V.> 1 <V. t.> *ein Verfahren, eine Methode* ~ *in die Praxis umsetzen, in der Praxis anwenden* 2 <V. i.> *als Arzt tätig sein*; *Dr. Müller praktiziert hier ab dem 1.10.*; ~ *der Arzt*

prä·'kul·misch <Adj.> *vor dem Kulm liegend* [lat.]

Prä·'lat <m.; -en, -en> *hoher geistl. Würdenträger* [lat.]; **Prä·la·'tur** <f.; -, -en> *Amt, Wohnung eines Prälaten*

Prä·li·mi·'nar·frie·den <m.; -s, -> *vorläufiger Frieden*; **Prä·li·mi·'na·ri·en** <Pl.> *diplomat. Vorverhandlungen* [lat.]; **prä·li·mi·'nie·ren** <V. t.> *vorläufig festlegen*

Pra·'li·ne <f.; -, -n> *kleines Konfektstück mit einem Schokoladenüberzug*; oV *Pralinee* [nach dem frz. Marschall du Plessis-Praslin]; **'Pra·li·né** <n.; -s, -s; oberdt.; schweiz.>, **'Pra·li·nee** <n.; -s, -s> = *Praline*

prall <Adj.> 1 *gefüllt, straff gespannt u. gewölbt* 2 *in der* ~*en Sonne in der heißen, stark scheinenden S.*; **Prall** <m.; -s, -e> *kräftiger Stoß*; **'pral·len** <V. i.> 1 *gegen, an, auf etwas od. jmdn.* ~ *heftig stoßen u. dabei zurückgeworfen werden* 2 *die Sonne prallt scheint mit voller Intensität*; **'Pral·ler, 'Prall·tril·ler** <m.; -s, -; Mus.> *einmaliger Wechselschlag zwischen einem Ton u. dessen oberer Sekunde*; **'prall·voll** <Adj.; umg.> *ganz voll*; *ein* ~*er Saal*

prä·lu·'die·ren <V. i.; Mus.> *einleitend u. frei gestaltend spielen* [lat.]; **Prä·'lu·di·um** <n.; -s, -di·en; Mus.> 1 *Vorspiel* 2 *frei gestaltetes, einleitendes Musikstück*; ~ *u. Fuge*

prä·ma·'tur <Adj.; Med.> *vorzeitig gereift* [lat.]; **Prä·ma·tu·ri·tät** <f.; -; unz.; Med.> *Frühreife*

'Prä·mie <[-miə]; f.; -, -n> 1 *Preis, zusätzl. Vergütung für gute Leistung*; *Geld-* 2 *Betrag, den der Versicherte der Versicherung regelmäßig zu zahlen hat*; *Versicherungs-* [lat.]; **'prä·mi·en·be·güns·tigt** <Adj.>; *in der Wendung* ~*es Sparen*; **'Prä·mi·en·de·pot** <[-po:]; n.; -s, -s; Versicherungsw.> *Guthaben des Ver-*

sicherungsnehmers bei der Lebensversicherung, von dem die Prämien abgebucht werden; **'prä·mi·en·frei** <Adj.> *ohne Prämienzahlung*; ~*e Versicherung*; **'Prä·mi·en·ge·schäft** <n.; -(e)s, -e; Kaufmannsspr.> *Termingeschäft, bei dem gegen Bezahlung einer Prämie der Rücktritt möglich ist*; **'Prä·mi·en·lohn** <m.; -(e)s, ⸚e; Wirtsch.> *zu einem vereinbarten Grundlohn zusätzlich gewährtes, planmäßiges Entgelt*; **'Prä·mi·en·rück·er·stat·tung** <f.; -, -en; Versicherungsw.>; **'Prä·mi·en·spa·ren** <n.; -s; unz.; Bankw.> *kurz für* ~ *prämienbegünstigtes Sparen*; **'Prä·mi·en·spa·rer** <m.; -s, ->; **'Prä·mi·en·spar·re·rin** <f.; -, -n·nen>; **'Prä·mi·en·spar·ver·trag** <m.; -(e)s, ⸚e>; **prä·'mie·ren** <V. t.> *jmdn., eine Leistung* ~ *mit einer Prämie(1) belohnen*; oV *prämiieren*; **Prä·'mie·rung** <f.; -, -en>, eine *Prämierung*

Prä·'mis·se <f.; -, -n> 1 <Philos.> *Vordersatz, Voraussetzung (eines Schlusses)* 2 <allg.> *Voraussetzung, Grundbedingung*; *eine Genehmigung erteilen unter der* ~, *dass ...* [lat.]

Prä·mo·lar <m.; -s, -en; Med.> *vorderer Backenzahn* [lat.]

prä·mor·tal <Adj.; Med.> *vor dem Tod (geschehend)*; Ggs *postmortal* [lat.]

prä·na·tal <Adj.; Med.> *vor der Geburt (geschehend)*; Ggs *postnatal* [lat.]

'pran·gen <V. i.> 1 <geh.> *in Glanz u. Pracht erscheinen, leuchten*; *Sterne* ~ *am Himmel* 2 *an einer bestimmten Stelle auffällig angebracht sein*; *an der Tür prangte ein Schild*; **'Pran·ger** <m.; -s, -> 1 <früher> *Pfahl auf einem öffentl. Platz, an dem Übeltäter zur Schau gestellt wurden* 2 *jmdn. od. etwas an den* ~ *stellen* <fig.> *der öffentlichen Schande preisgeben*; **'Prang·stan·ge** <f.; -, -n; österr.> *mit Blumengirlanden umwickelte Prozessionsstange*; **'Prang·tag** <m.; -(e)s, -e; österr.> *Fronleichnamstag*

'Pran·ke <f.; -, -n> 1 *(vordere)*

Präposition: Die P. – auch Verhältniswort genannt – ist eine unflektierte Wortart, deren Funktion darin besteht, Wörter oder Wortgruppen zueinander in Beziehung zu setzen.
P. sind in der Regel dem Bezugswort **vorangestellt:** *Sie läuft durch den Garten. Er geht in die Schule.* Es gibt aber auch einige P., die **nachgestellt** werden: *dringender Termine halber; dem guten Geschmack zuwider.* Man spricht dann auch von Postposition.
P. verfügen über die Fähigkeit der **⬀Rektion,** das bedeutet, dass sie den **⬀Kasus** ihrer Bezugswörter bestimmen.
a) P. mit **Akkusativ:** *bis, durch, für, gegen, ohne, betreffend, um, wider*
b) P. mit **Dativ:** *ab, aus, außer, bei, binnen, entgegen, entsprechend, gegenüber, gemäß, mit, nach, nächst, nebst, samt, seit, von, zu, zufolge, zuwider*
c) P. mit **Genitiv:** *abseits, anlässlich, betreffs, bezüglich,*

binnen, entlang, oberhalb/ unterhalb, hinsichtlich, kraft
Eine Reihe von P. steht mit Nominalen in unterschiedlichen Kasus. Am häufigsten ist der Fall, dass sowohl der Dativ wie der Akkusativ stehen kann (*in dem Haus, in das Haus*).
P. kennzeichnen unterschiedliche Verhältnisse zwischen Elementen. Man differenziert:
– **lokale** P.: *in, über, unter*
– **temporale** P.: *am, während, zwischen*
– **kausale** P.: *wegen, infolge*
– **konzessive** P.: *trotz*
– **modale** P.: *einschließlich, gemäß*
– **finale** P.: *zwecks*

Präpositionalobjekt: Ein P. ist ein **⬀Satzglied,** das durch eine **Präposition** eingeleitet wird. Das P. wird vom **⬀Verb** regiert und ist dadurch eng mit dem Verb verbunden:
Sie fragte nach dem Weg. Sie fürchten sich vor der Gefahr.

Präsens: P. – oder Gegenwart – ist eine Form des **⬀Verbs,** das im Deutschen verschiedene Funktionen hat. Es kann
a) einmalige oder wiederholte **Ereignisse der Gegenwart** ausdrücken: *Ich spiele gerade Klavier. Stefan spielt gern Tennis.*
b) allgemein gültige **Tatsachen** bezeichnen: *Acht plus dreizehn ist einundzwanzig.*
c) **künftiges Geschehen** ausdrücken: *Er fährt in drei Tagen nach Paris.*
d) **vergangenes Geschehen** ausdrücken: *1450 begründet Johannes Gutenberg den Buchdruck in Mainz.*
Vgl. **⬀** Futur, **⬀**Vergangenheit

Tatze (großer Raubtiere) 2 ‹fig.; umg.; scherzh.› *große, starke Hand;* **'Pran·ken·hieb** ‹m.; -(e)s, -e›

Prä'no·men ‹n.; -s, -mi·na› *Vorname (der alten Römer)* [lat.]
prä·nu·me'rie·ren ‹V. t.› *vorauszahlen*
prä·o·pe·ra'tiv ‹Adj.; Med.› *vor der Operation;* Ggs *postoperativ*
Prä·pa'rat ‹n.; -(e)s, -e› 1 *etwas kunstgerecht Vor-, Zubereitetes, z. B.* Arzneimittel 2 *getrocknete Pflanze od. ausgestopftes Tier als Lehrmittel* 3 *zum Mikroskopieren vorbereiteter Teil eines Gewebes;* **Prä·pa·ra'ti·on** ‹f.; -, -en›; **prä·pa·ra'tiv** ‹Adj.›; **Prä·pa'ra·tor** ‹m.; -s, -'to·ren› [lat.]; **Prä·pa'ra·to·rin** ‹f.; -, -·n·nen›; **prä·pa'rie·ren** ‹V. t.› 1 *tote Körper od. Pflanzen ~ zur Aufbewahrung dauerhaft haltbar machen* 2 *vorbereiten;* jmdn. (für eine Aufgabe) ~
Prä·pon·de'ranz ‹f.; -; unz.; veralt.› *Übergewicht (eines Staates), Vorherrschaft* [lat.]
prä·po'nie·ren ‹V. t.; geh.› *voransetzen, -stellen* [lat.]
Prä·po·si·ti·on ‹f.; -, -en;

Gramm.› *Wort, das ein räuml., zeitl. od. logisches Verhältnis zwischen Personen, Sachen, Begriffen usw. ausdrückt, z. B.* vor, nach, während; Sy *Verhältniswort;* → a. *Kasten* [lat.]; **prä·po·si·ti·o'nal** ‹Adj.; Gramm.› *~es Attribut;* **Prä·po·si·ti·o'nal·at·tri·but** ‹n.; -(e)s, -e› Gramm.› *Satzteil, der ein Nomen näher bestimmt, z. B. die Reise "nach Italien";* **Prä·po·si·ti·o'nal·ka·sus** ‹m.; -, -; Gramm.›; **Prä·po·si·ti·o'nal·ob·jekt** ‹n.; -(e)s, -e; Gramm.› → *Kasten*
prä·po'tent ‹Adj.› 1 ‹veralt.› *überlegen, übermächtig* 2 ‹österr.› *überheblich, unverschämt* [lat.]; **Prä·po'tenz** ‹f.; -; unz.›
Prä·pro'zes·sor ‹m.; -s, -'so·ren; EDV› *Hilfsprogramm od. Programmbestandteil* [lat.]
Prä'pu·ti·um ‹n.; -s, -ti·en; Anat.› = *Vorhaut* [lat.]
Prä·raf·fa·e'lit ‹m.; -en, -en› *Mitglied einer Vereinigung engl. Maler, die sich die ital. Malerei vor Raffael (1483–1520) zum Vorbild nahmen*
Prä'rie ‹f.; -, -n› *nordamerikan. Grassteppe* [frz.]; **Prä'rie·aus-**

---

ter ‹f.; -, -n› *ein Mixgetränk;* **Prä'rie·hund** ‹m.; -(e)s, -e; Zool.› *in den Eichhörnchen verwandtes Nagetier;* **Prä'rie·wolf** ‹m.; -(e)s, ⁼e; Zool.› *eine Wildhundart;* Sy *Kojote*
Prä·ro·ga'tiv ‹n.; -s, -e; früher› *Vorrecht des Herrschers* [lat.]
'Prä·sens ‹n.; -; unz.; Gramm.› *Zeitform des Verbs, die ein gegenwärtiges od. unbest. Geschehen bezeichnet;* → a. *Kasten* [lat.]; **prä'sent** ‹Adj.› *gegenwärtig, anwesend; etwas ~ haben im Gedächtnis haben;* **Prä'sent** ‹n.; -(e)s, -e; geh.› *(kleines) Geschenk, kleine Aufmerksamkeit* [frz.]; **prä·sen'ta·bel** ‹Adj.; -'ta·bler, am -s·ten; veralt.› *ansehnlich, vorzeigbar;* eine präsentable Erscheinung; **Prä·sen'tant** ‹m.; -en, -en›; **Prä·sen'tan·tin** ‹f.; -, -·n·nen›; **Prä·sen·ta·ti'on** ‹f.; -, -en› 1 *das Präsentieren* 2 *Vorschlag (für ein Amt)* 3 *Vorführung (eines neuen Produktes);* **Prä·sen·ta·ti'ons·recht** ‹n.; -(e)s, -e; Kath.› *Vorschlagsrecht;* **Prä·sen'ta·tor** ‹m.; -s, -'to·ren›; **Prä·sen·ta'to·rin** ‹f.; -, -·n·nen›; **prä·sen'tie·ren** ‹V. t.› 1 *etwas ~ darbieten, vorlegen;* jmdm. die Rechnung ~ ‹a. fig.› 2 ‹V. t.› *das Gewehr ~* ‹Mil.› *senkrecht vor den Körper halten* 3 ‹V. t./V. refl.› *jmdn., sich ~ in der Öffentlichkeit vorstellen;* **Prä·sen·'tier·tel·ler** ‹m.; -s, -; in der Wendung› *auf dem ~ sitzen*

<fig.; umg.> *den Blicken aller ausgesetzt sein*; **Prä·sen'tie·rung** <f.; -, -en; Pl. selten>; **prä·sen·tisch** <Adj.; Gramm.> *im Präsens stehend*; **Prä'sent·korb** <m.; -(e)s, ⁼e> *Geschenkkorb mit Delikatessen*; **Prä'senz** <f.; -; unz.; geh.> 1 *Anwesenheit*; geringe ~ 2 *Ausstrahlungskraft*; **Prä'senz·bi·bli·o·thek**, <auch> **Prä'senz·bib·li·o·thek** <f.; -, -en; ⤢Z 53> *Bibliothek, deren Bücher nur im Lesesaal benutzt werden dürfen*; **Prä'senz·dienst** <m.; -(e)s, -e; österr.> *Grundwehrdienst*; **Prä'senz·lis·te** <f.; -, -n> *Anwesenheitsliste*; **Prä'senz·pflicht** <f.; -; unz.>; **Prä'senz·stär·ke** <f.; -; unz.>

Pra·se·o'dym <n.; -s; unz.; Chem.; Zeichen: Pr> *chem. Element, Seltenerdmetall* [grch.]

Prä'ser <m.; -s, -; umg.; kurz für> *Präservativ*; **Prä·ser·va·ti'on** <[-va-]; f.; -, -en; veralt.> *das Präservieren* [lat.]; **prä·ser·va'tiv** <Adj.> *verhütend, vorbeugend*; **Prä·ser·va'tiv** <n.; -s, -e> = *Kondom*; **Prä'ser·ve** <[-və]; f.; -, -n> *nicht vollständig keimfreie Konserve*; **prä·ser·vie·ren** <[-'vi:-]; V. t.; veralt.> 1 *schützen, bewahren (vor)* 2 *haltbar machen*

Prä'ses <m. od. f.; -, -si·des od. -'si·den; Kath.; Ev.> *Vorstand, Vorsitzender* [lat.]; **Prä·si'dent** <m.; -en, -en> 1 *Vorsitzender (einer Versammlung)* 2 *Leiter (einer Behörde, eines Vereins)* 3 *Staatsoberhaupt einer Republik*; Bundes~; **Prä·si'den·ten·wahl** <f.; -, -en>; **Prä·si'den·tin** <f.; -, -n·nen>; **Prä·si'dent·schaft** <f.; -, -en> *Amt des Präsidenten*; **Prä·si'dent·schafts·kan·di·dat** <m.; -en, -en>; **Prä·si'dent·schafts·kanz·lei** <f.; -; unz.; österr.> *Amtssitz des Bundespräsidenten*; **Prä·si'dent·schafts·wahl** <f.; -, -en>; **prä·si·di'al...**, **Prä·si·di'al...** <in Zus.> *zum Präsidenten, Präsidium gehörend*; **Prä·si·di'al·ge·walt** <f.; -; unz.> *Macht des Staatspräsidenten*; **Prä·si·di'al·sys·tem** <n.; -s; unz.> *demokrat. Regierungssystem, bei dem die Ämter des Staatsoberhauptes u. des Regierungschefs verei-*

nigt sind; **prä·si'die·ren** <V. i.; schweiz.; V. t.> *den Vorsitz führen, leiten*; *einer Versammlung, <schweiz.> eine Versammlung ~*; **Prä·si'di·um** <n.; -s, -'si·di·en> 1 *Vorsitz, Leitung* 2 *leitendes Gremium* 3 *Amtsgebäude eines Polizeipräsidenten*; Polizei~

prä·si'lu·risch <Adj.; Geol.> *vor dem Silur (liegend)* [lat.]

prä·skri'bie·ren, <auch> **präs·kri'bie·ren, präsk·ri'bie·ren** <V. t.; ⤢Z 54> 1 *vorschreiben, verordnen* 2 <Rechtsw.> *für verjährt erklären* [lat.]; **Prä·skrip·ti'on** <f.; -, -en>; **prä·skrip'tiv** <Adj.> *auf Vorschriften beruhend*; Ggs *deskriptiv*

Prass <m.; -es; unz.; oberdt.> 1 *Kummer, Zorn* 2 *Gerümpel, Plunder*

'pras·seln <V. i.> 1 *mit trommelndem Geräusch aufschlagen*; *der Regen prasselt aufs Dach; Fragen, Vorwürfe ~ auf jmdn.* <fig.>; → a. *Brass* 2 *beim Verbrennen ein knisterndes Geräusch von sich geben; das Feuer prasselte im Ofen*

'pras·sen <V. i.; du prasst> *üppig u. verschwenderisch leben; er hat geschlemmt und geprasst*; **'Pras·ser** <m.; -s, -> *Verschwender*; **Pras·se'rei** <f.; -; unz.>; **'Pras·se·rin** <f.; -, -n·nen>

prä·sta·bi·lie·ren <V. t.> *vorher festsetzen, festlegen*; prästabilierte Harmonie *nach Leibniz die von Gott geschaffene harmonische Übereinstimmung der Dinge in der Welt* [lat.]

prä·su·mie·ren <V. t.; geh.> 1 *annehmen, vermuten* 2 *voraussetzen* [lat.]; **Prä·sump·ti'on** <f.; -, -en> = *Präsumtion*; **prä·sump'tiv** <Adj.>; **Prä·sum·ti'on** <f.; -, -en; geh.> 1 *Annahme, Vermutung* 2 *Voraussetzung*; **prä·sum'tiv** <Adj.> 1 *vermutlich* 2 *vorausgesetzt*

prä·sup·po'nie·ren <V. t.; geh.> *unausgesprochen voraussetzen* [lat.]; **Prä·sup·po·si·ti'on** <f.; -, -en; geh.> 1 *Voraussetzung* 2 <Sprachw.> *einer Äußerung zugrunde liegende Voraussetzung*

Prä·ten'dent <m.; -en, -en; geh.> *jmd., der Ansprüche auf ein Amt erhebt*; Kron~; **Prä·ten-**

Präteritum: Das P. – oder 1. Vergangenheit – ist ein Tempus der ⤢Vergangenheit, das am ⤢Verb wiederholte oder länger andauernde und abgeschlossene Vorgänge in der Vergangenheit darstellt.
Das P. wird im Deutschen überwiegend in der Schriftsprache gebraucht.
Im Gegensatz zum ⤢Perfekt bildet das P. eigene Formen ohne Verwendung von ⤢Hilfsverben: *Ich ging in den Keller. Er lag auf dem Boden. Sie versuchte zu lachen.*
Vgl. ⤢Konjugation

'den·tin <f.; -, -n·nen>; **prä·ten'die·ren** <V. t.; geh.> *fordern, beanspruchen* [frz.]; **Prä·ten·ti'on** <f.; -, -en; geh.> 1 *Anspruch* 2 *Anmaßung*; **prä·ten·ti'ös** <Adj.; geh.> *anmaßend, selbstgefällig*; *ein ~es Auftreten*

Prä'ter·i·to'prä·sens, <auch> **Prä·'te·ri·to'prä·sens** <n.; -, -'sen·tia od. -'sen·zi·en; ⤢Z 54; Gramm.> *Zeitwort, dessen Präsens aus einem früheren Präteritum entstanden ist, z. B. wissen, können, mögen*; **Prä'ter·i·tum**, <auch> **Prä'te·ri·tum** <n.; -s, -ta; ⤢Z 54> *Zeitform des Verbs, die ein Geschehen in der Vergangenheit bezeichnet*; Sy *Imperfekt*; → a. *Kasten* [lat.]

'prä·ter'prop·ter <Adj.; geh.> *etwa, ungefähr* [lat.]

'Prä·tor <m.; -s, -'to·ren; im antiken Rom> *Justizbeamter* [lat.]; **Prä'tur** <f.; -, -en> *Amt(szeit) des Prätors*

'Prat·ze <f.; -, -n; bair.> = *Pranke*

Prau <f.; -, -e> *malaiisches Segelboot* [mal.]

prä·va'lent <[-va-]; Adj.; geh.> 1 *vorherrschend, überwiegend* 2 *überlegen* [lat.]; **Prä·va'lenz** <f.; -; unz.; geh.>

prä·ve·nie·ren <[-ve-]; V. i.> *zuvorkommen*; **Prä·ven·ti'on** <f.; -, -en> 1 *das Zuvorkommen* 2 *Vorbeugung, Abschreckung* [lat.]; **prä·ven'tiv** <Adj.> *vorbeugend*; *~e Medizin*; **Prä·ven'tiv·be·hand·lung** <f.; -, -en; Med.> *vorbeugende Behandlung*; **Prä·ven'tiv·maß·nah·me** <f.; -, -n>; **Prä·ven'tiv·me·di·zin** <f.; -; unz.> *vorbeugende Gesund-*

P

heitsfürsorge; **Prä·ven·tiv·mit-
tel** <n.; -s, -; Med.> *dem Aus-
bruch einer Krankheit od. dem
Eintritt einer Schwangerschaft
vorbeugendes Medikament od.
Hilfsmittel;* **Prä·ven'tiv·schlag**
<m.; -(e)s, ⸚e; Mil.> *Maßnahme,
die dem voraussichtl. Angriff
des Gegners zuvorkommt;* **Prä-
ven'tiv·ver·kehr** <m.; -s; unz.>
*Geschlechtsverkehr mit emp-
fängnisverhütenden Mitteln*
prä·ver'bal <[-ver-]; Adj.> *zur
Zeit vor dem Spracherwerb ge-
hörend;* ~e Phase [lat.]
'Pra·xis <f.; -, 'Pra·xen> 1 <unz.>
*Ausübung, Anwendung, Tätig-
keit;* etwas durch die ~ lernen;
Ggs *Theorie* 2 <unz.> *(Berufs-)
Erfahrung;* auf einem Gebiet ~
besitzen 3 <unz.; umg.> *Sprech-
stunde eines Arztes;* Dr. W. hat
heute ~ 4 *Räume für die Aus-
übung des Berufes (von Ärzten
und Rechtsanwälten);* Arzt~;
die ~ des Vaters übernehmen
[grch.]; **'pra·xis·be·zo·gen**
<Adj.> die Ausbildung ist sehr
~; **'Pra·xis·be·zug** <m.; -(e)s, ⸚e;
Pl. selten>; **'pra·xis·fern** <Adj.>;
'Pra·xis·hil·fe <f.; -, -n;
schweiz.> *Sprechstundenhilfe;*
'pra·xis·nah <Adj.>; **'Pra·xis-
schock** <m; -(e)s; unz.>
Prä'ze·dens <n.; -, -'den·zi·en>
früherer Fall, früheres Beispiel
[lat.]; **Prä·ze'denz** <f.; -, -en>
*Vorrang, Vortritt (besonders in
der kirchlichen Rangordnung);*
Prä·ze'denz·fall <m.; -(e)s, ⸚e>
Musterfall; einen ~ schaffen;
Prä·zes·si'on <f.; -, -en; Phys.;
Astr.> *Achsenschwankung eines
rotierenden Körpers*
Prä·zi·pi'tat <n.; -(e)s, -e> 1
*durch Ausfällung gelöster Mine-
ralien entstandenes Sediment* 2
Niederschlag 3 *Quecksilberver-
bindung;* **Prä·zi·pi·ta·ti'on**
<f.; -, -en; Chem.> *Ausfällung;*
prä·zi·pi'tie·ren <V. t.; Chem.>
ausfällen; **Prä·zi·pi'tin** <n.; -s,
-e; Med.> *Antikörper, der sich
bei Mensch u. Tier nach Injekti-
on mit artfremdem Blut bildet*
prä'zis <Adj.> *genau, exakt;* ~e
Ausdrucksweise [lat.]; **prä'zi·se**
<Adj.> = *präzis;* **prä·zi'sie·ren**
<V. t.> *genauer angeben, aus-
drücken;* **Prä·zi'sie·rung** <f.; -,

-en>; **Prä·zi·si'on** <f.; -; unz.>
*Genauigkeit, Feinheit, Exakt-
heit* [frz.]; **Prä·zi·si'ons·ar·beit**
<f.; -, -en>; **Prä·zi·si'ons·ka-
me·ra** <f.; -, -s>; **Prä·zi·si'ons-
mes·sung** <f.; -, -en>; **Prä·zi·si-
'ons·uhr** <f.; -, -en>; **Prä·zi·si-
'ons·waa·ge** <f.; -, -n>
pre·ci·pi'tan·do <[pretʃi-]; Mus.>
*beschleunigend, plötzlich eilend
(zu spielen)* [ital.]
Pre'del·la <f.; -, -s od. -'del·len>
*meist verzierter Untersatz, So-
ckel des Flügelaltars* [ital.]
'pre·di·gen <V.> 1 <V. i.> *im Got-
tesdienst die Predigt halten;*
über eine Bibelstelle ~ 2 <V. t.;
fig.> jmdm. etwas ~ *jmdn. zu
etwas mahnen;* **'Pre·di·ger** <m.;
-s, ->; **'Pre·di·ge·rin** <f.; -,
-n·nen>; **'Pre·di·ger·se·mi·nar**
<n.; -s, -e; Ev.> *Ausbildungsstät-
te für Absolventen der theol. Fa-
kultät für den praktischen Kir-
chendienst;* **'Pre·digt** <f.; -, -en>
1 *Ansprache des Geistlichen im
Gottesdienst, meist über einen
Bibeltext;* die ~ halten 2 <fig.;
umg.> *ermahnende Rede;*
jmdm. eine ~ halten; Moral~;
Gardinen~
Pre·fe·rence <[-'rãːs]; f.; -; unz.>
ein frz. Kartenspiel [frz.]
'prei·en <V. t.; Seemannsspr.> *ein
anderes Schiff ~ anrufen* [ndrl.]
Preis <m.; -es, -e> 1 *als Geldwert
ausgedrückter Wert einer Ware;*
Kauf~; einen ~ festsetzen; un-
ter(m) ~ verkaufen *billiger als
angegeben;* um jeden ~ <fig.>
unbedingt; um keinen ~ <fig.>
auf keinen Fall 2 *Belohnung für
einen Sieg;* erster ~; einen ~ stif-
ten; einen ~ (auf etwas)
(aus)setzen 3 <umg.; poet.> *ho-
hes Lob, Ehre;* Gott sei ~ und
Dank; **'Preis·ab·spra·che** <f.; -,
-n; Wirtsch.>; **'Preis·an·stieg**
<m.; -(e)s, -e>; **'Preis·auf·ga·be**
<f.; -, -n> *Aufgabe eines Preis-
ausschreibens;* **'Preis·aus-
schrei·ben** <n.; -s, -> *öffentl.
ausgeschriebener Wettbewerb
mit einer od. mehreren zu lösen-
den Aufgaben;* **'preis·be·wusst**
<Adj.> ~es Einkaufen; **'Preis-
bin·dung** <f.; -, -en> *Verpflich-
tung des Abnehmers gegenüber
dem Hersteller, eine Ware zu ei-
nem best. Preis zu verkaufen;*

Ggs *Preisempfehlung;* **'Preis-
bre·cher** <m.; -s, -> *jmd., der ei-
nen einheitl. Verkaufspreis für
eine Ware unterbietet;* **'Preis-
druck** <m.; -(e)s; unz.>
'Prei·sel·bee·re <f.; -, -n> 1
<Bot.> *ein Heidekrautgewächs*
2 *dessen Beere*
'Preis·emp·feh·lung <f.; -, -en>
unverbindliche ~; Ggs *Preisbin-
dung;* **'prei·sen** <V. t./V. refl.
193; du preist; geh.> *loben, rüh-
men;* Gott ~; sie ist eine geprie-
sene Schönheit; sich glücklich
~ (können); **'Preis·ent·wick-
lung** <f.; -, -en>; **'Preis·er·hö-
hung** <f.; -, -en>; **'Preis·ex·plo-
si·on** <f.; -, -en> *rasante Preiser-
höhung;* **'Preis·fra·ge** <f.; -, -n>
1 *Frage eines Preisausschreibens*
2 <fig.> *schwierige Frage* 3
<umg.> *den Preis(1) betreffende
Angelegenheit;* es ist nur eine ~,
ob ...
'Preis·ga·be <f.; -; unz.> *das
Preisgeben;* **'preis|ge·ben** <V. t.;
ich gebe preis; sie hat preisge-
geben; preiszugeben; ↗Z25> 1
ausliefern, überlassen; jmdn.
dem Spott der anderen ~; das
Boot war den Wellen preisgege-
ben 2 *verraten;* Geheimnisse ~
'preis·ge·bun·den <Adj.> ~e Wa-
ren; **'Preis·ge·fäl·le** <n.; -s, ->;
'preis·ge·krönt <Adj.> *mit ei-
nem Preis ausgezeichnet;* der ~e
Dichter; **'Preis·geld** <n.; -es,
-er> die Siegerin erhält ein ~
von 100000 Dollar; **'Preis·ge-
richt** <n.; -(e)s, -e> = *Jury;*
'Preis·gren·ze <f.; -, -n> obere,
untere ~; **'preis·güns·tig**
<Adj.>; **...prei·sig** <Adj.; in
Zus.> *den Preis(1) betreffend;*
hochpreisig; niedrigpreisig;
'Preis·in·dex <m.; -es, -e od.
-di·zes od. -di·ces; Wirtsch.>
*statist. ermittelte Kennziffer für
die durchschnittl. Veränderung
der Preise;* **'Preis·kal·ku·la·ti·on**
<f.; -, -en; Wirtsch.>; **'Preis·kar-
tell** <n.; -s, -e; Wirtsch.>; **'preis-
ke·geln** <V. i.; nur im Inf. u.
Part. Perf.> wir wollen ~; **'Preis-
ke·geln** <n.; -s; unz.>; **'Preis-
klas·se** <f.; -, -n> = *Preislage;*
'Preis·kon·junk·tur <f.; -, -en;
Wirtsch.> *wirtschaftl. Auf-
schwungphase mit steigenden
Preisen u. Unternehmensgewin-*

nen; '**Preis·la·ge** ‹f.; -, -n› *Höhe des Preises;* in der gleichen ~; '**Preis·'Leis·tungs-Ver·hält·nis** ‹n.; -s·ses, -s·se›; '**preis·lich** ‹Adj.› *den Preis betreffend;* '**Preis·lied** ‹n.; -(e)s, -er› *german. Stegreiflied;* '**Preis·lis·te** ‹f.; -, -n›; **Preis-'Lohn-Spi·ra·le** ‹f.; -; unz.; ↗Z33› = *Lohn-Preis-Spirale;* '**Preis·min·de·rung** ‹f.; -, -en›; '**Preis·nach·lass** ‹m.; -es, -e od. ⸚e› *Rabatt;* '**Preis·ni·veau** ‹[-voː]; n.; -s, -s›; '**Preis·rät·sel** ‹n.; -s, -› = *Preisausschreiben;* '**Preis·rich·ter** ‹m.; -s, -› *Mitglied eines Preisgerichts;* '**Preis·rich·te·rin** ‹f.; -, -·nnen›; '**Preis·rich·ter·kol·le·gi·um** ‹n.; -s, -gi·en› = *Jury;* '**Preis·rück·gang** ‹m.; -s, ⸚e› *Preissenkung;* '**Preis·rutsch** ‹m.; -(e)s, -e› = *Preissturz;* '**Preis·sche·re** ‹f.; -, -n; Wirtsch.› *Verhältnis zwischen den Preisen mehrerer Güter;* '**preis·schie·ßen** ‹V. i.; nur im Inf. und Part. Perf.; österr.›; '**Preis·schild** ‹n.; -(e)s, -er›; '**Preis·schla·ger** ‹m.; -s, -› *Ware mit besonders günstigem Preis;* '**Preis·sen·kung** ‹f.; -, -en›; '**preis·sta·bil** ‹Adj.›; '**Preis·sta·bi·li·tät** ‹f.; -; unz.›; '**Preis·stei·ge·rungs·ra·te** ‹f.; -, -n; Wirtsch.›; '**Preis·stopp** ‹m.; -s, -s› *Verbot, die Preise zu erhöhen;* '**Preis·sturz** ‹m.; -es, ⸚e› *rasantes Sinken der Preise;* '**Preis·trä·ger** ‹m.; -s, -› *Sieger eines Wettbewerbs;* '**Preis·trä·ge·rin** ‹f.; -, -·nnen›; **Preis·trei·be'rei** ‹f.; -; unz.; umg.›; '**Preis·ver·fall** ‹m.; -(e)s; unz.›; '**Preis·ver·gleich** ‹m.; -(e)s, -e› *nach einem ~ haben wir uns für dieses Auto entschieden;* '**Preis·ver·lei·hung** ‹f.; -, -en› *bei der ~;* '**preis·wert** ‹Adj.› *im Preis verhältnismäßig niedrig u. dabei gut; ein ~es Essen*
pre'kär ‹Adj.› *heikel, schwierig; eine ~e Situation* [frz.]
Pre-Launch-Mar·ke·ting ‹[priːˈlɔːntʃ-]; n.; - od. -s; unz.; ↗Z33; Wirtsch.› *Bewerben eines Produktes, bevor es auf den Markt gebracht wird* [engl.]
'**Prell·ball** ‹m.; -(e)s, -es; Sp.› *ein einfaches Ballspiel;* '**Prell·bock** ‹m.; -(e)s, ⸚e› 1 ‹Eisenb.› *Klotz am Ende eines Gleises* 2 ‹fig.; umg.› *jmd., dem man ständig die Schuld gibt;* '**prel·len** ‹V. t.› 1 *den Fuß ~ heftig anstoßen u. dabei innerlich verletzen* 2 *jmdn.* (um etwas) ~ ‹umg.› *betrügen; die Zeche ~;* '**Prel·ler** ‹m.; -s, -› *Zech~*; **Prel·le'rei** ‹f.; -, -en›; '**Prel·le·rin** ‹f.; -, -·nnen›; '**Prell·schuss** ‹m.; -es, ⸚e›; '**Prell·stein** ‹m.; -(e)s, -e› *Stein an Toren od. Häusern zum Schutz vor Fahrzeugen;* '**Prel·lung** ‹f.; -, -en› *innere Verletzung durch Stoß od. Schlag*
Pré·lude ‹[preˈlyd]; n.; -s, -s; Mus.; frz. Bez. für› *Präludium*
Pre·mi·er ‹[prəˈmjeː]; m.; -s, -s; kurz für› *Premierminister* [frz.].
Pre·mi·e·re ‹[prəˈmjeːrə]; f.; -, -n› *Ur- od. Erstaufführung; Ggs Dernière;* **Pre·mi'e·ren·pu·bli·kum**, ‹auch› **Pre·mi'e·ren·pub·li·kum** ‹n.; -s; unz.; ↗Z53›; **Pre·mi·er·mi·nis·ter** ‹[prəˈmjeː-]; m.; -s, -; in Großbritannien u. einigen anderen Ländern› *Ministerpräsident;* **Pre·mi·er·mi·nis·te·rin** ‹f.; -, -·nnen›; '**pre·mi·um** ‹Adj.; undekl.› *ausgezeichnet, herausragend; eine ~ Qualität* [engl.].
Prep·pie ‹m.; -s, -s; in den USA› *Absolvent einer privaten Oberschule* [engl.]
Pre'press ‹[priː-]; n.; -; unz.› *alle Tätigkeiten, die vor dem eigentlichen Druck anfallen, wie Satz, Montage usw.* [engl.]
Pre'print ‹[priː-]; n.; -s, -s› *Vorabdruck (eines Buches o. Ä.)* [engl.]
'**Pres·by·ter** ‹m.; -s, -› 1 ‹ursprl.› *Ältester der urchristl. Gemeinde* 2 ‹Kath.› *Priester* 3 ‹Ev.› *Mitglied des Presbyteriums* [grch.]; **pres·by·te·ri'al** ‹Adj.; Ev.›; **Pres·by·te·ri'al·ver·fas·sung** ‹f.; -; unz.; Ev.› *Kirchenverfassung, nach der die Gemeinde durch Geistliche u. Presbyter verwaltet wird;* **Pres·by·te·ri'a·ner** ‹m.; -s, -› *Angehöriger der ev.-reformierten Kirche in England u. den USA, die die Leitung der anglikan. Kirche ablehnt;* **Pres·by·te·ri'a·ne·rin** ‹f.; -, -·nnen›; **pres·by·te·ri'a·nisch** ‹Adj.›; '**Pres·by·te·rin** ‹f.; -, -·nnen›; **Pres·by'te·ri·um** ‹n.; -s, -ri·en› 1 *Chor(raum)* 2 ‹Ev.› *von der Gemeinde gewählter Kirchenvorstand* 3 ‹Kath.› *Priesterkollegium*
'**pre·schen** ‹V. i.; du preschst› *sehr schnell u. wild rennen, laufen od. fahren; nach vorn ~*
Pre·sen·ning ‹f.; -, -en od. -en› = *Persenning*
Pre·sen·ter ‹[priˈsɛntə(r)]; m.; -s, -› *jmd., der eine Ware vorstellt* [engl.]
press ‹Adj.; undekl.; bes. Basketball› *nah, eng; einen Gegner ~ decken*
'**Pres·se** ‹f.; -, -n› 1 *Maschine, die mittels Druck Werkstücke formt, Druckmaschine; frisch aus der ~* 2 *Apparat zum mechan. Auspressen von Saft; Obst~* 3 ‹unz.› *die Gesamtheit der Zeitungen u. Zeitschriften; die deutsche ~; er hat eine gute, schlechte ~* ‹umg.› 4 ‹fig.; umg.; veralt.› *Privatschule für schwache Schüler* [lat.]; '**Pres·se·a·gen·tur** ‹f.; -, -en; ↗Z55›; '**Pres·se·amt** ‹n.; -(e)s, ⸚er› *das ~ der Bundesregierung;* '**Pres·se·aus·weis** ‹m.; -es, -e›; '**Pres·se·be·richt** ‹m.; -(e)s, -e›; '**Pres·se·bü·ro** ‹n.; -s, -s› *Nachrichtenagentur;* '**Pres·se·er·klä·rung** ‹f.; -, -en›; '**Pres·se·fo·to·graf** ‹m.; -en, -en; ↗Z11.3›; '**Pres·se·fo·to·gra·fin** ‹f.; -, -·nnen›; '**Pres·se·frei·heit** ‹f.; -; unz.› 1 *Freiheit der Meinungsäußerung jedes Einzelnen in den Medien* 2 *Freiheit der Presse gegenüber dem Staat;* '**Pres·se·ge·heim·nis** ‹n.; -s·ses; unz.›; '**Pres·se·ge·setz** ‹n.; -es, -e› *Gesetz, das die Pressefreiheit garantiert;* '**Pres·se·kam·pa·gne**, ‹auch› '**Pres·se·kam·pag·ne** ‹f.; -, -n; ↗Z53›; '**Pres·se·kon·fe·renz** ‹f.; -, -en›; '**Pres·se·mel·dung** ‹f.; -, -en›; '**Pres·se·mit·tei·lung** ‹f.; -, -en›; '**pres·sen** ‹V. t.; du presst› 1 *etwas ~ durch Druck od. mittels einer Presse(1,2) bearbeiten; gepresste Blumen* 2 *etwas od. jmdn. ~ heftig drücken; er presste das Kind an die Brust;* '**Pres·se·no·tiz** ‹f.; -, -en›; '**Pres·se·or·gan** ‹n.; -s, -(e)s, -e› *Zeitung;* '**Pres·se·re·fe·rent** ‹m.; -en, -en› = *Pressesprecher;*

'Pres·se·re·fe·ren·tin <f.; -, -n·nen>; 'Pres·se·spre·cher <m.; -s, -> *Angestellter, der für die Information der Presse zuständig ist*; 'Pres·se·spre·che·rin <f.; -, -n·nen>; 'Pres·se·stel·le <f.; -, -n> *Dienststelle, die die Presse über wichtige Ereignisse informiert*; 'Pres·se·stim·me <f.; -, -n> *in der Zeitung veröffentlichte Meinung*; 'Pres·se·we·sen <n.; -s; unz.>; 'Pres·se·zen·trum, <auch> 'Pres·se·zent·rum <n.; -s, -tren/-t·ren; ⤹Z53; bei großen Veranstaltungen> *für Journalisten eingerichtetes Büro*; 'Press·holz <n.; -es; unz.> *unter hohem Druck verdichtetes Holz*; pres'sie·ren <V. i.; süddt.; österr.> *eilen*; es pressiert (mir); 'Pres·sing <n.; - od. -s; unz.; Sp.; bes. Fußb.> *energisches Bedrängen der gegnerischen Mannschaft, um jede systemat. Spieltaktik zu zerstören* [engl.]; 'Pres·si'on <f.; -, -en; geh.> *Druck, Zwang, Nötigung, Erpressung* [lat.]; 'Press·knö·del <m.; -s, -; österr.>; 'Press·kopf <m.; -(e)s; unz.> *eine Art Sülzwurst aus Schweinefleisch*; 'Press·ku·chen <m.; -s, -> *Rückstand beim Auspressen von Ölfrüchten*; 'Press·ling <m.; -s, -e> 1 *Brikett* 2 *Pressrückstand* 3 *gepresstes Stück Metall*; 'Press·luft <f.; unz.> = *Druckluft*; 'Press·luft·boh·rer <m.; -s, ->; 'Press·luft·ham·mer <m.; -s, ⥱>; 'Press·sack <m.; -(e)s; unz.> ⤹Z37> = *Presskopf*; 'Press·span <m.; -(e)s; unz.; ⤹Z37> *holzfreie, glänzende, harte Pappe*; 'Pres·sung <f.; -, -en>; Pres·sure·group <'preʃəgru:p] f.; -, -s> *Gruppe, die durch Druckmittel Einfluss zu gewinnen u. ihre Interessen durchzusetzen sucht* [engl.]; 'Press·we·hen <Pl.; Med.> *Wehen während der Austreibungsperiode*; 'Press·wurst <f.; unz.> = *Presskopf*
Pres·ti·ge <[pres'ti:ʒ(ə)] n.; -s; unz.> *Ansehen, Geltung bei anderen* [frz.]; Pres'ti·ge·den·ken <n.; -s; unz.>; Pres'ti·ge·ge·winn <m.; -s; unz.>; Pres'ti·ge·ver·lust <m.; -(e)s; unz.> pres'tis·si·mo <Mus.> *sehr*

schnell (zu spielen) [ital.]; 'pres·to <Mus.> *schnell (zu spielen)*; 'Pres·to <n.; -s, -s od. 'Pres·ti> *schnell zu spielender Teil eines Musikstücks*
Prêt-à-por·ter <[pretapɔr'te:] n.; -s, -s> *Konfektionskleidung eines Modeschöpfers* [frz.]
Pre·test <['pri:-]; m.; -s, -s; Soziol.> *dem Haupttest vorangehender Test* [engl.]
pre·ti'ös <Adj.> = *preziös*; Pre·ti·o·sen <[-'tsjo:-]; Pl.> = *Preziosen*
Pre'to·ria *Verwaltungshauptstadt der Republik Südafrika*
'Preu·ße <m.; -n, -n> *Einwohner von Preußen*; 'Preu·ßen *bis 1945 der größte Einzelstaat des Deutschen Reiches*; 'Preu·ßin <f.; -, -n·nen>; 'preu·ßisch <Adj.; ⤹Z46> -e *Disziplin*; <aber> *die Preußische Seenplatte*; Preu·ßisch'blau <n.; -s; unz.> = *Berliner Blau*
Pre·view <['prɪ:vju:]; m. od. f.; -, -s; Film> *Voraufführung vor einem ausgewählten Publikum* [engl.]
pre·zi'ös <Adj.; geh.> oV *pretiös* 1 <veralt.> *kostbar, wertvoll* 2 *geziert, geschraubt, unnatürlich*; ein ~er *Stil*; eine ~e *Ausdrucksweise* [frz.]; Pre·zi'o·sen <Pl.> *Geschmeide, kostbarer Schmuck* [lat.]
PR-Frau <f.; -, -en>
Pri'a·mel <f.; -, -n od. n.; -s, -> *meist scherzhaftes Spruchgedicht des späten MA mit überraschender Schlusswendung* [lat.]
pri·a'pe·isch <Adj.; veralt. für> *unzüchtig*; ~e *Gedichte* [nach Priapos, dem grch. Gott der Fruchtbarkeit]; Pri·a'pis·mus <m.; -; unz.> *krankhafte, anhaltende, schmerzhafte Erektion des männl. Gliedes ohne geschlechtl. Erregung*
'Pri·cke <f.; -, -n> *Stock o. ä. Zeichen, das Untiefen in Gewässern markiert*; 'Pri·ckel <m.; -s, -> 1 *Metallstück zum Verschließen von abgefüllter Wurst* 2 *Reiz, Kitzel, prickelnde Erregung*; 'pri·cke·lig <Adj.>; 'pri·ckeln <V. i.> *etwas prickelt verursacht ein angenehm stechendes Gefühl*; Sekt prickelt auf der Zunge; ein Prickeln auf der

Haut; eine ~de *Atmosphäre* <fig.> *eine erregende A.*; 'pri·cken <V. t.; norddt.> 1 *stechen, ausbohren* 2 *mit Pricken versehen* (Fahrwasser); 'Pri·cken <m.; -s, -> = *Pricke*; 'prick·lig <Adj.> = *prickelig*
Priel <m.; -(e)s, -e> *schmaler Wasserlauf im Watt*
Priem <m.; -s, -e> 1 *ein Stück Kautabak* 2 <norddt.> *Ahle, Pfriem* [ndrl.]; 'prie·men <V. i.> *Tabak kauen*; 'Priem·ta·bak <m.; -(e)s, -e>
'Prieß·nitz·um·schlag, <auch> 'Prieß·nitz-Um·schlag <m.; -(e)s, ⥱e; ⤹Z35> *ein Kaltwasserumschlag* [nach dem Naturheilkundigen V. Prießnitz]
'Pries·ter <m.; -s, -> 1 <i. w. S.> *mit besonderen Vollmachten ausgestatteter Träger eines religiösen Amtes*; Hohe~ 2 <i. e. S.> *kath. Geistlicher*; 'Pries·te·rin <f.; -, -n·nen>; 'pries·ter·lich <Adj.>; 'Pries·ter·schaft <f.; unz.> *Gesamtheit der Priester*; 'Pries·ter·se·mi·nar <n.; -s, -e> *Ausbildungsstätte für kath. Geistliche*; 'Pries·ter·tum <n.; -s; unz.>; 'Pries·ter·wei·he <f.; -, -n> *die ~ empfangen*
Prim <f.; -, -en> 1 <Kath.> *morgendliches Stundengebet* 2 <Mus.> = *Prime(1)* 3 <Fechten> *eine best. Klingenlage* [lat.]; Prim. <Abk. für> 1 *Primar, Primararzt* 2 *Primarius*; 'pri·ma <Adj.; undekl.> 1 <Kaufmannsspr.; Abk.: Ia> *erstklassig, bester Qualität* 2 *jmd., etwas ist ~ <umg.> ausgezeichnet, hervorragend*; er ist ein ~ *Kerl*; 'Pri·ma <f.; -, 'Pri·men> 1 <frühere Bez. für> 8. (Unter~) *und* 9. (Ober~) *Klasse des Gymnasiums* 2 <in Österr.> 1. *Klasse des Gymnasiums*; Pri·ma·bal·le'ri·na <f.; -, -'ri·nen> *erste Tänzerin eines Balletts*; Pri·ma'don·na <f.; -, -nen> 1 *Sängerin von Hauptrollen in der Oper* 2 <abwertend> *empfindliche, sich für etwas Besonderes haltende Person*; Pri·ma·'fa·cie-Be·weis <[-'tsi·ə]; m.; -es, -e; ⤹Z33; Rechtsw.> *Anscheinsbeweis* [lat.]; 'Pri·ma·ner <m.; -s, -> *Schüler der Prima*; Pri·ma·ne·rin <f.; -, -n·nen>; Pri·ma'no·ta

<f.; -; unz.; Bankw.> *Grundbuch* [lat.]; **Pri'mar** <m.; -s, -e; österr.; Abk.: Prim.> = *Primararzt*; **pri-'mär** <Adj.> 1 *unmittelbar entstanden, erst... 2 ursprünglich, Anfangs... 3 die Grundlage, die Voraussetzung bildend; Ggs sekundär* [frz.]; **Pri'mar·arzt** <m.; -(e)s, ⸗e; österr.; Abk.: Prim.> *Chefarzt, leitender Arzt eines Krankenhauses;* **Pri'mar·ärz·tin** <f.; -, -n·nen>; **Pri'mär·be·darf** <m.; -s; unz.; Wirtsch.> *Bedarf an Enderzeugnissen und verkaufsfähigen Ersatzteilen;* **Pri'mär·en·er·gie·trä·ger,** <auch> **Pri'mär·e·ner·gie·trä·ger** <m.; -s, -; ⤳Z 54> *natürl. Stoff, der technisch leicht weiterverwertbare Energie enthält, wie Kohle, Erdgas, Erdöl;* **Pri'mär·for·schung** <f.; -, -en; Wirtsch.> Ggs *Sekundärforschung;* **Pri-'mär·ge·stein** <n.; -(e)s, -e; Geol.> *unmittelbar aus erstarrter Lava entstandenes Gestein;* **Pri-'mär·hei·lung** <f.; -, -en; Med.>; **Pri'ma·ria** <f.; -, -ri·ae; österr.; Abk.: Prim.> *Leiterin eines Krankenhauses, einer Krankenhausabteilung;* **Pri'ma·ri·us** <m.; -, -ri·en> 1 <Mus.> *erster Primgeiger* 2 <österr.> *Primararzt;* **Pri'mär·kreis** <m.; -es, -e> *Stromkreis in der Primärwicklung eines Transformators;* **Pri-'mär·kreis·lauf** <m.; -(e)s, ⸗e> *geschlossener Teil eines Kühlsystems in Kernreaktoren;* **Pri'mar·leh·rer** <m.; -s, -; schweiz.> *Grund-, Volksschullehrer;* **Pri-'mar·leh·re·rin** <f.; -, -n·nen; schweiz.>; **Pri'mär·li·te·ra·tur** <f.; -; unz.> *das dichterische Werk (als Gegenstand der wissenschaftl. Betrachtung);* Ggs *Sekundärliteratur;* **Pri'mar·schu·le** <f.; -, -n; schweiz.> = *Grundschule;* **Pri'mär·span·nung** <f.; -, -en; El.> *an der Primärspule eines Transformators anliegende Spannung;* **Pri'mär·spu·le** <f.; -, -n; El.> *Wicklung eines Transformators;* **Pri'mär·strah·lung** <f.; -, -en> *Teil der unmittelbar aus dem Weltraum stammenden kosmischen Strahlung;* **Pri'mar·stu·fe** <f.; -, -n> *1.–4. Schuljahr;* **Pri'mär·tu·mor** <m.; -s, -en; Med.> *Tumor, von* *dem Tochtergeschwülste ausgehen;* **Pri'mär·wick·lung** <f.; -, -en; El.> *die Wicklung eines Transformators, an die die zu transformierende Spannung angelegt wird*

Pri·ma·ry <['praiməri]; f.; -, -s; Pol.> *Wahlsystem von Vorwahlen (in den USA)* [engl.]

'Pri·mas <m.; -, -s·se> 1 *oberster Bischof der röm.-kath. Kirche (eines Landes)* 2 *Primgeiger einer Zigeunerkapelle* [lat.]; **'Pri-'mat¹** <m. od. n.; -(e)s, -e> 1 *Vorrang, Vorzug, Vorherrschaft* 2 *Erstgeburtsrecht* 3 *Vorrangstellung (des Papstes als Oberhaupt der kath. Kirche);* **Pri-'mat²** <m.; -en, -en; meist Pl.> *Herrentier, Angehöriger einer Ordnung der Säugetiere, zu denen Halbaffen, Affen u. Menschen gerechnet werden;* **pri·ma vis·ta** <[-'vis-]; Mus.> *vom Blatt; ein Musikstück ~ spielen* [ital.]; **'Pri·me** <f.; -, -n> 1 <Mus.> *erster Ton der diaton. Tonleiter* 2 <Typ.> *Signatur auf der ersten Seite des Druckbogens;* Ggs *Sekunde²(2)* [lat.]

'Pri·mel <f.; -, -n; Bot.> *gezüchtete Form der Schlüsselblume*

Pri·mer <['praimə(r)]; m.; -s, -> 1 *Fibel, Erstlesebuch* 2 *Grundierung, Grundanstrich* [engl.]; **Prime·rate,** <auch> **Prime Rate** <['praimreit]; f.; (-)-; unz.; ⤳Z30; in den USA> *Diskontsatz für Großbanken mit Leitzinsfunktion;* **Prime·time,** <auch> **Prime Time** <['praimtaim]; f.; (-)-, (-)-s; ⤳Z30; TV> *Hauptsendezeit mit der durchschnittlich höchsten Einschaltquote*

Pri·meur <[-'mø:r]; m.; - od. -s, -s> *junger Rotwein;* Beaujolais [boʒo'lœ] ~ [frz.]

'Prim·gei·ger <m.; -s, -> *erster Geiger* [lat.]

Pri'mi·pa·ra <f.; -, -'pa·ren> *Erstgebärende;* Ggs *Multipara* [lat.]

pri·mis·si·ma <Adj.; undekl.; meist adv.; umg.> *noch besser als prima* [ital.]

pri·mi'tiv <Adj.> 1 *ursprünglich; ~e Völker Naturvölker* 2 *einfach, dürftig; ~e Geräte* 3 *geistig anspruchslos; er ist ~;* **pri·mi·ti'vie·ren, pri·mi·ti·vi'sie·ren** <[-vi-]; V. t.> *etwas ~ primi-* *tiver darstellen, als es tatsächlich ist;* **Pri·mi·ti'vis·mus** <m.; -s; unz.> *Kunstrichtung, die sich an der Kunst der primitiven Völker orientiert;* **Pri·mi·ti·vi'tät** <f.; -; unz.> *primitives Wesen;* **Pri·mi'tiv·kul·tur** <f.; -, -en> *Kultur der Naturvölker;* **Pri·mi'tiv·ling** <m.; -s, -e; umg.; abwertend>

Pri'miz <f.; -, -en> *erste Messe (eines neu geweihten kath. Geistlichen)* [lat.]; **Pri'mi·zi·en** <Pl.> *den röm. Göttern dargebrachte Erstlinge (Früchte, Tiere);* **'Pri·mo** <n.; - od. -s, 'Pri·mi; Mus.; beim vierhändigen Klavierspiel> *erste Stimme, Diskant;* Ggs *Secondo;* **Pri·mo·ge·ni'tur** <f.; -, -en> *Erbfolge(recht) des Erstgeborenen;* Ggs *Sekundogenitur;* **'Prim·ton** <m.; -(e)s, ⸗e; Mus.> = *Prime(1);* **'Pri·mus** <m.; -, 'Pri·mi od. -s·se> *Klassenbester;* **'Pri·mus in·ter 'Pa·res** <m.; ---, -mi --> *der Erste unter Ranggleichen;* **'Prim·zahl** <f.; -, -en> *nur durch 1 u. durch sich selbst teilbare ganze Zahl, z. B. 13*

Prince of Wales <[prins ɔf 'weilz]; m.; ---; unz.; Titel für> *engl. Kronprinz* [engl.]

'Prin·te <f.; -, -n> *stark gewürzter, harter Pfefferkuchen;* Aachener ~n

'Prin·ted in ... <['printid]> *gedruckt in ...; ~ USA* [engl.]; **'Prin·ter** <m.; -s, -; EDV> *Druckgerät, Drucker,* **'Print·me·di·um** <n.; -s, -di·en; meist Pl.> *Druckerzeugnis, z. B. Buch, Zeitung;* **Print·out** <['print'aut]; n. od. m.; -s, -s> *von einem Printer ausgedruckte Texte, Tabellen o. Ä.;* **'Print·wer·bung** <f.; -, -en>

Prinz <m.; -en, -en> *nicht regierendes Mitglied eines Fürstenhauses;* **'Prin·zen·gar·de** <f.; -, -n> *Garde eines Karnevalsprinzen;* **'Prin·zen·paar** <n.; -(e)s, -e> *(Faschings-)Prinz u. Prinzessin;* **'Prin·zeps** <m.; -, -zi·pes [-pe:s]> 1 *altröm. Senator* 2 *<seit Augustus Titel für> röm. Kaiser,* **Prin'zess** <f.; -, -en; veralt.> = *Prinzessin;* **Prin'zess·boh·ne** <f.; -, -n; meist Pl.; Bot.>; **Prin'zes·sin** <f.; -, -n·nen> *weibl., nicht regieren-*

des Mitglied eines Fürstenhauses; '**Prinz·ge·mahl** <m.; -(e)s, -e>

Prin'zip <n.; -s, -zi·pi·en od. (selten) -e> *Grundsatz, Regel, Richtschnur; etwas aus ~ tun; seine ~ien haben; im ~ habe ich nichts dagegen grundsätzlich* [lat.]; **Prin·zi'pal** [1] <m.; -(e)s, -e; veralt.> *Geschäftsinhaber, Lehrherr;* **Prin·zi'pal** [2] <n.; -(e)s, -e> *Orgelregister;* **Prin·zi'pa·lin** <f.; -, -n·nen>; **prin·zi·pi'ell** <Adj.> *1 grundsätzlich, im Prinzip; ~ bin ich einverstanden 2 aus Prinzip; das tue ich ~ nicht;* **Prin'zi·pi·en·fra·ge** <f.; -, -n> *das ist eine ~;* **prin'zi·pi·en·los** <Adj.>; **Prin'zi·pi·en·rei·ter** <m.; -s, -; fig.; umg.> *jmd., der starrsinnig auf seinen Prinzipien beharrt;* **Prin·zi·pi·en·rei·te'rei** <f.; -; unz.; fig.; umg.>; **Prin'zi·pi·en·streit** <m.; -(e)s, -e>; **prin'zi·pi·en·treu** <Adj.>; **Prin'zi·pi·en·treue** <f.; -; unz.>

'**prinz·lich** <Adj.> *zum Prinzen gehörend;* '**Prinz·re·gent** <m.; -en, -en> *stellvertretend regierendes Mitglied eines Fürstenhauses*

Pri'on <n.; -s, -'o·nen; Med.> *kleines Proteinpartikel, das vermutl. Gehirnerkrankungen auslöst*

'**Pri·or** <m.; -s, -'o·ren> *1 Klostervorsteher 2 Stellvertreter eines Abtes* [lat.]; **Pri·o'rat** <n.; -(e)s, -e> *Amt, Würde eines Priors;* **Pri·'o·rin** <f.; -, -n·nen>; **Pri·o·ri'tät** <f.; -, -en> *1 Vorrang, Vorrecht; ~en setzen festlegen, was vorrangig (zu tun) ist 2* <Pl.> *-en Wertpapiere, die vor anderen gleicher Art bevorzugt sind* [frz.]; **Pri·o·ri'täts·ak·ti·en** <Pl.> *= Vorzugsaktien*

'**Pris·chen** <n.; -s, -> *Verkleinerungsf. von Prise(2);* ein ~ Salz; '**Pri·se** <f.; -, -n> *1 von einem Krieg führenden Staat erbeutetes Handelsschiff od. -gut 2 kleine Menge; eine ~ Salz* [frz.]

'**Pris·ma** <n.; -s, 'Pris·men> *1* <Geom.> *Körper mit parallelen u. kongruenten Vielecken als Grundflächen u. Parallelogrammen als Seitenflächen 2* <Kristallogr.> *Körper in der Form eines Prismas(1) 3* <Opt.> *Licht*

brechender Körper* [grch.]; **pris·'ma·tisch** <Adj.> *1 prismenförmig 2 wie ein Prisma (wirkend);* **Pris·ma·to'id** <n.; -(e)s, -e; Geom.> *prismaähnl. Körper;* **pris·ma·to'i·disch** <Adj.; Geom.>; '**Pris·men·fern·rohr** <n.; -(e)s, -e> *Fernrohr, in dem anstatt Spiegel totalreflektierende Prismen verwendet werden;* '**pris·men·för·mig** <Adj.>; '**Pris·men·glas** <n.; -es, -"er; österr.> *Feldstecher;* '**Pris·men·spek·tro·sko·'pie**, <auch> '**Pris·men·spekt·ros·ko·pie** <f.; -; unz.; ↗Z54>

'**Prit·sche** <f.; -, -n> *1 flaches Schlagholz (des Hanswurst) 2 Ladefläche auf Lkw mit abklappbaren Seitenwänden 3 aus Holzbrettern zusammengefügte Liegestätte;* '**prit·scheln** <V. i.; ich pritsch(e)le; österr.; umg.> *planschen, plätschern;* '**prit·schen** <V. t.; du pritschst> *mit der Pritsche(1) schlagen*

pri·vat <[-'va:t]; Adj.> *1 persönlich, vertraulich; sich ~ versichern; ~e Angelegenheiten 2 nicht amtlich, nicht offiziell, nicht öffentlich* [lat.]; **Pri'vat·a·dres·se**, <auch> **Pri'vat·ad·res·se** <f.; -, -n; ↗Z53>; **Pri'vat·an·ge·le·gen·heit** <f.; -, -en>; **Pri·'vat·au·di·enz** <f.; -, -en> *persönl. Empfang, z. B. beim Papst;* **Pri'vat·bahn** <f.; -, -en> *nicht staatseigene Eisenbahn;* **Pri'vat·bank** <f.; -, -en> *nicht vom Staat unterhaltene Bank;* **Pri·'vat·be·sitz** <m.; -es; unz.> *nichtjurist. Bez. für Privateigentum; im ~;* **Pri'vat·de·tek·tiv** <m.; -(e)s, -e>; **Pri'vat·de·tek·ti·vin** <f.; -, -n·nen>; **Pri'vat·do·zent** <m.; -en, -en> *nicht verbeamteter Hochschullehrer;* **Pri·'vat·do·zen·tin** <f.; -, -n·nen>; **Pri'vat·druck** <m.; -(e)s, -e> *außerhalb des Buchhandels veröffentlichtes Schriftwerk;* **Pri'va·te** <f. 2 (m. 1); schweiz.> *Privatperson;* **Pri'vat·fern·se·hen** <n.; -s; unz.> *nicht staatl. Fernsehanstalt;* **Pri'vat·ge·brauch** <m.; -(e)s; unz.> *für den ~;* **Pri'vat·ge·lehr·te(r)** <f. 2 (m. 1); früher> *nicht angestellte(r) Gelehrte(r);* **Pri'vat·hand** <f.; -; unz.> *privater Besitz; das Bild stammt*

aus, von ~; **Pri·va·ti·er** <[-'va'tje:]; m.; -s, -s; veralt.> *jmd., der privatisiert(2)* [frz.]; **pri'va·tim** <Adv.> *1 nicht öffentlich 2 vertraulich* [lat.]; **Pri'vat·in·i·ti·a·ti·ve**, <auch> ↗**Pri·vat·i·ni·ti·a·ti·ve** <f.; -, -n; ↗Z54> **Pri·'vat·in·ter·es·se**, <auch> **Pri·'vat·in·te·re·sse** <n.; -s, -n; ↗Z54> **Pri·va·ti'on** <f.; -, -en> *1* <veralt.> *Beraubung, Entziehung 2* <Logik> *Negation, die das Fehlen od. den Mangel einer Sache ausdrückt, z. B. die Uhr geht nicht;* **pri·va·ti'sie·ren** <V.> *1* <V. t.> *staatliche Unternehmen ~ in Privateigentum umwandeln 2* <V. i.> *ohne Ausübung eines Berufes, nur vom Vermögen leben* [frz.]; **Pri·va·ti·'sie·rung** <f.; -, -en>; **pri·va'tis·si·me** <Adv.> *im engsten Kreis;* **pri·va'tis·tisch** <Adj.> *von der Öffentlichkeit zurückgezogen;* **Pri·va·tiv** <[-'va:'ti:f]; n.; -s, -e [-və]; Sprachw.> *Verb, das ein Wegnehmen, Beseitigen ausdrückt, z. B. entfernen;* **Pri'vat·kla·ge** <f.; -, -n> *Verfolgung einer Straftat ohne Anrufung der Staatsanwaltschaft;* **Pri'vat·kli·nik** <f.; -, -en> *nicht vom Staat unterhaltenes Krankenhaus;* **Pri·'vat·kon·to** <n.; -s, -kon·ten od. -kon·ti od. -s>; **Pri'vat·le·ben** <n.; -s; unz.> *jmds. ~ respektieren;* **Pri'vat·leh·rer** <m.; -s, -> *Lehrer, der Privatstunden gibt;* **Pri'vat·leh·re·rin** <f.; -, -n·nen>; **Pri'vat·mann** <m.; -(e)s, -leu·te> *= Privatperson;* **Pri'vat·pa·ti·ent** <m.; -en, -en> *selbst zahlender, nicht bei einer Pflichtkrankenkasse versicherter Patient;* **Pri'vat·pa·ti·en·tin** <f.; -, -n·nen>; **Pri'vat·per·son** <f.; -, -en> *Person außerhalb des öffentl. Lebens; ist das Museum in Staatsbesitz od. gehört es einer ~?;* **Pri'vat·quar·tier** <n.; -s, -e> *Unterkunft bei einer Privatperson;* **Pri'vat·ra·dio** <n.; -s, -s; österr.> *nicht staatl. Radioanstalt;* **Pri'vat·recht** <n.; -(e)s; unz.> *die Rechtsbeziehungen der Bürger untereinander (im Gegensatz zum öffentl. Recht);* **Pri'vat·recht·lich** <Adj.>; **Pri'vat·sa·che** <f.; -, -n>; **Pri'vat·schu·le**

<f.; -, -n>; **Pri'vat·se·kre·tär,** <auch> **Pri'vat·sek·re·tär** <m.; -s, -e; ↗Z53>; **Pri'vat·se·kre·tä·rin** <f.; -, -n·nen>; **Pri'vat·sen·der** <m.; -s, ->; **Pri'vat·sphä·re** <f.; -; unz.>; **Pri'vat·sta·ti·on** <f.; -, -en> *Station im Krankenhaus für Privatpatienten;* **Pri'vat·un·ter·richt** <m.; -(e)s; unz.>; **Pri'vat·ver·gnü·gen** <n.; -s; unz.>; **Pri'vat·ver·si·che·rung** <f.; -, -en>; **Pri'vat·wirt·schaft** <f.; -; unz.> 1 *die wirtschaftl. Tätigkeit Einzelner* 2 *die privaten Unternehmen;* **pri'vat·wirt·schaft·lich** <Adj.> ~ *geführtes Unternehmen*

Pri·vi'leg <[-vi-]; n.; -(e)s, -gi·en> *besonderes Recht Einzelner oder einer gesellschaftl. Gruppe* [lat.]; **pri·vi·le'gie·ren** <V. t.> *privilegierte Stände*

Prix <[pri:]; m.; -, -; frz. Bez. für *Preis;* → a. *Grandprix* [frz.]

PR-Mann <m.; -(e)s, -leu·te> *jmd., der für Öffentlichkeitsarbeit zuständig ist;* → a. *Publicrelations*

pro <Präp.> 1 *für; z. B. in* Ggs *kontra* 2 *je;* 5 Euro ~ Kopf [lat.]; **Pro** <n.; -; unz.> *das, was für eine Sache spricht; das* ~ *und das Kontra gegeneinander abwägen Für und Wider,* Ggs *Kontra;* **pro..., Pro...** <in Zus.> 1 *vor, voran, vorwärts;* progressiv 2 *für jmdn. od. etwas;* proamerikanisch

pro'ba·bel <Adj.; -'ba·bler, am -s·ten> *wahrscheinlich, annehmbar; probable Argumente* [lat.]; **Pro·ba·bi'lis·mus** <m.; -; unz.> 1 <Philos.> *Lehre, nach der alles Wissen nur auf Wahrscheinlichkeit beruht, da Wahrheit nicht erkennbar ist* 2 <Kath.> *Prinzip, nach dem in Zweifelsfällen eine Handlung erlaubt werden kann;* **Pro·ba·bi·li'tät** <f.; -; unz.>

Pro'band <m.; -en, -en> 1 <Geneal.> *Person, deren Ahnentafel aufgestellt wird* 2 *Versuchsperson;* **Pro'ban·din** <f.; -, -n·nen>; **pro'bat** <Adj.; geh.> *bewährt, erprobt;* ein ~es Mittel; **'Pröb·chen** <n.; -s, -; Verkleinerungsf. von> *Probe,* **'Pro·be** <f.; -, -n> 1 *Versuch, Untersuchung, Prüfung;* Geduldsxxx; ein Auto ~ fah-

ren; wir sind das Auto ~ gefahren; ohne es ~ zu fahren; ~ singen; wir haben ~ gesungen; wir vergaßen ~ zu singen; ~ turnen; eine Maschine ~ laufen lassen; etwas od. jmdn. auf ~ nehmen *versuchsweise;* jmdn. od. etwas auf die ~ stellen *prüfen; die* ~ aufs Exempel machen *überprüfen, ob eine Behauptung richtig ist* 2 *Übung vor einer Aufführung;* Theater- 3 *Teil einer Gesamtmenge, Prüfungsstück;* Waren~; eine ~ entnehmen; eine ~ zur Ansicht beilegen [lat.]; **'Pro·be·a·larm** <m.; -(e)s, -e; ↗Z55>; **'Pro·be·ar·beit** <f.; -, -en>; **'Pro·be·druck** <m.; -(e)s, -e; Buchw.> 1 *Probeabzug* 2 <Tech.> *versuchsweise ausgeübter Druck;* **'Pro·be·ex·em·plar,** <auch> **'Pro·be·e·xem·plar** <n.; -s, -e; ↗Z54> *Muster;* **'Pro·be·fahrt** <f.; -, -en> eine ~ machen; **'Pro·be·flug** <m.; -(e)s, ⁼e>; **'pro·be·hal·ber** <Adv.> *versuchsweise;* **'Pro·be·jahr** <n.; -(e)s, -e> er befindet sich im ~; **'Pro·be·lauf** <m.; -(e)s, ⁼e> *Leistungsfähigkeitsprobe eines Läufers od. einer Maschine;* **'prö·beln** <V. i.; ich pröb(e)le; schweiz.> *herumprobieren;* **'pro·ben** <V. i.> *üben;* ein Theaterstück ~; **'Pro·ben·ar·beit** <f.; -, -en>; **'Pro·ben·ent·nah·me** <f.; -, -n>; **'Pro·be·num·mer** <f.; -, -n> *erste Nummer (einer Zeitschrift, Zeitung);* **'Pro·be·schuss** <m.; -es, ⁼e>; **'Pro·be·sei·te** <f.; -, -n; Typ.>; **'Pro·be·stück** <n.; -(e)s, -e> *Muster;* **'pro·be·wei·se** <Adv.> jmdn. ~ einstellen; **'Pro·be·zeit** <f.; -, -en> 1 *Frist zum Einarbeiten u. Begutachten eines Anwärters auf einen Posten;* dreimonatige ~; während der ~ 2 <schweiz.> *Bewährungsfrist;* **pro'bie·ren** <V. t.> etwas ~ *versuchen, prüfen;* Probieren/<auch> ~ geht über Studieren/<auch> studieren <Sprichw.> *Praxis ist wichtiger als Theorie;* eine Soße ~ *kosten;* **Pro'bier·glas** <n.; -es, ⁼er> 1 = *Reagenzglas* 2 *kleines Glas zum Probieren eines Getränks*

Pro'blem, <auch> **Prob'lem** <n.; -(e)s, -e; ↗Z53> *schwierige, un-*

gelöste Aufgabe od. Frage [grch.]; **Pro·ble'ma·tik** <f.; -; unz.> *Schwierigkeit;* **pro·ble·'ma·tisch** <Adj.>; **pro·ble·ma·ti·'sie·ren** <V. t.> 1 *zum Problem machen;* wir sollten die Sache nicht unnötig ~ 2 *die Problematik darstellen;* **Pro'blem·be·wusst·sein** <n.; -s; unz.>; **Pro'blem·fall** <m.; -(e)s, ⁼e>; **Pro'blem·kind** <n.; -(e)s, -er>; **Pro'blem·kreis** <m.; -es, -e> *Gesamtheit miteinander verknüpfter Probleme;* **pro'blem·los** <Adj.>; **Pro'blem·lö·sung** <f.; -, -en>; **pro'blem·o·ri·en·tiert** <Adj.> 1 *auf ein best. Problem konzentriert;* er denkt ~ 2 <EDV> ~es Computerprogramm; **Pro'blem·schach** <n.; -s; unz.>; **Pro'blem·stel·lung** <f.; -, -en>; **Pro'blem·stoff** <m.; -(e)s, -e; meist Pl.; Ökol.; österr.> *Sondermüll;* **Pro'blem·zo·ne** <f.; -, -n> ~ngymnastik

Pro·ca'in <n.; -s; unz.; Pharm.> *ein lokales Anästhetikum*

Pro·ce·de·re <n.; -, -; geh.> = *Prozedere;* **Pro·ce·dure** <[prɔˈsiːdʒə(r)]; n.; -, -s; EDV> *Baustein eines Programms* [engl.]

pro 'cen·tum <Abk.; p. c.> *pro hundert;* Sy *per centum* [lat.]

pro 'do·mo *in eigener Sache* [lat.]

Pro'drom, <auch> **Prod'rom** <n.; -s, -e; ↗Z53; Med.> *Vorläufer einer Krankheit* [grch.]; **pro·dro'mal** <Adj.> *ankündigend;* **Pro·dro'mal·sta·di·um** <n.; -s, -di·en; Med.> *Vorläuferstadium*

Pro·du·cer <[prɔˈdjuːsə(r)]; m.; -s, -> *(Film-, Musik-)Produzent* [engl.]; **Pro·duct·ma·na·ger** <[ˈprɔdʌktmænidʒə(r)]; m.; -s, -> *jmd., der für die Betreuung u. Planung eines industriellen Produktes zuständig ist;* **Pro·duct·place·ment** <[ˈprɔdʌktpleɪsmənt]; n.; - od. -s, -s> *sichtbare Verwendung eines Markennamens in Film u. Fernsehen (als verdeckte Werbemaßnahme);* **Pro'dukt** <n.; -(e)s, -e> 1 *Erzeugnis, Ertrag;* Industrie~; pflanzliche ~e 2 *Ergebnis (der Multiplikation);* das ~ aus drei mal vier ist zwölf [lat.]; **Pro'dukt·de·kla·ra·ti·on** <f.; -, -en;

österr.> *genaue Kennzeichnung, z. B. des Inhalts von Lebensmitteln;* **Pro'duk·ten·han·del** <m.; -s; unz.> *Handel mit landwirtschaftl. Erzeugnissen u. Rohprodukten;* **Pro'duk·ten·markt** <m.; -(e)s, ⸚e>; **Pro'dukt·ge·stal·tung** <f.; -, -en>; **Pro'dukt·haft·pflicht** <f.; -; unz.; österr.>; **Pro'dukt·haf·tung** <f.; -; unz.>; **Pro·duk·ti'on** <f.; -, -en> 1 *Herstellung, Erzeugung (von Gütern, Waren);* maschinelle ~; in der ~ arbeiten 2 *(Gesamtheit der) Erzeugnisse;* **Pro·duk·ti'ons·an·la·ge** <f.; -, -n>; **Pro·duk·ti'ons·aus·fall** <m.; -(e)s, ⸚e>; **Pro·duk·ti'ons·brei·te** <f.; -; unz.>; **Pro·duk·ti'ons·fak·to·ren** <Pl.> *unverzichtbare Grundlagen der Güterproduktion;* **Pro·duk·ti'ons·ge·nos·sen·schaft** <f.; -, -en> *Zusammenschluss selbstständiger Produzenten in einer Genossenschaft;* **Pro·duk·ti'ons·kos·ten** <Pl.>; **Pro·duk·ti'ons·mit·tel** <Pl.> *zu den ~n zählen Maschinen u. Apparate;* **Pro·duk·ti'ons·pro·zess** <m.; -es, -e>; **Pro·duk·ti'ons·stei·ge·rung** <f.; -, -en>; **Pro·duk·ti'ons·ver·hält·nis·se** <Pl.; Marxismus> *Beziehungen, die die Menschen untereinander im Produktionsprozess eingehen;* **Pro·duk·ti'ons·wei·se** <f.; -, -n> kapitalistische ~; **Pro·duk·ti'ons·wert** <m.; -(e)s, -e> *Summe der Herstellungskosten in einem best. Zeitraum;* **Pro·duk·ti'ons·zweig** <m.; -(e)s, -e> *Industriezweig;* **pro·duk'tiv** <Adj.> *Produkte hervorbringend, schöpferisch, fruchtbar;* ~ arbeiten; **Pro·duk·ti·vi'tät** <[-vi-]; f.; -; unz.> *schöpferische Leistung, Fruchtbarkeit;* **Pro·duk'tiv·kraft** <f.; -, ⸚e> *Faktor, der die Produktivität einer Arbeit bestimmt;* **Pro'dukt·li·nie** <[-nɪə]; f.; -, -n> *(Marken)Produkte eines Herstellers, die als Einheit angeboten werden;* eine ~ von Kosmetikartikeln; **Pro'dukt·ma·na·ger** <[-mænɪdʒɐ(r)]; m.; -s, -> = *Productmanager,* **Pro'dukt·ma·na·ge·rin** <f.; -, -nen>; **Pro'dukt·pa·let·te** <f.; -, -n> *Produktauswahl;* **Pro'dukt·pi·ra·te·rie** <f.; -;

unz.> *rechtswidrige Imitation von Markenartikeln;* **Pro·du'zent** <m.; -en, -en> 1 *jmd., der etwas produziert, Hersteller;* Film~ 2 <Biol.> *Lebewesen, das organische Substanz aus anorganischer herstellt;* **pro·du'zen·tin** <f.; -, -nnen>; **pro·du'zie·ren** <V. t.> 1 *Güter, Waren ~ schaffen, erzeugen* 2 <V. refl.; abwertend> sich ~ *demonstrativ zeigen, was man kann* **'Pro·en·zym** <n.; -s, -e> *Vorstufe eines Enzyms*

Prof <m.; -s, -s; Studentenspr.; kurz für> *Professor,* **Prof.** <Abk. für> *Professor*

pro'fan <Adj.> 1 *weltlich, unkirchlich;* Ggs sakral 2 *alltäglich(1)* [lat.]; **Pro·fa·na·ti'on** <f.; -; unz.>; **Pro'fan·bau** <m.; -(e)s, -ten> *Bauwerk für weltliche Zwecke;* Ggs Sakralbau; **pro·fa·'nie·ren** <V. t.; geh.> *entweihen, entwürdigen;* **Pro·fa'nie·rung** <f.; -; unz.; geh.>; **Pro·fa·ni'tät** <f.; -; unz.; geh.> *Weltlichkeit*

pro·fa'schis·tisch <Adj.> *den Faschismus unterstützend*

Pro'fess¹ <f.; -, -e> *Ablegung der Ordensgelübde;* **Pro'fess²** <m.; -en, -en> *Klostermitglied, das die Ordensgelübde abgelegt hat* [lat.]; **Pro·fes·si'on** <f.; -, -en; veralt.> *Beruf, Gewerbe, Handwerk* [frz.]; **Pro·fes·si·o·nal** <[prɔ'fɛʃənəl]; m.; - od. -s, - od. -s; Kurzw.: Profi> *Berufssportler* [engl.]; **pro·fes·si·o·na·li'sie·ren** <V. t.> *zum Beruf machen;* **Pro·fes·si·o·na·li'sie·rung** <f.; -; unz.>; **Pro·fes·si·o·na'lis·mus** <m.; -; unz.>; **Pro·fes·si·o·na·li'tät** <f.; -, -en> *Können, Versiertheit;* **pro·fes·si·o'nell** <Adj.> 1 *als Beruf betrieben;* ~e Tätigkeit 2 *mit Können ausgeführt, fachmännisch;* **Pro'fes·sor** <m.; -s, -'so·ren; Abk.: Prof.> 1 *beamteter Hochschullehrer;* Universitäts~; ~ der Germanistik; ordentlicher ~ <Abk.: o. Prof.>; außerordentlicher ~ <Abk.: a. o. Prof.> 2 <Ehrentitel für> *Gelehrte, Künstler* 3 <schweiz.; österr. Titel für> *Lehrer an einer höheren Schule;* Studien~; **pro·fes·so'ral** <Adj.> *professorenhaft;* ~es Gehabe; **Pro·fes·so·ren·schaft** <f.; -;

unz.> *Gesamtheit der Professoren an einer Universität;* **Pro·fes'so·ren·ti·tel** <m.; -s, ->; **Pro·fes'so·rin** <f.; -, -nnen>; **Pro·'fes·sor·ti·tel** <m.; -s, -; österr.> = *Professorentitel;* **Pro·fes'sur** <f.; -, -en> *Lehrstuhl;* eine ~ innehaben; **'Pro·fi** <m.; -s, -s; umg.; Kurzw. für> *Professional*

Pro'fil <n.; -s, -e> 1 *Seitenansicht; jmdn., etwas im ~ darstellen* 2 *Umriss, Längs- od. Querschnitt; das ~ eines Gebäudes* 3 *senkrechter Schnitt durch die Erdoberfläche; geologisches ~* 4 *Erhebungen aufweisende Oberfläche; ~ von Reifen, Schuhsohlen* 5 <fig.> *charakteristisches Erscheinungsbild, klare Haltung; ein Politiker ohne ~* [frz.; ital.] **'Pro·fi·la·ger** <n.; -s, -; Sp.> ins ~ wechseln

Pro'fil·ei·sen <n.; -s, -> = *Profilstahl;* **pro·fi'lie·ren** <V. t.> 1 *im Querschnitt darstellen* 2 <V. refl.; fig.; auch abwertend> sich ~ *sich durch besondere Leistung hervortun;* **pro·fi'liert** <Adj.; ⟋Z.28.1> *als kompetent ausgewiesen;* er ist ein ~er Politiker; **Pro·fi'lie·rung** <f.; -, -en>; **pro·fi'lie·rungs·süch·tig** <Adj.; abwertend>; **pro'fil·los** <Adj.>; **Pro'fil·neu·ro·se** <f.; -, -n; Psych.> *neurot. Bestreben, sich zu profilieren;* **Pro'fil·soh·le** <f.; -, -n; an Schuhen>; **Pro'fil·stahl** <m.; -(e)s, ⸚e; Tech.> *ein Walzstahlerzeugnis*

'Pro·fi·sport <m.; -s; unz.> österr.> *Berufssport;* **'Pro·fi·sport·ler** <m.; -s, -; österr.>; **'Pro·fi·sport·le·rin** <f.; -, -nnen; österr.>

Pro'fit <m.; -(e)s, -e> *Gewinn, Vorteil, Nutzen; aus etwas ~ schlagen; mit ~ arbeiten; ein ~ bringendes/<auch> profitbringendes Geschäft* <bei Steigerung u. mit Attribut nur Zusammenschreibung> *ein äußerst profitbringendes Geschäft* [frz.]; **pro·fi'ta·bel** <Adj.; -'tab·ler, am -s·ten> *vorteilhaft; ein profitables Geschäft;* **Pro·fit·cen·ter** <['prɔfitsɛntɐ(r)]; n.; -s, -; Wirtsch.> *(innerhalb eines größeren Unternehmens) abgetrennter Produktionsbereich mit eigener Verantwortlichkeit* für den wirtschaftl. Erfolg [engl.]; **Pro·fi·teur** <[-'tøːr]; m.; -s, -e; österr.; abwertend> *Nutznießer* [frz.]; **Pro·fi·teu·rin** <f.; -, -n·nen>; österr.; abwertend>; **Pro'fit·gier** <f.; -; unz.>; **pro·fi·'tie·ren** <V. i.> *von etwas – Gewinn erzielen, Nutzen haben*; **Pro'fit·ma·xi·mie·rung** <f.; -, -en> *(marxist. Begriff für den) Erhalt hoher Gewinne*; **Pro'fit·stre·ben** <n.; -s; unz.>

'Pro-Form <f.; -, -en; Sprachw.> *pronominale Form, die eine Vertreterfunktion ausübt*

pro 'for·ma *nur der Form wegen, nur zum Schein* [lat.]; **Pro·'for·ma-Ver·trag** <m.; -(e)s, ⸚e; ↗Z33>

pro'fund <Adj.> 1 *gründlich, umfassend;* –e *Kenntnisse* 2 <Med.> *tief (liegend)* [lat.]; **Pro·fun·di'tät** <f.; -; unz.>

pro'fus <Adj.; Med.> *verschwenderisch, übermäßig, stark;* ~e *Schweißabsonderung* [lat.]

Pro·ge'ne·se <f.; -, -n; Med.> *vorzeitige Geschlechtsentwicklung* [lat.]; **Pro·ge·ni'tur** <f.; -, -en> *Nachkommenschaft*

Pro·ges·te'ron <n.; -s; unz.> = *Gelbkörperhormon*

Pro·gno·se, <auch> **Prog'no·se** <f.; -, -n; ↗Z53> *Voraussage aufgrund wissenschaftl. Daten od. Erkenntnisse;* *Wetter~* [grch.]; **Pro'gnos·tik** <f.; -; unz.> *Lehre von den Prognosen*; **Pro'gnos·ti·ker** <m.; -s, ->; **Pro'gnos·ti·ke·rin** <f.; -, -n·nen>; **Pro'gnos·ti·kon** <n.; -s, -ken od. -ka>; **pro'gnos·tisch** <Adj.>; **pro·gnos·ti'zie·ren** <V. t.> *voraussagen;* eine *Entwicklung* –

Pro'gramm <n.; -s, -e> 1 *Folge der Darbietungen bei Veranstaltungen;* *Film~;* *Theater~* 2 *Blatt od. Heft mit dem Programm(1);* ein – kaufen 3 <bei Elektrogeräten> *Aufeinanderfolge von Schaltvorgängen;* eine *Waschmaschine mit mehreren* ~en 4 *Plan, Vorhaben;* hast du für heute Abend ein ~?; das steht nicht in unserem ~ <a. fig.> 5 *öffentlich verkündete Gesamtheit der Grundsätze u. Ziele einer polit. Partei;* *Partei* –; *Godesberger ~* 6 <EDV> *eindeutige*

Anweisung an eine Maschine, bestimmte Aufgaben in einer bestimmten Reihenfolge zu erfüllen; *benutzerfreundliches* ~; ~ *zur Textverarbeitung* [grch.]; **Pro'gramm·än·de·rung** <f.; -, -en>; **Pro'gramm·an·zei·ger** <m.; -s, -; TV>; **Pro·gram'ma·tik** <f.; -; unz.> *Zielsetzung;* **Pro·gram'ma·ti·ker** <m.; -s, -> *jmd., der ein Programm entwickelt od. vertritt;* **Pro·gram'ma·ti·ke·rin** <f.; -, -n·nen>; **pro·gram·'ma·tisch** <Adj.> *einem Programm entsprechend, richtungsweisend, zielsetzend;* eine ~e *Rede halten;* **Pro'gramm·di·rek·tor** <m.; -s, -'to·ren; bes. TV>; **Pro'gramm·di·rek·to·rin** <f.; -, -n·nen>; **pro'gramm·ge·mäß** <Adj.> *wir trafen* ~ *um 20 Uhr ein;* **Pro'gramm·ge·ne·ra·tor** <m.; -s, -'to·ren; EDV> *über Menüs gesteuertes Anwendungsprogramm;* **Pro'gramm·ge·stal·tung** <f.; -, -en>; **pro·'gramm·ge·steu·ert** <Adj.; EDV>; **Pro'gramm·heft** <n.; -(e)s, -e> = *Programm(2);* **Pro·'gramm·hin·weis** <m.; -es, -e; Rundf.; TV> *Vorschau auf nachfolgende Sendungen;* **pro·gram·'mier·bar** <Adj.>; **pro·gram·'mie·ren** <V. t.> 1 *einen Computer* – *ein Programm in einen Computer aufstellen* 2 *festlegen, vorgeben, (auf ein best. Ziel) hinlenken;* auf *Erfolg programmiert sein;* **Pro·gram'mie·rer** <m.; -s, -; EDV> *jmd., der Programme für EDV-Anlagen erstellt;* **Pro·gram'mie·re·rin** <f.; -, -n·nen; EDV>; **Pro·gram'mier·spra·che** <f.; -, -n; EDV>; **Pro·gram'mie·rung** <f.; -, -en>; **Pro·'gramm·ki·no** <n.; -s, -s> *Kino, in dem ausgewählte Filme gezeigt werden;* **Pro'gramm·mu·sik** <f.; -; unz.; ↗Z37> *Instrumentalmusik, die eine Geschichte, ein Bild o. Ä. darzustellen versucht;* **Pro'gramm·punkt** <m.; -(e)s, -e>; **Pro·'gramm·steu·e·rung** <f.; -, -en> *Steuerung automat. Arbeitsvorgänge mittels eines Programmes;* **Pro'gramm·teil** <m.; -(e)s, -e> *der* – *einer Zeitung;* **Pro·'gramm·vor·schau** <f.; -, -en;

bes. Rundf., TV>; **Pro'gramm·zeit·schrift** <f.; -, -en>

pro·gre·di'ent <Adj.; Med.> *fortschreitend;* **Pro'gress** <m.; -es, -e> *Fortschritt, Fortgang* [lat.]; **Pro·gres·si'on** <f.; -, -en> 1 <bes. Wirtsch.; geh.> *(stufenweise) Steigerung, Weiterentwicklung, Zunahme* 2 *Zunahme des prozentualen Steuersatzes bei Zunahme der zu versteuernden Werte;* *Steuer~;* **pro·gres'sis·tisch** <Adj.> *überzogen fortschrittsgläubig;* **pro·gres·'siv** <Adj.> 1 *fortschrittlich;* er denkt sehr ~ 2 *fortschreitend;* ~e *Steuern* [frz.]; **Pro·gres'sive Jazz** <[-'ɡrɛsiv 'dʒæz]; m.; --; unz.> *Stilrichtung des modernen Jazz* [engl.]

pro·hi'bie·ren <V. t.> *verbieten, verhindern;* **Pro·hi·bi·ti'on** <f.; -, -en> *(Alkohol-)Verbot* [lat.]; **Pro·hi·bi·ti·o'nist** <m.; -en, -en> *Anhänger der Prohibition;* **Pro·hi·bi·ti·o'nis·tin** <f.; -, -n·nen>; **pro·hi·bi'tiv** <Adj.> 1 *verhindernd, verbietend* 2 *vorbeugend;* **Pro·hi·bi'tiv** <m.; -s, -e [-və]; Gramm.> *Modus des Verbs, der ein Verbot ausdrückt;* **Pro·hi·bi'tiv·sys·tem** <n.; -s; unz.> = *Protektionismus;* **Pro·hi·bi'tiv·zoll** <m.; -(e)s, ⸚e> *im Rahmen des Protektionismus erhobener Schutzzoll;* **pro·hi·bi·'to·risch** <Adj.> = *prohibitiv*

Pro'jekt <n.; -(e)s, -e> 1 *Plan, Vorhaben, Absicht* 2 *Entwurf* [lat.]; **Pro·jek'tant** <m.; -en, -en; österr.> *Planer;* **Pro·jek'tan·tin** <f.; -, -n·nen; österr.>; **Pro'jekt·ar·beit** <f.; -, -en>; **Pro'jekt·grup·pe** <f.; -, -n> *für ein best. Projekt eingesetzte Gruppe von Arbeitskräften;* **Pro'jekt·hil·fe** <f.; -, -n> *Entwicklungshilfe für ein best. Projekt;* **pro·jek'tie·ren** <V. t.> *ein Projekt entwerfen, planen;* **Pro·jek'tie·rung** <f.; -, -en>; **Pro·'jek·til** <n.; -s, -e> = *Geschoss(1);* **Pro·jek·ti'on** <f.; -, -en> 1 <Math.> *die Abbildung räumlicher Gebilde auf einer Ebene* 2 <Kartogr.> *die Darstellung der gekrümmten Erdoberfläche auf einer Ebene* 3 <Opt.> *die vergrößerte Abbildung von Bildern mittels Lichtstrahlen auf einer hellen Fläche;* **Pro·jek-**

ti'ons·ap·pa·rat <m.; -(e)s, -e> *Gerät zur Projektion von Bildern;* **Pro·jek·ti·ons·e·be·ne** <f.; -, -n; ↗Z55; Math.> **Pro·jek·ti·'ons·flä·che** <f.; -, -n>; **pro·jek·'tiv** <Adj.>; **Pro'jekt·lei·ter** <m.; -s, ->; **Pro'jekt·lei·te·rin** <f.; -, -n·nen>; **Pro'jekt·ma·nage·ment** <[-mænidʒmənt]; n.; -s; unz.; Wirtsch.>; **Pro'jek·tor** <m.; -s, -'to·ren> = *Projektionsapparat;* **Pro'jekt·un·ter·richt** <m.; -(e)s; unz.>; **Pro'jekt·wo·che** <f.; -, -n>; **pro·ji'zie·ren** <V. t.> 1 *einen Körper ~ auf einer Fläche zeichnerisch darstellen* 2 *ein Lichtbild ~ auf eine Bildwand werfen;* **Pro·ji'zie·rung** <f.; -, -en>

Pro·kla·ma·ti'on <f.; -, -en> *öffentl. Bekanntmachung, Aufruf* [lat.]; **pro·kla'mie·ren** <V. t.> *etwas ~ öffentl. bekannt machen;* **Pro·kla'mie·rung** <f.; -, -en>

Pro'kli·se <f.; -, -n; Sprachw.> *Anlehnung eines kaum betonten u. unwichtigen Wortes (Proklitikon) an das folgende, stärker betonte u. wichtigere, z. B. 's geht;* Ggs *Enklise* [grch.]; **Pro'kli·ti·kon** <n.; -s, -ka> *unbetontes Wort, das sich an das folgende, stärker betonte anlehnt;* **pro'kli·tisch** <Adj.>

pro·kom·mu'nis·tisch <Adj.> *dem Kommunismus zugeneigt*

Pro-'Kopf-Ver·brauch <m.; -(e)s; unz.; ↗Z33> *Verbrauch (einer bestimmten Sache) pro Person, durchschnittlicher Verbrauch eines Einzelnen;* der *~ an Butter*

Pro'krus·tes·bett, <auch> **Prok·'rus·tes·bett** <n.; -(e)s; unz.; ↗Z54; fig.> *Schema, in das etwas mit Gewalt hineingezwängt werden soll* [nach Prokrustes, einem Unhold der grch. Sage]

Prokt·al'gie, <auch> **Prok·tal'gie** <f.; -, -n; ↗Z54; Med.> *Schmerzen in After u. Mastdarm* [grch.]; **Prok'ti·tis** <f.; -, -ti'ti·den; Med.> *Mastdarmentzündung;* **Prok·to·lo'gie** <f.; -; unz.; Med.> *Lehre von den Erkrankungen des Mastdarms;* **prok·to'lo·gisch** <Adj.>; **Prok·to'plas·tik** <f.; -, -en; Med.> *chirurg. Anlage eines künstl. Afters bei Verschluss des Mastdarms;* **Prok·to·sko'pie,** <auch> **Prok-**

tos·ko'pie <f.; -, -n; ↗Z54; Med.> *Untersuchung des Mastdarms*

Pro·ku·ra <f.; -, Pro'ku·ren> *Vollmacht, alle Arten von Rechtsgeschäften für einen Betrieb vorzunehmen* [lat.]; **Pro·ku·ra·ti'on** <f.; -, -en> *Auftragserledigung durch einen Bevollmächtigten;* **Pro·ku'ra·tor** <m.; -s, -'to·ren> 1 <im antiken Rom> *Statthalter einer Provinz* 2 <in der Republik Venedig> *einer der neun höchsten Staatsbeamten* 3 *Wirtschaftsverwalter in Klöstern* 4 <schweiz.> *Bezirks~ Staatsanwalt der unteren Instanzen* 5 <allg.> *Bevollmächtigter, Sachverwalter, Geschäftsträger,* **Pro·ku'rist** <m.; -en, -en>; **Pro·ku·'ris·tin** <f.; -, -n·nen>

pro·la'bie·ren <V. i.; Med.> *vorfallen (von Organen)* [lat.]

Pro·lak'tin <n.; -s, -e> *ein Peptidhormon, das die Milchbildung anregt* [lat.]

Pro·la'min <n.; -s, -e; meist Pl; Biol.> *Protein, das besonders in Getreidesamen vorkommt*

Pro'laps <m.; -es, -e; Med.> *Vorfall eines Gewebes od. Organs aus seiner natürl. Lage* [lat.]

Pro·le'go·me·non <n.; -s, -na> *Vorbemerkung, Vorwort* [grch.]

Pro'lep·se <f.; -, -n> 1 <Rhet.> *Vorwegnahme (u. Widerlegung) eines zu erwartenden Einwands* 2 <Sprachw.> *Vorwegnahme des Subjekts des Nebensatzes in den vorhergehenden Hauptsatz, z. B. hörst du den Bach, wie er rauscht?* [grch.]; **pro'lep·tisch** <Adj.>

Pro'let <m.; -en, -en; umg.; abwertend> 1 *Proletarier(2)* 2 <fig.> *ungebildeter, ungehobelter Kerl;* **Pro·le·ta·ri'at** <n.; -(e)s, -e> *Klasse der Proletarier(2);* **Pro·le'ta·ri·er** <m.; -s, -> 1 <im alten Rom> *Angehöriger der Klasse, die nicht besteuert wurde* 2 <nach Marx u. Engels> *Lohnarbeiter ohne Besitz an Produktionsmitteln* [lat.]; **Pro·le'ta·ri·e·rin** <f.; -, -n·nen>; **pro·le'ta·risch** <Adj.>; **pro·le·ta·ri·'sie·ren** <V. t.> *zu Proletariern machen;* **Pro·le·ta·ri·'sie·rung** <f.; -, -en>; **pro·le'ten·haft**

<Adj.; fig.> *ungehobelt;* **Pro'le·tin** <f.; -, -n·nen>

Pro·li·fe·ra·ti'on¹ <f.; -, -en; Med.> *Vermehrung von Gewebe, Wucherung* [lat.]; **Pro·li·fe·ra·tion²** <[-'rei:ʃən]; f.; -; unz.> *Weitergabe von kerntechnischem Material zur Herstellung von Atomwaffen;* Ggs *Nonproliferation* [engl.]; **pro·li·fe·ra'tiv** <Adj.; Med.>; **pro·li·fe'rie·ren** <V. i.; Med.> *wuchern* [lat.]

'pro·lo <Adj.; undekl.; umg.; abwertend> *proletenhaft;* **'Pro·lo** <m.; -s, -s; umg.; abwertend; kurz für> *Prolet(2)*

Pro'log <m.; -(e)s, -e> *Einleitung, Vorrede, Vorwort;* Ggs *Epilog* [grch.]

Pro·lon·ga·ti'on <f.; -, -en> 1 *Verlängerung (einer Frist)* 2 *Aufschub, Stundung (einer Forderung)* [lat.]; **Pro·lon·ga·ti'ons·ge·schäft** <n.; -(e)s, -e; Börse>; **Pro·lon·ga·ti'ons·wech·sel** <[-ks-]; m.; -s, -; Börse>; **pro·lon'gie·ren** <V. t.> 1 *verlängern* 2 *aufschieben, stunden;* **Pro·lon'gie·rung** <f.; -, -en>

Pro·me·na·de <f.; -, -n> 1 <veralt.> *Spaziergang* 2 *Spazierweg, meist mit Grünanlagen* [frz.]; **Pro·me'na·den·deck** <n.; -s, -s od. -e; auf Schiffen>; **Pro·me·'na·den·mi·schung** <f.; -, -en; umg.; scherzh.> *nicht reinrassiger Hund;* **pro·me'nie·ren** <V. i.> *spazieren gehen*

Pro'mes·se <f.; -, -n> 1 *schriftl. Versprechen, schriftl. Zusage* 2 *Schuldverschreibung* [frz.]

pro·me'the·isch <Adj.> *an Stärke, Energie u. Größe alles überragend* [nach der grch. Sagengestalt *Prometheus*]; **Pro'me·thi·um** <n.; -s; unz.; Chem.; Zeichen: Pm> *chem. Element, Metall*

pro 'mil·le <Abk.: p. m.; Zeichen: ‰> 1 *für tausend* 2 *vom Tausend* [lat.]; **Pro'mil·le** <n. 7; -s, -> 1 *ein Teil von Tausend, ein Tausendstel* 2 <umg.> *Anteil des Alkohols im Blut in Promille(1) gemessen;* der *Unfallfahrer hatte* 1,8 *~;* **Pro'mil·le·gren·ze** <f.; -; unz.> *höchster zulässiger Alkoholanteil im Blut eines Autofahrers*

pro·mi'nent <Adj.> *hervorragend,*

Pronomen: Als P. – auch Fürwort, Stellvertreter genannt – bezeichnet man eine Wortart, die als Begleiter des Nomens oder Stellvertreter der Nominalgruppe fungieren kann.
Als Stellvertreter der Nominalgruppe können z. B. die Personalpronomina (*ich, du, er, sie, es* usw.) oder die Interrogativpronomen (*wer, was, wem* usw.) auftreten. Als Begleiter des Nomens treten z. B. die Possessivpronomen (*mein Haus, dein Vater*) und die Demonstrativpronomen (*dieses Geschwätz, diese Liste*) auf.
Man unterscheidet im Einzelnen:
a) ↗Personalpronomen
b) ↗Possessivpronomen
c) ↗Demonstrativpronomen
d) ↗Indefinitpronomen
e) ↗Interrogativpronomen
f) ↗Relativpronomen
g) ↗Reflexivpronomen

Pronominaladverb: Das P. oder Umstandsfürwort ist eine Untergruppe des ↗Adverbs, das aus den Adverbien *da(r), hier* und *wo* mit einer ↗Präposition (*an, auf, aus, hinter, neben* usw.) zusammengesetzt ist, z. B. *daran, hinauf, hieraus, worüber.*
Das P. wird nicht dekliniert und kann in syntaktischer Hinsicht anstelle eines Präpositionalobjektes bzw. einer ↗Adverbialbestimmung stehen:
Das Essen steht auf dem Tisch/darauf.
Das Versprechen, das sie ihm vor ihrem Treffen/davor gegeben hatte.

---

bedeutend, allgemein bekannt [lat.]; **Pro·mi'nen·te(r)** ‹f. 2 (m. 1)› *prominente Persönlichkeit;* **Pro·mi'nenz** ‹f.; -, -en› 1 *prominente Personen* 2 ‹unz.› *Gesamtheit der prominenten Personen* 3 ‹unz.› *das Prominentsein*
Pro·mis·ku·i'tät ‹f.; -; unz.› *häufiger Wechsel des Geschlechtspartners* [lat.]; **pro·mis·ku·i'tiv** ‹Adj.›
Pro·mis·si'on ‹f.; -, -en; veralt.› *Versprechen, Zusage* [lat.]; **pro·mis'so·risch** ‹Adj.; veralt.›
pro'mo·ten ‹V. t.› jmdn. ~ *als Promotor für jmdn. auftreten, jmdn. fördern; einen Sportler ~;*

Pro'mo·ter ‹m.; -s, -; im Berufsspr., bes. Boxen u. Ringen› *Veranstalter* [engl.]; **Pro·mo·ti·on¹** ‹f.; -, -en› 1 *Verleihung der Doktorwürde* 2 ‹österr.› *akadem. Feier zur Verleihung der Doktorwürde* 3 ‹schweiz. a.› *Versetzung in die nächste Klasse* 4 ‹Sp.; schweiz. a.› *Vorrücken in die nächsthöhere Wettkampfklasse* [lat.]; **Pro·mo·tion²** ‹[prɔ'moːʃən]; f.; -; unz.; Wirtsch.› *(durch Werbemaßnahmen unterstützte) Absatz-, Verkaufsförderung* [engl.]; **Pro'mo·tor** ‹m.; -s, -'to·ren› 1 *Förderer, Manager* 2 ‹österr.› *ein bei einer Promotion assistierender Professor* [lat.]; **Pro·mo'vend** ‹[-'vɛnd]; m.; -en, -en› *jmd., der gerade promoviert;* **Pro·mo'ven·din** ‹f.; -, -nen›; **pro·mo·vie·ren** ‹[-'viː-]; V.› 1 ‹V. i.› *die Doktorarbeit schreiben;* er hat über Thomas Mann promoviert 2 ‹V. t.› jmdn. ~ *jmdm. die Doktorwürde verleihen;* sie ist promoviert worden
prompt ‹Adj.› *rasch, unmittelbar, sofort;* ~e Erledigung eines Auftrags; eine ~e Antwort [lat.]; **'Prompt·ge·schäft** ‹n.; -(e)s, -e; Wirtsch.› *Vertragsabschluss, bei dem die Leistung umgehend zu erfolgen hat; Ggs Termingeschäft;* **'Prompt·heit** ‹f.; -; unz.›
Pro·mul·ga·ti·on ‹f.; -, -en; veralt.› *Veröffentlichung (z. B. eines Gesetzes)* [lat.]
Pro'no·men ‹n.; -s, - od. -mi·na; Gramm.› *Wort, das für ein Nomen steht, z. B. er, dieser; Personal~, Indefinit~; Sy Fürwort;* → a. Kasten [lat.]; **pro·no·mi'nal** ‹Adj.›; **Pro·no·mi·nal·ad·jek·tiv** ‹n.; -(e)s, -e› *wie ein Pronomen verwendetes Adjektiv, z. B. kein;* **Pro·no·mi·nal·ad·verb** ‹[-v-]; n.; -s, -ver·bi·en› *für ein Nomen stehendes Adverb, z. B. daran;* → a. Kasten
pro·non·cie·ren ‹[-nɔ̃'siː-]; V. t.› 1 *deutlich aussprechen;* ein Wort prononciert aussprechen 2 ‹fig.› *stark betonen, Nachdruck legen auf* [frz.]; **pro·non·'ciert** ‹Adj.; ↗Z.28.1› *betont, ausgeprägt*
Pro'ö·mi·um ‹n.; -s, -mi·en; Anti-

ke› 1 *Vorrede, Einleitung* 2 *homerische Hymne* [grch.]
Pro·pä'deu·tik ‹f.; -; unz.› *vorbereitende Einführung in eine Wissenschaft, Vorübung* [grch.]; **Pro·pä'deu·ti·kum** ‹n.; -s, -ti·ken od. -ti·ka› 1 *universitäre Einführungsveranstaltung; literaturwissenschaftliches* ~ 2 ‹schweiz.› *med. Vorprüfung;* **pro·pä'deu·tisch** ‹Adj.›
Pro·pa·gan·da ‹f.; -; unz.› *werbende Tätigkeit für best. Ideen, bes. auf polit. Gebiet* [lat.]; **Pro·pa'gan·da·film** ‹m.; -(e)s, -e›; **Pro·pa·gan'dist** ‹m.; -en, -en›; **Pro·pa·gan'dis·tin** ‹f.; -, -nen›; **pro·pa·gan'dis·tisch** ‹Adj.›; **Pro·pa·ga·ti'on** ‹f.; -, -en› 1 *Ausbreitung* 2 *Vermehrung, Fortpflanzung;* **pro·pa'gie·ren** ‹V. t.› etwas ~; **Pro·pa·'gie·rung** ‹f.; -, -en›
Pro'pan ‹n.; -s; unz.; Chem.› *(als Brenngas verwendeter) gasförmiger Kohlenwasserstoff;* **Pro·'pan·gas** ‹n.; -es, -e›
pro 'pa·tria, ‹auch› **pro 'pat·ria** ‹↗Z.53› *für das Vaterland* [lat.]
Pro'pel·ler ‹m.; -s, -› *Antriebsgerät aus zwei od. mehreren um eine gemeinsame Achse drehbaren Flächen, Luft-, Schiffsschraube;* **Pro'pel·ler·an·trieb** ‹m.; -(e)s, -e›; **Pro'pel·ler·flug·zeug** ‹n.; -(e)s, -e›; **Pro'pel·ler·tur·bi·ne** ‹f.; -, -n; Kurzw.: Turboprop› *ein mit einer Luftschraube verbundenes Stahltriebwerk*
Pro'pen ‹n.; -s; unz.; Chem.› *ein gasförmiger ungesättigter Kohlenwasserstoff, Ausgangsprodukt zur Herstellung von Lösungsmitteln; Sy Propylen*
'pro·per ‹Adj.› *ordentlich, sauber, anständig;* ~ gekleidet; eine ~/‹auch› propre Wohnung [frz.]; **'Pro·per·ge·schäft** ‹n.; -(e)s, -e; Wirtsch.› *Eigengeschäft, im eigenen Namen u. auf eigene Rechnung,* **'Pro·per·han·del** ‹m.; -s; unz.; Wirtsch.› *Eigenhandel*
Pro'pha·se ‹f.; -, -n; Biol.› *einleitende Phase der Kernteilung, in der die Chromosomen sichtbar werden*
Pro'phet ‹m.; -en, -en› 1 *jmd., der etwas Zukünftiges vorher-*

P

sagt 2 *Verkünder u. Deuter einer göttl. Botschaft* 3 <im Islam Bez. für> *Mohammed* [grch.]; **Pro·phe·tie** <f.; -, -n> *Weissagung;* **Pro'phe·tin** <f.; -, -n·nen>; **pro'phe·tisch** <Adj.>; **pro·phe'zei·en** <V. t.> *weissagen, voraussagen;* das habe ich dir gleich prophezeit; **Pro·phe'zei·ung** <f.; -, -en>

pro·phy'lak·tisch <Adj.> *vorbeugend, verhütend;* **Pro·phy'la·xe** <f.; -, -n; Med.> *Vorbeugung(smaßnahmen), Verhütung von Krankheiten* [grch.]

Pro·por·ti·on <f.; -, -en> 1 *Größenverhältnis;* die Zeichnung ist in den ~en richtig 2 <Math.> *Verhältnisgleichung* [lat.]; **pro·por·ti·o'nal** <Adj.> 1 *eine Proportion(1) ausdrückend, verhältnismäßig, entsprechend* 2 ~e Konjunktion *K., die in Verbindung mit einer anderen K. das Verhältnis eines Sachverhalts zu einem anderen ausdrückt, z. B. je – desto;* **Pro·por·ti·o'na·le** <f.; -, -n; Math.> *Glied einer Verhältnisgleichung;* **Pro·por·ti·o·na·li'tät** <f.; -; unz.> *proportionales Verhältnis, Verhältnismäßigkeit;* **Pro·por·ti·o·'nal·schrift** <f.; -; unz.; EDV> *Schrift, bei der der Abstand zwischen den einzelnen Buchstaben einheitlich ist;* **Pro·por·ti·o·'nal·wahl** <f.; -, -en> = *Verhältniswahl;* Ggs *Mehrheitswahl;* **pro·por·ti·o'nell** <Adj.; ↗Z11.4; österr. für> *dem Proporz entsprechend;* oV *proporzionell;* **pro·por·zi·o'niert** <Adj.> *in einem Verhältnis zueinander stehend* (von Maßen); gut ~; **Pro·por·ti·o'niert·heit** <f.; -, -en>; **Pro·por·ti·ons·glei·chung** <f.; -, -en; Math.> = *Verhältnisgleichung;* **Pro'porz** <m.; -es; unz.; österr.; schweiz.> *Verteilung der Sitze od. Ämter nach dem Verhältniswahlsystem;* Ggs *Majorz;* **pro·por·zi·o'nell** <Adj.; österr.; schweiz.> = *proportionell;* **Pro'porz·wahl** <f.; -, -en; österr.; schweiz.> = *Verhältniswahl*

Pro·po·si·ti·on <f.; -, -en> 1 <Sprachw.> *Inhalt, Wahrheitswert der Bedeutung einer sprachl. Äußerung* 2 <veralt.> *Vorschlag, Antrag, Angebot*

[lat.]; **pro·po·si·ti·o'nal** <Adj.; Sprachw.> *den Inhalt einer sprachl. Äußerung betreffend*

'Prop·pen <m.; -s, -; norddt.> 1 = *Pfropfen* 2 *ein kleiner ~* <fig.; umg.> *kleiner Junge, Bürschchen;* Wonne~; **'prop·pen'voll** <Adj.; umg.> *überfüllt;* der Saal war ~

'pro·pre, <auch> **'prop·re** <Adj.; ↗Z53> = *proper;* **Pro·pri·e'tär** <[-prĭa-]; m.; -s, -e> 1 <veralt.> *Eigentümer* 2 <EDV> *ein Betriebssystem* [frz.]; **Pro·pri·e'tät** <f.; -, -en; veralt.> *Eigentum(srecht);* **'pro·prio 'mo·tu** *aus eigenem Antrieb* [lat.]; **'Pro·pri·um** <n.; -s, -pria/-p·ria; Gramm.> *Eigenname*

Propst <m.; -(e)s, ⸚e> 1 <Kath.> *Leiter eines Kapitels od. Stifts;* Dom~ 2 <Ev.> *Superintendent;* **Props'tei** <f.; -, -en> *Bezirk eines Propstes;* **'Pröps·tin** <f.; -, -n·nen>

'Pro·pusk <m.; -s, -e> *Ausweis, Passierschein* [russ.]

Pro·py'lä·en <Pl.> 1 *von Säulen getragene Vorhalle grch. Tempel* 2 *mit Säulen versehener Eingang oder Durchgang* [grch.]

Pro·py'len <n.; -s; unz.> = *Propen* [grch.]

'Pro·rek·tor <m.; -s, -'to·ren> *Stellvertreter des Rektors* [lat.]; **Pro·rek·to'rat** <n.; -(e)s, -e> *Amt des Prorektors*

Pro·ro·ga·ti·on <f.; -, -en; veralt.> 1 *Verlängerung der Amtszeit* 2 *Aufschub, Vertagung* [lat.]; **pro·ro·ga'tiv** <Adj.> *aufschiebend;* **pro·ro'gie·ren** <V. t.> 1 *verlängern* 2 *aufschieben, vertagen*

'Pro·sa <f.; -; unz.> 1 *nicht durch Verse, Rhythmus od. Reim gebundene Sprachform;* Ggs *Poesie(1)* 2 <fig.; geh.> *Nüchternheit, Nüchternes;* die ~ des Alltags; Ggs *Poesie(2)* [lat.]; **Pro·sa·i·ker** <m.; -s, ->; **Pro'sa·i·ke·rin** <f.; -, -n·nen>; **pro'sa·isch** <Adj.> 1 *in Prosa(1) abgefasst* 2 <meist fig.> *nüchtern;* **Pro·sa·'ist** <m.; -en, -en> *Prosa(1) schreibender Schriftsteller;* **Pro·sa·'is·tin** <f.; -, -n·nen>; **pro·sa·'is·tisch** <Adj.>; **'Pro·sa·text** <m.; -(e)s, -e>

Pro'sec·co <m.; - od. -s, -s> *ein*

leicht moussierender, trockener ital. Weißwein [ital.]

Pro'sek·tor <m.; -s, -'to·ren> 1 *Arzt, der Sektionen durchführt* 2 *Leiter der Prosektur* [lat.]; **Pro·sek'tur** <f.; -, -en> *pathol. Abteilung, pathol. Institut*

Pro·se·ku·ti·on <f.; -, -en; Rechtsw.> *gerichtl. Verfolgung* [lat.]; **Pro·se'ku·tor** <m.; -s, -'to·ren; selten für> *Ankläger*

Pro·se'lyt <m.; -en, -en> *zu einem anderen Glauben Übergetretener, Neubekehrter;* ~en machen <fig.> *bekehren, ohne zu überzeugen* [grch.]; **Pro·se·ly·ten·ma·che'rei** <f.; -; unz.; umg.>

'Pro·se·mi·nar <n.; -s, -e> *einführendes Seminar (während des Grundstudiums)* [lat.]

'pro·sit <Int.; Trinkspruch> oV *prost* 1 *wohl bekomm's, zum Wohl!* 2 ~ Neujahr! *ein glückliches neues Jahr!;* **'Pro·sit** <n.; -s; unz.> *Trinkspruch;* ein ~ ausbringen; ein ~ dem Hausherrn! [lat.]

pro·skri'bie·ren, <auch> **pros·kri·'bie·ren, prosk·ri'bie·ren** <V. t.; ↗Z.54; geh.> *(durch öffentl. Bekanntmachung) ächten* [lat.]; **Pro·skrip·ti·on** <f.; -, -en> *Ächtung*

Pros·o'die, <auch> **Pro·so'die** <f.; -, -n; ↗Z.54>, **Pros·o·dik** <f.; -, -en> 1 *Lehre von der Behandlung der Sprache im Vers* 2 *(Lehre von der) Silbenmessung* [grch.]; **pros·o·disch** <Adj.>

Pro'spekt, <auch> **Pros'pekt** <m.; -(e)s, -e; ↗Z.54> 1 <Theat.> *halbrunde Leinwand als hinterer Abschluss des Bühnenraums* 2 *meist perspektivisch übertriebene Ansicht, bildliche Darstellung (von Gebäuden)* 3 *meist bebilderte Werbeschrift* 4 <russ. Bez. für> *breite Hauptstraße* 5 *kunstvoll gestaltetes Gehäuse des Pfeifenwerks der Orgel* [lat.]; **pro·spek'tie·ren** <V. t.> *durch geol. Beobachtung aufsuchen;* Lagerstätten nutzbarer Mineralien ~; **Pro·spek·'tie·rung, Pro·spek·ti·on** <f.; -, -en; Geol.> *das Prospektieren;* **pro·spek'tiv** <Adj.> 1 *eine Möglichkeit betreffend* 2 *voraus-*

schauend **3** *die Weiterentwicklung betreffend*
pro·spe'rie·ren, <auch> **pros·pe·'rie·ren** <V. i.; ↗Z54; bes. Wirtsch.> *gedeihen, sich gut entwickeln;* ein ~des Unternehmen [frz.]; **Pro·spe·ri'tät** <f.; -; unz.> *Erfolg*
Pro·sper'mie <f.; -, -n; Med.> *vorzeitiger Samenerguss* [grch.]
prost <Int.; umg.> = *prosit*
Pros·ta·glan'di·ne, <auch> **Pros·tag·lan'di·ne** <Pl.; ↗Z53> *Wirkstoffe, die u.a. blutdrucksenkend wirken* [grch.; lat.]; **'Pro·sta·ta**, <auch> **'Pros·ta·ta** <f.; -, -tae [-tɛ]; Anat.> = *Vorsteherdrüse;* **Pro·sta'ti·tis** <f.; -, -ti'ti·den; Med.> *Prostataentzündung*
'pros·ten <V. i.> → a. *zuprosten;* **'pros·ter·chen** <scherzh. Verkleinerungsf. von> *prosit*
pro·sti·tu'ie·ren, <auch> **pros·ti·tu'ie·ren** <V. t./V. refl.; ↗Z54> **1** *bloßstellen, preisgeben* **2** *der Prostitution nachgehen;* **Pro·sti·tu'ier·te** <f. 2> *Frau, die Prostitution betreibt;* **Pro·sti·tu·ti'on** <f.; -; unz.> *gewerbsmäßig betriebener Geschlechtsverkehr* [frz.]; **pro·sti·tu'tiv** <Adj.>
Pro·stra·ti'on, <auch> **Pros·tra·ti'on, Prost·ra·ti'on** <f.; -, -en; ↗Z54> **1** <Kath.> *Kniefall* **2** <Med.> *Erschöpfung* [lat.]
prot..., Prot... <in Zus.; vor Vokalen> = *proto..., Proto...;* **Prot·ac·'ti·ni·um**, <auch> **Pro·tac'ti·ni·um** <n.; -s; unz.; ↗Z54; Chem.> *Zeichen: Pa> radioaktives chem. Element, Metall* [grch.]
Prot·a·go'nist, <auch> **Pro·ta·go·'nist** <m.; -en, -en; ↗Z54> **1** *der erste Schauspieler im altgrch. Theater* **2** *Hauptfigur* **3** <fig.> *Vorkämpfer, Vorreiter;* **Prot·a·go'nis·tin** <f.; -, -n·nen> [grch.]
Pro'ta·sis <f.; -, -'ta·sen> *Vordersatz, bes. der vorangestellte Konditionalsatz* [grch.]
Pro·te'a·se <f.; -, -n> *Eiweiß spaltendes Enzym*
Pro·te·gé <[-'ʒe:]; m.; -s, -s; geh.; häufig abwertend> *Schützling* [frz.]; **pro·te·gie·ren** <[-'ʒi:-]; V. t.; geh.; häufig abwertend> *jmdn. ~ schützen, begünstigen, fördern;* einen Künstler ~
Pro·te'id <n.; -(e)s, -e; Chem.>

Eiweißverbindung mit eiweißfremden Stoffen [grch.]; **Pro·te·'in** <n.; -s, -e> = *Eiweiß;* **Pro·te·i·'na·se** <f.; -, -n; Chem.> *Proteine spaltendes Enzym, das bei der Verdauung mitwirkt;* **Pro·te·in·u'rie**, <auch> **Pro·te·i·nu·'rie** <f.; -; unz.; ↗Z54; Med.> *Eiweißausscheidung im Harn*
pro'te·isch <Adj.> *wandelbar, unzuverlässig* [nach *Proteus*, dem grch. Meergreis]
Pro·tek·ti'on <f.; -, -en> *Schutz, Förderung, Gönnerschaft* [lat.]; **Pro·tek·ti·o'nis·mus** <m.; -; unz.> *wirtschaftl. Maßnahme zum Schutz der einheimischen Produktion gegen ausländische Konkurrenz;* **Pro·tek·ti·o'nist** <m.; -en, -en>; **Pro·tek·ti·o'nis·tin** <f.; -, -n·nen>; **pro·tek·ti·o·'nis·tisch** <Adj.>; **Pro'tek·tor** <m.; -s, -'to·ren> **1** *Schutzherr, Schirmherr* **2** *Gönner, Förderer;* **Pro·tek·to'rat** <n.; -(e)s, -e> *unter jmds. ~;* **Pro'tek·to·rin** <f.; -, -n·nen>
Pro·te·o'ly·se <f.; -, -n; Biochem.> *Aufspaltung von Proteinen durch Enzyme;* **pro·te·o'ly·tisch** <Adj.>
Pro·te·ro·zo·i·kum <n.; -s; unz.> = *Präkambrium* [grch.]; **pro·te·ro·zo'isch** <Adj.>
Pro'test <m.; -(e)s, -e> **1** *Einspruch, Widerspruch, Missfallensbekundung;* unter ~ den Saal verlassen **2** <Wirtsch.> *Beurkundung der vergeblichen Präsentation eines Wechsels* [lat.]; **Pro'test·ak·ti·on** <f.; -, -en>; **Pro'tes·tant** <m.; -en, -en> *Angehöriger der protestant. Kirche;* **Pro·tes'tan·tin** <f.; -, -n·nen>; **pro·tes·tan'tisch** <Adj.>; **Pro·tes·tan'tis·mus** <m.; -; unz.> *Gesamtheit der aus der Reformation hervorgegangenen ev. Kirchengemeinschaften;* **pro·tes'tie·ren** <V. i.> *widersprechen, Protest einlegen;* **Pro'test·kund·ge·bung** <f.; -, -en>; **Pro'test·marsch** <m.; -(e)s, -ᵉe>; **Pro'test·no·te** <f.; -, -n; Pol.> *offizieller schriftl. Einspruch gegen die Verhaltensweise einer Partei od. Regierung;* eine ~ verschicken; **Pro'test·song** <m.; -s, -s>
Pro'the·se <f.; -, -n> **1** <Med.>

künstl. Ersatz für ein fehlendes Glied; Bein~ **2** *Zahnersatz* **3** <Gramm.> *Hinzufügen eines Lautes vor den Anfang des Wortes, z. B. frz. "esprit" aus lat. "spiritus"* [grch.]; **Pro'the·tik** <f.; -; unz.> *Wissenschaft von der Herstellung und Anpassung von Prothesen;* **pro'the·tisch** <Adj.>
Pro'tist <m.; -en, -en; Biol.> *einzelliges Lebewesen* [grch.]
pro·to..., Pro·to... <in Zus.> *erster, vorderster, wichtigster, erst..., Erst..., ur..., Ur...;* oV *prot..., Prot...* [grch.]; **pro·to·'gen** <Adj.> *urzeitlich, am Fundort entstanden*
Pro·to'kla·se <f.; -, -n> *Zertrümmerung eines Magmagesteins;* Ggs *Kataklase* [grch.]
Pro·to'koll <n.; -s, -e> **1** *(wortgetreue) Niederschrift einer Verhandlung od. eines Verhörs;* das ~ führen; eine Aussage zu ~ geben **2** *Gesamtheit der Regeln für Höflichkeit u. angemessene Form im diplomat. Verkehr;* das ~ schreibt vor ... [grch.]; **Pro·to·kol'lant** <m.; -en, -en> *Protokollführer;* **Pro·to·kol'lan·tin** <f.; -, -n·nen>; **pro·to·kol'la·risch** <Adj.>; **Pro·to·koll·füh·rer** <m.; -s, -> *jmd., der das Protokoll(1) verfasst;* **pro·to·kol'lie·ren** <V.> **1** <V. t.> *zu Protokoll nehmen* **2** <V. i.> *das Protokoll führen;* **Pro·to·kol'lie·rung** <f.; -, -en>
Pro·to'ly·se <f.; -, -n; Biochem.> *chemische Reaktion, bei der eine Säure an eine Base Protonen abgibt* [grch.]
'Pro·ton <n.; -s, -'to·nen; Phys.; Zeichen: p> *positiv geladenes Elementarteilchen, zusammen mit dem Neutron Baustein von Atomkernen* [grch.]; **Pro'to·nen·zahl** <f.; -, -en>
Pro·to'phyt <m.; -en, -en; meist Pl.; Bot.> *einzellige Pflanze* [grch.]; **Pro·to·phy·to·lo'gie** <f.; -; unz.; Bot.> *Lehre von den einzelligen Pflanzen*
Pro·to'plas·ma <n.; -s; unz.> *die von der Zellmembran umhüllte grundlegende Substanz der lebenden Zelle* [grch.]; **Pro·to·'plast** <m.; -en, -en> *der aus*

dem Protoplasma bestehende Zellleib

'Pro·to·typ <m.; -s, -en> **1** *Urbild, Vorbild, Inbegriff;* der ~ eines erfolgreichen Managers **2** *erste Fertigung (vor der Serienherstellung) einer Maschine o. Ä.* [grch.]; **'pro·to·ty·pisch** <Adj.>

Pro·to·zo·on <n.; -s, -'zo·en; Biol.> *einzelliges Tier;* Ggs *Metazoon* [grch.]

pro·tra'hie·ren <V. t.; Med.> eine Dosis ~ *zeitlich verteilen* [lat.]

Pro·tu·be'ranz <f.; -, -en> **1** *Eruption von Gasmassen (auf der Sonne)* **2** <Anat.> *natürlicher Vorsprung (an Organen, Knochen)* [lat.]

Protz <m.; -es, -e; umg.; abwertend> **1** *Angeber, Wichtigtuer;* Kraft- **2** <unz.> *übertriebener Prunk*

'Prot·ze <f.; -, -n; veralt.> *zweirädriger Vorderwagen von Geschützen* [ital.]

'prot·zen <V. i.; du protzt; umg.; abwertend> *prahlen, plump wichtig tun;* mit seinen Erfolgen ~; **'Prot·zer** <m.; -s, -; österr.> = *Protz(1);* **Prot·ze'rei** <f.; -, -en; umg.>; **'Prot·ze·rin** <f.; -, -n·nen>; **'prot·zig** <Adj.; umg.> ~es Verhalten; **'Prot·zig·keit** <f.; -, -en>

Pro·vence <[-'vã:s]; f.; -; unz.> *südfrz. Landschaft*

Pro·ve·ni'enz <[-ve-]; f.; -, -en> *Herkunft, Ursprung* [lat.]

Pro·ven'za·le <[-ven-]; m.; -n, -n> *Einwohner der Provence;* **Pro·ven'za·lin** <f.; -, -n·nen>; **pro·ven'za·lisch** <Adj.> *die Provence betreffend*

Pro·verb <[-'verb]; n.; -s, -en; veralt.> *Sprichwort* [lat.]; **pro·ver·bi'al, pro·ver·bi'ell** <Adj.> *sprichwörtlich*

Pro·vi'ant <[-vi-], schweiz. a. [-fi-]; m.; -s; unz.> *Lebensmittel für einen begrenzten Zeitraum;* Reise- [lat.]; **pro·vi·an'tie·ren** <V. t.> = *verproviantieren;* **Pro·vi'ant·korb** <m.; -(e)s, ⸚e>

Pro·vi·der <[-'vaid·(r)]; m.; -s, -> *Anbieter (besonders von Onlinediensten)* [engl.]

Pro·vinz <[-'vints], schweiz. a. [-fints]; f.; -, -en> **1** *Verwaltungsbezirk* **2** <fig.; meist abwertend> *ländliche Gegend;* aus der ~ kommen [lat.]; **Pro·vin·zi'al** <m.; -s, -e> *Vorsteher mehrerer, zu einer Provinz gehörender Klöster;* **Pro·vin·zi·a'lis·mus** <m.; -, -men> **1** *mundartl., für eine best. Gegend typischer Ausdruck* **2** <unz.; meist abwertend> *provinzielles Denken;* **Pro·vin·zi·a·li'tät** <f.; -; unz.> **pro·vin·zi'ell** <Adj.; meist abwertend> *kleinstädtisch-ländlich, kleinbürgerlich, engstirnig;* **Pro'vinz·ler** <m.; -s, -; umg.; abwertend>; **Pro'vinz·le·rin** <f.; -, -n·nen>; **pro'vinz·le·risch** <Adj.; umg.; abwertend>; **Pro'vinz·stadt** <f.; -, ⸚e>; **Pro'vinz·the·a·ter** <n.; -s, ->

Pro·vi·si'on <[-vi-]; f.; -, -en> **1** *Vermittlungsgebühr* **2** *Vergütung durch prozentualen Gewinnanteil* [ital.-lat.]; **Pro·vi·si'ons·ba·sis** <f.; -; unz.> auf ~arbeiten; **pro·vi·si'ons·frei** <Adj.>; **pro·vi·si'ons·pflich·tig** <Adj.>; **Pro·vi·sor** <m.; -s, -'so·ren> *Verwalter einer Apotheke;* **pro·vi·so·risch** <Adj.> *vorübergehend, vorläufig;* eine ~e Lösung; **Pro·vi'so·ri·um** <n.; -s, -ri·en> *vorläufiger Zustand*

'Pro·vit·a·min, <auch> **'Pro·vi·ta·min** <[-vit-]; n.; -s, -e; ↗Z.54> *Vorstufe eines Vitamins* [lat.]

'Pro·vo <[-'vo]; m.; -s, -s; umg.; kurz für> *Provokateur;* **pro·vo·'kant** <Adj.> *provozierend, herausfordernd;* eine ~e Äußerung [frz.]; **Pro·vo·ka·teur** <[-'tø:r]; m.; -s, -e>; **Pro·vo·ka'teu·rin** <f.; -, -n·nen>; **Pro·vo·ka·ti'on** <f.; -, -en> *Herausforderung, Aufreizung* [lat.]; **pro·vo·ka'tiv, pro·vo·ka'to·risch** <Adj.> = *provokant;* **pro·vo'zie·ren** <V. t.> **1** etwas ~ *heraufbeschwören, hervorrufen, auslösen* **2** jmdn. ~ *reizen, herausfordern;* **Pro·vo·'zie·rung** <f.; -, -en>

pro·xi'mal <Adj.; Med.> *zur Körpermitte hin gelegen;* Ggs *distal* [lat.]

Pro·ze·de·re <n.; -, -> *Vorgehen(sweise), Verfahren, Prozedur;* oV *Procedere;* **pro·ze'die·ren** <V. i.; veralt.> *verfahren, vorgehen* [lat.]; **Pro·ze'dur** <f.; -, -en> **1** *(langwieriges, schwieriges) Verfahren* **2** <EDV> *als Programm formulierte Anweisung;*

pro·ze·du·ral <Adj.> *den Ablauf betreffend*

Pro'zent <n. 7; -(e)s, -e; Abk.: p. c.; Zeichen: %> **1** *Hundertstel;* der Schnaps enthält 40 ~ Alkohol; es waren 75 ~ der Mitglieder anwesend; Fünfprozentklausel, <in Ziffern> 5-Prozent-Klausel **2** <Pl.> ~e (beim Kauf od. Verkauf einer Ware); = *Rabatt* [ital.]; **...pro·zen·tig** <Adj.; ↗Z.34; in Zus.> z. B. dreiprozentig, <in Ziffern> 3-prozentig, 3%ig; **pro'zen·tisch** <Adj.; veralt.> *prozentual;* **Pro'zent·punkt** <m.; -(e)s, -e> *Differenzwert in Prozent beim Vergleich zweier Prozentzahlen;* eine Abweichung von einem ~; **Pro'zent·rech·nung** <f.; -, -en; Math.> *Verfahren zur Berechnung von Prozenten;* **Pro'zent·satz** <m.; -es, ⸚e> *eine best. Anzahl von Prozenten;* hoher ~; **pro·zen·tu'al** <Adj.> *in Prozenten ausgedrückt;* der ~e Anteil der Kranken; **pro·zen·tu'ell** <Adj.; österr. für> *prozentual*

Pro'zess <m.; -es, -e> **1** *Gerichtsverfahren, Rechtsstreit;* einen ~ gegen jmdn. führen; einen ~ gewinnen; jmdm. den ~ machen *jmdn. verklagen* **2** *Vorgang, Verlauf;* Wachstums-; ein langwieriger ~ [lat.]; **Pro'zess·ak·te** <f.; -, -n>; **Pro'zess·be·voll·mäch·tig·te(r)** <f. 2 (m. 1)> *Person, die für eine Partei(4) im Zivilprozess auftritt;* **Pro'zess·fä·hig** <Adj.>; **Pro'zess·fä·hig·keit** <f.; -; unz.>; **pro'zess·füh·rend** <Adj.> die ~e Partei; aber> die einen Prozess führende P.; **Pro'zess·füh·rung** <f.; -, -en>; **Pro'zess·geg·ner** <m.; -s, ->; **Pro'zess·geg·ne·rin** <f.; -, -n·nen>; **Pro'zess·hand·lung** <f.; -, -en; österr.>; **Pro'zess·han·sel** <m.; -s, -n; umg.; abwertend> *jmd., der bei jedem Anlass Prozesse führt;* **pro·zes·sie·ren** <V. i.> gegen jmdn. ~; **Pro·zes·si'on** <f.; -, -en> **1** <Kath.> *feierlicher Umzug der Geistlichen u. der Gemeinde;* Fronleichnams- **2** <allg.> *feierlicher Aufzug, Umzug;* **Pro·zes·si'ons·spin·ner** <m.; -s, -; Zool.> *ein Nachtschmetterling;* **Pro'zess·kos·ten** <Pl.>; **Pro'zess·kos·ten·hil-**

fe <f.; -; unz.; österr.>; **Pro'zes·sor** <m.; -s, -'so·ren; EDV> *Steuerungsteil eines Computers*; **Pro'zess·rech·ner** <m.; -s, -; EDV> *Großrechner einer Datenverarbeitungsanlage*; **Pro'zess·stand·schaft** <f.; -, -en; Rechtsw.>; **pro·zes·su·al** <Adj.> *einen Prozess(1) betreffend*; **pro'zess·un·fä·hig** <Adj.> *Minderjährige sind ~*; **Pro'zess·un·fä·hig·keit** <f.; -; unz.>; **Pro'zess·voll·macht** <f.; -, -en> *Vollmacht für die Führung eines Prozesses(1)*; **Pro'zess·wär·me** <f.; -; unz.; Chem.>

pro'zy·klisch, <auch> **pro'zyk·lisch** <Adj.; ⬈Z53; Wirtsch.> *einem best. Konjunkturzustand gemäß*

'prü·de <Adj.> *übertrieben sittsam, zimperlich in sexuellen Dingen [frz.]*; **Prü·de'rie** <f.; -; unz.>

'prüf·bar <Adj.>; **'prü·fen** <V. t.> *testen, kontrollieren*; **'Prü·fer** <m.; -s, -; *jmd., der jmdn. od. etwas prüft*; Wirtschafts-~; **'Prü·fe·rin** <f.; -, -n·nen>; **'Prüf·feld** <n.; -(e)s, -er> *Anlage, die fertige Geräte unter Bedingungen des realen Gebrauchs prüft*; **'Prüf·ge·rät** <n.; -(e)s, -e>; **'Prüf·ling** <m.; -s, -e> *jmd., der geprüft wird, Prüfungskandidat*; **'Prüf·ma·schi·ne** <f.; -, -n>; **'Prüf·stand** <m.; -(e)s, ≈e> *dem Prüffeld ähnliche Anlage*; *etwas auf den ~ stellen <a. fig.>*; **'Prüf·stein** <m.; -(e)s, -e; fig.> *Probe, Gradmesser*; **'Prüf·sum·me** <f.; -, -n; EDV> *Sicherheitsmaßnahme in der Datenverarbeitung*; **'Prü·fung** <f.; -, -en> **1** *Feststellung der Fähigkeiten, die eine Person im Rahmen einer Ausbildung erworben hat, Examen*; Abschluss~; mündliche ~; eine ~ ablegen; durch die ~ fallen; sich einer ~ unterziehen **2** <fig.> *Heimsuchung, schwerer Schicksalsschlag*; *im durchstehen* **3** *Kontrolle*; **'Prü·fungs·angst** <f.; -; unz.> *~ haben*; **'Prü·fungs·aus·schuss** <m.; -es, ≈e>; **'Prü·fungs·fach** <n.; -(e)s, ≈er>; **'Prü·fungs·ge·bühr** <f.; -, -en>; **'Prü·fungs·kan·di·dat** <m.; -en, -en> = *Prüfling*; **'Prü·fungs·kan·di·da·tin** <f.; -,

-n·nen>; **'Prü·fungs·kom·mis·si·on** <f.; -, -en>; **'Prü·fungs·ord·nung** <f.; -, -en> *schriftl. Regelung des Prüfungsverfahrens*; **'Prü·fungs·ter·min** <m.; -(e)s, -e>; **'Prüf·ver·fah·ren** <n.; -s, -> *ein chemisches, technisches ~*; **'Prüf·zweck** <m.; -(e)s, -e> *zu ~en öffnen*

'Prü·gel <m.; -s, -> **1** *Stock, Knüppel*; *mit einem ~ auf jmdn. einschlagen* **2** <Pl.; umg.> *Schläge*; *jmdm. eine Tracht ~ verabreichen*; *~ beziehen*; **Prü·ge'lei** <f.; -, -en> *Schlägerei*; **'Prü·gel·kna·be** <m.; -n, -n> *jmd., der die Schläge od. Strafe erhält, die ein anderer verdient hat*; *als ~ dienen*; **'prü·geln** <V. t.; ich prüg(e)le> **1** *heftig schlagen* **2** <V. refl.> *sich ~ schlagend miteinander kämpfen*; **'Prü·gel·stra·fe** <f.; -; unz.> *die ~ abschaffen*

Prü'nel·le <f.; -, -n> *Trockenpflaume [frz.]*

Prunk <m.; -(e)s; unz.> *Pracht, üppig zur Schau gestellter Reichtum*; **'Prunk·bau** <m.; -(e)s, -ten>; **'prun·ken** <V. i.> *mit etwas ~ etwas prahlend zur Schau stellen*; **'Prunk·ge·mach** <n.; -(e)s, ≈er> *Prachtzimmer*; **'Prunk·ge·wand** <n.; -(e)s, ≈er>; **'prunk·los** <Adj.>; **'Prunk·lo·sig·keit** <f.; -; unz.>; **'Prunk·saal** <m.; -(e)s, -sä·le; ⬈Z18.1>; **'Prunk·sucht** <f.; -; unz.>; **'prunk·süch·tig** <Adj.>; **'prunk·voll** <Adj.>

Pru'ri·go <f.; -; unz. od. m.; - od. -s; unz.; Med.> *juckende Hauterkrankung [lat.]*; **Pru'ri·tus** <m.; -; unz.> *Hautjucken*

'prus·ten <V. i.> *den Atem schnaubend durch Mund u. Nase ausstoßen*; *vor Lachen ~*

'Pruz·ze <m.; -n, -n> *Angehöriger eines balt. Volksstammes*

PS¹ <Zeichen für> *Pferdestärke*

PS² <Abk. für> *Postskript(um)*

Psa·li·gra'fie, Psa·li·gra'phie <f.; -; unz.; ⬈Z11.3> *Kunst des Scherenschnitts [grch.]*

Psalm <m.; -(e)s, -en> *geistl. Lied aus dem Buch der Psalter(1) [grch.]*; **Psal'mist** <m.; -en, -en> *Psalmendichter*; **Psalm·o·'die,** <auch> **Psal·mo'die** <f.; -, -n; ⬈Z54> *Psalmengesang im*

Rezitationston; **psalm·o'die·ren** <V. i.>; **psalm'o·disch** <Adj.>

'Psal·ter <m.; -s, -> **1** *Buch der 150 geistl. Lieder des Alten Testaments* **2** <Instrumentenk.> = *Hackbrett(2)* **3** *Blättermagen der Wiederkäuer [grch.]*; **Psal·'te·ri·um** <n.; -s, -ri·en> = *Psalter(2)*

Psam'mit <m.; -s, -e; Geol.> *klastisches Sedimentgestein, z. B. Sandstein [grch.]*

PSchA <Abk. für> *Postscheckamt*

pseud..., **Pseud...** <in Zus.; vor Vokalen> = *pseudo..., Pseudo...*

Pseud·e·pi'gra·fen, Pseud·e·pi·'gra·phen <Pl.; ⬈Z11.3> *unter falschem Namen bekannte antike Schriften [grch.]*

pseu·do..., **Pseu·do...** <in Zus.> *schein..., Schein..., vorgetäuscht, unecht [grch.]*

'pseu·do·gla·zi·al <Adj.; Geol.> *eiszeitlichen Bildungen ähnlich*

'Pseu·do·krupp <m.; -s; unz.; Med.> *dem Krupp ähnliche Erkrankung*

'Pseu·do·le·gie·rung <f.; -, -en> *gesinterte Mischung zweier nicht legierbarer Metallpulver*

Pseu·do·lo'gie <f.; -; unz.; Psych.> *krankhaftes Lügen*; **pseu·do·lo'gisch** <Adj.>

pseu·do'morph <Adj.>; **Pseu·do·mor'pho·se** <f.; -, -n; Min.> *Umbildung der Kristallform eines Minerals zu der Form eines anderen Minerals [grch.]*

pseud·o'nym, <auch> **pseu·do·'nym** <Adj.; ⬈Z54> *das Buch ist ~ erschienen*; *Ggs orthonym*; **Pseud·o'nym** <n.; -s, -e> *Deckname (bes. von Schriftstellern) [grch.]*

Pseu·do'po·di·um <n.; -s, -di·en; Biol.> *vorübergehende Bildung eines Plasmafortsatzes zur Fortbewegung der Wurzelfüßer*; *Sy Scheinfüßchen [grch.]*

'pseu·do·wis·sen·schaft·lich <Adj.> *sich den Anschein der Wissenschaftlichkeit gebend*

Psi¹ <n.; - od. -s, -s; Zeichen: ψ, Ψ> *ein Buchstabe des grch. Alphabets*

Psi² <n.; - od. -s; unz.; meist ohne Art.; Parapsych.> *das bestimmende Element eines außersinnlichen Vorgangs*; **'Psi·phä-**

P

no·men <n.; -s, -e> *parapsychologische Erscheinung* [grch.]

Psit·ta·ko·se <f.; -, -n; Med.> = *Papageienkrankheit* [grch.]

Pso·ri·a·sis <f.; -, -ri·a·sen; Med.> *Schuppenflechte* [grch.]

pst <Int.> *(Aufforderung, ruhig zu sein)*

psych..., Psych... <in Zus.; vor Vok.> = *psycho..., Psycho...*; **Psych·a·go·ge**, <auch> **Psy·cha·go·ge** <m.; -n, -n> [↗Z54]; **Psych·a·go·gik** <f.; -; unz.> *Gesamtheit pädagogisch-therapeutischer Maßnahmen zur Behandlung von Verhaltensstörungen* [grch.]; **Psych·a·go·gin** <f.; -, -n·nen>; **psych·a·go·gisch** <Adj.>

'Psy·che <f.; -, -n> 1 *Seele, seelisches u. geistiges Leben* 2 <ös­terr.> *Frisiertisch mit Spiegel* [grch.]; **psy·che·de·lisch** <Adj.> 1 *(durch Drogen) in einem euphorischen Gemütszustand befindlich* 2 *bewusstseinserweiternd;* ~e *Droge*

Psych·i·a·ter, <auch> **Psy·chi·a·ter** <m.; -s, -; ↗Z54> *Facharzt für Geistes- u. Gemütskrankheiten* [grch.]; **Psych·i·a·te·rin** <f.; -, -n·nen>; **Psych·i·a·trie**, <auch> **Psy·chi·at·rie** <f.; -; unz.; ↗Z53; Med.> 1 *Fachgebiet der Medizin, das sich mit der Erkennung u. Behandlung psychischer Störungen u. Geisteskrankheiten befasst* 2 <umg.> *psychiatrische Klinik;* jmdn. in die ~ einweisen; **psych·i·a·trie·ren** <V. t.; österr.> *jmdn.* ~ *jmdn. auf seinen Geisteszustand hin untersuchen;* **psych·i·'a·trisch** <Adj.>

'psy·chisch <Adj.> *die Psyche(1) betreffend;* **psy·cho..., Psycho...** <in Zus.> *seelisch, Seelen...* [grch.]; **Psy·cho·a·na·ly·se** <f.; -, -n> *Methode zur Heilung psychischer Krankheiten;* **psy·cho·a·na·ly·sie·ren** <V. t.>; **Psy·cho·a·na·ly·ti·ker** <m.; -s, ->; **Psy·cho·a·na·ly·ti·ke·rin** <f.; -, -n·nen>; **psy·cho·a·na·ly·tisch** <Adj.>

psy·cho·de·lisch <Adj.> = *psychedelisch*

Psy·cho·di·a·gnos·tik, <auch> **Psy·cho·di·ag·nos·tik** <f.; -; unz.; ↗Z53> *psychologisches Verfahren zum Erkennen u. Beurteilen einer Persönlichkeit*

Psy·cho·dra·ma <n.; -s, -dra·men; Film; TV>

Psy·cho·dy·na·mik <f.; -; unz.; Med.> *Gesamtheit der Persönlichkeitsfaktoren*

psy·cho·gen <Adj.> *seelisch bedingt;* Ggs *physiogen* [grch.]; **Psy·cho·ge·ne·se** <f.; -, -n> *Entwicklung des Seelenlebens*

Psy·cho·gramm <n.; -s, -e> *Persönlichkeitsbeschreibung anhand psychologischer Daten*

psy·cho·id <Adj.> *seelenähnlich* [grch.]

Psy·cho·ki·ne·se <f.; -, -n; Para­psych.> *physikalisch nicht erklärbare mechanische Einwirkung auf Gegenstände* [grch.]; **psy·cho·ki·ne·tisch** <Adj.>

'Psy·cho·kri·mi <m.; -s, -s; umg.> *spannender psycholog. Kriminalroman od. -film*

Psy·cho·lin·gu·is·tik <f.; -; unz.> *Teilgebiet der Linguistik, das die psychischen Vorgänge beim Spracherwerb u. -gebrauch untersucht;* **psy·cho·lin·gu·is·tisch** <Adj.>

Psy·cho·lo·ge <m.; -n, -n> *Wissenschaftler auf dem Gebiet der Psychologie;* **Psy·cho·lo·gie** <f.; -; unz.> *Wissenschaft vom Seelenleben* [grch.]; **Psy·cho·lo·gin** <f.; -, -n·nen>; **psy·cho·lo·gisch** <Adj.>; **psy·cho·lo·gi·sie·ren** <V. t. u. V. i.> *einen Sachverhalt* ~ *unter psychologischen Gesichtspunkten darstellen;* **Psy·cho·lo·gis·mus** <m.; -; unz.> *Überbewertung psychologischer Erkenntnisse;* **psy·cho·lo·gis·tisch** <Adj.>

Psy·cho·man·tie <f.; -; unz.> *Toten-, Geisterbeschwörung* [grch.]

Psy·cho·me·trie, <auch> **Psy·cho·met·rie** <f.; -, -n; ↗Z53> 1 *Messung der zeitl. Dauer psychischer Vorgänge* 2 <Para­psych.> *außersinnl. Wahrnehmung durch die Verwendung best. Gegenstände* [grch.]; **psycho·met·risch** <Adj.>

Psy·cho·mo·to·rik <f.; -; unz.> *willkürlich gesteuerte Bewegungsabläufe;* **psy·cho·mo·torisch** <Adj.>

Psy·cho·neu·ro·se <f.; -, -n> = *Neurose*

Psy·cho·path <m.; -en, -en> *seelisch gestörter Mensch;* **Psy·cho·pa·thie** <f.; -, -n> *seelische (Verhaltens-)Störung* [grch.]; **Psy·cho·pa·thin** <f.; -, -n·nen>; **psy·cho·pa·thisch** <Adj.>; **Psy·cho·pa·tho·lo·gie** <f.; -; unz.> = *Pathopsychologie*

Psy·cho·phar·ma·kon <n.; -s, -ma·ka> *auf die Psyche wirkendes Arzneimittel*

Psy·cho·phy·sik <f.; -; unz.> *Lehre von den Wechselbeziehungen zwischen physikalischen Reizen u. den dadurch hervorgerufenen Empfindungen;* **psy·cho·'phy·sisch** <Adj.>

Psy·cho·se <f.; -, -n> *schwere Gemütskrankheit* [grch.]

Psy·cho·so·ma·tik <f.; -; unz.> *Lehre von den Beziehungen zwischen Körper u. Seele* [grch.]; **Psy·cho·so·ma·ti·ker** <m.; -s, ->; **Psy·cho·so·ma·ti·ke·rin** <f.; -, -n·nen>; **psy·cho·so·ma·tisch** <Adj.> ~e *Störungen*

psy·cho·so·zi'al <Adj.> *durch psychische u. soziale Faktoren bedingt*

'Psy·cho·ter·ror <m.; -s; unz.> *Bedrohung mit psychologisch wirksamen Mitteln;* auf jmdn. ~ ausüben

Psy·cho·the·ra·peut <m.; -en, -en>; **Psy·cho·the·ra·peu·tik** <f.; -; unz.; Psych.; Med.> *Gesamtheit der bei seelischen Erkrankungen angewandten Behandlungsmethoden;* **Psy·cho·the·ra·peu·tin** <f.; -, -n·nen>; **psy·cho·the·ra·peu·tisch** <Adj.>; **Psy·cho·the·ra·pie** <f.; -; unz.> *Behandlung psychisch bedingter Krankheiten*

'Psy·cho·thril·ler <[-θrɪlə(r)]; m.; -s, -; bes. Film> *mit psycholog. Mitteln arbeitender Thriller*

Psy·cho·ti·ker <m.; -s, -> *an einer Psychose Erkrankter;* **Psy·'cho·ti·ke·rin** <f.; -, -n·nen>; **psy·cho·tisch** <Adj.>

Psy·chro·me·ter, <auch> **Psychro·me·ter** <[-kro-]; n.; -s, -; ↗Z53> *Messgerät zur Bestimmung der Feuchtigkeit von Gasen, bes. der Luftfeuchtigkeit* [grch.]; **psy·chro·phil** <[-kro-]; Adj.> *Kälte liebend* [grch.]

pt <Abk. für> *Pint*

Pt <Chem.; Zeichen für> *Platin*

PTA <Abk. für> *pharmazeutisch-technische Assistentin*

Pta <Abk. für> *Peseta*

pter..., **Pter...** <in Zus.; vor Vokalen> = *ptero...*, *Ptero...*; **Pter'an·o·don**, <auch> **Pte'ra·no·don** <n.; -s, -da; ↗Z53> *ein Flugsaurier der Kreidezeit*; **pte·ro...**, **Pte·ro...** <in Zus.> *Flug..., Flügel...* [grch.]; **Pte·ro'dak·ty·lus** <m.; -, -'ty·len> *ein Flugsaurier der Jura- u. Kreidezeit*; **Pte·ro·'po·de** <f.; -, -n; meist Pl.; Zool.> *Flügelschnecke*; **Pte·ro·'sau·ri·er** <m.; -s, -> *urzeitl. Flugechse*; **Pte'ry·gi·um** <n.; -s, -gia; Zool.> *Flug-, Schwimmhaut*; **pte·ry'got** <Adj.> *geflügelt (von Insekten)*

Pto·le'mä·er <m.; -s, -> *Angehöriger einer ägyptischen Herrscherfamilie (323–30 v. Chr.)*; **pto·le·'mä·isch** <Adj.> *von dem alexandrin. Astronomen u. Geographen Ptolemäus stammend; ~es System; ~es Weltbild W. mit der Erde als Mittelpunkt*

Pto·ma'in <n.; -s; unz.> *Leichengift* [grch.]

PTT <Pl.; schweiz.; Abk. für> *Schweizerische Post-, Telefon- u. Telegrafenbetriebe*

Pty·a'lin <n.; -s; unz.> *Stärke abbauendes Enzym im Speichel des Menschen* [grch.]

Pu <Chem.; Zeichen für> *Plutonium*

Pub <[pʌb]; n. od. m.; -s, -s> *engl. Kneipe* [engl.]

pu·ber'tär <Adj.> **1** *die Pubertät betreffend* **2** <abwertend> *kindisch, unreif; ~es Verhalten*; **Pu·ber'tät** <f.; -; unz.> *Entwicklungsphase junger Menschen während der Zeit der Geschlechtsreife* [lat.]; **pu·ber'tie·ren** <V. i.> *sich in der Pubertät befinden*; **'Pu·bes** <f.; -, -; Anat.> **1** *Schamhaare* **2** *Schambereich*; **pu·bes'zent** <Adj.> *heranwachsend, geschlechtsreif*; **Pu·bes'zenz** <f.; -; unz.> *Geschlechtsreifung*

Pu·blic-Do·main-Soft·ware, <auch> **Pub·lic-Do·main-Soft·ware** <['pʌblɪk doʊ'meɪn 'sɒftweːr]; f.; -, -s; ↗Z53> *Software, die jedem ohne eine Li-*

zenz zugänglich ist [engl.]; **'pu·bli·ce** <[-tse:]; Adv.> *öffentlich* [lat.]; **Pu·bli·ci·ty** <[pʌ'blisiti]; f.; -; unz.> **1** *Bekanntsein in der Öffentlichkeit* **2** *Maßnahmen zur Stärkung der Publicity(1)* [engl.]; **pu'bli·ci·ty·scheu** <Adj.>; **Pu·blic·ma·nage·ment**, <auch> **Pub·lic Ma·nage·ment** <['pʌblɪk'mænɪdʒmənt]; n.; -s; unz.; ↗Z30; Abk.; PM> *organisatorische u. personelle Bewertung u. Einrichtung der öffentlichen Verwaltung*; **Pu·blic·re·la·tions**, <auch> **Pub·lic Re·la·tions** <['pʌblɪkri'leɪʃənz]; Pl.; Abk.: PR> *Öffentlichkeitsarbeit*; **pu'blik** <Adj.> *öffentlich, allgemein bekannt; eine Sache ~ machen* [frz.]; **Pu·bli·ka·ti·ons·reif** <Adj.>; **Pu·bli·ka·ti·ons·ver·bot** <n.; -(e)s, -e>; **'Pu·bli·kum** <n.; -s; unz.> **1** *Allgemeinheit, Öffentlichkeit; er wendet sich mit seinem Buch an ein großes ~* **2** *Gesamtheit der Zuschauer, Zuhörer, Besucher; ein dankbares ~ finden* [lat.]; **'Pu·bli·kums·er·folg** <m.; -(e)s, -e>; **'pu·bli·kums·wirk·sam** <Adj.> *~ auftreten*; **pu·bli·'zie·ren** <V. t.> *schriftlich veröffentlichen, bekannt machen*; **Pu·bli'zie·rung** <f.; -, -en> = *Publikation*; **Pu·bli'zist** <m.; -en, -en>; **Pu·bli·'zis·tik** <f.; -; unz.> *Zeitungswissenschaft, Journalistik*; **Pu·bli'zis·tin** <f.; -, -n·nen>; **pu·bli·'zis·tisch** <Adj.> *sich ~ betätigen für die Presse schreiben*; **Pu·bli·zi'tät** <f.; -; unz.> *Öffentlichkeit, Offenkundigkeit* [frz.]; **pu·bli·zi'täts·scheu** <Adj.> *ein ~er Künstler*

Puck <m.; -s, -s> **1** *Kobold, kleiner Dämon* **2** *kleine schwarze Hartgummischeibe beim Eishockey* [engl.]

'pu·ckern <V. i.; umg.> *pulsieren; es puckert in der Wunde*

Pud <n. 7; -s, -s od. (nach Zahlenangaben) -> *altes russisches Gewicht* [russ.]

'pud·deln <V. i.; ich pudd(e)le> **1** *aus Roheisen durch Verrühren mit oxidhaltiger Schlacke Schweißstahl gewinnen* **2** *bud-*

deln [engl.]; **'Pud·del·stahl** <m.; -(e)s, ⁼e od. (selten) -e>

'Pud·ding <m.; -s, -e od. -s> *eine Süßspeise* [engl.]; **'Pud·ding·form** <f.; -, -en>; **'Pud·ding·pul·ver** <n.; -s, ->

'Pu·del <m.; -s, -> **1** *eine Hunderasse; Zwerg~; wie ein begossener ~ dastehen* <umg.> *sehr beschämt, verlegen* **2** *des ~s Kern* <fig.> *das Wesentliche der Sache* [nach einem Vers in Goethes "Faust" I] **3** <umg.> *Fehler beim Kegeln*; **'Pu·del·hau·be** <f.; -, -n; österr.>, **'Pu·del·müt·ze** <f.; -, -n> *dicke Wollmütze*; **'pu·deln** <V. i.; ich pud(e)le> **1** *im Wasser planschen* **2** <Kegeln> *einen Fehler machen, vorbeischießen*; **'pu·del'nackt** <Adj.; umg.> *splitternackt*; **'pu·del'när·risch** <Adj.; umg.> *sehr vergnügt*; **'pu·del'nass** <Adj.; umg.> *sehr nass*; **'pu·del'wohl** <Adv.; umg.> *sich ~ fühlen*

'Pu·der <m.; -s, -s> *zur Körperpflege u. Heilung verwendetes feines Pulver* [frz.]; **'Pu·der·do·se** <f.; -, -n>; **'pu·de·rig** <Adj.> *wie Puder*; **'pu·dern** <V. t./V. refl.; ich pud(e)re> *sich das Gesicht ~*; **'Pu·der·quas·te** <f.; -, -n> *Quaste zum Auftragen des Puders*; **'Pu·der·zu·cker** <m.; -s; unz.> *sehr feiner Zucker*; Sy *Staubzucker*; **'pud·rig** <Adj.> = *puderig*

Pu·e·blo¹, <auch> **Pu'eb·lo** <m.; - od. -s, - od. -s; ↗Z53> *Angehöriger eines der vier Indianervölker im Südwesten der USA*; **Pu·'e·blo²** <n.; -s, -s> *Dorf der Pueblo*

pu·e'ril <[puə-]; Adj.> *kindlich, kindisch, zurückgeblieben* [lat.]; **Pu·e·ri'lis·mus** <m.; -, -men; Psych.; Med.>; **Pu·e·ri·li'tät** <f.; -; unz.> *kindliches, kindisches Wesen*; **pu·er·pe'ral** <Adj.> *das Wochenbett betreffend*; **Pu·er·pe'ral·fie·ber** <n.; -s; unz.> *Kindbettfieber*; **Pu·er'pe·ri·um** <n.; -s, -ri·en; Med.> *Wochenbett*

Pu·er·to·ri'ca·ner <m.; -s, -> *Einwohner von Puerto Rico*; **Pu·er·to·ri'ca·ne·rin** <f.; -, -n·nen>; **pu·er·to·ri'ca·nisch** <Adj.>; **Pu·'er·to 'Ri·co** *Inselstaat in der Karibik; Freistaat ~*

Puff[1] <m.; -(e)s, ⸚e> *Stoß (bes. mit der Faust);* Püffe austeilen; **Puff**[2] <m.; -(e)s, -e; veralt.> 1 *gepolsterter Sitz, festes Sitzkissen* 2 *gepolsterter Behälter;* Wäsche~; **Puff**[3] <m. od. n.; -s, -s; umg.> *Bordell;* **Puff**[4] <m.; -(e)s; unz.> *ein Brettspiel, Tricktrack;* **'Puff·är·mel** <m.; -s, -> *am Oberarm gebauschter Ärmel;* **'Puff·boh·ne** <f.; -, -n> = *Saubohne;* **'puf·fen** <V. t.> 1 jmdn. ~ <umg.> *stoßen;* er hat mich in die Rippen gepufft 2 *etwas ~ bauschig machen;* **'Puf·fer** <m.; -s, -> 1 *Vorrichtung zum Auffangen von Stößen an Schienenfahrzeugen* 2 *kurz für Kartoffelpuffer* 3 <EDV> *Zwischenspeicher;* **'Puf·fer·bat·te·rie** <f.; -, -n> *Batterie zur Sicherstellung gleichmäßiger Stromversorgung;* **'Puf·fer·staat** <m.; -(e)s, -en; fig.> *kleiner, zwischen größeren Staaten liegender Staat;* **'Puf·fer·zo·ne** <f.; -, -n> *Gebiet, in dem Vorkehrungen getroffen wurden, um mil. Auseinandersetzungen zu verhindern;* **'puf·fig** <Adj.> *aufgebauscht;* **'Puff·mais** <m.; -es; unz.> *wie Puffreis behandelter Mais;* Sy *Popcorn;* **'Puff·mut·ter** <f.; -, ⸚; umg.; abwertend> *Bordellbesitzerin;* **'Puff·ot·ter** <f.; -, -n; Zool.> *gefährliche Viper in Afrika;* **'Puff·reis** <m.; -es; unz.> *aufgequollener u. aufgeplatzter Reis;* **'Puff·spiel** <n.; -(e)s; unz.> = *Puff*[4]

puh <Int.> *(Ausruf des Unwillens od. der Erleichterung);* ~, das war knapp!

'puh·len <V. i.> = *pulen*

Pul·ci'nel·la <[-tʃi-]; m.; - od. -s, -'nel·le> *Figur des gefräßigen u. listigen Dieners der neapolitan. Posse u. später der Commedia dell'Arte* [ital.]

'pu·len <V. i.; norddt.> *bohren;* in der Nase ~; oV *puhlen*

'Pu·lit·zer·preis <m.; -es, -e> *Auszeichnung für besondere publizist. Beiträge* [nach dem amerikan. Verleger J. *Pulitzer*]

Pulk <m.; -(e)s, -s> 1 <Mil.> *Truppenabteilung, Flugzeugverband* 2 *dicht gedrängte Menge von Menschen, Tieren o. Ä.;* ein ~ *Fahrradfahrer* [poln.]

'Pull <m.; -s, -s; Sp.; Golf> *Schlag, der dem Ball einen Linksdrall verleiht* [engl.]

'Pul·le <f.; -, -n; umg.> *Flasche;* eine ~ *Wein*

'pul·len[1] <V. i.> 1 *rudern* 2 *das Pferd pullt drängt vorwärts* [engl.]

'pul·len[2], **'pul·lern** <V. i.; ich pull(e)re; umg.> *harnen*

'Pul·li <m.; -s, -s; umg.; kurz für> *Pullover*

'Pull·man·wa·gen <m.; -s, -> *bequem ausgestatteter Eisenbahnwagen* [nach dem amerikan. industriellen G. M. *Pullman*]

Pull'o·ver, <auch> **Pul'lo·ver** <m.; -s, -; ⚹Z54> *über den Kopf zu ziehendes, gestricktes Kleidungsstück* [engl.]

Pull'un·der, <auch> **Pul'lun·der** <m.; -s, -; ⚹Z54> *ärmelloser Pullover* [engl.]

'Pul·mo <m.; - od. -s, -'mo·nes [-ne:s]; Anat.> *Lunge* [lat.]; **Pul·mo·lo'gie** <f.; -; unz.; Med.> = *Pneumologie;* **pul·mo'nal** <Adj.> *von der Lunge ausgehend*

Pulp <m.; -s, -en> *Fruchtmark* [lat.]; **'Pul·pa** <f.; -, -pae [-pɛ:]> 1 *Zahnmark* 2 *Gewebe in der Zahnhöhle* 3 = *Pulp;* **'Pul·pa·höh·le** <f.; -, -n; Anat.> *Zahnhöhle;* **'Pul·pe, 'Pül·pe** <f.; -, -n> = *Pulp*

Pulp·fic·tion, <auch> **Pulp Fiction** <['pʌlpfikʃn]; f.; -; unz.; ⚹Z30> *anspruchslose Massenliteratur* [engl.]

Pul'pi·tis <f.; -, -'ti·den; Med.> *Zahnmarkentzündung;* **pul'pös** <Adj.> *fleischig, markig* [lat.]

'Pul·que <[-kə]; m.; -s; unz.> *alkohol. Getränk aus Agavensaft* [span.]

Puls <m.; -es, -e> *fühlbarer Schlag der Arterien;* jmdm. den ~ *fühlen;* regelmäßiger ~ [lat.]; **'Puls·a·der** <f.; -, -n; ⚹Z55> *Arterie, Schlagader;* **Pul'sar** <m.; -s, -e; Astr.> *Quelle, die in regelmäßigen Abständen Radiostrahlung aussendet;* **Pul·sa·ti'on** <f.; -, -en> 1 *rhythmische Tätigkeit des Herzens* 2 <Astr.> *periodisches Aufblähen u. Zusammenziehen von Sternen;* **Pulse-Code-Mo·du·la·ti'ons-Tech·nik** <[pʌlsko:d-]; f.; -;

unz.; ⚹Z33> = *PCM-Technik;* **'pul·sen** <V. i.> *wellenartig schlagen, strömen;* das Leben pulst in den Adern <fig.>; **pul'sie·ren** <V. i.> 1 = *pulsen* 2 <fig.> *in Bewegung sein, lebhaft strömen;* die Stadt pulsiert; das Leben pulsiert in der Stadt; **Pul·si'on** <f.; -, -en> 1 *Stoß, Schlag* 2 *Schwungbewegung;* **'Puls·schlag** <m.; -(e)s, ⸚e> 1 *einzelner Schlag des Pulses;* jmds. Pulsschläge zählen 2 <fig.> *fühlbares, sichtbares Leben;* der ~ der Stadt; **'Puls·wär·mer** <m.; -s, ->

Pult <n.; -(e)s, -e> *tischähnl. Gestell mit schräger Fläche;* Lese~; Noten~ [lat.]; **'Pult·dach** <n.; -(e)s, ⸚er> *einseitig schräges Dach*

'Pul·ver <[-vər] od. [-fər]; n.; -s, -> 1 *staubfein zerteilter fester Stoff* 2 *Arznei in Pulverform;* Schlaf~ 3 *explosive Mischung aus pulverförmigen Stoffen, Schießpulver;* er ist keinen Schuss ~ *wert* <fig.; umg.> *er taugt nichts;* er hat sein ~ schon *verschossen* <fig.> *er hat seine Argumente schon alle vorgebracht;* **'Pül·ver·chen** <n.; -s, -;* Verkleinerungsform von> *Pulver;* **'Pul·ver·dampf** <m.; -(e)s, ⸚e>; **'Pul·ver·fass** <n.; -es, ⸚er> 1 <urspr.> *Fass mit Schießpulver* 2 <heute nur fig., bes. in der Wendung> *auf einem ~ sitzen sich in einer sehr gefährlichen Lage befinden;* **'pul·ve·rig** <Adj.> 1 *wie Pulver* 2 *voller Pulver;* **Pul·ve·ri'sa·tor** <[-və-]; m.; -s, -'to·ren> *Maschine zur Herstellung von Pulver;* **pul·ve·ri'sie·ren** <V. t.>; **Pul·ve·ri'sie·rung** <f.; -, -en>; **'Pul·ver·kaf·fee** <m.; -s, -s> *in heißem Wasser löslicher, pulveriger Kaffee;* **'pul·vern** <V. t.; ich pulv(e)re> 1 *pulverisieren* 2 *schießen, knallen;* **'Pul·ver·schnee** <m.; -s; unz.>; **'pulv·rig** <Adj.> = *pulverig*

'Pu·ma <m.; -s, -s; Zool.> *eine Raubkatze* [Ketschua]

'Pum·mel <m.; -s, -; umg.> *dickes Kind;* **'pum·me·lig, 'pumm·lig** <Adj.; umg.> *dicklich;* ~es *Kind*

Pump[1] <m.; -s, -e> *bauschige Falten* [lat.]

Pump² ‹m.; -s; unz.; umg.› *das Pumpen²; etwas auf ~ bekommen*

'Pum·pe ‹f.; -, -n› **1** *Arbeitsmaschine zum An- od. Absaugen von Flüssigkeiten u. Gasen;* Luft~; Wasser~ **2** ‹umg.› *Herz;* **'pum·pen¹** ‹V.; du pumpst› **1** ‹V. i.› *eine Pumpe betätigen; jmd. pumpt zu langsam* **2** ‹V. t.› *etwas ~ mittels Pumpe hervorbringen;* Wasser ~

'pum·pen² ‹V. t./V. refl.; umg.› *leihen, borgen; ich habe ihm/mir 20 Euro gepumpt*

'Pum·pe·rer ‹m.; -s, -; österr.; umg.› *dumpfes Geräusch (durch Schlag od. Fall);* **'pumpern** ‹V. i.; ich pump(e)re; umg.› *laut klopfen, hämmern; sein Herz pumperte vor Angst*

'Pum·per·ni·ckel ‹m.; -s, -› *schwarzbraunes, dichtes Brot aus Roggenschrot*

'Pump·fix ‹n.; -es, -e; Warenz.› *Saugglocke zum Reinigen von verstopften Abflüssen*

Pump·gun ‹['pʌmpgʌn]; f.; -, -s› *großkalibriges Repetiergewehr* [engl.]

'Pump·ho·se ‹f.; -, -n› *halblange, weite Hose mit Bund unter dem Knie*

Pumps ‹[pœmps]; m.; -, -› *leichter Damenschuh mit (hohem) Absatz* [engl.]

'Pump·spei·cher·werk ‹n.; -(e)s, -e› *Anlage zum Speichern von Energie;* **'Pump·sta·ti·on** ‹f.; -, -en›

'Pu·na ‹f.; -; unz.; Geogr.› *Hochland in den Anden mit großen Temperatur- u. Niederschlagsschwankungen* [span.]

Punch¹ ‹[pʌntʃ]; m.; -s, -s› *Kasper im engl. Puppenspiel* [ital.]

Punch² ‹[pʌntʃ]; m.; -s, -s; Boxen› *harter Faustschlag* [engl.]; **'pun·chen** ‹V. i.› *mit der Faust schlagen;* **'Pun·cher** ‹m.; -s, -› *Boxer,* **'Pun·ching·ball** ‹m.; -(e)s, =e› *Übungsball für Boxer*

'Punc·tum 'Punc·ti ‹n.; --; unz.; ↗ Z 31› *wesentlicher Punkt, Hauptsache* [lat.]; **'Punc·tum 'sa·li·ens** ‹n.; --; unz.› *der springende Punkt, Kernpunkt*

'Pu·ni·er ‹[-niər]; m.; -s, -; altröm. Name für› *Karthager,* **'punisch** ‹Adj.; ↗ Z 46› *~es Wachs*

Punkt: Der P. ist ein abschließendes ↗Satzzeichen vieler Schriftsysteme.

Der P. ist das älteste Satzzeichen, es erscheint bereits auf altgriechischen und altrömischen Inschriften und Handschriften. Früher wurden P. nicht nur unten neben einen Buchstaben gesetzt, sondern standen auch oft oben am Buchstaben oder in mittlerer Höhe. Der P. war anfangs keineswegs nur rund, er konnte auch drei- oder viereckig sein. Seit dem 16. Jahrhundert wird der P. als einheitliches Satzschlusszeichen verwendet.

Der P. steht:

a) am Schluss eines Ganzsatzes, wenn kein anderes Schlusszeichen steht, insbesondere wenn kein Frage- oder Ausrufezeichen gesetzt wird.

b) nach **Ordnungszahlen:** *jeder 100. Besucher; am 28. November; Heinrich IV.*

c) nach einigen **Abkürzungen:** *z. B., d. h., usw.* (Der P. steht aber in der Regel nicht nach Maßangaben und einer Reihe von anderen Abkürzungen: *km, l, TV, MdB*)

Wenn eine Ordnungszahl oder eine Abkürzung am Satzende steht, so wird kein zusätzlicher Punkt gesetzt: *Der Kanossagang Heinrichs IV. Wir kauften Geschenke, Kleidung, Schuhe, Lebensmittel usw.*

Keinen P. setzt man nach

– **Überschriften:** *Die Koalition ist gefährdet*
– **Werktiteln:** *Mein Herz so weiß*
– **Verträgen und Gesetzen:** *Integrationsgesetz*
– **frei stehenden Zeilen:** *Betreff: Termin*
– **Briefanschriften:**
  Herrn
  Hans Meier
  Schulstr. 1
  64521 Groß-Gerau

– **Grußformeln:**
  Mit freundlichen Grüßen

  Ihre
  Susanne Schmidt

Vgl. ↗Abkürzungen, ↗Anführungszeichen, ↗Ausrufezeichen, ↗Fragezeichen, ↗Klammern

---

‹im Altertum› *ein Farbenbindemittel;* ‹aber› *die Punischen Kriege drei Kriege der Römer gegen die Punier im 3. u. 2. Jh. v. Chr.*

Punk ‹[pʌŋk]; m.; -s, -s› **1** ‹unz.; bes. in den 70er u. 80er Jahren› *Protestbewegung von Jugendlichen gegen die Gesellschaft* **2** *Angehöriger des Punks(1)* [engl.]; **'Pun·ker** ‹m.; -s, -› = *Punk(2);* **'Pun·ke·rin** ‹f.; -, -n·nen›; **'pun·kig** ‹Adj.›; **'Punk·rock** ‹m.; -s; unz.› *laute Rockmusik mit hämmerndem Rhythmus*

Punkt ‹m.; -(e)s, -e› **1** *sehr kleiner Fleck, Tupfen; eine Bluse mit weißen ~en* **2** *Satzzeichen;* → a. Kasten; *Doppel~; er redet ohne ~ und Komma* ‹fig.›; ‹umg.› *unaufhörlich; nun mach aber mal einen ~!* ‹umg.› *Schluss damit!* **3** ‹Typ.; Abk.: p› *Maßeinheit für Schriftgröße und Zeilenabstand; eine Zehn-~-Schrift* **4** ‹Geom.› *gedachtes Gebilde ohne Ausdehnung; die beiden Geraden schneiden sich*

in einem ~ **5** *best. Ort, best. Stelle; an diesem ~ gabelt sich der Weg* **6** *Zeitpunkt; ~ 12 Uhr pünktlich um 12 Uhr; er kam auf den ~ genau* **7** *Einheit der Bewertung (im Sport, bei Prüfungen); den Gegner nach ~en schlagen; er bekam 20 ~ von 30 möglichen* **8** ‹fig.› *Sache, Angelegenheit, Einzelheit; ein strittiger ~; ein wunder ~; etwas auf den ~ bringen* ‹fig.› *das Wesentliche erörtern* **9** *Abschnitt; die einzelnen ~ e eines Vortrags; eine Arbeit ~ für ~ durchgehen* [lat.]; **Punk'talglas** ‹n.; -es, =er; Opt.; Warenz.› *für ein* ↗ *Brillenglas, das vorn konvex u. hinten konkav gewölbt ist;* **Punk·ta·ti'on** ‹f.; -, -en› **1** *vorläufige Festlegung (eines Vertrages) in den wichtigsten Punkten* **2** *Kennzeichnung der Vokale durch Punkte (z. B. in der hebräischen Schrift);* **'Punkt·au·ge** ‹n.; -s, -n; Zool.› *primitives Sinnesorgan niederer Tiere;* **'Punkt·ball** ‹m.; -(e)s, =e› = *Punchingball;* **'Pünkt·chen**

<n.; -s, -; Verkleinerungsf. von> *Punkt;* **'Punk·te·di·a·gramm** <n.; -(e)s, -e; EDV>; **'Punk·te·kampf** <m.; -(e)s, -e; Sp.; österr.> *Meisterschaftsspiel;* **'punk·ten** <V.> 1 <V. t.> *mit Punkten versehen;* gepunkteter Stoff 2 <V. i.; Sp.; a. fig.> *Punkte sammeln;* **'Punk·te·rich·ter** <m.; -s, -; österr.> = *Punktrichter;* **'Punk·te·rich·te·rin** <f.; -, -n·nen; österr.> = *Punktrichterin;* **'Punk·te·sieg** <m.; -(e)s, -e; österr.> = *Punktsieg;* **'Punk·te·spiel** <n.; -(e)s, -e; österr.> = *Punktspiel;* **'Punk·te·sys·tem** <n.; -s, -e; österr.> = *Punktsystem;* **'punkt·gleich** <Adj.; Sp.>; **punk'tie·ren** <V. t.> 1 jmdn. ~ <Med.> *an jmdm. eine Punktion vornehmen* 2 *etwas ~ mit Punkten versehen;* eine punktierte Linie 3 <Mus.> *eine Note ~ durch einen Punkt ihren Wert um die Hälfte verlängern;* **Punk'tier·na·del** <f.; -, -n; Med.>; **Punk'tier·rad** <n.; -(e)s, ⸚er>; **Punk'tier·ung** <f.; -, -en>; **Punk·ti'on** <f.; -, -en; Med.> *Entnahme von Flüssigkeit od. Gewebe aus dem Körper für diagnost. Zwecke;* **'Punkt·lan·dung** <f.; -, -en; Flugw.; a. fig.> *äußerst präzise Landung;* **'pünkt·lich** <Adj.> 1 *zur rechten Zeit, auf die Minute genau; ~ um 3 Uhr* 2 *gewissenhaft, genau; er ist immer sehr ~;* **'Pünkt·lich·keit** <f.; -; unz.>; **'Punkt·licht** <n.; -(e)s, -er> *Spotlight;* **'Punkt·li·nie** <[-niə]; f.; -, -n>; **'Punkt·nie·der·la·ge** <f.; -, -n; Sp.> Ggs *Punktsieg;* **'Punkt·rich·ter** <m.; -s, -> *Richter beim Sport;* **'Punkt·rich·te·rin** <f.; -, -n·nen>; **'Punkt·schrift** <f.; -; unz.> *Blindenschrift;* **'punkt·schwei·ßen** <V. t. u. V. i.; nur im Inf. u. Part. Perf. gebräuchlich> *so schweißen, dass eine punktförmige Stelle entsteht;* das Werkstück wurde punktgeschweißt; **'Punkt·schwei·ßung** <f.; -, -en>; **'Punkt·sieg** <m.; -(e)s, -e; Sp.> *Sieg nach Punkten(7);* Ggs *Punktniederlage;* **'Punkt·spiel** <n.; -(e)s, -e; Sp.> *Meisterschaftsspiel nach dem Punktsystem;* **'Punkt·sys·tem** <n.; -s;

unz.> 1 *ein typograf. Maßsystem* 2 <Sp.> *eine Austragungsform von Meisterschaftsspielen;* **punk·tu'ell** <Adj.> *einzelne Punkte betreffend;* **'Punk·tum!** *Schluss!; und damit –!;* **Punk'tur** <f.; -, -en> = *Punktion;* **'Punkt·ver·lust** <m.; -(e)s, -e>; **'Punkt·wer·tung** <f.; -, -en; Sp.>; **'Punkt·zahl** <f.; -, -en; Pl. selten; Sp.> *die höhere ~ erreichen* **Punsch** <m.; -es, -e od. ⸚e> *heißes Getränk aus Rum od. Arrak mit Wasser, Tee od. Wein u. Zucker* [engl.]; **'Punsch·glas** <n.; -es, ⸚er> **'Pun·ze** <f.; -, -n> 1 *meißelartiger Stempel zum Anfertigen erhabener Muster in Metall od. Leder* 2 <österr.> *eingestanztes Zeichen zur Angabe des Goldgehaltes* 3 *an Messgeräten u. Gewichten nach dem Eichen angebrachtes Zeichen* [lat.]; **'pun·zen, pun·'zie·ren** <V. t.; du punzt> 1 *mit der Punze stanzen* 2 *mit dem Prüfungszeichen stempeln;* **Pun·'zie·rung** <f.; -, -en> **Pup** <[pup]; m.; -s, -e; umg.> *laut abgehende Blähung;* oV *Pups, Pupser;* **'pu·pen** <V. i.; umg.> *eine Blähung laut abgehen lassen;* oV *pupsen* **pu·pil'lar** <Adj.> *zur Pupille gehörend;* **Pu'pil·le** <f.; -, -n> *Augenöffnung, durch die das Licht eindringt* [lat.] **pu·pi'par** <Adj.> *~e Insekten I., deren Larven sich sofort verpuppen* [lat.]; **Pu·pi·pa'rie** <f.; -, -n; Zool.> **'Püpp·chen** <n.; -s, -; Verkleinerungsf. von> *Puppe;* **'Pup·pe** <f.; -, -n> 1 *Nachbildung eines Menschen (als Kinderspielzeug);* Schaufenster~; Hand~ 2 <Zool.> *Hülle, in der Insekten mit vollkommener Verwandlung ein Ruhestadium durchmachen; ~n von Schmetterlingen;* **'Pup·pen·dok·tor** <m.; -s, -'to·ren; umg.; scherzh.> *jmd., der Spielzeugpuppen repariert;* **'Pup·pen·ge·sicht** <n.; -(e)s, -er> *hübsches, aber ausdrucksloses Frauengesicht;* **'pup·pen·haft** <Adj.>; **'Pup·pen·haus** <n.; -es, ⸚er>; **'Pup·pen·kü·che** <f.; -, -n>; **'Pup·pen·mut·ter** <f.; -, ⸚> *Mädchen, das mit Puppen*

spielt; **'Pup·pen·räu·ber** <m.; -s, -; Zool.> *Laufkäfer, der die Larven von Insekten erbeutet;* **'Pup·pen·spiel** <n.; -(e)s, -e> *Theaterspiel mit Puppen;* **'Pup·pen·spie·ler** <m.; -s, -, ->; **'Pup·pen·spie·le·rin** <f.; -, -n·nen>; **'Pup·pen·stu·be** <f.; -, -n>; **'Pup·pen·the·a·ter** <n.; -s, ->; **'Pup·pen·wa·gen** <m.; -s, ->; **'Pup·perl** <n.; -s, -n; österr.> = *Püppchen* **'pup·pern** <V. i.; ich pupp(e)re; umg.> *klopfen, pochen, zittern* **Pup·pet** <['pʌpit]; n.; -s, -s; engl. Bez. für> *Marionette* [engl.] **'pup·pig** <Adj.> *klein u. niedlich; ~es Gesicht* **Pups** <[pups]; m.; -es, -e; umg.> = *Pup;* **'pup·sen** <V. i.; du pupst; umg.> = *pupen;* **'Pup·ser** <m.; -s, -; umg.> = *Pup* **pur** <Adj.> 1 *rein, unverfälscht; ~es Gold* 2 *weiter nichts als; aus ~er Neugier; es war ~er Zufall* [lat.] **PUR** <Chem.; Zeichen für> *Polyurethan* **Pü'ree** <n.; -s, -s> *Brei, Mus;* Kartoffel~ [frz.] **Pur·ga·to·ri·um** <n.; -s; unz.> *Fegefeuer* [lat.] **pü·rie·ren** <V. t.> *zu Püree machen;* Kartoffeln ~ **Pu·ri·fi·ka·ti'on** <f.; -, -en; Kath.> *Reinigung (bes. des Kelches nach der Kommunion)* [lat.] **Pu'rim** <n.; -s; unz.> *jüdisches Fest zur Erinnerung an die Rettung der persischen Juden durch Esther* [hebr.] **Pu'rin** <n.; -s, -e; Chem.> *Ausgangsprodukt der Harnsäureverbindungen* [lat.] **Pu'ris·mus** <m.; -; unz.> *(übertriebenes) Streben, die Sprache von Fremdwörtern zu reinigen* [lat.]; **Pu'rist** <m.; -en, -en>; **Pu·'ris·tin** <f.; -, -n·nen>; **pu·'ris·tisch** <Adj.>; **Pu·ri'ta·ner** <m.; -s, -> 1 *Anhänger des Puritanismus* 2 <fig.> *sittenstrenger Mensch;* **Pu·ri'ta·ne·rin** <f.; -, -n·nen>; **pu·ri'ta·nisch** <Adj.>; **Pu·ri·ta'nis·mus** <m.; -; unz.> *calvinist. Bewegung in der engl. protestant. Kirche, die ein sittenstrenges, asket. Leben forderte;* **Pu·ri'tät** <f.; -; unz.; veralt.> *Sittenreinheit*

'**Pur·pur** <m.; -s; unz.> 1 *bläulich roter Farbstoff* 2 *ein prachtvolles Gewand in dieser Farbe* [grch.]; '**Pur·pu·ra** <f.; -; unz.; Med.> *Hautblutungen*; '**Pur·pur·al·ge** <f.; -, -n; Bot.> *Rotalge*; '**pur·pur·far·ben** <Adj.> *ein ~es Kleid*; '**Pur·pur·man·tel** <m.; -s, ·>; '**pur·purn**, '**pur·pur·rot** <Adj.>; '**Pur·pur·schne·cke** <f.; -, -n; Zool.> *eine Meeresschnecke, deren Drüse einen hochroten Stoff absondert*

'**pur·ren** <V.> 1 <V. i.> *stochern, stöbern* 2 <V. t.; Seemannsspr.> *zur Wache wecken*

Pur·ser <['pə:sə(r)]; m.; -s, -> *Chefsteward im Flugzeug* [engl.]; **Pur·se'ret·te** <f.; -, -n> *Chefstewardess*

pu·ru'lent <Adj.; Med.> *eitrig* [lat.]

'**Pur·zel** <m.; -s, -; umg.> *niedliches, kleines Kind*; '**Pur·zel·baum** <m.; -(e)s, ·e> *Rolle um die eigene Querachse auf dem Boden; einen ~ schlagen*; '**pur·zeln** <V. i. (s.); ich purz(e)le; umg.> *fallen, stürzen*

'**Pü·schel** <m.; -s, -; ostmdt.> *Quaste*

'**pu·schen** <V. t.> *antreiben, in Schwung bringen; den Verkauf einer Ware ~; oV pushen*

'**Pusch·tu** <n.; - od. -s; unz.> *afghanische Sprache; oV Paschtu*

Push <[puʃ]; m.; -(e)s, -es [-'ʃiz] 1 <umg.> *(nachdrückliche) Unterstützung eines Produktes od. einer Person durch Werbemaßnahmen u. Ä.* 2 <Sp.; Golf> *Schlag, der den Ball zu weit in die Schlaghand entgegengesetzte Richtung treibt* [engl.]; '**Push·ball** <m.; -s; unz.> *nordamerikan. Ballspiel*; '**pu·shen** <V.> 1 <V. i.> *mit harten Drogen handeln, dealen* 2 <V. t.> *puschen*; '**Pu·sher** <m.; -s, -; umg.> *Drogenhändler*; '**Push-up-BH** <[-'ʌp-]; m.; -s, -s> = *Wonderbra*

'**Pus·sel·ar·beit** <f.; -, -en>; '**pus·se·lig** <Adj.; umg.> *umständlich, mühsam*; '**Pus·sel·kram** <m.; -s; unz.> *lästige Kleinigkeiten*; '**pus·seln** <V. i.; ich puss(e)le> *herumbasteln, werkeln; an einem Fahrrad ~*; <aber> *puzzeln*; '**puss·lig** <Adj.> = *pusselig*

'**Pus·te** <f.; -; unz.; umg.> *Atem; ich habe keine ~ mehr; ihm geht die ~ aus* <a. fig.> *er ist in (finanziellen) Schwierigkeiten*; '**Pus·te·blu·me** <f.; -, -n> = *Löwenzahn*; '**Pus·te·ku·chen** *(Ausdruck der Ablehnung)*

'**Pus·tel** <f.; -, -n; Med.> = *Pickel²*

'**pus·ten** <V.> 1 <V. i. u. V. t.> *blasen, Luft ausstoßen* 2 <V. i.> *außer Atem sein, keuchen*

pus·tu'lös <Adj.; Med.> *mit Pusteln versehen* [frz.]

Pusz·ta <['pusta]; f.; -, 'Pusz·ten> *ungarische Grassteppe* [ung.]

pu·ta'tiv <Adj.; Rechtsw.> *vermeintlich, irrtümlich* [lat.]; **Pu·ta'tiv·not·wehr** <f.; -; unz.; Rechtsw.> *Notwehr, die auf der irrigen Annahme einer Bedrohung beruht*

'**Pu·te** <f.; -, -n; Zool.> *Truthenne*; '**Pu·ten·schnit·zel** <n.; -s, ->; '**Pu·ter** <m.; -s, -; Zool.> *Truthahn*; '**pu·ter·rot** <Adj.> *rot wie der Fleischlappen am Hals des zornigen Truthahns; ~ werden*

Pu·tres'zenz, <auch> **Put·res'zenz** <f.; -, -en; ↗Z.53; Med.> *Fäulnis* [lat.]

Putsch <m.; -(e)s, -e> *polit. Umsturz(versuch)*; '**put·schen** <V. i.; du putschst> *einen Putsch versuchen od. verüben; das Militär hat geputscht*; **Put'schist** <m.; -en, -en>; **Put'schis·tin** <f.; -, -nnen>

Putt <m.; -s, -s; Golf> *kurzer Schlag mit dem Putter* [engl.]

Pütt <m.; -s, -e od. -s; rhein.; Bergmannsspr.> 1 *Bergwerk, Grube, Stollen* 2 *Bergbaugebiet*

'**Put·te** <f.; -, -n; Mal.; Kunst> *kleine Engelsfigur, nackte Kindergestalt*

'**put·ten** <engl. ['pʌt-]; V. t.; Golf> *einlochen* [engl.]; '**Put·ter** <m.; -s, -> *Golfschläger zum Einlochen*

'**Put·to** <m.; -s, 'Put·ti od. 'Put·ten> = *Putte*

Putz <m.; -es; unz.> 1 <veralt.> *schmucke Kleidung; sie gibt viel Geld für den ~ aus* 2 *Gegenstände zum Schmücken der Kleidung, Zierrat* 3 *Mörtel; der ~ bröckelt von den Wänden; Mauern mit ~ verkleiden*

Pütz, '**Püt·ze** <f.; -, -(e)n; Seemannsspr.> *Eimer* [ndrl.]

'**Put·ze** <f.; -, -n; umg.; abwertend; Kurzw. für> *Putzfrau*; '**püt·zeln** <V. i. u. V. t.; schweiz.> *sorgsam, liebevoll reinigen, säubern; 'put·zen* <V. t./V. refl.; du putzt> 1 *etwas ~ säubern, reinigen; (sich) die Nase ~ schnäuzen; Klinken ~* <fig.; umg.> *von Tür zu Tür gehen (um etwas zu verkaufen)* 2 *schmücken; den Christbaum ~*; '**Put·zer** <m.; -s, -> *jmd., der etwas putzt; Schuh~*; **Put·ze'rei** <f.; -, -en; umg.> 1 <unz.> *lästiges Putzen* 2 <österr.> *chem. Reinigung*; '**Put·ze·rin** <f.; -, -nnen>; '**Putz·fim·mel** <m.; -s; unz.; umg.> *den ~ haben*; '**Putz·frau** <f.; -, -en>, '**Putz·hil·fe** <f.; -, -n> *Frau, die gegen Entgelt Wohn- u. Geschäftsräume putzt*; '**put·zig** <Adj.; umg.> *drollig, spaßig, merkwürdig; ein ~es Tier*; '**Putz·kas·ten** <m.; -s, ·>; '**Putz·lap·pen** <m.; -s, ->; '**Putz·lum·pen** <m.; -s, -; schweiz.>; '**Putz·ma·cher** <m.; -s, -; veralt.> *Modist*; '**Putz·ma·che·rin** <f.; -, -nnen; veralt.>; '**Putz·mit·tel** <n.; -s, ->; '**putz'mun·ter** <Adj.; umg.> *sehr munter*; '**Putz·sucht** <f.; -; unz.>; '**putz·süch·tig** <Adj.>; '**Putz·teu·fel** <m.; -s, -; fig.; umg.> *sie ist ein ~; den ~ haben*; '**Putz·tuch** <n.; -(e)s, ·er> *Tuch, mit dem man Gegenstände abwischt*; '**Putz·zeug** <n.; -(e)s; unz.>

puz·zeln <['puzəln] od. ['pʌzəln]; V. i.; ich puzz(e)le> *ein Puzzle machen*; <aber> → *pusseln*; '**Puz·zle**, <auch> '**Puzz·le** <['puz(ə)l] od. ['pʌz(ə)l]; n.; -s, -s; ↗Z.53> *Geduldsspiel, bei dem viele Einzelteile zu einem Bild zusammengefügt werden müssen*; '**Puzz·ler** <m.; -s, ->; '**Puzz·le·rin** <f.; -, -nnen>

PVC <Chem.; Abk. für> *Polyvinylchlorid*

py..., **Py...** <in Zus.> = *pyo..., Pyo...* [grch.]; **Py·ä'mie** <f.; -, -n; Med.> *Blutvergiftung als Folge einer Verschleppung von Eiter erzeugenden Keimen*; **Py·e'li·tis** <f.; -, -'ti·den; Med.> *Nierenbeckenentzündung*; **Py·e·lo·'gramm** <n.; -(e)s, -e> *Röntgen-*

aufnahme des Nierenbeckens u. der Harnwege

Pyg'mäe <m.; -n, -n> *Angehöriger eines kleinwüchsigen Volksstammes in Afrika* [grch.]; **Pyg'mä·in** <f.; -, -n·nen>; **pyg'mä·isch** <Adj.> *zwergwüchsig*

Py·ja·ma <[py'ʤa:-]; m. od. (schweiz.; österr.) n.; -s, -s> *Schlafanzug* [Hindi; engl.]

'Py·kni·ker, <auch> **'Pyk·ni·ker** <m.; -s, -; ↗Z53; Anthrop.> *Mensch mit gedrungenem Körperbau* [grch.]; **'py·knisch** <Adj.>; **Py·kno'me·ter** <n.; -s, -; Phys.> *Gerät zur Bestimmung der Dichte von Flüssigkeiten od. festen Stoffen*

Py'lon <m.; -en, -en> *1 mit zwei festungsartigen Türmen versehenes Eingangstor eines ägypt. Tempels 2 Seiltragstütze einer Hängebrücke* [grch.]

Py'lo·rus <m.; -, -'lo·ren; Anat.> = *Magenpförtner* [grch.]

py·o..., Py·o... <in Zus.> *eitrig, eiter..., Eiter...* [grch.]; **Py·or'rhö** <f.; -, -en>, **Py·or·rhöe** <[-'rø:]; f.; -, -n; Med.> *Eiterfluss*

py·or'rho·isch <Adj.; Med.>

pyr..., Pyr... <in Zus.> = *pyro..., Pyro...*

py·ra·mi'dal <Adj.> *1 pyramidenförmig 2* <fig.; umg.> *riesenhaft, überwältigend;* **Py·ra'mi·de** <f.; -, -n> *1 geomet. Körper mit einem Viereck als Basis u. dreieckigen Seitenflächen, die in einer Spitze zusammenlaufen 2 altägypt. Grabbau in Form einer Pyramide(1)* [ägypt.]; **py·ra'mi·den·för·mig** <Adj.>

Pyr·a·no'me·ter, <auch> **Py·ra·no'me·ter** <n.; -s, -; ↗Z54; Meteor.> *Gerät zum Messen der Sonnen- u. Himmelsstrahlung u. des Streulichts bei bedecktem Himmel* [grch.]

Py're·ti·kum <n.; -s, -ti·ka; Med.> *Fieber erzeugendes Mittel* [grch.]; **py're·tisch** <Adj.; Med.> *Fieber erzeugend;* **Pyr·e'xie,** <auch> **Py·re'xie** <f.; -, -n; ↗Z54; Med.> *Fieberanfall*

Py·ri'din <n.; -s; unz.; Chem.> *eine chem. Verbindung zur Herstellung von Arzneimitteln* [grch.]; **Py·ri·mi'din** <n.; -s, -e; Biochem.> *Element vieler wichtiger Naturstoffe;* **Py·ri·mi'din·ba·sen** <Pl.>

Py'rit <m.; -(e)s, -e> *zur Gewinnung von Schwefelsäure u. Schwefel dienendes Mineral, Schwefelkies* [grch.]

py·ro..., Py·ro... <in Zus.> *durch Feuer, Hitze, Wärme bewirkt, feuer..., Feuer...* [grch.]; **py·ro·e'lek·trisch,** <auch> **py·ro·e'lekt·risch** <Adj.; ↗Z53; Phys.>; **Py·ro·e·lek·tri·zi'tät** <f.; -; unz.> *durch Temperaturänderungen auftretende elektrische Spannungen an den Kristalloberflächen;* **py·ro'gen** <Adj.> *1* <Med.> *Fieber erzeugend 2* <Geol.> *aus glühendem Magma entstanden;* **Py·ro'ly·se** <f.; -, -n> *Zersetzung von Stoffen durch Einwirkung höherer Temperaturen;* **py·ro'ly·tisch** <Adj.>; **Py·ro·ma'nie** <f.; -; unz.> *krankhafter Trieb zur Brandstiftung;* **Py·ro'ma·nin** <f.; -, -n·nen>; **py·ro'ma·nisch** <Adj.>; **Py·ro·me·tall·ur'gie,** <auch> **Py·ro·me·tal·lur'gie** <f.; -; unz.; ↗Z54> *Gewinnung von Metall bei hohen Temperaturen;* **Py·ro'me·ter** <n.; -s, -> *Gerät zum Messen hoher Temperatu-*

ren; **Py·ro·pho'bie** <f.; -; unz.> *krankhafte Furcht vor Feuer;* **py·ro'phor** <Adj.> *selbstentzündlich;* **Py·ro'phor** <m.; -s, -e; Chem.> *Metallpulver, das bei Luftkontakt sofort verbrennt;* **Py'ro·sis** <f.; -; unz.; Med.> *Sodbrennen;* **Py·ro'tech·nik** <f.; -; unz.> *Herstellung von Feuerwerkskörpern;* **Py·ro'tech·ni·ker** <m.; -s, -> *Feuerwerker;* **Py·ro'tech·ni·ke·rin** <f.; -, -n·nen>; **py·ro'tech·nisch** <Adj.>; **Py·ro·xe'nit** <m.; -s, -e> *ein Tiefengestein*

'Pyr·rhus·sieg <m.; -(e)s, -e; fig.> *mit zu großen Opfern erkaufter Sieg* [nach dem Sieg des *Pyrrhus* über die Römer 279 v. Chr.]

Pyr'rol <n.; -s; unz.; Chem.> *eine chem. Verbindung* [grch.]

Py·ru·va·te <[-'va:-]; Pl.; Chem.> *Salze der Brenztraubensäure*

py·tha·go'rä·isch <Adj.; österr.>, **py·tha·go're·isch** <Adj.> *1 den grch. Mathematiker Pythagoras betreffend 2* *~er Lehrsatz L. über die Seitenverhältnisse im rechtwinkligen Dreieck:* $a^2 + b^2 = c^2$

'Py·thia <f.; -, -s od. -thi·en; fig.; umg.> *geheimnisvolle Andeutungen machende Frau* [nach der grch. Priesterin *Pythia*]; **'py·thisch** <Adj.; ↗Z46> *orakelhaft, rätselhaft;* <aber> *Pythische Spiele* <im Altertum> *Wettkämpfe zu Ehren des Apoll*

'Py·thon <m.; -s, -s; Zool.> *eine Riesenschlange;* **'Py·thon·schlan·ge** <f.; -, -n>

'Py·xis <f.; -, Py'xi·den> *Hostienbehälter im Tabernakel*

Q

q 1 <n.; -, - od. (umg.) -s> *ein Buchstabe* 2 <früher Abk. für> *Quadrat..., z. B. qm* 3 <österr.; schweiz.> = *Zentner* 4 <Zeichen für> *Quark²*

Q 1 <n.; -, - od. (umg.) -s> *ein Buchstabe* 2 <Abk. für> *elektrische Ladung u. Wärme*

qcm <früher Abk. für> *Quadratzentimeter;* **qdm** <früher Abk. für> *Quadratdezimeter*

Qi·gong <[tʃiˈɡuŋ] n.; - od. -s; unz.> *eine auf spezieller Atmung u. Bewegung beruhende chin. Heilmethode* [chin.]; **Qi-'gong·ku·gel** <f.; -, -n> *Kugel zur Förderung der Handmuskulatur*

Qin·dar <[ˈkjin.]; m.; - od. -s, -ka> *alban. Währungseinheit*

qkm <früher Abk. für> *Quadratkilometer;* **qm** <früher Abk. für> *Quadratmeter;* **qmm** <früher Abk. für> *Quadratmillimeter*

qua 1 <Präp.> *mittels, durch, gemäß;* ~ *Verordnung festlegen* 2 <Konj.> *(in der Eigenschaft) als;* ~ *Beamter des Staates* [lat.]

'Quab·be <f.; -, -n; norddt.> *Fettwulst;* **'Quab·bel** <m.; -s; unz.; umg.> *weiche Masse, Gallert; zu quabbelig* [Adj.; umg.]; **'quab·be·lig** <Adj.; umg.>; **'quab·beln** <V. i.; ich quabb(e)le; umg.> *der Pudding quabbelt;* **'quabb·lig** <Adj.>

Qua·cke'lei <f.; -, -en; umg.>; **'qua·ckeln** <V. i.; ich quack(e)le> *töricht reden, nörgeln;* **'Quack·sal·ber** <m.; -s, -; abwertend> [ndrl.]; **Quack·sal·be'rei** <f.; -; unz.>; **'Quack·sal·be·rin** <f.; -, -nen>; **'quack·sal·bern** <V. i.; ich quacksalb(e)re; sie hat gequacksalbert; zu quacksalbern>

'Quad·del <f.; -, -n; bes. norddt.> *angeschwollene, juckende Hautstelle*

'Qua·de <m.; -n, -n> *Angehöriger eines westgermanischen Volkes*

'Qua·der <m.; -s, -> 1 *rechteckig behauener Block* 2 <Math.> *ein geometrischer Körper* [lat.]; **'Qua·der·bau** <m.; -(e)s, -ten>; **'Qua·der·stein** <m.; -(e)s, -e>

Qua·dra'ge·si·ma, <auch> **Quadra'ge·si·ma** <f.; -; unz.; ⁊Z53> *die vierzigtägige Fastenzeit vor Ostern* [lat.]

Qua'dran·gel, <auch> **Quad'rangel** <n.; -s, -; ⁊Z53> *Viereck;* **qua·dran·gu'lär** <Adj.> *viereckig;* **Qua'drant** <m.; -en, -en> 1 <Geom.> *Viertelkreis* 2 *ein Messgerät;* **Qua'drat** ¹ <n.; -(e)s, -e> 1 <Geom.> *Viereck mit vier gleichen Seiten u. vier rechten Winkeln* 2 <Math.> *die zweite Potenz einer Zahl* [lat.]; **Qua'drat** ² <m.; -(e)s, -en; Typ.> *Ausschluss verschiedener Länge u. Dicke;* **Qua'drat·de·zi·me·ter** <m.; -s, -; Abk.: dm²>; **qua'dra·tisch** <Adj.> ~e *Gleichung* <Math.> *G. zweiten Grades;* **Qua'drat·ki·lo·me·ter** <m.; -s, -; Abk.: km²>; **Qua'drat·lat·schen** <Pl.; umg.; scherzh.> *große, unförmige Schuhe;* **Qua'drat·mei·le** <f.; -, -n>; **Qua'drat·me·ter** <m.; -s, -; Abk.: m²>; **Qua'drat·mil·li·me·ter** <m.; -s, -; Abk.: mm²>; **Qua'drat·schä·del** <m.; -s, -; umg.; scherzh.> 1 *großer, eckiger Kopf* 2 <fig.> *starrsinniger Mensch;* **Qua'dra'tur** <f.; -, -en> *Umwandlung einer beliebigen Fläche in ein flächengleiches Quadrat;* ~ *des Kreises* <fig.> *unlösbare Aufgabe;* **Qua'drat·wur·zel** <f.; -, -n; Math.>; **Qua'drat·zahl** <f.; -, -en>; **Qua'drat·zen·ti·me·ter** <m. 7 od. n. 7; -s, -; Abk.: cm²>

Qua·dri·en'na·le, <auch> **Quadri·en'na·le** <f.; -, -n; ⁊Z53> *alle vier Jahre stattfindende Ausstellung od. Veranstaltung* [lat.]

qua'drie·ren, <auch> **quad'rieren** <V. t.; ⁊Z53> *eine Zahl* ~ *in die zweite Potenz erheben, mit sich selbst multiplizieren* [lat.]

Qua'dri·ga, <auch> **Quad'ri·ga** <f.; -, -gen; ⁊Z53> *zweirädriges Viergespann der Antike* [lat.]

Qua·dril·le, <auch> **Quad·ril·le** <[kvaˈdrɪljə] od. [kaˈdrɪljə], österr. [kaˈdrɪl]; f.; -, -n; ⁊Z53> 1 *ein Tanz* 2 <Reitsp.> *zu Musik gerittene Dressurvorstellung von mindestens vier Reitern* [frz.]

Qua·dril·li·on, <auch> **Quad·ril·li·'on** <[-lj-]; f.; -, -en; ⁊Z53> *vierte Potenz einer Million* [lat.]

Qua·dri'vi·um, <auch> **Quad'ri·vi·um** <[-vi-]; n.; -s; unz.; ⁊Z53; MA> *die vier höheren Wissensgebiete Arithmetik, Geometrie, Astronomie, Musik* [lat.]

qua·dro'fon, <auch> **quad·ro'fon** <Adj.; ⁊Z53> = *quadrophon;* **Qua·dro·fo'nie** <f.; -; unz.; ⁊Z11.3> = *Quadrophonie;* **qua·dro'fo·nisch** <Adj.>; **qua·dro'phon** <Adj.> *auf Quadrophonie beruhend;* **Qua·dro·pho'nie** <f.; -; unz.> *Stereophonie über vier Kanäle u. Lautsprecher;* **qua·dro'pho·nisch** <Adj.>; **'Quadro·sound** <[-saʊnd]; m.; -s; unz.> *durch Quadrophonie erzeugter Klang* [lat.-engl.]

Qua'dru·pel, <auch> **Quad'ru·pel** <n. od. m.; -s, -; ⁊Z53; Math.> *vier zusammengehörige Größen* [lat.]; **Qua·dru'pol** <m.; -s, -e; Phys.> *System aus gegensätzlichen Dipolen*

'Quag·ga <n.; -s, -s; Zool.> *eine ausgerottete Zebraart* [Bantu]

Quai <[keː]; m.; -s, -s> *Ufer(straße);* → a. *Kai* [frz.]

quak <Schallwort>; **'Quä·ke** <f.; -, -n> *Pfeife zum Nachahmen des Klagelauts von Hasen;* **'quaken** <V. i.> 1 *der Frosch quakt* 2 <fig.; umg.> *unaufhörlich reden; sie hat nur dummes Zeug gequakt;* **'quä·ken** <V. i.; umg.> *eine* ~de *Stimme*

'Quä·ker <m.; -s, -> *Angehöriger einer christl. Glaubensgemeinschaft* [engl.]; **'Quä·ke·rin** <f.; -, -n·nen>

Qual <f.; -, -en> *körperlicher od. seelischer Schmerz, Pein;* **'quälen** <V. t./V. refl.> *jmdn., sich* ~; **Quä·le'rei** <f.; -, -en>; **'quä·le·risch** <Adj.> *quälend;* ~e *Gedanken;* **'Quäl·geist** <m.; -(e)s, -er; umg.> *jmd., der andere ständig belästigt u. bedrängt*

Qua·li·fi·ka·ti'on <f.; -, -en> 1 *Befähigungsnachweis* 2 *Berechtigung zur Teilnahme an einem sportl. Wettkampf* [lat.]; **Qua·li·fi·ka·ti'ons·spiel** <n.; -(e)s, -e; Sp.>; **qua·li·fi'zie·ren** <V. t.> 1 *jmdn.* ~ *befähigen* 2 <V. refl.>

sich ~ *eine best. Qualifikation erwerben*; **qua·li·fi·ziert** <Adj.> ein ~er Arbeiter; ~e Mehrheit *für best. Beschlüsse notwendige M. (z. B. Zweidrittelmehrheit)*; eine ~e Straftat *unter erschwerenden Umständen begangene S.*; **Qua·li·fi·zie·rung** <f.; -, -en>; **Qua·li·tät** <f.; -, -en; ↗Z34> *Beschaffenheit, Güte, Eigenschaft*; 1a·~ *höchste Gütestufe*; **qua·li·ta·tiv** <Adj.; meist adv.> ein ~ *hochwertiges Material*; **Qua·li·täts·ar·beit** <f.; -, -en> *Wertarbeit*; **qua·li·täts·be·wusst** <Adj.>; **Qua·li·täts·be·wusst·sein** <n.; -s; unz.>; **Qua·li·täts·be·zeich·nung** <f.; -, -en>; **Qua·li·täts·si·che·rung** <f.; -; unz.>; **Qua·li·täts·stei·ge·rung** <f.; -, -en>; **Qua·li·täts·stu·fe** <f.; -, -n>; **Qua·li·täts·wa·re** <f.; -, -n>; **Qua·li·täts·wein** <m.; -(e)s, -e> *'Qual·le* <f.; -, -n; Zool.> *gallertartiges Meerestier*; **'qual·lig** <Adj.> *weich, schleimig*

Qualm <m.; -(e)s; unz.> *dichter Rauch*; **'qual·men** <V.> 1 <V. i.> *der Schornstein qualmt* 2 <V. t.; umg.> *viel rauchen*; er qualmt *eine Schachtel Zigaretten am Tag*; **'qual·mig** <Adj.> *voller Qualm*

'qual·voll <Adj.>

Quant <n.; -s, -en; Phys.> *kleinste unteilbare Menge* [lat.]; **'Quänt·chen** <n.; -s, -> *kleine Menge*; es fehlte nur ein ~ *Glück*; **'quan·teln** <V. i.; ich quant(e)le> *eine Energiemenge in Quanten darstellen*; **'Quan·ten** <Pl. von> *Quant, Quantum*; **Quan·ten·bi·o·lo·gie** <f.; -; unz.>; **'Quan·ten·che·mie** <[-çe-]; f.; -; unz.>; **'Quan·ten·me·cha·nik** <f.; -; unz.>; **'Quan·ten·phy·sik** <f.; -; unz.>; **'Quan·ten·the·o·rie** <f.; -; unz.> *Theorie der kleinsten physikalischen Erscheinungen u. Systeme*; **'Quan·ten·zahl** <f.; -, -en> *Zahl, die den Zustand eines quantenphysikalischen Systems beschreibt*; **quan·ti·fi·'zie·ren** <V. t.> *(Eigenschaften) in mathematischen Größen darstellen*; **Quan·ti·tät** <f.; -, -en> *Menge, Größe*; **quan·ti·ta·tiv** <Adj.>; **Quan·ti·té né·gli·gea·ble,** <auch> **Quan·ti·té neg·li·geab·le** <[kãti'te: negli'ʒabl]; f.;

--; unz.; ↗Z18.5, 53> *wegen ihrer Geringfügigkeit nicht zu berücksichtigende Größe, Belanglosigkeit* [frz.]; **'Quan·tum** <n.; -s, 'Quan·ten> *Menge, Anzahl, Maß* [lat.]

'Quap·pe <f.; -, -n; kurz für> *Kaulquappe*

Qua·ran·tä·ne <[karan-] od. [karã-]; f.; -, -n> *aus Gründen der Ansteckungsgefahr notwendige Isolierung von kranken Personen od. Tieren* [frz.]; **Qua·ran·tä·ne·sta·ti·on** <f.; -, -en>

'Quar·gel <n. od. m.; -s, -; österr.> *kleiner, runder Käse*

Quark¹ <m.; -(e)s; unz.> 1 *aus geronnener Milch hergestelltes Nahrungsmittel*; Sahne~; Mager~ 2 <fig.; umg.; abwertend> *lächerliche Kleinigkeit*; sie regt sich über jeden ~ auf

Quark² <[kwɔːrk]; n.; -s, -s; Phys.; Zeichen: q> *hypothetisches Elementarteilchen* [engl.]

'quar·kig <Adj.> *wie Quark(1)*; **'Quark·käul·chen** <n.; -s, -; Kochk.> *in Fett gebackenes Küchlein aus Kartoffeln, Quark u. a.*; **'Quark·ku·chen** <m.; -s, ->; **'Quark·spei·se** <f.; -, -n>

Quart¹ <n.; -s, -> *altes Flüssigkeitsmaß* 2 <n.; -s; unz.; Typ.; Zeichen: 4°; kurz für> *Quartformat* 3 <f.; -, -en; Mus.> = *Quarte* 4 <Fechten> *eine best. Klingenlage* [lat.]; **'Quar·ta** <f.; -, 'Quar·ten; frühere Bez. für> *die dritte (in Österreich: vierte) Klasse des Gymnasiums*; **Quar·tal** <n.; -s, -e> *Vierteljahr*; **Quar·tal·kün·di·gung** <f.; -, -en> *vierteljährliche Kündigung*; **Quar·tals·ab·schluss** <m.; -es, ˶e>; **Quar·tals·säu·fer** <m.; -s, -; umg.> *periodisch Trunksüchtiger*; **quar·tals·wei·se** <Adj.; meist adv.>; **Quar·ta·na·fie·ber** <n.; -s; unz.; Med.> *Viertagefieber (Form der Malaria)*; **Quar·ta·ner** <m.; -s, -> *Schüler der Quarta*; **Quar·ta·ne·rin** <f.; -, -n·nen>; **quar·tär** <Adj.>; **Quar·tär** <n.; -s; unz.; Geol.> *jüngster Zeitraum der Erdgeschichte* [frz.]; **'Quart·band** <m.; -(e)s, ˶e; Buchw.>; **'Quar·te** <f.; -, -n; Mus.> oV *Quart* 1 *vierter Ton der diatonischen Tonleiter* 2 *Intervall von vier Tönen* [lat.];

'Quar·tel <n.; -s, -; bair.> *kleines Flüssigkeitsmaß für Bier*

Quar·ter <['kwɔːtə(r)]; m.; -s, -s od. (nach Zahlen) -> *engl. Hohlmaß* [engl.]; **'Quar·ter·back** <[-bæk]; m.; -s, -s; Sp.; American Football> *Spielmacher, der Angriffe einleitet u. führt*; **Quar·ter·deck** <['kva-]; n.; -s, -s od. -e> *hinteres Schiffsdeck*; **Quar·ter·horse** <['kwɔːtə(r)hɔːs]; n.; -, -s [-siz]> *eine Pferderasse*

Quar·tett <n.; -(e)s, -e> 1 *Musikstück für vier Stimmen od. Instrumente*; Streich~ 2 *die Ausführenden eines Quartetts(1)* 3 *Kartenspiel* [ital.]; **'Quart·for·mat** <n.; -(e)s; unz.; Buchw.>

Quar'tier <n.; -s, -e> 1 *Unterkunft (von Truppen)* 2 <schweiz.> *Stadtviertel* [frz.]

Quar'to·le <f.; -, -n; Mus.> *vier zusammengehörige Noten im Taktwert von drei od. sechs Noten*; **Quart'sext·ak·kord** <m.; -(e)s, -e; Mus.> *zweite Umkehrung eines Dreiklangs*

Quarz <m.; -es, -e> *ein Mineral*; **'quar·zen** <V. i. u. V. t.; du quarzt; umg.> *rauchen*; **'Quarz·fil·ter** <m.; -s, ->; **'quarz·ge·steu·ert** <Adj.> *eine ~ Uhr*; **'Quarz·glas** <n.; -es, ˶er>; **'Quarz·gut** <n.; -(e)s; unz.> *durchsichtiges Kieselglas*; **'quarz·hal·tig** <Adj.>; **'quar·zig** <Adj.>; **Quar'zit** <m.; -(e)s, -e; Min.> *ein Gestein*; **'Quarz·lam·pe** <f.; -, -n>; **'Quarz·steu·e·rung** <f.; -, -en; El.>; **'Quarz·uhr** <f.; -, -en>

Quas <m.; -es, -e; mdt.> *Schmaus, Gelage*; <aber> → *Kwass* [slaw.]

Qua'sar <m.; -s, -e; Phys.> *sternähnl. Objekt mit intensiver Radiostrahlung*

'qua·sen <V. i.; du quast; mdt.> *schmausen, schlemmen*

'qua·si <Adv.> *gewissermaßen, gleichsam, sozusagen* [lat.]

Qua·si·mo·do·ge·ni·ti <ohne Art.> *erster Sonntag nach Ostern* [lat. "wie eben erst Geborene"]

'qua·si·op·tisch <Adj.; Phys.> *sich ähnl. wie Licht ausbreitend*

Quas·se·lei <f.; -; unz.; umg.> *anhaltendes Quasseln*; **'quas-**

Q

seln <V. i. u. V. t.; ich quass(e)le *unentwegt u. schnell (dummes Zeug) reden;* '**Quas·sel·strip·pe** <f.; -, -n; umg.; scherzh.> sie ist eine schreckliche ~
'**Quas·sie** <['-sjə]; f.; -, -n; Bot.> *Bitterholzbaum*
Quast <m.; -(e)s, -e> *1 (Zweig-) Büschel; → a. Quaste 2 breiter Pinsel;* '**Quäst·chen** <n.; -s, -; Verkleinerungsf. von *Quaste;* '**Quas·te** <f.; -, -n> *1 Faden-, Fransen- od. Schnürenbüschel 2 Wattebausch;* Puder~; '**Quas·ten·flos·ser** <m.; -s, -; Zool.> *ein Fisch*
Quäs·ti·on <f.; -, -en; Philos.> *wissenschaftl. Streitfrage* [lat.]; '**Quäs·tor** <m.; -s, -'to·ren; im alten Rom> *1 hoher Finanzbeamter 2 <an Hochschulen> Schatzmeister 3 <schweiz.> Kassenwart eines Vereins;* **Quäs·'tur** <f.; -, -en> *1 Amt eines Quästors 2 <an Hochschulen> Kasse*
Qua'tem·ber <m.; -s, -; Kath.> *Buß- u. Fastentage zu Beginn der vier Jahreszeiten* [lat.]
qua·ter'när <Adj.; Chem.> *aus vier Teilen bestehend* [lat.]
quatsch <Schallwort>; **Quatsch**[1] <m.; -(e)s; unz.; umg.> *Unsinn;* so ein ~!; mach keinen ~!; **Quatsch**[2] <m.; -(e)s; unz.; umg.> *Matsch;* '**quat·schen**[1] <V. i.; du quatschst; umg.> *reden, plaudern;* **quat·schen**[2] <['kva:-]; V. i.> *ein klatschendes Geräusch erzeugen;* der Boden quatscht vor Nässe; **Quat·sche·'rei** <f.; -, -en; umg.>; '**Quatsch·kopf** <m.; -(e)s, ╪e; umg.> *törichter Schwätzer;* '**quatsch·nass** <Adj.; umg.> *sehr nass*
Quat·tro·cen'tist, <auch> **Quattro·cen'tist** <[-'tʃen-]; m.; -en, -en; ↗Z53> [ital.]; **Quat·tro·'cen·to** <n.; - od. -s; unz.> *das 15. Jh. in der ital. Kunst (Frührenaissance)* [ital.]
Que·bra·cho, <auch> **Queb·racho** <[ke'bratʃo]; n.; -s; unz.; ↗Z53> *Holz eines südamerikan. Baumes* [span.]; **Que'bra·cho·rin·de** <f.; -; unz.>
Que·chua <['kɛtʃua]> *1* <m.; - od. -s, - od. -s> *Angehöriger eines indian. Andenvolkes 2* <n.; -; unz.> *eine indian. Sprache*
'**Que·cke** <f.; -, -n; Bot.> *eine Süßgraspflanze;* '**Queck·sil·ber** <n.; -s; unz.; Chem.; Zeichen: Hg> *chem. Element, Metall;* '**Queck·sil·ber·ba·ro·me·ter** <n.; -s, ->; '**Queck·sil·ber·dampf** <m.; -(e)s, ╪e>; '**Queck·sil·ber·dampf·lam·pe** <f.; -, -n>; '**Queck·sil·ber·säu·le** <f.; -; unz.; in Thermometern> die ~ sinkt; '**Queck·sil·ber·ver·gif·tung** <f.; -, -en>
Queen <[kwi:n]; f.; -, -s> *1 die engl. Königin 2* <fig.; umg.> *im Mittelpunkt stehende attraktive Frau;* die ~ der Popmusik *3 femininer Homosexueller* [engl.]
Quell <m.; -(e)s, -e; oberdt.; poet.> *Quelle, Brunnen;* '**Quell·a·der** <f.; -, -n> *Wasserader;* '**Quell·be·wöl·kung** <f.; -; unz.>; '**Quel·le** <f.; -, -n> *1 Ursprung eines Baches 2* <fig.> *Herkunft, Ursprung;* eine neue ~ für Rohstoffe erschließen; an der ~ sitzen <umg.>; ich weiß es aus sicherer ~ *3 schriftl. Beleg;* die ~n angeben, nachweisen; '**quel·len**[1] <V. i. (s.) 194> *1 druckvoll hervordringen, herausfließen;* das Blut quillt aus der Wunde *2 anschwellen, größer werden;* das feuchte Holz ist gequollen; '**quel·len**[2] <V. t.; schwach konjugiert> *im Wasser weichen lassen;* sie hat die Linsen schon gequellt; '**Quel·len·an·ga·be** <f.; -, -n>; '**Quel·len·for·schung** <f.; -, -en>; '**Quel·len·kri·tik** <f.; -; unz.> *Wissenschaft, die die Zuverlässigkeit geschichtl. Quellen prüft;* '**Quel·len·kun·de** <f.; -; unz.>; '**Quel·len·ma·te·ri·al** <n.; -s; unz.>; '**Quel·len·nach·weis** <m.; -es, -e>; '**Quel·len·pro·gramm** <n.; -(e)s, -e; EDV> = *Quellprogramm;* '**Quel·len·steu·er** <f.; -, -n> *Steuer, die in dem Land erhoben wird, in dem auch der Gewinn erwirtschaftet wurde;* '**Quel·len·stu·di·um** <n.; -s, -di·en>; '**Quel·len·werk** <n.; -(e)s, -e>; '**Quel·ler** <m.; -s, -; Bot.> *eine Strandpflanze;* '**quell·frisch** <Adj.>; '**Quell·ge·biet** <n.; -(e)s, -e>; '**Quell·nym·phe** <f.; -, -n; grch. Myth.>;
'**Quell·pro·gramm** <n.; -(e)s, -e; EDV> *1 Originalversion eines übersetzten Programms 2 Programm, das von einem anderen Programm bearbeitet werden soll;* '**Quell·lung** <f.; -; unz.>; '**Quell·was·ser** <n.; -s; unz.>; '**Quell·wol·ke** <f.; -, -n> *Haufenwolke*
'**Quem·pas** <m.; -; unz.>; '**Quem·pas·lie·der** <Pl.> *ein weihnachtlicher Wechselgesang* [lat.]
'**Quen·del** <m.; -s, -; Bot.> *Name für verschiedene Pflanzenarten;* '**Quen·del·öl** <n.; -(e)s; unz.>
Quen·ge'lei <f.; -; unz.; umg.> *anhaltendes Quengeln;* '**quen·ge·lig** <Adj.; umg.>; '**quen·geln** <V. i.; ich queng(e)le; umg.> *weinerlich nörgeln;* '**queng·lig** <Adj.; umg.>
Quent <n.; -s, -> *altes dt. Gewicht* [lat.]; '**Quent·chen** <n.; -s, -; künftig nicht mehr zulässige Schreibweise für> *Quäntchen*
quer <Adv.; ↗Z24> *1 der Breite nach;* ein ~ gestreiftes Kleid; einen Wechsel ~ schreiben <Bankw.> *unterschreiben, akzeptieren;* den Tisch ~ stellen; sich ~ stellen, legen <fig.; umg.> *dem Vorhaben eines anderen Widerstand entgegensetzen;* ~ schießen <fig.; umg.> *jmds. Plan durchkreuzen, Schwierigkeiten machen;* heute ist mir alles ~ gegangen <fig.; umg.> *misslungen;* Ggs *längs 2 schräg, diagonal;* der Hund lief ~ über die Wiese; es lag alles kreuz u. ~ durcheinander; '**Quer·bahn·steig** <m.; -(e)s, -e>; '**Quer·bal·ken** <m.; -s, ->; '**Quer·baum** <m.; -(e)s, ╪e> *ein Turngerät;* **quer'beet** <Adv.; umg.> *ohne festgelegte Richtung;* '**Quer·den·ker** <m.; -s, -> *jmd., dessen Ansichten von den allgemein üblichen abweichen;* '**Quer·den·ke·rin** <f.; -, -·n·nen>; **quer'durch** <Adv.> *mitten hindurch;* er lief gedankenlos ~; <aber> er lief quer durch den Park *schräg,* '**Que·re** <f.; -; unz.; meist in der Wendung> jmdm. in die ~ kommen *jmds. Weg störend kreuzen;* '**Quer·ein·stei·ger** <m.; -s, -> *jmd., der berufl. eine neue Laufbahn einschlägt;*

'**Quer·ein·stei·ge·rin** <f.; -, -n·nen>

Que're·le <f.; -, -n> *Klage, Streit, Auseinandersetzung* [lat.]

'**que·ren** <V. t.; selten> *überschreiten, kreuzen; eine Straße ~; eine Straße ~ mitten durch Felder u. Wiesen;* **Querfeld'ein·lauf** <m.; -(e)s, ̈-e>; **Quer·feld'ein·ritt** <m.; -(e)s, -e>; '**Quer·flö·te** <f.; -, -n; Instrumentenk.> *ein Holzblasinstrument;* '**Quer·for·mat** <n.; -(e)s; unz.>; '**Quer·haus** <n.; -es, ̈-er = *Querschiff;* '**Quer·holz** <n.; -es, ̈-er>; '**Quer·kopf** <m.; -(e)s, ̈-e; fig.; umg.> *jmd., der sich nirgendwo einordnen will;* '**quer·köp·fig** <Adj.>; '**Quer·la·ge** <f.; -, -n; Med.> *abnorme Lage des Kindes im Mutterleib;* '**Quer·schiff** <n.; -(e)s, -e> *dem Langhaus vorgelagerter Teil des Kirchenbaus;* '**querschiffs** <Adv.; Seemannsspr.> Ggs *längsschiffs;* '**Quer·schlag** <m.; -(e)s, ̈-e; Bgb.> *horizontal zu den Schichten verlaufende Gesteinsstrecke;* '**Quer·schlä·ger** <m.; -s, -> 1 *Geschoss einer Handfeuerwaffe* 2 = *Quertreiber;* '**quer·schlä·gig** <Adj.; Bgb.>; '**Quer·schnitt** <m.; -(e)s, -e> 1 <Geom.> *Schnitt quer zur Längsachse eines Körpers;* Ggs *Längsschnitt* 2 *(repräsentative) Zusammenstellung;* ein ~ aus Schuberts Liedern; '**querschnitt(s)·ge·lähmt** <Adj.> *durch Verletzung des Rückenmarks gelähmt;* '**Querschnitt(s)·ge·lähm·te(r)** <f. 2 (m. 1)>; '**Quer·schnitt(s)·lähmung** <f.; -, -en>; '**Quer·stra·ße** <f.; -, -n> Ggs *Längsstrich;* '**Quer·strich** <m.; -(e)s, -e> Ggs *Längsstrich;* '**Quer·sum·me** <f.; -, -n; Math.> *Ziffernsumme einer mehrstelligen Zahl;* die ~ von 328 ist 13; '**Quer·trei·ber** <m.; -s, -; umg.> *jmd., der (häufig) die Absichten anderer zu durchkreuzen sucht;* **Quer·trei·be'rei** <f.; -, -en; umg.>; '**Quer·trei·be·rin** <f.; -, -n·nen>; **quer** <Adv.; ⤢Z55; veralt.> *schräg gegenüber;* ~ steht das Theater; <aber> er ging quer über die Straße

Que·ru'lant <m.; -en, -en> *abwer-* *tend> Nörgler* [lat.]; **Que·ru'lan·tin** <f.; -, -n·nen>; **Que·ru'lanz** <f.; -; unz.>; **que·ru'lie·ren** <V. i.> *nörgeln*

'**Quer·ver·bin·dung** <f.; -, -en>; '**Quer·ver·weis** <m.; -es, -e>

Que'sal <[kɛ-]; m.; -s, -s> = *Quetzal*

'**Quet·sche¹** <f.; -, -n; umg.> *Zwetsche*

'**Quet·sche²** <f.; -, -n; umg.> 1 *Gerät zum Pressen;* Kartoffel~ 2 *kleines Lokal* 3 *kleiner Betrieb* 4 <scherzh.> *Ziehharmonika, Akkordeon;* '**quet·schen** <V. t./V. refl.; du quetschst> 1 *heftig zusammenpressen, (schmerzhaft) drücken;* ich habe mir den Finger gequetscht 2 <umg.> *mit Mühe zwängen;* er quetschte sich in den überfüllten Bus; '**Quetsch·kar·tof·feln** <Pl.>; '**Quetsch·kom·mo·de** <f.; -, -n; umg.; scherzh.> = *Quetsche²(4);* '**Quet·schung** <f.; -, -en>; '**Quetsch·wun·de** <f.; -, -n>

Quet'zal <[kɛ-]; m.; -s, -s; Zool.> *ein Vogel;* oV *Quesal* [indian.-span.]

Queue <[kø:]; n. od. m.; -s, -s> *Billardstock* [frz.]

Quiche <[kiʃ]; f.; -, -s; Kochk.> *herzhafter Kuchen aus Mürbeod. Blätterteig;* ~ Lorraine [-lɔ'rɛːn] [frz.]

quick <Adj.; umg.> *munter, lebhaft;* '**Quick·born** <m.; -(e)s; unz.; poet.> *Jungbrunnen;* '**Quickie** <m.; -s, -s; umg.> *rasch vollzogener Geschlechtsakt* [engl.]; '**quick·le'ben·dig** <Adj.; umg.> *äußerst lebhaft;* '**Quickstepp** <m.; -s, -s> *ein Tanz* [engl.]

'**Quick·wert**, <auch> '**Quick-Wert** <m.; -(e)s, -e; ⤢Z35; Med.> *Blutgerinnungsfaktor* [nach dem amerikan. Physiologen A. J. *Quick*]

'**Qui·dam** <m.; -; unz.; veralt.> *ein gewisser Jemand* [lat.]

Quid·pro'quo <n.; -, -s> *Verwechslung, Missverständnis* [lat.]

'**quie·ken**, '**quiek·sen** <V. i.; du quiekst> *das Schwein quiek(s)t;* es ist zum Quiek(s)en! <fig., umg.> *sehr komisch;* '**Quiek·ser** <m.; -s, -; umg.> *hoher, quiekender Laut*

Qui·e'tis·mus <[kviə-]; m.; -; unz.> *weltabgewandte Lebenshaltung* [lat.]; **qui·e'tis·tisch** <Adj.>; **qui'e·to** <Mus.> *ruhig* [ital.]

'**quiet·schen** <V. i.; du quietschst> *hohe, schrille Töne von sich geben;* '**Quiet·scher** <m.; -s, -; umg.> *hoher, schriller Ton;* '**quietsch·fi'del** <Adj.; umg.> *sehr vergnügt;* '**quietschver'gnügt** <Adj.; umg.>

Quilt <[kwilt]; m.; -s, -s> *eine Art Decke* [engl.]

Qui'nar <m.; -(e)s, -e> *eine altröm. Silbermünze* [lat.]

quin·ke'lie·ren <V. i.; bes. norddt.; umg.> *trällern, trillern* [lat.]

Quin·qua'ge·si·ma <ohne Art.> *50. Tag vor Ostern* [lat.]

Quint <f.; -, -en> 1 <Mus.> = *Quinte* 2 <Fechten> *eine best. Klingenlage* [lat.]; '**Quin·ta** <f.; -, 'Quin·ten; frühere Bez. für> *zweite (in Österreich: fünfte) Klasse des Gymnasiums;* **Quin·ta·na·fie·ber** <n.; -s; unz.; Med.> *Fünftagefieber;* **Quin·ta·ner** <m.; -s, -> *Schüler der Quinta;* **Quin·ta·ne·rin** <f.; -, -n·nen>; '**Quin·te** <f.; -, -n; Mus.> oV *Quint* 1 *fünfter Ton der diaton. Tonleiter* 2 *Intervall von fünf Tönen;* '**Quin·ten·zir·kel** <m.; -s, -; Mus.>; '**Quint·es·senz** <f.; -, -en> *Wesen, Kern einer Sache;* **Quin'tett** <n.; -(e)s, -e; Mus.> 1 *Musikstück für fünf Stimmen* 2 *die Ausführenden eines Quintetts(1);* **Quin·til·li·on** <[-lj-]; f.; -, -en> *fünfte Potenz einer Million;* **Quin'to·le** <f.; -, -n; Mus.> *fünf zusammengehörige Noten im Taktwert von drei, vier od. sechs Noten;* **Quint·'sext·ak·kord** <m.; -(e)s, -e; Mus.>

'**Quip·pu** <n.; -s od. -, -s od. -> *Knotenschnur der Inkas (als Schrift);* oV *Quipu* [indian.]

Qui·pro'quo <n.; -s, -s> *Verwechslung zweier Personen* [lat.]

'**Qui·pu** <n.; -s od. -, -s od. -> = *Quippu*

Qui·ri'nal <m.; -s; unz.> 1 *einer der sieben Hügel Roms* 2 <seit 1948> *Sitz des ital. Staatspräsidenten;* **Qui'ri·te** <m.; -n, -n; im*

alten Rom Ehrentitel für> *Vollbürger* [lat.]

Quirl <m.; -(e)s, -e> *ein Küchengerät;* **'quir·len** <V. t.> *mit dem Quirl schlagen;* **'quir·lig** <Adj.; fig.; umg.> *sehr lebhaft*

'Quis·ling <m.; -s, -e> *abwertend> Verräter, Kollaborateur* [nach dem norw. Faschistenführer V. *Quisling*]

Quis'qui·li·en <Pl.; geh.> *Kleinigkeiten* [lat.]

quitt <Adj.; undekl.; nur präd.> *ausgeglichen;* mit jmdm. ~ sein *einander nichts mehr schuldig sein* [frz.]

'Quit·te <f.; -, -n; Bot.> 1 *ein Obstbaum* 2 *dessen Frucht;* **'quit·te·'gelb** <Adj.>; **'Quit·ten·baum** <m.; -(e)s, ¨e>; **'Quit·ten·brot** <n.; -(e)s; unz.> *geleeartiges Konfekt;* **'Quit·ten·ge·lee** <[-ʒə-]; n.; -s, -s>

quit'tie·ren <V. t.> 1 *durch Unterschrift den Empfang bestätigen;* etwas mit einem Lächeln ~ <fig.> 2 *den Dienst ~ aufgeben, das Amt niederlegen* [frz.]; **'Quit·tung** <f.; -, -en> 1 *die ~ für*

ein Verhalten bekommen <fig.> *die entsprechende (unangenehme) Rückwirkung;* **'Quit·tungs·block** <m.; -(e)s, ¨e>; **'Quit·tungs·buch** <n.; -(e)s, ¨er>

Qui·vive <[ki'vi:f]; n.; -s, -s; hauptsächl. in der Wendung> auf dem ~ sein <umg.> *auf der Hut sein, aufpassen* [frz.]

Quiz <[kvis]; n.; -, -> *unterhaltsames Frage-u.-Antwort-Spiel* [engl.]; **'Quiz·fra·ge** <f.; -, -n>; **'Quiz·mas·ter** <m.; -s, -> *Leiter einer Quizveranstaltung;* **'Quiz·mas·te·rin** <f.; -, -nen>; **'Quiz·sen·dung** <f.; -, -en>; **'Quiz·ver·an·stal·tung** <f.; -, -en>; **quiz·zen** <['kvisən]; V. i.; umg.>

Qum'ran·rol·le <[kum-]; f.; -, -n> *Schriftrolle, die Texte des AT enthält* [arab.; nach dem Auffindungsort *Qumran*]

quod 'e·rat de·mons'tran·dum, <auch> **quod 'e·rat de·monst·'ran·dum** <↗Z 53; Abk.: q. e. d.> *was zu beweisen war* [lat.]

'Quod·li·bet <n.; -s, -s> 1 *buntes Durcheinander* 2 <Mus.> *aus mehreren bekannten Melodien*

u. *Versatzstücken bestehende Scherzkomposition* [lat.]

'quor·ren <V. i.; Jägerspr.> *die Schnepfe quorrt balzt*

'Quo·rum <n.; -s; unz.> *beschlussfähige Anzahl von Stimmberechtigten* [lat.]

Quo·ta·ti'on <f.; -, -en> *Kursnotierung an der Börse* [lat.]; **'Quo·te** <f.; -, -n> *aus dem Verhältnis zu einem Ganzen errechneter Anteil;* Zuschauer~; **'Quo·ten·frau** <f.; -, -en; umg.; meist abwertend> *Frau, die nur eingestellt od. gewählt wird, damit ein best. Frauenanteil gewährleistet ist;* **'Quo·ten·re·ge·lung** <f.; -, -en> *Festschreibung einer best. Anzahl an Arbeitsplätzen o. Ä., die von Frauen besetzt werden sollen;* **Quo·ti'ent** <m.; -en, -en; Math.> 1 *Ergebnis einer Division* 2 *aus Zähler u. Nenner bestehender math. Ausdruck;* **quo'tie·ren** <V. t.> *(den Kurs, Preis) angeben, mitteilen;* **Quo'tie·rung** <f.; -, -en>; **quo·ti·'sie·ren** <V. t.> *anteilmäßig verteilen*

quo 'va·dis? *wohin gehst du?*

R

r 1 <n.; -, - od. (umg.) -s> *ein Buchstabe* 2 <Geom.; Abk. für> *Radius*

r. <Abk. für> *rechts*

R 1 <n.; -, - od. (umg.) -s> *ein Buchstabe* 2 <Abk. für> *Rand²* 3 <Abk. für> *Reaumur*

Ra <Chem.; Zeichen für> *Radium*

Ra'bat *Hauptstadt von Marokko*

Ra'batt <m.; -(e)s, -e> *prozentualer Preisnachlass* [ital.]

Ra'bat·te <f.; -, -n> *schmales Randbeet* [ndrl.]

ra·bat'tie·ren <V. t.> *eine Ware ~ Rabatt für eine W. gewähren* [ital.]; **Ra'batt·mar·ke** <f.; -, -n>

Ra'batz <m.; -es; unz.; umg.> *Krach, Tumult; ~ machen*

Ra'bau <m.; -(e)s od. -en, -e od. -en> 1 <Bot.> = *(kleine) Renette* 2 = *Rabauke*; **Ra'bau·ke** <m.; -n, -n; umg.> *Rüpel*

'Rab·bi <m.; -s od. -'bi·nen; Ehrentitel für> *jüd. Schriftgelehrter* [hebr.]; **Rab·bi'nat** <n.; -(e)s, -e> *Amt eines Rabbiners*; **Rab'bi·ner** <m.; -s, -> *jüd. Geistlicher*; **rab'bi·nisch** <Adj.>

'Ra·be <m.; -n, -n; Zool.> *ein Vogel*; **'Ra·ben·aas** <n.; -es, -ä·ser; derb; verstärkend; Schimpfwort für> *gemeine (weibl.) Person*; **'Ra·ben·el·tern** <Pl.; fig.; umg.> *lieblose Eltern*; **'Ra·ben·krä·he** <f.; -, -n; Zool.>; **'Ra·ben·mut·ter** <f.; -, -; fig.; umg.>; **'ra·ben·'schwarz** <Adj.> *tiefschwarz*; **'Ra·ben·va·ter** <m.; -s, -; fig.; umg.>; **'Ra·ben·vo·gel** <m.; -s, -; Zool.>

ra·bi'at <Adj.> 1 *rücksichtslos, gewalttätig* 2 *wütend* [lat.]; **'Ra·bi·es** <[-ɛs]; f.; -; unz.; Vet.> = *Tollwut*

Ra·bu'list <m.; -en, -en; geh.> *Wort- u. Rechtsverdreher, Haarspalter* [lat.]; **Ra·bu'lis·tik** <f.; -; unz.>; **ra·bu'lis·tisch** <Adj.>

'Ra·che <f.; -; unz.> *Vergeltung für erlittenes Unrecht*; **'Ra·che·akt** <m.; -(e)s, -e>; **'Ra·che·durst** <m.; -es; unz.>; **'ra·che·durs·tig** <Adj.>; **'Ra·che·en·gel** <m.; -s, ->; **'Ra·che·feld·zug** <m.; -(e)s, -̈e>

'Ra·chen <m.; -s, -> *Schlund*

'rä·chen <V. t./V. refl.> 1 *Rache nehmen; jmds. Tod ~; sich an jmdm. ~* 2 <fig.> *etwas rächt sich zieht üble Folgen nach sich*

'Ra·chen·ab·strich <m.; -(e)s, -e; Med.>; **'Ra·chen·blüt·ler** <m.; -s, -; Bot.>; **'Ra·chen·bräu·ne** <f.; -; unz.; Med.> = *Diphterie*; **'Ra·chen·man·del** <f.; -, -n>; **'Ra·chen·put·zer** <m.; -s, -; umg.; scherzh.> *scharfes alkoholisches Getränk*

'Rä·cher <m.; -s, -> *jmd., der Rache übt*; **'Rä·che·rin** <f.; -, -n·nen>; **'Rach·gier** <f.; -; unz.>; **'rach·gie·rig** <Adj.>

Ra·chi'tis <[-'xi-]; f.; -; unz.; Med.> *durch Mangel an Vitamin D hervorgerufene Knochenkrankheit* [grch.]; **ra'chi·tisch** <Adj.>

'Rach·sucht <f.; -; unz.>; **'rach·süch·tig** <Adj.>

Rack <[ræk]; n.; -s, -s> *Gestell für eine Stereoanlage* [engl.]

'Ra·cke <f.; -, -n; Zool.> *ein Vogel, oV Rake*; **'Ra·ckel·wild** <n.; -(e)s; unz.; Zool.; Sammelbez. für> *Rackelhuhn u. -hahn*

'Ra·cker <m.; -s, -; umg.> *Schlingel*; **Ra·cke'rei** <f.; -; unz.; umg.> *Schinderei, schwere körperl. Arbeit*; **'ra·ckern** <V. i.; ich rack(e)re; umg.> *hart arbeiten*

Ra·cket <['rækət]; n.; -s, -s> *Tennisschläger, oV Rakett* [engl.]

Rack·job·ber <['rækdʒɔbə(r)]; m.; -s, -> *Hersteller od. Großhändler, der Verkaufsräume od. Regalflächen anmietet, um Randsortimente anzubieten* [engl.]; **'Rack·job·bing** <[-dʒɔbɪŋ]; n.; -s, -s> *eine Vertriebsform*

Ra·clette, <auch> **Rac·lette** <[-'klɛt]; ⚡Z53> 1 <m.; -s, -s> *ein Schweizer Käse* 2 <n.; -s, -s od. f.; -, -s; Kochk.> *ein Käsegericht* 3 <n.; -s od. f.; -, -s> *Grillgerät zum Schmelzen von Raclette(1)* [frz.]

rad <Math.; Zeichen für> *Radiant*

Rad <n.; -(e)s, -̈er> 1 *kreisrunder, scheibenförmiger Gegenstand, der sich um eine Achse dreht; das fünfte ~ am Wagen sein* <fig.; umg.> *überflüssig sein; unter die Räder kommen* <fig.; umg.> 2 <⚡Z26> *kurz für Fahrrad; ~ fahren; ich fahre ~; sie ist ~ gefahren; ich beabsichtige ~ zu fahren; sie ist beim Radfahren gestürzt* 3 <Turnen> *seitlicher Handstützüberschlag; (ein) ~ schlagen; ich schlage (ein) ~; sie hat (ein) ~ geschlagen; sie versuchte (ein) ~ zu schlagen; <aber> sie hat sich beim Radschlagen die Hand geprellt*; **'Rad·ach·se** <[-ks-]; f.; -, -n>

Ra'dar <m. od. n.; -s, -e> *ein Gerät bzw. Verfahren der Funkmesstechnik zum Orten von Objekten* [engl.]; **Ra'dar·as·tro·no·mie**, <auch> **Ra·dar·as·tro·no·mie** <f.; -; unz.; ⚡Z53>; **Ra'dar·fal·le** <f.; -, -n; umg.> *von der Polizei verwendetes Gerät zur Geschwindigkeitskontrolle*; **Ra'dar·ge·rät** <n.; -(e)s, -e>; **Ra'dar·kon·trol·le**, <auch> **Ra·dar·kont·rol·le** <f.; -, -n; ⚡Z53> *Geschwindigkeitskontrolle*; **Ra'dar·schirm** <m.; -(e)s, -e>; **Ra'dar·tech·nik** <f.; -; unz.> = *Radar*; **Ra'dar·wel·len** <Pl.>

Ra'dau <m.; -s; unz.; umg.> *Krach, Lärm, Getöse*; **Ra'dau·bru·der** <m.; -s, -̈; umg.>

'Rad·auf·hän·gung <f.; -, -en; bei Kfz>; **'Rad·ball·spiel** <n.; -(e)s, -e; Sp.> *Ballspiel auf Fahrrädern*; **'Räd·chen** <n.; -s, -; Verkleinerungsf. von> *Rad*; **'Rad·damp·fer** <m.; -s, ->

Rad'dop·pio <n.; -s, -s; Fechten> *eine Figur* [lat.-ital.]

'Ra·de <f.; -, -n> = *Kornrade*, **'Ra·de·ber** <f.; -, -en>, **'Ra·de·ber·ge** <f.; -, -n; ostmdt.> *Schubkarren*; **'ra·de·bre·chen** <V. t. u. V. i.; du radebrechst; er radebrechte; sie hat radegebrecht; zu radebrechen> *eine Fremdsprache sehr schlecht sprechen*; **'ra·deln** <V. i. (s.); ich rad(e)le; bes. süddt.; umg.> *Rad fahren*; **'rä·deln** <V. t.; ich räd(e)le; umg.> *(Teigstücke) mit einem Rädchen ausschneiden*

'Rä·dels·füh·rer <m.; -s, -; abwer-

tend> *Anführer einer Gruppe bei Straftaten*; **'Rä·dels·füh·re·rin** <f.; -, -n·nen>
...rä·de·rig <Adj.; in Zus.> = ...*rädrig*; **'rä·dern** <V. t.; ich rädere; früher> **1** *aufs Rad flechten, durch das Rad hinrichten* **2** *ich bin wie gerädert* <fig.; umg.> *völlig erschöpft*; **'Rä·der·tier** <n.; -(e)s, -e; meist Pl.; Zool.> *ein Rund- od. Hohlwurm*; **'Rä·der·werk** <n.; -(e)s, -e>; **'Rad·fah·rer** <m.; -s, ->; **'Rad·fah·re·rin** <f.; -, -n·nen>; **'Rad·fahr·weg** <m.; -(e)s, -e>
'Ra·di <m.; -s, -s; bair.> *Rettich*
ra·di·al <Adj.> *strahlenförmig* [lat.]; **Ra·di·al·ge·schwin·dig·keit** <f.; -, -en>; **Ra·di·a·li·tät** <f.; -; unz.> *radiale Anordnung*; **Ra·di·al·li·nie** <[-niə] f.; -, -n; österr.> *von der Stadtmitte zum -rand führende Straße(nbahnlinie)*; **Ra·di·al·rei·fen** <m.; -s, -> *Gürtelreifen*; **Ra·di·ant** <m.; -en, -en; Astr.> **1** *scheinbarer Ausgangspunkt eines Meteorstroms* **2** <Math.; Zeichen: rad> *Einheit der ebenen Winkels*; **ra·di·är** <Adj.> *strahlenförmig (angeordnet)* [frz.]; **Ra·di·äs·the·sie** <f.; -; unz.> *das Wahrnehmen von Wasseradern o. Ä. mithilfe von Pendeln od. Wünschelruten* [lat.]; **Ra·di·a·ti·on** <f.; -, -en> *(Aus-)Strahlung*; **Ra·di·a·tor** <m.; -s, -'to·ren> *ein Heizkörper*
Ra·dic·chio <[-'dikjo]; m.; -s, -chi [-ki]; Bot.> *als Salatpflanze genutzte Zichorienart* [ital.]
'Ra·di·en <Pl. von> *Radius*
ra·die·ren <V. t.> **1** *Geschriebenes mit dem Radiergummi entfernen* **2** *eine Zeichnung ~ mit einer Radiernadel in eine Kupferplatte ritzen* [lat.]; **Ra·'die·rer** <m.; -s, -> **1** *Künstler, der Radierungen herstellt* **2** <auch> *Radiergummi*; **Ra'dier·gum·mi** <m.; -s, -s>; **Ra'dier·kunst** <f.; -; unz.>; **Ra'dier·mes·ser** <n.; -s, ->; **Ra'dier·na·del** <f.; -, -n>; **Ra·'die·rung** <f.; -, -en> *Art des Kupferstichs*
Ra'dies·chen <n.; -s, -; Bot.> *eine Rettichsorte* [lat.]
ra·di·kal <Adj.> **1** *bis zum Äußersten gehend, extrem* **2** *rücksichtslos, rigoros* **3** *grundlegend* [lat.]; **Ra·di·kal** <n.; -s, -e; Chem.>

sehr reaktionsfähige Gruppe von Atomen; **Ra·di'ka·le(r)** <f. 2 (m. 1)>; **Ra·di'ka·len·er·lass** <m.; -es, -e> *Erlass, der Mitglieder extremistischer Organisationen von eine Tätigkeit im öffentl. Dienst ausschließt*; **Ra·di·'kal·fän·ger** <m.; -s, -; Chem.>; **ra·di·ka·li'sie·ren** <V. t.> *radikal machen*; **Ra·di·ka·li'sie·rung** <f.; -, -en>; **Ra·di·ka'lis·mus** <m.; -; unz.> *radikale pol. Anschauung*; **ra·di·ka'lis·tisch** <Adj.>; **Ra·di·ka·li'tät** <f.; -; unz.> *radikales Verhalten*; **Ra·di'kal·kur** <f.; -, -en>
Ra·di'kand <m.; -en, -en; Math.> *Zahl, aus der die Wurzel gezogen werden soll* [lat.]; **Ra'di·ku·la** <f.; -, -lä; Bot.> *Keimwurzel der Samenpflanzen*
'Ra·dio <n.; -s, -s; schweiz. a. (bes. für das Gerät) m.; -s, -s> *Rundfunk(gerät)*; **'ra·dio..., 'Ra·dio...** <in Zus.> *strahl(en)..., Strahl(en)..., Rundfunk...* [lat.]; **ra·di·o·ak'tiv** <Adj.> *Strahlen aussendend; ~e Stoffe; ~er Zerfall*; **Ra·di·o·ak·ti·vi'tät** <[-vi-]; f.; -; unz.>; **'Ra·di·o·ap·pa·rat** <m.; -(e)s, -e> = *Rundfunkgerät*; **'Ra·di·o·as·tro·no·mie**, <auch> **'Ra·di·o·ast·ro·no·mie** <f.; -; unz.; ✎Z53>; **'Ra·di·o·bi·o·lo·gie** <f.; -; unz.> *Sy Strahlenbiologie*; **'Ra·di·o·che·mie** <[-çe-]; f.; -; unz.>; **ra·di·o'gen** <Adj.; Phys.; Chem.> *durch radioaktiven Zerfall entstanden*; **'Ra·di·o·ge·rät** <n.; -(e)s, -e> = *Rundfunkgerät*; **'Ra·di·o·in·di·ka·tor** <m.; -s, -'to·ren> *künstl. radioaktiv gemachtes Isotop*; **Ra·di·o'la·rie** <[-riə]; f.; -, -n; Zool.> *Wurzelfüßer*; **Sy Strahlentierchen*; **Ra·di·o'lo·ge** <m.; -n, -n>; **Ra·di·o·lo'gie** <f.; -; unz.> *Lehre von den (Röntgen-)Strahlen*; **Ra·di·o'lo·gin** <f.; -, -n·nen>; **ra·di·o'lo·gisch** <Adj.>; **Ra·di·o·lu·mi·nes'zenz** <f.; -, -en>; **Ra·di·o'ly·se** <f.; -, -n> *Veränderung, Spaltung einer chem. Bindung durch die Einwirkung von ionisierender Strahlung*; **Ra·di·o'me·ter** <n.; -s, -> *Strahlungsmessgerät*; **Ra·di·o·me'trie**, <auch> **Ra·di·o·met'rie** <f.; -; unz.; ✎Z53> *Messung von (radioaktiver) Strah-*

lung; **Ra·di·o·nu'kli·de**, <auch> **Ra·di·o·nuk'li·de** <Pl.; ✎Z53; Chem.> *instabile Nuklide*; **'Ra·di·o·re·cor·der, 'Ra·di·o·re·kor·der** <m.; -s, -> *(tragbares) Radio mit eingebautem Kassettenrekorder*; **'Ra·di·o·sen·der** <m.; -s, ->; **'Ra·di·o·sen·dung** <f.; -, -en>; **'Ra·di·o·son·de** <f.; -, -n; Meteor.; Phys.>; **'Ra·di·o·stern** <m.; -(e)s, -e> *Strahlenquelle*; **'Ra·di·o·tech·nik** <f.; -; unz.>; **'Ra·di·o·te·le·skop**, <auch> **'Ra·di·o·te·les·kop** <n.; -(e)s, -e; ✎Z54; Astr.>; **'Ra·di·o·the·ra·pie** <f.; -; unz.; Med.> *Strahlenbehandlung*; **'Ra·di·o·we·cker** <m.; -s, ->
'Ra·di·um <n.; -s; unz.; Chem.; Zeichen: Ra> *radioaktives chem. Element, Metall*
'Ra·di·us <m.; -, -di·en; Abk.: r> *Halbmesser* [lat.]
'Ra·dix <f.; -, -di·zes; Anat.; Bot.> *Wurzel* [lat.]; *die Wurzel* <V. t.; Math.> *eine Zahl ~ die Wurzel aus einer Z. ziehen*
'Rad·kap·pe <f.; -, -n>; **'Rad·kranz** <m.; -es, ⸚e>; **'Rad·ler¹** <m.; -s, -; bes. süddt.; umg.> *Radfahrer*; **'Rad·ler²** <n. od. m.; -s, -; süddt.> *ein Erfrischungsgetränk aus Bier u. Limonade; eine ~maß* <bair.; österr.>; *zwei ~ bitte!*; **'Rad·ler·ho·se** <f.; -, -n>; **'Rad·le·rin** <f.; -, -n·nen>; **'Rad·ler·maß** <f.; -, -; bair.; österr.> = *Radler²*; **'Rad·man·tel** <m.; -s, ⸚>
'Ra·don <a. [-'-]; n.; -s; unz.; Chem.; Zeichen: Rn> *radioaktives chem. Element, Edelgas*
'Rad·ren·nen <n.; -s, ->; **...räd·rig** <Adj.; in Zus.> z. B. *vier~*; oV ...*räderig*
'Ra·dscha, <auch> **'Rad·scha** <m.; -s, -s; ✎Z54> *indischer Fürstentitel* [Sanskrit]
'Rad·schla·gen <n.; -s; unz.> *das ~ macht ihr viel Spaß*, <aber> *sie kann gut Rad schlagen*; → a. *Rad(3)*; **'Rad·sport** <m.; -(e)s; unz.>; **'Rad·stand** <m.; -(e)s, ⸚e> = *Achsstand*; **'Rad·sturz** <m.; -es, ⸚e> *Neigung des Rades gegen die Ebene*; **'Rad·tour** <[-tu:r]; f.; -, -en>; **'Rad·wan·dern** <n.; -s; unz.>; **'Rad·weg** <m.; -(e)s, -e>

R

RAF <Abk. für> *Rote-Armee-Fraktion*

R.A.F. <Abk. für> *Royal Air Force*

'Raf·fel <f.; -, -n; umg.> 1 *Reibeisen* 2 *Klapper* 3 <oberdt.> *Mund(werk)*; **'raf·feln** <V. t. u. V. i.; ich raff(e)le> 1 *reiben, schaben* 2 *rasseln* 3 *(verleumderisch) schwatzen;* **'raf·fen** <V. t.> 1 *gierig in seinen Besitz bringen* 2 *Stoff – in kleine Falten legen* 3 *Segel – einziehen u. zusammenlegen* 4 <umg.> *verstehen;* hast du das jetzt endlich gerafft?; **'Raff·gier** <f.; -; unz.>; **'raff·gierig** <Adj.>

'Raf·fia <f.; -, -fi·en; Bot.> = *Raphia*

'raf·fig <Adj.; umg.> *raffgierig*

Raf·fi·na·de <f.; -, -n> *gereinigter Zucker* [frz.]; **Raf·fi'nat** <n.; -(e)s, -e> *Produkt der Raffination;* **Raf·fi·na·ti'on** <f.; -, -en> *Verfeinerung, Veredelung;* **Raf·fi·ne'rie** <f.; -, -n> *Fabrikanlage zur Reinigung u. Veredelung von Zucker od. Erdöl;* Erdöl–; **Raf·fi'nes·se** <f.; -, -n; umg.> 1 *Durchtriebenheit Feinheit;* mit allen –n; **Raf·fi·neur** <[-'nø:r]; m.; -s, -e> *Maschine zum Feinmahlen von Holzfasern;* **raf·fi'nie·ren** <V. t.> *Zucker, Öl – reinigen, verfeinern;* **raf·fi'niert** <Adj.> 1 *gereinigt, verfeinert;* –er Zucker 2 *ausgeklügelt, durchtrieben;* ein –er Plan; **Raf·fi'niert·heit** <f.; -; unz.>; **Raf·fi'no·se** <f.; -, -n> *zuckerartige chem. Verbindung*

'Raff·ke <m.; -s, -s; umg.; scherzh.> *habgieriger Mensch;* **'Raff·zahn** <m.; -(e)s, ⸚e> 1 <umg.> *stark überstehender Schneidezahn* 2 <fig.; umg.> *raffgierige Person*

Raft <[ra:ft]; n.; -s, -s> *schwimmende Insel* [engl.]; **'Raf·ting** <n.; -s; unz.> *Wildwasserfahren im Schlauchboot (als Sportart)*

Rag <[ræg]; m.; -s; unz.; kurz für> *Ragtime*

'Ra·ge <[-ʒə]; f.; -; unz.; umg.> *Wut;* jmdn. in – bringen [frz.]

'ra·gen <V. i.> *emporstehen;* die Gipfel – in den Himmel

'Ra·glan·är·mel, <auch> **'Rag·lan·är·mel** <m.; -s, -; ↗Z53> *angeschnittener langer Ärmel* [nach den Mantelärmeln des engl. Lords *Raglan*]; **'Ra·glan·schnitt** <m.; -(e)s; unz.>

'Rag·na·rök <f.; -; unz.; nord. Myth.> *Weltuntergang*

Ra·gout <[-'gu:]; n.; -s, -s; Kochk.> *Gericht aus Fleisch- od. Fischstückchen in Soße;* – fin [-fɛ̃] *Kalbfleischragout* [frz.]

'Rag·time <['rægtaim]; m.; -s, -s; Mus.; seit ca. 1870> 1 *ein Jazzstil (bes. für Klavier)* 2 *eine Komposition in diesem Stil* [engl.]

'Rag·wurz <f.; -, -en; Bot.> *eine Orchideenart*

Rah <f.; -, -en>, **'Ra·he** <f.; -, -n; Seemannsspr.> *Querstange am Mast für das Rahsegel*

Rahm <m.; -s; unz.; umg.> *Sahne;* den – abschöpfen <a. fig.; umg.> *sich das Beste nehmen*

'Rähm·chen <n.; -s, -; Verkleinerungsf. von> *Rahmen*

'rah·men <V. t.> *mit einem Rahmen(1) versehen;* **'Rah·men** <m.; -s, -> 1 *Halt gebendes Gestell, Einfassung;* Bilder–; Fenster–; aus dem – fallen <fig.> *auffallen* 2 <fig.> *Umgebung, Ambiente;* eine Feier in größerem – *Stil;* im – des Möglichen; **'Rah·men·an·ten·ne** <f.; -, -n>; **'Rah·men·be·din·gung** <f.; -, -en; meist Pl.> die –en festlegen; **'Rah·men·er·zäh·lung** <f.; -, -en; Lit.>; **'Rah·men·ge·setz** <n.; -es, -e> *Gesetz mit allgemeinen Richtlinien;* **'Rah·men·pro·gramm** <n.; -(e)s, -e>; **'Rah·men·richt·li·nie** <[-nia]; f.; -, -n; meist Pl.>; **'Rah·men·ta·rif** <m.; -(e)s, -e> = *Manteltarif*

'rah·mig <Adj.> *aus Rahm;* **'Rahm·kä·se** <m.; -s, ->

'Rah·ne <f.; -, -n; süddt.> = *Rande*

'Rah·se·gel <n.; -s, -; Mar.>

Raid <[re:d]; m.; -s, -s> *Überraschungsangriff* [engl.]

'Rai·gras <n.; -es, ⸚er> = *Lolch;* oV *Raygras*

Rain <m.; -(e)s, -e> *Ackergrenze;* **'rai·nen** <V.; veralt.> 1 <V. t.> *ein Feld – umgrenzen, abgrenzen* 2 <V. i.> *oberdt.> an jmdn. – jmds. Feldnachbar sein;* **'Rain·farn** <m.; -(e)s, -e; Bot.> *eine Pflanze;* **'Rain·wei·de** <f.; -, -n; Bot.> *eine Ligusterart*

Rai·son <[rɛ'zõ]; f.; -; unz.; frz. Schreibung von> *Räson*

ra'jo·len <V. t.; Nebenform von> *rigolen*

'Ra·ke <f.; -, -n; Zool.> = *Racke*

'rä·keln <V. refl.> = *rekeln*

Ra'ke·te <f.; -, -n> 1 *durch Rückstoß angetriebener Flugkörper* 2 *Feuerwerkskörper* [ital.]; **Ra'ke·ten·ab·schuss·ram·pe** <f.; -, -n>; **Ra'ke·ten·an·trieb** <m.; -(e)s; unz.>; **Ra'ke·ten·ba·sis** <f.; -, -ba·sen; Mil.> *Stützpunkt zum Abschießen von Raketen(1);* **Ra'ke·ten·flug·zeug** <n.; -(e)s, -e>; **Ra'ke·ten·schlit·ten** <m.; -s, ->; **Ra'ke·ten·start** <m.; -(e)s, -s>; **Ra'ke·ten·trieb·werk** <n.; -(e)s, -e>; **Ra'ke·ten·waf·fe** <f.; -, -n>; **Ra'ke·ten·wer·fer** <m.; -s, ->

Ra'kett <n.; -s, -s; eindeutschend für> *Racket*

'Ra·ki <m.; - od. -s; unz.> *Branntwein aus Rosinen u. Anis* [türk.]

'Ral·le <f.; -, -n; Zool.> *ein Vogel* [frz.]

ral·len'tan·do <Mus.> *langsamer werdend* [ital.]

Ral·lye <[ˈræli] od. ['rali]; f.; -, -s od. (schweiz.) n.; -s, -s> *Autosternfahrt* [frz.-engl.]; **'Ral·lye·cross,** <auch> **'Ral·lye·Cross** <n.; -, - od. -e; ↗Z32> *Autorennen im Gelände*

RAM <EDV; Abk. für engl.> *Random Access Memory*

Ra·ma'dan <m.; - od. -s; unz.> *Fastenmonat der Moslems* [arab.]

Ra·mas'su·ri <f.; -; unz.; bair.; österr.> *großes Durcheinander, Wirbel* [ital.]

'Ram·bla, <auch> **'Ramb·la** <f.; -, -s; ↗Z53> *Flussbett, das nur nach starken Regenfällen Wasser führt* [arab.-span.]

'Ram·bo <m.; -s, -s; umg.> *angriffslustiger, oft rücksichtsloser Kämpfer* [nach dem Helden des gleichnamigen Spielfilms]

Ram·bouil·let·schaf <[rãbu'je:-]; n.; -(e)s, -e; Zool.> *ein feinwolliges Schaf* [nach der frz. Stadt *Rambouillet*]

Ra'mie <f.; -, -n; Bot.> *eine Faserpflanze* [engl.-malai.]

ra·mi·fi'zie·ren <V. i.; Bot.> *sich verzweigen* [lat.]

Ramm <m.; -(e)s, -e; schwäb.> 1

Widder 2 <früher> = Ramm·sporn, **'Ramm·bock** <m.; -(e)s, ⸚e>; **'Ramm·bug** <m.; -(e)s, -e od. ⸚e; früher an Kriegsschiffen>; **'ramm·dö·sig** <Adj.; umg.> *benommen, schwindelig*; **'Ram·me** <f.; -, -n> *Holz- od. Eisenstempel zum Verdichten von Erdreich*; **Ram·me·lei** <f.; -; unz.; umg.>; **'ram·meln** <V.> 1 <V. t.; ich ramm(e)le> *stoßen, drängen*; *der Saal war gerammelt voll <mdt.> überfüllt* 2 <V. i.> *Kaninchen, Hasen ~ <Jägerspr.> begatten sich* 3 <V. i.; derb> *Geschlechtsverkehr ausüben*; **'ram·men** <V. t.> 1 *(einen Pfahl) mit Wucht in den Boden treiben* 2 *ein Fahrzeug ~ seitlich streifen*; **Ram·ming** <['ræmiŋ]; n.; - od. -s, -s> *Zusammenstoß* [engl.]; **'Ramm·klotz** <m.; ⸚e> = *Ramme*; **'Ramm·ler** <m.; -s, -> *männl. Kaninchen, Hase*; **'Ramms·kopf** <m.; -(e)s, ⸚e>; **'Ramms·na·se** <f.; -, -n> *stark vorgewölbter Nasenrücken (beim Pferd)*; **'Ramm·sporn** <m.; -(e)s, -spo·ren> *Sporn am Bug von Kriegsschiffen*; **'Ram·pe** <f.; -, -n> 1 *schiefe Ebene (als Auffahrt)* 2 <Theat.> *vorderer Bühnenrand* [frz.]; **'Ram·pen·licht** <n.; -(e)s; unz.; Theat.> *a. fig.> im ~ stehen*; **ram·po·nie·ren** <V. t.; umg.> *beschädigen, zerstören* [ital.]; **Ramsch¹** <m.; -(e)s, -e; Pl. selten> *wertloses Zeug* [hebr.]; **Ramsch²** <m.; -(e)s, -e; Skat> *ein Spiel, bei dem der, der die meisten Punkte hat, verliert* [frz.]; **'ram·schen¹** <V. t.; du ramschst> *Ramschware zu Schleuderpreisen aufkaufen*; **'ram·schen²** <V. i.; du ramschst> *einen Ramsch² spielen*; **'Ramsch·la·den** <m.; -s, ⸚; meist abwertend>; **'Ramsch·ver·kauf** <m.; -(e)s, ⸚e>; **'Ramsch·wa·re** <f.; -, -n>

ran <Adv.; umg.> = *heran*

Ranch <[rɛntʃ]; f.; -, -s od. -es [-tʃiz]> *nordamerikan. Farm mit Viehwirtschaft* [amerikan.]; **Ran·cher** <['rɛntʃər]; m.; -s, -> *Viehzüchter, Farmer*; **Ran·ching** <['rɛntʃiŋ]; n.; -s, -s; unz.> *das Führen einer Ranch*

Rand¹ <m.; -(e)s, ⸚er> 1 *äußere Begrenzung*; *Stadt~; er hat mich an den ~ der Verzweiflung gebracht <fig.> 2 <⤳Z 19.2>; fig.; umg.; in den Wendungen> mit etwas od. jmdm. zurande <auch> zu ~ kommen; außer ~ u. Band sein übermütig, ausgelassen; etwas am ~(e) erwähnen* 3 <derb> *Mund; halt endlich deinen~! sei still!*

Rand² <[rænd]; m.; -s, -s od. (nach Zahlenangaben) -; Abk.: R> *Währungseinheit der Republik Südafrika*

Ran·da·le <f.; -; unz.; Jugendspr.> *Lärm, Krawall; Zoff u. ~ machen*; **ran·da·lie·ren** <V. i.>

'Rand·aus·gleich <m.; -(e)s; unz.; an Schreibmaschinen>; **'Rand·beet** <n.; -(e)s, -e>; **'Rand·be·mer·kung** <f.; -, -en>; **'Rand·be·zirk** <m.; -(e)s, -e>

'Ran·de <f.; -, -n; schweiz.> *Rote Rübe, Be(e)te; oV Rahne*

'rän·deln <V. t.; ich ränd(e)le> *den Münzrand mit Rillen versehen*; **'Rän·del·schrau·be** <f.; -, -n>; **...ran·dig** = ...*ran·dig*; **'rän·dern** <V. t.; ich ränd(e)re> *mit einem Rand versehen*; **'Rand·er·schei·nung** <f.; -, -en> *unbedeutende Nebenerscheinung*; **'Rand·fi·gur** <f.; -, -en>; **'Rand·ge·biet** <n.; -(e)s, -e>; **'Rand·grup·pe** <f.; -, -n> *sozial benachteiligte Gruppe am Rand der Gesellschaft*; **...ran·dig** <Adj.> z. B. *breitrandig*; **...ränd·rig** <Adj.> = ...*ran·dig*; **'Rand·stein** <m.; -(e)s, -e>; **'Rand·stel·ler** <m.; -s, -; an der Schreibmaschine>; **'rand·voll** <a. ['-'-]; Adj.>

Ranft <m.; -(e)s, ⸚e; umg.> = *Kanten*; **'Ränft·chen** <n.; -s, -; Verkleinerungsf. von> *Ranft*

Rang <m.; -(e)s, ⸚e> 1 *berufliche od. gesellschaftl. Stellung, Stufe; Offiziers~; ein Dirigent ersten ~es; ein Ereignis von Welt~; jmdm. den ~ streitig machen; jmdm. den ~ ablaufen ihn übertreffen* 2 <Theat.> *Stockwerk im Zuschauerraum*; **'Rang·ab·zei·chen** <n.; -s, ->; **'Rang·äl·tes·te(r)** <f. 2 (m. 1)>

'Ran·ge <f.; -, -n; umg.> *ungezogenes, freches Kind*; **Ran·ge'lei**

<f.; -, -en>; **'ran·geln** <V. i.; ich rang(e)le; umg.> *sich raufen*

Ran·ger <['reindʒər]; m.; -s, -; in den USA> *Angehöriger einer militär. Spezialeinheit* [engl.]

'Rang·fol·ge <f.; -, -n>; **'rang·gleich** <Adj.>; **'Rang·höchs·te(r)** <f. 2 (m. 1)>

Ran'gier·bahn·hof <[rãˈʒiːr-] od. [rãˈʒiːr-]; m.; -(e)s, ⸚e> [frz.]; **ran'gie·ren** <V.> 1 <V. i.> *einen best. Rang(1) einnehmen; er rangiert an erster Stelle* 2 <V. t.> *Eisenbahnwagen ~ verschieben, umstellen*; **Ran'gie·rer** <m.; -s, ->; **Ran'gier·gleis** <n.; -es, -e>

'Rang·klas·se <f.; -, -n>; **'Rang·lis·te** <f.; -, -n>; **'Rang·ord·nung** <f.; -, -en>; **'Rang·stu·fe** <f.; -, -n>

'ran|hal·ten <V. refl. 160; ich halte mich ran; sie hat sich rangehalten; sich ranzuhalten; umg.> *sich ~ sich beeilen*

rank <Adj.; geh.> *schlank, geschmeidig; ~ u. schlank*

Rank <m.; -(e)s, ⸚e> 1 <oberdt.; schweiz.> *Wegkrümmung* 2 <schweiz.> *Kniff, Trick; den ~ finden* 3 <nur Pl.> *Ränke schmieden* <geh.>

'Ran·ke <f.; -, -n; Bot.> *verlängerter Pflanzenteil*

'Rän·ke <Pl.> → *Rank(3)*

'ran·ken <V. refl.> *sich emporwinden*

'Ran·ken <m.; -s, -; oberdt.> *dickes Stück Brot*

'Ran·ken·ge·wächs <[-ks]; n.; -es, -e; Bot.>; **'Ran·ken·werk** <n.; -(e)s; unz.; Kunst>

'Rän·ke·schmied <m.; -(e)s, -e; fig.> *Intrigant*; **'Rän·ke·spiel** <n.; -(e)s, -e>

'ran·kig <Adj.; umg.> *sich emporwindend*

Ran·king <['ræŋkiŋ]; n.; -s, -s; Wirtsch.> *Methode der Datenerhebung, um eine Rangfolge zu erstellen* [engl.]

'ran|klot·zen <V. i.; du klotzt ran; sie hat rangeklotzt; ranzuklotzen; umg.> *hart arbeiten*; **'ran|krie·gen** <V. t.; ich kriege ran; sie hat rangekriegt; ranzukriegen; umg.> *jmdn. ~*

Ran'kü·ne <f.; -, -n; veralt.> *Groll, heimliche Feindschaft* [frz.]

'ran|schmei·ßen <V. refl. 224; ich

schmeiße mich ran; sie hat sich rangeschmissen; sich ranzuschmeißen; umg.> *sich anbiedern, sich aufdrängen*

Ra'nun·kel <f.; -, -n; Bot.> = *Hahnenfuß;* **Ra·nun·ku·la·zee** <[-'tse:ə]; f.; -, -n; Bot.> *ein Hahnenfußgewächs*

'**Rän·zel** <n.; -s, -; oberdt.; veralt.> *(kleiner) Ranzen;* das ~ *schnüren* <fig.> *aufbrechen*

'**ran·zen** <V. i.; Jägerspr.> *brunftig sein (bei Haarraubwildarten)*

'**Ran·zen** <m.; -s, -> 1 *Schultasche;* Schul~ 2 <fig.; derb> *Bauch;* sich den ~ *vollschlagen*

'**ran·zig** <Adj.> *alt, schlecht;* ~es Öl [ndrl.]

'**Ränz·lein** <n.; -s, -; poet.; Verkleinerungsf. von> *Ranzen*

'**Ranz·zeit** <f.; -, -en; Jägerspr.> *Brunft (von einigen Haarraubwildarten)*

Rap <[ræp] m.; -s, -s; Popmus.> *rhythmischer Sprechgesang* [engl.]

'**Rap·fen** <m.; -s, -; Zool.> *ein Karpfenfisch*

'**Ra·phia** <f.; -, -phi·en; Bot.> *eine Palmenart* [grch.]; '**Ra·phi·a·bast** <m.; -(e)s, -e>; **Ra'phi·den** <Pl.; Bot.> *nadelförmige Kristalle in Pflanzen zum Schutz gegen Schneckenfraß*

ra'pid, ra'pi·de <Adj.> *sehr schnell* [lat.]; **Ra·pi·di'tät** <f.; -; unz.>; '**ra·pi·do** <Mus.> *schnell, reißend* [ital.]

Ra'pier <n.; -s, -e> *Fechtwaffe, Degen* [frz.]

Rapp <m.; -s, -e> *abgebeerte Traube, Traubenkamm*

'**Rap·pe** <m.; -n, -n> *schwarzes Pferd*

'**Rap·pel** <m.; -s, -; umg.> 1 *Wutanfall* 2 *Verrücktheit, Fimmel;* '**rap·pe·lig** <Adj.; umg.> *verrückt, nervös, unruhig;* du machst mich ganz ~; oV *rapplig;* '**Rap·pel·kopf** <m.; -(e)s, ⸗e; umg.; abwertend> *jähzorniger Mensch;* '**rap·pel·köp·fig** <Adj.>; '**rap·peln** <V. i.; ich rapp(e)le; umg.> 1 *klappern, rütteln* 2 *verrückt sein;* bei dir rappelt's wohl?

rap·pen <['ræp-]; V. i.; Popmus.> *einen Rap singen* [engl.]

'**Rap·pen** <m. 7; -s; Abk.: Rp.> *schweiz. Münze*

Rap·per <['ræp-]; m.; -s, -; Mus.>; '**Rap·ping** <n.; -s; unz.> = *Rap*

'**rapp·lig** <Adj.; umg.> = *rappelig*

Rap'port <m.; -(e)s, -e> 1 <bes. Mil.> *Bericht, Meldung* 2 <auf Tapeten, Geweben> *sich regelmäßig wiederholendes Muster* [frz.]; **rap·por'tie·ren** <V. t.> *berichten, melden*

Raps <m.; -es, -e; Bot.> *eine Ölpflanze;* '**Raps·öl** <n.; -(e)s; unz.>

'**Rap·tus** <m.; -, -s·se; umg.> *Wutanfall* [lat.]

Ra'pünz·chen <Pl.>, **Ra'pun·ze, Ra'pun·zel** <f.; -, -n; meist Pl.> = *Feldsalat*

Ra'pu·se <f.; -; unz.> *Raub, Beute;* in die ~ *geben preisgeben;* in die ~ *gehen, kommen verloren gehen* [tschech.]

rar <Adj.> *selten, knapp;* sich ~ *machen* <umg.> *sich selten blicken lassen* [lat.]; '**Ra·ra** <Pl.; Bibliotheksw.> *seltene Bücher;* **Ra·ri'tät** <f.; -, -en> *Seltenheit, seltenes Stück;* **Ra·ri'tä·ten·ka·bi·nett** <n.; -(e)s, -e>

ra'sant <Adj.; -er, am -es·ten> 1 *flach verlaufend;* eine -e Geschossbahn 2 <fig.; umg.> *rasend schnell;* eine ~e Entwicklung* [frz.]; **Ra'sanz** <f.; -; unz.>

rasch <Adj.> *schnell, geschwind*

'**ra·scheln** <V. i.; ich rasch(e)le> *knistern;* mit Papier, trockenem Laub ~

'**Rasch·heit** <f.; -; unz.>

'**ra·sen** <V. i.> 1 <(h.)> *wüten, toben* 2 <(s.); umg.> *sehr schnell fahren, laufen*

'**Ra·sen** <m.; -s, -> *gepflegte Grasfläche;* '**ra·sen·be·wach·sen** <[-ks-]; Adj.; ↗Z 29> ein ~er Streifen; <aber> ein mit Rasen bewachsener S.

'**ra·send** <Adj.> 1 *wütend;* das macht mich ~; ~ *werden;* <aber> es ist zum Rasendwerden 2 *schnell, heftig;* ~er Beifall; ~e Schmerzen

'**Ra·sen·mä·her** <m.; -s, ->; '**Ra·sen·platz** <m.; -es, ⸗e>; '**Ra·sen·spiel** <n.; -(e)s, -e>; '**Ra·sen·sport** <m.; -(e)s; unz.>; '**Ra·sen·spren·ger** <m.; -s, -> *ein Gartengerät zur Berieselung des Rasens*

'**Ra·ser** <m.; -s, -; umg.> *jmd., der (zu) schnell (Auto) fährt;*

Ra·se'rei <f.; -; unz.>; '**Ra·se·rin** <f.; -, -n·nen>

Ra'sier·ap·pa·rat <m.; -(e)s, -e>; **ra'sie·ren** <V. t./V. refl.> *Haare unmittelbar an der Haut entfernen* [frz.]; **Ra'sier·klin·ge** <f.; -, -n>; **Ra'sier·pin·sel** <m.; -s, ->; **Ra'sier·spie·gel** <m.; -s, ->; **Ra'sier·was·ser** <n.; -s, ⸗>

'**ra·sig** <Adj.> *mit Rasen bewachsen*

Rä·son <[-'zõ]; f.; -; unz.; veralt.> *Vernunft, Einsicht;* jmdn. zur ~ *bringen* [frz.]; **rä·so'nie·ren** <V. i.; veralt.> *laut nörgeln*

'**Ras·pel**[1] <f.; -, -n> *ein Werkzeug bzw. Küchengerät zum Raspeln;* '**Ras·pel**[2] <m.; -s, -; meist Pl.> *Schokoladen~;* '**ras·peln** <V. t.; ich rasp(e)le>

rass, räss <bei Aussprache mit langem Vokal> **raß, räß** <Adj.; -er, am -es·ten; oberdt.; österr.; schweiz.> *scharf, beißend;* ein ~er Käse

'**Ras·se** <f.; -, -n> *Gruppe von Menschen od. Tieren, die aufgrund ihrer Herkunft od. äußeren Merkmale zusammengehören;* die weiße ~; Hunde~ [frz.]; '**Ras·se·hund** <m.; -(e)s, -e>

'**Ras·sel** <f.; -, -n> 1 *ein Spielzeug zum Klappern* 2 *ein Musikinstrument;* '**Ras·sel·ban·de** <f.; -, -n; umg.> *lärmende Kinderschar;* '**ras·seln** <V. i.; ich rass(e)le; umg.> *ein klapperndes Geräusch erzeugen;* mit einer Kette ~; durchs Examen ~ <fig.> *durchfallen*

'**Ras·sen·bi·o·lo·gie** <f.; -; unz.>; '**Ras·sen·dis·kri·mi·nie·rung** <f.; -, -en>; '**Ras·sen·fra·ge** <f.; -, -n>; '**Ras·sen·hass** <m.; -es; unz.>; '**Ras·sen·kon·flikt** <m.; -(e)s, -e>; '**Ras·sen·merk·mal** <n.; -(e)s, -e>; '**Ras·sen·mi·schung** <f.; -, -en>; '**Ras·sen·tren·nung** <f.; -; unz.>; '**Ras·se·pferd** <n.; -(e)s, -e>; '**ras·se·rein** <Adj.> = *reinrassig;* '**Ras·se·rein·heit** <f.; -; unz.> = *Reinrassigkeit;* '**ras·sig** <Adj.> 1 *von edler Rasse;* ein ~es Pferd 2 *feurig, temperamentvoll;* ein ~es Weib; '**ras·sisch** <Adj.> *die Rasse betreffend;* **Ras'sis·mus** <m.; -; unz.> *Rassenhass;* **Ras'sist** <m.; -en, -en> *Anhänger des*

Rassismus; **Ras·sis·tin** <f.; -, -n·nen>; **ras·sis·tisch** <Adj.>

Rast <f.; -, -en> *Ruhepause;* ohne *~ und Ruh*

'Ras·te <f.; -, -n; Tech.> *Einkerbung, in die etwas einrasten kann*

'Ras·tel <n.; -s, -> *Drahtgeflecht, Gitter* [ital.]

'ras·ten <V. i.> *Rast machen*

'Ras·ter¹ <m.; -s, -> *Liniennetz zur Zerlegung eines Bildes in Punkte* [lat.]; **'Ras·ter²** <n.; -s, -> 1 *Punktmuster auf Bildschirmen* 2 *vorgegebenes Schema;* er passt nicht in dieses ~; **'Ras·ter·ät·zung** <f.; -, -en> = *Autotypie;* **'Ras·ter·fahn·dung** <f.; -, -en> *polizeil. Methode zur Überprüfung der Daten eines größeren Personenkreises;* **'ras·tern** <V. t.; ich rast(e)re> *in Rasterpunkte zerlegen*

'Rast·haus <n.; -es, -er> *Sitz der Stadtverwaltung*

'rast·los <Adj.> *unermüdlich;* **'Rast·lo·sig·keit** <f.; -; unz.>; **'Rast·platz** <m.; -es, -e>

Ras'tral, <auch> **Rast'ral** <n.; -(e)s, -e; ✎Z53> *Werkzeug zum Ziehen von Notenlinien* [lat.]; **ras'trie·ren** <V. t.> *mit Notenlinien versehen*

'Rast·stät·te <f.; -, -n>

Ra'sur <f.; -, -en> 1 *das Rasieren;* Nass~ 2 *das Radieren*

Rat <m.; -(e)s, -e> 1 <unz.; ✎Z19.2, 29> *Empfehlung, Vorschlag;* jmdm. od. etwas zu ~e <od.> zurate ziehen *befragen, konsultieren;* mit sich zu ~e <od.> zurate gehen; sich ~ suchend an jmdn. wenden; die ~ suchenden <od.> Ratsuchenden 2 *beratendes Gremium;* Stadt~ 3 *Titel höherer Beamter;* Studien~ 4 <österr.; sonst früher> *Ehrentitel verdienter Personen;* Hof~

Rät <n.; -(e)s; unz.; Geol.> *jüngste Stufe des Keupers*

Ra·ta·touille <['tuj] f.; -, -s od. n.; -s, -s; frz. Kochk.> *ein Gemüsegericht* [frz.]

'Ra·te <f.; -, -n> *Betrag einer Teilzahlung;* etwas auf ~n kaufen [ital.]

'ra·ten <V. i. u. V. t. 195> 1 *einen Rat geben;* jmdm. (zu) etwas ~ 2 *ein Rätsel lösen*

'Ra·ten·kauf <m.; -(e)s, -e>; **'ra·ten·wei·se** <Adv.>; **'Ra·ten·zah·lung** <f.; -, -en>

'Ra·ter <m.; -s, -> *jmd., der etwas zu erraten sucht*

'Rä·ter <m.; -s, -> *Bewohner von Rätien;* **'Rä·te·re·pu·blik**, <auch> **'Rä·te·re·pub·lik** <f.; -; unz.; ✎Z53; früher> *Staatsform, in der die Macht von Arbeitern, Soldaten u. a. ausgeübt wurde*

'Ra·te·rin <f.; -, -n·nen>; **'Rat·ge·ber** <m.; -s, ->; **'Rat·ge·be·rin** <f.; -, -n·nen>; **'Rat·haus** <n.; -(e)s, -er> *Sitz der Stadtverwaltung*

'Rä·ti·en *das im Altertum von den Rätern bewohnte Gebiet in Graubünden, Tirol u. dem Alpenvorland*

Ra·ti·fi·ka·ti'on <f.; -, -en> *Genehmigung, Bestätigung (eines völkerrechtlichen Vertrags)* [lat.]; **ra·ti·fi'zie·ren** <V. t.> *einen Vertrag ~;* **Ra·ti·fi'zie·rung** <f.; -, -en> = *Ratifikation*

'Rä·tin <f.; -, -n·nen; Titel für höhere Beamtin;* Studien~

Ra·ti·né <m.; -s, -s; Textilw.> *flauschiges Gewebe* [frz.]

Ra·ting <['reitiŋ] n.; -s, -s> *ungefähre Berechnung, Beurteilung* [engl.]

'Ra·ting·ska·la <f.; -, -len; Psych.; Soziol.> *Skala, die den Ausprägungsgrad eines Merkmals zeigt*

ra·ti'nie·ren <V. t.> *Wollstoff ~ kräuseln* [frz.]

'Ra·tio <f.; -; unz.> *Vernunft, logischer Verstand;* Ultima – *letztes Mittel, letzter Ausweg* [lat.]; **Ra·ti'on** <f.; -, -en> *zugeteiltes Maß, tägl. Verpflegungssatz* [frz.]; **ra·ti·o'nal** <Adj.> 1 *vernünftig, auf der Vernunft beruhend;* Ggs *irrational* 2 *begrifflich fassbar;* ~e Zahlen <Math.>; **ra·ti·o·na·li'sie·ren** <V. t.> *wirtschaftlicher u. zweckmäßiger gestalten;* **Ra·ti·o·na·li'sie·rung** <f.; -; unz.>; **Ra·ti·o·na·li'sie·rungs·maß·nah·me** <f.; -, -n; meist Pl.>; **Ra·ti·o·na'lis·mus** <m.; -; unz.> *Lehre, die die Vernunft u. das logische Denken in den Mittelpunkt stellt;* **Ra·ti·o·na'list** <m.; -en, -en>; **Ra·ti·o·na'lis·tin** <f.; -, -n·nen>; **ra·ti·o·na'lis·tisch** <Adj.>; **Ra·ti·o·na·li'tät** <f.; -; unz.> Ggs *Irrationalität;* **ra·ti·o'nell** <Adj.> *zweckmäßig, wirtschaftlich;* **ra·ti·o'nie·ren** <V. t.> *planmäßig einteilen, zuteilen;* **Ra·ti·o'nie·rung** <f.; -, -en>

'rä·tisch <Adj.> *die Räter, Rätien betreffend;* <aber> die Rätischen Alpen

'rat·los <Adj.>; **'Rat·lo·sig·keit** <f.; -; unz.>

'Rä·to·ro·ma·ne <m.; -n, -n> *Angehöriger der rätoroman. Sprachgruppe;* **'Rä·to·ro·ma·nin** <f.; -, -n·nen>; **'rä·to·ro·ma·nisch** <Adj.> ~e Sprachgruppe; das Rätoromanische

'rat·sam <Adj.; nur präd. u. adv.> *empfehlenswert, vorteilhaft*

Rat·sche <['ra:t-] f.; -, -n; oberdt.> = *Rätsche;* **'Rät·sche** <f.; -, -n> 1 *Rassel, Klapper* 2 <fig.; umg.> *geschwätzige Frau;* **rat·schen** <['ra:t-]; V. i.> = *rätschen;* **'rät·schen** <V. i.> 1 *ein knisterndes Geräusch erzeugen* 2 *schwatzen*

'Rat·schlag <m.; -(e)s, -e> *Empfehlung;* **'rat·schla·gen** <V. i.; du ratschlagst; sie hat geratschlagt; zu ~; veralt.> *überlegen;* **'Rat·schluss** <m.; -es, -e; geh.> nach Gottes ~; **'Rats·die·ner** <m.; -s, ->

'Rät·sel <n.; -s, -> 1 *spielerische Aufgabe;* Kreuzwort~; Silben~; ~ raten; <aber> das Rätselraten 2 <fig.> *Geheimnis, Undurchschaubares;* das ist mir ein ~; ich stehe vor einem ~; **'Rät·sel·freund** <m.; -(e)s, -e>; **'Rät·sel·freun·din** <f.; -, -n·nen>; **'rät·sel·haft** <Adj.; -er, am -es·ten>; **'rät·seln** <V. i.; ich räts(e)le>; **'Rät·sel·ra·ten** <n.; -s; unz.> sie hat viel Spaß am ~; <aber> wollen wir Rätsel raten?

'Rats·frau <f.; -, -en; früher>; **'Rats·herr** <m.; -en, -en> *Mitglied des Stadtrats;* **'Rats·kel·ler** <m.; -s, -> *Gaststätte im Untergeschoss eines Rathauses;* **'Rat·su·chen·de(r)**, <auch> **'Rat Su·chen·de** <f. 2 (m. 1); ✎Z29>; **'Rats·ver·samm·lung** <f.; -, -en>

'Rat·tan <n.; -s; unz.> = *Peddigrohr* [mal.]

'Rat·te <f.; -, -n; Zool.> *ein Nagetier;* **'Rat·ten·fän·ger** <m.; -s, ->; **'Rat·ten·gift** <n.; -(e)s; unz.>; **'Rat·ten·kö·nig** <m.; -s, -e> 1

Wurf junger Ratten, deren Schwänze ineinander verschlungen sind 2 <fig.> unentwirrbare Schwierigkeit; **'Rat·ten·schwanz** <m.; -es, ⸚e> 1 <fig.> seitl. am Kopf zusammengebundener Haarschopf 2 <fig.> dieses Gesetz zog einen ganzen ~ von Änderungen nach sich

'Rät·ter <m.; -s, - od. f.; -, -n> in der Metallaufbereitung verwendetes Sieb

'rat·tern <V. i. (s. u. h.); ich ratt(e)re> knattern, rasseln; die Straßenbahn ist über die Brücke gerattert; die Nähmaschine hatte den ganzen Tag gerattert

'rät·tern <V. t.; ich rätt(e)re> mit dem Rätter sieben

Ratz <m.; -es, -e> 1 = Iltis 2 <umg.> Ratte, Hamster; **'Rat·ze** <f.; -, -n; umg.> Ratte; **'Rat·ze·fum·mel** <m.; -s, -; Schülerspr.> Radiergummi; **'rat·ze·kahl** <Adv.; umg.> völlig leer; einen Teller ~ essen; **'rat·zen** <V. i.; umg.> (tief) schlafen

rau <Adj.; -er, am -es·ten> 1 rissig, spröde, uneben; ~e Hände 2 unwirtlich, windbewegt; ~es Klima; die See 3 grob, unhöflich; ein ~er Umgangston; er hat eine ~e Schale <fig.> 4 in ~en Mengen <fig.; umg.> in großen Mengen

Raub <m.; -(e)s; unz.> 1 gewaltsamer Diebstahl 2 Beute

'Rau·bauz <m.; -es, -e; umg.> grober, polternder Mensch; **'rau·bau·zig** <Adj.; umg.>

'Raub·bau <m.; -(e)s; unz.> nur auf großen Gewinn zielende, die (ökologischen) Folgen außer Acht lassende Nutzung von Bodenschätzen; er treibt ~ mit seiner Gesundheit <fig.>; **'Raub·druck** <m.; -(e)s, -e> unerlaubter Nachdruck (eines Buches)

'Rau·bein <n.; -(e)s, -e; fig.; umg.> Mensch mit rauem Umgangston; **'rau·bei·nig** <Adj.>

'rau·ben <V. t.> einen Raub begehen; **'Räu·ber** <m.; -s, ->; **'Räu·ber·ban·de** <f.; -, -n>; **'Räu·be·rei** <f.; -, -en>; **'Räu·ber·ge·schich·te** <f.; -, -n>; **'Räu·ber·haupt·mann** <m.; -(e)s, ⸚er> Führer einer Räuberbande; **'Räu·ber·höh·le** <f.; -, -n>; **'räu·**

be·risch <Adj.> ~e Erpressung; **'räu·bern** <V. i.; ich räub(e)re; umg.>; **'Räu·ber·pis·to·le** <f.; -, -n> = Räubergeschichte; **'Räu·ber·zi·vil** <[-vi:l]; n.; -s; unz.; umg.; scherzh.> (unangemessen) legere Kleidung; in ~ erscheinen; **'Raub·fisch** <m.; -(e)s, -e; Zool.> Ggs Friedfisch; **Raub·fi·sche'rei** <f.; -, -en>; **'Raub·gier** <f.; unz.>; **'raub·gie·rig** <Adj.>; **'Raub·kat·ze** <f.; -, -n>; **'Raub·ko·pie** <f.; -, -n> unerlaubte Kopie; **'Raub·krieg** <m.; -(e)s, -e; früher> Eroberungskrieg; **'Raub·mord** <m.; -(e)s, -e>; **'Raub·mör·der** <m.; -s, ->; **'Raub·mör·de·rin** <f.; -, -n·nen>; **'Raub·rit·ter** <m.; -s, -; im späten MA> vom Straßenraub lebender Ritter; **'Raub·tier** <n.; -(e)s, -e>; **'Raub·tier·haus** <n.; -es, ⸚er; in zool. Gärten>; **'Raub·über·fall** <m.; -(e)s, ⸚e; ⚹Z55>; **'Raub·vo·gel** <m.; -s, ⸚> Greifvogel; **'Raub·wild** <n.; -(e)s; unz.; Sammelbez. für> alle jagdbaren Raubtiere; **'Raub·zeug** <n.; -(e)s; unz.; Sammelbez. für> alle nicht jagdbaren Raubtiere; **'Raub·zug** <m.; -(e)s, ⸚e> räuberisches Unternehmen

Rauch <m.; -(e)s; unz.> Qualm; **'Rauch·ab·zug** <m.; -(e)s, ⸚e>; **'Rauch·bier** <n.; -(e)s; unz.>; **'Rauch·bom·be** <f.; -, -n>; **'rau·chen** <V.> 1 <V. i.> Rauch von sich geben, aufsteigen lassen; der Ofen raucht 2 <V. t. u. V. i.> den Rauch glühenden Tabaks ein- u. ausatmen; er raucht (Pfeife); der Arzt hat mir das Rauchen verboten; **'Rau·cher** <m.; -s, ->; **'Räu·cher·aal** <m.; -(e)s, -e>; **'Rau·cher·ab·teil** <n.; -(e)s, -e; Eisenb.>; **'Rau·cher·bein** <n.; -(e)s, -e; Med.>; **'Räu·cher·he·ring** <m.; -(e)s, -e>; **'Rau·cher·hus·ten** <m.; -s; unz.>; **'Rau·che·rin** <f.; -, -n·nen; ⚹Z38>; **'Räu·cher·kam·mer** <f.; -, -n>; **'Räu·cher·ker·ze** <f.; -, -n>; **'Räu·cher·männ·chen** <n.; -s, -> Holzfigur, in der man eine Räucherkerze abbrennen kann; **'räu·chern** <V. t. u. V. i.; ich räuch(e)re> geräucherter Schinken; **'Räu·cher·speck** <m.; -s; unz.>; **'Räu·cher·stäb·**

chen <n.; -s, ->; **'Räu·cher·wa·re** <f.; -, -n>; **'Rauch·fah·ne** <f.; -, -n>; **'Rauch·fang** <m.; -(e)s, ⸚e> Kamin, Rauchabzug; **'Rauch·fang·keh·rer** <m.; -s, -; österr. für> Schornsteinfeger; **'rauch·far·ben, 'rauch·far·big** <Adj.>; **'Rauch·fleisch** <n.; -(e)s; unz.>; **'Rauch·glas** <n.; -es; unz.> getrübtes Glas; **'rau·chig** <Adj.>; **'rauch·los** <Adj.>; **'Rauch·mas·ke** <f.; -, -n> Atmungsgerät für Feuerwehrleute; **'Rauch·mel·der** <m.; -s, -> ein Alarmgerät; **'Rauch·quarz** <m.; -es; unz.; Min.> ein Quarzmineral; **'Rauch·säu·le** <f.; -, -n>; **'Rauch·schwal·be** <f.; -, -n; Zool.>; **'Rauch·ta·bak** <m.; -(e)s, -e>; **'Rauch·to·pas** <m.; -es; unz.; Min.> = Rauchquarz; **'Rauch·ver·bot** <n.; -(e)s); unz.>; **'Rauch·ver·gif·tung** <f.; -, -en>; **'Rauch·ver·zeh·rer** <m.; -s, ->; **'Rauch·wa·ren** <Pl.> Tabakwaren; **'Rauch·wol·ke** <f.; -, -n>; **'Rauch·zei·chen** <n.; -s, -; früher> ~ geben

'Räu·de <f.; -, -n; Vet.> eine Hautkrankheit bei Tieren; **'räu·dig** <Adj.>

'Raue <f.; -; unz.; Jagdw.> Mauser des Wassergeflügels; **'rau·en** <V. t.> rau machen

rauf <umg.; kurz für> herauf, hinauf

'Rau·fa·ser <f.; -; unz.>; **'Rau·fa·ser·ta·pe·te** <f.; -, -n>

'Rauf·bold <m.; -(e)s, -e> jmd., der gern mit anderen rauft(2); **'Rau·fe** <f.; -, -n> Futtergestell (im Käfig, Stall od. Wald); **'rau·fen** <V.> 1 <V. t. /V. refl.> abreißen, rupfen; sich vor Wut die Haare ~ 2 <V. i. /V. refl.> (sich) balgen; **'Rau·fer** <m.; -s, -> = Raufbold; **Rau·fe'rei** <f.; -, -en>; **'Rauf·lust** <f.; -; unz.>; **'rauf·lus·tig** <Adj.>

'Rau·frost <m.; -(e)s, ⸚e> = Raureif; **'Rau·fut·ter** <n.; -s; unz.> rohfaserreiches Futter für Wiederkäuer; **'Rau·graf** <m.; -en, -en; im MA> ein Grafentitel; **rauh** <Adj.; künftig nicht mehr zulässige Schreibweise für> rau, **'Rau·haar** <n.; -(e)s; unz.>; **'Rau·haar·da·ckel** <m.; -s, -; Zool.> eine Hunderasse; **'rau·**

haa·rig <Adj.> *mit kurzem, hartem Haar;* 'Rau·heit <f.; -; unz.>
'Rau·ke <f.; -, -n; Bot.> *eine Pflanze*
raum <Adj.; Forstw.> 1 *offen, licht;* ein ~er Wald 2 <Seemannsspr.> *weit;* ~er Wind *W., der schräg von hinten weht;* Raum <m.; -(e)s, ᵉe> 1 *Zimmer* 2 *zur Verfügung stehender Platz;* Frei~; Spiel~ 3 <unz.> *Gegend;* im Mittelmeer~; 'Raum·a·kus·tik <f.; -; unz.; ⇗Z55>;
'Raum·an·zug <m.; -(e)s, ᵉe> *Anzug für Raumfahrer;* 'Raum·auf·tei·lung <f.; -, -en>; 'Raum·aus·stat·ter <m.; -s, -; Berufsbez.>; 'Raum·aus·stat·te·rin <f.; -, -nnen>; 'Raum·bild <n.; -(e)s, -er> *dreidimensional wirkendes Bild;* 'Räum·chen <n.; -s, -; Verkleinerungsf. von: Raum;* 'räu·men <V. t.> 1 *leer, frei machen;* Schnee ~ 2 *an einen anderen Ort bringen;* Geschirr aus der Spülmaschine ~; 'Räu·mer <m.; -s, ->; 'Raum·fäh·re <f.; -, -n> *ein Raumfahrzeug;* 'Raum·fah·rer <m.; -s, -> = *Astronaut;* 'Raum·fah·re·rin <f.; -, -nnen>; 'Raum·fahrt <f.; -; unz.>; 'Raum·fahr·zeug <n.; -(e)s, -e>; 'Räum·fahr·zeug <n.; -(e)s, -e> *Fahrzeug zum Schneeräumen o. Ä.;* 'Raum·for·schung <f.; -; unz.> *Erforschung des Weltraums;* 'raum·grei·fend <Adj.; ⇗Z29> *weit ausholend;* mit ~en Schritten; 'Raum·in·halt <m.; -(e)s, -e>; 'Raum·kap·sel <f.; -, -n; meist bemanntes Raumfahrzeug;* 'Raum·kli·ma <n.; -s; unz.>; 'Raum·leh·re <f.; -; unz.> = *Geometrie;* 'räum·lich <Adj.> *wir sind ~ sehr beengt* wir haben wenig Platz; 'Räum·lich·keit <f.; -, -en> *Örtlichkeit;* 'Raum·maß <n.; -es, -e> Sy *Hohlmaß;* 'Raum·me·ter <m.; -s, -; Abk.: Rm> = *Kubikmeter;* 'Raum·ord·nung <f.; -; unz.> *alle Vorschriften über die Nutzung von Grund u. Boden;* 'Raum·pfle·ge·rin <f.; -, -nnen> *Reinigungsfrau;* 'Raum·pla·nung <f.; -, -en> *Planung für die Nutzung von Grund u. Boden;* 'Raum·son·de <f.; -, -n> *(unbemanntes)*

Raumfahrzeug; 'Raum·sta·ti·on <f.; -, -en> *Raumfahrt-Stützpunkt im Weltraum;* 'Räum·te <f.; -, -n; Seemannsspr.> *verfügbarer Schiffsladeraum;* 'Raum·tei·ler <m.; -s, -> *im Raum frei stehendes Regal;* 'Raum·trans·por·ter <m.; -s, -> *ein Raumfahrzeug;* 'Räu·mung <f.; -; unz.>; 'Räu·mungs·kla·ge <f.; -, -n>; 'Räu·mungs·ver·kauf <m.; -(e)s, ᵉe>
'Rau·näch·te <Pl.; volkstüml. Bez. für> *die zwölf Nächte zw. dem 25. Dezember u. dem 6. Januar*
'rau·nen <V. t. u. V. i.; geh.> *(geheimnisvoll) flüstern;* 'raun·zen <V. i.; du raunzt; umg.> *laut nörgeln*
'Rau·pe <f.; -, -n> *Larve des Schmetterlings;* 'rau·pen <V. t.> *Bäume ~ von Raupen befreien;* 'Rau·pen·fahr·zeug <n.; -(e)s, -e>; 'Rau·pen·ket·te <f.; -, -n> = *Gleiskette;* 'Rau·pen·schlep·per <m.; -s, ->
'Rau·putz <m.; -es; unz.> *nicht geglätteter Mauerputz;* 'Rau·reif <m.; -(e)s; unz.> *feinste Eisanlagerungen an Zweigen u. a.*
raus <Adv.; umg.> *kurz für* heraus, hinaus
Rausch <m.; -(e)s, ᵉe> 1 *durch Alkohol o. Ä. hervorgerufener Zustand der Benebelung* 2 <fig.> *ekstatischer Bewusstseinszustand;* Kauf~; 'rausch·arm <Adj.; -är·mer, am -ärms·ten; Tech.>
'Rausch·bee·re <f.; -, -n; Bot.> *ein Heidekrautgewächs*
'Rausch·brand <m.; -(e)s; unz.; Vet.> *eine Infektionskrankheit der Wiederkäuer*
'Rau·sche·bart <m.; -(e)s, ᵉe; fig.; umg.; scherzh.> *(Mann mit) Vollbart;* 'rau·schen¹ <V. i.> *tosen, brausen;* der Wind rauscht in den Bäumen; ein ~der Gebirgsbach; ~der Beifall
'rau·schen² <V. i.; Jägerspr.> *brünstig sein (vom Schwarzwild)*
'Rau·scher <m.; -s, -> *stark gärender Most*
'Rausch·gelb <n.; -(e)s; unz.; Min.> = *Auripigment*
'Rausch·gift <n.; -(e)s, -e> = *Rauschmittel;* 'Rausch·gift-

han·del <m.; -s; unz.>; 'Rausch·gift·händ·ler <m.; -s, ->; 'Rausch·gift·händ·le·rin <f.; -, -nnen>; 'rausch·gift·süch·tig <Adj.>; 'Rausch·gold <n.; -(e)s; unz.> *dünnes Messingblech;* 'Rausch·gold·en·gel <m.; -s, ->; 'rausch·haft <Adj.>; 'Rausch·mit·tel <n.; -s, -> *zu Bewusstseinsänderungen führender Stoff*
'Rausch·rot <n.; -s; unz.> = *Realgar*
'Rausch·sil·ber <n.; -s; unz.> *dünnes Neusilberblech;* 'Rausch·un·ter·drü·ckung <f.; -; unz.; Tech.>
'Rausch·zeit <f.; -, -en> *Brunftzeit des Schwarzwildes*
'raus|kom·men <V. i. (s.) 170; umg.> = *herauskommen*
'Räus·pe·rer <m.; -s, -> *kurzes Hüsteln;* 'räus·pern <V. refl.; ich räusp(e)re mich> *sich ~ leicht hüsteln*
'raus|rü·cken <V. t.; ich rücke raus; sie hat rausgerückt; rauszurücken; umg.> *herausgeben;* rück endlich das Geld raus!; 'Raus·schmei·ßer <m.; -s, -; umg.> *jmd., der in Lokalen randalierende Gäste zum Gehen zwingt;* 'Raus·schmiss <m.; -es, -e; umg.>
'Rau·te <f.; -, -n> 1 <Bot.> *eine Pflanze* 2 <Geom.> = *Rhombus;* 'Rau·ten·ge·wächs <[-ks]; n.; -es, -e>; 'Rau·ten·mus·ter <n.; -s, ->
'Rau·wa·cke <f.; -, -n> *eine Kalksteinart*
Rave <[reiv]; m. od. n.; - od. -s, -s> *Tanzparty mit Technomusik* [engl.]; 'ra·ven <V. i.; Mus.>; 'Ra·ver <m.; -s, -; Mus.>; 'Ra·ve·rin <f.; -, -nnen>
Ra·vi·o·li <[-vi'o:-]; Pl.> *kleine gefüllte Nudelteigtaschen* [ital.]
Ra·yé <[rɛ'je:]; m.; -s, -s> *gestreiftes Gewebe* [frz.]
'Ray·gras <n.; -es, ᵉer> = *Raigras*
Ra·yon¹, <auch> Ray·on <[rɛ'jõ]; m.; -s, -s; ⇗Z52> 1 *Bereich, Bezirk* 2 *Warenhausabteilung* [frz.]
Ra·yon², <auch> Ray·on <[rɛ'jõ]; m. od. n.; - od. -s; unz.; ⇗Z52> = *Reyon*
ra·ze'mos, ra·ze'mös <Adj.; Bot.> *traubenförmig*

R

'Raz·zia ‹f.; -, -zi·en› *groß angelegte, überraschende Fahndungsaktion der Polizei* [frz.]

RB ‹Abk. für›

Rb ‹Chem.; Zeichen für› *Rubidium*

RB *Radio Bremen* 2 *Regionalbahn*

Rbl ‹Abk. für› *Rubel*

rd. ‹Abk. für› *rund*

Re¹ ‹Chem.; Zeichen für› *Rhenium*

Re² ‹n.; -s, -s; Kart.› *Erwiderung auf Kontra*

RE ‹Abk. für› *Regionalexpress*

re…, Re… ‹Vors.› *zurück, wieder, noch einmal* [lat.]

Rea·der ‹['ri:də(r)]; m.; -s, -› *aus der (wissenschaftl.) Literatur zusammengestellte Auszüge zu einem best. Thema* [engl.]

rea·dy ‹['redi]; Adj.; engl. Bez. für› *fertig, bereit* [engl.]; **'Rea·dy·made** ‹[-meid]; n.; -s, -s› *serienmäßig hergestellter, als Kunstwerk angesehener Gegenstand*

Re·a·gens ‹n.; -, -'gen·zi·en; Chem.› = *Reagenz* [lat.]; **Re·a·'genz** ‹n.; -, -'gen·zi·en; Chem.› *Stoff, der zus. mit einem anderen eine best. Reaktion herbeiführt;* **Re·a'genz·glas** ‹n.; -es, ⸚er› *Probierglas für Versuche;* **re·a'gie·ren** ‹V. i.› *auf etwas ~ ansprechen, eine Wirkung zeigen;* **Re·ak'tanz** ‹f.; -, -en; El.› *Blindwiderstand;* **Re·ak·ti'on** ‹f.; -, -en› 1 *(Gegen-, Rück-)Wirkung* 2 ‹Chem.; Phys.› *Vorgang, der eine stoffl. Umwandlung zur Folge hat* 3 ‹unz.› *fortschrittsfeindliche Haltung;* **re·ak·ti·o'när** ‹Adj.; abwertend› *rückschrittlich;* **Re·ak·ti·o'när** ‹m.; -s, -e›; **re·ak·ti·'ons·fä·hig** ‹Adj.›; **Re·ak·ti·'ons·ge·schwin·dig·keit** ‹f.; -, -en›; **re·ak·ti'ons·schnell** ‹Adj.›; **Re·ak·ti'ons·ver·mö·gen** ‹n.; -s; unz.›; **re·ak'tiv** ‹Adj.› *reagierend, rückwirkend;* **re·ak·ti·vie·ren** ‹[-'vi:-]; V. t.› *wieder in Tätigkeit setzen;* **Re·ak·ti'vie·rung** ‹f.; -, -en›; **Re·ak·ti·vi'tät** ‹f.; -; unz.› *Rückwirkung;* **Re'ak·tor** ‹m.; -s, -'to·ren› 1 ‹kurz für› *Kernreaktor* 2 *Apparat, in dem chem. Vorgänge ablaufen;* **Re'ak·tor·**

si·cher·heit ‹f.; -; unz.›; **Re'ak·tor·tech·nik** ‹f.; -; unz.›; **Re'ak·tor·un·fall** ‹m.; -(e)s, ⸚e›

re·al ‹Adj.› 1 *wirklich, tatsächlich* 2 *dinglich, sachlich* [lat.]

Re'al ‹m. 7; -s, -es; (span.) od. Reis (port.)› 1 *brasilian. Währungseinheit (100 Centavos)* 2 *alte span. u. portug. Silbermünze;* → a. *Reis³* [span.]

Re'al·akt ‹m.; -(e)s, -e; Rechtsw.› *tatsächl. Handlung;* **Re'al·ein·kom·men** ‹n.; -s, -› Ggs *Nominaleinkommen*

Re·al'gar ‹m.; -s; unz.› *ein Mineral* [arab.]

Re'al·grö·ße ‹f.; -; unz.; Wirtsch.›; **Re·a·li·en** ‹Pl.› 1 *wirkliche Dinge* 2 ‹früher› *naturwissenschaftl. Unterrichtsfächer* [lat.]; **Re'al·in·ju·rie** ‹[-riə]; f.; -, -n; Rechtsw.› *tätliche Beleidigung;* **Re·a·li·sa·ti'on** ‹f.; -; unz.›; **Re·a·li'sa·tor** ‹m.; -s, -'to·ren› *jmd., der einen Film, ein Theaterstück o. Ä. inszeniert;* **re·a·li'sier·bar** ‹Adj.›; **re·a·li'sie·ren** ‹V. t.› 1 *in die Tat umsetzen, verwirklichen* 2 *erkennen, begreifen;* ich habe das noch nicht realisiert 3 ‹Wirtsch.› *in Geld umwandeln;* **Re·a·li'sie·rung** ‹f.; -; unz.›; **Re·a·lis·mus** ‹m.; -; unz.› 1 *Wirklichkeit(ssinn)* 2 ‹Kunst; Mitte des 19. Jh.› *wirklichkeitsgetreue Darstellung;* **Re·a·list** ‹m.; -en, -en› *sachlich, nüchtern denkender Mensch;* **Re·a·lis·tik** ‹f.; -; unz.› *realist. Beschaffenheit u. Darstellungsweise;* **Re·a'lis·tin** ‹f.; -, -n·nen›; **re·a'lis·tisch** ‹Adj.› *wirklichkeitsnah, sachlich;* **Re·a·li'tät** ‹f.; -, -en› 1 ‹unz.› *Wirklichkeit* 2 *(unwiderlegbare) Tatsache;* das sind die ~en; **Re·a·li'tä·ten** ‹Pl.; österr.› *Immobilien;* **Re·a·li'tä·ten·händ·ler** ‹m.; -s, -; österr.› *Grundstücksmakler;* **Re·a·li'tä·ten·händ·le·rin** ‹f.; -, -n·nen›; **Re·a·li'täts·sinn** ‹m.; -(e)s; unz.›; **re'a·li·ter** ‹Adv.› *in Wirklichkeit;* **Re·a·li·ty·show** ‹[ri'ælitiʃou]; f.; -, -s; TV› *Unterhaltungssendung, die Unglücksfälle live zeigt bzw. nachstellt* [engl.]; **Re·a·li·ty-TV** ‹[ri'ælititivi:]; n.; -s; unz.; TV›; **Re'al·ka·pi·tal** ‹n.; -s, -li·en›;

Re'al·ka·ta·log ‹m.; -(e)s, -e; in Bibliotheken› *Verzeichnis der Bücher nach Sachgebieten;* **Re'al·kon·kur·renz** ‹f.; -; unz.; Rechtsw.› = *Tatmehrheit;* Ggs *Idealkonkurrenz;* **Re'al·kre·dit** ‹m.; -(e)s, -e; Wirtsch.›; **Re'al·last** ‹f.; -, -en› *Belastung eines Grundstücks;* **Re'al·le·xi·kon** ‹n.; -s, -ka; veralt.› *Sachwörterbuch;* **Re'al·lohn** ‹m.; -(e)s, ⸚e› Ggs *Nominallohn;* **Re'a·lo** ‹m.; -s, -s; umg.› *Politiker (bes. bei den Grünen) mit realpolit. Vorstellungen;* **Re'al·po·li·tik** ‹f.; -; unz.› *Politik, die auf realen Grundlagen basiert;* **Re'al·po·li·ti·ker** ‹m.; -s, -›; **Re'al·po·li·ti·ke·rin** ‹f.; -, -n·nen›; **re'al·po·li·tisch** ‹Adj.›; **Re'al·pro·dukt** ‹n.; -(e)s, -e›; **Re'al·sa·ti·re** ‹f.; -, -n› *reales Geschehen mit satirischen Zügen;* **Re'al·schu·le** ‹f.; -, -n› *Schule, die in der 10. Klasse mit der sog. mittleren Reife abschließt;* **Re'al·schü·ler** ‹m.; -s, -›; **Re'al·schü·le·rin** ‹f.; -, -n·nen›; **Re'al·steu·er** ‹f.; -, -n› *Steuer auf ein best. Objekt;* **Real·time,** ‹auch› **Real Time** ‹['ri:ltaim]; f.; (-)-; unz.; ↗Z30› *die vom Computer tatsächlich benötigte Zeit für einen Rechenvorgang* [engl.]; **Real-Time-Proces·sing** ‹['ri:ltaimprɔ'sɛsiŋ]; n.; - od. -s; unz.; EDV› *Verfahren zur gleichzeitigen Dateneingabe u. -erfassung;* **Re'al·u·ni·on** ‹f.; -, -en; ↗Z55› *die Vereinigung zweier od. mehrerer völkerrechtl. selbstständiger Staaten (unter einem Herrscher u. mit gemeinsamen Einrichtungen);* **Re'al·wert** ‹m.; -(e)s, -e› *wirkl. Wert, Sachwert;* **Re'al·wis·sen·schaf·ten** ‹Pl.› = *Realien(2);* **Re'al·wör·ter·buch** ‹n.; -(e)s; ⸚er› = *Sachwörterbuch*

re·a·ma·teu·ri·sie·ren ‹[-tø-]; V. t.; Sp.› *einen Berufssportler ~ ihn wieder in den Stand eines Amateursportlers zurückversetzen;* **Re·a·ma·teu·ri·sie·rung** ‹f.; -; unz.›

Re·a·ni·ma·ti'on ‹f.; -, -en; Med.› *Wiederbelebung* [lat.]; **re·a·ni·'mie·ren** ‹V. t.›

Re·au·mur ‹[re:omy:r]; n.; -s, -; Abk.: R› *veralt. Gradeinteilung des Thermometers in 80°* [nach dem frz. Physiker R.-A. de *Ré-aumur*]

'**Reb·bach** <m.; -s; unz.; umg.> *Gewinn;* oV *Reibach* [jidd.]

'**Re·be** <f.; -, -n> kurz für *Weinrebe*

Re'**bell** <m.; -en, -en> *jmd., der rebelliert;* **re·bel'lie·ren** <V. i.> *sich auflehnen, empören;* **Re'bel·lin** <f.; -, -n·nen>; **Re·bel·li·on** <f.; -, -en> *Aufruhr, Aufstand;* **re'bel·lisch** <Adj.>

're·beln <V. t.; ich reb(e)le; bair.> *Trauben ~ abbeeren,* '**Re·ben·saft** <m.; -(e)s, ̈e; poet.> *Wein*

'**Reb·huhn** <n.; -(e)s, ̈er; Zool.> *ein Fasanenvogel*

Re·bir·thing <[ri'bə:θiŋ]; n.; -s, -s; Psych.> *eine Form der Therapie, die auf Vorgänge vor u. während der Geburt Bezug nimmt* [engl.]

'**Reb·laus** <f.; -, ̈e; Zool.> *ein Insekt;* '**Reb·ling** <m.; -s, -e> *Rebenschössling*

Re·bound <[ri'baund]; m.; -s, -s; Basketball> *Ball, der vom Brett od. Korb abprallt* [engl.]

Re·break <['ri:breik]; n.; -s, -s; Sp., bes. Tennis> *Break(1), das im Anschluss an ein verlorenes Aufschlagspiel erzielt wird* [engl.]

'**Reb·stock** <m.; -(e)s, ̈e> = *Weinrebe*

'**Re·bus** <m. od. n.; -, -s·se> *Bilderrätsel* [lat.]

'**Re·call·test** <[ri'kɔ:l-]; m.; -s, -s od. -e> *Verfahren, das überprüft, welche Werbeaussagen im Gedächtnis der Testperson haften geblieben sind* [engl.]

Re·cei·ver <[ri'si:vər]; m.; -s, -> *Rundfunkempfänger mit Verstärker* [engl.]

Re·chaud <[re'ʃo:]; m. od. n.; -s, -s> 1 *Warmhaltevorrichtung für Speisen* 2 <österr.> *Gaskocher* [frz.]

're·chen <V. t.; bes. süddt.; mdt.> *harken;* '**Re·chen** <m.; -s, -> 1 *Harke* 2 *Gitter an Kläranlagen*

'**Re·chen·au·to·mat** <m.; -en, -en> *Rechenmaschine,* '**Re·chen·bei·spiel** <n.; -(e)s, -e>; '**Re·chen·brett** <n.; -(e)s, -er> *ein Hilfsmittel zum Rechnen;* '**Re·chen·buch** <n.; -(e)s, ̈er>; '**Re·chen·ex·em·pel** <auch> '**Re·chen·e·xem·pel** <n.; -s, -;

↗ Z.54, 55> *Rechenbeispiel;* '**Re·chen·feh·ler** <m.; -s, ->; '**Re·chen·ge·rät** <n.; -(e)s, -e>; '**Re·chen·künst·ler** <m.; -s, ->; '**Re·chen·künst·le·rin** <f.; -, -n·nen>; '**Re·chen·ma·schi·ne** <f.; -, -n>; '**Re·chen·schaft** <f.; -; unz.> *das Sichverantworten, Auskunftgeben; ~ ablegen sich rechtfertigen;* jmdn. zur ~ ziehen *zur Verantwortung;* '**Re·chen·schafts·be·richt** <m.; -(e)s, -e>; '**Re·chen·schei·be** <f.; -, -n>; '**Re·chen·schie·ber** <m.; -s, ->; '**Re·chen·ta·fel** <f.; -(e)s, -n> = *Rechenbrett;* '**Re·chen·zen·trum,** <auch> '**Re·chen·zent·rum** <n.; -s, -tren/-t·ren; ↗ Z.53> *eine elektron. Rechenanlage*

Re·cher·che <[re'ʃɛrʃə]; f.; -, -n; meist Pl.> *Nachforschung, ermittelnde Untersuchung* [frz.]. **Re·cher·cheur** <[-'ʃø:r]; m.; -s, -e; selten>; **re·cher·chie·ren** <[-'ʃi:-]; V. t. u. V. i.> *Nachforschungen anstellen*

'**rech·nen** <V.> 1 <V. i. u. V. t.> *Zahlen nach best. Regeln miteinander verknüpfen;* sie ist gut im Rechnen 2 <V. i.> *sparsam leben;* wir müssen mit jedem Pfennig ~ 3 <V. t.> *einplanen;* für diese Strecke musst du zwei Stunden ~ 4 <V. i.> *erwarten;* ich rechne fest damit, dass er kommt 5 <V. t.> *dazuzählen;* wir sind 20 Personen, die Kinder nicht gerechnet; '**Rech·ner** <m.; -s, -> 1 *jmd., der rechnet* 2 *Rechenmaschine, Computer* 3 *Kassenwart;* '**rech·ne·risch** <Adj.>; '**Rech·nung** <f.; -, -en> 1 *Zahlenaufgabe;* der Schüler konnte nicht alle ~en lösen 2 *Kostenaufstellung;* Herr Ober, die ~ bitte!; ich habe mit ihm noch eine ~ zu begleichen <fig.> 3 *Berechnung;* jmdm. einen Strich durch die ~ machen <fig.>; einer Sache ~ tragen <fig.> *eine S. berücksichtigen;* '**Rech·nungs·amt** <n.; -(e)s, ̈er>; '**Rech·nungs·art** <f.; -, -en>; '**Rech·nungs·be·trag** <m.; -(e)s, ̈e>; '**Rech·nungs·buch** <n.; -(e)s, ̈er>; '**Rech·nungs·ein·heit** <f.; -, -en>; '**Rech·nungs·füh·rer** <m.; -s, ->

Buchhalter; '**Rech·nungs·füh·rung** <f.; -, -en>; '**Rech·nungs·hof** <m.; -(e)s, ̈e>; '**Rech·nungs·kam·mer** <f.; -, -n> *Behörde zur Überprüfung der Finanzen in der öffentl. Verwaltung;* '**Rech·nungs·le·gung** <f.; -, -en; Kaufmannsspr.>; '**Rech·nungs·prü·fer** <m.; -s, ->; '**Rech·nungs·prü·fe·rin** <f.; -, -n·nen>; '**Rech·nungs·prü·fung** <f.; -, -en>; '**Rech·nungs·we·sen** <n.; -s; unz.> *die wirtschaftl. Vorgänge eines Betriebes umfassende Bereich*

recht[1] <Adj.> 1 *der Wirklichkeit entsprechend;* ganz ~!; habe ich ~ gehört?; gehe ich ~ in der Annahme, dass ... <geh.> 2 *geeignet, passend;* er ist der -e Mann am ~en Ort; man kann ihm nichts ~ machen; jetzt erst ~! <umg.> *das geschieht ihr ganz ~!* <abwertend> *das hat sie verdient!;* mir soll es ~ sein! 3 *dem Recht entsprechend, wie es sich gehört;* alles, was ~ ist! <umg.> *das geht zu weit!;* das geht nicht mit ~en Dingen zu *irgendetwas stimmt hier nicht;* vom ~en Weg abkommen <fig.> *etwas Unrechtes tun;* **recht**[2] <Partikel> ~ herzlichen Dank!; es geht ihm schon wieder ~ gut; **Recht** <n.; -(e)s, -e> 1 <Pl. selten> *Rechtsordnung, Gesamtheit der Gesetze;* bürgerliches ~; Straf~; ~ sprechen *ein Urteil fällen;* von ~s wegen *nach dem Gesetz* 2 *Befugnis, Anspruch, Berechtigung;* sein ~ geltend machen; alle ~e vorbehalten (Vermerk in Druckwerken) 3 <unz.> *etwas, das nach persönl. od. allgemeinem Rechtsempfinden richtig u. angemessen ist;* du hast ~ (behalten, bekommen); jmdm. ~ geben *zustimmen;* etwas mit ~ Fug u. ~ behaupten können *aus gutem Grund;* im ~ sein; er ist mit/zu ~ auf den ersten Platz gekommen; <aber> er ist gut mit ihm zurechtgekommen; → a. *zurecht...*

'**rech·te(r, -s)** <Adj.> 1 er sieht auf dem ~n Auge schlecht; das Haus liegt ~ Hand *rechts;* sie ist die ~ Hand des Chefs <fig.>; die ~ Seite (eines Stoffes) *Ober-, Vorderseite;* Ggs *linke(r, -s)* 2

<Geom.> ~r Winkel *W. von 90°*; **'Rech·te** <f.; -, -n> Ggs *Linke* 1 <geh.> *rechte Hand, Seite; sie saß zu seiner ~n* 2 *Gesamtheit der konservativen Parteien; er ist Anhänger der ~n;* → a. *Rechte(r, -s)*

'Rech·te(r, -s) <f. 2 (m. 1, n. 3)> *da bist du an die ~ geraten an die Richtige; er ist ein ~r Anhänger einer konservativen Partei; im Kino kommt nichts ~s* <umg.>; *nach dem ~n sehen*

'Recht·eck <n.; -(e)s, -e; Geom.>; **'recht·e·ckig** <Adj.; ↗Z55>

'rech·ten <V. i.; geh.> *mit jmdm. ~ streiten;* **'rech·tens** <Adv.> *rechtmäßig; die Mieterhöhung ist ~; etwas für ~ halten*

'rech·ter·seits <Adv.> Ggs *linkerseits*

'recht·fer·ti·gen <V. t./V. refl.> *er hat sich, sein Verhalten gerechtfertigt nachgewiesen, dass sein V. richtig war;* **'Recht·fer·ti·gung** <f.; -, -en>; **'Recht·fer·ti·gungs·ver·such** <m.; -(e)s, -e

'recht·gläu·big <Adj.> *dem rechten Glauben anhängend;* **'Recht·gläu·big·keit** <f.; -; unz.>

'Recht·ha·ber <m.; -s, -; umg.; abwertend> *jmd., der immer Recht behalten will;* **Recht·ha·be'rei** <f.; -; unz.>; **'Recht·ha·be·rin** <f.; -, -n·nen>; **'recht·ha·be·risch** <Adj.>

'recht·läu·fig <Adj.; Astr.> *dem Uhrzeigersinn entgegen;* Ggs *rückläufig*

'recht·lich <Adj.> *von Rechts wegen, das Recht(1, 2) betreffend;* **'Recht·lich·keit** <f.; -; unz.>

'recht·los <Adj.>; **'Recht·lo·sig·keit** <f.; -; unz.>

'recht·mä·ßig <Adj.> *er ist der ~e Erbe des Besitzes*

rechts <Adv.> Ggs *links* 1 *auf der rechten Seite; ~ des Flusses steht ein Haus; ~ fahren, gehen; hier gilt ~ vor links; ~ außen spielen* <Sp.> 2 *die rechte(1) Seite betreffend; du sollst die Hose nicht ~ waschen* 3 *die konservative polit. Einstellung betreffend; er steht ~; eine ~ stehende Partei;* **'Rechts·ab·bie·ger** <m.; -s, -; Verkehrsw.>; **'Rechts·ab·bie·ge·rin** <f.; -, -n·nen>

'Rechts·an·ge·le·gen·heit <f.; -, -en>; **'Rechts·an·spruch** <m.; -(e)s, ⁻e>; **'Rechts·an·walt** <m.; -(e)s, ⁻e>; **'Rechts·an·wäl·tin** <f.; -, -n·nen; ↗Z38>; **'Rechts·auf·fas·sung** <f.; -, -en>; **'Rechts·aus·kunft** <f.; -, ⁻e

Rechts'au·ßen <m.; -, -; Sp., bes. Fußb.> *rechter Flügelstürmer;* Ggs *Linksaußen*

'Rechts·bei·stand <m.; -(e)s, ⁻e>; **'Rechts·be·leh·rung** <f.; -, -en>; **'Rechts·beu·gung** <f.; -, -en> *missbräuchl. Anwendung od. Auslegung des Rechts durch Juristen;* **'Rechts·bruch** <m.; -(e)s, ⁻e> *Verstoß gegen Gesetz od. Recht*

'rechts·bün·dig <Adj.; Typ.> Ggs *linksbündig*

'recht·schaf·fen <Adj.> 1 *anständig; ein ~er Mensch* 2 <umg.; adv.> *sehr; ~ müde sein;* **'Recht·schaf·fen·heit** <f.; -; unz.>

'Recht·schreib·buch, 'Recht·schrei·be·buch <n.; -(e)s, ⁻er>; **'recht·schrei·ben** <V. i. 230; nur im Inf.> *orthographisch richtig schreiben; er kann nicht ~;* <aber> *er kann mit der verstauchten Hand nicht recht schreiben;* **'Recht·schreib·feh·ler** <m.; -s, ->; **'recht·schreib·lich** <Adj.> *hinsichtlich der Rechtschreibung;* Sy *orthographisch;* **'Recht·schreib·re·form** <f.; -, -en>; **'Recht·schrei·bung** <f.; -, -en> → *Kasten S. 887;* Sy *Orthographie*

'Rechts·drall <m.; -(e)s; unz.> 1 *Drehung nach rechts um die Längsachse* 2 <fig.; umg.> *polit. Tendenz nach rechts;* **'rechts·dre·hend** <Adj.; Chem.> Ggs *linksdrehend*

'Rechts·emp·fin·den <n.; -s; unz.>; **'Rechts·ent·scheid** <m.; -(e)s, -e>

'Rechts·ex·tre·mis·mus, <auch> **'Rechts·ext·re·mis·mus** <m.; -; unz.; ↗Z53> Ggs *Linksextremismus;* **'Rechts·ex·tre·mist** <m.; -en, -en>; **'rechts·ex·tre·mis·tisch** <Adj.> *polit. extrem rechts stehend;* Ggs *linksextremistisch*

'rechts·fä·hig <Adj.> ~ *sein gesetzl. Rechte u. Pflichten haben;* **'Rechts·fä·hig·keit** <f.; -; unz.>; **'Rechts·fall** <m.; -(e)s, ⁻e>; **'rechts·fäl·lig** <Adj.> ~ *werden*

vor Gericht kommen; **'Rechts·fin·dung** <f.; -, -en>; **'Rechts·fra·ge** <f.; -, -n>

'Rechts·ga·lopp <m.; -s; unz.; Reitsp.> Ggs *Linksgalopp;* **'Rechts·gang** <m.; -(e)s; unz.> 1 *Drehungsrichtung im Uhrzeigersinn* 2 <histor.> *gerichtl. Verfahren;* **'rechts·gän·gig** <Adj.> = *rechtsläufig*

'Rechts·ge·fühl <n.; -(e)s, -e>; **'Rechts·ge·lehr·te(r)** <f. 2 (m. 1)> *Jurist(in)*

'rechts·ge·rich·tet <Adj.> *eine ~e Partei*

'Rechts·ge·schäft <n.; -(e)s, -e>; **'Rechts·ge·schich·te** <f.; -; unz.>; **'Rechts·grund** <m.; -(e)s, ⁻e>; **'rechts·gül·tig** <Adj.>; **'Rechts·gut·ach·ten** <n.; -s, ->

'Rechts·hän·der <m.; -s, -> *jmd., der mit der rechten Hand schreibt;* Ggs *Linkshänder;* **'Rechts·hän·de·rin** <f.; -, -n·nen>; **'rechts·hän·dig** <Adj.> Ggs *linkshändig*

'Rechts·hand·lung <f.; -, -en>; **'rechts·hän·gig** <Adj.> *gerichtlich noch nicht abgeschlossen;* **'Rechts·hän·gig·keit** <f.; -; unz.>

'rechts·her·um, <auch> **'rechts·he·rum** <Adv.; ↗Z54> *man muss den Deckel ~ drehen;* <aber> *sie kann ihren steifen Hals nicht nach rechts herumdrehen*

'Rechts·hil·fe <f.; -, -n> *Beistand in rechtl. Angelegenheiten;* **'Rechts·kraft** <f.; -; unz.>; **'rechts·kräf·tig** <Adj.> *endgültig; das Urteil ist ~;* **'Rechts·kur·ve** <f.; -, -n> Ggs *Linkskurve;* **'Rechts·la·ge** <f.; -, -n>

'rechts·las·tig <Adj.> Ggs *linkslastig* 1 *rechts stärker als links beladen, belastet* 2 *polit. nach rechts tendierend;* **'rechts·läu·fig** <Adj.> ~e *Schrift;* Ggs *linksläufig*

'Rechts·leh·re <f.; -, -n; veralt.> *Rechtswissenschaft;* **'Rechts·mit·tel** <n.; -s, -> *gegen ein Urteil ~ einlegen in die Berufung od. Revision gehen;* **'Rechts·mit·tel·be·leh·rung** <f.; -, -en> *Belehrung über die Möglichkeiten, ein Urteil anzufechten;*

Rechtschreibung: R. ist die Lehre von der normierten Verschriftung von Sprache durch ⚯Buchstaben und ⚯Satzzeichen. R. beschreibt also die Gesamtheit der Regeln, die die Schreibkonventionen betreffen.

Die westeuropäischen Sprachen wurden in enger Anlehnung an die lateinische Schriftsprache verschriftet, wobei deren ⚯Phoneme (Laute) mit der deutschen Sprache nicht völlig übereinstimmen. So wurden im Deutschen zusätzlich unterschiedliche Dehnungsbezeichnungen eingeführt, z. B. kann der Laut [i:] als *ih* in *ihr*, als *ie* in *Liebe* oder als *i* – ohne Dehnungszeichen – in *Stil* wiedergegeben werden. Diese unterschiedlichen Möglichkeiten zur schriftlichen Realisierung eines Phonems können Schreibprobleme der Sprachbenutzer verursachen.

Weitere Ursachen für Probleme mit der R. stellt die Tatsache dar, dass es mehr Phoneme als Buchstaben gibt, d. h. ein Buchstabe wird häufig für mehrere Phoneme verwendet, z. B. *s* für stimmloses [s] in *Last* und für stimmhaftes *s* [z] in *Vase*. Kann ein Laut durch verschiedene Buchstaben(folgen) wiedergegeben werden, z. B. [ai] in *Saite* und *Seite*, so entstehen gleichlautende Wörter (Homonyme) unterschiedlicher Schreibweise. Schwierigkeiten bereitet ebenfalls die Verwendung großer Anfangsbuchstaben für Substantive (Groß- und Kleinschreibung). Auch die verschiedenen Schreibkonventionen zur Getrennt- und Zusammenschreibung von Wörtern können Probleme der Sprachbenutzer mit der deutschen Schriftsprache begründen. Vielfach bereitet die Eindeutschung von Fremdwörtern orthografische Schwierigkeiten.

Im deutschen Sprachraum gab es im Mittelalter noch keine über den Dialekten stehende Standardsprache, erst in der Zeit des Frühneuhochdeutschen entstand eine eigene Schriftsprache. Mit der zunehmenden Verbreitung der Schriftsprache gingen Bestrebungen zur Normierung der Orthografie einher. Die Verantwortlichkeit für die R. lag in erster Linie bei den Buchdruckern – der Buchdruck wurde 1450 von Johannes Gutenberg erfunden – und weniger bei den Schriftstellern. Dadurch entstand z. B. eine Aufblähung der Konsonanten wie in *Marckt, Volck, Ambt, khünfftig, unndt.*
Im 17./18. Jahrhundert gab es erste orthografische Reformen durch Gottsched, Adelung u. a. (In dieser Zeit waren auch zahlreiche Sprachgesellschaften tätig.) Im 19. Jahrhundert setzte sich Jacob Grimm für eine Schreibung ein, die etymologisch (sprachgeschichtlich) begründet war und sich auch stärker an der lateinischen Schreibweise orientierte.
J. Grimm propagierte deshalb die Kleinschreibung von Substantiven.
1881 entstand ein orthografisches Wörterbuch des Gymnasialdirektors Konrad Duden, das die Einheitlichkeit der deutschen Orthografie begründen sollte. Der 1. Orthografischen Konferenz von 1876 folgte 1901 die 2. Orthografische Konferenz mit Teilnehmern aus Deutschland, der Schweiz und Österreich.
Bestrebungen zur weiteren Reformierung der Rechtschreibung setzten bereits zu Beginn des 20. Jahrhunderts ein.
Unterschiedliche Aspekte – z. B. die Verringerung der Anzahl der Regeln, Vereinfachungen der Schreibkonventionen, Kleinschreibung der Substantive – wurden bei den Reformbestrebungen immer wieder erörtert. Die Kleinschreibung der Substantive wurde seit den 50er Jahren des 20. Jahrhunderts wiederholt diskutiert, konnte sich jedoch bei der – nach langen vorangegangenen Diskussionen – am 1. August 1998 in Kraft getretenen **Rechtschreibreform** nicht durchsetzen. Die Reform von 1998, deren Ziel es war, die Schreibkonventionen der deutschen Schriftsprache zu vereinheitlichen und zu vereinfachen, umfasst sechs Teilbereiche:

1. ⚯Laut-Buchstaben-Zuordnung
2. ⚯Getrennt- und Zusammenschreibung
3. ⚯Bindestrichschreibung
4. ⚯Groß- und Kleinschreibung
5. Zeichensetzung (⚯Interpunktion)
6. ⚯Worttrennung am Zeilenende

R

'Rechts·nach·fol·ge <f.; -, -n> Übergang von Rechten u. Pflichten auf eine andere Person; 'Rechts·nach·fol·ger <m.; -s, ->; 'Rechts·nach·fol·ge·rin <f.; -, -n·nen>; 'Rechts·norm <f.; -, -en>; 'Rechts·ord·nung <f.; -, -en>
'Rechts·par·tei <f.; -, -en> konservative Partei; Ggs Linkspartei
'Rechts·pfle·ge <f.; unz.> Ausübung der Gerichtsbarkeit durch staatl. Organe; 'Rechts·pfle·ger <m.; -s, -; Berufsbez.>; 'Rechts·pfle·ge·rin <f.; -, -n·nen>; 'Recht·spre·chung <f.; -, -en>

'rechts·ra·di·kal <Adj.; Pol.> Ggs linksradikal; 'Rechts·ra·di·ka·le(r) <f. 2 (m. 1)> Ggs Linksradikale(r)
'Rechts·re·fe·ren·dar <m.; -s, -e>; 'Rechts·re·fe·ren·da·rin <f.; -, -n·nen>
'Rechts·ruck <m.; -(e)s, -e; bei Wahlen> hoher Stimmengewinn einer rechten Partei; Ggs Linksruck; 'rechts·rum <Adv.; umg.> = rechtsherum
'Rechts·sa·che <f.; -, -n>; 'Rechts·schutz <m.; -es; unz.>; 'Rechts·schutz·ver·si·che·rung <f.; -, -en>
'rechts·sei·tig <Adj.> auf der rechten Seite; das ~e Ufer; er ist ~ gelähmt; Ggs linksseitig
'Rechts·spruch <m.; -(e)s, ⸗e> gerichtl. Urteil; 'Rechts·staat <m.; -(e)s, -en> Staat, in dem die rechtl. Stellung der Bürger gesichert ist; 'Rechts·streit <m.; -(e)s, -e>; 'Rechts·strei·tig·keit <f.; -, -en>
rechts·um (ein milit. Kommando); Ggs linksum
'rechts·un·gül·tig <Adj.>; 'rechts·ver·bind·lich <Adj.>; 'Rechts·ver·dre·her <m.; -s, -; abwertend>; 'Rechts·ver·dre·he·rin <f.; -, -n·nen>; 'Rechts·ver·dre·hung <f.; -, -en>

'Rechts·ver·kehr <m.; -(e)s; unz.> Ggs Linksverkehr

'Rechts·ver·let·zung <f.; -, -en>; **'Rechts·ver·ord·nung** <f.; -, -en>; **'Rechts·ver·tre·ter** <m.; -s, ->; **'Rechts·ver·tre·te·rin** <f.; -, -n·nen>; **'Rechts·weg** <m.; -(e)s, -e> den ~ beschreiten, einschlagen eine Sache vor Gericht bringen; der ~ ist ausgeschlossen (bei Preisausschreiben)

'Rechts·wen·dung <f.; -, -en> Ggs Linkswendung

'rechts·wid·rig <Adj.> gegen das Recht verstoßend

'Rechts·wis·sen·schaft <f.; -; unz.>

'recht·wink·lig <Adj.; Geom.>

'recht·zei·tig <Adj.> zum richtigen Zeitpunkt, pünktlich

Ré·ci·tal <frz. [resi'tal]>, **Re·ci·tal** <engl. [ri'saitl]; n.; -s, -s> 1 Solisten-Konzert 2 Vortrag von Werken ausschließl. eines Komponisten; **re·ci'tan·do** <[-tʃi, -]; Mus.> rezitierend, sprechend [ital.]

Reck <n.; -(e)s, -e; Sp.> ein Turngerät

'Re·cke <m.; -n, -n; poet.> tapferer Krieger

're·cken <V. t./V. refl.> (sich) strecken, aufrichten

'Reck·stan·ge <f.; -, -n> Teil vom Reck

Re·con·quis·ta <[rekɔŋ'kista]; f.; -; unz.; 8.–15. Jh.> Kampf der span. Christen gegen die arab. Herrschaft [span.]

Re'cor·der <m.; -s, -> = Rekorder

'rec·te <[-teː]; Adv.; veralt.> zu Recht, richtig [lat.]

re·cy·cel·bar <[ri'saikel-]; Adj.>; **re·cy·celn, re·cy·clen**, <auch> **re·cyc·len** <[ri'saikəln]; V. t.> ↗Z53> wiederverwerten; recyceltes Papier [engl.]; **Re·cy·cling**, <auch> **Re·cyc·ling** <[ri'saiklɪŋ]; n.; -s; unz.; ↗Z53> Wiederverwertung von Abfallstoffen; **Re'cy·cling·pa·pier** <n.; -s, -e>

Re·dak·teur <[-'tøːr]; m.; -s, -e> jmd., der für eine Zeitung, einen Verlag od. den Rundfunk Manuskripte bearbeitet [frz.]; **Re·dak'teu·rin** <f.; -, -n·nen>; **Re·dak·ti'on** <f.; -, -en> 1 Tätigkeit des Redakteurs 2 Gesamtheit

der Redakteure 3 Arbeitsräume der Redakteure; **re·dak·ti·o'nell** <Adj.> die Redaktion(1) betreffend; **Re·dak·ti'ons·schluss** <m.; -es, ⸗e> Beendigung der redaktionellen Arbeit; **Re'dak·tor** <m.; -s, -'to·ren> 1 Herausgeber 2 <schweiz.> = Redakteur [lat.]

'Re·de <f.; -, -n> → a. Kästen direkte Rede, indirekte Rede 1 <unz.> das, was gesprochen wird; davon ist nicht die ~ das hat keiner gesagt; davon kann keine ~ sein; es ist nicht der ~ wert 2 Ansprache, Vortrag; eine ~ halten 3 <unz.> Rechenschaft; jmdn. zur ~ stellen (wegen); jmdm. ~ u. Antwort stehen 4 <unz.> sprachl. Gestaltungsmittel; direkte, indirekte ~; **'Re·de·fi·gur** <f.; -, -en> einprägsame Redewendung; **'Re·de·fluss** <m.; -es; unz.> jmds. ~ unterbrechen; **'Re·de·frei·heit** <f.; -; unz.>; **'re·de·ge·wandt** <Adj.>; **'Re·de·kunst** <f.; -, ⸗e; Pl. selten>; **'re·den** <V. i. u. V. t.> sprechen, sich äußern; du hast leicht ~! du hast es gut, du bist nicht betroffen!; mit Händen u. Füßen ~ <umg.; scherzh.> gestikulieren; er lässt mit sich ~ er ist umgänglich; jmdn. od. einer Sache das Wort ~ <fig.>; von sich ~ machen Aufsehen erregen; von einer Sache viel Redens machen; Reden ist Silber, Schweigen ist Gold <Sprichw.>; **'Re·dens·art** <f.; -, -en>; **Re·de'rei** <f.; -, -en; abwertend> das sind dumme ~en; **'Re·de·schwall** <m.; -(e)s, ⸗e>; **'Re·de·wei·se** <f.; -, -n>; **'Re·de·wen·dung** <f.; -, -en>

re·di'gie·ren <V. t.> einen Text ~ druckfertig machen [frz.]

Re·dis'kont <m.; -(e)s, -e> Wiederankauf od. Weiterverkauf (eines diskontierten Wechsels) [lat.]; **re·dis·kon'tie·ren** <V. t.>

'Re·dis·tri·bu·ti·on <f.; -, -en; ↗Z53>; Wirtsch.> Neuverteilung der Einkommen [lat.]

re·di·vi·vus <[-'vi:vus]; Adj.; nur präd.> wiedererstanden [lat.]

'red·lich <Adj.> rechtschaffen, pflichtbewusst; **'Red·lich·keit** <f.; -; unz.>

'Red·ner <m.; -s, -> jmd., der eine Rede hält; Bauch~; **'Red·ner·**

büh·ne <f.; -, -n>; **'Red·ne·rin** <f.; -, -n·nen>; **'red·ne·risch** <Adj.> ~e Begabung; **'Red·ner·pult** <n.; -(e)s, -e>

Re·dou·te <[rə'du:t(ə)]; f.; -, -n> 1 <früher> geschlossene Schanze 2 <österr., sonst veralt.> festlicher (Masken-)Ball [frz.]

Red'ox·sys·tem, <auch> **Re'dox·sys·tem** <n.; -s; unz.; ↗Z54; Chem.> System gleichzeitiger Oxidations- u. Reduktionsreaktionen

'red·se·lig <Adj.> viel u. gern redend; **'Red·se·lig·keit** <f.; -; unz.>

Re·duk·ti'on <f.; -, -en> das Reduzieren [lat.]; **Re·duk·ti'ons·di·ät** <f.; -; unz.>; **Re·duk·ti'ons·o·fen** <m.; -s, ⸗; ↗Z55; Tech.>; **Re·duk·ti'ons·tei·lung** <f.; -, -en; Biol.>; **Re·duk·ti'ons·vo·kal** <[-vo-]; m.; -s, -e; Phon.> → a. Kasten Vokal; **re·duk'tiv** <Adj.> die Reduktion betreffend

red·un'dant, <auch> **re·dun'dant** <Adj.; ↗Z54> überflüssig [lat.]; **Red·un'danz** <f.; -, -en> über das Notwendige hinausgehender Teil (einer Information)

Re·du·pli·ka·ti'on, <auch> **Re·dup·li·ka·ti'on** <f.; -, -en; ↗Z53> 1 <Med.> Verdoppelung genet. Materials; genetische ~ 2 <Sprachw.> Verdoppelung eines Wortes od. einer Anlautsilbe [lat.]; **re·du·pli'zie·ren** <V. t.>

Re·du'zent <m.; -en, -en; Biol.> Mikroorganismus, der organ. Stoffe in anorgan. zurückführt; **re·du'zi·bel** <Adj.> zurückführbar; ein reduzibler Stoff; Ggs irreduzibel; **re·du'zie·ren** <V. t.> 1 eine Menge, Preise ~ verringern, vermindern 2 zurückführen 3 <Chem.> Stoffe ~ den S. Sauerstoff entziehen [lat.]; **Re·du'zie·rung** <f.; -, -en>; **Re·du'zier·ven·til** <n.; -(e)s, -e; Tech.>

'Ree·de <f.; -, -n> Ankerplatz von Schiffen; **'Ree·der** <m.; -s, -> Schiffseigentümer; **Ree·de'rei** <f.; -, -en> Schifffahrtsunternehmen

re·ell <Adj.> 1 anständig 2 wirklich vorhanden 3 <Math.> ~e Zahlen rationale u. irrationale Z. [frz.]

Reep <n.; -(e)s, -e; Mar.> Tau,

Seil; **'Ree·per·bahn** ‹f.; -, -en› 1 ‹norddt.› Seilerbahn 2 *bekannte Straße in Hamburg*

Reet ‹n.; -(e)s; unz.; norddt.› *Ried, Schilf*

ref. ‹Abk. für› *reformiert*

REFA ‹f.; -; unz.; ↗Z56; Kurzw. für den 1924 gegr.› 1 *Reichsausschuss für Arbeitszeitermittlung* 2 ‹seit 1977› *Verband für Arbeitsstudien u. Betriebsorganisation e. V.*

Re·fait ‹[rəˈfɛ]; n.; -s, -s› *Unentschieden beim Spiel* [frz.]

Re'fak·tie ‹[-tsia]; f.; -, -n; Wirtsch.› *Preisnachlass bei beschädigter od. fehlerhafter Ware* [ndrl.]

Re·fek·to·ri·um ‹n.; -s, -ri·en; in Klöstern› *Speisesaal* [lat.]

Re·fe'rat ‹n.; -(e)s, -e› 1 *Vortrag, Bericht* 2 *Abteilung, Sachgebiet; Kultur~* [lat.]; **Re·fe·ren'dar** ‹m.; -s, -e› *Anwärter auf die höhere Beamtenlaufbahn (nach dem ersten Staatsexamen);* Studien~; **Re·fe·ren·da·ri'at** ‹n.; -(e)s, -e› *Vorbereitungsdienst für Referendare;* **Re·fe·ren'da·rin** ‹f.; -, -n·nen; ↗Z38›; **Re·fe'ren·dum** ‹n.; -s, -ren·den od. -ren·da› *Volksentscheid;* **Re·fe'rent** ‹m.; -en, -en› 1 *Vortragender, Berichterstatter* 2 *Sachbearbeiter in einem Referat(2);* **Re·fe'ren·tin** ‹f.; -, -n·nen›; **Re·fe'renz** ‹f.; -, -en› 1 *Empfehlung* 2 *jmd., der eine Empfehlung ausspricht* 3 *Beziehung, Bezugnahme; ‹aber› → Reverenz;* **Re·fe'renz·kurs** ‹m.; -es, -e›; **re·fe'rie·ren** ‹V. t.› *(über) etwas ~*

Reff¹ ‹n.; -(e)s, -e; Mar.› *Vorrichtung zum Verkürzen des Segels*

Reff² ‹n.; -(e)s, -e› *Rückentrage*

'ref·fen ‹V. t.; Mar.› *die Segel ~*

re·fi·nan'zie·ren ‹V. t.› *Kredite ~ durch Aufnahme von Krediten finanzieren;* **Re·fi·nan'zie·rung** ‹f.; -, -en›

Re·fla·ti·on ‹f.; -, -en; Wirtsch.› *Erhöhung der im Umlauf befindlichen Geldmenge* [lat.]; **re·fla·ti·o'när** ‹Adj.› *die Reflation betreffend*

re·flek'tie·ren ‹V.› 1 ‹V. t.› *zurückstrahlen, spiegeln* 2 ‹V. i.› *grübelnd nachdenken* 3 ‹V. i.› *auf einen Posten ~ einen P. haben wollen* [lat.]; **Re'flek·tor** ‹m.; -s, -'to·ren› 1 *Rückstrahler* 2 *Spiegelfernrohr;* **re·flek'to·risch** ‹Adj.› *durch einen Reflex bedingt;* **Re'flex** ‹m.; -es, -e› 1 *Rückstrahlung, Widerschein* 2 *unwillkürliche Reaktion auf einen Nervenreiz* [frz.]; **Re'flex·be·we·gung** ‹f.; -, -en›; **Re·fle·xi'on** ‹f.; -, -en› 1 *Rückstrahlung* 2 *prüfendes Nachdenken;* **Re·fle·xi'ons·win·kel** ‹m.; -s, -; Phys.›; **re·fle'xiv** ‹Adj.› 1 ‹Gramm.› *rückbezüglich; ein ~es Verb (z. B. sich ärgern);* → a. *Kasten* 2 *auf Reflexion(2) beruhend;* **Re·fle'xiv** ‹n.; -s, -e› = *Reflexivum;* **Re·fle·xi·vi'tät** ‹[-vi-]; f.; -; unz.› *reflexive Beschaffenheit;* **Re·fle'xiv·pro·no·men** ‹n.; -s, -mi·na; Gramm.› *rückbezügliches Fürwort;* → a. *Kasten;* **Re·fle'xi·vum** ‹n.; -s, -va› oV *Reflexiv* 1 *Reflexivpronomen* 2 ‹a.› *reflexives Verb;* **Re'flex·schal·tung** ‹f.; -, -en; El.›; **Re'flex·zo·nen·mas·sa·ge** ‹[-ʒə]; f.; -, -n; Med.› *Massage best. Hautbezirke*

Re'form ‹f.; -, -en› *Umgestaltung, Neuordnung; Rechtschreib~* [lat.]; **Re·for·ma·ti'on** ‹f.; -, -en› 1 *Umgestaltung* ‹unz.; 16. Jh.› *christl. Glaubensbewegung, durch die die ev. Kirche entstand;* **Re·for·ma·ti'ons·fest** ‹n.; -(e)s, -e› *ein ev. Feiertag (31. Okt.);* **Re·for'ma·tor** ‹m.; -s, -'to·ren› 1 ‹i. w. S.› *Umgestalter* 2 ‹i. e. S.› *Begründer der Reformation(2);* **re·for'ma·to·risch** ‹Adj.›; **re'form·be·dürf·tig** ‹Adj.›; **Re'for·mer** ‹m.; -s, -› *Umgestalter;* **Re'for·me·rin** ‹f.; -, -n·nen›; **re·for'me·risch** ‹Adj.›; **Re'form·haus** ‹n.; -es, ⸚er› *Fachgeschäft für Reformkost;* **re·for'mie·ren** ‹V. t.› *umgestalten;* reformierte ‹Abk. ref.› Kirche; **Re·for'mie·rung** ‹f.; -, -en›; **Re·for'mis·mus** ‹m.; -; unz.› *Streben nach Reformen (bes. im Sozialwesen);* **Re·for'mist** ‹m.; -en, -en›; **Re·for'mis·tin** ‹f.; -, -n·nen›; **re·for'mis·tisch** ‹Adj.›; **Re'form·kom·mu·nis·mus** ‹m.; -; unz.; bes. in der ehem. Sowjetunion›; **Re'form·kost** ‹f.; -; unz.› *weitgehend naturbelassene, ge-*

---

reflexiv: Als r. bezeichnet man **Verben,** bei denen ↗**Subjekt** und ↗**Objekt** der Handlung auf dieselbe Person oder dasselbe Objekt bezogen sind: *Ich wasche mich.* Das Objekt ist in diesem Fall ein Reflexivpronomen.
Es werden zwei Arten von reflexiven Verben unterschieden:
a) **echte r. Verben** erfordern ein Reflexivpronomen, das nicht weggelassen werden oder durch ein anderes Pronomen oder Substantiv ersetzt werden kann: *sie freut sich;* *sie freut die Schwester* ist dagegen nicht möglich.
Das Reflexivpronomen steht meistens im ↗Akkusativ. Ergänzungen zum Verb werden häufig durch ↗Präpositionen angeschlossen: *sich freuen auf, sich bedanken für, sich entschließen zu.* Bei einigen Verben wird das Reflexivpronomen im ↗Dativ (mit zusätzlichem Akkusativobjekt) verwendet: *Er eignet sich das Buch an.*
b) **unechte r. Verben** können sowohl r. als auch nicht r. gebraucht werden: *Er sieht sich/er sieht seinen Vater. Sie wäscht sich/sie wäscht das Kind.*
Vgl. ↗intransitiv, ↗reziprok, ↗transitiv

Reflexivpronomen: Das R. oder rückbezügliche Fürwort steht bei reflexiven Verben. Häufig wird es zu den ↗Personalpronomen gerechnet.
Eine eigene Form ist lediglich das Pronomen *sich,* das in der 3. Person Sg. und Pl. verwendet wird. Ansonsten werden die Formen der Personalpronomina (im Akkusativ und Dativ) verwendet:
Ich freue mich. Ich leihe mir das Buch aus.
Du freust dich. Du leihst dir das Buch aus.
Sie freut sich. Sie leiht sich das Buch aus.
Wir freuen uns. Wir leihen uns das Buch aus.
Ihr freut euch. Ihr leiht euch das Buch aus.
Sie freuen sich. Sie leihen sich das Buch aus.
Vgl. ↗Reziprokpronomen

R

sunde Kost; **Re'form·päd·a·go·gik**, <auch> **Re'form·pä·da·go·gik** <f.; -; unz.>; ↗Z54>

Re·frain, <auch> **Ref·rain** <[rɛˈfrɛ̃]; m.; -s, -s; ↗Z53> Kehrreim [frz.]

Re·frak·ti·on <f.; -, -en; Phys.> Brechung [lat.]; **Re·frak·ti·ons·mes·ser** <m.; -s, ->; **Re·frak·to·'me·ter** <n.; -s, -; Opt.> Gerät zur Messung des Brechungsvermögens; **Re'frak·tor** <m.; -s, -'to·ren> Linsenfernrohr

Re·fu·gi·al·ge·biet <n.; -(e)s, -e; Biol.> Rückzugsgebiet für vom Aussterben bedrohte Tier- u. Pflanzenarten; **Re'fu·gi·um** <n.; -s, -gi·en> Zufluchtsort [lat.]

re·fun'die·ren <V. t.; österr.> ersetzen, rückvergüten [lat.]

reg. <Abk. für> registered

Reg. <Abk. für> Regiment

Re'gal¹ <n.; -s, -e> Gestell mit Fächern; Bücher~

Re'gal² <n.; -s, -e> 1 kleine, tragbare Orgel 2 Zungenregister der Orgel

Re'gal³ <n.; -s, -li·en; früher> wirtschaftl. nutzbares Hoheitsrecht; Münz~; Post~ [lat.]; **Re·ga·li'tät** <f.; -; unz.> Anspruch auf ein Regal³

Re'gat·ta <f.; -, -'gat·ten> Bootswettfahrt; Segel~ [ital.]

Reg.-Bez. <Abk. für> Regierungsbezirk

're·ge <Adj.; -r, am 'regs·ten> munter, lebhaft

'Re·gel <f.; -, -n> 1 Richtlinie, Übereinkunft, Vorschrift; Ordens~; Spiel~ 2 das allgemein Übliche, Norm; in der ~ meistens, fast ausnahmslos 3 = Menstruation [lat.]; **'Re·gel·an·fra·ge** <f.; -, -n; Amtsdt.>; **'Re·gel·blu·tung** <f.; -, -en> = Menstruation; **'Re·gel·fall** <m.; -(e)s, ⸚e; Pl. selten> im ~ normalerweise; **'re·gel·los** <Adj.>; **'re·gel·mä·ßig** <Adj.>; **'Re·gel·mä·ßig·keit** <f.; -; unz.>; **'re·geln** <V. t.; ich reg(e)le> nach einer best. Regel ordnen; **'re·gel·recht** <Adj.> in vollem Umfang; ein ~er Aufstand; **'Re·gel·stu·di·en·zeit** <f.; -, -en> vorgeschriebene Studienzeit; **'Re·gel·tech·nik** <f.; -; unz.>; **'Re·ge·lung** <f.; -, -en>; **'Re·ge·lungs·tech·nik** <f.; -; unz.> = Regeltechnik; **'Re·gel·werk** <n.; -(e)s, -e> amtliches ~; **'re·gel·wid·rig** <Adj.> gegen die Regel

're·gen <V. refl.> 1 (sich) bewegen; sich ~ bringt Segen <Sprichw.> 2 spürbar werden; Zweifel regten sich in mir

'Re·gen <m.; -s, -; Pl. selten> aus Wassertropfen bestehender Niederschlag; Geld~ <fig.>; **'re·gen·ab·wei·send** <Adj.; ↗Z29> ~es Material; <aber> ein den Regen abweisendes Material; **'re·gen·arm** <Adj.; -är·mer, am -ärms·ten> Ggs regenreich; **'Re·gen·bo·gen** <m.; -s, -od. (südostd.; österr.; schweiz.) ⸚> eine atmosphärisch-optische Erscheinung am Himmel; **'Re·gen·bo·gen·far·be** <f.; -, -n; meist Pl.>; **'re·gen·bo·gen·far·ben** <Adj.>; **'Re·gen·bo·gen·haut** <f.; -, ⸚e; Med.> Haut des Auges; Sy Iris; **'Re·gen·bo·gen·pres·se** <f.; -; unz.> Wochenzeitschrift, die v. a. Sensationsmeldungen u. Klatsch enthält; **'Re·gen·cape** <[-ke:p]; n.; -s, -s> Schutzmantel gegen Regen; **'Re·gen·dach** <n.; -(e)s, ⸚er>; **'re·gen·dicht** <Adj.> wasserundurchlässig

Re·ge·ne'rat <n.; -(e)s, -e> durch chem. Aufbereitung gewonnene Masse [lat.]; **Re·ge·ne·ra·ti·on** <f.; -, -en> 1 Wiederherstellung, Erneuerung 2 <Biol.> natürl. Neubildung verloren gegangener organ. Teile; **re·ge·ne·ra'tiv** <Adj.>; **Re·ge·ne·ra'tiv·ver·fah·ren** <n.; -s, -; Tech.> Verfahren zur Rückgewinnung von Wärme; **Re·ge·ne'ra·tor** <m.; -s, -'to·ren> 1 Wärmespeicher 2 Gerät zum Erwärmen der Luft; **re·ge·ne'rie·ren** <V. t./V. refl.> (sich) erneuern, neu beleben

'Re·gen·fall <m.; -(e)s, ⸚e; meist Pl.>; **'re·gen·frei** <Adj.>; **'Re·gen·guss** <m.; -es, ⸚e>; **'Re·gen·haut** <f.; -, ⸚e> wasserundurchlässiger Umhang; **'Re·gen·man·tel** <m.; -s, ⸚>; **'Re·gen·mes·ser** <m.; -s, -> Gerät zum Messen der Niederschläge; **'Re·gen·pfei·fer** <m.; -s, -; Zool.> ein Watvogel; **'re·gen·reich** <Adj.> Ggs regenarm; **'Re·gen·rin·ne** <f.; -, -n> Dachrinne

'Re·gens <m.; -, -'gen·tes od.

-'gen·ten> Leiter (bes. eines kath. Priesterseminars) [lat.]

'Re·gen·schat·ten <m.; -s; unz.> die regenarme Seite (eines Gebirges); **'Re·gen·schau·er** <m.; -s, ->; **'Re·gen·schirm** <m.; -(e)s, -e>; **'Re·gen·'Schnee-Ge·misch** <n.; -(e)s, -e>

'Re·gens Cho·ri <[-ˈko-]; m.; --, -'gen·tes -> Chorleiter, Dirigent eines (kath.) Kirchenchores [lat.]

Re'gent <m.; -en, -en> Herrscher [lat.]

'Re·gen·tag <m.; -(e)s, -e>

Re'gen·tin <f.; -, -n·nen>

'Re·gen·ton·ne <f.; -, -n>; **'Re·gen·trop·fen** <m.; -s, ->

Re'gent·schaft <f.; -; unz.> Amt(szeit) eines Regenten

re·gen·un·durch·läs·sig <Adj.>; **'Re·gen·vo·gel** <m.; -s, ⸚; Zool.> = Regenpfeifer; **'Re·gen·wald** <m.; -(e)s, ⸚er> trop. Urwald; **'Re·gen·wand** <f.; -, ⸚e> graue Wolkenwand; **'Re·gen·was·ser** <n.; -s; unz.>; **'Re·gen·wet·ter** <n.; -s; unz.>; **'Re·gen·wurm** <m.; -(e)s, ⸚er; Zool.>; **'Re·gen·zeit** <f.; -, -en> Ggs Trockenzeit

Re'ges·ten <Pl.> inhaltl. Zusammenfassung von Urkunden [lat.]

Reg·gae <[ˈrɛge:]; m.; - od. -s; unz.> auf Jamaika entstandene Richtung der Popmusik [engl.]

Re·gie <[-ˈʒi:]; f.; -; unz.> 1 <Theat.; Film; TV> Spielleitung 2 verantwortl. Führung, Leitung; sie führt zu Hause ~ [frz.]; **Re'gie·an·wei·sung** <f.; -, -en>; **Re'gie·as·sis·tent** <m.; -en, -en>; **Re'gie·as·sis·ten·tin** <f.; -, -n·nen>; **Re'gie·as·sis·tenz** <f.; -; unz.>; **Re'gie·feh·ler** <m.; -s, ->; **Re'gie·kos·ten** <Pl.> Verwaltungskosten; **Re·gi·en** <[-ˈʒi:ən]; Pl.; österr.> Verwaltungskosten

re·gie·ren <V.> 1 <V. i. u. V. t.> die polit. Führung innehaben, herrschen (über) 2 <V. t.; Gramm.> einen best. Fall fordern; die Präposition "mit" regiert den Dativ; **Re'gie·rung** <f.; -, -en>; **Re'gie·rungs·an·tritt** <m.; -(e)s; unz.>; **Re'gie·rungs·be·zirk** <m.; -(e)s, -e; Abk.: Reg.-Bez.>; **Re'gie·rungs·bil·dung** <f.; -, -en>; **Re'gie·rungs·chef**

<[-ʃɛf]; m.; -s, -s>; **Re'gie-rungs-che-fin** <f.; -, -n-nen>; **Re'gie-rungs-di-rek-tor** <m.; -s, -'to-ren>; **Re'gie-rungs-di-rek-to-rin** <f.; -, -n-nen>; **Re'gie-rungs-er-klä-rung** <f.; -, -en>; **Re'gie-rungs-ge-walt** <f.; -; unz.> Befugnis zu regieren; **Re'gie-rungs-ko-a-li-ti-on** <f.; -, -en>; **Re'gie-rungs-par-tei** <f.; -; unz.>; **Re'gie-rungs-prä-si-dent** <m.; -en, -en>; **Re'gie-rungs-prä-si-den-tin** <f.; -, -n-nen>; **Re'gie-rungs-rat** <m.; -(e)s, ⁼e; Abk.: Reg.-Rat> 1 höherer Verwaltungsbeamter 2 <schweiz.> Mitglied der Kantonsregierung; **Re'gie-rungs-rä-tin** <f.; -, -n-nen>; **Re'gie-rungs-sitz** <m.; -es, -e>; **Re'gie-rungs-spre-cher** <m.; -s, ->; **Re'gie-rungs-spre-che-rin** <f.; -, -n-nen>; **re'gie-rungs-treu** <Adj.>; **Re'gie-rungs-vor-la-ge** <f.; -, -n> dem Parlament vorgelegter Gesetzesentwurf der Regierung

Re'gime <[-'ʒi:m]; n.; -, - od. -s, -[-'ʒi:mə]> Staatsform; ein totalitäres ~ [frz.]; **Re'gime-kri-ti-ker** <m.; -s, ->; **Re'gime-kri-ti-ke-rin** <f.; -, -n-nen>

Re-gi'ment <n.; -(e)s, -e od. -er; Abk.: Reg.> 1 <Mil.> Truppeneinheit 2 <unz.; meist abwertend> Herrschaft, Leitung; das ~ führen [lat.]; **Re-gi'ments-arzt** <m.; -es, ⁼e; Mil.>; **Re-gi'ments-kom-man-dant** <m.; -en, -en; schweiz.>; **Re-gi'ments-kom-man-deur** <[-døːr]; m.; -s, -e>

Re-gi-o'lekt <m.; -(e)s, -e> nur in einer best. Region übliche Ausdrucksweise; **Re-gi'on** <f.; -, -en> Gebiet, Gegend; in höheren ~en schweben <fig.; umg.> wirklichkeitsfremde Vorstellungen haben [lat.]; **re-gi-o'nal** <Adj.> ein best. Gebiet betreffend; **Re-gi-o'nal-bahn** <f.; -, -en; Abk.: RB> im Personennahverkehr eingesetzter Zug der Deutschen Bahn; **Re-gi-o'nal-ex-press** <m.; -es, -e; Abk.: RE> schneller Zug der Deutschen Bahn für den Personennahverkehr; **Re-gi-o-na'lis-mus** <m.; -; unz.> 1 Hervorhebung landschaftl. Eigeninteressen 2 <Lit.> Bewegung der Heimatkunst En-

de des 19. Jh.; **Re-gi-o-na'list** <m.; -en, -en>; **Re-gi-o'nal-li-ga** <f.; -, -li-gen; Fußb.>; **Re-gi-o-'nal-plan** <m.; -(e)s, ⁼e>; **Re-gi-o'nal-pro-gramm** <n.; -(e)s, -e; Rundf.; TV>; **Re-gi-o'nal-ver-kehr** <m.; -s; unz.>; **re-gi-o'när** <Adj.; Med.> einen best. Körperbereich betreffend

Re-gis-seur <[reʒi'søːr]; m.; -s, -e; Theat.; Film; Rundfunk; TV> Spielleiter [frz.]; **Re-gis'seu-rin** <f.; -, -n-nen>

Re'gis-ter <n.; -s, -> 1 (alphabet.) Verzeichnis; Handels~; Stich-wort~ 2 <Orgel> Reihe von Pfeifen gleicher Bauart u. Klangfarbe; alle ~ ziehen <a. fig.> alle Mittel anwenden 3 <Typ.> genaues Aufeinanderpassen der Druckseiten u. des Satzspiegels (beim Mehrfarbendruck); ~ halten [lat.]; **re-gis-tered** <['redʒistərd]; Abk.: reg.> 1 in ein Register(1) eingetragen 2 gesetzl. geschützt, patentiert [engl.]; **Re'gis-ter-ton-ne** <f.; -, -n; Abk.: Reg. T., RT> Raummaß für Schiffe; **Re'gis-ter-zug** <m.; -(e)s, ⁼e; an der Orgel>; **Re-gis-tra'tur,** <auch> **Re-gist-ra'tur** <f.; -, -en; ↗Z53> 1 das Eintragen in ein Register(1) 2 Aufbewahrungsort für Akten 3 <an der Orgel> Gesamtheit der Registerzüge; **re-gis'trie-ren** <V.> 1 <V. t.> in ein Register(1) eintragen 2 <V. t.> selbsttätig aufzeichnen; auf dem Kassenzettel sind alle Beträge registriert 3 <V. t.; fig.> bewusst wahrnehmen 4 <V. i.; an der Orgel> Register(2) ziehen; **Re-gis'trier-kas-se** <f.; -, -n>; **Re-gis'trie-rung** <f.; -, -en>

Re-gle-ment, <auch> **Reg-le-ment** <[-'mã], schweiz. [-'mɛnt]; n.; -s, -s od. (schweiz.) -e; ↗Z53> (Dienst-)Vorschrift [frz.]; **re-gle-men-ta-risch** <Adj.>; **re-gle-men'tie-ren** <V. t.> durch Vorschriften regeln; **Re-gle-men'tie-rung** <f.; -, -en>

'Reg-ler <m.; -s, -> Vorrichtung zur Regelung von Vorgängen od. Zuständen; Temperatur~; **Reg'let-te,** <auch> **Reg'let-te** <f.; -, -n; ↗Z53; Typ.> Metallstreifen für den Zeilendurchschuss [frz.]

'reg-los <Adj.> unbeweglich

'reg-nen <V.; unpersönl.> 1 <V. i.> es regnet es fällt Regen 2 <V. t.> es hat Glückwünsche geregnet <fig.; umg.>; **'Reg-ner** <m.; -s, -> ein Bewässerungsgerät; **'reg-ne-risch** <Adj.> ~es Wetter

Reg.-Rat <Abk. für> Regierungsrat

Re'gress <m.; -es, -e; Rechtsw.> Ersatz, Entschädigung [lat.]; **Re'gress-an-spruch** <m.; -(e)s, ⁼e>; **Re-gres-si'on** <f.; -, -en> Rückbildung, Rückbewegung; **re-gres'siv** <Adj.> 1 zurückgehend, rückläufig 2 rückwirkend; **Re-gres-si-vi'tät** <[-vi-]; f.; -; unz.>; **Re'gress-kla-ge** <f.; -, -n>; **re'gress-pflich-tig** <Adj.> jmdn. ~ machen

'reg-sam <Adj.> rege, lebhaft; **'Reg-sam-keit** <f.; -; unz.>

Reg. T. <Abk. für> Registertonne

re-gu'lär <Adj.> der Regel entsprechend, üblich; Ggs irregulär; **Re-gu'lar** <m.; -(e)s, -e>, **Re-gu-'la-re** <m.; -n, -n> Ordensmitglied [lat.]; **Re-gu-la-ri-che(r)** <m. 1>; **Re-gu-la-ri-en** <Pl.> regelmäßig abzuwickelnde Angelegenheiten; **Re-gu-la-ri'tät** <f.; -; unz.> Gesetzmäßigkeit, Regelmäßigkeit; **Re-gu'lar-kle-ri-ker** <m.; -s, ->; **Re-gu-la-ti'on** <f.; -, -en; Biol.> Aufrechterhaltung des Gleichgewichts im Organismus; **re-gu-la'tiv** <Adj.>; **Re-gu-la'tiv** <n.; -(e)s, -e> regelnde, steuernde Vorschrift; **Re-gu-la'tor** <m.; -s, -'to-ren; veralt.> 1 Uhrpendel 2 <fig.> steuernde Kraft; **re-gu-la'to-risch** <Adj.>; **re-gu'lie-ren** <V. t.> 1 ordnen, regeln, in eine best. Richtung bringen; Flüsse ~ 2 eine Forderung ~ <Kaufmannsspr.> bezahlen od. ausgleichen; **Re-gu'lie-rung** <f.; -, -en>; **Re-gu'lie-rungs-be-hör-de** <f.; -, -n>

'Re-gung <f.; -, -en> 1 <geh.> Bewegung 2 leichte Gefühlsaufwallung; **'re-gungs-los** <Adj.> bewegungslos

Reh <n.; -(e)s, -e; Zool.> zierlich gebautes, zur Gattung der Hirsche gehörendes Tier

'Re-ha <f.; -, -s; kurz für> Rehabilitation; ~klinik; **Re-ha-bi-li-'tand** <m.; -en, -en> jmd., der rehabilitiert wird; **Re·ha·bi·li·'tan·din** <f.; -, -n·nen>; **Re·ha·bi·li·ta·ti'on** <f.; -, -en> 1 *Wiederherstellung der körperl. Leistungsfähigkeit (z. B. nach Unfall od. schwerer Krankheit) durch gezielte Maßnahmen* 2 *sämtl. Maßnahmen, die der Wiedereingliederung in die Gesellschaft (nach Verbüßung einer Strafe) dienen* [lat.]; **Re·ha·bi·li·ta·ti'ons·kli·nik** <f.; -, -en>; **Re·ha·bi·li·ta·ti'ons·zen·trum**, <auch> **Re·ha·bi·li·ta·ti'ons·zent·rum** <n.; -s, -tren/·t·ren>; ⟋Z53>; **re·ha·bi·li·ta'tiv** <Adj.>; **re·ha·bi·li·'tie·ren** <V. t.> *die Gesundheit bzw. das Ansehen wiederherstellen*; **Re·ha·bi·li·'tie·rung** <f.; -, -en> = *Rehabilitation*; **Re·ha·kli·nik** <f.; -, -en; kurz für> *Rehabilitationsklinik*; **'Re·ha·zen·trum**, <auch> **'Re·ha·zent·rum** <n.; -s, -tren/·t·ren>; ⟋Z53> kurz für> *Rehabilitationszentrum*

'Reh·bock <m.; -(e)s, ⸗e; Zool.> *männl. Reh*; **'reh·braun** <Adj.>

'Re·he <f.; -; unz.; Vet.> *eine Hufkrankheit*

'Reh·geiß <f.; -, -en; Zool.> *weibl. Reh*; **'Reh·kalb** <n.; -(e)s, ⸗er>; **'Reh·kitz** <n.; -es, -e> *junges Reh*; **'Reh·le·der** <n.; -s; unz.>; **'reh·le·dern** <Adj.>; **'Reh·ling** <m.; -s, -e> = *Pfifferling*; **'Reh·pos·ten** <m.; -s, -> *grober Schrot*; **'Reh·wild** <n.; -(e)s; unz.; Jägerspr.; Sammelbez.>

'Rei·bach <m.; -s; unz.> = *Rebbach*

'Reib·brett <n.; -(e)s, -er> *Brett zum Glätten des Putzes*; **'Rei·be** <f.; -, -n; umg.; kurz für> *Reibeisen*; **'Reib·ei·sen** <n.; -s, -> *ein Küchengerät*; **'Rei·be·ku·chen** <m.; -s, -> *Kartoffelpuffer*; **'Rei·be·laut** <m.; -(e)s, -e; Sprachw.> *durch Verengung des Mundkanals hervorgebrachter Laut*; → a. *Kasten Konsonant*; **'rei·ben** <V. 196> 1 <V. t./V. refl.> *druckvoll hin u. her bewegen*; *sich die Hände ~; sich an jmdm. ~* <fig.> *mit jmdm. streiten* 2 <V. i.> *etwas reibt scheuert unangenehm* 3 <V. t.> *zerkleinern, raspeln*; *Kartoffeln ~; jmdm. etwas unter die Nase ~* <fig.; umg.>; **'Rei·be·plätz·chen** <n.;

-s, -; westfäl.> *Kartoffelpuffer*; **'Rei·ber** <m.; -s, -> *ein Werkzeug*; **Rei·be'rei** <f.; -, -en; meist Pl.; umg.; fig.> *kleiner Streit, Meinungsverschiedenheit*; **'Reib·flä·che** <f.; -, -n>; **'Rei·bung** <f.; -, -en; Phys.> *Kraft an der Berührungsfläche zweier Körper, die eine Bewegung hemmt od. verhindert*; **'Rei·bungs·e·lek·tri·zi·tät**, <auch> **'Rei·bungs·e·lekt·ri·zi·tät** <f.; -; unz.; ⟋Z53, 55>; **'Rei·bungs·flä·che** <f.; -, -n>; **'rei·bungs·los** <Adj.; fig.> *ohne Schwierigkeiten (verlaufend)*; *eine ~e Abwicklung*; **'Rei·bungs·ver·lust** <m.; -(e)s, -e> *Leistungsverlust durch Reibung*; **'Rei·bungs·wär·me** <f.; -; unz.>; **'Rei·bungs·wi·der·stand** <m.; -(e)s, ⸗e>; **'Reib·zun·ge** <f.; -, -n; Zool.; bei Weichtieren>

reich <Adj.> 1 <⟋Z 44> *begütert, wohlhabend, vermögend*; *der Gegensatz zwischen Arm u. Reich; ein Spaß für Arm u. Reich für jedermann*; *Ggs arm* 2 *ergiebig, gehaltvoll*; *eine ~e Ernte* 3 <⟋Z24> *üppig, reichhaltig (ausgestattet)*; *ein ~ verzierter Tisch; ~ illustriert; ~ geschmückt*; *eine ~e Auswahl*

Reich <n.; -(e)s, -e> 1 *Staat, Imperium, Herrschaftsgebiet*; *Welt~; das ~ der Mitte China*; → a. *deutsch, dritte, heilig* 2 <fig.; geh.> *(größeres) Gebiet, Bereich*; *das ~ der Toten Unterwelt, Jenseits; das Tier- u. Pflanzen~*

'rei·chen <V.> 1 <V. i.> *sich erstrecken*; *der Baum reicht bis zum Dach* 2 <V. i.> *genügen, ausreichen*; *mir reicht's!* <umg.> 3 <V. t.; geh.> *geben, hinhalten*; *jmdm. Wasser ~; sich die Hände ~*

'reich·hal·tig <Adj.> *viel bietend, enthaltend*; **'Reich·hal·tig·keit** <f.; -; unz.>; **'reich·lich** <Adj.> 1 *großzügig bemessen*; *sie gab ihm ein ~es Trinkgeld; es ist ~ Platz vorhanden* 2 <umg.> *ziemlich*; *er war ~ unverschämt*

'Reichs·acht <f.; -; unz.> *vom Kaiser ausgesprochene Acht*; **'Reichs·a·del** <m.; -s; unz.>; ⟋Z55>; **'Reichs·ad·ler** <m.; -s, -> *Adler auf Fahne u. Wappen*

des alten Dt. Reiches; **'Reichs·ap·fel** <m.; -s; unz.> *Teil der Reichsinsignien*; **'Reichs·bahn** <f.; -; unz.; früher>; **'reichs·frei** <Adj.; früher> = *reichsunmittelbar*; **'Reichs·frei·heit** <f.; -; unz.> = *Reichsunmittelbarkeit*; **'Reichs·ge·richt** <n.; -(e)s; unz.; bis 1945> *höchstes dt. Gericht*; **'Reichs·gren·ze** <f.; -, -n>; **'Reichs·haupt·stadt** <f.; -; unz.; bis 1945>; **'Reichs·in·si·gni·en**, <auch> **'Reichs·in·sig·ni·en** <Pl.; ⟋Z53> *symbolische Gegenstände bei der Krönung von Herrschern*; **'Reichs·kanz·ler** <m.; -s, -; 1871–1945> *leitender Minister*; **'Reichs·klein·o·di·en** <Pl.; ⟋Z55> = *Reichsinsignien*; **Reichs·kris'tall·nacht** <f.; -; unz.> = *Kristallnacht*; **'Reichs·mark** <f.; -; Abk.: RM; 1924–1948> *dt. Währungseinheit*; **'Reichs·mi·nis·ter** <m.; -s, -; bis 1945>; **'Reichs·pfen·nig** <m.; -(e)s, -e; 1924–1948> *kleinste dt. Währungseinheit*; **'Reichs·prä·si·dent** <m.; -en, -en; 1919–1934> *dt. Staatsoberhaupt*; **'Reichs·rat** <m.; -(e)s, -e; 1919–1934> *Ländervertretung*; **'Reichs·re·gie·rung** <f.; -, -en>; **'Reichs·stadt** <f.; -, ⸗e; im Dt. Reich bis 1806> *reichsunmittelbare Stadt*; **'Reichs·stän·de** <Pl.; im Dt. Reich bis 1806> *die reichsunmittelbaren Mitglieder des Reiches (Bischöfe, Fürsten u. a.)*; **'Reichs·tag** <m.; -(e)s, -e; im Dt. Reich bis 1806> 1 *Vertretung der Reichsstände* 2 <1871–1933> *Volksvertretung* 3 <1933–1945> *das machtlose Parlament des Dt. Reiches*; **reichs'un·mit·tel·bar** <Adj.> *nur dem Kaiser u. dem Reich unterstehend*; **Reichs'un·mit·tel·bar·keit** <f.; -; unz.> *reichsunmittelbare Stellung*; **'Reichs·wehr** <f.; -; unz.; 1919–1935> *das dt. Heer*

'Reich·tum <m.; -s, ⸗er> 1 *großer Besitz an Geld u. Sachwerten* 2 <unz.> *Menge, Fülle*; *Einfalls~*; **'Reich·wei·te** <f.; -, -n> *in ~ bleiben*

reif <Adj.> 1 *voll entwickelt, erntefähig*; *~es Obst* 2 *erwachsen* 3 *vollendet, ausgewogen*; *eine ~e*

Leistung 4 ~ sein für etwas
<fig.>

Reif¹ <m.; -(e)s; unz.> *gefrorener
Tau*

Reif² <m.; -(e)s, -e; kurz für> *Reifen(3, 4);* Arm~; Haar~

'Rei·fe <f.; -; unz.> 1 *Zustand des
Reifseins;* das Obst hat noch
nicht die nötige ~ 2 *Vollendung
von körperlicher u. seelischer
Entwicklung;* die geistige, politische ~ eines Menschen 3 *ein
Ausbildungsabschluss;* die mittlere ~ (an Realschulen od. nach
der 10. Klasse einer höheren
Schule); Hochschul~ (an Gymnasien)

'rei·fen¹ <V. i.> *Reif¹ ansetzen;* es
hat heute Nacht gereift

'rei·fen² <V. i. (s.)> *reif werden;*
die Äpfel sind gereift; sie ist zur
Frau gereift; etwas reift in
jmdm. <fig.>

'Rei·fen <m.; -s, -> 1 *mit Luft gefüllter Gummischlauch;* Auto~
2 *ringförmiges Eisenband (um
Fässer)* 3 *großer Ring (aus Holz)*
4 *ringförmiger Schmuck (für
den Arm, das Haar);* **'Rei·fen·druck** <m.; -(e)s; unz.>; **'Reifen·pan·ne** <f.; -, -n>; **'Rei·fen·wech·sel** <[-ks-]; m.; -s, ->

'Rei·fe·prü·fung <f.; -, -en> = *Abitur;* **'Rei·fe·tei·lung** <f.; -, -en;
Biol.>; **'Rei·fe·zeit** <f.; -, -en>;
'Rei·fe·zeug·nis <n.; -s·ses,
-s·se> *Zeugnis für die bestandene Reifeprüfung*

'Reif·glät·te <f.; -; unz.>

'reif·lich <Adj.> *eingehend,
gründlich;* nach ~er Überlegung

'Reif·rock <m.; -(e)s, ⁼e; 16./18.
Jh.>

'Rei·fung <f.; -; unz.>; **'Reifungs·pro·zess** <m.; -es, -e>;
'Rei·fungs·tei·lung <f.; -, -en;
Biol.>

'Rei·gen <m.; -s, -> *ein Rundtanz;* **'Rei·gen·tanz** <m.; -es,
⁼e>

'Rei·he <f.; -, -n> 1 *regelmäßige,
geordnete Folge, Linie;* die Häuser stehen in einer ~; Häuser~;
sie standen in Reih u. Glied; der
~ nach *hintereinander;* an der ~
sein <fig.> *dran sein;* an die ~
kommen <fig.> *drankommen;*
außer der ~ <fig.> *zwischendurch;* etwas (wieder) in die ~

bringen <fig.> 2 *Menge, größere
Anzahl von (zusammengehörenden) Dingen;* Taschenbuch~;
sie hat eine ~ von Büchern geschrieben; **'rei·hen¹** <V. t.> *in
Reihen ordnen, aneinander fügen;* Perlen auf eine Schnur ~

'rei·hen² <V. t. 197; Schneiderei;
oberdt.> *in Fältchen zusammenziehen;* der Rock ist in der
Taille gereiht/geriehen

'rei·hen³ <V. i.> die Enten ~ <Jägerspr.> *mehrere Erpel folgen
einer Ente (in der Paarungszeit)*

'Rei·hen¹ <m.; -s, -> = *Reigen*

'Rei·hen² <m.; -s, -; süddt.> *Fußrücken, Rist*

'Rei·hen·dorf <n.; -(e)s, ⁼er>;
'Rei·hen·fol·ge <f.; -, -n>; **'Reihen·haus** <n.; -es, ⁼er>; **'Reihen·haus·sied·lung** <f.; -, -en>;
'Rei·hen·mo·tor <m.; -s,
-'to·ren>; **'Rei·hen·schal·tung**
<f.; -, -en> Sy *Serienschaltung;*
'Rei·hen·un·ter·su·chung <f.; -,
-en; Med.>; **'rei·hen·wei·se**
<Adv.> 1 *in Reihen* 2 *in großer
Menge*

'Rei·her <m.; -s, -; Zool.> *ein
Schreitvogel;* **'Rei·her·bei·ze** <f.;
-, -n; Jägerspr.> *Jagd auf Reiher;*
'Rei·her·fal·ke <m.; -n, -n> *abgerichteter Falke zum Anlocken
von Reihern;* **'rei·hern** <V. i.; ich
reihere; umg.> *sich übergeben;*
'Rei·her·schna·bel <m.; -s, ⁼;
Bot.> *eine Pflanze*

...rei·hig <Adj.; in Zus.> z. B. *dreireihig*

'Reih·stich <m.; -(e)s, -e; Schneiderei>

reih'um <Adv.> *der Reihe nach
von einem zum andern;* ein Foto ~ gehen lassen; **'Rei·hung**
<f.; -; unz.>

'Reih·zeit <f.; -, -en; Jägerspr.>
Begattungszeit der Enten

Reim <m.; -(e)s, -e> *Gleichklang
im Ausgang zweier Verse;* darauf
kann ich mir keinen ~ machen
<fig.; umg.> *das verstehe ich
nicht;* **'Reim·dich·tung** <f.; -,
-en>; **'rei·men** <V. i. u. V. t./V.
refl.> *Reime bilden;* das reimt
sich; **'Rei·mer** <m.; -s, ->; **'Reime'rei** <f.; -, -en>; **'Rei·mer·ling**
<m.; -(e)s, -e; abwertend>
schlechter Dichter; **'reim·los**
<Adj.>; **'Reim·paar** <n.; -(e)s),
-e>

Re·im·plan·ta·ti·on, <auch> **Reimp·lan·ta·ti·on** <[re:im-]; f.; -,
-en; ⤢Z53; Med.> = *Replantation* [lat.]; **re·im·plan'tie·ren**
<V. t.>

'Reim·schmied <m.; -(e)s, -e; abwertend> *schlechter Dichter;*
'Reim·wort <n.; -(e)s, ⁼er>

'rein¹ <Adv.; umg.; kurz für> *herein, hinein*

rein² <Adj.> 1 <⤢Z.27> *unverfälscht, pur;* ~e Seide; ein ~ seidenes, leinenes, wollenes,
<auch> reinseidenes, reinleinenes, reinwollenes Kostüm; ~ silberner, ~ goldener, <auch>
reinsilberner, reingoldener
Schmuck; jmdm. ~en Wein einschenken <fig.; umg.> *die volle
Wahrheit sagen* 2 *sauber, klar,
frisch;* ~e Haut; die Wohnung ~
halten, machen; etwas ins Reine schreiben 3 *geordnet;* etwas
ins Reine bringen; mit jmdm.
ins Reine kommen; mit sich im
Reinen sein 4 *vollständig;* es
war ~es Glück, dass...; was er
erzählt, ist der ~ste Schwachsinn 5 <fig.> *unschuldig, ehrlich;* ein ~es Gewissen; eine ~e
Weste haben <umg.>; etwas ~
waschen *sehr gründlich säubern;* <auch zusammen> sich
reinwaschen <fig.> *seine Unschuld beweisen;* → a. *reinwaschen;* **rein³** <Partikel> 1 *nur,
bloß;* das war ~ zufällig 2 *geradezu;* er war ~ verrückt; **'Rein·be·trag** <m.; -(e)s, ⁼e> = *Reinertrag*

'rein|but·tern <V. t.; ich butt(e)re
rein; sie hat reingebuttert; reinzubuttern; umg.> *viel Geld ~*

'Rei·ne <f.; -; unz.; poet.> *Reinheit*

Rei·ne·clau·de <[rɛnə'klo:də]; f.;
-, -n> = *Reneklode*

'Rei·ne·ke Fuchs <[-'fuks]; m.;
-; unz.> *Fuchs in der Tierfabel*

'Rei·ne·ma·che·frau <f.; -, -en>
*Frau, die gegen Entgelt Räume
säubert;* oV *Reinmachefrau;*
'Rei·ne·ma·chen <n.; -s; unz.>
das Putzen (der Wohnung); oV
Reinmachen; **'rein·er·big** <Adj.;
Biol.>; **'Rein·er·lös** <m.; -es,
-e>; **'Rein·er·trag** <m.; -(e)s, ⁼e>
= *Nettoertrag*

Rei·net·te <[rɛ'nɛtə]; f.; -, -n; österr. u. schweiz. für> *Renette*

'rei·ne·weg <Adv.> = *reineweg*

'Rein·fall <m.; -(e)s, ²e; umg.> *Misserfolg;* 'rein|fal·len <V. i. (s.) 131; ich falle rein; sie ist reingefallen; reinzufallen; umg. für> *hereinfallen*

Re·in·fek·ti·on <['re:ɪn-]; f.; -, -en; Med.> *erneute Infektion* [lat.]

'Rein·ge·wicht <n.; -(e)s; unz.> *Gewicht ohne Verpackung;* 'Rein·ge·winn <m.; -(e)s, -e> *Nettoertrag;* 'rein·gol·den, <auch> 'rein gol·den <Adj.; ↗Z27>; 'Rein·hal·tung <f.; -; unz.>

'rein|hän·gen <V. t./V. refl. 161; ich hänge (mich) rein; sie hat (sich) reingehängt; reinzuhängen; umg. für> *hineinhängen;* sich ~ *sich engagieren*

'Rein·heit <f.; -; unz.>; 'Rein·heits·ge·bot <n.; -(e)s, -e> *gesetzl. Bestimmung für das Brauen von Bier;* 'Rein·heits·grad <m.; -(e)s, -e>; 'rei·ni·gen <V. t./V. refl.> *säubern;* 'Rei·ni·ger <m.; -s, -; kurz für> *Reinigungsmittel;* 'Rei·ni·gung <f.; -, -en>; 'Rei·ni·gungs·cre·me <[-krɛ:m(ə)]; f.; -s od. -n>; 'Rei·ni·gungs·kraft <f.; -, ²e> *jmd., der gegen Entgelt Räume säubert;* 'Rei·ni·gungs·krem, 'Rei·ni·gungs·kre·me <f.; -, -s od. -(e)n>; 'Rei·ni·gungs·milch <f.; -, -en>

'Re·in·kar·na·ti·on <[re:ɪn-]; f.; -, -en> *Wiederverkörperung* [lat.]

'rein|kni·en <V. refl.; ich knie mich rein; sie hat sich reingekniet; sich reinzuknien; ↗Z16.1; umg.> sich ~ *sich engagieren*

'Rein·kul·tur <f.; -, -en> 1 <Bakteriologie> *Züchtung eines best. Stammes* 2 <in der Wendung> in ~ *unverfälscht*

'rein|le·gen <V. t.; ich lege rein; sie hat reingelegt; reinzulegen; umg. für> *hereinlegen;* jmdn. ~ <fig.> *täuschen*

'rein·lei·nen, <auch> 'rein leinen <Adj.; ↗Z27> ein ~es Tuch; → a. *rein²(1);* 'rein·lich <Adj.>; 'Rein·lich·keit <f.; -; unz.>; 'Rein·ma·che·frau <f.; -, -en> = *Reinemachefrau;* 'Rein·ma·chen <n.; -s; unz.> = *Reinemachen;* 'rein·ras·sig <Adj.> ~es

Pferd; 'Rein·ras·sig·keit <f.; -; unz.>

'rein|rei·ßen <V. t. 198; ich reiße rein; sie hat reingerissen; reinzureißen; umg. für> *hineinreißen;* jmdn. ~ <fig.> *in Schwierigkeiten verwickeln;* 'rein|rei·ten <V. t. 199; umg. für> *hineinreiten;* jmdn. ~ <fig.> *in Schwierigkeiten bringen;* 'rein|rie·chen <V. i. 201; umg. für> *hineinriechen;* in etwas ~ <fig.> *vertraut werden*

Rein'schiff <n.; -s; unz.; Seemannsspr.> *gründliche Schiffsreinigung;* 'Rein·schrift <f.; -, -en> *Abschrift ins Reine;* 'rein·schrift·lich <Adj.>; 'rein·sei·den, <auch> 'rein sei·den <Adj.; ↗Z27> ein ~es Kleid; → a. *rein²(1);* 'rein·sil·bern, <auch> 'rein sil·bern <Adj.; ↗Z27>

Re·in·te·gra·ti·on, <auch> Re·in·teg·ra·ti·on <['re:ɪn-]; f.; -, -en; ↗Z53> *Wiedereingliederung (von Straftätern)* [lat.]; 're·in·te·grie·ren <V. t.>

'Rein·ver·mö·gen <n.; -s; unz.; Wirtsch.> 'rein|wa·schen <V. t./V. refl. 279; fig.; umg.> *von einem Verdacht, einer Schuld befreien;* <aber getrennt> Wäsche rein waschen *ganz sauber waschen;* → a. *rein²(2);* 'rein·weg <Adv.; bes. mdt.; umg.> *geradezu, regelrecht;* er hat uns ~ betrogen; 'rein·wol·len, <auch> 'rein wollen <Adj.; ↗Z27> ein ~er Pullover; → a. *rein²(1)*

'rein|wür·gen <V. t.; ich würge rein; sie hat reingewürgt; reinzuwürgen; umg.> jmdm. eine, eins ~ <fig.> *jmdm. Unannehmlichkeiten bereiten;* 'rein·zie·hen <V. refl. 293; umg.> sich einen Film, ein Buch ~ *entspannt genießen*

'Rein·zucht <f.; -; unz.; Biol.> = *Inzucht*

Reis¹ <n.; -es, -er> 1 <geh.> *junger Zweig* 2 *Zweig zur Veredelung von Holzgewächsen*

Reis² <m.; -es, -e> *in Getreide;* Langkorn~ | Rundkorn~ [grch.]

Reis³ <['ra:ɪs]; Pl. von> *Real*

'Reis·be·sen <m.; -s, -> = *Reisigbesen*

'Reis·brannt·wein <m.; -(e)s, -e>

alkohol. Getränk; 'Reis·brei <m.; -(e)s; unz.>

'Rei·se <f.; -, -n> *längere Fahrt;* Urlaubs~; 'Rei·se·a·po·the·ke <f.; -, -n; ↗Z55> *Medikamentenvorrat für die Reise;* 'Rei·se·be·glei·ter <m.; -s, ->; 'Rei·se·be·glei·te·rin <f.; -, -nen>; 'Rei·se·be·richt <m.; -(e)s, -e>; 'Rei·se·be·schrei·bung <f.; -, -en>; 'Rei·se·buch·han·del <m.; -s; unz.> *Verkauf von Büchern durch Handelsvertreter;* 'Rei·se·bü·ro <n.; -s, -s>; 'Rei·se·de·cke <f.; -, -n>; 'rei·se·fer·tig <Adj.>; 'Rei·se·fie·ber <n.; -s; unz.; fig.> *innere Erregung vor einer Reise;* 'Rei·se·füh·rer <m.; -s, -> 1 *jmd., der eine Reisegruppe sachkundig führt* 2 *Buch, das Wissenswertes über Sehenswürdigkeiten usw. vermittelt;* 'Rei·se·füh·re·rin <f.; -, -nen>; 'Rei·se·ge·fähr·te <m.; -n, -n>; 'Rei·se·ge·fähr·tin <f.; -, -nnen>; 'Rei·se·geld <n.; -es; unz.> = *Reisespesen;* 'Rei·se·ge·päck <n.; -(e)s; unz.>; 'Rei·se·ge·päck·ver·si·che·rung <f.; -, -en>; 'Rei·se·ge·schwin·dig·keit <f.; -, -en>; 'Rei·se·ge·sell·schaft <f.; -, -en>; 'Rei·se·grup·pe <f.; -, -n>; 'Rei·se·kof·fer <m.; -s, ->; 'Rei·se·kos·ten <Pl.>; 'Rei·se·krank·heit <f.; -, -en>; 'Rei·se·land <n.; -(e)s, ²er>; 'Rei·se·lei·ter <m.; -s, ->; 'Rei·se·lei·te·rin <f.; -, -nen>; 'Rei·se·lek·tü·re <f.; -; unz.>; 'Rei·se·lust <f.; -; unz.>; 'rei·se·lus·tig <Adj.>; 'rei·sen <V. i.; du reist>; 'Rei·sen·de(r) <f. 2 (m. 1)> 1 *jmd., der eine Reise macht* 2 *Vertreter eines Unternehmens, der Kunden besucht;* 'Rei·se·pass <m.; -es, ²e>

'Rei·se·be·sen <m.; -s, -> = *Reisigbesen*

Rei·se'rei <f.; -; unz.; umg.>

'rei·sern <V. i.; Jägerspr.> *Witterung von Zweigen nehmen*

'Rei·se·rou·te <[-ru:-]; f.; -, -n>; 'Rei·se·scheck <m.; -s, -s> Sy *Travellerscheck;* 'Rei·se·spe·sen <Pl.> *zu ersetzende Reisekosten (z. B. für Vertreter);* 'Rei·se·ta·sche <f.; -, -n>; 'Rei·se·ver·an·stal·ter <m.; -s, ->; 'Rei·se·ver·kehr <m.; -s; unz.>; 'Rei-

se·weg <m.; -(e)s, -e>; **'Rei·se·wet·ter** <n.; -s; unz.>; **'Rei·se·wet·ter·be·richt** <m.; -(e)s, -e>; **'Rei·se·zeit** <f.; -, -en>; **'Rei·se·ziel** <n.; -(e)s, -e>

'Rei·sig <n.; -s; unz.> *dürre Zweige;* **'Rei·sig·be·sen** <m.; -s, ->

'Reis·korn <n.; -(e)s, ⸚er>; **'Reis·mehl** <n.; -(e)s; unz.> *fein gemahlener Reis;* **'Reis·pa·pier** <n.; -s; unz.>; **'Reis·pu·der** <m.; -s; unz.> = *Reismehl*

'Reiß·ah·le <f.; -, -n> *spitzer Stab zum Ziehen von Linien auf Metall od. Holz;* **Reiß'aus** <nur in der Wendung> ~ *nehmen davonlaufen, fliehen;* **'Reiß·blei** <n.; -(e)s; unz.> = *Graphit;* **'Reiß·brett** <n.; -(e)s, -er> *Zeichenbrett*

'Reis·schleim <m.; -(e)s; unz.> *gekochter, durch ein Sieb gerührter Reis;* **'Reis·schnaps** <m.; -es; unz.> = *Reisbranntwein*

'rei·ßen <V. 198; du reißt> 1 <V. t.> *gewaltsam zertrennen; etwas in Stücke* ~ 2 <V. i. (s.)> *brechen; das Seil ist gerissen* 3 <V. t. u. V. i.> *mit Gewalt zerren, ziehen; der Strudel riss ihn in die Tiefe; der Hund reißt an der Kette; sich am Riemen* ~ <fig.; umg.> *sich anstrengen* 4 <V. t.> *etwas an sich* ~ <abwertend> *gewaltsam in seinen Besitz bringen* 5 <V. t./V. refl.> *sich um jmdn. od. etwas* ~ <fig.; umg.> *unbedingt haben wollen* 6 <V. t.> *Witze* ~ *machen* 7 <V. t.> *das Raubwild reißt seine Beute* <Jägerspr.> *beißt sie tot;* **'Rei·ßen** <n.; -s; unz.; umg.> 1 *Rheumatismus* 2 <Sp.> *Übung im Gewichtheben;* **'rei·ßend** <Adj.> *ungestüm, heftig; ein* ~*er Fluss;* ~*e Schmerzen;* **'Rei·ßer** <m.; -s, -> *nicht besonders wertvolles, aber leicht verkäufliches Buch, oft gespieltes Theaterstück;* **'rei·ße·risch** <Adj.; abwertend> *Effekthascherei betreibend; ein* ~*er Zeitungsartikel;* **'Reiß·fe·der** <f.; -, -n> *ein Zeichengerät;* **'reiß·fest** <Adj.>; **'Reiß·lei·ne** <f.; -, -n> *Aufziehleine am Fallschirm;* **'Reiß·li·nie** <[-niə]; f.; -, -n> = *Perforation(2);* **'Reiß·na·del** <f.; -, -n> *Stift zur Metallbearbeitung;* **'Reiß·na·gel** <m.; -s,

⸚> = *Reißzwecke;* **'Reiß·schie·ne** <f.; -, -n> *ein Zeichengerät;* **'Reiß·ver·schluss** <m.; -es, ⸚e> *Verschlussvorrichtung für Kleidungsstücke, Taschen u. Ä.;* **'Reiß·ver·schluss·sys·tem** <n.; -s; unz.> ⟋Z37; Verkehrsw.> *abwechselndes Einordnen von Fahrzeugen in eine Spur; sich nach dem* ~ *einfädeln;* **'Reiß·wolf** <m.; -(e)s, ⸚e> *Maschine zum Zerreißen von Papier u. Textilien;* **'Reiß·wol·le** <f.; -; unz.>; **'Reiß·zahn** <m.; -(e)s, ⸚e> *Backenzahn der Raubtiere;* **'Reiß·zeug** <n.; -(e)s; unz.; Sammelbez. für> *Zeichengeräte;* **'Reiß·zir·kel** <m.; -s, -> *ein Zeichengerät;* **'Reiß·zwe·cke** <f.; -, -n> *kurzer Nagel mit breitem Kopf*

'Reis·te¹ <f.; -, -n; bair.> = *Riese²*

'Reis·te² <f.; -, -n> = *Riste*

'Reis·wein <m.; -(e)s; unz.> = *Sake*

'Reit·bahn <f.; -, -en>; **'Reit·dress** <m.; -es; unz.>

'Rei·tel <m.; -s, -; mdt.> *Drehstange, Knebel;* **'Rei·tel·holz** <n.; -es, ⸚er>

'rei·ten <V. 199> 1 <V. i. (s.)> *sich auf einem Pferd fortbewegen; er ist ins Gelände geritten* 2 <V. t.> *ein Reittier (irgendwohin) bewegen; er hat sein Pferd (in den Stall) geritten;* **'Rei·ter** <m.; -s, -> 1 *jmd., der reitet* 2 *aufklemmbare Suchhilfe auf Karteikarten* 3 *ein Trockengestell* 4 <österr.> *(Getreide-)Sieb;* **Rei·te·'rei** <f.; -; unz.>; **'Rei·te·rin** <f.; -, -nnen>; ⟋Z38; **'rei·ter·lich** <Adj.; ⟋Z46> ~*e Fähigkeiten;* <aber> *Deutsche Reiterliche Vereinigung;* **'rei·tern** <V. t.; ich reitere;* österr.> *Sand, Getreide sieben;* **'Rei·ters·mann** <m.; -(e)s, -er od. -leu·te; poet.>; **'Rei·ter·stand·bild** <n.; -(e)s, -er>; **'Reit·ger·te** <f.; -, -n>; **'Reit·hal·le** <f.; -, -n>; **'Reit·ho·se** <f.; -, -n>; **'Reit·knecht** <m.; -(e)s, -e; früher>; **'Reit·peit·sche** <f.; -, -n>; **'Reit·pferd** <n.; -(e)s, -e>; **'Reit·pfer·de·prü·fung** <f.; -, -en>; **'Reit·schu·le** <f.; -, -n>; **'Reit·sport** <m.; -(e)s; unz.>; **'Reit·stall** <m.; -(e)s, ⸚e>; **'Reit·stie·fel** <m.; -s, ->; **'Reit·tier** <n.; -(e)s, -e>; **'Reit·weg** <m.; -(e)s, -e>; **'Reit·zeug** <n.; -(e)s; unz.>

Reiz <m.; -es, -e> 1 *von außen kommende Einwirkung auf den Organismus; Husten~; Nerven~* 2 *Verlockung; der* ~ *des Neuen;* **'reiz·bar** <Adj.> *leicht erregbar;* **'Reiz·bar·keit** <f.; -; unz.>; **'rei·zen** <V.; du reizt> 1 <V. t.> *einen Reiz auf jmdn. od. etwas ausüben* 2 <V. t.> *jmdn.* ~ *provozieren* 3 <V. t. u. V. i.; Kart.> *den Gegner zu einem Gegenangebot herausfordern; er reizte (bis) 27;* **'rei·zend** <Adj.> *Gefallen erregend, nett; Julia ist ein* ~*es Mädchen; es war ein* ~*er Abend;* **'Reiz·gas** <n.; -es, -e> *ein chem. (Kampf-)Stoff;* **'Reiz·hus·ten** <m.; -s; unz.>

'Reiz·ker <m.; -s, -; Bot.> *ein Blätterpilz* [slaw.]

'Reiz·kli·ma <n.; -s; unz.>; **'reiz·los** <Adj.>; **'Reiz·lo·sig·keit** <f.; -; unz.>; **'Reiz·mit·tel** <n.; -s, ->; **'Reiz·schwel·le** <f.; -, -n; Physiol.; Psych.> *Punkt, ab dem ein Reiz(1) wahrgenommen wird; eine hohe, niedrige* ~; **'Reiz·the·ra·pie** <f.; -; unz.>; **'Reiz·über·flu·tung** <f.; -; unz.; ⟋Z55> *Übermaß an Reizen(1);* **'Rei·zung** <f.; -, -en>; **'reiz·voll** <Adj.> *anziehend;* **'Reiz·wä·sche** <f.; -; unz.; meist scherzh.> *(Damen-)Unterwäsche, die die Sinne ansprechen soll;* **'Reiz·wort** <n.; -(e)s, ⸚er; Psych.> *(meist negative) Reaktionen auslösendes Wort*

Re·ka·pi·tu·la·ti·on <f.; -, -en> *zusammenfassende Wiederholung* [lat.]; **re·ka·pi·tu'lie·ren** <V. t.>

're·keln <V. refl.; ich rek(e)le mich; umg.> *sich behaglich strecken; sich auf dem Sofa* ~; oV *räkeln*

Re·kla·ma·ti·on <f.; -, -en> *Beanstandung* [lat.]; **Re'kla·me** <f.; -, -n> *Werbung;* **Re'kla·me·feld·zug** <m.; -(e)s, ⸚e; fig.> *in großem Umfang durchgeführte Werbemaßnahme;* **Re'kla·me·schild** <n.; -(e)s, -er>; **Re'kla·me·trom·mel** <f.; -, -n> = *Werbetrommel;* **re·kla'mie·ren** <V.> 1 <V. t. u. V. i.> *beanstanden* 2 <V. t.> *etwas für sich* ~ *beanspruchen*

Re·kom'pens <f.; -, -en>, **Re·kom·pen·sa·ti'on** <f.; -, -en> *Entschädigung* [lat.]; **re·kom·pen·sie·ren** <V. t.>

re·kon·stru·ie·ren, <auch> **re·kons·tru·ie·ren, re·konst·ru·ie·ren** <V. t.; ⚹Z54> 1 *den ursprünglichen Zustand wieder herstellen* 2 *den Ablauf eines Ereignisses wiedergeben, nachzeichnen* [lat.]; **Re·kon·struk·ti·on** <f.; -, -en>

re·kon·va·les'zent <[-va-]; Adj.; Med.> *genesend*; **Re·kon·va·les'zenz** <f.; -; unz.> *Zeit der Genesung* [lat.]; **re·kon·va·les'zie·ren** <V. i.; geh.>

Re'kord <m.; -(e)s, -e> *(sportl.) Höchstleistung*; einen ~ einstellen *wiederholen* [engl.]; **Re'kord...** <in Zus.> *Best..., Höchst...*; **Re'kord·be·such** <m.; -(e)s, -e>; **Re'kor·der** <m.; -s, -> *Gerät zur Speicherung u. Wiedergabe von Bild- u./od. Tonaufzeichnungen*; oV *Recorder*; **Re'kord·leis·tung** <f.; -, -en>; **Re'kord·ni·veau** <[-vo:]; n.; -s, -s>; **re'kord·ver·däch·tig** <Adj.> *fähig, einen Rekord zu erzielen*; eine ~e Zwischenzeit; **Re'kord·zeit** <f.; -, -en> in ~

Re'krut, <auch> **Rek'rut** <m.; -en, -en; ⚹Z53> *Soldat zu Beginn der Ausbildung* [frz.]; **re·kru'tie·ren** <V.> 1 <V. i.> *Rekruten ausheben* 2 <V. refl.> *sich ~ sich zusammensetzen (aus)*; **Re·kru'tie·rung** <f.; -, -en>

'Rek·ta <Pl. von> *Rektum*; **rek'tal** <Adj.; Med.> *den Mastdarm betreffend* [lat.]; **Rek'tal·tem·pe·ra·tur** <m.; -, -en; Pl. selten>

rekt·an·gu'lär, <auch> **rek·tan·gu'lär** <Adj.; ⚹Z54; veralt.> *rechtwinklig* [frz.]

'Rek·ta·pa·pier <n.; -s, -e; Bankw.> = *Namenspapier* [lat.]; **Rekt·as·zen·si'on**, <auch> **Rek·tas·zen·si'on** <f.; -, -en; ⚹Z54; Astr.> *gerades Aufsteigen (eines Sterns)*; **'Rek·ta·wech·sel** <[-ks-]; m.; -s, -; Bankw.>; **Rek·ti·fi·ka·ti'on** <f.; -, -en; veralt.> 1 *Berichtigung* 2 <Chem.> *wiederholte Destillation* 3 <Math.> *Bestimmung einer Kurvenlänge*; **Rek·ti·fi'zier·an·la·ge** <f.; -, -n; Chem.>; **rek·ti·fi'zie·ren** <V. i. u. V. t.>

Rektion: Als R. bezeichnet man die Fähigkeit eines Wortes, den Kasus eines von ihm abhängigen Ausdrucks zu bestimmen. Im Deutschen „regieren" insbes. ⚹Verben die Kasusform der Objekte. So gibt es Verben, die ein Akkusativobjekt, ein Genitivobjekt oder ein Dativobjekt regieren: *Sie begleitet seinen Freund* (Akk.). *Er harrt des Geldes* (Gen.). *Wir vertrauen dem Verkäufer nicht* (Dat.).
Die Fähigkeit zur R. besitzen im Deutschen neben den Verben auch ⚹Präpositionen und ⚹Adjektive.
R. kann generell als eine Form der Dependenz (Abhängigkeit) interpretiert werden.

Rek·ti·on <f.; -, -en; Gramm.> *die Fähigkeit eines Wortes, den Kasus des von ihm abhängigen Wortes zu bestimmen*; → a. *Kasten* [lat.]

'Rek·to <n.; -s, -s> *Vorderseite (eines Blattes)*; Ggs *Verso* [lat.]

'Rek·tor <m.; -s, -'to·ren> 1 *Leiter einer (Hoch-)Schule* 2 *Vorsteher einer kirchl. Einrichtung* [lat.]; **Rek·to'rat** <n.; -(e)s, -e> 1 *Amtszeit eines Rektors* 2 *Amtszimmer eines Rektors*; **Rek'to·ren·kon·fe·renz** <f.; -, -en>; **Rek·'to·rin** <f.; -, -nnen; ⚹Z38>

Rek·to'skop, <auch> **Rek·tos·'kop** <n.; -(e)s, -e; Med.> *Spiegel zur Mastdarmuntersuchung*; **Rek·to·sko'pie** <f.; -, -n>; **rek·to·sko'pie·ren** <V. t.>; **rek·to'sko·pisch** <Adj.>; **'Rek·tum** <n.; -s, 'Rek·ta> *Mastdarm* [lat.]

re·kul·ti·vie·ren <[-'vi:-]; V. t.> *für die landwirtschaftl. Nutzung wiedergewinnen* [frz.]; **Re·kul·ti·'vie·rung** <f.; -, -en>

Re·ku·pe'ra·tor <m.; -s, -'to·ren> *techn. Wärmeaustauscher* [lat.]

re·kur'rent <Adj.> = *rekursiv*; **Re·kur'renz** <f.; -; unz.>; **re·kur'rie·ren** <V. i.; geh.> auf jmdn. od. etwas ~ *Bezug nehmen*; **Re'kurs** <m.; -es, -e; geh.> 1 *Bezugnahme* 2 <Rechtsw.> *Beschwerde, Einspruch*; **re·kur'siv** <Adj.; Math.> *auf bekannte Werte zurückgehend*; **Re·kur·si·vi'tät** <[-vi-]; f.; -; unz.>

Re·lais <[rə'lɛ:]; n.; - [-'lɛ:s],

---

relatives Verb: Ein r. V. oder zweiwertiges (drei-, vierwertiges) Verb ist ein Verb, das nur mit ⚹Objekten auftreten kann, z. B. *legen: Er legt das Baby in den Kinderwagen.*
Ggs ⚹absolutes Verb

[-'lɛ:s]; früher> 1 *Stelle zum Auswechseln der Postpferde* 2 <El.> *Schalteinrichtung* [frz.]; **Re'lais·be·ben** <n.; -s, -> *Erdbeben, das von einem anderen Beben ausgelöst wird*; **Re'lais·sta·ti·on** <f.; -, -en>

Re·la·ti'on <f.; -, -en; bes. Math.; Logik> *Beziehung, Verhältnis* [lat.]; **re·la'tiv** <a. ['---]; Adj.> *in einem Verhältnis zu etwas stehend, vergleichsweise*; ~e *Mehrheit einfache M.*; ~es *Verb*; Ggs *absolut(1)*; → a. *Kasten relatives Verb*; **Re·la'tiv·ad·verb** <n.; -s, -bi·en; Gramm.> → *Kasten S. 897*; **re·la·ti·vie·ren** <[-'vi:-]; V. t.> 1 *in Beziehung setzen (zu)* 2 *einschränken*; **Re·la·ti'vis·mus** <m.; -; unz.; Philos.> *Lehre, nach der alle Erkenntnis nur unter best. Bedingungen gültig ist*; **re·la·ti'vis·tisch** <Adj.>; **Re·la·ti·vi'tät** <f.; -; unz.> *Bezüglichkeit, Bedingtheit*; **Re·la·ti·vi'täts·prin·zip** <n.; -s; unz.>; **Re·la·ti·vi'täts·the·o·rie** <f.; -; unz.> *von Einstein begründete Theorie von der pysikal. Gesetzmäßigkeit*; **Re·la'tiv·pro·no·men** <n.; -s, - od. -mi·na; Gramm.> *bezügl. Fürwort*; → a. *Kasten S. 897*; **Re·la'tiv·satz** <m.; -es, ⸚e; Gramm.> → *Kasten S. 897*; **Re·la'ti·vum** <[-vum]; n.; -s, -va; Gramm.> = *Relativpronomen*

Re·launch <[ri'lɔ:nʃ]; m. od. n.; -(e)s, -(e)s> *neue Werbekampagne für ein bereits auf dem Markt befindliches Produkt* [engl.]

re·laxed <[ri'lækst]; Adj.; ⚹Z28.1; umg.; meist präd.> *ungezwungen, entspannt* [engl.]; **re·la·xen** <[ri'læksən]; V. i.> *sich entspannen*; **Re·la·xing** <[ri'læksiŋ]; n.; - od. -s; unz.> *das Relaxen*

Re·lease <[ri'li:s]; n.; -, -s [-sis] od. [-siz]> 1 *kurz für Releasecenter* 2 <bes. Popmus.> *Zeitpunkt der Vermarktung eines*

Relativadverb: Ein R. ist ein ⬈Pronominaladverb, das einen Relativsatz einleitet. R. sind in der Regel W-Fragewörter: *wo, woran, worüber, womit, wohin, woher, wann, wie.*

Relativpronomen: Das R., auch bezügliches Fürwort genannt, leitet Relativsätze ein. Es bezieht sich in der Regel auf ein unmittelbar vorausgehendes ⬈Substantiv bzw. eine Substantivgruppe. Die wichtigsten R. sind im Deutschen: *der, die, das; welcher, welche, welches; wer, was; derjenige, diejenige, dasjenige.* Das R. stimmt in ⬈Genus und ⬈Numerus mit dem Bezugswort des Relativsatzes überein, steht jedoch in dem ⬈Kasus, der seiner jeweiligen grammatischen Funktion entspricht: *Die Toten, deren wir heute gedenken.* Die Deklination von *der, die, das* als R. unterscheidet sich von der des ⬈Demonstrativpronomens (*deren/derer*) im Genitiv Plural:

	Singular			Plural
	Mask.	Fem.	Neutr.	MFN
Nom.	*der*	*die*	*das*	*die*
Gen.	*dessen*	*deren*	*dessen*	*deren*
Dat.	*dem*	*der*	*dem*	*denen*
Akk.	*den*	*die*	*das*	*die*

Relativsatz: Ein R. ist ein Gliedsatz, der durch ein Relativpronomen oder ein Relativadverb eingeleitet wird. Meistens ist der R. einem Bezugswort im Hauptsatz zugeordnet und besitzt die Funktion eines Attributes:
Das ist das Kind, das kein Spielzeug abgeben wollte.
Das ist das Dorf, woher ihr Mann stammt.
Das Relativpronomen oder Relativadverb leitet immer den R. ein, ihm vorangehen können nur ⬈Präpositionen:
Das ist der Hund, mit dem ich gestern spazieren ging.

Wenn kein Bezugswort für den R. vorhanden ist, spricht man vom **freien R.** Dieser kann
a) als ⬈**Subjektsatz** stehen: *Wer zuletzt lacht, lacht am besten.*
b) als ⬈**Objektsatz**: *Er möchte sehen, was du gemacht hast.*
c) als ⬈**Adverbialsatz**: *Bleibe, wo du bist!*
d) als **Prädikativsatz**: *Seine Tochter ist, was sie sich schon lange gewünscht hat.*

---

neuen Produktes [engl.]; **Re·'lease·cen·ter** <[-ˈsɛntə(r)]; n.; -s, -> *Einrichtung zur Heilung Rauschmittelsüchtiger;* **Re·lea·ser** <[ri'li:zər]; m.; -s, -; umg.> *Betreuer von Drogenabhängigen*

Re·le·ga·ti'on <f.; -, -en> **1** *Verweisung von der (Hoch-)Schule* **2** *Abstieg in eine niedrigere Spielklasse* [lat.]; **Re·le·ga·ti'ons·spiel** <n.; -(e)s, -e; Sp.>; **re·le'gie·ren** <V. t.; geh.>

re·le·vant <[-ˈvant]; Adj.; geh.> *wesentlich, erheblich;* Ggs *irrelevant* [lat.]; **Re·le·vanz** <[-ˈvants]; f.; -; unz.; geh.> *Bedeutung, Belang;* Ggs *Irrelevanz*

Re·li'ef <n.; -s, -s od. -e> **1** *aus einer Fläche plastisch herausgearbeitetes Bild* **2** <Geogr.> *Form der Erdoberfläche (u. ihre plastische Nachbildung)* [frz.]; **Re·li·'ef·druck** <m.; -(e)s, -e> *Hoch- u. Prägedruck;* **Re·li'ef·glo·bus**

<m.; -, -glo·ben>; **Re·li'ef·kar·te** <f.; -, -n>; Kartogr.>

Re·li·gi'on <f.; -, -en> *Glaube an Gott od. eine überirdische Macht u. der damit zusammenhängende Kult; wir haben zwei Stunden ~ in der Woche* <Schulw.> *Religionsunterricht* [lat.]; **Re·li·gi'ons·frei·heit** <f.; -; unz.> Sy *Bekenntnisfreiheit;* **Re·li·gi'ons·frie·de** <m.; -ns, -ns>; **Re·li·gi'ons·ge·mein·schaft** <f.; -, -en>; **Re·li·gi'ons·ge·schich·te** <f.; -; unz.>; **Re·li·gi'ons·krieg** <m.; -(e)s, -e>; **Re·li·gi'ons·leh·re** <f.; -; unz.; Schulw.>; **Re·li·gi'ons·leh·rer** <m.; -s, ->; **Re·li·gi'ons·leh·re·rin** <f.; -, -n·nen>; **re·li·gi'ons·los** <Adj.>; **Re·li·gi'ons·phi·lo·so·phie** <f.; -; unz.>; **Re·li·gi'ons·so·zi·o·lo·gie** <f.; -; unz.>; **Re·li·gi'ons·stif·ter** <m.; -s, -> *Begründer einer Religion;* **Re·li·gi'ons·streit** <m.; -(e)s, -e>

Glaubensstreit; **Re·li·gi'ons·un·ter·richt** <m.; -(e)s; unz.>; **Re·li·gi'ons·wis·sen·schaft** <f.; -; unz.>; **re·li·gi'ös** <Adj.> **1** *zur Religion gehörend* **2** *gläubig, fromm;* **Re·li·gi'o·se(r)** <f. 2 (m. 1)> *Mitglied einer Klostergemeinschaft;* **Re·li·gi·o·si'tät** <f.; -; unz.> *Gläubigkeit, Frömmigkeit;* **re·li·gi·o·so** <[-li'dʒo:zo]; Mus.> *andachtsvoll* [ital.]

Re'likt <n.; -(e)s, -e> *Rest, Überbleibsel* [lat.]; **Re'lik·ten·fau·na** <f.; -; unz.; Zool.> *letzte Exemplare einer früher verbreiteten Tierart;* **Re'lik·ten·flo·ra** <f.; -; unz.; Bot.> *letzte Exemplare einer früher verbreiteten Pflanzenart*

'**Re·ling** <f.; -, -s od. -e> *Schiffsgeländer, Brüstung*

Re·li·qui'ar <n.; -s, -e> *Reliquienbehälter;* **Re'li·quie** <[-kviə]; f.; -, -n> *körperl. Überrest od. Gegenstand eines Heiligen* [lat.]; **Re'li·qui·en·hal·ter** <m.; -s, ->; **Re'li·qui·en·käst·chen** <n.; -s, ->; **Re'li·qui·en·schrein** <m.; -(e)s, -e>

'**Re·lish** <[-liʃ]; n.; -s, -s od. -es [-ʃɪz]> *würzige Soße mit Gemüsestückchen* [engl.]

Re·luk'tanz <f.; -, -en> *magnetischer Widerstand* [lat.]

Re·mai·ling <[ri'meil-]; n.; - od. -s; unz.; Wirtsch.> *Versand von Massenpost unter Ausnutzung der günstigsten Gebührenstruktur* [engl.]

Re·make <[ri'meik]; n.; -s, -s> *Neubearbeitung eines Filmes bzw. literar. Stoffes* [engl.]

re·ma'nent <Adj.; fachspr.> *zurückbleibend* [lat.]; **Re·ma'nenz** <f.; -; unz.; Phys.> *Restmagnetismus*

Rem·bours <[rãˈbuːr]; m.; - [-buːrs], - [-buːrs]> *Überseehandel> Begleichung eines überseeischen Warengeschäfts unter Mitwirkung der Bank* [frz.]; **Rem'bours·ge·schäft** <n.; -(e)s, -e>; **Rem'bours·kre·dit** <m.; -(e)s, -e>

Re'me·di·um <n.; -s, -di·en od. -dia> **1** *Heilmittel* **2** *gesetzl. zulässiger Mindestgehalt an Edelmetall (von Münzen)* [lat.]

Re·mi'grant <auch> **Re·mig'rant** <m.; -en, -en; ⬈Z53> *zurückge-*

kehrter Emigrant, Rückwande-
rer [lat.]; **Re·mi'gran·tin** <f.; -,
-n·nen>

re·mi·li·ta·ri'sie·ren <V. t.> ein
Land ~ wieder bewaffnen, das
Heerwesen wieder herstellen
[lat.]; **Re·mi·li·ta·ri'sie·rung** <f.;
-; unz.>

Re·mi·nis·ce·re <ohne Art.>
zweiter Passionssonntag [lat.];
Re·mi·nis'zenz <f.; -, -en> 1 Er-
innerung; Kindheits~ 2 An-
klang, Ähnlichkeit; ~en an die
Malerei des 19. Jh.

re·mis <[rə'mi:]; Adj.; bes.
Schach.> nur präd. u. adv.> un-
entschieden [frz.]; **Re'mis** <n.; -,
- od. -en [-zən]> unentschiede-
nes Spiel

Re'mi·se <f.; -, -n; veralt.> 1 Wa-
genschuppen 2 <Jägerspr.>
Schutzgehölz für Wild [frz.]

Re·mis·si'on <f.; -, -en> 1
<Buchw.> Rücksendung von Re-
mittenden 2 <Med.> vorüberge-
hendes Nachlassen von Krank-
heitserscheinungen 3 <Phys.>
diffuse Reflexion von Licht an
nicht spiegelnden Oberflächen
[lat.]; **Re·mit'ten·de** <f.; -, -n;
Buchw.> Buch, das an den Ver-
lag zurückgeschickt wird; **Re·**
mit'tent <m.; -en, -en;
Wirtsch.> Wechselnehmer; **Re·**
mit'tie·tin <f.; -, -t. u. V. i.> 1
<Buchw.> zurücksenden 2
<Med.> nachlassen

Re'mix <[ri:-]; n.; -; unz.> Neufas-
sung alter Musikstücke [engl.]

Rem·mi'dem·mi <n.; -s; unz.;
umg.> lautes Treiben, Trubel

re·mon'tant <[-mõ-]; Adj.; Bot.>
zum zweiten Mal blühend [frz.];
Re'mon·te <f.; -, -n; früher;
kurz für> Remontepferd; **Re·**
'mon·te·pferd <n.; -(e)s, -e>
junges Pferd zur Auffrischung
des mil. Pferdebestands; **re·mon·**
'tie·ren <V. i.> 1 <Bot.> zum
zweiten Mal blühen 2 den Pfer-
debestand auffrischen

Re·mou'la·de <[rəmu-]; f.; -, -n>
eine Art Kräutermajonäse;
~nsoße [frz.]

Rem·pe'lei <f.; -, -en; umg.>;
'rem·peln <V. t.; ich remp(e)le;
umg.> absichtlich anstoßen,
schubsen

'REM-Pha·se <f.; -, -n; ⚡Z34>
durch schnelle Augenbewegun-
gen gekennzeichnete Traum-
phase während des Schlafs
[Abk. von engl. rapid eye move-
ments]

'Remp·ter, 'Rem·ter <m.; -s, ->
Speise- u. Versammlungssaal
(in Burgen u. Klöstern) [lat.]

Re·mu·ne·ra·ti'on <f.; -, -en;
noch österr. sonst veralt.> Ver-
gütung, Entschädigung; **re·mu·**
ne'rie·ren <V. t.> [lat.]

Ren <a. [re:n]; n.; -s, -s od. -e;
Zool.> eine nordische Hirschart

Re·nais·sance <[rǝnǝ'sãs]; f.; -,
-n> 1 Wiedererweckung, Er-
neuerung 2 <unz.; 14.–16. Jh.>
antike Stilelemente nachah-
mende kulturelle Bewegung
[frz.]

re·na·tu'rie·ren <V. t.> in einen
naturnahen Zustand zurück-
führen [lat.]; **Re·na·tu'rie·rung**
<f.; -, -en>

Ren·de·ment <[rãdǝ'mã]; n.; -s,
-s> reiner Gehalt (eines Roh-
stoffs in einem Produkt) [frz.]

Ren·dez·vous, <schweiz. a.>
Ren·dez·vous <[rãde'vu:]; n.; -
[-vu:s], - [-vu:s]> 1 Treffen (von
Verliebten) 2 Begegnung von Sa-
telliten im Weltraum [frz.]; **Ren·**
dez'vous·ma·nö·ver <n.; -s, ->
Raumf.>

Ren·di·te <f.; -, -n; Wirtsch.> aus
einer Kapitalanlage jährlich er-
zielter Gewinn [ital.]

Re·ne'gat <m.; -en, -en> poli-
tisch od. religiös Abtrünniger
[lat.]; **Re·ne·ga·ti'on** <f.; -, -en>
Glaubensabfall

Re·ne'klo·de <f.; -, -n> eine Edel-
pflaume; oV Reineclaude [frz.]

Re'net·te <f.; -, -n> eine Apfelsor-
te [frz.]

Ren·for·cé <[rãfɔr'se:]; m. od. n.;
-s, -s; Textilw.> ein Baumwoll-
gewebe [frz.]

re·ni'tent <Adj.> aufsässig, wider-
spenstig; **Re·ni'tenz** <f.; -; unz.>
Widerspenstigkeit [lat.-frz.]

'Ren·ke <f.; -, -n>, **'Ren·ken** <m.;
-s, -; Zool.> ein Lachsfisch

'Renn·au·to <n.; -s, -s>; **'Renn·**
bahn <f.; -, -en>; **'Renn·boot**
<n.; -(e)s, -e>; **'ren·nen** <V. i. (s.)
200> sehr schnell laufen; jmdn.
über den Haufen ~ im Laufen
umstoßen; **'Ren·nen** <n.; -s, -;
Sp.> ein Schnelligkeitswett-

kampf; Pferde~; das ~ machen
<a. fig.> siegen; **'Ren·ner** <m.;
-s, -> 1 gutes Rennpferd 2 <fig.;
umg.> Verkaufsschlager; dieses
Buch ist ein echter ~; **Ren·ne·**
'rei <f.; -, -en; umg.>; **'Renn·**
fah·rer <m.; -s, ->; **'Renn·fah·**
re·rin <f.; -, -n·nen>; **'Renn·**
jacht <f.; -, -en>; **'Renn·lei·tung**
<f.; -, -en>; **'Renn·pferd** <n.;
-(e)s, -e>; **'Renn·platz** <m.; -es,
⸚e>; **'Renn·rad** <n.; -(e)s, ⸚er>;
'Renn·rei·ter <m.; -s, ->; **'Renn·**
rei·te·rin <f.; -, -n·nen>; **'Renn·**
schlit·ten <m.; -s, ->; **'Renn·**
sport <m.; -(e)s; unz.>; **'Renn·**
stall <m.; -(e)s, ⸚e; Reitsp.,
Radsp., Motorsp.> Mannschaft,
die von einem Unternehmen od.
Sponsor ins Rennen geschickt
wird; **'Renn·stre·cke** <f.; -, -n>;
'Renn·wa·gen <m.; -s, ->

Re·nom'mee <n.; -s, -s; Pl. sel-
ten> Ansehen, Ruf [frz.]; **re·nom·**
'mie·ren <V. i.; geh.> prahlen;
re·nom'miert <Adj.> angesehen;
Re·nom'mist <m.; -en, -en;
geh.> Angeber, Prahler; **Re·nom·**
'mis·tin <f.; -, -n·nen>

Re·non·ce <[rǝ'nõsǝ]; f.; -, -n;
Kart.> Fehlfarbe [frz.]

re·no'vie·ren <[-'vi:-]; V. t.> in-
stand setzen; **Re·no'vie·rung**
<f.; -, -en> [lat.]

ren·ta·bel <Adj.; -'tab·ler, am
-s·ten> ertragreich, lohnend;
ein rentables Geschäft [frz.];
Ren·ta·bi·li'tät <f.; -; unz.;
Wirtsch.> Einträglichkeit; **Ren·**
ta·bi·li'täts·prü·fung <f.; -, -en;
Pl. selten>

'Rent·amt <n.; -(e)s, ⸚er; früher>
Rechnungsamt; **'Ren·te** <f.; -,
-n> regelmäßiges Einkommen
aus Versicherung od. Vermögen;
Invaliden~ [frz.]; **'Ren·ten·al·ter**
<n.; -s; unz.>; **'Ren·ten·an·pas·**
sung <f.; -, -en>; **'Ren·ten·an·**
spruch <m.; -(e)s, ⸚e>; **'Ren·**
ten·bank <f.; -, -en>; **'Ren·ten·**
ba·sis <f.; -; unz.> die Rente als
Grundlage (einer Berechnung);
'Ren·ten·emp·fän·ger <m.; -s,
->; **'Ren·ten·emp·fän·ge·rin** <f.;
-, -n·nen>; **'Ren·ten·mark** <f.; -,
-> 1923 eingeführte dt. Wäh-
rungseinheit; **'Ren·ten·markt**
<m.; -(e)s; unz.; Wirtsch.> Kauf
u. Verkauf von Rentenpapieren;
'Ren·ten·pa·pier <n.; -s, -e>

festverzinsliches Wertpapier; **'ren·ten·pflich·tig** <Adj.>; **'Renten·re·form** <f.; -, -en>; **'Renten·ver·si·che·rung** <f.; -, -en>; **'Ren·ten·ver·si·che·rungs·träger** <m.; -s, -> *für die Durchführung der Rentenversicherung zuständige Behörde*; **'Renten·wert** <m.; -(e)s, -e> = *Rentenpapier*

'Ren·tier¹ <n.; -s; -(e)s, -e> = *Ren*

Ren·ti·er² <[-'tje:]; m.; -s, -s; ver­alt.> *Rentenempfänger* [frz.]

ren'tie·ren <V. refl.> etwas rentiert sich *wirft Gewinn ab, lohnt sich* [frz.]

'Ren·tier·flech·te <f.; -; unz.; Bot.> *(als Futter dienende) Flechte nördl. Länder*

'Rent·ner <m.; -s, -> *jmd., der eine (staatl.) Rente bezieht*; Früh–; **'Rent·ne·rin** <f.; -, -n·nen>

Re·nu·me·ra·ti·on <f.; -, -en; Wirtsch.> *Rückzahlung* [lat.]; **re·nu·me'rie·ren** <V. t.>

Re·nun·ti·a·ti·on, <auch> **Renun·zi·a·ti·on** <f.; -, -en; ⤢Z 11.4> *Verzicht, Abdankung (eines Monarchen)* [lat.]; **re·nun'zie·ren** <V. t.> *verzichten*

Re·ok·ku·pa·ti·on <f.; -, -en> *Wiederbesetzung (eines Landes)* [lat.]; **re·ok·ku'pie·ren** <V. t.>

Re·or·ga·ni·sa·ti·on <f.; -, -en> *Neuordnung* [lat.]; **Re·or·ga·ni'sa·tor** <m.; -s, -'to·ren>; **re·or·ga·ni·sie·ren** <V. t.>

Rep <m.; -s, -s; kurz für> *Republikaner (Mitglied einer rechtsgerichteten Partei)*

re·pa'ra·bel <Adj.> *so beschaffen, dass es zu reparieren ist*; ein reparabler Schaden; Ggs *irreparabel* [lat.]; **Re·pa·ra·teur** <[-'tø:r]; m.; -s, -e> *jmd., der Reparaturen ausführt*; **Re·para·ti·on** <f.; -, -en> 1 <Med.> *Wiederherstellung von zerstörtem Gewebe* 2 <nur Pl.> *Kriegsentschädigung*; **Re·pa·ra·ti'onszah·lung** <f.; -, -en>; **Re·pa·ra'tur** <f.; -, -en> *Ausbesserung, Instandsetzung*; **re·pa·ra'tur·anfäl·lig** <Adj.>; **Re·pa·ra'tur·annah·me** <f.; -, -n; Pl. selten>; **Re·pa·ra'tur·kos·ten** <Pl.>; **Re·pa·ra'tur·werk·statt** <f.; -, -stät·ten>; **re·pa'rie·ren** <V. t.> *ausbessern, instand setzen*

festverzinsliches Wertpapier;

re·par'tie·ren <V. t.; Börse> *Wertpapiere zuteilen* [frz.]; **Re·par·titi'on** <f.; -, -en>

re·pa·tri'ie·ren, <auch> **re·pat·ri'ie·ren** <V. t.; ⤢Z 53> 1 *Vertriebene u. a. in die Heimat zurückführen* 2 *die frühere Staatsangehörigkeit wieder verleihen* [frz.]; **Re·pa·tri'ie·rung** <f.; -, -en>

Re·peat <[ri'pi:t]; n.; -s, -s> [engl.]; **Re'peat·per·kus·si·on** <f.; -, -en; Mus.; bei elektron. Orgeln> *rasche Wiederholung des angeschlagenen Tones* [engl.]

Re·per·kus·si·on <f.; -, -en; Mus.> 1 *Sprechton beim Psalmenvortrag* 2 *Durchführung des Themas durch alle Stimmen der Fuge* [lat.]

Re·per·toire <[-'to·a:r]; n.; -s, -s> *Gesamtheit aller einstudierten Stücke*; eine Rolle im ~ haben [frz.]; **Re'per·toire·stück** <n.; -(e)s, -e>; **Re·per'to·ri·um** <n.; -s, -ri·en> *Verzeichnis, Nachschlagewerk* [lat.]

re·pe'tie·ren <V. t.; geh.> *wiederholen* [lat.]; **Re·pe'tier·uhr** <f.; -, -en> *Taschenuhr mit Schlagwerk*; **Re·pe·ti·ti'on** <f.; -, -en; geh.> *Wiederholung*; **Re·pe'ti·tor** <m.; -s, -'to·ren> *jmd., der mit Studenten vor der Prüfung den Stoff wiederholt u. einübt*; **Re·pe·ti'to·ri·um** <n.; -s, -ri·en> *Wiederholungsunterricht*

Re·plan·ta·ti·on <f.; -, -en; Med.> *Wiedereinpflanzung eines Organs*; **re·plan'tie·ren** <V. t.> [lat.]

Re'plik, <auch> **Rep'lik** <f.; -, -en; ⤢Z 53> 1 *Erwiderung* 2 *vom Künstler selbst angefertigte Nachbildung eines Originals* [frz.]; **re·pli'zie·ren** <V. t. u. V. i.> [lat.]

re·po'ni·bel <Adj.; Med.> *wieder einrenkbar*; ein reponibles Gelenk; Ggs *irreponibel* [lat.]; **repo'nie·ren** <V. t.; Med.> ein gebrochenes, verrenktes Glied ~

Re'port¹ <m.; -(e)s, -e> *Bericht, Mitteilung* [engl.]; **Re'port²** <m.; -(e)s, -e; Börse> *Kursaufschlag bei Prolongationsgeschäften* [frz.]; **Re·por'ta·ge** <[-ʒə]; f.; -, -n; Presse, Rund­funk, TV> *aktuelle Berichterstattung* [frz.]; **Re'por·ter** <m.;

-s, -> *Berichterstatter* [engl.]; **Re'por·te·rin** <f.; -, -n·nen>; **Re'port·ge·schäft** <n.; -(e)s, -e; Börse> Sy *Prolongationsgeschäft*

Re·po·si·ti·on <f.; -, -en; Med.> *das Reponieren*

re·prä·sen'ta·bel <Adj.; -'tab·ler, am -sten> *würdig, stattlich, wirkungsvoll*; eine repräsentable Erscheinung [frz.]; **Re·präsen'tant** <m.; -en, -en> *Vertreter einer Gruppierung, Abgeordneter* [lat.]; **Re·prä·sen'tan·tenhaus** <n.; -es; unz.; in den USA> **Re·prä·sen'tan·tin** <f.; -, -n·nen>; **Re·prä·sen'tanz** <f.; -, -en> *(geschäftl.) Vertretung*; **Reprä·sen·ta·ti'on** <f.; -, -en> 1 *(Stell-)Vertretung* 2 *Zurschaustellung*; die ~ der Neuentwicklungen 3 <unz.> *würdiges Auftreten*; **re·prä·sen·ta'tiv** <Adj.> 1 *(würdig) vertretend*; ein ~er Querschnitt 2 *wirkungsvoll*; ein ~es Geschenk [frz.]; **Re·präsen·ta'tiv·er·he·bung** <f.; -, -en; Stat.>; **re·prä·sen'tie·ren** <V.> 1 <V. t. = *vertreten(5)* 2 <V. t.> *darstellen* 3 <V. i.> *würdig, standesgemäß auftreten*

Re·pres'sa·lie <[-liə]; f.; -, -n; meist Pl.> *Vergeltungsmaßnahme, Druckmittel*; **Re·pres·si·on** <f.; -, -en; geh.> *(gewaltsame) Unterdrückung (polit. missliebiger Bestrebungen)* [lat.]; **repres'siv** <Adj.> *unterdrückend*; ~e Maßnahmen

Re'print <engl. ['ri:-]; n.; -s, -s; Buchw.> *unveränderter Nach-, Neudruck* [engl.]

Re'pri·se <f.; -, -n> 1 <Mus.> *Wiederholung* 2 <Börse> *Kurserholung* [frz.]

re·pri·va·ti'sie·ren <[-va-]; V. t.> *staatliches Eigentum in Privatbesitz zurückführen*; **Re·pri·va·ti·sie·rung** <f.; -, -en>

'Re·pro <f.; -, -s od. n.; -s, -s; kurz für> *Reproduktion*; **Re·pro·dukti'on** <f.; -, -en> 1 <Druckw.; Fot.> *Nachbildung, Wiedergabe* 2 *Vervielfältigung* 3 <Biol.> *Fortpflanzung* [lat.]; **Re·pro·duk·ti'ons·me·di·zin** <f.; -; unz.>; **Re·pro·duk·ti'ons·ver·fah·ren** <n.; -s, ->; **re·pro·duk·'tiv** <Adj.>; **re·pro·du'zie·ren** <V. t.> *eine Reproduktion(1, 2)* herstellen; **Re·pro·gra'fie, Re·pro·gra'phie** <f.; -, -n; ⏴Z11.3; Sammelbez. für> *verschiedene Kopierverfahren*

Rep'til <n.; -s, -li·en od. (selten) -e; Zool.> *ein Kriechtier* [lat.]

Re·pu'blik, <auch> **Re·pub'lik** <f.; -, -en; ⏴Z53> *eine Staatsform;* Bundes~ Deutschland; ~ Südafrika [frz.]; **Re·pu·bli'ka·ner** <m.; -s, -> **Re·pu·bli'ka·ne·rin** <f.; -, -n·nen> **re·pu·bli'ka·nisch** <Adj.> **Re·pu'blik·flucht** <f.; -; unz.; im offiziellen Sprachgebrauch der DDR> *illegales Verlassen der DDR*

Re·pu'gnanz, <auch> **Re·pug'nanz** <f.; -, -en; Philos.> *Widerstreit* [lat.]

Re·pul·si'on <f.; -, -en; Tech.> *Zurückstoßung, Abstoßung* [lat.]; **Re·pul·si'ons·mo·tor** <m.; -s, -'to·ren> **re·pul'siv** <Adj.> *zurückstoßend* [frz.]

Re'pun·ze <f.; -, -n> *Stempel (bes. zur Angabe des Feingehalts an Edelmetall)* [lat.]; **re·pun'zie·ren** <V. t.>

Re·pu·ta'ti·on <f.; -; unz.> *Ruf, Ansehen* [lat.]; **re·pu'tier·lich** <Adj.; veralt.> *achtbar*

'Re·qui·em <n.; -s, -s od. -qui·en> 1 <Kath.> *Totenmesse* 2 <Mus.> *Komposition für ein Requiem(1);* **re·qui'es·cat in 'pa·ce** <[-kat -tse]; Abk.: R.I.P.> *er (sie, es) ruhe in Frieden!* (Grabaufschrift) [lat.]

re·qui'rie·ren <V. t.> *(für milit. Zwecke) beschlagnahmen* [lat.]; **Re·qui'sit** <n.; -(e)s, -en; meist Pl.> *Zubehör für eine Theateraufführung u. Ä.;* **Re·qui'si·te, Re·qui'si·ten·kam·mer** <f.; -, -n; Theat.> **Re·qui·si'teur** <[-'tø:r]; m.; -s, -e> *Verwalter der Requisiten* [frz.]; **Re·qui·si·ti'on** <f.; -, -en> *das Requirieren*

resch <Adj.; -er, am -es·ten; österr.> 1 *knusprig* 2 *resolut*

Re·search <[ri'zə:tʃ]; n.; - od. -s, -s> *Meinungs-, Marktforschung* [engl.]

Re'se·da, Re'se·de <f.; -, -'se·den, Bot.> *eine Pflanze*

Re·sek·ti·on <f.; -, -en; Med.> *chirurg. Entfernung eines Organs* [lat.]

re·ser·vat <[-'va:t]; Adj.; österr.; Amtsdt.> *vertraulich, geheim;*

Re·ser'vat <n.; -(e)s, -e> 1 *einer Urbevölkerung zugewiesenes Siedlungsgebiet;* Indianer~ 2 *Schutzgebiet für gefährdete Tier- u. Pflanzenarten* 3 <geh.> *Sonderrecht* [lat.]; **Re·ser'va·tio men'ta·lis** <f.; -, -ti'o·nes -'ta·les; ⏴Z31; Rechtsw.> *nur in Gedanken gemachter Vorbehalt;* **Re·ser·va·ti'on** <f.; -, -en; geh.> 1 *Vorbehalt* 2 = Reservat(1); **Re·ser'vat·recht** <n.; -(e)s, -e> *Sonderrecht*

Re·ser've <[-və]; f.; -, -n> 1 *Rücklage (für den Notfall);* etwas in ~ haben; stille ~ <Wirtsch.> *Eigenkapitalsteile, die nicht aus der Bilanz ersichtlich sind* 2 <Mil.> *Gesamtheit der nicht aktiven Soldaten;* Leutnant der ~ <Abk.: d. R.> 3 <unz.; fig.> *Zurückhaltung;* jmdn. aus der ~ locken [frz.]; **Re·ser've·bank** <f.; -; unz.; Sp.> **Re·ser've·fonds** <[-fɔ̃]; m.; - [-fɔ̃s], - [-fɔ̃s]; Wirtsch.> **Re·ser've·ka·nis·ter** <m.; -s, -> **Re·ser've·of·fi·zier** <m.; -s, -e> **Re·ser've·rei·fen** <m.; -s, -> *Ersatzreifen;* **re·ser·vie·ren** <[-'vi:-]; V. t.> 1 *vormerken, freihalten;* der Tisch ist reserviert 2 *aufbewahren* [lat.]; **re·ser'viert** <Adj.; a.> *zurückhaltend, kühl;* **Re·ser'vie·rung** <f.; -, -en>; **Re·ser'vist** <m.; -en, -en; Mil.> *Soldat der Reserve(2)*

Re·ser·voir <[-'voa:r]; n.; -s, -e> 1 *Sammelbecken, Behälter;* Wasser~ 2 *Vorrat* [frz.]

Re·set <[ri:'sɛt]; m. od. n.; -s, -s; EDV> *Neustart eines Computers* [engl.]

re·se'zie·ren <V. t.; Med.> *ein krankes Organ chirurgisch entfernen* [lat.]

Re·si'dent·schaft <f.; -, -en> *Amt eines diplomat. Vertreters;* **Re·si'denz** <f.; -, -en> 1 *Amtssitz eines weltl. od. kirchl. Oberhauptes* 2 *Hauptstadt eines Fürstentums, Königreichs;* ~theater [lat.]; **Re·si'denz·stadt** <f.; -, ‍-̈e = Residenz(2);* **re·si'die·ren** <V. i.> *seinen Wohn-, Regierungssitz haben;* **re·si·du'al** <Adj.; Med.> *zurückbleibend, restlich;* **Re'si·du·um** <n.; -s, -du·en> *Rest, Rückstand*

Re·si·gna·ti·on, <auch> **Re·sig-**

na·ti'on <f.; -; unz.; ⏴Z53> *das Sichfügen in das Schicksal, Verzicht* [lat.]; geh.>; **re·si'gnie·ren** <V. i.>

Re·si'nat <n.; -(e)s, -e; Chem.> *Salz der Harzsäure* [lat.]

Ré·sis·tance <[rezis'tãs]; f.; -; unz.> *frz. Widerstandsbewegung im 2. Weltkrieg* [frz.]; **re·sis'tent** <Adj.; Med.; Biol.> *widerstandsfähig* [lat.]; **Re·sis'tenz** <f.; -, -en> 1 <bes. Pol.> *Widerstand;* passive ~ *gewaltloser Widerstand* 2 <Med.; Biol.> *Widerstandsfähigkeit;* **re·sis'tie·ren** <V. i.> *widerstehen, ausdauernd sein;* **re·sis'tiv** <Adj.; Med.; Biol.> *widerstehend*

re·so'lut <Adj.> *beherzt, tatkräftig, entschlossen* [frz.]; **Re·so·lu·ti'on** <f.; -, -en> *Entschließung, Beschluss*

Re·sol·ven·te <[-'vɛn-]; f.; -, -n; Math.> *Hilfsgleichung;* **re·sol'vie·ren** <V. t.; veralt.> *beschließen* [lat.]

Re·so'nanz <f.; -, -en> 1 <Mus.; Phys.> *das Mittönen, Mitschwingen* 2 <fig.> *Zustimmung* [lat.]; **Re·so'nanz·bo·den** <m.; -s, -̈; bei Musikinstrumenten> **Re·so'nanz·fre·quenz** <f.; -, -en; Phys.> **Re·so'nanz·kör·per** <m.; -s, -; bei Musikinstrumenten> **Re·so'nanz·raum** <m.; -(e)s, -̈e> **Re·so'nanz·schwin·gung** <f.; -, -en> **Re·so'na·tor** <m.; -s, -'to·ren> *mitschwingender Körper*

Re·so'pal <n.; -s; unz.; Warenz.> *ein Kunststoff;* ~platte

re·sor'bie·ren <V. t.> *aufsaugen, aufnehmen* [lat.]; **Re·sorp·ti'on** <f.; -, -en> *Aufnahme (eines gelösten Stoffes)*

re·so·zi·a·li'sie·ren <V. t.> [lat.]; **Re·so·zi·a·li'sie·rung** <f.; -, -en> *(schrittweise) Wiedereingliederung von straffällig Gewordenen in die Gesellschaft*

resp. <Abk. für> *respektive;* **Re'spekt,** <auch> **Res'pekt** <m.; -(e)s; unz.; ⏴Z54> *Achtung, Ehrerbietung;* eine ~ einflößende Erscheinung; ~! *meine Anerkennung!* [frz.]; **re·spek'ta·bel** <Adj.; -'tab·ler, am -s·ten> *Respekt einflößend, angesehen;* eine respektable Leistung; **Re·spek·ta·bi·li'tät** <f.; -; unz.;>

geh.> *Ansehen;* **Re'spekt·blatt** <n.; -(e)s, ˸er; Buchw.> *leeres Blatt am Anfang eines Buches;* **re·spek'tie·ren** <V. t.> 1 *achten* 2 <Wirtsch.> *einen Wechsel bezahlen;* **re·spek'tier·lich** <Adj.; veralt.> *achtbar, respektabel;* **re·spek'tiv** <Adj.; veralt.> *jeweilig;* **re·spek'ti·ve** <Adv.; Abk.: resp.> *beziehungsweise;* **re'spekt·los** <Adj.>; **Re'spekt·lo·sig·keit** <f.; -, -en>; **Re'spekts·per·son** <f.; -, -en>; **re'spekt·voll** <Adj.>

Re·spi·ra·ti'on, <auch> **Res·pi·ra·ti'on** <f.; -; unz.; ⚡Z54; Med.> *Atmung* [lat.]; **Re·spi'ra·tor** <m.; -s, -'to·ren; Med.> *Beatmungsgerät;* **re·spi·ra'to·risch** <Adj.>; **re·spi'rie·ren** <V. i.> *atmen*

re·spon'die·ren, <auch> **res·pon·'die·ren** <V. i.; ⚡Z54; Mus.> 1 *(im Wechselgesang) den zweiten Part singen* 2 <veralt.> *antworten* [lat.]; **Re'spons** <m.; -es, -e; geh.> *Reaktion auf einen Vorschlag, eine Initiative;* **Re·sponse** <ri'spɔns]; f.; -, -s [-sɪz]> 1 <Psych.> *durch einen Reiz hervorgerufene Reaktion* 2 *Antwort, Werberücklauf;* **Re·spon'so·ri·um** <n.; -s, -ri·en> *liturg. Wechselgesang*

Res·sen·ti·ment <[resãti'mã]; n.; -s, -s> *gefühlsmäßige Abneigung, Ablehnung* [frz.]

Res·sort <[rɛ'soːr]; n.; -s, -s> *Geschäftsbereich, Aufgabengebiet* [lat.]

Res·sour·ce <[rə'sursə]; f.; -, -n; meist Pl.> *Geld-, Hilfs-, Rohstoffquelle* [frz.]

Rest <m.; -(e)s, -e od. <Kaufmannsspr., bes. von Schnittwaren> -er od. (schweiz.) -en> *Überbleibsel, Rückstand* [lat.]; **'Rest·al·ko·hol** <m.; -(e)s; unz.> *restl. Blutalkohol im Körper*

Res·tau·rant <[rɛsto'rãː]; n.; -s, -s> *Gaststätte* [frz.]; **Res·tau·ra·teur** <[-'tøːr]; m.; -(e)s, -e; noch schweiz., sonst veralt.> *Gastwirt*

Res·tau·ra·ti'on¹ <[-stau-]; f.; -, -en> 1 *Wiederherstellung eines früheren polit. Zustandes* 2 *Wiederherstellung eines beschädigten Kunstwerkes* [lat.]

Res·tau·ra·ti'on² <[-sto:-]; f.; -,

-en; noch österr., sonst veralt.> *Restaurant;* Bahnhofs~

res·tau·ra'tiv <[-stau-]; Adj.> *die Restauration¹(1) betreffend; ~e u. reaktionäre Tendenzen;* **Res·tau'ra·tor** <m.; -s, -'to·ren> *Wiederhersteller (von Kunstwerken);* **Res·tau·ra'to·rin** <f.; -, -n·nen>; **res·tau'rie·ren** <V. t.> *in den früheren Zustand versetzen;* **Res·tau'rie·rung** <f.; -, -en>

'Rest·be·stand <m.; -(e)s, ˸e>; **'Rest·be·trag** <m.; -(e)s, ˸e>; **'Rest·chen** <n.; -s, -; Verkleinerungsf. von> *Rest;* **'Rest·te·ver·wer·tung** <f.; -, -en; Pl. selten>

re·sti·tu'ie·ren, <auch> **res·ti·tu·'ie·ren** <V. t.; ⚡Z54> *wiederherstellen, ersetzen* [lat.]; **Re·sti·tu·ti'on** <f.; -, -en> *Wiederherstellung;* **Re·sti·tu·ti'ons·e·dikt** <n.; -(e)s, -e; ⚡Z55> *Erlass zur Wiederherstellung eines Zustandes;* **Re·sti·tu·ti'ons·kla·ge** <f.; -, -n; Rechtsw.> *Klage auf Wiederaufnahme eines Verfahrens*

'Rest·ju·go·sla·wi·en <umg.> *Serbien u. Montenegro nach dem Zerfall des ehem. Jugoslawien; → a. Jugoslawien;* **'Rest·kos·ten·rech·nung** <f.; -; unz.> *ein betriebswirtschaftl. Kalkulationsverfahren;* **'Rest·lauf·zeit** <f.; -, -en> ~ *eines Kernkraftwerkes;* **'rest·lich** <Adj.> *als Rest vorhanden, übrig;* **'rest·los** <Partikel> *völlig, ganz u. gar; der Kuchen wurde ~ aufgegessen;* **'Rest·men·ge** <f.; -, -n>; **'Rest·müll** <m.; -s; unz.> *nach dem Aussortieren von wieder verwertbaren Abfällen verbleibender Hausmüll;* **'Rest·pos·ten** <m.; -s, -> *Restmenge*

Re·strik·ti'on, <auch> **Res·trik·ti·'on, Res·rik·ti'on** <f.; -, -en; ⚡Z54; geh.> *Einschränkung, Vorbehalt* [lat.]; **re·strik'tiv** <Adj.> Ggs *extensiv,* **re·strin·'gie·ren** <V. t.> *einschränken*

'Rest·ri·si·ko <n.; -s, -s od. -si·ken>

re·struk·tu'rie·ren <V. t.> *neu ordnen, neu gestalten* [lat.]; **Re·struk·tu·'rie·rung** <f.; -, -en>

'Rest·sum·me <f.; -, -n>; **'Rest·ur·laub** <m.; -(e)s; unz.>; **'Rest·zah·lung** <f.; -, -en>; **'Rest·zu·cker** <m.; -s; unz.; beim Wein>

Re·sul'tan·te <f.; -, -n; Phys.> *die Summe verschieden gerichteter Kräfte* [frz.]; **Re·sul'tat** <n.; -(e)s, -e> *Ergebnis* [lat.]; **re·sul·ta'tiv** <Adj.>; **re·sul'tat·los** <Adj.>; **re·sul'tie·ren** <V. i.> *sich (als Schlussfolgerung) ergeben;* **Re·sul'tie·ren·de** <f. 2; Phys.> = *Resultante*

Re·sü'mee <n.; -s, -s> *Zusammenfassung* [frz.]; **re·sü'mie·ren** <V. t.>

Re·ta·bel <n.; -s, -> *Altaraufsatz* [frz.]

Re·tar·da·ti'on <f.; -, -en; geh.> *Verzögerung, Verlangsamung* [lat.]; **re·tar'die·ren** <V. t.; geh.> ~*es Moment ein lit. Stilmittel;* **re·tar'diert** <Adj.; Med.; Psych.> *in der geistigen u. körperl. Entwicklung zurückgeblieben;* **Re·tar'die·rung** <f.; -, -en>

Re·ten·ti'on <f.; -, -en; Med.> *Ruhigstellung* [lat.]

re·ti·ku'lar, re·ti·ku'lär <Adj.> *netzförmig, netzartig* [lat.]; **re·ti·ku'liert** <Adj.> *mit netzartigem Muster; ~e Gläser;* **Re·ti·ku'lom** <n.; -s, -e; Med.> *gutartige, knotige Wucherung;* **Re'ti·ku·lum** <n.; -s, -la; Med.> *netzförmiges Gewebe*

Re'ti·na <f.; -, -nae [-nɛː]; Med.> = *Netzhaut;* **Re·ti'ni·tis** <f.; -, -'ti·den> *Netzhautentzündung*

Re·tor·si'on <f.; -, -en; Rechtsw.> *Gegenmaßnahme* [lat.]

Re'tor·te <f.; -, -n> *Destillationsgefäß; aus der ~ <a. fig.; meist abwertend> künstlich erzeugt* [frz.]; **Re'tor·ten·ba·by** <[-be:bi]; n.; -s, -s; ⚡Z6.1> *durch künstl. Befruchtung außerhalb des Mutterleibes entstandenes Kind;* **Re'tor·ten·koh·le** <f.; -, -n> *graphitähnl. Produkt*

re·tour <[rə'tuːr]; Adv.; noch österr.; schweiz., sonst veralt.> *zurück* [frz.]; **Re·tou·re** <[rə'tuːrə]; f.; -, -n; meist Pl.; Wirtsch.> *Rücksendung an den Verkäufer;* **Re'tour·geld** <n.; -(e)s; unz.; schweiz.> *Wechselgeld, Rückgeld;* **Re'tour·kar·te** <f.; -, -n; noch österr.> *Rückfahrkarte;* **Re'tour·kut·sche** <f.; -, -n; fig.; umg.> *das Zurückgeben eines Vorwurfs in gleicher Art;* **re·tour'nie·ren** <V. t.> 1

<Wirtsch.> *Ware an den Ver-
käufer zurücksenden* 2 <Tennis> *dem Gegner den Ball zu-
rückspielen*
Re·trai·te <[rɛ'trɛːtə]; f.; -, -n; veralt.> 1 <Mil.> *Rückzug* 2 <Mil.>
Zapfenstreich der Kavallerie 3
<Rel.> *Besinnung, Einkehr* [frz.]
Re·trak·ti·on <f.; -, -en; Med.>
Schrumpfung [lat.]
Re·tri·bu·ti·on <f.; -, -en; veralt.>
Rückgabe, Vergütung [lat.]
Re·trie·val·sys·tem <[ri'triːvəl-];
n.; -s; unz.; EDV> *Verfahren
zum Wiederfinden elektronisch
gespeicherter Daten* [engl.]; **Re·
trie·ver** <[ri'triːvər]; m.; -s, -;
Zool.> *ein Jagdhund*
're·tro..., **'Re·tro...**, <auch> **'ret·
ro...**, **'Ret·ro...** <⟋Z53; in Zus.>
(zu)rück..., Rück...; z. B. Retro-
look, Retrotrend [lat.]; **re·tro·ak·
'tiv** <Adj.; fachspr.> *rückwir-
kend*; **re·tro·da'tie·ren** <V. t.;
veralt.> *zurückdatieren*; **Re·tro·
fle·xi'on** <f.; -, -en; Med.> *Rück-
wärtsknickung (von Organen)*;
re·tro'grad <Adj.> *rückläufig*;
Re·tro·spek·ti'on, <auch> **Ret·
ros·pek·ti'on** <f.; -, -en; ⟋Z54>
Rückblick, Rückschau; **re·tro·
spek'tiv** <Adj.> *rückblickend*;
Re·tro·spek'ti·ve <f.; -, -n> 1 =
Retrospektion 2 *Präsentation
des Lebenswerks eines Künstlers*
Ret·si·na <m.; -; unz.> *geharzter
grch. Weißwein* [grch.]
'ret·ten <V. t. /V. refl.> *(aus einer
Gefahr) befreien, in Sicherheit
bringen;* sich vor Arbeit nicht
mehr ~ können <fig.>; **'Ret·ter**
<m.; -s, -> ~ in der Not; **'Ret·te·
rin** <f.; -, -nnen>
'Ret·tich <m.; -s, -e; Bot.> *eine
Gemüsepflanze mit essbarer
Wurzel*
'rett·los <Adj.; Seemannsspr.>
unrettbar; **'Ret·tung** <f.; -, -en>
Hilfe aus größter Not; **'Ret·
tungs·ak·ti·on** <f.; -, -en>; **'Ret·
tungs·an·ker** <m.; -s, ->; **'Ret·
tungs·bo·je** <f.; -, -n>; **'Ret·
tungs·boot** <n.; -(e)s, -e>; **'Ret·
tungs·dienst** <m.; -(e)s, -e>;
'Ret·tungs·gür·tel <m.; -s, ->;
'Ret·tungs·hub·schrau·ber
<m.; -s, ->; **'Ret·tungs·in·sel**
<f.; -, -n>; **'ret·tungs·los** <Adj.>;
'Ret·tungs·mann·schaft <f.; -,
-en>; **'Ret·tungs·ring** <m.;

-(e)s, -e>; **'Ret·tungs·schwim·
men** <n.; -s; unz.>; **'Ret·tungs·
sta·ti·on** <f.; -, -en>; **'Ret·
tungs·stel·le** <f.; -, -n>; **'Ret·
tungs·wa·che** <f.; -, -n>; **'Ret·
tungs·we·sen** <n.; -s; unz.>
Re·turn <[ri'tœːn]; m.; -s, -s;
(Tisch-)Tennis> *Rückschlag des
gegnerischen Aufschlags* [engl.]
Re'tu·sche <f.; -, -n> *Überarbei-
tung von Bildvorlagen* [frz.]; **Re·
tu·scheur** <[-'ʃøːr]; m.; -s, -e>;
Re·tu·scheu·rin <f.; -, -nnen>;
re·tu'schie·ren <V. t.> *nachbes-
sern, Fehler verdecken*
'Reue <f.; -; unz.> *Bedauern über
eigenes Verhalten;* tätige ~
<Rechtsw.> *Verhalten, das zur
Strafmilderung führt;* **'reu·en**
<V. t.> *etwas reut jmdn. jmd.
bedauert etwas;* **'reu·e·voll**
<Adj.>; **'Reu·geld** <n.; -(e)s, -er;
Rechtsw.> *beim Rücktritt von
einem Vertrag zu zahlender Be-
trag;* **'reu·ig** <Adj.> *bußfertig;*
ein ~er Sünder; **'Reu·kauf** <m.;
-(e)s, ⸚e; Wirtsch.> *Kauf mit
Rücktrittsrecht bei Zahlung des
Reugeldes;* **'reu·mü·tig** <Adj.>
'Reu·se <f.; -, -n> *Korb zum
Fischfang*
'Reu·ße <m.; -n, -n; veralt.> *Rus-
se*
re·üs'sie·ren <V. i.; geh.> *Erfolg
haben* [frz.]
'reu·ten <V. t.; süddt.; österr.;
schweiz.> = *roden*
Rev. <Abk. für> *Reverend*
Re·vak·zi·na·ti'on <[-vak-]; f.; -,
-en; Med.> *Wiederimpfung*
[lat.]; **re·vak·zi'nie·ren** <V. t.>
'Re·val <dt. Name für> *Tallinn*
re·va'lie·ren <[-va-]; V.> 1 <V. i.>
sich schadlos halten 2 <V. t.;
Kaufmannsspr.> *eine Schuld ~
begleichen, decken* [lat.]; **Re·va·
'lie·rung** <f.; -, -en> *Deckung ei-
ner Schuld;* **Re·val·va·ti'on**
<[-valva-]; f.; -, -en; Wirtsch.>
Währungsaufwertung; **re·val·
'vie·ren** <V. t.>
Re·van·che <[rəˈvãːʃə]; f.; -, -n>
Rache, Vergeltung; ~ geben
<Sp.> *dem Gegner die Möglich-
keit geben, in einem neuen Spiel
die Niederlage wettzumachen*
[frz.]; **Re'van·che·po·li·tik** <f.; -;
unz.> **Re'van·che·spiel** <n.;
-(e)s, -e>; **re·van·chie·ren**
<[rəvãˈʃiː-]; V. t. /V. refl.> *sich für*

etwas ~ *einen Gegendienst er-
weisen;* sich bei jmdm. mit ei-
nem Geschenk ~ *sich rächen*;
Re·van·chis·mus <[-'ʃis-]; m.;
-; unz.> *eine nach Vergeltung
strebende Außenpolitik*; **re·van·
'chis·tisch** <Adj.>
Re·ve·rend <[-və-]; a. ['---]; m.;
-s; unz.; Abk.: Rev.> *Ehr-, Hoch-
würden (Titel für ev. Geistliche
in angelsächs. Ländern)* [engl.];
Re·ve'renz <[-və-]; f.; -, -en>
Ehrerbietung; <aber> → *Refe-
renz* [lat.]
Re·ve'rie <[revə-]; f.; -, -n; Mus.>
*träumerisch-elegisches Musik-
stück* [frz.]
Re·vers¹ <[rə'veːr]; n. od. (ös-
terr.) m.; - [-'veːrs], - [-'veːrs]>
*Aufschlag od. (Kragen-)Um-
schlag an Kleidungsstücken*
[frz.]; **Re·vers²** <[rə'veːrs] od.
frz. [rəˈveːr]; m.; - [-'veːr(s)], -e
od. - [-'veːrs]> *Rückseite einer
Münze;* Ggs *Avers;* **Re·vers³**
<[re'vers]; m.; -es, -e> *schriftl.
Erklärung rechtlichen Inhalts.*
Re·verse <[ri'vəːs]; n.; -; unz.>
= *Autoreverse* [engl.]; **re·ver'si·
bel** <[-ver-]; Adj.> Ggs *irreversi-
bel* 1 *umkehrbar, rückgängig zu
machen; eine reversible Ent-
scheidung* 2 <Med.> *heilbar*
[lat.]; **Re·ver·si·bi·li'tät** <f.; -;
unz.>; **Re·ver·si·ble**, <auch>
Re·ver·sib·le <[-'siːbl̩]; m.; -s,
-s; ⟋Z53; Textilw.> *(beidseitig
verwendbares) Gewebe mit ei-
ner matten u. einer glänzenden
Seite* [frz.]; **Re·ver·si·on** <f.; -,
-en> *Umkehrung* [lat.]
Re·vi'dent <[-vi-]; m.; -en, -en> 1
<Rechtsw.> *jmd., der Revision
einlegt* 2 <österr.> *ein Beamten-
titel* [lat.]; **Re·vi'den·tin** <f.; -,
-nnen>; **re·vi'die·ren** <V. t.> 1
überprüfen 2 *seine Meinung ~
ändern*
Re·vier <[-'viːr]; n.; -s, -e> 1 *Ge-
biet, Bezirk;* Jagd- 2 *Polizei-
dienststelle;* Polizei- 3 <Bgb.>
*großes Gebiet, in dem Boden-
schätze abgebaut werden;* Koh-
len- [ndrl.]; **re'vie·ren** <V. i.; Jä-
gerspr.> *ein Gelände mithilfe ei-
nes Hundes absuchen;* **Re'vier·
förs·ter** <m.; -s, ->
Re·view <[ri'vjuː]; f.; -, -s> *Über-
sicht, Rundschau (als Titel eng-
lischer Zeitschriften)* [engl.]

Re·vi·re·ment <[revir(ə)'mã]; n.; -s, -s; geh.> *Umbesetzung von Staatsämtern* [frz.]

Re·vi·si·on <[-vi-]; f.; -, -en> 1 *(nochmalige) Durchsicht* 2 <Buchw.> *Überprüfung der Korrekturen auf den Druckbogen* 3 <Rechtsw.> *Überprüfung eines Urteils durch eine höhere Instanz;* ~ *einlegen, in die* ~ *gehen* 4 *Änderung einer Einsicht, eines Vertrages o. Ä.* [lat.]; **Re·vi·si·o·nis·mus** <m.; -; unz.> 1 *Streben nach Änderung eines polit. Zustands* 2 <um 1900> *Richtung im der internat. Arbeiterbewegung;* **Re·vi·si·o·nist** <m.; -en, -en>; **re·vi·si·o·nis·tisch** <Adj.>; **Re·vi·sor** <m.; -s, -'so·ren> 1 *Wirtschaftsprüfer* 2 <Buchw.> *Korrektor der Umbruchfahnen*

re·vi·ta·li·sie·ren <[-vi-]; V. i.; Med.> *wieder kräftigen* [lat.]; **Re·vi·ta·li·sie·rung** <f.; -, -en>

Re·vi·val <[ri'vaivəl]; n.; -s, -s> *Neubelebung* [engl.]

Re·vo·ka·ti·on <[-vo-]; f.; -, -en> *Widerruf* [lat.]

Re·vol·te <[-'vɔl-]; f.; -, -n> *Aufruhr, Aufstand, Empörung* [frz.]; **re·vol'tie·ren** <V. i.>; **Re·vo·lu·ti·on** <[-vo-]; f.; -, -en> 1 *grundlegende Umwälzung* 2 *gewaltsamer Umsturz (einer Gesellschaftsordnung);* die Französische ~ [lat.]; **re·vo·lu·ti·o·när** <Adj.> *umwälzend, bahnbrechend;* **Re·vo·lu·ti·o·när** <m.; -s, -e>; **Re·vo·lu·ti·o·nä·rin** <f.; -, -n·nen>; **re·vo·lu·ti·o·nie·ren** <V. t.> *grundlegend umgestalten;* **Re·vo·lu·ti·ons·wir·ren** <Pl.>; **Re·vo'luz·zer** <m.; -s, -; umg.; abwertend> *Umstürzler*

Re·vol·ver <[-'vɔlvə(r)]; m.; -s, -> 1 *kurze Handfeuerwaffe* 2 <an Werkzeugmaschinen> *Vorrichtung zur Aufnahme von Werkzeugen* [lat.-engl.]; **Re'vol·ver·blatt** <n.; -(e)s, =er; umg.; abwertend> *reißerisch gestaltete Zeitung;* **Re'vol·ver·dreh·bank** <f.; -, =e>; **Re'vol·ver·held** <m.; -en, -en; umg.>; **Re'vol·ver·kopf** <m.; -(e)s, =e>; **Re'vol·ver·pres·se** <f.; -; unz.; Sammelbez. für> *Revolverblätter;* **re·vol·vie·ren** <[-'vi-]; V. t.; Tech.> *zurückdrehen* [lat.]; **Re·vol·ving-**

ge·schäft <[ri'vɔlviŋ-]; n.; -(e)s, -e; Wirtsch.> *(Bank-)Geschäft zur Finanzierung langfristiger Kredite* [engl.]; **Re'vol·ving·kre·dit** <m.; -(e)s, -e; Wirtsch.>; **Re·'vol·ving·sys·tem** <n.; -s, -e; Wirtsch.>

re·vo·zie·ren <[-vo-]; V. t.> *widerrufen, zurücknehmen* [lat.]

Re·vue <[rə'vy:]; f.; -, -n [-'vy:ən]> 1 <Theat.> *musikal. Bühnenstück mit großer Ausstattung* 2 *bebilderte Zeitschrift mit allg. Überblicken* 3 *etwas* ~ *passieren lassen erinnernd an sich vorbeiziehen lassen* [frz.]; **Re'vue·film** <m.; -(e)s, -e>; **Re·'vue·girl** <[-gə:rl]; n.; -s, -s>

Reyk·ja·vik <['raikjaviːk] od.['reik-]> *Hauptstadt von Island*

Rey·on, <auch> **Re·yon** <[re'jõ]; m. od. n.; - od. -s; unz.; ↗Z52> *Kunstseide aus Viskose;* oV *Rayon* [frz.]

Re·zen'sent <m.; -en, -en> *Verfasser einer Rezension* [lat.]; **Re·zen'sen·tin** <f.; -, -n·nen>; **re·zen'sie·ren** <V. t.>; **Re·zen·si·on** <f.; -, -en> *kritische Besprechung von Büchern, Filmen u. Ä. in den Medien;* **Re·zen·si·ons·ex·em·plar,** <auch> **Re·zen·si·ons·e·xemp·lar** <n.; -s, -e; ↗Z54, 55>

re'zent <Adj.> 1 *neu, frisch* 2 <Biol.> *gegenwärtig existierend, auftretend;* Ggs *fossil* 3 *würzig, pikant* [lat.]

Re'zept <n.; -(e)s, -e> 1 *Vorschrift zum Zubereiten einer Speise; Koch-* 2 *schriftl. Medikamentenverordnung des Arztes* [lat.]; **Re'zept·block** <m.; -(e)s, =e>; **re'zept·frei** <Adj.> ~ *e Medikamente;* **re·zep'tie·ren** <V. t.; veralt.> *ein Rezept(2) ausstellen;* **Re·zep·ti·on** <f.; -, -en> 1 *Empfangsbüro im Hotel* 2 *verständige Aufnahme u. Beurteilung eines künstlerischen Werkes;* **re·zep'tiv** <Adj.> 1 *aufnehmend, empfangend* 2 *empfänglich;* **Re·zep·ti·vi'tät** <[-vi-]; f.; -; unz.>; **Re'zep·tor** <m.; -s, -'to·ren; Biol.; veralt.> *Sinnesreize aufnehmendes Organ od. Gewebe;* **re·zep'to·risch** <Adj.>; **re'zept·pflich·tig** <Adj.>; **Re·zep'tur** <f.; -, -en> 1 *Herstellung eines Arz-*

reziprok: Als r. [< lat. *reciprocare* „in Wechselbeziehung stehen"] bezeichnet man ⌁*reflexive* Verben, die kein rückbezügliches, sondern ein wechselseitiges Verhältnis zwischen zwei oder mehreren Elementen ausdrücken: *Sie küssen sich* (= *einander*).

Reziprokpronomen: Ein R. – auch wechselbezügliches Fürwort genannt – ist ein Pronomen, das der Konstruktion von reziproken Verben dient, z. B. *einander.*

neimittels nach Rezept 2 *der dafür bestimmte Raum in der Apotheke*

Re'zess <m.; -es, -e; Rechtsw.> 1 *Auseinandersetzung* 2 *Vergleich* 3 *schriftl. fixiertes Verhandlungsergebnis* [lat.]; **Re·zes·si·'on** <f.; -, -en; Wirtsch.> *Rückgang der Konjunktur;* **re·zes'siv** <Adj.; Biol.> *zurücktretend, von anderen Erbanlagen überdeckt;* Ggs *dominant*

re·zi'div <Adj.; Med.> [lat.]; **Re·zi'div** <n.; -s, -e; Med.> = *Rückfall;* **re·zi·di·vie·ren** <[-'vi:-]; V. i.; Med.> *wiederkehren*

Re·zi·pi'ent <m.; -en, -en> 1 *jmd., der Literatur, Musik o. Ä. rezipiert* 2 <Phys.> *Behälter, der luftleer gepumpt werden kann* [lat.]; **Re·zi·pi·en·tin** <f.; -, -n·nen>; **re·zi'pie·ren** <V. t.> *als Leser, Betrachter, Hörer aufnehmen*

re·zi'prok, <auch> **re·zip'rok** <Adj.; ↗Z53> *wechselseitig, gegenseitig, sich aufeinander beziehend;* ~er *Wert* <Math.> *durch Vertauschung von Zähler u. Nenner eines Bruches entstandener Kehrwert;* ~es *Pronomen* <Gramm.> *die Wechselseitigkeit ausdrückendes Pronomen, z. B. "einander"* → a. *Kasten* [lat.]; **Re·zi'prok·pro·no·men** <n.; -s, -; Gramm.> → *Kasten;* **Re·zi·pro·zi'tät** <f.; -; unz.> *Wechselseitigkeit*

Re·zi·ta·ti·on <f.; -, -en> *künstlerischer Vortrag einer Dichtung* [lat.]; **Re·zi·ta·tiv** <n.; -(e)s, -e; Mus.> *Sprechgesang in Oper, Oratorium, Kantate;* **Re·zi'ta·tor** <m.; -s, -'to·ren> *Vortragen-*

R

der, Vorleser; **Re·zi·ta'to·rin** <f.; -, -·nen>; **re·zi'tie·ren** <V. t.> **rf., rfz.** <Abk. für> *rinforzando* **R-Ge·spräch** <n.; -(e)s, -e; ✎Z34> *Ferngespräch, das der Angerufene bezahlt* **RGW** <Abk. für> *Rat für gegenseitige Wirtschaftshilfe; → a. COMECON* **rh** <Abk. für> *Rhesusfaktor negativ; → a. Rhesusfaktor* **Rh** <Chem.; Zeichen für> 1 *Rhodium* 2 <Abk. für> *Rhesusfaktor positiv; → a. Rhesusfaktor* **Rha'bar·ber** <m.; -s; unz.; Bot.> *ein Knöterichgewächs mit essbaren Blattstielen; ~kompott* [grch.] **Rhab'dom** <n.; -s, -e> *Sehstäbchen im Facettenauge* [grch.] **Rha'ga·de** <f.; -, -n; Med.> *Hautriss* [grch.] **Rhap'so·de** <m.; -n, -n; im alten Griechenland> *fahrender Sänger;* **Rhap·so'die** <f.; -, -n> 1 *erzählendes Gedicht* 2 *aus Volksweisen bestehendes Musikstück; Ungarische ~* 3 *balladenhaftes Gesangstück* [grch.]; **rhap'so·disch** <Adj.> *einer Rhapsodie ähnlich, bruchstückhaft; ~e Dichtung* **Rhein** <m.; -s; unz.> *ein Fluss;* **rhein'ab·wärts** <Adv.>; **rhein·'auf·wärts** <Adv.>; **'Rhein·fall** <m.; -(e)s; unz.> *Wasserfall des Rheins bei Schaffhausen;* **'rhein·frän·kisch** <Adj.> *Franken den Rhein entlang betreffend; ~e Mundart; das Rheinfränkische;* **'rhei·nisch** <Adj.; ✎Z46> *zum Rhein u. seiner Landschaft gehörig; die ~e Küche; <aber> der Rheinische Merkur eine Zeitung;* **das Rheinische Schiefergebirge;** **'Rhein·land** <n.; -(e)s; unz.> *die Gebiete beiderseits des Mittel- u. Niederrheins;* **'Rhein·län·der** <m.; -s, ->; **'Rhein·län·de·rin** <f.; -, -·nen>; **'rhein·län·disch** <Adj.> **'Rhein·land-'Pfalz** *Bundesland der BRD;* **'rhein·land·'pfäl·zisch** <Adj.>; **'Rhein-'Main-'Do·nau-'Großschiff·fahrts·weg** <m.; -(e)s; unz.; ✎Z33>; **'Rhein-'Main-'Do·nau-Ka·nal** <m.; -s; unz.>; **'Rhein-'Main-'Flug·ha·fen** <m.; -s; unz.>; **'Rhein·wein** <m.; -(e)s, -e>

'Rhe·ma <n.; -s, -ta; Sprachw.> 1 *Satzaussage, wesentliche Information eines Satzes* 2 *Kommentar; → a. Thema* [grch.]; **rhe'ma·tisch** <Adj.; Sprachw.> **rhe'na·nisch** <Adj.; veralt. für> *rheinisch;* **'Rhe·ni·um** <n.; -s; unz.; Chem.; Zeichen: Re> *chem. Element, Metall* [lat.] **Rhe·o·lo'gie** <f.; -; unz.; Phys.> *Lehre vom Fließverhalten der Stoffe* [grch.]; **Rhe·o'me·ter** <n.; -s, -> *Gerät zum Messen der Fließeigenschaften von Substanzen;* **Rhe·o·me'trie,** <auch> **Rhe·o·met'rie** <f.; -; unz.; ✎Z53>; **Rhe·o'stat,** <auch> **Rhe·os'tat** <m.; -(e)s od. -en, -e od. -en; ✎Z54> *regelbarer elektr. Widerstand* **'Rhe·sus·af·fe** <m.; -n, -n; Zool.> *meerkatzenartiger Affe* [lat.] **'Rhe·sus·fak·tor** <m.; -s; unz.; Kurzw.: Rh-Faktor> *erbliches Merkmal der roten Blutkörperchen; → a. rh; Rh(2)* **'Rhe·tor** <m.; -s, -'to·ren; im alten Griechenland> *(geübter) Redner* [grch.]; **Rhe'to·rik** <f.; -; unz.> *Redekunst;* **Rhe'to·ri·ker** <m.; -s, ->; **Rhe'to·ri·ke·rin** <f.; -, -·nen>; **rhe'to·risch** <Adj.> *~e Frage F, auf die keine Antwort erwartet wird* **'Rheu·ma** <n.; -s; unz.; Med.; kurz für> *Rheumatismus* [grch.]; **'Rheu·ma·de·cke** <f.; -, -n>; **'Rheu·ma·ti·ker** <m.; -s, -> *jmd., der an Rheumatismus leidet;* **Rheu·ma·ti·ke·rin** <f.; -, -·nen>; **rheu'ma·tisch** <Adj.>; **Rheu·ma'tis·mus** <m.; -, -·men; Med.> *schmerzhafte Erkrankung der Gelenke, Muskeln, Nerven;* **Rheu·ma·to·lo'ge** <m.; -n, -n>; **Rheu·ma·to·lo'gie** <f.; -; unz.> *Lehre von den rheumatischen Erkrankungen;* **Rheu·ma·to·lo'gin** <f.; -, -·nen>; **rheu·ma·to·lo'gisch** <Adj.>; **'Rheu·ma·wä·sche** <f.; -; unz.> **Rh-Fak'tor** <m.; -s; unz.; ✎Z34; kurz für> *Rhesusfaktor* **Rhi·ni'tis** <f.; -, -'ti·den> *Schnupfen* [grch.]; **Rhi·no·lo'gie** <f.; -; unz.> *Nasenheilkunde;* **Rhi·no·'plas·tik** <f.; -, -en> *Nasenplastik;* **Rhi·no'skop,** <auch> **Rhi·nos'kop** <n.; -(e)s, -e; ✎Z54> *Nasenspiegel;* **Rhi·no·sko'pie**

<f.; -, -n> *Nasenspiegelung;* **Rhi·'no·ze·ros** <n.; - od. -·ses, -s·se; Zool.> = *Nashorn* **Rhi'zom** <n.; -s, -e>, **Rhi'zo·ma** <n.; -s, -·ma·ta; Bot.> = *Wurzelstock* [grch.]; **Rhi·zo'po·de** <m.; -n, -n; meist Pl.; Zool.> = *Wurzelfüßer* **Rh-'ne·ga·tiv** <Adj.; ✎Z34; Med.> *den Rhesusfaktor nicht aufweisend* **Rho** <n.; -s, -s; Zeichen: ρ, P> *grch. Buchstabe* **Rho·da'mi·ne** <Pl.; Chem.> *Gruppe lichtechter Farbstoffe* **Rhode Is·land** <[ro:d 'ailənd]> *Staat der USA;* **'Rho·de·län·der** <m.; -s, -; Zool.> *rotbraunes Haushuhn* [nach dem US-Staat *Rhode Island*] **Rho'de·si·en** <früherer Name von> *Simbabwe* **rho·di'nie·ren** <V. t.> *mit Rhodium überziehen;* **'Rho·di·um** <n.; -s; unz.; Zeichen: Rh> *chem. Element, Metall* [grch.]; **Rho·do·'den·dron,** <auch> **Rho·do·'dend·ron** <n. od. m.; -s, -dren/ -d·ren; ✎Z53; Bot.> *ein Zierstrauch* **'rhom·bisch** <Adj.> *rautenförmig* [grch.]; **Rhom·bo'e·der** <n.; -s, -; ✎Z55> *von sechs Rhomben gebildeter Körper;* **Rhom·bo'id** <n.; -(e)s, -e; Geom.> *ungleichseitiges, schiefwinkliges Parallelogramm;* **'Rhom·bus** <m.; -, 'Rhom·ben; Geom.> *schiefwinkliges, gleichseitiges Parallelogramm* **Rhön** <f.; -; unz.> *dt. Mittelgebirge;* **'Rhön·rad** <n.; -(e)s, ⁼er> *ein Turngerät* **Rho·ta'zis·mus** <m.; -, -·men; Sprachw.> *Wechsel zw. stimmhaftem s u. r in Wörtern mit verwandter Wurzel* [nach dem grch. Buchstaben *Rho*] **Rh-'po·si·tiv** <Adj.; ✎Z34> *den Rhesusfaktor aufweisend* **Rhythm and Blues** <['riðm ənd 'blu:z]; m.; ---; unz.> *stark rhythmisierte Bluesmusik der amerikan. Schwarzen* [engl.]; **'Rhyth·men** <Pl. von> *Rhythmus;* **'Rhyth·mik** <f.; -; unz.> 1 *Art des Rhythmus* 2 *Lehre vom Rhythmus* [grch.]; **'Rhyth·mi·ker** <m.; -s, ->; **'Rhyth·mi·ke·rin** <f.; -, -·nen>; **'rhyth·misch**

R

<Adj.> ~e Erziehung; **rhyth·mi·'sie·ren** <V. t.> *in einen Rhythmus bringen;* **'Rhyth·mus** <m.; -, -men> 1 *regelmäßige Wiederkehr;* der ~ der Gezeiten 2 <Mus.> *taktmäßige Gliederung* 3 <bild. Kunst> *Gleichmaß;* **'Rhyth·mus·gi·tar·re** <f.; -, -n; Instrumentenk.>; **'Rhyth·mus·gi·tar·rist** <m.; -en, -en>; **'Rhyth·mus·grup·pe** <f.; -, -n>

Ri'ad *Hauptstadt von Saudi-Arabien*

Ri'al <m.; -s, -; Abk.: Rl> *Währungseinheit im Iran, Jemen, in Katar, Oman u. Saudi-Arabien* [pers.]

RIAS <m.; -; unz.; ⚡Z56; *kurz für> Rundfunk im amerikan. Sektor (von 1946–1992 in Berlin)*

Ri·bat'tu·ta <f.; -, -'tu·ten; Mus.> *trillerähnl. Wechsel zw. zwei Noten* [ital.]

'Ri·bi·sel <f.; -, -n; österr.> *Johannisbeere* [arab.]

Ri·bo·fla·vin <[-'vi:n]; n.; -s; unz.> *Vitamin B₂;* **Ri·bo·nu·cle·'in·säu·re,** <auch> **Ri·bo·nuc·le·'in·säu·re, Ri·bo·nu·kle'in·säu·re** <f.; -; unz.; ⚡Z53; Biochem.; Abk.: RNS> *an der Synthese der Eiweiße beteiligter Stoff*

Ri·che·li·eu·sti·cke·rei, <auch> **Ri·che·li·eu-Sti·cke·rei** <[riʃə'ljø:-]; f.; -, -en; ⚡Z35> *Weißstickerei mit ausgeschnittenen Mustern* [nach dem frz. Staatsmann *Richelieu*]

'Richt·an·ten·ne <f.; -, -n>; **'Richt·ba·ke** <f.; -, -n; Mar.> *Seezeichen, das eine Richtung od. Grenzlinie markiert;* **'Richt·baum** <m.; -(e)s, ⸚e> *zum Richtfest am Dachfirst angebrachter kleiner Baum;* **'Richt·beil** <n.; -(e)s, -e 1 *ein Werkzeug* 2 *Beil des Henkers;* **'Richt·blei** <n.; -(e)s, -e> *Senkblei, Lot;* **'Richt·block** <m.; -(e)s, ⸚e> *Block zum Auflegen des Kopfes bei Hinrichtungen;* **'Rich·te** <f.; -; unz.; umg.> *gerade Richtung;* etwas in die ~ bringen; **'rich·ten** <V.> 1 <V. t.> *in eine best. Lage bringen, lenken;* den Blick in die Ferne ~ 2 <V. t.> an wen ist der Brief gerichtet? 3 <V. t.> *in Ordnung bringen, reparieren* 4 <V. t./V. refl.> etwas od. sich ~

zurechtmachen, vorbereiten; das Essen ~ 5 <V. t./V. refl.> *sich nach jmdm. od. etwas ~ in Bezug zu jmdm. od. etwas stehen, sich anpassen;* der Preis richtet sich nach dem Gewicht; ich richte mich ganz nach dir 6 <V. i.> *über jmdn. ~ urteilen, zu Gericht sitzen;* **'Rich·ter** <m.; -s, -; Berufsbez.> *jmd., der über andere zu Gericht sitzt;* **'Rich·te·rin** <f.; -, -·nnen; ⚡Z38>; **'rich·ter·lich** <Adj.> *durch einen Richter vorgenommen;* eine ~e Entscheidung; **'Rich·ter·spruch** <m.; -(e)s, ⸚e>; **'Rich·ter·stuhl** <m.; -(e)s; unz.; geh.>; **'Richt·fest** <n.; -(e)s, -e *Fest, wenn der Dachstuhl eines Neubaus aufgesetzt ist;* **'Richt·feu·er** <n.; -s, -> *Signal für Schiffe u. Flugzeuge;* **'Richt·funk** <m.; -s; unz.>; **'Richt·ge·schwin·dig·keit** <f.; -; unz.> *empfohlene Höchstgeschwindigkeit*

'rich·tig <Adj.> 1 <⚡Z24> *dem tatsächl. Sachverhalt entsprechend, echt, zutreffend;* sie ist seine ~e Mutter *leibliche M.;* etwas ~ *beurteilen;* ob wir mit unserer Meinung ~ liegen? <fig.; umg.> *Recht haben;* etwas ~ machen; das müssen wir ~ stellen *berichtigen;* zwischen Richtig u. Falsch unterscheiden können; sie ist ein ~es Biest <fig.> 2 <⚡Z28.2> *fehlerfrei;* ein Wort ~ schreiben; eine ~ gehende Uhr; <aber> → *richtiggehend* 3 <⚡Z42> *geeignet, passend;* im ~en Moment; das ist das (einzig) Richtige; du bist mir der Richtige! <iron.>; da bist du an den Richtigen geraten <iron.> *an den Falschen;* er hat nichts Richtiges gelernt; **'rich·tig²** <Partikel> *wirklich, geradezu, sehr;* wir waren ~ erschrocken; **'rich·tig·ge·hend** <Adj.; fig.> *vollkommen, ausgesprochen;* das ist eine ~e Frechheit; → a. *richtig¹(2);* **'Rich·tig·keit** <f.; -; unz.>; **'Rich·tig·stel·lung** <f.; -, -en> *Berichtigung*

'Richt·kranz <m.; -es, ⸚e>; **'Richt·kro·ne** <f.; -, -n> *Kranz auf dem Richtbaum;* **'Richt·lat·te** <f.; -, -n> = *Richtscheit;* **'Richt·li·nie** <[-nio]; f.; -, -n; meist Pl.> *Grundsatz, Anweisung;* sich an

die ~n halten; **'Richt·maß** <n.; -es, -e> *Eichmaß;* **'Richt·mi·kro·fon,** <auch> **Richt·mik·ro·phon** <n.; -s, -e; ⚡Z53>; **'Richt·platz** <m.; -es, ⸚e; früher> *Platz für (öffentl.) Hinrichtungen;* **'Richt·preis** <m.; -es, -e> *behördlich festgesetzter od. vom Hersteller empfohlener (Laden-)Preis;* **'Richt·scheit** <n.; -(e)s, -e; Bauw.> *ein Werkzeug;* **'Richt·schnur** <f.; -, -en; Pl. selten> *Regel, Grund-, Leitsatz;* **'Richt·schwert** <n.; -(e)s, -er>; **'Richt·spruch** <m.; -(e)s, ⸚e> *Urteilsspruch;* **'Richt·stät·te** <f.; -, -n> = *Richtplatz;* **'Richt·strah·ler** <m.; -s, -> *Richtantenne für Kurzwellensender;* **'Richt·stre·cke** <f.; -, -n; Bgb.> *horizontal verlaufende Strecke*

'Rich·tung <f.; -, -en> 1 *Verlauf auf ein Ziel zu;* (in) ~ Hannover fahren; in dieser ~ habe ich noch nichts unternommen <umg.>; das ist nicht meine ~ <fig.; umg.> *das gefällt mir nicht* 2 *Strömung, Bewegung; Stil~;* **'rich·tung·ge·bend** <Adj.> = *richtungweisend;* **'Rich·tungs·an·zei·ger** <m.; -s, -; an Kfz> *Blinkleuchte;* **'rich·tungs·los** <Adj.>; **'Rich·tungs·wech·sel** <[-ks-]; m.; -s, ->; **'rich·tung·wei·send** <Adj.> *wegweisend, maßgeblich*

'Richt·waa·ge <f.; -, -n> = *Wasserwaage;* **'Richt·wert** <m.; -(e)s, -e> *fester Vergleichswert;* **'Richt·zahl** <f.; -, -en>

'Ri·ci·nus <m.; -; unz.> = *Rizinus;* **'Ri·ci·nus·öl** <n.; -(e)s, -e>

'Ri·cke <f.; -, -n; Zool.> *weibl. Reh*

'rie·chen <V. 201> 1 <V. i.> *einen Geruch ausströmen* 2 <V. t.> etwas ~ *durch den Geruchssinn wahrnehmen;* <mit Modalverb> etwas od. jmdn. nicht ~ können <fig.; umg.> *nicht ausstehen können* <fig.; umg.> *ahnen;* das kann ich doch nicht ~ 3 <V. i.> an etwas ~ *einen Geruch wahrzunehmen suchen;* **'Rie·cher** <m.; -s, -; umg.> *Nase;* er hat einen feinen ~ <fig.> *ein gutes Gespür;* **'Riech·fläsch·chen** <n.; -s, ->; **'Riech·nerv** <m.; -s od. (fachsprachl.) -en, -en>; **'Riech·or·gan** <n.; -s, -e>

Nase; **'Riech·salz** <n.; -es, -e>; **'Riech·werk·zeug** <n.; -(e)s, -e> Nase

Ried <n.; -(e)s, -e> 1 <Bot.> grasähnliche Pflanze 2 Schilf, sumpfiges Gebiet; das Hessische ~; **'Ried·gras** <n.; -es; unz.>

'Rie·fe <f.; -, -n; bes. norddt.> längliche Einkerbung; **'rie·fe·lig** <Adj.> Riefen aufweisend; **'rie·feln** <V. t.; ich rief(e)le> mit Riefen versehen; **'Rie·fe·lung** <f.; -; unz.> = riefeln; **'rie·fen** <V. t.> = riefeln; **'rie·fig** <Adj.> = riefelig

'Rie·ge <f.; -, -n; Sp.> Gruppe, Mannschaft; Turn~

'Rie·gel <m.; -s, -> 1 Verschlussvorrichtung an Türen, Fenstern; einer Sache einen ~ vorschieben <fig.> sie vereiteln 2 streifenförmiges Stück; Müsli~; ein ~ Schokolade; **'Rie·gel·bau** <m.; -(e)s, -ten; schweiz.> Fachwerkbau; **'Rie·gel·hau·be** <f.; -, -n; bair.; früher> gestickte Haube für Frauen; **'Rie·gel·stel·lung** <f.; -, -en; Mil.>; **'Rie·gel·werk** <n.; -(e)s; unz.> = Fachwerk

'rie·gen·wei·se <Adv.> in Riegen; ~ antreten

'Riem·chen <n.; -s, -> Verkleinerungsf. von Riemen[1]; **'Riem·chen·schuh** <m.; -(e)s, -e>; **'Rie·men**[1] <m.; -s, -> schmaler Lederstreifen

'Rie·men[2] <m.; -s, -; Seemannsspr.> Ruder; sich in die ~ legen <fig.; umg.> sich anstrengen **'Rie·men·an·trieb** <m.; -(e)s; unz.>

ri·en ne va plus <[ri'ɛ̃ nə va 'ply]; Roulett> "nichts geht mehr" (Ansage des Croupiers, dass nicht mehr gesetzt werden kann) [frz.]

Ries[1] <n.; -es, -e od. (bei Maßangaben) -> Papiermaß; zwei ~ Papier

Ries[2] <n.; -es; unz.> Landschaft zw. Schwäbischer u. Fränkischer Alb [lat.]

'Rie·se[1] <m.; -n, -n> 1 übernatürlich große Märchen- u. Sagengestalt 2 <fig.> sehr großer Mensch

'Rie·se[2] <f.; -, -n; süddt.; österr.> Rinne zur Holzbeförderung im Gebirge

'Rie·se[3] <f.; -, -n> altdt. Frauenhaube

'Rie·se[4] <nur in der Wendung> nach Adam ~ genau gerechnet [nach dem Rechenmeister Adam Ries(e)]

'Rie·sel·feld <n.; -(e)s, -er>; **'rie·seln** <V. i. (s.)> 1 in kleiner Menge fließen 2 kaum hörbar in kleinsten Teilchen herunterfallen; leise rieselt der Schnee

'rie·sen <V. t.; süddt.> Holz ~ auf einer Riese[2] fortschaffen

'rie·sen..., **'Rie·sen...** <in Zus.> übermäßig groß; z.B. riesengroß; Riesenhunger; **'Rie·sen·an·stren·gung** <f.; -, -en; umg.>; **'Rie·sen·ar·beit** <f.; -; unz.; umg.>; **'Rie·sen·bau** <m.; -(e)s, -ten> wuchtiges Bauwerk; **'Rie·sen·dumm·heit** <f.; -, -en> eine ~ begehen; **'Rie·sen·fel·ge** <f.; -, -n; Sp.> eine Turnübung; **'rie·sen·groß** <Adj.>; **'rie·sen·haft** <Adj.>; **'Rie·sen·hun·ger** <m.; -s; unz.>; **'Rie·sen·rad** <n.; -(e)s, ̈-er; auf Jahrmärkten>; **'Rie·sen·schild·krö·te** <f.; -, -n; Zool.>; **'Rie·sen·schlan·ge** <f.; -, -n; Zool.>; **'Rie·sen'schritt** <m.; -(e)s; meist Pl.> in, mit ~en <a. fig.> sehr schnell; **'Rie·sen·skan'dal** <m.; -s, -e; umg.>; **'Rie·sen·sla·lom** <m.; -s, -s; Skisp.>; **'Rie·sen'spaß** <m.; -es; unz.; umg.>; **'rie·sen'stark** <Adj.; umg.>; **'Rie·sen·we·le** <f.; -, -n; Sp.> = Riesenfelge; **'rie·sig** <Adj.> 1 sehr groß, gewaltig 2 großartig, toll; **'Rie·sin** <f.; -, -n·nen>; **'rie·sisch** <Adj.; selten> zu den Riesen gehörend

'Ries·ling <m.; -(e)s, -e> eine Reb- u. Weinsorte

Riet <m.; -(e)s, -e>, **'Riet·blatt** <n.; -(e)s, ̈-er>; **'Riet·kamm** <m.; -(e)s, ̈-e> = Webeblatt

Riff[1] <n.; -(e)s, -e> Felsenklippe

Riff[2] <m.; -; unz.; Jazz> mehrmals wiederholte rhythmische Tonfolge [engl.]

'Rif·fel <f.; -, -n; kurz für> Riffelkamm; **'Rif·fel·kamm** <m.; -(e)s, ̈-e> Gerät zum Riffeln des Flachses; **'Rif·fel·ma·schi·ne** <f.; -, -n>; **'rif·feln** <V. t.; ich riff(e)le> 1 mit Riefen versehen 2 Flachs ~ kämmen

'Ri·ga Hauptstadt von Lettland

Ri·ga'to·ni <Pl.> hülsenförmige Teigwaren [ital.]

Rigg <n.; -s, -s>; **'Rig·gung** <f.; -,

-en; Seemannsspr.> Takelage [engl.]

ri'gid, ri'gi·de <Adj.> 1 streng, unnachgiebig, hart 2 <Med.> steif, starr [lat.]; **Ri·gi·di'tät** <f.; -; unz.> 1 Starrheit, Strenge 2 <Med.> Versteifung

'Ri·gips·plat·te <f.; -, -n; Warenz.> Gipskartonplatte (zur Verkleidung von Innenwänden)

Ri'go·le <f.; -, -n> Rinne, Abzugsgraben zur Entwässerung [frz.]; **ri'go·len** <V. t.; ich habe rigolt> tief umgraben, pflügen

Ri·go'ris·mus <m.; -; unz.> starres Festhalten an Grundsätzen [lat.]; **ri·go'ris·tisch** <Adj.> im Sinne des Rigorismus; **ri'go·ros** <Adj.> rücksichtslos; **Ri·go·ro·si'tät** <f.; -; unz.>; **Ri·go'ro·sum** <n.; -s, -sa> mündl. Prüfung bei der Promotion

Rig·ve·da <[-'ve:-]; m.; - od. -s; unz.> älteste Sammlung indischer Hymnen [Sanskrit]

'Rik·scha <f.; -, -s; in Ostasien> zweirädriger, von einem Menschen gezogener Wagen zur Personenbeförderung [jap.]

'Riks·mål <[-'mɔːl]; n.; -; unz.> auf dem Dänischen basierende norw. Schriftsprache [norw.]

'Ril·le <f.; -, -n> Furche, Rinne; **'ril·len** <V. t.> mit Rillen versehen; **'ril·lig** <Adj.>

Ri'mes·se <f.; -, -n; Wirtsch.> in Zahlung gegebener Wechsel [ital.]

Rind <n.; -(e)s, -er; Zool.> ein Wiederkäuer

'Rin·de <f.; -, -n> 1 äußere Schicht am Baumstamm 2 Kruste, Schale; Brot~; Käse~; **'Rin·den·boot** <n.; -(e)s, -e>; **'Rin·den·hüt·te** <f.; -, -n>

'Rin·der·bra·ten <m.; -s, ->; **'Rin·der·brust** <f.; -; unz.>; **'Rin·der·fi·let** <[-le:]; n.; -s, -s>; **'rin·de·rig** <Adj.> die Kuh ist ~ brünstig; **'rin·dern** <V. i.> die Kuh rindert ist brünstig; **'Rin·der·pest** <f.; -; unz.; Vet.>; **'Rin·der·rou·la·de** <[-ru-]; f.; -, -n>; **'Rin·der·talg** <m.; -(e)s; unz.>; **'Rin·der·wahn(·sinn)** <m.; -(e)s; unz.; Vet.> → a. BSE; **'Rin·der·zun·ge** <f.; -, -n>; **'Rind·fleisch** <n.; -(e)s; unz.>

'rin·dig <Adj.> mit Rinde versehen

'**Rinds·bra·ten** <m.; -s, -; süddt.> *Rinderbraten*; '**Rinds·fi·let** <[-le:]; n.; -s, -s; süddt.> *Rinderfilet*; '**Rinds·le·der** <n.; -s; unz.>; '**rinds·le·dern** <Adj.>; '**Rinds·rou·la·de** <[-ru-]; f.; -, -n; süddt.>; '**Rinds·viech** <n.; -(e)s, -er; fig.> = *Rindvieh(2)*; '**Rind·vieh** <n.; -(e)s, -vie·cher> 1 <unz.> *Rind;* 15 Stück ~ 2 <fig.> Schimpfwort> *dummer Kerl*

rin·for'zan·do <Mus.; Abk.> rf., rfz.> *plötzlich stärker werdend* [ital.]; **rin·for'za·to** <Mus.> *plötzlich verstärkt*

ring <Adj.; oberdt.> *mühelos*

Ring <m.; -(e)s, -e> 1 *kreisförmiger Gegenstand*; Ehe~; *Rettungs~* 2 *einem Ring(1) äußerlich Ähnliches*; Jahres~e (an Bäumen); der Mittlere ~ <Verkehrsw.> *kreisförmige Straße um den Stadtkern* 3 *Vereinigung von Personen zu einem best. Zweck*; Drogen~ 4 <bes. Boxen> *abgegrenzter Platz für Wettkämpfe*; '**Ring·bahn** <f.; -, -en; Verkehrsw.>; '**Ring·buch** <n.; -(e)s, ⁼er>; '**Rin·gel** <m.; -s, -> *kleines ringförmiges od. spiraliges Gebilde*; '**Rin·gel·blu·me** <f.; -, -n; Bot.> *eine (Heil-)Pflanze*; '**Rin·gel·chen** <n.; -s, -; Verkleinerungsf. von> *Ringel*; '**rin·ge·lig** <Adj.> oV *ringlig*; '**Rin·gel·lo·cke** <f.; -, -n>; '**rin·geln** <V. t./V. refl.; ich ring(e)le> *(sich) winden, schlingen*; '**Rin·gel·nat·ter** <f.; -, -n; Zool.>; '**Rin·gel·piez** <m.; -es, -e; umg.; scherzh.> *anspruchslose Tanzveranstaltung*; ~ mit Anfassen; '**Rin·gel·rei·hen** <m.; -s, -> *ein Rundtanz*; '**Rin·gel·spiel** <n.; -(e)s, -e; österr.> = *Karussell*; '**Rin·gel·ste·chen** <n.; -s, ->; '**Rin·gel·tanz** <m.; -es, ⁼e> = *Ringelreihen*; '**Rin·gel·tau·be** <f.; -, -n; Zool.>

'**rin·gen** <V. 202> 1 <V. i.> *(nach best. Regeln) mit jmdm. kämpfen* 2 <V. i.> *nach, um etwas* <fig.> *heftig streben*; um einen Entschluss ~; mit Luft ~; mit dem Tode ~ 3 <V. t.> *die Hände* ~ *(aus Verzweiflung) zusammenpressen*; die Hände ~ <V. i.; unz.; Sp.> *ein Zweikampf*; '**Rin·ger** <m.; -s, -> *Ringkämpfer*

'**Ring·fahn·dung** <f.; -, -en> *polizeil. Großraumfahndung*; '**Ring·fin·ger** <m.; -s, ->; '**ring·för·mig** <Adj.>; schweiz.> *schalldurchlässig, hellhörig* '**Ring·kampf** <m.; -(e)s, ⁼e; Sp.>; '**Ring·kämp·fer** <m.; -s, -; Sp.>; '**Ring·knor·pel** <m.; -s, -; Med.> *Kehlkopfknorpel* '**Ring·lein** <n.; -s, -; poet.; Verkleinerungsf. von> *Ring*; '**ring·lig** <Adj.> = *ringelig*

Rin'glot·te, <auch> **Ring'lot·te** <f.; -, -n; ↗Z53; österr.> = *Reneklode*

'**Ring·mau·er** <f.; -, -n>; '**Ring·rich·ter** <m.; -s, -; Boxsp.>; **rings** <Adv.> *um ... herum; ~* um den Platz brannten Laternen; <aber> Laternen brannten ringsum; → a. *ringsum*; '**rings·her·um,** <auch> '**rings·he·rum** <Adv.; ↗Z54> *um ... herum; der Garten ist ~ eingezäunt*; '**Ring·stra·ße** <f.; -, -n>; '**rings·um** <Adv.> 1 *um ... herum, rundherum;* eine Mauer läuft ~; <aber> rings um die Stadt läuft eine Mauer; → a. *rings* 2 *im Umkreis, überall; ~* war alles festlich geschmückt; '**rings·um'her** <Adv.>; '**Ring·tausch** <m.; -(e)s; unz.>; '**Ring·ten·nis** <n.; -; unz.; Sp.>; '**Ring·vor·le·sung** <f.; -, -en>; '**Ring·wall** <m.; -(e)s, ⁼e>

Rink <m.; -en, -en>, '**Rin·ke** <f.; -, -n>, '**Rin·ken** <m.; -s, -; alemann.> *Schnalle, Spange*

Rinn·chen <n.; -s, -; Verkleinerungsf. von> *Rinne*; '**Rin·ne** <f.; -, -n> 1 *schmale (Boden-)Vertiefung* 2 *offenes Rohr*; Dach~; Regen~; '**rin·nen** <V. i. (s.) 203> *langsam od. spärlich fließen*; '**Rinn·sal** <n.; -(e)s, -e> *schmaler Wasserlauf, kleiner Bach*; '**Rinn·stein** <m.; -(e)s, -e> 1 *Gosse* 2 *Ausgussbecken in der Küche*

Rio <als Bestandteil geograf. Namen> *Fluss* [span.; port.]

R. I. P. <Abk. für> *requiescat in pace*

'**Ri·pos·te** <f.; -, -n; Fechten> *unmittelbarer Gegenangriff* [ital.]; **ri·pos'tie·ren** <V. i.>

'**Ripp·chen** <n.; -s, -; Verkleinerungsf. von> *Rippe*; '**Rip·pe** <f.; -, -n> 1 <Anat.> *bogenförmiger Knochen im Brustkorb* 2 <fig.> *einer Rippe(1) äußerlich Ähnliches*; Gewölbe~; Heizkörper~; Schokoladen~; '**rip·peln** <V. refl.; ich ripp(e)le mich> *sich regen, sich beeilen*; '**rip·pen** <V. t.> *mit Rippen versehen*; '**Rip·pen·fell** <n.; -(e)s, -e; Pl. selten; Med.> *Teil des Brustfells*; '**Rip·pen·fell·ent·zün·dung** <f.; -, -en; Med.>; '**Rip·pen·kno·chen** <m.; -s, ->; '**Rip·pen·samt** <m.; -(e)s; unz.> = *Kordsamt*; '**Rip·pen·speer** <m. od. n.; -(e)s; unz.> = *Rippspeer*; '**Rip·pen·stoß** <m.; -es, ⁼es; '**Rip·pen·stück** <n.; -(e)s, -e>

'**Rip·per** <m.; -s, -> *Frauenmörder* [nach dem Engländer *Jack the Ripper*]

'**Rip·perl** <n.; -s, -; süddt.; österr.> = *Rippspeer*; '**Ripp·li** <n.; -s, -; schweiz.> = *Rippspeer*; '**Ripp·samt** <m.; -(e)s; unz.> = *Kordsamt*; '**Ripp·speer** <m. od. n.; -(e)s; unz.> *gepökeltes Rippenstück vom Schwein*

Rips <m.; -es, -e; Textilw.> *geripptes Gewebe* [engl.]

ri·pu'a·risch <Adj.> *am Rheinufer wohnend;* -e Franken [lat.]

Ri·sa'lit <m.; -(e)s, -e; Arch.> *vorspringender Gebäudeteil* [ital.]

Ri·si·bi·si <n.; - od. -s; unz.> *ein Reisgericht* [ital.]

'**Ri·si·ko** <n.; -s, -s od. -si·ken od. (österr.) 'Ris·ken> *Wagnis, Gefahr* [ital.]; '**Ri·si·ko·be·reit·schaft** <f.; -; unz.>; '**Ri·si·ko·fak·tor** <m.; -s, -'to·ren>; '**ri·si·ko·freu·dig** <Adj.>; '**Ri·si·ko·pa·ti·ent** <m.; -en> *besonders gefährdeter Patient;* '**Ri·si·ko·pa·ti·en·tin** <f.; -, -nnen>; '**ri·si·ko·reich** <Adj.>; '**Ri·si·ko·vor·sor·ge** <f.; -; unz.; Med.>

Ri·si'pi·si <n.; - od. -s; unz.; österr.> = *Risibisi*

ris'kant <Adj.> *gewagt, gefährlich;* ein ~es Unternehmen; **ris·'kie·ren** <V. t.> *wagen, aufs Spiel setzen* [frz.]

Ri'sot·to <m. od. (österr.; schweiz. a.) n.; - od. -s, -s> *ein Reisgericht* [ital.]

'**Risp·chen** <n.; -s, -; Verkleinerungsf. von> *Rispe*; '**Ris·pe** <f.; -, -n; Bot.> *ein Blütenstand*; '**Ris·pen·gras** <n.; -es; unz.> *ein Süßgras*; '**ris·pig** <Adj.>

Riss <m.; -es, -e> *Spalt, feine Öffnung;* '**ris·sig** <Adj.>; '**Riss·wun·de** <f.; -, -n>

Rist <m.; -es, -e> 1 *Fuß-, Handrücken* 2 <kurz für> *Widerrist*

'**Ris·te** <f.; -, -n> *Faser-, Flachsbündel*

'**Rist·griff** <m.; -(e)s, -e; Turnen>

Ris·to·ran·te <n.; -, -ti; ital. Bez. für> *Restaurant*

ris·tor·nie·ren <V. t.; Wirtsch.> *rückgängig machen, zurückbuchen* [ital.]; **Ris'tor·no** <m. od. n.; -s, -s> *Rückbuchung*

rit. <Abk. für> *ritardando;* **ri·tar·'dan·do** <Mus.; Abk.: rit.> *langsamer werdend* [ital.]; **Ri·tar·'dan·do** <n.; -s, -s u. -di>

'**ri·te** <[-te:]; Adv.> 1 *ordnungsgemäß, wie es sich gehört* 2 *genügend (niedrigste Note bei der Doktorprüfung)* [lat.]

ri·ten. <Abk. für> *ritenuto*

'**Ri·ten** <Pl. von> *Ritus*

ri·te'nu·to <Mus.; Abk.: riten.> *verlangsamt* [ital.]; **Ri·te'nu·to** <n.; -s, -s od. -ti>

Ri·tor'nell <n.; -(e)s, -e> 1 <Verslehre> *dreizeilige Strophe* 2 <Mus.> *mehrfach wiederholtes Zwischenspiel* [ital.]

'**Rit·scher** <n.; -s; unz.>; '**Rit·schert** <n.; -s; unz.; österr.> *Gericht aus Graupen u. Hülsenfrüchten*

Ritt <m.; -(e)s, -e> *Ausflug zu Pferde; in schnellem ~*

'**Ritt·ber·ger** <m.; -s, -; Eiskunstlauf> *ein Drehsprung* [nach dem dt. Eiskunstläufer W. *Rittberger*]

'**Rit·ter** <m.; -s, -> 1 *adliger Krieger, Edelmann; Raub~; ~ von der traurigen Gestalt* <Beiname des> *Don Quichotte* 2 *Inhaber eines hohen Ordens, z. B. Pour le mérite; Ordens-* 3 *arme ~ eine Süßspeise;* '**Rit·ter·burg** <f.; -, -en>; '**Rit·ter·dra·ma** <n.; -s, -dra·men>; '**Rit·ter·gut** <n.; -(e)s, ⁻er>; '**Rit·ter·kreuz** <n.; -es, -e>; '**rit·ter·lich** <Adj.> 1 *den Ritter(1, 2) betreffend* 2 <fig.> *zuvorkommend, beschützend; ~es Benehmen;* '**Rit·ter·lich·keit** <f.; -; unz.>; '**Rit·ter·ling** <m.; -s, -e; Bot.> *ein Pilz;* '**Rit·ter·or·den** <m.; -s, ->; '**Rit·ter·ro·man** <m.; -(e)s, -e>; '**Rit·ter·rüs·tung** <f.; -, -en>; '**Rit-**

ter·schaft <f.; -; unz.>; '**Rit·ter·schlag** <m.; -(e)s; unz.>; '**Rit·ters·mann** <m.; -(e)s, -leu·te; poet.; umg.>; '**Rit·ter·spiel** <n.; -(e)s, -e> *Ritterdrama;* '**Rit·ter·sporn** <m.; -(e)s, -e; Bot.> *ein Hahnenfußgewächs;* '**Rit·ter·stand** <m.; -(e)s; unz.>; '**Rit·ter·tum** <n.; -s; unz.>; '**Rit·ter·zeit** <f.; -; unz.>; '**rit·tig** <Adj.> *das Pferd ist ~ zugeritten, gut zu reiten;* '**ritt·lings** <Adv.> *im Reitersitz; sich ~ auf einen Stuhl setzen;* '**Ritt·meis·ter** <m.; -s, -; Mil.; früher>

ri·tu'al <Adj.; selten> = *rituell;* **Ri·tu'al** <n.; -s, -e od. -li·en> 1 *Kulthandlung, relig. Brauch* 2 *Zeremoniell, stets gleicher Ablauf von Vorgängen* [lat.]; **Ri·tu·'al·buch** <n.; -(e)s, ⁻er>; **ri·tu·a·li'sie·ren** <V. t.> *zum Ritual werden lassen;* **Ri·tu·a·li'sie·rung** <f.; -, -en>; **Ri·tu·a'lis·mus** <m.; -; unz.> *Erneuerungsbewegung in der anglikan. Kirche;* **Ri·tu·a'list** <m.; -en, -en>; **Ri·tu·'al·mord** <m.; -(e)s, -e>; **ri·tu'ell** <Adj.> *zum Ritus gehörend* [frz.]; '**Ri·tus** <m.; -, 'Ri·ten> *vorgeschriebene Zeremonie, religiöser Brauch*

Ritz <m.; -es, -e>, '**Rit·ze** <f.; -, -n> *Kerbe, schmale Öffnung;* '**Rit·zel** <n.; -s, -; Tech.> *kleines Zahnrad;* '**rit·zen** <V. t.; du ritzt> *die Sache ist geritzt* <umg.> *erledigt;* '**Ritz·mes·ser** <n.; -s, ->

Ri·va·le <[-'va:-]; m.; -n, -n> *Nebenbuhler, Mitbewerber* [frz.]; **Ri'va·lin** <f.; -, -nen>; **ri·va·li·'sie·ren** <V. i.> *mit jmdm. wetteifern;* **Ri·va·li'tät** <f.; -, -en>

Ri·ver·boat·shuf·fle, <auch> Ri·ver·boat·shuff·le <['rivə(r)-bout∫Λfəl]; f.; -, -s; ⁊Z53> *Vergnügungsfahrt mit Musik auf einem Dampfer* [engl.]

Ri'yal, <auch> Riy'al <m.; -, -; ⁊Z52; Abk.: Rl> = *Rial*

'**Ri·zi·nus** <m.; -; unz.; Bot.> *eine (Heil-)Pflanze;* '**Ri·zi·nus·öl** <n.; -(e)s; unz.>

r.-k. <Abk. für> *römisch-katholisch*

Rl. <Abk. für> *Rial/Riyal*

Rm <Abk. für> *Raummeter*

RM <Abk. für> *Reichsmark*

Rn <Chem.; Zeichen für> *Radon*

RNS <Abk. für> *Ribonucleinsäure*

Roa·die <['ro:-]; m.; -s, -s; kurz für> *Roadmanager;* **Road·ma·na·ger** <['ro:dmænidʒə(r)]; m.; -s, -> *jmd., der für die Bühnentechnik u. deren Transport bei Tourneen von Popgruppen verantwortlich ist* [engl.]; '**Road·mo·vie** <[-mu:vi]; m. od. n.; -s, -s> *Film, in dem längere Autofahrten die Handlung bestimmen;* **Roads·ter** <['roudstə(r)]; m.; -s, -> *offener, zweisitziger Pkw*

Roa·ring Twen·ties <['ro:rɪŋ 'twɛntiz]; Pl.> = *Golden Twenties* [engl.]

Roast·beef <['ro:stbi:f]; n.; -s, -s> *(nicht ganz durchgebratenes) Rippenstück vom Rind* [engl.]

'**Rob·be** <f.; -, -n; Zool.> *ein Meeressäugetier;* '**rob·ben** <V. i. (s.)> *sich kriechend fortbewegen;* '**Rob·ben·fang** <m.; -(e)s; unz.>; '**Rob·ben·ster·ben** <n.; -s; unz.>

'**Rob·ber** <m.; -s, -; bei Bridge u. Whist> *Doppelpartie* [engl.]

'**Ro·be** <f.; -, -n> 1 *Amtstracht der Richter, Anwälte u. Geistlichen* 2 *festliches Abendkleid* [frz.]

Ro'bi·nie <[-niə]; f.; -, -n; Bot.> *ein Zierstrauch* [nach dem frz. Botaniker J. *Robin*]

Ro·bin·so·na·de <f.; -, -n> 1 <Lit.> *abenteuerliche Geschichte über einen Schiffbrüchigen* 2 *abenteuerliches Unternehmen* [nach dem Romanhelden *Robinson Crusoe*]; '**Ro·bin·son·lis·te, <auch> 'Ro·bin·son·Lis·te** <f.; -, -n; ⁊Z35> *Liste von Personen, die keine Werbesendungen erhalten möchten*

ro·bo·ten <['rɔbɔtən]; V. i.; umg.> *schwer arbeiten, schuften;* '**Ro·bo·ter** <m.; -s, -> *ferngesteuerter Automat* [tschech.]; '**ro·bo·ter·haft** <Adj.>

ro'bust <Adj.> *widerstandsfähig, unempfindlich;* **Ro'bust·heit** <f.; -; unz.> [lat.]

Ro·caille <[rɔ'ka:jə]; n. od. f.; -, -s; im Rokoko> *Ornament aus Muscheln* [frz.]

Ro·cha·de <[-'xa:-] od. [-'ʃa:-]; f.; -, -n; Schach> *Doppelzug von König u. Turm* [arab.-frz.]

R

'rö·cheln <V. i.; ich röch(e)le> rasselnd atmen

'Ro·chen <m.; -s, -; Zool.> ein Meeresfisch

Ro·chett <[rɔˈʃɛt]; n.; -s, -s> Chorhemd kath. Geistlicher [frz.]

ro·chie·ren <[-'xi:-] od. [-'ʃi:-]; V. i.; Schach> eine Rochade ausführen [frz.]

'Ro·chus <in der Wendung> einen ~ auf jmdn. haben auf jmdn. wütend sein [jidd.]

Rock¹ <m.; -(e)s, ⸚e> Kleidungsstück (für Frauen u. Mädchen); Falten~; Mini~; Schotten~

Rock² <m.; -s od. -; unz.; Mus.> Stilrichtung der Popmusik [amerikan.]; **Rock·a·bil·ly**, <auch> **Ro·cka·bil·ly** <['rɔkəbili]; m.; -s; unz.; ✎Z54; Mus.> amerikan. Musikstil der 50er Jahre; **Rock and Roll, Rock 'n' Roll** <['rɔkn 'ro:l]; m.; ---; unz.; Mus.> stark synkopierter amerikan. Tanz

'Röck·chen <n.; -s, -; Verkleinerungsf. von> Rock¹

'ro·cken <V. i.; umg.> Rock² spielen [amerikan.]

'Ro·cken <m.; -s, -> stabförmiges Spinngerät

'Ro·cken·bol·le <f.; -, -n> Perlzwiebel [frz.]

'Ro·cker <m.; -s, -> 1 Mitglied einer Gruppe von Jugendlichen, die meist in Lederbekleidung u. mit Motorrädern auftreten 2 Rockmusiker; **'Ro·cker·braut** <f.; -, ⸚e; umg.> Freundin eines Rockers(1); **'Rock·kon·zert** <n.; -(e)s, -e>

'Röck·lein <n.; -s, -; poet.> Verkleinerungsf. von Rock¹

Rock·mu·si·cal <['rɔkmju:zikəl]; n.; -s, -s; Mus.>; **'Rock·mu·sik** <f.; -; unz.; kurz für> Rock²; **Rock 'n' Roll** <m.; ---; unz.> = Rock and Roll

Rocks <Pl.> Fruchtbonbons [engl.]

'Rock·schoß <m.; -es, ⸚e> Verlängerung der Herrenjacke; **'Rock·ta·sche** <f.; -, -n>; **'Rock·zip·fel** <m.; -s, -> an jmds. ~ hängen <fig.; umg.> unselbstständig sein

'Ro·del¹ <m.; -s, -; südwestdt.; schweiz.> Verzeichnis [lat.]

'Ro·del² <m.; -s, -; süddt.> Schlit-

ten; **'Ro·del³** <f.; -, -n; bair.; österr.> 1 (Kinder-)Schlitten 2 <umg.> Kinderrassel; **'Ro·del·bahn** <f.; -, -en>; **'ro·deln** <V. i. (s. od. h.); ich rod(e)le> mit dem Schlitten bergab gleiten; **'Ro·del·schlit·ten** <m.; -s, ->; **'Ro·del·sport** <m.; -s; unz.>

'ro·den <V. t.> Land ~ urbar machen

Ro·deo <m. od. n.; -s, -s> Reiterwettkampf der Cowboys in den USA [span.]

'Rod·ler <m.; -s, -; ✎Z53.1> jmd., der rodelt; **'Rod·le·rin** <f.; -, -nnen>

Ro·don·ku·chen <[-'dɔ̃-]; m.; -s, -; westdt.> Napfkuchen [frz.]

'Ro·dung <f.; -, -en> Urbarmachung

Ro·ga·te <ohne Art.> fünfter Sonntag nach Ostern [lat.]; **Ro·ga·ti'on** <f.; -, -en> Fürbitte

'Ro·gen <m.; -s, -> Fischeier; **'Ro·ge·ner** <m.; -s, -; Zool.> weibl. Fisch; oV Rogner, Ggs Milchner; **'Ro·gen·stein** <m.; -(e)s, -e> rogenartige Versteinerung

ro·ger <['rɔdʒər]; bes. Funkw.> verstanden!, in Ordnung! [engl.]

'Rog·gen <m.; -s; unz.> eine Getreideart

'Rog·ner <m.; -s, -; Zool.> = Rogener

roh <Adj.> 1 nicht zubereitet, ungekocht; ~er Schinken 2 <✎Z43> nicht od. nur grob bearbeitet; ~ behauene Steine; eine Skulptur aus dem Rohen arbeiten; der Entwurf ist im Rohen fertig 3 gefühllos, grausam; **'Roh·bau** <m.; -(e)s, -ten>; **'Roh·bi·lanz** <f.; -, -en; Wirtsch.> Bruttoeinnahme; **'Roh·ein·nah·me** <f.; -, -n> Bruttoeinnahme; **'Roh·ei·sen** <n.; -s; unz.>; **'Ro·heit** <f.; -, -en> künftig nicht mehr zulässige Schreibweise für> Rohheit; **'Roh·ent·wurf** <m.; -(e)s, ⸚e>; **'Roh·er·trag** <m.; -(e)s, ⸚e> Bruttoertrag; **'Roh·er·zeug·nis** <n.; -s·ses, -s·se> = Zwischenprodukt; **'Roh·ge·wicht** <n.; -(e)s; unz.>; **'Roh·heit** <f.; -, -en>; **'Roh·kost** <f.; -; unz.> Kost aus rohem Obst, Gemüse usw.; **'Roh·köst·ler** <m.; -s, ->; **'Roh·köst·le·rin** <f.; -, -nnen>; **'Roh·ling** <m.; -(e)s, -e> 1 roher Mensch 2 unbearbeitetes Werk-

stück; **'Roh·ma·te·ri·al** <n.; -(e)s, -li·en> = Rohstoff; **'Roh·öl** <n.; -(e)s; unz.> = Erdöl; **'Roh·pro·dukt** <n.; -(e)s, -e> = Zwischenprodukt

Rohr <n.; -(e)s, -e> 1 langer, runder Hohlkörper zum Weiterleiten von Stoffen; Ofen~; Wasser~ 2 <Bot.> Pflanze mit rohrförmigem Stiel, Schilf; Bambus~ 3 <süddt.; österr. für> Backröhre; **'Rohr·am·mer** <f.; -, -n; Zool.> ein Vogel; **'Rohr·blatt** <n.; -(e)s, ⸚er; Mus.; im Mundstück von Holzblasinstrumenten>; **'Rohr·bruch** <m.; -(e)s, ⸚e>; **'Röhr·chen** <n.; -s, -; Verkleinerungsf. von> Rohr; **'Rohr·dom·mel** <f.; -, -n; Zool.> ein Vogel; **'Röh·re** <f.; -, -n> 1 Rohr, rohrartiges Gebilde; Luft~; Neon~ 2 <kurz für> Backröhre; **'röh·ren** <V. i.> der Hirsch röhrt schreit (in der Brunftzeit); **'Röh·ren·kno·chen** <m.; -s, ->; **'Röh·ren·pilz** <m.; -es, -e; Bot.>; **'Röh·ren·schwamm** <m.; -(e)s, ⸚e; Bot.> = Röhrling; **'Rohr·flö·te** <f.; -, -n>; **'Rohr·richt** <n.; -(e)s; -e> Schilfdickicht; **'röh·rig** <Adj.> wie eine Röhre geformt; **'Rohr·kol·ben** <m.; -s, -; Bot.> eine Pflanze; **'Rohr·kre·pie·rer** <m.; -s, -; Soldatenspr.> Geschoss, das im Rohr od. Lauf der Waffe explodiert; **'Rohr·le·ger** <m.; -s, ->; **'Rohr·lei·tung** <f.; -, -en>; **'Röhr·ling** <m.; -s, -e; Bot.> ein Pilz; **'Rohr·post** <f.; -; unz.> Beförderung von Poststücken in Rohren; **'Rohr·sän·ger** <m.; -s, -; Zool.> ein Singvogel; **'Rohr·spatz** <m.; -es, -en; Zool.> ein Vogel; schimpfen wie ein ~ <fig.; umg.> laut u. heftig schimpfen; **'Rohr·stock** <m.; -(e)s, ⸚e> Züchtigungsgerät aus Bambusrohr; **'Rohr·zu·cker** <m.; -s; unz.> aus Zuckerrohr gewonnener Zucker

'Roh·sei·de <f.; -; unz.>; **'roh·sei·den** <Adj.>; **'Roh·stahl** <m.; -(e)s; unz.>; **'Roh·stoff** <m.; -(e)s, -e> Naturprodukt vor der Ver- u. Bearbeitung; **'roh·stoff·arm** <Adj.>; **'roh·stoff·reich** <Adj.>; **'Roh·ü·ber·set·zung** <f.; -, -en; ✎Z55>; **'Roh·zu·cker** <m.; -s; unz.>; **'Roh·zu·stand** <m.; -(e)s; unz.>

R

'**Ro·ko·ko** <österr. [--'-']; n.; -s od. -; unz.> *Kunststil des 18. Jh.* [frz.]

'**Ro·lands·rei·ten** <n.; -s; unz.> Sy *Ringelstechen;* '**Ro·lands·säu·le** <f.; -, -n> *Standbild auf nord- u. mitteldt. Marktplätzen*

'**Rolla·den** <m.; -ll·l-; -s, - od. ⸚; künftig nicht mehr zulässige Schreibweise für> *Rollladen;* '**Roll·bahn** <f.; -, -en> = *Rollfeld;* '**Roll·bal·ken** <m.; -s, -; österr. für> *Rollladen;* '**Roll·bra·ten** <m.; -s, ->; '**Roll·brett** <n.; -(e)s, -er> = *Skateboard;* '**Röll·chen** <n.; -s, -; Verkleinerungsf. von> *Rolle;* '**Rol·le** <f.; -, -n> 1 *(massiver) Körper mit rundem Querschnitt;* ein Bürostuhl auf ~n; Biskuit-; Schrift- 2 <Theat.; Film> *Gestalt, die ein Künstler verkörpert;* Haupt~; Sprech~; aus der ~ fallen <fig.> *sich schlecht benehmen;* das spielt keine ~ <fig.> *das ist unwichtig* 3 <Soziol.> *das von der Gesellschaft erwartete Verhalten;* die ~ der Frau 4 <Turnen> *Purzelbaum;* eine ~ rückwärts; '**rol·len** <V.> 1 <V. i. (s.)> *sich um die eigene Achse drehend fortbewegen;* der Ball rollte auf die Straße; etwas kommt ins Rollen <a. fig.> 2 <V. t./V. refl.> *drehend vorwärts bewegen, schiebend wälzen;* ein Fass ~ 3 <V. t./V. refl.> *eine Rolle(1) formen;* den Teppich ~; das Blatt rollt sich 4 <V. t.> Teig, Wäsche ~ *glätten;* '**Rol·len·be·set·zung** <f.; -, -en; Theat.; Film>; '**Rol·len·er·war·tung** <f.; -, -en; Soziol.>; '**Rol·len·fach** <n.; -(e)s, ⸚er; Theat.; Film>; '**Rol·len·spiel** <n.; -(e)s, -e> *soziale Interaktionen nachahmendes Spiel;* '**Rol·len·ver·hal·ten** <n.; -s; unz.; Soziol.>; '**Rol·len·ver·tei·lung** <f.; -, -en>; '**Rol·ler** <m.; -s, -> 1 <⤢Z26> *ein Kinderfahrzeug;* lass uns heute (mit dem) ~ fahren; <aber> (das) Rollerfahren macht uns Spaß 2 <kurz für> *Motorroller* 3 <österr. für> *Rollo;* '**Rol·ler·blade** <[ˈroʊlərbleɪd]; m.; -s, -s; meist Pl.; Warenz.> *Rollschuh mit vier hintereinander angeordneten Rollen* [engl.]; '**Rol·ler·brett** <n.; -(e)s, -er> = *Skateboard;* '**rol·lern** <V. i. (h. u.

s.); ich roll(e)re> *mit dem Roller(1, 2) fahren;* **Rol·ler·skate** <['roʊlə(r)skeɪt]; m.; -s, -s; meist Pl.> *eine Rollschuhart* [engl.]; '**Rol·ler·ska·ting** <[-skeɪ-]; n.; - od. -s; unz.> *das Rollschuhlaufen mit Rollerskates;* '**Roll·feld** <n.; -(e)s, -er> *Start-und-Lande-Bahn für Flugzeuge;* '**Roll·film** <m.; -(e)s, -e>; '**Roll·geld** <n.; -(e)s, -er> *Gebühr für die Beförderung von Frachtgut;* '**Roll·gut** <n.; -(e)s, ⸚er> *Frachtgut;* '**Roll·holz** <n.; -es, ⸚er> *Nudelholz;* '**Rol·li** <m.; -s, -s; umg.; kurz für> *Rollkragenpullover;* **rol'lie·ren** <V.> 1 <V. i.> *nach einem best. Schema regelmäßig abwechseln* 2 <V. t.; Schneiderei> *einrollen u. mit Zierstichen säumen;* '**rol·lig** <Adj.> *brünstig (von Katzen);* '**Roll·kom·man·do** <n.; -s, -s> *motorisierte Einsatztruppe;* '**Roll·kra·gen** <m.; -s, ->; '**Roll·kra·gen·pul·lo·ver** <m.; -s, ->; '**Roll·kunst·lauf** <m.; -(e)s; unz.; Sp.>; '**Roll·kunst·läu·fer** <m.; -s, ->; '**Roll·kunst·läu·fe·rin** <f.; -, -n·nen>; '**Roll·la·den** <m.; -s, - od. ⸚; ⤢Z37> *aufrollbare Wand vor Fenstern, Türen od. a. Büromöbeln;* '**Roll·la·den·schrank** <m.; -(e)s, ⸚e>; '**Roll·loch** <n.; -(e)s, ⸚er; ⤢Z37; Bgb.> *steil abfallender Grubenbau;* '**Roll·mops** <m.; -es, ⸚e> *gerollter marinierter Hering;* '**Rol·lo** <a., österr. nur [-'-]; n.; -s, -s; eingedeutschte Schreibweise von> *Rouleau;* '**Roll·schin·ken** <m.; -s, ->; '**Roll·schnell·lauf** <m.; -(e)s, ⸚e ⤢Z37>'; '**Roll·schnell·läu·fer** <m.; -s, ->; '**Roll·schnell·läu·fe·rin** <f.; -, -n·nen>; '**Roll·schrank** <m.; -(e)s, ⸚e>; '**Roll·schuh** <m.; -(e)s, -e; ⤢Z26> ~ laufen; <aber> das Rollschuhlaufen; '**Roll·schuh·bahn** <f.; -, -en>; '**Roll·schuh·lau·fen** <n.; -s; unz.> (das) ~ ist mein Hobby; <aber> wollen wir Rollschuh laufen?; '**Roll·schuh·sport** <m.; -(e)s; unz.>; '**Roll·sitz** <m.; -es, -e> *Sitzbrett im Ruderboot;* '**Roll·splitt** <m.; -s; unz.> = *Splitt;* '**Roll·stuhl** <m.; -(e)s, ⸚e> *fahrbarer Stuhl für nicht gehfähige Personen;* '**Roll-

stuhl·fah·rer** <m.; -s, ->; '**Roll·stuhl·fah·re·rin** <f.; -, -n·nen>; '**Roll·trep·pe** <f.; -, -n>; '**Roll·ver·deck** <n.; -s, -s od. -e; an Kfz>

Rom[1] <[roːm]> *Hauptstadt von Italien;* viele Wege führen nach ~ <fig.> *es gibt mehrere Wege zum Ziel*

Rom[2] <[rɔm]; m.; - od. -s, 'Ro·ma; Selbstbez.> *Zigeuner*

ROM <EDV; Abk. für engl.> *Read Only Memory;* CD-ROM

'**Ro·ma·dur** <österr. [--'-]; m.; - od. -s, - od. -s> *ein Weichkäse* [frz.]

Ro·man <m.; -s, -e> *breit ausgeführte Prosaerzählung;* Kriminal~ [frz.]; **ro'man·ar·tig** <Adj.>; **Ro·man·ci·er** <[rɔmãˈsjeː]; m.; -s, -s> *Romanschriftsteller;* **Ro'ma·ne** <m.; -n, -n> *Angehöriger eines Volkes mit roman. Sprache* [lat.]; **ro·ma'nesk** <Adj.> *in der Art eines Romans* [frz.]; **ro'man·haft** <Adj.>; **Ro'man·held** <m.; -en, -en>; **Ro'man·hel·din** <f.; -, -n·nen>

Ro·ma·ni <n.; -; unz.> *Zigeunersprache*

Ro·ma·nia <f.; -; unz.> *Gesamtheit der romanischsprachigen Gebiete;* **Ro'ma·nik** <f.; -; unz.> *Kunststil des 11.–13. Jh.;* **Ro'ma·nin** <f.; -, -n·nen>; **ro'ma·nisch** <Adj.> 1 *die Romanen betreffend;* ~e Sprachen 2 *die Romanik betreffend;* eine ~e Kirche 3 <schweiz.; kurz für> *rätoromanisch;* **ro'ma·nisch·spra·chig** <Adj.>; **ro·ma·ni'sie·ren** <V. t.>; **Ro·ma'nist** <m.; -en, -en>; **Ro·ma'nis·tik** <f.; -; unz.> *Lehre von den romanischen Sprachen u. Literaturen,* <auch> *vom römischen Recht;* **Ro·ma'nis·tin** <f.; -, -n·nen>; **ro·ma'nis·tisch** <Adj.>

Ro·man·li·te·ra·tur <f.; -; unz.>; **Ro'man·schrift·stel·ler** <m.; -s, ->; **Ro'man·schrift·stel·le·rin** <f.; -, -n·nen>

Ro·man·tik <f.; -; unz.> 1 *europ. Kunst- u. Literaturbewegung (ca. 1800–1830)* 2 *gefühlsbetonte, träumerische Stimmung;* er hat keinen Sinn für ~; **Ro'man·ti·ker** <m.; -s, -> 1 *Anhänger, Künstler der Romantik(1)* 2 *gefühlsbetonter, träumerischer*

R

Mensch; **Ro·man·ti·ke·rin** ‹f.; -, -n·nen›; **ro·man·tisch** ‹Adj.› **1** *zur Romantik(1) gehörend* **2** *gefühlsbetont, schwärmerisch,* ‹auch› *malerisch;* eine ~e *Gegend* [frz.]; **ro·man·ti·sie·ren** ‹V. t.›; **Ro·man·ti·zis·mus** ‹m.; -; unz.› *Nachahmung der Romantik(1);* **ro·man·ti·zis·tisch** ‹Adj.›

Ro·mantsch ‹n.; -; unz.; Nebenform von› *Romaun(t)sch*

Ro·man·ze ‹f.; -, -n› **1** *volkstüml. Dichtung* **2** *stimmungsvolles Musikstück* **3** ‹poet.› *Liebeserlebnis* [frz.]; **Ro·man·ze·ro** ‹m.; -s, -s› *span. Romanzensammlung* [span.]

ro'maunsch ‹Adj.›; **Ro·'maunsch, Ro'mauntsch** ‹n.; -; unz.› *Mundart der rätoromam. Sprache*

'Ro·meo ‹m.; -s, -s› *Liebhaber* [nach der Figur in *Romeo u. Julia* von W. Shakespeare]

'Rö·mer² ‹m.; -s, -› **1** *Einwohner von Rom* **2** *Bürger des Römischen Reiches*

'Rö·mer² ‹m.; -s, -› *kelchiges Weinglas* [ndrl.]

'Rö·mer·brief ‹m.; -(e)s; unz.; im NT› *Brief des Apostels Paulus an die Römer;* **'Rö·me·rin** ‹f.; -, -n·nen›; **'Rö·mer·reich** ‹n.; -(e)s; unz.›; **'Rö·mer·topf** ‹m.; -(e)s, -e; Warenz.› *Tontopf zum Braten;* **'rö·misch** ‹Adj.› ⤳Z46› *Rom od. die Römer betreffend;* die ~en *Kaiser;* ~e *Zahlen;* ‹aber› *das Römische Reich; das Heilige Römische Reich Deutscher Nation;* **'rö·misch-'i·risch** ‹Adj.› ⤳Z55› ~es *Bad ein Heißluftbad;* **'rö·misch-ka·'tho·lisch** ‹Adj.; Abk.: röm.-kath. od. r.-k.› die ~e *Kirche;* **röm.-kath.** ‹Abk. für› *römischkatholisch*

'Rom·mé, ‹auch› **'Rom·mee** ‹a. [-'-] n.; -s; unz.› ⤳Z18.4› *ein Kartenspiel* [frz.]

Ro'montsch ‹n.; -; unz.; Nebenform von› *Romaun(t)sch*

'Rom·rei·se ‹f.; -, -n› *(Pilger-) Reise nach Rom*

Ron·deau ‹n.; -s, -s› **1** ‹[rɔ̃'do:]› *aus dem zum Rundtanz gesungenen Lied entwickelte Gedichtform* **2** ‹[rɔn'do:]; österr.› *rundes Beet, runder Platz* [frz.];

Ron'dell ‹n.; -s, -e› **1** *Rundbeet* **2** *runder Turm (einer Festung);* **'Ron·do** ‹n.; -s, -s; Mus.› **1** *mittelalterl. Tanzlied* **2** *Instrumentalstück mit mehrfach wiederkehrendem Thema* [ital.]

'rönt·gen ‹V. t.; du röntgst› *mit Röntgenstrahlen durchleuchten* [nach dem Physiker W. C. Röntgen]; **'Rönt·gen·ap·pa·rat** ‹m.; -(e)s, -e›; **'Rönt·gen·auf·nah·me** ‹f.; -, -n›; **'Rönt·gen·au·gen** ‹Pl.; umg.; scherzh.› hast du ~? *wieso kannst du das sehen?;* **'Rönt·gen·be·hand·lung** ‹f.; -, -en›; **'Rönt·gen·be·strah·lung** ‹f.; -, -en›; **'Rönt·gen·bild** ‹n.; -(e)s, -er›; **'Rönt·gen·di·a·gno·se,** ‹auch› **'Rönt·gen·di·ag·no·se** ‹f.; -, -n; ⤳Z53›; **rönt·ge·ni·sie·ren** ‹V. t.; österr. für› *röntgen;* **Rönt·ge·no·lo'gie** ‹f.; -; unz.; frühere Bez. für› *Radiologie;* **rönt·ge·no·lo·gisch** ‹Adj.› *mithilfe der Röntgenologie;* **'Rönt·gen·schicht·ver·fah·ren** ‹n.; -s; unz.› *diagnost. Verfahren, bei dem ein Organ in mehreren Schichten aufgenommen wird;* Sy *Tomographie;* **'Rönt·gen·spek·trum,** ‹auch› **'Rönt·gen·spek·trum** ‹n.; -s, -tren/-t·ren; ⤳Z53› *durch Einwirkung von Röntgenstrahlen auf Atome od. Moleküle erzeugtes Spektrum;* **'Rönt·gen·strah·len** ‹Pl.› *elektromagnetische Strahlen mit hohem Durchdringungsvermögen;* **Rönt·gen·struk'tur·a·na·ly·se** ‹f.; -, -n; ⤳Z55› *röntgenologische Untersuchung des Molekülaufbaus;* **'Rönt·gen·tech·nik** ‹f.; -; unz.›; **'Rönt·gen·un·ter·su·chung** ‹f.; -, -en›; **'Rönt·gen·ver·fah·ren** ‹n.; -s; unz.›

Roo·ming·'in ‹[ru:miŋ-]; n.; -s; unz.; ⤳Z32› *Unterbringung des Neugeborenen im Zimmer der Mutter* [engl.]

Roque·fort ‹[rɔk'fo:r]; m.; -s, -s› *ein Käse* [nach dem südfrz. Ort Roquefort-sur-Soulzon]

'Ror·schach·test, ‹auch› **'Ror·schach-Test** ‹m.; -s, -s od. od. -e; ⤳Z35› *ein psycholog. Testverfahren* [nach dem Schweizer Psychiater H. Rorschach]

'ro·sa ‹Adj.; undekl.› *blassrot;* ein ~ *Kleid;* ~ *Kleider* [lat.]; **'Ro-**

sa ‹n.; -s, -s› *blassrote Farbe;* **Ro'sa·ri·um** ‹n.; -s, -'sa·ri·en› **1** *Rosenpflanzung* **2** ‹Kath.› *Rosenkranzgebet;* **'ro·sa·rot** ‹Adj.› *blassrot; etwas durch die ~e Brille sehen* ‹fig.› *übertrieben optimistisch* ‹[-'tse:ə]; f.; -, -n; Bot.› *Rosengewächs*

rösch ‹Adj.; -er, am -(e)s·ten› **1** ‹Bgb.› *grobstückig* **2** ‹süddt.; schweiz.› *knusprig*

'Rö·sche ‹f.; -, -n; Bgb.› *Graben, stollenartiger Gang*

'Rös·chen ‹n.; -s, -; Verkleinerungsf. von› *Rose;* **ro·sé** ‹[-'ze:]; Adj.; undekl.› *hellrosa* [frz.]; **'Ro·se** ‹f.; -, -n› **1** ‹Bot.› *eine Pflanze* **2** *der Rose(1) äußerlich Ähnliches;* Fenster- **3** ‹Med.› *eine Hautentzündung;* Gürtel~, Wund~; **Ro·sé¹** ‹[-'ze:]; m.; -s, -s› = *Weißherbst;* **Ro·sé²** ‹[-'ze:]; n.; -s; unz.› *rosé Farbe;* **Ro'see·wein** ‹m.; -(e)s, -e› = *Rosé;* **'ro·sen·far·ben, 'ro·sen·far·big** ‹Adj.›; **'Ro·sen·gar·ten** ‹m.; -s, ⸚›; **'Ro·sen·ge·wächs** ‹[-ks]; n.; -es, -e›; **'Ro·sen·holz** ‹n.; -es, ⸚er›; **'Ro·sen·kohl** ‹m.; -(e)s; unz.› *ein Gemüse;* **'Ro·sen·kranz** ‹m.; -es, ⸚e; Kath.› **1** *Kette mit Perlen, an denen sich die Zahl der gesprochenen Gebete überprüfen lässt* **2** *diese Gebete selbst;* den ~ *beten;* **'Ro·sen·krieg** ‹m.; -(e)s, -e› **1** ‹nur Pl.› *englische Thronfolgekriege (1455–1485)* [nach den Rosen in den jeweiligen Wappen] **2** ‹fig.› *heftige Ehestreitigkeiten;* **Ro·sen'mon·tag** ‹a. ['----]; m.; -(e)s, -e› *Fastnachtsmontag;* **'Ro·sen·öl** ‹n.; -(e)s; unz.›; **'Ro·sen·quarz** ‹m.; -es; unz.› *ein Schmuckstein;* **'ro·sen·rot** ‹Adj.; poet.›; **'Ro·sen·stock** ‹m.; -(e)s, ⸚e›; **'Ro·sen·strauch** ‹m.; -(e)s, ⸚er›; **'Ro·sen·was·ser** ‹n.; -s; unz.› *bei der Rosenölbereitung zurückbleibendes Wasser;* **Ro'set·te** ‹f.; -, -n› **1** *rosenförmige Verzierung* **2** *runde Stoffschleife* **3** *Schliff von Edelsteinen* [frz.]; **Ro·sé·wein** ‹m.; -(e)s, -e› = *Weißherbst;* **'ro·sig** ‹Adj.› **1** *von zarter rosa Farbe;* ~ *weiß weiß mit einem leichten rosa Schimmer* **2** ‹fig.› *gut,*

R

positiv; die Aussichten sind nicht gerade ~ <umg.> *die A. sind schlecht*

Ro·si·nan·te <f.; -, -n; fig.; scherzh.> *altes, mageres Pferd, Klepper* [nach dem Pferd des Don Quijote]

Ro·si·ne <f.; -, -n> *getrocknete Weinbeere;* die ~n aus etwas picken <fig.; umg.> *das Beste* [frz.]; **Ro·si·nen·ku·chen** <m.; -s, ->

'Rös·lein <n.; -s, -; poet.; Verkleinerungsf. von> *Rose*

Ros·ma·rin <a. ['---]; m.; -s; unz.; Bot.> *eine Gewürzpflanze* [lat.]

Roß <[ro:s]; n.; -es, -e; mdt.> *Wabe*

Ross <n.; -es, -e od. =er; poet.; geh.> *Pferd;* auf dem hohen ~ sitzen <fig.; umg.> *überheblich sein;* **'Ross·arzt** <m.; -es, =e; veralt.> *Tierarzt im Heer;* **'Ross·brei·ten** <Pl.; Seemannsspr.> *windarme Zonen der subtropischen Hochdruckgürtel auf den Meeren;* **'Röss·chen** <n.; -s, -; Verkleinerungsf. von> *Ross;* **'Ross·se** <f.; -, -n> *Brunst der Stute*

'Ro·ße <f.; -, -n; mdt.> = *Roß*

'Rös·sel <n.; -s, -; oberdt.> = *Rösschen;* **'Rös·sel·sprung** <m.; -(e)s, =e> 1 *ein Zug im Schachspiel* 2 *eine Rätselart;* **'ros·sen** <V. i.> *die Stute rosst ist brünstig;* **'Ross·haar** <n.; -(e)s; unz.>; **'Ross·haar·ma·trat·ze,** <auch> **'Ross·haar·mat·rat·ze** <f.; -, -n; ⤢Z53>; **'ros·sig** <Adj.> *brünstig (von Stuten);* **'Ross·kas·ta·nie** <[-niə]; f.; -, -n> 1 <Bot.> *ein Laubbaum* 2 *dessen Frucht;* **'Ross·kur** <f.; -, -en; umg.; scherzh.> *mit starken Mitteln durchgeführte Kur;* **Rössl** <n.; -s, -; oberdt.> = *Rössel;* **'Röss·lein** <n.; -s, -; poet.; Verkleinerungsf. von> *Ross;* **'Röss·li·spiel** <n.; -(e)s, -e; schweiz.> *Karussell;* **'Ross·na·tur** <f.; -; unz.; umg.> *er hat eine ~ eine sehr robuste Gesundheit;* **'Ross·schlach·ter, 'Ross·schläch·ter** <m.; -s, -; ⤢Z37>; **'Ross·täu·scher** <m.; -s, -; veralt.; abwertend> *Pferdehändler*

Rost[1] <m.; -(e)s, -e> 1 *Holz-, Stahl- od. Eisengitter;* Latten~ 2 <umg.> *Matratze aus Stahl*

Rost[2] <m.; -(e)s; unz.> 1 *rotbraune Zersetzungsschicht auf Eisen* 2 <Bot.> *eine Pflanzenkrankheit;* **'rost·be·stän·dig** <Adj.> *resistent gegen Rost*

'Rost·bra·ten <m.; -s, ->; **'Rost·brat·wurst** <f.; -, =e>

'rost·braun <Adj.>

'Röst·brot <n.; -(e)s, -e>; **'Rös·te** <f.; -, -n> *Platz zum Rösten*

'ros·ten <V. i.> *Rost*[2] *ansetzen*

'rös·ten <V. t.> 1 *bräunen, braten;* Kaffee, Brot ~ 2 *Erze ~ erhitzen* 3 *Flachs, Hanf ~ mürbe werden lassen;* **Rös·te'rei** <f.; -, -en>; **'rost·far·ben, 'rost·far·big** <Adj.>; **'rost·frei** <Adj.> *~er Edelstahl*

'röst·frisch <Adj.> *~er Kaffee;* **'Rös·ti** <f.; -; unz.; schweiz.> *geraspelte u. dann gebratene Kartoffelstückchen*

'ros·tig <Adj.> *verrostet*

'Röst·kar·tof·feln <Pl.> = *Bratkartoffeln*

'Rost·lau·be <f.; -, -n; umg.; abwertend> *Auto mit vielen Roststellen;* **'Rost·pilz** <m.; -es; unz.> *Erreger von Pflanzenkrankheiten*

'Ros·tra, <auch> **'Rost·ra** <f.; -, -tren/-t·ren; ⤢Z53; in alten Rom> *Rednerbühne* [lat.]

'rost·rot <Adj.>; **'Rost·schutz·mit·tel** <n.; -s, ->; **'Rost·stel·le** <f.; -, -n>; **'Rost·um·wand·ler** <m.; -s, ->

rot <Adj.; 'rö·ter, am 'rö·tes·ten, <auch> -er, am -es·ten> 1 <⤢Z46, 46.3> *blutfarben;* ~e Grütze; einem Spieler die ~e Karte zeigen <Fußb.> *ihn ausschließen;* in den ~en Zahlen sein, ~e Zahlen schreiben <umg.> *Verluste machen;* das ist ein ~es Tuch für mich *das macht mich wütend;* ~er Faden *Leitgedanke;* diese Tiere, Pflanzen stehen auf der ~en Liste *sind vom Aussterben bedroht;* <aber> Rote Be(e)te/Rüben *ein Gemüse;* Rotes Kreuz; Rote Johannisbeere <Bot.> *ein Strauchgewächs;* das Rote Meer 2 <Getrenntschreibung in Verbindung mit Partizipien> ~ gefleckte Haut; ~ geweinte Augen; ~ gestreifte Socken; ~ glühendes Eisen; <fachspr. a. Zusammenschreibung> rotglühendes

Eisen; <umg.> *politisch linksgerichtet, sozialistisch, kommunistisch;* die Rote Armee; **Rot** <n.; -s, - od. (umg. a.) -s> *die rote Farbe;* sie war in ~ gekleidet; die Ampel stand auf ~; ~ ausspielen <Kart.>; **Röt** <n.; -(e)s; unz.; Geol.> *oberste Stufe des Buntsandsteins*

'Ro·ta <f.; -; unz.> *oberste Gericht der kath. Kirche* [ital.]

'Rot·al·ge <f.; -, -n; Bot.>

'Ro·tang <m.; -(e)s, -e; Bot.> *eine Palmenart* [malai.]

Ro·ta'print <f.; -; unz.; Druckw.; Warenz.> *Vervielfältigungsmaschine* [lat.; engl.]

Ro·ta·ri·er <m.; -s, -> *Mitglied des Rotary Clubs;* **ro·ta·risch** <Adj.> *den Rotary Club betreffend*

'Rot·ar·mist <m.; -en, -en; früher> *Angehöriger der Roten Armee*

'Ro·ta·ry Club <engl. ['ro:təri klʌb]; m.; --s, --s> *Vereinigung einflussreicher Männer unter dem Ideal des sozialen Engagements* [engl.]; **'Ro·ta·ry In·ter·na·ti·o·nal** <[- intər'næʃənəl]; m.; --s; unz.> *internat. Dachorganisation der Rotary Clubs*

Ro·ta'ti·on <f.; -, -en> *Drehung (um eine Achse), Umlauf* [lat.]; **Ro·ta·ti'ons·druck** <m.; -(e)s, -e>; **Ro·ta·ti'ons·el·lip·so·id** <n.; -(e)s, -e; Math.>; **Ro·ta·ti'ons·kör·per** <m.; -s, ->; **Ro·ta·ti'ons·ma·schi·ne** <f.; -, -n; Druckw.>; **Ro·ta·ti'ons·pa·ra·bo·lo·id** <n.; -(e)s, -e; Math.>; **Ro·ta·ti'ons·pres·se** <f.; -, -n; Druckw.>; **Ro·ta·ti'ons·prin·zip** <n.; -s; unz.; Pol.> *Prinzip, nach dem wechselnde Personen ein Amt ausführen sollen;* **Ro·ta'to·rie** <[-riə]; f.; -, -n; Zool.> = *Rädertier*

'Rot·au·ge <n.; -s, -n; Zool.> = *Plötze;* **'rot·ba·ckig, 'rot·bä·ckig** <Adj.>; **'Rot·barsch** <m.; -(e)s, -e; Zool.> *ein Fisch;* **'Rot·bart** <m.; -(e)s, =e; umg.> *Mann mit rotem Bart;* **'rot·bär·tig** <Adj.>; **'rot·blau** <Adj.>; **'Rot·blind·heit** <f.; -; unz.; Med.>; **'rot·blond** <Adj.>; **'rot·braun** <Adj.>; **'Rot·bu·che** <f.; -, -n; Bot.> = *Buche;* **'Rot·dorn** <m.; -s, -e; Bot.> *ein Zierstrauch;* **'Rö·te** <f.; -; unz.> *das Rotsein*

Ro·te-Ar·mee-Frak·ti·on <f.; Ro·te(n)-Ar'mee-Frak·ti·on; unz.; Abk.> RAF> *eine terroristische Vereinigung*; er ist Mitglied der Rote(n)-Armee-Fraktion; **Ro·te-'Be(e)·te-Sa·lat** <m.; Ro·te(n)-'Be(e)·te-Sa·la·tes, Ro·te(n)-'Be(e)·te-Sa·la·te>; **'Rot·ei·sen·erz** <n.; -es; unz.> *eine Abart des Hämatit*; **Ro·te-'Kreuz-Schwes·ter** <f.; Ro·te(n)-'Kreuz-Schwes·ter, Ro·te(n)-'Kreuz-Schwes·tern> oV Rotkreuzschwester
'Rö·tel <m.; -s, -> 1 *roter Mineralfarbstoff* 2 *Zeichenstift, rote Kreide*; **'Rö·teln** <Pl.; Med.> *eine Infektionskrankheit*; **'Rö·tel·stift** <m.; -(e)s, -e> = Rötel(2); **'Rö·tel·zeich·nung** <f.; -, -en>; **'rö·ten** <V. t./V. refl.> *rot färben, werden; gerötete Augen*; **'Rot·fe·der** <f.; -, -n; Zool.> *ein Fisch*; **'Rot·fil·ter** <m.; -s, -; Fot.>; **'Rot·fuchs** <f.[-ks]; m.; -es, ⸚e; Zool.> 1 *Pferd mit rotbraunem Haar* 2 *eine Fuchsart* 3 <umg.> *rothaariger Mensch*; **'Rot·gar·dist** <m.; -en, -en; früher> *Mitglied der Kampftruppe "Rote Garde"*; **rot·'grün** <Adj.> *eine ~e Regierung R. von Sozialdemokraten u. Grünen*; **Rot'grün·blind·heit** <f.; -; unz.; Med.> *eine Farbenfehlsichtigkeit*; **'Rot·gül·tig·erz** <n.; -es; unz.> *ein Silbererz*; **'Rot·guss** <m.; -es; unz.> *viel Kupfer enthaltendes Messing*; **'rot·haa·rig** <Adj.>; **'Rot·haut** <f.; -, ⸚e; umg. für> *Indianer*; **'Rot·hirsch** <m.; -(e)s, -e Zool.> Sy Sequoie
ro'tie·ren <V. i.> *sich um eine Achse drehen; ich bin am Rotieren* <fig.; umg.> [lat.]; **Ro·tis·se·'rie** <f.; -, -n> *Grillrestaurant* [frz.]
'Rot·ka·bis <m.; -, -e; schweiz.> *Rotkohl*; **'Rot·käpp·chen** <n.; -s; unz.> *eine Märchenfigur*; **'Rot·kap·pe** <f.; -, -n; Bot.> *ein Pilz*; **'Rot·kehl·chen** <n.; -s, -; Zool.> *ein Singvogel*; **'Rot·kohl** <m.; -(e)s; unz.; Bot.> *ein Gemüse*; Sy Rotkraut, Blaukraut; **'Rot·kopf** <m.; -(e)s, ⸚e; umg.> *rothaariger Mensch*; **'Rot·kraut** <n.; -(e)s; unz.> = Rotkohl; **Rot·'kreuz·schwes·ter** <f.; -, -n> oV

Rote-Kreuz-Schwester; **'Rot·lauf** <m.; -(e)s; unz.; Vet.> *Infektionskrankheit der Schweine, die auf den Menschen übertragen werden kann*; **röt·lich** <Adj.> *rot schimmernd; ~ weiß*; **'Rot·licht** <n.; -(e)s; unz.> *langwellige Strahlung mit hohem Infrarotanteil (zur lokalen med. Behandlung)*; **'Rot·licht·mi·li·eu** <[-'mil'jø:]; n.; -s, -s; umg.> *Umfeld der Prostitution (u. Zuhälterei)*; **'Rot·lie·gen·de(s)** <n. 3; Geol.> *untere Stufe des dt. Perms*; **'Röt·ling** <m.; -s, -e; Bot.> *ein Pilz*; **'rot·na·sig** <Adj.>
'Ro·tor <m.; -s, -'to·ren; El.> *rotierender Teil von Maschinen*; Ggs Stator; **'Ro·tor·an·ten·ne** <f.; -, -n>; **'Ro·tor·schiff** <n.; -(e)s, -e>
'Rot·schwanz <m.; -es, ⸚e>, **'Rot·schwänz·chen** <n.; -s, -; Zool.> *ein Singvogel*; **'rot|se·hen** <V. i. 239; ich sehe rot; sie hat rotgesehen; rotzusehen; umg.> *wütend werden*; **'Rot·stein** <m.; -(e)s, -e> = Rötel(1); **'Rot·stift** <m.; -(e)s, -e> *roter Farbstift; den ~ ansetzen* <fig.> *geplante Investitionen streichen*; **'Rot·tan·ne** <f.; -, -n> = Fichte
'Rot·te <f.; -, -n> 1 <abwertend> *Schar, aufrührerische Gruppe von Menschen* 2 <nordt.> *Gerät zum Rösten des Flachses*; **'rot·ten¹** <V. refl.; veralt.> *eine Rotte(1) bilden*; **'rot·ten²** 1 <V. t.> *Flachs der Zersetzung aussetzen, rösten* 2 <V. i. (s. u. h.)> *(ver)faulen; die Abfälle ~ im Kompost*; **'Rot·ten·füh·rer** <m.; -s, ->
'Rot·tier <n.; -(e)s, -e; Jägerspr.> *Hirschkuh*
'Rott·wei·ler <m.; -s, -; Zool.> *eine Hunderasse*
Ro'tun·de <f.; -, -n; Arch.> *Rundbau* [lat.]
'Rö·tung <f.; -, -en> *Rotfärbung*; **'rot·wan·gig** <Adj.>; **'Rot·wein** <m.; -(e)s, -e>; **'rot·welsch** <Adj.>; **'Rot·welsch** <n.; -s od. -; unz.> *Gaunersprache*; **'Rot·wild** <n.; -(e)s; unz.; Sammelbez. für> *Edelhirsch, Reh*; **'Rot·wurst** <f.; -, ⸚e> Sy Blutwurst
Rotz <m.; -es, -e; derb> 1 *Nasenschleim* 2 <Vet.> *Infektionskrankheit der Einhufer*; **'Rotz-**

ben·gel <m.; -s, ->; **'rot·zen** <V. i.; du rotzt; derb> *sich schnäuzen*; **'Rotz·fah·ne** <f.; -, -n; derb> *Taschentuch*; **'rotz·'frech** <Adj.> *sehr frech*; **'rot·zig** <Adj.> *frech, respektlos*; **'Rotz·jun·ge** <m.; -n, -n>, **'Rotz·löf·fel** <m.; -s, -> *frecher od. schmutziger Junge*; **'Rotz·na·se** <f.; -, -n; derb> 1 *laufende Nase* 2 = Rotzjunge
'Rot·zun·ge <f.; -, -n; Zool.> *ein Fisch*
rouge <[ru:ʒ; Roulett> *rot*; Ggs noir [frz.]; **Rouge** <[ru:ʒ]; n.; -s, -s> *rote Schminke; ~ auflegen*; **Rouge et noir** <['ru:ʒ e: no'a:r]; n.; ---; unz.> *ein Glücksspiel*
Rou'la·de <[ru-]; f.; -, -n> 1 <Kochk.> *gerollte u. dann gebratene Fleischscheibe* 2 <Mus.> *virtuose Gesangspassage* [frz.]; **Rou·leau** <[-'lo:]; n.; -s, -s> *aufrollbarer Vorhang*; **Rou·lett** <[-'lɛt]; n.; -(e)s, -e od. -s>, **Rou·let·te** <[-'lɛt]; n.; -s, -s> *ein Glücksspiel*; **rou'lie·ren** <V. i.> = rollieren
Round·ta·ble, <auch> **Round Tab·le** <[raund 'tæbl]; m.; (-)-, (-)-; ↗Z30, 53> *"runder" Tisch, an dem geschäftl. od. polit. Gespräche, Beratungen usw. geführt werden* [engl.]; **Round'ta·ble·kon·fe·renz**, <auch> **Round-'Tab·le-Kon·fe·renz** <f.; -, -en; ↗Z36>
Rou·te <['ru:tə]; f.; -, -n> *(vorgeschriebener od. geplanter) Reise-, Schiffs-, Flugweg* [frz.]; **Rou·'ti·ne** <f.; -; unz.> 1 *durch Erfahrung erworbene Geschicklichkeit* 2 <meist abwertend> *gewohnheitsmäßiges Verhalten; etwas aus reiner ~ machen*; **Rou'ti·ne·ar·beit** <f.; -, -en>; **rou'ti·ne·mä·ßig** <Adj.>; **Rou'ti·ne·un·ter·su·chung** <f.; -, -en> *regelmäßig stattfindende ärztl. Kontrolluntersuchung*; **Rou·ti·ni·er** <[ruti'nje:]; m.; -s, -s> *jmd., der Routine(1) hat*; **rou·ti·'niert** <Adj.> *erfahren*
Row·dy <['raudi]; m.; -s, -s; ↗Z6.1; abwertend> *gewalttätiger (junger) Mensch, Raufbold* [engl.]; **'Row·dy·tum** <n.; -s; unz.>
roy'al, <auch> **ro'yal** <[roa'jal]; Adj.; ↗Z52> 1 *königlich* 2 *kö-*

nigstreu [frz.]; **Roy·al Air Force** <['rɔiəl 'ɛːr 'fɔrs] f.; ---; unz.; Abk.: R.A.F.; Bez. für> *die britische Luftwaffe* [engl.]; **Roy·a·'lis·mus** <[roaja-] m.; -; unz.> *Königstreue;* **Roy·a·'list** <m.; -en, -en>; **roy·a·'lis·tisch** <Adj.>

Rp <Abk. für> *Rupiah*

Rp. <Abk. für> *Rappen*

RSFSR <Abk. für die> *Russische Sozialistische Föderative Sowjetrepublik (1918–91)*

RT <Abk. für> *Registertonne*

Ru <Chem.; Zeichen für> *Ruthenium*

Ru·an·da *Staat in Ostafrika;* Republik ~; **Ru·an·der** <m.; -s, -> *Einwohner von Ruanda;* **Ru·an·de·rin** <f.; -, -n·nen>; **ru·an·disch** <Adj.>

ru·ba·to <Mus.> *in freiem Tempo (zu spielen)* [ital.]; **Ru·ba·to** <n.; -s, -s od. -ti>

'rub·be·lig <Adj.; umg.> *rau, uneben;* **'Rub·bel·los** <n.; -es, -e> *ein best. Lotterielos;* **'rub·beln** <V. t.; ich rubb(e)le; umg.> *kräftig reiben*

Rub·ber¹ <['rʌbə(r)]; m.; -s; unz.> *ein Kautschuk* [engl.]

Rub·ber² <['rʌbə(r)]; m.; -s, -; Bridge u. Whist> = *Robber*

'Rüb·chen <n.; -s, -; Verkleinerungsf. von> *Rübe;* **'Rü·be** <f.; -, -n> 1 *essbare Pfahlwurzel;* Rote ~; Zucker~ 2 <fig.; umg.> *Kopf;* er hat eins auf die ~ bekommen

'Ru·bel <m.; -s, -; Abk.: Rbl> *russ. Währungseinheit*

'Rü·ben·zu·cker <m.; -s; unz.>

Ru·be·o·la <f.; -; unz.; Med.> = *Röteln* [lat.]

'rü·ber <Adv.; ⤴Z22; umg.; kurz für> *herüber, hinüber;* **'rü·ber·brin·gen** <V. t. 118; ich bringe rüber; sie hat rübergebracht; rüberzubringen; a. fig.> *deutlich machen;* er kann seine Ideen gut ~; **'rü·ber·kom·men** <V. i. (s.) 170; a. fig.> *Wirkung ausüben, Anklang finden;* bei der Rede ist nichts rübergekommen

'Rü·be·zahl *sagenhafter schles. Berggeist*

Ru·bi·di·um <n.; -s; unz.; Chem.; Zeichen: Rb> *chem. Element, Metall* [lat.]

'Ru·bi·kon <m.; -s; unz.; in der Wendung> den ~ überschreiten *eine wichtige Entscheidung treffen* [nach dem von Cäsar überschrittenen ital. Fluss]

Ru'bin <m.; -s, -e> *ein Edelstein* [lat.]; **Ru'bin·glas** <n.; -es; unz.>; **ru'bin·rot** <Adj.>

'Rüb·kohl <m.; -(e)s; unz.; schweiz. neben> *Kohlrabi*

Ru'brik, <auch> **Rub'rik** <f.; -, -en> *Spalte (in einer Zeitung, Tabelle o. Ä.)* [lat.]; **ru·bri'zie·ren** <V. t.> 1 <urspr.> *mit Überschriften u. Initialen versehen* 2 <heute> *einordnen*

'Rüb·sa·me <m.; -n, -n>, **'Rüb·sa·men** <m.; -s, -; österr.>; **'Rüb·sen** <m.; -s; unz.; Bot.> *eine Ölpflanze*

Ruch <m.; -(e)s, -e; poet.> 1 *Geruch* 2 *zweifelhafter Ruf;* **'ruch·bar** <Adj.; geh.> *(gerüchteweise) bekannt, offenkundig;* die Sache wurde ~; **'Ruch·gras** <n.; -es; unz.; Bot.> *eine Süßgrasgattung;* **'ruch·los** <Adj.; geh.> *niederträchtig, gemein, verrucht;* **'Ruch·lo·sig·keit** <f.; -; unz.>

ruck <Int.> hau ~! *(Anfeuerungsruf, bes. beim Heben schwerer Gegenstände);* **Ruck** <m.; -(e)s, -e> *Stoß;* mit einem ~ *plötzlich;* sich einen ~ geben <fig.; umg.> *sich überwinden*

rück... <⤴Z22; in Zus.> *zurück, rückwärts;* **'Rück·an·sicht** <f.; -, -en>; **'Rück·ant·wort** <f.; -, -en>

'ruck·ar·tig <Adj.>

'Rück·äu·ße·rung <f.; -, -en; Amtsdt.> *(formelle) Antwort, Bescheid;* **'Rück·bau** <m.; -(e)s; unz.>; **'rück·bau·en** <V. t.; nur im Inf. u. Part. Perf.> *(Bauwerke) in einen früheren Zustand bringen;* **'Rück·be·sin·nung** <f.; -; unz.>; **'Rück·be·we·gung** <f.; -, -en>; **'rück·be·züg·lich** <Adj.; Gramm.> ~es Fürwort; Sy *reflexiv(1);* → a. Kasten *Reflexivpronomen;* **'Rück·blen·de** <f.; -, -n; Film, Drama, Roman>; **'Rück·blick** <m.; -(e)s, -e; fig.> *Erinnerung an Vergangenes;* **'rück·bli·ckend** <Adj.; ⤴Z28.1; fig.>; **'Rück·bu·chung** <f.; -, -en>; **'rück·da·tie·ren** <V. t.> = *zurückdatieren*

'ru·ckeln <V. i.; ich ruck(e)le> *leicht rütteln;* **'ru·cken** <V. i.; du ruckst> 1 *sich ruckartig bewegen* 2 die Tauben ~ *gurren*

'rü·cken <V.> 1 <V. t.> *an einen anderen Platz schieben;* den Tisch an die Wand ~ 2 <V. i. (s.)> *sich irgendwohin bewegen;* rück ein wenig zur Seite; jmdm. auf den Pelz ~ <fig.; umg.>

'Rü·cken <m.; -s, -> 1 *Rückseite des menschl. bzw. Oberseite des tierischen Rumpfes;* der verlängerte ~ <fig.; scherzh.> *das Gesäß;* etwas hinter jmds. ~ tun <fig.> *heimlich* 2 *oberer od. hinterer Teil eines Gegenstandes;* Berg~; Buch~; **'Rü·cken·de·ckung** <f.; -; unz.> jmdm. ~ geben *jmdn. stärken, schützen;* **'Rü·cken·flos·se** <f.; -, -n; Zool.>; **'rü·cken·frei** <Adj.> ein ~es Kleid; **'Rü·cken·la·ge** <f.; -; unz.> in ~; **'Rü·cken·leh·ne** <f.; -, -n>; **'Rü·cken·mark** <n.; -s; unz.>; **'Rü·cken·mark(s)·punk·ti·on** <f.; -, -en> Sy *Spinalpunktion;* **'rü·cken·schwim·men** <V. i. (s.) 235; nur im Inf.> kannst du ~?; **'Rü·cken·schwim·men** <n.; -s; unz.>; **'Rü·cken·stär·kung** <f.; -; unz.; fig.> *moral. od. seel. Beistand*

'Rück·ent·wick·lung <f.; -, -en>

'Rü·cken·wind <m.; -(e)s; unz.>; **'Rü·cken·wir·bel** <m.; -s, ->

'Rück·er·bit·tung <f.; -; unz.; Amtsdt.> *Bitte um Rückgabe;* unter ~ <Abk.: u. R.>; **'Rück·er·in·ne·rung** <f.; -, -en; umg.; verstärkend>; **'rück·er·stat·ten** <V. t.; nur im Inf. u. Part. Perf.> *zurückgeben;* **'Rück·er·stat·tung** <f.; -; unz.>; **'Rück·fahr·kar·te** <f.; -, -n>; **'Rück·fahr·schein** <m.; -(e)s, -e>; **'Rück·fahr·schein·wer·fer** <m.; -s, -; an Kfz>; **'Rück·fahrt** <f.; -, -en> Ggs *Hinfahrt;* **'Rück·fall** <m.; -(e)s, ⸗e> *Rückkehr in einen früheren (schlechteren) Zustand;* der Patient hat einen ~ erlitten; **'rück·fäl·lig** <Adj.> ~ werden *zu altem Fehlverhalten zurückkehren;* **'Rück·flug** <m.; -(e)s, ⸗e>; **'Rück·fluss** <m.; -es; unz.> *das Zurückfließen;* **'Rück·fra·ge** <f.; -, -n>; **'rück·fra·gen** <V. i.; nur im Inf. u. Part. Perf.> ich habe rückgefragt *noch einmal angefragt, mich vergewissert;* **'Rück·füh·rung** <f.; -, -en>; **'Rück·ga-**

be <f.; -; unz.>; '**Rück·ga·be·recht** <n.; -(e)s; unz.>; '**Rück·gang** <m.; -(e)s, ⁼e; fig.> *Verringerung;* Temperatur~; Umsatz~; '**rück·gän·gig** <Adj.> = *rückläufig;* '**Rück·gän·gig·ma·chung** <f.; -; unz.; Amtsdt.>; '**rück·ge·bil·det** <Adj.; ↗Z28.1; Biol.; Med.>; '**rück·ge·kop·pelt** <Adj.; ↗Z28.1; Tech.>; '**Rück·ge·win·nung** <f.; -; unz.>

'**Rück·grat** <n.; -(e)s, -e> 1 <Anat.> = *Wirbelsäule* 2 <fig.> *Stütze, Grundlage;* das hat ihm wirtschaftl. das ~ gebrochen *ihn ruiniert* 3 <fig.> *innere Festigkeit;* sie hat in dieser Sache kein ~ gezeigt; '**Rück·grat·ver·krüm·mung** <f.; -, -en; Med.>

'**Rück·griff** <m.; -(e)s, -e; Rechtsw.> = *Regress;* '**Rück·halt** <m.; -(e)s; unz.> *Hilfe, Unterstützung;* '**rück·halt·los** <Adj.> *ohne Bedenken, ohne Vorbehalt;* jmdm. ~ vertrauen; '**Rück·hand** <f.; unz.>, '**Rück·hand·schlag** <m.; -(e)s, ⁼e; Tennis> Ggs *Vorhand;* '**Rück·kauf** <m.; -(e)s, ⁼e>; '**Rück·kehr** <f.; -; unz.>; '**rück·kop·peln** <V. t.; meist nur im Inf. u. Part. Perf.>; '**Rück·kop·pe·lung, 'Rück·kopp·lung** <f.; -, -en; El.>; '**Rück·kreu·zung** <f.; -, -en; Biol.>; '**Rück·kunft** <f.; -; unz.; geh. für> *Rückkehr;* '**Rück·la·ge** <f.; -, -n> *für den Notfall zurückgelegtes Geld;* '**Rück·lauf** <m.; -(e)s, ⁼e>; '**Rück·läu·fer** <m.; -s, -; Post> *unzustellbare Postsendung;* '**rück·läu·fig** <Adj.> *zurückgehend;* eine ~e Bewegung, Entwicklung; '**Rück·lauf·tas·te** <f.; -, -n> = *Rücktaste;* '**Rück·licht** <n.; -(e)s, -er; an Fahrzeugen>; '**rück·lings** <Adv.> 1 *rückwärts, nach hinten;* ~ ins Wasser stürzen 2 *von hinten, aus dem Hinterhalt;* jmdn. ~ angreifen; '**Rück·marsch** <m.; -(e)s, ⁼e>; '**Rück·mel·dung** <f.; -, -en>; '**Rück·nah·me** <f.; -; unz.>; '**Rück·por·to** <n.; -s, -s od. -ti>; '**Rück·rei·se** <f.; -; unz.>; '**Rück·ruf** <m.; -(e)s, -e> Reise~

'**Ruck·sack** <m.; -(e)s, ⁼e>; '**Ruck·sack·tou·rist** <[-tu-]; m.; -en, -en>; '**Ruck·sack·tou·ris·tin** <f.; -, -n·nen>

'**Rück·schalt·tas·te** <f.; -, -n>; '**Rück·schau** <f.; -; unz.; fig.> = *Rückblick;* '**Rück·schein** <m.; -(e)s, -e; Post> *Empfangsbestätigung für den Absender;* '**Rück·schlag** <m.; -(e)s, ⁼e> 1 <Sp.> *das Zurückschlagen (des Balles)* 2 <fig.> *ungünstige Wendung nach anfänglich günstiger Entwicklung;* '**Rück·schlag·ven·til** <[-ven-]; n.; -(e)s, -e> *Ventil, das das Zurückströmen (von Gas od. einer Flüssigkeit) verhindert;* '**Rück·schluss** <m.; -es, ⁼e> *logische Konsequenz;* man kann daraus den ~ ziehen, dass ...; '**Rück·schritt** <m.; -(e)s, -e; fig.> *Rückfall in scheinbar Überwundenes;* Ggs *Fortschritt;* '**Rück·schritt·ler** <m.; -s, -; umg.; abwertend> *Reaktionär;* Ggs *Fortschrittler;* '**Rück·schritt·le·rin** <f.; -, -n·nen>; '**rück·schritt·lich** <Adj.> Ggs *fortschrittlich*

'**Rück·sei·te** <f.; -, -n> Ggs *Vorderseite;* '**rück·sei·tig** <Adj.> *auf der Rückseite befindlich*

'**ruck·sen** <V. i.> = *rucken(2)*

'**Rück·sen·dung** <f.; -, -en>

'**Rück·sicht** <f.; -, -en> ohne, mit ~ auf ...; ~ auf jmdn. od. etwas nehmen *die Gefühle anderer bzw. die gegebenen Verhältnisse respektieren;* '**rück·sicht·lich** <Adv.; m. Gen.; selten> *mit Rücksicht auf:* ~ seiner angeschlagenen Gesundheit; '**Rück·sicht·nah·me** <f.; -; unz.>; '**rück·sichts·los** <Adj.; -er, am -es·ten>; '**Rück·sichts·lo·sig·keit** <f.; -; unz.>; '**rück·sichts·voll** <Adj.>

'**Rück·sitz** <m.; -es, -e; in Kfz>; '**Rück·spie·gel** <m.; -s, -; an u. in Kfz>; '**Rück·spiel** <n.; -(e)s, -e; Sp.; bes. Fußb.> Ggs *Hinspiel;* '**Rück·spra·che** <f.; -; unz.> *Gespräch, das der Vergewisserung dient;* nach ~ mit ...; mit jmdm. ~ nehmen; '**Rück·stand** <m.; -(e)s, ⁼e> 1 *nach dem Filtern zurückbleibender Stoff, Bodensatz* 2 *unbezahlter Rest;* alle Rückstände eintreiben 3 *Verzug;* mit einer Zahlung im ~ sein; die Rückstände aufarbeiten; '**rück·stand·frei** <Adj.> *keinen Rückstand(1) bildend;* '**rück·stän·dig** <Adj.> 1 *restlich;* ~e Zahlungen 2 *am Hergebrachten hängend;* ~e Ansichten 3 *hinter der Entwicklung zurückgeblieben;* ein ~es Land; '**Rück·stän·dig·keit** <f.; -; unz.>; '**rück·stands·frei** <Adj.> = *rückständefrei;* '**Rück·stau** <m.; -(e)s, -e> *nach hinten wirkender Stau;* '**Rück·stell·tas·te** <f.; -, -n>; '**Rück·stel·lung** <f.; -, -en; Kaufmannsspr.> *Berücksichtigung eventueller Ausgaben in der Bilanz;* '**Rück·stoß** <m.; -es, ⁼e; Phys.>; '**Rück·stoß·an·trieb** <m.; -(e)s; unz.> *Raketenantrieb;* '**Rück·strah·ler** <m.; -s, -> *Rücklicht;* '**Rück·strah·lung** <f.; -; unz.>; '**Rück·tas·te** <f.; -, -n; an Tastaturen>; '**Rück·trans·port** <m.; -(e)s, -e>

'**Rück·tritt** <m.; -(e)s, -e> 1 *Amtsverzicht;* seinen ~ erklären 2 <kurz für> *Rücktrittbremse;* '**Rück·tritt·brem·se** <f.; -, -n; an Fahrrädern>; '**Rück·tritts·ge·such** <n.; -(e)s, -e> *förml. schriftl. Bitte, von einem Amt zurücktreten zu dürfen;* '**Rück·tritts·recht** <n.; -(e)s; unz.> *Recht, von einem Vertrag usw. zurückzutreten*

'**rück·ü·ber·set·zen** <V. i.; ↗Z55; nur im Inf. u. Part. Perf.> *einen übersetzten Text wieder in die Originalsprache übersetzen;* '**Rück·ü·ber·set·zung** <f.; -, -en>; '**rück·ver·gü·ten** <V. t.; verstärkend; nur im Inf. u. Part. Perf.> *der Betrag wurde rückvergütet;* '**Rück·ver·gü·tung** <f.; -, -en>; '**rück·ver·si·chern** <V. t./V. refl.; ich rückversich(e)re mich; sie hat sich rückversichert; rückzuversichern; meist nur im Inf. u. Part. Perf.>; '**Rück·ver·si·che·rung** <f.; -, -en>; '**Rück·wand** <f.; -, ⁼e>; '**Rück·wan·de·rer** <m.; -s, -> *jmd., der für immer in seine Heimat zurückkehrt;* '**Rück·wan·de·rin** <f.; -, -n·nen>; '**rück·wan·dern** <V. i.; nur im Inf. u. Part. Perf.>; '**Rück·wan·de·rung** <f.; -, -en>

'**rück·wär·tig** <Adj.> *auf der Rückseite befindlich;* benutzen Sie die ~en Ausgänge; '**rück·wärts** <Adv.; ↗Z.22> Getrenntschreibung in Verbindung mit Verben> ~ einparken *mit der*

R

Rückseite zuerst; ~ gehen <a.> zurückgehen; sie ist ~ gegangen; **'Rück·wärts·gang** <m.; -(e)s, ⸚e; bei Kfz>; **'Rück·wärts·ver·si·che·rung** <f.; -, -en>; **'Rück·weg** <m.; -(e)s, -e> den ~ antreten

'ruck·wei·se <Adv.>

'rück·wir·kend <Adj.>; **'Rück·wir·kung** <f.; -, -en>; **'rück·zahl·bar** <Adj.>; **'Rück·zah·lung** <f.; -, -en>; **'Rück·zie·her** <m.; -s, -> 1 <fig.; umg.> einen ~ machen einschränken od. zurücknehmen, was man gesagt hat 2 <Fußb.> das Schießen des Balls über den Kopf nach hinten

ruck, zuck <Adv.; umg.> sehr schnell, blitzartig; es ging ~

'Rück·zug <m.; -(e)s; unz.> das Sichzurückziehen, geordnete Flucht; **'Rück·zugs·ge·biet** <n.; -(e)s, -e>; **'Rück·zugs·ge·fecht** <n.; -(e)s, -e; Mil.>

'Ru·co·la <f.; -; unz.; Bot.> eine Salatpflanze; oV Rukola [ital.]

Rud'be·ckie <[-kiə]; f.; -, -n; Bot.> eine Zierpflanze [nach dem Botaniker O. Rudbeck]

'rü·de <Adj.> rau, ungeschliffen, grob; ein ~s Benehmen [frz.]

'Rü·de <m.; -n, -n> männl. Hund

'Ru·del <n.; -s, -> Gruppe von Tieren; ein ~ Hirsche; im ~ leben; **'ru·del·wei·se** <Adv.>

'Ru·der <n.; -s, -> 1 Steuer(vorrichtung) eines Schiffes od. Flugzeugs; ans ~ kommen <fig.; umg.> in eine Führungsposition, an die Macht kommen 2 Stange zum Fortbewegen eines Ruderbootes

Ru·de'ral·pflan·ze <f.; -, -n; Bot.> Pflanze, die auf stickstoffreichen Schuttplätzen u. an Wegrändern wächst [lat.]

'Ru·der·bank <f.; -, ⸚e>; **'Ru·der·blatt** <n.; -(e)s, ⸚er> schaufelförmiger Teil des Ruders(2); **'Ru·der·boot** <n.; -(e)s, -e>; **'Ru·de·rer** <m.; -s, -> jmd., der rudert; **'Ru·der·fü·ßer** <m.; -s, -; Zool.> Angehöriger einer Ordnung der Wasservögel; **'Ru·der·gän·ger** <m.; -s, -; Zool.> Matrose, der nach Anweisung das Ruder(1) bedient; **'Ru·der·haus** <n.; -(e)s, ⸚er; Mar.> Schiffsaufbau für die Steueranlagen; **...ru·de·rig** <Adj.; in Zus.> z. B. dreiruderig; oV ...rudrig; **'Ru·de·rin** <f.; -, -n·nen>; **'ru·dern** <V.; ich rud(e)re> 1 <V. i. (s. od. h.)> sich mit Rudern(2) in einem Boot fortbewegen; wir sind/haben zu viert gerudert 2 <V. t.> mit Rudern(2) fortbewegen; das Boot an Land ~ 3 <V. i.; fig.> Bewegungen machen wie mit einem Ruder(2); mit den Armen ~; **'Ru·der·re·gat·ta** <f.; -, -gat·ten> Wettfahrt von Ruderbooten; **'Ru·der·sport** <m.; -(e)s; unz.>

Ru·di'ment <n.; -(e)s, -e> 1 Überbleibsel, Rest 2 <Biol.> verkümmertes Organ [lat.]; **ru·di·men·tär** <Adj.> rückgebildet, verkümmert

...rud·rig <Adj.; in Zus.> = ...ruderig

Rü·e·bli, <auch> **Rü·eb·li** <[ˈryəbli]; n.; -s, -; ⬈Z53; schweiz.> = Möhre

Ruf <m.; -(e)s, -e> 1 laute, kurze Äußerung 2 <unz.> (guter) Leumund, Ansehen 3 Berufung (auf einen Lehrstuhl); er folgt dem ~ an die Universität Zürich

'Ru·fe¹ <f.; -, -n; oberdt.> Schorf

'Ru·fe², 'Rü·fe <f.; -, -n; schweiz.> Bergrutsch

'ru·fen <V. 204> 1 <V. i. u. V. t.> die Stimme laut ertönen lassen; die Mutter ruft (uns) (zum Essen) 2 <V. t.> herbeiholen; den Arzt, den Krankenwagen ~; du kommst wie gerufen; **'Ru·fer** <m.; -s, -> jmd., der ruft; **'Ru·fe·rin** <f.; -, -n·nen>

'Rüf·fel <m.; -s, -; umg.> Verweis, Rüge, Tadel; **'rüf·feln** <V. t.; ich rüff(e)le; umg.>

'Ruf·mord <m.; -(e)s, -e> schwere öffentl. Verleumdung; **'Ruf·na·me** <m.; -ns, -n> Vorname; → a. Kasten Familienname; **'Ruf·num·mer** <f.; -, -n> Telefonnummer; **'Ruf·säu·le** <f.; -, -n> in einer Säule installierte Fernsprecheinrichtung (z. B. an Autobahnen); **'ruf·schä·di·gend** <Adj.; ⬈Z29>; **'Ruf·wei·te** <f.; -; unz.> in ~ bleiben; **'Ruf·zei·chen** <n.; -s, -> Erkennungszeichen 1 <Funkw.> 2 <österr.> = Ausrufezeichen

Rug·by <[ˈrʌgbi]; n.; - od. -s; unz.; Sp.> ein Ballspiel [engl.]

'Rü·ge <f.; -, -n; geh.> Tadel; **'rü·gen** <V. t.; geh.> tadeln

'Ru·gi·er <m.; -s, -> Angehöriger eines ostgerman. Volksstammes

'Ru·he <f.; -; unz.> 1 Schweigen, Stille; ~ bitte! 2 ungestörter Zustand; lass mich in ~! 3 Zustand der Ordnung u. des Friedens; Waffen~ 4 Erholung, Entspannung; Mittags~; er gönnt sich keine ~; sich zur ~ setzen in den Ruhestand treten 5 Gleichmut; ihn kann nichts aus der ~ bringen; immer mit der ~! <umg.> nicht so hastig!; sie hat die ~ weg <umg.> sie ist durch nichts zu erschüttern; **'Ru·he·bank** <f.; -, ⸚e> Sofa; **'Ru·he·be·dürf·nis** <n.; -s·ses; unz.>; **'ru·he·be·dürf·tig** <Adj.>; **'Ru·he·bett** <n.; -(e)s, -en; veralt.>; **'Ru·he·ge·halt** <n.; -(e)s, ⸚er> = Pension(1); **'Ru·he·geld** <n.; -(e)s, -er> Altersrente; **'Ru·he·kis·sen** <n.; -s, -> Kopfkissen; **'Ru·he·la·ge** <f.; -; unz.>; **'Ru·he·los** <Adj.>; **'Ru·he·lo·sig·keit** <f.; -; unz.>; **'Ru·he·mas·se** <f.; -, -n; Phys.>; **'ru·hen** <V. i.; ⬈Z23> schlafen, ausruhen, bewegungslos sein; ein Problem bis auf weiteres ~ lassen <fig.>; wir haben die Sache ~ lassen, <selten a.> gelassen; die Arbeit ruht während des Streiks; **'Ru·he·pau·se** <f.; -, -n>; **'Ru·he·platz** <m.; -es, ⸚e>; **'Ru·he·punkt** <m.; -(e)s, -e>; **'Ru·he·sitz** <m.; -es, -e> 1 Platz zum Ausruhen 2 Wohnsitz für die Zeit des Ruhestandes; **'Ru·he·stand** <m.; -(e)s; unz.> Rechtsstellung eines im Alter aus dem Dienst ausgeschiedenen Beamten; in den ~ treten; im ~ <Abk.: i. R.>; **'Ru·he·ständ·ler** <m.; -s, -> Beamter im Ruhestand; **'Ru·he·ständ·le·rin** <f.; -, -n·nen>; **'Ru·he·statt** <f.; -, -stät·ten>; **'Ru·he·stät·te** <f.; -, -n> Ruheplatz; **'ru·he·stö·rend** <Adj.; ⬈Z29> ein ~er Lärm; <aber> ein die Ruhe störender Lärm; **'Ru·he·stö·rer** <m.; -s, ->; **'Ru·he·stö·re·rin** <f.; -, -n·nen>; **'Ru·he·stö·rung** <f.; -, -en>; **'Ru·he·tag** <m.; -(e)s, -e> arbeitsfreier Tag (bes. in der Gastronomie); **'Ru·he·zeit** <f.; -, -en>

'ru·hig¹ <Adj.; ⬈Z24> 1 bewegungslos; ~e See; einen (gebrochenen, verletzten) Körperteil ~ stellen <Med.>; einen Patienten ~ stellen *durch Medikamente beruhigen* 2 geräuschlos, still; eine ~e Gegend, ~ sein, werden, bleiben 3 *geruhsam;* ein ~es Leben führen; **'ru·hig²** <Partikel> *ohne Bedenken;* du kannst es ihm ~ sagen; fahrt ~ weg, wir passen auf; **'Ru·hig·stel·lung** <f.; -; unz.>

Ruhm <m.; -(e)s; unz.> *durch hervorragende Taten erworbenes öffentl. Ansehen;* **'ruhm·bedeckt** <Adj.; ↗Z.29> ein ~er Künstler; <aber> er kam mit Ruhm bedeckt zurück; **'ruhm·be·gie·rig** <Adj.>; **'Ruhm·begier, 'Ruhm·be·gier·de** <f.; -; unz.>; **'rüh·men** <V. t./V. refl.> *loben(d hervorheben), preisen, stolz verkünden;* sich seiner Taten ~; nicht viel Rühmens von einer Sache machen; **'rühmens·wert** <Adj.>; **'Ruh·mesblatt** <n.; -(e)s, ⸚er; fig.> *etwas, das des Ruhmes würdig ist;* dein Zeugnis ist kein ~; **'Ruh·mestag** <m.; -(e)s, -e>; **'rühm·lich** <Adj.> *löblich;* eine ~e Ausnahme; **'ruhm·los** <Adj.>; **'Ruhmreich** <Adj.>; **'Ruhm·sucht** <f.; -; unz.>; **'ruhm·süch·tig** <Adj.>; **'ruhm·wür·dig** <Adj.>

Ruhr <f.; -; unz.; Med.> *eine Infektionskrankheit des Darmes*

'Rühr·ei <n.; -(e)s, -er> *verquirltes, in der Pfanne gebratenes Ei;* **'rüh·ren** <V.> 1 <V. t.> *kreisend bewegen, vermischen;* Teig (glatt) ~ 2 <V. t./V. refl.> sich od. etwas ~ *bewegen;* rührt euch! (milit. Kommando); er rührt zu Hause keinen Finger <fig.> *er hilft nicht mit;* sich ~ <fig.; umg.> *sich bemerkbar machen* 3 <V. t.> jmdn. ~ *erschüttern* 4 <V. i.> *seinen Ursprung haben;* das Ganze rührt daher, dass ...; **'rüh·rend** <Adj.; ↗Z.28.1> *ergreifend;* **'rüh·rig** <Adj.> *aktiv, eifrig;* **'Rüh·rig·keit** <f.; -; unz.>; **'Rühr·löf·fel** <m.; -s, ->; **'Rührma·schi·ne** <f.; -, -n>; **'Rührmich·nicht·an** <n.; -, -; Bot.> = *Springkraut;* **'rühr·se·lig** <Adj.> *übertrieben gefühlvoll;* **'Rührse·lig·keit** <f.; -; unz.>; **'Rührstück** <n.; -(e)s, -e> *rührseliges*

Schauspiel; **'Rühr·teig** <m.; -(e)s, -e>; **'Rüh·rung** <f.; -; unz.> *innere Bewegung, Ergriffenheit;* **'Rühr·werk** <n.; -(e)s, -e> Sy Rührmaschine

Ru·in <m.; -s; unz.> *Zusammenbruch, Untergang, (finanzielles) Verderben;* **Ru·i·ne** <f.; -, -n> *Reste eines zerstörten, verfallenen Bauwerks;* Burg~; **ru·i·nieren** <V. t./V. refl.> *zerstören, zugrunde richten* [lat.]; **ru·i'nös** <Adj.> *zum Ruin führend* [frz.]

'Ru·ko·la <f.; -; unz.; Bot.> = *Rucola*

'Ru·län·der <m.; -s, -> *eine Rebu. Weinsorte*

'rülp·sen <V. i.; du rülpst> *hörbar aufstoßen;* **'Rülp·ser** <m.; -s, -; umg.> *hörbares Aufstoßen*

rum <Adv.; ↗Z.22; umg.; kurz für> *herum*

Rum <südd.; österr. a., schweiz. nur [ru:m]; m.; -s, -s od. (österr.) -e> *Branntwein aus Rohrzucker*

Ru'mä·ne <m.; -n, -n>; **Ru'mä·ni·en** *Staat in Südosteuropa;* **Ru'mä·nin** <f.; -, -n·nen>; **ru'mä·nisch** <Adj.>

Ru'mantsch, Ru'mauntsch <n.; -; unz.; Nebenformen von> *Romaunsch*

'Rum·ba <f.; -, -s od. (österr. nur so) m.; -s, -s> *ein Tanz* [kuban.]

'rum|hän·gen <V. i. 161; ich hänge rum; sie hat rumgehangen; rumzuhängen; umg.> *sich untätig irgendwo aufhalten;* in der Kneipe ~; **'rum|krie·gen** <V. t.; umg.> 1 *hinter sich bringen;* wie soll ich die Zeit ~? 2 jmdn. ~ *dazu bringen, etwas zu tun*

'Rum·ku·gel <f.; -, -n> *eine Süßigkeit mit Rumaroma*

'Rum·mel <m.; -s; unz.; umg.> *lärmender Trubel, Durcheinander;* **'rum·meln** <V. i.; ich rumm(e)le; umg.> *lärmen;* **'Rum·mel·platz** <m.; -es, ⸚e; umg.> *Jahrmarkt(splatz)*

Rum·my <['rœmi] od. ['rʌmi]; n.; -s; unz.; österr. für> *Rommee*

Ru'mor <m.; -s; unz.; veralt.; noch umg.> *Lärm, Tumult* [lat.]; **ru'mo·ren** <V. i.> mein Magen hat rumort <fig.>

'Rum·pel¹ <m.; -s; unz.; südd.; mdt.> 1 *Gerumpel* 2 *Gerümpel;* **'Rum·pel²** <f.; -, -n; mdt.>

Waschbrett; **'rum·pe·lig** <Adj.; umg.> *holperig;* oV rumplig; **'Rum·pel·kam·mer** <f.; -, -n; umg.> *Abstellraum für Gerümpel;* **'rum·peln** <V. i. (h. u. s.); ich rump(e)le; umg.> *dumpf poltern(d fahren);* der Zug hat gerumpelt; das Auto ist über die Straße gerumpelt

Rumpf <m.; -(e)s, ⸚e> 1 *menschl. od. tier. Körper (ohne Kopf u. Glieder)* 2 *Körper des Schiffes od. Flugzeug;* Schiffs~; **'Rumpfbeu·ge** <f.; -, -n; Turnen>

'rümp·fen <V. t.> die Nase ~ *verächtlich in Falten ziehen*

'Rumpf·krei·sen <n.; -s; unz.; Turnen>

'rump·lig <Adj.> = *rumpelig*

'Rump·steak <[-ste:k]; n.; -s, -s> *(gebratene) Rindfleischscheibe* [engl.]

'rum·sen <V. i.; umg.> *krachen;* bei dem Unfall hat es heftig gerumst

'Rum·topf <m.; -(e)s, ⸚e> *Topf mit in Rum eingelegten Früchten;* **'Rum·ver·schnitt** <m.; -(e)s, -e> *mit Weinbrand verschnittener Rum*

Run <[rʌn]; m.; -s, -s> 1 *Ansturm (auf Begehrtes);* der ~ auf die Wühltische 2 <Sp.> *Abfahrts-, Hindernislauf* [engl.]

rund <Adj.; Abk.: rd.> 1 *kugel-, kreis-, ringförmig* 2 <fig.> *vollendet, perfekt;* eine ~e Sache 3 eine ~e Zahl; ein ~er Geburtstag <fig.; umg.> *der 10., 20., 30. usw. G.* 4 <nur adv.> *ungefähr;* das Buch kostet ~ 15 Euro 5 <nur adv.> *rund um;* eine Reise ~ um die Welt; ~ um die Uhr *pausenlos;* <aber> → rundum; **Rund** <n.; -(e)s; unz.; geh.> *Rundung, Wölbung;* das Himmels~; **'Rund·bank** <f.; -, ⸚e>; **'Rund·bau** <m.; -(e)s, -ten>; **'Rund·beet** <n.; -(e)s, -e>; **'Rund·blick** <m.; -(e)s, -e>; **'Rund·bo·gen** <m.; -s, - od. (südd.; österr.) ⸚; Arch.>; **'Rund·brief** <m.; -(e)s, -e> = *Rundschreiben;* **'Runddorf** <n.; -(e)s, ⸚er>; **'Run·de** <f.; -, -n> 1 <unz.> *kleinerer Kreis von Personen;* Stammtisch~; eine ~ Schnaps spendieren <umg.> 2 *kreisförmige Bewegung;* er lief 25 ~n <Sp.>; wir drehen noch eine ~ ums Haus <umg.>; das Gerücht machte die ~ <fig.; umg.> *wurde weitererzählt* **3** <Sp.> *zeitl. Wettkampfeinheit;* er ist in der zweiten ~ ausgeschieden; gerade noch über die ~n kommen <fig.; umg.> *es gerade noch schaffen;* **Run'dell** <n.; -s, -e> = *Rundell(1);* **'run·den** <V. t./V. refl.> *abrunden, rund werden;* **'rund·er·neu·ern** <V. t.; nur im Inf. u. Part. Perf.> *abgefahrene Autoreifen mit einem neuen Profil versehen;* runderneuerte Reifen; **'Rund·er·neu·e·rung** <f.; -, -en>; **'Rund·fahrt** <f.; -, -en>; **'Rund·flug** <m.; -(e)s, ⸚e>; **'Rund·fra·ge** <f.> *Frage an einen größeren Personenkreis* **'Rund·funk** <m.; -s> unz.> Sammelbez. für> *Hörfunk u. Fernsehen;* beim ~ arbeiten; das habe ich im ~ gehört; **'Rund·funk·an·stalt** <f.; -, -en>; **'Rund·funk·ap·pa·rat** <m.; -(e)s, -e>; **'Rund·funk·emp·fang** <m.; -(e)s unz.>; **'Rund·funk·emp·fän·ger** <m.; -s, -> *Rundfunkgerät;* **'Rund·funk·ge·bühr** <f.; -, -en>; **'Rund·funk·ge·rät** <n.; -(e)s, -e>; **'Rund·funk·hö·rer** <m.; -s, ->; **'Rund·funk·hö·re·rin** <f.; -, -n·nen>; **'Rund·funk·or·ches·ter** <[-kɛs-]; n.; -s, ->; **'Rund·funk·pro·gramm** <n.; -(e)s, -e>; **'Rund·funk·sen·der** <m.; -s, ->; **'Rund·funk·spre·cher** <m.; -s, ->; **'Rund·funk·spre·che·rin** <f.; -, -n·nen>; **'Rund·funk·tech·nik** <f.; -; unz.>; **'Rund·funk·teil·neh·mer** <m.; -s, ->; **'Rund·funk·teil·neh·me·rin** <f.; -, -n·nen>; **'Rund·funk·ü·ber·tra·gung** <f.; -, -en; ↗Z55>; **'Rund·funk·wer·bung** <f.; -; unz.>; **'Rund·funk·zeit·schrift** <f.; -, -en>

'Rund·gang <m.; -(e)s, ⸚e>; **'rund|ge·hen** <V. i. (s.) 145; umg.> es geht rund *es ist viel los;* es ist rundgegangen; **'Rund·ge·sang** <m.; -(e)s, ⸚e>; **'rund·her·aus,** <auch> **'rund·he·raus** <Adv.> <fig.> *ohne Umschweife;* sag ~, worum es geht; **'rund·her·um,** <auch> **'rund·he·rum** <Adv.; ↗Z54> **1** *im Umkreis;* ~ blühte alles **2** *kreisförmig um einen Mittel-*

punkt; das Windrad dreht sich ~; **'Rund·holz** <n.; -es, ⸚er>; **'Rund·ho·ri·zont** <m.; -(e)s, -e; Theat.> *hinterer Abschluss des Bühnenraumes;* **'Rund·lauf** <m.; -(e)s, ⸚e; Sp.> *ein Turngerät;* **'rund·lich** <Adj.; a. fig.> *mollig;* **'Rund·ling** <m.; -s, -e> *Runddorf;* **'Rund·rei·se** <f.; -, -n>; **'Rund·rü·cken** <m.; -s, -; Med.> **'Rund·ruf** <m.; -(e)s, -e> *tel. Benachrichtigung aller Mitglieder einer Gruppe;* **'Rund·schau** <f.; -; unz.> *häufiger Titel von Zeitungen;* **'Rund·schild** <m.; -(e)s, -e> *runder Schild¹(1);* **'rund·schlei·fen** <V. t. 220; ↗Z24; Fachspr.> *ein rundgeschliffener/<auch> rund geschliffener Edelstein;* **'Rund·schrei·ben** <n.; -s, -> *gleiches Schreiben an mehrere Empfänger bzw. vom Empfänger weitergereichtes Schreiben;* **'Rund·schrift** <f.; -, -en>; **'Rund·sicht** <f.; -; unz.>; **'Rund·stre·cke** <f.; -, -n; Sp.>; **'rund·stri·cken** <V. t.; ich stricke rund; sie hat rundgestrickt; rundzustricken> **'Rund·strick·na·del** <f.; -, -n>; **'Rund·stück** <n.; -(e)s, -e; norddt.> *Brötchen, Semmel;* **'Rund·tanz** <m.; -es, ⸚e>; **'rund·um** <a. [-'-]; Adv.> = *rundherum;* **rund·um'her** <Adv.>; **Rund'um·schlag** <m.; -(e)s, ⸚e; a. fig.> *Schlag nach allen Seiten;* **'Run·dung** <f.; -, -en>; **'Rund·wan·der·weg** <m.; -(e)s, -e>; **'rund·weg** <Adv.> *ohne Überlegung, entschieden;* etwas ~ ablehnen **'Ru·ne** <f.; -, -n> *ältestes german. Schriftzeichen;* **'Ru·nen·al·pha·bet** <n.; -(e)s; unz.>; **'Ru·nen·for·schung, 'Ru·nen·kun·de** <f.; -; unz.>; **'Ru·nen·stein** <m.; -(e)s, -e>

'Run·ge <f.; -, -n> *Stützbalken am Leiterwagen* **'Run·kel** <f.; -, -n; österr.; schweiz.; kurz für> *Runkelrübe;* **'Run·kel·rü·be** <f.; -, -n; Bot.> *eine Futterpflanze* **'Run·ken** <m.; -s, -> *großes Stück Brot* **Run·ning·gag,** <auch> **Run·ning Gag** <['rʌnɪŋgæg]; m.; (-)-s, (-)-s; ↗Z30> *oft wiederholter*

Ulk (in Sketchen, Filmen o. Ä.); → a. *Gag* [engl.] **Ru·no·lo'gie** <f.; -; unz.> *Runenkunde, -forschung* **Runs** <m.; -es, -e>, **'Run·se** <f.; -, -n; süddt.; österr.; schweiz.> *Rinne an Berghängen mit Wildbach* **'run·ter** <Adv.; ↗Z22; umg.; kurz für> *herunter, hinunter;* **'run·ter|kom·men** <V. i. (s.) 170; ich komme runter; sie ist runtergekommen; runterzukommen; umg.>; **'run·ter|rut·schen** <V. i. (s.); umg.>; **'run·ter|schlu·cken** <V. t.; umg.> **Run·way** <['rʌnwɛɪ]; f.; -, -s od. (selten) m.; -s, -s> *Start- und Lande-Bahn für Flugzeuge* [engl.] **'Run·zel** <f.; -, -n> *Hautfalte;* **'run·ze·lig** <Adj.> *faltig;* **'run·zeln** <V. t.; ich runz(e)le> die Stirn ~ *(vor Überraschung od. aus Missbilligung) in Falten legen;* **'run·z·lig** <Adj.> = *runzelig* **'Rü·pel** <m.; -s, -; abwertend> *grober, ungeschliffener Mensch;* **Rü·pe'lei** <f.; -, -en>; **'rü·pel·haft** <Adj.>

'rup·fen¹ <V. t.> *mit einem Ruck ausreißen;* Unkraut ~; Geflügel ~; ein Hühnchen mit jmdm. ~ <fig.; umg.> *jmdm. Vorwürfe machen;* **'rup·fen²** <Adj.> *aus Rupfen;* **'Rup·fen** <m.; -s, ->, **'Rup·fen·lein·wand** <f.; -; unz.; Textilw.> *grobes Jutegewebe* **'Ru·pi·ah** <f.; -; -; Abk.: Rp> *indones. Währungseinheit* [Sanskrit] **'Ru·pie** <[-piə]; f.; -, -n> *Währungseinheit in Indien, Pakistan, Sri Lanka u. a. Staaten* **'rup·pig** <Adj.> **1** *grob, unhöflich* **2** <norddt. a.> *zerlumpt, struppig;* **'Rup·pig·keit** <f.; -, -en> **'Rup·recht** <m.; -(e)s; unz.; ↗Z53.1> Knecht ~ <im dt. Volksbrauch> *Begleiter des Nikolaus* **Rup'tur** <f.; -, -en; Med.> *Zerreißung;* Muskel~ [lat.] **ru'ral** <Adj.; veralt.> *ländlich, bäuerlich* [lat.] **'Rü·sche** <f.; -, -n> *gefältelter Besatz an Kleidung od. Wäsche;* Spitzen~ [frz.] **'Ru·schel** <f.; -, -n; umg.; abwertend> *unordentliche, schlampige Person;* **'ru·sche·lig** <Adj.>

oV *ruschlig*; **'ru·scheln** <V. i.; ich rusch(e)le> *unordentlich sein, hastig arbeiten*; **'rusch·lig** <Adj.> = *ruschelig*

Rush·hour <[ˈrʌʃauə(r)]; f.; -, -s; Pl. selten> *Hauptverkehrszeit* [engl.]

Ruß <[ruːs]; m.; -es; unz.> *schwarze Substanz, die sich nach unvollkommener Verbrennung absetzt*; **'ruß·be·schmutzt** <Adj.; ↗Z29> eine ~e Wand; <aber> eine mit Ruß beschmutzte Wand

'Rus·se <m.; -n, -n> 1 <i. e. S.> *Einwohner der Russischen Föderation* 2 <i. w. S.> *Angehöriger eines ostslaw. Volkes* 3 <Zool.; umg.> *Schabe¹*

'Rüs·sel <m.; -s, -> *röhrenförmige Verlängerung des Kopfes mancher Tiere; Elefanten~; Stech~*; **'Rüs·sel·kä·fer** <m.; -, -; Zool.>; **'Rüs·sel·tier** <n.; -(e)s, -e>

ru·ßen <['ruː-]; V.> 1 <V. i.> *Ruß absondern*; der Ofen rußt 2 <V. t.; du rußt> *mit Ruß färben*; **'ruß·ge·schwärzt** <Adj.; ↗Z29> ein ~es Zimmer; <aber> ein mit Ruß geschwärztes Zimmer; **'ru·ßig** <Adj.>

'Rus·sin <f.; -, -n·nen>; **'rus·sisch** <Adj.> ~er Tee; ~e Sprache; das Russische; der Russisch-Japanische Krieg; **Rus·si·sche Fö·de·ra·ti·on** <allg. übl. Abk.: Russland> *Zusammenschluss verschiedener autonomer Republiken in Osteuropa*; **'Russ·land** *Teil der ehem. Sowjetunion*

'Rüss·ler <m.; -s, -; Zool.> = *Rüsselkäfer*

'Rüst·an·ker <m.; -s, -; Mar.> *Anker an der Rüste*; **'Rüs·te** <f.; -, -n; Mar.> *Planke an der Schiffsaußenseite zum Befestigen von Ketten*; **'rüs·ten** <V.> 1 <V. t./V. refl.> *(sich) vorbereiten, fertig machen*; wir müssen uns zum Gehen ~ 2 <V. i.> *Kriegsvorbereitungen treffen*; die Staaten ~ um die Wette

'Rüs·ter <f.; -, -n; Bot.> *Ulme*; **'Rüs·ter·holz** <n.; -es; unz.>; **'rüs·tern** <Adj.> *aus Ulmenholz*; ein ~er Schrank

'rüs·tig <Adj.> *tatkräftig, aktiv (im Alter)*; **'Rüs·tig·keit** <f.; -; unz.>

'Rus·ti·ka <f.; -; unz.; Arch.> *Mauerwerk aus rohen Quadern* [lat.]; **'Rüst·kam·mer** <f.; -, -n; früher> *Waffenraum*

'Rüst·tag <m.; -(e)s, -e; jüd. Rel.> *Vorabend des Sabbats od. eines Festtags*

'Rüs·tung <f.; -, -en> 1 <unz.> *Bewaffnung, Verstärkung der militär. Mittel* 2 <bes. im MA> *Schutzbekleidung der Krieger; Ritter~*; **'Rüs·tungs·in·dus·trie**, <auch> **'Rüs·tungs·in·dust·rie** <f.; -, -n; ↗Z53>; **'Rüs·tungs·wett·lauf** <m.; -(e)s; unz.> = *Wettrüsten*; **'Rüst·zeit** <f.; -, -en; Pl. selten; Ev.> *Zeit der Einübung in das geistl. Leben*; **'Rüst·zeug** <n.; -(e)s, -e> *Werkzeuge od. Kenntnisse, die man für eine Arbeit braucht*

'Ru·te <f.; -, -n> 1 *Gerte, Zweig* 2 *altes Längenmaß* 3 <Jägerspr.> *Schwanz best. Tiere* 4 <Jägerspr.> *männl. Glied bei Tieren*; **'Ru·ten·gän·ger** <m.; -s, -> *jmd., der mit einer Wünschelrute Erze, Wasser u. Ä. sucht*; **'Ru·ten·gän·ge·rin** <f.; -, -n·nen>

Ru'the·ne <m.; -n, -n; früher> *in Österreich-Ungarn lebender Ukrainer*; **ru'the·nisch** <Adj.>; **Ru'the·ni·um** <n.; -s; unz.; Chem.; Zeichen: Ru> *chem. Element, Metall*

Ru'til <n.; -s; unz.> *ein Mineral* [lat.]; **Ru·ti'lis·mus** <m.; -; unz.> *Rothaarigkeit*

Ru'tin <n.; -s; unz.; Pharm.> *ein pflanzl. Wirkstoff*

'Rüt·li·schwur, <auch> **'Rüt·li·Schwur** <m.; -(e)s; unz.; ↗Z35> *sagenumwobener Treueschwur bei der Gründung der Schweizerischen Eidgenossenschaft* [nach dem *Rütli*, einer Bergwiese im Schweizer Kanton Uri]

Rutsch <m.; -(e)s, -e> *gleitende Abwärtsbewegung*; Erd~; guten ~ (ins neue Jahr)!; **'Rutsch·bahn** <f.; -, -en>, **'Rut·sche** <f.; -, -n; umg.> *Gerät auf Kinderspielplätzen*; **'rut·schen** <V. i. (s.); du rutschst> *sich (auf glatter Fläche) gleitend bewegen*; ins Rutschen kommen *den Halt verlieren*; **'Rut·scher** <m.; -s, -; umg.> komm doch auf einen ~ bei uns vorbei!; **Rut·sche'rei** <f.; -; unz.>; **'rutsch·fest** <Adj.> ~es Schuhwerk; **'rut·schig** <Adj.> *glatt, glitschig*; **'Rutsch·par·tie** <f.; -, -n; umg.> eine ~ machen *ausrutschen, bergab rutschen*; **'rutsch·si·cher** <Adj.>

'Rut·te <f.; -, -n> = *Quappe*

'rüt·teln <V.; ich rütt(e)le> 1 <V. i.> *etwas schütteln, heftig hin u. her bewegen*; daran ist nicht zu ~ <fig> 2 <V. t.> *Getreide ~ sieben*; ein gerüttelt Maß (an, von Arbeit, Sorgen usw.) <fig.> *sehr viel*; **'Rüt·tel·sieb** <n.; -(e)s, -e>; **'Rütt·ler** <m.; -s, -> *eine Baumaschine*

'Ru·wer <m.; -s, -> *eine Weinsorte*

RWE <Abk. für> *Rheinisch-Westfälisches-Elektrizitätswerk*

Rye <[rai]; m.; -; unz.> *amerikan. Whiskey*

R

S

s 1 <n.; -, -> *ein Buchstabe* 2 <Abk. für> *Shilling* 3 <Abk. für> *Sekunde*

's <umg.; kurz für> *es, das;* wie geht's?; 's ist vorbei

S 1 <n.; -, -> *ein Buchstabe* 2 <Abk. für> *Schilling* 3 <Abk. für engl.> *small* 4 <Abk. für> *Süd(en)* 5 <Chem.; Zeichen für> *Schwefel* 6 <Zeichen für> *Siemens* 7 <Phys.; Zeichen für> *Strangeness*

$ <Zeichen für> *Dollar*

s. <Abk. für> *siehe!*

S. <Abk. für> 1 *San, Sant', Santa, Santo, São* 2 *Seite*

Sa <Abk. für> *Samstag, Sonnabend*

Sa. <Abk. für> *Summa(1)*

SA <Abk. für> *Sturmabteilung (Kampftruppe der NSDAP)*

s. a. <Abk. für> 1 *siehe auch* 2 *sine anno*

Saal <m.; -(e)s, 'Sä·le; ↗Z 18.1> *großer Innenraum;* Hör–; **'Saal·bau** <m.; -(e)s, -ten>; **'Saal·schlacht** <f.; -, -en> *Handgreiflichkeiten zw. Besuchern einer Veranstaltung;* **'Saal·toch·ter** <f.; -, -̈; schweiz. für> *Kellnerin*

Saar'brü·cken *Hauptstadt des Saarlandes;* **'Saar·ge·biet** <n.; -(e)s; unz.>; **'Saar·land** <n.; -(e)s; unz.> *Bundesland der BRD;* **'Saar·län·der** <m.; -s, ->; **'Saar·län·de·rin** <f.; -, -n·nen>; **'saar·län·disch** <Adj.; ↗Z 46> ~e *Spezialitäten;* <aber> *der Saarländische Rundfunk*

Saat <f.; -, -en> *das Auszusäende od. Ausgesäte, aus dem neue Pflanzen entstehen;* **'Saat·feld** <n.; -(e)s, -er>; **'Saat·ge·trei·de** <n.; -s; unz.>; **'Saat·gut** <n.; -(e)s; unz.> = *Saat;* **'Saat·kar·tof·fel** <f.; -, -n>; **'Saat·korn** <n.; -(e)s, -̈er>; **'Saat·krä·he** <f.; -, -n; Zool.> *eine Krähenart;* **'Saat·zwie·bel** <f.; -, -n> *aus Samen gezogene Zwiebel*

'Sa·ba *hist. Land in Südarabien;* **Sa'bä·er** <m.; -s, -> *Angehöriger eines alten südarab. Volkes;* **Sa'bä·e·rin** <f.; -, -n·nen>

Sa·ba'yon <[-'jõ]; n.; -s, -s; Kochk.> *Weinschaumcreme* [frz.]

'Sab·bat <m.; -s, -e; in der jüdischen Religion> *Samstag, an dem alle Arbeit ruht* [hebr.]; **'Sab·bat·jahr** <n.; -(e)s, -e> 1 <jüd. Rel.> *Ruhejahr* 2 *Zeitraum, in dem ein Angestellter für bes. Forschungs- od. Reisezwecke freigestellt ist*

'Sab·bel <m.; -s; unz.> 1 *dummes Gerede* 2 = *Sabber;* **'Sab·bel·kopf** <m.; -(e)s, -̈e; umg.> = *Quatschkopf;* **'sab·beln** <V. i.; ich sabb(e)le; umg.> 1 *undeutlich reden* 2 *dumm daherreden* 3 = *sabbern;* **'Sab·ber** <m.; -s; unz.; norddt.; ostmdt.> *Speichel;* **'Sab·ber·lätz·chen** <n.; -s, ->; **'sab·bern** <V. i.; ich sabb(e)re; umg.> 1 *Speichel ausfließen lassen* 2 <fig.> *überflüssiges, dummes Zeug reden*

'Sä·bel <m.; -s, -> *Hiebwaffe mit gekrümmter Klinge* [poln.-ungar.]; **'Sä·bel·bei·ne** <Pl.> *O-Beine;* **'Sä·bel·bei·nig** <Adj.>; **'Sä·bel·fech·ten** <n.; -s; unz.; Sp.>; **'Sä·bel·ge·ras·sel** <n.; -s; unz.; fig.> *Androhung militärischer Aktionen;* **'sä·beln** <V. t.; ich säb(e)le; umg.> *ungeschickt schneiden;* **'Sä·bel·ras·seln** <n.; -s; unz.; ↗Z 42>; **'Sä·bel·rass·ler** <m.; -s, ->

Sa'bi·ner <m.; -s, -> *Angehöriger eines ehem. Volksstammes in Mittelitalien;* **Sa'bi·ne·rin** <f.; -, -n·nen>; **sa'bi·nisch** <Adj.>

Sa·bot <[sa'boː]; m.; - od. -s, -s> *hochhackiger, hinten offener Damenschuh* [frz.]

Sa·bo'ta·ge <[-ʒə]; f.; -, -n> *Vereitelung gegnerischer Vorhaben durch vorsätzl. Beschädigung od. Zerstörung von (militär.) Einrichtungen* [frz.]; **Sa·bo'ta·ge·akt** <m.; -(e)s, -e>; **Sa·bo·teur** <[-'tøːr]; m.; -s, -e>; **sa·bo'tie·ren** <V. t.>

Sac·cha'rid <[zaxa-]; n.; -(e)s, -e> = *Kohlenhydrat;* **Sac·cha·ri'me·ter** <n.; -s, -> *Gerät zur Bestimmung des Zuckergehaltes* [grch.]; **Sac·cha·ri'me·trie,**

<auch> **Sac·cha·ri·met'rie** <f.; -; unz.; *Z53*>; **Sac·cha·rin** <n.; -(e)s; unz.> *künstl. Süßstoff;* oV *Sacharin;* **Sac·cha·ro·se** <f.; -; unz.> *Rohr- od. Rübenzucker*

Sa·cha·lin <[-xa-]; a. ['---]> *ostasiat. Insel*

'Sach·an·la·gen <Pl.; Wirtsch.> *Betriebsvermögen,* z. B. Grundstücke, Maschinen usw.

Sa·cha·ri'me·ter <n.; -s, -> = *Saccharimeter;* **Sa·cha·ri·me·'trie,** <auch> **Sa·cha·ri·met'rie** <f.; -; unz.; *Z53*> = *Saccharimetrie;* **Sa·cha'rin** <n.; -(e)s; unz.> = *Saccharin;* **Sa·cha'ro·se** <f.; -; unz.> = *Saccharose*

'Sach·be·ar·bei·ter <m.; -s, -> *für ein best. Sachgebiet zuständiger Angestellter;* **'Sach·be·ar·bei·te·rin** <f.; -, -nnen>; **'Sach·be·schä·di·gung** <f.; -, -en>; **'sach·be·zo·gen** <Adj.>; **'Sach·be·zü·ge** <Pl.> *zum Gehalt zählende Sachwerte,* z. B. ein Dienstauto; **'Sach·bahn** <n.; -(e)s, ⁼er>; **'sach·dien·lich** <Adj.> *~e Hinweise;* **'Sa·che** <f.; -, -n> **1** *Gegenstand, Ding* **2** *Angelegenheit, Aufgabe;* du hast deine ~ gut gemacht; die ~ ist für mich erledigt; es ist ~ der Behörden; das liegt in der Natur der ~ *ist unvermeidlich;* mit jmdm. gemeinsame ~ machen; eine ~ für sich *etwas ganz Anderes* **3** *Thema, Wesentliches;* zur ~ kommen; das tut nichts zur ~; er wusste gleich, was ist <umg.> **4** <Rechtsw.> *Gegenstand eines Rechtsstreits;* in eigener ~; eine ~ anhängig machen; in ~n Müller gegen Huber **5** <nur Pl.; umg.> mit 100 ~n *mit einer Geschwindigkeit von 100 Stundenkilometern;* **'Sach·ein·la·gen** <Pl.; Wirtsch.> *Sachwerte, die bei der Gründung einer Gesellschaft(5) eingebracht werden;* **'Sä·chel·chen** <n.; -s, -> *Verkleinerungsf. von Sache(1);* **'Sa·chen·recht** <n.; -(e)s; unz.; Rechtsw.> oV *Sachrecht*

'Sa·cher·tor·te <f.; -, -n> *eine Schokoladentorte* [nach dem Wiener Hotelier *Sacher*]

'Sach·fir·ma <f.; -, -fir·men> *Firma, deren Name auf den Gegenstand des Unternehmens hin-*

weist; **'Sach·ge·biet** <n.; -(e)s, -e>; **'sach·ge·mäß, 'sach·ge·recht** <Adj.>; **'Sach·grün·dung** <f.; -, -en; Wirtsch.; Kaufmannsspr.> *Gründung einer Gesellschaft(5) durch Sacheinlagen;* **'Sach·ka·ta·log** <m.; -(e)s, -e> *Verzeichnis von Büchern;* **'Sach·ken·ner** <m.; -s, ->; **'Sach·ken·ne·rin** <f.; -, -nnen>; **'Sach·kennt·nis** <f.; -, -s·se> Sy *Sachverstand;* **'Sach·kun·de** <f.; -; unz.>; **'Sach·kun·de·un·ter·richt** <m.; -(e)s; unz.>; **'sach·kun·dig** <Adj.>; **'Sach·kun·di·ge(r)** <f. 2 (m. 1)>; **'Sach·la·ge** <f.; -; unz.>; **'Sach·leis·tung** <f.; -, -en>; **'sach·lich** <Adj.> *zur Sache gehörig, nüchtern, objektiv;* **'säch·lich** <Adj.; Gramm.> *~es Geschlecht;* **'Sach·lich·keit** <f.; -; unz.> die Neue ~ *Kunstrichtung des 20. Jh.;* **'Sach·män·gel·haf·tung** <f.; -; unz.; Rechtsw.>; **'Sach·recht** <n.; -(e)s; unz.> oV *Sachenrecht;* **'Sach·re·gis·ter** <n.; -s, -> Ggs *Personenregister*

Sachs <[saks]; m.; -es, -e> *german. Kurzschwert, Dolch;* oV *Sax*

'Sach·scha·den <m.; -s, ⁼> Ggs *Personenschaden*

'Sach·se <[-ks-]; m.; -n, -n>; **'säch·seln** <V. i.; ich sächs(e)le; umg.> *sächsisch sprechen;* **'Sach·sen** *Bundesland der BRD;* **'Sach·sen-'An·halt** *Bundesland der BRD;* **'Sach·sen-'An·hal·ter** <m.; -s, ->; **'Sach·sen-'An·hal·te·rin** <f.; -, -nnen>; **'Sach·sen-An·hal·'tiner** <m.; -s, ->; **'Sach·sen-An·hal·ti·ne·rin** <f.; -, -nnen>; **'sach·sen·an·hal·tisch,** **'sach·sen-'an·hal·tisch** <Adj.>; **'Säch·sin** <f.; -, -nnen>; **'säch·sisch** <Adj.; *Z46*> die ~e Mundart; <aber> die Sächsische Schweiz

'Sach·spen·de <f.; -, -n>

sacht, 'sach·te <Adj.> *vorsichtig, kaum merklich*

'Sach·ver·halt <m.; -(e)s, -e>; **'Sach·ver·si·che·rung** <f.; -, -en>; **'Sach·ver·stand** <m.; -(e)s; unz.> *Sachkenntnis;* **'sach·ver·stän·dig** <Adj.> = *sachkundig;* **'Sach·ver·stän·di·gen·gut·ach·ten** <n.; -s, ->;

'Sach·ver·stän·di·ge(r) <f. 2 (m. 1)>; **'Sach·ver·zeich·nis** <n.; -s·ses, -s·se>; **'Sach·wal·ter** <m.; -s, -> **1** *Verwalter einer Sache* **2** *Verteidiger, Fürsprecher;* **'Sach·wal·te·rin** <f.; -, -nnen>; **'sach·wal·te·risch** <Adj.>; **'Sach·wert** <m.; -(e)s, -e> **1** *einer Sache innewohnender Wert* **2** <meist Pl.> *~e wertbeständige Güter;* **'Sach·wis·sen** <n.; -s; unz.>; **'Sach·wör·ter·buch** <n.; -(e)s; -⁼er>; **'Sach·zu·sam·men·hang** <m.; -(e)s, ⁼e>; **'Sach·zwang** <m.; -(e)s, ⁼e>

Sack <m.; -(e)s, ⁼e od. (bei Maßangaben) -> **1** *längl. Behälter aus grobem Stoff od. Papier;* drei ~ Kaffee; <aber> hier stehen noch drei Säcke; mit ~ und Pack *mit allem Besitz* **2** <fig.; umg.; abwertend> *Mensch;* ein fauler ~ **3** jmdn. in den ~ stecken <fig.; umg.> *ihm überlegen sein,* <auch> *ihn betrügen;* **'Sack·bahn·hof** <m.; -(e)s, ⁼e> *Kopfbahnhof;* **'Säck·chen** <n.; -s, -> *Verkleinerungsf. von Sack(1);* **'Sä·ckel** <m.; -s, -; oberdt.> **1** *Hosentasche* **2** *Geldbeutel;* **'sä·ckeln** <V. t.; ich säck(e)le; umg.>, **'sa·cken¹** <V. t.; umg.> *in Säcke füllen*

'sa·cken² <V. i. (s.)> *sinken, sich senken;* → a. *absacken*

sa·cker'lot!, sa·cker'ment! <umg.; veralt.> *(Ausruf der Überraschung od. des Zorns;* Sy *sapperlot!, sapperment!* [frz.]

'sä·cke·wei·se <Adj.; meist adv.>; **'Sack·gas·se** <f.; -, -n> *Gasse mit nur einem Zugang;* in eine ~ geraten <fig.> *in eine ausweglose Situation;* **'Sack·geld** <n.; -(e)s; unz.; süddt.; österr.; schweiz.> *Taschengeld;* **'sack·hüp·fen** <V. i. (s.); nur im Inf. und Part. Präs.> wollen wir ~?; ~de Kinder; **'Sack·hüp·fen** <n.; -s; unz.; *Z42*>; **'Sack·kar·re** <f.; -, -n>; **'Säck·lein** <n.; -s, -; poet.; Verkleinerungsf. von Sack(1);* **'sack·lei·nen** <Adj.> *aus Sackleinen;* ein ~er Beutel; **'Sack·lei·nen** <n.; -s, -> *Leinwand aus Hanf, Werg od. Jute;* **'Sack·lein·wand** <f.; -; unz.> *Säcke aus Sackleinen;* **'Sack·mes·ser** <n.; -s, -; süddt.; österr.; schweiz.> *Taschenmesser;* **'Sack·pfei·fe** <f.;

S

-, -n> = *Dudelsack;* **'Sack·tuch 1** <n.; -(e)s, -e> = *Sackleinen* **2** <n.; -(e)s, ≃er> *Taschentuch;* **'Sack·uhr** <f.; -, -en; süddt.; österr.; schweiz.> *Taschenuhr;* **'sack·wei·se** <Adj.; meist adv.>

Sad·du'zä·er <m.; -s, -> *Angehöriger einer altjüd. Partei, Gegner der Pharisäer* [hebr.]

'Sa·de·baum <m.; -(e)s, ≃e; Bot.> *ein Zypressengewächs*

'Sad·hu <m.; - od. -s, -s> *asketisch lebender Hindu* [Sanskrit]

Sa'dis·mus <m.; -; unz.> *Lust an Grausamkeiten, insbes. zur Steigerung sexueller Befriedigung* [nach dem frz. Schriftsteller *de Sade*]; **Sa'dist** <m.; -en, -en>; **Sa'dis·tin** <f.; -, -n·nen>; **sa-'dis·tisch** <Adj.>; **Sa·do'ma·so** <m.; - od. -s; unz.; umg.; kurz für> *Sadomasochismus;* **Sa·do·ma·so·chis·mus** <[-'xis-]; m.; -; unz.> *Verquickung von Sadismus u. Masochismus;* **sa·do·ma·so'chis·tisch** <Adj.>

'Sä·e·mann <m.; -(e)s, ≃er> = *Sämann;* **'sä·en** <V. t. u. V. i.; du säst, er sät; du sätest; sie hat gesät; säe!> *die Saat ausbringen;* dünn gesät <fig.> *spärlich anzutreffen, selten;* **'Sä·er** <m.; -s, -> = *Sämann;* **'Sä·e·rin** <f.; -, -n·nen>

Sa'fa·ri <f.; -, -s> *Gesellschaftsreise (in Afrika) zur Jagd od. Tierbeobachtung;* Foto~ [arab.]; **Sa-'fa·ri·park** <m.; -s, -s> *Gelände, auf dem Wildtiere vom Auto aus beobachtet werden können*

Safe <[se:f]; m.; -s, -s> *feuerfester Geldschrank* [engl.]; **Sa·fer·sex,** <auch> **Sa·fer Sex** <['se:fər-]; m.; (-)-; unz.; ↗Z30> *vor einer Aidsinfektion schützende Maßnahmen beim Geschlechtsverkehr*

'Saf·fi·an <m.; -(e)s; unz.> *Ziegenleder* [pers.]; **'Saf·fi·an·le·der** <n.; -s; unz.>

'Saf'flor, <auch> **Saff'lor** <m.; -(e)s, -e; ↗Z53; Bot.> = *Färberdistel* [arab.-ital.]; **saf'flor·gelb** <Adj.>; **Sa'flor** <m.; -(e)s, -e> = *Safflor*

'Sa·fran, <auch> **'Saf·ran** <m.; -s, -e; ↗Z53> *gelber Pflanzenfarbstoff* **2** <unz.> *ein Gewürz* [arab.]; **'sa·fran·gelb** <Adj.>

Saft <m.; -(e)s, ≃e> **1** *der flüssige* Bestandteil organ. Körper; ~ von Birken abzapfen **2** *durch Auspressen od. Kochen gewonnene Flüssigkeit;* Frucht~, Fleisch~ **3** <fig.> *Energie;* ohne ~ und Kraft; **'saf·ten** <V. i.>; **'saf·tig** <Adj.> **1** *viel Saft enthaltend;* eine ~e Orange **2** <fig.> *kräftig;* eine ~e Ohrfeige; ein ~es Grün; **'Saft·kur** <f.; -, -en>; **'Saft·la·den** <m.; -s, ≃; fig.; umg.; abwertend> *schlecht funktionierender Betrieb;* **'saft·los** <Adj.; meist in der Wendung> saft- und kraftlos <fig.> *ohne Energie;* **'Saft·pres·se** <f.; -, -n>; **'Saft·sack** <m.; -(e)s, ≃e; derb; abwertend> *Dummkopf;* **'Saft·tag** <m.; -(e)s, -e>

'Sa·ga <f.; -, -s> *altisländ. Prosaerzählform* [altnord.]; **'Sä·ge** <f.; -, -n> *mündlich überlieferte Erzählung mit histor. od. myth. Inhalt;* es geht die ~

'Sä·ge <f.; -, -n> **1** *ein scharfzackiges Werkzeug* <kurz für> *Sägewerk;* **'Sä·ge·blatt** <n.; -(e)s, ≃er>; **'Sä·ge·bock** <m.; -(e)s, ≃e> **1** *Holzgestell* **2** <Zool.> *ein Bockkäfer;* **'Sä·ge·dach** <n.; -(e)s, ≃er> *Form des Satteldachs;* **'Sä·ge·fisch** <m.; -(e)s, -e; Zool.>; **'Sä·ge·mehl** <n.; -(e)s; unz.> *beim Sägen von Holz entstehender mehlartiger Abfall;* **'Sä·ge·mes·ser** <n.; -s, ->

'sa·gen <V. t. u. V. i.> **1** *sprechen, erklären, mitteilen;* zu etwas Ja/<auch> ja ~ (können); sie ~ du/Sie zueinander *sie duzen/ siezen sich;* das kostet sage und schreibe tausend Euro! *es ist kaum zu glauben;* du kannst von Glück ~; er hat hier nichts zu ~; wer hat hier das Sagen? **2** *bedeuten;* das sagt (mir) gar nichts **3** <V. refl.> ↗Z23> sich etwas ~ lassen; lassen Sie es sich gesagt sein! *nehmen Sie es als Warnung!* **4** <Part. Perf.> wie gesagt *wie bereits erwähnt;* unter uns gesagt *im Vertrauen;* gesagt – getan

'sä·gen <V.> **1** <V. t.> *mit einer Säge zerschneiden* **2** <V. i.; umg.; scherzh.> *schnarchen*

'Sa·gen·buch <n.; -(e)s, ≃er>; **'Sa·gen·dich·tung** <f.; -, -en; Pl. selten>; **'Sa·gen·for·scher** <m.; -s, ->; **'Sa·gen·for·sche·rin** <f.; -, -n·nen>; **'Sa·gen·ge·stalt** <f.; -, -en>; **'sa·gen·haft** <Adj.> **1** *der Sage nach* **2** <fig.; umg.> *erstaunlich;* **'sa·gen·um·wo·ben** <Adj.>; **'Sa·gen·welt** <f.; -; unz.>

'Sä·ger <m.; -s, -> **1** *jmd., der sägt* **2** <Zool.> *ein Gänsevogel;* **Sä·ge'rei** <f.; -, -en>; **'Sä·ge·spä·ne** <Pl.> = *Sägemehl;* **'Sä·ge·werk** <n.; -(e)s, -e>; **'Sä·ge·zahn** <m.; -(e)s, ≃e> *Zacke am Sägeblatt*

sa·git'tal <Adj.; Biol.> *parallel zur Mittelachse verlaufend* [lat.]; **Sa·git'tal·e·be·ne** <f.; -, -n; ↗Z55; Anat.>

'Sa·go <m. od. (österr.) n.; -s; unz.> *körniges Stärkeprodukt aus dem Mark der Sagopalme* [mal.]; **'Sa·go·baum** <m.; -(e)s, ≃e; Bot.>; **'Sa·go·pal·me** <f.; -, -n; Bot.>

Sa'ha·ra <a. ['---]; f.; -; unz.> *nordafrikan. Wüste* [arab.]

Sa'hel <a. ['za:hɛl]; m.; - od. -s; unz.> *Gebiet am südl. Rand der Sahara* [arab.]; **Sa'hel·zo·ne** <f.; -; unz.>

Sa'hib <m.; -s, -s; in Indien u. Pakistan Bez. für> **1** *Europäer* **2** <ohne Art.> *Herr* (Anrede) [arab.-Hindi]

'Sah·ne <f.; -; unz.> *fetthaltiger Teil der Milch;* Schlag~; Sy *Rahm* [lat.]; **'Sah·ne·bon·bon** <[-bɔŋbɔŋ] od. [-bɔ̃bɔ̃]; n.; -s, -s>; **'Sah·ne·eis** <n.; -es; unz.>; **'Sah·ne·häub·chen** <n.; -s, ->; **'Sah·ne·känn·chen** <n.; -s, ->; **'Sah·ne·tor·te** <f.; -, -n>; **'sah·nig** <Adj.>

'Saib·ling <m.; -s, -e; Zool.> *ein Lachsfisch*

'sai·ger <Adj.> = *seiger*

Sai'gon <a. ['--]; früherer Name von> *Ho-Chi-Minh-Stadt*

Saint 1 <[sənt]; Abk.: St.; vor engl. u. amerik. Heiligen- u. Ortsnamen> *der, die heilige ...,* z. B. ~ Paul <Abk.: St. Paul> **2** <[sɛ̃]; Abk.: St; vor frz. Heiligen- u. Ortsnamen> *der heilige ...,* z. B. ~-Bernard <Abk.: St-Bernard> *Großer, Kleiner Sankt Bernhard* [frz.]; **Sainte** <[sɛ̃t]; Abk.: Ste; vor frz. Heiligen- u. Ortsnamen> *die heilige ...,* z. B. ~-Hélène <Abk.: Ste-Hélène>; **Saint-Si·mo'nis·mus** <[sɛ̃-]; m.;

-; unz.> *sozialist. Lehre in Frankreich im 19. Jh.* [nach dem Sozialreformer *Saint-Si-mon*]

Sai·son <[sɛ'zõ] od. [sɛ'zɔŋ]; f.; -, -s od. (österr.) -en> *Jahreszeit, Hauptreise-, Hauptgeschäfts-zeit;* die ~ geht zu Ende [frz.]; **sai·son·ab·hän·gig** <Adj.>; **sai·so'nal** <Adj.> ~ bedingter Zustrom von Urlaubern; **Sai'son·ar·bei·ter** <m.; -s, ->; **Sai'son·ar·bei·te·rin** <f.; -, -n·nen>; **Sai·'son·auf·takt** <m.; -(e)s; unz.>; **Sai'son·be·dingt** <Adj.>; **Sai·'son·be·ginn** <m.; -(e)s; unz.>; **Sai'son·be·schäf·ti·gung** <f.; -, -en>; **Sai'son·be·trieb** <m.; -(e)s, -e> **1** *Betrieb, in dem nur zu best. Zeiten im Jahr gearbeitet wird* **2** *Zulauf, Andrang;* an den Skiliften herrscht reger ~; **Sai'son·en·de** <n.; -s; unz.>; **Sai·so·ni·er, Sai·son·ni·er** <[sezõ'nje:]; m.; -s, -; schweiz.> *Saisonarbeiter;* **Sai·son·schluss** <[sɛ'zõ-] od. [sɛ'zɔŋ-]; m.; -es, ⸚e>; **sai'son·wei·se** <Adj.; meist adv.>

'Sai·te <f.; -, -n> *Faden aus gedrehten Tierdärmen, Metall od. Kunststoff;* Klavier~; andere ~n aufziehen <fig.> *böse, energisch werden;* <aber> → *Seite;* **'Sai·ten·hal·ter** <m.; -s, -> *Teil des Streichinstrumentes;* **'Sai·ten·in·stru·ment,** <auch> **'Sai·ten·ins·tru·ment, 'Sai·ten·inst·ru·ment** <n.; -(e)s, -e; ⸙Z 54>; **...sai·tig** <Adj.; in Zus.> z. B. fünfsaitig; **'Sait·ling** <m.; -(e)s, -e> *Schafdarm*

'Sa·ke <m.; - od. -s; unz.> *japan. Reiswein* [jap.]

'Sak·ko <österr. [-'-]; m.; (fachsprachl. meist, österr. nur:) n.; -s, -s> *Jacke des Herrenanzuges*

'sa·kra, <auch> **'sak·ra** <⸙Z 53; derb> *verdammt!;* **sa'kral** <Adj.> **1** *den Gottesdienst betreffend, kirchlich* **2** <Anat.> *zum Kreuzbein gehörend* [lat.]; **Sa'kral·bau** <m.; -(e)s, -ten> *dem Gottesdienst dienendes Bauwerk;* Ggs *Profanbau;* **Sa·kra'ment** <n.; -(e)s, -e> **1** *rel. Handlung, bei der dem Gläubigen symbol. Gaben gereicht werden (Brot, Wein)* **2** *das Gnadenmittel selbst;* **sa·kra·men'tal**

<Adj.>; **Sa·kra·men'ta·le** <n.; -s, -li·en; meist Pl.; Kath.>; **Sa·kra·men'tar** <n.; -(e)s, -e>, **Sa·kra·men·ta'ri·um** <n.; -s, -ri·en; Kath.; früher> *liturgisches Buch;* **sa·kra'ment·lich** <Adj.; eindeutschend für> *sakramental;* **Sa·kri'fi·zi·um** <n.; -s, -zi·en> *(Mess-)Opfer;* **Sa·kri'leg** <n.; -(e)s, -e> *Vergehen gegen Heiliges,* z. B. Gotteslästerung, Kirchenraub; oV *Sakrilegium;* **sa·kri'le·gisch** <Adj.> *gotteslästerlich;* **Sa·kri'le·gi·um** <n.; -s, -gi·en; veralt.> = *Sakrileg;* **'sa·krisch** <Adj.; umg.; oberdt.> *verdammt;* ~ scharf *sehr scharf;* **Sa·kris'tan** <m.; -s, -e; Kath.> *Küster;* **Sa·kris'tei** <f.; -, -en> *Nebenraum in der Kirche für den Geistlichen;* **sa·kro'sankt** <Adj.> *geheiligt, unverletzlich*

sä·ku'lar <Adj.> **1** *alle hundert Jahre wiederkehrend* **2** *weltlich* [lat.]; **Sä·ku'lar·fei·er** <f.; -, -n> *Hundertjahrfeier;* **Sä·ku·la·ri·sa'ti·on** <f.; -, -en> **1** *Überführung von kirchl. Besitz in weltl. Hände* **2** <fig.> *Verweltlichung;* **sä·ku·la·ri·sie·ren** <V. t.> *verweltlichen;* **Sä·ku·la·ri'sie·rung** <f.; -, -en> = *Säkularisation* **1**; **'Sä·ku·lum** <n.; -s, -la> *Jahrhundert*

Sa·lam <[-'la:m]; Grußwort> *Friede!;* oV *Salem* [arab.]

Sa·la'man·der <m.; -s, -; Zool.> *ein Schwanzlurch*

Sa'la·mi <f.; -, - od. -s> *hart geräucherte, stark gewürzte Dauerwurst* [ital.]; **Sa·la·mi·tak·tik** <f.; -; unz.; umg.> *Politik der kleinen Schritte*

Sa'lär <n.; -s, -e; schweiz.> *Lohn, Gehalt, Honorar* [lat.]; **sa·la'rie·ren** <V. t.; schweiz.>

Sa'lat <m.; -(e)s, -e> **1** *kaltes Gericht aus klein geschnittenen Zutaten;* Obst~; Kartoffel~ **2** <fig.; umg.> *Wirrwarr;* Kabel~ **3** *Salatpflanze;* **Sa'lat·be·steck** <n.; -(e)s, -e od. -s>; **Sa'lat·öl** <n.; -(e)s, -e>; **Sa'lat·pflan·ze** <f.; -, -n>

Sal'ba·der <m.; -s, -; umg.; abwertend> *langweiliger, oft frömmelnder Schwätzer;* **sal'ba·dern** <V. i.; ich salbad(e)re; sie hat salbadert>

'Sal·band <n.; -(e)s, ⸚er> **1**

<Bgb.> *Berührungsfläche eines Ganges mit dem Nebengestein* **2** <Web.> = *Salkante*

'Sal·be <f.; -, -n> *streichfähiges Arzneimittel;* Brand~

'Sal·bei <a. [-'-]; m.; -s; unz. od. f.; -; unz.; Bot.> *eine Heil- u. Gewürzpflanze* [lat.]; **'Sal·bei·tee** <m.; -s; unz.>

'sal·ben <V. t.> **1** *mit Salbe einreiben* **2** *in feierlicher Zeremonie weihen;* jmdn. zum König ~

'Salb·ling <m.; -(e)s, -e; Zool.> = *Saibling*

'Salb·öl <n.; -(e)s; unz.; Kath.> *geweihtes Öl für Salbungen;* **'Sal·bung** <f.; -, -en> **1** <bei Naturvölkern u. im Orient> *Einreiben des Körpers* **2** *Einreiben bestimmter Körperstellen (z. B. Stirn) zu kultischen Zwecken;* **'sal·bungs·voll** <Adj.; abwertend> *übertrieben feierlich*

'Säl·chen <n.; -s, -; Verkleinerungsf. von> *Saal*

'Sal·chow <[-çɔ]; m.; -s, -s; Eiskunstlauf> *rückwärts eingeleiteter Kürsprung;* dreifacher ~ [nach dem schwed. Eiskunstläufer U. *Salchow*]

'Sal·den·bi·lanz <f.; -, -en; Wirtsch.>; **sal'die·ren** <V. t.> **1** *ein Konto – den Saldo eines K. ermitteln* **2** <Kaufmannsspr.> *eine Rechnung – begleichen,* <österr.> *das Begleichen einer R. bestätigen* [ital.]; **'Sal·do** <m.; -s, -den od. -di> *Unterschied zwischen der Soll- und Habenseite eines Kontos;* **'Sal·do·ü·ber·trag** <m.; -(e)s, ⸚e; ⸙Z55>, **'Sal·do·vor·trag** <m.; -(e)s, ⸚e> *Übertragung des Saldos auf die neue Rechnung*

Sale <[seil]; m.; -s; unz.> *Verkauf* [engl.]

'Sä·le <Pl. von> *Saal*

'Sa·lem <Grußwort> ~ aleikum! *Friede sei mit euch!;* oV *Salam* [arab.]

'Sa·lep <m.; -s, -s> *getrocknete Orchideenknolle, Droge* [arab.]

Sa·le·si'a·ner <m.; -s, -> *Angehöriger eines 1841 gegründeten geistl. Ordens* [nach dem Bischof Franz von *Sales*]

Sales·ma·na·ger <['seilz-mænidʒər]; m.; -s, -; Wirtsch.> *Verkaufsleiter* [engl.]; **'Sales·man·ship** <[-mænʃip]; n.; -s;

S

unz.> *Kunst des erfolgreichen Verkaufens*; **'Sales·pro·mo·ter** <m.; -s, -> ; **'Sales·pro·mo·tion** <[-prəmoʊʃn]; f.; -; unz.> *Absatz-, Verkaufsförderung*

Sa'let·tel, Sa'lettl <n.; -s, -n; bair.; österr.; umg.> *Laube, Pavillon, Gartenhäuschen* [ital.]

Sa·li·cyl·säu·re <f.; -; unz.; Chem.> *organ. Säure, Konservierungs- und Heilmittel;* oV *Salizylsäure*

'Sa·li·er¹ <m.; -s, -> *Angehöriger eines altröm. Priesterkollegiums* [lat.]

'Sa·li·er² <m.; -s, -> **1** *Angehöriger eines fränk. Volksstammes* **2** *Angehöriger eines dt. Kaisergeschlechtes* [lat.]

Sa·li·ne <f.; -, -n> *Anlage zur Kochsalzgewinnung* [lat.]; **sa·li·nisch** <Adj.> **1** *salzartig;* ~e *Kristalle* **2** *salzhaltig;* ~er *Trunk*

'sa·lisch <Adj.; ↗Z46> *zu den Saliern² gehörig;* ~e *Gesetze;* <aber> *das Salische Gesetz (Lex Salica) Gesetz zur Gliederung der Stände*

Sa·li·zyl·säu·re <f.; -; unz.> = *Salicylsäure*

'Sal·kan·te, Sal·leis·te <f.; -, -n; Web.> *Gewebesaum*

Salm¹ <m.; -(e)s, -e; Zool.> *ein Lachsfisch* [lat.]

Salm² <m.; -s; unz.; bes. norddt.; umg.; abwertend> *langweiliges, ermüdendes Gerede*

Sal·mi·ak <a. ['---]; m. od. n.; -s; unz.; Chem.> *eine Ammoniakverbindung* [lat.]; **Sal·mi·ak·geist** <m.; -(e)s; unz.> *eine Ammoniaklösung*

'Salm·ler <m.; -s, -; Zool.> *ein Karpfenfisch;* **'Sälm·ling** <m.; -s, -e> = *Saibling*

Sal·mo'nel·le <f.; -, -n; meist Pl.> *Krankheiten hervorrufendes Darmbakterium* [nach dem amerikan. Bakteriologen D. E. *Salmon*]; **Sal·mo·nel'lo·se** <f.; -, -n; Med.>

Sal·mo'ni·den <Pl.; Zool.> *Familie der Lachsfische* [lat.; grch.]

Sa·lo'mo·nen <Pl.> *Inselstaat östl. von Neuguinea;* **Sa·lo'mo·ner** <m.; -s, ->; **Sa·lo'mo·ne·rin** <f.; -, -n·nen>

sa·lo'mo·nisch¹ <Adj.> ~es *Urteil weises, ausgewogenes U.* [nach dem jüd. König *Salomo*]

sa·lo'mo·nisch² <Adj.> *die Salomonen betreffend*

'Sa·lo·mons·sie·gel <n.; -s, -; Bot.> = *Weißwurz*

Sa·lon <[-'lõ] od. [-'lɔŋ] od. österr. a. [-'lo:n]; m.; -s, -s> **1** *Empfangszimmer* **2** <17.–19. Jh.> *Zusammenkunft eines literar. od. künstlerisch interessierten Kreises* **3** *Mode- oder Friseurgeschäft;* Herren~; Kosmetik~ **4** *Kunstausstellung* [frz.]; **sa'lon·fä·hig** <Adj.> *den Normen der Gesellschaft angemessen;* **Sa'lon·lö·we** <m.; -n, -n; fig.; umg.> *gewandter, im Mittelpunkt einer Gesellschaft stehender Mann;* **Sa'lon·mu·sik** <f.; -; unz.>; **Sa'lon·or·ches·ter** <[-kɛs-]; n.; -s, ->

Sa·loon <[sə'lu:n]; m.; -s, -s> *im Wildweststil eingerichtetes Lokal* [engl.-amerikan.]

sa'lopp <Adj.; -er, am -(e)s·ten> *ungezwungen, nachlässig;* ~e *Kleidung* [frz.]

'Sal·pe <f.; -, -n; Zool.> *ein Meerestier* [lat.-grch.]

Sal'pe·ter <m.; -s; unz.; Chem.> *Leichtmetallsalz der Salpetersäure* [lat.]; **sal'pe·te·rig** <Adj.; Chem.>; **Sal'pe·ter·säu·re** <f.; -; unz.; Chem.> *farblose Stickstoffsäure;* **sal'pe·trig,** <auch> **sal'pet·rig** <Adj.; ↗Z53; Chem.>

'Sal·pinx <f.; -, -'pin·gen> **1** *altgrch. trichterförmige Trompete aus Bronze od. Eisen* **2** <Med.> *trichterförmige Röhre, z. B. Eileiter* [grch.]

'Sal·sa <m.; -s, -s> *ein lateinamerikan. Gesellschaftstanz* [span.]

'Sal·se <f.; -, -n> **1** <veralt.> *salzige Tunke* **2** <Geol.> = *Schlammsprudel* [lat.]

SALT <[sɔ:lt]; Abk. für engl.> *Strategic Arms Limitation Talks*

'Sal·ta <n.; -s; unz.> *ein Brettspiel für zwei Personen* [lat.]; **Sal·ta·'rel·lo** <m.; -s, -'rel·li; seit dem 14. Jh.> *schneller ital. Springtanz* [ital.]; **Sal'ta·to** <n.; -s, -s od. -ti; Mus.> *bei Streichinstrumenten> Spiel mit springendem Bogen;* **sal·ta'to·risch** <Adj.; Med.> *sprunghaft*

Sal·tim'boc·ca <f.; -, -s; Kochk.> *gefüllte Kalbfleischscheiben in Weißweinsoße* [ital.]

'Sal·to <m.; -s, -s od. -ti> *Sprung mit Überschlag in der Luft* [ital.]; **Sal·to mor'ta·le** <m.; --, -- od. -ti -li; ↗Z31> *mehrfacher Salto*

sa'lü <a. ['--]; bes. schweiz.; umg.; Grußwort> [frz.]; **Sa'lut** <m.; -(e)s, -e> *militär. Ehrung durch eine Salve von Schüssen;* ~ *schießen* [lat.]; **sa·lu'tie·ren** <V. i.>; **Sa'lut·schüs·se** <Pl.>

Sal·va'dor, El = *El Salvador;* **Sal·va·do·ri'a·ner** <m.; -s, -> *Einwohner von El Salvador;* **Sal·va·do·ri'a·ne·rin** <f.; -, -n·nen>; **sal·va·do·ri'a·nisch** <Adj.>

Sal·va'ti·on <[-va-]; f.; -, -en; veralt.> **1** *Rettung* **2** *Verteidigung* [lat.]; **Sal'va·tor¹** <m.; -s; unz.> *Jesus als Retter u. Erlöser;* **Sal·'va·tor²** <n. od. m.; -s; unz.> *Warenz. für> bayerisches Starkbier;* **Sal·va·to·ri'a·ner** <m.; -s, -> *Mitglied der Ordensgemeinschaft Societas Divini Salvatoris, Abk.: SDS;* **sal·va·to·risch** <Adj.; Rechtsw.> *nur ergänzend gültig;* ~e *Klausel;* **'sal·ve** <[-ve:]; Grußwort> *sei gegrüßt!;* **'Sal·ve** <[-və]; f.; -, -n> *gleichzeitiges Abfeuern mehrerer Schusswaffen;* **'sal·vo** **'ti·tu·lo** <[-vo:-]; veralt.; Abk.: S. T.> *mit Vorbehalt des richtigen Titels*

'Sal·wei·de <f.; -, -n; Bot.> *eine Weidenart*

Salz <n.; -es, -e> **1** *Kochsalz;* eine *Prise* ~ **2** <fig.> *belebendes Element, Würze;* dem *Vortrag fehlt ein wenig das* ~; *das* ~ *der Erde* (NT, Matthäus 5,13) *die Menschen;* **'salz·arm** <Adj.>; **'Salz·berg·werk** <n.; -(e)s, -e>

'Salz·burg *österr. Bundesland u. dessen Hauptstadt;* die Salzburger Festspiele

'sal·zen <V. t.; du salzt; sie hat gesalzen od. (selten) gesalzt> **1** *mit Salz(1) würzen* **2** *gesalzene Preise* <fig.; umg.> *sehr hohe, überhöhte P;* **'Salz·fass** <n.; -es, ¬er>; **'Salz·fleisch** <n.; -(e)s; unz.>; **'Salz·ge·halt** <m.; -(e)s; unz.>; **'Salz·gur·ke** <f.; -, -n>; **'salz·hal·tig** <Adj.>; **'Salz·he·ring** <m.; -(e)s, -e>; **'sal·zig** <Adj.>; **'Salz·kar·tof·feln** <Pl.> *geschälte, in Salzwasser gekochte Kartoffeln;* **'Salz·la·ke** <f.; -, -n>; **'Salz·le·cke** <f.; -, -n> *Stel-*

le, *an der Salz für das Wild gestreut wird*; **Salz·let·te** <f.; -, -n; meist Pl.> *sehr dünne Salzstange*; **salz·los** <Adj.>; **Salz·pfan·ne** <f.; -, -n> *salzhaltige Bodenmulde in Trockengebieten*; **Salz·pflan·ze** <f.; -, -n; Bot.> *auf salzhaltigem Boden gedeihende Pflanze*; Sy *Halophyt*; **Salz·quel·le** <f.; -, -n> *salzhaltige Heilquelle*; **Salz·säu·le** <f.; -, -n; meist in der Wendung> *zur ~ erstarren starr sein vor Schreck*; **Salz·säu·re** <f.; -; unz.; Chem.> *stark ätzende Säure*; **Salz·see** <m.; -s, -n> *salzhaltiger, abflussloser See in Wüstengebieten*; **Salz·so·le** <f.; -, -n> *salzhaltiges Wasser (aus einer Heilquelle)*; **Salz·stan·ge** <f.; -, -n> *mit Salz bestreutes Gebäck*; **Salz·streu·er** <m.; -s, ->; **Salz·teig** <m.; -(e)s; unz.> *Teig für plastisches Gestalten*; **Salz·was·ser** <n.; -s; unz.> Ggs *Süßwasser*; **Salz·wüs·te** <f.; -, -n>

...sam <Adjektivsuffix; in Zus.> *von bestimmter Beschaffenheit*, z. B. *langsam, strebsam*

Sam <[sæm]; engl. Kurzform für> *Samuel*; *Uncle ~* [ʌŋkl -] <scherzh. Bez. für> *USA*

SAM <EDV; Abk. für engl.> *Sequential Access Method*

SA-Mann <m.; -(e)s, ²er od. -leu·te; ↗Z34> *Angehöriger der SA*

Sä·mann <m.; -(e)s, ²er> *jmd., der sät*; oV *Säemann*

Sa·ma·ria <a. [--ˈriːa] > *hist. Stadt in Palästina*; **Sa·ma·ri·ta·ner** <m.; -s, -> 1 *Bewohner von Samaria* 2 <in der Lutherschen Bibelübersetzung> = *Samariter*; **sa·ma·ri·ta·nisch** <Adj.>; **Sa·ma·ri·ter** <m.; -s, -> 1 = *Samaritaner(1)* 2 *freiwilliger Krankenpfleger [nach dem barmherzigen Samariter, Luk. 10,33]*; **Sa·ma·ri·ter·dienst** <m.; -(e)s, -e; fig.> *selbstlose Hilfeleistung*

Sa·ma·ri·um <n.; -s; unz.; Chem.; Zeichen: Sm> *chem. Element, Metall*

Sä·ma·schi·ne <f.; -, -n>

Sam·ba <m.; -s, -s; fachspr. f.; -, -s> *ein Gesellschaftstanz* [afrik.; port.]

Sam·bal <n.; -s, -s> *scharfe Würzsoße* [indones.]

Sam·bia *Staat in Südafrika*; *Republik ~*; **Sam·bi·er** <[-iər]; m.; -s, ->; **Sam·bi·e·rin** <f.; -, -n·nen>; **sam·bisch** <Adj.>

Sam·bu·ca <m.; -s, -s od. f.; -, -s> *ital. Anislikör* [ital.]

Sa·me <m.; -ns, -n; älter u. geh. für> *Samen*; **Sa·men** <m.; -s, -> 1 *von der Pflanze abfallender, neues Wachstum ermöglichender Keim* 2 *Samenkörner, Saat* 3 <fig.; bes. poet.> *Ursprung*; *der ~ des Hasses* 4 *Samenzellen enthaltende Flüssigkeit*; → a. *Sperma*; **Sa·men·an·la·ge** <f.; -, -n; Bot.>; **Sa·men·bank** <f.; -, -en> *Depot für konserviertes Sperma*; **Sa·men·er·guss** <m.; -es, ²e> *Ausstoßung des Samens beim Orgasmus*; Sy *Ejakulation*; **Sa·men·fa·den** <m.; -s, ²> = *Samenzelle*; **Sa·men·flüs·sig·keit** <f.; -; unz.>; **Sa·men·kap·sel** <f.; -, -n; Bot.>; **Sa·men·korn** <n.; -(e)s, ²er>; **Sa·men·lei·ter** <m.; -s, -; Anat.>; **Sa·men·pflan·ze** <f.; -, -n; Anat.>; **Sa·men·strang** <m.; -(e)s, ²e; Med.>; **Sa·men·zel·le** <f.; -, -n> *reife, der Befruchtung dienende Keimzelle*; **Sä·me·rei** <f.; -, -en> 1 *Samenhandlung* 2 <meist Pl.> *Pflanzensamen, Saatgut*

Sa·mi·el <m.; -s; unz.; in der dt. Sage u. in der jüd. Legende> *Teufel, böser Geist* [aram.]

...sa·mig <Adj.; Bot.; in Zus.> z. B. *bedecktsamig*

sä·mig <Adj.> *dickflüssig*

Sä·misch·le·der <n.; -s; unz.> *weiches, saugfähiges Leder (z. B. für Fensterleder)*

Sa·mis·dat <m.; -; unz.> *im Selbstverlag hergestellte u. verbreitete verbotene Literatur in der ehem. Sowjetunion* [russ.]

Säm·ling <m.; -s, -e; Bot.> *aus Samen gezogene Pflanze*

Sam·mel·an·schluss <m.; -es, ²e; Post>; **Sam·mel·auf·trag** <m.; -(e)s, ²e>; **Sam·mel·band** <m.; -(e)s, ²e>; **Sam·mel·be·cken** <n.; -s, ->; **Sam·mel·be·griff** <m.; -(e)s, -e>; **Sam·mel·be·stel·lung** <f.; -, -en>; **Sam·mel·ei·fer** <m.; -s; unz.> *mit großem ~*; **Sam·mel·fleiß** <m.; -es; unz.>; **Sam·mel·frucht** <f.;

-, ²e; Bot.>; **Sam·mel·grab** <n.; -(e)s, ²er>; **Sam·mel·gut** <n.; -(e)s, ²er> *per Bahn od. Schiff beförderte Waren*; **Sam·mel·kas·se** <f.; -, -n; in Kaufhäusern u. großen Geschäften>; **Sam·mel·lei·den·schaft** <f.; -, -en; Pl. selten>; **Sam·mel·lin·se** <f.; -, -n; Opt.> = *Konvexlinse*; Ggs *Zerstreuungslinse*; **Sam·mel·map·pe** <f.; -, -n>; **sam·meln** <V.; ich samm(e)le> 1 <V. t. u. V. i.> *zusammentragen*; *Beeren, Unterschriften ~*; *Erfahrungen ~ E. machen u. daraus lernen*; *sie sammelt (Kleidung) für das Rote Kreuz* 2 <V. refl.> *sich ~ im Brennpunkt zusammentreffen (Lichtstrahlen)*, <a. fig.> *sich konzentrieren*; **Sam·mel·name** <m.; -ns, -n> *eine Gruppe gleichartiger Lebewesen od. Dinge bezeichnender Begriff*, z. B. *Vieh*; **Sam·mel·platz** <m.; -es, ²e>; **Sam·mel·punkt** <m.; -(e)s, -e>; **Sam·mel·schie·ne** <f.; -, -n; El.> *Hochspannungsleitung*; **Sam·mel·stel·le** <f.; -, -n>; **Sam·mel·stück** <n.; -(e)s, -e>; **Sam·mel·su·ri·um** <n.; -s, -ri·en; umg.> *Mischmasch, Durcheinander*; **Sam·mel·tas·se** <f.; -, -n>; **Sam·mel·trieb** <m.; -(e)s; unz.>; **Sam·mel·über·wei·sung** <f.; -, -en; ↗Z55; Bankw.>; **Sam·mel·werk** <n.; -(e)s, -e>; **Sam·mel·wut** <f.; -; unz.; abwertend> *übertriebener Sammeleifer*

Sam·met <m.; -s, -e; veralt. u. poet.> = *Samt*

Samm·ler <m.; -s, ->; **Samm·ler·fleiß** <m.; -es; unz.>; **Samm·le·rin** <f.; -, -n·nen>; **Samm·lung** <f.; -, -en> 1 *das Sammeln*; *eine ~ durchführen*; *Altpapier~* 2 *das Gesammelte*; *er besitzt eine wertvolle ~ alter Uhren* 3 *Gebäude, in dem eine Sammlung(2) aufbewahrt wird*; *die ~ ist montags geschlossen* 4 <fig.> *Konzentration*

Sa·moa <eigtl.: Westsamoa> *selbstständiger Staat innerhalb einer Inselgruppe im Pazifischen Ozean*; *Unabhängiger Staat ~*; **Sa·mo·a·in·seln** <Pl.; ↗Z55>; **Sa·mo·a·ner** <m.; -s, ->; **Sa·mo·a·ne·rin** <f.; -, -n·nen>; **sa·mo·a·nisch** <Adj.>

S

Sa·mo·je·de <m.; -n, -n> *Angehöriger eines uralischen Volkes*; **Sa·mo·je·din** <f.; -, -n·nen>; **sa·mo·je·disch** <Adj.>

Sa·mo·war <a. ['---]; m.; -s, -e> *russische Teemaschine* [russ.]

'Sam·pan <m.; -s, -s> *chines. Hausboot* [chin.]

sam·peln, sam·plen, <auch> **samp·len** <['sæm.]; V. t.; ⚓Z53> *vermischen;* verschiedene Modestile wurden gesampelt [engl.]; **'Sam·pler** <m.; -s, -> ⚓Z53> *Auswahl erfolgreicher Musiktitel auf Tonträgern*; **Sam·pling** <n.; -s; unz.; Mus.> *Aufnahmetechnik, bei der verschiedene Tonquellen zu einem neuen Musikstück verarbeitet werden*

'Sams·tag <m.; -(e)s, -e; süddt.; rhein.; österr.; schweiz.; Abk.: Sa> = *Sonnabend;* **Sams·tag·a·bend** <m.; -s, -e> → a. *Dienstagabend*; **sams·tags** <Adv.> → a. *dienstags*

samt <Präp.; m. Dat.> *einschließlich;* der Käfig ~ (dem) Zubehör; ~ und sonders *ohne Ausnahme*

Samt <m.; -(e)s, -e> *ein kurzfloriges Gewebe* [frz.]; **'sam·ten** <Adj.> ein ~es Kleid

'Samt·ge·mein·de <f.; -, -n; bes. norddt.> *Gemeindeverband*

'Samt·hand·schu·he <fig.; umg.; in der Wendung> jmdn. mit ~n anfassen *sehr vorsichtig behandeln;* **'Samt·ho·se** <f.; -, -n>; **'sam·tig** <Adj.>

'sämt·lich <Indefinitpron. u. Zahladj.> *alle, ohne Ausnahme;* ~e Werke; <nachfolgendes Adj. wird schwach gebeugt> ~es gesammelte Material; <im Pl. mit stark od. schwach gebeugtem Adj.> mit ~em gesammelten Material; die Adressen ~er alten <od.> alter Kollegen

'Samt·pföt·chen <n.; -s, -; fig.>; **'samt·weich** <Adj.>

'Sa·mum <a. [-'-]; m.; -s, -s od. -e> *ein heißer Wüstensturm* [arab.]

Sa·mu'rai <m.; - od. -s, - od. -s; früher> *Angehöriger des jap. Kriegerstandes* [jap.]

San <vor ital. u. span. Heiligen- u. Ortsnamen> *der heilige ...,* z. B. ~ Giovanni; → a. *Saint(e)*, *Sant', Santa, Sante, Santi, Santo u. São* [lat.]

Sa·na'to·ri·um <n.; -s, -ri·en> *Genesungsheim in klimat. günstiger Lage* [lat.]

San·cho 'Pan·sa <['santʃo -]; m.; --, --s> *pfiffiger Wirklichkeitsmensch* [nach einer Figur aus dem Roman *Don Quijote*]

'Sanc·ta 'Se·des <f.; --; unz.; ⚓Z31> *der Heilige Stuhl* [lat.]; **'Sanc·tus** <n.; -; unz.; Kath.> *Lobgesang*

Sand <m.; -(e)s, -e> **1** *feinkörniges Sedimentgestein*; Wüsten~; wie ~ am Meer *im Überfluss;* die Sache ist im ~(e) verlaufen <fig.> *es ist nichts daraus geworden* **2** <Sp.> *Turnierplatz mit Sandbelag;* auf ~; **'Sand·aal** <m.; -(e)s, -e; Zool.> *im Sand eingegraben lebender Fisch*

San'da·le <f.; -, -n> *Riemchenschuh* [grch.]; **San·da'let·te** <f.; -, -n> *leichte, elegante Sandale*

'San·da·rak <m.; -s; unz.> *trop. Harz (für Lacke)* [grch.]

'Sand·bad <n.; -(e)s, ⸚er; Med.> *Heilverfahren bei rheumat. Erkrankungen*; **'Sand·bahn** <f.; -, -en>; **'Sand·bank** <f.; -, ⸚e>; **'Sand·burg** <f.; -, -en>; **'Sand·dorn** <m.; -(e)s, -e; Bot.> *ein Ölweidengewächs mit essbaren Beeren*; **'San·del·baum** <m.; -(e)s, ⸚e; Bot.> *Baum mit wohlriechendem Holz* [arab.]; **'San·del·holz** <n.; -es; unz.>; **'San·del·holz·öl** <n.; -(e)s; unz.>; **'san·deln** <V. i.; ich sand(e)le> **1** <süddt.; schweiz.> *im Sand spielen* **2** <süddt.; österr.; umg.> *langsam, unproduktiv arbeiten;* **'sand·far·ben, 'sand·far·big** <Adj.>; **'Sand·förm·chen** <n.; -s, -; meist Pl.> *ein Kinderspielzeug;* **'Sand·ha·se** <m.; -n, -n; umg.> *Fehlwurf beim Kegeln;* einen ~n schieben; **'Sand·hau·fen** <m.; -s, ->; **'Sand·ho·se** <f.; -, -n> *von einem Wirbelsturm emporgerissener Sand;* **'san·dig** <Adj.>

San·di'nist <m.; -en, -en> *Angehöriger einer polit. Bewegung in Nicaragua* [nach dem Guerillakämpfer *Sandino*]

'Sand·kas·ten <m.; -s, ⸚>; **'Sand·kas·ten·spiel** <n.; -(e)s, -e;

Mil.> *Planspiel;* **'Sand·kis·te** <f.; -, -n>; **'Sand·korn** <n.; -(e)s, ⸚er>; **'Sand·körn·chen** <n.; -s, -; Verkleinerungsf. von> *Sandkorn;* **'Sand·ku·chen** <m.; -s, -> *trockener Kuchen;* **'Sand·ler** <m.; -s, -; österr.; umg.> *Obdachloser;* **'Sand·le·rin** <f.; -, -n·nen>; **'Sand·mann** <m.; -(e)s; unz.>, **'Sand·männ·chen** <n.; -s; unz.> *eine Märchengestalt;* **'Sand·pa·pier** <n.; -s; unz.> *Papier zum Schleifen rauer Oberflächen;* **'Sand·platz·tur·nier** <n.; -(e)s, -e; Tennis>; **'Sand·sack** <m.; -(e)s, ⸚e>; **'Sand·stein** <m.; -(e)s; unz.> *weiches Sedimentgestein;* **'sand·strah·len** <V. t.; nur im Inf. u. Part. Perf.> *die Kirche wurde gesandstrahlt/<auch> sandgestrahlt;* **'Sand·strahl·ge·blä·se** <n.; -s, ->; **'Sand·strand** <m.; -(e)s, ⸚e>; **'Sand·sturm** <m.; -(e)s, ⸚e>; **'Sand·uhr** <f.; -, -en> *ein Zeitmessgerät*

Sand·wich <['sændwɪtʃ]; n.; - od. -(e)s, -e od. -(e)s> *zusammengeklappte belegte Weißbrotscheiben* [engl.]; **'Sand·wich·bau·wei·se** <f.; -; unz.> *Technik, nach der unterschiedl. Platten zusammengefügt werden;* **'Sand·wich·man** <[-mæn]; m.; -s, -men [mən]> *Person, die miteinander verbundene Schilder auf Brust u. Rücken trägt*

'Sand·wüs·te <f.; -, -n>

san·fo·ri'sie·ren <V. t.> *Gewebe durch trockene Hitze schrumpffest machen* [nach dem Erfinder *Sanford L. Cluett*]

sanft <Adj.> *zart, freundlich, friedfertig;* etwas auf die ~e Tour erreichen; ~ ansteigender Weg; **'Sänf·te** <f.; -, -n> *Tragsessel zur würdevollen Beförderung von Personen;* **'Sänf·ten·trä·ger** <m.; -s, ->; **'Sanft·heit** <f.; -; unz.>; **'sänf·ti·gen** <V. t.; poet.>; **'Sanft·mut** <f.; -; unz.>; **'sanft·mü·tig** <Adj.>

Sang <m.; -(e)s, ⸚e; nur noch in der Wendung> mit ~ u. Klang; **'sang·bar** <Adj.>; **'Sän·ger** <m.; -s, -> *jmd., der singt bzw. im Singen ausgebildet ist;* Opern~; **'Sän·ger·bund** <m.; -(e)s, ⸚e> *Zusammenschluss von Gesangvereinen;* **'Sän·ger·chor**

<[-ko:r]; m.; -(e)s, ∺e> **'Sän·ger·fest** <n.; -(e)s, -e> **'Sän·ge·rin** <f.; -, -n·nen> **'Sän·ger·schaft** <f.; -; unz.> **'San·ges·bru·der** <m.; -s, ∺; umg.> **'san·ges·kun·dig** <Adj.> **'San·ges·lust** <f.; -; unz.> **'san·ges·lus·tig** <Adj.> **'sang·los** <Adv.; nur in der Wendung> sang- und klanglos unbemerkt, ruhmlos

San'gria, <auch> **Sang'ria** <a. ['---]; f.; -, -s; ↗Z 53> Getränk aus gezuckertem Rotwein mit Orangensaft [span.] **San'gri·ta** <f.; -, -s; Warenz. für> scharfes Getränk aus Tomaten- u. Zwiebelsaft

San·gu'i·ni·ker <m.; -s, -> Mensch von heiterem, lebhaftem Temperament [lat.]; **San·gu·'i·ni·ke·rin** <f.; -, -n·nen>; **san·gu'i·nisch** <Adj.>

'Sa·ni <m.; -s, -s; kurz für> Sanitäter; **sa'nie·ren** <V. t.> 1 renovieren, modernisieren, gesunde Verhältnisse schaffen; ein Gebäude, Wohnviertel ~ 2 einen Betrieb ~ finanziell wieder rentabel machen 3 <V. refl.; umg.; oft abwertend> sich ~ großen Gewinn machen [lat.]; **Sa'nie·rung** <f.; -, -en>; **sa'nie·rungs·be·dürf·tig** <Adj.>; **Sa'nie·rungs·maß·nah·me** <f.; -, -n; meist Pl.>; **Sa'nie·rungs·plan** <m.; -(e)s, ∺e>; **sa·ni'tär** <Adj.> 1 das Gesundheitswesen betreffend 2 hygienisch; die ~en Verhältnisse [frz.]; **sa·ni'ta·risch** <Adj.; schweiz.> = sanitär; **Sa·ni'tät** <f.; -; unz.> österr.; schweiz.> 1 Sanitätswesen 2 Rettungsdienst; **Sa·ni'tä·ter** <m.; -s, -> 1 jmd., der in der ersten Hilfe ausgebildet ist 2 Krankenpfleger; **Sa·ni'täts·au·to** <n.; -s, -s>; **Sa·ni'täts·be·hör·de** <f.; -, -n> Gesundheitsamt; **Sa·ni'täts·dienst** <m.; -(e)s; unz.>; **Sa·ni'täts·kas·ten** <m.; -s, ∺> Verbandkasten, Reiseapotheke; **Sa·ni'täts·kraft·wa·gen** <m.; -s, -; Abk.: Sank(r)a>; **Sa·ni'täts·of·fi·zier** <m.; -(e)s, -e; Mil.>; **Sa·ni'täts·rat** <m.; -(e)s, ∺e; Abk.: San.-Rat; bis 1918 Titel für> 1 verdienter Arzt 2 <österr.> beratendes Organ des Gesundheitswesens; **Sa·ni'täts·wa·gen** <m.; -s, -> Krankenwagen; **Sa·ni·**

'täts·we·sen <n.; -s; unz.> Gesundheitswesen; **'San·ka, 'San·kra** <m.; -s, -s; umg.; Abk. für> Sanitätskraftwagen

Sankt <vor dt. Namen; Abk.: St.> der, die heilige ..., z. B. ~ Elisabeth; ~-Elisabeth-Kirche, <od.> St.-Elisabeth-Kirche [lat.]

Sankt-'Flo·ri·ans-Prin·zip <n.; -s; unz.; ↗Z33> Grundsatz, (auf Kosten anderer) zuerst die eigene Haut zu retten [nach dem Schutzheiligen gegen Feuer]

Sankt 'Gal·len Schweizer Stadt u. Kanton; **Sankt-'Gal·le·ner**, <auch> **Sankt 'Gal·le·ner** <m.; -s, -; schweiz. Sankt-'Gal·ler <od.> Sankt 'Gal·ler> → a. Sankt; **sankt·'gal·lisch** <Adj.>

Sank·ti'on <f.; -, -en> 1 Bestätigung, Anerkennung 2 (Straf-) Maßnahme; **sank·ti·o'nie·ren** <V. t.> 1 ein Vorgehen ~ gutheißen 2 eine Sache ~ zum Gesetz erheben 3 ein Vergehen ~ bestrafen [lat.; frz.]

Sank'tis·si·mum <n.; -s; unz.; Kath.> Allerheiligstes, geweihte Hostie

Sankt-Mi·cha'e·lis-Tag <m.; -(e)s, -e> der 29. September

Sankt-'Nim·mer·leins-Tag <m.; -(e)s, -e; scherzh.>

Sank·tu'ar <n.; -(e)s, -e; selten>, **Sank·tu'a·ri·um** <n.; -s, -ri·en; Kath.> 1 Altarraum 2 Aufbewahrungsort für Reliquien

San-Ma·ri'ne·se <m.; -n, -n>; **San-Ma·ri'ne·sin** <f.; -, -n·nen>; **san-ma·ri'ne·sisch** <Adj.>; **San Ma'ri·no** Staat u. dessen Hauptstadt auf der Apenninhalbinsel; Republik ~

San.-Rat <Abk. für> Sanitätsrat

San Sal·va'dor <[-va-]> Hauptstadt von El Salvador

Sans·cu'lot·ten <[sãsky-]; Pl.> Spottname für proletar. Revolutionäre der Frz. Revolution [frz.]

San·se·vi·e·ria, San·se·vi·e·rie <[-vi'e:ria]; f.; -, -ri·en; Bot.> ein trop. Liliengewächs mit fleischigen, langen Blättern [nach dem südital. Fürstentum San Severo]

'Sans·krit, <auch> **'Sansk·rit** <a. [-'-]; n.; -s; unz.> altind. Literatur- und Gelehrtensprache [ind.]; **'sans·kri·tisch** <Adj.>; **Sans·kri'tist** <m.; -en, -en>; **Sans·kri'tis·tik** <f.; -; unz.> Wis-

senschaft zur Erforschung des Sanskrits; **Sans·kri'tis·tin** <f.; -, -n·nen>

Sant' <vor ital. männl. Namen, die mit einem Vokal beginnen; Abk.: S.> der heilige ..., z. B. ~ Antonio; → a. San, Santa, Sante, Santi, Santo, São; **'San·ta** <vor ital. weibl. Namen, die mit einem Konsonanten beginnen; Abk.: S.> die heilige ..., z. B. ~ Maria; **San·ta Claus** <['sæntə klɔ:s]; m.; -; unz.> Nikolaus, Weihnachtsmann [engl.]

San·ta 'Fé de Bo·go'tá Hauptstadt von Kolumbien

'San·te <Pl.; vor ital. weibl. Namen; Abk.: SS.> die heiligen ..., z. B. ~ Maria e Maddalena; → a. San, Sant', Santa, Santi, Santo, São; **'San·ti** <Pl.; vor ital. männl. Namen; Abk.: SS.> die heiligen ..., z. B. ~ Pietro e Paolo

San·ti'a·go (de Chi·le) <[(-'tʃi:-le)]> Hauptstadt von Chile

'San·to <Abk.: Sto.> der heilige ..., z. B. ~ Domingo; → a. San, Sant', Santa, Sante, Santi, São

'San·to Do'min·go Hauptstadt der Dominikanischen Republik

San·to'me·er <m.; -s, -> Einwohner von San Tomé und Príncipe; **San·to'me·e·rin** <f.; -, -n·nen>; **san·to'me·isch** <Adj.>

São <['sa:u]> der heilige ..., z. B. ~ Paulo; → a. San, Sant', Santa, Sante, Santi, Santo

São To·mé und Prín·ci·pe <['sa:u to'me: - 'prinsipə]> westafrikan. Inselstaat; Demokratische Republik ~

'Sa·phir <a. [-'-]; m.; -s, -e> ein Edelstein [Sanskrit-grch.]; **'Sa·phir·na·del** <f.; -, -n> Nadel am Tonabnehmer eines Plattenspielers

sa·pi'en·ti sat genug für den Eingeweihten, es bedarf keiner weiteren Erklärung [lat.]

Sa'pi·ne <f.; -, -n; österr.> Werkzeug zum Wegziehen gefällter Bäume [frz.]

Sa·po'nin <n.; -s, -e> pflanzl., in wässriger Lösung schäumender Wirkstoff [lat.]

'Sap·pel <m.; -s, -; österr.> = Sapine

sap·per'lot, sap·per'ment <umg.; veralt.> = sackerlot

sap·phisch <['zapfiʃ] od. ['zafiʃ];

Adj.> ; 1 ~e Strophe <Metrik> *eine Strophenform* 2 ~e Liebe *Liebe zwischen Frauen* [nach der grch. Dichterin *Sappho*]

sa·pro..., **Sa·pro...**, <auch> **sap·ro...**, **Sap·ro...** <Z 53; in Zus.> *faul, Fäulnis...* [grch.]; **'Sa'pro·bie** <[-biə]; f.; -, -n; Biol.>, **Sa·pro·bi'ont** <m.; -en, -en; -en> *von faulenden Stoffen lebender Organismus*; **sa·pro'gen** <Adj.> *Fäulnis erregend*; **Sa·pro'pel** <n.; -s, -e> *Faulschlamm*; **Sa·pro'pha·gen** <Pl.> *sich von faulenden Stoffen ernährende Organismen*; **sa·pro'phil** <Adj.> *in od. von faulenden verwesenden Stoffen lebend*; **Sa·pro'phyt** <m.; -en, -en; Bot.> *von faulenden Stoffen lebender pflanzl. Organismus*; **Sa·pro·zo·on** <n.; -s, -'zo·en; Zool.> *von faulenden Stoffen lebender tierischer Organismus*

Sa·ra'ban·de <a. [-'bäd]; f.; -, -n; Mus.> 1 *frz. Gesellschaftstanz im 17. u. 18. Jh.* 2 *Satz der Suite* [span.; frz.]

Sa·ra'je·vo <[-vo]> *Hauptstadt von Bosnien-Herzegowina*

Sa·ra'ze·ne <m.; -n, -n; im MA Name für> *Araber*, <später für> *Mohammedaner*, **sa·ra'ze·nisch** <Adj.>

'Sar·de <m.; -n, -n> *Bewohner von Sardinien*, Sy Sardinier

Sar'del·le <f.; -, -n; Zool.> *ein heringartiger Knochenfisch* [ital.]; **Sar'del·len·but·ter** <f.; -; unz.>; **Sar'del·len·pas·te** <f.; -, -n>

'Sar·din <f.; -, -n·nen> *Bewohnerin von Sardinien*

Sar'di·ne <f.; -, -n; Zool.> *ein Heringsfisch*; Öl~ [ital.]

Sar'di·ni·en <[-iə-]> *ital. Mittelmeerinsel*; **Sar'di·ni·er** <m.; -s, -> = *Sarde*; **Sar'di·ni·e·rin** <f.; -, -n·nen> = *Sardin*; **sar'di·nisch**, **'sar·disch** <Adj.>

sar'do·nisch <Adj.> 1 <Med.> ~es Lachen *krampfhaftes L.* 2 *hämisch, boshaft* [nach dem Giftkraut *Sardonia*]

Sard'o·nyx <auch> **'Sar'do·nyx** <m.; -es, -e; Z 54; Min.> *ein Halbedelstein* [grch.; lat.]

Sarg <m.; -(e)s, ⸗e> *Kasten, in den der Leichnam gelegt wird*; **'Sarg·lein** <n.; -s, -; poet.> *Verkleinerungsf. von* ⸗ *Sarg*; **'Sarg·na·gel** <m.; -s, ⸗; fig.; umg.; scherzh.> *er ist mein* ~; **'Sarg·trä·ger** <m.; -s, ->

'Sa·ri <m.; - od. -s, -s> *kunstvoll gewickeltes Gewand der Inderin* [Sanskrit]

Sar'kas·mus <m.; -, -men> 1 <unz.> *beißender Spott* 2 *sarkast. Äußerung* [grch.]; **sar'kas·tisch** <Adj.> *bissig-höhnisch*

sar·ko'id <Adj.; Med.> *sarkomähnlich*; **Sar'kom** <n.; -(e)s, -e; Med.>, **Sar'ko·ma** <n.; -s, -ma·ta> *Fleischgeschwulst* [grch.]; **Sar·ko·ma'to·se** <f.; -, -n; Med.> *Sarkombildung*

Sar·ko'phag <m.; -s, -e> *prunkvoller (Stein-)Sarg* [grch.]

'Sa·rong <m.; - od. -s, -s> *um den Körper gewickeltes buntes Tuch der Indonesierin* [mal.]

'Sar·rass <m.; -es, -e> *Säbel mit schwerer Klinge* [poln.]

Sar·se'nett <m.; -(e)s, -e> *dichter baumwollener Futterstoff* [engl.]

Sass <[sas]; m.; 'Sas·sen, 'Sas·sen> = *Sasse¹*

'Sas·sa·fras <m.; -, -; nordamerikan. Lorbeergewächs* [lat.; span.]; **'Sas·sa·fras·baum** <m.; -(e)s, ⸗e>; **'Sas·sa·fras·öl** <n.; -(e)s, -e> *ätherisches Öl aus dem Holz des Sassafras*

Sas·sa'ni·de <m.; -n, -n> *Angehöriger einer pers. Dynastie*

'Sas·se¹ <m.; -n, -n; veralt.> *Grundbesitzer, Ansässiger*

'Sas·se² <f.; -, -n; Jägerspr.> *Lager des Hasen*

'Sa·tan <m.; -s, -e> 1 <unz.> *Teufel, Widersacher Gottes* 2 <fig.> *böser, teuflischer Mensch*; **Sa·ta'nie** <f.; -, -n; geh.> *teuflische Grausamkeit, Bestialität*; **sa'ta·nisch** <Adj.>; **Sa·tans·bra·ten** <m.; -s, -; umg.; scherzh.> *durchtriebener Kerl*; **'Sa·tans·pilz** <m.; -es, -e; Bot.> *ein Giftpilz*; **'Sa·tans·weib** <n.; -(e)s, -er; umg.; abwertend> *böse Frau*

Sa·tel'lit <m.; -en, -en; Astr.> 1 *einen Planeten in unveränderlicher Bahn umkreisender Himmelskörper* 2 *um einen Planeten kreisender künstl. Flugkörper* [lat.]; **Sa·tel'li·ten·fern·se·hen** <n.; -s; unz.>; **Sa·tel'li·ten·fo·to** <n.; -s, -s> *von einem Sa-*

telliten(2) aufgenommenes u. zur Erde übermitteltes Foto; **Sa·tel'li·ten·pro·gramm** <n.; -(e)s, -e; TV>; **Sa·tel'li·ten·re·cei·ver** <[-'risi:vər]; m.; -s, -> *Gerät für den Empfang von Satellitenprogrammen*; **Sa·tel'li·ten·schüs·sel** <f.; -, -n; TV>; **Sa·tel'li·ten·staat** <m.; -(e)s, -en> *formal unabhängiger, tatsächlich aber von einer Großmacht abhängiger Staat*; **Sa·tel'li·ten·stadt** <f.; -, ⸗e> = *Trabantenstadt*; **Sa·tel'li·ten·ü·ber·tra·gung** <f.; -, -en>

'Sa·tem·spra·chen <Pl.; nach früherer Unterscheidung> *die östl. große Gruppe der indogerman. Sprachen*; Ggs *Kentumsprachen*

'Sa·ter·tag <m.; -s, -e; westfäl.; ostfries. für> *Sonnabend*

Sa·tin <[sa'tɛ̃]; m.; -s, -s> *atlasartiger Stoff mit glatter, glänzender Oberfläche* [arab.; frz.]; **Sa·ti·'na·ge** <[-ʒə]; f.; -, -n>; **sa·ti'nie·ren** <V. t.> *glätten*; **Sa·ti'nier·wal·ze** <f.; -, -n> *Kalander*

Sa'ti·re <f.; -, -n> *Schriftwerk, das durch Ironie u. spött. Übertreibung menschl. Schwächen, polit. Ereignisse u. Ä. kritisiert* [lat.]; **Sa'ti·ri·ker** <m.; -s, -> *Verfasser von Satiren*; **Sa'ti·ri·ke·rin** <f.; -, -·nen>; **sa'ti·risch** <Adj.>

Sa·tis·fak·ti'on <f.; -, -en> *Genugtuung (durch Duell)* [lat.]

Sat'su·ma <f.; -, -s> *saftige Mandarinenart* [nach der früheren jap. Provinz *Satsuma*]

satt <Adj.; -er, am -es·ten> 1 *nicht (mehr) hungrig*; sich ~ essen; bist du ~? 2 <fig.> *genug*; sich an etwas nicht ~ sehen, hören können; ich habe es/ihn es ~, ihn immer wieder zu ermahnen 3 <fig.> *kräftig*; ein ~es Grün 4 *beachtlich*; ~e Preise 5 <Chem.> *gesättigt*; **'satt·blau** <Adj.>

'Sat·tel <m.; -s, ⸗> 1 *Sitzvorrichtung auf Reittieren bzw. auf dem Fahrrad u. Motorrad*; Reit~; Fahrrad~; fest im ~ sitzen <fig.; umg.> *sich einer Stellung sicher sein* 2 <fig.> *etwas dem Sattel(1) ähnlich Sehendes*; Berg~; **'Sät·tel·chen** <n.; -s, -> *Verkleinerungsf. von* ⸗ *Sattel*; **'Sat·tel·dach** <n.; -(e)s, ⸗er> *sat-*

telförmige Dachkonstruktion; **'Sat·tel·de·cke** ‹f.; -, -n›; **'sat·tel·fest** ‹Adj.; -er, am -es·ten› ~ *sein;* **'Sat·tel·gurt** ‹m.; -(e)s, -e›; **'Sat·tel·knopf** ‹m.; -(e)s, ⸚e›; **'sat·teln** ‹V. t.; ich satt(e)le; satt(e)le!› *einem Pferd den Sattel auflegen;* **'Sat·tel·pferd** ‹n.; -(e)s, -e› *das linke Pferd im Gespann;* Ggs *Handpferd;* **'Sat·tel·schlep·per** ‹m.; -s, -› *eine Zugmaschine;* **'Sat·tel·ta·sche** ‹f.; -, -n›; **'Sat·te·lung** ‹f.; -, unz.›; **'Sat·tel·zeug** ‹n.; -(e)s; unz.›; **'Sat·tel·zug** ‹m.; -(e)s, ⸚e› *Sattelschlepper mit Anhänger*

'satt·grün ‹Adj.› *von kräftiger grüner Farbe;* **'Satt·heit** ‹f.; -; unz.›; **'sät·ti·gen** ‹V.› **1** ‹V. i.› dieses Essen sättigt *macht (schnell) satt* **2** ‹V. t.; meist im Part. Perf.› eine gesättigte Lösung ‹Chem.›; *ein gesättigter Markt* ‹fig.› *ein mit Waren ausreichend bestückter M.;* **'Sät·tigung** ‹f.; -; unz.›; **'Sät·tigungs·bei·la·ge** ‹f.; -, -n; DDR› *Kartoffeln, Reis, Teigwaren o. Ä.;* **'Sät·ti·gungs·ge·fühl** ‹n.; -(e)s; unz.›; **'Sät·ti·gungspunkt** ‹m.; -(e)s, -e; Chem.›

'Satt·ler ‹m.; -s, -› *Handwerker, der Sättel u. grobe Lederwaren herstellt;* **Satt·le·rei** ‹f.; -, -en›; **'Satt·lung** ‹f.; -; unz.›

'satt·rot ‹Adj.› *von kräftiger roter Farbe;* **'satt·sam** ‹Adv.› *mehr als genug; das ist doch ~ bekannt*

Sa·tu·ra·ti·on ‹f.; -, -en; Chem.› **1** *Sättigung* **2** *spez. Verfahren bei der Zuckergewinnung* [lat.]; **sa·tu'rie·ren** ‹V. t.› **1** *Lösungen ~ sättigen* **2** *jmdn. ~* ‹fig.› *jmds. Ansprüche befriedigen*

Sa'turn[1] ‹m.; -s; unz.› *ein Planet*

Sa'turn[2] *röm. Gott der Aussaat;* **Sa·tur'na·li·en** ‹Pl.› *altröm. Fest zu Ehren des Gottes Saturn;* **sa'tur·nisch** ‹Adj.› *~es Zeitalter das goldene Z.*

'Sa·tyr ‹m.; -s od. -n, -n; grch. Myth.› *lüsterner, den Dionysos begleitender Naturdämon mit Bocksfüßen und Schwanz;* **Sa·ty'ri·a·sis** ‹f.; -; unz.; Med.› *krankhaft gesteigerter Geschlechtstrieb beim Mann;* **'Satyr·spiel** ‹n.; -(e)s, -e›

Satz ‹m.; -es, ⸚e› **1** ‹Gramm.› *in*

sich abgeschlossene sprachl. Einheit; *Haupt~; Relativ~;* → a. *Kasten S. 930* **2** ‹unz.› *Lehrsatz, Gesetz, These;* der ~ des Pythagoras **3** ‹unz.; Typ.› *Foto~; Maschinen~; ein Manuskript in ~ geben zum Setzen in die Setzerei geben* **4** ‹Mus.› *in sich abgeschlossener Teil eines Instrumentalstückes; eine Sinfonie mit vier Sätzen* **5** ‹Sp., bes. (Tisch-)Tennis› *Spielabschnitt eines Wettkampfes; er gewann in drei Sätzen* **6** *Dinge, die zusammengehören; ein ~ Schüsseln* **7** *festgelegter Preis, Tarif; Zins~* **8** *Rückstand, Niederschlag; Boden~; Kaffee~* **9** *Sprung; er hatte ihn mit wenigen Sätzen eingeholt;* **Satz'adjek·tiv** ‹n.; -s, -e; Gramm.› → *Kasten S. 930;* **Satz·ad·ver·bi'al** ‹n.; -s, li·en; Gramm.› → *Kasten S. 930;* **Satz'aus·sa·ge** ‹f.; -, -n; Gramm.› *= Prädikat(3);* → a. *Kasten S. 930;* **'Satz·ball** ‹m.; -(e)s, ⸚e; Sp.›; **'Satz·bau** ‹m.; -(e)s; unz.; Gramm.›; **'Satz·bruch** ‹m.; -(e)s, ⸚e; Sprachw.› *Anakoluth;* **'Sätzchen** ‹n.; -s, -› *Verkleinerungsf. von: Satz(1);* **Satz·er'gän·zung** ‹f.; -, -en; Gramm.› *= Objekt(3);* **'Satz·feh·ler** ‹m.; -s, -; Typ.›; **'satz·fer·tig** ‹Adj.; Typ.› *ein Manuskript ~ machen;* **'Satz·ge·fü·ge** ‹n.; -s, -; Gramm.› *aus Haupt- und Nebensätzen gebildeter Satz;* → a. *Kasten S. 930;* **Satz'ge·genstand** ‹m.; -(e)s, ⸚e; Gramm.› *= Subjekt(3);* → a. *Kasten Subjekt;* **'Satz·glied** ‹n.; -(e)s, -er; Gramm.› → *Kasten S. 930;* **...sät·zig** ‹Adj.; Mus.; in Zus.› *z. B. dreisätzig, mehrsätzig;* **'Satz·klam·mer** ‹f.; -, -n; Gramm.› → *Kasten S. 930;* **'Satz·leh·re** ‹f.; -; unz.; Gramm.› *= Syntax;* → a. *Kasten Syntax;* **'Satz·me·lo·die** ‹f.; -, -n; Gramm.› *= Kasten Intonation;* **Satz'mit·te·zei·chen** ‹n.; -s, -; Gramm.› → a. *Kasten Interpunktion;* **'Satz·rah·men** ‹m.; -s, -; Gramm.› → a. *Kasten Satzklammer;* **'Satz·rei·he** ‹f.; -, -n; Gramm.› *aus mehreren Hauptsätzen gebildeter Satz;* → a. *Kasten S. 930;* **Satz-**

'schluss·zei·chen ‹n.; -s, -; Gramm.› → a. *Kasten Interpunktion;* **'Satz·spie·gel** ‹m.; -s, -; Typ.› *der bedruckte Teil einer Seite;* **'Satz·tech·nik** ‹f.; -; unz.; Typ.›; **'Satz·teil** ‹m.; -(e)s, -e; Gramm.› *= Kasten Satzglied;* **'Sat·zung** ‹f.; -, -en› *schriftl. niedergelegte Regeln;* Sy *Statut;* **'sat·zungs·ge·mäß** ‹Adj.›; **'Satz·ver·bin·dung** ‹f.; -, -en; Gramm.› *= Satzreihe;* **'Satz·zei·chen** ‹n.; -s, -; Gramm.› *Schriftzeichen zur Gliederung des Satzes, z. B. Komma, Punkt;* → a. *Kasten S. 930;* **'Satz·zu·sam·men·hang** ‹m.; -(e)s, ⸚e› *= Kontext*

sau..., Sau... ‹umg.; derb; verstärkend; in Zus.› *sehr, äußerst, bes. schlecht od. gut; z. B. saudumm; Sauwetter;* **Sau** ‹f.; -, ⸚e; Gramm.› → a. *Kasten S. 930;* **Sau** ‹f.; -, ⸚e› **1** *weibl. Hausschwein; jmdn. zur ~ machen* ‹fig.; derb› *schonungslos tadeln* **2** ‹fig.; derb› *schmutziger Mensch; keine ~ niemand* **3** ‹Pl. 'Sau·en; Jägerspr.› *Wildschwein* **4** ‹fig.; derb› *unter aller ~ sehr schlecht*

'sau·ber ‹Adj.; 'sau·be·rer od. 'saub·rer, am -s·ten› **1** *rein, fleckenlos; die Wohnung ist schwer ~ zu halten; ich habe sie ~ gehalten; ~ machen; hast du die Töpfe schon ~ gemacht?; sie geht heute ~ machen* **2** *genau, sorgfältig; eine ~e Arbeit* **3** ‹iron.› *nichtsnutzig, schlimm; das ist ja ein ~er Freund;* **'Sauber·keit** ‹f.; -; unz.›; **'säu·berlich** ‹Adj.; nur adv.› *sorgfältig; es war ~ verpackt;* **'Sau·bermann** ‹m.; -(e)s, ⸚er; fig.; umg.› *jmd., der (übertrieben) auf die Einhaltung der Moral achtet;* **'säu·bern** ‹V. t./V. refl.; ich säub(e)re›; **'Säu·be·rung** ‹f.; -, -en› **1** *Reinigung* **2** ‹umg.› *Entfernung von missliebigen Personen;* **'Säu·be·rungs·ak·tion** ‹f.; -, -en›; **'Säu·be·rungswel·le** ‹f.; -, -n›

'sau·blöd, 'sau·blö·de ‹Adj.; derb› *sehr blöd(e);* **'Sau·boh·ne** ‹f.; -, -n; Bot.› *große Ackerbohne*

Sau·ce ‹['zo:sə]; f.; -, -n; Fachspr.› *= Soße* [frz.]; **Sau·ce bé·ar·naise** ‹[zo:s bear'nɛːz]; f.;

Satz: Der Begriff S. ist ein grammatischer Terminus, der – unterschiedlichen Grammatiktheorien entsprechend – nicht einheitlich definiert wird.

Ein S. ist grundsätzlich eine aus einer oder mehreren kleineren Einheiten (Wörtern) bestehende Redeeinheit. Die Wörter sind dabei nach bestimmten Prinzipien miteinander verknüpft.

S. können unter verschiedenen Aspekten klassifiziert werden:

a) nach der Position der **finiten Verbform:**
Verb-Erst-Stellung: *Gib den Kaffee her!*
Verb-Zweit-Stellung: *Er hat gewonnen.*
Verb-Letzt-Stellung: *... weil sie gekichert hat.*

b) nach **Satztypen:**
↗Aussagesatz
↗Aufforderungssatz
Ausrufesatz (↗Ausrufezeichen)
↗Fragesatz (ggf. Wunschsatz)

c) nach der Art der **syntaktischen Struktur:**
einfacher S.: *Er singt. Gib Gas!*
erweiterter S.: *Er hat gestern wirklich schön gesungen.*
komplexer S. (↗Satzgefüge): *Ich hoffe, dass du uns bald besuchst, damit wir einander wiedersehen.*

d) nach unterschiedlichen **Abhängigkeitsbeziehungen** (↗Haupt- und ↗Nebensatz)

e) entsprechend der **Satzverbindung** zwischen ↗Koordination und ↗Subordination bzw. zwischen **koordinierten** (gleichgeordneten) und **subordinierten** (untergeordneten) S.

Vgl. ↗Satzglied

Satzadjektiv: Ein S. ist ein **Satzglied** mit einem unflektierten ↗Adjektiv oder ↗Partizip: *Sie arbeiteten* lustlos/singend/erschöpft *an der Maschine.* S. unterscheiden sich in syntaktischer Hinsicht nicht immer von ↗**Adverbien:** *Sie arbeiteten* sogleich *an der Maschine.*

Satzadverbial: Ein S. bezieht sich auf den Inhalt eines ganzen Satzes. Es hat meist die Funktion, eine subjektive Stellungnahme des Sprechers auszudrücken. Diese Funktion können erfüllen:
Adverbien: *Das Vorhaben wird* zweifelsohne *scheitern.*
Adjektive: Selbstverständlich *kommen wir vorbei.*
Präpositionale Fügungen: Mit großer Wahrscheinlichkeit *wird es klappen.*

Satzgefüge: Ein S. ist eine Verknüpfung von mindestens einem ↗Haupt- und einem ↗Nebensatz: *Martin wünscht, dass du ihn besuchst, damit er dir seine neue Eisenbahn vorführen kann.*
Vgl. ↗Subordination

Satzglied: Ein S. – auch Satzteil genannt – ist die kleinste selbstständige Funktionseinheit des Satzes, die aus einem Wort oder einer Wortgruppe besteht. In der traditionellen Grammatik des Deutschen werden vier S. unterschieden: ↗Subjekt, ↗Objekt, ↗Prädikat und ↗Adverbial. Um S. zu identifizieren, kann man folgende Satzgliedproben vornehmen:

a) **Verschiebeprobe:** S. können innerhalb eines Satzes umgestellt werden: *Viele Schüler singen im Chor./Im Chor singen viele Schüler.*

b) **Ersatzprobe:** S. lassen sich durch Einzelwörter ersetzen bzw. pronominalisieren: *Nach dem Auftritt erhielt die Künstlerin einen Blumenstrauß./Danach erhielt sie etwas.*

c) **Fragemethode:** Mit bestimmten ↗Fragewörtern kann die Funktion eines S. ermittelt werden: *wer?* oder *was?* für das ↗**Subjekt;** *wem?* für das ↗**Dativobjekt;** *wen?* oder *was?* für das ↗**Akkusativobjekt.**

Das ↗**Attribut** wird nicht als S. bezeichnet, weil es sich nicht ohne sein Bezugswort verschieben lässt.

Satzklammer: Die S. – auch Satzrahmen genannt – ist ein Grundprinzip der deutschen Wortstellung im Satz. Mehrteilige ↗**Prädikate** können eine Klammer um andere **Satzglieder** bilden. Dies ist insbesondere der Fall bei:

a) **trennbaren Verbteilen:** *Das Auto* springt *seit gestern nicht mehr* an.

b) ↗**Hilfs- und** ↗**Modalverben:** *Er* wird/muss *heute noch* kommen. *Sie* kann *gut Saxofon* spielen.

Vgl. ↗Syntax

Satzreihe: Eine S. ist eine Verbindung von vollständigen Sätzen durch nebenordnende ↗**Konjunktionen** wie *und, oder, aber.* Die Reihung von gleichgeordneten Teilsätzen nennt man ↗**Koordination.**
Vgl. ↗Satzgefüge

Satzzeichen: Im Deutschen gibt es zehn S.: ↗Anführungszeichen, ↗Auslassungspunkte, ↗Ausrufezeichen, ↗Doppelpunkt, ↗Fragezeichen, ↗Gedankenstrich, ↗Klammer, ↗Komma, ↗Punkt, ↗Semikolon.

--; unz.> *dickflüssige weiße Kräutersoße;* **Sau·ce hol·landaise** <[zo:s ɔlã'dε:z]; f.; --; unz.> *dickflüssige weiße Soße*
'Säu·chen <n.; -s, -; Verkleinerungsf. von> Sau
Sau·ci·e·re <[zo'sje:rə]; f.; -, -n> *Soßenschüssel* [frz.]; **sau·cieren** <[zo'si:-]; V. t.> *mit Soße behandeln (Tabak); oV soßieren*
'Sau·di <m.; -s, -s>, **'Sau·di-A'ra-** ber <a. ['-- '---]; m.; -s, -; ↗Z55>; **'Sau·di-A'ra·be·rin** <a. ['-- '----]; f.; -, -n·nen>; **Sau·di-A'ra·bi·en** <[-biən]> *Staat in Vorderasien;* Königreich ~; **saudi-a'ra·bisch** <Adj.>
'sau'dumm <Adj.; umg.> *sehr dumm, unangenehm; das ist ~;*
'sau·en <V. i.> **1** *Junge bekommen* (Schwein) **2** <derb> *Schmutz machen*

'sau·er <Adj.; 'sau·rer, am -s·ten> **1** *geschmacklich dem Zitronensaft od. Essig ähnlich;* saure Gurken; saure Milch; gib ihm Saures! <umg.> *verprügle ihn kräftig!* **2** <fig.; umg.> *ärgerlich, verdrießlich;* sie ist ~ auf ihn **3** <Chem.> ~ reagiert *die Eigenschaft von Säuren zeigen* **4** *reich an säurehaltigen Stoffen;* saurer Boden; saurer Regen **5** <fig.;

umg.> ~ verdientes Geld; **'Sau·er** <n.; -s; unz.; Typ.> 1 bezahlte, aber noch nicht ausgeführte Arbeit 2 <kurz für> Sauerteig; **'Sau·er·amp·fer** <m.; -s, -; Bot.> als Wildgemüse verwendeter Ampfer; **'Sau·er·bra·ten** <m.; -s, -> in Essig eingelegter Rinderschmorbraten; **'Sau·er·brun·nen** <m.; -s, -> kohlendioxidreiche Heilquelle; **'Sau·er·dorn** <m.; -(e)s, -e; Bot.> = Berberitze **Sau·e'rei** <f.; -, -en; derb> 1 starke Verschmutzung 2 <fig.> Unanständigkeit, Gemeinheit **'Sau·er·kir·sche** <f.; -, -n>; **'Sau·er·klee** <m.; -s; unz.; Bot.>; **'Sau·er·kohl** <m.; -(e)s; unz.>, **'Sau·er·kraut** <n.; -(e)s; unz.>; **'säu·er·lich** <Adj.> 1 schwach sauer 2 <fig.> verdrießlich; **'Säu·er·ling** <m.; -s, -e> 1 = Sauerbrunnen 2 <Bot.> = Sauerampfer; **'Sau·er·milch** <f.; -; unz.> Dickmilch; **'säu·ern** <V.; ich säu(e)re> 1 <V. t.> etwas sauer machen 2 <V. i. (s.)> sauer werden; **'Sau·er·rahm** <m.; -(e)s; unz.> saure Sahne; **'Sau·er·stoff** <m.; -(e)s; unz.; Chem.> Zeichen: O> chem. Element, Gas; **'Sau·er·stoff·ap·pa·rat** <m.; -(e)s, -e>; **'Sau·er·stoff·fla·sche** <f.; -, -n> ↗Z37>; **'Sau·er·stoff·ge·rät** <n.; -(e)s, -e>; **'sau·er·stoff·hal·tig** <Adj.>; **'Sau·er·stoff·man·gel** <m.; -s; unz.>; **'Sau·er·stoff·zu·fuhr** <f.; -; unz.>; **'sau·er·süß** <Adj.>; **'Sau·er·teig** <m.; -(e)s, -e> gegorener Hefeteig; **'Sau·er·topf** <m.; -(e)s, -e; fig.; umg.> Griesgram; **'sau·er·töp·fisch** <Adj.; umg.>; **'Säu·e·rung** <f.; -, -en>; **'Säu·e·rungs·mit·tel** <n.; -s, -> **'Sauf·bold** <m.; -(e)s, -e>, **'Sauf·bru·der** <m.; -s, -; umg.; abwertend> Trinker; **'sau·fen** <V. i. 205> 1 trinken (von Tieren); die Kuh säuft 2 <derb> dem Alkohol verfallen sein; **'Säu·fer** <m.; -s, -; umg.>; **Sau·fe'rei** <f.; -, -en; umg.>; **'Säu·fe·rin** <f.; -, -n·nen>; **'Säu·fer·le·ber** <f.; -, -n; umg.>; **'Säu·fer·na·se** <f.; -, -n; umg.> bei Alkoholikern> knollige, blaurote Nase; **'Säu·fer·wahn·sinn** <m.; -s; unz.; Med.>; **'Sauf·ge·la·ge** <n.; -s, -; derb>

'Sau·fraß <m.; -es; unz.; derb> minderwertiges Essen **'sau·gen** <V. t. u. V. i. 206> 1 Flüssigkeit in sich ziehen; Nektar aus den Blüten ~; <V. refl.> der Schwamm hat sich voll gesogen/<auch> gesaugt; <V. refl.; fig.> das hat er sich aus den Fingern gesogen 2 <nur schwache Beugung> mithilfe des Staubsaugers säubern; du musst noch Staub ~/<auch> staubsaugen; ich habe doch erst gestern gesaugt; → a. Staub; staubsaugen; **'säu·gen** <V. t.> einen Säugling od. ein Jungtier stillen, nähren; **'Sau·ger** <m.; -s, -> 1 hohler Gummistöpsel, an dem Säuglinge lutschen können; Sy Schnuller 2 mit feinem Loch versehenes Gummihütchen auf der Milchflasche, an dem das Kind saugt 3 <Tech.> Gerät, das etwas ansaugt; Staub~ 4 <Zool.> Tiergattung, die ihre Nahrung saugend aufnimmt; Blut~; **'Säu·ger** <m.; -s, ->, **'Säu·ge·tier** <n.; -(e)s, -e> Wirbeltier, dessen Junges mit Muttermilch gesäugt wird; **'saug·fä·hig** <Adj.>; **'Saug·fla·sche** <f.; -, -n>; **'Saug·glo·cke** <f.; -, -n; Med.> Gerät für die Geburtshilfe; **'Saug·he·ber** <m.; -s, -; Chem.> Glasröhrchen zum Entnehmen von Flüssigkeit aus einem Gefäß; **'Saug·hüt·chen** <n.; -s, -> Aufsatz für die weibl. Brustwarze bei Stillproblemen; **'Saug·kraft** <f.; -; unz.>; **'Säug·ling** <m.; -s, -e> Kind bis etwa zum Ende des ersten Lebensjahres; **'Säug·lings·aus·stat·tung** <f.; -, -en>; **'Säug·lings·gym·nas·tik** <f.; -, -en; Pl. selten>; **'Säug·lings·pfle·ge** <f.; -; unz.>; **'Säug·lings·schwes·ter** <f.; -, -n>; **'Säug·lings·sterb·lich·keit** <f.; -; unz.>; **'Saug·napf** <m.; -(e)s, -e; Zool.> Organ best. Tiere zum Festsaugen an einer Unterlage; **'Saug·pum·pe** <f.; -, -n> Ggs Druckpumpe **sau'grob** <Adj.; derb> sehr grob **'Saug·rohr** <n.; -(e)s, -e>, **'Saug·röhr·chen** <n.; -s, -> Pipette; **'Saug·rüs·sel** <m.; -s, -; Zool.> Mundwerkzeug mancher Insekten; **'Saug·wir·kung** <f.; -; unz.> **'Sau·hatz** <f.; -, -en> = Saujagd;

'Sau·hau·fen <m.; -s, -; derb> 1 grobe Unordnung 2 Horde von Menschen; **'Sau·i·gel** <m.; -s, -; ↗Z55; fig.; derb> schmutziger Mensch; **'sau·i·geln** <V. i.; sie haben fürchterlich gesauigelt; ↗Z55; fig.; derb> schmutzig, unanständig; **'Sau·jagd** <f.; -, -en> Jagd auf Schwarzwild; Sy Sauhatz; **'Sau'käl·te** <f.; -; unz.; derb> strenge Kälte; **'Sau·kerl** <m.; -(e)s, -e; derb> gemeiner Kerl; **'Sau·klaue** <f.; -; unz.; derb> schlechte, unleserliche Handschrift; **'Sau·ko·ben** <m.; -s, ->

'Säul·chen <n.; -s, -; Verkleinerungsf. von> Säule(1); **'Säu·le** <f.; -, -n> 1 stützendes, meist rundes Bauelement 2 <fig.> Stütze, wichtiger Helfer; die ~n der Gesellschaft 3 <fig.> etwas senkrecht Emporsteigendes; Rauch~; **'Säu·len·ab·schluss** <m.; -es, -e> Kapitell; **'Säu·len·bau** <m.; -(e)s, -ten>; **'Säu·len·gang** <m.; -(e)s, -e>; **'Säu·len·hal·le** <f.; -, -n>; **'Säu·len·hei·li·ge(r)** <m. 1; im Altertum und MA> 1 auf einer Säule lebender Eremit 2 <fig.> jmd., der aufgrund seiner Autorität als unantastbar gilt; **'Säu·len·kak·tus** <m.; -, -te·en; Bot.> **'Sau·lus** <urspr.> Name des Apostels Paulus; vom ~ zum Paulus werden <fig.> seine Gesinnung wechseln **Saum** <m.; -(e)s, -e> 1 umgebogener u. mit Nähstichen befestigter Stoffrand 2 schmaler Streifen; ein leuchtender ~ am Horizont **sau·mä·ßig** <Adj.; derb> sehr schlecht; ein ~es Zeugnis 2 <Adv.> ganz besonders; ich habe ~ gefroren **'Säum·chen** <n.; -s, -; Verkleinerungsf. von> Saum; **'säu·men[1]** <V. t.> mit einem Saum versehen; Pappeln ~ die Allee **'säu·men[2]** <V. i.; geh.> zögern, zaudern **'säu·men[3]** <V.; veralt.> 1 <V. t.> mit Saumtieren befördern (Lasten) 2 <V. i.> Saumtiere führen **'Säu·mer[1]** <m.; -s, -> Teil an der Nähmaschine **'Säu·mer[2]** <m.; -s, -> Zauberer;

'Säu·me·rin <f.; -, -n·nen>; **'säu·mig** <Adj.> *langsam, verspätet, nachlässig;* ein ~er Zahler; **'Säu·mig·keit** <f.; -; unz.>; **'Säum·nis** <f.; -, -s·se od. n.; -s·ses, -s·se>; **'Säum·nis·zu·schlag** <m.; -(e)s, ⁻e>

'Saum·pfad <m.; -(e)s, -e> *schmaler Gebirgspfad*

'saum·se·lig <Adj.> *langsam;* **'Saum·se·lig·keit** <f.; -; unz.>

'Sau·na <f.; -, -s od. 'Sau·nen> *(aus Finnland stammendes) Dampfbad* [finn.]; **'sau·nen, sau'nie·ren** <V. i.>

'Säu·re <f.; -, -n> 1 *chem. Verbindung;* Salz~; Magen~ 2 *saurer Geschmack;* die ~ des Weines; **'säu·re·be·stän·dig, 'säu·re·fest** <Adj.>; **'säu·re·frei** <Adj.>; **'Säu·re·grad** <m.; -(e)s, -e> *Acidität;* **Säu·re'gur·ken·zeit,** <auch> **Sau·re·'Gur·ken-Zeit** <f.; Sau·re'gur·ken·zeit od. Sau·re(n)-'Gur·ken-Zeit, -en; ⚡Z36.2; umg.; scherzh.>*geschäftl. stille Zeit, pol. Flaute, Sommerloch*

'Sau·ri·er <m.; -s, -; meist Pl.> *ausgestorbenes riesiges Kriechtier* [grch.]; **Sau·ro'po·de** <m.; -n, -n> *Pflanzen fressender Riesensaurier*

Saus <nur in der Wendung> in ~ und Braus leben *im Überfluss;* **'Sau·se** <f.; -, -n; umg.> *fröhliche, übermütige Feier*

'säu·seln <V. i.; ich säus(e)le> 1 *leise rauschen* 2 <iron.> *süßlich-freundlich reden*

'sau·sen <V. i. (s.); du saust> 1 *rauschen, brausen;* der Wind saust in den Bäumen 2 *sich sehr schnell fortbewegen* 3 *ein Vorhaben* ~ lassen <fig.; umg.> *darauf verzichten;* **'Sau·ser** <m.; -s, -; oberdt.> 1 *gärender Most* 2 *Rausch;* **'Sau·se·schritt** <nur in der Wendung> im ~ *sehr schnell;* **'Sau·se·wind** <m.; -(e)s, -e; fig.; umg.> *lebhafter, unsteter (junger) Mensch*

'Sau·stall <m.; -(e)s, ⁻e> 1 *Schweinestall* 2 <fig.; derb> *Chaos, Durcheinander*

Sau·ternes <[so'tɛrn] m.; -; unz.> *ein frz. Weißwein* [nach dem frz. Ort *Sauternes*]

sau'tie·ren <[so-]; V. t.> *in Fett (an)braten od. schwenken* [frz.]

'Sau·wet·ter <n.; -s; unz.; derb> *sehr schlechtes Wetter;* **'Sau·wirt·schaft** <f.; -, -en; derb> *schlampige Wirtschaft;* **'sau·'wohl** <Adj.; umg.; nur adv.> ich fühle mich hier ~; **'Sau·wut** <f.; -; unz.; derb> *heftige Wut*

Sa·van·ne <[-'van-]; f.; -, -n> *Grasland mit Baumgruppen* [indian.; span.]

Sa·voir-vi·vre, <auch> **Sa·voir-viv·re** <[savoa:r'vi:vrə]; n.; -; unz.; ⚡Z53> *gepflegte Lebensart* [frz.]

Sax <m.; -es, -e> = *Sachs*

Sa·xi'fra·ga, <auch> **Sa·xif'ra·ga** <f.; -, -gen; Bot.> *ein Steinbrechgewächs* [lat.]

Sa·xo'fon <a. ['---]; n.; -s, -e; Instrumentenk.> = *Saxophon;* **Sa·xo·fo'nist** <m.; -en, -en>; **Sa·xo·fo'nis·tin** <f.; -, -n·nen>

Sa'xo·ne <m.; -n, -n> *Sachse*

Sa·xo'phon <a. ['---]; n.; -s, -e; ⚡Z11.3; Instrumentenk.> *ein Holzblasinstrument mit Metallkorpus;* oV *Saxofon* [nach dem belg. Instrumentenbauer A. *Sax*]; **Sa·xo·pho'nist** <m.; -en, -en>; **Sa·xo·pho'nis·tin** <f.; -, -n·nen>

sb <Zeichen für> *Stilb*

Sb <Chem.; Zeichen für> *Antimon* (lat.: *Stibium*)

SB <Abk. für> *Selbstbedienung;* SB-Tankstelle

S-Bahn <[ˈɛs-]; f.; -, -en; ⚡Z34; kurz für> *Schnellbahn;* **'S-Bahn·hof** <m.; -(e)s, ⁻e>; **'S-Bahn-Sur·fen** <[-sɔ:fn]; n.; -s; unz.; ⚡Z33> *von Jugendlichen als Mutprobe ausgeübtes Mitfahren auf dem Dach od. der Außenseite eines S-Bahn-Wagens;* **'S-Bahn-Wa·gen** <m.; -s, ⁻; ⚡Z33>

SBB <Abk. für> *Schweizerische Bundesbahnen*

s. Br. <Abk. für> *südliche(r) Breite*

Sbrinz <m.; -; unz.; schweiz.> *ein Hartkäse* [nach der Stadt *Brienz* in der Schweiz]

Sc <Chem.; Zeichen für> *Scandium*

sc. <Abk. für> 1 *subkutan* 2 *scilicet* 3 *sculpsit*

'Sca·la <f.; -; unz.> *Opernhaus in Mailand;* Mailänder ~

Sca·ling <[ˈske:liŋ]; n.; -s, -s> *Veränderung des Größenmaßstabes* [engl.]

Scall <[skɔ:l]; m.; -s, -s> *ein Funkdienst, der (ohne monatliche Grundgebühr) Telefoneinheiten bei Übermittlung von Anrufen berechnet* [engl.]; **'scal·len** <V. i.; ich scalle; du scallst; sie hat gescallt>

'Scam·pi <Pl.; ital. Bez. für> *eine (Speise-)Krebsart*

Scan <[skæn]; m. od. n.; -s, -s; kurz für> *Scanning* [engl.]

'Scan·di·um <n.; -s; unz.; Chem.; Zeichen: Sc> *chem. Element, Metall;* oV *Skandium* [lat.]

scan·nen <[ˈskæn-]; V. t.> *mit einem Scanner abtasten;* der Text wurde gescannt [engl.]; **Scan·ner** <[ˈskænər]; m.; -s, -> *Gerät zum Abtasten u. Speichern von Bildern u. Schriften im Computer;* **'Scan·ner·kas·se** <f.; -, -n> *elektronische Kasse, die mithilfe eines Scanners die auf den Waren verschlüsselten Daten (z. B. Preise) abliest;* **Scan·ning** <[ˈskænɪŋ]; n.; -s> *chem. Abtasten*

Sca·ra·mouche <[-ˈmuʃ]; m.; -s, -s; frz. Form von> *Skaramuz*

Scart <[skɑ:t]; m.; -s, -s; Jazz> aus; **'Scartka·bel** <n.; -s, -> *bes. Steckverbindung, z. B. zum Anschluss von Videogeräten* [engl.]

Scat <[skæt]; m.; -, -s; Jazz> *aus unzusammenhängenden Silben bestehender Gesangsstil;* ~gesang [engl.]

Sce'na·rio <[ʃe-]; n.; -s, -s; in der Commedia dell'Arte> 1 *grob festgelegte Handlung eines ansonsten improvisierten Theaterstückes* 2 <Film> = *Szenarium* [ital.]; **Scene** <[si:n]; f.; -; unz.; umg.> = *Szene(3)* [engl.]

'Schab·bes <m.; -, -; umg.> *Sabbat* [hebr.; jidd.]

'Scha·be¹ <f.; -, -n; Zool.> *ein Insekt;* Küchen~; Sy *Schwabe²*

'Scha·be² <f.; -, -n> *ein Schabwerkzeug*

'Schä·be <f.; -, -n> *Holzabfall bei der Flachs- u. Hanfbearbeitung*

'Schab·ei·sen <n.; -s, -> *ein Werkzeug;* **'Scha·be·mes·ser** <n.; -s, ->; **'scha·ben** <V. t.> 1 *durch Reiben od. Kratzen entfernen* 2 *durch Raspeln od. Rei-*

ben in kleine Stückchen schneiden; **'Scha·ber** <m.; -s, ->
'Scha·ber·nack <m.; -(e)s, -e> übermütiger Streich
'schä·big <Adj.> 1 armselig; ein ~er Anzug 2 geizig; eine ~e Bezahlung 3 gemein; er hat sie ~ behandelt; **'Schä·big·keit** <f.; -; unz.>
'Schab·kunst <f.; -; unz.> eine Kupferstichtechnik; **'Schab·kunst·blatt** <n.; -(e)s, ⸚er>
Scha'blo·ne, <auch> **Schab'lo·ne** <f.; -, -n> ↗Z53> 1 Vorlage zum Übertragen von Schriftzeichen u. Ä. auf eine Unterlage 2 Muster zum Fertigen gleichartiger Stücke 3 herkömmliches, festgefahrenes Schema; er arbeitet stets nach der ~; **Scha'blo·nen·druck** <m.; -(e)s, -e> = Siebdruck; **scha'blo·nen·haft** <Adj.>; **scha·blo'nie·ren, scha·blo'ni·sie·ren** <V. t.; a. fig.>
'Schab·mes·ser <n.; -s, ->
Scha'bot·te <f.; -, -n> Stahl- od. Betonunterbau für Maschinenhämmer [frz.]
Scha'bra·cke, <auch> **Schab'ra·cke** <f.; -, -n; ↗Z53> große Decke unter dem Sattel [türk.]
'Schab·sel <n.; -s, -> abgeschabtes Teilchen, Span
'Schab·zi·ger <m.; -s; unz.; alemann.> ein Kräuterkäse
Schach <n.; -s; unz.> 1 ein Brettspiel 2 Warnruf an den König im Schachspiel; jmdn. in, im ~ halten <fig.> [pers.]; **'Schach·auf·ga·be** <f.; -, -n>; **'Schach·brett** <n.; -(e)s, -er>; **'schach·brett·ar·tig** <Adj.>; **'Schach·com·pu·ter** <[-pju:-]; m., -s, ->
'Scha·chen <m.; -s, -> 1 oberdt. Waldstück; 2 <schweiz. a.> Niederung, Uferland
'Scha·cher <m.; -s; unz.; abwertend> unsauberer Handel, Wucher [hebr.]
'Schä·cher <m.; -s, -; bibl.> Räuber, Mörder
'scha·chern <V. i.; ich schach(e)re> feilschen
'Schach·fi·gur <f.; -, -en>; **schach'matt** <Adj.; meist adv.> 1 beim Schachspiel besiegt; jmdn. ~ setzen <fig.> jmdn. ausschalten 2 <umg.> sehr matt, erschöpft; **'Schach·meis·ter** <m.; -s, ->; **'Schach·meis-**

te·rin <f.; -, -n·nen>; **'Schach·meis·ter·schaft** <f.; -, -en>; **'Schach·par·tie** <f.; -, -n>; **'Schach·spiel** <n.; -(e)s, -e>
Schacht <m.; -(e)s, ⸚e> 1 hoher, schmaler, geschlossener Raum; Licht~; Fahrstuhl~ 2 <Bgb.> senkrechter Grubenbau
'Schach·tel <f.; -, -n> 1 Behältnis (aus Pappe, Holz, Blech u. Ä.) mit Deckel; Streichholz~ 2 <fig.; umg.; abwertend> alte ~ unfreundliche, alte Frau; **'Schäch·tel·chen** <n.; -s, -; Verkleinerungsf. von> Schachtel(1);
'Schach·tel·ge·sell·schaft <f.; -, -en; Wirtsch.> Beteiligungsgesellschaft; **'Schach·tel·halm** <m.; -(e)s, -e; Bot.>; **'schach·teln** <V. t.; ich schacht(e)le> einen Teil in den anderen stecken; **'Schach·tel·satz** <m.; -es, ⸚e; Gramm.> durch mehrere Nebensätze verwickelt konstruiertes Satzgefüge
'schach·ten <V. i.; Bgb.> einen Schacht herstellen
'schäch·ten <V. t.> Tiere nach jüd. Ritus schlachten [hebr.]; **'Schäch·ter** <m.; -s, ->
'Schacht·meis·ter <m.; -s, -; Bgb.>; **'Schacht·o·fen** <m.; -s, ⸚; ↗Z55> ein Schmelzofen
'Schäch·tung <f.; -, -en>
'Schach·tur·nier <n.; -(e)s, -e>; **'Schach·zug** <m.; -(e)s, ⸚e> 1 Zug im Schachspiel 2 <fig.> geschickte Maßnahme
'scha·de <Adj.; nur präd.> 1 bedauerlich; das ist aber ~! 2 wertvoll, gut; dazu bin ich mir zu ~; das ist zu ~ zum Wegwerfen; **'Scha·de** <m.; -ns, 'Schä·den; älter für> Schaden
'Schä·del <m.; -s, -> 1 <Anat.> Knochengerüst des Kopfes; Toten- 2 Kopf; mir brummt der ~ ich habe Kopfschmerzen; er will immer mit dem ~ durch die Wand <fig.> will Unmögliches erzwingen; **'Schä·del·ba·sis** <f.; -, -ba·sen; Anat.>; **'Schä·del·ba·sis·bruch** <m.; -(e)s, ⸚e; Med.>; **'Schä·del·dach** <n.; -(e)s, ⸚er; Anat.>; **'Schä·del·de·cke** <f.; -, -n>; **...schä·de·lig** <Adj.; in Zus.> z. B. rundschädelig; dickschädelig <fig.> eigensinnig; oV ...schädlig
'scha·den <V. i. u. V. t.> für jmdn.

od. eine Sache von Nachteil sein; es kann nichts ~, wenn wir ... <umg.> es ist vielleicht besser, ...; **'Scha·den** <m.; -s, ⸚> 1 Verlust, Wertminderung; der ~ beläuft sich auf 300 Euro; einen ~ wieder gutmachen 2 Zerstörung; Schäden unermesslichen Ausmaßes; Blech~; Hagel~; Total~ 3 Verletzung, (körperliche) Beeinträchtigung; sie hat bleibende Schäden davongetragen; zu ~ kommen 4 Nachteil, negative Folge; es ist dein eigener ~, wenn du ...; **'Scha·den·er·satz** <m.; -es; unz.> (finanzieller) Ausgleich für den Verlust; **'Scha·den·er·satz·an·spruch** <m.; -(e)s, ⸚e>; **'scha·den·er·satz·pflich·tig** <Adj.>; **'Scha·den·frei·heits·ra·batt** <m.; -(e)s, -e> Versicherungsvergünstigung; **'Scha·den·freu·de** <f.; -; unz.> boshafte Freude über das Missgeschick eines anderen; **'scha·den·froh** <Adj.>; **'Scha·dens·be·gren·zung** <f.; -; unz.>; **'Scha·dens·er·satz** <m.; -es; unz.; im BGB für> Schadenersatz; **'Scha·dens·fall** <m.; -(e)s, ⸚e> im ~; **'Scha·den·ver·si·che·rung** <f.; -, -en>; **'Schad·fraß** <m.; -es; unz.> durch den Fraß tierischer Schädlinge entstandener Schaden an Pflanzen; **'schad·haft** <Adj.; -er, am -es·ten> -e Zähne; **'Schad·haf·tig·keit** <f.; -; unz.>; **'schä·di·gen** <V. t./V. refl.> -de Einflüsse; **'Schä·di·gung** <f.; -, -en>; **'Schad·in·sekt** <n.; -(e)s, -en>; **'schäd·lich** <Adj.> Schaden bringend; Ggs nützlich; **'Schäd·lich·keit** <f.; -; unz.>
...schäd·lig <Adj.; in Zus.> = ...schädelig
'Schäd·ling <m.; -s, -e> Lebewesen, durch das Schaden entsteht; **'Schäd·lings·be·kämp·fung** <f.; -; unz.>; **'schad·los** <Adj.> sich an jmdm. ~ halten auf Kosten eines anderen profitieren
Scha'dor <m.; -s, -s> = Tschador [pers.]
'Schad·stoff <m.; -(e)s, -e>; **'schad·stoff·arm** <Adj.>; **'Schad·stoff·aus·stoß** <m.; -es; unz.>; **'Schad·stoff·be·gren·zung** <f.; -, -en>; **'Schad·stoff-**

S

be·las·tung <f.; -; unz.>; **'Schad·stoff·e·mis·si·on** <f.; -, -en; ↗Z55>; **'schad·stoff·frei** <Adj.; ↗Z37>; **'schad·stoff·hal·tig** <Adj.>

Schaf <n.; -(e)s, -e> **1** <Zool.> *ein Nutztier mit wolligem Fell* **2** <fig.> *dummer Mensch;* **'Schaf·bock** <m.; -(e)s, ⸚e>; **'Schäf·chen** <n.; -s, -; Verkleinerungsf. von> *Schaf;* seine ~ *ins Trockene bringen sich Vorteile sichern;* **'Schäf·chen·wol·ke** <f.; -, -n> *kleine Haufenwolke;* **'Schä·fer** <m.; -s, -> *Schafhirt;* **Schä·fe·rei** <f.; -, -en>; **'Schä·fer·hund** <m.; -(e)s, -e; Zool.> *wolfsähnl. Hunderasse;* der Deutsche ~; **'Schä·fe·rin** <f.; -, -nen>; **'Schä·fer·stünd·chen** <n.; -s, -; poet.> *kurzes, zärtl. Beisammensein von Verliebten*
Schaff <n.; -(e)s, -e; oberdt.> *großes, offenes (Holz-)Gefäß, Bottich;* <fig.> *kleines Schaff*
'Schaf·fel <n.; -s, -s, -n; österr.> *kleines Schaff*
'Schaf·fell <n.; -(e)s, -e>
'schaf·fen <V. 207> **1** <V. t.; stark konjugiert> *hervorbringen, schöpferisch gestalten, ins Leben rufen, gründen;* der Künstler schuf ein bedeutendes Werk; er ist dafür wie geschaffen; er stand da, wie Gott ihn geschaffen hatte *nackt* **2** <V. t.; stark u. schwach konjugiert> *bereiten, herstellen;* er schuf, <auch> schaffte die Voraussetzungen dafür; hier muss Abhilfe, Ordnung, Raum geschaffen, <auch> geschafft werden **3** <V. t.; schwach konjugiert> *bewältigen;* wir haben es geschafft **4** <V. t.; schwach konjugiert> *jmdn. od. etwas an einen anderen Ort bringen;* etwas in den Keller ~; das habe ich mir vom Hals geschafft <fig.; umg.> *davon habe ich mich befreit;* ein Problem aus der Welt ~ *beseitigen, lösen;* etwas auf die Seite ~ *heimlich wegbringen* **5** <V. i.; schwach konjugiert; bes. süddt.> *arbeiten;* sie hat den ganzen Tag geschafft **6** <nur im Inf.> das Herz macht ihm zu ~; sich zu ~ machen *sich beschäftigen (mit);* sie macht sich in der Küche zu ~; sie möchte mit ihm nichts zu ~ haben *nichts zu*

tun haben **7** <V. t.; schwach konjugiert; umg.> *müde machen, zermürben;* die Hitze, die Nachricht hat mich total geschafft; **'Schaf·fen** <n.; -s; unz.> *Wirken, Werk;* eine Probe aus seinem ~; **'Schaf·fens·drang** <m.; -(e)s; unz.>; **'Schaf·fens·freu·de** <f.; -; unz.> mit großer ~; **'schaf·fens·freu·dig** <Adj.>; **'Schaf·fens·kraft** <f.; -; unz.> *Schaf·fer* <m.; -s, -> **1** *tüchtiger Arbeiter* **2** <Mar.> *Proviantverwalter;* **Schaf·fe'rei** <f.; -, -en> **1** <Mar.> *Schiffsvorratskammer* **2** <unz.; umg.> *mühselige Arbeit*
Schaff'hau·sen *Schweizer Kanton u. Stadt;* **Schaff'hau·ser** <m.; -s, ->; **Schaff'hau·se·rin** <f.; -, -nen>; **schaff'hau·se·risch** <Adj.>
'schaf·fig <Adj.; schweiz.> *arbeitsam*
'Schäff·ler <m.; -s, -; oberdt.> *Böttcher;* **'Schäff·ler·tanz** <m.; -es, ⸚e; oberdt.> *Reigentanz der Schäffler (bes. in München)*
'Schaff·ner <m.; -s, -> *Angestellter im öffentl. Verkehr, der Fahrkarten prüft u. auch verkauft;* **'Schaff·ne·rin** <f.; -, -nnen>
'Schaf·fung <f.; -; unz.>
'Schaf·gar·be <f.; -, -n; Bot.> *eine Heil- u. Wildgemüsepflanze;* **'Schaf·her·de** <f.; -, -n>; **'Schaf·hirt** <m.; -en, -en>
Scha·fi'it <m.; -en, -en> *Angehöriger einer islam. Rechtsschule [nach dem Gründer Al Schafi'i]*
'Schaf·käl·te <f.; -; unz.> *Kälteeinbruch in der Zeit der Schafschur (um den 20. Juni);* **'Schaf·kä·se** <m.; -s, -> = *Schafskäse;* **'Schaf·kopf** <m.; -(e)s, -> *Kartenspiel;* <aber> → *Schafskopf;* **'Schaf·le·der** <n.; -s; unz.>; **'Schäf·lein** <n.; -s, -; poet. Verkleinerungsf. von> *Schaf*
Scha'fott <n.; -(e)s, -e; früher> *Stätte für Enthauptungen [ndrl.]*
'Schaf·pelz <m.; -es, -e> = *Schafspelz;* **'Schaf·schur** <f.; -, -en> *das Scheren der Schafe;* **'Schafs·käl·te** <f.; -; unz.> = *Schafkälte;* **'Schafs·kä·se** <m.; -s, -> *aus Schafsmilch hergestellter Käse;* oV *Schafkäse;* **'Schafs·kleid** <n.; -(e)s; unz.;

poet.> = *Schafspelz;* **'Schafs·kopf** <m.; -(e)s, ⸚e; fig.> *Dummkopf;* <aber> → *Schafkopf;* **'Schafs·milch** <f.; -; unz.>; **'Schafs·pelz** <m.; -es, -e> *ein Wolf im* <fig.> *ein freundlich auftretender Bösewicht;* **'Schaf·stall** <m.; -(e)s, ⸚e>
...schaft <in Zus.> z. B. Freundschaft, Lehrerschaft
Schaft <m.; -(e)s, ⸚e> *langer, griffartiger, oft stützender Teil;* z. B. Lanzen~, Säulen~, Stiefel~; **'Schäft·chen** <n.; -s, -; Verkleinerungsf. von> *Schaft;* **'schäf·ten** <V. t.> **1** *mit einem Schaft versehen* **2** Pflanzen ~ *veredeln;* **'Schaft·stie·fel** <m.; -s, ->
'Schaf·wei·de <f.; -, -n>; **'Schaf·wol·le** <f.; -; unz.>
Schah <m.; -s, -s; in Persien Titel für> *Herrscher [pers.]*
Scha'kal <m.; -s, -e; Zool.> *hundeartiges Raubtier [Sanskrit]*
'Scha·ke <f.; -, -n> *Ring, Kettenglied;* **'Schä·kel** <m.; -s, -> *verschließbares Verbindungsglied;* **'schä·keln** <V. t.; ich schäk(e)le> *Kettenglieder ~*
'Schä·ker <m.; -s, -> [jidd.]; **Schä·ke'rei** <f.; -, -en> *Spaß, Neckerei;* **'Schä·ke·rin** <f.; -, -nnen>; **'schä·kern** <V. i.; ich schäk(e)re>
schal <Adj.> **1** *abgestanden, fade* **2** <fig.> *geistlos;* ein ~er Witz
Schal <m.; -s, -s od. -e> **1** *langes rechteckiges Halstuch* **2** *Übergardine;* Vorhang~
'Schal·brett <n.; -(e)s, -er> *Brett zur Verschalung*
'Schäl·chen <n.; -s, -; Verkleinerungsf. von> **1** *Schal* **2** *Schale(5)*
'Scha·le <f.; -, -n> **1** *Hülle (bes. von Früchten, Keimen u. Ä.),* Ei~; Nuss~; → a. *rau* **2** *Gehäuse von Krustentieren* **3** <fig.; umg.> *festliche, gute Kleidung;* sich in ~ werfen **4** <Jägerspr.> *Huf des Schalenwilds* **5** *flache Schüssel, Gefäß;* Obst~; Waag~; **'schä·len** <V. t.> **1** *die Schale(1,2) entfernen;* Kartoffeln ~ **2** *die Rinde entfernen;* einen Baumstamm ~ **3** <V. refl.> *die Haut schält sich löst sich in kleinen Fetzen ab;* **'Scha·len·bau·wei·se** <f.; -; unz.; Bauw.> **'Scha·len·obst** <n.; -es; unz.> *Früchte mit har-*

ter Schale, z. B. Walnüsse; **'Scha·len·sitz** <m.; -es, -e>; **'Scha·len·tier** <n.; -(e)s, -e; meist Pl.; im Handel Bez. für> *Meerestier mit Schale*, z. B. Krebs; **'Scha·len·wild** <n.; -(e)s; unz.; Jägerspr.; Sammelbez. für> *Wild, das Schalen (Hufe) hat*, z. B. Elche, Hirsche, Wildschweine; **...scha·lig** <Adj.; in Zus.> z. B. hartschalig

Schalk <m.; -(e)s, -e od. ⸚e; Pl. selten> *Spitzbube, Schelm;* ihm sitzt der ~ im Nacken

'Schal·ke <f.; -, -n; Mar.> *wasserdichter Abschluss einer Luke;* **'schal·ken** <V. t.; Mar.>

'schalk·haft <Adj.; -er, am -es·ten> *schelmisch;* **'Schalk·haf·tig·keit** <f.; -; unz.>

'Schal·kra·gen <m.; -s, -; Mode>

Schall <m.; -(e)s, -e od. ⸚e; Pl. selten> 1 = *Schallwelle* 2 *nachhallender Klang;* das ist alles ~ und Rauch <fig.> *vergänglich, nichtig;* **'Schall·be·cher** <n.; -s, -> *Teil der Holzblasinstrumente;* **'Schall·bo·den** <m.; -s, ⸚> = *Resonanzboden;* **'Schall·dämmung** <f.; -; unz.>; **'Schall·dämp·fer** <m.; -s, ->; **'Schall·de·ckel** <m.; -s, -> *Kanzeldach;* **'schall·dicht** <Adj.; -er, am -es·ten> *für Schall undurchlässig;* **'Schall·do·se** <f.; -, -n> *Tonkopf des Grammophons;* **'schal·len** <V. i. 208> *weithin hörbar sein;* ein ~des Gelächter; eine ~de Ohrfeige; **'Schall·ge·schwin·dig·keit** <f.; -; unz.>; **'Schall·gren·ze** <f.; -, -n> = *Schallmauer;* **'Schall·leh·re** <f.; -; unz.; ↗ Z 37> *Akustik;* **'Schall·mau·er** <f.; -, -n; bildhafte Bez. für> *die starke Zunahme des Luftwiderstandes, die ein Flugobjekt bei Erreichen der Schallgeschwindigkeit erfährt;* die ~ durchbrechen; **'Schall·plat·te** <f.; -, -n> *Kunststoffscheibe für Tonaufnahmen;* **'Schall·plat·ten·auf·nah·me** <f.; -, -n>; **'schall·si·cher** <Adj.> = *schalldicht;* **'schall·tot** <Adj.> *keine Schallwellen aufweisend;* **'Schall·trich·ter** <m.; -s, ->; **'Schall·wel·le** <f.; -, -n> *hörbare Schwingung;* **'Schall·wort** <n.; -(e)s, ⸚er> *Laute nachahmendes Wort*, z. B. rasseln

Schalm <m.; -(e)s, -e; Forstw.> *in Bäume eingehauenes Zeichen*

Schal'mei <f.; -, -en; Instrumentenk.> *ein Holzblasinstrument*

'schal·men <V. t.; Forstw.> einen Baum ~ *mit einem Schalm kennzeichnen*

'Schal·obst <n.; -es; unz.> = *Schalenobst*

Scha'lom <hebr. Grußwort> *Friede!* [hebr.]

Scha'lot·te <f.; -, -n> *kleine Zwiebel* [frz.]

'Schal·an·la·ge <f.; -, -n>; **'Schalt·bild** <n.; -(e)s, -er> *Zeichnung vom Aufbau eines elektr. Gerätes, Schaltplan;* **'Schalt·brett** <n.; -(e)s, -er>; **'schal·ten** <V.> 1 <V. t.> *mit einem Schalter in Betrieb setzen;* die Heizung auf "warm" ~ 2 <V. i.; Kfz> *den Gang wechseln;* er hat in den 2. Gang geschaltet 3 <V. i.> *uneingeschränkt handeln;* Sie können hier frei ~ (und walten) 4 <V. i.; umg.> *verstehen;* **'Schal·ter** <m.; -s, -> 1 *Vorrichtung zum Schließen u. Unterbrechen von Stromkreisen* 2 *kleiner Raum in Ämtern, von dem aus Kunden bedient werden;* Fahrkarten~; **'Schal·ter·be·am·te(r)** <m. 1>; **'Schal·ter·be·am·tin** <f.; -, -nen>; **'Schal·ter·dienst** <m.; -(e)s; unz.>; **'Schal·ter·hal·le** <f.; -, -n; auf großen Bahnhöfen>; **'Schal·ter·raum** <m.; -(e)s, ⸚e>; **'Schalt·ge·trie·be** <n.; -s, -; Kfz>; **'Schalt·he·bel** <m.; -s, -; Kfz>; **'Schalt·jahr** <n.; -(e)s, -e> *Jahr, in dem vor den 1. März ein zusätzlicher Tag geschaltet wird;* **'Schalt·knüp·pel** <m.; -s, -; Kfz>; **'Schalt·kreis** <m.; -es, -e>

Verknüpfung von elektr. Bauelementen; **'Schalt·plan** <m.; -(e)s, ⸚e>; **'Schalt·pult** <n.; -(e)s, -e>; **'Schalt·satz** <m.; -es, ⸚e; Gramm.> *in einen Satz eingefügter selbstständiger Satz;* → a. *Kasten;* **'Schalt·skiz·ze** <f.; -, -n>; **'Schalt·ta·fel** <f.; -, -n> *Brett mit Instrumenten u. Anzeigegeräten;* **'Schalt·tag** <m.; -(e)s, -e> *zusätzlicher Tag im Schaltjahr (29. Febr.);* **'Schalt·uhr** <f.; -, -en> *Zeit~;* **'Schal·tung** <f.; -, -en>; **'Schalt·werk** <n.; -(e)s, -e>; **'Schalt·zei·chen** <n.; -s, ->; **'Schalt·zen·tra·le**, <auch> **'Schalt·zen·tra·le** <f.; -, -n; in techn. Anlagen>

'Scha·lung <f.; -, -en> *Holz-, Bretterverkleidung*

'Schä·lung <f.; -, -en>

Scha'lup·pe <f.; -, -n> 1 *Küsten-, Fischereischiff* 2 *Beiboot* [frz.]

Scham <f.; -; unz.> 1 *Verlegenheit, Scheu;* vor ~ vergehen 2 <verhüllend; poet.> *äußere Geschlechtsteile;* seine ~ bedecken

Scha·ma·de <f.; -, -n; früher> *Trommel- od. Trompetensignal zum Zeichen der Kapitulation;* ~ blasen, schlagen <a. fig.> *klein beigeben* [frz.]

Scha·ma·ne <m.; -n, -n; bei Naturvölkern> *Geisterbeschwörer* [sanskrit; tungus.]; **Scha·ma·'nis·mus** <m.; -; unz.>

'Scham·bein <n.; -(e)s, -e; Anat.> *Teil des Hüftbeins;* **'Scham·berg** <m.; -(e)s, -e> *behaarter Teil über dem Schambein der Frau;* **'schä·men** <V. refl.> sich ~ *Reue zeigen, verlegen sein;* sie schämte sich (wegen) ihres Betragens; **'Scham·ge·fühl** <n.; -(e)s; unz.>; **'Scham·ge·gend** <f.; -; unz.>; **'Scham·gren·ze** <f.; -, -n; fig.> die ~ erreichen; **'Scham·haar** <n.; -(e)s, -e; meist Pl.>; **'scham·haft** <Adj.> *sittsam, verschämt;* **'Scham·haf·tig·keit** <f.; -; unz.>; **'Scham·hü·gel** <m.; -s, -> = *Schamberg;* **'Scham·lip·pe** <f.; -, -n; meist Pl.> *äußeres weibl. Geschlechtsorgan;* **'scham·los** <Adj.; -er, am -es·ten> *unsittlich, schändlich;* **'Scham·lo·sig·keit** <f.; -; -en; Pl. selten>

'Scham·mes <m.; -, -> *Diener in der Synagoge* [hebr.; jidd.]

S

Scha'mott <m.; -(e)s; unz.; umg.> *wertloser Kram* [hebr.; jidd.]

Scha'mot·te <f.; -; unz.> *feuerfester Ton* [ital.]; **scha·mot'tie·ren** <V. t.; österr.>

scham·po'nie·ren, scham·pu'nie·ren <V. t.> = *shampoonieren*

Scham·pus <m.; -; unz.; umg.; scherzh. für> *Champagner*

'scham·rot <Adj.>; **'Scham·rö·te** <f.; -; unz.>; **'Scham·tei·le** <Pl.> *Geschlechtsteile*

'schand·bar <Adj.> *schändlich*; **'Schan·de** <f.; -, -n; Pl. selten> *etwas Verachtenswertes, Schmach*; → a. *zuschanden/zu Schanden*; **'schän·den** <V. t.> 1 *ein Grab ~ entehren, entweihen* 2 *eine Frau ~ vergewaltigen*; **'Schän·der** <m.; -s, -> *Leichen~*; **'Schand·fleck** <m.; -(e)s, -e>; **'schänd·lich** <Adj.> *sehr schlecht*; **'Schänd·lich·keit** <f.; -, -en>; **'Schand·mal** <n.; -(e)s, -e od. ⸚er> *Zeichen der Schande*; **'Schand·maul** <n.; -(e)s, ⸚er; derb> *unverschämtes Mundwerk*; *sie hat ein schlimmes ~*; **'Schand·pfahl** <m.; -(e)s, ⸚e; früher> = *Pranger*; **'Schand·tat** <f.; -, -en> *verabscheuungswürdige Tat*; *wir sind zu jeder ~ bereit* <scherzh.> *wir machen jeden Spaß mit*; **'Schän·dung** <f.; -, -en>

schang'hai·en <V. t.; Jargon> *man hat Matrosen schanghait gewaltsam geheuert* [nach der chines. Stadt *Schanghai*]

'Scha·ni <m.; -s, -s; österr.> *Diener, guter Freund*

'Schank <f.; -, -en; österr.> *Ausschank*; **'Schank·be·trieb** <m.; -(e)s; unz.> oV *Schenkbetrieb*; **'Schank·bier** <n.; -(e)s, -e> *aus dem Fass ausgeschenktes Bier*; Ggs *Flaschenbier*; **'Schän·ke** <f.; -, -n> = *Schenke*

'Schan·ker <m.; -s, -; Med.> *eine Geschlechtskrankheit*; *harter, weicher ~* [frz.]

'Schank·er·laub·nis <f.; -, -·se> *behördl. Genehmigung des Verkaufs alkohol. Getränke*; **'Schank·ge·wer·be** <n.; -s, ->; **'Schank·kon·zes·si·on** <f.; -, -en> = *Schankerlaubnis*; **'Schank·tisch**, <auch>

'Schänk·tisch <m.; -(e)s, -e> *Theke*; **'Schank·wirt**, <auch> **'Schänk·wirt** <m.; -(e)s, -e>; **'Schank·wirt·schaft**, <auch> **'Schänk·wirt·schaft** <f.; -, -en>

'Schan·tung·sei·de <f.; -, -n; ↗Z35> *Seide aus der chines. Provinz Schantung*

'Schan·ze <f.; -, -n> 1 <Mil.> *Befestigung, Erdwall* 2 <Mar.> *Achterdeck* 3 <Skispringen> *Sprung~* [ital.]; **'schan·zen** <V. i.; du schanzt; Mil.> *Gräben ausheben*; **'Schan·zen·re·kord** <m.; -(e)s, -e; Sp.> *weitester Skisprung*; **'Schan·zen·tisch** <m.; -(e)s, -e; Sp.>; **'Schanz·kleid** <n.; -(e)s, -er; Mar.> *Schutzwand um das Schiffsoberdeck*; Ggs *Reling*; **'Schanz·werk** <n.; -(e)s, -e; Mil.>

'Scha·pel <n.; -s, -; süddt.> *Blumenkranz als Kopfschmuck der Volkstracht*; oV *Schappel*

Schapf <m.; -(e)s, -e>, **'Schap·fe** <f.; -, -n; oberdt.> *Schöpfgerät*

'Schap·ka <f.; -, -s> *russ. Pelzmütze* [russ.]

'Schap·pe¹ <f.; -, -n; Bgb.> *Tiefenbohrer*

'Schap·pe² <f.; -, -n; Textilw.> *Abfall bei der Seidenverarbeitung*

'Schap·pel <m.; -s, -> = *Schapel*

'Schapp·sei·de <f.; -; unz.; Textilw.> = *Schappe²*

Schar¹ <f.; -, -en od. n.; -(e)s, -e> = *Pflugschar*

Schar² <f.; -, -en> *Menge, Gruppe*; *die Vögel verlassen in ~en das Land*

Scha'ra·de <f.; -, -n> *Wort- u. Silbenrätsel* [frz.]

'Schär·baum <m.; -(e)s, ⸚e> *Kettbaum*

'Schar·be <f.; -, -n; Zool.> *Kormoran*

'Schä·re <f.; -, -n; meist Pl.> *kleine Felseninsel vor der finn. u. schwed. Küste*

'scha·ren <V. refl.> *sich um jmdn. od. etwas ~ drängen*

'schä·ren <V. t.; Web.> *Garn, Kettfäden ~ auf einen Schärbaum aufziehen*; <aber> → *scheren*

'scha·ren·wei·se <Adj.; meist adv.> *in Scharen*

scharf <Adj.; 'schär·fer, am 'schärfs·ten> 1 *gut geschliffen*

u. schneidend; *ein ~es Messer* 2 *ätzend*; *eine ~e Säure* 3 *spitzkantig, spitzwinklig*; *~e Zähne*; *ein ~er Hund ein bissiger H.*; *eine ~e Kurve* <fig.> 4 *stark gewürzt*; *~er Senf* 5 *hochprozentig (bei alkohol. Getränken)*; *~e Schnäpse* 6 *schrill*; *sie sprach in ~em Ton* 7 <↗Z43.3> *schonungslos*; *er übte ~e Kritik*; *das muss ich aufs Schärfste*, <auch> *aufs schärfste verurteilen*; *das ist ein ganz Scharfer* <umg.>; *sie hat eine ~e Zunge* <fig.> 8 *zu etwas besonders befähigt*; *~er Verstand*; *da muss ich ~ nachdenken* 9 *klar erkennbar*; *das Foto ist nicht ganz ~* 10 *stark ausgeprägt*; *~geschnittene Gesichtszüge* 11 <fig.; derb> *sexuell aufreizend, begehrenswert*; *eine ~e Frau*; *er ist ganz ~ auf das Bild* <fig.; umg.> *begierig* 12 *Straße wird mit ~em S geschrieben*; → a. *Eszett* 13 <↗Z24>; *in Verbindung mit Verben getrennt> ~ durchgreifen*; *~ machen* <a. fig.> *aufhetzen*; *~ schießen usw.*;

'Scharf·blick <m.; -(e)s; unz.; fig.> *durchdringender Verstand*; **'Schär·fe** <f.; -; unz.; fig.>; **'Scharf·ein·stel·lung** <f.; -; unz.; Fot.>; **'schär·fen** <V. t./V. refl.> *scharf machen, werden*; *sein Blick hat sich geschärft*; **'Schär·fen·tie·fe** <f.; -; unz.; Fot.> Sy *Tiefenschärfe*; **'scharf·kan·tig** <Adj.>; **'Scharf·ma·cher** <m.; -s, -; umg.> *Hetzer*; **Scharf·ma·che'rei** <f.; -, -en; Pl. selten>; **'Scharf·ma·che·rin** <f.; -, -n·nen>; **'Scharf·rich·ter** <m.; -s, -> *Henker*; **'Scharf·schie·ßen** <n.; -s; unz.; ↗Z42>; **'Scharf·schüt·ze** <m.; -n, -n>; **'scharf·sich·tig** <Adj.>; **'Scharf·sinn** <m.; -(e)s; unz.>; **'scharf·sin·nig** <Adj.>; **'Schär·fung** <f.; -; unz.>; **'scharf·zün·gig** <Adj.>

Scha'ria <f.; -; unz.> *Rechtsordnung im Islam* [arab.]

'Schar·lach <m.; -s, -e> 1 *leuchtendes Rot* 2 <unz.; Med.> *eine fiebrige Infektionskrankheit* [lat.]; **'schar·la·chen** <Adj.> *scharlachrot*; **'Schar·lach·far·be** <f.; -; unz.>; **'schar·lach·far·ben, schar·lach·far·big** <Adj.>; **'schar·lach·rot** <Adj.>

'Schar·la·tan <a. [--'-]; m.; -s, -e>
Schwindler [ital.; frz.]; **Schar·la·ta·ne'rie** <f.; -, -n>

Scharm <m.; -s; unz.> = *Charme*;
schar'mant <Adj.> = *charmant*

Schar'müt·zel <n.; -s, -> 1 <Mil.;
veralt.> *kleines Gefecht* 2 <fig.>
*kleine Auseinandersetzung,
Zwist*; **schar'müt·zeln** <V. i.; ich
scharmütz(e)le; veralt.]

Schar'nier <n.; -s, -e> *Drehge·
lenk zur bewegl. Befestigung
von Türen, Fenstern usw.* [frz.];
Schar'nier·band <n.; -(e)s,
ꞏer>; **Schar'nier·ge·lenk** <n.;
-(e)s, -e; Anat.>

'Schär·pe <f.; -, -n> *um Hüften
od. Schultern u. Brust getrage·
nes breites Band* [frz.]

Schar'pie <f.; -; unz.> *gezupfte
Leinwand* [frz.]

'Schar·re <f.; -, -n>, **'Scharr·ei·
sen** <n.; -s, -> *Werkzeug zum
Kratzen*; **'schar·ren** <V. i.> 1 *ge·
räuschvoll kratzen* 2 *oberfläch·
lich graben*

Schar'rier·ei·sen <n.; -s, ->;
schar'rie·ren <V. t.> *Rillen in
Stein schlagen* [frz.]

'Schar·schmied <m.; -(e)s, -e>
*Schmied, der Pflugscharen her·
stellt*

'Schar·te <f.; -, -n> *Kerbe, Ein·
schnitt*; Schieß~; Hasen~;
<umg.> *Lippenspalte*; eine ~
auswetzen <fig.> *einen Fehler
wieder gutmachen*

Schar'te·ke <f.; -, -n> 1 *altes,
wertloses Buch* 2 <abwertend>
altjüngferliche Frau

'schar·tig <Adj.>

'Scha·rung <f.; -, -en; Geogr.>
*Zusammentreffen von Faltenge·
birgen in spitzen Winkeln*

Schar'wen·zel <m.; -s, -; Kart.;
veralt.> = *Wenzel*; **schar'wen·
zeln** <V. i.; ich scharwenz(e)le;
sie hat scharwenzelt; umg.>
*sich übereifrig um jmdn. bemü·
hen*; → a. *herumscharwenzeln*
[tschech.]

'Schasch·lik <m. od. n.; -s, -s>
*zum Grillen auf den Spieß ge·
steckte Fleisch-, Gemüse- u.
Speckstückchen* [russ.]

'schas·sen <V. t.; du schasst;
schass(e)t!> *schimpflich entlas·
sen* [frz.]; **schas'sie·ren** <V. i.
(s.); umg.> *mit kurzen, gleiten·
den Schritten tanzen*

'schat·ten <V. i.; poet.> *Schatten
geben*; die Bäume haben gut ge·
schattet; **'Schat·ten** <m.; -s, ->
1 *dunkle Fläche hinter einem
den direkten Lichteinfall ver·
hindernden Körper*; über den
eigenen ~ springen <fig.> *dem
eigenen Charakter zuwiderhan·
deln* 2 *Bereich ohne direkten
Lichteinfall*; im ~ eines Bau·
mes; ein ~ spendender Baum 3
dunkle Stelle; ~ unter den Au·
gen; Lid~; **'Schat·ten·bild** <n.;
-(e)s, -er> = *Schattenriss*;
'Schat·ten·bo·xen <n.; -s; unz.>
*Boxen gegen einen nicht vor·
handenen Gegner* <a. fig.>;
'Schat·ten·da·sein <n.; -s;
unz.> ein ~ fristen; **'schat·ten·
haft** <Adj.; a. fig.> ~e Vorstellun·
gen *unklare V*; **'Schat·ten·ka·
bi·nett** <n.; -(e)s, -e> *für den
Fall eines Regierungswechsels
von der Opposition aufgestelltes
Kabinett*; **'schat·ten·los** <Adj.>;
'Schat·ten·mo·rel·le <f.; -, -n>
edle Sauerkirschenart; **'Schat·
ten·pflan·ze** <f.; -, -n; Bot.>;
'Schat·ten·reich <n.; -(e)s;
unz.; Myth.> *Totenreich*; **'Schat·
ten·riss** <m.; -es, -e> *schwarze,
die Umrisse einer Figur wieder·
gebende Darstellung, Silhouet·
te*; **'Schat·ten·sei·te** <f.; -, -n;
fig.> *Kehrseite*; **'Schat·ten·spiel**
<n.; -(e)s, -e>; **schat'tie·ren**
<V. t.> *abtönen, mit Schatten
versehen*; **Schat'tie·rung** <f.; -,
-en>; **'schat·tig** <Adj.>; **'Schatt·
sei·te** <f.; -, -n; österr.;
schweiz.> = *Schattenseite*

Scha'tul·le <f.; -, -n> *(verziertes)
Kästchen für Geld od. Schmuck*
[lat.]

'Schatz <m.; -es, ꞏe> 1 <a. fig.>
kostbarer Besitz, Wertobjekt;
mein lieber ~! (Kosewort) 2
Fülle; ein reicher Erfahrungs~;
'Schatz·amt <n.; -(e)s, ꞏer> *Fi·
nanzbehörde (eines Staates)*;
'schätz·bar <Adj.>; **'Schätz·
chen** <n.; -s, -; Kosewort; Ver·
kleinerungsf. von> *Schatz(1)*;
'schät·zen <V. t.; du schätzt> 1
*ungefähr berechnen od. hoch ach·
ten*; sie schätzt seine Diskreti·
on; du wirst sie noch ~ lernen;
du hast sie ~ gelernt 3 *vermu·
ten*; ich schätze, er kommt spä·
ter; **'schät·zens·wert** <Adj.>;

'Schät·zer <m.; -s, ->; **'Schatz·
grä·ber** <m.; -s, ->; **'Schatz·
kam·mer** <f.; -, -n> *Gebäude für
den Staatsschatz*; **'Schatz·käst·
chen** <n.; -s, ->; **'Schätz·lein**
<n.; -s, -; meist poet.; Verkleine·
rungsf. von> *Schatz(1)*;
'Schatz·meis·ter <m.; -s, ->
Kassenverwalter; **'Schatz·meis·
te·rin** <f.; -, -nen>; **'Schätz·
preis** <m.; -es, -e>; **'Schatz·su·
che** <f.; -; unz.> auf ~ gehen;
'Schatz·su·cher <m.; -s, ->;
'Schät·zung <f.; -, -en> 1 *unge·
fähre Berechnung* 2 <unz.; fig.>
Achtung, Verehrung; **'schät·
zungs·wei·se** <Adv.>; **'Schätz·
wert** <m.; -(e)s, -e>

Schau <f.; -, -en; Pl. selten> *öf·
fentl. Veranstaltung, Darbie·
tung, Vorstellung*; Moden~; et·
was zur ~ stellen *zeigen, vorfüh·
ren*; eine ~ abziehen <umg.; ab·
wertend> *angeben*; jmdm. die ~
stehlen <umg.; fig.> *jmdn. um
die erwartete Beachtung brin·
gen*; → a. *Show*

Schaub <m.; -(e)s -e od. ꞏe od.
(bei Maßangaben) -; oberdt.>
Garbe, Strohbund

'Schau·be <f.; -, -n; 15./16. Jh.>
offener Überrock für Männer

'Schau·bild <n.; -(e)s, -er>;
'Schau·brot <n.; -(e)s, -e; jüd.
Rel.> *Opferbrot*; **'Schau·bu·de**
<f.; -, -n; auf Jahrmärkten>;
'Schau·büh·ne <f.; -, -n; früher
Bez. für> *Theater*; **'Schau·burg**
<f.; -, -en; norddt.> *Theater*

'Schau·der <m.; -s, -> 1 <⬩Z29>
Grauen, Abscheu, Angst; ein ~
erregendes/<auch> schauder·
erregendes Buch; es hat ~ er·
regt; ~ zu erregen; <aber nur
Zusammenschreibung bei Stei·
gerung od. Erweiterung> dieser
Film ist noch schaudererregen·
der als der letzte; er war äu·
ßerst schaudererregend 2 *Erzit·
tern vor Kälte* 3 *ehrfürchtiges
Erbeben*; von einem frommen ~
erfasst; Sy *Schauer[1](3)*; **'schau·
der·bar** <Adj.; umg.; scherzh.>,
'schau·der·haft <Adj.; -er, am
-es·ten; umg.; abwertend>
grauenvoll, scheußlich; **'schau·
dern** <V. t. u. V. i.; ich
schaud(e)re> 1 *Entsetzen emp·
finden*; ihm/ihn schaudert bei

S

diesem Gedanken 2 *vor Kälte zittern;* **'schau·der·voll** <Adj.>
'schau·en <V.> 1 <V. i.> *sehen, blicken;* durchs Fernglas ~; schau mal her! 2 <V. i.; bes. süddt.> *sich kümmern;* nach dem Rechten, dem kranken Kind ~; er muss ~, dass ... 3 <V. t.> *innerlich erleben;* Gott ~
'Schau·er[1] <m.; -s, -> 1 *kurzer, heftiger Niederschlag;* Hagel~ 2 *kälte- od. angstbedingtes Frösteln, Zittern;* ein ~ lief mir über den Rücken 3 = *Schauder(3)*
'Schau·er[2] <m.; -s, -> *Schauender*
'Schau·er[3] <m. od. n.; -s, -; umg.> *Schuppen, Scheune*
'Schau·er[4] <m.; -s, -> = *Schauermann*
'schau·er·ar·tig <Adj.> ~e Regenfälle; **'Schau·er·bild** <n.; -(e)s, -er>; **'Schau·er·dra·ma** <n.; -s, -men>; **'Schau·er·film** <m.; -(e)s, -e>; **'Schau·er·ge·schich·te** <f.; -, -n> erzähl doch keine ~n!; **'schau·e·rig** <Adj.> = *schaurig;* **'schau·er·lich** <Adj.> *schrecklich;* eine ~e Schrift
'Schau·er·mann <m.; -(e)s, -leu·te; Seemannsspr.> *Schiffs-, Hafenarbeiter;* Sy *Schauer*[4]
'Schau·er·mär·chen <n.; -s, ->; **'schau·ern** <V. i.; ich schau(e)re; mir/mich schauert>; **'Schau·er·ro·man** <m.; -(e)s, -e>; **'schau·er·voll** <Adj.>
'Schau·fel <f.; -, -n> 1 *(Garten-) Gerät, Werkzeug zum Graben od. Aufnehmen von Erde u. Ä.* 2 *Teil des Geweihs* 3 *Schneidezahn von Schaf u. Rind* 4 <Kart.; schweiz.> *Pik;* **'Schau·fel·bag·ger** <m.; -s, ->; **'Schau·fel·blatt** <n.; -(e)s, ⁼er> *vorderer Teil der Schaufel(1);* **'Schäu·fe·le** <n.; -s, -; Kochk.> *gepökelte od. geräucherte Schweineschulter;* **'schau·fe·lig** <Adj.> = *schauflig;* **'Schau·fel·la·der** <m.; -s, -> *Fahrzeug zum Laden od. Wegräumen von Erdreich u. Ä.;* **'schau·feln** <V. i. u. V. t.; ich schauf(e)le> *mit der Schaufel(1) tätig sein;* **'Schau·fel·rad** <n.; -(e)s, ⁼er>; **'Schau·fel·rad·bag·ger** <m.; -s, ->; **'Schau·fel·rad·damp·fer** <m.; -s, -; früher>
'Schau·fens·ter <n.; -s, -> *verglaste Auslage eines Geschäftes;*

'Schau·fens·ter·bum·mel <m.; -s, -> *Spaziergang durch Geschäftsstraßen;* **'Schau·fens·ter·de·ko·ra·teur** <[-tø:r]; m.; -(e)s, -e>; **'Schau·fens·ter·de·ko·ra·teu·rin** <f.; -, -·nen>; **'Schau·fens·ter·de·ko·ra·ti·on** <f.; -, -en>; **'Schau·fens·ter·pup·pe** <f.; -, -n>; **'Schau·fens·ter·wett·be·werb** <m.; -(e)s, -e>
'Schauf·ler <m.; -s, -; Jägerspr.> *Schaufeln(2) tragender Elchod. Damhirsch;* **'schauf·lig** <Adj.> *schaufelförmig;* oV *schaufelig*
'Schau·flug <m.; -(e)s, ⁼e> *fliegerische Vorführung,* **'Schau·ge·schäft** <n.; -(e)s; unz.> = *Showgeschäft;* **'Schau·kampf** <m.; -(e)s, ⁼e; Sp.> *außerhalb der Wettbewerbe vorgeführter Kampf;* **'Schau·kas·ten** <m.; -s, ⁼> *mit Gegenständen bestückte Vitrine (in einem Museum)*
'Schau·kel <f.; -, -n> *an zwei Seilen od. Ketten befestigtes Brett, auf dem man sitzend hin u. her schwingt;* **'Schau·kel·be·we·gung** <f.; -, -en>; **Schau·ke'lei** <f.; -; unz.>; **'schau·keln** <V.; ich schauk(e)le> 1 <V. i.> *auf der Schaukel hin und her schwingen* 2 <V. t.> *ein Kind ~ wiegen;* wir werden das Kind, die Sache schon ~ <fig.; umg.> *die Sache regeln;* **'Schau·kel·pferd** <n.; -(e)s, -e> *ein Kinderspielzeug;* **'Schau·kel·stuhl** <m.>
'Schau·lau·fen <n.; -s; unz.; Eiskunstlauf> *Vorführung außerhalb des Wettbewerbs;* **'Schau·lust** <f.; -; unz.>; **'schau·lus·tig** <Adj.> eine ~e Menge; **'Schau·lus·ti·ge(r)** <f. 2 (m. 1)>
Schaum <m.; -(e)s, ⁼e> 1 *bei Flüssigkeiten sich bildendes Gefüge aus Luftbläschen;* Eiweiß zu ~ schlagen 2 <fig.> *Hohlheit, Nichtigkeit;* Träume sind Schäume; **'Schaum·bad** <n.; -(e)s, ⁼er>; **'schäu·men** <V. i.> 1 *Schaum bilden;* das Bier schäumt 2 jmd. schäumt <fig.> *ist wütend;* **'Schaum·ge·bäck** <n.; -s; unz.> *v. a. aus Eischnee u. Zucker bestehendes Gebäck;* **'schaum·ge·bo·ren** <Adj.; ↗Z27; poet.> *dem Meerschaum entstiegen;* die ~e Aphrodite;

'schaum·ge·bremst <Adj.; ↗Z27> ~e Waschmittel; **'Schaum·gold** <n.; -(e)s; unz.> *unechtes Blattgold,* **'Schaum·gum·mi** <m.; -s; unz.> *aus Latex hergestellter schwammartiger Stoff;* **'schau·mig** <Adj.>; **'Schaum·kro·ne** <f.; -, -n> *der Schaum auf einer Welle;* **'Schaum·löf·fel** <m.; -s, -> *Löffel zum Abschöpfen von Schaum;* **'Schaum·lö·scher** <m.; -s, -> *ein Feuerlöschgerät;* **'Schaum·rei·ni·ger** <m.; -s, ->; **'Schaum·schlä·ger** <m.; -s, -> 1 *Schneebesen* 2 <fig.> *Angeber, Prahler;* **Schaum·schlä·ge·'rei** <f.; -; unz.; fig.>; **'Schaum·stoff** <m.; -(e)s, -e> *poröser, gut isolierender Kunststoff;* **'Schaum·wein** <m.; -(e)s, -e> *Sekt*
'Schau·pa·ckung <f.; -, -en> *leere Packung zu Dekorationszwecken;* Sy *Dummy(1);* **'Schau·platz** <m.; -es, ⁼e> ~ einer Handlung; **'Schau·pro·zess** <m.; -es, -e> *öffentlich ausgetragener Prozess zu Abschreckungszwecken*
'schau·rig <Adj.; ↗Z36.1> *schrecklich, gruselig;* ein ~-schönes Spektakel
'Schau·sei·te <f.; -, -n> 1 *Fassade* 2 <Typ.> *die rechte Buch-, Zeitungsseite;* **'Schau·spiel** <n.; -(e)s, -e> 1 *(ernstes) Bühnenwerk* 2 *die Aufmerksamkeit erregender Vorgang;* ein ergreifendes ~; **'Schau·spie·ler** <m.; -s, -> 1 *Bühnenkünstler* 2 <fig.> *Heuchler;* **Schau·spie·le·'rei** <f.; -; unz.>; **'Schau·spie·le·rin** <f.; -, -·nen; ↗Z38>; **'schau·spie·le·risch** <Adj.> eine ~e Begabung; **'schau·spie·lern** <V. i.; ich schauspielere; umg.; a. fig.> er hat wieder mal geschauspielert; **'Schau·spiel·haus** <n.; -es, ⁼er>; **'Schau·spiel·kunst** <f.; -; unz.>; **'Schau·spiel·un·ter·richt** <m.; -(e)s; unz.>; **'Schau·stel·ler** <m.; -s, -> *jmd., der (bes. auf Jahrmärkten) etwas vorführt;* **'Schau·stel·le·rin** <f.; -, -·nen>; **'Schau·stel·lung** <f.; -, -en>; **'Schau·stück** <n.; -(e)s, -e>; **'Schau·tanz** <m.; -es; unz.>; **'Schau·tur·nen** <n.; -s; unz.>
Scheck[1] <m.; -en, -en> = *Schecke*

Scheck² <m.; -s, -s od. -e> *Zahlungsanweisung an eine Bank;* oV *Check²* [engl.]; **'Scheck·be·trug** <m.; -(e)s; unz.>; **'Scheck·buch** <n.; -(e)s, ⸚er>

'Sche·cke <m.; -n, -n od. f.; -, -n> *geschecktes Pferd od. Rind*

'Scheck·fäl·schung <f.; -, -en>; **'Scheck·heft** <n.; -(e)s, -e>; **'scheck·heft·ge·pflegt** <Adj.; ⭧Z27> ~es Auto *regelmäßig gewartetes A.*

'sche·ckig <Adj.> *gefleckt;* ein ~ *braunes Rind;* sich ~ *lachen* <umg.> *heftig lachen*

'Scheck·kar·te <f.; -, -n>; **'Scheck·ver·kehr** <m.; -s; unz.> *bargeldloser Zahlungsverkehr*

'Sched·bau <m.; -(e)s, -ten> *eingeschossiger Bau mit Scheddach;* **'Sched·dach** <n.; -(e)s, ⸚er> = *Sägedach*

scheel <Adj.> *geringschätzig, neidisch;* ein ~ *blickender Mensch;* **'scheel·äu·gig** <Adj.>

'Schef·fel <m.; -s, -> **1** *altes Hohlmaß* **2** *altes Flächenmaß* **3** *Bottich;* sie stellt ihr Licht unter den ~ <fig.> *sie versteckt ihre Fähigkeiten;* **'schef·feln** <V. t.; ich scheff(e)le> *Geld ~ in großen Mengen anhäufen;* **'scheffel·wei·se** <Adv.; fig.>

'Scheib·chen <n.; -s, -> *Verkleinerungsf. von Scheibe;* **'scheib·chen·wei·se** <Adv.>; **'Schei·be** <f.; -, -n> **1** *runder od. ovaler flacher Gegenstand;* *Töpfer~; Brot~* **2** <kurz für> *Fenster~*

'schei·ben <V. t. (wie 214); bair.; österr.> *Kegel ~ schieben*

'Schei·ben·brem·se <f.; -, -n; Kfz>; **'Schei·ben·gar·di·ne** <f.; -, -n>; **'Schei·ben·ho·nig** <m.; -s; unz.> **1** *in Scheiben geschnittener Wabenhonig* **2** <verhüllend für> *Scheiße;* **'Schei·ben·kleis·ter** <m.; -s; unz.> **1** <eigtl.> *Kitt für Fensterscheiben* **2** <verhüllend für> *Scheiße;* **'Schei·ben·schie·ßen** <n.; -s; unz.; ⭧Z42> *Preisschießen auf eine Zielscheibe;* **'Schei·ben·wasch·an·la·ge** <f.; -, -n; Kfz>; **'Schei·ben·wa·scher** <m.; -s, -; Kfz>; **'schei·ben·wei·se** <Adj.; meist adv.>; **'Schei·ben·wi·scher** <m.; -s, -; Kfz>; **'schei·big** <Adj.>; **Schei'blet·te,**

<auch> **Scheib'let·te** <f.; -, -n; Warenz.> *ein Scheibenkäse*

Scheich <m.; -s, -e od. -s> **1** *Häuptling eines arab. Nomadenstammes* **2** *Ehrentitel im Vorderen Orient* **3** <scherzh.; salopp> *Liebhaber* [arab.]

'Schei·de <f.; -, -n> **1** *Grenze; Wasser~* **2** *schmaler Behälter für Hieb- u. Stichwaffen* **3** *Teil des weibl. Geschlechtsorgans;* Sy *Vagina;* **'Schei·de·mün·ze** <f.; -, -n> *Münze von geringem Wert;* **'schei·den** <V. 209> **1** <V. i.> *Abschied nehmen, auseinander gehen* **2** <V. t.; ⭧Z22> *trennen, lösen;* eine Ehe ~; sich ~ *lassen;* wir sind geschiedene Leute; **'Schei·den·flo·ra** <f.; -; unz.> *die in der Scheide(3) vorhandenen Milchsäurebakterien;* **'Schei·de·punkt** <m.; -(e)s, -e> *Trennpunkt;* **'Schei·der** <m.; -s, -> = *Separator;* **'Schei·de·wand** <f.; -, ⸚e> *Nasen~;* **'Schei·de·weg** <m.; -(e)s, -e> am ~ *stehen* <fig.> *vor einer Entscheidung;* **'Schei·dung** <f.; -, -en; kurz für> *Ehescheidung;* **'Schei·dungs·grund** <m.; -(e)s, ⸚e>; **'Schei·dungs·pro·zess** <m.; -es, -e>; **'Schei·dungs·ur·teil** <n.; -(e)s, -e>

Scheik <m.; -s, -s> = *Scheich*

Schein <m.; -(e)s, -e> **1** <unz.> *Lichterscheinung, Schimmer; Mond-* **2** <unz.> *äußeres Ansehen, Aussehen;* der ~ *trügt* **3** *Bescheinigung, Attest; Führer-* **4** *Banknote; Zehneuro~;* **'Schein·an·griff** <m.; -(e)s, -e>; **'Schein·ar·gu·ment** <n.; -(e)s, -e>; **'schein·bar** <Adj.> *nicht wirklich, vermeintlich;* → a. *anscheinend;* **'Schein·blü·te** <f.; -, -n; Bot.>; **'Schein·e·he** <f.; -, -n; ⭧Z55>; **'schei·nen** <V. i. 210> **1** *leuchten, glänzen* **2** *den Anschein haben;* er scheint keine Lust zu haben; **'Schein·fir·ma** <f.; -, -fir·men> *Briefkastenfirma;* **'Schein·frie·de** <m.; -ns; unz.>; **'Schein·frucht** <f.; -, ⸚e; Biol.>; **'Schein·füß·chen** <n.; -s, -; meist Pl.> = *Pseudopodium;* **'schein·hei·lig** <Adj.; abwertend> *Ehrlichkeit, Wohlwollen usw. nur vortäuschend;* **'Schein·hei·li·ge(r)** <f. 2 (m. 1)>; **'Schein·hei·lig·keit** <f.; -;

unz.>; **'Schein·ma·nö·ver** <n.; -s, -; Mil.; a. fig.>; **'schein·selb·stän·dig,** <auch> **'schein·selbst·stän·dig** <Adj.>; **'Schein·tod** <m.; -(e)s; unz.>; **'schein·tot** <Adj.>; **'Schein·to·te(r)** <f. 2 (m. 1)>; **'Schein·ver·trag** <m.; -(e)s, ⸚e>; **'Schein·welt** <f.; -; unz.> *Traumwelt;* **'Schein·wer·fer** <m.; -s, -; Kfz>; **'Schein·wi·der·stand** <m.; -(e)s; unz.; El.>

Scheiß <m.; -es; unz.; derb> **1** *Unsinn;* red keinen ~! **2** *zwecklose, verfahrene Sache;* so ein ~; **scheiß...,** <derb; abwertend; in Zus.> **1** <Adj.> *übertrieben;* z.B. *scheißfreundlich* **2** <Subst.> *besonders schlecht;* z.B. *Scheißwetter;* **'Scheiß·dreck** <m.; -s; unz.; derb> **1** *Kot* **2** <fig.> das geht dich einen ~ an! *gar nichts;* **'Schei·ße** <f.; -; unz.; derb> *Kot;* **'scheiß·e'gal** <Adj.; ⭧Z55> derb; nur präd.> *vollkommen gleichgültig;* **'schei·ßen** <V. i. 211; derb> **1** *den Darm entleeren* **2** auf etwas ~ <fig.> *etwas ablehnen;* darauf scheiß ich doch!; ach, scheiß drauf! *lass es sein!;* **'Schei·ßer** <m.; -s, -; derb> **1** *Scheißkerl* **2** <Kosename für> *kleines Kind;* der kleine ~; **Schei·ße'rei** <f.; -; unz.; derb> *Durchfall;* **'scheiß·'freund·lich** <Adj.; derb> *übertrieben freundlich;* **'Scheiß·hau·fen** <m.; -s, -; derb>; **'Scheiß·haus** <n.; -es, ⸚er; derb>; **'Scheiß·kerl** <m.; -s, -e; derb>; **'scheiß'vor·nehm** <Adj.; derb> *sehr vornehm;* **'Scheiß·wet·ter** <n.; -s; unz.; derb>

Scheit <n.; -(e)s, -e> **1** *zugehauenes Stück Holz; Holz~* **2** <ostdt.> *Spaten*

'Schei·tel <m.; -s, -> **1** *Trennungslinie des Kopfhaares;* *Mittel~;* vom ~ *bis zur Sohle* <fig.> **2** *höchster Punkt;* der ~ *eines Bogens;* **'Schei·tel·bein** <n.; -(e)s, -e; Anat.>; **'Schei·tel·käpp·chen** <n.; -s, ->; **'schei·teln** <V. t.; ich scheit(e)le>; **'Schei·tel·punkt** <m.; -(e)s, -e> *höchster Punkt (einer Flugbahn, Kurve usw.);* Sy *Zenit;* **'Schei·tel·wert** <m.; -(e)s, -e>

'**Schei·tel·win·kel** <m.; -s, -; Math.>

'**schei·ten** <V. t.; schweiz.> Holz ~ *spalten;* '**Schei·ter·hau·fen** <m.; -s, -> 1 <früher> *Stoß aus Holzscheiten (zum Verbrennen von Ketzern)* 2 <Kochk.> *eine Mehlspeise*

'**schei·tern** <V. i. (s.); ich scheitere; ⤢Z 42> *misslingen;* damit wird er ~ *damit wird er nicht ans Ziel gelangen;* die Ehe ist gescheitert; das war von Anfang an zum Scheitern verurteilt

'**Scheit·holz** <n.; -es, ⸗er>; '**scheit·recht** <Adj.> *geradlinig*

'**Sche·kel** <m.; -s, -; seit 1980> *israel. Währungseinheit;* → a. *Sekel*

Schelch <m.; -(e)s, -e; rhein.; ostfränk.> *größerer Kahn*

Schelf <m. od. n.; -(e)s, -e; Geogr.> *Festlandsockel* [engl.]

'**Schel·fe** <f.; -, -n> 1 *Fruchthülse, Schale* 3 *Hautschuppe;* oV *Schilfe;* '**schel·fe·rig** <Adj.> *schuppig;* oV *schelfrig, schilf(e)rig;* '**schel·fern** <V. i.; ich schelfere> *sich schuppen, in kleinen Blättchen abfallen;* oV *schilfern;* '**schelf·rig** <Adj.>

'**Schel·lack** <m.; -(e)s, -e> *harzige Ausscheidung von Schildläusen* [ndrl.]

'**Schel·le¹** <f.; -, -n> 1 *Klingel, Glocke* 2 <mdt.> = *Ohrfeige* 3 *Spielkartenfarbe;* oV *Schellen*

'**Schel·le²** <f.; -, -n> *Halterung, Klammer für Rohre*

'**schel·len** <V. i.> *klingeln, läuten;* '**Schel·len** <n.; -s, -> = *Schelle¹(3);* '**Schel·len·baum** <m.; -(e)s, ⸗e; Mus.>; '**Schel·len·müt·ze** <f.; -, -n>; '**Schel·len·trom·mel** <f.; -, -n> = *Tamburin*

'**Schell·fisch** <m.; -(e)s, -e; Zool.>

'**Schell·kraut** <n.; -(e)s; unz.; Bot.>

'**Schell·wurz** <f.; -, -en; Bot.> = *Schöllkraut*

Schelm <m.; -(e)s, -e> *Spaßvogel;* '**Schel·men·ro·man** <m.; -(e)s, -e>; '**Schel·men·streich** <m.; -(e)s, -e>; '**Schel·men·stück** <n.; -(e)s, -e>; **Schel·me·rei** <f.; -, -en> *Spaß, Ulk;*

'**Schel·min** <f.; -, -n·nen>; '**schel·misch** <Adj.>

'**Schel·te** <f.; -; unz.> *lauter Tadel, Vorwurf;* '**schel·ten** <V. 212> 1 <V. i.> sie hat sehr mit ihm gescholten 2 <V. t.> sie schalt ihn einen Faulpelz

'**Sche·ma** <n.; -s, -s od. -ma·ta od. -men> 1 *Plan, Muster, Norm;* nach ~ F *gedankenlos, auf stets dieselbe Weise* 2 graf. *Darstellung zur Verdeutlichung eines Sachverhalts* [grch.]; **sche·ma·tisch** <Adj.>; **sche·ma·ti·sie·ren** <V. t.>; **Sche·ma·tis·mus** <m.; -, -men>

'**Schem·bart** <m.; -(e)s, ⸗e> *Maske mit Bart;* '**Schem·bart·lau·fen** <n.; -s; unz.; ⤢Z 42> *Fastnachtsumzug*

'**Sche·mel** <m.; -s, -> *Hocker, niedriger Stuhl ohne Lehne*

'**Sche·men¹** <n. od. m.; -s, -> *Gespenst, Schatten, Trugbild*

'**Sche·men²** <Pl. von> *Schema*

'**sche·men·haft** <Adj.> *nur verschwommen erkennbar*

Schenk <m.; -en, -en; veralt.> *Kellermeister, Wirt;* '**Schenk·be·trieb** <m.; -(e)s; unz.>, '**Schen·ke** <f.; -, -n> *kleines Wirtshaus, Ausschank;* Wein~; oV *Schänke*

'**Schen·kel** <m.; -s, -> 1 *Teil des Beins vom Knie bis zur Hüfte* (Ober~) *bzw. vom Knöchel bis zum Knie* (Unter~) 2 *von einem gemeinsamen Punkt ausgehender Teil eines Gerätes (z. B. an Schere od. Zirkel)* 3 <Geom.> *eine der beiden einen Winkel einschließenden Geraden;* '**Schen·kel·beu·ge** <f.; -, -n> *Leiste(2);* '**Schen·kel·hals** <m.; -es, ⸗e; Anat.>; ...**schen·ke·lig** <Adj.; in Zus.> = ...*schenklig;* '**Schen·kel·kno·chen** <m.; -s, -; Anat.>

'**schen·ken** <V. t./V. refl.> 1 *jmdm. etwas zum Geschenk machen;* sie schenkte einem Jungen das Leben <geh.>; das ist ja geschenkt! *sehr billig* 2 jmdm. Glauben ~; jmdm. Gehör ~; jmdm. Vertrauen ~ 3 Bier ins Glas ~ *eingießen*

...**schenk·lig** <Adj.; Geom.; in Zus.> *mit einer best. Art od. Zahl von Schenkeln(3) versehen,* z. B. gleichschenklig, zweischenklig; oV ...*schenkelig*

'**Schenk·tisch** <m.; -(e)s, -e> = *Schanktisch;* '**Schen·kung** <f.; -, -en; Rechtsw.>; '**Schen·kungs·steu·er** <f.; -, -n>; '**Schen·kungs·ur·kun·de** <f.; -, -n>; '**Schen·kungs·ver·trag** <m.; -(e)s, ⸗e>; '**Schenk·wirt** <m.; -(e)s, -e> = *Schankwirt;* '**Schenk·wirt·schaft** <f.; -, -en> = *Schankwirtschaft*

schepp <Adj.; mdt.> *schief*

'**schep·pern** <V. i.; ich schepp(e)re; oberdt.> *klappern*

Scher <m.; -(e)s, -e; Kurzwort für> *Schermaus*

'**Scher·baum** <m.; -(e)s, ⸗e> *Rundholz der Gabeldeichsel*

'**Scher·be** <f.; -, -n> 1 *Bruchstück eines Porzellan-, Glas- od. Tongefäßes* 2 <oberdt.> *Blumentopf;* '**scher·beln** <V. i.; ich scherb(e)le; schweiz.> *klirren, rascheln;* '**Scher·ben** <m.; -s, -> 1 <Keramik> *der gebrannte Werkstoff unter der Glasur* 2 <oberdt.> = *Scherbe;* '**Scher·ben·ge·richt** <n.; -(e)s, -e; im alten Athen> *Volksgericht;* ein ~ veranstalten *sehr streng mit jmdm. verfahren;* '**Scher·ben·hau·fen** <m.; -s, -> 1 *Ansammlung von Scherben* 2 <fig.> *irreparable Angelegenheit, Beziehung usw.;* wir stehen vor einem ~

'**Scher·bett** <m. od. n.; -s, -s> = *Sorbet(t)*

'**Sche·re** <f.; -, -n> 1 *Werkzeug zum Schneiden;* Nagel~; Hecken~ 2 <Zool.> *Greifwerkzeuge von Krebsen, Hummern, Skorpionen;* '**sche·ren¹** <V. t. 213> er hat die Haare ganz kurz geschoren *abgeschnitten*

'**sche·ren²** <V. t.> 1 *kümmern, stören;* das hat ihn überhaupt nicht geschert 2 <V. refl.; meist als Befehl od. Verwünschung> scher dich zum Teufel! *mach, dass du fortkommst!*

'**Sche·ren·schlei·fer** <m.; -s, ->; '**Sche·ren·schnitt** <m.; -(e)s, -e> *aus Papier geschnittene Umrissdarstellung;* '**Sche·ren·sprung** <m.; -(e)s, ⸗e; Sp.>; '**Sche·rer** <m.; -s, ->

Sche·re·rei <f.; -, -en; meist Pl.; fig.; umg.> *Unannehmlichkeit*

Scherf <m.; -(e)s, -e; MA> *halber Pfennig*

'**Scher·fes·tig·keit** <f.; -; unz.; Tech.>

'**Scherf·lein** <n.; -s, -> *kleiner Betrag;* sein ~ zu etwas beisteuern

'**Scher·ge** <m.; -n, -n; abwertend> *(polit.) Handlanger*

Sche'ria <f.; -; unz.> = *Scharia*

Sche'rif <m.; -(e)s od. -en, -e od. -en; Titel für> *Nachkomme Mohammeds* [arab.]

'**Scher·kopf** <m.; -(e)s, ⸚e> *Teil des Rasierapparates;* '**Scherkraft** <f.; -; unz.; Phys.> *parallel zu einer Ebene gerichtete Kraft;* '**Scher·ling** <m.; -(e)s, -e> *geschorenes Schaffell;* '**Scher·maschi·ne** <f.; -, -n; Web.>

'**Scher·maus** <f.; -, ⸚e; oberdt.> = *Wasserratte*

'**Sche·rung** <f.; -, -en; Math.; Phys.> *Verformung eines Körpers durch spezielle Kräfte*

Scher'wen·zel <m.; -s, -; Nebenform von> *Scharwenzel*

'**Scher·wol·le** <f.; -; unz.> *Schurwolle*

Scherz <m.; -es, -e> *Spaß, Neckerei, Witz;* etwas im ~ sagen; **scher'zan·do** <[skɛr-]; Mus.> *heiter (vorzutragen)* [ital.]; **Scher'zan·do** <n.; -s, -s od. -di; Mus.> '**Scherz·ar·ti·kel** <m.; -s, -> *spaßige Utensilien (bes. im Fasching);* '**scher·zen** <V. i.; du scherzt> *Spaß treiben;* '**Scherzfra·ge** <f.; -, -n>; '**Scherz·ge·dicht** <f.; -(e)s, -e>; '**scherzhaft** <Adj.; -er, am -es·ten>; **Scher·zo** <['skɛrtso]; m.; -s, -s od. -zi; Mus.> *heiteres Musikstück* [ital.]; '**Scherz·rät·sel** <n.; -s, ->; '**scherz·wei·se** <Adv.>; '**Scherz·wort** <n.; -(e)s, -e>

'**sche·sen** <V. i. (s.); mdt.; norddt.> *eilen, hastig laufen*

scheu <Adj.; -er, am -es·ten> *ängstlich, schüchtern, furchtsam;* wasser~; die Pferde ~ machen ⟨a. fig.⟩ *(grundlos) Unruhe verbreiten;* **Scheu** <f.; -; unz.> *du kannst ohne ~ fragen*

'**Scheu·che** <f.; -, -n> *Schreckbild;* Vogel~; '**scheu·chen** <V. t.> *(weg)jagen, treiben*

'**scheu·en** <f.; -; unz.> *du kannst ohne ~ fragen* '**scheu·en** <f.; -> 1 <V. i.> das Pferd scheute *geriet in Panik* 2 <V. t.> *zu vermeiden suchen;* sie scheut jeden Streit; ich habe weder Mühen noch Kosten ge-

---

scheut 3 <V. refl.> *Hemmungen haben;* ich scheue mich ...

'**Scheu·er** <f.; -, -n; oberdt.> = *Scheune*

'**Scheu·er·bürs·te** <f.; -, -n>; '**Scheu·er·lap·pen** <m.; -s, ->

'**Scheu·er·mann·krank·heit** <f.; unz.; ↗Z35; Med.> *zum Rundrücken führende Wirbelsäulenerkrankung* [nach dem dän. Röntgenologen H. W. Scheuermann]

'**scheu·ern** <V.; ich scheu(e)re> 1 <V. t.> *durch kräftiges Reiben säubern* 2 <V. i.> der Riemen scheuert *reibt an etwas* 3 <V. t.; umg.> jmdm. eine ~ *eine Ohrfeige geben;* '**Scheu·er·tuch** <n.; -(e)s, ⸚er>

'**Scheu·klap·pe** <f.; -, -n; meist Pl.> *Sichtschutz für leicht scheuende Pferde;* mit ~n durchs Leben gehen <fig.>

'**Scheu·ne** <f.; -, -n> *landwirtschaftl. Gebäude zum Lagern von Getreide o. Ä.;* '**Scheu·nen·dre·scher** <nur in der umg. Wendung> er isst, frisst wie ein ~ *übermäßig viel und schnell*

'**Scheu·re·be** <f.; -, -n> *eine Traubensorte*

'**Scheu·sal** <n.; -(e)s, -e od. (umg. a.) -sä·ler> *Ungeheuer, verabscheuenswerter Mensch;* '**scheuß·lich** <Adj.> *hässlich, gemein, verabscheuenswert;* '**Scheuß·lich·keit** <f.; -, -en>

Schi <[ʃiː]; m.; -s, -er [ˈʃiːər] od. -> = *Ski*

Schia <[ˈ--]; f.; -; unz.> *eine der beiden Hauptströmungen des Islams;* → a. *Schiit* [arab.]

Schib'bo·leth <n.; -s, -e od. -s> *Losungswort* [hebr.]

'**Schi·bob** <m.; -s, -s> = *Skibob*

Schicht <f.; -, -en> 1 *einheitlicher Stoff in flächenhafter Ausdehnung;* Eis~; Grenz~ 2 *Überzug;* Staub~ 3 *Gruppe in einer Gesellschaft;* Ober~ 4 *festgelegte Arbeitszeit sowie die entsprechende Personengruppe selbst;* Früh~; Nacht~; die erste ~ wird bald abgelöst; '**Schicht·ar·beit** <f.; -; unz.>; '**Schicht·ar·bei·ter** <m.; -s, ->; '**Schicht·ar·bei·te·rin** <f.; -, -n·nen>; '**Schicht·dienst** <m.; -(e)s; unz.>; '**Schich·te** <f.; -, -n; österr.> *Gesteinsschicht;* '**schich-**

---

ten <V.> 1 <V. t.> *in Schichten(1) übereinander legen (z. B. Holz)* 2 <V. i.; Geol.> *eine Schicht(1) bilden* 3 <V. t.> einen Hochofen ~ *beschicken;* '**schich·ten·spe·zi·fisch** <Adj.; Soziol.>; '**Schich·ter** <m.; -s, -> *Schichtarbeiter,* '**Schich·te·rin** <f.; -, -n·nen>; '**Schicht·holz** <n.; -es; unz.>; ...**schich·tig** <Adj.; in Zus.> z. B. vielschichtig; '**Schicht·kä·se** <m.; -s, ->; '**Schicht·lohn** <m.; -(e)s; unz.>; '**Schich·tung** <f.; -, -en>; '**Schicht·un·ter·richt** <m.; -(e)s; unz.>; '**Schicht·wech·sel** <[-ks-]; m.; -s, ->; '**schicht·wei·se** <Adj.; meist adv.>; '**Schicht·wol·ke** <f.; -, -n> Sy *Stratuswolke;* Ggs *Kumulus*

schick <Adj.> *modisch, elegant;* oV **Chic;** **Schick** <m.; -s; unz.> *Eleganz;* oV *Chic*

'**schi·cken** <V.> 1 <V. t.> jmdm. einen Brief ~ *senden* 2 <V. t.> *veranlassen zu gehen;* die Kinder ins Bett ~; jmdn. zur Kur ~ 3 <V. i.; umg.> nach dem Arzt ~ 4 <V. refl.> es schickt sich nicht *es gehört sich nicht* 5 <V. refl.> sich in etwas ~ *sich mit etwas abfinden*

Schi·cke'ria <f.; -; unz.; abwertend> *extravagante obere Gesellschaftsschicht;* **Schi·cki'mi·cki** <m.; -s, -s; umg.; abwertend> 1 *Angehöriger der Schickeria* 2 *Schnickschnack*

'**schick·lich** <Adj.; geh.> *so, wie es sich gehört*

'**Schick·sal** <n.; -s, -e> *das, was dem Menschen widerfährt, höhere Macht;* er erlitt das gleiche ~ wie sein Bruder; '**schick·sal·haft** <Adj.>; '**Schick·sals·dra·ma** <n.; -s, -dra·men>; '**Schick·sals·ge·fähr·te** <m.; -n, -n>; '**Schick·sals·ge·fähr·tin** <f.; -, -n·nen>; '**Schick·sals·schlag** <m.; -(e)s, ⸚e>; '**Schick·sals·tra·gö·die** <[-diə]; f.; -, -n>

'**Schick·se** <f.; -, -n; umg.; abwertend> 1 *leichtlebige Frau* 2 *<aus jüd. Sicht> Nichtjüdin* [jidd.]

'**Schi·ckung** <f.; -, -en; geh.> *Schicksal, Fügung*

'**Schie·be·büh·ne** <f.; -, -n; Theat.>; '**Schie·be·dach** <n.; -(e)s, ⸚er; Kfz.>; '**Schie·be·fens·ter** <n.; -s, ->; '**schie·ben** <V.

214¹ 1 <V. t. u. V. i.> *durch leichten Druck in Bewegung setzen;* wir mussten (unser Auto) ~ 2 <V. t.; fig.> *alles auf andere ~ andere verantwortlich machen;* jmdm. etwas in die Schuhe ~ <umg.> 3 <V. i.; umg.> *mit etwas ~ unsaubere Geschäfte tätigen;* **'Schie·ber** <m.; -s, -> 1 *Geräte-, Maschinenteil* 2 <umg.> *betrügerischer Geschäftemacher* 3 <umg.> *ein Gesellschaftstanz;* **'Schie·ber·müt·ze** <f.; -, -n; umg.> *Schirmmütze;* **'Schie·be·tür** <f.; -, -en>; **'Schie·be·wi·der·stand** <m.; -(e)s, ⸚e; Phys.>; **'Schieb·fach** <n.; -(e)s, ⸚er> = *Schubfach;* **'Schieb·leh·re** <f.; -, -n> *Messschieber;* **'Schie·bung** <f.; -, -en> *betrügerische Handlung*

schiech <['ʃiəx]; Adj.; bair.; österr.> *Furcht erregend, hässlich*

'schied·lich <Adj.; veralt.> *friedfertig;* **'Schieds·ge·richt** <n.; -(e)s, -e> *Gremium, das einen Streit entscheidet;* **'schieds·ge·richt·lich** <Adj.>; **'Schieds·mann** <m.; -(e)s, ⸚er od. -leu·te>; **'Schieds·rich·ter** <m.; -s, ->; **'Schieds·rich·te·rin** <f.; -, -n·nen>; **'schieds·rich·ter·lich** <Adj.>; **'schieds·rich·tern** <V. i.; ich schiedsricht(e)re; sie hat geschiedsrichtert>; **'Schieds·spruch** <m.; -(e)s, ⸚e> *Urteilsspruch des Schiedsgerichts od. Schiedsrichters*

schief <Adj.> 1 <⸚ Z46> *krumm, schräg, geneigt;* eine ~e Ebene; <aber> der Schiefe Turm von Pisa 2 <⸚ Z24> ~ gehen, laufen <a. fig.>; das ist ~ gegangen, gelaufen *misslungen;* ~ liegen <a. fig.>; da hat er wohl ~ gelegen *eine falsche Meinung vertreten;* da bist du völlig ~ gewickelt! <fig.; umg.> *da irrst du sehr!* die Absätze ~ treten; <aber zusammen> → *schieflachen* 3 *nicht zutreffend, unpassend;* ein ~er Vergleich; in ein ~es Licht geraten <fig.> *zu Unrecht schlecht beurteilt werden;* ein ~es Bild von etwas haben <fig.>; auf die ~e Bahn geraten <fig.>; **'Schie·fe** <f.; -; unz.; umg.>

'Schie·fer <m.; -s, -> 1 *ein Gestein* 2 <oberdt.> *Splitter;* **'Schie·fer·dach** <n.; -(e)s, ⸚er>

'Schie·fer·ge·bir·ge <n.; -s, ->; **'schie·fer·grau** <Adj.>; **'schie·fe·rig** <Adj.> *aus, wie Schiefer(1);* oV *schiefrig;* **'schie·fern** <V. i.> *abblättern;* **'Schie·fer·öl** <n.; -(e)s; unz.>; **'Schie·fer·ta·fel** <f.; -, -n; früher> *Schreibtafel (für Schulanfänger);* **'Schie·fe·rung** <f.; -; unz.>

'Schief·heit <f.; -; unz.>; **'schief·la·chen** <V. refl.; ich lache mich schief; sie hat sich schiefgelacht; sich schiefzulachen; fig.; umg.> sich ~ *heftig lachen;* → a. *schief;* **'Schief·la·ge** <f.; -, -n; Pl. selten; a. fig.> *Instabilität;* das Schiff geriet in eine ~

'schief·rig <Adj.> = *schieferig*

'schief·wink·lig <Adj.>

'Schiel·au·ge <n.; -s, -n> ~n machen <fig.; umg.; scherzh.> *etwas begierig betrachten;* **'schie·len** <V. i.> 1 *eine fehlerhafte Augenstellung haben* 2 *verstohlen in eine best. Richtung blicken*

'Schien·bein <n.; -(e)s, -e; Anat.> *Unterschenkelknochen;* **'Schien·bein·scho·ner** <m.; -s, ->; **'Schie·ne** <f.; -, -n> 1 *Teil einer Gleisanlage* 2 *zur Führung beweglicher Teile dienender Stab;* Vorhang~ 3 <Med.> *Vorrichtung zum Ruhigstellen gebrochener Gliedmaßen;* **'schie·nen** <V. t.> *ein Bein ~;* **'Schie·nen·bahn** <f.; -, -en>; **'Schie·nen·brem·se** <f.; -, -n>; **'Schie·nen·bus** <m.; -s·ses, -s·se>; **'Schie·nen·er·satz·ver·kehr** <m.; -(e)s; unz.; ostdt.; Abk.; SEV>; **'Schie·nen·fahr·zeug** <n.; -(e)s, -e>; **'Schie·nen·netz** <n.; -es; unz.>; **'Schie·nen·räu·mer** <m.; -s, -> *Säuberungsgerät für Gleisanlagen;* **'Schie·nen·stoß** <m.; -es, ⸚e> *Nahtstelle zweier Schienen;* **'Schie·nen·strang** <m.; -(e)s, ⸚e>; **'Schie·nen·weg** <m.; -(e)s, -e> auf dem ~

'Schi·er <Pl. von> *Schi*

schier¹ <Adj.> *rein, unvermischt;* ~es Fleisch

schier² <Adv.; oberdt.; veralt.> *nahezu;* das ist ~ unmöglich

'Schier·ling <m.; -(e)s, -e; Bot.> *eine Giftpflanze;* **'Schier·lings·be·cher** <m.; -s, -> den ~ trinken *(in selbstmörderischer Ab-*

sicht) Gift nehmen; **'Schier·lings·tan·ne** <f.; -, -n; Bot.>

'Schieß·baum·wol·le <f.; -; unz.> *als Sprengstoff dienendes Zellulosenitrat;* **'Schieß·be·fehl** <m.; -(e)s, -e>; **'Schieß·bu·de** <f.; -, -n; auf Jahrmärkten>; **'Schieß·bu·den·fi·gur** <f.; -, -en> 1 *Ziel in der Schießbude* 2 <fig.> *lächerliche Person;* **'Schieß·ei·sen** <n.; -s, -; umg.> *Schusswaffe;* **'schie·ßen** <V. 215; du schießt> 1 <V. i.> *einen Schuss abfeuern;* scharf ~; mit Kanonen auf Spatzen ~ <fig.; umg.> *auf Unerhebliches unangemessen heftig reagieren;* morgen ist Schießen *Schießübung;* seine Antwort kam wie aus der Pistole geschossen *sofort;* das ist zum Schießen <fig.; umg.> *sehr komisch* 2 <V. t.> *(Wild) erlegen, töten;* ein Reh ~ 3 <V. i. (s.)> *eilen, stürzen;* Blut schießt aus der Wunde; Tränen schossen ihr in die Augen 4 <V. i. (s.)> *schnell wachsen;* der Spargel schießt; der Junge ist richtig in die Höhe geschossen; **Schie·ße·rei** <f.; -, -en>; **'Schieß·ge·wehr** <n.; -(e)s, -e>; **'Schieß·hund** <m.; -(e)s, -e>; **'Schieß·platz** <m.; -es, ⸚e>; **'Schieß·pul·ver** <n.; -s; unz.> *explosive Mischung aus pulverförmigen Stoffen;* **'Schieß·schar·te** <f.; -, -n; in Festungen, Burgen>; **'Schieß·sport** <m.; -(e)s; unz.>; **'Schieß·stand** <m.; -(e)s, ⸚e>; **'schieß·wü·tig** <Adj.>

Schiet <m.; -s; unz.>, **'Schie·te** <f.; -; unz.; norddt.; umg.; verhüllend> *Dreck, Scheiße;* **'Schiet·kram** <m.; -s; unz.; norddt.; umg.>

'Schi·fah·rer <m.; -s, -> = *Skifahrer*

Schiff <n.; -(e)s, -e> 1 *ein Wasserfahrzeug;* Segel~; Raum~ 2 *Kirchenraum;* Seiten~; Quer~; **'schiff·bar** <Adj.> *Flüsse ~ machen;* **'Schiff·bau** <m.; -(e)s; unz.>; **'Schiff·bau·er** <m.; -s, ->; **'Schiff·bruch** <m.; -(e)s, ⸚e> 1 *schwerer Schiffsunfall* 2 <fig.> *Misserfolg;* damit hat er ~ erlitten; **'schiff·brü·chig** <Adj.>; **'Schiff·brü·cke** <f.; -, -n>; **'Schiff·chen** <n.; -s, -> 1 <Verkleinerungsf. von> *Schiff(1)* 2

<Web.> *Gerät, durch das der Faden läuft* **3** *Militärmütze;* **'Schiff·chen·ar·beit** <f.; -, -en; Web.>; **'schif·feln** <V. i. (s.); ich schiff(e)le; oberdt.> *Kahn fahren;* **'schif·fen** <V. i.> **1** <(s.); veralt.> *mit dem Schiff fahren;* übers Meer ~ **2** <(h.); derb> *urinieren; es schifft* <fig.> *es regnet stark;* **'Schif·fer** <m.; -s, -s -> *auf Binnenschiffen Beschäftigter;* Ggs Seemann; **'Schif·fer·kla·vier** <[-vi:r]; n.; -s, -e> *Akkordeon;* **'Schif·fer·kno·ten** <m.; -s, ->; **'Schif·fer·müt·ze** <f.; -, -n>; **'Schiff·fahrt** <f.; -; unz.; ↗Z37>; **'Schiff·fahrts·kun·de** <f.; -; unz.>; **'Schiff·fahrts·li·nie** <[-niə]; f.; -, -n; ↗Z37>; **'Schiff·fahrts·stra·ße** <f.; -, -n; ↗Z37>; **'Schiff·fahrts·weg** <m.; -(e)s, -e; ↗Z37>; **'Schiff·lein** <n.; -s, -; poet.; Verkleinerungsf. von> *Schiff;* **'Schiffs·arzt** <m.; -es, ⸚e>; **'Schiffs·bau** <m.; -(e)s; unz.>; **'Schiffs·boot** <n.; -(e)s, -e; Zool.> *ein Kopffüßler;* **'Schiffs·brief** <m.; -(e)s, -e> *Urkunde über die Eintragung eines Schiffes ins Schiffsregister;* **'Schiff·schau·kel** <f.; -, -n; auf Jahrmärkten>; **'Schiffs·eig·ner** <m.; -s, ->; **'Schiffs·fahrt** <f.; -, -en>; **'Schiffs·jour·nal** <[-ʒur-]; n.; -(e)s, -e> *Logbuch;* **'Schiffs·jun·ge** <m.; -n, -n> *Matrosenlehrling;* **'Schiffs·koch** <m.; -(e)s, ⸚e>; **'Schiffs·last** <f.; -, -en> *Frachtgewicht;* **'Schiffs·ma·ni·fest** <n.; -(e)s, -e; Seeverkehr> *Liste der geladenen (u. zu verzollenden) Fracht;* **'Schiffs·pa·pie·re** <Pl.>; **'Schiffs·raum** <m.; -(e)s; unz.> *Rauminhalt eines Schiffes;* **'Schiffs·re·gis·ter** <n.; -s, -> *amtl. Verzeichnis sämtlicher Schiffe eines Landes;* **'Schiffs·rumpf** <m.; -(e)s, ⸚e>; **'Schiffs·schrau·be** <f.; -, -n>; **'Schiffs·ta·ge·buch** <n.; -(e)s, ⸚er>; **'Schiffs·tau·fe** <f.; -, -n>; **'Schiffs·ver·kehr** <m.; -(e)s; unz.>

'Schi·flie·gen <n.; -s; unz.> = *Skifliegen*

'schif·ten[1] <V. i.; Seemannsspr.> *die Lage des Segels verändern;* die Ladung schiftet

'schif·ten[2] <V. i. u. V. t.; norddt.> *(Balken) durch Nägel verbinden*

'Schif·ter <m.; -s, -> *Dachsparren*

'Schi·gym·nas·tik <f.; -; unz.> = *Skigymnastik;* **'Schi·ha·serl** <n.; -s, -n> = *Skihaserl*

Schi'is·mus <m.; -; unz.> *Lehre der Schia* [arab.]; **Schi'it** <m.; -en, -en> *Anhänger der Schia;* → a. *Sunnit;* **schi'i·tisch** <Adj.>

Schi·ka·ne <f.; -, -n> *(böswillig bereitete) Schwierigkeit;* mit allen ~n <fig.; umg.> *mit allen Annehmlichkeiten* [frz.]; **schi·ka'nie·ren** <V. t.>; **schi·ka'nös** <Adj.; umg.>

'Schi·kjö·ring <n.; -s, -s> = *Skikjöring*

'Schi·ko·ree <m.; -s; unz. od. f.; -; unz.> = *Chicorée*

'Schi·kurs <m.; -es, -e> = *Skikurs;* **'Schi·lauf** <m.; -(e)s; unz.> = *Skilauf;* **'Schi·läu·fer** <m.; -s, -> = *Skiläufer;* **'Schi·läu·fe·rin** <f.; -, -n·nen>

'Schil·cher <m.; -s, -; österr.> = *Schillerwein*

Schild[1] <m.; -(e)s, -e> **1** *älteste, vor den Oberkörper gehaltene Schutzwaffe* **2** *Teil des Wappens;* etwas im ~e führen <fig.> *insgeheim beabsichtigen*

Schild[2] <n.; -(e)s, -er> *Erkennungszeichen, beschriftete Holz- od. Metallplatte;* Laden~

'Schild·bür·ger <m.; -s, -; fig.> *töricht handelnder Mensch* [nach den "Helden" eines Schwankbuches aus dem 16. Jh.]; **'Schild·bür·ger·streich** <m.; -(e)s, -e>

'Schild·chen <n.; -s, -; Verkleinerungsf. von> *Schild*[2]

'Schild·drü·se <f.; -, -n; Anat.> *Halsdrüse mit innerer Sekretion;* **'Schild·drü·sen·hor·mon** <n.; -(e)s; unz.>

'Schil·de·rer[1] <m.; -s, -> *jmd., der etwas schildert;* Natur~

'Schil·de·rer[2] <m.; -s, -> *Wappenmaler*

'schil·dern <V. t.; ich schild(e)re> *anschaulich erzählen;* **'Schil·de·rung** <f.; -, -en>

'Schil·der·wald <m.; -(e)s; unz.; fig.; umg.> *unübersichtl. Anhäufung von Verkehrszeichen;* **'Schild·farn** <m.; -(e)s, -e; Bot.>; **'Schild·knap·pe** <m.; -n, -n> *den Schild des Ritters tragender Knappe;* **'Schild·krö·te** <f.; -, -n; Zool.> *Kriechtier mit*

Rücken- u. Bauchpanzer; **'Schild·laus** <f.; -, ⸚e; Zool.> *ein Pflanzenschädling;* **'Schild·müt·ze** <f.; -, -n> *Schirmmütze;* **'Schild·patt** <n.; -s; unz.> *getrocknete Hornplatten der Karettschildkröte;* **'Schild·wa·che** <f.; -, -n; veralt.> *milit. Wachtposten*

'Schi·leh·rer <m.; -s, -> = *Skilehrer;* **'Schi·leh·re·rin** <f.; -, -n·nen>

Schilf <n.; -(e)s, -e; Bot.> *eine Grasart*

'Schil·fe <f.; -, -n> = *Schelfe*

'schil·fen <Adj.> *aus Schilf;* **'schil·fe·rig** <Adj.> = *schelferig;* oV *schilfrig;* **'schil·fern** <V. i.> = *schelfern;* **'Schilf·gras** <n.; -es; unz.; Bot.> = *Schilf;* **'schil·fig** <Adj.>; **'schilf·rig** <Adj.> = *schelferig;* **'Schilf·rohr** <n.; -(e)s; unz.; Bot.>; **'Schilf·rohr·sän·ger** <m.; -s, -; Zool.>

'Schi·lift <m.; -(e)s, -e> = *Skilift*

Schill <m.; -(e)s, -e; Zool.; österr.> *Zander* [ung.-türk.]

'Schil·ler <m.; -s; unz.> **1** *Farbenglanz, wechselndes Farbenspiel* **2** = *Schillerwein*

'Schil·ler·lo·cke <f.; -, -n> **1** *süßes Blätterteiggebäck* **2** *geräuchertes Fischstück*

'schil·lern <V. i.; ich schill(e)re *in wechselnden Farben glänzen;* ein schillernder Charakter <fig.>; **'Schil·ler·wein** <m.; -(e)s; unz.> *Wein aus roten u. weißen Trauben*

'Schil·ling <m. 7; -s, -e; Abk.: S, öS; früher> *österr. Währungseinheit, 100 Groschen;* → a. *Shilling*

'schil·pen <V. i.> = *tschilpen*

Schi'mä·re <f.; -, -n> *Trugbild, Hirngespinst;* oV *Chimäre* [grch.]; **schi'mä·risch** <Adj.>

'Schim·mel <m.; -s, -> **1** <unz.> *weißl. Überzug aus Schimmelpilzen* **2** *weißes Pferd;* **'Schim·mel·be·lag** <m.; -(e)s, ⸚e>; **'schim·me·lig** <Adj.> = *schimmlig;* **'schim·meln** <V. i. (s. u. h.)> *das Brot ist/hat geschimmelt;* **'Schim·mel·pilz** <m.; -es, -e>; **'Schim·mel·rei·ter** <m.; -s; unz.> *geisterhafte dt. Sagengestalt*

'Schim·mer <m.; -s; unz.> **1** *schwacher Glanz;* Licht~ **2** <fig.;*

umg.> *Spur, Abglanz;* Hoffnungs~; **'schim·mern** <V. i.>
'schimm·lig <Adj.> *mit Schimmel(1) überzogen;* oV **schimmelig**
Schim'pan·se <m.; -n, -n; Zool.> *ein Menschenaffe*
Schimpf <m.; -(e)s; unz.; meist in der Wendung> *mit ~ und Schande demütigend;* **'schimpfen** <V.> 1 <V. i.> *Zorn laut äußern, fluchen;* auf, über jmdn. ~ 2 <V. t.> *schelten, tadeln;* jmdn. einen Feigling ~; **'Schimpf·ka·no·na·de** <f.; -, -n>; **'schimpf·lich** <Adj.> *ehrverletzend, schändlich;* **'Schimpf·na·me** <m.; -ns, -n>; **'Schimpf·wort** <n.; -(e)s, ⹂er>
Schi'na·kel <n.; -s, -n; österr.> *kleines Boot* [ung.]
'Schind·a·cker <m.; -s, ⹂; ⟋Z55>, **'Schind·an·ger** <m.; -s, -; früher> *Platz, wo Schlachttieren das Fell abgezogen wurde*
'Schin·del <f.; -, -n> *Holzbrettchen zum Dachdecken;* **'Schin·del·dach** <n.; -(e)s, ⹂er>; **'schindeln** <V.t.; ich schind(e)le>
'schin·den <V. t. 216> *ein Lebewesen ~ ausbeuten;* er hat sich damit sehr geschunden *geplagt;* **'Schin·der** <m.; -s, ->; **Schin·de'rei** <f.; -, -en>; **'Schinde·rin** <f.; -, -n·nen>; **'Schindlu·der** <in der Wendung> *mit jmdn. od. etwas ~ treiben jmdn. od. etwas sehr schlecht behandeln;* **'Schind·mäh·re** <f.; -, -n; abwertend> *altes Pferd*
'Schin·ken <m.; -s, -> 1 *(geräucherte) Keule vom Schwein* 2 <umg.; meist abwertend> *dickes, belangloses Buch, großes, unbedeutendes Gemälde;* **'Schin·ken·speck** <m.; -s; unz.>
Schin·to'is·mus <m.; -; unz.> *die urspr. Religion der Japaner* [jap.]; **Schin·to'ist** <m.; -en, -en>; **Schin·to'is·tin** <f.; -, -n·nen>; **schin·to'is·tisch** <Adj.>
'Schi·pis·te <f.; -, -n> = *Skipiste*
'Schipp·chen <n.; -s, -> Verkleinerungsf. von> *Schippe;* **'Schippe** <f.; -, -n; norddt.; mdt.> 1 *Schaufel;* jmdn. auf die ~ nehmen <fig.; umg.> *jmdn. veralbern;* dem Tod von der ~ springen

<fig.> *gerade noch einmal mit dem Leben davonkommen* 2 <umg.; scherzh.> *Schmollmund;* **'schipp·pen** <V. t.; norddt.; mdt.> *Schnee ~*
'Schip·pen <n.; -s, -> = *Pik²*
'schip·pern <V. i.; ich schipp(e)re; umg.> *mit dem Schiff fahren*
'Schi·ri <m.; -s, -s; umg.; Abk. für> *Schiedsrichter*
Schirm <m.; -(e)s, -e> 1 *Schutz gegen Regen bzw. Sonne bietendes, mit Stoff bespanntes Klappgestell* 2 *einem Schirm(1) ähnelnder Gegenstand;* Lampen~; **'Schirm·bild** <n.; -(e)s, -er> *Röntgenaufnahme;* **'schir·men** <V. t.; geh.> *schützen;* **'Schirmherr** <m.; -en, -en> *(prominenter) Förderer einer Wohltätigkeits- od. Sportveranstaltung;* **'Schirm·her·rin** <f.; -, -n·nen>; **'Schirm·herr·schaft** <f.; -; unz.> *unter der ~ von XY;* **'Schirm·ling** <m.; -s, -e; Bot.>; **'Schirm·müt·ze** <f.; -, -n>; **'Schirm·pilz** <m.; -es, -e; Bot.>; **'Schirm·stän·der** <m.; -s, ->
Schi'rok·ko <m.; -s, -s> *warmer Wind im Mittelmeergebiet* [ital.]
'Schir·ting <m.; -s, -e od. -s; Textilw.> *steifer Baumwollstoff* [engl.]
'Schis·ma <['ʃis-] od. ['sçis-]; n.; -s, -men> *Spaltung der kirchl. Einheit* [grch.]; **Schis'ma·ti·ker** <m.; -s, -; Textilw.> *Abtrünniger;* **schis'ma·tisch** <Adj.>
'Schi·sport <m.; -(e)s; unz.> = *Skisport;* **'Schi·sprin·gen** <n.; -s, -> = *Skispringen;* **'Schi·sprin·ger** <m.; -s, ->; **'Schi·sprin·ge·rin** <f.; -, -n·nen>
Schiss <m.; -es, -e; derb> 1 *Kot* 2 <unz.; fig.> *Angst;* **'Schis·ser** <m.; -s, -; umg.; abwertend> *Angsthase;* **'Schis·se·rin** <f.; -, -n·nen>
'Schi·stie·fel <m.; -s, -> = *Skistiefel;* **'Schi·stock** <m.; -(e)s, ⹂e> = *Skistock*
'Schi·wa <m.; -s; unz.> *Gott der Fruchtbarkeit, der Zerstörung u. des Todes in der hinduistischen Götterdreiheit* [Sanskrit]
'Schi·wachs <[-ks] n.; -es, -e> = *Skiwachs;* **'Schi·wan·dern** <n.; -s; unz.> = *Skiwandern;* **'Schi-**

was·ser <n.; -s; unz.> = *Skiwasser;* **'Schi·zir·kus** <m.; -; unz.> = *Skizirkus*
schi·zo..., Schi·zo... <[ʃi-] od. [sçi-]; in Zus.> *durch Spaltung, gespalten, Spalt...* [grch.]; **schi·zo'gen** <Adj.; Biol.> *durch Spaltung entstanden;* **Schi·zo·go'nie** <f.; -; unz.> *ungeschlechtl. Vermehrung;* **schi·zo'id** <Adj.> *seelisch zerrissen;* **schi·zo'phren** <Adj.; Med.; Psych.> *Bewusstseinsspaltung*
'schlab·be·rig <Adj.; umg.> 1 *ohne feste Form* 2 *wässrig;* **'Schlab·ber·jeans** <[-dʒiːnz]; Pl.; a. Sg. f.; -, ->; **'Schlab·ber·look** <[-luk]; m.; -s; unz.; umg.>; **'schlab·bern** <V.; ich schlabb(e)re; umg.> 1 <V. t.> *geräuschvoll schlürfen* 2 <V. i.; fig.> *die Hose schlabbert hängt weit fallend am Körper;* **'Schlab·ber·was·ser** <nur in der umg. Wendung> ~ *getrunken haben unaufhörlich reden;* **'schlabb·rig** <Adj.> = *schlabberig*
Schlacht <f.; -, -en> 1 *Kampfhandlung, Gefecht* 2 <fig.> *scherzh.* Wettstreit; Kissen~
'Schlach·ta <f.; -; unz.> *niederer poln. Adel* [poln.]
'Schlacht·bank <f.; -, ⹂e> *Gestell im Schlachthaus;* **'schlach·ten** <V. t. u. i.> *ein Tier ~ zur Herstellung von Fleisch- u. Wurstwaren fachgerecht töten;* **'Schlach·ten·bumm·ler** <m.; -s, -; umg.> *Sportfan, der seine Mannschaft zu auswärtigen Spielen begleitet;* **'Schlach·ten·bumm·le·rin** <f.; -, -n·nen; umg.>; **'Schlach·ter, 'Schläch·ter** <m.; -s, -; norddt.>; **Schlach·te'rei, Schläch·te'rei** <f.; -, -en; norddt.>; **'Schlacht·feld** <n.; -(e)s, -er>; **'Schlacht·fest** <n.; -(e)s, -e>; **'Schlacht·ge·wicht** <n.; -(e)s; unz.> Ggs *Lebendgewicht;* **'Schlacht·haus** <n.; -es, ⹂er>; **'Schlacht·hof** <m.; -(e)s, ⹂e>; **'Schlacht·kreuzer** <m.; -s, -; Mar.>; **'Schlacht·li·nie** <[-niə]; f.; -, -n; Mil.> *Verlauf der Front(2);* **'Schlacht·ord·nung** <f.; -, -en; Mil.>; **'Schlacht·plan** <m.; -(e)s, ⹂e; fig.> *Plan für ein Vorhaben;*

S

'**Schlacht·plat·te** <f.; -, -n> *Speise aus mehreren frischen Fleisch- u. Wurstsorten;* '**schlacht·reif** <Adj.>; '**Schlacht·ross** <n.; -es, -e od. ⸚er>; '**Schlacht·ruf** <m.; -(e)s, -e>; '**Schlacht·schiff** <n.; -(e)s, -e> *Großkampfschiff*

'**Schlach·tschitz**, <auch> '**Schlacht·schitz** <m.; -en, -en; ↗Z54> *Angehöriger der Schlachta*

'**Schlach·tung** <f.; -, -en>; '**Schlacht·vieh** <n.; -s; unz.>

schlack <Adj.; bair.; schwäb.> *schlaff;* **Schlack** <m.; -(e)s; unz.; norddt.> 1 *breiige Masse aus Regen-Schnee-Gemisch;* '**Schla·cke** <f.; -, -n> 1 *beim Verbrennen zusammengesinterte Aschenteile* 2 *Rückstand bei der Verhüttung von Erzen* 3 <meist Pl.; Physiol.> *Stoffwechselrückstände;* '**schla·cken**[1] <V. i.> *eine Schlacke(1) bilden;* '**schla·cken**[2] <V. i.; norddt.> *gleichzeitig regnen u. schneien;* oV *schlackern;* '**Schla·cken·bahn** <f.; -, -en; Sp.>; '**schla·cken·los** <Adj.>

'**schla·ckern**[1] <V. i.; ich schlack(e)re; umg.> *mit den Ohren =*

'**schla·ckern**[2] <V. i.; norddt.> = *schlacken[2]*

'**schla·ckig**[1] <Adj.> *mit Schlacken durchsetzt*

'**schla·ckig**[2] <Adj.; umg.> *breiigschmutzig, matschig*

Schlacks <m.; -es, -e; Nebenform von> *Schlaks*

'**Schlack·wurst** <f.; -, ⸚e> *Rohwurst mit Speck- und Fleischstücken*

Schlaf <m.; -(e)s; unz.> *Zustand der Ruhe bei Ausschaltung des Bewusstseins; das kann ich im ~* <fig.; umg.> '**Schlaf·an·zug** <m.; -(e)s, ⸚e> Sy *Pyjama;* '**Schläf·chen** <n.; -s, -> *Verkleinerungsf. von> Schlaf;* '**Schlaf·couch** <[-kautʃ]; f.; -, -es od. (umg. a.) -en>

'**Schlä·fe** <f.; -, -n> 1 *zw. Auge u. Ohr gelegene Stelle am Kopf* 2 <nur Pl.> *die Haare dort; er bekommt schon graue ~n*

'**schla·fen** <V. i. 217> 1 *sich im Zustand des Schlafes befinden; ~ gehen, sich ~ legen zu Bett ge-*

hen 2 *an einem best. Ort od. bei jmdm. ~ übernachten* 3 *mit einem Mann, einer Frau ~ Geschlechtsverkehr haben; sie ~ miteinander* 4 <fig.; umg.> *schlaf nicht! pass auf!*

'**Schlä·fen·bein** <n.; -(e)s, -e; Anat.>

'**Schla·fen·ge·hen** <n.; -s; unz.; ↗Z42> *vor dem ~;* '**Schla·fens·zeit** <f.; -; unz.>; '**Schlä·fer** <m.; -s, ->; '**Schlä·fe·rin** <f.; -, -n·nen>; '**schlä·fern** <V. t.; unpersönl.> *mich schläfert, es schläfert mich ich bin müde*

schlaff <Adj.> 1 *unangespannt; ~e Haut; das Segel hängt ~ herunter; Ggs straff* 2 *schwach, kraftlos;* '**Schlaff·heit** <f.; -; unz.>; '**Schlaf·fi** <m.; -s, -s; umg.> *energieloser Mensch*

'**Schlaf·gast** <m.; -(e)s, ⸚e>; '**Schlaf·ge·le·gen·heit** <f.; -, -en>; '**Schlaf·ge·mach** <n.; -(e)s, ⸚er; veralt.> *Schlafzimmer*

'**Schla·fitt·chen** <n.; -s; unz.; in der Wendung> *jmdn. am ~ packen energisch festhalten*

'**Schlaf·krank·heit** <f.; -; Med.>; '**Schlaf·lern·me·tho·de** <f.; -; unz.> *Methode zur Wissensvertiefung in der Einschlaf- u. Aufwachphase;* '**Schlaf·lied** <n.; -(e)s, -er>; '**schlaf·los** <Adj.>; '**Schlaf·lo·sig·keit** <f.; -; unz.>; '**Schlaf·mit·tel** <n.; -s, ->; '**Schlaf·müt·ze** <f.; -, -n; a. scherzh. für> 1 *Langschläfer* 2 *träger, unaufmerksamer Mensch;* '**schlaf·müt·zig** <Adj.; umg.>; '**schläf·rig** <Adj.> *müde, träge;* '**Schläf·rig·keit** <f.; -; unz.>; '**Schlaf·rock** <m.; -(e)s, ⸚e> *Morgenrock;* '**Schlaf·saal** <m.; -(e)s, -sä·le; in Jugendherbergen, Internaten>; '**Schlaf·sack** <m.; -(e)s, ⸚e> *sackähnliche Hülle (für Übernachtungen im Freien);* '**Schlaf·stadt** <f.; -, ⸚e; umg.> *Trabantenstadt ohne Einkaufsmöglichkeiten;* '**Schlaf·stät·te** <f.; -, -n; geh.> *Bett, Couch o. Ä.;* '**Schlaf·stö·rung** <f.; -, -en; meist Pl.>; '**Schlaf·ta·blet·te**, <auch> '**Schlaf·tab·let·te** <f.; -, -n; ↗Z53>; '**Schlaf·trunk** <m.; -(e)s, -en>; '**schlaf·trun·ken** <Adj.> *noch halb im Schlaf;* '**Schlaf·trun·ken·heit** <f.; -;*

unz.>; '**Schlaf·wa·gen** <m.; -s, -; Eisenb.>; '**Schlaf·wa·gen·ab·teil** <n.; -(e)s, -e>; '**schlaf·wan·deln** <V. i. (s. od. h.)> *ich schlafwand(e)le im Schlaf umhergehen; sie ist/hat heute Nacht geschlafwandelt;* '**Schlaf·wan·deln** <n.; -s; unz.; ↗Z42>; '**Schlaf·wand·ler** <m.; -s, ->; '**Schlaf·wand·le·rin** <f.; -, -n·nen>; '**schlaf·wand·le·risch** <Adj.> *mit ~er Sicherheit;* '**Schlaf·zim·mer** <n.; -s, ->; '**Schlaf·zim·mer·blick** <m.; -(e)s; unz.; umg.; meist abwertend>

Schlag <m.; -(e)s, ⸚e> 1 *kurze, heftige Berührung, Hieb; Hand~; Faust~; mit einem ~* <fig.> *plötzlich; es ging ~ auf ~; ein ~ ins Wasser* <fig.> *ein Misserfolg* 2 <nur Pl.> Schläge *Prügel* 3 *Stromstoß; ein elektrischer ~* 4 *Niederprasseln von kleinen Teilchen; Hagel~; Stein~* 5 *durch einen Schlag(1) hervorgerufener Ton; Glocken~; er kam ~ zwölf pünktlich um zwölf Uhr* 6 *rhythmisch erfolgende Bewegung; Herz~; Puls~* 7 *Verschlag; Tauben~* 8 <unz.; umg.; kurz für> *Schlaganfall; Hitz~; ich dachte, mich trifft der ~ ich war sprachlos* 9 <Forstw.> *Fällen von Bäumen; Kahl~* 10 <Soldatenspr.> *eine Kelle, einen Teller voll; einen ~ Suppe* 11 <fig.> *Unglück; es war ein harter ~ für mich; Schicksals~* 12 <Pl. selten> *Art, Sorte; ein rauer Menschen~* 13 <österr.; kurz für> *Schlagsahne; ein Kaffee mit ~* 14 <bei Singvögeln> *Art des Rufs; der ~ der Nachtigall;* '**Schlag·ab·tausch** <m.; -(e)s, -e; Boxen; a. fig.> *heftiger Wortwechsel;* '**Schla·g·a·der** <f.; -, -n; ↗Z55; Anat.> *Arterie;* '**Schlag·an·fall** <m.; -(e)s, ⸚e; Med.> *durch Verschluss eines Blutgefäßes im Gehirn verursachtes plötzl. Aufhören best. Gehirnfunktionen;* '**schlag·ar·tig** <Adj.; meist adv.> *plötzlich;* '**Schlag·ball** <m.; -(e)s, ⸚e> 1 *kleiner Lederball* 2 <unz.; ohne Art.> *eine Sportart; wir spielen ~;* '**schlag·bar** <Adj.>; '**Schlag·baum** <m.; -(e)s, ⸚e; an Grenzen, Bahnübergängen> *Sperr-*

S

schranke; '**Schlag·boh·rer** <m.; -s, ->; '**Schlag·bohr·ma·schi·ne** <f.; -, -n>; '**Schlag·bol·zen** <m.; -s, ->; '**Schlä·gel** <m.; -s, -> 1 <Bgb.> *Hammer des Bergmannes* 2 *Schlagwerkzeug;* <aber> → *Schlegel;* '**schlä·geln** <V. i.; ich schläg(e)le; süddt.> *mit dem Schlägel schlagen;* '**schlagen** <V. 218> 1 <V. t.> *prügeln* 2 <V. t.> *ein Raubtier schlägt Beute ergreift, tötet die B.* 3 <V. t.> *durch einen Schlag irgendwohin befördern;* den Ball ins Netz ~ 4 <V. t.> *durch Schlagen etwas erzeugen;* Sahne ~; Feuer ~ 5 <V. refl.; fig.> sie hat sich gut geschlagen *hat gut gekämpft;* sich auf jmds. Seite ~; das hat sich mir auf den Magen geschlagen 6 <V. i.> *eine Bewegung erzeugen;* das Herz, der Puls schlägt; mit den Flügeln ~ 7 <V. i.> *einen Ton hervorbringen;* die Uhr hat sechs geschlagen 8 <V. i. (s.)> *nach jmdm. ~* jmdm. ähneln; '**Schla·ger** <m.; -s, -> 1 *eingängiges, populäres Lied* 2 *Ware, die reißend Absatz findet;* Verkaufs~; '**Schlä·ger** <m.; -s, -> 1 <Sp.> *Tennis~;* Golf~ 2 *Fechtwaffe* 3 <umg.> *Raufbold;* **Schlä·ge·rei** <f.; -, -en> *Rauferei;* '**schlä·gern** <V. t.; ich schläg(e)re; österr.> *Bäume fällen;* '**Schla·ger·sän·ger** <m.; -s, ->; '**Schla·ger·sän·ge·rin** <f.; -, -n·nen>; '**Schla·ger·star** <m.; -s, -s>; '**Schlä·ger·trup·pe** <f.; -, -n>; '**Schlä·ger·typ** <m.; -s, -en; abwertend>; '**schlag·fer·tig** <Adj.; fig.> *nie um eine Antwort verlegen;* '**Schlag·fer·tig·keit** <f.; -; unz.>; '**Schlag·holz** <n.; -es, ⁼er> *Schlaggerät für best. Ballspiele;* '**Schlag·in·stru·ment**, <auch> '**Schlag·ins·tru·ment** <n.; -(e)s, -e; ↗Z54; Mus.>; '**Schlag·kraft** <f.; -; unz.; a. fig.> *Wirkung, Überzeugungskraft;* '**schlag·kräf·tig** <Adj.> *~e Argumente;* '**Schlag·licht** <n.; -(e)s, -er> *das wirft ein ~ auf seinen Charakter;* '**Schlag·loch** <n.; -(e)s, ⁼er> *Loch im Straßenbelag;* '**Schlag·mann** <m.; -(e)s, ⁼er; Rudersp.>; '**Schlag'o·bers** <a. ['---]; n.; -; unz.; ↗Z55; österr.>; '**Schlag·rahm** <m.; -s;

unz.; bair.> = *Schlagsahne;* '**Schlag·ring** <m.; -(e)s, -e>; '**Schlag·sah·ne** <f.; -; unz.> *steif geschlagene Sahne;* '**Schlag·sei·te** <f.; -; unz.> *Schräglage (eines Schiffes);* ~ haben <umg.; scherzh.> *betrunken sein;* '**Schlag·uhr** <f.; -, -en>; '**Schlag·werk** <n.; -(e)s, -e> *Teil von Schlaguhren;* '**Schlag·wet·ter** <n.; -s, (die) schlagende(n) Wetter; Bgb.> *explosives Gasgemisch;* '**Schlag·wort** <n.; -(e)s, ⁼er> 1 *treffendes, viel gebrauchtes Wort* 2 <Bibliotheksw.> *Stichwort, das den Inhalt eines Buches bezeichnet;* '**Schlag·wort·ka·ta·log** <m.; -(e)s, -e> *Bibliothekskw.> Ggs Verfasserkatalog;* '**Schlag·zahl** <f.; -, -en; Rudersp.>; '**Schlag·zei·le** <f.; -, -n; in Zeitungen> *hervorgehobene Überschriftszeile; ~n machen* <fig.>; '**Schlag·zeug** <n.; -(e)s, -e; Mus.> *Gruppe von Schlaginstrumenten;* '**Schlag·zeu·ger** <m.; -s, ->; '**Schlag·zeu·ge·rin** <f.; -, -n·nen>

Schlaks <m.; -es, -e; umg.>; '**schlak·sig** <Adj.; umg.> *groß, schlank u. etwas ungeschickt*

Schla'mas·sel <m. od. (österr.) n.; -s, -; umg.> *auswegslos erscheinende Situation* [jidd.]

Schlamm <m.; -(e)s, -e od. ⁼e; Pl. selten> *aufgeweichte Erde;* '**Schlamm·bad** <n.; -(e)s, ⁼er>; '**Schlamm·bei·ßer** <m.; -s, -; Zool.> *aalförmiger Süßwasserfisch;* '**schlam·men** <V. i.> *Schlamm absetzen;* '**schläm·men** <V. t.> 1 *ein Gewässer ~ von Schlamm reinigen* 2 *Pflanzen ~ gut wässern;* '**schlam·mig** <Adj.>; '**Schlämm·krei·de** <f.; -; unz.> *als Reinigungs- u. Zahnputzmittel aufbereitete Kreide;* '**Schlamm·mas·se** <f.; -, -n; ↗Z37>; '**Schlämm·putz** <m.; -es; unz.> *dünn aufgestrichener Putz;* '**Schlamm·schlacht** <f.; -, -en; bes. Pol.; fig.> *eine polit. ~ austragen;* '**Schlamm·spru·del** <m.; -s, -> *kraterähnliches Gebilde, das durch ausströmendes Gas Schlamm emporsprudelt*

schlam'pam·pen <V. i.; sie hat schlampampt; umg.> *schwelgen, schlemmen*

'**Schlam·pe** <f.; -, -n; umg.; ab-

wertend> *unordentliche Frau;* '**schlam·pen** <V. i.; umg.>; '**Schlam·per** <m.; -s, -; umg.>; **Schlam·pe'rei** <f.; -; unz.; umg.>; '**Schlam·pe·rin** <f.; -, -n·nen; umg.>; '**schlam·pert** <Adj.; österr.; umg.>; '**schlam·pig** <Adj.; umg.> *unordentlich, nachlässig, liederlich;* '**Schlam·pig·keit** <f.; -; unz.>

'**Schlan·ge** <f.; -, -n> 1 <Zool.> *Schuppenkriechtier ohne Gliedmaßen* 2 <fig.> *falsche, hinterlistige Frau* 3 <fig.> *Papier~;* Fahrzeug~; ~ stehen <umg.>; '**Schlän·gel·chen** <n.; -s, -; Verkleinerungsf. von> *Schlange(1);* '**schlän·ge·lig** <Adj.> *gewunden, gekrümmt;* '**schlän·geln** <V. refl.; ich schläng(e)le mich> sich ~ *winden;* '**Schlan·gen·be·schwö·rer** <m.; -s, -; im Orient>; '**Schlan·gen·biss** <m.; -es, -e>; '**Schlan·gen·ei** <n.; -(e)s, -er; a. fig.> *etwas, woraus sich ein Unheil entwickeln kann;* '**Schlan·gen·fraß** <m.; -es; unz.; fig.; umg.> *minderwertiges, schlechtes Essen;* '**Schlan·gen·gift** <n.; -(e)s, -e>; '**Schlan·gen·gru·be** <f.; -, -n; fig.> *bedrohlicher Ort;* '**Schlangen·gur·ke** <f.; -, -n; Bot.>; '**schlan·gen·haft** <Adj.>; '**Schlan·gen·li·nie** <[-niə]; f.; -, -n>; '**Schlan·gen·mensch** <m.; -en, -en> = *Akrobat;* '**Schlan·gen·tanz** <m.; -es, ⁼e>; '**Schlangen·wurz** <f.; -, -en; Bot.> *Kalla;* '**Schläng·lein** <n.; -s, -; poet.; Verkleinerungsf. von> *Schlange(1)*

schlank <Adj.> *dünn, schmal;* die ~e Linie; ~ bleiben; ein Kleid, das optisch ~ macht; ~e Unternehmensführung <fig.; eindeutschend für> *Leanmanagement;* '**Schlank·heit** <f.; -; unz.>; '**Schlank·heits·kur** <f.; -, -en>; '**Schlank·ma·cher** <m.; -s, -; umg.> *Mittel, das zur Gewichtsabnahme führen soll;* '**schlank·weg** <Adv.; umg.> *ohne Umschweife, ohne weiteres*

schlapp <Adj.> *schwach, matt*

'**Schlap·pe** <f.; -, -n; umg.> *Niederlage;* eine ~ erleiden

'**schlap·pen** <V. i.; umg.> 1 *der Schuh schlappt sitzt lose* 2

schlurfend gehen; **'Schlap·pen** <m.; -s, -; umg.> *Pantoffel*
'schlap·pern <V. i. u. V. t.; ich schlap(e)re> *schlürfend trinken;* die Katze schlappert die Milch
'Schlapp·hut <m.; -(e)s, ⸚e>; **'schlapp|ma·chen** <V. i.; ich mache schlapp; sie hat schlappgemacht; schlappzumachen; mach' nicht schlapp!; umg.> *nicht durchhalten;* **'Schlapp·ohr** <n.; -(e)s, -en> **1** *großes, herunterhängendes Ohr (bei Hunden)* **2** <scherzh. für> *Hase;* **'Schlapp·schwanz** <m.; -es, ⸚e; fig.; umg.; abwertend> *Schwächling*
Schla'raf·fen·land <n.; -(e)s; unz.>, **Schla'raf·fia** <f.; -; unz.> *märchenhaftes Land, in dem man schlemmen kann*
schlau <Adj.> *klug, gewitzt;* aus jmdm. od. etwas nicht ~ werden *jmdn. od. etwas nicht verstehen*
'Schlau·be <f.; -, -n> *Fruchthülle, Schale(1);* **'schlau·ben** <V. t.> *enthülsen*
'Schlau·ber·ger <m.; -s, -; umg.; scherzh.> *gewitzter Bursche*
Schlauch <m.; -(e)s, ⸚e> **1** *biegsame (Gummi-)Röhre;* Garten~ **2** <fig.; umg.; abwertend> *langer, schmaler Raum* **3** <unz.; umg.> *Strapaze;* die Wanderung war ein ~; **'Schlauch·boot** <n.; -(e)s, -e> *aufblasbares Boot;* **'schlau·chen** <V. t.; umg.> die Reise hat mich geschlaucht *war sehr anstrengend;* **'schlauch·los** <Adj.>; **'Schlauch·pilz** <m.; -es, -e; Bot.>
'Schläue <f.; -; unz.> = *Schlauheit;* **schlau·er'wei·se** <Adv.>
'Schlau·fe <f.; -, -n> *Schlinge, Schleife*
'Schlau·heit <f.; -; unz.> *Gewitztheit;* **'Schlau·kopf** <m.; -(e)s, ⸚e>; **'Schlau·mei·er** <m.; -s, -; umg.; abwertend> > *Schlauberger*
Schla'wi·ner <m.; -s, -; umg.; meist abwertend> *durchtriebener Kerl, Schlingel*
schlecht <Adj.> **1** *minderwertig, mangelhaft;* ein ~es Zeugnis; sie hört ~; ~ u. recht; nicht ~! *ganz gut* **2** <⤢Z42> *ungünstig, nachteilig;* ein ~es Geschäft

machen; ~e Zeiten *Notzeiten;* im Schlechten u. im Guten; etwas, nichts, viel, wenig Schlechtes **3** *störend;* eine ~e Angewohnheit **4** *unwohl, übel;* mir ist ~; es geht ihm ~ **5** <adv.> *nur unter Schwierigkeiten, kaum;* heute geht es ~ <umg.> *heute passt es mir nicht* **6** <⤢Z24; Getrenntschreibung in Verbindung mit Verben und Partizipien> ich kann in diesen Schuhen ~ gehen; in der Prüfung ist es mir ~ gegangen; das hast du ~ gemacht; warum hast du ihn vor allen ~ gemacht?; eine ~ bezahlte Arbeit; er war ~ gelaunt; **'schlech·ter·dings** <Adv.> *ganz und gar; das ist ~* *unmöglich;* **schlecht'hin** <a. ['--]; Adv.> *typisch, ohne Einschränkung;* er ist der romantische Dichter ~; **'Schlech·tig·keit** <f.; -, -en>; **'schlecht·weg** <Adv.> *einfach, ohne Umstände;* **Schlecht'wet·ter·pe·ri·o·de** <f.; -, -n>
Schleck <m.; -(e)s, -e; süddt.; schweiz.> *Leckerbissen;* das ist kein ~ <fig.> *kein Vergnügen;* **'schle·cken** <V.> **1** <V. t.> *ablecken;* die Katze schleckt ihre Jungen **2** <V. t.> *genussvoll zu sich nehmen;* Eis ~ **3** <V. i.> sie schleckt gern *sie nascht gern Süßigkeiten;* **'Schle·cker** <m.; -s, -> *Schleckermaul;* **Schle·cke·'rei** <f.; -, -en>; **'schle·cke·rig** <Adj.; umg.> *naschhaft;* **'Schle·cke·rin** <f.; -, -nnen>; **'Schle·cker·maul** <n.; -(e)s, ⸚er; umg.> *jmd., der Süßes liebt;* **'schle·ckern** <V. i.; ich schleck(e)re; umg.>
'Schle·gel <m.; -s, -; süddt.; österr.; schweiz.> *Schenkel, Keule;* Reh~; <aber> → *Schlägel*
'Schleh·busch <m.; -(e)s, ⸚e>, **'Schleh·dorn** <m.; -(e)s, -e; Bot.> *ein dorniger Strauch mit Steinfrüchten;* **'Schle·he** <f.; -, -n> *Frucht des Schlehbusches*
Schlei <m.; -(e)s, -e od. f.; -, -en> = *Schleie*
'Schlei·che <f.; -, -n; Zool.> *schlangenförmige Echse;* **'schlei·chen** <V. i. 219 (s. u. (bei refl. Verwendung) h.)> *leise, möglichst unbemerkt gehen;* er ist/hat sich aus dem Zimmer

geschlichen; sich in jmds. Vertrauen ~ <fig.>; ein ~der Krankheitsverlauf; **'Schlei·cher** <m.; -s, -> *Schmeichler;* **'Schlei·che·rin** <f.; -, -nnen>; **'Schleich·han·del** <m.; -s; unz.> *illegaler Warenhandel;* **'Schleich·kat·ze** <f.; -, -n; Zool.> *eine Raubtierart;* **'Schleich·pfad** <m.; -(e)s, -e>; **'Schleich·weg** <m.; -(e)s, -e> auf ~en <fig.> *heimlich, ungesetzlich;* **'Schleich·wer·bung** <f.; -; unz.; bes. TV> *Werbung, bei der Firmennamen scheinbar absichtslos gezeigt werden*
'Schleie <f.; -, -n; Zool.> *ein Karpfenfisch*
'Schlei·er <m.; -s, -> **1** *Gesicht od. Kopf verhüllendes Gewebe;* Braut~ **2** *Dunst(schicht), Trübung;* alles wie durch einen ~ sehen; **'Schlei·er·eu·le** <f.; -, -n; Zool.>; **'schlei·er·haft** <Adj.; umg.; meist adv.> es ist mir völlig ~; **'Schlei·er·kraut** <n.; -(e)s; unz.; Bot.> *eine Zierpflanze;* **'Schlei·er·schwanz** <m.; -es, ⸚e; Zool.> = *Goldfisch;* **'Schlei·er·tanz** <m.; -es, ⸚e>
'Schlei·f·band <n.; -(e)s, ⸚er; in Bandschleifmaschinen>; **'Schlei·f·bank** <f.; -, ⸚e> *Drehbank mit Schmirgelscheibe*
'Schlei·fe <f.; -, -n> **1** *leicht lösbare Verknüpfung von Bändern od. Schnüren;* → a. *Schlinge* **2** *Windung, Kehre;* Fluss~
'schlei·fen <V. t. 220; stark konjugiert> **1** *bearbeiten, schärfen;* geschliffenes Glas **2** <fig.; umg.> jmdn. ~ *jmdm. gutes Benehmen beibringen;* geschliffene Umgangsformen
'schlei·fen² <V. 220; schwach konjugiert> **1** <V. t.> eine Festung ~ *niederreißen* **2** <V. t.> etwas od. jmdn. ~ *schleppend nachziehen;* einen Sack über den Hof ~; die Kupplung ~ lassen <Kfz.>; sie hat ihn ins Theater geschleift <fig.; umg.; scherzh.> **3** <V. i.> *etwas berühren;* das Kleid schleift am Boden
'Schlei·fen·blu·me <f.; -, -n; Bot.> *eine Gartenpflanze*
'Schlei·fer <m.; -s, -> **1** *jmd., der etwas schleift;* Scheren~ **2** *alter dt. Rundtanz* **3** <Mus.> *Verzierung;* **Schlei·fe·'rei** <f.; -, -en>;

'Schleif·kon·takt <m.; -(e)s, -e; El.>; **'Schleif·lack** <m.; -(e)s; unz.>; **'Schleif·pa·pier** <n.; -(e)s; unz.> *Schmirgelpapier;* **'Schleif·stein** <m.; -(e)s, -e> *Wetzstein;* **'Schlei·fung** <f.; -, -en>

Schleim <m.; -(e)s, -e> *zähflüssige Absonderung der Schleimdrüsen;* **'Schleim·beu·tel** <m.; -s, -; Anat.> *Schleim absondernder Beutel, der die Reibung zw. Muskeln, Sehnen u. Knochen verringert;* **'Schleim·beu·tel·ent·zün·dung** <f.; -, -en; Med.>; **'Schleim·drü·se** <f.; -, -n; Anat.>; **'schlei·men** <V. i.> 1 *Schleim absondern* 2 <fig.; umg.> *abwertend> sich einschmeicheln;* **'Schlei·mer** <m.; -s, -; abwertend>; **'Schlei·me·rin** <f.; -, -n·nen; abwertend>; **'Schleim·fisch** <m.; -(e)s, -e; Zool.>; **'Schleim·haut** <f.; -, ⁻e; Med.>; **'schlei·mig** <Adj.> 1 *voller Schleim* 2 *schlüpfrig, schmierig* 3 *schmeichlerisch;* **'schleim·lö·send** <Adj.; ↗Z29> *ein ~es Medikament; <aber> ein den Schleim lösendes M.;* **'Schleim·schei·ßer** <m.; -s, -; derb>

'schlei·ßen <V. 221; du schleißt> 1 <V. t.> *Holz ~ spalten* 2 <V. i.; veralt.> *sich abnutzen, leicht zerreißen;* → a. *verschleißen*

'Schle·mihl <m.; -(e)s, -e; umg.> 1 *Pechvogel* 2 <auch> *durchtriebener Kerl* [hebr.]

schlemm <Adj.; Bridge u. Whist; nur in der Wendung> ~ *machen;* **Schlemm** <m.; -(e)s, -e; Bridge u. Whist> *Spiel, bei dem man alle Stiche erhält* [engl.]

'schlem·men <V. i.> *üppig essen;* **'Schlem·mer** <m.; -s, ->; **Schlem·me'rei** <f.; -, -en>; **'Schlem·me·rin** <f.; -, -n·nen>; **'Schlem·mer·mahl** <n.; -(e)s, -e>

'Schlem·pe <f.; -, -n> *als Viehfutter verwendeter Rückstand bei der Alkoholgewinnung*

'schlen·dern <V. i. (s.); ich schlend(e)re> *bummeln;* **'Schlend·ri·an** <m.; -s; unz.; ↗Z53.1; umg.> *Nachlässigkeit; es geht weiter im alten ~*

'Schlen·ker <m.; -s, -> *kleiner Bogen; einen ~ mit dem Fahr-*

rad *machen; einen ~ über München machen;* **'schlen·ke·rig** <Adj.> *schlenkernd;* **'schlen·kern** <V. i. u. V. t.; ich schlenk(e)re> *mit den Armen ~;* **'schlenk·rig** <Adj.> = *schlenkerig*

'schlen·zen <V. i.; du schlenzt; Hockey> *den Ball schlagen, ohne auszuholen*

Schlepp <in den Wendungen> *jmdn., etwas in ~ nehmen, im ~ haben abschleppen, mit sich ziehen;* **'Schlepp·damp·fer** <m.; -s, ->; **'Schlep·pe** <f.; -, -n> *am Boden nachschleifender Teil des (Braut-)Kleides;* **'schlep·pen** <V. t.> 1 *mit großer Mühe tragen* 2 *sie hat mich ins Kino geschleppt <fig.; umg.>* 3 *ziehend fortbewegen; der Dampfer schleppte den Kahn stromaufwärts* 4 <V. refl.> *sich mit größter Mühe fortbewegen; sie konnte sich gerade noch nach Hause ~;* **'schlepp·pend** <Adj.> 1 ~er *Gang schwerfälliger G.* 2 *der Hausbau ging ~ voran mühsam;* **'Schlep·pen·trä·ger** <m.; -s, ->; **'Schlep·pen·trä·ge·rin** <f.; -, -n·nen>; **'Schlep·per** <m.; -s, -> 1 *Schleppfahrzeug; Sattel~* 2 *jmd., der Flüchtlinge gegen Geld illegal über die Grenze bringt;* **Schlep·pe'rei** <f.; -; unz.>; **'Schlepp·kahn** <m.; -(e)s, ⁻e>; **'Schlepp·lift** <m.; -(e)s, -e; Skisp.>; **'Schlepp·netz** <n.; -es, -e; Fischerei>; **'Schlepp·netz·fahn·dung** <f.; -, -en> *polizeitakt. Straßenkontrolle;* **'Schlepp·schiff** <n.; -(e)s, -e>; **'Schlepp·schiff·fahrt** <f.; -; unz.; ↗Z37>; **'Schlepp·seil** <n.; -(e)s, -e>; **'Schlepp·start** <m.; -s, -s> *Start des Segelflugzeugs mittels Hochschleppen durch ein Motorflugzeug;* **'Schlepp·tau** <n.; -(e)s, -e> *jmdn. ins ~ nehmen <fig.; umg.> jmdn. mit sich ziehen*

'Schle·si·en *histor. Gebiet in Mitteleuropa;* **'Schle·si·er** <m.; -s, ->; **'Schle·si·e·rin** <f.; -, -n·nen>; **'schle·sisch** <Adj.; ↗Z46> ~es *Himmelreich ein Fleischgericht mit Hefeklößen; <aber> Schlesische Dichterschule; die Schlesischen Kriege;* **'Schles·wig-'Hol·stein** *Bundes-*

land *der BRD;* **'Schles·wig-'Hol·stei·ner** <m.; -s, ->; **'Schles·wig-'Hol·stei·ne·rin** <f.; -, -n·nen>; **'schles·wig-'hol·stei·nisch** <Adj.> ~e *Städte; <aber> der Schleswig-Holsteinische Landtag;* **'schles·wi·gisch, 'schles·wigsch** <Adj.>

'schlet·zen <V. t.; du schletzt; schweiz.> *(die Tür) zuschlagen*

'Schleu·der <f.; -, -n> 1 *schnell rotierende Maschine zum Entfernen des Wassers aus nasser Wäsche; Wäsche~* 2 *Zentrifuge; Honig~* 3 *Wurfgerät; Stein~;* **'Schleu·der·ball** <m.; -(e)s, ⁻e> *Lederball mit Schlaufe;* **'Schleu·der·gang** <m.; -(e)s; unz.; bei Waschmaschinen>; **'Schleu·der·ge·fahr** <f.; -; unz.; bei Glatteis>; **'Schleu·der·ho·nig** <m.; -s; unz.>; **'Schleu·der·kurs** <m.; -es, -e; umg.> *Sicherheitstraining für Autofahrer;* **'schleu·dern** <V.; ich schleud(e)re> 1 <V. t.> *mit Wucht werfen* 2 <V. t.> *in der Schleuder(1, 2) bearbeiten* 3 <V. i. (s.)> *aus der Spur geraten; das Auto kam ins Schleudern;* **'Schleu·der·preis** <m.; -es, -e; umg.> *extrem niedriger Preis;* **'Schleu·der·sitz** <m.; -es, -e> *Rettungsvorrichtung an (Militär-)Flugzeugen;* **'Schleu·der·start** <m.; -s, -s; Flugw.>; **'Schleu·der·wa·re** <f.; -, -n>

'schleu·nig <Adj.> *schnell;* **'schleu·nigst** <Adv.> *auf schnellstem Wege*

'Schleu·se <f.; -, -n> 1 *Anlage für Schiffe in Flüssen u. Kanälen zur Überwindung von Höhenunterschieden* 2 *Klappe zum Stauen eines Wasserlaufs;* **'schleu·sen** <V. t.; du schleust> *ein Schiff durch den Kanal ~; Flüchtlinge über die Grenze ~ <fig.>;* **'Schleu·sen·tor** <n.; -(e)s, -e>; **'Schleu·sen·wär·ter** <m.; -s, ->; **'Schleu·ser** <m.; -s, -> = *Schlepper(2)*

Schlich <m.; -(e)s, -e> 1 *feinkörniges Erz* 2 <Pl.> *List; jmdm. auf die Schliche kommen*

schlicht <Adj.> *einfach, ungekünstelt;* **'Schlich·te** <f.; -, -n; Web.> *klebrige Flüssigkeit zum Glätten der Kettfäden;* **'schlich·ten** <V. t.> 1 *mit Schlichte be-*

handeln, glätten **2** einen Streit ~ <fig.> *beilegen;* **'Schlicht·heit** <f.; -; unz.>; **'Schlich·tung** <f.; -; unz.>; **'schlicht·weg** <Adv.; umg.> das ist ~ gelogen

Schlick <m.; -(e)s, -e; Pl. selten; norddt.> *Schlamm;* **'schli·cken** <V. i.>; **'schli·cke·rig** <Adj.> *schlammig, schlüpfrig;* **'schli·ckern** <V. i.; ich schlick(e)re> *schlittern, rutschen;* **'schli·ckig** <Adj.> *voller Schlick, wie Schlick;* **'schlick·rig** <Adj.> = *schlickerig*

Schlief <m.; -(e)s, -e> = *Schliff(3)*

'schlie·fen <V. i. (s.); wie 222; Jägerspr.> Hunde ~ *kriechen in den Fuchs- od. Dachsbau;* **'Schlie·fer** <m.; -s, -; Jägerspr.>

'schlie·fig <Adj.> = *schliffig*

Schlier <m.; -(e)s; unz.; bair.; österr.> *Mergel*

'Schlie·re <f.; -, -n> **1** <unz.> *schleimige Masse* **2** *Streifen (im Glas);* **'schlie·ren** <V. i. (h. u. s.); Seemannsspr.> *gleiten;* **'schlie·rig** <Adj.> *schlüpfrig*

'Schlie·ße <f.; -, -n> *Verschluss, Schnalle;* **'schlie·ßen** <V. 222> **1** <V. t.> *zumachen, zuklappen;* die Tür ~ **2** <V. t.> *(für Besucher) sperren;* wann werden die Läden geschlossen? **3** <V. i.> *den Betrieb einstellen;* wir ~ um zwölf Uhr; das Museum hat heute geschlossen **4** <V. i.> *in einer best. Weise zugehen;* die Tür schließt automatisch **5** <V. t.> *sicher verwahren;* den Schmuck in den Safe ~; jmdn. in sein Herz ~ <fig.> **6** <V. t. u. V. i.> *beenden;* er schloss (seine Rede, den Brief) mit den Worten ... **7** <V. i.> *folgern, Rückschlüsse ziehen;* von sich auf andere ~ **8** <V. t.> *eine Übereinkunft treffen;* Freundschaft ~; den Bund fürs Leben ~; Frieden ~ *sich versöhnen;* **'Schlie·ßer** <m.; -s, -> *Pförtner;* **'Schließ·fach** <n.; -(e)s, ⸚er; in Banken, auf Bahnhöfen>; **'Schließ·frucht** <f.; -, ⸚e; Bot.>; **'schließ·lich** **1** <Adv.> *endlich;* er kam ~ doch noch **2** <Partikel> *immerhin;* er ist ~ mein Bruder; **'Schließ·mus·kel** <m.; -s, -; Anat.>; **'Schlie·ßung** <f.; -; unz.>

Schliff <m.; -(e)s, -e> **1** *Art des*

Geschliffenseins; das Glas hat einen schönen ~ **2** <unz.; fig.> *gute Manieren;* er hat keinen ~ **3** *glasige Stelle im Backwerk;* oV *Schlief;* **'Schliff·flä·che** <f.; -, -n; ↗Z37>; **'Schliff·form** <f.; -, -en; ↗Z37>; **'schlif·fig** <Adj.> *nicht durchgebacken*

schlimm <Adj.; ↗Z42> **1** <↗Z43.3> *nachteilig, ungünstig, folgenschwer;* das ist aber ~ sein; es ist nichts Schlimmes; es gibt Schlimmeres als das; sie ist von allen am ~sten dran; das ist noch lange nicht das Schlimmste; zum Schlimmsten kommen; er wurde aufs Schlimmste, <auch> ~ste beleidigt **2** *moralisch verwerflich;* eine ~e Tat; das ist ein ganz Schlimmer! <umg.; scherzh.> **3** <umg.> *krank, wund;* er hat eine ~e Zehe; **'schlimms·ten·falls** <Adv.> *im ungünstigsten Fall*

'Schlin·ge <f.; -, -n> **1** *einfache Schleife;* → a. *Schleife(1)* **2** *Fangvorrichtung (für Tiere);* den Kopf aus der ~ ziehen <fig.> *sich (im letzten Moment) aus einer bedrängten Lage befreien*

'Schlin·gel <m.; -s, -; umg.; meist scherzh.> *freches Kerlchen*

'schlin·gen[1] <V. t./V. refl. 223> *etwas um etwas legen;* den Schal um den Hals ~

'schlin·gen[2] <V. t. u. V. i. 223> *gierig u. hastig essen;* schling (das Brot) nicht so!

'Schlin·ger·kiel <m.; -(e)s, -e> *Seitenkiel, der das Schlingern vermindern soll;* **'schlin·gern** <V. i.> *das Schiff schlingert schwankt infolge des Seeganges um die Längsachse;* ins Schlingern geraten <a. fig.>

'Schling·pflan·ze <f.; -, -n; Bot.>

Schlipf <m.; -(e)s, -e; schweiz.> *Berg-, Fels-, Erdrutsch*

Schlipp <m.; -(e)s, -e> *schiefe Ebene in der Werft* [engl.]

'Schlip·pe[1] <f.; -, -n; norddt.> *Rockzipfel*

'Schlip·pe[2] <f.; -, -n; (ost)mdt.> *enger Durchgang;* oV *Schluppe*

'schlip·pen <V. t.; Seemannsspr.> *lösen, loslassen* [engl.]

'schlip·pe·rig, 'schlipp·rig <Adj.; ostmdt.; norddt.> *gerinnend*

Schlips <m.; -es, -e> *Krawatte;* er fühlt sich auf den ~ getreten <fig.; umg.; scherzh.> *beleidigt;* **'Schlips·na·del** <f.; -, -n>

'Schlit·tel <n.; -s, -n; süddt.> *kleiner Schlitten;* **'schlit·teln, 'schlit·ten** <V. i. (s.); ich schlitt(e)le; schweiz.> *rodeln;* **'Schlit·ten** <m.; -s, -> **1** *auf Kufen gleitendes Fahrzeug zum Fahren auf Schnee;* Pferde~; mit jmdm. ~ fahren <fig.; umg.> *jmdn. schikanieren* **2** <umg.; scherzh.> *schickes, luxuriöses Auto;* **'Schlit·ten·bahn** <f.; -, -en>; **'Schlit·ten·hund** <m.; -(e)s, -e>; **'Schlit·ter·bahn** <f.; -, -en> *Rutschbahn auf Schnee od. Eis;* **'schlit·tern** <V. i. (s. od. h.); ich schlitt(e)re> *(auf dem Eis) gleiten, rutschen;* **'Schlitt·schuh** <m.; -(e)s, -e; ↗Z26> *Schuh mit schmaler Stahlkufe an der Sohle zum Gleiten auf Eis;* ~ laufen; wir sind ~ gelaufen; <aber> das Schlittschuhlaufen; **'Schlitt·schuh·bahn** <f.; -, -en>; **'Schlitt·schuh·läu·fer** <m.; -s, ->; **'Schlitt·schuh·läu·fe·rin** <f.; -, -n·nen>

Schlitz <m.; -es, -e> *schmale Öffnung, Spalt;* **'Schlitz·au·ge** <n.; -s, -n; meist Pl.>; **'schlitz·äu·gig** <Adj.>; **'schlitz·zen** <V. t.; du schlitzt> *mit einem Schlitz versehen;* **'Schlitz·ohr** <n.; -(e)s, -en; fig.; umg.; scherzh.> *kleiner Betrüger;* **'schlitz·oh·rig** <Adj.; fig.>; **'Schlitz·ver·schluss** <m.; -es, ⸚e; Fot.>

'schloh'weiß <Adj.> *schneeweiß;* ~es Haar

Schloss <n.; -es, ⸚er> **1** *Schließvorrichtung;* Tür~; er ist hinter ~ u. Riegel *in Sicherheitsverwahrung* **2** *repräsentatives, prachtvoll ausgestattetes Wohngebäude, Palast;* Wasser~; **'Schlöss·chen** <n.; -s, -; Verkleinerungsf. von> *Schloss*

'Schlo·ße <f.; -, -n; meist Pl.; umg.> *großes Hagelkorn;* **'schlo·ßen** <V. i.; unpersönl.> *es schloßt es hagelt;* es hat gewaltig geschloßt

'Schlos·ser <m.; -s, -> *Handwerker, der Eisen u. Metall verarbeitet;* Maschinen~; **Schlos·se·rei** <f.; -, -en>; **'Schlos·se·rin** <f.; -,

-n·nen>; **'schlos·sern** <V. i.; ich schloss(e)re>; **'Schloss·herr** <m.; -en, -en> *Eigentümer eines Schlosses(2);* **'Schloss·her·rin** <f.; -, -n·nen>; **'Schloss·hund** <m.; -(e)s, -e; veralt.> *an die Kette geschlossener Wachhund;* heulen wie ein ~ *heftig;* **'Schlöss·lein** <n.; -s, -; poet.; Verkleinerungsf. von> *Schloss;* **'Schloss·park** <m.; -s, -s>; **'Schloss·saal** <m.; -(e)s, -sä·le; ↗Z37>

Schlot <m.; -(e)s, -e> 1 *Schornstein;* rauchen wie ein ~ *sehr viel* 2 <fig.; umg.; abwertend> *oberflächlicher Kerl;* **'Schlot·fe·ger** <m.; -s, -> *Schornsteinfeger* **'Schlot·te**[1] <f.; -, -n; Bgb.> *Hohlraum im wasserlösl. Gestein* **'Schlot·te**[2] <f.; -, -n od. m.; -n, -n> *Blatt von Lauchgewächsen* **'schlot·te·rig** <Adj.> = *schlottrig;* **'schlot·tern** <V. i.; ich schlott(e)re> 1 *vor Angst od. Kälte heftig zittern* 2 <fig.; umg.> ein Kleidungsstück schlottert (am, um den Körper); **'schlott·rig** <Adj.> *zitternd, wackelig;* ~e Knie **'schlot·zen** <V. t.; du schlotzt; schwäb.> Wein ~ *in kleinen Schlucken genießen* **Schlucht** <f.; -, -en> *tiefes, enges Tal zw. steil aufragenden Felsen* **'schluch·zen** <V. i.; du schluchzt> *stoßweise weinen;* **'Schluch·zer** <m.; -s, ->

Schluck <m.; -(e)s, -e od. (selten) ⁻e> 1 *Flüssigkeitsmenge, die man auf einmal schlucken kann* 2 *ein guter ~ gutes alkohol. Getränk;* **'Schluck·auf** <m.; -s, -s> *unwillkürl. krampfhaftes Einatmen durch ruckartiges Zusammenziehen des Zwerchfells;* **'Schluck·be·schwer·den** <Pl.>; **'Schlück·chen** <n.; -s, -; Verkleinerungsf. von> *Schluck;* **'schlu·cken** <V.> 1 <V. t.> *vom Mund in die Speiseröhre befördern;* eine Pille ~; er musste vieles ~ <fig.> 2 <V. i.> *die Schluckbewegung ausführen;* er hat Schmerzen beim Schlucken; **'Schlu·cken** <m.; -s; unz.> = *Schluckauf;* **'Schlu·cker** <m.; -s, -; nur in der Wendung> armer ~ *armer Mensch;* **'Schluck·imp·fung** <f.; -, -en>; **'Schlück-**

lein <n.; -s, -; poet.> Verkleinerungsf. von *Schluck;* **'schluck·sen** <V. i.; du schluckst>; **'Schluck·ser** <m.; -s; unz.; umg.> = *Schluckauf;* **'Schluck·specht** <m.; -(e)s, -e; umg.; scherzh.> *jmd., der viel Alkohol trinkt;* **'schluck·wei·se** <Adv.> **'schlu·de·rig** <Adj.> = *schludrig;* **'schlu·dern** <V. i.; ich schlud(e)re; umg.; abwertend> *nachlässig arbeiten;* **'Schlud·ri·an** <m.; -(e)s, -e; ↗Z53.1; umg.> *jmd., der schludrig ist;* **'schlud·rig** <Adj.> *nachlässig, oberflächlich*

Schluff <m.; -(e)s, -e od. ⁻e> 1 *staubförmiges Gesteinsmaterial* 2 <bair.; veralt.> *Muff* **'Schlum·mer** <m.; -s; unz.> *leichter, kurzer Schlaf;* **'Schlum·mer·lied** <n.; -(e)s, -er>; **'schlum·mern** <V. i.; ich schlumm(e)re>; **'Schlum·mer·rol·le** <f.; -, -n> *Nackenpolster* **Schlumpf** <m.; -(e)s, ⁻e> *zwergenhafte Gestalt in Comicheften* **Schlund** <m.; -(e)s, ⁻e> 1 <Anat.> *trichterförmige Verbindung der Mund- u. Nasenhöhle mit der Speiseröhre* 2 <fig.; geh.> *tiefe Öffnung, Abgrund* **'Schlun·ze** <f.; -, -n; mdt.; westdt.; abwertend> *unordentliche Frau, Schlampe;* **'schlun·zen** <V. i.; du schlunzt>; **'schlun·zig** <Adj.>

Schlup <f.; -, -en od. -e> *einmastiges Fischerei- od. Küstenfahrzeug;* oV *Sloop, Slup* [engl.] **Schlupf** <m.; -(e)s, -e od. ⁻e; oberdt.; kurz für> *Schlupfwinkel, Schlupfloch;* **'schlup·fen** <V. i. (s.); süddt.; österr.>, **'schlüp·fen** <V. i. (s.)> 1 *sich behände durch eine (enge) Öffnung bewegen;* sie ist schnell ins Haus geschlüpft 2 *die Vögel sind geschlüpft aus dem Ei gekrochen;* **'Schlüp·fer** <m.; -s, -> *kurze Unterhose für Damen od. Kinder;* **'Schlupf·loch** <n.; -(e)s, ⁻er> 1 *offene Stelle, durch die man hindurchschlüpfen kann* 2 <fig.> *verborgener Zufluchtsort;* **'schlüpf·rig** <Adj.> 1 *glatt, feucht, rutschig* 2 <fig.; abwertend> *anstößig;* ~e Witze; **'Schlupf·wes·pe** <f.; -, -n;

Zool.>; **'Schlupf·win·kel** <m.; -s, -> **'Schlup·pe**[1] <f.; -, -n; mdt.; norddt.; westdt.> *Schleife* **'Schlup·pe**[2] <f.; -, -n; mdt.> = *Schlippe*[2] **'schlur·fen** <V. i. (s.); norddt.> *mit schleifenden Füßen gehen;* oV *schlürfen* **'schlür·fen** <V.> 1 <V. t. u. V. i.> *geräuschvoll trinken;* schlürf nicht so! 2 <V. i. (s); mdt.> = *schlurfen*

Schluss <m.; -es, ⁻e> 1 <unz.> *Zeitpunkt, an dem etwas zu Ende geht;* Schul~; Einsende~ 2 *Stelle, an der etwas zu Ende geht;* lassen Sie mich zum ~ kommen; der ~ des Buches ist enttäuschend 3 *Folgerung;* ein zwingender ~; man kann daraus den ~ ziehen, dass ...; Trug~; **'Schluss·ak·kord** <m.; -(e)s, -e; Mus.>; **'Schluss·akt** <m.; -(e)s, -e>; **'Schluss·ball** <m.; -(e)s, ⁻e> **'Schlüs·sel** <m.; -s, -> 1 *Gerät zum Öffnen u. Schließen von Schlössern(1);* Auto~ 2 <fig.> *Sachverhalt o. Ä., der etwas Unverständliches erklärt;* ihre schreckliche Kindheit ist der ~ für ihre Ängste 3 *Anweisung zum Entziffern von Geheimtexten;* Chiffren~ 4 <Mus.; kurz für> *Notenschlüssel;* Violin~; Bass~; **'Schlüs·sel·bart** <m.; -(e)s, ⁻e> = *Bart(2);* **'Schlüs·sel·bein** <n.; -(e)s, -e; Anat.> *Knochen des Schultergürtels;* **'Schlüs·sel·blu·me** <f.; -, -n; Bot.> = *Himmelsschlüssel;* **'Schlüs·sel·brett** <n.; -(e)s, -er>; **'Schlüs·sel·bund** <m. od. n.; -(e)s, ⁻e> *mehrere, mit einem Ring zusammengehaltene Schlüssel;* **'Schlüs·sel·chen** <n.; -s, -; Verkleinerungsf. von> *Schlüssel(1);* **'Schlüs·sel·dienst** <m.; -(e)s, -e>; **'Schlüs·sel·er·leb·nis** <n.; -s·ses, -s·se> *entscheidendes, späteres Verhalten erklärendes Erlebnis;* **'schlüs·sel·fer·tig** <Adj.> ~es Haus *bezugsfertiger Neubau;* **'Schlüs·sel·fi·gur** <f.; -, -en> *wichtige Person;* **'Schlüs·sel·ge·walt** <f.; -; unz.> 1 <Kath.> *Berechtigung zur Vergebung der Sünden* 2 <Rechtsw.> *Berechtigung der*

Ehefrau/des Ehemannes, den häusl. Bereich betreffende Rechtsgeschäfte abzuschließen, für die auch der Partner haftet; **'Schlüs·sel·in·dus·trie**, <auch> **'Schlüs·sel·in·dust·rie** <f.; -; unz.; ⁊Z.54> *Industriezweig, von dem andere abhängen*; **'Schlüs·sel·kind** <n.; -(e)s, -er; umg.> *Kind berufstätiger Eltern, das einen Schlüssel für die Wohnung hat*; **'Schlüs·sel·loch** <n.; -(e)s, ⹀er>; **'Schlüs·sel·po·si·ti·on** <f.; -, -en> *leitende Stellung*; **'Schlüs·sel·reiz** <m.; -es, -e; Verhaltensforschung>; **'Schlüs·sel·ring** <m.; -(e)s, -e>; **'Schlüs·sel·ro·man** <m.; -(e)s, -e>; **'Schlüs·sel·stel·lung** <f.; -, -en> *beherrschende Stellung*; **'Schlüs·sel·wort** <n.; -(e)s, ⹀er> *Kennwort*

schluss'end·lich <Adv.; bes. schweiz.> *schließlich, endlich*; **'schluss·fol·gern** <V. t.; ich schlussfolg(e)re; sie hat geschlussfolgert; zu schlussfolgern> *einen Schluss(3) aus etwas ziehen*; **'Schluss·fol·ge·rung** <f.; -, -en>; **'schlüs·sig** <Adj.> 1 *überzeugend, stichhaltig* 2 *sich (noch nicht) ~ sein sich (noch nicht) entschlossen haben*; **'Schluss·leuch·te** <f.; -, -n>; **'Schluss·licht** <n.; -(e)s, -er> 1 *am Fahrrad* 2 <fig.; umg.; scherzh.> *Schlechtester, Letzter*; **'Schluss·mann** <m.; -(e)s, ⹀er od. -leu·te> *letzter Läufer einer Staffel*; **'Schluss·no·tie·rung** <f.; -, -en; Börse>; **'Schluss·punkt** <m.; -(e)s, -e; fig.; nur in Wendungen wie> *einen ~ unter eine Sache setzen*; **'Schluss·rech·nung** <f.; -, -en>; **'Schluss·re·dak·teur** <[-tø:r] m.; -s, -e> *Redakteur, der die letzten Korrekturen vornimmt*; **'Schluss·re·dak·teu·rin** <f.; -, -n·nen>; **'Schluss·re·dak·ti·on** <f.; -, -en; Pl. selten>; **'Schluss·run·de** <f.; -, -n>; **'Schluss·s** <n.; -, -; in der dt. Schreib- u. Frakturschrift> *nur am Wort- od. Silbenende geschriebenes s*; **'Schluss·satz** <m.; -es, ⹀e; ⊿Z37>; **'Schluss·si·re·ne** <f.; -, -n; ⊿Z37>; **'Schluss·stein** <m.; -(e)s, -e; ⊿Z37; Arch.> *Stein im Scheitel eines Kreuzrippenge-*

wölbes; **'Schluss·strich** <m.; -(e)s, -e; ⊿Z37; meist nur in der Wendung> *einen ~ unter eine Angelegenheit ziehen*; **'Schluss·ver·kauf** <m.; -(e)s, ⹀e; kurz für> *Sommer-, Winterschlussverkauf*; **'Schluss·wort** <n.; -(e)s, -e> *das ~ sprechen*

Schmach <f.; -; unz.; geh.> *Schande, Demütigung*

'schmach·ten <V. i.; geh.> 1 *leiden, hungern u. dürsten* 2 <fig.> *sich sehnen (nach)*; *nach jmds. Liebe ~; jmdm. ~de Blicke zuwerfen*; **'Schmacht·fet·zen** <m.; -s, -; umg.; abwertend> *rührseliges Lied, Buch, Theaterstück o. Ä.*

'schmäch·tig <Adj.> *mager, dünn, zart, schwächlich*

'Schmacht·lap·pen <m.; -s, -; umg.; abwertend> *rührseliger Mensch*; **'Schmacht·lo·cke** <f.; -, -n; umg.; abwertend> *in die Stirn fallende Locke*; **'Schmacht·rie·men** <m.; -s, -; umg.; scherzh.> *Gürtel*

'schmach·voll <Adj.; geh.> *demütigend*

Schmack <m.; -(e)s, -e> *Gerbe- u. Färbemittel*

'Schma·cke <Pl.; bes. rhein.> 1 *Prügel, Schläge* 2 *Schwung, Kraft*; *mit ~*

'schmack·haft <Adj.; -er, am -es·ten> 1 *wohlschmeckend* 2 <adv.; fig.> *jmdm. etwas ~ machen*

'Schmad·der <m.; -s; unz.; mdt.; norddt.> *Schmutz, Matsch*; **'schmad·dern** <V. i.; norddt.> *stark regnen*; *es schmaddert*

Schmäh <m.; -s, - od. -s; österr.; umg.> 1 *billiger Trick, Schwindel* 2 *einen ~ führen seichte Witze machen*; **'schmä·hen** <V. t./V. refl.; geh.> *beleidigen, schlecht machen*; **'schmäh·lich** <Adj.> *schmachvoll*; **'Schmäh·re·de** <f.; -, -n>; **'Schmäh·schrift** <f.; -, -en> → a. *Pamphlet*; **'Schmäh·sucht** <f.; -; unz.>; **'schmäh·süch·tig** <Adj.>; **'Schmä·hung** <f.; -, -en>

schmal <Adj.; -er od. 'schmä·ler, am -s·ten od. (selten) 'schmäls·ten> 1 *von geringer Ausdehnung*; *ein ~er Weg; ein ~er Körperbau; Ggs breit* 2 *knapp, karg*; *ein ~es Einkom-*

men; **'schmal·brüs·tig** <Adj.>; **'schmä·lern** <V. t.; ich schmälere> *verringern, verkleinern, herabsetzen*; **'Schmä·le·rung** <f.; -; unz.>; **'Schmal·film** <m.; -(e)s, -e> *Film von max. 16 mm Breite*; **'Schmal·film·ka·me·ra** <f.; -, -s>; **'Schmal·hans** <nur in der Wendung> *bei uns ist ~ Küchenmeister wir müssen sehr sparsam leben*; **'Schmal·heit** <f.; -; unz.>; **'schmal·lip·pig** <Adj.>; **'Schmal·reh** <n.; -s, -e; Jägerspr.> → a. *Schmaltier*; **'Schmal·sei·te** <f.; -, -n> Ggs *Breitseite*; **'Schmal·spur** <f.; -; unz.; Eisenb.>; **'Schmal·spur…** <fig.; umg.; abwertend; in Zus.> *nicht vollwertig*; z.B. *Schmalspurstudium*; **'schmal·spu·rig** <Adj.>

Schmalt <m.; -(e)s, -e> = *Email* [ital.]; **'Schmal·te** <f.; -, -n> *Kobaltschmelze für Glasuren*; oV *Smalte*; **'schmal·ten** <V. t.>

'Schmal·tier <n.; -(e)s, -e; Jägerspr.> *weibl. Rot- u. Damwild im zweiten Lebensjahr*; **'Schmal·vieh** <n.; -s; unz.> *Kleinvieh*

Schmalz¹ <n.; -es, -e> *streichbares Fett*; **Schmalz²** <m.; -es; unz.; fig.; umg.> *Sentimentalität*; *ein Lied mit ~*; **'schmal·zen** <V. t.; du schmalzt; geschmalzt u. <fig.> geschmalzen> *geschmalzene Preise* <fig.> *überteuerte P*; **'schmäl·zen** <V. t.; du schmälzt; sie hat geschmälzt> *Wolle ~ vor dem Spinnen einfetten*; <aber> → *schmelzen*; **'Schmalz·ge·ba·cke·ne(s)** <n. 3>; **'schmal·zig** <Adj.> 1 *fettig* 2 <fig.> *übertrieben gefühlvoll*; *ein ~es Lied*

Schmand <m.; -(e)s; unz.> = *Schmant(1)*

'Schman·kerl <n.; -s, -n; bair.; österr.> *kleiner Leckerbissen*

Schmant <m.; -(e)s; unz.> 1 <bes. westmdt.> *saure Sahne*; oV *Schmand* 2 <ostmdt.> *Matsch*

schma'rot·zen <V. i.; du schmarotzt; sie hat schmarotzt> *auf Kosten anderer leben, ungebeten an etwas teilhaben, was anderen gehört*; **Schma'rot·zer** <m.; -s, ->; **schma'rot·ze·rin** <f.; -, -n·nen>; **schma'rot·ze·risch** <Adj.> Sy *parasitär*;

S

'Schma·rot·zer·pflan·ze <f.; -, -n; Bot.>; **Schma'rot·zer·tum** <n.; -s; unz.>

'Schmar·re <f.; -, -n> *Schmiss*

'Schmar·ren <m.; -s, -; bair.; österr.> 1 *eine Mehlspeise;* Kaiser~ 2 *Unsinn;* erzähl doch keinen ~!

'Schma·sche <f.; -, -n> *Fell eines jungen Lammes*

Schmatz <m.; -es, ~e od. -e; umg.> *geräuschvoller Kuss;* **'Schmätz·chen** <n.; -s, -; Verkleinerungsf. von *Schmatz;* **'schmat·zen** <V. i.; du schmatzt> *geräuschvoll essen;* **'Schmat·zer** <m.; -s, -> = *Schmatz;* **'Schmät·zer** <m.; -s, -; Zool.> *ein Singvogel*

Schmauch <m.; -(e)s; unz.; veralt.> *dicker Rauch, Qualm;* **'schmau·chen** <V. t. u. V. i.; umg.> (sein Pfeifchen) ~ *behaglich, genussvoll rauchen;* **'Schmauch·spu·ren** <Pl.>

Schmaus <m.; -es, ~e; Pl. selten; veralt.; noch scherzh.> *leckeres Mahl, Festessen;* **'schmau·sen** <V. i.; du schmaust; scherzh.>

'schme·cken <V.> 1 <V. i.> *einen bestimmten Geschmack haben;* das schmeckt bitter, nach Fisch, nach nichts 2 <V. i.> *munden;* das schmeckt mir gut 3 <V. t.> *den Geschmack feststellen;* ein Gewürz ~

Schmei·che'lei <f.; -, -en> *übertriebenes Lob,* **'schmei·chel·haft** <Adj.; -er, am ~es·ten>; **'Schmei·chel·kat·ze** <f.; -, -n; fig.; umg.> *zärtl. schmeichelndes Kind;* **'schmei·cheln** <V. i.; ich schmeich(e)le> jmdm. ~ *jmdn. übertrieben loben;* es schmeichelt mir, ich fühle mich geschmeichelt;* **'Schmeich·ler** <m.; -s, ->; **'Schmeich·le·rin** <f.; -, -n·nen>; **'schmeich·le·risch** <Adj.>

'schmei·ßen <V. 224; du schmeißt; er schmeißt; umg.> 1 <V. i. u. V. t.> *werfen, schleudern;* er schmiss den Ball ins Gebüsch; mit Steinen ~ 2 <V. t.> *erfolgreich durchführen, bewältigen;* wir werden den Laden schon ~ 3 <V. t.; Theaterspr.> eine Szene ~ *verpatzen* 4 <V. t.> eine Runde Bier ~ *spendieren* 5 <V. t.> *aufgeben;* er hat sein Studium geschmissen

'Schmeiß·flie·ge <f.; -, -n; Zool.> *Fleischfliege*

Schmelz <m.; -es, -e> 1 *glänzender Überzug, Glasur;* Zahn~ *oberste Zahnschicht* 2 <unz.; poet.> *weicher Klang, Wohllaut;* **'Schmelz·bar** <Adj.>; **'Schmelz·but·ter** <f.; -; unz.>; **'Schmel·ze** <f.; -, -n> 1 *Geschmolzenes* 2 *der Schmelzvorgang;* Schnee~; **'schmel·zen** <V. 225; du schmilzt; er schmilzt> 1 <V. t.> etwas ~ *durch Hitze flüssig machen* 2 <V. i. (s.)> *durch Hitze flüssig werden, zerfließen;* der Schnee ist geschmolzen; <aber> → *schmälzen;* **'Schmelz·far·be** <f.; -, -n> *Emailfarbe;* **'Schmelz·glas** <n.; -es; unz.> *Email;* **'Schmelz·kä·se** <m.; -s, ->; **'Schmelz·laut** <m.; -(e)s, -e; Phon.> = *Liquida;* **'Schmelz·o·fen** <m.; -s, ~; ↗Z55>; **'Schmelz·punkt** <m.; -(e)s, -e> *Temperatur, bei der ein Stoff flüssig wird;* **'Schmelz·tie·gel** <m.; -s, -> 1 *Tiegel zum Schmelzen von Metallen* 2 <fig.> *Stadt, in der viele verschiedene ethnische Gruppen leben;* **'Schmelz·wär·me** <f.; -; unz.>; **'Schmelz·was·ser** <n.; -s; unz.>

Schmer <m. od. n.; -s; unz.> *Fettgewebe des Schweinebauchs;* **'Schmer·bauch** <m.; -(e)s, ~e; umg.> *dicker Bauch;* **'Schmer·fluss** <m.; -es, ~e; Med.> *übermäßige Ausscheidung von Hauttalg;* Sy *Seborrhö*

'Schmer·le <f.; -, -n; Zool.> *karpfenartiger Süßwasserfisch*

'Schmer·ling <m.; -(e)s, -e; Bot.> *ein Speisepilz*

Schmerz <m.; -es, -en> 1 *peinigende körperl. Empfindung;* → a. *schmerzlindernd, schmerzstillend, schmerzverzerrt* 2 <Pl. selten; fig.> *Kummer;* **'schmerz·emp·find·lich** <Adj.>; **'Schmerz·emp·find·lich·keit** <f.; -; unz.>; **'schmer·zen** <V. i. u. V. t.; du schmerzt> *körperliche Schmerzen, Kummer bereiten;* der Fuß, dein Verhalten schmerzt (mir/mich); **'Schmer·zens·geld** <n.; -(e)s, -er> *finanzielle Entschädigung für erlittenen Schaden;* **'schmer·zens·reich** <Adj.; geh.>; **'Schmer-**

zens·schrei <m.; -(e)s, -e>; **'schmerz·frei** <Adj.; meist adv.> der Patient ist ~; **'Schmerz·frei·heit** <f.; -; unz.>; **'schmerz·haft** <Adj.; -er, am -es·ten> eine ~e Wunde; eine ~e Erfahrung; **'Schmerz·haf·tig·keit** <f.; -; unz.>; **'Schmerz·kli·nik** <f.; -, -en; Med.> *auf die Behandlung chron. Schmerzen spezialisierte Klinik;* **'schmerz·lich** <Adj.> *betrüblich;* ein ~er Verlust; **'schmerz·lin·dernd** <Adj.; ↗Z29> ein ~es Mittel; <aber> ein den Schmerz linderndes M.; **'schmerz·los** <Adj.>; **'Schmerz·lo·sig·keit** <f.; -; unz.>; **'schmerz·stil·lend** <Adj.; ↗Z29> ein ~es Medikament; <aber> ein die Schmerzen stillendes M.; **'schmerz·ver·zerrt** <Adj.; ↗Z29> ein ~es Gesicht; <aber> ein vor Schmerz verzerrtes G.; **'schmerz·voll** <Adj.>

'Schmet·ten <m.; -s; unz.; österr.; schles.> *Sahne, Rahm* [tschech.]; **'Schmet·ten·kä·se** <m.; -s; unz.> *Sahnequark*

'Schmet·ter·ball <m.; -(e)s, ~e; (Tisch-)Tennis>

'Schmet·ter·ling <m.; -s, -e; Zool.> *Insekt mit bunt gezeichnetem Flügelpaar;* **'Schmet·ter·lings·blüt·ler** <m.; -s, -; Bot.>; **'Schmet·ter·lings·netz** <n.; -es, -e>; **'Schmet·ter·lings·stil** <m.; -(e)s; unz.; Schwimmsp.>

'schmet·tern <V. t.; ich schmett(e)re> 1 etwas irgendwohin ~ *laut u. mit Wucht schleudern;* sie schmetterte die Vase an die Wand 2 *laut erklingen lassen;* ein Lied ~

'Schmi·cke <f.; -, -n; norddt.> *Peitsche, Peitschenschnur*

Schmied <m.; -(e)s, -e> *Handwerker der Eisenverarbeitung;* Gold~; **'schmied·bar** <Adj.>; **'Schmie·de** <f.; -, -n> *Werkstatt des Schmiedes;* **'Schmie·de·ei·sen** <n.; -s; unz.> Ggs *Gusseisen;* **'schmie·de·ei·sern** <Adj.>; **'Schmie·de·feu·er** <n.; -s, ->; **'Schmie·de·ham·mer** <m.; -s, ~>; **'schmie·den** <V. t.> 1 *Metall ~ (glühend gemachtes) M. mit dem Hammer formen* 2 <fig.> *sich ausdenken;* Pläne, Verse ~; **'Schmie·din** <f.; -, -n·nen>

'Schmie·ge <f.; -, -n> 1 *bewegli-*

S

ches Winkelmaß **2** *zusammen-klappbarer Zollstock;* '**schmie-gen** <V. refl.> *sich an jmdn. od. etwas ~ wohlig anlehnen;* sie schmiegte sich in den Sessel; sie schmiegt sich an ihn; '**schmieg·sam** <Adj.> ~es Leder; '**Schmieg·sam·keit** <f.; -; unz.>

'**Schmie·le** <f.; -, -n>, '**Schmiel·gras** <n.; -es; unz.; Bot.> *langhalmige Grasart*

Schmie'ra·ge <[-ʒə]; f.; -; unz.; umg.; abwertend> *Geschmier,* '**Schmie·re**[1] <f.; -, -n; umg.> **1** *Schmiermittel;* Wagen~ **2** <abwertend> *schlechtes, kleines Theater*

'**Schmie·re**[2] <in der Wendung> ~ *stehen* <umg.> *Wache stehen* [jidd.]

'**schmie·ren** <V.> **1** <V. t.> *einfetten, ölen;* eine Türangel ~; das geht ja wie geschmiert! <umg.; fig.> *schnell, reibungslos* **2** <V. t.> Butter aufs Brot ~ *streichen* **3** <V. i.> *unsauber schreiben, klecksen;* schmier doch nicht so!; der Füller schmiert **4** <V. t.; fig.; umg.> jmdn. ~ *bestechen* **5** <V. t.; fig.; umg.> jmdm. eine ~ eine Ohrfeige geben; '**Schmie·ren·ko·mö·di·ant** <m.; -en, -en; abwertend> '**Schmie·ren·ko·mö·di·an·tin** <f.; -, -.nnen; abwertend> **Schmie·re·'rei** <f.; -, -en>; '**Schmier·film** <m.; -(e)s; unz.>; '**Schmier·fink** <m.; -en, -en; fig.; umg.> *jmd., der sich leicht beschmiert od. unsauber schreibt;* '**Schmier·geld** <n.; -(e)s, -er> *Bestechungsgeld;* '**Schmier·heft** <n.; -(e)s, -e>; '**schmie·rig** <Adj.> **1** *fettig, klebrig* **2** ~e *Geschäfte* <fig.> *nicht korrekte G.;* '**Schmier·kä·se** <m.; -s, -> **1** *Streichkäse* **2** *Quark;* '**Schmier·mit·tel** <n.; -s, ->; '**Schmier·öl** <n.; -(e)s, -e>; '**Schmier·pa·pier** <n.; -s; unz.> *Papier für Entwürfe u. flüchtige Notizen;* '**Schmier·sei·fe** <f.; -; unz.> *weiche Kaliseife;* '**Schmie·rung** <f.; -, -en>; '**Schmier·zet·tel** <m.; -s, ->

'**Schmin·ke** <f.; -, -n> *kosmet. Mittel zum Färben der Haut, Lippen, Wimpern;* '**schmin·ken**

<V. t./V. refl.> *ein gut geschminkter Schauspieler*

'**Schmir·gel** <m.; -s, -> *Polier- u. Schleifmittel* [ital.]; '**schmir·geln** <V. t.; ich schmirg(e)le> *schleifen, glätten;* '**Schmir·gel·pa·pier** <n.; -(e)s; unz.> *Schleifpapier*

Schmiss <m.; -es, -e; umg.> **1** *Säbelhiebwunde u. deren Narbe* **2** <unz.; fig.> *Schwung;* das Lied hat viel ~; '**schmis·sig** <Adj.; umg.> *schwungvoll, flott*

Schmitz <m.; -es, -e> **1** *Hieb, Schlag* **2** <Typ.> *unscharfer Druck;* '**Schmit·ze** <f.; -, -n> **1** *Peitschenhieb* **2** = *Schmicke;* '**schmit·zen** <V. t.; du schmitzt> **1** *mit der Peitsche schlagen* **2** <Typ.> *unsauber drucken*

Schmock <m.; -(e)s, -e od. -s; abwertend> *gesinnungsloser Journalist* [slowen.; nach einer Figur in G. Freytags "Journalisten"]

Schmok <[ʃmoːk]; m.; -(e)s; unz.; norddt.> *Rauch;* '**schmö·ken** <V. t.; norddt.> eine Pfeife ~ *gemütlich rauchen;* '**Schmö·ker** <m.; -s, -> **1** <norddt.> *Raucher* **2** <umg.> *dickes Buch;* '**schmö·kern** <V. i.; ich schmökere; umg.> in einem Buch ~ *herumblättern od. genüsslich lesen*

'**Schmol·le** <f.; -, -n; österr.> *Brotkrume*

'**Schmoll·e·cke** <f.; -, -n; ↗Z.55>, fig.; umg.; bes. in der Wendung> in der ~ sitzen; '**schmol·len** <V. i.> *sich gekränkt zeigen;* mit jmdm. ~; '**Schmoll·mund** <m.; -(e)s, -e>; '**Schmoll·win·kel** <m.; -s, -; fig.; umg.>

'**Schmon·zes** <m.; -, -; umg.> *albernes, leeres Geschwätz* [jidd.]; **Schmon'zet·te** <f.; -, -n; umg.> *geistloses (Theater-)Stück*

'**Schmor·bra·ten** <m.; -s, ->; '**schmo·ren** <V.> **1** <V. t.> Fleisch ~ *anbraten u. im eigenen Saft garen lassen* **2** <V. i.> der Braten schmort schon eine Stunde **3** <V. t.; fig.; umg.> jmdn. ~ lassen *in peinigender Ungewissheit lassen* **4** <V. i.> eine elektr. Leitung schmort; '**Schmor·fleisch** <n.; -(e)s; unz.>; '**Schmor·pfan·ne** <f.; -, -n>

Schmu <m.; -s; unz.; umg.> *leichter Betrug* [hebr.]

schmuck <Adj.> *hübsch, gepflegt;* ein ~es Dorf; **Schmuck** <m.; -(e)s, -e; Pl. selten> **1** <i. w. S.> *schmückendes Beiwerk, Verzierung;* Altar~ **2** <i. e. S.> *schmückender, am Körper getragener Gegenstand, z. B. Ring, Kette u. Ä.;* Mode~; Familien~; '**schmü·cken** <V. t./V. refl.> *verzieren, verschönern;* den Christbaum ~; die Tafel war festlich geschmückt; er schmückt sich gern mit fremden Federn <fig.>; '**Schmuck·käst·chen** <n.; -s, ->; '**Schmuck·kas·ten** <m.; -s, ⸚>; '**schmuck·los** <Adj.> *unverziert, schlicht;* '**Schmuck·lo·sig·keit** <f.; -; unz.>; '**Schmuck·na·del** <f.; -, -n>; '**Schmuck·stein** <m.; -, -(e)s, -e; neue Bez. für> *Halbedelstein;* '**Schmuck·stück** <n.; -(e)s, -e> *besonders schöner Gegenstand;* '**Schmuck·wa·ren** <Pl.>; '**Schmuck·wa·ren·in·dus·trie,** <auch> '**Schmuck·wa·ren·in·dust·rie** <f.; -, -n; ↗Z.53>

'**Schmud·del** <m.; -s; unz.; bes. norddt.; umg.> *Unsauberkeit;* '**schmud·de·lig** <Adj.> *leicht schmutzig;* '**Schmud·del·kind** <n.; -(e)s, -er>; '**schmud·deln** <V. i.; ich schmudd(e)le; umg.> *unsauber arbeiten;* '**Schmud·del·wet·ter** <n.; -s; unz.; umg.> *nasskaltes Wetter, Schneeregen;* '**schmudd·lig** <Adj.> = *schmuddelig*

'**Schmug·gel** <m.; -s; unz.> *gesetzwidrige Ein- od. Ausfuhr von Waren;* '**schmug·geln** <V. t.; ich schmugg(e)le> Waren ~ *Schmuggel treiben mit W.;* '**Schmug·gel·wa·re** <f.; -, -n>; '**Schmugg·ler** <m.; -s, ->; '**Schmugg·le·rin** <f.; -, -.nnen>

'**schmun·zeln** <V. i.; ich schmunz(e)le> *verstohlen lächeln*

'**schmur·geln** <V. t. u. V. i.; ich schmurg(e)le; umg.> *(langsam) in Fett braten*

Schmus <m.; -es; unz.; umg.> *leeres, übertrieben freundliches Gerede* [hebr.]; '**Schmu·se·ka·ter** <m.; -s, -; umg.; scherzh.>; '**Schmu·se·kat·ze** <f.; -, -n;

umg.; scherzh.> 'schmu·sen <V. i.; du schmust; umg.> Zärtlichkeiten austauschen; 'Schmu·ser <m.; -s, -; umg.>; Schmu·se'rei <f.; -, -en>; 'Schmu·se·rin <f.; -, -nnen> Schmutz <m.; -es; unz.> 1 < ↗Z 29> Unreinlichkeit, Unrat; ein ~ abweisender Stoff; jmdn., etwas in den ~ ziehen <fig.> verleumden 2 <alemann.> Fett; 'Schmutz·blatt <n.; -(e)s, ¨er; in Büchern> Blatt mit dem Schmutztitel; 'schmut·zen <V. i.> dieser Teppich schmutzt leicht; 'Schmutz·fän·ger <m.; -s, -; fig.>; 'Schmutz·fink <m.; -en, -en; umg.> unreinlicher Mensch; 'Schmutz·fleck <m.; -s, -e>; 'schmut·zig <Adj.> 1 unsauber, mit Schmutz bedeckt; pass auf, dass du dich nicht ~ machst! 2 unanständig; ~e Witze 3 ~e Farbe verwaschene, nicht reine F; das Kleid ist ~ grau, von ~ grauer Farbe; ein ~ gelber Verputz; 'Schmut·zig·keit <f.; -; unz.>; 'Schmutz·lap·pen <m.; -s, ->; 'Schmutz·schicht <f.; -, -en>; 'Schmutz·ti·tel <m.; -s, -; Typ.> den Namen des Verfassers u. den Haupttitel enthaltende erste Seite eines Buches; 'Schmutz·wä·sche <f.; -; unz.>; 'Schmutz·was·ser <n.; -s; unz.> Abwasser

'Schna·bel <m.; -s, ¨> 1 <Zool.> der verlängerte u. meist spitz auslaufende Kiefer der Vögel 2 <umg.> Mund; reden, wie einem der ~ gewachsen ist ungeziert 3 der ~ einer Kanne der Ausguss; 'Schnä·bel·chen <n.; -s, -; Verkleinerungsf. von> Schnabel; Schnä·be'lei <f.; -; unz.; umg.>; 'Schna·bel·flö·te <f.; -, -n; Instrumentenk.> = Blockflöte; ...schnä·be·lig <Adj.; in Zus.> = ...schnäblig; 'Schna·bel·kerf <m.; -(e)s, -e; Zool.> ein Insekt; 'schnä·beln <V. i. u. V. refl.; ich schnäb(e)le) 1 die Vögel (bes. Tauben) ~ reiben die Schnäbel aneinander 2 <fig.; umg.> sie ~ (sich) sie küssen sich; 'Schna·bel·schuh <m.; -(e)s, -e; 13./15. Jh.> Herren- und Damenschuh mit schnabelartig nach oben gebogener Spitze; 'Schna·bel·tas·se <f.; -, -n> Tasse mit schnabelförmigem Ausguss; 'Schna·bel·tier <n.; -(e)s, -e; Zool.> Kloakentier mit breitem Hornschnabel; 'Schnäb·lein <n.; -s, -; poet.; Verkleinerungsf. von> Schnabel; ...schnäb·lig <Adj.; in Zus.> z. B. langschnäblig; oV ...schnäbelig; schna·bu'lie·ren <V. t.; umg.; veralt.> mit Behagen essen

Schnack <m.; -(e)s, -e od. ¨e; norddt.> Plauderei 'schna·ckeln <V. i.; ich schnack(e)le; oberbair.> mit den Fingern schnalzen; endlich hat's bei ihm geschnackelt <fig.> er hat es endlich begriffen; 'schna·cken <V. i.; norddt.> plaudern; 'Schna·ckerl <m. od. n.; -s, -; österr.> Schluckauf; 'Schna·ckerl·fir·ma <f.; -, -fir·men; österr.> kleine, unbedeutende Firma; 'Schnack·ler <m.; -s, -; österr.; umg.> knackendes Geräusch 'Schna·da·hup·fel, 'Schna·da·hüpfl, 'Schna·der·hüp·ferl <n.; -s, -n; bair.; österr.> vierzeiliges Stegreifliedchen mit Jodler 'Schna·ke <f.; -, -n; Zool.> Stechmücke; 'Schna·ken·stich <m.; -(e)s, -e>

'Schnäll·chen <n.; -s, -; Verkleinerungsf. von> Schnalle(1, 2); 'Schnal·le <f.; -, -n> 1 Schließvorrichtung, bes. an Riemen; Gürtel~ 2 <österr. a.> Türklinke 3 <derb> Prostituierte; 'schnal·len[1] <V. t.> 1 etwas ~ mit einer Schnalle(1) befestigen; den Gürtel enger ~ <a. fig> sich einschränken 2 <fig.; umg.> verstehen, begreifen; hast du es jetzt endlich geschnallt? 'schnal·len[2] <V. i.; oberdt.> = schnalzen 'Schnal·len·schuh <m.; -(e)s, -e> 'schnal·zen <V. i.; du schnalzt> ein schnappendes Geräusch erzeugen; mit der Peitsche, den Fingern, der Zunge ~; 'Schnal·zer <m.; -s, ->; 'Schnalz·laut <m.; -(e)s, -e>

'Schnäpp·chen <n.; -s, -; umg.> günstiger, vorteilhafter Kauf; ein ~ machen; 'Schnäpp·chen·jä·ger <m.; -s, -; umg.> jmd., der ein Schnäppchen gemacht hat; 'Schnäpp·chen·jä·ge·rin <f.; -, -n·nen>; 'schnap·pen <V.> 1 <V. i.> nach jmdm. od. etwas ~ mit dem Mund, den Zähnen zu greifen suchen; nach Luft ~ <fig.; umg.> keuchend atmen 2 <V. t./V. refl.> (sich) jmdn. od. etwas ~ mit schneller Bewegung greifen; er wurde an der Grenze geschnappt; möchtest du noch ein wenig frische Luft ~? <fig.> 3 <V. i.> sich ruckartig bewegen; die Tür schnappte ins Schloss 'Schnap·per <m.; -s, -;'umg.> federnder (Tür-)Verschluss; 'Schnäp·per <m.; -s, -> 1 <früher> Armbrust 2 seitl. Stoß der Billardkugel 3 <Zool.; kurz für> Fliegen~ ein Singvogel; 'Schnapp·hahn <m.; -(e)s, ¨e; früher> Wegelagerer; 'Schnapp·mes·ser <n.; -s, -> Klapp-, Springmesser; 'Schnapp·schloss <n.; -es, ¨er>; 'Schnapp·schuss <m.; -es, ¨e; Fot.; umg.> Momentaufnahme Schnaps <m.; -es, ¨e> Branntwein; Schnaps·bren·ne'rei <f.; -, -en>; 'Schnaps·bru·der <m.; -s, ¨; umg.> (gewohnheitsmäßiger) Trinker; 'Schnäps·chen <n.; -s, -; umg.>; 'schnäp·seln, 'schnap·sen <V. i.; ich schnäps(e)le; du schnapst; umg.> Schnaps trinken; 'Schnap·sen <n.; -s; unz.; bair.; österr.> Kartenspiel; 'Schnaps·glas <n.; -es, ¨er>; 'Schnaps·i·dee <f.; -, -n; ↗Z.55; umg.> verrückter Einfall; 'Schnaps·lei·che <f.; -, -n; scherzh.> Betrunkene(r); 'Schnaps·na·se <f.; -, -n; umg.> 1 von übermäßigem Alkoholkonsum gerötete Nase 2 <fig.; umg.> einfältiger Mensch; 'Schnaps·zahl <f.; -, -en> aus mehreren gleichen Ziffern bestehende Zahl

'schnar·chen <V. i.> beim Atmen im Schlaf ein sägendes, rasselndes Geräusch erzeugen; 'Schnar·cher <m.; -s, ->; 'Schnar·che·rin <f.; -, -n·nen> 'Schnar·re <f.; -, -n> Scherzartikel, der ein schnarrendes Geräusch erzeugt; 'schnar·ren <V. i.> 1 ein rasselndes Geräusch erzeugen; -e; bei der Orgel Schnat <f.; -, -en>, 'Schna·te <f.;

-, -n; umg.> **1** *junges, abge-schnittenes Reis* **2** *Schneise* **3** *Grenze einer Flur*

'**Schnä·tel** <n.; -s, -> *Pfeifchen aus Weidenrinde*

'**Schnat·ter·en·te** <f.; -, -n>, '**Schnat·ter·gans** <f.; -, ⁼e> **1** *schnatternde Ente, Gans* **2** <fig.; umg.> *schwatzhafte Frau*; '**schnat·ter·ig** <Adj.> *schwatz-haft*; '**Schnat·ter·lie·se** <f.; -, -n; fig.; umg.> *schwatzhafte Frau*; '**schnat·tern** <V. i.; ich schnatt(e)re> **1** *klappernde Laute von sich geben*; Enten, Gänse ~; vor Kälte od. Angst ~ <fig.> *so stark zittern, dass die Zähne aufeinander schlagen* **2** <fig.; umg.> *unaufhörlich reden*; '**schnatt·rig** <Adj.> = *schnatterig*

Schnau <f.; -, -en; norddt.> *Schiff mit schnabelförmigem Bug*

'**schnau·ben** <V. 226> **1** <V. i.> *heftig, hörbar durch die Nase atmen*; Pferde ~ **2** <V. t. /V. refl.; bes. nord- u. mdt.> (sich) die Nase ~ *putzen*

Schnauf <m.; -(e)s, -e> = *Schnaufer*; '**schnau·fen** <V. i.> *heftig atmen, keuchen*; '**Schnau·fer** <m.; -s, -; umg.> *hörbarer Atemzug*; den letzten ~ tun *sterben* **2** <schweiz.> *jun-ger ~ unreifes Bürschchen*

Schnauz <m.; -es, ⁼e; schweiz.> *Schnurrbart*; '**Schnauz·bart** <m.; -(e)s, ⁼e> *großer Schnurr-bart*; '**schnauz·bär·tig** <Adj.>; '**Schnäuz·chen** <n.; -s, -; Ver-kleinerungsf. von> *Schnauze*; '**Schnau·ze** <f.; -, -n> **1** *Maul u. Nase mancher Tiere*; Hunde~ **2** <unz.; derb> *Mund*; halt die ~! *sei ruhig!*; ich habe die ~ voll davon <fig.> *ich bin der Sache überdrüssig*; wie hast du das ge-macht? Frei (nach) ~! <fig.> *oh-ne Plan*; '**schnau·zen** <V. i.; du schnauzt; derb> *laut schimp-fen*; '**schnäu·zen** <V. t. /V. refl.; du schnäuzt (dich)> *sich (die Nase) ~ putzen*; '**Schnau·zer** <m.; -s, -> **1** <Zool.> *rauhaarige Hunderasse* **2** *Schnurrbart*; '**schnau·zig** <Adj.> *grob, barsch*; '**Schnäuz·lein** <n.; -s, -; poet.; Verkleinerungsf. von> *Schnauze*

Schneck <m.; -(e)s, -en; oberdt.>, '**Schne·cke** <f.; -, -n> **1** <Zool.> *Weichtier (mit spiral-förmigem Gehäuse)*; jmdn. zur ~ machen <fig.; umg.> *mit Vor-würfen überschütten* **2** *gewun-denes, spiralförmiges Gebilde, z. B. als Gebäck*; '**Schne·cken·gang** <m.; -(e)s, ⁼e; Tech.>; '**Schne·cken·ge·häu·se** <n.; -s, ->, '**Schne·cken·haus** <n.; -es, ⁼er> *sich in sein ~ zurückziehen* <fig.; umg.>; '**Schne·cken·post** <f.; -; unz.; fig.; umg.> *langsa-mes Verkehrsmittel*; mit der ~ fahren; '**Schne·cken·tem·po** <n.; -s; unz.; fig.; umg.> *im ~*; '**Schne·ckerl** <n.; -s, -n; österr.> *Haarlocke*

Schnee <m.; -s; unz.> **1** *aus ge-frorenem Wasser bestehender, flockenförmiger Niederschlag; das ist doch ~ von gestern!* <fig.> *nicht mehr aktuell* **2** *ge-schlagenes Eiweiß*; Ei~ **3** <Dro-genszene> *Rauschmittel (bes. Kokain) in Form von weißem Pulver*; '**Schnee·ball** <m.; -(e)s, ⁼e>; '**schnee·bal·len** <V. t. u. V. i.; nur im Inf. u. Part. Perf.> *die Kinder haben geschneeballt*; '**Schnee·ball·schlacht** <f.; -, -en; fig.>; '**Schnee·ball·sys·tem** <n.; -s; unz.> **1** *in Deutschland verbotene Form des Warenab-satzes, bei der dem Käufer Vor-teile gewährt werden, wenn er weitere Kunden wirbt* **2** *Verbrei-tung einer Nachricht durch Weitergabe von einem Empfän-ger zu mehreren anderen*; '**schnee·be·deckt** <Adj.; ⤢Z29> *ein ~es Feld*; <aber> *ein mit Schnee bedecktes Feld*; '**Schnee·bee·re** <f.; -, -n; Bot.> *ein Geißblattgewächs*; '**Schnee-be·sen** <m.; -s, -> *Küchengerät, mit dem Eiweiß zu Schnee(2), Sahne zu Schlagsahne geschla-gen wird*; '**schnee·blind** <Adj.>; '**Schnee·blind·heit** <f.; -; unz.>; '**Schnee·brett** <n.; -(e)s, -er> *Schneemassen, die eine Lawine auslösen können*; '**Schnee·bril-le** <f.; -, -n>; '**Schnee·bruch** <m.; -(e)s, ⁼e> *Beschädigungen an Bäumen durch die Last des Schnees*; '**Schnee·de·cke** <f.; -, -n> *zusammenhängende Schneeschicht*; '**schnee·er·hellt**

<Adj.; ⤢Z37>; '**Schnee·eu·le** <f.; -, -n; ⤢Z37; Zool.>; '**Schnee·fall** <m.; -(e)s, ⁼e; Pl. selten>; '**Schnee·fall·gren·ze** <f.; -, -n>; '**Schnee·flo·cke** <f.; -, -n>; '**Schnee·frä·se** <f.; -, -n> *ein Räumfahrzeug*; '**schnee·frei** <Adj.>; '**Schnee·gans** <f.; -, ⁼e; Zool.>; '**Schnee·ge·stö·ber** <n.; -s; unz.> *dichter Schneefall*; '**Schnee·glät·te** <f.; -; unz.>; '**Schnee·glöck·chen** <n.; -s, -; Bot.> *ein Narzissengewächs*; '**Schnee·gren·ze** <f.; -; unz.> *untere Grenze des ewigen Schnees*; → a. *ewig*; '**Schnee·ha-se** <m.; -n, -n; Zool.>; '**Schnee-huhn** <n.; -(e)s, ⁼er; Zool.>; '**schnee·ig** <Adj.>; '**Schnee·ka-no·ne** <f.; -, -n> *Gerät zum Er-zeugen von künstl. Schnee*; '**Schnee·kat·ze** <f.; -, -n> = *Schneeraupe*; '**Schnee·ket·te** <f.; -, -n; meist Pl.> *Kettenge-flecht zur Erhöhung der Griffig-keit der Autoreifen*; '**Schnee·kö-nig** <m.; -s, -e> **1** <Zool.; ostmdt.> *Zaunkönig* **2** <fig.; umg.; in der Wendung> *er freut sich wie ein ~ außerordentlich*; '**Schnee·le·o·pard** <m.; -en, -en; Zool.>; '**Schnee·mann** <m.; -(e)s, ⁼er> *aus Schnee ge-formte menschenähnl. Gestalt*; '**Schnee·mas·se** <f.; -, -n>; '**Schnee·mensch** <m.; -en, -en> Sy *Yeti*; '**Schnee·mo·nat** <m.; -(e)s, -e>, '**Schnee·mond** <m.; -(e)s, -e; alter Name für> *Januar*; '**Schnee·pflug** <m.; -(e)s, ⁼e> *ein Räumfahrzeug*; '**Schnee·räu·mer** <m.; -s, -n>; '**Schnee·rau·pe** <f.; -, -n> *Fahr-zeug, mit dem die Pisten u. Loipen angelegt werden*; '**Schnee·re-gen** <m.; -s; unz.>; '**Schnee·re-gi·on** <f.; -, -en> *Gebiet des ewi-gen Schnees*; → a. *ewig*; '**Schnee·ro·se** <f.; -, -n; Bot.> *Christrose*; '**Schnee·ru·te** <f.; -, -n; österr.> = *Schneebesen*; '**Schnee·schip·per** <m.; -s, -; umg.>; '**Schnee·schip·pe·rin** <f.; -, -n·nen>; '**Schnee-schmel·ze** <f.; -, -n>; '**Schnee·schuh** <m.; -(e)s, -e; veralt.> = *Ski*; '**schnee·si·cher** <Adj.> *ein ~es Wintersportge-biet*; '**Schnee·sturm** <m.; -(e)s, ⁼e>; '**Schnee·trei·ben** <n.; -s;

S

unz.>; **'Schnee·ver·hält·nis·se** <Pl.>; **'schnee·ver·weht** <Adj.; ↗Z 29>; **'Schnee·ver·we·hung** <f.; -, -en>; **'Schnee·wäch·te** <f.; -, -n; nicht mehr zulässige Schreibung für> *Schneewechte;* **'Schnee·was·ser** <n.; -s; unz.> *geschmolzener Schnee;* **'Schnee·wech·te** <f.; -, -n>, **'Schnee·we·he** <f.; -, -n> *vom Wind zu einem kleinen Hügel zusammengewehter Schnee;* **'schnee'weiß** <Adj.>

Schneid <m.; -(e)s; unz.; umg. a. f.; -; unz.; süddt.; österr.; umg.> *Mut, forsches Wesen;* jmdm. den ~ abkaufen <fig.>; **'Schneid·ba·cke** <f.; -, -n> *Teil eines Werkzeugs;* **'Schneid·boh·rer** <m.; -s, -> *ein Werkzeug;* **'Schneid·bren·ner** <m.; -s, -> *Werkzeug zum Zerschneiden von Stahl- u. Eisenstücken;* **'Schnei·de** <f.; -, -n> *die scharfe Seite der Klinge (des Messers);* die Sache steht auf (des) Messers ~ <fig.> *vor ungewissem Ausgang;* **'Schneid·ei·sen** <n.; -s, -> *Werkzeug zum Herstellen von Außengewinden;* **'Schnei·del·holz** <n.; -es; unz.; Forstw.> *abgehauene Nadelholzzweige;* **'schnei·den** <V. 227> 1 <V. t.; ↗Z 42> *etwas (mit dem Messer, der Schere o. Ä.) zerteilen, abtrennen od. kürzen;* Brot ~; Gras ~ mähen; hier ist die Luft zum Schneiden <fig.> *verbraucht, verräuchert;* einen Film ~ *best. Teile entfernen* 2 <V. i.> *scharf bzw. nicht scharf sein;* das Messer, die Schere schneidet gut, schlecht 3 <V. t.> *formen;* das Kleid ist eng geschnitten; sie ist ihrer Mutter wie aus dem Gesicht geschnitten *sie ähnelt ihrer Mutter sehr;* Grimassen ~ *durch Gesichtsbewegungen hervorbringen* 4 <V. t./V. refl.> *jmdm., sich eine Schnittwunde zufügen;* ich habe mir/mich in den Finger geschnitten; sich ins eigene Fleisch ~ <fig.; umg.> **5** <V. refl.> *sich kreuzen;* die beiden Straßen ~ sich 6 <V. t.> *ein Auto, eine Kurve ~ in engem Winkel einscheren* 7 <V. t.; fig.; umg.> jmdn. ~ *bewusst übersehen;* **'Schnei·der** <m.; -s, -> *jmd., der Oberbekleidung nach*

Maß herstellt; Damen~; Herren~; **'Schnei·der·ar·beit** <f.; -, -en>; **'Schnei·de'rei** <f.; -, -en>; **'Schnei·der·hand·werk** <n.; -(e)s; unz.>; **'Schnei·de·rin** <f.; -, -n·nen; ↗Z 38>; **'Schnei·der·kos·tüm** <n.; -s, -e>; **'Schnei·der·krei·de** <f.; -; unz.> *spezielle Kreide zum Anzeichnen von Linien auf Stoff;* **'schnei·dern** <V. i. u. V. t.; ich schneid(e)re> *Oberbekleidung nähen;* **'Schnei·der·pup·pe** <f.; -, -n>; **'Schnei·der·sitz** <m.; -es; unz.> *eine Art Grätschsitz;* im ~; **'Schnei·de·zahn** <m.; -(e)s, ⸚e> *einer der beiden mittleren Zähne des Ober- bzw. Unterkiefers;* **'schnei·dig** <Adj.; fig.> *forsch, wagemutig;* ...**schnei·dig** <Adj.; in Zus.> *z. B. zweischneidig;* **'Schneidig·keit** <f.; -; unz.>; **'Schneid·klup·pe** <f.; -, -n> *ein Werkzeug*

'schnei·en <V. i.> 1 <unpersönl.> es schneit *es fällt Schnee* 2 jmdm. ins Haus ~ <fig.; umg.>

'Schnei·se <f.; -, -n> *von Bäumen freigehaltener Streifen im Wald;* eine ~ schlagen

schnell <Adj.> *mit großer Geschwindigkeit, flink;* auf ~stem Wege <fig.; umg.> *so schnell wie möglich;* ~er Brüter *ein Kernreaktor;* → a. *Schnelle(1);* **'Schnell·bahn** <f.; -, -en; Kurzw.: S-Bahn> *ein Schienenfahrzeug;* **'Schnell·boot** <n.; -(e)s, -e>; **'Schnell·dienst** <m.; -(e)s, -e> Reinigung mit ~; **'Schnell·durch·lauf** <m.; -(e)s, ⸚e> im ~; **'Schnel·le** <f.; -, -n> 1 <unz.> *Schnelligkeit;* etwas auf die ~ erledigen <umg.> *rasch (und oberflächlich);* jmdn. auf die ~ besuchen <umg.> *nur ganz kurz* 2 <kurz für> *Stromschnelle;* **'schnel·len** <V.> 1 <V. t./V. refl.> *einen Gummi ~ (lassen) federnd springen lassen* 2 <V. i.> *federnd springen;* er schnellte von seinem Sitz; die Preise sind in die Höhe geschnellt <fig.>; **'Schnell·feu·er** <n.; -s; unz.>; **'Schnell·feu·er·ge·schütz** <n.; -es, -e>; **'Schnell·feu·er·pis·to·le** <f.; -,

-n>; **'schnell·fü·ßig** <Adj.> *mit schnellem Schritt;* **'Schnell·gang** <m.; -(e)s; unz.>; **'Schnell·gast·stät·te** <f.; -, -n>; **'Schnell·ge·richt** <n.; -(e)s, -e> *Speise, die sich rasch zubereiten lässt;* **'Schnell·hef·ter** <m.; -s, -> *Mappe zum Aufbewahren von Schriftstücken;* **'Schnel·lig·keit** <f.; -, -en; Pl. selten>; **'Schnell·im·biss** <m.; -es, -e> 1 *rasch eingenommener kleiner Imbiss* 2 *Schnellgaststätte;* **'Schnell·koch·topf** <m.; -(e)s, ⸚e> *Dampfkochtopf;* **'Schnell·kraft** <f.; -; unz.>; **'Schnell·kurs** <m.; -es, -e> *Kurs, in dem das zu Lernende in komprimierter Form dargeboten wird;* **'Schnell·last·wa·gen** <m.; -s, -; ↗Z 37>; **'Schnell·lauf** <m.; -(e)s, ⸚e; ↗Z 37>; **'Schnell·läu·fer** <m.; -s, -; ↗Z 37>; **'Schnell·läu·fe·rin** <f.; -, -n·nen; ↗Z 37>; **'schnell·le·big** <Adj.; ↗Z 37> *von kurzer Lebensdauer, sich schnell wandelnd;* **'Schnell·pa·ket** <n.; -(e)s, -e; Post>; **'Schnell·schuss** <m.; -es, ⸚e; fig.> *eilige Maßnahme;* **'Schnell·sen·dung** <f.; -, -en; Post>; **'schnells·tens** <Adv.> *so schnell wie möglich;* **'schnellst·mög·lich** <Adv.; umg.>; **'Schnell·stra·ße** <f.; -, -n> *breite, kreuzungsfreie Straße;* **'Schnell·ver·fah·ren** <n.; -s, -> etwas im ~ erledigen; **'schnell·wüch·sig** <[-ks-]; Adj.> -e *Pflanzen;* **'Schnell·zug** <m.; -(e)s, ⸚e; Abk.: D-Zug>

'Schnep·fe <f.; -, -n> 1 <Zool.> *Regenpfeifervogel* 2 <derb> *Prostituierte;* **'Schnep·fen·vo·gel** <m.; -s, ⸚; Zool.>; **'Schnep·pe** <f.; -, -n; mdt.> 1 *Ausgussröhre an Kannen* 2 *schnabelförmige Spitze eines Kleidungsstückes* 3 <derb> *Prostituierte;* **'Schnep·per** <m.; -s, -; Nebenform von> *Schnäpper;* **'schnep·pern** <V. i.; ich schnepp(e)re; Sp.> *in Hohlkreuzhaltung springen*

'schnet·zeln <V. t.; ich schnetz(e)le> Fleisch ~ *klein schneiden;* geschnetzeltes Kalbfleisch

Schneuß <m.; -es, -e; Arch.> = *Fischblase(2)*

'schni·cken <V.; umg.> *zucken, schnipsen;* **'Schnick·schnack** <m.; -s; unz.; umg.> 1 *überflüssiger Kleinkram* 2 *Geschwätz*

'schnie·ben <V. i.; mdt.> *schnauben;* **'schnie·fen** <V. i.; mdt.> *hörbar durch die Nase atmen*

'schnie·geln <V. t./V. refl.; ich schnieg(e)le> *übertrieben herausputzen;* geschniegelt und gebügelt <umg.>; **'schnie·ke** <Adj.; norddt.; berlin.> *fein*

'Schnip·fel <m.; -s, -; süddt.> = *Schnippel;* **'schnip·feln** <V. t.; ich schnipf(e)le; süddt.> = *schnippeln;* **'Schnipp·chen** <n.; -s, -; nur in der Wendung> jmdm. ein ~ schlagen *jmds. Absichten durchkreuzen;* **'Schnip·pel** <m. od. n.; -s, -; norddt.; mdt.> *Schnipsel;* **'schnip·peln** <V.; ich schnipp(e)le; umg.> 1 <V. i.> an etwas ~ *kleine Stückchen von etwas abschneiden* 2 <V. t.> *klein schneiden;* Früchte für den Obstsalat ~; **'schnip·pen** <V. i.; umg.> mit den Fingern ~ *Daumen u. Mittelfinger ruckartig aneinander reiben u. dabei einen hörbaren Laut erzeugen;* **'schnip·pisch** <Adj.; abwertend> *respektlos, keck;* **'Schnip·sel** <m. od. n.; -s, -; umg.> *abgeschnittenes Stückchen;* Papier~; **'schnip·sen** <V. i.; ich schnips(e)le; umg.> = *schnippen;* **'schnip·sen** <V. i.; du schnipst> = *schnippen*

Schnitt <m.; -(e)s, -e> 1 *das Schneiden;* Kaiser~; Luftröhren~; Film~ 2 *Ergebnis des Schneidens, sichtbare Spur;* der ~ ging tief ins Fleisch 3 *Form;* das Kleid hat einen guten ~ 4 *Vorlage aus Papier zum Zuschneiden eines Kleidungsstückes* 5 <kurz für> *Durchschnitt;* er fuhr im ~ 120 km in der Stunde; der ~ liegt bei 60 Besuchern pro Tag; **'Schnitt·blu·me** <f.; -, -n; meist Pl.> *für die Vase geschnittene Blume;* **'Schnitt·boh·ne** <f.; -, -n>; **'Schnitt·chen** <n.; -s, -; Verkleinerungsf. von> *Schnitte;* **'Schnit·te** <f.; -, -n> *abgeschnittene (Brot-)Scheibe;* **'Schnit·ter** <m.; -s, -; früher> *Landarbeiter zum Schneiden des Grases od. Getreides;* **'schnitt·fest** <Adj.>; **'Schnitt-**

flä·che <f.; -, -n>; **'Schnitt·holz** <n.; -es, -̈er> *zu Balken u. Brettern verarbeitete Baumstämme;* **'schnit·tig** <Adj.> 1 *von sportlich-eleganter Form* 2 *erntereif;* das Getreide ist ~; **'Schnitt·lauch** <m.; -(e)s; unz.; Bot.> *eine Gewürzpflanze;* **'Schnitt·li·nie** <[-niə]; f.; -, -n; Math.> *gemeinsame Punkte zweier Flächen;* **'Schnitt·meis·ter** <m.; -s, -> *Cutter,* **'Schnitt·meis·te·rin** <f.; -, -n.nen>; **'Schnitt·men·ge** <f.; -, -n; Mengenlehre>; **'Schnitt·mus·ter** <n.; -s, ->, **'Schnitt·mus·ter·bogen** <m.; -s, - od. (süddt.; österr.; schweiz.) -̈> = *Schnitt(4);* **'Schnitt·punkt** <m.; -(e)s, -e> 1 <Math.> *gemeinsamer Punkt zweier od. mehrerer Geraden od. Kurven* 2 <allg.> *Kreuzung (zweier Wege);* **'Schnitt·stel·le** <f.; -, -n; EDV> *Verbindungs- und Anschlussstelle von Geräte- od. Anlageteilen;* **'Schnitt·wun·de** <f.; -, -n>

Schnitz <m.; -es, -e; süddt.> *(gedörrtes) Obststückchen;* Apfel~; **'Schnitz·bank** <f.; -, -̈e> *Werkbank;* **'Schnit·zel**[1] <n.; -s, -> *dünne, gebratene Fleischscheibe;* Schweine~; paniertes ~; Wiener ~; **'Schnit·zel**[2] <n. od. (österr. nur so) m.; -s, -; umg.> *kleines Stückchen Papier;* Papier~; **'Schnit·zel·jagd** <f.; -, -en> *Spiel, bei dem durch Papierschnitzel eine Spur markiert wird;* **'schnit·zeln** <V. t.; ich schnitz(e)le> *(Papier, Holz) in kleine Stückchen schneiden;* **'schnit·zen** <V. i. u. V. t.; du schnitzt> *durch Beschneiden eine best. Form geben;* ein Kreuz, einen Elefanten ~; er ist aus hartem Holz geschnitzt <fig.>; **'Schnit·zer** <m.; -s, -> 1 *Holzbildhauer* 2 <umg.> *Fehler;* **Schnit·ze·rei** <f.; -, -en>; **'Schnitz·werk** <n.; -(e)s, -e>

'schno·bern <V. i.; ich schnob(e)re; umg.> *schnuppern, schnüffeln*

schnöd <Adj.> = *schnöde*

'schnod·de·rig <Adj.; umg.; abwertend> *respektlos provozierend, lässig;* er hat eine sehr ~e Art; **'Schnod·de·rig·keit** <f.; -;

unz.>; **'schnodd·rig** <Adj.> = *schnodderig*

'schnö·de <Adj.; abwertend> *gemein, schändlich, verächtlich;* ein ~r Gewinn, Verrat; der ~ Mammon <scherzh.> *das (zu verachtende) Geld;* **'schnö·den** <V. i.; schweiz.> *schnöde reden;* **'Schnö·dig·keit** <f.; -; unz.>

'schno·fein <V. i.; ich schnof(e)le; österr.; umg.> *schnüffeln*

'Schnor·chel <m.; -s, -> 1 *Luftrohr beim U-Boot* 2 *Vorrichtung am Atemrohr von Sporttauchgeräten;* **'schnor·cheln** <V. i.; ich schnorch(e)le>

'Schnör·kel <m.; -s, -> 1 *gewundene, als Verzierung dienende Linie* 2 <fig.> *unnötige Ausschmückung (in der Rede);* **'schnör·ke·lig** <Adj.>; **'schnör·keln** <V. i.; ich schnörk(e)le>; **'schnörk·lig** <Adj.> = *schnörkelig*

'schnor·ren <V. t. u. V. i.; umg.> *(er)betteln;* eine Zigarette ~; willst du schon wieder ~?; **'Schnor·rer** <m.; -s, ->; **'Schnor·re·rin** <f.; -, -n.nen>

'Schnö·sel <m.; -s, -; umg.> *dumm-frecher (junger) Mensch, Geck;* **'schnö·se·lig** <Adj.>

'Schnu·cke <f.; -, -n; kurz für> *Heidschnucke;* **'Schnu·ckel·chen** <n.; -s, -; eigtl.> 1 *Schäfchen* 2 <fig.; umg.> *Kosewort;* Schätzchen, Liebling; mein ~; **'schnu·cke·lig, 'schnuck·lig** <Adj.; umg.> *hübsch, gemütlich;* ein ~es Häuschen

'schnud·de·lig, 'schnudd·lig <Adj.; umg.> *unsauber*

'schnüf·feln <V. i.; ich schnüff(e)le> 1 *die Luft hörbar durch die Nase ziehen;* der Hund schnüffelt an der Tasche 2 <fig.> *spionieren;* es gibt hier nichts zu ~! 3 *Dämpfe in Klebstoffen, Farben o. Ä. inhalieren, um sich in einen rauschhaften Zustand zu versetzen;* **'Schnüff·ler** <m.; -s, ->; **'Schnüff·le·rin** <f.; -, -n.nen>

'schnul·len <V. i. u. V. t.; bes. süddt.> *lutschen, saugen;* am Daumen, ein Bonbon ~; **'Schnul·ler** <m.; -s, -> = *Sauger(1)*

'Schnul·ze <f.; -, -n; abwertend> *kitschiges, rührseliges Kino- od. Theaterstück, Lied;* **'Schnul-**

zen·sän·ger ‹m.; -s, -›; **'Schnul·zen·sän·ge·rin** ‹f.; -, -n·nen›

'schnup·fen ‹V.› **1** ‹V. t. u. V. i.› *Schnupftabak nehmen* **2** ‹V. i.; oberdt. a.› *schluchzen* **3** ‹unpersönl.› *es schnupft mich* es *ärgert mich;* **'Schnup·fen** ‹m.; -s, -› *mit Absonderung eines schleimigen Sekrets verbundene Entzündung der Nasenschleimhaut;* **'Schnupf·ta·bak** ‹m.; -(e)s, -e›; **'Schnupf·ta·bak(s)·do·se** ‹f.; -, -n›; **'Schnupf·tuch** ‹n.; -(e)s, ⸚er; oberdt.› *Taschentuch*

'schnup·pe ‹Adj.; umg.; nur präd.› *gleichgültig; das ist mir ~;* **'Schnup·pe** ‹f.; -, -n; norddt.; mdt.› *verkohltes Dochtende*

'Schnup·per·kurs ‹m.; -es, -e› umg.› *Kurs zum Kennenlernen einer Tätigkeit o. Ä.;* **'schnup·pern** ‹V. i.; ich schnupp(e)re› = *schnüffeln(1)*

Schnur[1] ‹f.; -, ⸚e od. (selten) -en› *gedrehter Bindfaden, Kordel; Angel~*

Schnur[2] ‹f.; -, -en; veralt.› *Schwiegertochter*

'Schnür·band ‹n.; -(e)s, ⸚er›; **'Schnür·bo·den** ‹m.; -s, ⸚; Theat.› *Raum über der Bühne zum Einhängen der Kulisse;* **'Schnür·chen** ‹n.; -s, -; Verkleinerungsf. von› *Schnur*[1]; *es geht, läuft wie am ~* ‹fig.; umg.› *reibungslos;* **'schnü·ren** ‹V.› **1** ‹V. t.› *mit einer Schnur umwickeln; ein Paket ~* **2** ‹V. refl.› *ein Mieder anlegen;* sie hat sich zu fest geschnürt **3** ‹V. i.› *der Fuchs schnürt setzt seine Tritte gerade hintereinander;* **'schnur·ge·ra·de** ‹Adj.› **1** *ganz gerade; ein ~r Weg* **2** ‹fig.› *ohne Umschweife; ~ auf etwas zusteuern;* **'Schnur·ke·ra·mik** ‹f.; -; unz.› *Kultur der Jungsteinzeit;* **'schnur·los** ‹Adj.› *ein ~es Telefon* Mobiltelefon; **'Schnürl·re·gen** ‹m.; -s; unz.; österr.› *feiner Regen;* **'Schnürl·samt** ‹m.; -(e)s; unz.; österr.› *Kord*

'Schnurr·bart ‹m.; -(e)s, ⸚e› *Oberlippenbart;* **'schnurr·bär·tig** ‹Adj.›; **'Schnur·re** ‹f.; -, -n› *scherzh. Erzählung, Posse;* **'schnur·ren** ‹V. i.› *behaglich*

brummen, knurren; die Katze schnurrt; **'Schnurr·haar** ‹n.; -(e)s, -e; meist Pl.› *Oberlippenhaar vieler Säugetiere*

'Schnür·rie·men ‹m.; -s, -›

'schnur·rig ‹Adj.; veralt.› *wunderlich; ein ~er alter Kauz*

'Schnür·schuh ‹m.; -(e)s, -e›; **'Schnür·sen·kel** ‹m.; -s, -› *Band zum Schnüren der Schuhe;* **'Schnür·stie·fel** ‹m.; -s, -›; **'schnur·stracks** ‹Adv.; umg.› *geradewegs, unverzüglich;* **'Schnü·rung** ‹f.; -, -en›

schnurz, 'schnurz·pie·pe, 'schnurz'piep·e·gal ‹Adj.; umg.; nur präd.› *verstärkend;*

'Schnüt·chen ‹n.; -s, -; Verkleinerungsf. von› *Schnute;* **'Schnu·te** ‹f.; -, -n; umg.› *(Schmoll-)Mund; eine ~ ziehen*

'Scho·ber ‹m.; -s, -› **1** *überdachter Platz zum Aufbewahren von Heu u. Ä.; Heu~* **2** ‹süddt.› *aufgeschichtetes Heu u. Ä.;* **'scho·bern, 'schö·bern** ‹V. t.; ich schob(e)re, schöb(e)re› *Heu ~*

'Scho·chen ‹m.; -s, ⸚; alemann.› *Heuhaufen*

Schock[1] ‹n. 7; -(e)s, -e› *altes Zählmaß (60 Stück); ein ~ Eier*

Schock[2] ‹m.; -(e)s, -s od. (selten) -e› *plötzliche, sehr heftige seelische Erschütterung; sie hat bei dem Unfall einen ~ erlitten* [frz.]; **'Schock·be·hand·lung** ‹f.; -, -en; Med.›; **'scho·cken** ‹V. t.; umg.› *jmdn. ~ schockieren;* **'Scho·cker** ‹m.; -s, -› *etwas, das schockt, z. B. ein Gruselfilm, Schauerroman o. Ä.;* **'schock·fros·ten, 'schock·ge·frie·ren** ‹V. t.; nur im Inf. u. Part. Perf.› *sehr schnell tiefgefrieren; schockgefrostete, schockgefrorene Früchte;* **scho·'ckie·ren** ‹V. t.› *jmdn. ~ jmdm. einen Schock*[2] *versetzen; sein Verhalten hat mich schockiert; ich bin schockiert;* **'scho·cking** ‹Adj.; undekl.› *eindeutschend für shocking;* **'Schock·schwe·re'not** ‹umg.; veralt.› *(Ausruf der Entrüstung);* **'Schock·the·ra·pie** ‹f.; -, -n; Med.›

'schock·wei·se ‹Adv.› *in Mengen von je einem Schock*[1]; *z.B.* vierschockweise

'scho·fel ‹Adj.; schof·ler, am -s·ten; umg.; abwertend› *schä-*

big, niederträchtig, geizig; ein schofler Mensch [jidd.]; **'Scho·fel** ‹m.; -s, -; umg.› *schlechte Ware;* **'scho·fe·lig** ‹Adj.› = *schofel*

'Schöf·fe ‹m.; -n, -n› *ehrenamtl. Mitglied eines Gerichtes, Laienrichter;* **'Schöf·fen·bank** ‹f.; -, ⸚e›; **'Schöf·fen·ge·richt** ‹n.; -(e)s, -e› *dem Amtsgericht angegliedertes Gericht aus Berufsrichter u. Schöffen;* **'Schöf·fin** ‹f.; -, -n·nen›

Schof'för ‹m.; -s, -e; eindeutschend für› *Chauffeur*

'schof·lig ‹Adj.› = *schofel*

Scho·ko·la·de ‹f.; -, -n› *Nahrungs- u. Genussmittel, überwiegend aus Kakao, Milch u. Zucker; eine Tafel ~; heiße ~ ein Kakaogetränk* [span.; mexikan.]; **scho·ko'la·den** ‹Adj.› *aus Schokolade; ein ~er Osterhase;* **Scho·ko'la·den·eis** ‹n.; -es, -e›; **scho·ko'la·den·far·ben, scho·ko'la·den·far·big** ‹Adj.› **Scho·ko'la·den·guss** ‹m.; -es, ⸚e›; **Scho·ko·la·den·plätz·chen** ‹n.; -s, -›; **Scho·ko'la·den·pud·ding** ‹m.; -s, -s›; **Scho·ko'la·den·sei·te** ‹f.; -; unz.; fig.; umg.› *die angenehme, vorteilhafte Seite; du kennst ihn nur von seiner ~;* **Scho·ko'la·den·ta·fel** ‹f.; -, -n›; **Scho·ko'la·den·tor·te** ‹f.; -, -n›; **'Scho·ko·rie·gel** ‹m.; -s, -›

'Scho·la ‹[sko:-]; f.; -, -lae; Abk. für: *Schola cantorum*› *im 7. Jh. am Hof des Papstes gegründeter Chor, der sich bes. den liturg. Gesängen widmete* [lat.]; **Scho·'lar** ‹m.; -en, -en; MA› *fahrender Schüler, Student* [lat.]; **Schol'arch,** ‹auch› **Scho'larch** ‹m.; -en, -en; ↗Z54; MA› *Vorsteher, Aufseher an Klosterschulen*

Scho·las·tik ‹f.; -; unz.› **1** *Philosophie des Mittelalters* **2** ‹abwertend› *engstirnige Schulweisheit;* **Scho'las·ti·ker** ‹m.; -s, -›; **scho'las·tisch** ‹Adj.›; **Scho·las·ti'zis·mus** ‹m.; -, -men› **1** ‹unz.› *Überbewertung der Scholastik(1)* **2** *Spitzfindigkeit, Wortklauberei*

Scho·li'ast ‹m.; -en, -en› *Verfasser von Scholien;* **'Scho·lie** ‹[-liə]; f.; -, -n›, **'Scho·li·on** ‹n.;

-s, -li·en> *Anmerkung in der antiken Literatur* [grch.]

'**Schol·le** <f.; -, -n> **1** *flaches, in den Umrissen unregelmäßiges Stück;* Eis~; Erd~ **2** <unz.; fig.> *Heimat(boden)* **3** <Zool.> *ein Plattfisch;* '**Schol·len·bre·cher** <m.; -s, -; Landw.>; '**Schol·len·ge·bir·ge** <n.; -s, -; Geol.> *durch Einbrüche entstandenes Gebirge;* '**schol·lern** <V. i. (s.)> *Steine ~ rollen dumpf*

'**Schol·li** <nur in der Wendung> *mein lieber ~! (Ausruf des Erstaunens od. Ermahnens)* [frz.]

'**schol·lig** <Adj.> *aus Schollen(1) bestehend;* ~e *Erde*

'**Schöll·kraut** <n.; -(e)s; unz.; Bot.> *ein Mohngewächs*

schon 1 <Adv.> *bereits;* warum willst du ~ gehen? **2** <Partikel; auf die Zukunft bezogen> *aller Wahrscheinlichkeit nach, sicherlich;* es wird ~ gut gehen; du wirst ~ sehen, wohin das führt **3** <Partikel; einschränkend od. bedingend> *wohl, zwar;* das ist ~ möglich; Lust habe ich ~, aber keine Zeit; wenn ~, denn ~ <umg.> *wenn überhaupt, dann richtig*

schön <Adj.> **1** < ↗ Z42> *optisch, akustisch, ästhetisch ansprechend, wohlgefällig;* ~e Hände; eine ~e Stimme; die Schönsten der Schönen waren auf dem Laufsteg versammelt; sie war die Schönste von allen; jmdm. ~e Augen machen <fig.> *mit jmdm. flirten;* das ~e Geschlecht <poet.> *die Frauen;* die ~en Künste *Dichtung, Musik, Malerei, Bildhauerei;* die ~e Literatur *Belletristik;* Philipp der Schöne **2** < ↗ Z24> *Getrenntschreibung mit Verben, wenn sinnvoll steiger- od. erweiterbar>* ~ *anziehen, klingen, sein, werden, zeichnen;* <aber> → *schönfärben, schönmachen, schönreden, schönschreiben, schöntun* **3** < ↗ Z42; 43.3> *angenehm, ungetrübt, erfreulich;* ~es Wetter; am ~sten wäre es, wenn ...; alles verlief aufs Schönste, <auch> aufs ~ste; etwas Schönes machen; etwas Schöneres kann ich mir nicht vorstellen; er ist ein Freund des Guten u. Schönen; das war kein

~er Zug von ihm; das sind ja ~e Aussichten! <iron.>; von dir hört man ja ~e Sachen! <iron.>; das wäre ja noch ~er! *das kommt gar nicht in Frage!;* du bist mir ja ein ~er Freund <iron.> **4** *beträchtlich, groß, sehr;* wir haben einen ~en Gewinn erzielt **5** na ~! *einverstanden!* **6** <Partikel> *sehr, recht;* das war ~ dumm von ihm! **7** <Antwortpartikel> *bitte ~!; danke ~!*

'**Schon·be·zug** <m.; -(e)s, ⸚e>

'**Schön·druck** <m.; -(e)s, -e; Typ.> *die zuerst bedruckte Seite eines Bogens;* Ggs *Widerdruck;* '**Schö·ne** <f. 2> **1** *schönes Mädchen, schöne Frau;* die Schönste der Schönen **2** <unz.; poet.> *Schönheit;* die Natur in ihrer ganzen ~

'**scho·nen** <V. t.> **1** *jmdn. od. etwas ~ vorsichtig, pfleglich behandeln;* du musst deine Kleider ~; diese Seife schont die Haut; man sollte ihn nicht mehr länger ~; jmdm. etwas auf ~de Weise beibringen **2** <V. refl.> *sich ~ auf die Gesundheit achten*

'**schö·nen** <V. t.> **1** *die Farben von Stoffen ~ kräftiger machen* **2** *Wein ~ klären* **3** *Lebensmittel ~ Aussehen, Geschmack u. Geruch der L. verbessern*

'**Scho·ner**[1] <m.; -s, -> *Schutzdecke auf Polstermöbeln*

'**Scho·ner**[2] <m.; -s, -> *mehrmastiges Segelschiff* [engl.]

'**schön|fär·ben** <V. t.; ich färbe schön; sie hat schöngefärbt; schönzufärben; ↗ Z25> *einen Umstand günstiger darstellen, als er ist;* ich weiß Bescheid, du brauchst nichts schönzufärben; <aber getrennt> 'schön 'färben; ein (wirklich) schön gefärbtes Kleid; → a. *schön(1);* '**Schön·fär·ber** <m.; -s, ->; '**Schön·fär·be·rei** <f.; -, -en; Pl. selten>; '**Schön·fär·be·rin** <f.; -, -n·nen>

'**Schon·frist** <f.; -, -en> *Zeitraum, in dem Nachsicht geübt wird;* jmdm. eine ~ einräumen;

'**Schon·gang** <m.; -(e)s, ⸚e; kurz für> *Schonwaschgang*

'**Schön·geist** <m.; -(e)s, -er> *Freund der schönen Künste;* '**Schön·geis·te·rei** <f.; -; unz.>; '**schön·geis·tig** <Adj.> ~e *Lite-*

ratur; '**Schön·heit** <f.; -, -en> **1** <unz.> *das Schönsein;* ein Werk von einzigartiger ~ **2** *alles Schöne an einer Sache* **3** *schöne Frau;* sie ist eine echte ~; '**Schön·heits·chir·ur·gie,** <auch> '**Schön·heits·chi·rur·gie** <[-çir-]; f.; -; unz.; ↗ Z54; Med.>; '**Schön·heits·farm** <f.; -, -en> *Einrichtung zur kosmetischen Behandlung;* '**Schön·heits·feh·ler** <m.; -s, ->; '**Schön·heits·fleck** <m.; -(e)s, -e>; '**Schön·heits·i·de·al** <n.; -(e)s, -e; ↗ Z55>; '**Schön·heits·kö·ni·gin** <f.; -, -n·nen> *Siegerin bei einem Schönheitswettbewerb;* '**Schön·heits·pfläs·ter·chen** <n.; -s, ->; '**Schön·heits·pfle·ge** <f.; -; unz.>; '**Schön·heits·sinn** <m.; -(e)s; unz.>; '**Schön·heits·wett·be·werb** <m.; -(e)s, -e>

'**Schon·kost** <f.; -; unz.> = *Diät*

'**Schön·ling** <m.; -(e)s, -e; abwertend> *Mann, der übertriebenen Wert auf sein Äußeres legt;*

'**schön|ma·chen** <V. i.; er macht schön; er hat schönegemacht; schönzumachen; ↗ Z25; umg.> *der Hund kann ~ Männchen machen;* <aber getrennt> sich (für den Abend) schön machen; → a. *schön(1);* '**schön|re·den** <V. i.; er redet schön; sie hat schöngeredet; schönzureden; ↗ Z25> *jmdm. ~ schmeicheln;* er redete ihr schön; <aber getrennt> 'schön 'reden; der Preisträger hat schön geredet; → a. *schön(1);* '**Schön·re·de·rei** <f.; -; unz.>; '**Schön·red·ner** <m.; -s, ->; '**Schön·red·ne·rei** <f.; -; unz.>; '**Schön·red·ne·rin** <f.; -, -n·nen>; '**schön·red·ne·risch** <Adj.>; '**schön|schrei·ben** <V. i. 230; ich schreibe schön; sie hat schöngeschrieben; schönzuschreiben; ↗ Z25> *Schönschrift schreiben;* wir haben in der Schule schönegeschrieben; <aber getrennt> 'schön 'schreiben; diesen Text hat er (besonders) schön geschrieben; → a. *schön(1);* '**Schön·schreib·heft** <n.; -(e)s, -e>; '**Schön·schrift** <f.; -; unz.>; '**schöns·tens** <Adv.> *sehr schön;* er lässt Sie ~ grüßen; '**Schön·tu·er** <m.; -s, -; abwer-

S

tend>; **'Schön·tu·e'rei** <f.; -; unz.>; **'Schön·tu·e·rin** <f.; -, -n·nen>; **'schön·tu·e·risch** <Adj.>; **'schön|tun** <V. i. 272; ich tue schön; sie hat schöngetan; schönzutun>; ⟋Z25> jmdm. ~ *schmeicheln*

'Scho·nung <f.; -, -en> 1 <unz.> *Rücksichtnahme, Nachsicht, Milde* 2 <unz.> *Vermeidung von Überanstrengung;* der Patient braucht noch ~ 3 *junger geschützter Forstbezirk;* **'scho·nungs·be·dürf·tig** <Adj.>; **'scho·nungs·los** <Adj.>; **'Scho·nungs·lo·sig·keit** <f.; -; unz.>; **'Schon·wasch·gang** <m.; -(e)s, ⸚e> im ~ waschen

Schön'wet·ter·la·ge <f.; -; unz.>; **Schön'wet·ter·pe·ri·o·de** <f.; -, -n>; **Schön'wet·ter·wol·ke** <f.; -, -n>

'Schon·zeit <f.; -, -en; Jägerspr.> *Zeit, in der ein bestimmtes Wild nicht gejagt werden darf*

Schopf¹ <m.; -(e)s, ⸚e> *Haarbüschel;* eine Gelegenheit beim ~ packen <fig.> *sie ergreifen u. nutzen* <fig.> *sie ergreifen u. nutzen;* **Schopf²** <m.; -(e)s, ⸚e; oberdt.> *Schuppen, Wetterdach*

'Schöpf·brun·nen <m.; -s, ->

'Schöpf·chen <n.; -s, -; Verkleinerungsf. von> *Schopf*

'Schöpf·ei·mer <m.; -s, ->; **'schöp·fen** <V. i. u. V. t.> 1 *Flüssigkeit mit einem Schöpflöffel entnehmen;* aus dem Vollen ~ <fig.> *ohne jede Einschränkung frei über etwas verfügen können;* Atem ~ <fig.>; Verdacht ~ <fig.; veralt.> *(er)schaffen;* **'Schöp·fer¹** <m.; -s, -> *Gefäß zum Schöpfen(1);* **'Schöp·fer²** <m.; -s, -> 1 *schöpferisch tätiger Mensch, Urheber* 2 <unz.> *Gott;* **'Schöp·fer·hand** <f.; -; unz.; geh.> von ~ erschaffen; **'Schöp·fe·rin** <f.; -, -n·nen>; **'schöp·fe·risch** <Adj.> *kreativ;* eine ~e Pause einlegen <meist scherzh.>; **'Schöp·fer·kraft** <f.; -; unz.>; **'Schöpf·kel·le** <f.; -, -n>, **'Schöpf·löf·fel** <m.; -s, -> *großer, tiefer Löffel;* **'Schöp·fung** <f.; -, -en> 1 <geh.> *das Erschaffene, Kunstwerk;* frühe ~en des Künstlers 2 <unz.> *die Erschaffung der Welt (durch Gott);* der Mensch als Krone der

~; **'Schöp·fungs·be·richt** <m.; -(e)s; unz.>, **'Schöp·fungs·ge·schich·te** <f.; -; unz.; AT>

'Schöpp·chen <n.; -s, -; Verkleinerungsf. von> *Schoppen(2)*

'Schöp·pe <m.; -n, -n; norddt.> = *Schöffe*

'schöp·peln <V. i.; ich schöpp(e)le; umg.> *häufig einen Schoppen(2) trinken*

'schop·pen <V. t./V. refl.; süddt.; österr.; schweiz.> *vollstopfen, mästen;* Gänse ~; der Ärmel schoppt sich *bauscht sich* <aber> → *shoppen*

'Schop·pen <m.; -s, -> 1 *altes Flüssigkeitsmaß, etwa 1/2 l* 2 *1/4 l Bier od. Wein;* **'Schop·pen·wein** <m.; -(e)s, -e> *Fasswein;* <aber> er trinkt gern einen Schoppen Wein; **'schop·pen·wei·se** <Adv.>

Schöps <m.; -es, -e; ostmdt.; österr.> *Hammel;* **'Schöp·ser·ne(s)** <n. 3> *Hammelfleisch*

'Scho·re <f.; -; unz.; Szenespr.> *Heroin*

'Scho·res <m.; -; unz.> *Diebesgut* [jidd.]

Schorf <m.; -(e)s, -e> *Kruste auf einer Wunde;* **'schor·fig** <Adj.>

Schörl <m.; -(e)s, -e; Min.> *schwarzer Turmalin*

'Schor·le, 'Schor·le·mor·le <f.; -, -n od. (bei Maßangaben) - od. (selten) n.; -s, -s> *mit Mineralwasser gemischter Wein od. Apfelsaft;* Weißwein~

'Schorn·stein <m.; -(e)s, -e> *Abzugsschacht für die Rauchgase der Feuerstätten;* **'Schorn·stein·fe·ger** <m.; -s, ->

'Scho·se <f.; -, -n; eindeutschend für> *Chose*

Schoß¹ <[ʃo:s]; m.; -es, ⸚e> 1 *Vertiefung, die sich beim Sitzen zw. Unterleib u. Oberschenkeln bildet;* ein Kind auf den ~ nehmen; die Hände in den ~ legen <fig.> *nichts tun* 2 <geh.; poet.> *Mutterleib* 3 <fig.> *Schutz, Geborgenheit;* in den ~ der Familie zurückkehren 4 *Hüftteil mancher Kleidungsstücke;* Rock~; **Schoß²** <[ʃo:s]; f.; -, -en od. (österr.) ⸚e> 1 <österr.> *Damenrock* 2 <schweiz.> *Schürze, Arbeitsmantel;* Berufs~; **Schoss** <[ʃɔs]; m.; -es, -e> *junger Pflanzentrieb, Ausläufer;* Schosse

treiben; Sy *Schössling;* **'Schöß·chen** <[ʃø:s-]; n.; -s, ->, **'Schö·ßel** <m. od. n.; -s, -s; österr.> = *Schoß¹(4);* **'schos·sen** <V. i.> der Baum schosst *treibt aus;* **'Schoß·hund** <m.; -(e)s, -e> *kleiner, gehätschelter Hund;* **'Schoß·kind** <n.; -(e)s, -er>; **'Schöss·ling** <m.; -s, -e> = *Schoss*

Schot <f.; -, -en> = *Schote²*

'Schöt·chen <n.; -s, -; Verkleinerungsf. von> *Schote¹*

'Scho·te¹ <f.; -, -n> 1 *Fruchtform der Kreuzblütler* 2 <umg.> = *Hülse(2)*

'Scho·te² <f.; -, -n; Seemannsspr.> *Segelleine*

'Scho·te³ <f.; -, -n> *spaßiger Einfall, witzige Geschichte*

Schott <n.; -(e)s, -en>, **'Schot·te¹** <f.; -, -n> *wasserdichte Trennwand in einem Schiff;* die Schotten dicht machen <a. fig.> *gut abschließen*

'Schot·te² <f.; -, -n; süddt.; schweiz.> *Molke*

'Schot·te³ <m.; -n, -n; norddt.> *junger Hering*

'Schot·te⁴ <m.; -n, -n> *Bewohner von Schottland*

'Schot·ten¹ <m.; -s, -; süddt.; österr.> 1 = *Schotte²* 2 *Quark*

'Schot·ten² <m.; -s, -; meist Pl.> *groß karierter Kleiderstoff;* **'Schot·ten·rock** <m.; -(e)s, ⸚e>

'Schot·ter <m.; -s, -> 1 *Geröll in Flüssen* 2 *fein geschlagene Steine (bes. zum Straßenbau);* **'Schot·ter·de·cke** <f.; -, -n>; **'schot·tern** <V. t.; ich schott(e)re> eine Straße ~; **'Schot·te·rung** <f.; -, -en>

'Schot·tin <f.; -, -n·nen> *Bewohnerin von Schottland;* **'schot·tisch** <Adj.; ⟋Z46> die ~e Sprache; <aber> der Schottische *ein der Polka ähnlicher Rundtanz;* **'Schott·land** *der nördliche Teil Großbritanniens*

'Schraf·fe <f.; -, -n; meist Pl.> *Strich einer Schraffur;* **'schraf·fen** <V. t.>, **schraf'fie·ren** <V. t.> *stricheln;* **Schraf'fie·rung, 'Schraf·fung, Schraf'fur** <f.; -, -en> *schraffierte Fläche*

schräg <Adj.> *von einer (gedachten) senkrechten od. waagrechten Linie abweichend;* Müllers wohnen ~ gegenüber; du darfst

Schrägstrich: Der S. wird verwendet:
a) zur Gliederung von Akten-, Diktatzeichen, Kundennummern u. Ä..: *KLL2/Sch, N/II/63, 114378/507*
b) zur zusammenfassenden Angabe mehrerer Möglichkeiten: *Mitarbeiter/innen, Er/Sie wird gebeten ... Ich/Wir erheben Einspruch ... Kinder und/oder Jugendliche; die Mannschaft Weser-Ems/ Bremen*
c) zur Angabe von Jahreszahlen, -zeiten: *im Winter 2001/2002; der Frühjahr/Sommer-Katalog 2003* (auch: *Frühjahr-Sommer-Katalog 2003*)
d) zur Angabe von Zahlenverhältnissen mit der Bedeutung „je" bzw. „pro": *100km/h*

die Flasche nicht so ~ halten; ~ laufende Linien; ein ~er Vogel <fig.> umg.> *ein eigenwilliger Mensch;* ~e Musik <fig.; umg.>; **'Schrä·ge** <f.; -, -n> *schräge Lage, Fläche;* **'schra·gen** <V. t.; veralt.> **'Schra·gen** <m.; -s, -; umg.> 1 <veralt.> *Feldbett* 2 <Forstw.> *schräg geschichteter Haufen Holz;* **'schrä·gen** <V. t.> *schräg abkanten;* **'Schräg·heit** <f.; -; unz.> **schräg'hin** <Adv.> *in schräger Richtung;* **'Schräg·la·ge** <f.; -, unz.> in ~; **'Schräg·schrift** <f.; -; unz.> **'Schräg·strei·fen** <m.; -s, -> **'Schräg·strich** <m.; -(e)s, -e → *Kasten;* **schräg'ü·ber** <Adv.; selten für> *schräg gegenüber;* **'Schrä·gung** <f.; -, -en> = *Schräge*

schral <Adj.; Seemannsspr.> *schwach, ungünstig;* ~er Wind; **'schra·len** <V. i.; Seemannsspr.> *der Wind schralt ändert fortwährend die Richtung*

Schram <m.; -(e)s, ⸗e; Bgb.> *horizontaler od. geneigter Einschnitt in das Gestein;* **'Schram·boh·rer,** **'Schräm·boh·rer** <m.; -s, -; Bgb.>; **'schrä·men** <V. i.; Bgb.>; **'Schräm·ma·schi·ne** <f.; -, -n; Bgb.>; **'Schram·me** <f.; -, -n> *Kratzwunde, Riss*

'Schram·mel·mu·sik <f.; -; unz.> *volkstüml. Wiener Unterhaltungsmusik* [nach den Wiener Musikern Johann u. Josef

Schrammel]; **'Schram·meln** <Pl.> *Wiener ~*

'schram·men <V. t.> *leicht verletzen, streifen;* **'schram·mig** <Adj.> *mit Schrammen bedeckt*

Schrank <m.; -(e)s, ⸗e> *kastenartiges Möbelstück mit Türen;* Kleider~; Bücher~; Einbau~; Hänge~; **'Schrank·bett** <n.; -(e)s, -en> *hochklappbares, einem Schrank ähnelndes Bett;* **'Schränk·chen** <n.; -s, -; Verkleinerungsf. von> *Schrank*

'Schran·ke <f.; -, -n> 1 *horizontal gelegte lange Stange als Absperrung;* die ~ am Bahnübergang; jmdn. in die ~n weisen <fig.> *ermahnen, zurückweisen* 2 <nur Pl.> ~ n <fig.> *Grenze(n);* im Zorn kennt er keine ~n; **'Schränk·ei·sen** <n.; -s, -> *Gerät zum Schränken der Säge;* **'schrän·ken** <V.> 1 <V. t.> *die Zähne an der Säge ~ abwechselnd rechts u. links abbiegen* 2 <V. i.; Jägerspr.> *der Rothirsch schränkt setzt die Tritte leicht versetzt hintereinander;* **'Schran·ken** <m.; -s, -; österr.> = *Bahnschranke;* **'schran·ken·los** <Adj.> 1 *ohne Schranke* 2 <fig.> *unbeherrscht, zügellos;* **'Schran·ken·lo·sig·keit** <f.; -; unz.> **'Schran·ken·wär·ter** <m.; -s, ->; **'Schran·ken·wär·te·rin** <f.; -, -nnen>

'schrank·fer·tig <Adj.> ~e Wäsche; **'Schrank·kof·fer** <m.; -s, ->; **'Schrank·wand** <f.; -, ⸗e> *Anbaumöbel für eine Wand*

Schranz <m.; -es, ⸗e; oberdt.> *gezackter Riss (im Tuch)*

'Schran·ze <f.; -, -n od. m.; -n, -n; abwertend> *Schmeichler*

'Schra·pe <f.; -, -n> *Werkzeug zum Schaben, Kratzen;* **'schra·pen** <V. t.>

Schrap'nell <n.; -s, -e od. -s> *mit Bleikugeln gefülltes Sprenggeschoss* [nach dem Erfinder Henry *Shrapnel*]

'Schrapp·ei·sen <n.; -s, -> = *Schrape;* **'schrap·pen** <V. t.; bes. norddt.> **'Schrap·per** <m.; -s, -> *Fördermittel mit Schürfgefäß*

Schrat <m.; -(e)s, -e>, **'Schrä·tel** <m.; -s, -> *zottiger Waldgeist;* Wald~; **Schratt** <m.; -(e)s, -e>, **'Schrät·tel** <m.; -s, -> = *Schrat*

'Schrat·ten <Pl.> *Lösungsverwit-*

terungen in Kalkstein; **'Schrat·ten·kalk** <m.; -(e)s; unz.>

'Schräub·chen <n.; -s, -; Verkleinerungsf. von> *Schraube,* **'Schraub·de·ckel** <m.; -s, ->; **'Schrau·be** <f.; -, -n> 1 *Metallbolzen mit Gewinde;* bei dir ist wohl eine ~ locker <fig.; umg.; abwertend> *du bist ja verrückt* 2 *Propeller als Antriebsmittel für Schiffe, Luftfahrzeuge u. a.;* Schiffs~ 3 <Sp.> *spiralförmige Bewegung um die Längsachse des Körpers;* **'Schrau·bel** <f.; -, -n; Bot.> *ein Blütenstand;* **'schrau·ben** <V. t.; 228 > 1 *mit Schrauben befestigen* 2 *etwas in die Höhe ~* <fig.> *(immer wieder) erhöhen;* **'Schrau·ben·dre·her** <m.; -s, -; Fachspr.> = *Schraubenzieher;* **'Schrau·ben·flü·gel** <m.; -s, -> *Teil der Schiffs-, Luftschraube;* **'Schrau·ben·ge·win·de** <n.; -s, ->; **'Schrau·ben·kopf** <m.; -(e)s, ⸗e>; **'Schrau·ben·li·nie** <[-nia]; f.; -, -n> *spiralförmige L.;* **'Schrau·ben·mut·ter** <f.; -, -n>; **'Schrau·ben·sal·to** <m.; -s, -s>; **'Schrau·ben·schlüs·sel** <m.; -s, ->, **'Schrau·ben·zie·her** <m.; -s, -> *Werkzeug zum Anziehen u. Lösen von Schrauben;* **'Schrau·ben·zwin·ge** <f.; -, -n> = *Schraubzwinge;* **'Schraub·stock** <m.; -(e)s, ⸗e> *Werkzeug zum Festhalten von Arbeitsstücken;* **'Schraub·ver·schluss** <m.; -es, ⸗e>; **'Schraub·zwin·ge** <f.; -, -n> *Werkzeug mit verstellbaren Backen zum Festhalten von Gegenständen*

'Schre·ber·gar·ten <m.; -s, ⸗> *Kleingarten in einer Gartenkolonie* [nach dem Begründer D. G. M. *Schreber*]; **'Schre·ber·gärt·ner** <m.; -s, ->; **'Schre·ber·gärt·ne·rin** <f.; -, -nnen>

Schreck <m.; -(e)s, -e(n)> sie war starr vor ~; ~ lass nach! *(Ausruf der Bestürzung);* → a. *Schrecken;* **'Schreck·bild** <n.; -(e)s, -er>; **'Schre·cke** <f.; -, -n; kurz für> *Heuschrecke;* **'schre·cken** <V.> 1 <V. t.> jmdn. ~ *in Schrecken versetzen, ängstigen* 2 <V. i. 229; Jägerspr.> *Schrecklaute ausstoßen (bes. beim Rotwild);* **'Schre·cken** <m.; -s, -; ↗Z29> *heftige, mit Angst u. Ent-*

S

setzen verbundene Gemütserschütterung; ein ~ erregender/ <auch> schreckenerregender Anblick; <bei Steigerung u. mit Attribut nur Zusammenschrei­bung> einen schreckenerregenderen Anblick kann ich mir nicht vorstellen; sehr, äußerst schreckenerregend; **schreckens'bleich** <Adj.>; **'Schreckens·bot·schaft** <f.; -, -en>; **'Schre·ckens·herr·schaft** <f.; -; unz.>; **'Schre·ckens·nach·richt** <f.; -, -en>; **'Schre·ckens·nacht** <f.; -, ⁼e>; **'Schre·ckens·tat** <f.; -, -en>; **'Schre·ckens·zeit** <f.; -, -en>; **'schreck·er·füllt** <Adj.; ↗Z.29>; **'Schreck·ge·spenst** <n.; -(e)s, -er> das ~ des Krieges; **'schreck·haft** <Adj.; -er, am -es·ten>; **'Schreck·haf·tig·keit** <f.; -; unz.>; **'schreck·lich** <Adj.> 1 <↗Z 43.3> furchtbar, entsetzlich, grauenvoll; sie machte eine ~e Entdeckung; er wurde aufs Schrecklichste/ <auch> ~ste zugerichtet 2 <umg.> (sehr) angenehm; eine ~e Hitze; er ist ~! unausstehlich; wie ~! 3 <umg.; nur adv.> sehr; das ist mir ~ unangenehm; ich freue mich ~ auf ihn; **'Schreck·lich·keit** <f.; -; unz.>; **'Schreck·nis** <n.; -s·ses, -s·se> schreckliches Ereignis; **'Schreck·schrau·be** <f.; -, -n; fig.; umg.; abwertend> unangenehme, unbeliebte Frau; **'Schreck·schuss** <m.; -es, ⁼e> Schuss, der nur erschrecken, nicht treffen soll; **'Schreck·schuss·pis·to·le** <f.; -, -n>; **'Schreck·se·kun·de** <f.; -, -n>

'Schred·der <m.; -s, -> Maschine zum Zertrümmern u. Zusammenpressen von Schrott; oV Shredder [engl.]; **'schred·dern** <V. i. (s.); ich schredd(e)re; Ju­gendspr.> (mit dem Snowboard) rücksichtslos die Piste hinunterfahren; oV shreddern

Schrei <m.; -(e)s, -e> bes. bei Angst ausgestoßener lauter Ausruf eines Lebewesens; der letzte ~ <fig.; umg.> die letzte Modeneuheit; **'Schrei·ad·ler** <m.; -s, -; Zool.> ein Raubvogel

'Schreib·block <m.; -(e)s, -s od. ⁼e>; **'Schreib·bü·ro** <n.; -s, -s>; **'Schrei·be** <f.; -, -n; umg.> 1

<unz.> Schreibstil; die saloppe ~ des Autors 2 Geschriebenes 3 <kurz für> Schreibgerät; **'schrei·ben** <V. 230> 1 <V. i. u. V. t.> in Zeichen, Buchstaben od. Zahlen schriftl. zu Papier bringen; ~ lernen; Papier zum Schreiben suchen; das Schreiben fällt ihr schwer; etwas ins Reine ~; schreib dir das hinter die Ohren! <fig.; umg.> merke dir das!; das steht in den Sternen geschrieben <fig.> ist völlig ungewiss; das kostet sage und schreibe nur zehn Euro! 2 <V. i. u. V. t.> schriftl. formulieren, verfassen, als Schriftsteller tätig sein; er schreibt an seiner Dissertation; sie schreibt (ein Buch) über Kunststile 3 <V. refl.> sich ~ einen Briefwechsel führen; wir ~ uns regelmäßig 4 <V. refl.> sich ~ in bestimmter Weise buchstabiert werden; er schreibt sich mit y; **'Schrei·ben** <n.; -s, -> Schriftstück, Brief; **'Schrei·ber** <m.; -s, -> 1 Verfasser eines Schriftstückes 2 <schweiz.> Schriftführer, Sekretär; Gemeinde~ 3 Empfangsgerät für Fernmeldungen; Fern~; **Schrei·be'rei** <f.; -, -en; umg.>; **'Schrei·be·rin** <f.; -, -n·nen>; **'Schrei·ber·ling** <m.; -s, -e> abwertend> jmd., der viel u. schlecht schreibt; **'Schrei·bersee·le** <f.; -, -n; umg.> kleinlicher Mensch; **'Schreib·faul** <Adj.>; **'Schreib·faul·heit** <f.; -; unz.>; **'Schreib·fe·der** <f.; -, -n>; **'Schreib·feh·ler** <m.; -s, ->; **'Schreib·ge·rät** <n.; -(e)s, -e>; **schreib·ge·schützt** <Adj.; EDV> mit Schreibschutz versehen; **'schreib·ge·wandt** <Adj.>; **'Schreib·heft** <n.; -(e)s, -e>; **'Schreib·kraft** <f.; -, ⁼e> jmd., der berufsmäßig Schreibarbeiten ausführt; **'Schreib·krampf** <m.; -(e)s; unz.> einen ~ haben; **'Schreib·map·pe** <f.; -, -n>; **'Schreib·ma·schi·ne** <f.; -, -n>; **'Schreib·ma·schi·nen·pa·pier** <n.; -s, -e>; **'Schreib·pa·pier** <n.; -s, -e>; **'Schreib·schrift** <f.; -, -en> Sy Kurrentschrift; Ggs Druckschrift; **'Schreib·schutz** <m.; -es; unz.; EDV> Sicherung an Disketten od. Festplatten, die nicht überschrieben werden sol

len; **'Schreib·stift** <m.; -(e)s, -e>; **'Schreib·stu·be** <f.; -, -n; veralt.> Büro (bes. beim Militär); **'Schreib·tisch** <m.; -(e)s, -e>; **'Schreib·tisch·tä·ter** <m.; -s, -> jmd., der etwas nicht selbst ausführt, aber plant u. organisiert; **'Schreib·tisch·tä·terin** <f.; -, -n·nen>; **'Schrei·bung** <f.; -, -en> Schreibweise; **'schreib·un·kun·dig** <Adj.>; **'Schreib·wa·ren** <Pl.>; **'Schreib·wa·ren·ge·schäft** <n.; -(e)s, -e>; **'Schreib·wei·se** <f.; -, -n> 1 die Art, wie ein Wort geschrieben wird 2 die Art zu schreiben; **'Schreib·zeug** <n.; -(e)s; unz.>

'schrei·en <V. 231> 1 <V. i.> Schreie ausstoßen; das Baby hat die ganze Nacht geschrien; es war zum Schreien (komisch) außerordentlich komisch; <un­persönl.> das Unrecht schreit gen, zum Himmel <fig.; umg.>; nach jmdm. od. etwas ~ <fig.> heftig verlangen 2 <V. t. u. V. i.> in großer Lautstärke ausrufen; er schrie über die Straße; **'schrei·end** <Adj.> 1 sehr grell; ein Kleid in den ~sten Farben 2 empörend; eine ~e Ungerechtigkeit; **'Schrei·er** <m.; -s, ->; **Schrei·e'rei** <f.; -; unz.>; **'Schrei·e·rin** <f.; -, -n·nen>; **'Schrei·hals** <m.; -es, ⁼e; umg.> ständig schreiendes Kind; **'Schrei·krampf** <m.; -(e)s; unz.>

Schrein <m.; -(e)s, -e> Kasten zum Aufbewahren von Reliquien; **'Schrei·ner** <m.; -s, -; süddt.; westdt.> = Tischler; **Schrei·ne'rei** <f.; -, -en; süddt.; westdt.> = Tischlerei; **'Schrei·ne·rin** <f.; -, -n·nen; süddt.; westdt.> = Tischlerin; **'schreinern** <V. i.; ich schreinere>

'schrei·ten <V. i. (s.) 232> 1 langsam u. gemessenen Schrittes gehen 2 lasst uns nun zur Tat ~! <fig.> anfangen; **'Schreit·tanz** <m.; -es, ⁼e>; **'Schreit·vo·gel** <m.; -s, ⁼; Zool.>

'Schrei·vo·gel <m.; -s, ⁼; Zool.>

Schrieb <m.; -s, -e; umg.; meist abwertend> Schriftstück, Brief; **Schrift** <f.; -, -en> 1 System von Zeichen, mit denen die gesprochene Sprache lesbar gemacht *wird;* die kyrillische ~; die ~ der Azteken 2 *Handschrift;* eine unleserliche ~ 3 *Text, Buch;* ~en philosophischen Inhalts; die Heilige ~ *die Bibel* (→ *heilig*); **'Schrift·art** <f.; -, -en>; **'Schrift·aus·le·gung** <f.; -, -en> *Auslegung der Bibel;* **'Schrift·bild** <n.; -(e)s, -er> *äußere Form einer Schrift(1,2);* **'schrift·deutsch** <Adj.> *deutsch, wie es der Schriftsprache entspricht;* **'Schrift·deutsch** <n.; -s; unz.>, **'Schrift·deut·sche** <n.; -n; unz.> *das Deutsch der Schriftsprache;* **'Schrif·ten** <Pl.; schweiz.> *Ausweispapiere;* **'Schrif·ten·rei·he** <f.; -, -n>; **'Schrift·fäl·scher** <m.; -s, ->; **'Schrift·fäl·sche·rin** <f.; -, -n·nen>; **'Schrift·form** <f.; -; unz.>; **'Schrift·füh·rer** <m.; -s, -> *Protokollant;* **'Schrift·füh·re·rin** <f.; -, -n·nen>; **'Schrift·ge·lehr·te(r)** <m. 1; im NT> *jüd. Bibelausleger, Theologe u. Rechtsgelehrter;* **'Schrift·gie·ßer** <m.; -s, ->; **Schrift·gie·ße·rei** <f.; -, -en> 1 <unz.> *Herstellung der Buchdrucklettern aus Metall* 2 *die Werkstatt dafür;* **'schrift·gläu·big** <Adj.>; **'Schrift·grad** <m.; -(e)s, -e; Typ.> *die Größe einer Druckschrift;* **'Schrift·lei·ter** <m.; -s, -; veralt.> *Redakteur einer Zeitung;* **'Schrift·lei·tung** <f.; -, -en; veralt.> *Redaktion;* **'schrift·lich** <Adj.; ⬈Z42> *in geschriebener Form;* eine ~ *Prüfung;* Fragen ~ *beantworten;* gibt es dazu etwas Schriftliches?; das kann ich dir ~ geben! <fig.; umg.> Ggs *mündlich;* **'Schrift·pro·be** <f.; -, -n>; **'Schrift·sach·ver·stän·di·ge(r)** <f. 2 (m. 1)> *Experte zur Überprüfung der Echtheit von Urkunden;* **'Schrift·satz** <m.; -es, ⸚e; Typ.>; **'Schrift·set·zer** <m.; -s, -; Typ.>; **'Schrift·set·ze·rin** <f.; -, -n·nen; Typ.>; **'Schrift·spie·gel** <m.; -s, -> *= Satzspiegel;* **'Schrift·spra·che** <f.; -, -n> *bes. im schriftl. Ausdruck verwendete Sprachform (im Gegensatz zur Umgangssprache od. Mundart);* → *a.* Kasten *Hochsprache;* **'schrift·sprach·lich** <Adj.>; **'Schrift·stel·ler** <m.; -s, -> *Verfasser von schön-*

geistigen Werken od. Sach- u. Fachbüchern; **'Schrift·stel·le·rei** <f.; -; unz.>; **'Schrift·stel·le·rin** <f.; -, -n·nen>; **'schrift·stel·le·risch** <Adj.>; **'schrift·stel·lern** <V. i.; ich schriftstellere; sie hat geschriftstellert; umg.>; **'Schrift·stück** <n.; -(e)s, -e> *Antrag, Erklärung, Urkunde;* **'Schrift·tum** <n.; -s; unz.> *das ~ eines Volkes;* **'Schrift·ver·kehr** <m.; -(e)s; unz.>, **'Schrift·wech·sel** <[-ks-]; m.; -s, -> *Austausch von schriftl. Äußerungen, Briefen o. Ä.;* **'Schrift·zei·chen** <n.; -s, ->; **'Schrift·zug** <m.; -(e)s, ⸚e> *unsaubere Schriftzüge*

schrill <Adj.> 1 *durchdringend tönend* 2 <fig.> *grell, auffallend;* ein ~es Outfit [engl.]; **'schril·len** <V. i.> die Klingel schrillt

Schrimp <m.; -s, -s; meist Pl.> *= Shrimp*

'schrin·ken <V. t.> *Gewebe schrumpfecht machen;* oV *schrinken* [engl.]

'Schrip·pe <f.; -, -n; berlin.> *= Brötchen*

Schritt <m. 7; -(e)s, -e> 1 *Vorsetzen eines Fußes beim Gehen;* ~ für ~ *langsam, vorsichtig;* den ersten ~ *machen* <fig.> *den Anfang;* auf ~ und Tritt; mit der Zeit ~ *halten* <fig.> 2 <unz.> *(langsame) Gangart;* (im) ~ *fahren;* jmdn. an seinem ~ *erkennen* 3 <bei Mengenangaben Pl. a. -> *kurze Strecke;* er soll mir drei ~(e) vom Leibe bleiben!; ich bin einen guten ~ *weitergekommen* 4 *Bereich zw. Gürtel u. Ansatz der Hosenbeine* 5 *(einleitende) Maßnahme, Vorgehen;* ich werde die nötigen ~e veranlassen; das war ein ~ in die richtige Richtung; **'Schritt·feh·ler** <m.; -s, -; Sp.>; **'Schritt·fol·ge** <f.; -, -n; Pl. selten; Tanzen>; **'Schritt·ge·schwin·dig·keit** <f.; -; unz.> in ~; **'Schritt·ma·cher** <m.; -s, -> 1 <Sp.> *jmd., der das Tempo bestimmt* 2 <fig.> *Vorkämpfer* 3 <Med.> *Gerät zur Steuerung der Herzschlagfrequenz;* Herz~; **'Schritt·mes·ser** <m.; -s, ->; **'Schritt·tanz** <m.; -es, ⸚e; ⬈Z37>; **'Schritt·tem·po** <n.; -s; unz.; ⬈Z37> im ~ *fahren;* **schritt·wei·se** <Adv.>

Schritt für Schritt; **'Schritt·zäh·ler** <m.; -s, ->

schroff <Adj.> 1 *steil (aufragend), jäh (abfallend);* ~e Felsen 2 <fig.> *unfreundlich, grob (abweisend);* ein ~es Benehmen 3 <fig.> *plötzlich, abrupt;* ein ~er Übergang; **Schroff** <m.; -(e)s od. -en, -en>, **'Schrof·fe** <f.; -, -n>; **'Schrof·fen** <m.; -s, -; oberdt., a. österr.> *Felsklippe;* **'Schroff·heit** <f.; -; unz.>

'schröp·fen <V. t.> 1 <Med.> *mit einem Schröpfkopf Blut in die Haut saugen* 2 jmdn. ~ <fig.; umg.> *jmdn. finanziell ausnützen* 3 Obstbäume ~ <Bot.> *die Rinde einschneiden;* **'Schröp·fer** <m.; -s, ->; **'Schröpf·kopf** <m.; -(e)s, ⸚e; Med.>

Schrot <m. od. n.; -(e)s, -e> 1 *grob gemahlene Getreidekörner* 2 *gehärtete Bleikügelchen* 3 *Gesamtgewicht von Gold- u. Silbermünzen;* ein Mann von echtem ~ und Korn <fig.> *von aufrechtem Charakter;* **'Schrot·brot** <n.; -(e)s, -e>; **'Schrot·büch·se** <[-ks-]; f.; -, -n> *Schrotflinte;* **'schro·ten** <V. t.> *grob zerkleinern, zermalmen;* Getreide, Alteisen ~; **'Schrö·ter** <m.; -s, -; Zool.> *Holz fressender Kammhornkäfer;* **'Schrot·flin·te** <f.; -, -n> *ein Gewehr;* **'Schrot·kur** <f.; -, -en> *wasserarme Diätkur* [nach dem österr. Naturheilkundler J. *Schroth*] **'Schrot·kä·fer** <m.; -s, -; Zool.> *= Schröter;* **'Schrot·korn** <n.; -(e)s, ⸚er>; **'Schrot·ku·gel** <f.; -, -n>; **'Schrot·müh·le** <f.; -, -n>; **'Schrot·sä·ge** <f.; -, -n>; **'Schrot·schuss·krank·heit** <f.; -; unz.; Bot.> *eine Pilzkrankheit des Steinobstes*

Schrott <m.; -(e)s, -e; Pl. selten> 1 *nicht mehr zu verwendende metallische Gegenstände, Altmetall;* er fuhr sein Auto zu ~ <umg.> 2 <unz.; fig.; umg.> *Unsinn;* er redet nur ~; **'Schrott·händ·ler** <m.; -s, ->; **'schrott·reif** <Adj.> *das Auto ist* ~; ein Auto ~ *fahren;* **'Schrott·wert** <m.; -(e)s; unz.>

'schrub·ben <V. t./V. refl.> *(mit einer Bürste) kräftig abreiben;* <aber> → *schruppen;* **'Schrub-**

ber <m.; -s, -> *Scheuerbürste mit langem Stiel*

'**Schrul·le** <f.; -, -n> 1 *wunderlicher Einfall* 2 <umg.; abwertend> *wunderliche alte Frau;* '**schrul·len·haft, 'schrul·lig** <Adj.>; '**Schrul·lig·keit** <f.; -; unz.>

'**schrum·pe·lig** <Adj.; mdt.> *runzlig, faltig;* '**schrum·peln** <V. i. (s.); ich schrump(e)le> *schrumpfen;* '**schrump·fen** <V. i. (s.)> *kleiner werden; das Kapital ist geschrumpft;* '**Schrumpf·kopf** <m.; -(e)s, ⸚e>; '**Schrumpf·le·ber** <f.; -, -n; Med.>; '**Schrumpf·nie·re** <f.; -, -n; Med.>; '**Schrump·fung** <f.; -; unz.>; '**schrump·lig** <Adj.> = *schrumpelig*

Schrund <m.; -(e)s, ⸚e>, '**Schrun·de** <f.; -, -n> 1 *Hautriss* 2 *Gletscherspalte;* '**schrun·dig** <Adj.> *rissig*

'**schrup·pen** <V. t.> *mit dem Hobel grob bearbeiten;* <aber> → *schrubben;* '**Schrupp·fei·le** <f.; -, -n>; '**Schrupp·ho·bel** <m.; -s, ->

Schtetl <n.; -s, -> = *Stetl* [jidd.]

Schub <m.; -(e)s, ⸚e> 1 <Kegeln> *einzelner Stoß u. einmal beförderte Menge; sie wurden in Schüben eingelassen* 3 <Med.> *die Krankheit verläuft in Schüben* 4 <Phys.> = *Schubkraft* 5 <umg.; kurz für> *Schubfach, Schubkasten, Schublade*

'**Schub·be·jack** <m.; -(e)s, -e od. -s; norddt.> = *Schubiack;* '**schub·ben** <V. t.; norddt.> *kratzen, reiben*

'**Schu·ber** <m.; -s, -> *Schutzkarton;* '**Schub·fach** <n.; -(e)s, ⸚er> *ausziehbarer Kasten unter (Schreib-)Tischen*

'**Schu·bi·ack** <m.; -(e)s, -e od. -s; norddt.> *Schuft, Lump* [ndrl.]

'**Schub·kar·re** <f.; -, -n>, '**Schub·kar·ren** <m.; -s, -> *mit Griffen versehener einrädriger Karren zum Schieben;* '**Schub·kas·ten** <m.; -s, ⸚> = *Schubfach;* '**Schub·kraft** <f.; -, ⸚e; Phys.> *Kraft, die einen durch Rückstoß bewegten Gegenstand (z. B. Rakete) antreibt;* '**Schub·la·de** <f.; -, -n> = *Schubfach;* '**Schub·leh·re** <f.; -, -n> = *Messschieber;* '**Schub·leich·ter** <m.; -s, -> *un-*

bemannter, mit einem Schubschiff verbundener Frachtkahn; '**Schubs** <m.; -es, -e; umg.> *leichter Stoß jmdm. einen ~ geben;* '**schub·sen** <V. t.; du schubst; umg.>; '**schub·wei·se** <Adj.> *in Schüben*

'**schüch·tern** <Adj.> *scheu, ängstlich, zurückhaltend;* '**Schüchtern·heit** <f.; -; unz.>

'**schu·ckeln** <V. i. u. V. t. (s. u. h.); ich schuck(e)le> *schaukeln*

Schuft <m.; -(e)s, -e> *charakterloser Mensch, Betrüger*

'**schuf·ten** <V. i.; umg.> *schwer arbeiten;* '**Schuf·te·rei** <f.; -; unz.> *ständiges Schuften*

Schuf·te·rei² <f.; -, -en; selten> *Tat eines Schuftes;* '**schuf·tig** <Adj.> *schäbig, gemein;* '**Schuf·tig·keit** <f.; -; unz.>

Schuh <m. 7; -(e)s, -e> 1 *aus fester Sohle u. meist weicherem Obermaterial bestehende Fußbekleidung; wo drückt dich der ~? <fig.>; jmdm. etwas in die ~e schieben <fig.; umg.> jmdn. (zu Unrecht) beschuldigen* 2 <unz.> *drei ~ hoch;* → a. *Fuß(4);* '**Schuh·an·zie·her** <m.; -s, ->; '**Schuh·band** <n.; -(e)s, ⸚er> = *Schnürsenkel;* '**Schuh·bürs·te** <f.; -, -n>; '**Schuh·chen, 'Schüh·chen** <n.; -s, -; Verkleinerungsst. von> *Schuh;* '**Schuh·cre·me** <[-kre:m]; f.; -, -s od. -n> *Mittel zum Polieren der Schuhe;* '**Schuh·grö·ße** <f.; -, -n>; '**Schuh·krem, 'Schuh·kre·me** <f.; -, -s od. -n> = *Schuhcreme;* '**Schüh·lein** <n.; -s, -; poet.> *Verkleinerungsf. von> Schuh;* '**Schuh·löf·fel** <m.; -s, ->; '**Schuh·ma·cher** <m.; -s, -> *Handwerker zur Herstellung u. Reparatur von Schuhen; Sy Schuster,* **Schuh·ma·che·rei** <f.; -, -en>; '**Schuh·ma·che·rin** <f.; -, -nnen>; '**Schuh·num·mer** <f.; -, -n> *Schuhgröße; das war wohl eine ~ zu groß für ihn <fig.>;* '**schuh·plat·teln** <V. i.; ich schuhplatt(e)le; du schuhplattelst; sie haben geschuhplattelt> '**Schuh·platt·ler** <m.; -s, -; in Tirol u. Oberbayern> *ein Volkstanz;* '**Schuh·put·zer** <m.; -s, ->; '**Schuh·soh·le** <f.; -, -n>; '**Schuh·span·ner** <m.; -s,*

-> Stütze, die den Schuh in Form hält

'**Schu·hu** <m.; -s, -s; umg.> = *Uhu*

'**Schuh·werk** <n.; -(e)s; unz.; Sammelbez. für> *Schuhe; geeignetes ~;* '**Schuh·wich·se** <[-ks-]; f.; -, -n; umg.> = *Schuhcreme*

'**Schul·ko·steck·do·se** <f.; -, -n; Kurzw. für> *Steckdose mit besonderem Schutzkontakt;* '**Schu·ko·ste·cker** <m.; -s, ->

'**Schul·ab·gän·ger** <m.; -s, ->; '**Schul·ab·gän·ge·rin** <f.; -, -n·nen>; '**Schul·ab·schluss** <m.; -es, ⸚e>; '**Schul·amt** <n.; -(e)s, ⸚er> *staatl. Organisation zur Überprüfung der Arbeit der Lehrer sowie zur Lehrplangestaltung;* '**Schul·an·fang** <m.; -(e)s; unz.>; '**Schul·an·fän·ger** <m.; -s, ->; '**Schul·an·fän·ge·rin** <f.; -, -n·nen>; '**Schul·ar·beit** <f.; -, -en> 1 *Hausaufgabe* 2 <österr.> *schriftl. Prüfungsarbeit in der Schule;* '**Schul·arzt** <m.; -es, ⸚e>; '**Schul·ärz·tin** <f.; -, -n·nen>; '**Schul·at·las** <m.; - od. -s·ses, -s·se od. -lan·ten>; '**Schul·auf·ga·be** <f.; -, -n> *schriftl. Prüfungsarbeit in der Schule;* '**Schul·auf·sicht** <f.; -; unz.> *staatl. Aufsicht, Lenkung u. Leitung der Schulen;* '**Schul·auf·sichts·be·hör·de** <f.; -, -n> = *Schulamt;* '**Schul·bahn** <f.; -, -en; österr.> = *Schullaufbahn;* '**Schul·bank** <f.; -, ⸚e> *Sitzmöbel in der Schule; wir haben zusammen die ~ gedrückt <fig.; umg.>;* '**Schul·be·ginn** <m.; -(e)s; unz.>; '**Schul·be·hör·de** <f.; -, -n> = *Schulamt;* '**Schul·bei·spiel** <n.; -(e)s, -e; fig.> *Musterbeispiel;* '**Schul·be·such** <m.; -(e)s; unz.>; '**Schul·bi·blio·thek,** <auch> '**Schul·bib·li·o·thek** <f.; -, -en; ↗Z.53>; '**Schul·bil·dung** <f.; -; unz.>; '**Schul·bub** <m.; -en, -en; süddt.; österr.> *Schüler;* '**Schul·buch** <n.; -(e)s, ⸚er>; '**Schul·bü·che·rei** <f.; -, -en>; '**Schul·bus** <m.; -s·ses, -s·se>

schuld <Adj.; nur präd. u. adv.> *schuldig;* <Kleinschreibung in Verbindung mit "sein"> *sie ist an allem ~;* → a. *Schuld;* **Schuld** <f.; -, -en> 1 *Verpflichtung zu* *einer Gegenleistung bzw. zur Rückgabe von Geld;* ich stehe tief in seiner ~ <fig.> *ich schulde ihm Dank;* ~en abbezahlen 2 <unz.> *Verantwortung;* ich bin mir keiner ~ bewusst; er trägt die ~ an dem Unfall; man gab ihm (die) ~; er hat ~; <aber> er ist schuld; → a. *schuld* 3 <↗Z 43.3> sich etwas zu ~en, <auch> zuschulden kommen lassen; **'Schuld·be·kennt·nis** <n.; -s·ses, -s·se> ein ~ ablegen; **'schuld·be·la·den** <Adj.; ↗Z 29; geh.> er ist ~; <aber> er ist mit großer Schuld beladen; **'schuld·be·wusst** <Adj.; ↗Z 29> er sah mich ~ an; <aber> er war sich seiner Schuld bewusst; **'Schuld·be·wusst·sein** <n.; -s; unz.>; **'Schuld·buch** <n.; -(e)s, ⸗er *staatl. Register zur Eintragung von Staatsschuldverpflichtungen;* **'schul·den** <V. t./V. refl.> ich schulde ihm Dank; er schuldet mir noch 50 Euro; **'Schul·den·berg** <m.; -(e)s, -e; fig.>; **'Schul·den·er·lass** <m.; -es, -e od. (österr.) ⸗e>; **'schul·den·frei** <Adj.> das Haus ist ~; <aber> → *schuldfrei;* **'Schul·den·frei·heit** <f.; -; unz.>; **'Schul·den·last** <f.; -, -en>; **'schuld·fä·hig** <Adj.; Rechtsw.> *fähig, die eigene Verfehlung zu erkennen;* **'Schuld·fä·hig·keit** <f.; -; unz.>; **'Schuld·fra·ge** <f.; -; unz.> die ~ stellen; die ~ ist noch nicht geklärt; **'schuld·frei** <Adj.> *unschuldig;* er ist absolut ~; <aber> → *schuldenfrei;* **'Schuld·ge·fühl** <n.; -(e)s, -e> **'Schul·dienst** <m.; -(e)s; unz.> er ist im ~ tätig

'schul·dig <Adj.> 1 *Schuld tragend, verantwortlich;* er ist des Verbrechens ~; das Gericht sprach ihn ~ 2 *zu geben verpflichtet;* ich bin ihm Rechenschaft, Dank, die Miete ~; das ist er mir ~ *das kann ich wohl von ihm erwarten;* den Beweis dafür bist du mir ~ geblieben; **'Schul·di·ge(r)** <m. 1; bibl.> *Schuldner;* wie wir vergeben unseren ~rn (Vaterunser); **'Schul·dig·keit** <f.; -; unz.; meist in den Wendungen> es ist meine Pflicht u. ~; er hat seine ~ getan; **'Schuld·knecht-**

schaft <f.; -; unz.; im Altertum u. MA> *Leibeigenschaft eines Schuldners;* **'Schuld·kom·plex,** <auch> **'Schuld·komp·lex** <m.; -es, -e; ↗Z 53> ~e haben; **'schuld·los** <Adj.> *unschuldig;* sie ist vollkommen ~; <aber> endlich ist sie ihre Schuld los; **'Schuld·lo·sig·keit** <f.; -; unz.>; **'Schuld·ner** <m.; -s, -> *jmd., der einem anderen eine Leistung schuldet, bes. Geld;* **'Schuld·ne·rin** <f.; -, -n·nen>; **'Schuld·recht** <n.; -(e)s; unz.; Rechtsw.>; **'Schuld·schein** <m.; -(e)s, -e; Wirtsch.>; **'Schuld·spruch** <m.; -(e)s, ⸗e> *Gerichtsurteil über jmds. Schuld;* **'Schuld·ü·ber·nah·me** <f.; -, -n; ↗Z 55>; **'schuld·un·fä·hig** <Adj.; Rechtsw.> *nicht fähig, die eigene Verfehlung zu erkennen;* **'Schuld·un·fä·hig·keit** <f.; -; unz.>; **'Schuld·ver·hält·nis** <n.; -s·ses, -s·se> *Rechtsverhältnis zw. Schuldner u. Gläubiger;* **'Schuld·ver·schrei·bung** <f.; -, -en; Bankw.> *festverzinsl. Wertpapier;* **'Schuld·zu·wei·sung** <f.; -, -en>

'Schu·le <f.; -, -n> 1 *öffentl. od. private Einrichtung zur Ausbildung von Kindern u. Jugendlichen;* sie geht noch zur ~ 2 *Gebäude, in dem eine Schule(1) untergebracht ist;* eine ~ bauen 3 *Unterricht;* morgen fällt die ~ aus; durch eine harte ~ gehen <fig.>; aus der ~ plaudern <fig.; umg.> *Vertrauliches erzählen;* → a. *hoch* 4 <umg.> *Lehrer-, Schülerschaft;* die ganze ~ nahm an dem Wettbewerb teil 5 *von einem Meister ausgehende künstlerische Richtung;* das Bild stammt aus der ~ Dürers; das wird ~ machen <fig.; umg.> *Nachahmer finden;* **'schu·len** <V. t./V. refl.> *unterrichten, unterweisen;* ein geschulter Blick; geschultes Personal; **'Schul·eng·lisch** <n.; - od. -s; unz.> *auf der Schule erworbene Englischkenntnisse;* **'schul·ent·las·sen** <Adj.>; **'schul·ent·wach·sen** <[-ks-]; Adj.>; **'Schü·ler** <m.; -s, -> 1 *Schuljunge* 2 *Lernender (bei einem Meister);* ein ~ Orffs; **'Schü·ler·ar·beit** <f.; -, -en>; **'Schü·ler·aus·tausch**

<m.; -(e)s, -e> *Austausch von Schülern verschiedener Länder;* **'Schü·ler·aus·weis** <m.; -es, -e>; **'schü·ler·haft** <Adj.>; **'Schü·le·rin** <f.; -, -n·nen>; **'Schü·ler·lot·se** <m.; -n, -n> *jmd., der Kindern auf dem Weg zur Schule das gefahrlose Überqueren von Straßen ermöglicht;* **Schü·ler'mit·ver·wal·tung** <f.; -, -en; Abk.: SMV> *Beteiligung der Schüler an der Gestaltung des Schullebens;* **'Schü·ler·schaft** <f.; -; unz.> *Gesamtheit der Schüler (einer Schule);* **'Schü·ler·spra·che** <f.; -; unz.>; **'Schü·ler·zei·tung** <f.; -, -en>; **'Schul·er·zie·hung** <f.; -; unz.>; **'schul·fä·hig** <Adj.> = *schulreif;* **'Schul·fä·hig·keit** <f.; -; unz.>; **'Schul·fei·er** <f.; -, -n>; **'Schul·fe·ri·en** <Pl.>; **'schul·frei** <Adj.> ein ~er Tag; **'Schul·freund** <m.; -(e)s, -e>; **'Schul·freun·din** <f.; -, -n·nen>; **'Schul·funk** <m.; -(e)s; unz.> *lehrreiche Rundfunksendung für Schüler;* **'Schul·ge·bäu·de** <n.; -s, ->; **'Schul·ge·brauch** <m.; -(e)s; unz.> für den ~; **'Schul·geld** <n.; -(e)s; unz.>; **'Schul·haus** <n.; -es, ⸗er>; **'Schul·heft** <n.; -(e)s, -e>; **'Schul·hof** <m.; -(e)s, ⸗e>; **'schu·lisch** <Adj.> *die Schule betreffend;* ~e Leistungen; **'Schul·jahr** <n.; -(e)s, -e>; **'Schul·ju·gend** <f.; -; unz.>; **'Schul·jun·ge** <m.; -n, -n>; **'Schul·ka·me·rad** <m.; -en, -en>; **'Schul·ka·me·ra·din** <f.; -, -n·nen>; **'Schul·kennt·nis·se** <Pl.>; **'Schul·kind** <n.; -(e)s, -er>; **'Schul·klas·se** <f.; -, -n>; **'Schul·land·heim** <n.; -(e)s, -e>; **'Schul·lauf·bahn** <f.; -, -en> *die für die Zeit der Schulpflicht möglichen, zu einem Abschluss führenden Wege;* **'Schul·leh·rer** <m.; -s, ->; **'Schul·leh·re·rin** <f.; -, -n·nen>; **'Schul·lei·ter** <m.; -s, ->; **'Schul·lei·te·rin** <f.; -, -n·nen>; **'Schul·mäd·chen** <n.; -s, ->; **'Schul·map·pe** <f.; -, -n> *Mappe für Schulbücher, Hefte o. Ä.;* **'schul·mä·ßig** <Adj.> *den Vorschriften genau entsprechend;* **'Schul·me·di·zin** <f.; -; unz.> *die an den Hochschulen gelehrte, naturwissenschaftl. begründete Heilkunde;*

S

S

'**Schul·meis·ter** <m.; -s, -> 1 <veralt.> = *Lehrer* 2 <fig.; abwertend> *jmd., der andere pedantisch belehrt;* '**schul·meis·ter·lich** <Adj.>; '**schul·meis·tern** <V. t.; ich schulmeistere; sie hat geschulmeistert; zu ~>; '**Schul·meis·ter·ton** <m.; -(e)s; unz.; fig.> im ~; '**Schul·mu·sik** <f.; -; unz.> 1 *in der Schule ausgeübte Musik* 2 *Fach an Musikhochschulen zur Ausbildung von Musiklehrern;* '**Schul·mu·si·ker** <m.; -s, ->; '**Schul·mu·si·ke·rin** <f.; -, -·nen>; '**Schul·or·ches·ter** <[-kεs-]; n.; -s, ->; '**Schul·ord·nung** <f.; -, -en>

Schulp <m.; -(e)s, -e> *verkalkte od. verhornte Schale der Tintenfische*

'**Schul·pflicht** <f.; -; unz.> *Verpflichtung zum Schulbesuch für eine vom Staat festgesetzte Mindestdauer;* '**schul·pflich·tig** <Adj.>; '**Schul·psy·cho·lo·ge** <m.; -n, -n> *an einer Schule tätiger, für Schulprobleme zuständiger Psychologe;* '**Schul·psy·cho·lo·gin** <f.; -, -·nen>; '**Schul·rän·zel** <n.; -s, ->, '**Schul·ran·zen** <m.; -s, -> *auf dem Rücken zu tragende Schulmappe;* '**Schul·rat** <m.; -(e)s, ⁼e> 1 *für die Schulaufsicht zuständiger Beamter* 2 <schweiz. a.> *Behörde für die Schulaufsicht;* '**schul·reif** <Adj.> *die zur Einschulung notwendige körperliche, intellektuelle u. soziale Reife besitzend;* '**Schul·rei·fe** <f.; -; unz.>; '**Schul·sack** <m.; -(e)s, ⁼e; schweiz.> = *Schulranzen;* '**Schul·schiff** <n.; -(e)s, -e> *Schiff zur Ausbildung von Seeleuten;* '**Schul·schluss** <m.; -es; unz.>; '**Schul·sport** <m.; -(e)s; unz.>; '**Schul·spre·cher** <m.; -s, ->; '**Schul·spre·che·rin** <f.; -, -·nen>; '**Schul·stun·de** <f.; -, -n>; '**Schul·sys·tem** <n.; -s, -e>; '**Schul·ta·sche** <f.; -, -n>

'**Schul·ter** <f.; -, -n; Anat.> *die Verbindung der Arme mit dem Brustkorb;* ~ an ~ *stehen; die ganze Verantwortung ruht auf seinen* ~n <fig.>; *jmdm. die kalte* ~ *zeigen* <fig.> *jmdn. absweisend behandeln; etwas auf die leichte* ~ *nehmen* <fig.> *nicht ernst nehmen;* '**Schul·ter·blatt** <n.; -(e)s, ⁼er; Anat.>; '**Schul·ter·brei·te** <f.; -, -n>; '**schul·ter·frei** <Adj.> *ein* ~*es Kleid;* '**Schul·ter·ge·lenk** <n.; -(e)s, -e; Anat.>; '**Schul·ter·gür·tel** <m.; -s, -; Anat.> *Schlüsselbein u. Schulterblatt;* '**Schul·ter·hö·he** <f.; -, -n; Pl. selten>; ...**schul·te·rig** <Adj.; in Zus.> = ...*schultrig;* '**Schul·ter·klap·pe** <f.; -, -n> *Uniformbesatz;* '**schul·ter·lang** <Adj.> ~*es Haar;* '**schul·tern** <V. t.; ich schult(e)re> *mit geschultertem Gewehr;* '**Schul·ter·pols·ter** <n.; -s, ->; '**Schul·ter·rie·men** <m.; -s, ->; '**Schul·ter·schluss** <m.; -es; unz.> *das Zusammenhalten, die Verbundenheit einer Gruppe; im* ~; '**Schul·ter·strei·fen** <m.; -s, -> *auf die Schulterklappe aufgenähter Streifen (als Rangabzeichen);* '**schul·ter·zu·ckend** <Adj.; ↗Z29> ~ *antworten;* <aber> *die Schulter zucken*

'**Schult·heiß** <m.; -en, -en; veralt.> *Gemeindevorsteher*

...**schult·rig** <Adj.; in Zus.> z. B. *breitschultrig;* oV ...*schulterig*

'**Schul·tü·te** <f.; -, -n> *mit Süßigkeiten gefüllte feste Tüte für Schulanfänger;* '**Schul·typ** <m.; -s, -en> *Art der Schule (Gymnasium, Handelsschule usw.);* '**Schu·lung** <f.; -, -en> *Aus-, Weiterbildung; eine dreitägige* ~; '**Schul·u·ni·form** <f.; -, -en; ↗Z55> *einheitl. Schulbekleidung;* '**Schul·un·ter·richt** <m.; -(e)s; unz.>; '**Schul·ver·sa·gen** <n.; -s; unz.>; '**Schul·wart** <m.; -(e)s, -e; österr.> *Hausmeister an einer Schule;* '**Schul·wech·sel** <m.; -[-ks-]; m.; -s, ->; '**Schul·weg** <m.; -(e)s, -e>; '**Schul·weis·heit** <f.; -; unz.; abwertend> *trockenes, angelerntes Wissen;* '**Schul·we·sen** <n.; -s; unz.> *Gesamtheit dessen, was die Schulen betrifft;* '**Schul·wis·sen** <n.; -s; unz.>

'**Schul·ze** <m.; -n, -n; veralt.> = *Schultheiß*

'**Schul·zeit** <f.; -; unz.> *Zeit vom Eintritt in die Schule bis zur Entlassung;* '**Schul·zeug·nis** <n.; -s·ses, -s·se>; '**Schul·zim·mer** <n.; -s, ->

Schum·me·lei <f.; -, -en> *leichter Betrug;* '**schum·meln** <V. i.; ich schumm(e)le; umg.> *Kinder schummeln oft beim Spielen*

'**Schum·mer** <m.; -s; unz.; norddt.> *Dämmerung;* '**schum·me·rig** <Adj.; norddt.> *dämmerig;* '**schum·mern** <V.> 1 <V. i.> *dämmern; im Schummern in der Dämmerung* 2 <V. t.> *schumm(e)re) schattieren (Landkarte)*

'**Schumm·ler** <m.; -s, -> *jmd., der schummelt;* '**Schumm·le·rin** <f.; -, -·nen>

'**schumm·rig** <Adj.> = *schumme-rig*

Schund <m.; -(e)s; unz.> *wertloses Zeug;* '**Schund·li·te·ra·tur** <f.; -; unz.>; '**Schund·ro·man** <m.; -(e)s, -e>

'**schun·keln** <V. i.; ich schunk(e)le> *sich zum Rhythmus der Musik hin- u. herwiegen*

Schupf <m.; -(e)s, -e; oberdt.> *Schub, Stoß, Schwung;* '**schup·fen** <V. t.; oberdt.> *stoßen*

'**Schup·fen** <m.; -s, -; süddt.; österr.> = *Schuppen*

'**Schu·po¹** <f.; -; unz.; Kurzw. für> *Schutzpolizei;* '**Schu·po²** <m.; -s, -s; umg.; Kurzw. für> *Schutzpolizist*

'**Schüpp·chen¹** <n.; -s, -> = *Schippchen*

'**Schüpp·chen²** <n.; -s, -; Verkleinerungsf. von> *Schuppe;* '**Schup·pe** <f.; -, -n; meist Pl.> 1 *Hautplättchen (z. B. bei Fischen, Schlangen)* 2 *Talgabsonderung der (Kopf-)Haut;* Shampoo gegen ~n; *es fiel ihm wie* ~*n von den Augen* <fig.; umg.> *plötzlich erkannte er den wahren Sachverhalt* 3 *Metallplättchen am Panzer einer Rüstung*

'**Schüp·pel** <m.; -s, -; bair.; österr.> *Büschel*

'**schup·pen** <V. t.> 1 *einen Fisch* ~ *die Schuppen von der Haut schaben* 2 <V. refl.> *die Haut schuppt sich*

'**Schup·pen** <m.; -s, -> *überdachter, aus Brettern bestehender Raum zum Abstellen von (landwirtschaftl.) Geräten o. Ä.*

'**Schup·pen·flech·te** <f.; -; unz.; Med.> *eine Hautkrankheit;* Sy *Psoriasis;* '**Schup·pen·flüg·ler** <m.; -s, -; Zool.> = *Schmetter-*

ling; '**Schup·pen·pan·zer** <m.; -s, -›; '**Schup·pen·tier** <n.; -(e)s, -e; Zool.> *den Reptilien ähnliches, mit Hornschuppen bedecktes Säugetier;* '**schup·pig** <Adj.>; '**Schup·pung** <f.; -, -en>

Schups <m.; -es, -e> = *Schubs;* '**schup·sen** <V. t.; du schupst>

Schur <f.; -, -en> 1 *das Scheren (bes. der Schafe)* 2 *der Schnitt (bes. von Wiesen u. Hecken)*

'**Schür·ei·sen** <n.; -s, -› *eiserner Haken zum Schüren des Feuers;* '**schü·ren** <V. t.> *das Feuer ~ entfachen, zum Aufflammen bringen; jmds. Eifersucht ~* <fig.>

'**Schürf·ei·sen** <n.; -s, -; Bgb.> *Gerät zum Schürfen nach Erzen;* '**schür·fen** <V.> 1 <V. i.; Bgb.> *in geringer Tiefe nach Bodenschätzen graben; es war kein sehr tief schürfendes Gespräch* <fig.> *ein recht oberflächliches G.* 2 <V. t. /V. refl.> *die Haut oberflächlich verletzen; sie hat sich beim Sturz das Knie geschürft;* '**Schür·fer** <m.; -s, -› Haut~;* '**Schürf·wun·de** <f.; -, -n>

'**Schür·ha·ken** <m.; -s, -› = *Schüreisen*

Schu·ri·ge·lei <f.; -, -en; umg.>; '**schu·ri·geln** <V. t.; ich schurig(e)le; umg.> *jmdn. ~ schikanieren, bevormunden*

'**Schur·ke** <m.; -n, -n; abwertend> *niederträchtiger Mensch;* **Schur·ke'rei** <f.; -, -en>; '**Schur·kin** <f.; -, -n·nen>; '**schur·kisch** <Adj.>

'**Schur·wol·le** <f.; -; unz.> *am lebenden Tier geschorene, erstmals verarbeitete Wolle*

Schurz <m.; -es, -e> *um die Hüften gebundenes Kleidungsstück;* Lenden~; '**Schür·ze** <f.; -, -n> *zum Schutz über der eigtl. Kleidung getragenes Kleidungsstück;* Küchen~; '**schür·zen** <V. t.; du schürzt> *einen langen, weiten Rock ~ heben, raffen; mit geschürztem Kleid;* '**Schür·zen·band** <n.; -(e)s, -er> *das Kind hängt noch am ~ seiner Mutter* <fig.>; '**Schür·zen·jä·ger** <m.; -s, -; fig.; umg.; scherzh.> *Mann, der ständig hinter Frauen her ist;* '**Schür-**

zen·zip·fel <m.; -s, -; umg.> = *Schürzenband*

Schuss <m. 7; -es, ⸚e od. (bei Mengenangaben a.) -> 1 *das mit einem lauten Knall verbundene Abfeuern eines Geschosses; mehrere Schüsse waren zu hören; weit vom ~ sein* <fig.; umg.> *außerhalb der Gefahrenzone 2 abgefeuertes Geschoss; ein ~ traf ihn am Arm; ich habe noch drei ~ im Magazin Patronen; ein ~ ins Schwarze (der Zielscheibe) ein Treffer; er ist keinen ~ Pulver wert* <fig.; umg.> 3 *das kraftvolle Werfen, Treten od. Schlagen eines Balles; ein ~ auf das Tor* 4 <Bgb.> *Sprengung, Sprengladung; ein ~ im Steinbruch* 5 <Web.> *Querfäden* 6 *Portion, kleine Menge; Tee mit einem ~ Rum* 7 *rasche Bewegung; ~ fahren* <Skisp.> *ungebremst abfahren* 8 *etwas im, in ~ halten* <umg.> *in Ordnung, funktionstüchtig;* '**schuss·be·reit** <Adj.>

'**Schus·sel** 1 <m.; -s, - od. f.; -, -n; umg.> *fahriger, vergesslicher Mensch* 2 <f.; -, -n; südostdt.; ostmdt.> *Schlitterbahn*

'**Schüs·sel** <f.; -, -n> 1 *vertieftes Gefäß zum Anrichten u. Auftragen von Speisen; Salat~; Suppen~* 2 <umg.> *schüsselförmige Parabolantenne zum Empfang von Satellitenprogrammen*

'**Schus·sel·bahn** <f.; -, -en; südostdt.; ostmdt.> = *Schlitterbahn;* '**schus·se·lig** <Adj.; umg.> = *schusslig;* '**schus·seln** <V. i.; ich schuss(e)le> 1 *umg.> übereilt, fahrig handeln* 2 <(h. u. s.); südostdt.; ostmdt.> = *schlittern*

'**Schuss·fa·den** <m.; -s, ⸚> *Querfaden (eines Gewebes);* '**Schuss·fahrt** <f.; -, -en; Skisp.> → a. *Schuss(7);* '**Schuss·feld** <n.; -(e)s; unz.> *im ~ sein;* '**schuss·fer·tig** <Adj.>; '**schuss·fest** <Adj.> *~es Glas;* '**schuss·frei** <Adj.> *~e Bahn haben;* '**schuss·ge·recht** <Adj.; Jägerspr.> *das Reh steht ~;* '**Schuss·ge·rin·ne** <n.; -s, -> *Kanal, durch den schnell fließendes Wasser abgeleitet wird;* '**schus·sig** <Adj.; umg.> *(über)eilig, hastig;* '**schuss·lig**

<Adj.; umg.> *fahrig, hastig;* '**Schuss·li·nie** <[-niə]; f.; -, -n; Pl. selten> *geh aus der ~!;* '**Schuss·nä·he** <f.; -; unz.>; '**schuss·recht** <Adj.; Jägerspr.> = *schussgerecht;* '**schuss·si·cher** <Adj.; ⟋Z 37> ~e Weste;* '**Schuss·stär·ke** <f.; -, -n; ⟋Z 37; Sp.>; '**Schuss·ver·let·zung** <f.; -, -en>; '**Schuss·waf·fe** <f.; -, -n>; '**Schuss·waf·fen·ge·brauch** <m.; -(e)s; unz.>; '**Schuss·wei·te** <f.; -, -n>; '**Schuss·zeit** <f.; -, -en; Jägerspr.> Ggs *Schonzeit*

'**Schus·ter** <m.; -s, -› 1 *Schuhmacher; auf ~s Rappen* <fig.; umg.> *zu Fuß* 2 <Zool.> = *Weberknecht;* '**Schus·ter·ah·le** <f.; -, -n>; '**Schus·ter·blu·me** <f.; -, -n; Bot.> *Anemone;* **Schus·te'rei** <f.; -, -en> 1 <veralt.> *Schuhmacherei* 2 <abwertend> *Pfuscherei;* '**Schus·ter·jun·ge** <m.; -n, -n> 1 <veralt.> *Lehrling bei einem Schuster* 2 <Typ.> *die letzte Zeile einer Seite, die gleichzeitig die erste Zeile eines neuen Absatzes ist;* '**schus·tern** <V. i.; ich schust(e)re> 1 *als Schuhmacher arbeiten* 2 <abwertend> *pfuschen;* '**Schus·ter·pfriem** <m.; -(e)s, -e>, '**Schus·ter·pfrie·men** <m.; -s, -> = *Ahle*

'**Schu·te** <f.; -, -n> 1 *flaches, offenes Wasserfahrzeug* 2 *Frauenhut mit gewölbtem Rand*

Schutt <m.; -(e)s; unz.> 1 *Geröll, Gesteinstrümmer* 2 *Abfall;* '**Schutt·ab·la·de·platz** <m.; -es, ⸚e>; '**Schütt·be·ton** <[-tõ] od. [-tɔŋ]; m.; -s; unz.> *Beton, der in eine Schalung gegossen wird;* '**Schütt·bo·den** <m.; -s, - od. (südtt.; österr.) ⸚> *Lagerraum für Getreide;* '**Schüt·te** <f.; -, -n> 1 *Bund Stroh* 2 <schweiz.> = *Schüttboden* 3 *kleiner Behälter für Zucker, Mehl o. Ä.;* '**Schüt·tel·be·cher** <m.; -s, -> *Mixbecher;* '**Schüt·tel·frost** <m.; -(e)s; unz.; Med.> *starkes, von Muskelzittern begleitetes Kältegefühl bei hohem Fieber;* '**Schüt·tel·läh·mung** <f.; -; unz.; Med.> *ständiges Zittern, bes. der Hände;* Sy *Parkinsonsyndrom;* '**schüt·teln** <V. i. u. V. t. /V. refl.> *ich schütt(e)le> schnell hin u. her bewegen; (Inhalt) vor Ge-*

S

brauch ~!; etwas aus dem Ärmel, aus dem Handgelenk ~ <fig.; umg.> *schnell nebenbei erledigen;* **'Schüt·tel·reim** <m.; -(e)s, -e> *Verspaar, bei dem die Anfangsbuchstaben der reimenden Silben scherzhaft vertauscht werden, z. B. Meisterklasse - Kleistermasse;* **'Schüt·tel·rut·sche** <f.; -, -n> *Rinne für Transport von Steinen, Kohle u. Ä.;* **'schüt·ten** <V.> **1** <V. t.> *auf, in etwas fließen, gleiten lassen;* Wasser in die Schüssel ~ **2** <V. i.; unpersönl.> *es schüttet (wie aus Kübeln)* <umg.> *es regnet in Strömen*

'schüt·ter <Adj.> *~es Haar dünnes, bereits gelichtetes H.*

'schüt·tern <V. i.> *heftig zittern, stark holpern;* das Beben brachte das Haus zum Schüttern; **'Schütt·gut** <n.; -(e)s, -er> *unverpacktes Gut, z. B. Kohle;* **'Schutt·hal·de** <f.; -, -n> *hoch aufgeschütteter (Gesteins-) Schutt;* **'Schütt·stein** <m.; -(e)s, -e; schweiz.> *Ausgussbecken;* **'Schüt·tung** <f.; -, -en>

Schutz <m.; -es; unz.> *Abwehr von etwas Unangenehmem, Bedrohlichem;* ~ vor Kälte, Regen; ich muss ihn in ~ nehmen; ~ suchend; zu ~ u. Trutz; **Schütz** <m. od. n.; -es, -e> **1** <El.> *automatisch wirkender Schalter* **2** <Wasserbau> *Sperrvorrichtung an Wehren u. Schleusen;* **'Schutz·an·strich** <m.; -(e)s, -e>; **'Schutz·an·zug** <m.; -(e)s, ⸗e>; **'schutz·be·dürf·tig** <Adj.>; **'Schutz·be·foh·le·ne(r)** <f. 2 (m. 1)> *= Schützling;* **'Schutz·be·haup·tung** <f.; -, -en>; **'Schutz·blech** <n.; -(e)s, -e; an Kfz>; **'Schutz·brief** <m.; -(e)s, -e> **1** <früher> *urkundlich erteilte Zusicherung eines bes. Schutzes für best. Personen* **2** *von Automobilclubs od. Versicherungen ausgestelltes Dokument;* **'Schutz·bril·le** <f.; -, -n>; **'Schutz·bünd·nis** <n.; -s·ses, -s·se>; **'Schutz·dach** <n.; -(e)s, ⸗er>

'Schüt·ze¹ <m.; -n, -n> **1** *jmd., der mit einer Schusswaffe schießt* **2** <Fußb.> *Tor~* **3** <Astr.> *ein Tierkreiszeichen* **4** <Web.>

Weberschiffchen **5** <Zool.> *ein Fisch*

'Schüt·ze² <f.; -, -n> *= Schütz(2);* **'schüt·zen** <V. t./V. refl.; du schützt> *Schutz gewähren;* jmdn. vor jmdm. od. etwas ~; **'Schüt·zen** <m.; -s, -; Web.> *Weberschiffchen*

'Schüt·zen·bru·der <m.; -s, ⸗>; **'Schüt·zen·fest** <n.; -(e)s, -e> *Volksfest mit Wettschießen*

'Schutz·en·gel <m.; -s, -> da hast du einen guten - gehabt!

'Schüt·zen·ge·sell·schaft <f.; -, -en> *= Schützenverein;* **'Schüt·zen·gra·ben** <m.; -s, ⸗; Mil.>; **'Schüt·zen·haus** <n.; -es, ⸗er>

'Schüt·zen·hil·fe <f.; -; unz.; umg.; hauptsächl. in der Wendung> jmdn. ~ leisten *jmdm. beistehen*

'Schüt·zen·kö·nig <m.; -s, -e>; **'Schüt·zen·kö·ni·gin** <f.; -, -n·nen>; **'Schüt·zen·ver·ein** <m.; -(e)s, -e> *Verein, der das Schießen als Sport betreibt*

'Schutz·far·be <f.; -, -n>; **'Schutz·fär·bung** <f.; -, -en; Zool.>; **'Schutz·frist** <f.; -, -en; Rechtsw.>; **'Schutz·ge·biet** <n.; -(e)s, -e> *Natur~;* **'Schutz·ge·bühr** <f.; -, -en> *die Broschüre ist gegen eine - von 10 Euro erhältlich;* **'Schutz·geld** <n.; -(e)s, -er> *zum angebl. Schutz erpresste Geldsumme;* **'Schutz·geld·er·pres·sung** <f.; -, -en>; **'Schutz·git·ter** <n.; -s, ->; **'Schutz·haft** <f.; -; unz.> **1** *polizeil. Verwahrung einer Person zu deren eigenem Schutz;* jmdn. in ~ nehmen **2** <in totalitären Regimen> *Verhaftung missliebiger Personen;* **'Schutz·hei·li·ge(r)** <f. 2 (m. 1); Kath.> *Schutzpatron(in);* **'Schutz·herr·schaft** <f.; -; unz.>; **'Schutz·hüt·te** <f.; -, -n>; **'schutz·imp·fen** <V. t.; ich schutzimpfe; sie hat schutzgeimpft; schutzzuimpfen; meist im Inf. u. Part. Perf.> *vorbeugend impfen;* **'Schutz·imp·fung** <f.; -, -en>

'Schüt·zin <f.; -, -n·nen>; ↗Z38>

'Schütz·ling <m.; -s, -e> *jmd., für den man sorgt;* **'schutz·los** <Adj.>; **'Schutz·lo·sig·keit** <f.; -; unz.>; **'Schutz·macht** <f.; -, ⸗e; Völkerrecht>; **'Schutz·mann** <m.; -(e)s, ⸗er od. -leu·te; umg.>

Polizist; **'Schutz·mas·ke** <f.; -, -n>; **'Schutz·maß·nah·me** <f.; -, -n>; **'Schutz·mit·tel** <n.; -s, ->; **'Schutz·pa·tron,** <auch> **'Schutz·pat·ron** <m.; -(e)s, -e; ↗Z53; Kath.>; **'Schutz·pa·tro·nin** <f.; -, -n·nen; ↗Z53; Kath.>; **'Schutz·po·li·zei** <f.; -; unz.; Kurzw.: Schupo> *= Polizei;* **'Schutz·po·li·zist** <m.; -en, -en; Kurzw.: Schupo>; **'Schutz·schicht** <f.; -, -en>; **'Schutz·um·schlag** <m.; -(e)s, ⸗e>; **'Schutz·wall** <m.; -(e)s, ⸗e> *schützender Wall;* Antifaschistischer ~ <propagandist. Bez. der SED für die> *Berliner Mauer (1961–89);* **'Schutz·weg** <m.; -(e)s, -e; österr.> *gekennzeichneter Fußgängerüberweg;* **'Schutz·zoll** <m.; -(e)s, ⸗e> *einen ~ erheben*

Schwa <n.; -od. -s, -od. -s; Sprachw.> *Schwundstufe von Vokalen;* → a. *Kasten Vokal* [hebr.]

'schwab·be·lig <Adj.; umg.> *wackelnd, schwammig;* **'schwab·beln** <V. i.; ich schwabbe(e)le; umg.> **1** *sich wackelnd hin- u. herbewegen* **2** <umg.; abwertend> *schwätzen;* **'Schwab·ber** <m.; -s, -; Seemannsspr.> *besenähnl. Wischer;* **'schwab·bern** <V. i.; ich schwabb(e)re; umg.> *= schwabbeln(2);* **'schwabb·lig** <Adj.> *= schwabbelig*

'Schwa·be¹ <m.; -n, -n> *jmd., der aus Schwaben stammt*

'Schwa·be² <f.; -, -n> *= Schabe¹*

'schwä·beln <V. i.; ich schwäb(e)le; umg.> *schwäbischen Dialekt sprechen;*

'Schwa·ben **1** *bayer. Regierungsbezirk* **2** *Gebiet zw. Rhein, Neckar und Donau;* **'Schwa·ben·spie·gel** <m.; -s; unz.> *eines der Rechtsbücher des dt. MA;* **'Schwa·ben·streich** <m.; -(e)s, -e> *unüberlegte, lachhafte Handlung* [nach dem Märchen *Die sieben Schwaben*]; **'Schwä·bin** <f.; -, -n·nen>; **'schwä·bisch** <Adj.; ↗Z46> die ~e Mundart; <aber> die Schwäbische Alb; das Schwäbische Meer *Bodensee*

schwach <Adj.; 'schwä·cher, am 'schwächs·ten> **1** <↗Z42>

schwaches Verb: Die s. V. gehören zur Klasse der regelmäßig flektierten Verben. Sie bilden den Präteritalstamm mit *-t* und das Partizip Perfekt mit *(ge) -t: kaufen: sie kaufte, sie hat gekauft; bewundern: er bewunderte, er hatte bewundert.* Im Gegensatz dazu bilden die ↗starken Verben das ↗Präteritum durch Wechsel des Stammvokals. Verben, die neu in den deutschen Wortschatz kommen, werden nur schwach konjugiert: *canceln: er cancelte, er hat gecancelt; recyceln: wir recycelten, wir hatten recycelt.* Vgl. ↗Konjugation

kraftlos, geschwächt; alles Schwache leugnen; die Lage der Schwachen; er ist ~ auf der Brust <a. fig; umg.; scherzh.> *er hat kein Geld;* das ~e Geschlecht <scherzh.> *die Frauen* 2 *willenlos;* bei Süßigkeiten wird sie immer ~ 3 *nicht stark belastbar;* das Unternehmen steht auf ~en Füßen 4 <↗Z24; Getrenntschreibung in Verbindung mit Verben u. Partizipien> *unbedeutend;* ein ~er Trost; die Vorstellung war ~ besucht; ~ betonte Silbe; ein ~ bevölkerter Landstrich; ~ bewegt; ~ sein; ~ werden 5 *wenig gehaltvoll, von schlechter Qualität;* ein ~er Kaffee; das schwächste Werk des Autors 6 *nicht leistungsfähig;* ein ~er, ~ begabter Schüler; er hat ~e Augen; Rechnen ist meine ~e Seite 7 <Gramm.> ~es Verb; → a. Kasten; **'schwach·at·mig** <Adj.>; **'Schwach·be·gab·ten·för·de·rung** <f.; -, -en>; **'Schwach·brüs·tig** <Adj.>; **'Schwä·che** <f.; -, -n> 1 <unz.> *Mangel an Kraft;* sie ist vor ~ zusammengebrochen 2 *Unzulänglichkeit, charakterlicher Mangel;* jeder hat seine ~n 3 *Vorliebe;* er hat eine ~ für Asien; **'Schwä·che·an·fall** <m.; -(e)s, ⸚e> einen ~ erleiden; **'Schwä·che·ge·fühl** <n.; -(e)s; unz.>; **'Schwä·chen** <V. t.> ein geschwächter Körper; **'Schwach·heit** <f.; -; unz.> = *Schwäche(1);* **'Schwach·kopf** <m.; -(e)s, ⸚e; abwertend> *Dummkopf;* **'schwach·köp·fig**

<Adj.; abwertend>; **'schwäch·lich** <Adj.> *körperlich schwach, kränklich;* **'Schwäch·lich·keit** <f.; -; unz.>; **'Schwäch·ling** <m.; -s, -e; meist abwertend> 1 *körperlich kraftloser Mensch* 2 *willenloser Mensch;* **'Schwach·punkt** <m.; -(e)s, -e> der Plan hat einige ~e; **'schwach·sich·tig** <Adj.>; **'Schwach·sich·tig·keit** <f.; -; unz.> *Augen-, Sehschwäche;* **'Schwach·sinn** <m.; -(e)s; unz.> 1 <Med.> *(angeborener) geistiger Defekt* 2 <umg.; abwertend> *Unsinn;* **'schwach·sin·nig** <Adj.>; **'Schwach·stel·le** <f.; -, -n> das Buch hat einige ~n; **'Schwach·strom** <m.; -(e)s; unz.; El.> *Strom mit einer Spannung bis 24 Volt;* **'Schwä·chung** <f.; -, -en>

'Schwa·de <f.; -, -n>, **'Schwa·den¹** <m.; -s, -> *Reihe gemähten Grases od. Getreides*

'Schwa·den² <m.; -s, -> 1 *mit Gasen od. Dämpfen durchsetzte Luftströmung;* Nebel~ 2 <Bgb.> *Grubengasausströmung*

Schwa'dron, <auch> **Schwad'ron** <f.; -, -en; ↗Z53; Mil.; früher> *unterste Einheit der Kavallerie* [ital.]; **Schwa·dro·neur** <[-'nø:r]; m.; -s, -e>; **schwa·dro·'nie·ren** <V. i.> *wortreich prahlen*

Schwa·fe'lei <f.; -; unz.; umg.>; **'schwa·feln** <V. i.; ich schwaf(e)le; umg.; abwertend> *töricht daherreden*

'Schwa·ger <m.; -s, ⸚> 1 *Ehemann der Schwester* 2 *Bruder des Ehepartners/der Ehepartnerin;* **'Schwä·ge·rin** <f.; -, -n·nen> 1 *Ehefrau des Bruders* 2 *Schwester des Ehepartners/der Ehepartnerin;* **'schwä·ger·lich** <Adj.>; **'Schwä·ger·schaft** <f.; -; unz.>; **'Schwä·her** <m.; -s, -; veralt. für> 1 *Schwiegervater* 2 *Schwager*

'Schwai·ge <f.; -, -n; bair.; österr.> *Sennhütte;* **'schwai·gen** <V. i.; bair.; österr.> *Käse bereiten;* <aber> → *schweigen;* **'Schwai·ger** <m.; -s, -; bair.; österr.> *Senn;* **'Schwai·ge·rin** <f.; -, -n·nen>; **'Schwaig·hof** <m.; -(e)s, ⸚e; bair.; österr.>

'Schwälb·chen <n.; -s, -; Verkleinerungsf. von> *Schwalbe;*

'Schwal·be <f.; -, -n; Zool.> *ein Singvogel;* **'Schwal·ben·nest** <n.; -(e)s, -er>; **'Schwal·ben·schwanz** <m.; -es, ⸚e> 1 <Zool.> *ein Tagfalter* 2 <umg.; scherzh.> *Rockschoß am Frack*

Schwall <m.; -(e)s, -e> *Guss;* ein ~ Wasser; ein ~ von Worten ging auf ihn nieder <fig.>

Schwamm <m.; -(e)s, ⸚e> 1 <Zool.> *wirbelloses, aus lockeren Zellansammlungen bestehendes Wassertier* 2 *weicher, saugfähiger Gegenstand;* ~ drüber! <umg.> *vergessen wir das!* 3 <umg.> *Ständerpilz* 4 *Hausschwamm, Holzschädling;* **'Schwämm·chen** <n.; -s, -; Verkleinerungsf. von> *Schwamm;* **'Schwam·merl** <n.; -, -n; bair.; österr.> *Pilz;* **'schwam·mig** <Adj.> *weich, aufgedunsen;* **'Schwamm·spin·ner** <m.; -s, -; Zool.> *ein Nachtfalter;* **'Schwamm·tuch** <n.; -(e)s, ⸚er>

Schwan <m.; -(e)s, ⸚e; Zool.> *ein großer Schwimmvogel;* **'Schwän·chen** <n.; -s, -; Verkleinerungsf. von> *Schwan;* **'schwa·nen** <V. i.; umg.> *ahnen;* mir schwant nichts Gutes; **'Schwa·nen·ge·sang** <m.; -(e)s, ⸚e; geh.> *letztes Werk eines Dichters vor seinem Tod;* **'Schwa·nen·hals** <m.; -es, ⸚e>; **'schwa·nen·weiß** <Adj.>

Schwang <veralt.; nur noch in der Wendung> im ~(e) sein *üblich sein*

'schwan·ger <Adj.> 1 *ein Kind erwartend* 2 *mit einer Idee ~* gehen <fig.; geh.> *von einer I. erfüllt sein;* unheil~ <fig.; geh.>; **'Schwan·ge·re** <f. 2>; **'Schwan·ge·ren·be·ra·tung** <f.; -, -en>; **'schwän·gern** <V. t.; ich schwängere> eine Frau ~; **'Schwan·ger·schaft** <f.; -, -en> *Zeit, Zustand des Schwangerseins;* **'Schwan·ger·schafts·ab·bruch** <m.; -(e)s, ⸚e> *künstl. Herbeiführung einer Fehlgeburt, Abtreibung;* **'Schwan·ger·schafts·strei·fen** <Pl.; volkstüml. Bez. für> *feine, infolge der starken Dehnung der Bauchdecke entstandene Streifen auf der Haut;* **'Schwan·ger·schafts·test** <m.; -(e)s -e od. -s>; **'Schwan·ger·schafts·un·ter-**

S

bre·chung ‹f.; -, -en; unkorrekt für› *Schwangerschaftsabbruch;* '**Schwan·ger·schafts·ver·hü·tung** ‹f.; -, -en›

schwank ‹Adj.› *dünn, biegsam, federnd, schwankend;* er ist ein ~es Rohr im Wind ‹fig.› *unstet*

Schwank ‹m.; -(e)s, ⁻e› *kurze, heitere Erzählung, derb-komisches Bühnenstück;* '**Schwänk·chen** ‹n.; -s, -›; Verkleinerungsf. von› *Schwank*

'**schwan·ken** ‹V. i.› 1 *hin u. her schwingen, taumeln* 2 die Preise ~ *sind unbeständig* 3 ‹↗Z42› *zögern, unentschlossen sein;* ich schwanke noch; mein Plan ist ins Schwanken gekommen; '**Schwan·kung** ‹f.; -, -en›

'**Schwän·lein** ‹n.; -s, -; poet.› Verkleinerungsf. von› *Schwan*

Schwanz ‹m.; -es, ⁻e› 1 *bei fast allen Wirbeltieren bewegl. Fortsatz der Wirbelsäule über den Rumpf hinaus;* das Pferd beim ~ aufzäumen ‹fig.› *eine Sache falsch anpacken;* den ~ einziehen ‹a. fig.; umg.› *sich kleinlaut fügen* 2 ‹derb› *Penis;* '**Schwänz·chen** ‹n.; -s, -›; Verkleinerungsf. von› *Schwanz;* '**schwän·zeln** ‹V. i.› 1 *mit dem Schwanz wedeln* 2 ‹fig.; umg.› *tänzelnd gehen;* sie schwänzelt ständig um ihn herum

'**schwän·zen** ‹V. t.; du schwänzt; umg.› die Schule ~ *die Sch. unentschuldigt versäumen;* '**Schwän·zer** ‹m.; -s, -› Schul~; '**Schwän·ze·rin** ‹f.; -, -n·nen›

'**Schwanz·fe·der** ‹f.; -, -n›; '**Schwanz·flos·se** ‹f.; -, -n›; **...schwän·zig** ‹Adj.› in Zus.› die neunschwänzige Peitsche; '**schwanz·las·tig** ‹Adj.› ein ~es Flugzeug; '**Schwänz·lein** ‹n.; -s, -; poet.› Verkleinerungsf. von› *Schwanz;* '**Schwanz·lurch** ‹m.; -(e)s, -e; Zool.› *echsenähnl. Lurch;* '**schwanz·we·delnd** ‹Adj.; ↗Z29› der Hund kam ~ auf ihn zu; ‹aber› er sprang, mit dem Schwanz wedelnd, an ihm hoch

Schwapp ‹m.; -(e)s, -e› *klatschender Wasserguss;* '**schwap·pen** ‹V. i. (s.)› *überfließen;* die Suppe ist über den Tellerrand geschwappt; '**schwap·pern,**

'**schwäp·pern** ‹V.; ich schwappere; mdt.› 1 ‹V. i.› = *schwappen* 2 ‹V. t.› *verschütten;* schwäppere nichts!; **Schwaps** ‹m.; -es, -e› = *Schwapp;* '**schwap·sen** ‹V. i. (s.)› = *schwappen*

Schwarm ‹m.; -(e)s, ⁻e› 1 *größere Gruppe durcheinander wimmelnder Tiere od. Menschen;* Bienen~; die Touristen kamen in Schwärmen 2 *jmd., für den man schwärmt(2);* sie hat einen neuen ~; '**schwär·men** ‹V. i.› 1 *sich im Schwarm(1) bewegen;* Bienen ~ 2 *für jmdn. od. etwas, von jmdm. od. etwas ~ begeistert sein;* sie schwärmt von Italien; er ist richtig ins Schwärmen gekommen; '**Schwär·mer** ‹m.; -s, -›; '**Schwär·me·rei** ‹f.; -, -en›; '**Schwär·me·rin** ‹f.; -, -n·nen›; '**schwär·me·risch** ‹Adj.›; '**Schwärm·zeit** ‹f.; -, -en; bei Bienen›

'**Schwar·te** ‹f.; -, -n› 1 *dicke, harte Haut (bes. vom Schwein);* Speck~ 2 ‹umg.› *dickes (wertloses) Buch* 3 ‹Schreinerei› *die beim Zersägen eines Baumstammes abfallenden äußeren Anschnitte;* '**schwar·ten** ‹V.› 1 ‹V. i.; selten› *wie besessen lesen* 2 ‹V. t.› jmdn. ~ ‹umg.› *verprügeln;* '**Schwar·ten·ma·gen** ‹m.; -s, -› *eine Wurstsorte;* '**schwar·tig** ‹Adj.›

schwarz ‹Adj.; '**schwär·zer**, am '**schwär·zes·ten**› 1 *von besonders dunkler Farbe, kohlefarben;* ~er Kaffee *K. ohne Milch;* ~er Tee *T. aus dunkel gefärbten Blättern des Teestrauches;* das ~e Brett *Anschlagtafel für Bekanntmachungen;* das ~e Schaf in der Familie ‹fig.› *das ungeratene Familienmitglied;* der ~e Tod ‹MA› *Beulenpest;* ~e Kunst ‹veralt.› *Buchdruckerkunst;* ~e Magie *böse Zauberei;* ~e Zahlen schreiben ‹Kaufmannsspr.› *Gewinn machen;* der ~e Peter *Spielkarte in einem Kartenspiel;* jmdm. den ~en Peter zuschieben ‹fig.›; etwas ~ auf weiß besitzen *schriftlich;* sie war ~ in ~ gekleidet; ‹aber› aus Schwarz Weiß machen ‹fig.› *die Tatsachen verdrehen;* wir haben im Garten ~e Johannisbeeren 2

‹↗Z46› ‹aber Großschreibung, wenn "schwarz" ein Teil eines Namens od. festen Begriffes ist› die Schwarze Johannisbeere ‹Bot.›; der Schwarze Freitag *Börsensturz am 15.10.1929 in den USA;* der Schwarze Kontinent ‹fig.› *Afrika;* das Schwarze Meer; die Schwarze Witwe *Zool.› eine Spinnenart* 3 ‹↗Z24; Getrenntschreibung mit Verben u. Part., wenn steiger- od. erweiterbar› sich ~ ärgern ‹fig.› *sehr;* da kannst du warten, bis du ~ wirst ‹fig.› *da wartest du vergeblich;* ~ malen, sehen ‹fig.; umg.› *pessimistisch sein;* sein Bruder sieht die Zukunft noch schwärzer als er; du hast keinen Grund ~ zu sehen; für mein Examen sehe ich schwarz; eine ~ gestreifte Bluse; ~ gefärbte Haare; ‹aber Zusammenschreibung, wenn *schwarz* im Sinne von *verbotenerweise gebraucht wird* → *schwarzarbeiten, schwarzfahren, schwarzhören, schwarzschlachten, schwarzsehen* 4 ‹fig.› *böse, unheilvoll, düster;* ~er Humor; heute hatte ich meinen ~en Tag *Unglückstag, Pechtag;* es war ein ~er Freitag; ‹aber› der Schwarze Freitag, → *schwarz(2);* auf der ~en Liste stehen *auf der L. von Verdächtigen, Missliebigen* 5 *heimlich, verboten;* ~er Markt *Schleichhandel;* etwas ~ über die Grenze bringen; **Schwarz** ‹n.; - od. -es; unz.› *tiefdunkle Farbe;* ins ~e treffen *in den Mittelpunkt der Zielscheibe,* ‹a. fig.› *das Richtige erkennen;* mit diesem Geschenk hat er genau ins ~e getroffen; siehst du das ~e auf dem Auto? *die schwarze Stelle;* ~ zieht nach a2 (im Kartenspiel); für diesen Anlass kommt nur ~ in Frage *schwarze Kleidung;* das kleine ~e ‹umg.› *kurzes schwarzes Kleid für kleinere Festlichkeiten;* sie kam ganz in ~; sie geht in ~; sie trägt gern ~; '**Schwarz·a·fri·ka**, ‹auch› '**Schwarz·af·ri·ka** ‹↗Z53›; *Sammelbez. für› die von Schwarzen bewohnten u. regierten Staaten Afrikas;*

'Schwarz·a·fri·ka·ner <m.; -s, ->; **'Schwarz·a·fri·ka·ne·rin** <f.; -, -n·nen>; **'Schwarz·ar·beit** <f.; -; unz.> *unversteuerte u. daher illegale Lohnarbeit;* **'schwarz·ar·bei·ten** <V. i.; ich arbeite schwarz; sie hat schwarzgearbeitet; schwarzzuarbeiten> → a. *schwarz(3);* **'Schwarz·ar·bei·ter** <m.; -s, ->; **'Schwarz·ar·bei·te·rin** <f.; -, -n·nen>; **'Schwarz·bee·re** <f.; -, -n; Bot.> = *Heidelbeere;* **'schwarz·blau** <Adj.> *tief dunkelblau;* **'schwarz·braun** <Adj.>; **Schwarz·bren·ne·rei** <f.; -; unz.; umg.> *ungenehmigtes Brennen von Alkohol;* **'Schwarz·brot** <n.; -(e)s, -e> 1 *Roggenvollkornbrot* 2 *<westfäl.> Pumpernikel;* **'schwarz·bunt** <Adj.; bes. norddt.> -e Rinder *schwarz-weiß gefleckte R.;* **'Schwarz·dorn** <m.; -(e)s, -e; Bot.> = *Schlehbusch;* **'Schwarz·dros·sel** <f.; -, -n; Zool.> = *Amsel;* **'Schwar·ze(r)** <f. 2 (m. 1); umg.> 1 *dunkelhäutiger Mensch, Angehörige(r) der negriden Rasse* 2 *dunkelhaariger Mensch* 3 *Anhänger(in) einer konservativen Partei* 4 *<nur m.> Teufel* 5 *<nur m.; österr.> Mokka ohne Milch;* **'Schwär·ze** <f.; -; unz.> 1 *das Schwarzsein* 2 *Farbe zum Schwarzmachen* 3 *<Bgb.> verwittertes Erz* 4 *<Bot.> = Schwarzfäule;* **'schwär·zen** <V. t.; du schwärzt> 1 *schwarz färben* 2 *<süddt.; österr.; veralt.> schmuggeln;* **'Schwär·zer** <m.; -s, -; österr.> *Schmuggler;* **Schwarz·er·de** <f.; -; unz.> *dunkler, fruchtbarer Humusboden;* **'Schwär·ze·rin** <f.; -, -n·nen; österr.>; **'Schwarz·erz** <n.; -es; unz.> = *Fahlerz;* **'schwarz|fah·ren** <V. i. (s.) 130; ich fahre schwarz; sie ist schwarzgefahren; schwarzzufahren; umg.; fig.> *ohne Fahrschein od. Führerschein ein (öffentl.) Verkehrsmittel benutzen;* → a. *schwarz(3);* **'Schwarz·fah·rer** <m.; -s, ->; **'Schwarz·fah·re·rin** <f.; -, -n·nen>; **'Schwarz·fäu·le** <f.; -; unz.; Bot.> *eine Pflanzenkrankheit;* **'schwarz·ge·hen** <V. i. (s.); umg.> 1 *auf*

Wilddieberei gehen 2 *unerlaubt über die Grenze gehen;* → a. *schwarz(3);* **'Schwarz·geld** <n.; -(e)s, -er> *Geld, das nicht versteuert wurde;* **'Schwarz·geld·af·fä·re** <f.; -, -n; Pol.>; **'schwarz·han·del** <Adj.>; **'Schwarz·han·del** <m.; -s; unz.> *Handel zu Wucherpreisen (bei eingeschränktem Warenangebot);* **'Schwarz·händ·ler** <m.; -s, ->; **'Schwarz·händ·le·rin** <f.; -, -n·nen>; **'Schwarz·holz** <n.; -es; unz.> *Ebenholz;* **'schwarz·hö·ren** <V. t. u. V. i.; umg.> *Radio hören, ohne Rundfunkgebühren zu bezahlen;* → a. *schwarz(3);* **'Schwarz·hö·rer** <m.; -s, ->; **'Schwarz·hö·re·rin** <f.; -, -n·nen>; **'Schwarz·kit·tel** <m.; -s, -; umg.> 1 *Wildschwein* 2 *<scherzh., a. abwertend> (kath.) Geistlicher;* **'schwärz·lich** <Adj.> *leicht schwarz; ~ blau blau mit schwarzem Schimmer; ein ~ blaues Kleid;* **'Schwarz·ma·ler** <m.; -s, -> *Pessimist;* → a. *schwarz(3);* **Schwarz·ma·le·rei** <f.; -, -en; Pl. selten>; **'Schwarz·ma·le·rin** <f.; -, -n·nen>; **'Schwarz·markt** <m.; -(e)s; unz.> = *schwarzer Markt;* → a. *schwarz(5);* **'Schwarz·markt·preis** <m.; -es, -e> *zu ~ en;* **'Schwarz·plätt·chen** <n.; -s, -; Zool.> *eine Grasmückenart;* **'schwarz·rot** <Adj.> *tief dunkelrot;* **'schwarz'rot·'gol·den**, <auch> **'schwarz·'rot·'gol·den** <Adj.; ↗Z36.1> die ~ e, <auch> schwarz-rot-goldene Fahre <aber> die Fahne Schwarzrotgold, <auch> Schwarz-Rot-Gold; **'Schwarz·sau·er** <n.; -s; unz.; Kochk.> *säuerlich gewürztes Ragout aus Wild, Schweine- od. Geflügelfleisch;* **'schwarz|schlach·ten** <V. t.; umg.> *ohne amtl. Genehmigung schlachten;* → a. *schwarz(3);* **'Schwarz·schlach·tung** <f.; -, -en; umg.>; **'schwarz|se·hen** <V. i. 239; ich sehe schwarz; sie hat schwarzgesehen; schwarzzusehen; umg.> *ohne Begleichung der Rundfunkgebühren fernsehen; du darfst nicht ~;* <aber Getrenntschreibung> schwarz sehen *pessimistisch sein;* → a.

schwarz(3); **'Schwarz·se·her** <m.; -s, ->; **Schwarz·se·he'rei** <f.; -; unz.>; **'Schwarz·se·he·rin** <f.; -, -n·nen>; **'schwarz·se·he·risch** <Adj.> *pessimistisch;* **Schwarz·specht** <m.; -(e)s, -e; Zool.>; **Schwarz·storch** <m.; -(e)s, ²e; Zool.>; **'Schwär·zung** <f.; -, -en>; **'Schwarz·wal** <m.; -(e)s, -e; Zool.> = *Grindwal;* **'Schwarz·wald** <m.; -(e)s; unz.> *Mittelgebirge in SW-Deutschland;* Schwarzwälder Kirschtorte; **schwarz'weiß**, <auch> **schwarz-'weiß** <Adj.; ↗Z36.1> *schwarz u. weiß; ein ~er Vorhang; ein ~ gestreiftes Hemd; etwas ~ malen undifferenziert darstellen;* **Schwarz'weiß·auf·nah·me**, <auch> **Schwarz-'Weiß-Auf·nah·me** <f.; -, -n; Fot.>; **Schwarz'weiß·film** <m.; -(e)s, -e>; **Schwarz'weiß·ma·le·rei** <f.; -; unz.> *stark vereinfachende, polarisierende Darstellung von Sachverhalten;* **Schwarz'weiß·zeich·nung** <f.; -, -en>; **'Schwarz·wild** <n.; -(e)s; unz.; Jägerspr.; Sammelbez. für> *Wildschweine;* **'Schwarz·wurz** <f.; -, -en>, **'Schwarz·wur·zel** <f.; -, -n; Bot.> *eine Gemüsepflanze*

Schwatz <m.; -es, -e; umg.> *Geplauder; einen ~ halten;* **'Schwatz·ba·se** <f.; -, -n>, **'Schwätz·ba·se** <f.; -, -n; süddt.; österr.; umg.; abwertend> *Frau, die gern u. viel schwatzt;* **'Schwätz·chen** <n.; -s, -; umg.; Verkleinerungsf. von> *Schwatz; ein ~ halten;* **'schwat·zen** <V. i. u. V. t.; du schwatzt> 1 *sich gemütlich unterhalten; lass uns noch ein wenig ~!* 2 *viel u. oberflächlich reden; sie schwatzt allzu gerne; dummes Zeug ~;* **'schwät·zen** <V. i. u. V. t.; du schwätzt; süddt.; österr.> = *schwatzen;* **'Schwät·zer** <m.; -s, ->; **'Schwät·ze·rin** <f.; -, -n·nen>; **'schwatz·haft** <Adj.; -er, am -es·ten>; **'Schwatz·haf·tig·keit** <f.; -; unz.>

'Schwe·be <f.; -; unz.; nur in der Wendung> es ist noch alles in der ~ *unentschieden;* **'Schwe-**

S

be·bahn <f.; -, -en> Seilbahn; **'Schwe·be·bal·ken** <m.; -s, -> ein Turngerät; **'schwe·ben** <V. i. (h.; bei Bewegung in eine Richtung; s.)> 1 frei u. bewegungslos in der Luft verharren 2 langsam fliegen, gleiten; das Blatt ist zu Boden geschwebt; der Adler schwebt hoch in den Lüften; sie ~ im siebten Himmel <fig.; umg.> 3 <fig.> sich befinden; der Verletzte schwebt in Lebensgefahr 4 ~des Verfahren <Rechtsw.>; **'Schwe·be·zu·stand** <m.; -(e)s; unz.>; **'Schweb·flie·ge** <f.; -, -n; Zool.>; **'Schweb·stoff** <m.; -(e)s, -e; Chem.>; **'Schwe·bung** <f.; -, -en; Phys.> wechselndes An- und Abschwellen der Amplitude einer Schwingung

'Schwe·de <m.; -n, -n> Einwohner von Schweden; **'Schwe·den** Staat in Nordeuropa; Königreich ~; **'Schwe·den·plat·te** <f.; -, -n; Kochk.>; **'Schwe·den·punsch** <m.; -(e)s; unz.> alkohol. Getränk mit Arrak u. Zucker; **'Schwe·din** <f.; -, -nnen>; **'schwe·disch** <Adj.> hinter en Gardinen <fig.; umg.> im Gefängnis; → a. deutsch

'Schwe·fel <m.; -s; unz.; Chem.> Zeichen: S> chem. Element, Nichtmetall; **'schwe·fel·ar·tig** <Adj.>; **'Schwe·fel·blu·me** <f.; -; unz.>, **'Schwe·fel·blü·te** <f.; -; unz.; Chem.> Schwefel in Pulverform; **'Schwe·fel·dampf** <m.; -(e)s, ⸚e> Dampf, der Schwefeldioxid enthält; **Schwefel'di·o·xid** <n.; -(e)s; unz.; Chem.> ein stechend riechendes Gas; **'Schwe·fel·farb·stoff** <m.; -(e)s, -e>; **'schwe·fel·gelb** <Adj.>; **'schwe·fel·hal·tig** <Adj.>; **'Schwe·fel·hölz·chen** <n.; -s, -> Zündholz; **'schwe·fe·lig** <Adj.> = schweflig; **Schwe·fel'koh·len·stoff** <m.; -(e)s; unz.; Chem.>; **'Schwe·fel·kopf** <m.; -(e)s, ⸚e; Bot.> ein Blätterpilz; **'schwe·feln** <V. t.; ich schwef(e)le> mit Schwefel behandeln; Wein ~; **'Schwe·fel·quel·le** <f.; -, -n>; **'Schwe·fel·re·gen** <m.; -s; unz.> gelbe Blütenstaubschicht auf Gewässern; **'Schwe·fel·säu·re** <f.; -; unz.>; **'Schwe·fe·lung** <f.; -; unz.>;

Schwe·fel'was·ser·stoff <m.; -(e)s; unz.> faulig riechendes, giftiges Gas; **'schwef·lig** <Adj.> Schwefel enthaltend od. ihm ähnlich

'Schwe·gel <f.; -, -n> 1 <früher> Rohr- u. Blockflöte 2 <an älteren Orgeln> Flötenwerk

Schweif <m.; -(e)s, -e> 1 langer, buschiger Schwanz 2 einem Schweif(1) ähnlich sehender Fortsatz; Kometen~; **'schwei·fen** <V.> 1 <V. i. (s.)> zielos umherziehen; seinen Blick ~ lassen 2 <V. t.> Bretter ~ bogenförmig zusägen; **'schweif·we·delnd** <Adj.; ⸚Z29> der Hund kam auf ihn zu; <aber> mit dem Schweif wedelnd

'Schwei·ge·geld <n.; -(e)s, -er> Bestechungsgeld; **'Schwei·ge·marsch** <m.; -(e)s, ⸚e> still durchgeführter Trauer- od. Protestmarsch; **'Schwei·ge·mi·nu·te** <f.; -, -n>; **'schwei·gen** <V. i. 233; ⸚Z42> nichts sagen, still sein; Reden ist Silber, Schweigen ist Gold <Sprichw.>; **'Schwei·ge·pflicht** <f.; -; unz.> ärztliche ~; **'Schwei·ger** <m.; -s, -> jmd., der schweigt; <aber> → Schwaiger; **'Schwei·ge·rin** <f.; -, -nnen>; **'schweig·sam** <Adj.> wortkarg; **'Schweig·sam·keit** <f.; -; unz.>

Schwein <n.; -(e)s, -e> 1 <Zool.> kurzbeiniger Paarhufer 2 <fig.> (bedauernswerter, schmutziger od. gemeiner) Mensch; kein ~ <umg.> niemand 3 <unz.; umg.> Glück; da hast du aber ~ gehabt!; **'Schwei·ne-** <n.; -s, -; Verkleinerungsf. von> Schwein; **'Schwei·ne·bauch** <m.; -(e)s, ⸚e>; **'Schwei·ne·bra·ten** <m.; -s, ->; **'Schwei·ne·fett** <n.; -(e)s; unz.>; **'Schwei·ne·fleisch** <n.; -(e)s; unz.>; **'Schwei·ne·geld** <n.; -(e)s; unz.; umg.> er verdient ein ~ sehr viel Geld; **'Schwei·ne·hund** <m.; -(e)s, -e; fig.; derb> 1 Schuft 2 den inneren ~ überwinden die Feigheit, Bequemlichkeit; **'Schwei·ne·ko·ben**, **'Schwei·ne·ko·fen** <m.; -s, -> = Schweinestall(1); **'Schwei·ne·pest** <f.; -; unz.; Vet.> eine Infektionskrankheit der Schweine; **Schwei·ne'rei** <f.; -, -en; derb>

1 schmutziger Zustand 2 unanständige Äußerung; er erzählt gern ~en 3 Entrüstung hervorrufende Tatsache; **'schwei·nern** <Adj.> vom Schwein stammend; **'Schwei·ner·ne(s)** <n. 3; süddt.> Schlachtstück vom Schwein; **'Schwei·ne·schmalz** <n.; -es; unz.>; **'Schwei·ne·schnit·zel** <n.; -s, ->; **'Schwei·ne·stall** <m.; -(e)s, ⸚e> 1 Verschlag für Schweine 2 <fig.; derb> schmutzige, unordentliche Behausung; **'Schwein·i·gel** <m.; -s, -; ⸚Z55; umg.> unreinl. od. unanständiger Mensch; **'schwein·i·geln** <V. i.; ich schweinig(e)le; sie hat geschweinigelt; zu ~; ⸚Z55; umg.> 1 Schmutz machen 2 unanständige Witze erzählen; **'schwei·nisch** <Adj.; fig.; derb> unanständig; **'Schwein·kram** <m.; -(e)s; unz.; umg.> = Schweinerei(2); **'Schweins·bra·ten** <m.; -s, -; süddt.>; **'Schweins·brat·wurst** <f.; -, ⸚e; süddt.>; **'Schweins·ga·lopp** <m.; -s; unz.; umg.; scherzh.; bes. in der Wendung> im ~ rennen schnell, aber linkisch; **'Schweins·ha·xe** <f.; -, -n; oberdt.> Fuß vom Schwein (als Speise); **'Schweins·kopf** <m.; -(e)s, ⸚e>; **'Schweins·le·der** <n.; -s; unz.>; **'schweins·le·dern** <Adj.>; **'Schweins·ohr** <n.; -(e)s, -en> 1 Ohr vom Schwein 2 spiralförmiges Gebäck; **'Schweins·rü·cken** <m.; -s, ->

Schweiß <m.; -es; unz.> 1 wässrige Absonderung der Schweißdrüsen der Haut 2 <fig.> Mühe, schwere Arbeit; daran hängt viel ~ 3 <Jägerspr.> Blut des Wildes; **'Schweiß·aus·bruch** <m.; -(e)s, ⸚e>; **'schweiß·be·deckt** <Adj.; ⸚Z29> die Haut war ~; <aber> mit Schweiß bedeckt; **'Schweiß·bläs·chen** <n.; -s, -> = Friesel; **'Schweiß·blatt** <n.; -(e)s, ⸚er> zum Schutz der Kleidung unter der Achselhöhle eingeheftetes Stoffteil; **'Schweiß·bren·ner** <m.; -s, -> Gerät zum Schweißen; **'Schweiß·bril·le** <f.; -, -n>; **'Schweiß·drü·se** <f.; -, -n>; **'schwei·ßen** <V.; du schweißt> 1 <V. i. u. V. t.> Metall- od. Kunststoffteile durch

Druck u. Wärme (Schmelzen) miteinander verbinden 2 <V. i.; Jägerspr.> *Blut verlieren;* **'Schwei·ßer** <m.; -s, -; Berufsbez.> *Facharbeiter für Schweißarbeiten;* **'Schwei·ße·rin** <f.; -, -n·nen>; **'Schweiß·fähr·te** <f.; -, -n; Jägerspr.> *Blutspur angeschossenen Wildes;* **'Schweiß·fleck** <m.; -(e)s, -e>; **'Schweiß·frie·sel** <m. od. n.; -s, -n> = *Friesel;* **'Schweiß·fuß** <m.; -es, ⸚e; meist Pl.> *er hat Schweißfüße;* **'schweiß·ge·ba·det** <Adj.; ⤢Z 29> *über u. über mit Schweiß bedeckt;* sie erwachte ~; <aber> sie war in Schweiß gebadet; **'Schweiß·hund** <m.; -(e)s, -e; Jägerspr.> *zum Verfolgen der Schweißfährte abgerichteter Jagdhund;* **'schwei·ßig** <Adj.> 1 *voll Schweiß(1)* 2 <Jägerspr.> *blutig;* **'Schweiß·le·der** <n.; -s, -> *Lederband im Hut zum Schutz gegen Schweiß;* **'Schweiß·naht** <f.; -, ⸚e>; **'Schweiß·per·le** <f.; -, -n; meist Pl.> *Schweißtropfen,* **'schweiß·trei·bend** <Adj.; ⤢Z 29> *eine ~e Arbeit;* **'schweiß·trie·fend** <Adj.; ⤢Z 29> *schweißnass;* <aber> vor Schweiß triefend; **'Schweiß·trop·fen** <m.; -s, ->; **'Schwei·ßung** <f.; -, -en>

Schweiz <f.; -; unz.> *Bundesstaat im SW Mitteleuropas;* Schweizerische Eidgenossenschaft; die französische, italienische (→ *der frz., ital. Teil der S.;* <aber> die Fränkische, Holsteinische, Sächsische ~; **'Schwei·zer¹** <m.; -s, -> 1 *Einwohner der Schweiz* 2 *Melker* 3 <Kath.> *Kirchenaufseher* 4 *Mitglied der Schweizergarde;* **'Schwei·zer²** <Adj.> ~ *Bürger;* ~ *Käse;* **'Schwei·zer·de·gen** <m.; -s, -; Berufsbez.> *gelernter Schriftsetzer, der gleichzeitig Buchdrucker ist;* **'schwei·zer·deutsch** <Adj.> → a. *deutsch;* **'Schwei·zer·deutsch** <n.; - od. -s; unz.> *die in der Schweiz gesprochenen dt. Mundarten;* **'Schwei·zer·gar·de** <f.; -; unz.> *päpstl. Leibgarde;* **'Schwei·zer·haus** <n.; -es, ⸚er>; **'Schwei·ze·rin** <f.; -, -n·nen>; **'schwei·ze·risch** <Adj.; ⤢Z 46> *der ~e Tourismus;*

<aber> die Schweizerische Eidgenossenschaft

'Schwel·brand <m.; -(e)s, ⸚e> *Brand ohne Flamme;* **'Schwelch·malz** <n.; -es; unz.> *an der Luft getrocknetes Malz;* **'schwe·len** <V.> 1 <V. i.> *glimmen* 2 <V. t.> *etwas ~ langsam verbrennen;* **Schwe·le'rei** <f.; -, -en>

'schwel·gen <V. i.> *üppig leben;* in Erinnerungen ~ <fig.>; **Schwel·ge'rei** <f.; -, -en>; **'schwel·ge·risch** <Adj.>

'Schwel·le <f.; -, -n> 1 *Brett als untere Begrenzung u. zum Abdichten der Türöffnung;* an der ~ <fig.> *am Beginn, kurz vor* 2 <Eisenb.> *Querbalken, auf dem die Schienen befestigt sind* 3 <Wasserbau> *unterer Abschluss eines Wehres* 4 <Psych.> *Grenzbereich der (bewussten) Wahrnehmbarkeit von Reizen;* Reiz~

'schwel·len <V. 234> 1 <V. i. (s.)> *etwas schwillt wird dicker, größer, dehnt sich aus;* geschwollene Beine; ihm schwillt der Kamm <fig.; umg.> *er ist allzu eingebildet,* <auch> *er wird zornig* 2 <V. t.> *schwach konjugiert> aufblasen, schwellen;* der Wind schwellte das Segel; der Stolz hat seine Brust geschwellt; → a. *stolzgeschwellt*

'Schwel·len·angst <f.; -; unz.; Psych.>; **'Schwel·len·land** <n.; -(e)s, ⸚er> *Entwicklungsland, das sich in wirtschaftl. u. techn. Hinsicht den Industrieländern annähert*

'Schwel·ler <m.; -s, -; bei Orgel u. Harmonium> *Vorrichtung zum An- und Abschwellen des Tones;* **'Schwell·kopf** <m.; -(e)s, ⸚e> *übergroßer hohler Maskenkopf;* **'Schwell·kör·per** <m.; -s, -; Anat.> *schwammartiges Gewebe an Penis u. Klitoris;* **'Schwel·lung** <f.; -, -en>; **'Schwell·werk** <n.; -(e)s, -e> = *Schweller*

'Schwe·lung <f.; -; unz.> *Vergasungsprozess von Kohle, Torf u. Holz*

'Schwem·me <f.; -, -n> 1 *flaches Gewässer als Badeplatz, bes. für Pferde* 2 <fig.; umg.> *einfache Wirtsstube* 3 <österr.> *Warenhausabteilung mit Niedrigpreisen* 4 *kurzzeitiges Überangebot;*

'schwem·men <V. t.> 1 *durch die Strömung forttragen;* die Flut schwemmte Strandgut ans Ufer 2 <österr.> *Wäsche spülen;* **'Schwemm·land** <n.; -(e)s; unz.>; **'Schwemm·sand** <m.; -(e)s; unz.>

'Schwen·de <f.; -, -n> *Rodung (durch Abbrennen von Wald)*

'Schwen·gel <m.; -s, -> 1 *Klöppel(1)* 2 *schwenkbarer Griff der Pumpe*

Schwenk <m.; -(e)s, -e> *Drehung, Wendung, bes. bei Aufnahmen mit der Filmkamera;* einen ~ machen; **'schwen·ken** <V.> 1 <V. t.> *etwas ~ hin u. her schwingen* 2 <V. t.> *umdrehen, wälzen;* Kartoffeln in Butter ~ 3 <V. i. (s.)> *die Richtung ändern;* nach rechts ~; **'Schwen·ker** <m.; -s, -> *Kognak~;* **'Schwenk·glas** <n.; -es, ⸚er>; **'Schwenk·kar·tof·feln** <Pl.> *in Butter geschwenkte Kartoffeln;* **'Schwenk·kran** <m.; -(e)s, ⸚e>; **'Schwen·kung** <f.; -, -en; a. fig.>

schwer <Adj.; ⤢Z 24> Getrenntschr. mit Verben, Part. od. Adj., wenn steiger- od. erweiterbar> 1 *ein best. Gewicht habend;* wie ~ bist du? 2 *von großem Gewicht;* ~es Gepäck; ~er Boden *fette, nährstoffreiche Erde;* ~es Essen *üppiges, gehaltvolles E.;* ~ verdauliche Beilagen; ~ verträglich; ein ~ bewaffneter Soldat; ~es Geschütz auffahren <fig.; umg.> *scharf argumentieren;* ein ~ beladener Wagen; eine ~ wiegende, <auch> schwerwiegende Lüge (→ a. *schwerwiegend)* 3 *kummervoll;* ~en Herzens gab er nach; jmdm. den Abschied ~ machen; du solltest es nicht zu ~ nehmen 4 *schwierig, mühselig, körperliche Anstrengungen verlangend;* er muss ~ arbeiten; das Schwerste habe ich hinter mir; das Klettern ist mir ~ gefallen; sie kann nur ~ hören; ein ~ erziehbares Kind; sich ~ tun *sich abmühen;* du bist wohl ~ von Begriff? <umg.> 5 *schwierig, anspruchsvoll;* eine Aufgabe für ~ halten; ein ~ verständlicher Text; ein ~es Abitur 6 *stark ausgeprägt, spürbar;* ein

~es Unwetter; ein ~es Verbrechen; eine ~e Krankheit; sie ist ~ krank; er wurde ~ verletzt; ~ verwundete Personen; man hat sie ~ bestraft; ein ~es Parfüm; er ist ~ behindert (→ a. *schwerbehindert*); das Auto wurde bei dem Unfall ~ beschädigt (→ a. *schwerbeschädigt*); **'Schwer·arbei·ter** <m.; -s, ->; **'Schwer·athlet** <m.; -en, -en> Ggs *Leichtathlet*; **'Schwer·ath·le·tik** <f.; -; unz.; Sammelbez. für> *Boxen, Ringen, Judo, Gewichtheben;* Ggs *Leichtathletik*; **'schwer·be·hin·dert** <Adj.> er ist ~; <aber Getrenntschr. bei bes. Betonung und Steigerung> er ist sehr schwer behindert; → a. *schwer(6)*; **'Schwer·be·hin·der·te(r)** <f. 2 (m. 1)>; **'Schwer·be·hin·der·ten·aus·weis** <m.; -es, -e>; **'schwer·be·schä·digt** <Adj.> er ist seit dem Krieg ~ *er ist in seiner berufl. Leistungsfähigkeit deutlich eingeschränkt;* <aber Getrenntschr. bei bes. Betonung und Steigerung> das Haus wurde schwer beschädigt; → a. *schwer(6)*; **'Schwer·be·schä·dig·te(r)** <f. 2 (m. 1)>; **'schwer·blü·tig** <Adj.> *schwermütig, melancholisch;* **'Schwerblü·tig·keit** <f.; -; unz.>; **'Schwe·re** <f.; -; unz.> **1** <Phys.> *Schwerkraft;* das Gesetz der ~ **2** *(großes) Gewicht* <a. fig.>; er bedachte nicht die ~ des Sackes **3** *Stärke;* die ~ des Unwetters war nicht vorhersehbar; **'Schwe·re·feld** <n.; -(e)s, -er; Phys.> = *Gravitationsfeld;* **'schwe·re·los** <Adj.>; **'Schwe·re·lo·sig·keit** <f.; -; unz.>; **'Schwe·re·nö·ter** <m.; -s, -; umg.> *charmanter Frauenheld;* **'schwer·fäl·lig** <Adj.> *ungeschickt, plump;* **'Schwer·fäl·lig·keit** <f.; -; unz.>; **'Schwer·ge·wicht** <n.; -(e)s, -e; Schwerathletik> *höchste Gewichtsklasse;* **'Schwer·ge·wicht·ler** <m.; -s, ->; **'schwer·hö·rig** <Adj.> *vermindert hörfähig;* **'Schwer·hö·rig·keit** <f.; -; unz.>

Schwe'rin *Hauptstadt von Mecklenburg-Vorpommern*
'Schwer·in·dus·trie, <auch> **'Schwer·in·dust·rie** <f.; -; unz.; ↗Z.53; Sammelbez. für> *Bergbau u. Eisen- u. Stahlindustrie;* **'Schwer·kraft** <f.; -; unz.; Phys.> *Anziehungskraft der Erde;* **'Schwer·kriegs·be·schä·dig·te(r)** <m. 1>; **'schwer·lich** <Adv.> *kaum;* **'Schwer·me·tall** <n.; -(e)s, -e> Ggs *Leichtmetall;* **'Schwer·mut** <f.; -; unz.> *Depression;* **'schwer·mü·tig** <Adj.>; **'Schwer·mü·tig·keit** <f.; -; unz.>; **'Schwer·öl** <n.; -(e)s; unz.> *Öl mit hohem Siedepunkt;* **'Schwer·punkt** <m.; -(e)s, -e> **1** <Phys.> *Zentrum der Masse eines Körpers* **2** <fig.> *wichtigster Punkt;* er legt den ~ auf den politischen Aspekt; **'schwer·punkt·mä·ßig** <Adj.; meist adv.> *er befasst sich ~ mit Malerei;* **'schwer·reich** <Adj.; umg.> *sehr reich;* ein ~er Mann; **'Schwer·spat** <m.; -(e)s, -e; Chem.> = *Baryt;* **'Schwerst·ar·bei·ter** <m.; -s, ->; **'schwerst·be·hin·dert** <Adj.>; **'Schwerst·be·hin·der·te(r)** <f. 2 (m. 1)>

Schwert <n.; -(e)s, -er> *Hieb- u. Stichwaffe;* **'Schwer·tel** <m.; -s, - od. (österr. a.) n.; -s, -n> = *Schwertlilie;* **'Schwert·fe·ger** <m.; -s, -> *Waffenschmied;* **'Schwert·fisch** <m.; -(e)s, -e; Zool.>; **'schwert·för·mig** <Adj.>; **'Schwert·fort·satz** <m.; -es, ¨e; Anat.> *unterster Teil des Brustbeins;* **'Schwert·lei·te** <f.; -, -n; früher> *Ritterschlag;* **'Schwert·li·lie** <[-li̯ə] f.; -, -n; Bot.> *eine Zierpflanze;* **'Schwert·schlu·cker** <m.; -s, -> *ein Artist;* **'Schwert·streich** <m.; -(e)s, -e> *Hieb mit dem Schwert;* ohne ~ <fig.> *kampflos;* **'Schwert·trä·ger** <m.; -s, ->; **'Schwert·wal** <m.; -(e)s, -e; Zool.> *größte Delfinart*
'Schwer·ver·bre·cher <m.; -s, ->; **'Schwer·ver·bre·che·rin** <f.; -, -n·nen>; **'Schwer·ver·letz·te(r)** <f. 2 (m. 1)>; **'Schwer·ver·wun·de·te(r)** <f. 2 (m. 1)>; **'schwer·wie·gend,** <auch> **schwer wie·gend** <Adj.> *gravierend, von großer Bedeutung;* das war ein ~es Argument; <aber nur getrennt> der schwer wiegende Rucksack war eine Last; → a. *schwer(2)*
'Schwes·ter <f.; -, -n> **1** *von denselben Eltern wie die Geschwister abstammende weibl. Person* **2** <Abk.: Schw.> *in der Krankenpflege ausgebildete Frau;* Operations~; Säuglings~ **3** *weibl. Ordensmitglied;* **'Schwes·ter·fir·ma** <f.; -, -fir·men> *Zweigbetrieb;* **'schwes·ter·lich** <Adj.>; **'Schwes·ter·lie·be** <f.; -; unz.>; **'Schwes·tern·hau·be** <f.; -, -n> *Teil der Ordenstracht;* **'Schwes·tern·hel·fe·rin** <f.; -, -n·nen>; **'Schwes·tern·lie·be** <f.; -; unz.>; **'Schwes·tern·paar** <n.; -(e)s, -e>; **'Schwes·tern·schaft** <f.; -; unz.>; **'Schwes·tern·schu·le** <f.; -, -n>; **'Schwes·tern·schü·le·rin** <f.; -, -n·nen>; **'Schwes·tern·par·tei** <f.; -, -en> *Partei mit gleicher od. ähnl. polit. Zielsetzung*
'Schwib·bo·gen <m.; -s, - od. (süddt.; österr.; schweiz.) ¨; Arch.> *zwischen zwei parallelen Wänden frei schwebender Bogen*
'Schwie·gel <f.; -, -n> = *Schwegel*
'Schwie·ger <f.; -, -n; veralt.> *Schwiegermutter;* **'Schwie·ger·el·tern** <Pl.> *Eltern des Ehepartners;* **'Schwie·ger·mut·ter** <f.; -, ¨> *Mutter des Ehepartners;* **'Schwie·ger·sohn** <m.; -(e)s, ¨e> *Ehemann der Tochter;* **'Schwie·ger·toch·ter** <f.; -, ¨> *Ehefrau des Sohnes;* **'Schwie·ger·va·ter** <m.; -s, ¨> *Vater des Ehepartners*
'Schwie·le <f.; -, -n> *durch ständige Reibung entstandene Verdickung der Außenhaut;* **'schwie·lig** <Adj.>
'Schwie·mel <m.; -s, -; norddt.; mdt.> **1** *Rausch* **2** *Zechbruder;* **'schwie·me·lig** <Adj.> *schwindlig;* **'schwie·meln** <V. i.; ich schwiem(e)le> **1** *leichtsinnig leben, bummeln* **2** *viel zechen* **3** *taumeln;* **'schwiem·lig** <Adj.> = *schwiemelig*
'schwie·rig <Adj.> **1** *verzwickt, mühsam, nicht leicht zu bewältigen;* eine ~e Aufgabe, Wegstrecke, Situation **2** *eigenwillig, wenig umgänglich;* er ist ein ~er Mensch; **'Schwie·rig·keit** <f.; -, -en>; **'Schwie·rig·keits·grad** <m.; -(e)s, -e>
'Schwimm·an·zug <m.; -(e)s, ¨e>; **'Schwimm·auf·be·rei·tung** <f.; -; unz.> = *Flotation;*

'Schwimm·bad <n.; -(e)s, ⸚er>; **'Schwimm·bas·sin** <[-sē] od. umg. [-sɛŋ]; n.; -s, -s>, **'Schwimm·be·cken** <n.; -s, ->; **'Schwimm·be·we·gung** <f.; -, -en; meist Pl.>; **'Schwimm·bla·se** <f.; -, -n; Zool.> *Organ der Fische;* **'Schwimm·dock** <n.; -s, -s>; **'schwim·men** <V. 235> 1 <V. i. (s.)> *von einer Flüssigkeit getragen werden;* in der Suppe schwamm ein Haar; er schwimmt im Geld <fig.> *besitzt Geld im Überfluss* 2 <V. i. (s.)> *sich im Wasser fortbewegen;* gegen den Strom ~ <a. fig.> *sich der allgemein herrschenden Meinung entgegenstellen* 3 <V. t. (s. u. h.)> *eine best. Strecke (in einer best. Zeit) im Wasser zurücklegen;* 200 Meter ~; sie ist/hat Bestzeit geschwommen 4 <V. i. (s. u. h.)> *überschwemmt sein;* die ganze Küche schwimmt 5 <V. i. (s.); fig.; umg.> *nicht gut Bescheid wissen, unsicher sein;* bei der mündlichen Prüfung kam er ins Schwimmen; **'Schwim·mer** <m.; -s, ->; **'Schwim·me·rin** <f.; -, -n·nen>; **'Schwimm·flos·se** <f.; -, -n>; **'Schwimm·flü·gel** <m.; -s, -; meist Pl.> *aufblasbare Schwimmhilfe (für Kinder);* **'Schwimm·fuß** <m.; -es, ⸚e; Zool.> *Fuß der Schwimmvögel;* **'Schwimm·gür·tel** <m.; -s, -> *eine Schwimmhilfe;* **'Schwimm·hal·le** <f.; -, -n>; **'Schwimm·haut** <f.; -, ⸚e; Zool.> *Haut zw. den Zehen der Schwimmvögel;* **'Schwimm·hil·fe** <f.; -, -n> *ein Hilfsmittel zum Schwimmenlernen;* **'Schwimm·kä·fer** <m.; -s, -; Zool.>; **'Schwimm·kis·sen** <n.; -s, -> *aufblasbare Schwimmhilfe;* **'Schwimm·meis·ter** <m.; -s, -; ⟋Z37> *Schwimmlehrer, Bademeister;* **'Schwimm·meis·te·rin** <f.; -, -n·nen; ⟋Z37>; **'Schwimm·ring** <m.; -(e)s, -e> *aufblasbare Schwimmhilfe;* **'Schwimm·sport** <m.; -(e)s; unz.>; **'Schwimm·vo·gel** <m.; -s, ⸚; Zool.>; **'Schwimm·wes·te** <f.; -, -n> *Rettungsweste (bei Seenot)* **'Schwin·del** <m.; -s; unz.> 1 *Störung des Gleichgewichtssinnes;* man verlangte ~ erregende,

<auch> schwindelerregende Preise <fig.> *extrem hohe P.;* → a. *schwindelerregend* 2 *Lüge, Betrug;* **'Schwin·del·an·fall** <m.; -(e)s, ⸚e>; **Schwin·de'lei** <f.; -, -en; umg.> *Täuschung, Betrug;* **'schwin·del·er·re·gend,** <auch> **'Schwin·del er·re·re·gend** <Adj.; ⟋Z29; bei Steigerung u. mit Attribut nur Zusammenschreibung> in ~er/<auch> Schwindel erregender Höhe; <aber nur> sehr, äußerst schwindelerregend; noch schwindelerregender als ...; **'schwin·del·frei** <Adj.; meist präd.> bist du ~?; **'Schwin·del·ge·fühl** <n.; -(e)s; unz.>; **'schwin·del·haft** <Adj.>; **'schwin·de·lig** <Adj.> = *schwindlig;* **'schwin·deln** <V.; ich schwind(e)le> 1 <V. i.> *flunkern, nicht die Wahrheit sagen* 2 <V. t. u. V. i.> *von Schwindel(1) befallen werden;* ihn/ihm schwindelt; mir schwindelt der Kopf **'schwin·den** <V. i. (s.) 236> *kleiner werden, sich vermindern;* ihre Kräfte, Vorräte ~ **'Schwind·ler** <m.; -s, -> *Betrüger;* **'Schwind·le·rin** <f.; -, -n·nen> **'schwind·lig** <Adj.> *von Schwindel(1) befallen;* ich bin/mir ist ~ **'Schwind·maß** <n.; -es, -e; Tech.> *Maß, um das sich ein Material (beim Trocknen) zusammenzieht;* **'Schwind·sucht** <f.; -; unz.; Med.; veralt.> *Tuberkulose;* **'schwind·süch·tig** <Adj.>; **'Schwin·dung** <f.; -; unz.> **'Schwing·ach·se** <[-ks-]; f.; -, -n; Kfz-Tech.>; **'Schwing·be·sen** <m.; -s, -; schweiz.> = *Schneebesen;* **'Schwing·blatt** <n.; -(e)s, ⸚er; eindeutschend für> *Membran;* **'Schwin·ge** <f.; -, -n> 1 *Flügel des Vogels* 2 *flacher Tragkorb;* **'Schwin·gel** <m.; -s, ->, **'Schwin·gel·gras** <n.; -es; unz.; Bot.> *Rispengras;* **'schwin·gen** <V. 237> 1 <V. t.> *etwas ~ in großem Bogen hin und her bewegen;* das Tanzbein ~ <umg.> *tanzen;* eine Rede ~ <fig.; umg.> *eine R. halten* 2 <V. refl.> *sich in den Sattel ~ zum Reiten aufsitzen* 3 <V. i.> *sich regelmäßig hin und her bewegen;* die Brücke schwingt leicht 4 <V. i.;

Sp.; schweiz.> *ringen* 5 <V. t./V. refl.> *bogenförmig verlaufen;* schön geschwungene Augenbrauen; **'Schwin·ger** <m.; -s, -> 1 *Schlag beim Boxen* 2 <schweiz.> *Ringer;* **'Schwin·get** <m.; -s; unz.; schweiz.> *Wettkampf im Schwingen(4);* **'Schwing·kreis** <m.; -es, -e; Phys.>; **'Schwing·quarz** <m.; -es, -e; El.>; **'Schwing·tür** <f.; -, -en>; **'Schwin·gung** <f.; -, -en>; **'Schwin·gungs·zahl** <f.; -, -en; Phys.> *Frequenz* **'Schwip·pe** <f.; -, -n; noch mdt.; veralt.> *schwingendes Ende (einer Peitsche);* **'schwip·pen** <V. t.> 1 *(Wasser) verspritzen* 2 *schnellen lassen (Peitsche);* **'Schwipp·schwa·ger** <m.; -s, ⸚; umg.> *Ehemann der Schwägerin;* **'Schwipp·schwä·ge·rin** <f.; -, -n·nen> *Ehefrau des Schwagers;* **Schwips** <m.; -es, -e; umg.> *leichter Rausch* **'schwir·be·lig** <Adj.; oberdt.> *schwindlig;* **'schwir·beln** <V. i.; ich schwirb(e)le> *sich im Kreis drehen;* mir schwirbelt mir wird schwindlig; **'schwirb·lig** <Adj.> = *schwirbelig* **Schwirl** <m.; -(e)s, -e; Zool.> *ein Singvogel* **'schwir·ren** <V. i. (s.)> *mit leicht sausendem Geräusch fliegen;* Insekten ~ durchs Zimmer; mir schwirrt der Kopf vor lauter Lernen <fig.> *ich bin ganz benommen;* **'Schwirr·vo·gel** <m.; -s, ⸚; Zool.> = *Kolibri* **'Schwitz·bad** <n.; -(e)s, ⸚er>; **'Schwit·ze** <f.; -, -n; kurz für> *Mehlschwitze;* **'schwit·zen** <V.; du schwitzt> 1 <V. i.> *Schweiß absondern;* Blut u. Wasser ~ <fig.; umg.> *große Angst haben;* die Wand schwitzt <fig.> *sondert Feuchtigkeit ab* 2 <V. t.> *etwas ~ (lassen)* <Kochk.> *in Butter bräunen;* **'schwit·zig** <Adj.; bes. oberdt.> *voll Schweiß;* ~e Hände; **'Schwitz·kas·ten** <m.; -s, ⸚> *jmdn. in den ~ nehmen* <umg.> **Schwof** <m.; -(e)s, -e; umg.> *Tanz(vergnügen);* **'schwo·fen** <V. i.; umg.> *tanzen* **schwoi·en, schwo·jen** <[ˈʃvɔ·jən]; V. i.; Seemannsspr.> *das

Schiff schwoit/schwoj(e)t *dreht sich (vor Anker)*

'**schwö·ren** <V. 238> **1** <V. i.> *durch Eid versichern;* er musste vor Gericht ~; er schwor bei Gott **2** <V. t.> *geloben, feierlich versprechen;* er schwor ihr ewige Treue **3** <V. i.> *auf etwas od. jmdn. ~* <umg.> *fest an etwas od. jmdn. glauben*

'**Schwuch·tel** <f.; -, -n; umg.; abwertend> *sich betont feminin gebender Homosexueller*

schwul <Adj.; umg.> = *homosexuell*

schwül <Adj.> **1** *drückend heiß, feuchtwarm* **2** *dumpf-sinnlich;* in der Bar herrschte eine ~ Atmosphäre; '**Schwü·le** <f.; -; unz.>

'**Schwu·le(r)** <m. 1; umg.> *Homosexueller*

Schwu·li·tät <f.; -, -en; meist Pl.; umg.> *Schwierigkeit, Bedrängnis*

Schwulst <m.; -(e)s, ⸚e> *überladener Stil;* '**schwuls·tig** <Adj.> **1** *aufgeschwollen, aufgeworfen, verdickt* **2** = *schwülstig;* '**schwüls·tig** <Adj.> *überladen, aufgeblasen;* ein ~er Stil

'**schwum·me·rig, 'schwumm·rig** <Adj.; umg.> **1** *schwindlig* **2** *nicht ganz geheuer;* mir ist dabei ~ zumute

Schwund <m.; -(e)s; unz.> *Verminderung, Abnahme, Verlust;* '**Schwund·aus·gleich** <m.; -(e)s; unz.; Tech.>

Schwung <m.; -(e)s, ⸚e **1** <unz.> *kraftvolle, rasche Bewegung; jmdn. od. etwas in* <fig.; umg.> *antreiben;* ihm fehlt zu allem der ~ <fig.> **2** <unz.> *schwingende Bewegung;* ein Pendel in ~ setzen **3** *bogenförmige Bewegung;* der Skifahrer kam in Schwüngen den Berg herab **4** *Bogen;* der ~ ihrer Augenbrauen **5** <umg.> *(große) Menge;* einen ~ Wäsche bügeln; '**Schwung·fe·der** <f.; -, -n> *große Flügelfeder der Vögel;* '**schwung·haft** <Adj.; fig.> ~en Handel mit etwas treiben; '**Schwung·kraft** <f.; -; unz.> = *Zentrifugalkraft;* '**schwung·los** <Adj.; fig.>; '**Schwung·rad** <n.; -(e)s, ⸚er>; '**schwung·voll** <Adj.>

Schwupp <m.; -(e)s, -e; umg.> *plötzl. Sprung, Stoß;* '**schwupp·di'wupp** <Int.> *plötzlich*

Schwur <m.; -(e)s, ⸚e *Eid;* '**Schwur·ge·richt** <n.; -(e)s, -e *aus Berufsrichtern u. Geschworenen bestehendes Gericht zur Aburteilung schwerer Straftaten*

Schwyz <['ʃviːts]> *Kanton der Schweiz u. dessen Hauptort;* '**Schwy·zer** <m.; -s, ->; '**Schwyzer·dütsch, 'Schwy·zer·tütsch** <n.; -s od. -; unz.; schweiz. für *Schweizerdeutsch;* '**Schwy·ze·rin** <f.; -, -n·nen>; '**schwy·ze·risch** <Adj.>

Sci·ence·fic·tion <['saiəns'fikʃn]; f.; -; unz.; ⤢Z36> *utop. Literatur auf naturwissenschaftl.-techn. Grundlage* [engl.]; '**Sci·ence'fic·tion·film** <m.; -(e)s, -e>; '**Sci·ence'fic·tion·ro·man** <m.; -(e)s, -e>

Sci·en·to·lo·ge <saiən-]; m.; -n, -n>; **Sci·en·to·lo·gin** <f.; -, -n·nen>; **Sci·en·to·lo·gy** <[saiən'tɔlədʒi]; f.; -; unz.> *als Religionsgemeinschaft auftretende, sehr umstrittene Bewegung* [engl.]

scil. <Abk. für> *scilicet;* '**sci·li·cet** <Abk.: sc.; scil.> *nämlich* [lat.]

Scil·la <['stsil-]; f.; -, -len; Bot.> *ein Liliengewächs* [grch.]

sciol·to <['ʃɔl-]; Mus.> *ungebunden, frei im Vortrag* [ital.]

Sclaf·fing <['sklæfiŋ]; n.; -s, -s; Golf> *vorzeitiges Berühren des Bodens mit dem Schläger* [engl.]

Scoop <[skuːp]; m.; -s, -s> *aktuelle Exklusivmeldung einer Zeitung* [engl.]

Scor·da·tu·ra <f.; -, -ren; Mus.> = *Skordatur* [ital.]

Score <[skɔːr]; m.; -s, -s; Sp.> *Spiel-, Punktestand* [engl.]; '**sco·ren** <V. i.> *Punkte, Treffer o. Ä. erzielen;* '**Sco·rer** <m.; -s, ->

Scotch <[skɔtʃ]; m.; -s, -s> *schottischer Whisky* [engl.]; '**Scotch·ter·ri·er** <m.; -s, -; Zool.> *eine Hunderasse*

Scot·land Yard <[skɔtlənd 'jaːrd]; m.; --; unz.> *Londoner Kriminalpolizei* [engl.]

Scout <[skaut]; m.; -s, -s; engl. Bez. für> *Pfadfinder*

Scrab·ble, <auch> **Scrabb·le**

<[skræbl]; n.; -s, -s; ⤢Z53; Warenz.> *ein Gesellschaftsspiel* [engl.]

Scra·pie <['skreipi]; f.; -; unz.> *der BSE ähnliche, bes. bei Schafen auftretende Tierseuche* [engl.]

scrat·chen <['skrætʃən]; V. i. u. V. t.> *verschiedene Musikstücke zusammenmischen;* **Scratching** <['skrætʃiŋ]; n.; -s, -s; Mus.> *das Erzielen best. Klangeffekte durch rhythm. Hin- u. Herbewegen der laufenden Schallplatte* [engl.]

scree·nen <['skriː-]; V. t.> sie wurde gescreent; '**Scree·ning** <n.; -s, -s> *Verfahren zur Reihenuntersuchung* [engl.]; '**Screen·shot** <[-ʃɔt]; m.; -s, -s; EDV> *Direktausdruck einer Bildschirmanzeige;* Sy *Hardcopy* [engl.]

Screw·ball·ko·mö·die <['skruːbɔːl-]; f.; -, -n> *Komödie, in der die Schauspieler exzentrische Rollen spielen* [engl.]

Scrib·ble, <auch> **Scribb·le** <['skrib(ə)l]; n.; -s, -s; ⤢Z53> *erster grafischer Entwurf, Skizze* [engl.]

Scrip <m.; -s, -s; Wirtsch.> **1** *Gutschein für Wertpapiere* **2** *Bescheinigung über nicht gezahlte Zinsen* [engl.]

Script·girl <['skriptgɔːl]; n.; -s, -s; Film> *Text- u. Einstellungsänderungen notierende Assistentin* [engl.]

scrol·len <['skroulən]; V. i. u. V. t.; ich scrolle; du scrollst; sie hat gescrollt; EDV> *durchrollen u. so ausschnittsweise auf dem Bildschirm erscheinen lassen* [engl.]; '**Scrol·ling** <n.; -s, -s>

'**Scu·do** <m.; -, -di od. -s> *alte ital. Münze* [ital.]

sculps. <Abk. für> *sculpsit;* '**sculp·sit** <Abk.: sc.; sculps.> *er hat (es) gestochen (Zusatz zum Namen des Stechers auf Kupfer- u. Stahlstichen)* [lat.]

Scyl·la <['stsyla]; f.; -; unz.> **1** *gefährliche, der Charybdis gegenüberliegende Klippe in der Straße von Messina;* er befand sich zwischen ~ und Charybdis <fig.> *zwischen zwei großen Gefahren* **2** <grch. Myth.> *die Vorüberfahrenden verschlingendes*

Meeresungeheuer; oV *Skylla, Szylla*

s. d. <Abk. für> *sieh(e) dort!*

SDI <[ɛsdiːˈai]; Abk. für engl.> *Strategic Defense Initiative*

SDR <Abk. für> *Süddeutscher Rundfunk*

SDS <Abk. für> 1 *Societas Divini Salvatoris;* → a. *Salvatorianer* 2 *Sozialistischer Deutscher Studentenbund* (1946–70)

Se <Chem.; Zeichen für> *Selen*

Se. <Abk. für> *Seine (Exzellenz usw.)*

Seal <[siːl]; m.; -s, -s> *Fell der Bärenrobbe u. des Seebären* [engl.]; **'Seal·skin** <m. od. n.; -s, -s> 1 = *Seal* 2 *Plüschgewebe*

Sé·ance <[seˈãs(ə)]; f.; -, -n> *spiritist. Sitzung* [frz.]

Sea·son <[ˈsiːzn]; f.; -, -s; engl. Bez. für> *Saison*

SEATO <⟋Z56; Kurzw. für> *South East Asia Treaty Organization*

Se·bor'rhö <f.; -, -en>, **Se·bor·rhoe** <[-ˈrøː]; f.; -, -n; Med.> = *Schmerfluss* [lat.; grch.]

sec¹ <Adj.> *trocken, herb (Sekt, Wein)* [frz.]

sec² <Abk. für> 1 *Sekans* 2 <früher> *Sekunde*

'sec·co <Adj.; ital. Bez. für> *sec¹;* **'Sec·co·re·zi·ta·tiv** <n.; -(e)s, -e; Mus.> *das nur vom Cembalo begleitete Rezitativ,* Ggs *Accompagnato* [ital.]

Se·cen'tist <[-tʃɛn-]; m.; -en, -en> **Se'cen·to** <n.; - od. -s; unz.> *das 17. Jh. in der ital. Kunst;* oV *Seicento* [ital.]

Sech <n.; -(e)s, -e> *Pflugmesser*

sechs <Num. 11; in Ziffern: 6> sie sind zu ~t, <umg. a.> ~en; → a. *acht;* **Sechs** <f.; -, -en> *die Zahl 6;* eine ~ würfeln; eine ~ schreiben (Schulnote); in die ~ umsteigen (Nummer einer Bus- od. Straßenbahnlinie); → a. *Acht; Eins;* **'Sechs·ach·ser** <[-ks-]; m.; -s, -; ⟋Z34; in Ziffern: 6-Achser> *Wagen mit sechs Achsen;* **'sechs·ach·sig** <Adj.; ⟋Z34; in Ziffern: 6-achsig>; **Sechs'ach·tel·takt** <m.; -(e)s, -e; ⟋Z34; Mus.; in Ziffern: 6/8-Takt>; **'Sechs·eck** <n.; -(e)s, -e>; **'sechs·e·ckig** <Adj.; ⟋Z55>; **'sechs·ein·halb** <in Ziffern: 6 1/2>; **'Sechs·en·der**

<m.; -s, -; Jägerspr.> *Hirsch od. Rehbock mit sechs Enden am Gehörn;* **'Sech·ser** <m.; -s, -; umg.> 1 *Fünfpfennigstück;* er ist keinen ~ wert *gar nichts* 2 <Lotto> *Haupttreffer* 3 *schlechteste Schulnote;* **'sech·ser·lei** <Adj.; undekl.> es gibt ~ Arten; man kann es auf ~ Arten machen; → a. *achterlei;* **'Sech·ser·pack** <m.; -(e)s, -s od. -e; umg.; kurz für> *Sechserpackung;* Ware im ~ kaufen; **'Sech·ser·pa·ckung** <f.; -, -en>; **'sechs·fach** <Adj.> → a. *achtfach;* **'Sechs·fa·che** <n.; -n; unz.> → a. *Achtfache;* **'Sechs·flach** <n.; -(e)s, -e>, **'Sechs·fläch·ner** <m.; -s, -; Geom.; Sammelbez. für> *Insekten;* **'sechs·hun·dert** <Num.; in Ziffern: 600>; **'Sechs·kampf** <m.; -(e)s; unz.; Sp.> *aus sechs Disziplinen bestehender Wettkampf;* **'Sechs·ling** <m.; -s, -e; meist Pl.> *eines von sechs unmittelbar hintereinander geborenen Geschwistern;* **'sechs·mal** <Adv.> → a. *achtmal;* **'Sechs·pass** <m.; -es, -e> *Maßwerkfigur der Gotik;* **'Sechs·spän·ner** <m.; -s, -> *Kutsche mit sechs Pferden;* **'sechs·stel·lig** <Adj.> eine ~ e Ziffer, z. B. *300000;* **'Sechs·stern** <m.; -(e)s, -e> = *Hexagramm;* **Sechs'ta·ge·ren·nen** <n.; -s, -; Radsp.>; **'sechs·te** <Ordnungszahl; in Ziffern: 6.> einen ~n Sinn für etwas haben <fig.> *ein besonderes Gespür;* → a. *achte;* **'sechs·tel** <Num. 11> → a. *achtel;* **'Sechs·tel** <n. od. (schweiz.) m.; -s, -> → a. *Achtel;* **'sechs·tens** <Adv.>; **'Sechs·und·drei·ßig·flach** <n.; -(e)s, -e>, **'Sechs·und·drei·ßig·fläch·ner** <m.; -s, -; Geom.>; **'Sechs·und·sech·zig** <n.; -; unz.> *ein Kartenspiel;* **'Sechs·zy·lin·der** <m.; -s, -; umg.; kurz für> *Sechszylindermotor od. ein damit ausgestattetes Kfz;* **'Sechs·zy·lin·der·mo·tor** <m.; -s, -'to·ren>; **'sechs·zy·lin·drig,** <auch> **'sechs·zy·lind·rig** <Adj.; ⟋Z53, 34> ein ~es in Ziffern: 6-zylindriges Fahrzeug

'Sech·ter¹ <m.; -s, -> *altes Getreidemaß*

'Sech·ter² <m.; -s, -; österr.> *(hölzernes) Gefäß*

'sech·zehn <Num.; in Ziffern: 16> → a. *achtzehn;* **'Sech·zehn·en·der** <m.; -s, -; Jägerspr.> *Hirsch mit 16 Enden am Geweih;* **'Sech·zehn·tel** <n. od. (schweiz.) m.; -s, -> 1 *der 16. Teil* 2 <Mus.> *Sechzehntelnote;* **'Sech·zehn·tel·no·te** <f.; -, -n; Mus.>; **'sech·zig** <Num.; in Ziffern: 60> → a. *achtzig;* **'Sech·zig** <f.; -, -en> → a. *Achtzig*

se·cond·hand <[ˈsɛkəndˈhænd]; Adj.; undekl.> *gebraucht, aus zweiter Hand;* Kleidung ~ kaufen [engl.]; **'Se·cond'hand·shop** <[-ʃɔp]; m.; -s, -s> *Laden, in dem gebrauchte Waren (bes. Kleidung) verkauft werden*

Se·cret Ser·vice, <auch> **Sec·ret Ser·vice** <[ˈsiːkrit ˈsəːvis]; m.; -; unz.> *brit. Geheimdienst* [engl.]

SED <DDR; Abk. für> *Sozialistische Einheitspartei Deutschlands*

'Se·da <Pl. von> *Sedum*

se'dat <Adj.> *ruhig, gesetzt* [lat.]; **se·da'tiv** <Adj.; Med.> *beruhigend;* **Se·da'tiv** <n.; -(e)s, -e>, **Se·da'ti·vum** <n.; -s, -ti·va; Med.> *Beruhigungsmittel*

Se'dez <n.; -es, -e>, **Se'dez·for·mat** <n.; -(e)s; unz.> *ein Buchformat (sechzehnfach gefalteter Papierbogen)* [lat.]

Se·di'ment <n.; -(e)s, -e; Geol.> *Ablagerung, Schichtgestein* [lat.]; **se·di·men'tär** <Adj.> *durch Ablagerung entstanden;* **Se·di·men·ta·ti'on** <f.; -, -en>; **Se·di·ment·ge·stein** <n.; -(e)s, -e>; **se·di·men·tie·ren** <V. i.>

Se·dis·va'kanz <[-va-]; f.; -, -en> *Zeitraum, während dessen das Amt des Papstes od. Bischofs unbesetzt ist* [lat.]

'Se·dum <n.; -s, -da; Bot.> = *Fetthenne*

See¹ <m.; -s, -n> *stehendes Binnengewässer;* **See²** <f.; -, -n> 1 <unz.> *Meer;* in ~ stechen *ausfahren* 2 *große, sich brechende Welle;* schwere ~n schlugen über Bord; raue ~ *starker Wellengang;* **'See·aal** <m.; -(e)s, -e; Zool.; Handelsbez. für *Dornhai;* **'See·ad·ler** <m.; -s, -; Zool.>; **'See·amt** <n.; -(e)s, ⸚er>

S

Behörde zur Untersuchung von Seeunfällen; **'See·bad** <n.; -(e)s, ≠er>; **'See·bär** <m.; -en, -en> 1 <Zool.> Robbenart 2 <umg.> erfahrener, älterer Seemann 3 <Geogr.> plötzliche Flutwelle an der Nord- u. Ostseeküste; **'See·be·ben** <n.; -s, ->; **'see·beschä·digt** <Adj.; ✍Z29> ein ~es Schiff; **'See·blick** <m.; -(e)s; unz.> Zimmer mit ~; **'See·bühne** <f.; -, -n>; **'See·e·le·fant** <m.; -en, -en; ✍Z37> = Elefantenrobbe; **'see·er·fah·ren** <Adj.; ✍Z37>; **'See·erz** <n.; -es, -e; ✍Z37> Ablagerung von Eisenerz in Seen; **'see·fah·rend** <Adj.> ein ~es Volk; **'See·fah·rer** <m.; -s, -s>; **'See·fah·re·rin** <f.; -, -n·nen>; **'See·fahrt** <f.; -, -en> 1 <unz.> Schifffahrt auf dem Meer 2 Fahrt übers Meer; **'See·fahrts·buch** <n.; -(e)s, ≠er> Pass für Seeleute, in den An- u. Abmusterungen eingetragen werden; **'See·fahrts·schu·le** <f.; -, -n>; **'see·fest** <Adj.> = seetüchtig; **'See·fisch** <m.; -(e)s, -e; Zool.> Ggs Süßwasserfisch; **'See·fi·sche·rei** <f.; -; unz.>; **'See·fracht** <f.; -, -en>; **'See·gang** <m.; -(e)s; unz.> Wellengang; **'See·gfrör·ni** <f.; -; unz.; schweiz.> das Zugefrorensein eines Sees; **'See·gras** <n.; -es; unz.; Bot.> im Meerschlamm der Küsten wurzelnde Pflanze; **'See·gur·ke** <f.; -, -n; Zool.> = Seewalze; **'See·ha·fen** <m.; -s, ≠> Hafen am Meer; Ggs Binnenhafen; **'See·han·del** <m.; -s; unz.>; **'See·herr·schaft** <f.; -; unz.>; **'See·hund** <m.; -(e)s, -e; Zool.> eine Robbenart; **'See·hund·fell**, **'See·hunds·fell** <n.; -(e)s, -e>; **'See·i·gel** <m.; -s, -; ✍Z55; Zool.> ein kugelförmiges, stacheliges Meerestier; **'See·jung·fer** <f.; -, -n; Zool.> 1 Libelle 2 = Seekuh; **'See·jung·frau** <f.; -, -en; Myth.> = Wasserjungfrau; **'See·ka·dett** <m.; -en, -en; Mil.>; **'See·kar·te** <f.; -, -n>; **'See·kie·fer** <f.; -, -n; Bot.>; **'see·klar** <Adj.> das Schiff ist ~; **'See·kli·ma** <n.; -s; unz.>; **'see·krank** <Adj.>; **'See·krank·heit** <f.; -, -en> mit Übelkeit u. Erbrechen verbundene Störung des Gleichgewichtsorgans; **'See-**

krieg <m.; -(e)s, -e>; **'See·kuh** <f.; -, ≠e; Zool.> Huftier mit Anpassung an das Wasserleben; **'See·lachs** <[-ks] m.; -es, -e; Zool.> ein Speisefisch; **'Seel·chen** <n.; -s, -; umg.> sehr empfindsamer Mensch; **'See·le** <f.; -, -n> 1 innerstes Empfinden, Gefühlsleben; es tut mir in der ~ weh es schmerzt mich sehr; sich etwas von der ~ reden <fig.> 2 <Rel.> unsterblicher Teil des Menschen 3 <fig.> geistiger, lenkender Mittelpunkt; er ist die ~ der Firma 4 <fig.> Mensch; die Gemeinde zählt 2000 ~n; er ist eine ~ von Mensch <umg.>; **'See·len·amt** <n.; -(e)s, ≠er; Kath.> Totenmesse; **'See·len·arzt** <m.; -(e)s, ≠e; umg.> Psychologe; **'See·len·blind·heit** <f.; -; unz.; Med.>; **'See·len·freund** <m.; -(e)s, -e>; **'See·len·freun·din** <f.; -, -n·nen>; **'See·len·frie·den** <m.; -s; unz.> seinen ~ finden; **'See·len·grö·ße** <f.; -; unz.> edle Gesinnung; **'see·len·gut** <Adj.> = seelensgut; **'See·len·gü·te** <f.; -; unz.>; **'See·len·heil** <n.; -(e)s; unz.>; **'See·len·le·ben** <n.; -s; unz.> Innenleben, Gemütsleben; er hat ein reiches ~; **'see·len·los** <Adj.>; **'See·len·mas·sa·ge** <[-ʒə] f.; -, -n; umg.; scherzh.> freundl., tröstender Zuspruch; **'See·len·mes·se** <f.; -, -n; Kath.> Totenmesse; **'See·len·qual** <f.; -, -en>; **'See·len·ru·he** <f.; -; unz.> er stellte seine Arbeit in aller ~ fertig; **'see·lens·gut** <Adj.> sehr hilfsbereit, gutmütig; **'See·len·stär·ke** <f.; -; unz.> innere Kraft; **'see·len·ver'gnügt** <Adj.; umg.; veralt.> heiter; **'See·len·ver·käu·fer** <m.; -s, -; fig.; umg.; veralt.> 1 skrupelloser, nur auf Geld bedachter Mensch 2 <Seemannsspr.> altes, nicht mehr verkehrssicheres Schiff; **'see·len·ver·wandt** <Adj.>; **'See·len·ver·wandt·schaft** <f.; -; unz.>; **'see·len·voll** <Adj.>; **'See·len·wan·de·rung** <f.; -; unz.; im Glauben verschiedener Religionen> Wiedergeburt der Seele eines gestorbenen Menschen in einem anderen Wesen; **'See·len·zu·stand** <m.; -(e)s, ≠e>

'See·le·o·pard <m.; -en, -en; Zool.> eine Robbenart; **'See·leu·te** <Pl. von> Seemann; **'see·lisch** <Adj.> seine Krankheit ist ~ bedingt hat psychische Ursachen; das ~e Gleichgewicht verlieren; **'See·lö·we** <m.; -n, -n; Zool.> eine Robbenart; **'Seel·sor·ge** <f.; -; unz.; in der christl. Kirche> geistl. Betreuung als Form der Lebenshilfe; **'Seel·sor·ger** <m.; -s, ->; **'Seel·sor·ge·rin** <f.; -, -n·nen>; **'seel·sor·ge·risch**, **'seel·sorg·lich** <Adj.>; **'See·luft** <f.; -; unz.>; **'See·macht** <f.; -, ≠e> 1 <unz.> Gesamtheit der Seestreitkräfte 2 Staat mit starker Flotte; **'See·mann** <m.; -(e)s, -leu·te> jmd., der auf einem Hochseeschiff beschäftigt ist; **'see·män·nisch** <Adj.>; **'See·manns·garn** <n.; -(e)s; unz.; fig.; umg.> abenteuerliche, übertrieben ausgemalte See(manns)geschichten; ~ spinnen; → a. Jägerlatein; **'See·manns·le·ben** <n.; -s; unz.>; **'See·manns·lied** <n.; -(e)s, -er>; **'See·manns·spra·che** <f.; -; unz.>; **'See·mei·le** <f.; -, -n; Mar.; Abk.: sm> 1852 m; **'See·mi·ne** <f.; -, -n> schwimmender Sprengkörper; **'See·kun·de** <f.; -; unz.>; **'See·not** <f.; -; unz.> in ~ sein; **'See·not·flug·zeug** <n.; -(e)s, -e> Flugzeug zur Rettung Schiffbrüchiger; **'See·not·zei·chen** <n.; -s, ->; **'Se·en·plat·te** <f.; -, -n> die Mecklenburgische ~; **'See·ot·ter** <m.; -s, -; Zool.> robbenähnl. Raubtier; **'See·pferd** <n.; -(e)s, -e>, **'See·pferd·chen** <n.; -s, -; Zool.> aufrecht schwimmender Fisch mit pferdeähnl. Kopf; **'See·po·cke** <f.; -, -n; Zool.> eine Krebsart; **'See·räu·ber** <m.; -s, -> jmd., der Schiffe od. Schiffsladungen raubt; Sy Pirat; **'See·räu·be·rei** <f.; -; unz.>; **'See·recht** <n.; -(e)s; unz.>; **'See·rei·se** <f.; -, -n>; **'See·ro·se** <f.; -, -n; Bot.> eine Schwimmpflanze

Seer·su·cker <[ˈsiəsʌkə(r)]; m.; - od. -s; unz.> gekrepptes Baumwollgewebe; ~bettwäsche [engl.]

'**See·sack** <m.; -(e)s, ⸚e> *Kleider-sack (bes. für Seeleute)*; '**See·sand** <m.; -(e)s; unz.>; '**See·schei·de** <f.; -, -n; Zool.> *schlauchförmiges Manteltier*; '**See·schiff·fahrt** <f.; -; unz.; ⤢Z37>; '**See·schlacht** <f.; -, -en; ⤢Z37>; '**See·schlan·ge** <f.; -, -n; Zool.>; '**See·stern** <m.; -(e)s, -e; Zool.> *ein stachelhäutiges Meerestier*; '**See·stra·ße** <f.; -, -n>; '**See·stra·ßen·ord·nung** <f.; -; unz.>; '**See·streit·kräf·te** <Pl.; Mil.> *Kriegsflotte*; '**See·stück** <n.; -(e)s, -e; Mal.>; '**See·tang** <m.; -(e)s; unz.; Bot.> = *Seegras*; '**See·teu·fel** <m.; -s, -; Zool.> *ein Fisch*; '**see·tüch·tig** <Adj.> *das Schiff ist* ~; '**See·u·fer** <n.; -s, -; ⤢Z55>; '**See·volk** <n.; -(e)s, -⸚er> *Seefahrt treibendes Volk*; '**See·wal·ze** <f.; -, -n; Zool.> *ein stachelhäutiges Meerestier*; '**See·war·te** <f.; -, -n> *Institut zur Erforschung der Meere*; '**see·wärts** <Adv.> *das Haus ist* ~ *gelegen*; '**See·weg** <m.; -(e)s, -e> *auf dem* ~; Ggs *Landweg*; '**See·we·sen** <n.; -s; unz.>; '**See·wind** <m.; -(e)s, -e> *vom Meer zum Land kommender Wind*; '**See·wolf** <m.; -(e)s, -⸚e; Zool.> *ein Fisch*; '**See·zun·ge** <f.; -, -n; Zool.> *ein Plattfisch*

'**Se·gel** <n.; -s, -> *am Mast eines Schiffes befestigtes Tuch, in dem sich der Wind fängt, der das Schiff fortbewegt*; *mit vollen* ~ *auf ein Ziel zugehen* <fig.; umg.>; *die* ~ *streichen einziehen*, <fig.; umg.> *aufgeben*; '**Se·gel·boot** <n.; -(e)s, -e>; '**se·gel·fer·tig** <Adj.>; '**se·gel·flie·gen** <V. i.; nur im Inf.> *mit dem Segelflugzeug fliegen*; *er wollte schon immer* ~; '**Se·gel·flie·ger** <m.; -s, ->; **Se·gel·flie·ge·rei** <f.; -; unz.>; '**Se·gel·flie·ge·rin** <f.; -, -n·nen>; '**Se·gel·flug** <m.; -(e)s, -⸚e>; '**Se·gel·flug·zeug** <n.; -(e)s, -e> *motorloses, die aufsteigenden Luftströmungen ausnutzendes Flugzeug*; '**Se·gel·jacht** <f.; -, -en>; '**se·gel·klar** <Adj.>; '**Se·gel·klas·se** <f.; -, -n> *Bootsklasse*, *-typ*; '**se·geln** <V. i.; ich seg(e)le> 1 <(s. u. h.)> *mit einem Segelboot fahren*; *er ist nach Schweden gesegelt* 2 <(s. u. h.)> *sich mithilfe eines*

Segels fortbewegen; *das Schiff segelt im Meer* 3 <(s.)> *gleitend fliegen, schweben*; *er ist durch die Prüfung gesegelt* <fig.; umg.>; '**Se·gel·oh·ren** <Pl.; umg.; scherzh.> *weit abstehende Ohren*; '**Se·gel·re·gat·ta** <f.; -, -gat·ten> *Wettfahrt mit Segelbooten*; '**Se·gel·schiff** <n.; -(e)s, -e>; '**Se·gel·schiff·fahrt** <f.; -; unz.; ⤢Z37>; '**Se·gel·sport** <m.; -(e)s; unz.>; '**Se·gel·törn** <m.; -s, -e> *Fahrt mit einem Segelboot*; '**Se·gel·tuch** <n.; -(e)s; unz.> *fester, wasserdichter Stoff*; '**Se·gel·werk** <n.; -(e)s; unz.> = *Takelage*; '**Se·gel·yacht** <f.; -, -en>

'**Se·gen** <m.; -s, -> 1 <Rel.> *göttl. Gnade, Gunst*; *der Priester spendete den* ~ 2 *Heil, Glück, Wohltat, Erfolg*; *diese Erfindung ist ein* ~ *für die Menschheit*; *auf seiner Arbeit liegt kein* ~; *ein* ~ *bringender, spendender Regen* 3 <umg.> *unerwarteter Reichtum, reiche Ernte*; '**se·gens·reich** <Adj.> *Segen, Glück bringend*; '**Se·gens·spruch** <m.; -(e)s, -⸚e>; '**Se·gens·wunsch** <m.; -es, -⸚e> *herzliche Glück- u. Segenswünsche*

'**Se·ger·ke·gel** <m.; -s, -; Abk.: SK> *die Temperatur im keram. Brennofen anzeigender Kegel [nach dem Chemiker H. Seger]*; '**Se·ger·por·zel·lan** <n.; -(e)s; unz.> *ein Weichporzellan*

'**Seg·ler** <m.; -s, -> 1 *Segelboot, -schiff* 2 *jmd., der segelt* 3 <Zool.> *ein schwalbenähnl. Vogel*; '**Seg·le·rin** <f.; -, -n·nen>

Seg·ment <n.; -(e)s, -e> *Teilstück* [lat.]; **seg·men·tal** <Adj.>; **seg·men·tar**, **seg·men·tär** <Adj.>; **seg·men·tie·ren** <V. t.> *in Segmente zerlegen*; **Seg·men·tie·rung** <f.; -, -en>

'**seg·nen** <V. t./V. refl.> *den Segen(1) erteilen*; *Gott segne dich!*

Se·gno, <auch> **Seg·no** <['sɛnjo]; n.; -s, -s od. -gni [-nji]; ⤢Z53; Mus.> *Zeichen* [ital.]

'**Seg·nung** <f.; -, -en>

Se·gre·gat <n.; -(e)s, -e> *Ausgeschiedenes* [lat.]; **Se·gre·ga·ti·on** <f.; -, -en> 1 *Ausscheidung, Trennung* 2 <Soziol.> *Absonde-*

rung von unakzeptierten Minderheiten; **se·gre·gie·ren** <V. t.>

'**Seh·ach·se** <[-ks-]; f.; -, -n> *bis zum betrachteten Gegenstand verlängerte Augenachse*; '**seh·be·hin·dert** <Adj.>; '**Seh·be·hin·der·te(r)** <f. 2 (m. 1)>; '**se·hen** <V. 239> 1 <V. i.> *mit dem Auge wahrnehmen*; *er sieht schlecht*; *ich kann nur noch auf einem Auge* ~; *da vergeht einem ja Hören u. Sehen/<auch> hören u.* ~ 2 <V. t./V. refl.> *erblicken*; *wir haben es mit eigenen Augen gesehen*; *ich sehe es noch deutlich vor mir ich kann mich gut daran erinnern*; *das habe ich kommen* ~ *ich habe es geahnt* 3 <V. t.> *aufmerksam betrachten*; *hast du den Film schon gesehen?*; *ich kann mich daran nicht satt* ~; *lass* ~, *was du da hast*; *kann ich mich damit* ~ *lassen?* 4 <V. t. u. V. i.> *beurteilen, überlegen*; *wie* ~ *Sie es?*; *man muss das ganz nüchtern* ~; *wir werden (es)* ~!; *ich will* ~, *was sich machen lässt* 5 <V. t./V. refl.> *treffen, besuchen*; *wir* ~ *uns täglich*; *er lässt sich nicht mehr* ~ *er kommt nicht mehr*; *jmdn. vom Sehen kennen nur flüchtig* 6 <V. i.> *in eine best. Richtung blicken*; *er sah aus dem Fenster*; *ich kann ihm nicht mehr ins Gesicht* ~ 7 <V. i.> *nach jmdm. od. etwas* ~ *aufpassen*; *kannst du ab und zu nach den Blumen* ~?; *nach dem Rechten* ~; '**se·hens·wert** <Adj.; -er, am -es·ten>; '**se·hens·wür·dig** <Adj.>; '**Se·hens·wür·dig·keit** <f.; -, -en>; '**Se·her** <m.; -s, -> 1 *Zukunftsdeuter, Prophet* 2 <Pl.; Jägerspr.> *Augen des Raubwildes*; '**Se·her·blick** <m.; -(e)s; unz.> *mit* ~; '**Se·he·rin** <f.; -, -n·nen>; '**se·he·risch** <Adj.> *prophetisch*; '**Seh·feh·ler** <m.; -s, -> *Fehlleistung der Augen, z. B. Kurzsichtigkeit, Schielen usw.*; '**Seh·kraft** <f.; -; unz.>; '**Seh·loch** <n.; -(e)s, -⸚er> *Pupille*

'**Seh·ne** <f.; -, -n> 1 <Med.> *faseriger Verbindungsstrang zw. Muskel u. Knochen* 2 *Strang zum Spannen des Bogens* 3 <Geom.> *Gerade, die zwei Punkte einer gekrümmten Linie*

S

verbindet; **'seh·nen** <V. t./V. refl.> *sich nach jmdm. od. etwas ~ schmerzliches Verlangen haben;* **'Seh·nen·ent·zün·dung** <f.; -, -en; kurz für> *Sehnenscheidenentzündung;* **'Seh·nen·riss** <m.; -es, -e; Med.>; **'Seh·nen·schei·de** <f.; -, -n; Anat.> *bindegewebige Sehnenhülle;* **'Seh·nen·schei·den·ent·zün·dung** <f.; -, -en; Med.>

'Seh·nerv <m.; -(e)s od. (fachsprachl.) -en, -en>

'seh·nig <Adj.>

'sehn·lich <Adj.> *mein ~ster Wunsch;* **'Sehn·sucht** <f.; -, ⸚e> *inniges, schmerzliches Verlangen;* **'sehn·süch·tig** <Adj.>; **'sehn·suchts·voll** <Adj.>

'Seh·öff·nung <f.; -, -en> *Pupille;* **'Seh·or·gan** <n.; -(e)s, -e> *Auge*

sehr <Partikel; Komparativ: *mehr;* Superlativ: am '*meis·ten*> *in hohem Maße; ich wünsche es mir so ~; allzu ~; ein ~ guter Aufsatz; der Aufsatz ist ~ gut; sie hat die Note "~ gut" erhalten; aber> sie hat dafür ein Sehr gut erhalten*

'Seh·rohr <n.; -(e)s, -e> *= Periskop;* **'Seh·schär·fe** <f.; -; unz.>; **'Seh·schwä·che** <f.; -; unz.>; **'Seh·stö·rung** <f.; -, -en>; **'Seh·test** <m.; -(e)s, -s od. -e> *einen ~ machen;* **'Seh·ver·mö·gen** <n.; -s; unz.>; **'Seh·werk·zeug** <n.; -(e)s, -e> *Auge*

'Sei·ber <m.; -s; unz.; umg.> *ausfließender Speichel;* **'sei·bern** <V. i.; ich seibere; umg.>

Se·i·cen·to <[sɛiˈtʃɛnto] n.; - od. -s; unz.> *= Secento*

Seich <m.; -(e)s; unz.>, **'Sei·che** <f.; -; unz.> 1 *Harn* 2 <umg.; derb> *Geschwätz;* **'sei·chen** <V. i.; derb> *urinieren*

Seiches <[sɛːʃ]; Pl.> *Wasserspiegelschwankungen in Seen* [frz.]

seicht <Adj.; -er, am -es·ten> 1 *~es Gewässer flaches G.* 2 <fig.; abwertend> *oberflächlich; ein ~er Roman;* **'Seicht·heit** <f.; -; unz.>; **'Seich·tig·keit** <f.; -; unz.; selten>

seid <2. Pers. Pl. Indikativ Präs. von sein⸚> *seid ihr krank?; seid leise!; aber> → seit*

'Sei·de <f.; -, -n> 1 *aus dem Kokon des Seidenspinners gewonnene hauchdünne Faser; Näh~*

2 *glänzendes Gewebe aus Seide(1); eine Bluse aus reiner ~;* **'Sei·del** <n.; -s, -> 1 *altes Flüssigkeitsmaß; zwei ~ Bier* 2 *Bierglas, -krug*

'Sei·del·bast <m.; -(e)s; unz.; Bot.> *ein Zierstrauch*

'sei·den <Adj.> *aus Seide; sein Leben hängt an einem ~en Faden* <fig.; umg.>; **'Sei·den·äff·chen** <n.; -s, -; Zool.> *= Pinseläffchen;* **'Sei·den·bau** <m.; -(e)s; unz.> *Zucht von Seidenraupen;* **'Sei·den·fa·den** <m.; -s, ⸚>; **'Sei·den·glanz** <m.; -es; unz.>; **'Sei·den·ma·le·rei** <f.; -; unz.>; **'sei·den·matt** <Adj.; bes. Fot.> *matt glänzend;* **'Sei·den·pa·pier** <n.; -s; unz.> *dünnes, durchscheinendes Zellstoffpapier;* **'Sei·den·rau·pe** <f.; -, -n; Zool.> *Larve des Maulbeerspinners;* **'Sei·den·rau·pen·zucht** <f.; -; unz.>; **'Sei·den·spin·ner** <m.; -s, -; Zool.> *ein Schmetterling;* **'Sei·den·stra·ße** <f.; -; unz.> *alte Karawanenstraße von China nach Westasien;* <aber> → *Seitenstraße;* **'sei·den·weich** <Adj.>; **'sei·dig** <Adj.>

'Sei·fe <f.; -, -n> 1 *Reinigungs-, Waschmittel* 2 <Geol.> *Sand- u. Kieselablagerung;* **'sei·fen** <V. t.> *Erze, Edelsteine ~ auswaschen;* **'Sei·fen·bla·se** <f.; -, -n> 1 *Blase des Seifenschaums* 2 *seine Hoffnungen zerplatzten wie ~n* <fig.>; **'Sei·fen·ge·bir·ge** <n.; -s, -; Geol.> *Gebirge mit Ablagerungen von Erzen od. Edelsteinen;* **'Sei·fen·kis·te** <f.; -, -n> *selbst gebasteltes Kleinfahrzeug für Kinder;* **'Sei·fen·lau·ge** <f.; -, -n>; **'Sei·fen·o·per** <f.; -, -n; ↗Z55; TV; abwertend> *rührselige, seichte Unterhaltungsserie;* **'Sei·fen·pul·ver** <n.; -s, ->; **'Sei·fen·scha·le** <f.; -, -n>; **'Sei·fen·schaum** <m.; -(e)s; unz.>; **'Sei·fen·sie·der** <m.; -s, -; früher> *Arbeiter in der Seifenherstellung; mir geht ein ~ auf!* <fig.; umg.> *jetzt begreife ich es;* **'Sei·fen·sie·de·rei** <f.; -, -en>; **'Sei·fen·was·ser** <n.; -s; unz.>

'Sei·fer <m.; -s, -; Nebenform von> *Seiber*

'sei·fig <Adj.>

'Sei·ge <f.; -, -n; Bgb.> 1 *vertiefte Stelle, in der Grubenwasser ab-*

laufen kann 2 <oberdt.> *mit Wasser gefüllte Bodensenke;* **'sei·ger** <Adj.; Bgb.> *senkrecht;* oV *saiger;* **'Sei·ger** <m.; -s, -; umg.> *Sand-, Wasseruhr;* **'sei·gern** <V.; ich seigere> 1 <V. i. (s.)> *sickern* 2 <V. t.> *etwas ~ ausscheiden (z. B. Metalle aus den Erzen);* **'Sei·ger·schacht** <m.; -(e)s, ⸚e; Bgb.>; **'Sei·ge·rung** <f.; -; unz.; Bgb.>

Sei·gneur, <auch> **Seig·neur** <[senˈjœːr]; m.; -s, -s; ↗Z53; im feudalen Frankreich> 1 *Grund-, Lehnsherr* 2 <heute> *vornehmer Weltmann*

'Sei·he <f.; -, -n; umg.> 1 *= Seiher* 2 *das Geseihte;* **'sei·hen** <V. t.> *durch ein Sieb gießen, filtern;* **'Sei·her** <m.; -s, -> *Sieb*

Seil <n.; -(e)s, -e; ↗Z26> *dicker Strick; am ~ ziehen;* <aber> *wir haben beim Seilziehen gewonnen; auf dem ~ tanzen;* <aber> *sie kann seiltanzen; über das ~ hüpfen, springen;* <aber> *wollen wir seilhüpfen, seilspringen?;* **'Seil·bahn** <f.; -, -en> *Transportmittel für Personen u. Lasten (bes. im Gebirge);* **'sei·len¹** <V. t.> *Seile herstellen*

'sei·len² <V. i.; norddt.> *segeln*

'Sei·ler <m.; -s, -> *jmd., der Seile herstellt;* **Sei·le'rei** <f.; -, -en>; **'Sei·le·rin** <f.; -, -nen>; **'seil·hüp·fen** <V. i. (s.); sie ist seilgehüpft; nur im Inf. u. Part. Perf.> → a. *Seil;* **'Seil·hüp·fen** <n.; -s; unz.> *sie ist geschickt im ~;* **'Seil·schaft** <f.; -, -en> 1 *durch ein Seil verbundene Gruppe von Bergsteigern* 2 <bes. Pol.; fig.; abwertend> *Gruppe von Personen, die sich durch enge Zusammenarbeit gegenseitig Vorteile verschaffen;* **'seil·sprin·gen** <V. i. (s.); sie ist seilgesprungen; nur im Inf. u. Part. Perf.> → a. *Seil;* **'Seil·sprin·gen** <n.; -s; unz.>; **'Seil·tanz** <m.; -es, ⸚e> 1 *in der Artistik üblicher Tanz auf einem Seil* 2 <fig.> *vorsichtiges, geschicktes Vorgehen;* **'seil·tan·zen** <V. i.; sie hat seilgetanzt; nur im Inf. u. Part. Perf.> → a. *Seil;* **'Seil·tän·zer** <m.; -s, ->; **'Seil·tän·ze·rin** <f.; -, -nen>; **'Seil·trom·mel** <f.; -, -n> *Gerät zum Aufwickeln des Seils;* **'Seil·win·de** <f.; -, -n>; **'Seil·zug** <m.;

-(e)s, ⁼e> *eine Vorrichtung zur Verbindung zweier bewegl. Teile* **Seim** <m.; -(e)s, -n> *zähe Flüssigkeit;* Honig~; **'sei·mig** <Adj.>

sein¹ <Possessivpron.; 3. Person Sg. 4 m. u. n.> das ist ~ Buch; es ist das Seine, <auch> das ~e; jedem das Seine, <auch> das ~e; er denkt oft an die Seinen, <auch> die ~en *seine Angehörigen;* sie ist die Seine, <auch> die ~e geworden *seine Frau;* alles zu ~er Zeit; Seine Durchlaucht, Exzellenz, Heiligkeit, Hoheit <Abk.: Se.>, Seiner Majestät <Abk.: Se.> *(Teil des Titels von männl. Würdenträgern)*

sein² <V. 240 (s.); in Verbindung mit Verben immer getrennt> seien, wären Sie so freundlich ... *bitte helfen Sie mir;* kann ~! *schon möglich;* es ist nichts mehr zu tun; Hunde sind an der Leine zu führen; die Zeit wird bald um ~; wann wird der Film aus ~?; kannst du das bitte ~ lassen?; er hat es ~ lassen; **Sein** <n.; -s; unz.> *die Existenz;* es geht um ~ oder Nichtsein *um Leben od. Tod*

'sei·ner·seits <Adv.> ~ gibt es keine Einwände; **'sei·ner·zeit** <Adv.; Abk.: s. Z. (nach der früheren Schreibung "seiner Zeit")> *damals;* **'sei·nes·gleichen** <Pron.; meist abwertend> er verkehrt nur mit ~; dieses Werk hat nicht ~ *kein anderes kommt ihm gleich;* **'sei·net·halben** <Adv.>, **'sei·net·we·gen** <Adv.> ich habe es nur ~ getan *nur ihm zuliebe;* **'sei·net·willen** <Adv.> um ~ *seinetwegen;* **'sei·ni·ge** <substantiviertes Possessivpron.; 3. Person Sg. m. u. n.; nur mit dem best. Art.> die ~n, <auch> Seinigen; → a. *sein¹*

'Sei·sing <n.; -(e)s, -e> *kurzes Tau zum Befestigen der Segel*

'Seis·mik <f.; -; unz.> = *Seismologie;* **'seis·misch** <Adj.> *Erdbeben betreffend od. auf ihnen beruhend* [grch.]; **Seis·mi·zi'tät** <f.; -; unz.> *Erdbebentätigkeit;* **Seis·mo'graf** <m.; -en, -en; ↗Z 11.3> = *Seismograph;* **Seis·mo'gramm** <n.; -s, -e> *Aufzeichnung eines Erdbebens;* **Seis·mo'graph** <m.; -en, -en;

↗Z 11.3> *Gerät zur Aufzeichnung von Erdbeben;* **Seis·mo'lo·ge** <m.; -n, -n>; **Seis·mo·lo'gie** <f.; -; unz.> *Erdbebenkunde;* **Seis·mo'lo·gin** <f.; -, -n·nen>; **seis·mo'lo·gisch** <Adj.>; **Seis·mo·me·ter** <n.; -s, -> *Apparat zur Messung der Erdbebenstärke;* **Seis·mo·me'trie,** <auch> **Seis·mo·me'trie** <f.; -; unz.; ↗Z 53>; **seis·mo·me'trisch** <Adj.>

seit <Präp.; m. Dat.> **1** *von einer best. Zeit an;* ~ seiner Geburt; ~ kurzem; ~ Adam u. Eva <umg.> *schon immer* **2** <Konj.> *seitdem;* er jammert, ~ wir hier sind; <aber> → *seid*

seit'ab <Adv.> *abseits*

'Sei·tan <m.; -s; unz.; Kochk.> *ein Fleischimitat* [chin.]

seit'dem 1 <unterordnende temporale Konj.> *seit der Zeit, da ...;* ~ er pensioniert ist ... **2** <Adv.> *seit dieser Zeit;* ~ ist er pensioniert

'Sei·te <f.; -, -n> **1** *die einen Körper od. Bereich begrenzende Fläche, Linie, Region o. Ä.;* Vorder~; Rück~; er schläft auf der ~; die drei ~n eines Dreiecks; einen Schritt zur ~ gehen; jmdm. zur ~ stehen <fig.> *helfen;* Geld auf die ~ legen <fig.>; auf der einen ~ ..., auf der anderen ~ ... **2** <Abk.: S. od. p.; Pl. pp. (von lat. pagina)> *die Fläche eines Papierblattes;* das Buch hat 96 ~n **3** *Richtung;* sich nach allen ~n umsehen; sie kamen von allen ~n **4** *Abstammungslinie;* meine Großmutter von der mütterlichen/väterlichen ~; Sy *mütterlicherseits/väterlicherseits* **5** *Charakterzug, Eigenschaft;* er hat sich von seiner besten ~ gezeigt; ich entdecke ganz neue ~n an ihr **6** *Person(engruppe), die eine best. Meinung vertritt;* beide ~n sind an einer Beendigung des Streits interessiert; er steht auf ihrer ~ **7** <als Präp.; mit Gen.; ↗Z 19.2> er steht immer aufseiten, <auch> auf ~n der Schwächeren; vonseiten, <auch> von ~n der Schule gibt es keine Einwände; Sy *seitens;* er ging zuseiten, <auch> zu ~n seines Vaters <veralt.>; <aber> → *Saite;* **'Sei-**

ten·al·tar <m.; -(e)s, ⁼e>; **'Seiten·an·griff** <m.; -(e)s, -e>; **'Seiten·an·sicht** <f.; -, -en; Mil.>; **'Sei·ten·aus·gang** <m.; -(e)s, ⁼e>; **'Sei·ten·bau** <m.; -(e)s, -ten>; **'Sei·ten·blick** <m.; -(e)s, -e>; **'Sei·ten·bord·mo·tor** <m.; -s, -en>; **'Sei·ten·büh·ne** <f.; -, -n; in größeren Theatern>; **'Seiten·ein·gang** <m.; -(e)s, ⁼e>; **'Sei·ten·ein·stei·ger** <m.; -s, -> *jmd., der aus einer anderen Branche kommt,* **'Sei·ten·ein·stei·ge·rin** <f.; -, -n·nen>; **'Seiten·flä·che** <f.; -, -n>; **'Sei·ten·flü·gel** <m.; -s, ->; **'Sei·ten·gang** <m.; -(e)s, ⁼e>; **'Sei·ten·hieb** <m.; -(e)s, -e> jmdm. einen ~ versetzen <fig.>; **'Sei·ten·la·ge** <f.; -; unz.> in ~; **'sei·ten·lang** <Adj.> *sich über mehrere Seiten(2) erstreckend;* ein ~er Brief; <aber> der Brief ist vier Seiten lang; **'Sei·ten·leit·werk** <n.; -(e)s, -e; Flugw.>; **'Sei·ten·li·nie** <[-niə]; f.; -, -n>; **'Sei·ten·li·ni·en·or·gan** <n.; -(e)s, -e; Zool.> *Organ des Fisches;* **'Sei·ten·por·tal** <n.; -(e)s, -e; Arch.; in Kirchen>; **'sei·ten·rich·tig** <Adj.; Fot.; selten> *in der Abbildung mit dem Original übereinstimmend;* Ggs *seitenverkehrt;* **'sei·tens** <Präp.; m. Gen.> *von;* ~ des Klägers; Sy *vonseiten/von Seiten;* **'Sei·ten·schei·tel** <m.; -s, ->; **'Sei·ten·schiff** <n.; -(e)s, -e; Arch.; in Kirchen>; **'Sei·ten·schnei·der** <m.; -s, -> *ein scherenähnl. Werkzeug;* **'Sei·ten·sprung** <m.; -(e)s, ⁼e; umg.> *sexuelles Abenteuer außerhalb der Ehe;* **'sei·ten·stän·dig** <Adj.; Bot.>; **'Sei·ten·ste·chen** <n.; -s; unz.> *Schmerz unterhalb der Rippen (bes. bei schnellem Laufen);* **'Sei·ten·strang** <m.; -(e)s, ⁼e; Anat.> *Nervenbahn;* **'Sei·ten·strang·an·gi·na** <f.; -; unz.; Med.>; **'Sei·ten·stra·ße** <f.; -, -n> wir wohnen in der zweiten ~ rechts; <aber> → *Seidenstraße;* **'Sei·ten·strei·fen** <m.; -s, -> auf dem ~ anhalten; **'Sei·ten·stück** <n.; -(e)s, -e>; **'Sei·ten·ta·sche** <f.; -, -n>; **'Sei·ten·teil** <n.; -(e)s, -e>; **'Sei·ten·trieb** <m.; -(e)s, -e; Bot.>; **'Sei·ten·ver·kehrt** <Adj.; Fot.> *dem Spiegelbild des Originals entsprechend;*

S

Ggs *seitenrichtig*; **'Sei·ten·wech·sel** <[-ks-]; m.; -s; unz.; Sp.>; **'Sei·ten·weg** <m.; -(e)s, -e>; **'sei·ten·wei·se** <Adv.>; **'Sei·ten·wind** <m.; -(e)s; unz.>; **'Sei·ten·zahl** <f.; -, -en> mit ~en versehen

seit'her <Adv.> **1** = *seitdem(2)* **2** = *bisher*; **seit'he·rig** <Adj.; veralt.>

...sei·tig <Adj.; in Zus.> z. B. *linksseitig*; *vierseitig*; **'seit·lich 1** <Adj.> eine ~e Öffnung **2** <Präp.; m. Gen.> ~ *des Hauses verläuft ein Bach*; **'Seit·ling** <m.; -s, -e; Bot.> *ein Blätterpilz*; **...seits** <Adv.; in Zus.> *von jmds. Seite her*; *z. B. ärztlicherseits gibt es keine Bedenken*; *meinerseits*; *väterlicherseits*; **'seit·wärts 1** <Adv.> *nach einer Seite hin bzw. von einer Seite her*; *das Bett ~ stellen*; ~ *von rechts* **2** <Präp.; m. Gen.> ~ *an der Seite von ...*; *die Autos parken ~ der Straße*

Sejm <[sejm] od. [zaim] m.; -(e)s, -e> **1** <im Königreich Polen> *Reichstag* **2** <heute> *Volksvertretung*

'Se·kans <m.; -, Se'kan·ten; Abk.: sec>; **Se'kan·te** <f.; -, -n; Geom.> **1** *Gerade, die eine Kurve in mindestens zwei Punkten schneidet* **2** *Winkelfunktion im Dreieck, Kehrwert des Kosinus eines Winkels* [lat.]

'Se·kel <m.; -s, -> *alte hebr. u. babylon. Gewichts- u. Münzeinheit*; oV *Schekel* [hebr.]

sek'kant <Adj.; -er, am -es·ten; bair.; österr.> *ärgerlich, lästig, zudringlich*; **sek'kie·ren** <V. t.> *belästigen, quälen* [ital.]

Se'kond <f.; -, -en; Fechten> *best. Klingenlage*

Se'kret[1], <auch> **Sek'ret** <n.; -(e)s, -e; ⌀Z53; Med.> *abgesonderte Flüssigkeit* [lat.]; **Se'kret**[2] <f.; -, -e; Kath.> *stilles Gebet des Priesters während der Messe*; **Se·kre'tär** <m.; -s, -e> **1** *(leitender) kaufmänn. Angestellter* **2** *Beamter des mittleren Dienstes* **3** *Funktionär einer Partei*; *General~* **4** *Schreibschrank* **5** <Zool.> *ein Greifvogel*; **Se·kre·ta·ri'at** <n.; -(e)s, -e> *Geschäftsstelle*; **Se·kre'tä·rin** <f.; -, -n·nen>; **Se·kre'ti·on** <f.; -, -en>

Med.> Absonderung; **se·kre'to·risch** <Adj.; Med.>

Sekt <m.; -(e)s, -e> *Schaumwein* [ital.]

'Sek·te <f.; -, -n> *kleine religiöse Glaubensgemeinschaft* [lat.]; **'Sek·ten·we·sen** <n.; -s; unz.>

'Sekt·flö·te <f.; -, -n> *hohes, schmales Sektglas*; **'Sekt·früh·stück** <n.; -(e)s; unz.>; **'Sekt·glas** <n.; -es, ⌀er>

Sek'tie·rer <m.; -s, -> **1** *Angehöriger einer Sekte* **2** *polit. Abweichler* [lat.]; **Sek'tie·re·rin** <f.; -, -n·nen>; **sek'tie·risch** <Adj.> *eigenbrötlerisch*; **Sek'tie·rer·tum** <n.; -s; unz.>

Sek'ti·on <f.; -, -en> **1** <Med.> = *Obduktion* **2** *Abteilung, Gruppe* **3** <DDR> *Wissenschaftszweig an einer Hochschule*; **Sek·ti·'ons·be·fund** <m.; -(e)s, -e; Med.>; **Sek·ti·'ons·chef** <[-ʃef]; m.; -s, -s> **1** *Abteilungsvorstand* **2** <in Österreich> *Titel der höchsten Ministerialbeamten*; **Sek·ti·'ons·che·fin** <f.; -, -n·nen>

'Sekt·kelch <m.; -(e)s, -e>; **'Sekt·kel·le·rei** <f.; -, -en>; **'Sekt·kü·bel** <m.; -s, ->; **'Sekt·lau·ne** <f.; -; unz.; umg.> *ausgelassene Stimmung*

'Sek·tor <m.; -s, -'to·ren> **1** *Sachgebiet, Bezirk* **2** <Math.> *(Kreis-)Ausschnitt* **3** <nach dem 2. Weltkrieg> *der von Frankreich bzw. Großbritannien, der UdSSR u. den USA besetzte Teil Berlins u. Wiens* [lat.]; **Sek'to·ren·gren·ze** <f.; -; unz.> *hinter der ~*

'Sekt·scha·le <f.; -, -n>

Se'kund <f.; -, -en; Mus.; österr.> = *Sekunde[2](1)*; **Se'kun·da** <f.; -, -'kun·den; frühere Bez. für> *die 6. u. 7., in Österreich vor 1945 die 2. Klasse eines Gymnasiums* [lat.]; **Se·'kund·ak·kord** <m.; -(e)s, -e; Mus.>; **Se·kun'da·ner** <m.; -s, -; früher> *Schüler der Sekunda*; **Se·kun'da·ne·rin** <f.; -, -n·nen; früher>; **Se·kun'dant** <m.; -en, -en> **1** *Beistand, Zeuge beim Duell* **2** *Betreuer im Sport, bes. im Boxkampf*; **se·kun'där** <Adj.> **1** *zweitrangig* **2** *nachträglich hinzukommend*; Ggs *primär*; **Se·kun'där·arzt** <m.; -(e)s, ⌀e; österr.> *im Kranken-*

haus tätiger Arzt; **Se·kun'där·ärz·tin** <f.; -, -n·nen>; **Se·kun·'där·e·lek·tron**, <auch> **Se·kun·'där·e·lek·tron** <n.; -s, -tro·nen/ -t·ro·nen; ⌀Z53, 55; Phys.> *durch eine Sekundäremission freigesetztes Elektron*; **Se·kun·'där·e·mis·si·on** <f.; -, -en; ⌀Z55; Phys.> *durch Bestrahlung bewirktes Austreten von Elektronen aus einem festen Stoff*; **Se·kun'där·en·er·gie**, <auch> **Se·kun'där·e·ner·gie** <f.; -, -n; ⌀Z54, 55; Tech.> *aus einem Primärenergieträger erzeugte Energie*; **Se·kun'där·in·fek·ti·on** <f.; -, -en; Med.> *weitere Infektion eines schon infizierten Organismus*; **Se·kun·'där·leh·rer** <m.; -s, -; schweiz.> *Lehrer in einer Sekundarschule(2)* <f.; -, -n·nen>; **Se·kun'där·li·te·ra·tur** <f.; -; unz.> *wissenschaftl. (Forschungs-)Literatur über literar. Werke*; Ggs *Primärliteratur*, **Se·kun'där·roh·stoff** <m.; -(e)s, -e> *durch Recycling gewonnener Rohstoff*; **Se·kun'där·schu·le** <f.; -, -n> **1** *weiterführende Schule* **2** <schweiz.> *höhere Volksschule*; **Se·kun'där·spei·cher** <m.; -s, -; EDV>; **Se·kun'där·strom** <m.; -(e)s, ⌀e; El.>; **Se·kun'där·stu·fe** <f.; -, -n> ~ I *5.–10. Klasse*; ~ II *11.–13. Klasse*; **Se·kun'där·tu·gend** <f.; -, -en>; **Se·kun'där·wick·lung** <f.; -, -en; El.; bei Transformatoren> *äußere, Strom abgebende Wicklung*; **Se'kun·da·wech·sel** <[-ks-]; m.; -s, -; Kaufmannsspr.> *zweite Ausfertigung eines Wechsels*; **Se'kun·de**[1] <f.; -, -n; Abk.: s> **1** *der 60. Teil einer Minute* <Math.; Zeichen: ''> *der 60. Teil einer Winkelminute* **3** <fig.; umg.> *sehr kurze Zeitspanne*; *kannst du eine ~ warten?*; **Se'kun·de**[2] <f.; -, -n> **1** <Mus.> *die 2. Tonstufe der diaton. Tonleiter* **2** <Typ.> *Signatur auf der dritten Seite eines Druckbogens* **3** <Fechten> *von unten nach oben geschlagener Hieb*; **Se'kun·den·kle·ber** <m.; -s, -; umg.> *schnell haftender Klebstoff*; **se'kun·den·lang** <Adj.> *ein ~es Zögern*; <aber> *man hörte es mehrere Sekun-*

den lang; **Se'kun·den·schnel·le** <f.; -; unz.; meist in der Wendung> in ~; **Se'kun·den·zei·ger** <m.; -s, ->; **se·kun'die·ren** <V. i.> jmdm. im Duell ~; **se·'kund·lich, se'künd·lich** <Adv.>; **Se·kun·do·ge·ni'tur** <f.; -, -en; früher> *Nachfolge- u. Erbrecht des zweitgeborenen Sohnes* Ggs *Primogenitur*

Se·ku'rit <n.; -(e)s; unz.; Warenz. für> *nicht splitterndes Glas* [lat.]

sel. <Abk. für> *selig*

'Se·la <n.; -s, -s; in den Psalmen des AT> *Musikzeichen* [hebr.]

Se'la·chi·er <[-xiər]; m.; -s, -; Zool.> = *Hai*

Se·la·don <[-'dõ]; m.; -s, -s; veralt.> *grüne, jadeähnliche Porzellanglasur* [nach dem Gewand der frz. Romanfigur *Céladon*]

Se·la·gi'nel·la, Se·la·gi'nel·le <f.; -; unz.; Bot.> = *Moosfarn* [ital.]

Se'lam <m.; -(e)s; unz.; Grußwort> *Heil, Friede*; → a. *Salem* [arab.]; **'Se·lam·lik** <m.; -s, -s; in oriental. Häusern> *Empfangsraum* [arab.; türk.]

selb'an·der <Pronominaladv.; veralt.> *zu zweit*; **selb'dritt** <Pronominaladv.; veralt.> *zu dritt*; **...'sel·be** <Demonstrativpron.> z. B. derselbe ..., dieselbe ..., dasselbe ... *der, die, das Identische;* zur -n (= zu derselben) Zeit; sie kam mit demselben Zug wie du; **'sel·ber** <Demonstrativpron.; undekl.; umg.> = *selbst*; **'sel·big** <Pronominaladj.; veralt.> *der-, die-, dasselbe;* zu ~er Stunde, <od.> zur ~en Stunde; **selbst¹** <Demonstrativpron.; undekl.> **1** *die eigene Person od. eine definierte Sache betreffend;* er kommt ~ *persönlich;* die Tür schließt von ~ *ohne fremde Hilfe;* das solltest du um deiner ~ willen tun; das Haus ~ ist sehr schön **2** <↗Z.24; Getrenntschreibung in Verbindung mit Verben u. dem Part. Perf.> ein ~ gebackener Kuchen; ~ gebrautes Bier; ein ~ ernannter Fachmann; ~ gemachter Gelee; ein ~ genutztes Wohnhaus; ~ gestrickter Pullover; sein erstes ~ verdientes Geld; ein ~ geschneidertes

Kostüm; ein ~ verschuldeter Unfall; <aber> → *selbstklebend, selbstentzündlich, selbsthaftend, selbstredend, selbstvergessen, selbstverständlich usw.*; **selbst²** <Partikel> *sogar;* ~ ich glaube das; **Selbst** <n.; -; unz.> *die eigene Person, Identität;* ich habe ein Stück meines ~ preisgegeben; **'Selbst·ab·ho·lung** <f.; -; unz.>; **'Selbst·ach·tung** <f.; -; unz.>; **Selbst·a·na·ly·se** <f.; -, -n; ↗Z.55>; **'selb·stän·dig** <Adj.> oV *selbständig* **1** *ohne Hilfe handlungsfähig;* unsere Kleine ist schon sehr ~ **2** *unabhängig von anderen;* sich ~ machen *ein privates Unternehmen gründen,* <a. fig.; umg.> *außer Kontrolle geraten;* der Einkaufswagen hat sich ~ gemacht; **'Selb·stän·di·ge(r)** <f. 2 (m. 1)>; **'Selb·stän·dig·keit** <f.; -; unz.>; **'Selbst·an·kla·ge** <f.; -, -n>; **'Selbst·an·zei·ge** <f.; -, -n>; **'Selbst·auf·nah·me** <f.; -, -n; Fot.>; **'Selbst·auf·op·fe·rung** <f.; -; unz.> er pflegt die Kranken bis zur ~; **'Selbst·aus·lö·ser** <m.; -s, -; Fot.> eine Kamera mit ~; **'Selbst·be·die·nung** <f.; -; unz.> Restaurant mit ~; **'Selbst·be·die·nungs·la·den** <m.; -s, ⸚>; **'Selbst·be·ein·flus·sung** <f.; -, -en; Pl. selten>; **'Selbst·be·frie·di·gung** <f.; -; unz.> *selbst herbeigeführte geschlechtl. Befriedigung;* Sy *Masturbation, Onanie;* **'Selbst·be·fruch·tung** <f.; -, -en; Bot.>; **'Selbst·be·herr·schung** <f.; -; unz.>; **'Selbst·be·kös·ti·gung** <f.; -; unz.>; **'Selbst·be·stä·ti·gung** <f.; -, -en>; **'Selbst·be·stäu·bung** <f.; -, -en; Bot.>; **'Selbst·be·stim·mung** <f.; -; unz.> Ggs *Fremdbestimmung;* **'Selbst·be·stim·mungs·recht** <n.; -(e)s; unz.>; **'Selbst·be·tei·li·gung** <f.; -; unz.; Versicherungsw.>; **'Selbst·be·trug** <m.; -(e)s; unz.>; **Selbst·be·weih·räu·che·rung** <f.; -; unz.; umg.; abwertend> *eitles Zurschaustellen eigener Leistungen;* **'selbst·be·wusst** <Adj.> er ist sehr ~ *vom eigenen Wert überzeugt;* <aber> er tritt selbst bewusst bescheiden auf; **'Selbst·be·wusst·sein** <n.; -s; unz.>; **'Selbst·bild·nis**

<n.; -s·ses, -s·se>; **'Selbst·bi·o·gra·fie** <↗Z.11.3>, **'Selbst·bi·o·gra·phie** <f.; -, -n> *Autobiographie;* **'Selbst·dar·stel·lung** <f.; -, -en>; **'Selbst·dis·zi·plin** <f.; -; <auch> **'Selbst·dis·zip·lin** <f.; -; unz.; ↗Z.53>; **'Selbst·ein·schät·zung** <f.; -; unz.> Ggs *Fremdeinschätzung;* **'selbst·ent·zünd·lich** <Adj.> ~es Gras; → a. *selbst¹*; **'Selbst·ent·zün·dung** <f.; -; unz.>; **'Selbst·er·fah·rung** <f.; -; unz.>; **'Selbst·er·fah·rungs·grup·pe** <f.; -, -n; Psych.>; **'Selbst·er·hal·tung** <f.; -; unz.>; **'Selbst·er·hal·tungs·trieb** <m.; -(e)s; unz.>; **'Selbst·er·kennt·nis** <f.; -; unz.>; **'Selbst·er·nied·ri·gung** <f.; -; unz.>; **'Selbst·er·zeu·gung** <f.; -; unz.>; **'Selbst·fah·rer** <m.; -s, -> **1** *jmd., der ein gemietetes Kfz selbst steuert* **2** *landwirtschaftl. Maschine, die selbstständig fahren kann;* **'Selbst·fah·re·rin** <f.; -, -n·nen>; **'Selbst·fi·nan·zie·rung** <f.; -, -en>; **'Selbst·fin·dung** <f.; -; unz.; geh.> *das Herausfinden u. Bestimmen der eigenen Position;* **'selbst·ge·fäl·lig** <Adj.; abwertend> *eitel;* **'Selbst·ge·fäl·lig·keit** <f.; -; unz.>; **'Selbst·ge·fühl** <n.; -(e)s; unz.> *Selbstbewusstsein;* **'selbst·ge·nüg·sam** <Adj.>; **'Selbst·ge·nüg·sam·keit** <f.; -; unz.>; **'selbst·ge·recht** <Adj.> *von der Richtigkeit des eigenen Denkens u. Handelns überzeugt;* **'Selbst·ge·rech·tig·keit** <f.; -; unz.>; **'Selbst·ge·spräch** <n.; -(e)s, -e> *Monolog;* **'selbst·haf·tend** <Adj.> ein ~es Etikett; → a. *selbst¹*; **'selbst·herr·lich** <Adj.> *rücksichtslos, eigenmächtig;* **'Selbst·herr·lich·keit** <f.; -; unz.>; **'Selbst·herr·schaft** <f.; -; unz.> = *Autokratie;* **'Selbst·herr·scher** <m.; -s, ->; **'Selbst·hil·fe** <f.; -; unz.> zur ~ greifen; **'Selbst·hil·fe·grup·pe** <f.; -, -n; Psych.>; **'Selbst·hyp·no·se** <f.; -; unz.>; **'Selbst·in·duk·ti·on** <f.; -; unz.; El.>; **'Selbst·i·ro·nie** <f.; -; unz.; ↗Z.55>; **'selbs·tisch** <Adj.> *eigensüchtig;* **'Selbst·jus·tiz** <f.; -; unz.> ~ üben *unter Umgehung des Rechtsweges erlittenes Unrecht eigenmächtig vergelten*

S

wollen; **'selbst·kle·bend** <Adj.> eine ~e Folie; → a. *selbst¹;* **'Selbst·kon·trol·le,** <auch> **'Selbst·kont·rol·le** <f.; -; unz.; ↗Z53>; **'Selbst·kos·ten** <Pl.>; **'Selbst·kos·ten·preis** <m.; -es; unz.> etwas zum ~ verkaufen *ohne Gewinn;* **'Selbst·kri·tik** <f.; -; unz.>; **'Selbst·kri·tisch** <Adj.>; **'Selbst·la·de·ge·wehr** <n.; -(e)s, -e>, **'Selbst·la·der** <m.; -s, -> → a. *Kasten Vokal;* **'Selbst·laut** <m.; -(e)s, -e; Phon.> = *Vokal;* **'selbst·lau·tend** <Adj.; Phon.>; **'Selbst·lie·be** <f.; -; unz.>; **'Selbst·lob** <n.; -(e)s; unz.> *Eigenlob;* **'selbst·los** <Adj., -er, am -es·ten> *uneigennützig;* **'Selbst·lo·sig·keit** <f.; -; unz.>; **'Selbst·me·di·ka·ti·on** <f.; -; unz.> *Einnahme von Medikamenten ohne Rücksprache mit dem Arzt;* **'Selbst·mit·leid** <n.; -(e)s; unz.>; **'Selbst·mord** <m.; -(e)s, -e> *gewaltsame Beendigung des eigenen Lebens;* Sy *Freitod, Suizid;* **'Selbst·mord·ab·sicht** <f.; -; unz.> sich in ~ aus dem Fenster stürzen; **'Selbst·mör·der** <m.; -s, ->; **'Selbst·mör·de·rin** <f.; -, -n·nen>; **'selbst·mör·de·risch** <Adj.>; **'selbst·mord·ge·fähr·det** <Adj.; ↗Z29> ein ~er Häftling; **'Selbst·mord·ver·such** <m.; -(e)s, -e>; **'Selbst·por·trät,** <auch> **'Selbst·port·rät** <[-trɛː]; n.; -s, -s; ↗Z53>; **'Selbst·quä·le·'rei** <f.; -, -en>; **'selbst·quä·le·risch** <Adj.>; **'selbst·re·dend** <Adj.> *selbstverständlich;* **'selbst·schlie·ßend** <Adj.> die Tür ist ~; **'Selbst·schuss** <m.; -es, ¨e> *automatisch ausgelöster Schuss;* **'Selbst·schuss·an·la·ge** <f.; -, -n>; **'Selbst·schutz** <m.; -es; unz.>; **'selbst·si·cher** <Adj.> *gewandt, nicht schüchtern;* **'Selbst·si·cher·heit** <f.; -; unz.>; **'selbst·stän·dig** <Adj.> = *selbstständig;* **'Selbst·stän·di·ge(r)** <f. 2 (m. 1)>; **'Selbst·stän·dig·keit** <f.; -; unz.>; **'Selbst·stu·di·um** <n.; -s; unz.> im ~ lernen; **'Selbst·sucht** <f.; -, ¨e; Pl. selten> *Egoismus;* **'selbst·süch·tig** <Adj.>; **'selbst·tä·tig** <Adj.> die Tür schließt ~; **'Selbst·täu·schung** <f.; -, -en>; **'Selbst·tö·tung** <f.; -, -en>;

'Selbst·ü·ber·he·bung <f.; -; unz.; ↗Z55; geh.>; **'Selbst·ü·ber·schät·zung** <f.; -; unz.; ↗Z55>; **'Selbst·ü·ber·win·dung** <f.; -; unz.; ↗Z55>; **'Selbst·un·ter·richt** <m.; -(e)s; unz.> im ~; **'Selbst·ver·ach·tung** <f.; -; unz.>; **'selbst·ver·ges·sen** <Adj.> *in Gedanken versunken;* **'Selbst·ver·ges·sen·heit** <f.; -; unz.>; **'Selbst·ver·lag** <m.; -(e)s, -e> das Buch ist im ~ erschienen *der Verfasser hat es auf eigene Kosten drucken lassen;* **'Selbst·ver·leug·nung** <f.; -; unz.>; **'Selbst·ver·pfle·gung** <f.; -; unz.>; **'Selbst·ver·schul·den** <n.; -s; unz.; Amtsdt.>; **'Selbst·ver·si·che·rung** <f.; -; unz.> *freiwillige Versicherung;* **'Selbst·ver·sor·ger** <m.; -s, ->; **'Selbst·ver·sor·ge·rin** <f.; -, -n·nen>; **'Selbst·ver·sor·gung** <f.; -; unz.>; **'selbst·ver·ständ·lich** <Adj.; meist adv.> *natürlich;* ich helfe dir ~; er setzte sich ganz ~ zu ihnen; **'Selbst·ver·ständ·lich·keit** <f.; -, -en>; **'Selbst·ver·ständ·nis** <n.; -s·ses; unz.> *Bild, Einschätzung von sich selbst;* **'Selbst·ver·stüm·me·lung** <f.; -, -en>; **'Selbst·ver·such** <m.; -(e)s, -e; Med.> *an sich selbst ausgeführtes Experiment;* im ~; **'Selbst·ver·tei·di·gung** <f.; -; unz.>; **'Selbst·ver·trau·en** <n.; -s; unz.> *Vertrauen in die eigenen Fähigkeiten;* **'Selbst·ver·wal·tung** <f.; -; unz.> in ~; **'Selbst·ver·wirk·li·chung** <f.; -; unz.>; **'Selbst·wert·ge·fühl** <n.; -(e)s; unz.>; **'Selbst·zer·flei·schung** <f.; -; unz.; fig.> *übertriebene Selbstkritik;* **'selbst·zer·stö·re·risch** <Adj.>; **'selbst·zu·frie·den** <Adj.> *unkritisch mit sich u. den eigenen Leistungen zufrieden;* **'Selbst·zu·frie·den·heit** <f.; -; unz.>; **'Selbst·zün·dung** <f.; -; unz.; bei Dieselmotoren>; **'Selbst·zweck** <m.; -(e)s; unz.> es wurde zum ~

Selch <f.; -, -en; oberdt.> *Räucherkammer;* **'sel·chen** <V.> **1** <V. t.> Fleisch ~ *trocknen, dörren, räuchern* **2** <V. i.> Fleisch selcht *wird trocken, dürr;* **'Sel·cher** <m.; -s, ->; **Sel·che'rei** <f.;

-, -en>; **'Selch·fleisch** <n.; -(e)s; unz.>

Sel'dschu·ke, <auch> **Seld'schu·ke** <m.; -n, -n; ↗Z53> *Angehöriger eines türk. Herrschergeschlechtes*

se·lek'tie·ren <V. t.> *auswählen (bes. zur Zucht);* **Se·lek·ti'on** <f.; -, -en> [lat.]; **se·lek·ti·o'nie·ren** <V. t.> = *selektieren;* **Se·lek·ti·'ons·the·o·rie** <f.; -; unz.>; **se·lek'tiv** <Adj.> **1** *auswählend;* eine ~e Betrachtungsweise **2** <Funkw.> *trennscharf;* **Se·lek·ti·vi'tät** <[-vi-]; f.; -; unz.>

Se'len <n.; -s; unz.; Chem.; Zeichen: Se> *chem. Element, Nichtmetall;* **se'le·nig** <Adj.>; **Se·le'nit** <n.; -(e)s, -e> *Gips;* **Se·le·no·gra'fie, Se·le·no·gra'phie** <f.; -; unz.; ↗Z11.3> *Beschreibung u. Kartographierung des Mondes* [grch.]; **Se·le·no·lo'gie** <f.; -; unz.> *Wissenschaft vom Aufbau des Mondes;* **se·le·no·lo'gisch** <Adj.> *mondkundlich;* **Se'len·zel·le** <f.; -, -n> *Fotozelle mit Selen*

Se·leu'ki·de, Se·leu'zi·de <m.; -n, -n> *Angehöriger eines syrischen Herrschergeschlechtes*

Self·ak·tor <['sɛlfæktɔr]; m.; -s, -s> *automatische Spinnmaschine* [engl.]

Self·ap·peal <['sɛlfəpiːl]; m.; -s; unz.> *Anziehungskraft, die ein Produkt durch sein bloßes Erscheinungsbild ausübt* [engl.]

Self·ful·fil·ling Pro·phe·cy <['sɛlffulfiliŋ 'prɒfisi]; f.; --; unz.; Psych.; Soz.> *Phänomen, dass ein (negatives) Ereignis, das man erwartet, auch tatsächlich eintritt* [engl.]

Self·made·man <['sɛlfmeidmæn]; m.; -s, -men [-mən]> *jmd., der sich aus eigener Kraft hochgearbeitet hat* [engl.]

Self·ser·vice <['sɛlfsəːvis]; m.; -; unz.> *Selbstbedienung (im Restaurant)* [engl.]

'se·lig <Adj.; Abk.: sel.> **1** <Rel.> *nach dem Tod der himmlischen Freude teilhaftig;* Gott hab' ihn ~; jmdn. ~ sprechen <Kath.> → *Seligsprechung* **2** <fig.> *überglücklich;* du kannst dich ~ preisen **3** *verstorben;* mein ~er Vater; **'Se·lig·keit** <f.; -, -en>; **'Se·lig·prei·sung** <f.; -, -en>;

Semantik: Die S. – auch Bedeutungslehre genannt – ist ein Teilgebiet der Sprachwissenschaft, das sich mit der Bedeutung von sprachlichen Zeichen befasst.

Sprachzeichen, die über die phonematische Ebene hinausgehen, sind bedeutungstragend, das sind ↗**Morpheme,** ↗**Lexeme** und ↗**Sätze** (einschließlich ihrer einzelnen Teile). ↗**Phoneme** sind dagegen lediglich bedeutungsunterscheidend.

Innerhalb der S. können unterschiedliche Aspekte im Vordergrund stehen:

a) Die **lexikalische S.** befasst sich mit der Bedeutung einzelner Wörter. Häufig ergibt sich die genaue Bedeutung eines Wortes nur aus dem Zusammenhang der Äußerung. Das Adjektiv *niedrig* besitzt z. B. in den folgenden Wendungen eine jeweils unterschiedliche Bedeutung: *Das Wasser steht niedrig. Wir suchen einen niedrigen Stuhl. Das war niedrig von ihm. Waren mit niedrigen Preisen auszeichnen.*

b) Die Untersuchung der semantischen **Beziehungen** zwischen einzelnen Wörtern (↗Wortfeld, ↗Synonymie, ↗Antonymie, ↗Homonymie/Polysemie) und der ↗**Bedeutungswandel** sind ein weiterer Bereich der S. Dieser Teilbereich wird auch **Semasiologie** genannt.

c) In der **Referenzsemantik** wird die Beziehung der sprachlichen Ausdrücke zur außersprachlichen Wirklichkeit untersucht.

d) Die **Satzsemantik** beschreibt die inhaltliche Struktur von Sätzen und besonders ihre Wahrheitsbedingungen.

e) Die **Textsemantik** untersucht die Bedeutungsstruktur von ganzen Texten, z. B. ihre thematische Entwicklung.

Semikolon: Das S. – auch Strichpunkt genannt – ist ein ↗**Satzzeichen,** das eine stärkere Trennwirkung als das ↗**Komma** und eine schwächere als der ↗**Punkt** hat.
Das S. kann zwischen gleichrangigen Sätzen oder Wortgruppen stehen, die inhaltlich zusammengehören: *Ein Winterurlaub in den Bergen ist sehr erholsam; doch das Skifahren will gelernt sein.*
Bei längeren Aufzählungen kann ein S. zusammengehörende Begriffe zusammenfassen: *Wurst und Käse; Brot und Brötchen; Milch und Sahne.*

Semem: Der Begriff S. wird unterschiedlich definiert. Ein S. wird einerseits verstanden als „lexikalische Bedeutung eines Morphems", andererseits wird S. auch als „semantische Grundeinheit des Lexikons" (in dieser Bedeutung meistens ↗Lexem genannt) interpretiert.

'Se·lig·spre·chung <f.; -, -en; Kath.> *päpstl. Beschluss, nach dem einem Verstorbenen bes. Verehrung zuteil werden soll*
Sel·ler <['sɛlɐr] m.; -s, -; kurz für> *Bestseller* [engl.]
'Sel·le·rie <m.; -s, - od. -s; od. (österr. nur so) f.; -, - od. -'ri·en; Bot.> *eine Gemüsepflanze* [grch.]
'sel·ten <Adj.> **1** *kaum, in kleiner Zahl (vorkommend); wir sehen uns ~; ~e Pflanzen; ~er Vogel* <a. fig.; umg.> *sonderbarer Mensch; ~e Erden* <Chem.> *Oxide der Seltenerdmetalle* **2** <umg.; verstärkend> *besonders; ~ gut; ein ~ schönes Exemplar;* **'Sel·ten·erd·me·tal·le** <Pl.; Abk.: Ln> *die chem. Elemente Scandium, Yttrium sowie die Lanthanoide;* **'Sel·ten·heit** <f.; -, -en>; **'Sel·ten·heits·wert** <m.; -(e)s; unz.>
'Sel·ters <n.; -, ->, **'Sel·ters·was·ser** <n.; -s, -> **1** i. e. S.> *Wasser der Mineralquelle in Niederselters* **2** <i. w. S.> *mit Kohlensäure versetztes Wasser*
'selt·sam <Adj.> *befremdlich;*

selt·sa·mer·wei·se <Adv.>;
'Selt·sam·keit <f.; -; unz.>
Sem <[ze:m]; n.; -(e)s, -e; Sprachw.> *kleinste semantische Bedeutungseinheit* [grch.]; **Se·'man·tik** <f.; -; unz.; Sprachw.> *(Lehre von der) Bedeutung sprachl. Zeichen(systeme);* → *a. Kasten;* **se·man·tisch** <Adj.>
Se·ma·phor <n. od. m.; -s, -e> *Signalmast (z. B. bei der Eisenbahn)* [grch.]; **se·ma·pho·risch** <Adj.>
Se·ma·si·o·lo·gie <f.; -; unz.; früher> *Lehre von der Bedeutung sprachl. Ausdrücke* [grch.]; **se·ma·si·o·lo·gisch** <Adj.>
Se·mei·o·gra·fie, Se·mei·o·gra·'phie <f.; -, -n; ↗Z11.3> *Lehre von den (musikal.) Zeichen, Notenschrift* [grch.]
Se'mem <n.; -s, -e; Sprachw.> *Bedeutungseinheit des Wortschatzes;* → *a. Kasten*
Se'mes·ter <n.; -s, -> *Studienhalbjahr; Sommer~; Winter~; er ist im 4. ~; sie ist schon ein älteres ~* <umg.; scherzh.> [lat.]; **Se'mes·ter·fe·ri·en** <Pl.>; **...se·mes·trig,** <auch> **...se-**

mest·rig <Adj.; in Zus.> *ein achtsemestriges Studium*
se·mi..., Se·mi... <in Zus.> *halb..., Halb...* [lat.]; **se·mi·aut·'ark,** <auch> **se·mi·au'tark** <Adj.> *sich zu großen Teilen autonom versorgend* [lat.; grch.]; **'Se·mi·fi·na·le** <n.; -s, - od. -s; Sp.> = *Halbfinale;* **Se·mi'ko·lon** <n.; -s, -s od. -la> *Strichpunkt;* → *a. Kasten* [grch.]; **se·mi·lu'nar** <Adj.> *halbmondförmig;* **Se·mi·lu'nar·klap·pe** <f.; -, -n; Med.> *Herzklappe*
Se·mi'nar <n.; -s, -e od. <österr.; schweiz.> -ri·en> **1** *wissenschaftl. (Hochschul-)Institut, Ausbildungsstätte; Priester~; Romanisches ~* **2** *Lehrveranstaltung zu einem Fachgebiet; Pro~; Haupt~* **3** <noch schweiz.; veralt.> *Lehrerbildungsstätte* [lat.]; **Se·mi'nar·ar·beit** <f.; -, -en>; **Se·mi·na·'ris·tin** <f.; -, -n·nen>; **se·mi·na·'ris·tisch** <Adj.>; **Se·mi'nar·schein** <m.; -(e)s, -e>
Se·mi·o·lo·gie <f.; -; unz.> **1** = *Semiotik* **2** <auch für> *Symptomatologie* [grch.]; **Se·mi·'o·tik** <f.; -; unz.> *Lehre von den Zeichen (a.*

S

Semiotik: S. – auch Zeichentheorie genannt – ist die Lehre von den sprachlichen und nicht sprachlichen Zeichen. Im Mittelpunkt der S. steht die Erforschung der natürlichen Sprache als umfassendes Zeichensystem.
S. ist auch Gegenstand anderer geisteswissenschaftlicher Fachrichtungen (z. B. der Ästhetik, der Kunstwissenschaft, der Religionswissenschaft u. a.).
Der syntaktische Aspekt der S. ist Gegenstand der ⟋**Syntax**, der semantische Aspekt ist Gegenstand der ⟋**Semantik**.

Krankheitszeichen); → a. *Kasten;* **se·mi·o·tisch** <Adj.>
se·mi·per·me·a·bel <Adj.; Biol.; Chem.> *halbdurchlässig;* semipermeable Membran [lat.]; **Se·mi·per·me·a·bi·li·tät** <f.; -; unz.>
'se·misch <Adj.> *das Sem betreffend*
Se'mit <m.; -en, -en> *Angehöriger einer vorderasiat. u. nordafrikan. Sprach- u. Völkergruppe;* **Se'mi·tin** <f.; -, -n·nen>; **se·'mi·tisch** <Adj.>; **Se·mi·tist** <m.; -en, -en> *Kenner, Erforscher der semit. Sprachen u. Literaturen;* **Se·mi'tis·tik** <f.; -; unz.> *Lehre von den semit. Sprachen u. Literaturen;* **Se·mi'tis·tin** <f.; -, -n·nen>; **se·mi'tis·tisch** <Adj.>
'Sem·mel <f.; -, -n; bes. bair.; österr.> *Brötchen;* die Ware geht weg wie warme ~n <fig.; umg.> *verkauft sich leicht;* **'sem·mel·blond** <Adj.>; **Sem·mel·brö·sel** <Pl.> = *Semmelmehl;* **'Sem·mel·kloß** <m.; -es, ⸚e; Kochk.>, **'Sem·mel·knö·del** <m.; -s, -; bair.; österr.>; **'Sem·mel·mehl** <n.; -(e)s; unz.> *fein geriebene Semmeln (zum Panieren)*
Sem·per·vi·vum <[-'vi:vum]; n.; -s, -va; Bot.> *ein Dickblattgewächs* [lat.]
'sem·pre, <auch> **'semp·re** <Adv.; ⟋Z53; Mus.> *immer;* ~ staccato [ital.]
'Sem·stwo, <auch> **'Semst·wo** <m.; -s, -s; ⟋Z54; 1864–1917> *Form der Selbstverwaltung in Russland* [russ.]
Sen <m.; - od. -s, - od. -s> *kleine Währungseinheit in Indone-*

sien, Japan, Kambodscha u. Malaysia [jap.-chin.]
sen. <Abk. für> *senior*
Se'nat <m.; -(e)s, -e> **1** <im alten Rom> *oberste Senatsbehörde* **2** <in diversen Staaten, z. B. den USA> *eine Kammer des Parlamentes* **3** *Verwaltungsbehörde an Hochschulen* **4** *Entscheidungsgremium höherer Gerichte;* Straf- **5** *Regierungsbehörde der Stadtstaaten Berlin, Bremen u. Hamburg* [lat.]; **Se·'na·tor** <m.; -s, -'to·ren> *Mitglied des Senats, Ratsherr;* **Se·na'to·rin** <f.; -, -n·nen>; **se·na·'to·risch** <Adj.>; **Se·'na·tus Po·pu·lus·que Ro·ma·nus** <Abk.: S. P. Q. R.> *Senat u. Volk von Rom*
'Sen·de·an·la·ge <f.; -, -n; Rundf.>; **'Sen·de·be·reich** <m.; -(e)s, -e>; **'Sen·de·fol·ge** <f.; -, -n>; **'Sen·de·ge·biet** <n.; -(e)s, -e>; **'Sen·de·lei·ter** <m.; -s, -> *der Leiter einer Funksendung;* **'Sen·de·lei·te·rin** <f.; -, -n·nen>; **'sen·den** <V. t. 241> **1** *schicken;* sie hat ihm einen Brief gesendet/gesandt; er ist von Gott gesandt **2** *durch Rundfunk od. Fernsehen übertragen;* ein Hörspiel ~; **'Sen·de·pau·se** <f.; -; unz.>; **'Sen·der** <m.; -s, -> *Sendeanlage;* Kurzwellen~; ~ Freies Berlin <Abk.: SFB>; **'Sen·de·raum** <m.; -(e)s, ⸚e>; **'Sen·de·rei·he** <f.; -, -n>; **'Sen·der·such·lauf** <m.; -(e)s, ⸚e>; **'Sen·de·schluss** <m.; -es; unz.>; **'Sen·de·zei·chen** <n.; -s, ->; **'Sen·de·zeit** <f.; -, -en>; **'Sen·de·zen·tra·le**, <auch> **'Sen·de·zent·ra·le** <f.; -, -n; ⟋Z53>
'Send·ge·richt <n.; -(e)s, -e; früher> *kirchl. Sittengericht*
'Send·schrei·ben <n.; -s, -> *an die Öffentlichkeit gerichteter Brief;* **'Sen·dung** <f.; -, -en> **1** *das Gesendete;* den Empfang einer ~ bestätigen **2** *Funk- od. Fernsehübertragung* **3** *Berufung;* er betrachtet es als seine ~, Armen zu helfen; **'Sen·dungs·be·wusst·sein** <n.; -s; unz.>
'Se·ne·gal <m.; -s od. -; unz.> *Staat in Westafrika;* Republik ~; **Se·ne·ga'le·se** <m.; -n, -n> *Einwohner von Senegal;* **Se·ne·ga-**

'le·sin <f.; -, -n·nen>; **se·ne·ga·'le·sisch** <Adj.>
'Se·ne·schall <m.; -(e)s, -e; im fränk. Reich> *oberster Hofbeamter*
Senf <m.; -(e)s, -e> **1** <Bot.> *Heil- u. Gewürzpflanze* **2** *aus Senfsamen zubereitete Gewürzpaste;* zu allem seinen ~ dazugeben <fig.>; **'senf·far·ben**, **'senf·far·big** <Adj.>; **'Senf·gur·ke** <f.; -, -n>; **'Senf·korn** <n.; -(e)s, ⸚er> *Same des Senfs(1)*
'Sen·ge <Pl.; norddt.; mdt.> *Prügel, Schläge;* **'sen·gen** <V. t. u. V. i.> *leicht anbrennen;* er rennt, fährt wie eine gesengte Sau <umg.> *wild u. sehr schnell;* in ~der Hitze arbeiten; **'sen·ge·rig, 'seng·rig** <Adj.; umg.>
Se·nhor, <auch> **Se·n·hor** <[si'njo:r]; m.; -s, -es; ⟋Z50, 52> *portugies. Bez. für Herr, Besitzer;* **Se'nho·ra** <f.; -, -s> *portugies. Bez. für Dame, Frau, Besitzerin;* **Se·nho'ri·ta** <f.; -, -s> *portugies. Bez. für Fräulein*
se'nil <Adj.; meist abwertend> *greisenhaft, altersschwach;* Ggs *juvenil* [lat.]; **Se·ni·li'tät** <f.; -; unz.>; **'se·ni·or** <Adj.; Abk. sen.> *älter (bes. hinter Namen);* Franz Klein ~; **'Se·ni·or** <m.; -s, -'o·ren> **1** *der Ältere, Älteste;* ein bunter Abend für ~en; er ist der ~ unserer Gruppe **2** *Sportler einer best. Altersgruppe* **3** *Vorsitzender, Sprecher;* **Se·ni·o'rat** <n.; -(e)s, -e; veralt.> *Ältestenwürde, Ältestenrecht;* **'Se·ni·or·chef** <[-ʃɛf]; m.; -s, -s>; **'Se·ni·or·che·fin** <f.; -, -n·nen>; **Se·ni'o·ren·heim** <n.; -(e)s, -e>; **Se·ni'o·ren·klas·se** <f.; -, -n; Sp.>; **Se·ni'o·ren·pass** <m.; -es, ⸚e; bei der Dt. Bundesbahn>; **Se·ni'o·rin** <f.; -, -n·nen>
'Senk·blei <n.; -(e)s, -e> *Vorrichtung zur Bestimmung der Senkrechten;* **'Sen·ke** <f.; -, -n> *Bodenvertiefung, Mulde;* **'Sen·kel** <m.; -s, -> **1** <kurz für> *Schnürsenkel* **2** <schweiz.> *Senkblei;* im ~ stehen *im Lot sein,* <a. fig.> *in Ordnung sein;* **'sen·ken** <V. t./V. refl.> **1** *sinken lassen;* den Wasserspiegel ~; gesenkten Hauptes <a. fig.>; das Haus hat sich gesenkt **2** *herabsetzen, verringern;* Preise, Löhne, Steuern

~; die Stimme ~ *leiser werden;*
'**Sen·ker** <m.; -s, -> 1 *ein span-abhebendes Werkzeug* 2 <Bot.> *Ableger;* '**Senk·fuß** <m.; -es, ⸚e; Med.>; '**Senk·gru·be** <f.; -, -n> *Jauchengrube;* '**Senk·kas·ten** <m.; -s, ⸚>; '**Senk·lot** <n.; -(e)s, -e> = *Senkblei;* '**senk·recht** <Adj.> Sy *lotrecht, vertikal;* Ggs *waagrecht, horizontal* 1 <⤤Z42> *im Winkel von 90° zu einer Ebene od. Geraden ste-hend;* das ist das einzig Senk-rechte <fig.; umg.> *das Richtige* 2 <schweiz. a.> *aufrecht, recht-schaffen;* ein ~er Eidgenosse; '**Senk·rech·te** <f.; -n, - od. -n> die Schüler zeichnen zwei ~; <aber> alle, viele –n; eine – er-richten; etwas in die ~ bringen; '**Senk·recht·star·ter** <m.; -s, -> 1 *Flugzeugtyp* 2 <fig.; umg.> *jmd., der schnell eine steile Kar-riere macht;* '**Senk·recht·star-te·rin** <f.; -, -n·nen>; '**Sen·kung** <f.; -, -en> 1 *das Senken, Sinken* 2 *Gefälle, Neigung* 3 <fig.> *Ver-ringerung, Herabsetzung;* Preis~ 4 <Verslehre; fig.> *unbetonte Verssilbe;* Ggs *Hebung(4)* 5 <Med.; kurz für> *Blutsenkung;* '**Sen·kungs·ab·szess,** <auch> '**Sen·kungs·abs·zess** <m.; -es, -e; ⤢Z54; Med.>

Senn <m.; -(e)s, -e; bair.; österr.; schweiz.> *Bewirtschafter einer Sennhütte, Almhirt;* '**Sen·ne¹** <m.; -n, -n; bair.; österr.; schweiz.> = *Senn;* '**Sen·ne²** <f.; -, -n; bair.; österr.; schweiz.> *Bergweide;* '**Sen·ne³** <f.; -; unz.> *Landschaft im Osten der Westfälischen Bucht;* '**sen·nen** <V. i.; bair.; österr.> *Käse berei-ten;* '**Sen·nen·hund** <m.; -(e)s, -e; Zool.> *eine Hunderasse;* Ber-ner ~; '**Sen·ner** <m.; -s, -; Neben-form von> *Senn;* **Sen·ne'rei** <f.; -, -en>; '**Sen·ne·rin** <f.; -, -n·nen>

'**Sen·nes·blät·ter** <Pl.> *als Ab-führmittel verwendete Blätter der Sennespflanze* [arab.]; '**Sen-nes·pflan·ze** <f.; -, -n; Bot.> = *Kassie*

'**Senn·hüt·te** <f.; -, -n>; '**Sen·nin** <f.; -, -n·nen> = *Sennerin*

Se'non <n.; -s; unz.; Geol.> *Stufe der oberen Kreideformation*

[nach dem kelt. Stamm der *Se-nonen*]

Se·ñor <[sɛˈnjɔːr]; m.; -s, -es; span. Bez. für> *Herr;* **Se'ño·ra** <f.; -, -s; span. Bez. für> *Herrin, Dame, Frau;* **Se·ño'ri·ta** <f.; -, -s; span. Bez. für> *Fräulein*

Sen'sal <m.; -s, -e; österr.> *frei-berufl. Makler* [ital.]; **Sen'sa·lin** <f.; -, -n·nen>

Sen·sa·ti'on <f.; -, -en> *Aufsehen erregendes Ereignis* [frz.]; **sen-sa·ti·o'nell** <Adj.> *Aufsehen er-regend;* **Sen·sa·ti'ons·gier** <f.; -; unz.>; **sen·sa·ti'ons·hung·rig** <Adj.>; **Sen·sa·ti'ons·lust** <f.; -; unz.>; **sen·sa·ti'ons·lüs·tern** <Adj.>; **Sen·sa·ti'ons·pres·se** <f.; -; unz.> = *Boulevardpresse;* **Sen·sa·ti'ons·pro·zess** <m.; -es, -e>; **Sen·sa·ti'ons·sucht** <f.; -; unz.>

'**Sen·se** <f.; -, -n> *Gerät zum Mä-hen von Gras od. Getreide;* (jetzt ist aber) ~! <fig.; umg.> *jetzt reicht's!;* '**sen·sen** <V. t.> eine Wiese ~; '**Sen·sen·mann** <m.; -(e)s, ⸚er> 1 <veralt. für> *Schnit-ter* 2 <fig.> *Tod*

sen'si·bel <Adj.; -'sib·ler, am -s·ten> *reizempfindlich, fein-fühlig, empfindsam;* ein sensib-les Kind [frz.]; **Sen'si·bel·chen** <n.; -s, -; umg.; abwertend>; **Sen·si·bi·li'sa·tor** <m.; -s, -'to·ren; Fot.> *die Lichtemp-findlichkeit erhöhender Farb-stoff;* **sen·si·bi·li'sie·ren** <V. t.> *(licht)empfindlicher machen;* **Sen·si·bi'lis·mus** <m.; -; unz.>; **Sen·si·bi·li'tät** <f.; -; unz.> *Reiz-empfindlichkeit, Empfindsam-keit;* **sen·si'tiv** <Adj.; geh.> *überempfindlich, leicht reizbar;* **Sen·si·ti·vi'tät** <[-vi-]; f.; -; unz.>; **Sen·si·to'me·ter** <n.; -s, -; Fot.> *Gerät zum Messen der Lichtempfindlichkeit;* **Sen·si·to·me'trie,** <auch> **Sen·si·to·met'rie** <f.; -; unz.; ⤤Z53>; **Sen·so·mo'to·rik** <f.; -; unz.> *Zu-sammenwirken von Sinnes-wahrnehmungen u. Bewegun-gen;* '**Sen·sor** <m.; -s, -'so·ren> *Gerät, das physikal. od. chem. Größen erfasst u. in elektr. Sig-nale umsetzt;* **sen·so·ri'ell,** **sen-'so·risch** <Adj.; -; unz.; Tech.>; '**Sen·sor·tas·te** <f.; -, -n; El.>; **Sen·su·a'lis·mus**

<m.; -; unz.; Philos.> *Lehre, der-zufolge alle Erkenntnis auf der Sinneswahrnehmung beruht;* **sen·su·a'lis·tisch** <Adj.>; **Sen-su·a·li'tät** <f.; -; unz.> *Empfin-dungsvermögen* [frz.]; **sen·su-'ell** <Adj.> *sinnlich wahrnehm-bar;* '**Sen·sus com'mu·nis** <m.; --; unz.; ⤤Z31; Bildungsspr.> *gesunder Menschenverstand* [lat.]

Sen'tenz <f.; -, -en> 1 *Denk-, Sinnspruch* 2 <Rechtsw.> *Ur-teilsspruch* [lat.]; **sen·ten'zi·ös** <Adj.>

Sen·ti·ment <[sãtiˈmã]; n.; -s, -s; geh.> *Empfindung, Gefühl* [frz.]; **sen·ti·men'tal** <Adj.; meist abwertend> *rührselig* [engl.]; **sen·ti·men'ta·lisch** <Adj.> ~e Dichtung *D., die die durch Kultur verloren gegange-ne Natürlichkeit denkerisch wiederzugewinnen sucht;* **Sen-ti·men·ta·li'tät** <f.; -, -en> 1 <unz.> *Gefühls-, Rührseligkeit, Gefühlsüberschwang* 2 *Gefühls-äußerung;* bitte jetzt keine ~en!

Se'nus·si <m.; - -, od. -'nus·sen> *Anhänger eines islam. Ordens*

'**sen·za** <Mus.> *ohne* [ital.]

Se·oul <[seˈuːl]> *Hauptstadt von Südkorea*

se·pa'rat <Adj.> *getrennt, abge-sondert, einzeln* [lat.]; **Se·pa-'rat·ab·druck** <m.; -(e)s, -e; Typ.> *Sonderdruck;* **Se·pa'rat-druck** <m.; -(e)s, -e>; **Se·pa-rate** <[ˈsɛpərət]; n.; -s, -s> *zu ei-ner mehrteiligen Kombination gehörendes Kleidungsstück* [engl.]; **Se·pa·ra·ti'on** <f.; -, -en> 1 *Trennung, Absonderung* 2 <früher> *Flurbereinigung;* **Se-pa·ra'tis·mus** <m.; -; unz.> *Stre-ben nach Absonderung, Loslö-sung (bes. in pol. Hinsicht);* **Se-pa·ra'tist** <m.; -en, -en>; **se·pa-ra'tis·tisch** <Adj.>; **Se·pa'ra·tor** <m.; -s, -'to·ren> *Zentrifuge;* **Se·pa·ra'tum** <n.; -s, -'ra·ta> *Sonderdruck;* **Sé·pa·rée,** <auch> **Se·pa'ree** <[sepaˈreː]; n.; -s, -s; ⤤Z18.4> *abgetrennter Raum, Nische in einem Lokal* [frz.]; **se·pa'rie·ren** <V. t.; geh.>

Se'phar·dim <Pl.> *die spanisch-portugiesischen Juden;* → a. *Aschkenasim*

'**se·pia** <Adj.; undekl.; österr.>

dunkelbraun; **'Se·pia** <f.; -, -pi·en> 1 <Zool.> = Sepie 2 <unz.> *brauner, von Sekreten der Tintenfische stammender Farbstoff* [grch.]; **'Se·pi·a·zeich·nung** <f.; -, -en>; **'Se·pie** <[-piə]; f.; -, -n; Zool.> *eine Tintenfischart;* **Se·pi·o·lith** <m.; -en, -en> = Meerschaum [grch.]

Sep·pel·ho·se <f.; -, -n; umg.> *Trachtenlederhose;* **'Sep·pel·hut** <m.; -(e)s, ²e; umg.>

'Sep·sis <f.; -, -sen; Med.> *Blutvergiftung*

Sept <f.; -, -en> = Septime; **Sept.** <Abk. für> *September*

'Sep·ta <Pl. von> Septum

'Sept·ak·kord <m.; -(e)s, -e> = Septimenakkord; **'Sep·te** <f.; -, -n> = Septime; **Sep·tem·ber** <m.; - od. -s, -; Abk.: Sept.> *der 9. Monat des Jahres;* ~-Oktober-Heft, <auch> ~-/Oktober-Heft [lat.]; **Sep'tett** <n.; -(e)s, -e; Mus.> 1 *siebenstimmige Komposition* 2 *Ensemble von sieben Musikern* [lat.]; **Sep'tim** <f.; -, -en; österr.> = Septime; **'Sep·ti·ma** <f.; -; unz.; in Österreich> 7. *Klasse des Gymnasiums;* **Sep·ti·'ma·ner** <m.; -s, -; österr.> *Schüler der Septima;* **Sep·ti·'ma·ne·rin** <f.; -, -n·nen>; **Sep'ti·me** <f.; -, -n; Mus.> 1 7. *Ton der diaton. Tonleiter* 2 *Intervall von sieben Tönen;* **Sep'ti·men·ak·kord** <m.; -(e)s, -e> *Akkord aus Grundton, Terz, Quinte, Septime*

'sep·tisch <Adj.; Med.> 1 *die Sepsis betreffend* 2 *Krankheitserreger enthaltend* [grch.]

Sep'to·le <f.; -, -n; Mus.> *Gruppe von sieben Noten mit dem Taktwert von sechs od. acht Noten* [ital.]; **Sep·tu·a'ge·si·ma** <ohne Art.> 9. *Sonntag vor Ostern* [lat.]; **Sep·tu·a'gin·ta** <f.; -; unz.> *Übertragung des AT ins Griechische* [nach den angebl. 70 Übersetzern]

'Sep·tum <n.; -s, -ta; Med.> *Scheidewand in einem Organ* [lat.]

seq. <Abk. für> sequens; **seqq.** <Abk. für> sequentes; **Se·quen·cer** <['si:kwənzər]; m.; -s, -> = Sequenzer [engl.]; **'se·quens** <Adj.; veralt.; Abk.: seq.> *folgend* [lat.]; **se'quen·tes** <veralt.;

Abk.: seqq.> *die folgenden (Seiten);* **se·quen·ti'ell** <Adj.; ↗Z11.4> = sequenziell; **Se·'quenz** <f.; -, -en> 1 *Reihe, Folge* 2 <Liturgie des MA> *hymnusähnl. Gesang* 3 <Mus.> *auf anderer Tonstufe wiederholte kleine Tonfolge* 4 <Film> *Aufeinanderfolge von Einstellungen* 5 <Kart.> *mindestens drei aufeinander folgende Karten mit gleichen Merkmalen* 6 <EDV> *Befehlsfolge;* **Se·quen·zer** <['si:kwənzər]; m.; -s, -; Mus.> *meist mit einem Synthesizer genutzter Kleincomputer, der eingegebene Tonfolgen speichern u. wiedergeben kann* [engl.]; **se·quen·zi'ell** <Adj.; ↗Z11.4> *in einer best. Anordnung erfolgend*

Se'ques·ter 1 <n.; -s, -; Med.> *abgestorbener Teil eines (Knochen-)Gewebes* 2 <m.; -s, -; Rechtsw.> *behördl. eingesetzter Verwalter* [lat.]; **Se·ques·tra·ti·'on,** <auch> **Se·quest·ra·ti'on** <f.; -, -en; ↗Z53; Rechtsw.> *Beschlagnahmung;* **se·ques·trie·ren** <V. t.>

Se'quo·ia <[-ja]; f.; -, -ien>, **Se·'quo·ie** <[-jə]; f.; -, -n; Bot.> *ein Nadelholzbaum, Mammutbaum* [nach dem nordamerikan. Indianer Sequoyah]

'Se·ra <Pl. von> Serum

Sé·rac <[se'rak]; m.; -s, -s> *Eissäule auf Gletschern* [frz.]

Se'rail <[se'raj]; m.; -s, -s> *Palast des türk. Sultans* [pers.]

Se·ra'pei·on <n.; -s, -'peia>, **Se·ra'pe·um** <n.; -s, -'pe·en> *Tempel des Serapis, des ägypt. Gottes der Unterwelt* [grch.]

Se'raph <m.; -s, -e od. -phim; AT> *sechsflügeliger Engel* [hebr.]; **se'ra·phisch** <Adj.>

'Ser·be <m.; -n, -n> *Angehöriger eines slaw. Volkes*

'ser·beln <V. i.; ich serb(e)le; schweiz.> *kränkeln, welken*

'Ser·bi·en *Gliedstaat der Bundesrepublik Jugoslawien;* **'Ser·bin** <f.; -, -n·nen>; **'ser·bisch** <Adj.>

'Se·ren <Pl. von> Serum

Se·re'na·de <f.; -, -n; Mus.> *Instrumentalstück, wörtl. "Abendständchen"* [ital.]

Se·re'nis·si·mus <m.; -, -mi; veralt.; Titel für> 1 *regierender*

Fürst 2 <scherzh.> *Fürst eines dt. Kleinstaates* [lat.]

Serge <[zɛrʒ]; f.; -, -n od. (österr.) m.; -en, -en; Textilw.> *Gewebe aus Seide od. (Baum-)Wolle* [frz.]

Ser·geant <[zɛr'ʒant] od. engl. ['sa:rdʒənt]; m.; -en, -en od. (engl.) m.; -s, -s> *Unteroffizier* [frz./engl.]

'Se·rie <[-riə]; f.; -, -n> *Reihe, Folge, zusammengehörige Gruppe; das Auto geht in ~ wird serienmäßig hergestellt; eine ~ von Unfällen* [lat.]; **se·ri'ell** <Adj.> *zeitlich aufeinander folgend, in Serien; ~e Musik von der Zwölftonmusik ausgehende, auf der Grundlage von Tonreihen komponierte M.;* **'Se·ri·en·fa·bri·ka·ti·on,** <auch> **'Se·ri·en·fab·ri·ka·ti·on** <f.; -, -en; ↗Z53>; **'se·ri·en·mä·ßig** <Adj.>; **'se·ri·en·reif** <Adj.> *das neue Produkt ist ~;* **'Se·ri·en·schal·tung** <f.; -, -en; El.> *Reihenschaltung;* **'Se·ri·en·tä·ter** <m.; -s, ->; **'Se·ri·en·tä·te·rin** <f.; -, -n·nen>; **'se·ri·en·wei·se** <Adv.>

Se'ri·fe <f.; -, -n; meist Pl.; Typ.> *kleiner Querstrich an Buchstaben der Antiquaschriften* [ndrl.]; **se'ri·fen·los** <Adj.>

Se·ri·gra'fie <f.; -, -n>, **Se·ri·gra·'phie** <f.; -, -n; ↗Z11.3; Typ.> = Siebdruck [grch.]

se·ri'ös <Adj.> *anständig, vertrauenswürdig, ernsthaft* [frz.]; **Se·ri·o·si'tät** <f.; -; unz.>

Ser'mon <m.; -s, -e> 1 <veralt.> *Rede, Predigt* 2 <umg.> *langweilige Rede* [lat.]

'Se·ro <m.; -s; unz.; DDR; Kurzw. für> *Sekundärrohstoff*

'Se·ro·di·a·gnos·tik, <auch> **'Se·ro·di·ag·nos·tik** <f.; -; unz.; ↗Z53; Med.> *Erkennen von Krankheiten aus dem Blutserum* [lat.; grch.]; **Se·ro·lo'gie** <f.; -; unz.> *Lehre vom Blutserum;* **se·ro'lo·gisch** <Adj.>; **Se·'rom** <n.; -s, -e; Med.> *Ansammlung von Blutflüssigkeit;* **se'rös** <Adj.>

Ser'pent <m.; -(e)s, -e> *schlangenförmiges Blasinstrument* [frz.]; **Ser·pen'tin** <m.; -(e)s, -e; Min.> *dunkelgrünes Mineral* [lat.]; **Ser·pen'ti·ne** <f.; -, -n> 1 *in Schlangenlinien ansteigen-*

der Weg an Berghängen 2 *Kehre, Windung*

Ser·ra'del·la <f.; -, -'del·len>, **Ser·ra'del·le** <f.; -, -n> *eine Futterpflanze* [port.]

'**Se·rum** <n.; -s, 'Se·ren od. 'Se·ra; Med.> 1 *wässriger Bestandteil von Körperflüssigkeiten, bes. des Blutes* 2 *Impfstoff* [lat.]; '**Se·rum·kon·ser·ve** <f.; -, -n> *Blutersatzmittel*; '**Se·rum·krank·heit** <f.; -; unz.>

'**Ser·val** <[-'va:l]; m.; -s, -e od. -s> *eine Raubkatze* [frz.]

Serve-and-Vol·ley <['sə:rv ənd 'vɔle:]; n.; -s; unz.; Tennis> *eine Spieltechnik* [engl.]

'**Ser·ve·la** <[-və-]; m.; -s, -s od. f.; -, -s; schweiz.>, **Ser·ve'lat·wurst** <f.; -, =e> = *Zervelatwurst*

Ser·ver <['sə:və(r)]; m.; -s, -; EDV> *Hauptgerät in einem Netzwerk, das andere bedient* [engl.]

Ser·vice[1] <[zɛr'vi:s]; n.; - od. -s [-'vi:səs], - [-'vi:s(ə)]> *zusammengehöriges Geschirr;* Kaffee~ [frz.]

Ser·vice[2] <['sə:vis]; m. od. n.; -, -s [-visiz]> 1 *Kundendienst, Betreuung, Bedienung; das Essen war gut, der ~ schlecht* 2 <Tennis> *Aufschlag* [engl.]; '**Service·hot·line** <[-hɔtlain]; f.; -, -s>; '**Ser·vice·leis·tung** <f.; -, -en>; '**Ser·vice·netz** <n.; -es, -e>; **ser·vie·ren** <[-'vi:-]; V.> 1 <V. i.> *bei Tisch bedienen, Speisen auftragen* 2 <V. i.; Sp., bes. Tennis> *aufschlagen, den Ball ins Spiel bringen* 3 <V. t.; fig.; umg.> (jmdm.) *etwas (Unangenehmes) ~ mitteilen, vorlegen* [frz.]; **Ser'vie·re·rin** <f.; -, -n·nen> *Kellnerin*; **Ser'vier·tisch·chen** <n.; -s, ->; **Ser'vier·toch·ter** <f.; -, =; schweiz.> *Kellnerin;* **Ser·vi'et·te** <f.; -, -n> *zum Abwischen des Mundes benutztes Tuch;* Stoff~; Papier~; **Ser·vi'et·ten·kloß** <m.; -es, =e; Kochk.>, **Ser·vi'et·ten·knö·del** <m.; -s, ->; **Ser·vi'et·ten·ring** <m.; -(e)s, -e>; **Ser·vi'et·ten·ta·sche** <f.; -, -n>

ser·vil <[-'vi:l]; Adj.; geh.; abwertend> *untertänig, kriecherisch* [lat.]; **Ser·vi'lis·mus** <m.; -; unz.>; **Ser·vi·li'tät** <f.; -; unz.>

Ser·vit <[-'vi:t]; m.; -en, -en> *An-*

gehöriger eines Bettelordens; **Ser'vi·tin** <f.; -, -n·nen>; **Ser·vi'tut** <n.; -(e)s, -e od. (schweiz.) f.; -, -en; Rechtsw.> 1 *Dienstbarkeit* 2 *Nutzungsrecht*

'**Ser·vo·brem·se** <[-vo-]; f.; -, -n; bei Kfz> *mit einem Bremskraftverstärker versehene Bremse*; '**Ser·vo·len·kung** <f.; -, -en; bei Kfz> *die Lenkung erleichternder Mechanismus*; '**Ser·vo·mo·tor** <m.; -s, -en> *Hilfsmotor*

'**ser·vus** <[-vus]; bair.; österr.> (*freundschaftl. Begrüßungs- u. Abschiedsgruß*)

'**Se·sam** <m.; -s, -s; Bot.> 1 *Pflanze mit oben aufspringenden Kapseln; ~, öffne dich!* <fig.> (*Zauberformel zur Herbeiführung einer Problemlösung*) 2 *Samenkörner des Sesams(1)* [semit.]; '**Se·sam·bein** <n.; -(e)s, -e; Anat.> *Knochen od. Verknöcherung in Gelenknähe*; '**Se·sam·öl** <n.; -(e)s; unz.>

'**Ses·sel** <m.; -s, -> *bequemes, weich gepolstertes Sitzmöbel mit Armlehnen*; '**Ses·sel·lift** <m.; -(e)s, -e> *Skilift mit frei hängenden Sitzen*

'**sess·haft** <Adj.> *einen festen Wohnsitz habend*; '**Sess·haf·tig·keit** <f.; -; unz.>

Ses·si'on[1] <f.; -, -en; geh.> *Sitzung(speriode)* [lat.]

Ses·sion[2] <['sɛʃn]; f.; -, -s> *Musikveranstaltung* [engl.]

'**Ses·ter** <m.; -s, -> *altes Hohlmaß, 15l* [lat.]

Ses'terz <m.; -es, -e> *altröm. Silbermünze*

Ses'ti·ne <f.; -, -n> *sechszeilige Lied- bzw. Strophenform* [ital.]

SET <Abk. für engl.> *Secure Electronic Transaction (elektron. Verschlüsselung)*

Set[1] <[zɛt]; n. 7; - od. -s, Seteinheiten; Typ.> *Dicteneinheit bei Monotypeschriften*; **Set**[2] <n. od. m.; - od. -s, -s> 1 *Zusammengehöriges, Garnitur;* Topf~ 2 *Unterlage für ein Gedeck* [engl.]

'**Set·preis** <m.; -es, -e>

Set·te·cen·to <[-'tʃen-]; n.; - od. -s; unz.> *das 18. Jh. in der ital. Kunst* [ital.]

'**set·teln** <V. refl.; sie hat sich gesettelt; umg.; salopp> *sich etablieren, niederlassen* [engl.]

'**Set·ter** <m.; -s, -; Zool.> *eine Spürhundrasse* [engl.]

'**Set·ting** <n.; -s, -s> *äußere Umgebung, Atmosphäre* [engl.]

Sett·le·ment <['sɛtlmənt]; n.; -s, -s> *Ansiedlung, Niederlassung, Etablierung* [engl.]

'**Set-Top-Box** <f.; -, -en>, '**Set-Top-De·co·der** <m.; -s, -; ↗Z33> *Entschlüsselungsgerät für den Empfang digitaler Fernsehprogramme auf analogen Fernsehapparaten* [engl.]

'**Setz·ei** <n.; -(e)s, -er> *Spiegelei*

'**set·zen** <V.; du setzt> 1 <V. refl.> *sich ~ eine sitzende Position einnehmen; bitte ~ Sie sich!; sich zur Ruhe ~* <fig.> 2 <V. refl.> *sich ~ zu Boden sinken* 3 <V. t.> *jmdm. od. etwas einen best. Platz zuteilen; ein Wort in Klammern ~ einklammern; jmdn. an die (frische) Luft ~* <fig.; umg.> *hinauswerfen; sich etwas in den Kopf ~* <fig.> *etwas unbedingt tun, haben wollen; ein Kind in die Welt ~* 4 <V. i.> *ein Hindernis überspringen; über eine Hecke ~* 5 <V. t.> *errichten, schaffen; einen Ofen ~; einen Text ~* <Typ.>; *eine Pflanze ~; gesetzt (den Fall), er kommt ...* 6 <V. t./V. refl.> *als Funktionsverb> sich in Bewegung ~; sich ein Ziel ~; sich zur Wehr ~; etwas aufs Spiel ~ etwas riskieren; jmdm. eine Frist ~; ein Gesetz außer Kraft ~ für ungültig erklären; jmdn. auf freien Fuß ~ aus dem Gefängnis entlassen; sich in Szene ~* <fig.> *aufspielen; da hast du wohl aufs falsche Pferd gesetzt* <fig.>; '**Set·zer** <m.; -s, -> *Schriftsetzer*; **Set·ze'rei** <f.; -, -en>; '**Set·ze·rin** <f.; -, -n·nen>; '**Setz·feh·ler** <m.; -s, -; Typ.>; '**Setz·ha·se** <m.; -n, -n; Jägerspr.> *Häsin*; '**Setz·kas·ten** <m.; -s, => *mehrfach unterteilter Kasten (zur Präsentation kleiner Sammelgegenstände)*; '**Setz·kopf** <m.; -(e)s, =e> *Nietkopf*; '**Setz·lat·te** <f.; -, -n> *Richtscheit*; '**Setz·ling** <m.; -s, -e> 1 *junge Pflanze* 2 *Zuchtfisch*; '**Setz·ma·schi·ne** <f.; -, -n> *Maschine zur Herstellung eines Schriftsatzes*; '**Setz·teich** <m.; -(e)s, -e> *Teich mit Zucht-*

fischen; **'Setz·waa·ge** <f.; -, -n> = *Wasserwaage*

'Seu·che <f.; -, -n> *Epidemie;* **'Seu·chen·ge·fahr** <f.; -; unz.> es besteht ~

'seuf·zen <V. i.; du seufzt> *vor Kummer hörbar ein- und ausatmen;* **'Seuf·zer** <m.; -s, -> einen ~ unterdrücken

Sè·vres·por·zel·lan, <auch> **Sèvres·por·zel·lan** <['sɛ:vrə-]; n.; -s; unz.; ⚹Z53> *Porzellan aus der frz. Stadt Sèvres*

Sex <m.; -es; unz.> **1** *Erotik, Geschlecht(lichkeit);* ~film; ~shop; ~ and Crime ['--'kraim] <ohne Art.> *vorrangige Darstellung von Sexualität u. Kriminalität in Filmen* **2** *Geschlechtsverkehr;* ~ mit jmdm. haben **3** = *Sexappeal* [engl.]

Se·xa'ge·si·ma <ohne Art.> *8. Sonntag vor Ostern* [lat.]; **se·xa·ge·si'mal** <Adj.> *sechzigteilig;* **Se·xa·ge·si'mal·sys·tem** <n.; -s; unz.; Math.> *auf der Zahl 60 aufgebautes Zahlensystem;* **Se·xa'gon** <n.; -(e)s, -e> = *Sechseck*

Sex·ap·peal <[-ə'pi:l]; m.; -s; unz.> *starke erotische Ausstrahlung* [engl.]; **'Sex·bom·be** <f.; -, -n; umg.> *Frau mit viel Sexappeal;* **'Sex·film** <m.; -(e)s, -e>; **Se'xis·mus** <m.; -; unz.> *gesellschaftl. Benachteiligung der Frau aufgrund ihrer Geschlechtszugehörigkeit;* **Se'xist** <m.; -en, -en>; **Se'xis·tin** <f.; -, -nen>; **se'xis·tisch** <Adj.>; **'Sex·ma·ga·zin** <n.; -s, -e>; **'Sex·muf·fel** <m.; -s, -; umg.; scherzh.>; **Se·xo·lo'gie** <f.; -; unz.> *Sexualforschung;* **'Sex·shop** <[-ʃɔp]; m.; -s, -s>

Sext <f.; -, -en; österr.> = *Sexte;* **'Sex·ta** <f.; -, 'Sex·ten; frühere Bez. für> **1** *1. Klasse des Gymnasiums* **2** <in Österreich> *6. Klasse des Gymnasiums* [lat.]; **'Sext·ak·kord** <m.; -(e)s, -e; Mus.> *Umkehrung eines Dreiklangs;* **Sex'ta·ner** <m.; -s, -> *Schüler der Sexta;* **Sex'ta·ne·rin** <f.; -, -nen>; **'Sex'tant** <m.; -en, -en> *Winkelmessinstrument;* **'Sex·te** <f.; -, -n; Mus.> o*V Sext* **1** *6. Ton der diaton. Tonleiter* **2** *Intervall aus sechs Tönen;* **Sex·'tett** <n.; -(e)s, -e; Mus.> **1** *sechsstimmige Komposition* **2** *En-*

semble aus sechs Musikern; **Sex·'to·le** <f.; -, -n; Mus.> *Figur von sechs gleichwertigen Noten mit dem Zeitwert von vier Noten*

'Sex·tou·ris·mus <[-tu-]; m.; -; unz.>; **se·xu'al** <Adj.; selten> *sexuell;* **se·xu'al..., Se·xu'al...** <in Zus.> *geschlechtlich, geschlechts..., Geschlechts...* [lat.]; **Se·xu'al·auf·klä·rung** <f.; -; unz.>; **Se·xu'al·de·likt** <n.; -(e)s, -e> *Delikt auf sexuellem Gebiet, z. B. Vergewaltigung;* **Se·xu'al·er·zie·hung** <f.; -; unz.>; **Se·xu'al·for·schung** <f.; -, -en>; **Se·xu'al·hy·gi·e·ne** <f.; -; unz.>; **se·xu·a·li'sie·ren** <V. t.> *die Sexualität in den Vordergrund rücken;* **Se·xu·a·li'tät** <f.; -; unz.> *Gesamtheit der mit dem Geschlechtsleben verbundenen Triebe, Empfindungen usw.;* **Se·xu'al·kun·de** <f.; -; unz.>; **Se·xu'al·kun·de·un·ter·richt** <m.; -(e)s; unz.>; **Se·xu'al·or·gan** <n.; -s, -e> *Geschlechtsorgan;* **Se·xu'al·päd·a·go·gik,** <auch> **Se·xu'al·pä·da·go·gik** <f.; -; unz.; ⚹Z54>; **Se·xu'al·pa·tho·lo·gie** <f.; -; unz.> *Lehre von den krankhaften Störungen u. Abarten des Geschlechtslebens;* **Se·xu'al·psy·cho·lo·gie** <f.; -; unz.>; **Se·xu'al·ver·bre·chen** <n.; -s, -> *Sittlichkeitsverbrechen;* **Se·xu'al·ver·bre·cher** <m.; -s, ->; **Se·xu'al·wis·sen·schaft** <f.; -; unz.>; **se·xu'ell** <Adj.> *das Geschlecht, die Sexualität betreffend* [frz.]; **'Se·xus** <m.; -; unz.> *Geschlecht(lichkeit)* [lat.]; **'se·xy** <Adj.; undekl.> *sexuell anziehend;* sie sieht ~ aus; ein ~ Bikini [engl.]

Sey·chel·len <[se'ʃɛl-]; Pl.> *Inselgruppe u. Staat im Indischen Ozean;* Republik ~; **Sey'chel·ler** <m.; -s, ->; **Sey'chel·le·rin** <f.; -, -nen>; **sey'chel·lisch** <Adj.>

se·zer'nie·ren <V. t.; Med.> *absondern* [lat.]; **Se·zes·si'on** <f.; -, -en> **1** *Loslösung (eines Staates, einer Provinz)* **2** *Absonderung von einer Künstlervereinigung;* Berliner, Münchner, Wiener ~; **Se·zes·si·o'nist** <m.; -en, -en>; **Se·zes·si·o'nis·tin** <f.; -, -nen>; **se·zes·si·o'nis·tisch** <Adj.>; **Se·zes·si'ons·krieg**

<m.; -(e)s, -e> *nordamerikan. Bürgerkrieg (1861–65);* **Se·zes·si'ons·stil** <m.; -(e)s; unz.> *österr. Form des Jugendstils;* **se·'zie·ren** <V. t.> *(anatomisch) zerlegen u. untersuchen* [lat.]; **Se'zier·mes·ser** <n.; -s, ->

sf <Mus.; Abk. für> *sforzando, sforzato*

SFB <Abk. für> *Sender Freies Berlin*

's-för·mig, <auch> **'S-för·mig** <Adj.; ⚹Z34> *in der Form eines S*

sfor'zan·do, sfor'za·to <Mus.; Abk.; sf; Zeichen: <, V> *betont, hervorgehoben* [ital.]; **Sfor'zan·do, Sfor'za·to** <n.; -s, -s od. -di bzw. -ti; Mus.>

sfr., sFr. <Abk. für> *Schweizer Franken*

sfu'ma·to <Adj.; undekl.; Mal.> *mit weichen, verschwimmenden Umrissen gemalt* [ital.]

s-Ge·ni·tiv <['ɛs-]; m.; -s, -e; ⚹Z34; Sprachw.> *Genitiv, der durch das Anfügen eines S mit Apostroph an das Substantiv gekennzeichnet wird, z. B. im Englischen "father's book";* → a. *Kasten Apostroph*

SGML <EDV; Abk. für engl.> *Standard Generalized Mark-up Language*

Sgraf'fi·to <n.; -s, -s od. -ti> *Wandmalerei, Kratzputz* [ital.]

sh <Abk. für> *Shilling*

Shag <[ʃæg]; m.; -s; unz.> *fein geschnittener Pfeifentabak* [engl.]

Shake1 <[ʃeik]; m.; -s, -s> **1** *Gesellschaftstanz* **2** *Mixgetränk;* Milch~ [engl.]; **Shake2** <n.; -s, -s; Jazz> *Vibrato, Triller über einer Note;* **Shake·hands** <[-'hændz]; n.; -, -> *Händeschütteln;* ~ machen; sich mit ~ begrüßen; **'Sha·ker** <m.; -s, -> *Mischbecher für alkohol. Getränke;* **'sha·kern** <V. t. u. V. i.; ich shak(e)re; du shakerst; sie hat geshakert> *im Shaker mischen*

Sham·poo <['ʃampo] od. ['ʃampu] od. engl. [ʃæm'pu:]; n.; -s, -s> [engl.], **Sham·poon** <[ʃam'po:n]; n.; -s, -s> *Haarwaschmittel;* **sham·poo'nie·ren** <V. t.> *die Haare ~ mit Shampoo(n) waschen*

Sham·rock <['ʃæmrɔk]; m.; -s, -s> *das Blatt des Weißklees (irisches Nationalsymbol)* [engl.]

Shan·tung·sei·de <['ʃan-]; f.; -, -n> = *Schantungseide*

Shan·ty <['ʃænti]; n.; -s, -s> *Seemannslied* [engl.]

Sha·ping¹ <['ʃeːpiŋ]; f.; -, -s; kurz für> *Shapingmaschine* [engl.]; **'Sha·ping²** <n.; - od. -s; unz.; Psych.> *gezieltes Hinführen zu einem best. Verhalten durch Verstärkung von Reaktionen;* **'Sha·ping·ma·schi·ne** <f.; -, -n> *Schnellhobler, Stoßmaschine*

Share <['ʃeːə]; m.; -s, -s; engl. Bez. für> *Aktie,* **'Share·hol·der** <[-houldər]; m.; -s, -; Wirtsch.> *Anteilseigner, Aktionär* [engl.]; **'Share·hol·der·va·lue** <[-vælju]; m.; - od. -s, -s; ↗Z36; Wirtsch.> *Unternehmenswert;* **'Share·ware** <[-weːə]; f.; -; unz.; EDV> *einem Test dienende, kostengünstig angebotene Software mit eingeschränkter Funktionalität;* **Sha·ring** <['ʃeːriŋ]; n.; -s; unz.; kurz für> 1 *Carsharing* 2 *Jobsharing*

Shed·dach <['ʃed-]; n.; -(e)s, ̈er> = *Sägedach*

She·riff <['ʃerif]; m.; -s, -s> 1 <USA> *oberster Vollzugsbeamter eines Verwaltungsbezirkes* 2 <England u. Nordirland> *Verwaltungsbeamter einer Grafschaft* [engl.]

Sher·pa <['ʃɛr-]; m.; -s, -s> *tibetan. Lastenträger u. Bergführer im Himalaja* [tibet.-engl.]

Sher·ry <['ʃeri]; m.; -s, -s> *span. Wein* [engl.]

Shet·land·po·ny <['ʃet-]; n.; -s, -s; ↗Z6.1> *kleinste Ponyrasse* [nach den Shetlandinseln bei Schottland]; **'Shet·land·wol·le** <f.; -; unz.> *Wolle von Shetlandschafen*

Shil·ling <['ʃil-]; m.; -s, - od. -s; Abk.: s od. sh; bis 1971> *Währungseinheit in Großbritannien u. Irland;* <aber> → *Schilling*

Shim·my <['ʃimi]; m.; -s, -s> *nordamerikan. Gesellschaftstanz der 20er Jahre* [amerik.]

Shin·to·is·mus <['ʃin-]; m.; -; unz.> = *Schintoismus*

Shirt <[ʃɔːt]; n.; -s, -s> *(kurzärmeliges) Hemd aus weichem Baumwollstoff;* Polo~; T-~ [engl.]

Shit <[ʃit]; m. od. n.; -s, -s; Drogenszene; umg.> *Haschisch* [engl.]

Shoa <['ʃoa]; f.; -; unz.> = *Holocaust* [hebr.]

sho·cking <['ʃɔkiŋ]; Adj.; nur präd.> *anstößig, peinlich* [engl.]

Sho·gun <['ʃoː-]; m.; -s, -s; früher jap. Titel für> *Feldherr* [jap.]

Shoo·ting <['ʃuːtiŋ]; n.; -s, -s; Mode> *Fotoproduktion* [engl.]; **'Shoo·ting·star** <m.; -s, -s; ↗Z36> *Senkrechtstarter (bes. im Showgeschäft)*

Shop <[ʃɔp]; m.; -s, -s> *Geschäft, Laden* [engl.]; **'Shop-in-the-Shop** <['ʃɔp in ðə 'ʃɔp]; m.; -s, -s> *separate Verkaufsfläche innerhalb eines größeren Geschäftes;* **'shop·pen** <V. i.; ich shoppe; du shoppst; sie hat geshoppt> ~ *gehen;* **'Shop·per** <m.; -s, -> *Umhängetasche;* **Shop·ping** <['ʃɔpiŋ]; n.; -s, -s> *das Einkaufen, Einkaufsbummel;* **'Shop·ping·cen·ter** <[-sɛntər]; n.; -s, -; ↗Z36> *Einkaufszentrum*

Short·drink, <auch> **Short Drink** <['ʃɔːrt-]; m.; (-)-s, (-)-s; ↗Z30> *viel Alkohol u. wenig Flüssigkeit enthaltendes Getränk;* Ggs *Longdrink* [engl.]; **Shorts** <[ʃɔːrts]; Pl.> *kurze, sportl. Sommerhose;* **Short·sto·ry,** <auch> **Short Sto·ry** <['ʃɔːrt 'stɔːri]; f.; (-)-, (-)-s; ↗Z30; engl. Bez. für> *Kurzgeschichte;* **Shor·ty** <['ʃɔːrti]; n. od. m.; -s, -s; ↗Z6.1> *Damenschlafanzug mit kurzem Höschen*

Show <[ʃou]; f.; -, -s> *Darbietung, Vorführung in aufwändig gestaltetem Rahmen;* → a. *Schau* [engl.]; **'Show·biz** <[-biz]; n.; -; unz.; umg.; Kurzw. für> *Showbusiness,* **'Show·block** <m.; -s, -s od. (eindeutschend) ̈e> *Showeinlage;* **'Show·bu·si·ness** <[-bisnis]; n.; -; unz.; ↗Z36> = *Showgeschäft;* **Show·down,** <auch> **Show·down** <[-'daun]; engl. ['--]; n. od. m.; -s, -s; ↗Z32; Film, bes. Western> *abschließende, entscheidende Auseinandersetzung zw. den Haupthelden;* **'Show·ein·la·ge** <f.; -, -n>;

'Show·ge·schäft <n.; -s; unz.> *Vergnügungsindustrie (Film, Fernsehen, Zirkus usw.);* **'Show·girl** <[-gəːl]; n.; -s, -s> *Tänzerin od. Sängerin in einer Show;* **'Show·man** <[-mæn]; m.; -s, -men [-mən]> *jmd., der im Showgeschäft tätig ist;* **'Show·mas·ter** <m.; -s, -> *jmd., der eine Show präsentiert;* **'Show·mas·te·rin** <f.; -, -·nnen>; **'Show·time** <[-taim]; f.; -; unz.>; **'Show·view** <[-vju:]; n.; -s; unz.; Warenz.> *System zur Videoprogrammierung*

Shred·der <['ʃred-]; m.; -s, -> = *Schredder* [engl.]; **'shred·dern** <V. i. (s.); ich shredd(e)re> = *schreddern*

Shrimp <[ʃrimp]; m.; -s, -s; meist Pl.> *kleine Krabbe* [engl.]

'shrin·ken <V. t.> = *schrinken*

Shuf·fle·board, <auch> **Shuff·le·board** <['ʃʌflbɔːd]; n.; -s; unz.; ↗Z53> *ein Brettspiel* [engl.]

Shunt <[ʃʌnt]; m.; -s, -s; Phys.> = *Nebenwiderstand* [engl.]

Shut·tle, <auch> **Shutt·le** <[ʃʌtl]; n.; -s, -s; ↗Z53; kurz für> 1 *Spaceshuttle* 2 *Fahrzeug für den Pendelverkehr* 3 *regelmäßige Flugverbindung* [engl.]

Shy·lock <['ʃailɔk]; m.; - od. -s, -s> *hartherziger Gläubiger* [nach einer Figur in einem Stück von Shakespeare]

Si <Chem.; Zeichen für> *Silicium*

SI <Abk. für frz.> *Système International;* → a. *SI-System*

'Si·al <n.; -s; unz.; Geol.> *oberster Teil der Erdkruste;* **si·a'li·tisch** <Adj.; Geol.> ~e *Verwitterung*

'Si·am *früherer Name von Thailand;* **Si·a'me·se** <m.; -n, -n>; **Si·a'me·sin** <f.; -, -·nnen>; **si·a'me·sisch** <Adj.> ~e *Zwillinge zusammengewachsene Z.* [nach dem ersten bekannt gewordenen derartigen Zwillingspaar in *Siam*]; **'Si·am·kat·ze** <f.; -, -n> [vermutl. aus *Siam* eingeführt]

Si·bi'lant <m.; -en, -en; Phon.> *Zischlaut;* → a. *Kasten Konsonant* [lat.]; **si·bi'lie·ren** <V. t. u. V. i.> *Laute zischend aussprechen*

Si'bi·rer <m.; -s, ->; **Si'bi·re·rin** <f.; -, -·nnen>; **Si'bi·ri·en** *größter Teil des asiat. Territoriums der Russ. Föderation;* **Si'bi·ri·er**

<m.; -s, -> = *Sibirer*; **Si'bi·ri·e·rin** <f.; -, -n·nen> = *Sibirerin*; **si'bi·risch** <Adj.> ~e Kälte <fig.;umg.> *große K.*

Si'byl·le <f.; -, -n; im alten Griechenland> *weissagende Frau*; **si·byl'li·nisch** <Adj.> die ~en Bücher *Sammlung von Kultvorschriften u. Weissagungen*

sic <[sik]> *(wirklich) so! (als Bemerkung zu Textstellen)* [lat.]

sich <Reflexivpron.> **1** <ich ... mir/mich; du ... dir/dich; er, sie, es ... sich; wir ... uns; ihr ... euch; sie ... sich; weist auf ein Subst. od. Pron. (meist Subjekt des Satzes) zurück> ich wasche mich; du kaufst dir ein Buch; das ist eine Sache für ~; an (und für) ~ habe ich nichts dagegen, aber ... *eigentlich;* er war außer ~ vor Zorn *sehr zornig;* endlich kam sie wieder zu ~ *zu Bewusstsein;* der Wein hat es in ~; was hat es damit auf ~? **2** <Pl.> *einander, einer dem/den anderen;* sie prügelten ~; streitet euch doch nicht immer!

'Si·chel <f.; -, -n> *Gerät zum Schneiden von Gras;* **'si·cheln** <V. t.; ich sich(e)le>

'si·cher <Adj.> **1** *zweifelsfrei, bestimmt, zuverlässig;* er kommt heute ~ nicht; das weiß ich aus ~er Quelle; dessen bin ich mir ~ **2** <↗Z.42> *ungefährdet, geborgen;* bei uns bist du ~; es ist das Sicherste, wenn du ...; endlich war ich im Sichern; ~ ist ~! *lieber vorsichtig sein;* du solltest unbedingt auf Nummer Sicher, <auch> ~ gehen *kein Risiko eingehen* **3** <↗Z.24> <↗Z.24; Getrenntschreibung in Verbindung mit Verben, wenn *sicher* sinnvoll steiger- od. erweiterbar ist> mit rutschigen Sohlen kannst du nicht ~ gehen; <aber> ich möchte in dieser Sache vollkommen sichergehen; ein ~ wirkendes Medikament; ~ sein, dass ... **4** *gefestigt, geübt;* er ist ein ~er Fahrer; sie hat ein ~es Gespür, einen ~en Geschmack, ein ~es Auftreten; **'si·cher|ge·hen** <V. i. (s.) 145; ich gehe sicher; sie ist sichergegangen; sichergzugehen; Gehe sicher!> *sich einer Sache vergewissern;* <aber> → *sicher(3);*

→ a. *sicher(3);* **'Si·cher·heit** <f.; -, -en> **1** <unz.> *das Sichersein, Gewissheit, Garantie;* sich in ~ bringen; die öffentliche ~ ist gewährleistet **2** *Pfand, Kaution;* was können Sie mir als ~ geben?; **'Si·cher·heits·ab·stand** <m.; -(e)s; unz.; im Straßenverkehr>; **'Si·cher·heits·bin·dung** <f.; -, -en; Skisp.>; **'Si·cher·heits·den·ken** <n.; -s; unz.> ihr ~ ist sehr ausgeprägt; **'Si·cher·heits·dienst** <m.; -(e)s, -e>; **'Si·cher·heits·glas** <n.; -es; unz.> = *Verbundglas*; **'Si·cher·heits·grün·de** <Pl.; meist in der Wendung> aus ~n; **'Si·cher·heits·gurt** <m.; -(e)s, -e; in Kfz u. Flugzeugen>; **'Si·cher·heits·hal·ber** <Adv.>; **'Si·cher·heits·ket·te** <f.; -, -n; an Türen>; **'Si·cher·heits·kräf·te** <Pl.>; **'Si·cher·heits·na·del** <f.; -, -n>; **'Si·cher·heits·po·li·tik** <f.; -; unz.>; **'Si·cher·heits·rat** <m.; -(e)s; unz.> *Behörde der Vereinten Nationen;* → a. *Weltsicherheitsrat;* **'Si·cher·heits·ri·si·ko** <n.; -s; unz.>; **'Si·cher·heits·schloss** <n.; -es, ⸚er>; **'Si·cher·heits·schlüs·sel** <m.; -s, ->; **'Si·cher·heits·ven·til** <[-ven-]; n.; -(e)s, -e; Tech.>; **'Si·cher·heits·ver·schluss** <m.; -es, ⸚e>; **'Si·cher·heits·vor·keh·rung** <f.; -, -en> ~en treffen; **'si·cher·lich** <Adv.> **1** *bestimmt, gewiss;* ich werde ihn ~ finden **2** *vermutlich, wahrscheinlich;* er kommt ~ nicht; **'si·chern** <V.; ich sich(e)re> **1** <V. t. /V. refl.> *sicher machen, schützen;* das Fahrrad gegen Diebstahl ~; sich beim Bergsteigen durch ein Seil ~; in gesicherten Verhältnissen leben **2** <V. t. /V. refl.> *in seinen Besitz bringen;* sich im Kino einen guten Platz ~ **3** <V. t.> Spuren, Fingerabdrücke ~ *als Beweismittel festhalten* **4** <V. i.> das Wild sichert <Jägerspr.> *wittert, ob Gefahr droht;* **'si·cher|stel·len** <V. t.; ich stelle sicher; sie hat sichergestellt; sicherzustellen> **1** *beschlagnahmen;* die Polizei stellte die gestohlenen Gegenstände sicher **2** *dafür sorgen;* medizinische Betreuung konnte sichergestellt werden; → a. *sicher(3);* **'Si-**

che·rung <f.; -, -en> **1** *Schutzmaßnahme;* die ~ des Weltfriedens **2** *polizeiliche Maßnahme am Tatort;* Spuren~ **3** *Schutzvorrichtung zum Unterbrechen des Stromkreises;* bei ihm ist eine ~ durchgebrannt <fig.; umg.>; **'Si·che·rungs·kas·ten** <m.; -s, ⸚>; **'Si·che·rungs·ver·wah·rung** <f.; -; unz.; Rechtsw.> jmdn. in ~ nehmen

'Sich·ler <m.; -s, -; Zool.> *ein Schreitvogel*

Sicht <f.; -; unz.> **1** *Ausblick;* von hier oben hat man eine herrliche ~; auf lange ~ **2** *Blickwinkel;* das ist aus meiner ~ kein Problem **3** <Bankw.> *Zeitpunkt der Vorlage eines Wechsels zur Bezahlung;* mit drei Monaten ~; **'sicht·bar** <Adj.> *deutlich zu erkennen;* **'Sicht·bar·keit** <f.; -; unz.>; **'sicht·bar·lich** <Adj.; veralt.> *sichtlich;* **'Sicht·be·ton** <[-tõ] od. [-tɔŋ] od. österr. [-to:n]; m.; -s, -s od. österr. -e> *unverkleideter Beton;* **'sich·ten** <V. t.> **1** ein Schiff ~ *in größerer Entfernung erblicken* **2** Papiere, jmds. Nachlass usw. ~ *durchsehen u. ordnen;* **'Sicht·hö·he** <f.; -, -n>; **'sich·tig** <Adj.; Seemannsspr.> *klar;* ~es Wetter; **...sich·tig** <Adj.; in Zus.> z. B. kurzsichtig, weitsichtig; **'Sich·tig·keit** <f.; -; unz.>; **'Sicht·kar·te** <f.; -, -n> *Ausweis für öffentl. Verkehrsmittel;* **'sicht·lich** <Adj.> *deutlich erkennbar;* es war ihm ~ unangenehm; **'Sicht·li·nie** <[-niə]; f.; -, -n; Astr.>; **'Sicht·tung** <f.; -, -en>; **'Sicht·ver·hält·nis·se** <Pl.> schlechte ~; **'Sicht·ver·merk** <m.; -(e)s, -e> *Eintragung im Pass;* **'Sicht·wech·sel** <[-ks-]; m.; -s, -; Bankw.>; **'Sicht·wei·se** <f.; -, -n> eine andere ~; **'Sicht·wei·te** <f.; -; unz.> in ~ bleiben; **'Sicht·wer·bung** <f.; -; unz.> *großflächig angebrachte Werbung*

'Si·cke[1] <f.; -, -n> *rinnenförmiger Randwulst, Kehlung*

'Si·cke[2] <f.; -, -n; Jägerspr.> *Vogelweibchen*

'si·cken <V. t.> *mit Sicken(1) versehen*

'Si·cker·brun·nen <m.; -s, ->; **'Si·cker·gru·be** <f.; -, -n>; **'si·ckern** <V. i. (s.)> das Blut ist durch den Verband gesickert; **'Si-cker·was·ser** <n.; -s; unz.>

Sick-out, <auch> **Sick-out** <[sik'aut] od. ['--]; n.; -s, -s; ↗Z32> *Krankmeldung (als Streikmittel)* [engl.]

sic 'tran·sit 'glo·ria 'mun·di *so vergeht der Ruhm der Welt* [lat.]

Side-board <['saidbo:rd]; n.; -s, -s> *niedriges Büfett* [engl.]

si·de·risch[1] <Adj.> *die Fixsterne betreffend; ~es Jahr* [lat.]

si·de·risch[2] <Adj.> *aus Eisen bestehend, auf Eisen reagierend; ~es Pendel* [grch.]; **Si·de·rit** <m.; -s, -e> *ein Mineral*; Sy *Eisenspat*; **Si·de·ro·lith** <m.; -(e)s od. -en, -e od. -en> *Eisensteinmeteorit*

sie[1] <Personalpron., 3. Pers. Sg. f.; Gen.: ihrer; Dat.: ihr; Akk.: sie; Pl.: sie; zur Bez. einer zuvor genannten Person od. Sache> *ich suche meine Tochter, hast du ~ gesehen?*; → a. *sie*[2]

sie[2] <Personalpron., 3. Pers. Pl.; Gen.: ihrer; Dat.: ihnen; Akk.: sie; zur Bez. mehrerer zuvor genannter Personen od. Sachen> *unsere Freunde, kennt ihr ~?*

Sie[1] <Personalpron., 3. Pers. Pl.; Gen.: Ihrer; Dat.: Ihnen; Akk.: Sie; als höfliche Anrede für eine od. mehrere erwachsene Personen> *setzen ~ sich bitte; wie kann ich Ihnen helfen?; jmdn. mit ~ anreden siezen*

Sie[2] <f.; -, -s; umg.> *Mensch od. Tier weibl. Geschlechts; im Dunkeln konnte man nicht erkennen, ob es sich um eine ~ od. einen Er handelte; → a. Er*

Sieb <n.; -(e)s, -e> *Gefäß mit durchlöchertem Boden zum Aussondern von festen Stoffen aus einer Flüssigkeit; er hat ein Gedächtnis wie ein ~ umg.>*; **'Sieb·bein** <n.; -(e)s, -e; Anat.> *ein Schädelknochen*; **'Sieb·druck** <m.; -(e)s, -e> *ein Druckverfahren*; **'sie·ben**[1] <V. t.> *durch ein Sieb schütten*

'sie·ben[2] <Num. 11; in Ziffern: 7> *sie kamen zu ~/<auch> zu siebt; die ~ freien Künste <im MA> Grammatik, Dialektik, Rhetorik, Arithmetik, Geometrie, Astronomie, Musik; die ~ Weltwunder sieben außergewöhnliche Bau- u. Kunstwerke*

des Altertums; die ~ Sakramente; ~ auf einen Streich; die ~ Geißlein; das ist für mich ein Buch mit ~ Siegeln <fig.>; → a. *acht*; **'Sie·ben** <f.; -, -> *in die ~ einsteigen in die Bus-, Straßenbahnlinie Nummer 7; sie ist eine böse ~* <fig.>; → a. *Acht*[1]; **'sie·ben·ar·mig** <Adj.> *ein ~er Leuchter (Menora)*; **sie·ben·ein·'halb** <Num.; in Ziffern: 7 1/2>; **'Sie·be·ner** <m.; -s, -> → a. *Achter*; **'sie·be·ner·lei** <Adj.; undekl.> *es gab ~ Vorspeisen*; **'sie·ben·fach** <Adj.> → a. *achtfach*; **'Sie·ben·fa·che** <n.; -n; unz.> → a. *Achtfache*; **'Sie·ben·flach** <n.; -(e)s, -e>, **'Sie·ben·fläch·ner** <m.; -s, -; Geom.>; **'Sie·ben·ge·stirn** <n.; -(e)s; unz.; Astr.> *das Sternbild der Plejaden*; **sie·ben·hun·dert** <Num.; in Ziffern: 700>; **'sie·ben·jäh·rig** <Adj.; ↗Z34> *ein ~er <in Ziffern: 7-jähriger> Junge; <aber> der Siebenjährige Krieg; ein Siebenjähriger <in Ziffern: 7-Jähriger>*; **'Sie·ben·kampf** <m.; -(e)s; unz.; Leichtathletik>; **'sie·ben·köp·fig** <Adj.> *eine ~e Gruppe*; **'sie·ben·mal** <Zahladj.> → a. *achtmal*; **sie·ben·ma·lig** <Adj.> *nach ~er Aufforderung*; **Sie·ben·'mei·len·schrit·te** <Pl.; scherzh.> *mit ~ vorankommen*; **Sie·ben·'mei·len·stie·fel** <Pl.; im Märchen>; **Sie·ben·'mo·nats·kind** <n.; -(e)s, -er>; **'Sie·ben·punkt** <m.; -(e)s, -e; Zool.> = *Marienkäfer*; **Sie·ben·'sa·chen** <Pl.; umg.> *Habseligkeiten; seine ~ packen*; **'Sie·ben·schlä·fer** <m.; -s, -> **1** <Zool.> *zu den Schlafmäusen gehörendes Nagetier* **2** <volkstüml. Bez. für den (das Wetter der kommenden Wochen bestimmenden)> *27. Juni*; **'sie·ben·stel·lig** <Adj.> *~e Zahl*; **'Sie·ben·stern** <m.; -(e)s, -e; Bot.> *ein Primelgewächs*; **sie·ben·'tau·send** <Num.; in Ziffern: 7000> *er hat einen Siebentausender bestiegen*; **'sie·ben·te** <Ordnungszahl> *im ~n Himmel sein, schweben* <fig.> *überglücklich sein*; oV *siebte*; → a. *achte*; **'sie·ben·tel** <Num. 11> = *siebtel*; **'Sie·ben·tel** <n. od. (schweiz.) m.; -s, -> = *Siebtel*; **'sie·ben-**

tens <Adv.> *an siebenter Stelle (bei Aufzählungen)*; oV *siebtens*; **'sie·ben·und·'sieb·zig** <Num.; in Ziffern: 77>

'Sieb·kreis <m.; -es, -e; El.; elektr. Schaltung>; **'Sieb·röh·re** <f.; -, -n; Bot.> *pflanzl. Gewebe zum Transport organ. Stoffe*

'Sieb·schnäb·ler <m.; -s, -; Zool.> *ein Wasservogel*

'sieb·te <Ordnungszahl> = *siebente*; **'sieb·tel** <Num. 11; Bruchzahl zu> *sieben*; oV *siebentel*; **'Sieb·tel** <n. od. (schweiz.) m.; -s, -> *der siebente Teil*; oV *Siebentel*; **'sieb·tens** <Adv.> = *siebentens*; **'sieb·zehn** <Num.; in Ziffern: 17>; **'sieb·zig** <Num.; in Ziffern: 70> → a. *achtzig*

siech <Adj.; veralt.; nur attr. u. präd.> *kränklich, hinfällig*; **'sie·chen** <V. i.; selten> *siech sein; dahin~*; **'Siech·tum** <n.; -s; unz.>

'Sie·de·grad <m.; -(e)s, -e>; **'Sie·de·hit·ze** <f.; -; unz.>

'sie·deln <V. i.; ich sied(e)le> *sich an einem Ort niederlassen*

'sie·den <V. i. 242> *das Wasser siedet kocht; ~d heißes Wasser; gesottene Eier*; **'Sie·de·punkt** <m.; -(e)s, -e> *Temperatur, bei der eine Flüssigkeit zu sieden beginnt*; **'Sied·fleisch** <n.; -(e)s; unz.; schwäb.; schweiz.> *Suppenfleisch*

'Sied·ler <m.; -s, -; ↗Z53.1>; **'Sied·le·rin** <f.; -, -n·nen>; **'Sied·lung** <f.; -, -en> **1** *Ort, an dem sich Menschen angesiedelt haben, Kolonie* **2** *Gruppe gleichartiger Wohnhäuser*; *Reihenhaus~*; **'Sied·lungs·dich·te** <f.; -; unz.>; **'Sied·lungs·ge·biet** <n.; -(e)s, -e>; **'Sied·lungs·haus** <n.; -es, ̈-er>

Sieg <m.; -(e)s, -e> *gewonnener Kampf*

'Sie·gel <n.; -s, -> *zur Beglaubigung einer Urkunde od. als Briefverschluss dienender Stempelabdruck; jmdm. etwas unter dem ~ der Verschwiegenheit mitteilen* <fig.> *streng vertraulich; <aber> → Sigel* [lat.]; **'Sie·gel·kun·de** <f.; -; unz.>; **'Sie·gel·lack** <m.; -(e)s; unz.> *leicht schmelzende Harzmasse zum Siegeln*; **'sie·geln** <V. t.; ich

sieg(e)le ein Schriftstück ~;
'Sie·gel·ring <m.; -(e)s, -e>
'sie·gen <V. i.> *einen Kampf gewinnen*; **'Sie·ger** <m.; -s, ->;
'Sie·ger·eh·rung <f.; -, -en>;
'Sie·ge·rin <f.; -, -nnen;
↗Z38>; **'Sie·ger·kranz** <m.; -es,
ⁿe>; **'Sie·ger·macht** <f.; -, ⁿe>;
'Sie·ger·stra·ße <f.; -; unz.;
fig.> auf der ~ sein *Erfolg haben*; **'Sie·ger·ur·kun·de** <f.; -,
-n>; **'sie·ges·be·wusst** <Adj.>;
'Sie·ges·be·wusst·sein <n.; -s;
unz.>; **'sie·ges·ge·wiss** <Adj.>;
'Sie·ges·ge·wiss·heit <f.; -;
unz.>; **'Sie·ges·göt·tin** <f.; -,
-n·nen>; **'Sie·ges·kranz** <m.;
-es, ⁿe>; **'Sie·ges·preis** <m.; -es,
-e>; **'Sie·ges·säu·le** <f.; -, -n>;
'sie·ges·si·cher <Adj.>; **'sieg·ge·wohnt** <Adj.; ↗Z29> ein ~er
Sportler; **'sieg·haft** <Adj.; geh.
für> **'sieg·reich** <Adj.> das ~e
Heer
'Sieg·wurz <f.; -; unz.; Bot.> =
Gladiole
'sie·he <als Hinweis in Texten> ~
(Abk.: s.) Seite 48; ~ oben (Abk.:
s. o.); ~ unten (Abk.: s. u.); ~
dort (Abk.: s. d.)
SI-Ein·heit <f.; -, -en; ↗Z34;
Phys.> *Maßeinheit des SI-Systems*
Siel <n. od. m.; -(e)s, -e> *Deichschleuse, Abwasserkanal*
'Sie·le <f.; -, -n> *Geschirr der
Zugtiere*; in den ~n sterben
<fig.> *mitten in der Arbeit*
'sie·len <V. refl.> sich ~ *sich mit
Behagen herumwälzen*
'Sie·mens <n.; -, -; Zeichen: S>
elektr. Leitwert; **'Sie·mens·'Martin·O·fen** <m.; -s, ⁿ; ↗Z33, 55;
Kurzw.: SM-Ofen> *ein Schmelzofen* [nach dem Erfinder F.
Siemens u. E. u. P. Martin]; **'Siemens·'Mar·tin·Ver·fah·ren** <n.;
-s; unz.; Kurzw.: SM-Verfahren>
Verfahren zur Stahlgewinnung
si·e·na <Adj.; undekl.> *rotbraun;
~ Fliesen* [ital.]; **Si·e·na** 1 *Stadt
in der Toskana* 2 <n.; -s; unz.>
rotbraune Farbe; **Si·e·ne·se**
<m.; -n, -n> *Einwohner von Siena*; **Si·e·ne·sin** <f.; -, -n·nen>;
si·e·ne·sisch <Adj.>
Si'er·ra <f.; -, -s od. -'er·ren;
span. Bez. für> *Gebirge, Bergkette, z. B. ~ Nevada*
Si'er·ra Le'o·ne *Staat in Westafri-*

ka; Republik ~; **Si'er·ra-Le'o·ner**, <auch> **Si'er·ra Le'o·ner**
<m.; -s, -; ↗Z35.1>; **Si'er·ra-Le'o·ne·rin** <f.; -, -n·nen>; **si'er·ra·le'o·nisch** <Adj.>
Si'es·ta <f.; -, -s od. -'es·ten> *Mittagsruhe* [span.]
'sie·zen <V. t./V. refl.; du siezst>
jmdn. ~ *mit "Sie" anreden*; Ggs
duzen
Sif·let, <auch> **Siff·let** <[-'fle:];
m.; -s, -s; ↗Z53>, **Sif·flöt** <m.;
-s, -s> *kleine Orgelpfeife* [frz.]
'Si·gel <n.; -s, -> *Abkürzungszeichen, Kürzel (in der Stenografie);* <aber> → *Siegel* [lat.]; **'si·geln** <V. t.; ich sig(e)le>
Sight·see·ing <['saitsi:ıŋ]; n.; -s;
unz.> *Besichtigung von Sehenswürdigkeiten* [engl.]; **'Sight·see·ing·tour** <[-tu:r]; f.; -, -en;
Pl. selten; ↗Z36>
Si·gil'la·rie <[-rıə]; f.; -, -n; Bot.>
ausgestorbene Gattung von Bärlappgewächsen; **'Si·gle**, <auch>
'Sig·le <f.; -, -n; ↗Z53> = *Sigel*
'Sig·ma <n.; -s, -s; Zeichen: σ, Σ>
ein Buchstabe des grch. Alphabets; **Sig·ma'tis·mus** <m.; -;
unz.; Med.> *Lispeln*
'Si·gna, <auch> **'Sig·na** <↗Z53;
Pl. von> *Signum;* **Si'gnal** <n.;
-s, -e> *opt. od. akustisches Zeichen* [lat.]; **Si'gnal·buch** <n.;
-(e)s, ⁿer> *internat. Code, der
die häufigsten Kurzsignale enthält;* **Si'gnal·far·be** <f.; -, -n>
leuchtende, auffallende Farbe;
Si'gnal·flag·ge <f.; -, -n>; **Si'gnal·horn** <n.; -(e)s, ⁿer>; **si·gna·li'sie·ren** <V. t.> jmdm. etwas ~; **Si'gnal·lam·pe** <f.; -, -n>;
Si'gnal·mast <m.; -(e)s, -en>;
Si'gnal·reiz <m.; -es, -e; Verhaltensforschung> *Reiz, der ein
best. Verhalten auslöst;* **Si'gnal·wir·kung** <f.; -, -en>
Si·gna'tar·macht, <auch> **Si·gna·'tar·macht** <f.; -, ⁿe; meist Pl.;
↗Z53> *Staat, der einen Vertrag
unterzeichnet* [lat.]; **si'gna·tum**
<Abk.: sign.> *unterzeichnet;* **Si·gna'tur** <f.; -, -en> 1 *Unterschrift* 2 *symbol. Zeichen auf
(Land-)Karten* 3 *Kennzeichnung auf Bibliotheksbüchern* 4
<Typ.> *Nummer eines Druckbogens;* **Si'gnet** <[zi'gne:t] od.
[sin'je:]; n.; -s, -s> *Firmenzei-*

chen, Logo [frz.]; **si'gnie·ren**
<V. t.>; **Si'gnie·rung** <f.; -, -en>
si·gni·fi'kant, <auch> **sig·ni·fi·'kant** <Adj.; ↗Z53> *bedeutsam*
[lat.]; **Si·gni·fi'kanz** <f.; -; unz.>
Si·gnor, <auch> **Sig·nor**
<[zi'njo:r]; ↗Z53> *nur vor dem
Namen =* Signore [ital.]; **Si·gno·ra** <[zi'njo:ra]; f.; -, -re>
*Frau (ital. Anrede mit od. ohne
Nachnamen);* **Si·gno·re**
<[zi'njo:rə]; m.; -, -ri> *Herr (ital.
Anrede ohne Nachnamen);* **Si·gno'ri·na** <[-njo-]; f.; -, -ne>
*Fräulein (ital. Anrede mit od.
ohne Nachnamen)*
Si'gnum, <auch> **Sig'num** <n.;
-s, -gna/-g·na; ↗Z53> *Zeichen,
abgekürzte Unterschrift* [lat.]
Sikh <m.; -s, -s> *Anhänger des
Sikhismus* [Sanskrit]; **Si'khismus** <m.; -; unz.> *ind. Religionsgemeinschaft*
Sik·ka'tiv <n.; -s, -e> *Trockenmittel* [lat.]
Si'la·ge <[-ʒə]; f.; -, -n; Landw.>
eingesäuertes Futter [engl.]
'Sil·be <f.; -, -n; Sprachw.> *Laut-
bzw. Buchstabenfolge;* er hat es
mit keiner ~ erwähnt <fig.>;
→ a. *Kasten;* **'Sil·ben·rät·sel**
<n.; -s, ->; **'Sil·ben·schrift** <f.; -,
-en>; **'Sil·ben·tren·nung** <f.; -,
-en> → a. *Kasten Worttren-*

Silbe: Eine S. ist die kleinste
Spracheinheit des Wortes bzw.
der Rede. Sie besteht entweder
aus einem ↗**Vokal** oder aus
mehreren zusammengefassten
Lauten (↗**Konsonanten** und Vokale). Wortformen können ein-
oder mehrsilbig sein: *Ei, am, auf;
na-ti-o-nal, a-bends.*
Bezüglich der **Silbenstruktur** wird
zwischen **Silbenschale** (= Silbenkopf und Silbenkoda) und **Silbenkern** unterschieden. Der Silbenkern ist Träger der größten
Schallstärke, er wird meistens
durch **Vokale** gebildet. Die den
Silbenkern umgebenden Teile
sind Silbenkopf (= Silbenanfang)
und Silbenkoda (= Silbenende).
Offene S. enden auf Vokale, **geschlossene** lauten auf Konsonanten aus.
Die S. ist eine lautliche Einheit
und sollte nicht mit der morphologischen Einheit, dem **Morphem**, verwechselt werden.

nung; ...**sil·ber** <m.; -s, -; in Zus.> = ...*silbner*

'Sil·ber <n.; -s; unz.> 1 <Chem.; Zeichen: Ag> *chem. Element, Edelmetall* 2 <umg.> *Silberbesteck;* Tafel~; **'Sil·ber·blick** <m.; -(e)s; unz.; umg.> *leichtes Schielen;* **'Sil·ber·dis·tel** <f.; -, -n; Bot.>; **'sil·ber·far·ben, 'sil·ber·far·big** <Adj.>; **'Sil·ber·fisch·chen** <n.; -s, -; Zool.> *primitives Insekt mit glänzenden Hautschuppen;* **'Sil·ber·geld** <n.; -(e)s; unz.> *Hartgeld, Münzen mit Silbergehalt;* **'Sil·ber·glanz** <m.; -es; unz.> *ein Mineral;* Sy Argentit; **'sil·ber·grau** <Adj.>; **'Sil·ber·haar** <n.; -(e)s; unz.; poet.> *weißes Haar;* **'sil·ber·hell** <Adj.>; **'Sil·ber·hoch·zeit** <f.; -, -en> *25. Jahrestag der Hochzeit;* **'sil·be·rig** <Adj.> = *silbrig;* **'Sil·ber·ling** <m.; -(e)s, -e; bibl.> *silberne Münze;* **'Sil·ber·lö·we** <m.; -n, -n; Zool.> = *Puma;* **'Sil·ber·me·dail·le** <[-daljə] f.; -, -n; Sp.> *zweitbeste Wettkampfauszeichnung;* **'Sil·ber·mö·we** <f.; -, -n; Zool.>; **'Sil·ber·mün·ze** <f.; -, -n>; **'sil·bern** <Adj.> *aus Silber; eine ~e Uhr; ~e Hochzeit Silberhochzeit;* **'Sil·ber·pa·pier** <n.; -s; unz.> *Aluminiumfolie;* **'Sil·ber·pap·pel** <f.; -, -n; Bot.>; **'Sil·ber·schmied** <m.; -(e)s, -e>; **'Sil·ber·schmie·din** <f.; -, -nnen>; **'Sil·ber·stift** <m.; -(e)s, -e>; **'Sil·ber·strei·fen** <m.; -s, -; nur in der Wendung> *einen ~ am Horizont sehen Anlass zur Hoffnung haben;* **'Sil·ber·stück** <n.; -(e)s, -e> *Silbermünze;* **'Sil·ber·ta·blett** <n.; -(e)s, -e od. -s; auch> **'Sil·ber·tab·lett** <n.; -(e)s, -e od. -s; ↗Z53>; **'Sil·ber·tan·ne** <f.; -, -n; Bot.> = *Edeltanne;* **'sil·ber·weiß** <Adj.>; **'Sil·ber·zeug** <n.; -(e)s; unz.; umg.> *silbernes Besteck u. Gerät;* **'Sil·ber·zwie·bel** <f.; -, -n> *Perlzwiebel*

...**sil·big** <Adj.; in Zus.> z. B. *einsilbig; mehrsilbig;* ...**silb·ner** <m.; -s, -; in Zus.> *Vers mit einer best. Silbenzahl, z. B. Siebzehnsilbner;* oV ...*silber*

'silb·rig <Adj.; ↗Z53.1> *wie Silber (glänzend)*

Sild <m.; -(e)s, - od. -e> *eingelegter junger Hering* [norw.]

Si'len <m.; -s, -e; grch. Myth.> *Satyr* [grch.]

Si'len·ti·um! *Still!, Ruhe!* [lat.]

Sil·hou·et·te <[zilu'εtə]; f.; -, -n> *Kontur, Schattenriss* [frz.]

Si·li'cat <n.; -(e)s, -e; Fachspr.> = *Silikat* [lat.]; **Si'li·ci·um** <n.; -s; unz.; Chem.; Zeichen: Si> *chem. Element;* **Si'li·con** <n.; -s, -e; Fachspr.> = *Silikon*

si'lie·ren <V. t.> *(Grünfutter) ins Silo einbringen* [span.]

Si·li·fi·ka·ti'on <f.; -, -en; Geol.> *Verkieselung* [lat.]; **si·li·fi'zie·ren** <V. t.> *verkieseln;* **Si'li·kat** <n.; -(e)s, -e> *Salz der Kieselsäure;* **Si·li'kon** <n.; -s, -e> *polymere Verbindung des Siliciums mit Kohlenwasserstoffen;* **Si·li'ko·se** <f.; -, -n; Med.> *eine Atemwegserkrankung;* **Si'li·zi·um** <n.; -s; unz.; Zeichen: Si> = *Silicium*

'Si·lo <m.; -s, -s> 1 *Gärfutter(behälter, Silage)* 2 *Getreidespeicher* [span.]

Si'lur <n.; -s; unz.; Geol.> *Formation des Paläozoikums;* **Si'lu·rer** <m.; -s, -> *vorkelt. Bewohner von Wales;* **si'lu·risch** <Adj.>

Sil·va·ner <[-'va:-]; m.; -s, -> *Rebsorte für Weißwein* [lat.]

Sil·ves·ter <[-'vεs-]; n. od. m.; -s, -; meist ohne Art.> *letzter Tag im Jahr* [nach Papst Silvester I.]; **Sil'ves·ter·a·bend** <m.; -s, -e; ↗Z55>; **Sil'ves·ter·fei·er** <f.; -, -n>

'Si·ma¹ <f.; -, -s od. 'Si·men; am antiken Tempel> *Dachrinne* [lat.]

'Si·ma² <n.; - od. -s; unz.; Geol.> *untere Krustenzone der Erde* [lat.]

Sim'bab·we *Staat in Südafrika; Republik =;* **Sim'bab·wer** <m.; -s, ->; **Sim'bab·we·rin** <f.; -, -nnen>; **sim'bab·wisch** <Adj.>

Si·mi·la·ri'tät <f.; -, -en> *Ähnlichkeit, Gleichartigkeit* [lat.]; **'si·mi·le** <[-'le:]; Adv.; Mus.> *ebenso, in gleicher Weise* [ital.]; **'Si·mi·li** <n. od. m.; -s, -s> *Nachahmung (von Edelsteinen)*

'Sim·mer·ring <m.; -(e)s, -e> *Dichtung der Antriebswellen von Motoren*

Si·mo'nie <f.; -, -n> *(Ver-)Kauf*

Simplex: Ein S. ist ein „einfaches", d. h. nicht durch Ableitung oder Zusammensetzung gebildetes Wort: *Pferd, Zaun, reich, und.* Simplizia können nicht auf andere Wörter oder Wortstämme zurückgeführt werden. Zusammengesetzte Wörter nennt man ↗Komposita.
Vgl. ↗Wortbildung

von geistl. Ämtern [nach dem angebl. Wundertäter *Simon Magus*]; **si'mo·nisch** <Adj.>

'sim·pel <Adj.; 'simp·ler, am -s·ten> 1 *einfach* 2 *einfältig; eine simple Konstruktion* [lat.-frz.]; **'Sim·pel** <m.; -s, -; umg.; abwertend> *Dummkopf;* **'Simplex** <auch> **'Simp·lex** <n.; -es, -e od. -'pli·zia; ↗Z53; Sprachw.> *einfaches, nicht zusammengesetztes Wort;* Ggs *Kompositum; → a. Kasten* [lat.]; **sim'pli·ci·ter** <Adv.; veralt.> *schlechthin;* **Sim·pli·fi·ka·ti'on** <f.; -, -en; seltener für> *Simplifizierung;* **sim·pli·fi'zie·ren** <V. t.> *vereinfachen;* **Sim·pli·fi'zie·rung** <f.; -, -en>; **Sim·pli·zi'tät** <f.; -; unz.>

Sims <n. od. m.; -es, -e> *Wand-, Mauervorsprung;* Fenster~

Sim·sa·la'bim <n.; -s; unz.> *(ein Zauberwort)*

'Sim·se <f.; -, -n; Bot.> *Riedgras*

'sim·sen <V. i. u. V. t./V. refl.; du simst; Jugendspr.> *eine Nachricht per SMS verschicken; sie simst für ihr Leben gern; sie ~ sich täglich*

Si·mu'lant <m.; -en, -en> *jmd., der simuliert(1)* [lat.]; **Si·mu'lan·tin** <f.; -, -nnen>; **Si·mu·la·ti'on** <f.; -, -en> 1 *Vortäuschung (einer Krankheit)* 2 *Nachahmung im Simulator;* **Si·mu'la·tor** <m.; -s, -'to·ren> *Gerät, in dem Bedingungen u. Verhältnisse wirklichkeitsnah nachgeahmt sind;* Flug~; **si·mu'lie·ren** <V.> 1 <V. i.> *sich verstellen, eine Krankheit vortäuschen* 2 <V. t.> *technische Vorgänge ~*

si·mul'tan <Adj.> *gleichzeitig; ~ dolmetschen* [lat.]; **Si·mul'tan·dol·met·scher** <m.; -s, -> *Dolmetscher, der einen Text übersetzt, während er noch gespro-*

chen wird; Ggs *Konsekutivdolmetscher*; **Si·mul·tan·dol·met·sche·rin** <f.; -, -n·nen>; **Si·mul·ta·ne·i·tät** <[-ne:i-]; f.; -; unz.> = *Simultanität*; **Si·mul·ta·ne·ous En·gi·nee·ring** <[siməl'te:niəs ɛndʒi'ni:riŋ]; n.; --s; unz.; Wirtsch.> *zeitgleiche Entwicklung unterschiedlicher Produktionsabläufe* [engl.]; **'si·mul·ta·ni'tät** <f.; -; unz.; Fachspr.> *Gleichzeitigkeit*; **Si·mul·tan·kir·che** <f.; -, -n> *Kirchengebäude für unterschiedliche Konfessionen*; **Si·mul·tan·schu·le** <f.; -, -n> = *Gemeinschaftsschule*; Ggs *Bekenntnisschule*; **Si·mul·tan·spiel** <n.; -(e)s, -e> *Schachspiel gegen mehrere Partner gleichzeitig*

sin <Zeichen für> *Sinus*

Sin'an·thro·pus, <auch> **Si·'nanth·ro·pus** <m.; -; unz.; ↗Z54; Anthrop.> *eiszeitl. Menschenform*; Sy *Pekingmensch* [grch.]

'si·ne 'an·no <veralt.; Abk.: s. a.> *ohne (Angabe des Erscheinungs-)Jahr(es)* [lat.]; **Si·ne'ku·re** <f.; -, -n> 1 *einträgliche, mühelose berufl. Arbeit* 2 *Pfründe ohne Amtsverpflichtung*; **'si·ne 'lo·co** <veralt.; Abk.: s. l.> *ohne (Angabe des Erscheinungs-)Ort(es)*; **'si·ne 'lo·co et 'an·no** <veralt.; Abk.: s. l. e. a.> *ohne (Angabe des Erscheinungs-)Ort(es) und Jahr(es)*; **'si·ne 'tem·po·re** <Abk.: s. t.> *ohne das akadem. Viertel, pünktlich*; Ggs *cum tempore*

Sin·fo'nie <f.; -, -n; Mus.> *großes Musikstück für Orchester*; oV *Symphonie* [grch.]; **Sin·fo'nie·kon·zert** <n.; -(e)s, -e; Mus.>; **Sin·fo'nie·or·ches·ter** <[-kɛs-]; n.; -s, -; Mus.>; **Sin'fo·nik** <f.; -; unz.; Mus.> *Lehre von der sinfon. Gestaltung*; **Sin'fo·ni·ker** <m.; -s, -; Mus.> 1 *Komponist von Sinfonien* 2 <nur Pl.> *Mitglieder eines Sinfonieorchesters*; *die Berliner ~*; **Sin'fo·ni·ke·rin** <f.; -, -n·nen>; **sin'fo·nisch** <Adj.; Mus.> *in der Art einer Sinfonie*; *~e Dichtung*

Sing. <Abk. von> *Singular*

'Sing·a·ka·de·mie <f.; -, -n; ↗Z55>

'Sin·ga·pur *Staat u. Stadt in Südostasien*; *Republik ~*; **'Sin·ga·pu·rer** <m.; -s, ->; **'Sin·ga·pu·re·rin** <f.; -, -n·nen>; **'sin·ga·pu·risch** <Adj.>

'sing·bar <Adj.>; **'Sing·bar·keit** <f.; -; unz.>; **'Sing·dros·sel** <f.; -, -n; Zool.>; **'sin·gen** <V. 243> 1 <V. i.; ↗Z23> *die Stimme in einer Melodie ertönen lassen*; *hoch, tief ~*; *~ lernen* 2 <V. t.> *etwas singend(1) vortragen*; *er singt dern Kunstlieder*; *ich singe Sopran* 3 <V. i.; umg.> *er hat bei der Polizei gesungen* <fig.> *(die anderen) verraten*; **Sin·ge·'rei** <f.; -; unz.; umg.>

Sin·gha'le·se <m.; -n, -n> *Angehöriger der größten Bevölkerungsgruppe auf Sri Lanka*; **Sin·gha'le·sin** <f.; -, -n·nen>; **sin·gha'le·sisch** <Adj.>

Sin·gle¹, <auch> **Sin·gle** <['siŋgl]; m.; - od. -s, -s; ↗Z53> *allein lebender Mensch*; *er, sie ist ~* [engl.]; **'Sin·gle²** <f.; -, -s> *kleine Schallplatte*; **'Sin·gle³** <n.; - od. -s, - od. -s> *Tennis> Einzelspiel*

'Sing·sang <m.; -s; unz.; umg.> *singende, einschläfernde*

Sprechweise; **'Sing·schu·le** <f.; -, -n>

Sing·'Sing <n.; -s; unz.; umg.> *bei der Stadt Ossining gelegenes Staatsgefängnis von New York* [nach *Sing Sing,* dem früheren Namen von *Ossining*]

'Sing·spiel <n.; -(e)s, -e; Mus.> *Stück mit musikal. Einlagen*; **'Sing·stim·me** <f.; -, -n; Mus.>

'Sin·gu·lar <m.; -s, -e; Gramm.; Abk.: Sing.> *Einzahl*; Ggs *Plural*; → a. *Kasten* [lat.]; **sin·gu'lär** <Adj.> *vereinzelt, einzeln auftretend*; **Sin·gu·la·re'tan·tum** <n.; -s, -s od. -la·ri·a'tan·tum; Gramm.> *Substantiv, das nur im Singular vorkommt, z. B. Durst*; Ggs *Pluraletantum*; **sin·gu'la·risch** <Adj.; Gramm.>; **Sin·gu·la'ris·mus** <m.; -; unz.; Philos.> *Lehre von der Welt als Einheit*; Ggs *Pluralismus*; **Sin·gu·la·ri'tät** <f.; -; unz.>

'Sing·vo·gel <m.; -s, ÷; Zool.>

si'nis·ter <Adj.; selten> *böse, unheilvoll*; *eine sinistre Angelegenheit* [lat.]

'sin·ken <V. i. (s.) 244> 1 *sich langsam abwärts bewegen*; *müde auf einen Stuhl ~*; *sie sank ihm in die Arme*; *die Sonne, das Schiff sinkt*; *er ist tief gesunken* <fig.> *heruntergekommen* 2 *niedriger, geringer werden*; *der Wasserstand sinkt*; *endlich ~ die Preise*; **'Sink·kas·ten** <m.; -s, ÷; bei Abwasseranlagen>; **'Sink·stoff** <m.; -(e)s, -e> *Stoff, der schwerer ist als Wasser u. sich absetzt*

Sinn <m.; -(e)s, -e> 1 *Wahrnehmungs- und Empfindungsvermögen*; *da hast du einen sechsten ~ gehabt*; *bist du von ~en? bist du verrückt?* 2 <unz.> *Denken, Bewusstsein*; *er geht mir nicht mehr aus dem ~*; *was hast du im ~?* 3 <unz.> *Denkungsart*; *das ist nicht in meinem ~* 4 <unz.> *Verständnis, Empfänglichkeit*; *er hat viel ~ für Humor* 5 <unz.> *Bedeutung, Gehalt*; *hast du den ~ der Fabel verstanden?; das ergibt keinen ~*; *im wahrsten ~-(e)s des Wortes*; *im übertragenen ~ bildlich* 6 *Zweck, Ziel*; *der ~ dieser Aufgabe besteht darin ...*; *es macht keinen ~, noch länger zu war-*

Singular: S. oder **Einzahl** ist eine grammatische Kategorie des ↗Numerus von ↗Verben (↗Konjugation) und ↗Nomina (↗Deklination). Mit dem S. können Einzelelemente (*eine Gans* vs. *viele Gänse*), generalisierende Aussagen (*der Wal ist ein Säugetier*) und kollektive Begriffe (*die Gestaltung des Unterrichts*) bezeichnet werden.

↗Substantive, die nur im S. gebräuchlich sind, werden **Singularetantum** oder **Singularwörter** genannt:

a) **Eigennamen:** *der Rhein, der Taunus*

b) **Stoffnamen:** *die Milch, das Eisen*

c) **Kollektiva:** *das Gebüsch, die Wäsche*

d) **Abstrakta:** *die Schlauheit, die Wärme*

e) **Substantivierte Infinitive:** *das Reiten, das Tanzen*

Bei Singulariatantum kann eine Pluralbildung eintreten, wenn eine Sortenbezeichnung ausgedrückt werden soll: *die Wässer, die Öle.*

Vgl. ↗Plural

ten; **'sinn·be·tö·rend** <Adj.; ✗Z29>; **'Sinn·bild** <n.; -(e)s, -er> *Bild für einen abstrakten Begriff; die Eule ist ein ~ für Weisheit;* → a. *Allegorie, Symbol;* **'sinn·bild·lich** <Adj.>; **'sin·nen** <V. i. 245> *nachdenken, überlegen; auf Abhilfe ~;* **'Sin·nen·freu·de** <f.; -, -n>; **'sin·nen·froh** <Adj.>; **'Sin·nen·lust** <f.; -; unz.> *geschlechtl., erotische Lust;* **'Sin·nen·mensch** <m.; -en, -en>; **'Sin·nen·rausch** <m.; -es; unz.> im ~; **'sinn·ent·leert** <Adj.>; **'sinn·ent·stel·lend** <Adj.>; **'Sin·nen·welt** <f.; -; unz.>; **'Sin·nes·än·de·rung** <f.; -, -en>; **'Sin·nes·art** <f.; -; unz.>; **'Sin·nes·ein·druck** <m.; -(e)s, ⸗e>; **'Sin·nes·or·gan** <n.; -s, -e> *Organ, durch das äußere Reize aufgenommen u. verarbeitet werden, z. B. die Nase;* **'Sin·nes·reiz** <m.; -es, -e>; **'Sin·nes·stö·rung** <f.; -, -en>; **'Sin·nes·täu·schung** <f.; -, -en> *Wahrnehmung, die im Gegensatz zur objektiven Wirklichkeit steht; z. B. optische Täuschung;* **'Sin·nes·wahr·neh·mung** <f.; -, -en>; **'Sin·nes·zel·le** <f.; -, -n; Anat.> *Zelle, die Reize in Nervenerregung umformt;* **'sinn·fäl·lig** <Adj.> *deutlich wahrnehmbar;* **'Sinn·fäl·lig·keit** <f.; -; unz.>

Sinn Féin <[ʃin 'fein] f.; --; unz.> *1905 in Irland gegründete nationalist. Bewegung*

'Sinn·ge·bung <f.; -; unz.>; **'Sinn·ge·dicht** <n.; -(e)s, -e>; **'sinn·ge·mäß** <Adj.> *dem Sinn(5) entsprechend;* **'sinn·ge·treu** <Adj.>; **sin'nie·ren** <V. i.> *grübelnd nachdenken;* **Sin'nie·rer** <m.; -s, ->; **Sin'nie·re·rin** <f.; -, -n·nen>; **'sin·nig** <Adj.; oft a. iron.> *sinnvoll, zweckmäßig; ein ~es Geschenk;* **sin·ni·ger'wei·se** <Adv.>; **'sinn·lich** <Adj.> *1 mit den Sinnen wahrnehmbar 2 die geschlechtliche Lust betreffend; ein sehr ~er Mensch; ein ~er Mund;* **'Sinn·lich·keit** <f.; -; unz.>; **'sinn·los** <Adj.>; **'Sinn·lo·sig·keit** <f.; -; unz.>; **'Sinn·pflan·ze** <f.; -, -n; Bot.> = *Mimose;* **'sinn·reich** <Adj.> *eine ~e Erfindung;* **'Sinn·spruch** <m.; -(e)s, ⸗e>

geistreicher Spruch, Denkspruch; **'sinn·ver·wandt** <Adj.>; **'sinn·voll** <Adj.>; **'sinn·wid·rig** <Adj.; ✗Z53.1>; **'Sinn·wid·rig·keit** <f.; -, -en>; **'Sinn·zu·sam·men·hang** <m.; -(e)s, ⸗e>

Si·no·lo·ge <m.; -n, -n>; **Si·no·lo·'gie** <f.; -; unz.> *Wissenschaft von der chin. Sprache u. Kultur* [grch.]; **Si·no'lo·gin** <f.; -, -n·nen>; **si·no·lo·gisch** <Adj.>

sin·te'ma·len <Konj.; veralt.; noch scherzh.> *da, weil*

'Sin·ter <m.; -s, -> *mineralische Ausscheidung aus Quellen;* **'Sin·ter·glas** <n.; -es; unz.>; **'Sin·ter·me·tall** <n.; -(e)s; unz.>; **'sin·tern** <V.> *1* <V. i.> *etwas sintert backt zusammen u. verfestigt sich 2* <V. t.; ich sintere> *etwas ~ durch starkes Erhitzen zusammenbacken u. verfestigen;* **'Sin·te·rung** <f.; -; unz.>

'Sint·flut <f.; -; unz.; AT> *große, alles vernichtende Flut;* oV **Sündflut;** **'sint·flut·ar·tig** <Adj.; umg.> *~e Regenfälle*

'Sin·ti <Pl. von> *Sinto;* **'Sin·to** <m.; -s, -ti od. f.; -, -ti> *deutschstämmige(r) Zigeuner(in)*

'Si·nus <m.; -, - od. -s·se> *1* <Med.> *Ausbuchtung an einem Organ, Hohlraum 2* <Math.; Zeichen: sin> *Winkelfunktion im rechtwinkligen Dreieck* [lat.]; **Si·nu'si·tis** <f.; -, -'ti·den; Med.> *Entzündung der Nasennebenhöhle;* **'Si·nus·kur·ve** <f.; -, -n; Math.>; **'Si·nus·schwin·gung** <f.; -, -en; Phys.>

Si·oux <[ˈziːuks], engl. [suː]; m.; -, -> *Angehöriger eines nordamerikan. Indianervolkes*

Si·pho <m.; -s, -'pho·nen; Zool.> *Atemröhre bei gekammerten Kopffüßern* [grch.]

'Si·phon <a. [-fɔ̃], österr. [-'foːn]; m.; -s, -s> *1 Geruchsverschluss 2 Gefäß für kohlensäurehaltige Getränke*

'Sip·pe <f.; -, -n> *1 Gruppe von Blutsverwandten 2* <abwertend; fig.> *Gruppe;* **'Sip·pen·for·schung** <f.; -; unz.> = *Genealogie;* **'Sip·pen·haf·tung** <f.; -; unz.>; **'Sipp·schaft** <f.; -, -en; abwertend> *Verwandtschaft*

Sir <[sɜː]; m.; -s, -s> *1 Herr (engl. Anrede ohne Namen) 2 engl. Titel für Adelige, meist nur mit*

dem Vornamen gebraucht [engl.]; **Sire** <[siːr] m.; -, -s> *Majestät (frz. Anrede für einen Monarchen)* [frz.]

Si're·ne <f.; -, -n> *1* <grch. Myth.> *betörend singendes Mädchen mit Vogelkörper 2 akustisches Warngerät 3* <Zool.> *Seekuh* [grch.]; **Si're·nen·pro·be** <f.; -, -n>

'sir·ren <V. i.> *hell schwirrend summen*

Sir'ta·ki <m.; -, -s> *grch. Volkstanz* [grch.]

'Si·rup <m.; -s, -e> *zähflüssiger Rüben- od. Obstsaft* [arab.]

'Si·sal <m.; -; unz.> *1 Blattfaser 2 aus Sisal(1) hergestelltes Garn od. Gewebe (nach der mexikan. Stadt Sisal);* **'Si·sal·hanf** <m.; -(e)s; unz.> = *Sisal(1)*

sis'tie·ren <V. t.; geh.> *1 ein Verfahren ~ einstellen 2 jmdn. ~ festnehmen* [lat.]; **Sis'tie·rung** <f.; -, -en>

'Sis·trum, <auch> **'Sist·rum** <n.; -s, -tren/-t·ren> *altägypt. Rassel* [grch.]

'Si·sy·phus·ar·beit <f.; -, -en> *schwere, vergebl. ausgeführte Arbeit (nach der grch. Sagengestalt Sisyphos)*

SI-Sys·tem <n.; -(e)s; unz.; Phys.; Abk.: SI für frz.> *Système International d'Unités (auf wenigen Grundeinheiten aufgebautes internat. System, aus dem alle anderen Maßeinheiten abgeleitet werden können)*

Si'tar <m.; -s, -s od. -> *indisches Zupfinstrument* [pers.]

Site <[sait]; f.; -, -s; EDV; kurz für> *Website*

Sit-'in <n.; - od. -s, -s> *Sitzstreik* [engl.]

'Sit·te <f.; -, -n> *1 auf den allg. Moralgesetzen beruhende Verhaltensweise; gegen die guten ~n verstoßen 2 Brauch; das ist hier nicht ~ 3* <umg.; kurz für> *Sittenpolizei;* **'Sit·ten·a·pos·tel** <m.; -s, -; ✗Z55; umg.; abwertend> *jmd., der andere zu moral. Handeln ermahnt;* **'Sit·ten·bild** <n.; -(e)s, -er>; **'Sit·ten·ge·mäl·de** <n.; -s, -> *Schilderung der Alltagskultur;* **'Sit·ten·ge·schich·te** <f.; -; unz.>; **'Sit·ten·ko·dex** <m.; -es, -e; Pl. selten> *Vorschriften für sittl. Verhalten;*

'Sit·ten·leh·re <f.; -, -n>; 'sit·ten·los <Adj.>; 'Sit·ten·lo·sig·keit <f.; -; unz.>; 'Sit·ten·po·li·zei <f.; -; unz.>; 'Sit·ten·ro·man <m.; -(e)s, -e>; 'sit·ten·streng <Adj.>; 'Sit·ten·stren·ge <f.; -; unz.>; 'Sit·ten·strolch <m.; -(e)s, -e; umg.> *ein Mann, der Frauen od. Kinder in unsittl. Weise belästigt;* 'Sit·ten·ver·fall <m.; -(e)s; unz.>; 'sit·ten·wid·rig <Adj.; ⊿Z 53.1>

'Sit·tich <m.; -s, -e; Zool.> *eine Papageienart;* Wellen~ [lat.]

'sitt·lich <Adj. *den Forderungen der Sittlichkeit entsprechend;* → a. *ländlich;* 'Sitt·lich·keit <f.; -; unz.>; 'Sitt·lich·keits·ver·bre·chen <n.; -s, -> *sexuell motivierte schwere Straftat;* 'Sitt·lich·keits·ver·bre·cher <m.; -s, ->; 'sitt·sam <Adj.; veralt.> *keusch, tugendhaft;* 'Sitt·sam·keit <f.; -; unz.>

Si·tu·a·ti'on <f.; -, -en> *Lage* [lat.]; si·tu·a·ti'ons·ab·hän·gig <Adj.; meist präd.>; Si·tu·a·ti'ons·ko·mik <f.; -; unz.>; Si·tu·a·ti'ons·ko·mö·die <[-diə]; f.; -, -n>; si·tu·a'tiv <Adj.>; si·tu'ie·ren <V. t.> *legen, platzieren, in die richtige Lage bringen;* si·tu'iert <Adj.> *gut ~ sein* [lat.-frz.]

'Si·tu·la <f.; -, -'tu·len> *eimerartiges Gefäß der Bronzezeit* [lat.]

'Si·tus <m.; -, -; Med.> *Lage (der Organe)* [lat.]

sit 've·nia 'ver·bo <Abk.: s. v. v.> *das (harte) Wort sei verziehen* [lat.]

Sitz <m.; -es, -e> **1** *Platz, auf den man sich setzen kann;* Rück~ **2** *Platz mit Stimmberechtigung (z. B. im Parlament);* unsere Partei hat 65 ~e **3** *ständiger Wohn- u. Aufenthaltsort;* die Firma hat ihren ~ in ... **4** *Passform von Kleidungsstücken;* der Anzug hat einen schlechten ~; 'Sitz·bad <n.; -(e)s, ⸚er>; 'Sitz·ba·de·wan·ne <f.; -, -n>; 'Sitz·bein <n.; -(e)s, -e; Anat.> *Sitzknochen;* 'Sitz·blo·cka·de <f.; -, -n>; 'sit·zen <V. i. (h. od. (süddt.; österr.; schweiz.) s.) 246; du sitzt> **1** <⊿Z 42, 23> *sich auf einem Sitz(1) niedergelassen haben;* das viele Sitzen bekommt mir nicht; er übt eine ~de Tätig-

keit aus; ich sitze gerade an einem Referat <fig.>; sie sitzt über ihren Büchern <fig.>; willst du noch ein wenig ~ bleiben?; ich habe nicht vor, hier ~ zu bleiben; sie ist ~ geblieben <a. fig.> *nicht in die nächste Klasse versetzt worden;* er ist auf seinem Obst ~ geblieben <fig.; umg.> *konnte es nicht verkaufen;* der Teig ist ~ geblieben <österr.> *nicht aufgegangen;* er hat sie ~ lassen, <seltener> gelassen <a. fig.> *verlassen, nicht geheiratet;* ich habe nicht vor, diese Beleidigung auf mir ~ zu lassen **2** <fig.> *sich an einer best. Stelle befinden;* in der Tinte, Patsche ~ <fig.; umg.>; er hat/ist drei Monate gesessen <umg.> *er war im Gefängnis;* das hat/ist gesessen! *das war eine treffende Bemerkung!;* die Vokabeln ~ noch nicht; er hat einen ~ <umg.> *er ist leicht betrunken* **3** *passen;* das Kleid sitzt wie angegossen; ...sit·zer <m.; -s, -; in Zus.> z. B. Viersitzer *Auto mit vier Sitzplätzen;* 'Sitz·flä·che <f.; -, -n>; 'Sitz·fleisch <n.; -(e)s; unz.; fig.; umg.; scherzh.> kein ~ haben *nicht lange (still) sitzen können;* 'Sitz·ge·le·gen·heit <f.; -, -en>; 'Sitz·grup·pe <f.; -, -n> *mehrere zusammengehörige Polstermöbel;* ...sit·zig <Adj.; in Zus.> z.B. ein fünfsitziges Auto; 'Sitz·kis·sen <n.; -s, ->; 'Sitz·kno·chen <m.; -s, -; Anat.>; 'Sitz·mö·bel <n.; -s, ->; 'Sitz·ord·nung <f.; -; unz.>; 'Sitz·platz <m.; -es, ⸚e>; 'Sitz·rie·se <m.; -n, -n; umg.> *jmd., der im Sitzen größer wirkt als er eigtl. ist;* 'Sitz·streik <m.; -s, -e sod. -e>; 'Sit·zung <f.; -, -en> **1** *beratende Versammlung;* Gemeinderats- **2** der Maler brauchte für das Porträt vier ~en

Six·pack <['sikspæk]; n.; -s, -s> *Verpackungseinheit, Sechserpack* [engl.]

Si·zi·li'a·ne <f.; -, -n> = *Sizilienne;* Si·zi·li'a·ner <m.; -s, -> *Bewohner von Sizilien;* Si·zi·li·'a·ne·rin <f.; -, -n·nen>; si·zi·li·'a·nisch <Adj.>; Si·zi·li·en *süditalien. Insel;* Si·zi·li·enne

<[-'εn]; f.; -, -n> **1** *Versform* **2** <unz.> = *Eolienne* [frz.]

SJ <Abk. für> *(von der) Societas Jesu (als Zusatz hinter dem Namen eines Jesuiten)*

SK <Abk. für> *Segerkegel*

'Ska·bi·es <f.; -; unz.; Med.> = *Krätze* [lat.]; ska·bi'ös <Adj.>

Ska·bi'o·se <f.; -, -n; Bot.> *krautige Wiesenblume*

Skai <n.; - od. -s; unz.; Warenz. für> *ein Kunstleder*

skål <[skɔl]; skand. für> *prost!, zum Wohl!* [schwed.]

'Ska·la <f.; -, -'Ska·len> → a. *Scala* **1** *Maßeinteilung an Messgeräten* **2** *fortlaufende Reihe, Stufenfolge;* die ~ reicht von ... bis ...; Farb~ **3** = *Tonleiter* [lat.]; **ska'lar** <Adj.; Math.> *durch einen best. Zahlenwert definiert;* Ska'lar <m.; -s, -e> **1** <Math.> *skalare Größe* **2** <Zool.> *ein Süßwasserfisch*

'Skal·de <m.; -n, -n> *altnord. Dichter u. Sänger;* 'Skal·den·dich·tung <f.; -; unz.>

ska'lie·ren <V. t.> **1** <Psych.; Soz.> *in eineWerteskala für eine statist. Auswertung einordnen* **2** <EDV> *(die Schriftgröße) vergrößern od. verkleinern*

Skalp <m.; -(e)s, -e; bei den nordamerikan. Indianern> *als Trophäe dienende abgezogene Kopfhaut des besiegten Gegners* [engl.]; Skal'pell <n.; -s, -e; Med.> *kleines chirurg. Messer mit fest stehender Klinge* [lat.]; skal'pie·ren <V. t.>

Skan'dal <m.; -s, -e> *Aufsehen erregendes Ärgernis, unerhörtes Vorkommnis* [grch.]; Skan'dal·nu·del <f.; -, -n; umg.>; skan·da·lös <Adj.> *empörend;* Skan'dal·um·wit·tert <Adj.; ⊿Z29>

skan'die·ren <V. t. u. V. i.> *mit starker Betonung der Versfüße sehr rhythmisch sprechen* [lat.]

Skan·di·na·vi·en <[-viən]; Sammelbegriff für die nordeurop. Staaten> *Dänemark, Norwegen, Schweden, Finnland;* Skan·di·'na·vi·er <m.; -s, ->; Skan·di·na·vi·e·rin <f.; -, -n·nen>; skan·di·'na·visch <Adj.; ⊿Z 46> die ~en Sprachen; <aber> die Skandinavische Halbinsel

'Skan·di·um <n.; -s; unz.> = *Scandium*

Ska·po'lith <m.; -s od. -en, -e od. -en> *ein Mineral* [lat.; grch.]

Ska·pu'lier <[-'liːr]; n.; -s, -e> *zu mancher Mönchstracht gehörender Überwurf über Brust u. Rücken* [lat.]

Ska·ra'bä·us <m.; -, -'bä·en; Zool.> *Blatthornkäfer, "Pillendreher"* [grch.]

'Ska·ra·muz <m.; -es, -e> *Figur der Commedia dell'Arte u. des frz. Lustspiels, prahlerischer Soldat* [ital.]

Skarn <m.; -s, -e; Geol.> *Kalk-Eisen-Silikate enthaltendes Gestein* [schwed.]

skar'tie·ren <V. t.; österr.> *aussortieren (u. vernichten);* Bücher, Unterlagen ~ [ital.]

Skat <m.; -(e)s, -e od. -s> 1 *deutsches Kartenspiel* 2 *die zwei beiseite gelegten Karten;* **'Skat·brü·der** <Pl.; umg.>

Ska·te·board <['skɛitbɔːd]; n.; -s, -s> *ovales, auf vier Rollen laufendes Brett (als Spiel- u. Sportgerät)* [engl.]; **'skate·boar·den** <V. i.; nur im Inf.>; **'Skate·boar·der** <m.; -s, -s; umg.>; **'Skate·boar·de·rin** <f.; -, -n·nen>

'ska·ten¹ <V. i.; umg.> *Skat spielen*

ska·ten² <['skɛi-]; V. i. (s.)> *Skateboard fahren,* <auch> *Rollschuh laufen (Inlineskating)* [engl.]

'Ska·ter¹ <m.; -s, -; umg.> *Skatspieler*

Ska·ter² <['skɛitər]; m.; -s, -; kurz für> *Skateboardfahrer,* <auch> *Rollschuhläufer* [engl.]

'Ska·te·rin¹ <f.; -, -n·nen>

Ska·te·rin² <['skɛi-]; f.; -, -n·nen> [engl.]; **'Ska·ting** <n.; -s; unz.>

Ska'tol <n.; -s; unz.> *übel riechende organ. Verbindung (im Kot)* [grch.]; **Ska·to·lo'gie** <f.; -; unz.> = *Fäkalsprache;* **ska·to·'phag** <Adj.> = *koprophag;* **Ska·to'pha·ge** <m.; od. f.; -n, -n>

'Skat·run·de <f.; -, -n>

'Ske·le·ton <m.; -s, -s> *niedriger Sportschlitten* [engl.]

Ske'lett <n.; -(e)s, -e> 1 <Anat.> *Knochengerüst der Wirbeltiere bzw. Panzer der Insekten* 2 <fig.> *tragendes Grundgerüst;* Stahl~ [grch.]; **Ske'lett·bau** <m.; -(e)s, -ten; Arch.>; **ske·let'tie·ren** <V. t.>; **Ske'lett·teil** <n.; -(e)s, -e; ⚹Z37>

'Ske·ne <[-'neː]; f.; -, -nai; im altgrch. Theater> *Spielfläche, Bühne* [grch.]

'Skep·sis <f.; -; unz.> *Zweifel, misstrauische Zurückhaltung* [grch.]; **'Skep·ti·ker** <m.; -s, ->; **'Skep·ti·ke·rin** <f.; -, -n·nen>; **'skep·tisch** <Adj.> *zweifelnd;* **Skep'ti·zis·mus** <m.; -; unz.> 1 = *Skepsis* 2 <Philos.> *Zweifel an der Möglichkeit der Erkenntnis*

Sketch, Sketsch <[skɛtʃ]; m.; -od. -(e)s, -e od. -(e)s> *kurzes Bühnenstück mit witziger Pointe* [engl.]

Ski <[ʃiː]; m.; - od. -s, - od. -er [ˈʃiːər]; ⚹Z26> *am Skistiefel befestigtes langes, schmales, elastisches Brett zur gleitenden Fortbewegung im Schnee;* ~ *fahren;* ~ *laufen* [norw.]

Ski·a'skop, <auch> **Ski·as'kop** <n.; -s, -e; ⚹Z54; Med.> *Gerät zur Messung von Brechungsfehlern des Auges* [grch.]; **Ski·a·sko·'pie** <f.; -; unz.; Med.>

Ski·board <['ʃiːbɔːd]; n.; -s, -s> *skiartiges Snowboard;* **'Ski·boar·ding** <n.; -s; unz.>; **'Ski·bob** <m.; -s, -s> *Sportschlitten;* **'Ski·fah·rer** <m.; -s, ->; **'Ski·fah·re·rin** <f.; -, -n·nen>

Skiff <n.; -(e)s, -e> *nord. Einmannruderboot* [engl.]

Ski·flie·gen <['ʃi-]; n.; -s; unz.> *Skispringen von einer Flugschanze;* **'Ski·ge·biet** <n.; -(e)s, -e>; **'Ski·gym·nas·tik** <f.; -; unz.> *auf das Skilaufen vorbereitendes Training;* **'Ski·ha·serl** <n.; -s, -n; bair.; österr.; scherzh.> *Mädchen, das Skisport betreibt;* **'Ski·kjö·ring** <[-jøː-]; n.; -s, -s> *Skilauf mit Pferden od. Motorfahrzeugen* [norw.]; **'Ski·kurs** <m.; -es, -e>; **'Ski·lauf** <m.; -(e)s; unz.>; **'Ski·läu·fer** <m.; -s, ->; **'Ski·läu·fe·rin** <f.; -, -n·nen>; **'Ski·leh·rer** <m.; -s, ->; **'Ski·leh·re·rin** <f.; -, -n·nen>; **'Ski·lift** <m.; -(e)s, -e>

Skin <m.; -s, -s; kurz für> *Skinhead;* **'Skin·head** <[-hɛd]; m.; -s, -s> *meist gewalttätiger, dem Rechtsextremismus nahe stehender Jugendlicher mit kahl rasiertem Kopf* [engl.]

Skink <m.; -s, -e; Zool.> *eine Echsenart* [grch.-lat.]

'Skin·ner·Box, <auch> **'Skin·ner·box** <f.; -, -en; ⚹Z35> *Versuchsanordnung zur Erforschung von Lernvorgängen bei Tieren* [nach dem amerikan. Verhaltensforscher B. F. *Skinner*]

Ski·pis·te <[ˈʃi-]; f.; -, -n>; **'Ski·sport** <m.; -es; unz.>; **'Ski·sprin·gen** <n.; -s; unz.> *Weitspringen mit Skiern von einer Sprungschanze;* **'Ski·sprin·ger** <m.; -s, ->; **'Ski·sprin·ge·rin** <f.; -, -n·nen>; **'Ski·stie·fel** <m.; -s, -; meist Pl.>; **'Ski·stock** <m.; -(e)s, ⸚e>; **'Ski·wachs** <[-vaks]; n.; -es, -e> *Wachs zum Einreiben der Lauffläche der Skier;* **'Ski·wan·dern** <n.; -s; unz.>; **'Ski·was·ser** <n.; -s; unz.> *ein Erfrischungsgetränk;* **'Ski·zir·kus** <m.; -; unz.; salopp> *internat. Skiwettkämpfe mit Begleitveranstaltungen*

'Skiz·ze <f.; -, -n> *Entwurf, flüchtige Zeichnung* [ital.]; **'Skiz·zen·buch** <n.; -(e)s, ⸚er>; **'skiz·zen·haft** <Adj.>; **skiz'zie·ren** <V. t.> *entwerfen, flüchtig aufzeichnen;* **Skiz'zie·rung** <f.; -; unz.>

'Skla·ve <m.; -n, -n> *entrechteter, unfreier Mensch* [grch.]; **'Skla·ven·hal·ter** <m.; -s, -; früher>; **'Skla·ven·han·del** <m.; -s; unz.>; **'Skla·ven·markt** <m.; -(e)s, ⸚e>; **Skla·ve'rei** <f.; -; unz.>; **'Skla·vin** <f.; -, -n·nen>; **'skla·visch** <Adj.> 1 *blind gehorchend, unterwürfig, willenlos* 2 <fig.> *starr;* sie hält sich ~ an seine Vorgaben

'Skle·ra <f.; -, 'Skle·ren; Med.> *Lederhaut des Auges* [grch.]; **Skle'rem** <n.; -s; unz.; Med.> = *Sklerodermie;* **Skle'ri·tis** <f.; -, -'ti·den; Med.> *Lederhautentzündung;* **Skle·ro·der'mie** <f.; -; unz.; Med.> *Bindegewebserkrankung* [grch.]; **Skle'rom** <n.; -s, -e; Med.> *Skle·ro'me·ter* <n.; -s, -> *Gerät zur Bestimmung der Härte von Kristallen;* **Skle'ro·se** <f.; -, -n; Med.> *krankhafte Verhärtung od. Verkalkung eines Organs;* **skle'ro·tisch** <Adj.> *verhärtet*

'Sko·lex <m.; -, -li·ces; Med.> *Kopfeines Bandwurms* [grch.]

'Sko·li·on <n.; -s, -li·en> *altgrch. Trink- u. Tischlied* [grch.]; **Sko·li'o·se** <f.; -, -n>, **Sko·li'o·sis**

<f.; -, -sen; Med.> *seitl. Rückgratverkrümmung* [grch.]

Sko·lo'pen·der <m.; -s, -; Zool.> *Tausendfüßer* [lat.]

skon'tie·ren <V. t.; Wirtsch.> *ein Skonto auf eine Rechnung, einen Betrag gewähren* [ital.]; **'Skon·to** <n. od. m.; -s, -s> *Abzug vom Rechnungsbetrag bei sofortiger Zahlung*

Skon·tra·ti'on, <auch> **Skont·ra·ti'on** <f.; -, -en; ↗Z53> 1 <Wirtsch.> *Ermittlung der Warenbestände durch Überprüfung der Zu- u. Abgänge* 2 <Bankw.> *Ausgleich von Forderungen* [ital.]; **skon'trie·ren** <V. t. u. V. i.>; **'Skon·tro** <n.; -s; unz.> *Bestandsliste der Buchhaltung*

Skoo·ter <['sku:-]; m.; -s, -; auf Jahrmärkten> *elektr. Kleinauto;* Auto~ [engl.]

...skop <n.; -s, -e; in Zus.> *Beobachtungs-, Untersuchungs-, Messgerät* [grch.]; **...sko'pie** <f.; -, -n; in Zus.> *Untersuchung*

'Skop·je *Hauptstadt von Mazedonien*

Skor'but <m.; -(e)s; unz.; Med.> *Krankheit infolge Mangels an Vitamin C* [lat.]

Skor·da'tur <f.; -, -en; Mus.> *Umstimmung von Saiten (zur Erzielung best. Klangeffekte);* oV *Scordatura* [ital.]

Skore <[sko:r]; m.; -s, -s> = *Score;* **'sko·ren** <V. i.> = *scoren*

Skor·pi'on <m.; -s, -e; Zool.> 1 *ein Spinnentier* 2 <unz.; Astr.> *ein Sternbild* [grch.]

'Sko·te <m.; -n, -n> *Angehöriger eines alten irischen Volksstammes in Schottland*

Sko'tom <n.; -s, -e; Med.> *Ausfallsbezirk im Gesichtsfeld* [grch.]

skr <Abk. für> *schwedische Krone (Währungseinheit)*

Skri'bent <m.; -en, -en; geh.; abwertend> *Vielschreiber, Schreiberling* [lat.]; **'Skri·bi·fax** <m.; -es, -e; selten für> *Skribent;* **Skript** <n.; -(e)s, -en od. (bes. Film) -s> 1 *schriftl. Ausarbeitung, Schriftstück* 2 <Film> *Drehbuch* [engl.]; **'Skript·girl** <[-gɔːl]; n.; -s, -s> = *Scriptgirl;* **Skrip'to·ri·um** <n.; -s, -ri·en; im MA> *Schreibstube eines Klosters*

[lat.]; **'Skrip·tum** <n.; -s, 'Skrip·ten od. -ta; veralt.> = *Skript*

skro'tal <Adj.; Med.> *zum Skrotum gehörend* [lat.]; **Skro'tal·bruch** <m.; -(e)s, -e; Med.> *Hodenbruch;* **'Skro·tum** <n.; -s, -ta; Anat.> *Hodensack*

Skrubs <[skrʌbs]; Pl.> *minderwertige Tabakblätter* [engl.]

'Skru·pel <m.; -s, -; meist Pl.> *Zweifel, Gewissensbisse* [lat.]; **'skru·pel·los** <Adj.>; **'Skru·pel·lo·sig·keit** <f.; -; unz.>; **skru·pu·'lös** <Adj.; veralt.> 1 *ängstlich* 2 *peinlich genau*

'Skull·boot <n.; -(e)s, -e> *Sportruderboot mit je zwei Rudern für einen Ruderer* [engl.]; **'skul·len** <V. i.>; **'Skul·ler** <m.; -s, -> *Sportruderer*

skulp'tie·ren <V. t.> = *skulpturieren* [lat.]; **Skulp'tur** <f.; -, -en> 1 <unz.> *Bildhauerkunst* 2 *Werk der Bildhauerkunst;* **skulp·tu·'rie·ren** <V. t.> *Holz, Stein ...*

Skunk <m.; -s, -s; Zool.> *Stinktier* [Algonkin-engl.]

skur'ril <Adj.> *närrisch, eigenwillig, possenhaft* [lat.]; **Skur·ri·li·tät** <f.; -; unz.>

S-Kur·ve <['ɛs-]; f.; -, -n; ↗Z34> *Kurve in der Form eines S*

Süs <m.; -, -> *Joker im Tarock* [frz.]

Skye·ter·ri·er <['skai-]; m.; -s, -; Zool.> *eine Hunderasse* [nach der schott. Insel *Skye*]

Sky·lab <['skaɪæb]; n.; -s; unz.> *Name eines amerikan. Raumschiffes* [engl.]

Sky·light <['skaɪlaɪt]; n.; -s, -s; Seemannsspr.> *Oberlicht, Luke auf Schiffen* [engl.]

Sky·line <['skaɪlaɪn]; f.; -, -s> *Silhouette einer Stadt* [engl.]

Skyl·la <f.; -; unz.> = *Scylla* [grch.]

'Sky·the <m.; -n, -n; im Altertum> *Bewohner der eurasischen Steppe;* **'sky·thisch** <Adj.>

s. l. <Abk. für> *sine loco*

'Sla·lom <m.; -s, -s; ↗Z26; bes. Skisp.> *Torlauf;* Riesen~; ~ laufen; ~ fahren <fig.> *in Zickzacklinien fahren* [norw.]

Slang <[slæŋ]; m.; -s, -s> 1 *nachlässige Umgangssprache* 2 *Jargon* [engl.]

Slap·stick <['slæp-]; m.; -s, -s;

bes. im Stummfilm> *groteske Szene* [engl.]; **'Slap·stick·ko·mö·die** <[-diə]; f.; -, -n>

Slash <[slæʃ]; m.; -s, -s; EDV; kurz für> *Backslash* [engl.]

s-Laut <['ɛs-]; m.; -(e)s, -e; ↗Z34> *Sprachw.*

'Sla·we <m.; -n, -n> *Angehöriger einer ost- u. südosteurop. Völkergruppe;* **'Sla·win** <f.; -, -n·nen>; **'sla·wisch** <Adj.>; **Sla·'wis·mus** <m.; -, -men> *in eine andere Sprache übernommene Eigentümlichkeit einer slawischen Sprache;* **Sla'wist** <m.; -en, -en>; **Sla'wis·tik** <f.; -; unz.> *Wissenschaft von den slawischen Sprachen u. Kulturen;* **Sla'wis·tin** <f.; -, -n·nen>; **sla·'wis·tisch** <Adj.>; **Sla'wo·ni·en** *Ostteil Kroatiens;* **Sla'wo·ni·er** <m.; -s, ->; **Sla'wo·ni·e·rin** <f.; -, -n·nen>; **sla'wo·nisch** <Adj.>; **sla·wo'phil** <Adj.> *slawenfreundlich* [grch.]

s. l. e. a. <Abk. für> *sine loco et anno*

'Sli·bo·witz <m.; -es, -e; unkorrekt für> *Sliwowitz* [serb.]

Slice <[slais]; m.; -, -s [-siz]; Tennis, Golf> *best. Schlagtechnik* [engl.]

slim <Adj.; undekl.> *schmal, schlank, mager* [engl.]; **slim...,** **Slim...** <in Zus.> *schlank machend;* z. B. Slimline

Slip <m.; -s, -s> 1 *kurze, eng anliegende Unterhose* 2 <Flugw.> *Gleitflug mit starkem Höhenverlust* 3 = *Schlipp* 4 <Bankw.> *Buchungs- u. Ausführungsbeleg von Bankaufträgen* [engl.]

'Slip·per <m.; -s, -> *flacher Schlupfschuh* [engl.]

'Sli·wo·witz <m.; -es, -e> *ein Pflaumenbranntwein* [serb.]

Slo·gan <['slougən]; m.; -s, -s> *Schlagwort, werbewirksame Redewendung* [gäl.-engl.]

Sloop <[slu:p]; f.; -, -s> = *Schlup*

Slot <[slɔt]; m.; -s, -s; Flugw.> *festgelegte Zeit für Start od. Landung* [engl.]

slow <[slou]; Adj.; Mus.> *langsame Tempobezeichnung* [engl.]

Slo'wa·ke <m.; -n, -n> 1 *Angehöriger eines westslaw. Volkes* 2 *Einwohner der Slowakei;* **Slo·wa'kei** <f.; -; unz.> *Staat in Mitteleuropa;* Slowakische Republik; **Slo·wa·kin** <f.; -, -n·nen>; **slo·wa·kisch** <Adj.> ~e Spezialitäten; <aber> Slowakische Republik; Slowakisches Erzgebirge; **Slo·we·ne** <m.; -n, -n> **1** Angehöriger eines südslaw. Volkes **2** Einwohner von Slowenien; **Slo·we·ni·en** Staat in Mitteleuropa; Republik ~; **Slo·we·nin** <f.; -, -n·nen;> **slo·we·nisch** <Adj.>

Slow·fox <['slo:-] od. ['slou-]; m.; - od. -es, -e> langsamer Foxtrott [engl.]; **Slow·mo·tion** <[-'mo:ʃn]; f.; -; unz.> (in) Zeitlupe (abgespielter Filmausschnitt)

Slum <[slʌm]; m.; -s, -s [slʌmz]; meist Pl.> Elendsviertel (in Großstädten) [engl.]

Slump <[slʌmp]; m.; - od. -s, -s; Wirtsch.> unerwartete Baisse an der Börse; Ggs Boom [engl.]

Slup <f.; -, -en od. -e> = Schlup

sm <Abk. für> Seemeile

Sm <Chem.; Zeichen für> Samarium

S. M. <Abk. für> Seine Majestät

small <[smɔ:l]; Abk.: S> klein (als Kleidergröße) [engl.]; **Small·talk**, <auch> **Small Talk** <['smɔ:l'tɔ:k]; m. od. n.; (-)-s, (-)-s; ↗Z30; geh.; meist abwertend> oberflächliche Unterhaltung

'Smal·te <f.; -, -n> = Schmalte

Sma'ragd <m.; -(e)s, -e> Mineral, grüner Edelstein [grch.]; **Sma'ragd·ei·dech·se** <[-ks-]; f.; -, -n; Zool.> grüne Eidechsenart; **sma'ragd·den** <Adj.> aus, wie Smaragd; **sma'ragd·grün** <Adj.>

smart <Adj.; -er, am -es·ten; salopp> **1** hübsch, elegant **2** clever [engl.]

Smash <[smæʃ]; m.; -s, -s; bes. Tennis> Schmetterball [engl.]

Smi·ley <['smaili]; n.; -s, -s; EDV> aus Buchstaben, Ziffern u./od. Sonderzeichen der Tastatur zusammengesetztes Symbol für Gefühlszustände [engl.]

SM-O·fen <m.; -s, -ː; ↗Z34, 35; Kurzw. für> Siemens-Martin-Ofen

Smog <[smɔg]; m.; -s; unz.> dicker, mit Rauch durchsetzter Dunst od. Nebel über Industrie-

u. Großstädten [engl.]; **'Smog·a·larm** <m.; -(e)s; unz.; ↗Z55>

Smok·ar·beit <['smo:k-]; f.; -, -en>; **'smo·ken** <V. i.> mit einem Zierstich in kleine Fältchen raffen (u. besticken) [slow.]

'Smo·king <m.; -s, -s> Gesellschaftsanzug für Herren [engl.]

'Smör·re·bröd <n.; -s, -s> gut belegtes Butterbrot [dän.]

smor'zan·do <Mus.> verlöschend (zu spielen) [ital.]; **Smor'zan·do** <n.; -s, -s od. -di>

SMS <Abk. für engl.> Short Message Service (bei Mobiltelefonen)

'Smut·je <m.; -s, -s> Spitzname für den> Schiffskoch

SMV <Abk. für> Schülermitverwaltung

SM-Ver·fah·ren <n.; -; unz.; ↗Z34; Kurzw. für> Siemens-Martin-Verfahren

Sn <Chem.; Zeichen für> Zinn

Snack <[snæk]; m.; -s, -s> kleiner Imbiss [engl.]; **Snack·bar** <f.; -, -s; engl. Bez. für> Imbissstube

Snake·board <['sneikbɔːd]; n.; -s, -s> Skateboard mit einem Gelenk im Mittelteil [engl.]

Snea·ker <['sni:kə(r)]; m.; -, -> modischer Sportschuh mit Gummisohle [engl.]

'snif·fen <V. t. u. V. i.; Drogenszene> (Dämpfe) schnüffeln, schnupfen [engl.]

Snob <[snɔb]; m.; -s, -s; abwertend> vornehm tuender, überheblicher Mensch [engl.]; **Sno·bi·e·ty** <[snɔ'baiəti]; f.; -; unz.> = High Snobiety; **Sno'bis·mus** <m.; -; unz.>; **sno'bis·tisch** <Adj.; abwertend>

Snow·board <['snoubɔːd]; n.; -s, -s> Brett zum sportl. Gleiten auf Schnee [engl.]; **'snow·boar·den** <V. i.>; **'Snow·boar·der** <m.; -s, -; umg.>; **'Snow·boar·de·rin** <f.; -, -n·nen>; **'Snow·boar·ding** <n.; -; unz.>; **'Snow·raf·ting** <n.; -; unz.> waghalsiges Schlauchbootfahren im Schnee; → a. Rafting

so¹ <Adv.> er möchte ~ sein wie alle; er ist ein ~ genanntes Genie; ich verschwinde ~ bald wie möglich früh; <aber> → sobald; der Termin ist noch ~ fern weit weg; <aber> → sofern; ich warte schon ~ lange; <aber> → solan-

ge; das habe ich dir schon ~ oft gesagt; <aber> → sooft; ich wünsche mir das ~ sehr; <aber> → sosehr; nimm, ~ viel du willst; ~ viel für heute; <aber> → soviel; ich wusste nicht, dass es bis zur Post ~ weit ist; ich bin noch nicht ~ weit; es geht ihm ~ weit gut mit Einschränkungen; ~ weit kommt es noch!; <aber> → soweit; er weiß ~ wenig wie ich; er hat ~ wenig gesagt, dass ...; <aber> → sowenig; mach es ~, wie du es für richtig hältst; er ist ~ wie ich; <aber> → sowie

so² <Pron.; undekl.> solch; ~ ein Unsinn; ~ etwas habe ich noch nie gesehen; du bist mir vielleicht ~ einer!

so³ <Konj.> ~ nett er auch ist; er kam zu spät, ~ dass, <auch> sodass er stehen musste

so⁴ <Partikel; umg.> ~ eine Woche wird er bleiben; was macht er jetzt ~? ungefähr, annähernd; ich habe ihn gesehen! ~?

So <Abk. für> Sonntag

SO <Abk. für> Südost(en)

s. o. <Abk. für> siehe oben

Soap·o·pe·ra <['soupɔpərə]; f.; -, -s; ↗Z55; TV> = Seifenoper

so'a·ve <[-və]; Mus.> sanft, lieblich [ital.]; **So'a·ve** <m.; -; unz.> ital. Weißwein [aus den Bergen um den Ort Soave]

so'bald <Konj.> gleich, sofort wenn; ~ der Film aus ist, gehe ich; ~ ich Näheres weiß, melde ich mich; <aber> ich konnte nicht ahnen, dass du schon so bald kommst; → a. so¹

'So·ca <m.; -s, -s> lateinamerikan. Modetanz

'Soc·cer <m.; -s; unz.; amerikan. Bez. für> Fußball(spiel) [engl.]

So·cial·costs, <auch> So·cial Costs <['souʃəl'kɔsts]; Pl.; ↗Z30; Wirtsch.> von der Gesellschaft getragene Kosten (für Wasser- u. Luftverschmutzung) [engl.]

So·cial·en·gi·nee·ring, <auch> So·cial En·gi·nee·ring <['souʃəl endʒi'ni:riŋ]; n.; (-)-s; unz.; ↗Z30> = Humanengineering [engl.]

So·ci·e·tas Je·su <[-'tsi:e-]; f.; --; unz.> der Jesuitenorden "die Gesellschaft Jesu" [lat.]

S

'Söck·chen <n.; -s, -; Verkleinerungsf. von> *Socke;* **'So·cke** <f.; -, -n> *kurzer Strumpf;* sich auf die ~n machen <fig.; umg.> *aufbrechen;* von den ~n sein <fig.; umg.> *völlig überrascht sein*

'So·ckel <m.; -s, -> 1 *Mauervorsprung* 2 *Unterbau (z. B. einer Säule);* **'So·ckel·be·trag** <m.; -(e)s, ⸚e> *fixer Grundbetrag*

'So·cken <m.; -s, -; bair.; österr. für> *Socke*

Sod <m.; -(e)s; unz.; veralt.> 1 *das Sieden, Aufwallen* 2 <kurz für> *Sodbrennen*

'So·da <f.; -; unz. od. n.; -s; unz.> 1 *Natriumcarbonat* 2 <kurz für> *Sodawasser;* Whisky mit ~ [ital.]

So'da·le <m.; -n, -n> *Mitglied einer Sodalität* [lat.]; **So·da·li'tät** <f.; -, -en> *kath. Bruderschaft*

so'dann <Adv.; veralt.> *dann*

so'dass, <auch> **so dass** <Konj.; konsekutiv> er kam spät, ~ er den Vortrag verpasste; <aber> komm so, dass du von den Vortrag noch etwas mitbekommst; → a. *so³*

'So·da·was·ser <n.; -s, ⸚; Pl. selten> *mit Kohlensäure versetztes Wasser*

'Sod·bren·nen <n.; -s; unz.> *brennendes Gefühl in der Speiseröhre infolge eines Überschusses od. Mangels an Magensäure*

'So·de <f.; -, -n> 1 *abgestochenes Rasenstück* 2 *Torfstück*

'So·dom <n.; -; unz.> ~ und Gomorr(h)a <sinnbildl. für> *Sünde u. Lasterhaftigkeit* [nach der bibl. Stadt *Sodom*]; **So·do'mie** <f.; -; unz.> *Geschlechtsverkehr mit Tieren* [lat.]; **So·do'mit** <m.; -en, -en> **So·do'mi·tin** <f.; -, -nnen>; **so·do'mi·tisch** <Adj.>

so'e·ben <Adv.; ⸚Z55> *gerade, vor einem Augenblick;* ~ hat es geläutet; <aber> der Weg war nicht so eben wie erhofft

'So·fa <n.; -s, -s> *gepolstertes Sitzmöbel mit Rückenlehne für mehrere Personen* [arab.]; **So·fa·e·cke** <f.; -, -n; ⸚Z55>; **'So·fa·kis·sen** <n.; -s, ->

so'fern <Konj.> *für den Fall, vorausgesetzt dass ...;* du kannst mitkommen, ~ du Lust dazu

---

hast; <aber> das Ziel war noch so fern; → a. *so¹*

Sof'fit·te <f.; -, -n> *Dekorationsteil an der Bühnendecke* [ital.]; **Sof'fit·ten·lam·pe** <f.; -, -n>

'So·fia *Hauptstadt von Bulgarien;* **'So·fi·a·er** <m.; -s, -> = *Sofioter;* **'So·fi·a·e·rin** <f.; -, -n·nen> = *Sofioterin;* **So·fi'o·ter** <m.; -s, -> *Einwohner von Sofia;* **So·fi'o·te·rin** <f.; -, -n·nen>

so'fort <Adv.> *gleich, unverzüglich;* komm ~ her!; <aber> und so weiter und so fort; **So'fort·bild·ka·me·ra** <f.; -, -s>; **So'fort·hil·fe** <f.; -; unz.>; **so'for·tig** <Adj.> *gleich geschehend;* mit ~er Wirkung; **So'fort·maß·nah·me** <f.; -, -n; meist Pl.> ~n ergreifen; **So'fort·pro·gramm** <n.; -(e)s, -e>

soft <[sɔft]; Adj.> *weich, sanft* [engl.]; **'Soft·ball** <[-bɔːl]; m.; -s; unz.; Sp.> *mit weicherem Ball gespielte Form des Baseballspiels;* **'Soft·co·py,** <auch> **'Soft Co·py** <[-kɔpi]; f.; -(-)-, (-)-s; ⸚Z30; EDV> *nur auf dem Computerbildschirm abgebildete, nicht ausgedruckte Kopie von Texten od. Daten;* Ggs *Hardcopy;* **'Soft·drink,** <auch> **'Soft Drink** <m.; -(-)-s, (-)-s; ⸚Z30> *alkoholfreies od. -armes Getränk;* Ggs *Harddrink;* **'Soft·drug,** <auch> **'Soft Drug** <[-drʌg]; f.; -(-)-, (-)-s; ⸚Z30> *weiche, nicht süchtig machende Droge;* Ggs *Harddrug, Hardstuff;* **'Soft·eis** <n.; - od. -es, -e> *cremiges Milchspeiseeis;* **'Sof'tie** <m.; -s, -s; umg.; meist abwertend> *sanfter, empfindsamer Mann;* **'Soft·por·no** <m.; -s, -s> *Film mit gemäßigter Darstellung pornograf. Szenen;* **'Soft·rock,** <auch> **'Soft Rock** <m.; (-)- od. (-)-s; unz.> *ruhigere Variante der Rockmusik;* Ggs *Hardrock;* **'Soft·ware** <[-wɛːr]; f.; -, -s; EDV> *die nicht apparativen Bestandteile einer Anlage, z. B. Programme;* Ggs *Hardware*

sog. <Abk. für> *so genannt*

Sog <m.; -(e)s, -e; fig.> *saugende Strömung in der Luft od. im Wasser;* er geriet in den ~ der Großstadt <fig.>

so'gar <Partikel> *obendrein, da-*

---

rüber hinaus; er hat sie ~ geküsst

'sog·gen <V. i.> *kristallisieren*

so'gleich <Adv.> *sofort;* <aber> sie sehen so gleich aus, dass man sie fast verwechselt

so'hin <Konj.; veralt.> *somit, also;* <aber> er schmierte den Aufsatz nur so hin

'Sohl·bank <f.; -, ⸚e> *Schutzblech auf dem Fenstersims;* **'Soh·le** <f.; -, -n> 1 *Lauffläche des Fußes, Schuhs u. Strumpfes;* ein Kavalier vom Scheitel bis zur ~ <fig.> *durch und durch* 2 *Einlage in den Schuh;* Lammfell~ 3 *Boden von Tälern, Flüssen, Kanälen, Gräben;* Tal~ 4 <Bgb.> *untere Begrenzungsfläche eines Grubenbaus;* <aber> → *Sole* [lat.]; **'soh·len** <V. t. u. V. i.> *die Schuhe zum Sohlen bringen;* **'Soh·len·gän·ger** <m.; -s, -; Zool.> Ggs *Zehengänger;* **'Soh·len·le·der** <n.; -s; unz.> = *Sohlleder;* **'söh·lig** <Adj.; Bgb.> *waagerecht;* **'Sohl·le·der** <n.; -s; unz.> *festes, steifes Leder zum Besohlen schwerer Schuhe*

Sohn <m.; -(e)s, ⸚e> *unmittelbarer männl. Nachkomme;* **'Söhn·chen** <n.; -s, -; Verkleinerungsf. von> *Sohn;* **'Soh·ne·mann** <m.; -(e)s, ⸚er; umg.; scherzh. für> *Sohn;* **'Söhn·lein** <n.; -s, -; poet.; Verkleinerungsf. von> *Sohn*

sohr <Adj.; norddt.> *dürr, trocken, welk;* **Sohr** <m.; -s; unz.; norddt.> = *Sodbrennen;* **'Söh·re** <f.; -; unz.; norddt.> *Dürre, Trockenheit;* **'söh·ren** <V. i. (s.); norddt.> *verdorren*

soi·gniert, <auch> **soig·niert** <[zoa'nji:rt]; Adj.; ⸚Z53; veralt.> *gepflegt* [frz.]

Soi'ree <[zoa-]; f.; -, -'re·en> *künstlerische, oft aus besonderem Anlass stattfindende Abendveranstaltung;* Ggs *Matinee* [frz.]

'So·ja <f.; -, 'So·jen; kurz für> *Sojabohne* [jap.-ndrl.]; **'So·ja·boh·ne** <f.; -, -n> 1 *eine Nutzpflanze* 2 *ölhaltiger Samen der Sojabohne(1);* **'So·ja·mehl** <n.; -(e)s; unz.>; **'So·ja·öl** <n.; -(e)s; unz.>; **'So·ja·sau·ce** <f.; -; unz.>, **'So·ja·so·ße** <f.; -; unz.; Kochk.>

So·jus <[sɔˈjus]; m.; -; unz.> *sowjet. Weltraumfahrzeug* [russ.]

'So·ko <f.; -, -s; kurz für> *Sonderkommission (der Polizei)*

So·kra·ti·ker, <auch> **Sok·ra·ti·ker** <m.; -s, -; ⟋Z53> *Anhänger des grch. Philosophen Sokrates u. seiner Lehre;* **so·kra·tisch** <Adj.> *die ~e Lehre*

Sol[1] <m.; -s, -s od. -> *peruan. Währungseinheit*

Sol[2] <n.; -s, -e; Chem.> *kolloide Lösung*

Sol[3] <n.; -, -; Mus.> *ital. u. frz. Bez. für> die 5. Tonsilbe; → a. Solmisation*

so·lang, so·lan·ge <Konj.> *während(dessen); ~ es regnet, bleiben wir hier; <aber> ich habe dich so lange nicht gesehen; → a. so*[1]

So·la·nin <n.; -s; unz.> *giftiges Alkaloid verschiedener Nachtschattengewächse* [lat.]; **So·la·num** <n.; -s, -'la·na; Bot.> *Nachtschatten(gewächs)*

so·lar <Adj.> *die Sonne betreffend* [lat.]; **So·lar·an·la·ge** <f.; -, -n> = *Sonnenkraftwerk;* **So·lar·en·er·gie,** <auch> **So·la·e·ner·gie** <f.; -; unz.; ⟋Z54> = *Sonnenenergie;* **So·la·ri·sa·ti·on** <f.; -, -en; Fot.> *Bildumkehr bei zu langer Belichtung;* **so·la·risch** <Adj.> = *solar;* **So·la·ri·um** <n.; -s, -ri·en> *Anlage zur Bestrahlung mit Höhensonne;* **So·lar·kol·lek·tor** <m.; -s, -'to·ren> = *Sonnenkollektor;* **So·lar·kon·stan·te,** <auch> **So·lar·kons·tan·te** <f.; -, -n; ⟋Z54> *von der Sonne auf die Erde auftreffende Energiemenge innerhalb einer best. Zeit;* **So·lar·kraft·werk** <n.; -(e)s, -e> = *Sonnenkraftwerk;* **So·lar·ple·xus** <m.; -, -; Anat.> = *Sonnengeflecht;* **So·lar·tech·nik** <f.; -; unz.>; **so·lar·ther·misch** <Adj.> *auf durch Sonneneinstrahlung verursachter Wärme beruhend;* **So·lar·zel·le** <f.; -, -n> = *Sonnenzelle*

'So·la·wech·sel <[-ks-]; m.; -s, -; Bankw.> *Eigenwechsel* [lat.]

'Sol·bad <n.; -(e)s, -"er> 1 *Bad mit Zusatz von Sole* 2 *Badeort mit solehaltiger Quelle*

solch <Demonstrativpron.> *von dieser Beschaffenheit, diesem Grad; er ist ~ ein Büchernarr;*

ein *~er Büchernarr; hast du schon einen ~en Büchernarren gesehen?; mit ~ einem Kleid kannst du nicht aus dem Haus; mit einem ~en Kleid; mit ~ kurzem Kleid; mit einem ~(en) kurzen Kleid; ein Kind ~er Leute, von ~en Leuten; ein Kind ~ feiner, <auch> ~er feinen, <auch> ~er feiner Leute; es gibt eben ~e und ~e die Menschen sind verschieden;* **'sol·cher·art** <Adv.> *von derselben Art; ~ Bilder; <aber> Bilder solcher Art;* **'sol·cher·lei** <Adj.; undekl.> *~ Sachen so ähnliche S.;* **sol·cher·'ma·ßen** <Adv.; veralt.> *so, auf solche Weise*

Sold <m.; -(e)s, -e> *Lohn (des Soldaten); in jmds. ~ stehen* <fig.> *jmdm. Dienste leisten* [lat.]

Sol·da·nel·la, Sol·da·nel·le <f.; -, -'nel·len; Bot.> *ein Primelgewächs* [ital.]

Sol·dat <m.; -en, -en> 1 *Angehöriger einer Streitmacht* 2 <Zool.> *zur Verteidigung befähigtes Individuum eines Insektenstaates* [ital.]; **Sol·da·ten·fried·hof** <m.; -(e)s, -"e>; **Sol·da·ten·lied** <n.; -(e)s, -er>; **Sol·da·ten·spra·che** <f.; -; unz.>; **Sol·da·tes·ka** <f.; -, -'tes·ken> *roh vorgehende Soldatenhorde;* **Sol·'da·tin** <f.; -, -nnen>; **sol·da·tisch** <Adj.>; **'Sold·buch** <n.; -(e)s, -"er; im 2. Weltkrieg> *Personalausweis des dt. Soldaten;* **'Söld·ner** <m.; -s, -> *jmd., der gegen Bezahlung für ein fremdes Land Kriegsdienst leistet;* **'Söld·ner·heer** <n.; -(e)s, -e>

'So·le <f.; -, -n> *kochsalzhaltiges Wasser; <aber> → Sohle*

'Sol·ei <n.; -(e)s, -er> *in Salzlake eingelegtes, hart gekochtes Ei*

so·lenn <Adj.> *feierlich, festlich* [lat.]; **So·len·ni·'tät** <f.; -; unz.>

So·le·no·id <m.; -(e)s, -e; Phys.> *zylindr. Spule, in der bei Stromdurchfluss ein Magnetfeld entsteht* [grch.]

'So·le·quel·le <f.; -, -n> *Quelle, die Sole enthält;* oV *Solquelle*

Sol·fa·ta·ra, Sol·fa·ta·re <f.; -, -'ta·ren> *vulkanisches Ausströmen von Schwefelgasen u. Wasserdampf* [ital.]

sol·feg·gie·ren <[-'dʒi:-]; V. i.;

Mus.>; **Sol'feg·gio** <[-dʒo]; n.; -s, -'feg·gien [-dʒən]> *mit den Solmisationssilben gesungenes Übungsstück* [ital.]

'So·li 1 <Pl. von> *Solo* 2 <m.; -s; unz.; kurz für> *Solidaritätsbeitrag*

so'lid <Adj.> = *solide*

'So·li·dar·bei·trag <m.; -(e)s; unz.> = *Solidaritätsbeitrag;* **So·li·dar·ge·mein·schaft** <f.; -, -en>; **So·li·dar·haf·tung** <f.; -; unz.; Wirtsch.> *Haftung mehrerer Personen, die als Gesamtschuldner gelten;* **so·li·da·risch** <Adj.> *füreinander einstehend* [frz.-lat.]; **so·li·da·ri·sie·ren** <V. refl.> *sich mit jmdm. ~;* **So·li·da·'ris·mus** <m.; -; unz.; in der kath. Soziallehre>; **So·li·da·ri·'tät** <f.; -; unz.> *Zusammengehörigkeitsbewusstsein;* **So·li·da·ri·'täts·bei·trag** <m.; -(e)s; unz.; nach dem Zusammenschluss von Ost- u. Westdeutschland> *Ergänzungsabgabe zur Unterstützung der neuen Bundesländer;* **So·li·da·ri·'täts·ge·fühl** <n.; -(e)s; unz.>; **So·li·da·ri·'täts·pakt** <m.; -(e)s, -e>; **So·li·da·ri·'täts·zu·schlag** <m.; -(e)s; unz.> = *Solidaritätsbeitrag;* **'So·li·'dar·pakt** <m.; -(e)s, -e>

so'li·de <Adj.> oV *solid* 1 *maßvoll; ein ~r Lebenswandel* 2 *zuverlässig, geordnet; eine ~e Firma* 3 *fest, haltbar, gediegen; eine ~ Handwerksarbeit* [lat.]; **So·li·di·'tät** <f.; -; unz.>

'So·ling <f.; -, -e od. -s; od. m. od. n.; -s, -s; Segeln> *Kielboot für drei Personen*

Sol·ip·'sis·mus, <auch> **So·lip·'sis·mus** <m.; -; unz.; ⟋Z54; Philos.> *Lehre, nach der allein das Ich wirklich, die Außenwelt dagegen nur Vorstellung ist* [lat.]; **so·lip·'sis·tisch** <Adj.>

So·list <m.; -en, -en> *einzeln auftretender Instrumentalist od. Sänger* [ital.-frz.]; **So'lis·tin** <f.; -, -nnen>; **so'lis·tisch** <Adj.>

so·li·'tär <Adj.; Zool.; Bot.> *einsam lebend, wachsend* [frz.-lat.]; **So·li·'tär** <m.; -s, -e> 1 *einzeln gefasster Edelstein* 2 <Bot.> *einzeln stehende Pflanze* 3 *Brettspiel für eine Person;* **So·li·'tü·de** <f.; -, -n> *Einsamkeit (als Name von Schlössern)*

S

'**So·li·zu·schlag** <m.; -(e)s; unz.> = Solidaritätszuschlag

'**Sol'jan·ka** <f.; -, -s; ostdt.> Suppe mit variablen Einlagen [russ.]

'**Soll** <n.; -s; unz.> **1** eine in einer best. Zeit zu erbringende Leistung; die Firma hat ihr ~ nicht erfüllt; das ~ u. das Muss **2** <Bankw.> Schuld; ~ und Haben; '**Soll·be·stand** <m.; -(e)s, ⸚e> Ggs Istbestand; '**Soll·bruch·stel·le** <f.; -, -n; Tech.>; '**sol·len** <Modalverb 247; sie hat ... sollen; als Vollverb: sie hat gesollt> er hätte anrufen ~ es wäre seine Pflicht gewesen anzurufen; er wusste nicht, was er machen sollte er war ratlos; es sollte ganz anders kommen; sollte es regnen, ... für den Fall, dass es regnet ...; sie soll geheiratet haben man sagt, sie habe geheiratet; ich hätte zum Arzt gesollt; ich hätte zum Arzt gehen ~

'**Söl·ler** <m.; -s, -> **1** <Arch.> offener, balkonartiger Vorbau an einem Stockwerk **2** Dachboden, Speicher [lat.]

'**Soll·sei·te** <f.; -, -n; Bankw.> linke Seite eines Kontos; Ggs Habenseite; '**Soll·stär·ke** <f.; -, -n>

'**Sol·lux·lam·pe** <f.; -, -n; Warenz.> Bestrahlungslampe zur Wärmebehandlung [lat.]

'**Soll·wert** <m.; -(e)s, -e> Wert, den eine physikal. od. mathemat. Größe haben soll; Ggs Istwert; '**Soll·zin·sen** <Pl.> für geliehenes Geld geforderte Zinsen; Ggs Habenzinsen

Sol·mi·sa·ti'on <f.; -; unz.; Mus.> Bezeichnung der Tonleiterstufen mit den Tonsilben do, re, mi, fa, sol, la, si [nach den Silben sol und mi]; **sol·mi'sie·ren** <V. i.>

'**so·lo** <Adj.; undekl.; Mus.> ohne Begleitung, allein; er singt viel ~; sie ist wieder ~ <umg.> ohne Partner [ital.]; '**So·lo** <n.; -s, -s od. -li> ein ~ singen, spielen, tanzen; '**So·lo·ge·sang** <m.; -(e)s, ⸚e>; '**So·lo·in·stru·ment**, <auch> '**So·lo·ins·tru·ment**, '**So·lo·inst·ru·ment** <n.; -(e)s, -e; ↗Z54>

so·lo·nisch <Adj.> weise, klug; die ~e Gesetzgebung [nach dem altgrch. Dichter Solon]

'**So·lo·part** <m.; -s, -s> Einzelrolle; '**So·lo·sän·ger** <m.; -s, ->;

'**So·lo·sän·ge·rin** <f.; -, -n·nen>; '**So·lo·spiel** <n.; -(e)s, -e>; '**So·lo·stim·me** <f.; -, -n>; '**So·lo·tän·zer** <m.; -s, ->; '**So·lo·tän·ze·rin** <f.; -, -n·nen>

So·lö'zis·mus <m.; -, -'zis·men> grober sprachlicher, bes. syntaktischer Fehler [grch.]

'**Sol·quel·le** <f.; -, -n> = Solequelle [lat.]

Sol'sti·ti·um, <auch> **Sols'ti·ti·um** <n.; -s, -ti·en; ↗Z54; Astr.> Sonnenwende [lat.]

so·lu·bel <Adj.; Chem.> löslich; ein solubler Stoff [lat.]; **So·lu·ti·o** <f.; -, -ti'o·nen>, **So·lu·ti'on** <f.; -, -en> (Arzneimittel-)Lösung [lat.-frz.]; **sol·va·bel** <[-'va:-]; Adj.> auflösbar; eine solvable Mischung; '**Sol·vens** <[-vɛns]; n.; -, -'ven·zi·en od. 'ven·tia; Med.> schleimlösendes Mittel; **sol'vent** <Adj.; Wirtsch.> zahlungsfähig; Ggs insolvent; **Sol'venz** <f.; -; unz.> Zahlungsfähigkeit; Ggs Insolvenz; **sol·vie·ren** <[-'vi:-]; V. t.> **1** (auf)lösen **2** eine Schuld (ab)zahlen

'**Sol·was·ser** <n.; -s; unz.> kochsalzhaltiges Wasser

'**So·ma** <n.; -s, -ta; Med.> Leib, Körper [grch.]

So'ma·li <n.; - od. -s; unz.> Amtssprache in Somalia; **So'ma·lia** Staat in Ostafrika; Demokratische Republik ~; **So'ma·li·er** <m.; -s, ->; **So'ma·li·e·rin** <f.; -, -n·nen>; **so'ma·lisch** <Adj.>

so·ma·tisch <Adj.; Med.> den Körper betreffend [grch.]; **so·ma·to'gen** <Adj.; Med.>; **So·ma·to·lo'gie** <f.; -; unz.> Lehre von den Eigenschaften des menschl. Körpers

Som'bre·ro, <auch> **Somb're·ro** <m.; -s, -s; ↗Z53> breitrandiger mexikanischer Strohhut [span.]

'**so·mit** <a. [-'-]; Konj.> also, folglich

'**Som·mer** <m.; -s, -> die wärmste Jahreszeit; ~ wie Winter das ganze Jahr über, immer; '**Som·mer·an·fang** <m.; -s; unz.> oV Sommersanfang; '**Som·mer·fahr·plan** <m.; -(e)s, ⸚e; Eisenb.>; '**Som·mer·fe·ri·en** <Pl.>; '**Som·mer·fest** <n.; -(e)s, -e>; '**Som·mer·flie·der** <m.; -s, -; Bot.> ein Zierstrauch; '**Som·mer·fri·sche** <f.; -, -n; veralt.>

in die ~ fahren; '**Som·mer·ge·trei·de** <n.; -s, -; Landw.>; '**Som·mer·grip·pe** <f.; -; unz.; Med.>; '**Som·mer·kleid** <n.; -(e)s, -er>; '**Som·mer·kol·lek·ti·on** <f.; -, -en; Mode>; '**som·mer·lich** <Adj.> ~es Wetter; '**Som·mer·loch** <n.; -(e)s, ⸚er; umg.> = Sauregurkenzeit; '**Som·mer·mo·nat** <m.; -(e)s, -e>; '**som·mern** <V. i.; selten; unpersönl.> es sommert es wird Sommer; '**söm·mern** <V. t.; ich sömm(e)re> **1** sonnen **2** Vieh auf die Sommerweide halten; '**Som·mer·o·lym·pi·a·de** <f.; -, -n; ↗Z55> die Olympischen Spiele (im Sommer); '**Som·mer·pau·se** <f.; -; unz.; Theat.>; '**Som·mer·rei·fen** <m.; -s, -; Kfz>; '**Som·mer·rei·se** <f.; -, -n>; '**som·mers** <Adv.; ↗Z45.3> im Sommer; ~ wie winters; '**Som·mer·sa·chen** <Pl.>; '**Som·mers·an·fang** <m.; -(e)s; unz.>; '**Som·mer·schluss·ver·kauf** <m.; -(e)s, ⸚e; Pl. selten; Abk.> SSV> Verkauf von Sommerartikeln zu herabgesetzten Preisen am Ende der Saison; '**Som·mer·se·mes·ter** <n.; -s, -> eines der beiden Studienhalbjahre; Ggs Wintersemester; '**Som·mer·sitz** <m.; -es, -e> Wohnsitz während des Sommers; '**Som·mer·son·nen·wen·de** <f.; -, -n> → a. Sonnenwende; '**Som·mer·spros·se** <f.; -, -n; meist Pl.> kleiner Hautfleck infolge zu starker Pigmentbildung; '**som·mer·spros·sig** <Adj.>; '**Som·mers·zeit** <f.; -; unz.; poet.>; '**Som·mer·tag** <m.; -(e)s, -e>; '**Som·me·rung** <f.; -, -n; Landw.> Sommergetreide; '**Som·mer·vo·gel** <m.; -s, ⸚; schweiz.; poet.> Schmetterling; '**Som·mer·wei·de** <f.; -, -n>; '**Som·mer·zeit** <f.; -; unz.> **1** sommerliche Jahreszeit **2** vorverlegte Stundenzählung während des Sommers

som·nam'bul <Adj.> schlafwandelnd, mondsüchtig [lat.]; **Som·nam'bu·le** <f. 2 (m. 1)>; **Som·nam·bu'lis·mus** <m.; -; unz.>; **som·no'lent** <Adj.> benommen, schlafsüchtig; **Som·no'lenz** <f.; -; unz.>

so'nach <Adv.; selten> demnach

Sonant: Ein S. ist ein stimmhafter Sprachlaut mit Silben bildender Funktion, z. B. im Deutschen [a] und [ŋ] in [fra:gŋ]. Vgl. ↗Vokal, ↗Konsonant

So'nant ‹m.; -en, -en; Sprachw.› *Silben bildender Laut, Vokal*; Ggs *Konsonant*; → a. *Kasten* [lat.]; **so'nan·tisch** ‹Adj.›; **So'na·te** ‹f.; -, -'na·te; ital. Bez. für› *Sonate*; **So'na·te** ‹f.; -, -n; Mus.› *Musikstück für ein od. mehrere Instrumente aus drei od. vier Sätzen*; Klavier~ [ital.]; **So·na'ti·ne** ‹f.; -, -n› *kleine Sonate*; **so·na'tisch** ‹Adj.; Mus.›
Son·de ‹f.; -, -n› **1** ‹Med.› *stab- od. schlauchförmiges Instrument zur Untersuchung von Körperhöhlen* **2** ‹Bgb.› *bis zehn Meter tiefe Probebohrung* **3** ‹kurz für› *Raumsonde* [frz.]
'son·der ‹Präp.; m. Akk.; veralt.› *ohne*; ~ *Tadel*; **'Son·der...** ‹in Zus.› *Einzel..., besondere(-r, -s) ...*; **'Son·der·ab·druck** ‹m.; -(e)s, -e›; **'Son·der·ab·kom·men** ‹n.; -s, -›; **'Son·der·an·fer·ti·gung** ‹f.; -, -en›; **'Son·der·an·ge·bot** ‹n.; -(e)s, -e›; **'Son·der·aus·ga·be** ‹f.; -, -n›; **'Son·der·aus·stat·tung** ‹f.; -, -en›; **'son·der·bar** ‹Adj.› *eigenartig, merkwürdig*, **son·der·ba·rer·wei·se** ‹Adv.›; **'Son·der·be·auf·trag·te(r)** ‹f. 2 (m. 1)›; **'Son·der·be·richt·er·stat·ter** ‹m.; -s, -›; **'Son·der·be·richt·er·stat·te·rin** ‹f.; -, -n·nen›; **'Son·der·brief·mar·ke** ‹f.; -, -n›; **'Son·der·druck** ‹m.; -(e)s, -e›; **'Son·der·fahrt** ‹f.; -, -en›; **'Son·der·fall** ‹m.; -(e)s, "e›; **'Son·der·ge·neh·mi·gung** ‹f.; -, -en›; **'Son·der·ge·richt** ‹n.; -(e)s, -e›; **'son·der'glei·chen** ‹Adv.; nachgestellt› *einzigartig, beispiellos*; *das ist eine Frechheit* ~; *das ist eine Frechheit* ~; **'Son·der·heft** ‹n.; -(e)s, -e›; **'Son·der·heit** ‹nur in der Wendung› *in* ~ *besonders*; **'Son·der·in·te·res·sen** ‹auch› **'Son·der·in·te·res·sen** ‹Pl.; ↗Z54›; **'Son·der·kon·to** ‹n.; -s, -kon·ten›; **'son·der·lich** ‹Adj.› **1** *sonderbar*; *ein* ~ *er Alter 2* ‹↗Z42›; *meist in verneinenden Sätzen› besonders, ungewöhn-*

lich; *das ist nicht* ~ *originell*; *der Film war nichts Sonderliches*; **'Son·der·ling** ‹m.; -s, -e› *Einzelgänger*; **'Son·der·müll** ‹m.; -s; unz.› *Müll, der separat entsorgt werden muss, z. B. giftige Chemikalien*; **'Son·der·müll·de·po·nie** ‹f.; -, -n›; **'son·dern¹** ‹V. t.; ich sondere; geh.› *trennen, beiseite legen*; *die guten Beeren von den schlechten* ~; *diesen Fall muss man gesondert betrachten*; **'son·dern²** ‹Konj.› *vielmehr, richtiger gesagt*; *nicht er,* ~ *sie hat Recht*; *nicht nur ...,* ~ *auch ... dazu, außerdem*; **'Son·der·num·mer** ‹f.; -, -n›; **'Son·der·päd·a·go·gik,** ‹auch› **'Son·der·pä·da·go·gik** ‹f.; -; unz.; ↗Z54› *Erziehung u. Förderung geistig od. körperlich behinderter bzw. verhaltensauffälliger Kinder*; **'Son·der·preis** ‹m.; -es, -e›; **'Son·der·recht** ‹n.; -(e)s, -e›; **'Son·der·re·ge·lung** ‹f.; -, -en›; **'son·ders** ‹Adv.› → a. *samt*; **'Son·der·schu·le** ‹f.; -, -n› *Schule für geistig od. körperl. behinderte bzw. verhaltensauffällige Kinder*; **'Son·der·spra·che** ‹f.; -, -n›; **'Son·der·stel·lung** ‹f.; -, -en›; **'Son·der·stem·pel** ‹m.; -s, -›; **'Son·de·rung** ‹f.; -; unz.›; **'Son·der·wunsch** ‹m.; -(e)s, "e; meist Pl.›; **'Son·der·zei·chen** ‹n.; -s, -; Gramm.› → a. *Kasten Interpunktion*; **'Son·der·zug** ‹m.; -(e)s, "e›
son'die·ren ‹V. t.› **1** *mit einer Sonde(1) untersuchen* **2** *das Gelände, die Lage* ~ ‹fig.; umg.› *vorsichtig erkunden* [frz.]; **Son'die·rung** ‹f.; -, -en›; **Son'die·rungs·ge·spräch** ‹n.; -(e)s, -e› *Vorgespräch, in dem man die Standpunkte der Teilnehmer zu erkunden versucht*
So'nett ‹n.; -(e)s, -e› *Gedicht aus zwei vier- u. zwei dreizeiligen Strophen* [ital.]
Song ‹[‚sɔŋ]; m.; -s, -s› *(satirisches, auch kritisches) Lied* [engl.]; **'Song·book** ‹[-buk]; n.; -s, -s› *Liederbuch*; **'Song·wri·ter** ‹[-raitər] m.; -s, -; Mus.› *jmd., der die Musik (und den Text) für Songs schreibt*
'Sonn·a·bend ‹m.; -s, -e; ↗Z55, 45.2; bes. norddt.; mdt.; Abk.:

Sa› Sy *Samstag*; → a. *Dienstag*; **'Sonn·a·bend'a·bend** ‹m.; -s, -e; ↗Z55› *Abend eines (jeden) Sonnabends*; → a. *Dienstagabend*; **'sonn·a·bends** ‹Adv.; ↗Z45.3› *an jedem Sonnabend*; → a. *dienstags*
'Son·ne ‹f.; -, -n› **1** *der zentrale Fixstern unseres Planetensystems*; ~, *Mond u. Sterne* **2** *Licht u. Wärme der Sonne(1)*; *die Pflanze verträgt keine* ~; *in der* ~ *sitzen*; **'son·nen** ‹V. t./V. refl.› *er sonnt sich in seinem Glück* ‹fig.› *er genießt sein G.*; **'Son·nen·an·be·ter** ‹m.; -s, -; meist scherzh.›; **'Son·nen·an·be·te·rin** ‹f.; -, -n·nen›; **'son·nen·arm** ‹Adj.›; **'Son·nen·auf·gang** ‹a. [--'--]; m.; -(e)s, "e› Ggs *Sonnenuntergang*; **'Son·nen·bad** ‹n.; -(e)s, "er› *ein* ~ *nehmen sich sonnen*; **'son·nen·ba·den** ‹V. i.; nur im Inf. u. Part. Perf.› *ich habe zwei Stunden sonnengebadet*; **'Son·nen·bahn** ‹f.; -; unz.› = *Ekliptik*; **'Son·nen·ball** ‹m.; -(e)s; unz.; poet.› *Sonne(1)*; **'Son·nen·bank** ‹f.; -, "e› *Liege im Solarium*; **'Son·nen·bat·te·rie** ‹f.; -, -n; El.›; **'Son·nen·be·strah·lung** ‹f.; -, -en›; **'Son·nen·blen·de** ‹f.; -, -n; Fot.›; **'Son·nen·blu·me** ‹f.; -, -n; Bot.›; **'Son·nen·blu·men·kern** ‹m.; -(e)s, -e›; **'Son·nen·brand** ‹m.; -(e)s, "e› *starke Rötung der Haut durch übermäßige Sonnenbestrahlung*; **'Son·nen·bräu·ne** ‹f.; -; unz.›; **'Son·nen·bril·le** ‹f.; -, -n›; **'Son·nen·creme** ‹[-kre:m]; f.; -, -s od. -n›; **'Son·nen·dach** ‹n.; -(e)s, "er›; **'Son·nen·deck** ‹n.; -s, -s; auf Schiffen›; **'son·nen·durch·flu·tet** ‹Adj.; ↗Z29› *ein* ~ *er Raum*; **'Son·nen·ein·strah·lung** ‹f.; -; unz.›; **'Son·nen·en·er·gie,** ‹auch› **'Son·nen·e·ner·gie** ‹f.; -; unz.; ↗Z54› *aus der Sonnenstrahlung gewonnene Energie*; **'Son·nen·fer·ne** ‹f.; -; unz.› *Aphel*; **'Son·nen·fins·ter·nis** ‹f.; -, -s·se›; **'Son·nen·fisch** ‹m.; -(e)s, -e; Zool.› = *Elritze; Heringskönig*; **'Son·nen·fleck** ‹m.; -(e)s, -e; Astr.› *dunkler Bereich auf der Sonnenoberfläche*; **'son·nen·ge·bräunt** ‹Adj.; ↗Z29›;

S

'Son·nen·ge·flecht <n.; -(e)s, -e; Med.> größtes Nervenknotengeflecht des vegetativen Nervensystems; **'Son·nen·gott** <m.; -(e)s, ⸚er; in vielen Religionen>; **'son·nen·hell** <Adj.>; **'son·nen·hung·rig** <Adj.; ↗Z53.1; fig.> begierig nach Sonne; **'Son·nen·hut** <m.; -(e)s, ⸚e; Bot.>; **'Son·nen·jahr** <n.; -(e)s, -e; Astr.> Jahr, das einer Umkreisung der Erde um die Sonne entspricht; **'Son·nen·kä·fer** <m.; -s, -; Zool.> = Marienkäfer, **'son·nen·klar** <Adj.; fig.; umg.> das ist doch –! völlig klar, eindeutig; **'Son·nen·kol·lek·tor** <m.; -s, -'to·ren> Apparatur zur Umwandlung der Sonnenstrahlung in Wärmeenergie; **'Son·nen·kö·nig** <m.; -s; unz.> Beiname Ludwigs XIV., König von Frankreich; **'Son·nen·krem, 'Son·nen·kre·me** <f.; -, -s od. -(e)n>; **'Son·nen·ku·gel** <f.; -; unz.>; **'Son·nen·licht** <n.; -(e)s; unz.>; **'Son·nen·milch** <f.; -; unz.> Schutzlotion gegen Sonnenbrand; **'Son·nen·nä·he** <f.; -; unz.> = Perihel; **'Son·nen·öl** <n.; -(e)s, -e> Schutzlotion gegen Sonnenbrand; **'Son·nen·rad** <n.; -(e)s, ⸚er; in früheren Kulturen> als Rad dargestellte Sonne(1); **'Son·nen·schein** <f.; -; unz.>; **'Son·nen·schein** <m.; -(e)s; unz.>; **'Son·nen·schein·dau·er** <f.; -; unz.> die durchschnittliche – beträgt ...; **'Son·nen·schirm** <m.; -(e)s, -e>; **'Son·nen·schutz** <m.; -es; unz.>; **'Son·nen·schutz·fak·tor** <m.; -s, -'to·ren> Wirksamkeitsgrad von Sonnenschutzmitteln; ~ 20; **'Son·nen·schutz·mit·tel** <n.; -s, ->; **'Son·nen·se·gel** <n.; -s, ->; **'Son·nen·sei·te** <f.; -, -n; Pl. selten> er hat bisher nur die – des Lebens kennen gelernt <fig.>; **'Son·nen·stich** <m.; -(e)s, -e; Med.> Erkrankung durch zu lange u. intensive Sonneneinstrahlung auf den ungeschützten Kopf u. Nacken; **'Son·nen·strahl** <m.; -(e)s, -en>; **'Son·nen·sys·tem** <n.; -s, -e; Astr.> die Sonne mit ihren Planeten; **'Son·nen·tag** <m.; -(e)s, -e>; **'Son·nen·tau** <m.; -(e)s; unz.; Bot.> eine Insekten fres-

sende Pflanze; **'Son·nen·tier·chen** <n.; -s, -; Zool.> ein Wurzelfüßer; **'Son·nen·uhr** <f.; -, -en>; **'Son·nen·un·ter·gang** <a. [--'---]; m.; -(e)s, ⸚e> Ggs Sonnenaufgang; **'son·nen·ver·brannt** <Adj.; ↗Z29> ~e Haut; **'Son·nen·wa·gen** <m.; -s; unz.; grch. Myth.>; **'Son·nen·wär·me** <f.; -; unz.>; **'Son·nen·war·te** <f.; -, -n> astronom. Observatorium; **'Son·nen·wen·de** <f.; -, -n> Tag des Sommer- od. Winterbeginns; Sommer~; Winter~; **'Son·nen·zel·le** <f.; -, -n> Halbleiterbauelement zur direkten Umwandlung von Strahlungsenergie (der Sonne) in elektr. Energie; **'son·nig** <Adj.> 1 von der Sonne erleuchtet u. erwärmt; der ~e Süden 2 <fig.> heiter, fröhlich; sie hat ein ~es Gemüt

'Sonn·tag <m.; -(e)s, -e; Abk.: So> an Sonn- u. Feiertagen ist der Kiosk geschlossen; → a. Dienstag; **Sonn·tag'a·bend** <m.; -s, -e; ↗Z55, 45.2> Abend eines (jeden) Sonntags; → a. Dienstagabend; **'sonn·täg·lich** <Adj.> unser ~es Frühstück; eine ~e Stille; **'sonn·tags** <Adv.; ↗Z45.3> an jedem Sonntag; → a. dienstags; **'Sonn·tags·ar·beit** <f.; -; unz.>; **'Sonn·tags·aus·ga·be** <f.; -, -n>; **'Sonn·tags·bei·la·ge** <f.; -, -n; in Zeitungen>; **'Sonn·tags·fah·rer** <m.; -s, -; oft abwertend>; **'Sonn·tags·fah·re·rin** <f.; -, -n·nen>; **'Sonn·tags·kind** <n.; -(e)s, -er> an einem Sonntag geborener u. daher (nach dem Volksglauben) vom Schicksal begünstigter Mensch; **'Sonn·tags·ru·he** <f.; -; unz.> jmds. ~ stören

'sonn·ver·brannt <Adj.> = sonnenverbrannt; **'Sonn·wend·fei·er** <f.; -, -n> Feier zur Sonnenwende; **'Sonn·wend·feu·er** <n.; -s, ->; **'Son·ny·boy** <[-bɔi]; m.; -s, -s> fröhlicher, charmanter (junger) Mann [engl.]

So·no·gra'fie, So·no·gra'phie <f.; -, -n; ↗Z11.3; Med.> Ultraschalluntersuchung [lat.-grch.]; **so'nor** <Adj.> volltönend; eine ~e Stimme [lat.]; **So·no'rant** <m.; -en, -en; Phon.> → a. Kas-

ten Konsonant; **So·no·ri'tät** <f.; -; unz.> → a. Kasten Konsonant

sonst <Adv.> 1 andernfalls; ich muss mich beeilen, ~ komme ich zu spät 2 außerdem; will ~ (noch) einer, jemand, wer kommen?; es war ~ keiner da 3 andere(r, -s), irgend...; was soll ich denn ~ tun?; du kannst mir ~ was versprechen, ich glaube dir nicht; das kann er ~ wem erzählen, mir nicht; kann ich dir ~ wie helfen?; ob er nun hier oder ~ wo lebt ... 4 im Allgemeinen; sie ist doch ~ nicht so; der ~ so stille Schüler ...; alles war wie ~; **'sons·tig** <Adj.; ↗Z42> ander, übrig; Papier und ~es Büromaterial; alles Sonstige besprechen wir morgen

so'oft <Konj.> wann auch immer; komm, ~ du willst; <aber getrennt> das habe ich dir jetzt schon so oft erklärt; → a. so¹

Soor <m.; -(e)s, -e; Med.> Pilzinfektion in der Mundhöhle

So'phis·ma <n.; -s, -men>, **So'phis·mus** <m.; -, -men> Trugschluss, Scheinbeweis [grch.]; **So'phist** <m.; -en, -en> 1 <ursprüngl.> Weisheitslehrer 2 <heute> spitzfindiger Wortklauber; **So·phis·te'rei** <f.; -, -en>; **so·phis·ti·ca·ted** <[sɔ'fistikeitid]; Adj.> 1 kultiviert, weltgewandt 2 geistreich [engl.]; **So'phis·tik** <f.; -; unz.> Scheinweisheit, Spitzfindigkeit; **so'phis·tisch** <Adj.>

'So·por <m.; -s; unz.; Med.> Benommenheit [lat.]; **so·po'rös** <Adj.; Med.>

'so·pra, <auch> 'sop·ra <Adv.; ↗Z53; Mus.> oben, über (der anderen Hand beim Klavierspielen); Ggs sotto [ital.]; **So'pran** <m.; -s, -e> 1 höchste Stimmlage (von Frauen u. Knaben); sie singt ~ 2 Sopranist(in); **So·pra'nist** <m.; -en, -en> Knabe, der (im Chor) Sopran singt; **So·pra'nis·tin** <f.; -, -n·nen>; **So'pran·schlüs·sel** <m.; -s; unz.; Mus.> Notenschlüssel auf der ersten Linie, C-Schlüssel; **So'pran·stim·me** <f.; -, -n>; **So·pra'por·te** <f.; -, -n; bes. im Barock u. Rokoko> reliefartige Verzierung über der Tür

'Sor·be <m.; -n, -n> Angehöriger

eines westslaw. Volksstammes; Sy Wende

'Sor·bet <a. [zɔr'beː]; n. od. m.; -s, -s>, **Sor·bett** <n. od. m.; -(e)s, -e> Halbgefrorenes (bes. Fruchteis)

'Sor·bin <f.; -, -n·nen> Angehörige eines westslaw. Volksstammes

Sor'bin·säu·re <f.; -; unz.; Chem.> Carbonsäure (zum Konservieren von Lebens- und Genussmitteln)

'sor·bisch <Adj.> die Sorben betreffend; Sy wendisch

Sor'bit <m.; -s; unz.; Chem.> sechswertiger Alkohol [lat.]

Sor'di·ne <f.; -, -n>, **Sor'di·no** <m.; -s, -s od. -ni; Mus.> Dämpfer für Streichinstrumente [ital.]; **'sor·do** <Mus.> dumpf

Sor'dun <m. od. n.; -(e)s, -e> 1 ein Holzblasinstrument des 17. Jh. 2 ein Orgelregister [ital.]

'So·re <f.; -; unz.; Gaunerspr.> Diebesgut, Diebesbeute [jidd.]

'Sor·ge <f.; -, -n> 1 bedrückende Unruhe, Bangigkeit 2 Fürsorge, Pflege; ich werde dafür ~ tragen <geh.> ich werde mich darum kümmern; **'sor·gen** <V.> 1 <V. i.> für jmdn. od. etwas ~ sich um jmdn. od. etwas kümmern; sie sorgt hingebungsvoll für ihre Tiere 2 <V. i.> für etwas ~ sich um etwas bemühen; sorge bitte für Ruhe! 3 <V. refl.> sich ~ sich Sorgen(1) machen; er sorgt sich um mich; **'Sor·gen·fal·te** <f.; -, -n; meist Pl.>; **'sor·gen·frei** <Adj.>; **'Sor·gen·kind** <n.; -(e)s, -er> Kind, Person, Sache, um das bzw. die man sich ständig sorgen muss; **'sor·gen·los** <Adj.>; **'sor·gen·voll** <Adj.>; **'Sor·ge·pflicht** <f.; -; unz.; Rechtsw.> die elterliche ~ vernachlässigen; **'Sor·ge·recht** <n.; -(e)s; unz.>; **'Sorg·falt** <f.; -; unz.> Gewissenhaftigkeit, Genauigkeit; **'sorg·fäl·tig** <Adj.>; **'Sorg·falts·pflicht** <f.; -; unz.; Rechtsw.>

'Sor·gho <m.; -s, -s>, **'Sor·ghum** <n.; -s, -; Bot.> Hirseart [ital.]

'sorg·lich <Adj.; veralt.> fürsorglich; **'sorg·los** <Adj.; -er, am -es·ten> 1 unbekümmert; ein ~es Leben führen 2 leichtfertig, unsorgfältig; ~ mit etwas umge-

hen; **'Sorg·lo·sig·keit** <f.; -; unz.>; **'sorg·sam** <Adj.> sorgfältig; **'Sorg·sam·keit** <f.; -; unz.>

Sorp·ti·on <f.; -, -en; Chem.> Aufnahme eines Stoffes durch Adsorption u./od. Absorption [lat.]

sor·ry <['sɔri]> Entschuldigung [engl.]

'Sor·te <f.; -, -n> 1 Art, Gattung; er gehört nicht zu der ~ (Menschen), die ... 2 <nur Pl.; Bankw.> ~n ausländische Banknoten u. Münzen, Devisen [lat.]; **'Sor·ten·han·del** <m.; -s; unz.; Börse>; **'Sor·ten·kurs** <m.; -es, -e; Börse>; **sor'tie·ren** <V. t.> ordnen, sichten; **Sor'tie·rer** <m.; -s, ->; **Sor'tie·re·rin** <f.; -, -n·nen>; **Sor'tier·ma·schi·ne** <f.; -, -n>; **sor'tiert** <Adj.> das Geschäft ist gut ~; **Sor'tie·rung** <f.; -; unz.>

Sor·ti·le·gi·um <n.; -s, -'le·gi·en> Weissagung durch Lose [lat.]

Sor·ti'ment <n.; -(e)s, -e> 1 Warenauswahl; das führen wir nicht in unserem ~ 2 <kurz für> Sortimentsbuchhandel [ital.]; **Sor·ti'men·ter** <m.; -s, -; kurz für> Sortimentsbuchhändler; **Sor·ti'men·te·rin** <f.; -, -n·nen>; **Sor·ti'ments·buch·han·del** <m.; -s; unz.>; **Sor·ti'ments·buch·händ·ler** <m.; -s, ->; **Sor·ti'ments·buch·händ·le·rin** <f.; -, -n·nen>; **Sor·ti'ments·buch·hand·lung** <f.; -, -en> Buchhandlung, die aus dem gesamten Verlagsangebot ihr eigenes Sortiment zusammenstellt

SOS <[eso:'es]; n.; -; unz.> Hilferuf in Not, bes. von Schiffen u. Flugzeugen; ~ funken

so'sehr <Konj.> wie sehr auch immer; ~ ich mich auch bemühte ...; <aber> er schrie so sehr, dass es dröhnte; → a. so[1]

SOS-'Kin·der·dorf <n.; -(e)s, -er; ↗Z34> Einrichtung zur Betreuung elternloser Kinder

so'so <Adv.> 1 ~! (ungläubiger Kommentar) 2 es geht mir ~ (la-la [-'-]) nicht besonders gut

SOS-Ruf <m.; -(e)s, -e; ↗Z34>

'So·ße <f.; -, -n> oV Sauce 1 sämige Flüssigkeit als Beigabe zu Gerichten; Braten~; Salat~; Vanille~; ~nlöffel 2 <in der Tabak-

bereitung> Beize [frz.]; **'so·ßen, so'ßie·ren** <V. t.> = saucieren

sos·te'nu·to <Mus.> gehalten, getragen (zu spielen) [ital.]

So'ter <m.; -s, -e; im alten Griechenland> Erretter, Heiland (Beiname Christi) [grch.]

Sott <m.; -s; unz.; norddt.> Ruß

'sot·to <Adv.; Mus.> unten, unter (der anderen Hand zu spielen); Ggs sopra [ital.]; **'sot·to vo·ce** <[- 'voːtʃə]; Mus.> gedämpft

Sou <[suː]; m.; -s, -s> frz. Währungseinheit (5 Centimes)

Sou'bret·te, <auch> **Soub'ret·te** <[su-]; f.; -, -n; ↗Z53> Sopranistin in Oper u. Operette für heitere Rollen [frz.]

Sou·chong <[su'tʃɔŋ]; m.; -s, -s> Teesorte mit großen, breiten Blättern [chin.]

Souf·flé, <auch> **Souff·lé** <[su'fle:]; n.; -s, -s; ↗Z53; Kochk.> lockerer Auflauf mit geschlagenem Eiweiß; **Souf'flee** <n.; -s, -s; eindeutschend für> Soufflé

Souf·fleur, <auch> **Souff·leur** <[su'flø:r]; m.; -s, -e; ↗Z53; Theat.> jmd., der souffliert [frz.]; **Souf'fleur·kas·ten** <m.; -s, ⸚; Theat.>; **Souf·fleu·se** <[-'flø:zə]; f.; -, -n; Theat.>; **souf'flie·ren** <V. i.; Theat.> einem Schauspieler ~ leise den (vergessenen) Text einsagen

Sou'fla·ki, <auch> **Souf'la·ki** <[su-]; m.; -s od. -s, -s od. -s; ↗Z53; grch. Kochk.> Fleischspießchen

Soul <[soul]; m.; -s; unz.> gefühlsbetonte, ausdrucksstarke Stilrichtung im Jazz [engl.]

Sound <[saund]; m.; -s, -s> Klang(qualität) [engl.]; **'Sound·card** <f.; -, -s; EDV> Software zur Wiedergabe von Tönen; **'Sound·check** <[-tʃɛk]; m.; -s, -s> Zusammenspiel einer Band vor dem Auftritt zur Überprüfung der techn. Anlage; **'Sound·kar·te** <f.; -, -n; EDV>

'so·und·so <Adv.; umg.> von einer gewissen (nicht genau definierten) Art; ~ breit, hoch, lang, oft, viel; Paragraph ~; Frau Soundso; <aber> man kann das Ganze so und so sehen auf verschiedene Weise; **so·und·so·viel'mal** <Adv.>; **'so·und·so-**

'viel·te(r, -s) <Adj.; ↗Z42> etwas zum ~n Mal erzählen; wir treffen uns am Soundsovielten

Sound·track <['saundtræk]; m.; -s, -s> **1** Tonstreifen eines Films **2** Musik zu einem Film [engl.]

Sou·per <[su'pe:]; n.; -s, -s> festl. Abendessen [frz.]; **sou'pie·ren** <V. i.>

Sou·sa'fon, Sou·sa'phon <[su:-]; n.; -(e)s, -e; ↗Z11.3; Instrumentenk.> im Jazz verwendete Art der Basstuba [nach dem amerikan. Komponisten J. Ph. Sousa]

Sous·sol <[su'sɔl]; m. od. n.; -s, -s; schweiz.> Untergeschoss [frz.]

Sou·ta·che <[su'ta:ʃə]; f.; -, -n> schmale, geflochtene Schnur (als Kleidbesatz) [frz.]; **sou·ta·chie·ren** <[-'ʃi:-]; V. t.>

Sou'ta·ne <[su-]; f.; -, -n> langer Rock der kath. Geistlichen; oV Sutane [frz.]

Sou·ter·rain <[sutə'rɛ̃]; a. ['---]; n.; -s, -s> Kellergeschoss, Tiefparterre; ~wohnung [frz.]

South Ca·ro·li·na <[sauθ kəro'lainа]> Staat der USA

South Da'ko·ta <[sauθ -]> Staat der USA

Sou·ve·nir <[suvə'ni:r]; n.; -s, -s> Andenken [frz.]; **Sou·ve'nir·la·den** <m.; -s, ⸗>

sou·ve'rän <[suvə-]; Adj.> **1** ein ~er Staat ein selbstständiger, selbstbestimmter S. **2** <fig.> überlegen, selbstsicher auftretend; er meisterte die heikle Situation sehr ~ [frz.]; **Sou·ve'rän** <m.; -s, -e> **1** Herrscher **2** <schweiz.> das stimmberechtigte Volk; **Sou·ve·rä·ni'tät** <f.; -; unz.> **1** Herrschaftsgewalt eines Staates, Hoheitsrechte **2** Unabhängigkeit **3** Selbstsicherheit

so'viel <Konj.; einschränkend> ~ ich weiß nach dem zu urteilen, was ich weiß; <aber> er weiß so viel; → a. so¹; **so·viel'mal** <Adv.; bei bes. Betonung auch> so viel Mal; <aber nur> so viele Male; das sovielte Mal

Sow·chos <[sɔf'çɔs]; m.; -, -cho·se [-'çо:sə]; **Sow'cho·se** <f.; -, -n; in der ehem. UdSSR> landwirtschaftl. Großbetrieb, Staatsgut [russ.]

so'weit <Konj.> ~ ich mich erinnere in dem Maße, wie; <aber>

wirf den Ball so weit wie möglich; → a. so¹

so'we·nig <Konj.> ~ er auch von Kunst versteht, er geht gerne in Museen; <aber> er versteht so wenig von Kunst; → a. so¹

so'wie <Konj.> **1** ~ er uns sah, lief er weg im selben Augenblick; <aber> es verhält sich so wie ich gesagt habe; → a. so¹ **2** und auch, außerdem; Äpfel und Orangen ~ Nüsse und Mandeln

so·wie'so <Partikel> **1** auf alle Fälle, ohnehin; er kommt ~ **2** Herr u. Frau Sowieso

'So·wjet, <auch> **'Sow·jet** <m.; -s, -s; ↗Z54> **1** <urspr.> Arbeiter- u. Soldatenrat **2** <bis 1991> Verwaltungsbehörde in der Sowjetunion **3** <nur Pl.; umg.> die ~s die Sowjetrussen [russ.]; **so'wje·tisch** <Adj.>; **So'wjet·re·gie·rung** <f.; -; unz.>; **So'wjet·re·pu·blik,** <auch> **Sow'jet·re·pu·blik** <f.; -, -en; ↗Z53>; **So'wjet·rus·se** <m.; -n, -n; 1917–1991 Bez. für> russischstämmiger Einwohner der Sowjetunion; **So'wjet·rus·sin** <f.; -, -nnen>; **so'wjet·rus·sisch** <Adj.>; **So'wjet·u·ni·on** <f.; -; unz.; ↗Z55; bis 1991 Bez. für> die Union der Sozialistischen Sowjetrepubliken (UdSSR)

so'wohl <Konj.; ↗Z33> ~ ... als auch ... nicht nur ..., sondern auch ...; das Sowohl-als-auch; <aber> ich fühle mich hier so wohl; → a. so¹

'So·ya·sau·ce, 'So·ya·so·ße <[-zo:sə]; f.; -, -n> = Sojasauce

'So·zi <m.; -s, -s; abwertendes Kurzw. für> Sozialdemokrat; **'So·zia** <f.; -, -s> Beifahrerin auf einem Motorrad; **so·zi'a·bel** <Adj.> **1** gesellschaftlich **2** gesellig, umgänglich; ein sozialer Mensch [engl.]; **So·zi·a·bi·li'tät** <f.; -; unz.>; **so·zi'al** <Adj.> **1** die Gemeinschaft, Gesellschaft betreffend, ihr dienend; ~e Gerechtigkeit; ~e Marktwirtschaft; ~e Berufe; ~er Wohnungsbau Bau von preiswerten, staatl. bezuschussten Wohnungen für Personen mit niedrigem Einkommen; sie ist sehr ~ eingestellt **2** die gesellschaftl. Stellung betreffend; die ~ Schwachen; ~e Unterschiede [lat.]; **So·zi'al·ab-**

ga·ben <Pl.> gesetzl. vorgeschriebene Abgaben für gemeinnützige Zwecke; **So·zi'al·ar·beit** <n.; -(e)s, ⸗er>; **So·zi'al·ar·beit** <f.; -; unz.; Sammelbez. für> Berufe, die im Dienst von Hilfsbedürftigen u. Schwachen stehen; **So·zi'al·ar·bei·ter** <m.; -s, -; Berufsbez.>; **So·zi'al·ar·bei·te·rin** <f.; -, -nnen>; **So·zi'al·de·mo·krat** <m.; -en, -en> Mitglied od. Anhänger einer sozialdemokrat. Partei; **So·zi'al·de·mo·kra·tie** <f.; -; unz.> **1** polit. Richtung, die Sozialismus u. Demokratie zu verbinden sucht **2** Gesamtheit der sozialdemokrat. Parteien; **So·zi'al·de·mo·kra·tin** <f.; -, -nnen>; **so·zi'al·de·mo·kra·tisch** <Adj.; ↗Z46> ~e Bewegung; <aber> die Sozialdemokratische Partei Deutschlands (SPD); **So·zi'al·ein·kom·men** <n.; -s; unz.>; **So·zi'al·e·thik** <f.; -; unz.; ↗Z55>; **So·zi'al·fall** <m.; -(e)s, ⸗e auf Sozialhilfe angewiesene Person; er ist ein ~; **So·zi'al·ge·schich·te** <f.; -; unz.> Zweig der Geschichtswissenschaft; **So·zi'al·ge·setz·ge·bung** <f.; -; unz.>; **So·zi'al·hil·fe** <f.; -; unz.> Gesamtheit aller staatl. Hilfen für Menschen in (materieller) Notlage; sie lebt von der ~; **So·zi'al·hil·fe·emp·fän·ger** <m.; -s, -; ↗Z53.1>; **So·zi'al·hil·fe·emp·fän·ge·rin** <f.; -, -nnen>; **So·zi·a·li·sa·ti'on** <f.; -; unz.> Einordnung, Hineinwachsen in die Gesellschaft; **so·zi·a·li·sie·ren** <V. t.> **1** jmdn. ~ zum Leben in der Gemeinschaft befähigen **2** vergesellschaften, verstaatlichen; **So·zi·a·li·sie·rung** <f.; -, -en> = Sozialisation; **So·zi·a·lis·mus** <m.; -; unz.> Bewegung, die den Arbeitnehmern mehr Einfluss auf die Verwendung der Produktionsmittel geben will; **So·zi·a·list** <m.; -en, -en>; **So·zi·a'lis·tin** <f.; -, -nnen>; **so·zi·a'lis·tisch** <Adj.; ↗Z46> ~er Realismus <in kommunistisch regierten Ländern> Kunstrichtung auf marxistischer Grundlage; <aber> Sozialistische Einheitspartei Deutschlands (SED) Staatspartei der DDR; **So·zi'al·kri·tik** <f.; -; unz.> Gesellschaftskritik; **So-**

zi·al·kun·de <f.; -; unz.>; **So·zi'al·kun·de·un·ter·richt** <m.; -(e)s; unz.>; **So·zi·al·las·ten** <Pl.> *Beiträge für Sozialleistungen;* die ~ *gerecht verteilen;* **So·zi·al·leis·tun·gen** <Pl.> *Geld- u. Sachleistungen zur Deckung sozialer Risiken;* **so·zi·al·li·be·ral** <Adj.; Pol.> *~e Koalition;* **So·zi'al·mi·nis·ter** <m.; -s, ->; **So·zi'al·mi·nis·te·rin** <f.; -, -nen>; **So·zi·al·mi·nis·te·ri·um** <n.; -s, -ri·en>; **So·zi·al·ö·ko·no·mie** <f.; -; unz.; ↗Z55> *Volkswirtschaftslehre;* **So·zi·al·päd·a·go·ge** <auch **So·zi·al·pä·da·go·ge** <m.; -n, -n; ↗Z54> **So·zi·al·päd·a·go·gik** <f.; -; unz.> *Lehre u. Durchführung von außerschulischen Erziehungshilfen (Fürsorge, Sonderpädagogik usw.);* **So·zi·al·päd·a·go·gin** <f.; -, -nen; ↗Z38>; **so·zi·al·päd·a·go·gisch** <Adj.>; **So·zi·al·part·ner** <m.; -s, -; Sammelbez. für> *Arbeitgeberverbände u. Gewerkschaften;* **So·zi·al·po·li·tik** <f.; -; unz.> *alle staatl. Maßnahmen zur Verbesserung der sozialen Verhältnisse;* **so·zi·al·po·li·tisch** <Adj.>; **So·zi·al·pres·ti·ge** <[-ti:ʒ]; n.; -s; unz.>; **So·zi·al·pro·dukt** <n.; -(e)s, -e; Wirtsch.> *der Gesamtwert aller in einem best. Zeitraum produzierten Güter einer Volkswirtschaft;* **So·zi·al·psy·cho·lo·gie** <f.; -; unz.>; **So·zi·al·ren·te** <f.; -, -n> *staatl. Rente;* **So·zi·al·staat** <m.; -(e)s, -en> *Staat, der sich um den Ausgleich sozialer Gegensätze bemüht;* **So·zi·al·struk·tur** <f.; -, -en> *Gesellschaftsstruktur;* **So·zi·al·sys·tem** <n.; -s, -e>; **So·zi·al·ver·mö·gen** <n.; -s; unz.; Wirtsch.>; **so·zi·al·ver·si·chern** <V. t./V. refl.; nur im Inf. und als Part.> *sozialversichert sein;* **So·zi·al·ver·si·che·rung** <f.; -, -en> *staatl. Kranken-, Pflege-, Unfall-, Arbeitslosen- u. Rentenversicherung;* **So·zi·al·ver·si·che·rungs·bei·trag** <m.; -(e)s, ⸚e>; **so·zi·al·ver·träg·lich** <Adj.>; **So·zi·al·wis·sen·schaft** <f.; -, -en> = *Soziologie;* **So·zi·al·woh·nung** <f.; -, -en> *Wohnung im sozialen Wohnungsbau;* → a. *sozial(1);* **So·zi·a·le·tät** <f.; -, -en>

1 *(Berufs-)Genossenschaft* 2 <Zool.> *aus Arterhaltungsgründen notwendiger Verbund best. Tiere;* **so·zi·ie·ren** <V. i.> *die beiden Anbieter wollen ~;* **So·zi·o·ge·ne·se** <f.; -, -n> *Entstehung u. Entwicklung von (Geistes-)Krankheiten infolge gesellschaftl. ungünstiger Verhältnisse;* **So·zi·o·gra·fie, So·zi·o·gra·phie** <f.; -, -n; ↗Z11.3; Soziol.> *Beschreibung gesellschaftl. Erscheinungen;* **so·zi·o·kul·tu·rell** <Adj.>; **So·zi·o·lekt** <m.; -(e)s, -e; Sprachw.> *Sprachgebrauch einer sozialen Gruppe;* **So·zi·o·lin·gu·is·tik** <f.; -; unz.; Sprachw.> *Zweig der Linguistik;* **so·zi·o·lin·gu·is·tisch** <Adj.>; **So·zi·o·lo·ge** <m.; -n, -n>; **So·zi·o·lo·gie** <f.; -; unz.> *Lehre von den Formen gesellschaftl. Zusammenlebens;* **So·zi·o·lo·gin** <f.; -, -nen; ↗Z38>; **so·zi·o·lo·gisch** <Adj.>; **So·zi·o·me·trie,** <auch> **So·zi·o·met·rie** <f.; -; unz.; ↗Z53> *tabellarisches (Mess-)Verfahren zur Erfassung der (zwischenmenschl.) Bezüge innerhalb einer Gruppe;* **so·zi·o·me·trisch** <Adj.>; **'So·zi·us** <m.; -, -s·se> 1 <Wirtsch.> *Teilhaber* 2 *Beifahrer auf dem Motorrad* [lat.]; **'So·zi·us·sitz** <m.; -es, -e>

so·zu·sa·gen <Adv.> *gewissermaßen;* sie ist ~ *Mädchen für alles;* <aber> trau dich, *es so zu sagen, wie es war;* → a. *so¹*

Sp. <Typ.; Abk. für> *Spalte*

Space·lab <['speɪslæb]; n.; -s, -s> *bemannte Raumstation der NASA* [engl.]; **'Space·shut·tle,** <auch> **'Space·shutt·le** <[-ʃatl]; n.; -s, -s; ↗Z53> *wieder verwendbares Raumfahrzeug*

'Spach·tel <m.; -s, -; od. (österr. nur) f.; -, -n> *Werkzeug zum Auftragen bzw. Abkratzen von Gips o. Ä.* [ital.]; **'spach·teln** <V. i.; ich spacht(e)le> 1 *mit dem Spachtel arbeiten* 2 <umg.> *schnell (u. viel) essen*

'Spa·da <f.; -, -s> *degenähnl. Fechtwaffe* [ital.]

Spa·dil·le <[-lja]; f.; -, -n> *höchste Trumpfkarte im Lomber*

Spa·gat¹ <n. od. <fachspr. nur) m.; -(e)s, -e> *Figur beim Ballett u.*

Turnen, wobei die gespreizten Beine eine Gerade bilden [ital.]

Spa·gat² <m.; -(e)s, -e; bair.; österr.> *Bindfaden* [ital.]

Spa·get·ti <Pl.; ↗Z11.2; eindeutschend für> *Spaghetti;* **Spa·get·ti·trä·ger** <Pl.>; **Spa·ghet·ti** <Pl.> *lange, dünne Nudeln* [ital.]; **Spa·ghet·ti·trä·ger** <Pl.; umg.> *dünne Träger an Kleidern o. Ä.*

'spä·hen <V. i.> 1 *forschend Ausschau halten* 2 *vorsichtig schauen;* über den Zaun ~; **'Spä·her** <m.; -s, -; früher> *Kundschafter*

'Spa·hi <m.; -s, -s> 1 *türkischer Reitersoldat* 2 *Angehöriger eines aus Nordafrikanern gebildeten frz. Reiterregiments* [pers.]

'Späh·trupp <m.; -s, -s; Mil.>

'Spa·ke <f.; -, -n; Mar.> *Hebebaum, Hebel*

Spa'lier <n.; -s, -e> 1 *Gitterwand für Kletterpflanzen, junge Obstbäume o. Ä.* 2 *zum ehrenvollen Empfang beidseitig an einem Weg aufgestellte Personenreihe;* ein ~ *bilden;* ~ *stehen* [ital.]; **Spa'lier·baum** <m.; -(e)s, ⸚e>; **Spa'lier·obst** <n.; -es; unz.>

Spalt <m.; -(e)s, -e> *sehr schmale Öffnung, Ritze;* die Tür einen ~ *weit öffnen;* oV *Spalte(1);* → a. *Spaltbreit;* **'spalt·bar** <Adj.> *~es Material;* **'Spalt·bar·keit** <f.; -; unz.>; **'spalt·breit** <Adj.> *eine ~e Öffnung;* **'Spalt·breit** <nur in Wendungen wie> die Tür einen ~ *öffnen;* → a. *Spalt;* **'Spal·te** <f.; -, -n> 1 *Fels-; Gletscher-;* = *Spalt* 2 <Typ.; Abk.: Sp.> *streifenförmiger Schriftsatz;* Seite 154, linke ~ 3 <österr.> *Schnitz, Scheibe;* zwei Apfel~n; **'spal·ten** <V. t./V. refl.; er spaltete, hat gespalten od. (selten) gespaltet> 1 *in zwei od. mehrere Teile teilen;* Holz ~; die Haare ~ *sich;* die gespaltene Zunge der Schlangen 2 <fig.> *trennen, eine Einheit zerstören;* der Krieg spaltete das Land; gespaltenes Bewusstsein (bei Schizophrenie); **'Spal·ten·brei·te** <f.; -; unz.; Typ.>; **'Spalt·frucht** <f.; -, ⸚e; Bot.>; **'Spalt·fuß** <m.; -es, ⸚e; Zool.> *Fuß der Krebstiere;* **...spal·tig** <Adj.; Typ.; in Zus.> z. B. *ein mehrspaltiger Text;* **'Spalt·ma·te·ri·al** <n.; -s; unz.; Atomphys.>;

'**Spalt·pilz** <m.; -es, -e; Biol.> =
Bakterium; '**Spalt·pro·dukt** <n.;
-(e)s, -e>; '**Spal·tung** <f.; -, -en>
1 *Teilung, Trennung* 2 <fig.>
Entzweiung

Span <m.; -(e)s, -(e)s, ⁼e> *abgespalte-
nes, abgehobeltes (Holz-)Blätt-
chen;* Hobelspäne; '**span·ab·he-
bend** <Adj.; ↗Z 29> *ein Werk-
stück ~ bearbeiten*

Span·dril·le <f.; -, -n; Arch.> *Flä-
che zw. einem Bogen(2) und sei-
ner rechteckigen Umrahmung*
[lat.]

'**spa·nen** <V. t.> *Späne abhobeln;
spanendes Werkzeug*

'**spä·nen**[1] <V. t.> *ein Ferkel ~ säu-
gen*

'**spä·nen**[2] <V. t.> *mit Metallspä-
nen abziehen (Fußboden)*

'**Span·fer·kel** <n.; -s, -; Zool.>
Ferkel, das noch gesäugt wird

'**Span·ge** <f.; -, -n> *Gegenstand,
mit dessen dornartigem Ver-
schluss etwas eingeklemmt od.
zusammengehalten werden
kann;* Haar~; '**Span·gen·schuh**
<m.; -(e)s, -e>

'**Span·grün** <n.; -s; unz.> = *Grün-
span*

'**Spa·ni·el** <m.; -s, -s; Zool.> *eine
Hunderasse* [lat.]; '**Spa·ni·en**
Staat in Südwesteuropa; König-
reich ~; '**Spa·ni·er** <m.; -s, ->;
'**Spa·ni·e·rin** <f.; -, -nnen>;
Spa·ni·o·le <m.; -n, -n> *Nach-
komme der 1492 aus Spanien u.
Portugal vertriebenen Juden*
[frz.]; '**spa·nisch** <Adj.; ↗Z 46>
däs kommt mir ~ vor <fig.;
umg.> *merkwürdig; ~e Wand
Paravent;* <aber> *der Spanische
Erbfolgekrieg; die Spanische
Fliege* <Zool.> *Blasenkäfer; die
Spanische Hofreitschule (in
Wien);* → a. *deutsch*

'**Span·korb** <m.; -(e)s, ⁼e>

Spann <m.; -(e)s, -e> *oberer Teil
des Fußes;* '**Spann·be·ton** <[-tɔ̃]
od. [-tɔŋ] od. österr. [-to:n]; m.;
-s; unz.>; '**Spann·bett·tuch** <n.;
-(e)s, ⁼er; ↗Z37>; '**Span·ne** <f.;
-, -n> 1 *altes Längenmaß; zwei
~n lang;* <aber> → *spannenlang*
2 *kurzer Zeitabschnitt;* Zeit~ 3
Unterschied, Abstand; Ver-
dienst~; *die ~ zwischen Ein-
kaufs- u. Verkaufspreis;* '**span-
nen** <V.> 1 <V. t.> *etwas so zie-
hen, dehnen, befestigen, dass es*

straff ist; den Bogen, eine Wä-
scheleine ~ 2 <V. t.> *ein Zugtier
vor den Wagen ~ anschirren* 3
<V. i.> *der Rock spannt ist zu
eng* 4 <V. t./V. refl.; geh.> *über
den Fluss spannt sich eine Brü-
cke wölbt sich* 5 <V. t.; umg.>
*merken; hast du nicht ge-
spannt, was er will?;* '**span-
nend** <Adj.; ↗Z28.1> *Span-
nung(2) erregend, fesselnd; ein
~es Buch;* '**span·nen·lang**
<Adj.> *eine Spanne lang;* → a.
Spanne(1); '**Span·ner** <m.; -s,
-> 1 <kurz für> *Schuhspanner,
Hosenspanner* 2 <umg.> = *Voy-
eur* 3 <Zool.> *ein Schmetterling;*
...spän·ner** <m.; -s, -; in Zus.>
*mit einer best. Zahl von Pferden
bespannter Wagen, z. B. Ein-
spänner; Zweispänner;* **...spän-
nig** <Adj.; in Zus.> z. B. *zwei-
spännig; vierspännig;* '**Spann-
kraft** <f.; -; unz.> *die ~ eines
Menschen Leistungsfähigkeit;*
'**Spann·rah·men** <m.; -s, ->
Hilfsmittel für Stickarbeiten;
'**Spann·satz** <m.; -es, ⁼e;
Gramm.> → *Kasten;* '**Span-
nung** <f.; -, -en> 1 <El.> *die für
den Fluss des elektr. Stromes in
einem Stromkreis verantwortli-
che Kraft;* der Zaun steht unter
~ 2 <unz.; fig.> *Ungeduld, inne-
re Erregung; die ~ unter den
Gästen wuchs; er verfolgte den
Wettkampf mit ~* 3 <fig.> *Zu-
stand der Gereiztheit; es gibt
immer wieder ~en;* '**Span-
nungs·ab·fall** <m.; -(e)s, ⁼e;
El.>; '**Span·nungs·ge·biet** <n.;
-(e)s, -e; Pol.>; '**Span·nungs-
ge·fäl·le** <n.; -s, -; El.>; '**span-
nungs·ge·la·den** <Adj.> *es
herrschte eine ~e Stimmung;*
'**Span·nungs·ko·ef·fi·zi·ent**
<m.; -en, -en; Phys.>; '**Span-
nungs·mes·ser** <m.; -s, -> = *Volt-
meter;* '**Span·nungs·ver·lust**
<m.; -(e)s, -e; El.>; '**Spann·wei-**

Spannsatz: Ein S. ist ein Satz
mit Endstellung des finiten Verbs.
S. sind:
a) **Ausrufesätze:** *Was ich da se-
he!*
b) **Wunschsätze:** *Wenn sie nur
kommen würden!*
c) **Konjunktionale Nebensätze:**
Ich hoffe, dass sie bleibt.

te <f.; -, -n> *die Brücke hat eine
~ von 70 Metern;* Flügel~

'**Spann·plat·te** <f.; -, -n> *gepresste
Platte aus Holzspänen*

Spant <n.; -(e)s, -en> *rippen-
ähnl. Bauteil zum Verstärken
der Außenhaut von Schiffs- u.
Flugzeugrümpfen*

'**Spar·be·trag** <m.; -(e)s, ⁼e>;
'**Spar·brief** <m.; -(e)s, -e;
Bankw.>; '**Spar·buch** <n.; -(e)s,
⁼er; Bankw.>; '**Spar·büch·se**
<[-ks-]>; '**Spar·do·se** <f.; -, -n>;
'**Spar·ein·la·ge** <f.; -, -n;
Bankw.>; '**spa·ren** <V.> 1 <V. i.
u. V. t.> *Geld (für einen best.
Zweck) zurücklegen; ich spare
auf ein Auto; ich konnte leider
nicht viel ~; das spart viel Zeit* 2
<V. i.> *sparsam sein; wir müs-
sen sehr ~* 3 <V. t./V. refl.> *un-
terlassen, weil es überflüssig ist;
die Mühe hätte ich mir ~ kön-
nen;* '**Spa·rer** <m.; -s, -> *jmd.,
der spart;* '**Spa·re·rin** <f.; -,
-n·nen>; '**Spar·flam·me** <f.;
unz.> *etwas auf ~ kochen las-
sen* <fig.; umg.> *eingeschränkt
weiterführen;* '**Spar·för·de·rung**
<f.; -, -en; Bankw.>

'**Spar·gel** <m.; -s, -; Bot.> *eine Ge-
müsepflanze;* '**Spar·gel·spit-
zen** <Pl.>

'**Spar·gut·ha·ben** <n.; -s, ->

Spark <m.; -(e)s; unz.; Bot.> *eine
Futterpflanze*

'**Spar·kas·se** <f.; -, -n> *kommu-
nales Kreditinstitut;* '**Spar·kas-
sen·buch** <n.; -(e)s, ⁼er>; '**Spar-
kon·to** <n.; -s, -ten>; '**Spar·kurs**
<m.; -es, -e>; '**spär·lich** <Adj.>
vereinzelt, kümmerlich; '**Spar-
maß·nah·me** <f.; -, -n>; '**Spar-
pa·ket** <n.; -(e)s, -e; Pol.>;
'**Spar·prä·mie** <[-mɪə]; f.; -, -n>;
'**Spar·pro·gramm** <n.; -(e)s, -e>

'**spar·ren** <V. i.; Boxen> *er hat ein
paar Runden gesparrt* [engl.]

'**Spar·ren** <m.; -s, -> 1 <Arch.>
schräger Dachbalken; Dach~ 2
<fig.; umg.> *kleine Verrücktheit;
er hat einen ~ im Kopf*

'**Spar·ring** 1 <n.; -s; unz.> *Box-
training* 2 <m.; -s, -s> *Übungs-
ball für das Boxtraining* [engl.];
'**Spar·rings·part·ner** <m.; -s, ->

'**spar·sam** <Adj.> 1 *wenig (Geld)
verbrauchend; eine ~e Haus-
frau; Farbe ~ auftragen* 2 *knapp
bemessen; ~er Beifall;* '**Spar-**

sam·keit <f.; -; unz.>; '**Spar·schwein** <n.; -(e)s, -e> *Sparbüchse*; '**Spar·strumpf** <m.; -(e)s, ⁼e; früher>

Spart <m. od. n.; -(e)s; unz.> *Espartogras* [span.]

'**Spar·ta** *altgrch. Stadt;* **Spar·ta·ki·'a·de** <f.; -, -n; früher in kommunist. Staaten> *Sportwettkämpfe* [nach *Spartacus*, dem Führer des Sklavenaufstandes 73–71 v. Chr.]; **Spar·ta·'kist** <m.; -en, -en>; **spar·ta·'kis·tisch** <Adj.>; '**Spar·ta·kus·bund** <m.; -(e)s; unz.> *Zusammenschluss radikaler Sozialisten 1917/18;* **Spar·ta·ner** <m.; -s, -> *Einwohner von Sparta;* **spar·ta·nisch** <Adj.> *hart, streng* [nach den Erziehungsmethoden in *Sparta*]

'**Spar·te** <f.; -, -n> 1 *Abteilung, Fach* 2 *Geschäfts-, Wissenszweig* 3 *Spalte in einer Zeitung*

Spar·te·rie <f.; -, -n> *Flechtwerk aus Span od. Bast* [frz.]

'**Spart·gras** <n.; -es; unz.> *Espartogras*

Spar·ti·at <m.; -en, -en> *Vollbürger von Sparta*

spar·tie·ren <V. t.; Mus.> *(Einzelstimmen) in Partitur setzen* [ital.]

'**Spar·ver·trag** <m.; -(e)s, ⁼e>

spas·ma·tisch, 'spas·misch, spas·mo·disch <Adj.; Med.> *krampfartig* [grch.]; **spas·mo·'gen** <Adj.; Med.> *krampferzeugend;* **Spas·mo·ly·ti·kum** <n.; -s, -ka; Med.> **spas·mo·ly·tisch** <Adj.; Med.> *krampflösend;* '**Spas·mus** <m.; -, -men; Med.> *Krampf, Muskelverkrampfung*

Spaß <m.; -es, -e; ⁼e> 1 *Scherz, Witz;* lass deine dummen Späße! 2 <unz.> *Vergnügen, Belustigung;* wir hatten viel ~ miteinander; '**Späß·chen** <n.; -s, -> Verkleinerungsf. von *Spaß(1)*; '**spa·ßen** <V. i.; du spaßt> *Spaß machen;* damit ist nicht zu ~; '**spa·ßes·hal·ber** <Adv.> ~ die Rollen tauschen; etwas ~ ausprobieren; '**Spaß·ge·sell·schaft** <f.; -; unz.; abwertend>; '**spaß·haft** <Adj.; -er, am -es·ten>; '**spa·ßig** <Adj.> *lustig, vergnüglich, unterhaltsam;* '**Spaß·kul·tur** <f.; -; unz.; abwertend>; '**Späß·lein**

<n.; -s, -; poet.> Verkleinerungsf. von *Spaß(1)*; '**Spaß·ma·cher** <m.; -s, ->; '**Spaß·ma·che·rin** <f.; -, -n·nen>; '**Spaß·ver·der·ber** <m.; -s, ->; '**Spaß·ver·der·be·rin** <f.; -, -n·nen>; '**Spaß·vo·gel** <m.; -s, ⁼; fig.> *jmd., der gern Späße macht*

'**Spas·ti·ker** <m.; -s, -> *jmd., der spastisch gelähmt ist* [grch.]; '**Spas·ti·ke·rin** <f.; -, -n·nen>; '**spas·tisch** <Adj.; Med.> *durch Erhöhung der Muskelspannung bewirkt;* -e Lähmungen

Spat[1] <m.; -(e)s, -e od. ⁼e> *ein glanzloses Mineral;* Kalk~

Spat[2] <m.; -(e)s; unz.; Vet.> *Entzündung am Sprunggelenk des Pferdes*

spät <Adj.; -er, am -es·ten; ⸲Z24> *nach einem best. Zeitpunkt eintretend, am Ende;* von früh bis ~; deine Reue kommt zu ~; am ~en Abend; es war schon ~ am Abend; ein ~es Werk des Dichters; <Getrennt­schreibung in Verbindung mit Verben und Partizipien> ein ~ geborenes Kind; ~ sein; zu ~ kommen; <aber> das Zuspätkommen, <auch> Zu-spät-Kommen; ~ vollendet; ~ werden; es ist ~ geworden; '**spät·a·bends** <a. [-'--]; Adv.; ⸲Z45.3> *spät am Abend;* am frühe ~; <aber> eines Spätabends; '**Spät·aus·sied·ler** <m.; -s, ->; '**Spät·aus·sied·le·rin** <f.; -, -n·nen>; '**Spät·ba·rock** <n. od. m.; -s; unz.>; '**Spät·dienst** <m.; -(e)s; unz.> im ~ arbeiten

'**Spa·tel** <m.; -s, -> 1 = *Spachtel* 2 <Med.> *Holzstab für Abstriche*

'**Spa·ten** <m.; -s, -> *große Stichschaufel;* '**Spa·ten·stich** <m.; -(e)s, -e> den ersten ~ übernahm der Bürgermeister

'**Spät·ent·wick·ler** <m.; -s, ->; '**Spät·ent·wick·le·rin** <f.; -, -n·nen>; '**spä·ter** <Adj.> *zu einem ferneren Zeitpunkt, zukünftig;* ein ~er Termin wäre mir lieber; in ~en Jahren; '**spä·ter·hin** <Adv.>; '**spä·tes·tens** <Adv.> du musst ~ morgen hier sein; Ggs *frühestens;* '**Spät·fol·ge** <f.; -, -n; meist Pl.>; '**Spät·frucht** <f.; -, ⁼e; Bot.>; '**Spät·ge·bä·ren·de,** <auch> '**spät Ge·bä·ren·de** <f. 2; ⸲Z29>; '**Spät·ge-**

burt <f.; -, -en>; '**Spät·go·tik** <f.; -; unz.>

'**Spa·tha** <f.; -, 'Spa·then; Bot.> *den Blütenstand umschließendes Hochblatt* [grch.]

'**Spät·heim·keh·rer** <m.; -s, -> *erst lange nach Kriegsende entlassener Kriegsgefangener;* '**Spät·herbst** <m.; -(e)s; unz.>; '**spät·herbst·lich** <Adj.>

spa·ti·o·'nie·ren <V. t.; Typ.> *Wörter ~ sperren* [lat.]; **spa·ti·'ös** <Adj.; Typ.>; '**Spa·ti·um** <[-tsjum]; n.; -s, -ti·en> *Zwischenraum*

'**Spät·jahr** <n.; -(e)s; unz.> *Herbst;* '**Spät·ka·pi·ta·lis·mus** <m.; -; unz.>; '**Spät·le·se** <f.; -, -n> 1 *Traubenernte nach der normalen Lesezeit* 2 *edler Wein aus Trauben, die zur Spätlese(1) geerntet wurden;* '**Spät·ling** <m.; -s, -e; Bot.> *Spätfrucht;* '**Spät·nach·mit·tag** <m.; -(e)s, -e> eines ~s; spätnachmittags; '**spät·nach·mit·tags** <Adv.; ⸲Z45.3> *spät am Nachmittag;* <aber> → *Spätnachmittag;* '**Spät·obst** <n.; -es; unz.>; '**Spät·rei·fe** <f.; -; unz.>; '**Spät·re·nais·sance** <[-rənɛsãs]; f.; -; unz.>; '**Spät·ro·man·tik** <f.; -; unz.>; '**Spät·scha·den** <m.; -s, ⁼; meist Pl.>; '**Spät·schicht** <f.; -, -en> in der ~ arbeiten; '**Spät·som·mer** <m.; -s; unz.>; '**Spät·werk** <n.; -(e)s, -e; Pl. selten>; '**Spät·win·ter** <m.; -s; unz.>; **spät·win·ter·lich** <Adj.>

Spatz <m.; -en od. -es, -en; Zool.> *ein kleiner Vogel;* sie isst wie ein ~ *sehr wenig;* Sy *Sperling;* '**Spätz·chen** <n.; -s, -; Verkleinerungsf. von *Spatz*

'**Spät·zeit** <f.; -; unz.> in der ~ des Feudalismus

'**Spat·zen·hirn** <n.; -(e)s, -e; fig.; abwertend> *geringes Denkvermögen;* '**Spät·zin** <f.; -, -n·nen; umg.>; '**Spätz·le** <Pl.; Kochk.; süddt.; bes. schwäb.> *eine Mehlspeise;* '**Spätz·lein** <n.; -s, -; poet.; Verkleinerungsf. von *Spatz;* '**Spätz·li** <Pl.; schweiz.> = *Spätzle*

'**Spät·zün·der** <m.; -s, -; umg.> *jmd., der langsam begreift*

spa·zie·ren <V. i.; ⸲Z23> *ohne Eile u. best. Ziel umhergehen;* er spaziert durch die Stadt; wollen wir ~ gehen?; er geht täglich ~; sie ist ~ gegangen; es tut gut ~ zu gehen; Spazierengehen ist erholsam; jmdn. ~ fahren, führen; ~ reiten [lat.]; **Spa·zier·fahrt** <f.; -, -en>; **Spa·zier·gang** <m.; -(e)s, ⸚e>; **Spa·zier·gän·ger** <m.; -s, ->; **Spa·zier·gän·ge·rin** <f.; -, -n·nen>; **Spa·zier·stock** <m.; -(e)s, ⸚e>; **Spa·zier·weg** <m.; -(e)s, -e>

SPD <Abk. für> Sozialdemokratische Partei Deutschlands

Specht <m.; -(e)s, -e; Zool.> ein Vogel; **Specht·mei·se** <f.; -, -n; Zool.> = Kleiber

Spe·cial <['spɛʃəl]; n.; -s, -s> Sonder..., Extra..., Sendung o. Ä. zu einem best. Thema [engl.]; **Spe·cial·ef·fect**, <auch> **Spe·cial Ef·fect** <[-i'fɛkt]; m.; (-)-s, (-)-s; bes. TV> wirkungsvoller Effekt

Speck <m.; -(e)s, -e; Pl. selten> 1 unter der Haut liegende, viel Fett enthaltende Gewebeschicht 2 aus tierischem Fettgewebe gewonnenes Nahrungsmittel; **'Speck·bauch** <m.; -(e)s, ⸚e; umg.>; **'spe·ckig** <Adj.> 1 fettig; ~es Haar 2 abgewetzt, glänzend; eine ~e Hose; **'Speck·ku·chen** <m.; -s, ->; **'Speck·schwar·te** <f.; -, -n> Haut über der Speckschicht; **'Speck·sei·te** <f.; -, -n>; **'Speck·stein** <m.; -(e)s; unz.>

spe'die·ren <V. t.> Güter ~ versenden, befördern [ital.]; **Spe·di·teur** <[-'tøːr]; m.; -s, -e> Möbel~; **Spe·di·ti'on** <f.; -, -en> 1 das Versenden u. Verfrachten von Gütern 2 Transportunternehmen 3 Versand(abteilung); **Spe·di·ti'ons·fir·ma** <f.; -, -fir·men>; **Spe·di·ti'ons·ge·schäft** <n.; -(e)s, -e>; **spe·di'tiv** <Adj.; schweiz.> rasch, zügig

Speech <[spiːtʃ]; m.; -es, -e od. -es> Rede, Ansprache [engl.]

Speed¹ <[spiːd]; m.; -s, -s; Sp.> Geschwindigkeit(ssteigerung), Spurt [engl.]; **Speed²** <[spiːd]; n.; -s, -s; Drogenszene> Aufputschmittel; **'Speed·ball** <[-bɔːl]; m.; -s, -s; Drogenszene; umg.> Mischung aus Heroin u. Kokain; **'Speed·ska·ting** <[-skeɪtɪŋ]; n.; -s; unz.> Rollschuhfahren mit hoher Ge-

schwindigkeit; **'Speed·way·ren·nen** <[-weɪ-]; n.; -s, -; ↗Z36; Motorsp.>

Speer <m.; -(e)s, -e> eine Wurfwaffe (auch als Sportgerät); er wollte den ~ werfen; <aber> → Speerwerfen; **'Speer·wer·fen** <n.; -s; unz.; ↗Z42; Sp.> er ist Bester im ~; → a. Speer; **'Speer·wer·fer** <m.; -s, ->; **'Speer·wer·fe·rin** <f.; -, -n·nen>

'spei·ben <V. i.; bair.; österr.> = speien

'Spei·che <f.; -, -n> 1 Teil des Rades 2 <Anat.> einer der beiden Unterarmknochen; Elle u. ~

'Spei·chel <m.; -s; unz.> Absonderung der Speicheldrüsen im Mund; **'Spei·chel·bil·dung** <f.; -; unz.>; **'Spei·chel·drü·se** <f.; -, -n>; **'Spei·chel·fluss** <m.; -es; unz.>; **'Spei·chel·le·cker** <m.; -s, -; abwertend> kriecherischer Mensch; **Spei·chel·le·cke'rei** <f.; -; unz.; abwertend>; **'spei·cheln** <V. i.; ich speich(e)le>; **'Spei·chel·test** <m.; -(e)s, -s od. -e>

'Spei·cher <m.; -s, -> 1 Vorrats-, Lager- od. Trockenraum; Korn~, Wasser~ 2 <südd.> Dachboden 3 <EDV> Teil einer elektron. Rechenanlage zum Speichern(2) von Daten; Arbeits~; **'Spei·cher·ka·pa·zi·tät** <f.; -, -en; EDV>; **'Spei·cher·kraft·werk** <n.; -(e)s, -e>; **'spei·chern** <V. t.; ich speich(e)re> 1 (Vorräte) ansammeln u. bis zur Nutzung aufbewahren 2 <EDV> Daten erfassen u. abrufbar bewahren; **'Spei·cher·o·fen** <m.; -s, ⸚; ↗Z55>; **'Spei·cher·or·gan** <n.; -(e)s, -e; Med.>; **'Spei·che·rung** <f.; -, -en>

'spei·en <V. 248; geh.> 1 <V. i.> spucken, sich übergeben 2 <V. t.> auswerfen, von sich geben; Blut ~; der Vulkan speit Feuer; **'Spei·er** <m.; -s, -; kurz für> Wasserspeier

'Spei·er·ling <m.; -(e)s, -e> = Spierling(1)

'Spei·gatt <n.; -(e)s, -e od. -en; Seemannsspr.> Öffnung in der Außenwand des Schiffes, durch die Wasser abfließen kann

Speik <m.; -(e)s, -e; Bot.> 1 = Baldrian 2 = Lavendel

Speil <m.; -(e)s, -e> 1 Splitter,

Span 2 Holzstäbchen (am Ende des Wurstdarmes); **'spei·len** <V. t.>; **'Spei·ler** <m.; -s, -> = Speil

Speis¹ <m.; -es; unz.; südd.> Mörtel [lat.]; **Speis²** <f.; -, -en; Pl. selten; bair.; österr.> für Speisekammer; **'Spei·se** <f.; -, -n> 1 (zubereitete) Nahrung, Gericht; Mehl~; ~, <auch> Speis u. Trank 2 <unz.; auch für> Mörtel 3 flüssiges Metall zum Glockenguss; **'Spei·se·brei** <m.; -(e)s; unz.>; **'Spei·se·eis** <n.; -es; unz.>; **'Spei·se·fett** <n.; -(e)s, -e>; **'Spei·se·kam·mer** <f.; -, -n>; **'Spei·se·kar·te** <f.; -, -n>; **'Spei·se·lo·kal** <n.; -(e)s, -e>; **'spei·sen** <V.; du speist; geh.> 1 <V. i.> in kultivierter Umgebung eine Mahlzeit zu sich nehmen; wir haben vorzüglich gespeist 2 <V. t.> die Wasserwerke werden aus dem/durch den/vom Fluss gespeist; **'Spei·sen·auf·zug** <m.; -(e)s, ⸚e>; **'Spei·sen·fol·ge** <f.; -, -n>; **'Spei·sen·kar·te** <f.; -, -n> = Speisekarte; **'Spei·se·öl** <n.; -(e)s, -e>; **'Spei·se·pilz** <m.; -es, -e>; **'Spei·se·rest** <m.; -(e)s, -e; meist Pl.>; **'Spei·se·röh·re** <f.; -, -n; Anat.> Muskelschlauch zw. Schlund u. Magen; **'Spei·se·saal** <m.; -(e)s, -sä·le; ↗Z.18.1>; **'Spei·se·schrank** <m.; -(e)s, ⸚e>; **'Spei·se·wa·gen** <m.; -s, -; in Eisenbahnzügen>; **'Spei·se·zim·mer** <n.; -s, ->; **'Spei·sung** <f.; -, -en; geh.> das Versorgen mit Nahrung bzw. einem Betriebsstoff

'Spei·täub·ling <m.; -(e)s, -e>, **'Spei·teu·fel** <m.; -s, -; Bot.> ein ungenießbarer Pilz; **'spei'ü·bel** <Adj.; ↗Z.55; nur präd.> mir ist ~; → a. speien

Spek·ta·bi·li·tät <f.; -, -en; veralt.> Anrede für den Dekan einer Hochschule; Eure, Seine ~ [lat.]; **Spek·ta·kel¹** <n.; -s, -; veralt. für> Schauspiel; **Spek·ta·kel²** <m.; -s, -; fig.; umg.> Lärm, Krach, lauter Auftritt; mach keinen solchen ~!; **spek·ta·keln** <V. i.; ich spektak(e)le; umg.>; **spek·ta·ku·lär** <Adj.> großes Aufsehen erregend; **Spek·ta·ku·lum** <n.; -s, -la; scherzh.>

spek'tral, <auch> **spekt'ral** <Adj.; ↗Z.53> das Spektrum betreffend [lat.]; **Spek'tral·a·na·ly·se** <f.; -, -n; ↗Z55; Chem.>; **Spek'tral·ap·pa·rat** <m.; -(e)s, -e; Phys.> opt. Gerät zur spektralen Zerlegung von Strahlung; **Spek'tral·far·be** <f.; -, -n> Licht einer einzigen Wellenlänge; **Spek'tral·li·nie** <[-niə]; f.; -, -n>; **Spek'tro'me·ter** <n.; -s, -> Gerät zum Beobachten u. Messen von Spektren; **Spek'tro'skop**, <auch> **Spekt·ros'kop** <n.; -s, -e; ↗Z54> = Spektrometer; **Spek·tro·sko'pie** <f.; -, -n>; **spek·tro'sko·pisch** <Adj.>; **'Spek·trum** <a. [sp-]; n.; -s, -tren/ -t·ren od. -tra/ -t·ra> 1 <Phys.; i. e. S.> die durch das Aufspaltung von weißem Licht entstehende Farbenreihe 2 <Phys.; i. w. S.> die Gesamtheit der elektromagnet. Strahlung in verschiedener Wellenlänge 3 <fig.> Vielfalt; das ~ der modernen Kunst

Spe·ku'lant <m.; -en, -en> jmd., der spekuliert [lat.]; **Spe·ku'lan·tin** <f.; -, -n·nen>; **Spe·ku·la·ti·'on** <f.; -, -en> 1 <Philos.> das nicht auf Erfahrung, sondern Überlegung beruhende Streben nach Erkenntnis 2 Mutmaßung 3 mit Risiko verbundener Kauf od. Verkauf von Gütern, um Gewinne zu erzielen; **Spe·ku·la·ti'ons·kauf** <m.; -(e)s, ⸚e>; **Spe·ku·la·ti'ons·pa·pier** <n.; -s, -e>

Spe·ku·la·ti·us <m.; -, -> knuspriges Pfefferkuchengebäck [lat.]

spe·ku·la'tiv <Adj.> 1 <Philos.> die reine Erfahrung überschreitend 2 auf Mutmaßungen beruhend 3 auf Gewinne durch Preisschwankungen hoffend [lat.]; **spe·ku'lie·ren** <V. i.> 1 überlegen 2 aufgrund von Spekulation(3) Handel treiben

'Spe·ku·lum <n.; -s, -la; Med.> Spiegelinstrument zum Einblick in Körperhöhlen [lat.]

Spe·lä·o·lo'gie <f.; -; unz.> Höhlenkunde [grch.]; **spe·lä·o'lo·gisch** <Adj.>

Spelt <m.; -(e)s, -e> = Dinkel

Spe'lun·ke <f.; -, -n; abwertend> verrufene Kneipe [grch.]

Spelz <m.; -es, -e> = Dinkel; **'Spel·ze** <f.; -, -n> 1 Hülse, Schale des Getreidekorns 2 verhärtetes Blatt der Grasblüten; **'spel·zig** <Adj.>

spen'da·bel <Adj.; -'dab·ler, am -s·ten> großzügig; ein spendabler Onkel; **'Spen·de** <f.; -, -n> freiwillige Gabe, Schenkung; **'spen·den** <V. t.> zum Wohle von anderen geben, schenken; Geld, Blut, Trost, Beifall ~; **'Spen·den·auf·ruf** <m.; -(e)s, -e>; **'Spen·den·be·schei·ni·gung** <f.; -, -en>; **'Spen·der** <m.; -s, ->; **'Spen·de·rin** <f.; -, -n·nen; ↗Z38>; **spen'die·ren** <V. t.; umg.> jmdm. etwas ~; **Spen'dier·ho·sen** <Pl.; umg.; scherzh.; in der Wendung> die ~ anhaben freigebig sein; **'Spen·dung** <f.; -, -en; selten>

'Speng·ler <m.; -s, -; ↗Z53.1; oberdt.; westdt.> = Klempner; **'Speng·le·rin** <f.; -, -n·nen>

'Spen·ser <m.; -s, -; österr.>, **'Spen·zer** <m.; -s, -> kurzes Jäckchen mit Schoß [nach dem engl. Minister Earl of Spencer]

'Sper·ber <m.; -s, -; Zool.> ein Raubvogel; **'sper·bern** <V. i.; ich sperbere; schweiz.> spähen

Spe'renz·chen, **Spe'ren·zi·en** <Pl.; umg.> Schwierigkeiten, Widerstand; ~ machen

'Sper·ling <m.; -s, -e; Zool.> ein Vogel; Sy Spatz; <aber> → Sperrling; **'Sper·lings·vo·gel** <m.; -s, ⸚>

'Sper·ma <a. [sp-]; n.; -s, -men od. -ma·ta; Biol.> = Samen(4) [grch.]; **Sper·ma'ti·de** <f.; -, -n> unreife männl. Keimzelle; **sper·ma'to·gen** <Adj.> Samenzellen bildend; **Sper·ma·to·ge'ne·se** <f.; -, -n> = Spermiogenese; **Sper·ma'to·phyt** <m.; -en, -en; Bot.> Blüten-, Samenpflanze; **Sper·ma·tor'rhö** <f.; -, -en>, **Sper·ma·tor·rhoe** <[-'rø:]; f.; -, -n; Med.> Samenfluss ohne geschlechtl. Erregung, **Sper·ma·to·'zo·on** <n.; -s, -'zo·en> = Spermium; **'Sper·men** <Pl. von Sperma>; **Sper·mi·en** <Pl. von Spermium>; **Sper·mi·o·ge'ne·se** <f.; -, -n; ↗Z55> Samenbildung; **'Sper·mi·um** <n.; -s, -mi·en> Samenfaden, Samenzelle; **sper·mi'zid** <Adj.> die Samen abtötend; **Sper·mi'zid** <n.; -(e)s, -e> **'sperr·an·gel·weit** <Adj.> die Tür stand ~ offen; **'Sperr·bal·lon** <[-lõ], [-lɔŋ] od. österr. [-lo:n]; m.; -s, -s od. -e>; **'Sperr·be·zirk** <m.; -(e)s, -e>; **'Sperr·druck** <m.; -(e)s; unz.; Typ.>; **'Sper·re** <f.; -, -n> 1 Vorrichtung, Schranke o. Ä., die etwas absperrt; Straßen~ 2 Verbot; die Firma verhängte eine Urlaubs~; **'sper·ren** <V.> 1 <V. t.> blockieren; die Straße wurde gesperrt 2 <V. t.> verhindern, verbieten; den Strom ~ abstellen; ein Konto ~ nichts mehr auszahlen; einen Sportler ~ 3 <V. t.> jmdn. od. etwas einschließen; Tiere in den Käfig ~ 4 <V. t.; Typ.> Wörter ~ Abstand zwischen den Buchstaben lassen 5 <V. t./V. refl.> sich (gegen etwas) ~ sich sträuben, widersetzen 6 <V. i.; umg.> etwas sperrt klemmt; **'Sperr·feu·er** <n.; -s; unz.; Mil.>; **'Sperr·frist** <f.; -, -en; Rechtsw.>; **'Sperr·ge·biet** <n.; -(e)s, -e>; **'Sperr·gut** <n.; -(e)s od. ↗Z37>) sperriges Transportgut; **'Sperr·gut·ha·ben** <n.; -s, -; Bankw.> Guthaben auf einem Sperrkonto; **'Sperr·holz** <n.; -es; unz.> Holz aus mehreren übereinander geleimten Schichten; **'Sperr·holz·plat·te** <f.; -, -n>; **'sper·rig** <Adj.> unhandlich; **'Sperr·klau·sel** <f.; -, -n> etwas einschränkende od. ausschließende Vertragsbestimmung; **'Sperr·kon·to** <n.; -s, -s, -kon·ten od. -kon·ti; Bankw.> Konto, über das nur beschränkt verfügt werden kann; **'Sperr·kreis** <m.; -es, -e; El.>; **'Sperr·ling** <m.; -(e)s, -e; veralt.> Holzstück zum Sperren; <aber> → Sperling, **'Sperr·mau·er** <f.; -, -n>; **'Sperr·mi·no·ri·tät** <f.; -, -en; Wirtsch.> stimmberechtigte Minderheitsbeteiligung an einem Unternehmen; **'Sperr·müll** <m.; -s; unz.> sperriger Abfall, der gesondert entsorgt werden muss; **'Sperr·rad** <n.; -(e)s, ⸚er; ↗Z37> Zahnrad in einem Sperrgetriebe; **'Sperr·rie·gel** <m.; -s, ->; ↗Z37>; **'Sperr·sitz** <m.; -es, -e; im Kino, Theater>; **'Sperr·stun·de** <f.; -, -n; Pl. selten> = Polizeistunde; **'Sper·rung** <f.; -, -en>; **'Sperr·zoll** <m.; -(e)s, ⸚e> erhöhter Zoll **'Spe·sen** <nur Pl.> (Neben-,

Un-)Kosten, Auslagen (z. B. von Handlungsreisenden); **'Spe·sen·ab·rech·nung** <f.; -, -en>; **'spe·sen·frei** <Adj.>

'spet·ten <V. i.; schweiz.> bei der Hausarbeit aushelfen; **'Spet·te·rin** <f.; -, -nnen; schweiz.>

Spe·ze'rei <f.; -, -en; meist Pl.; veralt.> Gewürzwaren

'Spe·zi¹ <m.; -s, -s; süddt.; österr.; umg.> ein guter Freund, Kumpel; **'Spe·zi²** <n.; -s, -s; umg.> Mischgetränk aus Cola u. Limonade; **spe·zi'al** <Adj.> = speziell [lat.]; **Spe·zi'al...** <in Zus.> Sonder..., Einzel..., Fach...; z. B. Spezialabteilung; **Spe·zi·'al·fach** <n.; -(e)s, ⸚er>; **Spe·zi·'al·ge·biet** <n.; -(e)s, -e>; **Spe·zi·'al·ge·schäft** <n.; -(e)s, -e>; **Spe·zi·a·li·sa·ti·on** <f.; -; unz.> = Spezialisierung; **spe·zi·a·li·'sie·ren** <V. t./V. refl.> sich ~ sich nur mit einem Teilgebiet befassen; **Spe·zi·a·lis·te·rung** <f.; -, -en>; **Spe·zi·a·'list** <m.; -en, -en> Fachmann; **Spe·zi·a·'lis·ten·tum** <n.; -s; unz.>; **Spe·zi·a·'lis·tin** <f.; -, -nnen>; **Spe·zi·a·li·'tät** <f.; -, -en> 1 Besonderheit; Tiramisu ist eine italienische ~ 2 Fachgebiet; englische Literatur ist seine ~ 3 Liebhaberei; Stricken ist ihre ~; **Spe·zi·a·li'tä·ten·res·tau·rant** <[-resto'rã]; n.; -s, -s>; **Spe·zi·'al·trai·ning** <[-tre:-]; n.; -s, -s; Sp.>; **Spe·zi·'al·voll·macht** <f.; -, -en> eingeschränkte Vollmacht; Ggs Generalvollmacht; **spe·zi·'ell** <Adj.; ↗Z 43> besonders, eigens, hauptsächlich; ~e Kenntnisse, Wünsche; das ist ~ für dich; im Speziellen meint er damit ... im Einzelnen; Ggs generell; **'Spe·zi·es** <a. [sp-]; f.; -, -> 1 best. Art einer Gattung; die ~ Mensch 2 <Math.> Grundrechnungsart; **'Spe·zi·es·kauf** <m.; -(e)s, ⸚e; Wirtsch.> Kauf einer best., einzelnen Sache; Sy Stückkauf; **Spe'zi·fik** <f.; -; unz.> das Eigentümliche von etwas; **Spe·zi·fi·ka·ti·on** <f.; -, -en>; **Spe'zi·fi·kum** <n.; -s, -ka> besonderes Merkmal; **spe'zi·fisch** <Adj.> 1 (art)eigen, kennzeichnend; dieses Gewürz hat einen ganz ~en Geruch 2 <Phys.> ~es Gewicht G. (Masse) im Verhältnis zum

Volumen; **spe·zi·fi'zie·ren** <V. t.> einzeln aufführen, zergliedern; **Spe·zi·fi'zie·rung** <f.; -, -en>; **'Spe·zi·men** <n.; -s, -'zi·mi·na; geh.> Muster, Probe

'Sphä·re <f.; -, -n> 1 kugelförmig erscheinendes Himmelsgewölbe; sie schwebt in höheren ~n <fig.; scherzh.> 2 Bereich; Privat~ [grch.]; **'Sphä·ren·har·mo·nie** <f.; -; unz.>; **'Sphä·ren·mu·sik** <f.; -; unz.>; **'Sphä·rik** <f.; -; unz.; Math.> Übertragung geometr. Gesetzmäßigkeiten von der Ebene auf eine Kugeloberfläche; **'sphä·risch** <Adj.> 1 die Sphäre(1) betreffend, kugelförmig 2 <Math.> ~e Trigonometrie T. auf der Oberfläche einer Kugel; **Sphä·ro'id** <n.; -(e)s, -e> Rotationsellipsoid; **sphä·ro'i·disch** <Adj.>; **Sphä·ro'lith** <m.; -(e)s od. -en, -e od. -en> kugelförmige Gesteinsbildung; **Sphä·ro'me·ter** <n.; -s> Gerät zum Messen der Kugelkrümmung; **Sphä·ro·si·de'rit** <m.; -(e)s, -e> ein Mineral

Sphen <m.; -s, -e> ein Mineral [grch.]; **sphe·no'id** <Adj.> keilförmig; **Sphe·no'id** <n.; -(e)s, -e; Anat.> mittlerer Knochen der Schädelbasis, Keilbein

'Sphink·ter <m.; -s, -'te·re; Med.> Schließmuskel [grch.]

Sphinx 1 <f. od. m.; -, -e od. 'Sphin·gen> ägypt. Fabelwesen mit Löwenleib u. Menschenkopf 2 <f.; -; unz.; grch. Myth.> weibl. Ungeheuer mit Flügeln, Löwenleib u. Frauenkopf, das jeden tötete, der sein Rätsel nicht lösen konnte [grch.]

Sphra'gis·tik <f.; -; unz.> Siegelkunde [grch.]

Sphyg·mo'graf <m.; -en, -en; ↗Z 11.3; Med.> = Sphygmograph [grch.]; **Sphyg·mo'gramm** <n.; -(e)s, -e; Med.>; **Sphyg·mo'graph** <m.; -en, -en; ↗Z 11.3; Med.> Gerät zum Aufzeichnen des Pulses

'Spick·aal <m.; -(e)s, -e> Räucheraal

'Spi·ckel <m.; -s, -; schweiz.> Zwickel, Stoffkeil

'spi·cken <V.> 1 <V. t.> Fleisch ~ mit Speckstreifen durchziehen 2 <V. t.; fig.; umg.> ein mit Fehlern, Fremdwörtern gespickter

Text 3 <V. i.; Schülerspr.> (vom Nachbarn od. von einem Spickzettel) abschreiben; er hat gespickt; **'Spi·cker** <m.; -s, -; Schülerspr.> 1 jmd., der spickt(3) 2 Spickzettel; **'Spick·na·del** <f.; -, -n> Nadel zum Spicken(1); **'Spick·zet·tel** <m.; -s, -; Schülerspr.>

Spi·der <['spai-]; m.; -s, -> offener Sportwagen [engl.]

'Spie·gel <m.; -s, -> 1 glatte Fläche eines gläsernen od. metallenen Gegenstandes, die das, was sich vor ihr befindet, wiedergibt; jmdm. einen ~ vorhalten <fig.> 2 Oberfläche eines Gewässers; Meeres~ 3 <Physiol.> Gehalt einer Körperflüssigkeit an best. Stoffen; Zucker~ 4 weißer Fleck auf der Stirn von Rind od. Pferd 5 <Jägerspr.> weißer Fleck um den After des Reh-, Rot- od. Gamswildes 6 <Typ.> der bedruckte Teil einer Seite; Satz~ [lat.]; **'Spie·gel·bild** <n.; -(e)s, -er>; **'spie·gel·bild·lich** <Adj.> seitenverkehrt; **'spie·gel·blank** <Adj.; verstärkend> sehr blank; **'Spie·gel·ei** <n.; -(e)s, -er> in der Pfanne gebratenes Ei; **'Spie·gel·fech·ter** <m.; -s, -; abwertend>; **Spie·gel·fech·te·'rei** <f.; -, -en; fig.; abwertend> betrügerische Angeberei; **'Spie·gel·glas** <n.; -es; unz.>; **'spie·gel·glatt** <Adj.> vollkommen glatt, eben; **'spie·gel·gleich** <Adj.; Math.; veralt.> symmetrisch; **'Spie·gel·karp·fen** <m.; -s, -; ↗Z 53.1; Zool.> Karpfen mit blanken Schuppen; **'spie·geln** <V.; ich spieg(e)le> 1 <V. i.> glänzen; die regennasse Straße spiegelt 2 <V. t./V. refl.> als seitenverkehrtes Abbild erscheinen; die Bäume ~ sich im Wasser; **'Spie·gel·re·flex·ka·me·ra**, <auch> **'Spie·gel·ref·lex·ka·me·ra** <f.; -, -s; ↗Z 53; Fot.>; **'Spie·gel·saal** <m.; -(e)s, -sä·le; ↗Z 18.1; in Schlössern>; **'Spie·gel·schrank** <m.; -(e)s, ⸚e>; **'Spie·gel·schrift** <f.; -; unz.> in ~ seitenverkehrt; **'Spie·gel·strich** <m.; -(e)s, -e; Typ.> kurzer waagerechter Strich vor Absätzen im Text; **'Spie·ge·lung** <f.; -, -en>; **'spie·gel·ver·kehrt** <Adj.>

'**Spie·ker** <m.; -s, -; Seemanns­spr.> *großer Nagel;* '**spie·kern** <V. t.; ich spiek(e)re>

Spiel <n.; -(e)s, -e> 1 *etwas, womit man sich zum Zeitvertreib beschäftigt;* Gedulds~; Karten~; ein abgekartetes ~ <fig.> *eine heimliche Abmachung* 2 *sportlicher Wettkampf;* Fußball~ 3 *künstlerische Darbietung;* Klavier~; Krippen~ 4 *mehrere zusammengehörige Gegenstände* 5 <kurz für> *Spielraum(1);* '**Spiel·al·ter** <n.; -s; unz.>; '**Spiel·an·zug** <m.; -(e)s, ̈-e>; '**Spiel·art** <f.; -, -en> *Sonderform;* verschiedene ~en des Barock; '**Spiel·au·to·mat** <m.; -en, -en>; '**Spiel·ball** <m.; -(e)s, ̈-e; a. fig.>; '**Spiel·bank** <f.; -, -en> *öffentl. Gebäude zur Durchführung von Glücksspielen;* '**Spiel·bein** <n.; -(e)s, -e> *das beim Stehen den Körper nur leicht stützende Bein;* Ggs *Standbein;* '**Spiel·chen** <n.; -s, -; Verklei­nerungsf. von> *Spiel;* '**Spiel·do·se** <f.; -, -n> *kleines, kastenförmiges Musikgerät;* '**spie·len** <V. i. u. V. t.> 1 *sich einer unterhaltsamen Beschäftigung hingeben;* die Kinder ~ (Blindekuh) *im Garten* 2 *sich sportlich betätigen;* die Mannschaft hat gut (Fußball) gespielt 3 *auf einem Instrument musizieren;* sie spielt recht gut (Klavier) 4 *auf der Bühne agieren;* die Schauspieler haben (ihre Rollen) überzeugend gespielt; was wird hier gespielt? <a. fig.> *was geht hier vor?;* das spielt keine Rolle <fig.> *das ist ohne Bedeutung* 5 <V. i.> *geschehen, sich ereignen;* der Roman spielt in England, zu Beginn des 18. Jh.s; '**spielend** <Adj.; ↗Z28.1> *mühelos;* eine Aufgabe ~ bewältigen; '**spiel·ent·schei·dend** <Adj.; ↗Z29> das ~e Tor fiel in der 82. Minute; '**Spie·ler** <m.; -s, ->; **Spie·le·rei** <f.; -, -en>; '**Spie·le·rin** <f.; -, -n·nen; ↗Z38>; '**spie·le·risch** <Adj.> 1 *wie in einem Spiel, ohne Anstrengung;* sie löste die Aufgaben mit ~er Leichtigkeit 2 *attr. u. adv.> das (sportliche) Spiel betreffend;* ein ~ überlegener Gegner; '**Spiel·feld** <n.; -(e)s, -er; Sp.>; '**Spiel·fi·gur** <f.; -, -en> *Figur im Brettspiel;* '**Spiel·film** <m.; -(e)s, -e>; '**Spiel·flä·che** <f.; -, -n> *Spielfeld;* '**spiel·frei** <Adj.; Theat.> ein ~er Tag; '**Spiel·füh·rer** <m.; -s, -; Sp.> *Mannschaftskapitän;* '**Spiel·füh·re·rin** <f.; -, -n·nen>; '**Spiel·ge·fähr·te** <m.; -n, -n>; '**Spiel·ge·fähr·tin** <f.; -, -n·nen>; '**Spiel·geld** <n.; -(e)s; unz.>; '**Spiel·grup·pe** <f.; -, -n>; '**Spiel·hahn** <m.; -(e)s, ̈-e; Jä­gerspr.> *balzender Birkhahn;* '**Spiel·hal·le** <f.; -, -n>; '**Spiel·höh·le** <f.; -, -n; abwertend> *Spielbank;* '**Spiel·ka·me·rad** <m.; -en, -en>; '**Spiel·ka·me·ra·din** <f.; -, -n·nen>; '**Spiel·kar·te** <f.; -, -n>; '**Spiel·ka·si·no** <n.; -s, -s> = *Spielbank;* '**Spiel·klas·se** <f.; -, -n; Sp.>; '**Spiel·kreis** <m.; -es, -e>; '**Spiel·lei·den·schaft** <f.; -; unz.>; '**Spiel·lei·ter** <m.; -s, -> = *Regisseur;* '**Spiel·lei·te·rin** <f.; -, -n·nen>; '**Spiel·lei·tung** <f.; -; unz.> = *Regie;* '**Spiel·leu·te** <Pl. von> *Spielmann;* '**Spiel·mann** <m.; -(e)s, -leu·te> 1 <MA> *fahrender Musikant* 2 *Angehöriger eines Spielmannszuges;* '**Spiel·manns·zug** <m.; -(e)s, ̈-e> *Musikkapelle;* '**Spiel·mar·ke** <f.; -, -n>; '**Spiel·mi·nu·te** <f.; -, -n; Sp.>; '**Spiel·ord·nung** <f.; -, -en>; **Spie·lo·thek** <f.; -, -en> 1 *Spieleverleih* 2 *Räumlichkeit mit Spielautomaten;* '**Spiel·plan** <m.; -(e)s, ̈-e; Theat.>; '**Spiel·platz** <m.; -es, ̈-e>; '**Spiel·raum** <m.; -(e)s, ̈-e> 1 *Zwischenraum, Hohlraum (zw. Maschinenteilen)* 2 <fig.> *Entfaltungsmöglichkeit;* er hat keinerlei ~; '**Spiel·re·gel** <f.; -, -n; meist Pl.>; '**Spiel·sa·chen** <Pl.>; '**Spiel·schuld** <f.; -, -en>; '**Spiel·stand** <m.; -(e)s; unz.; Sp.> *Zwischenergebnis eines Wettspiels;* '**Spiel·stär·ke** <f.; -, -n; Sp.>; '**Spiel·stät·te** <f.; -, -n>; '**Spiel·stra·ße** <f.; -, -n>; '**Spiel·teu·fel** <m.; -s, -; sinn­bildl. für> *Spielleidenschaft;* '**Spiel·the·ra·pie** <f.; -; unz.; Psych.> *Heilbehandlung bei Kindern mithilfe des Spiels;* '**Spiel·tisch** <m.; -(e)s, -e> 1 *Tisch, an dem gespielt wird* 2 *Teil der Orgel;* '**Spiel·uhr** <f.; -,

-en> = *Spieldose;* '**Spiel·ver·bot** <n.; -(e)s, -e; Sp.>; '**Spiel·ver·der·ber** <m.; -s, ->; '**Spiel·ver·der·be·rin** <f.; -, -n·nen>; '**Spiel·ver·ei·ni·gung** <f.; -, -en; Abk.: SV>; '**Spiel·wa·ren** <Pl.>; '**Spiel·wa·ren·in·dus·trie**, <auch> '**Spiel·wa·ren·in·dust·rie** <f.; -; unz.; ↗Z53>; '**Spiel·wei·se** <f.; -, -n>; '**Spiel·werk** <n.; -(e)s, -e>; '**Spiel·wie·se** <f.; -, -n>; '**Spiel·zeit** <f.; -, -en> 1 <Theat.> *Zeitabschnitt, während dessen Vorstellungen stattfinden* 2 <Sp.> *Dauer eines Spiels;* '**Spiel·zeug** <n.; -(e)s, -e> *zum Spielen(1) verwendeter Gegenstand;* '**Spiel·zeug·ei·sen·bahn** <f.; -, -en>; '**Spiel·zim·mer** <n.; -s, ->

Spier <m. od. n.; -(e)s, -e; nord­dt.> *Grasspitze;* '**Spie·re** <f.; -, -n; Seemannsspr.> *Rundholz, Stange,* '**Spier·ling** <m.; -s, -e> 1 <Bot.> *Art der Eberesche* 2 <Zool.> *ein Fisch;* '**Spier·stau·de** <f.; -, -n> = *Mädesüß*

Spieß <m.; -es, -e> 1 *dünner, zugespitzter Eisenstab* 2 *Stich- u. Wurfwaffe;* das Kind schrie wie am ~ <umg.> *laut;* den ~ umdrehen <fig.> *zum Gegenangriff übergehen* 3 <Jägerspr.> *unverzweigtes Geweih* 4 <Typ.> *nach oben gerutschtes u. daher sichtbares Ausschlussstück des Schriftsatzes* 5 <Soldatenspr.> *Feldwebel;* '**Spieß·bür·ger** <m.; -s, -; fig.; abwertend> *engstirniger, kleinlich denkender Mensch;* '**spieß·bür·ger·lich** <Adj.> *engstirnig;* Sy *spießig;* '**Spieß·bür·ger·tum** <n.; -s; unz.>; '**spie·ßen** <V. t.; du spießt> 1 *auf einen spitzen Gegenstand stecken* 2 *mit einem spitzen Gegenstand befestigen* 3 <V. refl.; österr.> sich ~ *sich nicht bewegen lassen;* '**Spie·ßer**[1] <m.; -s, -; Jägerspr.> *Rehbock od. Hirsch im 2. Jahr;* '**Spie·ßer**[2] <m.; -s, -> = *Spießbürger;* '**Spie·ße·rin** <f.; -, -n·nen>; '**Spieß·ge·sel·le** <m.; -n, -n> 1 <veralt.> *Kamerad, Waffenbruder* 2 <abwertend> *Mittäter, Kumpan;* '**spie·ßig** <Adj.; abwertend> = *spießbürgerlich;* '**Spieß·ru·te** <f.; -, -n> *dünner, spitzer Zweig* 2 <meist

in der Wendung> ~n laufen *kritisch od. spöttisch von anderen gemustert werden*; **'Spieß·ru·ten·lau·fen** <n.; -s; unz.; ↗Z42> *es war das reinste ~*

Spike <[spaik] m.; -s, -s; meist Pl.> *Stahlnagel an der Sohle von Laufschuhen u. an Autoreifen* [engl.]; **'Spikes·rei·fen** <Pl.>

Spill <n.; -(e)s, -e; Mar.> *Winde*

Spil'la·ge <[-ʒə] f.; -, -n; Wirtsch.> *Gewichtsverlust von trockener Ware infolge unsachgemäßer Verpackung* [engl.]

'Spil·le <f.; -, -n> *Spindel*; **'spil·le·rig** <Adj.> *dürr, mager*

Spill·over-Ef·fekt <[spil'o:vər-]; m.; -(e)s, -e; ↗Z33; Wirtsch.> *auf andere Bereiche ausstrahlender ökonomischer Effekt* [engl.]

'spill·rig <Adj.> = *spillerig*

Spin <[spin]; m.; -s; unz.> 1 <Phys.> *Eigendrehimpuls der Elementarteilchen* 2 <Sp.> *Drall des Balles* [engl.]

'Spi·na <f.; -, 'Spi·nen; Med.> *Knochendorn, z. B. an den Wirbeln; ~ bifida angeborene Spaltbildung der Wirbelsäule* [lat.]; **spi'nal** <Adj.; Med.> *die Wirbelsäule betreffend; ~ Kinderlähmung*; **Spi'nal·an·äs·the·sie**, <auch> **Spi'nal·a·näs·the·sie** <f.; -, -n; ↗Z54; Med.> *Betäubung durch Einspritzung ins Rückenmark*; **Spi'nal·punk·ti·on** <f.; -, -en; Med.> *Rückenmark(s)punktion*

Spi'nat <m.; -(e)s; unz.; Bot.> *ein Blattgemüse* [arab.-pers.]; **Spi·'nat·wach·tel** <f.; -, -n; umg.; abwertend> *schrullenhafte, unangenehme Frau*

Spind <m. od. n.; -(e)s, -e> *schmaler Schrank*; <aber> → *Spint*

'Spin·del <f.; -, -n> 1 *Teil des Spinnrades* 2 <Tech.> *Welle mit Gewinde*; **'Spin·del·baum** <m.; -(e)s, ⸚e; Tech.>; **'spin·del'dürr** <Adj.; fig.> *sehr dürr*

Spi'nell <m.; -s, -e> *ein Mineral* [ital.]

Spi'nett <n.; -(e)s, -e; Mus.> *ältere Form des Cembalos* [ital.]

'Spin·na·ker <m.; -s, -; Seemannsspr.> *großes Vorsegel*

'Spinn·drü·se <f.; -, -n; bei Insekten u. Schnecken>; **'Spinn·dü·**se <f.; -, -n> *Teil der Spinnmaschine*; **'Spin·ne** <f.; -, -n; Zool.>; **'spin·ne'feind** <Adj.; nur präd.> *jmdm. ~ sein besonders feindlich gesinnt*; **'spin·nen** <V. 249> 1 <V. i. u. V. t.> *(mit dem Spinnrad) zu Fäden verarbeiten; Seemannsgarn ~* <fig.> *eine nicht ganz glaubwürdige Geschichte erzählen* 2 <V. i.; umg.> *spinnst du? bist du verrückt?*; **'Spin·nen·ge·we·be** <n.; -s, ->; **'Spin·nen·netz** <n.; -es, -e>; **'Spin·nen·tier** <n.; -(e)s, -e; Zool.>; **'Spin·ner** <m.; -s, -> 1 *Facharbeiter in einer Spinnerei* 2 <Zool.> *eine Schmetterlingsart* 3 <Angeln> *künstl. Köder in Fischform* 4 <fig.; umg.> *jmd., der verrückte Ideen hat*; **Spin'ne'rei** <f.; -, -en>; **'Spin·ne·rin** <f.; -, -n·nen>; **'spin·nert** <Adj.; bair.; österr.> *leicht verrückt; ein ~er Kerl*; **'Spinn·ma·schi·ne** <f.; -, -n>; **'Spinn·rad** <n.; -(e)s, ⸚er> *Gerät zum Spinnen(1)*; **'Spinn·ro·cken** <m.; -s, ->; **'Spinn·stoff** <m.; -(e)s, -e>; **'Spinn·stu·be** <f.; -, -n>; **'Spinn·we·be** <f.; -, -n> *Netz od. Faden der Spinne*; **'Spinn·wir·tel** <m.; -s, -> *Rolle auf der Spindel(1)*

spi'nös <Adj.; veralt.> *schwierig, knifflig, heikel* [lat.]

Spi·no'zis·mus <m.; -; unz.> *Lehre des Philosophen Spinoza*; **Spi·no'zist** <m.; -en, -en>; **spi·no'zis·tisch** <Adj.>

Spint <m. od. n.; -(e)s, -e> *altes Trockenhohlmaß*; <aber> → *Spind*

spin·ti'sie·ren <V. i.; meist abwertend> *grübeln*

Spi'on <m.; -(e)s, -e> 1 *jmd., der Spionage betreibt* 2 <fig.> *Guckloch in der Wohnungstür* [ital.]; **Spi·o'na·ge** <[-ʒə]; f.; -; unz.> *Auskundschaftung von polit., milit. od. wirtschaftl. Geheimnissen eines Staates im Auftrag eines anderen* [frz.]; **Spi·o'na·ge·ab·wehr** <f.; -; unz.>; **spi·o·'nie·ren** <V. i.>; **Spi'o·nin** <f.; -, -n·nen>

Spi'räe <f.; -, -n; Bot.> *ein Zierstrauch*

spi'ral <Adj.; Tech.> *spiralig*; **Spi·'ral·boh·rer** <m.; -s, -> *ein Werkzeug*; **Spi'ra·le** <f.; -, -n> 1 schraubenförmige Linie 2 <Med.; umg.; Bez. für> *ein spiralig gewundenes Intrauterinpessar*; **Spi'ral·fe·der** <f.; -, -n>; **Spi'ral·hef·tung** <f.; -, -en> *Heftung (eines Buches) mittels einer Draht- oder Kunststoffspirale*; **spi'ra·lig** <Adj.> *schrauben-, schneckenförmig*; **Spi'ral·li·nie** <[-niə]; f.; -, -n>; **Spi'ral·ne·bel** <m.; -s, -; Astr.>

'Spi·rans <m.; -, -'ran·ten>, **Spi'rant** <m.; -en, -en; Phon.> = *Reibelaut; → a. Kasten Konsonant* [lat.]; **spi'ran·tisch** <Adj.; Phon.>

Spi'ril·le <f.; -, -n; Med.> *Schraubenbakterium* [grch.]; **Spi·ril'lo·se** <f.; -, -n; Med.>

Spi·rit <['spi-]; m.; -s, -s> *Geist eines Verstorbenen* [lat.-engl.]; **Spi·ri'tis·mus** <m.; -; unz.> *Glaube an Geister u. die Möglichkeit des Kontakts mit ihnen*; **Spi·ri'tist** <m.; -en, -en>; **Spi·ri'tis·tin** <f.; -, -n·nen>; **spi·ri'tis·tisch** <Adj.> *~e Sitzung*; **spi·ri·tu'al** <Adj.; selten für> *spirituell*; **Spi·ri·tu'al¹** <m.; -s od. -en, -en; Kath.> *Seelsorger, Beichtvater*; **Spi·ri·tu·al²** <['spiritjuəl]; n. od. m.; -s, -s> *geistl. Lied der Schwarzen im Süden der USA; Negro-* [engl.]; **Spi·ri·tu'a·li·en** <Pl.> *geistl. Dinge* [lat.]; **spi·ri·tu·a·li'sie·ren** <V. t.> *vergeistigen*; **Spi·ri·tu·a'lis·mus** <m.; -; unz.> *Lehre, dass die Wirklichkeit auf ein geistiges Prinzip zurückzuführen sei*; **Spi·ri·tu·a'list** <m.; -en, -en>; **spi·ri·tu·a'lis·tisch** <Adj.>; **Spi·ri·tu·a·li'tät** <f.; -; unz.> *Ggs Materialität*; **spi·ri·tu'ell** <Adj.> *geistig, übersinnlich; Ggs materiell*; **spi·ri·tu·'os, spi·ri·tu'ös** <Adj.; selten für> *Weingeist enthaltend*; **Spi·ri·tu'o·sen** <Pl.> *alkohol. Getränke*; **Spi·ri·tus¹** <['spi-]; m.; -, -> *Atem, Hauch, Leben; ~ asper* <Sprachw.> *Zeichen (') für den h-Anlaut im Altgriechischen; ~ Rector leitende, treibende Kraft (eines Unternehmens); ~ sanctus der Heilige Geist*; **Spi·ri·tus²** <['ʃpi-]; m.; -, -s·se> = *Äthylalkohol*; **'Spi·ri·tus·ko·cher** <m.; -s, -> *einfaches Kochgerät*

Spi·ro·chä·te <[-'çɛː-]; f.; -, -n;

Med.> *schraubenförmiges Bakterium* [grch.]; **Spi·ro·chä·to·se** <[-çɛ-]; f.; -, -n; Med.>; **Spi·ro·'me·ter** <n.; -s, -; Med.> *Gerät zur Bestimmung der Leistungsfähigkeit der Lunge* [lat.; grch.] **'Spir·re** <f.; -, -n; Bot.> *Blütenstand mit nach oben kürzer werdenden Seitenzweigen* **'spis·sen** <V. i.; Jägerspr.> *der Haselhahn spisst pfeift* **Spi'tal** <n.; -s, -'tä·ler; bes. ös­terr.; schweiz.> *Krankenhaus* [lat.]

spitz <Adj.> oV *spitzig* 1 *immer schmaler werdend, in einem Punkt zusammenlaufend; ein ~er Kirchturm; ~er Winkel W. unter 90°*; Ggs *stumpf* 2 <fig.; umg.> *leicht boshaft, stichelnd; eine ~e Bemerkung*; **Spitz** <m.; -es, -e; Zool.> *eine kleine Hunderasse*; **'Spitz·a·horn** <m.; -s, -e; ↗Z.55; Bot.>; **'Spitz·bart** <m.; -(e)s, ⸚e>; **'spitzlbe·kom·men** <V. t. 170; ich bekomme spitz; sie hat spitzbekommen; spitzzubekommen; umg.> = *spitzkriegen*; **'Spitz·bo·gen** <m.; -s, - od. (südd.; österr.; schweiz.) ⸚; Arch.>; **'spitz·bo·gig** <Adj.; Arch.>; **'Spitz·boh·rer** <m.; -s, -> *ein Werkzeug*; **'Spitz·bu·be** <m.; -n, -n> 1 <veralt.> *Dieb, Gauner, Betrüger* 2 *Schelm*; **'Spitz·bu·ben·streich** <m.; -(e)s, -e>; **Spitz·bü·be'rei** <f.; -, -en>; **'Spitz·bü·bin** <f.; -, -n·nen>; **'spitz·bü·bisch** <Adj.>; **'spit·ze** <Adj.; undekl.; umg.> *prima, super; ein ~ Auto; das hast du ~ gemacht; sie ist ~,* <auch> Spitze; *das finde ich ~,* <auch> Spitze; **'Spit·ze** <f.; -, -n> → a. *spitze* 1 *Punkt, in dem etwas spitz zusammenläuft*; Nasen~; *eine Sache auf die ~ treiben* <fig.> *bis zum Äußersten gehen* 2 *vordere Position; die ~ des Zuges; sie steht an der ~ des Unternehmens* 3 *kunstvoll durchbrochenes Gewebe; ein mit ~n besetztes Kleid* 4 *Stichelei; die Rede enthielt einige ~n*; **'Spit·zel** <m.; -s, -> *Spion*; **'spit·zeln** <V. i.; ich spitz(e)le> *als Spion tätig sein; er hat für die Stasi gespitzelt*; **'spit·zen** <V.; du spitzt> 1 <V. t.> *mit einer Spitze(1) versehen; den Bleistift*

~; *die Ohren ~* <fig.; umg.> *aufmerksam lauschen* 2 <V. i.> *vorsichtig schauen; um die Ecke ~*; **'Spit·zen...** <in Zus. m. Subst.> z. B. Spitzenbelastung; Spitzenpolitiker; Spitzenprodukt; Spitzensportler; in, zu Spitzenzeiten; **'Spit·zen·blu·se** <f.; -, -n> *eine mit Spitze(3) besetzte Bluse*; **'Spit·zen·fein** <m.; -(e)s, -e>; **'Spit·zen·ge·schwin·dig·keit** <f.; -; Höchstgeschwindigkeit; **'Spit·zen·kan·di·dat** <m.; -en, -en> ~ *einer Partei*; Spitzen·kan·di·da·tin <f.; -, -n·nen>; **'Spit·zen·klas·se** <f.; -; unz.> *erste Güte; der Wein ist ~; dieser Sportler gehört zur ~*; **'Spit·zen·kraft** <f.; -, ⸚e> *hervorragende Arbeitskraft*; **'Spit·zen·leis·tung** <f.; -, -en>; **'Spit·zen·lohn** <m.; -(e)s, ⸚e>; **'Spit·zen·ma·na·ger** <[-mænidʒə(r)]; m.; -s, ->; **'spit·zen·mä·ßig** <Adj.; umg.> *exzellent*; **'Spit·zen·or·ga·ni·sa·ti·on** <f.; -, -en>; **'Spit·zen·po·si·ti·on** <f.; -, -en>; **'Spit·zen·qua·li·tät** <f.; -; unz.>; **'Spit·zen·rei·ter** <m.; -s, -; fig.> *der ~ der Saison ist ...*; **'Spit·zen·sport·ler** <m.; -s, ->; **'Spit·zen·sport·le·rin** <f.; -, -n·nen>; **'Spit·zen·steu·er·satz** <m.; -es, ⸚e>; **'Spit·zen·tanz** <m.; -es; unz.; im Ballett>; **'Spit·zen·tän·ze·rin** <f.; -, -n·nen>; **'Spit·zen·ver·die·ner** <m.; -s, ->; **'Spit·zen·ver·die·ne·rin** <f.; -, -n·nen>; **'Spit·zen·zeit** <f.; -, -en> 1 <unz.; Sp.> *Bestzeit, kürzeste Zeit* 2 *Zeit der höchsten Beanspruchung, Frequenz; in ~en muss mit Staus gerechnet werden*; **'Spit·zer** <m.; -s, -> *Gerät zum Spitzen(1) von Bleistiften*; **'spitz·fin·dig** <Adj.> *haarspalterisch, ausgeklügelt*; **'Spitz·fin·dig·keit** <f.; -, -en>; **'Spitz·fuß** <m.; -es, ⸚e; Med.>; **'Spitz·ha·cke** <f.; -, -n>; **'spit·zig** <Adj.> = *spitz;* ...**spit·zig** <Adj.; in Zus.> z. B. dreispitzig; **'Spitz·keh·re** <f.; -, -n> 1 <Skisp.> *Richtungsänderung um 180°* 2 *sehr enge, spitze Kurve*; **'spitz·krie·gen** <V. t.; ich kriege spitz; sie hat spitzgekriegt; spitzzu­kriegen; umg.> *in Erfahrung bringen, herausbekommen*; **'Spitz·mar·ke** <f.; -, -n; Typ.>

hervorgehobenes Wort am Anfang eines Absatzes; **'Spitz·maus** <f.; -, ⸚e; Zool.>; **'Spitz·na·me** <m.; -ns, -n> *neckender Zusatzname*; **'Spitz·we·ge·rich** <m.; -(e)s, -e; Bot.> *eine (Heil-) Pflanze*; **'spitz·win·ke·lig, 'spitz·wink·lig** <Adj.>; **'spitz·zün·gig** <Adj.> *boshaft*

Spleen <[spli:n]; m.; -s, -e od. -s> 1 *überspannte, verschrobene Idee* 2 *eigenartige Vorliebe, Marotte* [engl.]; **'splee·nig** <Adj.>

Spleiß <f.; -, -e>, **'Splei·ße** <f.; -, -n> 1 <Seemannsspr.> *Verbindung zweier Tauenden* 2 *Splitter, Span*; oV *Spliss*; **'splei·ßen** <V. t. 250; du spleißt> 1 <Tech.; Mar.> *miteinander verflechten; Kabel, Tauenden ~* 2 *zerreißen, spalten; Holz ~*

Splen <[sple:n]; m.; -, -; (e)s, -e; Anat.> *Milz* [grch.]; **sple·no·'gen** <Adj.> *von der Milz herrührend*

Spließ <m.; -es, -e> *Schindel*

Splint <m.; -(e)s, -e> *Vorsteck-, Sicherungsstift* [engl.]; **'Splintholz** <n.; -es; unz.> *weiche Holzschicht unter der Baumrinde*; **'Splint·kä·fer** <m.; -s, -; Zool.> *Art des Borkenkäfers*

Spliss <m.; -es, -e> 1 = *Spleiße(2)* 2 <unz.> *gespaltene Haarspitzen*; **'splis·sen** <V. t.; du splisst; Nebenform von> *spleißen*

Splitt <m.; -(e)s, -e> *grobkörniges Gestein als Straßenbelag*; **split·ten** <[ˈsp-]; V. t.> *teilen* [engl.]; **'Split·ter** <m.; -s, -> *spitzes, abgesprungenes Teilchen*; Glas~; Knochen~; **'Split·ter·bruch** <m.; -(e)s, ⸚e; Med.>; **'split·ter·'fa·ser'nackt** <Adj.; umg.; ver­stärkend> *völlig nackt*; **'split·ter·frei** <Adj.> *~es Glas*; **'Split·ter·grup·pe** <f.; -, -n; Pol.>; **'split·te·rig** <Adj.> 1 *leicht splitternd* 2 *voller Splitter*; **'split·tern** <V. i. (s.)>; **'split·ter'nackt** <Adj.; umg.>; **'Split·ter·par·tei** <f.; -, -en> *kleine, von einer größeren abgesplitterte Partei*; **'split·ter·si·cher** <Adj.> = *splitterfrei*; **'Split·ting** <[ˈsp-]; n.; -s; unz.>, **'Split·ting·sys·tem** <n.; -s; unz.> *Form der Besteuerung, wobei das Einkommen eines Ehepaares zusammengezählt u.*

halbiert wird [engl.]; **'splitt·rig** <Adj.> = splitterig

SPÖ <Abk. für> Sozialdemokratische Partei Österreichs

'Spo·di·um <n.; -s; unz.; Chem.> Aktivkohle aus Knochen [grch.]; **Spo·du'men** <m.; -s, -e; Min.> ein Mineral [grch.]

'Spoi·ler <m.; -s, -> Luftleitblech am Heck von Autos [engl.]

Spök <m.; -(e)s; unz.; norddt.> **1** Spuk, Geist **2** <umg.> Spaß; **'spö·ken** <V. i.>; **'Spö·ken·kie·ker** <m.; -s, -> Geisterseher; **'Spö·ken·kie·ke·rin** <f.; -, -nnen>

'Spo·li·en <Pl.> **1** <im alten Rom> Waffenbeute **2** <MA> Nachlass eines Geistlichen [lat.]; **'Spo·li·en·recht** <n.; -(e)s; unz.; MA> Recht geistl. u. weltl. Machthaber auf die Spolien(2)

spon'de·isch <Adj.>; **Spon'de·us** <m.; -, -'de·en> Versfuß aus zwei langen Silben [grch.]

spon'die·ren <V. t.; österr.> den Magistertitel verleihen; jmdn. ~; er wurde spondiert [lat.]

Spon·dy'li·tis <f.; -, -'ti·den; Med.> Wirbelentzündung [grch.]; **Spon·dy'lo·se** <f.; -, -n> Wirbel-, Bandscheibenschaden; **spon·dy'lo·tisch** <Adj.>

Spon·gia <['spɔŋ-]; f.; -, -gi·en; Biol.> = Schwamm(1) [grch.-lat.]; **Spon'gin** <n.; -s; unz.; Biol.> Skelettsubstanz der Süßwasserschwämme; **spon·gi'ös** <Adj.; Biol.> schwammig

'spon·sern <V. t.; ich sponsere; bes. Sp.> finanziell unterstützen, fördern [engl.]

Spon·si'on <f.; -, -en; österr.> Feier zur Verleihung des Magistertitels [lat.]

'Spon·sor <engl. ['spɔnsər] m.; -s, -'so·ren od. (bei engl. Aussprache) -s> jmd., der etwas od. jmdn. finanziell unterstützt, Förderer [engl.]; **'Spon·so·ring** <n.; -s; unz.>

spon'tan <Adj.> **1** von selbst, aus eigenem Antrieb, von innen heraus; ~e Heilung **2** einem plötzlichen Entschluss folgend; sie bot ~ ihre Hilfe an [lat.]; **Spon·ta·ne·i'tät** <[-ne·i-]; f.; -; unz.>, **Spon·ta·ni'tät** <f.; -; unz.>; **'Spon·ti** <m.; -s, -s; umg.> Angehöriger einer spontan handelnden linksgerichteten Gruppe

Spoo·ling <[ˈspuː-]; n.; -s; unz.; EDV; Abk. für engl.> Simultaneous Peripheral Operations on Line (Zwischenspeicherung)

Spor <n.; -(e)s, -e> Schimmel

spo·ra·disch <Adj.> vereinzelt (vorkommend), nicht oft; wir sehen uns nur ~ [grch.]

Spor·an·gi·um, <auch> **Spo'ran·gi·um** <n.; -s, -gi·en; 〃Z 54; Bot.> Behälter, in dem Sporen gebildet werden; **'Spo·re** <f.; -, -n; Biol.> ungeschlechtl. Zelle zur Fortpflanzung vieler Algen u. Pilze; eine ~n bildende Pflanze [grch.]; **'Spo·ren** <Pl. von> **1** Sporn **2** Spore; **'Spo·ren·blatt** <n.; -(e)s, 〃er; Bot.>; **'spo·ren·klir·rend** <Adj.; 〃Z29>; **'Spo·ren·pflan·ze** <f.; -, -n; Bot.>; **'Spo·ren·tier·chen** <n.; -s, -; Zool.> parasitisch lebendes Urtier; **'spo·rig** <Adj.> schimmelig

Sporn <m.; -s, 'Spo·ren> **1** Metallbügel mit Dorn (am Reitstiefel); dem Pferd die Sporen geben; sich die Sporen verdienen <fig.> ersten Erfolg erringen **2** <Zool.> Hornfortsatz am Fuß der Hühnervögel **3** Nagel an der Sohle des Bergschuhs; **'spor·nen** <V. t.; veralt.> **1** jmdn., ein Pferd ~ antreiben **2** gestiefelt u. gespornt <fig.> abmarschbereit; **'sporn·streichs** <Adv.> sofort, geradewegs

spo·ro·gen <Adj.; Bot.> Sporen bildend [grch.]; **Spo·ro'phyt** <m.; -en, -en; Bot.> Sporenpflanze; **Spo·ro'zo·on** <n.; -s, -'zo·en> = Sporentierchen

Sport <m.; -(e)s, 'Sport·ar·ten od. (selten) -e> **1** körperl. Betätigung (nach best. Regeln); ~ treiben; ~ treibende Senioren **2** Sportart; Wasser~ **3** <fig.; umg.> Liebhaberei; sich einen ~ aus etwas machen [engl.]; **'Sport·ab·zei·chen** <n.; -s, ->; **'Sport·ang·ler** <m.; -s, -; 〃Z53.1>; **'Sport·art** <f.; -, -en>; **'Sport·ar·ti·kel** <m.; -s, -; meist Pl.>; **'Sport·arzt** <m.; -es, 〃e>; **'Sport·ärz·tin** <f.; -, -nnen>; **'sport·be·geis·tert** <Adj.; 〃Z29> ~e Gäste; <aber> vom Sport begeisterte Gäste; **'Sport·club** <m.; -s, -s> = Sportklub; **'Spor·tel** <f.; -, -n; meist

Pl.; MA> Gebühr für Amtshandlungen (am Gericht); **'spor·teln** <V. i.; ich sport(e)le; umg.>; **'Sport·flie·ger** <m.; -s, ->; **'Sport·flug·zeug** <n.; -(e)s, -e>; **'Sport·freund** <m.; -(e)s, -e>; **'Sport·freun·din** <f.; -, -nnen>; **'Sport·ge·rät** <n.; -(e)s, -e>; **'Sport·grö·ße** <f.; -, -n; umg.>; **'Sport·herz** <n.; -ens, -ens> durch dauernde Hochleistung vergrößertes Herz; **'Sport·ho·tel** <n.; -s, -s>; **spor'tiv** <Adj.> ~e Kleidung; **'Sport·ka·no·ne** <f.; -, -n; umg.> sehr gute(r) Sportler(in); **'Sport·klub** <m.; -s, -s> Sportverein; **'Sport·leh·rer** <m.; -s, ->; **'Sport·leh·re·rin** <f.; -, -nnen>; **'Sport·ler** <m.; -s, ->; **'Sport·le·rin** <f.; -, -nnen; 〃Z38>; **'sport·lich** <Adj.> **1** den Sport betreffend; ~es Können **2** vom Sport geprägt; eine ~e Figur; ~e Kleidung **3** fair, kameradschaftlich; eine ~e Geste; **'sport·lich-e·le'gant** <Adj.; 〃Z36.1, 55> ~e Kleidung; **'Sport·lich·keit** <f.; -; unz.>; **'Sport·me·di·zin** <f.; -; unz.>; **'Sport·müt·ze** <f.; -, -n>; **'Sport·platz** <m.; -es, 〃e>; **'Sport·re·por·ter** <m.; -s, ->; **'Sport·re·por·te·rin** <f.; -, -nnen>; **'Sport·schuh** <m.; -(e)s, -e>; **'Sports·freund** <m.; -(e)s, -e; umg.>; **'Sports·freun·din** <f.; -, -nnen; umg.>; **'Sports·ka·no·ne** <f.; -, -n>; **'Sports·mann** <m.; -(e)s, -leu·te od. (selten) 〃er>; **Sports·wear** <[ˈspɔːtsweːr]; f.; -; unz. od. (selten) m.; -s; unz.; meist ohne Art.> legere, sportl. Kleidung [engl.]; **'Sport·tau·chen** <n.; -s; unz.>; **'Sport·un·fall** <m.; -(e)s, 〃e>; **'Sport·ver·band** <m.; -(e)s, 〃e>; **'Sport·ver·ein** <m.; -(e)s, -e>; **'Sport·wa·gen** <m.; -s, -> **1** niedriger, schneller, meist zweisitziger Pkw **2** leichter Kinderwagen; **'Sport·wart** <m.; -(e)s, -e> Mitarbeiter in Sportvereinen; **'Sport·zei·tung** <f.; -, -en>

Spot <[spɔt]; m.; -s, -s> **1** kurzer Werbefilm; Fernseh~ **2** <kurz für> Spotlight [engl.]; **'Spot·light** <[-lait]; n.; -s, -s> Scheinwerfer

Spott <m.; -(e)s; unz.> Hohn; **'Spott·bild** <n.; -(e)s, -er> Kari-

katur; **'spott·bil·lig** <Adj.; umg.> *äußerst billig*; **'Spott·dros·sel** <f.; -, -n; Zool.> *ein Singvogel*; **Spöt·te'lei** <f.; -, -en> *leichter Spott*; **'spöt·teln** <V. i.; ich spött(e)le>; **'spot·ten** <V. i.> *sich lustig machen*; über jmdn. ~; **'Spöt·ter** <m.; -s, ->; **'Spöt·te·rin** <f.; -, -n·nen>; **'Spott·ge·dicht** <n.; -(e)s, -e>; **'Spott·geld** <n.; -(e)s; unz.; umg.> *etwas für, um ein ~ bekommen sehr billig*; **'spöt·tisch** <Adj.> *ein ~es Lächeln*; **'Spott·lied** <n.; -(e)s, -er>; **'Spott·lust** <f.; -; unz.>; **'Spott·na·me** <m.; -ns, -n>; **'Spott·preis** <m.; -es; unz.; umg.> *sehr niedriger Preis*

S. P. Q. R. <Abk. für> *Senatus Populusque Romanus*

'Sprach·at·las <m.; -s·ses, -s·se od. -lan·ten> *Sammlung von Karten zur Sprachgeographie*; **'Sprach·bar·ri·e·re** <f.; -, -n> *Behinderung der Kommunikation durch schichtenspezifische sprachl. Unterschiede*; **'sprach·be·gabt** <Adj.>; **'Sprach·be·ga·bung** <f.; -; unz.>; **'Sprach·denk·mal** <n.; -(e)s, -e od. ⸗er>; **'Spra·che** <f.; -, -n> **1** *der Verständigung dienendes System von Zeichen, Lauten od. Gebärden*; Geheim~; Mutter~; Taubstummen~; *Latein ist eine so genannte tote ~; sie spricht drei ~n fließend* **2** <unz.> *das Sprechen, die Fähigkeit zu sprechen; heraus mit der ~!; etwas zur ~ bringen* **3** <unz.> *(für eine best. Schicht, Berufsgruppe o. Ä.) spezifische Ausdrucksweise; er spricht eine allgemein verständliche, gehobene ~*; Jugend~; **'Sprach·emp·fin·den** <n.; -s; unz.; ⸗Z53.1> = *Sprachgefühl*; **'Spra·chen·schu·le** <f.; -, -n>; **'Sprach·ent·wick·lung** <f.; -; unz.>; **'Sprach·er·werb** <m.; -(e)s; unz.>; **'Sprach·fa·mi·lie** <[-liə] f.; -, -n> *Gruppe von untereinander verwandten Sprachen*; **'Sprach·feh·ler** <m.; -s, -> *Unfähigkeit, best. Laute richtig auszusprechen*; **'sprach·fer·tig** <Adj.> *gewandt im Sprechen*; **'Sprach·fer·tig·keit** <f.; -; unz.>; **'Sprach·for·scher** <m.; -s, ->; **'Sprach·for·sche·rin** <f.; -, -n·nen>; **'Sprach·for·schung** <f.; -;

<f.; -; unz.>; **'Sprach·füh·rer** <m.; -s, -> *Buch mit den wichtigsten Begriffen u. Redewendungen einer Sprache*; **'Sprach·ge·biet** <n.; -(e)s, -e>; **'Sprach·ge·brauch** <m.; -(e)s, ⸗e> *im deutschen ~*; **'Sprach·ge·fühl** <n.; -(e)s; unz.>; **'Sprach·ge·o·gra·fie** <⸗Z11.3>, **'Sprach·ge·o·gra·phie** <f.; -; unz.> *Wissenschaft von der geograf. Verbreitung von Sprachen od. Mundarten*; **'Sprach·ge·schich·te** <f.; -; unz.>; **'Sprach·ge·sell·schaft** <f.; -, -en; bes. im 17. u. 18. Jh.> *Gesellschaft zur Pflege u. Reinerhaltung der (dt.) Sprache*; **'Sprach·ge·setz** <n.; -es, -e>; **'sprach·ge·wandt** <Adj.>; **'Sprach·ge·wandt·heit** <f.; -; unz.>; **'Sprach·gren·ze** <f.; -, -n>; **'Sprach·gut** <n.; -(e)s; unz.> *Wortschatz, Redewendungen, grammat. Formen einer Sprache*; **...spra·chig** <Adj.; in Zus.> **1** *eine best. Zahl von Sprachen sprechend; sie ist zweisprachig aufgewachsen* **2** *in einer best. Sprache abgefasst; er hält englischsprachigen Unterricht U. in englischer Sprache*; <aber> → *...sprachlich*; **'Sprach·in·sel** <f.; -, -n>; **'Sprach·kennt·nis·se** <Pl.>; **'Sprach·kul·tur** <f.; -; unz.>; **'sprach·kun·dig** <Adj.>; **'Sprach·kurs** <m.; -es, -e>; **'Sprach·la·bor** <n.; -(e)s, -s> *mit audiovisuellen Mitteln arbeitende Einrichtung zum Erlernen einer Fremdsprache*; **'Sprach·leh·re** <f.; -, -n> *Grammatik*; → a. *Kasten Grammatik*; **'Sprach·leh·rer** <m.; -s, ->; **'Sprach·leh·re·rin** <f.; -, -n·nen>; **'sprach·lich** <Adj.> *die Sprache betreffend, zu ihr gehörend*; **...sprach·lich** <Adj.; in Zus.> *eine best. Sprache betreffend; fremdsprachlich; englischsprachlicher Unterricht U. über die englische Sprache (aber in der Muttersprache)*; <aber> → *...sprachig*; **'sprach·los** <Adj.>; **'Sprach·lo·sig·keit** <f.; -; unz.>; **'Sprach·me·lo·die** <f.; -; unz.>; **'Sprach·mitt·ler** <m.; -s, -; DDR> *Dolmetscher*; **'Sprach·pfle·ge** <f.; -; unz.>; **'Sprach·phi·lo·so·phie** <f.; -;

unz.>; **'Sprach·psy·cho·lo·gie** <f.; -; unz.>; **'Sprach·raum** <m.; -(e)s, ⸗e> *Sprachgebiet*; **'Sprach·re·ge·lung** <f.; -, -en>; **'Sprach·rein·heit** <f.; -; unz.>; **'Sprach·rohr** <n.; -(e)s, -e> **1** <veralt.> *Megaphon* **2** *er ist das ~ der Gruppe* <fig.>; **'Sprach·schatz** <m.; -es; unz.> *Gesamtheit der Wörter u. Wendungen einer Sprache*; **'Sprach·sil·be** <f.; -, -n> *Silbe im Hinblick auf die Wortbildung, z. B. Kind-er*; → a. *Sprechsilbe*; **'Sprach·stö·rung** <f.; -, -en>; **'Sprach·ta·lent** <n.; -(e)s, -e>; **'Sprach·ü·bung** <f.; -, -en; ⸗Z55>; **'Sprach·un·ter·richt** <m.; -(e)s; unz.>; **'Sprach·ver·ein** <m.; -(e)s; unz.> *Allgemeiner Deutscher ~ 1885 gegr. Verein zur Pflege u. Reinerhaltung der dt. Sprache, seit 1947 "Gesellschaft für dt. Sprache"*; **'Sprach·ver·glei·chung** <f.; -; unz.>; **'Sprach·ver·wandt·schaft** <f.; -, -en>; **'Sprach·wan·del** <m.; -s; unz.>; **'Sprach·wis·sen·schaft** <f.; -; unz.>; **'Sprach·wis·sen·schaft·ler** <m.; -s, ->; **'Sprach·wis·sen·schaft·le·rin** <f.; -, -n·nen>; **'sprach·wis·sen·schaft·lich** <Adj.>; **'Sprach·zen·trum**, <auch> **'Sprach·zent·rum** <n.; -s, -tren/ -t·ren; ⸗Z53; Anat.> *für die Sprachbildung verantwortl. Teil des Gehirns*

Spray <[ʃpreː] od. [spreɪ] m. od. n.; -s, -s> **1** *Gerät zum Zerstäuben von Flüssigkeit* **2** *Flüssigkeit zum Zerstäuben*; Haar~ [engl.]; **'Spray·do·se** <f.; -, -n>; **'spray·en**, <auch> **'spra·yen** <V. t. u. V. i.; ⸗Z52> *(Flüssigkeit) zerstäuben*; **'Spray·er** <m.; -s, -> *jmd., der Graffiti an Wände sprüht*

'Sprech·akt <m.; -(e)s, -e; Sprachw.>; **'Sprech·an·la·ge** <f.; -, -n; kurz für> *Gegen- od. Wechselsprechanlage*; **'Sprech·bla·se** <f.; -, -n; in Comics>; **'Sprech·büh·ne** <f.; -, -n> *Ggs Musiktheater*; **'Sprech·chor** <[-koːr]; m.; -(e)s, ⸗e>; **'spre·chen** <V. 251> **1** <V. i.> *Laute, Wörter bilden; das Kind lernt ~* **2** <V. i.> *sich ausdrücken*; *akzentfrei ~* **3** <V. t.> *eine Sprache*

~ *beherrschen;* er spricht fließend Italienisch 4 <V. i. u. V. t.> *reden;* wir haben miteinander gesprochen; kann ich dich ~?; sprich mit mir! 5 <V. i.> *eine Rede, einen Vortrag halten;* vom vielen Sprechen durstig werden; **'Spre·cher** <m.; -s, ->; **'Spre·che·rin** <f.; -, -n·nen; ⬈Z38>; **'Sprech·er·zie·hung** <f.; -; unz.>; **'Sprech·funk** <m.; -(e)s; unz.>; **'Sprech·ge·sang** <m.; -(e)s; unz.>; **'Sprech·rol·le** <f.; -, -n; Oper>; **'Sprech·sil·be** <f.; -, -n> *Silbe mit Hinblick auf die natürl. Aussprache des Wortes, z. B. Kin·der;* → a. *Sprachsilbe;* **'Sprech·stun·de** <f.; -, -n> *Zeit, in der jmd. zu sprechen ist;* **'Sprech·stun·den·hil·fe** <f.; -, -n; veralt.> *Arzthelferin;* **'Sprech·ü·bung** <f.; -, -n; ⬈Z55>; **'Sprech·ver·bot** <n.; -(e)s; unz.>; **'Sprech·wei·se** <f.; -, -n>; **'Sprech·werk·zeug** <n.; -(e)s, -e; meist Pl.> *zum Sprechen nötiges Körperteil od. Organ, z. B. Stimmbänder, Zunge;* **'Sprech·zeit** <f.; -, -en>; **'Sprech·zim·mer** <n.; -s, -> **'Spre·he** <f.; -, -n; niederrhein.; norddt.> *Star¹* **'Sprei·ßel** <m.; -s, -; süddt.; österr.> *Splitter* **'Spreit·de·cke, 'Sprei·te** <f.; -, -n; veralt.> *Bettdecke;* **'sprei·ten** <V. t.; veralt.> *ausbreiten* **'spreiz·bei·nig** <Adj.>; **'Spreiz·dü·bel** <m.; -s, ->; **'Sprei·ze** <f.; -, -n> 1 *Strebe, Stütze* 2 *Turnübung mit gespreizten Beinen;* **'sprei·zen** <V. t.; du spreizt> 1 *grätschen, wegstrecken;* Beine, Finger ~ 2 <V. refl.> *sich ~ sich zieren, sträuben;* er redet gespreizt *unnatürl.;* **'Spreiz·fuß** <m.; -es, ⸚e; Med.>; **'Sprei·zung** <f.; -; unz.> **'Spren·gel** <m.; -s, -> *Pfarrbezirk, Amtsbezirk* **'spren·gen** <V. t.> 1 *mit Sprengstoff zerstören;* eine Brücke ~ 2 *gewaltsam auseinander reißen;* das Eis sprengte das Gefäß 3 <fig.> *überschreiten;* den Rahmen ~ 4 *besprühen, bespritzen;* den Rasen, die Wäsche ~; **'Spreng·kam·mer** <f.; -, -n> *Hohlraum zur Aufnahme der Sprengladung;* **'Spreng·kom-**

man·do <n.; -s, -s>; **'Spreng·kopf** <m.; -(e)s, ⸚e> *vorderer Teil eines Geschosses;* **'Spreng·kör·per** <m.; -s, -> *Sprengladung, Bombe;* **'Spreng·kraft** <f.; -; unz.>; **'Spreng·la·dung** <f.; -, -en>; **'Spreng·laut** <m.; -(e)s, -e; Sprachw.> = *Verschlusslaut;* **'Spreng·meis·ter** <m.; -s, ->; **'Spreng·satz** <m.; -es, ⸚e>; **'Spreng·stoff** <m.; -(e)s, -e>; **'Spreng·stoff·an·schlag** <m.; -(e)s, ⸚e>; **'Spren·gung** <f.; -, -en>; **'Spreng·werk** <n.; -(e)s, -e; Bauw.> *Träger mit Streben;* **'Spreng·wir·kung** <f.; -; unz.> **'Spren·kel** <m.; -s, -n> *Punkt, Tupfen;* **'spren·ke·lig** <Adj.> = *sprenklig;* **'spren·keln** <V. t.; ich sprenk(e)le> *ein rot gesprenkeltes Kleid;* **'sprenk·lig** <Adj.> *getupft* **'spren·zen** <V.; du sprenzt; südwestdt.> 1 <V. t.> *stark sprengen(4), spritzen* 2 <V. i.> *leicht regnen* **Spreu** <f.; -; unz.> *Hülsen, Spelzen, Grannen (des gedroschenen Getreides);* die ~ vom Weizen scheiden <a. fig.> *das Gute vom Schlechten trennen* **'Sprich·wort** <n.; -(e)s, ⸚er> *einprägsamer Satz, Lebensweisheit;* **'sprich·wört·lich** <Adj.> *eine ~e Redensart* **'Sprie·gel** <m.; -s, -> 1 *Holzbügel zum Stützen des Verdecks* 2 *Aufhängevorrichtung für Fleisch* **'Sprie·ße** <f.; -, -n> 1 <Bauw.> *Stütze, Stützbalken* 2 *Sprosse;* **'sprie·ßen¹** <V. t.; du sprießt> *etwas ~ stützen* **'sprie·ßen²** <V. i. (s.) 252> *keimen, emporwachsen;* die Blumen sprossen aus der Erde **Spriet** <n.; -(e)s, -e; Seemannsspr.> *Stützbalken, einfache Takelung;* <aber> → *Spriet* **'Spring·blen·de** <f.; -, -n; Fot.>; **'Spring·brun·nen** <m.; -s, ->; **'sprin·gen** <V. 253 (s.)> 1 <V. i. u. V. t.> *einen Sprung(1) machen;* zur Seite ~; er ist 1,60 m (hoch, weit) gesprungen 2 <V. i.; bes. süddt.; umg.> *rasch laufen* 3 <V. i.; ⬈Z.23> *in die Höhe schnellen;* der Ball sprang bis zur Decke; die Quelle springt aus dem Felsen; der springende Punkt <fig.> *das Entscheidende;*

etwas ~ lassen <fig.; umg.> *ausgeben, spendieren* 4 <V. i.> *einen Sprung(3) bekommen;* die Schüssel sprang in tausend Stücke; **'Sprin·ger** <m.; -s, -> 1 *jmd., der springt;* Weit~ 2 <fig.> *jmd., der nicht fest angestellt ist, sondern nach Bedarf an unterschiedl. Arbeitsplätzen eingesetzt wird* 3 *eine Schachfigur;* **'Sprin·ge·rin** <f.; -, -n·nen>; **'Sprin·ger·le** <n.; -s, -; süddt.> *ein Kleingebäck;* **'Spring·flut** <f.; -, -en> *hohe Flut zur Zeit des Neu- u. Vollmondes;* **'Spring·form** <f.; -, -en> *eine Kuchenform;* **'Spring·frucht** <f.; -, ⸚e; Bot.>; **'Spring·ins·feld** <m.; -(e)s; umg.; scherzh.> *leichtsinniger junger Mensch;* **'Spring·kraut** <n.; -(e)s; unz.; Bot.> *krautige Pflanze;* **'spring·le·ben·dig** <Adj.> *sehr lebhaft u. munter,* **'Spring·licht** <n.; -(e)s, -er; meist Pl.; auf Autobahnen> *Warnblinklicht an Baustellen;* **'Spring·maus** <f.; -, ⸚e; Zool.>; **'Spring·mes·ser** <n.; -s, ->; **'Spring·pferd** <n.; -(e)s, -e>; **'Spring·rei·ten** <n.; -s; unz.; Sp.>; **'Spring·seil** <n.; -(e)s, -e> *ein Kinderspielzeug;* **'Spring·wur·zel** <f.; -, -n; Bot.> = *Alraun* **'Sprink·ler** <m.; -s, -> *Gerät zum Sprengen(4) größerer Flächen* [engl.]; **'Sprink·ler·an·la·ge** <f.; -, -n> *Feuerlöschanlage* **Sprint** <m.; -s, -s; Sp.> *schneller Wettlauf über eine kurze Strecke* [engl.]; **'sprin·ten** <V. i. (h. od. s.)>; **'Sprin·ter** <m.; -s, ->; **'Sprin·te·rin** <f.; -, -n·nen> **Sprit** <m.; -(e)s, -e> 1 *Äthylalkohol* 2 <umg.> *Benzin, Treibstoff;* <aber> → *Spriet;* **'spri·tig** <Adj.> **'Spritz·ap·pa·rat** <m.; -(e)s, -e> *Farbzerstäuber bei der Spritzmalerei;* **'Spritz·be·ton** <[-tõ] od. [-tɔŋ] od. österr. [-to:n]; m.; -s; unz.>; **'Spritz·dü·se** <f.; -, -n>; **'Spritz·ze** <f.; -, -n> 1 *Gerät zum Spritzen* 2 *Einspritzung eines flüssigen Medikamentes in den Körper;* jmdm. eine ~ geben 3 *das eingespritzte Medikament selbst;* die ~ wirkte schnell; **'sprit·zen** <V.; du spritzt> 1 <V. t. u. V. i. (h.)> *Flüssigkeit in Tropfen od. Strahlen* *irgendwohin schleudern;* Bäume (gegen Schädlinge) ~; spritz nicht so! 2 <V. i. (s.)> *hervorschießen;* Wasser ist aus dem Schlauch gespritzt 3 <V. t. (h.)/V. refl.> sich ein Medikament – 4 <V. t. (h.)> Alkohol, Saft ~ *mit Wasser verdünnen;* **'Sprit·zen·haus** <n.; -es, ⸗er; früher; bes. auf dem Land> *Schuppen für Löschfahrzeuge;* **'Sprit·zer** <m.; -s, -> Farb~; ein ~ Essig; **'Spritz·fahrt** <f.; -, -en> *spontaner, kurzer Ausflug;* **'Spritz·ge·bäck** <n.; -(e)s; unz.>, **'Spritz·ge·ba·cke·ne(s)** <n. 3>; **'Spritz·guss** <m.; -es, ⸗e; Tech.>; **'sprit·zig** <Adj.> 1 ~er Wein *prickelnder W.* 2 <fig.> eine ~e Rede *eine sprühende, geistreiche R.;* **'Spritz·ku·chen** <m.; -s, ->; **'Spritz·lack** <m.; -(e)s, -e>; **'Spritz·la·ckie·rung** <f.; -, -en>; **'Spritz·ma·le·rei** <f.; -, -en>; **'Spritz·pis·to·le** <f.; -, -n> *Gerät zum Aufspritzen von Farbe od. Lack;* **'Spritz·tour** <[-tu:r]; f.; -, -en> = *Spritzfahrt*

spröd, 'sprö·de <Adj.> 1 *leicht brechend, reißend, trocken;* ~(e) Haut; ~(e)s Material 2 *kühl, herb, abweisend;* sie hat eine sehr ~(e) Art; **'Spröd·heit**, **'Sprö·dig·keit** <f.; -; unz.>

Spross <m.; -es, -e od. -en> 1 <Bot.> *Pflanzentrieb;* Ggs *Wurzel(1)* 2 <geh.> *Nachkomme* 3 <Jägerspr.> *Zacke am Geweih;* **'Spros·se** <f.; -, -n> 1 *Querholz der Leiter* 2 = *Sprosse(3);* **'spros·sen** <V. i. (h.) od. (poet.) (s.)> *sprießen, keimen;* die ersten Blumen sind aus der Erde gesprosst; **'Spros·sen·wand** <f.; -, ⸗e *leiterartiges Turngerät;* **'Spros·ser** <m.; -s, -; Zool.> *ein Nachtigallenvogel;* **'Spröss·ling** <m.; -s, -e; meist scherzh.> *Kind;* **'Spros·sung** <f.; -; unz.> *Knospung*

'Sprot·te <f.; -, -n; Zool.> *ein Fisch;* Kieler ~n

Spruch <m.; -(e)s, ⸗e> 1 *kurzer, einprägsamer Gedanke od. Satz;* Bibel~; Sinn~ 2 *Wortlaut einer Entscheidung;* Richter~; **'Spruch·band** <n.; -(e)s, ⸗er; bes. zu Werbezwecken>; **'Spruch·buch** <n.; -(e)s, ⸗er>; **'Spruch·dich·tung** <f.; -; unz.;

bes. im MA> *eine Literaturgattung;* **'Sprü·che·klop·fer** <m.; -s, -; abwertend> *großsprecherischer Mensch;* **'Sprü·che·klop·fe·rin** <f.; -, -n·nen>; **'Sprüch·lein** <n.; -s, -> *Verkleinerungsf. von* Spruch(1); **'spruch·reif** <Adj.> das ist noch nicht ~

'Spru·del <m.; -s, -> 1 *Wasserwirbel* 2 *Strahl des Springbrunnens* 3 *aufwirbelnde Quelle* 4 <umg.> *Mineralwasser;* **'spru·deln** <V. i.; ich sprud(e)le> 1 *wallen, schäumen, Blasen bilden;* das Wasser sprudelt im Topf; ein ~der Wasserfall 2 <V. i. (s.)> *schäumend hervorquellen;* Sekt sprudelt aus der Flasche; **'Spru·del·stein** <m.; -(e)s, -e; Min.> = *Aragonit;* **'Spru·del·was·ser** <n.; -s, ⸗> = *Sprudel(4);* **'Sprud·ler** <m.; -s, -; österr.> *Quirl*

'Sprüh·do·se <f.; -, -n>; **'sprü·hen** <V.> 1 <V. t.> *in kleinsten Teilchen von sich schleudern;* das Feuer hat Funken gesprüht 2 <V. t.> *Flüssigkeit zerstäuben;* einen Festiger ins Haar ~ 3 <V. i.> die Funken sprühten nach allen Seiten; Markus sprüht vor Witz <fig.>; **'Sprüh·re·gen** <m.; -s; unz.> *sehr feiner Regen*

Sprung <m.; -(e)s, ⸗e> 1 *Bewegung, bei der man sich vom Boden abstößt;* Stabhoch~; keine großen Sprünge machen können <fig.; umg.> *sich nicht viel leisten können;* auf dem ~ sein <fig.; umg.> *gerade im Begriff zu gehen;* jmdm. auf die Sprünge helfen <fig.; umg.> 2 <unz.; fig.; umg.> *kurze Zeitspanne od. Entfernung;* auf einen ~ vorbeischauen; es ist nur ein ~ von hier 3 *kleiner Spalt, Riss;* das Porzellan hat schon überall Sprünge; **'Sprung·be·cken** <n.; -s, -; Schwimmsp.>; **'Sprung·bein** <n.; -(e)s, -e; Anat.>; **'sprung·be·reit** <Adj.; a. umg.; scherzh.>; **'Sprung·brett** <n.; -(e)s, -er> 1 <Geräteturnen; Schwimmsp.> *federndes, den Absprung erleichterndes Brett* 2 <fig.> *günstiger Ausgangspunkt;* dieser Job ist ein gutes ~ für seine Karriere; **'Sprung·de·ckel** <m.; -s, -; bei Taschenuhren>;

'Sprung·fe·der <f.; -, -n> *Spiralfeder für Polstermöbel, Matratzen;* **'Sprung·fe·der·ma·trat·ze**, <auch> **'Sprung·fe·der·mat·rat·ze** <f.; -, -n; ✎Z 53>; **'Sprung·ge·lenk** <n.; -(e)s, -e; Anat.>; **'Sprung·gru·be** <f.; -, -n>; **'sprung·haft** <Adj.; -er, am -en sten> die Preise sind ~ in die Höhe geschossen; **'Sprung·haf·tig·keit** <f.; -; unz.>; **'Sprung·hü·gel** <m.; -s, -; Stabhochsprung>; **'Sprung·kraft** <f.; -; unz.>; **'Sprung·lauf** <m.; -(e)s, ⸗e> = *Skispringen;* **'Sprung·schan·ze** <f.; -, -n; Skisp.>; **'Sprung·stab** <m.; -(e)s, ⸗e; Stabhochsprung>; **'Sprung·tuch** <n.; -(e)s, ⸗er> *Tuch zum Auffangen springender Personen;* **'Sprung·turm** <m.; -(e)s, ⸗e; Schwimmsp.>; **'sprung·wei·se** <Adv.> *in Sprüngen*

SPS <Abk. für> *Sozialdemokratische Partei der Schweiz*

'Spu·cke <f.; -; unz.; umg.> *Speichel;* **'spu·cken** <V.> 1 <V. i.> *Speichel ausstoßen, speien,* <umg. a.> *sich übergeben* 2 <V. t.> *kraftvoll aus dem Mund ausstoßen;* Blut, Kirschkerne ~; große Töne <fig.; umg.> *angeben;* **'Spuck·napf** <m.; -(e)s, ⸗e>, **'Spuck·scha·le** <f.; -, -n>

Spuk <m.; -(e)s, -e; Pl. selten> *gespenstische Erscheinung, geisterhaftes Treiben;* **'spu·ken** <V. i.> *als Gespenst umherziehen;* **'Spuk·geist** <m.; -(e)s, -er>; **'Spuk·ge·schich·te** <f.; -, -n>; **'spuk·haft** <Adj.>

'Spül·be·cken <n.; -s, -> *Becken zum Geschirrspülen*

'Spu·le <f.; -, -n> *Rolle zum Aufwickeln;* Film~; Garn~

'Spü·le <f.; -, -n; kurz für> *Spülbecken*

'spu·len <V. t.> *(von einer od. auf eine Spule) wickeln*

'spü·len <V. t.> 1 *im, mit Wasser reinigen;* Geschirr ~ 2 *mitreißen;* der Matrose wurde von Deck gespült

'Spu·ler <m.; -s, -> *Stift an der Nähmaschine*

'Spü·ler <m.; -s, -> *jmd., der (Geschirr) spült;* **'Spü·le·rin** <f.; -, -n·nen>; **'Spü·licht** <n.; -(e)s, -e; veralt.> *Schmutz-, Spülwasser;* **'Spül·ma·schi·ne** <f.; -, -n>;

S

'spül·ma·schi·nen·fest <Adj.> ~es Geschirr; 'Spül·mit·tel <n.; -s, -->; 'Spül·stein <m.; -(e)s, -e; veralt. für> *Spülbecken*; 'Spül·tisch <m.; -(e)s, -e; veralt.>; 'Spü·lung <f.; -, -en>; 'Spül·was·ser <n.; -s; unz.>

'Spul·wurm <m.; -(e)s, ¨er; Med.; Zool.> *schmarotzender Fadenwurm*

Spu'man·te <[sp-]; m.; -s, -s> *ital. Schaumwein* [ital.]

Spund[1] <m.; -(e)s, ¨e od. -e> *Holzpflock, Pfropfen*; Spund[2] <m.; -(e)s, -e; umg.; abwertend> *junger, unreifer Mann*; 'spun·den <V. t.>; 'spun·dig, 'spün·dig <Adj.; umg.> *speckig, nicht durchgebacken*; 'Spund·loch <n.; -(e)s, ¨er>; 'Spun·dung <f.; -; unz.>; 'Spun·ten <m.; -s, -; schweiz.> *Spund[1]*

Spur <f.; -, -en> 1 *Abdruck von Füßen, Rädern usw. im Boden* 2 <fig.> *Anzeichen;* es fanden sich ~en einer vergangenen Kultur 3 <fig.> *Kleinigkeit, winzige Menge;* es fehlt noch eine ~ Salz; nicht die ~! <umg.> *ganz und gar nicht* 4 *markierte Straßenfahrbahn;* Stand~; Überhol~; 'spür·bar <Adj.>; 'spu·ren <V.> 1 <V. t. u. V. i.; Skisp.> *die erste Spur(1) hinterlassen;* eine Loipe ~ 2 <V. i.; umg.> *der Aufforderung nicht ungehorcht nicht;* 'spü·ren <V. t.> 1 *mit dem Tastsinn wahrnehmen, empfinden* 2 <Jägerspr.> der Hund spürt das Wild; 'Spu·ren·e·le·ment <n.; -(e)s, -e; ⟋Z.55; Biol.> *von einem Lebewesen in geringen Mengen benötigtes Element;* 'Spu·ren·si·che·rung <f.; -, -en> *polizeil. Ermittlungsverfahren;* 'Spür·haar <n.; -(e)s, -e> *Schnurrhaar;* 'Spür·hund <m.; -(e)s, -e>; ...spu·rig <Adj.; in Zus.> z. B. vierspurige Straße; 'spur·los <Adj.> sie ist ~ verschwunden; 'Spür·na·se <f.; -, -n; fig.; umg.> *guter Spürsinn;* 'Spur·ril·le <f.; -, -n; im Straßenbelag>; 'Spür·sinn <m.; -(e)s; unz.>

Spurt <m.; -(e)s, -s od. (selten) -e; Sp.> *kurzfristige Tempobeschleunigung* [engl.]; 'spur·ten <V. i.> *das Tempo steigern* 'Spur·wech·sel <[-ks-]; m.; -s; unz.>; 'Spur·wei·te <f.; -, -n>

'Spu·ta <Pl. von> *Sputum*

'spu·ten <V. refl.> sich ~ *sich beeilen*

'Sput·nik <[[p-] od. [sp-]; m.; -s, -s> *sowjetischer Erdsatellit* [russ.]

'Spu·tum <n.; -s, -ta; Med.> *Auswurf* [lat.]

Square <[skwɛːr]; m. od. n.; -s, -s; engl. Bez. für> *Quadrat, Platz;* Trafalgar ~; 'Square·dance <[-'dæns]; m.; -, -s [-siz]> *amerikan. Volkstanz* [engl.]

Squash <[skwɔʃ]; n.; - od. -s; unz.; Sp.> *dem Tennis ähnliches Ballspiel;* er spielt ~ [engl.]; squa·shen <V. i.; Sp.; umg.> wir haben gesquasht; geht ihr zum Squashen?

Squaw <[skwɔ:]; f.; -, -s> *indian. Frau, Indianerin* [Algonkin]

sr <Abk. für> *Steradiant*

Sr <Chem.; Zeichen für> *Strontium*

SR <Abk. für> *Saarländischer Rundfunk*

Sr. <Abk. für> *Seiner* (Durchlaucht usw.)

Sri 'Lan·ka <frühere Bez.: Ceylon> *Inselstaat im Indischen Ozean; Demokratische Sozialistische Republik* ~; Sri·'Lan·ker, <auch> Sri 'Lan·ker <m.; (-)-s, (-)-;* ⟋Z35.1*>; Sri·'Lan·ke·rin <f.; -, -n·nen>; sri·'lan·kisch <Adj.>

S-Rohr <n.; -(e)s, -e; ⟋Z34> *s-förmig gekrümmtes Rohr*

SS <Abk. für> *Schutzstaffel* (Kampftruppe der NSDAP)

SS. <Abk. für> 1 *Sante* 2 *Santi*

SSD <westdt.; Abk. für> *Staatssicherheitsdienst (in der DDR)*

SSO <Abk. für> *Südsüdost(en)*

SSR <Abk. für> *Sozialistische Sowjetrepublik (bis 1991)*

SSSR <Abk. für> *Union der Sozialistischen Sowjetrepubliken (bis 1991: Sowjetunion)*

SSV <Abk. für> *Sommerschlussverkauf*

SSW <Abk. für> *Südsüdwest(en)*

St <Abk. für frz.> *Saint(2)*

St. <Abk. für> 1 *Stunde* 2 *Stück* 3 *Sankt* 4 *Saint(1)*

s. t. <Abk. für> *sine tempore*

S. T. <Abk. für> *salvo titulo*

Sta. <span. u. portugies. Abk. für> *Santa*

Staat <m.; -(e)s, -en> 1 *Herrschaftsordnung innerhalb geografisch festgelegter Grenzen;* von ~s wegen; Ameisen~; ~en bildende Insekten 2 <unz.; umg.> *Prunk;* Sonntags~ *schöne Kleidung;* damit kannst du keinen ~ mehr machen [lat.]; 'Staa·ten·bund <m.; -(e)s, ¨e>; 'Staa·ten·ge·mein·schaft <f.; -, -en> 'staa·ten·los <Adj.> *ohne Staatsangehörigkeit;* 'Staa·ten·lo·sig·keit <f.; -; unz.>; 'staat·lich <Adj.>; 'staat·li·cher·seits <Adv.>; 'Staats·af·fä·re <f.; -, -n>; 'Staats·akt <m.; -(e)s, -e> *feierl. Handlung einer Staatsregierung;* 'Staats·ak·ti·on <f.; -, -en; fig.; umg.> keine ~ aus etwas machen; 'Staats·an·ge·hö·ri·ge(r) <f.2 (m.1)>; 'Staats·an·ge·hö·rig·keit <f.; -, -en>; 'Staats·an·lei·he <f.; -, -n>; 'Staats·an·walt <m.; -(e)s, ¨e; Rechtsw.> *Ankläger im Strafverfahren;* 'Staats·an·wäl·tin <f.; -, -n·nen; Rechtsw.>; 'Staats·an·walt·schaft <f.; -, -en; Rechtsw.>; 'Staats·ap·pa·rat <m.; -(e)s; unz.>; 'Staats·auf·sicht <f.; -; unz.>; 'Staats·be·am·te(r) <m.1; Staats·be·am·tin <f.; -, -n·nen>; 'Staats·be·gräb·nis <n.; -s·ses, -s·se>; 'Staats·be·such <m.; -(e)s, -e>; 'Staats·bi·bli·o·thek, <auch> 'Staats·bib·li·o·thek <f.; -, -en; ⟋Z53>; 'Staats·bür·ger <m.; -s, ->; 'Staats·bür·ge·rin <f.; -, -n·nen>; 'Staats·bür·ger·kun·de <f.; -; unz.; DDR> *Lehre von den Rechten u. Pflichten des Staates u. seiner Bürger;* 'staats·bür·ger·lich <Adj.> ~e Belange; 'Staats·bür·ger·rech·te <Pl.>; 'Staats·chef <[-ʃɛf]; m.; -s, -s>; 'Staats·die·ner <m.; -s, -; veralt. für> *Staatsbeamter;* 'Staats·dienst <m.; -(e)s; unz.> im ~ sein; 'staats·ei·gen <Adj.> ~e Betriebe; 'Staats·ei·gen·tum <n.; -s; unz.>; 'Staats·ex·a·men, <auch> 'Staats·e·xa·men <n.; -s, - od. -mi·na; ⟋Z.54, 55> *Examen vor einer staatl. Prüfungskommission;* 'Staats·far·ben <Pl.> *die Farben der Staatsflagge;* 'Staats·fei·er·tag <m.; -(e)s, -e>; 'staats·feind·lich <Adj.>; 'Staats·flag·ge <f.; -,

-n>; **'Staats·form** <f.; -, -en>; **'Staats·ge·biet** <n.; -(e)s, -e>; **'Staats·ge·fähr·dung** <f.; -; unz.>; **'Staats·ge·fan·ge·ne(r)** <f. 2 (m. 1)> *polit. Gefangene(r);* **'Staats·ge·heim·nis** <n.; -s·ses, -s·se>; **'Staats·gel·der** <Pl.> *dem Staat gehörende Gelder,* z. B. *Steuern;* **'Staats·ge·richts·hof** <m.; -(e)s, =e> *Gericht zur Klärung verfassungsrechtl. Fragen;* **'Staats·ge·walt** <f.; -; unz.>; **'Staats·gren·ze** <f.; -, -n> *über die ~n hinaus;* **'Staats·haus·halt** <m.; -(e)s; unz.; Wirtsch.>; **'Staats·ho·heit** <f.; -; unz.>; **'Staats·kanz·lei** <f.; -, -en; *in den meisten Ländern der BRD>* **Büro des Ministerpräsidenten;** **'Staats·ka·pi·ta·lis·mus** <m.; -; unz.> *Wirtschaftsordnung, in der der Staat als Hauptunternehmer auftritt (bes. in kommunist. regierten Staaten);* **'Staats·ka·ros·se** <f.; -, -n; Pol.> *repräsentativer Dienstwagen,* **'Staats·kas·se** <f.; -; unz.>; **'Staats·kir·che** <f.; -, -n>; **'Staats·kos·ten** <Pl.> *auf ~;* **'Staats·kun·de** <f.; -; unz.> *Staatswissenschaft;* **'Staats·kunst** <f.; -; unz.> *Politik;* **'Staats·leh·re** <f.; -; unz.> *Staatswissenschaft;* **'Staats·mann** <m.; -(e)s, =er> *bedeutender Politiker,* **'staats·män·nisch** <Adj.>; **'Staats·mi·nis·ter** <m.; -s, ->; **'Staats·mi·nis·te·rin** <f.; -, -n·nen>; **'Staats·o·ber·haupt** <n.; -(e)s, =er; ↗Z55>; **'Staats·o·per** <f.; -, -n; ↗Z55> *~ unter den Linden;* **'Staats·or·gan** <n.; -(e)s, -e> *zur Ausübung der Staatsgewalt bestimmtes Organ,* z. B. *das Parlament;* **'Staats·phi·lo·so·phie** <f.; -; unz.>; **'Staats·plan** <m.; -(e)s, =e; DDR> *jährl. Volkswirtschaftsplan;* **'Staats·prä·si·dent** <m.; -en, -en> *Oberhaupt einer Republik,* **'Staats·prä·si·den·tin** <f.; -, -n·nen>; **'Staats·prü·fung** <f.; -, -en> *Staatsexamen;* **'Staats·qual·len** <Pl.; Zool.> *Ordnung mariner Nesseltiere;* **'Staats·rä·son** <[-zõ]; f.; -; unz.> **'Staats·rat** <m.; -(e)s, =e; DDR>; **Staats·rats·vor·sit·zen·de(r)** <f. 2 (m. 1)>; **'Staats·recht** <n.; -(e)s; unz.>; **'staats·recht·**

lich <Adj.>; **'Staats·re·gie·rung** <f.; -, -en>; **'Staats·re·li·gi·on** <f.; -, -en>; **'Staats·sä·ckel** <m.; -s; unz.; scherzh.> *Staatskasse;* **'Staats·schau·spie·ler** <m.; -s, ->; **'Staats·schau·spie·le·rin** <f.; -, -n·nen>; **'Staats·schuld** <f.; -, -en> *Staatsverschuldung;* **'Staats·se·kre·tär,** <m.; -(e)s, -e; ↗Z53>; **'Staats·se·kre·tä·rin** <f.; -, -n·nen>; **'Staats·si·cher·heit** <f.; -; unz.; DDR; Abk.: Stasi; *kurz für Ministerium für Staatssicherheit (Geheimpolizei);* **'Staats·si·cher·heits·dienst** <m.; -es; unz.; Abk.: SSD> = *Staatssicherheit;* **'Staats·streich** <m.; -(e)s, -e> *Regierungsumsturz;* **'Staats·ter·ror** <m.; -s; unz.>; **'Staats·the·a·ter** <n.; -s, -> *vom Staat finanziertes Theater,* **'Staats·ver·bre·chen** <n.; -s, -> *Verbrechen gegen den Staat,* z. B. *Hochverrat;* **'Staats·ver·mö·gen** <n.; -s; unz.>; **'Staats·ver·schul·dung** <f.; -; unz.>; **'Staats·ver·trag** <m.; -(e)s, =e>; **'Staats·ver·wal·tung** <f.; -; unz.>; **'Staats·we·sen** <n.; -s, ->; **'Staats·wis·sen·schaft** <f.; -; unz.> *Wissenschaft vom Aufbau u. Wesen des Staates*

Stab <m.; -(e)s, =e> **1** *Stock, dünne Stange;* Bischofs~; über jmdn. den ~ brechen <fig.> *jmdn. verurteilen* **2** *Gesamtheit der höheren Angestellten (eines Unternehmens);* Mitarbeiter~; **'Stab·an·ten·ne** <f.; -, -n>

Sta·bat 'Ma·ter (do·lo'ro·sa) <['sta:-]; n.; - -(-); unz.> *Marienlied aus dem 13. Jh.* [lat.]

'Stäb·chen <n.; -s, -; Verkleinerungsf. von> *Stab;* **'Stäb·chen·bak·te·ri·um** <n.; -s, -ri·en; Med.>; **'Stab·ei·sen** <n.; -s, -> **'Sta·berl** <m.; -s, -> *Alt-Wiener Possenfigur*

'stab·för·mig <Adj.>; **'Stab·füh·rung** <f.; -; unz.; Mus.> *unter der ~ von ...;* **'Stab·hoch·sprung** <m.; -(e)s; unz.; Sp.>

sta·bil <Adj.> *Ggs instabil* **1** *haltbar, dauerhaft, gleich bleibend;* ~e Preise; eine ~e Währung **2** *widerstandsfähig;* eine ~e Ge-

sundheit [lat.]; **'Sta·bi·le** <[-le:]; n.; -s, -s; Kunst> *Metallplastik aus unbewegl. Elementen;* Ggs *Mobile;* **Sta·bi'li·sa·tor** <m.; -s, -'to·ren> **1** <Tech.> *Vorrichtung zum Konstanthalten best. Größen* **2** <Chem.> *Stoff, der die Zersetzung chem. Verbindungen verhindert;* **sta·bi·li'sie·ren** <V. t.> *stabil machen;* **Sta·bi·li'sie·rung** <f.; -, -en>; **Sta·bi·li'sie·rungs·flä·che** <f.; -, -n; Flugw.> **Sta·bi·li'tät** <f.; -; unz.>

'Stab·kir·che <f.; -, -n; Arch.; bes. in Norwegen>; **'Stab·lam·pe** <f.; -, -n> *stabförmige Taschenlampe;* **'Stab·pup·pe** <f.; -, -n>; **'Stab·reim** <m.; -(e)s, -e; Metrik> *durch gleichen Anlaut mehrerer betonter Wörter gekennzeichneter Reim;* Sy *Alliteration;* **'stab·rei·mend** <Adj.>; **'Stabs·arzt** <m.; -es, =e; Mil.>; **'Stabs·feld·we·bel** <m.; -s, -; Mil.>; **'Stab·sich·tig·keit** <f.; -; unz.; Med.> *Astigmatismus(2);* **'Stabs·of·fi·zier** <m.; -s, -e; Mil.>; **'Stab·werk** <n.; -(e)s; unz.; got. Arch.>

stacc. <Mus.; Abk. für> *staccato;* **stac'ca·to** <Mus.> *einzeln kurz gestoßen;* oV *stakkato* [ital.]

'Sta·chel <m.; -s, -n> *stechend spitzer Gegenstand, Dorn;* wider den ~ löcken <fig.> *sich widersetzen;* **'Sta·chel·bee·re** <f.; -, -n; Bot.>; **'Sta·chel·beer·strauch** <m.; -(e)s, =er; Bot.>; **'Sta·chel·draht** <m.; -(e)s, =e>; **'Sta·chel·draht·ver·hau** <m.; -(e)s, -e>; **'Sta·chel·hals·band** <n.; -(e)s, =er; für Hunde>; **'Sta·chel·häu·ter** <m.; -s, -; Zool.> *ein Meerestier;* **'sta·che·lig** <Adj.>; **'sta·cheln** <V.>; ich stach(e)le **1** <V. i.> *mit Stacheln stechen* **2** <V. t.> jmdn. od. etwas ~ <fig.> *(an)reizen;* **'Sta·chel·nuss** <f.; -, =e; Bot.> = *Stechapfel;* **'Sta·chel·schwein** <n.; -(e)s, -e; Zool.>; **'stach·lig** <Adj.> = *stachelig*

Stack <n.; -(e)s, -e; norddt.> *Buhne*

stad <Adj.; bair.; österr.> *still;* sei ~!; die ~e Zeit *Vorweihnachtszeit*

'Sta·del <m.; -s, -; süddt.; österr.; schweiz.> *Scheune;* Heu~; **sta·di'al** <Adj.> *stufenweise, ab-*

schnittsweise [grch.-lat.]; '**Sta-di-en** <Pl. von> 1 *Stadion* 2 *Sta-dium;* '**Sta-di-on** <n.; -s, -di-en;** Sp.> *Wettkampfplatz;* '**Sta-di-um** <n.; -s, -di-en> *Entwicklungsstufe, Abschnitt; Anfangs~* **Stadt** <f.; -, ¨e> 1 <i. w. S.> *Wohnsiedlung mit hoher Bebauungsdichte; Groß~; Klein~; Welt~ 2* <i. e. S.> *Innenstadt, Geschäftszentrum;* wir treffen uns in der ~; **stadt'aus·wärts** <Adv.>; '**Stadt·au·to·bahn** <f.; -, -en>; '**Stadt·bahn** <f.; -, -en>; '**stadt·be·kannt** <Adj.; ↗Z29> eine ~e Persönlichkeit; '**Stadt·be·zirk** <m.; -(e)s, -e>; '**Stadt·bi·bli·o·thek,** <auch> '**Stadt·bib·li·o·thek** <f.; -, -en; ↗Z53>; '**Stadt·bild** <n.; -(e)s, -er> dieses Gebäude passt nicht ins ~; '**Stadt·bü·che·rei** <f.; -, -en>; '**Stadt·bum·mel** <m.; -s, -; umg.>; '**Städt·chen** <n.; -s, -> Verkleinerungsf. von *Stadt;* '**Städt·e·bau** <m.; -(e)s; unz.> *planmäßige Anlage von Städten;* '**städ·te·bau·lich** <Adj.> ~e Maßnahmen; '**Städ·te·bund** <m.; -(e)s, ¨e; im MA> Rheinischer, Schwäbischer ~; **stadt'ein·wärts** <Adv.>; '**Stadt·ent·wick·lung** <f.; -, -en>; '**Städ·te·ord·nung** <f.; -, -en>; '**Städ·te·part·ner·schaft** <f.; -, -en>; '**Städ·ter** <m.; -s, -> *Bewohner einer Stadt;* '**Städ·te·rin** <f.; -, -n·nen; ↗Z38>; '**Städ·te·tag** <m.; -(e)s, -e> *Deutscher ~;* '**Stadt·flucht** <f.; -; unz.> *Abwanderung von Städtern in ländl. Wohngebiete;* '**Stadt·füh·rer** <m.; -s, -> 1 *jmd., der Fremden die Sehenswürdigkeiten einer Stadt zeigt* 2 *Buch, in dem Wissens- u. Sehenswertes einer Stadt beschrieben ist;* '**Stadt·füh·re·rin** <f.; -, -n·nen>; '**Stadt·gas** <n.; -es; unz.>; '**Stadt·ge·biet** <n.; -(e)s, -e>; '**Stadt·ge·mein·de** <f.; -, -n>; '**Stadt·ge·spräch** <n.; -(e)s, -e> = *Ortsgespräch;* '**Stadt·haus** <n.; -es, ¨er>; '**städ·tisch** <Adj.> ~er Angestellter; der ~e Nahverkehr; '**Stadt·käm·me·rer** <m.; -s, -> *Verwalter der städt. Finanzen;* '**Stadt·kas·se** <f.; -, -n>; '**Stadt·kern** <m.; -(e)s, -e> *(alter Teil der) Innenstadt;* '**Stadt·kir·che** <f.; -, -n>; '**Stadt-**

kreis <m.; -es, -e> *nur aus einer Stadt bestehender Verwaltungsbezirk;* '**Stadt·mau·er** <f.; -, -n>; '**Stadt·mensch** <m.; -en, -en; umg.> *jmd., der sich in der Stadt wohler fühlt als auf dem Land;* '**Stadt·mit·te** <a. [-'--]; f.; -; unz.>; '**Stadt·mu·si·kant** <m.; -en, -en> = *Stadtpfeifer;* '**Stadt·park** <m.; -s, -s>; '**Stadt·pfei·fer** <m.; -s, -; früher> *Musikant im Dienst einer Stadt;* '**Stadt·plan** <m.; -(e)s, ¨e> *Straßenkarte einer Stadt;* '**Stadt·pla·nung** <f.; -, -en>; '**Stadt·prä·si·dent** <m.; -en, -en; schweiz.> *Oberbürgermeister;* '**Stadt·rand** <m.; -(e)s; unz.> *am ~ wohnen;* '**Stadt·rat** <m.; -(e)s, ¨e>; '**Stadt·rä·tin** <f.; -, -n·nen>; '**Stadt·recht** <n.; -(e)s; unz.>; '**Stadt·rei·ni·gung** <f.; -, -en>; '**Stadt·rund·fahrt** <f.; -, -en>; '**Stadt·schrei·ber** <m.; -s, -> 1 <noch schweiz.; veralt.> *Leiter einer städt. Kanzlei* 2 *Schriftsteller, der für eine best. Zeit in einer ihm fremden Stadt lebt u. schreibt;* '**Stadt·staat** <m.; -(e)s, -en> *Stadt, die ein selbstständiges Staatswesen bildet, z. B. Hamburg;* '**Stadt·strei·cher** <m.; -s, -> *Obdachloser;* '**Stadt·strei·che·rin** <f.; -, -n·nen>; '**Stadt·teil** <m.; -(e)s, -e>; '**Stadt·the·a·ter** <n.; -s, ->; '**Stadt·tor** <n.; -(e)s, -e>; '**Stadt·vä·ter** <Pl.> *die leitenden Mitglieder der Stadtverwaltung;* '**Stadt·ver·ord·ne·te(r)** <f. 2 (m. 1); Amtsbez.> *für Mitglied der Gemeindevertretung;* '**Stadt·ver·ord·ne·ten·ver·samm·lung** <f.; -, -en>; '**Stadt·ver·wal·tung** <f.; -, -en>; '**Stadt·vier·tel** <n.; -s, -> *Stadtteil;* '**Stadt·wap·pen** <n.; -s, ->; '**Stadt·wer·ke** <Pl.> *städt. Unternehmen zur Energieversorgung;* '**Stadt·zen·trum,** <auch> '**Stadt·zent·rum** <n.; -s, -tren/-t·ren; ↗Z53>

'**Sta·fel** <m.; -s, ¨; schweiz.> *Alpenweide*
Sta'fet·te <f.; -, -n> 1 <früher> *reitender Bote, Kurier* 2 <Sp.; veralt.> = *Staffel(3)* [ital.]; **Sta·'fet·ten·lauf** <m.; -(e)s, ¨e; veralt.> = *Staffellauf*
Staf'fa·ge <f.; -[ʒə]; f.; -, -n> *schmückendes Beiwerk* [frz.]
'**Staf·fel** <f.; -, -n> 1 *aus mehreren*

Personen bestehende Gruppe; Polizei~ 2 <Mil.> *Verband von Flugzeugen od. Schiffen* 3 <↗Z34; Sp.> *Mannschaft (bes. beim Staffellauf);* 4-mal-100-Meter-~ <oder> 4x100-m-~ 4 <süddt.; österr.> *Stufe*
Staf·fe·lei <f.; -, -en> 1 *Gestell, auf dem beim Malen das Bild steht* 2 <süddt.; österr.> = *Leiter²*
'**Staf·fel·lauf** <m.; -s, ¨e; Sp.> *Wettlauf, bei dem sich die Mannschaftsmitglieder nach einem best. Streckenabschnitt ablösen;* '**Staf·fel·mie·te** <f.; -, -n> *Miete, die in regelmäßigen Abständen erhöht wird;* '**staf·feln** <V. t.; ich staff(e)le> *abstufen, stufenweise anordnen;* '**Staf·fel·ta·rif** <m.; -(e)s, -e>; '**Staf·fe·lung** <f.; -; unz.>
staf'fie·ren <V. t.; österr.> *schmücken;* einen Hut ~ [frz.]
Stag <n.; -(e)s, -e od. -en; Seemannsspr.> *Seil zum Stützen von Masten*
Stage <[steidʒ]; f.; -, -s [-iz]; Pl. selten; Jugendspr.> *Konzert- u. Veranstaltungsbühne* [engl.];
'**Stage-di·ving** <[-daiviŋ]; n.; -s; unz.> *Sprung von der Bühne ins Publikum*
Stag·fla·ti·on <f.; -, -en> *wirtschaftl. Stillstand, verbunden mit allmähl. Geldentwertung* [aus *Stagnation* u. *Inflation*]
Sta·gi·o·ne <[sta'dʒoː-]; f.; -, -ni; ital. Bez. für> *Spielzeit eines Opernhaus)*
Sta·gna·ti·on, <auch> **Stag·na·ti'on** <f.; -; unz.; ↗Z53> *Stillstand, Stockung* [lat.]; **sta'gnie·ren** <V. i.>; **Sta'gnie·rung** <f.; -; unz.>
'**Stag·se·gel** <n.; -s, -; Seemannsspr.> *Segel an einem Stag*
Stahl <m.; -(e)s, ¨e od. (selten) -e> *schmiedbares Eisen;* er hat Nerven aus ~ <fig.>; '**Stahl·bau** <m.; -(e)s, -ten>; '**Stahl·be·ton** <[-tɔ̃] od. [-tɔŋ] od. österr. [-toːn]; m.; -s; unz.>; '**stahl·blau** <Adj.>; '**Stahl·blech** <n.; -(e)s; unz.>; '**Stahl·draht** <m.; -(e)s, ¨e>; '**stäh·len** <V. t.> 1 *Eisen ~ zu Stahl härten* 2 *den Körper ~* <fig.> *abhärten;* '**stahl·lern** <Adj.> ~e Nerven <fig.>; '**stahl·grau** <Adj.>; '**stahl·hart** <Adj.>;

'**Stahl·helm** <m.; -(e)s, -e>; '**Stahl·hüt·te** <f.; -, -n> = *Stahlwerk*; '**Stahl·kam·mer** <f.; -, -n; in Banken> *feuer- u. einbruchsicherer Raum*; '**Stahl·mö·bel** <Pl.; kurz für> *Stahlrohrmöbel*; '**Stahl·rohr·mö·bel** <Pl.>; '**Stahl·ross** <n.; -es, -e od. ̈er; umg.; scherzh.> *Fahrrad*; '**Stahl·ste·cher** <m.; -s, ->; '**Stahl·stich** <m.; -(e)s, -e> *eine grafische Technik*; '**Stahl·werk** <n.; -(e)s, -e> *Betrieb zur Herstellung u. Verarbeitung von Stahl*; '**Stahl·wol·le** <f.; -; unz.>

stain·less steel <['steınles 'sti:l]; engl. Bez. für> *rostfreier Stahl*

'**Sta·ke** <f.; -, -n> = *Staken*; '**sta·ken** <V. t.>; '**Sta·ken** <m.; -s, -> *Stange zum Stechen, Stoßen, Schieben von Flößen u. Kähnen*

Stakes <[steıks]; Pl.> *Einsätze bei Pferderennen* [engl.]

Sta'ket, Sta'kett <n.; -(e)s, -e> *Holzlatte* [ital.]; '**sta·kig** <Adj.; umg.> = *staksig*

stak'ka·to <Mus.> = *staccato*; **Stak'ka·to** <n.; -s, -s od. -ti; Mus.>

'**stak·sen** <V. i. (s.); du stakst; umg.> *stelzen, unbeholfen gehen*; '**stak·sig** <Adj.; umg.>

Sta·lag'mit <m.; -s od. -en, -e od. -en> *von unten nach oben sich aufbauendes Tropfsteingebilde*; Ggs *Stalaktit* [grch.]; **sta·lag'mi·tisch** <Adj.>; **Sta·lak'tit** <m.; -s od. -en, -e od. -en> *von oben nach unten wachsendes Tropfsteingebilde*; Ggs *Stalagmit*; **Sta·lak'ti·ten·ge·wöl·be** <n.; -s, -; islam. Baukunst>; **sta·lak'ti·tisch** <Adj.>

Sta·li'nis·mus <m.; -; unz.> *die von Stalin geprägte Form des Marxismus u. der unter seiner Herrschaft ausgeübte Staatsterror*; **Sta·li'nist** <m.; -en, -en>; **Sta·li'nis·tin** <f.; -, -n·nen>; **sta·li'nis·tisch** <Adj.>; '**Sta·lin·or·gel** <f.; -, -n; Soldatenspr.; früher> *Raketengeschoss*

Stall <m.; -(e)s, ̈e> *Unterbringungsraum für (Nutz-)Tiere*; Pferde~; Schweine~; '**Stall·bur·sche** <m.; -n, -n>; '**Ställ·chen** <n.; -s, -; Verkleinerungsf. von> *Stall*; '**Stall·dün·ger** <m.; -s; unz.>; '**stal·len** <V. i.> *harnen*; '**Stall·füt·te·rung** <f.; -, -en>;

'**Stall·ge·bäu·de** <n.; -s, ->; '**Stall·ge·ruch** <m.; -(e)s; unz.; a. fig.>; '**Stall·ha·se** <m.; -n, -n> *Hauskaninchen*; '**Stall·knecht** <m.; -(e)s, -e; früher>; '**Stall·la·ter·ne** <f.; -, -n; ↗Z37>; '**Stall·licht** <n.; -(e)s, -e(r); ↗Z37>; '**Stall·meis·ter** <m.; -s, -; früher> *Aufseher über den Pferdestall*; '**Stall·mist** <m.; -(e)s; unz.>; '**Stal·lung** <f.; -, -en; meist Pl.>; '**Stall·wa·che** <f.; -, -n>

Sta·mi'no·di·um <n.; -s, -di·en; Bot.> *umgebildetes od. rückgebildetes Staubblatt* [lat.]

Stamm <m.; -(e)s, ̈e> **1** *Holzkörper des Baumes*; Baum~ **2** *durch verwandtschaftl. Beziehungen sowie gemeinsame Sprache u. Kultur organisierte Gruppe*; Volks~ **3** *fester Bestandteil*; Kunden~; <Gramm.> *der sinntragende Teil eines Wortes*; → a. *Kasten Wortstamm*; '**Stamm·ak·tie** <f.; -, -n; Bankw.> *einfache Aktie ohne Vorrechte*; '**Stamm·baum** <m.; -(e)s, ̈e> *Ahnentafel*; '**Stamm·baum·for·schung** <f.; -; unz.> = *Genealogie*; '**Stamm·buch** <n.; -(e)s, ̈er>; '**Stämm·chen** <n.; -s, -; Verkleinerungsf. von> *Stamm*; '**Stamm·da·ten** <Pl.; EDV>; '**Stamm·ein·la·ge** <f.; -, -n; Wirtsch.>

'**stam·meln** <V. i.; ich stamm(e)le> *stockend sprechen*

'**stam·men** <V. i.> *herkommen von ..., seinen Ursprung haben in ...; er stammt aus einfachen Verhältnissen; das Buch stammt von meinem Vater*; '**Stam·mes·be·wusst·sein** <n.; -s; unz.>; '**Stam·mes·ent·wick·lung** <f.; -, -en>; '**Stam·mes·feh·de** <f.; -, -n>; '**Stam·mes·ge·schich·te** <f.; -; unz.>; '**stam·mes·ge·schicht·lich** <Adj.>; '**Stam·mes·zu·ge·hö·rig·keit** <f.; -; unz.>; '**Stamm·form** <f.; -, -en; Gramm.>; '**Stamm·gast** <m.; -(e)s, ̈e>; '**Stamm·ge·richt** <n.; -(e)s, -e; im Gasthaus>; '**Stamm·hal·ter** <m.; -s, -; meist scherzh.> *männl. Nachkomme*; '**Stamm·haus** <n.; -es, ̈er; Kaufmannsspr.>; '**stäm·mig** <Adj.> *kräftig, gedrungen, untersetzt*;

'**Stamm·ka·pi·tal** <n.; -s; unz.> *Gesamtheit der Stammeinlagen*; '**Stamm·knei·pe** <f.; -, -n; Wirtsch.>; '**Stamm·kun·de** <m.; -n, -n> *jmd., der regelmäßig im selben Geschäft einkauft*; '**Stamm·kun·din** <f.; -, -n·nen>; '**Stamm·kund·schaft** <f.; -; unz.> Ggs *Laufkundschaft*; '**Stamm·land** <n.; -(e)s, ̈er> *Herkunftsland*; '**Stämm·lein** <n.; -s, -; poet.; Verkleinerungsf. von> *Stamm*; '**Stamm·ler** <m.; -s, -; selten> *jmd., der stammelt*; '**Stamm·lo·kal** <n.; -(e)s, -e>; '**Stamm·mie·te** <f.; -, -n; ↗Z37; veralt.>; '**Stamm·mut·ter** <f.; -, ̈; ↗Z37>; '**Stamm·per·so·nal** <n.; -s; unz.>; '**Stamm·prin·zip** <n.; -s; unz.; Sprachw.> → a. *Kasten Wortstamm*; '**Stamm·rol·le** <f.; -, -n; Mil.>; '**Stamm·sil·be** <f.; -, -n; Sprachw.> *Wortstamm*; '**Stamm·sitz** <m.; -es, -e>; '**Stamm·ta·fel** <f.; -, -n> *Verzeichnis der Nachkommen gleichen Familiennamens*; '**Stamm·tisch** <m.; -(e)s, -e; umg.> **1** *(reservierter) Tisch im Gasthaus, an den man sich bei jedem Besuch setzt* **2** *der regelmäßig dort zusammenkommende Personenkreis*; '**Stammtisch·brü·der** <Pl.>; '**Stamm·tisch·po·li·ti·ker** <m.; -s, -; abwertend>; '**Stamm·ton** <m.; -(e)s, ̈e; Mus.>; '**Stamm·va·ter** <m.; -s, ̈>; '**Stamm·ver·wandt** <Adj.; ↗Z29> *~e Wörter*; <aber> *im Stamm verwandte Wörter*; '**Stamm·ver·wandt·schaft** <f.; -; unz.>; '**Stamm·vo·kal** <[-vo-]; m.; -(e)s, -e; Sprachw.> *Vokal der Stammsilbe*; '**Stamm·wäh·ler** <m.; -s, -> *jmd., der immer dieselbe Partei wählt*; Ggs *Wechselwähler*; '**Stamm·wäh·le·rin** <f.; -, -n·nen>; '**Stamm·wort** <n.; -(e)s, ̈er>; '**Stamm·wür·ze** <f.; -; unz.; Bierbraurei>; '**Stamm·zel·le** <f.; -, -n> *Ursprungszelle, aus der sich alle anderen Zellen entwickeln können*; '**Stamm·zel·len·for·schung** <f.; -; unz.>

Stam'pe·de <engl. [stæm'pi:d]; f.; -, -n od. (engl.) -s> **1** *wilde Flucht einer (Rinder-)Herde* **2** <fig.> *Ansturm* [engl.]

S

'Stam·per <m.; -s, ->, **'Stam·perl** <n.; -s, -n> bair.; österr.> *Schnapsglas*

'Stampf·be·ton <[-tõ] od. [-tɔŋ] od. österr. [-to:n] m.; -s; unz.>; **'Stamp·fe** <f.; -, -n> *Gerät zum Stampfen, Stößel;* **stamp·fen** <V.> 1 <V. i. u. V. t. (s. u. h.)> *schwer, wuchtig gehen;* er stampfte auf den Boden, durchs Zimmer; etwas aus dem Boden ~ <fig.> *hervorzaubern;* das Schiff ist/hat gestampft *bewegte sich (bei hohem Seegang) auf und nieder* 2 <V. t. (h.)> *mit der Stampfe zerquetschen;* Kartoffeln zu Brei ~; **'Stamp·fer** <m.; -s, -> = *Stampfe*

Stam'pi·glie, <auch> **Stam'pig·lie** <[-ljə] f.; -, -n; ↗Z53> österr.> 1 *Gerät zum Stempeln* 2 *Abdruck davon* [ital.]

Stand <m.; -(e)s, ⸗e> 1 <unz.> *stehende Stellung, Halt;* aus dem ~ *ohne Anlauf;* einen schweren ~ haben <fig.> 2 *kleiner, offener Verkaufsraum, Warteplatz;* Messe~; Taxi~ 3 *best. Entwicklungsstufe;* <unz.; ↗Z22.3> *Verfassung, Zustand;* etwas auf den neuesten ~ bringen; der ~ der Dinge ist folgender ...; außerstande, <auch> außer ~e sein *nicht in der Lage;* imstande, <auch> im ~e sein *können;* etwas instand, <auch> in ~ setzen *reparieren;* etwas zustande, <auch> zu ~e bringen *leisten, schaffen, erreichen;* → a. *außerstande, imstande, instand, zustande* 5 *gesellschaftl. Rang, Klasse;* Adels~ 6 <schweiz.> *Kanton*

'Stan·dard <m.; -s, -s> 1 *Norm, Richtschnur* 2 *Qualitätsniveau;* Lebens~ [engl.]; **'Stan·dard...** <in Zus.> *Durchschnittliches, Grundlegendes, Normales, Muster...;* **'Stan·dard·aus·rüs·tung** <f.; -; unz.>; **'Stan·dard·brief** <m.; -(e)s, -e>; **stan·dar·di'sie·ren** <V. t.> *vereinheitlichen, normen,* **Stan·dar·di'sie·rung** <f.; -, -en>; **'Stan·dard·lö·sung** <f.; -, -en>; **'Stan·dard·mo·dell** <n.; -(e)s; unz.>; **'Stan·dard·spra·che** <f.; -, -n; Sprachw.> *Hoch-, Schriftsprache;* → a. *Kasten Hochdeutsch;* **'Stan·dard·tanz**

<m.; -es, ⸗e>; **'Stan·dard·werk** <n.; -(e)s, -e> *grundlegendes Sach- od. Fachbuch;* **'Stan·dard·zeit** <f.; -, -en> *Normalzeit*

Stan'dar·te <f.; -, -n> 1 *kleine viereckige Fahne* 2 <Jägerspr.> *Schwanz von Wolf und Fuchs*

'Stand·bein <n.; -(e)s, -e> *das beim Stehen belastete Bein;* Ggs *Spielbein;* **'Stand·bild** <n.; -(e)s, -er> *Denkmal;* Sy *Statue*

Stand-by <[stænd'baɪ]; n.; - od. -s; unz.> 1 *(verbilligte) Flugreise nach Wartelistensystem;* er fliegt ~; ~-Flug 2 <kurz für> *Stand-by-Betrieb* [engl.]; **Stand-'by-Be·trieb** <m.; -(e)s, -e; ↗Z33; El.> *Bereitschaftsschaltung*

'Ständ·chen <n.; -s, -> jmdm. ein ~ bringen *jmdm. zu Ehren ein kleines Musikstück darbieten;* **'Stan·de** <f.; -, -n> *Fass, Bütte;* **'Stän·de·haus** <n.; -es, ⸗er; früher> *Versammlungsort der Stände(5);* **'Stän·de·kam·mer** <f.; -, -n; früher> *beratendes Organ im Ständestaat;* **'Stän·del·wurz** <f.; -, -en; auch für> *Stendelwurz;* **'Stan·den** <m.; -s, -> = *Stande;* **'Stän·de·ord·nung** <f.; -, -en; früher>; **'Stan·der** <m.; -s, -> *dreieckige Flagge (als Signalzeichen);* **'Stän·der** <m.; -s, -> 1 *Gestell;* Fahrrad~; Schirm~ 2 <Jägerspr.> *Fuß des Federwildes;* **'Stän·de·rat** <m.; -(e)s, ⸗e; schweiz.> 1 *die Kammer des schweiz. Parlaments* 2 *Mitglied der Kantonskammer,* **'Stän·der·pilz** <m.; -es, -e; Bot.>; **'Stan·des·amt** <n.; -(e)s, ⸗er> *Behörde zur Beurkundung von Geburten, Eheschließungen u. Todesfällen;* **'stan·des·amt·lich** <Adj.> ~e Trauung; **'Stan·des·be·am·te(r)** <m. 1>; **'Stan·des·be·am·tin** <f.; -, -nnen>; **'stan·des·be·wusst** <Adj.; -er, am -es·ten>; **'Stan·des·be·wusst·sein** <n.; -s; unz.>; **'Stan·des·dün·kel** <m.; -s; unz.; abwertend>; **'stan·des·ge·mäß** <Adj.>; **'Stan·des·herr** <m.; -en, -en; früher>; **'stan·des·herr·lich** <Adj.>; **'Stan·des·per·son** <f.; -, -en; veralt.> *Person hohen Ranges;* **'Stan·des·re·gis·ter** <n.; -s, -> = *Personenstandsregister;* **'Stän·de·staat** <m.; -(e)s,

-en; früher> *nach gesellschaftl. Ständen gegliederter Staat;* **'Stan·des·un·ter·schied** <m.; -(e)s, -e>; **'Stan·des·vor·ur·teil** <n.; -(e)s, -e>; **'Stän·de·tag** <m.; -(e)s, -e>, **'Stän·de·ver·samm·lung** <f.; -, -en; im alten Dt. Reich> *Landtag;* **'stand·fest** <Adj.> *fest stehend;* **'Stand·fes·tig·keit** <f.; -; unz.>; **'Stand·fo·to** <n.; -s, -s; Film>; **'Stand·gas** <n.; -es; unz.; bei Kfz>; **'Stand·geld** <n.; -(e)s, -er> *Platzmiete für einen Verkaufsstand;* **'Stand·ge·richt** <n.; -(e)s, -e; Mil.>; **'stand·haft** <Adj.; -er, am -es·ten> *fest, unerschütterlich;* **'Stand·haf·tig·keit** <f.; -; unz.>; **'stand|hal·ten** <V. i. 160; ich halte stand; sie hat standgehalten; standzuhalten; ↗Z26> 1 *sich behaupten, unerschütterlich bleiben* 2 *nicht entzweibrechen;* **'stän·dig** <Adj.> *dauernd, unaufhörlich;* seine ~en Vorwürfe; **Stan·ding** <[ˈstændɪŋ]; n.; - od. -s; unz.> *(gesellschaftliches) Ansehen* [engl.]; **'Stan·ding-o·va·tions,** <auch> **'Stan·ding O·va·tions** <[- oˈveɪʃəns]; Pl.; ↗Z30, 55> *Beifallssturm im Stehen;* **'stän·disch** <Adj.>; **Standl** <n.; -s, -n; bair.; österr.; umg.> *Verkaufsstand;* **'Stand·lei·tung** <f.; -, -en; EDV>; **'Stand·licht** <n.; -(e)s, -er; bei Kfz>; **'Stand·ort** <m.; -(e)s, -e> *Aufenthaltsort, Lage;* **'Stand·ort·be·stim·mung** <f.; -, -en>; **'Stand·pau·ke** <f.; -, -n; fig.; umg.> *Strafrede;* jmdm. eine ~ halten; **'Stand·platz** <m.; -es, ⸗e>; **'Stand·punkt** <m.; -(e)s, -e> 1 *Ort, an dem jmd. steht* 2 <fig.> *Ansicht, Auffassung, Meinung;* **'Stand·recht** <n.; -(e)s; unz.> *Kriegsstrafrecht;* **'stand·recht·lich** <Adj.> jmdn. ~ erschießen; **'stand·si·cher** <Adj.>; **'Stand·si·cher·heit** <f.; -; unz.>; **'Stand·spur** <f.; -, -en> *Halte- u. Parkspur neben der Fahrbahn;* **'Stand·uhr** <f.; -, -en>; **'Stand·vo·gel** <m.; -s, ⸗> *Vogel, der das ganze Jahr in der Nähe seines Nistplatzes bleibt;* **'Stand·wild** <n.; -(e)s; unz.; Jägerspr.> *Wild, das im Revier bleibt;* Ggs *Wechselwild* **'Stan·ge** <f.; -, -n> 1 *langer Stock* (zum Stützen, Halten, Stoßen); Bohnen~; Kleider~; einen Anzug von der ~ kaufen <umg.>; jmdm. die ~ halten <fig.; umg.> für jmdn. Partei ergreifen; jmdm. bei der ~ halten <fig.; umg.> bei Laune; das kostet eine ~ Geld <fig.; umg.>; eine ~ Zigarette 2 <Jägerspr.> Teil des Geweihs; **'Stän·ge** <f.; -, -n; Mar.> = Stenge; **'Stän·gel** <m.; -s, -; Bot.> ein Pflanzenteil; **'stän·geln** <V. t.; ich stäng(e)le> Pflanzen ~; **'Stan·gen·boh·ne** <f.; -, -n; Bot.>; **'Stan·gen·holz** <n.; -es; unz.> junger Wald; **'Stan·gen·spar·gel** <m.; -s, ->; **'Stan·gen·weiß·brot** <n.; -(e)s, -e>

Sta'nit·zel <n.; -s, -; bair.; österr.> spitze Tüte

Stank <m.; -(e)s; unz.; veralt.> 1 Gestank 2 Ärger, Zwietracht; **'Stän·ker** <m.; -s, -; umg.>; **Stän·ke'rei** <f.; -, -en; umg.>; **'Stän·ke·rer** <m.; -s, ->; **'stän·kern** <V. i.; ich stänk(e)re; umg.> Unfrieden stiften

Stan·ni'ol <n.; -s; unz.> silbrige Aluminium- od. Zinnfolie [lat.]; **Stan·ni'ol·pa·pier** <n.; -s; unz.>; **'Stan·num** <n.; -s; unz.; Zeichen: Sn> Zinn

'stan·te 'pe·de <[-st-]; umg.> sofort, umgehend [lat.]

'Stan·ze¹ <f.; -, -n> Werkzeug zum Stanzen

'Stan·ze² <f.; -, -n> achtzeilige Strophe [ital.]

'stan·zen <V. t.; du stanzt> 1 Leder od. Blech maschinell in eine best. Form pressen 2 Löcher ~

'Sta·pel <m.; -s, -> 1 aufgeschichteter Haufen; ein Bücher~; ein ~ Bücher 2 Gerüst, auf dem ein Schiff während des Baues steht; ein Schiff vom ~ (laufen) lassen 3 Länge einer Textilfaser; **'Sta·pel·fa·ser** <f.; -, -n>; **'Sta·pel·holz** <n.; -es; unz.>

Sta·pe'lia, Sta·pe'lie <[-liə]; f.; -, -li·en; Bot.> nach Aas riechende Pflanze [nach dem ndrl. Arzt J. B. van Stapel]

'Sta·pel·lauf <m.; -(e)s, ⸚e> Hinabgleiten eines neu gebauten Schiffes vom Stapel(2) ins Wasser; **'sta·peln** <V. t./V. refl.; ich stap(e)le>; **'Sta·pe·lung** <f.; -; unz.>; **'Sta·pel·ver·ar·bei·tung**

---

starkes Verb: Der Begriff s. V. stammt von J. Grimm, er bezeichnete damit die Verben, die ihren Präteritalstamm „aus eigener Kraft" durch Wechsel des Stammvokals bilden, z. B. singen: sie sang, sie hat gesungen. Sprachgeschichtlich gesehen sind die s. V. im Vergleich zu den ↗schwachen Verben die ältere Verbklasse. Vgl. ↗Konjugation

---

<f.; -; unz.; EDV> = Batchprocessing; **'Sta·pel·wa·re** <f.; -, -n>; **'sta·pel·wei·se** <Adv.> Bücher liegen ~ herum

'Stap·fe <f.; -, -n; meist Pl.> = Stapfen; **'stap·fen** <V. i. (s.)> kräftig auftreten; durch den Schnee ~; **'Stap·fen** <m.; -s, -; meist Pl.> Fußspur; Fuß~

Sta·phy·lo'kok·ken <Pl.; Med.> traubenförmige Bakterien [grch.]

Star¹ <m.; -s, -e; Zool.> ein Singvogel

Star² <m.; -s, -e; Med.> eine Augenkrankheit; der graue, grüne, schwarze ~

Star³ <[-st-]; m.; -s, -s> gefeierte Persönlichkeit; Film~ [engl.]

Stär <m.; -(e)s, -e> Widder

'Star·al·lü·ren <Pl.> launenhaftes Benehmen eines Stars³; **'Star·be·set·zung** <f.; -; unz.>

'star·blind <Adj.; Med.>; **'Star·bril·le** <f.; -, -n>

'Sta·ren·kas·ten <m.; -s, ⸚> = Starkasten

Star·figh·ter <['sta:rfaɪtə(r)]; m.; -s, -; Mil.> amerikan. Kampfflugzeug

stark <Adj.; ⸚er, am ⸚s·ten> 1 kräftig, leistungsfähig; ein ~er Motor; das ~e Geschlecht <umg.; scherzh.> die Männer; das Recht des Starken 2 dick, massiv; das Brett ist drei cm ~ 3 von großer Zahl; ein 200 Seiten ~es Buch 4 gehaltvoll; ~er Kaffee 5 <↗Z24> Getrenntschreibung in Verbindung mit Verben u. Partizipien> heftig, ausgeprägt; ~e Regenfälle; ein ~er Raucher; ~er getrunken; ~ behaart; ~ sein 6 bemerkenswert; eine ~e Musik; das ist ein ~es Stück! <fig.; umg.> das ist unerhört! 7 <Gramm.> ~e Deklination, Konjugation best. De-

---

klinations-, Konjugationstyp; ~es Verb; → a. Kasten

'Star·kas·ten <m.; -s, ⸚> Vogelhäuschen für Stare

'Stark·bier <n.; -(e)s, -e>; **'Stär·ke** <f.; -, -n> 1 <unz.> Kraft 2 Umfang, zahlenmäßige Größe 3 Begabung; Organisation ist ihre ~ 4 <unz.> Intensität 5 aus Pflanzenteilen gewonnene kohlenhydratreiche Substanz; Kartoffel~; **'Stär·ke·ge·halt** <m.; -(e)s; unz.>; **'Stär·ke·mehl** <n.; -(e)s; unz.>; **'stär·ken** <V. t.> 1 kräftigen 2 Wäsche ~ mit Stärke(5) steif machen; **'Stär·ke·si·rup** <m.; -s; unz.>; **'Stär·ke·zu·cker** <m.; -s; unz.> = Glukose; **'Stark·strom** <m.; -(e)s; unz.>; **'Stark·strom·tech·nik** <f.; -; unz.>

'Star·kult <m.; -(e)s; unz.> übertriebene Bewunderung für einen Star³

'Stär·kung <f.; -, -en>; **'Stär·kungs·mit·tel** <n.; -s, ->

Star·let, Star·lett <['sta:r-]; n.; -s, -s> junger weibl. Star³ [engl.]

'Star·matz <m.; -es, ⸚e> Star¹ (als Käfigvogel)

Sta'rost <m.; -en, -en; früher in Polen> Kreisbeamter [poln.]

starr <Adj.> steif, unbeweglich; ~e Regeln <fig.>; **'Star·re** <f.; -; unz.> Starrheit, Starrsein; **'star·ren** <V. i.> 1 starr blicken 2 die Hose starrte von, vor Schmutz; **'Starr·heit** <f.; -; unz.>; **'Starr·kopf** <m.; -(e)s, ⸚e> abwertend> starrsinniger Mensch; **'starr·köp·fig** <Adj.>; **'Starr·krampf** <m.; -(e)s; unz.; Med.; kurz für> Wundstarrkrampf; **'Starr·sinn** <m.; -(e)s; unz.> Unnachgiebigkeit, Eigensinn; **'starr·sin·nig** <Adj.>

Stars and Stripes <['sta:rz ənd 'straips]; Pl.> Sternenbanner, Nationalflagge der USA [engl.]

Start <m.; -(e)s, -s od. (selten) -e> 1 Anfang, Beginn; wie war der ~ in der Schule? 2 Ablauf-, Abflugstelle; die Läufer sind bereits am ~ [engl.]; **'Start·au·to·ma·tik** <f.; -; unz.; Kfz-Tech.>; **'Start·bahn** <f.; -, -en>; **'Start·be·rech·ti·gung** <f.; -; unz.>; **'start·be·reit** <Adj.> 1 fertig zum Starten 2 <fig.; umg.> reise-, ausgehfertig; **'Start·be·reit-**

schaft <f.; -; unz.> '**Start·block** <m.; -(e)s, ⸚e; Sp.>; '**star·ten** <V.> 1 <V. i. (s.)> *(eine Bewegung) beginnen;* das Flugzeug startet *fliegt ab* 2 <V. t. (h.)> *in Bewegung setzen;* eine Rakete ~; '**Star·ter** <m.; -s, -> 1 <Sp.> *jmd., der das Zeichen zum Start gibt* 2 *jmd., der startet* 3 <Kfz-Tech.; veralt.> *Anlasser eines Motors;* '**Star·te·rin** <f.; -, -n·nen>; '**Start·er·laub·nis** <f.; -; unz.>; '**Start·flag·ge** <f.; -, -n>; '**Start·geld** <n.; -(e)s, -er>; '**Start·hil·fe** <f.; -, -n>; '**Start·hil·fe·ka·bel** <n.; -s, -; für Kfz>; '**Start·ka·pi·tal** <n.; -(e)s, -li·en>; '**start·klar** <Adj.> ~ sein; '**Start·kom·man·do** <n.; -s, -s>; '**Start·lis·te** <f.; -, -n>; '**Start·loch** <n.; -(e)s, ⸚er; Sp.; früher> *Vertiefung im Boden zum besseren Start der Läufer;* in den Startlöchern sitzen <fig.; umg.>; '**Start·ma·schi·ne** <f.; -, -n; Pferderennsp.>; '**Start·num·mer** <f.; -, -n>; '**Start·platz** <m.; -es, ⸚e>; '**Start·schuss** <m.; -es, ⸚e>; '**Start·sei·te** <f.; -, -n; EDV>; '**Start·sprung** <m.; -(e)s, ⸚e>; '**Start·und-'Lan·de·Bahn** <f.; -, -en; ⤴Z33>; auf Flughäfen>; '**Start·ver·bot** <n.; -(e)s, -e>; '**Start·zei·chen** <n.; -s, ->

...sta·se <f.; -, -n; Med.; in Zus.> *Stauung* [grch.]

Sta·si <f.; -; unz.; Kurzw. für> *Staatssicherheit(sdienst);* '**Sta·si·ak·ten** <Pl.; umg.>

State·ment <['steɪt-]; n.; -s, -s> *öffentl. Erklärung, Feststellung* [engl.]

'**stä·tig** <Adj.; alemann.> ein ~es Pferd *ein störrisches P.;* <aber> → *stetig;* '**Stä·tig·keit** <f.; -; unz.> *Störrigkeit;* <aber> → *Stetigkeit*

'**Sta·tik** <f.; -; unz.> *Lehre vom Gleichgewicht* [grch.]; '**Sta·ti·ker** <m.; -s, ->; '**Sta·ti·ke·rin** <f.; -, -n·nen>

Sta·ti·on <f.; -, -en> 1 *Haltestelle öffentlicher Verkehrsmittel* 2 *Ort, an dem sich eine techn. Anlage befindet;* Funk- 3 *Krankenhausabteilung;* Unfall- 4 <fig.> *Aufenthalt;* bei jmdm. kurz ~ machen [lat.]; **sta·ti·o·när** <Adj.> 1 *in Ruhe befindlich* 2 *ortsfest;* ~e Behandlung *B. im Krankenhaus;* Ggs *ambulant(2);* **sta·ti·o·nie·ren** <V. t.> die Truppe ist in ... stationiert; **Sta·ti·ons·arzt** <m.; -es, ⸚e; Med.>; **Sta·ti·ons·ärz·tin** <f.; -, -n·nen; Med.>; **Sta·ti·ons·schwes·ter** <f.; -, -n; Med.>; **Sta·ti·ons·vor·stand** <m.; -(e)s, ⸚e; österr.; schweiz. für> *Stationsvorsteher;* **Sta·ti·ons·vor·ste·her** <m.; -s, -> *Bahnhofsvorsteher*

sta·ti·ös <Adj.; veralt.> *stattlich, prunkend* [lat.]

'**sta·tisch** <Adj.> 1 *die Statik betreffend;* ~es Organ <Med.> *Gleichgewichtsorgan* 2 *stillstehend, unbewegt* [grch.]

Sta·tist <m.; -en, -en; Theat.; Film> *Darsteller einer stummen Nebenrolle* [lat.]; **Sta·tis·te·rie** <f.; -; unz.; Theat.; Film>

Sta·tis·tik <f.; -, -en> 1 <unz.> *Wissenschaft, die Informationen erfasst* 2 *zahlenmäßige Darstellung;* Unfall- [lat.]; **Sta·tis·ti·ker** <m.; -s, ->; **Sta·tis·ti·ke·rin** <f.; -, -n·nen>

Sta·tis·tin <f.; -, -n·nen> *weibl. Statist*

sta·tis·tisch <Adj.> *die Statistik betreffend;* eine ~e Untersuchung; <aber> das Statistische Bundesamt

Sta·tiv <n.; -s, -e; Fot.> *dreibeiniges Gestell für (Foto-)Apparate u. Geräte* [lat.]; **Sta·to·blast** <m.; -en, -en; Biol.> *Hibernakel von Moostierchen des Süßwassers* [grch.]; **Sta·to·lith** <m.; -(e)s od. -en, -e od. -en; Med.> *Kalkkörper im Gleichgewichtsorgan;* '**Sta·tor** <m.; -s, -'to·ren> *fest stehender Teil einer Maschine;* Ggs *Rotor;* **Sta·to'skop,** <auch> **Sta·tos'kop** <n.; -s, -e; ⤴Z54; Flugw.> *Gerät zum Messen von Höhendifferenzen*

statt 1 <Präp.; mit Gen. od. umg. mit Dat. (im Pl. mit Dat., wenn Gen. nicht erkennbar)> *anstelle von, anstelle einer, eines;* ~ einer Antwort; er kommt ~ meiner; an meiner ~; an Eides ~; an Kindes ~; ~ eines Baumes, <umg.> ~ einem Baum; ~ des Hundes, <umg.> ~ dem Hund; der Lehrer, ~ dessen ein Referendar Unterricht hielt, war krank; <aber> → *stattdessen;* ~ Briefen,

Büchern 2 <Konj.> ~ zu arbeiten, ging er ins Kino; ~ dass er arbeitete, ...; Sy *anstatt;* **statt·'des·sen** <Adv.> *als Alternative;* wir dachten, er käme selbst, ~ schickte er seinen Vertreter; → a. *statt(1);* '**Stät·te** <f.; -, -n; geh.> *Stelle, Platz;* Ruhe~; '**statt|fin·den** <V. i. 134; es findet statt; es hat stattgefunden; stattzufinden; ⤴Z26> die Feier findet statt *wird termingemäß durchgeführt;* '**statt|ge·ben** <V. i. 143; ich gebe statt; sie hat stattgegeben; stattzugeben; ⤴Z26> einer Bitte ~ *eine B. bewilligen;* '**statt|ha·ben** <V. i. 159; es hat statt; es hat stattgehabt; stattzuhaben; ⤴Z26; veralt.> = *stattfinden,* '**statt·haft** <Adj.; Amtsdt.> *zulässig, gestattet;* '**Statt·hal·ter** <m.; -s, -; früher> *Stellvertreter (eines Herrschers)*

'**statt·lich** <Adj.> *groß, ansehnlich;* eine ~e Figur; '**Statt·lich·keit** <f.; -; unz.>

sta·tu·a·risch <Adj.> *statuenhaft,* '**Sta·tue** <[-tuə]; f.; -, -n> *Standbild* [lat.]; **Sta·tu'et·te** <f.; -, -n> *kleine Statue;* **sta·tu·ie·ren** <V. t.> ein Exempel ~ *ein warnendes Beispiel geben;* **Sta'tur** <f.; -, -en> *Gestalt, Wuchs;* ein Mann von kräftiger ~; '**Sta·tus** <[-tu:s]; m.; -, -; ⤴Z31> *Stand (der Dinge), (Rechts-)Lage;* ~ Nascendi <Chem.> *Zustand des Entstehens;* <aber> in statu nascendi; ~ quo *gegenwärtiger Zustand;* ~ quo ante *Zustand vor einem best. Ereignis;* '**Sta·tus·den·ken** <n.; -s; unz.>; '**Sta·tus·sym·bol** <n.; -(e)s, -e> *Gegenstand, der den (gehobenen) sozialen Status von jmdm. anzeigen soll;* **Sta'tut** <n.; -(e)s, -en> *Satzung;* Vereins~; **sta·tu'ta·risch** <Adj.> *satzungs-, ordnungsgemäß;* **Sta·tu·ten·än·de·rung** <f.; -, -en>

Stau <m.; -(e)s, -e od. -s> *Stockung;* ein ~ auf der Autobahn

Staub <m.; -(e)s, -e od. ⸚e; Pl. selten; ⤴Z29> *feinste, in der Luft schwebende u. sich (am Boden) ablagernde Teilchen;* ein mit ~ bedeckter Tisch; <aber> ein staubbedeckter Tisch; ~ saugen, <auch> → *staubsaugen;* ~

wischen, <auch> → *staubwischen;* die Sache hat ~ aufgewirbelt <fig.>; sich aus dem → machen <fig.> *verschwinden;* ein ~ abweisendes, <auch> staubabweisendes Material; <bei Steigerung u. mit Attribut nur Zusammenschreibung>; **'staub·be·deckt** <Adj.> → a. *Staub;* **'Staub·be·sen** <m.; -s, ->; **'Staub·beu·tel** <m.; -s, ->; **'Staub·blatt** <n.; -(e)s, ⸚er; Bot.> *männl. Geschlechtsorgan der Blüte;* **'Stäub·chen** <n.; -s, -> *Staubkorn;* **'staub·dicht** <Adj.> **'Stau·be·cken** <n.; -s, -> **'stau·ben** <V. i.> *es staubt;* **'stäu·ben** <V.> **1** <V. i.> *in kleinste Teilchen zerstieben* **2** <V. t.> Puderzucker über den Kuchen ~ **'Stau·be·ra·ter** <m.; -s, -; *auf Autobahnen*> **'Staub·fa·den** <m.; -s, ⸚; Bot.> *unterer Teil des Staubblattes;* **'Staub·fän·ger** <m.; -s, -; umg.> *Gegenstand, der nur herumsteht u. Staub aufnimmt;* **'staub·frei** <Adj.>; **'Staub·ge·fäß** <n.; -es, -e; Bot.> = *Staubblatt;* **'stau·big** <Adj.> *voller Staub;* **'Staub·korn** <n.; -(e)s, ⸚er>; **'Staub·lap·pen** <m.; -s, -> *Staubtuch;* **'Staub·la·wi·ne** <f.; -, -n> *Lawine aus Pulverschnee;* **'Stäub·ling** <m.; -s, -e; Bot.> *ein Pilz;* **'Staub·lun·ge** <f.; -, -n; Med.> *chronische Erkrankung der Atemwege;* **'Staub·pilz** <m.; -es, -e; Bot.>; **'Staub·pin·sel** <m.; -s, ->; **'Staub·sand** <m.; -(e)s; unz.> = *Schluff(1);* **'staub·sau·gen,** <auch> **'Staub sau·gen** <V. i.; ich staubsauge; sie hat gestaubsaugt; zu staubsaugen <oder> ich sauge Staub; sie hat Staub gesaugt; Staub zu saugen>; → a. *Staub;* **'Staub·sau·ger** <m.; -s, ->; **'Staub·schicht** <f.; -, -en>; **'Staub·schwamm** <m.; -(e)s, ⸚e; Bot.> = *Stäubling;* **'Staub·tuch** <n.; -(e)s, ⸚er> *Staublappen;* **'Staub·we·del** <m.; -s, ->; **'Staub·wol·ke** <f.; -, -n>; **'Staub·zu·cker** <m.; -s; unz.> *Puderzucker* **'Stau·che** <f.; -, -n; süddt.> *Muff, Pulswärmer,* **'stau·chen** <V. t.> *kräftig zusammendrücken;* **'Stau·cher** <m.; -s, -; umg.>

grobe Zurechtweisung; **'Stau·chung** <f.; -, -en> **'Stau·damm** <m.; -(e)s, ⸚e> **'Stau·de** <f.; -, -n; Bot.> *mehrjährige Pflanze;* **'stau·den** <V. i.; selten> *buschig wachsen;* **'Stau·den·ge·wächs** <[-ks]; n.; -es, -e>; **'stau·dig** <Adj.> **'stau·en** <V. t.> **1** *einen Fluss ~ am Fließen hindern, zurückhalten* **2** <Seemannsspr.> *Ladung ~ auf dem Schiff unterbringen* **'Stau·fer** <m.; -s, -; kurz für> *Hohenstaufer (Angehöriger eines Fürstengeschlechtes);* **'Stau·fer·zeit** <f.; -; unz.> **'Stauf·fer·büch·se** <[-ks-]; f.; -, -n> *Vorrichtung zum Schmieren bewegter Teile [nach dem Hersteller];* **'Stauf·fer·fett** <n.; -(e)s; unz.> **'Stau·ge·fahr** <f.; -; unz.>; **'Stau·mau·er** <f.; -, -n; bei Stauwerken> **'stau·nen** <V. i.> *sich sehr wundern;* **'Stau·nen** <n.; -s; unz.> ↗ Z29] eine ~ erregende, <auch> staunenerregende Sprachfertigkeit; <bei Steigerung u. mit Attribut nur Zusammenschreibung> ein wirklich staunenerregendes Ergebnis; **'stau·nen·er·re·gend** <Adj.> → *Staunen;* **'stau·nens·wert** <Adj.; -er, am -es·ten> **'Stau·pe¹** <f.; -, -n; Vet.> *eine Hundekrankheit [ndrl.]* **'Stau·pe²** <f.; -, -n; früher> *Züchtigung [slaw.];* **'stäu·pen** <V. t.; MA> *öffentl. auspeitschen* **'Stau·punkt** <m.; -(e)s, -e>; **'Stau·raum** <m.; -(e)s, ⸚e *Raum zum Stauen(2);* **'Stau·see** <m.; -s, -n>; **'Stau·stu·fe** <f.; -, -n>; **'Stau·ung** <f.; -, -en>; **'Stau·was·ser** <n.; -s, ->; **'Stau·wehr** <n.; -(e)s, -e> = *Wehr¹;* **'Stau·werk** <n.; -(e)s, -e> **Std.** <Abk. für> *Stunde* **Ste** <Abk. für> *Sainte* **Stea·dy·sel·ler** <['stedi-]; m.; -s, -> *Buch, das sich über einen langen Zeitraum gut verkauft;* Sy *Longseller* [engl.] **Steak** <[ste:k]; n.; -s, -s> *kurz gebratene (Rind-)Fleischscheibe* [engl.]; **'Steak·haus** <n.; -es, ⸚er>; **'Steak·let** <n.; -s, -s> *Hacksteak*

Stea·mer <['sti:-]; m.; -s, -> *Dampfer* [engl.] **Ste·a·rin** <n.; -s, -e> *Gemisch aus Stearin- u. Palmitinsäure zur Herstellung von Kerzen* [grch.]; **Ste·a·tit** <m.; -s, -(e)s, -e> *keramischer Werkstoff;* **Ste·a·to·se** <f.; -, -n; Med.> *Verfettung* **'Stech·ap·fel** <m.; -s, ⸚; Bot.> *ein Nachtschattengewächs;* **'Stech·bee·re** <f.; -, -n; Bot.> = *Seidelbast;* **'Stech·bei·tel** <m.; -s, -> *ein Werkzeug;* **'ste·chen** <V. 254> **1** <V. i. u. V. t./V. refl.> *mit einem spitzen Gegenstand zustoßen;* ich habe mich/mir in den Finger gestochen; Spargel, Torf ~; ein Bild in Kupfer ~; er schreibt wie gestochen; das Schiff sticht in See <fig.> *fährt aus;* das wird dir sofort in die Augen ~ <fig.> *auffallen* **2** <V. i.> *spitz sein;* pass auf, die Rose sticht!; die Sonne sticht <fig.> *brennt hernieder* **3** <V. i.; Sp.> *durch ein zusätzliches Spiel den Sieger ermitteln;* **'Ste·chen** <n.; -s; unz.; Sp.> *ein ~ um den Sieg;* **'Ste·cher** <m.; -s, -; kurz für> *Kupfer- od. Stahlstecher;* **'Stech·flie·ge** <f.; -, -n; Zool.>; **'Stech·he·ber** <m.; -s, -> *Saugröhrchen;* **'Stech·kahn** <m.; -(e)s, ⸚e>; **'Stech·kar·te** <f.; -, -n> *Kontrollkarte für die Stechuhr;* **'Stech·mü·cke** <f.; -, -n; Zool.>; **'Stech·pad·del** <n.; -s, ->; **'Stech·pal·me** <f.; -, -n; Bot.>; **'Stech·sau·ger** <m.; -s, -; Zool.> *Tier, das zusticht, um Pflanzensäfte od. Blut zu saugen;* **'Stech·schritt** <m.; -(e)s; unz.; Mil.> *im ~;* **'Stech·uhr** <f.; -, -en> *Kontrolluhr zur Überwachung der Arbeitszeiten* **'Steck·brief** <m.; -(e)s, -e> *Personenbeschreibung eines flüchtigen Verbrechers;* **'steck·brief·lich** <Adj.> jmdn. ~ suchen; **'Steck·do·se** <f.; -, -n> *Vorrichtung an der Wand zum Anschluss an das Stromnetz;* **'ste·cken** <V. 255; ↗ Z23> **1** <V. i. (s. u. h.)>; Getrenntschreibung in Zus. mit Verben> *sich irgendwo befinden;* wo bist/hast du bloß gesteckt?; ein Brief steckt im Kasten; sich nicht in seiner Haut ~ <fig.> *nicht an seiner Stelle sein;* darin steckt viel

S

Arbeit <fig.; umg.>; wir ~ mitten in der Arbeit <fig.; umg.>; tief in Schulden ~ <fig.>; ~ bleiben <V. i. (s.)> *nicht vorwärts kommen, nicht weiterwissen;* ich bin im Schlamm, bei meinem Vortrag ~ geblieben 2 <V. t./V. refl.> *etwas irgendwohin schieben, irgendwo befestigen;* den Stöpsel in die Flasche ~; viel Geld in eine Firma ~ <fig.> *investieren;* (sich) das Haar zum Knoten ~; jmdm. etwas ~ <fig.; umg.> *mitteilen;* etwas ~ lassen *dort belassen, wo es sich befindet;* ich habe den Schlüssel ~ lassen, <auch> ~ gelassen; **'Ste·cken** <m.; -s, -; bes. oberdt.> *Stock;* **'Ste·cken·pferd** <n.; -(e)s, -e> 1 *ein Kinderspielzeug* 2 *Liebhaberei, Hobby;* **'Ste·cker** <m.; -s, -> *Vorrichtung am Kabelende zum Anschluss eines elektr. Gerätes an das Stromnetz;* **'Steck·kon·takt** <m.; -(e)s, -e> *Steckdose, Stecker;* **'Steck·ling** <m.; -s, -e; Bot.> *abgeschnittener Pflanzenteil, der zur Vermehrung u. Wurzelbildung in die Erde gesteckt wird;* **'Steck·na·del** <f.; -, -n>; **'Steck·na·del·kopf** <m.; -(e)s, ⸗e>; **'steck·na·del·kopf·groß** <Adj.>; **'Steck·reis** <n.; -es, -er; Bot.> *Reis[1](1), das als Steckling dient;* **'Steck·rü·be** <f.; -, -n; Bot.> = *Kohlrübe;* **'Steck·schloss** <n.; -es, ⸗er>; **'Steck·schlüs·sel** <m.; -s, -> *ein Werkzeug;* **'Steck·schuss** <m.; -es, ⸗e>; **'Steck·zwie·bel** <f.; -, -n> = *Saatzwiebel*

Stee·ple·chase, <auch> **Steeple·chase** <['sti:pltʃeɪs] f.; -, -n; Reitsp.> *Hindernisrennen* [engl.]; **Steep·ler** <['sti:p-] m.; -s, -> *für Hindernisrennen geeignetes Pferd*

Steg <m.; -(e)s, -e> 1 *schmale, einfache Brücke* 2 *Zwischenstück, Verbindungsteil;* Brillen- 3 <Mus.> *bei (Streich-)Instrumenten> Holzplättchen zum Übertragen der Schwingungen*

Ste·ga·no·gra'fie, Ste·ga·no·gra'phie <f.; -; unz.; ⸗Z11.3> *EDV> Verschlüsselung von geheimen Daten od. Botschaften in unauffälligen Dokumenten, z. B. in allgemein zugänglichen Bildern*

'Steg·ho·se <f.; -, -n>
Ste·go'don <m.; -s, -'don·ten; Zool.> *ausgestorbener Vorgänger der Elefanten* [grch.]; **Ste·go'sau·ri·er** <m.; -s, -; Zool.> *Saurier mit zwei Reihen knöcherner Zacken auf dem Rücken;* **Ste·go·ze'pha·le** <m.; -n, -n; Zool.> *urweltlicher Lurch*

'Steg·reif <m.; -(e)s, -e; ⸗Z53.1> aus dem ~ *etwas vortragen* <fig.> *unvorbereitet, improvisiert;* **'Steg·reif·ko·mö·die** <[-diə] f.; -, -n>; **'Steg·reif·spiel** <n.; -(e)s, -e>

'Steh·auf <m.; -s, -s>, **'Steh·auf·männ·chen** <a. ['-'---]; n.; -s, -> *kleine Puppe, die sich immer wieder von selbst aufrichtet;* **'Steh·aus·schank** <m.; -(e)s, ⸗e>; **'Steh·bier·hal·le** <f.; -, -n>; **'Steh·bünd·chen** <n.; -s, -> *best. Kragenabschluss an Kleidungsstücken;* **'Steh·emp·fang** <m.; -(e)s, ⸗e; ⸗Z53.1>; **'ste·hen** <V. i. (h. od. (süddt.; österr.; schweiz.) s.) 256; ⸗Z23> 1 <⸗Z42> *sich ohne Fortbewegung in aufrechter Stellung befinden;* ich könnte im Stehen schlafen; ein Auto zum Stehen bringen; ~des Gewässer; ~ bleiben *sich nicht niedersetzen,* <auch> *eine Tätigkeit od. Funktion (kurzfristig) beenden;* wo waren wir ~ geblieben?; die Uhr blieb ~ 2 <fig.> *sich befinden;* es steht mir bis zum Hals <umg.>; es steht noch dahin *es ist noch unentschieden;* der Keller steht unter Wasser; was steht in der Zeitung?; zu jmdm. ~ *ihn unterstützen;* jmdn. ~ lassen; er hat das Essen ~ lassen, <auch> gelassen 3 *etwas steht jmdm.* (zu Gesicht) <fig.> *passt ihm gut, kleidet ihn;* die Farbe steht dir gut 4 *das Referat steht* <fig.; umg.> *ist fertig* 5 *er steht auf Jazz* <fig.; umg.> *er liebt J.;* **'Ste·her** <m.; -s, -> 1 <Radsp.> *Radrennfahrer, der hinter einem Schrittmacher(1) herfährt* 2 *Rennpferd für lange Strecken* 3 <österr.> *Zaunpfosten;* **'Steh·her·ren·nen** <n.; -s, -; Rad-, Pferdesp.>; **'Steh·gei·ger** <m.; -s, ->; **'Steh·im·biss** <m.; -(e)s, -e>; **'Steh·kon·vent** <[-vɛnt]; m.; -(e)s, -e; umg.; scherzh.> *Unter-* haltung einer Gruppe im Stehen; einen ~ abhalten 2; **'Steh·kra·gen** <m.; -s, ->; **'Steh·lam·pe** <f.; -, -n>; **'Steh·lei·ter** <f.; -, -n>

'steh·len <V. t. 257> 1 *etwas – etwas, das einem anderen gehört, widerrechtlich an sich nehmen;* jmdm. die Zeit ~ <fig.>; er kann mir gestohlen bleiben! <fig.; umg.> *ich will nichts mehr von ihm wissen* 2 <V. refl.> er hat sich aus dem Haus gestohlen; **'Steh·ler** <m.; -s, -; meist in der Wendung> Hehler u. ~; **'Steh·le·rin** <f.; -, -nnen>

'Steh·par·ty <f.; -, -s; ⸗Z6.1>; **'Steh·platz** <m.; -es, ⸗e> Ggs *Sitzplatz;* **'Steh·pult** <n.; -(e)s, -e>; **'Steh·satz** <m.; -es; unz.; Typ.>; **'Steh·ver·mö·gen** <n.; -s; unz.; fig.> *Ausdauer, Beharrlichkeit*

'stei·e·risch <Adj.> = *steirisch;* **'Stei·er·mark** <f.; -; unz.> *österr. Bundesland;* **'Stei·er·mär·ker** <m.; -s, -> = *Steirer;* **'Stei·er·mär·ke·rin** <f.; -, -nnen>; **'stei·er·mär·kisch** <Adj.>

steif <Adj.; ⸗Z24> 1 *starr, fest, unbeweglich;* einen ~en Hals haben; etwas ~ u. fest behaupten <fig.> *hartnäckig;* die Ohren ~ halten <fig.; umg.> *durchhalten;* Eiweiß ~ schlagen 2 <Seemannsspr.> *stark, kräftig;* eine ~e Brise 3 <fig.> *förmlich, gezwungen;* ein ~es Benehmen; es geht dort immer etwas ~ zu; **'steif·bei·nig** <Adj.; umg.>; **'Stei·fe** <f.; -, -n> 1 <unz.> *Steifheit* 2 *Steifmittel* <V. t.> *steif machen;* Wäsche ~; **'Steif·heit** <f.; -; unz.>; **'Stei·fig·keit** <f.; -; unz.; selten>

Steig <m.; -(e)s, -e> *schmaler Weg, Gebirgspfad;* **'Steig·bü·gel** <m.; -s, -> 1 *Fußstütze für den Reiter* 2 <Anat.> *Gehörknöchelchen;* **'Stei·ge** <f.; -, -n> 1 *steiler Weg* 2 *Holzkistchen;* Obst~; **'Steig·ei·sen** <Pl.; Klettersp.>; **'stei·gen** <V. 258> 1 <V. i. (s.) u. V. t.> *sich nach oben bewegen;* der Nebel ist gestiegen; wir haben Drachen ~ lassen; Treppen ~ 2 <V. i. (s.)> ins Auto, über einen Zaun ~ 3 <V. i. (s.); fig.> *höher werden, zunehmen;* das Fieber, das Wasser ist gestiegen;

ständig ~de Preise 4 <V. i. (s.); fig.; umg.> stattfinden; wann steigt die Party?; **'Stei·ger** <m.; -s, -; Bgb.> *die Aufsicht führender Bergmann*

'Stei·ge·rer <m.; -s, -; Abk. *der bei einer Versteigerung bietet*; **'stei·gern** <V.; ich steigere> 1 <V. t./V. refl.> *verstärken, vergrößern; das Tempo, die Leistung ~; Adjektive ~* <Gramm.> *in den Komparativ bzw. Superlativ setzen; sich ~ besser werden* 2 <V. i.> *bei Auktionen bieten*; **'Stei·ge·rung** <f.; -, -en> → a. *Kasten Komparation* 1 *das Steigern(1)* 2 <schweiz. a.> *Versteigerung*; **'stei·ge·rungs·fä·hig** <Adj.>; **'Stei·ge·rungs·par·ti·kel** <f.; -, -n; Gramm.> → a. *Kasten Partikel*; **'Stei·ge·rungs·ra·te** <f.; -, -n; Wirtsch.>; **'Stei·ge·rungs·stu·fe** <f.; -, -n; Gramm.> *erste ~ Komparativ; zweite ~ Superlativ*

'Steig·fä·hig·keit <f.; -; unz.; bei Kfz>; **'Steig·lei·ter** <f.; -, -n>; **'Steig·lei·tung** <f.; -, -en> *senkrecht verlaufende Rohr- bzw. Elektroleitung*; **'Steig·rie·men** <m.; -s, -> *Riemen zw. Sattel u. Steigbügel(1)*; **'Steig·rohr** <n.; -(e)s, -e>; **'Stei·gung** <f.; -, -en> 1 *Höhenzunahme; eine Straße mit 12% ~; Ggs Gefälle 2 ansteigendes Gelände; an ~en wird das Auto sehr langsam*

steil <Adj.> 1 *stark ansteigend, fast senkrecht; hier ist der Weg am ~sten; eine ~e Karriere machen* <fig.> 2 <Jugendspr.> *beeindruckend; ein ~es Auto*; **'Stei·le** <f.; -; unz.>; **'Steil·hang** <m.; -(e)s, ⁻e>; **'Steil·heit** <f.; -; unz.>; **'Steil·küs·te** <f.; -, -n>; **'Steil·pass** <m.; -es, ⁻e; Fußb.>; **'Steil·u·fer** <n.; -s, -; ↗Z55>; **'Steil·vor·la·ge** <f.; -, -n; bes. Fußb.> *steil gespielter Pass* <a. fig.>; **'Steil·wand** <f.; -, ⁻e>; **'Steil·wand·zelt** <n.; -(e)s, -e>

Stein <m.; -(e)s, -e> 1 *harter (mineralischer) Körper; Kiesel~; mir fällt ein ~ vom Herzen* <fig.> *ich bin sehr erleichtert; ein ~ des Anstoßes* <fig.> *allgemeines Ärgernis; den ~ ins Rollen bringen* <fig.> *den Anstoß zu etwas geben* 2 *einem Stein(1) ähnlicher Gegenstand; Spiel~*

<Brettspiel>; *bei jmdm. einen ~ im Brett haben* <fig.> *in besonderer Gunst stehen; Gallen~* <Med.>; **'Stein·ad·ler** <m.; -s, -; ↗Z53.1; Zool.>; **'stein·alt** <Adj.> *uralt*; **'Stein·bau** <m.; -(e)s, -ten>; **'Stein·bei·ßer** <m.; -s, -; Zool.> *ein Fisch*; **'Stein·block** <m.; -(e)s, ⁻e>; **'Stein·bock** <m.; -(e)s, ⁻e> 1 <Zool.> *ein Horntier* 2 *ein Tierkreiszeichen*; **'Stein·bo·den** <m.; -s, ⁻>; **'Stein·brech** <m.; -(e)s, -e; Bot.>; **'Stein·bre·cher** <m.; -s, -> *eine Maschine zum Zerkleinern von Steinen*; **'Stein·bruch** <m.; -(e)s, ⁻e> *Abbaustelle für Gestein*; **'Stein·butt** <m.; -(e)s, -e; Zool.> *ein Fisch*; **'Stein·druck** <m.; -(e)s, -e> *Lithographie*; **'Stein·ei·che** <f.; -, -n; Bot.>; **'stei·nern** <Adj.; ↗Z46> *aus Stein; er hat ein ~es Herz* <fig.> *<aber> das Steinerne Meer Gebirgszug an der salzburgisch-bayerischen Grenze*; **'Stein·er·wei·chen** <nur in der Wendung> *zum ~ herzzerreißend*; **'Stein·eu·le** <f.; -, -n; Zool.>; **'Stein·frucht** <f.; -, ⁻e; Bot.>; **'Stein·gar·ten** <m.; -s, ⁻> *Felsengarten*; **'Stein·gut** <n.; -(e)s; unz.> *tonkeramischer Werkstoff*

'Stein·hä·ger <m.; -s, -; Warenz.> *ein Branntwein [nach der Stadt Steinhagen in NRW]*

'stein·hart <Adj.> *verstärkend*; **'Stein·hau·er** <m.; -s, -; veralt.> *jmd., der im Steinbruch arbeitet*; **'Stein·holz** <n.; -es; unz.> *ein Kunststoff für Fußböden*; **'stei·ni·gen** <V. t.> *jmdn. ~ durch Steinwürfe töten*; **'Stei·ni·gung** <f.; -, -en>; **'Stein·kauz** <m.; -es, ⁻e; Zool.>; **'Stein·klee** <m.; -s; unz.; Bot.> *= Honigklee*; **'Stein·koh·le** <f.; -, -n>; **'Stein·koh·len·berg·werk** <n.; -(e)s, -e>; **'Stein·koh·len·for·ma·ti·on** <f.; -; unz.> *= Karbon*; **'Stein·koh·len·teer** <m.; -(e)s; unz.>; **'Stein·koh·len·zeit** <f.; -; unz.> *= Karbon*; **'Stein·mar·der** <m.; -s, -; Zool.> *ein Raubtier*; **'Stein·mei·ßel** <m.; -s, -> *ein Werkzeug*; **'Stein·metz** <m.; -en, -en> *Handwerker, der Stein bearbeitet*; **'Stein·met·zin** <f.; -, -nnen>; **'Stein·nel·ke** <f.; -, -n; Bot.>; **'Stein-**

obst <n.; -(e)s; unz.>; **'Stein·öl** <n.; -(e)s; unz.> *Erdöl*; **'Stein·pilz** <m.; -es, -e; Bot.>; **'stein·reich¹** <Adj.; selten> *steinig; ein ~er Boden*; **'stein'reich²** <Adj.; umg.> *sehr reich*; **'Stein·salz** <n.; -es, -e> *im Bergbau gewonnenes Salz*; **'Stein·schlag** <m.; -(e)s, ⁻e> *herabstürzende Gesteinstrümmer*; **'Stein·schleu·der** <f.; -, -n>; **'Stein·schmät·zer** <m.; -s, -; Zool.> *ein Singvogel*; **'Stein·schnei·de·kunst** <f.; -; unz.>; **'Stein·schnei·der** <m.; -s, ->; **'Stein·schnei·de·rin** <f.; -, -nnen>; **'Stein·schnitt** <m.; -(e)s; unz.>; **'Stein·set·zer** <m.; -s, -> *Pflasterer*; **'Stein·wein** <m.; -(e)s, -e> *ein Frankenwein*; **'Stein·wild** <n.; -(e)s; unz.; Jägerspr.; Sammelbez. für> *Steinbock, Steingeiße u. Junge*; **'Stein·wurf** <m.; -(e)s, ⁻e> *einen ~ entfernt* <fig.>; **'Stein·wüs·te** <f.; -, -n>; **'Stein·zeich·nung** <f.; -, -en> *Lithographie*; **'Stein·zeit** <f.; -; unz.> *ein Abschnitt der Urgeschichte*; **'Stein·zeit·mensch** <m.; -en, -en>; **'Stein·zeug** <n.; -(e)s; unz.> *= Steingut*

'Stei·rer <m.; -s, -> *Bewohner der Steiermark; Sy Steiermärker*; **'Stei·rer·hut** <m.; -(e)s, ⁻e> *Trachtenhut*; **'Stei·re·rin** <f.; -, -nnen>; **'stei·risch** <Adj.>

Steiß <m.; -es, -e>, **'Steiß·bein** <n.; -(e)s, -e; Anat.> *unterster Teil der Wirbelsäule*; **'Steiß·la·ge** <f.; -; unz.; Med.> *Beckenendlage des Kindes im Mutterleib*

'Ste·le <f.; -, -n> *frei stehender Pfeiler als Grab- od. Gedenkstein* [grch.]

Stel·la·ge <[-ʒə]; f.; -, -n; umg.> *Gestell*; **Stel·la·ge·ge·schäft** <n.; -(e)s, -e> *Börsentermingeschäft*

stel·lar <Adj.> *die Fixsterne betreffend* [lat.]; **Stel·lar·as·tro·no·mie** <f.; -; unz.; <auch> Stel·lar·ast·ro·no·mie <f.; -; unz.; ↗Z53>; **Stel·la·rie** <[-riə]; f.; -, -n; Bot.> *ein Nelkengewächs*

'Stell·dich·ein <n.; - od. -s, - od. -s; veralt.> *Verabredung, Rendezvous*; **'Stel·le** <f.; -, -n> 1 <↗Z19.2> *Ort, Platz; ich an deiner ~ ...; an erster ~ stehen; an*

S

~, <od.> anstelle von <fig.> *in Vertretung von;* zur ~ sein <fig.> *da sein, wo man gebraucht wird;* auf der ~ <fig.> *sofort* **2** *Abschnitt* (z. B. in einem Buch); *eine ~ zitieren* **3** <fig.> *Anstellung, Posten; sich um eine ~ bemühen* **4** <fig.> *Behörde; sich an die zuständige ~ wenden;* **'stel·len** <V. t./V. refl.> **1** *in aufrechte Lage bringen, auf-, hinstellen; Bücher in den Schrank ~; sich ans Fenster ~; sie ist ganz auf sich gestellt* <fig.> **2** <⤴Z21> *in die gewünschte Position bringen; die Uhr, Weichen ~; das Radio leiser ~; Wein kalt ~;* <aber> *jmdn. kaltstellen; das Essen warm ~* **3** *Personen od. Material ~ beschaffen* **4** *einen Zustand vortäuschen; sich taub, tot ~* **5** *jmdn. ~ an der Flucht hindern; sich ~ sich freiwillig (der Polizei) ausliefern* **6** <als Funktionsverb> *eine Aufgabe, Forderung, Frage ~; etwas in Abrede, unter Beweis ~;* **'Stel·len·ab·bau** <m.; -(e)s, -e>; **'Stel·len·an·ge·bot** <n.; -(e)s, -e>; **'Stel·len·ge·such** <n.; -(e)s, -e>; **'stel·len·los** <Adj.>; **'Stel·len·markt** <m.; -(e)s; unz.> *Arbeitsmarkt;* **'Stel·len·wech·sel** <[-ks-]; m.; -s, ->; **'stel·len·wei·se** <Adv.> *teilweise;* **'Stel·len·wert** <m.; -(e)s; unz.; fig.> *Rang, Bedeutung;* **'Stell·flä·che** <f.; -, -n>; **...stel·lig** <Adj.; ⤴Z34; in Zus.> *z. B. eine dreistellige Zahl,* <in Ziffern> *3-stellig;* **'Stell·ma·cher** <m.; -s, -> *Wagenbauer;* **Stell·ma·che'rei** <f.; -, -en>; **'Stell·platz** <m.; -es, ⸗e>; **'Stell·pro·be** <f.; -, -n; Theat.>; **'Stell·rad** <n.; -(e)s, ⸗er> *Rad zum Einstellen von Messvorrichtungen;* **'Stell·schrau·be** <f.; -, -n>; **'Stel·lung** <f.; -, -en> **1** *Haltung, Position; in gebückter ~;* (zu einer Sache) *~ nehmen* <fig.> *seine Meinung äußern* **2** *Rang, Ansehen; die ~ der Frau in der Gesellschaft* **3** *Amt, Posten; er ist zurzeit ohne ~* **4** <Mil.> *befestigte Anlage;* **'Stel·lungs·nah·me** <f.; -, -n>; **'Stel·lungs·be·fehl** <m.; -(e)s, -e> *Einberufungsbefehl;* **'Stel·lungs·ge·such** <n.; -(e)s, -e> *Bewerbung um eine Arbeitsstel-*

le; **'Stel·lungs·krieg** <m.; -(e)s, -e; Mil.> *Kampf in Stellungen(4);* **'stel·lungs·los** <Adj.>; **'stel·lung(s)·su·chend** <Adj.>; **'Stel·lung(s)·su·chen·de(r)** <f. 2 (m. 1)>; **'Stel·lungs·wech·sel** <[-ks-]; m.; -s, ->; **'stell·ver·tre·tend** <Adj.> *der -e Vorsitzende;* **'Stell·ver·tre·ter** <m.; -s, -> → a. *Kasten Pronomen;* **'Stell·ver·tre·te·rin** <f.; -, -n·nen>; **'Stell·ver·tre·tung** <f.; -, -en>; **'Stell·werk** <n.; -(e)s, -e; Eisenb.>
'Stel·ze <f.; -, -n> *hohe Stange mit Trittklötzen; auf -n gehen;* **'stel·zen** <V. i. (s.); du stelzt> *steifbeinig gehen;* **'Stel·zen·gang** <m.; -(e)s; unz.>; **'Stel·zen·läu·fer** <m.; -s, ->; **'Stel·zen·läu·fe·rin** <f.; -, -n·nen>; **'stel·zig** <Adj.> *wie auf Stelzen, steif;* **'Stelz·wur·zeln** <Pl.; Bot.>
'Stem·ma <n.; -s, -ma·ta> *Stammbaum* [lat.]
'Stemm·bo·gen <m.; -s, - od. (süddt.; österr.; schweiz.) ⸗; Skisp.>; **'Stemm·ei·sen** <n.; -s, -> *ein Werkzeug;* **'stem·men** <V. t./V. refl.> **1** *Schweres über den Kopf in die Höhe heben; Hanteln ~* **2** *sich od. etwas auf, in, gegen etwas ~ fest auf in, gegen etwas drücken; er stemmte die Hände in die Hüften;* **'Stemm·mei·ßel** <m.; -s, -; ⤴Z37>
'Stem·pel <m.; -s, -> **1** *Handdruckgerät* **2** *Abdruck des Stempels(1); Post-* **3** <fig.> *Kennzeichen; jmdm., einer Sache einen ~ aufdrücken* **4** <Bot.> *Fruchtknoten;* **'Stem·pel·far·be** <f.; -, -n>; **'Stem·pel·geld** <n.; -(e)s, -er; umg.; veralt.> *Arbeitslosenunterstützung;* **'Stem·pel·kar·te** <f.; -, -n>; **'Stem·pel·kis·sen** <n.; -s, ->; **'stem·peln** <V.; ich stemp(e)le> **1** <V. t.> *mit einem Stempel(2) versehen; jmdn. zum Verräter ~* <fig.> **2** <V. i.; ⤴Z23> *~ gehen* <umg.; veralt.> *Arbeitslosenunterstützung beziehen;* **'Stem·pel·schnei·der** <m.; -s, ->; **'Stem·pel·stän·der** <m.; -s, ->; **'Stem·pel·steu·er** <f.; -, -n>
'Stem·pen <m.; -s, -; bair.> *Pfahl*
'Sten·bel·wurz <f.; -, -en; Bot.>

eine Orchideenart; oV *Ständelwurz*
'Sten·ge <f.; -, -n; Mar.> *Verlängerung des Mastes;* oV *Stänge;* **'Sten·gel** <m.; -s, -; künftig nicht mehr zulässige Schreibweise für> *Stängel;* **'sten·geln** <V. t.; künftig nicht mehr zulässige Schreibweise für> *stängeln*
ste·no..., **Ste·no...** <in Zus.> *eng..., Eng..., kurz..., Kurz...* [grch.]; **'Ste·no** <f.; -; unz.; Kurzw. für> *Stenografie;* **Ste·no·'graf** <m.; -en, -en; ⤴Z11.3> *jmd., der beruflich stenografiert;* oV *Stenograph;* **Ste·no·gra·'fie** <f.; -, -n> *Kurzschrift;* **ste·no·gra·'fie·ren** <V.> **1** <V. i.> *Kurzschrift schreiben* **2** <V. t.> *einen Text ~;* **Ste·no·gra·fin** <f.; -, -n·nen>; **ste·no·'gra·fisch** <Adj.>; **Ste·no·gramm** <n.; -s, -e> *Niederschrift in Kurzschrift;* **Ste·no·gramm·block** <m.; -(e)s, ⸗e>; **Ste·no·'graph** <m.; -en, -en; ⤴Z11.3> = *Stenograf;* **Ste·no·gra·phie** <f.; -, -n>; **ste·no·gra·'phie·ren** <V. i. u. V. t.>; **Ste·no·gra·phin** <f.; -, -n·nen>; **'Ste·no·se** <f.; -, -n>; **Ste·no·sis** <f.; -, -sen; Med.> *Verengung von Hohlgängen;* **ste·no·'top** <Adj.; Biol.> *nur in einem od. wenigen Lebensräumen verbreitet;* **ste·no·ty·pie·ren** <V. t. u. V. i.> *in Kurzschrift aufnehmen;* **Ste·no·ty·pist** <m.; -en, -en>; **Ste·no·ty·pis·tin** <f.; -, -n·nen>
'Sten·tor <m.; -s, -'to·ren = *Trompetentierchen* [nach dem Trojaner *Stentor,* der so laut gerufen haben soll wie 50 Männer zusammen]; **'Sten·tor·stim·me** <f.; -; unz.>
Stenz <m.; -es, -e; umg.; abwertend> *geckenhafter, angeberischer junger Mann*
Step <m.; -s, -s; künftig nicht mehr zulässige Schreibweise für> *Stepp*
Ste·pha'nit <m.; -(e)s; unz.> *ein Mineral*
Stepp <m.; -s, -s> *stark akzentuierter Tanz; ~ tanzen* [engl.]
'Stepp·de·cke <f.; -, -n> *Bettdecke mit kassettenförmig gesteppten Nähten*
'Step·pe <f.; -, -n> *baumlose Ebene, Grasland* [russ.]

'step·pen ‹V. t.› *mit Steppstichen nähen*
'step·pen² ‹V. i.› *Stepp tanzen* [engl.]
'Step·pen·gras ‹n.; -es; unz.›
'Step·per ‹m.; -s, -› *Stepptänzer*; **'Step·pe·rin** ‹f.; -, -n·nen›
'Stepp·ja·cke ‹f.; -, -n›
'Stepp·ke ‹m.; -s, -s; bes. berlin.; umg.› *kleiner Kerl*
'Stepp·man·tel ‹m.; -s, ⸗›; **'Stepp·naht** ‹f.; -, ⸗e›; **'Stepp·stich** ‹m.; -(e)s, -e›
'Stepp·tanz ‹m.; -es, ⸗e›; **'Stepp·tän·zer** ‹m.; -s, -›; **'Stepp·tän·ze·rin** ‹f.; -, -n·nen›
Ster ‹m.; -s, -e od. -s od. (nach Maßangaben) -›; früher> *Raummaß für Holz*; fünf ~ [grch.]
Ste·ra·di·ant ‹m.; -en, -en; Math.; Zeichen: sr› *Maßeinheit des Raumwinkels* [grch.; lat.]
'Ster·be·bett ‹n.; -(e)s, -en› auf dem ~; **'Ster·be·da·tum** ‹n.; -s, -ten›; **'Ster·be·fall** ‹m.; -(e)s, ⸗e›; **'Ster·be·geld** ‹n.; -(e)s, -er›; **'Ster·be·geld·ver·si·che·rung** ‹f.; -, -en›; **'Ster·be·hil·fe** ‹f.; -; unz.›; **'ster·ben** ‹V. i. (s.) 259; ↗Z42› *aufhören zu leben*; im Sterben liegen *kurz vor dem Tode sein*; es ist zum Sterben langweilig ‹umg.› *sehr langweilig*; **'Ster·bens·angst** ‹f.; -; unz.› *Todesangst*; **ster·bens·'e·lend** ‹Adj.; ↗Z55› ich fühle mich, mir ist ~ *sehr elend*; **'ster·bens·krank** ‹Adj.›; **'ster·bens·lang·wei·lig** ‹Adj.›; **'Ster·bens·see·le** ‹nur in der Wendung› keine ~ *niemand*; **'Ster·bens·wört·chen** ‹nur in der Wendung› ich werde kein ~ davon erzählen *nichts*; **'Ster·be·sa·kra·men·te**, ‹auch› **'Ster·be·sak·ra·men·te** ‹Pl.; ↗Z53; Kath.›; **'Ster·be·stun·de** ‹f.; -; unz.›; **'Ster·be·ur·kun·de** ‹f.; -, -n›; **'Ster·be·zim·mer** ‹n.; -s, -›; **'sterb·lich** ‹Adj.; ↗Z42› alle Lebewesen sind ~; die ~en Überreste ‹geh.› *die Gebeine*; ein gewöhnlicher Sterblicher *ein ganz normaler Mensch*; **'Sterb·lich·keit** ‹f.; -; unz.› *Vergänglichkeit*; **'Sterb·lich·keits·zif·fer** ‹f.; -, -n› *Zahl der Todesfälle*; Ggs *Geburtenziffer*
'ste·reo ‹Adj.; undekl.; kurz für› *stereofon*; eine Rundfunksen-

dung ~ hören; **'Ste·reo** ‹n.; -s, -s; kurz für› *Stereotypie*; **ste·reo...**, **Ste·reo...** ‹in Zus.› 1 *starr, unbeweglich* 2 *räumlich, Raum..., Körper..* [grch.]; **'Ste·re·o·an·la·ge** ‹f.; -, -n; ↗Z55› *Anlage zum stereofonen Hören*; **Ste·re·o·che'mie** ‹[-çe-]; f.; -; unz.› *Zweig der Chemie, der den räuml. Aufbau von Molekülen untersucht*; **'Ste·re·o·fern·seh·ap·pa·rat** ‹m.; -(e)s, -e›; **'Ste·re·o·film** ‹m.; -(e)s, -e; kurz für› *stereoskopischer Film*; **ste·re·o'fon** ‹Adj.; ↗Z11.3› oV *stereophon*; **Ste·re·o·fo'nie** ‹f.; -; unz.› *Technik der räumlichen Tonwiedergabe*; **'Ste·re·o·fo·to·gra·fie** ‹f.; -, -n; ↗Z11.3› 1 ‹unz.› *fotograf. Verfahren zur Erzeugung dreidimensionaler Bilder* 2 *Raumbild*; **'Ste·re·o·ka·me·ra** ‹f.; -, -s›; **ste·re·o'phon** ‹Adj.; ↗Z11.3› = *stereofon*; **Ste·re·o·pho'nie** ‹f.; -; unz.› = *Stereofonie*; **'Ste·re·o·pho·to·gra·phie** ‹f.; -, -n; ↗Z11.3› = *Stereofotografie*; **'Ste·re·o·skop**, ‹auch› **Ste·re·os'kop** ‹n.; -s, -e; ↗Z54› *Gerät, durch das man Bilder dreidimensional sehen kann*; **ste·re·o·sko'pie** ‹f.; -; unz.›; **ste·re·o·sko'pisch** ‹Adj.›; **'Ste·re·o·ton** ‹m.; -(e)s; unz.›; **'Ste·re·o·turm** ‹m.; -(e)s, ⸗e› *Stereoanlage mit turmartig angeordneten Geräten*; **ste·re·o·'typ** ‹Adj.› 1 *mit feststehender Schrift gedruckt* 2 *unverändlich* 3 ‹fig.› *ständig wiederkehrend, formelhaft*; eine ~e Antwort; **Ste·re·o'typ** ‹n.; -s, -e; Psych.› *vereinfachte, vorgefasste Meinung*; **Ste·re·o'typ·druck** ‹m.; -(e)s, -e› 1 ‹unz.› *Druck von einer festen Druckplatte* 2 *unveränderter Nachdruck*; **Ste·re·o·ty'peur** ‹[-'pø:r]; m.; -s, -e›; **Ste·re·o·ty'pie** ‹f.; -, -n› 1 ‹unz.› *Herstellung von Druckplatten aus Bleilegierungen* 2 *die Druckplatte selbst* 3 ‹Med.› *krankhafte Wiederholung immer derselben Bewegungen*; **ste·re·o·ty'pie·ren** ‹V. t.; Typ.›
ste'ril ‹Adj.› 1 *keimfrei*; ~es Verbandsmaterial; der Raum wirkt ~ ‹fig.› 2 *unfruchtbar* [lat.]
Ste·ri·li·sa·ti'on ‹f.; -, -en› 1 *Entkeimung* 2 *Unfruchtbarma-*

chung; **Ste·ri·li'sa·tor** ‹m.; -s, -'to·ren› *Apparat zum Sterilisieren*; **ste·ri·li'sie·ren** ‹V. t.› 1 *Lebensmittel ~ durch Entkeimung haltbar machen* 2 *ein Lebewesen ~ unfruchtbar machen*; **Ste·ri·li'sie·rung** ‹f.; -, -en›; **Ste·ri·li'tät** ‹f.; -; unz.›
Ste'rin ‹n.; -s, -e› *im Tier- und Pflanzenreich vorkommende chem. Verbindung* [grch.]
'Ster·ke ‹f.; -, -n; norddt.› *Färse*
'Ster·let ‹m.; -s, -e; Zool.› *kleiner Stör* [russ.]
Ster·ling ‹['sta:-]; m.; -s, -e› *altengl. Münze*; Pfund ~ ‹Abk.: £›
Stern¹ ‹m.; -(e)s, -e› 1 *Gestirn, Himmelskörper*; an den ~en greifen ‹fig.› *Unmögliches wollen*; das Fest stand unter keinem glücklichen ~ ‹fig.› 2 *sternförmiges Symbol zur Bezeichnung hoher Qualität*; ein Hotel mit vier ~en; ein Vier-~e-Hotel 3 ‹fig.› *Star³*; ein neuer ~ am Schlagerhimmel
Stern² ‹m.; -(e)s, -e; Seemannsspr.› *Heck des Schiffes*
'Stern·bild ‹n.; -(e)s, -er› *bildhaft zusammengefasste Gruppe von Fixsternen*; **'Stern·blu·me** ‹f.; -, -n; Bot.› *Aster*; **'Stern·chen** ‹n.; -s, -; Verkleinerungsf. von› *Stern¹(1,3)*; **'Stern·deu·ter** ‹m.; -s, -› *Astrologe*; **'Stern·deu·te·rin** ‹f.; -, -n·nen›; **'Stern·deu·tung** ‹f.; -; unz.› *Astrologie*; **'Ster·nen·ban·ner** ‹n.; -s; unz.› *Nationalflagge der Vereinigten Staaten von Nordamerika* [nach der engl. Bez. *Stars and Stripes*]; **'Ster·nen·hell** ‹Adj.› oV *sternhell*; **'Ster·nen·him·mel** ‹m.; -s, -› oV *Sternhimmel*; **'ster·nen·klar** ‹Adj.› = *sternklar*; **'ster·nen·los** ‹Adj.› eine ~e Nacht; **'Ster·nen·zelt** ‹n.; -(e)s; unz.; poet.› *der nächtliche, mit Sternen bedeckte Himmel*; **'Stern·fahrt** ‹f.; -, -en› *Wettfahrt von verschiedenen Ausgangsorten auf ein Ziel zu*; **'stern·för·mig** ‹Adj.›; **'Stern·ge·wöl·be** ‹n.; -s, -; Arch.›; **'stern·ha·gel·voll** ‹Adj.; umg.; meist präd.› *stark betrunken*; **'Stern·hau·fen** ‹m.; -s, -; Astr.›; **'stern·hell** ‹Adj.›; **'Stern·him·mel** ‹m.; -s; unz.›; **'Stern·jahr** ‹n.; -(e)s, -e› *Um-*

laufzeit eines Wandelsternes um die Sonne; **'stern·klar** <Adj.> ~e Nacht; **'Stern·kraut** <n.; -(e)s; unz.; Bot.> = *Stellarie;* **'Stern·kun·de** <f.; -; unz.> *Astronomie;* **'Stern·kun·di·ge(r)** <f. 2 (m. 1)>; **'Stern·marsch** <m.; -(e)s, ⁻e> *(Demonstrations-)Marsch von verschiedenen Ausgangsorten zu einem gemeinsamen Treffpunkt;* **'Stern·mie·re** <f.; -; unz.; Bot.> = *Stellarie;* **'Stern·ort** <m.; -(e)s, ⁻er> *astronom. Ort;* **'Stern·schnup·pe** <f.; -, -n> *kleiner Meteor;* **'Stern·sin·gen** <n.; -s; unz.> *Volksbrauch zur Dreikönigszeit;* **'Stern·sin·ger** <m.; -s, -> ; **'Stern·stun·de** <f.; -, -n> *glückliche Schicksalsstunde;* **'Stern·sys·tem** <n.; -s, -e> *Ansammlung von vielen Millionen Einzelsternen;* **'Stern·war·te** <f.; -, -n> *Observatorium;* **'Stern·wol·ke** <f.; -, -n> *helle Sterne der Milchstraße;* **'Stern·zei·chen** <n.; -s, -> *Tierkreiszeichen;* **'Stern·zeit** <f.; -; unz.> *Zeitrechnung nach Sterntagen*

Stert <[ʃteːrt]; m.; -(e)s, -e; norddt.>, **Sterz** <m.; -es, -e> **1** *Schwanz (bes. von Vögeln)* **2** *Führungs- u. Haltevorrichtung am Pflug* **3** <bair.; österr.> *dicker Brei;* **'ster·zeln** <V. i.> *die Biene sterzelt richtet den Hinterleib auf*

stet <Adj.; -er, am -es·ten; geh.; veralt.> *stetig;* in ~em Gedenken; **'Ste·te, 'Stet·heit** <f.; -; unz.; geh.; veralt.> = *Stetigkeit*

Ste·tho·skop, <auch> **Ste·thos·'kop** <n.; -s, -e; ↗Z 54; Med.> *Hörrohr* [grch.]

'ste·tig <Adj.> *beständig, andauernd;* **'Ste·tig·keit** <f.; -; unz.>

Stetl <n.; -s, -; früher; in Osteuropa> *von Juden bewohnter Bezirk;* oV **Schtetl** [jidd.]

stets <Adv.> *immer, jederzeit*

'Steu·er¹ <n.; -s, -> **1** *Lenkvorrichtung (am Kfz)* **2** <fig.> *Lenkung, Führung;* sie hat das ~ fest in der Hand; **'Steu·er²** <f.; -, -n> *Abgabe an den Staat;* Lohn~; Mehrwert~; **'Steu·er·ab·zug** <m.; -(e)s, ⁻e>; **'Steu·er·auf·kom·men** <n.; -s; unz.>; **'steu·er·be·güns·tigt** <Adj.> ~es Sparen; **'Steu·er·be·hör·de**

<f.; -, -n>; **Steu·er·be·mes·sungs·grund·la·ge** <f.; -; unz.>; **'Steu·er·be·ra·ter** <m.; -s, ->; **'Steu·er·be·ra·te·rin** <f.; -, -n·nen>; **'Steu·er·be·scheid** <m.; -(e)s, -e>; **'Steu·er·bord** <n.; -(e)s, -e> *die rechte Seite des Schiffs;* Ggs *Backbord;* **'steu·er·bord(s)** <Adv.; Mar.> *rechts;* Ggs *backbord(s);* **'Steu·er·ein·nah·me** <f.; -, -n; meist Pl.>; **'Steu·er·ein·neh·mer** <m.; -s, -; früher>; **'Steu·er·er·hö·hung** <f.; -, -en>; **'Steu·er·er·klä·rung** <f.; -, -en>; **'Steu·er·er·leich·te·rung** <f.; -, -en>; **'Steu·er·er·mä·ßi·gung** <f.; -, -en>; **'Steu·er·er·satz** <m.; -es, ⁻e>; **'Steu·er·fahn·der** <m.; -s, ->; **'Steu·er·fahn·dung** <f.; -, -en> *staatl. Betriebsprüfung;* **'Steu·er·flucht** <f.; -; unz.> *Verlegung des Wohnsitzes (ins Ausland), um Steuern zu sparen;* **'steu·er·frei** <Adj.>; **'Steu·er·frei·be·trag** <m.; -(e)s, ⁻e>; **'Steu·er·frei·heit** <f.; -; unz.>; **'Steu·er·ge·heim·nis** <n.; -s·ses; unz.>; **'Steu·er·gel·der** <Pl.>; **'Steu·er·ge·rät** <n.; -(e)s, -e> *Teil einer Stereoanlage;* **'Steu·er·hin·ter·zie·hung** <f.; -, -en>; **'Steu·er·klas·se** <f.; -, -n> *Einstufung im Steuertarif;* **'steu·er·lich** <Adj.>; **'steu·er·los** <Adj.> *ohne Steuer¹;* **'Steu·er·mann** <m.; -(e)s, ⁻er od. -leu·te; Mar.>; **'Steu·er·mar·ke** <f.; -, -n> *Quittung für bezahlte Steuer²;* **'Steu·er·mit·tel** <Pl.> *aus Steuergeldern stammende Einkünfte des Staates;* **'steu·ern** <V.; ich steu(e)re> **1** <V. t.> *ein Fahrzeug ~ lenken* **2** <V. i. (s.)> *irgendwohin ~ eine best. Richtung einschlagen;* **'Steu·er·o·a·se** <f.; -, -n; ↗Z 55; umg.>, **'Steu·er·pa·ra·dies** <n.; -es, -e; umg.>; **'Steu·er·pflicht** <f.; -; unz.>; **'steu·er·pflich·tig** <Adj.>; **'Steu·er·prü·fer** <m.; -s, ->; **'Steu·er·prü·fe·rin** <f.; -, -n·nen>; **'Steu·er·rad** <n.; -(e)s, ⁻er>; **'Steu·er·recht** <n.; -(e)s; unz.>; **'Steu·er·re·form** <f.; -, -en>; **'Steu·er·satz** <m.; -es, ⁻e>; **'Steu·er·schrau·be** <nur in der Wendung> die ~ anziehen *die Steuern erhöhen;* **'Steu·er·schuld** <f.; -, -en>; **'Steu·er·**

schuld·ner <m.; -s, ->; **'Steu·er·sen·kung** <f.; -, -en>; **'Steu·er·ta·bel·le** <f.; -, -n>; **'Steu·er·ta·rif** <m.; -(e)s, -e>; **'Steu·e·rung** <f.; -, -en> **1** <unz.> *das Steuern(1);* übernimm du die ~! **2** *Vorrichtung zum Lenken;* **'Steu·er·ver·an·la·gung** <f.; -, -en> *Festsetzung der individuell zu bezahlenden Steuern;* **'Steu·er·ver·ge·hen** <n.; -s, ->; **'Steu·er·ver·güns·ti·gung** <f.; -, -en>; **'Steu·er·vor·aus·zah·lung** <f.; -, -en>; **'Steu·er·zah·ler** <m.; -s, ->; **'Steu·er·zah·le·rin** <f.; -, -n·nen>

'Ste·ven <m.; -s, -; Mar.; norddt.> *Bauteile, die Bug u. Heck eines Schiffes begrenzen*

Ste·ward <['stuːərt]; m.; -s, -s; bei Schiffen u. Flugzeugen> *Betreuer der Fahrgäste* [engl.]; **'Ste·war·dess** <f.; -, -en>

StGB <Abk. für> *Strafgesetzbuch*

sti'bit·zen <V. t.; du stibitzt; umg.> *mit List entwenden*

Sti·bi·um <['stiː-]; n.; -s; unz.> Zeichen: Sb> = *Antimon* [lat.]

Stich <m.; -(e)s, -e> **1** *das Stechen eines spitzen Gegenstandes;* Insekten~ **2** <fig.> *stechender Schmerz* **3** *das Einstechen der eingefädelten Nadel beim Nähen u. Sticken;* Kreuz~ **4** <kurz für> Kupfer~, Stahl~ **5** <Kart.> *Wegnahme gegnerischer Karten;* einen ~ machen **6** jmdn. im ~ lassen *treulos seinem Schicksal überlassen;* **'Stich·blatt** <n.; -(e)s, ⁻er> *Handschutz bei Fechtwaffen;* **'Stich·bo·gen** <m.; -s, - od. (süddt.; österr.; schweiz.) ⁻; Arch.> *flacher Rundbogen;* **'Sti·chel** <m.; -s, -> *ein spitzes Werkzeug;* **Sti·che'lei** <f.; -, -en> **1** <unz.> *mühselige Näherei* **2** <fig.> *boshafte Anspielung;* **'Stich·haar** <n.; -(e)s; unz.> *raues Haar von Hunden;* **'sti·chel·haa·rig** <Adj.>; **'sti·cheln** <V. i.; ich stich(e)le> **1** *mit kleinen Stichen nähen* **2** <fig.> *boshafte Bemerkungen machen;* **'stich·fest** <Adj.> ~e Beweise; hieb- und ~; **'Stich·flam·me** <f.; -, -n>; **'stich|hal·ten** <V. i. 160; ↗Z 26> *einer Probe standhalten;* seine Aussage hat der Überprüfung nicht stichgehalten;

'**stich·hal·tig** <Adj.> *überzeugend, nicht widerlegbar*, '**stich·häl·tig** <Adj.; österr.> = *stichhaltig*; '**Stich·hal·tig·keit** <f.; -; unz.> *etwas auf seine ~ hin prüfen*; '**Stich·häl·tig·keit** <f.; -; unz.; österr.> = *Stichhaltigkeit*; '**sti·chig** <Adj.> *leicht säuerlich; die Milch ist, schmeckt ~; ...***sti·chig** <Adj.; in Zus.> z. B. *grünstichig; wurmstichig*, '**Stich·kampf** <m.; -(e)s, -̈e; Sp.> *Wettkampf um den Sieg zw. punktgleichen Gegnern*; '**Stich·kap·pe** <f.; -, -n; Arch.> *in ein großes Gewölbe einschneidendes kleines Gewölbe*; '**Stich·ling** <m.; -s, -e; Zool.> *ein Fisch*

Sti·cho·my·thie <f.; -, -n> *Dialogform im Drama* [grch.]

'**Stich·pro·be** <f.; -, -n> *Untersuchungsmethode, wobei von einem beliebig herausgegriffenen Teil auf das Ganze geschlossen wird*; '**stich·pro·ben·ar·tig** <Adj.>; '**Stich·punkt** <m.; -(e)s, -e; meist Pl.> *in ~en notieren knapp, nicht ausformuliert*; '**stich·punkt·ar·tig** <Adj.>; '**Stich·sä·ge** <f.; -, -n>; '**Stich·stra·ße** <f.; -, -n> *Sackgasse mit Wendeplatz*; '**Stich·tag** <m.; -(e)s, -e> *festgesetzter Termin (z. B. für das Inkrafttreten von Vorschriften)*; '**Stich·waf·fe** <f.; -, -n>; '**Stich·wahl** <f.; -, -en> *Entscheidungswahl zwischen zwei Bewerbern*; '**Stich·wort** <n.; -(e)s, -̈er od. -e> **1** <Pl.: -̈er; in Nachschlagewerken> *Wort, das erklärt wird*; Sy *Lemma* **2** <Pl. -e> *Wort eines Schauspielers, auf das hin ein anderer auftritt od. einsetzt* **3** <Pl. -e> *Wort, das den Sinn eines längeren Textes zusammenfasst; sich etwas in ~en aufschreiben*; '**stich·wort·ar·tig** <Adj.>; '**Stich·wort·re·gis·ter** <n.; -s, ->; '**Stich·wort·ver·zeich·nis** <n.; -s·ses, -s·se>; '**Stich·wun·de** <f.; -, -n>

Stick <[st-]; m.; -s, -s; Kosmetik> *Stift*; *Deo~* [engl.]

'**Sti·ckel** <m.; -s, -; oberdt.> *Stecken, Stange*

'**sti·cken** <V. i. u. V. t.> *mit Stichen verzieren*

'**Sti·cker** <[st-]; m.; -s, -; umg.> *Aufkleber* [engl.]

Sti·cke·rei <f.; -, -en> **1** <unz.> *das (mühselige) Sticken* **2** *durch Sticken verzierter Gegenstand*; '**Sti·cke·rin** <f.; -, -n·nen>; '**Stick·garn** <n.; -(e)s, -e>

'**stick·ig** <Adj.> *dumpf; ~e Luft*; '**Stick·luft** <f.; -; unz.>; '**Stick·o·xid** <n.; -(e)s; unz.; ↗Z55; Chem.> = *Stickstoffoxid*

'**Stick·rah·men** <m.; -s, ->

'**Stick·stoff** <m.; -(e)s; unz.; Chem.; Zeichen: N> *chem. Element, farb- u. geruchloses Gas*; '**Stick·stoff·bak·te·ri·um** <n.; -s, -ri·en; Biochem.>; '**Stick·stoff·o·xid** <n.; -(e)s, -e; ↗Z55; Chem.>

'**stie·ben** <V. i. (s.) 260> *in kleinsten Teilen wegfliegen*; *Funken ~*

'**Stief·bru·der** <m.; -s, -̈> *Bruder, mit dem man keinen od. nur einen Elternteil gemeinsam hat*

'**Stie·fel** <m.; -s, -> *hoher, meist bis zum Knie reichender Schuh*; *Gummi~*; '**Stie·fe·let·te** <f.; -, -n; meist Pl.> *halbhoher Schuh*; '**Stie·fel·knecht** <m.; -(e)s, -e> *Hilfsgerät zum Ausziehen der Stiefel*; '**stie·feln** <V. i. (s.); ich stief(e)lte; umg.> *gestiefelt u. gespornt* <fig.> *bereit zum Aufbruch*

'**Stief·el·tern** <Pl.> *die nicht leiblichen Eltern eines Kindes*; '**Stief·ge·schwis·ter** <Pl.>; '**Stief·kind** <n.; -(e)s, -er> **1** *Sohn od. Tochter des Ehepartners* **2** <fig.> *Sache, die vernachlässigt wird*; '**Stief·mut·ter** <f.; -, -̈> *die nicht leibliche Mutter eines Kindes*; '**Stief·müt·ter·chen** <n.; -s, -; Bot.> *eine Veilchenart*; '**stief·müt·ter·lich** <Adj.> *jmdn. ~ behandeln vernachlässigen*; '**Stief·schwes·ter** <f.; -, -n> *Schwester, mit der man keinen od. nur einen Elternteil gemeinsam hat*; '**Stief·sohn** <m.; -(e)s, -̈e> *Sohn des Ehepartners*; '**Stief·toch·ter** <f.; -, -̈> *Tochter des Ehepartners*; '**Stief·va·ter** <m.; -s, -̈> *der nicht leibliche Vater eines Kindes*

'**Stie·ge¹** <f.; -, -n> **1** *schmale, steile Treppe* **2** <bes. österr.> *Verschlag, Lattenkiste*

'**Stie·ge²** <f.; -, -n> *altes Zählmaß, 20 Stück* [nrdl.]

'**Stie·gen·haus** <n.; -es, -̈er; süddt.> *Treppenhaus*

'**Stieg·litz** <m.; -es, -e; Zool.> *ein Vogel* [slaw.]

'**stie·kum** <Adv.; umg.> *heimlich, leise* [jidd.]

Stiel <m.; -(e)s, -e> **1** *langer Griff an einem Gerät*; *Besen~* **2** *etwas mit Stumpf u. ~ ausreißen, vernichten* <fig., umg.> *ganz u. gar*; *<aber>* → *Stil*; '**Stiel·au·ge** <n.; -s, -n> **1** *Auge mancher Krebstiere* **2** *~n machen* <fig.; umg.> *jmdn., etwas neugierig anstarren*; '**Stiel·bril·le** <f.; -, -n> Sy *Lorgnette*; '**Stiel·glas** <n.; -es, -̈er>; ...**stie·lig** <Adj.; in Zus.> z. B. *langstielig*; '**Stiel·kamm** <m.; -(e)s, -̈e>; '**stiel·los** <Adj.> *ohne Stiel; ein ~es Blatt*; *<aber>* → *stillos*; '**Stiel·stich** <m.; -(e)s, -e; Stickerei>

Stiem <m.; -(e)s, -e; norddt.> **1** *Schneesturm* **2** *Rausch*; '**stie·men** <V. i.> **1** *dicht schneien* **2** *qualmen*

stier <Adj.> **1** *starr* **2** *~ sein* <umg.; österr.; schweiz.> *ohne Geld*

Stier <m.; -(e)s, -e> **1** <Zool.> *Bulle, männl. Rind* **2** *ein Tierkreiszeichen*

'**stie·ren¹** <V. i.> *die Kuh stiert ist brünstig*

'**stie·ren²** <V. i.> *starr blicken*

'**Stie·ren·au·ge** <n.; -s, -n; schweiz.; umg.> *Spiegelei*; '**stie·rig** <Adj.> *die Kuh ist ~ brünstig*; '**Stier·kampf** <m.; -(e)s, -̈e>; '**Stier·kampf·a·re·na** <f.; -, -re·nen; ↗Z55>; '**Stier·kämp·fer** <m.; -s, ->; '**Stier·na·cken** <m.; -s, -; fig.> *breiter Nacken*; '**stier·na·ckig** <Adj.>

'**Stie·sel** <m.; -s, -; umg.; abwertend> *unhöflicher, tölpelhafter Mensch*; '**stie·se·lig**, '**sties·lig** <Adj.>; '**Stie·ßel** <m.; -s, -> = *Stiesel*; '**stie·ße·lig**, '**stieß·lig** <Adj.> = *stieselig*

Stift¹ <m.; -(e)s, -e> **1** *längliches, nagelähnliches Teilchen* **2** <kurz für> *Bleistift, Farbstift* **3** <fig.; umg.> *Lehrling*

Stift² <n.; -(e)s, -e od. (selten) -er> *Kloster*

'**stif·ten¹** <V. i.; schweiz.> *als Lehrling tätig sein; ich stifte bei der Firma X*

'**stif·ten²** <V.> **1** <V. t.> *schenken, spenden*; *er hat den Wein gestiftet; Frieden ~* **2** <V. i. (s.) 145> *er*

S

ist ~ gegangen *davongelaufen;* **'Stif·ter** ‹m.; -s, ->; **'Stif·te·rin** ‹f.; -, -n·nen›

'Stifts·da·me ‹f.; -, -n›; **'Stifts·herr** ‹m.; -en, -en›; **'Stifts·kir·che** ‹f.; *zu einem Stift²* gehörende Kirche

'Stif·tung ‹f.; -, -en› 1 *Schenkung 2 Gründung;* **'Stif·tungs·fest** ‹n.; -(e)s, -e›; **'Stif·tungs·ur·kun·de** ‹f.; -, -n›

'Stift·zahn ‹m.; -(e)s, ⸚e› *mithilfe eines Stifts¹(1) befestigter künstl. Zahn*

'Stig·ma ‹a. ['stig-]; n.; -s, 'Stig·men od. -ma·ta› 1 *Zeichen, Mal 2 ‹Zool.› eine der Öffnungen der Tracheen 3 ‹Bot.› Narbe der Blütenpflanze* [grch.]; **Stig·ma·ti·sa·ti'on** ‹f.; -, -en› *Erscheinen der Wundmale Christi bei einem Menschen;* **stig·ma·ti'sie·ren** ‹V. t.› *brandmarken;* **Stig·ma·ti'sier·te(r)** ‹f. 2 (m. 1.)›; **Stig·ma·ti'sie·rung** ‹f.; -, -en›

Stil ‹m.; -(e)s, -e› 1 *Art u. Weise, wie etwas gemacht wird;* schlechter ~ 2 *Art, in der die Werke einer Epoche gestaltet sind;* Bau~; Jugend~ 3 *Lebensweise;* der ~ unserer Zeit; einen eigenen ~ entwickeln 4 ‹Sp.› *Technik;* Schwimm~; ‹aber› → *Stiel* [lat.]; **'Stil·art** ‹f.; -, -en›

Stilb ‹n.; -s, -; Phys.; Zeichen: sb› *nicht mehr zulässige Maßeinheit der Leuchtdichte* [grch.]

'Stil·blü·te ‹f.; -, -n› *komischer Ausdrucksfehler,* **'Stil·bruch** ‹m.; -(e)s, ⸚e› *Verstoß gegen die Einheitlichkeit des Stils;* **'Stil·e·be·ne** ‹f.; -, -n; ⸙Z55; Sprachw.›; **'stil·echt** ‹Adj.› ~e *Möbel;* **'Stil·e·le·ment** ‹n.; -(e)s, -e; ⸙Z55›; **'Stil·emp·fin·den** ‹n.; -s; unz.; ⸙Z53.1›

Sti'lett ‹n.; -s, -e› *Dolch mit kurzer, schmaler Klinge* [ital.]

'Stil·feh·ler ‹m.; -s, ->; **'Stil·ge·fühl** ‹n.; -(e)s; unz.›; **'Stil·ge·recht** ‹Adj.; -er, am -es·ten›; **sti·li'sie·ren** ‹V. t.› *vereinfacht wiedergeben* [lat.]; **Sti·li'sie·rung** ‹f.; -, -en›; **Sti'list** ‹m.; -en, -en›; **Sti·li'stik** ‹f.; -, -en› *Stilkunde;* **Sti·li·stin** ‹f.; -, -n·nen›; **sti'li·stisch** ‹Adj.› *der Aufsatz ist ~ einwandfrei;* **'Stil·kun·de** ‹f.; -; unz.›

still ‹Adj.› 1 *lautlos, stumm;* sei ~! 2 ‹⸙Z46› *regungslos, ruhig, friedlich;* ein ~es Gewässer *ein stehendes G.;* ‹aber› der Stille Ozean; eine ~e Gegend; Stiller Freitag *Karfreitag;* Stille Woche *Karwoche;* um diese Sache ist es ~ geworden 3 *zurückhaltend;* ein ~es Kind 4 ‹Wirtsch.› *nicht in Erscheinung tretend;* ~e Reserven; ein ~er Teilhaber 5 ‹⸙Z43› *heimlich, verborgen;* das ~e Örtchen ‹umg.; verhüllend; scherzh.› *die Toilette;* im Stillen sagte er sich ... 6 ‹⸙Z24› ‹in Verbindung mit Verben Getrenntschreibung, wenn *still* sinnvoll steiger- od. erweiterbar ist› es ist alles ~ geblieben; kannst du nicht einen Moment ~ halten? *bewege dich nicht;* ‹aber› wir haben lange genug stillgehalten *schweigend etwas erduldet;* → a. stilllegen, stillliegen, stillsitzen, stillstehen; **'stil·le** ‹Adj.; veralt.; noch umg.› = *still;* **'Stil·le** ‹f.; -; unz.› *Ruhe;* er wurde in aller ~ beerdigt; Wind~

'Stil·leh·re ‹f.; -; unz.› = *Stilkunde*

'still·len ‹V. t.› 1 *ein Kind ~ an der Brust trinken lassen 2 zum Stillstand bringen, besänftigen;* Blut ~; Schmerzen ~ 3 *ein Bedürfnis befriedigen;* Hunger, Durst ~; **'still·ge·stan·den!** ‹militär. Kommando›; **'Still·hal·te·ab·kom·men** ‹n.; -s, -; Pol.› *Übereinkommen, (vorübergehend) auf Auseinandersetzungen zu verzichten;* **'still|hal·ten** ‹V. i. 160; ich halte still; sie hat stillgehalten; stillzuhalten; ⸙Z26› *sich nicht gegen etwas zur Wehr setzen;* → a. *still(6);* **'Still·le·ben** ‹n.; -s, -; ⸙Z37; Mal.› *Darstellung lebloser Gegenstände;* **'still|le·gen** ‹V. t.; ich lege still; sie hat stillgelegt; stillzulegen; ⸙Z37› *eine Firma ~ außer Betrieb setzen, schließen;* → a. *still(6);* **'Still·le·gung** ‹f.; -, -en; ⸙Z37›; **'still|lie·gen** ‹V. i. 180; er liegt still; er hat stillgelegen; stillzuliegen; ⸙Z37› *außer Betrieb, geschlossen sein;* ‹aber› bei dieser Krankheit muss man ganz still liegen → a. *still(6)*

'stil·los ‹Adj.› 1 *einem best.*

Stil(2) widersprechend 2 ‹fig.› ein ~es Benehmen; ‹aber› → *stillos;* **'Stil·lo·sig·keit** ‹f.; -, -en›

'still|schwei·gen ‹V. i. 233; ich schweige still; sie hat stillgeschwiegen; stillzuschweigen› *nicht reden, nichts verraten;* → a. stillschweigend; **'Still·schwei·gen** ‹n.; -s; unz.› *Schweigen, Verheimlichung;* ~ über etwas bewahren; etwas mit ~ übergehen; **'still·schwei·gend** ‹Adj.; meist adv.› *etwas akzeptieren ohne Widerrede;* eine ~e Übereinkunft; **'still|sit·zen** ‹V. i. 246 (h. oder (süddt.; österr.; schweiz.) s.); du sitzt still; sie hat/ist stillgesessen; stillzusitzen; fig.› *ohne Arbeit sein;* ‹aber› bleib hier ganz still sitzen!; → a. *still(6);* **'Still·stand** ‹m.; -(e)s; unz.› *zum ~ kommen in der Bewegung gestoppt werden;* **'still|ste·hen** ‹V. i. 256 (h. od. (süddt., österr., schweiz.) s.); es steht still; es hat/ist stillgestanden; stillzustehen› *nicht in Tätigkeit sein, aufhören zu arbeiten;* sein Herz hat stillgestanden; stillgestanden!; am Sonntag müssen die Maschinen ~; ‹aber› bleib hier bitte ganz still stehen!; → a. *still(6);* **'Still·lung** ‹f.; -; unz.›; **'still·ver'gnügt** ‹Adj.›

'Stil·mit·tel ‹n.; -s, -› *ein sprachliches, gestalterisches ~;* **'Stil·mö·bel** ‹Pl.› *Möbel aus einer best. Epoche;* **'Stil·rich·tung** ‹f.; -, -en›; **'Stil·ü·bung** ‹f.; -, -en; ⸙Z55›; **'stil·voll** ‹Adj.› ~e *Einrichtung*

'Stimm·band ‹n.; -(e)s, ⸚er; meist Pl.; Med.› *an der Stimmbildung beteiligtes Organ im Kehlkopf;* **'stimm·be·rech·tigt** ‹Adj.; bei Abstimmungen›; **'Stimm·be·rech·tig·te(r)** ‹f. 2 (m. 1.)›; **'Stimm·be·zirk** ‹m.; -(e)s, -e; bei Wahlen›; **'Stimm·bil·dung** ‹f.; -; unz.›; **'Stimm·bruch** ‹m.; -(e)s; unz.› = *Stimmwechsel;* **'Stimm·bür·ger** ‹m.; -s, -; schweiz.› *der über das Stimm- u. Wahlrecht verfügende Bürger;* **'Stimm·chen** ‹n.; -s, -; Verkleinerungsf. von *Stimme(1);* **'Stim·me** ‹f.; -, -n› 1 *die mithilfe der Stimmbänder erzeugten*

Töne; sie hat eine schrille ~ 2 <Mus.> *von einem einzelnen Spieler od. Sänger auszuführendes Teil eines Musikstückes;* sie singt die zweite ~ 3 <fig.> *Mahnung, Weisung;* ich höre auf meine innere ~ 4 *Meinungsäußerung;* die ~ des Volkes; im Parlament Sitz u. ~ haben; alle ~n auf sich vereinigen; '**stim·men** <V.> 1 <V. i.> *richtig, wahr sein;* das stimmt nicht 2 <V. i.> für, gegen jmdn. od. etwas ~ 3 <V. t.> *ein Instrument ~ bei einem I. die richtige Tonhöhe einstellen* 4 <V. t.> das stimmte ihn nachdenklich; '**Stim·men·an·teil** <m.; -(e)s, -e>; '**Stim·men·fang** <m.; -(e)s; unz.; abwertend> *auf ~ gehen;* '**Stim·men·ge·winn** <m.; -(e)s, -e>; '**Stim·men·ge·wirr** <n.; -s; unz.>; '**Stim·men·gleich·heit** <f.; -; unz.; bei Abstimmungen>; '**Stim·men·kauf** <m.; -(e)s; unz.; abwertend>; '**Stim·men·mehr·heit** <f.; -; unz.; bei Abstimmungen>; **Stimm·ent'hal·tung** <f.; -, -en>; '**Stim·men·ver·lust** <m.; -(e)s, -e>; '**Stim·mer** <m.; -s, -> *jmd., der Instrumente stimmt;* Klavier~; '**stimm·fä·hig** <Adj.; bei Abstimmungen>; '**Stimm·füh·rung** <f.; -; unz.; Mus.>; '**Stimm·ga·bel** <f.; -, -n; Mus.> *Metallstab zur Angabe einer best. Tonhöhe;* '**stimm·ge·wal·tig** <Adj.>; '**stimm·haft** <Adj.; Phon.> *~er Laut ein weich auszusprechender L.;* Ggs *stimmlos;* '**stim·mig** <Adj.> *passend, einleuchtend, harmonisch;* ...**stim·mig** <Adj.; ✎Z34; in Zus.> z. B. dreistimmig, <in Ziffern> 3-stimmig; mehrstimmig; '**Stim·mig·keit** <f.; -; unz.>; '**Stimm·la·ge** <f.; -, -n> *Höhe der menschl. Stimme (z. B. Sopran, Bass);* '**stimm·lich** <Adj.> *die Stimme(1) betreffend;* '**stimm·los** <Adj.; Phon.> *~er Laut ein hart auszusprechender L.;* Ggs *stimmhaft;* '**Stimm·mit·tel** <n.; -s, -; ✎Z37>; '**Stimm·recht** <n.; -(e)s; unz.; bei Abstimmungen>; '**Stimm·rit·ze** <f.; -, -n; Anat.>; '**Stimm·schlüs·sel** <m.; -s, -> *Gerät zum Stimmen des Klaviers;* '**Stimm·stock** <m.; -(e)s, ¨e>

Bauteil verschiedener Musikinstrumente; '**Stimm·ton** <m.; -(e)s, ¨e; Mus.>; '**Stim·mung** <f.; -, -en> 1 *Gemütsverfassung, Laune;* jmdm. die ~ verderben 2 *Eindruck, Wirkung;* Gewitter~ 3 *Atmosphäre;* auf der Party herrschte eine tolle ~ 4 <Mus.> *Gestimmtsein;* '**Stim·mungs·ba·ro·me·ter** <n.; -s, -; fig.> das ~ steht auf Null <umg.>; '**Stim·mungs·bild** <n.; -(e)s, -er> *Schilderung einer Stimmung(2);* '**Stim·mungs·ka·no·ne** <f.; -, -n; umg.> *jmd., der (auf Festen) gute Stimmung(1) verbreitet;* '**Stim·mungs·ma·che** <f.; -; unz.; abwertend> *Versuch, mit primitiven Mitteln die Allgemeinheit für od. gegen etwas einzunehmen;* '**Stim·mungs·um·schwung** <m.; -(e)s; unz.>; '**stim·mungs·voll** <Adj.>; '**Stimm·vieh** <n.; -s; unz.; umg.; in Wendungen wie> *er betrachtet die Wähler nur als ~;* '**Stimm·wech·sel** <[-ks-]; m.; -s, -> *Übergang der Knabenstimme zur Erwachsenenstimme;* '**Stimm·zet·tel** <m.; -s, -; bei Wahlen>

'**Sti·mu·lans** <n.; -, -'lan·tia od. -'lan·zi·en> *Anregungsmittel* [lat.]; '**Sti·mu·lanz** <f.; -, -en; geh.> *Antrieb, Anreiz;* **Sti·mu·la·ti·on** <f.; -; unz.> *Anregung;* **sti·mu·lie·ren** <V. t.>; '**Sti·mu·lus** <m.; -, -mu·li> *Reiz*

'**Stink·bom·be** <f.; -, -n> *Ampulle mit übel riechendem Inhalt;* '**Stin·ke·fin·ger** <m.; -s, -; umg.> *er zeigt ihm den ~ er macht eine obszöne Geste;* '**stin·ken** <V. i. 261> 1 *übel riechen;* das stinkt mir <fig.; umg.> *das ärgert mich* 2 *die ganze Sache stinkt* <fig.>; '**stink·faul** <Adj.; umg.; verstärkend> *sehr faul;* '**stin·kig** <Adj.>; '**stink·lang·wei·lig** <Adj.; umg.; verstärkend>; '**Stink·lau·ne** <f.; -; unz.; umg.> *sehr schlechte Laune;* '**Stink·mar·der** <m.; -s, -; Zool.>; '**Stink·mor·chel** <f.; -, -n; Bot.> *ein Pilz;* '**stink·nor'mal** <Adj.; umg.; verstärkend>; '**stink·reich** <Adj.; umg.; verstärkend>; '**stink'sau·er** <Adj.; umg.; verstärkend>; '**Stink·stie·fel** <m.; -s, -; derb> *ungefälliger*

Mensch; '**Stink·tier** <n.; -(e)s, -e; Zool.>; '**stink'vor·nehm** <Adj.; umg.; verstärkend>; '**Stink'wut** <f.; -; unz.; umg.; verstärkend> *große Wut;* '**stink'wü·tend** <Adj.; umg.; nur präd.; verstärkend>

Stint <m.; -(e)s, -e; Zool.> *ein Lachsfisch*

Sti·pen·di·at <m.; -en, -en> *Empfänger eines Stipendiums* [lat.]; **Sti·pen·di·a·tin** <f.; -, -nnen>; **Sti'pen·di·um** <n.; -s, -di·en> *finanzielle Unterstützung für Studierende*

'**Stip·pe** <f.; -, -n; norddt.; westdt.> 1 *Kleinigkeit* 2 *Punkt, Pustel* 3 *Tunke, Soße;* '**stip·pen** <V. t.; umg.> *hineintauchen;* '**stip·pig** <Adj.; umg.> *fleckig;* '**Stipp·vi·si·te** <[-vi-]; f.; -, -n; umg.> *kurzer Besuch*

Sti·pu·la·ti'on <f.; -, -en> *Übereinkunft, Vereinbarung* [lat.]; **sti·pu'lie·ren** <V. t.; geh.>; **Sti·pu'lie·rung** <f.; -, -en; geh.>

Stirn <f.; -, -en> 1 *oberer Teil des Gesichts;* jmdm. die ~ bieten <fig.> *sich ihm widersetzen;* die ~ haben zu behaupten ... <fig.> 2 *Vorderseite, Front (von Gebäuden);* '**Stirn·band** <n.; -(e)s, ¨er>; '**Stirn·bein** <n.; -(e)s, -e; Anat.>; '**Stir·ne** <f.; -, -n> = *Stirn;* '**Stirn·höh·le** <f.; -, -n> *Nebenraum der Nase;* '**Stirn·höh·len·ka·tarr, Stirn·höh·len·ka·tarrh** <m.; -(e)s, -e; ✎Z11.1; Med.>; '**Stirn·höh·len·ver·ei·te·rung** <f.; -, -en; Pl. selten; Med.>; '**Stirn·reif** <m.; -(e)s, -e>; '**Stirn·rie·men** <m.; -s, -> *Teil des Pferdegeschirrs;* '**Stirn·run·zeln** <n.; -s; unz.>; '**stirn·run·zelnd** <Adj.; ✎Z29> *~ betrachtete er das Bild;* <aber> die Stirn runzelnd(,) betrachtete er das Bild; '**Stirn·sei·te** <f.; -, -n> = *Stirn(2);* '**Stirn·zie·gel** <m.; -s, -> *Abschlussziegel am Dach des antiken Tempels*

St. 'Kitts und Ne·vis <[sənt -- 'ni:vis]> *Inselstaat in der Karibik*

St. Lu·cia <[sənt 'lu:ʃə]> *Staat in der Karibik*

Sto. <Abk. für> *Santo*

Stoa <f.; -; unz.> *grch. Philosophenschule* [grch.]

'Stö·ber·hund <m.; -(e)s, -e; Jägerspr.>; **'stö·bern** <V. i.> **1** <unpersönl.> es stöbert *es schneit heftig* **2** <ich stöb(e)re; süddt.> *gründlich sauber machen* **3** *räumen, suchen;* das habe ich beim Stöbern gefunden

Sto·chas·tik <[-'xas-]; f.; -; unz.; Math.> *Teilgebiet der Statistik, das sich mit der Analyse zufallsbedingter Erscheinungen befasst* [grch.]; **sto'chas·tisch** <Adj.; Math.>

'Sto·cher <m.; -s, -> *Gegenstand zum Stochern;* **'sto·chern** <V. i.; ich stoch(e)re> *mit einem spitzen Gegenstand herumbohren;* im Essen ~ *lustlos essen*

Stock <m.; -(e)s, =e> **1** *Holzstab;* Spazier~ **2** *Baumstumpf u. Wurzel;* über ~ u. Stein *querfeldein* **3** *Stamm u. Wurzel holziger Pflanzen;* Blumen~; Reb~ **4** <Pl. Stockwerke> *Stockwerk;* sie wohnt im fünften ~ **5** <Wirtsch.> *Bestand, Vorrat, Warenlager;* Grund~; **stock...** <Adj.; umg.; verstärkend; in Zus.> *völlig, z. B. stockdunkel;* **'Stock·aus·schlag** <m.; -(e)s, =e> *Bildung von neuen Trieben an Baumstümpfen;* **'stock·be·sof·fen** <Adj.; derb> *restlos betrunken;* **stock·be'trun·ken** <Adj.; umg.>; **'Stock·bett** <n.; -(e)s, -en> = *Etagenbett*

Stock·car <[ˈstɔkkaːr]; m. od. n.; -s, -s; Motorsp.> *als Rennwagen umgebautes Serienfahrzeug* [engl.]

'Stöck·chen <n.; -s, -; Verkleinerungsf. von> *Stock(1, 3);* **'stock·dumm** <Adj.; umg.; verstärkend>; **'stock·dun·kel** <Adj.> *ganz dunkel;* **'stö·ckeln** <V. i. (s.); ich stöck(e)le; umg.> *trippelnd gehen;* **'Stö·ckel·schuh** <m.; -s, -e> *Damenschuh mit hohem, dünnem Absatz*

'sto·cken <V. i.> **1** <↗Z42> *vorübergehend stillstehen;* ~der Verkehr; das Gespräch ist ins Stocken geraten **2** <(s. od. h.); bair.; österr.> *dick werden, gerinnen;* die Milch ist/hat gestockt

'Stock·en·te <f.; -, -n; Zool.> *eine Entenart;* **'Stock·fäu·le** <f.; -; unz.; Forstw.> *eine Baumkrankheit;* **'stock'fins·ter** <Adj.> *sehr finster;* **'Stock·fisch** <m.; -(e)s,

-e> **1** *auf einem Stock getrockneter Fisch* **2** <fig.> *wenig gesprächiger Mensch*

'Stock·fleck <m.; -(e)s, -e> *durch Feuchtigkeit entstandener Fleck auf Textilien od. Papier;* **'stock·fle·ckig** <Adj.>

'stock'hei·ser <Adj.> *sehr heiser;* **'Stock·hieb** <m.; -(e)s, -e>

'Stock·holm <a. [-ˈ-]> *Hauptstadt von Schweden*

'sto·ckig <Adj.> **1** *stockfleckig* **2** *geronnen, dick*

...stö·ckig <Adj.; ↗Z34; in Zus.> z. B. zweistöckig, <in Ziffern> 2-stöckig

'stock·kon·ser·va·tiv <[-va-]; Adj.; umg.; abwertend>; **'Stöck·lein** <n.; -s, -; poet.; Verkleinerungsf. von> *Stock(1, 3)*

'Stöck·li <n.; -s, -s; schweiz.> *Nebenwohnhaus (als Altenteil)*

'stock'nüch·tern <Adj.>

'Stock·punkt <m.; -(e)s, -e; Chem.> *Temperatur, bei der ein Öl zu stocken(2) beginnt*

'Stock·ro·se <f.; -, -n; Bot.> *Malve;* **'stock'sau·er** <Adj.; umg.; nur präd.> *sehr verärgert;* **'Stock·schirm** <m.; -(e)s, -e>

'Stock·schnup·fen <m.; -s; unz.> *festsitzender Schnupfen*

'stock·steif <Adj.> *völlig steif;* **'stock·taub** <Adj.> *völlig taub*

'Sto·ckung <f.; -, -en> **1** *Unterbrechung, Stauung* **2** *Gerinnung (des Blutes)*

'Stock·werk <n.; -(e)s, -e> *Geschoss, Etage*

Stoff <m.; -(e)s, -e> **1** *Gewebe;* Vorhang~ **2** *Materie, Substanz;* ein pflanzlicher ~; Farb~ **3** <unz.; Drogenszene> = *Rauschmittel* **4** *Material;* Gesprächs~; ein interessanter ~ für einen Film; **'Stoff·bahn** <f.; -, -en>; **'Stoff·bal·len** <m.; -s, ->; **'Stoff·druck** <m.; -(e)s, -e>

'Stof·fel <m.; -s, -; umg.; abwertend> *ungehobelter, ungeschickter, unhöflicher Mensch;* **'stof·fe·lig** <Adj.; abwertend>

'Stoff·fet·zen <m.; -s, -; ↗Z37>; **'Stoff·fül·le** <f.; -; unz.; ↗Z37>; **'stoff·lich** <Adj.> **1** *aus Materie bestehend* **2** *den Inhalt betreffend;* **'Stoff·lich·keit** <f.; -; unz.>; **'stoff·lig** <Adj.> = *stoffelig;* **'Stoff·na·me** <m.; -ns, -n; Gramm.> → a. Kasten Substan-

tiv; **'Stoff·rest** <m.; -(e)s, -e>; **'Stoff·tier** <n.; -(e)s, -e> *Plüschtier;* **'Stoff·wech·sel** <[-ks-]; m.; -s; unz.; Med.> *Umwandlung u. Abbau von Nährstoffen im Körper;* **'Stoff·wech·sel·stö·rung** <f.; -, -en; Med.>

'stöh·nen <V. i.> *laut seufzen, klagen*

Sto·i·ker <[ˈʃtoː-] od. [ˈstoː-]; m.; -s, -> **1** *Angehöriger der Stoa, Vertreter des Stoizismus* **2** <fig.> *durch nichts zu erschütternder Mensch* [grch.]; **'sto·isch** <Adj.> **1** *zur Stoa gehörig* **2** <fig.> *gleichmütig, gelassen;* mit ~er Ruhe; **Sto·i'zis·mus** <m.; -; unz.> **1** *Lehre der Stoa* **2** <fig.> *stoisches(2) Verhalten*

'Sto·la <f.; -, 'Sto·len> **1** *altröm. langes Ärmelgewand* **2** <Kath.> *Teil des Messgewands* **3** *Umhang, breiter Schal* [grch.-lat.]

'Stol·le <f.; -, -n>; **'Stol·len** [1] <m.; -s, -> *ein Weihnachtsgebäck;* **'Stol·len** [2] <m.; -s, -> **1** <Bgb.> *unterirdischer Gang* **2** *Bolzen am Hufeisen u. an der Sohle von (Fußball-)Schuhen* **3** <Verslehre> *eine Strophe des Aufgesangs im Meistergesang*

'Stol·per·draht <m.; -(e)s, =e>; **'stol·pern** <V. i. (s.); ich stolp(e)re> *straucheln;* über ein Wort ~ <fig.>; **'Stol·per·stein** <m.; -(e)s, -e; fig.> *Schwierigkeit*

stolz <Adj.; -er, am -es·ten> **1** *äußerst zufrieden mit der (eigenen) Leistung;* er ist ~ auf seinen Erfolg **2** *hochmütig, eingebildet* **3** *stattlich, beeindruckend;* ein ~es Ergebnis; **Stolz** <m.; -es; unz.> **1** *selbstbewusste Freude;* voller ~ betrachtete er sein Werk **2** *Hochmut;* **'stolz·ge·schwellt** <Adj.; ↗Z29> mit ~er Brust; <aber> mit vor Stolz geschwellter Brust; **stol'zie·ren** <V. i. (s.)>

'Sto·ma <n.; -s, -ma·ta; Med.; Biol.> *Mund, Öffnung* [grch.]; **Sto·ma·to·lo'gie** <f.; -; unz.; Med.> *Lehre von den Krankheiten der Mundhöhle;* **sto·ma·to·lo·gisch** <Adj.; Med.>

Stomp <m.; - od. -s; unz.> **1** *ein afroamerikan. Tanz* **2** *rhythmische Formel, die der Melodie zugrunde liegt* [engl.]

stone·washed <['stoːnwɔʃd]; Adj.; undekl.> *mit Steinen vorgewaschen, um dem (Jeans-)Stoff ein gebrauchtes Aussehen zu geben* [engl.]

stop <Int.; auf Verkehrsschildern> *halt!;* → a. *stopp* [engl.]; **Stop-and-go-Ver·kehr** <[ˈstɔpəndˈgoː]; m.; -s; unz.; ↗Z33> *große Verkehrsdichte, die häufiges Anhalten und langsames Fahren erforderlich macht*

'Stopf·büch·se <[-ks-]; f.; -, -n> *Maschinenteil zum Dichten von Gehäusen;* **'stop·fen** <V.> 1 <V. t.> *Strümpfe ~ mit Nadel u. Faden ausbessern* 2 <V. t.> *bis zum Rand füllen; eine Pfeife ~; jmdm. den Mund ~* <fig.>; *der Saal war gestopft voll* 3 <V. t.> *etwas in etwas ~ hineinpressen; Geflügel ~ mästen* 4 <V. i.> *eine Speise stopft* <umg.> *sättigt;* **'Stop·fen** <m.; -s, -; nordwestdt.> *Korken, Stöpsel;* **'Stopf·er** <m.; -s, -> *Pfeifen~;* **'Stopf·garn** <n.; -(e)s, -e>; **'Stopf·na·del** <f.; -, -n>; **'Stopf·pilz** <m.; -es, -e>

Stop-o·ver <[ˈstɔpouvər]; m.; -s, -s; ↗Z55, 32> *Zwischenlandung* [engl.]; **stopp** <Int.; umg.> *halt!;* **Stopp** <m.; -s, -s> 1 *Halt, Unterbrechung* 2 <Sp., bes. Tennis; kurz für> *Stoppball;* **'Stopp·ball** <m.; -(e)s, ⸗e; bes. Tennis>

'Stop·pel¹ <f.; -, -n> 1 *nach dem Mähen stehen gebliebener Halmrest* 2 *nach dem Rasieren nachgewachsenes Haar; Bart~* **'Stop·pel²** <m.; -s, -; österr.> *Flaschenverschluss, Stöpsel* **'Stop·pel·bart** <m.; -(e)s, ⸗e>; **'Stop·pel·feld** <n.; -(e)s, -er>; **'stop·pe·lig** <Adj.> oV *stopplig;* **'stop·peln** <V. t. u. V. i.; ich stopp(e)le> *zurückgebliebene Ähren o. Ä. auflesen; (Kartoffeln) ~*

'stop·pen <V.> 1 <V. t.> *jmdn. od. etwas ~ anhalten, aufhalten* 2 <V. t.> *die Zeit ~ mit der Stoppuhr messen* 3 <V. i.> *stehen bleiben;* **'Stop·per** <m.; -s, -; Mar.> 1 *Vorrichtung zum Festmachen der Ankerkette* 2 <Fußb.> *Mittelläufer*

'stopp·lig <Adj.> = *stoppelig*

'Stopp·schild <n.; -(e)s, -er>; **'Stopp·stra·ße** <f.; -, -n>; **'Stopp·uhr** <f.; -, -en>

'Stöp·sel <m.; -s, -> 1 *Flaschenverschluss* 2 <umg.; scherzh.> *kleiner Junge;* **'stöp·seln** <V. t.; ich stöps(e)le>

Stör¹ <m.; -(e)s, -e; Zool.> *ein Fisch*

Stör² <f.; -; unz.; süddt.; österr.; schweiz.> *tageweise Arbeit beim Kunden; auf der ~ arbeiten; auf die* <od.> *in die ~ gehen*

Sto·rage <['stɔːrɪdʒ]; n.; -s, -s [-rɪdʒɪz]; EDV> *Speicher* [engl.]

'stör·an·fäl·lig <Adj.>

'Sto·rax <m.; -es od. -, -e> = *Styrax*

Storch <m.; -(e)s, ⸗e; Zool.> *ein Stelzvogel;* **'stor·chen** <V. i. (s.); umg.> *steif wie ein Storch gehen;* **'Stor·chen·nest** <n.; -(e)s, -er>; **'Stör·chin** <f.; -, -n·nen>; **'Storch·schna·bel** <m.; -s, ⸗> 1 <Bot.> *eine Pflanze* 2 *Gerät für geometrisches Vergrößern od. Verkleinern*

Store¹ <[ʃtɔːr]; m.; -s, -s; meist Pl.> *weißer, durchscheinender Fenstervorhang* [frz.]

Store² <[stɔːr]; m.; -s, -s; engl. Bez. für> 1 *Laden* 2 *Lager, Lagerraum* [engl.]

'stö·ren <V. t.> 1 *jmdn. ~ belästigen, von der Arbeit abhalten* 2 *etwas ~ behindern, hemmen, beeinträchtigen; der Rundfunkempfang ist gestört;* **'Stö·renfried** <m.; -(e)s, -e> *jmd., der andere dauernd stört;* **'Stör·faktor** <m.; -s, -'to·ren>; **'Stör·fall** <m.; -(e)s, ⸗e; bes. in Kernkraftwerken>; **'stör·frei** <Adj.>

stor'nie·ren <a. [st-]; V. t.> *rückgängig machen; eine Buchung ~* [ital.]; **'Stor·no** <n.; -s, 'Stor·ni> 1 *Rückbuchung, Löschung* 2 *Berichtigung*

'stör·risch <Adj.> *widerspenstig*

Stor·ting <['stɔːr-], norweg. [ˈstuːrtɪŋ]; n.; -s; unz.> *Volksvertretung in Norwegen*

'Stö·rung <f.; -, -en>; **'stö·rungsfrei** <Adj.>; **'Stö·rungs·stel·le** <f.; -, -n>

Sto·ry <['stɔːri]; f.; -, -s; ↗Z6.1> *(Kurz-)Geschichte; er gab mal wieder eine seiner ~s zum Besten* <fig.; umg.> [engl.]; **'Sto·ry·board** <[-bɔːd]; n.; -s, -s> *Serie von Bildern usw. zur Erläuterung des (Film-)Drehbuchs*

Stoß <m.; -es, ⸗e> 1 *heftiger, plötzl. Anprall; jmdm. einen ~ versetzen; sich einen ~ geben* <fig.> *sich zu etwas durchringen* 2 *ruckartige Bewegung; Erdbebenstöße* 3 *Stapel; ein Bücher~; ein ~ Bücher* 4 *Stelle, an der zwei (Bau-)Teile aneinander stoßen; auf ~ arbeiten* 5 <Bgb.> *Seitenwände eines Grubenbaus;* **'Stoß·band** <n.; -(e)s, ⸗er; an Kleidungsstücken>; **'Stoß·be·trieb** <m.; -(e)s; unz.> *lebhaftes Treiben zu best. Tageszeiten; mittags herrscht hier immer ~;* **'Stöß·chen** <n.; -s, -; Verkleinerungsf. von Stoß(1–3);* **'Stoß·dämp·fer** <m.; -s, -; an Kfz>; **'Stö·ßel** <m.; -s, -> *Gerät zum Stoßen u. Zerkleinern;* **'stoß·emp·find·lich** <Adj.>; **'sto·ßen** <V. 262> 1 <V. t. u. V. i.> *mit einer heftigen Bewegung berühren; jmdn. mit der Nase auf etwas ~* <fig.> *nachdrücklich auf etwas hinweisen; jmdn. vor den Kopf ~* <fig.> *kränken; sich an etwas ~* <a. fig.> 2 <V. i. (s.)> *auf jmdn. od. etwas ~* <fig.> *jmdn. od. etwas unvermutet finden; zu jmdm. ~* <fig.> 3 <V. i. (s.)> *unser Garten stößt an ein Feld;* **'Stö·ßer** <m.; -s, -> = *Stößel;* **'stoß·fest** <Adj.>; **'Stoß·ge·bet** <n.; -(e)s, -e> *kurzes Gebet; ein ~ zum Himmel schicken;* **'stö·ßig** <Adj.> *gern mit den Hörnern stoßend; ein ~er Ziegenbock;* **'Stoß·kar·ren** <m.; -s, -; schweiz.> = *Schubkarre(n);* **'Stoß·kraft** <f.; -; unz.>; **'Stoß·seuf·zer** <m.; -s, -> *kurzer Seufzer;* **'stoß·si·cher** <Adj.>; **'Stoß·stan·ge** <f.; -, -n; an Kfz>; **'Stoß·trupp** <m.; -s, -s; Mil.> *kleine Kampfgruppe für besondere Aufgaben;* **'Stoß·ver·kehr** <m.; -(e)s; unz.> *starkes Verkehrsaufkommen zu best. Tageszeiten;* **'Stoß·waf·fe** <f.; -, -n>; **'stoß·wei·se** <Adv.> *in Stößen;* **'Stoß·wel·le** <f.; -, -n>; **'Stoß·zahn** <m.; -(e)s, ⸗e> *stark ausgebildeter Oberkieferzahn, z. B. bei Elefanten;* **'Stoß·zeit** <f.; -, -en> *Zeit des stärksten Verkehrsaufkommens*

S

Sto·tin·ka <f.; -, -ki> *bulgarische Währungseinheit* [bulg.]

'**Stot·te·rer** <m.; -s, -> *jmd., der stottert;* '**Stot·te·rin** <f.; -, -n·nen>; '**stot·tern** <V.; ich stott(e)re> *stockend u. mit Wiederholung einzelner Laute sprechen;* ins Stottern kommen

Stotz <m.; -es, -e> 1 *Stumpf, Klotz* 2 <oberdt.; mdt.> *Bottich;* '**Stot·zen** <m.; -s, -; schweiz.> *Keule des Schlachttieres*

Stout <[staut]; m.; -s, -s> *dunkles engl. Bier* [engl.]

'**Stöv·chen** <n.; -s, -> *Vorrichtung zum Warmhalten der Tee- od. Kaffeekanne;* '**Sto·ve** <f.; -, -n; norddt.> *Trockenraum*

StPO <Abk. für> *Strafprozessordnung*

Str. <Abk. für> *Straße*

Strac·chi·no <[straˈkiːno]; m.; - od. -s; unz.> *ein ital. Fettkäse* [ital.]

Strac·cia·tel·la <[stratʃaˈ-]; n.; - od. -s; unz.> *Vanilleeis mit Schokoladenstückchen* [ital.]

strack <Adj.; oberdt.> *gerade, straff;* **stracks** <Adv.> *sofort;* sich ~ an die Arbeit machen

Strad·dle, <auch> **Stradd·le** <[ˈstrɛdl]; m.; -s, -s; Z53; Hochsprung> *ein Sprungstil* [engl.]

Stra·di·va·ri <[stradiˈvaː]; f.; -, -s> *Geige aus der Werkstatt des gleichnamigen ital. Geigenbauers*

'**Straf·an·stalt** <f.; -, -en>; '**Straf·an·trag** <m.; -(e)s, ⁼e>; '**Straf·an·zei·ge** <f.; -, -n>; '**Straf·ar·beit** <f.; -, -en>; '**Straf·auf·schub** <m.; -(e)s, ⁼e>, '**Straf·aus·set·zung** <f.; -, -en> *Aufschub od. Unterbrechung des Strafvollzugs;* '**Straf·bank** <f.; -, ⁼e; bes. Fußb.>; '**straf·bar** <Adj.> *gesetzlich mit Strafe bedroht;* eine ~e Handlung; sich ~ machen; '**Straf·bar·keit** <f.; -; unz.>; '**Straf·be·fehl** <m.; -(e)s, -e>; '**Straf·be·scheid** <m.; -(e)s, -e>; '**Stra·fe** <f.; -, -n> *Vergeltung für begangenes Unrecht;* Geld~; Todes~; 'stra·fen <V. t.> jmdn. ~ *mit einer Strafe belegen;* mit etwas gestraft sein <umg.>; jmdn. Lügen ~ *jmdn. eine Lüge nachweisen;* jmdn. mit Verachtung ~; '**Straf·ent·**

'**las·se·ne(r)** <f. 2 (m. 1)> *aus der Strafvollzugsanstalt entlassene(r) Gefangene(r);* '**Straf·er·lass** <m.; -es, ⁼e>; '**straf·er·schwe·rend** <Adj.; Z29>

straff <Adj.> 1 *fest gespannt;* ein ~ gespanntes Seil 2 <fig.> *streng;* er führt ein ~es Regiment

'**Straf·fall** <m.; -(e)s, ⁼e>; '**straf·fäl·lig** <Adj.> ~ werden

'**straf·fen** <V. t.> 1 *spannen* 2 <V. refl.> sich ~ *sich glätten;* seine Gesichtszüge strafften sich; '**Straff·heit** <f.; -; unz.>

'**straf·frei** <Adj.>; '**Straf·frei·heit** <f.; -; unz.>; '**Straf·ge·fan·ge·ne(r)** <f. 2 (m. 1)>; '**Straf·ge·richt** <n.; -(e)s, -e> *das göttliche ~;* '**Straf·ge·setz** <n.; -es, -e>; '**Straf·ge·setz·buch** <n.; -(e)s; unz.; Abk.: StGB>; '**Straf·ge·setz·ge·bung** <f.; -; unz.>; '**Straf·ge·walt** <f.; -; unz.>; '**Straf·kam·mer** <f.; -, -n> *Abteilung beim Landgericht;* '**Straf·la·ger** <n.; -s, ->; '**sträf·lich** <Adj.> *tadelnswert;* ~er Leichtsinn; '**Sträf·ling** <m.; -s, -e> *Strafgefangene(r);* '**Sträf·lings·klei·dung** <f.; -; unz.>; '**straf·los** <Adj.>; '**Straf·man·dat** <n.; -(e)s, -e> = *Strafverfügung;* '**Straf·maß** <n.; -es, -e; Pl. selten> *die Höhe der Strafe;* das ~ festsetzen; '**Straf·maß·nah·me** <f.; -, -n>; '**straf·mil·dernd** <Adj.; Z29>; '**Straf·mil·de·rung** <f.; -, -en>; '**straf·mün·dig** <Adj.>; '**Straf·mün·dig·keit** <f.; -; unz.>; '**Straf·nach·lass** <m.; -es, ⁼e>; '**Straf·por·to** <n.; -s, -s od. -ti; Post> *Nachgebühr;* '**Straf·pre·digt** <f.; -, -en> *längere eindringliche Ermahnung;* '**Straf·pro·zess** <m.; -es, -e>; '**Straf·pro·zess·ord·nung** <f.; -; unz.; Abk.: StPO>; '**Straf·punkt** <m.; -(e)s, -e; Sp.>; '**Straf·raum** <m.; -(e)s, ⁼e; Fußb.>; '**Straf·recht** <n.; -(e)s; unz.> Ggs *Zivilrecht;* '**Straf·recht·ler** <m.; -s, -; umg.>; '**Straf·recht·le·rin** <f.; -, -n·nen>; '**straf·recht·lich** <Adj.> jmdn. od. etwas ~ verfolgen; '**Straf·re·de** <f.; -, -n> = *Strafpredigt;* '**Straf·re·gis·ter** <n.; -s, -> *Verzeichnis aller gerichtlich bestraften Personen;* '**Straf·rich·ter** <m.; -s, ->; '**Straf·**

'**rich·te·rin** <f.; -, -n·nen>; '**Straf·sa·che** <f.; -, -n>; '**Straf·schär·fung** <f.; -, -en; österr.; schweiz.> *Strafverschärfung;* '**Straf·se·nat** <m.; -(e)s, -e>; '**Straf·stoß** <m.; -es, ⁼e; Fußb.>; '**Straf·tat** <f.; -, -en>; '**Straf·tä·ter** <m.; -s, ->; '**Straf·tä·te·rin** <f.; -, -n·nen>; '**Straf·til·gung** <f.; -, -en> *Beseitigung eines Vermerks im Strafregister;* '**Straf·um·wand·lung** <f.; -, -en>; '**Straf·ver·fah·ren** <n.; -s, -> *Strafprozess;* '**Straf·ver·fol·ger** <m.; -s, ->; '**Straf·ver·fol·gung** <f.; -, -en>; '**Straf·ver·fü·gung** <f.; -, -en> *Entscheidung über eine Strafe ohne Einschaltung der Staatsanwaltschaft;* '**straf·ver·schär·fend** <Adj.; Z29>; '**Straf·ver·schär·fung** <f.; -, -en>; '**straf·ver·set·zen** <V. t.; nur im Inf. u. Part. Perf.> er wurde strafversetzt; '**Straf·ver·set·zung** <f.; -, -en>; '**Straf·ver·tei·di·ger** <m.; -s, ->; '**Straf·ver·tei·di·ge·rin** <f.; -, -n·nen>; '**Straf·voll·stre·ckung** <f.; -, -en>; '**Straf·voll·zug** <m.; -(e)s; unz.>; '**Straf·voll·zugs·an·stalt** <f.; -, -en>; '**straf·wei·se** <Adv.> *zur Strafe;* '**Straf·zeit** <f.; -, -en; Sp.>; '**Straf·zet·tel** <m.; -s, -> *schriftl. Benachrichtigung über ein Vergehen im Straßenverkehr;* '**Straf·zu·mes·sung** <f.; -, -en>

'**Stra·gu·la** <m.; -s; unz.; Warenz.> *linoleumähnl. Fußbodenbelag* [lat.]

Strahl <m.; -(e)s, -en> 1 *etwas, das sich geradlinig ausbreitet;* Licht~; Wasser~ 2 <nur Pl.; Phys.> *elektromagnet. Wellen o. Ä.;* Infrarot~en; Röntgen~en; '**Strahl·an·trieb** <m.; -(e)s, -e; Flugw.>; '**Strah·le·mann** <m.; -(e)s, ⁼er; umg.; scherzh.> *jmd., der in übertriebener Weise strahlt(2);* '**strah·len** <V. i.> 1 *Strahlen aussenden;* ein ~der Tag 2 sie strahlte übers ganze Gesicht

'**sträh·len** <V. t./V. refl.; schweiz.> sich, das Haar ~ *kämmen*

'**Strah·len·be·hand·lung** <f.; -, -en; Med.> *Heilbehandlung mit (Röntgen-)Strahlen;* '**Strah·len·bre·chung** <f.; -, -en> *leichte Krümmung der Lichtstrahlen in* *der Atmosphäre;* '**Strah·len·bün·del** <n.; -s, -; Opt.>; '**Strah·len·do·sis** <f.; -; unz.>; '**Strah·len·krank·heit** <f.; -; unz.>; '**Strah·len·kranz** <m.; -es, ⁼e>; '**Strah·len·scha·den** <m.; -s, ⁼>; '**Strah·len·schä·di·gung** <f.; -, -en> *Schädigung der Gesundheit durch lange Zeit einwirkende energiereiche Strahlen;* '**Strah·len·schutz** <m.; -es; unz.>; '**Strah·len·the·ra·pie** <f.; -, -n>; '**Strah·len·tier·chen** <n.; -s, -> = *Radiolarie;* '**Strah·ler** <m.; -s, -> **1** *etwas, das Strahlen aussendet; Heiz–* **2** <schweiz.> *Bergkristallsucher;* '**Strahl·flug·zeug** <n.; -(e)s, -e>; '**Strahl·ge·blä·se** <n.; -s, ->; '**strah·lig** <Adj.> *strahlenförmig;* **...strah·lig** <Adj.; ↗Z34; in Zus.> z. B. *vierstrahlig,* <in Ziffern> 4-strahlig; '**Strahl·kraft** <f.; -; unz.>; '**Strahl·stär·ke** <f.; -, -n>; '**Strahl·trieb·werk** <n.; -(e)s, -e; Flugw.>; '**Strah·lung** <f.; -, -en> *sich strahlenförmig fortbewegende Energie; Atom–; radioaktive ~;* <auch> '**Strah·lungs·en·er·gie,** <auch> '**Strah·lungs·e·ner·gie** <f.; -, -n; ↗Z55>; '**Strah·lungs·gür·tel** <m.; -s, -; Astr.> *durch intensive Teilchenstrahlung gekennzeichnete Zone um einen Planeten;* '**Strah·lungs·in·ten·si·tät** <f.; -; unz.>

Strähn <m.; -(e)s, -e; österr.> *Wollbüschel;* '**Sträh·ne** <f.; -, -n> *Haarbüschel;* '**sträh·nig** <Adj.> *~es Haar*

straight <[streit]; Adj.; undekl.; umg.> **1** *heterosexuell;* Ggs *gay* **2** *geradlinig, konsequent* [engl.]

Strak <n.; -s, -e; Mar.> *Verlauf der gekrümmten Schiffslinien;* '**stra·ken** <norddt.> **1** <V. t.> *streichen, strecken* **2** <V. i. (s.); Mar.; Tech.> *vorschriftsmäßig verlaufen (von einer Kurve)*

Stra'min <m.; -s, -e; Textilw.> *Gittergewebe für Stickereien* [lat.]

stramm <Adj.> **1** <↗Z24> *straff, gespannt; das Bettlaken ~ ziehen;* <aber> → *strammziehen* **2** *gerade aufgerichtet; ~e Haltung* **3** *kräftig gebaut, gesund; ein ~er Bursche* **4** <aber → Max umg.> *Spiegelei auf einer Brotscheibe;* '**stram·men** <V. t.> *stramm anziehen;* '**Stramm·heit** <f.; -;

unz.>; '**stramm·ste·hen** <V. i. (h. od. (süddt.; österr.; schweiz.) s.) 256; ich stehe stramm; sie hat/ist strammgestanden; strammzustehen> *in strammer(2) Haltung stehen;* → a. *stramm,* '**stramm·zie·hen** <V. t. 293; ich ziehe stramm; sie hat strammgezogen; strammzuziehen; fig.; umg.> *jmdm. die Hosen ~ jmdn. zur Strafe prügeln;* <aber Getrenntschreibung, wenn *stramm* sinnvoll steiger- od. erweiterbar ist>; → a. *stramm(1)*

'**Stram·pel·hös·chen** <n.; -s, -; Verkleinerungsf. von> *Strampelhose;* '**Stram·pel·ho·se** <f.; -, -n> *ein Kleidungsstück für Säuglinge;* '**stram·peln** <V. i.; ich stramp(e)le> **1** <(h.)> *mit den Beinen zappelnde Bewegungen machen* **2** <(s.); fig.; umg.> *Rad fahren; ich bin 20 km gestrampelt;* '**Stram·pel·sack** <m.; -(e)s, ⁼e> *sackförmige Schlafbekleidung für Säuglinge;* '**stramp·fen** <V. i.; süddt.; österr.> *stampfen;* '**Stramp·ler** <m.; -s, -> = *Strampelhose*

Strand <m.; -(e)s, ⁼e> *flacher Küstenstreifen (bes. am Meer); Sand–;* '**Strand·an·zug** <m.; -(e)s, ⁼e>; '**Strand·bad** <n.; -(e)s, ⁼er>; '**stran·den** <V. i. (s.)> **1** *auf Grund auflaufen; ein gestrandetes Schiff* **2** <fig.> *scheitern;* '**Strand·gut** <n.; -(e)s; unz.> *vom Meer angeschwemmte Gegenstände;* '**Strand·hau·bit·ze** <nur in den Wendungen> *voll, betrunken, blau wie eine ~* <umg.> *stark betrunken;* '**Strand·korb** <m.; -(e)s, ⁼e> *großer Korbstuhl am Strand;* '**Strand·läu·fer** <m.; -s, -; Zool.> *ein Vogel;* '**Strand·recht** <n.; -(e)s; unz.>; '**Stran·dung** <f.; -, -en>; '**Strand·wa·che** <f.; -, -n>

Strang <m.; -(e)s, ⁼e> **1** *Seil, Strick; am selben ~ ziehen* <fig.> *dasselbe Ziel verfolgen* **2** *Bündel, Büschel; Nerven–* **3** *Teil des Pferdegeschirrs; über die Stränge schlagen* <fig.; umg.>

Strange·ness <['streind3nes]; f.; -; unz.; Phys.; Zeichen: S> *Seltsamkeit* [engl.]

Stran·gu·la·ti'on <f.; -, -en> **1** *Er-*

drosselung **2** <Med.> *Ein-, Abschnürung* [grch.]; **stran·gu'lie·ren** <V. t.> *erdrosseln;* **Stran·gu'lie·rung** <f.; -, -en>; **Strang·u'rie,** <auch> **Stran·gu'rie** <f.; -; unz.; Med.> *Harnzwang*

Stra·pa·ze <f.; -, -n> *große Anstrengung* [ital.]; **stra'paz·fä·hig** <Adj.; österr.> *strapazierfähig;* **stra·pa'zie·ren** <V. t./V. refl.> *stark beanspruchen; diese Arbeit strapaziert ihn; Kleider, Schuhe ~;* **stra·pa'zier·fä·hig** <Adj.>; **stra·pa·zi'ös** <Adj.; -er, am -es·ten; umg.> *anstrengend*

Straps <m.; -es, -e> *Strumpfhalter* [engl.]

Strass <m.; -es, - od. -e> *Nachbildung von Edelsteinen* [nach dem Juwelier G. F. *Stras*]

straß'auf, straß'ab <Adv.> *die Straße hinauf u. hinunter, überall;* '**Sträß·chen** <n.; -s, -; Verkleinerungsf. von> *Straße(1);* '**Stra·Be** <f.; -, -n; Abk.: Str.> **1** *befestigter Weg; er steht auf der ~* <fig.; umg.> *er ist arbeits-, wohnungslos* **2** *Meerenge; die ~ von Gibraltar;* '**Stra·Ben·an·zug** <m.; -(e)s, ⁼e>; '**Stra·Ben·ar·bei·ten** <Pl.>; '**Stra·Ben·bahn** <f.; -, -en>; '**Stra·Ben·bah·ner** <m.; -s, -; umg.> *Straßenbahnfahrer;* '**Stra·Ben·bahn·hal·te·stel·le** <f.; -, -n>; '**Stra·Ben·be·lag** <m.; -(e)s, ⁼e>; '**Stra·Ben·be·leuch·tung** <f.; -, -en>; '**Stra·Ben·bild** <n.; -(e)s; unz.>; '**Stra·Ben·e·cke** <f.; -, -n; ↗Z55>; '**Stra·Ben·fest** <n.; -(e)s, -e>; '**Stra·Ben·gra·ben** <m.; -s, ⁼ in den ~ fahren;* '**Stra·Ben·jun·ge** <m.; -n, -n> *Junge, der sich viel auf der Straße herumtreibt;* '**Stra·Ben·kampf** <m.; -(e)s, ⁼e>; '**Stra·Ben·kar·te** <f.; -, -n> *Autokarte;* '**Stra·Ben·keh·rer** <m.; -s, ->; '**Stra·Ben·kleid** <n.; -(e)s, -er>; '**Stra·Ben·kreu·zer** <m.; -s, -; umg.> *großer Pkw;* '**Stra·Ben·kreu·zung** <f.; -, -en>; '**Stra·Ben·la·ge** <f.; -; unz.> *Fahrverhalten des Kraftfahrzeugs; das Auto hat eine gute ~; das* '**Stra·Ben·lärm** <m.; -es; unz.>; '**Stra·Ben·la·ter·ne** <f.; -, -n>; '**Stra·Ben·meis·te·rei** <f.; -, -en> *für die Instandhaltung der Straßen zuständige Dienststelle;* '**Stra·Ben·mu·si·kant** <m.; -en, -en>;

Straßennamen: S. werden orthografisch als Eigennamen behandelt.
Grundsätzlich schreibt man geografische Eigennamen (auf -er), die eine geografische Lage bezeichnen, vom nachfolgenden Substantiv getrennt: *Wiener Straße, Brandenburger Tor, Kölner Ring.*
Dagegen schreibt man S., die Zusammensetzungen sind und als Ganzes einen Eigennamen bilden, zusammen: *Pfarrgasse, Lilienweg, Schlossallee, Gartenstraße, Schillerstraße, Bahnhofstraße, Bachpfad.*

In mehrteiligen Eigennamen mit nicht substantivischen Bestandteilen werden das erste Wort und alle weiteren Wörter außer Artikeln, Präpositionen und Konjunktionen großgeschrieben: *Lange Hecke, Grüner Weg, Unter den Linden, Am Tiefen Graben, Berliner Straße, Hamburger Allee, In der Mittleren Pfarrgasse.*

Man setzt einen ⟋Bindestrich zwischen allen Bestandteilen mehrteiliger Zusammensetzungen, wenn deren erste Bestandteile aus Eigennamen bestehen: *Heinrich-Heine-Straße, Caspar-David-Friedrich-Straße, Wolfgang-von-Goethe-Straße (aber: Goethestraße), Van-Gogh-Allee, Richard-Wagner-Straße.*

In Einzelfällen gibt es abweichende Schreibungen durch behördliche Festlegungen.

'**Stra·ßen·mu·si·kan·tin** ‹f.; -, -n·nen›; '**Stra·ßen·na·me** ‹m.; -ns, -n› → Kasten; '**Stra·ßen·netz** ‹n.; -es, -e›; '**Stra·ßen·rand** ‹m.; -(e)s; unz.› am ~; '**Stra·ßen·ren·nen** ‹n.; -s, -; Radsp.›; '**Stra·ßen·schild** ‹n.; -(e)s, -er›; '**Stra·ßen·schlacht** ‹f.; -, -en› heftiger Straßenkampf; '**Stra·ßen·sei·te** ‹f.; -, -n›; '**Stra·ßen·sper·re** ‹f.; -, -n›; '**Stra·ßen·ver·kauf** ‹m.; -(e)s; unz.› Warenverkauf auf öffentl. Straßen u. Plätzen; '**Stra·ßen·ver·kehr** ‹m.; -(e)s; unz.›; '**Stra·ßen·ver·kehrs·ord·nung** ‹f.; -; unz.; Abk.: StVO›; '**Stra·ßen·ver·kehrs·'Zu·las·sungs·Ord·nung** ‹f.; -; unz.; Abk.: StVZO›; '**Stra·ßen·ver·zeich·nis** ‹n.; -s·ses, -s·se›; '**Stra·ßen·zug** ‹m.; -(e)s, ⸚e›; '**Stra·ßen·zu·stands·be·richt** ‹m.; -(e)s, -e; Pl. selten›; '**Stra·ße·'Schie·ne·Ver·kehr** ‹m.; -(e)s; unz.; ⟋Z33› Gütertransport auf Lkw u. Eisenbahnen
Stra·te·ge ‹m.; -n, -n› jmd., der sich auf Strategie versteht; **Stra·te·gie** ‹f.; -, -n› 1 militär. Kriegführung 2 planvolles Vorgehen [frz.-grch.]; **stra·te·gisch** ‹Adj.›
Stra·ti·fi·ka·ti'on ‹f.; -, -en; Geol.› Schichtenbildung [lat.]; **Stra·ti·fi·ka·ti'ons·gram·ma·tik** ‹f.; -; unz.; Sprachw.› Grammatik, die Sprache als ein System hierarchisch geordneter Schichten betrachtet; **stra·ti·fi·'zie·ren** ‹V. t.; Geol.› die Schichtung des Gesteins feststellen; **Stra·ti·gra·'fie** ‹f.; -; unz.; ⟋Z11.3; Geol.› = Stratigraphie; **Stra·ti·gra·'phie** ‹f.; -; unz.; ⟋Z11.3; Geol.› Lehre von der Schichtung der Gesteine; **stra·ti·gra·phisch** ‹Adj.›; **Stra·to·'ku·mu·lus** ‹m.; -, -mu·li› Schichtwolke; **Stra·to·'sphä·re**, ‹auch› **Stra·tos·'phä·re** ‹f.; -; unz.; ⟋Z54› Schicht der Erdatmosphäre in einer Höhe von etwa 10–80 km; **stra·to·'sphä·risch** ‹Adj.›; '**Stra·tum** ‹n.; -s, 'Stra·ta› 1 ‹Soziol.› Gesellschaftsschicht 2 ‹Sprachw.› Strukturebene, z. B. Phonetik, Morphologie, Semantik, Syntax 3 ‹Biol.› ausgebreitete Zellschicht (Wurzel-, Moosschicht); '**Stra·tus** ‹m.; -, 'Stra·ti›, '**Stra·tus·wol·ke** ‹f.; -, -n› Schichtwolke
'**sträu·ben** ‹V. refl.› 1 das Haar, Fell, Gefieder sträubt sich 2 ‹⟋Z42› sich widersetzen, wehren; alles Sträuben wird nichts nützen
Strauch ‹m.; -(e)s, ⸚er; Bot.› Holzpflanze; Johannisbeer~; '**Strauch·dieb** ‹m.; -(e)s, -e; veralt.› Wegelagerer; '**strau·cheln** ‹V. i. (s.); ich strauch(e)le; geh.› 1 stolpern 2 ‹fig.› auf die schiefe Bahn geraten; '**strau·chig** ‹Adj.› mit Sträuchern bewachsen; '**Sträuch·lein** ‹n.; -s, -; poet.›; Verkleinerungsf. von Strauch; '**Strauch·werk** ‹n.; -(e)s; unz.› Gestrüpp
Strauß¹ ‹m.; -es, -e; Zool.› ein großer Laufvogel; Vogel-~-Politik betreiben ‹fig.› den Kopf in den Sand stecken, eine Gefahr nicht zur Kenntnis nehmen
Strauß² ‹m.; -es, ⸚e› 1 mehrere zusammengebundene Blumen; Blumen~ 2 ‹poet.› Gefecht, Streit; einen ~ mit jmdm. ausfechten; '**Sträuß·chen** ‹n.; -s, -›; Verkleinerungsf. von Strauß
'**Strau·ßen·ei** ‹n.; -(e)s, -er›; '**Strau·ßen·fe·der** ‹f.; -, -n›
'**Sträuß·lein** ‹n.; -s, -; poet.; Verkleinerungsf. von Strauß
'**Strauß·vo·gel** ‹m.; -s, ⸚; Zool.›
'**Strauß·wirt·schaft** ‹f.; -, -en› Weinlokal
'**Straz·za** ‹f.; -, 'Straz·zen› Rohseideinzalfall [ital.]
Strea·mer ‹[ˈstriːmə(r)]; m.; -s, -; EDV› Kassettenlaufwerk eines Computers zur Speicherung großer Datenmengen [engl.]
'**Streb·bau** ‹m.; -(e)s; unz.; Bgb.› ein Abbauverfahren; '**Stre·be** ‹f.; -, -n› schräge Stütze; Dach~; '**Stre·be·bal·ken** ‹m.; -s, -›; '**Stre·be·bo·gen** ‹m.; -s, - od. (süddt.; österr.; schweiz.) ⸚; got. Kirchenbau›; '**stre·ben** ‹V. i.› 1 ‹(h.)› sich intensiv um etwas bemühen; nach Macht ~ 2 ‹(s.); geh.› an einen best. Ort eilen; nach Hause ~; '**Stre·be·pfei·ler** ‹m.; -s, -; Arch.›; '**Stre·ber** ‹m.; -s, -; abwertend› übertrieben strebsamer, ehrgeiziger Mensch; '**Stre·be·rin** ‹f.; -, -n·nen›; '**Stre·ber·tum** ‹n.; -s; unz.›; '**Stre·be·werk** ‹n.; -(e)s; unz.; got. Kirchenbau›; '**streb·sam** ‹Adj.› sehr fleißig u. zielbewusst; '**Streb·sam·keit** ‹f.; -; unz.›
'**streck·bar** ‹Adj.›; '**Streck·bett** ‹n.; -(e)s, -en; Med.› Vorrichtung, durch die der Körper in einer best. Richtung gehalten wird; '**Stre·cke** ‹f.; -, -n› 1 Entfernung zwischen zwei Punkten 2 Teilstück eines Weges, (Gleis-)Abschnitt; auf der ~ bleiben ‹fig.› scheitern, unterliegen 3 ‹Jagdw.› Ort, an dem die Jagdbeute niedergelegt wird; jmdn. zur ~ bringen ‹fig.› besiegen; '**stre·cken** ‹V. t.› 1 dehnen; ei-

ne Soße ~ *verdünnen* 2 *Gliedmaßen irgendwohin recken;* den Finger (in die Höhe) ~ 3 <V. refl.> sich irgendwohin ~ *sich hinlegen;* sich nach der Decke ~ <fig.> *bescheiden leben;* '**Strecken·ab·schnitt** <m.; -(e)s, -e>; '**Stre·cken·ar·bei·ter** <m.; -s, -> *Arbeiter beim Gleisbau;* '**Stre·cken·auf·se·her** <m.; -s, -; Eisenb.>; '**Stre·cken·be·ge·hung** <f.; -, -en>; '**Stre·cken·flug** <m.; -(e)s, =e; Segelfliegen>; '**Stre·cken·lauf** <m.; -(e)s, =e; Sp.>; '**Stre·cken·netz** <n.; -es, -e>; '**Stre·cken·wär·ter** <m.; -s, -; Eisenb.>; '**stre·cken·wei·se** <Adv.>; '**Stre·cker** <m.; -s, ->, Anat.> Ggs *Beuger;* '**Stre·ckung** <f.; -, -en>; '**Streck·ver·band** <m.; -(e)s, =e; Med.>

Street·ball <[ˈstriːtbɔːl] m.; -s; unz.; Sp.> *auf Plätzen, Höfen usw. gespielte Form des Basketballs* [engl.]; '**Street·wear** <[-wɛːr] f.; -; unz. od. (selten) m.; -s; unz.; meist ohne Art.> *lockere, strapazierfähige Alltagskleidung für Jugendliche;* → a. *Sportswear, Wear;* '**Street·work** <[ˈ-wɜːk] f.; -; unz.> *Sozialarbeit mit (drogenabhängigen) Jugendlichen eines Wohngebiets;* '**Street·wor·ker** <m.; -s, ->; '**Street·wor·ke·rin** <f.; -, -n·nen>

Streich <m.; -(e)s, -e> 1 <geh.> *Schlag, Hieb;* zwei Dinge auf einen ~ erledigen <fig.; umg.> *in einem Arbeitsgang* 2 *Unfug;* jmdm. einen ~ spielen; '**Strei·che** <f.; -, -n; früher> *Flanke einer Festungsanlage;* '**Strei·chel·ein·heit** <f.; -, -en; scherzh.> *Zärtlichkeit;* jeder braucht seine täglichen ~en; '**strei·cheln** <V. t./V. refl.; ich streich(e)le> *mit der Hand zärtlich über etwas streichen;* den Hund ~; '**strei·chen** <V. 263> 1 <V. i. u. V. t.> *mit einer sanften Bewegung berühren;* jmdm. über den Kopf ~; sich die Haare aus der Stirn ~ 2 <V. t.> *etwas dünn auftragen;* Butter aufs Brot ~; den Zaun ~; Vorsicht, frisch gestrichen! 3 <V. i.> *ziellos umhergehen;* durch die Wälder ~ 4 <V. t.> *weglassen, tilgen;* jmdn.

von der Liste ~ 5 <V. t.; Seemannsspr.> das Segel ~ *einholen;* '**Strei·chen** <n.; -s; unz.; Geol.> *Richtung von Schichten;* '**Strei·cher** <m.; -s, -> *jmd., der ein Streichinstrument spielt;* '**Strei·che·rin** <f.; -, -n·nen>; '**streich·fä·hig** <Adj.> ~e Butter; '**Streich·fä·hig·keit** <f.; -; unz.>; '**streich·fer·tig** <Adj.> ~e Farbe; '**Streich·garn** <n.; -(e)s, -e>; '**Streich·holz** <n.; -es, =er = *Zündholz;* '**Streich·holz·schach·tel** <f.; -, -n>; '**Streich·in·stru·ment**, <auch> '**Streich·ins·tru·ment**, '**Streich·inst·ru·ment** <n.; -(e)s, -e; ↗Z 54>; '**Streich·kä·se** <m.; -s, ->; '**Streich·li·nie** <[-ni̯ə]; f.; -, -n; Geol.> = *Streichen;* '**Streich·mu·sik** <f.; -, -en> *Musik für Streicher;* '**Streich·or·ches·ter** <[-kɛs-]; n.; -s, -> *nur aus Streichern bestehendes Orchester;* '**Streich·quar·tett** <n.; -(e)s, -e; Mus.> 1 *Musikstück für vier Streichinstrumente* 2 *die Spieler dieser Instrumente;* '**Streich·quin·tett** <n.; -(e)s, -e; Mus.>; '**Streich·trio** <n.; -s, -s; Mus.>; '**Strei·chung** <f.; -, -en>; '**Streich·wurst** <f.; -, =e>

Streif <m.; -(e)s, -e; geh.> = *Streifen;* '**Streif·band** <n.; -(e)s, =er = *Kreuzband;* '**Streif·band·zei·tung** <f.; -, -en; Post>; '**Streif·chen** <n.; -s, -; Verkleinerungsf. von> *Streifen;* '**Strei·fe** <f.; -, -n> 1 *Kontrollgang;* auf ~ sein 2 *zu Kontrollgängen eingesetzte Polizisten;* '**strei·fen** <V.> 1 <V. t.> *leicht berühren;* er hat mit dem Auto den Zaun gestreift; ein Thema ~ <fig.> *andeuten* 2 <V. t.> *ziehen;* den Ring vom Finger ~ 3 <V. i. (s.)> *ziellos umhergehen;* durch die Stadt ~; 1 *langes, schmales Stück;* Papier~ 2 *bandartig verlaufende Fläche;* ein Kleid mit ~ 3 <umg.> *Film;* '**Strei·fen·be·am·te(r)** <m. 1>; '**Strei·fen·be·am·tin** <f.; -, -n·nen>; '**Strei·fen·dienst** <m.; -(e)s; unz.> *Kontrollgang;* '**Strei·fen·wa·gen** <m.; -s, -> *Kfz der Polizeistreife;* '**strei·fen·wei·se** <Adv.>; '**strei·fig** <Adj.>; '**Streif·licht** <n.; -(e)s, -er> *schnell über etwas hinhuschen-*

des Licht; '**Streif·schuss** <m.; -es, =e>; '**Streif·zug** <m.; -(e)s, =e> 1 *Erkundungsmarsch* 2 <fig.> *knapper Überblick;* ein kurzer ~ durch die Philosophie

Streik <m.; -(e)s, -s> *vorübergehende Arbeitsniederlegung zur Durchsetzung best. Ziele* [engl.]; '**Streik·bre·cher** <m.; -s, -> *jmd., der trotz Streiks arbeitet;* '**Streik·bre·che·rin** <f.; -, -n·nen>; '**strei·ken** <V. i.> 1 *in Streik treten* 2 <umg.> *sich weigern;* da streike ich!; '**Streik·pos·ten** <m.; -s, ->

Streit <m.; -(e)s, -e> *heftiger Zank;* '**Streit·axt** <f.; -, =e> *eine Waffe;* die ~ begraben <fig.>; '**streit·bar** <Adj.> *kämpferisch;* ein ~er Mensch; '**strei·ten** <V. i. 264> 1 <geh.> *für etwas kämpfen, sich für etwas einsetzen* 2 *zanken;* '**Strei·ter** <m.; -s, ->; **Strei·te·rei** <f.; -, -en>; '**Strei·te·rin** <f.; -, -n·nen>; '**Streit·fall** <m.; -(e)s, =e> im ~; '**Streit·fra·ge** <f.; -, -n>; '**Streit·ge·gen·stand** <m.; -(e)s, =e>; '**Streit·ge·spräch** <n.; -(e)s, -e>; '**Streit·ham·mel** <m.; -s, -; umg.>, '**Streit·han·sel** <m.; -s, -; umg.>, '**Streit·hansl** <m.; -s, -n; österr.; umg.>; '**strei·tig** <Adj.> *umstritten, fraglich;* jmdm. etwas ~ machen; '**Strei·tig·keit** <f.; -, -en; meist Pl.>; '**Streit·kraft** <f.; -, =e; meist Pl.> *die Truppen eines Staates;* '**Streit·lust** <f.; -; unz.>; '**streit·lus·tig** <Adj.>; '**Streit·macht** <f.; -, =e> *die Truppen u. Waffen eines Staates;* '**Streit·ob·jekt** <n.; -(e)s, -e> *Streitgegenstand;* '**Streit·punkt** <m.; -(e)s, -e>; '**Streit·ross** <n.; -es, =er; veralt.>; '**Streit·sa·che** <f.; -, -n> *Rechtsstreit, Prozess;* '**Streit·schrift** <f.; -, -en> *polemische Hetzschrift;* '**Streit·sucht** <f.; -; unz.>; '**streit·süch·tig** <Adj.>; '**Streit·wa·gen** <m.; -s, -; im Altertum> *mit Pferden bespannter Kriegswagen;* '**Streit·wert** <m.; -(e)s, -e; Rechtsw.>

streng <Adj.> 1 *unnachsichtig;* ein ~er Lehrer 2 <↗Z 43.3, 24> *genau, der Regel od. Vorschrift entsprechend;* eine ~ wissenschaftliche Arbeit; sich ~ an eine Anweisung halten; etwas

S

~stens, aufs ~ste, <auch> Strengste befolgen; ~ nehmen; sie hat die Diät nicht sehr ~ genommen; ~ genommen <adv.> *eigentlich, im Grunde* 3 *durchdringend, intensiv;* ein ~er Winter; der Käse riecht ~ *scharf*; **'Stren·ge** <f.; -; unz.>; **'strengen** <V. t.> *straff anziehen, einengen;* **'streng·gläu·big** <Adj.>; **'Streng·gläu·big·keit** <f.; -; unz.>

Strep·to'kok·ken <Pl.; Med.> *Ketten bildende Bakterien* [grch.]

Stress <a. [st-]; m.; -es, -e; Pl. selten> *übermäßige Belastung körperlicher od. seelischer Art* [engl.]; **'stres·sen** <V. t.; du stresst; umg.> *jmdn. ~ übermäßig belasten;* die Arbeit stresst ihn; **'stres·sig** <Adj.; umg.> *sehr anstrengend, aufreibend;* **'Stress·si·tu·a·ti·on** <f.; -, -en; ↗Z37>

Stretch <[stretʃ]; m.; -(e)s, -es [-tʃɪs]; Textilw.> *ein elastisches Gewebe* [engl.]; **'Stret·ching** <n.; -s, -s; Sp.> *gymnastische Streck- u. Dehnungsübungen*

Streu <f.; -; unz.> *Stroh (als Bodenbelag in Ställen u. Käfigen);* **'streu·en** <V. t. u. V. i.> *durch leichtes Werfen locker verteilen;* bei Glatteis muss man (Sand) ~; **'Streu·er** <m.; -s, -> *Gefäß zum Streuen;* Salz~; **'Streu·fahr·zeug** <n.; -(e)s, -e>; **'Streu·frucht** <f.; -, ╩e; Bot.> Sy *Springfrucht;* **'Streu·licht** <n.; -(e)s; unz.; Opt.> *nicht streng gebündeltes Licht;* **'Streu·mus·ter** <n.; -s, -; in der Dekorationsmalerei> **'streu·nen** <V. i. (s. u. h.); umg.> *sich herumtreiben;* ~de Hunde; **'Streu·ner** <m.; -s, -; umg.>; **'Streu·ne·rin** <f.; -, -n·nen>; **'streu·nern** <V. i. (s.); ich streun(e)re; landschaftl.> *ziellos die Gegend durchstreifen* **'Streu·obst** <n.; -es; unz.>; **'Streu·obst·wie·se** <f.; -, -n> *nicht eingezäunte Wiese mit Obstbäumen;* **'Streu·pflicht** <f.; -; unz.> *Verpflichtung, bei Glatteis zu streuen;* **'Streu·salz** <n.; -es; unz.>; **'Streu·sand** <m.; -(e)s; unz.>; **'Streu·sel** <m. od. n.; -s, -; meist Pl.> *kleines Bröckchen;* Schokoladen~; **'Streu·sel·ku·chen** <m.; -s, ->;

'Streu·ung <f.; -; unz.>; **'Streu·zu·cker** <m.; -s; unz.> *gemahlener Zucker;* Ggs *Würfelzucker*

Stria <['st-] od. ['ʃtri:a]; f.; -, 'Stri·ae; Med.> *(Dehnungs-) Streifen (in der Haut)* [lat.].

Strich <m. 7; -(e)s, -e> 1 *schmale Markierung durch einen Zeichenstift o. Ä.;* Pinsel~; einen ~ unter etwas ziehen <a. fig.>; jmdm. einen ~ durch die Rechnung machen <fig.> *seine Pläne durchkreuzen;* unterm ~ <fig.; umg.> *alles in allem* 2 *Richtung, in der eine Faser verläuft;* das geht mir gegen den ~ <fig.; umg.>; ich habe ihm nach ~ u. Faden die Meinung gesagt <fig.; umg.> *deutlich* 3 auf den ~ gehen <umg.> *als Prostituierte arbeiten;* **'Strich·ät·zung** <f.; -, -en; Typ.>; **'Strich·code** <[-ko:d]; m.; -s, -s> = *EAN-Code;* **'Stri·chel·chen** <n.; -s, -; Verkleinerungsf. von> *Strich(1);* **'stri·cheln** <V. t.; ich strich(e)le> *feine Striche ziehen;* **'Stri·cher** <m.; -s, -; umg.>, **'Strich·jun·ge** <m.; -n, -n; umg.> *Homosexueller, der sich prostituiert;* **'Strich·kode** <[-ko:d]; m.; -s, -s> = *EAN-Code;* **strich'lie·ren** <V. t. u. V. i.; österr.> *stricheln;* **'Strich·mäd·chen** <n.; -s, -; umg.> *Prostituierte;* **'Strich·männ·chen** <n.; -s, -> *mit Strichen skizzierte Figur;* **'Strich·punkt** <m.; -(e)s, -e> *Semikolon;* → a. *Kasten Semikolon;* **'Strich·re·gen** <m.; -s; unz.>; **'Strich·vo·gel** <m.; -s, ╩; Zool.> *Vogel, der nach der Brutzeit im weiten Umfeld umherstreift;* **'strich·wei·se** <Adv.> ~ schneit es; **'Strich·zeich·nung** <f.; -, -en>

Strick <m.; -(e)s, -e> *Seil;* wenn alle ~e reißen <fig.; umg.> *im Notfall;* **'stri·cken** <V. i. u. V. t.> *mit Nadeln u. Wolle ein Maschengeflecht herstellen;* sie strickt gerne (Pullover); **'Stri·cker** <m.; -s, ->; **Stri·cke'rei** <f.; -, -n·nen>; **'Strick·ja·cke** <f.; -, -n>; **'Strick·kleid** <n.; -(e)s, -er>; **'Strick·lei·ter** <f.; -, -n>; **'Strick·lei·ter·ner·ven·sys·tem** <n.; -s, -e; Zool.> *Nervensystem von Ringelwürmern u. Glieder-*

füßern]; **'Strick·ma·schi·ne** <f.; -, -n>; **'Strick·mus·ter** <n.; -s, -; a. fig.> *er arbeitet immer nach demselben ~;* **'Strick·na·del** <f.; -, -n>; **'Strick·strumpf** <m.; -(e)s, ╩e>; **'Strick·wa·ren** <Pl.>; **'Strick·wes·te** <f.; -, -n>; **'Strick·wol·le** <f.; -; unz.>; **'Strick·zeug** <n.; -(e)s; unz.>

Stri·du·la·ti·on <f.; -; unz.> *Lauterzeugung bei Insekten* [lat.]; **stri·du'lie·ren** <V. i.> *zirpen*

'Strie·gel <m.; -s, -> *kleines Gerät zur Reinigung des Fells* [lat.]; **'strie·geln** <V. t.; ich strieg(e)le>

'Strie·me <f.; -, -n>, **'Strie·men** <m.; -s, -> *blutiger Streifen auf der Haut;* **'strie·mig** <Adj.>

'Strie·zel <m.; -s, -> 1 <ostmdt.; süddt.; österr.> *ein Hefegebäck* 2 <umg.> *frecher Bursche, Schlingel;* **'strie·zen** <V. t.; du striezt; umg.> *quälen, peinigen*

strikt <Adj.; -er, am -es·ten>, **'strik·te** <Adj.> *streng, genau* [lat.]; **Strik·ti'on** <f.; -, -en> *Zusammenziehung;* **Strik'tur** <f.; -, -en; Med.> *Verengung eines Körperkanals*

string. <Mus.; Abk. für> *stringendo;* **strin·gen·do** <[strin'dʒɛn-]; Mus.; Abk.: string.> *schneller werdend* [ital.]

strin'gent <Adj.; geh.> *bündig, zwingend* [lat.]; **Strin'genz** <f.; -; unz.; geh.> *Schlüssigkeit*

Strip <m.; -s, -s> 1 <umg.; kurz für> *Striptease* 2 *Heftpflasterstreifen* [engl.]

'Strip·pe <f.; -, -n; umg.> 1 *Bindfaden* 2 <scherzh.> *Fernsprechleitung;* jmdn. an der ~ haben **'strip·pen** <V.> 1 <V. i.; umg.> *einen Striptease vorführen* 2 <V. t.> *eine Textstelle ~* <Typ.> *verfilmen* [engl.]; **'Strip·pe·rin** <f.; -, -n·nen; umg.; kurz für> *Stripteasetänzerin;* **'Strip·ping** <n.; - od. -s; unz.; Phys.> *eine Kernreaktion;* **Strip·tease** <['stripti:z]; m. od. n.; -; unz.> *tänzerische Entkleidung vor einem Publikum;* **'Strip·tease·tän·ze·rin** <f.; -, -n·nen>

'strit·tig <Adj.> *umstritten*

'Striz·zi <m.; -s, -s; süddt.; österr.> *leichtsinniger Mensch*

'Stro·bel <m.; -s, -> *wirrer Haarschopf;* **'stro·be·lig, 'strob·lig**

<Adj.; Nebenform von> *strubbelig*

Stro·bo'skop, <auch> **Stro·bos·'kop** <n.; -s, -e; ↗Z54; Phys.> *Gerät zum Messen schnell verlaufender Vorgänge* [grch.]; **stro·bo'sko·pisch** <Adj.; Phys.>

Stroh <n.; -(e)s; unz.> *trockene Halme von gedroschenem Getreide;* **'Stroh·bal·len** <m.; -s, ->; **'stroh·blond** <Adj.> *hellblond;* **'Stroh·blu·me** <f.; -, -n; Bot.>; **'Stroh·dach** <n.; -(e)s, ⸗er> **'stroh'dumm** <Adj.; umg.; *verstärkend> sehr dumm;* **'strohern** <Adj.> *aus Stroh;* **'Strohfeu·er** <n.; -s, -> 1 *rasch brennendes Feuer* 2 <fig.> *schnell verlöschende Begeisterung;* **'stroh·ge·deckt** <Adj.> ↗Z29> *ein ~es Haus;* <aber> *ein mit Stroh gedecktes Haus;* **'Strohgelb** <Adj.>; **'Stroh·halm** <m.; -(e)s, -e> *sich an einen ~ klammern* <fig.>; **'Stroh·hut** <m.; -(e)s, ⸗e>; **'stro·hig** <Adj.> *dürr, trocken;* **'Stroh·mann** <m.; -(e)s, ⸗er; fig.> *scheinbar verantwortliche Person;* **'Stroh·presse** <f.; -, -n>; **'Stroh·pup·pe** <f.; -, -n>; **'Stroh·sack** <m.; -(e)s, ⸗e>; **'stroh'tro·cken** <Adj.; ver­stärkend> *sehr trocken;* **'Strohwit·we** <f.; -, -n; umg.; scherzh.> *Ehefrau, deren Mann verreist ist;* **'Stroh·wit·wer** <m.; -s, ->

Strolch <m.; -(e)s, -e> *Gauner, Schlingel;* **'strol·chen** <V. i. (s.)> *ziellos durch die Gegend ziehen*

Strom <m.; -(e)s, ⸗e> 1 *großer, breiter Fluss* 2 *große Menge von etwas Fließendem; es regnet in Strömen* 3 *fließende Elektrizität; ein ~ führendes Kabel* 4 *große, sich bewegende Menschenmenge; gegen den ~ schwimmen* <fig.> *sich gegen die allgemein geltende Meinung stellen;* **strom'ab** <Adv.; kurz für> *stromabwärts;* **'Strom·abneh·mer** <m.; -s, -> *Vorrichtung zur Entnahme von Strom aus der Leitung;* **strom'ab·wärts** <Adv.> *der Mündung des Stromes(1) zu;* **strom'an, strom'auf** <Adv.; kurz für> *stromaufwärts;* **strom'auf·wärts** <Adv.> *der Quelle des Stromes(1) zu;* **'Strom·aus·fall** <m.; -(e)s, ⸗e>;

'strö·men <V. i. (h. od. s.)> *~der Regen;* **'Strom·mer** <m.; -s, -; umg.> *Herumtreiber, Strolch;* **'stro·mern** <V. i. (s.); ich stro­mere> *sich herumtreiben;* **'Strom·ka·bel** <n.; -s, ->; **'Strom·kon·zern** <m.; -s, -e>; **'Strom·kreis** <m.; -es, -e; Phys.>; **'Ström·ling** <m.; -s, -e; Zool.> *eine Heringsart der Ostsee;* **'Strom·li·ni·e** <[-niə] f.; -, -n>; **'Strom·li·ni·en·form** <f.; -, -en; Pl. selten; Phys.> *Form eines festen Körpers mit geringem Strömungswiderstand;* **'stromli·ni·en·för·mig** <Adj.>; **'Strommes·ser** <m.; -s, ->; **'Stromnetz** <n.; -es, -e>; **'Strom·quelle** <f.; -, -n>; **'Strom·schlag** <m.; -(e)s, ⸗e>; **'Strom·schnelle** <f.; -, -n> *Flussstrecke mit starkem Gefälle u. starker Strömung;* **'Strom·sper·re** <f.; -, -n>; **'Strom·stär·ke** <f.; -, -n>; **'Strom·stoß** <m.; -es, ⸗e>; **'Strö·mung** <f.; -, -en> 1 *strömende Bewegung;* Wind~ 2 *geistige Bewegung; eine revolutionäre ~;* **'Strö·mungs·leh·re** <f.; -; unz.; Phys.>; **'Strom·verbrauch** <m.; -(e)s; unz.>; **'Strom·ver·brau·cher** <m.; -s, -> = *Stromabnehmer;* **'Stromver·sor·gung** <f.; -; unz.>; **'strom·wei·se** <Adv.> *in Strömen(2);* **'Strom·zäh·ler** <m.; -s, ->

'Stron·ti·um <n.; -s; unz.; Chem.; Zeichen: Sr> *chem. Element, Metall*

Stroph'an·thus, <auch> **Stro·'phan·tus** <m.; -; unz.; ↗Z54; Bot.> *eine Heilpflanze* [grch.]

'Stro·phe <f.; -, -n> *aus mehreren Versen bestehender Lied- od. Gedichtabschnitt;* **...stro·phig** <Adj.; in Zus.> z. B. *mehrstrophig;* **'stro·phisch** <Adj.> *~e Dichtung*

Stropp <m.; -s, -s; Mar.> *Tau mit Ring od. Schlinge*

'Stros·se <f.; -, -n; Bgb.> 1 *Rinne zum Abfließen des Wassers* 2 *treppenförmiger Absatz*

'strot·zen <V. i.; du strotzt> *~ (an, von, vor etwas) prall gefüllt sein; er strotzt vor Energie*

strub <Adj.; 'strü·ber, am 'strübs·ten; schweiz.> 1 *struppig* 2 *schwierig, schlimm;*

'strub·be·lig <Adj.; umg.> *zerzaust, wirr,* **'Strub·bel·kopf** <m.; -(e)s, ⸗e; fig.; umg.>; **'strubb·lig** <Adj.> = *strubbelig*

'Stru·del <m.; -s, -> 1 *Wasserwirbel* 2 <süddt.; österr.> *eine Mehlspeise;* Apfel~; **'stru·deln** <V. i.> *das Wasser strudelt*

Struk'tur <f.; -, -en> *innerer Aufbau, Gefüge; Bevölkerungs-* [lat.]; **struk·tu'ral** <Adj.> = *strukturell;* **Struk·tu·ra'lis·mus** <m.; -; unz.> *wissenschaftl. Denkweise, die einzelne Gegebenheiten in Abhängigkeit von einem organ. Ganzen sieht;* **Struk·tu·ra'list** <m.; -en, -en>; **Struk·tu·ra'lis·tin** <f.; -, -nnen>; **struk·tu·ra'lis·tisch** <Adj.>; **Struk'tur·a·na·ly·se** <f.; -, -n; ↗Z55> *Untersuchung des Aufbaus von Körpern, z. B. von Kristallen,* **struk·tu'rell** <Adj.> *die Struktur betreffend;* **Struk'tur·for·mel** <f.; -, -n; Chem.>; **struk·tu·rie·ren** <V. t.> *der Vortrag war klar strukturiert;* **Struk'tur·po·li·tik** <f.; -; unz.>; **Struk'tur·re·form** <f.; -, -en>; **struk'tur·schwach** <Adj.> *wirtschaftlich schwach entwickelt; eine ~e Region;* **Struk'tur·ta·pe·te** <f.; -, -n>; **Struk'tur·wan·del** <m.; -s; unz.>

'strul·len <V. i.; bes. norddt.; derb> *urinieren*

'Stru·ma <f.; -, -men; Med.> *Kropf* [lat.]; **stru'mös** <Adj.; Med.> *kropfartig*

Strumpf <m.; -es, ⸗e> *den Fuß u. das Bein bedeckendes Kleidungsstück;* Knie~; **'Strumpfband** <n.; -(e)s, ⸗er>; **'Strümpfchen** <n.; -s, -; Verkleinerungsf. von> *Strumpf;* **'Strumpf·hal·ter** <m.; -s, ->; **'Strumpf·ho·se** <f.; -, -n>; **'Strümpf·lein** <n.; -s, -; poet.; Verkleinerungsf. von> *Strumpf;* **'Strumpf·mas·ke** <f.; -, -n> *über den Kopf gezogener, das Gesicht verdeckender Strumpf;* **Strumpf·wir·ke'rei** <f.; -, -en> 1 <unz.> *Herstellung von Strümpfen* 2 *Strumpffabrik*

Strunk <m.; -(e)s, ⸗e> *dicker, kurzer Pflanzenstängel;* Kohl~; **'Strünk·chen** <n.; -s, -; Verklei­nerungsf. von> *Strunk*

strunz'dumm <Adj.; umg.; ver­stärkend>

'**strup·fen** <V. t.; oberdt.> *abstreifen; Laub von Zweigen ~*

'**strup·pig** <Adj.> *unordentlich, wirr; ~es Haar;* '**struw·we·lig** <Adj.; Nebenform von> *strubbelig;* '**Struw·wel·lie·se** <f.; -, -n; umg.>; '**Struw·wel·pe·ter** <m.; -s, -; umg.> *Junge mit strubbeligem Haar* [nach der Gestalt eines Kinderbuches von H. Hoffmann]

Strych·nin <n.; -s; unz.; Chem.> *ein in hoher Dosis giftiges Alkaloid* [grch.]

Stu·art·kra·gen <['stju:ərt-]; m.; -s, -; 16./17. Jh.> *steifer, aufgerichteter Kragen an Frauenkleidern* [nach der schottischen Hochadelsfamilie *Stuart*]

'**Stub·be** <f.; -, -n>, '**Stub·ben** <m.; -s, -; norddt.> *Baumstumpf*

'**Stüb·chen** <n.; -s, -; Verkleinerungsf. von> *Stube;* '**Stu·be** <f.; -, -n> *kleines Zimmer, Raum;* '**Stu·ben·äl·te·ste(r)** <f. 2 (m. 1); in Kasernen, Internaten>; '**Stu·ben·ar·rest** <m.; -(e)s; unz.> *Ausgehverbot (als Strafe);* '**Stu·ben·flie·ge** <f.; -, -n; Zool.>; '**Stu·ben·ge·lehr·te(r)** <f. 2 (m. 1); abwertend> *jmd., der sein Wissen nur angelesen hat;* '**Stu·ben·ho·cker** <m.; -s, -; fig.; umg.; abwertend>; '**Stu·ben·ho·cke·rin** <f.; -, -nnen>; '**stu·ben·rein** <Adj.> 1 *der Hund ist ~ er verunreinigt das Zimmer nicht* 2 <fig.; umg.> *der Witz ist nicht ganz ~ anstößig;* '**Stu·ben·wa·gen** <m.; -s, -> *Korbwagen für Säuglinge*

'**Stü·ber** <m.; -s, -> 1 *alte niederrhein. Münze* 2 <kurz für> *Nasenstüber* [ndrl.]

'**Stüb·lein** <n.; -s, -; poet.> Verkleinerungsf. von *Stube*

Stuck <m.; -(e)s; unz.> *schnell erhärtender Gips zur Verzierung von Decken u. Wänden*

Stück <n. 7; -(e)s, -e od. (bei Mengenangaben) -; Abk.: St.> 1 *Teil eines Ganzen; ein Kuchen~; zwei ~ Kuchen; ein ~ weit* 2 *einzelnes Teil; Zehnpfennig~; Schmuck~* 3 *Kunstwerk; Bühnen~; ein ~ von Mozart* 4 *Streich; das ist ein starkes ~!* <umg.>

'**Stuck·ar·beit** <f.; -, -en>

'**Stück·ar·beit** <f.; -; unz.> *Akkordarbeit*

Stu·cka·teur <[-'tø:r]; m.; -s, -e> *Stuckarbeiter* [frz.]; **Stu·cka·teu·rin** <f.; -, -nnen>; **Stu·cka·tur** <f.; -, -en> *Stuckarbeit*

'**Stück·chen** <n.; -s, -; Verkleinerungsf. von> *Stück,* '**stück·chen·wei·se** <Adj.>; '**stü·ckeln** <V. t.; ich stück(e)le> = *stücken;* '**Stü·cke·lung** <f.; -; unz.>; '**stü·cken** <V. t.> *aus Stücken zusammensetzen;* '**Stü·cker** <mundartl. Pl. von> *Stück; ~ zwölf*

'**stu·ckern** <V. i.; bes. norddt.> *holpern*

'**Stü·cke·schrei·ber** <m.; -s, -; abwertend> *Schriftsteller, der Theaterstücke o. Ä. verfasst;* '**Stück·fass** <n.; -es, -> *ein Weinmaß;* '**Stück·gut** <n.; -(e)s, -er> *nach Stück verkaufte od. als Frachtgut versendete Ware*

stu'ckie·ren <V. t.> *mit Stuck versehen*

'**Stück·kauf** <m.; -(e)s, -e>; '**Stück·kos·ten** <Pl.>; '**Stück·lis·te** <f.; -, -n>; '**Stück·lohn** <m.; -(e)s; unz.> *nach der Menge der hergestellten Stücke berechneter Lohn;* '**stück·wei·se** <Adv.>; '**Stück·werk** <n.; -(e)s; unz.; fig.; abwertend> *unvollkommene, unvollständige Arbeit;* '**Stück·zahl** <f.; -, -en>; '**Stück·zin·sen** <Pl.; Bankw.> *Zinsen vom Tag der letzten Einzahlung bis zum Stichtag*

stud. <Abk. für> *studiosus;* z. B. ~ phil. *Student der Philosophie;* **Stu'dent** <m.; -en, -en> 1 *jmd., der an einer Hochschule studiert* 2 <österr. a.> *Schüler einer höheren Schule* [lat.]; **Stu'den·ten·aus·weis** <m.; -es, -e>; **Stu'den·ten·be·we·gung** <f.; -; unz.>; **Stu'den·ten·blu·me** <f.; -, -n; Bot.>; **Stu'den·ten·bu·de** <f.; -, -n; umg.; scherzh.>; **Stu'den·ten·fut·ter** <n.; -s; unz.> *Mischung aus Nüssen, Mandeln u. Rosinen;* **Stu'den·ten·lied** <n.; -(e)s, -er>; **Stu'den·ten·schaft** <f.; -, -en>; **Stu'den·ten·ver·bin·dung** <f.; -, -en>; **Stu'den·tin** <f.; -, -nnen; ⚲Z38>; **stu'den·tisch** <Adj.>

'**Stu·die** <[-diə]; f.; -, -n> 1 *wissenschaftl. Arbeit, Untersuchung* 2 *Entwurf zu einem*

Kunstwerk; Akt~ [lat.]; '**Stu·di·en** <Pl. von> 1 *Studie* 2 *Studium;* '**Stu·di·en·ab·bre·cher** <m.; -s, -; umg.>; '**Stu·di·en·ab·bre·che·rin** <f.; -, -nnen>; '**Stu·di·en·as·ses·sor** <m.; -s, -'so·ren; Amtsbez.> *noch nicht fest angestellter Lehrer an einer höheren Schule;* '**Stu·di·en·as·ses·so·rin** <f.; -, -nnen; Amtsdt.>; '**Stu·di·en·auf·ent·halt** <m.; -(e)s, -e>; '**Stu·di·en·be·ra·tung** <f.; -, -en; an Hochschulen>; '**Stu·di·en·buch** <n.; -(e)s, -er> *Heft mit dem Nachweis der Immatrikulation u. der Teilnahme an Lehrveranstaltungen;* '**Stu·di·en·di·rek·tor** <m.; -s, -'to·ren; Amtsdt.>; '**Stu·di·en·di·rek·to·rin** <f.; -, -nnen; Amtsdt.>; '**Stu·di·en·fach** <n.; -(e)s, -er>; '**Stu·di·en·freund** <m.; -(e)s, -e>; '**Stu·di·en·freun·din** <f.; -, -nnen>; '**Stu·di·en·gang** <m.; -(e)s, -e> *Studienfach;* <auch> *Fachrichtung;* '**stu·di·en·hal·ber** <Adv.> *zum Zwecke des Studiums;* '**Stu·di·en·jahr** <n.; -(e)s, -e>; '**Stu·di·en·kol·leg** <n.; -(e)s, -e> *Kurs zur Vorbereitung auf ein Studium an der Hochschule;* '**Stu·di·en·platz** <m.; -es, -e>; '**Stu·di·en·pro·fes·sor** <m.; -s, -'so·ren; in Bayern Titel für> *Studienrat nach einer best. Anzahl von Dienstjahren;* '**Stu·di·en·pro·fes·so·rin** <f.; -, -nnen>; '**Stu·di·en·rat** <m.; -(e)s, -e; Amtsbez.> *fest angestellter Lehrer an einer höheren Schule;* '**Stu·di·en·rä·tin** <f.; -, -nnen; Amtsdt.>; '**Stu·di·en·re·fe·ren·dar** <m.; -(e)s, -e; Amtsbez.> *Lehrer an einer höheren Schule vor der 2. Staatsprüfung;* '**Stu·di·en·re·fe·ren·da·rin** <f.; -, -nnen; Amtsdt.>; '**Stu·di·en·rei·se** <f.; -, -n>; '**Stu·di·en·zeit** <f.; -, -en>; **stu'die·ren** <V.> 1 <V. i. u. V. t.> *eine Hochschule od. (in Österreich) höhere Schule besuchen; sie studiert in München (Medizin) an ~* 2 <V. t.> *sich intensiv mit etwas befassen; den Fahrplan ~;* **Stu'die·ren·de(r)** <f. 2 (m. 1)> *jmd., der studiert;* **Stu'dier·te(r)** <f. 2 (m. 1); umg.> *jmd., der studiert hat;* **Stu'dier·zim·mer** <n.; -s, ->

'**Stu·dio** <n.; -s, -s> 1 *Künstlerwerkstatt, Atelier* 2 <Film, Funk, Fernsehen> *Aufnahmeraum* 3 *Versuchsbühne; ~theater* 4 *Raum für sportl. Aktivitäten; Fitness~; Tanz~* [ital.]; '**Stu·di·ofilm** <m.; -(e)s, -e; ↗Z55>; '**Studi·o·mu·si·ker** <m.; -s, ->; '**Studi·o·mu·si·ke·rin** <f.; -, -n·nen>

Stu·di'o·sus <m.; -, -si; scherzh.; Abk.> stud.> *Student* [lat.]; '**Studi·um** <n.; -s, -di·en> 1 <unz.> *das Studieren(1);* das ~ der Theologie; Medizin~ 2 *das Studieren(2);* Quellen~; '**Stu·di·um ge·ne'ra·le** <n.; --; unz.; ↗Z31> *allgemein bildende, an keine best. Fakultät gebundene Vorlesungen*

'**Stu·fe** <f.; -, -n> 1 *Trittfläche einer Treppe* 2 *Entwicklungsabschnitt; Alters~; Ober~;* sich mit jmdm. auf die gleiche ~ stellen <fig.> 3 <Mus.> *Intervall; Ton~;* '**stu·fen** <V. t.> *in Stufen einteilen, mit Stufen versehen;* '**Stufen·bar·ren** <m.; -s, -> *ein Sportgerät;* '**Stu·fen·fol·ge** <f.; -, -n>; '**Stu·fen·heck** <m.; -s, -s; bei Kfz>; '**Stu·fen·lei·ter** <f.; -, -n>; '**stu·fen·los** <Adj.; meist adv.> ~ verstellbar; '**Stu·fenplan** <m.; -(e)s, ⁼e> *Plan, der in mehreren Abschnitten verwirklicht werden soll;* '**Stu·fenschal·ter** <m.; -s, -; El.>; '**stufen·wei·se** <Adv.> *in Stufen, nach u. nach;* '**stu·fig** <Adj.> *mit Stufen versehen;* ...**stu·fig** <Adj.; ↗Z34; in Zus.> z. B. dreistufig, <in Ziffern> 3-stufig

Stuhl <m.; -(e)s, ⁼e> 1 *Sitzmöbel; Klapp~* 2 <kurz für> *Stuhlgang* 3 <fig.> *Amt; Lehr~;* der Heilige ~ *die päpstl. Regierung;* '**Stuhlbein** <n.; -(e)s, -e>; '**Stühl·chen** <n.; -s, -; Verkleinerungsf. von *Stuhl(1);* '**Stuhl·drang** <m.; -(e)s; unz.; Med.>; '**Stuhl·entlee·rung** <f.; -, -en>; '**Stuhlgang** <m.; -(e)s; unz.> *Ausscheidung von Kot;* '**Stuhl·probe** <f.; -, -n; Med.>

'**Stu·ka** <m.; -s, -s; kurz für> *Sturzkampfflugzeug*

Stuk·ka·teur <[-'tø:r]; m.; -s, -e; künftig nicht mehr zulässige Schreibweise für> *Stuckateur;* **Stuk·ka·tur** <f.; -, -en; künftig

nicht mehr zulässige Schreibweise für> *Stuckatur*

'**Stul·le** <f.; -, -n; norddt.; bes. berlin.> *belegte Brotschnitte*

'**Stul·pe** <f.; -, -n> *umgelegter Teil an Bekleidungsstücken;* '**stülpen** <V. t.> 1 *umdrehen, wenden;* die Taschen nach außen ~ 2 *den Hut über den Kopf ~ nachlässig aufsetzen;* '**Stul·penhand·schuh** <m.; -(e)s, -e>; '**Stul·pen·stie·fel** <m.; -s, ->

stumm <Adj.> *nicht fähig od. willens, Laute hervorzubringen*

'**Stum·mel** <m.; -s, -; umg.> *Rest; Kerzen~; Zigaretten~;* '**Stummel·af·fe** <m.; -n, -n; Zool.>; '**stüm·meln** <V. t.; ich stümm(e)le> *Bäume ~ zurückschneiden;* '**Stum·mel·pfei·fe** <f.; -, -n>; '**Stum·mel·schwanz** <m.; -es, ⁼e>

'**Stumm·film** <m.; -(e)s, -e>; '**Stumm·heit** <f.; -; unz.>

'**Stum·pe** <m.; -n, -n; norddt.; mdt.> *(Baum-)Stumpf;* '**Stumpen** <m.; -s, -> 1 <süddt.> *(Baum-)Stumpf* 2 *Zigarrenart ohne Spitzen* 3 *noch ungeformter Filzhut;* '**Stüm·per** <m.; -s, -; abwertend> *Pfuscher;* **Stüm·pe'rei** <f.; -, -en>; '**stüm·per·haft** <Adj.>; '**Stüm·pe·rin** <f.; -, -n·nen>; '**stüm·pern** <V. i.; ich stümp(e)re> *unsachgemäß, schlecht arbeiten*

stumpf <Adj.> 1 *nicht spitz od. scharf* 2 *nicht glänzend* 3 *teilnahmslos;* ein ~er Blick 4 <Math.> ~er Winkel *W., der größer als 90° u. kleiner als180° ist;* **Stumpf** <m.; -(e)s, ⁼e> *Reststück; Bein~;* etwas mit ~ u. Stiel ausrotten <umg.> *ganz u. gar;* '**Stumpf·heit** <f.; -; unz.>; '**Stümpf·lein** <n.; -s, -; poet.> Verkleinerungsf. von *Stumpf;* '**Stumpf·na·se** <f.; -, -n>; '**stumpf·na·sig** <Adj.>; '**Stumpf·sinn** <m.; -(e)s; unz.> 1 *Teilnahmslosigkeit, Schwachsinn(1)* 2 *langweilige Monotonie;* der ~ einer Arbeit; '**stumpfsin·nig** <Adj.>; '**stumpf·win·kelig, 'stumpf·wink·lig** <Adj.; Math.>

'**Stünd·chen** <n.; -s, -; Verkleine­rungsf. von> *Stunde;* '**Stun·de** <f.; -, -n> 1 <Abk.: St., Std.; Zei­chen: h (Astr. ...ʰ)> *Zeitraum*

von 60 Minuten; eine viertel ~ <od.> eine Viertel~; in anderthalb ~en; er hat drei ~en lang gearbeitet; <aber> er hat stundenlang gearbeitet 2 *Unterrichtseinheit; Schul~* 3 *Zeitraum innerhalb eines Tages;* in den Abend~n 4 *Zeitpunkt, Augenblick;* die ~ null; die Gunst der ~ nutzen; von Stund an <poet.> *von da an;* ein Mann, eine Frau der ersten ~; '**stunden** <V. t.> *Zahlungsaufschub gewähren;* '**Stun·den·buch** <n.; -(e)s, ⁼er; bes. im 13.–16. Jh.> *Gebetbuch für Laien;* '**Stunden·frau** <f.; -, -en; umg.> *Frau, die stundenweise im Haushalt hilft;* '**Stun·den·ge·bet** <n.; -(e)s, -e; Kath.>; '**Stun·den·geschwin·dig·keit** <f.; -, -en> *Durchschnittsgeschwindigkeit innerhalb einer Stunde;* '**Stunden·glas** <n.; -es, ⁼er> = *Sanduhr;* '**Stun·den·halt** <m.; -(e)s, -e; schweiz.>; '**Stun·den·ho·norar** <n.; -s, -e>; '**Stun·den·ho·tel** <n.; -s, -s> *Hotel, das Zimmer stundenweise vermietet;* '**Stunden·ki·lo·me·ter** <m.; -s, -; Abk.: km/h> *Kilometer je Stunde, Geschwindigkeitsmaß;* '**stun·denlang** <Adj.> ~es Warten; ~ telefonieren *über mehrere Stunden hinweg;* <aber> sie hat zwei Stunden lang telefoniert; → a. *Stunde;* '**Stun·den·lohn** <m.; -(e)s, ⁼e>; '**Stun·den·plan** <m.; -(e)s, ⁼e in Schulen>; '**Stunden·schlag** <m.; -(e)s, ⁼e> *Glockenschlag der Uhr;* '**stun·denwei·se** <Adv.> sie arbeitet nur ~; '**stun·den·weit** <Adv.; sel­ten>; '**Stun·den·zei·ger** <m.; -s, -; an Uhren>; ...**stün·dig** <Adj.; ↗Z34; in Zus.> *eine (un)best. Anzahl von Stunden dauernd;* ein zweistündiger, <in Ziffern> 2-stündiger Vortrag; <aber> → ...**ständlich;** '**Stünd·lein** <n.; -s, -; poet.; Verkleinerungsf. von> *Stunde;* '**stünd·lich** <Adj.> *jede Stunde stattfindend;* das Wetter ändert sich heute ~; ...**stündlich** <Adj.; in Zus.> *im Abstand von einer best. Anzahl von Stunden stattfindend;* der Zug verkehrt dreistündlich; <aber> → ...**stündig;** '**Stun·dung** <f.; -, -en> *Zahlungsaufschub*

S

Stunk <m.; -s; unz.; umg.> *Zank, Streiterei;* ~ *machen*

Stunt <[stʌnt]; m.; -s, -s> *gefährliche Filmszene* [engl.]; **'Stunt·girl** <[-ɡə:l]; n.; -s, -s> *Frau, die bei besonders gefährlichen Filmszenen die Rolle der (eigtl.) Darstellerin übernimmt;* → a. *Double;* **'Stunt·man** <[-mæn]; m.; -s, -men [-mən]>

stu'pend <Adj.; geh.> *erstaunlich, verblüffend* [lat.]

Stupf <m.; -(e)s, -e> *leichter Stoß;* **'stup·fen** <V. t.; oberdt.>

stu'pid, stu'pi·de <Adj.> *dumm, geisttötend;* eine ~(e) Arbeit [lat.]; **Stu·pi·di'tät** <f.; -; unz.>; **'Stu·por** <m.; -s; unz.; Med.> *Zustand völliger Unbeweglichkeit u. Unempfindlichkeit gegenüber Reizen*

'stup·pen <V. t.; österr.> *einpudern*

Stups <m.; -es, -e; umg.> *leichter Stoß;* **'stup·sen** <V. t.; du stupst; umg.>; **'Stups·na·se** <f.; -, -n; umg.> *kurze, leicht nach oben gebogene Nase*

stur <Adj.; umg.> *starr(köpfig), verbohrt;* **'Stur·heit** <f.; -; unz.>

Sturm¹ <m.; -(e)s, ⸚e> 1 *heftiger Wind, Orkan* 2 *unerwarteter Angriff;* der ~ auf die Bastille; gegen etwas ~ laufen <fig.> *dagegen ankämpfen;* jmds. Herz im ~ erobern <fig.> *sehr schnell;* ~ läuten <umg.> *sehr heftig läuten* 3 <fig.> *heftiger Andrang;* ein ~ auf die Banken setzte ein 4 <fig.> *heftige Erregung;* ein ~ der Entrüstung; Beifallsstürme 5 <unz.> ~ *und Drang Richtung der dt. Literatur (1767–1785)* 6 <Sp., bes. Fußb.> *alle Stürmer einer Mannschaft;* **Sturm²** <m.; -(e)s, ⸚e; Pl. selten; österr.> *in Gärung übergegangener Most;* Sy *Federweiße(r);* **'Sturm-ab·tei·lung** <f.; -; unz.; Abk.: SA> *Kampftruppe der NSDAP;* **'Sturm-an·griff** <m.; -(e)s, -e; Mil.>; **'sturm·be·wegt** <Adj.; ⸗Z29> ein ~es Meer; <aber> ein vom Sturm bewegtes Meer; **'Sturm·bö** <f.; -, -en>; **'stür·men** <V.> 1 <V. i.> *heftig wehen;* es stürmt 2 <V. i. (s.)> *rennen, eilen;* aus dem Haus ~ 3 <V. t.> *im Sturm(2) erobern, in Besitz nehmen;* die Festhalle wurde

gestürmt 4 <V. i.; Sp.> *als Stürmer spielen;* **'Stür·mer** <m.; -s, -; Fußb., Handball, Hockey> *Angreifer;* **'Stür·me·rin** <f.; -, -n·nen>; **'Stur·mes·brau·sen** <n.; -s; unz.; poet.>; **'Sturm·flut** <f.; -, -en>; **'sturm·frei** <Adj.> 1 <Mil.> *uneinnehmbar* 2 *eine ~e Bude* <umg.; scherzh.> *Zimmer, in dem man (von den Eltern) nicht gestört wird;* **'Sturm·fri·sur** <f.; -, -en; scherzh.>; **'sturm·ge·peitscht** <Adj.; ⸗Z29> ~es Meer; **'Sturm·glo·cke** <f.; -, -n> *Alarmglocke;* **'Sturm·hut** <m.; -(e)s; unz.; Bot.> = *Eisenhut;* **'stür·misch** <Adj.> 1 *sehr windig* 2 *leidenschaftlich, rasant;* eine ~e Begrüßung; **'Sturm·la·ter·ne** <f.; -, -n>; **'Sturm·mö·we** <f.; -, -n; Zool.>; **'Sturm·scha·den** <m.; -s, ⸚>; **'Sturm·schritt** <in der Wendung> im ~ *sehr schnell;* **'Sturm·si·gnal** <auch> **'Sturm·si·nal** <n.; -(e)s, -e; ⸗Z.53>; **'Sturm·tief** <n.; -s, -s; Meteor.>; **'Sturm-und-'Drang-Zeit** <f.; -; unz.; ⸗Z33; Lit.> → a. *Sturm¹(5);* **'Sturm·vo·gel** <m.; -s, ⸚; Zool.>; **'Sturm·war·nung** <f.; -, -en>; **'Sturm·wind** <m.; -(e)s, -e; poet.>

Sturz <m.; -es, ⸚e> 1 *heftiger Fall;* ein ~ vom Pferd; Preis~ 2 <fig.> *gewaltsame Amtsenthebung;* der ~ der Regierung 3 <Pl. -e; Arch.> *oberer Abschluss von Fenster u. Tür;* **'Sturz·bach** <m.; -(e)s, ⸚e> 1 *zu Tal stürzende Wassermassen* 2 <fig.> *Wortschwall;* **'sturz·be'sof·fen, 'sturz·be'trun·ken** <Adj.; umg.; verstärkend>; **'stür·zen** <V.; du stürzt> 1 <V. i. (s.)> *jäh zu Boden fallen;* ich bin gestürzt; das Flugzeug stürzte ins Meer 2 <V. t./V. refl.> *in die Tiefe fallen lassen, hinabwerfen;* er hat sich aus dem Fenster gestürzt; jmdn. ins Unglück ~ 3 <V. i.> *heftig hervorbrechen;* Tränen stürzten ihr aus den Augen 4 <V. i. (s.)> *eilen, rennen;* er ist zum Bus gestürzt 5 <V. refl.> *sich begeistert einer Sache annehmen;* sich in die Arbeit, auf die Zeitung, ins Vergnügen ~; sich in Unkosten ~ <fig.>; **'Sturz·flug** <m.; -(e)s, ⸚e> im ~;

'Sturz·ge·burt <f.; -, -en; Med.; veralt.> *überschnelle Geburt;* **'Sturz·gut** <n.; -(e)s, ⸚er *Ware, die unverpackt in einen Lagerraum geschüttet werden kann, z. B. Kohle;* **'Sturz·helm** <m.; -(e)s, -e>; **'Sturz·kampf·flug·zeug** <n.; -(e)s, -e; Kurzw.: Stuka>; **'Sturz·see** <f.; -, -en; scherzh.>; **'Sturz·wel·le** <f.; -, -n> *hohe, sich überstürzende Welle*

Stuss <m.; -es; unz.; umg.> *Unsinn;* red' keinen ~! [jidd.-hebr.]

'Stut·buch <n.; -(e)s, ⸚er> *Zuchtstammbuch für Pferde;* **'Stu·te** <f.; -, -n> *weibl. Pferd;* **'Stu·ten** <m.; -s, -; norddt.> *längliches Kuchenbrot;* **'Stu·ten·foh·len** <n.; -s, -> = *Stutfohlen;* **'Stu·ten·milch** <f.; -; unz.>; **'Stut·foh·len** <n.; -s, -> *junges weibl. Pferd* Ggs *Hengstfohlen*

'Stutt·gart *Hauptstadt von Baden-Württemberg*

Stutz¹ <m.; -es, -e; umg.> *Stumpf*

Stutz² <m.; -es, -e; umg.> 1 *Federbusch* 2 <schweiz.> *steiler Hang* 3 <umg.> *Stoß;* auf den ~ *plötzlich*

Stutz³ <m.; -es, -e; umg.> *Wandbrett*

Stütz <m.; -es, -e; Turnen> *Liege-;* **'Stütz·bal·ken** <m.; -s, ->; **'Stüt·ze** <f.; -, -n> 1 *Vorrichtung, die etwas stützt;* Buch~ 2 <fig.> *Hilfe, Beistand;* er ist mir bei der Arbeit eine große ~

'stut·zen¹ <V. i.; du stutzt> *verwirrt innehalten*

'stut·zen² <V. t.; du stutzt> *kürzen;* den Bart ~; **'Stut·zen** <m.; -od. -s, -> 1 *kurzes Gewehr* 2 *Rohrstück* 3 <österr.> *Kniestrumpf*

'stüt·zen <V. t./V. refl.; du stützt> *Halt geben, finden;* sich auf jmdn. od. etwas ~

'Stut·zer <m.; -s, -> *Geck*

'Stutz·flü·gel <m.; -s, -; Instrumentenk.> *kleiner Flügel(5)*

'Stütz·ge·we·be <n.; -s, -; Med.>

'stut·zig <Adj.; präd. u. adv.> *verwundert, argwöhnisch;* das macht mich ~

'stüt·zig <Adj.; oberdt.> 1 = *stutzig* 2 *störrisch, widerspenstig*

'Stütz·kor·sett <n.; -(e)s, -s od. -e>; **'Stütz·mau·er** <f.; -, -n>; **'Stütz·pfei·ler** <m.; -s, ->; **'Stütz·punkt** <m.; -(e)s, -e>

Ausgangspunkt für best. Unternehmungen; Militär~; **'Stutz-uhr** <f.; -, -en; früher> *kleine Tischstanduhr;* **'Stüt·zung** <f.; -, -en>; **'Stütz·ver·band** <m.; -(e)s, ~e; Med.>

St. Vin·cent und die Gre·na·di-nen <[sənt 'vinsənt-]> *Staat in der Karibik*

StVO <Abk. für> *Straßenverkehrsordnung*

StVZO <Abk. für> *Straßenverkehrs-Zulassungsordnung*

'sty·gisch <Adj.> **1** *an den Styx erinnernd* **2** *schauerlich, unheimlich*

Style <[stail]; m.; - od. -s; unz.; häufig in Zus.; bes. Mode> *Stil, Erscheinungsbild;* City~; Country~; Sport~ [engl.]; **'sty·len** <V. t./V. refl.> *modisch gestalten, zurechtmachen;* sie war perfekt gestylt; **'Sty·ling** <n.; -s, -s> *Design, modische Gestaltung;* **'Sty·list** <m.; -en, -en>; **Sty·lis·tin** <f.; -, -n·nen>

Sty·lit <m.; -en, -en> *frühchristlicher Säulenheiliger* [grch.]

'Sty·rax <m.; -es od. -, -e> **1** <Bot.> *eine Heilpflanze* **2** *der daraus gewonnene Balsam* [lat.-grch.]

Sty·rol <n.; -s; unz.; Chem.> *eine farblose chem. Verbindung* [lat.-grch.]

Sty·ro·por <n.; -s; unz.; Warenz.> *ein bes. zum Verpacken u. Isolieren verwendeter Kunststoff* [grch.; lat.]

Styx <m.; -; unz.; grch. Myth.> *Fluss der Unterwelt*

SU <Abk. für> *Sowjetunion*

s. u. <Abk. für> *siehe unten*

Su·a·da <f.; -, -den>, **Su·a·de** <f.; -, -n; geh.> *Rede-, Wortschwall* [lat.]

Su·a·he·li[1] <m.; - od. -s, - od. -s> *Angehöriger eines ostafrikan. Volksstammes;* **Su·a·he·li**[2] <n.; - od. -s; unz.> *Handels- u. Verkehrssprache in Ostafrika*

sub..., Sub... <in Zus.> *unten, unter, niedriger als* [lat.]

sub·a'kut <Adj.; ↗Z 55; Med.> ~e *Krankheitsprozesse wenig heftig, gemäßigt verlaufende K.* [lat.]

sub·al'pin <Adj.; Geogr.> *unter der alpinen Höhe liegend* [lat.]

sub·al'tern <Adj.> *untergeordnet,*

Subjekt: Das S. – auch Satzgegenstand genannt – ist ein Satzglied, das in der Regel im ↗Nominativ steht und das etwas ausgesagt wird. Es lässt sich durch die Hilfsfrage *wer oder was?* ermitteln. Die semantische Rolle des S. ist häufig die des **Verursachers** (Agens) einer Handlung, die im ↗Prädikat ausgedrückt ist. S. und Prädikat bilden im Deutschen die Grundform des einfachen ↗Aussagesatzes.

In der Regel ist das S. ein Substantiv oder ↗Pronomen, es kann natürlich auch ein substantiviertes Adjektiv, ein substantivierter Infinitiv oder ein Zahlwort sein: *Der Mann redet nicht. Sie ging. Der Klügere gibt nach. Klatschen ist out. Eines schickt sich nicht für alle.*

Da der Handelnde bzw. Verursacher einer Handlung nicht immer im Satz als S. stehen muss, unterscheidet man zwischen grammatischem und logischem S.

Das **grammatische** S. steht im Nominativ und stimmt in ↗Person und ↗Numerus mit dem Prädikat überein: *Die Schüler sind noch nicht (vom Lehrer) gefragt worden.*

Das **logische** S. bezeichnet den tatsächlich Handelnden: *Der Lehrer hat die Schüler noch nicht gefragt.*

Der Begriff S. wird in der Grammatiktheorie kontrovers aufgefasst, problematisch ist die Rolle des S. z. B. in Sätzen wie: *Es regnet* oder *Es wird getanzt.* Im Satz *Heute wird aber gefeiert!* ist kein grammatisches S. vorhanden.

Subjektsatz: Ein S. ist ein finiter oder infiniter ↗Nebensatz mit der syntaktischen Funktion eines ↗Subjekts. Der finite S. ist in der Regel durch eine ↗Konjunktion (*dass, ob*) oder ↗Fragewörter (*wer, wie, wann, wo, was*) eingeleitet: *Ob er kommt, ist ungewiss. Was er sagt, ist unglaubwürdig. Dass sie singt, interessiert niemanden.*

---

unterwürfig [lat.]; **Sub·al·terna·ti·on** <f.; -; unz.> *Unterordnung eines Begriffs unter einen anderen, z. B.* "Mensch" *unter* "Säugetier"

'sub·ant·ark·tisch <Adj.> *zw. der südl. gemäßigten Zone u. dem Südpolargebiet liegend;* **sub·'ark·tisch** <Adj.> *zw. der nördl. gemäßigten Zone u. dem Nordpolargebiet liegend*

Sub·bot·nik <m.; -s, -s; DDR> *freiwilliger Arbeitseinsatz* [russ.]

sub·der'mal <Adj.; Med.> *= subkutan*

'Sub·do·mi·nan·te <f.; -, -n; Mus.> **1** *die Quarte der diaton. Tonleiter* **2** *Dreiklang auf diesem Ton*

sub·fos'sil <Adj.; Biol.> *in historischer Zeit ausgestorben* [lat.]

sub·gla·zi'al <Adj.> *unter dem (Gletscher-)Eis befindlich* [lat.]

'su·bi·to <Mus.> *sofort (anschließend), plötzlich* [ital.]

Sub'jekt <n.; -(e)s, -e> **1** *die denkende, handelnde Person* **2** <fig.; umg.; abwertend> *verkommener Mensch* **3** <Gramm.> *das den Träger des Geschehens ausdrückende Satzglied;* Sy Satzgegenstand; → a.

Kasten [lat.]; **Sub·jek·ti'on** <f.; -, -en; Rhet.> *das Aufwerfen einer Frage, die der Redner selbst beantwortet;* **sub·jek'tiv** <a. ['---]; Adj.> **1** *zum Subjekt(1) gehörend* **2** *persönlich, parteiisch, unsachlich;* eine ~e Betrachtungsweise; Ggs objektiv, **sub·jek·ti·vie·ren** <[-'vi-]; V. t.> *aus persönlicher Sicht beurteilen;* **Sub·jek·ti'vis·mus** <m.; -; unz.> **1** <Philos.> *Lehre, dass alle Erkenntnis nur für das Subjekt(1), nicht aber allgemein gültig ist* **2** *Ichbezogenheit;* **sub·jek·ti'vis·tisch** <Adj.>; **Sub·jek·ti·vi'tät** <f.; -; unz.> *persönliche Auffassung;* Ggs Objektivität; **Sub'jekt·satz** <m.; -es, ~e; Gramm.> → Kasten

Sub·junk·ti·on <f.; -, -en> **1** *logische Beziehung zw. zwei Sachverhalten* **2** *= Hypotaxe* **3** <Gramm.> *unterordnende Konjunktion, z. B. damit, weil* [lat.]; **'Sub·junk·tiv** <m.; -(e)s, -e; Gramm.; selten für> *Konjunktiv*

'Sub·kon·ti·nent <m.; -(e)s, -e> *Teil eines Kontinents, der sich durch seine Größe u. Lage von*

S

Subordination: Als S. bezeichnet man die Verknüpfung zweier Sätze, wobei der eine syntaktisch dem anderen untergeordnet ist. Sätze mit subordinativer Verknüpfung nennt man ↗Satzgefüge, wobei der Satz, der dem anderen untergeordnet wird, ↗Nebensatz, der andere ↗Hauptsatz genannt wird. Die Bezeichnung Haupt- und Nebensatz ist irreführend, da beim Streichen eines Nebensatzes häufig kein vollständiger Satz als Hauptsatz übrig bleibt: *Er sagt, dass es ihm gefällt.*

anderen Teilen abhebt; der indische ~ *Vorderindien* [lat.]
'**Sub·kul·tur** <f.; -, -en> *Kulturgruppe innerhalb eines größeren Kulturbereichs* [lat.]; '**sub·kul·tu·rell** <Adj.>
sub·ku·tan <Adj.; Med.; Abk.> sc.> *unter der Haut* [lat.]; **Sub'ku·tis** <f.; -; unz.; Med.> = *Unterhaut*
sub'lim, <auch> **su'blim** <Adj.; ↗Z54> geh.> *feinsinnig, nur einem feinen Empfinden zugänglich* [lat.]; **Sub·li·ma·ti'on** <f.; -, -en> *unmittelbarer Übergang eines festen Stoffes in den gasförmigen Zustand u. umgekehrt*; **sub·li'mie·ren** <V.> 1 <V. i.; Chem.> *vom festen in den gasförmigen Zustand übergehen u. umgekehrt* 2 <V. t.; Chem.> *einen Stoff* ~ 3 <V. t.> *verfeinern*; **Sub·li'mie·rung** <f.; -, -en>; **Sub·li·mi'tät** <f.; -; unz.; selten>
sub·ma'rin <Adj.; Biol.> *unter dem Meeresspiegel befindlich* [lat.]
sub'mers <Adj.; Bot.> *unter Wasser lebend*; **Sub·mer·si'on** <f.; -, -en> 1 <Geol.> *Untertauchung* 2 <veralt.> *Überschwemmung*
Sub·mis·si'on <f.; -, -en> 1 <veralt.> *Unterwürfigkeit* 2 <Wirtsch.> *öffentl. Ausschreibung mit Vergabe von Aufträgen an den, der das günstigste Angebot macht* [lat.]; **Sub·mit'tent** <m.; -en, -en> *jmd., der sich um einen Auftrag bewirbt*
sub·or·bi'tal <Adj.; Raumf.> *nicht zu einer Umlaufbahn führend* [lat.]
Sub·or·di·na·ti'on <f.; -, -en; Gramm.> *Unterordnung von*

Substantiv: Das S. – auch Dingwort, Hauptwort, Gegenstandswort, Nennwort oder Nomen genannt – ist eine veränderliche Wortart, die ca. 66% des gesamten deutschen Wortschatzes ausmacht.
Bei der ↗Deklination des S. nach ↗Kasus und ↗Numerus werden drei Arten unterschieden: **starke, schwache** und **gemischte Deklination.**
Das S. kann den Kern verschiedener ↗Satzglieder bilden (↗Subjekt, ↗Adverbial, ↗Objekt).
Unter semantischem Aspekt unterscheidet man zwischen konkreten und abstrakten S.:
Konkreta sind:
a) ↗**Eigennamen:** *Joseph, Goethe, Hamburg, Griechenland*
b) Gattungsnamen oder ↗**Appellativa:** *Mensch, Hund, Tänzerin, Heckenrose, Tisch*
c) Sammelbezeichnungen oder ↗**Kollektiva:** *Familie, Rudel, Schulklasse*
d) Stoffnamen: *Wasser, Zucker, Gold, Holz*
↗**Abstrakta** (begriffliche Substantive) sind z. B. die Wörter *Fleiß, Sensibilität, Denkvermögen, Gesundheit, Angst.*

Satzgliedern u. Sätzen; → *a. Kasten* [lat.]; **sub·or·di'nie·ren** <V. t.> –*de Konjunktion* <Gramm.>
sub·po'lar <Adj.> *zwischen der Polar- u. der gemäßigten Zone liegend* [lat.]
sub·si·di'är, sub·si·di'a·risch <Adj.; Pol.> *aushilfsweise, unterstützend* [lat.]; **Sub·si·di·a·'ris·mus** <m.; -; unz.; Pol.>; **Sub·si·di·a·ri·täts·prin·zip** <n.; -s; unz.; Pol.> *Grundsatz, dass der Staat unterstützend eingreift, wenn kleinere Gemeinschaften gesellschaftl. Aufgaben nicht allein bewältigen können*
Sub·sis'tenz <f.; -, -en; Philos.> *das Bestehen durch sich selbst* [lat.]; **Sub·sis'tenz·wirt·schaft** <f.; -; unz.> *landwirtschaftl. Produktion zur Selbstversorgung*; **sub·sis'tie·ren** <V. i.; Philos.> *durch sich selbst bestehen*
Sub·skri'bent, <auch> **Subs·kri'bent** <m.; -en, -en; ↗Z54> [lat.]; **sub·skri'bie·ren** <V. t. u. V. i.> *(ein neu erscheinendes*

Ein wichtiges Kennzeichen des S. im Deutschen ist seine Verbindung mit dem ↗**Artikel.**

Substantivierung: Die S. ist ein Prozess der ↗**Wortbildung,** durch den Wörter anderer Wortarten in ↗**Substantive** umgewandelt werden. Besonders häufig werden ↗Adjektive, ↗Verben und ↗Partizipien substantiviert: *das Schöne, ein Ahnungsloser, das Schwimmengehen, ein Auftreten, etwas Ungenießbares, die Eingeweihten.*
Auch andere Wortarten oder Wortteile können substantiviert werden: *das Hin und Her* (Präposition); *das ewige Wir* (Pronomen); *das Jetzt* (Adverb); *ein entschiedenes Nein* (Partikel); *das A und O* (Wortteil).
In der Regel signalisiert der bestimmte oder unbestimmte Artikel vor einem Wort, dass es ein Substantiv ist bzw. eine S. Einige (Zahl)Adjektive und Pronomen werden jedoch auch mit Artikel kleingeschrieben: *die vielen, der eine, das wenige, die anderen, das allermeiste* (vs. *das Meiste, die Unzähligen* usw.).
Vgl. ↗Groß- und Kleinschreibung

Buch) zu einem niedrigeren Preis vorbestellen u. zur Abnahme verpflichten; **Sub·skrip·ti'on** <f.; -, -en> [lat.]; **Sub·skrip·ti'ons·preis** <m.; -es, -e>
sub'so·nisch <Adj.> *unterhalb der Schallgeschwindigkeit liegend*; Ggs *supersonisch* [lat.]
sub spe·cie ae·ter·ni'ta·tis <['spe:tsje: εter-]> *im Lichte der Ewigkeit* [lat.]
Sub'spe·zi·es <[-tsje:s]; f.; -, -; Biol.> *Unterart* [lat.]
'**Sub·stan·dard** <m.; -s; unz.; bes. österr.> 1 *schlechte Qualität* 2 <Sprachw.> *Sprachebene unterhalb der Hochsprache*
Sub·stan·ti·a·li'tät, <auch> **Subs·tan·ti·a·li'tät** <f.; -; unz.; ↗Z54, 11.4> = *Substanzialität*; **sub·stan·ti'ell** <Adj.; ↗Z11.4> = *substanziell*; '**Sub·stan·tiv** <a. [--'-]; n.; -s, -e [-və]; Gramm.> *Wort, das einen Gegenstand od. Begriff bezeichnet*; Sy *Hauptwort, Dingwort, Namenwort, Nennwort*; → *a. Kasten*; **sub·stan·ti·vie·ren** <[-'vi:-];

V. t.> *zum Substantiv machen, als Substantiv gebrauchen;* **Sub·stan·ti·vie·rung** <f.; -, -en> → a. *Kasten S. 1050;* '**sub·stan·ti·visch** <a. [--'--]; Adj.>; **Sub·stan·ti·vum** <n.; -s, -va> = *Substantiv;* **Sub·stanz** <f.; -, -en> 1 *Stoff, Masse;* Knochen~ 2 <unz.; Philos.> *das Bleibende, Wesentliche* 3 <unz.; fig.> *Kern einer Sache;* der Vortrag hat wenig ~ 4 <unz.; fig.; umg.> *Vorrat, Kapital;* von der ~ leben [lat.]; **Sub·stan·zi·a·li·tät** <f.; -; unz.; ↗Z11.4> *Eigenschaft, Wesen einer Substanz;* oV *Substantialität;* **sub·stan·zi·ell** <Adj.; ↗Z11.4> *wesentlich, wesenhaft* 2 *stofflich* 3 *materiell*

sub·sti·tu·ie·ren, <auch> **subs·ti·tu·ie·ren** <V. t.; ↗Z54> *ersetzen, austauschen* [lat.]; **Sub·sti·tu·'ie·rung** <f.; -, -en>; **Sub·sti'tut**[1] <m.; -en, -en> *Ersatzmann, Stellvertreter,* **Sub·sti'tut**[2] <n.; -(e)s, -e> *Ersatz(mittel);* **Sub·sti·'tu·tin** <f.; -, -n·nen>; **Sub·sti·tu·ti'on** <f.; -, -en> *Ersatz*

Sub'strat, <auch> **Subs'trat, Subst'rat** <n.; -(e)s, -e; ↗Z54> 1 *Grundlage, Unterlage* 2 <Biol.; Chem.; Phys.> *Nährboden* 3 <Sprachw.> *Sprache eines unterworfenen Volkes, das seine Sprache der des Eroberers angleicht;* Ggs *Superstrat* [lat.]; **Sub·struk·ti'on,** <auch> **Subs·truk·ti'on, Subst·ruk·ti'on** <f.; -, -en; ↗Z54> *Unterbau, Grundbau*

sub·su·mie·ren <V. t.> 1 *etwas ~ einordnen, (einem allg. Begriff) unterordnen* 2 *zusammenfassen* [lat.]; **Sub·sum·ti'on** <f.; -, -en>; **sub·sum'tiv** <Adj.> 1 *unterordnend* 2 *zusammenfassend*

'**Sub·sys·tem** <n.; -s, -e> *System innerhalb eines Systems*

Sub·teen <['sʌbtiːn]; m.; -s, -s; umg.; amerikan. Bez. für> *10–12 Jahre altes Kind* [engl.]

sub·ter'ran <Adj.> *unterirdisch*

sub'til <Adj.> 1 *zart, fein(sinnig)* 2 *scharfsinnig* 3 *schwierig* [lat.]; **Sub·ti·li'tät** <f.; -, -en>

Sub·tra·hend <m.; -en, -en; Math.> *von einer anderen Zahl abzuziehende Zahl;* → a. *Minuend* [lat.]; **sub·tra'hie·ren** <V. t.> *abziehen;* Ggs *addieren;* **Sub-**

trak·ti'on <f.; -, -en> *das Abziehen;* Ggs *Addition*

'**Sub·tro·pen** <Pl.; Geogr.> *Zone zwischen den Tropen u. den gemäßigten Zonen;* '**sub·tro·pisch** <Adj.>

'**Sub·un·ter·neh·mer** <m.; -s, -> *jmd., der von einer anderen Firma übernommene Aufträge ausführt;* '**Sub·un·ter·neh·me·rin** <f.; -, -n·nen>

Sub·urb, <auch> **Su·burb** <['sʌbəb]; f.; -, -s; ↗Z54; engl. Bez. für> *Vorstadt, Randbezirk*

sub·ur·bi'ka·risch <Adj.; Kath.> *zu Rom gehörend;* ~es Bistum [lat.]

Sub·ven·ti'on <[-vɛn-]; f.; -, -en; Wirtsch.> *zweckbest. Unterstützung aus öffentl. Mitteln* [lat.]; **sub·ven·ti·o'nie·ren** <V. t.>

Sub·ver·si'on <[-vɛr-]; f.; -, -en> *pol. Umsturz, Zerstörung* [lat.]; **sub·ver'siv** <Adj.>

Sub·way <['sʌbwei]; m.; -s, -s; engl. Bez. für> 1 *Untergrundbahn* 2 *Unterführung*

Sub·woo·fer <['sʌbwu:fə(r)]; m.; -s, - od. -s> *Lautsprecher zur Bassverstärkung* [engl.]

'**Such·dienst** <m.; -(e)s, -e>; '**Su·che** <f.; -, -en> *auf der ~ (nach etwas) sein;* '**su·chen** <V. t.> 1 *sich bemühen, etwas zu finden;* ihr habt hier nichts zu ~ 2 *sich bemühen, etwas Bestimmtes zu erhalten;* Rat, Erholung ~ 3 <Inf. mit "zu"; geh.> *etwas zu tun ~ danach trachten;* sie suchte ihm zu gefallen 4 <Part. Perf.> jmd. od. etwas ist gesucht *rar, begehrt;* '**Su·cher** <m.; -s, -; Fot.>; **Su·che'rei** <f.; -; unz.>; '**Such·lis·te** <f.; -, -n>; '**Such·ma·schi·ne** <f.; -, -n; EDV> *Recherchedienst im Internet;* '**Such·mel·dung** <f.; -, -en>; '**Such·schein·wer·fer** <m.; -s, ->

Sucht <f.; -, ⁓e> 1 *krankhaftes Bedürfnis nach etwas;* Trunk~; Geltungs~ 2 <veralt.> *Krankheit;* Gelb~; '**Sucht·ge·fahr** <f.; -, -en; Pl. selten>; '**Sucht·gift** <n.; -(e)s, -e; österr.> *Rauschmittel;* '**süch·tig** <Adj.> ~ *nach* Eis; drogen~; '**Süch·ti·ge(r)** <f. 2 (m. 1)>; '**Süch·tig·keit** <f.; -; unz.>; '**sucht·krank** <Adj.>; '**Sucht·kran·ke(r)** <f. 2 (m. 1)>

'**Such·trupp** <m.; -s, -s>

'**Su·cre,** <auch> '**Suc·re** <m.; -, -; ↗Z53> *Währungseinheit in Ecuador* [nach dem südamerikan. Freiheitskämpfer A. J. *Sucre* y de Alcala]

'**Su·cre**[2], <auch> '**Suc·re** <↗Z53> *Hauptstadt von Bolivien*

Sud <m.; -(e)s, -e; Pl. selten> *Wasser, in dem Lebensmittel gekocht wurden*

Süd[1] <ohne Art.; Abk.: S> = *Süden;* Stuttgart ~, <auch> Stuttgart-~; **Süd**[2] <m.; -(e)s, -e; Pl. selten; poet.> *Südwind;* ein warmer ~; **Süd·a·fri·ka,** <auch> **Süd'af·ri·ka** <↗Z53> 1 <i. w. S.> *das südliche Afrika* 2 <i. e. S.> *Staat im Süden Afrikas;* Republik ~; **Süd·a·fri·ka·ner** <m.; -s, ->; **Süd·a·fri·ka·ne·rin** <f.; -, -n·nen>; **süd·a·fri·ka·nisch** <Adj.>; **Süd·a'me·ri·ka** *der südliche Teil des amerikan. Kontinents;* **Süd·a·me·ri·ka·ner** <m.; -s, ->; **Süd·a·me·ri·ka·ne·rin** <f.; -, -n·nen>; **süd·a·me·ri·ka·nisch** <Adj.>

Su'dan <m.; - od. -s; unz.> *Staat in Nordostafrika;* Republik ~ [arab.]; **Su'da·ner** <m.; -s, -> = *Sudanese;* **Su'da·ne·rin** <f.; -, -n·nen> = *Sudanesin;* **Su·da·ne·se** <m.; -n, -n> *Einwohner des Sudan;* **Su·da·ne·sin** <f.; -, -n·nen>; **su·da·ne·sisch** <Adj.>

Su·da·ti'on <f.; -; unz.; Med.> *Absonderung von Schweiß* [lat.]

Sud·den·death, <auch> **Sud·den Death** <['sʌdən'deθ]; m.; (-) od. (-)-s, (-)-s; Pl. selten; ↗Z30; Sp.; Eishockey> *Regelung, nach der ein in der regulären Spielzeit unentschiedenes Match durch das erste in der Verlängerung erzielte Tor entschieden wird;* → a. *Goldengoal* [engl.]

'**süd·deutsch** <Adj.; ↗Z46> *ein ~er Begriff;* <aber> Süddeutscher Rundfunk; Süddeutsche Zeitung; '**Süd·deutsch·land**

'**Su·del** <m.; -s, -; schweiz.> 1 *flüchtiger Entwurf, Kladde* 2 <oberdt.> *Pfütze, Schmutz;* **Su·de'lei** <f.; -, -en; umg.>; '**su·de·lig** <Adj.> oV *sudlig;* '**su·deln** <V. i.; ich sud(e)le; umg.; abwertend> *herumschmieren*

'**Sü·den** <m.; -s; unz.; Abk.: S> 1

eine Himmelsrichtung; die Sonne steht im ~ **2** *das im Süden(1) gelegene Gebiet;* im ~ *von Berlin*

Su·de·ten <Pl.> *Gebirge in Mitteleuropa;* **su·de·ten·deutsch** <Adj.>; **Su·de·ten·deut·sche(r)** <f. 2 (m. 1); *1902 geprägter Begriff für*> *Deutsche in den Sudetenländern;* **su'de·tisch** <Adj.>

'Süd·frucht <f.; -, -̈e; meist Pl.>; **'Süd·hang** <m.; -(e)s, -̈e>

'Sud·haus <n.; -es, -̈er; in Bierbrauereien>

Süd·ko'rea <nicht amtl. Bez. für> *Republik Korea;* → a. *Korea;* **'Süd·küs·te** <f.; -, -n>; **'Süd·län·der** <m.; -s, -> *jmd., der aus einem am Mittelmeer gelegenen Land stammt;* **'Süd·län·de·rin** <f.; -, -nen>; **'süd·län·disch** <Adj.>; **südl. Br.** <Geogr.; Abk. für> *südliche(r) Breite;* **'süd·lich** <Adj.; ↗Z46> *im Süden gelegen;* ~ *von Frankfurt,* <selten> ~ *Frankfurts;* 10° ~er *Breite* <Abk.: südl. Br.>; *der ~e Sternenhimmel;* <aber> *die Südlichen Kalkalpen*

'sud·lig <Adj.> oV *sudelig*

Süd·ost¹ <ohne Art.; Abk.: SO> = *Südosten;* **Süd·ost²** <m.; -(e)s, -e; Pl. selten; poet.> = *Südostwind;* **Süd·os·ten** <m.; -s; unz.; Abk.: SO> **1** *eine Himmelsrichtung* **2** *im Südosten(1) gelegenes Gebiet;* **süd'öst·lich** <Adj.> ~ *von München;* **Süd·ost·wind** <m.; -(e)s, -e>; **'Süd·pol** <m.; -(e)s; unz.>; **Süd·po'lar·ge·biet** <n.; -(e)s; unz.> *Antarktis;* **'Süd·see** <f.; -; der südwestl. Teil des Pazifischen Ozeans;* **'Süd·see·in·su·la·ner** <m.; -s, ->; **'Süd·see·in·su·la·ne·rin** <f.; -, -nnen>; **'Süd·sei·te** <f.; -, -n>; **'Süd·staa·ten** <Pl.> *die südl. Staaten der USA;* **Süd·süd·'ost** <ohne Art.; Abk.: SSO>, **Süd·süd·os·ten** <m.; -s; unz.; Abk.: SSO> *eine Himmelsrichtung;* **Süd·süd·'west** <ohne Art.; Abk.: SSW>, **Süd·süd·wes·ten** <m.; -s; unz.; Abk.: SSW> *eine Himmelsrichtung;* **'Süd·ti·rol** <ital. Bez.: Alto Adige> **1** *der 1919 an Italien gefallene Teil Tirols* **2** *die Provinz Bozen;* **'süd·wärts** <Adv.> *in südl. Richtung;* **Süd·west¹** <ohne Art.; Abk.: SW> = *Südwesten;* **Süd·west²**

<m.; -(e)s, -e; Pl. selten; poet.> = *Südwestwind;* **Süd·wes·ten** <m.; -s; unz.; Abk.: SW> *eine Himmelsrichtung;* **Süd·wes·ter** <m.; -s, -> *wasserdichter Leinenhut;* **süd'west·lich** <Adj.>; **Süd·west·wind** <m.; -(e)s, -e>; **'Süd·wind** <m.; -(e)s, -e>

'Su·es·ka·nal, 'Su·ez·ka·nal <[-ɛs-] od. [-ɛts-]; m.; -(e)s; unz.> *Kanal zw. Mittelmeer u. Rotem Meer*

Suff <m.; -(e)s; unz.; derb> *Betrunkenheit; sich dem ~ ergeben;* **'süf·feln** <V. t. u. V. i.; ich süff(e)le; umg.> *genüsslich (Alkohol) trinken;* **'süf·fig** <Adj.> *ein ~er Wein*

suf·fi'gie·ren <V. t.; Sprachw.> *ein Wort ~ mit einem Suffix versehen* [lat.]

Süf·fi·sance <[-'zãs]; f.; -; unz.> = *Süffisanz* [frz.]; **süf·fi'sant** <Adj.>; **Süf·fi'sanz** <f.; -; unz.> *Dünkel, Selbstgefälligkeit*

'Suf·fix <n.; -es, -e; Gramm.> *Nachsilbe; Ggs Präfix;* → a. *Kasten Affix* [lat.]; **suf·fi·xo'id** <Adj.> *einem Suffix ähnlich*

suf·fi·zi'ent <Adj.> *hinlänglich, ausreichend; Ggs insuffizient* [lat.]; **Suf·fi·zi'enz** <f.; -; unz.> *Ggs Insuffizienz*

Suf·fra'gan, <auch> **Suff·ra'gan** <m.; -s, -e; ↗Z53; Kath.> *einem Erzbischof unterstellter Bischof* [lat.]; **Suf·fra'get·te** <f.; -, -n; in England u. Amerika 1903–1914> *Frauenrechtlerin*

Suf·fu·si'on <f.; -, -en; Med.> *Hautblutung* [lat.]

'Su·fi <m.; -s, -s> *Anhänger des Sufismus* [arab.]; **Su'fis·mus** <m.; -; unz.> *asketisch-mystische Richtung des Islams;* **Su·'fist** <m.; -en, -en> = *Sufi*

sug·ge'rie·ren <V. t.> *jmdm. etwas ~ jmdm. etwas einreden, jmdn. beeinflussen;* **sug·ges'ti·bel** <Adj.; -'tib·ler, am -s·ten> *(leicht) beeinflussbar; suggestible Menschen;* **Sug·ges·ti·bi·li·'tät** <f.; -; unz.>; **Sug·ges·ti'on** <f.; -, -en>; **sug·ges'tiv** <Adj.>; **Sug·ges'tiv·fra·ge** <f.; -, -n> *Frage, die eine best. Antwort nahe legt*

'Suh·le <f.; -, -n> *morastige Bodenstelle;* **'suh·len** <V. refl.; Jägerspr.> *sich ~ sich wälzen*

'Süh·ne <f.; -, -n> *Wiedergutmachung (für begangenes Unrecht);* **'Süh·ne·geld** <n.; -(e)s, -er>; **'Süh·ne·maß·nah·men** <Pl.>; **'süh·nen** <V. t.> *ein Unrecht ~ wieder gutmachen, dafür büßen;* **'Süh·ne·op·fer** <n.; -s, ->

sui 'ge·ne·ris <['suːɡ-]> *von eigener Art, einzig, besonders* [lat.]

Suit·case <['sjuːtkeːs]; n. od. m.; -, - od. -s [-keːsiz]; engl. Bez. für> *kleiner Koffer*

Sui·te <['sviːtə]; f.; -, -n> **1** <Mus.> *Folge von Sätzen gleicher Tonart; Tanz~* **2** *fürstl. od. militär. Gefolge* **3** *mehrere miteinander verbundene Zimmer (im Hotel)* [frz.]

Su·i'zid <m.; -(e)s, -e; geh.> = *Selbstmord;* **su·i·zi'dal** <Adj.>; **su·i'zid·ge·fähr·det** <Adj.; ↗Z29>; **Su·i'zid·ra·te** <f.; -; unz.>

Su·jet <[syˈʒeː], frz. [syˈʒɛ]; n.; -s, -s> *Thema, Gegenstand einer künstlerischen Darstellung od. einer Untersuchung* [frz.]

Suk·ka·de <f.; -, -n> *kandierte Fruchtschale, z. B. Zitronat* [frz.]

'Suk·ku·bus <m.; -, -'ku·ben; mittelalterl. Volksglauben> *mit einem Mann buhlender Teufel in Frauengestalt; Ggs Inkubus* [lat.]

suk·ku'lent <Adj.; Bot.> *saftig, fleischig* [lat.]; **Suk·ku'len·te** <f.; -, -n; Bot.> *Fettpflanze;* **Suk·ku·'lenz** <f.; -; unz.; Bot.>

Suk·zes·si'on <f.; -, -en> **1** *Rechtsnachfolge* **2** *Thronfolge* **3** <Biol.> *Entwicklungsreihe* [lat.]; **Suk·zes·si'ons·krieg** <m.; -(e)s, -e> *Erbfolgekrieg;* **suk·zes'siv, suk·zes'si·ve** <Adj.; meist adv.> *allmählich, nach u. nach*

Sul'fat <n.; -(e)s, -e; Chem.> *Salz der Schwefelsäure;* **Sul'fid** <n.; -(e)s, -e; Chem.> *Salz des Schwefelwasserstoffes;* **sul'fi·disch** <Adj.> *schwefelhaltig;* **Sul'fit** <n.; -(e)s, -e; Chem.> *Salz der schwefligen Säure;* **Sul·fon·a'mid,** <auch> **Sul·fo·na·'mid** <n.; -(e)s, -e; ↗Z54; Pharm.> *ein chemotherapeut. Heilmittel;* **Sul'fur** <n.; -s; unz.; Chem.; Zeichen: S> *Schwefel* [lat.]

Sul·ky <['sʌlki]; n.; -s, -s; ↗Z6.1> *zweirädriger Einspänner für Trabrennen* [engl.]

'**Sul·tan** <m.; -s, -e; *Titel für> islam. Herrscher* [arab.]; **Sul·ta·'nat** <n.; -(e)s, -e>; '**Sul·ta·nin** <f.; -, -nˑnen>; **Sul·ta'ni·ne** <f.; -, -n; Bot.> *große Rosine*

Sulz <f.; -, -en; oberdt.>, '**Sül·ze** <f.; -, -n> *Fleisch, Fisch u. Ä. in Gallert*; '**sul·zen** <V. t.; du sulzt; oberdt.>, '**sül·zen** <V.; du sülzt> 1 <V. t.> *zu Sülze verarbeiten* 2 <V. i.> *dummes Zeug reden*; '**Sülz·wurst** <f.; -, -ᵉe>

'**Su·mach** <m.; -s, -e; Bot.> *ein Holzgewächs mit harzhaltigen Steinfrüchten* [arab.]

'**Su·mer** *das mittlere u. südl. Babylonien*; **Su'me·rer** <m.; -s, -> *Bewohner von Sumer*; **su'me·risch** <Adj.>

'**Sum·ma** <f.; -, 'Sum·men> 1 <veralt.; Abk.: Sa.> = *Summe* 2 <Scholastik> *zusammenfassende, systemat. Darstellung von Theologie u. Philosophie* [lat.]; '**sum·ma cum 'lau·de** *"mit höchstem Lob" (höchste Auszeichnung bei akad. Prüfungen)*; → a. *cum laude, magna cum laude, rite(2)*; **Sum'mand** <m.; -en, -en; Math.> *Zahl, die zu einer anderen hinzugezählt werden soll*; Sy *Addend*; **sum·'ma·risch** <Adj.> *kurz zusammengefasst*; **Sum·ma·ry** <['samərɪ]; n.; -s, -s; ↗Z6.1> *Zusammenfassung* [engl.]; '**summa sum'ma·rum** *insgesamt, alles in allem* [lat.]; '**Sum·ma·ti'on** <f.; -, -en; Math.> *Bildung einer Summe, Addition*; '**Sümm·chen** <n.; -s, -; Verkleinerungsf. von> *Summe*; '**Sum·me** <f.; -, -n> 1 *Ergebnis einer Addition* 2 *best. Geldbetrag* 3 <fig.> *Gesamtheit, das Ganze;* die ~ *aller Erfahrungen*

'**sum·men** <V. i.> 1 *leise brummen;* Insekten ~ 2 *mit geschlossenen Lippen eine Melodie singen;* sie summte leise vor sich hin; '**Sum·mer** <m.; -s, -> *Gerät zum Erzeugen von Summtönen*

sum'mie·ren <V. t.> 1 *Beträge ~* 2 <V. refl.> *sich ~ anwachsen;* das summiert sich [lat.]; **Sum'mie·rung** <f.; -, -en>

'**Summ·ton** <m.; -(e)s, -ᵉe>

'**Sum·mum 'Bo·num** <n.; --; unz.; ↗Z31> *höchstes Gut* [lat.];

'**Sum·mus E'pi·sco·pus**, <auch> '**Sum·mus E'pis·co·pus** <m.; --; unz.; ↗Z54> *höchster Bischof, Papst*

'**Su·mo** <n.; - od. -s; unz.> *eine jap. Form des Ringens* [jap.]; '**Su·mo·rin·ger** <m.; -s, ->

Sumpf <m.; -(e)s, -ᵉe> 1 *nasses, morastiges Gebiet* 2 <fig.> *Verkommenes, Unmoralisches;* im ~ *der Großstadt untergehen*; '**Sumpf·bo·den** <m.; -s, -ᵉ>; '**Sumpf·dot·ter·blu·me** <f.; -, -n; Bot.> *ein Hahnenfußgewächs*; '**sümp·fen** <V. i.> 1 <Bgb.> *entwässern* 2 <Töpferei> *kneten*; '**Sumpf·fie·ber** <n.; -s; unz.> = *Malaria*; '**Sumpf·ge·biet** <n.; -(e)s, -e>; '**Sumpf·huhn** <n.; -(e)s, -ᵉer; Zool.> *ein Rallenvogel*; '**sump·fig** <Adj.>; '**Sumpf·land** <n.; -(e)s; unz.>; '**Sumpf·ot·ter** <m.; -s, -; Zool.> *Nerz(1)*; '**Sumpf·pflan·ze** <f.; -, -n; Bot.>; '**Sumpf·vo·gel** <m.; -s, -ᵉ; Zool.>; '**Sumpf·zy·pres·se**, <auch> '**Sumpf·zyp·res·se** <f.; -, -n; ↗Z53; Bot.>

Sums <m.; -es; unz.; umg.> *Aufhebens, Umstände;* viel ~ *um etwas machen*

Sun·blo·cker <['sʌn-]; m.; -s, -> *Sonnenschutzmittel* [engl.]

Sund <m.; -(e)s, -e> *Meerenge (zwischen Ostsee u. Kattegat)*

'**Sün·de** <f.; -, -n> 1 *Übertretung eines göttlichen Gebotes* 2 *Verstoß, Unrecht*; '**Sün·den·ba·bel** <n.; -s; unz.; veralt.; noch scherzh.> *Ort des sündigen Treibens*; '**Sün·den·bock** <m.; -(e)s, -ᵉe; fig.; umg.> *jmd., dem man alle Schuld zuschiebt*; '**Sün·den·fall** <m.; -(e)s; unz.> *der erste Ungehorsam der Menschen (= Adam u. Eva) gegen Gott*; '**Sün·den·pfuhl** <m.; -(e)s, -e; verächtl.; a. scherzh.> *Ort der Verworfenheit*; '**Sün·den·re·gis·ter** <n.; -s, -> 1 <urspr.> *Aufzählung aller Sünden bei der Beichte* 2 <fig.; umg.> *jmdm. sein ~ vorhalten*; '**Sün·den·ver·ge·bung** <f.; -; unz.>; '**Sün·der** <m.; -s, -> *reuiger ~*; '**Sün·de·rin** <f.; -, -nˑnen>; '**Sün·der·mie·ne** <f.; -; unz.> *mit ~*; '**Sünd·flut** <f.; -; unz.>

volksetymolog. Umdeutung von Sintflut; '**sünd·haft** <Adj.> 1 *sündig* 2 <fig.; umg.> *übertrieben, sehr;* das kostet ein ~es Geld; es ist ~ *teuer;* ein ~ *teures Kleid;* '**sün·di·gen** <V. i.> *eine Sünde begehen*; '**sünd·teu·er** <Adj.; österr.> *sehr teuer;* ein sündteures Auto

'**Sun·na** <f.; -; unz.> *Sammlung von Aussprüchen u. Vorschriften Mohammeds als Richtschnur der islam. Lebensweise*; **Sun'nit** <m.; -en, -en>

'**su·per** <Adj.; undekl.; umg.; salopp> *großartig;* ein ~ Angebot [lat.]; '**Su·per** <n.; -s; unz.; kurz für> *Superbenzin;* ~ *tanken*

su·per..., Su·per... <in Zus.> *ober..., Ober..., über..., Über..., sehr, höchst,* z. B. superbequem; supercool

Su·per-'8-Film <m.; -(e)s, -e; ↗Z34> *Schmalfilm für Amateurkameras*

su'perb <[sy-]; Adj.; bes. österr.>, **sü'perb** <Adj.; geh.> *vorzüglich, prächtig* [frz.]

'**Su·per·ben·zin** <n.; -s, -e>

'**Su·per·cup** <[-kʌp]; m.; -s, -s; Fußb.> *Pokalwettbewerb zwischen den Europapokalgewinnern der Landesmeister u. der Pokalsieger* [engl.]

'**su·per·fein** <Adj.; umg.> *hochfein*

'**Su·per-G** <[-dʒi]; m.; - od. -s, - od. -s; ↗Z34; Skisp.> *Kombination aus Abfahrtslauf u. Riesenslalom*

'**Su·per-GAU** <m.; -s, -s; ↗Z34> *allergrößter GAU*

'**Su·per·ho·schi** <m.; -s, -s; Pl. selten; Jugendspr.> *toller Kerl*

'**Su·per·in·ten·dent** <m.; -en, -en; Ev.> *einem Kirchenkreis vorstehender Geistlicher* [lat.]; **Su·per·in·ten·den'tur** <f.; -, -en>

Su·pe·ri·or <m.; -s, -'o·ren> *Vorsteher eines Klosters od. Ordens* [lat.]; **Su·pe·ri·o·rin** <f.; -, -nˑnen>; **Su·pe·ri·o·ri'tät** <f.; -; unz.> 1 *Überlegenheit,* Ggs *Inferiorität* 2 *Übergewicht*

Su·per'kar·go <m.; -s, -s> *vom Versender ermächtigter Frachtkontrolleur*

'**su·per·klug** <Adj.; umg.; meist iron.> *sehr klug*

Superlativ: Der S. – auch Höchststufe oder Meiststufe genannt – ist die zweite und höchste Steigerungsstufe des ⚊**Adjektivs,** die im Deutschen mithilfe des Suffixes -(e)st gebildet wird. Der S. drückt eine graduelle Differenz zwischen mehr als zwei miteinander verglichenen Werten aus: *Das ist der höchste Berg der Welt. Sie schreibt am langsamsten.* Vgl. ⚊Elativ, ⚊Komparativ, ⚊Komparation

'Su·per·la·tiv <a. [---'-]; m.; -s, -e [-və]; Gramm.> *2. Steigerungsstufe, Höchststufe;* Amerika ist ein Land der ~e <fig.>; → a. *Kasten* [lat.]; **'su·per·la·ti·visch** <Adj.>

Su·per·lear·ning <['sju:pər-lə:nıŋ]; n.; - od. -s; unz.> *Lernmethode für Fremdsprachen* [engl.]

'Su·per·macht <f.; -, ≃e; umg.> *Weltmacht*

'Su·per·mann <m.; -(e)s, ≃er; umg.; iron.>

'Su·per·markt <m.; -(e)s, ≃e> *großes Lebensmittelgeschäft*

Su·per·na·tu·ra'lis·mus <m.; -; unz.> = *Supranaturalismus*

Su·per'no·va <[-va]; f.; -, -vä; Astr.> *besonders helle Sternexplosion*

'Su·per·phos·phat <n.; -(e)s; unz.> *phosphathaltiges Düngemittel*

Su·per·re·vi·si'on <[-vi-]; f.; -, -en; Wirtsch.> *nochmalige Nachprüfung*

'Su·per·rie·sen·sla·lom <m.; -s, -s; Skisp.>

'su·per·schlau <Adj.; umg.; meist iron.>; **'su·per·schnell** <Adj.; umg.; verstärkend>

su·per'so·nisch <Adj.; Phys.> *über der Schallgeschwindigkeit liegend;* Ggs *subsonisch* [engl.]

'Su·per·star <m.; -s, -s; umg.> *herausragender Star[3]* [engl.]

Su·per'strat <n.; -(e)s, -e; Sprachw.> *Sprache eines erobernden Volkes, das seine Sprache dem des eroberten angleicht;* Ggs *Substrat(3)*

Su·per·vi·si'on <engl. ['sju:pə(r)-vıʒən]; f.; -, -en od. (engl.) -s> 1 <unz.; bes. Wirtsch.> *Überwachung, Aufsicht, Leistungskon-*

trolle 2 <Psych.> *psychothera-peut. Betreuung* [lat.-engl.]; **Su·per·vi·sor** <[sjupər'vaizə(r)]; m.; -s, -> 1 *Aufsichts- u. Kontrollperson (in einem Betrieb)* 2 *jmd., der eine Supervision(2) leitet* 3 <EDV> *Hauptsteuerprogramm*

Su'pi·num <n.; -s, -na; in der lat. Sprache> *substantivische Verbform* [lat.]

'Süpp·chen <n.; -s, -; Verkleinerungsf. von> *Suppe;* **'Sup·pe** <f.; -, -n> *eine flüssige Speise;* **'Sup·pen·fleisch** <n.; -(e)s; unz.>; **'Sup·pen·ge·mü·se** <n.; -s, ->; **'Sup·pen·ge·würz** <n.; -es, -e>; **'Sup·pen·grün** <n.; -s; unz.>; **'Sup·pen·huhn** <n.; -(e)s, ≃er>; **'Sup·pen·kas·per** <m.; -s, -> *Kind, das schlecht isst* [nach einer Gestalt in H. Hoffmanns "Struwwelpeter"]; **'Sup·pen·kraut** <n.; -(e)s; unz.>; **'Sup·pen·löf·fel** <m.; -s, ->; **'Sup·pen·nu·deln** <Pl.>; **'Sup·pen·schüs·sel** <f.; -, -n>; **'Sup·pen·tas·se** <f.; -, -n>; **'Sup·pen·tel·ler** <m.; -s, ->; **'Sup·pen·ter·ri·ne** <f.; -, -n>; **'Sup·pen·wür·fel** <m.; -s, -> *in Würfel gepresster Würzextrakt;* **'Sup·pen·wür·ze** <f.; -; -n>; **'sup·pig** <Adj.> *flüssig*

Sup·ple'ant <m.; -en, -en; schweiz.> *Ersatzmann (in einer Behörde), Stellvertreter* [frz.]

'Süpp·lein <n.; -s, -; poet.; Verkleinerungsf. von> *Suppe*

Sup·ple'ment <n.; -(e)s, -e> *Ergänzung, Nachtrag* [lat.]; **sup·ple·men'tär** <Adj.> *nachträglich (hinzugefügt);* **Sup·ple'ment·band** <m.; -(e)s, ≃e>; **Sup·ple'ment·lie·fe·rung** <f.; -, -en>; **Sup·ple'ment·win·kel** <m.; -s, -; Geom.> *Winkel, der einen anderen zu 180° ergänzt*

sup·po'nie·ren <V. t.> *voraussetzen, unterstellen* [lat.]

Sup'port <m.; -(e)s, -e> 1 <an Werkzeugmaschinen> *Vorrichtung zur festen Führung des Werkstückes* 2 <veralt.> *Hilfe, Unterstützung* [lat.]

Sup·po·si·ti'on <f.; -, -en> *Voraussetzung, Unterstellung* [lat.]; **Sup·po·si'to·ri·um** <n.; -s, -ri·en; Pharm.> *Zäpfchen(2)*

Sup·pres·si'on <f.; -, -en; bes.

Med.> *Unterdrückung, Zurückdrängung* [lat.]; **sup·pres'siv** <Adj.>; **sup·pri'mie·ren** <V. t.; geh.> *unterdrücken, zurückdrängen*

su·pra..., Su·pra..., <auch> **su·pra..., Sup·ra...** < ⚊Z53; in Zus.> *ober..., Ober..., über..., Über...* [lat.]; **su·pra·lei'tend** <Adj.> *fast unbegrenzt leitfähig;* ein ~er Draht; **'Su·pra·lei·ter** <m.; -s, -; El.>; **'Su·pra·leit·fä·hig·keit** <f.; -; unz.>; **su·pra·na·ti·o'nal** <Adj.> *überstaatlich;* **Su·pra·na·tu·ra'lis·mus** <m.; -; unz.> *Glaube an ein übernatürliches Sein;* **su·pra·na·tu·ra'lis·tisch** <Adj.>; **Su·pra'port** <n.; -(e)s, -e>, **Su·pra'por·te** <f.; -, -n> = *Sopraporte*

Su·pre'mat, <auch> **Sup·re'mat** <m. od. n.; -(e)s, -e; ⚊Z53>, **Su·pre·ma'tie** <f.; -, -n> *(päpstliche) Oberherrschaft, Vorrangstellung* [lat.]

'Su·re <f.; -, -n> *Abschnitt des Korans* [arab.]

Surf·board <['sə:fbɔːd]; n.; -s, -s>, **'Surf·brett** <n.; -(e)s, -er>; **sur·fen** <V. i.> 1 *auf einem Surfbrett dahingleiten;* → a. *S-Bahn-Surfen* 2 <EDV> *im Internet eine Information nach der anderen anwählen* [engl.]; **'Sur·fer** <m.; -s, ->; **'Sur·fe·rin** <f.; -, -n·nen>; **'Sur·fing** <n.; -s; unz.>

'Sur·fleisch <n.; -(e)s; unz.; oberdt.> *gepökeltes Fleisch*

Surf·ri·ding <['sə:frai-]; n.; -s; unz.> *das Surfen;* Sy *Surfing*

Su·ri'na·me <[zyri-]> *Staat in Südamerika;* Republik ~; **Su·ri'na·mer** <m.; -s, ->; **Su·ri'na·me·rin** <f.; -, -n·nen>; **su·ri'na·misch** <Adj.>

Sur·plus <['sə:rplʌs]; n.; -, -; Kaufmannsspr.> *Überschuss, Gewinn* [engl.]

Sur·re·a'lis·mus <a. [zyr-]; m.; -; unz.; seit Anfang d. 20. Jh.> *Kunst- u. Literaturrichtung, die das Fantastische, Unbewusste in Verschmelzung mit der Realität darzustellen versucht* [frz.]; **Sur·re·a'list** <m.; -en, -en>; **Sur·re·a'lis·tin** <f.; -, -n·nen>; **sur·re·a'lis·tisch** <Adj.>

'sur·ren <V. i.> *ein summendes Geräusch von sich geben*

Sur·ro'gat <n.; -(e)s, -e; geh.>

(nicht vollwertiger) Ersatz, Behelf [lat.]; **Sur·ro·ga·ti·on** <f.; -, -en; Rechtsw.>

Sur·vey <['sə:rve:]; m.; - od. -s, -s; Wirtsch.> 1 *Erhebung im Bereich der Markt- u. Meinungsforschung* 2 *Gutachten eines Sachverständigen* [engl.]

Sur·vi·val·trai·ning <[sə'vaivəltre:niŋ]; n.; -s, -s> *Training zum Überleben in extremen Notsituationen* [engl.]

Su·si·ne <f.; -, -n; Bot.> *gelbe od. rote Pflaume* [ital.]

su·spekt, <auch> **sus·pekt** <Adj.; ↗Z.54> *verdächtig* [lat.]

sus·pen·die·ren <V. t.> 1 *jmdn. ~ vorübergehend des Amtes entheben* 2 *Anordnung ~ zeitweilig aufheben* 3 <Chem.> *Stoffe ~ feste Stoffteilchen in einer Flüssigkeit fein verteilen* [lat.]; **Sus·pen·die·rung** <f.; -, -en> **Sus·pen·si·on** <f.; -, -en> 1 *(einstweilige) Amtsenthebung* 2 *zeitweilige Aufhebung* 3 <Chem.> *Aufschwemmung feinster Teilchen in einer Flüssigkeit;* **sus·pen·siv** <Adj.> *aufhebend, aufschiebend*

süß <Adj.; -er, am -es·ten> 1 *von zucker- od. honigartigem Geschmack od. Duft* 2 *niedlich, hübsch, lieblich; ein ~es Kind;* **Süß** <n.; -es; unz.; Druckw.> *geleistete, aber noch nicht honorierte Arbeit;* **Sü·ße** <f.; -; unz.> *süßer Geschmack od. Duft;* **'sü·ßen** <V. t.; du süßt> *zuckern;* **'Süß·holz** <n.; -es; unz.; Bot.> *eine Pflanze, deren Wurzel Zucker enthält; ~ raspeln* <fig.; umg.> *übertrieben schmeicheln;* **'Süß·holz·rasp·ler** <m.; -s, -; abwertend> **'Süß·holz·rasp·le·rin** <f.; -, -nen>; **'Sü·ßig·keit** <f.; -, -en> *Zuckerware;* **'Süß·kar·tof·fel** <f.; -; -n; Bot.> **'Süß·kir·sche** <f.; -, -n>; **'süß·lich** <Adj.> 1 *leicht süß; ~ lächeln* <fig.> 2 <fig.> *kitschig, sentimental;* **'Süß·most** <m.; -(e)s, -e>; **Süß·mos·te·rei** <f.; -, -en>; **'Süß·rahm·but·ter** <f.; -; unz.> **'süß'sau·er** <Adj.; ↗Z.36.1> 1 *süß u. säuerlich zugleich* 2 <fig.> *freundlich u. unfreundlich zugleich; ein süßsaures Gesicht ~;* **'Süß·spei·se** <f.; -, -n>; **'Süß·stoff** <m.; -(e)s, -e

künstl. Mittel zum Süßen; **'Süß·wa·ren** <Pl.>; **'Süß·was·ser** <n.; -s; unz.> *Ggs Salzwasser;* **'Süß·was·ser·fisch** <m.; -(e)s, -e; Zool.>; **'Süß·wein** <m.; -(e)s, -e>

Su'ta·ne <f.; -, -n> = *Soutane*

'Süt·ter·lin·schrift <f.; -; unz.> *stark gerundete Schreibschrift* [nach dem Grafiker L. *Sütterlin*]

'su·um cu·i·que <[-'ku:-]> *"jedem das Seine" (preußischer Wahlspruch)* [lat.]

SV <Abk. für> 1 *Spielvereinigung* 2 *Sozialversicherung* 3 *Sportverein*

SVP <Abk. für> *Schweizerische Volkspartei*

s. v. v. <Abk. für> *sit venia verbo*

svw. <Abk. für> *so viel wie*

SW <Abk. für> *Südwest(en)*

'Swa·mi <m.; -s, -s> *hinduistischer Lehrer, Mönch* [Hindi]

Swap·ge·schäft <['swɔp-]; n.; -(e)s, -e; Börse> *Prolongationsgeschäft in Devisen* [engl.]

SWAPO <f.; -; unz.; ↗Z.56; Kurzw. für engl.> *South West African People's Organization*

Swap·per <['swɔpə(r)]; m.; -s, -; umg.> *jmd., der häufig den Sexualpartner wechselt* [engl.]

'Swa·si <m.; -s, -s od. f.; -, -s> *Einwohner(in) von Swasiland;* **'Swa·si·land** *Staat in Südostafrika; Königreich ~;* **'Swa·si·län·der** <m.; -s, ->; **'Swa·si·län·de·rin** <f.; -, -nnen>; **'swa·si·län·disch** <Adj.>

'Swas·ti·ka <f.; -, -ti·ken> *altindisches Symbol der Sonne in Form eines Hakenkreuzes* [Sanskrit]

Swatch <[swɔtʃ]; f.; -, -s od. -es [-tʃiz]; Warenz.> *modische Schweizer Armbanduhr* [engl.]

Swea·ter <['swetə(r)]; m.; -s, -> *Baumwollpullover* [engl.]; **'Sweat·shirt** <[-ʃəːt]; n.; -s, -s> *sportl. Baumwollpullover*

'Swe·be <m.; -n, -n> *Angehöriger einer german. Völkergruppe;* **'swe·bisch** <Adj.>

Sweet·heart <['swi:tha:rt]; n.; -s, -s; engl. Bez. für> *Liebling*

SWF <Abk. für> *Südwestfunk*

'Swim·ming·pool <[-pu:l]; m.; -s, -s> *Schwimmbecken* [engl.]

'Swin·i·gel <m.; -s, -; ↗Z.55; nddt.> *Igel*

Swing <m.; -s, -s> 1 *eine Richtung im Jazz* 2 <Wirtsch.> *Kreditgrenze* [engl.]; **'swin·gen** <V. i.> *Swing tanzen;* **'Swin·ger** <m.; -s, -> 1 *ein weit schwingender, kurzer Mantel* 2 <umg.> *jmd., der Gruppensex betreibt* [engl.]; **'Swin·ging** <n.; - od. -s; unz.; umg.> *Gruppensex*

swit·chen <['svitʃən]; V. i.> 1 *ein Switchgeschäft tätigen* 2 *mit der Fernbedienung von einem Fernsehprogramm zum nächsten schalten;* → a. *zappen* [engl.]; **'Switch·ge·schäft** <n.; -(e)s, -e; Wirtsch.> *Im- u. Exportgeschäft, das zur Ausnutzung der Kursdifferenzen über ein drittes Land geleitet wird*

'Sy·ba·ris *antike grch. Stadt in Süditalien;* **Sy·ba'rit** <m.; -en, -en> 1 *Einwohner von Sybaris* 2 <fig.; veralt.> *Schlemmer;* **sy·ba·'ri·tisch** <Adj.; fig.; veralt.>

Sy·e'nit <m.; -(e)s, -e; Min.> *ein granitähnl. Tiefengestein* [grch.]; **Sy·e'nit·gneis** <m.; -es; unz.; Min.>

Sy·ko'mo·re <f.; -, -n; Bot.> *ostafrikan. Feigenbaum* [grch.]

Sy·ko'phant <m.; -en, -en; im alten Athen> 1 *gewerbsmäßiger Ankläger* 2 <fig.; veralt.> *Verleumder, Verräter* [grch.]

syl..., Syl... <Vors.> *mit..., zusammen..., Mit..., Zusammen...* [grch.]

syl'la·bisch <Adj.> *silbenweise* [grch.]

Syl'la·bus <m.; -, - od. -bi> 1864 *vom Papst veröffentlichtes Verzeichnis aller abzulehnenden Lehren*

Syl'lep·se <f.; -, -n>, **Syl'lep·sis** <f.; -, -lep·sen; Rhet.> *Beziehung eines Attributs auf mehrere in Person, Numerus od. Genus unterschiedene Subjekte;* **syl'lep·tisch** <Adj.>

Syl·lo'gis·mus <m.; -, -gis·men; Philos.> *logischer Schluss vom Allgemeinen auf das Besondere* [grch.]; **syl·lo'gis·tisch** <Adj.>

'Syl·phe <m.; -n, -n od. f.; -, -n; in der Myth. des MA> *(männl.) Luftgeist;* **Syl'phi·de** <f.; -, -n> *(weibl.) Luftgeist;* **syl'phi·den·haft** <Adj.>

Syl·ves·ter <[-'vɛs-]; n.; -s, -; meist ohne Art.> = *Silvester*

sym..., Sym... <Vors.> *mit..., zusammen..., Mit..., Zusammen... [grch.]

Sym·bi·ont <m.; -en, -en; Biol.>; **Sym·bi·o·se** <f.; -, -n> *Zusammenleben zweier Lebewesen zu beiderseitigem Nutzen* [grch.]; **sym·bi·o·tisch** <Adj.>

Sym·bol <n.; -s, -e> *Sinnbild, Zeichen, das für etwas Bestimmtes steht;* die Taube als ~ *des Friedens* [grch.]; **Sym·bol·cha·rak·ter** <[-ka-]; m.; -s; unz.>; **Sym·bol·fi·gur** <f.; -, -en>; **Sym·bo·lik** <f.; -; unz.> 1 *Bedeutung der Symbole* 2 *Anwendung von Symbolen;* **sym·bo·lisch** <Adj.>; **sym·bo·li·sie·ren** <V. t.> *die Waage symbolisiert Gerechtigkeit;* **Sym·bo·li·'sie·rung** <f.; -, -en>; **Sym·bo·'lis·mus** <m.; -; unz.> 19. Jh.> *eine Strömung in Literatur u. Kunst;* **Sym·bo·list** <m.; -en, -en>; **Sym·bo·lis·tin** <f.; -, -n·nen>; **sym·bo·lis·tisch** <Adj.>; **Sym·bol·kraft** <f.; -; unz.>; **Sym·bol·spra·che** <f.; -, -n; EDV>; **sym·bol·träch·tig** <Adj.>

Sym·me·trie, <auch> **Sym·met·'rie** <f.; -, -n; ⚹Z53> *spiegelbildliches Gleichmaß* [grch.]; **Sym·me·trie·ach·se** <[-ks-]; f.; -, -n; Math.> *gedachte Linie durch die Mitte eines geometr. Körpers;* **Sym·me·trie·e·be·ne** <f.; -, -n; ⚹Z55; Math.>; **sym·me·trisch** <Adj.> *auf beiden Seiten einer gedachten Achse spiegelbildlich gleich*

Sym·pa·tex <a. ['---]; n.; -; unz.; Warenz.> *eine bes. für Sport- u. Regenkleidung verwendete Folie aus Polyester*

sym·pa·the·tisch <Adj.> 1 *mitfühlend* 2 *auf geheimnisvolle Weise wirkend* [grch.]; **Sym·pa·'thie** <f.; -, -n> *Zuneigung, Wohlgefallen;* **Sym·pa·thie·streik** <m.; -s, -s>; **Sym·pa·thie·trä·ger** <m.; -s, ->; **Sym·pa·thi·kus** <m.; -; unz.; Med.> *ein Lebensnerv, Teil des vegetativen Nervensystems;* **Sym·pa·thi·'sant** <m.; -en, -en>; **Sym·pa·thi·san·tin** <f.; -, -n·nen>; **sym·'pa·thisch** <Adj.> *auf angenehm wirkend, Sympathie erweckend;* **sym·pa·thi·'sie·ren** <V. i.> *mit jmdm. ~*

Sym·pho·nie <f.; -, -n; Mus.> = *Sinfonie;* **Sym·pho·ni·ker** <m.; -s, -; Mus.> = *Sinfoniker*

Sym·phy·se <f.; -, -n>, **Sym·phy·sis** <f.; -, -'phy·sen; Med.> *Knochenverwachsung* [grch.]; **sym·'phy·tisch** <Adj.>

Sym·po·si·on <n.; -s, -'po·si·en>, **Sym·po·si·um** <n.; -s, -'po·si·en> 1 <im alten Griechenland> *Trinkgelage* 2 <heute> *wissenschaftl. Tagung* [grch.]

Sym·ptom, <auch> **Symp·tom** <n.; -s, -e; ⚹Z54> *Zeichen, Merkmal (einer Krankheit)* [grch.]; **Sym·pto·ma·tik** <f.; -; unz.>; **sym·pto·ma·tisch** <Adj.> *kennzeichnend, typisch;* **Sym·pto·ma·to·lo·gie** <f.; -; unz.; Med.> *Lehre von den Krankheitszeichen*

syn..., **Syn...** <Vors.> *mit..., zusammen..., Mit..., Zusammen...* [grch.]

Syn·a·go·ge, <auch> **Sy·na·go·ge** <f.; -, -n; ⚹Z54> *Gotteshaus der Juden* [grch.]

Syn·a·lö·phe, <auch> **Sy·na·lö·phe** <f.; -, -n; ⚹Z54> *antike Metrik> Verschmelzung von Silben* [grch.]

syn·an·drisch, <auch> **sy·nand·risch** <Adj.; ⚹Z54; Bot.> *mit verwachsenen Staubblättern versehen* [grch.]

Syn·ap·se, <auch> **Sy·nap·se** <f.; -, -n; ⚹Z54> *Kontaktstelle der Neuronen* [grch.]

Syn·ä·re·se, <auch> **Sy·nä·re·se** <f.; -, -n; ⚹Z54>, **Syn·ä·re·sis** <f.; -, -'re·sen; Sprachw.> *Zusammenziehung zweier Vokale zu einer Silbe* [grch.]

Syn·äs·the·sie, <auch> **Sy·näs·the·sie** <f.; -, -n; ⚹Z54> 1 <Stilk.> *Verknüpfung verschiedener Empfindungen* 2 <Med.> *Miterregung eines Sinnesorgans bei Reizung eines anderen* [grch.]; **syn·äs·the·tisch** <Adj.>

syn·chron <[-'kro:n]; Adj.> *zeitgleich* [grch.]; **Syn·chron·ge·trie·be** <n.; -s, ->; **Syn·chro·nie** <f.; -; unz.; Sprachw.> *Beschreibung eines Sprachzustandes zu einem best. Zeitpunkt;* Ggs *Diachronie;* **Syn·chro·ni·sa·ti·on** <f.; -, -en; Film> *Zusammenstimmung von getrennt aufge-*

nommenen Bildern und Tonbändern; **syn·chro·nisch** <Adj.; Sprachw.>; **syn·chro·ni·sie·ren** <V. t.; Film>; **Syn·chro·nis·mus** <m.; -, -men> *Gleichzeitigkeit, Zusammenlauf;* **Syn·chro·nis·tisch** <Adj.>; **Syn·chron·mo·tor** <m.; -s, -'to·ren>; **Syn·chron·spre·cher** <m.; -s, ->; **Syn·'chron·spre·che·rin** <f.; -, -n·nen>; **Syn·chron·uhr** <f.; -, -en>; **Syn·chro·tron**, <auch> **Syn·chrot·ron** <n.; -(e)s, -e; ⚹Z53; Kernphys.> *Gerät zur Beschleunigung von geladenen Elementarteilchen*

Syn·dak·ty·lie <f.; -, -n; Med.> *Verwachsung von Fingern od. Zehen* [grch.]

syn·de·tisch <Adj.; Sprachw.> *mithilfe einer Konjunktion; ~ verbundene Wörter* [grch.]

Syn·di·ka·lis·mus <m.; -; unz.> *gewerkschaftlich ausgerichtete revolutionäre Arbeiterbewegung* [grch.]; **Syn·di·ka·list** <m.; -en, -en>; **syn·di·ka·lis·tisch** <Adj.>; **Syn·di·kat** <n.; -(e)s, -e> 1 <Wirtsch.> *Kartell mit eigener Verkaufsorganisation* 2 *Amt eines Syndikus;* **'Syn·di·kus** <m.; -, -s·se od. -di·zi> *Rechtsbeistand von Unternehmen*

Syn·drom <n.; -(e)s, -e; Med.> *Gruppe von Krankheitszeichen* [grch.]

Syn·e·chie, <auch> **Sy·ne·chie** <[-ɛ'çi:]; f.; -, -n; ⚹Z54, 55; Med.> *Verklebung, Verwachsung* [grch.]

Syn·e·dri·on, <auch> **Sy·ned·ri·on** <n.; -s, -'e·dri·en/ -'ned·ri·en; ⚹Z54, 55> 1 *altgrch. Ratsversammlung* 2 = *Synedrium;* **Syn·e·dri·um** <n.; -s, -e·dri·en; im alten Jerusalem> *oberstes Gericht* [grch.]

Syn·ek·do·che, <auch> **Sy·nek·do·che** <[-dɔxe:]; f.; -, -n; ⚹Z54; Rhet.> *Stilmittel, bei dem ein konkreter Begriff durch einen allgemeinen od. umgekehrt ersetzt wird* [grch.]

syn·er·ge·tisch, <auch> **sy·ner·'ge·tisch** <Adj.; ⚹Z54> *zusammenwirkend;* **Syn·er·gie** <f.; -, -n> *das Zusammenwirken* [grch.]; **Syn·er·gie·ef·fekt** <m.; -(e)s, -e> *die sich aus der Zusammenarbeit zweier Unter-*

Synonym: Ein S. ist ein Wort, das eine Bedeutungsgleichheit (Synonymie) mit einem anderen aufweist. S. können häufig innerhalb eines Satzes ausgetauscht werden.

Synonymie: Mit dem Begriff S. wird die Bedeutungsgleichheit zwischen sprachlichen Zeichen bei unterschiedlicher Lautung bzw. Schreibweise bezeichnet. Es wird zwischen **totaler** (auch absoluter, strikter, reiner) und **partieller** S. (auch Homoionymie) unterschieden. Partiell synonym sind ↗Lexeme, die in einigen Kontexten, aber nicht in allen austauschbar sind. Es handelt sich hierbei also um ähnliche, nicht jedoch völlig gleiche Be-

deutungen, z. B. *laufen/gehen: zur Schule laufen/gehen,* ‹aber nur› *im Sport 1000 m laufen.*

Bei **totaler** S. sind die sprachlichen Zeichen in jedem Kontext austauschbar, was im realen Sprachgebrauch allerdings kaum vorkommt. Die wichtigste Ursache für das Nebeneinander fast bedeutungsgleicher Begriffe liegt darin, dass die Sprache über verschiedene Ausdrucksebenen verfügt: z. B. Fachsprache (*Parkinsonsyndrom/Schüttellähmung*), Dialekte (*Heidelbeere/Bickbeere*), Gruppensprache (*cool/klasse*), Umgangssprache (*Birne/Kopf*), ethische oder ideologische Auffassungen (*Freitod/Selbstmord*), Stilebenen (*Ross/Pferd*) usw.

Syntax: Die S. – auch **Satzlehre** genannt – ist ein Teilbereich der Grammatik bzw. der Sprachwissenschaft, der die Funktionen von ↗Wortarten und Wortformen im Satzzusammenhang untersucht. Mithilfe der syntaktischen Analyse werden die einzelnen ↗Satzglieder und Satzmuster definiert. Gegenstand der S. ist auch die Unterscheidung von Satzarten (↗Gliedsatz, ↗Hauptsatz).

Prognose; **Syn·op·ti·ker** ‹m.; -s, ->; **syn·op·tisch** ‹Adj.› *zusammenstellend*

Syn·ö·zie, ‹auch› **Sy·nö·zie** ‹f.; -, -n; ↗Z54; Zool.› *zweckfreies Zusammenleben zweier verschiedenartiger Organismen* [grch.]; **syn·ö·zisch** ‹Adj.›

Syn·tag·ma ‹n.; -s, -'tag·men; Sprachw.› *Gruppe von syntaktisch aufeinander bezogenen Wörtern;* Ggs *Paradigma* [grch.]; **syn·tag·ma·tisch** ‹Adj.›

syn·tak·tisch ‹Adj.› *die Syntax betreffend;* **'Syn·tax** ‹f.; -; unz.; Sprachw.› *Lehre vom Satzbau;* → a. Kasten [grch.]; **'Syn·tax·a·na·ly·se** ‹f.; -, -n; ↗Z55; EDV› Sy Parsing

Syn·the·se ‹f.; -, -n› 1 ‹allg.› *Aufbau eines Ganzen aus seinen Teilen* 2 ‹Philos.› *These u. Antithese verbindende höhere Einheit* 3 ‹Chem.› *Aufbau einer chem. Verbindung* [grch.]; **Syn·the·se·pro·dukt** ‹n.; -(e)s, -e› *Kunststoff;* **'Syn·the·si·zer** ‹[-'saizɐ(r)]; m.; -s, -; Mus.› *Gerät zur Erzeugung künstl. Töne mittels elektronischer Schaltungen* [engl.]; **Syn·the·tics** ‹Pl.› *Gewebe aus Kunstfasern;* **Syn·the·tik** ‹f.; -; unz.› *ganzheitliche, nicht zergliedernde Betrachtungsweise von Problemen;* Ggs *Analytik;* **syn·the·tisch** ‹Adj.›; **syn·the·ti·sie·ren** ‹V. t.; Chem.›

Syn·tro·pie ‹f.; -, -n; Med.› *gleichzeitiges Auftreten zweier verschiedener Krankheiten* [grch.]

Syn·zy·ti·um ‹n.; -s, -'zy·ti·en; Biol.› *durch Verschmelzung vieler Zellen entstandene, vielkernige Plasmamasse* [grch.]

---

nehmen ergebenden positiven Auswirkungen; **Syn·er·gis·mus** ‹m.; -; unz.› 1 ‹Theol.› *Lehre von der Mitwirkung des Menschen bei seiner Erlösung durch Gottes Gnade* 2 ‹Med.; Chem.› *das Zusammenwirken mehrerer Faktoren, Stoffe od. Substanzen;* **syn·er·gis·tisch** ‹Adj.›

'Syn·e·sis, ‹auch› **'Sy·ne·sis** ‹f.; -, -'e·sen; ↗Z54› 1 *Wortfügung, die sinngemäß richtig, grammatikalisch aber falsch ist* [grch.]

Syn·kar·pie ‹f.; -, -n; Bot.› *Verwachsung der Fruchtblätter einer Blüte in einen einzigen Fruchtknoten* [grch.]

syn·kli·nal ‹Adj.; Geol.›; **Syn·kli·na·le, Syn·kli·ne** ‹f.; -, -n; Geol.› *Mulde, Senke* [grch.]

Syn·ko·pe ‹f.; -, -n› 1 ‹['zynkɔpe]; Gramm.› *Ausfall eines unbetonten Vokals im Innern des Wortes, z. B. "ew'ger" statt "ewiger"* 2 ‹['zynkɔpe]; Metrik› *Ausfall einer Senkung* 3 ‹[-'ko:pə]; Mus.› *Verlagerung des Akzents von einem betonten auf einen unbetonten Taktteil durch Zusammenziehung zweier Noten* [grch.]; **syn·ko·pie·ren** ‹V. t.›; **syn·ko·pisch** ‹Adj.›

Syn·kre·tis·mus ‹m.; -; unz.› *Verschmelzung* [grch.]; **syn·kre·tis·tisch** ‹Adj.›

Syn·kri·se ‹f.; -, -n›, **'Syn·kri·sis** ‹f.; -, -'kri·sen› *Vergleichung,*

Verbindung; Ggs *Diakrise, Diakrisis;* **syn·kri·tisch** ‹Adj.›

Syn·od, ‹auch› **Sy·nod** ‹m.; -(e)s, -e; ↗Z54; bis 1917 in Russland› *höchste kirchliche Behörde; der Heilige ~;* **syn·o·dal** ‹Adj.› *zur Synode gehörend;* **Sy·no·da·le** ‹m.; -n, -n› *Mitglied einer Synode;* **Syn·o·dal·ver·fas·sung** ‹f.; -; unz.›; **Sy·no·de** ‹f.; -, -n› 1 *Kirchenversammlung, bes. die evangelische* 2 ‹Kath.› *Konzil* [grch.]; **syn·o·disch** ‹Adj.› 1 ‹Astr.› *auf der Stellung zu Sonne u. Erde beruhend* 2 ‹selten› = *synodal*

syn·o·nym, ‹auch› **sy·no·nym** ‹Adj.; ↗Z54; Sprachw.› *sinnverwandt, von gleicher Bedeutung* [grch.]; **Syn·o·nym** ‹n.; -s, -e od. -'o·ny·ma; Sprachw.› *sinnverwandtes Wort;* → a. Kasten; **Syn·o·ny·men·wör·ter·buch** ‹n.; -(e)s, ¨er; Sprachw.›; **Syn·o·ny·mie** ‹f.; -; unz.; Sprachw.› *Sinnverwandtschaft von Wörtern;* → a. Kasten; **Syn·o·ny·mik** ‹f.; -; unz.; Sprachw.› *Lehre von der Sinnverwandtschaft der Wörter;* **Syn·o·nym·wör·ter·buch** ‹n.; -(e)s, ¨er›

Syn·op·se, ‹auch› **Sy·nop·se** ‹f.; -, -n; ↗Z54›, **'Syn·op·sis** ‹f.; -, -'op·sen› *Übersicht, zusammenfassende Darstellung* [grch.]; **Syn·op·tik** ‹f.; -; unz.; Meteor.› *Wetterbeobachtung zum Zweck einer Analyse u.*

'Sy·phi·lis <f.; -; unz.; Med.> *eine Geschlechtskrankheit* [nach dem Titel eines lat. Lehrgedichtes von 1530]; **Sy·phi'li·ti·ker** <m.; -s, -> **sy·phi'li·tisch** <Adj.>

'Sy·rer <m.; -s, -> *Einwohner von Syrien;* **'Sy·re·rin** <f.; -, -n·nen>; **'Sy·ri·en** *Staat in Vorderasien; Arabische Republik ~*

Sy'rin·ge <f.; -, -n; Bot.> = *Flieder;* **'Sy·rinx** <f.; -, Sy'rin·gen> 1 *die Stimme erzeugendes Organ der Vögel* 2 = *Panflöte* [grch.]

'sy·risch <Adj.; ↗Z 46> *Syrien, die Syrer betreffend;* die ~e *Literatur;* <aber> die *Syrische Wüste*

Syr'jä·ne <m.; -n, -n> *Angehöriger eines finnisch-ugrischen Volkes;* **syr'jä·nisch** <Adj.>

Sy·ro'lo·ge <m.; -n, -n> **Sy·ro·lo·'gie** <f.; -; unz.> *Lehre von der Geschichte, Kultur und den Sprachen Syriens;* **Sy·ro·lo·gin** <f.; -, -n·nen>

Sys'tem <n.; -s, -e> 1 *ein in sich geschlossenes, geordnetes, gegliedertes, nach best. Regeln funktionierendes Ganzes;* Koordinaten~ 2 *Form der staatlichen u. gesellschaftlichen Organisation;* Schul~; **Sys'tem·a·na·ly·se** <f.; -, -n; ↗Z 55; EDV>; **Sys·te·'ma·tik** <f.; -, -en> *Aufbau eines Systems;* **Sys·te'ma·ti·ker** <m.; -s, ->; **Sys·te'ma·ti·ke·rin** <f.; -, -n·nen>; **sys·te'ma·tisch** <Adj.> *auf einem System beruhend, planmäßig;* **sys·te·ma·ti·'sie·ren** <V. t.>; **Sys'tem·bau·wei·se** <f.; -; unz.>; **Sys'tem·feh·ler** <m.; -s, -; EDV>; **sys-**

'tem·feind·lich <Adj.>; **sys'tem·im·ma·nent** <Adj.> *einem System innewohnend, zu einem System gehörend;* **sys'tem·kon·form** <Adj.> *in Übereinstimmung mit einem pol. System;* **Sys'tem·kri·ti·ker** <m.; -s, -> *jmd., der das pol. System seines Staates öffentl. kritisiert;* **Sys'tem·kri·ti·ke·rin** <f.; -, -n·nen>; **sys'tem·los** <Adj.>; **Sys'tem·soft·ware** <[-sɔftwɛːr]; f.; -; unz.; EDV> *alle (Basis-)Programme einer Datenverarbeitungsanlage, die zu ihrer Inbetriebnahme notwendig sind;* **Sys'tem·zwang** <m.; -(e)s, ⸚e>

'Sys·to·le <[-le:] od. [-'--]; f.; -, -'to·len; Med.> *Zusammenziehung des Herzmuskels* [grch.]; **sys'to·lisch** <Adj.; Med.>

Sy·zy'gie <f.; -, -n>, **Sy'zy·gi·um** <n.; -s, -'zy·gi·en; Astr.> *Konjunktion(2) u. Opposition(3) von Sonne u. Mond* [grch.]

Szek·ler <['sɛk-]; m.; -s, -> *Angehöriger eines ungar. Volksstammes*

Sze'nar <n.; -(e)s, -e> = *Szenarium;* **Sze'na·rio** <n.; -s, -s> *Beschreibung einer möglichen Abfolge von Ereignissen* [ital.]; **Sze·'na·ri·um** <n.; -s, -ri·en> 1 <geh.> *Schauplatz;* das ~ *eines Geschehens* 2 <Theat.> *Verzeichnis der Szenenfolge, Requisiten, techn. Vorgänge usw.* [lat.]; **'Sze·ne** <f.; -, -n> 1 <Theat.> *kurzer, abgeschlossener Teil eines Theaterstückes;* zweiter Akt, dritte ~; Schluss~; ein Bühnenwerk in ~ setzen in-

szenieren; sie versteht es, sich in ~ zu setzen <fig.; umg.> 2 <geh.> *ein bemerkenswerter Vorgang, Anblick;* jmdm. eine ~ machen <umg.> *heftige Vorwürfe* 3 *ein best. Milieu;* er ist in der ~ bekannt; Drogen~ [lat.]; **'Sze·nen·ap·plaus** <m.; -es; unz.>; **'Sze·nen·wech·sel** <[-ks-]; m.; -s, -; Theat.>; **Sze·ne'rie** <f.; -, -n> 1 *Bühnendekoration* 2 *landschaftlicher Hintergrund;* **'sze·nisch** <Adj.>

'Szep·ter <n.; -s, -; österr.> = *Zepter*

szi·en'ti·fisch <[stsien-]; Adj.> *wissenschaftlich* [lat.]; **Szi·en·ti·'fis·mus, Szi·en'tis·mus** <m.; -; unz.> *nur auf Wissen, nicht auf Glauben gegründete Anschauungsweise;* **Szi·en'tist** <m.; -en, -en>; **Szi·en'tis·tin** <f.; -, -nen>; **szi·en'tis·tisch** <Adj.>

Szil·la <['stsil-]; f.; -, -len; Bot.> = *Scilla*

Szin·ti'graf <m.; -en, -en; ↗Z 11.3; Med.> = *Szintigraph;* **Szin·ti'gramm** <n.; -(e)s, -e; Med.> *durch die Einwirkung radioaktiver Strahlung auf eine fluoreszierende Schicht erzeugtes Leuchtbild* [lat.]; **Szin·ti'graph** <m.; -en, -en; ↗Z 11.3; Med.> *Gerät zur Herstellung von Szintigrammen;* oV *Szintigraf* [lat.; grch.]; **Szin·til·la·ti·on** <f.; -, -en; Phys.> *das Aufblitzen von Lichtern, das Funkeln (der Sterne)* [lat.]; **szin·til'lie·ren** <V. i.; Phys.>

'Szyl·la <f.; -; unz.> = *Scylla*

'Szy·the <m.; -n, -n> = *Skythe*

T

t 1 <n.; -, - od. (umg.) -s> *ein Buchstabe* 2 <Abk. für> *Tonne(2)* 3 <Zeichen für> *Zeit* [lat. *tempus*] 4 <Phys.; Zeichen für> *Triton*

T 1 <n.; -, - od. (umg.) -s> *ein Buchstabe* 2 <Chem.; Zeichen für> *Tritium* 3 <Phys.; Zeichen für> *Tera…, Tesla, Temperatur*

Ta <Chem.; Zeichen für> *Tantal*

Tab <[tab] od. engl. [tæb]; m.; -(e)s, -e; engl. -s, -s> 1 *vorspringender, markierender Teil einer Karteikarte* 2 <kurz für> *Tablette; Reinigungs~* 3 <kurz für> *Tabulator* [engl.]

'Ta·bak <a. [-'-]; m.; -s, -e> 1 <unz.; Bot.> *nikotinhaltiges Nachtschattengewächs* 2 *aus der Tabakpflanze hergestelltes Genussmittel; Zigaretten~, Pfeifen~, Kau~, Schnupf~;* ~ anbauen [span.]; **'Ta·bak·pflan·ze** <f.; -, -n; Bot.>; **'Ta·baks·beu·tel** <m.; -s, ->; **'Ta·baks·do·se** <f.; -, -n>; **'Ta·baks·pfei·fe** <f.; -, -n>; **'Ta·bak·strauch** <m.; -(e)s, ⸗er; Bot.>; **'Ta·bak·wa·ren** <Pl.>

Ta·bas·co <n.; -; unz.; Warenz.> *Chiligewürz* [nach dem mexikan. Bundesstaat *Tabasco*]; **'Ta·bas·co·sau·ce** <[-'so:sə] f.; -, -n> *scharfe Würzsauce*

Ta·ba·ti·e·re <[-'tjɛ:rə]; f.; -, -n> *(Schnupf-)Tabaksdose* [frz.]

ta·bel'la·risch <Adj.> *in Tabellenform; ein ~er Lebenslauf;* **ta·bel·la·ri'sie·ren** <V. t.>; **'Ta·bel·le** <f.; -, -n> *listen- od. spaltenförmige Übersicht* [lat.]; **Ta'bel·len·füh·rer** <m.; -s, -; Fußb.>; **Ta'bel·len·platz** <m.; -(e)s, ⸗e>; **ta·bel'lie·ren** <V. t.> *tabellierte Werte*

Ta·ber'na·kel <n. od. m.; -s, -; bes. Kath.> = *Hostienschrein* [lat.]

'Ta·bes <f.; -; unz.; Med.> *Schwund* [lat.]; **Ta·bes'zenz** <f.; -, -en; Med.> *Auszehrung;* **ta-**

'be·tisch, 'ta·bisch <Adj.; Med.>

Ta·bleau <auch> **Tab·leau** <[-'blo:]; n.; -s, -s; ↗Z53> 1 *wirkungsvoll gruppiertes Bild, Gemälde* 2 <österr.> *Tabelle* [frz.]

Ta·ble·top, <auch> **Tab·le·top** <['te:bltɔp]; n.; -s, -s; ↗Z53> *Arrangement diverser Objekte als Stillleben für Fotografien od. Trickfilmaufnahmen* [engl.]

Ta'blett, <auch> **Tab'lett** <n.; -(e)s, -e od. -s; ↗Z53> *Brett zum Servieren* [frz.]; **Ta'blet·te** <f.; -, -n> *pillenförmiges Arzneimittel;* **Ta'blet·ten·miss·brauch** <m.; -(e)s; unz.>; **ta'blet·ten·süch·tig** <Adj.>; **ta·blet'tie·ren** <V. t.> *in Tablettenform bringen*

ta'bu <Adj.; undekl.> 1 *unantastbar, heilig* 2 <fig.> *verboten; dieses Thema ist ~* [polynes.]; **Ta'bu** <n.; -s, -s> 1 <bei Naturvölkern> *Vorschrift, gewisse Dinge od. Lebewesen zu meiden* 2 <allg.> *gesellschaftlich tabuisiertes Thema od. Verhalten; ein ~ verletzen;* **ta·bu'ie·ren** <V. t.> = *tabuisieren;* **Ta·bu'ie·rung** <f.; -, -en>; **ta·bu·i'sie·ren** <V. t.> *etwas ~ für tabu erklären,* **Ta·bu·i'sie·rung** <f.; -, -en>; **ta·bu'is·tisch** <Adj.> *eine ~e Regel*

'Ta·bu·la gra·tu·la'to·ria <f.; --, -lae -ri·ae> *Liste der Gratulanten;* **'Ta·bu·la 'ra·sa** <f.; --; unz.; fig.; in der Wendung> ~ *machen reinen Tisch machen;* **Ta·bu'la·tor** <m.; -s, -'to·ren; Kurzw.: Tab> *Einstelltaste an Schreibmaschinen od. Computern* [lat.]; **Ta·bu·la'tur** <f.; -, -en> 1 <im Meistersang> *Tafeln mit den Regeln* 2 <14.–18. Jh.> *Notenschriftsystem für Instrumentalmusik*

'Ta·che·les <nur in der Wendung> ~ *reden zur Sache kommen, offen reden* [jidd.]

ta·chi'nie·ren <[-'xi-]; V. i.; österr.; umg.> *faulenzen*

Ta·chis·mus <[-'ʃis-]; m.; -; unz.> *Richtung der Malerei nach dem 2. Weltkrieg;* oV *Taschismus* [frz.]; **ta'chis·tisch** <Adj.>

'Ta·cho <m.; -s, -s; umg.; kurz für> *Tachometer;* **Ta·cho'graf, Ta·cho'graph** <m.; -en, -en; ↗Z11.3> *Gerät zum Aufzeichnen von Geschwindigkeiten;* **Ta-**

cho'me·ter <m. od. n.; -s, -; Abk.: Tacho> *Geschwindigkeitsmesser* [grch.]; **Ta·chy·gra'fie** <f.; -, -n> = *Tachygraphie;* **ta·chy'gra·fisch** <Adj.> = *tachygraphisch;* **Ta·chy·gra'phie** <[-xy-]; f.; -, -n; bes. im Altertum> *Kurzschrift;* **ta·chy'gra·phisch** <Adj.>; **Ta·chy·kar'die** <f.; -, -n; Med.> *beschleunigte Herztätigkeit; Ggs Bradykardie;* **Ta·chy'me·ter** <n.; -s, -> *Gerät zur Geländevermessung,* **Ta·chy·'o·nen** <Pl.> *hypothetische Elementarteilchen, die sich mit Überlichtgeschwindigkeit bewegen*

ta·ci'te·isch <[-tsi-]; Adj.> *die ~en Schriften* [nach dem altröm. Geschichtsschreiber *Tacitus*]

'Ta·cker <m.; -s, -> *Gerät zum Anbringen von Heftklammern* [engl.]; **'ta·ckern** <V. i. u. V. t.; ich tack(e)re; umg.>

Tack·ling <['tæk-]; n.; -s, -s; Fußb.> *Versuch, dem Gegner den Ball zwischen den Füßen hindurch wegzutreten* [engl.]

'Tac·tus <m.; -; unz.> *Tastsinn* [lat.]

'Ta·del <m.; -s, -> *missbilligende Worte, Rüge; ein Ritter ohne Furcht und ~; Ggs Lob;* **'ta·del·los** <Adj.; V. t.; ich tad(e)le>; **'ta·delns·wert** <Adj.>

Ta·dschi·ke, <auch> **Tad'schi·ke** <m.; -n, -n; ↗Z50, 52>; **Ta·'dschi·kin** <f.; -, -n·nen>; **ta·'dschi·kisch** <Adj.>; **Ta'dschi·kis·tan** *Staat im Südosten Mittelasiens; Republik ~*

Tae·kwon·do, <auch> **Taek·won·'do** <[tɛ-]; n.; -; unz.; ↗Z50, 52> *Form der waffenlosen Selbstverteidigung* [korean.]

'Ta·fel <f.; -, -n> 1 *großes Brett zum Beschriften; an die ~ schreiben* 2 *eine ~ Schokolade* 3 *ganzseitige Illustration in einem Buch* 4 *langer Speisetisch* 5 *festliche Mahlzeit; zur ~ bitten* [lat.]; **'Ta·fel·auf·satz** <m.; -es, ⸗e> *schmückender Gegenstand auf einer Festtafel;* **'Ta·fel·berg** <m.; -(e)s, -e> *Berg mit Gipfelebene;* **'Ta·fel·bild** <n.; -(e)s, -er> *Zeichnung od. Anschrift auf einer Holztafel;* **'Tä·fel·chen** <n.; -s, -; Verkleinerungsf. von>

Tafel; **'Tä·fe·lein** ⟨n.; -s, -; poet.; Verkleinerungsf. von⟩ *Tafel*; **'Ta·fel·freu·den** ⟨Pl.; geh.⟩; **'Ta·fel·ge·schirr** ⟨n.; -(e)s, -e⟩; **'Ta·fel·land** ⟨n.; -es, ⁼er⟩ *Hochebene*; **'Ta·fel·lei·nen** ⟨n.; -s; unz.⟩; **'Ta·fel·mu·sik** ⟨f.; -; unz.⟩; **'ta·feln** ⟨V. i.; ich taf(e)le; geh.⟩ *festlich speisen*; **'tä·feln** ⟨V. t.; ich täf(e)le⟩ *mit Holztafeln verkleiden*; **'Ta·fel·run·de** ⟨f.; -, -n⟩ *die ~ des Königs Artus*; **'Ta·fel·sche·re** ⟨f.; -, -n; Tech.⟩ *Hebelschere mit fest stehendem Messer*; **'Ta·fel·ser·vice** ⟨[-ˈviːs]; n.; - od. -s [-səs], - [-sə]⟩ = *Tafelgeschirr*; **'Ta·fel·spitz** ⟨m.; -es, -e; österr.⟩ *Hüftstück vom Rind*; **'Tä·fe·lung** ⟨f.; -, -en⟩ *Wandod. Deckenverkleidung mit Holztafeln*; **'Ta·fel·was·ser** ⟨n.; -s, -› Mineralwasser*; **'Ta·fel·wein** ⟨m.; -(e)s, -e; nach dem Weingesetz von 1971⟩ *unterste Qualitätsstufe eines Weins*; **'Ta·fel·werk** ⟨n.; -(e)s, -e⟩ = *Täfelung*; **'Tä·fer** ⟨n.; -s, -; schweiz.⟩ = *Täfelung*; **'tä·fern** ⟨V. t.; ich täf(e)re; schweiz.⟩ = *täfeln*; **'Täf·lein** ⟨n.; -s, -; poet.⟩ = *Täfelein*; **'Täf·lung** ⟨f.; -, -en⟩ = *Täfelung*

Taft ⟨m.; -(e)s, -e; Textilw.⟩ *glänzender (Halb-)Seidenstoff [pers.]*; **'Taft·bin·dung** ⟨f.; -, -en⟩; **'taf·ten** ⟨Adj.; selten⟩ *aus Taft*

...tag ⟨m.; -(e)s, -e; in Zus.⟩ 1 = *Tag*; 2 *Versammlung von Abgeordneten*; *Bundes~*; *Kirchen~*; **Tag¹** ⟨m.; -(e)s, -e⟩ 1 *Zeitspanne von 24 Stunden*; *vor einigen ~en*; *alle vier ~e*; *für ~* 2 *unbestimmter Zeitraum*; *in guten und in bösen ~en zusammenhalten*; *seine ~e sind gezählt er wird bald sterben* 3 *ein bestimmter Tag(1)*; *der ~ am selben ~ an*; *am folgenden, nächsten ~*; *der Jüngste ~* ⟨Rel.⟩ *der Tag des Gerichts* 4 *helle Zeit des Tages(1)*; *die ~e werden kürzer, länger*; *~ und Nacht arbeiten*; *ein Unterschied wie ~ und Nacht ein krasser U.*; *Guten ~! (Grußformel)*; *jmdm. Guten ~ ⟨od.⟩ guten ~ sagen*; *am, bei ~e bei Tageslicht*; *unter ~s ⟨od. (südd.; österr.; schweiz.)⟩ untertags*

tagsüber; *Ggs Nacht* 5 *Arbeitszeit an einem Tag(4)*; *ein 8-Stunden-~*; *~ der offenen Tür Tag für öffentl. Besichtigungen* 6 ⟨Bgb.⟩ *Erdoberfläche*; *über/unter ~e* 7 *fundierte Kenntnisse an den ~ legen offenbaren* 8 *zu Tage ⟨od.⟩ zutage treten sich zeigen*

Tag² ⟨[tæg]; m. od. n.; -s, -s; EDV⟩ *strukturierendes Zeichen im Text [engl.]*

'tag·ak·tiv ⟨Adj.; bei Tieren⟩ *Ggs nachtaktiv*; **tag'aus** ⟨Adv.⟩ ~, *tagein immerzu*; **'Tag·bau** ⟨m.; -(e)s, -e; oberdt.⟩ = *Tagebau*; **'Tag·blatt** ⟨n.; -(e)s, ⁼er; oberdt.⟩ = *Tageblatt*; **'Tag·blind·heit** ⟨f.; -; unz.⟩ = *Nachtsichtigkeit*; **'Tag·dieb** ⟨m.; -(e)s, -e; oberdt.⟩ = *Tagedieb*; **'Tag·dienst** ⟨m.; -es, -e⟩ *Ggs Nachtdienst*; **'Ta·ge·bau** ⟨m.; -(e)s, -e; Bgb.⟩ *Bergbau über Tage*; oV *Tagbau*; **'Ta·ge·blatt** ⟨n.; -(e)s, ⁼er⟩ *Zeitung*; oV *Tagblatt*; **'Ta·ge·buch** ⟨n.; -(e)s, ⁼er⟩ *Buch für regelmäßige (persönliche) Aufzeichnungen*; *Schiffs~*; **'Ta·ge·buch·no·tiz** ⟨f.; -, -en⟩; **'Ta·ge·dieb** ⟨m.; -(e)s, -e⟩ *Faulpelz*; oV *Tagdieb*; **'Ta·ge·geld** ⟨n.; -(e)s, -er⟩; **tag'ein** ⟨Adv.⟩ → a. *tagaus*; **'ta·ge·lang** ⟨Adv.⟩ *mehrere Tage (dauernd)*; *~es Warten*; *sie hat ~ gearbeitet* ⟨aber⟩ *mehrere Tage lang*; **'Ta·ge·lohn** ⟨m.; -(e)s, ⁼e⟩ *im ~ arbeiten, stehen*; oV *Taglohn*; **'Ta·ge·löh·ner** ⟨m.; -s, -⟩ *Arbeiter, der täglich bezahlt wird*; **'ta·ge·löh·nern** ⟨V. i.; ich tagelöhnere⟩; **'ta·gen** ⟨V. i.⟩ 1 *⟨unpersönl.⟩ es tagt es wird Tag* 2 *eine Tagung abhalten*; *das Parlament tagt*; **'Ta·ge·rei·se** ⟨f.; -, -n⟩; **'Ta·ges·an·bruch** ⟨m.; -(e)s; unz.⟩ *bei, vor ~*; **'Ta·ges·ar·beit** ⟨f.; -, -en⟩; **'Ta·ges·be·darf** ⟨m.; -(e)s; unz.⟩ *~ an Eiweiß*; **'Ta·ges·be·richt** ⟨m.; -(e)s, -e⟩; **'Ta·ges·er·eig·nis** ⟨n.; -s·ses, -s·se⟩; **'Ta·ges·ge·spräch** ⟨n.; -(e)s, -e⟩; **'Ta·ges·grau·en** ⟨n.; -s; unz.⟩ *bei ~*; **'Ta·ges·kar·te** ⟨f.; -, -n⟩ *Fahr- od. Eintrittskarte, die einen Tag lang gilt*; **'Ta·ges·kas·se** ⟨f.; -, -n⟩; **'Ta·ges·kurs** ⟨m.; -es, -e; Börse⟩ *Devisen zum ~ kaufen*;

'Ta·ges·licht ⟨n.; -(e)s; unz.⟩ *bei ~*; *ein Verbrechen kommt ans ~ ⟨fig.⟩ wird aufgedeckt*; **'Ta·ges·marsch** ⟨m.; -(e)s, ⁼e⟩ *eine Strecke in zwei Tagesmärschen zurücklegen*; **'Ta·ges·mit·tel** ⟨n.; -s, -⟩ *mittlerer Wert einer meteorologischen Größe*; *das ~ im April*; **'Ta·ges·mut·ter** ⟨f.; -, ⁼⟩ *Frau, die Kinder berufstätiger Eltern tagsüber betreut*; **'Ta·ges·ord·nung** ⟨f.; -, -en⟩ *Reihenfolge der zu besprechenden Themen*; *einen Punkt von der ~ streichen*; *zur ~ übergehen*; *an der ~ sein ⟨fig.; umg.⟩ sich häufig ereignen*; **'Ta·ges·ord·nungs·punkt** ⟨m.; -(e)s, -e Kurzw.: TOP⟩; **'Ta·ges·pres·se** ⟨f.; -; unz.⟩; **'Ta·ges·raum** ⟨m.; -(e)s, ⁼e; in Kliniken, Heimen⟩; **'Ta·ges·rei·se** ⟨f.; -, -n⟩; **'Ta·ges·satz** ⟨m.; -es, ⁼e⟩ 1 *Festkosten pro Tag für Krankenhausaufenthalte o. Ä.* 2 ⟨Rechtsw.⟩ *Einheit für Geldstrafen*; *der Dieb wurde zu acht Tagessätzen verurteilt*; **'Ta·ges·schau** ⟨f.; -; unz.; TV⟩ *eine Nachrichtensendung*; **'Ta·ges·zeit** ⟨f.; -, -en⟩ *zu jeder ~ immer*; **'Ta·ges·zei·tung** ⟨f.; -, -en⟩ *täglich erscheinende Zeitung*

Ta'ge·tes ⟨f.; -; unz.; Bot.⟩ = *Studentenblume*

'ta·ge·wei·se ⟨Adv.⟩ *einzelne Tage lang*; **'Ta·ge·werk** ⟨n.; -(e)s, -e⟩ *sein ~ verrichten*; **'Tag·fahrt** ⟨f.; -, -en; Bgb.⟩ *Ausfahrt aus dem Bergwerk*; **'Tag·fal·ter** ⟨m.; -s, -; Zool.⟩ *ein Schmetterling*; **tag·gen** ⟨[ˈtæɡən]; V. t.; EDV⟩ *mit einem Tag² versehen, kennzeichnen [engl.]*; **Tag·ging** ⟨[ˈtæɡɪŋ]; n.; -s, -s; EDV⟩; **'tag'hell** ⟨Adj.⟩; **...tä·gig** ⟨Adj.; ⚲Z34; in Zus.⟩ *eine gewisse Zahl von Tagen dauernd*; *dreitägig ⟨in Ziffern⟩ 3-tägig*; *ganztägig*; *mehrtägig*; → a. *...täglich*

Ta·gli·a·tel·le ⟨auch⟩ **Tag·li·a·tel·le** ⟨[talja'tɛlə]; Pl.⟩ *ital. Bandnudeln [ital.]*

...täg·lich ⟨Adj.; ⚲Z34; in Zus.⟩ *nach einer bestimmten Anzahl von Tagen*; *die Zeitschrift erscheint vierzehntäglich ⟨in Ziffern⟩ 14-täglich*; → a. *...tägig*; **'täg·lich** ⟨Adj.⟩ *jeden Tag*; *die ~e Arbeit*; **'Tag·li·lie** ⟨[-liə]; f.; -,

-n; Bot.> *eine Lilienart;* '**Tag·lohn** <m.; -(e)s, =e; oberdt.> = *Tagelohn;* '**Tag·pfau·en·au·ge** <n.; -s, -n; ⚹Z45.3; Zool.> *ein Schmetterling*

tags <Adv.> *am Tage;* ~ darauf; ~ zuvor

'**Tag·schicht** <f.; -, -en> Ggs *Nachtschicht*

'**Tag·sich·tig·keit** <f.; -; unz.> = *Nachtblindheit*

'**tags·über** <Adv.; ⚹Z55> *während des Tages;* ~ ist sie kaum zu erreichen

'**tag'täg·lich** <Adj.> *immerzu*

'**Tag·traum** <m.; -(e)s, =e>

Tag·und'nacht·glei·che, <auch> **Tag·und-'Nacht-Glei·che** <f.; -; unz.; ⚹Z33> *Tag, an dem Tag und Nacht gleich lang sind;* Frühjahrs-~ *21. März;* Herbst-~ *23. September,* Sy *Äquinoktium*

'**Ta·gung** <f.; -, -en> *größere Versammlung, Sitzung;* eine ~ veranstalten; Ärzte~

'**Ta·gungs·ort** <m.; -(e)s, -e>

'**Ta·gungs·teil·neh·mer** <m.; -s, ->

'**Ta·gungs·teil·neh·me·rin** <f.; -, -n·nen; ⚹Z38>

'**tag·wei·se** <Adv.; oberdt.> = *tageweise*

'**Tag·werk** <n.; -(e)s, -e; oberdt.> = *Tagewerk*

Tai-Chi <[-'tʃiː]; n.; - od. -s; unz.> 1 <Philos.> *der Urgrund des Seins* 2 <Sp.> *Übungen mit ruhigem Bewegungsablauf, Schattenboxen* [chin.]

Tai'fun <m.; -s, -e> *Wirbelsturm in Südostasien* [chin.-engl.]

'**Tai·ga** <f.; -; unz.> *sibirisches Waldgebiet* [russ.]

Tail·le <['taljə]; f.; -, -n> 1 *Körperteil zwischen Hüfte u. Brust;* jmdn. um die ~ fassen 2 <Kart.> *das Aufdecken der Blätter* [frz.]; **Tail·leur** <[ta'jøːr]> 1 <m.; -s, -s; veralt.> *Schneider* 2 <n.; -s, -s; schweiz.> *Schneiderkostüm;* **tail·lie·ren** <[ta'jiːrən]; V. t.> 1 ein tailliertes Anzug 2 <Kart.> die Karten ~ *aufdecken;* **tai·lor·made** <['teilərmeid]; Adj.; undekl.> *vom Schneider gearbeitet;* das Kostüm ist ~ [engl.]

'**Tai·pan**[1] <m.; -s, -s; Zool.> *eine Giftnatter* [austral.]

Tai'pan[2] <m.; -s, -e; Wirtsch.> *Geschäftsführer eines ausländi-*

schen Unternehmens in China [chin.]

'**Tai·peh** <a. [-'-]> *Hauptstadt von Taiwan*

'**Tai·wan** <a. [-'-]> *ostasiat. Inselstaat;* Republik ~; **Tai'wa·ner** <m.; -s, ->; **Tai'wa·ne·rin** <f.; -, n·nen>; **tai'wa·nisch** <Adj.>

Take <[teik]; n.; -s, -s; Film; TV> 1 *Einstellung* 2 *zur Schleife geklebtes Filmband mit einer kurzen Dialogszene* [engl.]

'**Ta·kel** <n.; -s, -; Mar.> *Zugwinde;* **Ta·ke'la·ge** <[-ʒə]; f.; -, -n; bei Segelschiffen> *die gesamte Segeleinrichtung* [mnddt.]; '**Ta·kel·meis·ter** <m.; -s, ->; '**ta·keln** <V. t.; ich tak(e)le> *mit Takelage versehen;* ein Schiff ~; '**Ta·ke·lung** <f.; -, -en>, '**Ta·kel·werk** <n.; -(e)s; unz.> = *Takelage*

Take-off <[teik'ɔf]; m. od. n.; -s, -s; ⚹Z32> 1 *Start (eines Flugzeugs od. einer Rakete)* 2 <Drogenszene> *Rauschzustand* [engl.]

Take-o·ver, <auch> **Take-O·ver** <[teːk'oːvər]; m.; -s, -s; ⚹Z32, 55; Wirtsch.> *Kauf eines Unternehmens durch ein anderes* [engl.]

Takt <m.; -(e)s, -e> 1 <Mus.> *rhythm. Maßeinheit von Musikstücken;* den ~ schlagen; im ~ spielen; aus dem ~ kommen 2 *regelmäßige Bewegung;* der ~ der Maschinen 3 *Abschnitt bei der Arbeit am Fließband* 4 <unz.> *Anstand, Feingefühl;* viel, wenig ~ haben [lat.]; '**Takt·be·zeich·nung** <f.; -, -en; Mus.>; '**takt·fest** <Adj.; Mus.>; '**Takt·fre·quenz** <f.; -, -en>; '**Takt·ge·fühl** <n.; -(e)s; unz.>; meist fig.> kein, viel ~ haben; **tak'tie·ren**[1] <V. i.; Mus.> *den Takt(1) schlagen*

tak'tie·ren[2] <V. i.> *taktisch vorgehen* [grch.]

...**tak·tig** <Adj.; ⚹Z34; in Zus.> *aus einer bestimmten Anzahl von Takten bestehend;* achttaktig <in Ziffern> 8-taktig

'**Tak·tik** <f.; -, -en> 1 <Mil.> *Truppenführung in Gefechten* 2 <fig.; allg.> *geschicktes, planvolles Vorgehen;* eine raffinierte ~ verfolgen [grch.]; '**Tak·ti·ker** <m.; -s, ->; '**Tak·ti·ke·rin** <f.; -, -n·nen>

tak'til <Adj.> *auf dem Tastsinn beruhend* [lat.]

'**tak·tisch** <Adj.> ~er Fehler; ~ richtig, falsch

'**takt·los** <Adj.> diese Bemerkung war ~; '**Takt·lo·sig·keit** <f.; -, -en> 1 <unz.> *taktloses Benehmen* 2 *taktlose Bemerkung;* wir bekamen nur ~en von ihr zu hören; '**Takt·mes·ser** <m.; -s, -> = *Metronom;* '**Takt·stock** <m.; -(e)s, =e>; '**Takt·strich** <m.; -(e)s, -e; Mus.; in der Notenschrift>; '**takt·voll** <Adj.> ~ schweigen; '**takt·wid·rig** <Adj.; Mus.>

Tal <n.; -(e)s, =er> *Einschnitt in der Erdoberfläche;* Fluss-~; über Berg und ~ wandern; zu ~ fahren; Ggs *Berg;* **tal'ab, tal'ab·wärts** <Adv.> *ins Tal hinab;* <bei Flusstälern> *flussabwärts*

Ta'lar <m.; -s, -e> *langes, schwarzes Amtsgewand von Geistlichen, Richtern u. a.* [lat.]

tal'auf, tal'auf·wärts <Adv.; bei Flusstälern> *flussaufwärts;* '**Tal·be·cken** <n.; -s, ->; '**Täl·chen** <n.; -s, ->; *Verkleinerungsf. von Tal;* '**Tal·en·ge** <f.; -, -n>

Ta'lent <n.; -(e)s, -e> *Begabung; musikalisches* ~; viel, wenig ~ haben; er ist ein großes ~ *er ist ein sehr talentierter Mensch* [lat.]; **ta·len'tiert** <Adj.> *begabt;* **ta'lent·los** <Adj.>; **Ta'lent·pro·be** <f.; -, -n>; **ta'lent·voll** <Adj.> *begabt*

'**Ta·ler** <m.; -s, -> *bis ins 18. Jh. amtliche dt. Münze;* Reichs-~; wer den Pfennig nicht ehrt, ist des ~s nicht wert <Sprichw.>

'**Tal·fahrt** <f.; -, -en> *Fahrt bergab;* <Binnenschifffahrt> *Fahrt flussabwärts*

Talg <m.; -(e)s, -e; Pl. selten> *geschmolzenes u. gereinigtes Fett;* Rinder-~; '**tal·gig** <Adj.> *voller Talg, wie Talg;* '**Talg·licht** <n.; -(e)s, -er>

Ta·li'on <f.; -, -en; in älteren Rechtsformen> *Vergeltung durch eine gleichartige Handlung* [lat.]

'**Ta·lis·man** <m.; -s, -e> *kleiner, angeblich Glück bringender Gegenstand* [ital.-arab.]

'**Tal·je** <f.; -, -n> = *Takel* [lat.]; '**tal·jen** <V. t.; Mar.> *aufwinden;* '**Tal·je·reep** <n.; -s, -e; Mar.>

Talk¹ <m.; -(e)s; unz.> *ein Mineral* [arab.]

Talk² <m.; -(e)s, -e; oberdt.> *Teig*

Talk³ <[tɔːk]; m.; -s, -s; umg.> *Gespräch; ~ im Fernsehen* [engl.]; **'tal·ken** <V. i.> *in einer Talkshow diskutieren, sich unterhalten*

'Tal·kes·sel <m.; -s, -> *kesselartig erweiterte Stelle eines Tales*

'tal·kig <Adj.; oberdt.> *teigig*

Talk·mas·ter <['tɔːk-]; m.; -s, -> *Leiter einer Talkshow* [engl.]; **'Talk·mas·te·rin** <f.; -, -n·nen>

'Talk·schie·fer <m.; -s; unz.; Min.>

Talk·show <['tɔːkʃou]; f.; -, -s> *Fernsehsendung, in der ein Moderator Gäste interviewt* [engl.]

'Tal·kum <n.; -s; unz.> = *Talk¹*

'Tal·linn *Hauptstadt von Estland*

'Tal·mi <n.; -s; unz.> 1 *goldfarbene Kupfer-Zink-Legierung* 2 <fig.> *Unechtes, Wertloses* [frz.]

'Tal·mud <m.; -(e)s, -e> *Sammlung der jüd. Lehren, Vorschriften* [hebr.]; **tal'mu·disch** <Adj.>; **Tal·mu'dis·mus** <m.; -; unz.>; **Tal·mu'dist** <m.; -en, -en>; **tal·mu'dis·tisch** <Adj.>

'Tal·schaft <f.; -, -en; schweiz.> *Einwohner eines Tals*; **'Tal·soh·le** <f.; -, -n> *Boden eines Tals*; **'Tal·sper·re** <f.; -, -n> *Stauwerk*; **'tal·wärts** <Adv.> *ins Tal hinab*; **'Tal·weg** <m.; -(e)s, -e>

Ta·ma'got·chi <[-ʃi]; n.; -s, -s; Warenz.> *kleines, elektronisches Gerät, das Leben simuliert* [jap.; engl.]

Ta·ma'rin·de <f.; -, -n; Bot.> *tropischer Baum* [arab.]; **Ta·ma·'ris·ke** <f.; -, -n; Bot.> *ein Strauch* [lat.]

'Tam·bour <[-buːr]; a. [-'-]; m.; -s, -e od. (schweiz.) -en> 1 *Trommler* 2 <Arch.> *durchfensterter Sockel einer Kuppel* [frz.]; **'Tam·bur** <m.; -s, -e> 1 *Stickrahmen* 2 = *Tambour*; **tam·bu·'rie·ren** <V. t.> 1 *Kettenstiche im Rahmen sticken; einen Stoff ~ zwischen Tüll u. Gaze einer Perücke Haare befestigen*; **'Tam·bu·rin** <a. [-'riːn]; n.; -s, -e> *kleine, flache Handtrommel mit Schellen* [frz.]

'Ta·mil <n.; -s od. -; unz.> *Sprache der Tamilen*; **Ta'mi·le** <m.; -n, -n> *Angehöriger eines dra-*

widischen Volksstammes im Süden Vorderindiens und Norden Sri Lankas; **Ta'mi·lin** <f.; -, -n·nen>; **ta'mi·lisch** <Adj.>

Tamp <m.; -s, -e>, **'Tam·pen** <m.; -s, -> *Tauende* [ndrl.]

'Tam·pon <a. [tãˈpõː]; m.; -s, -s> 1 <Med.> *Watte- od. Zellstoffbausch zum Aufsaugen von Flüssigkeiten* 2 <Druckw.> *Ballen zum Einschwärzen der Druckplatte* [frz.]; **Tam·po'na·de** <f.; -, -n>; **tam·po'nie·ren** <V. t.> *eine Wunde ~*

Tam'tam <a. ['--]; n.; -s, -s> 1 *ostasiat. Gong* 2 <unz.; umg.> *Lärm, Aufhebens; viel ~ um jmdn. machen* [Hindi]

Ta·mu·le <m.; -n, -n> = *Tamile*; **Ta'mu·lin** <f.; -, -n·nen>; **ta'mu·lisch** <Adj.>

'Tan·bur <m.; -s, -e od. -s; Instrumentenk.> *ein arab.-pers. Zupfinstrument*

Tand <m.; -(e)s; unz.; abwertend> *wertlose, hübsche Kleinigkeiten; nichtiger ~* [lat.]; **Tän·de'lei** <f.; -, -en> *Spielerei*; **'Tan·del·markt** <m.; -(e)s, -e; bair.; österr.>; **'tän·deln** <V. i.; ich tänd(e)le> *spielen, flirten*

'Tan·dem <n.; -s, -s> 1 *Fahrrad für zwei Personen* 2 *Wagen mit zwei hintereinander gespannten Pferden* [lat.]; **Tan·dem·ach·se** <[-ks-]; f.; -, -n; bei Kfz>

'Tand·ler <m.; -s, -; ↗Z53.1; bair.; österr.>, **'Tänd·ler** <m.; -s, -> *Altwarenhändler*

tang <Math.; Abk. für> *Tangens*

Tang <m.; -(e)s, -e; Bot.> *derbe Formen der Braunalgen*; See~

'Tan·ga <m.; -s, -s> *sehr knapper Bikini od. Slip* [port.]

Tan'ga·re <f.; -, -n; meist Pl.; Zool.> *ein Singvogel* [port.]

'Tan·gens <m.; -, -; Math.; Abk.: tang, tg> *Winkelfunktion, Verhältnis der Gegenkathete zur Ankathete* [lat.]; **'Tan·gens·satz** <m.; -es; unz.; Math.> *mathemat. Lehrsatz*; **Tan'gen·te** <f.; -, -n; Math.> *Gerade, die eine Kurve in einem Punkt berührt*; **tan·gen'ti·al** <Adj.> *eine Kurve od. gekrümmte Fläche berührend*; **Tan·gen·ti'al·e·be·ne** <f.; -, -n; ↗Z55> *Ebene, die einen Körper od. eine ge-*

krümmte Fläche in einem Punkt berührt

Tan·ge'ri·ne <f.; -, -n> *Mandarine* [nach der marokkan. Stadt *Tanger*]

tan'gie·ren <V. t.> 1 <Geom.> *eine Kurve ~ berühren* 2 <fig.> *beeindrucken, betreffen; das tangiert mich nicht* [lat.]

'Tan·go <m.; -s, -s> *ein Gesellschaftstanz* [span.-südamerikan.]

'Tan·gram, <auch> **'Tang·ram** <n.; -s; unz.; ↗Z53; Warenz.> *aus sieben Teilen bestehendes Puzzle, das in verschiedenen Formen zusammengelegt werden kann* [chin.-engl.]

Tank <m.; -(e)s, -s od. -e> *großer Behälter für Flüssigkeiten*; Benzin~; Öl~

'Tan·ka <f.; -, -s; Metrik> *eine jap. Kurzgedichtform* [jap.]

'tan·ken <V. t.> *einen Tank mit Treibstoff füllen*; **'Tan·ker** <m.; -s, -> *Schiff zur Beförderung von Flüssigkeiten*; Öl~; **'Tank·fül·lung** <f.; -, -en>; **'Tank·stel·le** <f.; -, -n>; **'Tank·wa·gen** <m.; -s, -; Eisenb.>; **'Tank·wart** <m.; -(e)s, -e>; **'Tank·war·tin** <f.; -, -n·nen>

Tann <m.; -(e)s, -e; poet.> *Tannenwald; im dunklen ~*

Tan'nat <n.; -(e)s, -e> *Salz einer Gerbsäure*

'Tänn·chen <n.; -s, -; Bot.; Verkleinerungsf. von> *Tanne*; **'Tan·ne** <f.; -, -n> *ein Nadelbaum*; **'tan·nen** <Adj.; selten> *aus Tannenholz*; **'Tan·nen·baum** <m.; -(e)s, ⸚e> 1 = *Tanne* 2 *Weihnachtsbaum*; **'Tan·nen·hä·her** <m.; -s, -; Zool.> *ein Rabenvogel*; **'Tan·nen·holz** <n.; -es; unz.>; **'Tan·nen·na·del** <f.; -, -n>; **'Tan·nen·wald** <m.; -(e)s, ⸚er; umg.>; **'Tan·nen·zap·fen** <m.; -s, -> *Fruchtzapfen der Tanne*

tan'nie·ren <V. t.> *mit Tannin behandeln, beizen*; **Tan'nin** <n.; -s; unz.> *pflanzl. Gerbsäure* [frz.]

'Tänn·lein <n.; -s, -; poet.; Verkleinerungsf. von> *Tanne*; **'Tänn·ling** <m.; -s, -e> *junge Tanne*

Tan·sa'nia <a. ['-'--]> *afrikan. Staat; Vereinigte Republik ~*; **Tan'sa·ni·er** <m.; -s, ->; **Tan'sa·**

ni·e·rin <f.; -, -nen>; **tan'sa·nisch** <Adj.>; **Tan·sa'nit** <m.; -s, -e> *ein Edelstein* [nach dem ostafrikan. Staat *Tansania*]

'Tan·tal <n.; -s; unz.; Chem.; Zeichen: Ta> *chem. Element, Metall;* **'Tan·ta·lus·qua·len** <Pl.> *Qualen, die man erleidet, wenn man etwas Ersehntes unmittelbar vor sich sieht u. doch nicht bekommt; ~ ausstehen* [nach der grch. Sagengestalt *Tantalus*]

'Tant·chen <n.; -s, -; umg.; Koseform für> *Tante;* **'Tan·te** <f.; -, -n> *Schwester des Vaters od. der Mutter* [frz.]; **Tan·te·'Em·ma-La·den** <m.; -s, =; *↗Z33;* umg.> *kleines Einzelhandelsgeschäft;* **'tan·ten·haft** <Adj.> *wie eine spießbürgerl. Tante*

Tan·ti·e·me <[tã'tjeːmə]; f.; -, -n> *Gewinnanteil; ~n beziehen* [lat.]

'Tan·tra, <auch> **'Tant·ra** <n.; - od. -s; unz.; *↗Z53> Schrifttum der ind. Religion* [Sanskrit]; **'tan·trisch** <Adj.>; **Tan'tris·mus** <m.; -; unz.> *ind. Heilslehre*

Tanz <m.; -es, =e> **1** *Folge rhythmischer, meist musikalisch begleiteter Körperbewegungen;* kultischer ~; jmdn. um einen ~ bitten; zum ~ auffordern **2** *das zum Tanz(1) gespielte Musikstück;* einen deutschen ~ spielen **3** *Veranstaltung, auf der getanzt wird;* zum ~ gehen **4** ein ~ auf dem Vulkan <fig.> *leichtsinnige Angelegenheit;* **'Tanz·a·bend** <m.; -s, -e; *↗Z55>;* **'Tanz·bar** <f.; -, -s>; **'Tanz·bär** <m.; -en, -en; auf Jahrmärkten> *zum Tanzen dressierter Bär;* **'Tanz·bein** <umg.; nur in der Wendung> das ~ schwingen; **'Tänz·chen** <n.; -s, -; Verkleinerungsf. von> *Tanz;* **'tän·zeln** <V. i. (s.)>; ich tänz(e)le> sie ist durch den Raum getänzelt; **'tan·zen** <V. i. u. V. t.; du tanzt> **1** *sich rhythmisch zur Musik bewegen;* Tango ~; ~ können, lernen **2** *sich tanzend, hüpfend fortbewegen;* das Schiff tanzt (auf den Wellen); **'Tän·zer** <m.; -s, -> *ein guter, schlechter ~ sein;* Solo~; Step~; **'Tän·ze·rin** <f.; -, -nen; *↗Z38>;* **'tän·ze·risch** <Adj.>; **'Tanz·flä·che** <f.; -, -n> *freie*

Fläche zum Tanzen; **'Tanz·ka·pel·le** <f.; -, -n>; **'Tanz·kurs** <m.; -es, -e>; **'Tanz·leh·rer** <m.; -s, ->; **'Tanz·leh·re·rin** <f.; -, -nen>; **'Tänz·lein** <n.; -s, -; poet.; Verkleinerungsf. von> *Tanz;* **'Tanz·lied** <n.; -(e)s, -er> *zum Tanz gesungenes Lied;* **'Tanz·lo·kal** <n.; -(e)s, -e>; **'Tanz·mu·sik** <f.; -; unz.>; **'Tanz·part·ner** <m.; -s, ->; **'Tanz·part·ne·rin** <f.; -, -nnen>; **'Tanz·platz** <m.; -es, =e>; **'Tanz·saal** <m.; -(e)s, -säле; *↗Z18.1>;* **'Tanz·schritt** <m.; -(e)s, -e>; **'Tanz·schuh** <m.; -(e)s, -e>; **'Tanz·schu·le** <f.; -, -n>; **'Tanz·sport** <m.; -(e)s; unz.> *sportl. Form des Gesellschaftstanzes;* **'Tanz·stun·de** <f.; -, -n> in die ~ gehen; **'Tanz·tee** <m.; -s, -s> *nachmittägl. Veranstaltung mit Tanz;* **'Tanz·tur·nier** <n.; -s, -e; Sp.>; **'Tanz·un·ter·richt** <m.; -(e)s, -e>; **'Tanz·wei·se** <f.; -, -n>

'Tao <a. [tau]; n.; -; unz.; chin. Rel.> *der Urgrund des Seins* [chin.]; **Ta·o'is·mus** <m.; -; unz.> *Lehre vom Tao;* **ta·o'is·tisch** <Adj.>

'Ta·pa <f.; -, -s; in Polynesien> *aus Baumrinde hergestellter Kleidungsstoff* [polynes.]

Tape <[teːp] od. engl. [teɪp]; n.; -s, -s> *Tonband, Kassette* [engl.]; **'Tape·deck** <n.; -s, -s> = *Kassettendeck*

Ta'pei·no·sis <f.; -; unz.; Rhet.; Stilistik> *abschwächender Begriff* [grch.]

'Ta·per·greis <m.; -es, -e; umg.; abwertend> *gebrechlicher alter Mann;* **'ta·pe·rig** <Adj.> *gebrechlich, zittrig;* oV *taprig,* **'ta·pern** <V. i.; ich tap(e)re>

Ta'pet <n.; -(e)s, -e; in der Wendung> etwas aufs ~ bringen <fig.> *zur Sprache bringen;* **Ta·'pe·te** <f.; -, -n> *Wandverkleidung, meist aus Papier;* Raufaser~; Seiden~ [lat.]; **Ta'pe·ten·kleis·ter** <m.; -s, ->; **Ta'pe·ten·mus·ter** <n.; -s, ->; **Ta'pe·ten·wech·sel** <[-ks-]; m.; -s, -; fig.; umg.> *Wechsel der Umgebung;* du brauchst dringend einen ~

Tape·ver·band <['teːp-]; m.; -(e)s,

=e; Med.> *selbstklebender Druckverband*

Ta·pe'zier <m.; -s, -e>; **ta·pe'zie·ren** <V. t.> *mit Tapete verkleiden;* ein Zimmer ~ (lassen); **Ta·pe'zie·rer** <m.; -s, ->; **Ta·pe'zie·re·rin** <f.; -, -nnen>

'Tap·fe <f.; -, -n>, **'Tap·fen** <m.; -s, -> *Fuß- od. Schuhabdruck (im Sand, Schnee), Fußspur*

'tap·fer <Adj.> *mutig, nicht wehleidig;* ein ~er Krieger; Schmerzen ~ ertragen; **'Tap·fer·keit** <f.; -; unz.>

Ta·pi·o·ka <f.; -; unz.> *aus den Wurzeln des Maniokstrauches gewonnene Stärke* [Tupi-Sprache]

'Ta·pir <m.; -s, -e; Zool.> *trop. Pflanzenfresser* [Tupi-Sprache]

Ta·pis·se'rie <f.; -, -n> **1** *Tapeten-, Teppichwirkerei* **2** *gewirkte Tapete, Wandteppich* [frz.]

'Tap·pe <f.; -, -n> = *Tapfen;* **'tap·pen** <V. i. (s.)> **1** *mit leisen Schritten gehen* **2** <*↗Z43>* *unbeholfen gehen;* in eine Pfütze ~; im Dunkeln ~ <fig.; umg.> *im Ungewissen sein;* **'tap·pig** <Adj.> = *tapsig;* **'täp·pisch** <Adj.> *schwerfällig, unbeholfen;* ~e Bewegungen; **'tapp·rig,** **'tap·rig** <Adj.> = *taperig;* **'tap·sen** <V. i.; du tapst; umg.> *unbeholfen gehen;* **'tap·sig** <Adj.; umg.> *ungeschickt*

'Ta·ra <f.; -, -ren; Abk.: T, Ta> **1** *Gewicht der Verpackung* **2** *Verpackung (einer Ware)* [arab.]

Ta'ran·tel <f.; -, -n; Zool.> *eine Wolfsspinne;* wie von der ~ gestochen aufspringen *plötzlich u. heftig aufspringen* [ital.]

Ta·ran'tel·la <f.; -, -'tel·len od. -s; Mus.> *südital. Tanz* [ital.]

'Tar·busch <m.; -(e)s, -e; arab. Bez. für> *Fes* [türk.-pers.]

tar'dan·do <Mus.> *zögernd* [ital.]

Tar·de·noi·si·en <[-'noa'zjẽ]; n.; -s; unz.> *Kulturstufe der Mittelsteinzeit* [nach dem frz. Fundort *Fère-en-Tardenois*]

tar·div <Adj.; Med.> *sich langsam entwickelnd* [lat.]; **'tar·do** <Mus.> *schwerfällig* [ital.]

'Tar·get <n.; -s, -e; Phys.> *Material, auf das ein Strahl gelenkt wird* [engl.]

'Tar·gi <m.; - od. -s, Tuareg> *An-*

T

gehöriger eines berberischen Volkes

ta·rie·ren <V. t.> eine Ware ~ 1 *das Reingewicht einer W. feststellen* 2 *die Tara(1) einer W. feststellen*; **Ta·rier·waa·ge** <f.; -, -n> *Feinwaage*

Ta·rif <m.; -(e)s, -e> *festgelegte Summe für Preise, Löhne usw.; die Angestellten werden nach, über ~ bezahlt* [arab.-ital.]; **Ta·rif·ab·schluss** <m.; -es, ᵉe>; **Ta·rif·au·to·no·mie** <f.; -; unz.> *Berechtigung, in eigener Verantwortung Tarifverträge zu schließen;* **Ta·rif·grup·pe** <f.; -, -n>; **ta·ri·fie·ren** <V. t.>; **Ta·rif·kom·mis·si·on** <f.; -, -en> *Ausschuss von Gewerkschafts- u. Arbeitgebervertretern für Tarifverträge;* **ta·rif·lich** <Adj.> eine ~e Vereinbarung; **Ta·rif·lohn** <m.; -(e)s, ᵉe>; **Ta·rif·par·tei** <f.; -, -en>; **Ta·rif·part·ner** <m.; -s, ->; **Ta·rif·po·li·tik** <f.; -; unz.>; **Ta·rif·recht** <n.; -(e)s; unz.>; **Ta·rif·run·de** <f.; -, -n>; **Ta·rif·ver·hand·lung** <f.; -, -en>; **Ta·rif·ver·trag** <m.; -(e)s, ᵉe>

Tarn·an·strich <m.; -(e)s, -e>; **Tarn·an·zug** <m.; -(e)s, ᵉe>; **tar·nen** <V. t.> 1 *der Umgebung anpassen* 2 *eine Sache ~* <fig.> *verdecken, verschleiern;* **Tarn·far·be** <f.; -, -n; meist Pl.>; **Tarn·kap·pe** <f.; -, -n; german. Myth.> *unsichtbar machende Kappe;* **Tar·nung** <f.; -; unz.>

Ta·rock <n. od. m.; -s, -s; Kart.> *Kartenspiel für drei Personen mit speziellen Karten;* → a. *Tarot* [ital.]; **ta·ro·cken** <V. i.>

Tá·ro·ga·tó <['ta:rogoto:]; n.; -s, -s; Instrumentenk.> *ungarisches Holzblasinstrument* [ung.]

Ta·rot <[-'ro:]; n. od. m.; -s, -s> *Kartenspiel, das zur Deutung der Zukunft verwendet wird;* → a. *Tarock* [frz.]

Tar·pan <m.; -s, -e; Zool.> *ausgestorbenes Wildpferd* [russ.]

Tar·ra·go·na <m.; -s, -s> *span. Süßwein* [nach der gleichnamigen Stadt]

tar·sal <Adj.; Anat.> 1 *zur Fußwurzel gehörend* 2 *zum Lidknorpel gehörend;* **Tar·sus** <m.; -, -sen; Anat.> 1 *Fußwurzel* 2 *Lidknorpel im Oberlid* [grch.]

Tar·tan <['ta:rtən]; m.; -s, -s> 1 = *Plaid* 2 *elast. Belag für Laufbahnen* [engl.-schott.]

Tar·ta·ne <f.; -, -n> *einmastiges Fischerboot* [ital.]

Tar·tar <m.; -s; unz.; fälschlich für> *Tatar*

Tar·ta·ros <m.; -; unz.; grch. Myth.> *Unterwelt* [grch.]; **Tar·ta·rus** <m.; -; unz.; lat. Form von> *Tartaros*

Tar·trat, <auch> **Tart·rat** <n.; -(e)s, -e; ↗Z53; Chem.> *Salz der Weinsäure*

Tar·tüff <m.; -s, -e> *Heuchler* [nach der Komödienfigur *Tartuffe* von Molière]

Täsch·chen <n.; -s, -; Verkleinerungsf. von> *Tasche;* **Ta·sche** <f.; -, -n> 1 *in ein Kleidungsstück eingenäher Beutel;* Jacken-, Hosen- 2 *Behälter aus Stoff od. Leder (mit Henkeln);* Akten-, Schul-, Hand- 3 <kurz für> *Geldtasche; etwas aus der eigenen ~ bezahlen; jmdm. auf der ~ liegen* <fig.>; *(tief) in die ~ greifen* <fig.; umg.>; *sie hat den Auftrag in der ~* <umg.> *(so gut wie) abgeschlossen; jmdn. in die ~ stecken* <umg.> *übertreffen;* **Tä·schel·kraut** <n.; -(e)s; unz.; Bot.> = *Hirtentäschel;* **Ta·schen·aus·ga·be** <f.; -, -n> *handliche Buchausgabe;* **Ta·schen·buch** <n.; -(e)s, ᵉer> Sy *Paperback;* **Ta·schen·dieb** <m.; -(e)s, -e>; **Ta·schen·dieb·stahl** <m.; -(e)s, ᵉe>; **Ta·schen·feu·er·zeug** <n.; -(e)s, -e>; **Ta·schen·for·mat** <n.; -(e)s, -e>; **Ta·schen·geld** <n.; -(e)s; unz.> *regelmäßig gezahlte Geldsumme für persönliche Ausgaben (bes. für Kinder); monatlich ~ bekommen;* **Ta·schen·ka·len·der** <m.; -s, -> *kleiner Kalender;* **Ta·schen·klap·pe** <f.; -, -n> = *Semilunarklappe;* **Ta·schen·krebs** <m.; -es, -e; Zool.> *eine Krabbenart;* **Ta·schen·lam·pe** <f.; -, -n>; **Ta·schen·mes·ser** <n.; -s, -> *kleines, zusammenklappbares Messer;* **Ta·schen·rech·ner** <m.; -s, ->; **Ta·schen·spie·ler** <m.; -s, -> *Zauberkünstler, der durch Fingerfertigkeit kleine Kunststücke vollbringt;* **Ta·schen·spie·le·rei** <f.; -, -en>; **Ta·schen·tuch** <n.; -(e)s, ᵉer>; **Ta·schen·uhr** <f.; -, -en> *in der Tasche zu tragende Uhr;* **Ta·schen·wör·ter·buch** <n.; -(e)s, ᵉer> *Wörterbuch in Taschenformat*

Ta·schis·mus <m.; -; unz.> = *Tachismus* [frz.]; **ta·schis·tisch** <Adj.> = *tachistisch*

Tasch·kent *Hauptstadt von Usbekistan*

Täsch·lein <n.; -s, -; poet.> Verkleinerungsf. von *Tasche;* **Tasch·ner, Täsch·ner** <m.; -s, -> *Handwerker, der Ledertaschen herstellt*

Task[1] <[ta:sk]; m.; -s, -s; EDV> *abgeschlossene Anwendung als Teil eines Programms* [engl.]; **Task**[2] <f.; -, -s; umg.; allg.> *zu bewältigende Arbeit, Aufgabe;* **Task·force** <['ta:skfɔ:s]; f.; -, -s [-sis]> *Gruppe, die für einen bestimmten Zeitraum eine besondere Aufgabe übernimmt*

TASS <f.; -; unz.; Kurzw. für> *russ.> Telegrafnoje Agenstwo Sowjetskowo Sojusa (Nachrichtenagentur der ehemaligen UdSSR)*

Täss·chen <n.; -s, -; Verkleinerungsf. von> *Tasse; jmdn. zu einem ~ Kaffee einladen;* **Tas·se** <f.; -, -n> *Trinkgefäß aus Porzellan o. Ä. mit Henkel u. dazugehöriger Untertasse; eine ~ Tee trinken; Kaffee ~; du hast wohl nicht alle ~n im Schrank!* <fig.; umg.> *du bist wohl verrückt?*; **Tas·sen·rand** <m.; -(e)s, ᵉer>

Tas·ta·tur <f.; -, -en> *Gesamtheit der Tasten; Computer~;* Klavier~; **tast·bar** <Adj.> *so beschaffen, dass man es ertasten kann;* **Tas·te** <f.; -, -n> *in die ~n greifen* [ital.]; **tas·ten** <V. i. u. V. t.> *nach etwas ~ fühlend, vorsichtig greifen; eine Geschwulst ~ er tastete nach ihrer Hand; sich durch ein dunkles Zimmer ~;* **Tas·ten·in·stru·ment**, <auch> **Tas·ten·ins·tru·ment**, **Tas·ten·inst·ru·ment** <n.; -(e)s, -e; ↗Z54>; **Tas·ter** <m.; -s, -> 1 <Zool.> = *Palpe* 2 <Typ.> *Tastatur an Setzmaschinen* 3 *Schriftsetzer, der den Taster(2) bedient* 4 *Zirkel zum Abmessen von Innen- od. Außendurchmessern;* **Tast·kör·per·chen** <n.; -s, -> *spindelförmige Endung der sensiblen Nerven in* *der Haut zur Aufnahme taktiler Reize;* '**Tast·or·gan** <n.; -s, -e; kurz für> *Tastsinnesorgan;* '**Tast·sinn** <m.; -s; unz.> *Fähigkeit zu Tastwahrnehmungen;* '**Tast·sin·nes·or·gan** <n.; -(e)s, -e>; '**Tast·werk·zeug** <n.; -(e)s, -e> *zum Tasten dienender Körperteil;* '**Tast·zir·kel** <m.; -s, -> = *Taster(4)*

Tat <f.; -, -en> **1** *das Handeln; sich zu keiner ~ aufraffen können; ein Mann der ~; jmdm. mit Rat und ~ zur Seite stehen* **2** *(bewusste) Handlung; eine gute, böse ~; ein Vorhaben in die ~ umsetzen; zur ~ schreiten* <geh.> *zu handeln beginnen* **3** *Leistung; Helden~* **4** *in der ~! tatsächlich*

Ta'tar[1] <m.; -en, -en> **1** <urspr.> *Angehöriger eines mongol. Volksstammes* **2** <dann a.> *Angehöriger eines Mischvolkes im Süden u. Osten Russlands;* **Ta·'tar**[2] <n.; -s; unz.> <Kochk.; kurz für> *Tatarbeefsteak;* **Ta'tar·beef·steak** <[-bi:fste:k]; n.; -s, -s> *rohes, gewürztes Hackfleisch;* **ta'ta·risch** <Adj.>

ta·tau'ie·ren <V. t.> = *tätowieren*
'**Tat·be·richt** <m.; -(e)s, -e>; '**Tat·be·stand** <m.; -(e)s, -e> *den ~ aufnehmen;* '**Tat·ein·heit** <f.; -; unz.> *Verletzung mehrerer Strafgesetze durch dieselbe Handlung;* '**Ta·ten·drang** <m.; -(e)s; unz.>; '**Ta·ten·durst** <m.; -(e)s; unz.> *gesteigerter Tatendrang;* '**ta·ten·durs·tig** <Adj.>; '**ta·ten·froh** <Adj.>; '**ta·ten·los** <Adj.> *~ zusehen;* '**Tä·ter** <m.; -s, -> *wer ist der ~?;* '**Tä·te·rin** <f.; -, -nnen; ↗Z38>; '**Tä·ter·schaft** <f.; -; unz.> *Verantwortlichkeit für eine Tat; die ~ leugnen;* '**Tat·form** <f.; -; unz.; Gramm.> = *Aktiv;* Ggs *Leideform;* '**tä·tig** <Adj.> *handelnd, wirkend; ~e Hilfe; in einem Betrieb ~ sein arbeiten;* '**tä·ti·gen** <V. t.; geh.> *in die Tat umsetzen, abschließen; ein Geschäft ~;* '**Tä·tig·keit** <f.; -, -en> **1** *Handeln, Wirken; fieberhafte, rege ~* **2** *Arbeit, Beruf; eine interessante ~ ausüben;* '**Tä·tig·keits·be·reich** <m.; -(e)s, -e>; '**Tä·tig·keits·drang** <m.; -(e)s; unz.>; '**Tä·tig·keits·form** <f.; -; unz.;

Gramm.> = *Aktiv;* → a. *Kasten Aktiv;* '**Tä·tig·keits·verb** <[-vɛrp]; n.; -(e)s, -en; Gramm.> *Verb, das ein Geschehen bezeichnet;* → a. *Kasten Verb;* '**Tä·tig·keits·wort** <n.; -(e)s, -er; Gramm.> → a. *Kasten Verb;* '**Tat·kraft** <f.; -; unz.>; '**tat·kräf·tig** <Adj.> *~e Unterstützung; ~ eingreifen;* '**tät·lich** <Adj.> *~ werden schlagen;* '**Tät·lich·keit** <f.; -, -en> *es kam zu ~en;* '**Tat·mehr·heit** <f.; -; unz.; Rechtsw.> *Verletzung mehrerer Strafgesetze durch verschiedene Handlungen;* Ggs *Tateinheit;* '**Tat·ort** <m.; -(e)s, -e> *Ort, an dem eine Straftat begangen worden ist*

tä·to'wie·ren <V. t.> *jmdn. ~ Muster durch Nadelstiche in jmds. Haut bringen; sich eine Rose ~ lassen;* **Tä·to'wie·rung** <f.; -, -en>

'**Tat·sa·che** <f.; -, -n> *das, was wirklich geschehen oder vorhanden ist; Vorspiegelung falscher ~n; jmdn. vor vollendete ~n stellen;* '**Tat·sa·chen·be·richt** <m.; -(e)s, -e>; '**Tat·sa·chen·ma·te·ri·al** <n.; -s; unz.>; **tat'säch·lich** <a. ['---]> **1** <Adj.> *den Tatsachen entsprechend; der ~e Grund für eine Entwicklung* **2** <Adv.> *in Wirklichkeit; sie ist es ~*

'**tät·scheln** <V. t./V. refl.; ich tätsch(e)le> *liebkosend klopfen; jmdm. die Wange ~;* '**tat·schen** <V. i. u. V. t./V. refl.; umg.; abwertend> *plump anfassen, zudringlich streicheln; jmdm. ins Gesicht ~*

'**Tat·te·rich** <m.; -s, -e; umg.> **1** <unz.> *Zittern; er hat den ~* **2** *Tapergreis;* '**tat·te·rig** <Adj.; umg.> *zitterig;* '**tat·tern** <V. i.; ich tattere; umg.> *zittern*
'**Tat·ter·sall** <m.; -s, -s; früher> *Reitschule, in der Pferde auch verkauft werden* [nach dem engl. Trainer *Tattersall*]

Tat·too[1] <[ta'tu:], engl. [tə'tu:]; n.; - od. -s, -s> *Zapfenstreich* [ndrl.; engl.]
Tat'too[2] <[ta'tu:], engl. [tə'tu:]; m. od. n.; -s, -s> = *Tätowierung* [polynes.; engl.]
'**tatt·rig** <Adj.> = *tatterig*
ta'tü·ta·ta <Schallwort> *Nachah-*

mung des Klangs einer Signalhupe (z. B. der Feuerwehr)
'**Tat·ver·dacht** <m.; -(e)s; unz.> *unter dringendem ~ stehen*

'**Tätz·chen** <n.; -s, -; Verkleinerungsf. von> *Tatze;* '**Tat·ze** <f.; -, -n> **1** *Pfote (bes. von Raubtieren);* *Bären~* **2** <umg.; scherzh.> *plumpe Hand;* '**Tätz·lein** <n.; -s, -; poet.; Verkleinerungsf. von> *Tatze*

Tau[1] <n.; -(e)s, -e> *starkes Seil*
Tau[2] <m.; -(e)s; unz.> *wässriger Niederschlag am frühen Morgen; es lag ~ auf den Wiesen*
Tau[3] <neugrch. [taf]; n.; -, -s; Zeichen: T> grch. *Buchstabe* [grch.]

taub <Adj.> **1** *ohne Gehör; sie ist von Geburt an ~; auf einem Ohr ~ sein; sich ~ stellen* **2** *ohne Empfindung (von Körperteilen); ~e Glieder* **3** *ohne nutzbaren Inhalt; eine ~e Nuss;* '**taub·blind** <Adj.; ↗Z36.1>

'**Täub·chen** <n.; -s, -; Verkleinerungsf. von> *Taube;* '**Tau·be** <f.; -, -n; Zool.> *eine Vogelart; Brief~, Friedens~, Turtel~;* '**tau·ben·blau** <Adj.> *blaugrau;* '**tau·ben·grau** <Adj.> *blaugrau;* '**Tau·ben·haus** <n.; -es, -er> = *Taubenschlag;* '**Tau·ben·schie·ßen** <n.; -s; unz.>; '**Tau·ben·schlag** <m.; -(e)s, -e> *Verschlag für Haustauben; heute ging es im Betrieb zu wie in einem ~* <fig.; umg.>; '**Tau·ben·schwanz** <m.; -es, -e; Zool.> *ein Schmetterling;* '**Tau·ber, Täu·ber** <m.; -s, -; Zool.> *männl. Taube*
'**Taub·heit** <f.; -; unz.>
'**Täu·bin** <f.; -, -·nnen> *weibl. Taube;* '**Täub·ling** <m.; -s, -e; Bot.> *ein Blätterpilz*
'**Taub·nes·sel** <f.; -, -n; Bot.> *ein Lippenblütler*

'**taub·stumm** <Adj.> *unfähig zu hören u. zu sprechen; besser gehörlos;* '**Taub·stum·me(r)** <f. 2 (m. 1)>

'**tau·chen** <V.> **1** <V. i. (h. od. s.)> *unter Wasser gehen od. bleiben; ich habe/bin zwei Minuten getaucht* **2** <V. t.> *jmdn. ins, unter Wasser ~; die Feder in die Tinte ~;* '**Tau·cher** <m.; -s, ->; '**Tau·cher·an·zug** <m.; -(e)s, -e>; '**Tau·cher·bril·le** <f.; -, -n>; '**Tau·cher·glo·cke** <f.; -, -n>

Senkkasten für Unterwasserarbeiten; **'Tau·che·rin** <f.; -, -n·nen; ↗Z38>; **'Tau·cherkrank·heit** <f.; -; unz.; Med.> = Caissonkrankheit; **'tauch·fä·hig** <Adj.> ein ~er Vogel; **'tauch·lackie·ren** <V. t.; nur im Inf. u. Part. Perf.> einen Lacküberzug durch Eintauchen herstellen; **'Tauch·sie·der** <m.; -s, -> elektr. Heizspirale zum Erhitzen von Wasser; **'Tauch·sta·ti·on** <f.; -, -en; auf U-Booten> auf ~ gehen <fig.; umg.> sich zurückziehen

'tau·en¹ <V. i.; unpersönl.> es taut es fällt Tau

'tau·en² <V. i. u. V. t.> schmelzen (Eis, Schnee); der Schnee ist getaut; die Sonne hat das Eis getaut

'Tauf·be·cken <n.; -s, ->; **'Taufbuch** <n.; -(e)s, ⁼er> = Taufregister; **'Tau·fe** <f.; -, -n> 1 Sakrament der Aufnahme des Täuflings in die Gemeinschaft der Christen 2 <fig.> feierliche Namensgebung; Schiffs~; **'tau·fen** <V. t.> er ist auf den Namen Dieter getauft; **'Täu·fer** <m.; -s, -> 1 <in der Wendung> Johannes der ~ 2 <Pl.> christl. Gruppen mit Erwachsenentaufe

'tau·feucht <Adj.> über die ~e Wiese laufen

'Tauf·for·mel <f.; -, -n>; **'Tauf·ge·lüb·de** <n.; -s, ->; **'Tauf·ka·pel·le** <f.; -, -n>; **'Tauf·kir·che** <f.; -, -n> Sy Baptisterium; **'Tauf·kleid** <n.; -(e)s, -er>

'Tau·flie·ge <f.; -, -n; Zool.> eine Fliegenart

'Täuf·ling <m.; -s, -e> jmd., der getauft wird; **'Tauf·na·me** <m.; -ns, -n>; **'Tauf·pa·te** <m.; -n, -n>; **'Tauf·pa·tin** <f.; -, -n·nen>; **'Tauf·re·gis·ter** <n.; -s, -> Verzeichnis der in einer Kirche Getauften

'tau·frisch <Adj.> eine ~e Neuigkeit

'Tauf·schein <m.; -(e)s, -e>; **'Tauf·spruch** <m.; -(e)s, ⁼e>; **'Tauf·was·ser** <n.; -s; unz.>; **'Tauf·zeu·ge** <m.; -n, -n> = Taufpate; **'Tauf·zeu·gin** <f.; -, -n·nen>

'tau·gen <V. i.> brauchbar sein, wert sein; der Apparat taugt nichts; **'Tau·ge·nichts** <m.; - od. -es, -e> Nichtsnutz; **'taug-**

lich <Adj.> zum Wehrdienst ~; **'Taug·lich·keit** <f.; -; unz.>

'tau·ig <Adj.> taufeucht

'Tau·klet·tern <n.; -s; unz.> Turnübung am Seil

'Tau·mel <m.; -s; unz.> 1 Schwanken; von einem ~ erfasst sein 2 überschwänglicher Gemütszustand; im ~ der Begeisterung; **'tau·me·lig** <Adj.> ich bin, mir ist ~; **'tau·meln** <V. i. (s.); ich taum(e)le> sie ist vor Müdigkeit getaumelt; durch die Straßen ~; **'taum·lig** <Adj.> = taumelig

Tau'on <n.; -s, -e; Phys.> Elementarteilchen

taupe <[to:p]; Adj.> maulwurfgrau [frz.]

'Tau·punkt <m.; -(e)s, -e> Temperatur, bei der in einem Gas-Dampf-Gemisch das Gas gerade mit dem Dampf gesättigt ist

Tau'rin <n.; -s, -e> Neurotransmitterhemmstoff [grch.]

Tausch <m.; -(e)s, -e> einen guten, schlechten ~ machen; **'tau·schen** <V. t. u. V. i.> etwas ~ hergeben, um etwas anderes dafür zu bekommen; Briefmarken ~; ich möchte nicht mit ihr ~ ich möchte nicht an ihrer Stelle sein; **'täu·schen** <V. t.> 1 jmdn. ~ jmdn. irreführen; sein freundliches Wesen täuscht; sie sieht ihrer Mutter ~d ähnlich 2 <V. refl.> sich ~ sich irren; darin täuschst du dich; ich habe mich in ihm getäuscht; **'Täuscher** <m.; -s, -> 1 <veralt.> Händler 2 Betrüger; **'Tauschge·schäft** <n.; -(e)s, -e>; **'Tausch·han·del** <m.; -s; unz.>

tau'schie·ren <V. t.> Metall ~ mit edlerem Metall einlegen [ital.]

'Tausch·ob·jekt <n.; -(e)s, -e>; **'Täu·schung** <f.; -, -en> 1 das Täuschen; er ist auf eine ~ hereingefallen; Sinnes~ 2 das Getäuschtsein; sich einer ~ (über etwas) hingeben; **'Täu·schungs·ma·nö·ver** <n.; -s, ->; **'Tausch·wert** <m.; -(e)s, -e>; **'Tausch·wirt·schaft** <f.; -; unz.>

'tau·send <Num.; in Ziffern: 1000> 1 zehnmal hundert; ~ Besucher; vor ~ Jahren 2 <fig.> ungezählt; ~ Ängste ausstehen; ein~; zwei~; der Spiegel zersplitterte in ~ Stücke; ein paar ~

<od.> Tausend; viele ~ <od.> Tausend Insekten; das geht in die ~e <od.> Tausende; ~ und aber ~ <od.> Tausend und Abertausend; **'Tau·send¹** <f.; -, -en> die Zahl 1000; **'Tau·send²** <n.; -s, -e> Gesamtheit von 1000 Stück od. Individuen; das erste ~; <bei unbest. Mengen Klein- od. Großschreibung:> ~e <od.> tausende jubelnder Menschen; mehrere ~ <od.> tausend Stück; sie kamen zu ~en <od.> tausenden zu der Veranstaltung; **'Tau·send·blatt** <n.; -(e)s; unz.; Bot.> eine Wasserpflanze; **'Tau·sen·der** <m.; -s, -> 1 <früher> Tausendmarkschein 2 <bei Dezimalbrüchen> vierte Stelle vor dem Komma; **'tau·sen·der·lei** <Adj.; fig.> ~ Dinge erledigen müssen; **'tau·send·fach** <Adj.>; **'Tau·send·fuß** <m.; -es, ⁼e; Zool.> ein Gliederfüßer; **Tau·send'gul·den·kraut** <n.; -s; unz.; österr., schweiz.> ein Enziangewächs; **Tau·send'jahr·fei·er** <f.; -, -n> → a. Jahrtausendfeier; **'tau·send·jäh·rig** <Adj.> eine ~e Eiche; <aber> das Tausendjährige Reich <frühchristliche Vorstellung> künftiges, 1000 Jahre währendes Zeitalter des Heils; **'tau·send·mal**, <auch> **tau·send 'Mal** <Adj.; fig.> ich bitte ~ um Entschuldigung; **Tau·send'mark·schein** <m.; -(e)s, -e>; **'Tau·send·sa·sa** <m.; -s, -s od.; österr.; schweiz.>, **'Tau·send·sas·sa** <m.; -s, -s> Teufelskerl; **'Tau·send·schön** <n.; -s, -e> = **Tau·send·schön·chen** <n.; -s, -; Bot.> Abart des Gänseblümchens; **'tau·send·sei·tig** <Adj.> ein ~es Buch; **'tau·sends·tel** <Adj.> eine ~ Sekunde <od.> Tausendstelsekunde; **'Tau·sends·tel** <n.; -s; unz.> der tausendste Teil; **'Tau·sends·tel·se·kun·de** <f.; -, -n> er war um eine ~ schneller; **Tau·send·und·ei·ne 'Nacht**, <auch> **'Tau·send·und·ei·ne·'Nacht** <f.; der Tausendundeinen Nacht; unz.; ↗Z33, 36.2> arab. Märchensammlung; ein Märchen aus Tausendundeiner Nacht

Tau·ta'zis·mus <m.; -, -men> unschöne Häufung ähnlicher Lau-

te [grch.]; **Tau·to·lo'gie** <f.; -, -n> *Bezeichnung, die einen Sachverhalt doppelt wiedergibt;* **tau·to·lo·gisch** <Adj.>; **tau·to·'mer** <Adj.; Chem.>; **Tau·to·me·'rie** <f.; -, -n; Chem.> *reversible Umwandlung von miteinander im Gleichgewicht stehenden Isomeren*

'Tau·tre·ten <n.; -s; unz.> *Barfußgehen im taufeuchten Gras;* **'Tau·trop·fen** <m.; -s, -> **'Tau·werk** <n.; -(e)s; unz.> *alle Taue eines Schiffes*

'Tau·wet·ter <n.; -s; unz.> **'Tau·zie·hen** <n.; -s; unz.> *1 ein sportl. Wettkampf* **2** <fig.; umg.> *langwieriges Ringen um eine Entscheidung*

Ta·ver·ne <[-'vɛr-]; f.; -, -n> *Schenke, Kneipe* [lat.]

Ta·xa'me·ter <m.; -s, -> *Zähluhr im Taxi* [lat.; grch.]; **Ta·xa·ti'on** <f.; -, -en> *Schätzung;* **Ta'xa·tor** <m.; -s, -'to·ren> *Schätzer;* **'Ta·xe** <f.; -, -n> *1 Schätzung* **2** *Gebühr; Kur~* **3** = *Taxi* [frz.-lat.]; **'ta·xen** <V. t.; du taxt> = *taxieren;* **'tax·frei** <Adj.> *gebührenfrei;* **'Tax·ge·bühr** <f.; -, -en>; **'Ta·xi** <n.; - od. -s, - od. -s> *Fahrzeug zur Beförderung von zahlenden Fahrgästen;* mit dem ~ *fahren;* oV *Taxe;* **'Ta·xi·chauffeur** <[-ʃoføːr]; m.; -s, -e>

Ta'xie·ren <V. t.> *Bewegungsreaktion frei beweglicher Pflanzen auf einen Reiz* [grch.]

ta'xie·ren <V. t.> *jmdn. ~ anschauen, um seine Persönlichkeit einzuschätzen* [lat.]

'Ta·xi·fah·rer <m.; -s, ->

'Ta·xis <f.; -, Ta'xi·en> = *Taxie*

'Ta·xi·stand <m.; -(e)s, ̈e> *Warteplatz für Taxis;* **'Tax·ler** <m.; -s, -; österr.> *Taxifahrer;* **'Tax·le·rin** <f.; -, -nen; österr.>

Ta'xo·die <[-diə]; f.; -, -n; Bot.> *eine Sumpfzypresse* [grch.]

'Ta·xon <n.; -s, 'Ta·xa; Biol.> *systematische Kategorie, z. B. Stamm, Klasse, Familie, Gattung* [grch.]; **ta·xo'nom** <Adj.>; **Ta·xo·no'mie** <f.; -, -n> *Einordnung in ein biolog. System;* **ta·xo'no·misch** <Adj.>

'Tax·preis <m.; -es, -e> *Schätzpreis*

'Ta·xus <m.; -, -; Bot.> = *Eibe* [lat.]

'Tax·wert <m.; -(e)s, -e> *Schätzwert; ein* ~ *von etwa 3500 Euro*

Tay·lo'ris·mus <[te-]; m.; -; unz.; Wirtsch.> *wissenschaftl. Betriebsführung, die auf maximale Wirtschaftlichkeit abzielt* [nach dem amerikan. Betriebsberater F. W. *Taylor*]

Tb <Chem.; Zeichen für> *Terbium*

Tb, Tbc <Abk. für> *Tuberkulose;* **Tbc-krank, Tb-krank** <Adj.; ↗Z34>

T-Bone-Steak <['ti:bounsteːk]; n.; -s, -s; ↗Z33> *Rinderlendensteak mit einem t-förmigen Knochen* [engl.]

Tc <Chem.; Zeichen für> *Technetium*

Te <Chem.; Zeichen für> *Tellur*

Teach-in <[ti:tʃ'in]; n.; -s, -s> *polit. Protestveranstaltung, bei der über Missstände aufgeklärt werden soll* [engl.]

Teak <[ti:k] n.; -s; unz.> = *Teakholz* [engl.]; **'Teak·baum** <m.; -(e)s, ̈e> *ein trop. Baum;* **'teaken** <Adj.> *aus Teakholz;* **'Teak·holz** <n.; -es; unz.>

Team <[ti:m]; n.; -s, -s> *Arbeitsgruppe, Mannschaft* [engl.]; **'Team·ar·beit** <f.; -; unz.> = *Teamwork;* **'Team·chef** <[-ʃɛf]; m.; -s, -s> *Trainer einer Mannschaft;* **'Team·che·fin** <f.; -, -nen>; **'Team·geist** <m.; -(e)s; unz.>; **'Team·kol·le·ge** <m.; -n, -n>; **'Team·kol·le·gin** <f.; -, -nen>; **'Team·tea·ching** <[-ti:tʃiŋ]; n.; -s; unz.; Päd.> *Form des Unterrichts, die von einem Lehrerkollegium gemeinsam geplant und realisiert wird* [engl.]; **'Team·the·o·rie** <f.; -, -n; Wirtsch.> *Theorie zur Verbesserung von Entscheidungsprozessen innerhalb eines Teams;* **'Team·work** <[-wəːk]; n.; -s; unz.> *Zusammenarbeit*

Tea·room, <auch> **Tea-Room** <['ti:ru:m]; m. od. (schweiz. a.) n.; -s, -s; ↗Z32> *Lokal, in dem hauptsächlich Tee serviert wird* [engl.]

Tea·ser <['ti:zər]; m.; -s, -> *Werbemittel, das die Kaufbereitschaft für ein Produkt erhöhen soll* [engl.]

Tech'ne·ti·um <n.; -s; unz.> *Zei-*

chen: *Tc> radioaktives, chem. Element*

'Tech·nik <f.; -, -en> **1** <unz.> *die Gesamtheit aller Mittel, die Natur dem Menschen nutzbar zu machen;* Bau~; Pyro~; Bühnen~ **2** *Kunstfertigkeit;* Schwimm~ [grch.]; **'Tech·ni·ker** <m.; -s, -> *Facharbeiter in einem technischen Beruf;* Pyro~; **'Tech·ni·ke·rin** <f.; -, -nnen; ↗Z38>; **'Tech·ni·kum** <n.; -s, -ka> *technische Fachschule;* **'tech·nisch** <Adj.> *eine* ~*e Hochschule;* ~*er Zeichner; das* ~*e Zeitalter; wegen* ~*er Probleme;* ~*e Eranstalt Ausbildungsstätte für Ingenieure;* <aber> *die Technische Hochschule Darmstadt* <Abk.: TH>; *Technischer Direktor; Technisches Hilfswerk* <Abk.: THW>; *Technischer Überwachungs-Verein* <Abk.: TÜV> *eingetragener Verein zur Überwachung von techn. Anlagen, Kraftfahrzeugen u. a.; eine* ~*e Universität;* <aber> *die Technische Universität Hannover* <Abk.: TU>; *das Technische Museum in Wien;* **tech·ni'sie·ren** <V. t.> *auf techn. Betrieb umstellen;* **Tech·ni'sie·rung** <f.; -, -en>; **Tech·ni·'zis·mus** <m.; -, -men> *Ausdruck aus der Sprache der Technik*

Tech·no <['tɛkno]; m. od. n.; -s; unz.> *von schnellen, gleichbleibenden Rhythmen bestimmte Tanzmusik* [engl.]

tech·no'id <Adj.> *durch die Technik beeinflusst;* **Tech·no'krat** <m.; -en, -en>; **Tech·no·kra'tie** <f.; -, -n> *Vorherrschaft der Technik in wirtschaftl. u. polit. Bereichen* [grch.]; **Tech·no·kra·tin** <f.; -, -nnen>; **tech·no'kra·tisch** <Adj.>; **Tech·no'lekt** <m.; -(e)s, -e> *Fachsprache;* **Tech·no·lo·ge** <m.; -n, -n>; **Tech·no·lo·gie** <f.; -, -n> *Lehre von den in der Technik anwendbaren Produktionsverfahren;* <heute häufig für> *Technik;* **Tech·no·lo·gie·park** <m.; -s, -s> *Gelände, auf dem verschiedene techn. Unternehmen angesiedelt werden;* **Tech·no·lo·gie·trans·fer** <m.; -s; unz.> *Weitergabe techn. u. wiss. Kenntnisse;* **Tech·no·lo·gie·zen·trum,** <auch> **Tech·no-**

lo'gie·zent·rum <n.; -s, -tren/ -t·ren; ↗Z53; Wirtsch.>; **Tech- no'lo·gin** <f.; -, -n·nen>; **tech- no'lo·gisch** <Adj.>

Tech·tel'mech·tel <n.; -s, -> ↗ *Lieb- schaft* [ital.]

'Te·ckel <m.; -s, -> = *Dachshund*

TED <m.; -s; unz.; Kurzw. für> *Te- ledialog, Verfahren der telefoni- schen Meinungsermittlung bei Fernsehsendungen*

'Ted·dy <m.; -s, -s>, **'Ted·dy·bär** <m.; -en, -en> *Stoffbär* [engl.]; **'Ted·dy·man·tel** <m.; -s, ⸚> *Plüschmantel*

Te'de·um <n.; -s, -s> *frühchristl. Hymnus* [lat.]

Tee[1] <m.; -s, -s> **1** *getrocknete Pflanzenteile, bes. Blätter des Teestrauches;* ~ aufbrühen, ko- chen; grüner, schwarzer ~ **2** *aus Tee(1) zubereitetes Getränk;* ei- ne Tasse ~; jmdn. zum ~ einla- den; abwarten und ~ trinken <fig.; umg.> *nichts übereilen* [chin.-engl.]

Tee[2] <[ti:]; n.; -s, -s; Golf> **1** *Ab- schlagplatz* **2** *Stift, auf den der Golfball zum Abschlag gelegt wird* [engl.]

'Tee·auf·guss <m.; -es, ⸚e>; **'Tee- blatt** <n.; -(e)s, ⸚er>; **'Tee·ei** <n.; -(e)s, -er; ↗Z37> *durchlö- cherter Behälter mit Tee[1](1), der zum Ziehen in die Kanne mit Wasser gehängt wird;* **'Tee·ern- te** <f.; -, -n; ↗Z37>; **'Tee·ge- bäck** <n.; -s; unz.>; **'Tee·kan·ne** <f.; -, -n>; **'Tee·kes·sel** <m.; -s, -; a. fig.> *Gesellschaftsspiel, bei dem gleich lautende, aber mehrdeutige Wörter erraten werden müssen;* **'Tee·licht** <n.; -(e)s, -e od. -er> *kleines Licht in einer Kunststoff- od. Aluminium- schale, das in einem Stövchen verwendet wird;* **'Tee·löf·fel** <m.; -s, -> *kleiner Löffel;* drei ~ Zucker; **'tee·löf·fel·wei·se** <Adv.>; **'Tee·ma·schi·ne** <f.; -, -n>

Teen <[ti:n]; m.; -s, -s; kurz für> *Teenager;* **Teen·a·ger**, <auch> **Tee·na·ger** <['ti:ne:dʒə(r)]; m.; -s, -; ↗Z54, 55> *Jugendliche(r) zwischen 13 u. 19 Jahren* [engl.]; **'Tee·nie, 'Tee·ny** <m.; -s, -s; umg.; kurz für> *Teenager*

Teer <m.; -(e)s, -e> *braune od. schwarze zähe Flüssigkeit, Ne- benprodukt bei der trockenen Destillation von Kohle, Torf u. Holz;* **'tee·ren** <V. t.> *die Straße ist frisch geteert;* **'Teer·far·be** <f.; -, -n>; **'tee·rig** <Adj.>; **'Teer- ja·cke** <f.; -, -n; scherzh. Bez. für> *Seemann;* **'Teer·öl** <n.; -(e)s; unz.> = *Karbolineum* **'Tee·ro·se** <f.; -, -n; Bot.> **'Teer·pap·pe** <f.; -; unz.>; **'Teer- säu·re** <f.; -, -n; Chem.>; **'Teer- sei·fe** <f.; -, -n>; **'Tee·rung** <f.; -, -en> **'Tee·ser·vi·ce** <n.; - [-sɛrvi:s] od. -s [-səs], - [-sə]> *Teegeschirr für mehrere Personen;* **'Tee·sieb** <n.; -(e)s, -e>; **'Tee·strauch** <m.; -(e)s, ⸚er>; **'Tee·tas·se** <f.; -, -n>; **'Tee·tisch** <m.; -(e)s, -e>; **'Tee·wa·gen** <m.; -s, -> *Servier- wagen;* **'Tee·wär·mer** <m.; -s, ->; **'Tee·wurst** <f.; -, ⸚e> *feine Mettwurst*

Te·fil'la <f.; -; unz.> *Gebetbuch* [hebr.]; **Te·fil'lin** <Pl.; jüd. Rel.> *Pergamentstreifen mit Bibelzi- taten, die in Kapseln gelegt u. beim Morgengebet mit Riemen an Stirn u. Arm befestigt werden*

'Tef·lon, <auch> **'Te·flon** <a. [-'-]; n.; -s; unz.; ↗Z53; Warenz.> *ein hitzebeständiger Kunststoff*

Te·gu·ci'gal·pa <[-si-]> *Haupt- stadt von Honduras*

'Te·he·ran <a. [--'-]> *Hauptstadt des Iran*

Teich <m.; -(e)s, -e> *kleines, ste- hendes Gewässer;* der große ~ <scherzh.> *der Atlantische Oze- an;* **'Teich·huhn** <n.; -(e)s, ⸚er; Zool.> *eine Ralle;* **'Teich·kol- ben** <m.; -s, -; Bot.> = *Rohrkol- ben;* **'Teich·lin·se** <f.; -, -n; Bot.> *ein Wasserlinsengewächs;* **'Teich·molch** <m.; -(e)s, -e; Zool.> *ein Schwanzlurch;* **'Teich·mu·schel** <f.; -, -n>; **'Teich·rohr** <n.; -(e)s; unz.; Bot.> = *Schilf;* **'Teich·rohr·sän- ger** <m.; -s, -; Zool.> *ein Singvo- gel;* **'Teich·ro·se** <f.; -, -n; Bot.> *eine Schwimmpflanze;* **'Teich- wirt·schaft** <f.; -; unz.> *Fisch- zucht in Teichen*

Teig <m.; -(e)s, -e> *zähe Masse aus Mehl u. weiteren Zutaten zum Herstellen von Teigwaren u. zum Backen;* den ~ kneten, ausrollen; **'tei·gig** <Adj.> *der Kuchen ist noch ~;* **'Teig·mas- se** <f.; -, -n>; **'Teig·rad·chen** <n.; -s, -> *Gerät zum Ausrädeln von Teig;* **'Teig·sprit·ze** <f.; -, -n>; **'Teig·wa·ren** <Pl.> *aus Teig hergestellte Nahrungsmittel, bes. Nudeln*

Teil <m. od. n.; -(e)s, -e> **1** *Stück, Abschnitt von einem Ganzen; Körper~; Bestand~; eine Ma- schine in ihre ~e zerlegen; zum größten ~ – das meiste;* ich habe sie nur zum ~ verstanden *teil- weise;* Roman in drei ~en **2** *ein- zelnes Stück;* ein(en) ~ eines Ge- rätes ersetzen müssen **3** *Anteil;* zu gleichen ~en; er hat sein(en) ~ bekommen, weg <fig.; umg.> *seine Strafe* **4** sich sein(en) ~ denken; ich für meinen ~ *was mich betrifft;* **'Teil·an·sicht** <f.; -, -en>; **'teil·bar** <Adj.> ~e Zahl; **'Teil·bar·keit** <f.; -; unz.>; **'Teil- be·reich** <m.; -(e)s, -e>; **'Teil- be·trag** <m.; -(e)s, ⸚e>; **'Teil- chen** <n.; -s, -> **1** <Verkleine- rungsf. von> *Teil* **2** *kleinster Be- standteil der Materie;* **'Teil- chen·be·schleu·ni·ger** <m.; -s, -; Phys.> *Vorrichtung zur Be- schleunigung geladener Teil- chen;* **'Teil·chen·strah·lung** <f.; -, -en; Phys.>; **'Teil·druck** <m.; -(e)s, -e>; **'tei·len** <V. t.> **1** *in Teile zerlegen, zertrennen;* eine Orange ~; der Weg teilt sich *ga- belt sich;* wir ~ uns in die Arbeit <geh.> *wir erledigen die A. ge- meinsam;* den Gewinn brüder- lich ~ **2** *dividieren;* sechs geteilt durch zwei ist drei **3** mit jmdm. das Zimmer ~; geteilter Schmerz ist halber Schmerz, geteilte Freude ist doppelte Freude <Sprichw.> **4** sie sind geteilter Meinung *verschiede- ner M.;* **'Tei·ler** <m.; -s, -; Math.> *ganze Zahl, die in einer anderen mehrmals ohne Rest enthalten ist;* **'Teil·er·folg** <m.; -(e)s, -e> einen ~ erzielen; **'tei- ler·fremd** <Adj.; Math.> *keinen gemeinsamen Teiler mit einer anderen Zahl besitzend;* **'Teil- fins·ter·nis** <f.; -, -s·se> *Verdun- kelung eines Teils eines Him- melskörpers;* **'Teil·ge·biet** <n.; -(e)s, -e>; **'Teil·ha·be** <f.; -, -n>; **'teil|ha·ben** <V. i. 159; ich habe teil; sie hat teilgehabt; teilzuha- ben> *beteiligt sein;* jmdn. an seiner Freude ~ lassen; **'Teil·ha- ber** <m.; -s, -> *Gesellschafter ei- nes Geschäftsunternehmens;*

stiller ~ *Gesellschafter, der nach außen hin nicht in Erscheinung tritt, aber gewisse Rechte hat;* **'Teil·ha·be·rin** <f.; -, -n·nen>; **'Teil·ha·ber·schaft** <f.; -, -en>; **teil'haf·tig** <Adj.; geh.> *einer Sache ~ werden eine S. erfahren, gewinnen; er wurde eines großen Glücks ~;* **...tei·lig** <Adj.; in Zus.; ↗Z34> *z. B. mehrteilig; vierteilig* <in Ziffern> *4-teilig;* **'Teil·in·va·li·de(r)** <[-va-]; f. 2 (m. 1)>; **'Teil·kopf** <m.; -(e)s, ⁻e; an Fräsmaschinen>; **'Teil·nah·me** <f.; -; unz.> *das Teilnehmen; die ~ an einer Veranstaltung; meine herzlichste, innigste ~! (Beileidsformel);* jmdm. seine ~ *aussprechen;* **'teil·nah·me·be·rech·tigt** <Adj.>; **'Teil·nah·me·be·rech·ti·gung** <f.; -, -en>; **'teil·nahms·los** <Adj.> *gleichgültig, apathisch; ~ zuhören;* **'Teil·nahms·lo·sig·keit** <f.; -; unz.>; **'teil·nahms·voll** <Adj.> *teilnehmend, mitfühlend;* **'teil·neh·men** <V. i. 189; ich nehme teil; sie hat teilgenommen; teilzunehmen> *sich beteiligen; an einem Wettlauf ~;* **'Teil·neh·mer** <m.; -s, -> *die ~ einer Konferenz;* **'Teil·neh·me·rin** <f.; -, -n·nen>; **'Teil·neh·mer·lis·te** <f.; -, -n>; **'Teil·punkt** <m.; -(e)s, -e; Math.> *zur Kennzeichnung einer Division verwendeter Doppelpunkt;* **teils** <Adv.> 1 *teilweise; auf den Wiesen lag ~ noch Schnee* 2 ~, ~ *sowohl als auch; waren die Bilder gut? ~, ~!* <umg.>; **...teils** <Adv.; in Zus.> *zu einem bestimmten Teil;* größten~; eines~; andern~; **'Teil·schuld·ver·schrei·bung** <f.; -, -en; Bankw.> **'Teil·stre·cke** <f.; -, -n> *auf der letzten ~;* **'Teil·streit·kraft** <f.; -, ⁻e; Mil.> *Teil der Gesamtstreitkräfte: Heer, Luftwaffe, Marine;* **'Teil·strich** <m.; -(e)s, -e; an Messgeräten u. -gefäßen> *Einteilungsstrich;* **'Teil·stück** <n.; -(e)s, -e>; **'Tei·lung** <f.; -, -en> 1 *das Teilen; die ~ eines Reiches* 2 <Biol.> *Form der ungeschlechtl. Fortpflanzung; Kern-* 3 <Math.> = *Division(1);* **'teil·wei·se** <Adv. od. (umg.) Adj.> *in Teilen, zum Teil; ihre Vorschläge sind ~ sehr konstruktiv; sein ~s Nachgeben*

<umg.>; **'Teil·wert** <m.; -(e)s, -e>; **'Teil·zah·lung** <f.; -, -en> *Rate; etwas auf, in ~ kaufen;* **'Teil·zeit** <f.; -; unz.> *Teil der Arbeitszeit;* (in) ~ *arbeiten;* **'Teil·zeit·be·schäf·ti·gung** <f.; -, -en>; **'Teil·zeit·kraft** <f.; -, ⁻e> *Arbeitskraft, die Teilzeit arbeitet;* **'Teil·zeit·schu·le** <f.; -, -n> *Schule, die der Schüler nur zu bestimmten Zeiten besucht, z. B. Berufsschule*

Te'in <n.; -s; unz.> = *Thein*

Teint <[tɛ̃]; m.; -s, -s> *Zustand, Farbe der Gesichtshaut; einen reinen, zarten ~ haben* [frz.]

'T-Ei·sen <n.; -s, -; ↗Z34> *Stahlträger mit T-förmigem Querschnitt*

'Teis·te <f.; -, -n; Zool.> = *Lumme*

Tek'tit <m.; -s, -e; Geol.> *Glasmeteorit* [grch.]

tek·to'gen <Adj.> **Tek·to·ge'ne·se** <f.; -, -n> = *Orogenese* [grch.]

Tek'to·nik <f.; -; unz.> 1 *Lehre vom Bau der Erdkruste* 2 *Lehre vom inneren Aufbau eines Kunstwerks* [grch.]; **tek'to·nisch** <Adj.> Ggs *atektonisch*

Tek'tur <f.; -, -en> 1 *Decke, Deckblatt* 2 *Textberichtigung durch Überkleben*

'Te·la <f.; -, 'Te·len; Anat.> *Bindegewebe* [lat.]

Tel'an·thro·pus, <auch> **Tel'anth·ro·pus** <m.; -, -pi; ↗Z53> *in Südafrika gefundener Frühmenschentypus* [grch.]

te·le..., **Te·le...** <in Zus.> *fern, weit* [grch.]

Te·le·ban·king <[-bæŋkɪŋ]; n.; -s; unz.> = *Electronic Banking;* → a. *Homebanking* [engl.]; **'Te·le·box** <f.; -, -en>; **'Te·le·brief** <m.; -(e)s, -e>; **'Te·le·disc** <f.; -, -s; Warenz.> *Bildplatte zum Abspielen von Spielfilmen über das Fernsehgerät* [grch.; engl.]

'Te·le·fax <n.; -, -e; Kurzw.: Fax> 1 *an die Fernsprechleitung angeschlossenes Kopiergerät zur Übermittlung von Fernkopien* 2 *per Telefax(1) übermittelte Kopie;* **'te·le·fa·xen** <V. i.; du telefaxt; Kurzw.: faxen> Sy *telekopieren*

Te·le'fon <a. ['---]; n.; -s, -e> *Apparat zur Übermittlung mündlicher Nachrichten;* oV *Telephon* [grch.]; **Te·le'fon·an·ruf** <m.;

-(e)s, -e>; **Te·le'fon·an·schluss** <m.; -es, ⁻e> *Telefonverbindung;* **Te·le'fo'nat** <n.; -(e)s, -e> *Telefongespräch;* **Te·le'fon·buch** <n.; -(e)s, ⁻er> *Verzeichnis der Inhaber eines Telefonanschlusses;* **Te·le'fon·ge·sell·schaft** <f.; -, -en>; **Te·le'fon·ge·spräch** <n.; -(e)s, -e>; **Te·le'fon·häus·chen** <n.; -s, -> = *Telefonzelle;* **Te·le'fo'nie** <f.; -, -n> *elektromagnetische Schallübertragung;* **te·le·fo'nie·ren** <V. i.> *er telefoniert schon seit Stunden;* **te·le·fo'nisch** <Adj.> *mithilfe des Telefons od. der Telefonie; ~ Auskunft; ich habe nur ~ mit ihr gesprochen;* **Te·le·fo'nist** <m.; -en, -en>; **Te·le·fo'nis·tin** <f.; -, -n·nen>; **Te·le'fon·kar·te** <f.; -, -n> *Karte, auf der Gebühreneinheiten für das Telefonieren gespeichert sind;* **Te·le'fon·num·mer** <f.; -, -n>; **Te·le'fon·seel·sor·ge** <f.; -; unz.>; **Te·le'fon·sex** <m.; -es; unz.>; **Te·le'fon·zel·le** <f.; -, -n>; **Te·le'fon·zen·tra·le,** <auch> **Te·le·fon·zent'ra·le** <f.; -, -n; ↗Z53; in Betrieben> *Vermittlungsstelle für Telefonate*

'Te·le·fo·to <n.; -s, -s>; **'Te·le·fo·to·gra·fie** <f.; -; unz.> *Fotografie mit Teleobjektiven* [grch.]

te·le'gen <Adj.> *im Fernsehen wirkungsvoll; er ist ~* [grch.]

Te·le'graf <m.; -en, -en; ↗Z11.3> *Gerät zur Nachrichtenübermittlung durch elektr., akust. od. opt. Zeichen;* oV *Telegraph* [frz.-grch.]; **Te·le'gra·fen·schlüs·sel** <m.; -s, -s>; **Te·le·gra'fie** <f.; -; unz.> *Nachrichtenübermittlung mittels Telegrafen; drahtlose ~;* **te·le·gra·fie·ren** <V.>; **te·le·'gra·fisch** <Adj.>; **Te·le'gramm** <n.; -s, -e> *durch Telegrafie übermittelte Nachricht; ein ~ aufgeben; Glückwunsch~; Schmuckblatt~;* **Te·le'gramm·a·dres·se,** <auch> **Te·le·gramm·ad·res'se** <f.; -, -n; ↗Z53> *verkürzte Form der Adresse für Telegramme;* **Te·le'gramm·bo·te** <m.; -n, -n>; **Te·le'gramm·for·mu·lar** <n.; -s, -e>; **Te·le'gramm·stil** <m.; -s; unz.> *im ~;* **Te·le'graph** <m.; -en, -en> = *Telegraf;* **Te·le·gra'phie** <f.; -;

unz.> = Telegrafie; **te·le·gra-
'phie·ren** <V. i.> = telegrafieren
'Te·le·ka·me·ra <f.; -, -s> Kamera,
die mit einem Teleobjektiv aus-
gerüstet ist
Te·le·ki·ne·se <f.; -, -n> angebl.
Bewegung von Gegenständen
durch übersinnl. Kräfte [grch.];
te·le·ki·ne·tisch <Adj.>
'Te·le·kol·leg <n.; -s, -e> von
schriftl. Texten begleiteter Fern-
unterricht im Fernsehen
'Te·le·kom <f.; -; unz.> Unterneh-
men im Telekommunikations-
bereich; **'Te·le·kom·mu·ni·ka·ti-
on** <f.; -; unz.> Nachrichtenaus-
tausch mithilfe nachrichten-
technischer Übermittlungsver-
fahren
'Te·le·kon·fe·renz <f.; -, -en> =
Videokonferenz
'Te·le·kon·ver·ter <[-vɛr-]; m.; -s,
-; Fot.> Zwischensystem zur Ver-
änderung der Brennweite
te·le·ko'pie·ren <V. i. u. V. t.> = te-
lefaxen; **'Te·le·ko·pie·rer** <m.;
-s, -> = Telefax(1)
'Te·le·mar·ke·ting <n.; -s od. -;
unz.; Wirtsch.> Waren- u.
Dienstleistungsangebot z. B.
über Telefon oder Fernsehen;
→ a. Teleshopping
'Te·le·mark·schwung <m.; -s, ⸚e;
Skisp.> plötzlicher Schwung
quer zum Hang [nach der norw.
Landschaft]
Te·le'me·ter <a. ['----]; n.; -s, ->
Entfernungsmesser [grch.]; **Te·
le·me'trie**, <auch> **Te·le·met'rie**
<f.; -; unz.> Ermittlung u. Über-
tragung von Messwerten über
größere Entfernungen; **te·le·me-
trisch** <Adj.>
'Te·le·ob·jek·tiv <n.; -s, -e; Fot.>
Objektiv zur Aufnahme entfern-
ter Gegenstände [grch.]
Te·le·o·lo'gie <f.; -; unz.> Lehre,
dass die Entwicklung zweckmä-
ßig u. zielgerichtet sei [grch.];
te·le·o'lo·gisch <Adj.>
Te·le'os·ti·er <m.; -s, -; meist Pl.;
Zool.> Knochenfisch [grch.]
Te·le'path <m.; -en, -en>; **Te·le·
pa'thie** <f.; -; unz.> Gedanken-
übertragung ohne Hilfe der Sin-
nesorgane [grch.]; **Te·le'pa·thin**
<f.; -, -·n·nen>; **te·le'pa·thisch**
<Adj.>
Te·le'phon <a. ['---]; n.; -s, -e;
↗Z11.3; veralt.> = Telefon; **te·le·**

pho'nie·ren** <V. i.; veralt.> = te-
lefonieren
'Te·le·pro·ces·sing
<[-prouˌsɛsiŋ]; n.; -s, -s> Daten-
fernübertragung [engl.]
'Te·le·promp·ter <[-prɔmptər];
m.; -s, -; Warenz.> elektrische
Vorrichtung, von der ein Redner
(z. B. vor einer Fernsehkamera)
für den Zuschauer unbemerkt
den dort ablaufenden Text able-
sen kann [engl.]
'Te·le·shop·ping <[-ˈʃɔpiŋ]; n.;
od. -s; unz.> Einkaufen durch
Bestellung von Artikeln, die im
Fernsehen od. anderen elektro-
nischen Medien angeboten wer-
den; → a. Telemarketing [engl.]
Te·le'skop, <auch> **Te·les'kop**
<n.; -s, -e; ↗Z54> Fernrohr
[grch.]; **Te·le'skop·an·ten·ne**
<f.; -, -n> Antenne, die aus meh-
reren ineinander verschiebba-
ren Metallrohren besteht; **Te·le-
'skop·au·ge** <n.; -s, -n> erhöh-
tes, vorgeschobenes Auge bei
manchen Fischen; **Te·le'skop·
fisch** <m.; -(e)s, -e; Zool.>; **te·le-
'sko·pisch** <Adj.>; **Te·le'skop·
kran** <m.; -s, ⸚e>
Te·le·spiel <n.; -(e)s, -e> über ei-
nen Monitor ablaufendes Un-
terhaltungsspiel; **'Te·le·spot**
<m.; -s, -s> kurzer Werbefilm
Te·le·sti·chon, <auch> **Te'les·ti-
chon** <n.; -s, -chen od. -cha;
↗Z54> aus den Endbuchstaben
od. -wörtern eines Gedichts o. Ä.
gebildeter Ausdruck [grch.]
'Te·le·test <m.; -(e)s, - od. -s>
Befragung von Fernsehzuschau-
ern, welche Sendungen sie in ei-
ner bestimmten Zeit gesehen
haben; **'Te·le·tex** <n.; -; unz.>
Übertragungsdienst von Texten
über das Fernsprechnetz; **'Te·le·
text** <m.; -(e)s, -e; Oberbegriff
für> alle Systeme elektronischer
Bild- u. Textübermittlung wie
Bildschirm- u. Videotext
'Te·le·tub·bies <[-tʌbis]; Pl.; Wa-
renz.> Hauptfiguren einer TV-
Serie für Kleinkinder [engl.]
Te·le·vi·si·on <[-vi-]; f.; -; unz.;
Abk.: TV> = Fernsehen
'Te·lex <m. od. n.; -, -e od. -> 1 =
Fernschreiber 2 = Fernschreiben;
'te·le·xen <V. i.; du telext>
'Tel·ler <m.; -s, -> 1 Kuchen~; ei-
nen ~ (voll) Suppe essen 2 et-

was, das die Form eines Tel-
lers(1) hat; Hand~ ; **'Tel·ler·dre-
hen** <n.; -s; unz.>; **'Tel·ler·ei-
sen** <n.; -s, -> tellerförmige
Tierfalle; **'tel·ler·för·mig** <Adj.>;
'Tel·ler·rand <m.; -(e)s, ⸚er> 1
Rand des Tellers 2 <unz.; fig.>
enger geistiger Horizont; er
sieht nicht über den eigenen ~
hinaus
'Tell·mu·schel <f.; -, -n; Zool.> ei-
ne Meeresmuschel
Tel'lur <n.; -s; unz.; Zeichen: Te>
chem. Element [lat.]; **tel'lu-
risch** <Adj.> die Erde betreffend,
aus ihr hervorgehend; **Tel·lu'rit**
<n.; -s, -e> Salz des Tellurs; **Tel-
'lu·ri·um** <n.; -s, -ri·en; Astr.>
Lehrmodell, das die Bewegun-
gen von Erde, Sonne u. Mond
veranschaulicht
'Tel·net <n.; -s; unz.; EDV> Com-
puterprogramm für den Zugang
zum Internet [engl.]
'Te·lo·pha·se <f.; -, -n; Biol.>
Endphase der Kernteilung; **'Te·
los** <n.; -; unz.> Ziel, Zweck
[grch.]
'Tel·to·wer 'Rüb·chen <[-toːər-];
n.; --s, --> eine Rübenart [nach
der Stadt Teltow]
'Tem·pel <m.; -s, -> 1 als heilig
geltende Kultstätte 2 einer nicht
christlichen Gottheit geweihter
Bau; jüdischer, heidnischer ~ 3
verehrungswürdiger Ort; ein ~
der Kunst [lat.]; **'Tem·pel·flit·zer**
<m.; -s, -; umg.; scherzh.> be-
quemer (Haus-)Schuh; **'Tem·
pel·herr** <m.; -en, -en> Angehö-
riger des Templerordens; **'Tem·
peln** <n.; -s; unz.> ein Karten-
glücksspiel; **'Tem·pel·or·den**
<m.; -s; unz.> = Templerorden;
'Tem·pel·raub <m.; -(e)s; unz.>;
'Tem·pel·räu·ber <m.; -s, ->;
'Tem·pel·rit·ter <m.; -s, -> =
Tempelherr; **'Tem·pel·schän-
dung** <f.; -, -en>
'Tem·pe·ra·far·be <f.; -, -n> eine
Deckfarbe [ital.-lat.]; **'Tem·pe·
ra·ma·le·rei** <f.; -; unz.>
Tem·pe·ra'ment <n.; -(e)s, -e> 1
Wesensart, Gefühlsanlage; ein
feuriges, ruhiges ~ haben; die
vier ~e 2 <unz.> Erregbarkeit,
Lebhaftigkeit; ~ haben [lat.];
tem·pe·ra'ment·los <Adj.>;
Tem·pe·ra'ment·lo·sig·keit <f.;

-; unz.>; **tem·pe·ra'ment·voll** <Adj.>

Tem·pe·ra'tur <f.; -, -en> 1 *messbare Wärme eines Stoffes od. eines Körpers; die Luft hat eine ~ von 18° Celsius; die ~ messen; die ~ ist gestiegen, gefallen, gesunken; ~ haben leichtes Fieber haben* 2 <Mus.> *= temperierte Stimmung* [lat.]; **tem·pe·ra'turbe·stän·dig** <Adj.> *= thermostabil;* Ggs *thermolabil;* **Tem·pe·ra'tur·ko·ef·fi·zi·ent** <m.; -en, -en> *Materialkenngröße für das Temperaturverhalten eines Werkstoffs;* **Tem·pe·ra'tur·regler** <m.; -s, -; ↗Z 53.1>; **Tem·pe·ra'tur·schrei·ber** <m.; -s, -> = *Thermograph;* **Tem·pe·ra'tur·ska·la** <f.; -, -ska·len>; **Tem·pe·ra'tur·sturz** <m.; -es, ⁻e>

'Tem·per·guss <m.; -es; unz.> *durch Tempern behandelter Gussstahl*

tem·pe'rie·ren <V. t.> 1 *gleichmäßige, angenehme Temperatur in einem Raum herbeiführen; das Zimmer ist gut temperiert* 2 <fig.> *temperierte Stimmung S. aufgrund der in zwölf gleiche Halbtöne eingeteilten Oktave*

'tem·pern <V. t.; ich tempere> *Gussstahl – durch Glühen bei sehr hohen Temperaturen schmiedbar machen* [engl.]; **'Tem·per·stahl** <m.; -(e)s; unz.>

tem·pes'to·so <Mus.> *stürmisch* [ital.]

'Tem·pi pas'sa·ti *(unwiederbringlich) vergangene Zeiten* [ital.]

'Temp·ler <m.; -s, -> = *Tempelherr;* **'Temp·ler·or·den** <m.; -s; unz.> *geistl. Ritterorden zum Schutz des Heiligen Grabes vor Ungläubigen*

'tem·po <Mus.; in den Wendun­gen> *~ di marcia* [-'ma:rtʃa] *Marschtempo; ~ di Valsa Walzertempo; ~ giusto* [-'dʒusto] *in angemessener Bewegung; ~ primo erstes, früheres Zeitmaß; ~ rubato im willkürlichen Zeitmaß;* → a. *a tempo;* **'Tem·po** <n.; -s, -s od. 'Tem·pi> 1 *Geschwindigkeitsgrad; das ~ beschleunigen, verringern* 2 <unz.; fig.> *Schnelligkeit; ~!* 3 <Mus.> *Zeitmaß; Marsch-; die Tempi einhalten* [ital.-lat.];

Temporalsatz: Ein T. – auch Zeitsatz genannt – ist ein durch eine temporale ↗Konjunktion (*wenn, als, während, bis, seit* usw.) eingeleiteter ↗Nebensatz. T. benennen Zeitumstände bzw. -verhältnisse. Sie können Gleichzeitigkeit, Vorzeitigkeit und Nachzeitigkeit des Gliedsatzgeschehens im Vergleich zum Hauptsatz ausdrücken.
Gleichzeitigkeit: *Während sie liest (las), bügelt (bügelte) er.*
Vorzeitigkeit: *Nachdem er da ist (war), ruft (rief) er gleich nach dem Essen.*
Nachzeitigkeit: *Ich warte (wartete) dort, bis sie kommt (kam).*
Vgl. ↗Consecutio temporum

Tempus: T. ist eine grammatische Kategorisierung des ↗Verbs, die den zeitlichen Aspekt eines Sachverhaltes oder Ereignisses aus der Sicht des Sprechers ausdrückt.
Im Deutschen setzt man sechs Tempora an:
↗Präsens, ↗Präteritum, ↗Perfekt, ↗Plusquamperfekt, Futur I und Futur II (↗Zukunft).
Präsens und Präteritum werden auch als Haupttempora bezeichnet, die anderen Tempora als Nebentempora, da in der geschriebenen Sprache ca. 90% aller finiten Verbformen im Präsens oder Präteritum stehen.
Vgl. ↗Consecutio temporum, ↗Temporalsatz

'Tem·po·li·mit <n.; -s, -s> *Geschwindigkeitsbegrenzung;* **Tem·po'mat** <m.; -(e)s od. -en, -e od. -en; Kfz> *Regler, der die Fahrtgeschwindigkeit konstant hält od. begrenzt;* **'Tem·po·ra** <Pl. von> *Tempus;* **tem·po'ral** <Adj.; Gramm.> *zeitlich; ein ~er Nebensatz;* **Tem·po'ral·satz** <m.; -es, ⁻e; Gramm.> *Umstandssatz der Zeit;* → a. *Kasten;* **tem·po'rär** <Adj.> *zeitweise, vorübergehend; diese Schmerzen treten nur ~ auf*

'Tem·po·ta·schen·tuch <n.; -(e)s, ⁻er; Warenz.> *Papiertaschentuch*

'Temp·too <[-'tu:]; n.; -s, -s> *verblassende Tätowierung* [engl.]

'Tem·pus <n.; -, -po·ra; Gramm.>

Zeitform des Verbums; → a. *Kasten* [lat.]

ten. <Abk. für> *tenuto*

Te'na·kel <n.; -s, -> *Manuskripthalter beim Setzen* [lat.]

Ten'denz <f.; -, -en> 1 *Neigung, Hang, Entwicklung; eine ~ zum Okkultismus haben* 2 *erkennbare Absicht; die ~ eines Theaterstücks* [lat.]; **Ten'denz·dichtung** <f.; -, -en> *polit. od. relig. motivierte Dichtung;* **ten·den·zi·'ell** <Adj.>; **ten·den·zi'ös** <Adj.> *ihre Darstellung ist ~ gefärbt;* **Ten'denz·stück** <n.; -(e)s, -e; Theat.>

'Ten·der <m.; -s, -> 1 *Vorratswagen für die Lokomotive (mit Wasser u. Kohle)* 2 *Versorgungsschiff* [engl.]

ten'die·ren <V. i.> *nach etwas streben, zu etwas neigen; sie tendiert dazu, ...* [lat.]

te·ne·ra'men·te <Mus.> *zärtlich, schmeichelnd* [ital.]

Tenn <n.; -s, -e; schweiz.>, **'Tenne** <f.; -, -n> *Platz, meist in der Scheune, zum Getreidedreschen*

'Ten·nes·see <a. [-'si:]> *(Fluss u.) Staat in den USA*

'Ten·nis <n.; -; unz.; Sp.> *ein Ballspiel; ~ spielen; Hallen-* [frz.-lat.]; **'Ten·nis·platz** <m.; -es, ⁻e>; **'Ten·nis·schlä·ger** <m.; -s, ->; **'Ten·nis·schuh** <m.; -(e)s, -e>; **'Ten·nis·zir·kus** <m.; -; unz.; salopp> *Gruppe der weltbesten Tennisspieler u. ihrer Begleiter, die von Turnier zu Turnier ziehen*

'Ten·no <m.; -s, -s; Titel für> *japan. Kaiser* [jap.]

'Te·nor¹ <m.; -s; unz.> 1 *Inhalt, Einstellung; der ~ eines Buches* 2 <Rechtsw.> *entscheidender Teil eines Urteils* [lat.]

Te'nor² <m.; -s, -'nö·re> 1 <Mus.> *hohe männl. Stimmlage* 2 *Sänger mit Tenorstimme* [ital.]; **te·no'ral** <Adj.>; **Te'norba·ri·ton** <m.; -s, -e> 1 *tenorartige Baritonstimme* 2 *Sänger mit Tenorbariton(1);* **Te'norbuf·fo** <m.; -s, -s od. -fi> *Tenorist für komische Rollen;* **Te'norhorn** <n.; -s; unz.; Instrumen­tenk.>; **Te'nor·schlüs·sel** <m.; -s; unz.> *C-Schlüssel;* **Te'norstim·me** <f.; -, -n>

Ten'sid <n.; -(e)s, -e; meist Pl.>;

Chem.> *waschaktive Substanz, die die Oberflächenspannung von Flüssigkeiten verringert, häufig in Waschmitteln;* **Ten·si·on** <f.; -, -en> *Phys.> Spannung (von Gasen u. Dämpfen)* [lat.]; **'Ten·sor** <m.; -s, -'so·ren> **1** <Math.; Phys.> *eine Rechengröße* **2** <Anat.> *Spannungsmuskel*

Ten'ta·kel <m. od. n.; -s, -> *Fangarm wirbelloser Wassertiere* [lat.]; **Ten·ta·kel·tier** <n.; -(e)s, -e>; **Ten·ta·ku'lit** <m.; -en, -en> *ausgestorbenes Wassertier*

ten·ta'tiv <Adj.; geh.> *versuchsweise* [frz.]; **ten'tie·ren** <V. t.; österr.> *beabsichtigen;* <aber> → *tendieren* [lat.]

Te'nü, Te·nue <[tə'ny:]; n.; -s, -s; schweiz.> *bestimmte Art, in der jmd. gekleidet ist (Anzug u. besonders Uniform)* [frz.]

'Te·nu·is <f.; -, -nu·es; Sprachw.> *stimmloser Verschlusslaut;* → a. *Kasten Konsonant* [lat.]

te'nu·to <Mus.; Abk.: ten.> *getragen* [ital.]

Te'phrit, <auch> Teph'rit <m.; -s, -e; ⤢Z53> *ein Basalt* [grch.]

Te·pi'da·ri·um <n.; -s, -ri·en> **1** *Warmluftraum im röm. Bad* **2** <veralt.> *Gewächshaus mit mittlerer Temperatur* [lat.]

'Tep·pich <m.; -s, -e> *geknüpfter od. gewebter Bodenbelag od. Wandbehang;* Gebets-; Orient-; *~e klopfen; etwas unter den ~ kehren* <fig.; umg.> *vertuschen;* **'Tep·pich·bo·den** <m.; -s, -> *eine Wohnung mit ~ auslegen;* **'Tep·pich·flie·se** <f.; -, -n>; **'Tep·pich·kehr·ma·schi·ne** <f.; -, -n>; **'Tep·pich·klop·fer** <m.; -s, ->; **'Tep·pich·mus·ter** <n.; -s, ->; **'Tep·pich·stan·ge** <f.; -, -n>

Te·qui·la <[-'ki:-]; m.; -s, -s> *mexikan. Branntwein* [span.]

Te·ra... <in Zus.; Zeichen: T> *das Billionenfache einer Maßeinheit;* ~meter [grch.]

te·ra·to'gen <Adj.; Med.> *Missbildungen hervorrufend;* ~e *Stoffe* [grch.]; **Te·ra·to·ge'ne·se** <f.; -, -n; Med.>; **Te·ra·to·lo'gie** <f.; -; unz.; Med.> *Lehre von den Missbildungen;* **te·ra·to'lo·gisch** <Adj.; Med.>; **Te·ra'tom** <n.; -s, -e; Med.> *Mischgeschwulst*

'Ter·bi·um <n.; -s; unz.; Zeichen: Tb> *chem. Element*

Te·re'bin·the <f.; -, -n> *eine Pistazienart* [grch.]

Ter'gal <n.; -es, -e; Kunstw.; Warenz.> *Chemiefaser aus Polyester*

Term <m.; -s, -e; Math.> *Teil einer mathemat. Theorie od. Gleichung* [lat.]

Ter'min <m.; -s, -e> *festgelegter Zeitpunkt;* Liefer-; *einen ~ festsetzen, vereinbaren* [lat.]; **ter·mi'nal** <Adj.; veralt.> *die Grenze, das Ende bezeichnend*

Ter·mi·nal <['tə:minəl]; n.; -s, -s> **1** *Abfertigungshalle eines Flughafens* **2** <EDV> *Ein- u. Ausgabeeinheit einer EDV-Anlage* [engl.]

Ter·mi·na·ti'on <f.; -, -en; Chem.> *Abbruch einer chem. Reaktion* [lat.]; **ter·mi'na·tiv** <Adj.; Gramm.> *den Endpunkt einer Handlung ausdrückend (bei Verben);* **Ter·mi'na·tor** <m.; -s, -'to·ren; Astr.> *Grenzlinie zw. Licht u. Dunkelheit auf dem Mond od. einem anderen Planeten;* **Ter'mi·ner** <m.; -s, -; Wirtsch.> *für die Koordination von Lieferterminen u. Produktionsablauf verantwortlicher Angestellter;* **Ter'mi·ne·rin** <f.; -, -n·nen; Wirtsch.>; **ter'min·ge·mäß, ter'min·ge·recht** <Adj.> *eine Arbeit ~ erledigen;* **Ter·'min·ge·schäft** <n.; -es, -e; Wirtsch.> *Geschäft, das nicht bei Vertragsabschluss, sondern (zum gleichen Kurs) zu einem späteren Termin erfolgen soll;* **'Ter·mi·ni** <Pl. von> *Terminus;* **ter·mi'nie·ren** <V. t.> *befristen* [lat.]; **Ter'min·ka·len·der** <m.; -s, ->; **Ter·mi·no·lo'gie** <f.; -, -n> *Gesamtheit der Fachbegriffe eines Wissensgebiets* [lat.]; **ter·mi·no'lo·gisch** <Adj.>; **'Ter·mi·nus** <m.; -, -ni> **1** *Grenze, Stichtag* **2** <⤢Z31> *~ (technicus) Fachausdruck* [lat.]

Ter'mi·te <f.; -, -n; Zool.> *eine Insektenart* [lat.]; **Ter'mi·ten·hü·gel** <m.; -s, ->

ter'när <Adj.; Chem.> *~e Verbindung V., die aus drei Elementen besteht* [frz.]; **Ter'no** <f.; -, -n; Lotto>; **'Ter·no** <m.; -s, -s; österr.> *dreifacher Treffer* [ital.]

Ter'pen <n.; -s, -e; Chem.> *hydroaromatischer Naturstoff* [grch.]; **Ter·pen'tin** <n.; -s; unz.> *dickflüssiges Kiefernharz;* **Ter·pen'tin·öl** <n.; -(e)s; unz.>

'Ter·ra <f.; -; unz.; Geogr.> *Land, Erde* [lat.]

Ter·rain <[-'rɛ̃]; n.; -s, -s> *Gebiet, Gelände; das ~ sondieren erkunden* [frz.]

'Ter·ra in·co·gni·ta, <auch> 'Ter·ra in'cog·ni·ta <f.; --; unz.; ⤢Z31, 53> *unbekanntes Land, Unerforschtes* [lat.]

Ter·ra'kot·ta <f.; -, -'kot·ten> **1** <unz.> *gebrannter Ton* **2** *kleine Figur aus Terrakotta* [ital.]

Ter·ra·my'cin <n.; -s; unz.; Pharm.> *ein Antibiotikum* [lat.]

Ter'ra·ri·en·kun·de <f.; -; unz.>; **Ter·ra·ri·um** <n.; -s, -ri·en> *Behälter zur Haltung von Lurchen u. Kriechtieren* [lat.]

'Ter·ra 'ros·sa <f.; --, 'Ter·re ros·se; ⤢Z31; Geol.> *roter Tonboden* [ital.]

Ter'ras·se <f.; -, -n> **1** *waagerechte Stufe im Gelände* **2** *nicht überdachter Platz vor dem Haus* [frz.]; **Ter'ras·sen·bau·wei·se** <f.; -; unz.> *stufenförmige Bauweise;* **ter·ras'sie·ren** <V. t.>; **Ter'raz·zo** <m.; -s, -zi> *mosaikartiger Fußboden* [ital.]

ter'res·trisch, <auch> ter'rest·risch <Adj.; ⤢Z53> **1** *zum Festland gehörig* **2** *zur Erde gehörig, irdisch* [lat.]

'Ter·ri·er <m.; -s, -; Zool.> *eine Hunderasse;* Fox-~, Scotch-~, Welsh-~ [engl.]

ter·ri'gen <Adj.> *vom Festland stammend* [lat.; grch.]

ter·ri'kol <Adj.> *erdbewohnend;* ~e *Lebewesen* [lat.]

Ter'ri·ne <f.; -, -n> *Suppenschüssel* [frz.]

ter·ri·to·ri'al <Adj.> *ein Territorium betreffend;* **Ter·ri·to·ri'al·ge·walt** <f.; -; unz.> *Hoheitsgewalt über ein Territorium;* **Ter·ri·to·ri·'al·ge·wäs·ser** <n.; -s, ->; **Ter·ri·to·ri·a·li'tät** <f.; -, -en>; **Ter·ri·to·ri·a·li'täts·prin·zip** <n.; -s; unz.> Ggs *Personalitätsprinzip* **1** *Grundsatz, dass ein erworbenes Staatsgebiet in die Gewalt des erwerbenden Staates übergeht* **2** *Grundsatz, dass die Gesetze eines Staates für alle darin leben-*

den Menschen gelten; **Ter·'ri·to·ri·um** <n.; -s, -ri·en> 1 *Gebiet, Land* 2 *Hoheitsgebiet* [lat.]

'Ter·ror <m.; -s; unz.> 1 *gewalttätiges Vorgehen, das Angst u. Schrecken verbreitet; politischer ~; Polizei~* 2 <fig.> *Zwang; Mode~* [lat.]; **'Ter·ror·akt** <m.; -(e)s, -e>; **'Ter·ror·an·griff** <m.; -(e)s, -e> *Vernichtungsangriff;* **ter·ro·ri·'sie·ren** <V. t.> 1 *jmdn. ~ durch Gewaltakte einschüchtern* 2 *ständig belästigen; er terrorisiert mich mit seinen Anrufen;* **Ter·ro·ri·'sie·rung** <f.; -, -en>; **Ter·ro·'ris·mus** <m.; -; unz.>; **Ter·ro·'rist** <m.; -en, -en>; **Ter·ro·'ris·tin** <f.; -, -n·nen>; **ter·ro·'ris·tisch** <Adj.>; **'Ter·ror·re·gime** <[-ʒiːm] n.; -s, - [-ʒiːmə]>

'Ter·tia¹ <[-tsja] f.; -, -ti·en [-tsjən]; früher> *vierte* (Unter~) *u. fünfte* (Ober~) *Klasse des Gymnasiums* [lat.]; **'Ter·tia²** <f.; -; unz.; Typ.> *ein Schriftgrad;* **Ter·ti·a·na·fie·ber** <[-'tsjaː-]; n.; -s; unz.; Med.> *Malaria mit Fieberanfällen an jedem dritten Tag;* **Ter·ti·'a·ner** <m.; -s, -> *Schüler der Tertia;* **Ter·ti·'a·ne·rin** <f.; -, -n·nen>

ter·ti·är <[-'tsjɛːr]; Adj.> 1 *die dritte Stelle in einer Reihe einnehmend* 2 <Geol.> *zum Tertiär gehörig* [frz.-lat.]; **Ter·ti·'är** <n.; -s; unz.; Geol.> *ältere Periode in der Erdneuzeit*

'Ter·ti·um Com·pa·ra·ti·o·nis <[-tsjum -'tsjoː-]; n.; --, -tia -; ↗Z31> *Vergleichspunkt* [lat.]

'Ter·ti·us 'gau·dens <[-tsjus]; m.; --; unz.; ↗Z31> *der lachende Dritte* [lat.]

Te·ry'len <n.; -s, -; unz.; Warenz.> *eine Kunstfaser*

Terz¹ <f.; -, -en> 1 *dritter Ton der diatonischen Tonleiter* 2 *Intervall von drei Stufen; kleine, große ~* 3 *ein Fechthieb* 4 *drittes Stundengebet*

Terz² <m.; -es; unz.; in der Wendung> *~ machen randalieren, sich streiten*

'Ter·zel <m.; -s, -; Jagdw.> *männl. Jagdfalke* [ital.]; **Ter·ze'rol** <n.; -s, -e> *kleine Taschenpistole* [ital.]

Ter'zett <n.; -(e)s, -e> 1 *dreistimmiges Musikstück* 2 *Gruppe, die*

---

ein Terzett(1) singt bzw. spielt 3 *dreizeilige Strophe des Sonetts* [ital.]; **Ter'zi·ne** <f.; -, -n> *ital. Strophenform*

'Ter·zo <Wirtsch.; Abk. für> *Geschäft a terzo Gelegenheitsgeschäft, für das sich drei Rechtspersonen kurzfristig zusammenschließen* [ital.]

'Te·sa·film <m.; -(e)s, -e; Warenz.> *transparentes Klebeband*

'Te·sching <n.; -s, -e od. -s> *Kleinkalibergewehr od. -pistole*

'Tes·la <n.; -, -; Zeichen: T> *SI-Einheit der magnetischen Flussdichte* [nach dem serb. Physiker Nicola *Tesla*]; **'Tes·la·strom** <m.; -(e)s; unz.> *hochfrequenter elektr. Strom*

tes·sel·la·risch <Adj.; Kunst> *gewürfelt* (bei Mosaiken) [lat.]

'Tes·se·ra <f.; -, -rae> 1 <Geol.> *begrenzter Raum, dessen Dreidimensionalität untersucht wird* 2 *antike Wertmarke, die als Eintrittsmarke diente* [lat.]

Test <m.; -(e)s, -e od. -s> *Versuch, Probe, Prüfung; einen ~ durchführen; jmdn. einem ~ unterziehen* [engl.]

Tes·ta·ment <n.; -(e)s, -e> 1 *letztwillige Verfügung; sie hat ihr ~ gemacht* 2 *Teil der Bibel; das Alte, Neue ~* [lat.]; **tes·ta·men·ta·risch** <Adj.> *jmdn. ~ als Erben einsetzen; etwas ~ verfügen;* **Tes·ta·ments·er·öff·nung** <f.; -, -en>; **Tes·ta·ments·voll·stre·cker** <m.; -s, ->; **Tes·ta·ments·voll·stre·ckung** <f.; -, -en>; **Tes·'tat** <n.; -(e)s, -e> *Bescheinigung* (bes. über den Besuch einer Vorlesung); **Tes·ta·tor** <m.; -s, -'to·ren> 1 *Erblasser* 2 *jmd., der ein Testat gegeben hat*

Tes·ta·zee <[-'tseːə] f.; -, -n; Biol.> *ein Wurzelfüßer* [lat.]

'Test·bild <n.; -(e)s, -er; TV>; **'tes·ten** <V. t.; du testest> *mithilfe eines Tests prüfen;* **'Tes·ter** <m.; -s, -> *kleine Parfümflasche zum Testen* [engl.]; **'Test·fall** <m.; -(e)s, ⸚e> *im ~*

tes·'tie·ren <V. t.> 1 *letztwillig verfügen* 2 *bescheinigen* [lat.]

Tes·'ti·kel <m.; -s, -; Anat.> *Hoden* [lat.]; **Tes·'ti·kel·hor·mon** <n.; -s, -e; Biochem.> *männl. Keimdrüsenhormon*

Tes·ti·mo·ni·al <[-'moː·njəl]; n.;*

-s, -s> *in Werbeanzeigen u. -spots eingefügte Empfehlung eines Kunden od. Prominenten* [engl.]; **Tes·ti'mo·ni·um** <n.; -s, -ni·en; ↗Z31> *Zeugnis; ~ Paupertatis Armutszeugnis* [lat.]

Tes·to·ste'ron, <auch> **Tes·tos·te'ron** <n.; -s; unz.; ↗Z54> *männl. Geschlechtshormon* [lat.; grch.]

'Test·per·son <f.; -, -en>; **'Test·pi·lot** <m.; -en, -en>; **'Test·se·rie** <[-riə]; f.; -, -n>; **'Test·spiel** <n.; -(e)s, -e>

Tes'tu·do <f.; -, -di·nes; Altertum> *Schutzdach* [lat.]

'Test·ver·fah·ren <n.; -s, ->

Te·ta'nie <f.; -, -n; Med.> *mit Muskelkrämpfen einhergehende Erkrankung* [grch.]; **te'ta·nisch** <Adj.; Med.>; **'Te·ta·nus** <m.; -; unz.; Med.> = *Wundstarrkrampf* [grch.]

'Te·te <a. [tɛːt(ə)]; f.; -, -n> *Spitze; an der ~ reiten* [frz.]; **Tête-à-tête**, <auch> **Tete-a-tete** <[tɛːt a'tɛːt]; n.; -s, -s> *trauliches Beisammensein*

'Te·thys <f.; -; unz.> 1 <Astr.> *dritter Saturnmond* 2 <Geol.> *vom Paläozoikum bis zum Alttertiär bestehendes Mittelmeer* [nach der grch. Göttin *Tethys*]

'Te·tra, <auch> **'Tet·ra** <m.; -s; unz.; ↗Z54; kurz für> *Tetrachlorkohlenstoff;* **te·tra...**, **Te·tra...** <in Zus.> *vier..., Vier...* [grch.]; **Te·tra·chlor·e·thy'len** <[-klo:r-]; n.; -s; unz.; Chem.; Abk.: Per> *gesundheitsschädliche Flüssigkeit, wirkungsvolles Reinigungsmittel;* **Te·tra·chlor·'koh·len·stoff** <m.; -(e)s; unz.; Chem.> *giftiges Lösungs- u. Feuerlöschmittel;* **Te·tra·chlor·me'than** <n.; -s, -e; Chem.>; **Te·tra·chord** <[-'kɔrd]; m. od. n.; -(e)s, -e; Mus.> *Hälfte einer Oktave;* **Te·tra·chro'mie** <[-kro-]; f.; -, -n> *Vierfarbendruck;* **Te·tra·cy'clin**, <auch> **Tet·ra·cyc·'lin** <n.; -s, -e; Pharm.; internationaler Freiname für> *ein Antibiotikum;* **Te'tra·de** <f.; -, -n> *aus vier Teilen bestehendes Ganzes;* **Te·tra'e·der** <n.; -s, -; Geom.> *von vier Flächen begrenzter Körper; Sy Vierflach;* **Te·tra'gon** <n.; -s, -e; Geom.> *Viereck;* **te·tra·go'nal** <Adj.>

viereckig; **Te·tra'lin** <n.; -s; unz.; Warenz.> *Lösungs- u. Verdünnungsmittel;* **Te·tra·lo'gie** <f.; -, -n> **1** <im altgrch. Theater> *Folge von vier Dramen* **2** *aus vier selbstständigen Teilen bestehendes literar. od. musikal. Werk;* **Te'tra·me·ter** <m.; -s, -; Metrik; altgrch. Vers;* **'Te·tra·pak** <m.; -s, -s>; **Te·tra·Pak** <m.; --s, --s; Warenz.> *Getränkekarton;* **Te·tra'po·de** <m.; -n, -n; Zool.> = *Vierfüßer;* **Te'trarch** <m.; -en, -en; Altertum> *Herrscher über ein Viertel des Landes;* **Te·trar·'chie** <f.; -, -n>; **Te'tro·de** <f.; -, -n; Phys.> *Vierpolröhre*

'teu·er <Adj.; 'teu(e)rer, am -s·ten> **1** *eine bestimmte Summe kostend;* wie ~ ist der Schal? **2** *viel kostend; etwas ~ verkaufen, kaufen; ein teurer Spaß; ein teures Pflaster* <fig.; umg.>; *etwas kommt jmdn. ~ zu stehen* <a. fig.>; *da ist guter Rat ~* <fig.> **3** *kostbar, lieb; er ist mir lieb und ~; bei allem, was mir ~ ist;* **'Teu·e·rung** <f.; -, -en> *Steigen der Preise;* **'Teu·e·rungs·ra·te** <f.; -, -n>

'Teu·fe <f.; -, -n; Bgb.> *Tiefe*
'Teu·fel <m.; -s, -> **1** <Rel.> *Verkörperung des Bösen;* <christl. Rel.> *Widersacher Gottes;* mit dem ~ im Bunde sein; den ~ im Leib haben; vom ~ besessen* <fig.> *bösartig; den ~ an die Wand malen* <fig.> *Schlimmes vorhersagen;* in der Not frisst der ~ Fliegen* <fig.; umg.> **2** *ein armer ~ ein armer Mensch* **3** <fig.> *Verkörperung der Wildheit; dort ist der ~ los dort herrscht großes Durcheinander; ihn reitet der ~ er ist waghalsig* **4** <fig.; umg.> *weiß der ~, wo er wieder steckt; den ~ werde ich tun!* **5** <fig.; umg.> *jmdn. zum ~ schicken fortjagen; hol dich der ~!; auf ~ komm raus unter allen Umständen; pfui ~!; zum ~!;* **Teu·fe'lei** <f.; -, -en> *grausame, hinterlistige Tat;* **'Teu·fe·lin** <f.; -, -·nen>; **'Teu·fels·aus·trei·bung** <f.; -, -en> = *Exorzismus;* **'Teu·fels·be·schwö·rung** <f.; -, -en>; **'Teu·fels·bra·ten** <m.; -s, -> = *Satansbraten;* **'Teu·fels·fisch** <m.; -(e)s, -e; Zool.> *eine Fischart;* **'Teu·fels·kerl** <m.;

-(e)s, -e> *Draufgänger;* **'Teu·fels·kreis** <m.; -es, -e> *Kreislauf, bei dem der Versuch, Probleme zu lösen, wieder zu neuen führt;* → a. *Circulus vitiosus;* **'Teu·fels·na·del** <f.; -, -n; Zool.> *eine Libellenart;* **'Teu·fels·ro·chen** <m.; -s, -; Zool.> *eine Rochenart;* **'Teu·fels·weib** <n.; -(e)s, -er; umg.; abwertend>
'teu·fen <V. t.; Bgb.> *einen Schacht ~ graben*
'teuf·lisch <Adj.> **1** *wie der Teufel* **2** *niederträchtig; ein ~er Plan* **3** *äußerst; der Test war ~ schwer*
Teu'to·ne <m.; -n, -n> *Angehöriger eines german. Volksstammes;* **teu'to·nisch** <Adj.>
Tex <n.; -, -; Zeichen: tex> *in der Textilindustrie gebräuchliche Maßeinheit für die längenbezogene Masse von Garnen*
'Te·xas *Staat in den USA;* **'Te·xas·fie·ber** <n.; -s, -; Vet.> *Blutinfektion bei Rindern* [nach dem US-Bundesstaat *Texas*]; **'Tex·mex** <n.; -; unz.> *Mischung texan. u. mexikan. Stilrichtungen*
Text¹ <m.; -es, -e> → a. *Kasten* **1** *Wortlaut, schriftl. Aufzeichnung; einen ~ lesen; Bibel~; Gesetzes~* **2** *die begleitenden Worte zu einem Musikstück;* Schlager~; Opern~* [lat.]; **Text²** <f.; -; unz.; Typ.> *ein Schriftgrad;* **'Text·aus·ga·be** <f.; -, -n> *Ausgabe eines Werkes, die nur den reinen Text enthält;* **'Text·bau·stein** <m.; -(e)s, -e>; **'Text·buch** <n.; -(e)s, ⁻er>; **'Text·dich·ter** <m.; -s, ->; **Text·e·di·tor** <[-'editər]; m.; -s, -s; ✎Z55; EDV> = *Editor²;* **'tex·ten** <V. i.> *einen Werbe- od. Schlagertext*

schreiben; **'Tex·ter** <m.; -s, -> *jmd., der textet;* **'Tex·te·rin** <f.; -, -·nen>
tex'til <Adj.; undekl.>; **Tex'til·che·mie** <[-çe-]; f.; -; unz.>; **tex'til·frei** <Adj.; umg.; scherzh.> *nackt;* **Tex'til·li·en** <Pl.; Sammelbez. für> *Stoffe, Gewebe, Kleidung, Wäsche* [frz.]; **Tex'til·tech·nik** <f.; -; unz.>
Text·kor·rek'tur <f.; -, -en> → a. *Kasten Korrekturzeichen;* **'Text·kri·tik** <f.; -, -en> *Prüfung eines Literaturwerkes, um den Originaltext zu erschließen;* **text·kri·tisch** <Adj.> *eine ~e Ausgabe;* **'text·lich** <Adj.>; **'Text·lin·gu·is·tik** <f.; -; unz.>; **text·lin·gu·is·tisch** <Adj.>; **'Text·pro·gram·mie·rung** <f.; -, -en; EDV>; **'Text·trä·ger** <m.; -s, -> *elektron. Speicher*
Tex'tur <f.; -, -en> **1** *Gewebe, Faserung* **2** *Zusammenfügung* [lat.]
'Text·ver·ar·bei·tung <f.; -, -en> *Erstellung und Bearbeitung von Texten mithilfe von Schreibmaschine od. Computer;* → a. *Kasten;* **'Text·ver·ar·bei·tungs·pro·gramm** <n.; -(e)s, -e>
'Te·zett <a. [-'-]; umg.; nur in der Wendung> *bis ins ~* (Tz), *bis zum ~ bis ins Letzte*
'T-för·mig <Adj.; ✎Z34> *ein ~ gebautes Haus*
tg <Abk. für> *Tangens*
Th <Zeichen für> *Thorium*
TH <Abk. für> *Technische Hochschule*
Thai¹ <m.; - od. -s, - od. -s> *Angehöriger einer Völkergruppe in Hinterindien, Einwohner Thailands* [siames.]; **Thai²** <n.; -; unz.> *siamesische Sprache;* **'Thai·land** *Staat in Südostasien;* Königreich ~; **'Thai·län·der** <m.; -s, ->; **'Thai·län·de·rin** <f.; -, -·nen>; **'thai·län·disch** <Adj.>
'Tha·la·mus <m.; -, -mi; Med.> *Anhäufung von Nervenzellen im Stammhirn* [grch.]
tha·la·so'gen <Adj.> *durch das*

Text: Ein T. ist eine Folge von Sätzen bzw. sprachlichen Äußerungen, die ein oder mehrere Themen bzw. Aussagen miteinander verknüpft. In der Regel versteht man unter T. eine schriftliche Äußerung; mündliche Äußerungen können jedoch unter dem Aspekt ihrer kommunikativen Funktion auch als T. verstanden werden. Die Analyse satzübergreifender sprachlicher Regularitäten ist Gegenstand der Textlinguistik.

Textverarbeitung: Schreiben u. Gestalten von schriftlichen Texten mittels eines Computers. Vgl. ✎E-Mail

Meer entstanden [grch.]; **Tha·las·so·gra'fie, Tha·las·so·gra·'phie** <f.; -; unz.; ↗Z 11.3> *Meereskunde;* **Tha·las·so·the·ra'pie** <f.; -, -n> *medizin. Zweig, der sich mit der Heilwirkung von Seeluft u. Bädern im Meerwasser befasst* [grch.]

Tha·li·do·mid <n.; -s; unz.; wissenschaftl. Bez. für> *Contergan*

'Thal·li·um <n.; -s; unz.; Zeichen: Tl> *chem. Element* [grch.]

Tha·na·to·lo'gie <f.; -; unz.> *Sterbekunde* [grch.]

Thanks·gi·ving Day <['θænks·giviŋ dɛi]; m.; --s, --s> *amerikan. Erntedank-Feiertag im November* [engl.]

Thau·ma·to·lo'gie <f.; -; unz.; Theol.> *Lehre von den Wundern* [grch.]; **Thau·mat'urg,** <auch> **Thau·ma'turg** <m.; -en, -en; ↗Z 54> *Wundertäter, Gaukler* [grch.]

The·a'ter <n.; -s, -> 1 *vor Publikum vorgeführte dramat. Vorstellung; das* ~ *beginnt um 19 Uhr* 2 *Gebäude, in dem Theateraufführungen stattfinden; er will zum* ~ *gehen* <fig.> *Schauspieler werden* 3 *Gesamtheit des Publikums bei einer Vorstellung; das ganze* ~ *applaudierte* 4 <fig.> *Getue, Aufregung; mach nicht so ein* ~!; ~ *spielen* <umg.> *etwas vortäuschen* [grch.]; **The·a'ter·a·gent** <m.; -en, -en; ↗Z 55> *Vermittler von Bühnenkünstlern;* **The·a'ter·dich·ter** <m.; -s, -> **The·a'ter·don·ner** <m.; -s; unz.; umg.> *der Film wurde mit großem* ~ *angekündigt;* **The·a'ter·glas** <n.; -es, ⸗er> = *Opernglas;* **The·a'ter·kar·te** <f.; -, -n> **The·a'ter·kas·se** <f.; -, -n> **The·a'ter·ma·cher** <m.; -s; umg.>, **The·a'ter·re·gis·seur** <[-rɛʒisøːr]; m.; -s, -e> **The·a'ter·stück** <n.; -(e)s, -e>

The·a'ti·ner <m.; -s, -> 1 *ein kath. Orden* 2 *Angehöriger des Theatinerordens* [nach *Teate,* dem lat. Namen der Stadt *Chieti*]

The·a'tra·lik, <auch> **The·at'ra·lik** <f.; -; unz.; ↗Z 53> 1 *Schauspielerei* 2 <fig.; meist abwertend> *Unnatürlichkeit* [grch.];

the·a'tra·lisch <Adj.> *eine* ~*e Geste;* **The'a·trum mun·di** <n.; --; unz.> *Dramenform mit allegor. Figuren* [lat.]

The'in <n.; -s; unz.> *in Tee enthaltenes Coffein;* oV **Tein** [chin.]

The'is·mus <m.; -; unz.> *Lehre von einem überweltlichen, persönlichen Gott;* → a. *Deismus* [grch.]; **The'ist** <m.; -en, -en>; **The'is·tin** <f.; -, -nen>; **the'is·tisch** <Adj.>

...thek <in Zus.> *Sammlung;* Biblio~; Video~ [grch.]; **'The·ke** <f.; -, -n> 1 *Schanktisch* 2 *Ladentisch* [grch.]; **'The·ken·auf·stel·ler** <m.; -s, ->, **'The·ken·dis·play** <[-ple:]; n.; -s, -s> *Werbematerial auf dem Ladentisch*

'Te·le·ma <n.; -s, -'le·ma·ta> *Wille* [grch.]; **The·le·ma'tis·mus** <m.; -; unz.; Philos.>, **The·le·ma·to·lo'gie** <f.; -; unz.> = *Voluntarismus;* **the·le·ma·to·lo'gisch** <Adj.>

'T-Hel·fer·zel·len <Pl.; ↗Z 34; kurz für> *Thymus-Helfer-Lymphozyten (von dem HIV-Virus angegriffene Zellen)*

'The·ma <n.; -s, 'The·men> 1 *zu behandelnder od. behandelter Gegenstand, Leitgedanke; Aufsatz~; beim* ~ *bleiben; vom* ~ *abschweifen* 2 <Mus.> *Hauptmelodie eines Musikstücks* 3 <Sprachw.> *Teil des Satzes, der die bereits bekannte, geringste Information enthält;* Ggs *Rhema* [grch.]; **'The·ma-Rhe·ma-Glie·de·rung** <f.; -; unz.; ↗Z 33; Sprachw.>; **The'ma·tik** <f.; -; unz.> *Themenkreis; der Film hatte eine belanglose* ~; **the·'ma·tisch** <Adj.> *das Buch ist* ~ *äußerst interessant;* **the·ma·ti·'sie·ren** <V. t.; hat> *Probleme* ~; **'The·ma·vo·kal** <[-vo-]; m.; -(e)s, -e; Sprachw.>; **'The·men** <Pl. von> *Thema*

the·o..., The·o... <in Zus.> *gott..., Gottes...* [grch.]; **The·o·bro'min** <n.; -s; unz.; Chem.> *Alkaloid der Kakaobohne;* **The·o·di'zee** <f.; -, -n> *Rechtfertigung der Existenz Gottes trotz des Bösen in der Welt;* **The·o·gno'sie,** <auch> **The·og·no'sie, The·o·'gno·sis** <f.; -; unz.; ↗Z 53> *Gotteserkenntnis;* **The·o·go'nie** <f.; -; unz.; grch. Philos.> *Lehre von*

der Abstammung der Götter; **The·o'krat** <m.; -en, -en>; **The·o·kra'tie** <f.; -, -n> *Staatsform, in der staatl. u. kirchl. Gewalt vereinigt sind u. der Herrscher religiös legitimiert ist;* **the·o'kra·tisch** <Adj.> **The·o'lo·ge** <m.; -n, -n> [grch.]; **The·o·lo'gie** <f.; -; unz.> *Lehre von Gott u. der (bes. christl.) Religion;* **The·o·lo·'gin** <f.; -, -nnen; ↗Z 38>; **the·o·'lo·gisch** <Adj.>; **the·o·lo·gi'sie·ren** <V. i.> *Theologie betreiben;* **The·o·lo'gu·me·non** <n.; -s, -me·na> *noch nicht allg. verbindlicher theolog. Lehrsatz;* **The·o·ma'nie** <f.; -, -n> *religiöser Wahnsinn;* **The·o·'man·tie** <f.; -, -n> *angebliche Weissagung durch göttl. Eingebung;* **the·o'morph** <Adj.> *in göttl. Gestalt;* **The·o·no'mie** <f.; -; unz.; Philos.> *Ausrichtung des sittlichen Handelns nach dem Willen u. den Geboten Gottes;* **The·o·pha'nie** <f.; -, -n> = *Epiphanie;* **The·o·phyl'lin** <n.; -s; unz.; Chem.> *im Tee vorkommendes Alkaloid* [grch.]

The'or·be <f.; -, -n; Instrumentenk.> *große Basslaute* [frz.-ital.]

The·o'rem <n.; -s, -e> *Lehrsatz* [grch.]

The·o·re·ti·ker <m.; -s, -> 1 *jmd., der eine Sache od. ein Thema gedanklich, betrachtend untersucht* 2 <fig.> *Mensch, dem die Einsicht in die Praxis fehlt;* Ggs *Praktiker;* **Theo·re·ti·ke·rin** <f.; -, -nnen>; **the·o·re·tisch** <Adj.> *(rein) gedanklich; eine* ~*e Abhandlung; erkenntnis~;* Ggs *praktisch;* **the·o·re·ti'sie·ren** <V. i.> *'The·o·rie* <f.; -; unz.> 1 *rein gedankliche Betrachtungsweise; die* ~ *in die Praxis umsetzen;* Ggs *Praxis* 2 *System von Hypothesen; eine* ~ *aufstellen, beweisen* 3 <Naturw.> *Erklärung von Tatsachen u. gesetzlichen Zusammenhängen; Relativitäts~* [grch.]

The·o'soph <m.; -en, -en>; **The·o·so'phie** <f.; -, -n> *relig.-myst. Erlösungslehre* [grch.]; **The·o·'so·phin** <f.; -, -nnen>; **the·o·'so·phisch** <Adj.>

The·ra'peut <m.; -en, -en> *jmd., der eine Therapie anwendet;*

The·ra'peu·tik <f.; -; unz.> *Lehre von der Behandlung der Krankheiten;* **The·ra'peu·ti·kum** <n.; -s, -ka> *Heilmittel;* **The·ra'peu·tin** <f.; -, -n·nen>; **the·ra'peu·tisch** <Adj.>; **The·ra'pie** <f.; -, -n> *Verfahren zur Heilung einer Krankheit;* Beschäftigungs~; Schock~ [grch.]; **the·ra'pie·ren** <V. t.> jmdn. ~; **the·ra'pie·re·sis·tent** <Adj.; Med.>

therm..., **Therm...** <in Zus.> = *thermo...*, *Thermo...*; **ther'mal** <Adj.> *Wärme... ;* **Ther'mal·bad** <n.; -(e)s, ⸚er> 1 *Bad von einer warmen Quelle* 2 *Badeort mit warmer Quelle;* **Ther'mal·quel·le** <f.; -, -n>; **Ther'mal·salz** <n.; -es, -e>; **'Ther·me** <f.; -, -n> 1 *warme Quelle* 2 <Pl.; im alten Rom> ~n *öffentliche Bäder;* **'Ther·mik** <f.; -; unz.> *aufsteigende Luftströmung infolge Bodenerwärmung;* **'ther·misch** <Adj.>; **Ther·mis'tor** <m.; -s, -e; Phys.> = *Heißleiter;* **ther·mo...**, **Ther·mo...** <in Zus.> *wärme..., Wärme...* [grch.]; **Ther·mo·che·'mie** <[-çe-]; f.; -; unz.; Chem.> *Zweig der Chemie, der sich mit der Wärmeumsetzung bei chem. Reaktionen befasst;* **ther·mo'che·misch** <Adj.>; **Ther·mo·chro'mie** <[-kro-]; f.; -; unz.; Chem.> *Farbänderung eines Stoffes bei Temperaturänderung;* **Ther·mo·dif·fu·si'on** <f.; -, -en; Phys.> *Diffusion von Teilchen in einem Gasgemisch aufgrund eines Temperaturgefälles;* **'Ther·mo·dru·cker** <m.; -s, -\>; **Ther·mo·dy'na·mik** <f.; -; unz.; Phys.> *Teil der Wärmelehre;* **ther·mo·dy'na·misch** <Adj.; Phys.> ~es *Gleichgewicht;* **ther·mo·e'lek·trisch**, <auch> **ther·mo·e'lekt·risch** <Adj.; ↗Z53, 55; Phys.>; **Ther·mo·e·lek·tri·zi·'tät** <f.; -; unz.; Phys.> *Beziehung zw. Temperaturunterschieden u. elektr. Spannungen in einem elektr. System;* **Ther·mo·e·le·ment** <n.; -s, -e; ↗Z55; Phys.>; **ther·mo·fi'xie·ren** <V. t.> *durch Wärmebehandlung eine spätere Verformung verhindern;* synthetische Faserstoffe ~; **'Ther·mo·graf** <n.; -en, -en; ↗Z11.3> = *Thermograph;* **Ther·mo·gra'fie** <f.; -; unz.>;

Ther·mo'gramm <n.; -(e)s, -e> *mittels Infrarotstrahlen erzeugtes Wärmebild;* **Ther·mo'graph** <m.; -en, -en; ↗Z11.3> *Temperaturschreiber;* **Ther·mo·gra'phie** <f.; -; unz.>; **'Ther·mo·ho·se** <f.; -; unz.; Med.> *Verschorfen von Gewebe durch Hitze;* **Ther·mo'kau·ter** <m.; -s, -; Med.>; **Ther·mo'ly·se** <f.; -, -n> *Zersetzung einer Substanz aufgrund von Erwärmung;* **Ther·mo·ma·gne'tis·mus**, <auch> **Ther·mo·mag·ne'tis·mus** <m.; -; unz.; ↗Z53> *in elektr. Leitern bei Wärme auftretender Magnetismus;* **Ther·mo'me·ter** <n.; -s, -> *Temperaturmessgerät;* Fieber~; das ~ fällt, steigt; **Ther·mo·me·'trie**, <auch> **Ther·mo·met'rie** <f.; -, -en; ↗Z53> *Temperaturmessung;* **ther·mo'me·trisch** <Adj.>; **ther·mo·nu·kle'ar**, <auch> **ther·mo·nuk·le'ar** <Adj.; ↗Z53> ~e *Reaktionen;* ~e *Waffen;* **Ther·mo·pane** <[-'pe:n]; n.; -s; unz.; Warenz.> *isolierendes Fensterglas* [grch.; engl.]; **ther·mo'phil** <Adj.; Biol.> *wärmeliebend;* **Ther·mo'phor** <m.; -s, -e> *wärmespeichernder Körper;* **Ther·mo'plast** <m.; -(e)s, -e> *Kunststoff, der bei Wärme verformbar ist;* **ther·mo'plas·tisch** <Adj.>; **'Ther·mo·re·zep·tor** <m.; -s, -'to·ren; Biol.> *Temperatursinnesorgan;* **'Ther·mos·fla·sche** <f.; -, -n; Warenz.> *doppelwandiges Gefäß zum Warm- od. Kühlhalten von Getränken;* **Ther·mo'stat** <m.; -(e)s od. -en, -e od. -en; ↗Z54> *Wärme-, Temperaturregler;* **'Ther·mo·strom** <m.; -(e)s, ⸚e>

The·ro'phyt <m.; -en, -en; Bot.> *einjährige Pflanze* [grch.]

the·sau'rie·ren <V. t.> *ansammeln, horten;* Geld ~; **The'sau·rus** <m.; -, -'sau·ri od. -'sau·ren> *wiss. Sammelwerk* [grch.]

'The·se <f.; -, -n> *Behauptung, Lehrsatz;* eine ~ aufstellen; ~ und Antithese [grch.]; **'the·sen·ar·tig** <Adj.>; **'the·sen·haft** <Adj.>; **'The·sen·pa·pier** <n.; -s, -e>; **'The·sis** <f.; -, 'The·sen> 1 <grch. Metrik> *betonter Taktteil*

2 <altröm. Metrik> *unbetonter Taktteil* 3 <moderne Metrik> *Hebung* 4 <Mus.> *betonter Taktteil*

'Thes·pis·kar·ren <m.; -s, -; scherzh.> *Wanderbühne* [nach *Thespis,* dem Begründer des attischen Dramas]

'The·ta <neugrch. [θ'i:ta]; n.; -s, -; Zeichen: θ> *ein Buchstabe des grch. Alphabets*

'The·tik <f.; -; unz.> *Lehre von den dogmat. Lehren* [grch.]; **'the·tisch** <Adj.>

The'urg <m.; -en, -en>; **The·ur'gie** <f.; -; unz.> *bei Naturvölkern vermeintliche Kunst der Götter- u. Geisterbeschwörung* [grch.]; **the'ur·gisch** <Adj.>

Thi·a'min <n.; -s, -e; internat. Freiname für> *Vitamin B₁;* **Thi·a·mi'na·se** <f.; -, -n> *Vitamin B₁ spaltendes Enzym*

Thig·mo'ta·xis <f.; -, -xen; Biol.> *durch Berührungsreiz ausgelöste Bewegung* [grch.]

Thim'phu *Hauptstadt von Bhutan*

Thing <n.; -(e)s, -e> *german. Volks- u. Gerichtsversammlung;* oV *Ding;* **'Thing·platz** <m.; -es, ⸚e>

thi·o..., **Thi·o...** <in Zus.> *schwefel..., Schwefel...* [grch.]; **'Thi·o·al·ko·hol** <m.; -s, -e> = *Thiol;* **Thi'ol** <n.; -s, -e; Chem.> *organisch-chem. Schwefelverbindung;* **Thi·o'lat** <n.; -(e)s, -e> *Salz des Thiols;* **Thi·o'phen** <n.; -s, -e> *heterozyklische Schwefelverbindung*

'Tho·los <m.; -, -loi> *von Säulen umgebener altgrch. Rundbau* [grch.]

Tho'ma·ner <m.; -s, -> 1 *Schüler der Leipziger Thomasschule* 2 *Mitglied des Thomanerchors;* **Tho'ma·ner·chor** <[-ko:r]; m.; -(e)s; unz.> *Knabenchor der Leipziger Thomaskirche*

'Tho·mas·ver·fah·ren, <auch> **'Tho·mas-Ver·fah·ren** <n.; -s; unz.; ↗Z35> *Verfahren zur Stahlgewinnung* [nach dem engl. Metallurgen S. G. *Thomas,* 1850–1885]

Tho'mis·mus <m.; -; unz.> *Lehre des Thomas von Aquin;* **Tho'mist** <m.; -en, -en>; **tho'mis·tisch** <Adj.>

Thon <m.; -s, -e; schweiz.>
Thunfisch [frz.]

'Tho·ra <f.; -; unz.; jüd. Recht;
hebr. Bez. für> *die fünf Bücher
Mosis* [hebr.]

tho·ra·kal <Adj.; Anat.> *zum Tho-
rax gehörend;* 'Tho·rax <m.; -es,
-e; Anat.> **1** *Brustkasten* **2** *mitt-
lerer Körperabschnitt von Glie-
derfüßern* [grch.]

'Tho·ri·um <n.; -s; unz.; Zeichen:
Th> *chem. Element*

Thre·no·die <f.; -, -n; altgrch. Lit.
u. Mus.> *Trauergesang* [grch.]

Thrill <[θrɪl]; m.; -s, -s; umg.>
*Nervenkitzel; das bringt einen
tollen ~* [engl.]; 'Thril·ler <m.;
-s, -; Film; Theat.; Lit.> *auf
Spannung u. Nervenkitzel ab-
zielendes Werk;* Psycho~ [engl.]

Thrips <m.; -, -; Zool.> *Fransen-
flügler* [grch.]

Throm'bin <n.; -s, -e> *zur Blutge-
rinnung benötigtes Enzym;*
Throm'bo·se <f.; -, -n; Med.>
Blutgerinnselbildung in Venen
[grch.]; throm'bo·tisch <Adj.;
Med.>; Throm'bo·zyt <m.; -en,
-en; Med.> *Blutplättchen;*
'Throm·bus <m.; -, 'Throm-
ben; Med.> *Blutgerinnsel*

Thron <m.; -(e)s, -e> **1** *prunkvol-
ler Herrschersessel* **2** *Sinnbild
der Herrscherwürde; den ~ be-
steigen; dem ~ entsagen;* 'thro-
nen <V. i.> *am Ende der Tafel ~;
~de Madonna* <Mal.>; 'Thron-
er·be <m.; -n, -n> = *Thronfol-
ger;* 'Thron·fol·ge <f.; -; unz.>;
'Thron·fol·ger <m.; -s, ->
*nächster berechtigter Erbe des
Herrschers;* 'Thron·fol·ge·rin
<f.; -, -n·nen>; 'Thron·him·mel
<m.; -s, -> *Baldachin über dem
Thron;* 'Thron·prä·ten·dent
<m.; -en, -en> *jmd., der den
Thron beansprucht;* 'Thron·re-
de <f.; -, -n>; 'Thron·saal <m.;
-(e)s, -sä·le; ↗Z 18.1>

'Thu·ja, 'Thu·je <f.; -, 'Thu·jen> =
Lebensbaum [grch.]; 'Thu·ja·öl
<n.; -(e)s, -e> *ätherisches Öl*

'Thu·li·um <n.; -s; unz.; Zeichen:
Tm> *chem. Element*

'Thun·fisch <m.; -(e)s, -e;
↗Z 11.1 > *ein Speisefisch;* oV
Tunfisch [lat.-grch.]

'Thur·gau *Kanton in der Schweiz*

'Thü·rin·gen *dt. Bundesland;*

Freistaat ~; **Thu·'rin'git** <m.; -s,
-e> *ein Mineral* [lat.]

THW <Abk. für> *Technisches
Hilfswerk*

'Thyl·le <f.; -, -n; Bot.> *Wuche-
rung in Hölzern* [grch.]

'Thy·mi·an <m.; -s, -e; Bot.> *eine
Gewürzpflanze* [grch.]

thy·mo'gen <Adj.> **1** <Med.> *von
der Thymusdrüse ausgehend* **2**
<Psych.> *durch eine Verände-
rung der Befindlichkeit ausge-
löst* [grch.]; 'Thy·mus <m.; -,
'Thy·mi; Anat.>, 'Thy·mus·drü-
se <f.; -, -n> *Brust-, Wachs-
tumsdrüse* [grch.]

thy·re·o'gen <Adj.; ↗Z55>
[grch.]; Thy·re·o'i·dea <f.; -;
unz.; Med.> = *Schilddrüse;* Thy-
re·o·i'di·tis <f.; -, -'ti·den;
Med.> *Entzündung der Schild-
drüse*

Thy'ris·tor <m.; -s, -'to·ren;
Phys.> *vierschichtiges Halblei-
terbauelement* [grch.; lat.]

Thyr·o'xin, <auch> Thy·ro'xin
<n.; -s; unz.; ↗Z 54; Physiol.>
Schilddrüsenhormon [grch.]

'Thyr·sos <m.; -, -soi>, 'Thyr-
sos·stab <m.; -(e)s, ¨e> *Stab
der Bacchantinnen* [grch.];
'Thyr·sus <m.; -, -si>, 'Thyr-
sus·stab <m.; -(e)s, ¨e> = *Thyr-
sos*

Ti <Zeichen für> *Titan*

Ti'a·ra <f.; -, -'a·ren> *Kopfbede-
ckung der altpers. Könige*
[grch.]

'Ti·bet[1] <a. [-'-]; m.; -s; unz.>
asiat. Hochland; 'Ti·bet[2] <m.;
-(e)s, -e> *Fell einer nordchines.
Schafart;* Ti·be'ta·ner <m.; -s, ->
= *Tibeter;* Ti·be'ta·ne·rin <f.; -,
-n·nen>; ti·be'ta·nisch <Adj.> =
tibetisch; Ti'be·ter <m.; -s, ->
Einwohner Tibets; Ti'be·te·rin
<f.; -, -n·nen>; ti'be·tisch
<Adj.> *~e Sprache*

'Ti·bia <f.; -, -bi·ae> **1** <Anat.>
Schienbein **2** <Mus.> *altröm.
Doppeloboe* [lat.]

Tic <[tik]; m.; -s, -s> = *Tick(1)*
[frz.]; Tick <m.; -s, -s od. -e> **1**
<Med.> *Zucken* **2** *Schrulle; ei-
nen ~ haben* **3** <EDV> *periodi-
sches Signal* [frz.]

'ti·cken <V. i.> *ein leises, klopfen-
des Geräusch machen;* *die Uhr
tickt; der tickt nicht ganz rich-*

tig <fig.; umg.> *er ist wohl etwas
verrückt* [ndrl.]

'Ti·cker <m.; -s, -> **1** <umg.>
Fernschreiber **2** <Med.; umg.>
*die Pulsfrequenz überwachen-
des Gerät* [engl.]

'Ti·cket <n.; -s, -s> *Eintritts-,
Fahrkarte* [engl.]

'Tick·tack <n.; -s> unz.> *das ~ der
Uhr*

'Ti·de <f.; -, -n; norddt.> **1** *Zeit* **2**
Flut; ~n Gezeiten; 'Ti·de·ha·fen
<m.; -s, ¨>; 'Ti·de·hub, 'Ti·den-
hub <m.; -(e)s; unz.> *Differenz
des Wasserstands im Gezeiten-
wechsel*

Tie·break, <auch> Tie-Break
<['taibreik]; m. od. n.; -s, -s;
↗Z32>; Tennis> *besondere Zähl-
weise bei 6:6-Punktestand*
[engl.]

tief <↗Z 24> <Adj.; Getrennt-
schreibung in Verbindung mit
Verb/Partizip, wenn *tief* sinn-
voll steiger- od. erweiterbar ist>
1 *weit nach unten, innen, hin-
ten reichend; ~ graben; ein ~er
Abgrund; ~ im Wald; ein ~er
Schrank; eine ~ gehende Wun-
de; ein ~ liegender Ort; eine ~er
gelegte Karosserie; eine ~ ste-
hende Gesinnung* **2** <↗Z43.3>
*stark, sehr; ~er Schlaf; ~er
Schmerz; auf das, aufs ~ste
<auch> Tiefste bereuen; ~e Not;
in ~es Nachdenken versunken*
<fig.>; *jmdm. aus ~stem Her-
zen danken; ~ betrübt, bewegt,
erschüttert, gerührt sein; ~
seufzen; <aber zusammen> →
tiefgefrieren, → tiefgefroren, →
tiefkühlen, → tiefstapeln, →
tiefziehen* **3** <fig.> *intensiv,
nicht oberflächlich; ein ~es Ge-
müt haben; ~ empfinden; ~
greifende Maßnahmen; ein ~
schürfender Gedanke; das lässt
~ blicken* verrät viel (Negatives);
*~ in die Tasche greifen müssen;
viel bezahlen müssen;* **4** <Mus.>
~er Ton; er hat eine ~e Stimme;
Tief <n.; -s, -s> **1** *Tiefdrucke-
biet* **2** *Senkung im Meeresboden*
3 *Niedergeschlagenheit;* 'Tief-
aus·läu·fer <n.; -s, -; Meteor.>;
'Tief·bau <m.; -(e)s; unz.>
*Zweig der Bautechnik, in dem
unterirdisch u. unterseeisch ge-
baut wird; Ggs Hochbau;* 'Tief-
bau·amt <n.; -(e)s, ¨er>; 'tief-

'blau <Adj.> *dunkelblau;* **'Tief·boh·rer** <m.; -s, -> *Gerät zum Bohren tiefer Erdlöcher;* **'Tief·druck** <m.; -(e)s; unz.> *ein Druckverfahren;* Ggs *Hochdruck;* **'Tief·druck·ge·biet** <n.; -(e)s, -e; Meteor.> *Zone niedrigen Luftdrucks;* **'Tie·fe** <f.; -, -n> **1** *Ausdehnung nach unten, hinten;* die ~ *des Meeres;* in die ~ *stürzen* **2** <fig.> *Verborgenheit;* in der ~, in den ~n *ihres Herzens* **3** *Intensität;* Gedanken~; **'Tief·e·be·ne** <f.; -, -n; ↗ Z 55> Ggs *Hochebene;* **'Tie·fen·e·ro·si·on** <f.; -, -en; ↗ Z 55> *nach unten wirkende Erosion;* **'Tie·fen·ge·stein** <n.; -s, -e; Geol.> *unterirdisch erstarrtes Eruptivgestein;* **'Tie·fen·psy·cho·lo·gie** <f.; -; unz.> *Teil der Psychologie, der sich mit der Erforschung des Unbewussten befasst;* **'Tie·fen·rausch** <m.; -(e)s; unz.> *durch zu hohen Druck bewirkter, rauschartiger Zustand bei Tieftauchern;* **'Tie·fen·schär·fe** <f.; -; unz.; Fot.; veralt.> *= Schärfentiefe;* **'Tie·fen·struk·tur** <f.; -; unz.; Sprachw.>; **'Tie·fen·wir·kung** <f.; -, -en> *die ~ eines Gemäldes;* **'tief·ernst** <Adj.> *völlig ernst;* **'Tief·flug** <m.; -(e)s, ⁼e> *im ~;* **'Tief·gang** <m.; -(e)s, ⁼e> *Eintauchtiefe eines Schiffes (verändert sich je nach Beladung);* **'Tief·ga·ra·ge** <[-ʒə]; f.; -, -n>; **'tief·ge·frie·ren** <V. t. 140; meist im Inf. u. Part. Perf.> → a. *tief(2);* **'tief·ge·fro·ren** <Adj.; ↗ Z 28.1> *~es Gemüse;* → a. *tief(2);* **'tief·ge·kühlt** <Adj.; ↗ Z 28.1> → a. *tief(2);* **'tief·grün·dig** <Adj.; fig.> *einer Sache auf den Grund gehend;* *ein ~es Gespräch;* **'tief·küh·len** <V. t. nur im Inf. u. Part. Perf.> *Gemüse ~;* **'Tief·kühl·fach** <n.; -(e)s, ⁼er> *separates Fach im Kühlschrank zum Tiefkühlen;* **'Tief·kühl·tru·he** <f.; -, -n>; **'Tief·küh·lung** <f.; -; unz.>; **'Tief·la·de·li·nie** <[-niə]; f.; -, -n> *Linie an den Längsseiten eines Schiffes, über die hinaus es nicht ins Wasser sinken darf;* **'Tief·la·der** <m.; -s, -> *Wagen mit tief liegender Ladefläche;* **'Tief·land** <n.; -(e)s, ⁼er> Ggs *Hochland;* **'Tief·land·bucht** <f.; -, -en> *Flachlandvor-*

sprung am Gebirgsrand; **'Tief·punkt** <m.; -(e)s, -e> *auf dem ~ angekommen sein;* **'tief·rot** <Adj.> *dunkelrot;* **'Tief·schlaf** <m.; -(e)s; unz.> *im ~ sein;* **'Tief·schlag** <m.; -(e)s, ⁼e; Boxsp.> *(verbotener) Schlag unterhalb der Gürtellinie;* **'tief·schwarz** <Adj.>; **'Tief·see** <f.; -; unz.> *Meer in 800m Tiefe u. darunter;* **'Tief·see·for·schung** <f.; -, -en>; **'Tief·sinn** <m.; -(e)s; unz.> *Nachdenken, Gedankentiefe;* **'tief·sin·nig** <Adj.> *eine ~e Bemerkung;* **'Tief·sin·nig·keit** <f.; -; unz.>; **'Tief·stand** <m.; -(e)s, ⁼e> *einen ~ erreicht haben;* **'tief·sta·peln** <V. i.; ich stap(e)le tief; sie hat tiefgestapelt; tiefzustapeln; umg.> *die eigenen Fähigkeiten als gering hinstellen;* Ggs *hochstapeln;* → a. *tief(2);* **'Tief·stap·ler** <m.; -s, -; umg.>; **'Tief·stap·le·rin** <f.; -, -n·nen>; **'Tief·strah·ler** <m.; -s, -> *starker Scheinwerfer zur Beleuchtung von oben;* **'Tiefst·stand** <m.; -(e)s, ⁼e>; **'tief|tau·chen** <V. i. (h. od. s.); nur im Inf. u. Part. Perf.> *~ lernen;* **Tief·tem·pe·ra'tur·phy·sik** <f.; -; unz.>; **Tief·tem·pe·ra'tur·tech·nik** <f.; -; unz.>; **'Tief·ton** <m.; -(e)s, ⁼e> *schwächste Betonung innerhalb eines Wortes od. Satzes;* Ggs *Hochton;* **'tief'trau·rig** <Adj.>; **'tief|zie·hen** <V. t. 293; nur im Inf. u. Part. Perf.> *ohne Erwärmung zu Hohlteilen formen;* *tiefgezogene Bleche*

'Tie·gel <m.; -s, -> *flacher Topf;* **'Tie·gel·stahl** <m.; -(e)s; unz.>

Tier <n.; -(e)s, -e> *ein wildes, zahmes ~;* Raub~; Zucht~; *ein hohes* <fig.; umg.; leicht abwertend> *Person mit öffentlichem Ansehen;* **'Tier·art** <f.; -, -en>; **'Tier·arzt** <m.; -es, ⁼e>; **'Tier·ärz·tin** <f.; -, -n·nen>; **'tier·ärzt·lich** <Adj.> *~e Untersuchung;* <aber> *die Tierärztliche Hochschule Hannover;* **'Tier·bän·di·ger** <m.; -s, -> *Dompteur;* **'Tier·buch** <n.; -(e)s, ⁼er>; **'Tier·chen** <n.; -s, -; Verkleinerungsf. von> *Tier;* **'Tier·fa·bel** <f.; -, -n>; **'Tier·freund** <m.; -(e)s, -e>; **'Tier·freun·din** <f.; -, -n·nen>; **'Tier·gar·ten** <m.; -s,

↪ *zoologischer Garten;* **'Tier·ge·schich·te** <f.; -, -n>; **'Tier·ge·stalt** <f.; -, -en> *in ~ erscheinen;* **'tier·haft** <Adj.> *~e Geschmeidigkeit;* **'Tier·hal·ter** <m.; -s, ->; **'Tier·hal·tung** <f.; -; unz.>; **'Tier·heil·kun·de** <f.; -; unz.> *= Tiermedizin;* **'Tier·heim** <n.; -(e)s, -e> *Heim für herrenlose Kleintiere;* **'tie·risch** <Adj.> **1** *von Tieren stammend;* ~es Eiweiß **2** *auf Tierniveau herabgesunken;* ~e Grausamkeit **3** <Jugendspr.> *äußerst;* *der Film war ~ gut;* **'Tier·kampf** <m.; -(e)s, ⁼e> *zu Schauzwecken veranstalteter Kampf zwischen Tieren;* **'Tier·kreis** <m.; -es; unz.; Astr.> *die Folge der zwölf Sternbilder auf der Ekliptik;* Sy *Zodiakus;* **'Tier·kreis·licht** <n.; -(e)s; unz.; Astr.> *= Zodiakallicht;* **'Tier·kreis·zei·chen** <n.; -s, -; Astr.>; **'Tier·kult** <m.; -(e)s, -e>; **'Tier·kun·de** <f.; -; unz.> *Zoologie;* **'tier·lieb** <Adj.> *sie ist sehr ~;* **'Tier·lie·be** <f.; -; unz.>; **'tier·lie·bend** <Adj.>; **'Tier·ma·ler** <m.; -s, ->; **'Tier·me·di·zin** <f.; -; unz.> *Lehre von den Tierkrankheiten, Veterinärmedizin;* **'Tier·me·di·zi·ner** <m.; -s, ->; **'Tier·me·di·zi·ne·rin** <f.; -, -n·nen>; **'Tier·park** <m.; -s, -s od. -e> *zoologischer Garten;* **'Tier·pro·duk·ti·on** <f.; -; unz.; DDR> *Zucht u. Verwertung von Nutztieren;* **Tier·quä·le'rei** <f.; -, -en>; **'Tier·reich** <n.; -(e)s; unz.> *Gesamtheit der Tiere;* **'Tier·schau** <f.; -, -en>; **'Tier·schutz** <m.; -es; unz.>; **'Tier·schutz·ver·ein** <m.; -s, -e>

Tiers-é·tat <[tjɛrzeˈta]; m.; -; unz.; ↗ Z 55> *der dritte Stand, das Bürgertum in den Generalständen der Frz. Revolution* [frz.]

'Tier·so·zi·o·lo·gie <f.; -; unz.> *Wissenschaft vom Zusammenleben der Tiere;* **'Tier·spra·che** <f.; -, -n>; **'Tier·ver·such** <m.; -(e)s, -e> *wissenschaftl. Versuch am lebenden Tier;* **'Tier·welt** <f.; -; unz.> *= Tierreich;* **'Tier·zucht** <f.; -; unz.>

Tif·fa·ny·lam·pe, <auch> **Tif·fa·ny-Lam·pe** <[ˈtɪfəni-]; f.; -, -n; ↗ Z 35> *Lampe mit Schirm aus bunten Glasstücken* [nach dem amerikan. Kunsthandwerker L. C. *Tiffany*]

'Tif·lis *Hauptstadt von Georgien*

'Ti·ger <m.; -s, -; Zool.> *eine Großkatze; Königs~* [grch.]; **'Ti·ger·au·ge** <n.; -s, -n> *ein Mineral;* **'Ti·ger·blu·me** <f.; -, -n; Bot.> *ein Schwertliliengewächs;* **'Ti·ge·rin** <f.; -, -nen; Zool.>; **'Ti·ger·kat·ze** <f.; -, -n; Zool.> *eine Raubkatze;* **'ti·gern** <V. i.; ich tigere> 1 *eine getigerte Katze* 2 <umg.> *laufen;* durch die Stadt ~; **'Ti·ger·schne·cke** <f.; -, -n; Zool.> = *Kaurischnecke*

'Ti·ki <m.; - od. -s, -s> *Holz- od. Steinfigur in Polynesien, die einen vergöttlichten Ahnen darstellt* [polyn.]

'Til·de <f.; -, -n; Zeichen: ~> 1 *Aussprachezeichen im Spanischen u. Portugiesischen* 2 <in Nachschlagewerken> *Wiederholungszeichen für ein Wort(teil)* [span.-lat.]

'tilg·bar <Adj.> *-es Darlehen;* **'til·gen** <V. t.> 1 *eine Schuld ~ zurückzahlen* 2 <geh.> *beseitigen;* er tilgte alle Spuren; **'Til·gung** <f.; -, -en> *Schulden~;* **'Til·gungs·ra·te** <f.; -, -n; Bankw.>

Ti·li·a·zee <[-'tse:ə]; f.; -, -n; Bot.> *ein Lindengewächs* [lat.]

Til'lit <m.; -s, -e; Geol.> *Moränenablagerung* [engl.]

'Til·sit *Stadt an der Memel;* **'Til·si·ter** <m.; -s, -> 1 *Einwohner der Stadt Tilsit* 2 <kurz für> ~ *Käse*

Tim'bal <f.; -, -es; meist Pl.; Instrumentenk.> *mittelamerikan. Trommel* [span.]

Tim·bre, auch Timb·re <['tɛ̃brə]; n.; -s, -s; ↗Z53> *Klangfarbe bei Gesangsstimmen* [frz.]; **tim'brie·ren** <V. t.>; **tim'briert** <Adj.; ↗Z28.1> *eine angenehm ~e Stimme*

Time·lag <['taimlæg]; n.; - od. -s, -s; Wirtsch.> *Zeitdifferenz zwischen dem Auftreten einer wirtschaftlichen Veränderung u. ihren Auswirkungen* [engl.]; **'ti·men** <V. t.; salopp> *zeitlich aufeinander abstimmen;* Abläufe ~; **Time-out, auch Time·out** <[-'aut]; n.; -s, -s; ↗Z32; Sp.> *Auszeit;* **'Ti·mer** <m.; -s, -> 1 *Zeitmesser, Zeitschaltuhr* 2 *Terminkalender;* **Time·sha·ring** <[-'ʃɛː]; n.; - od. -s, -s; EDV>

Methode der Zeitzuteilung für mehrere Benutzer eines Rechners; **Ti·ming** <['tai-]; n.; -s, -s> *das Timen;* ein perfektes ~

Ti·mo·kra'tie <f.; -, -n> *auf Vermögensklassen aufbauende Staatsform* [grch.]; **ti·mo'kra·tisch** <Adj.>

Tim·pa·no <m.; -s, -ni; meist Pl.; Instrumentenk.> *Kesselpauke* [ital.]

Tin <n.; -s, -s; Squash> *Fehlerzone*

'tin·geln <V. i. (h. u. s.); ich ting(e)le; umg.> *als Schauspieler(in) herumziehen u. im Tingeltangel auftreten;* am Anfang ihrer Karriere ist sie durch halb Deutschland getingelt; **'Tin·gel·tan·gel** <n. od. m.; -s, -> *Varietee od. Tanzlokal niederen Ranges*

tin'gie·ren <V. t.> *färben* [lat.]; **Tink·ti'on** <f.; -, -en> *Färbung;* **Tink'tur** <f.; -, -en> 1 *Auszug aus Pflanzen- od. Tierstoffen* 2 *Färbemittel*

'Tin·nef <m.; -s; unz.; umg.; abwertend> *Plunder, dummes Geschwätz* [aram.]

'Tin·te <f.; -, -n> *Schreibflüssigkeit;* blaue, schwarze ~; er sitzt in der ~ <fig.; umg.> *ist in einer unangenehmen Lage;* **'Tin·ten·fass** <n.; -es, ¨er>; **'Tin·ten·fisch** <m.; -(e)s, -e; Zool.> *ein Kopffüßer;* **'Tin·ten·fleck** <m.; -(e)s, -e>; **'Tin·ten·klecks** <m.; -es, -e>; **'Tin·ten·stift** <m.; -(e)s, -e>; **'Tin·ten·strahl·dru·cker** <m.; -s, -; EDV> *Drucker, der Text u. Grafik mittels eines feinen Tintenstrahls druckt;* **'tin·tig** <Adj.> *voller Tinte, wie Tinte;* ein ~es Blau; **'Tint·ling** <m.; -s, -e; Bot.> *ein Blätterpilz*

Tip <m.; -s, -s> *frühere Schreibung für Tipp*

'Ti·pi <n.; -s, -s> *Zelt der nordamerikan. Prärieindianer; → a. Wigwam* [Dakota]

Tipp <m.; -s, -s> 1 <allg.> *Hinweis;* jmdm. einen ~ geben 2 <Lotto; Toto> *Wette auf den Sieger od. die zu ziehende Zahl* [engl.]

'Tip·pel <m.; -s, -> 1 <norddt.> *Punkt* 2 <österr.> *Beule;* **'Tip·pel·bru·der** <m.; -s, ¨; umg.> *Landstreicher;* **Tip·pe'lei** <f.; -;

unz.> *lästiges Tippeln;* **'tip·peln** <V. i. (s.); ich tipp(e)le; umg.> *zu Fuß gehen*

'tip·pen <V.> 1 <V. i.> *etwas leicht berühren;* ich habe ihm auf die Schulter getippt 2 <V. t.> *auf der Maschine, am Computer schreiben;* einen Text ~ 3 <V. i.; Sp.; Lotto; Toto> *wetten;* falsch, richtig ~; im Lotto ~ [engl.]; **'Tip·per** <m.; -s, -> *jmd., der im Lotto od. Toto tippt;* **'Tip·pe·rin** <f.; -, -nen>; **'Tipp-Ex** <n.; -, -; Warenz.> *Tinktur zur Korrektur von Schreibfehlern;* **'Tipp·feh·ler** <m.; -s, ->; **'Tipp·ge·mein·schaft** <f.; -, -en; Lotto; Toto>; **'Tipp·se** <f.; -, -n; umg.; meist abwertend> *Sekretärin*

'tipp'topp <Adj.; undekl.; umg.> *tadellos;* die Küche ist ~ sauber [engl.]

'Tipp·zet·tel <m.; -s, -; Lotto; Toto> *Wettschein;* **'Tips·ter** <m.; -s, -> *jmd., der bei Sportwetten Wettipps verkauft* [engl.]

T. I. R. <Abk. für frz.> *Transport International Routier (Internationaler Ferntransport)*

Ti'ra·de <f.; -, -n> 1 <Gesangskunst> *Lauf rasch aufeinander folgender Töne* 2 *Wortschwall* [ital.]

Ti·ra·mi·su <n.; -s, -s; ital. Kochk.> *eine Süßspeise* [ital.]

Ti'ra·na *Hauptstadt von Albanien*

ti·ri'lie·ren <V. i.> *trällern* (von Singvögeln)

Ti'rol *österr. Bundesland;* **Ti·ro·li·enne** <[tiro'ljen]; f.; -, -n> *ein Rundtanz* [frz.]

Tisch <m.; -(e)s, -e> *ein Möbelstück;* Schreib~; Ess~; den ~ decken; vor, bei, nach ~ *vor, bei, nach dem Essen;* jmdn. unter den ~ trinken <fig.>; etwas auf den ~ bringen <a. fig.> *offen zur Sprache bringen;* etwas unter den ~ fallen lassen <fig.>; **'Tisch·bein** <n.; -(e)s, -e>; **'Tisch·be·sen** <m.; -s, ->; **'Tisch·da·me** <f.; -, -n; bei Gesellschaften> *Dame, die von einem Herrn zu Tisch geführt wird;* **'tisch·fer·tig** <Adj.> *~e Speisen;* **'Tisch·feu·er·zeug** <n.; -(e)s, -e>; **'Tisch·fuß·ball** <m.; -(e)s; unz.>; **'Tisch·gast** <m.; -es, ¨e>; **'Tisch·ge·bet** <n.; -(e)s, -e>;

'**Tisch·ge·sell·schaft** <f.; -, -en>; '**Tisch·herr** <m.; -en, -en> *Herr, der eine Dame zu Tisch führt;* '**Tisch·kar·te** <f.; -, -n> bei Gesellschaften> *Namenskarte an jedem Platz;* '**Tisch·kas·ten** <m.; -s, -> *Schublade am Tisch;* '**Tisch·lam·pe** <f.; -, -n>; '**Tisch·lein** <n.; -s, -; poet.> Verkleinerungsf. von> *Tisch;* ~ deck dich *Formel aus einem Märchen;* **Tisch·lein·deck·dich**, <auch> **Tisch·lein·'deck·dich** <n.; -, -; ⬚Z33; fig.> *Ort, an dem es jmd. sehr gut hat;* dort hat er ein richtiges ~ gefunden; '**Tisch·ler** <m.; -s, -> *Handwerker, der Möbel anfertigt;* Sy *Schreiner;* **Tisch·le'rei** <f.; -, -en>; '**Tisch·le·rin** <f.; -, -nen>; '**tisch·lern** <V. i.; ich tischlere; du tischlerst>; '**Tisch·nach·bar** <m.; -n od. -s, -n>; '**Tisch·re·de** <f.; -, -n>; '**Tisch·rü·cken** <n.; -s; unz.> *eine spiritist. Praktik;* '**Tisch·ten·nis** <n.; -; unz.; Sp.> Sy *Pingpong;* '**Tisch·tuch·klam·mer** <f.; -, -n>; '**Tisch·wein** <m.; -(e)s, -e>; '**Tisch·zeit** <f.; -, -en>; '**Tisch·zeug** <n.; -s; unz.; umg.> *Besteck, Tischtuch, Servietten*

Ti·tan[1] <m.; -en, -en> 1 <grch. Myth.> *Angehöriger eines riesenhaften Göttergeschlechts* 2 <allg.> *Riese* [grch.]; **Ti·tan**[2] <n.; -s; unz.; Zeichen: Ti> *chem. Element;* **Ti·tan'di·o·xid** <n.; -(e)s, -e> *eine Titanverbindung;* **ti·ta·nen·haft** <Adj.>; **Ti'ta·nic** <f.; -; unz.> *engl. Passagierschiff, das 1912 nach der Kollision mit einem Eisberg sank;* **Ti·ta'ni·de** <m.; -n, -n> grch. Myth.> *Nachkomme der Titanen;* **ti'ta·nisch** <Adj.>; **Ti'tan·ra·ke·te** <f.; -, -n> *eine US-Weltraumrakete;* **Ti·'tan·stahl** <m.; -(e)s; unz.>

'**Ti·tel** <m.; -s, -> → a. *Kasten Überschrift* 1 *Rangbezeichnung einer Person;* einen ~ führen; Doktor~; Grafen~; den Weltmeister~ verteidigen; 2 *Name eines Kunstwerkes;* Buch~; Film~ [grch.]; '**Ti·tel·an·wär·ter** <m.; -s, -; Sp.>; '**Ti·tel·an·wär·te·rin** <f.; -, -nen>; '**Ti·tel·bild** <n.; -(e)s, -er; in Büchern>; '**Ti·tel·blatt** <n.; -(e)s, -er; in Büchern>; '**Ti·tel·bo·gen** <m.; -s, -

od. (süddt.; österr.; schweiz.) ⬚ *erster Bogen mit der Titelei;* **Ti·te'lei** <f.; -, -en; in Büchern> *die dem eigentl. Text vorausgehenden Seiten;* '**Ti·tel·ge·schich·te** <f.; -, -n; Ztgsw.>; '**Ti·tel·held** <m.; -en, -en; in Büchern, Filmen>; '**Ti·tel·hel·din** <f.; -, -nnen>; '**Ti·tel·kup·fer** <n.; -s, -> *Kupferstich als Titelbild;* '**ti·teln** <V. i. u. V. t.; ich tit(e)le> *einen Titel geben;* '**Ti·tel·part** <m.; -s, -s> *Titelpartie* <f.; -, -n; in der Oper> die ~ singen; '**Ti·tel·rol·le** <f.; -, -n>; '**Ti·tel·schutz** <m.; -es; unz.> *gesetzl. Schutz eines Buch-, Zeitungs-, Filmtitels;* '**Ti·tel·sei·te** <f.; -, -n; in Büchern>; '**Ti·tel·song** <[-sɔŋ]; m.; -s, -s>; '**Ti·tel·ver·tei·di·ger** <m.; -s, -; Sp.>; '**Ti·tel·ver·tei·di·ge·rin** <f.; -, -nnen>

'**Ti·ter** <m.; -s, -> 1 <Chem.> *in Gramm angegebener Gehalt einer Stofflösung* 2 <Textilw.> *Grad der Feinheit einer Faser* [frz.]

Ti'thon <n.; -s; unz.; Geol.> *oberste Stufe des Malms* [nach der grch. Sagengestalt *Tithonus*]

Ti·tra·ti'on, <auch> **Tit·ra·ti'on** <f.; -, -en; ⬚Z53; Chem.> *Bestimmung des Titers;* **ti'trie·ren** <V. t.> einen Stoff ~ *den Titer bestimmen*

'**tit·schen** <V. t.; du titschst; sächs.> *eintauchen*

'**Tit·te** <f.; -, -n; meist Pl.; derb> *weibl. Brust*

Ti·tu'lar <m.; -s, -e> *jmd. der ein Amt dem Titel nach innehat ohne es auszuüben;* ~bischof [lat.]; **Ti·tu·la'tur** <f.; -; unz.> *Betitelung;* **ti·tu'lie·ren** <V. t.> 1 *mit einem Titel versehen* 2 *mit einem Titel anreden* [lat.]; '**Ti·tu·lus** <m.; -, -tu·li; MA> *Bildunterschrift*

'**Ti·vo·li**[1] <[-vo-]; n.; -s, -s> *ital. Kugelspiel;* '**Ti·vo·li**[2] <m.; -s, -s> *Vergnügungspark, Freilufttheater* [nach dem ital. Ort *Tivoli*]

'**ti·zi·an·rot** <Adj.> *goldrot* [nach dem ital. Maler *Tizian*]

'**Tjä·le** <f.; -, -> *Dauerfrostboden* [schwed.]

Tjalk <f.; -, -en> *einmastiges Küstenfahrzeug* [nord.]

tkm <Abk. für> *Tonnenkilometer*

Tl <Chem.; Zeichen für> *Thallium*

Tm <Chem.; Zeichen für> *Thulium*

'**Tme·sis** <f.; -, 'Tme·sen; Sprachw.> *Trennung zusammengehöriger Wortteile durch dazwischentretende Wörter* [grch.]

TNT <Abk. für> *Trinitrotoluol*

Toast <[to:st]; m.; -(e)s, -e od. -s> 1 *geröstete Weißbrotscheibe* 2 *Trinkspruch;* einen ~ auf jmdn. ausbringen [engl.]; '**toas·ten** 1 <V. t.> *Brot rösten* 2 <V. i.> *einen Trinkspruch ausbringen;* '**Toas·ter** <m.; -s, ->

'**To·back**, '**To·bak** <m.; -s, -e; umg.; scherzh.> = *Tabak*

'**To·bel** <m. od. n.; -s, -; oberdt.> *Senke, Schlucht* [lat.]

'**to·ben** <V. i.> 1 *sich in sehr heftiger Weise ereignen;* der Kampf tobte; der Wasserfall tobt braust wild; ~der Sturm 2 *wütend sein, rasen;* er tobte vor Wut 3 *tollen;* die Kinder ~ im Garten

To·bog·gan <[tə'bɔgən]; m.; -s, -s> *Schlitten der kanad. Indianer* [indian.]

'**Tob·sucht** <f.; -; unz.> *extremer Reizzustand;* '**tob·süch·tig** <Adj.>; '**Tob·suchts·an·fall** <m.; -(e)s, -e>

Toc'ca·ta <f.; -, -'ca·ten; Mus.> *stark bewegtes Musikstück;* oV **Tokkata** [ital.]

To'cha·rer <m.; -s, -> *Angehöriger eines indoskyth. Volkes;* **to·'cha·risch** <Adj.> ~e Sprache; **To'cha·risch** <n.; - od. -s; unz.> *ausgestorbene indogerman. Sprache*

'**Toch·ter** <f.; -, ⁻; ⬚> 1 *weibl. Kind in Beziehung auf die Eltern* 2 <schweiz.> *Mädchen;* ~ aus gutem Hause; '**Töch·ter·chen** <n.; -s, -; Verkleinerungsf. von> *Tochter;* '**Toch·ter·fir·ma** <f.; -, -men> *von einer Firma gegründete kleinere Firma;* '**Toch·ter·ge·mein·de** <f.; -, -n> *aus einer anderen Gemeinde hervorgegangene Gemeinde;* '**Toch·ter·ge·ne·ra·ti·on** <f.; -, -en>; '**Toch·ter·ge·schwulst** <f.; -, -e; Med.> = *Metastase;* '**Toch·ter·ge·sell·schaft** <f.; -, -en; Wirtsch.>; '**Töch·ter·lein** <n.; -s,

-; poet.; Verkleinerungsf. von> *Tochter;* **'töch·ter·lich** <Adj.>; **'Töch·ter·schu·le** <f.; -, -n; veralt.> *höhere ~*
to'ckie·ren <V. t.> = *tokkieren*
Tod <m.; -(e)s, -e; Pl. selten> **1** *das Sterben; einen sanften ~ sterben; jmdn. zum ~e verurteilen; der ~ auf den Scheiterhaufen; bis dass der ~ euch scheide* (Trauungsformel); *es geht um Leben und ~; jmdn. auf den ~ verwunden tödlich verletzen; eines natürlichen ~es sterben* **2** <fig.> *(personifizierter) Verursacher des Sterbens;* der ~ als Schnitter, Sensenmann; *auf den Straßen lauert der ~; der ~ hielt furchtbare Ernte ließ viele Menschen sterben; schwarzer ~ Pest* **3** <verstärkend> *zu ~e erschrecken; sie ist zu ~e betrübt; sich zu ~e schinden* <umg.> *bis zur Erschöpfung arbeiten; er kann sie auf den ~ nicht leiden er mag sie ganz und gar nicht;* **'tod'blass; 'tod'bleich** <Adj.; poet.>
'Tod·dy <m.; - od. -s, -s> *Palmwein* [hind.]
'tod'ernst <Adj.; verstärkend> *sehr ernst; ein ~es Gesicht machen;* **'To·des·angst** <f.; -, ⸚e>; **'To·des·an·zei·ge** <f.; -, -n>; **'To·des·art** <f.; -, -en>; **'To·des·fall** <m.; -(e)s, ⸚e> *einen ~ in der Familie haben;* **'To·des·fol·ge** <f.; -; unz.> *Unfall mit ~;* **'To·des·ge·fahr** <f.; -; unz.> *in ~ schweben;* **'To·des·jahr** <n.; -(e)s, -e> *Jahr, in dem jmd. gestorben ist;* **'To·des·kampf** <m.; -(e)s, ⸚e> *Ringen des Sterbenden mit dem Tod;* **'To·des·kan·di·dat** <m.; -en, -en> *jmd., der bald sterben wird;* **'to·des·mu·tig** <Adj.>; **'To·des·not** <f.; -; unz.>; **'To·des·op·fer** <n.; -s, -> *die Lawine forderte mehrere ~;* **'To·des·schuss** <m.; -es, ⸚e>; **'To·des·schüt·ze** <m.; -n, -n>; **'To·des·spi·ra·le** <f.; -, -n; Roll-, Eiskunstlauf> *eine Figur beim Paarlauf;* **'To·des·stoß** <m.; -es, ⸚e> *einem Tier den ~ geben; jmdm. den ~ geben* <a. fig.>; **'To·des·stra·fe** <f.; -, -n> *auf dieses Verbrechen steht die ~; die ~ abschaffen;* **'To·des·stun·de** <f.; -, -n> *in der ~;* **'To·des-**

tag <m.; -(e)s, -e>; **'To·des·ur·teil** <n.; -s, -e> *das ~ fällen;* **'To·des·ver·ach·tung** <f.; -; unz.> **1** *Furchtlosigkeit vor dem Tode* **2** <meist fig.; umg.> *enorme Überwindung; etwas mit ~ tun;* **'to·des·wür·dig** <Adj.> *ein ~es Verbrechen;* **'Tod·feind** <m.; -(e)s, -e>; **'tod·ge·weiht** <Adj.> *dem Tod nahe;* **'tod'krank** <Adj.> *sterbenskrank;* **'töd·lich** <Adj.> **1** *todbringend; eine ~e Krankheit; ~ verunglücken* **2** <verstärkend> *sehr stark; ~er Ernst; er hat sich ~ gelangweilt;* **'tod'mü·de** <Adj.; verstärkend>; **'tod'schick** <Adj.; umg.; verstärkend>; **'tod'si·cher** <Adj.; verstärkend> *ganz sicher;* **'Tod·sün·de** <f.; -, -n; Kath.> *Sünde, von der es keine Lossprechung gibt; die sieben ~n;* **'tod'trau·rig** <Adj.; verstärkend>; **'tod'un·glück·lich** <Adj.; verstärkend>; **'tod'wund** <Adj.> *tödlich verletzt*
Toe·loop <['toulu:p] od. ['tu:-]; m.; - od. -s, -s; Roll-, Eiskunstlauf> *ein Drehsprung beim Kürlauf* [engl.]
toff <Adj.; Jugendspr.> *hervorragend; der sieht ja ~ aus!* [hebr.]
Töff <n. od. m.; -s, -s; schweiz.; umg.> *Motorrad*
Tof·fee <['tɔfi]; n.; -s, -s> *ein Sahnebonbon* [engl.]
'Tof·fel, 'Töf·fel <m.; -s, -; umg.; abwertend> *dummer Mensch*
'Töff'töff <n.; -s, -s; umg.; scherzh.> *Auto*
'To·fu <m.; - od. -s; unz.> *Quark aus Sojabohnenmilch* [jap.]
'To·ga <f.; -, 'To·gen> *altröm. Obergewand* [lat.]
'Tog·ge <f.; -, -n> = *Docke*
'To·go *westafrikan. Staat;* Republik ~; **'To·go·er** <m.; -s, ->; **'To·go·e·rin** <f.; -, -n·nen>; **'to·go·isch** <Adj.>; **To·go'le·se** <m.; -n, -n> = *Togoer;* **To·go'le·sin** <f.; -, -n·nen> = *Togoerin;* **to·go'le·sisch** <Adj.> = *togoisch*
To·hu·wa'bo·hu <n.; - od. -s, -s> *Durcheinander* [hebr.]
To·i'let·te <[toa-]; f.; -, -n> **1** *WC, Abort; auf die ~ gehen* **2** <unz.> *Körperpflege, Ankleiden u. Frisieren; bei der ~ sein; ~ machen* **3** *feine Damenkleidung; die Damen erschienen in großer ~*

[frz.]; **To·i'let·ten·ar·ti·kel** <Pl.>; **To·i'let·ten·frau** <f.; -, -en>; **To·i'let·ten·pa·pier** <n.; -s; unz.> *Klosettpapier*
To'kai·er, To'ka·jer <m.; -s, -> *ungar. Süßwein* [nach dem ungar. Ort *Tokaj*]
'To·ka·mak <n.; -s, -s; Phys.> *Apparat für kontrollierte Kernschmelzung*
To·ken <['tо:kən]; n.; -s, -s; EDV> *Wort od. Zeichenfolge (häufig als Bitmuster codiert)* [engl.]
'To·kio = *Tokyo*
Tok'ka·ta <f.; -, -'ka·ten> = *Toccata*
tok'kie·ren <V. t.; selten> *skizzenhaft mit dem Pinsel malen;* oV *tockieren*
To·ko·lo'gie <f.; -, -n; Med.> *Geburtshilfe* [grch.]
'To·kyo *Hauptstadt von Japan;* oV *Tokio*
'Tö·le <f.; -, -n; norddt.; abwertend> *Hund*
to·le'ra·bel <Adj.> *erträglich; tolerable Differenz;* **to·le'rant** <Adj.> *duldsam, andere Ansichten zulassend; er ist ~ gegen Andersgläubige; Ggs intolerant;* **To·le'ranz** <f.; -; unz.> **1** *tolerantes Verhalten; weltanschauliche ~* **2** *zulässige Abweichung gegenüber Sollwerten* [lat.]; **To·le'ranz·be·reich** <m.; -(e)s, -e>; **to·le'rie·ren** <V. t.> *sie toleriert sein schlechtes Benehmen*
toll <Adj.> **1** *tollwütig* **2** *verrückt; bist du ~?; sich wie ~ gebärden* **3** *wild, verwegen; ein ~er Streich* **4** *schön, großartig; die Hose sieht einfach ~ aus;* **'toll·dreist** <Adj.> *verwegen, frech*
'Tol·le <f.; -, -n; umg.> *welliger Haarschopf*
'tol·len <V. i. (h. u. s.)> *wild u. fröhlich spielen, herumlaufen; die Kinder haben fröhlich getollt; sie sind durch das Haus getollt;* **'Toll·haus** <n.; -es, ⸚er> *hier geht es zu wie im ~;* **'Toll·heit** <f.; -, -en>; **Tol·li'tät** <f.; -, -en; Titel für> *Faschingsprinz u. -prinzessin;* **'Toll·kir·sche** <f.; -, -n; Bot.> *giftiges Nachtschattengewächs;* **'toll·kühn** <Adj.> *äußerst gewagt; ein ~es Unternehmen;* **'Toll·kühn·heit** <f.; -; unz.>
'Toll·patsch <m.; -(e)s, -e; umg.>

ungeschickter Mensch [ungar.];
'toll·pat·schig <Adj.; umg.>
'Toll·wut <f.; -; unz.; Med.; Vet.>
*durch Biss übertragene Virus-
krankheit warmblütiger Tiere;*
'toll·wü·tig <Adj.>
'Tol·patsch <m.; -(e)s, -e; künftig
nicht mehr zulässige Schreib-
weise für> *Tollpatsch*
'Töl·pel <m.; -s, -> 1 *einfältiger
Mensch* 2 <Zool.> *ein Ruderfü-
ßer;* **Töl·pe'lei** <f.; -, -en>; **'töl-
pel·haft** <Adj.> *es Benehmen*
'Tol·te·ke <m.; -n, -n> *Angehöri-
ger eines ausgestorbenen Kul-
turvolkes in Mexiko;* **tol'te-
kisch** <Adj.>
'To·lu·bal·sam <m.; -s; unz.> *ein
Pflanzenbalsam* [nach der
Stadt *Tolú* in Kolumbien]; **To-
lu·i'din** <n.; -s; unz.; Chem.>
aromat. Amin; **To·lu'ol** <n.; -s;
unz.; Chem.> *ein Lösungsmit-
tel, Methylbenzol*
Tom. <Abk. für> *Tomus*
To·ma·hawk <['tɔmahɔːk]; m.; -s,
-s> *Streitaxt der nordamerikan.
Indianer* [indian.; engl.]
To'ma·te <f.; -, -n; Bot.> 1 *ein
Nachtschattengewächs* 2 *Frucht
der Tomate(1);* treulose ~ <fig.;
umg.> *treuloser, unzuverlässi-
ger Mensch;* Sy *Paradeiser;* **To-
'ma·ten·ket·chup,** <auch> **To-
'ma·ten·ket·schup** <[-ketʃʌp]
od. [-ʃup] od. [-ʃəp]; m.; - od.
-s, -s; ⬈Z54>; **to'ma·ten·rot**
<Adj.>; **To'ma·ten·sa·lat** <m.;
-(e)s, -e>
'Tom·bo·la <f.; -, -s od. -bo·len>
Verlosung von Gegenständen
[ital.]
'Tom·my <m.; -s, -s; ⬈Z6.1; umg.;
scherzh.> *engl. Soldat*
To·mo·gra'fie, To·mo·gra'phie
<f.; -, -n; ⬈Z11.3; Med.> *Rönt-
genschichtverfahren* [grch.]
'To·mus <m.; -, -mi; veralt.; Abk.>
Tom.> *Teil eines Schriftwerkes*
[grch.]
Ton[1] <m.; -(e)s, -e> 1 <Geol.> *ein
Sedimentgestein* 2 *formbarer
Rohstoff aus Ton(1);* eine Figur
aus ~ kneten
Ton[2] <m.; -(e)s, ⸗e> 1 *hörbare
Schwingung der Luft;* ein schril-
ler ~; keinen ~ von sich geben;
ein falscher ~ <Mus.>; ein hal-
ber, ganzer ~ <Mus.> 2 <unz.>
Art des Sprechens, Umgangston;

etwas in vorwurfsvollem ~ sa-
gen; diesen ~ verbitte ich mir!;
hier herrscht ein herzlicher ~
eine herzliche Atmosphäre 3
<unz.> *Betonung;* der ~ liegt auf
der ersten Silbe 4 der ~ einer
Farbe *Farbnuance*
'Ton·ab·neh·mer <m.; -s, -> *Ge-
rät, das die Rillen von Schall-
platten abtastet;* **to'nal** <Adj.;
Mus.> ~e Musik; Ggs *atonal*
[frz.]; **To·na·li'tät** <f.; -; unz.;
Mus.> *Bezogenheit der Töne auf
die Tonika der Tonart, in der sie
stehen;* Ggs *Atonalität* [frz.];
'ton·an·ge·bend <Z> er will
immer ~ sein; **'Ton·arm** <m.; -s,
-e> *schwenkbarer Arm eines
Plattenspielers;* **'Ton·art** <f.; -,
-en> 1 <Mus.> *Tongeschlecht;*
Dur-~; Moll-~; in welcher ~
steht das Stück? 2 <fig.> eine
andere ~ anschlagen *energi-
scher werden;* **'Ton·auf·zeich-
nung** <f.; -, -en>; **'Ton·band**
<n.; -(e)s, ⸗er> *magnetisiertes
Kunststoffband zur Speicherung
von Schallwellen;* **'Ton·band-
auf·nah·me** <f.; -, -n>; **'Ton-
band·ge·rät** <n.; -(e)s, -e>;
'Ton·be·zeich·nung <f.; -, -en;
Mus.>; **'Ton·bild·schau** <f.; -,
-en> *Diaschau;* **'Ton·dich·ter**
<m.; -s, -> *Komponist;* **'Ton-
dich·tung** <f.; -, -en> *Komposi-
tion*
'Ton·do <n.; -s, -s od. -di; Mal.>
rundes Gemälde [ital.]
'Ton·druck <m.; -(e)s, -e>; **'Ton-
ei·sen·stein** <m.; -(e)s, -e;
⬈Z55>
'to·nen <V. t.> *die Farbe verstär-
ken* [engl.]
'tö·nen 1 <V. i.> *Klänge von sich
geben;* Musik tönte aus einem
Lautsprecher 2 <V. t.> *färben;*
sie hat sich das Haar rot getönt;
'To·ner <m.; -s, -> *farbabgeben-
der Bestandteil in elektrofoto-
graf. Entwicklern* [engl.]
'Ton·er·de <f.; -; unz.; Min.> *Alu-
miniumoxid;* **'tö·nern** <Adj.>
aus Ton; sein Vorhaben steht
auf ~en Füßen <fig.> *ist unsi-
cher*
'Ton·fall <m.; -(e)s; unz.> *Sprach-
melodie;* singender ~; **'Ton·film**
<m.; -s, -e> Ggs *Stummfilm;*
'Ton·fol·ge <f.; -, -n>; **'Ton·fre-**

quenz <f.; -, -en> *Frequenz von
wahrnehmbaren Schallwellen*
Ton·ga <['tɔŋ-]> *Inselstaat im Pa-
zifik;* Königreich ~; **'Ton·ga·er**
<m.; -s, ->; **'Ton·ga·e·rin** <f.; -,
-n·nen>; **'ton·ga·isch**
'Ton·ge·bung <f.; -, -en; Mus.;
Sprachw.> *Erzeugungsart eines
Tones;* **'Ton·ge·schlecht** <n.;
-(e)s, -er; Mus.> *jede der beiden
Gattungen der Tonarten (Dur
bzw. Moll);* **'Ton·hal·le** <f.; -, -n>
To·nic <['tɔnik]; n.; -s, -s>, **To-
nic·wa·ter** <[-wɔːtə(r)]; n.; -s, ->
*mit Kohlensäure u. Chinin ver-
setztes Wasser* [engl.]
'to·nig[1] <Adj.> *Ton[1] enthaltend*
'to·nig[2] <Adj.> *farbintensiv*
'To·ni·ka <f.; -, -ni·ken; Mus.>
Grundton einer Tonleiter [ital.];
To·ni·ka·'Do-Me·tho·de <f.; -;
unz.; ⬈Z33; Mus.>
'To·ni·kum <n.; -s, -ka; Med.>
stärkendes Mittel [grch.]
'Ton·in·ge·ni·eur <[-inʒən'jøːr];
m.; -s, -e; Rundf.; TV>
'to·nisch[1] <Adj.; Mus.> *auf der
Tonika aufgebaut*
'to·nisch[2] <Adj.; Med.> *kräfti-
gend;* **to·ni'sie·ren** <V. t.; Med.>
kräftigen
'Ton·ka·baum <m.; -(e)s, ⸗e;
Bot.> *südamerikan. Baum* [Tu-
pi]; **'Ton·ka·boh·ne** <f.; -, -n;
Bot.>
'Ton·ka·me·ra <f.; -, -s>; **'Ton-
kopf** <m.; -(e)s, ⸗e> *Vorrichtung
zum Magnetisieren bzw. Abtas-
ten von Magnetbändern;* **'Ton-
kunst** <f.; -; unz.; geh.> *Musik;*
'Ton·künst·ler <m.; -s, -; sel-
ten> *Komponist;* **'Ton·la·ge** <f.;
-, -n; Mus.> hohe, niedrige ~;
'Ton·lei·ter <f.; -, -n; Mus.> *vom
Grundton ausgehende, gesetz-
mäßige Stufenfolge von Tönen;*
C-Dur-~; h-Moll-~; **'ton·los**
<Adj.> *klanglos;* **Ton·ma·le'rei**
<f.; -, -en>; **'Ton·meis·ter** <m.;
-s, -; Film> *Techniker, der am
Mischpult arbeitet*
'Ton·mi·ne·ral <n.; -s, -e od.
-ra·li·en> *Hauptbestandteil des
Tones*
Ton'na·ge <[-ʒə]; f.; -; unz.>
Rauminhalt eines Schiffes [frz.]
'Tönn·chen <n.; -s, -; Verkleine-
rungsf. von> *Tonne;* **'Ton·ne** <f.;
-, -n> 1 *großes Fass* 2 <Abk.: t>
Maßeinheit für Gewicht, 1000

kg; 'Ton·nen·ge·wöl·be <n.; -s, -> *halbzylindr. Gewölbe;* 'Ton·nen·ki·lo·me·ter <m.; -s, -; Zeichen: tkm> *Maß für die Arbeitsleistung im Güterverkehr;* 'ton·nen·wei·se <Adv.> ...ton·ner <m.; -s, -; ⤴Z34; Kfz; in Zus.> *z. B. Viertonner* <in Ziffern> 4-Tonner

To·no'me·ter <n.; -s, -; Med.> *Gerät zur Messung des Augeninnendrucks* [grch.]

'Ton·qua·li·tät <f.; -; unz.>; 'Ton·satz <m.; -es, ⸚e; Mus.> *Komponieren nach vorgegebenen Regeln*

'Ton·schie·fer <m.; -s; unz.; Min.> *ein Gestein*

'Ton·set·zer <m.; -s, -; Mus.> = *Komponist*

ton·sil'lar <Adj.; Anat.>; 'Ton·sil·le <f.; -, -n; Anat.> = *Mandel* [lat.]; Ton·sill·ek·to'mie, <auch> Ton·sil·lek·to'mie <f.; -, -n; ⤴Z54; Med.> *operative Mandelentfernung;* Ton·sil'li·tis <f.; -, -'ti·den; Med.> *Mandelentzündung*

'Ton·spra·che <f.; -, -n> 1 *System von Tönen zur Kommunikation über große Entfernungen* 2 *Art u. Weise des Komponierens;* 'Ton·spur <f.; -, -en; Film> *optische Tonaufzeichnung auf einem Filmstreifen;* 'Ton·stö·rung <f.; -, -en>; 'Ton·stück <n.; -(e)s, -e> *Musikstück;* 'Ton·stu·dio <n.; -s, -s>

'Ton·sur <f.; -, -en> *kreisförmig rasierte Stelle auf dem Scheitel kath. Mönche* [lat.]; ton·su'rie·ren <V. t.>

'Ton·tau·be <f.; -, -n; Sp.> *Tonscheibe als Ziel beim Tontaubenschießen;* 'Ton·tau·ben·schie·ßen <n.; -s; unz.; Sp.>

'Ton·tech·ni·ker <m.; -s, ->; 'Ton·tech·ni·ke·rin <f.; -, -nnen>; 'Ton·trä·ger <m.; -s, -> *Datenträger mit akustischen Informationen*

'To·nung <f.; -, -en> *chem. Farbveränderung von Lichtbildern*

'Tö·nung <f.; -, -en> *Haar~*

'To·nus <m.; -, -; Med.> 1 *Grundspannung der Muskeln* 2 <Mus.> *Ganzton* [grch.]

Tool <[tu:l]; n.; -s, -s; EDV> *Hilfsprogramm* [engl.]; 'Tool·box <f.; -, -en> *Werkzeugkasten;*

'Tool·kit <m. od. n.; - od. -s, -s> *Werkzeug(ausrüstung)*

top <Adj.; undekl.; salopp> *sehr gut;* deine Idee ist ~ [engl.]

Top <n.; -s, -s> *ärmelloses Damenoberteil* [engl.]

TOP <n.; -s, -s; Kurzw. für> *Tagesordnungspunkt*

top..., Top... <in Zus.> *spitzen..., Spitzen...;* z. B. Topmanager

'Top·act <[-ækt]; m.; -s, -s> *Hauptnummer einer Veranstaltung;* als ~ traten die Rolling Stones auf [engl.]

To'pas <österr. ['--]; m.; -es, -e; Min.> *ein Schmuckstein* [grch.]; to'pa·sen <Adj.> *aus Topas bestehend, mit Topas(en) besetzt;* to'pas·far·ben, to'pas·far·big <Adj.>

'top·chic <[-'ʃik]; Adj> = *topschick*

'Top·class <[-kla:s]; f.; -; unz.> *Spitzenklasse* [engl.]

Topf <m.; -(e)s, ⸚e> *tiefes Gefäß;* Koch~, Blumen~; ein Kind auf den ~ setzen; alles in einen ~ werfen <fig.; umg.> *nicht differenzieren;* 'Topf·bal·len <m.; -s, -> *Wurzeln mit Erde bei Topfpflanzen;* 'Topf·blu·me <f.; -, -n> *Ggs Schnittblume;* 'Töpf·chen <n.; -s, -; Verkleinerungsf. von> *Topf;* 'top·fen <V. t.; umg.> *in einen Blumentopf einpflanzen*

'Top·fen <m.; -s; unz.; süddt.; österr.> *Quark*

'Töp·fer <m.; -s, -> *Handwerker, der Gegenstände aus Ton anfertigt;* Töp·fe'rei <f.; -, -en>; 'Töp·fe·rin <f.; -, -nnen>; 'töp·fern <V. i. u. V. t.; ich töpfere>; 'Töp·fer·schei·be <f.; -, -n>; 'Töp·fer·wa·ren <Pl.>; 'Töp·fer·wes·pe <f.; -, -n; Zool.> *eine Wespenart*

'Topf·gu·cker <m.; -s, -; a. fig.> *jmd., der sich um Angelegenheiten kümmert, die ihn nichts angehen*

'topf'fit <Adj.; umg.; verstärkend> er ist ~ [engl.]

'Topf·ku·chen <m.; -s, -> = *Napfkuchen;* 'Topf·lap·pen <m.; -s, ->; 'Topf·pflan·ze <f.; -, -n>; 'Topf·schla·gen <n.; -s; unz.> *ein Kinderspiel*

'To·pik <f.; -; unz.; antike Rhetorik> *Lehre von den Topoi;* → a.

Topos [grch.]; to·pi'kal <Adj.> *themenbezogen;* to·pi·ka·li·sie·ren <V. t.; Sprachw.> *einzelne Wörter durch bestimmte Stellung im Satz hervorheben;* To·pi·ka·li'sie·rung <f.; -, -en>

To·pi'nam·bur <m.; -s, -s od. -e od. f.; -, -en> *essbare Sonnenblumenknolle*

'to·pisch <Adj.; Med.> *örtlich, äußerlich* [grch.]

'Top·la·der <m.; -s, -> *Waschmaschine, die von oben mit Wäsche gefüllt wird*

'top·less <Adj.; undekl.> *mit nacktem Oberkörper* [engl.]

'Top·ma·nage·ment <[-mænidʒmənt]; n.; -s, -s> *oberste Firmenleitung* [engl.]; 'Top·ma·na·ger <[-mæni·dʒə(r)]; m.; -s, ->; 'Top·ma·na·ge·rin <f.; -, -nnen>

To·po'graf <m.; -en, -en; ⤴Z11.3; Geogr.> = *Topograph;* To·po·gra'fie <f.; -, -n> = *Topographie;* to·po·gra·fisch <Adj.> = *topographisch;* To·po'graph <m.; -en, -en> *Vermessungsingenieur* [grch.]; To·po·gra'phie <f.; -, -n> *Ortskunde, Landesaufnahme;* to·po'gra·phisch <Adj.>

To·po·lo'gie <f.; -; unz.; Math.> *Lehre von der Anordnung geometrischer Gebilde im Raum* [grch.]

Top·o·no'mas·tik, <auch> To·po·no'mas·tik <f.; -; unz.; ⤴Z54>, Top·o·ny'mie, <auch> To·po·ny'mie <f.; -; unz.>

Top·o'ny·mik, <auch> To·po'ny·mik <f.; -; unz.> *Ortsnamenkunde* [grch.]

'To·pos <m.; -, -poi> 1 <Antike> *allg. anerkannter Punkt* 2 <Lit.> *traditionelles Motiv* [grch.]

topp <Int.> ~, die Wette gilt!

Topp <m.; -s, -e(n) od. -s> 1 <Mar.> *oberes Mastende* 2 <umg.> *oberster Theaterrang* [ndrl.]; 'top·pen[1] <V. t.; Mar.> *die Rahen verstellen*

'top·pen[2] <V. t.> 1 <Chem.> *Benzin durch Destillation vom Rohöl trennen* 2 <du toppst ihn leicht; umg.> *übertreffen;* sein Rekord ist nicht zu ~ [engl.]

'Topp·flag·ge <f.; -, -n; Mar.>; 'Topp·se·gel <n.; -s, -; Mar.>; 'Topps·gast <m.; -(e)s, -en;

Mar.> *Matrose, der das Toppsegel bedient*

'top'schick <Adj. verstärkend> *sehr schick;* oV *topchic*

'top·se·cret, <auch> **'top·sec·ret** <[-'si:krɔt]; Adj.; undekl.; ↗Z53; umg.> *streng geheim;* die Sache ist ~ [engl.]

'Top·spin <m.; -s, -s; Tennis> *überschnittener Ball* [engl.]

'Top·star <m.; -s, -s; verstärkend> in dem Film spielen nur ~s mit

'Top·ten, <auch> **'Top Ten** <[-'tɛn]; Pl.; ↗Z30> *die ersten zehn Titel einer Erfolgsliste;* unter den – der Hitparade sein [engl.]

Toque <[tɔk]; f.; -, -s> *krempenloser Damenhut* [frz.]

Tor¹ <m.; -en, -en; geh.> *einfältiger Mensch, Narr*

Tor² <n.; -(e)s, -e> **1** *große Tür, Einfahrt;* Stadt~; das – öffnen; vor den ~en der Stadt <früher> **2** <Sp.> *Zielvorrichtung, in die der Ball gebracht werden muss;* ein ~ schießen

'Tord·alk <m.; -(e)s od. -en, -e od. -en> *ein arktischer Seevogel* [schwed.]

To·re·a·dor <m.; -s od. -en, -e od. -en> *Stierkämpfer zu Pferde* [span.]

'Tor·ein·fahrt <f.; -, -en>

To·re·ra <f.; -, -s> *Stierkämpferin* [span.]; **To·re·ro** <m.; -s, -s> *Stierkämpfer* [span.]

To'reut <m.; -en, -en; To'reu·tik** <f.; -; unz.> *Kunst der Metallbearbeitung* [grch.]

Torf <m.; -(e)s; unz.> *eine Bodenart;* ~ stechen; **'Torf·bal·len** <m.; -s, ->; **'Torf·er·de** <f.; -; unz.>; **'torf·ig** <Adj.>; **'Torf·moos** <n.; -es; unz.>; **'Torf·mull** <m.; -s; unz.> *getrockneter Torf*

'Tor·frau <f.; -, -en; Sp.>; **'tor·ge·fähr·lich** <Adj.; ↗Z29>

'törg·ge·len <V. i.; ich törgg(e)le; südtirol.> *neuen Wein trinken*

'Tor·heit <f.; -, -en> eine ~ begehen

'Tor·hü·ter <m.; -s, -> **1** *Wachhabender an einem Tor* **2** <Fußb., Hockey u. a.> = *Torwart*

'tö·richt <Adj.> *unvernünftig;* **'tö·rich·ter'wei·se** <Adv.>; **'Tö·rin** <f.; -, -n·nen> *weibl. Tor¹*

'Tor·kel <m.; -s, - od. f.; -, -n;**

↗Z53; süddt.> *Weinkelter;* **'tor·keln** <V. i.; ich tork(e)le> *taumeln*

Tor'kret, <auch> **Tork'ret** <m.; -s; unz.> *Spritzbeton* [lat.]

Törl <n.; -s, - od. n; österr.> *Felspass*

'Tor·lauf <m.; -(e)s, ⸚e> = *Slalom;* **'Tor·li·nie** <[-niə]; f.; -, -n; Fußb.>; **'Tor·mann** <m.; -(e)s, ⸚er; Fußb., Eishockey u. a.> = *Torwart*

Tor·men'till <n.; -s; unz.> *ein Gerbstoff* [lat.]

Törn <m.; -s, -s> *Fahrt mit dem Segelboot;* Segel– [engl.]

Tor'na·do <m.; -s, -s> **1** *nordamerikan. Wirbelsturm* **2** *ein Kampfflugzeug* [span.]

Tor'nis·ter <m.; -s, -> *Ranzen* [tschech.]

'To·ro <m.; -s, -s> *Stier* [span.]

tor·pe'die·ren <V. t.> **1** *mit einem Torpedo beschießen* **2** <fig.> *stören;* Pläne ~; **Tor'pe·do** <m.; -s, -s> *Geschoss unter Wasser* [lat.; span.]; **Tor'pe·do·boot** <n.; -(e)s, -e>; **Tor'pe·do·fisch** <m.; -(e)s, -e; Zool.> = *Zitterrochen*

'Tor·pfos·ten <m.; -s, ->

tor'pid <Adj.; Med.> *regungslos* [lat.]

tor'quie·ren <V. t.> **1** <veralt.> *quälen* **2** <Tech.> *drehen* [lat.]

Tor'ren·te <m.; -, -n; Geol.> *nur nach Niederschlägen Wasser führender Wasserlauf* [ital.]

'Tor·schluss <m.; -es; unz.> *kurz vor ~ kommen* <fig.> *gerade noch zur rechten Zeit;* **'Tor·schluss·pa·nik** <f.; -; unz.; fig.>; **'Tor·schüt·ze** <m.; -n, -n; Sp.>; **'Tor·schüt·zin** <f.; -, -n·nen; Sp.>

Tor·si'on <f.; -, -en; Phys.> *Drehung eines Stabes um die Längsachse;* **Tor·si'ons·mo·dul** <m.; -s, -n; Phys.> *Materialkonstante, die bei der Torsion auftritt;* **Tor·si'ons·waa·ge** <f.; -, -n; Phys.> *Drehungswaage*

'Tor·so <m.; -s, -s od. 'Tor·si> **1** *nicht vollendete od. nur teilweise erhaltene Statue* **2** <fig.> *unvollendetes Werk* [ital.]

Tort <m.; -(e)s; unz.; veralt.> *Kränkung;* das tut sie mir zum ~ um mich zu ärgern [frz.]

'Tört·chen <n.; -s, -; Verkleinerungsf. von> *Torte;* **'Tor·te** <f.; -,**

-n> *gefüllter od. mit Obst belegter Kuchen* [ital.]; **Tor·te'lett** <n.; -s, -s> *kleiner Tortenboden* [ital.], **Tor·te'let·te** <f.; -, -n>

Tor·tel'li·ni <Pl.> *gefüllte Nudelteigringe* [ital.]

'Tor·ten·bo·den <m.; -s, ⸚>; **'Tor·ten·form** <f.; -, -en>; **'Tor·ten·guss** <m.; -es, ⸚e>; **'Tor·ten·he·ber** <m.; -s, ->, **'Tor·ten·schau·fel** <f.; -, -n> *Utensil zum Austeilen der Tortenstücke*

Tor·til·la <[-'tilja]; f.; -, -s; in Spanien u. Lateinamerika> *flacher Kuchen aus Maismehl* [span.]

Tor'tur <f.; -, -en; früher> *Folter;* die Fahrt war eine ~ <fig.> [lat.]

'Tor·wa·che <f.; -, -n>; **'Tor·wäch·ter** <m.; -s, -> = *Torhüter(1);* **'Tor·wart** <m.; -(e)s, -e; Fußb., Hockey u. a.> *Torverteidiger;* Sy *Torhüter(2), Tormann;* **'Tor·weg** <m.; -(e)s, -e>

'To·ry <m.; -s, -s; ↗Z6.1; Pol.> *Mitglied der brit. Konservativen;* Ggs *Whig* [engl.]

'to·sen <V. i.> *laut brausen;* ein ~der Wildbach; ~der Beifall

tot <Adj.> **1** ↗Z24, 25> *gestorben, leblos;* ein ~ geborenes Kind; ~ umfallen, zusammenbrechen; sich ~ stellen; etwas aufs ~e Gleis schieben <fig.> *zurückstellen;* ~er Punkt <fig.> *P, an dem es nicht weiter geht;* ~e Farben *stumpfe F;* ~e Sprache *S., die nicht mehr gesprochen wird;* <aber> das Tote Meer; die Tote Hand *Stiftung o. Ä., deren Vermögen nicht veräußert werden darf;* → a. *totarbeiten, totärgern, totfahren, totkriegen, totlachen, totlaufen, totmachen, totsagen, totschießen, totschlagen, totschweigen, totstechen, tottrampeln, tottreten* **2** <fig.; umg.> *öde, unbelebt;* die Gegend, Stadt ist ~ **3** *nicht nutzbar;* ~e Leitung *elektrische L., die keinen Strom führt;* ~er Mann <Bgb.> *Grubenteil, in dem nichts mehr abgebaut wird;* ~es Kapital

to'tal 1 <Adj.> *ganz, völlig;* ~e Zerstörung **2** <Partikel> *äußerst, vollständig;* ich bin ~ erschöpft [frz.]; **To'tal** <n.; -s, -e; schweiz.> *Gesamtheit;* **To'tal·an·sicht** <f.; -, -en>; **To'tal·aus·ver·kauf** <m.; -(e)s, ⸚e>; **To'ta·le**

<f. 2; Film; TV> *Aufnahme des ganzen Szenenbildes;* **To·ta·li·'sa·tor** <m.; -s, -'to·ren> 1 <Kurzw.: Toto> *Wetteinrichtung bei Rennen u. Turnieren* 2 <Meteor.> *ein Niederschlagsmesser;* **to·ta·li·'tär** <Adj.> 1 *alles umfassend* 2 *sich alles unterwerfend;* ~es Regime; ~ regieren; **To·ta·li·ta·'ris·mus** <m.; -; unz.>; **to·ta·li·ta·'ris·tisch** <Adj.>; **To·ta·li·'tät** <f.; -; unz.> *Gesamtheit, Vollständigkeit;* **to·ta·li·ter** <Adv.; geh.> *insgesamt* [lat.]; **To'tal·re·fle·xi·on**, <auch> **To'tal·ref·le·xi·on** <f.; -, -en; Phys.>; **To'tal·scha·den** <m.; -s, ⸚; Kfz>

'tot·lar·bei·ten <V. refl.; ich arbeite mich tot; ich habe sich totgearbeitet; sich totzuarbeiten; ⬀Z25; umg.; verstärkend> *sehr schwer arbeiten;* **'totlär·gern** <V. refl.; ich ärgere mich tot; fig.; umg.; verstärkend>; **To·te(r)** <f. 2 (m. 1)> *toter Mensch;* der ~n gedenken; das Reich der ~n <Myth.; Rel.> *Unterwelt*

To·tem <n.; -s, -s> bes. bei Naturvölkern> *Lebewesen od. Ding, das als Ahne verehrt wird* [Algonkin]; **To·te'mis·mus** <m.; -; unz.>; **to·te'mis·tisch** <Adj.>; **To·tem·pfahl** <m.; -(e)s, ⸚e> *Holzpfosten mit geschnitztem Abbild eines Totems*

tö·ten <V. i. u. V. t.> *jmdn. ~;* du sollst nicht ~ *(eines der 10 Gebote);* einen Nerv ~ <fig.> *abtöten;* <aber> nervtötendes Geschrei; **'To·ten·a·cker** <m.; -s, ⸚; ⬀Z55; poet.> *Friedhof;* **'to·ten·ähn·lich** <Adj.> ~er Schlaf; **'To·ten·amt** <n.; -(e)s, ⸚er; Kath.> = *Totenmesse;* **'To·ten·bett** <n.; -(e)s, -en> auf dem ~ liegen; **'to·ten·blass** <Adj.; verstärkend> *sehr blass;* **'To·ten·bläs·se** <f.; -; unz.>; **'to·ten·bleich** <Adj.; verstärkend>; **'To·ten·fei·er** <f.; -, -n>; **'To·ten·fle·cke** <Pl.> *kurz nach dem Tod auftretende Flecken;* **'To·ten·grä·ber** <m.; -s, -> 1 *Friedhofsangestellter, der Gräber gräbt* 2 <Zool.> *ein Aaskäfer;* **'To·ten·hemd** <n.; -(e)s, -en>; **'To·ten·kä·fer** <m.; -s, -; Zool.> *ein Schwarzkäfer;* **'To·ten·kla·ge** <f.; -, -n>; **'To·ten·kopf** <m.; -(e)s, ⸚e> 1 = *Totenschädel* 2 <Zool.> *ein Schmet-*

terling; **'To·ten·kult** <m.; -(e)s, -e>; **'To·ten·mas·ke** <f.; -, -n> *Gips- od. Wachsabguss vom Gesicht eines Toten;* **'To·ten·mes·se** <f.; -, -n; Kath.> *eine ~ lesen (lassen);* **'To·ten·reich** <n.; -(e)s; unz.; Myth.>; **'To·ten·schä·del** <m.; -s, ->; **'To·ten·schein** <m.; -(e)s, -e> den ~ ausstellen; **'To·ten·sonn·tag** <m.; -s, -e; Rel.> *dem Andenken an die Toten gewidmeter Sonntag;* **'To·ten·stadt** <f.; -, ⸚e; im Altertum> *Friedhof außerhalb der Stadt;* **'To·ten·star·re** <f.; -; unz.> *Muskelstarre, die einige Stunden nach dem Tod auftritt;* **'to·ten·still** <Adj.; verstärkend> *völlig still;* im Haus war es ~; **'To·ten·stil·le** <f.; -; unz.>; **'To·ten·tanz** <m.; -es, ⸚e>; **'To·ten·uhr** <f.; -, -en; Zool.> *ein Klopfkäfer;* **'To·ten·vo·gel** <m.; -s, ⸚; Zool.> = *Steinkauz;* **'To·ten·wa·che** <f.; -, -n> die ~ halten; **'tot·fah·ren** <V. t.; ich fahre tot; sie hat totgefahren; totzufahren>; **'Tot·ge·burt** <f.; -, -en> Ggs *Lebendgeburt*

to·ti·po'tent <Adj.; Biol.> ~e Zellen *noch nicht differenzierte Z.* [lat.]

'totlkrie·gen <V. t.; ⬀Z25; umg.> *zerstören, völlig abnutzen;* das Vorurteil ist nicht totzukriegen; **'totlla·chen** <V. refl.> sich ~ *lange u. heftig lachen;* der Film ist zum Totlachen; ich habe mich halb totgelacht; **'totllau·fen** <V. refl. 175; nur fig.> *von selbst zu Ende gehen;* die Angelegenheit hat sich totgelaufen; **'totlma·chen** <V. t.>

'To·to <m. od. n.; -s, -s; Kurzw. für> *Totalisator(1)* **'Tot·punkt** <m.; -(e)s, -e; Tech.> *Umkehrpunkt eines Motorkolbens;* **'totlsa·gen** <V. t.; ich sage tot; sie hat totgesagt; totzusagen> *behaupten, dass jmd. gestorben sei;* **'totlschie·ßen** <V. t. 213; ⬀Z25; umg.> er schoss den Angreifer tot; **'Tot·schlag** <m.; -(e)s; unz.> *vorsätzl. Tötung;* **'totlschla·gen** <V. t. 218> 1 *erschlagen* 2 <fig.> *die Zeit ~ sich aus Langeweile mit Belanglosem beschäftigen;* **'Tot·schlä·ger** <m.; -s, -> *Stock mit Bleiknopf als Waffe;* **'totlschwei-**

gen <V. t. 229; fig.> *die Angelegenheit wurde totgeschwiegen;* **'totlste·chen** <V. t. 249>; **'tot·tram·peln** <V. t.; ich tramp(e)le tot>; **'totltre·ten** <V. t.>; **'Tö·tung** <f.; -, -en> fahrlässige ~; **'Tö·tungs·de·likt** <m.; -(e)s, -e; Rechtsw.>; **'Tot·zeit** <f.; -, -en; Phys.> *Zeit zw. dem Auftreten eines Ereignisses u. seiner Wirkung*

Touch <[tʌtʃ]; m.; -s, -s> *Hauch, Anflug* [engl.]

tou·chie·ren <[tu'ʃiː-]; V. t.; Sp.> *leicht berühren;* ein Hindernis beim Springen ~; <aber> → *tuschieren* [frz.]

Touch·screen <[ˈtʌtʃskriːn]; m.; -s, -s; EDV> *Bildschirm, an dem die Eingabe durch Berührung erfolgt* [engl.]

tough <[tʌf]; Adj.; umg.> *hart, zäh, bestimmt;* ihr Auftreten ist ~; ein ~es Programm [engl.]

Tou·pet <[tu'peː]; n.; -s, -s> *Haarersatz;* er trägt ein ~ [frz.]; **tou·'pie·ren** <V. t.> Haar ~ *aufbauschen*

Tour <[tuːr]; f.; -, -en> 1 *Ausflug, Rundfahrt;* Auto~; Berg~; eine ~ machen 2 <fig.; umg.> *Art u. Weise;* er versucht es auf die krumme ~; in einer ~ *immer wieder* 3 <meist Pl.; Tech.> *Umdrehung einer Welle;* die Maschine macht 4500 ~en in der Minute; auf vollen ~en [frz.]; **Tour de Force** <[-də ˈfɔrs]; f.; ---, -s [tuːr] --> *mit enormer Anstrengung verbundenes Handeln;* **Tour de France** <[-də ˈfrãːs]; f.; ---, -s [tuːr] --; Sp.> *jährl. stattfindendes Profiradrennen in Frankreich;* **'tou·ren** <V. i.; umg.> *auf Tournee sein;* er tourt zur Zeit durch ganz Deutschland; **'Tou·ren·schi·er, Tou·ren·ski·er** <Pl.>; **'Tou·ren·zahl** <f.; -, -en; Tech.>; **'Tou·ren·zäh·ler** <m.; -s, -> = *Drehzahlmesser*

Tou·'ris·mus <[tu-]; m.; -; unz.> *Fremdenverkehr;* **Tou'rist** <m.; -en, -en> *Vergnügungsreisender;* **Tou'ris·ten·klas·se** <f.; -; unz.; auf Dampfern, in Flugzeugen u. Schlafwagen> *billige Reiseklasse;* **Tou'ris·tik** <f.; -; unz.>; **Tou'ris·tin** <f.; -, -·n·nen>; ⬀Z38>; **tou'ris·tisch** <Adj.>

Tour·nai <[tur'nɛ]; m.; -s, -s> *ein Teppich* [nach der belg. Stadt *Tournai*]

Tour·né <[tur'ne:]; n.; -s, -s> *als Trumpf aufgedecktes Kartenblatt* [frz.]

Tour·ne·dos <[turn(ə)'do:]; n.; - [-'do:s], - [-'do:s]> *runde Rinderfilet- od. -lendenschnitte* [frz.]

Tour'nee <[tur-]; f.; -, -s od. -n> *Rundreise von Künstlern;* auf (eine) ~ *gehen* [frz.]; **Tour'nee·lei·ter** <m.; -s, ->; **Tour'nee·lei·te·rin** <f.; -, -n·nen>; **tour'nie·ren** 1 <V. i.> *die Spielkarte(n) aufdecken* 2 <V. t.> *Gemüse ~ in Formen ausstechen*

To'wa·rischtsch <m.; -, - od. -i; russ. Bez. für> *Genosse*

Tow·er, <auch> **To·wer** <['tauər]; m.; -s, -; ⬀Z52; Flugw.> = *Kontrollturm* [engl.]

Town·ship <['taunʃip]; n.; -s, -s; in Südafrika> *Stadtteil, in dem Schwarze wohnen* [engl.]

tox..., **Tox...,** **to·xi...,** **To·xi...** <in Zus.> *gift..., Gift...* [grch.]; **To·xi·ko'lo·ge** <m.; -n, -n>; **To·xi·ko·lo'gie** <f.; -; unz.; Med.> *Lehre von den Giften*; **To·xi·ko'lo·gin** <f.; -, -n·nen; Med.>; **to·xi·ko·'lo·gisch** <Adj.; Med.>; **To·xi·'ko·se** <f.; -, -n; Med.> *Vergiftung*; **'To·xi·kum** <n.; -s, -ka; Med.> *Gift*; **To·xi'me·ter** <n.; -s, -; Tech.> *Gerät zur Messung der gasförmigen Luftverschmutzung*; **To'xin** <n.; -s, -e; Med.> *ein organ. Giftstoff*; **'to·xisch** <Adj.; Med.> *giftig*; **To·xi·zi'tät** <f.; -; unz.; Med.> *Giftigkeit*; **To·xo·plas'mo·se** <f.; -, -n; Med.> *auf den Menschen übertragbare Tierseuche*

Toy <[tɔi]; n.; -s, -s> 1 *Spielzeug* 2 *Gegenstand zur sexuellen Stimulierung* [engl.]

tr <Mus.; Abk. für> *Triller*

Trab <m.; -(e)s; unz.> 1 *schnellere Gangart der Vierfüßer; das Pferd läuft ~; sich in ~ setzen* <umg.> 2 <fig.> *jmdm. auf ~ bringen* <umg.>

Tra'bant <m.; -en, -en> 1 <früher> *Leibwächter* 2 <heute> *abhängiger Begleiter* 3 <Astr.> = *Satellit*; **tra·ban·ten·stadt** <f.; -, ⸗e> *Wohnsiedlung bei einer Großstadt*

'tra·ben <V. i.>; **'Tra·ber** <m.; -s, -> *für Trabrennen ausgebildetes Pferd [Sulky]*; **'Trab·er·wa·gen** <m.; -s, -> *Sulky*; **'Trab·renn·bahn** <f.; -, -en>; **'Trab·ren·nen** <n.; -s, ->

Tra·cer <['treisər]; m.; -s, -> *radioaktive Verbindungen als Markierungsstoffe für chem. od. biolog. Prozesse* [engl.]

Tra·chea <[-'xe:a]; f.; -, -che·en [-'xe:ən]; Anat.> = *Luftröhre* [grch.]; **tra·che'al** <Adj.>; **Tra·chee** <[-'xe:ə]; f.; -, -n> 1 *Atemröhre von Insekten* 2 *Zelle im Leitgewebe von Pflanzen*; **Tra·che'i·tis** <f.; -, -'ti·den; Med.> *Luftröhrenentzündung*

Tracht <f.; -, -en> 1 *bestimmte Kleidung (nach Regionen, Berufsgruppen usw.); Volks~; Haar~; Bart~* 2 <umg.> *Portion; jmdm. eine ~ Prügel verabreichen*

'trach·ten <V. i.> *erstreben; sie trachtete, ihm zu schaden; jmdm. nach dem Leben ~ jmdn. töten wollen*

'Trach·ten·an·zug <m.; -(e)s, ⸗e>; **'Trach·ten·fest** <n.; -(e)s, -e>; **'Trach·ten·ja·cke** <f.; -, -n>; **'Trach·ten·kos·tüm** <n.; -s, -e>; **'Trach·ten·pup·pe** <f.; -, -n>

'träch·tig <Adj.> *schwanger (bei Tieren)*; **'Träch·tig·keit** <f.; -; unz.>

Tra·chyt <m.; -s, -e> *ein Ergussgestein* [grch.]

Track <[træk]; m.; -s, -s> *Spur* [engl.]; **'Track·ball** <[-bɔːl]; m.; -s, -s; EDV> *ein der Maus ähnliches Bedienungsgerät*

Tra·des'kan·tie <[-tsjə]; f.; -, -n; Bot.> *ein Scheibenblumengewächs* [nach dem engl. Gärtner J. Tradescant]

Trade·u·ni·on, <auch> **Trade-U·ni·on** <['treid'ju:njən]; f.; -, -s; ⬀Z32> *engl. Gewerkschaft* [engl.]

tra·die·ren <V. t.> *überliefern* [lat.]; **Tra·di·ti'on** <f.; -, -en> *Überlieferung, Gewohnheit, Brauch;* (zur) ~ *werden*; **Tra·di·ti·o·na'lis·mus** <m.; -; unz.> *Festhalten an Traditionen*; **Tra·di·ti·o·na'list** <m.; -en, -en>; **Tra·di·ti·o·na'lis·tin** <f.; -, -n·nen>; **tra·di·ti·o·na'lis·tisch** <Adj.>; **Tra·di·tio·nal·jazz,** <auch> **Tra·di·tio·nal Jazz**

<[trə'diʃənəldʒæz]; m.; (-)-; unz.; ⬀Z30; Mus.; Sammelbez. für> *Jazzstile bis etwa 1930* [engl.]; **tra·di·ti·o'nell** <Adj.> *~er Tanz*; **tra·di·ti'ons·be·wusst** <Adj.>; **Tra·di·ti'ons·be·wusst·sein** <n.; -s; unz.>; **tra·di·ti'ons·reich** <Adj.>

Tra'fik <f.; -, -en; österr.> *Tabakladen* [ital.]

'Tra·fo <m.; -s, -s; Kurzw. für> *Transformator*

träg <Adj.> = *träge*

Tra'gant <m.; -(e)s, -e; Bot.> *ein Schmetterlingsblütler* [grch.]

'trag·bar <Adj.> *ein ~es Fernsehgerät; die Situation ist nicht mehr ~* <fig.> *unerträglich*

'trä·ge <Adj.; 'trä·ger; am 'trägs·ten> 1 *schwer zu bewegen; ~r Körper* 2 *schwerfällig, schwunglos; sich ~ erheben; alt und ~ werden; geistig ~*

'Tra·ge <f.; -, -n> 1 *Bahre* 2 *Tragkorb*

Trag·e'laph, <auch> **Tra·ge'laph** <m.; -en, -en; ⬀Z54> *altgrch. Fabeltier* [grch.]

'tra·gen <V. 265> 1 <V. t.> *halten u. sich dabei fortbewegen; ein Kind auf dem Arm ~; einen Koffer ~; jmdn. zu Grabe ~ beerdigen* 2 <V. i.> *auf dem Körper haben; das Haar lang, kurz ~; er trägt eine Brille, Kontaktlinsen; Trauer ~* 3 <V. t.> *haben; einen Namen ~; die Verantwortung ~; sich mit einem Gedanken ~* 4 <V. t.; fig.> *aushalten, auf sich nehmen; ein Unglück tapfer ~; die Kosten ~ bezahlen* 5 <V. i.; ⬀Z29> *das Eis trägt; Frucht ~ F hervorbringen; ein Tier trägt ist trächtig* 6 <V. refl.> *Ertrag abwerfen; die Firma trägt sich* 7 *~d grundlegend; der ~de Gedanke*; **'Trä·ger** <m.; -s, -> 1 *jmd., der etwas trägt; Brief~* 2 *tragendes Teil; Hosen~*; **'Trä·ger·flug·zeug** <n.; -(e)s, -e> *Flugzeug, das auf Flugzeugträgern eingesetzt wird*; **'Trä·ge·rin** <f.; -, -n·nen>; **'Trä·ger·kleid** <n.; -(e)s, -er>; **'Trä·ger·ra·ke·te** <f.; -, -n>; **'Trä·ger·rock** <m.; -(e)s, ⸗e>; **'Trä·ger·satz** <m.; -es, ⸗e; Gramm.> → a. *Kasten Matrixsatz*; **'Trä·ger·wel·le** <f.; -, -n> *hochfrequente elektr. Welle*; **'Tra·ge·zeit** <f.; -, -en; bei

Tieren> *Zeit der Trächtigkeit;* oV *Tragzeit;* '**trag·fä·hig** <Adj.> ~e *Mehrheit;* '**Trag·fä·hig·keit** <f.; -; unz.>; '**Trag·flä·che** <f.; -, -n>; '**Trag·flä·chen·boot** <n.; -(e)s, -e *schnelles Wasserfahrzeug;* '**Trag·flü·gel** <m.; -s, ->

'**Träg·heit** <f.; -; unz.> 1 *träge Art, Faulheit* 2 <Phys.> *Beharrungsvermögen;* die ~ *der Masse;* '**Träg·heits·ge·setz** <n.; -es, -e; Phys.>; '**Träg·heits·kraft** <f.; -; unz.; Phys.>; '**Träg·heits·mo·ment** <n.; -(e)s; unz.; Phys.>

Tra·gik <f.; -; unz.> 1 *erschütterndes Leid* 2 *Leid bringendes Geschehen* [grch.]; '**Tra·gi·ker** <m.; -s, -> *Tragödiendichter;* **Tra·gi'ko·mik** <a. ['----]; f.; -; unz.>; **tra·gi'ko·misch** <Adj.>; **Tra·gi·ko·mö'die** <[-diə]; a. ['-----]; f.; -, -n> *Schauspiel, das Tragisches mit Komischem verbindet;* '**tra·gisch** <Adj.> 1 *in der Art einer Tragödie;* eine ~e *Rolle* 2 *erschütternd;* ein ~er *Unfall*

'**Trag·korb** <m.; -(e)s, ⁓e>; '**Trag·kraft** <f.; -; unz.> *die Brücke hat eine ~ von 30t;* '**trag·kräf·tig** <Adj.>; '**Trag·last** <f.; -, -en>; '**Trag·luft·hal·le** <f.; -, -n>

Tra'gö·de <m.; -n, -n>; **Tra'gö·die** <[-diə]; f.; -, -n> 1 *tragisches Schauspiel;* Sy *Trauerspiel* 2 *schreckliches Unglück* [grch.]; **Tra'gö·din** <f.; -, -nnen>

'**Trag·rie·men** <m.; -s, ->; '**Trag·schrau·ber** <m.; -s, ->; '**Trag·seil** <n.; -(e)s, -e>; '**Trag·ses·sel** <m.; -s, ->; '**Trag·tier** <n.; -(e)s, -e> = *Lasttier;* '**Trag·wei·te** <f.; -; unz.> *ein Geschehen von großer* ~ <fig.>; '**Trag·werk** <n.; -s, -e; Flugw.; Bauw.>; '**Trag·zeit** <f.; -, -en> = *Tragezeit*

Trai·ler <['tre:-]; m.; -s, -> 1 *angehängtes Fahrzeug* 2 <Film; TV> *werbende Vorschau für einen Film od. eine Sendung* [engl.]

Trai·nee <[tre:'ni:]; m.; -s, -s; Wirtsch.> *jmd., der in einem Unternehmen für bestimmte Aufgaben ausgebildet wird* [engl.]; '**Trai·ner** <m.; -s, -> *jmd., der den Sportler auf einen Wettkampf vorbereitet;* '**Trai·ne·rin** <f.; -, -nnen>; **trai'nie·ren** <V. i. u. V. t.> *üben;* er trainiert (das Team) jeden Tag; '**Trai-**

ning <n.; -s, -s>; '**Trai·ning on the Job** <[-ɔn ðə dʒɔb]; n.; -s ---, -s ---; Wirtsch.> *gezielt praktische Aus- od. Weiterbildung am Arbeitsplatz;* '**Trai·nings·an·zug** <m.; -(e)s, ⁓e>; '**Trai·nings·ho·se;** '**Trai·nings·ja·cke** <f.; -, -n>; '**Trai·nings·la·ger** <n.; -s, ->

Tra'jekt <m. od. n.; -(e)s, -e> *Fährschiff (für Fahrzeuge)* [lat.]; **Tra·jek'to·rie** <[-riə]; f.; -, -n; Math.> *Kurve, die alle Kurven einer Kurvenschar unter gleichem Winkel schneidet*

Tra'keh·ner <m.; -s, -> *eine Pferderasse*

Trakt <m.; -(e)s, -e> *größerer Gebäudeteil;* Seiten~ [lat.]

Trak'tat <n.; -(e)s, -e> 1 *Abhandlung* 2 *(religiöse) Flugschrift* [lat.]; '**Trak'tät·chen** <n.; -s, -; abwertend>; **trak'tie·ren** <V. t.> *schlecht behandeln, quälen;* jmdn. mit Vorhaltungen ~ [lat.]

Trak·ti'on <f.; -, -en; Med.> *Ziehen, Zug* [lat.]; '**Trak·tor** <m.; -s, -'to·ren> *Schleppfahrzeug;* Sy *Trecker;* '**Trak·tor·fah·rer** <m.; -s, ->, **Trak·to'rist** <m.; -en, -en; DDR>; '**Trak·trix,** <auch> '**Trak·t·rix** <[-...; -.tri·zes/-t·ri·zes; ⁓Z53]; Math.> *Kurve, bei der die Länge des Tangentenabschnitts vom Berührungspunkt bis zu einer gegebenen Kurve konstant ist;* **Trak'tur** <f.; -, -en> *an der Orgel> Vorrichtung, die den Tastendruck weiterleitet;* '**Trak·tus** <m.; -, -; Mus.> *im Solo gesungener Teil der Messe*

'**Tral·je** <f.; -, -n; schweiz. n.; -s, -s; kurz für> *Trambahn*

'**träl·lern** <V. i.; ich trällere> *ohne Worte heiter singen;* ein Lied ~

Tram¹ <f.; -, -s; schweiz. n.; -s, -s; kurz für> *Trambahn*

Tram² <m.; -s, -e od. ⁓e; nddt.> *Balken, Sprosse*

'**Tram·bahn** <f.; -, -en; Kurzw.: Tram> *Straßenbahn* [engl.]

'**Tra·men** <m.; -s, -> = *Tram²*

Tra'mi·ner <m.; -s, -> 1 *eine Rebsorte* 2 *Südtiroler Rotwein* [nach dem Ort *Tramin*]

Tra·mon'ta·na <f.; -, -nen> *aus den Alpen wehender Nordwind in Oberitalien* [ital.]

Tramp <a. ['træmp]; m.; -s, -s> *Landstreicher* [engl.]

'**Tram·pel** <n. od. m.; -s, -; umg.>

plumpe Person; '**tram·peln** <V. i. u. V. t.; ich tramp(e)le> *derb auftreten, zertreten;* das Gras platt ~; '**Tram·pel·pfad** <m.; -(e)s, -e>; '**Tram·pel·tier** <n.; -(e)s, -e> 1 *zweihöckriges Kamel* 2 <umg.> *Trampel*

tram·pen <['træm-]; V. i.> *per Anhalter reisen* [engl.]; '**Tram·per** <m.; -s, ->, *der trampt;* '**Tram·pe·rin** <f.; -, -n·nen; ⁓Z38>

'**Tram·po·lin** <a. [--'-]; n.; -s, -e; Sp.> *elastisches Sprunggerät* [ital.]

'**Tramp·schiff·fahrt** <f.; -; unz.> *Schifffahrt ohne feste Routen;* Ggs *Linienschifffahrt*

'**Tram·way** <[-vai], engl. ['træmweɪ]; f.; -, -s; österr.; veralt.> *Straßenbahn* [engl.]

Tran <m.; -(e)s, -e; Pl. selten> *aus dem Fettgewebe von Meerestieren gewonnenes Öl*

Tran·ce <[trãs(ə)]; f.; -, -n> *schlafähnlicher od. ekstatischer Entrückungszustand* [frz.]

Tran·che <[trãʃ(ə)]; f.; -, -n> = *Transche*

'**Trän·chen** <n.; -s, -> *Verkleinerungsf. von Träne*

Tran·cheur <[trã'ʃøːr]; m.; -s, -e> *jmd., der Fleisch tranchiert;* **Tran·chier·be·steck** <[trã'ʃiːr-]; n.; -(e)s, -s od. -e>; **tran'chie·ren** <V. t.> = *transchieren* [frz.]

'**Trä·ne** <f.; -, -n> 1 <meist Pl.> *von den Tränendrüsen im Auge produzierte Flüssigkeit;* Freuden~; jmdm. treten die ~n in die Augen; zu ~n gerührt sein; ihr Blick war von ~n verschleiert 2 <fig.> *das Weinen;* er ist keine ~ wert; in ~n ausbrechen; ~n vergießen; in ~n aufgelöst; jmdm. keine ~ nachweinen; '**trä·nen** <V. i.> ~den Auges; '**Trä·nen·bein** <n.; -(e)s, -e; Anat.> *ein Schädelknochen;* '**Trä·nen·drü·se** <f.; -, -n> *auf die ~ drücken* <fig.> *rührselig sein;* '**trä·nen·er·stickt** <Adj.; geh.> *mit ~er Stimme;* '**Trä·nen·gas** <n.; -es; unz.> *ein Augenreizstoff;* '**trä·nen·na·se·nang** <m.; -(e)s, ⁓e; Anat.>; '**trä·nen·reich** <Adj.> *ein ~er Abschied;* '**Trä·nen·sack** <m.; -(e)s, ⁓e; Anat.>; '**trä·nen·ü·ber·strömt** <Adj.; ⁓Z55>

'Tran·fun·zel ‹f.; -, -n› 1 *Lampe mit Tran als Brennmaterial* 2 ‹fig.; umg.› *schwerfälliger Mensch;* **'tra·nig** ‹Adj.›

Trank ‹m.; -(e)s, ⸚e; geh.; poet.› *Getränk; Liebes~; Speis und ~;* **'Tränk·chen** ‹n.; -s, -; poet.; Verkleinerungsf. von› *Trank;* **'Trän·ke** ‹f.; -, -n› *Stelle zum Tränken von Tieren;* **'trän·ken** ‹V. t.› *Tiere ~ T. trinken lassen; Stoff mit etwas ~*

'Trän·lein ‹n.; -s, -; poet.; Verkleinerungsf. von› *Träne*

Tran·qui·li·zer ‹[ˈtrænkwiˌlaizə(r)]; m.; -s, -› *Beruhigungsmittel* [engl.]

tran'quil·lo ‹Mus.› *ruhig* [ital.]

trans..., Trans... ‹in Zus.› *(hin)über..., (Hin)über..., jenseits von ...* [lat.]

Trans·ac·ti·no'i·de ‹Pl.; Chem.› *Gruppe chem. Elemente*

Trans·ak·ti'on ‹f.; -, -en› *großes Geldgeschäft*

trans·al'pin, trans·al'pi·nisch ‹Adj.› *(von Rom aus) jenseits der Alpen; Ggs zisalpin(isch)*

'Tran·sche ‹f.; -, -n› *Fleisch- od. Fischscheibe;* oV *Tranche;* **Tran·'schier·be·steck** ‹n.; -(e)s, -s od. -e› *zum* **tran·'schie·ren** ‹V. t.› *zerlegen(2); Geflügel ~;* oV *tranchieren*

Trans·duk·ti'on ‹f.; -, -en; Biol.› *Erbgutveränderung bei Bakterien* [lat.]

Tran'sept ‹m. od. n.; -(e)s, -e; Arch.› *Kirchenquerschiff* [lat.]

Trans'fer ‹m.; -s, -s› 1 *Übertragung, Übermittlung; Informations~; Geld~* 2 ‹Sp.› *Vereinswechsel eines Berufsspielers* [lat.]; **trans·fe'ra·bel** ‹Adj.› *eine transferable Summe;* **Trans·fe'renz** ‹f.; -, -en; Sprachw.› *Entlehnung;* **trans·fe'rie·ren** ‹V. t.›; **Trans'fer·stra·ße** ‹f.; -, -n› *industrielle Fertigungsstraße*

Trans·fi·gu·ra·ti'on ‹f.; -, -en; im NT› *Verklärung Christi* [lat.]

trans·fi'nit ‹Adj.; Math.; Philos.› *unendlich* [lat.]

Trans·for·ma·ti'on ‹f.; -, -en› *Umformung, Umwandlung* [lat.]; **Trans·for·ma·ti'ons·gram·ma·tik** ‹f.; -, -en; Sprachw.› *Grammatik, die Transformationen anwendet;* →

transitiv: Als t. (früher auch „zielend") bezeichnet man **Verben**, die mit einem passivfähigen ↗**Akkusativobjekt** stehen (z. B. *Er säubert den Boden. Der Boden wird (von ihm) gesäubert.*). Die t. Verben der Deutschen bilden das Perfekt mit „haben" (z. B. *Er hat den Takt geschlagen.*). Vgl. ↗intransitiv, ↗reflexiv, ↗Verb

transformieren(3); **Trans·for·'ma·tor** ‹m.; -s, -'to·ren; Kurzw.: Trafo› *Apparat zur Umwandlung der Stromspannung;* **trans·for'mie·ren** ‹V. t.› 1 *umwandeln* 2 *Strom ~ umspannen* 3 ‹Sprachw.› *einen Ausdruck ~ nach bestimmten Regeln in einen anderen A. umwandeln*

trans·fun'die·ren ‹V. t.; Med.› *Blut ~ übertragen;* **Trans·fu·si'on** ‹f.; -, -en; Med.› *Blut~* [lat.]

trans·gre·di'ent ‹Adj.; Philos.› *hinausgehend;* **Trans·gres·si'on** ‹f.; -, -en› *allmähliche Überflutung des Festlands* [lat.]

Trans·hu'manz ‹f.; -; unz.› *Schäferei mit jahreszeitl. Weidewechsel zwischen Hochland u. Niederung* [lat.]

Tran'sis·tor ‹m.; -s, -'to·ren; El.› *Halbleiterbauelement zur Verstärkung u. Regelung* [lat.]; **Tran·'sis·tor·ge·rät** ‹n.; -(e)s, -e›

Tran'sit ‹a. [ˈ--]; m.; -s, -e; Wirtsch.› = *Durchfuhr* [lat.]; **Tran'sit·han·del** ‹m.; -s; unz.; Wirtsch.› = *Durchfuhrhandel;* **tran·si'tie·ren** ‹V. t.; Wirtsch.› *Waren durch ein Land ~;* **'tran·si·tiv** ‹Adj.; Gramm.; bei Verben› *ein Akkusativobjekt verlangend; Ggs intransitiv,* → a. *Kasten;* **'Tran·si·tiv** ‹n.; -s, -e; Gramm.› *Ggs Intransitiv;* **tran·si·ti·vie·ren** ‹[-ˈviː-]; V. t.; Gramm.›; **Tran·si·ti·vi'tät** ‹f.; -; unz.; Gramm.›; **tran·si'to·risch** ‹Adj.; Wirtsch.› *vorübergehend;* **Tran·si'to·ri·um** ‹n.; -s, -ri·en; Wirtsch.› *einmalige Ausgabenbewilligung;* **Tran'sit·ver·bot** ‹n.; -(e)s, -e›; **Tran'sit·ver·kehr** ‹m.; -(e)s, -e›; **Tran'sit·vi·sum** ‹[-vi-]; n.; -s, -vi·sa od. -vi·sen› *zur Durchreise durch bestimmte Länder benötigtes Visum;* **Tran'sit·wa·re** ‹f.; -, -n›; **Tran'sit·zoll** ‹m.; -(e)s, ⸚e›

trans·kon·ti·nen'tal ‹Adj.› *den Kontinent überquerend*

tran·skri'bie·ren, ‹auch› **trans·kri'bie·ren, transk·ri'bie·ren** ‹V. t.; ↗Z54› 1 ‹Sprachw.› *in eine (andere) Schrift übertragen* 2 ‹Mus.› *für ein anderes Instrument umschreiben* [lat.]; **Tran·'skript** ‹n.; -(e)s, -e› *Resultat des Transkribierens;* **Tran·skrip·ti'on** ‹f.; -, -en›

trans·ku'tan ‹Adj.; Med.› *durch die Haut hindurch* [lat.]

Trans·la·ti'on ‹f.; -, -en› 1 *Übersetzung* 2 ‹Phys.› *Parallelverschiebung* [lat.]

Trans·li·te·ra·ti'on ‹f.; -, -en; Sprachw.› *buchstabengetreue Umwandlung einer Schrift in eine andere* [lat.]

Trans·lo·ka·ti'on ‹f.; -, -en; Biol.› *Verlagerung eines Chromosomenstücks* [lat.]; **trans·lo'zie·ren** ‹V. t.›

trans·lu'nar, trans·lu·na·risch ‹Adj.› *jenseits des Mondes gelegen* [lat.]

Trans·mis·si'on ‹f.; -, -en; Phys.› *Einrichtung zur Kraftübertragung von einer Antriebsmaschine auf andere Maschinen* [lat.]

Trans'mit·ter ‹m.; -s, -› *Sender, Überträger* [lat.]; **trans·mit'tie·ren** ‹V. t.›

trans·mon'tan ‹Adj.› *jenseits der Berge liegend* [lat.]

trans·ob·jek'tiv ‹Adj.; Philos.› *über das bloße Objektsein eines Gegenstandes hinausgehend*

trans·o·ze'a·nisch ‹Adj.; ↗Z55› *jenseits des Ozeans liegend*

trans·pa'rent ‹Adj.; -er, am -es·ten› *durchsichtig* [frz.]; **Trans·pa'rent** ‹n.; -(e)s, -e› 1 *Spruchband* 2 *Bild auf durchsichtigem Material;* **Trans·pa·'rent·pa·pier** ‹n.; -s, -e›; **Trans·pa'renz** ‹f.; -; unz.›

Trans'phras·tik ‹f.; -; unz.; Sprachw.› *satzübergreifende Analyse sprachlicher Strukturen* [lat.-grch.]; **trans'phras·tisch** ‹Adj.›

Tran·spi·ra·ti'on, ‹auch› **Trans·pi·ra·ti'on** ‹f.; -; unz.; ↗Z54› 1 *Schweißabsonderung* 2 ‹Bot.› *Abgabe von Wasserdampf* [lat.]; **tran·spi'rie·ren** ‹V. i.›

Trans·plan'tat ‹n.; -(e)s, -e; Med.› *verpflanztes Gewebe-*

stück; **Trans·plan·ta·ti·on** <f.; -, -en; Med.> Herz~ [lat.]; **trans·plan'tie·ren** <V. t.; Med.>

trans·po'nie·ren <V. t.; Mus.> *in eine andere Tonart setzen* [lat.]; **Trans·po·nie·rung** <f.; -, -en>

Trans'port <m.; -(e)s, -e> *Beförderung* [lat.]; **trans·por'ta·bel** <Adj.> *transportable Güter*; **Trans'port·band** <n.; -(e)s, ⸚er> *Beförderungsband*; **Trans'por·ter** <m.; -s, -> *Kraftfahrzeug, Schiff od. Flugzeug, das große Gütermengen befördert*; **Trans·por·teur** <[-'tø:r]; m.; -s, -e> 1 *jmd., der etwas befördert* 2 *Vorrichtung an der Nähmaschine zum Weiterbefördern des Stoffes* [frz.]; **trans'port·fä·hig** <Adj.>; **trans·por'tie·ren** <V. t.>; **Trans·por'tie·rung** <f.; -, -en>; **Trans'port·mit·tel** <n.; -s, ->; **Trans'port·un·ter·neh·men** <n.; -, ->; **Trans'port·ver·si·che·rung** <f.; -, -en>; **Trans'port·we·sen** <n.; -s; unz.>

Trans·po·si·ti·on <f.; -, -en; Mus.> = *Transponierung*

Trans·ra'pid <m.; -(e)s, -e; Warenz.> *eine Magnetschwebebahn*

Trans·se·xu·a'lis·mus <m.; -; unz.>, **Trans·se·xu·a·li'tät** <f.; -; unz.> *Bedürfnis nach einer Geschlechtsumwandlung* [lat.]; **trans·se·xu'ell** <Adj.>; **Trans·se·xu'el·le(r)** <f. 2 (m. 1)>

Trans'sib <f.; -; unz.> *Kurzw. für Transsibirische Eisenbahn*; **trans·si'bi·risch** <Adj.> *quer durch Sibirien verlaufend;* eine ~e Ölleitung; <aber> die Transsibirische Eisenbahn

Trans·sil·va·ni·en <[-'va:niən]> *Siebenbürgen;* oV **Transsylvanien**; **trans'sil·va·nisch** <Adj.>

trans'so·nisch <Adj.> = *supersonisch* [lat.]

Trans·sub·stan·ti·a·ti'on, <auch> **Trans·subs·tan·ti·a·ti'on** <f.; -; unz.; ↗Z54; Kath.> *Wandlung von Brot u. Wein in Leib u. Blut Christi* [lat.]

Trans·su'dat <n.; -(e)s, -e; Med.> *Ansammlung von Blutflüssigkeit in Körperhöhlen* [lat.]

Trans·syl·va·ni·en <[-'va:niən]> = *Transsilvanien*; **trans·syl'va·nisch** <Adj.>

Trans·u'ran <n.; -s, -e; meist Pl.>

↗Z55> *radioaktives Element mit höherem Atomgewicht als Uran;* **trans·u'ra·nisch** <Adj.>

'Tran·su·se <f.; -, -n; umg.; abwertend> *langweiliger Mensch*

Trans·vaal <[-'va:l]> *Provinz der Republik Südafrika*

trans·ver'sal <[-ver-]; Adj.> 1 <Biol.> *quer zur Längsachse verlaufend* 2 <Phys.> *senkrecht zur Ausbreitungsrichtung* [lat.]; **Trans·ver'sa·le** <f.; -, -n; Geom.> *Gerade, die eine mathemat. Figur schneidet;* **Trans·ver'sal·wel·le** <f.; -, -n; Phys.> *Querwelle*

trans·ves'tie·ren <[-vɛs-]; V. i.> [lat.]; **Trans·ves'tis·mus** <m.; -; unz.> *Bedürfnis, Kleidung u. Verhalten des anderen Geschlechts anzunehmen;* **Trans·ves'tit** <m.; -en, -en>; **Trans·ves·ti'tis·mus** <m.; -; unz.>

tran·szen'dent, <auch> **trans·zen'dent** <Adj.> *jenseits der menschl. Erfahrungsgrenzen;* Ggs *immanent* [lat.]; **tran·szen·den'tal** <Adj.> 1 <Scholastik> *alle Kategorien übersteigend* 2 <Philos.> *aller Erfahrung zugrunde liegend;* **Tran·szen·den'tal·phi·lo·so·phie** <f.; -; unz.; nach Kant> *auf apriorischen Grundbegriffen basierende philos. Analyse der Erkenntnis;* **Tran·szen'denz** <f.; -; unz.> Ggs *Immanenz;* **tran·szen'die·ren** <V. i.>

Trap <m.; -s, -s> = *Traps*

Tra'pez <n.; -es, -e> 1 <Geom.> *Viereck mit zwei parallelen Seiten* 2 <Sp.; Artistik> *kurze Holzstange an zwei Seilen* [grch.]; **Tra'pez·akt** <m.; -(e)s, -e; Artistik> 2 <Sp.; Artistik> *kurze Holzstange an zwei Seilen* [grch.]; **Tra'pez·akt** <m.; -(e)s, -e; Artistik> 2 **Tra'pez·künst·ler** <m.; -s, ->; **Tra'pez·mus·kel** <m.; -n; Anat.>; **Tra·pe·zo'e·der** <n.; -s, -; ↗Z55; Geom.> *von Trapezen begrenzter geometr. Körper*; **Tra·pe·zo'id** <n.; -(e)s, -e; Geom.> *Viereck, dessen Seiten nicht parallel sind*

Trapp <m.; -(e)s, -e; Geol.> *ein Eruptivgestein* [schwed.]

'Trap·pe <f.; -, -n; Zool.> *eine Kranichart*

'trap·peln <V. i.; ich trapp(e)le> *mit kleinen Schritten laufen*;

'trap·pen <V. i.> *mit schweren Schritten laufen*

'Trap·per <m.; -s, -; früher> *nordamerikan. Pelztierjäger* [engl.]

Trap'pist <m.; -en, -en>; **Trap·'pis·ten·or·den** <m.; -s, -> *ein asketischer Mönchsorden* [nach der frz. Abtei La *Trappe*]

'Traps <m.; -es, -e> *Geruchsverschluss;* oV *Trap* [engl.]

'trap·sen <V. i.; du trapst; umg.> *schwerfällig u. geräuschvoll gehen*

Tra'ra <n.; -s, -s> 1 *Trompetensignal* 2 <fig.; umg.> *Aufhebens;* ein großes ~ um etwas machen

Trash <[træʃ]; m.; -s; unz.> *Abfall, Schund* [engl.]; **Tra·shing** <['træʃiŋ]; n.; -s, -s; EDV> *Systemüberlastung*

Trass <m.; -es, -e> *ein Tuffgestein* [ital.]

Tras'sant <m.; -en, -en> *Wechselaussteller;* **Tras'sat** <m.; -en, -en; Bankw.> *Bezogener eines Wechsels* [ital.]

'Tras·se <f.; -, -n> *festgelegte Linienführung eines Verkehrsweges* [ital.]; **'Tras·see** <n.; -s, -s; schweiz.> = *Trasse;* **tras'sie·ren** <V. t.>; **Tras'sie·rung** <f.; -, -en>

Tratsch <[tra:tʃ]; m.; -(e)s; umg.> *Klatsch;* **'Trat·sche** <f.; -, -n; derb> *Klatschtante;* **'trat·schen** <V. i.; umg.>; **Trat·sche'rei** <f.; -, -en>

'Trat·te <f.; -, -n; Wirtsch.> *auf eine andere Person gezogener Wechsel* [ital.]

Trat·to'ria <f.; -, -'ri·en> *ital. Gastwirtschaft* [ital.]

'Trau·al·tar <m.; -(e)s, ⸚e> *vor den ~ treten; jmdn. zum ~ führen heiraten*

'Träub·chen <n.; -s, -; Verkleinerungsf. von> *Traube;* **'Trau·be** <f.; -, -n> 1 <Bot.> *Blütenstand mit gestielten Einzelblüten u. die daraus hervorgegangene Frucht;* in ~n am Strauch hängen; Wein~ 2 <fig.> *geballte Menge;* eine ~ von Menschen; **'Trau·ben·ho·lun·der** <m.; -s, -; Bot.>; **'Trau·ben·hy·a·zin·the** <f.; -, -n; Bot.>; **'Trau·ben·le·se** <f.; -, -n>; **'Trau·ben·saft** <m; -(e)s, ⸚e>; **'Trau·ben·wick·ler** <m.; -s, -; Zool.> *ein Schmetterling;* **'Trau·ben·zu·cker** <m.; -s; unz.> *Glucose;* **'Träub·lein** <n.;

-s, -; poet.; Verkleinerungsf. von> *Traube*

'trau·en <V.> 1 <V. i.> jmdm. ~ *Vertrauen schenken;* jmdm. nicht über den Weg ~; ich traute meinen Augen nicht 2 <V. refl.> sich etwas ~ *wagen, etwas zu tun* 3 <V. t.> *ehelich verbinden;* sich standesamtlich, kirchlich ~ lassen

'Trau·er <f.; -; unz.> 1 *schmerzliche Gefühlsstimmung;* ~ um einen Verstorbenen 2 *Trauerzeit* 3 *Trauerkleidung;* ~ tragen; **'Trau·er·an·zei·ge** <f.; -, -n> *Todesanzeige;* **'Trau·er·ar·beit** <f.; -; unz.> ~ leisten; **'Trau·er·bot·schaft** <f.; -, -en> eine ~ überbringen; **Trau·er·fall** <m.; -(e)s, ⸚e = *Todesfall;* **'Trau·er·fei·er** <f.; -, -n>; **'Trau·er·flor** <m.; -s, -e>; **Trau·er·ge·fol·ge** <n.; -s, -> *alle, die dem Sarg zur Bestattung folgen;* **'Trau·er·jahr** <n.; -(e)s, -e>; **'Trau·er·klei·dung** <f.; -; unz.>; **Trau·er·kloß** <m.; -es, ⸚e; fig.; umg.; abwertend> *missgestimmter Mensch;* **'Trau·er·marsch** <m.; -(e)s, ⸚e>; **'trau·ern** <V. i.; ich trau(e)re> *Trauer fühlen;* um jmdn. ~; **'Trau·er·nach·richt** <f.; -, -en>; **'Trau·er·rand** <m.; -(e)s, ⸚er> Briefpapier mit ~; **'Trau·er·rän·der** <Pl.; fig.; umg.; scherzh.> *schmutzige Fingernägel;* **'Trau·er·schlei·er** <m.; -s, ->; **'Trau·er·spiel** <n.; -(e)s, -e> 1 *bedauerliches Geschehen* 2 = *Tragödie;* **'trau·er·voll** <Adj.>; **'Trau·er·wa·gen** <m.; -s, ->; **'Trau·er·wei·de** <f.; -, -n; Bot.> *eine Baumart;* **'Trau·er·zeit** <f.; -, -en>; **'Trau·er·zug** <m.; -(e)s, ⸚e>

'Trau·fe <f.; -, -n> 1 *aus der Dachrinne abfließendes Regenwasser;* vom Regen in die ~ kommen <fig.> *von einer schlimmen Situation in eine noch schlimmere geraten* 2 *untere Kante der Dachfläche;* **'träu·feln** <V. t.; ich träuf(e)le> *tropfenweise gießen;* **'träu·fen** <V. t.; früher> *träufeln*

'trau·lich <Adj.> *anheimelnd;* bei ~em Kerzenschein

Traum <m.; -(e)s, ⸚e> 1 *während des Schlafes auftretende Vorstellungen;* einen ~ haben, deuten;

es war wie ein ~ *geradezu unwirklich* 2 *kaum zu realisierender Wunsch;* Wunsch~; Träume sind Schäume <Sprichw.>; **Traum...** <in Zus.> *traumhaft;* z. B. Traumberuf; Traummann

'Trau·ma <n.; -s, 'Trau·men od. 'Trau·ma·ta> 1 <Med.> *Wunde* 2 <Psych.> *seel. Erschütterung* [grch.]; **trau'ma·tisch** <Adj.>; **trau·ma·ti'sie·ren** <V. t.> *traumatisiert sein;* **Trau·ma·to'lo·ge** <m.; -n, -n>; **Trau·ma·to·lo'gie** <f.; -; unz.; Med.> *Unfallmedizin;* **Trau·ma·to'lo·gin** <f.; -, -nnen>; **trau·ma·to'lo·gisch** <Adj.>

'Traum·bild <n.; -(e)s, -er>; **'Traum·buch** <n.; -(e)s, ⸚er>; **'Traum·deu·ter** <m.; -s, ->; **'Traum·deu·te·rin** <f.; -, -nnen>; **'Traum·deu·tung** <f.; -, -en>; **'träu·men** <V. i. u. V. t.> 1 *einen Traum haben;* etwas Schreckliches ~; ich träumte, <auch> mir träumte, dass ...; von jmdm. ~ 2 *in Gedanken verloren sein;* du hast wieder mal geträumt <fig.> *nicht aufgepasst* 3 *sich etwas nicht od. nie* ~ *lassen nicht vermuten;* **'Träu·mer** <m.; -s, ->; **'Träu·me·rei** <f.; -, -en>; **'Träu·me·rin** <f.; -, -nnen>; **'träu·me·risch** <Adj.>; **'Traum·ge·stalt** <f.; -, -en>; **'traum·haft** <Adj.; fig.> *wunderbar;* ein ~ schöner Urlaub; **'Traum·le·ben** <n.; -s; unz.> *ein reiches* ~ *haben;* **'Traum·tän·zer** <m.; -s, -; abwertend> *realitätsferner Mensch;* **'Traum·tän·ze·rin** <f.; -, -nnen>; **'traum·ver·lo·ren** <Adj.; ↗Z 29> *geistesabwesend;* **'traum·wan·deln** <V. i.; ich traumwand(e)le; sie ist/hat getraumwandelt> = *schlafwandeln;* **'Traum·wand·ler** <m.; -s, ->; **'Traum·wand·le·rin** <f.; -, -nnen>; **'Traum·welt** <f.; -, -en>

'Trau·re·de <f.; -, -n>; **'Trau·re·gis·ter** <n.; -s, -> *Register für die Eintragung der Trauungen*

'trau·rig <Adj.> 1 *voll Trauer(1);* ~ sein 2 *Kummer hervorrufend;* ein ~es Schicksal; **'Trau·rig·keit** <f.; -; unz.> *kein Kind von* ~ *sein lebenslustig sein*

'Trau·ring <m.; -(e)s, -e>; **'Trau-**

schein <m.; -(e)s, -e>; **'Trau·spruch** <m.; -(e)s, ⸚e>

traut <Adj.; poet.> 1 *lieb, vertraut;* ~er Freund 2 *gemütlich;* ~es Heim, Glück allein <Sprichw.>

'Trau·te <f.; -; unz.; umg.; nur in der Wendung> (keine) ~ haben *(keinen) Mut haben*

'Trau·ung <f.; -, -en> *Eheschließung;* kirchliche, standesamtliche ~; **'Trau·zeu·ge** <m.; -n, -n>; **'Trau·zeu·gin** <f.; -, -nnen>

Tra·vel·ler <['trævələr]; m.; -s, -> 1 *Reisende(r)* 2 <Segeln> *Vorrichtung, durch die die Schote des Großsegels läuft* [engl.]; **'Tra·vel·ler·scheck** <m.; -s, -s> = *Reisescheck*

tra·vers <[-'vɛrs]; Adj.; undekl.> *quer* [frz.]; **Tra·vers** <[tra'vɛːr]; n.; -; unz.; Reitsp.> *ein Seitengang;* Ggs *Renvers;* **Tra·ver'sa·le** <f.; -, -n; Reitsp.> *ein Seitengang;* **Tra'ver·se** <f.; -, -n> 1 <Arch.> *Querbalken* 2 <Maschinenbau> *Querverbindung von Maschinenteilen;* **Tra·vers·flö·te** <f.; -, -n; Instrumentenk.> *Querflöte;* **tra·ver'sie·ren** <V. t. u. V. i.>

Tra·ver'tin <[-vɛr-]; m.; -s, -e> *Kalksinter* [ital.]

Tra·ves'tie <[-vɛs-]; f.; -, -n> *satirische Umgestaltung eines literar. Werkes* [lat.]; **tra·ves'tie·ren** <V. t.>; **Tra·ves'tie·show** <[-ʃoʊ]; f.; -, -s> *Vorstellung, bei der Männer in Frauenkleidern auftreten*

Trawl <[trɔːl]; n.; -s, -s; Fischerei> *Grundschleppnetz* [engl.]; **'Traw·ler** <m.; -s, -; Fischerei> *ein Fischereifahrzeug*

Trax <m.; - od. -es, - od. -e; schweiz.; Warenz.> *Bagger, Schaufellader* [engl.]

Treat·ment <['triːt-]; n.; -s, -s> *literar. Vorstufe des Drehbuchs* [engl.]

'Tre·be·gän·ger <m.; -s, -; umg.; jugendl. Herumtreiber;* **'Tre·be·gän·ge·rin** <f.; -, -nnen>; **'Tre·ber, 'Tre·bern** <Pl.> *Rückstände beim Bierbrauen*

Tre·cen'tist <[-tʃɛn-]; m.; -en, -en; Mal.>; **Tre'cen·to** <n.; - od. -s; unz.; Mal.> *das 14. Jahrhundert in der ital. Kunst* [ital.]

Treck <m.; -s, -s> *Zug, Auswanderung;* Flüchtlings~; '**tre·cken** <V.> **1** <V. t.> *ziehen, schleppen* **2** <V. i. (s.)> *auswandern;* '**Tre·cker** <m.; -s, -> = *Traktor;* '**Tre·cking** <n.; -s; unz.> = *Trekking*

Treff¹ <m.; -s, -s; umg.> *kurz für* *Treffen, Treffpunkt;* beim nächsten ~; Jugend~

Treff² <m.; -s; unz.> *frz. Spielkartenfarbe (Kreuz);* ~ass [frz.]

'**tref·fen** <V. 266> **1** <V. i.> *ein Ziel erreichen;* genau ins Schwarze ~ **2** <V. t.> *verletzen;* die Kugel hat ihn tödlich getroffen **3** <V. t./V. refl.> jmdn. ~ = *jmdm. begegnen;* es trifft sich gut *passt, fügt sich* **4** <Funktionsverb> Anordnungen, Vorbereitungen, ein Abkommen ~; '**Tref·fen** <n.; -s, -> *Begegnung, Versammlung;* bei unserem nächsten ~; '**tref·fend** <Adj.; ↗Z28.1> *genau, richtig (bezeichnend);* eine ~e Bemerkung; '**Tref·fer** <m.; -s, -> **1** *zielsicherer Schlag, Schuss;* einen ~ erzielen **2** *Los, das gewinnt;* einen ~ ziehen; '**treff·lich** <Adj.> *ausgezeichnet;* ein ~er Vorschlag; '**Treff·punkt** <m.; -(e)s, -e> **1** *Ort der Begegnung* **2** <Math.> *Punkt, in dem sich Geraden, Kurven schneiden od. berühren;* '**treff·si·cher** <Adj.> *in* ~es Urteil haben <fig.>; '**Treff·si·cher·heit** <f.; -; unz.>

'**Treib·eis** <n.; -es; unz.>; '**trei·ben** <V. 267> **1** <V. t.> *in schnellere Bewegung bringen, anspornen;* Vieh auf die Weide ~; jmdn. zur Eile ~; die Preise in die Höhe ~ <fig.>; die ~de Kraft <fig.> **2** <V. t.> *hervorbringen;* der Baum treibt Blätter; Kaffee treibt *wirkt harntreibend;* jmdn. zu, in etwas ~ *in eine unangenehme Situation bringen;* jmdn. in den Tod ~; Unsinn ~; Handel ~; einen Spaß zu weit ~ **3** <V. i. (s.)> *sich ohne Antrieb fortbewegen;* das Floß treibt im Wasser; '**Trei·ben** <n.; -s, -> **1** <Jägerspr.> *umstelltes Gebiet bei der Treibjagd* **2** *reger Verkehr, Durcheinander;* auf dem Jahrmarkt herrschte lustiges ~; '**Trei·ber** <m.; -s, ->; '**Treib·gas** <n.; -es, -e> *ein Treibmittel;* '**Treib·haus** <n.; -es, ⸚er> *Ge-*

wächshaus; '**Treib·haus·ef·fekt** <m.; -(e)s; unz.> *Temperaturanstieg der Erdatmosphäre durch zunehmenden Kohlendioxidgehalt;* '**Treib·holz** <n.; -es; unz.>; '**Treib·jagd** <f.; -, -en; Jägerspr.>; '**Treib·mit·tel** <n.; -s, -> **1** *Mittel zur Herstellung von Treibgas* **2** *Mittel zur Teigauflockerung;* '**Treib·netz** <n.; -es, -e; Fischerei>; '**Treib·öl** <n.; -(e)s, -e> *ein Kraftstoff für Dieselmotoren;* '**Treib·rad** <n.; -(e)s, ⸚er> *Antriebsrad;* '**Treib·rie·men** <m.; -s, ->; '**Treib·sand** <m.; -(e)s; unz.> *vom Wind getriebener Sand;* '**Treib·schlag** <m.; -(e)s, ⸚e; Golf; Polo> *harter Schlag;* '**Treib·stoff** <m.; -(e)s, -e> = *Kraftstoff*

'**Trei·del** <m.; -s, -n> *Schiffstau zum Treideln;* '**trei·deln** <V. t.; ich treid(e)le; früher> *ein Schiff ~ vom Ufer aus auf ein Gewässer ziehen;* '**Trei·del·pfad** <m.; -(e)s, -e>

'**trei·fe** <Adj.> *(nach den jüd. Speisevorschriften) unrein;* Ggs *koscher* [hebr.]

'**Trek·king** <n.; -s; unz.> *Hochgebirgswanderung;* oV *Trecking* [engl.]; '**Trek·king·bike** <[-baik]; n.; -s, -s> *geländetaugliches Tourenfahrrad* [engl.]

'**Tre·ma¹** <n.; -s, -s od. -ma·ta; Zeichen: ¨> *zwei Punkte über einem von zwei aufeinander folgenden Vokalen, das deren getrennte Aussprache anzeigt;* z. B. Staël; → a. Kasten *diakritisches Zeichen* [grch.]

'**Tre·ma²** <n.; -s; unz.; Med.> = *Tremor* [lat.]

Tre·ma·to·de <f.; -, -n; Biol.> *Saugwurm* [grch.]

tre·mo·lie·ren <V. i.; Mus.> *bebend spielen od. singen;* '**Tre·mo·lo** <n.; -s, -s od. -li; Mus.> **1** *Beben* **2** *fehlerhaftes Beben der Stimme* [ital.]; '**Tre·mor** <m.; -s, -'mo·res; Med.> *Zittern* [lat.]

Trench·coat <['trɛntʃkoːt]; m.; -s, -s> *ein Regenmantel* [engl.]

Trend <m.; -s, -s> **1** *Richtung einer Modeentwicklung;* damit liegst du voll im ~ <umg.> **2** <Biol.> *Entwicklungstendenz* [engl.]

'**Tren·del** <m.; -s, -> *Kreisel;* '**tren-**

deln <V. i.; ich trend(e)le> *trödeln*

'**tren·dig** <Adj.; umg.> = *trendy;* '**Trend·mel·dung** <f.; -, -en; bei Wahlen> *Meldung der ersten Ergebnisse;* '**Trend·set·ter** <m.; -s, -; umg.> *Person od. Sache, die einen neuen Trend auslöst* [engl.]; '**tren·dy** <Adj.; undekl.; umg.> *im Trend liegend* [engl.]

'**trenn·bar** <Adj.; Gramm.> ~es Verb; → a. Kasten *Partikelverb;* '**tren·nen** <V. t./V. refl.> **1** *miteinander Verbundenes voneinander lösen;* Gemische ~; Kämpfende ~ **2** *die Grenze markieren;* der Zaun trennt die Grundstücke **3** sich ~ *auseinander gehen* **4** <Part. Perf.> getrennt *für sich alleine;* getrennt leben, sein; Wörter getrennt schreiben; '**Trenn·punk·te** <Pl.> → Trema¹; '**trenn·scharf** <Adj.>; '**Trenn·schär·fe** <f.; -; unz.; Radio>; '**Tren·nung** <f.; -, -en>; '**Tren·nungs·strich** <m.; -(e)s, -e>, '**Tren·nungs·zei·chen** <n.; -s, -> *Strich zur Silbentrennung am Zeilenende;* '**Trenn·wand** <f.; -, ⸚e>

'**Tren·se** <f.; -, -n> *Zaum mit Gebissstange u. Zügel* [ndrl.]

Trente-et-qua·rante <[trãtekaˈrãt]; n.; -; unz.> *ein Kartenspiel* [frz.]

'**tren·zen** <V. i.; Jägerspr.> *der Hirsch trenzt röhrt*

Tre·pa·na·ti·on <f.; -, -en; Chir.> *Schädelöffnung* [frz.]

'**Tre·pang** <m.; -s, -s od. -e> *essbare Seewalze* [frz.]

trepp'auf, trepp'ab <Adv.> ~ laufen; '**Trepp·chen** <n.; -s, -; Verkleinerungsf. von> *Treppe;* '**Trep·pe** <f.; -, -n> **1** *aus Stufen bestehender Aufgang;* die ~ hinauf-, hinuntergehen; die ~ hinauffallen <fig.; umg.> *unverdientermaßen beruflich aufsteigen* **2** *Stockwerk;* eine ~ tiefer; '**Trep·pen·ab·satz** <m.; -es, ⸚e>; '**Trep·pen·ge·län·der** <n.; -s, ->; '**Trep·pen·haus** <n.; -es, ⸚er>; '**Trep·pen·stu·fe** <f.; -, -n>; '**Trep·pen·witz** <m.; -es, -e> *treffende Antwort, die einem zu spät einfällt*

'**Tre·sen** <m.; -s, -; bes. norddt.> *Ladentisch, Theke;* '**Tre'sor** <m.; -s, -e> *Stahlschrank od. -kam-*

mer für Geld u. Wertsachen [lat.]

'Tres·pe <f.; -, -n; Bot.> *eine Süßgrasgattung*

'Tres·se <f.; -, -n> *Besatz an Kleidungsstücken* [frz.]

'Tres·ter <m.; -s, -> *Obstabfälle, bes. beim Keltern von Weintrauben;* **'Tres·ter·wein** <m.; -(e)s, -e>

'Tret·au·to <n.; -s, -s> *ein Kinderspielzeug;* **'Tret·balg** <m.; -(e)s, ⸗e> *Blasebalg für Orgel u. Harmonium;* **'tre·ten** <V. 268> **1** <V. i. (s.)> *einen Schritt od. mehrere Schritte in eine bestimmte Richtung machen;* ans Fenster ~; nach vorn ~; in den Hintergrund ~ <a. fig.>; jmds. Gefühle mit Füßen ~ <fig.> **2** <V. t.> *mit dem Fuß stoßen;* das Bremspedal ~; jmdn. gegen das Schienbein ~ **3** <V. i.> in den Stand der Ehe ~ *heiraten;* in Kraft ~ *gültig werden;* mit jmdm. in Beziehungen ~ *B. anknüpfen;* **'Tre·ter** <Pl.; umg.> *eingetretene Schuhe;* **'Tret·mi·ne** <f.; -, -n>; **'Tret·müh·le** <f.; -, -n; fig.; umg.> *gleichförmige Arbeit;* **'Tret·rol·ler** <m.; -s, ->

treu <Adj.; -er, am -(e)s·ten> **1** *fest verbunden, anhänglich;* ⸗e Freundschaft; ein ⸗er Hund; eine ⸗e Seele; <Getrenntschreibung in Verbindung mit Verben u. Partizipien> jmdm. ~ sein, bleiben; jmdm. ~ ergeben sein; ein ~ sorgender Freund **2** *beständig in der Gesinnung;* sich selber ~ bleiben **3** *gewissenhaft;* jmdm. ~ dienen; jmdm. etwas zu ~en Händen übergeben; **'Treu·bruch** <m.; -(e)s, ⸗e>; **'treu·brü·chig** <Adj.> ~ werden; **'treu·doof** <Adj.; umg.; abwertend> *naiv-dümmlich;* **'Treue** <f.; -; unz.> **1** *treue Gesinnung, unwandelbare Zuneigung;* die ~ brechen; die ~ geloben **2** *Gewissenhaftigkeit* **3** <Rechtsw.> auf Treu und Glauben *Vertrauen in das redliche Verhalten des Vertragspartners* **4** <veralt.> meiner Treu! *wahrhaftig!;* **'Treu·eid** <m.; -(e)s, -e>; **'Treu·e·pflicht** <f.; -; unz.>; **'Treu·e·prä·mie** <[-miə]; f.; -, -n> *Prämie, die ein Arbeitnehmer nach langer Betriebszugehörigkeit erhält*

'Treu·ga Dei <[-'de:i]; f.; --; unz.; ↗Z31> = *Gottesfriede* [lat.]

'Treu·hand <f.; -; unz.> **1** <i. w. S.> *Verwaltung fremden Eigentums zum Nutzen des Eigentümers;* jmdm. etwas in ~ übergeben **2** <i. e. S.; in der BRD> *staatl. Einrichtung, die für die Überführung staatseigener Betriebe der DDR in Privateigentum zuständig ist;* **'Treu·hand·an·stalt** <f.; -, -en> = *Treuhand(2);* **'Treu·hän·der** <m.; -s, ->; **'Treu·hän·de·rin** <f.; -, -n·nen>; **'treu·hän·de·risch** <Adj.>; **'Treu·hand·ge·sell·schaft** <f.; -, -en>; **'treu·her·zig** <Adj.> *arglos, kindlich vertrauensvoll;* ein ~er Blick; **'Treu·her·zig·keit** <f.; -; unz.>; **'treu·lich** <Adj.; veralt.> ~ warten; **'treu·los** <Adj.> ~er Freund; ~ handeln; **'Treu·lo·sig·keit** <f.; -, -en>

Tre·vi·ra <[-'vi:-]; n.; -s; unz.; Warenz.> *ein Polyesterfaserstoff*

tri..., Tri... <in Zus.> *drei..., Drei...* [grch.-lat.]

Tri'a·de <f.; -, -n> *drei zusammengehörige Dinge* [grch.]; **tri'a·disch** <Adj.; selten>

Tri·a·ge <[-'aːʒə]; f.; -, -n> *Ware, aus der das Beste aussortiert worden ist* [frz.]

Tri·a·kis·do·de·ka'e·der <n.; -s, -; Geom.> *Sechsunddreißigflach* [grch.]; **Tri·a·kis·ok·ta'e·der** <n.; -s, -; Geom.> *Vierundzwanzigflach*

Tri·al <['traiəl]; n.; -s, -s; Motorsp.> *Geschicklichkeitsprüfung* [engl.]; **Tri·al and Er·ror** <[- ənd 'erə]; n.; ---; unz.> *Lernmethode, bei der durch Probieren (Versuch u. Irrtum) eine Lösung gefunden wird;* **Tri·al-and-'Er·ror-Me·tho·de** <f.; -, -n; ↗Z33>

'Tri·an·gel <österr. [-'--]; m. od. (österr.) n.; -s, -; umg. a. f.; -, -n; Instrumentenk.> *Schlaginstrument aus einem zu einem Dreieck gebogenen Metallstab* [lat.]; **tri·an·gu'lär** <Adj.>; **Tri·an·gu·la·ti'on·s·punkt** <m.; -(e)s, -e>; **tri·an·gu'lie·ren** <V. t.>

Tri·a·ri·er <m.; -s, -; meist Pl.>

altröm. *Veteran im dritten Glied der Legion* [lat.]

'Tri·as <f.; -, -> **1** <geh.> *Dreiheit* **2** <unz.> *älteste Formation des Mesozoikums* [grch.]; **tri'as·sisch** <Adj.>

'Tri·ath·let <m.; -en, -en; Sp.>; **'Tri·ath·le·tin** <f.; -, -·nnen; Sp.>; **'Tri·ath·lon** <m.; -s; unz.; Sp.> *eine Mehrkampfdisziplin (Schwimmen, Radfahren, Laufen)* [grch.]

Tri·ba'die <f.; -; unz.; veralt.> *lesbische Liebe* [grch.]

'Tri·bo·e·lek·tri·zi·tät, <auch> **'Tri·bo·e·lek·tri·zi·tät** <f.; -; unz.; Phys.> *Reibungselektrizität;* **Tri·bo·lo'gie** <f.; -; unz.> *Reibungslehre* [grch.]; **Tri·bo·lu·mi·nes·zenz** <f.; -, -en> *Reibungsleuchten*

'Tri·bra·chys, <auch> **'Trib·ra·chys** <[-xys]; m.; -, -; Metrik> *aus drei Kürzen bestehender Vers* [grch.]

Tri'bun <m.; -s od. -en, -e od. -en; im alten Rom> *röm. Beamter;* Volks~ [lat.]; **Tri·bu'nal** <n.; -s, -e> **1** <im alten Rom> *erhöhter Platz für den Richter* **2** <dann> *Gerichtshof;* **Tri'bü·ne** <f.; -, -n> **1** *erhöhter Platz für den Redner* **2** *Gerüst mit Sitzreihen für Zuschauer* [frz.]; **Tri'but** <n.; -(e)s, -e> **1** *Entschädigung an den Sieger;* jmdm. einen ~ auferlegen; ~ zahlen **2** <fig.> *Respekt;* jmds. Leistung den schuldigen ~ zollen [lat.]; **tri'but·pflich·tig** <Adj.>

Tri'chi·ne <f.; -, -n> *parasitärer Fadenwurm* [grch.]; **Tri'chi·nen·schau** <f.; -; unz.>; **tri·chi'nös** <Adj.> ~es Fleisch; **Tri·chi'no·se** <f.; -; unz.; Med.> *durch Trichinen verursachte Krankheit*

Tri·cho'pte·re, <auch> **Tri·chop·'te·re** <f.; -, -n; Zool.> = *Köcherfliege* [grch.]; **Tri'cho·se** <f.; -, -n; Med.> = *Haarkrankheit;* **Tri·cho·to'mie** <f.; -; unz.> **1** *Dreiteilung des Menschen in Leib, Geist u. Seele* **2** <Rechtsw.> *Einteilung von Straftaten in Übertretung, Vergehen u. Verbrechen* [grch.]; **tri·cho'to·misch** <Adj.>

'Trich·ter <m.; -s, -> **1** *kegelförmiges Gerät zum Eingießen von Flüssigkeiten in enge Öffnun-*

gen; Öl durch einen ~ gießen; Parfüm~ 2 *breiter werdendes Ende von Blechblasinstrumenten* 3 *kegelförmiges Loch im Boden*; Bomben~ 4 <fig.; umg.> auf den ~ kommen *begreifen*; **'trich·ter·för·mig** <Adj.>; **'Trich·ter·ling** <m.; -s, -e; Bot.> *ein Blätterpilz*; **'Trich·ter·mün·dung** <f.; -, -en>

Tri·ci·ni·um <n.; -s, -ni·en; Mus.; 15./16. Jh.> *Musikstück für drei Stimmen* [lat.]

Trick <m.; -s, -s od. -e> *Kniff, List*; einen ~ anwenden [engl.]; **'Trick·be·trü·ger** <m.; -s, ->; **'Trick·be·trü·ge·rin** <f.; -, -n·nen>; **'Trick·film** <m.; -(e)s, -e> *Zeichen~*; **'Trick·schi** <m. od. n.; -s, -schi·er od. unz.> = *Trickski*; **'Trick·schi·lau·fen** <n.; -s; unz.>; **'trick·sen** <V. i.; du trickst> *mit Tricks arbeiten*; **'Trick·ser** <m.; -s, -; umg.>; **'Trick·ski¹** <[-ʃiː]; m.; -s, -ski·er> *breiter, elastischer Ski*; ~laufen; **'Trick·ski²** <n.; -s; unz.; ↗Z26> *das Laufen mit Trickskiern*; **'Trick·ski·lau·fen** <n.; -s; unz.>; **tri·cky** <['trɪki]; Adj.; undekl.; umg.> 1 *listig*; er ist äußerst ~ 2 *heikel, schwierig*; die Lage ist sehr ~ [engl.]

Tri'dent <m.; -(e)s, -e> *Dreizack* [lat.]

Tri·den'ti·ner <m.; -s, -> *Einwohner Trients*; **Tri·den'ti·ne·rin** <f.; -n, -n·nen>; **tri·den'ti·nisch** <Adj.> *Trient betreffend*; ~e Sehenswürdigkeiten; <aber> das Tridentinische Konzil

'Tri·du·um <n.; -s, -du·en> *Zeitraum von drei Tagen* [lat.]

Trieb <m.; -(e)s, -e> 1 <Psych.> *innere treibende Kraft*; Natur~; Geschlechts~; seinen ~en nachgeben 2 <Bot.> *junger Spross* 3 <Phys.> *Kraftübertragung von einer Welle auf eine andere*; Ketten~; **'Trieb·fe·der** <f.; -, -n> 1 *Uhrwerksfeder* 2 <unz.; fig.> *treibende Kraft*; **'trieb·haft** <Adj.; -er, am -es·ten> 1 *durch inneren Trieb bewirkt*; ~es Handeln 2 *mehr den Trieben als dem Verstand folgend*; ein ~er Mensch; **'Trieb·haf·tig·keit** <f.; -; unz.>; **'Trieb·hand·lung** <f.; -, -en>; **'Trieb·kraft** <f.; -, ⸚e> 1 *Antriebskraft einer Maschine* 2

<fig.> *treibende Kraft*; **'Trieb·le·ben** <n.; -s; unz.>; **'Trieb·rad** <n.; -(e)s, ⸚er> = *Treibrad*; **'Trieb·sand** <m.; -(e)s; unz.> = *Treibsand*; **'Trieb·ver·bre·cher** <m.; -s, ->; **'Trieb·wa·gen** <m.; -s, -; Abk.: T> *Eisen- od. Straßenbahnwagen mit Eigenantrieb*; **'Trieb·werk** <n.; -(e)s, -e> 1 <Tech.> *Antriebsvorrichtung* 2 <Flugw.> *Motor mit Luftschraube*

'Trief·au·ge <n.; -s, -n; meist Pl.>; **'trief·äu·gig** <Adj.>; **'trie·fen** <V. 269> *tropfen*; vor, von Nässe ~; ~d nass; **'trief'nass** <Adj.; verstärkend>

Triel <m.; -(e)s, -e; Zool.> *eine Vogelart*

tri·en'nal <Adj.> *alle drei Jahre stattfindend* [lat.]; **Tri'en·ni·um** <n.; -s, -ni·en> *Zeitraum von drei Jahren*

Tri'ent *ital. Stadt*

Tri'e·re <f.; -, -n; im alten Griechenland> *ein Kriegsschiff*; Sy *Trireme* [grch.]

'trie·zen <V. t.; du triezt; umg.> *plagen*

Tri·fle, <auch> **Trif·le** <['traɪfl]; m.; -s, -s; ↗Z53; engl. Kochk.> *Nachspeise, die aus drei Schichten besteht* [engl.]

Tri·fo'kal·glas <n.; -es, ⸚er; Opt.> *für drei Entfernungen verwendbare Brillengläser*

Tri'fo·li·um <n.; -s, -li·en; Bot.> = *Klee* [lat.]

Tri'fo·ri·um <n.; -s, -ri·en; Arch.; in roman. u. got. Kirchen> *Laufgang mit dreifachen Bogenstellungen* [lat.]

Trift <f.; -, -en> 1 <urspr.> *das Treiben des Viehs auf die Weide* 2 <dann> *Viehweide* 3 = *Drift*; **'Trift·eis** <n.; -es; unz.>; **'trif·ten** <V. t.> Baumstämme ~ *flößen*; **'Trift·holz** <n.; -es; unz.>; **'trif·tig** <Adj.> *stichhaltig*; ein ~er Grund

'Tri·ga <f.; -, -s od. 'Tri·gen; geh.> *Dreigespann* [lat.]

Tri'ge·mi·nus <m.; -, -ni; Anat.> *fünfter Hirnnerv bei Menschen u. Wirbeltieren* [lat.]

'Trig·ger <m.; -s, -> 1 <Phys.> *Impuls zur Synchronisation von elektr. Schaltungsvorgängen* 2 <Med.> *Stoff, der eine Reaktion auslöst* [engl.]

Tri'glyph <m.; -s, -e; Arch.> *Dreischlitz* [grch.]

Tri'gon <n.; -s, -e; Math.; veralt.> *Dreieck* [grch.]; **tri·go'nal** <Adj.>; **Tri·go·no·me'trie**, <auch> **Tri·go·no·met'rie** <f.; -; unz.; ↗Z53> *Dreiecksberechnung, -messung*; **tri·go·no·me'trisch** <Adj.> ~er Punkt

tri'klin <Adj.> *drei ungleich lange Achsen aufweisend, die nicht im rechten Winkel zueinander stehen*; ~es Kristallsystem [grch.]

tri·ko'lor <Adj.> *dreifarbig* [frz.]; **Tri·ko'lo·re** <f.; -, -n> *dreifarbige Fahne der frz. Republik*

Tri·kot <[-'koː] a. ['triko]; m. od. n.; -s, -s> 1 *ein elastisches Gewebe* 2 <nur n.> *eng anliegendes Kleidungsstück*; Sport~ [nach dem nordfrz. Ort *Tricot*]; **Tri·ko'ta·ge** <[-ʒən]; Pl.> *Strick- u. Wirkware*

'tri·la·te·ral <a. [----'-]; Adj.; Pol.> *drei Seiten betreffend*; ~e Beziehungen [lat.]

Tri'lem·ma <n.; -s, -s od. -ma·ta; Logik> *Urteil, das einem Gegenstand od. Sachverhalt drei ausschließliche Eigenschaften zuschreibt*; → a. *Dilemma*

tri'lin·gu·isch <Adj.> *dreisprachig*

'Tril·ler <m.; -s, -; Mus.; Abk.: tr> *schneller, mehrmaliger Wechsel eines Tones mit dem nächsthöheren*; **'tril·lern** <V. i.; ich trillere; umg.>; **'Tril·ler·pfei·fe** <f.; -, -n>

Tril·li'ar·de <f.; -, -n> *1000 Trillionen*; **Tril·li'on** <f.; -, -en> *eine Million Billionen*

Tri·lo'bit <m.; -en, -en> *ein ausgestorbener Gliederfüßer* [grch.]

Tri·lo'gie <f.; -, -n> *Werk aus drei selbstständigen, stofflich zusammenhängenden Teilen*; Roman~ [grch.]

Tri·ma'ran <m.; -s, -e> *ein Segelboot* [lat.]

tri'mer <Adj.; Bot.> *dreiteilig* [grch.]

Tri'mes·ter <n.; -s, -> *Drittel eines Studienjahres* [lat.]

'Tri·me·ter <m.; -s, -; Metrik> *Vers aus drei Metren* [grch.]

Trimm <m.; -(e)s; unz.; Mar.> 1 *Schwimmlage eines Schiffes* 2 *gepflegter Zustand eines Schiffes* [engl.]; **'Trimm-dich-Pfad** <m.; -(e)s, -e; ↗Z33>; **'trim·men**

<V. t.> 1 einen Hund ~ *einem H. das Fell scheren* 2 <umg.> *trainieren, abrichten;* ein Tier ~; *sich* ~ *sich sportlich fit halten* 3 ein Schiff, ein Flugzeug ~ *die Gewichte gleichmäßig verteilen* 4 <El.> einen Schwingkreis ~ *ihn auf die gewünschte Frequenz einstellen;* '**Trim·mer** <m.; -s, -; Phys.> *Kondensator zum Trimmen(4) von Schwingkreisen;* '**Trimm·pfad** <m.; -(e)s, -e> *Trimm-dich-Pfad;* '**Trimmung** <f.; -, -en>

tri'morph <Adj.; Bot.> *dreigestaltig* (Blüten) [grch.]; **Tri'morphie** <f.; -; unz.>; **Tri·mor'phismus** <m.; -; unz.; Bot.>

'**Tri·ne** <f.; -, -n; Pl. selten; umg.; Schimpfw.> *dumme ~*

'**Tri·ni·dad** *eine der Westindischen Inseln;* '**Tri·ni·dad und To·ba·go** *ein mittelamerikan. Staat; Republik ~*

Tri·ni'tät <f.; -; unz.; christl. Rel.> *Dreieinigkeit* [lat.]; **Tri·ni'ta·tis** <ohne Art.> *Dreifaltigkeitsfest*

Tri'ni·tro·to·lu·ol, <auch> **Tri'nit·ro·to·lu·ol** <n.; -s; unz.; Abk.: TNT> *ein stoßsicherer Sprengstoff;* Sy *Trotyl*

'**trink·bar** <Adj.>; '**trin·ken** <V. t. u. V. i. 270> 1 <V. t.> *Flüssigkeit zu sich nehmen;* ein Glas Milch ~; Wasser ~; jmdm. zu ~ geben 2 <V. i.> *Alkohol zu sich nehmen;* er hat angefangen zu ~; *einen ~ gehen* <umg.>; '**Trinker** <m.; -s, -> *Alkoholabhängiger;* '**Trin·ke·rin** <f.; -, -n·nen>; '**trink·fest** <Adj.; -er, am -es·ten> er ist sehr ~; '**Trink·fes·tig·keit** <f.; -; unz.>; '**trink·freu·dig** <Adj.>; '**Trink·ge·fäß** <n.; -es, -e>; '**Trink·geld** <n.; -(e)s, -er> *zusätzliche Vergütung (bes. in der Gastronomie);* '**Trink·glas** <n.; -es, ⸚er>; '**Trink·hal·le** <f.; -, -n; in Heilbädern>; '**Trink·halm** <m.; -(e)s, -e>; '**Trink·lied** <n.; -(e)s, -er>; '**Trink·spruch** <m.; -(e)s, ⸚e> *einen ~ (auf jmdn.) ausbringen;* '**Trink·was·ser** <n.; -s; unz.> Ggs *Brauchwasser;* '**Trink·was·ser·auf·be·rei·tung** <f.; -; unz.>; '**Trink·was·ser·qua·li·tät** <f.; -; unz.>

Tri'nom <n.; -s, -e; Math.> *dreigliedriger Ausdruck* [grch.]; **tri'no·misch** <Adj.; Math.>

Trio <['--]; n.; -s, -s> 1 <Mus.> *Musikstück für drei Instrumente* 2 <Mus.> *Gruppe von drei Musikern* 3 <umg.; oft abwertend> *drei zusammengehörige Personen* [ital.]

Tri'o·de <f.; -, -n; Phys.> *dreipolige Elektronenröhre* [grch.]

Tri·o·le <f.; -, -n; Mus.> *Gruppe von drei Noten im Zeitwert von zwei od. vier Noten*

Tri·o'lett <n.; -s, -e> *eine achtzeilige Gedichtform* [frz.]

'**Tri·o·so·na·te** <f.; -, -n; Mus.> *Sonate für zwei Melodie-Instrumente u. Continuo*

Tri·ö'zie <f.; -; unz.; Bot.> = *Dreihäusigkeit* [grch.]; **tri'ö·zisch** <Adj.>

Trip <m.; -s, -s; umg.> 1 *Ausflug* 2 *Drogenrausch* 3 <bes. in Zus.> *Betätigung, Einstellung;* auf dem Öko~ sein [engl.]

'**tri·pel...,** '**Tri·pel...** <in Zus.> *drei..., Drei..., dreifach* [frz.]

Tri'pel·al·li·anz <f.; -; unz.> *Dreibund, bes. derjenige von 1882 zw. Deutschland, Österreich u. Italien;* '**Tri·pel·en·tente** <[-ātāt]; f.; -, -n> *Dreierverband, bes. derjenige von 1907 zw. Frankreich, England u. Russland*

'**Tri·pel·fu·ge** <f.; -, -n; Mus.> *Fuge mit drei Themen;* '**Tri·pel·kon·zert** <n.; -(e)s, -e; Mus.>

Tri·pep'tid <n.; -(e)s, -e; Biochem.> *Verbindung aus drei Aminosäuren* [grch.]

Tri'phthong, <auch> **Triph'thong** <m.; -(e)s, -e; ↗Z54; Phon.> = *Dreilaut* [grch.]

Tri'pi·ta·ka <n.; -; unz.> *dreiteiliger buddhist. Kanon* [Pali]

Tri·ple..., <auch> **Tri·ple...** <[tripl-]; ↗Z53> *frz. Schreibung von> Tripel...*

Tri'plett, <auch> **Trip'lett** <n.; -s, -e; ↗Z53; Phys.> *aus drei Zuständen bestehender Energiezustand* [frz.]

Tri'plik, <auch> **Trip'lik** <f.; -, -en; ↗Z53> *Antwort des Klägers auf eine Duplik* [lat.]

tri·plo'id, <auch> **trip·lo'id** <Adj.; ↗Z54; Biochem.> *mit dreifachem Chromosomensatz versehen* [grch.]

Tri·po'die <f.; -, -n> *Einheit aus drei gleichen Versfüßen* [grch.]

'**Tri·po·lis** *Hauptstadt von Libyen*

'**trip·peln** <V. i.; ich tripp(e)le> *mit kleinen Schritten laufen*

'**Trip·per** <m.; -s, -; Med.> *eine Geschlechtskrankheit;* Sy *Gonorrhö*

'**Tri·ptik,** <auch> '**Trip·tik** <n.; -s, -s; ↗Z54> = *Triptyk;* '**Trip·ty·chon** <[-çɔn]; n.; -s, -chen> *dreiteiliges Altarbild* [grch.]; '**Trip·tyk** <n.; -s, -s> *dreiteiliger Zollpassierschein für Fahrzeuge*

'**Tri·pus** <m.; -, -'po·den> *altgrch. Dreifuß für Gefäße* [grch.]

Tri're·me <f.; -, -n> = *Triere*

'**Tri·sac·cha·rid** <[-xa-]; n.; -(e)s, -e; Chem.> *eine Zuckerart* [grch.]

Tri·sek·ti'on <f.; -, -en; Math.> *Dreiteilung (des Winkels)*

'**Tri·set** <n. od. m.; - od. -s, -s> *aus drei zusammengehörigen Dingen bestehendes Set*

'**Tris·mus** <m.; -, -men; Med.> *Kaumuskelkrampf* [grch.]

Tri·so'mie <f.; -, -n; Med.> *Chromosomenüberschuss* [grch.]

trist <Adj.; -er, am -es·ten> *traurig, öde;* ~es Wetter [frz.]

'**Tris·te** <f.; -, -n; bair.; österr.; schweiz.> *Heuschober*

Tris·tes·se <[-'tɛs]; f.; -; unz.; geh.> *Schwermut* [frz.]; '**Tristheit** <f.; -; unz.>

'**Tri·sti·chon,** <auch> '**Tris·ti·chon** <[-çɔn]; n.; -s, -chen; ↗Z54> *Gedicht od. Vers aus drei Zeilen* [grch.]

tri·syl'la·bisch <Adj.> *dreisilbig;* **Tri'syl·la·bum** <n.; -s, -ba od. -'la·ben> *dreisilbiges Wort* [grch.]

Trit·a·go'nist, <auch> **Tri·ta·go'nist** <m.; -en, -en; ↗Z54> *dritter Schauspieler des altgrch. Theaters* [grch.]

'**Tri·ti·um** <n.; -s; unz.; Chem.; Zeichen: T od. ³H> *schweres Wasserstoffisotop* [grch.]

'**Tri·ton** ¹ <m.; -'to·nen, -'to·nen; grch. Myth.> *Meeresgott* [nach Triton, dem Sohn Poseidons]

'**Tri·ton** ² <n.; -s; unz.; Phys.; Zeichen: t od. ³H> *Kern eines Tritiumatoms* [grch.]

'**Tri·tons·horn** <n.; -(e)s, ⸚er; Zool.> *eine Kiemenschnecke*

'**Tri·to·nus** <m.; -; unz.; Mus.> *übermäßige Quarte* [lat.]

Tritt <m.; -(e)s, -e> 1 *das Auftre-*

ten mit dem Fuß; ~e hören; einen festen ~ haben; ~ halten 2 *Stoß mit dem Fuß;* jmdm. einen ~ geben 3 *etwas Erhöhtes;* **'Tritt·brett** ‹n.; -(e)s, -er›; **'Tritt·brett·fah·rer** ‹m.; -s, -; fig.› abwertend› *jmd., der ohne eigenes Engagement von etwas profitiert;* **'Tritt·brett·fah·re·rin** ‹f.; -, -n·nen›; **'tritt·fest** ‹Adj.›; **'Tritt·lei·ter** ‹f.; -, -n›; **'tritt·si·cher** ‹Adj.›

Tri'umph ‹m.; -(e)s, -e› 1 ‹urspr.› *festl. Einzug röm. Feldherren* 2 ‹allg.› *mit Freude erlebter Erfolg;* die Autorin feierte ~e [lat.]; **tri·um'phal** ‹Adj.› ein ~er Sieg; **Tri·um'pha·tor** ‹m.; -s, -'to·ren; im alten Rom› *siegreich einziehender Feldherr;* **Tri'umph·bo·gen** ‹m.; -s, - od. (süddt.; österr.; schweiz.) ·›; im alten Rom› *Ehrentor für den Triumphator,* **tri·um'phie·ren** ‹V. i.› über jmdn. ~; **Tri'umph·zug** ‹m.; -(e)s, -e›

Tri·um·vir ‹[-vir]; m.; -s od. -n, -n› *Mitglied eines Triumvirats;* **Tri·um·vi'rat** ‹n.; -(e)s, -e; im alten Rom› *Dreimännerherrschaft* [lat.]

tri·va'lent ‹[-va-]; Adj.; Chem.› *dreiwertig*

tri·vi'al ‹[-vi-]; Adj.› *gewöhnlich, abgedroschen, seicht;* ~e Unterhaltung [lat.]; **tri·vi·a·li·sie·ren** ‹V. t.›; **Tri·vi·a·li'tät** ‹f.; -, -en› ~en äußern; **Tri·vi·um** ‹n.; -s; unz.› *an mittelalterl. Universitäten die Fächer Grammatik, Dialektik u. Rhetorik* [lat.]

'Tri·zeps ‹m.; -es, -e; Anat.› *dreiköpfiger Streckmuskel des Oberarms* [lat.]

tro·chä·isch ‹[-'xɛ:-]; Adj.; Metrik› **Tro'chä·us** ‹m.; -, -chä·en› *Versfuß aus einer langen, betonten u. einer kurzen, unbetonten Silbe* [grch.]

Tro·chit ‹[-'xi:t]; m.; -s od. -en, -en› *versteinerter Stiel einer Seelilie* [grch.]; **Tro'chi·ten·kalk** ‹m.; -(e)s; unz.›

'tro·cken ‹Adj.› 1 ⟋Z22.2, 24› *nicht feucht;* ~e Strümpfe; die Wäsche müsste jetzt ~ sein; sich ~ rasieren *mit dem elektrischen Rasierer;* ein ~er Sommer; ‹Getrenntschreibung in Ver-

bindung mit Verben, wenn "trocken" sinnvoll steiger- od. erweiterbar ist› ~ sitzen, stehen, schleudern, wischen *in trockenem Zustand sitzen, stehen usw.;* ‹aber zusammen› → trockenlegen, → trockenschleudern, → trockenwischen 2 *dürr, vertrocknet;* ein ~er Zweig 3 *nüchtern;* eine ~e Antwort 4 *langweilig, nicht anschaulich;* ~er Unterricht 5 ‹fig.› noch nicht ~ hinter den Ohren ‹umg.› *noch unreif* 6 *herb;* ~er Wein 7 ‹⟋Z43.1›; Großschreibung des substantivierten Adjektivs, auch in Wendungen› im Trockenen sein; seine Schäfchen im Trock(e)nen haben, ins Trock(e)ne bringen ‹fig.› *sich einen Vorteil gesichert haben, sichern;* auf dem Trock(e)nen sitzen ‹umg.› *in Verlegenheit sein,* ‹a. scherzh.› *nichts mehr zu trinken haben;* **'Tro·cken·an·la·ge** ‹f.; -, -n›; **'Tro·cken·bat·te·rie** ‹f.; -, -n›; **'Tro·cken·bee·ren·aus·le·se** ‹f.; -, -n› *eine Weinqualität;* **'Tro·cken·blu·me** ‹f.; -, -n› *Strohblume;* **'Tro·cken·bo·den** ‹m.; -s, ·› *Wäscheboden;* **'Tro·cken·dock** ‹n.; -s, -s› *Schiffsdock für Reparaturen;* **'Tro·cken·ei** ‹n.; -(e)s; unz.› *Eipulver;* **'Tro·cken·eis** ‹n.; -es; unz.› *Kühlmittel aus festem Kohlendioxid;* **'Tro·cken·ele·ment** ‹n.; -(e)s, -e; ⟋Z55› *ein galvanisches Element;* **'Tro·cken·fut·ter** ‹n.; -s; unz.›; **'Tro·cken·ge·biet** ‹n.; -(e)s, -e› *niederschlagsarmes Gebiet;* **'Tro·cken·hau·be** ‹f.; -, -n› *ein Haartrockner;* **'Tro·cken·heit** ‹f.; -, -en›; **'Tro·cken·kam·mer** ‹f.; -, -n; Gießerei›; **'Tro·cken·kurs** ‹m.; -es, -e› = *Trockenübung;* **'tro·cken·le·gen** ‹V. t.; ich lege trocken; sie hat trockengelegt; trockenzulegen; ⟋Z25› ein Kind ~ *neu wickeln;* einen Sumpf ~ *künstlich entwässern;* → a. *trocken(1);* **'Tro·cken·le·gung** ‹f.; -, -en›; **'Tro·cken·maß** ‹n.; -es; unz.› *Hohlmaß für Schüttgüter;* **'Tro·cken·mas·se** ‹f.; -, -n› = *Trockensubstanz;* **'Tro·cken·milch** ‹f.; -; unz.› *Milchpulver;* **'Tro·cken-

obst** ‹n.; -es; unz.› *Backobst;* **'Tro·cken·o·fen** ‹m.; -s, ·; Gießerei›; **'Tro·cken·platz** ‹m.; -es, -e›; **'Tro·cken·ra·sie·rer** ‹m.; -s, -› *elektr. Rasierapparat;* **'Tro·cken·raum** ‹m.; -(e)s, -e›; **'tro·cken|rei·ben** ‹V. t. 196; ich reibe trocken; sie hat trockengerieben; trockenzureiben› *etwas reiben, bis es trocken ist;* ‹aber getrennt› etwas 'trocken 'reiben *etwas in trockenem Zustand reiben;* → a. *trocken(1);* **'Tro·cken·schleu·der** ‹f.; -, -n›; **'tro·cken|schleu·dern** ‹V. t.; ich schleud(e)re trocken; sie hat trockengeschleudert; trockenzuschleudern; ⟋Z24, 25› *etwas schleudern, bis es trocken ist;* ‹aber getrennt› etwas 'trocken 'schleudern *etwas in trockenem Zustand schleudern;* → a. *trocken(1);* **'tro·cken|sit·zen** ‹V. i. 246; du sitzt trocken; sie ist trockengesessen; trockenzusitzen; ⟋Z24, 25› *vor leeren Gläsern sitzen;* ‹aber getrennt› 'trocken 'sitzen *vor Nässe geschützt sitzen;* → a. *trocken(1);* **'Tro·cken·star·re** ‹f.; -; unz.; Zool.›; **'tro·cken|ste·hen** ‹V. i.; sie hat trockengestanden; trockenzustehen; ⟋Z24, 25› die Kuh steht trocken *die K. gibt keine Milch;* ‹aber getrennt› 'trocken 'stehen *im Trockenen stehen;* → a. *trocken(1);* **'Tro·cken·sub·stanz,** ‹auch› **'Tro·cken·subs·tanz** ‹f.; -; unz.; ⟋Z54› *wasserfreie Masse eines Stoffes;* Käse mit 40% Fett in der ~ ‹Abk.: i. T.; i. Tr.›; Sy *Trockenmasse;* **'Tro·cken·ü·bung** ‹f.; -, -en; ⟋Z55; Sp.› *vorbereitende Sportübung im Raum od. an Land, bes. beim Rudern, Schwimmen, Skilaufen;* **'tro·cken|wi·schen** ‹V. t.; ⟋Z25› den Fußboden ~; **'Tro·cken·zeit** ‹f.; -, -en› *Jahreszeit in den Tropen mit geringem od. keinem Niederschlag;* Ggs *Regenzeit;* **'trock·nen** ‹V.› 1 ‹V. i.› *trocken werden;* an der Sonne ~; zum Trocknen an die Sonne legen 2 ‹V. t.› *trocken machen;* Wäsche ~; sich das Haar ~; getrocknetes Obst

'Trod·del ‹f.; -, -n› = *Quaste;* **'Trod·del·blu·me** ‹f.; -, -n; Bot.› = *Soldanella, Soldanelle*

'Trö·del <m.; -s; unz.; umg.; abwertend> *wertloser Kram, Altwaren;* **Trö·de'lei** <f.; -, -en>; **'Trö·del·fritz** <m.; -, -en; umg.>; **'trö·de·lig** <Adj.>; **'Trö·del·kram** <m.; -s; unz.>; **'Trö·del·la·den** <m.; -s, -̈>; **'Trö·del·markt** <m.; -(e)s, -̈e>; **'trö·deln** <V. i.; ich tröd(e)le 1 *Trödel verkaufen* 2 *langsam sein, arbeiten;* **'Trö·del·su·se** <f.; -, -n; umg.>; **'Tröd·ler** <m.; -s, -> = *Altwarenhändler;* **'Tröd·le·rin** <f.; -, -nnen>

'Tro·er <m.; -s, -> = *Trojaner*

Trog <m.; -(e)s, -̈e> *ein großes Holz- od. Steingefäß; Futter~;* **'Trog·tal** <n.; -(e)s, -̈er> *Flusstal mit breiter Sohle*

Troi·ka, <auch> **Troi·ka** <['trɔi-] a. ['trɔ:i-]; f.; -, -s; ↗Z 50> 1 *russ. Dreigespann* 2 <fig.> *aus drei Politikern bestehender Führungsausschuss* [russ.]

Troi·kart <[trɔa'ka:r]; m.; -s, -s> = *Trokar* [frz.]

'tro·isch <Adj.> = *trojanisch;* **'Tro·ja** *antike Stadt in Kleinasien;* **Tro'ja·ner** <m.; -s, -> *Einwohner von Troja;* **Tro'ja·ne·rin** <f.; -, -nnen>; **tro'ja·nisch** <Adj.> *Troja betreffend; ~e Bauten; <aber> der Trojanische Krieg; das Trojanische Pferd hölzernes Pferd, in dessen Bauch sich grch. Krieger unbemerkt nach Troja bringen ließen*

Tro'kar <m.; -s, -s od. -e; Med.> *chirurg. Dreikantnadel* [frz.]

'trö·len <V. t.; schweiz.> *verzögern*

Troll <m.; -(e)s, -e; nord. Myth.> *Unhold;* **'Troll·blu·me** <f.; -, -n; Bot.> *ein Hahnenfußgewächs;* **'trol·len** <V. t. refl.> sich ~ *beschämt od. unwillig weggehen* 2 <V. i. (s.); Jägerspr.> *traben (vom Schalenwild)*

Trol·ley·bus <['trɔli-]; m.; -sses, -s·se> *elektr. Oberleitungsomnibus* [engl.]

'Trol·lin·ger <m.; -s, -> *eine Rebu. Weinsorte*

'Trom·be <f.; -, -n> *ein Wirbelwind;* Sy *Windhose* [frz.]

'Trom·mel <f.; -, -n> 1 *ein Schlaginstrument; die ~ schlagen; die ~ für etwas rühren* <fig.> *für etwas werben* 2 *walzenförmiger Maschinenteil;* **'Trom·mel·**brem·se** <f.; -, -n>; **'Trom·mel·fell** <n.; -(e)s, -e> 1 *Kalbfell der Trommel* 2 <Anat.> *Teil des Ohres;* Sy *Tympanum(1);* **'Trom·mel·feu·er** <n.; -s; unz.; Mil.> *länger andauernder Artilleriebeschuss;* **'trom·meln** <V. i.; ich tromm(e)le> 1 *die Trommel schlagen* 2 *schnell auf eine Fläche klopfen;* **'Trom·mel·re·vol·ver** <[-vɔlvər]; m.; -s, -> = *Revolver;* **'Trom·mel·schlag** <m.; -(e)s, -̈e>; **'Trom·mel·schlä·gel** <m.; -s, ->; **'Trom·mel·stock** <m.; -(e)s, -̈e>; **'Trom·mel·wasch·ma·schi·ne** <f.; -, -n>; **'Trom·mel·wir·bel** <m.; -s, -; Mus.>; **'Tromm·ler** <m.; -s, ->; **'Tromm·le·rin** <f.; -, -nnen>

'Trom·pe <f.; -, -n; Arch.> *nischenartige Wölbung zwischen zwei rechtwinklig aneinander stoßenden Mauern*

Trompe-l'Œil <['trɔp'lœj]; n. od. m.; -s, -s; Mal.> *naturgetreue Wiedergabe, bei der zwischen Wirklichkeit u. gemaltem Objekt nicht mehr unterschieden werden kann* [frz.]

Trom'pe·te <f.; -, -n; Instrumentenk.> *ein Blechblasinstrument; auf der ~ blasen;* **trom'pe·ten** <V. i.; du trompetest; sie hat trompetet> 1 *auf der Trompete blasen* 2 *Laut geben (vom Elefanten);* **Trom'pe·ten·baum** <m.; -(e)s, -̈e; Bot.>; **Trom'pe·ten·blu·me** <f.; -, -n; Bot.> = *Bignonie;* **Trom'pe·ten·schne·cke** <f.; -, -n; Zool.> = *Tritonshorn;* **Trom'pe·ten·tier·chen** <n.; -s, -; Zool.> *ein Wimpertierchen;* **Trom'pe·ter** <m.; -s, ->; **Trom'pe·te·rin** <f.; -, -nnen>; **Trom'pe·ter·vo·gel** <m.; -s, -̈; Zool.>

...tron <n.; -s, -e; in Zus.> *Elektr(enröhre)* [grch.]

...trop¹ <Adj.; in Zus.> *bestimmte Eigenschaften besitzend* [grch.]; **...trop²** <m. od. n.; -(e)s, -e> *Lebewesen od. Gegenstand, das/ der sich zu etwas hinwendet*

'Tro·pe <f.; -, -n> *bildlicher Ausdruck* [grch.]; **'Tro·pen** <Pl.> *heiße Zone der Erde zwischen den Wendekreisen;* **'Tro·pen·an·zug** <m.; -(e)s, -̈e>; **'Tro·pen·fie·ber** <n.; -s; unz.; Med.> = *Malaria;* **'Tro·pen·helm** <m.; -(e)s, -e>; **'Tro·pen·in·sti·tut,** <auch> **'Tro·pen·ins·ti·tut** <n.; -(e)s, -e; ↗Z 54> *Institut zur Erforschung der Lebensbedingungen in den Tropen;* **'Tro·pen·kli·ma** <n.; -s; unz.>; **'Tro·pen·krank·heit** <f.; -, -en; Med.>; **'Tro·pen·me·di·zin** <f.; -; unz.>; **'Tro·pen·pflan·ze** <f.; -, -n>

Tropf <m.; -(e)s, -̈e> 1 *Kerl; armer ~* 2 <umg.> *Gerät für die Dauertropfinfusion; am ~ hängen;* **'Tröpf·chen** <n.; -s, -; Verkleinerungsf. von> *Tropfen;* **'Tröpf·chen·in·fek·ti·on** <f.; -, -en; Med.> *Infektion, bei der Krankheitskeime durch Tröpfchen von Körperflüssigkeit übertragen werden;* **'Tröpf·chen·mo·dell** <n.; -s, -e> *anschauliches Modell für den Atomkern;* **'tröpf·chen·wei·se** <Adv.>; **'tröp·feln** <V. i.; ich tröpf(e)le; meist unpersönl.> *es tröpfelt es regnet leicht;* **'trop·fen** <V.> 1 <V. i.> *in Tropfen fallen; der Wasserhahn tropft; mir tropft die Nase* 2 <V. t.> *träufeln; Medizin auf einen Löffel ~;* **'Trop·fen** <m.; -s, -> 1 *kleine Flüssigkeitsmenge; Wasser~; ein ~ auf den heißen Stein* <fig.> *so wenig, dass es nichts bewirkt; ein guter, edler ~ (Wein)* 2 <nur Pl.> *flüssige Medizin; Husten~;* **'Trop·fen·fän·ger** <m.; -s, -> *Schwämmchen um Flaschenhälse;* **'trop·fen·wei·se** <Adv.> *Medizin ~ einnehmen;* **'Tropf·fla·sche** <f.; -, -n>; **'Tröpf·lein** <n.; -s, -; poet.; Verkleinerungsf. von> *Tropfen;* **'tropf·nass** <Adj.; verstärkend> *ein ~es Kleidungsstück;* **'Tropf·stein** <m.; -(e)s, -e> *säulenförmige Kalkabsonderung aus tropfendem Wasser;* **'Tropf·stein·höh·le** <f.; -, -n>

...troph <in Zus.> *sich ernährend von*

Tro'phäe <f.; -, -n> *Siegeszeichen; Jagd~* [grch.]

'tro·phisch <Adj.; Biol.> *die Ernährungsweise betreffend* [grch.]; **Tro·pho'lo·ge** <m.; -n, -n>; **Tro·pho·lo'gie** <f.; -; unz.> *Ernährungswissenschaft;* **Tro·pho'lo·gin** <f.; -, -nnen>; **tro·pho'lo·gisch** <Adj.>

'tro·pisch <Adj.> *zu den Tropen gehörend; ~e Pflanzen;* **Tro'pis·mus** <m.; -, -men; Bot.> *Bewe-*

gungsreaktion ortsfester Pflanzen in Richtung eines Außenreizes [grch.]; **Tro·po'pau·se** <f.; -; unz.; Meteor.> *Grenze zwischen Tropo- u. Stratosphäre;* **'Tro·pos** <m.; -, -poi> = *Trope;* **Tro·po'sphä·re**, <auch> **Tro·pos·'phä·re** <f.; -; unz.; ↗Z54; Meteor.> 1 *untere Luftschicht der Erdatmosphäre* 2 *Meerestiefe von 200 bis 600 m* [grch.]

'trop·po <Mus.> *zu sehr; allegro ma non ~ lebhaft, aber nicht zu sehr* [ital.]

'Tro·pus <m.; -, 'Tro·pen> 1 <urspr.> *Melodieerweiterung im gregorian. Kirchengesang* 2 <dann> *Erweiterung des liturgischen Textes* [grch.]

Tross <m.; -es, -e> 1 *Fahrzeuge, die Gepäck, Proviant u. Ausrüstung der Truppe transportieren* 2 <fig.> *Gefolge;* **'Tros·se** <f.; -, -n> *starkes Hanf- od. Drahttau*

Trost <m.; -(e)s; unz.> 1 <↗Z29> *etwas, das Leid vermindert; schwacher ~; jmdm. ~ spenden jmdn. trösten; ~ bei jmdm., in etwas finden; eine ~ bringende Nachricht; ein ~ spendender Brief;* <aber> → trostbedürftig, → trostreich 2 <fig.; umg.> *nicht (recht) bei ~(e) sein nicht recht bei Verstand;* **'trost·be·dürf·tig** <Adj.>; **'trös·ten** <V.> 1 <V. t.> *Trost spenden* 2 <V. refl.> *sich ~ Trost finden; sie tröstete sich mit dem Gedanken, dass ...;* **'Trös·ter** <m.; -s, ->; **'tröst·lich** <Adj.> *ein ~er Gedanke;* **'trost·los** <Adj.; -er, am -es·ten> 1 *verzweifelt, hoffnungslos* 2 *öde; eine ~e Gegend;* **'Trost·lo·sig·keit** <f.; -; unz.>; **'Trost·pflas·ter** <n.; -s, -; umg.> *kleine Aufmerksamkeit als Trost für eine Enttäuschung;* **'Trost·preis** <m.; -es, -e> *kleiner Preis für den Verlierer;* **'trost·reich** <Adj.> *~e Worte;* **'Trost·spruch** <m.; -(e)s, ⁼e>; **'Trös·tung** <f.; -, -en>; **'Trost·wort** <n.; -(e)s, -e>

Trott <m.; -(e)s, -e> 1 *langsamer Trab* 2 *schwerfälliger Gang* 3 <fig.> *immer gleiche Arbeits-, Lebensweise; der tägliche ~*

'Trot·tel <m.; -s, -; umg.; abwertend> *Dummkopf, einfältiger Mensch;* **'trot·tel·haft** <Adj.>; **'trot·te·lig** <Adj.> *vergesslich,*

unachtsam; oV *trottlig;* **'Trot·te·lig·keit** <f.; -; unz.>; **'trot·teln** <V. i.; ich trott(e)le> *langsam, aber unaufmerksam gehen*

'trot·ten <V. i.> 1 *langsam traben (vom Pferd)* 2 *langsam, lustlos gehen;* **Trot·teur** <[-'tø:r]; m.; -s, -s> *Laufschuh* [frz.]; **Trot·ti'nett** <n.; -s, -e; schweiz.> *Kinderroller*

'trott·lig <Adj.> = *trottelig*

Trot·toir <[-'toa:r]; n.; -s, -e od. -s> = *Gehweg* [frz.]

Tro'tyl <n.; -s; unz.; Chem.> = *Trinitrotoluol*

trotz <Präp. m. Dat. od. (geh.) Gen.> *ungeachtet, entgegen; ~ allem; ~ des schlechten Wetters; ~ aller Vorsicht; ~ stark dekl. Subst. im Singular ohne Artikel u. Attribut stehen häufig ohne Deklinationsendung> ~ Auto; ~ Regen, Hagel u. Sturm;* **Trotz** <m.; -es; unz.> *Widersetzlichkeit, Dickköpfigkeit; kindlicher ~; etwas aus ~ tun; jmdm. zum ~ um jmdn. zu ärgern;* **'trotz·dem** <a. [-'-]> 1 <Adv.> *dennoch; sie hatte ihn gewarnt, aber er tat es ~* 2 <Konj.; umg.> *obgleich; ~ es etwas kühl war, gingen wir schwimmen;* **'trot·zen** <V. i.; du trotzt> *jmdm. od. einer Sache ~; einer Gefahr ~; ein Kind trotzt ist dickköpfig;* **'Trot·zer** <m.; -s, -; Bot.> *eine Kulturpflanze;* **'trot·zig** <Adj.> *~ schweigen; ein ~es Kind*

Trotz·kis·mus <m.; -; unz.> *von der Parteilinie der KPdSU abweichende Ideologie* [nach L. D. *Trotzki*]; **Trotz'kist** <m.; -en, -en>; **Trotz'kis·tin** <f.; -, -n·nen>; **trotz'kis·tisch** <Adj.>

'Trotz·kopf <m.; -(e)s, ⁼e>; **'trotz·köp·fig** <Adj.> *eigensinnig*

Trou·ba·dour <['trubadu:r]; m.; -s, -e od. -s> *provenzal. Minnesänger des 11.–14 Jh.* [frz.]

Trou·ble, <auch> **Troub·le** <[trʌbl]; m.; -s; unz.; ↗Z53; umg.> *Mühe, Schwierigkeiten; ~ haben* [engl.]; **'Trou·ble·shoo·ter** <[-'ʃu:tə(r)]; m.; -s, -> *jmd., der versucht, in Konfliktsituationen zu vermitteln* [engl.]

Trou·pi·er <[tru'pje:]; m.; -s, -s; Soldatenspr.> *Offizier, der lange in der Truppe gedient hat* [frz.]

Trou·vail·le <[tru'va:jə]; f.; -, -n> *glücklicher Fund* [frz.]

Trou·vère <[tru've:r]; m.; -s, -s> *nordfrz. Minnesänger des 12.–14. Jh.* [frz.]

Troy·er, <auch> **Tro·yer** <['trɔiər]; m.; -s, -; ↗Z52> *Wollpullover mit Reißverschluss;* **'Troy·ge·wicht** <n.; -(e)s; unz.> *engl. u. nordamerikan. Gewicht für Edelmetalle u. -steine* [nach der frz. Stadt *Troyes*]

trüb <Adj.> = *trübe;* **Trub** <m.; -(e)s; unz.; Fachspr.> *Bodensatz;* **'trü·be** <Adj.> 1 *unklar, milchig; ~s Glas* 2 *glanzlos, matt; ~s Licht* 3 *regnerisch, bedeckt; ~s Wetter* 4 *lustlos, niedergeschlagen; ~ Stimmung sein; ~ Tasse* <fig.; umg.; abwertend> *langweiliger Mensch* 5 <↗Z43> *zweideutig, schlecht; im Trüben fischen* <fig.; umg.> *aus einer unklaren Situation einen Vorteil ziehen;* **'Trü·be** <f.; -; unz.>

'Tru·bel <m.; -s; unz.> *lärmendes Durcheinander; auf dem Fest herrschte großer ~* [frz.]

'trü·ben <V. t./V. refl.> *trübe machen, werden; von Tränen getrübte Augen; im Glück wurde getrübt* <fig.>; **'Trüb·heit** <f.; -; unz.>; **'Trüb·sal** <f.; -, -e> *Trauer, Bedrückung; ~ blasen* <fig.; umg.> *missgestimmt sein;* **'trüb·se·lig** <Adj.> *eine ~e Gegend;* **'Trüb·se·lig·keit** <f.; -; unz.>; **'Trüb·sinn** <m.; -(e)s; unz.> *Schwermut; in ~ verfallen;* **'trüb·sin·nig** <Adj.>; **'Trüb·sin·nig·keit** <f.; -; unz.>; **'Trü·bung** <f.; -, -en> *~ des Bewusstseins*

'Truch·sess <m.; -es, -e> *mittelalterl. Vorsteher der Hofhaltung*

Truck <[trak]; m.; -s, -s> *amerikan. Bez. für> großer Lastkraftwagen* [engl.]; **'Tru·cker** <m.; -s, -> *Fahrer eines Trucks;* **'Tru·cke·rin** <f.; -, -n·nen>; **'Truck·sys·tem** <n.; -s, -e; Wirtsch.> *Bezahlung des Arbeitnehmers durch Waren*

'tru·deln <V. i. (s.); ich trud(e)le> *sich nach unten drehen; das Flugzeug kam ins Trudeln*

'Trüf·fel <f.; -, -n od. (umg.) m.; -s, -> 1 *ein Pilz* 2 *eine Praline* [frz.]; **'Trüf·fel·le·ber·pas·te·te** <f.; -, -n>; **'Trüf·fel·schwein**

<n.; -(e)s, -e> '**Trüf·fel·su·che** <f.; -; unz.> Gerd geht mit seiner Hündin auf ~

Trug <m.; -(e)s; unz.> *Täuschung; Lug und* ~; '**Trug·bild** <n.; -(e)s, -er> '**Trug·dol·de** <f.; -, -n; Bot.> '**trü·gen** <V. i. 271> *der Schein trügt;* '**trü·ge·risch** <Adj.> *irreführend;* er gab sich ~en Hoffnungen hin; das Eis ist ~; '**Trug·schluss** <m.; -es, ⸚e> *falsche Schlussfolgerung*

'**Tru·he** <f.; -, -n> *ein Kastenmöbel;* Wäsche~

Trum <m. od. n.; -(e)s, -e od. ⸚er> 1 <Geol.> *kleiner Gesteins- od. Mineraliengang* 2 <Bgb.> *Teil eines Schachtes* 3 *Stück eines Treibriemens;* **Trumm** <n. od. m.; -(e)s; unz.; oberdt.> *großes Stück;* ein ~ Holz; '**Trüm·mer** <Pl.> *Bruchstücke;* etwas in ~ schlagen; in ~ gehen *entzweigehen;* die Stadt liegt in ~n; '**Trüm·mer·feld** <n.; -(e)s, -er> '**Trüm·mer·flo·ra** <f.; -; unz.> '**Trüm·mer·frau** <f.; -, -en> *nach dem 2. Weltkrieg bei der Beseitigung von Trümmerfeldern mitarbeitende Frau;* '**Trüm·mer·stein** <n.; -(e)s, -e> '**Trüm·mer·hau·fen** <m.; -s, -; a. fig.>

Trumpf <m.; -(e)s, ⸚e> 1 <Kart.> *Farbe, die die anderen sticht;* ~ erklären; Kreuz ist ~ 2 <fig.> *Vorteil;* einen ~ in der Hand halten; **Trumpf·ass** <n.; -es, -e> '**trump·fen** <V. i.; Kart.>; '**Trumpf·far·be** <f.; -, -n>

Trunk <m.; -(e)s, ⸚e; Pl. selten; geh.> 1 *das Trinken;* dem ~ verfallen *alkoholsüchtig* 2 *Getränk;* ein kühler ~; '**trun·ken** <Adj.; geh.> ~ vor Freude; '**Trun·ken·bold** <m.; -(e)s, -e; abwertend> *Trinker;* '**Trun·ken·heit** <f.; -; unz.> wegen ~ am Steuer bestraft werden; '**Trunk·sucht** <f.; -; unz.>; '**trunk·süch·tig** <Adj.>

Trupp <m.; -s, -s> 1 *kleine Schar;* ein ~ von Arbeitern 2 <Mil.> *kleinere Einheit für spezielle Aufgaben;* Stoß~; '**Trüpp·chen** <n.; -s, -; Verkleinerungsf. von** *Trupp;* '**Trup·pe** <f.; -, -n> 1 <Mil.> *Gesamtheit der Soldaten* 2 *Schauspieler-, Artistengruppe;* '**Trup·pen** <Pl.; Mil.>; '**Trup·pen·arzt** <m.; -es, ⸚e; Mil.>; '**Trup·pen·be·we·gung** <f.; -,

-en; Mil.>; '**Trup·pen·gat·tung** <f.; -, -en; Mil.>; '**Trup·pen·pa·ra·de** <f.; -, -n; Mil.>; '**Trup·pen·stär·ke** <f.; -; unz.>; '**Trup·pen·teil** <m.; -(e)s, -e; Mil.>; '**Trup·pen·ü·bung** <f.; -, -en; ⸚Z55; Mil.>; '**Trup·pen·ü·bungs·platz** <m.; -es, ⸚e; ⸚Z55; Mil.>; '**trupp·wei·se** <Adv.> *in Trupps*

'**Trü·sche** <f.; -, -n; Zool.> = *Quappe*

Trust <[trʌst]; m.; -(e)s, -e od. -s> *Zusammenschluss mehrerer Firmen zu einem Großunternehmen* [engl.]; **Trus·tee** <[trʌs'tiː]; m.; -s, -s; engl. Bez. für> *Bevollmächtigter*

'**Tru·te** <f.; -, -n; schweiz.> *Truthenne;* '**Trut·hahn** <m.; -(e)s, ⸚e; Zool.>; '**Trut·hen·ne** <f.; -, -n>; '**Trut·huhn** <n.; -(e)s, ⸚er> *ein Hühnervogel*

Trutz <m.; -es; unz.; poet.> *Gegenwehr;* <nur noch in der Wendung> zu Schutz und ~; '**Trutz·burg** <f.; -, -en>; '**trut·zen** <V. i.; du trutzt; poet.> *trotzen;* '**trut·zig** <Adj.; poet.> *mächtig, massig*

Try·pa·no·so·ma <n.; -s, -'so·men; Zool.> *ein Geißeltierchen* [grch.]

Tryp'sin <n.; -s; unz.> *Enzym der Bauchspeicheldrüse* [grch.]

'**Tsan·tsa** <f.; -, -s; bei südamerikan. Indianern> *Schrumpfkopf* [Jivaro]

Tsa'tsi·ki <m. od. n.; -s, -s; grch. Kochk.> *Joghurtspeise mit Knoblauch u. Gurke;* oV *Zaziki*

Tschad *zentralafrikan. Staat;* Republik ~; '**Tscha·der** <m.; -s, ->; '**Tscha·de·rin** <f.; -, -nen>; '**tscha·disch** <Adj.>

'**Tscha·ko** <m.; -s, -s; früher> *Kopfbedeckung bei Militär u. Schutzpolizei* [ung.]

'**Tschan·du** <n.; -s; unz.> *Opium zum Rauchen* [Hindi]

'**Tschap·ka** <f.; -, -s> *Kopfbedeckung der Ulanen* [poln.]

'**Tschar·dasch** <m.; -(e)s, -e; eindeutschend für> *Csárdás*

tschau <umg.; Grußw.; eindeutschend für> *ciao* [ital.]

'**Tsche·che** <m.; -n, -n>; '**Tsche·chi·en** = *Tschechische Republik;* '**Tsche·chin** <f.; -, -nnen>; '**tsche·chisch** <Adj.> die ~e Sprache; das Tschechische;

'**Tsche·chi·sche Re·pu'blik** < ⸚Z53> *Staat in Mitteleuropa;* Sy *Tschechien;* **Tsche·cho·slo·wa'kei** <f.; -; unz.> *ehem. europäischer Staat;* **tsche·cho·slo·'wa·kisch** <Adj.>

'**Tsche·ka** <f.; -; unz.; 1917–1922> *politische Polizei des bolschewist. Russland* [russ.]

Tsche·re'mis·se <m.; -n, -n> *Angehöriger eines ostfinn. Volkes,* <eigener Name> *Mari;* **Tsche·re'mis·sin** <f.; -, -nnen>; **tsche·re'mis·sisch** <Adj.>

Tscher'kes·se <m.; -n, -n> *Angehöriger einer kaukas. Volkergruppe;* **Tscher'kes·sin** <f.; -, -nnen>; **tscher'kes·sisch** <Adj.>; **Tscher'kess·ka** <f.; -, -s> *Überrock der Tscherkessen*

Tscher·no·byl <[-'nɔbyl]> *Standort des sowjet. Kernreaktors, der 1986 explodierte*

Tscher·no·sem <[-'zjom]>, **Tscher·nos'jom** <n.; -s; unz.> = *Schwarzerde* [russ.]

Tschi'buk <m.; -s, -s> *türk. Tabakspfeife* [türk.]

'**Tschi·kosch** <m.; -(e)s, -e; eindeutschend für> *Csikos*

'**tschil·pen** <V. i.> *zwitschern;* oV *schilpen*

'**Tschi·tra·ka**, <auch> '**Tschit·ra·ka** <n.; - od. -s, -s; ⸚Z53> *Sektenzeichen auf der Stirn der Hindus*

'**Tschuk·tsche**, <auch> '**Tschukt·sche** <m.; -n, -n; ⸚Z50, 52> *Angehöriger eines altsibirischen Volkes;* '**Tschuk·tschin** <f.; -, -nnen>; '**tschuk·tschisch** <Adj.>

tschüs, tschüss <umg.; Grußw.> *adieu, leb wohl*

Tschu'wa·sche <m.; -n, -n> *Angehöriger eines ostfinn.-turkatar. Mischvolkes;* **Tschu'wa·schin** <f.; -, -nnen>; **tschu'wa·schisch** <Adj.>

Tsd. <Abk. für> *Tausend*

'**Tse·tse·flie·ge** <f.; -, -n; Zool.> *Stechfliege, die die Schlafkrankheit überträgt* [Bantuspr.]

T-Shirt <['tiːʃøːt]; n.; -s, -s; ⸚Z34> *kurzärmeliges Baumwollhemd* [engl.]

'**Tsu·ga** <f.; -, -s od. 'Tsu·gen; Bot.> = *Hemlocktanne*

Tsu'na·mi <m.; -, -s> *Flutwelle im Pazifik* [jap.]

TTL <Fot.; Abk. für engl.> *through the lense*

'T-Trä·ger <m.; -s, -; ↗Z34> *Walzstahl mit T-förmigem Profil*

TU <Abk. für> *Technische Universität*

'Tu·a·reg¹ <Pl. von> *Targi*; **'Tu·a·reg²** <n.; -; unz.> *Sprache der Tuareg*

Tub <[tʌb]; n.; -s, -s od. (nach Zahlenangaben) -> *engl. Gewichtseinheit* [engl.]

'Tu·ba <f.; -, 'Tu·ben> 1 <Anat.> *Gang im Inneren des Ohres* 2 <Anat.> *Eileiter*; oV *Tube* 3 <Instrumentenk.> *ein Blechblasinstrument* [lat.]; **Tu'bar·gra·vi·di·tät** <[-vi-]; f.; -; unz.> Med.> *Eileiterschwangerschaft*

'Tüb·bing <m.; -s, -s; Bgb.> *Stahlgussring*

'Tu·be <f.; -, -n> 1 *röhrenförmiger Behälter mit Schraubverschluss; Zahnpasta~; auf die ~ drücken* <fig.; umg.> *Gas geben* 2 <Anat.> = *Tuba(1,2)* [lat.]; **'Tu·ben·durch·bla·sung** <f.; -, -en; Med.>; **'Tu·ben·schwan·ger·schaft** <f.; -, -en; Med.> *Eileiterschwangerschaft*

'Tu·ber <m.; -s, -; Anat.> *Höcker, Knoten* [lat.]; **Tu'ber·kel** <m.; -s, - od. (österr.) f.; -, -n>, **Tu'ber·kel·bak·te·ri·um** <n.; -s, -ri·en> *Erreger der Tuberkulose*; **tu·ber·ku'lar** <Adj.; Med.> *knotig*; **Tu·ber·ku'lin** <n.; -s; unz.> *Stoffwechselprodukt der Tuberkelbakterien*; **tu·ber·ku'lös** <Adj.; österr.>, **tu·ber·ku'lös** <Adj.>; **Tu·ber·ku'lo·se** <f.; -, -n; Med.; Abk.: Tb, Tbc> *von Tuberkelbakterien verursachte Infektionskrankheit*; **tu·be'ros, tu·be·'rös** <Adj.> *knötchenartig*; **Tu·be'ro·se** <f.; -, -n; Bot.> *Nachthyazinthe*

'Tu·bus <m.; -, 'Tu·ben od. -s·se; Med.> 1 *Röhre* 2 *Katheter zum Beatmen*

Tuch¹ <n.; -(e)s, -e; veralt.> *ein Gewebe*; *wollenes ~*; **Tuch²** <n.; -(e)s, ⸚er> *ein Stück Stoff*; *Hals~; Tisch~*; **'Tuch·bin·dung** <f.; -; unz.> = *Leinwandbindung*; **'Tü·chel·chen** <n.; -s, -; Verkleinerungsf. von> *Tuch¹*; **'tu·chen** <Adj.> *aus Tuch¹*; **'Tu·chent** <f.; -, -en; bair.; österr.> *Federbett*; **'Tuch·füh·lung** <f.; -; unz.>

Kontakt; mit jmdm. ~ haben, in ~ kommen, auf ~ sein; **'Tüch·lein** <n.; -s, -; poet.; Verkleinerungsf. von> *Tuch²*; **Tuch·ma·che'rei** <f.; -, -en> *Weberei*

'tüch·tig <Adj.> 1 *fleißig u. erfolgreich; ein ~er Arbeiter* 2 <nur adv.> *kräftig, ordentlich; ~ essen*; **'Tüch·tig·keit** <f.; -; unz.>

Tuch·wa·ren <Pl.>

'Tu·cke <f.; -, -n; umg.; abwertend> *weibl. Person; dumme ~*

'Tü·cke <f.; -, -n> 1 *Heimtücke, Bosheit, Durchtriebenheit; mit List und ~* <umg.> 2 *die ~ des Objekts* <scherzh.> *der scheinbare Widerstand eines leblosen Dinges*

'tu·cken <V. i.> *ein Schleppnetz mit zwei Fischkuttern ziehen*

'tu·ckern <V. i.> *rattern; der Motor tuckert*

'tü·ckisch <Adj.> *hinterlistig*; **'tück·schen** <V. i.; du tückschst; norddt.> *grollen*

'tü·de·lig <Adj.; norddt.> *zerstreut*

Tu·dor·bo·gen <['tju:dɐ(r)-]; m.; -s, - od. (süddt.; österr.; schweiz.) ⸚; Arch.>; **Tu·dor·stil** <m.; -(e)s; unz.> *ein engl. Baustil* [nach dem Königsgeschlecht *Tudor*]

Tu·e'rei <f.; -; unz.; umg.> *Getue*

Tuff <m.; -s, -e; Geol.> *ein vulkan. Sediment*; **'Tuff·fels** <m.; -ens; unz.; ↗Z37>; **'Tuff·stein** <m.; -s, -e> = *Tuff*

Tüf·te'lei <f.; -, -en; umg.> *Tüftelarbeit*; **'tüf·te·lig** <Adj.; umg.>; **'tüf·teln** <V. i.; ich tüft(e)le> *im Kleinen präzise arbeiten*

Tuf·ting·tep·pich <['tʌf-]; m.; -s, -e> *eine Teppichart* [engl.]

'Tüft·ler <m.; -s, ->; **'Tüft·le·rin** <f.; -, -n·nen>; **'tüft·lig** <Adj.>

'Tu·gend <f.; -, -en> *sittlich wertvolle Eigenschaft; viele ~en besitzen*; **'Tu·gend·bold** <m.; -(e)s, -e; meist abwertend> *sehr tugendhafter Mensch*; **'tu·gend·haft** <Adj.; -er, am -es·ten>; **'Tu·gend·haf·tig·keit** <f.; -; unz.>; **'tu·gend·sam** <Adj.>

'Tu·kan <m.; -s, -e; Zool.> = *Pfefferfresser*

Tu·lar·ä'mie, <auch> **Tu·la·rä'mie** <f.; -; unz.; ↗Z54; Vet.> *pestähnliche Krankheit der Nagetie-*

re, Hasenpest [nach der kaliforn. Landschaft *Tulare*; grch.]

'Tu·li·pan <m.; -(e)s, -e; Bot.; veralt.> *Tulpe*

Tüll <m.; -s, -e; Pl. selten> *netzartiges Gewebe* [nach der frz. Stadt *Tulle*]

'Tül·le <f.; -, -n> *Ausguss (an Kannen u. Krügen)*

'Tüll·schlei·er <m.; -s, ->

'Tul·pe <f.; -, -n; Bot.> *ein Liliengewächs* [pers.]; **'Tul·pen·baum** <m.; -(e)s, ⸚e; Bot.> *ein Magnoliengewächs*; **'Tul·pen·zwie·bel** <f.; -, -n; Bot.>

...tum <n.; -s; unz.; in Zus.; zur Bez. von> = *Amt* (Königtum), *Stand* (Bürgertum), *Wesen* (Heldentum), *Gesamtheit* (Judentum)

tumb <Adj.; meist scherzh.> *einfältig*

'Tum·ba <f.; -, 'Tum·ben> *sarkophagartiges Grabmonument* [lat.]

Tu·mes'zenz <f.; -, -en; Med.> *Schwellung* [lat.]

'tum·meln <V. refl.; ich tumm(e)le mich> *sich lebhaft bewegen; die Kinder ~ sich im Wasser*; **'Tum·mel·platz** <m.; -es, ⸚e>; **'Tümm·ler** <m.; -s, -; Zool.> 1 *ein Wal* 2 *eine Haustaube*

'Tu·mor <m.; -s, -'mo·ren; Med.> *Geschwulst* [lat.]; **'Tu·mor·mar·ker** <m.; -s, -; Med.> *Substanz, die Krebszellen besser erkennbar macht*

'Tüm·pel <m.; -s, -> *kleiner Teich*

'Tu·mu·li <Pl. von> *Tumulus*

Tu'mult <m.; -(e)s, -e> *Aufruhr; Getümmel; das ging in dem allgemeinen ~ unter* [lat.]; **tu·mul·tu'a·risch** <Adj.; selten> = **tu·mul·tu'ös** <Adj.>

'Tu·mu·lus <m.; -, -li> *vorgeschichtl. Hügelgrab* [lat.]

tun <V. t./V. refl. 272; ich tu(e); du tust; er tut; wir tun; ihr tut; sie tun; du tat(e)st> 1 *machen, ausführen, verrichten; etwas freiwillig, ungern ~; das wird dir gut ~; das hat wohl getan; er hat sein Bestes, Möglichstes getan; etwas zu ~ pflegen; des Guten zu viel ~; nichts ~ als schimpfen; du kannst ~ und lassen, was du willst; Wunder ~ bewirken* 2 *etwas irgendwohin* *befördern;* wohin soll ich die Bücher ~?; Salz an die Suppe ~ 3 so ~, (als ob...) *sich so verhalten (als ob...);* freundlich ~ 4 *zufügen;* jmdm. Unrecht ~ *jmdn. zu U. beschuldigen;* der Hund tut dir nichts 5 <mit "zu" und Inf.> eine Arbeit ist zu ~ *muss gemacht werden;* zu ~ haben *beschäftigt sein;* jmdm. etwas zu ~ geben *jmdn. beschäftigen;* damit will ich nichts zu ~ haben; mit jmdm. zu ~ haben; es mit jmdm. zu ~ bekommen *mit jmdm. verhandeln müssen;* er bekam es mit der Angst zu ~ *er bekam allmählich A.* 6 <unpersönl.> das tut nichts zur Sache *gehört nicht dazu;* es tut sich etwas *etwas geschieht;* damit ist es nicht getan *das reicht nicht;* **Tun** <n.; -s; unz.> *das Handeln;* verbrecherisches ~; sein ~ und Lassen

'**Tün·che** <f.; -, -n> 1 *dünnflüssige Wandfarbe* 2 <fig.> *äußerer Schein;* '**tün·chen** <V. t.>

'**Tun·dra,** <auch> '**Tund·ra** <f.; -, -dren/-d·ren; ↗Z53> *Steppe jenseits der polaren Baumgrenze* [russ.]

Tu'nell <n.; -s; -s; südd./österr./ schweiz.> *Tunnel*

tu·nen <['tju:-]; V. t.> 1 *ein Fahrzeug ~ die Leistung durch Umbau des Motors steigern* 2 *ein Rundfunk-, Fernsehgerät ~ einstellen, abstimmen* [engl.]; **Tu·ner** <['tju:-]; m.; -s, -> 1 *Abstimmeinrichtung von Radio- und TV-Geräten* 2 *Teil einer Stereoanlage mit Rundfunkempfänger*

Tu'ne·si·en *nordafrikan. Staat; Tunesische Republik;* **Tu'ne·si·er** <m.; -s, ->; **Tu'ne·si·e·rin** <f.; -, -n·nen>; **tu·ne'sisch** <Adj.>

'**Tun·fisch** <m.; -(e)s, -e; ↗Z 11.1> = *Thunfisch*

'**Tung·baum** <m.; -(e)s, ⁻e> *chin. Baumart* [chin.]; '**Tung·öl** <n.; -(e)s; unz.> = *Holzöl;* '**Tung·stein** <m.; -(e)s; unz.> *ein Mineral*

'**Tun·gu·se** <m.; -n, -n; -n> *Angehöriger einer mongoliden Völkergruppe;* **Tun'gu·sin** <f.; -, -n·nen>; **tun·gu'sisch** <Adj.>

'**Tu·nicht·gut** <m.; - od. -(e)s, -e;

abwertend> *jmd., der oft für Unruhe und Ärger sorgt*

'**Tu·ni·ka** <f.; -, -ni·ken; im alten Rom> *langes Gewand* [lat.]

Tu·ning <['tju:-]; n.; -s; unz.> *das Tunen* [engl.]

'**Tu·nis** *Hauptstadt von Tunesien*

'**Tun·ke** <f.; -, -n; umg.> *Soße;* '**tun·ken** <V. t.> *eintauchen;* einen Keks in den Kaffee ~

'**tun·lich,** '**tun·lichst** <Adv.> *möglichst;* das wirst du ~ bleiben lassen

'**Tun·nel** <m.; -s, - od. -s> *unterirdischer Verkehrsweg;* oV *Tunell;* '**Tun·nel·ef·fekt** <m.; -(e)s, -e; Phys.>; **tun·ne'lie·ren** <V. t.> einen Berg ~; '**Tun·nel·zug·ho·se** <f.; -, -n; Mode>

'**Tun·te** <f.; -, -n; abwertend> *sich betont feminin gebender Homosexueller;* '**tun·tig** <Adj.; umg.>

'**Tun·wort** <n.; -(e)s, ⁻er> = *Tuwort*

Tu·pa'ma·ro <m.; -s, -s> 1 <urspr.> *Aufständischer in Uruguay* 2 *Angehöriger einer radikalen Gruppe* [evtl. nach *Tupac Amaru,* Führer eines Aufstandes gegen Spanien]

'**Tu·pan** <m.; -s, -e; Instrumentenk.> *Röhrentrommel in den Balkanländern*

Tupf <m.; -(e)s, -e; Nebenform von> *Tupfen;* '**Tüpf·chen** <n.; -s, ->; '**Tüp·fel** <m. od. n.; -s, ->; '**Tüp·fel·chen** <n.; -s, -; Verkleinerungsf. von> *Tupfen;* das ~ auf dem i <fig.; umg.> *die letzte Feinheit;* '**Tüp·fel·farn** <m.; -(e)s; unz.; Bot.>; '**tüp·feln** <V. t.; ich tüpf(e)le> *getüpfelter Stoff;* '**tup·fen** <V. t.> 1 *mit Tupfen versehen;* ein getupfter Rock 2 *wiederholt leicht berühren;* Salbe auf eine Wunde ~; '**Tup·fen** <m.; -s, -> *Punkt;* Farb~; '**Tup·fer** <m.; -s, -; Med.> *Wattebausch*

'**Tu·pi**[1] <m.; - od. -s, -s> *Angehöriger eines südamerikan. Indianervolkes;* '**Tu·pi**[2] <n.; -; unz.> *Sprache der Tupi*[1]

Tür <f.; -, -en> Sy *Türe* 1 *Vorrichtung zum Verschließen eines Ein- od. Durchgangs;* Haus~; Wohnungs~; Auto~; die ~ öffnen, anlehnen, schließen; an ~ mit jmdm. wohnen *neben jmdm.;* jmdm. die ~ weisen;

jmdn. vor die ~ setzen 2 <fig.> etwas zwischen ~ und Angel besprechen *in aller Eile;* sein Geburtstag steht vor der Tür *steht unmittelbar bevor;* ihr stehen alle ~en offen *sie hat alle Möglichkeiten*

Tu'ran *Tiefland in Mittelasien*

'**Tür·an·gel** <f.; -, -n>

Tu'ra·ni·er <m.; -s, -> *in Turan Ansässiger;* **Tu'ra·ni·e·rin** <f.; -, -n·nen>; **tu'ra·nisch** <Adj.>

'**Tür·an·schlag** <m.; -(e)s, ⁻e>

'**Tur·ban** <m.; -(e)s, -e> 1 <im alten Orient> *Kopfbedeckung der Muslime* 2 <Mode> *eine Kopfbedeckung für Frauen* [türk.-pers.]

Tur·bel'la·rie <[-riə]; f.; -, -n; Zool.> *Strudelwurm* [lat.]

Tur'bi·ne <f.; -, -n> *Kraftmaschine, die mechanische Arbeit durch ein Laufrad in Energie umsetzt* [lat.]; **Tur'bi·nen·trieb·werk** <n.; -(e)s, -e>; **tur·bo...,** **Tur·bo...** <in Zus.> *durch Turbinen angetrieben;* '**tur·bo·e·lek·trisch,** <auch> '**tur·bo·e·lekt·risch** <Adj.; ↗Z53, 55> *er An-trieb;* '**Tur·bo·ge·ne·ra·tor** <m.; -s, -'to·ren>; '**Tur·bo·ka·pi·ta·lis·mus** <m.; -; unz.; Wirtsch.; salopp> *sehr schnelle Umstellung von ehemals sozialistischen Wirtschaftssystemen auf kapitalistische;* '**Tur·bo·kom·pres·sor,** <auch> '**Tur·bo·komp·res·sor** <m.; -s, -'so·ren; ↗Z53>; '**Tur·bo·la·der** <m.; -s, -> *Einrichtung zur Verdichtung des Benzin-Luft-Gemisches vor dem Eintritt in den Verbrennungsraum;* '**Tur·bo·mo·tor** <m.; -s, -'to·ren>; '**Tur·bo·prop** <m.; -s, -s; Kurzw. für> *Propellerturbine;* '**Tur·bo·prop-Flug·zeug,** <auch> '**Tur·bo-Prop-Flug·zeug** <n.; -(e)s, -e; ↗Z33>

tur·bu'lent <Adj.; -er, am -es·ten> *wirbelnd, stürmisch;* -e Zeiten [lat.]; **Tur·bu'lenz** <f.; -, -en>

'**Tür·drü·cker** <m.; -s, -> *Knopf zum Betätigen des Türöffners;* '**Tü·re** <f.; -, -n> = *Tür*

Turf <m.; -s, -s> 1 *Pferderennbahn,* <auch> *Pferderennsport* 2 <Golf> *Rasenfläche* [engl.]

'**Tür·flü·gel** <m.; -s, ->; '**Tür·fül·lung** <f.; -, -en>

Tur·ges'zenz <f.; -, -en; Bot.>;

tur·ges'zie·ren <V. i.; Bot.> *anschwellen (von Pflanzenzellen);* **'Tur·gor** <m.; -s; unz.; Bot.; Med.> *Spannungszustand von Gewebe* [lat.]

'Tür·griff <m.; -(e)s, -e>; **'Tür·he·ber** <m.; -s, ->; **...tü·rig** <in Zus.> z. B. viertürig; mehrtürig

Tu·ring·ma·schi·ne, <auch> **Tu·ring-Ma·schi·ne** <['tju:-]; f.; -, -n; ↗Z 35> *theoret. Modell einer Rechenmaschine* [nach dem engl. Mathematiker A. M. *Turing*]

'Tür·ke <m.; -n, -n>; **Tür'kei** *Staat in Vorderasien; Republik* ~; **'tür·ken** <V. t.; umg.> *fälschen, fingieren;* **'Tür·ken·bund** <m.; -(e)s, ⸚e; Bot.> *eine Lilienart;* **'Tür·ken·sä·bel** <m.; -s, ->; **'Tür·ken·tau·be** <f.; -, -n; Zool.>

'Tür·ket·te <f.; -, -n>

Tur·key <['tɜːki]; m.; -s, -s> *Entzugserscheinungen bei Rauschgiftsüchtigen* [engl.]

'Tür·kin <f.; -, -n·nen>

tür'kis <Adj.; undekl.> *hellblaugrün; eine ~ Bluse;* **Tür'kis** [1] <m.; -es, -e; Min.> *hellgrünblauer Edelstein;* **Tür'kis** [2] <n.; -; unz.> *Farbton des Türkises* [1]; *ein Kleid in* ~

'tür·kisch <Adj.> ~es Bad; ~e Sprache; <aber> Türkischer Honig *eine Süßigkeit;* **Tür'kisch·'rot** <n.; -s; unz.> *leuchtend roter Farbton;* **Tür·kisch'rot·öl** <n.; -(e)s; unz.>

tür'ki·sen <Adj.> 1 *aus Türkis* [1] 2 = *türkis;* **tür'kis·far·ben, tür'kis·far·big** <Adj.> = *türkis;* **tür'kis·grün** <Adj.>

'Tür·klin·ke <f.; -, -n>; **'Tür·klop·fer** <m.; -s, ->

Turk'me·ne <m.; -n, -n> 1 *Einwohner von Turkmenistan* 2 *Orientteppich;* **Turk'me·ni·en** = *Turkmenistan;* **Turk'me·nin** <f.; -, -n·nen>; **turk'me·nisch** <Adj.>; **Turk'me·nis·tan** *Staat in Zentralasien; Republik* ~

Tur·ko·lo·ge <m.; -n, -n>; **Tur·ko·lo'gie** <f.; -; unz.> *Wissenschaft von den Sprachen u. Kulturen der Turkvölker;* **Tur·ko·lo·gin** <f.; -, -n·nen>; **tur·ko·lo·gisch** <Adj.>; **'Turk·spra·che** <f.; -, -n>; **'Turk·ta·tar** <m.; -en, -en; veralt.>; **'Turk·volk** <n.; -(e)s,

⸚er> *Völkergruppe in Osteuropa u. Asien*

Turm <m.; -(e)s, ⸚e> 1 *hoch aufragendes, schmales Bauwerk;* Kirch~ 2 <Schwimmsp.> *Gerüst für das Kunstspringen* 3 *eine Schachfigur*

Tur·ma·lin <n.; -s, -e; Min.> *ein Mineral* [frz.-singal.]

'Türm·chen <n.; -s, -; Verkleinerungsf. von> *Turm;* **'Turm·dreh·kran** <m.; -(e)s, -e od. ⸚e> *hoher, schwenkbarer Kran;* **'tür·men** [1] <V. t./V. refl.> *schichten, stapeln;* Bücher auf den Boden ~; die Akten ~ sich

'tür·men [2] <V. i.; umg.> *weglaufen*

'Turm·fal·ke <m.; -n, -n; Zool.> *ein Greifvogel;* **'turm·hoch** <Adj.> jmdm. ~ überlegen sein <fig.>; **...tür·mig** <Adj.; in Zus.> z. B. viertürmig; vieltürmig; **'Turm·krä·he** <f.; -, -n; Zool.> = *Dohle;* **'Turm·sprin·gen** <n.; -s; unz.; Schwimmsp.>; **'Turm·uhr** <f.; -, -en>

Turn <['tɜːn]; m.; -s, -s> 1 <Kunstflug> *hochgezogene, gewendete Kurve* 2 <umg.> *Drogenrausch* 3 *das ist dein* ~ <umg.> *du bist an der Reihe* [engl.]

'Turn·an·zug <m.; -(e)s, ⸚e>

Turn·a·round, <auch> **Tur·na·round** <[təˈrnəˈraund]; m.; -s, -s; ↗Z 54; Wirtsch.> 1 *Regenerierung* 2 *Umlaufzeit, Umschaltzeit* [engl.]

'tur·nen [1] <V. i.; Sp.> *Leibesübungen ausführen;* am Barren ~

tur·nen [2] <['tɜː-]; V. i.; umg.> *Spaß bringen, anregen;* die Musik turnt; → a. *antörnen* [engl.]

'Tur·nen <n.; -s; unz.> *Leibesübungen als Unterrichtsfach od. als Sport;* **'Tur·ner** <m.; -s, ->; **'Tur·ne·rin** <f.; -, -n·nen; ↗Z 38>; **'tur·ne·risch** <Adj.>; **'Tur·ner·schaft** <f.; -, -en>; **'Turn·fest** <n.; -(e)s, -e>; **'Turn·ge·rät** <n.; -(e)s, -e>; **'Turn·hal·le** <f.; -, -n>; **'Turn·hemd** <n.; -(e)s, -en>; **'Turn·ho·se** <f.; -, -n>

Tur'nier <n.; -s, -e> 1 <früher> *mittelalterl. Ritterkampfspiel* 2 <heute> *sportl. Wettkampf;* ein ~ reiten; Schach-; Tischtennis-; **tur'nier·ge·eig·net** <Adj.>; **Tur'nier·pferd** <n.; -(e)s, -e>; **Tur-**

'nier·rei·ten <n.; -s; unz.>; **Tur'nier·tanz** <m.; -es; unz.> = *Tanzsport*

'Turn·klei·dung <f.; -; unz.>; **'Turn·leh·rer** <m.; -s, ->; **'Turn·leh·re·rin** <f.; -, -n·nen>; **'Turn·schläpp·chen** <n.; -s, ->; **'Turn·schuh** <m.; -(e)s, -e> fit wie ein ~ <umg.; salopp>; **'Turn·ü·bung** <f.; -, -en; ↗Z 55>; **'Turn·un·ter·richt** <m.; -(e)s; unz.>

'Tur·nus <m.; -, -nus·se> 1 *Reihenfolge* 2 *regelmäßig sich wiederholender Ablauf* [grch.]

'Turn·va·ter <m.; -s; unz.> *Beiname F. L. Jahns;* ~ Jahn; **'Turn·wart** <m.; -(e)s, -e>; **'Turn·zeug** <n.; -(e)s; unz.>

'Tür·öff·ner <m.; -s, -> *Anlage zum automat. Öffnen der Tür*

Tu'ron <n.; -s; unz.; Geol.> *zweitälteste Stufe der oberen Kreide* [nach der frz. Landschaft *Touraine*]; **tu'ro·nisch** <Adj.>

'Tür·pfos·ten <m.; -s, ->; **'Tür·rah·men** <m.; -s, ->; **'Tür·schlie·ßer** <m.; -s, -> *Vorrichtung zum selbsttätigen Schließen der Tür;* **'Tür·schloss** <n.; -es, ⸚er>; **'Tür·schwel·le** <f.; -, -n>; **'Tür·spalt** <m.; -(e)s, -e durch den ~ spähen; **'Tür·staf·fel** <f.; -, -n; österr.> *Türschwelle;* **'Tür·ste·her** <m.; -s, -; in Diskotheken>; **'Tür·stock** <m.; -(e)s, ⸚e> 1 <Bgb.> *Grubenausbau aus einem horizontalen Balken u. zwei senkrechten Stützen* 2 <süddt.; österr.> *Türrahmen;* **'Tür·sturz** <m.; -es, -e od. ⸚e *obere Mauerbegrenzung der Türöffnung*

'tur·teln <V. i.; ich turt(e)le> 1 *girren (von Tauben)* 2 <fig.; umg.; scherzh.> *schmusen;* **'Tur·tel·tau·be** <f.; -, -n; Zool.>

Tur·tle, <auch> **Turt·le** <['tɜːtl]; f.; -, -s; ↗Z 53; EDV> *kleiner, fahrbarer Zeichenroboter* [engl.]

'Tür·vor·la·ge <f.; -, -n; schweiz.>; **'Tür·vor·le·ger** <m.; -s, ->

Tusch <m.; -es, -e> *kurzes Spiel der Musikkapelle* [frz.]

'Tu·sche <f.; -, -n> *wässrige Zeichenflüssigkeit* [frz.]

Tu·sche'lei <f.; -, -en> *Getuschel;* **'tu·scheln** <V. i.; ich tusch(e)le)

'tu·schen <V. t.> *mit Tusche zeichnen;* **tu'schie·ren** <V. t.>

unebene Stellen auf Metallflächchen einfärben u. glätten; <aber> → *touchieren;* **Tusch·ma·le'rei** <f.; -; unz.; Mal.>;
'**Tusch·zeich·nung** <f.; -, -en; Mal.>

'**Tus·ku·lum** <n.; -s, -ku·la; veralt.> *ruhiger Wohn- od. Landsitz* [nach der altröm. Stadt *Tusculum*]

'**Tus·sis** <f.; -; unz.; Med.> *Husten* [lat.]

Tu'tand <m.; -en, -en> *jmd., der von einem Tutor betreut wird* [lat.]

'**Tüt·chen** <n.; -s, -; Verkleinerungsf. von> *Tüte;* '**Tu·te** <f.; -, -n> 1 *Signalhorn* 2 *trichterförmiger Gegenstand;* '**Tü·te** <f.; -, -n> 1 *Papier- od. Plastikbeutel; Einkaufs~; Suppe aus der ~* <fig.; umg.> *Instantsuppe; das kommt nicht in die ~!* <fig.; umg.; scherzh.> *das kommt nicht in Frage!* 2 *trichterförmiges Behältnis; Eis~* 3 <umg.; scherz.> *begriffsstutziger Mensch*

Tu'tel <f.; -, -en; veralt.> *Vormundschaft* [lat.]; **tu·te'la·risch** <Adj.>

'**tu·ten** <V. i.> 1 *in ein Signalhorn blasen; von Tuten und Blasen keine Ahnung haben* <fig.; umg.> 2 *dunkel pfeifen; der Dampfer tutet*

'**Tu·tor** <m.; -s, -'to·ren> 1 <röm. Recht> *Vormund* 2 <allg.> *jmd., der Studierende betreut* [lat.]; **Tu'to·rin** <f.; -, -n·nen; ↗Z38>; **Tu'to·ri·um** <n.; -s, -ri·en; an Hochschulen>

'**Tüt·tel** <m. od. n.; -s, -> *Pünktchen;* '**Tüt·tel·chen** <n.; -s, -; Verkleinerungsf. von> *Tüttel; kein ~ verraten* <fig.>

'**tut·ti** <Mus.> *alle* [ital.]; '**Tut·ti** <n.; - od. -s, - od. -s; Mus.> *Spiel des gesamten Orchesters; Ggs Solo;* **Tut·ti'frut·ti** <n.; - od. -s, - od. -s> *Süßspeise aus Früchten*

TÜV <[tyf]; m.; -s, -s; Kurzw. für> *Technischer Überwachungs-Verein*

Tu·va·lu <[-'va-]> *Inselstaat im Pazifik;* **Tu'va·lu·er** <m.; -s, ->; **Tu'va·lu·e·rin** <f.; -, -n·nen>; **tu·va·lu·isch** <Adj.>

'**Tu·wort** <n.; -(e)s, ⁼er; Gramm.> *Verb*

TV <Abk. für> 1 *Television* 2 *Turnverein;* **TV-Se·rie** <[-riə]; f.; -, -n>

Tweed <[twi:d]; m.; -s, -e od. -s; Textilw.> *klein gemusterter Stoff aus grobem Garn* [nach dem schott.-nordengl. Fluss *Tweed*]

Twen <m.; - od. -s, -s> *Mann od. Frau zwischen 20 u. 29 Jahren* [engl.]

Twill <m.; -s, -s od. -e; Textilw.> *Seiden- od. Baumwollstoff* [engl.]

'**Twin·set** <n. od. m.; -s, -s> *kurzärmeliger Pullover mit gleichartiger Jacke* [engl.]

Twist[1] <m.; -(e)s, -e> *mehrfädiger Zwirn* [engl.]; **Twist**[2] <m.; -s, -s> *ein Modetanz;* '**twis·ten** <V. i.; du twistest> *Twist*[2] *tanzen;* **Twist-'off-De·ckel** <m.; -s, -; ↗Z33> *Deckel mit Schraubverschluss*

Two-beat <[tu:bi:t]; m.; - od. -s; unz.; Mus.> *Jazzmusik mit Betonung auf zwei Schlägen des Viervertaktes* [engl.]; '**Two-stepp** <m.; -s, -s; um 1920> *ein nordamerikan. Tanz*

'**Ty·che** <m.; -; unz.; geh.> *Schicksal, glücklicher Zufall* [grch.]

Ty·coon <[tai'ku:n]; m.; -s, -s> *einflussreicher Geschäftsmann od. Parteiführer* [engl.-jap.]

'**Tym·pa·non** <n.; -s, -pa·na; Arch.> *Bogenfeld;* '**Tym·pa·num** <n.; -s, -na> 1 <Anat.> = *Trommelfell(2)* 2 <Mus.> = *Pauke* [grch.]

Tyn·dall·ef·fekt, <auch> **Tyn·dall-Ef·fekt** <['tɪndəl-]; m.; -(e)s; unz.; Phys.> *Erscheinung, dass durch ein trübes Medium fallendes Licht teilweise linear polarisiert ist* [nach dem irischen Physiker J. *Tyndall*]

Typ <m.; -s, -en> oV *Typus* 1 <Philos.> *Urbild* 2 *Gepräge, Gattung; dunkler, blonder ~; er ist (nicht) mein ~* <umg.> 3 <Tech.> *Modell* [grch.]; '**Ty·pe** <f.; -, -n> 1 *(gegossener) Buchstabe* 2 <Müllerei> *Grad der Ausmahlung des Mehls* 3 <umg.> *komischer Mensch;* '**ty·pen** <V. t.> *in bestimmten Größen anfertigen;* '**Ty·pen·leh·re**

<f.; -; unz.>; '**Ty·pen·psy·cho·lo·gie** <f.; -; unz.>; '**Ty·pen·rad·dru·cker** <m.; -s, -> *eine Schreibmaschine*

Ty'phli·tis, <auch> **Typh'li·tis** <f.; -, -'ti·den; ↗Z54; Med.> *Blinddarmentzündung;* **Ty'phlon** <n.; -s, -e; Anat.> *Blinddarm* [grch.]

ty'phös <Adj.; Med.> *typhusartig;* '**Ty·phus** <m.; -; unz.; Med.> *eine Infektionskrankheit* [grch.]

'**Ty·pik** <f.; -; unz.> *Typenlehre;* '**ty·pisch** <Adj.> 1 *für einen Typ(1,2) charakteristisch, kennzeichnend; ein ~er Gelehrter; ~e Krankheitssymptome; das ist ~ für ihn* 2 *mustergültig, vorbildlich;* '**ty·pi'sie·ren** <V. t.> 1 *nicht individuell, sondern als Typ darstellen* 2 *nach Typen einteilen;* **Ty·pi'sie·rung** <f.; -, -en>

Ty·po·ge'ne·se <f.; -; unz.; Biol.> *Formenbildung im Verlauf der Stammesgeschichte* [grch.]

Ty'po·graf <m.; -en, -en; ↗Z11.3; in Druckereien u. Verlagen> *Gestalter des Schriftsatzes;* oV *Typograph* [grch.]; **Ty·po·gra'fie** <f.; -; unz.>; **Ty·po'gra·fin** <f.; -, -n·nen>; **ty·po'gra·fisch** <Adj.>; **Ty·po'graph** <m.; -en, -en> = *Typograf;* **Ty·po·gra'phie** <f.; -; unz.>; **Ty·po'gra·phin** <f.; -, -n·nen>; **ty·po'gra·phisch** <Adj.>

Ty·po·lo'gie <f.; -, -n> *Lehre von den (menschl.) Typen* [grch.]; **ty·po'lo·gisch** <Adj.>

Ty·po'skript, <auch> **Ty·pos'kript, Ty·posk'ript** <n.; -(e)s, -e; ↗Z54> *mit der Schreibmaschine geschriebenes Manuskript* [grch.]

'**Ty·pung** <f.; -, -en> *das Typen;* '**Ty·pus** <m.; -, -'Ty·pen> = *Typ*

Tyr <Abk. für> *Tyrosin*

Ty'rann <m.; -en, -en> 1 *Gewaltherrscher* 2 <fig.; abwertend> *herrschsüchtiger Mensch* [grch.]; **Ty·ran'nei** <f.; -, -en>; **Ty'ran·nis** <f.; -; unz.; bes. im alten Griechenland> *Gewaltherrschaft;* **ty'ran·nisch** <Adj.>; **ty·ran·ni·sie·ren** <V. t.> *jmdn. ~;* **Ty·ran·no'sau·rus 'Rex** <m.; --; unz.> *ein großer Dinosaurier* [grch.-lat.]

Ty·ro·li·enne <[-'ljɛn]; f.; -, -n; Mus.> *ein Rundtanz* [frz.]

Ty·ro'sin <n.; -s; unz.; Biochem.;
  Abk.: Tyr> *eine Aminosäure*
  [grch.]
Tz = *Tezett*

U

u <n.; -, - od. (umg.) -s> *ein Buchstabe*

U <n.; -, - od. (umg.) -s> *ein Buchstabe* **2** <Chem.; Zeichen für> *Uran* **3** <Zeichen für> *elektr. Spannung*

u. <Zeichen: &; Abk. für> *und*

u. a. <Abk. für> *und andere(s), unter ander(e)m, unter ander(e)n*

u. Ä. <Abk. für> *und Ähnliche(s)*

u. a. m. <Abk. für> *und andere(s) mehr*

u. A. w. g. <Abk. für> *um Antwort wird gebeten*

'U-Bahn <f.; -, -en; ↗Z34; Kurzw. für> *Untergrundbahn;* **'U-Bahn·hof** <m.; -(e)s, ⸚e>; **'U-Bahn-Netz** <n.; -es, -e; ↗Z33>; **'U-Bahn-Sta·ti·on** <f.; -, -en; ↗Z33>

'ü·bel <Adj.> **1** <↗Z43.3> *moralisch schlecht, gemein;* ein übler Bursche; jmdm. ~ mitspielen; jmdm. etwas Übles antun; jmdm. ~ wollen; er hat niemandem ~ gewollt; jmdn. auf das Übelste/<auch> ~ste zurichten **2** *schlecht, unangenehm;* ein übles Ende nehmen **3** *unwohl;* mir wird ~ **4** <↗Z24> <Getrenntschreibung in Verbindung mit Verb/Partizip, wenn *übel* sinnvoll steiger- od. erweiterbar ist> ~ gelaunt, gestimmt sein; ~ riechen(d); jmdm. etwas ~ nehmen; <aber zusammen> → übellaunig, → übelnehmerisch; **'Ü·bel** <n.; -s, -> **1** *Missstand, etwas Schlimmes;* ein ~ durch ein anderes vertreiben; die Wurzel alles/<auch> allen ~s ist, dass ...; das ist von/<selten a.> vom ~ **2** *Unglück;* zu allem ~ wurde auch noch das Auto gestohlen; **'Ü·bel·be·fin·den** <n.; -s; unz.>; **'Ü·bel·keit** <f.; -, -en> **1** *Brechreiz;* etwas erregt ~ **2** <fig.> *Ekel;* **'ü·bel·lau·nig** <Adj.>; **'ü·bel·neh·me·risch**

<Adj.> *sehr empfindlich;* **'Ü·bel·stand** <m.; -(e)s, ⸚e> einen ~ beheben; **'Ü·bel·tat** <f.; -, -en; geh.> *Missetat;* **'Ü·bel·tä·ter** <m.; -s, ->; **'Ü·bel·tä·te·rin** <f.; -, -n·nen>

'ü·ben[1] <Adv.; bair.; elsäss.> *hüben, auf dieser Seite*

'ü·ben[2] <V. t./V. i.> **1** *durch wiederholtes Versuchen verbessern;* sie übt täglich Klavier; tägliches Üben zahlt sich aus; sich im Reiten ~; geübt <Part. Perf.> *durch Üben geschickt;* eine geübte Tänzerin **2** *ein bestimmtes Verhalten zeigen;* Gerechtigkeit ~; Kritik ~; Verrat ~

'ü·ber <Präp.; mit Dat. auf die Frage "wo?", mit Akk. auf die Frage "wohin?"> **1** <örtl.> *oberhalb von;* ~ dem Sofa, ~ eine Mauer klettern; ~ Frankfurt nach München fliegen; ~ jmdm. stehen <a. fig.>; ~ ein Land herrschen; Ggs *unter(1)* **2** <zeitl.> *während;* ~ Nacht; ~ die Feiertage; die ganze Zeit ~; ~ kurz oder lang *früher od. später* **3** *mehr als;* er ist ~ 100 Jahre alt; ~ die, ~ alle Maßen teuer; etwas ~ sich bringen; der Beruf geht ihr ~ alles; jmdm. (in etwas) ~ sein *überlegen sein;* Ggs *unter(4)* **4** sich ~ etwas freuen; ~ etwas sprechen, schreiben *etwas thematisieren* **5** *<verstärkend>* Erfolge ~ Erfolge feiern; ~ und ~ *ganz u. gar* **6** *durch;* sie erfuhr es ~ einen Freund

ü·ber..., Ü·ber... <in Zus. mit Verben betont u. abtrennbar od. unbetont u. nicht abtrennbar> *hinweg..., hinüber..., darüber... usw.*

Ü·ber... <umg.; in Zus. mit Substantiven> *über allem stehend;* z. B. Übermensch

ü·ber'all <a. ['---]; Adv.> *an allen Orten;* er ist schon ~ gewesen; **ü·ber'all·her** <a. ['----]; Adv.> von ~; **ü·ber'all·hin** <Adv.> der Hund folgt ihm ~

ü·ber'al·tert <Adj.> *zu alt;* **Ü·ber'al·te·rung** <f.; -; unz.>

'Ü·ber·an·ge·bot <n.; -(e)s; unz.> ein ~ an Kosmetikprodukten; Ggs *Unterangebot*

'ü·ber·ängst·lich <Adj.> *übertrieben ängstlich*

ü·ber·an·stren·gen <V. t./V.refl.>

zu große Anstrengungen zumuten; er hat sich völlig überanstrengt; **Ü·ber'an·stren·gung** <f.; -, -en>

ü·ber·ant·wor·ten <V. t.> jmdm. etwas ~ *jmds. Verantwortung übergeben;* **Ü·ber'ant·wor·tung** <f.; -; unz.>

ü·ber·ar·bei·ten <V. t.> **1** *neu bearbeiten;* ein Gedicht ~ **2** <V. refl.> *zu viel arbeiten;* sie hat sich völlig überarbeitet; **Ü·ber'ar·bei·tung** <f.; -, -en>

'ü·ber·aus <Partikel> *äußerst;* ein ~ fröhliches Kind

ü·ber'ba·cken <V. t. 101> mit Käse überbackenes Gemüse

'Ü·ber·bau <m.; -(e)s, -ten> **1** <Arch.> *die auf dem Unterbau ruhenden Teile;* Brücken~ **2** <unz.; Marxismus> *Gesamtheit der polit., kulturellen, rechtl. u. moral. Gegebenheiten einer Gesellschaft;* **'ü·ber|bau·en**[1] <V. i.; ich baue über; sie hat übergebaut; überzubauen> *über die Grundstücksgrenze hinaus;* **ü·ber'bau·en**[2] <V. t.; ich überbaue; sie hat überbaut; zu ~> *über etwas bauen;* er hat die Terrasse mit einem Dach überbaut

'ü·ber·be·an·spru·chen <V. t.> *zu sehr beanspruchen*

'ü·ber|be·hal·ten <V. t. 160; ich behalte über; sie hat überbehalten; überzubehalten; umg.> *= übrig behalten*

'Ü·ber·bein <n.; -(e)s, -e; Med.> *Knoten an Fuß- od. Handrücken*

'ü·ber|be·kom·men <V. t. 170; ich bekomme über; sie hat überbekommen; überzubekommen> sie bekam seine Witze über; eins ~ *einen Schlag bekommen*

'ü·ber·be·las·ten <V. t.>; **'Ü·ber·be·las·tung** <f.; -, -en>

'ü·ber·be·le·gen <V. t.> das Hotel ist überbelegt

'ü·ber·be·lich·ten <V. t.; Fot.> eine überbelichtete Aufnahme; Ggs *unterbelichten;* **'Ü·ber·be·lich·tung** <f.; -, -en; Fot.> Ggs *Unterbelichtung*

'Ü·ber·be·schäf·ti·gung <f.; -; unz.; Wirtsch.>

'ü·ber·be·to·nen <V. t.>; **'Ü·ber·be·to·nung** <f.; -; unz.>

'ü·ber·be·wer·ten <V. t.> Ggs *un-*

terbewerten; **'Ü·ber·be·wer·tung** ‹f.; -, -en› Ggs *Unterbewertung*

'ü·ber|be·zah·len ‹V. t.› er ist überbezahlt

ü·ber'bie·ten ‹V. t. 110› *übertreffen;* einen Rekord ~; jmdn. an Gemeinheit ~; Ggs *unterbieten*

'Ü·ber·biss ‹m.; -es; unz.; Med.› *Vorstehen der oberen Schneidezähne*

ü·ber'bla·sen ‹V. t./V. i. 113; der überbläst; Mus.› *einen über dem Grundton liegenden Oberton hervorbringen*

ü·ber'blat·ten ‹V. t.› Bretter ~ *in bestimmter Weise verbinden*

'ü·ber|blei·ben ‹V. i. 114 (s.); es bleibt über; es ist übergeblieben; überzubleiben; umg.› = *übrig bleiben;* **'Ü·ber·bleib·sel** ‹n.; -s, -› *Rest*

ü·ber'blen·den ‹V. i.; Film; Tontech.› *zwei Szenen ineinander übergehen lassen;* **Ü·ber'blen·dung** ‹f.; -, -en; Film; Tontech.›

'Ü·ber·blick ‹m.; -(e)s, -e› 1 *Ausblick von einem erhöhten Punkt aus;* ein guter ~ über die Stadt 2 einen ~ haben *Bescheid wissen;* den ~ verlieren 3 *Abriss;* ~ über die deutsche Malerei; **ü·ber'bli·cken** ‹V. t.› sie überblickt die Lage nicht ‹fig.›

'ü·ber|bor·den ‹V. i.; es bordet über; es hat übergebordet; überzuborden› 1 *über die Ufer treten* 2 ‹fig.› *ausarten*

'ü·ber|bra·ten ‹V. t.; ich brate über; sie hat übergebraten; überzubraten; umg.; in der Wendung› jmdm. eins ~ *jmdm. einen Schlag versetzen*

ü·ber'brin·gen ‹V. t. 118; ich überbringe; sie hat überbracht; zu ~› jmdm. etwas ~ *etwas zu jmdm. bringen;* Grüße ~; **Ü·ber'brin·ger** ‹m.; -s, -› *Bote;* **Ü·ber'brin·ge·rin** ‹f.; -, -n·nen›

ü·ber'brü·cken ‹V. t.› 1 *eine Brücke über etwas bauen;* einen Fluss ~ 2 ‹fig.› *ausgleichen, überwinden;* Gegensätze ~; **Ü·ber'brü·ckung** ‹f.; -, -en›; **Ü·ber'brü·ckungs·kre·dit** ‹m.; -(e)s, -e; Bankw.›

ü·ber'bu·chen ‹V. t.; nur im Inf. u. Part. Perf.› eine überbuchte Ferienanlage

ü·ber'bür·den ‹V. t.› *überlasten;* mit Arbeit überbürdet sein

ü·ber'da·chen ‹V. t.› *mit einem Dach ausstatten;* eine überdachte Terrasse; **Ü·ber'da·chung** ‹f.; -, -en›

ü·ber'dau·ern ‹V. t.› der Tempel hat Jahrhunderte überdauert

'Ü·ber·de·cke ‹f.; -, -n›; **ü·ber'de·cken** ‹V. t.› *bedecken*

ü·ber'deh·nen ‹V. t.› *zu stark dehnen*

ü·ber'den·ken ‹V. t. 119› er überdachte den Vorschlag

'ü·ber·deut·lich ‹Adj.› *allzu deutlich*

'ü·ber·dies ‹a. [--'-]; Partikel› *außerdem*

'ü·ber·di·men·si·o·nal ‹Adj.› *allzu groß;* **'ü·ber·di·men·si·o·niert** ‹Adj.› *allzu groß angelegt*

'ü·ber·do·sie·ren ‹V. t.› *zu viel bemessen;* ein Medikament ~; **'Ü·ber·do·sie·rung** ‹f.; -, -en›; **'Ü·ber·do·sis** ‹f.; -, -do·sen›

ü·ber'dre·hen ‹V. t.› 1 *zu stark drehen* 2 ‹fig.› überdreht sein *zu übermütig sein*

'Ü·ber·druck ‹m.; -(e)s, ⸚e; Phys.› *Druck, der den normalen Luftdruck übersteigt;* **'Ü·ber·druck·ka·bi·ne** ‹f.; -, -n› *Flugzeugkabine, in der ein höherer Luftdruck als außerhalb des Flugzeugs herrscht;* **'Ü·ber·druck·tur·bi·ne** ‹f.; -, -n›; **'Ü·ber·druck·ven·til** ‹[-ven-]; n.; -(e)s, -e›

'Ü·ber·druss ‹m.; -es; unz.› *Abneigung infolge Übersättigung;* ein Lied bis zum ~ hören; **'ü·ber·drüs·sig** ‹Adj.; präd. m. Gen.› jmds. od. einer Sache ~ sein, werden; ich bin seiner/‹selten mit Akk.› ihn ~

ü·ber'dün·gen ‹V. t.› *zu stark düngen*

'ü·ber·durch·schnitt·lich ‹Adj.› sie ist ~ intelligent; Ggs *unterdurchschnittlich*

'Ü·ber·ei·fer ‹m.; -s; unz.› *zu großer Eifer;* **'ü·ber·eif·rig** ‹Adj.›

ü·ber'eig·nen ‹V. t.› *als Eigentum übergeben;* **Ü·ber'eig·nung** ‹f.; -, -en›

ü·ber'ei·len ‹V. t./V. refl.› *zu schnell, unüberlegt tun;* ein Vorhaben ~; übereilt handeln *über-*

stürzt; eine übereilte Hochzeit; **Ü·ber'ei·lung** ‹f.; -; unz.›

ü·ber·ein·an'an·der, ‹auch› **ü·ber·ei·'nan·der** ‹Adv.; ↗Z.54›; Getrenntschreibung in Zus. mit Verben› 1 *einer od. eines über dem anderen;* ~ legen, schlagen, stapeln; ~ liegende Kissen; die Decken lagen ~ 2 *über sich;* ~ nachdenken

ü·ber'ein|kom·men ‹V. i. 170 (s.); ich komme überein; sie ist übereingekommen; übereinzukommen› *sich einigen;* wir sind übereingekommen, das Geschäft zu verkaufen; **Ü·ber'ein·kom·men** ‹n.; -s, -›, **Ü·ber'ein·kunft** ‹f.; -, ⸚e› *Vertrag, Vereinbarung*

ü·ber'ein|stim·men ‹V. i.; ich stimme überein; sie hat übereingestimmt; übereinzustimmen› 1 *einer Meinung sein;* alle stimmten darin überein, dass… 2 *miteinander in Einklang stehen;* die Farben stimmen überein; **Ü·ber'ein·stim·mung** ‹f.; -, -en› in ~ mit jmdm. handeln

'ü·ber·emp·find·lich ‹Adj.› *zu empfindlich;* **'Ü·ber·emp·find·lich·keit** ‹f.; -; unz.›

'ü·ber·er·fül·len ‹V. t.; DDR› die Norm ~ *mehr produzieren als die N. verlangt*

'Ü·ber·er·näh·rung ‹f.; -, -en› *zu reichhaltige Ernährung;* Ggs *Unterernährung*

'ü·ber·er·reg·bar ‹Adj.› *zu leicht erregbar;* **'Ü·ber·er·reg·bar·keit** ‹f.; -; unz.›

'ü·ber|es·sen[1] ‹V. refl. 129; ich esse mir über; sie hat sich übergegessen; überzuessen› sich etwas ~ *etwas bis zum Überdruss essen;* du isst dich daran noch über!; **ü·ber'es·sen**[2] ‹V. refl. 129; ich überesse mich; sie hat sich übergegessen; zu ~› *zu viel essen;* überiss dich nicht!

'ü·ber|fah·ren[1] ‹V. i. (s.) u. V. t.; ich fahre über; sie ist übergefahren; überzufahren; ↗Z.130› *über ein Gewässer fahren;* **ü·ber'fah·ren**[2] ‹V. t. 130; ich überfahre; sie hat überfahren; zu ~› 1 jmdn. ~ *mit einem Fahrzeug über jmdn. hinwegfahren;* sie ist ~ worden 2 *nicht beachten;* ein Signal ~; **'Ü·ber·fahrt** ‹f.; -, -en› *Fahrt über ein Gewässer*

'Ü·ber·fall <m.; -(e)s, ⸚e>; **'ü·ber·fall·ar·tig** <Adj.>; **ü·ber'fal·len** <V. t. 131> **1** plötzlich angreifen; die Bank ist ~ worden **2** <umg.> jmdn. ~ unangekündigt besuchen **3** jmdn. überkommen; er wurde von Müdigkeit überfallen; **'Ü·ber·fall·ho·se** <f.; -, -n> lange, weite Hose; **'ü·ber·fäl·lig** <Adj.> längst fällig; der Zug ist eine Stunde ~; **'Ü·ber·fall(s)·kom·man·do** <n.; -s, -s> stets einsatzbereite Polizeitruppe

'Ü·ber·fang <m.; -(e)s; unz.; an Gläsern> Überzug mit einer Farbschicht; **ü·ber'fan·gen** <V. t. 132> mit Überfang beziehen

ü·ber'fei·nern <V. t.; meist im Pass. od. als Part. Perf.> zu sehr verfeinern; überfeinerte Kultur; **Ü·ber'fei·ne·rung** <f.; -; unz.>

ü·ber'flie·gen <V. t. 136; ich überfliege; sie hat überflogen; zu -> **1** über etwas hinwegfliegen **2** <fig.> flüchtig lesen; ein Schreiben ~; **'Ü·ber·flie·ger** <m.; -s, -> herausragend begabter Mensch

'ü·ber'flie·ßen <V. i. (s.) 138; es fließt über; es ist übergeflossen; überzufließen> über den Rand fließen; die Milch floss über

ü·ber'flü·geln <V. t.; ich überflüg(e)le> jmdn. ~ übertreffen

'Ü·ber·fluss <m.; -es; unz.> überreichliches Vorhandensein; Geld im ~ haben; **'Ü·ber·fluss·ge·sell·schaft** <f.; -, -en>; **'ü·ber·flüs·sig** <Adj.> unnötig; dieser Kommentar war ~; -e Mühe; **ü·ber·flüs·si·ger·wei·se** <Adv.>

'ü·ber'flu·ten¹ <V. i. (s.)> es flutet über; er ist übergeflutet; überzufluten> der Strom ist übergeflutet; **ü·ber'flu·ten²** <V. t.; er überflutet; er hat überflutet; zu -> überschwemmen; **Ü·ber'flu·tung** <f.; -, -en>

ü·ber'for·dern <V. t./V. refl.; ich überfordere> zu viel fordern; das Kind ist mit dieser Aufgabe überfordert; Ggs unterfordern; **Ü·ber'for·de·rung** <f.; -, -en>

'Ü·ber·fracht <f.; -; unz.>; **ü·ber'frach·ten** <V. t.> überladen

ü·ber'fra·gen <V. t.; meist im Passiv> zu schwierige Fragen stellen; da bin ich überfragt das weiß ich nicht

ü·ber'frem·den <V. t.> zu sehr mit fremden Einflüssen belasten; **Ü·ber'frem·dung** <f.; -, -en>

ü·ber'fres·sen <V. refl. 139> zu viel fressen

'Ü·ber·fuhr <f.; -, -en; österr.> Fähre; **'ü·ber'füh·ren¹** <V. t.; ich führe über; sie hat übergeführt; überzuführen> in einen anderen Zustand bringen; **ü·ber'füh·ren²** <V. t.; ich überführe; sie hat überführt; zu -> **1** an einen anderen Ort bringen; sie wurde in die Klinik überführt **2** jmdn. eines Verbrechens ~ jmdm. ein V. nachweisen **3** eine Straße ~ eine Brücke über eine S. bauen; **Ü·ber'füh·rung** <f.; -, -en>

'Ü·ber·fül·le <f.; -; unz.> übergroße Menge; eine ~ von Speisen; **ü·ber'fül·len** <V. t.> zu voll machen; der Bus war überfüllt zu voll; **Ü·ber'fül·lung** <f.; -; unz.>

'Ü·ber·funk·ti·on <f.; -; unz.; Med.> Schilddrüsen~; Ggs Unterfunktion

ü·ber'füt·tern <V. t.; ich überfütt(e)re> zu viel zu essen geben; die Katze ist überfüttert; **Ü·ber'füt·te·rung** <f.; -, -en>

'Ü·ber·ga·be <f.; -, -n> Amts~; Geld~

'Ü·ber·gang <m.; -(e)s, ⸚e> **1** das Hinübergehen **2** Stelle, an der etwas überquert werden kann; Fußgänger~ **3** Wandel **4** Überleitung; für den ~ genügt das; er malt feine Übergänge <Mal.> Schattierung; **'Ü·ber·gangs·be·stim·mung** <f.; -, -en>; **'Ü·ber·gangs·er·schei·nung** <f.; -, -en>; **'ü·ber·gangs·los** <Adj.>; **'Ü·ber·gangs·lö·sung** <f.; -, -en>; **'Ü·ber·gangs·man·tel** <m.; -s, ⸚> Mantel für die Übergangszeit(2); **'Ü·ber·gangs·me·tal·le** <Pl.; Chem.>; **'Ü·ber·gangs·sta·di·um** <n.; -s, -di·en>; **'Ü·ber·gangs·zeit** <f.; -, -en> **1** Zeit zwischen zwei Phasen **2** Zeit zwischen Sommer u. Winter

'Ü·ber·gar·di·ne <f.; -, -n>

ü·ber'ge·ben <V. t. 143> **1** überreichen; er übergab den Schlüssel dem Nachmieter **2** übertragen; jmdm. ein Geschäft ~ **3** <V. refl.> sich ~ sich erbrechen

'ü·ber'ge·hen¹ <V. 145; sie geht über; sie ist übergegangen; überzugehen> **1** überfließen; die Milch geht über **2** etwas geht in jmds. Besitz über **3** sich verändern; die Diskussion ging in lautes Geschrei über; **ü·ber'ge·hen²** <V. t. 145; ich übergehe; sie hat übergangen; zu -> **1** unberücksichtigt lassen; sich übergangen fühlen **2** weglassen; einen Abschnitt ~

'ü·ber·ge·nug <Adv.> mehr als genug

'Ü·ber·ge·päck <n.; -s; unz.; Flugw.>

'Ü·ber·ge·wicht <n.; -(e)s; unz.> **1** zu viel Gewicht; er hat ~; Ggs Untergewicht **2** bekommen kippen, das Gleichgewicht verlieren; **'ü·ber·ge·wich·tig** <Adj.>

'ü·ber'gie·ßen¹ <V. t. 152; ich gieße über; sie hat übergegossen; überzugießen> verschütten; **ü·ber'gie·ßen²** <V. t. 152; ich übergieße; sie hat übergossen; zu -> etwas über etwas gießen

ü·ber'gla·sen <V. t.> verglasen; der Wintergarten ist überglast

'ü·ber·glück·lich <Adj.> sehr glücklich

ü·ber'gol·den <V. t.> vergolden

'ü·ber'grei·fen <V. i. 158; ich greife über; sie hat übergegriffen; überzugreifen> **1** mit einer Hand über die andere greifen **2** <fig.> sich ausbreiten; das Feuer griff auf die Nachbarhäuser über; **'Ü·ber·griff** <m.; -(e)s, -e> sich ~ erlauben

'ü·ber·groß <Adj.> größer als normal; **'Ü·ber·grö·ße** <f.; -, -n> ein Geschäft für ~n

'ü·ber'ha·ben <V. t. 159/V. refl.; ich habe über; sie hat übergehabt; überzuhaben; umg.> **1** übrig haben; wir haben noch Kuchen über **2** über anderer Kleidung tragen; sie hatte eine Jacke über **3** satt haben; ich habe das viele Lernen über

'ü·ber'hal·ten <V. t. 160; ich halte über; sie hat übergehalten; überzuhalten; Forstw.> nicht abholzen; eine Tanne ~; **'Ü·ber·häl·ter** <m.; -s, -; Forstw.> Baum, der beim Abholzen stehen gelassen wird

ü·ber'hand <Adv.> ↗Z22.3; nur in der Wendung> ~ nehmen in zu großer Zahl auftreten; die Verbrechen nahmen ~

'Ü·ber·hang <m.; -(e)s, ⸚e> **1** et-

U

was, das über etwas anderes hängt od. hinausragt 2 *überschüssig Vorhandenes;* '**ü·ber·hän·gen**[1] <V. 161; ich hänge über; sie hat übergehängt; überzuhängen> 1 *über etwas hängen;* die Zweige hängen über den Zaun 2 *umhängen;* sich eine Jacke ~; **ü·ber'hän·gen**[2] <V. t.; ich überhänge; sie hat überhängt; zu ~> *behängen;* er hat den Weihnachtsbaum mit Lametta überhängt; '**Ü·ber·hang·man·dat** <n.; -(e)s, -e; Pol.> *Direktmandat, das eine Partei über die ihr zustehenden Parlamentssitze hinaus gewonnen hat;* '**Ü·ber·hangs·recht** <n.; -(e)s; unz.>

ü·ber'häu·fen <V. t.> 1 *überladen;* den Tisch mit Büchern ~ 2 *zu viel zukommen lassen;* jmdn. mit Lob ~; **Ü·ber'häu·fung** <f.; -, -en>

ü·ber'haupt <Partikel> *darüber hinaus, eigentlich;* wenn ~ ...; ~ kein *gar kein;* ~ nicht *gar nicht*

ü·ber'he·ben <V. refl. 163> sich ~ *sich beim Heben verletzen;* **ü·ber'heb·lich** <Adj.> *anmaßend, dünkelhaft;* **Ü·ber'heb·lich·keit** <f.; -; unz.>

ü·ber'hei·zen <V. t.; du überheizt> ein überheizter Raum

ü·ber'hit·zen <V. t.; du überhitzt> überhitzte Fantasie <fig.>; **Ü·ber'hit·zung** <f.; -; unz.>

ü·ber'hö·hen <V. t.> 1 *eine Seite höher machen als die andere;* eine Kurve ~ 2 <Part. Perf.> überhöhte Geschwindigkeit; **Ü·ber'hö·hung** <f.; -, -en>

'**ü·ber·ho·len**[1] <V.; ich hole über; sie hat übergeholt; überzuholen> 1 <V. t.> jmdn. od. etwas ~ *mit dem Boot vom anderen Ufer herüberfahren* 2 <V. t.> die Segel ~ *aufziehen* 3 <V. i.> das Boot holt über *neigt sich;* **ü·ber'ho·len**[2] <V. t.> ich überhole; sie hat überholt; zu ~> 1 *an jmdm. od. etwas vorbeilaufen od. -fahren;* ein Auto ~ 2 <Tech.> *prüfen u. reparieren;* die Maschine muss überholt werden 3 <Part. Perf.> überholt *altmodisch;* **Ü·ber'hol·ma·nö·ver** <n.; -s, ->; **Ü·ber'hol·spur** <f.; -, -en; auf Autobahnen>; **Ü·ber'ho·lung**

<f.; -, -en; Tech.>; **Ü·ber'hol·ver·bot** <n.; -(e)s; unz.>

ü·ber'hö·ren <V. t.> *nicht hören;* sie hat das Läuten überhört

'**Ü·ber·ich**, <auch> '**Ü·ber-Ich** <n.; - od. -s, -s od. -; ↗Z 36; Psych.>

'**ü·ber·ir·disch** <Adj.> *übernatürlich;* ein ~es Wesen

'**ü·ber·kan·di·delt** <Adj.; umg.> *überspannt, etwas verrückt*

'**Ü·ber·ka·pa·zi·tät** <f.; -; unz.; Wirtsch.>

'**ü·ber·kip·pen** <V. i. (s.); ich kippe über; sie ist übergekippt; überzukippen> *umkippen*

ü·ber'kle·ben <V. t.> etwas ~

ü·ber'klei·den <V. t.> etwas mit etwas ~ *verkleiden;* **Ü·ber'klei·dung**[1] <f.; -; unz.> *Verkleidung;* '**Ü·ber·klei·dung**[2] <f.; -; unz.> *Kleidung über der Wäsche*

'**ü·ber·klug** <Adj.; abwertend>

'**ü·ber·ko·chen** <V. i. (s.); sie kocht über; sie ist übergekocht; überzukochen> die Milch ~ lassen

ü·ber'kom·men <V. 170> 1 <V. i. nur im Passiv od. als Part.> etwas ist ~ *vererbt, überliefert* 2 <V. t.> mich überkam Furcht

'**Ü·ber·kom·pen·sa·ti·on** <f.; -, -en; Psych.>; '**ü·ber·kom·pen·sie·ren** <V. t.; Psych.> *zu stark kompensieren;* Angst ~

'**ü·ber·krie·gen** <V. t.; ich kriege über; sie hat übergekriegt; überzukriegen; umg.> = *überbekommen*

'**ü·ber·kri·tisch** <Adj.> *allzu kritisch;* ~er Zustand <Chem.>

ü·ber'krus·ten <V. t.> *eine Kruste bilden*

ü·ber'la·den <V. t. 174> 1 *zu schwer beladen;* der Transporter ist ~ 2 <fig.> *überreich verzieren;* ~er Stil

ü·ber'la·gern <V. t.> *sich über etwas lagern;* **Ü·ber'la·ge·rung** <f.; -, -en>

'**ü·ber·land·bus** <m.; -s-ses; -s-se>; **Ü·ber'land·kraft·werk** <n.; -(e)s, -e> *Kraftwerk, das entfernte Gegenden versorgt*

'**ü·ber·lang** <Adj.> *zu lang, die normale Länge überschreitend;* '**Ü·ber·län·ge** <f.; -, -n> der Film hat ~

ü·ber'lap·pen <V. t.> ~de Werkstücke

'**ü·ber·las·sen**[1] <V. t.; ich lasse über; sie hat übergelassen; überzulassen; umg.> *übrig lassen;* das halbe Essen ~; **ü·ber'las·sen**[2] <V. t. 175/V. refl.; ich überlasse; sie hat überlassen; zu ~> 1 *abtreten;* sie überließ ihm den Fensterplatz 2 *anvertrauen;* überlässt du mir das Auto? 3 es jmdm. ~, etwas zu tun *es jmdm. freistellen* 4 sich selbst ~ sein *allein sein;* **Ü·ber'las·sung** <f.; -, -en>

ü·ber'las·ten <V. t.> der Fahrstuhl ist überlastet; '**ü·ber·las·tig** <Adj.> das Schiff ist ~; **Ü·ber'las·tung** <f.; -, -en>

'**Ü·ber·lauf** <m.; -(e)s, -̈e> *Stelle, an der überschüssiges Wasser ablaufen kann;* '**ü·ber·lau·fen**[1] <V. i. 176; ich laufe über; sie ist übergelaufen; überzulaufen> 1 *über den Rand laufen;* die Milch läuft über 2 *zum Feind ~ desertieren;* überlaufen[2] <V. t. 176> 1 der Friseur ist ~ *hat zu viel Kundschaft* 2 <unpersönl.> es überlief mich eiskalt; '**Ü·ber·läu·fer** <m.; -s, -> 1 *Deserteur* 2 <Jägerspr.> *Wildschwein im zweiten Jahr;* '**Ü·ber·läu·fe·rin** <f.; -, -n·nen>; '**Ü·ber·lauf·rohr** <n.; -(e)s, -e>

'**ü·ber·laut** <Adj.> *zu laut*

ü·ber'le·ben <V.> 1 <V. i. u. V. t.> *länger leben als jmd. anders;* er hat seine Frau überlebt 2 <V. t.> *lebend etwas überstehen;* sie haben das Erdbeben überlebt 3 <V. refl.> etwas überlebt sich *veraltet;* **Ü·ber'le·ben·de(r)** <f. 2 (m. 1)>; **Ü·ber'le·bens·chan·ce** <[-ʃãs(ə)]; f.; -, -n> keine ~ haben; **ü·ber'le·bens·groß** <Adj.> ein ~es Bild; **Ü·ber'le·bens·grö·ße** <f.; -; unz.>

'**ü·ber·le·gen**[1] <V. t.; ich lege über; sie hat übergelegt; überzulegen; umg.> jmdm. etwas ~ *etwas über jmdn. legen;* **ü·ber'le·gen**[2] <V. t. u. V. i.; ich überlege; sie hat überlegt; zu ~> *durchdenken;* etwas reiflich ~; ich habe es mir anders überlegt; überlegt handeln; ohne zu ~; **ü·ber'le·gen**[3] <Adj.> 1 *klug, gelassen, souverän* 2 *herablassend, überheblich;* er schenkte mir ein ~es Lächeln 3 *jmd. anderen übertreffend;* sie ist mir an Geschicklichkeit ~; **Ü·ber'legen·heit** <f.; -; unz.> Ggs *Unterlegenheit*; **Ü·ber'le·gung** <f.; -, -en> der Plan erfordert reifliche ~; ~en anstellen *nachdenken*

'ü·ber|lei·ten <V. i.; ich leite über; sie hat übergeleitet; überzulei­ten> sie leitete zum nächsten Thema über; **'Ü·ber·lei·tung** <f.; -, -en> ohne ~ von etwas anderem sprechen

ü·ber'le·sen <V. t. 179> *flüchtig lesen;* er überlas den Artikel; Fehler ~ *übersehen*

'Ü·ber·licht·ge·schwin·dig·keit <f.; -, -en> mit ~

ü·ber'lie·fern <V. t.; ich über­lief(e)re> *erzählen, weitergeben;* das ist nur bruchstückhaft überliefert; **Ü·ber'lie·fe·rung** <f.; -, -en>

'Ü·ber·lie·ge·geld <n.; -(e)s, -er>; **'ü·ber|lie·gen** <V. i. 180; es liegt über; es hat übergelegen; über­zuliegen> *über die festgesetzte Zeit im Hafen liegen;* **'Ü·ber·lie·ge·zeit** <f.; -, -en>

ü·ber'lis·ten <V. t./V. refl.> *durch eine List täuschen*

'ü·berm <umg.; Verschmelzungs­form von Präp. u. Art.> *über dem*

'Ü·ber·macht <f.; -; unz.> *Überlegenheit an Zahl, Stärke;* in der ~ sein; **'ü·ber·mäch·tig** <Adj.>

'ü·ber|ma·len¹ <V. t.; ich male über; sie hat übergemalt; über­zumalen; umg.> *über etwas hinaus malen;* er hat über den Rand übergemalt; **ü·ber'malen²** <V. t.> *malend verdecken;* ein Bild ~; **Ü·ber'ma·lung** <f.; -, -en>

ü·ber'man·nen <V. t.> *überwältigen;* der Schlaf übermannte sie

'Ü·ber·maß <n.; -es; unz.> ein ~ an Leid; im ~ essen; **'ü·ber·mäßig¹** <Adj.> *über das normale Maß hinausgehend;* ~e Anstrengung; **'ü·ber·mä·ßig²** <Partikel> ~ teuer; ~ viel schlafen

'Ü·ber·mensch <m.; -en, -en> 1 *Gottmensch* 2 <z. B. bei Goethe u. Nietzsche> *der nach Vollkommenheit strebende Mensch* 3 <umg.; oft iron.> *fehlerfreier Mensch;* **'ü·ber·mensch·lich** <Adj.> ~e Fähigkeiten besitzen

ü·ber'mit·teln <V. t.; ich über­mitt(e)le> *überbringen;* jmdm.

Glückwünsche, eine Nachricht ~; **Ü·ber'mit·te·lung, Ü·ber'mitt·lung** <f.; -, -en>

'ü·ber·mor·gen <Adv.; ↗Z45> *am Tag nach morgen;* ~ Abend *am Abend des übernächsten Tages*

ü·ber'mü·den <V. t.; meist im Passiv> er ist übermüdet *erschöpft;* **Ü·ber'mü·dung** <f.; -; unz.>

'Ü·ber·mut <m.; -(e)s; unz.> *Ausgelassenheit;* etwas aus ~ tun; **'ü·ber·mü·tig** <Adj.>

'ü·bern <umg.; Verschmelzungs­form von Präp. u. Art.> *über den*

'ü·ber·nächst <Adj.; ↗Z44> *der, die, das dem Nächsten Folgende;* am ~en Wochenende; der Übernächste in der Schlange

'ü·ber|nach·ten <V. i.> *die Nacht verbringen;* im Freien ~; **'ü·bernäch·tig, ü·ber'näch·tigt** <Adj.> ~ aussehen; **Ü·ber'nachtung** <f.; -, -en>

'Ü·ber·nah·me <f.; -, -n; Wirtsch.> Praxis~; feindliche ~

'ü·ber·na·ti·o·nal <Adj.> *über den nationalen Grenzen stehend*

'ü·ber·na·tür·lich <Adj.> *außerhalb der natürlichen Gesetze liegend;* ~e Fähigkeiten

'ü·ber|neh·men¹ <V. t. 189; ich nehme über; sie hat überge­nommen; übernehmen> *(sich) etwas umhängen;* eine Jacke ~; **ü·ber'neh·men²** <V. t./V. refl. 189; ich übernehme; sie hat übernommen; zu ~> *annehmen, in Besitz nehmen;* sie übernimmt das Geschäft; Verantwortung ~; einen Auftrag ~; Kosten ~ *tragen;* sie hat sich beim Laufen übernommen

'ü·ber|ord·nen <V. t./V. refl.; ich ordne über; sie hat übergeord­net; überzuordnen> sie ist mir übergeordnet

'Ü·ber·or·ga·ni·sa·ti·on <f.; -; unz.>; **'ü·ber·or·ga·ni·sie·ren** <V. t.> *zu exakt organisieren*

'ü·ber·par·tei·lich <Adj.> *über den Parteien stehend;* eine ~e Zeitung; **'Ü·ber·par·tei·lich·keit** <f.; -; unz.>

'Ü·ber·preis <m.; -es, -e> *zu hoher Preis*

'ü·ber·pri·vi·le·giert <[-vi-]; Adj.> *zu viele Privilegien besitzend*

'Ü·ber·pro·duk·ti·on <f.; -; unz.>

ü·ber'prüf·bar <Adj.>; **Ü·ber'prüf·bar·keit** <f.; -; unz.>; **ü·ber'prü·fen** <V. t.> *nachprüfen;* Ergebnisse ~; **Ü·ber'prü·fung** <f.; -, -en>

'ü·ber|quel·len <V. i. (s.) 194; sie quellt/quillt über; sie ist über­gequollen/übergequellt; über­zuquellen> *über den Rand quellen;* ~de Freude <fig.>

ü·ber'quer <Adv.> *über Kreuz;* das ging ~ *das ging schief;* **ü·ber'que·ren** <V. t.> *überschreiten;* sie überquerte die Straße; **Ü·ber'que·rung** <f.; -; unz.>

ü·ber'ra·gen <V. t.> 1 jmdn. od. etwas ~ *größer sein als jmd. od. etwas* 2 <fig.> *übertreffen;* er überragte alle an Können 3 <Part. Präs.> ~d *hervorragend*

ü·ber'ra·schen <V. t.> 1 *unerwartet treffen;* die Dunkelheit überraschte ihn 2 *in Erstaunen setzen;* jmdn. (mit etwas) ~; diese Nachricht überrascht mich; sich ~ lassen 3 <Part. Perf.> überrascht *erstaunt;* freudig ~ sein 4 <Part. Präs.> ~d *unerwartet;* ein ~der Sieg; es war ~d einfach; **Ü·ber'ra·schung** <f.; -, -en> eine angenehme, böse ~; zu meiner größten ~ ...

'ü·ber·re·a·gie·ren <V. i.> er hat auf ihre Kritik überreagiert; **'Ü·ber·re·ak·ti·on** <f.; -, -en>

ü·ber'rech·nen <V. t.; du über­rechnest> *grob ausrechnen*

ü·ber're·den <V. t.> *durch Zureden zu etwas veranlassen;* ich habe sie überredet, mitzukommen; **Ü·ber're·dung** <f.; -; unz.>; **Ü·ber're·dungs·kunst** <f.; -, ~e; Pl. nur scherzh.>

'ü·ber·re·gi·o·nal <Adj.> *über eine Region hinausgehend*

'ü·ber·reich <Adj.; meist adv.> jmdn. ~ beschenken

ü·ber'rei·chen <V. t.> *feierlich übergeben;* eine Urkunde ~

'ü·ber·reich·lich <Adj.>

Ü·ber'rei·chung <f.; -, -en>

'Ü·ber·reich·wei·te <f.; -; unz.> *abnorme Reichweite elektromagnet. Wellen*

'ü·ber·reif <Adj.> *zu reif;* ~e Birnen; **'Ü·ber·rei·fe** <f.; -; unz.>

ü·ber'rei·zen <V. t.> sie ist überreizt; **Ü·ber'reizt·heit** <f.; -; unz.>; **Ü·ber'rei·zung** <f.; -; unz.>

ü·ber·ren·nen <V. t. 200>

'ü·ber·re·prä·sen·tiert <Adj.> diese Gruppe ist im Parlament ~

'Ü·ber·rest <m.; -(e)s, -e> *Rest, Trümmer;* die ~e des Mittagessens; → a. *sterblich*

'Ü·ber·rie·se <m.; -n, -n; Astr.> *Stern mit großer Leuchtkraft*

ü·ber'rie·seln <V. t.; meist fig.> ein Schauer überrieselte mich

'Ü·ber·roll·bü·gel <m.; -s, -; bei Sportwagen> *Schutzkonstruktion über den Sitzen;* **ü·ber'rol·len** <V. t.> den Gegner ~ <fig.>

ü·ber'rum·peln <V. t.; ich überrump(e)le> *überraschen;* sie hat mich überrumpelt; **Ü·ber'rum·pe·lung, Ü·ber'rump·lung** <f.; -, -en>

ü·ber'run·den <V. t.> *überholen;* er wurde überrundet

'übers <umg.; Verschmelzungsform von Präp. u. Art.> *über das;* sie schlug ein Bein ~ andere; ~ Jahr *in, nach einem Jahr*

ü·ber'sä·en <V. t.> *in großer Zahl bedecken;* ihr Gesicht ist mit Sommersprossen übersät

ü·ber'sät·ti·gen <V. t.; nur Inf. u. Part. Perf.> *zu sehr sättigen;* von Kuchen übersättigt sein; übersättigte Lösung <Chem.>; **Ü·ber'sät·ti·gung** <f.; -; unz.>

ü·ber'säu·ern <V. t.; ich übersäu(e)re> *mit zu viel Säure anreichern;* **Ü·ber'säu·e·rung** <f.; -; unz.>

'Ü·ber·schall <m.; -(e)s; unz.>

'Ü·ber·schall·ge·schwin·dig·keit <f.; -; unz.> *Geschwindigkeit, die größer ist als die des Schalles;* mit ~ fliegen

ü·ber'schat·ten <V. t.> 1 die Bäume ~ den Garten 2 <fig.> *trüben;* ihre Freude wurde von dem Unglück überschattet

ü·ber'schät·zen <V. t./V. refl.; du überschätzt> *zu hoch einschätzen;* er überschätzt sich; Ggs *unterschätzen;* **Ü·ber'schät·zung** <f.; -; unz.>

'Ü·ber·schau <f.; -; unz.> *Übersicht, Zusammenfassung;* **ü·ber·schau·bar** <Adj.> *übersichtlich;* **Ü·ber'schau·bar·keit** <f.; -; unz.>; **ü·ber'schau·en** <V. t.>

'ü·ber|schäu·men <V. i. (s.); ich schäume über; sie ist übergeschäumt; überzuschäumen> 1 *über den Rand schäumen;* die

---

Überschrift: Eine Ü. wird deutlich vom nachfolgenden Text abgehoben. Das erste Wort einer Ü. oder eines Titels wird großgeschrieben. Nach einer Ü. steht – auch wenn sie die Form eines Satzes hat – kein Schlusspunkt. **Titel** von Büchern, Zeitschriften, Filmen usw. werden dekliniert. Beginnt der Titel mit einem Artikel, so wird dieser dekliniert und nicht mit in Anführungszeichen gesetzt: „Der grüne Heinrich" – ein Kapitel des „Grünen Heinrichs"; „Der Spiegel" – die neueste Ausgabe des „Spiegels"; „Nathan der Weise" – die Hauptrolle in „Nathan dem Weisen".
Vgl. ⬈Anführungszeichen

Milch schäumte über; ihr Zorn schäumte über <fig.> 2 <Part. Präs.> ~d *wild, sprühend*

'Ü·ber·schicht <f.; -, -en> *zusätzl. Arbeitsschicht;* ~en machen

ü·ber'schla·fen <V. t. 217> eine Sache ~ *erst am nächsten Tag entscheiden*

'Ü·ber·schlag <m.; -(e)s, =e> 1 *grobe Berechnung* 2 <Turnen> *Salto;* **'ü·ber|schla·gen¹** <V. t. 218; ich schlage über; sie hat übergeschlagen; überzuschlagen> 1 die Beine ~ *kreuzen* 2 Funken schlagen über *springen über;* seine Stimme schlug über; <aber> → *überschlagen²(3);* **ü·ber'schla·gen²** <V. t./V. refl. 218; ich überschlage; sie hat überschlagen; zu ~> 1 *beim Lesen auslassen;* eine Seite ~ 2 *grob berechnen;* die Kosten ~ 3 sich ~ *sich im Fallen um die eigene Achse drehen;* seine Stimme schlug sich vor Zorn; <aber> → *überschlagen¹(2);* **'ü·ber·schlä·gig** <Adj.> *ungefähr;* eine ~e Kostenberechnung; **'Ü·ber·schlag·la·ken** <n.; -s, -> *ein Bettlaken;* **'ü·ber·schläg·lich** <Adv.> = *überschlägig*

'ü·ber|schnap·pen <V. i. (s.)> ich schnappe über; sie ist übergeschnappt; überzuschnappen; fig.; umg.> *verrückt werden*

ü·ber'schnei·den <V. t. 227/V. refl.> 1 sich ~ *kreuzen;* die Geraden ~ sich 2 *zusammenfallen;*

---

die Sendungen ~ sich; **Ü·ber'schnei·dung** <f.; -, -en>

ü·ber'schrei·ben <V. t. 230> 1 *etwas betiteln;* ein Gedicht ~ 2 *schriftl. abtreten;* das Geschäft ist auf ihn überschrieben; **Ü·ber'schrei·bung** <f.; -, -en>

ü·ber'schrei·en <V. t. 231> sie überschrie die anderen

ü·ber'schrei·ten <V. t. 232> 1 *hinübergehen, überqueren;* eine Straße, einen Fluss ~; er hat die 30 bereits überschritten *er ist älter als 30* 2 *nicht beachten;* das Gesetz ~ *übertreten;* die Geschwindigkeit ~; **Ü·ber'schrei·tung** <f.; -, -en>

'Ü·ber·schrift <f.; -, -en> *Titel;* die ~ eines Aufsatzes; → a. *Kasten*

'Ü·ber·schuh <m.; -(e)s, -e> *Schuh zum Überziehen über einen anderen*

ü·ber'schul·det <Adj.> *stark mit Schulden belastet;* **Ü·ber'schul·dung** <f.; -; unz.>

'Ü·ber·schuss <m.; -es, =e> 1 *Gewinn, Profit;* einen ~ erzielen 2 *Menge, die ein Maß überschreitet;* ein ~ an Energie; **'ü·ber·schüs·sig** <Adj.> ~e Kraft

ü·ber'schüt·ten <V. t./V. refl.; ich überschütte; sie hat überschüttet; zu ~> jmdn. od. etwas mit etwas ~ *etwas über jmdn. od. etwas schütten;* sie überschüttete ihn mit Vorwürfen <fig.>

'Ü·ber·schwang <m.; -(e)s; unz.> *Übermaß;* im ~ der Gefühle; **'ü·ber·schwäng·lich** <Adj.> *übertrieben freudig;* ein ~er Empfang; er dankte ihr ~; **'Ü·ber·schwäng·lich·keit** <f.; -; unz.>

'ü·ber|schwap·pen <V. i. (s.); es schwappt über; es ist übergeschwappt; überzuschwappen>

ü·ber'schwem·men <V. t.> *überfluten;* das Hochwasser überschwemmte das Dorf; **Ü·ber'schwem·mung** <f.; -, -en>

'ü·ber·schweng·lich <Adj.; nicht mehr zulässige Schreibweise für> *überschwänglich;* **'Ü·ber·schweng·lich·keit** <f.; -; unz.>; nicht mehr zulässige Schreibweise für> *Überschwänglichkeit*

'Ü·ber·see <f.; -; unz.; meist ohne Art.> *die Länder jenseits der Ozeane;* nach ~ exportieren;

U

'Ü·ber·see·ex·port <m.; -(e)s, -e; ⟋Z37>; 'Ü·ber·see·han·del <m.; -s; unz.>; 'ü·ber·see·isch <Adj.> ~e Importe

ü·ber'seh·bar <Adj.>; 'ü·ber|se·hen¹ <V. t. 239/V. refl.; ich sehe über, sie hat übergesehen; überzusehen; umg.> zu häufig sehen; ich habe mir diesen Film übergesehen; ü·ber'se·hen² <V. t. 239; ich übersehe; sie hat übersehen; zu ~> 1 nicht sehen; Fehler ~ 2 etwas ~ <a. fig.> den Überblick haben; ein Gelände ~

ü·ber'sen·den <V. t. 241> zusenden; 'Ü·ber'sen·dung <f.; -, -en>

ü·ber'setz·bar <Adj.>; 'ü·ber|set·zen¹ <V.; du setzt über; sie hat übergesetzt; überzusetzen> 1 <V. i. (s.)> zum anderen Ufer fahren 2 <V. t.> jmdn. ~ jmdn. ans anderen Ufer fahren; ü·ber'set·zen² <V. t.> in eine andere Sprache übertragen; ein Buch aus dem Englischen ins Deutsche ~; wörtlich, sinngemäß ~; Ü·ber'set·zer <m.; -s, -> Ü·ber'set·ze·rin <f.; -, -n·nen> Ü·ber'set·zung <f.; -, -en> 1 Übertragung eines Textes in eine andere Sprache; eine gute, holprige ~ 2 <Tech.> Umdrehungszahlverhältnis; das Getriebe hat eine ~ von 1:4; Ü·ber'set·zungs·bü·ro <n.; -s, -s>; Ü·ber'set·zungs·pro·gramm <n.; -(e)s, -e>

'Ü·ber·sicht <f.; -, -en> 1 <a. fig.> Überblick; ~ gewinnen; die ~ verlieren 2 Abriss, knappe Darstellung; eine ~ über die Malerei der Renaissance 3 Verzeichnis; Inhalts~; 'ü·ber·sicht·lich <Adj.; a. fig.> gut zu übersehen; ~e Darstellung; 'Ü·ber·sicht·lich·keit <f.; -; unz.>; 'Ü·ber·sichts·kar·te <f.; -, -n; Kart.>

'ü·ber|sie·deln <a. [--'--]; V. i.; ich sied(e)le über/übersied(e)le; sie ist übergesiedelt/übersiedelt; überzusiedeln/zu ~> umziehen; ich siedele nach Köln über, <auch> ich übersiedele [--'---] nach Köln; sie ist übergesiedelt ['-----], <auch> übersiedelt [--'--]; 'Ü·ber·sie·de·lung, 'Ü·ber·sied·lung <f.; -; unz.>

'ü·ber·sinn·lich <Adj.> übernatürlich; ~e Wahrnehmung

ü·ber'span·nen <V. t.> 1 zu stark spannen; den Bogen ~ <fig.> zu weit gehen 2 mit Stoff beziehen; ü·ber'spannt <Adv.; fig.> übertrieben, leicht verrückt; sie hat ~e Ansichten; Ü·ber'spannt·heit <f.; -; unz.>; 'Ü·ber·span·nung <f.; -; unz.> zu hohe Spannung (einer elektr. Anlage)

ü·ber'spie·len <V. t.> 1 eine Schallplattenaufnahme auf eine Kassette ~ kopieren 2 <fig.> sich nichts anmerken lassen; sie überspielte ihre Unsicherheit; Ü·ber'spie·lung <f.; -, -en>

ü·ber'spit·zen <V. t.; du überspitzt; fig.> zu spitzfindig sein; überspitzt formulierte Thesen

'ü·ber|sprin·gen¹ <V. t. 253; ich springe über; sie ist übergesprungen; überzuspringen> 1 etwas springt über springt von einem aufs andere 2 <fig.> sie sprang auf ein anderes Thema über; ü·ber'sprin·gen² <V. t. 253; ich überspringe; sie hat übersprungen; zu ~> 1 über etwas hinwegspringen; eine Hürde ~ 2 auslassen; ein Kapitel ~

'ü·ber|spru·deln <V. i. (s.); ich sprud(e)le über; sie ist übergesprudelt; überzusprudeln> über den Rand sprudeln; von, vor guter Laune ~ <fig.>

'Ü·ber·sprung·hand·lung <f.; -, -en; Verhaltensforschung> Verhaltensweise, die im Triebkonflikt ohne die entsprechenden Bedingungen auftritt

ü·ber'spü·len <V. t.> der von Wellen überspülte Strand

'ü·ber·staat·lich <Adj.> nicht vom Staat abhängig

'Ü·ber·stän·der <m.; -s, -; Forstw.> überalteter Baum(bestand); 'ü·ber·stän·dig <Adj.>

'ü·ber·stark <Adj.> übermäßig stark

'ü·ber|ste·hen¹ <V. i. (s.) 256; es steht über; es ist übergestanden; überzustehen> hervorstehen; ~de Äste; ü·ber'ste·hen² <V. t. 256; ich überstehe; sie hat überstanden; zu ~> überleben, aushalten; eine Krankheit ~

ü·ber'stei·gen <V. t. 258> 1 über etwas steigen 2 größer, höher, stärker als etwas sein; die Ausgaben ~ die Einnahmen; das übersteigt meinen Horizont; ü·ber'stei·gern <V. t.; ich übersteig(e)re> übersteigerte Forderungen; Ü·ber'stei·ge·rung <f.; -, -en>

ü·ber'stel·len <V. t.; Amtsdt.> jmdn. einem anderen ~ übergeben

ü·ber'stem·peln <V. t.> Zahlen ~

ü·ber'steu·ern <V. i.; ich übersteu(e)re 1 <bei elektron. Geräten> ein zu hohes Eingangssignal anlegen 2 <bei Kfz> stark in die Kurve gehen; Ü·ber'steu·e·rung <f.; -; unz.>

ü·ber'stim·men <V. t.> durch Stimmenmehrheit besiegen; überstimmt werden

ü·ber'strah·len <V. t.> stärker als etwas anderes strahlen

'ü·ber·stra·pa·zie·ren <V. t.; meist fig.> jmds. Geduld ~

ü·ber'strei·chen <V. t. 263> bestreichen; eine Wand ~

'ü·ber|strei·fen <V. t.; ich streife über; sie hat übergestreift; überzustreifen> achtlos anziehen; sich ein Kleid ~

'ü·ber|strö·men¹ <V. i. (s.); ich ströme über; sie ist übergeströmt, überzuströmen> von/vor Dankbarkeit ~ <fig.> überschwänglich danken; ~de Freude; ü·ber'strö·men² <V. t.; es überströmt; es hat überströmt; zu ~> etwas in einem Strom bedecken; sein Bein war blutüberströmt

'ü·ber|stül·pen <V. t.; ich stülpe über; sie hat übergestülpt; überzustülpen> über etwas stülpen; sich einen Hut ~

'Ü·ber·stun·de <f.; -, -n> zusätzl. Arbeitsstunde; ~n machen

ü·ber'stür·zen <V. t.; du überstürzt> übereilen; nichts ~ wollen; eine überstürzte Heirat; die Ereignisse ~ sich

'ü·ber·süß <Adj.> zu süß

'ü·ber·ta·rif·lich <Adj.> ~e Bezahlung

ü·ber'täu·ben <V. t.> betäuben; einen Schmerz ~

ü·ber'teu·ert <Adj.> zu teuer; die Preise sind ~; Ü·ber'teu·e·rung <f.; -; unz.>

ü·ber'töl·peln <V. t.; ich übertölp(e)le> plump überlisten

ü·ber'tö·nen <V. t.> lauter als etwas tönen; das Klavierspiel übertönte ihren Gesang

'Ü·ber·topf <m.; -(e)s, ⸚e> *dekorativer Blumentopf*

'Ü·ber·trag <m.; -(e)s, ⸚e> *Übertragung auf die nächste Seite (im Rechnungsbuch);* **ü·ber'trag·bar** <Adj.> *eine ~e Infektion; diese Eintrittskarte ist nicht ~;* **Ü·ber'trag·bar·keit** <f.; -; unz.>; **ü·ber'tra·gen** <V. t. 265> **1** *von einer Stelle zur andern bringen; einen Krimi im Fernsehen ~ senden; Kraft ~; eine Krankheit ~* **2** *übersetzen²* **3** <Part. Perf.> *figürlich, nicht wörtlich; ein Wort in ~er Bedeutung gebrauchen* **4** *jmdm. etwas – übereignen, übergeben; er hat ihr eine Aufgabe ~;* **Ü·ber'tra·ger** <m.; -s, -; Fernmeldew., Hochfrequenztech.> *Transformator;* **Ü·ber'trä·ger** <m.; -s, ->; **Ü·ber'trä·ge·rin** <f.; -, -nnen>; **Ü·ber'tra·gung** <f.; -, -en>; **Ü·ber'tra·gungs·wa·gen** <m.; -s, -; Rundf.; TV; Kurzw.: Ü-Wagen>

'ü·ber·trai·nie·ren <[-tre-] od. [-tre-]; V. t.> *jmdn. ~*

ü·ber'tref·fen <V. t. 266/V. refl.> *besser sein als, überbieten; jmdn. an Fleiß ~; sich selbst ~ mehr leisten als je zuvor; das übertrifft meine kühnsten Hoffnungen*

ü·ber'trei·ben <V. t. u. V. i. 267> → a. *übertrieben* **1** *etwas ~ zu oft tun; er sollte das Bergsteigen nicht ~* **2** *besser od. schlechter darstellen, als es ist; jetzt übertreibst du aber; Ggs untertreiben;* **Ü·ber'trei·bung** <f.; -, -en>

'ü·ber|tre·ten¹ <V. i. (s.) 268> *ich trete über; sie ist übergetreten; überzutreten* **1** *über die Ufer treten; der Fluss trat über* **2** <Sp.> *über einen festgelegten Punkt hinaustreten* **3** *überwechseln; zu einem anderen Glauben ~;* **ü·ber'tre·ten²** <V. t. 268> *ich übertrete; sie hat übertreten; zu ~ verletzen, nicht beachten; ein Gesetz ~;* **Ü·ber'tre·tung** <f.; -, -en>; **Ü·ber'tre·tungs·fall** <m.; -(e)s, ⸚e; in der Wendung> *im ~*

ü·ber'trie·ben <Adj.> *zu (groß); ~er Eifer; ~ eifersüchtig sein;* **Ü·ber'trie·ben·heit** <f.; -; unz.>

'Ü·ber·tritt <m.; -(e)s, -e> *das Übertreten*

Ü·ber'trumpf·fen <V. t.> **1** <Kart.> *mit einem höheren Trumpf nehmen* **2** <fig.> *überbieten; jmdn. beim Rechnen ~*

'ü·ber|tun¹ <V. t. 272; ich tue über; sie hat übergetan; überzutun; umg.> *umhängen, umlegen; sie tat sich einen Mantel über;* **ü·ber'tun²** <V. refl. 272; ich übertue mich; sie hat sich übertan; sich zu ~; umg.> *sich überanstrengen; übertu dich nicht*

ü·ber'tün·chen <V. t.> *mit Tünche überstreichen*

'ü·ber·ü·ber·mor·gen <Adv.; ↗Z 45; umg.> *am Tag nach übermorgen*

'ü·ber·ver·si·chern <V. t./V. refl.> *ich überversichere>;* **'Ü·ber·ver·si·che·rung** <f.; -, -en> *Versicherung, die den Versicherungswert übersteigt; Ggs Unterversicherung*

ü·ber'völ·kert <Adj.> *zu dicht bevölkert; ein ~es Land;* **Ü·ber'völ·ke·rung** <f.; -; unz.>

'ü·ber·voll <Adj.> *zu voll*

'ü·ber·vor·sich·tig <Adj.> *übertrieben vorsichtig*

ü·ber'vor·tei·len <V. t.> *jmdn. ~ betrügen;* **Ü·ber'vor·tei·lung** <f.; -, -en>

'ü·ber·wach <Adj.> *hellwach;* **ü·ber'wa·chen** <V. t.> *beaufsichtigen, beobachten; eine Arbeit ~*

ü·ber'wäch·tet <Adj.> *frühere Schreibung für> überwechtet*

Ü·ber'wa·chung <f.; -, -en>

'ü·ber|wal·len <V. i. (s.); es wallt über; es ist übergewallt; überzuwallen> *überkochen; ~de Freude* <fig.; poet.>

ü·ber'wäl·ti·gen <V. t.> **1** *bezwingen; einen Einbrecher ~* **2** *stark ergreifen; der Schlaf überwältigte ihn* **3** <Part. Präs.> *~d großartig, ~de Sieg; ~de Mehrheit;* **Ü·ber'wäl·ti·gung** <f.; -, -en>

ü·ber'wäl·zen <V. t.; du überwälzt> *abwälzen*

'ü·ber|wech·seln <[-ks-]; V. i.; ich wechs(e)le über; sie hat übergewechselt; überzuwechseln> *in eine andere Klasse ~*

ü·ber'wech·tet <Adj.> *durch eine Wechte bedroht*

'Ü·ber·weg <m.; -(e)s, -e; Kurzw. für> *Fußgängerüberweg*

ü·ber'wei·sen <V. t. 282> **1** *jmdm. Geld ~ auf jmds. Konto umbuchen lassen* **2** *einem anderen Arzt zur weiteren Behandlung übergeben; ich wurde an einen/zu einem Chirurgen überwiesen;* **Ü·ber'wei·sung** <f.; -, -en>

'Ü·ber·welt <f.; -; unz.> *Jenseits;* **'ü·ber·welt·lich** <Adj.>

ü·ber'wend·lich <Adj.; in der Wendung> *~ nähen zwei Teile so zusammennähen, dass die Fäden nicht zu sehen sind*

'ü·ber|wer·fen¹ <V. t./V. refl. 286; ich werfe über; sie hat übergeworfen; überzuwerfen> *schnell umhängen, anziehen; eine Jacke ~;* **ü·ber'wer·fen²** <V. t./V. refl. 286> *sich mit jmdm. ~ sich mit jmdm. entzweien*

ü·ber'wer·ten <V. t.> *überbewerten;* **Ü·ber'wer·tung** <f.; -, -en>

'Ü·ber'we·sen <n.; -s, -> *übernatürl. Wesen*

ü·ber'wie·gen <V. i. 287; es überwiegt; es hat überwogen; zu ~> **1** *stärker, wichtiger sein; die Vorteile ~ die Nachteile* **2** <Part. Präs.> *~d vor allem*

ü·ber'wind·bar <Adj.>; **ü·ber'win·den** <V. t. 288> **1** <V. t.> *bewältigen; ein Problem ~; er überwand seine Schüchternheit* **2** <V. refl.> *ich kann mich nicht ~, das zu tun;* **Ü·ber'win·dung** <f.; -; unz.> *das kostet mich viel ~*

ü·ber'win·tern <V. i.; ich überwintere> *an einem anderen Ort ~ den Winter verbringen;* **Ü·ber'win·te·rung** <f.; -; unz.>

ü·ber'wöl·ben <V. t.> *mit einem Gewölbe versehen; das Haus wurde überwölbt*

ü·ber'wu·chern <V. t.> *über etwas wachsen; das Gras hat den Weg überwuchert*

'Ü·ber·wurf <m.; -(e)s, ⸚e> **1** *Umhang* **2** *Schließband am Vorhängeschloss* **3** <Ringen> *Griff, bei dem man den Gegner hinter sich wirft*

'Ü·ber·zahl <f.; -; unz.> *Mehrzahl; in der Klasse sind die Mädchen in der ~;* **ü·ber·zah·len** <V. t.> *zu viel bezahlen;* **'ü·ber|zäh·len¹** <V. t.; ich zähle über; sie hat übergezählt; über-**

U

zuzählen; fig.; umg.> jmdm. eins <od.> ein paar ~ *jmdn. ohrfeigen;* **ü·ber'zäh·len²** <V. t.; ich überzähle; sie hat überzählt; zu ~> *nachzählen;* **'ü·ber·zäh·lig** <Adj.> *überschüssig*

ü·ber'zeich·nen <V. t.> 1 <Bankw.> eine Anleihe ~ 2 <fig.> *übertrieben darstellen;* eine Figur im Drama ~

'Ü·ber·zeit·ar·beit <f.; -; unz.; schweiz.> *Überstunden;* **'ü·ber·zeit·lich** <Adj.> *immer geltend;* ein ~es Thema

ü·ber'zeu·gen <V. t./V. refl.> 1 *glauben machen;* seine Argumente haben mich überzeugt 2 *sich Gewissheit verschaffen;* sich (davon) ~, dass ...; ein überzeugter Nichtraucher 3 <Part. Präs.> ~d *einleuchtend;* ein ~der Einwand; **Ü·ber'zeu·gung** <f.; -, -en> 1 *das Überzeugen* 2 *fester Glaube;* religiöse ~; etwas aus ~ tun; gegen seine ~ handeln; **Ü·ber'zeu·gungs·tä·ter** <m.; -s, -; Rechtsw.> **Ü·ber'zeu·gungs·tä·te·rin** <f.; -, -n·nen>

'ü·ber'zie·hen¹ <V. t. 293; ich ziehe über; sie hat übergezogen; überzuziehen> 1 *anziehen;* sie zog sich einen Pullover über 2 jmdm. eins <od.> ein paar ~ *jmdn. schlagen;* **ü·ber'zie·hen²** <V. t. 293; ich überziehe; sie hat überzogen; zu ~> 1 *mit einem Überzug versehen;* das Bett frisch ~ 2 <V. refl.> der Himmel überzieht sich mit Wolken 3 *überschreiten;* ein Konto ~; **'Ü·ber·zie·her** <m.; -s, -; veralt.> *Herrenmantel*

ü·ber'züch·ten <V. t.> ein Tier, eine Pflanze ~

ü·ber'zu·ckern <V. t.; ich überzuck(e)re> *mit Zucker bestreuen*

'Ü·ber·zug <m.; -(e)s, ⁺e> 1 *dünne Schicht;* Schokoladen~ 2 *Bezug;* Kissen~

'ü·ber·zwerch <Adv.; oberdt.> 1 *quer* 2 *unangenehm*

U·bi·quist <m.; -en, -en; Biol.> *über die ganze Erde verbreitete Art* [lat.]; **u·bi·qui'tär** <Adj.; Biol.> ~e Pflanzen

'üb·lich <Adj.; ⁎Z42> *gebräuchlich, gewohnt;* um die ~e Zeit;

wie ~; er bestellte das Übliche; **üb·li·cher'wei·se** <Adv.>

'U-Bo·gen <m.; -s, - od. (süddt., österr., schweiz.) ⁼; ⁎Z34> *Häkchen über dem u*

'U-Boot <n.; -(e)s, -e; ⁎Z34; Kurzw. für> *Unterseeboot;* **'U-Boot-Krieg** <m.; -(e)s, -e; ⁎Z33>

'üb·rig <Adj.> 1 <⁎Z42> *übrig geblieben, restlich;* ist noch Kuchen ~?; die ~en Kinder spielten; alles Übrige; alle Übrigen; ein Übriges tun *etwas Zusätzliches;* sie hat etwas, nichts ~ für ihn <fig.>; im Übrigen *darüber hinaus* 2 <Getrenntschreibung in Verbindung mit Verben> ~ behalten *zurückbehalten;* ~ bleiben *als Rest, Möglichkeit zurückbleiben;* es ist nichts ~ geblieben; es blieb ihr nichts anderes ~, als den Bus zu nehmen; ~ lassen *nicht alles verbrauchen;* lasst ihm auch etwas Kaffee ~; sein Wissen lässt nichts zu wünschen ~; **'üb·ri·gens** <Partikel> *nebenbei bemerkt;* ~, hat er dir gesagt, dass ...; ich habe ihn ~ getroffen

'Ü·bung <f.; -, -en> 1 <unz.> *das Üben;* ~ macht den Meister <Sprichw.>; mir fehlt es an der nötigen ~; aus der ~ sein 2 *Handlung, die man zum Erlernen einer Technik wiederholt;* Finger~; ~en machen; **'Ü·bungs·ar·beit** <f.; -, -en>; **'Ü·bungs·buch** <n.; -(e)s, ⁼er>; **'ü·bungs·hal·ber** <Adv.>; **'Ü·bungs·mu·ni·ti·on** <f.; -; unz.>; **'Ü·bungs·platz** <m.; -es, ⁼e; Mil.>; **'Ü·bungs·stück** <n.; -(e)s, -e>

U·cha <[u'xa]; f.; -; unz.> *russ. Fischsuppe* [russ.]

Ud <m.; -s, -s od. f.; -, -s> *arab. Laute* [arab.]

u. dgl. (m.) <Abk. für> *und dergleichen (mehr)*

u. d. M. <Abk. für> *unter dem Meeresspiegel;* **ü. d. M.** <Abk. für> *über dem Meeresspiegel*

Ud'mur·te <m.; -n, -n> *Angehöriger eines ostfinn. Volkes* [udmurt.]; **Ud'mur·tin** <f.; -, -n·nen>; **ud'mur·tisch** <Adj.>

UdSSR <f.; Abk. für> *Union der Sozialistischen Sowjetrepubliken (1922–1991)*

u. E. <Abk. für> *unseres Erachtens*

UEFA <⁎Z56; Abk. für frz.> *Union Européenne de Football Association*

'U-Ei·sen <n.; -s, -; ⁎Z34> *u-förmiges Eisenstück*

'U·fer <n.; -s, -> *Gewässerrand; Fluss~;* das andere ~; **'U·fer·bö·schung** <f.; -, -en>; **'U·fer·läu·fer** <m.; -s, -; Zool.> *ein Watvogel;* **'u·fer·los** <Adj.; ⁎Z42; fig.> ein ~es Unterfangen; sich gibt ins Uferlose; **'U·fer·schnep·fe** <f.; -, -n; Zool.>

Uffz. <Abk. für> *Unteroffizier*

'UFO, 'U·fo <n.; -s, -s; ⁎Z56; Kurzw. für> *unbekanntes Flugobjekt;* **U·fo'lo·ge** <m.; -n, -n>; **U·fo'lo·gie** <f.; -; unz.> *Beschäftigung mit Ufos;* **U·fo'lo·gin** <f.; -, -n·nen>

'u-för·mig, <auch> 'U-för·mig <Adj.; ⁎Z34> *wie ein U geformt*

U'gan·da *Staat in Ostafrika;* Republik ~; **U'gan·der** <m.; -s, ->; **U'gan·de·rin** <f.; -, -n·nen>; **u'gan·disch** <Adj.>

'U·gri·er, <auch> 'Ug·ri·er <m.; -s, -; ⁎Z53> *Angehöriger der sprachl. verwandten Völker der Ungarn, Wogulen, Ostjaken u.a.;* **'u·grisch** <Adj.> die ~e Sprache; das Ugrische

'U-Haft <f.; -; unz.; ⁎Z34; Kurzw. für> *Untersuchungshaft*

'U-Ha·ken <m.; -s, -; ⁎Z34> = *U-Bogen*

UHF <Abk. für engl.> *Ultra High Frequency*

Uhr <f.; -, -en> 1 *Zeitmesser;* Armband~; die Kirchturm~ schlägt zwölf; die ~ geht vor, nach 2 *Wasser-, Gaszähler* 3 <unz.> *Zeitangabe;* acht ~ (und) 30 (Minuten); wie viel ist es?; um zwölf ~ mittags, nachts; Punkt sieben ~ *genau um sieben;* **'Uhr·arm·band** <n.; -(e)s, ⁼er>; **'Uhr·chen** <n.; -s, -; Verkleinerungsf. von> *Uhr,* **'Uhren·kas·ten** <m.; -s, ⁼>; **'Uhr·fe·der** <f.; -, -n> *Feder im Uhrwerk;* **'Uhr·ge·häu·se** <n.; -s, ->; **'Uhr·ge·wicht** <n.; -(e)s, -e> *Gewicht einer Pendeluhr;* **'Uhr·glas** <n.; -es, ⁼er>; **'Uhr·gläs·chen** <n.; -s, ->; **'Uhr·kas·ten** <m.; -s, ⁼>; **'Uhr·ket·te** <f.; -, -n>; **'Uhr·ma·cher** <m.; -s, ->

U

Uhrzeit: Für die Angabe der U. können verschiedene Schreibweisen mit Ziffern verwendet werden. Zwischen der letzten Ziffer und dem Wort „Uhr" wird jeweils ein Leerzeichen gesetzt: *Wir beginnen um 17 Uhr; 12:30 Uhr, 12.30 Uhr, 12⁰⁰ Uhr; 12:30:23 Uhr, 12.30.23 Uhr.*

Handwerker, der Uhren repariert; '**Uhr·ma·che·rin** <f.; -, -n·nen>; '**Uhr·pen·del** <n.; -s, ->; '**Uhr·werk** <n.; -(e)s, -e> *Vorrichtung zum Antrieb der Uhrzeiger;* '**Uhr·zei·ger** <m.; -s, ->; '**Uhr·zei·ger·rich·tung** <f.; -; unz.> *Richtung im Kreis von links nach rechts;* in, entgegen ~; '**Uhr·zei·ger·sinn** <m.; -(e)s; unz.> *im ~;* '**Uhr·zeit** <f.; -; unz.> *nach der ~ fragen;* → a. *Kasten*
'**U·hu** <m.; -s, -s; Zool.> *eine Eulenart*
'**U·kas** <m.; -s·ses, -s·se> 1 *früher> Zarenerlass* 2 *allg.> Verordnung* [russ.]
'**U·ke·lei** <m.; -s, -e od. -s; Zool.> *ein Karpfenfisch* [poln.]
U·kra·i·ne, <auch> **Uk·ra·i·ne** <a. [-'krai-]; f.; -; unz.; ⤴Z53> *Staat in Osteuropa;* **U·kra·i·ner** <m.; -s, ->; **U·kra·i·ne·rin** <f.; -, -n·nen> **u·kra·i·nisch** <Adj.>
U·ku·le·le <f.; -, -n; Mus.> *eine kleine Gitarre* [hawai.]
UKW <Abk. für *Ultrakurzwelle*; **UKW-Emp·fän·ger** <m.; -s, -; ⤴Z34>; **UKW-Sen·der** <m.; -s, ->
U'lan <m.; -en, -en> 1 *früher> poln. Lanzenreiter* 2 *<in Preußen u. Dtschld. bis zum 1. Weltkrieg> Mitglied der schweren Kavallerie* [türk.]
'**U·lan-'Ba·tor** *Hauptstadt der Mongolei*
U'lan·ka <f.; -, -s> *Waffenrock des Ulanen* [türk.]
'**Ul·cus** <n.; -, 'Ul·ce·ra; Med.> = *Ulkus*
U·le'ma <m.; -s, -s> *islam. Rechts- u. Gottesgelehrter* [arab.]
'**U·len·flucht** <f.; -, -en; nddt.> 1 *Dachluke* 2 *<poet.> Dämmerung;* '**U·len·spie·gel** <m.; -s, -; nddt.> = *Eulenspiegel*

'**U·li·ga** *Hauptstadt der Marshallinseln*
Ulk <m.; -(e)s, -e> *etwas aus ~ tun;* '**ul·ken** <V. i.; du ulkst; umg.> *Spaß machen;* '**ul·kig** <Adj.>
'**Ul·kus** <n.; -, 'Ul·ze·ra; Med.> *Geschwür,* oV *Ulcus* [lat.]
'**Ul·me** <f.; -, -n; Bot.> *ein Laubbaum*
'**Ul·na** <f.; -, -nae [-nɛ:]; Anat.> *Elle* [lat.]; **ul'nar** <Adj.; Anat.>
'**Uls·ter** <engl. ['ʌls-]; m.; -s, -> 1 *ein Herrenmantel* 2 *ein Mantelstoff* [nach dem alten Namen Nordirlands]
ult. <Abk. für> *ultimo;* '**Ul·ti·ma 'Ra·tio** <[-'tsjo]; f.; --; unz.; ⤴Z31> *letztes Mittel* [lat.]; **ul·ti·ma'tiv** <Adj.>; **Ul·ti'ma·tum** <n.; -s, -s od. -'ma·ten> *befristete Forderung;* ein ~ stellen; '**ul·ti·mo** <Adv.; Abk.: ult.> *am Letzten (des Monats);* ~ Mai; '**Ul·ti·mo** <m.; -s, -s> *bis ~ Mai bis zum 31. Mai;* per ~ *zum Monatsletzten;* '**Ul·ti·mo·ge·schäft** <n.; -(e)s, -e>
'**Ul·tra**, <auch> '**Ult·ra** <m.; -s, -s; ⤴Z53> *Anhänger einer extremen polit. Richtung;* **ul·tra..., Ul·tra...** <in Zus.> *jenseits (von), über ... hinaus* [lat.]
'**Ul·tra·fil·ter**, <auch> '**Ult·ra·fil·ter** <n.; -s, ->
'**ul·tra·hart**, <auch> '**ult·ra·hart** <Adj.; ⤴Z53> *sehr energiereich;* ~e Strahlung
'**ul·tra·kon·ser·va·tiv**, <auch> '**ult·ra·kon·ser·va·tiv** <[-va-]; Adj.; ⤴Z53> *extrem konservativ*
'**ul·tra·kurz**, <auch> '**ult·ra·kurz** <Adj.; ⤴Z53> *im Wellenbereich kürzer als elektromagnet. Kurzwellen;* **Ul·tra'kurz·wel·le** <f.; -, -n; Abk.: UKW> *elektromagnet. Welle mit einer Wellenlänge von unter 10 m*
ul·tra·ma·rin, <auch> **ult·ra·ma·rin** <Adj.; ⤴Z53> *kornblumenblau* [lat.]; **Ul·tra·ma·rin** <n.; -s; unz.>
'**Ul·tra·mi·kro·skop**, <auch> '**Ult·ra·mik·ros·kop** <n.; -s, -e; ⤴Z53> *Mikroskop zum Erkennen kleinster Teilchen*
ul·tra·mon·tan, <auch> **ult·ra·mon·tan** <Adj.; ⤴Z53> *streng päpstl. gesinnt* [lat.]; **Ul·tra·mon·ta'nis·mus** <m.; -; unz.>

'**Ul·tra·rot**, <auch> '**Ult·ra·rot** <n.; -s; unz.; ⤴Z53> = *Infrarot*
'**Ul·tra·schall**, <auch> '**Ult·ra·schall** <m.; -(e)s; unz.; ⤴Z53> *über der Hörbarkeitsgrenze liegende Schallschwingungen;* '**Ul·tra·schall·wel·le** <f.; -, -n> *Schallwelle mit einer Frequenz über 20 kHz*
'**Ul·tra·strah·lung**, <auch> '**Ult·ra·strah·lung** <f.; -, -en; ⤴Z53> = *Höhenstrahlung*
'**ul·tra·vi·o·lett**, <auch> '**ult·ra·vi·o·lett** <[-vi-]; Adj.; Abk.: UV> *jenseits des sichtbaren Violetts liegend;* ~e Strahlen <Abk.: UV-Strahlen>; '**Ul·tra·vi·o·lett** <n.; -s; unz.; Abk.: Uviol> *elektromagnet. Wellen unterhalb des sichtbaren Violetts*
'**Ul·ze·ra** <Pl. von> *Ulkus;* **Ul·ze·ra·ti'on** <f.; -, -en; Med.> *Geschwürbildung;* **ul·ze'rie·ren** <V. i.; Med.>; **ul·ze'rös** <Adj.; Med.>
um¹ 1 <Präp. m. Akk.; ⤴Z22.2> ~ jmdn. od. etwas (herum) *jmdn. od. etwas umgebend;* er ging ~ das Haus; Freunde ~ sich haben; mir ist froh ~s Herz <fig.>; ~ nichts in der Welt <fig.> *keinesfalls;* ~ vieles; ~ ein Mehrfaches größer; ~ Mitternacht; Stunde ~ Stunde verstrich <umg.> *eine St. nach der anderen;* ~ Hilfe rufen; ~ Rat fragen; sich ~ etwas streiten; ~ sein *vorbei sein;* es handelt sich ~ Folgendes *davon ist die Rede;* wie steht es ~ ihn? *mit ihm;* es geht ~ alles 2 <Präp. m. Gen.; in der Wendung> ~ ... willen *wegen;* ~ der Kinder willen; ~ Gottes willen! *(Ausruf des Schreckens);* ~ deinetwillen *dir zuliebe;* **um²** <Adv.> *etwa;* es kostet ~ (die) 40 Euro (herum); es waren ~ die 20 Personen anwesend; **um³** <Konj. mit "zu" + Inf.> *in der Absicht;* er arbeitet, ~ Geld zu verdienen; **um..., Um...** <in Zus. mit Verben betont u. abtrennbar> *rundherum, durcheinander*
'**um·a·ckern** <V. t.; ich ackere um; sie hat umgeackert; umzuackern; ⤴Z55> *umpflügen;* ein Feld ~
'**um·a·dres·sie·ren**, <auch> '**um·ad·res·sie·ren** <V. t.; ich adres-

siere um; sie hat umadressiert; umzuadressieren; ↗Z53, 55> einen Brief ~ *die Adresse ändern*

'um|än·dern <V. t.; ich änd(e)re um; sie hat umgeändert; umzuändern> ein Kleid ~

'um|ar·bei·ten <V. t.; ich arbeite um; sie hat umgearbeitet; umzuarbeiten> *stark verändern;* ein Drehbuch ~; '**Um·ar·bei·tung** <f.; -, -en>

um'ar·men <V. t.> *die Arme um jmdn. legen;* **Um'ar·mung** <f.; -, -en> stürmische ~

'**Um·bau** <m.; -(e)s, -ten>; '**um·bau·en** <V. t.; ich baue um; sie hat umgebaut; umzubauen> *durch Bauen verändern;* ein Haus ~; **um'bau·en²** <V. t.; ich umbaue; sie hat umbaut; zu ~> *durch Bauen einschließen;* der See ist völlig umbaut

'um|be·hal·ten <V. t. 160; ich behalte um; sie hat umbehalten; umzubehalten; umg.> *anbehalten;* sie behielt den Schal auch im Haus um

Um·bel·li·fe·re <f.; -, -n; Bot.> *ein Doldengewächs* [lat.]

'**Um·ber¹** <m.; -s; unz.> = *Umbra(2)* [lat.]; '**Um·ber²** <m.; -s, -n; Zool.> *ein Speisefisch*

'um|be·set·zen <V. t.; ich besetze um, sie hat umbesetzt; umzubesetzen> die Rolle der Lady Macbeth wurde umbesetzt; '**Um·be·set·zung** <f.; -, -en>

'um|bet·ten <V. t.; ich bette um; sie hat umgebettet; umzubetten> *in ein anderes Bett legen;* '**Um|bet·tung** <f.; -, -en>

'um|bie·gen <V. 109; ich biege um; sie hat umgebogen; umzubiegen> 1 <V. t.> etwas ~ *in eine Richtung biegen* 2 <V. i. (s.)> *die Richtung ändern;* hier ist der Wagen umgebogen

'um|bil·den <V. t.; ich bilde um; sie hat umgebildet; umzubilden> *umwandeln, neu bilden;* '**Um·bil·dung** <f.; -, -en>

'um|bin·den¹ <V. t. 111; ich binde um; sie hat umgebunden; umzubinden> *durch Binden befestigen;* sich ein Tuch ~; **um'bin·den²** <V. t. 111; ich umbinde; sie hat umbunden; zu ~> *umwickeln;* das verletzte Bein ~

'um|bla·sen <V. t. 113; du bläst

um; sie hat umgeblasen; umzublasen>

'um|blät·tern <V. t.; ich blätt(e)re um; sie hat umgeblättert; umzublättern> *die Seite umwenden*

'um|bli·cken <V. refl.; ich blicke mich um; sie hat sich umgeblickt; umzublicken> *sich umschauen*

'**Um·bra**, <auch> '**Umb·ra** <f.; -; unz.; ↗Z53> 1 *Kern der Sonnenflecke* 2 *dunkelbrauner Farbstoff* [lat.]; '**Um·bra·braun** <n.; -s; unz.> = *Umbra(2)*; '**Um·bra·er·de** <f.; -; unz.> *eisen- od. manganhaltiger Ton*

'um|bre·chen¹ <V. 116; ich breche um; sie hat umgebrochen; umzubrechen> 1 <V. t.> *nach einer Seite brechen;* einen Stab ~ 2 <V. i. (s.)> *etwas bricht um bekommen einen Bruch;* der Stiel ist umgebrochen; **um'bre·chen²** <V. t. 116; ich umbreche; sie hat umbrochen; zu ~; Typ.> den Schriftsatz ~

'**Um·brer**, <auch> '**Umb·rer** <m.; -s, -; ↗Z53> *Angehöriger eines ital. Volksstammes am Tiber;* '**Um·bre·rin** <f.; -, -nnen>; '**Um·bri·en** *eine ital. Region*

'um|brin·gen <V. t./V. refl. 118; ich bringe um; sie hat umgebracht; umzubringen> *töten, ermorden*

'um·brisch, <auch> '**umb·risch** <Adj.; ↗Z53> *zu Umbrien gehörend*

'**Um·bruch** <m.; -(e)s, ⸚e> sich im ~ befinden

'um|bu·chen <V. t.; ich buche um; sie hat umgebucht; umzubuchen> *ändern;* einen Flug ~; '**Um·bu·chung** <f.; -, -en>

'um|den·ken <V. i. 119; ich denke um; sie hat umgedacht; umzudenken> *die Denkrichtung ändern;* '**Um·denk·pro·zess**, '**Um·den·kungs·pro·zess** <m.; -es, -e>

'um|deu·ten <V. t.> *anders deuten*

'um|dich·ten <V. t.>

'um|dis·po·nie·ren <V. t. u. V. i.; ich disponiere um; sie hat umdisponiert; umzudisponieren> ~ müssen

um'drän·gen <V. t.> jmdn. od. etwas ~

'um|dre·hen <V.; ich drehe um;

sie hat/ist umgedreht; umzudrehen> 1 <V. t.> *drehend umwenden;* den Schlüssel ~ 2 <V. i. (h. u. s.)> *kehrtmachen;* der Fahrer musste ~ 3 <V. t./V. refl.> *eine Wendung um 180° machen;* sie drehte sich um; jmdm. das Wort im Munde ~; **Um'dre·hung** <f.; -, -en> 450 ~en in der Sekunde; **Um'dre·hungs·zahl** <f.; -, -en>

'**Um·druck** <m.; -(e)s, -e> *ein Flachdruckverfahren*

um'düs·tern <V. refl.; nur fig.> sein Gemüt umdüsterte sich

um·ein·an·der, <auch> **um·ei·'nan·der** <Adv.; ↗Z54, 22> *einer um den anderen (herum);* sich nicht ~ kümmern; ~ laufen; ~ tanzen

'um|er·zie·hen <V. t. 293; ich erziehe um; sie hat umerzogen; umzuerziehen> *anders erziehen als bisher;* '**Um·er·zie·hung** <f.; -; unz.>

um'fä·cheln <V. t.; ich umfäch(e)le; poet.>

'um|fah·ren¹ <V. 130; ich fahre um; sie ist/hat umgefahren; umzufahren> 1 <V. i. (s.); umg.> *einen Umweg fahren;* ich bin umgefahren 2 <V. t.> *durch Fahren umwerfen;* jmdn. ~; **um'fah·ren²** <V. t. 130; ich umfahre; sie hat umfahren; zu ~> *um etwas herumfahren;* **Um'fah·rung** <f.; -, -en>; **Um'fah·rungs·stra·ße** <f.; -, -n; österr.>

'**Um·fall** <m.; -(e)s; unz.; fig.; umg.>; '**um|fal·len** <V. i. (s.) 131; ich falle um; sie ist umgefallen; umzufallen> *umkippen;* tot ~; ich bin zum Umfallen müde

'**Um·fang** <m.; -(e)s, ⸚e> 1 *zum Ausgangspunkt zurücklaufende Begrenzungslinie;* Kreis~ 2 <fig.> *Ausdehnung, Ausmaß;* etwas in größerem ~ betreiben; ein ~ von 300 Seiten; **um'fan·gen** <V. t. 132/V. refl.; geh.> *umarmen;* '**um·fäng·lich** <Adj.> *umfangreich;* '**um·fang·mä·ßig** <Adj.>; '**um·fang·reich** <Adj.> *ausgedehnt, groß;* ein ~es Buch; '**Um·fangs·be·rech·nung** <f.; -, -en>; '**um·fangs·mä·ßig** <Adj.>

'um|fär·ben <V. t.; ich färbe um; sie hat umgefärbt; umzufärben> *anders färben*

'um|fas·sen¹ <V. t.; ich fasse um;

sie hat umgefasst; umzufassen> einen Edelstein ~ *mit einer anderen Fassung versehen;* **um'fas·sen²** <V. t.; ich umfasse; sie hat umfasst; zu ~> 1 *umschließen;* er umfasste ihren Arm 2 <Mil.> *umzingeln;* von allen Seiten ~ 3 *enthalten;* das Buch umfasst 300 Seiten; **um'fas·send** <Adj.> *vollständig;* ~e Bildung; **Um'fas·sung** <f.; -, -en>; **Um'fas·sungs·mau·er** <f.; -, -n>

'Um·feld <n.; -(e)s; unz.> das soziale ~

um'flech·ten <V. t. 135> *mit Geflochtenem umhüllen*

'um|flie·gen¹ <V. i. (s.) 136; ich fliege um; sie ist umgeflogen; umzufliegen; umg.> = *umfallen;* **um'flie·gen²** <V. t. 136; ich umfliege; sie hat umflogen; zu ~> er umflog den Ort *flog um den O. herum*

um'flie·ßen <V. t. 138> das Kleid umfloss ihren Körper <fig.> *schmiegte sich um ihren K.*

um'flo·ren <V. t.; bes. im Part. Perf.; geh.> ein von Tränen umflorter Blick

'um|for·men <V. t.; ich forme um; sie hat umgeformt; umzuformen> *anders formen als vorher;* **'Um·for·mer** <m.; -s, -; El.> *Gerät zum Umwandeln von Gleich- in Wechselstrom od. in Gleichstrom anderer Spannung;* **'Um·for·mung** <f.; -, -en>

'Um·fra·ge <f.; -, -n> *Befragung vieler Personen;* eine ~ machen; **'um|fra·gen** <V. i.; nur im Inf. u. Part. Perf.>

um'frie·den, um'frie·di·gen <V. t.> *umzäunen;* einen Garten mit einer Hecke ~; **Um'frie·di·gung, Um'frie·dung** <f.; -, -en>

'um|fül·len <V. t.> Milch von einem Gefäß in ein anderes ~

'um|funk·ti·o·nie·ren <V. t.; ich funktioniere um; sie hat umfunktioniert; umzufunktionieren> etwas ~

'Um·gang <m.; -(e)s; ²e> 1 <unz.> *gesellschaftl. Verkehr;* schlechten ~ haben; mit jmdm. ~ pflegen 2 *kirchl. Umzug;* **'um·gäng·lich** <Adj.> *verträglich;* sie ist sehr ~; **'Um·gäng·lich·keit** <f.; -; unz.>; **'Um·gangs·form**

Umgangssprache: U. ist eine überwiegend mündlich gebrauchte Sprachform, die Teil der Alltagssprache ist. Bezüglich der Stilebene kann U. als Mittler zwischen Hoch- und Dialektsprache angesehen werden, die zwar regionale Spracheinflüsse aufnimmt, jedoch nicht explizite Dialektismen aufweist. Der Gebrauch der U. ist nicht unbedingt schichtenspezifisch, sondern eher situationsspezifisch bedingt, sie ist also eine nicht immer gesellschaftsfähige, im alltäglichen Sprachgebrauch jedoch übliche Sprachform. U. wird in zunehmendem Maße in der Literatursprache sowie in E-Mails verwendet, insofern ist sie nicht nur auf den mündlichen Sprachgebrauch beschränkt.

<f.; -, -en> *(gewandte) Art des Umgangs;* **'Um·gangs·spra·che** <f.; -, -n> *Sprache des tägl. Lebens;* → a. *Kasten;* **'um·gangs·sprach·lich** <Adj.> ~er Ausdruck; **'Um·gangs·ton** <m.; -(e)s; unz.>

um'gar·nen <V. t.> jmdn. ~ *umschmeicheln*

um'ge·ben <V. t. 143> 1 *umschließen;* der Ort ist von Bergen umgeben 2 <fig.> *zukommen lassen;* jmdn. mit Liebe ~; **Um'ge·bung** <f.; -; unz.> 1 *Gebiet, das sich in der Nähe von etwas befindet;* die nähere, weitere ~; München und ~ 2 *Begleitung, Umfeld*

'Um·ge·gend <f.; -; unz.; umg.> *Umgebung (eines Ortes)*

'um|ge·hen¹ <V. i. (s.) 145; ich gehe um; sie ist umgegangen; umzugehen> 1 *im Gerücht geht um 2 spuken;* in dem Schloss soll ein Geist ~ 3 *behandeln;* grob mit jmdm. ~; <mit Modalverb> sie kann gut mit Kindern ~; **um'ge·hen²** <V. t. 145; ich umgehe; sie hat umgangen; zu ~> *vermeiden;* eine Frage ~; einen Ort ~; **'um·ge·hend** <Adj.> *unverzüglich;* etwas ~ erledigen; **Um'ge·hung** <f.; -, -en> unter ~ sämtlicher Vorschriften; **Um'ge·hungs·stra·ße** <f.; -, -n> *Straße, die um einen Ort herumführt*

'um·ge·kehrt <Adj.> *entgegengesetzt;* es verhält sich genau ~

'um|ge·stal·ten <V. t.; ich gestalte um; sie hat umgestaltet; umzugestalten> *verändern;* **'Um·ge·stal·tung** <f.; -, -en>

'um|gie·ßen <V. t. 152> *in etwas anderes gießen;* sie goss den Wein in eine Karaffe um

um'glän·zen <V. t.> *mit Glanz umgeben;* von Licht umglänzt

'um|gra·ben <V. t. 157; ich grabe um; sie hat umgegraben; umzugraben> *mit dem Spaten lockern;* ein Beet ~

'um|grei·fen¹ <V. t. 158; ich greife um; sie hat umgegriffen; umzugreifen> *den Griff wechseln (an einem Turngerät, Instrument);* **um'grei·fen²** <V. t. 158; ich umgreife; sie hat umgriffen; zu ~> 1 umfassen 2 umschließen

um'gren·zen <V. t.; du umgrenzt> 1 von Bäumen umgrenzt 2 ein Thema ~; **Um'gren·zung** <f.; -, -en>

'um|grup·pie·ren <V. t.; ich gruppiere um; sie hat umgruppiert; umzugruppieren> *anders gruppieren als vorher;* **'Um·grup·pie·rung** <f.; -, -en>

'um|gu·cken <V. refl.; ich gucke mich um; sie hat sich umgeguckt; sich umzugucken; umg.> *sich umsehen;* er wird sich noch ~! <fig.>

'um|ha·ben <V. t. 159; ich habe um; sie hat umgehabt; umzuhaben; umg.> *umgebunden haben;* sie hatte ein Tuch um

'um|ha·cken <V. t.> Bäume ~

um'hal·sen <V. t.; du umhalst> jmdn. ~ *jmdn. um den Hals fallen*

'Um·hang <m.; -(e)s; ²e> *ärmelloses Kleidungsstück;* **'um|hän·gen** <V. t.; ich hänge um; sie hat umgehangen; umzuhängen> 1 *an einen anderen Platz hängen;* ein Bild ~ 2 *über die Schultern hängen;* eine Jacke ~; **'Um·hän·ge·ta·sche** <f.; -, -n>

'um|hau·en <V. t. 162; ich haue um; sie hat umgehauen; umzuhauen> einen Baum ~; das haut mich um! <umg.> *das halte ich nicht aus!*

um'he·gen <V. t.> *liebevoll u. fürsorglich behandeln*

um'her <Adv.> *im Umkreis;* **um-**

'her... <in Zus. mit Verben betont u. abtrennbar> *nach allen Seiten;* <oft gleichbedeutend mit umg.> *herum...;* **um'her|blicken** <V. i.; ich blicke umher; sie hat umhergeblickt; umherzublicken> er blickte zornig umher; **um'her|flat·tern** <V. i. (s.); ich flatt(e)re umher; sie ist umhergeflattert; umherzuflattern; a. fig.>; **um'her|flie·gen** <V. i. (s.) 136> sie flogen umher; **um'her|ge·hen** <V. i. (s.) 145>; **um'her|ir·ren** <V. i. (s.)> sie irrten im Wald umher; **um'her|ja·gen** <V. i. (s.) u. V. t.> das Pferd jagte auf der Wiese umher; **um'her|krie·chen** <V. i. (s.) 173>; **um'her|rei·sen** <V. i. (s.)>; **um'her|rei·ten** <V. i. (s.) 199> im Park ~; **um'her|schau·en** <V. i.>; **um'her|schli·chen** <V. i. (s.) 219> die Kinder schlichen im Haus umher; **um'her·schlen·dern** <V. i. (s.); ich schlendere umher; sie ist umhergeschlendert; umherzuschlendern> gerne herum; **um'her|strei·fen** <V. i. (s.)> wir streiften im Wald umher; **um'her|tas·ten** <V. i.>; **um'her|trei·ben** <V. i. (s.) 267> das Boot trieb auf den Wellen umher; **um'her|wan·dern** <V. i. (s.); ich wand(e)re umher; sie ist umhergewandert; umherzuwandern> *ziellos wandern;* **um'her|zie·hen** <V. i. (s.) u. V. t. 293> der Jahrmarkt zieht im Lande umher

um'hin <Adv.>; **um'hin|kom·men** <V. i. 170>, **um'hin|kön·nen** <V. i. 171; ich kann nicht umhin; sie hat nicht umhingekonnt; nicht umhinzukönnen; nur in der Wendung> nicht ~ *nicht anders können als;* ich werde nicht ~, es ihr zu sagen

'um|hö·ren <V. refl.; ich höre mich um; sie hat sich umgehört; sich umzuhören> sich nach einer Wohnung ~

um'hül·len <V. t.> *einhüllen;* **Um·'hül·lung** <f.; -, -en> *Hülle*

'um|in·ter·pre·tie·ren <V. t.; ich interpretiere um; sie hat uminterpretiert; umzuinterpretieren> *anders interpretieren*

um'kämp·fen <V. t.> *um etwas kämpfen;* die Stadt wurde heiß umkämpft

---

'Um·kehr <f.; -; unz.>; **'um·kehr·bar** <Adj.> eine ~e Gleichung <Math.>; **'Um·kehr·bar·keit** <f.; -; unz.>; **'um|keh·ren** <V.; ich kehre um; sie ist/hat umgekehrt; umzukehren> 1 <V. i. (s.)> *zurückgehen;* in der Sackgasse mussten wir ~ 2 <V. t.> *drehen, wenden;* eine Jackentasche ~ 3 <V. t.> die Reihenfolge ~ *in entgegengesetzter R. vorgehen;* → a. *umgekehrt;* **'Um·kehr·film** <m.; -(e)s, -e; Fot.> *fotograf. Film, bei dem ein Positiv entsteht;* **'Um·kehr·punkt** <m.; -(e)s, -e; Phys.>; **'Um·kehr·schluss** <m.; -es, ⸗e; Rechtsw.>; **'Um·kehr·sys·tem** <n.; -s, -e; Phys.>; **'Um·keh·rung** <f.; -, -en>

'um|kip·pen <V.; ich kippe um; sie ist/hat umgekippt; umzukippen> 1 <V. i. (s.)> *umfallen;* sie ist umgekippt 2 <V. t.> etwas ~ *etwas umstürzen*

um'klam·mern <V. t./V. refl.; ich umklammere> etwas fest umklammert halten; **Um'klam·me·rung** <f.; -, -en> sich aus einer ~ lösen

'um|klap·pen <V.; ich klappe um; sie hat/ist umgeklappt; umzuklappen> 1 <V. t.> *herauf- od. herunterschlagen;* eine Sitzlehne ~ 2 <V. i. (s.); umg.> *ohnmächtig werden*

'Um·klei·de, 'Um·klei·de·ka·bi·ne <f.; -, -n>; **'um|klei·den** <V. t./V. refl.; ich kleide um; sie hat umgekleidet; umzukleiden> *die Kleidung wechseln;* **um'klei·den** <V. t.; ich umkleide; sie hat umkleidet; zu ~> *umhüllen;* eine Schachtel mit Samt ~; **'Um·klei·de·raum** <m.; -(e)s, ⸗e>; **Um'klei·dung** <f.; -, -en>

'um|kni·cken <V.; ich knicke um; sie hat/ist umgeknickt; umzuknicken> 1 <V. t.> *knicken;* eine umgeknickte Seite 2 <V. i. (s.)> *den Fuß zur Seite knicken;* ich bin umgeknickt

'um|kom·men <V. i. (s.) 170; ich komme um; sie ist umgekommen; umzukommen> *sterben;* bei dem Brand sind 20 Menschen umgekommen; ich komme um vor Durst <umg.>

---

um'krän·zen <V. t.> umkränzter Dichter <fig.>

'Um·kreis <m.; -es, -e> 1 <unz.> *Umgebung;* im ~ von 50 km 2 <Math.> *Kreis, der durch alle Eckpunkte einer Figur geht;* **um·'krei·sen** <V. t./V. refl.; du umkreist> die Erde umkreist die Sonne; **Um'krei·sung** <f.; -, -en>

'um|krem·peln <V. t.; ich kremp(e)le um; sie hat umgekrempelt; umzukrempeln> *nach oben krempeln;* Ärmel ~; die Planung ~ <fig.>

'Um·la·de·bahn·hof <m.; -(e)s, ⸗e>; **'um|la·den** <V. t. 174; ich lade um; sie hat umgeladen; umzuladen> Gepäck ~

'Um·la·ge <f.; -, -n> *auf mehrere Personen verteilte Summe*

'um|la·gern <V. t.; ich lag(e)re um; sie hat umgelagert; umzulagern> *anders lagern als zuvor;* **um'la·gern** <V. t.; ich umlag(e)re; sie hat umlagert; zu ~> *umringen;* der Unfallort war von Schaulustigen umlagert

'Um·land <n.; -(e)s; unz.> = *Umgebung(1)*

'Um·lauf <m.; -(e)s, ⸗e> Falschgeld in ~ bringen; **'Um·lauf·bahn** <f.; -, -en> die ~ der Erde um die Sonne; **'Um·lauf·dau·er** <f.; -; unz.; Phys.>; **'um|lau·fen** 1 <V. 176; ich laufe um; sie hat/ist umgelaufen; umzulaufen> 1 <V. t.> sie lief einen Stuhl um 2 <V. i. (s.)> *kursieren;* ~des Geld; **um'lau·fen** 2 <V. t. 176; ich umlaufe; sie hat umlaufen; zu ~> *um etwas herumlaufen;* der Satellit umläuft die Erde; **'Um·lauf·küh·lung** <f.; -; unz.>; **'Um·lauf·ren·di·te** <f.; -, -n>; **'Um·lauf·zeit** <f.; -, -en> die ~ der Erde um die Sonne

'Um·laut <m.; -(e)s, -e; Sprachw.> 1 <unz.> *qualitative Veränderung eines Vokals, z. B. a zu ä;* → a. *Kasten S. 1117* 2 *durch Umlauten entstandener Vokal;* **'um|lau·ten** <V. t.; ich laute um; sie hat umgelautet; umzulauten; Sprachw.> einen Vokal ~

'um|le·gen <V. t.; ich lege um; sie hat umgelegt; umzulegen> 1 der Wind hat das Gras umgelegt 2 *um einen Körperteil legen;* eine Kette ~ 3 *anders legen*

Umlaut: Der U. ist eine Frontierung (Verschiebung nach vorn) des ⚹Vokals der Haupttonsilbe, die von dem helleren Vokal der folgenden Silbe verursacht wurde. Die U. werden in der deutschen Schriftsprache mit den Buchstaben *ä, ö, ü, äu* wiedergegeben.
Im ⚹Althochdeutschen wurden die Vokale *a, o, u* in betonter Silbe durch ein *i* oder *j* der folgenden unbetonten Silbe zu *ä, ö, ü* umgelautet: *Koch – Köchin, jung – Jüngling, Hass – hässlich.* Der U. ist insbes. bei der ⚹Konjugation (*ich schlage, du schlägst*), bei der ⚹Deklination bzw. der Pluralbildung (*Haus – Häuser*) sowie bei der ⚹Diminuation (*Mutter – Mütterchen*) von Bedeutung.

als zuvor; ein Kabel ~; einen Termin ~ 4 jmdn. ~ <umg.> *ermorden* 5 einen Betrag ~ *auf mehrere Personen verteilen*
'**um·lei·ten** <V. t.; ich leite um; sie hat umgeleitet; umzuleiten> *anders leiten;* den Verkehr ~; '**Um·lei·tung** <f.; -, -en>
'**um·len·ken** <V. t.; ich lenke um; sie hat umgelenkt; umzulenken> *in eine andere Richtung lenken*
'**um·ler·nen** <V. i.; ich lerne um; sie hat umgelernt; umzulernen> *nach anderem Muster lernen*
'**um·lie·gend** <Adj.> die ~en Orte
'**Um·luft** <f.; -; unz.> *Luft aus einer Klimaanlage*
'**um·mau·ern** <V. t.; ich ummau(e)re>
'**um·mel·den** <V. t./V. refl.> *einen anderen Wohnsitz anmelden;* sich polizeilich ~; '**Um·mel·dung** <f.; -, -en>
'**um·mo·deln** <V. t.; ich mod(e)le um; sie hat umgemodelt; umzumodeln> *umgestalten*
um'nach·tet <Adj.> *verwirrt;* geistig ~; **Um'nach·tung** <f.; -; unz.>
'**um·nä·hen¹** <V. t.; ich nähe um; sie hat umgenäht; umzunähen> *umgeschlagen festnähen;* **um'nä·hen²** <V. t.; sie hat umnäht; zu -> den Saum ~ *durch Nähen befestigen*
um'ne·beln <V. t.> *vernebeln*

'**um|neh·men** <V. t. 189; ich nehme um; sie hat umgenommen; umzunehmen; umg.> sie nahm einen Schal um
'**um|or·ga·ni·sie·ren** <V. t.; ich organisiere um; sie hat umorganisiert; umzuorganisieren> *anders organisieren als vorher*
u·mo'ris·ti·co <Mus.> *lustig* [ital.]
'**um|pa·cken** <V. t.; ich packe um; sie hat umgepackt; umzupacken> *anders einpacken als vorher;* den Koffer ~
'**um|pflan·zen¹** <V. t.; du pflanzt um; sie hat umgepflanzt; umzupflanzen> *an eine andere Stelle pflanzen;* einen Baum ~; **um'pflan·zen²** <V. t.; du umpflanzt; sie hat umpflanzt; zu -> *mit Pflanzen säumen*
'**um|pflü·gen** <V. t.; ich pflüge um; sie hat umgepflügt; umzupflügen> *durch Pflügen lockern;* ein Feld ~
Um·pire <['ʌmpaiər] m.; -, -s; engl. Bez. für> *Schiedsrichter* [engl.]
'**um|po·len** <V. t.; ich pole um; sie hat umgepolt; umzupolen> *Plus- u. Minuspol vertauschen*
'**um|pro·gram·mie·ren** <V. t.; EDV> *anders programmieren als vorher*
'**um|quar·tie·ren** <V. t.; ich quartiere um; sie hat umquartiert; umzuquartieren> *Truppen* ~; '**Um·quar·tie·rung** <f.; -, -en>
um'rah·men <V. t.> *mit einem Rahmen umgeben;* ein Bild ~; die Rede wurde von Gesangsstücken umrahmt <fig.>; **Um'rah·mung** <f.; -, -en>
um'ran·den <V. t.> die Überschriften grün ~; **Um'ran·dung** <f.; -, -en>
'**um|ran·gie·ren** <[-rãʒi:-] od. [-raŋʒi:-]; V. t.; ich rangiere um; sie hat umrangiert; umzurangieren> *durch Rangieren anders anordnen;* Waggons ~
um'ran·ken <V. t.> von Wein umrankte Wand
'**um|räu·men** <V. t.; ich räume um; sie hat umgeräumt; umzuräumen> ein Zimmer ~
'**um|rech·nen** <V. t.; ich rechne um; sie hat umgerechnet; umzurechnen> Euro in Dollar ~; '**Um·rech·nung** <f.; -, -en>

um'rei·sen <V. t.> die Welt ~ *eine Weltreise machen*
'**um|rei·ßen¹** <V. t. 198; du reißt um; sie hat umgerissen; umzureißen> *niederreißen;* er riss die Mauer um; **um'rei·ßen²** <V. t. 198; du umreißt; sie hat umrissen; zu -> 1 *skizzieren* 2 *knapp schildern;* sie umriss die Lage
'**um|rei·ten¹** <V. t. 199; ich reite um; sie hat umgeritten; umzureiten> *reitend zu Fall bringen;* **um'rei·ten²** <V. t. 199; ich umreite; sie hat umritten; zu -> *um etwas herumreiten*
'**um|ren·nen** <V. t. 200; ich renne um; sie hat umgerannt; umzurennen> fast hätte sie mich umgerannt
'**Um·rich·ter** <m.; -s, -; El.>
um'rin·gen <V. t.> *von allen Seiten umdrängen*
'**Um·riss** <m.; -es, -e> *äußere Linie;* die ~e des Hauses; '**Um·riss·zeich·nung** <f.; -, -en>
'**um|rüh·ren** <V. t.; ich rühre um; sie hat umgerührt; umzurühren> *rühren;* die Soße ~
um'run·den <V. t.> *umkreisen;* **Um'run·dung** <f.; -, -en>
'**um|rüs·ten** <V. t.; ich rüste um; sie hat umgerüstet; umzurüsten> *technisch verändern*
ums <umg.; Verschmelzungsform von Präp. u. Art.> *um das*
'**um|sat·teln** <V. i.; ich satt(e)le um; sie hat umgesattelt; umzusatteln; fig.> *ein anderes Betätigungsfeld wählen;* von Psychologie auf Medizin ~
'**Um·satz** <m.; -es, -e> *Gesamtheit der Verkäufe;* Jahres~; viel ~ machen; '**Um·satz·be·tei·li·gung** <f.; -, -en>; '**Um·satz·plus** <n.; -, ->; '**Um·satz·ren·di·te** <f.; -, -n>; '**Um·satz·steu·er** <f.; -, -n>
'**um|säu·men¹** <V. t.; ich säume um; sie hat umgesäumt; umzusäumen> *umschlagen u. säumen;* **um'säu·men²** <V. t.; ich umsäume; sie hat umsäumt; zu -> *mit Rand umgeben;* von Bäumen umsäumt
'**um|schal·ten** <V.; ich schalte um; sie hat umgeschaltet; umzuschalten> 1 <V. i.> *sich umstellen;* nach der Englischstunde auf Mathematik ~ 2 <V. t.> *durch Schalten verändern;* auf

U

einen anderen Kanal ~; '**Um·schal·ter** <m.; -s, ->; '**Um·schal·tung** <f.; -, -en>

um'schat·ten <V. t.> ihre Augen sind umschattet

'**Um·schau** <f.; -; unz.> ~ halten; '**um·schau·en** <V. refl.; ich schaue mich um; sie hat sich umgeschaut; umzuschauen> *sich umsehen*

'**um·schich·ten** <V. t.; ich schichte um; sie hat umgeschichtet; umzuschichten> *anders schichten*; '**um·schich·tig** <Adj.> *abwechselnd*; '**Um·schich·tung** <f.; -, -en>

um'schif·fen <V. t.> eine Klippe ~, <a. fig.> *eine Schwierigkeit umgehen*

'**Um·schlag** <m.; -(e)s, ⸚e> 1 *Umschwung;* Wetter~ 2 *Buch- od. Hefthülle* 3 *Kuvert;* Brief~ 4 <Med.> *feuchtes Tuch, das zu Heilzwecken aufgelegt wird;* ein kalter, warmer ~; '**Um·schlag·bahn·hof** <m.; -(e)s, ⸚e>; '**um·schla·gen** <V. 218> 1 <V. t.> *umwenden;* eine Buchseite ~ 2 <V. t.> *durch Schlagen zu Fall bringen;* einen Baum ~ 3 <V. t.> Güter ~ *umladen* 4 <V. i. (s.)> *umkippen;* ein Kahn schlägt um; das Wetter schlug um <fig.>; '**Um·schlag·ent·wurf** <m.; -(e)s, ⸚e>; '**Um·schlag·ha·fen** <m.; -s, ⸚>; '**Um·schlag·man·schet·ten** <Pl.>; '**Um·schlag·platz** <m.; -es, ⸚e>; '**Um·schlag·tuch** <n.; -(e)s, ⸚er>; '**Um·schlag·zeich·nung** <f.; -, -en>

um'schlei·chen <V. t. 219> etwas od. jmdn. ~ *um etwas od. jmdn. herumschleichen*

um'schlie·ßen <V. t. 222; du umschließt; sie hat umschlossen; zu ~> *umzingeln;* die feindliche Armee umschloss die Stellungen; **Um'schlie·ßung** <f.; -, -en>

um'schlin·gen <V. t./V. refl. 223> *umfassen, umklammern;* er hielt sie fest umschlungen; **Um'schlin·gung** <f.; -; unz.>

um'schmei·cheln <V. t.; ich umschmeich(e)le>

'**um·schmei·ßen** <V. t. 224; du schmeißt um; sie hat umgeschmissen; umzuschmeißen; umg.> *umwerfen*

'**um·schnal·len** <V. t.; ich schnalle um; sie hat umgeschnallt; umzuschnallen> einen Gürtel ~

um'schnü·ren <V. t.> *zubinden*

'**um·schrei·ben**[1] <V. t. 230; ich schreibe um; sie hat umgeschrieben; umzuschreiben> 1 *schriftl. neu bearbeiten;* einen Text ~ 2 *übertragen;* eine Hypothek auf jmdn. ~; **um'schrei·ben**[2] <V. t. 230; ich umschreibe; sie hat umschrieben; zu ~> *mit anderen Worten ausdrücken;* '**Um·schrei·bung**[1] <f.; -, -en>; **Um'schrei·bung**[2] <f.; -, -en>; '**Um·schrift** <f.; -; unz.> *umgeschriebener Text*

'**um·schub·sen** <V. t.; du schubst um; sie hat umgeschubst; umzuschubsen; umg.> *umstoßen*

'**um·schul·den** <V. t.; Bankw.> einen Kredit ~ *in einen langfristigen K. umwandeln;* '**Um·schul·dung** <f.; -, -en>

'**um·schu·len** <V. t.; ich schule um; sie hat umgeschult; umzuschulen> 1 *auf eine andere Schule schicken* 2 *in einem anderen Beruf ausbilden;* '**Um·schü·ler** <m.; -s, ->; '**Um·schü·le·rin** <f.; -, -n·nen>; '**Um·schu·lung** <f.; -, -en>

'**um·schüt·ten** <V. t.; ich schütte um; sie hat umgeschüttet; umzuschütten> 1 *verschütten;* ein Glas ~ 2 *umfüllen;* Milch in eine Kanne ~

um'schwär·men <V. t.> in Scharen umgeben; die Bienen ~ ihren Stock; der Sänger wird von vielen Fans umschwärmt <fig.>

um'schwe·ben <V. t.> *um etwas herumschweben*

'**Um·schwei·fe** <Pl.> ~ machen *nicht sofort zur Sache kommen;* etwas ohne ~ sagen *direkt*

'**um·schwen·ken** <V. i. (s.); ich schwenke um; sie ist umgeschwenkt; umzuschwenken> 1 *die Richtung ändern* 2 <fig.> *die Gesinnung ändern*

um'schwir·ren <V. t.> Mücken ~ die Lampe

'**Um·schwung** <m.; -s, ⸚e> 1 *Drehung* 2 *Wendung;* ~ der öffentl. Meinung 3 <unz.; schweiz.> *Umgebung eines Hauses*

um'se·geln <V. t.; ich umseg(e)le> ein Riff ~; **Um'se·ge·lung, Um'seg·lung** <f.; -, -en>

'**um·se·hen** <V. t./V. refl. 239; ich sehe mich um; sie hat sich umgesehen; sich umzusehen> 1 *nach hinten sehen;* sich nach jmdm. ~ 2 *herumblicken;* er sah sich im Haus um 3 *Ausschau halten;* sich nach Arbeit ~

'**um·sei·tig** <Adj.> *auf der Rückseite;* die ~e Tabelle; '**um·seits** <Adv.; Amtsdt.> *umseitig*

'**um·set·zen** <V. t.; du setzt um; sie hat umgesetzt; umzusetzen> 1 *an einen anderen Ort, Platz setzen* 2 = *umpflanzen*[1] 3 *verkaufen* 4 <fig.> *etwas in die Tat ~ ausführen;* '**Um·set·zung** <f.; -, -en>

'**Um·sicht** <f.; -; unz.> mit ~ zu Werke gehen; '**um·sich·tig** <Adj.> *überlegt;* ~ handeln

'**um·sie·deln** <V.; ich sied(e)le um; sie ist/hat umgesiedelt; umzusiedeln> 1 <V. i. (s.)> *umziehen* 2 <V. t.> jmdn. ~; '**Um·sie·de·lung, Um·sied·lung** <f.; -, -en>

'**um·sin·ken** <V. i. 244; ich sinke um; sie ist umgesunken; umzusinken> *zu Boden sinken*

'**um·so**[1] <Konj.; in der Wendung> ~ ..., als ... *besonders, weil* ...; ich ärgere mich ~ mehr, als der Fehler völlig unnötig war; '**um·so**[2] <Adv.; zur Bez. des Vergleichs u. der Steigerung> *desto;* je größer, ~ besser; ~ mehr kann ich dich verstehen

um'sonst <Adv.> 1 *unentgeltlich;* etwas ~ bekommen 2 *vergeblich;* er hat sich ~ angestrengt

um'sor·gen <V. t.> sie umsorgt ihr Kind

'**um·span·nen**[1] <V. t.; ich spanne um; sie hat umgespannt; umzuspannen> 1 *vor einen anderen Wagen spannen (Pferde)* 2 = *transformieren(2);* **um'span·nen**[2] <V. t.; sie umspannte; sie hat umspannt; zu ~> *umfassen;* '**Um·span·ner** <m.; -s, -> = *Transformator,* '**Um·spann·werk** <n.; -(e)s, -e>

um'spie·len <V. t.> ein Lächeln umspielte ihre Lippen <fig.>

'**um·sprin·gen**[1] <V. i. (s.) 253; ich springe um; sie ist umgesprungen; umzuspringen> der Wind sprang um; mit jmdm. ~ <fig.> *jmdn. willkürlich behandeln;* **um'sprin·gen**[2] <V. t. 253; ich

umspringe; sie hat umsprungen; zu ~> *um etwas herumspringen*

'um·spu·len <V. t.; ich spule um; sie hat umgespult; umzuspulen> *auf eine andere Spule bringen;* ein Tonband ~

um'spü·len <V. t.> die Klippe wird von den Wellen umspült

'Um·stand <m.; -(e)s, ⸚e> 1 *wichtige Einzelheit, Sachverhalt;* ein entscheidender ~ 2 <nur Pl.> Umstände *Verhältnisse;* äußere Umstände; in anderen Umständen sein *schwanger sein* 3 <nur Pl.> Umstände *Unannehmlichkeiten;* ich komme nur, wenn es dir keine Umstände macht 4 <Abk.: u. U.> unter Umständen *gegebenenfalls;* unter keinen Umständen *keinesfalls;* **'um·stän·de·hal·ber** <Adv.> die Kinder sind ~ bei den Großeltern; <aber> gewisser Umstände halber; **'um·ständ·lich** <Adj.> *mühsam u. Zeit raubend;* eine ~e Zugverbindung; **'Um·ständ·lich·keit** <f.; -; unz.>; **'Um·stands·be·stim·mung** <f.; -, -en; Gramm.> *Adverbialbestimmung;* → a. *Kasten Adverbial;* **'Um·stands·kas·ten** <m.; -s, ⸚; fig.; umg.> = *Umstandskrämer;* **'Um·stands·kleid** <n.; -(e)s, -er> *Kleid für eine Schwangere;* **'Um·stands·krä·mer** <m.; -s, -; umg.> *umständlicher Mensch;* **'Um·stands·satz** <m.; -es, ⸚e; Gramm.> *Adverbialsatz;* **'Um·stands·wort** <n.; -(e)s, ⸚er; Gramm.> = *Adverb;* → a. *Kasten Adverb;* **'um·stands·wört·lich** <Adj.; Gramm.> = *adverbial*

'um|ste·chen [1] <V. t. 254; ich steche um; sie hat umgestochen; umzustechen> *umgraben;* **um·'ste·chen** [2] <V. t. 254; ich umsteche; du hast umstochen; zu ~> *umnähen*

'um|ste·cken <V. t.; ich stecke um; sie hat umgesteckt; umzustecken> Kabel ~

um·'ste·hen <V. t. 256; Perf. selten> *um etwas od. jmdn. herumstehen;* **'um·ste·hend** <Adj.; ⸚Z43> 1 *ringsum stehend;* die ~en Leute; die Umstehenden 2 *auf der Rückseite;* auf der ~en Seite; Umstehendes sollte beachtet werden; im Umstehenden

'um·stei·gen <V. i. (s.) 258> 1 *das Fahrzeug wechseln;* sie ist in Köln umgestiegen 2 <fig.> auf etwas ~ *zu etwas anderem wechseln;* **'Um·stei·ger** <m.; -s, ->; **'Um·stei·ge·rin** <f.; -, -n·nen>

'um|stel·len [1] <V. t./V. refl.; ich stelle um; sie hat umgestellt; umzustellen> 1 *an einen anderen Platz stellen;* Möbel ~ 2 *bezüglich einer Norm verändern;* die Uhr auf Sommerzeit ~; **um·'stel·len** [2] <V. t.; ich umstelle; sie hat umstellt; zu ~> *umzingeln;* die Bank war von der Polizei umstellt; **Um·'stel·lung** <f.; -, -en>; **'Um·stel·lungs·pro·zess** <m.; -es, -e>

'um|stim·men <V. t.; ich stimme um; sie hat umgestimmt; umzustimmen> 1 *jmdn. zu einer Meinungsänderung veranlassen;* ich konnte ihn ~ 2 <Mus.> ein Instrument ~; **'Um·stim·mung** <f.; -; unz.>

'um|sto·ßen <V. t. 262; du stößt um> 1 *umwerfen;* einen Tisch ~ 2 *rückgängig machen;* einen Plan ~

um·'strah·len <V. t.> von Licht umstrahlt

'um|stri·cken [1] <V. t.; ich stricke um; sie hat umgestrickt; umzustricken> *anders stricken;* **um·'stri·cken** [2] <V. t.; ich umstricke; sie hat umstrickt; zu ~> *umgarnen, fest umgeben*

um·'strit·ten <Adj.> *nicht völlig geklärt;* eine ~e Datierung

'um|struk·tu·rie·ren <V. t.; ich strukturiere um; sie hat umstrukturiert; umzustrukturieren> *anders strukturieren*

'um|stül·pen <V. t.; ich stülpe um; sie hat umgestülpt; umzustülpen> *umdrehen;* die Taschen ~

'Um·sturz <m.; -es, ⸚e; Pl. selten; bes. Pol.>; **'um|stür·zen** <V.; du stürzt um; sie ist/hat umgestürzt; umzustürzen> 1 <V. t.> *umwerfen;* einen Stuhl ~ 2 <V. t.> eine Regierung ~ *gewaltsam absetzen* 3 <V. i. (s.)> *umfallen;* die Wand ist umgestürzt; **'Um·stürz·ler** <m.; -s, ->; **'Um-**stürz·le·rin** <f.; -, -n·nen>; **'um·stürz·le·risch** <Adj.>

'um|tau·fen <V. t.; ich taufe um; sie hat umgetauft; umzutaufen> ein Schiff ~

'Um·tausch <m.; -(e)s, -e; Pl. selten> reduzierte Ware ist vom ~ ausgeschlossen; **'um|tau·schen** <V. t.; du tauschst um; sie hat umgetauscht; umzutauschen> etwas ~ *zurückgeben u. etwas anderes dafür erhalten*

'um|top·fen <V. t.; ich topfe um; sie hat umgetopft; umzutopfen> Zimmerpflanzen ~

um·'to·sen <V. t.> von Wellen umtost

'um|trei·ben <V. t./V. refl. 267; es treibt mich um> *umhertreiben;* sie wurde von Sorge umgetrieben; **'Um·trieb** <m.; -(e)s, -e> 1 <Forstw.> *Zeit vom Pflanzen bis zum Fällen* 2 <Pl.; fig.> ~e *Machenschaften, Ränke;* **'um·trie·big** <Adj.> *ständig unterwegs*

'Um·trunk <m.; -(e)s, ⸚e> *Trinken in geselliger Runde*

'um|tun <V. t./V. refl. 272; ich tu(e) um; sie hat umgetan; umzutun; umg.> 1 *umlegen;* tu dir eine Jacke um 2 *Erkundigungen einholen, suchen;* sich nach einer Bürokraft ~

'U-Mu·sik <f.; -; unz.; ⸚Z34; umg.; kurz für> *Unterhaltungsmusik;* Ggs *E-Musik*

'Um·ver·pa·ckung <f.; -, -en>

um'wach·sen <[-ks-]; V. t. 277> *um etwas herumwachsen;* der Efeu hat den Baumstamm ~

um'wal·len <V. t.; geh.> von Nebel umwallt; **Um'wal·lung** <f.; -, -en>

'Um·wälz·an·la·ge <f.; -, -n> *Anlage für das Ab- u. Zurückleiten von Wasser o. Ä.;* **'um|wäl·zen** <V. t.; du wälzt um; sie hat umgewälzt; umzuwälzen> ~de Ereignisse <fig.>; **'Um·wälz·pum·pe** <f.; -, -n>; **'Um·wäl·zung** <f.; -, -en>

'um|wan·deln [1] <V. t./V. refl.; ich wand(e)le um; sie hat umgewandelt; umzuwandeln> *verwandeln;* die Haftstrafe in eine Geldstrafe ~; sie ist wie umgewandelt *ganz anders;* **um'wan·deln** [2] <V. t.; ich umwand(e)le; sie hat umwandelt; zu ~> *um etwas herumwandeln;* **'Um-**

wan·de·lung, 'Um·wand·lung <f.; -, -en>; 'Um·wand·lungs·pro·zess <m.; -es, -e>

um'we·ben <V. t. 280; fig.> von Sagen umwoben

'um|wech·seln <[-ks-]; V. t.; ich wechs(e)le um; sie hat umgewechselt; umzuwechseln> *umtauschen;* Euro in Franken ~; 'Um·wech·se·lung, 'Um·wechs·lung <f.; -, -en>

'Um·weg <m.; -(e)s, -e> *Weg, der länger ist als der direkte;* einen ~ machen; etwas auf ~en erreichen <a. fig.>

'um|we·hen¹ <V. t.; er weht um; er hat umgeweht; umzuwehen> *umblasen, umwerfen;* der Wind hat das Schild umgeweht; um'we·hen² <V. t.; er umweht; er hat umweht; zu ~> *um etwas od. jmdn. herumwehen;* der Wind umweht das Gebäude

'Um·welt <f.; -; unz.> *die auf ein Lebewesen einwirkende Umgebung;* sich seiner ~ anpassen; 'um·welt·be·dingt <Adj.>; 'um·welt·be·dro·hend <Adj.>; 'Um·welt·be·las·tung <f.; -, -en>; 'Um·welt·be·wusst·sein <n.; -s; unz.>; 'Um·welt·che·mi·ka·lie <[-çemi'kaliə]; f.; -, -n>; 'Um·welt·ein·fluss <m.; -es, ⁼e>; 'Um·welt·fak·tor <m.; -s, -'to·ren; meist Pl.>; 'Um·welt·feind·lich <Adj.>; 'Um·welt·for·schung <f.; -, -en>; 'um·welt·freund·lich <Adj.>; 'Um·welt·gift <n.; -(e)s, -e>; 'Um·welt·mi·nis·ter <m.; -s, ->; 'Um·welt·mi·nis·te·rin <f.; -, -n·nen>; 'Um·welt·mi·nis·te·ri·um <n.; -s, -ri·en>; 'Um·welt·scha·den <m.; -s, ⁼; meist Pl.>; 'Um·welt·schutz <m.; -es; unz.> etwas für den ~ tun; 'Um·welt·schüt·zer <m.; -s, ->; 'Um·welt·schüt·ze·rin <f.; -, -n·nen>; 'Um·welt·sün·der <m.; -s, ->; 'Um·welt·sün·de·rin <f.; -, -n·nen>; 'Um·welt·ver·schmut·zung <f.; -, -en>; 'um·welt·ver·träg·lich <Adj.>; 'Um·welt·ver·träg·lich·keit <f.; -; unz.>; 'Um·welt·ver·träg·lich·keits·prü·fung <f.; -, -en>

'um|wen·den <V. 283; ich wende um; sie hat umgewendet; umzuwenden> 1 <V. t./V. refl.> *auf die andere Seite drehen;* eine Buchseite ~; sich nach jmdm. ~ 2 <V. i.> *in die entgegengesetzte Richtung fahren*

um'wer·ben <V. t. 284> eine viel umworbene Frau

'um|wer·fen <V. t. 286; ich werfe um; sie hat umgeworfen; umzuwerfen> 1 *zu Fall bringen;* eine Vase ~; das hat ihn umgeworfen <fig.>; ~d komisch <fig.> 2 *völlig ändern;* Pläne ~ 3 *rasch umhängen;* einen Schal ~

'um|wer·ten <V. t.; ich werte um; sie hat umgewertet; umzuwerten> *anders bewerten;* 'Um·wer·tung <f.; -, -en>

'um|wi·ckeln¹ <V. t.; ich wick(e)le um; sie hat umgewickelt; umzuwickeln> *anders wickeln;* um'wi·ckeln² <V. t.; ich umwick(e)le; sie hat umwickelt; zu -> *einwickeln;* Um'wi·cke·lung, Um'wick·lung <f.; -, -en>

'um|win·den¹ <V. t. 288; ich winde um; sie hat umgewunden; umzuwinden> sie hat sich einen Schal umgewunden; um'win·den² <V. t. 288; ich umwinde; sie hat umwunden; zu -> *mit Blumen umwunden*

um'wit·tern <V. t.; geh.; meist als Part. Perf.> das Schloss ist von Geheimnissen umwittert

um'wo·ben <🔎Z 29; Part. Perf. von> *umweben;* sagen~; <aber> von Sagen ~

um'wo·gen <V. t.; geh.> die Wellen ~ das Schiff

'um·woh·nend <Adj.; umg.> *in der Nähe wohnend;* die Umwohnenden; 'Um·woh·ner <m.; -s, -; umg.>; 'Um·woh·ne·rin <f.; -, -n·nen>

um'wöl·ken <V. t.> 1 <V. refl.> der Himmel umwölkt sich *bedeckt sich* 2 seine Stirn ist umwölkt <fig.>

'um|wüh·len <V. t.; ich wühle um; sie hat umgewühlt; umzuwühlen> *aufwühlen*

um'zäu·nen <V. t.> *einzäunen;* Um'zäu·nung <f.; -, -en>

'um|zeich·nen <V. t.; ich zeichne um; sie hat umgezeichnet; umzuzeichnen> *anders zeichnen;* 'Um·zeich·nung <f.; -, -en>

'um|zie·hen¹ <V. 293; ich ziehe um; sie ist/hat umgezogen; umzuziehen> 1 <V. i. (s.)> *den Wohnsitz wechseln* 2 <V. t./V. refl.> *anders anziehen;* sie zog das Kind um; sich ~; um'zie·hen² <V. t. 293/V. refl.; er umzieht; er hat umgezogen; zu -> der Himmel umzieht sich *bewölkt sich*

um'zin·geln <V. t.; ich umzing(e)le *umstellen;* den Feind ~; Um'zin·ge·lung <f.; -, -en>

'Um·zug <m.; -(e)s, ⁼e> Faschings~

UN <Abk. für> *United Nations;* → a. *UNO, VN*

un... <in Zus.> *nicht*

Un... <in Zus.> 1 *sehr groß* 2 *Miss...*

un·ab'än·der·lich <a. ['-----]; Adj.> *unwiderruflich;* ~er Entschluss

un·ab'ding·bar, un·ab'ding·lich <a. ['----]; Adj.> *unverzichtbar*

'un·ab·hän·gig <Adj.> er ist finanziell ~; 'Un·ab·hän·gig·keit <f.; -; unz.>

'un·ab·kömm·lich <Adj.> er ist im Moment ~

un·ab'läs·sig <a. ['----]; Adj.> *immerzu, dauernd*

un·ab'lös·lich <a. ['----]; Adj.>

un·ab'seh·bar <a. ['----]; Adj.> ~e Folgen; sich ins Unabsehbare ausweiten

'un·ab·sicht·lich <Adj.>

un·ab'weis·bar, un·ab'weis·lich <a. ['----]; Adj.>

un·ab'wend·bar <a. ['----]; Adj.> ~es Schicksal; Un·ab'wend·bar·keit <f.; -; unz.>

'un·acht·sam <Adj.>; 'Un·acht·sam·keit <f.; -; unz.> etwas aus ~ beschädigen

'u·na 'cor·da <Mus.> *mit dem linken Pedal zu spielen* [ital.]

'un·ähn·lich <Adj.>

un·an'fecht·bar <a. ['----]; Adj.> ~es Urteil

'un·an·ge·bracht <Adj.>

'un·an·ge·foch·ten <Adj.> 1 <Rechtsw.> *unbestritten* 2 *unbehindert;* er passierte ~ die Grenze

'un·an·ge·mel·det <Adj.>

'un·an·ge·mes·sen <Adj.>

'un·an·ge·nehm <Adj.> eine ~e Lage

'un·an·ge·passt <Adj.>; 'Un·an·ge·passt·heit <f.; -; unz.>

'un·an·ge·tas·tet <Adj.> 1 *unberührt* 2 <fig.> etwas ~ lassen

un·an'greif·bar <a. ['----]; Adj.>

Un·an'greif·bar·keit <f.; -; unz.>

un·an'nehm·bar <a. ['----]; Adj.> ~e Forderungen; **Un·an'nehm·bar·keit** <f.; -; unz.>; **'Un·an·nehm·lich·keit** <f.; -, -en; meist Pl.> *lästige Sache, der Ärger bereitet;* ~en auf sich nehmen

'un·an·sehn·lich <Adj.>; **'Un·an·sehn·lich·keit** <f.; -; unz.>

'un·an·stän·dig <Adj.> 1 *unehrenhaft* 2 *anstößig;* ~er Witz; **'Un·an·stän·dig·keit** <f.; -, -en>

un·an'tast·bar <a. ['----]; Adj.> 1 *nicht antastbar;* die Würde des Menschen ist ~ 2 *nicht anzweifelbar;* ihre Integrität ist ~; **Un·an'tast·bar·keit** <f.; -; unz.>

'un·ap·pe·tit·lich <Adj.>; **'Un·ap·pe·tit·lich·keit** <f.; -; unz.>

u'när <Adj.; Math.> *einzeln* [lat.]

'Un·art <f.; -, -en> 1 *ungezogenes Benehmen* 2 *lästige Angewohnheit;* **'un·ar·tig** <Adj.> *ungezogen;* **'Un·ar·tig·keit** <f.; -, -en>

'un·ar·ti·ku·liert <Adj.> *undeutlich*

'U·na 'Sanc·ta <f.; --; unz.; Kath.> *die eine heilige (Kirche)* [lat.]

'un·äs·the·tisch <Adj.> *unschön*

'un·auf·dring·lich <Adj.>

'un·auf·fäl·lig <Adj.> 1 *nicht auffällig;* er verließ ~ den Raum 2 *bescheiden;* sie kleidet sich ~; **'Un·auf·fäl·lig·keit** <f.; -; unz.>

un·auf'find·bar <a. ['----]; Adj.>

'un·auf·ge·for·dert <Adj.> etwas ~ tun

'un·auf·ge·klärt <Adj.> der Mord ist bislang ~; ein ~es Kind

un·auf'halt·bar <a. ['----]; Adj.>, **un·auf'halt·sam** <Adj.> *stetig fortschreitend;* ~er Verfall; **Un·auf'halt·sam·keit** <f.; -; unz.>

un·auf'hör·lich <a. ['----]; Adj.> *andauernd;* ~ klagen

un·auf'lös·bar <a. ['----]; Adj.>; **Un·auf'lös·bar·keit** <f.; -; unz.>; **un·auf'lös·lich** <Adj.>

'un·auf·merk·sam <Adj.>; **'Un·auf·merk·sam·keit** <f.; -; unz.>

'un·auf·rich·tig <Adj.>; **'Un·auf·rich·tig·keit** <f.; -; unz.> 1 <unz.> *unaufrichtiges Wesen* 2 *Lüge*

un·auf'schieb·bar <a. ['----]; Adj.>; **Un·auf'schieb·bar·keit** <f.; -; unz.>; **un·auf'schieb·lich** <Adj.; selten>

un·aus'bleib·lich <a. ['----]; Adj.> *gewiss erfolgend;* ~e Folgen

un·aus'denk·bar <a. ['----]; Adj.> *unvorstellbar;* ein ~es Unglück

un·aus'führ·bar <a. ['----]; Adj.>; **Un·aus'führ·bar·keit** <f.; -; unz.>

'un·aus·ge·bil·det <Adj.>

'un·aus·ge·führt <Adj.> eine Idee ~ lassen *nicht realisieren*

'un·aus·ge·füllt <Adj.> *inhaltslos;* ein ~er Fragebogen; ein ~er Tag

'un·aus·ge·gli·chen <Adj.; fig.> ein ~er Mensch; **'Un·aus·ge·gli·chen·heit** <f.; -; unz.>

'un·aus·ge·go·ren <Adj.; umg.> *unfertig;* eine ~e Idee

'un·aus·ge·schla·fen <Adj.>

'un·aus·ge·setzt <Adj.> *unaufhörlich;* es hat ~ geschneit

'un·aus·ge·spro·chen <Adj.>

un·aus'lösch·lich <a. ['----]; Adj.> ein ~er Eindruck

un·aus'rott·bar <a. ['----]; Adj.>

un·aus'sprech·bar <a. ['----]; Adj.> *nur fig.> unbeschreiblich;* ~es Leid; ich bin dir ~ dankbar

un·aus'steh·lich <a. ['----]; Adj.> *unerträglich*

un·aus'weich·lich <a. ['----]; Adj.> *unvermeidlich*

'un·bän·dig <a. [-'--]; Adj.> *ungeheuer groß;* ~er Ärger; er hat sich ~ gefreut

'un·bar <Adj.> *bargeldlos;* ~ zahlen

'un·barm·her·zig <Adj.>; **'Un·barm·her·zig·keit** <f.; -; unz.>

'un·be·ab·sich·tigt <Adj.> jmdn. ~ verletzen

'un·be·ach·tet <Adj.>

'un·be·an·stan·det <Adj.; meist adv.>

'un·be·ant·wor·tet <Adj.> eine Frage ~ lassen

'un·be·baut <Adj.> ~es Grundstück

'un·be·dacht <Adj.> *unbesonnen, voreilig;* eine ~e Äußerung; **'un·be·dach·ter·wei·se** <Adv.>; **'Un·be·dacht·heit** <f.; -; unz.>

'un·be·darft <Adj.; umg.; abwertend> *unerfahren, naiv*

'un·be·deckt <Adj.>

'un·be·denk·lich <Adj.> eine Sache für ~ halten; **'Un·be·denk·lich·keit** <f.; -; unz.>; **'Un·be·**

denk·lich·keits·be·schei·ni·gung <f.; -, -en>

'un·be·deu·tend <Adj.> ein ~er Autor

'un·be·dingt <a. [--'-]; Adj.> 1 *uneingeschränkt;* ~er Gehorsam 2 <adv.> *unter allen Umständen;* ich muss ihn ~ sprechen; **'Un·be·dingt·heit** <f.; -; unz.>

'un·be·ein·fluss·bar <a. [--'---]; Adj.>; **'Un·be·ein·fluss·bar·keit** <f.; -; unz.>; **'un·be·ein·flusst** <Adj.> etwas ~ von ...

un·be'fahr·bar <a. ['----]; Adj.> eine ~e Straße

'un·be·fan·gen <Adj.> 1 *vorurteilsfrei;* ~ an eine Sache herangehen 2 *nicht gehemmt;* er sagte ~ seine Meinung; **'Un·be·fan·gen·heit** <f.; -; unz.>

'un·be·fleckt <Adj.> 1 *sauber* 2 <fig.> *keusch, rein;* Mariä Unbefleckte Empfängnis

'un·be·frie·di·gend <Adj.> ~e Leistungen; **'un·be·frie·digt** <Adj.>

'un·be·fris·tet <Adj.> ~er Vertrag

'un·be·fruch·tet <Adj.>

'un·be·fugt <Adj.> ein Grundstück ~ betreten; **'Un·be·fug·te(r)** <f. 2 (m. 1)>

'un·be·gabt <Adj.>; **'Un·be·gabt·heit** <f.; -; unz.>

'un·be·gli·chen <Adj.>

un·be'greif·lich <a. ['----]; Adj.> es ist ~, dass ...; ~e Dummheit; **un·be·greif·li·cher'wei·se** <Adv.>

'un·be·grenzt <a. [--'-]; Adj.> ~es Vertrauen

'un·be·grün·det <Adj.> ~e Bedenken

'un·be·haart <Adj.>

'Un·be·ha·gen <n.; -s; unz.> mich überkam ein leises ~; **'un·be·hag·lich** <Adj.> 1 *ungemütlich;* ein ~es Zimmer 2 ich fühle mich in ihrer Nähe ~

'un·be·hau·en <Adj.> *unbearbeitet (Stein)*

'un·be·haust <Adj.> *ohne Zuhause*

'un·be·hel·ligt <a. [--'--]; Adj.; meist adv.> *ungestört;* jmdn. ~ passieren lassen

'un·be·herrscht <Adj.>; **'Un·be·herrscht·heit** <f.; -; unz.>

'un·be·hin·dert <a. [--'--]; Adj.> *unbeschränkt, frei;* ~en Zutritt zu einer Veranstaltung haben

U

'un·be·hol·fen <Adj.> *ungeschickt;* 'Un·be·hol·fen·heit <f.; -; unz.>

un·be'irr·bar <a. ['----]; Adj.> *nicht zu beirren;* Un·be'irr·bar·keit <f.; -; unz.>; 'un·be'irrt <Adj.>

'un·be·kannt <Adj.; ⌐Z46> ein ~er Autor; Grabmal des Unbekannten Soldaten; ~ verzogen; Anzeige gegen ~ erstatten; der große Unbekannte; eine ~e Größe <Math.>; das ist mir ~; un·be·kann·ter·wei·se <Adv.> jmdn. ~ grüßen; 'Un·be·kannt·heit <f.; -; unz.>

'un·be·klei·det <Adj.>

'un·be·küm·mert <a. [--'--]; Adj.>; 'Un·be·küm·mert·heit <f.; -; unz.>

'un·be·las·tet <Adj.> 1 *nicht belastet* 2 <fig.> *sorgenfrei*

'un·be·lebt <Adj.> 1 *leblos;* die ~e Natur 2 *ruhig;* eine ~e Straße

'un·be·leckt <Adj.; umg.> *unberührt*

un·be'lehr·bar <a. ['----]; Adj.>; Un·be'lehr·bar·keit <f.; -; unz.>

'un·be·lich·tet <Adj.; Fot.> ein ~er Film

'un·be·liebt <Adj.> sich ~ machen *Unwillen erregen;* 'Un·be·liebt·heit <f.; -; unz.>

'un·be·lohnt <Adj.>

'un·be·mannt <Adj.> ~e Raumfähre

'un·be·merkt <Adj.> sich ~ Zutritt verschaffen

'un·be·mit·telt <Adj.> *arm*

'un·be·nom·men <a. [--'--]; Adv.> nur in den Wendungen> ~ bleiben, ~ sein *freigestellt;* es ist ihr ~, ob sie mitfahrt oder nicht

'un·be·nutz·bar <a. [--'---]; Adj.>; 'un·be·nutzt <Adj.>

'un·be·ob·ach·tet, <auch> 'un·be·o·bach·tet <Adj.; ⌐Z54>

'un·be·quem <Adj.> 1 *nicht bequem;* ein ~es Sofa 2 <fig.> *lästig, beunruhigend;* ein ~er Kritiker; ~e Fragen; 'Un·be·quem·lich·keit <f.; -, -en>

'un·be·re·chen·bar <a. [--'---]; Adj.> 1 *nicht berechenbar* 2 *launenhaft;* ein ~er Mensch; 'Un·be·re·chen·bar·keit <f.; -; unz.>; 'un·be·rech·tigt <Adj.>

'un·be·rück·sich·tigt <a. [--'---]; Adj.>

'un·be·ru·fen <a. [--'--]; Adj.> *unaufgefordert;* sich ~ einmischen

un·be'rühr·bar <a. ['----]; Adj.; ⌐Z42> die Unberührbaren <in Indien> *die Parias;* 'un·be·rührt <Adj.> 1 *das Essen ~ lassen* 2 *im Naturzustand;* eine ~ Landschaft 3 *jungfräulich* 4 *sein Kummer ließ sie ~ bewegte sie nicht;* 'Un·be·rührt·heit <f.; -; unz.>

'un·be·scha·det <a. [--'--]; Präp. m. Gen.> *ohne zu schmälern;* ~ ihrer Verdienste darf man nicht vergessen, dass ...; 'un·be·schä·digt <Adj.>

'un·be·schäf·tigt <Adj.>

'un·be·schei·den <Adj.>; 'Un·be·schei·den·heit <f.; -; unz.>

'un·be·schol·ten <Adj.> *rechtschaffen;* ein ~er Bürger; 'Un·be·schol·ten·heit <f.; -; unz.>

'un·be·schrankt <Adj.> ~er Bahnübergang

'un·be·schränkt <a. [--'-'-]; Adj.> jmds. ~es Vertrauen besitzen

'un·be·schreib·lich <a. [--'--]; Adj.> *unsagbar;* ~ schön

'un·be·schrie·ben <Adj.> ein ~es Blatt sein <fig.> *unbekannt sein*

'un·be·schwert <Adj.> 1 *unbelastet* 2 *sorgenfrei;* ~e Kindheit; 'Un·be·schwert·heit <f.; -; unz.>

'un·be·se·hen <a. [--'--]; Adj.; meist adv.> *ohne nachzuprüfen;* ich glaube ihm das ~

'un·be·setzt <Adj.> eine ~e Stelle

un·be'sieg·bar <a. ['----]; Adj.>; Un·be'sieg·bar·keit <f.; -; unz.>; un·be'sieg·lich <Adj.; selten>; 'un·be·siegt <Adj.>

'un·be·son·nen <Adj.>; 'Un·be·son·nen·heit <f.; -; unz.>

'un·be·sorgt <a. [--'-]; Adj.> du kannst ganz ~ sein

'un·be·spielt <Adj.> ein ~es Tonband

'un·be·stän·dig <Adj.> 1 *wechselhaft;* das Wetter ist ~ 2 *wankelmütig;* ein ~er Charakter; 'Un·be·stän·dig·keit <f.; -; unz.>

'un·be·stä·tigt <Adj.> ~en Meldungen zufolge

'un·be·stech·lich <a. [--'--]; Adj.>; 'Un·be·stech·lich·keit <f.; -; unz.>

'un·be·stimm·bar <a. [--'--]; Adj.>; 'un·be·stimmt <Adj.> *nicht bestimmt, zweifelhaft, vage;* sich ~ äußern; ~er Artikel; ~es Fürwort *Indefinitpronomen;* → a. *Kästen Artikel, Indefinitpronomen;* 'Un·be·stimmt·heit <f.; -; unz.>; 'Un·be·stimmt·heits·re·la·ti·on <f.; -, -en; Phys.> = *Unschärferelation*

un·be'streit·bar <a. ['----]; Adj.> *unwiderlegbar;* ~e Fakten; 'un·be·strit·ten <a. [--'--]; Adj.> es ist eine ~e Tatsache, dass ...

'un·be·tei·ligt <Adj.; ⌐Z42> die Einbeziehung von Unbeteiligten

'un·be·tont <Adj.> eine ~e Silbe

'un·be·trächt·lich <a. [--'--]; Adj.> ihr Vermögen ist nicht ~

'un·be·tre·ten <Adj.>

un'beug·bar <a. ['---]; Adj.> 1 *nicht beugbar* 2 <Gramm.> *undeklinierbar,* un'beug·sam <Adj.> ~er Wille; Un'beug·sam·keit <f.; -; unz.>

'un·be·wacht <Adj.>

'un·be·waff·net <Adj.>

'un·be·wäl·tigt <a. [--'--]; Adj.> ~e Vergangenheit

'un·be·wan·dert <Adj.> *unwissend*

'un·be·weg·lich <a. [--'--]; Adj.> 1 *nicht zu bewegen;* ~es Gelenk 2 *gleich bleibend;* ~e Feste F, *die jährlich am gleichen Tag stattfinden;* 'Un·be·weg·lich·keit <f.; -; unz.>; 'un·be·wegt <Adj.>

'un·be·wehrt <Adj.>

'un·be·weibt <Adj.; umg.; scherzh.> *ohne (Ehe-)Frau*

un·be'weis·bar <a. ['----]; Adj.>; 'un·be·wie·sen <Adj.> es ist noch ~, ob ...

un·be'wohn·bar <a. ['----]; Adj.>; 'un·be·wohnt <Adj.>

'un·be·wusst <Adj.> *nicht bewusst, ohne es zu wissen;* ~e Abneigung; 'Un·be·wuss·te(s) <n. 3; Psych.> *Bereich der nicht bewussten seelischen Vorgänge;* 'Un·be·wusst·heit <f.; -; unz.>

un·be'zahl·bar <a. ['----]; Adj.> 1 *zu teuer;* der Wagen ist ~ 2 <fig.> *sein Rat ist ~;* 'un·be·zahlt <Adj.> ~er Urlaub

un·be'zähm·bar <a. ['----]; Adj.>

un·be'zwei·fel·bar <a. ['-----]; Adj.>

un·be'zwing·bar, un·be'zwing·lich <a. ['----]; Adj.> *nicht zu bändigen*

U

'Un·bil·den <Pl.; geh.> die ~ des Winters, der Witterung

'Un·bil·dung <f.; -; unz.> *Bildungsmangel*

'Un·bill <f.; -; unz.; geh.> *Unrecht*; 'un·bil·lig <Adj.> *ungerecht*

'un·blu·tig <Adj.> 1 <Med.> *ohne Blutverlust*; ~er Eingriff 2 *ohne Blutvergießen*; eine ~e Revolte

'un·bot·mä·ßig <Adj.> *widersetzlich*; 'Un·bot·mä·ßig·keit <f.; -; unz.>

'un·brauch·bar <Adj.>; Un·'brauch·bar·keit <a. ['----]; f.; -; unz.>

'un·bü·ro·kra·tisch <Adj.>

'un·buß·fer·tig <Adj.> christl. Rel.>

'un·christ·lich <[-krist-]; Adj.>

Un·cle Sam, <auch> Unc·le Sam <[ʌŋkl 'sæm]; ↗Z53; scherzh.; ohne Art.> *die USA* [engl.]

'un·cool <[-ku:l]; Adj.; umg.> *nicht cool*; ~es Verhalten [engl.]

und <Konj.; Abk.: u.; Zeichen: &> 1 <aufzählend> *zusammen mit, dazu*; ich ~ du; junge ~ alte Leute; vier ~ zwei ist/macht sechs; ~ andere(s) <Abk.: u. a.>; ~ Ähnliches <Abk.: u. Ä.>; ~ dergleichen (mehr) <Abk.: u. dgl. (m.)>; ~ so fort <Abk.: usf.>; ~ viele(s) andere <Abk.: u. v. a.>; ~ viele(s) andere mehr <Abk.: u. v. a. m.>; ~ so weiter <Abk.: usw.> 2 <verstärkend> *nach* ~ nach *allmählich*; schneller ~ schneller *immer schneller* 3 <umg.; entgegenstellend> er ~ talentiert? *er ist doch überhaupt nicht talentiert* 4 <anknüpfend> ich koche ~ du wäschst ab; <als Füllwort> ~ so passierte es, dass ... 5 <umg.; verstärkend> ~ ob! *ja sehr!*; na ~? *ist das alles?*

'Un·dank <m.; -(e)s; unz.> ~ ernten; ~ ist der Welt Lohn <Sprichw.>; 'un·dank·bar <Adj.> 1 *nicht dankbar* 2 *ohne angemessene Würdigung*; eine ~e Aufgabe; 'Un·dank·bar·keit <f.; -; unz.>

'un·da·tiert <Adj.>

Un·da·ti·on <f.; -, -en; Geol.> *vertikale Krustenbewegung* [lat.]

un·de·fi'nier·bar <a. ['-----]; Adj.>

un·de·kli'nier·bar <a. ['-----];

Adj.; Gramm.>; un·de·kli'niert <Adj.; Gramm.> *ungebeugt*

'un·de·mo·kra·tisch <Adj.>

un'denk·bar <Adj.> *unvorstellbar*; un'denk·lich <Adj.> *nur in den Wendungen> seit, vor ~en Zeiten *seit, vor sehr langer Zeit*

Un·der·co·ver... <['ʌndərkʌvə(r)]; in Zus.> *Geheim...*; ~agent [engl.]; 'Un·der·co·ver·a·gent <m.; -en, -en; ↗Z55>

Un·der·dog <['ʌndə(r)dɔg]; m.; -s, -s; umg.> *sozial Unterprivilegierter* [engl.]

un·der·dressed <['ʌndərdresd]; Adj.> *nicht fein genug gekleidet*; er ist für den Empfang völlig ~; Ggs *overdressed* [engl.]

Un·der·flow <['ʌndə(r)flou]; m.; -s, -s; EDV> [engl.]

Un·der·ground <['ʌndə(r)graund]; m.; -s; unz.> 1 *Verbrecherwelt* 2 *subkulturelle, avantgardistische Kunstrichtung*; ~literatur [engl.]; 'Un·der·ground·li·te·ra·tur <f.; -, -en>

Un·der·state·ment <[ʌndər'steitmənt]; n.; -s, -s> *Untertreibung* [engl.]

Un·der·wri·ter <['ʌndərraitə(r)]; m.; -s, -; Wirtsch.> *Finanzierungsinstitut* [engl.]

'un·deut·lich <Adj.>; 'Un·deut·lich·keit <f.; -; unz.>

'un·deutsch <Adj.>

Un'de·zi·me <f.; -, -n; Mus.> 1 *elfter Ton vom Grundton* aus 2 *Intervall von elf Stufen* [lat.]

'un·dicht <Adj.>; 'Un·dich·tig·keit <f.; -, -en>

'un·dif·fe·ren·ziert <Adj.> ~e Kritik; 'Un·dif·fe·ren'ziert·heit <f.; -; unz.>

'Un·ding <n.; -(e)s; unz.> *etwas Unmögliches*; es ist ein ~, das von ihr zu verlangen

'un·dis·ku·ta·bel <a. [---'--]; Adj.> *undiskutabler Vorschlag*

'un·dis·zi·pli·niert, <auch> 'un·dis·zip·li·niert <Adj.; -er, am -es·ten; ↗Z53>; 'Un·dis·zi·pli·niert·heit <f.; -; unz.>

'un·dog·ma·tisch <Adj.>

'un·dra·ma·tisch <Adj.>

Un·du·la·ti·on <f.; -, -en> 1 <Phys.> *Wellenbewegung* 2 <Geol.> *Faltung der Erdkruste* [lat.]; Un·du·la·ti·ons·the·o·rie <f.; -; unz.; Phys.> *Wellentheo-*

rie; un·du·la·to·risch <Adj.; Phys.>

'un·duld·sam <Adj.> Sy *intolerant*; 'Un·duld·sam·keit <f.; -; unz.>

un·du'lie·ren <V. i.; Med.; Phys.> *sich wellenförmig bewegen*

un·durch'dring·lich <a. ['----]; Adj.> *nicht zu durchdringen*; ~es Dickicht; etwas mit ~er Miene aufnehmen <fig.>

un·durch'führ·bar <a. ['----]; Adj.>; Un·durch'führ·bar·keit <f.; -; unz.>

'un·durch·läs·sig <Adj.> *wasser-*; 'Un·durch·läs·sig·keit <f.; -; unz.>

un·durch'schau·bar <a. ['----]; Adj.>; Un·durch'schau·bar·keit <f.; -; unz.>

'un·durch·sich·tig <Adj.> 1 *nicht durchsichtig* 2 <fig.> eine ~e Person; 'Un·durch·sich·tig·keit <f.; -; unz.>

'un·e·ben <Adj.; ↗Z55>; 'Un·e·ben·heit <f.; -, -en>

'un·echt <Adj.>; 'Un·echt·heit <f.; -; unz.>

'un·e·del <Adj.; ↗Z55> *unedles Metall*

'un·e·he·lich <Adj.; ↗Z55> *ein* ~es Kind; 'Un·e·he·lich·keit <f.; -; unz.>

'Un·eh·re <f.; -; unz.> *Schande*; 'un·eh·ren·haft <Adj.> ~ entlassen werden; 'un·ehr·er·bie·tig <Adj.>; 'Un·ehr·er·bie·tig·keit <f.; -; unz.>; 'un·ehr·lich <Adj.>; 'Un·ehr·lich·keit <f.; -; unz.>

'un·ei·gen·nüt·zig <Adj.> ~ handeln; 'Un·ei·gen·nüt·zig·keit <f.; -; unz.>

'un·ei·gent·lich <Adv.; umg.> eigentlich hat er keine Zeit, aber ~ kommt er wohl doch mit

'un·ein·ge·schränkt <a. [---'-]; Adj.> ~e Macht

'un·ein·ge·stan·den <Adj.> ~e Ängste

'un·ein·ge·weiht <Adj.>

'un·ei·nig <Adj.> ~ sein; 'Un·ei·nig·keit <f.; -; unz.>

un·ein'nehm·bar <a. ['----]; Adj.> eine ~e Burg

'un·eins <Adj.; nur in den Wendungen> mit jmdm. ~ sein, werden

'un·ein·sich·tig <Adj.>; 'Un·ein·sich·tig·keit <f.; -; unz.>

'**un·emp·fäng·lich** <Adj.>; '**Un·emp·fäng·lich·keit** <f.; -; unz.>
'**un·emp·find·lich** <Adj.> ~ gegen Kritik; '**Un·emp·find·lich·keit** <f.; -; unz.>
un·end·lich <Adj.; ↗Z 43> **1** *nicht endlich, grenzenlos;* sich ~e Mühe geben; bis ins Unendliche <fig.> *ohne Ende;* zwei Parallelen schneiden sich im Unendlichen <Math.> **2** <adv.; verstärkend> *sehr, äußerst;* ~ glücklich; **Un'end·lich·keit** <f.; -; unz.>
un·ent·behr·lich <a. ['----]; Adj.>; **Un·ent'behr·lich·keit** <f.; -; unz.>
'**un·ent·deckt** <a. [--'-]; Adj.> ~e Teile der Erde
'**un·ent·gelt·lich** <a. [--'--]; Adj.> *ohne Bezahlung*
un·ent'rinn·bar <a. ['----]; Adj.> ~es Schicksal
'**un·ent·schie·den** <Adj.> **1** *nicht entschieden;* das Spiel steht, endete ~ <Sp.> **2** *unentschlossen;* er ist ~ <Sp.>; '**Un·ent·schie·den·heit** <f.; -; unz.>
'**un·ent·schlos·sen** <a. [--'--]; Adj.>; '**Un·ent·schlos·sen·heit** <f.; -; unz.>
un·ent'schuld·bar <a. ['----]; Adj.>; '**un·ent·schul·digt** <Adj.> ~ in der Schule fehlen
un·ent'wegt <a. ['---]; Adj.> *unaufhörlich;* er kritisiert nie ~; ein paar Unentwegte warteten auf eine Zugabe
'**un·ent·wi·ckelt** <Adj.>
un·ent'wirr·bar <a. ['----]; Adj.> ~er Knoten
'**un·er·ach·tet** <Präp. m. Gen.; veralt.> *ungeachtet*
un·er'bitt·lich <a. ['----]; Adj.> *unnachgiebig;* ~ bleiben; **Un·er'bitt·lich·keit** <f.; -; unz.>
'**un·er·fah·ren** <Adj.>; '**Un·er·fah·ren·heit** <f.; -; unz.>
un·er'find·lich <a. ['----]; Adj.> *rätselhaft;* aus ~en Gründen
un·er'forsch·lich <a. ['----]; Adj.> *unergründlich*
'**un·er·freu·lich** <Adj.> eine ~e Mitteilung
un·er'füll·bar <a. ['----]; Adj.> ~e Wünsche; **Un·er'füll·bar·keit** <f.; -; unz.>
'**un·er·gie·big** <Adj.>; '**Un·er·gie·big·keit** <f.; -; unz.>
un·er'gründ·bar <a. ['----]; Adj.>; **Un·er'gründ·bar·keit** <f.; -; unz.>; **un·er'gründ·lich** <Adj.>; **Un·er'gründ·lich·keit** <f.; -; unz.>
'**un·er·heb·lich** <Adj.> *bedeutungslos;* ein ~er Schaden; '**Un·er·heb·lich·keit** <f.; -; unz.>
un·er'hört <a. ['---]; Adj.> **1** *nicht erhört;* sein Flehen blieb ~ **2** *empörend;* eine ~e Gemeinheit; ~ preiswert <verstärkend>
'**un·er·kannt** <Adj.>
un·er'klär·bar <a. ['----]; Adj.> ein ~es Phänomen; **Un·er'klär·bar·keit** <f.; -; unz.>; **un·er'klär·lich** <Adj.> *rätselhaft;* es ist mir ~, wie das passieren konnte
un·er'läss·lich <a. ['----]; Adj.> ~e Vorkenntnisse
'**un·er·laubt** <Adj.>; '**un·er·laub·ter·ma·ßen** <a. [----'--]; Adv.>
'**un·er·le·digt** <Adj.>
un·er'mess·lich <a. ['----]; Adj.> *unvorstellbar groß;* er ist ~ eingebildet; die Kosten stiegen ins Unermessliche; **Un·er'mess·lich·keit** <f.; -; unz.>
un·er'müd·lich <a. ['----]; Adj.> *ausdauernd;* ~er Fleiß; **Un·er'müd·lich·keit** <f.; -; unz.>
'**un·ernst** <Adj.>; '**Un·ernst** <m.; -es; unz.>
'**un·er·quick·lich** <Adj.> *unerfreulich;* eine ~e Unterhaltung
un·er'reich·bar <a. ['---]; Adj.>; **Un·er'reich·bar·keit** <f.; -; unz.>; '**un·er·reicht** <Adj.> ihre Leistungen blieben ~
un·er'sätt·lich <a. ['----]; Adj.> **1** *nicht zu befriedigen;* ~e Gier **2** *gierig, maßlos;* er ist einfach ~; **Un·er'sätt·lich·keit** <f.; -; unz.>
'**un·er·schlos·sen** <Adj.> eine ~e Region
un·er'schöpf·lich <a. ['----]; Adj.> ihr Vorrat an Witzen scheint ~ (zu sein); **Un·er'schöpf·lich·keit** <f.; -; unz.>
'**un·er·schro·cken** <Adj.> *kühn, mutig;* '**Un·er·schro·cken·heit** <f.; -; unz.>
un·er'schüt·ter·lich <a. ['-----]; Adj.> *nicht zu erschüttern, beherrscht;* ~es Vertrauen; **Un·er'schüt·ter·lich·keit** <f.; -; unz.>
un·er'schwing·lich <a. ['----]> **1** <Adj.> *unbezahlbar;* ~e Preise **2** <adv.> *allzu;* ~ teuer
un·er'setz·bar, un·er'setz·lich <a. ['----]; Adj.> ~er Verlust; **Un·er'setz·lich·keit** <f.; -; unz.>
'**un·er·sprieß·lich** <Adj.> *nutzlos;* eine ~e Diskussion
un·er'träg·lich <a. ['----]; Adj.>
'**un·er·wähnt** <Adj.> *meist in der Wendung* es soll nicht ~ bleiben
'**un·er·war·tet** <a. [--'--]; Adj.> ~er Besuch
'**un·er·wi·dert** <Adj.> ~e Gefühle
'**un·er·wünscht** <Adj.> Haustiere sind ~
'**un·er·zo·gen** <Adj.> *nicht gut erzogen;* '**Un·er·zo·gen·heit** <f.; -; unz.>
UNESCO <[-'---]; f.; -; unz.; ↗Z 56; Kurzw. für> *United Nations Educational Scientific and Cultural Organization*
'**un·fä·hig** <Adj.>; '**Un·fä·hig·keit** <f.; -; unz.>
'**un·fair** <[-'fɛːr]; Adj.> *regelwidrig;* ~ spielen; ~es Verhalten; '**Un·fair·ness** <f.; -; unz.>
'**Un·fall** <m.; -(e)s; -fälle> *Missgeschick od. Unglück, bei dem Schaden entsteht;* Auto~; Verkehrs~; einen ~ haben; '**Un·fall·arzt** <m.; -(e)s; -e> '**Un·fall·ärz·tin** <f.; -, -nen>; '**Un·fall·be·tei·lig·te(r)** <f. 2 (m. 1)>; '**Un·fall·chir·ur·gie**, <auch> '**Un·fall·chi·rur·gie** <[-çir-]; f.; -; unz.; ↗Z 54>; '**Un·fall·flucht** <f.; -; unz.>; '**un·fall·frei** <Adj.> ~es Fahren; '**Un·fall·ge·fahr** <f.; -, -en>; '**Un·fall·kran·ken·haus** <n.; -es, -er>; '**Un·fall·op·fer** <n.; -s, ->; '**Un·fall·ort** <m.; -(e)s, -e> am ~; '**Un·fall·sta·ti·on** <f.; -; -en; in Krankenhäusern>; '**Un·fall·tod** <m.; -(e)s; unz.; bes. im Versicherungsw.>; '**Un·fall·to·te(r)** <f. 2 (m. 1)>; '**un·fall·träch·tig** <Adj.> eine ~e Strecke; '**Un·fall·ver·si·che·rung** <f.; -, -en> *Personenversicherung gegen Schaden durch Unfall;* '**Un·fall·wa·gen** <m.; -s, -> **1** *Krankenwagen für Unfallopfer* **2** *Kfz, das in einen Unfall verwickelt ist;* '**Un·fall·zeu·ge** <m.; -n, -n>; '**Un·fall·zeu·gin** <f.; -, -nen>
un'fass·bar <a. ['---]; Adj.> ~es Leid
un'fehl·bar <a. ['---]; Adj.> *unzweifelhaft richtig;* mit ~em Instinkt; er hält sich für ~; **Un-**

'**fehl·bar·keit** <f.; -; unz.> ~ des Papstes

'**un·fein** <Adj.> ~e Manieren; '**Un·fein·heit** <f.; -; unz.>

'**un·fern** <Präp. m. Gen.> *nicht fern von;* ~ der Stadt

'**un·fer·tig** <Adj.> ein ~es Manuskript; '**Un·fer·tig·keit** <f.; -; unz.>

'**Un·flat** <m.; -(e)s; unz.> 1 *Unrat, Dreck* 2 <fig.> *Beschimpfungen;* '**un·flä·tig** <Adj.> *derb;* ~e Ausdrücke; jmdn. ~ beschimpfen; '**Un·flä·tig·keit** <f.; -; unz.>

'**un·flott** <Adj.; umg.; nur in der Wendung> nicht ~ *ziemlich flott*

'**un·folg·sam** <Adj.>; '**Un·folg·sam·keit** <f.; -; unz.>

'**un·för·mig** <Adj.> *groß u. proportionslos;* ~e Gestalt; '**Un·för·mig·keit** <f.; -; unz.>; '**un·förm·lich** <Adj.> *form-, zwanglos;* '**Un·förm·lich·keit** <f.; -; unz.>

'**un·fran·kiert** <Adj.> ~e Postkarte

'**un·frei** <Adj.> 1 *abhängig;* eine ~e Entscheidung 2 *unfrankiert;* einen Brief ~ schicken; '**Un·frei·heit** <f.; -; unz.> ein Leben in ~; '**un·frei·wil·lig** <Adj.> 1 *gezwungen* 2 *unbeabsichtigt;* ein ~es Bad nehmen <scherzh.>

'**un·freund·lich** <Adj.> 1 *nicht freundlich, grob;* ein ~er Empfang 2 *unschön;* ~es Wetter; '**Un·freund·lich·keit** <f.; -, -en>

'**Un·frie·de** <n.; -ns; unz.>, '**Un·frie·den** <m.; -s; unz.> *Zwist;* ~ stiften

'**un·fri·siert** <Adj.> 1 *nicht frisiert* 2 <fig.> *unverfälscht;* ein ~er Bericht

'**un·froh** <Adj.>

'**un·fromm** <Adj.>

'**un·frucht·bar** <Adj.> 1 <Landw.> ~er Boden 2 <Biol.> *nicht fortpflanzungsfähig* 3 <fig.> *erfolglos;* ~e Bemühungen; '**Un·frucht·bar·keit** <f.; -; unz.>; '**Un·frucht·bar·ma·chung** <f.; -, -en; Med.> *Sterilisation*

'**Un·fug** <m.; -(e)s; unz.> *Unsinn;* mach keinen ~!

'**un·ga·lant** <Adj.>

'**un·gang·bar** <Adj.> *nicht begehbar*

'**Un·gar** <m.; -n, -n> *Einwohner von Ungarn;* Sy *Magyar, Madjar;* '**Un·ga·rin** <f.; -, -nen>; '**un·ga·risch** <Adj.> ~e Sprache; <aber> das Ungarische; '**Un·garn** *Staat in Mitteleuropa;* Republik ~

'**un·gast·lich** <Adj.>; '**Un·gast·lich·keit** <f.; -; unz.>

'**un·ge·ach·tet** <a. [--'--]; Präp. m. Gen.> *ohne zu berücksichtigen;* ~ ihres Fleißes wurde sie nie gelobt; dessen ~ <od.> ~ dessen *ohne Rücksicht darauf*

'**un·ge·ahnt** <a. [--'-]; Adj.> *nicht erahnbar;* ~e Möglichkeiten

'**un·ge·bär·dig** <Adj.; geh.> *wild, ungezügelt;* ein ~es Kind; '**Un·ge·bär·dig·keit** <f.; -; unz.>

'**un·ge·be·ten** <Adj.> ~er Gast *ungeladener, unerwünschter G.*

'**un·ge·beugt** <Adj.> 1 *aufrecht, standhaft;* trotz aller Angriffe ~ 2 <Gramm.> *undekliniert*

'**un·ge·bil·det** <Adj.>

'**un·ge·bleicht** <Adj.>

'**un·ge·bo·ren** <Adj.> *noch nicht geboren;* ~es Leben

'**un·ge·brannt** <Adj.>

'**un·ge·bräuch·lich** <Adj.> *unüblich;* ein ~es Wort; '**un·ge·braucht** <Adj.> *unbenutzt;* ein ~er Lappen

'**un·ge·bro·chen** <Adj.; fig.> ~er Stolz

'**Un·ge·bühr** <f.; -; unz.; veralt.> 1 *Ungerechtigkeit* 2 *Ungehörigkeit;* '**un·ge·bühr·lich** <Adj.> ~es Verhalten

'**un·ge·bun·den** <Adj.> 1 *nicht gebunden;* sie ist noch ~ *ledig;* ~e Bücher *B. ohne festen Einband* 2 <Chem.> ein Element ist ~ *nicht Teil einer chem. Verbindung;* '**Un·ge·bun·den·heit** <f.; -; unz.>

'**un·ge·deckt** <Adj.> 1 ~er Scheck 2 ~er Tisch

'**un·ge·dient** <Adj.; Mil.> ~er Soldat

'**Un·ge·duld** <f.; -; unz.> *fehlende Geduld;* '**un·ge·dul·dig** <Adj.>

'**un·ge·eig·net** <Adj.>

'**un·ge·fähr** <a. [--'-]; Partikel> *etwa, rund;* sie ist ~ 40 Jahre alt; ~ die Hälfte

'**un·ge·fähr·det** <a. [--'--]; Adj.>; '**un·ge·fähr·lich** <Adj.>; '**Un·ge·fähr·lich·keit** <f.; -; unz.>

'**un·ge·fäl·lig** <Adj.>; '**Un·ge·fäl·lig·keit** <f.; -; unz.>

'**un·ge·fes·tigt** <Adj.>

'**un·ge·fragt** <Adv.> ~ dazwischenreden

'**un·ge·früh·stückt** <Adv.; umg.; scherzh.>

'**un·ge·fü·ge** <Adj.> *unförmig*

'**un·ge·ges·sen** <Adv.; umg.; scherzh.> *ohne gegessen zu haben*

'**un·ge·hal·ten** <Adj.> *verärgert, unwillig;* über etwas ~ sein; '**Un·ge·hal·ten·heit** <f.; -; unz.>

'**un·ge·heizt** <Adj.> ~e Räume

'**un·ge·hemmt** <Adj.>

'**un·ge·heu·er** <a. [--'--]; Adj.> 1 *sehr groß, gewaltig;* ungeheure Kraft; sich ins Ungeheure ausweiten 2 <adv.; verstärkend> *sehr, außerordentlich;* ~ stark; '**Un·ge·heu·er** <n.; -s, -> *wildes, hässliches Fabeltier;* **un·ge'heu·er·lich** <a. ['-----]; Adj.> *skandalös;* sein Benehmen war ~; **Un·ge'heu·er·lich·keit** <f.; -, -en>

'**un·ge·hin·dert** <Adj.>

'**un·ge·ho·belt** <Adj.; fig.> *grob;* ein ~er Kerl

'**un·ge·hö·rig** <Adj.> *ungebührlich, frech;* ~es Verhalten; '**Un·ge·hö·rig·keit** <f.; -, -en>

'**un·ge·hor·sam** <Adj.>; '**Un·ge·hor·sam** <m.; -s; unz.>

'**un·ge·hört** <Adj.>

'**Un·geist** <m.; -es; unz.> *geistloses Wesen;* '**un·geis·tig** <Adj.>

'**un·ge·kämmt** <Adj.>

'**un·ge·klärt** <Adj.> ein ~es Problem

'**un·ge·krönt** <Adj.> ~er Meister

'**un·ge·kün·digt** <Adj.>

'**un·ge·küns·telt** <Adj.>

'**un·ge·kürzt** <Adj.>

'**Un·geld** <n.; -(e)s, -er; MA>

'**un·ge·le·gen** <Adj.> komme ich ~?; '**Un·ge·le·gen·heit** <f.; -, -en; meist Pl.> jmdm. ~en bereiten; '**un·ge·legt** <Adj.> über ~e Eier sprechen <fig.; umg.; scherzh.> *über Dinge, die noch nicht aktuell sind*

'**un·ge·leh·rig** <Adj.>; '**un·ge·lehrt** <Adj.>

'**un·ge·lenk, 'un·ge·len·kig** <Adj.> *nicht gelenkig, steif;* ~e Glieder

'**un·ge·lernt** <Adj.; umg.; nur in der Wendung> ~er Arbeiter *Hilfsarbeiter*

'**un·ge·le·sen** <Adj.> ein Buch ~ zur Seite legen

'**un·ge·lo·gen** <Adv.; umg.> ich habe ~ eine Stunde gewartet

'un·ge·löscht <Adj.> ~er Kalk *gebrannter K. ohne Wasserzusatz*

'un·ge·löst <Adj.> **1** *ungeklärt;* ein ~es Rätsel **2** <Chem.> ~er Stoff

'Un·ge·mach <n.; -s; unz.> *fast nur noch poet.* **1** *Übel* **2** *Strapaze*

un·ge·mein¹ <a. ['---]; Adj.> *sehr groß;* ~e Schwierigkeiten

un·ge·mein² <Partikel> *außerordentlich;* sie ist ~ begabt

'un·ge·mes·sen <a. [--'--]; Adj.; fig.; selten> *unermesslich*

'un·ge·min·dert <Adj.> mit ~er Härte

'un·ge·müt·lich <Adj.>; **'Un·ge·müt·lich·keit** <f.; -; unz.>

'un·ge·nannt <Adj.> ~ bleiben

'un·ge·nau <Adj.>; **'Un·ge·nau·ig·keit** <f.; -, -en>

'un·ge·niert <[-ʒe-]; a. [--'-]; Adj.> etwas ~ sagen; **'Un·ge·niert·heit** <f.; -; unz.>

un·ge·'nieß·bar <a. ['----]; Adj.> ~es Essen; sie ist heute ~ <fig.; umg.> *schlecht gelaunt;* **Un·ge·'nieß·bar·keit** <f.; -; unz.>

'Un·ge·nü·gen <n.; -s; unz.; geh.> *unzureichende Leistung;* **'un·ge·nü·gend** <Adj.; ⁄Z 42> *mangelhaft;* eine ~e Leistung; ein Ungenügend (als Note) bekommen

'un·ge·nutzt, 'un·ge·nützt <Adj.> eine Gelegenheit ~ verstreichen lassen

'un·ge·ord·net <Adj.>

'un·ge·pflegt <Adj.; -er, am -es·ten> ~es Aussehen; **'Un·ge·pflegt·heit** <f.; -; unz.>

'un·ge·prüft <Adj.>

'un·ge·rächt <Adj.; poet.>

'un·ge·ra·de <Adj.; Math.> *nicht ohne Rest durch 2 teilbar;* ~e Zahl; oV *ungrade*

'un·ge·ra·ten <Adj.> *unerzogen;* eine ~e Tochter

'un·ge·rech·net <Adj.> *nicht mitgerechnet;* die Miete beträgt, Heizkosten ~, 500 Euro

'un·ge·recht <Adj.; -er, am -es·ten>; **'un·ge·recht·fer·tigt** <Adj.>; **'Un·ge·rech·tig·keit** <f.; -; unz.>

'un·ge·re·gelt <Adj.> ein ~es Leben

'un·ge·reimt <Adj.> **1** *nicht gereimt;* ein ~es Gedicht **2** <fig.> *verworren;* eine ~e Erzählung;

'Un·ge·reimt·heit <f.; -, -en; fig.>

'un·gern <Adv.>

'un·ge·rührt <Adj.> er blieb ~ von ihrem Kummer; **'Un·ge·rührt·heit** <f.; -; unz.>

'un·ge·rupft <Adj.; fig.; umg.> *ohne Schaden;* ~ davonkommen

'un·ge·sagt <Adj.> ~ bleiben

'un·ge·sal·zen <Adj.>

'un·ge·sat·telt <Adj.>

'un·ge·sät·tigt <Adj.> **1** *nicht satt* **2** <Chem.> *nicht gesättigt;* ~e Lösungen; ~e Verbindungen

'un·ge·säu·ert <Adj.> ~es Brot

'un·ge·säumt <Adj.> *ohne Saum*

'un·ge·sche·hen <Adj.> etwas ~ machen wollen

'un·ge·scheut <Adj.; meist adv.> etwas ~ sagen

'Un·ge·schick <n.; -s; unz.>; **'Un·ge·schick·lich·keit** <f.; -, -en>; **'un·ge·schickt** <Adj.; -er, am -es·ten> **1** *linkisch;* sich ~ anstellen **2** <fig.> *unbeholfen, unklug;* eine ~e Formulierung

'un·ge·schlacht <Adj.; abwertend> *grobschlächtig*

'un·ge·schlecht·lich <Adj.> ~e Fortpflanzung

'un·ge·schlif·fen <Adj.> **1** ~er Diamant **2** <fig.> *ohne Manieren;* **'Un·ge·schlif·fen·heit** <f.; -; unz.>

un·ge·'schmä·lert <a. ['----]; Adj.> ihr Erfolg soll ~ bleiben

'un·ge·schminkt <Adj.> **1** *ohne Make-up* **2** <fig.> *nicht beschönigt;* die ~e Wahrheit

'un·ge·scho·ren <Adj.> ~ davonkommen <fig.> *unbestraft*

'un·ge·schrie·ben <Adj.> ein ~es Gesetz

'un·ge·schützt <Adj.>

'un·ge·schwächt <Adj.>

'un·ge·se·hen <Adj.> sie gelangte ~ aus dem Haus

'un·ge·sel·lig <Adj.>; **'Un·ge·sel·lig·keit** <f.; -; unz.>

'un·ge·setz·lich <Adj.> *illegal;* **'Un·ge·setz·lich·keit** <f.; -; unz.>

'un·ge·sit·tet <Adj.>

'un·ge·stalt <Adj.; veralt.> *missgestaltet;* **'Un·ge·stalt** <f.; -; unz.>; **'un·ge·stal·tet** <Adj.> *nicht gestaltet*

'un·ge·stem·pelt <Adj.>

'un·ge·stillt <Adj.> ~er Tatendrang

'un·ge·stört <a. [--'-]; Adj.>

'un·ge·straft <Adj.> ~ davonkommen

'un·ge·stüm <Adj.> *vehement u. schnell;* jmdn. ~ umarmen; **'Un·ge·stüm** <n.; -(e)s; unz.> mit ~

'un·ge·sühnt <Adj.> ein ~es Verbrechen

'un·ge·sund <Adj.>

'un·ge·süßt <Adj.> eine ~e Speise

'un·ge·tan <Adj.> etwas ~ lassen

'un·ge·teilt <Adj.> mit ~er Aufmerksamkeit

'un·ge·treu <Adj.; poet.> *unredlich*

'un·ge·trübt <Adj.> **1** *klar;* ~e Lösung **2** <fig.> *ungeschmälert;* ~es Glück

'Un·ge·tüm <n.; -(e)s, -e> **1** *Ungeheuer* **2** *übermäßig großer Gegenstand;* dieses ~ von Tisch passt nicht

'un·ge·übt <Adj.>

'un·ge·wandt <Adj.; -er, am -es·ten>; **'Un·ge·wandt·heit** <f.; -; unz.>

'un·ge·wa·schen <Adj.>

'un·ge·wiss <Adj.; ⁄Z 43> *unsicher;* das ist ~; ein Sprung ins Ungewisse; jmdn. im Ungewissen lassen; **'Un·ge·wiss·heit** <f.; -; unz.>

'un·ge·wöhn·lich¹ <Adj.> *nicht gewöhnlich;* ~e Härte; ein ~er Ausdruck; **'un·ge·wöhn·lich²** <Partikel; verstärkend> *sehr;* Tommi ist eine ~ gute Köchin; **'Un·ge·wöhn·lich·keit** <f.; -; unz.>; **'un·ge·wohnt** <Adj.> mit ~er Strenge

'un·ge·wollt <Adj.>

'un·ge·zählt <Adj.> **1** *unzählig;* ich habe ~e Bücher darüber gelesen; Ungezählte strömten zu dem Konzert **2** <adv.> *ohne nachzuzählen;* sie steckte das Geld ~ in die Tasche

'un·ge·zähmt <Adj.>

'Un·ge·zie·fer <n.; -s; unz.> *tierische Schädlinge*

'un·ge·zo·gen <Adj.> *unartig;* ein ~es Kind; **'Un·ge·zo·gen·heit** <f.; -, -en>

'un·ge·zu·ckert <Adj.> ~er Tee

'un·ge·zü·gelt <Adj.>

'un·ge·zwun·gen <Adj.; fig.> *natürlich;* sich ~ unterhalten; **'Un·ge·zwun·gen·heit** <f.; -; unz.>

un·ghe're·se <Mus.> *ungarisch* [ital.]

'un·gif·tig <Adj.>
'Un·glau·be <m.; -ns; unz.> *mangelnder Glaube*; **'un·glaub·haft** <Adj.> *eine ~e Entschuldigung*; **'un·gläu·big** <Adj.> 1 <Rel.> *atheistisch*; *die Ungläubigen* <Islam> *die Nichtmoslems* 2 *zweifelnd*; *sie sah ihn ~ an*; **'un·gläu·big·keit** <f.; -; unz.>; **un·glaub·lich** <a. ['---]; Adj.> *eine ~e Erzählung*; *eine ~e Unverschämtheit*; **'un·glaub·wür·dig** <Adj.> *ein ~er Zeuge*; **'Un·glaub·wür·dig·keit** <f.; -; unz.>
'un·gleich <Adj.> 1 *nicht gleich, verschieden; ~ aussehen; ~ verteilt* 2 <adv.; umg.> *verstärkend weitaus; ~ günstiger*; **'un·gleich·ar·tig** <Adj.>; **'Un·gleich·flüg·ler** <m.; -s, -; Zool.>; **'Un·gleich·heit** <f.; -, -en>; **'un·gleich·mä·ßig** <Adj.> *~ verteilt*; **'Un·gleich·mä·ßig·keit** <f.; -, -en>; **'un·gleich·na·mig** <Adj.; Math.> *~e Brüche*; **'un·gleich·sei·tig** <Adj.; Geom.> *~e Dreiecke*; **'Un·glei·chung** <f.; -, -en; Math.> *Beziehung zwischen Größen, die nicht gleich sind*
'Un·glimpf <m.; -(e)s; unz.>
'Un·glück <n.; -(e)s, -e> 1 *unheilvolles Ereignis*; *Verkehrs~*; *von einem ~ ereilt werden* 2 <unz.; fig.> *Pech*; *er wird vom ~ verfolgt*; *ein Häufgen ~*; *Ggs Glück*; **'un·glück·lich** <Adj.> *traurig*; *~ über eine Niederlage sein*; *ein ~er Zufall*; *~ verliebt sein*; **un·glück·li·cher'wei·se** <Adv.>; **'un·glück·se·lig** <Adj.> *ein ~es Ereignis*; **'Un·glücks·fall** <m.; -(e)s, ⸚e>; **'Un·glücks·mensch** <m.; -en, -en; umg.> *Pechvogel*; **'Un·glücks·ra·be** <m.; -n, -n; fig.> *Pechvogel*
'Un·gna·de <f.; -; unz.> *bei jmdm. in ~ fallen jmds. Gunst verlieren*; **'un·gnä·dig** <Adj.> *gereizt; ~ auf eine Bitte reagieren*; **'Un·gnä·dig·keit** <f.; -; unz.>
'un·gra·de <Adj.; Math.; umg.> = *ungerade*
Un·gu'en·tum <n.; -s, -ta; Pharm.> *Salbe* [lat.]
Un·gu'lat <m.; -en, -en; Zool.> *Huftier* [lat.]
'un·gül·tig <Adj.> *etwas für ~ erklären*; **'Un·gül·tig·keit** <f.; -; unz.>
'Un·gunst <f.; -; unz.; ⤢Z19.2> *zu*

jmds. *~en zu jmds. Nachteil*; *eine Entscheidung zu seinen ~en*; *zu ~en*, <auch> → *zuungunsten*; **'un·güns·tig** <Adj.> *~e Bedingungen*
'un·gut <Adj.> 1 *nicht gut*; *ein ~es Gefühl haben* 2 <in der Wendung> *nichts für ~ nehmen Sie es mir nicht übel*
un'halt·bar <a. ['---]; Adj.> *~e Zustände*; *eine ~e Theorie*; **Un'halt·bar·keit** <f.; -; unz.>
'un·hand·lich <Adj.>; **'Un·hand·lich·keit** <f.; -; unz.>
'un·har·mo·nisch <Adj.>
'Un·heil <n.; -(e)s; unz.; ⤢Z29> *schreckliches Geschehen*; *~ stiften*; *eine ~ (ver)kündende Botschaft* <geh.>; *~ bringender Krieg*; <aber> → *unheildrohend*, → *unheilvoll*; **'un·heil·bar** <a. ['---]; Adj.> *er ist ~ krank*; **'un·heil·dro·hend** <Adj.> *Unheil ankündigend*; *ein ~es Omen*; **'un·heil·schwan·ger** <Adj.>; **'un·heil·voll** <Adj.; geh.> *Unheil bringend*
'un·heim·lich <a. ['-'-]; Adj.> 1 *Unbehagen erregend, nicht geheuer*; *ein ~er Ort* 2 <adv.; umg.> *sehr*; *sie ist ~ reich*
'un·his·to·risch <Adj.>
'un·höf·lich <Adj.>; **'Un·höf·lich·keit** <f.; -; unz.>
'Un·hold <m.; -(e)s, -e> 1 *Ungeheuer* 2 *widerwärtiger Mensch*
'un·hör·bar <a. [-'--]; Adj.>
'un·hy·gi·e·nisch <Adj.>
u·ni <['y'ni]; a. ['-'-]; Adj.; undekl.> *einfarbig*; *ein ~ gefärbter Rock* [frz.]
'U·ni <f.; -, -s> kurz für *Universität*
'UNICEF <f.; -; unz.; ⤢Z56> Kurzw. für engl.> *United Nations International Children's Emergency Fund*
UNIDO <f.; -; unz.; ⤢Z56> Kurzw. für engl.> *United Nations Industrial Development Organization*
u'nie·ren <V. t.> *vereinigen*; *Unierte Kirchen mit der kath. Kirche verbundene Ostkirchen* [lat.]; **U'nier·te(r)** <f. 2 (m. 1)>
u·ni·far·ben, u·ni·far·big <['y'ni] a. ['----]; Adj.> *ein ~es Kleid*
U·ni·fi·ka·ti'on <f.; -, -en> [lat.]; **u·ni·fi'zie·ren** <V. t.> *vereinigen*; **U·ni·fi'zie·rung** <f.; -, -en>

u·ni'form <Adj.> *einheitlich, gleichförmig*; **U·ni'form** <a. ['---]; f.; -, -en> *einheitl. Dienstkleidung*; *Soldaten~*; *Ggs Zivil(kleidung)* [lat.-frz.]; **u·ni·for'mie·ren** <V. t.> 1 *mit Uniform bekleiden* 2 <fig.> *vereinheitlichen*; **U·ni·for'mis·mus** <m.; -; unz.> *Streben nach Gleichförmigkeit*; **U·ni·for'mist** <m.; -en, -en>; **U·ni·for'mis·tin** <f.; -, -n·nen>; **U·ni·for·mi'tät** <f.; -; unz.>; **U·ni'form·ja·cke** <f.; -, -n>
U·ni'kat <n.; -(e)s, -e> *einzige Ausfertigung*; *diese Urkunde ist ein ~* [lat.]; **'U·ni·kum** <n.; -s, -ka od. -s> 1 <Pl. -ka> *etwas Einmaliges* 2 <Pl. -ka> *Einzelstück* 3 <Pl. meist -s; fig.> *Sonderling*
u·ni·la·te'ral <Adj.> *einseitig* [lat.]
'un·in·for'miert <Adj.> *er ist politisch ~*
'un·in·ter·es·sant, <auch> **'un·in·te·res'sant** <Adj.; ⤢Z54> *ein ~es Thema*; **'un·in·ter·es·siert** <Adj.> *an etwas ~ sein*
U·ni'on <f.; -, -en> *Vereinigung, Zusammenschluss*; *Europäische ~* <Abk.: EU>; *Christlich-Demokratische ~ (Deutschlands)* <Abk.: CDU>; **U·ni·o'nist** <m.; -en, -en> *Anhänger einer Union*; **U·ni·o'nis·tin** <f.; -, -n·nen>; **U·ni·on Jack** <['ju:njən 'dʒæk]; m.; --s, --s> *volkstüml. Bez. für die brit. Nationalflagge*; **U·ni'ons·kir·che** <f.; -; unz.> *aus der preußischen Union 1817 hervorgegangene Kirche*; **U·ni'ons·par·tei·en** <Pl.; Bez. für> *CDU u. CSU*; **U·ni'ons·po·li·ti·ker** <m.; -s, ->; **U·ni'ons·po·li·ti·ke·rin** <f.; -, -n·nen>
u·ni·pe'tal <Adj.; Bot.> *einblättrig* [lat.; grch.]
u·ni·po'lar <Adj.; El.> *einpolig* [lat.]
'U·ni·sex <a. ['ju:ni-]; m.; - od. -es; unz.> *Vereinheitlichung des männl. u. weibl. Erscheinungsbildes* [engl.]; **'u·ni·se·xu·ell** <Adj.>
u·ni'so·no <Adv.; Mus.> *einstimmig od. in Oktaven* [ital.]; **U·ni'so·no** <n.; - od. -s, -s od. -ni; Mus.>
u·ni'tär <Adj.> *Einigung erstre-*

bend; eine ~e Bewegung [lat.];
U·ni·ta·ri·er ‹m.; -s, -; Ev.› *Anhänger einer protestant. Gruppe, die die Dreifaltigkeit ablehnt;* **U·ni·ta·ri·e·rin** ‹f.; -, -n·nen; Ev.›; **u·ni·ta·risch** ‹Adj.› = *unitär;* **U·ni·ta·ri·sie·rung** ‹f.; -; unz.› **U·ni·ta·rismus** ‹m.; -; unz.› *Bestreben, die Zentralgewalt auf Kosten der Souveränität der Gliedstaaten zu festigen; Ggs Föderalismus;* **U·ni·ta·ris·tin** ‹f.; -, -en, -en›; **u·ni·ta·ris·tisch** ‹Adj.›; **U·ni·tät** ‹f.; -; unz.› *Einheit*

U·ni·ted Na·tions ‹[ju'naitid 'nɛiʃənz]; Pl.; Abk.: UN› *Vereinte Nationen,* ‹kurz für› *United Nations Organization* [engl.]; **U·ni·ted 'Na·tions Or·ga·ni·zation** ‹[- ɔ:(r)gənai'zeiʃən]; f.; ---; unz.; Kurzw: UNO, United Nations› *Organisation der Vereinten Nationen seit 1945 zur Erhaltung des Weltfriedens;* **U·ni·ted 'Press In·ter·na·tio·nal** ‹[- 'prɛs intər'næʃənəl]; f.; ---; unz.; Abk.: UPI› *US-amerikan. Nachrichtendienst*

u·ni·va'lent ‹[-va-]; Adj.; Chem.› *einwertig* [lat.]

U·ni·ver'bie·rung ‹[-vɛr-]; f.; -, -en; Sprachw.› *Zusammenwachsen von Wörtern* [lat.]

u·ni·ver'sal ‹[-vɛr-]; Adj.› *gesamt, umfassend; ~es Wissen* [lat.]; **U·ni·ver'sal·emp·fän·ger** ‹m.; -s, -›; **U·ni·ver'sal·empfän·ge·rin** ‹f.; -, -n·nen›; **U·niver'sal·er·be** ‹m.; -n, -n› *Alleinerbe;* **U·ni·ver'sal·er·bin** ‹f.; -, -n·nen›; **U·ni·ver'sal·ge·lenk** ‹n.; -(e)s, -e Anat.›; **U·ni·ver'sal·ge·nie** ‹[-ʒəni:]; n.; -s, -s›; **U·ni·ver'sal·ge·schich·te** ‹f.; -; unz.› *Weltgeschichte;* **U·ni·ver'sa·li·en** ‹Pl.› *allgemein gültige Begriffe;* **U·ni·ver·sa'lis·mus** ‹m.; -; unz.›; **U·ni·ver·sa·li'tät** ‹f.; -; unz.› *Allseitigkeit, umfassende Bildung;* **U·ni·ver'sal·mittel** ‹n.; -s, -› *Allheilmittel;* **U·ni·ver'sal·spen·der** ‹m.; -s, -›; **U·ni·ver'sal·spen·de·rin** ‹f.; -, -n·nen›; **u·ni·ver'sell** ‹Adj.› = *universal*

U·ni·ver·si'a·de ‹[-vɛr-]; f.; -, -n› *Studentenwettkämpfe;* **u·ni·versi'tär** ‹Adj.›; **U·ni·ver·si'tät** ‹f.;

-, -en; Kurzw.: Uni› *Hochschule, Lehr- u. Forschungsstätte; die ~ besuchen; an der ~ lehren* [lat.]; **U·ni·ver·si'täts·bi·bliothek,** ‹auch› **U·ni·ver·si'tätsbib·li·o·thek** ‹f.; -, -en; ↗Z53›; **U·ni·ver·si'täts·lauf·bahn** ‹f.; -; unz.› *die ~ einschlagen;* **U·niver·si'täts·pro·fes·sor** ‹m.; -s, -en›; **U·ni·ver·si'täts·pro·fesso·rin** ‹f.; -, -n·nen; ↗Z38›; **U·ni·ver·si'täts·stu·di·um** ‹n.; -s, -di·en›; **U·ni·ver·si'täts·wesen** ‹n.; -s; unz.›

U·ni·ver·sum ‹[-'vɛr-]; n.; -s; unz.› *Weltall* [lat.]

u·ni·vok ‹[-'vo:k]; Adj.; geh.› *einstimmig* [lat.]; **U·ni·vo·zi'tät** ‹[-vo-]; f.; -; unz.; geh.›

UNIX ‹['ju:niks]; ↗Z56; EDV; Warenz.› *ein Betriebssystem für Computer* [engl.]

'un·ka·me·rad·schaft·lich ‹Adj.›; **'Un·ka·me·rad·schaft·lich·keit** ‹f.; -; unz.›

'Un·ke ‹f.; -, -n; Zool.› *ein Froschlurch;* **'un·ken** ‹V. i.; umg.› *Unglück vorhersagen*

'un·kennt·lich ‹Adj.› *nicht erkennbar;* **'Un·kennt·lich·keit** ‹f.; -; unz.› *bis zur ~ entstellt sein;* **'Un·kennt·nis** ‹f.; -; unz.› *jmdn. in ~ über etwas lassen*

'Un·ken·ruf ‹m.; -(e)s, -e› 1 *Ruf der Unke* 2 ‹fig.› *übertrieben schwarzseherische Aussage*

'un·keusch ‹Adj.; veralt.›; **'Unkeusch·heit** ‹f.; -; unz.; veralt.›

'un·kind·lich ‹Adj.› *frühreif;* **'Un·kind·lich·keit** ‹f.; -; unz.›

'un·kirch·lich ‹Adj.›

'un·klar ‹Adj.; ↗Z43› 1 *undeutlich; eine ~e Aussage; das ist mir ~; im Unklaren sein, bleiben, lassen* 2 *trübe; ~e Lösungen;* **'Un·klar·heit** ‹f.; -, -en›

'un·klug ‹Adj.› *ungeschickt, unbesonnen; eine ~e Äußerung;* **'Un·klug·heit** ‹f.; -, -en›

'un·kol·le·gi·al ‹Adj.› *sich ~ verhalten;* **'Un·kol·le·gi·a·li·tät** ‹f.; -; unz.›

'un·kom·pli·ziert, ‹auch› **'unkomp·li·ziert** ‹Adj.; -er, am -es·ten; ↗Z53› *~es Wesen*

'un·kon·trol·lier·bar, ‹auch› **'unkont·rol·lier·bar** ‹a. [---'--]; Adj.; ↗Z53›; **'un·kon·trol·liert** ‹Adj.›

'un·kon·ven·ti·o·nell ‹[-vɛn-]; Adj.› *~e Kleidung*

'un·kor·rekt ‹Adj.›; **'Un·kor·rektheit** ‹f.; -, -en›

'Un·kos·ten ‹Pl.› *Kosten, Ausgaben; die ~ tragen; sich in ~ stürzen* ‹umg.›; **'Un·kos·ten·beitrag** ‹m.; -(e)s, ̈-e› *allgemeiner Beitrag zu den Unkosten; der ~ für den Ausflug beträgt 20 Euro*

'Un·kraut ‹n.; -(e)s, ̈-er› *als störend betrachtete Pflanze; ~ jäten; ~ vergeht nicht ‹Sprichw.›*

'un·kri·tisch ‹Adj.› *ein ~es Urteil*

Unk·ti'on ‹f.; -, -en; Med.› *Einreibung* [lat.]

'un·kul·ti·viert ‹[-v-]; Adj.; -er, am -es·ten› 1 *nicht bebaut; ~er Boden* 2 ‹fig.› *roh;* **'Un·kul·tur** ‹f.; -; unz.›

'un·künd·bar ‹a. [-'--]; Adj.› *ein ~er Arbeitsplatz;* **'Un·künd·barkeit** ‹f.; -; unz.›

'un·kun·dig ‹Adj.; mit Gen.› *des Schreibens ~ sein*

'Un·land ‹n.; -(e)s; unz.; Landw.› *nicht kultivierbares Land*

'un·längst ‹Adv.› *kürzlich; ich habe ihn ~ getroffen*

'un·lau·ter ‹Adj.› *nicht ehrlich; ~er Wettbewerb*

'un·leid·lich ‹Adj.› *schlecht gelaunt*

'un·le·ser·lich ‹Adj.› *~ schreiben;* **'Un·le·ser·lich·keit** ‹f.; -; unz.›

un'leug·bar ‹a. ['---]; Adj.› *unbestreitbar; ~e Tatsachen*

'un·lieb ‹Adj.; präd.› *nicht lieb, ungelegen; der Vorschlag ist mir nicht ~;* **'un·lie·bens·wür·dig** ‹Adj.›; **'un·lieb·sam** ‹Adj.› *unangenehm; ~ auffallen;* **'Unlieb·sam·keit** ‹f.; -, -en›

'un·li·mi·tiert ‹Adj.› *unbeschränkt*

'un·li·niert ‹Adj.› *~es Papier*

'Un·lo·gik ‹f.; -; unz.› *Mangel an Logik;* **'un·lo·gisch** ‹Adj.› *eine ~e Schlussfolgerung*

un'lös·bar ‹a. ['---]; Adj.› 1 *unentwirrbar; ein ~er Knoten* 2 *nicht lösbar; ~e Probleme;* **Un'lös·bar·keit** ‹a. ['----]; f.; -; unz.›; **'un·lös·lich** ‹Adj.; Chem.› *ein ~er Stoff*

'Un·lust ‹f.; -; unz.› *Mangel an Lust, Widerwille; ~ empfinden; seine ~ überwinden;* **'Un·lustge·fühl** ‹n.; -s, -e›; **'un·lus·tig**

<Adj.> *widerwillig;* ~ an eine Arbeit herangehen

'un·ma·nier·lich <Adj.> sich ~ benehmen

'un·männ·lich <Adj.> ~es Auftreten; **'Un·männ·lich·keit** <f.; -; unz.>

'Un·maß <n.; -es; unz.> = *Übermaß;* **'un·maß·geb·lich** <a. [--'--]; Adj.> *nicht maßgeblich; seine Meinung ist ~;* **'un·mä·ßig** <Adj.> *maßlos;* **'Un·mä·ßig·keit** <f.; -; unz.>

'Un·men·ge <f.; -, -n> *übergroße Menge;* eine ~ von Informationen

'Un·mensch <m.; -en, -en> er ist ja kein ~ <umg.>; **'un·mensch·lich** <a. [-'--]; Adj.> 1 *grausam* 2 <adv.; fig.; umg.> *ungeheuer;* es ist ~ heiß; **'Un·mensch·lich·keit** <f.; -; unz.>

un'merk·bar <a. ['---]>, **un'merk·lich** <Adj.> eine ~e Veränderung

'un·mess·bar <a. [-'--]; Adj.> ein ~er Anstieg

'un·me·tho·disch <Adj.> ~ vorgehen

'un·miss·ver·ständ·lich <a. [----'--]; Adj.> ein ~er Befehl

'un·mit·tel·bar <Adj.> 1 <adv.> *ohne Umweg, direkt;* sich ~ an den Vorgesetzten wenden 2 *ohne örtl. od. zeitl. Abstand;* in ~er Nähe; ~ danach, davor; **'Un·mit·tel·bar·keit** <f.; -; unz.>

'un·mö·bliert, <auch> **'un·möb·liert** <Adj.; ↗Z53> ein ~es Zimmer

'un·mo·de·riert <Adj.> *nicht geordnet, nicht ausgewählt*

'un·mo·dern <Adj.> ~e Ansichten; **'un·mo·disch** <Adj.> ~ gekleidet sein

'un·mög·lich <a. [-'--]; Adj.> 1 <↗Z42> *nicht möglich;* ein ~es Vorhaben; das Unmögliche möglich machen; Unmögliches wollen 2 <umg.> *äußerst unpassend;* ~e Schuhe; jmdn. ~ machen *blamieren* 3 <adv.> *keinesfalls;* das kann ~ stimmen; **'Un·mög·lich·keit** <f.; -; unz.>

'Un·mo·ral <f.; -; unz.> *Mangel an Moral;* **'un·mo·ra·lisch** <Adj.> ~ handeln

'un·mo·ti·viert <[-v-]; Adj.> ein ~er Wutausbruch

'un·mün·dig <Adj.>; **'Un·mün·dig·keit** <f.; -; unz.>

'un·mu·si·ka·lisch <Adj.>

'Un·mut <m.; -(e)s; unz.> *Ärger;* ~ äußern; **'un·mu·tig** <Adj.>

'un·nach·ahm·lich <a. [--'--]; Adj.> *nicht nachzuahmen;* sein Stil ist ~

'un·nach·gie·big <Adj.> 1 *nicht elastisch* 2 <Adj.; fig.> *unerbittlich;* ~ bleiben; **'Un·nach·gie·big·keit** <f.; -; unz.>

'un·nach·sich·tig <Adj.>; **'Un·nach·sich·tig·keit** <f.; -; unz.>

un'nah·bar <a. ['---]; Adj.> *distanziert, unzugänglich;* ~ wirken; **Un'nah·bar·keit** <f.; -; unz.>

'Un·na·tur <f.; -; unz.> *Unnatürlichkeit;* **'un·na·tür·lich** <Adj.> 1 *nicht natürlich;* sie ist ~ blass 2 *gekünstelt;* sich ~ benehmen; **'Un·na·tür·lich·keit** <f.; -; unz.>

un'nenn·bar <a. ['---]; Adj.> *unsagbar;* ~e Qual

'un·nor·mal <Adj.>

'un·no·tiert <Adj.> *nicht amtlich notiert;* ~e Wertpapiere

'un·nö·tig <Adj.> ~e Vorkehrungen; **un·nö·ti·ger'wei·se** <Adv.>

'un·nütz <Adj.> 1 <↗Z42> *unnötig, nutzlos;* seine Zeit ~ verbringen; etwas Unnützes tun 2 <abwertend> *nichtsnutzig;* **un·nüt·zer'wei·se** <Adv.>; **'un·nütz·lich** <Adj.>

'U·no, 'UNO <f.; -; unz.; ↗Z56; Kurzw. für> *United Nations Organization;* → a. *UN, VN*

'un·ö·ko·no·misch <Adj.; ↗Z55>

'un·or·dent·lich <Adj.>; **'Un·or·dent·lich·keit** <f.; -; unz.>; **'Un·ord·nung** <f.; -; unz.> *Durcheinander;* in ~ geraten

'un·or·ga·nisch <Adj.>; **'un·or·ga·ni·siert** <Adj.> ~er Widerstand

'un·or·tho·dox <Adj.; fig.> eine ~e Vorgehensweise

'UNO-Si·cher·heits·rat <m.; -(e)s; unz.; ↗Z34> *Organ der UNO für Fragen der internationalen Sicherheit;* **'UNO-Sol·dat** <m.; -en, -en>

'un·paar <Adj.>; **'Un·paar·hu·fer** <m.; -s, -; Zool.> *Huftier mit ungerader Zahl von Zehen;* **'un·paa·rig** <Adj.>; **'Un·paar·ze·her** <m.; -s, -> = *Unpaarhufer*

'un·päd·a·go·gisch, <auch> **'un·pä·da·go·gisch** <Adj.; ↗Z54>

'un·par·la·men·ta·risch <Adj.>

'un·par·tei·isch <Adj.> *neutral;* ~ urteilen; **'Un·par·tei·i·sche(r)** <f. 2 (m. 1); Sp.> *Schiedsrichter(in);* **'un·par·tei·lich** <Adj.>; **'Un·par·tei·lich·keit** <f.; -; unz.>

'un·pass <Adv.; veralt.> *unpassend;* ihr Besuch kam mir ~; **'un·pas·send** <Adj.> 1 *unangebracht;* eine ~e Bemerkung 2 *ungelegen;* zu ~er Zeit; **'un·pas·sier·bar** <a. [--'--]; Adj.> ein ~er Fluss; **'un·päss·lich** <Adj.> *unwohl;* ~ sein; **'Un·päss·lich·keit** <f.; -, -en>

'Un·per·son <f.; -, -en> *bes. in totalitären Staaten> Person, die nicht öffentl. genannt werden darf;* **'un·per·sön·lich** <Adj.> 1 *nicht persönlich, formell;* ein ~es Gespräch 2 <Gramm.> *nicht auf eine bestimmte Person zu beziehen;* ~es Verb → a. *Kasten;* ~es Fürwort *Indefinitpronomen;* **'Un·per·sön·lich·keit** <f.; -; unz.>

un·plugged <[ʌn'plʌgd]; Adj.; undekl.; Popmus.> *ohne Studiotechnik produziert* [engl.]

un 'po·co <Mus.> *ein wenig* [ital.]

'un·po·e·tisch <Adj.> ~er Stil

'un·po·lar <Adj.>

'un·po·li·tisch <Adj.>

'un·po·pu·lär <Adj.> ~e Ansichten

'un·prak·tisch <Adj.>

'un·prä·zis, 'un·prä·zi·se <Adj.>

'un·pro·ble·ma·tisch, <auch>

'**un·prob·le·ma·tisch** <Adj.; ↗Z53>

'**un·pro·duk·tiv** <Adj.> ~e Arbeit; '**Un·pro·duk·ti·vi·tät** <[-vi-]; f.; -; unz.>

'**un·pro·fes·si·o·nell** <Adj.>

'**un·pro·por·ti·o·niert** <Adj.> *schlecht proportioniert*

'**un·pünkt·lich** <Adj.> sie ist ~; '**Un·pünkt·lich·keit** <f.; -; unz.>

'**un·qua·li·fi·ziert** <Adj.; -er, am -es·ten> 1 *ohne Qualifikation;* ein ~er Arbeiter 2 <abwertend> *niveaulos;* ~e Aussagen

'**un·ra·siert** <Adj.>

'**Un·rast** <f.; -; unz.> *Ruhelosigkeit*

'**Un·rat** <m.; -(e)s; unz.> *Abfall;* ~ witttern <fig.; umg.> *Verdacht schöpfen*

'**un·ra·ti·o·nell** <Adj.> ~ arbeiten

'**un·rat·sam** <Adj.>

'**un·re·al** <Adj.>; '**un·re·a·lis·tisch** <Adj.>

'**un·recht** <Adj.> 1 < ↗Z42> *nicht recht(2);* jmdm. ~ tun; ~ handeln; ~ sein; es ist ~; etwas Unrechtes denken 2 *falsch;* am ~en Platz sein; in ~e Hände fallen; '**Un·recht** <n.; -(e)s; unz.> *Ungerechtigkeit;* ~ erleiden; gegen das ~ ankämpfen; ~ bekommen, haben; jmdm. ~ geben; jmdm. ein ~ antun; ~ leiden; im ~ bleiben; ein großes ~ begehen; '**Un·rech·te(r)** <f. 2 (m. 1)> an den ~n geraten; '**un·recht·mä·ßig** <Adj.> sich etwas ~ aneignen; '**Un·recht·mä·ßig·keit** <f.; -; unz.>; '**Un·rechts·be·wusst·sein** <n.; -s; unz.>

'**un·red·lich** <Adj.> ~ handeln; '**Un·red·lich·keit** <f.; -; unz.>

'**un·re·ell** <Adj.>

'**un·re·flek·tiert**, <auch> '**un·ref·lek·tiert** <Adj.; ↗Z53> ~es Handeln

'**un·re·gel·mä·ßig** <Adj.> 1 *nicht regelmäßig;* eine ~e Anordnung 2 <Gramm.> ~e Verben *nicht regelmäßig flektierte V;* '**Un·re·gel·mä·ßig·keit** <f.; -; unz.>

'**un·reif** <Adj.> 1 *nicht reif;* ~es Obst 2 *unerfahren;* ein ~er Junge; '**Un·rei·fe** <f.; -; unz.>

'**un·rein** <Adj.; ↗Z43> ~e Haut; etwas ins Unreine schreiben *aufsetzen;* '**Un·rein·heit** <f.; -, -en>; '**un·rein·lich** <Adj.>; '**Un·rein·lich·keit** <f.; -; unz.>

'**un·ren·ta·bel** <Adj.> ein unrentables Geschäft; '**Un·ren·ta·bi·li·tät** <f.; -; unz.>

un'**rett·bar** <a. ['---]; Adj.> *nicht zu retten;* ~ verloren sein

'**un·rich·tig** <Adj.> ~e Aussagen; '**Un·rich·tig·keit** <f.; -, -en> *Irrtum, Fehler*

'**Un·ruh** <f.; -, -en> *Gangregler in Uhren;* '**Un·ru·he** <f.; -, -n> ihre Abwesenheit versetzte ihn in ~; ~ stiften; '**Un·ru·he·herd** <m.; -(e)s, -e> *Ausgangspunkt einer polit. Unruhe;* '**un·ru·hig** <Adj.> 1 *ruhelos, nervös;* ~ sein 2 *laut*

'**un·rühm·lich** <Adj.> ein ~er Abgang

'**un·rund** <Adj.; Tech.> *nicht mehr rund;* ~e Räder

uns <Dat. u. Akk. von> *wir*

'**un·sach·ge·mäß** <Adj.> ~e Handhabung; '**un·sach·lich** <Adj.> eine ~e Diskussion; '**Un·sach·lich·keit** <f.; -; unz.>

un'**sag·bar**, un'**säg·lich** <a. ['---]; Adj.> *unaussprechlich;* ~ arm

'**un·sanft** <Adj.>

'**un·sau·ber** <Adj.>; '**Un·sau·ber·keit** <f.; -; unz.>

'**un·schäd·lich** <Adj.>; '**Un·schäd·lich·keit** <f.; -; unz.>

'**un·scharf** <Adj.; -schär·fer, am -schärfs·ten; Fot.; Opt.> ein ~es Bild; '**Un·schär·fe** <f.; -; unz.; Fot.; Opt.>; '**Un·schär·fe·re·la·ti·on** <f.; -, -en; Phys.> *ein physikal. Grundgesetz*

'**un·schätz·bar** <a. [-'--]; Adj.> *wertvoll;* von ~em Wert

'**un·schein·bar** <Adj.> *unauffällig;* ~es Aussehen; '**Un·schein·bar·keit** <f.; -; unz.>

'**un·schick·lich** <Adj.; geh.> *unanständig, unpassend;* ~es Benehmen; '**Un·schick·lich·keit** <f.; -, -en>

un'**schlag·bar** <a. ['---]; Adj.> *nicht zu übertreffen;* ~e Argumente

'**un·schlüs·sig** <Adj.> *unentschlossen;* (sich) ~ sein; '**Un·schlüs·sig·keit** <f.; -; unz.>

'**un·schön** <Adj.> 1 *hässlich;* ein ~er Anblick 2 *unerfreulich;* ~es Gerede

'**Un·schuld** <f.; -; unz.> 1 *Schuldlosigkeit;* er beteuerte seine ~; ich wasche meine Hände in ~ <fig.; umg.> 2 *Unberührtheit;* seine ~ verlieren; '**un·schul·dig**

<Adj.> ~e Gedanken; '**Un·schulds·en·gel** <m.; -s, ->, '**Un·schulds·lamm** <n.; -(e)s, ⸚er; fig.; umg.> *jmd., der die Schuld an einem Vorfall leugnet;* '**Un·schulds·mie·ne** <f.; -, -n> mit ~; '**un·schulds·voll** <Adj.>

'**un·schwer** <Adj.> es ist ~ zu erraten, dass ...

'**Un·se·gen** <m.; -s; unz.; geh.> *Fluch;* auf ihr lastet ein ~

'**un·selb·stän·dig** <Adj.> = *unselbstständig;* '**Un·selb·stän·dig·keit** <f.; -; unz.>; '**un·selbst·stän·dig** <Adj.> er ist sehr ~; '**Un·selbst·stän·dig·keit** <f.; -; unz.>

'**un·se·lig** <Adj.> *Unglück bringend;* ein ~es Vorhaben

'**un·sen·ti·men·tal** <Adj.>

'**un·ser**[1] <Possessivpron. 4; 1. Pers. Pl.> uns *gehörend, von uns stammend;* ~ Haus; uns(e)re Kinder; unseres Wissens <Abk.: u. W.>; <aber Großschreibung> Unsere Frau *Mutter Jesu;* Unsrer Lieben Frau(en) *(Kirche);* → a. *unsere,* '**un·ser**[2] <Personalpron.; Gen. von> *wir;* erbarme dich ~; wir sind ~ fünf; '**un·se·re** <Possessivpron.; 1. Pers. Pl.> das Unsere, <auch> unsere *unser Besitz;* die Unseren, <auch> unseren *Familienangehörige;* oV *unsre;* Sy *unsrige;* → a. *unser*[1]; '**un·se·rei·ner,** '**un·se·reins** <Indefinitpron.> *jmd. wie wir;* ~ hat es nicht leicht; '**un·se·rer·seits** <Adv.> ~ gibt es keine weiteren Fragen; oV *unserseits, unsrerseits;* '**un·se·res·glei·chen** <Indefinitpron.> *Menschen wie wir, Leute unserer Schicht;* oV *unsersgleichen, unsresgleichen;* '**un·se·res·teils** <Adv.> *von uns aus;* oV *unseresteils;* '**un·se·ret·hal·ben** <Adv.> = *unserthalben;* '**un·se·ret·we·gen** <Adv.> = *unsertwegen;* '**un·ser·seits** <Adv.> = *unsererseits;* '**un·sers·glei·chen** <Indefinitpron.> = *unseresgleichen;* '**un·sert·hal·ben** <Adv.> uns *zuliebe;* sie ist ~ mitgekommen; oV *unserethalben, unsrethalben;* '**un·sert·we·gen** <Adv.> = *unserthalben;* oV *unseretwegen, unsretwegen;* '**un·sert·wil·len** <Adv.> um ~ *unserthalben;* oV unsretwillen; **'Un·ser·va·ter** <n.; -s, -; schweiz.> *Vaterunser*

'un·si·cher <Adj.> 1 *nicht sicher, innerlich schwankend;* ~ auf den Füßen sein; ~ auftreten 2 *zweifelhaft;* ein ~es Geschäft; im Unsichern sein; **'Un·si·cher·heit** <f.; -, -en>; **'Un·si·cher·heits·fak·tor** <m.; -s, -en>

'un·sicht·bar <Adj.>; **'Un·sicht·bar·keit** <f.; -; unz.>; **'un·sich·tig** <Adj.> *trüb;* ~e Luft

'Un·sinn <m.; -s; unz.> 1 *törichtes Reden od. Handeln;* ~ reden 2 *Unfug;* ~ treiben; ~ machen; **'un·sin·nig** <Adj.> 1 *sinnlos, töricht;* eine ~e Behauptung <umg.> *ungeheuer;* ~ hohe Preise; **'un·sinn·lich** <Adj.>; **'Un·sinn·lich·keit** <f.; -; unz.>

'Un·sit·te <f.; -, -n> *schlechte Angewohnheit;* **'un·sitt·lich** <Adj.>; **'Un·sitt·lich·keit** <f.; -, -en>

'un·so·lid, 'un·so·li·de <Adj.> 1 *nicht solide;* ~(e)r Lebenswandel 2 *nicht verlässlich;* ein ~(e)s Geschäft

'un·so·zi·al <Adj.> ~es Verhalten

'un·sport·lich <Adj.>; **'Un·sport·lich·keit** <f.; -; unz.>

'uns·re <Possessivpron.> = *unsere;* **'uns·rer·seits** <Adv.> = *unserseits;* **'uns·res·glei·chen** <Indefinitpron.> = *unseresgleichen;* **'uns·res·teils** <Adv.> = *unseresteils;* **'uns·ret·hal·ben** <Adv.> = *unserthalben;* **'uns·ret·we·gen** <Adv.> = *unsertwegen;* **'uns·ret·wil·len** <Adv.> = *unsertwillen;* **'uns·ri·ge** <Possessivpron.> *unsere;* das Unsrige, <auch> unsrige; die Unsrigen, <auch> unsrigen

'un·statt·haft <Adj.>

un'sterb·lich <a. ['---]; Adj.> 1 *nicht sterblich;* ~er Ruhm 2 <umg.; scherzh.> *über alle Maßen;* sie hat sich ~ verliebt; **Un'sterb·lich·keit** <f.; -; unz.>

'Un·stern <m.; -(e)s; unz.> *böses Schicksal;* unter einem ~ geboren sein

'un·stet <Adj.> *ruhelos;* ein ~es Leben; **'un·ste·tig** <Adj.>; **'Un·ste·tig·keit** <f.; -; unz.> *Ruhelosigkeit*

un'still·bar <a. ['---]; Adj.> 1 ~e Blutung 2 <fig.> *unersättlich;* ~er Ehrgeiz

'un·stim·mig <Adj.> *nicht über-*einstimmend; **'Un·stim·mig·keit** <f.; -, -en> meist Pl.> es gab oft ~en

'un·sträf·lich <a. [-'--]; Adj.> *unbescholten*

'un·strei·tig <a. [-'--]; Adj.> *unbestritten*

'Un·sum·me <f.; -, -n> *sehr große Summe;* ~n ausgeben

'un·sym·me·trisch, <auch> 'un·sym·met·risch <Adj.; ↗ Z.53>

'un·sym·pa·thisch <Adj.>

'un·sys·te·ma·tisch <Adj.> ~ vorgehen

'un·ta·del·haft <Adj.>; **'un·ta·de·lig** <a. [-'ta:-]; Adj.> *tadellos;* ~es Benehmen; **'Un·ta·de·lig·keit** <f.; -; unz.>; **'un·tad·lig** <Adj.>; **'Un·tad·lig·keit** <f.; -; unz.>

'un·ta·len·tiert <Adj.>

'Un·tat <f.; -, -en> *Verbrechen;* **'Un·tät·chen** <n.; -s, -; umg.>; **'un·tä·tig** <Adj.> ~ herumsitzen; **'Un·tä·tig·keit** <f.; -; unz.>

'un·taug·lich <Adj.> ~ er ist zum Wehrdienst ~; **'Un·taug·lich·keit** <f.; -; unz.>

un'teil·bar <a. ['---]; Adj.>; **Un'teil·bar·keit** <f.; -; unz.>

'un·ten <Adv.> *tiefer gelegen, am unteren Ende, an der Unterseite;* ~ sein; rechts ~ auf der Seite; weiter ~; siehe ~ <Abk.: s. u.>; die ~ liegenden Teile; die ~ erwähnten, stehenden, genannten Resultate; ~ Stehendes, <auch> Untenstehendes; im ~ Stehenden, <auch> Untenstehenden; bei jmdm. ~ durch sein <fig.; umg.>; **un'ten'an** <Adv.> *am unteren Ende;* **un'ten'her** <Adv.> *von unten;* <aber> von unten her; **un'ten'hin** <Adv.> *nach unten;* <aber> nach unten hin

'un·ter <Präp.; mit Dat. auf die Frage "wo?", mit Akk. auf die Frage "wohin?"> 1 *unterhalb von;* der Ball liegt ~ dem Stuhl, rollt ~ den Stuhl; mit jmdm. ~ einer Decke stecken <a. fig.> *mit jmdm. gemeinsame Sache machen;* jmdm. ~ die Arme greifen <a. fig.> *jmdm. unterstützen;* etwas ~ vier Augen besprechen <fig.>; ~m Strich <umg.> *insgesamt;* jmd. liegt ~ der Erde; ~ der Hand ~ heimlich; Ggs *auf¹, über(1)* 2

zwischen, inmitten von; sich ~ die Menge mischen; ~ ander(e)m, ~ ander(e)n <Abk.: u. a.>; ~ uns im Vertrauen; ~ Menschen sein *in Gesellschaft* 3 *einen Sachverhalt kennzeichnend;* er kommt nur ~ der Bedingung, dass ...; ~ größten Strapazen; ~ Tränen; ~ etwas leiden; ~ Umständen <Abk.: u. U.> 4 *weniger als;* 5 Grad ~ null; ~ aller Kritik *sehr schlecht;* Ggs *über(3)*

'Un·ter <m.; -s, -; Kart.> *Spielkarte;* Sy *Bube, Junge, Wenzel*

un·ter..., *Un·ter...* <in Zus.> 1 <mit Verben; betont u. abtrennbar> *darunter stellen, legen usw., z. B.* 'unterschieben; <unbetont u. nicht abtrennbar> *Bewegung nach unten od. von unten her, z. B.* unter'jochen; <od.> *eindringen, z. B.* unter'lassen 2 <mit Adjektiven> *unten befindlich z. B.* unter'irdisch 3 <mit Substantiven> *unten Befindliches z. B.* Unterbewusstsein

'Un·ter·ab·tei·lung <f.; -, -en>

'Un·ter·an·ge·bot <n.; -(e)s; unz.> Ggs *Überangebot*

'Un·ter·arm <m.; -(e)s, -e; Anat.> Ggs *Oberarm*

'Un·ter·art <f.; -, -en; Biol.> *spezifische Gruppe innerhalb einer Art*

'Un·ter·bau <m.; -(e)s, -ten; Bauw.> *Fundament*

'Un·ter·bauch <m.; -(e)s; unz.; Anat.>

un·ter'bau·en <V. t.> *durch einen Unterbau stützen*

'Un·ter·be·griff <m.; -(e)s, -e> *untergeordneter Begriff;* Ggs *Oberbegriff*

'un·ter·be·legt <Adj.> eine ~e Herberge

'un·ter·be·lich·ten <Adj.; Fot.> *eine unterbelichtete Aufnahme,* Ggs *überbelichten;* **'Un·ter·be·lich·tung** <f.; -, -en; Fot.>

'un·ter·be·wer·ten <V. t.> *zu geringen Wert beimessen;* er unterbewertet ihre Meinung; Ggs *überbewerten;* **'Un·ter·be·wer·tung** <f.; -, -en>

'un·ter·be·wusst <Adj.; Psych.> = *unbewusst;* **'Un·ter·be·wusst·sein** <n.; -s; unz.; Psych.> = *Unbewusste(s)*

U

'un·ter·be·zahlt <Adj.> *zu schlecht bezahlt*

un·ter'bie·ten <V. t. 110> *weniger fordern als ein anderer; dieses Angebot ist nicht zu ~; Ggs* überbieten(1)

'Un·ter'bi·lanz <f.; -, -en> *Verlustbilanz*

un·ter'bin·den¹ <V. t. 111; ich binde unter; sie hat untergebunden; unterzubinden> *unter etwas binden; er hat ein Tuch untergebunden;* **un·ter'binden²** <V. t. 111; ich unterbinde; sie hat unterbunden; zu –> 1 *den Straßenverkehr ~ aufhalten* 2 *verbieten;* Lärm ~

un·ter'blei·ben <V. i. 114> *etwas unterbleibt passiert nicht*

'Un·ter·bo·den <m.; -s, –> 1 *Fußboden, der noch belegt wird;* Ggs Oberboden 2 <bei Kfz> *Unterseite;* **'Un·ter·bo·den·schutz** <m.; -es; unz.; bei Kfz>; **'Un·ter·bo·den·wä·sche** <f.; -, -n; Kfz>

un·ter'bre·chen <V. t. 116> 1 *vorübergehend einstellen; er unterbrach seinen Vortrag* 2 *dazwischenreden; unterbrich mich nicht;* **Un·ter'bre·cher** <m.; -s, -; El.>; **Un·ter'bre·chung** <f.; -, -en>

'un·ter'brei·ten¹ <V. t.; ich breite unter; sie hat untergebreitet; unterzubreiten> *unter etwas ausbreiten; eine Decke ~;* **un·ter'brei·ten²** <V. t.; ich unterbreite; sie hat unterbreitet; zu –> *vorlegen; einen Plan ~*

'un·ter'brin·gen <V. t. 118; ich bringe unter; sie hat untergebracht; unterzubringen> 1 *verstauen; Gepäck im Kofferraum ~* 2 *jmdn. in einem Hotel ~;* **'Un·ter'brin·gung** <f.; -; unz.>

'Un·ter·bruch <m.; -(e)s, ≖e; schweiz. neben> *Unterbrechung*

'Un·ter·büh·ne <f.; -, -n; Theat.>

'un·ter'but·tern <V. t.; ich butt(e)re unter; umg.> *unterdrücken; in der Fima wird er untergebuttert*

'un·ter·chlo·rig <[-klo-]; Adj.; Chem.> –e Säure *eine Chlorsauerstoffsäure*

'Un·ter·deck <n.; -s, -s od. -e; Mar.> *ein Schiffsteil*

un·ter'des, un·ter'des·sen <Adv.> *inzwischen*

'Un·ter·druck <m.; -(e)s, ≖e> *Druck, der unter dem atmosphärischen liegt;* **un·ter'drü·cken** <V. t.> 1 *zurückhalten; Informationen ~; ein unterdrücktes Lachen* 2 *gewaltsam niederhalten; ein Volk ~;* **Un·ter'drücker** <m.; -s, ->; **Un·ter'drü·cke·rin** <f.; -, -n·nen>; **'Un·ter·druck·kam·mer** <f.; -, -n; Tech.>; **Un·ter'drü·ckung** <f.; -; unz.>

'un·ter·durch·schnitt·lich <Adj.> ~e Leistungen; Ggs *überdurchschnittlich*

'un·te·re(r, -s) <Adj.> *unten befindlich;* am ~n Ende; <aber> Unterer Neckar

un·ter·ein'an·der, <auch> **un·ter·ei'nan·der** <Adv.; ▸Z54> 1 *unter uns, unter euch, unter sich; besprecht das ~ miteinander; die Komponenten sind* 3 <▸Z22; Getrenntschreibung in Verbindung m. Verben> *eines unter das andere; ~ schreiben; ~ legen; ~ gemischte Zutaten*

'un·ter·ent·wi·ckelt <Adj.> *in der Entwicklung zurückgeblieben;* **'Un·ter·ent·wick·lung** <f.; -; unz.>

'un·ter·er·nährt <Adj.> *nicht ausreichend ernährt;* **'Un·ter·er·näh·rung** <f.; -; unz.>

un·ter'fah·ren <V. t. 130> 1 *= untertunneln* 2 *durch Vertiefen abstützen; eine Mauer ~*

'Un·ter·fa·mi·lie <[-liə]; f.; -, -n; Biol.>

un·ter'fan·gen <V. 132> 1 <V. t.> *= unterfahren(2)* 2 <V. refl.> *wagen; er hat sich ~, ein Haus zu bauen;* **Un·ter'fan·gen** <n.; -s, –> *Wagnis, Versuch; ein sinnloses ~*

'un·ter'fas·sen <V.; ich fasse unter; sie hat untergefasst; unterzufassen> 1 <V. t.> *jmdn. ~ stützend am Arm halten* 2 <V. refl.> *sich ~ sich einhaken*

un·ter'fer·ti·gen <V. t.; Amtsdt.> *unterschreiben;* **Un·ter'fer·tig·te(r** <f. 2 (m. 1); Amtsdt.>

'un·ter·flur <Adv.> *unter dem Boden;* **Un·ter'flur·mo·tor** <m.; -s, -en; in Kfz>

un·ter'for·dern <V. t./V. refl.; ich unterford(e)re> jmdn. ~ *von jmdm. zu wenig fordern; Ggs überfordern*

un·ter'füh·ren <V. t.> *unter etwas hindurchbauen; eine Kreuzung ~;* **Un·ter'füh·rung** <f.; -, -en>; **Un·ter'füh·rungs·zei·chen** <n.; -s, -; Zeichen: ‟> *Ersatzzeichen für ein Wort, das unter einem gleichen Wort steht;* → a. *Kasten*

'Un·ter·funk·ti·on <f.; -, -en; Med.> Schilddrüsen~; Ggs *Überfunktion*

'Un·ter·fut·ter <n.; -s; unz.; Textilw.>; **un·ter'füt·tern** <V. t.; ich unterfütt(e)re> *ein unterfütterter Mantel*

'Un·ter·gang <m.; -(e)s, ≖e> *das Untergehen; Schiffs~; Sonnen~; der ~ einer Zivilisation*

'un·ter·gä·rig <Adj.> ~es Bier; Ggs obergärig; **'Un·ter·gä·rung** <f.; -; unz.>

'Un·ter·gat·tung <f.; -, -en; Biol.>

un·ter'ge·ben <Adj.> *unterstellt; jmdm. ~ sein;* **Un·ter'ge·be·ne(r** <f. 2 (m. 1)>

'un·ter·ge·hen <V. i. 145; ich gehe unter; sie ist untergegangen; unterzugehen> *sinken, verschwinden; das Boot ging unter; die Sonne geht unter; ein untergegangenes Volk*

'un·ter·ge·ord·net <Adj.> → a. *unterordnen*

'Un·ter·ge·schoss <n.; -es, -e> Ggs *Obergeschoss*

'Un·ter·ge·stell <n.; -(e)s, -e> *tragendes Gestell*

U

'**Un·ter·ge·wand** <n.; -(e)s, ⸚er> Ggs *Obergewand*

'**Un·ter·ge·wicht** <n.; -(e)s; unz.> *zu geringes Gewicht;* die Patientin hat ~; Ggs *Übergewicht(1);* '**un·ter·ge·wich·tig** <Adj.>

un·ter'**glie·dern** <V. t.; ich unterglied(e)re> *unterteilen;* **Un·ter·'glie·de·rung** <f.; -, -en>

'**un·ter|gra·ben**[1] <V. t. 157; ich grabe unter; sie hat untergegraben; unterzugraben> *durch Graben untermengen;* Dung ~;

un·ter'**gra·ben**[2] <V. t. 157; ich untergrabe; sie hat ~; zu ~> *unterhöhlen;* jmds. Autorität ~

'**Un·ter·grund** <m.; -(e)s; unz.> 1 *unterirdische Bodenschicht* 2 <Mal.> *Grundierung* 3 <fig.> *Bereich der Illegalität;* in den ~ gehen; '**Un·ter·grund·bahn** <f.; -, -en; Kurzw.: U-Bahn> *unterirdisch fahrende Stadtbahn;* '**Un·ter·grund·be·we·gung** <f.; -, -en> *geheime Widerstandsbewegung;* '**un·ter·grün·dig** <Adj.>

'**Un·ter·grup·pe** <f.; -, -n>

'**un·ter|ha·ken** <V. t.; ich hake unter; sie hat untergehakt; unterzuhaken> = *unterfassen(2)*

un·ter'**halb** <Präp. m. Gen.> *unter etwas befindlich;* das Dorf liegt ~ des Passes; Ggs *oberhalb*

'**Un·ter·halt** <m.; -(e)s; unz.> *(finanzielle) Aufwendungen;* für jmds. ~ aufkommen; '**un·ter·hal·ten**[1] <V. t. 160; ich halte unter, sie hat untergehalten; unterzuhalten> *unter etwas halten;* un·ter'**hal·ten**[2] <V. t./V. refl. 160; ich unterhalte; sie hat ~; zu ~> 1 jmdn. ~ *für jmds. Unterhalt aufkommen* 2 *für das Instandsein sorgen;* eine Schule ~; Beziehungen ~ *pflegen* 3 *zerstreuen;* jmdn. ~; ein ~der Abend; sie unterhält sich mit ihm; **Un·ter'hal·ter** <m.; -s, ->; **Un·ter'hal·te·rin** <f.; -, -n·nen>; un·ter'**halt·lich** <Adj.>; un·ter'**halt·sam** <Adj.> ein ~er Abend; **Un·ter'halt·sam·keit** <f.; -; unz.>; '**un·ter·halts·be·rech·tigt** <Adj.>; '**Un·ter·halts·kla·ge** <f.; -, -n; Rechtsw.>; '**Un·ter·halts·kos·ten** <Pl.>; '**Un·ter·halts·pflicht** <f.; -; unz.>; '**un·ter·halts·pflich·tig** <Adj.>; '**Un·ter·halts·zah·lung** <f.; -, -en>;

Un·ter·hal·tung <f.; -, -en> *für die ~ der Gäste sorgen;* **Un·ter·'hal·tungs...** <in Zus.> *der Unterhaltung, Zerstreuung dienend;* **Un·ter·hal·tungs·e·lek·tro·nik,** <auch> **Un·ter·hal·tungs·e·lekt·ro·nik** <f.; -; unz.; ↗Z.53, 55>; **Un·ter'hal·tungs·kunst** <f.; -; unz.>; **Un·ter'hal·tungs·li·te·ra·tur** <f.; -; unz.>; **Un·ter'hal·tungs·mu·sik** <f.; -; unz.; Kurzw.: U-Musik>; **Un·ter·'hal·tungs·sen·dung** <f.; -, -en; TV>

un·ter'**han·deln** <V. i.; ich unterhand(e)le> *verhandeln;* über einen Vertragsabschluss ~; '**Un·ter·händ·ler** <m.; -s, -> *Vermittler;* '**Un·ter·händ·le·rin** <f.; -, -n·nen>; **Un·ter'hand·lung** <f.; -, -en>

'**Un·ter·haus** <n.; -es; unz.; bes. in Großbritannien> *zweite Parlamentskammer,* Ggs *Oberhaus*

'**Un·ter·haut** <f.; -; unz.; Anat.> *subkutanes Bindegewebe;* Ggs *Oberhaut;* **Un·ter·haut'zell·ge·we·be** <n.; -s; unz.; Anat.>

'**Un·ter·hemd** <n.; -(e)s, -en> *Teil der Unterwäsche;* Ggs *Oberhemd*

un·ter'**höh·len** <V. t.> *aushöhlen*

'**Un·ter·holz** <n.; -es; unz.> *niedriges Gehölz*

'**Un·ter·ho·se** <f.; -, -n> *Teil der Unterwäsche*

'**un·ter·ir·disch** <Adj.> *unter der Erde;* ~e Anlagen; die Unterirdischen; Ggs *oberirdisch*

'**Un·ter·ja·cke** <f.; -, -n> *Jacke unter dem Oberhemd*

un·ter'**jo·chen** <V. t.> *gewaltsam unterdrücken;* ein Volk ~

'**un·ter|ju·beln** <V. t.; ich jub(e)le unter; sie hat untergejubelt; unterzujubeln; umg.> jmdm. etwas ~ *heimlich zuschieben*

'**Un·ter·ka·nal** <m.; -(e)s, ⸚e>

un·ter'**kel·lern** <V. t.> *ein unterkellertes Gebäude;* **Un·ter'kel·le·rung** <f.; -, -en>

'**Un·ter·kie·fer** <m.; -s, -; Anat.> *Teil des Kiefers;* Ggs *Oberkiefer*

'**Un·ter·kinn** <n.; -(e)s, -e> *Doppelkinn*

'**Un·ter·kleid** <n.; -(e)s, -er>; '**Un·ter·klei·der** <Pl.>; '**Un·ter·klei·dung** <f.; -; unz.> *Kleidung unter der Oberbekleidung*

'**un·ter|kom·men** <V. i. (s.) 170;

ich komme unter; sie ist untergekommen; unterzukommen> 1 *Unterkunft, Anstellung finden;* in einem Betrieb ~ 2 <umg.> *begegnen;* so eine Frechheit ist mir noch nicht untergekommen; '**Un·ter·kom·men** <n.; -s, -; Pl. selten; veralt.>

'**Un·ter·kör·per** <m.; -s, -> *Körper unterhalb der Gürtellinie;* Ggs *Oberkörper*

'**un·ter|krie·chen** <V. i. (s.) 173; ich krieche unter; sie ist untergekrochen; unterzukriechen; umg.> *bei Freunden ~*

'**un·ter|krie·gen** <V. t.; ich kriege unter; sie hat untergekriegt; unterzukriegen; umg.> *bezwingen;* lass dich nicht ~

un·ter'**küh·len** <V. t.>; **Un·ter·'küh·lung** <f.; -; unz.>

'**Un·ter·kunft** <f.; -, ⸚e> *vorübergehende Bleibe*

'**Un·ter·la·ge** <f.; -, -n> 1 eine ~ aus Gummi 2 <Pl.> *Schriftstücke, Belege;* ~n vorlegen

'**Un·ter·land** <n.; -(e)s; unz.> *Tiefland;* Ggs *Oberland;* '**Un·ter·län·der** <m.; -s, ->; '**Un·ter·län·de·rin** <f.; -, -n·nen>; '**un·ter·län·disch** <Adj.>

'**Un·ter·län·ge** <f.; -, -n> *Buchstabenteil, der das untere Ende bestimmter Kleinbuchstaben überragt;* Ggs *Oberlänge*

'**Un·ter·lass** <m.; -es; unz.; nur in der Wendung> ohne ~ *pausenlos;* **un·ter'las·sen** <V. t. 174> *sein lassen;* unterlass das!; **Un·ter'las·sung** <f.; -, -en> *Versäumnis;* **Un·ter'las·sungs·kla·ge** <f.; -, -n; Rechtsw.>

'**Un·ter·lauf** <m.; -(e)s, ⸚e> *Flussabschnitt vor der Mündung,* Ggs *Oberlauf;* **un·ter'lau·fen** <V. 176> 1 <V. t.> *unterhalb der gegnerischen Deckung angreifen* 2 <V. i. (s.)> *versehentlich geschehen;* Fehler sind mir ~

'**Un·ter·le·der** <n.; -s, -> *Leder für Schuhsohlen;* Ggs *Oberleder*

'**un·ter|le·gen**[1] <V. t.; ich lege unter; sie hat untergelegt; unterzulegen> *unter etwas legen;* eine Decke ~; **un·ter'le·gen**[2] <V. t.; ich unterlege; sie hat unterlegt; zu ~> *eine Unterlage anbringen;* eine mit Filz unterlegte Platte; **un·ter'le·gen**[3] <Adj.>

U

nicht gleichkommend; er ist ihr geistig weit ~; er ist mir an Kraft ~; **Un·ter·le·ge·ne(r)** <f. 2 (m. 1)>; **Un·ter·le·gen·heit** <f.; -; unz.> Ggs *Überlegenheit;* '**Un·ter·leg·ring** <m.; -(e)s, -e>; '**Un·ter·leg·tren·se** <f.; -, -n>

'**Un·ter·leib** <m.; -(e)s, -er> 1 <i. w. S.> = *Unterkörper;* Ggs *Oberleib* 2 <i. e. S.> *Geschlechtsorgane;* '**Un·ter·leibs·er·kran·kung** <f.; -, -en; Med.>

'**Un·ter·leut·nant** <m.; -s, -s od. -e>

'**Un·ter·lid** <n.; -(e)s, -er; Anat.> Ggs *Oberlid*

'**un·ter|lie·gen**[1] <V. i. 180; ich liege unter; sie hat/ist untergelegen; unterzuliegen> *unter etwas liegen;* die Decke lag unter; **un·ter'lie·gen**[2] <V. i. (s.) 180; ich unterliege; ich bin unterlegen; zu ~> 1 *besiegt werden;* er unterlag dem Gegner 2 *ausgesetzt sein;* strengen Kontrollen ~

'**Un·ter·lip·pe** <f.; -, -n; Anat.> Ggs *Oberlippe*

'**un·term** <umg.; Verschmelzungsform von Präp. u. Art.> *unter dem*

un·ter·ma·len <V. t.> 1 <Mal.> *grundieren* 2 <fig.> *begleiten;* eine Szene mit Musik ~; **Un·ter·'ma·lung** <f.; -; unz.>

un·ter·mau·ern <V. t.; ich untermau(e)re> 1 *mit Mauern stützen* 2 <fig.> *mit Argumenten absichern;* eine These ~; **Un·ter·'mau·e·rung** <f.; -; unz.>

'**un·ter·mee·risch** <Adj.> *unter dem Meeresspiegel*

'**un·ter|men·gen**[1] <V. t.; ich menge unter; sie hat untergemengt; unterzumengen> *unter etwas mischen;* ich habe die Kräuter untergemengt; **un·ter'men·gen**[2] <V. t.; ich untermenge; sie hat untermengt; zu ~> *vermischen;* mit Nüssen untermengter Teig

'**Un·ter·mensch** <m.; -en, -en; bes. im Nationalsozialismus; abwertend> *roher (minderwertiger) Mensch*

'**Un·ter·mie·te** <f.; -; unz.> *Weitervermietung an Dritte;* jmdn. in ~ nehmen; zur ~ wohnen; '**Un·ter·mie·ter** <m.; -s, ->; '**Un·ter·mie·te·rin** <f.; -, -n·nen>; '**Un-**

ter·miet(s)·ver·hält·nis <n.; -s·ses, -s·se>

un·ter·mi'nie·ren <V. t.> 1 *zur Sprengung bereit machen* 2 <fig.> jmds. Ansehen ~ *langsam zerstören;* **Un·ter·mi'nie·rung** <f.; -, -en>

'**un·ter|mi·schen**[1] <V. t.; du mischst unter; sie hat untergemischt; unterzumischen> *unter etwas mischen;* Kräuter ~; **un·ter'mi·schen**[2] <V. t.; ich untermische; sie hat untermischt; zu ~> *vermischen;* mit Dung untermischte Erde

'**un·ter·mo·to·ri·siert** <Adj.; bei Kfz>

'**un·tern** <umg.; Verschmelzungsform von Präp. u. Art.> *unter den*

'**Un·ter·näch·te** <Pl.> *die Zwölf Nächte*

'**un·ter|neh·men**[1] <V. t. 189; ich nehme unter; sie hat untergenommen; unterzunehmen> *stützend unterhaken;* **un·ter'neh·men**[2] <V. t. 189; ich unternehme; sie hat unternommen; zu ~> *veranstalten;* was sollen wir morgen ~?; **Un·ter'neh·men** <n.; -s, -> 1 *Unterfangen;* ein riskantes ~ 2 *Betrieb;* ein ~ gründen; **un·ter'neh·mend** <Adj.> *unternehmungslustig;* **Un·ter'neh·mens·be·ra·ter** <m.; -s, ->; **Un·ter'neh·mens·be·ra·te·rin** <f.; -, -n·nen>; **Un·ter'neh·mens·be·ra·tung** <f.; -, -en>; **Un·ter'neh·mens·for·schung** <f.; -, -en>; **Un·ter'neh·mer** <m.; -s, -> *Eigentümer eines Unternehmens(2);* **Un·ter'neh·me·rin** <f.; -, -n·nen;** ⤹Z38>; **un·ter'neh·me·risch** <Adj.>; **un·ter'neh·mer·tum** <n.; -s; unz.>; **Un·ter'neh·mung** <f.; -, -en>; **Un·ter'neh·mungs·geist** <m.; -(e)s; unz.> *Tatkraft;* **un·ter'neh·mungs·lus·tig** <Adj.>

'**Un·ter·of·fi·zier** <m.; -s, -e; Mil.; Abk.: Uffz., schweiz.: Uof.> *ein Dienstgrad;* ~ vom Dienst <Abk.: UvD>

'**un·ter|ord·nen** <V. t./V. refl.; ich ordne unter; sie hat untergeordnet; unterzuordnen> sich anderen ~; eine untergeordnete Rolle spielen *zweitrangig sein;* ~des Bindewort <Gramm.> =

subordinierende Konjunktion; '**Un·ter·ord·nung** <f.; -, -en>

'**Un·ter·pfand** <n.; -(e)s, ˸e; meist fig.> *Pfand*

'**un·ter|pflü·gen** <V. t.; ich pflüge unter; sie hat untergepflügt; unterzupflügen>

Un·ter'pri·ma <a. ['----]; f.; -, -pri·men; frühere Bez. für> *achte Gymnasialklasse*

'**un·ter·pri·vi·le·giert** <[-vi-]; Adj.> *keine Privilegien besitzend*

un·ter'que·ren <V. t.> *unter Wasser durchfahren*

un·ter're·den <V./V. refl.>; **Un·ter're·dung** <f.; -, -en> *Besprechung;* eine ~ unter vier Augen

'**un·ter·re·prä·sen·tiert** <Adj.>

'**Un·ter·richt** <m.; -(e)s, -e; Pl. selten> *regelmäßige Wissensvermittlung durch eine Lehrkraft;* ~ geben; am ~ teilnehmen; Englisch~; **un·ter'rich·ten** <V.> 1 <V. t. u. V. i.> *Unterricht erteilen;* sie unterrichtet die Mittelstufe 2 <V. t./V. refl.> *in Kenntnis setzen;* sie unterrichtete ihn über den Unfall; sich über etwas ~; '**un·ter·richt·lich** <Adj.>; '**Un·ter·richts·an·stalt** <f.; -, -en>; '**Un·ter·richts·fach** <n.; -(e)s, ˸er>; '**un·ter·richts·frei** <Adj.> ~e Zeit; '**Un·ter·richts·ge·gen·stand** <m.; -(e)s, ˸e> *Lehrstoff;* '**Un·ter·richts·kun·de**, '**Un·ter·richts·leh·re** <f.; -; unz.> = *Didaktik;* '**Un·ter·richts·stun·de** <f.; -, -n>; **Un·ter·richts·tun·de** <f.; -, -n>; **Un·ter·'rich·tung** <f.; -, -en>

'**Un·ter·rock** <m.; -(e)s, ˸e> *Rock unter der Oberbekleidung*

'**un·ters** <umg.; Verschmelzungsform von Präp. u. Art.> *unter das*

'**Un·ter·saat** <f.; -, -en; Landw.> *Zwischenfrucht*

un·ter·sa·gen <V. t.> *verbieten;* Rauchen ist untersagt

'**Un·ter·satz** <m.; -es, ˸e> *etwas, worauf etwas gestellt wird*

un·ter'schät·zen <V. t./V. refl.; du unterschätzt> *zu gering schätzen;* Ggs *überschätzen*

un·ter'scheid·bar <Adj.>; **un·ter'schei·den** <V. t./V. refl. 209> 1 *detailliert wahrnehmen;* er unterschied einzelne Bäume in der Ferne 2 zwischen jmdm. od. etwas ~ *differenzieren* 3 *die*

Unterschiede erkennen; ich kann die beiden nicht voneinander ~; sich kaum ~; **Un·ter·'schei·dung** <f.; -, -en>; **Un·ter·'schei·dungs·merk·mal** <n.; -(e)s, -e>; **Un·ter·'schei·dungs·ver·mö·gen** <n.; -s; unz.>; **Un·ter·'schei·dungs·zei·chen** <n.; -s, ->

'**Un·ter·schen·kel** <m.; -s, -; Anat.> *Teil des Beines;* Ggs *Oberschenkel;* '**Un·ter·schen·kel·kno·chen** <m.; -s, ->

'**Un·ter·schicht** <f.; -, -en> *untere soziale Schicht;* Ggs *Oberschicht*

'**un·ter|schie·ben**[1] <V. t. 214; ich schiebe unter; sie hat untergeschoben; unterzuschieben> *unter etwas schieben;* ein Polster ~; **un·ter'schie·ben**[2] <V. t. 214; ich unterschiebe; sie hat unterschoben; zu ~> *behaupten;* er hat mir Gier unterschoben; **Un·ter'schie·bung** <f.; -, -en>

'**Un·ter·schied** <m.; -(e)s, -e> **1** *Abweichung, Ungleichheit;* einen ~ feststellen; im ~ zu **2** *Differenzierung;* einen ~ machen; '**un·ter·schied·lich** <Adj.> *verschieden;* ~e Meinungen; '**Un·ter·schied·lich·keit** <f.; -, -en>; '**un·ter·schieds·los** <Adj.> alle ~ behandeln

'**un·ter·schläch·tig** <Adj.> *durch Wasser von unten betrieben;* ~es Mühlrad

'**Un·ter·schlag** <m.; -(e)s; unz.> *Schneidersitz;* '**un·ter|schla·gen**[1] <V. t. 218; ich schlage unter; sie hat untergeschlagen; unterzuschlagen> die Beine ~ kreuzen; **un·ter·schla·gen**[2] <V. t. 218; ich unterschlage; sie hat ~; zu ~> **1** *veruntreuen;* Geld ~ **2** *verheimlichen;* Akten ~; **Un·ter'schla·gung** <f.; -, -en>

'**Un·ter·schlupf** <m.; -(e)s, -e od. ⸚e> *Zuflucht;* bei jmdm. ~ finden; '**un·ter|schlüp·fen** <V. i. (s.); ich schlüpfe unter; sie ist untergeschlüpft; unterzuschlüpfen> bei Freunden ~

un·ter·schnei·den <V. t. 227; Bauw.> *die Unterseite abschrägen;* ein unterschnittenes Gesims; **Un·ter'schnei·dung** <f.; -, -en; Bauw.>

un·ter·schrei·ben <V. t. 230> *sei-*

nen Namen unter etwas setzen; einen Vertrag ~

un·ter'schrei·ten <V. t. 232> einen Betrag ~

'**Un·ter·schrift** <f.; -, -en> *Namenszug;* ihre ~ ist nicht zu entziffern; ~en sammeln; '**Un·ter·schrif·ten·kam·pa·gne**, <auch> '**Un·ter·schrif·ten·kam·pag·ne** <[-panja]; f.; -, -n>; '**Un·ter·schrif·ten·map·pe** <f.; -, -n> '**Un·ter·schrif·ten·samm·lung** <f.; -, -en> *Sammlung von Unterschriften für einen Aufruf;* '**un·ter·schrifts·be·rech·tigt** <Adj.>; '**Un·ter·schrifts·pro·be** <f.; -, -n>; '**un·ter·schrifts·reif** <Adj.> der Vertrag ist ~

'**Un·ter·schuss** <m.; -es, ⸚e = *Defizit;* Ggs *Überschuss*

'**un·ter·schwel·lig** <Adj.> *unbewusst;* ~e Angst

'**Un·ter·see·boot** <n.; -(e)s, -e; Kurzw.: U-Boot> *Schiff, das unter Wasser fahren kann;* '**un·ter·see·isch** <Adj.> = *untermeerisch*

'**Un·ter·sei·te** <f.; -, -n> *untere Seite;* Ggs *Oberseite*

Un·ter·se'kun·da <a. ['-----]; f.; -, -den; frühere Bez. für> *sechste Gymnasialklasse*

'**un·ter|set·zen**[1] <V. t.; du setzt unter; sie hat untergesetzt; unterzusetzen> *unter etwas setzen;* einen Teller ~; **un·ter'set·zen**[2] <V. t.; ich untersetze; sie hat untersetzt; zu ~> *beifügen, mischen;* der Vortrag war mit Musikeinlagen untersetzt; '**Un·ter·set·zer** <m.; -s, -> *kleine Unterlage;* **un·ter'setzt** <Adj.> *klein u. stämmig;* **Un·ter'setzt·heit** <f.; -; unz.>; **Un·ter'set·zung** <f.; -, -en; bei Kfz> *ein Getriebe*

'**un·ter|sin·ken** <V. i. (s.) 244; ich sinke unter; sie ist untergesunken; unterzusinken>

un·ter·spü·len <V. t.> von Wellen unterspültes Ufer

'**Un·ter·stand** <m.; -(e)s, ⸚e> *Schutzraum, behelfsmäßiger Zufluchtsort;* '**un·ter·stän·dig** <Adj.; Bot.> *unterhalb der Blütenblätter;* ~er Fruchtknoten

'**un·ters·te(r, -s)** <Adj.; Superlativ von> *untere(r, -s);* das ~ Fach; das Unterste zuoberst, das

Oberste zuunterst kehren; Ggs *oberste(r, -s)*

'**un·ter|ste·hen**[1] <V. i. 256; ich stehe unter; sie hat/ist untergestanden; unterzustehen> während des Regens ~; **un·ter'ste·hen**[2] <V. 256; ich unterstehe; sie hat understanden; zu ~> **1** <V. i.> jmdm. ~ *jmdm. untergeben sein;* er untersteht dieser Behörde **2** <V. refl.> *sich das Recht nehmen, etwas zu tun;* untersteh dich!

'**un·ter|stel·len**[1] <V. t./V. refl.; ich stelle unter; sie hat untergestellt; unterzustellen> sich während des Regens ~; **un·ter'stel·len**[2] <V. t.; ich unterstelle; sie hat unterstellt; zu ~> **1** *die Leitung übertragen;* ihm wurde eine Abteilung unterstellt **2** jmdm. eine Tat ~ *fälschlich zuschreiben* **3** *als möglich annehmen;* wir wollen einmal ~, dass ...; **Un·ter'stel·lung** <f.; -, -en>

'**un·ter|stop·fen** <V. t.; ich stopfe unter; sie hat untergestopft; unterzustopfen> ein Polster ~

un·ter'strei·chen <V. t. 263> **1** *mit einem Strich markieren;* die Überschrift ~ **2** <fig.> *nachdrücklich betonen;* Worte mit Gesten ~; **Un·ter'strei·chung** <f.; -, -en>

'**un·ter|streu·en** <V. t.; ich streue unter; sie hat untergestreut; unterzustreuen>

'**Un·ter·strö·mung** <f.; -, -en> *Strömung unter Wasser*

'**Un·ter·stu·fe** <f.; -, -n> *untere Klassen in der Schule;* Ggs *Oberstufe*

un·ter'stüt·zen <V. t.; du unterstützt> **1** jmdn. ~ *jmdm. helfen* **2** *befürworten;* eine Forderung ~; **Un·ter'stüt·zung** <f.; -, -en>

Un·ter'such <m.; -(e)s, -e; schweiz. neben> *Untersuchung;* **un·ter'su·chen** <V. t.> *genau prüfen, analysieren;* der Arzt untersucht den Patienten; einen Fall ~; **Un·ter'su·chung** <f.; -, -en> eine ärztliche ~; **Un·ter'su·chungs·aus·schuss** <m.; -es, ⸚e>; **Un·ter'su·chungs·ge·fan·ge·ne(r)** <f. 2 (m. 1)>; **Un·ter'su·chungs·ge·fäng·nis** <n.; -s·ses, -s·se>; **Un·ter'su·chungs·haft** <f.; -; unz.; Kurzw.: U-Haft> *Haft vor Pro-*

U

zessbeginn; sich in ~ befinden; **Un·ter·su·chungs·rich·ter** <m.; -s, ->; **Un·ter'su·chungs·rich·te·rin** <f.; -, -n·nen>; **Un·ter'su·chungs·zim·mer** <n.; -s, -; in der Arztpraxis>

Un·ter'ta·ge·ar·bei·ter <m.; -s, -; Bgb.>; **Un·ter'ta·ge·bau** <m.; -(e)s, -e; Bgb.>; **un·ter'tags** <Adv.; süddt.; österr.; schweiz.> = tagsüber

'un·ter·tan <Adj.> 1 *als Untertan zugehörig*; einem Herrscher ~ sein 2 *gefügig*; sich jmdn. ~ machen; **'Un·ter·tan** <m.; -s od. -en, -en>; **'Un·ter'ta·nen·geist** <m.; -es; unz.; abwertend> *untertänige Einstellung*; **'un·ter·tä·nig** <Adj.> *ergeben*; **'Un·ter·tä·nig·keit** <f.; -; unz.>; **'Un·ter·ta·nin** <f.; -, -n·nen>

'Un·ter·tas·se <f.; -, -n> *Tassenuntersatz*; fliegende ~ UFO

'un·ter|tau·chen¹ <V.; ich tauche unter; sie ist/hat untergetaucht; unterzutauchen> 1 <V. i. (s.)> *unter Wasser sinken*, <fig.> *verschwinden* 2 <V. t.> *unter Wasser drücken*; sie tauchte ihn unter; **un·ter'tau·chen²** <V. t.; ich untertauche; sie hat untertaucht; zu ~> *unter etwas hindurchtauchen*

'Un·ter·teil <m. od. n.; -(e)s, -e> Ggs *Oberteil*; **un·ter'tei·len** <V. t.; du unterteilst> *gliedern*; **Un·ter'tei·lung** <f.; -, -en>

'Un·ter·tem·pe·ra·tur <f.; -; unz.> *zu niedrige Körpertemperatur*

Un·ter·ter·tia <[-'tertsja; a. ['----]; f.; -, -ti·en [-tsjən]; früher> *vierte Gymnasialklasse*

'Un·ter·ti·tel <m.; -s, -> 1 *zweiter Titel* 2 ein Film mit ~n

'Un·ter·ton <m.; -(e)s, ⸚e> ein gefährlicher ~

un·ter'trei·ben <V. t. 267> *zu gering darstellen*; Ggs *übertreiben(2)*; **Un·ter'trei·bung** <f.; -, -en>

'un·ter|tre·ten <V. i. (s. u. h.)268> das Pferd tritt gut unter

un·ter'tun·neln <V. t.> eine Straße ~; **Un·ter'tun·ne·lung** <f.; -, -en>

'un·ter·ver·mie·ten <V. t.> *weitervermieten*

'un·ter·ver·si·chern <V. t.; ich unterversich(e)re>; **'Un·ter·ver·si·che·rung** <f.; -, -en> *Versiche-*

rung, bei der die Versicherungssumme niedriger ist als der Versicherungswert; Ggs *Überversicherung*

'un·ter·ver·sor·gen <V. t.> unterversorgte Dörfer; **'Un·ter·ver·sor·gung** <f.; -; unz.>

un·ter'wan·dern <V. t.> Andersdenkende ~ die Verwaltung; **Un·ter'wan·de·rung** <f.; -, -en>

'un·ter·wärts <Adv.; umg.>

'Un·ter·wä·sche <f.; -; unz.> *Wäsche unter der Oberbekleidung*; **un·ter'wa·schen** <V. t. 279> = *unterspülen*

'Un·ter·was·ser <n.; -s; unz.> *Grundwasser*; **Un·ter'was·ser·be·hand·lung** <f.; -, -en> Sy *Unterwassermassage*; **Un·ter'was·ser·bom·be** <f.; -, -n; Mil.>; **Un·ter'was·ser·fahrt** <f.; -, -en>; **Un·ter'was·ser·flo·ra** <f.; -; unz.>; **Un·ter'was·ser·ka·me·ra** <f.; -, -s>; **Un·ter'was·ser·ka·nal** <m.; -s, ⸚e>; **Un·ter'was·ser·mas·sa·ge** <[-ʒə]; f.; -, -n; Med.>

un·ter'wegs <Adv.> *auf dem Wege*; ~ sein; der Brief ist bereits ~; von ~ anrufen

un·ter'wei·sen <V. t. 282; du unterweist> jmdn. im Reiten ~; **Un·ter'wei·sung** <f.; -, -en>

'Un·ter·welt <f.; -; unz.> 1 <Myth.> *Totenreich* 2 <fig.> *Verbrecherwelt*; **'un·ter·welt·lich** <Adj.>

un·ter'wer·fen <V. t. 286> 1 *besiegen, bezwingen*; ein unterworfenes Volk 2 <V. refl.> *sich ergeben*; **Un·ter'wer·fung** <f.; -, -en>

'Un·ter·werk <n.; -(e)s, -e; bei Orgeln>; **'Un·ter·werks·bau** <m.; -(e)s; unz.; Bgb.> *Abbau unter der Fördersohle*

'un·ter·wer·tig <Adj.> *unter dem üblichen Wert*; **'Un·ter·wer·tig·keit** <f.; -; unz.>

'un·ter·wür·fig <a. [--'--]; Adj.> *untertänig*; ~es Verhalten; **'Un·ter·wür·fig·keit** <f.; -; unz.>

'Un·ter·zahn <m.; -(e)s, ⸚e; Anat.> *Zahn des Unterkiefers*; Ggs *Oberzahn*

un·ter'zeich·nen <V. t.> *unterschreiben*; einen Vertrag ~; **Un·ter'zeich·ner** <m.; -s, ->; **Un·ter'zeich·ne·rin** <f.; -, -n·nen>; **Un·ter'zeich·ne·te(r)** <f. 2 (m. 1)> der rechts, links Unterzeichne-

te, <auch> der Rechts-, Linksunterzeichnete; **Un·ter'zeich·nung** <f.; -, -en>

'Un·ter·zeug <n.; -(e)s; unz.; umg.> *Unterwäsche*

'un·ter|zie·hen¹ <V. t. 293; ich ziehe unter; sie hat untergezogen; unterzuziehen> 1 *unter etwas anziehen*; eine Jacke ~ 2 <Kochk.> *unter etwas mischen*; **un·ter'zie·hen²** <V. t./V. refl. 293; ich unterziehe; sie hat unterzogen; zu ~> (sich) einer Sache ~ *(sich) einer S. aussetzen*; sich einer Kur ~; jmdn. einer Prüfung ~

'un·tief <Adj.> eine ~e Stelle; **'Un·tie·fe** <f.; -, -n; bei Gewässern> 1 *seichte Stelle* 2 <umg.> *große Tiefe*

'Un·tier <n.; -(e)s, -e> *Ungeheuer*

un'tilg·bar <a. ['---]; Adj.>

un'trag·bar <a. ['---]; Adj.>; **'Un·trag·bar·keit** <f.; -; unz.>

'un·trai·niert <[-tre:-]; Adj.>

'un'trenn·bar <a. ['---]; Adj.>

'un·treu <Adj.> ein ~er Partner; sich selbst ~ werden; **'Un·treue** <f.; -; unz.>

un'tröst·lich <a. ['---]; Adj.> *nicht zu trösten*; er ist ~ über den Verlust

un'trüg·lich <a. ['---]; Adj.> *sicher*; ein ~es Zeichen

'un·tüch·tig <Adj.>; **'Un·tüch·tig·keit** <f.; -; unz.>

'Un·tu·gend <f.; -, -en> *Laster*

'un·ty·pisch <Adj.>

un·ü·ber'brück·bar <a. ['-----]; Adj.; ⚹Z55> ~e Gegensätze

un·ü·ber'hör·bar <a. ['-----]; Adj.; ⚹Z55>

'un·ü·ber·legt <Adj.; ⚹Z55>; **'Un·ü·ber·legt·heit** <f.; -, -en>

un·ü·ber'schau·bar <a. ['-----]; Adj.; ⚹Z55>

un·ü·ber'schreit·bar <a. ['-----]; Adj.; ⚹Z55>

un·ü·ber'seh·bar <a. ['-----]; Adj.; ⚹Z55> 1 eine ~e Menge 2 <adv.> *ungeheuer*; ~ hoch

un·ü·ber'setz·bar <a. ['-----]; Adj.; ⚹Z55>; **Un·ü·ber'setz·bar·keit** <f.; -; unz.>

'un·ü·ber·sicht·lich <Adj.; ⚹Z55>; **'Un·ü·ber·sicht·lich·keit** <f.; -; unz.>

un·ü·ber'treff·lich <a. ['-----]; Adj.; ⚹Z55> *überragend*; **Un·ü-**

ber·treff·lich·keit <f.; -; unz.>;
un·ü·ber·trof·fen <Adj.>
un·ü·ber·wind·lich <a. ['-----];
Adj.; ⚹Z55> *unbesiegbar;* **Un·ü·**
ber·wind·lich·keit <f.; -; unz.>
'un·üb·lich <Adj.>
un·um·gäng·lich <a. ['----]; Adj.>
unvermeidbar, notwendig; **Un·**
um'gäng·lich·keit <f.; -; unz.>
un·um'schränkt <a. ['----]; Adj.>
uneingeschränkt; ~e Macht
un·um'stöß·lich <a. ['----]; Adj.>
unabänderlich; ~e Fakten
un·um'strit·ten <a. ['----]; Adj.>
un·um'wun·den <a. ['----]; Adj.>
ohne Umschweife; etwas ~ zu-
geben
un·un·ter·bro·chen <a. ['-----];
Adj.>
un·ver'än·der·bar <a. ['-----];
Adj.>; **un·ver'än·der·lich** <a.
['----]; Adj.> ~e Größe
<Math.>; **Un·ver'än·der·lich·**
keit <a. ['------]; f.; -; unz.>; **un·**
ver'än·dert <a. ['----]; Adj.> die
Lage ist ~
un·ver'ant·wort·bar, un·ver'ant·
wort·lich <a. ['-----]; Adj.>
leichtsinnig; ~es Verhalten
un·ver'ar·bei·tet <a. ['-----]; Adj.>
~e Eindrücke
un·ver'äu·ßer·lich <a. ['-----];
Adj.> ~e Rechte; **Un·ver'äu·ßer·**
lich·keit <f.; -; unz.>
un·ver'bes·ser·lich <a. ['-----];
Adj.> *nicht zu bessern;* er ist ~;
Un·ver'bes·ser·lich·keit <f.; -;
unz.>
'un·ver·bil·det <Adj.> *natürlich*
'un·ver·bind·lich <a. [--'--]; Adj.>
1 *nicht verbindlich;* eine ~e Zu-
sage 2 *nicht freundlich entge-*
genkommend; ~e Art; **'Un·ver·**
bind·lich·keit <f.; -; unz.>
'un·ver·blümt <a. [--'-]; Adj.> *di-*
rekt, rundheraus; etwas ~ sa-
gen; Ggs *verblümt*
un·ver'brenn·bar <a.['----]; Adj.>
un·ver'brüch·lich <a. ['----];
Adj.> *unzerstörbar;* ~e Treue
un·ver'bürgt <a. ['---]; Adj.> ~e
Informationen
un·ver'däch·tig <a. ['----]; Adj.>
un·ver'dau·lich <a. ['----]; Adj.>;
un·ver'daut <Adj.>
un·ver'derb·lich <a.['----]; Adj.>
'un·ver·dient <Adj.> ~es Glück;
un·ver·dien·ter'ma·ßen <Adv.>;
un·ver·dien·ter'wei·se <Adv.>
'un·ver·dor·ben <Adj.> ~er Cha-

rakter; **'Un·ver·dor·ben·heit** <f.;
-; unz.>
un·ver'dros·sen <a. ['----]; Adj.>
beharrlich u. ohne Verdruss; ~
warten; **Un·ver'dros·sen·heit**
<f.; -; unz.>
'un·ver·dünnt <Adj.>
'un·ver·e·he·licht <Adj.; ⚹Z55;
Amtsdt.> *ledig*
un·ver'ein·bar <a.['----]; Adj.> ~e
Meinungen; **Un·ver'ein·bar·**
keit <f.; -; unz.>
'un·ver·fälscht <Adj.>
'un·ver·fäng·lich <Adj.> ~e Fra-
gen stellen
un·ver'fro·ren <Adj.> *frech;* ~es
Benehmen; **'Un·ver·fro·ren·heit**
<f.; -; unz.>
un·ver'gäng·lich <a.['----]; Adj.>
ein ~es Werk; **Un·ver'gäng·lich·**
keit <f.; -; unz.>
un·ver'ges·sen <a. ['----]; Adj.> ~
bleiben; **un·ver'gess·lich**
<Adj.> ein ~er Abend
un·ver'gleich·bar <a. ['----];
Adj.> ~e Voraussetzungen; **un·**
ver'gleich·lich <Adj.> *beispiel-*
los; ein ~er Genuss
'un·ver·go·ren <Adj.>
'un·ver·hält·nis·mä·ßig <Adv.>
allzu; ~ lang
'un·ver·hei·ra·tet <Adj.>
'un·ver·hofft <a. [--'-]; Adj.> *über-*
raschend; jmdn. ~ treffen
'un·ver·hoh·len <a. [--'--]; Adj.>
offen gezeigt; ~er Neid
'un·ver·hüllt <Adj.>
un·ver'käuf·lich <a. ['----]; Adj.>
un·ver'kenn·bar <a. ['----]; Adj.>
eindeutig erkennbar; ~e Ähn-
lichkeit
'un·ver·langt <Adj.>
'un·ver·läss·lich <Adj.>
un·ver'letz·bar <a.['----]; Adj.>
nicht verwundbar; → a. *unver-*
letzlich; **un·ver'letz·lich** <Adj.>
nicht verletzlich, tabu; ~e Rech-
te; → a. *unverletzbar;* **Un·ver'**
letz·lich·keit <f.; -; unz.>; **'un·**
ver·letzt <Adj.>
'un·ver·mählt <Adj.; poet.> *ledig*
un·ver'meid·bar, un·ver'meid·
lich <a. ['----]; Adj.; ⚹Z43> der
Unfall war ~; sich ins Unver-
meidliche ergeben
'un·ver·min·dert <Adj.> mit ~er
Härte
'un·ver·mischt <Adj.>
'un·ver·mit·telt <Adj.> *über-*
gangslos; eine ~e Frage

'Un·ver·mö·gen <n.; -s; unz.>
Unfähigkeit; Ggs *Vermögen(1);*
'un·ver·mö·gend <Adj.> *mittel-*
los
'un·ver·mu·tet <Adj.> ~e Kompli-
kationen
'Un·ver·nunft <f.; -; unz.> *Mangel*
an Vernunft; **'un·ver·nünf·tig**
<Adj.> ~ handeln
'un·ver·öf·fent·licht <Adj.> ~es
Manuskript
'un·ver·packt <Adj.>
'un·ver·rich·tet <Adj.> *nicht erle-*
digt; ~er Dinge zurückkehren
un·ver'rück·bar <a. ['----]; Adj.>
~es Ziel; **un·ver'rückt** <Adj.>
'un·ver·schämt <Adj.; -er, am
-es·ten> *frech, respektlos;* ~ ant-
worten; **'Un·ver·schämt·heit**
<f.; -, -en>
'un·ver·schlei·ert <Adj.>
'un·ver·schlos·sen <Adj.>
'un·ver·schont <Adj.> nichts ~
lassen
'un·ver·schul·det <Adj. [--'--]; Adj.>
1 *schuldenfrei* 2 *unschuldig;* ~
in Schwierigkeiten geraten
'un·ver·se·hens <a. [--'--]; Adv.>
unvermittelt; er kam ~ vorbei
'un·ver·sehrt <a. [--'-]; Adj.> *das*
Paket erreichte uns ~; **'Un·ver·**
sehrt·heit <f.; -; unz.>
un·ver'sieg·bar <a. ['----]; Adj.;
nicht korrekt für> *unversieglich*
'un·ver·sie·gelt <a. [--'--]; Adj.>
un·ver'sieg·lich <a. ['----]; Adj.>
~e Energie
un·ver'söhn·lich <a. ['----]; Adj.>
er ist ~; **Un·ver'söhn·lich·keit**
<f.; -; unz.>
'un·ver·sorgt <Adj.> ~ sein
'Un·ver·stand <m.; -(e)s; unz.>
Mangel an Verstand; **'un·ver·**
stan·den <Adj.> sich ~ fühlen;
'un·ver·stän·dig <Adj.> *einfäl-*
tig, dumm; ein ~er Junge; **'un·**
ver·ständ·lich <Adj.> *nicht zu*
verstehen; ~e Aussprache; ihr
Benehmen ist mir ~; **'Un·ver·**
ständ·lich·keit <f.; -; unz.>;
'Un·ver·ständ·nis <n.; -s·ses;
unz.> *Mangel an Verständnis*
'un·ver·steu·ert <Adj.> ~es Ein-
kommen
'un·ver·sucht <Adj.; in den Wen-
dungen> nichts ~ lassen; es
blieb nichts ~
'un·ver·träg·lich <Adj.> 1 *streit-*
süchtig; ein ~er Mensch 2 *nicht*
bekömmlich; ~e Speisen 3 *un-*

vereinbar; ~e Ansichten; **'Un·ver·träg·lich·keit** <f.; -; unz.>

'un·ver·wandt <Adj.> *unaufhörlich;* jmdn. ~ ansehen

un·ver·wech·sel·bar <[-ks-]; a. ['-----]; Adj.> *nicht zu verwechseln, typisch;* ~er Stil

'un·ver·wehrt <a. [--'-]; Adj.> *gestattet*

'un·ver·wes·lich <a. [--'--]; Adj.>

un·ver'wund·bar <a. ['----]; Adj.>; **Un·ver'wund·bar·keit** <f.; -; unz.>

un·ver'wüst·lich <a. ['----]; Adj.> *unzerstörbar, haltbar;* ~es Spielzeug; ~er Humor; **Un·ver'wüst·lich·keit** <f.; -; unz.>

'un·ver·zagt <a. [--'-]; Adj.>; **'Un·ver·zagt·heit** <f.; -; unz.>

un·ver'zeih·bar, **un·ver'zeih·lich** <a. ['----]; Adj.> ein ~er Fehltritt

un·ver'zicht·bar <Adj.> er ist ~

'un·ver·zins·lich <Adj.>

'un·ver·zollt <Adj.> ~e Ware

un·ver'züg·lich <a. ['----]; Adj.> *sofort;* ~ abreisen

'un·voll·en·det <a. [--'--]; Adj.>

'un·voll·kom·men <a. [--'--]; Adj.> ~e Kenntnisse; **'Un·voll·kom·men·heit** <f.; -, -en> 1 <unz.> *unvollkommener Zustand* 2 *Mangel, Schwäche*

'un·voll·stän·dig <Adj.> eine ~e Sammlung; **'Un·voll·stän·dig·keit** <f.; -; unz.>

'un·vor·be·rei·tet <Adj.>

'un·vor·denk·lich <Adj.> seit ~en Zeiten *seit Menschengedenken*

'un·vor·ein·ge·nom·men <Adj.> ~ urteilen; **'Un·vor·ein·ge·nom·men·heit** <f.; -; unz.>

un·vor'greif·lich <a. ['----]; Adj.>

'un·vor·her·ge·se·hen <Adj.> ~e Schwierigkeiten

'un·vor·schrifts·mä·ßig <Adj.>

'un·vor·sich·tig <Adj.>; **un·vor·sich·ti·ger·wei·se** <Adv.>; **'Un·vor·sich·tig·keit** <f.; -; unz.> *Leichtsinn*

un·vor'stell·bar <a. ['----]; Adj.> eine ~e Katastrophe

'un·vor·teil·haft <Adj.; -er, am -es·ten> eine ~e Frisur

un'wäg·bar <a. ['---]; Adj.> *nicht abwägbar;* ~es Risiko; **Un'wäg·bar·keit** <f.; -; unz.>

'un·wahr <Adj.> ~e Aussagen; **'un·wahr·haf·tig** <Adj.>; **'Un·wahr·haf·tig·keit** <f.; -; unz.>; **'Un·wahr·heit** <f.; -, -en> ~en

erzählen *Lügen;* **un·wahr'schein·lich** <a. ['----]; Adj.> 1 *unglaubwürdig;* eine ~e Behauptung 2 <verstärkend> *ungeheuer;* ~e Geschwindigkeit; ~ teuer; **'Un·wahr·schein·lich·keit** <f.; -; unz.>

un'wan·del·bar <a. ['----]; Adj.>; **Un'wan·del·bar·keit** <f.; -; unz.>

'un·weg·sam <Adj.> *kaum gangbar;* ~es Gelände; **'Un·weg·sam·keit** <f.; -; unz.>

'un·weib·lich <Adj.>; **'Un·weib·lich·keit** <f.; -; unz.>

un'wei·ger·lich <a. ['----]; Adj.> *ganz sicher;* ~e Folgen

'un·weit <Präp. mit Gen. od. mit "von"> ~ des Hauses; ~ von dem Haus

'un·wert <Adj.; geh.> der Mühe ~; **'Un·wert** <m.; -(e)s; unz.> *Wertlosigkeit*

'Un·we·sen <n.; -s; unz.> übles ~; er trieb sein ~; Verbrecher~; **'un·we·sent·lich** <Adj.>

'Un·wet·ter <n.; -s, -> *stürmisches Regenwetter*

'un·wich·tig <Adj.>; **'Un·wich·tig·keit** <f.; -; unz.>

un·wi·der'leg·bar <a. ['-----]; Adj.>; **Un·wi·der'leg·bar·keit** <f.; -; unz.>; **un·wi·der'leg·lich** <Adj.> *unwiderlegbar;* **Un·wi·der'leg·lich·keit** <f.; -; unz.>

un·wi·der'ruf·lich <a. ['-----]; Adj.> ~es Urteil; **Un·wi·der'ruf·lich·keit** <f.; -; unz.>

un·wi·der'spro·chen <a. ['-----]; Adj.> etwas ~ hinnehmen

un·wi·der'steh·lich <a. ['-----]; Adj.> 1 ein ~es Verlangen 2 *sehr einnehmend, verführerisch;* sich für ~ halten; **Un·wi·der·'steh·lich·keit** <f.; -; unz.>

un·wie·der'bring·lich <a. ['-----]; Adj.> *endgültig;* ~ verloren

'Un·wil·le(n) <m.; -(n)s; unz.> *Missfallen, Ärger;* ~ erregen; **'un·wil·lig** <Adj.>; **'un·will·kom·men** <Adj.> ~e Gäste

'un·will·kür·lich <a. [--'--]; Adj.> *unbewusst;* ein ~er Reflex; Ggs *willkürlich*

'un·wirk·lich <Adj.>; **'Un·wirk·lich·keit** <f.; -; unz.>

'un·wirk·sam <Adj.>; **'Un·wirk·sam·keit** <f.; -; unz.>

'un·wirsch <Adj.> *barsch, unfreundlich;* eine ~e Antwort

'un·wirt·lich <Adj.> 1 *ungastlich* 2 *öde, karg;* ~e Landschaft 3 *rau;* ~es Wetter; **'Un·wirt·lich·keit** <f.; -; unz.>

'un·wirt·schaft·lich <Adj.>; **'Un·wirt·schaft·lich·keit** <f.; -; unz.>

'un·wis·send <Adj.> *kein Wissen habend;* **'Un·wis·sen·heit** <f.; -; unz.>; **'un·wis·sen·schaft·lich** <Adj.> ~ arbeiten; **'Un·wis·sen·schaft·lich·keit** <f.; -; unz.>; **'un·wis·sent·lich** <Adj.; undekl.> etwas ~ tun

'un·wohl <Adj.> sich ~ fühlen; **'Un·wohl·sein** <n.; -s; unz.>

'un·wohn·lich <Adj.>

'Un·wort <n; -(e)s, -e od. ¨er> *unangebrachtes, unschönes Wort;* ~ des Jahres

'Un·wucht <f.; -, -en; Tech.> *ungleich verteilte Massen (bei umlaufenden Körpern)*

'un·wür·dig <Adj.> jmdn. ~ behandeln; **'Un·wür·dig·keit** <f.; -; unz.>

'Un·zahl <f.; -; unz.> *sehr große Zahl;* eine ~ von Kindern; **'un·zähl·bar** <a. [-'--]; Adj.>; **'un·zäh·lig** <Adj.; ↗ Z 44> *unzählbar viele;* ~e Mal(e); ~e Besucher; <aber Großschreibung> Unzählige erschienen; das Anliegen Unzähliger

un'zähm·bar <a. ['---]; Adj.>; **Un'zähm·bar·keit** <f.; -; unz.>

'Un·ze <f.; -, -n; früher> *ein Gewicht* [lat.]

'Un·zeit <f.; -; unz.; in der Wendung> zur ~ *zu ungünstiger Zeit;* **'un·zeit·ge·mäß** <Adj.>; **'un·zei·tig** <Adj.; selten> 1 *spät* 2 *unreif (Obst)*

'un·zen·siert <Adj.> ~e Nachrichten

'un·zer·brech·lich <a. [--'--]; Adj.>; **'Un·zer·brech·lich·keit** <f.; -; unz.>

un·zer'reiß·bar <a. ['----]; Adj.>; **Un·zer'reiß·bar·keit** <f.; -; unz.>

un·zer'stör·bar <a. ['----]; Adj.>; **Un·zer'stör·bar·keit** <f.; -; unz.>

un·zer'trenn·lich <a. ['----]; Adj.>; **Un·zer'trenn·li·che(n)** <Pl.; Zool.> *Papageienart;* **Un·zer'trenn·lich·keit** <f.; -; unz.>

Un·zi'al·buch·sta·be <m.; -ns, -n>; **Un·zi'a·le** <f.; -, -n> *ein Schrifttyp* [lat.]

'**un·ziem·lich** <Adj.>; '**Un·ziem·lich·keit** <f.; -; unz.>
'**Un·zier·de** <f.; -; unz.; veralt.; in der Wendung> zur ~ gereichen *schaden*
'**un·zi·vi·li·siert** <[-vi-]; Adj.>
'**Un·zucht** <f.; -; unz.; veralt.> *sexuelle Unsittlichkeit;* ~ treiben;
'**un·züch·tig** <Adj.>
'**un·zu·frie·den** <Adj.>; '**Un·zu·frie·den·heit** <f.; -; unz.>
'**un·zu·gäng·lich** <Adj.> 1 ein ~es Grundstück 2 *unnahbar, verschlossen;* ~ sein; '**Un·zu·gäng·lich·keit** <f.; -; unz.>
'**un·zu·kömm·lich** <Adj.; österr.> *nicht ausreichend;* '**Un·zu·kömm·lich·keit** <f.; -, -en; schweiz.> *Schererei*
'**un·zu·läng·lich** <Adj.> *ungenügend;* ~e Versorgung; '**Un·zu·läng·lich·keit** <f.; -, -en>
'**un·zu·läs·sig** <Adj.> ~e Methoden; '**Un·zu·läs·sig·keit** <f.; -; unz.>
'**un·zu·mut·bar** <Adj.> ~e Bedingungen
'**un·zu·rech·nungs·fä·hig** <Adj.> jmdn. für ~ erklären; '**Un·zu·rech·nungs·fä·hig·keit** <f.; -; unz.>
'**un·zu·rei·chend** <Adj.> *nicht ausreichend;* ~e Befähigung
'**un·zu·sam·men·hän·gend** <Adj.> ~ reden
'**un·zu·stän·dig** <Adj.> sich für ~ erklären; '**Un·zu·stän·dig·keit** <f.; -; unz.>
'**un·zu·stell·bar** <Adj.> ein ~er Brief
'**un·zu·träg·lich** <Adj.> das ist mir ~ *das bekommt mir nicht;* '**Un·zu·träg·lich·keit** <f.; -; unz.>
'**un·zu·tref·fend** <Adj.; ⚐Z42> eine ~e Aussage; Unzutreffendes streichen!
'**un·zu·ver·läs·sig** <Adj.>; '**Un·zu·ver·läs·sig·keit** <f.; -; unz.>
'**un·zweck·mä·ßig** <Adj.>; '**Un·zweck·mä·ßig·keit** <f.; -; unz.>
'**un·zwei·deu·tig** <Adj.> *eindeutig;* seine Haltung ist ~
'**un·zwei·fel·haft** <a. [-'---]; Adj.> ~ hat er Recht
U'pa·ni·schad <f.; -, -'scha·den; meist Pl.> *altind. philos.-relig. Text* [Sanskrit]
Up·date <['ʌpdɛit]; n.; -s, -s; EDV> *aktualisierte Fassung* [engl.]; '**Up·grade** <[-greid]; n.; -s, -s; EDV> *verbesserte Version*
UPI <[ju:pi'ai]; ⚐Z56; Abk. für engl.> *United Press International*
Up·load <['ʌploud]; n.; -s, -s; EDV> *Programm zum Auflagen von Dateien;* Ggs Download [engl.]; '**up·loa·den** <V. t.; ich uploade; sie hat upgeloadet; upzuloaden; EDV> eine Datei ~ *auf die Festplatte laden;* Ggs *downloaden*
Up·per·class, <auch> **Up·per Class** <['ʌpə(r)klɑ:s]; f.; -; unz.; ⚐Z30; geh.> *Oberschicht* [engl.]; '**Up·per·cut** <[-kʌt]; m.; -s, -s; Sp.; Boxen> *Aufwärtshaken;* '**Up·pers** <Pl.> = *Ups*
'**üp·pig** <Adj.> 1 *reichhaltig;* ~e Ausstattung 2 *rundlich;* eine ~e Gestalt; '**Üp·pig·keit** <f.; -; unz.>
UPS <[ju:pi'ɛs]; Warenz.; Abk. für engl.> *United Parcel Service*
Ups <[ʌps]; Pl.> *stimulierende Drogen* [engl.]
up to date <[ʌp tu 'deit]> *modern, zeitgemäß;* sein Kleidungsstil ist ~ [engl.]
Ur <m.; -(e)s, -e; Zool.> = *Auerochse*
ur..., Ur... <in Zus.> 1 *das Erste bezeichnend;* Urzustand; Uraufführung 2 *Echtheit, Ursprünglichkeit bezeichnend;* 3 *sehr;* urplötzlich 4 *die ältere od. jüngere Generation betreffend;* Urgroßeltern; Urenkel
'**Ur·ab·stim·mung** <f.; -, -en> *Abstimmung über einen Streik*
U·ra'cil <n.; -s, -e; Biochem.> *ein Baustein der Ribonukleinsäure*
'**Ur·a·del** <m.; -s; unz.; ⚐Z55> *ältester Adel*
'**Ur·ahn** <m.; -s od. -en, -en>; '**Ur·ah·ne** <m.; -n, -n od. f. -, -n> *ältester Vorfahr*
U'ral <m.; - od. -s; unz.> *russ. Gebirge zw. Asien u. Europa;* **u·ral·al'ta·isch** <Adj.; früher> ~e Sprachen *finnisch-ugrische u. altaische Sprachen;* das Uralaltaische; **u'ra·lisch** <Adj.>
'**ur·alt** <Adj.> *sehr alt;* '**Ur·al·ter** <n.; -s; unz.> *Vorzeit;* <aber> von uralters her; '**Ur·alt·gut·ha·ben** <n.; -s, ->
Ur·ä'mie, <auch> **U·rä'mie** <f.; -, -n; Med.> *Harnvergiftung* [grch.]; **ur'ä·misch** <Adj.; Med.>
U'ran <n.; -s; unz.; Chem.; Zeichen: U> *radioaktives chem. Element* [nach dem Planeten *Uranus*]; **U'ran·blei** <n.; -(e)s; unz.>; **U'ran·bren·ner** <m.; -s, -> *mit Uran betriebener Reaktor*
'**Ur·an·fang** <m.; -(e)s, ⸚e> *weit zurückliegender Anfang;* '**ur·an·fäng·lich** <Adj.>
U'ran·glim·mer <m.; -s; unz.> *ein Mineral*
'**Ur·angst** <f.; -, ⸚e>
u'ran·hal·tig <Adj.> ~es Gestein; <aber mit Bindestrich> Uran-238-haltig
'**Ur·an·la·ge** <f.; -, -n> *urspr. Anlage*
U·ra·no·lo'gie <f.; -; unz.; veralt.> *Himmelskunde* [grch.]
U'ran·pech·erz <n.; -es; unz.; Chem.>
U'rat <n.; -(e)s, -e; Chem.> *Salz der Harnsäure* [grch.]
'**ur·auf·füh·ren** <V. t.; fast nur im Perf.> *das erste Mal aufführen;* das Stück wurde uraufgeführt; '**Ur·auf·füh·rung** <f.; -, -en>
U'rä·us·schlan·ge <f.; -, -n; Zool.> *eine Kobra (altägypt. Sonnensymbol)* [grch.]
ur'ban <Adj.; geh.> 1 *städtisch* 2 *gebildet, galant* [lat.]; **Ur·ba·ni·sa·ti'on** <f.; -, -en>; **ur·ba·ni'sie·ren** <V. t.> *verstädtern;* **Ur·ba·ni·sie·rung** <f.; -, -en>; **Ur·ba·ni'tät** <f.; -; unz.> *urbanes Benehmen*
'**ur·bar** <Adj.> *landwirtschaftl. nutzbar;* ~er Boden; **Ur'bar** <n.; -s, -e; veralt.> *Grundbuch;* **ur·ba·ri'sie·ren** <V. t.; schweiz.> *urbar machen;* **Ur·ba·ri·sie·rung** <f.; -, -en; schweiz.>; '**Ur·bar·ma·chung** <f.; -; unz.>
'**Ur·be·deu·tung** <f.; -, -en> *urspr. Bedeutung*
'**Ur·be·ginn** <m.; -(e)s; unz.> = *Uranfang*
'**Ur·be·stand·teil** <m.; -(e)s, -e>
'**Ur·be·völ·ke·rung** <f.; -, -en>
'**Ur·be·woh·ner** <m.; -s, ->; '**Ur·be·woh·ne·rin** <f.; -, -·nnen>
'**Ur·bild** <n.; -(e)s, -er>
'**ur·chig** <Adj.; schweiz.> = *urig*
'**Ur·chris·ten·tum** <[-kris-]; n.; -s; unz.> *frühes Christentum;* '**ur·christ·lich** <Adj.>
'**Ur·darm** <m.; -(e)s, ⸚e; Anat.>

U

'ur·deutsch <Adj.> *typisch deutsch*

'Ur·du <n.; - od. -(s); unz.> *Staatssprache Pakistans*

U·rea <f.; -; unz.; Med.> *Harnstoff* [grch.]; **U·re'a·se** <f.; -, -n; Biochem.> *ein Enzym*

'ur·ei·gen <Adj.> *ganz eigen*

'Ur·ein·woh·ner <m.; -s, -> Sy *Urbewohner;* **'Ur·ein·woh·ne·rin** <f.; -, -n·nen>

'Ur·el·tern <Pl.> *Urahnen;* **'Ur·en·kel** <m.; -s, -> *Sohn des Enkels od. der Enkelin;* **'Ur·en·ke·lin** <f.; -, -n·nen>

U're·se <f.; -; unz.; Med.> *das Harnen* [grch.]; **U're·ter** <m.; -s, -'te·ren; Med.> *Harnleiter;* **U·re·'than** <n.; -s; unz.; Chem.> *Ester der Carbamidsäure;* **U're·thra,** <auch> **U'reth·ra** <f.; -, -thren/ -th·ren; ⟋Z53; Med.> *Harnröhre;* **u're·tisch** <Adj.; Med.> *den Harnleiter betreffend*

ur·e'wig <Adj.; ⟋Z55; umg.> *weit zurückliegend;* vor ~en Zeiten

'Ur·fas·sung <f.; -, -en>

'Ur·feh·de <f.; -, -n; im MA> *eidlicher Racheverzicht*

'Ur·fels <m.; -en, -en> = *Urgestein*

'Ur·form <f.; -, -en> *urspr. Form;* **'ur·for·men** <V. t.> *einen Werkstoff ~*

ur·ge'müt·lich <Adj.> *sehr gemütlich*

Ur'genz <f.; -; unz.; österr.; geh.> *Dringlichkeit* [lat.]

'ur·ger·ma·nisch <Adj.> *~e Sprache Ursprung der german. Sprachen;* das Urgermanische

'Ur·ge·schich·te <f.; -; unz.> *Vorgeschichte(2);* **'Ur·ge·schicht·ler** <m.; -s, -; umg.>; **'Ur·ge·schicht·le·rin** <f.; -, -n·nen; umg.>; **'ur·ge·schicht·lich** <Adj.>

'Ur·ge·sell·schaft <f.; -; unz.>

'Ur·ge·stalt <f.; -, -en> *urspr. Gestalt*

'Ur·ge·stein <n.; -(e)s; unz.>

'Ur·ge·walt <f.; -, -en> *urtüml. Naturgewalt*

ur·gie'ren <V. t.; österr.> *dringlich machen* [lat.]

'Ur·groß·el·tern <Pl.> *Eltern der Großeltern;* **'Ur·groß·mut·ter** <f.; -, -̈>; **'Ur·groß·va·ter** <m.; -s, -̈>

'Ur·grund <m.; -(e)s, -̈e> ~ *alles Seins*

'Ur·he·ber <m.; -s, -> 1 *Veranlasser;* der ~ eines Streiches 2 *Verfasser;* geistiger ~; **'Ur·he·be·rin** <f.; -, -n·nen>; **'Ur·he·ber·recht** <n.; -(e)s, -e; Rechtsw.> *Verfügungsgewalt über das eigene Werk;* **'ur·he·ber·recht·lich** <Adj.; Rechtsw.> ~ *geschützt;* **'Ur·he·ber·schaft** <f.; -; unz.>; **'Ur·he·ber·schutz** <m.; -es; unz.; Rechtsw.>

'Ur·hei·mat <f.; -; unz.> *urspr. Heimat*

U'ri·an <m.; -(e)s, -e> 1 <unz.> *Teufel* 2 <veralt.> *unerwünschter Gast*

U'ri·as·brief <m.; -(e)s, -e> *Unheil bringender Brief* [nach *Uria,* dem Heerführer Davids]

U·ri'ca·se <f.; -; unz.; Biochem.> *ein Enzym;* **U·ri'din** <n.; -s, -e; Biochem.> *ein Nukleosid*

...u·rie <Med.; in Zus.> *...harnen, Harn...* [lat.-grch.]

'u·rig <Adj.> *urwüchsig*

U'rin <m.; -s, -e> *Harn* [grch.]; **u·ri'nal** <Adj.>; **U·ri'nal** <n.; -(e)s, -e> *Harngefäß;* **u·ri'nie·ren** <V. i.> *harnen;* **u·ri'nös** <Adj.; Med.> *harnstoffhaltig*

'Ur·in·sekt <n.; -(e)s, -en>

'Ur·in·stinkt, <auch> **'Ur·ins·tinkt** <m.; -(e)s, -e; ⟋Z54> *urspr. Instinkt*

U'rin·un·ter·su·chung <f.; -, -en; Med.>

'Ur·kan·ton <m.; -(e)s, -e> *ein Gründungskanton der Schweiz*

'Ur·kir·che <f.; -; unz.> *frühe christl. Kirche*

'Ur·knall <m.; -(e)s; unz.; Kosmologie> *explosionsartiger Anfang des Universums;* Sy *Big Bang*

'ur·ko·misch <Adj.> *sehr komisch*

'Ur·kraft <f.; -, -̈e> *ungebändigte Naturkraft*

'Ur·kun·de <f.; -, -n> *schriftl. Zeugnis;* eine ~ ausstellen; Geburts- ~; **'Ur·kun·den·fäl·schung** <f.; -, -en>; **'Ur·kun·den·for·schung** <f.; -, -en>; **'ur·kund·lich** <Adj.> ~ beglaubigen lassen; **'Ur·kunds·be·am·te(r)** <m. 1>; **'Ur·kunds·be·am·tin** <f.; -, -n·nen>

'Ur·laub <m.; -(e)s, -e> *arbeitsfreie Zeit zu Erholungszwecken;* in, im ~ sein; drei Wochen ~;

'Ur·lau·ber <m.; -s, ->; **'Ur·lau·be·rin** <f.; -, -n·nen; ⟋Z38>; **'Ur·laubs·be·kannt·schaft** <f.; -, -en>; **'Ur·laubs·geld** <n.; -(e)s, -er>; **'ur·laubs·reif** <Adj.> *erholungsbedürftig;* **'Ur·laubs·schein** <m.; -(e)s, -e>; **'Ur·laubs·tag** <m.; -(e)s, -e>; **'Ur·laubs·zeit** <f.; -, -en>

'Ur·maß <n.; -es, -e> *Normalmaß*

'Ur·mensch <m.; -en, -en> *erster Mensch*

'Ur·me·ter <n.; -s, -> *Normalmaß für das Meter*

'Ur·mund <m.; -(e)s, -̈er>

'Ur·mut·ter <f.; -; unz.>

'Ur·ne <f.; -, -n> 1 *Behältnis für die Asche von Verstorbenen* 2 = *Wahlurne* [lat.]; **'Ur·nen·feld** <n.; -(e)s, -er>; **'Ur·nen·fel·der·kul·tur** <f.; -; unz.>; **'Ur·nen·fried·hof** <m.; -(e)s, -̈e>; **'Ur·nen·grab** <n.; -(e)s, -̈er>; **'Ur·nen·hain** <m.; -(e)s, -e>; **'Ur·nen·hal·le** <f.; -, -n>

u·ro..., **U·ro...** <Med.; in Zus.> *harn..., Harn...* [grch.]; **U·ro·chrom** <n.; -[kro:m]; n.; -s; unz.; Med.> *Harnfarbstoff;* **u·ro·ge·ni·'tal** <Adj.; Med.> *zu den Harn- u. Geschlechtsorganen gehörend;* **U·ro·ge·ni'tal·sys·tem** <n.; -s, -e; Med.>

'U-Rohr <n.; -(e)s, -e; ⟋Z34> *u-förmiges Rohr*

U·ro'lith <m.; -(e)s od. -en, -e od. -en; Med.> *Harnstein* [grch.]; **U·ro'lo·ge** <m.; -n, -n; Med.>; **U·ro·lo'gie** <f.; -; unz.; Med.> *Lehre von den Erkrankungen der Harnorgane;* **U·ro·lo·gin** <f.; -, -n·nen; Med.>; **u·ro·lo·gisch** <Adj.; Med.>

'Ur·o·ma <f.; -, -s; ⟋Z55; umg.> *Urgroßmutter;* **'Ur·o·pa** <m.; -s, -s; ⟋Z55; umg.> *Urgroßvater*

'Ur·pas·sat <m.; -(e)s; unz.> *Ostwindzone um den Äquator*

'ur·plötz·lich <a. [-'--]; Adj.> *sehr plötzlich;* ~ stand er vor uns

'Ur·pro·dukt <n.; -(e)s, -e> *Rohstoff;* **'Ur·pro·duk·ti·on** <f.; -, -en> *Rohstoffgewinnung*

'Ur·quell <m.; -s, -en>, **'Ur·quel·le** <f.; -, -n> *Ursprung*

'Ur·sa·che <f.; -, -n> *Anlass, Grund;* Todes- ~; die ~ eines Unfalls klären; keine ~ <umg.> *gern geschehen;* **'Ur·sa·chen-**

for·schung <f.; -; unz.>; **'ur·säch·lich** <Adj.> in ~em Zusammenhang stehen

'ur·schen <V. i.; du urschst; ostmdt.> *verschwenden;* mit Geld ~

'Ur·schleim <m.; -(e)s; unz.> *mineral. Substanz am Meeresboden*

'Ur·schrift <f.; -, -en> *Original;* **'ur·schrift·lich** <Adj.>

'Ur·sen·dung <f.; -, -en; Funk; TV> *erste Sendung*

urspr. <Abk. für> *ursprünglich*

'Ur·spra·che <f.; -, -n> 1 *Ursprungssprache* 2 *Originalsprache*

'Ur·sprung <m.; -(e)s, ⸚e> 1 *Beginn;* seinen ~ in etwas haben 2 *Herkunft;* ein Wort lateinischen ~s; **'ur·sprüng·lich** <Adj.; Abk.: urspr.> 1 *die –e Bedeutung eines Wortes* 2 <adv.> *zunächst;* ~ wollten wir ins Kino 3 *unverfälscht;* ~e Reinheit; **'Ur·sprüng·lich·keit** <f.; -; unz.>; **'Ur·sprungs·land** <n.; -(e)s, ⸚er>

'urst <Adj.; ostdt.; umg.> *toll*

'Ur·ständ <f.; -; unz.; veralt.> *Auferstehung;* fröhliche ~ feiern <umg.; scherzh.>

'Ur·stoff <m.; -(e)s, -e; Philos.> *der Welt zugrunde liegender Stoff;* Sy *Materie(1)*

'Ur·strom·tal <n.; -(e)s, ⸚er; Geol.> *während der Eiszeiten entstandenes Tal*

Ur·su'li·ne <f.; -, -n; Kath.> *Angehörige eines kath. Ordens*

'Ur·teil <n.; -(e)s, -e> 1 <Rechtsw.> *Richterspruch;* Todes~; ein mildes ~ fällen 2 *Beurteilung;* ein ~ abgeben; sich ein ~ bilden; zu einem ~ kommen; **ur·tei·len** <V. i.> vorschnell über jmdn. ~; **'ur·teils·fä·hig** <Adj.>; **'Ur·teils·fä·hig·keit** <f.; -; unz.>; **'Ur·teils·fin·dung** <f.; -; unz.>; **'ur·teils·los** <Adj.>; **'Ur·teils·spruch** <m.; -(e)s, ⸚e>; **'Ur·teils·ver·mö·gen** <n.; -s; unz.>

'Ur·text <m.; -(e)s, -e>

'Ur·tier <n.; -(e)s, -e; Biol.> *ausgestorbenes Tier;* **'Ur·tier·chen** <n.; -s, -; Biol.> *Einzeller*

Ur·ti'ka·ria <f.; -; unz.; Med.> *Nesselsucht* [lat.]

'Ur·trieb <m.; -(e)s, -e>

'ur·tüm·lich <Adj.> *ursprünglich;* **'Ur·tüm·lich·keit** <f.; -; unz.>

'Ur·typ <m.; -s, -en>

U·ru·gu·ay <[-'gwai]; a. ['----]> *Staat in Südamerika;* Republik Östlich des ~; **U·ru'gu·ay·er,** <auch> **U·ru'gu·a·yer** <m.; -s, -; ⸗Z52>; **U·ru'gu·a·ye·rin** <f.; -, -n·nen>; **u·ru'gu·ay·isch** <Adj.>

'Ur·ur·en·kel <m.; -s, -> *Sohn des Urenkels od. der Urenkelin;* **'Ur·ur·en·ke·lin** <f.; -, -n·nen>; **'Ur·ur·groß·el·tern** <Pl.> *Eltern der Urgroßeltern;* **'Ur·ur·groß·mut·ter** <f.; -, ⸚>; **'Ur·ur·groß·va·ter** <m.; -s, ⸚>

'Ur·va·ter <m.; -s; unz.>

'Ur·ver·trau·en <n.; -s; unz.; Psych.> *natürliches menschl. Vertrauen*

'ur·ver·wandt <Adj.> ~e Sprachen; **'Ur·ver·wandt·schaft** <f.; -; unz.>

'Ur·viech <n.; -(e)s, -er; umg.; scherzh.> *lustiger Mensch*

'Ur·vo·gel <m.; -s, ⸚; Biol.> *Archäopteryx*

'Ur·volk <n.; -(e)s, ⸚er>

'Ur·wahl <f.; -, -en; Pol.>; **'Ur·wäh·ler** <m.; -s, ->; **'Ur·wäh·le·rin** <f.; -, -n·nen>

'Ur·wald <m.; -(e)s, ⸚er; bes. in den Tropen> *unkultivierter Wald*

'Ur·welt <f.; -; unz.> *urzeitl. Welt;* **'ur·welt·lich** <Adj.>

'ur·wüch·sig <[-ks-]; Adj.> 1 *unverfälscht* 2 *bodenständig;* **'Ur·wüch·sig·keit** <f.; -; unz.>

'Ur·zeit <f.; -, -en> *vorgeschichtl. Zeit;* **'ur·zeit·lich** <Adj.>

'Ur·zel·le <f.; -, -n> *erste Zelle(2)*

'Ur·zeu·gung <f.; -, -en> *hypothetische Entstehung von Leben aus toter Materie*

'Ur·zu·stand <m.; -(e)s, ⸚e> *urspr. Zustand*

US(A) <Pl.; Abk. für engl.> *United States (of America)*

U·sam'ba·ra·veil·chen <n.; -s, -; Bot.> *eine Zierpflanze* [nach der Landschaft *Usambara* in Tanganjika]

US-A·me·ri·ka·ner <[-'ɛs-]; m.; -s, -; ⸗Z34> *Einwohner der USA;* **US-A·me·ri·ka·ne·rin** <f.; -, -n·nen>; **US-a·me·ri·ka·nisch** <Adj.>

U·san·ce <[y'zãs(ə)]; f.; -, -n; geh.> *(Handels-)Brauch* [frz.];

u·san·ce·mä·ßig <Adj.>; **U'san·cen·han·del** <m.; -s; unz.> *Devisenhandel in ausländ. Währung;* **U'sanz** <f.; -, -en; schweiz.> = *Usance*

Us·be·ke <m.; -n, -n>; **Us'be·kin** <f.; -, -n·nen>; **us'be·kisch** <Adj.>; **Us'be·kis·tan** *Staat in Zentralasien;* Republik ~

U·ser <['ju:zər]; m.; -s, -> 1 <umg.> *Rauschgiftsüchtiger* 2 <EDV> *Systembenutzer* [engl.]; **'U·se·rin** <f.; -, -n·nen>

usf. <Abk. für> *und so fort*

'U·so <m.; -s, -s> *Handelsbrauch;* → a. *Usus* [ital.]; **u·su'ell** <Adj.; geh.> *üblich* [lat.]

U·sur·pa'ti·on <f.; -, -en> *widerrechtl. Machtaneignung* [lat.]; **U·sur'pa·tor** <m.; -s, -'to·ren>; **U·sur'pa·to·rin** <f.; -, -n·nen>; **u·sur·pa'to·risch** <Adj.>; **u·sur'pie·ren** <V. t.> den Thron ~

'U·sus <m.; -; unz.> *Brauch;* es ist so ~, dass ...; → a. *Uso* [lat.]; **U·sus'fruk·tus** <m.; -; unz.; Rechtsw.> *Nießbrauch*

usw. <Abk. für> *und so weiter*

Ut <[yt]; m.; -; -; Mus.; Abk. für> *der Ton c* [frz.]

U·tah[1] <['ju:ta]> *ein US-Staat;* **'U·tah**[2] <n.; - od. -s; unz.> *eine Indianersprache*

U·ten'sil <n.; -s, -li·en; meist Pl.> *Gegenstand;* Schmink~ [lat.]

u·te'rin <Adj.; Med.> *zur Gebärmutter gehörig;* **'U·te·rus** <m.; -, -ri; Anat.> *Gebärmutter* [lat.]

u·ti·li'tär <Adj.; geh.> *auf den Nutzen bezüglich* [lat.]; **U·ti·li·ta'ris·mus** <m.; -; unz.>; **u·ti·li·ta'ris·tisch** <Adj.>

U'to·pia <n.; - od. -s; unz.> *Traumland;* oV *Utopien*[1] [nach dem Roman *Utopia* von Th. Morus]; **U·to'pie** <f.; -, -n> 1 <Lit.> *Beschreibung einer erdachten Gesellschaft* 2 *unrealisierbarer Wunsch* [grch.]; **U·to·pi·en**[1] <n.; -s; unz.> = *Utopia;* **U·to'pi·en**[2] <Pl. von> *Utopie;* **u·to'pisch** <Adj.>; **U·to'pis·mus** <m.; -, -men> 1 *Neigung zu Utopien*[2] 2 *utop. Vorstellung;* **U·to'pist** <m.; -en, -en>; **U·to'pis·tin** <f.; -, -n·nen>

U·tra'quis·mus, <auch> **Ut·ra'quis·mus** <m.; -; unz.; ⸗Z53> *gemäßigte Richtung der Hussi-*

U

ten [lat.]; **U·tra'quist** <m.; -en, -en>; **u·tra'quis·tisch** <Adj.>

'U·trum, <auch> **'Ut·rum** <n.; -s, 'U·tra/'Ut·ra; Sprachw.> *gemeinsames grammat. Genus*

Ut·te·rance <['ʌtərəns]; f.; -, -s [-siz]; Sprachw.> *sprachl. Realisierung* [engl.]

u. U. <Abk. für> *unter Umständen*

UV <Abk. für> *ultraviolett*

u. v. a. <Abk. für> *und viele(s) andere*

UV-Ab'sor·ber <m.; -s, -; ↗Z34>

u. v. a. m. <Abk. für> *und viele(s) andere mehr*

UV-be·strahlt <[u'fau-]; Adj.; ↗Z34>

UvD <Mil.; Abk. für> *Unteroffizier vom Dienst*

U·vi'ol <[-vi-]; n.; -s; unz.; Kurzw. für> *Ultraviolett*; **U·vi'ol·glas** <n.; -es; unz.>

UV-Lam·pe <[u'fau-]; f.; -, -n; ↗Z34> *Höhensonne*; **UV-Strah·len** <Pl.> *ultraviolette Strahlen*; **UV-Strah·len·ge·schä·digt** <Adj.>

'U·vu·la <[-vu-]; f.; -, -lae [-lɛ:]; Med.> *Gaumenzäpfchen* [lat.]; **u·vu'lar** <Adj.; Phon.> *mit dem Gaumenzäpfchen gebildet*; **U·vu'lar** <m.; -(e)s, -e; Phon.> → a. *Kasten Konsonant*

u. W. <Abk. für> *unseres Wissens*

Ü-Wa·gen <m.; -s, -; ↗Z34; Funk; TV; Kurzw. für> *Übertragungswagen*

'u·zen <V. t.; du uzt; umg.> *necken*; **U·ze'rei** <f.; -, -en; umg.>

u. zw. <Abk. für> *und zwar*

V

v 1 <n.; -, - od. (umg.) -s> *ein Buchstabe* 2 <Phys.; Zeichen für> *Geschwindigkeit* 3 <Abk. für> *verte!* [lat.]

V 1 <n.; -, - od. (umg.) -s> *ein Buchstabe* 2 <röm. Zahlzeichen für> *5* 3 <Phys.; Zeichen für> *Volt* 4 <Phys.; Zeichen für> *Volumen* 5 <Chem.; Zeichen für> *Vanadium* 6 <Typ.; Zeichen für> *vertatur!*

v. <Abk. für> 1 *von, vom, vor* 2 *vide!*

V. <Lit.; Abk. für> *Vers*

VA <Phys.; Zeichen für> *Voltampere*

v. a. <Abk. für> *vor allem*

Va·banque, <auch> **va banque** <[va'bãk]; beim Glücksspiel> *es gilt die Bank; ~ spielen um den ganzen Einsatz, <a. fig.> alles riskieren* [frz.]; **Va'banque·spiel** <n.; -(e)s, -e; fig.>

va·cat <['va:kat]> *es fehlt; → a. Vakat* [lat.]

Vac·ci·ne <[vak'tsi-]; f.; -, -n; Med.> = *Vakzine*

Vache·le·der <['vaʃ-]; n.; -s; unz.> *Schuhsohlenleder* [frz.]; **'vache·le·dern** <Adj.>

Va·de'me·kum <[va-]; n.; -s, -s> *Ratgeber, kleines Lehrbuch* [frz.]; **Va·ga·'bun·den·le·ben** <n.; -s; unz.>

va'dos <[va-]; Adj.; Geol.> *in der Erdkruste befindlich; ~es Wasser* [lat.]

Va·duz <[fa'duts] od. [va'du:ts]> *Hauptstadt von Liechtenstein*

vae vic·tis! <[vɛ: 'vikti:s]> *Wehe den Besiegten!* [lat.]

vag <[va:g]; Adj.> = *vage*; **Va·ga·bon·da·ge** <[-bɔ̃'da:ʒə]; f.; -; unz.; österr.> *Landstreicherei*; **Va·ga'bund** <m.; -en, -en; veralt.> 1 = *Landstreicher* 2 <fig.> *ruheloser Mensch* [frz.]; **Va·ga·'bun·den·le·ben** <n.; -s; unz.>; **va·ga·bun'die·ren** <V. i. (h. u. s.)>; **va·ga'bun·din** <f.; -, -n·nen>; **Va'gant** <m.; -en, -en; MA> *fahrender Spielmann*; **Va·**

'gan·ten·dich·tung <f.; -, -en; Lit.>; **'va·ge** <Adj.> *unbestimmt; ein ~r Eindruck*; **Vag·heit** <f.; -; unz.>; **va'gil** <Adj.; Zool.> *frei beweglich* (Tiere) [lat.]

Va'gi·na <a. ['va-]; f.; -, -'gi·nen; Anat.> *Scheide* [lat.]; **va·gi'nal** <Adj.; Anat.>; **Va·gi'nis·mus** <m.; -; unz.; Med.> *Scheidenkrampf*; **Va·gi'ni·tis** <f.; -, -'ti·den; Med.> *Scheidenentzündung*

Va·gus <['va-]; m.; -; unz.; Anat.> *ein parasympath. Nerv* [lat.]

va'kant <[va-]; Adj.> *unbesetzt; eine ~e Stelle* [lat.]; **Va'kanz** <f.; -, -en> *offene Stelle*; **Va'kat** <n.; -s, -s; Typ.> *leere Seite; → a. vacat*; **Va·ku'o·le** <f.; -, -n; Biol.> *Hohlraum für Flüssigkeit im Zellplasma*; **'Va·ku·um** <n.; -s, -kua od. -ku·en; Phys.> *(fast) luftleerer Raum*; **'Va·ku·um·brem·se** <f.; -, -n> *Bremsanlage, die mit Unterdruck arbeitet*; **'Va·ku·um·des·til·la·ti·on** <f.; -, -en>; **'Va·ku·um·me·ter** <n.; -s, -; Tech.> *Unterdruckmessgerät*; **'Va·ku·um·pum·pe** <f.; -, -n; Tech.>; **'Va·ku·um·tech·nik** <f.; -; unz.>; **'va·ku·um·ver·packt**

<Adj.>; **'Va·ku·um·ver·pa·ckung** <f.; -, -en>

Vak'zin <[vak-]; n.; -s, -e; Med.> = *Vakzine*; **Vak·zi·na·ti'on** <f.; -, -en; Med.> *Impfung*; **Vak'zi·ne** <f.; -, -n; Med.> *Impfstoff* [lat.]; **vak·zi'nie·ren** <V. t.; Med.>

Val <[va:l]; Chem.; Zeichen für> *Valin*

Val. <Bankw.; Abk. für> *Valoren*

Va·land <['fa:-]; m.; -s; unz.> = *Voland*

va·le <['va:le]> *Lebe wohl!* [lat.]

Va·len·ci·en·nes·spit·ze <[valã'sjɛn-]; f.; -, -n> *feine Spitze* [nach der frz. Stadt *Valenciennes*]

va'lent <[va-]; Adj.> *mit Valenzen ausgestattet* [lat.]

Va·len·tins·tag <['va-] od. ['fa-]; m.; -(e)s, -e> *Tag der Liebenden* (14. Februar)

Va'lenz <[va-]; f.; -, -en> 1 <Chem.> = *Wertigkeit(1)* 2 <Sprachw.> → *Kasten*; = *Wertigkeit(2)* [lat.]; **Va'lenz·e·lek·tro·nen,** <auch> **Va'lenz·e·lekt·ro·nen** <Pl.; Z53, 55; Chem.> *Elektronen der äußeren Atomschale*; **Va'lenz·zahl** <f.; -, -en; Chem.>

Va·le·ri'a·na <[va-]; f.; -; unz.; Bot.> = *Baldrian* [lat.]; **Va·le·ri·'an·säu·re** <f.; -; unz.>

Va·let¹ <[va'le:t] od. [-'lɛ:t]; n.; -s, -s; veralt.> *Lebewohl; ~ sagen* [lat.]

Va·let² <[va'lɛ:]; m.; -s, -s; im frz. Kartenspiel> *Bube* [frz.]

Va·leur <[va'lø:r]; f.; -, -s> 1 <Kaufmannsspr.> *Wertpapier* 2 <Pl.; Mal.> *~s Farbstufen* [frz.]

va'lid <[va-]; Adj.>; **Va·li·da·ti'on** <f.; -, -en>; **va·li'die·ren** <V. t.>; **Va·li·di'tät** <f.; -; unz.> 1 *rechtl. Gültigkeit* 2 <geh.> *wissenschaftl. Zuverlässigkeit* [lat.]

Va'lin <[va-]; n.; -s, -e; Chem.; Zeichen: Val> *eine Aminosäure*

Va·li·um <['va-]; n.; -s; unz.; Warenz.> *ein Arzneimittel*

Val'let·ta <[val-]> *Hauptstadt von Malta*

Va'lo·ren <[va-]; Pl.; Bankw.> *Wertsachen* [lat.]; **Va'lo·ren·ver·si·che·rung** <f.; -, -en>; **Va·lo·ri·sa·ti'on** <f.; -, -en> *gezielte Preishebung*; **va·lo·ri'sie·ren** <V. t.> *den Wert heben*

Val·po·li·cel·la <[valpoli'tʃɛla];**

m.; - od. -s; unz.> *ein ital. Rotwein*

Va·lu·ta <[va-]; f.; -, -ten; Wirtsch.> 1 *Fremdwährung* 2 *Wertstellung auf einem Konto* [ital.-lat.]; **Va·lu·ta·klau·sel** <f.; -, -n>; **Va·lu·ta·ver·si·che·rung** <f.; -, -en>; **va·lu·tie·ren** <V. t.> 1 *bewerten* 2 *einen Verzinsungsod. Zahlungstermin festsetzen*; **Val·va·ti·on** <[valva-]; f.; -, -en> *Wertbestimmung* [frz.-lat.]; **val·'vie·ren** <V. t.>

Vamp <[væmp]; m.; -s, -s; meist abwertend> *berechnende Frau mit erot. Anziehungskraft* [engl.]; **Vam'pir** <österr. nur so, sonst a. ['vam-]; m.; -s, -e> 1 <Zool.> *Fledermausart* 2 <Volksglaube> *Blut saugendes Nachtgespenst* [slaw.]

van <[van] od. [fan]; vor Namen> *von* [ndrl.]

Van <[væn]; m.; -s, -s; Kfz> *Kleinbus* [engl.]

Va·na·di·um <[va-]; n.; -s; unz.; Chem.; Zeichen: V> *chem. Element* [nach *Vanadis*, dem Beinamen der Göttin Freia]; **Va·na·di·um·stahl** <m.; -(e)s; unz.>

Van-Al·len-Gür·tel <[væn 'æln-]; m.; -s, -; ⚠Z33> *einer von zwei Strahlungsgürteln der Erde* [nach dem amerikan. Physiker J. A. *van Allen*]

Van'da·le <[van-]; m.; -n, -n> = *Wandale*; **Van'da·lin** <f.; -, -n·nen>; **van'da·lisch** <Adj.>; **Van·da'lis·mus** <m.; -; unz.>

Van-der-'Waals-Kräf·te <Pl.; ⚠Z33; Phys.> *Kräfte zwischen elektr. neutralen Molekülen* [nach dem ndrl. Physiker J. D. *van der Waals*]

Va'nil·le <a. [va'niljə]; f.; -; unz.> 1 <Bot.> *eine Orchideenpflanze* 2 *ein Gewürz* [frz.]; **Va'nil·le·eis** <n.; -es; unz.>; **Va'nil·le·geschmack** <m.; -(e)s; unz.>; **Va·'nil·le·kip·ferl** <n.; -s, -n>; **Va·'nil·le·pud·ding** <m.; -s, -e od. -s>; **Va'nil·le·sau·ce** <[-so:sə]; f.; -, -n>, **Va'nil·le·so·ße** <f.; -, -n>; **Va'nil·le·zu·cker** <m.; -s, ->; **Va'nil'lin** <n.; -s; unz.> *ein Aromastoff*

Va·nu'a·tu <[vɛ-]> *Inselstaat im Pazifik;* Republik ~; **Va·nu'a·tu·er** <m.; -s, ->; **Va·nu'a·tu·e·rin**

<f.; -, -n·nen>; **va·nu'a·tu·isch** <Adj.>

Va·por <['va:-]; m.; -s; unz.> *Dampf* [lat.]; **Va·po·ri·sa·ti·on** <f.; -; unz.> 1 *Verdampfung* 2 *Messung des Alkoholgehalts;* **va·po·ri'sie·ren** <V. t.>

Va·que·ro <[va'ke:ro]; span. [ba'kero]; m.; - od. -s, -s> *Rinderhirt* [span.]

var. <Biol.; Abk. für> *Varietät(2)*

Va·ria <['va:-]; Pl.; Buchw.> *Vermischtes* [lat.]; **va·ri'a·bel** <Adj.> *veränderlich; variable Größe;* Ggs *konstant;* **Va·ri·a·bi·li'tät** <f.; -; unz.>; **Va·ri'a·ble,** <auch> **Va·ri'ab·le** <f.; -n, -n; ⚠Z53; Math.; Phys.> *veränderliche Größe;* Ggs *Konstante;* **va·ri'ant** <Adj.> *veränderlich;* **Va·ri·'an·te** <f.; -, -n> *Abweichung, Spielart;* **Va·ri'anz** <f.; -; unz.>; **Va·ri·a·ti·on** <f.; -, -en> 1 *Ab-, Veränderung* 2 <Biol.> *Abweichung;* **Va·ri·a·ti'ons·brei·te** <f.; -, -n>; **Va·ri·e·té,** <auch> **Va·ri·e·tee** <[varie'te:]; n.; -s, -s; ⚠Z18.4> *Theater mit akrobat. u. musikal. Darbietungen* [frz.]; **va·ri'ie·ren** <V.> 1 <V. i.> *etwas variiert weicht ab* 2 <V. t.> *verändern;* ein Thema ~

va·ri'kös <[va-]; Adj.; Med.> *die Varizen betreffend* [lat.]; **Va·ri·'ko·se** <f.; -, -n; Med.> *Krampfaderbildung;* **Va·ri·ko·si'tät** <f.; -, -en; Med.> *Gruppe von Krampfadern;* **Va·ri·ko'ze·le** <f.; -, -n; Med.> *Krampfaderbruch*

Va'ri·o·la <[va-]; f.; -, -lae [-le:] od. -ri'o·len; Med.> *Pocken* [lat.]; **Va'ri'o·le** <f.; -, -n> = *Variola*

Va·ri·o'me·ter <[va-]; n.; -s, -> 1 *Messgerät für die Veränderung von Messwerten* 2 *ein Flugüberwachungsgerät* 3 <Funktech.> *Spule mit veränderbarem Kern* [lat.; grch.]; **Va·ri·o·ob·jek'tiv** <n.; -s, -e; Fot.>

Va'ris·tor <[va-]; m.; -s, -'to·ren; El.> *spannungsabhängiger Widerstand* [lat.; engl.]

Va·ris'zit <[va-]; m.; -s, -e> *ein Mineral*

'Va·rix, Va'ri·ze <[va-]; f.; -, Va'ri·zen; Med.> = *Krampfader* [lat.]

Va·ri'zel·len <[va-]; Pl.; Med.> = *Windpocken* [lat.]

va'sal <[va-]; Adj.> *zu den Blutgefäßen gehörend* [lat.]

Va'sall <[va-]; m.; -en, -en; im MA> *Gefolgsmann* [kelt.]; **Va·'sal·len·staat** <m.; -(e)s, -en> *abhängiger Staat;* **va'sal·lisch** <Adj.>

Väs·chen <['vɛ:s-]; n.; -s, -; Verkleinerungsf. von *Vase;* **Va·se** <['va-]; f.; -, -n> *Gefäß für Blumen* [lat.]

Vas·ek·to'mie, <auch> **Va·sek·to·'mie** <[vas-]; f.; -, -n; ⚠Z54; Med.> *Entfernung von Gefäßen, bes. zur Sterilisation des Mannes*

Va·se'lin <[va-]; n.; -s; unz.; österr.>, **Va·se'li·ne** <f.; -; unz.> *eine Fettsalbe*

vas·ku'lar, vas·ku'lär <[vas-]; Adj.; Med.> *zu den Blutgefäßen gehörig;* **va·so...,** **Va·so...** <in Zus.> *gefäß..., Gefäß...* [lat.]; **Va·so·mo'to·ren** <Pl.; Med.> *Gefäßnerven;* **va·so·mo'to·risch** <Adj.; Med.>; **Va·so·pres'sin** <n.; -s, -e; Physiol.> *ein Neurohormon;* **Va·so·re·sek·ti·on** <f.; -, -en; Med.> = *Vasektomie*

'Va·ter <m.; -s, ∹> 1 *Erzeuger, Familienoberhaupt;* ~ *werden;* der *leibliche* ~; *Familien~* 2 *Leiter;* die ∹ *der Stadt* 3 *Ordenspriester* 4 ∹ *Staat* <scherzh.>; **'Vä·ter·chen** <n.; -s, -; Verkleinerungsf. von *Vater;* **'Va·ter·fi·gur** <f.; -, -en>; **'Va·ter·freu·de** <Pl.; nur in der Wendung> ~ *entgegensehen;* **'Va·ter·haus** <n.; -es; unz.> *Geburtshaus;* **'Va·ter·herr·schaft** <f.; -; unz.> *Patriarchat;* **'Va·ter·land** <n.; -(e)s, ∹er> *Heimat;* **'va·ter·län·disch** <Adj.>; **'Va·ter·lands·lie·be** <f.; -; unz.>; **'va·ter·lands·los** <Adj.>; **'Vä·ter·lein** <n.; -s, -; poet.; Verkleinerungsf. von *Vater;* **'vä·ter·lich** <Adj.> ~er *Segen;* ~es *Erbe;* ein ~er *Freund;* **'vä·ter·li·cher·seits** <Adv.> *Großeltern* ~; **'Vä·ter·lich·keit** <f.; -; unz.>; **'va·ter·los** <Adj.>; **'Va·ter·mord** <m.; -(e)s, -e>; **'Va·ter·mör·der** <m.; -s, -> 1 *Mörder des Vaters* 2 <fig.; veralt.> *hoher Hemdkragen;* **'Va·ter·mör·de·rin** <f.; -, -n·nen>; **'Va·ter·recht** <n.; -s; unz.> *Patriarchat;* **'Va·**

ter·schaft <f.; -, -en> *das Vatersein;* die ~ bestreiten; **'Va·ter·schafts·be·stim·mung** <f.; -, -en> *Feststellung der Vaterschaft;* **'Va·ter·schafts·kla·ge** <f.; -, -n; Rechtsw.>; **'Va·ter·stadt** <f.; -; unz.> *Heimatstadt;* **'Va·ter·stel·le** <f.; -; unz.; nur in der Wendung> ~ vertreten; **'Va·ter·tag** <m.; -(e)s, -e; umg.; scherzh.> *Christi Himmelfahrt;* **Va·ter'un·ser** <n.; -s, -; christl. Rel.> *ein Gebet;* **'Va·ti** <m.; -s, -s; Koseform von> *Vater*

Va·ti·kan <[va-]; m.; -s; unz.> 1 *Papstresidenz in Rom* 2 *Regierung der kath. Kirche;* **va·ti'ka·nisch** <Adj.> *der ~e Rundfunk;* <aber> das Vatikanische Konzil; **Va·ti'kan·stadt** <f.; -; unz.> *Staat innerhalb Roms;* Staat ~

Vau·de·ville <[vo:də'vi:l]; n.; -s, -s; Mus.> 1 *ein Singspiel* 2 *Lied eines Vaudevilles(1)* [frz.]

'V-Aus·schnitt <m.; -(e)s, -e; ✎Z34> *an Pullovern>*

v. Chr. <Abk. für> *vor Christo, vor Christus;* **v. Chr. G.** <Abk. für> *vor Christi Geburt*

VDE <Abk. für> *Verband Deutscher Elektrotechniker*

VDI <Abk. für> *Verein Deutscher Ingenieure*

VdK <Abk. für> *Verband der Kriegs- und Wehrdienstopfer, Behinderten und Sozialrentner Deutschlands e. V.*

VDS <Abk. für> *Vereinigte Deutsche Studentenschaften*

VEB <DDR; Abk. für> *volkseigener Betrieb*

Ve·da <['ve:-]; m.; - od. -s, -den> = *Weda;* **'Ve·den** <Pl. von> *Veda;* **'ve·disch** <Adj.>

Ve'du·te <[və-]; f.; -, -n; Mal.> *getreue Landschaftsdarstellung* [ital.]

ve'gan <[ve-]; Adj.>; **Ve'ga·ner** <m.; -s, ->; **Ve'ga·ne·rin** <f.; -, -n·nen>; **Ve·ga'nis·mus** <m.; -; unz.> *rein pflanzl. Ernährung;* **ve·ge·ta'bil** <Adj.> = *vegetabilisch;* **Ve·ge·ta'bi·li·en** <Pl.> *pflanzl. Stoffe;* **ve·ge·ta'bi·lisch** <Adj.> *pflanzlich* [lat.]; **Ve·ge·'ta·ri·er** <m.; -s, ->; **Ve·ge·ta'ri·e·rin** <f.; -, -n·nen>; **✎Z38>; **ve·ge·ta'risch** <Adj.> *den Vegetarismus betreffend;* ~e Ernährung; **Ve·ge·ta'ris·mus** <m.; -; -

unz.> *vorwiegend pflanzl. Ernährung;* **Ve·ge·ta·ti'on** <f.; -, -en> 1 *Pflanzenwuchs* 2 *die Pflanzen einer Gegend;* **Ve·ge·ta·ti'ons·or·gan** <n.; -s, -e; Bot.>; **Ve·ge·ta·ti'ons·pe·ri·o·de** <f.; -, -n; Bot.> *Zeit starken Pflanzenwachstums;* **Ve·ge·ta·ti'ons·punkt** <m.; -(e)s, -e; Bot.> *Stelle am Spross, von der das Wachstum ausgeht;* **Ve·ge·ta·ti'ons·stu·fe** <f.; -, -n; Geogr.>; **ve·ge·ta'tiv** <Adj.> 1 *pflanzlich* 2 <Med.> *unbewusst;* ~es Nervensystem; **ve·ge'tie·ren** <V. i.> *kärglich dahinleben*

ve·he'ment <[ve-]; Adj.; -er, am -es·ten> *heftig* [lat.]; **Ve·he'menz** <f.; -; unz.>

Ve'hi·kel <[ve-]; n.; -s, -> 1 *altes Fahrzeug* 2 *Hilfsmittel* [lat.]

'Veil·chen <n.; -s, -> 1 <Bot.> *eine Blume* 2 <umg.; scherzh.> *blau verfärbter Bluterguss um das Auge;* **'veil·chen·blau** <Adj.> 1 *violett* 2 <fig.; umg.> *sehr betrunken;* **'Veil·chen·wur·zel** <f.; -, -n> *ein Heilmittel*

'Veits·tanz <m.; -es; unz.; Med.> *eine Nervenerkrankung* [nach St. *Veit,* der seinem Sohn den Teufel austrieb]

Vek·tor <['vɛk-]; m.; -s, -'to·ren; Math.; Phys.> *Größe, die als Pfeil dargestellt wird* [lat.]; **'Vek·tor·feld** <n.; -(e)s, -er>; **vek·to·ri'ell** <Adj.>; **'Vek·tor·kar·di·o·gra·fie, 'Vek·tor·kar·di·o·gra·phie** <f.; -, -n; ✎Z11.3; Med.; Abk. VKG> *Aufzeichnung der Aktionsströme der Herzmuskelfasern;* **'Vek·tor·pro·dukt** <n.; -(e)s, -e>; **'Vek·tor·rech·nung** <f.; -, -en; Math.; Phys.>

Ve·la <['ve:-]; Pl. von> *Velum;* **ve·'lar** <Adj.>; **Ve'lar** <m.; -s, -e; Phon.> *mithilfe von Zunge u. Hintergaumen gebildeter Laut;* → a. *Kasten Konsonant*

Ve·lin <[və'li:n] a. frz. [və'lɛ̃:]; n.; -s; unz.> *weiches Pergament* [frz.]

Ve·lo <['ve:-]; n.; -s, -s; schweiz.; Kurzw. für> *Veloziped;* **ve·lo·ce** <[-'lo:tʃə]; Mus.> *schnell* [ital.]; **Ve·lo'drom** <n.; -s, -e> *Hallenradrennbahn* [frz.]

Ve·lours¹ <[və'lu:r]; m.; -, - [-'lu:rs]> *samtartiger Stoff* [lat.]; **Ve'lours²** <n.; - [-'lu:rs], -

[-'lu:rs]> *samtartiges Leder;* **Ve·'lours·le·der** <n.; -s, ->; **Ve·'lours·tep·pich** <m.; -s, -e>

Ve·lo·zi'ped <[ve-]; n.; -(e)s, -e; veralt.; Kurzw.: Velo> *Fahrrad* [lat.]

Vel·pel <['fɛl-]; m.; -s, -; Nebenform von> *Felbel*

Velt'li·ner <[vɛlt-]; m.; -s; unz.> *Weinsorte* [nach der ital. Region *Veltlin*]

Ve·lum <['ve:-]; n.; -s, 'Ve·la> 1 <Kath.> *liturg. Tuch* 2 <Anat.> *Gaumensegel* 3 <Zool.> *Schirmrand von Medusen* 4 <Bot.> *Hülle junger Pilze* [lat.]

Vel·vet <['vɛlvət]; m.; -s, -s> *Baumwollsamt* [engl.]

Ven'det·ta <[vɛn-]; f.; -, -'det·ten> *Blutrache* [ital.]

Ve·ne <['ve:-]; f.; -, -n; Anat.> *Blutgefäß* [lat.]

Ve'ne·dig <[ve-]> *ital. Stadt*

Ven·ek·ta'sie, <auch> Ve·nek·ta'sie <[ven-]; f.; -, -n; ✎Z54; Med.> *Venenerweiterung;* **'Ve·nen·ent·zün·dung** <f.; -, -en; Med.>

Ve'ne·num <[ve-]; n.; -s, -na; Med.> *Gift* [lat.]

Ve·ne·ra·bi·le <[vena'ra:bile:]; n.; -s; unz.; Kath.> *Allerheiligstes* [lat.]

ve'ne·risch <[ve-]; Adj.; Med.> *geschlechts...;* ~e *Krankheit* [nach der Göttin *Venus*]; **Ve·ne·ro·lo'gie** <f.; -; unz.; Med.> *Lehre von den Geschlechtskrankheiten*

Ve·ne·zi'a·ner <m.; -s, -> *Einwohner von Venedig;* **Ve·ne·zi'a·ne·rin** <f.; -, -n·nen>; **ve·ne·zi'a·nisch** <Adj.>; **Ve·ne·zi'a·nisch·rot** <n.; -; unz.> *ein rotes Farbpigment*

Ve·ne·zo'la·ner <[ve-]; m.; -s, ->; **Ve·ne·zo'la·ne·rin** <f.; -, -n·nen>; **ve·ne·zo'la·nisch** <Adj.>; **Ve·ne·zu'e·la** *Staat in Südamerika;* Republik ~; **Ve·ne·zu'e·ler** <m.; -s, -> = *Venezolaner;* **Ve·ne·zu'e·le·rin** <f.; -, -n·nen>; **ve·ne·zu'e·lisch** <Adj.>

Ve·nia Le'gen·di <['ve:-]; f.; --; unz.> *Lehrberechtigung an Hochschulen* [lat.]

've·ni, 'vi·di, 'vi·ci <['ve:ni, 'vi:di, vi:tsi]> *ich kam, ich sah, ich* *siegte (Ausspruch Cäsars nach einer siegreichen Schlacht)* [lat.]

Ve·no·le <[ve-]; f.; -, -n> *kleinste Vene* [lat.]; **ve·nös** <Adj.; Med.> *die Venen betreffend*

Ven·til <[vɛn-]; n.; -s, -e> 1 *Absperrvorrichtung für Flüssigkeiten u. Gase;* ein ~ schließen 2 <El.> *Gleichrichter* 3 <bei Blechblasinstrumenten> *Vorrichtung zum Verändern der Stimmung* [lat.]; **Ven·ti·la·ti·on** <f.; -, -en> *Belüftung;* **Ven·ti·la·tor** <m.; -s, -'to·ren>; **ven·ti·lie·ren** <V. t.> 1 *belüften;* ein Zimmer ~ 2 <fig.> *überdenken;* ein Problem ~; **Ven·ti·lie·rung** <f.; -, -en>; **Ven·til·steu·e·rung** <f.; -, -en>

ven·tral, <auch> **vent·ral** <[vɛn-]; Adj.; ↗Z53; Med.> *den Bauch betreffend* [lat.]; **Ven·tri·kel** <m.; -s, -; Anat.> 1 *Herzkammer* 2 *Hirnkammer;* **ven·tri·ku·lar, ven·tri·ku·lär** <Adj.; Anat.>; **Ven·tri·lo·vis·mus** <m.; -; unz.> *das Bauchreden;* **Ven·tri·lo·quist** <m.; -en, -en>; **Ven·tri·lo·quis·tin** <f.; -, -n·nen>

Ve·nus <['ve:-]; f.; -; unz.> 1 <röm. Myth.> *Liebesgöttin* 2 <Astr.> *ein Planet;* **Ve·nus·flie·gen·fal·le** <f.; -, -n; Bot.> *eine Fleisch fressende Pflanze,* '**Ve·nus·hü·gel** <m.; -s, -; Anat.> = *Schamberg;* '**Ve·nus·mu·schel** <f.; -, -n; Zool.> *eine Muschelart*

ver... <in Zus. mit Verben> 1 *etwas Falsches, Gegenteiliges bezeichnend;* verplanen; sich verhören 2 *das Vollenden eines Vorgangs bezeichnend;* verhungern 3 *das Verstärken bezeichnend;* vergrößern 4 *das Verändern bezeichnend;* verdunkeln 5 *das Zusammenbringen bezeichnend;* verbinden 6 *das Auseinanderbringen bezeichnend;* vertreiben

ver·ab·fol·gen <V. t.> = *verabreichen*

ver·ab·re·den <V. t./V. refl.> *vereinbaren;* sich ~; verabredet sein; **ver·ab·re·de·ter·ma·ßen** <Adv.> *wie verabredet;* **Ver·ab·re·dung** <f.; -, -en> eine ~ haben

ver·ab·rei·chen <V. t.> *geben;* Medikamente ~

---

ver·ab·säu·men <V. t.> *versäumen*

ver·ab·scheu·en <V. t.> *Abscheu empfinden;* Gewalt ~; **ver·ab·scheu·ens·wert, ver·ab·scheu·ungs·wür·dig** <Adj.>; **Ver·ab·scheu·ung** <f.; -; unz.>

ver·ab·schie·den <V. t.> 1 <V. refl.> sich ~ *Abschied nehmen* 2 *(aus dem Dienst) entlassen;* einen Offizier ~ 3 *ein Gesetz ~ annehmen, beschließen;* **Ver·ab·schie·dung** <f.; -, -en>

ver·ab·so·lu·tie·ren <V. t.> *als absolut ansehen;* ein Ergebnis ~

ver·ach·ten <V. t.> 1 *für schlecht halten;* jmdn. wegen seiner Unehrlichkeit ~ 2 *ignorieren, für geringfügig halten;* eine Gefahr ~ 3 *verschmähen;* etwas ist nicht zu ~ <umg.> *ist gut;* **ver·ach·tens·wert** <Adj.>; **Ver·äch·ter** <m.; -s, ->; **Ver·äch·te·rin** <f.; -, -n·nen>; **ver·ächt·lich** <Adj.> 1 *verachtenswert;* eine ~e Tat 2 *voller Verachtung;* jmdn. ~ behandeln; **Ver·ach·tung** <f.; -; unz.> jmdn. mit ~ strafen

ver·al·bern <V. t.; ich veralb(e)re> *necken;* **Ver·al·be·rung** <f.; -, -en>

ver·all·ge·mei·ner·bar <Adj.>; **ver·all·ge·mei·nern** <V. t.; ich verallgemeinere> *als allgemein gültig betrachten;* eine Erkenntnis ~; **Ver·all·ge·mei·ne·rung** <f.; -, -en>

ver·al·ten <V. i. (s.)> *veraltete Ansichten*

Ve·ran·da <[ve-]; f.; -, -'ran·den> *meist verglaster Anbau eines Hauses* [port.]

ver·än·der·bar <Adj.>; **Ver·än·der·bar·keit** <f.; -; unz.>; **ver·'än·der·lich** <Adj.> *wechselhaft;* ~es Wetter; **Ver·än·der·lich·keit** <f.; -; unz.>; **ver·'än·dern** <V. t.; ich verändere> 1 *umgestalten;* eine Situation ~ 2 <V. refl.> *anders werden;* er hat sich sehr verändert; **Ver·'än·de·rung** <f.; -, -en>

ver·'ängs·ti·gen <V. t.> *in Angst versetzen,* <meist im Part. Perf.> *verängstigt eingeschüchtert;* **Ver·'ängs·ti·gung** <f.; -, -en>

ver·an·kern <V. t.; ich verankere> 1 <Mar.> *mit einem Anker festmachen;* ein Boot ~ 2 <fig.> *in*

---

der Verfassung verankertes Recht; **Ver·an·ke·rung** <f.; -, -en>

ver·an·la·gen <V. t.> jmdn. ~ *jmds. Steuern bemessen;* **ver·an·lagt** *begabt;* musikalisch ~; **Ver·'an·la·gung** <f.; -, -en>

ver·an·las·sen <V. t.; du veranlasst> *bewirken, dass etwas geschieht;* er hat alles Weitere veranlasst; **Ver·an·las·ser** <m.; -s, ->; **Ver·an·las·se·rin** <f.; -, -n·nen>; **Ver·an·las·sung** <f.; -, -en> auf ihre ~ hin

ver·an·schau·li·chen <V. t.> *anschaulich machen;* **Ver·an·schau·li·chung** <f.; -, -en>

ver·an·schla·gen <V. t.> *im Voraus schätzen;* zu niedrig veranschlagte Kosten; **Ver·an·schla·gung** <f.; -, -en>

ver·an·stal·ten <V. t.> *abhalten;* ein Konzert ~; **Ver·an·stal·ter** <m.; -s, ->; **Ver·an·stal·te·rin** <f.; -, -n·nen>; **Ver·an·stal·tung** <f.; -, -en>

ver·ant·wor·ten <V. t.> 1 *die Verantwortung tragen;* eine Entscheidung ~ 2 <V. refl.> *sich rechtfertigen;* sich vor Gericht ~; **ver·ant·wort·lich** <Adj.> 1 *die Verantwortung tragend;* jmdn. für etwas ~ machen; die Verantwortlichen finden 2 *eine ~e Stellung verantwortungsvolle S.;* **Ver·ant·wort·lich·keit** <f.; -; unz.>; **Ver·ant·wor·tung** <f.; -; unz.> 1 *Verpflichtung, etwas zu verantworten;* die ~ übernehmen, ablehnen; etwas auf eigene ~ tun 2 *Rechenschaft;* jmdn. zur ~ ziehen; **ver·ant·wor·tungs·be·wusst** <Adj.; -er, am -es·ten>; **Ver·ant·wor·tungs·be·wusst·sein** <n.; -s; unz.>; **ver·'ant·wor·tungs·los** <Adj.; -er, am -es·ten>; **Ver·ant·wor·tungs·lo·sig·keit** <f.; -; unz.>; **ver·ant·wor·tungs·voll** <Adj.>

ver·äp·peln <V. t.; ich veräpp(e)le; umg.> *veralbern*

ver·ar·bei·ten <V. t.> 1 *umwandeln, zu etwas machen;* Silber zu Schmuck ~ 2 *geistig bewältigen;* Eindrücke ~; **Ver·ar·bei·tung** <f.; -, -en> gute ~

ver·ar·gen <V. t./V. refl.; geh.> *übel nehmen;* jmdm. etwas ~

ver·är·gern <V. t.> *sehr ärgerlich*

Verb: Das V. – auch Aussagewort, Tätigkeitswort oder Zeitwort genannt – ist eine veränderliche ↗**Wortart** mit umfassendem Form- und Funktionssystem. V. bezeichnen zeitliche Phänomene: Tätigkeiten, Vorgänge und Zustände. Im Deutschen ist das V. durch bestimmte syntaktische, semantische und morphologische Merkmale gekennzeichnet.

1. Syntax: Im Satz übernimmt das V. die Funktion des ↗**Prädikats.** Man unterscheidet zwischen ↗**Vollverben,** ↗**Hilfsverben,** ↗**Modalverben** und ↗**Kopula** (Kopulativverben). Hinsichtlich der Ergänzungsfähigkeit wird zwischen ↗**absoluten** und ↗**relativen** sowie ↗**transitiven** und ↗**intransitiven** V. unterschieden. Eine weitere syntaktische Kategorie des Verbs ist seine ↗**Valenz,** bei der zwischen null- bis dreiwertigen Verben differenziert wird. Bezüglich des Verhältnisses zum ↗**Subjekt** unterscheidet man ↗**persönliche** und ↗**unpersönliche,** bezüglich des Verhältnisses zum ↗**Objekt** ↗**reflexive** und ↗**reziproke** Verben.
2. Semantik: Im Deutschen werden fünf **Bedeutungsgruppen** von V. klassifiziert:

a) **Zustandsverben** (z. B. *sein, bleiben, liegen*)
b) **Vorgangsverben** (z. B. *erlöschen, sterben, schmelzen*)
c) **Tätigkeitsverben** (z. B. *tanzen, singen, rennen*)
d) **Ereignisverben** (z. B. *geschehen, sich ereignen*)
e) **Witterungsverben** (z. B. *schneien, regnen*)
Außerdem werden die Verben in verschiedene ↗**Aktionsarten** eingeteilt.
3. Morphologie: Das V. wird im Deutschen abgewandelt durch ↗**Konjugation** (schwache und starke Konjugation), ↗**Person,** ↗**Numerus,** ↗**Modus,** ↗**Tempus** und ↗**Genus Verbi.**
Bezüglich der ↗**Wortbildung** unterscheidet man:
a) **einfache** V. (z. B. *biegen, blühen, kommen*)
b) durch **Präfixbildungen** erweiterte V. (z. B. *versagen, entkommen, zerstäuben*)
c) mit **Präpositionen** oder **Adverbien** zusammengesetzte V. (z. B. *weggehen, davonlaufen*)
d) aus anderen Wortarten **abgeleitete** V. (z. B. *nageln, bleichen, stolzieren*)
Vgl. ↗**finite Verbform,** ↗**infinites Verb**

machen; du hast ihn verärgert; **Ver'är·ge·rung** <f.; -; unz.>
ver·ar·men <V. i.> *arm werden;* **Ver'ar·mung** <f.; -; unz.>
ver·ar·schen <V. t.; du verarschst; derb> *veralbern*
ver·arz·ten <V. t.; du verarzt; umg.; scherzh.> *ärztl. versorgen;* **Ver'arz·tung** <f.; -, -en>
ver·a·schen <V. t.; du veraschst; Chem.> *organ. Stoffe ohne Flamme erhitzen, bis Asche übrig bleibt*
ver·äs·teln <V. refl.> *sich in viele Äste gabeln;* der Baum verästelt sich; **Ver'äs·te·lung** <f.; -; unz.>
ver·ät·zen <V. t.; du verätzt> *durch ätzende Stoffe beschädigen;* **Ver'ät·zung** <f.; -, -en>
ver·auk·ti·o'nie·ren <V. t.; umg.> *versteigern*
ver'aus·ga·ben <V. refl.; fig.> *sich sehr anstrengen;* sich sportlich ~; **Ver'aus·ga·bung** <f.; -, -en>
ver'aus·la·gen <V. t.; selten> *auslegen;* einen Betrag ~

Verbalabstraktum: Das V. – auch Nomen Actionis oder Verbalsubstantiv genannt – ist ein ↗**Substantiv,** das sich auf Handlungen, Ereignisse und Vorgänge bezieht und meist von Verben abgeleitet ist: *Sprung, Griff, Werfen, Wurf, Geständnis, Träumerei.* Ableitungen auf *-ung* sind in der deutschen Gegenwartssprache besonders produktiv: *Verzeihung, Eröffnung, Genehmigung, Kenntlichmachung.*

ver'äu·ßer·lich <Adj.> *verkäuflich;* **ver'äu·ßer·li·chen** 1 <V. t.> *oberflächlich machen* 2 <V. i. (s.)> *oberflächlich werden;* **Ver·'äu·ßer·li·chung** <f.; -, -en>; **ver·'äu·ßern** <V. t.; ich veräußere> *verkaufen*
Verb <[vɛrb]; n.; -s, -en; Gramm.> *Wort, das eine Tätigkeit, einen Vorgang od. Zustand ausdrückt;* oV *Verbum;* Sy *Tätigkeitswort, Tu(n)wort, Zeit-*

wort; → a. *Kasten* [lat.]; **ver'bal** <Adj.> 1 <Gramm.> *ein Verb betreffend* 2 *mündlich;* eine ~e Äußerung; **Ver'bal·ab·strak·tum,** <auch> **Ver'bal·abs·trak·tum,** **Ver'bal·abst·rak·tum** <n.; -s, -ta; ↗Z54; Gramm.> → *Kasten;* = *Verbalsubstantiv,* **Ver'bal·ad·jek·tiv** <n.; -s, -e; Gramm.>; **Ver'ba·le** <n.; -s, -li·en; Gramm.> *von einem Verb abgeleitetes Wort,* z. B. Stillung; **Ver·'bal·e·ro·ti·ker** <m.; -s, -; ↗Z55; Psych.> *jmd., der ständig über Sexuelles spricht;* **Ver'bal·e·ro·ti·ke·rin** <f.; -, -n·nen; Psych.>; **Ver'bal·in·ju·rie** <[-riə]; f.; -, -n; Rechtsw.> *mündl. Beleidigung;* **ver·ba·li'sie·ren** <V. t.>; **Ver·ba·'lis·mus** <m.; -; unz.> *Hang zum Wortemachen;* **ver·ba'lis·tisch** <Adj.>; **ver'ba·li·ter** <Adv.> *wörtlich*
ver'ball·hor·nen <V. t.; umg.> *durch vermeintl. Verbessern entstellen;* Namen – [nach dem Buchdrucker *Balhorn*]; **Ver'ball·hor·nung** <f.; -, -en>
Ver'bal·no·te <[ver-]; f.; -, -n> *mündl. vorgebrachte diplomat. Note;* **Ver'bal·phra·se** <f.; -, -n>; **Ver'bal·sub·stan·tiv,** <auch> **Ver'bal·subs·tan·tiv** <n.; -(e)s, -e; ↗Z54; Gramm.> *aus einem Verb gebildetes Substantiv*
Ver'band <m.; -(e)s, ⸚e> 1 *Binde zum Schutz eines verletzten Körperteils;* einen ~ anlegen 2 *Zusammenschluss, Vereinigung;* ~ Deutscher Elektrotechniker <Abk.: VDE> 3 <Mil.> *Zusammenschluss militärischer Einheiten;* Truppen–; **Ver·'band(s)·kas·ten** <m.; -s, ⸚>; **Ver'band(s)·päck·chen** <n.; -s, ->; **Ver'band(s)·sche·re** <f.; -, -n>; **Ver'band(s)·stoff** <m.; -(e)s, -e>; **Ver'bands·vor·sit·zen·de(r)** <f. 2 (m. 1)>; **Ver·'band(s)·zeug** <n.; -(e)s; unz.>
ver'ban·nen <V. t.> 1 *jmdn. ~ aus dem Land weisen* 2 *ausschließen;* Sorgen ~; **Ver'ban·nung** <f.; -, -en> in die ~ gehen; **Ver'ban·nungs·ort** <m.; -(e)s, -e>
ver·bar·ri·ka'die·ren <V. t.> 1 *verrammeln;* die Tür ~ 2 <V. refl.> *sich hinter Tischen ~*
ver'bau·en <V. t.> 1 *durch Bauen versperren;* die Aussicht ~ 2

falsch, unzweckmäßig bauen; verbautes Haus

ver·be·am·ten <V. t.> *zum Beamten machen;* verbeamtet werden

ver·bei·ßen <V. refl. 105; du verbeißt dich> *sich festbeißen;* sie verbiss sich in die Aufgabe <fig.>

ver·bel·len <V. t.; Jagdw.> *durch Bellen das Wild melden*

Ver·be·ne <[ver-]; f.; -, -n; Bot.> = *Eisenkraut* [lat.]

ver·ber·gen <V. 106> **1** <V. t./V. refl.> *verstecken;* im Verborgenen *unbemerkt;* → a. *verborgen²* **2** <fig.> *verheimlichen;* sie hat nichts zu ~

Ver·bes·se·rer <m.; -s, ->; **Ver·'bes·se·rin** <f.; -, -n·nen>; **ver·'bes·sern** <V. t.; ich verbess(e)re> **1** *besser machen;* eine Methode ~ **2** *richtig machen;* einen Fehler ~; einen Text ~ **3** <V. refl.> sich ~ *in eine bessere Lage kommen;* er verbesserte sich *in eine bessere Lage kommen;* er verbesserte sich; **Ver·'bess·rer** <m.; -s, -> = *Verbesserer;* **Ver·'bess·rin** <f.; -, -n·nen> = *Verbesserin;* **Ver·'bess·rung** <f.; -, -en> = *Verbesserung*

ver·beu·gen <V. refl.> *sich zum Gruß nach vorn neigen;* er verbeugte sich vor der Königin; **Ver·beu·gung** <f.; -, -en> eine tiefe ~

ver·beu·len <V. t.> eine verbeulte Stoßstange

ver·bie·gen <V. t. 109> *falsch biegen;* ein verbogener Nagel; **Ver·'bie·gung** <f.; -, -en>

ver·bies·tern <V. t.; ich verbiestere; umg.> *verärgern;* verbiestert sein

ver·bie·ten <V. t. 110> **1** *untersagen;* jmdm. das Rauchen ~; Zutritt verboten! **2** <V. refl.> *etwas* verbietet sich von selbst

ver·bil·den <V. t.> *falsch bilden*

ver·bild·li·chen <V. t.> *veranschaulichen;* **Ver·bild·li·chung** <f.; -, -en>

Ver·bil·dung <f.; -; unz.>

ver·bil·li·gen <V. t.> *billiger machen;* **Ver·bil·li·gung** <f.; -, -en>

ver·bim·sen <V. t.; du verbimst; umg.> *verprügeln*

ver·bin·den <V. t. 111> **1** *jmdm. einen Verband anlegen;* ein verbundenes Knie **2** *zusammenfügen, -bringen;* zwei Drähte ~ **3** <fig.> *verknüpfen;* das Angenehme mit dem Nützlichen ~ **4** <fig.> *gedanklich verknüpfen;* mit diesem Namen verbinde ich nichts **5** *eine Beziehung bestehen lassen;* sich verbunden fühlen **6** *ein Telefongespräch herstellen;* falsch verbunden!; **Ver·'bin·der** <m.; -s, -; Sp.> *Stürmer;* **Ver·'bin·de·rin** <f.; -, -n·nen; Sp.>; **ver·'bind·lich** <Adj.> **1** *zuvorkommend;* ~e Worte **2** *verpflichtend;* ~ zusagen; **Ver·'bind·lich·keit** <f.; -, -en> ~en eingehen; **Ver·'bin·dung** <f.; -, -en> mit jmdm. in ~ stehen, bleiben; die ~ wurde unterbrochen *der telefon. Kontakt;* Bus~ *Verkehrslinie;* einer schlagenden ~ angehören *einem student. Korps;* **Ver·'bin·dungs·far·ben** <Pl.>; **Ver·'bin·dungs·leu·te** <Pl. von> *Verbindungsmann;* **Ver·'bin·dungs·li·nie** <[-nia]; f.; -, -n>; **Ver·'bin·dungs·mann** <m.; -(e)s, ⸚er od. -leu·te; Kurzw.: V-Mann> *Mittelsmann bei geheimen Verhandlungen;* **Ver·'bin·dungs·ste·cker** <m.; -s, -> *Stecker für Verlängerungskabel;* **Ver·'bin·dungs·stück** <n.; -(e)s, -e>; **Ver·'bin·dungs·stu·dent** <m.; -en, -en>; **Ver·'bin·dungs·tür** <f.; -, -en>

Ver·biss <m.; -es, -e; Jagdw.> *durch Wild abgebissene Baumtriebe;* **ver·bis·sen** <Adj.; ↗Z28.1; fig.> *beharrlich, grimmig;* ~ arbeiten; **Ver·bis·sen·heit** <f.; -; unz.>

ver·bit·ten <V. t. 112/V. refl.> *fordern, dass etwas unterlassen wird;* ich verbitte mir diesen Ton!

ver·bit·tern <V. t.; ich verbittere> ein verbitterter Mann; **Ver·bit·te·rung** <f.; -; unz.>

'Verb·klam·mer <f.; -, -n; Gramm.> → a. *Kasten Satzklammer*

ver·bla·sen <V. t. 113; du verbläst; Jagdw.> *erlegtes Wild durch ein Hornsignal anzeigen*

ver·blas·sen <V. i. (s.)> es verblasst; a. fig.> *blass werden;* die Schrift, die Erinnerung ist verblasst

ver·blät·tern <V. t.; ich verblättere> eine Seite ~

ver·blau·en, ver·bläu·en¹ <V. t. u. V. i. (s.)> *blau färben, werden;* **ver·bläu·en²** <V. t.; umg.> *verprügeln*

Ver·bleib <m.; -(e)s; unz.> *Aufenthaltsort;* weißt du etwas über seinen ~?; **ver·blei·ben** <V. i. (s.) 114> **1** *bleiben, aushalten;* in einer Stellung ~; das Verbleiben im Heim war unvermeidlich **2** *übrig bleiben;* es ist ihm kaum Geld verblieben **3** *vereinbaren;* wie seid ihr verblieben?

ver·blei·chen <V. i. (s.) 126> **1** *Farbe verlieren;* verblichener Stoff **2** <fig.; poet.> *sterben;* der Verblichene

ver·blen·den <V. t.; Bauw.> *mit Baustoff verkleiden;* von Reichtum verblendet <fig.>; **Ver·'blen·dung** <f.; -; unz.>

ver·bleu·en <V. t.; künftig nicht mehr zulässige Schreibung für> *verbläuen²*

ver·blö·den <V. i. (s.); umg.> *blöde, stumpfsinnig werden;* **ver·'blö·det** <Adj.; ↗Z28.1>; **Ver·'blö·dung** <f.; -; unz.>

ver·blüf·fen <V. t./V. refl.> *sehr überraschen;* ~de Ähnlichkeit; **Ver·'blüf·fung** <f.; -; unz.>

ver·blü·hen <V. i. (s.)> die Blumen ~

ver·blümt <Adj.> *höflich umschreibend;* ~e Ausdrucksweise; Ggs *unverblümt*

ver·blu·ten <V. i. (s.)> *durch Blutverlust umkommen;* **Ver·'blu·tung** <f.; -; unz.>

ver·bo·cken <V. t.; umg.> *verderben, verpfuschen;* einen Test ~

ver·bod·men <V. t.; verstärkend>; **Ver·'bod·mung** <f.; -; unz.> *Verpfändung eines Schiffes*

ver·boh·ren <V. t./V. refl.> sich in etwas ~ *an etwas stur festhalten;* verbohrt <Adj.; ↗Z28.1> *stur;* **Ver·'bohrt·heit** <f.; -; unz.>

ver·bor·gen¹ <V. t.; selten> *verleihen;* **ver·bor·gen²** <Adj.; ↗Z43> *versteckt, heimlich;* ~ sein; etwas im Verborgenen tun; im Verborgenen bleiben; **Ver·'bor·gen·heit** <f.; -; unz.>

ver·bos <[ver'bo:s]; Adj.; geh.> *wortreich* [lat.]

ver·bö·sern <V. t.; ich verbösere>

schlimmer machen; **Ver'bö·se·rung** ‹f.; -, -en›

Ver'bot ‹n.; -(e)s, -e› *Anordnung, etwas nicht zu tun;* ein ~ erlassen; Rauch~; **ver'bo·ten** ‹Adj.; umg.› *auffallend, unmöglich;* sie sieht in dem Kostüm ~ aus; **ver·bo·te·ner'wei·se** ‹Adv.› ~ rauchen; **Ver'bots·schild** ‹n.; -(e)s, -er›

ver'brä·men ‹V. t.› **1** *am Rand (bes. mit Pelz) verzieren* **2** ‹fig.› *verschleiern;* Kritik ~; **Ver'brä·mung** ‹f.; -, -en›

ver'bra·ten ‹V. t. 115› **1** *zu lange braten;* verbratenes Fleisch **2** ‹umg.› *verbrauchen;* Geld ~

Ver'brauch ‹m.; -(e)s; unz.› Benzin~; größer ~ an Farbe; **ver'brau·chen** ‹V. t.› **1** *regelmäßig benützen;* Strom ~ **2** *aufzehren;* einen Vorrat ~ **3** *abnutzen;* Kräfte ~; verbrauchte Luft; **Ver'brau·cher** ‹m.; -s, -› *Konsument;* **Ver'brau·cher·ge·nos·sen·schaft** ‹f.; -, -en›; **Ver'brau·che·rin** ‹f.; -, -nen›; ↗ Z 38›; **Ver'brau·cher·markt** ‹m.; -(e)s, ⸚e› *großer Einkaufsmarkt;* **Ver'brau·cher·schutz** ‹m.; -es; unz.›; **Ver'brau·cher·ver·band** ‹m.; -(e)s, ⸚e›; **Ver'brau·cher·zen·tra·le** ‹f.; -, -n; ↗ Z 53›; **Ver'brauchs·gü·ter** ‹Pl.› *tägl. Bedarfsgegenstände;* **Ver'brauchs·len·kung** ‹f.; -; unz.› *Beeinflussung der Konsumenten durch Werbung;* **Ver'brauchs·steu·er** ‹f.; -, -n›

ver'bre·chen ‹V. t. 116; meist im Part. Perf.; umg.; scherzh.› *eine Missetat begehen;* etwas verbrochen haben; **Ver'bre·chen** ‹n.; -s, -› **1** ‹Rechtsw.› *Straftat;* ein ~ begehen **2** *verantwortungslose Tat;* ~ gegen die Gesundheit; **Ver'bre·chens·be·kämp·fung** ‹f.; -; unz.›; **Ver'bre·cher** ‹m.; -s, -›; Rechtsw.›; **Ver'bre·che·rin** ‹f.; -, -nnen›; **ver'bre·che·risch** ‹Adj.›; **Ver'bre·cher·kar·tei** ‹f.; -, -en› *Kartei mit Fotos von Verbrechern*

ver'brei·ten ‹V. t./V. refl.› **1** *bekannt machen, werden;* Gerüchte ~; das Gerücht verbreitete sich **2** *ausstrahlen, erregen;* Angst und Schrecken ~; **ver'brei·tern** ‹V. t. /V. refl.› ich ver-

breitere› eine Straße ~; **Ver'brei·te·rung** ‹f.; -, -en›; **Ver'brei·tung** ‹f.; -; unz.›

ver'bren·nen ‹V. 117› **1** ‹V. i. (s.)› *vom Feuer vernichtet werden;* die Hütte verbrannte **2** ‹V. t./V. refl.› *durch Feuer od. Hitze vernichten;* Papiere ~; sich die Finger ~ ‹a. fig.›; **Ver'bren·nung** ‹f.; -, -en›; **Ver'bren·nungs·kraft·ma·schi·ne** ‹f.; -, -n›, **Ver'bren·nungs·mo·tor** ‹m.; -s, -'to·ren› *Maschine, bei der Energie durch Verbrennung erzeugt wird;* **Ver'bren·nungs·wär·me** ‹f.; -; unz.›

ver'brie·fen ‹V. t.› *urkundl. sichern;* verbriefte Rechte

ver'brin·gen ‹V. t. 118› *zubringen;* Zeit mit Warten ~

ver'brü·dern ‹V. refl.› ich verbrüdere mich› *Brüderschaft schließen;* **Ver'brü·de·rung** ‹f.; -, -en›

ver'brü·hen ‹V. t./V. refl.› *mit kochendem Wasser verletzen;* **Ver'brü·hung** ‹f.; -, -en›

ver'brut·zeln ‹V. i. u. V. t.; ich verbrutz(e)le; umg.› *verbraten(1);* das Essen ~ lassen

ver'bu·chen ‹V. t.› **1** *in ein Geschäftsbuch eintragen* **2** ‹fig.› *verzeichnen;* Erfolge ~; **Ver'bu·chung** ‹f.; -, -en›

Ver·bum ‹['vɛr-]; n.; -s, -ba od. -ben; Gramm.› = *Verb* [lat.]

ver'bum·fi·deln, ver'bum·fie·deln ‹V. t.; ich verbumfi(e)d(e)le; umg.› *verlieren*

ver'bum·meln ‹V. t.; ich verbumm(e)le; umg.› *nutzlos zubringen;* Zeit ~

Ver'bund ‹m.; -(e)s, -e od. ⸚e› *Zusammenschluss;* **Ver'bund·bau·wei·se** ‹f.; -; unz.; Bauw.› *Bauweise, bei der unterschiedliche Baustoffe statisch zusammenwirken;* **ver'bün·den** ‹V. t./V. refl.› *(sich) zusammenschließen;* verbündete Länder; **Ver'bun·den·heit** ‹f.; -; unz.›; **Ver'bün·de·te(r)** ‹f. 2 (m. 1)›; **ver'bund·fah·ren** ‹V. i.; nur im Inf.› *innerhalb eines Verkehrsverbundes fahren;* **Ver'bund·fens·ter** ‹n.; -s, -› *Fenster aus Verbundglas;* **Ver'bund·glas** ‹n.; -es; unz.› *mehrschichtiges Glas;* **Ver'bund·guss** ‹m.; -es; unz.›; **Ver'bund·kern** ‹m.;

-(e)s, -e; Kernphys.› *angeregter Zwischenzustand;* **Ver'bund·lam·pe** ‹f.; -, -n; Bgb.›; **Ver'bund·mo·tor** ‹m.; -s, -'to·ren›; **Ver'bund·netz** ‹n.; -es, -e› *gemeinsames Stromnetz mehrerer Kraftwerke;* **Ver'bund·sys·tem** ‹n.; -s, -e› = *Verkehrsverbund;* **Ver'bund·trieb·werk** ‹n.; -(e)s, -e›; **Ver'bund·wer·bung** ‹f.; -; unz.›; **Ver'bund·wirt·schaft** ‹f.; -; unz.; Wirtsch.› *enge Zusammenarbeit mehrerer Firmen*

ver'bür·gen ‹V. t./V. refl.› *Gewähr, Sicherheit geben;* verbürgte Tatsachen; ich verbürge mich für ihren Fleiß

ver'bür·ger·li·chen ‹V.› **1** ‹V. t. (h.)› *bürgerlich machen* **2** ‹V. i. (s.)› *bürgerlich werden;* **Ver'bür·ger·li·chung** ‹f.; -; unz.›; **ver'bür·gert** ‹Adj.; schweiz.›

ver'bü·ßen ‹V. t.; du verbüßt› eine Gefängnisstrafe ~ *ableisten*

ver'but·tern ‹V. t.; ich verbutt(e)re› **1** *Milch ~ M. zu Butter verarbeiten* **2** ‹fig.; umg.› *vergeuden;* Geld ~

ver·chro·men ‹[-'kro:-]; V. t.› *mit Chrom beschichten;* **Ver'chro·mung** ‹f.; -, -en›

Ver'dacht ‹m.; -; (e)s; unz.› *Argwohn;* ~ erregen, schöpfen; **ver'däch·tig** ‹Adj.› sich ~ machen; **ver'däch·ti·gen** ‹V. t./V. refl.›; **Ver'däch·ti·ge(r)** ‹f. 2 (m. 1)›; **Ver'däch·ti·gung** ‹f.; -, -en›; **Ver'dachts·mo·ment** ‹n.; -(e)s, -e›

ver'dam·men ‹V. t./V. refl.› *verurteilen, verfluchen;* **Ver'damm·nis** ‹f.; -, -unz.; Rel.› *Höllenqual;* ewige ~; **ver'dammt 1** ‹Adj.; ↗ Z 28.1; umg.› *verflucht;* ~! **2** ‹adv.; fig.; umg.› *äußerst;* ~ teuer; **Ver'dam·mung** ‹f.; -; unz.›

ver'damp·fen ‹V.› **1** ‹V. t.› *gasförmig werden lassen;* Wasser durch Erhitzen ~ **2** ‹V. i. (s.)› *gasförmig werden;* das Wasser ist verdampft; **Ver'dampf·er** ‹m.; -s, -; Tech.›; **Ver'dampf·ung** ‹f.; -; unz.›; **Ver'dampf·ungs·wär·me** ‹f.; -; unz.›

ver'dan·ken ‹V. t./V. refl.› **1** *Dank schulden;* jmdm. viel zu ~ haben **2** ‹schweiz.; umg.› *danken;* hast du die Hilfe verdankt?

ver'dat·tert ‹Adj.; umg.› *verwirrt*

ver'dau·en <V. t.> *Nahrung im Körper umwandeln;* **ver'dau·lich** <Adj.> leicht, schwer ~e Speisen; **Ver'dau·lich·keit** <f.; -; unz.>; **Ver'dau·ung** <f.; -; unz.> gute, schlechte ~; **Ver'dau·ungs·ap·pa·rat** <m.; -(e)s, -e>, **Ver'dau·ungs·or·ga·ne** <Pl.; Anat.>; **Ver'dau·ungs·spa·zier·gang** <m.; -(e)s, ⸚e; umg.>

ver'deck <n.; -(e)s, -e> 1 *oberes Schiffsdeck* 2 *Autodach;* **ver'de·cken** <V. t.> *der Sicht entziehen, verbergen*

ver'den·ken <V. t. 119/V. refl.> jmdm. etwas ~ *verübeln*

Ver'derb <m.; -s; unz.; geh.; meist in der Wendung> auf Gedeih und ~ *völlig;* **ver'der·ben** <V. 273> 1 <V. i. (s.)> *schlecht werden;* verdorbenes Obst; er ist völlig verdorben <fig.> *moralisch schlecht* 2 <V. t./V. refl.> *schädigen, zerstören;* sich die Augen ~; jmdm. die Freude an etwas ~; **Ver'der·ben** <n.; -s; unz.> 1 *Untergang;* jmdn. ins ~ stürzen 2 <⟋Z.29; fig.> *moralischer Verfall;* ~ bringender/ <auch> verderbenbringender Einfluss; <aber als Wortgruppe nur getrennt> ein großes ~bringender Krieg <bei Steigerung nur zusammen> ein äußerst verderbenbringender Krieg <bei Steigerung nur zusammen> ein äußerst verderbenbringender Krieg; **ver'derb·lich** <Adj.> leicht ~e Speisen; **Ver'derb·lich·keit** <f.; -; unz.>; **Ver'derb·nis** <f.; -; unz.; veralt.>; **ver'derbt** <Adj.; Sprachw.> *verdorben;* ein ~es Manuskript; **Ver'derbt·heit** <f.; -; unz.>

ver'deut·li·chen <V. t.> *deutlicher machen;* **Ver'deut·li·chung** <f.; -; unz.>

ver'deut·schen <V. t.; du verdeutschst> *ins Deutsche übernehmen, übertragen;* **Ver'deut·schung** <f.; -, -en>

ver'dich·ten <V. t.> 1 *dichter machen;* Gase ~ 2 <V. refl.> *dichter werden;* der Nebel verdichtet sich; **Ver'dich·ter** <m.; -s, -; Tech.> *Kompressor;* **Ver'dich·tung** <f.; -; unz.>

ver'di·cken <V. t./V. refl.>; **Ver'di·ckung** <f.; -, -en> *Schwellung*

ver'die·nen <V. t.> 1 *als Lohn erhalten;* Geld ~ 2 *Anrecht haben auf etwas;* Lob ~; sich um jmdn.

verdient machen *viel für jmdn. tun* 3 *zu Recht erleiden;* eine verdiente Strafe; **Ver'die·ner** <m.; -s, ->; **Ver'die·ne·rin** <f.; -, -n·nen>; **Ver'dienst¹** <m.; -(e)s, -e> *Lohn, Gehalt;* einen geringen ~ haben; **Ver'dienst²** <n.; -(e)s, -e> *verdienstreiche Tat;* ihre ~e um ihre Mitmenschen; **Ver'dienst·a·del** <m.; -s; unz.> Ggs *Geburtsadel;* **Ver'dienst·kreuz** <n.; -es, -e> *ein Orden;* Bundes~; **ver'dienst·lich** <Adj.> *verdienstvoll;* **ver'dienst·los** <Adj.>; **Ver'dienst·or·den** <m.; -s, ->; **Ver'dienst·span·ne** <f.; -, -n> *Gewinn;* **ver'dienst·voll** <Adj.> eine ~e Tat; **ver'dient** <Adj.; ⟋Z.28.1> ein ~er Mensch; <aber Großschreibung in Titeln> Verdienter Aktivist; **ver·dien·ter·ma·ßen, ver·dien·ter·'wei·se** <Adv.>

Ver'dikt <[ver-]; n.; -(e)s, -e> *Urteil* [lat.]

ver'din·gen <V. t./V. refl. 120; veralt.> *arbeiten;* er hat sich als Knecht verdungen/ <auch> verdingt; **ver'ding·li·chen** <V. t.> *anschaulich, konkret machen;* **Ver'ding·ung** <f.; -; unz.>

ver'dol·met·schen <V. t.; du verdolmetschst> *übersetzen*

ver'don·nern <V. t.; ich verdonn(e)re; umg.> *verurteilen;* jmdn. zu Arrest ~; **ver'don·nert** <Adj.; ⟋Z.28.1; umg.>

ver'dop·peln <V. t./V. refl.; ich verdopp(e)le> 1 *doppelt machen* 2 <fig.> *sehr steigern;* seine Anstrengungen ~; **Ver'dop·pe·lung, Ver'dopp·lung** <f.; -, -en>

ver'dor·ben <Adj.; ⟋Z.28.1>; **Ver'dor·ben·heit** <f.; -; unz.; nur fig.> *moral. Verkommenheit*

ver'dor·ren <V. i. (s.)> *vertrocknen;* verdorrtes Gras

ver'dö·sen <V. t.; du verdöst; umg.> *zu tun vergessen*

ver'drah·ten <V. t.> *mit Drähten verbinden*

ver'drän·gen <V. t.> 1 *wegdrängen;* jmdn. von seinem Platz ~ 2 <Psych.> *unterdrücken;* verdrängte Komplexe; **Ver'drän·gung** <f.; -, -en>; **Ver'drän·gungs·the·o·rie** <f.; -; unz.; Biol.>

ver'dre·cken <V.; umg.> 1 <V. t.>

verschmutzen 2 <V. i. (s.)> *schmutzig werden*

ver'dre·hen <V. t.> 1 *falsch drehen;* ein Gelenk ~; die Augen ~ 2 <fig.> *falsch darlegen;* Tatsachen ~; **ver'dreht** <Adj.; fig.; umg.> *leicht verrückt;* ~e Ansichten; **Ver'dreht·heit** <f.; -; unz.; fig.; umg.>; **Ver'dre·hung** <f.; -, -en>

ver'drei·fa·chen <V. t./V. refl.>; **Ver'drei·fa·chung** <f.; -; unz.>

ver'dre·schen <V. t. 121; du verdrischst; umg.> *verprügeln*

ver'drie·ßen <V. t. 274; du verdrießt> *Verdruss machen;* mich verdross, dass ...; **ver'drieß·lich** <Adj.> 1 *missgelaunt, mürrisch;* ein ~es Gesicht machen 2 *Verdruss bereitend;* eine ~e Angelegenheit; **Ver'drieß·lich·keit** <f.; -; unz.>

ver'dril·len <V. t.> *miteinander verdrehen;* **Ver'dril·lung** <f.; -, -en>

ver'dros·sen <Adj.> = *verdrießlich(1);* **Ver'dros·sen·heit** <f.; -; unz.>

ver'dru·cken <V. t.> *falsch drucken*

ver'drü·cken <V. t.> 1 *zerdrücken;* ein Hemd ~ 2 <umg.> *essen* 3 <V. refl.; umg.> *sich ~ sich wegstehlen*

Ver'druss <m.; -es; unz.> *Ärger*

ver'duf·ten <V. i. (s.); meist fig.; umg.> *verschwinden*

ver'dum·men <V. t. u. V. i. (s.)>; **Ver'dum·mung** <f.; -; unz.>

ver'dun·keln <V. t.; ich verdunk(e)le> 1 *dunkel machen;* ein Zimmer ~ 2 <V. refl.> *dunkel werden;* der Himmel verdunkelt sich 3 <Rechtsw.> *verschleiern;* **Ver'dun·ke·lung** <f.; -, -en>; **Ver'dun·ke·lungs·ge·fahr** <f.; -; unz.; Rechtsw.>; **Ver'dunk·lung** <f.; -, -en> = *Verdunkelung*

ver'dün·nen <V. t./V. refl.> *dünner machen, werden;* die Stange verdünnt sich nach oben; **ver·dün·ni·sie·ren** <V. refl.; umg.> *sich unauffällig wegbegeben;* **Ver'dün·nung** <f.; -; unz.>

ver'duns·ten <V. i. (s.)> *gasförmig werden;* das Wasser ist verdunstet; **Ver'duns·tung** <f.; -; unz.>; **Ver'duns·tungs·käl·te** <f.; -; unz.>; **Ver'duns·tungs·mes·ser** <m.; -s, -; Tech.>

Ver·du·re <[vɛr'dyː-]>, **Ver'dü·re** <[ver-]; f.; -, -n; MA bis 18. Jh.> *ein Wandteppich* [frz.]

ver'durs·ten <V. i.> *vor Durst sterben;* ich verdurste <a. umg.> *ich bin sehr durstig*

ver'dus·seln <V. t.; ich ver- duss(e)le; umg.> *vergessen*

ver'düs·tern <V. t./V. refl.; ich verdüstere> *sein Blick verdüs- terte sich*

ver'dut·zen <V. t.; du verdutzt> *erstaunen, verwundern;* **ver- 'dutzt** <Adj.; ↗Z28.1> *verblüfft, verwundert;* ein ~es Gesicht machen

ver'eb·ben <V. i. (s.); fig.> *abklin- gen;* der Beifall verebbte

ver'e·deln <V. t.; ich vered(e)le; ↗Z55> *Metalle ~;* **Ver'e·de- lung, Ver'ed·lung** <f.; -, -en>

ver'e·he·li·chen <V. refl.; ↗Z55; veralt.> *sich ~ sich verheiraten;* **Ver'e·he·li·chung** <f.; -, -en; veralt.>

ver'eh·ren <V. t.> 1 *bewundernd lieben;* einen Künstler ~; sehr verehrte gnädige Frau! *(höfliche Anrede)* 2 *heiligen;* Götter ~ 3 <mit Dat.> *schenken;* er hat ihr Blumen verehrt; **Ver'eh·rer** <m.; -s, ->; **Ver'eh·re·rin** <f.; -, -n·nen>; **Ver'eh·rung** <f.; -, -en>; **ver'eh·rungs·voll** <Adj.>; **ver'eh·rungs·wür·dig** <Adj.>

ver'ei·den <V. t.>, **ver'ei·di·gen** <V. t./V. refl.> *durch Eid ver- pflichten;* **Ver'ei·di·gung** <f.; -, -en>

Ver'ein <m.; -(e)s, -e> → a. *einge- tragen* 1 *Freizeitvereinigung;* Kegel~; *beitreten;* ~ Deutscher Ingenieure <Abk.: VDI> 2 im ~ mit *zusammen mit;* **ver'ein·bar** <Adj.> *die Mei- nungen sind nicht ~;* **ver'ein- ba·ren** <V. t.> *verabreden;* einen Termin ~; **Ver'ein·bar·keit** <f.; -; unz.>; **Ver'ein·ba·rung** <f.; -, -en> eine ~ treffen; **ver'ein·ba- rungs·ge·mäß** <Adv.> *wie ver- abredet;* **ver'ei·nen** <V. t./V. refl.; geh.> *zusammenschließen;* mit vereinten Kräften *gemeinsam*

ver'ein·fa·chen <V. t.>; **Ver'ein- fa·chung** <f.; -, -en>

ver'ein·heit·li·chen <V. t.> *ein- heitlich machen;* **Ver'ein·heit·li- chung** <f.; -, -en>

ver'ei·ni·gen <V. t./V. refl.> *zu-*

sammenbringen, -fassen; meh- rere Firmen ~ (sich)

Ver'ei·nig·te A'ra·bi·sche E·mi- 'ra·te <Pl.> *Staat in Vorderasien*

Ver'ei·nig·te 'Staa·ten (von A- 'me·ri·ka) <Pl.; Abk.: US(A)> *Staat in Nordamerika*

Ver'ei·ni·gung <f.; -, -en>

ver'ein·nah·men <V. t.> 1 *einneh- men;* Geld ~ 2 <fig.; umg.> jmdn. ~ *für sich beanspruchen*

ver'ein·sa·men <V. i. (s.)> *einsam werden;* **Ver'ein·sa·mung** <f.; -; unz.>

Ver'eins·bank <f.; -, -en>; **Ver- 'eins·haus** <n.; -es, ⁈er>; **Ver- 'eins·mei·er** <m.; -s, -; umg.; scherzh.>; **Ver·eins·mei·e'rei** <f.; -; unz.; umg.; scherzh.> *übermäßige Hochachtung des Vereinslebens;* **Ver'eins·re·gis- ter** <n.; -s, ->; **Ver'eins·sat- zung** <f.; -, -en>; **Ver'eins- wech·sel** <[-ks-]; m.; -s, ->

Ver'ein·te Na·ti'o·nen <Pl.; Abk.: VN, engl. UN> *Staatenvereini- gung zur internationalen Zu- sammenarbeit*

ver'ein·zeln <V. t.; ich ver- einz(e)le> 1 *isolieren* 2 <V. refl.> *seltener werden;* **ver'ein·zelt** <Adj.; ↗Z28.1> *nur einzeln vor- kommend;* ~e Exemplare; Ver- einzelte blieben; **Ver'ein·ze- lung** <f.; -; unz.>

ver'ei·sen <V.; du vereist> 1 <V. t.; Med.> *durch Kälte betäuben* 2 <V. i. (s.)> *gefrieren;* vereiste Fahrbahn; **Ver'ei·sung** <f.; -, -en>

ver'ei·teln <V. t.; ich vereit(e)le> *verhindern;* einen Plan ~; **Ver- 'ei·te·lung** <f.; -; unz.>

ver'ei·tern <V. i. (s.)> *eitrig wer- den;* **Ver'ei·te·rung** <f.; -, -en>

ver'e·keln <V. t.; ich verek(e)le; ↗Z55> jmdm. etwas ~ *verleiden*

ver'e·len·den <V. i. (s.); ↗Z55> *in Armut geraten;* **Ver'e·len·dung** <f.; -; unz.>

ver'en·den <V. i. (s.)> *sterben* (von Tieren)

ver'en·gen <V. t.> 1 *enger ma- chen;* eine Straße ~ 2 <V. refl.> *enger werden;* **ver'en·gern** <V. t./V. refl.> *enger machen, werden;* einen Rock ~; **Ver'en- ge·rung** <f.; -, -en>; **Ver'en- gung** <f.; -, -en>

ver'erb·bar <Adj.>; **ver'er·ben**

<V. t.> 1 *hinterlassen;* jmdm. ein Vermögen ~ 2 <Biol.> *als Veran- lagung weitergeben;* das hat ihm sein Vater vererbt; **ver'erb- lich** <Adj.>; **Ver'erb·lich·keit** <f.; -; unz.>; **Ver'er·bung** <f.; -; unz.>; **Ver'er·bungs·leh·re** <f.; -; unz.; Biol.> = *Genetik*

ver'es·tern <V. t.; Chem.> *zu Es- ter machen;* **Ver'es·te·rung** <f.; -, -en; Chem.>

ver'e·wi·gen <V. t.; ↗Z55> *unver- gesslich machen;* jmdn. in ei- nem Gedicht ~

ver'fah·ren¹ <V. 130> 1 <V. i. (s.)> *vorgehen, handeln;* eigenmäch- tig ~ 2 <V. t.> *verbrauchen;* Ben- zin ~ 3 <V. refl.> *in die falsche Richtung fahren;* sie hatten sich ~; **ver'fah·ren²** <Adj.; ↗Z28.1> *schwierig;* eine ~e Situation; **Ver'fah·ren** <n.; -s, -> 1 *Vorge- hensweise* 2 <Rechtsw.> *Unter- suchung;* ein ~ gegen jmdn. ein- leiten; Straf~; **Ver'fah·rens- tech·nik** <f.; -; unz.; Tech.>; **Ver- 'fah·rens·wei·se** <f.; -, -n>

Ver'fall <m.; -(e)s; unz.> dem ~ *preisgeben;* **ver'fal·len** <V. i. (s.) 131> 1 *allmählich zerfallen;* ein Haus verfällt 2 *ungültig werden;* die Gutscheine sind ~ 3 *in ein Verhalten ~ unwillkürlich ein V. annehmen* 4 *auf etwas ~ unver- sehens von etwas eingenommen sein* 5 jmdm. od. etwas ~ *ab- hängig werden;* dem Alkohol ~; **Ver'falls·da·tum** <n.; -s, -da·ten> *Datum, das die Halt- barkeit von Waren angibt;* **Ver- 'falls·er·schei·nung** <f.; -, -en>; **Ver'falls·tag** <m.; -(e)s, -e>

ver'fäl·schen <V. t.; du ver- fälschst> 1 *in einen schlechte- ren Zustand bringen;* Wein ~ 2 *falsch darstellen;* einen Bericht ~; **Ver'fäl·schung** <f.; -, -en>

ver'fan·gen <V. 132> 1 <V. refl.> *verwickeln;* sich in Widersprü- chen ~ 2 <V. i.; meist verneint> *wirken, nützen;* alle Bitten ver- fingen bei ihr nicht; **ver'fäng- lich** <Adj.> ~e Frage

ver'fär·ben <V. t./V. refl.> *das Kleid hat sich verfärbt;* **Ver'fär- bung** <f.; -, -en>

ver'fas·sen <V. t.; du verfasst> *schreiben;* **Ver'fas·ser** <m.; -s, -> *Autor;* **Ver'fas·se·rin** <f.; -, -n·nen>; **Ver'fas·ser·ka·ta·log**

<m.; -(e)s, -e; in Bibliotheken> *nach den Autorennamen geordneter Katalog;* Ggs *Schlagwortkatalog;* **Ver'fas·ser·schaft** <f.; -; unz.>; **Ver'fas·sung** <f.; -, -en> 1 <unz.> *Zustand;* in guter ~ sein 2 *schriftl. fixierte Grundordnung eines Staates;* die ~ ändern; **ver'fas·sung·ge·bend** <Adj.; ↗Z27.4> ~e Versammlung; **Ver'fas·sungs·än·de·rung** <f.; -, -en>; **Ver'fas·sungs·ge·richt** <n.; -(e)s, -e; Rechtsw.>; **Ver'fas·sungs·kla·ge** <f.; -, -n; Rechtsw.>; **ver'fas·sungs·kon·form** <Adj.>; **ver'fas·sungs·mä·ßig** <Adj.>; **ver'fas·sungs·recht·lich** <Adj.>; **Ver'fas·sungs·rich·ter** <m.; -s, ->; **Ver'fas·sungs·rich·te·rin** <f.; -, -n·nen>; **Ver'fas·sungs·schutz** <m.; -es; unz.; BRD>; **ver'fas·sungs·wid·rig** <Adj.; ↗Z53.1>

ver'fau·len <V. i. (s.)> verfaulte Äpfel

ver'fech·ten <V. t. 133> *für etwas eintreten;* eine Meinung ~; **Ver'fech·ter** <m.; -s, ->; **Ver'fech·te·rin** <f.; -, -n·nen>; **Ver'fech·tung** <f.; -; unz.>

ver'feh·len <V. t.> *nicht finden;* wir haben uns verfehlt; das Ziel ~; **Ver'feh·lung** <f.; -, -en>

ver'fein·den <V. refl.> mit jmdm. verfeindet sein

ver'fei·nern <V. t.; ich verfeinere *feiner machen;* den Geschmack ~; **Ver'fei·ne·rung** <f.; -, -en>

ver'fe·men <V. t.> *ächten;* **Ver'fem·te(r)** <f. 2 (m. 1)>; **Ver'fe·mung** <f.; -, -en>

ver'fer·ti·gen <V. t.> *herstellen;* **Ver'fer·ti·gung** <f.; -, -en>

ver'fes·ti·gen <V. t./V. refl.> *fester machen, werden;* **Ver'fes·ti·gung** <f.; -, -en>

ver'fet·ten <V. i. (s.)> er ist verfettet; **Ver'fet·tung** <f.; -, -en>

ver'feu·ern <V. t.; ich verfeu(e)re> 1 *verbrennen;* Kohle ~ 2 *durch Schießen verbrauchen;* Patronen ~

ver'fil·men <V. t.> ein Buch ~; **Ver'fil·mung** <f.; -, -en>

ver'fil·zen <V. i. (s.)> *filzig werden;* **ver'filzt** <Adj.; -er, am -es·ten; ↗Z28.1> 1 *filzig;* ~e Haare 2 *korrupt;* ~e Parteistrukturen

ver'fins·tern <V. refl.> sein Ausdruck verfinsterte sich; **Ver'fins·te·rung** <f.; -, -en>

ver'fit·zen <V. t./V. refl.; du verfitzt; umg.> *verwirren;* Garn ~

ver'fla·chen <V. t. u. V. i. (s.)> *flach machen, werden;* die Unterhaltung verflacht; **Ver'fla·chung** <f.; -, -en>

ver'flech·ten <V. t./V. refl. 135> *(flechtend) verbinden;* er ist in den Skandal verflochten <fig.>; **Ver'flech·tung** <f.; -, -en>

ver'flie·gen <V. 136> 1 <V. refl.> *falsch fliegen* 2 <V. i. (s.)> *sich verflüchtigen;* ein Geruch verfliegt; ihre Wut war schnell verflogen <fig.>

ver'flie·ßen <V. i. (s.) 138> 1 *vergehen;* die Zeit verfloss rasch; im verflossenen Jahr; ihr Verflossener <fig.; umg.; scherzh.> 2 *ineinander fließen;* Grenzen ~

ver'flixt <Adj.; umg.> *verflucht, ärgerlich;* ~ (nochmal)!; eine ~e Angelegenheit

Ver'floch·ten·heit <f.; -; unz.>

ver'flu·chen <V. t.> *verwünschen;* **ver'flucht** <Adj.; umg.> *sehr (lästig);* ~! (Ausruf des Ärgers); eine ~e Sache

ver'flüch·ti·gen <V. t./V. refl.> *gasförmig werden (lassen);* der Alkohol verflüchtigt sich; **Ver'flüch·ti·gung** <f.; -; unz.>

Ver'flu·chung <f.; -; unz.>

ver'flüs·si·gen <V. t./V. refl.> *flüssig machen, werden;* **Ver'flüs·si·ger** <m.; -s, -> = *Kondensator;* **Ver'flüs·si·gung** <f.; -; unz.>

ver'foh·len <V. i.; beim Pferd> *verwerfen(4)*

Ver'folg <m.; -s; unz.> Amtsdt.> *Verlauf;* **ver'fol·gen** <V. t.> 1 *folgen;* einen Flüchtigen ~; Verfolgte(r) des Naziregimes; vom Pech verfolgt <fig.> 2 *beobachten;* Ereignisse ~ 3 *zu erreichen suchen;* ein Ziel ~; **Ver'fol·ger** <m.; -s, -> die ~ abschütteln; **Ver'fol·ge·rin** <f.; -, -n·nen>; **Ver'fol·gung** <f.; -, -en> die ~ aufnehmen; **Ver'fol·gungs·jagd** <f.; -, -en>; **Ver'fol·gungs·wahn** <m.; -s; unz.; Psych.> *krankhafte Vorstellung, ständig verfolgt zu werden*

ver'form·bar <Adj.>; **Ver'form·bar·keit** <f.; -; unz.>; **ver'for·men** <V. t.> *die Form von etwas*

ändern; **Ver'for·mung** <f.; -, -en>

ver'frach·ten <V. t.> 1 *verladen;* Güter ~ 2 <umg.> *bringen;* jmdn. ins Bett ~; **Ver'frach·ter** <m.; -s, ->; **Ver'frach·tung** <f.; -; unz.>

ver'fran·zen <V. refl.; du verfranzt dich> 1 <Fliegerspr.> *sich verfliegen* 2 <umg.> *sich verirren*

ver'frem·den <V. t.> *ungewohnt gestalten, fremd machen;* **Ver'frem·dung** <f.; -, -en>

ver'fres·sen[1] <V. t.; derb> *für Essen verbrauchen;* verfriss nicht das ganze Geld!; **ver'fres·sen**[2] <Adj.> *gefräßig;* **Ver'fres·sen·heit** <f.; -; unz.>

ver'frie·ren <V. i. (s.)> Pflanzen ~ bekommen Frostschäden; **ver'fro·ren** <Adj.; ↗Z28.1> *kälteempfindlich, frierend;* ~ sein, aussehen

ver'frü·hen <V. refl.> *zu früh kommen;* der Sommer hat sich verfrüht; verfrühtes Lob

ver'füg·bar <Adj.>

ver'fu·gen <V. t.> *Fugen ausfüllen;* Fliesen ~

ver'fü·gen <V. t.> 1 *anordnen;* den Bau einer Brücke ~ 2 *über etwas – etwas beliebig verwenden können*

Ver'fu·gung <f.; -, -en>

Ver'fü·gung <f.; -, -en> 1 <unz.> *Möglichkeit, über etwas zu verfügen(2);* Gelder zur ~ haben; jmdm. zur ~ stehen *verfügbar sein;* jmdm. etwas zur ~ stellen *zur Verwendung überlassen* 2 *Anordnung;* eine ~ erlassen; **ver'fü·gungs·be·rech·tigt** <Adj.>; **Ver'fü·gungs·recht** <n.; -(e)s, -e>

ver'füh·ren <V. t.> *verleiten;* jmdn. zum Trinken ~; **Ver'füh·rer** <m.; -s, ->; **Ver'füh·re·rin** <f.; -, -n·nen>; **ver'füh·re·risch** <Adj.> 1 *verlockend;* ~e Angebote 2 *attraktiv;* ~ aussehen; **Ver'füh·rung** <f.; -, -en>

ver'fuhr·wer·ken <V. t.; schweiz.> *verpfuschen*

ver'fut·tern <V. t.; ich verfuttere> = *verfressen[1]*; **ver'füt·tern** <V. t.; ich verfüttere> *als Futter geben*

Ver'ga·be <f.; -; unz.> ~ von Stipendien; **ver'ga·ben** <V. t.;

Vergangenheit: V. ist der Zeitbezug des ⬈Verbs, das ein vergangenes Geschehen ausdrückt. Die Vergangenheitstempora des Deutschen sind ⬈Präteritum, ⬈Perfekt und ⬈Plusquamperfekt. Gegenwart, V. und ⬈Zukunft sind Parameter, die die Zeitverhältnisse aus der Sicht der Jetztzeit beschreiben.
Der Begriff V. wird auch als Synonym für Präteritum bzw. für alle Vergangenheitstempora verwendet.
Vgl. ⬈Tempus

schweiz.> *vermachen;* **Ver·ga·bung** <f.; -, -en; schweiz.>
ver·gack·ei·ern <V. t.; ich vergackei(e)re; umg.> jmdn. ~ *veralbern*
ver·gaf·fen <V. refl.; umg.> sich in jmdn. ~ *sich verlieben*
ver·gagt <[-'gɛgt]; Adj.; umg.> *voller Gags*
ver·gäl·len <V. t.> 1 *denaturieren;* vergällter Branntwein 2 <fig.> *verbittern;* jmdm. die Freude ~
ver·ga·lop·pie·ren <V. refl.; fig.; umg.> sich ~ *sich irren*
ver·gam·meln <V. i. (s.); ich vergamm(e)le; umg.> 1 *verderben;* vergammeltes Obst 2 *herunterkommen;* er ist völlig vergammelt
Ver·gan·gen·heit <f.; -, -en> 1 <unz.> *frühere Zeit;* die ~ ruhen lassen 2 <Gramm.> *Zeitform des Verbs, die Vergangenes bezeichnet;* die drei ~en des Verbs; → a. *Kasten;* **ver·gäng·lich** <Adj.> *nicht dauerhaft;* ~er Ruhm; **Ver·gäng·lich·keit** <f.; -; unz.>
ver·gä·ren <V. t.> *gären lassen;* **Ver·gä·rung** <f.; -; unz.>
ver·ga·sen <V. t.> 1 *zu Gas machen* 2 *mit Giftgas töten;* **Ver·ga·ser** <m.; -s, -> *Teil eines Verbrennungsmotors;* **Ver·ga·sung** <f.; -, -en>
ver·gat·tern <V. t.; ich vergattere> 1 *mit einem Gatter ausstatten* 2 <umg.> jmdn. zu etwas ~ *jmdm. etwas auferlegen;* **Ver·'gat·te·rung** <f.; -, -en>
ver·ge·ben <V. t./V. refl. 143> 1 *übertragen, zuteilen;* einen Auftrag ~; die Stelle ist ~ *besetzt* 2 *verzeihen;* jmdm. eine Beleidi-

gung ~; **ver·ge·bens** <Adv.> *vergeblich;* sich ~ anstrengen; **ver·'geb·lich** <Adj.> *erfolglos;* ~e Anstrengungen; **Ver·'geb·lich·keit** <f.; -; unz.>; **Ver·ge·bung** <f.; -; unz.> um ~ bitten; ~ der Sünden
ver·ge·gen·ständ·li·chen <V. t.>; **Ver·'ge·gen·ständ·li·chung** <f.; -; unz.>
ver·ge·gen·wär·ti·gen <V. t./V. refl.> sich etwas ~ *sich deutlich vorstellen;* **Ver·'ge·gen·wär·ti·gung** <f.; -; unz.>
ver·ge·hen <V. 145> 1 <V. i. (s.)> *verstreichen, vorübergehen;* die Zeit vergeht; im vergangenen Jahr; ihm wird das Lachen ~! 2 <V. i. (s.)> vor Angst fast – *umkommen* 3 <V. refl.> *übertreten;* sich gegen ein Gesetz ~; sich an jmdm. ~ *jmdm. sexuell missbrauchen;* **Ver·ge·hen** <n.; -s, ->
ver·gei·gen <V. t.; umg.> *nicht erfolgreich abschließen;* das Examen ~
ver·gei·len <V. i. (s.); Bot.> *infolge Lichtmangels aufschießen;* **Ver·'gei·lung** <f.; -; unz.; Bot.>
ver·geis·ti·gen <V. t.; meist als Part. Perf.> vergeistigter Blick; **Ver·'geis·ti·gung** <f.; -; unz.>
ver·gel·ten <V. t. 147/V. refl.> jmdm. etwas ~ *entsprechend reagieren;* Böses mit Gutem ~; jmdm. etwas reichlich ~; vergelt's Gott! *vielen Dank!;* **Ver·'gel·tung** <f.; -; unz.>; **Ver·'gel·tungs·schlag** <m.; -(e)s, ⁀e>
Ver·genz <[ver-]; f.; -, -en; Geol.> *Richtung der Faltenlagerung in Gebirgen* [lat.]
ver·ge·sell·schaf·ten <V. t.> *einer Gesellschaft übertragen;* Privateigentum ~; **Ver·'ge·sell·schaf·tung** <f.; -; unz.>
ver·ges·sen <V. t. 275> 1 *aus der Erinnerung verlieren;* ~ werden; vergiss mich nicht; dem Vergessen anheim fallen; jmdm. etwas nie ~ 2 *nicht mehr an etwas denken;* ich habe vergessen, sie anzurufen 3 *versehentlich zurücklassen;* er hat seinen Hut ~ 4 <V. refl.> sich – *die Beherrschung verlieren;* **Ver·'ges·sen·heit** <f.; -; unz.> in ~ geraten; **ver·gess·lich** <Adj.>; **Ver·'gess·lich·keit** <f.; -; unz.>

ver·geu·den <V. t.> *verschwenden;* Geld, Kraft ~
ver·ge·wal·ti·gen <V. t.> eine Frau ~ *zum Geschlechtsakt zwingen;* **Ver·ge·'wal·ti·ger** <m.; -s, ->; **Ver·ge·'wal·ti·gung** <f.; -, -en>
ver·ge·werk·schaf·ten <V. t.>
ver·ge·'wis·sern <V. t./V. refl.> ich vergewissere (mich)> sich einer Sache ~ *sich darüber Gewissheit verschaffen;* hast du dich vergewissert, dass ...; **Ver·ge·'wis·se·rung** <f.; -, -en>
ver·gie·ßen <V. t. 152; du vergießt> 1 *verschütten* 2 *fließen lassen;* Blut ~ *töten;* er vergoss viele Tränen
ver·gif·ten <V. t./V. refl.> *durch Gift gesundheitl. schädigen od. töten;* **Ver·'gif·tung** <f.; -, -en>
ver·gil·ben <V. i. (s.)> vergilbtes Papier
ver·gip·sen <V. t.; du vergipst> *mit Gips festmachen*
Ver·giss·mein·nicht <n.; -(e)s, -e; Bot.> *eine Blume*
ver·git·tern <V. t.; ich vergittere> vergittertes Fenster
ver·gla·sen <V. t. u. V. i. (s.); du verglast> ein verglaster Blick <fig.>; **Ver·'gla·sung** <f.; -, -en>
Ver·gleich <m.; -(e)s, -e> 1 *vergleichende Betrachtungsweise;* einen ~ anstellen; im ~ zu ... 2 *bildhafter Ausdruck;* ein treffender ~ 3 <Rechtsw.> *Vertrag, der einen Streit durch gegenseitiges Nachgeben beilegt;* **ver·'gleich·bar** <Adj.>; **Ver·'gleich·bar·keit** <f.; -; unz.>; **ver·'glei·chen** <V. t./V. refl. 153> *prüfend gegeneinander abwägen;* Angebote ~; ~de Sprach-, Literaturwissenschaft; vergleiche Seite 2 <Abk.: vgl.>; sich mit jmdm. ~ *sich messen;* **Ver·'gleichs·form** <f.; -, -en; Gramm.> *Steigerungsform;* **Ver·'gleichs·punkt** <m.; -(e)s, -e>; **Ver·'gleichs·satz** <m.; -es, ⁀e; Gramm.> → a. *Kasten Nebensatz;* **Ver·'gleichs·stu·fe** <f.; -, -n; Gramm.> = *Komparativ;* → a. *Kasten Komparation;* **Ver·'gleichs·ver·fah·ren** <n.; -s, -; Rechtsw.>; **ver·'gleichs·wei·se** <Adv.> ~ teuer; **Ver·'glei·chung** <f.; -, -en>
ver·glet·schern <V. i. (s.)>; **Ver·'glet·sche·rung** <f.; -, -en>

ver·glim·men <V. i. (s.) 156> *zu glimmen aufhören; das Feuer verglimmt*

ver·glü·hen <V. i. (s.)> *sich erhitzen u. auflösen; der Meteor verglüht*

ver·gnü·gen <V. t./V. refl.> *amüsieren;* sich auf einer Feier ~; **Ver'gnü·gen** <n.; -s, -> *Freude, Unterhaltung;* ~ bereiten; viel ~!; **ver'gnüg·lich** <Adj.>; **ver·gnügt** <Adj.> *fröhlich;* eine ~e Runde; **Ver'gnü·gung** <f.; -, -en>; **Ver'gnü·gungs·park** <m.; -s, -s> *Freizeitpark mit Attraktionen;* **Ver'gnü·gungs·stät·te** <f.; -, -n>; **Ver'gnü·gungs·steuer** <f.; -; unz.>; **Ver'gnü·gungs·sucht** <f.; -; unz.>; **ver'gnü·gungs·süch·tig** <Adj.>

ver·gol·den <V. t.> 1 *mit Gold überziehen;* Metall ~ 2 *golden glänzen lassen;* Sonne vergoldete das Wasser; **Ver'gol·der** <m.; -s, ->; **Ver'gol·de·rin** <f.; -, -nnen>; **Ver'gol·dung** <f.; -, -en>

ver·gön·nen <V. t.; geh.> es war mir nicht vergönnt, ihn wiederzusehen

ver·got·ten <V. t.>; **ver'göt·tern** <V. t.; ich vergöttere; fig.> *überschwänglich lieben;* **Ver'göt·te·rung** <f.; -, -en>; **Ver'got·tung** <f.; -, -en>

ver·gra·ben <V. t./V. refl. 157> *eingraben;* einen Schatz ~; sich in etwas ~ <fig.>

ver·grä·men <V. t.> 1 *verärgern* 2 <Jagdw.> *verscheuchen;* Wild ~

ver·grät·zen <V. t.; du vergrätzt; umg.> *verärgern*

ver·grau·en <V. i. (s.)> *grau werden;* vergraute Hemden

ver·grau·len <V. t.; umg.> jmdn. ~ *durch Ärgern vertreiben*

ver·grei·fen <V. refl. 158> sich im Ton ~; sich an jmdm. ~ *jmdn. misshandeln*

ver·grei·sen <V. i. (s.); du vergreist> *stark altern;* **Ver'grei·sung** <f.; -; unz.>

ver·grif·fen <Adj.> *nicht mehr erhältlich;* das Buch ist ~

ver·grö·bern <V. t./V. refl.; ich vergröbere> *gröber machen, werden;* **Ver'grö·be·rung** <f.; -, -en>

ver·grö·ßern <V. t./V. refl.; ich vergrößere> *größer machen,*

werden; **Ver'grö·ße·rung** <f.; -, -en>; **Ver'grö·ße·rungs·ap·pa·rat** <m.; -(e)s, -e; Fot.>; **ver'grö·ße·rungs·fä·hig** <Adj.; Fot.>; **Ver'grö·ße·rungs·glas** <n.; -es, ‍:er> *Lupe*

ver·gu·cken <V. refl.; umg.> sich in jmdn. ~ *sich verlieben*

ver·güns·ti·gen <V. t.> *ermäßigen;* vergünstigte Preise; **Ver·güns·ti·gung** <f.; -, -en> ~en genießen

ver·gü·ten <V. t.> 1 *entschädigen;* jmdm. Auslagen ~ 2 *bezahlen;* eine Arbeit ~ 3 *veredeln;* Stahl ~; **Ver'gü·tung** <f.; -, -en>

ver·hack·stü·cken <V. t.; umg.> *bis ins Kleinste diskutieren*

ver·haf·ten <V. t.> 1 *festnehmen* 2 er ist eng mit dem Projekt verhaftet *eng verbunden;* **Ver'haf·te·te(r)** <f. 2 (m.1)>; **Ver'haf·tung** <f.; -, -en>; **Ver'haf·tungs·wel·le** <f.; -, -n>

ver·ha·geln <V. i. (s.)> *durch Hagel vernichten*

ver·hal·len <V. i. (s.)> *unhörbar werden;* ein Ton verhallt

ver·hal·ten¹ <V. t./V. refl. 160> 1 <geh.> *unterdrücken;* den Atem ~ 2 *ein bestimmtes Verhalten zeigen;* sich ruhig ~ 3 *die Angelegenheit verhält sich anders;* die beiden Summen verhalten sich zueinander wie 2 zu 3; **ver'hal·ten²** <Adj.; ✎Z28.1> *unterdrückt;* ein ~es Lachen; **Ver'hal·ten** <n.; -s; unz. od. (fachsprachl.) -s·wei·sen> *Benehmen, Handeln;* tadelloses ~; **Ver'hal·ten·heit** <f.; -; unz.> *Zurückhaltung;* **Ver'hal·tens·for·scher** <m.; -s, ->; **Ver'hal·tens·for·sche·rin** <f.; -, -nnen>; **Ver'hal·tens·for·schung** <f.; -; unz.; Zool.> *Erforschung tierischen Verhaltens;* **ver'hal·tens·ge·stört** <Adj.; Med.; Psych.>; **Ver'hal·tens·maß·re·gel** <f.; -, -n> *Vorschrift für richtiges Verhalten;* **Ver'hal·tens·mus·ter** <n.; -s, -; Psych.>; **Ver'hal·tens·stö·rung** <f.; -, -en; Med.; Psych.>; **Ver'hal·tens·wei·se** <f.; -, -n>

Ver·hält·nis <n.; -s·ses, -s·se> 1 *vergleichbare Beziehung, Relation;* Kräfte~; die Ausgaben stehen in keinem ~ zu den Einnahmen 2 *Art der menschl. Be-*

ziehungen; ein gutes ~; mit jmdm. ein ~ haben <umg.> *eine sexuelle Beziehung* 3 <Pl.> *Umstände;* geordnete ~se; **Ver'hält·nis·glei·chung** <f.; -, -en; Math.> *Gleichsetzung zweier Verhältnisse(1);* **ver'hält·nis·mä·ßig** <Adv.> es geht ihr ~ gut; **Ver'hält·nis·mä·ßig·keit** <f.; -; unz.> ~ der Mittel; **Ver'hält·nis·wahl** <f.; -, -en; Pol.> *Wahl, bei der sich die Sitzverteilung nach dem Verhältnis der abgegebenen Stimmen richtet;* Ggs Mehrheitswahl; **Ver'hält·nis·wahl·recht** <n.; -(e)s; unz.; Pol.>; **Ver'hält·nis·wort** <n.; -(e)s, ‍:er; Gramm.> = *Präposition;* → a. *Kasten Präposition;* **Ver'hält·nis·zahl** <f.; -, -en> = *Messzahl, Messziffer*

Ver·hal·tung <f.; -; unz.> *Zurückhaltung;* **Ver'hal·tungs·maß·re·gel** <f.; -, -n> = *Verhaltensmaßregel*

ver·han·deln <V.; ich verhand(e)le> 1 <V. i.> *zur Einigung besprechen;* mit jmdm. über ein Geschäft ~ 2 <V. t.> eine Frage ~; der Fall wird verhandelt <Rechtsw.>; **Ver'handlung** <f.; -, -en> die ~ eröffnen; mit jmdm. in ~en stehen

ver·han·gen <Adj.> *bedeckt;* ~er Himmel; **ver'hän·gen** <V. t.> 1 *zuhängen;* das Fenster ~ 2 <fig.> *verfügen;* eine Strafe ~; **Ver'häng·nis** <n.; -s·ses, -s·se> *unheilvolle Fügung;* jmdm. zum ~ werden; **ver'häng·nis·voll** <Adj.> ~e Begegnung; **Ver'hän·gung** <f.; -; unz.>

ver·harm·lo·sen <V. t.> *als harmlos darstellen;* **Ver'harm·lo·sung** <f.; -, -en>

ver·härmt <Adj.; -er, am -es·ten> *von Sorgen gezeichnet;* ein ~es Gesicht

ver·har·ren <V. i. (s. od. h.); geh.> *ausharren;* in einem Irrtum ~; **Ver'har·rung** <f.; -, -en>

ver·har·schen <V. i. (s.)> *Harsch bilden;* verharschter Schnee

ver·här·ten <V.> 1 <V. t.> *hart, gefühllos machen* 2 <V. refl.> *hart, verbittert werden;* **Ver'här·tung** <f.; -, -en> Gewebe~

ver·har·zen <V. i. (s.) u. V. t.> *zu Harz machen, werden*

ver·has·peln <V. refl.; ich ver-

hasp(e)le mich; umg.> *versprechen(3);* **Ver·has·pe·lung, Ver·'hasp·lung** <f.; -, -en>
ver'hasst <Adj.> *verabscheut;* eine ~e Pflicht; es ist mir ~ ...
ver'hät·scheln <V. t.; ich verhätsch(e)le; umg.> *übermäßig verwöhnen;* **Ver'hät·sche·lung, Ver'hätsch·lung** <f.; -; unz.>
Ver'hau <m. od. n.; -(e)s, -e> **1** *künstliches Hindernis;* Draht~ 2 <fig.; umg.> *Durcheinander;* **ver'hau·en** <V. t./V. refl.; umg.> **1** *verprügeln* **2** <umg.> *sich irren;* sich mit einer Schätzung ~
ver'he·ben <V. refl. 163> *sich beim Heben verletzen*
ver'hed·dern <V. t./V. refl.; ich verheddere (mich); umg.> *verwirren, verhaspeln;* sich beim Reden ~
ver'hee·ren <V. t.> *verwüsten;* das Unwetter hat das Land verheert; ~d *katastrophal;* ~de Folgen; **Ver'hee·rung** <f.; -, -en>
ver'heh·len <V. t.; geh.> *verheimlichen;* die Wahrheit ~
ver'hei·len <V. i. (s.)> *zuheilen;* die Wunde ist verheilt
ver'heim·li·chen <V. t./V. refl.> *verbergen;* etwas zu ~ haben; **Ver'heim·li·chung** <f.; -, -en>
ver'hei·ra·ten <V. t./V. refl.> sich wieder ~; **ver'hei·ra·tet** <Adj.; ↗Z28.1; Abk.: verh.> *ehelich gebunden;* glücklich ~ sein; **Ver'hei·ra·tung** <f.; -, -en>
ver'hei·ßen <V. t. 164/V. refl.> *voraussagen;* jmdm. Gutes ~; **Ver'hei·ßung** <f.; -, -en>; **ver'hei·ßungs·voll** <Adj.> *viel versprechend*
ver'hei·zen <V. t.; du verheizt> Kohle ~; Truppen ~ <fig.; umg.>
ver'hel·fen <V. i. 165> jmdm. zu etwas ~
ver'herr·li·chen <V. t.>; **Ver'herr·li·chung** <f.; -, -en> ~ von Gewalt
ver'het·zen <V. t.; du verhetzt> *aufwiegeln;* **Ver'het·zung** <f.; -, -en> Volks~
ver'heult <Adj.; umg.> *verweint;* sie sieht ~ aus
ver'he·xen <V. t.; du verhext> *durch Hexerei verwandeln;* es ist wie verhext
ver'hin·dern <V. t.; ich verhindere> **1** *abwenden, aufhalten;* ein Unglück ~ **2** *verhindert sein*

nicht kommen können; **Ver'hin·de·rung** <f.; -, -en>; **Ver'hin·de·rungs·fall** <m.; -(e)s, =e; Amtsdt.; in der Wendung> im ~
ver'hof·fen <V. i.; Jägerspr.> *stehen bleiben und sichern (Wild)*
ver'hoh·len <Adj.> *verborgen;* mit kaum ~em Neid
ver'höh·nen <V. t.> jmdn. ~ *verspotten;* **ver'hoh·ne·pie·peln** <V. t.; ich verhohnepiep(e)le; umg.> *verspotten;* **Ver'höh·nung** <f.; -, -en>
ver'hö·kern <V. t.; ich verhökere; umg.> *verkaufen*
ver'ho·len <V. t.; Mar.> ein Schiff ~ *an einen anderen Ort ziehen*
ver'hol·zen <V. i. (s.); Bot.> *holzig werden;* **Ver'hol·zung** <f.; -, -en; Bot.>
Ver'hör <n.; -s, -e> *Vernehmung;* jmdn. ins ~ nehmen; **ver'hö·ren** <V. t.> **1** *vernehmen;* er wurde von der Polizei verhört **2** <V. refl.> *falsch hören;* da muss ich mich verhört haben
ver'hor·nen <V. i. (s.)> *zu Horn werden;* **Ver'hor·nung** <f.; -, -en>
ver'hu·deln <V. t.; ich verhud(e)le; umg.> *verpfuschen*
ver'hül·len <V. t./V. refl.> *bedecken;* **Ver'hül·lung** <f.; -, -en>
ver'hun·gern <V. i. (s.); ich verhungere> *vor Hunger sterben,* <a. umg.> *großen Hunger haben*
ver'hun·zen <V. t.; du verhunzt; umg.> *verunstalten, verpfuschen*
ver'hu·ren <V. t.; derb> Geld ~ *für Prostituierte ausgeben;* **ver'hurt** <Adj.; derb> *sexuell sehr ausschweifend;* ein ~er Kerl
ver'huscht <Adj.; umg.> *klein u. scheu*
ver'hü·ten <V. t. u. V. t.> *verhindern;* eine Schwangerschaft ~; **Ver'hü·ter·li** <n.; -s, - od. -s; scherzh.> *Kondom*
ver'hüt·ten <V. t.> *in Hütten verarbeiten;* Erz ~; **Ver'hüt·tung** <f.; -; unz.>
Ver'hü·tung <f.; -, -en>; **Ver'hü·tungs·mit·tel** <n.; -s, -> *empfängnisverhütendes Mittel*
ver'hut·zelt <Adj.> *klein u. verschrumpelt*
Ve·ri·fi·ka·ti'on <[ve-]; f.; -, -en> *Erweis der Wahrheit* [lat.]; **ve·ri-**

fi'zier·bar <Adj.>; **Ve·ri·fi'zier·bar·keit** <f.; -; unz.>; **ve·ri·fi'zie·ren** <V. t.> *die Richtigkeit überprüfen;* eine These ~
ver'in·ner·li·chen <V. t.> *sich innerlich aneignen;* Normen ~; **Ver'in·ner·li·chung** <f.; -; unz.>
ver'ir·ren <V. t./V. refl.> *verlaufen(3);* sich im Wald ~; **Ver'ir·rung** <f.; -, -en; meist fig.> geschmackliche ~
Ve·ris·mo, Ve·ris·mus <[ve-]; m.; -; unz.; Kunst> *Stilrichtung mit extrem naturalistischer Darstellung* [lat.]; **Ve'rist** <m.; -en, -en; Kunst>; **Ve'ris·tin** <f.; -, -n·nen; Kunst>; **ve'ris·tisch** <Adj.; Kunst>
ve·ri'ta·bel <[ve-]; Adj.; veralt.> *wahrhaft;* veritable Güte [frz.]
ver'ja·gen <V. t.> *wegjagen*
ver'jäh·ren <V. i. (s.)> *nicht mehr gelten;* verjährte Schuld; **Ver'jäh·rung** <f.; -, -en>; **Ver'jäh·rungs·frist** <f.; -, -en>
ver'jaz·zen <V. t.; du verjazzt; Mus.> *mit Jazzelementen durchsetzen*
ver'ju·beln <V. t.; ich verjub(e)le; umg.> *unbedacht ausgeben;* sein Geld ~
ver'jün·gen <V. t.> **1** *jünger machen;* die Belegschaft ~ *junge Kräfte einstellen* **2** <V. refl.> *sich ~ schmaler werden;* **Ver'jün·gung** <f.; -, -en>
ver'ju·xen <V. t.; du verjuxt; umg.> = *verjubeln*
ver'ka·beln <V. t.; ich verkab(e)le> das Haus ist verkabelt *hat den Anschluss für Kabelfernsehen;* **Ver'ka·be·lung** <f.; -, -en>
ver'kad·men <V. t.> *mit Cadmium überziehen*
ver'kal·ben <V. i.; beim Rind> *verwerfen(4)*
ver'kal·ken <V. i. (s.)> **1** *Kalk einlagern;* Rohre ~ **2** <fig.; umg.> *geistig altern;* verkalkt sein
ver·kal·ku'lie·ren <V. refl.> *sich ~ sich verrechnen*
Ver'kal·kung <f.; -, -en>
ver'kan·ten <V. t./V. refl.> *verkantete Skier*
ver'kap·pen <V. t.> *tarnen, verbergen;* ein verkappter Dichter
ver'kap·seln <V. t./V. refl.; ich verkaps(e)le> ein verkapselter

Mensch <fig.>; **Ver'kap·se·lung, Ver'kaps·lung** <f.; -, -en>
ver'kars·ten <V. i. (s.)> *unfruchtbar werden;* verkarsteter Boden; **Ver'kars·tung** <f.; -, -en>
ver'kar·ten <V. t.> *auf Karteikarten erfassen*
ver'kä·sen <V. i. u. V. t.> *zu Käse machen, werden*
ver'ka·tert <Adj.; umg.> *an einem Kater² leidend*
Ver'kauf <m.; -(e)s, ⸗e> 1 *das Verkaufen; etwas zum ~ anbieten; zum ~ stehen* 2 <unz.> *Verkaufsabteilung;* im *~ arbeiten;*
ver'kau·fen <V. t.; du verkaufst> 1 *gegen einen Gegenwert abgeben;* Waren ~; jmdn. für dumm ~ *als dumm ansehen* 2 <V. refl.> *sich gut, schlecht ~;* **Ver'käu·fer** <m.; -s, ->; **Ver'käu·fe·rin** <f.; -, -n·nen>; <↗Z38>; **ver'käuf·lich** <Adj.>; **Ver'kaufs·ab·tei·lung** <f.; -, -en>; **Ver'kaufs·au·to·mat** <m.; -en, -en> = *Warenautomat;* **ver'kaufs·för·dernd** <Adj.> *~e Maßnahmen;* **Ver'kaufs·ge·spräch** <n.; -(e)s, -e>; **Ver'kaufs·lei·ter¹** <m.; -s, -> *Leiter der Verkaufsabteilung;* **Ver'kaufs·lei·te·rin** <f.; -, -n·nen>; **ver'kaufs·of·fen** <Adj.> *~er Sonntag;* **Ver'kaufs·or·ga·ni·sa·ti·on** <f.; -, -en>; **Ver'kaufs·preis** <m.; -es, -e>; **Ver'kaufs·schla·ger** <m.; -s, -> *bes. gut verkäufliches Produkt*
Ver'kehr <m.; -(e)s; unz.> 1 *Beförderung von Personen, Gütern, Nachrichten;* Fremden~ Zahlungs~ 2 *Personen- u. Fahrzeugbewegung;* Straßen~; den ~ regeln; stockender ~ 3 *Umlauf;* Geld in ~ bringen; aus dem ~ ziehen 4 *sozialer Umgang; ~* mit jmdm. pflegen; Brief~ <kurz für> *Geschlechtsverkehr;*
ver'keh·ren <V.> 1 <V. i.> *regelmäßig eine Strecke befahren;* die Straßenbahn verkehrt alle zehn Minuten 2 <V. i.> *mit jmdm. ~ sozialen Umgang pflegen;* mit jmdm. geschlechtlich *~ Geschlechtsverkehr haben* 3 <V. i.> *regelmäßig besuchen;* in dieser Kneipe ~ viele Studenten 4 <V. t.> *verdrehen, falsch darstellen;* Tatsachen ins Gegenteil ~ 5 <V. t./V. refl.> *sich in sein Gegenteil verwandeln;* ihre Liebe hat sich in Hass verkehrt;

Ver'kehrs·ab·ga·be <f.; -, -n> = *Verkehrssteuer;* **Ver'kehrs·a·der** <f.; -, -n> *viel benutzter Verkehrsweg;* **Ver'kehrs·am·pel** <f.; -, -n>; **Ver'kehrs·amt** <n.; -(e)s, ⸗er>; **ver'kehrs·arm** <Adj.>; **Ver'kehrs·auf·kom·men** <n.; -s; unz.> hohes ~; **ver'kehrs·be·ru·higt** <Adj.> *~er Stadtteil;* **Ver'kehrs·be·ru·hi·gung** <f.; -; unz.> **Ver'kehrs·be·trie·be** <Pl.> *städtische ~;* **Ver'kehrs·bü·ro** <n.; -s, -s> = *Verkehrsverein;* **Ver'kehrs·cha·os** <[-ka-]; n.; -; unz.>; **Ver'kehrs·de·likt** <n.; -(e)s, -e>; **Ver'kehrs·dich·te** <f.; -; unz.>; **Ver'kehrs·er·zie·hung** <f.; -; unz.>; **Ver'kehrs·fluss** <m.; -es; unz.>; **ver'kehrs·frei** <Adj.> *~e Zone;* **Ver'kehrs·funk** <m.; -s; unz.> *Verkehrsmeldung im Rundfunk;* **ver'kehrs·ge·fähr·dend** <Adj.> *~es Verhalten;* **Ver'kehrs·ge·fähr·dung** <f.; -; unz.>; **Ver'kehrs·ge·o·gra·fie, Ver'kehrs·ge·o·gra·phie** <f.; -; unz.; ↗Z11.3>; **ver'kehrs·güns·tig** <Adj.>; **Ver'kehrs·hin·der·nis** <n.; -s·ses, -s·se>; **Ver'kehrs·in·farkt** <m.; -(e)s, -e; fig.; umg.> *Stillstand des Verkehrs(2) durch Überlastung;* **Ver'kehrs·in·sel** <f.; -, -n> *Platz für Fußgänger auf einer Kreuzung;* **Ver'kehrs·mi·nis·ter** <m.; -s, ->; **Ver'kehrs·mi·nis·te·rin** <f.; -, -n·nen>; **Ver'kehrs·mi·nis·te·ri·um** <n.; -s, -ri·en> **Ver'kehrs·mit·tel** <n.; -s, -> *Fahrzeug zur Beförderung;* öffentliches ~; **Ver'kehrs·netz** <n.; -es, -e>; **Ver'kehrs·ord·nung** <f.; -; unz.> *Gesamtheit der Verkehrsvorschriften;* **Ver'kehrs·pla·nung** <f.; -; unz.>; **Ver'kehrs·po·li·tik** <f.; -; unz.>; **ver'kehrs·po·li·tisch** <Adj.>; **Ver'kehrs·po·li·zei** <f.; -; unz.>; **Ver'kehrs·po·li·zist** <m.; -en, -en>; **Ver'kehrs·po·li·zis·tin** <f.; -, -n·nen>; **Ver'kehrs·re·gel** <f.; -, -n>; **Ver'kehrs·re·ge·lung** <f.; -; unz.>; **ver'kehrs·reich** <Adj.>; **Ver'kehrs·schild** <n.; -(e)s, -er>; **Ver'kehrs·schrift** <f.; -; unz.> *erste Stufe der Kurzschrift;* **ver'kehrs·schwach** <Adj.; -schwächer, am -schwächs·ten> Ggs

verkehrsstark; **Ver'kehrs·si·cher·heit** <f.; -; unz.>; **Ver'kehrs·spra·che** <f.; -, -n> *der Verständigung zwischen verschiedenen Sprachgemeinschaften dienende Sprache;* **ver'kehrs·stark** <Adj.; -stär·ker, am -stärks·ten> Ggs *verkehrsschwach;* **Ver'kehrs·steu·er** <f.; -, -n> *Steuer auf Verkehrsvorgänge;* **Ver'kehrs·sün·der** <m.; -s, -; umg.>; **Ver'kehrs·sün·de·rin** <f.; -, -n·nen; umg.>; **Ver'kehrs·teil·neh·mer** <m.; -s, ->; **Ver'kehrs·teil·neh·me·rin** <f.; -, -n·nen>; **Ver'kehrs·to·te(r)** <f. 2 (m. 1); meist Pl.>; **Ver'kehrs·tüch·tig·keit** <f.; -; unz.>; **Ver'kehrs·un·fall** <m.; -(e)s, ⸗e>; **Ver'kehrs·un·ter·richt** <m.; -(e)s, -e>; **Ver'kehrs·ver·bin·dung** <f.; -, -en>; **Ver'kehrs·ver·bund** <m.; -(e)s, -e> *Zusammenschluss mehrerer Unternehmen des öffentl. Verkehrs;* **Ver'kehrs·ver·ein** <m.; -(e)s, -e> *Organisation zur Förderung des Fremdenverkehrs;* **Ver'kehrs·vor·schrift** <f.; -, -en>; **Ver'kehrs·weg** <m.; -(e)s, -e> *Weg für Verkehrsmittel;* **Ver'kehrs·wert** <m.; -(e)s, -e; Wirtsch.> *Verkaufswert;* **Ver'kehrs·we·sen** <n.; -s; unz.>; **ver'kehrs·wid·rig** <Adj.> *~es Verhalten;* **Ver'kehrs·zäh·lung** <f.; -, -en>; **Ver'kehrs·zei·chen** <n.; -s, ->; **ver'kehrt** <Adj.; ↗Z28.1> *falsch; etwas ~ machen;* Kaffee ~ <umg.> *wenig K. mit viel Milch;* **Ver'keh·rung** <f.; -; unz.> ~ *ins Gegenteil*
ver'kei·len <V. t./V. refl.> *ineinander verkeilte Wagen*
ver'ken·nen <V. t./V. refl.> *nicht erkennen, falsch deuten;* den Ernst der Lage ~; ein verkanntes Genie; **Ver'ken·nung** <f.; -; unz.>
ver'ket·ten <V. t.> 1 *mit einer Kette befestigen* 2 <V. refl.; fig.> *sich zusammenfügen;* es haben sich mehrere Umstände verkettet; **Ver'ket·tung** <f.; -, -en> *durch eine ~ von Zufällen*
ver'kie·seln <V. i. (s.)> *durch Kieselsäure hart werden;* **Ver'kie·se·lung** <f.; -, -en>
ver'kit·schen <V. t.; du verkitschst> *kitschig machen*

ver·kit·ten <V. t.> *mit Kitt befestigen*

ver·kla·gen <V. t./V. refl.> *gerichtl. Klage erheben*

ver·klam·mern <V. t./V. refl.; ich verklammere> Drähte miteinander ~; **Ver'klam·me·rung** <f.; -, -en> sich aus der ~ befreien

ver·klap·pen <V. t.> Abfälle ~ *ins Meer versenken;* **Ver'klap·pung** <f.; -, -en>

ver·klap·sen <V. t.; du verklapst; umg.> *verulken*

ver·kla·ren <V.> 1 <V. t.; norddt.> *erklären* 2 <V. i.; Mar.> *über einen Schiffsunfall eidlich aussagen*

ver·klä·ren <V. t./V. refl.> 1 *ins Überirdische erhöhen* 2 *strahlender erscheinen lassen;* verklärt *glückselig*

Ver'klä·rung <f.; -, -en>

Ver'klä·rung <f.; -, -en> ~ Christi

ver·klau·seln, ver·klau·su·lie·ren <V. t.; ich verklaus(e)le; umg.> *einschränkend,* <auch> *bewusst undurchsichtig formulieren;* **Ver·klau·su·lie·rung** <f.; -, -en>

ver·kle·ben <V.> 1 <V. t.> *zukleben;* einen Riss ~ 2 <V. i. (s.)> *klebrig werden u. sich schließen;* verklebte Augen

ver·klei·den <V. t.> 1 *verdecken;* Wände mit Holz ~ 2 <V. t./V. refl.> *sich kostümieren;* sich als Prinzessin ~; **Ver'klei·dung** <f.; -, -en>

ver·klei·nern <V. t./V. refl.; ich verkleinere> *kleiner machen, werden;* **Ver'klei·ne·rung** <f.; -, -en>; **Ver'klei·ne·rungs·form** <f.; -, -en; Sprachw.> Sy *Diminutiv(form);* **Ver'klei·ne·rungs·sil·be** <f.; -, -n; Sprachw.> *Silbe zur Bildung der Verkleinerungsform*

ver·kleis·tern <V. t.; ich verkleistere; umg.> *verkleben*

ver·klem·men <V. refl.> das Fenster hat sich verklemmt; **ver'klemmt** <Adj.; fig.> *gehemmt;* **Ver'klem·mung** <f.; -, -en>

ver·kli·ckern <V. t.; ich verklickere; umg.> *erklären*

ver·klin·gen <V. i. (s.) 168> *ausklingen*

ver·klüf·ten <V. refl.; Jägerspr.> *sich im Bau eingraben*

ver·klum·pen <V. i. (s.)> *klumpig werden*

ver·kna·cken <V. t.; umg.> *verurteilen;* jmdn. zu einer Gefängnisstrafe ~

ver·knack·sen <V. refl.; du verknackst; umg.> *verstauchen*

ver·knal·len <V. refl.; umg.> sich ~ *sich verlieben;* er hat sich in sie verknallt

ver·knap·pen <V. t./V. refl.> *knapper machen, werden;* **Ver'knap·pung** <f.; -; unz.>

ver·knei·fen <V. t./V. refl. 169; umg.> *auf etwas verzichten;* sich das Lachen ~ *das L. unterdrücken;* **ver'knif·fen** <Adj.; ↗ Z 28.1> *verbittert;* ~es Gesicht

ver·knö·chern <V. i.; ich verknöchere> 1 *zu Knochen werden* 2 <fig.> *im Alter unbeweglich werden;* **ver'knö·chert** <Adj.; ↗ Z 28.1; umg.; abwertend> ~er Junggeselle; **Ver'knö·che·rung** <f.; -, -en>

ver·knor·peln <V. i. (s.)> *knorpelig werden;* **Ver'knor·pe·lung** <f.; -, -en>

ver·kno·ten <V. t.> *knotend verbinden;* Fäden ~

ver·knüp·fen <V. t.> 1 *verknoten* 2 <fig.> *verbinden;* Thesen logisch ~; **Ver'knüp·fung** <f.; -, -en>

ver·knu·sen <V. t.; du verknust; norddt.; fig.; umg.> jmdn. nicht ~ können *nicht mögen*

ver·ko·chen <V.> 1 <V. t.> *lange kochen* 2 <V. i. (s.)> *zu lange kochen;* das Wasser ist verkocht

ver·koh·len¹ <V. t. u. V. i. (s.)> *zu Kohle machen, werden*

ver·koh·len² <V. t.; umg.> jmdn. ~ *veralbern*

Ver'koh·lung <f.; -; unz.>

ver·ko·ken <V. t. u. V. i. (s.)> *zu Koks machen, werden;* **Ver'ko·kung** <f.; -, -en>

ver·kom·men <V. i. (s.) 170> 1 (moralisch) *absinken;* ein ~er Mensch 2 *verderben (Lebensmittel)* 3 *verwahrlosen (Gebäude);* **Ver'kom·men·heit** <f.; -; unz.>

ver·kom·pli·zie·ren <V. t.; umg.> *unnötig komplizieren*

ver·kon·su·mie·ren <V. t.; umg.> *verbrauchen*

ver·kop·peln <V. t.; ich verkopp(e)le> *verbinden;* **Ver'kop·pe·lung, Ver'kopp·lung** <f.; -, -en>

ver·kor·ken <V. t.> *mit einem Korken schließen;* **ver'kork·sen** <V. t.; du verkorkst; umg.> *verpfuschen;* eine Aufgabe ~

ver·kör·pern <V. t.; ich verkörpere> *durch seine Person zur Anschauung bringen;* den Hamlet ~; sie ist die verkörperte Güte; **Ver'kör·pe·rung** <f.; -, -en>

ver·kos·ten <V. t.; umg.> *kosten u. prüfen;* Wein ~; **Ver'kos·ter** <m.; -s, ->; **ver'kös·ti·gen** <V. t.> = *beköstigen;* **Ver'kös·ti·gung** <f.; -; unz.>

ver·kra·chen <V.> 1 <V. i. (s.); nur als Part. Perf.> *scheitern;* verkrachte Existenz 2 <V. refl. (h.); umg.> *sich zerstreiten;* er hat sich mit ihr verkracht

ver·kraf·ten <V. t.> *aushalten, bewältigen;* Stress ~

ver·kral·len <V. refl.> sich in etwas ~

ver·kra·men <V. t.; umg.> sie hat das Buch verkramt

ver·kramp·fen <V. t./V. refl.> 1 *sich im Krampf zusammenziehen* 2 <fig.> *innerlich gehemmt werden;* verkrampft sein; **Ver'kramp·fung** <f.; -, -en>

ver·krat·zen <V. t.; du verkratzt> *zerkratzen*

ver·krau·ten <V. i. (s.); bei Gewässern> *verstärkten Pflanzenwuchs aufweisen;* **Ver'krau·tung** <f.; -, -en>

ver·krie·chen <V. refl. 173> *Schutz suchend wegkriechen;* die Katze hat sich unters Sofa verkrochen

ver·kröp·fen <V. t.; Bauw.> = *kröpfen¹;* **Ver'kröp·fung** <f.; -, -en; Bauw.>

ver·krü·meln <V. t.; ich verkrüm(e)le (mich)> 1 *zu Krümeln machen* 2 <V. refl.; fig.; umg.> sich ~ *unauffällig verschwinden*

ver·krüm·men <V. t.> 1 *krumm machen* 2 <V. refl.> *krumm werden;* **Ver'krüm·mung** <f.; -, -en>

ver·krüp·peln <V. i.; ich verkrüppele; meist als Part. Perf.> 1 *zum Krüppel werden;* verkrüppelt sein 2 *schief wachsen;* verkrüppelter Baum; **Ver'krüp·pe·lung, Ver'krüpp·lung** <f.; -, -en>

ver'krus·ten <V. i.> *sich mit einer Kruste überziehen*

ver'küh·len <V. refl.> *sich erkälten;* **Ver'küh·lung** <f.; -; unz.>

ver'küm·mern <V. i.> 1 *eingehen (Pflanze)* 2 *sich zurückbilden (Organ)* 3 <fig.; umg.> *die Lebensfreude einbüßen;* ich verkümmere hier; **Ver'küm·me·rung** <f.; -, -en>

ver'kün·den <V. t.> 1 *allgemein bekannt geben;* das Urteil ~ 2 <fig.; umg.> *nachdrücklich mitteilen;* **ver'kün·di·gen** <V. t.> *feierlich bekannt geben;* das Evangelium ~; **Ver'kün·di·gung** <f.; -, -en>

ver'kup·fern <V. t.> *mit Kupfer überziehen*

ver'kup·peln <V. t.; ich verkupp(e)le> 1 *verbinden* 2 einen Mann an eine Frau/mit einer Frau ~ *zusammenbringen;* **Ver'kup·pe·lung, Ver'kupp·lung** <f.; -, -en>

ver'kür·zen <V. t.; du verkürzt> 1 *kürzer machen;* verkürzte Arbeitszeit 2 <V. refl.> *kürzer werden;* **Ver'kür·zung** <f.; -, -en>

ver'la·chen <V. t.> *auslachen*

ver'la·cken <V. t.> *lackieren*

Ver'lad <m.; -(e)s; unz.; schweiz.> *Verladung;* **Ver'la·de·brü·cke** <f.; -, -n> *Hebekonstruktion zum Verladen;* **ver'la·den** <V. t. 174> *in ein Transportfahrzeug laden;* Güter ~; **Ver'la·de·platz** <m.; -es, ⸗e>; **Ver'la·der** <m.; -s, -> *Vermittler zw. Kaufleuten u. Fuhrunternehmen;* **Ver'la·de·rin** <f.; -, -n·nen>; **Ver'la·dung** <f.; -, -en>

Ver'lag <m.; -(e)s, -e> 1 *Unternehmen zur Verbreitung von Druckerzeugnissen, Kunst u. Musik;* Zeitungs~; im ~ arbeiten 2 *Vertrieb;* Bier~

ver'la·gern <V. t.; ich verlagere> 1 *anders lagern;* das Gewicht ~ 2 <V. refl.> *anders gewichten;* das Interesse hat sich verlagert; **Ver'la·ge·rung** <f.; -, -en>

Ver'lags·an·stalt <f.; -, -en>; **Ver'lags·buch·han·del** <m.; -s; unz.>; **Ver'lags·buch·händ·ler** <m.; -s, ->; **Ver'lags·buch·händ·le·rin** <f.; -, -n·nen>; **Ver-**

'lags·buch·hand·lung <f.; -, -en>; **Ver'lags·haus** <n.; -es, ⸗er>; **Ver'lags·ka·ta·log** <m.; -(e)s, -e>; **Ver'lags·lei·ter** <m.; -s, ->; **Ver'lags·lei·te·rin** <f.; -, -n·nen>; **Ver'lags·pro·spekt,** <auch> **Ver'lags·pros·pekt** <m.; -(e)s, -e ⁊Z54>; **Ver'lags·recht** <n.; -(e)s; unz.>; **Ver'lags·ver·trag** <m.; -(e)s, ⸗e>; **Ver'lags·we·sen** <n.; -s; unz.>

ver'lam·men <V. i.; bei Schaf und Ziege> *verwerfen(4)*

ver'lan·den <V. i. (s.); bei Gewässern> *zu Land werden;* **Ver'lan·dung** <f.; -, -en>

ver'lan·gen <V. t.> 1 <V. t.> *fordern;* mehr Gehalt ~ 2 <V. t.> *erfordern;* die Arbeit verlangt viel Geschick 3 <V. t.> *jmdn. sprechen wollen;* am Telefon verlangt werden 4 <V. i.; geh.> *nach jmdm. od. etwas ~; sich etwas wünschen;* sie verlangt nach Ruhe; **Ver'lan·gen** <n.; -s, -; Pl. selten> 1 *Forderung;* jmds. ~ nachkommen; auf ~ von ... 2 *Begehren;* ~ nach etwas haben

ver'län·gern <V. t.; ich verlängere> 1 *länger machen;* eine Hose ~; eine Soße ~ <fig.> *verdünnen* 2 <V. refl.> *länger werden;* der Mietvertrag verlängert sich um ein Jahr; **Ver'län·ge·rung** <f.; -, -en>; **Ver'län·ge·rungs·schnur** <f.; -, ⸗e>

ver'lang·sa·men <V. t.> *langsamer machen;* das Tempo ~; **Ver'lang·sa·mung** <f.; -, -en>

Ver'lass <m.; nur in der Wendung> es ist (kein) ~ auf jmdn. *jmd. ist (nicht) verlässlich;* **ver'las·sen¹** <V. t. 175; du verlässt> 1 *von jmdm. od. etwas weggehen;* das Land ~ 2 *im Stich lassen;* er verlässt seine Frau 3 <V. refl.> *sich auf jmdn. od. etwas verlassen vertrauen;* sie verlässt sich auf ihr Glück; **ver'las·sen²** <Adj.; ⁊Z28.1> *einsam;* eine ~e Gegend; **Ver'las·sen·heit** <f.; -; unz.>; **Ver'las·sen·schaft** <f.; -, -en; österr.; schweiz.> *Hinterlassenschaft;* **ver'läss·lich** <Adj.> *zuverlässig;* **Ver'läss·lich·keit** <f.; -; unz.>

ver'läs·tern <V. t.; ich verlästere; umg.> *verleumden;* **Ver'läs·te·rung** <f.; -, -en; umg.>

ver·lat·schen <[-'la:t-]; V. t.; umg.> Schuhe ~

Ver'laub <m.; geh.; in der Wendung> mit ~ *wenn Sie erlauben*

Ver'lauf <m.; -(e)s, ⸗e> *Ablauf, Hergang;* der ~ der Krankheit; im ~ (in) von zwei Tagen; **ver'lau·fen** <V. 176> 1 <V. i. (s.)> *einen bestimmten Verlauf nehmen;* der Test ist gut ~ 2 <V. i. (s.)> *auseinander laufen;* die Farben sind ~ 3 <V. refl.> *in die Irre gehen;* sich im Wald ~

ver'lau·sen <V. i. (s.); du verlaust> *von Läusen befallen werden;* er ist völlig verlaust; **Ver'lau·sung** <f.; -, -en>

ver'laut·ba·ren <V. i. (s.) u. V. t.> *bekannt geben, werden;* es verlautbart, dass ...; **Ver'laut·ba·rung** <f.; -, -en> *amtliche* ~; **ver'lau·ten** <V. i. (s.) u. V. t.> *gesagt werden;* wie aus Regierungskreisen verlautet, ...; nichts ~ lassen

ver'le·ben <V. t.> *zubringen;* einen schönen Urlaub ~; **ver'lebt** <Adj.; ⁊Z28.1> *gealtert, verbraucht;* ~ aussehen

ver'le·gen¹ <V. t.> 1 *weglegen u. nicht wieder finden;* ich habe meine Schlüssel verlegt 2 *befestigen, anbringen;* Rohre ~ 3 *örtlich anders legen;* Patienten ~; seinen Wohnsitz ~ 4 *zeitlich verschieben;* einen Termin ~ 5 *im Verlag veröffentlichen;* Zeitschriften ~; **ver'le·gen²** <Adj.; ⁊Z28.1> *befangen;* jmdn. ~ machen; nie um eine Ausrede ~ sein; jmdn. in ~ bringen; jmdm. aus der ~ helfen; in ~ sein → in Geldnot; **Ver'le·ger** <m.; -s, -> *Verlagsleiter;* **Ver'le·ge·rin** <f.; -, -n·nen>; **ver'le·ge·risch** <Adj.>; **Ver'le·gung** <f.; -, -en>

ver'lei·den <V. t./V. refl.> jmdm. etwas ~ *jmdm. die Freude an etwas nehmen;* er hat mir das Fest verleidet

Ver'leih <m.; -s, -e> *Geschäft, das etwas verleiht;* Auto~; **ver'lei·hen** <V. t. 178> 1 *ausleihen;* Videos ~ 2 *als Auszeichnung geben;* jmdm. einen Orden ~ 3 seiner Meinung Ausdruck ~ *sich äußern;* **Ver'lei·her** <m.; -s, ->; **Ver'lei·he·rin** <f.; -, -n·nen>; **Ver'lei·hung** <f.; -, -en> Preis~

ver·lei·men <V. t.> *mit Leim kleben*

ver·lei·ten <V. t./V. refl.> *verführen;* sich zu Dummheiten ~ lassen; **Ver'lei·tung** <f.; -; unz.>

ver·ler·nen <V. t.> *Erlerntes vergessen*

ver·le·sen <V. t. 179> 1 *öffentl. vorlesen;* eine Liste ~ 2 Gemüse ~ *sondern[1]* 3 <V. refl.> sich ~ *falsch lesen;* **Ver'le·sung** <f.; -, -en>

ver·letz·bar <Adj.> *leicht zu verletzen;* **ver·let·zen** <V. t.; du verletzt> 1 *verwunden;* ich habe mir die Hand verletzt 2 <fig.> *kränken;* ~de Worte; **ver'letz·lich** <Adj.>; **Ver'letz·lich·keit** <f.; -; unz.>; **Ver'letz·te(r)** <f. 2 (m. 1)>; **Ver'let·zung** <f.; -, -en> **Ver'let·zungs·ge·fahr** <f.; -; unz.>

ver·leug·nen <V. t.> 1 *nicht zugeben;* einen Fehler ~ 2 jmdn. ~ *so tun, als würde man jmdn. nicht kennen* 3 <V. refl.> sich ~ lassen *vorgeben, nicht anwesend zu sein*

ver·leum·den <V. t.> *jmds. Ruf böswillig schädigen;* jmdn. als Dieb ~; **Ver'leum·der** <m.; -s, ->; **Ver'leum·de·rin** <f.; -, -n·nen>; **ver'leum·de·risch** <Adj.>; **Ver'leum·dung** <f.; -, -en>

ver·lie·ben <V. refl.> sich ~; er hat sich in sie verliebt; ein verliebter Blick; **Ver'lieb·te(r)** <f. 2 (m. 1)>; **Ver'lieb·heit** <f.; -; unz.>

ver·lie·ren <V. 276> 1 <V. t.> *nicht mehr wieder finden;* Schlüssel ~; er hat hier nichts verloren <fig.; umg.> 2 <V. t.> *verlustig gehen, einbüßen;* Haare ~; die Geduld ~ 3 <V. i.> an Reiz ~ 4 <V. i. u. V. t.> *nicht gewinnen;* einen Kampf ~; **Ver'lie·rer** <m.; -s, ->; **Ver'lie·re·rin** <f.; -, -n·nen>

Ver'lies <n.; -es, -e> *Kerker*

ver·lin·ken <V. t.; du verlinkst; EDV> *vernetzen, verbinden*

ver·lo·ben <V. t./V. refl.> *die Heirat versprechen;* sie haben sich verlobt; **Ver'löb·nis** <n.; -s·ses, -s·se; geh.> *Verlobung;* **Ver'lo·bung** <f.; -, -en>; **Ver'lo·bungs·ring** <m.; -(e)s, -e>

ver·lo·cken <V. i. u. V. t.> *anreizen, verleiten;* das Wasser ver-

lockt zum Baden; ein ~des Angebot *verführerisches A.;* **Ver'lo·ckung** <f.; -, -en> einer ~ nicht widerstehen können

ver·lo·gen <Adj.> *unehrlich;* ein ~er Mensch; **Ver'lo·gen·heit** <f.; -; unz.>

ver·loh·nen <V. i./V. refl.; umg.> *(sich) lohnen*

ver·lo·ren <Adj.; ↗Z28.1, 24> *vergeblich;* ~e Mühe; ~e Eier *in kochendes Wasser geschlagene E.;* auf ~em Posten stehen <fig.> *mit einer aussichtslosen Sache befasst sein;* ~ gehen *abhanden kommen;* an ihr ist eine Tänzerin ~ gegangen <umg.>

ver·lö·schen <V. i. (s.) 128> *erlöschen;* die Flamme verlischt

ver·lo·sen <V. t.; du verlost> Preise ~; **Ver'lo·sung** <f.; -, -en>

ver·lö·ten <V. t.> *durch Löten befestigen*

ver·lot·tern <V. i.; ich verlottere; umg.> *verwahrlosen*

ver·lu·dern <V. i. (s.); ich verludere; derb> *verkommen*

Ver'lust <m.; -(e)s, -e> 1 *das Verlieren;* der ~ des Geldbeutels; den ~ des Vaters beklagen 2 *Schaden durch Verlieren;* finanzielle ~e; **ver·lus'tie·ren** <V. refl.; scherzh.> *sich vergnügen;* **ver'lus·tig** <Adj.> nur in der Wendung> einer Sache ~ gehen *eine S. verlieren*

ver·ma·chen <V. t.> *vererben(1);* jmdm. ein Haus ~; **Ver'mächt·nis** <n.; -s·ses, -s·se> *Erbe*

ver·mäh·len <V. t./V. refl.; geh.> *verheiraten;* **Ver'mäh·lung** <f.; -, -en>

ver·ma·le'dei·en <V. t.; veralt.> *verfluchen*

ver·ma·len <V. t./V. refl.>

ver·männ·li·chen <V. t. u. V. i. (s.)> *männlich machen, werden*

ver·mar·ken <V. t.> *vermessen*

ver·mark·ten <V. t.> *auf den Markt bringen;* ein Produkt ~; **Ver'mark·tung** <f.; -, -en>

Ver'mar·kung <f.; -, -en>

ver·mas·seln <V. t.; ich vermass(e)le; umg.> *zunichte machen*

ver·mas·sen <V. i. (s.) u. V. t.; du vermasst> *in der Masse aufgehen;* **Ver'mas·sung** <f.; -; unz.>

ver·mau·ern <V. t.; ich vermau(e)re> *zumauern*

ver·meh·ren <V. t.> 1 *steigern, vergrößern;* sein Vermögen ~ 2 <V. refl.> die Hasen haben sich vermehrt *fortgepflanzt;* **Ver'meh·rung** <f.; -, -en>

ver·meid·bar <Adj.> Sy *vermeidlich;* **ver·mei·den** <V. t. 183> *umgehen;* Blickkontakt ~; **ver'meid·lich** <Adj.>; **Ver'mei·dung** <f.; -; unz.>

ver·meil <[vɛr'mɛːj]; Adj.> *hochrot* [frz.]; **Ver'meil** <n.; -s; unz.> *vergoldetes Silber*

ver·mei·nen <V. i.> *irrtümlich meinen;* ich vermeinte ihn zu hören; **ver'meint·lich** <Adj.> der ~e Täter war unschuldig

ver·mel·den <V. t.; poet.> *melden*

ver·men·gen <V. t.> *vermischen;* **Ver'men·gung** <f.; -, -en>

ver·mensch·li·chen <V. t.> *menschl. darstellen od. behandeln;* Tiere ~; **Ver'mensch·li·chung** <f.; -, -en>

Ver'merk <m.; -(e)s, -e> *Notiz;* **ver'mer·ken** <V. t.> *notieren;* etwas am Rande ~

ver·mes·sen[1] <V. t. 185; du vermisst> 1 *ausmessen;* Land ~ 2 <V. refl.; geh.> *sich etwas anmaßen;* wie kannst du dich ~, ihn zu kritisieren?; **ver'mes·sen[2]** <Adj.; ↗Z28.1; geh.> *anmaßend;* es ist ~, das zu behaupten; **Ver'mes·sen·heit** <f.; -; unz.>; **Ver'mes·ser** <m.; -s, -> Land~; **Ver'mes·se·rin** <f.; -, -n·nen>; **Ver'mes·sung** <f.; -, -en>; **Ver'mes·sungs·in·ge·ni·eur** <[-inʒənjøːr]; m.; -s, -e>; **Ver'mes·sungs·in·ge·ni·eu·rin** <f.; -, -n·nen>; **Ver'mes·sungs·kun·de** <f.; -; unz.>

ver·mie·sen <V. t.; du vermiest; umg.> jmdm. etwas ~ *verleiden*

ver·mie·ten <V. t.> *gegen Bezahlung zeitweilig zur Benutzung geben;* ein Haus ~; **Ver'mie·ter** <m.; -s, -> Haus~; **Ver'mie·te·rin** <f.; -, -n·nen>; **Ver'mie·tung** <f.; -, -en>

Ver·mil·lon <[vɛrmi'jõː]; n.; -s; unz.> *fein gemahlener Zinnober* [frz.]

ver·min·dern <V. t./V. refl.; ich vermindere> *verringern;* die Geschwindigkeit ~; verminderte Leistung; **Ver'min·de·rung** <f.; -, -en>

ver·mi·nen <V. t.> *mit Minen*

durchsetzen; vermintes Gelände

ver·mi·schen <V. t./V. refl.; du vermischst> *vermengen;* Zutaten zu einem Brei ~; **Ver'mi·schung** <f.; -, -en>

ver'mis·sen <V. t.; du vermisst> *als fehlend registrieren;* ich vermisse ein Buch; jmdn. als vermisst melden; **Ver'miss·te(r)** <f. 2 (m. 1)>; **Ver'miss·ten·an·zei·ge** <f.; -, -n>

ver'mit·teln <V.; ich vermitt(e)le 1 <V. i.> *Streit schlichten;* zwischen Gegnern ~ **2** <V. t.> *zu etwas verhelfen;* jmdm. eine Wohnung ~; **ver'mit·tels** <Präp. m. Gen.> *mittels, mithilfe;* ~ eines Kübels Wasser schöpfen; **Ver'mitt·ler** <m.; -s, -> *Heirats*~; **Ver'mitt·le·rin** <f.; -, -n-nen>; **Ver'mitt·lung** <f.; -, -en>

ver'mö·beln <V. t.; ich vermöb(e)le; umg.> *verprügeln*

ver'mo·dern <V. i. (s.)> *verfaulen*

ver'mö·ge <Präp. m. Gen.; geh.> *dank;* ~ ihres Wissens; **ver'mö·gen** <V. t. 187> *können;* er vermochte sich zu retten; **Ver'mö·gen** <n.; -s, -> **1** *Fähigkeit;* Ggs *Unvermögen* **2** *materiell wertvoller Besitz;* ~ haben; **ver'mö·gend** <Adj.> *reich;* **ver'mö·gens·bil·dend** <Adj.>; **Ver'mö·gens·bil·dung** <f.; -; unz.> *Bildung von Vermögen bei Arbeitnehmern unter Steuervorteilen u. Zulagen der Arbeitgeber;* **Ver'mö·gens·po·li·tik** <f.; -; unz.>; **Ver'mö·gen(s)·steu·er** <f.; -, -n>; **ver'mö·gens·wirk·sam** <Adj.> *Vermögensbildung fördernd;* ~e Leistungen; **ver'mög·lich** <Adj.; südd.; schweiz.> *vermögend*

ver'mor·schen <V. i. (s.)> *morsch werden*

ver'mum·men <V. t./V. refl.> *verhüllen;* vermummte Gestalten; **Ver'mum·mung** <f.; -, -en>; **Ver'mum·mungs·ver·bot** <n.; -(e)s; unz.; Rechtsw.>

ver'mu·ren¹ <V. t.; Geol.> *durch Schutt verwüsten*

ver'mu·ren² <V. t.; Mar.> *vor zwei Anker legen (Schiff)* [engl.]

ver'murk·sen <V. t.; du vermurkst; umg.> *verpfuschen*

ver'mu·ten <V. t.> **1** *annehmen;* ich vermute, dass sie kommt **2** *wähnen;* ich habe dich im Kino vermutet; **ver'mut·lich** <Adj.; meist adv.> *wahrscheinlich;* ~ kommt sie bald; **Ver'mu·tung** <f.; -, -en>

ver'nach·läs·si·gen <V. t.> *ungenügend beachten;* Pflichten ~; sich vernachlässigt fühlen; **Ver'nach·läs·si·gung** <f.; -; unz.>

ver'na·geln <V. t.; ich vernag(e)le> *zunageln;* eine Kiste ~; **ver'na·gelt** <Adj.; fig.; umg.> *begriffsstutzig*

ver'nä·hen <V. t.> **1** *nähend schließen;* eine Wunde ~ **2** *nähend befestigen;* einen Faden ~

ver'nar·ben <V. i. (s.)> *eine Narbe bilden;* die Wunde ist vernarbt; **Ver'nar·bung** <f.; -, -en>

ver'nar·ren <V. refl.> *sich in jmdn. od. etwas ~ verlieben;* **Ver'narrt·heit** <f.; -; unz.>

ver'na·schen <V. t.; ich vernaschst> **1** *Geld* – *G. für Süßigkeiten ausgeben* **2** <fig.; umg.> *eine Frau – mit einer F. schlafen;* **ver'nascht** <Adj.; -er, am -es·ten; →Z.28.1> *naschhaft*

ver'ne·beln <V. t.; ich verneb(e)le> **1** *neblig machen* **2** <fig.> *verschleiern;* Fakten ~; **Ver'ne·be·lung, Ver'neb·lung** <f.; -; unz.>

ver'nehm·bar <Adj.> *hörbar,* **ver'neh·men** <V. t. 189> **1** <geh.> *hören;* ein Geräusch ~; dem Vernehmen nach *wie man hört* **2** *verhören;* Zeugen ~; **Ver'nehm·las·sung** <f.; -, -en; schweiz.> *Stellungnahme;* **ver'nehm·lich** <Adj.> *deutlich hörbar;* **Ver'nehm·ung** <f.; -, -en> *Verhör,* **ver'neh·mungs·fä·hig** <Adj.> *er ist nicht ~*

ver'nei·gen <V. refl.> *sich ~ sich verbeugen;* **Ver'nei·gung** <f.; -, -en>

ver'nei·nen <V. t.> **1** *negieren;* eine Frage ~ **2** <fig.> *ablehnen;* Gewalt ~; **Ver'nei·nung** <f.; -, -en> → a. Kasten Negation

ver'net·zen <V. t.; du vernetzt> *verbinden;* **Ver'net·zung** <f.; -, -en>

ver'nich·ten <V. t.> *gänzlich zerstören;* Unterlagen ~; ein ~des Urteil; **Ver'nich·tung** <f.; -, -en>; **Ver'nich·tungs·la·ger** <n.; -s, -; während des Nationalsozialismus> *Konzentrati-*

onslager; **Ver'nich·tungs·strah·lung** <f.; -, -en; Phys.>

ver'ni·ckeln <V. t.; ich vernick(e)le> *mit Nickel überziehen;* **Ver'ni·cke·lung, Ver'nick·lung** <f.; -, -en>

ver'nied·li·chen <V. t.> *verharmlosen;* **Ver'nied·li·chung** <f.; -, -en>

ver'nie·ten <V. t.> *mit Nieten verschließen*

Ver·nis·sa·ge <[verni'saːʒə]; f.; -, -n; Mal.> *Ausstellungseröffnung* [frz.]

Ver'nunft <f.; -; unz.> *Denkvermögen, Einsicht;* jmdn. zur ~ bringen; **ver'nunft·be·stimmt** <Adj.; ↗Z29>; **Ver'nunft·hei·rat** <f.; -, -en> Ggs *Liebesheirat;* **ver'nünf·tig** <Adj.>; **Ver'nünf·tig·keit** <f.; -; unz.>; **Ver'nunft·mensch** <m.; -en, -en>; **ver'nunft·wid·rig** <Adj.; ↗Z53.1> *~e Argumente;* **Ver'nunft·wid·rig·keit** <f.; -; unz.>

ver'ö·den <V.; ↗Z55> **1** <V. i. (s.)> *öde werden;* verödete Landschaft **2** <V. t.; Med.> *eine Ader ~ schließen;* **Ver'ö·dung** <f.; -; unz.>

ver'öf·fent·li·chen <V. t.> **1** *öffentl. bekannt geben;* Neuigkeiten ~ **2** *publizieren;* einen Roman ~; **Ver'öf·fent·li·chung** <f.; -, -en>

Ve·ro·ni·ka <[ve-]; f.; -, -ni·ken; Bot.> = *Ehrenpreis*

ver'ord·nen <V. t.> *festlegen, verschreiben;* Tabletten, Bewegung ~; **Ver'ord·nung** <f.; -, -en> *nach ärztlicher ~*

ver'paa·ren <V. t. u. V. refl.; Zool.> *(sich) miteinander paaren;* **Ver'paa·rung** <f.; -, -en>

ver'pach·ten <V. t.> *gegen Bezahlung zur Nutzung überlassen;* ein Grundstück ~; **Ver'pach·tung** <f.; -, -en>

ver'pa·cken <V. t.> *einpacken;* Ware ~; **Ver'pa·ckung** <f.; -, -en>; **Ver'pa·ckungs·ma·te·ri·al** <n.; -s, -a·li·en>

ver'päp·peln <V. t.; ich verpäpp(e)le; umg.> *verweichlichen*

ver'pas·sen <V. t.; du verpasst> **1** *versäumen;* den Zug ~; eine verpasste Gelegenheit **2** <umg.> jmdm. einen Denkzettel – *erteilen;* jmdm. eins ~

ver·pat·zen <V. t.; du verpatzt; umg.> *verpfuschen*

ver·pen·nen <V. t. u. V. i.; umg.> *verschlafen*

ver·pes·ten <V. t.> *mit Gestank erfüllen; die Luft ~;* **Ver·pes·tung** <f.; -; unz.>

ver·pet·zen <V. t.; du verpetzt; umg.> *jmdn. ~ verraten*

ver·pfäh·len <V. t.> *mit Pfählen versehen;* **Ver·pfäh·lung** <f.; -, -en>

ver·pfän·den <V. t.> 1 *als Pfand geben; Schmuck ~ 2 <fig.> sein Wort ~ sein Ehrenwort geben;* **Ver·pfän·dung** <f.; -, -en>

ver·pfei·fen <V. t. 191; umg.> *jmdn. ~ verraten*

ver·pflan·zen <V. t.; du verpflanzt>; **Ver·pflan·zung** <f.; -, -en>

ver·pfle·gen <V. t./V. refl.> *mit Nahrung versorgen; im Urlaub mussten wir uns selbst ~;* **Ver·pfle·gung** <f.; -; unz.>

ver·pflich·ten <V.> 1 <V. t./V. refl.> *jmdn. verbindlich festlegen; ~de Zusage; jmdn. für einen Film ~ 2 <V. i. (s.)> zum Schweigen verpflichtet sein; jmdm. verpflichtet sein Dank schulden;* **Ver·pflich·tung** <f.; -, -en> *seinen ~en nachkommen*

ver·pfrün·den <V. t.; oberdt.; schweiz.> *auf Rentenbasis übertragen*

ver·pfu·schen <V. t.> *du verpfuschst; umg.> verderben; eine verpfuschte Arbeit*

ver·pi·chen <V. t.> *mit Pech bestreichen*

ver·pim·peln <V. t.; ich verpimp(e)le; umg.> *verweichlichen*

ver·pla·nen <V. t.> 1 *falsch planen 2 <umg.> in einen Plan einfügen; der Tag ist verplant*

ver·plap·pern <V. refl.; ich verplapp(e)re mich; umg.> *ungewollt verraten*

ver·plat·ten <V. t.> *mit Platten belegen*

ver·plau·dern <V. t.; ich verplaudere> *einen Abend ~*

ver·plem·pern <V. t.; ich verplempere; umg.> *verschwenden; Zeit ~*

ver·plom·ben <V. t.> *plombieren;* **Ver·plom·bung** <f.; -, -en>

ver·po·chen <V. t.; umg.> *verprügeln*

ver·pö·nen <V. t.; nur noch in der Wendung> *es ist verpönt es ist tabu(2)*

ver·pop·pen <V. t.; Mus.> *mit Elementen der Popmusik durchsetzen; ein verpopptes Lied*

ver·pras·sen <V. t.> *vergeuden; sein Vermögen ~*

ver·prel·len <V. t.> 1 <Jagdw.> *verscheuchen; Wild ~ 2 <umg.> verärgern; Kundschaft ~*

ver·pro·vi·an·tie·ren <[-vi-]; V. t./V. refl.> *mit Proviant versehen;* **Ver·pro·vi·an·tie·rung** <f.; -; unz.>

ver·prü·geln <V. t.; ich verprüg(e)le> *Prügel geben*

ver·puf·fen <V. i. (s.)> 1 *schwach explodieren 2 <fig.> wirkungslos bleiben;* **Ver·puf·fung** <f.; -, -en>

ver·pul·vern <V. t.; ich verpulvere; fig.; umg.> *verschwenden*

ver·pum·pen <V. t.; umg.> *verleihen*

ver·pup·pen <V. refl.; Zool.> *sich ~ von der Insektenlarve zur Puppe werden;* **Ver·pup·pung** <f.; -, -en; Zool.>

ver·pus·ten <V. i. u. V. refl.; umg.> *eine Atempause machen; ich muss (mich) ~*

Ver·putz <m.; -es; unz.> *Putz;* **ver·put·zen** <V. t.; du verputzt> 1 *mit Putz versehen; eine Wand ~ 2 <umg.> Nahrung ~ rasch aufessen*

ver·qual·men <V. t.> *verqualmte Zimmer*

ver·quält <Adj.> *sorgenvoll; ~ aussehen*

ver·qua·sen <V. t.; du verquast; norddt.> *verschwenden;* **ver·quast** <Adj.; norddt.> *verworren*

ver·quat·schen <V. refl.; du verquatschst dich; umg.> *wir haben uns verquatscht*

ver·quel·len <V. i. 194; meist im Part. Perf.> *verquollene Augen*

ver·quer <Adv.; umg.> *falsch; ~ gehen missglücken*

ver·qui·cken <V. t./V. refl.; geh.> *eng verbinden; die Probleme sind miteinander verquickt;* **Ver·qui·ckung** <f.; -, -en>

ver·quir·len <V. t.> *quirlend vermengen*

ver·ram·meln <V. t.; ich verramm(e)le> *versperren; Türen ~*

ver·ram·schen <V. t.; du verramschst> *billig verkaufen*

Ver·rat <m.; -(e)s; unz.> *Weitersagen eines Geheimnisses, Treuebruch; ~ an den Freunden begehen, üben;* **ver·ra·ten** <V. t. 195> 1 *Verrat üben; Freunde ~; ein Geheimnis ~ 2 <V. refl.> sich ~ ungewollt seine Absicht preisgeben;* **Ver·rä·ter** <m.; -s, ->; **Ver·rä·te·rei** <f.; -, -en>; **Ver·rä·te·rin** <f.; -, -n·nen>; **ver·rä·te·risch** <Adj.> *~e Worte*

ver·ratzt <Adj.; umg.> *~ sein verloren, erledigt sein*

ver·rau·chen <V.> 1 <V. t.> *Geld ~ G. für Tabakwaren ausgeben 2 <V. i. (s.)> zu Rauch werden, vergehen; sein Zorn verrauchte;* **ver·räu·chern** <V. t.; verräucherte> *einen Raum ~*

ver·rau·schen <V. i. (s.)> *verklingen; der Applaus verrauschte*

ver·rech·nen <V. t.> 1 *Forderungen miteinander ausgleichen; einen Betrag mit einem anderen ~ 2 <V. refl.> falsch rechnen; sich bei einer Aufgabe ~ 3 <V. refl.; fig.> sich täuschen; da hast du dich verrechnet;* **Ver·rech·nung** <f.; -, -en>; **Ver·rech·nungs·scheck** <m.; -s, -s> *Scheck, der einem anderen Konto gutgeschrieben wird*

ver·re·cken <V. i. (s.); derb> *sterben, elend umkommen*

ver·reg·nen <V. i. (s.)> *durch Regen verderben; verregnete Ernte*

ver·rei·ben <V. t. 196> 1 *reibend verteilen; Salbe ~ 2 durch Reiben entfernen; Flecken ~;* **Ver·rei·bung** <f.; -, -en>

ver·rei·sen <V. i. (s.); du verreist> *auf Reisen gehen; sie ist verreist*

ver·rei·ßen <V. t. 198; du verreißt; umg.> 1 *zerreißen 2 <fig.> vernichtend kritisieren; ein Buch ~*

ver·rei·ten <V. refl. 199> *sich ~ sich reitend verirren*

ver·ren·ken <V. t./V. refl.> *verdrehen; sich den Fuß ~;* **Ver·ren·kung** <f.; -, -en; Med.>

ver·ren·nen <V. refl. 200> *sich in etwas ~ starr an etwas festhalten; in eine Idee verrannt sein*

ver·ren·ten <V. t.> *jmdn. ~ jmdm. Rente zahlen*

ver·rich·ten <V. t.> *erledigen; sei-*

ne Arbeit ~; seine Notdurft ~;
Ver·rich·tung <f.; -, -en>

ver'rie·geln <V. t.; ich ver-
rieg(e)le> *durch Riegel versper-
ren;* **Ver'rie·ge·lung, Ver'rieg-
lung** <f.; -; unz.>

Ver·ril·lon <[vɛrilˈjɔ̃ː]; n.; - od. -s,
-s> *Glasspiel* [frz.]

ver'rin·gern <V. t./V. refl.; ich ver-
ringere> *geringer machen, wer-
den;* die Kosten haben sich ver-
ringert; **Ver'rin·ge·rung** <f.; -;
unz.>

ver'rin·nen <V. i. (s.) 203> 1 *auf-
hören zu rinnen* 2 <fig.> *ver-
streichen;* Stunden verrannen

Ver'riss <m.; -es, -e> *vernichten-
de Kritik*

ver'ro·cken <V. t.; Mus.> *mit Ele-
menten der Rockmusik durch-
setzen;* ein Lied ~

ver'ro·hen <V. i. (s.)> *roh, brutal
werden;* **Ver'ro·hung** <f.; -, -en>

ver'rol·len <V. i. (s.)> *aufhören zu
rollen;* der Donner verrollte

ver'ros·ten <V. i. (s.)> *rostig wer-
den;* verrostetes Eisen

ver'rot·ten <V. i. (s.)> 1 *verfaulen*
2 *zerfallen;* verrottetes Gemäu-
er; **Ver'rot·tung** <f.; -; unz.>

Ver·ru·ca <[vɛr-]; f.; -, -cae [-tsɛː];
Med.> *Warze* [lat.]

ver'rucht <Adj.; geh.; veralt.> *ver-
worfen;* eine ~e Tat; **Ver'rucht-
heit** <f.; unz.; veralt.>

ver'rü·cken <V. t.> *wegrücken;*
Möbel ~; **ver'rückt** <Adj.; umg.>
geisteskrank, überspannt; ~
werden; eine ~e Idee; es ist zum
Verrücktwerden! *es ist zum Ver-
zweifeln!;* jmdn. ~ machen;
nach jmdm. ~ sein; **Ver'rückte(r)** <f. 2 (m. 1)>; **Ver'rückt-
heit** <f.; -, -en; umg.>

Ver'ruf <m.; -(e)s; unz.> *schlech-
ter Ruf;* in ~ kommen; **ver'ru-
fen** <Adj.> ein ~es Viertel

ver·ru·kös <[vɛr-]; Adj.; Med.>
warzenartig [lat.]

ver'run·zeln <V. i.> ein verrunzel-
tes Gesicht

ver·ru·ßen <V. i. (s.)> *rußig wer-
den*

ver'rut·schen <V. i. (s.)> der Hut
ist verrutscht

Vers <[fɛrs]; m.; -es, -e> 1 <Lit.;
Abk.: V.> *Gedichtzeile* 2 sich kei-
nen ~ auf etwas machen kön-
nen <fig.; umg.> *etwas nicht be-
greifen* [lat.]

ver'sach·li·chen <V. t.> *sachlich
darstellen;* **Ver'sach·li·chung**
<f.; -, -en>

ver'sa·cken <V. i. (s.)> 1 <Mar.>
versinken 2 <fig.; umg.> *ver-
kommen*

ver'sa·gen <V.> 1 <V. t./V. refl.>
nicht gewähren; jmdm. die Un-
terstützung ~; sich etwas ~ 2
<V. i.> *nicht das Erwartete leis-
ten;* in einem Test ~; die Brem-
sen versagten; **Ver'sa·ger** <m.;
-s, -> **Ver'sa·ge·rin** <f.; -,
-n·nen>

Ver'sal <[-zɛr-]; m.; -s, -li·en>
Großbuchstabe; einen Text in
~ien schreiben [lat.]; **Ver'sal-
buch·sta·be** <m.; -ns, -n> **Ver-
'sal·schrift** <f.; -; unz.>

ver'sal·zen <V. t./V. refl.> du ver-
salzt, sie hat versalzen od. (sel-
ten) versalzt> 1 *übermäßig sal-
zen;* das Essen ist ~ 2 <fig.;
umg.> *verderben;* jmdm. die
Freude ~

ver'sam·meln <V. t.> ich ver-
samm(e)le> *zusammenrufen,
-kommen;* Anhänger um sich ~;
Ver'samm·lung <f.; -, -en>
Volks~; die ~ eröffnen, schlie-
ßen; **Ver'samm·lungs·frei·heit**
<f.; -; unz.>; **Ver'samm·lungs-
ort** <m.; -(e)s, -e>

Ver'sand <m.; -(e)s; unz.> *das
Versenden;* Waren~; **Ver'sand-
ab·tei·lung** <f.; -, -en>; **Ver'sand·buch·han·del** <m.; -s;
unz.>; **Ver'sand·buch·händ·ler**
<m.; -s, ->; **Ver'sand·buch-
händ·le·rin** <f.; -, -n·nen>

ver'san·den <V. i. (s.)> 1 *sich mit
Sand füllen* 2 <fig.; umg.> *ohne
Wirkung bleiben;* der Appell ist
versandet

ver'sand·fer·tig <Adj.> Waren ~
machen; **Ver'sand·ge·schäft**
<n.; -(e)s, -e>; **Ver'sand·han-
del** <m.; -s; unz.> *Handel durch
den Versand von Waren;* **Ver-
'sand·haus** <n.; -es, ⁓er>

Ver'san·dung <f.; -, -en>

Ver'satz <m.; -es; unz.> *das Ver-
setzen;* **Ver'satz·stück** <n.;
-(e)s, -e; Theat.> *bewegl. Teil
des Bühnenbildes*

ver'sau·en <V. i. (s.) u. V. t.; du
versaust; derb> 1 *verschmutzen*
2 *verderben*

ver'sau·ern <V. i. (s.); du ver-
sau(e)re> 1 *sauer werden;* ver-

sauerter Wein 2 <fig.; umg.>
geistig verkümmern

ver'sau·fen <V. t. 205; derb> sein
Geld ~

ver'säu·men <V. t.> *nicht nutzen,
nicht tun;* eine Pflicht ~; das
Versäumte nachholen; **Ver-
'säum·nis** <n.; -s·ses, -s·se>

ver'scha·chern <V. t.; ich ver-
schachere; umg.> *(teuer) ver-
kaufen*

ver'schach·telt <Adj.> ~er Satz

ver'schaf·fen <V. t./V. refl.> *be-
sorgen;* jmdm. eine Arbeit ~

ver'scha·len <V. t.> eine Wand ~;
Ver'scha·lung <f.; -, -en>

ver'schämt <Adj.; -er, am
-es·ten> *verlegen*²

ver'schan·deln <V. t.; ich ver-
schand(e)le; umg.> *verunstal-
ten;* **Ver'schan·de·lung, Ver-
'schand·lung** <f.; -, -en>

ver'schan·zen <V. refl.> du ver-
schanzt dich> *sich hinter Stüh-
len ~ in Deckung gehen;* sich
hinter einer Ausrede ~ <fig.>;
Ver'schan·zung <f.; -, -en>

ver'schär·fen <V. t./V. refl.>
schärfer machen, werden; mit
verschärfter Aufmerksamkeit;
Ver'schär·fung <f.; -, -en>

ver'schar·ren <V. t.> *vergraben*

ver'schät·zen <V. refl.> du ver-
schätzt dich> *falsch (ein)schät-
zen*

ver'schau·keln <V. t.; ich ver-
schauk(e)le; umg.> *betrügen*

ver'schei·den <V. i. (s.) 209;
geh.> *sterben*

ver'schei·ßen <V. t. 211; derb; in
der Wendung> es bei jmdm. ~
verschissen haben *es mit
jmdm. verdorben haben;* **ver-
'schei·ßern** <V. t.; ich verschei-
ßere; derb> *veralbern*

ver'schen·ken <V. t.>

ver'scher·beln <V. t.; ich ver-
scherb(e)le; umg.> *billig ver-
kaufen*

ver'scher·zen <V. t./V. refl.; du
verscherzt> sich jmds. Zunei-
gung ~ *jmds. Z. verlieren*

ver'scheu·chen <V. t.> *verjagen;*
Mücken ~

ver'scheu·ern <V. t.; ich ver-
scheuere; umg.> *(billig) verkau-
fen*

ver'schi·cken <V. t.> 1 *versenden;*
Briefe ~ 2 *reisen lassen;* Kinder

ans Meer ~; **Ver'schi·ckung** <f.; -, -en>

ver'schieb·bar <Adj.>; **Ver'schie·be·bahn·hof** <m.; -(e)s, ⁔e> = *Rangierbahnhof*; **ver'schie·ben** <V. t./V. refl. 214> 1 *verrücken*; Möbel ~; der Teppich hat sich verschoben 2 *zeitl. verlegen*; ein Konzert ~; **Ver'schie·be·pro·be** <f.; -, -n>; **Ver'schie·bung** <f.; -, -en>

ver'schie·den <Adj.> 1 *unterschiedlich*; ~er Meinung sein; ~ hoch 2 <↗Z44> *mehrere, manche*; ~e Speisen; ~e Mal(e); Verschiedene kamen zu spät; Verschiedenes *mancherlei*; **ver'schie·den·ar·tig** <Adj.>; **ver·schie·de·ner'lei** <Adj.> *mancherlei*; **ver'schie·den·far·big** <Adj.>; **ver'schie·den·ge·schlecht·lich** <Adj.>; **ver'schie·den·ge·stal·tig** <Adj.>; **Ver'schie·den·heit** <f.; -, -en>; **ver'schie·dent·lich** <Adv.> *mehrmals*

ver'schie·ßen <V. 215; du verschießt> 1 <V. t.> *durch Schießen verbrauchen*; er verschoss seine Munition 2 <V. t.; Fußb.> *neben das Tor schießen*; einen Elfmeter ~ 3 <V. i. (s.)> *verbleichen*; der Stoff ist verschossen

ver'schif·fen <V. t.> *per Schiff verschicken*; **Ver'schif·fung** <f.; -, -en>

ver'schil·fen <V. i. (s.)> *mit Schilf zuwachsen*

ver'schim·meln <V. i. (s.)> das Brot ist verschimmelt

Ver'schiss <m.; -es; unz.; derb> *Verruf*; in ~ geraten

ver'schla·cken <V. i. (s.)> *sich mit Schlacke füllen*

ver'schla·fen¹ <V. 217> 1 <V. i.> *zu lange schlafen*; ich habe ~ 2 <V. t.> *durch Schlaf versäumen*; den Vormittag ~; einen Termin ~; **ver'schla·fen²** <Adj.; ↗Z28.1> *schläfrig*; ~ sein; **Ver'schla·fen·heit** <f.; -; unz.>

Ver'schlag <m.; -(e)s, ⁔e> *einfacher Schuppen*; **ver'schla·gen¹** <V. t. 218> 1 *mit Brettern zunageln*; eine Kiste ~ 2 <Tennis> den Ball ~ *falsch schlagen* 3 *verblättern*; eine Seite ~ 4 *rauben*; es verschlug ihm die Sprache 5 <unpersönl.> jmdn. verschlägt es irgendwohin; **ver'schla·gen²**

<Adj.; ↗Z28.1> *hinterlistig*; ein ~er Kerl; **Ver'schla·gen·heit** <f.; -; unz.>

ver'schlam·men <V. i. (s.)> *sich mit Schlamm füllen*; **ver'schläm·men** <V. t.> *verstopfen*; verschlämmtes Rohr

ver'schlam·pen <V.; umg.> 1 <V. t.> *durch Unachtsamkeit verlegen*; Papiere ~ 2 <V. i. (s.)> *unordentlich werden*

ver'schlan·ken <V. t./V. refl.> *verringern, rationalisieren*; ein Unternehmen ~

ver'schlech·tern <V. t./V. refl.> ich verschlechtere> *schlechter machen, werden*; **Ver'schlech·te·rung** <f.; -; unz.>

ver'schlei·ern <V. t./V. refl.> 1 *(mit einem Schleier) verhüllen*; (sich) das Gesicht ~; verschleiert *unklar*; ihr Blick war von Tränen verschleiert 2 *Tatsachen* ~ <fig.>; **Ver'schlei·e·rung** <f.; -, -en>

ver'schlei·fen <V. t. 220> 1 *abschleifen* 2 <fig.> *undeutlich aussprechen*; Silben ~; **Ver'schlei·fung** <f.; -, -en>

ver'schlei·men <V. t.> *verschleimter Rachen*; **Ver'schlei·mung** <f.; -, -en>

Ver'schleiß <m.; -es; unz.> 1 *Abnutzung* 2 *Verbrauch*; einen großen ~ an Stiften haben; **ver'schlei·ßen** <V. i. (s.) u. V. t. 221> die Hose verschliss schnell; **Ver'schleiß·er·scheinung** <f.; -, -en>; **ver'schleiß·fest** <Adj.; -er, am -es·ten>; **Ver'schleiß·fes·tig·keit** <f.; -; unz.>; **Ver'schleiß·teil** <n.; -(e)s, -e>

ver'schlep·pen <V. t.> 1 *mit Gewalt befördern*; die Einwohner wurden von Soldaten verschleppt 2 *hinauszögern*; eine Grippe, ein Verfahren ~; **Ver'schlep·pung** <f.; -, -en>

ver'schleu·dern <V. t.; ich verschleudere> 1 *verschwenden*; Geld ~ 2 *zu billig verkaufen*; Waren ~; **Ver'schleu·de·rung** <f.; -, -en>

ver'schließ·bar <Adj.>; **ver'schlie·ßen** <V. t. 222> 1 *zusperren*; vor verschlossener Tür stehen 2 *einschließen*; Unterlagen ~ 3 <V. refl.> *sich einer Sache ~* <fig.>

ver'schlimm·bes·sern <V. t.; ich verschlimmbessere; umg.> *durch vermeintl. Verbessern verschlimmern*; **Ver'schlimm·bes·se·rung** <f.; -, -en; umg.>; **ver'schlim·men** <V. t./V. refl.; ich verschlimmere> *schlimmer machen, werden*; **Ver'schlim·me·rung** <f.; -, -en>

ver'schlin·gen <V. t. 223> 1 *umeinander winden*; Fäden ~ 2 *gierig essen*; er verschlang das Essen; ein Buch ~ <fig.> 3 *kosten*; das Projekt wird Millionen ~; **Ver'schlin·gung** <f.; -, -en>

ver'schlos·sen <Adj.> *unzugänglich*; sie ist sehr ~; **Ver'schlos·sen·heit** <f.; -; unz.>

ver'schlu·cken <V. t.> 1 *hinunterschlucken* 2 <V. refl.> *in die Luftröhre bekommen*; ich habe mich verschluckt

ver'schlu·dern <V.; ich verschludere; umg.> 1 <V. t.> *verlegen¹(1)* 2 <V. i. (s.)> *verkommen*; ein verschluderter Kerl

Ver'schluss <m.; -es, ⁔e> 1 *Vorrichtung zum Verschließen*; der ~ einer Flasche; etwas unter ~ halten 2 <Med.> *verschlossene Stelle*; Darm~; **ver'schlüs·seln** <V. t.; ich verschlüss(e)le> *chiffrieren*; eine Nachricht ~; **Ver'schlüs·se·lung** <f.; -, -en>; **Ver'schluss·kap·pe** <f.; -, -n>; **Ver'schluss·laut** <m.; -(e)s, -e; Phon.> *durch Sprengung der geschlossenen Mundhöhle entstehender Laut*; → a. Kasten Konsonant; **Ver'schluss·sa·che** <f.; -, -n> *geheimes Dokument*

ver'schmach·ten <V. i. (s.); poet.> *sehr leiden*; vor Liebe ~

ver'schmä·hen <V. t.> *zurückweisen*; **Ver'schmä·hung** <f.; -, -en>

ver'schmau·sen <V. t.; du verschmaust> *genüsslich essen*

ver'schmel·zen <V. 225; du verschmilzt> 1 <V. t.> *miteinander verbinden*; Metalle ~ 2 <V. i. (s.)> *ineinander übergehen*; **Ver'schmel·zung** <f.; -, -en>

ver'schmer·zen <V. t.; du verschmerzt> *verwinden*

ver'schmie·ren <V. t.> 1 *verreiben*; Salbe ~ 2 *beschmieren*

ver'schmitzt <Adj.> *pfiffig, schelmisch*; ~ lächeln; **Ver'schmitztheit** <f.; -; unz.>

V

ver'schmust <Adj.; umg.> *gern schmusend*

ver'schmut·zen <V.; du verschmutzt> 1 <V. t.> *schmutzig machen* 2 <V. i. (s.)> *schmutzig werden;* **Ver'schmut·zung** <f.; -, -en>

ver'schnau·fen <V. i. od. V. refl.> *eine Atempause machen;* ich muss (mich) ~

ver'schnei·den <V. t./V. refl. 227> 1 *stutzen;* eine Hecke ~ 2 *falsch schneiden* 3 = *kastrieren* 4 *Rum ~ mit schlechterem R. mischen*

ver'schneit <Adj.> *schneebedeckt*

Ver'schnitt <m.; -(e)s, -e> *Rum~;* **Ver'schnit·te·ne(r)** <m. 1> *Eunuch*

ver'schnör·keln <V. t.; ich verschnörk(e)le> *mit Schnörkeln ausstatten;* verschnörkelte Schrift; **Ver'schnör·ke·lung, Ver'schnörk·lung** <f.; -, -en>

ver'schnup·fen <V. t.; nur als Part. Perf.> verschnupft sein *einen Schnupfen haben,* <a. fig.; umg.> *verärgert sein*

ver'schnü·ren <V. t.> *zuschnüren;* ein Paket ~; **Ver'schnürung** <f.; -, -en>

ver'schol·len <Adj.> *unauffindbar;* er ist seit Jahren ~

ver'scho·nen <V. t./V. refl.> 1 *schonen;* das Hochwasser hat kein Haus verschont 2 jmdn. mit etwas ~ *nicht mit etwas behelligen*

ver'schö·nen <V. t.> *schön machen,* **ver'schö·nern** <V. t.; ich verschönere> *schöner machen;* **Ver'schö·ne·rung** <f.; -, -en>

Ver'scho·nung <f.; -, -en>

Ver'schö·nung <f.; -, -en>

ver'schor·fen <V. i. (s.)> *Schorf bilden;* die Wunde verschorft; **Ver'schor·fung** <f.; -, -en>

ver'schram·men <V. t.> *verschrammte Möbel*

ver'schrän·ken <V. t.> *gekreuzt übereinander legen;* mit verschränkten Armen; **Ver'schränkung** <f.; -, -en>

ver'schrau·ben <V. t.> *zuschrauben;* **Ver'schrau·bung** <f.; -, -en>

ver'schrei·ben <V. t. 230> 1 *mit Rezept verordnen;* Medikamente ~ 2 <V. refl.> sich einer Sache ~ *sich ganz einer S. widmen;* sich der Malerei ~ 3 *beim Schreiben verbrauchen;* Papier, Stifte ~ 4 <V. refl.> *einen Schreibfehler machen;* **Ver'schrei·bung** <f.; -, -en>; **ver'schrei·bungs·pflich·tig** <Adj.> = *rezeptpflichtig*

ver'schrei·en <V. t. 231> *in schlechten Ruf bringen;* **ver'schrien** <Adj.; ⬈Z.28.1> *einen schlechten Ruf habend;* das Viertel ist ~

ver'schro·ben <Adj.> *seltsam;* ~e Ansichten; **Ver'schro·ben·heit** <f.; -; unz.>

ver'schrot·ten <V. t.> *zu Schrott machen*

ver'schrum·peln <V. i.; ich verschrump(e)le; umg.> *faltig werden;* verschrumpelte Haut

ver'schüch·tern <V. t.; meist im Part. Perf.> *einschüchtern;* ein verschüchtertes Kind; **Ver'schüch·te·rung** <f.; -, -en>

ver'schul·den <V.> 1 <V. i. (s.)> *in Schulden geraten;* ein verschuldeter Betrieb 2 <V. refl.> *Schulden machen;* wir mussten uns hoch ~ 3 <V. t.> *schuldhaft bewirken;* einen Unfall ~; **Ver'schul·dung** <f.; -, -en>

ver'schu·len <V. t.> 1 *der Schule ähnlich machen;* das Studium ~ 2 <Bot.> *umpflanzen;* Sämlinge ~; **Ver'schu·lung** <f.; -, -en>

ver'schüttt <Adj.; umg.; nur in der Wendung> ~ gehen *verloren gehen;* **ver'schüt·ten** <V. t.> 1 *ungewollt ausschütten* 2 *(mit Erde) zuschütten;* einen Graben ~; **Ver'schüt·tung** <f.; -, -en>

ver'schwä·gern <V. refl.; ich verschwägere mich> *durch Heirat mit jmdm. verwandt werden;* **Ver'schwä·ge·rung** <f.; -, -en>

ver'schwei·gen <V. t. 233> *verheimlichen;* nichts zu ~ haben; **Ver'schwei·gung** <f.; -; unz.>

ver'schwei·ßen <V. t.; du verschweißt> *zusammenschweißen*

ver'schwe·len <V. t.> *unter Luftabschluss verbrennen;* Kohle ~

ver'schwen·den <V. t.> *leichtsinnig verbrauchen;* Geld, Zeit ~; **Ver'schwen·der** <m.; -s, ->; **Ver'schwen·de·rin** <f.; -, -n·nen>; **ver'schwen·de·risch** <Adj.> *überreich;* ein ~es Leben führen; **Ver'schwen·dung** <f.; -; unz.>; **Ver'schwen·dungs·sucht** <f.; -; unz.>; **ver'schwen·dungs·süch·tig** <Adj.>

ver'schwie·gen <Adj.> *fähig, ein Geheimnis zu bewahren;* ~ wie das Grab sein; **Ver'schwie·gen·heit** <f.; -; unz.>

ver'schwie·melt <Adj.; umg.> *verquollen*

ver'schwim·men <V. i. (s.) 235> *undeutlich werden;* es verschwamm mir vor den Augen

ver'schwin·den <V. i. (s.) 236> 1 *weggehen;* die Sonne verschwand; verschwinde! <umg.>; eine ~d kleine Anzahl 2 *verloren gehen;* spurlos ~; sein Verschwinden wurde nicht gemerkt

ver'schwis·tern <V. t.; ich verschwistere> 1 *als Geschwister verbinden;* verschwistert sein 2 <fig.> *eng verbinden*

ver'schwit·zen <V. t.; du verschwitzt> 1 *ein verschwitztes Hemd* 2 <fig.; umg.> *vergessen;* einen Termin ~

ver'schwom·men <Adj.; ⬈Z.28.1> *undeutlich;* ~e Vorstellung; **Ver'schwom·men·heit** <f.; -; unz.>

ver'schwö·ren <V. refl. 238> sich ~ *sich heimlich verbünden;* es hat sich alles gegen mich verschworen <fig.>; **Ver'schwo·re·ne(r)** <f. 2 (m. 1)>; **Ver'schwö·rer** <m.; -s, ->; **Ver'schwö·re·rin** <f.; -, -n·nen>; **Ver'schwö·rung** <f.; -, -en> *Komplott*

Vers·dra·ma <['fɛrs-]; n.; -s, -dra·men; Lit.> *Drama in Versen*

ver'se·hen <V. t./V. refl. 239> 1 *ausüben;* seinen Dienst ~ 2 *versorgen, ausstatten;* einen Text mit Anmerkungen ~ 3 *einen Fehler machen;* <V. refl.> sich mich ~; **Ver'se·hen** <n.; -s, -> *Unachtsamkeit;* etwas aus ~ tun; **ver'se·hent·lich** <Adv.>; **Ver'seh·gang** <m.; -(e)s, ⁺e; Kath.> *der Weg des Priesters zur Spendung der Sterbesakramente*

ver'seh·ren <V. t.; veralt.> *verletzen;* **Ver'sehr·te(r)** <f. 2 (m. 1)> *Körperbeschädigte(r)*

ver'sei·fen <V. t./V. refl.> *zu Seife machen, werden;* **Ver'sei·fung** <f.; -, -en>

ver'selb·stän·di·gen <V. refl.> *sich selbstständig machen;* der

Einkaufswagen hat sich verselbständigt; **Ver·selb·stän·di·gung** <f.; -; unz.>; **ver'selbst·stän·di·gen** <V. refl.>; **Ver·'selbst·stän·di·gung** <f.; -; unz.>

ver'sen·den <V. t. 241> *verschicken;* **Ver'sen·dung** <f.; -, -en>

ver'sen·gen <V. t.> *leicht anbrennen;* versengte Augenbrauen; **Ver'sen·gung** <f.; -, -en>

ver'senk·bar <Adj.>; **Ver'senk·büh·ne** <f.; -, -n; Theat.>; **ver·'sen·ken** <V. t.> 1 *zum Untergehen bringen;* ein Schiff ~ 2 <V. refl.> sich in seine Studien ~ <fig.> *sich vertiefen;* **Ver'senk·schrau·be** <f.; -, -n>; **Ver'sen·kung** <f.; -, -en> in der ~ verschwinden <fig.>

Vers·er·zäh·lung <['fɛrs-]; f.; -, -en; Lit.> *Erzählung in Versen;* **'Ver·se·schmied** <m.; -(e)s, -e; umg.; scherzh.> *dilettantischer Dichter;* **'Ver·se·schmie·din** <f.; -, -n·nen>

ver·ses·sen <Adj.; ↗Z 28.1> auf etwas ~ sein *etwas unbedingt haben wollen*

ver'set·zen <V. t.; du versetzt> 1 *umsetzen;* eine Wand ~ 2 *berufl. an einen anderen Ort schicken;* nach München versetzt werden 3 *in die nächsthöhere Klasse aufnehmen;* er ist versetzt worden 4 jmdn. in etwas ~ *in einen bestimmten Zustand bringen;* jmdn. in Angst ~ 5 *geben;* jmdm. einen Schlag, Tritt ~ 6 *vermischen;* Wein mit Wasser ~ 7 *verpfänden;* Schmuck ~ 8 <umg.> *vergeblich warten lassen;* sie hat mich versetzt 9 *antworten;* **Ver'set·zung** <f.; -, -en>; **Ver'set·zungs·zei·chen** <n.; -s, -; Mus.; Zeichen: #, ♭>

ver'seu·chen <V. t.> *infizieren, kontaminieren;* **Ver'seu·chung** <f.; -, -en>

Vers·fuß <['fɛrs-]; m.; -es, ⸚e; Lit.> *rhythm. Verseinheit*

Ver'si·che·rer <m.; -s, -> *jmd., der einen anderen versichert;* **ver'si·chern** <V. i. u.V. t./V. refl.; ich versichere> 1 *jmdm. etwas beteuern;* jmdn. einer Sache ~; ich kann dir versichern, dass... 2 *eine Versicherung(3) abschließen;* wie hoch bist du versichert?; **Ver'si·che·rung** <f.; -, -en> 1 *das Versichern;* eidesstattliche ~ 2 *Unternehmen, das Personen u. Sachen versichert(2)* 3 *Vertrag mit einer Versicherung(2);* **Ver'si·che·rungs·bei·trag** <m.; -(e)s, ⸚e> = *Versicherungsprämie;* **Ver'si·che·rungs·be·trug** <m.; -(e)s; unz.>; **Ver'si·che·rungs·fall** <m.; -(e)s, ⸚e> im ~; **Ver'si·che·rungs·ge·ber** <m.; -s, -> = *Versicherer;* **Ver'si·che·rungs·ge·sell·schaft** <f.; -, -en>; **Ver'si·che·rungs·neh·mer** <m.; -s, -> *jmd., der sich versichert(2);* **Ver'si·che·rungs·neh·me·rin** <f.; -, -n·nen>; **Ver·'si·che·rungs·pflicht** <f.; -; unz.>; **ver'si·che·rungs·pflich·tig** <Adj.>; **Ver'si·che·rungs·po·li·ce** <[-poli:sə]; f.; -, -n> *Urkunde über einen Versicherungsabschluss;* **Ver'si·che·rungs·prä·mie** <[-miə]; f.; -, -n>; **Ver'si·che·rungs·sum·me** <f.; -, -n>; **Ver'si·che·rungs·trä·ger** <m.; -s, -> *für die gesetzl. Sozialversicherung zuständige Anstalt;* **Ver·'si·che·rungs·ver·tre·ter** <m.; -s, ->; **Ver'si·che·rungs·ver·tre·te·rin** <f.; -, -n·nen>; **Ver'si·che·rungs·we·sen** <n.; -s; unz.>

ver'si·ckern <V. i. (s.)> *allmählich abfließen;* **Ver'si·cke·rung** <f.; -, -en>

ver'sie·ben <V. t.; umg.> 1 *verlegen¹(1)* 2 *vergessen*

ver'sie·geln <V. t.; ich ver­sieg(e)le> Briefe ~

ver'sie·gen <V. i. (s.); geh.> *zu fließen aufhören*

ver'siert <[vɛr-]; Adj.> *erfahren, bewandert;* ein ~er Spezialist [lat.]; **Ver'siert·heit** <f.; -; unz.>

ver'sif·fen <V. i.; umg.; meist ab­wertend> 1 *schmutzig werden* 2 *verwahrlosen;* **ver'sifft** <Adj.; ↗Z 28.1>

ver'sil·bern <V. t.; ich versilbere> 1 *mit Silber überziehen* 2 <fig.; umg.; scherzh.> *verkaufen;* **Ver·'sil·be·rung** <f.; -, -en>

ver'sim·peln <V. t.; ver­simp(e)le> 1 <V. t.> *vereinfachen* 2 <V. i. (s.)> *verdummen*

ver'sin·ken <V. i. (s) 244> 1 *untergehen(1);* das Boot versank 2 in Gedanken versunken <fig.>

ver'sinn·bild·li·chen <V. t.> *sinnbildlich darstellen;* **Ver'sinn·bild·li·chung** <f.; -; unz.>

Ver·si·on <[vɛr-]; f.; -, -en> *Lesart, Fassung* [lat.]

ver'sip·pen <V. t./V. refl.> *(sich verschwägern)* miteinander versippt sein

ver'sit·zen <V. t. 246; du versitzt; umg.> 1 *Sitzen zubringen;* die Zeit ~ 2 <V. refl.> *durch Sitzen zerknittern;* das Kleid versitzt sich

ver'skla·ven <V. t.> 1 *zum Sklaven machen* 2 *unterdrücken*

Vers·ko·mö·die <['fɛrs--diə]; f.; -, -n; Lit.>; **'Vers·kunst** <f.; -; unz.; Lit.>; **'Vers·leh·re** <f.; -, -n; Lit.> *Lehre vom Versbau*

ver·slu·men <[-'slʌ-]; V. i. (s.)> *zum Slum werden;* ein Stadtviertel verslumt [dt.; engl.]

Vers·maß <['fɛrs-]; n.; -es, -e; Lit.> *Schema, das einem Vers zugrunde liegt*

ver'snobt <Adj.; -er, am -es·ten; abwertend> *wie ein Snob*

Ver·so <['vɛr-]; n.; -s, -s; Lit.> *Blattrückseite;* Ggs *Rekto* [lat.]

ver'sof·fen <Adj.; ↗Z 28.1; umg.> *trunksüchtig*

ver·so 'fo·lio <['vɛr-]; Lit.> *auf der Rückseite des Blattes stehend;* Ggs *recto folio* [lat.]

ver'soh·len <V. t.; fig.; umg.> *verprügeln*

ver'söh·nen <V. t./V. refl.> *Streit beilegen;* sich mit jmdm. ~; **ver·'söhn·lich** <Adj.> ~e Worte; **Ver·'söhn·lich·keit** <f.; -; unz.>; **Ver·'söh·nung** <f.; -, -en>; **Ver'söh·nungs·fest** <n.; -(e)s, -e; jüd. Rel.> *ein jüd. Feiertag*

ver'son·nen <Adj.> *nachdenklich;* ~ lächeln; **Ver'son·nen·heit** <f.; -; unz.>

ver'sor·gen <V. t./V. refl.> 1 *für jmds. Unterhalt sorgen;* seine Kinder ~ 2 *versehen(2);* jmdn. mit Wasser ~; **Ver'sor·gung** <f.; -; unz.> 1 *das Versorgen* 2 *staatl. Sicherung des Lebensunterhaltes;* Alters-~; **Ver'sor·gungs·an·spruch** <m.; -(e)s, ⸚e>; **ver'sor·gungs·be·rech·tigt** <Adj.>; **Ver·'sor·gungs·be·rech·tig·te(r)** <f. 2 (m. 1)>; **Ver'sor·gungs·eng·pass** <m.; -es, ⸚e>

ver'sot·ten <V. i. (s.)> *von Rauchgasen verunreinigt werden;* versottetes Mauerwerk

ver'spaakt <Adj.; nddt.> *morsch*

ver'spach·teln <V. t.; ich ver-

spacht(e)le> 1 *mit Kitt o. Ä. aus-
füllen;* Löcher in der Wand ~ 2
<fig.; umg.> *aufessen*
ver·span·nen <V. t.> *versteifen;*
verspannte Muskeln; **Ver'span-
nung** <f.; -, -en>
ver·spä·ten <V. refl.> *zu spät
kommen;* sich um eine Stunde
~; eine verspätete Einladung;
Ver'spä·tung <f.; -, -en> der
Bus hat zwanzig Minuten ~
ver·spei·sen <V. t.; du verspeist;
geh.> *aufessen*
ver·spe·ku·lie·ren <V. t./V. refl.>
Geld ~
ver·sper·ren <V. t.> 1 *verschlie-
ßen;* eine Tür ~ 2 *unpassierbar
machen;* jmdm. den Weg ~
ver·spie·len <V.> 1 <V. t.> *beim
Spiel verlieren;* ein Vermögen ~
2 <V. i.; fig.> bei jmdm. verspielt
haben; **ver'spielt** <Adj.; -er, am
-es·ten; ⌁Z28.1> *gern spielend;*
ein ~es Kind; **Ver'spielt·heit** <f.;
-; unz.>
ver·spin·nen <V. t. 249> Flachs ~
ver·spon·nen <Adj.; ⌁Z28.1>
überspannt, sonderbar; ~e Ide-
en haben
ver·spot·ten <V. t.> *lächerlich
machen;* seinen Gegner ~; **Ver-
'spot·tung** <f.; -, -en>
ver·spre·chen <V. t. 251> 1 *gelo-
ben;* die Ehe ~; etwas fest ~ 2
verheißen; das Wetter ver-
spricht gut zu werden 3 <V.
refl.> *falsch sagen;* er hat sich
versprochen; **Ver'spre·chen**
<n.; -s, -> *feste Zusage;* ein ~
halten; **Ver'spre·cher** <m.; -s,
-> *falsches Aussprechen eines
Wortes;* **Ver'spre·chung** <f.; -,
-en> große ~en machen
ver·spren·gen <V. t.> 1 <Mil.>
zerstreuen; Truppen ~ 2 *ver-
spritzen;* Wasser ~
ver·sprit·zen <V. t.; du verspritzt>
versprühen; Wasser ~
ver·spro·che·ner'ma·ßen <Adv.>
ver·sprü·hen <V. t.> *in Tropfen
verteilen*
ver·spü·ren <V. t.> *spüren*
Vers·ro·man <['fɛrs-] m.; -(e)s,
-e; Lit.> *Roman in Versen*
ver·staat·li·chen <V. t.> *in Staats-
eigentum überführen;* **Ver-
'staat·li·chung** <f.; -, -en>
ver·städ·tern <V. t. u. V. i. (s.); ich
verstädtere> *städtisch machen,*

werden; **Ver'städ·te·rung** <f.; -,
-en>
ver·stäh·len <V. t.> *mit Stahl
überziehen*
Ver·stand <m.; -(e)s; unz.> *Denk-
fähigkeit;* einen scharfen ~ ha-
ben; jmdn. um den ~ bringen
<umg.>; den ~ verlieren
<umg.>; **Ver'stan·des·mensch**
<m.; -en, -en>; **ver'stän·dig**
<Adj.> *einsichtig;* ~ handeln;
ver·stän·di·gen <V. t.> 1 *unter-
richten(2);* die Polizei ~ 2 <V.
refl.> es ist unmöglich, sich mit
ihr auf Deutsch zu ~; **Ver'stän-
dig·keit** <f.; -; unz.>; **Ver'stän-
di·gung** <f.; -; unz.>; **ver'ständ-
lich** <Adj.> 1 *wahrnehmbar,
hörbar;* sich ~ machen 2 *be-
greiflich;* jmdm. etwas ~ ma-
chen; **ver'ständ·li·cher'wei·se**
<Adv.>; **Ver'ständ·lich·keit** <f.;
-; unz.>; **Ver'ständ·nis** <n.;
-s·ses; unz.> *Einfühlungsver-
mögen;* für jmdn. od. etwas ~
haben; **ver'ständ·nis·in·nig**
<Adj.> ~ lächeln; **ver'ständ·nis-
los** <Adj.> jmdn. ~ ansehen;
Ver'ständ·nis·lo·sig·keit <f.; -;
unz.>; **ver'ständ·nis·voll** <Adj.>
ein ~er Blick
ver·stän·kern <V. t.; ich verstän-
kere; umg.> den Raum mit Zi-
garettenrauch ~
ver·stär·ken <V. t./V. refl.> *stärker
machen, werden;* **Ver'stär·ker**
<m.; -s, -> 1 <Fot.> *Lösung zur
Kontraststeigerung* 2 <El.> *Ge-
rät zur Leistungsverstärkung;*
Ver'stär·kung <f.; -; unz.>
ver·stau·ben <V. i. (s.)> *staubig
werden;* verstaubte Möbel; **Ver-
'stäu·ben** <V. i.> *Flüssigkeit ~*
ver·stau·chen <V. t./V. refl.>; **Ver-
'stau·chung** <f.; -, -en; Med.>
*Dehnung od. Zerreißung der
Gelenkbänder*
ver·stau·en <V. t.> *unterbringen;*
Gepäck im Auto ~
Ver·steck <n.; -(e)s, -e> *Ort zum
Verstecken;* ~ spielen; **ver·ste-
cken** <V. t.> *verbergen;* Osterei-
er ~; sich hinter einem Baum ~;
versteckter Ort; **Ver'ste·cken**
<n.; -s; unz.; ⌁Z26> ~ spielen;
<aber> das Versteckenspielen;
Ver'steck·spiel <n.; -(e)s, -e>
ver·ste·hen <V. t. 256> 1 *deutlich
vernehmen(1);* ich habe sie
kaum ~ können 2 *verstandes-

mäßig begreifen; ein Buch ~;
jmdm. etwas zu ~ geben 3 *ein-
schätzen, deuten;* etwas richtig
~ 4 jmdn. ~ *sich in jmdn. ein-
fühlen können;* ich kann dich
gut ~ 5 <V. refl.> *gleiche Ansich-
ten haben;* die beiden ~ sich
(gut) 6 *beherrschen;* er versteht
mit Tieren umzugehen; Spaß ~
vertragen; er versteht sich aufs
Kochen; **Ver'ste·hen** <n.; -s;
unz.>
ver·stei·fen <V. t.> 1 *steif ma-
chen;* eine Mauer ~ 2 <V. refl.>
steif werden; ein Gelenk ver-
steift sich; sich auf etwas ~
<fig.>; **Ver'stei·fung** <f.; -, -en>
ver·stei·gen <V. refl.> 1 *sich im
Gebirge verirren* 2 <geh.> sich
zu etwas ~ *sich etwas anmaßen*
Ver·stei·ge·rer <m.; -s, -> *Auktio-
nator;* **Ver'stei·ge·rin** <f.; -,
-n·nen>; **ver'stei·gern** <V. t.; ich
versteigere> *an den Meistbie-
tenden verkaufen;* Bilder ~; **Ver-
'stei·ge·rung** <f.; -, -en>
ver·stei·nern <V. i. (s.); ich ver-
steinere; Geol.> *zu Stein wer-
den;* sie war wie versteinert
<fig.>; **Ver'stei·ne·rung** <f.; -,
-en>
ver·stell·bar <Adj.> *beweglich;*
ver·stel·len <V. t.> 1 *anders stel-
len;* eine Uhr ~ 2 *versperren(2);*
jmdm. den Weg ~ 3 <V. t./V.
refl.> *zur Täuschung verändern;*
seine Handschrift ~; sich ~; **Ver-
'stel·lung** <f.; -; unz.>; **Ver'stel-
lungs·kunst** <f.; -; unz.>
ver·step·pen <V. i. (s.)> *zur Step-
pe werden;* **Ver'step·pung** <f.; -,
-en>
ver·ster·ben <V. i. (s.) 259; nicht
im Präs. üblich> *sterben;* er ver-
starb gestern; die Verstorbene
ver·steu·ern <V. t.; ich ver-
steu(e)re> Einnahmen ~; **Ver-
'steu·e·rung** <f.; -, -en>
ver·stie·gen <Adj.; ⌁Z28.1; fig.>
überspannt; ~e Ideen; **Ver'stie-
gen·heit** <f.; -; unz.>
ver·stim·men <V. t.> 1 <Mus.> *ei-
nen falschen Klang geben;* die
Geige ist verstimmt 2 <fig.> *ver-
ärgern;* verstimmt sein; **Ver-
'stim·mung** <f.; -, -en>
ver·stockt <Adj.; -er, am -es·ten>
uneinsichtig; ~er Sünder; **Ver-
'stockt·heit** <f.; -; unz.>

ver'stoh·len <Adj.> *heimlich;* sich ~ umsehen

ver'stop·fen <V. t.> **1** *zustopfen;* ein Loch ~; verstopfter Abfluss **2** *den Stuhlgang hemmen;* -d wirken; **Ver'stop·fung** <f.; -, -en>

ver'stö·ren <V. t.> *völlig verwirren;* **Ver'stört·heit** <f.; -; unz.>

Ver'stoß <m.; -es, ̈-e> *Übertretung;* ein ~ gegen das Gesetz; **ver'sto·ßen** <V. 262; du verstößt> **1** <V. t.> *aus der Familie ausschließen;* sein Kind ~ **2** <V. i.> gegen etwas ~

ver'stre·ben <V. t.> *mit Streben ausstatten;* **Ver'stre·bung** <f.; -, -en>

ver'strei·chen <V. 263> **1** <V. t.> Butter ~ **2** <V. i. (s.); geh.> *vorübergehen;* eine Gelegenheit ungenutzt ~ lassen

ver'streu·en <V. t.> Zucker ~; die Häuser liegen verstreut

ver'stri·cken <V. t./V. refl.> **1** *beim Stricken verbrauchen;* Wolle ~ **2** <fig.> *verwickeln;* sich in Widersprüche ~; **Ver'strickung** <f.; -, -en; fig.>

ver'stro·men <V. t.> *in Strom umwandeln;* Kohle ~

ver'strö·men <V. t.> Duft ~

Ver'stro·mung <f.; -; unz.>

ver'strub·beln, ver'stru·beln <V. t.; ich verstrubb(e)le, ich verstrub(e)le; umg.> *zerzausen*

ver'stüm·meln <V. t.; ich verstümm(e)le> **1** jmdn. ~ *jmdm. ein od. mehrere Glieder abtrennen;* eine verstümmelte Leiche **2** *unvollständig wiedergeben;* eine Botschaft ~; **Ver'stüm·me·lung** <f.; -, -en>

ver'stum·men <V. i. (s.); geh.> *nicht mehr ertönen;* jmdn. zum Verstummen bringen

Ver'stümm·lung <f.; -, -en>

Ver'such <m.; -(e)s, -e> *Probe;* Flucht~; einen ~ machen; **ver'su·chen** <V. t.> **1** *etwas zu erreichen suchen;* alles Mögliche ~; versuchter Mord **2** *kosten;* Speisen ~ **3** jmdn. ~ *verlocken;* **Ver'su·cher** <m.; -s, -; christl. Rel.> *Teufel;* **Ver'suchs·an·stalt** <f.; -, -en> *Forschungsanstalt;* **Ver'suchs·bal·lon** <[-lɔ̃] od. [-lɔn] od. [-loːn]; m.; -s, -s od. -e> *Ballon zur Untersuchung der Atmosphäre;* **Ver'suchs·ka·nin·chen, Ver'suchs·kar·ni·ckel** <n.; -s, -> **1** *Kaninchen für wissenschaftl. Experimente* **2** <fig.> *jmd., an dem etwas ausprobiert wird;* **Ver'suchs·per·son** <f.; -, -en; Psych.; Abk.: Vp., VP> *Person, mit der wissenschaftl. Versuche gemacht werden;* **Ver'suchs·rei·he** <f.; -, -n>; **Ver'suchs·stre·cke** <f.; -, -n; Kfz> *Teststrecke;* **Ver'suchs·tier** <n.; -(e)s, -e>; **ver'suchs·wei·se** <Adv.> *probeweise;* **Ver'su·chung** <f.; -, -en> einer ~ erliegen; jmdn. in ~ führen

ver'süh·nen <V. t.>

ver'sump·fen <V. i. (s.)> **1** *sumpfig werden* **2** <fig.; umg.> *verwahrlosen*

ver'sün·di·gen <V. refl.> *schuldig werden;* sich an jmdm. ~; **Ver'sün·di·gung** <f.; -, -en>

ver'sun·ken <Adj.; ↗Z28.1> in Gedanken ~; <aber> gedanken~; → a. *versinken;* **Ver'sun·ken·heit** <f.; -; unz.; fig.> *Nachdenklichkeit*

ver·sus <['ver-]; Präp. mit Akk.; Abk.: vs.> *gegen(über)* [lat.]

ver'sü·ßen <V. t.; du versüßt> **1** *süßen* **2** <fig.> *angenehmer machen;* jmdm. eine Arbeit ~

vert. <Typ.; Abk. für> *vertatur!*

ver'tä·feln <V. t.; ich vertäf(e)le> *täfeln;* **Ver'tä·fe·lung, Ver'täf·lung** <f.; -, -en>

ver'ta·gen <V. t.> *verschieben;* ein Treffen ~; **Ver'ta·gung** <f.; -; unz.>

ver'tän·deln <V. t.; ich vertänd(e)le> *vergeuden;* Zeit ~

ver'ta·tur! <[ver-]; Typ.; Abk.: vert., Zeichen: V> *man wende!* [lat.]

ver'tau·ben <V. i. (s.); Bgb.> *taub(3) werden;* **Ver'tau·bung** <f.; -, -en; Bgb.>

ver'tau·en <V. t.; Mar.> *mit Tauen befestigen*

ver'tau·schen <V. t.; du vertauschst> *(ungewollt) tauschen;* die Koffer ~; **Ver'tau·schung** <f.; -, -en>

Ver'täu·ung <f.; -, -en>

ver·te! <['ver-]; Abk.: v> *bitte wenden!* [lat.]

ver·te'bral, <auch> ver·teb'ral <[ver-]; Adj.; ↗Z53; Med.> *zur Wirbelsäule gehörend* [lat.]; **Ver·te'brat** <m.; -en, -en; Zool.> *Wirbeltier*

ver'tei·di·gen <V. t./V. refl.> **1** *gegen Angriffe schützen;* eine Festung ~ **2** *rechtfertigen;* seine Meinung ~ **3** *vor Gericht vertreten;* **Ver'tei·di·ger** <m.; -s, ->; **Ver'tei·di·ge·rin** <f.; -, -·nen>; **Ver'tei·di·gung** <f.; -; unz.>; **Ver'tei·di·gungs·fall** <m.; -(e)s, ̈-e> im ~; **Ver'tei·di·gungs·haus·halt** <m.; -(e)s; unz.>; **Ver'tei·di·gungs·krieg** <m.; -(e)s, -e>; **Ver'tei·di·gungs·mi·nis·ter** <m.; -s, ->; **Ver'tei·di·gungs·mi·nis·te·rin** <f.; -, -·nen>; **Ver'tei·di·gungs·mi·nis·te·ri·um** <n.; -s, -ri·en>

ver'tei·len <V. t.> **1** *austeilen;* Prospekte ~ **2** *gleichmäßig auftragen;* Creme auf die Haut ~ **3** <V. refl.> *sie verteilten sich im Garten;* **Ver'tei·ler** <m.; -s, -; bei Verbrennungsmotoren> *Teil der Zündung;* **Ver'tei·ler·do·se** <f.; -, -n; El.> *Einrichtung, von der elektr. Leitungen abzuzweigen;* **Ver'tei·ler·kap·pe** <f.; -, -n; bei Verbrennungsmotoren>; **Ver'tei·ler·netz** <n.; -es, -e; El.>; **Ver'tei·lung** <f.; -, -en>

ver'teu·ern <V. t./V. refl.; ich verteu(e)re> *teurer machen, werden;* **Ver'teu·e·rung** <f.; -, -en>

ver'teu·feln <V. t.; ich verteuf(e)le> *als böse hinstellen;* **ver'teu·felt 1** <Part. Perf. von> *verteufeln* **2** <Adj.; ↗Z28.1> *verdammt, heikel;* eine ~e Angelegenheit **3** <adv.> *sehr;* ~ schnell; **Ver'teu·fe·lung, Ver'teuf·lung** <f.; -, -en>

Ver·tex <['ver-]; m.; -, -ti·ces [-tse:s]> **1** <Anat.> *Scheitel* **2** <unz.; Astr.> *Zielpunkt eines Sternstromes* [lat.]

ver'tie·fen <V. t.> **1** *tiefer machen;* eine Grube ~ **2** *verstärken, festigen;* einen Gedanken ~ **3** <V. refl.> sich ~ *tiefer werden;* sich in seine Arbeit ~ <fig.>; **Ver'tie·fung** <f.; -, -en> **1** <unz.> *das Vertiefen* **2** *vertiefte Stelle*

ver'tie·ren <V. i. (s.)> *zum Tier werden*

ver·ti'kal <[ver-]; Adj.; Geom.> = *senkrecht,* Ggs *horizontal* [lat.]; **Ver·ti'ka·le** <f. 2; Geom.> Ggs *Horizontale;* **Ver·ti'kal·e·be·ne** <f.; -, -n; ↗Z55; Geom.>; **Ver·ti-**

'kal·in·ten·si·tät <f.; -; unz.>; Ver·ti·ka·lis·mus <m.; -; unz.; Arch.> *Betonung der Vertikalen;* Ver·ti·kal·kreis <m.; -es, -e; Astr.> *Großkreis an der Himmelssphäre;* Ver·ti·kal·schnitt <m.; -(e)s, -e>

Ver·ti·ko <['ver-]; n. od. m.; -s, -s; bes. im 19. Jh.> *kleiner Schrank mit Aufsatz* [angeblich nach dem Tischler *Vertikow*]

ver·ti·ku·lie·ren <[ver-]; V. t.; Gartenb.> *Rasen lockern u. dabei Unkraut beseitigen* [lat.]; Ver·ti·ku·lie·rer <m.; -s, -> *Rechen;* ver·ti·ku·tie·ren <V. t.>; Ver·ti·ku·tie·rer <m.; -s, ->

ver·til·gen <V. t.> 1 *ausrotten;* Ungeziefer ~ 2 <fig.; umg.> *aufessen;* Ver·til·gung <f.; -; unz.>

ver·tip·pen <V. t.; meist refl.> *falsch tippen*

ver·to·nen <V. t.> *in Musik setzen;* ein Gedicht ~; Ver·to·nung <f.; -, -en>

ver·tor·fen <V. i. (s.)> *zu Torf werden;* Ver·tor·fung <f.; -, -en>

ver·trackt <Adj.; -er, am -es·ten; umg.> *verzwickt;* eine ~e Angelegenheit

Ver·trag <m.; -(e)s, ⁀e> *rechtskräftige Vereinbarung;* Miet~; einen ~ schließen, kündigen

ver·trag·lich <Adj.> ~e Verpflichtung

ver·träg·lich <Adj.> *leicht, schwer* ~e Speisen; Ver·träg·lich·keit <f.; -; unz.>

ver·trag·los <Adj.> *ohne Vertrag;* Ver·trags·ab·schluss <m.; -es, ⁀e>; Ver·trags·bruch <m.; -(e)s, ⁀e>; ver·trags·brü·chig <Adj.> ~ werden; ver·trag·schlie·ßend <Adj.; *Z29> ~e *Partner;* <aber> einen Vertrag schließende P.; ver·trags·ge·bun·den <Adj.>; ver·trags·ge·mäß <Adj.>; Ver·trags·part·ner <m.; -s, ->; Ver·trags·part·ne·rin <f.; -, -n·nen>; Ver·trags·recht <n.; -(e)s; unz.>; Ver·trags·spie·ler <m.; -s, -; Fußb.>; ver·trags-

wid·rig <Adj.; *Z53.1>; Ver·trags·wid·rig·keit <f.; -; unz.>

ver·trau·en <V. i.> jmdm., auf jmdn. od. etwas ~ *sich auf jmdn. od. etwas verlassen;* jmdm. blind ~; auf sein Glück ~; Ver·trau·en <n.; -s; unz.; *Z29> zu jmdm. ~ haben; jmds. ~ missbrauchen; jmdn. ins ~ ziehen; ~ erweckend/ <auch> vertrauenerweckend *einen verlässlichen Eindruck machend;* <aber als Wortgruppe nur getrennt> großes ~ erweckender Arzt; <bei Steigerung nur zusammen> ein äußerst vertrauenerweckender Arzt; Ver·trau·ens·arzt <m.; -es, ⁀e>; Ver·trau·ens·ärz·tin <f.; -, -n·nen>; Ver·trau·ens·ba·sis <f.; -; unz.> jmdm. auf ~ etwas erzählen; Ver·trau·ens·be·weis <m.; -es, -e>; ver·trau·ens·bil·dend <Adj.; bes. Pol.> ~e Maßnahmen; Ver·trau·ens·bruch <m.; -(e)s, ⁀e>; Ver·trau·ens·fra·ge <f.; -, -n> die ~ stellen <Pol.>; Ver·trau·ens·frau <f.; -, -en>; Ver·trau·ens·mann <m.; -(e)s, ⁀er od. -leu·te; Kurzw.: V-Mann> *Verbindungsmann;* Ver·trau·ens·per·son <f.; -, -en>; Ver·trau·ens·sa·che <f.; -, -n>; ver·trau·ens·se·lig <Adj.> *leicht vertrauend;* Ver·trau·ens·se·lig·keit <f.; -; unz.>; Ver·trau·ens·stel·lung <f.; -, -en> *Position, die Zuverlässigkeit voraussetzt;* ver·trau·ens·voll <Adj.> sich ~ an jmdn. wenden; Ver·trau·ens·vo·tum <[-vo-]; n.; -s, -vo·ten; Pol.>; ver·trau·ens·wür·dig <Adj.>; Ver·trau·ens·wür·dig·keit <f.; -; unz.>

ver·trau·ern <V. t.; ein vertrauerre> *trauernd verbringen*

ver·trau·lich <Adj.> 1 *geheim, inoffiziell;* etwas ~ behandeln 2 <*Z36.1> *freundschaftlich;* plump-/<auch> plump-~ *aufdringlich;* Ver·trau·lich·keit <f.; -, -en>

ver·träu·men <V. t.> *träumend verbringen;* den Nachmittag ~; ein verträumter Ort; Ver·träumt·heit <f.; -; unz.>

ver·traut <Adj.; *Z28.1> 1 *eng befreundet;* eine ~e Freundin 2 *gut bekannt;* ~ mit etwas sein;

~e Umgebung; Ver·traut·heit <f.; -; unz.>

ver·trei·ben <V. t. 267> 1 *zum Weggehen zwingen;* jmdn. aus einem Land ~; sich die Zeit ~ *verkürzen* 2 *verkaufen;* Waren ~; Ver·trei·ber <m.; -s, ->; Ver·trei·be·rin <f.; -, -n·nen>; Ver·trei·bung <f.; -, -en> ~ aus dem Paradies

ver·tret·bar <Adj.> ~e Entscheidungen; ver·tre·ten <V. t. 268> 1 <V. refl.> sich den Fuß ~ *verstauchen* 2 <V. refl.; umg.> sich die Beine, Füße ~ *sich durch Umhergehen bewegen* 3 jmdn. ~ *für jmdn. einspringen;* jmdn. dienstlich ~ 4 *für etwas eintreten;* eine Ansicht ~; jmds. Interessen ~ 5 eine Firma ~ *als Vertreter Waren vertreiben* 6 <Part. Perf.> ~ *sein präsent sein;* von der Gewerkschaft war niemand ~; Ver·tre·ter <m.; -s, -> Stell~; Ver·tre·te·rin <f.; -, -n·nen; *Z38>; Ver·tre·tung <f.; -, -en> Handels~; in ~ des Direktors, in ~ von ... <Abk.: i.V.> *im Auftrag;* Ver·tre·tungs·stun·de <f.; -, -n; Schulw.>; ver·tre·tungs·wei·se <Adv.>

Ver·trieb <m.; -(e)s, -e> 1 *das Vertreiben(2)* 2 <kurz für> *Vertriebsabteilung;* Ver·triebs·ab·tei·lung <f.; -, -en> *für den Verkauf von Waren zuständige Firmenabteilung;* Ver·triebs·ge·sell·schaft <f.; -, -en>; Ver·triebs·lei·ter <m.; -s, ->; Ver·triebs·lei·te·rin <f.; -, -n·nen>

ver·trim·men <V. t.; umg.> *verprügeln*

ver·trin·ken <V. t. 270> Geld ~

ver·trock·nen <V. i. (s.)> *austrocknen;* vertrocknete Blumen

ver·trö·deln <V. t.; ich vertröd(e)le; fig.; umg.> Zeit ~ *unnütz vergeuden;* Ver·trö·de·lung, Ver·tröd·lung <f.; -; unz.>

ver·trös·ten <V. t./V. refl.> *hinhalten;* jmdn. auf später ~

ver·trot·teln <V. t.; ich vertrott(e)le; umg.>

ver·tü·dern <V. t.; ich vertüdere; norddt.> 1 *verflechten* 2 *verwirren*

ver·tun <V. t.; ich vertue; Wirtsch.> *zum Trust zusammenschließen;* Ver·trus·tung <f.; -, -en>

ver·tü·dern <V. t.; ich vertüdere; norddt.> 1 *verflechten* 2 *verwirren*

Ver·tum·na·li·en <[vɛr-]; Pl.> *ein altröm. Fest* [lat.]

ver'tun <V. t. 272; umg.> **1** *unnütz verbrauchen;* Geld, Zeit ~ **2** <V. refl.> *sich irren;* da hat er sich vertan

ver·tu·schen <V. t.; du vertuschst; umg.> *verheimlichen;* einen Vorfall ~; **Ver'tu·schung** <f.; -, -en>

ver'ü·beln <V. t.; ich verüb(e)le; ↗Z55> das kann ich ihr nicht ~

ver'ü·ben <V. t.; du verübst; ↗Z55> *begehen;* ein Verbrechen ~

ver'ul·ken <V. t.; du verulkst; umg.> *veralbern;* **Ver'ul·kung** <f.; -, -en>

ver·un'fal·len <V. i. (s.); schweiz.> *verunglücken;* **Ver'un·fall·te(r)** <f. 2 (m. 1)>

ver·un·glimp·fen <V. t.; geh.> *beleidigen;* **Ver·un·glimp·fung** <f.; -, -en>

ver·un·glü·cken <V. i. (s.)> *einen Unfall erleiden;* tödlich ~; **Ver'un·glück·te(r)** <f. 2 (m. 1)>

ver·un·krau·ten <V. i. (s.)> das Beet ist verunkrautet

ver·un·mög·li·chen <V. t.; bes. schweiz.> *vereiteln*

ver·un·rei·ni·gen <V. t.> verunreinigtes Wasser; **Ver·un·rei·ni·gung** <f.; -, -en>

ver·un·si·chern <V. t.> verunsichere; *unsicher machen;* **Ver'un·si·che·rung** <f.; -, -en>

ver·un·stal·ten <V. t.> *entstellen;* durch Narben verunstaltet; **Ver'un·stal·tung** <f.; -, -en>

ver·un·treu·en <V. t.> *unterschlagen;* Geld ~; **Ver'un·treu·ung** <f.; -, -en>

ver·un·zie·ren <V. t.> *verunstalten;* **Ver·un·zie·rung** <f.; -, -en>

ver·ur·sa·chen <V. t.> *hervorrufen;* einen Unfall ~; Kosten ~; **Ver'ur·sa·cher** <m.; -s, ->; **Ver'ur·sa·che·rin** <f.; -, -n·nen>; **Ver·ur·sa·cher·prin·zip** <n.; -s; unz.; Rechtsw.>; **Ver'ur·sa·chung** <f.; -; unz.>

ver·ur·tei·len <V. t.> **1** *gerichtl. für schuldig erklären u. bestrafen;* jmdn. zu einer Gefängnisstrafe ~ **2** *ablehnen;* jmds. Verhalten ~; **Ver'ur·tei·lung** <f.; -, -en>

Ver·ve <['vɛrvə]; f.; -; unz.; geh.> *Elan, Begeisterung;* etwas mit großer ~ erzählen [frz.]

ver·viel·fa·chen <V. t.> *stark vermehren;* **Ver'viel·fa·chung** <f.; -, -en>; **ver·viel·fäl·ti·gen** <V. t.> *mehrfach herstellen;* einen Text ~; **Ver'viel·fäl·ti·gung** <f.; -, -en>; **Ver'viel·fäl·ti·gungs·ap·pa·rat** <m.; -(e)s, -e>; **Ver'viel·fäl·ti·gungs·recht** <n.; -(e)s; unz.>; **Ver'viel·fäl·ti·gungs·zahl·wort** <n.; -(e)s, ⸚er; Gramm.> *Zahlwort, das angibt, wie oft etwas vorhanden ist*

ver·voll·komm·nen <V. t.> *vollkommen machen, verbessern;* sein Wissen ~; **Ver'voll·komm·nung** <f.; -; unz.>

ver·voll·stän·di·gen <V. t.> einen Lückentext ~; **Ver'voll·stän·di·gung** <f.; -, -en>

verw. <Abk. für> *verwitwet*

ver·wach·sen¹ <[-ks-]; V. 277; du verwächst; er verwächst> **1** <V. t.> Kleidung ~ *aus K. herauswachsen* **2** <V. i. (s.)> *zuwachsen;* die Wunde ist ~ **3** die Blätter sind miteinander ~; **ver'wach·sen²** <Adj.; ↗Z28.1> *schief gewachsen;* ein ~er Rücken

ver·wach·sen³ <[-ks-]; V. t.; du verwachst; er verwachst> *falsches Wachs auftragen;* Skier ~

Ver'wach·sung <[-ks-]; f.; -, -en>

ver·wa·ckeln <V. t.; ich verwack(e)le> verwackeltes Foto

ver·wäh·len <V. refl.> *falsch wählen*

ver·wah·ren <V. t.> **1** *sicher aufheben;* Dokumente im Tresor ~ **2** <V. refl.> sich gegen etwas ~ *gegen etwas Einspruch erheben;* **Ver'wah·rer** <m.; -s, ->; **Ver'wah·re·rin** <f.; -, -n·nen>

ver·wahr·lo·sen <V. i. (s.)> *vernachlässigt und dadurch ungepflegt werden;* verwahrloste Kinder; **Ver'wahr·lo·sung** <f.; -; unz.>

Ver'wah·rung <f.; -, -en> in ~ geben, nehmen

ver·wai·sen <V. i. (s.)> *Waise werden;* die Kinder sind verwaist; ein verwaister Ort <fig.>

ver·wal·ken <V. t.; umg.> *verprügeln*

ver·wal·ten <V. t.> ein Vermögen ~ *alle damit zusammenhängenden Dinge regeln;* **Ver'wal·ter** <m.; -s, -> Vermögens-~; **Ver'wal·te·rin** <f.; -, -n·nen>; **Ver·'wal·tung** <f.; -, -en> Haus~; **Ver'wal·tungs·an·ge·stell·te(r)** <f. 2 (m. 1)>; **Ver'wal·tungs·ap·pa·rat** <m.; -(e)s, -e; meist abwertend> *alle staatl. Verwaltungsbehörden;* **Ver'wal·tungs·be·am·te(r)** <m. 1>; **Ver'wal·tungs·be·am·tin** <f.; -, -n·nen>; **Ver'wal·tungs·be·zirk** <m.; -(e)s, -e>; **Ver'wal·tungs·ge·richts·hof** <m.; -(e)s, ⸚e>; **Ver'wal·tungs·kos·ten** <Pl.>

ver·wam·sen <V. t.; du verwamst; umg.> *verprügeln*

ver·wan·del·bar <Adj.>; **ver'wan·deln** <V. t.; ich verwand(e)le> *grundlegend verändern;* der Frosch wurde in einen Prinz verwandelt; **Ver'wand·lung** <f.; -, -en>; **Ver'wand·lungs·künst·ler** <m.; -s, ->; **Ver'wand·lungs·künst·le·rin** <f.; -, -n·nen>

ver·wandt <Adj.> *von gleicher Abstammung;* mit jmdm. ~ sein; geistig ~ sein <fig.>; **Ver'wand·ten·e·he** <f.; -, -n; ↗Z55> *Ehe zwischen Verwandten;* **Ver'wand·te(r)** <f. 2 (m. 1)> zu ~n fahren; **Ver'wandt·schaft** <f.; -, -en> Seelen~; **ver'wandt·schaft·lich** <Adj.> ~e Beziehungen

ver'wanzt <Adj.; umg.> *voller Wanzen*

ver·war·nen <V. t.> *zurechtweisen;* **Ver'war·nung** <f.; -, -en>

ver·wa·schen <Adj.> **1** ein ~es Hemd **2** <fig.> *unklar;* eine ~e Formulierung

ver·wäs·sern <V. t.; ich verwässere> *stark verdünnen;* verwässerter Wein; **Ver'wäs·se·rung, Ver·'wäss·rung** <f.; -, -en>

ver·we·ben <V. t. 280> **1** <meist schwach konjugiert> *durch Weben verbrauchen;* sie hat das Garn verwebt **2** *hineinweben;* Fäden in einen Stoff ~ **3** <fig.; immer stark konjugiert> *eng verbinden;* die Ereignisse sind miteinander verwoben

ver·wech·seln <[-ks-]; V. t.; ich verwechs(e)le> *ungewollt vertauschen;* wir haben unsere Hüte verwechselt; sich zum Verwechseln ähnlich sehen; **Ver'wechs·lung** <f.; -, -en>

ver·we·gen <Adj.> *kühn;* ~ aussehen; **Ver'we·gen·heit** <f.; -; unz.>

ver·we·hen <V.> 1 <V. t.> *wegwehen;* der Wind verweht die Blätter 2 <V. i. (s.)> *weggeweht werden;* die Blätter verwehten

ver·weh·ren <V. t.; geh.> *nicht erlauben*

Ver·we·hung <f.; -, -en> Schnee~

ver·weib·li·chen <V. t. u. V. i. (s.)> *weiblich machen, werden;* Ggs *vermännlichen*

ver·weich·li·chen <V. t./V. refl.> *verzärteln*

ver·wei·gern <V. t.; ich verweigere> 1 *nicht machen;* die Aussage ~ 2 *nicht gewähren;* jmdm. Hilfe ~; **Ver·wei·ge·rung** <f.; -, -en>

Ver·weil·dau·er <f.; -; unz.>; **ver·wei·len** <V. i. (s.); geh.> *bleiben;* an einem Ort ~

ver·weint <Adj.> *vom Weinen gerötet;* ~e Augen

Ver·weis¹ <m.; -es, -e> *Verwarnung;* einen ~ bekommen; **Ver·weis²** <m.; -es, -e> *Hinweis zum Nachschlagen;* Text~; **ver·wei·sen¹** <V. t. 282> jmdn. ~ *verwarnen;* **ver·wei·sen²** <V. 282> 1 <V. i.> *hinweisen;* auf eine spätere Textstelle ~ 2 <V. t.> jmdn. des Landes ~ 3 <V. t.> jmdn. aus, von der Schule verweisen; **Ver·wei·sung** <f.; -, -en>

ver·wel·ken <V. i. (s.)> *welken;* die Blumen sind verwelkt

ver·welt·li·chen <V. t. u. V. i. (s.)> *weltlich machen, werden;* **Ver·welt·li·chung** <f.; -; unz.>

ver·wend·bar <Adj.> *brauchbar;* **Ver·wend·bar·keit** <f.; -; unz.>; **ver·wen·den** <V. t. 283> 1 *benutzen;* die Kiste kannst du als Tisch ~; viel Mühe auf etwas ~ *in etwas investieren* 2 <V. refl.> sich für jmdn. ~ *einsetzen;* **Ver·wen·dung** <f.; -, -en> zur besonderen ~ <Abk.: z. B. V.>; **ver·wen·dungs·fä·hig** <Adj.>

ver·wer·fen <V. 286> 1 <V. t.> *verlegen¹(1);* einen Gegenstand ~ 2 <V. t.> *ablehnen;* einen Vorschlag ~ 3 <V. refl.> *sich krümmen;* die Bretter ~ sich 4 <V. i.; bei Tieren> *eine Fehlgeburt haben;* **ver·werf·lich** <Adj.> *moralisch unannehmbar;* eine ~e Tat; **Ver·werf·lich·keit** <f.; -; unz.>; **ver·wer·fung** <f.; -, -en>

1 *das Verwerfen* 2 <Geol.> *Gesteinsverschiebung*

ver·wert·bar <Adj.> *benutzbar;* **Ver·wert·bar·keit** <f.; -; unz.>; **ver·wer·ten** <V. t.> Altmaterial ~; **Ver·wer·tung** <f.; -, -en>

ver·we·sen¹ <V. t.; du verwest; veralt.> *verwalten*

ver·we·sen² <V. i. (s.)> *sich zersetzen*

Ver·we·ser <m.; -s, -; veralt.> *Verwalter;* Reichs~

ver·wes·lich <Adj.> ~e Stoffe; **Ver·we·sung** <f.; -; unz.>; **Ver·we·sungs·ge·ruch** <m.; -(e)s, ~e>

ver·wet·ten <V. t.> *durch Wetten verlieren*

ver·wich·sen <[-ks-]; V. t.; du verwichst; umg.> 1 *verschwenden* 2 *verprügeln*

ver·wi·ckeln <V. t./V. refl.; ich verwick(e)le> 1 *verwirren;* Garn ~; sich in eine Schnur ~ 2 <fig.> jmdn. in etwas ~ *hineinziehen;* **Ver·wi·cke·lung, Ver·wick·lung** <f.; -, -en>

ver·wie·gen <V. refl. 287> *falsch abwiegen*

ver·wil·dern <V. i. (s.); ich verwildere> 1 *überwuchert werden;* ein verwilderter Park 2 *verwahrlosen;* verwildert aussehen; **Ver·wil·de·rung** <f.; -; unz.>

ver·win·den <V. t. 288> *überwinden;* eine Niederlage ~

ver·win·kelt <Adj.> = *winkelig*

ver·wir·ken <V. t./V. refl.; geh.> *durch eigene Schuld einbüßen;* sich ein Recht ~

ver·wirk·li·chen <V. t.> 1 *Wirklichkeit werden lassen;* einen Plan ~ 2 <V. refl.> mein Wunsch hat sich verwirklicht; **Ver·wirk·li·chung** <f.; -; unz.>

Ver·wir·kung <f.; -; unz.>

ver·wir·ren <V. t./V. refl.> 1 *unordentlich machen;* die Fäden haben sich verwirrt 2 *irritieren;* seine Fragen ~ mich; verwirrt aussehen; → a. *verworren;* **Ver·wirrt·heit** <f.; -; unz.>; **Ver·wir·rung** <f.; -, -en>

ver·wi·schen <V. t./V. refl.; du verwischst> Tinte ~; verwischte Umrisse

ver·wis·sen·schaft·li·chen <V. t.> *wissenschaftl. gestalten;* **Ver·wis·sen·schaft·li·chung** <f.; -, -en>

ver·wit·tern <V. i. (s.)> *durch Witterungseinfluss angegriffen werden;* verwittertes Gestein; **Ver·wit·te·rung** <f.; -, -en>; **Ver·wit·te·rungs·bo·den** <m.; -s, ~>

ver·wit·wet <Adj.; Abk.: verw.> *Witwe(r) geworden;* ~ sein

ver·woh·nen <V. t.> *durch Bewohnen abnutzen;* das Haus ist verwohnt

ver·wöh·nen <V. t.> 1 *verziehen(2);* verwöhntes Kind 2 *zuvorkommend behandeln;* sich ~ lassen; **Ver·wöhnt·heit** <f.; -; unz.>; **Ver·wöh·nung** <f.; -; unz.>

ver·wor·fen <Adj.; geh.> *verkommen, schlecht;* ein ~es Subjekt; **Ver·wor·fen·heit** <f.; -; unz.>

ver·wor·ren <Adj.> *verwickelt, wirr;* ein ~er Bericht; **Ver·wor·ren·heit** <f.; -; unz.>

ver·wund·bar <Adj.>; **Ver·wund·bar·keit** <f.; -; unz.>; **ver·wun·den** <V. t./V. refl.> 1 *eine Wunde beibringen;* schwer verwundet 2 <fig.> *kränken*

ver·wun·der·lich <Adj.> *erstaunlich;* **ver·wun·dern** <V. t./V. refl.; ich verwundere mich> *erstaunen;* sein Benehmen verwunderte uns; **Ver·wun·de·rung** <f.; -; unz.> zu meiner größten ~

Ver·wun·de·te(r) <f. 2 (m. 1); ↗Z.29> die schwer ~n/<auch> Schwerverwundeten; **Ver·wun·dung** <f.; -, -en>

ver·wun·schen <Adj.> ein ~es Schloss; **ver·wün·schen** <V. t.> 1 *verfluchen;* verwünscht! 2 <im Märchen> *verzaubern;* **Ver·wün·schung** <f.; -, -en> ~en ausstoßen

ver·wursch·teln, ver·wurs·teln <V. t.; ich verwurs(ch)t(e)le; umg.> *verwirren*

ver·wurs·ten <V. t.> *zu Wurst verarbeiten*

ver·wur·zeln <V. i. (s.)> *tief im Boden verwurzelt*

ver·wür·zen <V. t.; du verwürzt> *verwürzte Speisen*

ver·wüs·ten <V. t.; fig.> *verheeren;* ein Dorf im Krieg ~; **Ver·wüs·tung** <f.; -, -en>

ver·za·gen <V. i.> *den Mut verlieren;* verzagt sein; **Ver·zagt·heit** <f.; -; unz.>

ver·zäh·len <V.> 1 <V. refl.> *falsch*

zählen; ich habe mich verzählt 2 <V. i.; hess.> *erzählen*

ver'zah·nen <V. t.> *ineinander greifen lassen;* **Ver'zah·nung** <f.; -; unz.>

ver'zap·fen <V. t.> 1 *durch Zapfen verbinden;* Holzstücke ~ 2 <fig.; umg.> *erzählen;* Unsinn ~

ver'zär·teln <V. t.; ich verzärt(e)le> *verweichlichen;* **Ver'zär·te·lung** <f.; -; unz.>

ver'zau·bern <V. t.; ich verzaubere> 1 <im Märchen> *zaubernd verwandeln;* ein verzauberter Prinz 2 <fig.> *von einem Anblick verzaubert sein;* **Ver'zau·be·rung** <f.; -, -en>

ver'zäu·nen <V. t.> *einzäunen*

Ver'zehr <m.; -s; unz.> nicht zum ~ geeignet; **ver'zeh·ren** <V. t.> 1 *essen bzw. trinken;* ein Essen ~ 2 *verbrauchen;* der Marsch hat alle ihre Kräfte verzehrt 3 <V. refl.; geh.> sich nach etwas od. jmdm. ~ *stark sehnen*

ver'zeich·nen <V. t.> 1 *falsch zeichnen* 2 *vermerken;* die Quellen sind im Anhang verzeichnet; Erfolge ~; **Ver'zeich·nis** <n.; -s·ses, -s·se> Inhalts~; **Ver'zeich·nung** <f.; -, -en>

ver'zei·gen <V. t.; schweiz.> *anzeigen*

ver'zei·hen <V. t. 292/V. refl.; geh.> *vergeben;* er hat dir verziehen; **ver'zeih·lich** <Adj.> *entschuldbar;* ein ~es Vergehen; **Ver'zei·hung** <f.; -; unz.> jmdn. um ~ bitten; ~! *Entschuldigung!*

ver'zer·ren <V. t.> 1 <V. refl.> sich eine Sehne ~ 2 *aus der Form bringen;* das Gesicht ~; eine verzerrte Darstellung; **Ver'zer·rung** <f.; -, -en>; **Ver'zer·rungs·el·lip·se** <f.; -, -n; Kartogr.>; **ver'zer·rungs·frei** <Adj.>

ver'zet·teln <V. t.; ich verzett(e)le> 1 *auf Zettel notieren* 2 <V. refl.> sich ~ <umg.> *zu vieles anfangen, ohne es zu beenden*

Ver'zicht <m.; -(e)s, -e> ~ üben *verzichten;* **ver'zich·ten** <V. i.> auf etwas ~ *etwas nicht beanspruchen;* auf eine Forderung ~

ver'zie·hen <V. 293> 1 <V. t.> *aus der Form bringen;* den Mund ~ 2 <V. t.> *zu nachsichtig erziehen;* verzogenes Kind 3 <V. i. (s.)> *wegziehen;* er ist nach München verzogen 4 <V. refl.>

verschwinden; die Wolken ~ sich

ver'zie·ren <V. t.> *schmücken;* eine Bluse mit Spitzen ~; **Ver'zie·rung** <f.; -, -en>

ver'zim·mern <V. t.; ich verzimmere; Bgb.> *mit Brettern stützen;* **Ver'zim·me·rung** <f.; -, -en; Bgb.>

ver'zin·ken <V. t.> verzinktes Blech

ver'zin·nen <V. t.> *mit Zinn überziehen*

ver'zins·bar <Adj.>; **ver'zin·sen** <V. t.; du verzinst> 1 *Zinsen zahlen;* jmdm. ein Kapital mit 2 % ~ 2 <V. refl.> *Zinsen bringen;* das Kapital verzinst sich mit 2 %; **ver'zins·lich** <Adj.> ~es Darlehen; **Ver'zin·sung** <f.; -, -en>

ver'zö·gern <V. t./V. refl.; ich verzögere> *verschieben, verlangsamen;* der Abflug hat sich verzögert; **Ver'zö·ge·rung** <f.; -, -en>

ver'zol·len <V. t.> *Zoll bezahlen;* Waren ~

ver'zü·cken <V. t.> *hinreißen;* sie blickte verzückt auf das Bild

ver'zu·ckern <V. t.; ich verzuckere> 1 *in Zucker umwandeln;* Stärke ~ 2 *übermäßig zuckern*

Ver'zü·ckung <f.; -; unz.>

Ver'zug <m.; -(e)s; unz.> 1 *Rückstand;* mit der Arbeit in ~ geraten 2 *Gefahr ist im* ~ *G. droht, liegt im Zögern* 3 <Bgb.> *Verkleidung;* **Ver'zugs·zin·sen** <Pl.>

ver'zwackt <Adj.; -er, am -es·ten; umg.> = *verzwickt*

ver'zwat·zeln <V. i. (s.); ich verzwatz(e)le; oberdt.> *vor Ungeduld vergehen*

ver'zwei·feln <V. i.; ich verzweif(e)le> *jede Hoffnung verlieren;* an den Menschen ~; verzweifelt sein; **Ver'zweif·lung** <f.; -; unz.>; **Ver'zweif·lungs·tat** <f.; -, -en>

ver'zwei·gen <V. t./V. refl.> *sich gabeln;* die Straße verzweigt sich; eine verzweigte Familie; **Ver'zwei·gung** <f.; -, -en>

ver'zwickt <Adj.; -er, am -es·ten; umg.> *schwierig*

Ve·si·ca <[ve'zi:-]; f.; -, -cae [-tsɛ:-]; Anat.> *Blase* [lat.]; **ve·si·'kal** <Adj.; Anat.>; **ve·si·ku·'lär** <Adj.; Anat.>; **ve·si·ku·'lös** <Adj.; Med.>

Ves·pa <['vɛs-]; f.; -, -s; Warenz.> *Motorroller* [ital.]

Ves·per <['fɛs-]; f.; -, -n> 1 <Kath.; urspr.> *eine Gebetsstunde* 2 <Kath.; dann> *Abendandacht* 3 <oberdt.> *Zwischenmahlzeit* [lat.]; **'Ves·per·bild** <n.; -(e)s, -er; Mal.> *Pietà;* **'Ves·pern** <V. i.; ich vespere>

Ves·ta·lin <[vɛs-]; f.; -, -·n·nen> *Priesterin der altröm. Göttin Vesta* [lat.]

Ves·ti·'bül <[vɛs-]; n.; -s, -e> *Vorhalle;* Theater~; **Ves'ti·bu·lum** <n.; -s, -la> *Vorhalle des altröm. Hauses* [lat.]

Ves·ti·'tur <[vɛs-]; f.; -, -en> = *Investitur*

Ves·ton <[vɛs'tɔ̃]; m.; -s, -s; schweiz.> *Sakko* [frz.]

Ve·su·vi·an <[vezuvi-]; m.; -s, -e> *ein Mineral* [nach dem ital. Vulkan *Vesuv*]

Ve·te·ran <[ve-]; m.; -en, -en> *altgedienter Soldat* [lat.]

ve·te·ri·'när <[ve-]; Adj.> *tierärztlich* [frz.]; **Ve·te·ri·'när** <m.; -s, -e>; **Ve·te·ri·'nä·rin** <f.; -, -·n·nen>; **Ve·te·ri·'när·me·di·zin** <f.; -; unz.> = *Tiermedizin;* **Ve·te·ri·'när·me·di·zi·ner** <m.; -, ->; **Ve·te·ri·'när·me·di·zi·ne·rin** <f.; -, -·n·nen>

Ve·to <['ve:-]; n.; -s, -s> 1 *Einspruch;* sein ~ einlegen 2 *Einspruchsrecht* [lat.]; **'Ve·to·recht** <n.; -(e)s; unz.>

Vet·tel <['fɛt-]; f.; -, -n; umg.; abwertend> *ungepflegte alte Frau*

'Vet·ter <m.; -s, -n> *Sohn des Onkels od. der Tante;* Sy *Cousin;* **'Vet·te·rin** <f.; -, -·n·nen; selten>; **'Vet·tern·wirt·schaft** <f.; -; unz.; abwertend> *Begünstigung von Verwandten bei der Vergabe von Ämtern o. Ä.*

Ve·xier·bild <[ve-]; n.; -(e)s, -er> *Bilderrätsel, Suchbild;* **ve·xie·ren** <V. t.; veralt.> 1 *necken 2 quälen* [lat.]; **Ve·xier·glas** <n.; -es, =er>; **Ve·xier·rät·sel** <n.; -s, -> *Bilderrätsel;* **Ve·xier·schloss** <n.; -es, =er> *Zahlenschloss;* **Ve·xier·spie·gel** <m.; -s, -> *Zerrspiegel*

Ve·zier <[vɛ'zi:r]; m.; -s, -e> = *Wesir*

'v-för·mig, <auch> **'V-för·mig** <Adj.; ⤢Z34> *wie ein V geformt*

VGA <Abk. für engl.> *Video Graphics Array*

'V-Ge·spräch <n.; -(e)s, -e; ↗Z34> *Telefonat, das nur bei Antreffen der gewünschten Person vermittelt wird*

vgl. <Abk. für> *vergleiche*

v., g., u. <unter Gerichtsprotokollen; Abk. für> *vorgelesen, genehmigt, unterschrieben*

vH, v. H. <Abk. für> *vom Hundert*

VHF <Abk. für engl.> *Very High Frequency, Wellenbereich von 30 bis 300 MHz*

VHS <Abk. für> 1 *Volkshochschule* 2 *Video Home System*

via <['viːa]; Präp. m. Akk.> *über;* nach Leeds ~ London fliegen [lat.]; **'Via** <f.; -; unz.> 1 *Straße;* ~ Appia 2 <Philos.> *Vorgehen*

Vi·a'dukt <[vi-]; m.; -(e)s, -e> *Überführung* [lat.]

Vi·a'ti·kum <[vi-]; n.; -s, -ka od. -ken; Kath.> *letzte Kommunion* [lat.]

Vi·bra'fon, <auch **Vib·ra'fon** <[vi-]; n.; -s, -e; ↗Z53, 11.3> = *Vibraphon;* **Vi·bra·fo'nist** <m.; -en, -en>; **Vi·bra·fo'nis·tin** <f.; -, -n·nen>; **Vi'brant** <m.; -en, -en; Sprachw.> *Laut, bei dem der Zungenspitze u. Gaumen vibrieren;* → a. Kasten Konsonant [lat.]; **Vi·bra'phon** <n.; -s, -e; Instrumentenk.> *ein Musikinstrument mit metallenen Stäben;* **Vi·bra·pho'nist** <m.; -en, -en> *Vibraphonspieler;* **Vi·bra·pho'nis·tin** <f.; -, -n·nen>; **Vi·bra·ti'on** <f.; -, -en> *das Vibrieren* [frz.-lat.]; **Vi·bra·tions** <[vai'breiʃəns]; Pl.; Drogenszene> *Empfindung während des Drogenrausches* [engl.]; **vi'bra·to** <Mus.> *bebend* [ital.]; **Vi'bra·to** <n.; -s, -s; Mus.>; **Vi'bra·tor** <m.; -s, -'to·ren> 1 *Schwingungserzeuger* 2 *Massagestab;* **vi'brie·ren** <V. i.> *schwingen, zittern* [lat.]; **'Vi·brio** <m.; -, -'o·nen; Med.> *Stäbchenbakterien;* **Vi·bro·'graf, Vi·bro'graph** <m.; -en, -en; ↗Z11.3> *Schwingungsmesser*

Vi'bur·num <[vi-]; n.; -s; unz.; Bot.> *Schneeball* [lat.]

vi·ce ver·sa <['vitsə 'vɛrsa]; Abk.: v. v.> *umgekehrt* [lat.]

Vi·chy <[vi'ʃi:]; m.; -; unz.> *ka-*

rierter Baumwollstoff [nach der gleichnamigen frz. Stadt]

Vi·comte <[vi'kɔ̃t]; m.; -s, -s> *frz. Adelstitel* [frz.]; **Vi·com'tes·se** <f.; -, -n>

Vic'to·ria <[vik-]> *Hauptstadt der Seychellen*

vid. <Abk. für> *videatur,* **vi·de!** <['viː-]; veralt.; Abk.: v.> *siehe* [lat.]; **vi·de'a·tur** <[viː-]; veralt.; Abk.: vid.> *man sehe nach* [lat.]

Vi·deo <['viː-]; n.; -s, -s; kurz für> 1 <unz.> *Videotechnik* 2 *Videoband, -clip, -film;* **'vi·deo...,** '**Vi·deo...** <in Zus.> *fernseh..., Fernseh..., bild..., Bild...* [lat.]; **'Vi·de·o·band** <n.; -(e)s, ⸚er; ↗Z55; Kurzw.: Video> *Magnetband für Videoaufzeichnungen;* **'Vi·de·o·clip** <m.; -s, -s; Kurzw.: Video> *kurzer Film mit Musik;* **'Vi·de·o·de·co·der** <m.; -s, -; TV> *Empfangsgerät für Videotext;* **'Vi·de·o·film** <m.; -(e)s, -e; Kurzw.: Video>; **'Vi·de·o·ge·rät** <n.; -(e)s, -e> = *Videorecorder;* **'Vi·de·o·gra·'fie·ren, vi·de·o·gra'phie·ren** <V. i.; ↗Z11.3> *mit einer Videokamera filmen;* **'Vi·deo Jo·ckey** <[-'dʒɔki]; m.; --s, --s; Abk.: VJ> *jmd., der Videoclips od. Musikbeiträge ansagt;* **'Vi·de·o·ka·me·ra** <f.; -, -s>; **'Vi·de·o·kas·set·te** <f.; -, -n>; **'Vi·de·o·kon·fe·renz** <f.; -, -en> *Konferenz mittels Computer u. Bildübertragung;* **'Vi·de·o·kunst** <f.; -; unz.>; **'Vi·de·o·plat·te** <f.; -, -n>; **'Vi·de·o·pro·gramm·sys·tem** <n.; -s, -e; TV; Abk.: VPS> *System zur automat. Aufzeichnung von Sendungen;* **'Vi·de·o·re·cor·der, 'Vi·de·o·re·kor·der** <m.; -s, -> *Speichergerät für Fernsehbildfolgen;* **'Vi·de·o·sig·nal,** <auch> **'Vi·de·o·sig·nal** <n.; -s, -e; ↗Z53>; **'Vi·de·o·spiel** <n.; -s, -e>; **'Vi·de·o·tech·nik** <f.; -; unz.; Kurzw.: Video; Sammelbez. für> *alle Verfahren zur Bild- u. Tonaufzeichnung u. deren Wiedergabe;* **'Vi·de·o·te·le·fon** <n.; -(e)s, -e> *Telefon mit Bildübertragung;* **'Vi·de·o·text** <m.; -(e)s; unz.; TV>; **Vi·de·o'thek** <f.; -, -en> 1 *Filmsammlung* 2 *Verleihgeschäft für Filme;* **'vi·de·o·ü·ber·wa·chen** <V. t.; ↗Z55; nur im Inf. u. Part. Perf.> *videoüberwachte Bank*

vi'die·ren, vi·di'mie·ren <[vi-]; V. t.; österr.> *beglaubigen*

Viech <n.; -(e)s, -er; umg.> *Tier,* Sy Vieh; **'vie·cheln** <V. i.; ich viech(e)le; umg.; abwertend> *sich einschmeicheln;* **Vie·che·'rei** <f.; -, -en; oberdt.> *große Anstrengung;* **Vieh** <n.; -(e)s, (umg.) 'Vie·cher> 1 <unz.> *Nutztiere;* ~ züchten 2 <umg.> zum ~ werden; **'Vieh·be·stand** <m.; -(e)s, ⸚e; schweiz.>; **'Vieh·fut·ter** <n.; -s; unz.>; **'vie·hisch** <Adj.; fig.> *grausam;* **'Vieh·salz** <n.; -es; unz.>; **'Vieh·zeug** <n.; -(e)s; unz.> 1 *Haustiere* 2 *Ungeziefer;* **'Vieh·zucht** <f.; -; unz.>; **'Vieh·züch·ter** <m.; -s, ->; **'Vieh·züch·te·rin** <f.; -, -n·nen>

viel[1] <Indefinitpron.; Komparativ: mehr; Superlativ: meist; ↗Z44.1> *eine große Menge, zahlreich;* ziemlich ~; ~ wissen; ~es weiß er nicht; ~ Gutes; in ~em; mit ~em; zu ~e Leute; ~e viele Leute; es kamen ~e; die ~en; ~e meinen; die Entrüstung der ~en <auch> Vielen *der Allgemeinheit;* ~e von ihnen; allzu ~; **viel**[2] <Adv.; ↗Z24> <Getrenntschreibung in Verbindung mit Partizipien> *häufig, oft;* ~ befahren *verkehrsreich;* ~ beschäftigt; ~ besprochen; ~ diskutiert; ~ gefragt; ~ gekauft; ~ gelesen; ~ gepriesen; ~ gereist; ~ geschmäht; ~ sagend/<auch> vielsagend *bedeutungsvoll;* ~ umworben; ~ versprechend/<auch> vielversprechend *vieles versprechend;* ein ~ versprechendes/vielversprechendes Unternehmen *ein aussichtsreiches U.;* ~ zitiert; Ggs wenig(1); → a. vielsagend, vielversprechend; **viel**[3] <Partikel; vor Komparativ u. vor "zu", das ein Übermaß bezeichnet> *in großem Maße;* ~ schöner; ~ mehr; ~ zu teuer; ~ zu ~; **'viel·bän·dig** <Adj.> ein ~er Ausdruck; **'Viel·borster** <m.; -s, -; Zool.> = *Polychät;* **'viel·deu·tig** <Adj.> ein ~er Ausdruck; **'Viel·deu·tig·keit** <f.; -; unz.>; **'Viel·eck** <n.; -(e)s, -e; Geom.> = *Polygon,* **'viel·e·ckig** <Adj.; ↗Z55>; **'Viel·e·he** <f.; -; unz.; ↗Z55> *Ehe mit mehreren Männern bzw. Frauen;* **'vie·len-**

orts <Adv.> = *vielerorts;* **'vie·ler·lei** <Adj.; undekl.> 1 *mannigfaltig;* auf ~ Arten 2 *viel Verschiedenes;* ich habe noch ~ zu erledigen; **'vie·ler·orts** <Adv.> *an vielen Orten;* **viel·fach** <Adj.> 1 *viele Male;* ~er Sieger; kleinstes gemeinsames Vielfaches <Math.; Abk.: k. g. V., kgV> *kleinster natürlicher Teiler anderer natürlicher Zahlen;* um ein Vielfaches teurer 2 <umg.> *oft;* ich habe ~ gehört, dass ...; **'Viel·fach·ge·rät** <n.; -(e)s, -e>; **'Viel·fach·mess·ge·rät** <n.; -(e)s, -e; Tech.> *Messgerät für Stromstärke, Spannung, Widerstand u. Kapazität;* **'Viel·falt** <f.; -; unz.> *Mannigfaltigkeit;* Arten~; **'viel·fäl·tig** <Adj.> ~e Fauna; **'Viel·fäl·tig·keit** <f.; -; unz.>; **'viel·far·big** <Adj.> *bunt;* ein ~es Hemd; **'Viel·flach** <n.; -(e)s, -e; Geom.> = *Polyeder;* **'Viel·fraß** <m.; -es, -e> 1 <Zool.> *eine Marderart* 2 <umg.; fig.> *jmd., der viel isst;* **'viel·ge·stal·tig** <Adj.> *abwechslungsreich;* **'Viel·ge·stal·tig·keit** <f.; -; unz.>; **'viel·glied·rig** <Adj.>; **'Viel·glied·rig·keit** <f.; -; unz.> = *Polytheismus;* **'Viel·heit** <f.; -; unz.> *das Vielsein;* **viel·hun·dert·mal** <a. [-'---]; Num.> *viele hundert Male;* **'viel·köp·fig** <Adj.> *eine ~e Familie*

viel'leicht <Partikel> 1 *eventuell;* er kommt ~ 2 <umg.; bei Zahlenangaben> *etwa;* ich habe ~ 15 Euro 3 <umg.; verstärkend> *sehr;* ich bin ~ müde!

Viel'lieb·chen <n.; -s, -> *doppelter Mandelkern, den nach einem Valentinsbrauch zwei Personen essen und dabei wetten, wer wen am nächsten Tag zuerst daran erinnert* [Umdeutung aus *Valentine*]

'viel·ma·lig <Adj.> *viele Male vorkommend;* **'viel·mals** <Adv.> *viele Male;* ich bitte ~ um Entschuldigung; **Viel·män·ne·rei** <f.; -; unz.> *bei Naturvölkern;* **'viel·mehr** <a. [-'-]; Konj.> *eher, besser (gesagt);* das glaube ich nicht, ~ denke ich, dass ...; **'viel·sa·gend, <auch> 'viel sa·gend** <Adj.; ⟋Z28> *bei Steigerung nur Zusammenschreibung> bedeu-*

tungsvoll; jmdn. ~, <auch> viel sagend ansehen; ein ~er, <auch> viel sagender trauriger Blick; <aber nur> sein Blick war noch ~er als ihrer; er war äußerst ~; → a. *viel(1);* **'viel·schich·tig** <Adj.> ein ~er Text <fig.>; **'Viel·schich·tig·keit** <f.; -; unz.>; **'Viel·schrei·ber** <m.; -s, -; umg.; abwertend> *Autor, dem Quantität über Qualität geht;* **'Viel·schrei·be·rin** <f.; -, -n·nen; umg.; abwertend>; **'viel·sei·tig** <Adj.> 1 *vieles beherrschend;* ~ begabt; sie ist sehr ~ 2 *umfassend;* ~e Bildung; **'Viel·sei·tig·keit** <f.; -; unz.>; **'Viel·sei·tig·keits·prü·fung** <f.; -, -en; Reitsp.>; **'viel·sil·big** <Adj.> ein ~es Wort; **Viel·staa·te·rei** <f.; -; unz.> *Zersplitterung in viele Staaten;* **'viel·stim·mig** <Adj.> ~er Gesang; **viel·tau·send'mal** <a. [-'---]; Num.> *viele tausend Male;* **'viel·tei·lig** <Adj.>; **'viel·ver·spre·chend, <auch> 'viel ver·spre·chend** <Adj.; ⟋Z28> *bei Steigerung nur Zusammenschreibung> vieles versprechend, aussichtsreich;* ein ~es, <auch> viel versprechendes Angebot; <aber nur> ein überaus ~es Angebot; ein noch ~eres Angebot; → a. *viel(1);* **Viel'völ·ker·staat** <m.; -(e)s, -en> *Staat mit unterschiedl. Volksgruppen ohne einheitl. Nationalgefühl;* **Viel·wei·be'rei** <f.; -; unz.; bei Naturvölkern>; **'Viel·zahl** <f.; -; unz.> *große Anzahl;* eine ~ von Möglichkeiten; **'Viel·zel·ler** <m.; -s, -; Biol.> *vielzelliges Lebewesen;* Ggs *Einzeller;* **'viel·zel·lig** <Adj.>

Vi·en·tiane <[vien'tja(:)n]> *Hauptstadt von Laos*

vier <Num.; in Ziffern: 4> 1 <⟋Z44> wir sind ~; die letzten ~; → a. *viert* 2 <⟋Z34, 34.1> <Zifferschreibung in Zus.: 4fach; 4-jährig, 4-malig, 4-5-mal> 3 <fig.> alle ~e von sich strecken *sich bequem hinlegen;* auf allen ~en *auf Händen u. Füßen;* unter ~ Augen *vertraulich;* in seinen ~ Wänden bleiben *zu Hause;* seine ~ Buchstaben <umg.; verhüllend für> *Gesäß;* **Vier** <f.; -, -en> 1 *eine Zahl;* ei-

ne ~ addieren 2 *eine Schulnote;* eine ~ schreiben; **Vier'ach·tel·takt** <m.; -(e)s, -e; ⟋Z34; Mus.; in Ziffern: 4/8-Takt>; **'Vier·bei·ner** <m.; -s, -; umg.>; **'vier·bei·nig** <Adj.>; **'vier·blät·te·rig, 'vier·blätt·rig** <Adj.> ein ~es Kleeblatt; **'vier·di·men·si·o·nal** <Adj.>; **'Vier·eck** <n.; -(e)s, -e; Geom.>; **'vier·e·ckig** <Adj.; ⟋Z55>; **'Vie·rer** <m.; -s, -> 1 <Lotto> *Treffer mit vier richtigen Zahlen* 2 <oberdt.> *Vier(2);* **'Vie·rer·bob** <m.; -s, -s; Sp.>; **'Vie·rer·rei·he** <f.; -, -n> in ~n; **'Vie·rer·zug** <m.; -(e)s, ⸚e> = *Vierspänner;* **'vier·fach** <Adj.; in Ziffern: 4fach> ~er Meister; um das Vierfache; → a. *achtfach;* **Vier'far·ben·druck** <m.; -(e)s, -e>; **'Vier·flach** <n.; -(e)s, -e; Geom.> = *Tetraeder;* **'Vier·fürst** <m.; -en, -en> = *Tetrarch;* **'Vier·fü·ßer** <m.; -s, -; Zool.; veralt.> *Säugetier;* **'Vier·ge·spann** <n.; -(e)s, -e> = *Vierspänner;* **'vier·hän·dig** <Adj.; nur in der Wendung> ~ Klavier spielen *zu zweit;* **'vier·hun·dert** <Num. 11; in Ziffern: 400>; **Vier'jah·res·plan** <m.; -(e)s, ⸚e; Wirtsch.>; **'vier·kant** <Adv.; Mar.> *waagerecht;* **'Vier·kant** <m.; -(e)s, -e> *ein Werkzeug;* **'Vier·ling** <m.; -s, -e> 1 <Jagdw.> *ein Jagdgewehr* 2 *eines von vier unmittelbar nacheinander geborenen Geschwistern;* **'Vier·mas·ter** <m.; -s, -; Mar.> *ein Segelschiff;* **'Vier·pass** <m.; -es, ⸚e; Arch.>; **'Vier·plät·zer** <m.; -s, -; schweiz.> *Viersitzer;* **'vier·plät·zig** <Adj.; schweiz.>; **'Vier·rad·an·trieb** <m.; -(e)s, -e; Kfz> = *Allradantrieb;* **'Vier·rad·brem·se** <f.; -, -n; Kfz>; **'vier·rä·de·rig, 'vier·räd·rig** <Adj.>; **'vier·sai·tig** <Adj.; Mus.> *vier Saiten besitzend;* ein ~es Instrument; **'vier·schrö·tig** <Adj.> *kräftig, stämmig;* **'Vier·sit·zer** <m.; -s, ->; **'vier·sit·zig** <Adj.; Mus.> *viersitziger Wagen;* **'Vier·spän·ner** <m.; -s, -> *Wagen mit vier Pferden;* **'vier·spän·nig** <Adj.> ~er Wagen; **'vier·stel·lig** <Adj.> eine ~e Ziffer; **Vier'ster·ne·ho·tel** <n.; -s, -s>; **'vier·stim·mig** <Adj.> ein ~es Lied; **'vier·stö·ckig** <Adj.> ein ~es Haus; **'viert**

<Num.; Ordinalzahl zu "vier"; in der Wendung> zu ~/<auch> zu vieren; **'viert...** <in Zus.> z. B. der viertgrößte, viertletzte Schüler; **'Vier·tak·ter** <m.; -s, -; Kfz; umg.; kurz für> *Kfz mit Viertaktmotor*, **'Vier·takt·mo·tor** <m.; -s, -en; Kfz> *ein Verbrennungsmotor*; **'vier·tau·send** <Num. 11; in Ziffern: 4000>; **'vier·te(r, -s)** <Num.; in Ziffern: 4.; Ordinalzahl von> *vier;* das ~ Mal; der ~ Mai; **'Vier·te(r)** <f. 2 (m. 1); ↗Z44> jeder ~; einen ~n einbeziehen; die Vierte in der Reihe; **'vier·tei·len** <V. t.> *in vier Teile teilen;* er wurde geviertteilt; **'vier·tei·lig** <Adj.> ein ~es Set

'vier·tel <Num.; Bruchzahl zu> *vier;* ein ~ Kuchen; drei ~ Stunden <od.> drei *Viertelstunden;* das Glas ist drei ~ leer; es ist ~ fünf *4.15 bzw. 16.15 Uhr;* um drei ~ fünf *4.45 bzw. 16.45 Uhr;* <aber> → *Viertel;* **'Vier·tel** <n. od. (schweiz.) m.; -s, -> **1** *der vierte Teil;* drei ~ der Einwohner; ein ~ Wein *Viertelliter;* die Uhr hat drei ~ geschlagen *drei Viertelstunden;* es ist (ein) ~ nach fünf *5.15 bzw. 17.15;* es ist (ein) ~ vor fünf *4.45 bzw. 16.45 Uhr;* <aber> → *viertel* **2** <Mus.> *Viertelnote;* im Dreivierteltakt <in Ziffern: 3/4-Takt> **3** *Stadtteil;* **'Vier·tel·bo·gen** <m.; -s, - od. (südd.t.; österr.; schweiz.) =; Buchw.> **'Vier·tel·dre·hung** <f.; -, -en>; **'Vier·tel·fi·na·le** <n.; -s, - od. -s; Sp.>; **'Vier·tel·jahr** <n.; -(e)s, -e> *drei Monate;* **Vier·tel·jahr·hun·dert** <n.; -s, -e> *25 Jahre;* **vier·tel·jäh·rig** <Adj.> *ein Vierteljahr dauernd;* **vier·tel·jähr·lich** <Adj.> *alle Vierteljahre;* ~e Kündigung; **Vier·tel·'jahrs·schrift** <f.; -, -en>; **'Vier·tel·kreis** <m.; -es, -e>; **'Vier·tel·li·ter** <m.; -s, ->; **'vier·teln** <V. t.; ich viert(e)le> *in vier Teile teilen;* **'Vier·tel·no·te** <f.; -, -n; Mus.>; **'Vier·tel·pau·se** <f.; -, -n; Mus.>; **'Vier·tel·pfund** <n.; -(e)s; unz.> *125 g;* **Vier·tel·'stun·de** <f.; -, -n> *15 Minuten;* **'vier·tel·stün·dig** <Adj.> *eine Viertelstunde dauernd;* ein ~es Referat; **'vier·tel·stünd·lich** <Adj.> *alle Viertelstunden;* Arznei ~ einnehmen; **'Vier·tel·ton** <m.; -s, =e; Mus.> *24. Teil der chromat. Oktave;* **'Vier·tel·zent·ner** <m.; -s, -> *12,5 kg*

'vier·tens <Adv.> *an vierter Stelle;* **viert'letz·te(r, -s)** <Adj.; ↗Z44> der ~ Platz; die Viertletzte in der Reihe; **'vier·tü·rig** <Adj.; Kfz> ein ~es Auto; **Vier·und·ein·halb** <a. [---'-]; Num. 11; Bruchzahl; in Ziffern: 4½>; **Vier·und·sech·zigs·tel** <n.; -s, -; Mus.> ~note; **Vier·und·sech·zigs·tel·pau·se** <f.; -, -n; Mus.>; **Vier·und·zwan·zig·flach** <n.; -(e)s, -e; Geom.> *von 24 Flächen begrenzter Körper;* **'Vie·rung** <f.; -, -en; Arch.> *viereckiger Raumteil der mittelalterl. Basilika;* **Vie·rungs·kup·pel** <f.; -, -n; Arch.>; **Vie·rungs·pfei·ler** <m.; -s, -; Arch.>; **Vier·'vier·tel·takt** <m.; -(e)s, -e; ↗Z34; Mus.; in Ziffern: 4/4-Takt>; **'vier·wer·tig** <Adj.>; **'vier·zehn** <Num. 11; in Ziffern: 14>; **'vier·zehn·hun·dert** <a. [--'--]; Num. 11; in Ziffern: 1400>; **'vier·zei·lig** <Adj.> eine ~e Strophe

'vier·zig <Num.; in Ziffern: 40> er ist Mitte ~; sie ist über ~; → a. achtzig; **'Vier·zig** <f.; -, -en> *eine Zahl;* **'vier·zi·ger** <Adj.; ↗Z34.1> die ~ Jahre/<auch> Vierzigerjahre <in Ziffern: 40er-Jahre, 40er Jahre>; ein ~ Jahrgang; **'Vier·zi·ger** <m.; -s, -> **1** *vierzigjähriger Mann* **2** <Pl.> die ~ *vierziger Jahre;* in den ~n; **'Vier·zi·ge·rin** <f.; -, -nnen>; **'Vier·zi·ger·jah·re** <Pl.>; **'Vier·zig'stun·den·wo·che** <f.; -, -n; ↗Z33, 34; in Ziffern: 40-Stunden-Woche> *Woche mit 40 Arbeitsstunden*

Vier·zim·mer·woh·nung <f.; -, -en; ↗Z33, 34; in Ziffern: 4-Zimmer-Wohnung>; **'Vier·zy·lin·der** <m.; -s, -; Kfz; umg.; kurz für> **1** *Vierzylindermotor* **2** *Kfz mit Vierzylindermotor;* **'Vier·zy·lin·der·mo·tor** <m.; -s, -'to·ren; Kfz> *ein Verbrennungsmotor;* **'vier·zy·lin·drig,** <auch> **'vier·zy·lind·rig** <Adj.; ↗Z53; Kfz>

Vi·et·cong [vĭɛt'kɔŋ; m.; -s, - od. -s> **1** <unz.> *kommunist. Bewegung im früheren Südviet-*

nam **2** *Guerillakämpfer des Vietcongs(1)* [vietnames.]; **Vi·et·nam** *Staat in Südostasien;* So- *zialistische Republik ~*; **Vi·et·na·me·se** <m.; -n, -n>; **Vi·et·na·me·sin** <f.; -, -nnen>; **vi·et·na·me·sisch** <Adj.>; **Vi·et·nam·krieg** <m.; -(e)s; unz.> *Krieg in Indochina zw. 1946 u. 1975*

vif <[vi:f]; Adj.> *lebhaft* [frz.]

Vi·gil <[vi-]; f.; -, -'gi·li·en; Kath.> *Vorabend hoher kath. Feste* [lat.]; **Vi'gi·lie** <[-liə]; f.; -, -n> **1** <Kath.> = *Vigil* **2** <im altröm. Heer> *Nachtwache*

Vi·gnet·te, <auch> **Vig·net·te** <[vi'njɛtə]; f.; -, -n; ↗Z53> **1** <Buchw.> *kleine Verzierung, z. B. am Seitenanfang* **2** <Fot.> *Schablone für ein Kameraobjektiv* **3** <schweiz.> *Gebührenplakette für die Autobahn* [frz.]; **Vi·gnet'tie·rung** <f.; -, -en; Fot.>

Vi·go·gne, <auch> **Vi·gog·ne** <[vi'gɔnjə]; f.; -; unz.; ↗Z53> *ein Garn* [frz.]

Vi'kar <[vi-]; m.; -s, -e> **1** <Kath.> *Stellvertreter, bes. im kirchl. Amt;* Pfarr~ **2** <Ev.> *Theologe nach dem ersten Examen in der Ausbildung zum Pfarrer* **3** <schweiz.> *Vertretungslehrer* [lat.]; **Vi·ka·ri'at** <n.; -(e)s, -e> **1** *Stellvertretung* **2** *Amt eines Vikars(1);* **vi·ka·ri'ie·ren** <V. t.; selten> ein Amt ~; **Vi'ka·rin** <f.; -, -nnen>

vik·to·ri'a·nisch <[vik-]; Adj.> *aus der Regierungszeit der engl. Königin Viktoria (1837–1901);* ~e Romane; <aber> das Viktorianische Zeitalter

Vik·tu·a·li·en <[viktu'a-]; Pl.; veralt.> *Lebensmittel* [lat.]; **Vik·tu·'a·li·en·hand·lung** <f.; -, -en; österr.>; **Vik·tu'a·li·en·markt** <m.; -(e)s, =e>

Vi'kun·ja <[vi-]; n.; -s, -'kun·jen; Zool.> *ein Lama* [span.]; **Vi·'kun·ja·wol·le** <f.; -; unz.>

Vil·la <['vil-]; f.; -, 'Vil·len> *großes, vornehmes Haus* [lat.]; **Vil·la·'nel·la,** <auch> **Vil·la'nel·le** <f.; -, -'nel·len; Mus.; Lit.; 16. Jh.> *Tanzlied* [ital.]; **'Vil·len** <Pl. von> *Villa*

Vil·ni·us <['vil-]; litauische Form von> *Wilna*

Vin·ai·gret·te, <auch> **Vi·naig-**

ret·te <[vinɛˈɡrɛtə]; f.; -, -n;
↗Z54> *Essigsoße* [frz.]
Vin·di·ka·ti·on <[vin-]; f.; -, -en;
Rechtsw.> *Anspruch des Eigen-
tümers einer Sache gegen deren
Besitzer* [lat.]; **vin·di·zie·ren**
<V. t.; Rechtsw.> *eine Sache ~;*
Vin·di·zie·rung <f.; -, -en;
Rechtsw.>
Vingt-et-un <[vɛ̃teˈœ̃]; n.; -; unz.>
ein Kartenglücksspiel [frz.]
Vin·ku·la·ti·on <[vin-]; f.; -, -en;
Bankw.> *Bindung des Aktien-
verkaufes an die Genehmigung
der Bank* [lat.]; **Vin·ku·la·ti'ons-
ge·schäft** <n.; -(e)s, -e;
Wirtsch.> *Form der Außenhan-
delsfinanzierung;* **vin·ku'lie·ren**
<V. t.; Bankw.>; **Vin·ku'lie·rung**
<f.; -, -en; Bankw.>
Vi·no'thek <[vi-]; f.; -, -en> *Wein-
sammlung, -handlung* [lat.]
Vin·tage·mo·del·le <[ˈvintidʒ-];
Pl.; Wirtsch.> *Modelle des inves-
titionsgebundenen techn. Fort-
schritts* [engl.; dt.]
Vi'nyl <n.; -s; unz.; Kurzw. für>
Polyvinylchlorid <Abk.: PVC>;
Vi·nyl... <[vi-]; Chem.; in Zus.>
*eine einbindige, ungesättigte
Kohlenwasserstoffgruppe ent-
haltend* [lat.; grch.]
Vi·o·la[1] <[ˈvi:o-]; f.; -, -len [-ˈ--];
Bot.> *Veilchen* [ital.]; **Vi·o·la**[2]
<[vi'o:-]; f.; -, -s od. -len; Instru-
mentenk.> 1 = *Bratsche* 2 *ein
Streichinstrument;* ~ d'Amore
eine Geige; ~ da Braccio
<[-ˈbratʃo] = *Bratsche;* ~ da
Gamba = *Gambe* [ital.]; **Vi·o·la
'tri·co·lor** <[ˈvi:o-]; f.; --; unz.;
Bot.> = *Stiefmütterchen;* **Vi·o·la-
'ze·en** <Pl.; Bot.> *Veilchenge-
wächse;* **Vi'o·le** <f.; -, -n; Bot.> =
Veilchen; oV *Viola*[1]
vi·o'lent <[vio-]; Adj.; -er, am
-es·ten> *gewaltsam* [lat.]; **vi·o-
'len·to** <Mus.> *heftig, gewalt-
sam* [ital.]
vi·o'lett <[vi-]; Adj.> *veilchenfar-
big;* **Vi·o'lett** <n.; -s; unz.>
Vi·o'li·ne <[vi-]; f.; -, -n; Mus.> =
Geige; **Vi·o·li'nist** <m.; -en, -en;
Mus.>; **Vi·o·li'nis·tin** <f.; -,
-n·nen; Mus.>; **Vi·o'lin·kon·zert**
<n.; -(e)s, -e; Mus.>; **Vi·o'li·no**
<m.; -s, -ni; Mus.; ital. Bez. für>
Geige; **Vi·o'lin·schlüs·sel** <m.;
-s; unz.; Mus.> *ein Notenschlüs-
sel;* Sy *G-Schlüssel;* **Vi·o'lin-**

stim·me <f.; -, -n; Mus.>; **Vi·o-
lon·cel'list** <[-tʃɛl-]; m.; -en,
-en; Mus.>; **Vi·o·lon·cel'lis·tin**
<f.; -, -n·nen; Mus.>; **Vi·o·lon-
'cel·lo** <n.; -s, -s od. -li; Instru-
mentenk.; Kurzw.: Cello> *ein
Streichinstrument in Tenor- u.
Basslage* [ital.]; **Vi·o'lo·ne** <m.; -
od. -s, -s od. -ni; Instrumen-
tenk.> = *Kontrabass*
VIP <[vip]; m.; - od. -s, -s bzw. f.;
-, -s; Kurzw. für engl.> *very im-
portant person;* ~-Lounge
Vi·per <[ˈvi:-]; f.; -, -n; Zool.> *eine
Giftschlange* [lat.]
vi'ral <[vi-]; Adj.; Med.> *durch Vi-
ren bedingt* [lat.]
Vi·re·ment <[virˈmã]; n.; -s, -s; im
Staatshaushalt> *Übertragung
auf einen anderen Etat od. ein
anderes Jahr* [frz.]
Vi·ren <[ˈvi:-]; Pl. von> *Virus,* '**Vi-
ren·scan·ner** <[-skɛnər]; m.;
-s, -; EDV> *Programm, das
Computer vor dem Befall durch
Viren schützt*
Vir·gel <[ˈvir-]; f.; -, -n; Schriftw.;
Zeichen: /> *Schrägstrich* [lat.]
Vir·gi·nia <[virˈgiː-]; engl. [və-
ˈdʒinjə]> 1 *ein Staat der USA* 2
<f.; -, -s> *eine Zigarrensorte;* **Vir-
'gi·ni·a·ta·bak** <m.; -s; unz.;
↗Z55>
Vir·gi·ni'tät <[vir-]; f.; -; unz.>
Jungfräulichkeit [lat.]
vi'ril <[vi-]; Adj.; geh.> *männlich*
[lat.]
Vi·ro'lo·ge <[vi-]; m.; -n, -n;
Med.>; **Vi·ro·lo'gie** <f.; -; unz.;
Med.> *Lehre von den Viren* [lat.;
grch.]; **Vi·ro'lo·gin** <f.; -,
-n·nen>; **vi·ro'lo·gisch** <Adj.;
Med.>
Vir·tu·a·li'tät <[vir-]; f.; -; unz.;
geh.> *(innewohnende) Kraft,
Möglichkeit* [frz.]; **Vir·tu·al Re-
a·li·ty** <[ˈvəːtʃuəl riˈæliti]; f.; --;
unz.; ʼAbk.: VR> *compu-
tertechn. simulierte Realität*
[engl.]; **vir·tu'ell** <[vir-]; Adj.> 1
*der Möglichkeit nach vorhan-
den* 2 *scheinbar, nicht echt;* ~es
Bild [frz.]
vir·tu'os <[vir-]; Adj.> *meister-
haft;* **Vir·tu'o·se** <m.; -n, -n>
Meister (bes. in der Musik); Geigen-
~ [ital.]; **Vir·tu'o·sin** <f.; -,
-n·nen> *Meisterin;* **Vir·tu·o·si'tät** <f.; -;
unz.> *Meisterschaft*
vi·ru'lent <[vi-]; Adj.> 1 <Med.>

krankheitserregend 2 *heftig,
dringlich* [lat.]; **Vi·ru'lenz** <f.; -;
unz.; Med.>
Vi·rus <[ˈvi:-]; n. od. (umg.) m.; -,
ʼVi·ren; Med.> *kleinster Krank-
heitserreger* [lat.]; '**Vi·rus·grip-
pe** <f.; -, -n; Med.>; '**Vi·rus·in-
fek·ti·on** <f.; -, -en; Med.>; **vi·ru-
'zid** <Adj.; Med.> *Viren tötend*
Vi·sa <[ˈvi:-] 1 <Pl. von> *Visum*
2 <EDV; Bankw.> *internationale
Interbankvereinigung für Kre-
ditgeschäfte*
Vi·sa·ge <[viˈza:ʒə]; f.; -, -n;
umg.; abwertend> *Gesicht*
[frz.]; **Vi·sa·gist** <[viza'ʒist]; m.;
-en, -en> *Kosmetiker;* **Vi·sa'gis-
tin** <f.; -, -n·nen>
vis-a-vis, <auch> **vis-à-vis**
<[viza'vi:]; Adv.> *gegenüber;* ~
der Kirche [frz.]; **Vis·a'vis,**
<auch> **Vis·à'vis** <n.; - [-ˈvi:]
od. [-ˈvi:s], - [ˈvi:] od. [-ˈvi:s];
↗Z54> *das Gegenüber*
Vis·con·te <[vis'kɔntə]; m.; -, -ti>
ital. Adelstitel [ital.]; **Vis·con-
'tes·sa** <f.; -, -se> *ital.
Adelstitel* [ital.]; '**Vis·count**
<[ˈvaikaunt]; m.; -s, -s> *engl.
Adelstitel* [engl.]; '**Vis·coun-
tess** <[-tis]; f.; -, -es [-tisiz]>
Vi·sen <[ˈvi:-]; Pl. von> *Visum*
Vi'sier <[vi-]; n.; -s, -e> 1 *Teil des
mittelalterl. Helms* 2 *Zielvor-
richtung bei Feuerwaffen* [frz.];
vi'sie·ren <V.> 1 <V. i. u. V. t.>
zielen 2 <V. t.> *eichen* 3 <V. t.>
mit einem Visum versehen; ei-
nen Pass ~; **Vi'sier·li·nie** <[-niə];
f.; -, -n>; **Vi'sie·rung** <f.; -, -en>
Vi·si'on <[vi-]; f.; -, -en> 1 *Traum-
bild, Erscheinung* 2 *Zukunfts-
vorstellung* [lat.]; **vi·si·o'när**
<Adj.> 1 *traumhaft* 2 *seherisch;*
Vi·si·o'när <m.; -s, -e>; **Vi·si·o-
'nä·rin** <f.; -, -n·nen>
Vi·si·ta·ti·on <[vi-]; f.; -, -en> 1
Durchsuchung; Leibes- 2 *Kon-
trollbesuch;* Schul- [lat.]; **Vi'si-
te** <f.; -, -n> *Besuch zur Unter-
suchung;* Kranken-; **Vi'si·ten-
kar·te** <f.; -, -n> *Karte mit Na-
men u. Adresse;* **vi·si'tie·ren**
<V. t.> Koffer ~; **Vi'sit·kar·te** <f.;
-, -n; österr.> = *Visitenkarte*
vis'kos, auch '**kös** <[vis-]; Adj.; bes.
Chem.> *zähflüssig* [lat.]; **Vis'ko-
se** <f.; -; unz.> *Zellstofffaser;*
Vis·ko·si'me·ter <n.; -s, -;
Phys.> *Messgerät für Zähflüs-
sigkeit;* **Vis·ko·si·me'trie,**

V

<auch> **Vis·ko·si·met'rie** <f.; -; unz.; ⬈Z53; Phys.> **Vis·ko·si·'tät** <f.; -; unz.; Chem.> Zähflüssigkeit

Vis 'ma·jor <[vi:s-]; f.; --; unz.; Rechtsw.> höhere Gewalt [lat.]

Vis·ta <['vis-]; f.; -; unz.; Bankw.> Vorzeigen eines Wechsels [ital.]; **'Vis·ta·wech·sel** <[-ks-]; m.; -s, -; Bankw.>

vi·su·a·li·sie·ren <[vi-]; V. t.> bildlich darstellen [lat.]; **Vi·su·a·li·zer** <['vizj(u)əlaizər]; m.; -s, -> Werbegrafiker [engl.]; **'Vi·su·a·li·ze·rin** <f.; -, -nnen>; **vi·su'ell** <Adj.> das Sehen betreffend; ~er Effekt; ~er Typ jmd., der sich Gesehenes leichter merkt als Gehörtes [frz.]

Vi·sum <['vi:-]; n.; -s, -s, 'Vi·sa od. 'Vi·sen> Ein- u. Ausreiseerlaubnis [lat.]

Vi·ta <['vi-]; f.; -, 'Vi·ten od. 'Vi·tae [-tɛ:]; geh.> Lebensbeschreibung [lat.]; **vi'tal** <Adj.> 1 Lebens... 2 lebenskräftig 3 lebenswichtig; **Vi'tal·fär·bung** <f.; -, -en; Med.> Färbung lebender Gewebe; **Vi'tal·funk·ti·on** <f.; -, -en; Med.> lebenswichtige Kreislauffunktion; **vi·ta·li·sie·ren** <V. i.; geh.> beleben; **Vi·ta·'lis·mus** <m.; -; unz.; Philos.> Lehre von der allen Lebewesen innewohnenden Lebenskraft; **vi·ta'lis·tisch** <Adj.>; **Vi·ta·li·tät** <f.; -; unz.> Lebenskraft

Vit·a'min, <auch> **Vi·ta'min** <[vit-]; n.; -s, -e; ⬈Z54> lebenswichtiger Wirkstoff; ~ C; ~-C-Mangel; ~-C-haltig; ~-B-Komplex; ~-K-Prophylaxe [lat.]; **vit·a·'min·arm** <Adj.> ~e Nahrung; **vit·a·mi'nie·ren, vit·a·mi·ni·sie·ren** <V. t.> Vitamine zusetzen; **vit·a'min·reich** <Adj.>

Vi·ti·um <['vi:tsjum]; n.; -s, -tia [-tsja]; Med.> Defekt [lat.]

Vi'tri·ne, <auch> **Vit'ri·ne** <[vi-]; f.; -, -n; ⬈Z53> Glasschrank [frz.]

Vi·tri'ol, <auch> **Vit·ri'ol** <[vi-]; n.; -s, -e; ⬈Z53; Chem.; veralt.> kristallwasserhaltiges Sulfat [frz.]

Vitz·li·'putz·li <[vits-]; m.; - od. -s; unz.> Kinderschreck [aus dem Namen des Aztekengottes Huitzilopochtli]

vi·va·ce <[vi'va:tʃə]; Mus.> leb-

haft [ital.]; **Vi'va·ce** <n.; -, -; Mus.> lebhafter Teil eines Musikstückes; **vi·va·cis·si·mo** <[-'tʃis-]; Mus.> sehr lebhaft

vi·vant <['vi:vant]> sie sollen leben! [lat.]

Vi·va·ri·um <[vi'va:-]; n.; -s, -ri·en; Zool.> Kleintierbehälter [lat.]

vi·vat <['vi:vat]> er (sie, es) lebe! [lat.]; **Vi'vat** <n.; -s, -s> Hochruf; ein ~ ausbringen

vi·vi·par <[vivi'pa:r]; Adj.; Zool.> lebendgebärend; Ggs ovipar [lat.]; **Vi·vi·pa'rie** <f.; -, -n; Zool.>; **Vi·vi·sek·ti'on** <f.; -, -en> Eingriff am lebenden Tier; **vi·vi·se'zie·ren** <V. t.>

Vi·ze... <['fi:-], selten ['vi:-]; in Zus.> stellvertretende(r); ~konsul [lat.]; **Vi·ze·kanz·ler** <m.; -s, ->; **Vi·ze·kanz·le·rin** <f.; -, -nnen>; **'Vi·ze·meis·ter** <m.; -s, -; Sp.>; **'Vi·ze·meis·te·rin** <f.; -, -nnen; Sp.>; **'Vi·ze·prä·si·dent** <m.; -en, -en>; **'Vi·ze·prä·si·den·tin** <f.; -, -nnen>

Viz·tum <['fits-] od. ['vits-]; m.; -s, -e; MA> Verwalter [lat.]

VJ <Abk. für engl.> Video Jockey

v. J. <Abk. für> vorigen Jahres

VKG <Med.; Abk. für> Vektorkardiographie

Vla·me <['fla-]; m.; -n, -n> = Flame; **'vlä·misch** <Adj.> = flämisch

Vlies <[fli:s]; n.; -es, -e> 1 Schaffell; das Goldene Vlies <grch. Mythologie> 2 breite Faserlage; Baumwoll~; **Vlie·se'li·ne** <f.; -; unz.; Warenz.> Fasermischung zum Versteifen; **'Vlies·stoff** <m.; -(e)s, -e> [ndrl.]

v. M. <Abk. für> vorigen Monats

'V-Mann <m.; -(e)s, ⁼er; ⬈Z34; Kurzw. für> Verbindungsmann, Vertrauensmann

VN <Abk. für> Vereinte Nationen; → a. UN, UNO

v. o. <Abk. für> von oben

Vo·cals <['vo:kəlz]; Pl.; Popmus.> Gesangspart [engl.]

vo·ce <['vo:tʃə]; Mus.> Stimme; mezza ~ halblaut; sotto ~ gedämpft [ital.]

'Vo·gel <m.; -s, ⁼> 1 <Zool.> gefiedertes Wirbeltier; Raub~; Sing~; einen ~ haben <a. fig.; umg.> verrückt sein; jmdm. den ~ zeigen <fig.; umg.> 2 <fig.; umg.>

Mensch; Galgen~; Spaß~; ein seltener ~; **'Vo·gel·bau·er** <n.; -s, -> Vogelkäfig; **'Vo·gel·beer·baum** <m.; -(e)s, ⁼e; Bot.> = Eberesche; **'Vo·gel·bee·re** <f.; -, -n; Zool.>; **'Vö·gel·chen** <n.; -s, -; Verkleinerungsf. von> Vogel; **'Vo·gel·fän·ger** <m.; -s, ->; **'Vo·gel·flug** <m.; -(e)s, ⁼e>; **'Vo·gel·flug·li·nie** <[-niə]; f.; -; unz.; fig.> kürzeste Verkehrsverbindung zw. Hamburg u. Kopenhagen; **'vo·gel·frei** <Adj.; im alten Dt. Reich> geächtet; jmdn. für ~ erklären; **'Vo·gel·fut·ter** <n.; -s; unz.>; **'Vo·gel·haus** <n.; -es, ⁼er> großer Vogelkäfig; **'Vo·gel·kirsch·baum** <m.; -(e)s, ⁼e; Bot.> = Eberesche; **'Vo·gel·kir·sche** <f.; -, -n; Bot.>; **'Vo·gel·kun·de** <f.; -; unz.> Sy Ornithologie; **'vo·gel·kun·dig** <Adj.>; **'Vo·gel·mie·re** <f.; -; unz.; Bot.> Sternmiere; **'vö·geln** <V. i. u. V. t.; ich vög(e)le; derb> Geschlechtsverkehr haben; **'Vo·gel·nest** <n.; -(e)s, -er>; **'Vo·gel·netz** <n.; -es, -e>; **'Vo·gel·per·spek·ti·ve** <f.; -; unz.; <auch> **'Vo·gel·pers·pek·ti·ve** <f.; -; unz.; ⬈Z54> aus der ~; **'Vo·gel·schau** <f.; -; unz.> = Vogelperspektive; **'Vo·gel·scheu·che** <f.; -, -n>; **'Vo·gel·schutz** <m.; -es; unz.>; **'Vo·gel·spin·ne** <f.; -, -n; Zool.> große Spinnenart; **'Vo·gel·stim·me** <f.; -, -n>; **Vo·gel·'Strauß-Po·li·tik** <f.; -; unz.; ⬈Z33> bewusstes Ignorieren von unangenehmen Fakten; ~ betreiben; **'Vo·gel·war·te** <f.; -, -n> vogelkundl. Institut; **'Vo·gel·zug** <m.; -(e)s, ⁼e> Wandern der Zugvögel; **'Vög·lein** <n.; -s, -; poet.; Verkleinerungsf. von> Vogel; **'Vog·ler** <m.; -s, -; veralt.> Vogelfänger

Vogt <m.; -(e)s, ⁼e; früher> Sachverwalter, Schirmherr; Gerichts~, Kirchen~; **Vog'tei** <f.; -, -en>; **'Vög·tin** <f.; -, -nnen>

vogue <[vo:g]> → en vogue [frz.]

voi·là <[voa'la]> sieh da! [frz.]

Voile <[voa'l]; m.; -, -s; Textilw.> transparenter Stoff [frz.]

Vo'ka·bel <[vo-]; f.; -, -n> fremdsprachiges Wort; ~n lernen [lat.]; **Vo·ka·bu'lar** <n.; -s, -e> 1 Wortschatz; sein ~ erweitern 2 Wörterverzeichnis

vo'kal <[vo-]; Adj.; Mus.> für

Vokal: Der V. – auch **Selbstlaut** genannt – ist ein Öffnungslaut. V. entstehen, indem Stimmbänder durch ausgeatmete Luft zum Schwingen gebracht werden, wobei dem Luftstrom im Ansatzrohr kein Hemmnis entgegensteht. Der **Artikulationsstelle** entsprechend werden vordere (**palatale**), mittlere und hintere (**velare**) V. differenziert. Nach der Zungenlage werden im Deutschen [i, y, u] mit hoher Zungenlage, [e, ø, o, ɔ] mit mittlerer und [æ, a] mit tiefer Zungenlage artikuliert, was zu **geschlossenen, mittleren** und **offenen** V. führt. V. sind **Silbenkerne**, Träger des ⌐**Akzents**, der ⌐**Intonation** und des **Tons**. V. sind im Deutschen stets **stimmhaft**. Sie können **kurz** oder **lang** gesprochen werden. In der deutschen Schriftsprache unterscheidet man Buchstaben für acht lange (*ie, ü, i, e, ö, ä, a, o, u*) und acht kurze (*i, ü, i, e, ö, ä, a, o, u*) V. sowie drei ⌐**Diphthonge** (*ei, ai, au, eu, äu*). Die Buchstaben *ä, ö* und *ü* werden auch als Schreibungen für ⌐**Umlaute** bezeichnet. Außerdem gibt es einen **Reduktionsvokal** [ə], der auch **Schwa** genannt wird und der nur in unbetonten Silben stehen kann.
Vgl. ⌐**Konsonant**

Singstimme(n); **Vo'kal** <m.; -s, -e; Phon.> *Laut, bei dem die Luft ungehindert aus dem Mund entweicht;* Sy *Selbstlaut*; Ggs *Konsonant;* → a. *Kasten* [lat.]; **Vo'kal·har·mo·nie** <f.; -; unz.; Sprachw.>; **Vo·ka·li·sa·ti·'on** <f.; -; unz.> 1 <Mus.; beim Gesang> *Artikulation der Vokale* 2 *Markierung von Vokalen in vokallosen Schriften;* **vo'ka·lisch** <Adj.>; **Vo·ka'li·se** <f.; -, -n; Mus.> *vokal. Gesangsübung* [frz.]; **vo·ka·li'sie·ren** <V. t.> 1 <Mus.; beim Gesang> *als Vokal artikulieren* 2 *mit Vokalzeichen kennzeichnen;* einen arabischen Text ~; **Vo·ka'lis·mus** <m.; -; unz.> *Stand der Bildung u. Entwicklung der Vokale*; **Vo·ka'list** <m.; -en, -en; Mus.> *Sänger*; **Vo·ka'lis·tin** <f.; -, -nnen; Mus.>; **Vo'kal·kon·zert** <n.;

-(e)s, -e; Mus.> *Gesangskonzert*; **vo'kal·los** <Adj.>; **Vo'kal·mu·sik** <f.; -; unz.; Mus.> *Gesangsmusik*; Ggs *Instrumentalmusik*
Vo·ka·ti'on <[-vo-]; f.; -, -en; geh.> *Berufung* [lat.]; **Vo'ka·tiv** <m.; -s, -e; Sprachw.> *Anredefall*
Vol. <Abk. für> *Volumen(2)*
Vol-% <Phys.; Abk. für> *Volum(en)prozent*
Vo·land <['fo:-]; m.; -s; unz.; alte Bez. für> *Teufel*
Vo·lant <[vɔ'lã]; m.; -s, -s; an Kleidungsstücken> *Falbel* [frz.]
Vo·la'pük <[-vo-]; n.; -s; unz.> *erfundene Welthilfssprache* [engl.]
Vo·la·ta <[-vo-]; f.; -, -'la·te; Mus.> *schneller Lauf* [ital.]
Vol-au-vent <[vɔlo'vã]; m.; -s, -s; Kochk.> *Fleischpastete* [frz.]
Vo·li·e·re <[vɔ'ljeːrə]; f.; -, -n> *Vogelhaus* [frz.]
Volk <n.; -(e)s, ⸚er> 1 *durch gemeinsame Sprache u. Kultur verbundene Menschengemeinschaft;* die Völker Afrikas 2 *alle Angehörigen eines Staates* 3 <Zool.> *Tierstaat, Schwarm*; Bienen~ 4 <unz.> *große Menschenmenge;* etwas unters ~ bringen *bekannt machen* 5 <unz.> *untere Bevölkerungsschicht;* ein Mann aus dem ~; **'Völk·chen** <n.; -s, -; Verkleinerungsf. von> *Volk;* ein lustiges ~; **'Völ·ker·ball** <m.; -(e)s; unz.; Sp.> *ein Ballspiel;* **'Völ·ker·bund** <m.; -(e)s; unz.; 1919–1946> *Staatenvereinigung zur Sicherung des Weltfriedens*; **'Völ·ker·kun·de** <f.; -; unz.> *Wissenschaft von den Kulturen der Völker,* Sy *Ethnologie*; **'Völ·ker·kund·ler** <m.; -s, ->; **'Völ·ker·kund·le·rin** <f.; -, -nnen>; **'völ·ker·kund·lich** <Adj.>; **'Völ·ker·mord** <m.; -(e)s, -e>; **'Völ·ker·recht** <n.; -(e)s; unz.; Rechtsw.> *rechtl. Vorschriften über die Koexistenz verschiedener Völker*; **'Völ·ker·recht·ler** <m.; -s, ->; **'Völ·ker·recht·le·rin** <f.; -, -nnen>; **'völ·ker·recht·lich** <Adj.>; **'Völ·ker·schaft** <f.; -, -en> *Volksgruppe*; **'völ·ker·ver·bin·dend** <Adj.>; **'Völ·ker·ver·stän·di·gung** <f.; -; unz.> ein Beitrag zur ~; **'Völ·ker·wan·de·rung** <f.; -, -en> 1 <2.–8. Jh.

n. Chr.> *Bevölkerungsbewegungen german. u. slaw. Völker* 2 <danach a. allg.> *Umsiedlung eines Volkes*; **'völ·kisch** <Adj.; nationalsozialist. Sprachgebrauch> *das Volk betreffend, national*; **'Volks·ab·stim·mung** <f.; -, -en; Pol.>; **'Volks·ak·tie** <[-tsjə]; f.; -, -n; Wirtsch.> *eine der Aktien, die in kleinen Mengen an möglichst viele Aktionäre ausgegeben werden*; **'Volks·ar·mee** <f.; -; unz.; DDR> *Nationale ~ Gesamtheit der Streitkräfte*; **'Volks·ar·mist** <m.; -en, -en; DDR>; **'Volks·auf·stand** <m.; -(e)s, ⸚e>; **'Volks·bank** <f.; -, -en; Firmenname für> *Genossenschaftsbank*; **'Volks·be·auf·trag·te(r)** <f. 2 (m. 1); 1918–1919> *Rat der ~n dt. Reichsregierung*; **'Volks·be·fra·gung** <f.; -, -en; Pol.>; **'Volks·be·geh·ren** <n.; -s, -; Pol.> *Antrag auf Abstimmung der Wähler über einen Gesetzesentwurf*; **'volks·bil·dend** <Adj.>; **'Volks·bil·dung** <f.; -; unz.; DDR>; **'Volks·brauch** <m.; -(e)s, ⸚e>; **'Volks·buch** <n.; -(e)s, ⸚er; Lit.; im späten MA> *das ~ von Dr. Faust;* **'Volks·bü·che·rei** <f.; -, -en> *öffentl. Bücherei*; **'Volks·büh·ne** <f.; -, -n> 1 *Verein zur Ermöglichung verbilligter Theaterbesuche* 2 *ein Theater in Berlin*; **'Volks·deut·sche(r)** <f. 2 (m.1); bis 1945> *außerhalb des Dt. Reiches vom 1937 u. Österreichs lebende Person dt. Herkunft*; **'Volks·dich·ter** <m.; -s, -; Lit.>; **'Volks·dich·te·rin** <f.; -, -nnen; Lit.>; **'Volks·dich·tung** <f.; -, -en; Lit.> *Dichtung für die breite Volksmasse;* **'volks·ei·gen** <Adj.; DDR> *in Volkseigentum übergeführt;* ~e Betriebe; <aber> Volkseigener Betrieb <Abk.: VEB>; **'Volks·ei·gen·tum** <n.; -s; unz.; DDR>; **'Volks·ein·kom·men** <n.; -s; unz.> = *Sozialprodukt*; **'Volks·emp·fän·ger** <m.; -s, -; im Nationalsozialismus> *einfaches Rundfunkgerät*; **'Volks·emp·fin·den** <n.; -s; unz.>; **'Volks·ent·scheid** <m.; -(e)s, -e; Pol.>; **'Volks·e·ty·mo·lo·gie** <f.; -, -n; ⌐Z55; Sprachw.> *volkstüml. Vereinfachung eines etymolog. undurch-*

V

sichtigen Wortes; '**volks·e·ty·mo·lo·gisch** <Adj.>; '**Volks·feind** <m.; -(e)s, -e>; '**Volks·fein·din** <f.; -, -nnen>; '**volks·feind·lich** <Adj.>; '**Volks·fest** <n.; -(e)s, -e>; '**volks·fremd** <Adj.>; '**Volks·front** <f.; -, -en; Pol.> *Bündnis linksgerichteter Parteien*; '**Volks·glau·be**, '**Volks·glau·ben** <m.; -(n)s; unz.> *volkstüml. Vorstellung von übernatürl. Kräften*; '**Volks·grup·pe** <f.; -, -n>; '**Volks·held** <m.; -en, -en>; '**Volks·herr·schaft** <f.; -, -en> = *Demokratie*; '**Volks·hoch·schu·le** <f.; -, -n; Abk.: VHS> *Stätte der Erwachsenenbildung*; '**Volks·kam·mer** <f.; -; unz.; DDR> *höchstes Volksvertretungsorgan*; '**Volks·kun·de** <f.; -; unz.> *Lehre von den Verhaltensformen eines Volkes*; '**Volks·kund·ler** <m.; -s, ->; '**Volks·kund·le·rin** <f.; -, -nnen>; '**volks·kund·lich** <Adj.>; '**Volks·kunst** <f.; -; unz.>; '**Volks·lied** <n.; -(e)s, -er; Mus.> *mündl. überliefertes, weit verbreitetes Lied*; Ggs *Kunstlied*; '**Volks·mär·chen** <n.; -s, -; Lit.> *mündl. überliefertes Märchen*; Ggs *Kunstmärchen*; '**Volks·men·ge** <f.; -, -n>; '**Volks·mund** <m.; -(e)s; unz.> *im* ~; '**Volks·mu·sik** <f.; -; unz.; Mus.>; '**Volks·par·tei** <f.; -, -en; Pol.> *große Partei für unterschiedl. soziale Bevölkerungsschichten*; '**Volks·po·li·zei** <f.; -; unz.; Abk.: VP; Kurzw.: Vopo (umg.); DDR>; '**Volks·po·li·zist** <m.; -en, -en; umg.; Abk.: VP; Kurzw.: Vopo (umg.); DDR>; '**Volks·re·de** <f.; -, -n> *Rede bei einer Massenveranstaltung*; '**Volks·red·ner** <m.; -s, ->; '**Volks·red·ne·rin** <f.; -, -nnen>; '**Volks·re·pu·blik**, <auch> '**Volks·re·pu·blik** <f.; -, -en; ↗Z53; Abk.: VR; amtl. Bez. für> *Verfassungstyp der Volksdemokratie*; '**Volks·schu·le** <f.; -, -n; früher> *öffentl. Pflichtschule*; '**Volks·schü·ler** <m.; -s, -; früher>; '**Volks·schü·le·rin** <f.; -, -nnen; früher>; '**Volks·schul·leh·rer** <m.; -s, -; früher>; '**Volks·schul·leh·re·rin** <f.; -, -nnen; früher>; '**Volks·see·le** <f.; -; unz.; fig.; umg.> *empörte*

~ <a. scherzh.>; '**Volks·seu·che** <f.; -, -n>; '**Volks·so·li·da·ri·tät** <f.; -; unz.>; '**Volks·sou·ve·rä·ni·tät** <[-suvə-]; f.; -; unz.> *Grundsatz, dass die Staatsgewalt beim Volk liegt*; '**Volks·spra·che** <f.; -, -n> = *Umgangssprache*; '**Volks·stamm** <m.; -(e)s, ⸚e>; '**Volks·stück** <n.; -(e)s, -e; Lit.> *Stück für ein Volkstheater*; '**Volks·tanz** <m.; -es, ⸚e; Sammelbez. für> *volkstüml. Tanzformen*; '**Volks·tracht** <f.; -, -en>; '**Volks·trau·er·tag** <m.; -(e)s, -e> *nationaler Trauertag für die Opfer beider Weltkriege u. des Nationalsozialismus*; '**Volks·tri·bun** <m.; -s od. -en od. -en; im alten Rom> *röm. Beamter*; '**Volks·tum** <n.; -s; unz.> *Gesamtheit dessen, was die Eigenart eines Volkes ausmacht*; **Volks·tü·me·lei** <f.; -; unz.; umg.; abwertend>; '**volks·tü·meln** <V. i.; ich volkstüm(e)le; umg.>; '**volks·tü·melnd** <Adj.>; '**volks·tüm·lich** <Adj.> **1** *dem Volk eigen* **2** *im Volk allg. beliebt*; '**Volks·tüm·lich·keit** <f.; -; unz.>; '**Volks·ver·dum·mung** <f.; -; unz.>; '**Volks·ver·füh·rer** <m.; -s, -> *Demagoge*; '**Volks·ver·füh·re·rin** <f.; -, -nnen>; '**Volks·ver·het·zung** <f.; -, -en>; '**Volks·ver·samm·lung** <f.; -, -en; Pol.>; '**Volks·ver·tre·ter** <m.; -s, -; Pol.> *vom Volk gewählter Abgeordneter*; '**Volks·ver·tre·te·rin** <f.; -, -nnen; Pol.>; '**Volks·ver·tre·tung** <f.; -, -en; Pol.>; '**Volks·wa·gen** <m.; -s, -; Kfz; Abk.: VW; Warenz.> *ein dt. Personenkraftwagen*; '**Volks·wei·se** <f.; -, -n; Mus.> *Volkslied*; '**Volks·wirt** <m.; -(e)s, -e>; '**Volks·wir·tin** <f.; -, -nnen>; '**Volks·wirt·schaft** <f.; -; unz.; Wirtsch.> *Gesamtheit der Wirtschaft eines Landes*; '**Volks·wirt·schaft·ler** <m.; -s, ->; '**Volks·wirt·schaft·le·rin** <f.; -, -nnen>; '**volks·wirt·schaft·lich** <Adj.>; '**Volks·wirt·schafts·leh·re** <f.; -; unz.> *Sy Nationalökonomie, Sozialökonomie*; '**Volks·wohl** <n.; -s; unz.> *dem* ~ *dienen*; '**Volks·zäh·lung** <f.; -, -en>

voll <Adj.> **1** <↗Z24> *gefüllt*

(mit); *ein Glas* ~ *Wasser*; *eine* ~*e Kiste*; *ein Sack* ~ *neuer Kartoffeln*; *ein Arm* ~; *eine Hand* ~; *ein Mund* ~; *der Bus ist* ~; ~ *sein* <umg.> *(zu) viel Essen od. Alkohol genossen haben*; *die Hose ist* ~*(er) Löcher*; ~*(er) Sorge*; <Getrenntschreibung in Verbindung mit Verb/Partizip, wenn* voll *sinnvoll steiger- od. erweiterbar ist*> ~ *besetzt*; *sich* ~ *essen*; *du isst dich voll* <umg.>; ~ *füllen*; ~ *gießen*; *du gießt voll*; ~ *kotzen* <derb>; ~ *kritzeln*; *ich kritz(e)le* ~; *jmdn.* ~ *labern* <umg.>; ~ *laden*; ~ *laufen*; *sich* ~ *laufen lassen* <fig.; umg.> *sich betrinken*; ~ *machen*; ~ *malen*; ~ *packen*; ~ *gepackt*; ~ *pumpen*; ~ *gepumpt*; *jmdn.* ~ *quatschen*; *sich* ~ *saufen* <derb>; ~ *saugen*; *sich* ~ *scheißen* <derb>; ~ *schenken*; ~ *schmieren*; ~ *schlagen*; *er hat sich den Bauch* ~ *geschlagen* <derb>; ~ *schreiben*; *er hat das Heft* ~ *geschrieben*; ~ *spritzen*; *du spritzt voll*; ~ *stopfen*; ~ *gestopft*; ~ *tanken*; *ein* ~ *getankter Wagen*; Ggs *leer* **2** <↗Z43> *ganz, vollständig*; *ein* ~*es Dutzend*; *ein* ~*es Jahr*; *mit* ~*er Kraft*; *es ist sein* ~*er Ernst*; ~ *und ganz*; *jmdn. nicht für* ~ *nehmen nicht ernst nehmen*; *aus dem Vollen schöpfen* <fig.> *im Überfluss leben*; *ins Volle greifen*; *in die Vollen gehen* <umg.> *etwas mit ganzer Energie betreiben* **3** *dicklich*; *ein* ~*es Gesicht* **4** <adv.; umg.; salopp> *sehr*; *er ist* ~ *nett*; **voll…, Voll…** <in Zus.> *vollständig*; *vollautomatisch*; *Vollpension*; '**Voll·a·ka·de·mi·ker** <m.; -s, -; ↗Z55> *Akademiker m. Hochschulabschluss*; '**Voll·a·ka·de·mi·ke·rin** <f.; -, -nnen; ↗Z55>; '**Voll·ak·tie** <[-tsiə]; f.; -, -n>; '**voll·auf** <Adv.> *völlig*; ~ *zufrieden*; '**voll·au·to·ma·tisch** <Adj.>; '**Voll·bad** <n.; -(e)s, ⸚er> *Ganzkörperbad*; '**Voll·bart** <m.; -(e)s, ⸚e> *Backen- u. Schnurrbart*; '**voll·bär·tig** <Adj.>; '**Voll·bau·er** <m.; -n, -n>; '**voll·be·rech·tigt** <Adj.> *alle Rechte besitzend*; *ein* ~*er Staatsbürger*; '**voll·be·schäf·tigt** <Adj.>; '**Voll·be·schäf·ti·gung** <f.; -; unz.;

Wirtsch.>; **'Voll·be·sitz** <m.; -es; unz.> *uneingeschränkter Besitz;* im ~ seiner Kräfte; **'Voll·bier** <n.; -(e)s, -e> *Bier mit 11–14% Stammwürze;* **'Voll·blut** <n.; -(e)s; unz.; Zool.> *reinrassiges Tier, bes. Pferd;* Sy Vollblüter; **'Voll·blut...** <fig.; in Zus.> *ganz in einer Tätigkeit aufgehend;* ~schauspieler; **'Voll·blü·ter** <m.; -s, -; Zool.> = *Vollblut;* **'voll·blü·tig** <Adj.; Zool.>; **'Voll·blü·tig·keit** <f.; -; unz.; Zool.>; **'Voll·brem·sung** <f.; -, -en> *abrupte Bremsung;* **voll'brin·gen** <V. t. 118> *zustande bringen;* es ist vollbracht; **'voll·bu·sig** <Adj.>; **'Voll·dampf** <m.; -(e)s; unz.> mit ~ voraus!; **'Voll·dün·ger** <m.; -s, ->; **'Völ·le** <f.; -; unz.> *das Vollsein;* **'Völ·le·ge·fühl** <n.; -(e)s, -e>; **'voll·e·lek·tro·nisch,** <auch> **'voll·e·lekt·ro·nisch** <Adj.; Z53, 55> ~e Steuerung; **voll'en·den** <V. t.> *zum Abschluss bringen;* eine Arbeit ~; jmdn. vor vollendete Tatsachen stellen; **voll'en·der** <m.; -s, -> **'Voll'en·de·rin** <f.; -, -n·nen>; **'voll·ends** <Adv.> *gänzlich;* jmdn. ~ verwirren; **Voll'en·dung** <f.; -, -en>; **'vol·ler** <Adj.; undekl.; mit nachfolgendem Subst. ohne Art.; Nebenform von *voll(1);* ~ Fliegen; **Völ·le'rei** <f.; -; unz.; abwertend> *unmäßiges Essen u. Trinken*

vol·ley <['vɔle:] od. ['vɔli]; Adj.; undekl.; Sp.; bes. Tennis> *aus der Luft geschlagen;* einen Ball ~ nehmen [engl.]; **'Vol·ley** <m.; -s, -s; Sp.; bes. Tennis> *Flugball*; **'Vol·ley·ball** <m.; -(e)s, ⸚e; Sp.> 1 <unz.> *ein Ballspiel* 2 *Ball beim Volleyball(1)*

'voll·fett <Adj.> *mindestens 45% Fett in der Trockenmasse enthaltend;* **voll'füh·ren** <V. t.> *vollbringen;* ein Kunststück ~; **'Voll·gas** <n.; -es; unz.> *volles Tempo;* ~ geben; **'Voll·ge·fühl** <n.; -(e)s; unz.> in der Wendung> im ~ *im Gefühl des uneingeschränkten Besitzes;* im ~ seines Triumphes; **'Voll·ge·nuss** <m.; -es; unz.> im ~ seiner Rechte; **'voll·gül·tig** <Adj.> *uneingeschränkt gültig;* **'Voll·gum·mi·rei·fen** <m.; -s, ->;

'Voll·heit <f.; -; unz.>; **'Voll·i·di·ot** <m.; -en, -en; ↗Z55> umg.> *großer Idiot;* **'Voll·i·di·o·tin** <f.; -, -n·nen; umg.>; **'völ·lig¹** <Adj.> *vollständig, ganz;* ~e Erschöpfung; **'völ·lig²** <Partikel> *absolut;* etwas ~ ausschließen; **'voll·in·halt·lich** <Adj.> *bezügl. des ganzen Inhalts;* **'voll·jäh·rig** <Adj.; Rechtsw.> = *mündig;* Ggs *minderjährig;* **'Voll·jäh·rig·keit** <f.; -; unz.; Rechtsw.>; **'Voll·jäh·rig·keits·er·klä·rung** <f.; -, -en; Rechtsw.>; **'Voll·kas·ko** <f.; -, -s; kurz für> *Vollkaskoversicherung;* **'voll·kas·ko·ver·si·chert** <Adj.>; **'Voll·kas·ko·ver·si·che·rung** <f.; -, -en; Kurzw.: Vollkasko> *Kaskoversicherung gegen sämtl. Schäden;* **'Voll·kauf·frau** <f.; -, -en>; **'Voll·kauf·mann** <m.; -(e)s, -leu·te> *jmd., der als Kaufmann im Handelsregister eingetragen ist;* **'Voll·kerf** <m.; -(e)s, -e; Zool.> *voll entwickeltes Insekt;* **'voll·kli·ma·ti·siert** <Adj.> ~e Räume; **voll'kom·men¹** <a. ['---]; Adj.> *makellos;* ~e Schönheit; **voll'kom·men²** <Partikel> *völlig, absolut;* er hat ~ Recht; **Voll'kom·men·heit** <f.; -; unz.>; **'Voll·kon·ser·ve** <f.; -, -n>; **'Voll·korn** <n.; -(e)s; unz.>; **'Voll·korn·brot** <n.; -(e)s, -e>; **'voll·kör·nig** <Adj.>; **'Voll·korn·mehl** <n.; -(e)s, -e>; **'Voll·kraft** <f.; -; unz.> in der ~ seiner Jahre; **'voll·lei·big** <Adj.; ↗Z37>; **'Voll·macht** <f.; -, -en> *Ermächtigung, jmdn. zu vertreten;* jmdn. mit allen ~en ausstatten; **'Voll·macht·ge·ber** <m.; -s, ->; **'Voll·macht·ge·be·rin** <f.; -, -n·nen>; **'voll·mast** <Adv.; Mar.> *bis zur Mastspitze hochgezogen;* Ggs halbmast; **'Voll·ma·tro·se,** <auch> **'Voll·mat·ro·se** <m.; -n, -n; ↗Z53>; **'Voll·milch** <f.; -; unz.> *Milch mit mindestens 3,5% Fett;* **'Voll·milch·scho·ko·la·de** <f.; -, -n>; **'Voll·mond** <m.; -(e)s, -e> *eine Mondphase;* es ist ~; bei ~; **'Voll·mond·ge·sicht** <n.; -(e)s, -er; umg.; scherzh.> *rundes, fröhliches Gesicht;* **'voll·mun·dig** <Adj.> *kräftig im Geschmack;* ~er Wein; **'Voll·pen·si·on** <[-pã-] od. [-paŋ-], süddt.; schweiz. [-pɛn-]; f.; -; unz.> *Ver-*

köstigung mit drei Mahlzeiten; Zimmer mit ~; **'Voll·rausch** <m.; -(e)s, ⸚e> *starker Alkoholrausch;* einen ~ haben; **'voll·reif** <Adj.> ~es Getreide; **'Voll·rei·fe** <f.; -; unz.> *höchstes Reifestadium;* **'Voll·rei·fen** <m.; -s, -; kurz für> *Vollgummireifen;* **'voll·schlank** <Adj.> *füllig;* **'Voll·spur** <f.; -; unz.; Eisenb.> *Normalspur;* **'voll·spu·rig** <Adj.; Eisenb.>; **'voll·stän·dig¹** <Adj.> *ohne Lücken, komplett (durchgeführt);* eine ~e Arbeit abgeben; **'voll·stän·dig²** <Partikel> *absolut, äußerst;* ~ ausverkauft; **'Voll·stän·dig·keit** <f.; -; unz.>; **'voll·stock** <Adv.; Mar.> = *vollmast;* **voll'streck·bar** <Adj.; Rechtsw.> ~es Urteil; **Voll·'streck·bar·keit** <f.; -; unz.; Rechtsw.>; **voll'stre·cken** <V. t.; Rechtsw.> ein Urteil ~ *vollziehen;* **Voll'stre·ckung** <f.; -, -en; Rechtsw.>; **'Voll'stre·ckungs·be·hör·de** <f.; -, -n; Rechtsw.> *Justizbehörde für die Zwangsvollstreckung;* **'voll·tö·nend** <Adj.> eine ~e Stimme; **'Voll·tref·fer** <m.; -s, ->; **'voll·trun·ken** <Adj.> *völlig betrunken;* <aber> sein leben war ~; **'Voll·trun·ken·heit** <f.; -; unz.>; **'Voll·verb** <n.; -s, -en; Gramm.> → *Kasten;* **'voll·ver·samm·lung** <f.; -, -en> *Versammlung aller Mitglieder;* **'Voll·wai·se** <f.; -, -n> *Kind, dessen Eltern gestorben sind;* **'Voll·wasch·mit·tel** <n.; -s, ->; **'Voll·wert·er·näh·rung** <f.; -; unz.>; **'voll·wer·tig** <Adj.> *den vollen Wert besitzend;* ~es Material; **'Voll·wer·tig·keit** <f.; -; unz.>; **'Voll·wert·kost** <f.; -; unz.>; **'voll·wich·tig** <Adj.> *volles Gewicht habend;* ~e Münzen; <aber> er tut immer voll wichtig <Jugendspr.>; **'voll·zäh·lig** <Adj.> 1 *die gewünschte Anzahl aufweisend;*

> **Vollverb:** Das V. ist eine Subklasse der Wortart ↗**Verb.** Im Unterschied zum ↗**Hilfsverb** besitzt das V. eine selbstständige lexikalische Bedeutung und bildet syntaktisch den Kern des ↗**Prädikats:** *Er schreibt. Sie singt gern Mozartarien.*
> Das V. verfügt über ↗**Valenz.**

~e Liste 2 *alle ohne Ausnahme;* ~ *versammelt sein;* **'Voll·zäh·lig·keit** <f.; -; unz.>; **'Voll·zeit·schu·le** <f.; -, -n> *Schule mit etwa 30 Wochenstunden;* **voll'zie·hen** <V. t. 293> *ausführen, vollstrecken;* ein Urteil ~; ~de Gewalt *Exekutive;* **Voll'zug** <m.; -(e)s; unz.> *das Vollziehen;* **Voll·'zugs·an·stalt** <f.; -, -en; Rechtsw.> *Strafvollzugsanstalt*

Vo·lon'tär <[vɔlɔn-] od. [-lõ-]; m.; -s, -e> *jmd., der als Berufsanfänger in einem Betrieb ausgebildet wird* [frz.]; **Vo·lon·ta·ri'at** <n.; -(e)s, -e> 1 *Ausbildungszeit eines Volontärs* 2 *Volontärsstelle;* **Vo·lon'tä·rin** <f.; -, -nen>; **Vo·lon'tärs·stel·le** <f.; -, -n>; **vo·lon'tie·ren** <V. i.>

Vols·ker <['vɔls-]; m.; -s, -> *Angehöriger eines ital. Volksstammes;* **'Vols·ke·rin** <f.; -, -nen>; **'vols·kisch** <Adj.>

Volt <[vɔlt]; n.; - od. -(e)s, -; Phys.; Zeichen: V> *Einheit der elektr. Spannung* [nach dem ital. Physiker A. Graf *Volta*]

vol·ta <['vɔl-]; Mus.; bei Wiederholungen> *mal;* prima ~ *das erste Mal* [ital.]

Vol·ta·e·le·ment <['vɔl-]; n.; -(e)s, -e; ↗Z55; Phys.> *galvan. Element;* **Vol·ta'me·ter** <n.; -s, -; Phys.> *Gerät zum Messen der Ladungsmenge;* **Vol·t·am·pere** <[-'pɛːr]; n.; -s, -; Phys.; Zeichen: VA> *Einheit der elektr. Arbeit;* **'vol·tasch** <Adj.; Phys.> *galvanisch;* ~e Säule <od.> Voltasche Säule *Voltaelement*

Vol·te <['vɔl-]; f.; -, -n; Reitsp.> *kreisförmige Figur* [ital.]; **vol'tie·ren** <V. i.; Fechten> *mit einer Volte ausweichen;* **Vol·ti·geur** <[-'ʒøːr]; m.; -s, -e; Reitsp.> [frz.]; **Vol·ti'geu·rin** <f.; -, -nen; Reitsp.>; **vol·ti·gie·ren** <[-'ʒiː-]; V. i. (h. u. s.); Reitsp.> *auf dem galoppierenden Pferd turnen;* **Vol·ti'gie·rer** <m.; -s, -; Reitsp.>; **Vol·ti'gie·re·rin** <f.; -, -nen; Reitsp.>

Volt·me·ter <['vɔlt-]; n.; -s, -; Phys.> = *Spannungsmesser;* **'Volt·se·kun·de** <f.; -, -n; Phys.; Zeichen: Vs> = *Weber²*

Vo·lu·men <[vo-]; n.; -s, - od. -mi·na> 1 <Phys.; Zeichen: V> *Rauminhalt* 2 <Abk.: Vol.>

Buchband [lat.]; **Vo'lu·men·ein·heit** <f.; -, -en; Phys.> *Raumeinheit;* **Vo'lu·men·ge·wicht** <n.; -(e)s, -e; Phys.> *Raumgewicht;* **Vo'lu·men·pro·zent** <n.; -(e)s, -e; Phys.> = *Volumprozent;* **vo·lu·mi'nös** <Adj.; -er, am -es·ten; geh.> *umfangreich;* **Vo'lum·pro·zent** <n.; -(e)s, -e; Phys.; Abk.: Vol.-%> *Prozent bezügl. des Rauminhaltes*

Vo·lun·ta'ris·mus <[vo-]; m.; -; unz.; Philos.> *Lehre, die im Willen die Grundbestimmung des Seins sieht* [lat.]; **vo·lun·ta'ris·tisch** <Adj.; Philos.>; **vo·lun·ta'tiv** <Adj.; Sprachw.; bei Verben> *den Modus des Wunsches ausdrückend*

Vo'lu·te <[vo-]; f.; -, -n; Arch.> *spiralförmiges Ornament* [lat.]; **Vo'lu·ten·ka·pi·tell** <[vo-]; n.; -(e)s, -e; Arch.>

vol·vie·ren <[vɔl'viː-]; V. t.; geh.> 1 *rollen* 2 <fig.> *abwägen;* eine Frage ~ [lat.]

Vol·vox <['vɔl-]; f.; -, -'vo·zen; Bot.> *eine Grünalge*

Vol·vu·lus <['vɔlvu-]; m.; -, -vu·li; Med.> *Darmverschlingung* [lat.]

vom <Verschmelzungsform von Präp. u. Art. *von dem;* ~ Haus (herab)> ~ Hundert <Abk.: v. H., vH; Zeichen: %> *Prozent;* ~ Tausend <Abk.: v. T., vT; Zeichen: ‰> *Promille;* **Vom'hun·dert·satz** <m.; -es, ¨e> *Prozentsatz*

Vo·mi'tiv <[vo-]; n.; -s, -e; Med.> *Brechmittel* [lat.]

Vom'tau·send·satz <m.; -es, ¨e> *Promillesatz*

von <Präp. m. Dat.; Abk.: v.> 1 *einen Ausgangspunkt angebend;* ~ oben <Abk.: v.o.>; ~ unten <Abk.: v. u.>; ~ München; ~ hier bis dort; ~ heute an; ~ Amts wegen; ~ Rechts wegen; <zur Bez. des Adelstitels> Gottfried ~ Straßburg; Graf ~ Y 2 <↗Z19.2> *zu jmdm. oder etwas gehörig;* der Kaiser ~ Japan; ein Drama ~ Goethe; ~ jmdm. gelobt werden; vonseiten, <auch> ~ Seiten *verursacht durch;* vonseiten, <auch> ~ Seiten der Opposition wurde Kritik laut; ~ Hand <umg.> *manuell;* etwas ~ sich aus tun 3 *eine Eigenschaft habend;* ein Kind ~ 5 Jahren; eine Kette ~ Gold 4 ~ jmdm. od. et-

was sprechen *über jmdn. od. etwas sprechen* 5 <anstelle des partitiven Genitivs> *ein Bekannter von mir einer meiner Bekannten;* Hunderte ~ Leuten

von·ein·an·der, <auch> **von·ei·'nan·der** <Adv.; ↗Z54, 22> *einer vom anderen;* ~ Abschied nehmen; wir hören kaum ~; <Getrenntschreibung in Verbindung mit Verb/Partizip> ~ gehen *sich trennen;* ~ scheiden; ~ wissen

von'nö·ten <Adv.; ↗Z22> ~ sein

von'sei·ten, <auch> **von 'Sei·ten** <↗Z19.2> → a. *von(2)*

von'stat·ten <Adv.; ↗Z22> nur in der Wendung> ~ gehen *stattfinden*

Voo·doo <[vuˈduː]; m.; -s; unz.; Rel.> = *Wodu*

'Vo·po <m.; -s, -s; umg.; DDR; Kurzw. für> *Volkspolizei, -polizist*

vor¹ <Präp.; mit Dat. auf die Frage "wohin?", mit Akk. auf die Frage "wo?"> 1 <örtl.> *an der Vorderseite;* ~ jmdm. sitzen; ~ dem Baum; etwas ~ sich hin murmeln; Ggs *hinter* 2 <fig.> *gegenüber;* den Hut ~ jmdm. abnehmen 3 <zeitl.> *früher als;* kurz ~ Ostern; ~ Jahren; 48 Jahre ~ Christi Geburt <Abk.: v. Chr.>; ~ Christo, ~ Christus <Abk.: v. Chr.>; ~ allem <Abk.: v. a.> *besonders* 4 <kausal> *aus, wegen;* ~ Kälte zittern; Respekt ~ jmdm. haben 5 <veralt.> *für;* Gnade ~ Recht ergehen lassen; **vor²** <Adv.> nach wie ~ *immer noch*

vor'ab <Adv.; ↗Z22> *im Voraus;* etwas ~ ankündigen; **'Vor·ab·druck** <m.; -(e)s, -e>

'Vor·a·bend <m.; -s, -e; ↗Z55> *Abend vor dem Ereignis;* am ~ der Hochzeit; **'Vor·a·bend·pro·gramm** <n.; -(e)s, -e; TV> *Fernsehprogramm vor dem abendl. Nachrichten;* **'Vor·a·bend·se·rie** <[-riɑ]; f.; -, -n; TV>

Vor'ab·in·for·ma·ti·on <f.; -, -en>

'Vor·ah·nung <f.; -, -en; umg.> *Ahnung*

vor·an, <auch> **vo·ran** <Adv.; ↗Z54> 1 *vorn(1);* die Kinder ~, die Eltern hinterdrein 2 <umg.> *vorwärts;* immer ~!; **vor·an...** <Vors.; in Zus. mit Verben be-

tont u. abtrennbar> z.B. voranstellen; **vor|an|brin·gen** <V. t. 118 ; ↗Z22> <ich bringe voran; sie hat vorangebracht; voranzu­bringen>; **vor|an|ge·hen** <V. i. (s.) 145; ↗Z22> **1** *nach vorn gehen;* mit gutem Beispiel ~ <fig.> *ein gutes B. abgeben* **2** *vorausgehen(2);* am vorangegangenen Tag **3** <↗Z43> *vorher im Text stehen;* die ~den Beschreibungen; <aber> Vorangehendes, im Vorangehenden; **vor|an|kom· men** <V. i. (s.) 170> **1** *sich (gut) vorwärts bewegen;* trotz des Verkehrs kamen wir gut voran **2** <fig.> *Fortschritte erzielen;* **vor 'an|ma·chen** <V. i.; umg.> *sich beeilen;* **'Vor·an·schlag** <m.; -(e)s, ⸚e; Wirtsch.> *Kostenanschlag* **vor|an|stel·len,** <auch> **vo'ran· stel·len** <V. t.; ich stelle voran; sie hat vorangestellt; voranzu­stellen; ↗Z54> *zuvor mitteilen;* einer Sache etwas ~; **vor'an trei·ben** <V. t. 267> *schneller werden lassen;* eine Entwicklung ~ **'Vor·an·zei·ge** <f.; -, -n> *Anzeige von etwas Kommendem* **'Vor·ar·beit** <f.; -, -en> *vorbereitende Arbeit;* sie hat gute ~ geleistet; **'vor|ar·bei·ten** <V. i. u. V. t.; ich arbeite vor; sie hat vor­gearbeitet; vorzuarbeiten>; **'Vor·ar·bei·ter** <m.; -s, -> *Leiter einer Arbeitergruppe;* **'Vor·ar bei·te·rin** <f.; -, -n·nen> **vor|auf,** <auch> **vo'rauf** <Adv.; ↗Z54> *voran, voraus;* **vor'auf ge·hen** <V. i. (s.) 145; ich gehe vorauf; sie ist voraufgegangen; voraufzugehen; ↗Z22; geh.> **1** er ging mir vorauf **2** *vorausgehen(2)* **vor'aus,** <auch> **vo'raus** <Adv.; ↗Z54> **1** *räuml. vor jmdm. od. etwas;* vor jmdm. od. etwas voraus sein, einen Vorsprung vor jemandem haben; jmdm. weit ~ sein *jmdn. übertreffen;* im Rechnen ist sie allen ~ **3** <['--]; ↗Z43> im Voraus *schon vorher;* vielen Dank im Voraus; **vor'aus...** <Vors.; in Zus. mit Verben be­tont u. abtrennbar> z.B. voraussetzen; **Vor'aus** <m.; -; unz.; Rechtsw.> *gesetzl. Vermächtnis des überlebenden Ehegatten;* **vor'aus|ah·nen** <V. t.; ich ahne

voraus; sie hat vorausgeahnt; vorauszuahnen; ↗Z22; umg.>; **vor'aus|be·den·ken** <V. t.119>; **vor'aus|be·stim·men** <V. t.>; **Vor'aus·be·stim·mung** <f.; -, -en>; **vor'aus|be·zah·len** <V. t.>; **Vor'aus·be·zah·lung** <f.; -, -en>; **vor'aus|bli·cken** <V. i.> ~d kann man sagen, dass ...; **vor'aus|da·tie·ren** <V. t.> = *vordatieren;* **vor'aus|den·ken** <V. t. 119>; **vor'aus|ei·len** <V. i. (s.)>; **Vor'aus·ex·em·plar,** <auch> **Vo 'raus·e·xemp·lar** <n.; -s, -e; ↗Z54, 55; Druckw.> *Exemplar eines Druckwerkes vor der offiziellen Auslieferung;* **vor'aus fah·ren** <V. i. (s.) 130>; **vor'aus ge·hen** <V. i. (s.) 145> **1** *vorangehen(1)* **2** *einer Sache ~ vor einer Sache geschehen;* der Abstimmung ging eine heftige Diskussion voraus **3** <↗Z43> *vorangehen(3);* die vorausgegangenen Ausführungen; <aber> Vorausgehendes, im Vorausgehenden; **vor'aus|ha·ben** <V. t. 159> jmdm. etwas ~; er hat ihr das bessere Gedächtnis voraus; **Vor'aus·kas·se** <f.; -; unz.> *Bezahlung im Voraus;* **Vor'aus·kor·rek·tur** <f.; -, -en; Druckw.> *Korrektur eines Textes vor dem Druck;* **vor'aus|lau·fen** <V. i. (s.) 176>; **vor'aus|neh· men** <V. t. 189> = *vorwegnehmen(2);* **vor'aus·sag·bar** <Adj.>; **Vor'aus·sa·ge** <f.; -, -n> *Vorhersage;* **vor'aus|sa·gen** <V. t.> *etwas Kommendes absehen;* die Zukunft ~; **vor'aus schau·en** <V. i.>; **vor'aus|schi cken** <V. t.> **1** *vorher an einen Ort schicken;* Gepäck ~ **2** *vorher mitteilen;* ich muss ~, dass ...; **vor'aus|se·hen** <V. t. 239> *im Voraus erwarten;* niemand konnte den Unfall ~; **vor'aus sen·den** <V. t. 241> = *vorausschicken(1);* **vor'aus|set·zen** <V. t.; du setzt voraus> *als gegeben annehmen; als bekannt ~;* vorausgesetzt, dass ...; **Vor'aus set·zung** <f.; -, -en> **1** *Annahme;* von falschen ~en ausgehen **2** unter dieser ~ ist es fraglich, ob ...; **vor'aus·set·zungs·los** <Adj.>; **Vor'aus·sicht** <f.; -; unz.> *Annahme, Erwartung;* aller ~ nach *wahrscheinlich;* **vor**

'aus·sicht·lich <Adj.> *wahrscheinlich;* sie kommt ~ später; **vor'aus|wis·sen** <V. t. 289; du weißt voraus>; **vor'aus|zah·len** <V. t.>; **Vor'aus·zah·lung** <f.; -, -en> **'Vor·bau** <m.; -(e)s, -ten; Arch.> *vorspringender Gebäudeteil;* **'vor·bau·en** <V.> **1** <V. t.> *vorn anbauen* **2** <V. i.> *vorbeugend handeln* **'Vor·be·cken** <n.; -s, -> *Becken vor Schleusen* **'Vor·be·dacht** <m.; in den Wen­dungen> aus, mit, voll ~ *wohl überlegt* **'Vor·be·deu·tung** <f.; -, -en> *Omen* **'vor|be·din·gen** <V. t./V. refl. 120; ich bedinge mir vor; sie hat sich vorbedungen; sich vorzubedin­gen; umg.> *als Bedingung stellen;* **'Vor·be·din·gung** <f.; -, -en; umg.> **'Vor·be·halt** <m.; -(e)s, -e> *Einschränkung, Bedenken;* unter dem ~, dass ...; unter üblichem ~ <Abk.: u. ü. V.>; **'vor|be·hal ten** <V. t. 160; ich behalte mir vor; sie hat sich vorbehalten; sich vorzubehalten> **1** <V. refl.> *ausbedingen; sich gerichtliche Schritte ~* **2** etwas bleibt, ist jmdm. ~; **'vor·be·halt·lich** <Adj.; mit Gen.; Amtsdt.> *mit dem Vorbehalt, dass; ~* der Einwilligung; **'vor·be·halt·los** <Adj.> ~ zustimmen; **Vor·be halts·gut** <n.; -(e)s, ⸚er; Rechtsw.> *Erbteil, den der Ehegatte des Erblassers frei nutzen kann* **'vor|be·han·deln** <V. t.; ich be­hand(e)le vor; sie hat vorbe­handelt; vorzubehandeln> *vorher behandeln;* **'Vor·be·hand lung** <f.; -, -en> **vor'bei** <Adv.> Sy *vorüber* **1** <räuml.> *neben jmdm. od. etwas sich weiter fortbewegend* **2** <zeitl.> *vergangen;* das Jahr ist ~; **vor'bei...** <Vors.; in Zus. mit Verben betont u. abtrennbar> **1** *an jmdm. od. etwas entlang u. dann weiter vorwärts;* vorbeifahren **2** *zu Ende;* vorbeigehen(3); **vor'bei|be·neh·men** <V. refl. 189; ich benehme mich vorbei; sie hat sich vorbeibenommen; sich vorbeizubeneh

men; ↗Z22; umg.> *sich schlecht benehmen*; **vor'bei|fah·ren** <V. i. (s.) 130> an einer Kirche ~; **vor'bei|flie·gen** <V. i. (s.) 136>; **vor'bei|flie·ßen** <V. i. (s.) 138>; **vor'bei|füh·ren** <V.> 1 <V. t.> *kurz entlang- u. dann weiterführen*; er führte uns am Dom vorbei 2 <V. i.> *neben etwas verlaufen(1)*; die Straße führt an einem Wald vorbei; **vor'bei|gehen** <V. i. (s.) 145> 1 an einem Haus ~; etwas im Vorbeigehen betrachten 2 *nicht treffen(1)*; der Schuss ging vorbei 3 <fig.; umg.> *vergehen(2)*; der Kummer wird ~ 4 <umg.> bei jmdm. ~ *jmdn. kurz besuchen*; **vor'bei|kom·men** <V. i. (s.) 170>; **vor'bei|las·sen** <V. t. 175; du lässt vorbei> *vorbeigehen/-fahren lassen*; lass sie vorbei!; **vor'bei|lau·fen** <V. i. (s.) 176>; ich laufe vorbei; sie ist vorbeigelaufen; vorbeizulaufen> **Vor'bei·marsch** <m.; -(e)s, -̈e; Mil.> *das Vorbeimarschieren*; **vor'bei·mar·schie·ren** <V. i. (s.)> an der Tribüne ~; **vor'bei|re·den** <V. i.> an etwas ~ reden, ohne den Kern zu treffen; am Thema ~; **vor'bei|ren·nen** <V. i. (s.) 200>; **vor'bei|schie·ßen** <V. i. 215; du schießt vorbei> *danebenschießen*; der Pfeil schoss am Ziel vorbei; **vor'bei|tref·fen** <V. i. 266> *danebentreffen*; **vor'bei|wer·fen** <V. t.>; **vor'bei|zie·hen** <V. 293> 1 <V. t.> *etwas an jmdm. od. etwas entlang- u. dann weiterziehen* 2 <V. i. (s.)> *vorbeimarschieren*

'vor·be·las·tet <Adj.> *bereits belastet*; er ist erblich ~; **'Vor·be·las·tung** <f.; -, -en>

'Vor·be·mer·kung <f.; -, -en> *einleitende Bemerkung*

'vor|be·rei·ten <V. t.; ich bereite vor; sie hat vorbereitet; vorzubereiten> 1 *im Voraus etwas erledigen*; eine Feier ~ 2 <V. t./V. refl.> jmdn. auf etwas ~ *präparieren*; jmdn. auf einen Test ~; sie ist gut vorbereitet; **'Vor·be·rei·tung** <f.; -, -en> ~ en treffen; **'Vor·be·rei·tungs·dienst** <m.; -(e)s, -e> = *Referendariat*

'Vor·be·richt <m.; -(e)s, -e> *Bericht vor dem eigentl. Bericht*

'Vor·be·scheid <m.; -(e)s, -e> *vorläufiger Bescheid*

'Vor·be·sit·zer <m.; -s, -> *vorheriger Besitzer*; **'Vor·be·sit·ze·rin** <f.; -, -nnen>

'Vor·be·spre·chung <f.; -, -en>

'vor|be·stel·len <V. t.; ich bestelle vor; sie hat vorbestellt; vorzubestellen> einen Tisch im Restaurant ~; **'Vor·be·stel·lung** <f.; -, -en>

'vor·be·stimmt <Adj.; Rel.> es ist mir ~

'vor·be·straft <Adj.; Rechtsw.> *bereits vorher gerichtl. verurteilt*; **'Vor·be·straf·te(r)** <f.; 2 (m. 1)>

'vor|be·ten <V. t.; ich bete vor; sie hat vorgebetet; vorzubeten> 1 <Rel.> *ein Gebet vorsprechen* 2 <fig.; umg.> *wiederholt in allen Details erklären*; **'Vor·be·ter** <m.; -s, -; Rel.>; **'Vor·be·te·rin** <f.; -, -nnen; Rel.>

'vor|beu·gen <V.; ich beuge vor; sie hat vorgebeugt; vorzubeugen> 1 <V. refl.> sich ~ *sich nach vorn beugen* 2 <V. i.> einer Sache ~ *sie verhindern*; ~de Maßnahmen; **'Vor·beu·gung** <f.; -, -en>; **'Vor·beu·gungs·haft** <f.; -; unz.; Rechtsw.> jmdn. in ~ nehmen; **'Vor·beu·gungs·maß·nah·me** <f.; -, -n>

'Vor·be·wusst·te(s) <n. 3; unz.; Psych.> *Bereiche zw. Unbewusstem u. Bewusstem*

'Vor·bild <n.; -(e)s, -er> *musterhaftes Beispiel*; sich jmdn. zum ~ nehmen; **'vor|bil·den** <V. t.; ich bilde vor; sie hat vorgebildet; vorzubilden> 1 *vorbereitend ausbilden* 2 *vorbereitend formen*; **'vor·bild·haft, 'vor·bild·lich** <Adj.> *musterhaft*; **'Vor·bild·lich·keit** <f.; -; unz.>; **'Vor·bil·dung** <f.; -; unz.>

'vor|bin·den <V. t. 111; ich binde vor; sie hat vorgebunden; vorzubinden; umg.> *vor etwas binden*; sich eine Schürze ~

'Vor·blatt <n.; -(e)s, -̈er; Bot.> *das erste Blatt einer Seitenknospe*

'vor|boh·ren <V. t.; ich bohre vor; sie hat vorgebohrt; vorzubohren> *vorbereitend bohren*

'Vor·bör·se <f.; -; unz.; Wirtsch.>; **'vor·börs·lich** <Adj.> *vor der offiziellen Börseneröffnung*

'Vor·bo·te <m.; -n, -n> 1 *erster Bote* 2 <fig.> *Vorzeichen(3)*

'vor|brin·gen <V. t. 118; ich bringe vor; sie hat vorgebracht; vorzubringen> 1 *äußern*; ein Anliegen ~ 2 <umg.> *nach vorn bringen*

'Vor·büh·ne <f.; -, -n; Theat.> *vorgelagerter Bühnenteil*

'vor·christ·lich <[-kr-]; Adj.> *vor Christi Geburt liegend*; in ~er Zeit

'Vor·dach <n.; -(e)s, -̈er; Arch.> *Dach über einem Hauseingang*

'vor|da·tie·ren <V. t.; ich datiere vor; sie hat vordatiert; vorzudatieren> *mit einem späteren Datum versehen*

'Vor·deck <n.; -s, -s od. -e; Mar.> *Teil des Oberdecks*; Ggs *Achterdeck*

vor'dem <a. ['--]; Adv.; veralt.> *einst*

'Vor·der·ach·se <[-ks-]; f.; -, -n> Ggs *Hinterachse*

'Vor·der·an·sicht <f.; -, -en> Ggs *Rückansicht*

vor·der·a·si'a·tisch <Adj.; ↗Z55>; **Vor·der·a'si·en** *südwestl. Teil Asiens*

'Vor·der·bein <n.; -(e)s, -e; Zool.; bei Vierfüßern> Ggs *Hinterbein*

'Vor·der·deck <n.; -s, -s od. -e; Mar.> = *Vordeck*

'vor·de·re(r, -s) <Adj.> *vorn befindlich*; der ~ Teil des Hauses; <aber> der Vordere Orient

'Vor·der·front <f.; -, -en> Ggs *Hinterfront*

'Vor·der·fuß <m.; -es, -̈e; Zool.; bei Vierfüßern> Ggs *Hinterfuß*

'Vor·der·gau·men <m.; -s, -; Anat.>; **'Vor·der·gau·men·laut** <m.; -(e)s, -e; Phon.> *am Vordergaumen gebildeter Laut*; Sy *Palatal*

'Vor·der·ge·bäu·de <n.; -s, ->

'Vor·der·grund <m.; -(e)s; unz.> *dem Betrachter zunächst liegender Bereich*; im ~ stehen <a. fig.>; etwas in den ~ stellen <fig.> *hervorheben*; Ggs *Hintergrund*; **'vor·der·grün·dig** <Adj.> *oberflächlich*; ein Problem ~ behandeln

'vor·der·hand <Adv.> *einstweilen*; ich werde ~ nichts sagen; **'Vor·der·hand** <f.; -; unz.> = *Vorhand(1, 3)*

'Vor·der·haupt·la·ge <f.; -, -n;

Med.> *eine Lage des Säuglings bei der Geburt*

'**Vor·der·haus** <n.; -es, ¨er> *zur Straße gelegenes Haus;* Ggs *Hinterhaus*

'**Vor·der·kie·mer** <m.; -s, -; Zool.>

'**Vor·der·la·der** <m.; -s, -> *eine alte Feuerwaffe;* Ggs *Hinterlader*

'**vor·der·las·tig** <Adj.> *vorn zu schwer belastet;* ein ~es Boot; Ggs *hinterlastig*

'**Vor·der·lauf** <m.; -(e)s, ¨e; Jägerspr.> *Vorderbein;* Ggs *Hinterlauf*

'**Vor·der·mann** <m.; -(e)s, ¨er> jmdn. auf ~ bringen <fig.; umg.> *energisch antreiben*

'**Vor·der·mast** <m.; -es, -en; Mar.>

'**Vor·der·pfo·te** <f.; -, -n; bei Vierfüßern> Ggs *Hinterpfote;* '**Vor·der·pran·ke** <f.; -, -n; Jägerspr.> *Vorderbein (bei Raubtieren)*

'**Vor·der·rad** <n.; -(e)s, ¨er> Ggs *Hinterrad;* '**Vor·der·rad·an·trieb** <m.; -(e)s; unz.; Kfz> *Frontantrieb*

'**Vor·der·satz** <m.; -es, ¨e; Sprachw.> *vorangestellter Satz;* Ggs *Nachsatz;* → a. *Kasten Nebensatz*

'**Vor·der·schiff** <n.; -(e)s; unz.; Mar.> *vorderer Schiffsteil;* Ggs *Achterschiff*

'**Vor·der·schin·ken** <m.; -s, -> *Schinken vom Vorderbein*

'**Vor·der·sei·te** <f.; -, -n> *nach vorn zeigende Seite;* Ggs *Rückseite*

'**Vor·der·sitz** <m.; -es, -e; Kfz> Ggs *Rücksitz*

'**vor·ders·te(r)** <Adj.; ↗Z42> die ~ Reihe; <aber> die Vordersten standen auf

'**Vor·der·ste·ven** <m.; -s, -; Mar.> Ggs *Achtersteven*

'**Vor·der·teil** <m. od. n.; -(e)s, -e>

'**Vor·der·tür** <f.; -, -en> Ggs *Hintertür*

'**Vor·der·wa·gen** <m.; -s, ->

'**vor|drän·geln** <V. i./V. refl.; ich dräng(e)le vor; sie hat vorgedrängelt; vorzudrängeln> *nach vorn drängeln;* '**vor|drän·gen** <V. t.>

'**vor|drin·gen** <V. i. (s) 122; ich dringe vor; sie ist vorgedrungen; vorzudringen> *eindringen;* '**vor·dring·lich** <Adj.> *sehr*

dringlich; etwas ~ behandeln; '**Vor·dring·lich·keit** <f.; -; unz.>

'**Vor·druck** <m.; -(e)s, -e> *Formular;* '**Vor·druck·wal·ze** <f.; -, -n>

'**vor·e·he·lich** <Adj.; ↗Z55> *die Zeit vor der Eheschließung betreffend*

'**vor·ei·lig** <Adj.> *übereilt;* ein ~er Entschluss; '**Vor·ei·lig·keit** <f.; -; unz.>

vor·ein·an·der, <auch> **vor·ei·nan·der** <Adv.; ↗Z54, 22> *einer vor dem anderen;* sich ~ fürchten

'**vor·ein·ge·nom·men** <Adj.> *nicht vorurteilsfrei;* '**Vor·ein·ge·nom·men·heit** <f.; -; unz.>

'**Vor·ein·sen·dung** <f.; -; unz.> *vorherige Einsendung;* gegen ~ des Betrages

'**vor|ent·hal·ten** <V. t. 160/V. refl.; ich enthalte vor; sie hat vorenthalten; vorzuenthalten> *widerrechtl. nicht geben;* jmdm. wichtige Informationen ~; '**Vor·ent·hal·tung** <f.; -, -en>

'**Vor·ent·la·dung** <f.; -, -en; Phys.>

'**Vor·ent·schei·dung** <f.; -, -en> *vorläufige Entscheidung;* '**Vor·ent·schei·dungs·lauf** <m.; -(e)s; -e; Sp.>

'**Vor·er·be**[1] <m.; -n, -n> *bis zu einem bestimmten Zeitpunkt eingesetzter Erbe;* '**Vor·er·be**[2] <n.; -s; unz.> *Vorerbschaft;* '**Vor·er·bin** <f.; -, -n·nen>; '**Vor·erb·schaft** <f.; -, -en>

'**Vor·ern·te** <f.; -, -n>

'**vor·erst** <Adv.> *vorläufig;* ich werde ~ nichts unternehmen

'**vor·er·wähnt** <Adj.; Amtsdt.> *oben erwähnt*

'**vor|er·zäh·len** <V. t./V. refl.; ich erzähle vor; sie hat vorerzählt; vorzuerzählen; umg.> *etwas Unwahres erzählen*

'**Vor·es·sen** <n.; -s, -; schweiz.> *Ragout*

'**vor|ex·er·zie·ren**, <auch> '**vor|ex·er·zie·ren** <V. t.; ich exerziere vor; sie hat vorexerziert; vorzuexerzieren; ↗Z54, 55; umg.> *vormachen*

'**Vor·fa·bri·ka·ti·on**, <auch> '**Vor·fab·ri·ka·ti·on** <f.; -, -en; ↗Z53> *Vorfertigung;* '**vor|fa·bri·zie·ren** <V. t.> *vorfabrizierte Meinung*

'**Vor·fahr**, '**Vor·fah·re** <m.; -(e)n, -(e)n> *Familienmitglied einer*

früheren Generation; Ggs *Nachkomme*

'**vor|fah·ren** <V. i. (s) 130; umg.> *nach vorn fahren;* ein Stück ~; der Wagen ist vorgefahren

'**Vor·fah·rin** <f.; -, -n·nen>

'**Vor·fahrt** <f.; -; unz.; bei Straßenkreuzungen> *Vorrang einer Fahrtrichtung;* '**vor·fahrts·be·rech·tigt** <Adj.>; '**Vor·fahrts·recht** <n.; -(e)s; unz.>; '**Vor·fahrts·schild** <n.; -(e)s, -er> *ein Verkehrsschild*

'**Vor·fall** <m.; -(e)s, ¨e> *Vorkommnis;* ein unangenehmer ~; '**vor|fal·len** <V. i. (s) 131> 1 *sich ereignen;* ist etwas vorgefallen? 2 <umg.> *nach vorn fallen*

'**Vor·fei·er** <f.; -, -n>

'**Vor·feld** <n.; -(e)s, -er> im ~ der Verhandlungen

'**vor|fer·ti·gen** <V. t.; ich fertige vor; sie hat vorgefertigt; vorzufertigen> *vor der Montage herstellen;* vorgefertigte Bauteile; '**Vor·fer·ti·gung** <f.; -; -en>

'**Vor·film** <m.; -(e)s, -e> *Film vor dem Hauptfilm*

'**vor|fi·nan·zie·ren** <V. t.; ich finanziere vor; sie hat vorfinanziert; vorzufinanzieren; Bankw.>; '**Vor·fi·nan·zie·rung** <f.; -, -en; Bankw.>

'**vor|fin·den** <V. t. 134; ich finde vor; sie hat vorgefunden; vorzufinden> *antreffen;* ein großes Durcheinander ~

'**vor|flun·kern** <V. t.; umg.> *vorschwindeln*

'**Vor·flut** <f.; -, -en; Wasserbau> *Entwässerung durch einen tiefer gelegenen Flusslauf;* '**Vor·flu·ter** <m.; -s, -> *der Vorflut dienendes Gewässer*

'**Vor·form** <f.; -, -en; Biol.> *frühere Form;* die ~en des Pferdes

'**Vor·freu·de** <f.; -; unz.> ~ ist die schönste Freude <Sprichw.>

'**vor·fris·tig** <Adj.> *vor Fristende;* etwas ~ herstellen

'**Vor·frucht** <f.; -, ¨e; Landw.> *Frucht, die vor einer anderen angebaut wird*

'**Vor·früh·ling** <m.; -s, -e> *warme Zeit vor Frühlingsbeginn;* '**vor·früh·lings·haft** <Adj.> ~ warm

'**vor|füh·len** <V. i.; ich fühle vor; sie hat vorgefühlt; vorzufühlen; umg.> bei jmdm. ~ *jmds. Meinung herauszufinden suchen*

V

Vorgangspassiv: Das V. ist eine Form des ⟋Passivs. Es wird aus dem ⟋Partizip Perfekt des ⟋Vollverbs und einer Form des ⟋Hilfsverbs *werden* gebildet: *Die Wand wird gestrichen. Die Schuhe wurden geputzt.* Vgl. ⟋Zustandspassiv

---

'**Vor·führ·da·me** ‹f.; -, -n› = *Model²*; '**vor·füh·ren** ‹V. t.› 1 *vor jmdn. führen*; jmdn. dem Richter ~ 2 *zeigen*; ein Theaterstück, einen Film ~; '**Vor·füh·rer** ‹m.; -s, -›; '**Vor·füh·re·rin** ‹f.; -, -n·nen›; '**Vor·führ·raum** ‹m.; -(e)s, ⁼e›; '**Vor·füh·rung** ‹f.; -, -en›

'**Vor·ga·be** ‹f.; -, -n› 1 ‹Sp.› *Regel, Richtlinie* 2 ‹Sp.› *Vergünstigung für einen schwächeren Teilnehmer* 3 ‹Bgb.› *zu sprengendes Gestein*; '**Vor·ga·be·zeit** ‹f.; -, -en; Wirtsch.›

'**Vor·gang** ‹m.; -(e)s, ⁼e› 1 *Ereignis*; einen ~ schildern 2 ‹Rechtsw.› *Akte zu einem Fall*; '**Vor·gän·ger** ‹m.; -s, -› Ggs *Nachfolger*; '**Vor·gän·ge·rin** ‹f.; -, -n·nen›; ⟋Z38›; '**Vor·gangs·pas·siv** ‹n.; -(e)s unz.; Gramm.› *eine Passivform*; → a. *Kasten; Zustandspassiv*, '**Vorgangs·verb** ‹[-vɛrb]; n.; -(e)s, -en; Gramm.› *Verb, das einen Vorgang beschreibt*; → a. *Kästen Verb, Zustandsverb*; '**Vorgangs·wei·se** ‹f.; -, -n› = *Vorgehensweise*

'**Vor·garn** ‹n.; -(e)s, -e; Textilw.›
'**Vor·gar·ten** ‹m.; -s, ⁼⟩ *Garten vor dem Haus*
'**vor|gau·keln** ‹V. t.› *vor; sie hat vorgegaukelt; vorzugaukeln› vortäuschen*
'**vor|ge·ben** ‹V. 143› 1 ‹V. t.› *nach vorn geben* 2 ‹V. t.› *als Vorsprung gewähren*; jmdm. zehn Punkte ~ 3 ‹V. t.› *anweisen*; jmdm. eine Zeit für eine Aufgabe ~ 4 ‹V. i.› *lügen*; er gab vor, volljährig zu sein
'**Vor·ge·bir·ge** ‹n.; -s, -›
'**vor·geb·lich** ‹Adj.› *angeblich*
'**vor·ge·fasst** ‹Adj.› *im Voraus gebildet*; eine ~e Meinung
'**Vor·ge·fecht** ‹n.; -(e)s, -e; a. fig.›
'**Vor·ge·fühl** ‹n.; -s, -e› *Ahnung*; im ~ ihres Triumphes
'**vor|ge·hen** ‹V. i. (s.) 145; ich ge-

---

he vor; sie ist vorgegangen; vorzugehen› 1 ‹örtl.› *nach vorn gehen* 2 ‹zeitl.› er geht schon vor 3 ‹bei Messgeräten› *zu schnell gehen*; die Uhr geht vor 4 *geschehen*; er zeigte nicht, was in ihm vorging 5 *Maßnahmen ergreifen*; gerichtlich gegen jmdn. ~ 6 *wichtiger sein*; die Gesundheit geht vor; '**Vor·ge·hen** ‹n.; -s; unz.›; '**Vor·ge·hens·wei·se** ‹f.; -, -n›
'**Vor·ge·le·ge** ‹n.; -s, -; Tech.› *eine Getriebewelle*
'**vor·ge·ord·net** ‹Adj.› *übergeordnet*; sie ist mir ~
'**vor·ger·ma·nisch** ‹Adj.›
'**Vor·ge·schich·te** ‹f.; -, -n› 1 *das einem Ereignis vorausgegangene Geschehen* 2 ‹unz.› *Zeit vor der schriftl. Überlieferung*; '**vor·ge·schicht·lich** ‹Adj.› *aus ~er Zeit*
'**Vor·ge·schmack** ‹m.; -(e)s; unz.; fig.› *Probe von etwas Zukünftigem*
'**Vor·ge·setz·te(r)** ‹f. 2 (m. 1)› *berufl. Höhergestellte(r)*
'**vor·ges·tern** ‹Adv.› *am Tage vor gestern*; ~ Abend, Mittag, Morgen, Nachmittag; von ~ ‹fig.; umg.› *veraltet*; '**vor·ges·trig** ‹Adj.› beim ~en Treffen
'**vor|glü·hen** ‹V. i. u. V. t.; Kfz› einen Dieselmotor ~
'**vor|grei·fen** ‹V. i. 158; ich greife vor; sie hat vorgegriffen; vorzugreifen› einer Sache ~ *zuvorkommen*; wir dürfen ihm nicht ~; '**Vor·griff** ‹m.; -(e)s, -e›
'**vor|ha·ben** ‹V. t. 159; ich habe vor; sie hat vorgehabt; vorzuhaben› 1 *beabsichtigen*; hast du heute Abend etwas vor? 2 ‹umg.› *vorgebunden haben*; eine Schürze ~; '**Vor·ha·ben** ‹n.; -s, -› *Plan, Absicht*
'**Vor·ha·fen** ‹m.; -s, ⁼⟩ = *Reede*
'**Vor·hal·le** ‹f.; -, -n› 1 ‹im grch. Tempel› *Raum vor der Halle* 2 ‹allg.› *vorgelagerter Eingangshalle*
'**Vor·halt** ‹m.; -(e)s, -e› 1 ‹Mus.› *harmoniefremder Ton* 2 ‹schweiz.› *Vorhaltung*; '**vor|hal·ten** ‹V. 160; ich halte vor; sie hat vorgehalten; vorzuhalten› 1 ‹V. t.› ‹jmdm.› etwas ~ *vor jmdn. halten*; hinter vorgehaltener Hand 2 ‹V. t./V. refl.›

---

fig.› jmdm. etwas ~ *vorwerfen* 3 ‹V. i.; umg.› *(aus)reichen*; der Vorrat wird tagelang ~; '**Vor·hal·tung** ‹f.; -, -en› *Vorwurf*; jmdm. ~en machen
'**Vor·hand** ‹f.; -; unz.› 1 ‹Reitsp.› *der vor dem Reiter befindliche Teil des Pferdes*; Ggs *Hinterhand* 2 ‹(Tisch-)Tennis› *Schlag rechts vom Körper*; Ggs *Rückhand* 3 ‹Kart.› *Spieler vor dem Kartengeber*, Ggs *Hinterhand*
'**vor'han·den** ‹Adj.› *da, verfügbar*; ~ sein; '**Vor'han·den·sein** ‹n.; -s; unz.›
'**Vor·hand·schlag** ‹m.; -(e)s, ⁼e; (Tisch-)Tennis›
'**Vor·hang** ‹m.; -(e)s, ⁼e› *Stoffbahn, die vor etwas, bes. vor Fenster, gehängt wird*; die Vorhänge zuziehen; der ~ geht auf, fällt ‹Theat.›; '**vor|hän·gen** ‹V. t.; ich hänge vor; sie hat vorgehängt; vorzuhängen› *vor etwas hängen*; '**Vor·hän·ge·schloss** ‹n.; -es, ⁼er›; '**Vor·hang·stan·ge** ‹f.; -, -n›
'**Vor·haut** ‹f.; -, ⁼e; Anat.› *Haut über der Eichel des Penis*; '**Vor·haut·bänd·chen** ‹n.; -s, -; Anat.› = *Frenulum*
'**vor|hei·zen** ‹V. i. u. V. t.; du heizt vor; sie hat vorgeheizt; vorzuheizen› den Ofen ~
'**vor·her** ‹Adv.; ⟋Z21, 22› *davor, im Voraus*; kurz ~; drei Tage ~ Plätze reservieren; ‹Getrenntschreibung in Verbindung mit Verb/Partizip, wenn *vorher* im Sinne von *davor* gebraucht wird› 'vorher gehen, 'vorher sagen; ‹Zusammenschreibung in Verbindung mit Verb/Partizip, wenn *vorher* im Sinne von *voraus* gebraucht wird› → *vor'hergehen*; → *vor'hersagen*
'**Vor·herbst** ‹m.; -(e)s, -e›; '**vor·herbst·lich** ‹Adj.›
vor'her|ge·hen ‹V. i. (s.) 145; ⟋Z22, 43› *vorausgehen(2)*; am ~den Tag; im Vorhergehenden *vorher (im Text)*; '**vor·he·rig** ‹Adj.› nach ~er Vereinbarung
'**Vor·herr·schaft** ‹f.; -; unz.› *dominierende Rolle, Hegemonie*; '**vor|herr·schen** ‹V. i.; es herrscht vor; sie hat vorgeherrscht; vorzuherrschen› *überwiegen*; die ~de Meinung
vor'her·sag·bar ‹Adj.›; '**Vor·her-**

sa·ge <f.; -, -n> *Voraussage; Wetter~;* **vor'her|sa·gen** <V. t.; ich sage vorher; sie hat vorhergesagt; vorherzusagen; ↗Z 22> *weissagen;* das Vorhergesagte trat nicht ein

vor'her·seh·bar <Adj.>; **vor'her·se·hen** <V. t. 239> *vorausehen*

vor'heu·cheln <V. t.; ich heuch(e)le vor; sie hat vorgeheuchelt; vorzuheucheln; umg.> jmdm. etwas ~ *heuchelnd vorgaukeln*

vor'heu·len <V. t.; umg.> jmdm. etwas ~ *heulend klagen*

vor'hin <a. [-'-]; Adv.> *gerade erst;* ich bin ~ gekommen

Vor·hin·ein, <auch> **Vor·hi·nein** <Adv.; nur in der Wendung> im ~ *im Voraus*

Vor·hof <m.; -(e)s, ⸚e> 1 *vorderer Hof* 2 <Anat.> *Teil des Herzens;* **Vor·hof·flat·tern** <n.; -s; unz.; Med.>; **Vor·hof·flim·mern** <n.; -s; unz.; Med.>

Vor·höl·le <f.; -; unz.; Kath.> = *Limbus*

Vor·hut <f.; -, -en; Mil.> *vorausgesandte Gruppe*

vo·rig <Adj.> 1 <↗Z 43> *vorhergehend;* das ~e Mal; ~es Mal; ~en Jahres <Abk.: v. J.>; ~en Monats <Abk.: v. M.>; im Vorigen *im Vorhergehenden;* die Vorigen; der, die, das Vorige 2 <schweiz.; umg.> *übrig(1);* der Kuchen ist ~

Vor·jahr <n.; -(e)s, -e> *letztes Jahr;* im ~; **Vor·jah·res·ni·veau** <[-vo:]; n.; -s, -s> auf ~ sein; **vor·jäh·rig** <Adj.> *das Vorjahr betreffend*

vor'jam·mern <V. t.; ich jammere vor; sie hat vorgejammert; vorzujammern; umg.> jmdm. etwas ~ *jammernd klagen*

Vor·kal·ku·la·ti·on <f.; -, -en; Wirtsch.>

Vor·kam·mer <f.; -, -n; Anat.> = *Vorhof(2)*

Vor·kampf <m.; -(e)s, ⸚e; Sp.>; **Vor·kämp·fer** <m.; -s, -> *Bahnbrecher;* **Vor·kämp·fe·rin** <f.; -, -nen>

vor'kau·en <V. t.; ich kaue vor; sie hat vorgekaut; vorzukauen> 1 *vorher zerkauen;* Nahrung ~ 2 <fig.; umg.> *genau erklären*

Vor·kaufs·recht <n.; -(e)s; unz.>

das Recht, etwas als Erster zum Kauf angeboten zu bekommen

Vor·kehr <f.; -, -en; schweiz.> = *Vorkehrung;* **vor'keh·ren** <V. t.; ich kehre vor; sie hat vorgekehrt; vorzukehren; schweiz.> *Vorkehrungen treffen;* **Vor·keh·rung** <f.; -, -en> *vorsorgl. Maßnahme;* ~en treffen

Vor·keim <m.; -(e)s, -e; Bot.> *Geschlechtsgeneration bei Blütenpflanzen;* **vor'kei·men** <V. t.; Bot.> *Samen ~ vor dem Aussäen einweichen*

Vor·kennt·nis·se <Pl.> ~ sind nicht nötig

Vor·klas·sik <f.; -; unz.; Lit.; Mus.> *Epoche vor der Klassik;* **vor·klas·sisch** <Adj.>

vor·kli·nisch <Adj.; Med.> *vor dem klinischen Studium;* die ~en Semester

vor'knöp·fen <V. t.; ich knöpfe vor; sie hat vorgeknöpft; vorzuknöpfen; fig.; umg.> sich jmdn. ~ *jmdn. schelten*

vor'kom·men <V. i. (s.) 170; ich komme vor; sie ist vorgekommen; vorzukommen> 1 *nach vorn kommen* 2 *hervorkommen; aus einem Versteck ~* 3 *sich ereignen;* das darf nicht wieder ~ 4 *vorhanden sein;* diese Vögel kommen nur in den Tropen vor 5 er kommt mir bekannt vor; sich witzig ~ *sich für witzig halten;* **Vor·kom·men** <n.; -s, -> *das Vorhandensein;* Eisen~; **Vor·komm·nis** <n.; -s·ses, -s·se> *Ereignis*

vor'kos·ten <V. t.; ich koste vor; sie hat vorgekostet; vorzukosten> *prüfend kosten;* **Vor·kos·ter** <m.; -s, ->; **Vor·kos·te·rin** <f.; -, -n·nen>

vor'kra·gen <V. i.; es kragt vor; es hat vorgekragt; vorzukragen; Bauw.> *herausragen*

Vor·kriegs·zeit <f.; -, -en>

vor'la·den <V. t. 174; ich lade vor; sie hat vorgeladen; vorzuladen> *auffordern, vor Gericht zu erscheinen;* **Vor·la·dung** <f.; -, -en>

Vor·la·ge <f.; -, -n> 1 *Entwurf;* Gesetzes~ 2 *Muster, Modell;* Mal~ 3 <Fußb.> *Pass, der zum Torschuss führen soll*

vor'la·gern <V. t.; nur als Part.

Perf.> der Küste vorgelagerte Inseln

Vor·land <n.; -(e)s; unz.> *vorgelagertes Gebiet;* Alpen~

vor'las·sen <V. t. 175; du lässt vor; sie hat vorgelassen; vorzulassen> 1 *empfangen* 2 *nach vorn lassen;* ein Auto ~

Vor·lauf <m.; -(e)s, ⸚e> 1 <Sp.> *ein Ausscheidungslauf* 2 <Chem.> *erster Teil des Destillats;* **vor'lau·fen** <V. i. (s.) 176; ich laufe vor; sie ist vorgelaufen; vorzulaufen> 1 *nach vorn laufen* 2 *vorausaufen;* **Vor·läu·fer** <m.; -s, -> er war ein ~ der Klassik; **Vor·läu·fe·rin** <f.; -, -n·nen>; **vor·läu·fig** <Adj.> 1 *einstweilig;* eine ~e Auswahl 2 <adv.> er wohnt ~ im Hotel

vor·laut <Adj.> 1 <Jagdw.> *zu früh anschlagend;* der Hund ist ~ 2 <fig.> *frech redend;* ein ~er Junge

vor'le·ben <V. t.; ich lebe vor; sie hat vorgelebt; vorzuleben> jmdm. etwas ~ *durch beispielhaftes Leben zeigen;* **Vor·le·ben** <n.; -s, -> *bisheriges Leben;* jmds. ~ kennen

Vor·le·ge·be·steck <n.; -(e)s, -e od. -s>; **Vor·le·ge·ga·bel** <f.; -, -n>; **Vor·le·ge·löf·fel** <m.; -s, ->; **Vor·le·ge·mes·ser** <n.; -s, ->; **vor'le·gen** <V. t.> 1 *vor etwas legen* 2 *auf den Teller legen;* jmdm. Gemüse ~ 3 jmdm. einen Vertrag zur Unterschrift ~ 4 <Fußb.> *eine Vorlage(3) machen;* **Vor·le·ger** <m.; -s, -> *kleiner Teppich;* Bett~; **Vor·le·ge·schloss** <n.; -es, ⸚er> = *Vorhängeschloss*

Vor·leis·tung <f.; -, -en> eine ~ erbringen; in die ~ gehen

Vor·le·se <f.; -, -n> *Lese vor der eigentl. Traubenlese;* **vor'le·sen** <V. t. 179/V. refl.; du liest vor; sie hat vorgelesen; vorzulesen> *laut lesen;* jmdm. eine Geschichte ~; vorgelesen, genehmigt, unterschrieben (Formel unter Protokollen) <Abk.: v., g., u.>; **Vor·le·se·wett·be·werb** <m.; -(e)s, -e>; **Vor·le·sung** <f.; -, -en> *Vortrag(sreihe) an einer Hochschule;* ~en halten; **vor·le·sungs·frei** <Adj.> ~e Zeit; **Vor·le·sungs·ver·zeich·nis** <n.; -s·ses, -s·se>

V

'vor·letz·te(r, -s) <Adj.; ⟋Z44>
vor dem Letzten befindlich; die
~ Frau; die Vorletzte in der Rei-
he; der Vorletzte des Monats

vor'lieb <Adv.; nur in der Wen-
dung> ~ nehmen *sich begnü-
gen;* 'Vor·lie·be <f.; -, -n> *spe-
zielle Neigung;* etwas mit ~ tun

'vor·lie·gen <V. i. 180; es liegt vor;
es hat vorgelegen; vorzuliegen>
1 <⟋Z43> *zur Bearbeitung bei
jmdm. liegen;* uns liegt eine An-
frage vor; im Vorliegenden 2 *be-
stehen;* es liegt kein Grund zur
Sorge vor

'vor·lü·gen <V. t. 181; ich lüge
vor; sie hat vorgelogen; vorzu-
lügen> jmdm. etwas ~

vorm <umg.; Verschmelzungs-
form von Präp. u. Art.> *vor dem*

vorm. <Abk. für> 1 *vormals* 2 *vor-
mittags*

'vor·ma·chen <V. t./V. refl.; ich
mache vor; sie hat vorgemacht;
vorzumachen> 1 *zeigen, wie et-
was gemacht wird;* jmdm. ei-
nen Salto ~ 2 *vortäuschen;* er
kann mir nichts ~

'Vor·macht <f.; -; unz.> *Vorherr-
schaft;* 'Vor·macht·stel·lung <f.;
-; unz.>

'Vor·ma·gen <m.; -s, ⁻; Zool.; bei
Wiederkäuern> *Pansen u. Netz-
magen*

'Vor·mahd <f.; -; unz.; Landw.>
Mahd vor der eigentl. Mahd

'vor·ma·lig <Adj.> *ehemalig;* 'vor-
mals <Adv.; Abk.: vorm.> *ehe-
mals*

'Vor·mann <m.; -(e)s, ⁻er> *Vor-
gänger*

'Vor·marsch <m.; -(e)s, ⁻e; Mil.>
das Vorwärtsmarschieren; auf
dem ~ sein

'Vor·märz <m.; -; unz.> *Zeit von
1815 bis zur dt. Märzrevolution
1848*

'Vor·mast <m.; -(e)s, -en; Mar.>
vorderer Schiffsmast

'Vor·mensch <m.; -en, -en> = *Pi-
thekanthropus*

'vor·mer·ken <V. t./V. refl.; ich
merke vor; sie hat vorgemerkt;
vorzumerken> *zur späteren Be-
rücksichtigung notieren;* sich
Plätze ~ lassen; 'Vor·mer·kung
<f.; -, -en> ~ im Grundbuch

'Vor·mie·ter <m.; -s, -> Ggs *Nach-
mieter;* 'Vor·mie·te·rin <f.; -,
-n·nen>

'Vor·milch <f.; -; unz.> = *Erst-
milch*

'Vor·mit·tag <m.; -s, -e> *Zeit vom
Morgen bis zum Mittag;* im Lau-
fe des ~s; heute ~; des ~s; 'vor·
mit·tä·gig <Adj.> *am Vormittag
stattfindend;* 'vor·mit·täg·lich
<Adj.> *jeden Vormittag stattfin-
dend;* 'vor·mit·tags <Adv.;
⟋Z45.3; Abk.: vorm.> *am Vor-
mittag*

'Vor·mo·nat <m.; -(e)s, -e> die
Teuerungsrate im ~ belief sich
auf ...

'Vor·mund <m.; -(e)s, -e od. ⁻er>;
'Vor·mund·schaft <f.; -, -en>
gesetzl. Fürsorge als Vormund;
die ~ für jmdn. übernehmen;
'vor·mund·schaft·lich <Adj.>;
'Vor·mund·schafts·ge·richt
<n.; -(e)s, -e; Rechtsw.>

vorn <Adv.> oV *vorne* 1 *an vorde-
rer, erster Stelle;* ~ sitzen; von ~
von Anfang an 2 *an der Vorder-
seite;* ein Stoß von ~

'Vor·nah·me <f.; -; unz.> *Ausfüh-
rung;* die ~ einer Kontrolle

'Vor·na·me <m.; -ns, -n> *Taufna-
me;* jmdn. beim ~ nennen;
→ a. *Kasten Familienname*

vorn'an <Adv.; ⟋Z22> *zuerst;* ~
stehen; 'vor·ne <Adv.; umg.> =
vorn

'vor·nehm <Adj.> 1 *von höherem
Stand* 2 *nobel, hochherzig;* eine
~e Gesinnung 3 *elegant u. kost-
bar;* ~ gekleidet

'vor·neh·men <V. t./V. refl. 189> 1
vorbinden; eine Serviette ~ 2
(sich) eine Sache ~ *sich einer S.
widmen* 3 *sich zu etwas ent-
schließen;* ich habe mir vorge-
nommen, früher aufzustehen 4
ausführen; Änderungen ~

'Vor·nehm·heit <f.; -; unz.>

'vor·nehm·lich <Partikel; geh.>
besonders; alle Leute, ~ Frauen

'vor·nei·gen <V. t.; ich neige vor;
sie hat vorgeneigt; vorzunei-
gen> den Kopf ~

vorn·her'ein, <auch> vorn·he-
'rein <Adv.; ⟋Z54> *nur in der
Wendung>* von ~ *von Anfang
an*

vorn'hin <Adv.> etwas ~ setzen

vorn'ü·ber <Adv.; ⟋Z55, 22> ~
beugen; ~ gebeugt; ~ fallen; ~
gefallen; ~ kippen; ~ gekippt

vorn'weg <Adv.> *zuerst, voran;* ~
marschieren

'vor·ord·nen <V. t.; ich ordne vor;
sie hat vorgeordnet; vorzuord-
nen> *provisorisch ordnen*

'Vor·ort <m.; -(e)s, -e> *äußerer
Stadtbezirk;* 'Vor·ort·bahn <f.; -,
-en>

Vor-'Ort-Bild <n.; -(e)s, -er;
⟋Z33; Bgb.> *Bild der Abbaustel-
le;* Vor-'Ort-Ser·vice <[-sɐːvis];
m. od. n.; -, -s [-visiz]>

'Vor·ort·ver·kehr <m.; -(e)s;
unz.> *Nahverkehr*

'Vor·platz <m.; -es, ⁻e> *Platz vor
einem Haus*

'Vor·pos·ten <m.; -s, -; Mil.> den
~ bilden

'vor·pre·schen <V. i. (s.); du
preschst vor; sie ist vorge-
prescht; vorzupreschen> 1
nach vorn preschen 2 <fig.>
überstürzt handeln; in einer
Angelegenheit ~

'Vor·pro·gramm <n.; -(e)s, -e>
*Darbietungen vor dem eigentl.
Programm;* 'vor·pro·gram·mie-
ren <V. t.; meist im Part. Perf.>
'vor·pro·gram·miert <Adj.;
⟋Z28.1> *voraussehbar;* ~er Er-
folg

'Vor·prü·fung <f.; -, -en> *Aus-
wahlprüfung*

'vor·quel·len <V.> 1 <V. t.; ich
quelle vor; sie hat vorgequellt;
vorzuquellen; Bot.> = *vorkei-
men* 2 <V. i. 194 (s.); es quillt
vor; es ist vorgequollen; vorzu-
quellen> *hervorquellen*

'Vor·rang <m.; -(e)s; unz.> *wich-
tigere Stellung;* einer Sache den
~ geben; 'vor·ran·gig <Adj.> ein
~es Problem; 'Vor·rang·stel-
lung <f.; -, -en>

'Vor·rat <m.; -(e)s, ⁻e> *Reserve
zum späteren Gebrauch;* Nah-
rungs~; solange der ~ reicht;
'vor·rä·tig <Adj.> *auf Vorrat;* et-
was ~ haben; 'Vor·rats·kam-
mer <f.; -, -n>; 'Vor·rats·raum
<m.; -(e)s, ⁻e>; 'Vor·rats·schäd-
ling <m.; -s, -e>; 'Vor·rats-
schutz <m.; -es; unz.>

'Vor·raum <m.; -(e)s, ⁻e> *Raum
vor einem anderen Raum*

'vor·rech·nen <V. t.; ich rechne
vor; sie hat vorgerechnet; vor-
zurechnen> jmdm. etwas ~
rechnend erklären, zeigen

'Vor·recht <n.; -(e)s, -e> *besonde-
res Recht;* ~e genießen

'Vor·re·de <f.; -, -n> *einleitende*

Rede; '**vor|re·den** <V. t.; ich rede vor; sie hat vorgeredet; vorzureden; umg.> jmdm. etwas ~ *einreden wollen;* '**Vor·red·ner** <m.; -s, ->; '**Vor·red·ne·rin** <f.; -, -n·nen>

'**vor|rei·ten** <V. 199; ich reite vor; sie ist vorgeritten; vorzureiten> 1 <V. i. (s.)> *vorausreiten* 2 <V. t.> *reitend zeigen;* ein Pferd ~; '**Vor·rei·ter** <m.; -s, -; fig.> *jmd., der etwas Neues zuerst durchführt;* '**Vor·rei·te·rin** <f.; -, -n·nen>

'**vor|ren·nen** <V. i. (s.) 200; ich renne vor; sie ist vorgerannt; vorzurennen>; '**Vor·ren·nen** <n.; -s, -; Sp.> *Auswahlrennen*

'**vor|rich·ten** <V. t.> *herrichten;* '**Vor·rich·tung** <f.; -, -en> *Gerät, Apparat;* Kipp~

'**vor|rü·cken** <V.; ich rücke vor; sie ist/hat vorgerückt; vorzurücken> 1 <V. t.> *nach vorn schieben;* einen Stuhl ~ 2 <V. i. (s.)> *sich vorwärts bewegen;* mit dem Stuhl ~; die Zeit rückt vor; zu vorgerückter Stunde

'**Vor·run·de** <f.; -, -n; Sp.>

vors <Verschmelzungsform von Präp. u. Art.> *vor das*

Vors. <Abk. für> *Vorsitzende(r)*

'**vor|sa·gen** <V. i. u. V. t.; ich sage vor; sie hat vorgesagt; vorzusagen> jmdm. etwas ~

'**Vor·sai·son** <[-sεsɔ̃] od. [-sεsɔŋ]; f.; -, -s> *Zeit vor der Hauptsaison*

'**Vor·sän·ger** <m.; -s, -; Mus.> *Hauptsänger des Chors;* '**Vor·sän·ge·rin** <f.; -, -n·nen>

'**Vor·satz** <m.; -es, ⸚e> 1 *Entschluss;* einen ~ fassen 2 <Rechtsw.> *Wille zu einer Straftat* 3 <Buchw.> *Doppelblatt am Anfang bzw. Ende eines Buches;* '**Vor·satz·blatt** <n.; -(e)s, ⸚er; Buchw.> = *Vorsatz(3);* '**vor·sätz·lich** <Adj.> jmdn. ~ verletzen; '**Vor·sätz·lich·keit** <f.; -; unz.>; '**Vor·satz·lin·se** <f.; -, -n; Fot.>; '**Vor·satz·pa·pier** <n.; -s; unz.; Buchw.>

'**vor|schal·ten** <V. t. u. V. i.> *nach vorne schalten;* '**Vor·schalt·wi·der·stand** <m.; -(e)s, ⸚e; El.> *Widerstand bei elektr. Geräten zur Steuerung des Stromverbrauches*

'**Vor·schau** <f.; -, -en> *Überblick*

über Künftiges; Programm~; ~ halten

'**Vor·schein** <m.; nur in den Wendungen> zum ~ bringen *sichtbar werden lassen;* zum ~ kommen *sichtbar werden*

'**vor|schi·cken** <V. t.; ich schicke vor; sie hat vorgeschickt; vorzuschicken> 1 *nach vorn schicken* 2 *vorausschicken*

'**vor|schie·ben** <V. t. 214; ich schiebe vor; sie hat vorgeschoben; vorzuschieben> 1 *nach vorn schieben, vor etwas schieben* 2 *vorschützen;* eine Erklältung ~

'**vor|schie·ßen** <V. 215; du schießt vor; sie hat/ist vorgeschossen; vorzuschießen> 1 <V. t.> *vorstrecken(2);* sie schoss ihm Geld ~ 2 <V. i. (s.); umg.> *nach vorn rennen*

'**Vor·schiff** <n.; -(e)s; unz.; Mar.> *vorderer Schiffsteil*

'**Vor·schlag** <m.; -(e)s, ⸚e> 1 *Anregung, Empfehlung;* jmdm. einen ~ machen; auf ~ von … 2 <Mus.> *Zierton, Appoggiatura;* '**vor|schla·gen** <V. t. 218; ich schlage vor; sie hat vorgeschlagen; vorzuschlagen> 1 *empfehlen;* ein Reiseziel ~ 2 jmdn. (für etwas) ~ *als geeignet nennen;* '**Vor·schlag·ham·mer** <m.; -s, ⸚> *ein Werkzeug;* '**Vor·schlags·lis·te** <f.; -, -n>; '**Vor·schlags·recht** <n.; -(e)s; unz.>

'**Vor·schluss·run·de** <f.; -, -n; Sp.>

'**vor|schme·cken** <V. i.> der Knoblauch schmeckt vor

'**vor|schnei·den** <V. t. 227; ich schneide vor; sie hat vorgeschnitten; vorzuschneiden> *vorher schneiden;* Brot ~

'**vor·schnell** <Adj.> *übereilt;* ~ urteilen

'**vor|schrei·ben** <V. t. 230; ich schreibe vor; sie hat vorgeschrieben; vorzuschreiben> 1 *zur Nachahmung aufschreiben;* Kindern ein Wort ~ 2 <fig.> *befehlen, anordnen;* ich lasse mir von ihr nichts ~; die vorgeschriebene Menge

'**vor|schrei·ten** <V. i. 232; meist im Part. Perf.> 1 *nach vorn schreiten* 2 *sich entwickeln;* in vorgeschrittenem Alter; zu vorgeschrittene Stunde

'**Vor·schrift** <f.; -, -en> *Bestimmung, Anordnung;* ~en befolgen; Dienst nach ~ machen; '**vor·schrifts·ge·mäß** <Adj.> ~es Verhalten; '**vor·schrifts·wid·rig** <Adj.; -; -en>

'**Vor·schub** <m.; -(e)s; unz.> 1 <Tech.> *Maß der Vorwärtsbewegung eines Werkzeugs* <nur in der Wendung> einer Sache ~ leisten *eine S. fördern;* '**Vor·schub·leis·tung** <f.; -, -en>

'**Vor·schu·le** <f.; -, -n> *Vorbereitung für die Grundschule;* '**Vor·schü·ler** <m.; -s, ->; '**Vor·schü·le·rin** <f.; -, -n·nen>; '**Vor·schul·er·zie·hung** <f.; -; unz.>; '**vor·schu·lisch** <Adj.> ~es Lernen

'**Vor·schuss** <m.; -es, ⸚e> *im Voraus gewährte Teilzahlung;* einen ~ erhalten; '**Vor·schuss·lor·bee·ren** <Pl.>; '**Vor·schuss·sum·me** <f.; -, -n; ⤻Z37>; '**Vor·schuss·zah·lung** <f.; -, -en>

'**vor|schüt·zen** <V. t.; du schützt vor; sie hat vorgeschützt; vorzuschützen> *als angebl. Grund nennen;* Krankheit ~

'**vor|schwär·men** <V. t. u. V. i.; umg.> jmdm. von einem Film ~

'**vor|schwe·ben** <V. i. (s.)> mir schwebt nichts Bestimmtes vor *ich habe keine bestimmte Vorstellung*

'**vor|schwin·deln** <V. t.; ich schwind(e)le vor; sie hat vorgeschwindelt; vorzuschwindeln> jmdm. etwas ~

'**vor|se·hen** <V. t. 239; ich sehe vor; sie hat vorgesehen; vorzusehen> 1 *in Aussicht nehmen;* der vorgesehene Raum war belegt 2 <V. refl.> *sich hüten;* sieh dich vor, damit du nicht ausrutschst; '**Vor·se·hung** <f.; -; unz.> *göttl. Schicksalslenkung*

'**vor|set·zen** <V. t.; du setzt vor; sie hat vorgesetzt; vorzusetzen> 1 *vor etwas setzen, vorwärts bewegen;* einen Fuß ~ 2 *anbieten;* den Gästen Speisen ~

'**Vor·sicht** <f.; -; unz.> *Besonnenheit, Aufmerksamkeit (bei Gefahr);* ~ walten lassen; ~ ist besser als Nachsicht <Sprichw.; umg.>; er ist mit ~ zu genießen <umg.; scherzh.> *er ist schnell verärgert* ~!; '**vor·sich·tig** <Adj.> etwas ~ behandeln; '**Vor·sich·tig·keit** <f.; -; unz.>; '**vor-**

sichts·hal·ber <Adv.> *aus Vorsicht;* '**Vor·sichts·maß·nah·me,** '**Vor·sichts·maß·re·gel** <f.; -, -n>

'**Vor·si·gnal,** <auch> '**Vor·sig·nal** <n.; -(e)s, -e; ↗Z53; Eisenb.>

'**Vor·sil·be** <f.; -, -n; Gramm.> *einem Wort vorangesetzte Ableitungssilbe;* Sy *Präfix;* → a. *Kasten Affix*

'**vor|sin·gen** <V. t./V. i. 243; ich singe vor; sie hat vorgesungen; vorzusingen> jmdm. ein Lied ~

'**vor|sint·flut·lich** <Adj.; fig.; umg.> *völlig veraltet;* ~e Einstellungen

'**Vor·sitz** <m.; -es; unz.> *Leitung;* den ~ haben, übernehmen; '**vor|sit·zen** <V. i. (h. u. s.) 246; du sitzt vor; sie hat/ist vorgesessen; vorzusitzen> einer Versammlung ~; '**Vor·sit·zen·de(r)** <f. 2 (m. 1); Abk.: Vors.>

'**Vor·so·kra·ti·ker** <Pl.; Philos.> *grch. Philosophen vor Sokrates*

'**Vor·som·mer** <m.; -s, -> *sommerl. Zeit vor Sommerbeginn;* '**vor·som·mer·lich** <Adj.>

'**Vor·sor·ge** <f.; -; unz.> *vorbeugende Fürsorge;* ~ treffen; zur ~; Ggs *Nachsorge;* '**vor|sor·gen** <V. i.; ich sorge vor; sie hat vorgesorgt; vorzusorgen> für die Zukunft ~; '**Vor·sor·ge·un·ter·su·chung** <f.; -, -en; Med.>; '**vor·sorg·lich** <Adj.>

'**Vor·spann** <m.; -(e)s, -e> 1 *zusätzl. Zugtiere* 2 <Film; TV> *einer Produktion vorausgehende Angaben über Titel u. Mitwirkende*; Ggs *Nachspann;* '**vor·span·nen** <V. t.> ein Pferd ~ *vor den Wagen spannen*

'**Vor·spei·se** <f.; -, -n> *Speise vor dem Hauptgericht*

'**vor|spie·geln** <V. t./V. refl.; ich spieg(e)le vor; sie hat vorgespiegelt; vorzuspiegeln> *vortäuschen;* '**Vor·spie·ge·lung** <f.; -, -en> *falscher Tatsachen*

'**Vor·spiel** <n.; -(e)s, -e> 1 <Mus.> *musikal. Einleitung;* Sy *Ouvertüre* 2 <Theat.> *einleitende Darbietung* 3 <fig.> *Beginn;* das war erst das ~!; '**vor|spie·len** <V. i. u. V. t.> beim Theater ~; jmdm. einen Schwächeanfall ~ <fig.> *vortäuschen*

'**vor|spre·chen** <V. i. u. V. t. 251; ich spreche vor; sie hat vorge-

sprochen; vorzusprechen> dem Regisseur ~; bei einem Anwalt ~ *einen A. aufsuchen*

'**vor|sprin·gen** <V. i. (s.) 253; ich springe vor; sie ist vorgesprungen; vorzuspringen> 1 *nach vorn springen* 2 *hervorragen;* ~des Dach; '**Vor·sprin·ger** <m.; -s, -; Skispringen>; '**Vor·sprung** <m.; -(e)s, ⁻e> 1 *vorspringender Teil;* Mauer~ 2 *Abstand, den man voraus ist;* einen ~ haben

'**vor|spu·len** <V. t.; ich spule vor; sie hat vorgespult; vorzuspulen> eine Kassette ~

'**Vor·stadt** <f.; -, ⁻e> *Vorort;* '**Vor·stadt·be·woh·ner** <m.; -s, ->; '**Vor·stadt·be·woh·ne·rin** <f.; -, -n·nen>; '**Vor·städ·ter** <m.; -s, ->; '**Vor·städ·te·rin** <f.; -, -n·nen>; '**vor·städ·tisch** <Adj.>; '**Vor·stadt·ki·no** <n.; -s, -s>

'**Vor·stand** <m.; -(e)s, ⁻e> *geschäftsführende Leitung;* '**Vor·stands·mit·glied** <n.; -(e)s, -er>; '**Vor·stands·spre·cher** <m.; -s, ->; '**Vor·stands·spre·che·rin** <f.; -, -n·nen>; '**Vor·stands·vor·sit·zen·de(r)** <f. 2 (m. 1)>

'**vor|ste·hen** <V. i. 256; ich stehe vor; sie hat vorgestanden; vorzustehen> 1 *hervorragen;* ~de Zähne 2 *einer Schule ~ eine S. leiten* 3 <↗Z43; Amtsdt.> im Vorstehenden *vorher (im Text);* '**Vor·ste·her** <m.; -s, -> Büro~; '**Vor·ste·her·drü·se** <f.; -, -n; Anat.> *männl. Harnröhrendrüse;* Sy *Prostata;* '**Vor·ste·he·rin** <f.; -, -n·nen>; '**Vor·steh·hund** <m.; -(e)s, -e; Jagdw.> *Hund, der zum Anzeigen von gewittertem Wild stehen bleibt*

'**vor·stell·bar** <Adj.> *denkbar;* '**vor|stel·len** <V. t./V. refl.; ich stelle vor; sie hat vorgestellt; vorzustellen> 1 *vor etwas stellen;* einen Tisch ~ 2 *nach vorn stellen;* die Uhr ~ *eine spätere Zeit einstellen* 3 *bekannt machen;* darf ich Ihnen Frau X ~? 4 *(aus)denken;* das kann ich mir gut ~ 5 <fig.> *bedeuten;* was soll das ~?; '**Vor·stel·lig** <Adj.; nur in der Wendung> ~ werden *sich beschweren;* '**Vor·stel·lung** <f.; -, -en> 1 *das Vorstellen(3)* 2 <Theat.; Film> *Aufführung;* die ~ beginnt um 19 Uhr 3 *gedankl.*

Bild; eine klare ~ von etwas haben; '**Vor·stel·lungs·ge·spräch** <n.; -(e)s, -e>; '**Vor·stel·lungs·kraft** <f.; -; unz.>; '**Vor·stel·lungs·ver·mö·gen** <n.; -s; unz.>

'**Vor·stoß** <m.; -es, ⁻e> einen ~ machen; '**vor|sto·ßen** <V. 262; du stößt vor; sie ist vorgestoßen; vorzustoßen> 1 <V. t.> *nach vorn stoßen* 2 <V. i. (s.)> *vorwärts dringen;* in unbekanntes Gebiet ~

'**Vor·stra·fe** <f.; -, -n; Rechtsw.> *frühere Strafe,* '**Vor·stra·fen·re·gis·ter** <n.; -s, -; Rechtsw.>

'**vor|stre·cken** <V. t.; ich strecke vor; sie hat vorgestreckt; vorzustrecken> 1 *nach vorn strecken;* die Hände ~ 2 *Geld ~ leihen*

'**Vor·stu·die** <[-diə]; f.; -, -n> *vorbereitende Studie*

'**Vor·stu·fe** <f.; -, -n> *früher Zustand*

'**vor|stül·pen** <V. t.> *nach vorn stülpen*

'**vor|stür·men** <V. i.; ich stürme vor; sie ist vorgestürmt; vorzustürmen> *nach vorn stürmen*

'**Vor·tag** <m.; -(e)s, -e> am ~ der Hochzeit; das Essen vom ~

'**vor|tan·zen** <V. i. u. V. t.; du tanzt vor; sie hat vorgetanzt; vorzutanzen> dem Lehrer ~; '**Vor·tän·zer** <m.; -s, -> *jmd., der einen Tanz anführt;* '**Vor·tän·ze·rin** <f.; -, -n·nen>

'**vor|täu·schen** <V. t.; du täuschst vor; sie hat vorgetäuscht; vorzutäuschen> *fälschl. vorspielen;* Kopfschmerzen ~; '**Vor·täu·schung** <f.; -, -en>

'**Vor·teig** <m.; -(e)s, -e> *Teig, der zur Weiterverarbeitung aufgehen soll*

'**Vor·teil** <m.; -s, -e> 1 *positive Eigenschaft;* die Vor- und Nachteile abwägen 2 *Nutzen;* sich einen ~ verschaffen; '**vor·teil·haft** <Adj.> ein ~es Kleid

'**Vor·trag** <m.; -(e)s, ⁻e> 1 <unz.> *Vortragsweise;* monotoner ~ 2 *künstlerische Darbietung* 3 *Rede;* einen ~ halten; '**vor|tra·gen** <V. t. 265; ich trage vor; sie hat vorgetragen; vorzutragen> 1 *nach vorn tragen* 2 *darbieten;* ein Gedicht ~ 3 jmdm. ein Anliegen ~ *sachlich darlegen;* '**Vor·trags·a·bend** <m.; -s, -e>; '**Vor-**

trags·be·zeich·nung <f.; -, -en; Mus.> *Hinweis zur Vortragsweise;* '**Vor·trags·rei·he** <f.; -, -n>

vor'treff·lich <Adj.> *ausgezeichnet, vorzüglich;* ein ~er Läufer; **Vor'treff·lich·keit** <f.; -; unz.>

'**vor|trei·ben** <V. t. 267; ich treibe vor; sie hat vorgetrieben; vorzutreiben> 1 *nach vorn treiben* 2 *vorantreiben*

'**vor|tre·ten** <V. i. 268; ich trete vor; sie ist vorgetreten; vorzutreten> 1 *nach vorn treten;* aus der Reihe ~ 2 *hervortreten;* ~de Wangenknochen

'**Vor·trieb** <m.; -(e)s, -e> 1 <unz.; Flugw.> *nach vorn wirkende Kraft* 2 <unz.; Bgb.> *Herstellung einer Strecke* 3 <Bgb.> *eben fertig gestellte Strecke*

'**Vor·tritt** <m.; -(e)s; unz.> 1 *Recht, zuerst zu gehen;* jmdm. den ~ lassen 2 <schweiz.> = *Vorfahrt*

'**Vor·trupp** <m.; -s, -s; Mil.> *Vorhut*

'**vor|tur·nen** <V. i. u. V. t.; ich turne vor; sie hat vorgeturnt; vorzuturnen> (eine Übung) am Boden ~; '**Vor·tur·ner** <m.; -s, ->; '**Vor·tur·ne·rin** <f.; -, -n·nen>

vor'ü·ber, auch vo'rü·ber <Adv.; ↗ Z 54, 55> 1 <räuml.> = *vorbei(1)* 2 <zeitl.> = *vorbei(2);* **vor'ü·ber...** <Vors.; in Zus. mit Verben betont u. abtrennbar> = *vorbei...;* **vor'ü·ber|ge·hen** <V. i. (s.) 145; ich gehe vorüber; sie ist vorübergegangen; vorüberzugehen> an etwas ~; die Zeit ging schnell vorüber; **vor'ü·ber·ge·hend** <Adj.; ↗ Z 28.1> *nur kurz dauernd;* ~e Erschöpfung

'**Vor·ü·ber·le·gung** <f.; -, -en; ↗ Z 55> ~en anstellen

'**Vor·ü·bung** <f.; -, -en>

'**Vor·un·ter·su·chung** <f.; -, -en; Rechtsw.>

'**Vor·ur·teil** <n.; -(e)s, -e> *vorgefasste Meinung;* ~e gegen jmdn. haben; '**vor·ur·teils·frei, 'vor·ur·teils·los** <Adj.>; '**Vor·ur·teils·lo·sig·keit** <f.; -; unz.>

'**Vor·vä·ter** <Pl.> *Ahnen*

'**Vor·ver·fah·ren** <n.; -s, -; Rechtsw.>

'**Vor·ver·gan·gen·heit** <f.; -; unz.; Gramm.> = *Plusquamperfekt;* → a. *Kasten Plusquamperfekt*

'**Vor·ver·hand·lung** <f.; -, -en; Rechtsw.>

'**Vor·ver·kauf** <m.; -(e)s; unz.> sich Karten im ~ besorgen; '**Vor·ver·kaufs·kas·se, 'Vor·ver·kaufs·stel·le** <f.; -, -n>

'**vor|ver·le·gen** <V. t.; ich verlege vor; sie hat vorverlegt; vorzuverlegen> *früher ansetzen;* eine Prüfung ~

'**Vor·ver·stär·ker** <m.; -s, -; El.> *dem eigentl. Verstärker vorgeschalteter Verstärker*

'**Vor·ver·trag** <m.; -(e)s, -̈e; Rechtsw.> *Vereinbarung, die zum Vertragsabschluss verpflichtet*

'**vor|ver·ur·tei·len** <V. t.> jmdn. ~ *im Voraus verurteilen;* '**Vor·ver·ur·tei·lung** <f.; -, -en>

'**vor·vor·ges·tern** <Adv.> *am Tag vor vorgestern*

'**vor·vo·ri·ge(r, -s)** <Adj.; umg.> *vor dem/der vorigen ...;* ~n Monat

'**vor·vor·letz·te(r, -s)** <Adj.; ↗ Z 44; umg.> *vor dem/der vorletzten ...;* die ~ Seite; er wurde Vorvorletzter

'**vor|wa·gen** <V. refl.; ich wage mich vor; sie hat sich vorgewagt; sich vorzuwagen> *sich nach vorn wagen*

'**Vor·wahl** <f.; -, -en> 1 *Auswahl für die nächste Runde* 2 <Tel.> *Vorwählnummer;* '**vor|wäh·len** <V. t.; Tel.> eine Nummer ~; '**Vor·wahl·num·mer, 'Vor·wähl·num·mer** <f.; -, -n; Tel.> *Ortsnetznummer bei Ferngesprächen*

'**vor|wal·ten** <V. i.; es waltet vor; es hat vorgewaltet; vorzuwalten; geh.> *vorherrschen;* Strenge ~ lassen

'**Vor·wand** <m.; -(e)s, -̈e> *Ausrede;* etwas zum ~ nehmen

'**vor|wär·men** <V. t.; ich wärme vor; sie hat vorgewärmt; vorzuwärmen> *anwärmen;* '**Vor·wär·mer** <m.; -s, -; Tech.> *Wärmeaustauscher an einer Maschine*

'**vor|war·nen** <V. t.; umg.>; '**Vor·war·nung** <f.; -, -en; umg.> *Warnung*

'**vor·wärts** <Adv.; ↗ Z 19.4, 22> *nach vorn;* vor- u. rückwärts; ein großer Schritt ~ <a. fig.> *ein großer Fortschritt* ~ <Getrenntschreibung in Verbindung mit

Verb/Partizip> ~ streben; ~ weisende Ideen; ~ bringen *fördern;* ihr Fleiß hat sie vorwärts gebracht; ~ gehen <a. fig.> *besser werden;* ~ kommen <a. fig.> *erfolgreich sein;* ~ schreiten <geh.; a. fig.> *besser werden;* ~ blicken; Ggs *rückwärts;* '**Vor·wärts·gang** <m.; -(e)s, -̈e; Kfz> Ggs *Rückwärtsgang*

'**Vor·wä·sche** <f.; -, -n; bei Waschmaschinen>

vor'weg <Adv.> *im Voraus;* etwas ~ besprechen; **Vor'weg·leis·tung** <f.; -, -en> *Vorschuss;* **Vor'weg·nah·me** <f.; -, -n>; **vor'weg|neh·men** <V. t. 189; ich nehme vorweg; sie hat vorweggenommen; vorwegzunehmen; ↗ Z 22> 1 *früher als vorgesehen erledigen* 2 *vorher mitteilen;* das Wichtigste ~; **vor'weg|schi·cken** <V. t.> *vorausschicken*

'**vor·weih·nacht·lich** <Adj.> ~e Stimmung; '**Vor·weih·nachts·zeit** <f.; -; unz.> *Zeit vor Weihnachten*

'**vor|wei·sen** <V. t. 282; du weist vor; sie hat vorgewiesen; vorzuweisen> *vorzeigen;* den Pass ~

'**Vor·welt** <f.; -; unz.> *erdgeschichtl. Vergangenheit;* '**vor·welt·lich** <Adj.>

'**vor|wer·fen** <V. t./V. refl. 286; ich werfe vor; sie hat vorgeworfen; vorzuwerfen> 1 *nach vorn werfen* 2 *zum Vorwurf machen;* jmdm. Nachlässigkeit ~

'**Vor·werk** <n.; -(e)s, -e> 1 <Landw.> *Wirtschaftshof eines großen Gutes* 2 *Teil einer Burg*

'**vor|wie·gen** <V. i. 287> *vorherrschen;* er liest ~d Krimis

'**Vor·win·ter** <m.; -s, ->; '**vor·win·ter·lich** <Adj.> ~e Temperaturen

'**Vor·wis·sen** <n.; -s; unz.; umg.> *Wissen;* ohne mein ~

'**Vor·witz** <m.; -es; unz.> *freches Wesen;* '**vor·wit·zig** <Adj.>

'**Vor·wo·che** <f.; -; -n> *vergangene Woche;* in der ~

'**vor|wöl·ben** <V. t.; ich wölbe vor; sie hat vorgewölbt; vorzuwölben> *nach vorn wölben*

'**Vor·wort** <n.; -(e)s, -e> *Einleitung in einem Buch*

'**Vor·wurf** <m.; -(e)s, -̈e> *Tadel, Beschuldigung;* jmdm. einen ~

machen; **'vor·wurfs·voll** <Adj.> ~er Blick

'vor|zäh·len <V. t.; ich zähle vor; sie hat vorgezählt; vorzuzählen> jmdm. etwas ~ *vor jmdm. zählen*

'vor|zau·bern <V. t.; ich zaubere vor; sie hat vorgezaubert; vorzuzaubern> der Erzähler zaubert uns ein Paradies vor

'Vor·zei·chen <n.; -s, -> **1** <Math.; Zeichen: +, -> *plus bzw. minus* **2** <Mus.; Zeichen: #, ♭> *Versetzungszeichen* **3** = *Omen(1)*; **'vorzeich·nen** <V. t.; ich zeichne vor; sie hat vorgezeichnet; vorzuzeichnen> **1** *als Hilfe zeichnen* **2** *als Maßstab geben; jmdm. seinen Weg* ~; **'Vorzeich·nung** <f.; -, -en>

'Vor·zei·ge... <umg.; häufig abwertend; in Zus.> *zum Vorzeigen geeignet;* Vorzeigefrau; **'vorzei·gen** <V. t.; ich zeige vor; sie hat vorgezeigt; vorzuzeigen> *zur Prüfung vorlegen;* den Pass ~

'Vor·zeit <f.; -, -en> *vorgeschichtl. Zeit;* **vor'zei·ten** <Adv.; poet.> *einst;* <aber> vor langen Zeiten; **'vor·zei·tig** <Adj.> *früher als erwartet;* ~e Abreise; **'Vor·zei·tig·keit** <f.; -; unz.; Gramm.>; **'vorzeit·lich** <Adj.> *die Vorzeit betreffend*

'Vor·zen·sur <f.; -, -en; bes. Schule> *Note vor der eigentl. Zensur*

'vor|zie·hen <V. t. 293; ich ziehe vor; sie hat vorgezogen; vorzuziehen> **1** *nach vorn ziehen* **2** *vor etwas ziehen;* den Vorhang ~ **3** *vorzeitig ansetzen;* eine Arbeit ~ **4** <fig.> *bevorzugen;* jmdn. ~

'Vor·zim·mer <n.; -s, -> **1** *Wartezimmer* **2** <österr.> *Diele*

'Vor·zug <m.; -(e)s, ⸚e> **1** *Vorteil(1)* **2** *Vorrang;* einer Sache den ~ geben; **vor'züg·lich** <Adj.> *ausgezeichnet;* ~ schmecken; **Vor'züg·lich·keit** <f.; -; unz.>; **'Vor·zugs·ak·tie** <[-'tsjə]; f.; -, -n> *mit bes. Rechten ausgestattete Aktie;* **'Vor·zugs·milch** <f.; -; unz.> *unbehandelte Roh-*

milch; **'Vor·zugs·preis** <m.; -es, -e> zum ~; **'vor·zugs·wei·se** <Adv.> *besonders*

Vo·ta, Vo·ten <['vo·]; Pl. von> *Votum;* **vo'tie·ren** <V. i.; geh.> *abstimmen* [lat.]

Vo'tiv·bild <[vo-]; n.; -(e)s, -er; Kath.> *einem Heiligen geweihtes Bild* [lat.]; **Vo'tiv·ka·pel·le** <f.; -, -n; Kath.>; **Vo'tiv·kir·che** <f.; -, -n; Kath.>; **Vo'tiv·mes·se** <f.; -, -n; Kath.>; **Vo'tiv·ta·fel** <f.; -, -n> **1** <im alten Rom> *den Göttern geweihte Tafel* **2** <Kath.> *einem Heiligen geweihte Tafel*

Vo·tum <['vo·]; n.; -s, -ten od. -ta> **1** <Rel.> = *Gelübde* **2** <Rel.> *Stimmabgabe* **3** *Meinungsäußerung;* sein ~ abgeben [lat.]

Vou·cher <['vautʃər]; m. od. n.; -s, -; Touristik> *Buchungsbestätigung* [engl.]

Vou·dou <[vu'du:]; m.; -s; unz.; Rel.> = *Wodu*

Vou·te <[ˈvu:t(ə)]; f.; -, -n; Arch.> **1** *Verstärkungsteil* **2** *Deckenkehle* [frz.]

Vox <[vɔks]; f.; -, Vo·ces ['vo:tse:s]> *Stimme* [lat.]; **Vox 'ni·hi·li** <f.; --; unz.; geh.> *Ghostword*

Vo·ya·ger, <auch> **Voy·a·ger** <[ˈvɔɪədʒər]; m.; -s, -; ↗Z52> *US-amerikan. Raumsonde* [engl.]

Vo·ya·geur, <auch> **Voy·a·geur** <[voaja'ʒœːr]; m.; -s, -e od. -s; ↗Z52> *Handelsreisender* [frz.]

Vo·yeur, <auch> **Voy·eur** <[voa-'jœːr], umg. [vɔɪ'jøːr]; m.; -s, -e; ↗Z52> *jmd., der anderen bei geschlechtl. Handlungen zusieht* [frz.]; **Vo·yeu·rin** <f.; -, -n·nen>; **Vo·yeu·ris·mus** <m.; -; unz.>; **vo·yeu·ris·tisch** <Adj.>

VP <DDR; Abk. für> *Volkspolizei, -polizist*

VPS <TV; Abk. für> *Videoprogrammsystem*

Vp., VP <Psych.; Abk. für> *Versuchsperson*

VR <Abk. für> **1** *Volksrepublik* **2** *Virtual Reality*

vs. <Abk. für> *versus*

Vs <Zeichen für> *Voltsekunde*

V. S. O. P. <Abk. für engl.> *Very Soft Old Pale, Gütebezeichnung für Cognac*

vT, v. T. <Abk. für> *vom Tausend*

v. u. <Abk. für> *von unten*

vul'gär <[vul-]; Adj.> *gewöhnlich, ordinär;* ~es Benehmen [lat.]; **vul·ga·ri·sie·ren** <V. t.; geh.> *sehr vereinfachen;* **Vul·ga·ris·mus** <m.; -, -men; Sprachw.> *vulgärer Ausdruck;* **Vul·ga·ri'tät** <f.; -, -en>; **Vul'gär·la·tein** <n.; -s; unz.> *umgangssprachl. Latein;* **Vul'gär·spra·che** <f.; -, -n>; **Vul'ga·ta** <f.; -; unz.; Kath.> *Bibelübersetzung des Kirchenvaters Hieronymus;* **'vul·go** <Adv.; geh.> *gemeinhin*

Vul'kan <[vul-]; m.; -s, -e; Geol.> *durch Vulkanismus entstandener Berg;* tätiger ~ [nach dem röm. Feuergott *Vulkan*]; **Vul'kan·fi·ber** <f.; -; unz.> *Cellulosewerkstoff;* **Vul·ka·ni'sat** <n.; -(e)s, -e> *vulkanisierter Kautschuk;* **Vul·ka·ni·sa·ti'on** <f.; -, -en>; **vul'ka·nisch** <Adj.>; **Vul·ka·ni·seur** <[-'søːr]; m.; -s, -e> *Arbeiter in der Gummiherstellung;* **Vul·ka·ni·seu·rin** <f.; -, -n·nen>; **vul·ka·ni·sie·ren** <V. t.> *Kautschuk* ~ *zu Gummi verarbeiten;* **Vul·ka·ni·sie·rung** <f.; -; unz.>; **Vul·ka·nis·mus** <m.; -; unz.> *alle vulkan. Erscheinungen;* **Vul·ka·nit** <m.; -s, -e; Min.> *Ergussgestein;* **Vul·ka·no·lo·ge** <m.; -n, -n>; **Vul·ka·no·lo·gie** <f.; -; unz.> *Lehre von den Vulkanen,* **Vul·ka·no·lo·gin** <f.; -, -n·nen>; **vul·ka·no·lo·gisch** <Adj.>

vul·ne·ra·bel <[vul-]; Adj.; Med.; Psych.> *verletzbar;* vulnerable Veranlagung [lat.]; **Vul·ne·ra·bi·li'tät** <f.; -; unz.; Med.; Psych.>

Vul·va <['vulva]; f.; -, 'Vul·ven; Anat.> *äußere weibl. Geschlechtsteile* [lat.]

v. v. <Abk. für> *vice versa*

VW <[fau've:]; Kfz; Warenz.; Abk. für> *Volkswagen;* **VW-Fah·rer** <m.; -s, ->; **VW-Fah·re·rin** <f.; -, -n·nen>

W

w <n.; -, - od. (umg.) -s> *ein Buchstabe*

W 1 <n.; -, - od. (umg.) -s> *ein Buchstabe* **2** <Zeichen für> *Watt*[1] **3** <Chem.; Zeichen für> *Wolfram* **4** <Abk. für> *West(en)*

'Waa·ge <f.; -, -n> **1** *Gerät zum Messen des Gewichts* **2** <fig.> *Balance;* beides hält sich die ~ **3** <Astr.> *Sternbild, Tierkreiszeichen;* **'waa·ge·recht** <Adj.> *im rechten Winkel zur Senkrechten;* oV *waagrecht;* Sy *horizontal;* **'Waa·ge·rech·te** <f.; -n, -n> *waagrechte Gerade;* **'Waa·ge·recht'stoß·ma·schi·ne** <f.; -, -n> *Stoßmaschine mit waagerechtem Meißel;* **'waag·recht** <Adj.> = *waagerecht;* **'Waag·rech·te** <f.; -n, -n> = *Waagerechte;* **'Waag·scha·le** <f.; -, -n> *etwas in die ~ werfen* <fig.> *als Argument geltend machen*

'wab·be·lig <Adj.; umg.> *gallertartig;* **'wab·beln** <V. i.; ich wabb(e)le; umg.> *hin u. her wackeln;* **'wabb·lig** <Adj.> = *wabbelig*

'Wa·be <f.; -, -n> *Wand des Bienenstocks;* **'Wa·ben·ho·nig** <m.; -s; unz.>

'Wa·ber·lo·he <f.; -; unz.; german. Myth.> *flackerndes Feuer;* **'wa·bern** <V. i.> *flackern*

wach <Adj.> = Z24> *nicht schlafend;* <Getrenntschreibung in Verbindung mit Verb/ Partizip, wenn *wach* sinnvoll steiger- od. erweiterbar ist> ~ sein; ~ bleiben; ~ liegen; ~ halten *am Einschlafen hindern;* Kaffee hält ~; <aber> Erinnerungen wachhalten <fig.>; alten Kummer wachrufen <fig.> *wieder hervorrufen, wachrütteln;* → a. *wachhalten, wachrufen* **2** <fig.> *aufmerksam, rege;* ein ~er Verstand; **'Wach·ab·lö·sung** <f.; -, -en>; **'Wach·boot** <n.; -(e)s, -e>; **'Wach·dienst**

<m.; -(e)s, -e>; **'Wa·che** <f.; -, -n> **1** *Person(engruppe), die etwas bewacht;* die ~ ablösen **2** *Räumlichkeit, in der die Wache(1) stationiert ist;* er wurde auf die ~ gebracht **3** *Dienst der Wache;* ~ haben; ~ schieben; ~ stehen; ~ stehender Polizist; **'wa·chen** <V. i.> **1** *wach(1) sein;* die Nacht ~; im Wachen und im Schlafen **2** *auf jmdn. aufpassen;* bei einer Kranken ~; **'Wa·che·ste·hen** <n.; -s; unz.> *das ~ fällt ihm schwer;* <aber> er muss heute Wache stehen; → a. *Wache(3);* **'wach|hal·ten** <V. t. 160; ich halte wach; sie hat wachgehalten; wachzuhalten; ↗Z21;> fig.> *lebendig erhalten;* Erinnerungen ~; <aber Getrenntschreibung> jmdn. wach halten; → a. *wach(1);* **'Wach·heit** <f.; -; unz.>; **'Wach·hund** <m.; -(e)s, -e>; **'Wach·mann** <m.; -(e)s, ⸚er; Pl. a. -leute>; **'Wach·mann·schaft** <f.; -, -en>

Wa'chol·der <m.; -s, -> **1** <Bot.> *eine Pflanze* **2** *Wacholderbranntwein;* **Wa'chol·der·baum** <m.; -(e)s, ⸚e; Bot.>; **Wa'chol·der·bee·re** <f.; -, -n; Bot.> *Frucht des Wacholders(1);* **Wa'chol·der·brannt·wein** <m.; -(e)s, -e>; **Wa'chol·der·dros·sel** <f.; -, -n; Zool.> *eine Drossel;* **Wa'chol·der·schnaps** <m.; -es, ⸚e>; **Wa'chol·der·strauch** <m.; -(e)s, ⸚e>

'Wach·pos·ten <m.; -s, -> oV *Wachtposten;* **'wach|ru·fen** <V. t. 204; ich rufe wach; sie hat wachgerufen; wachzurufen; fig.> *wieder hervorrufen;* Erinnerungen ~; → a. *wach(1);* **'wach|rüt·teln** <V. t.; ich rütt(e)le wach> **1** *durch Rütteln wecken;* wir konnten ihn ~ **2** <fig.> *aufrütteln*

Wachs <[vaks]; n.; -es, -e> *fettähnliche Masse aus Bienenwachs o. Ä.;* ~ formen; **'Wachs·ab·druck** <m.; -(e)s, ⸚e>; **'Wachs·ab·guss** <m.; -es, ⸚e>

'wach·sam <Adj.> *aufmerksam;* ein ~er Hund; **'Wach·sam·keit** <f.; -; unz.>

'Wachs·bild <[-ks-]; n.; -(e)s, -er>; **Wachs·bild·ne'rei** <f.; -; unz.>; **'wachs'bleich** <Adj.; veralt.>; **'Wachs·blu·me** <f.; -, -n>;

'Wachs·boh·ne <f.; -, -n; Bot.> *eine Bohnensorte;* **'wach·sen**[1] <V. t. (h.); du wachst> *mit Wachs behandeln*

'wach·sen[2] <[-ks-]; V. i. (s.) 277; du wächst> **1** *größer werden;* das Kind ist gewachsen **2** *gedeihen;* hier wächst viel Unkraut **3** *sich verstärken;* ~der Druck auf die Regierung

'wäch·sern <[-ks-]; Adj.> **1** *aus Wachs;* ~e Kerzen **2** *wachsähnlich;* das Gesicht der Toten war ~; **'Wachs·far·be** <f.; -, -n>; **'Wachs·fi·gur** <f.; -, -en>; **'Wachs·fi·gu·ren·ka·bi·nett** <n.; -(e)s, -e> *Ausstellung mit Wachsfiguren;* **'Wachs·ker·ze** <f.; -, -n>; **'Wachs·ma·le'rei** <f.; -; unz.> = *Enkaustik;* **'Wachs·mal·krei·de** <f.; -, -n>; **'Wachs·mal·stift** <m.; -(e)s, -e>; **'Wachs·pa·pier** <n.; -s; unz.> *wasserfestes Verpackungspapier;* **'Wachs·ta·fel** <f.; -, -n> *antike Schreibtafel*

'Wach·stu·be <f.; -, -n> *Aufenthaltsraum für Wachleute*

'Wachs·tuch <[-ks-]; n.; -(e)s, ⸚er; Textilw.> *ein Gewebe*

'Wachs·tum <[-ks-]; n.; -s; unz.> *das Wachsen;* das ~ beschleunigen; **'Wachs·tums·fak·to·ren** <Pl.>; **'wachs·tums·för·dernd** <Adj.>; **'wachs·tums·hem·mend** <Adj.>; **'Wachs·tums·hor·mon** <n.; -s; unz.; Physiol.>; **'Wachs·tums·ra·te** <f.; -, -n> **1** <Biol.> *Maß des Wachstums* **2** <Wirtsch.> *Veränderung des Bruttosozialprodukts*

'wachs·weich <[-ks-]; Adj.>; **'Wachs·zie·her** <m.; -s, -> *Kerzenhersteller;* **'Wachs·zie·he·rin** <f.; -, -n·nen>

Wacht <f.; -, -en; veralt.; noch poet.> *Wache*

'Wäch·te <f.; -, -n; ↗Z5.2; künftig nicht mehr zulässige Schreibweise für> *Wechte*

'Wach·tel <f.; -, -n; Zool.> *ein Hühnervogel;* **'Wach·tel·hund** <m.; -(e)s, -e; Zool.> *ein Spaniel;* **'Wach·tel·kö·nig** <m.; -s, -e; Zool.> *ein Vogel*

'Wäch·ter <m.; -s, -> *jmd., der jmdn. od. etwas bewacht;* Park~; **'Wäch·te·rin** <f.; -, -n·nen>; **'Wacht·hund** <m.; -(e)s, -e>; **'Wacht·meis·ter** <m.;

-s, -> 1 *Feldwebel in der dt. Wehrmacht* 2 *Dienstgrad bei der Polizei;* **'Wacht·meis·te·rin** <f.; -, -n·nen>; **'Wacht·pos·ten** <m.; -s, ->

'Wach·traum <m.; -(e)s, ⸚e> *Traum im Wachzustand*

'Wacht·stu·be <f.; -, -n>; **'Wacht·turm** <m.; -(e)s, ⸚e>

'Wach·zu·stand <m.; -(e)s; unz.>

'Wa·cke <f.; -, -n> *bröckeliger Basalt*

'wa·cke·lig <Adj.; a. fig.> *leicht wackelnd, instabil;* oV *wacklig;* **'Wa·ckel·kon·takt** <m.; -(e)s, -e> *Störung im elektr. Stromkreis;* **'wa·ckeln** <V. i.; ich wack(e)le> *der Stuhl wackelt;* **'Wa·ckel·pe·ter** <m.; -s, -; Kochk.> = *Götterspeise*

'wa·cker <Adj.> 1 <veralt.> *rechtschaffen* 2 *tapfer;* ~ *kämpfen*

'Wa·cker·stein <m.; -s, -e; umg.; veralt.> *Gesteinsbrocken*

'wack·lig <Adj.> = *wackelig*

Wad <n.; -s; unz.; Geol.> *ein Mineral* [engl.]

'Wa·de <f.; -, -n; Anat.> *Rückseite des Unterschenkels;* **'Wa·den·bein** <n.; -(e)s, -e; Anat.>; **'wa·den·hoch** <Adj.> *wadenhoher Schlamm;* **'Wa·den·krampf** <m.; -(e)s, ⸚e; Med.>; **'Wa·den·ste·cher** <m.; -s, -; Zool.> *eine Stechfliege;* **'Wa·den·strumpf** <m.; -(e)s, ⸚e>; **'Wa·den·um·schlag** <m.; -(e)s, ⸚e>; **'Wa·den·wi·ckel** <m.; -s, ->

'Wa·di <n.; -s, -s> *Trockental in der Wüste* [arab.]

Wa·fer <['weifə(r)]; m.; -s, -; El.> *Halbleiterplatte mit elektr. Schaltungen* [engl.]

'Waf·fe <f.; -, -n> 1 *ein Kampfgerät;* nukleare ~n; die ~n strecken <a. fig.> *sich ergeben* 2 <fig.> *ihre Ironie ist ihre beste* ~

'Waf·fel <f.; -, -n> *ein Gebäck;* **'Waf·fel·ei·sen** <n.; -s, -> *Gerät zum Waffelbacken;* **'Waf·fel·pi·kee** <m.; -s; unz.; Textilw.> *ein Stoff*

'Waf·fen·ar·se·nal <n.; -s, -e>; **'Waf·fen·be·sitz** <m.; -es; unz.>; **'Waf·fen·em·bar·go** <n.; -s, -s>; **'waf·fen·fä·hig** <Adj.; Mil.; veralt.> *zum Militärdienst tauglich;* **'Waf·fen·gat·tung** <f.; -, -en; Mil.> *Truppenteile mit ähnlicher Aufgabe u. Ausrüs-*

tung; **'Waf·fen·ge·walt** <f.; -; unz.> mit ~; **'Waf·fen·kun·de** <f.; -; unz.>; **'Waf·fen·meis·ter** <m.; -s, -; Mil.; früher> *Soldat, der die Waffen einer Truppe instand zu halten hat;* **'Waf·fen·recht** <n.; -(e)s; unz.>; **'Waf·fen·ru·he** <f.; -; unz.; Mil.>; **'Waf·fen·schein** <m.; -(e)s, -e> *behördl. Erlaubnis zum Waffenbesitz;* **'Waf·fen·schmied** <m.; -(e)s, -e> *Handwerker, der Waffen herstellt;* **'Waf·fen-SS** <f.; -; unz.; im 2. Weltkrieg>; **'Waf·fen·still·stand** <m.; -(e)s; unz.> *die Kampfhandlungen beendende Vereinbarung;* **'Waf·fen·still·stands·ab·kom·men** <n.; -s, ->

'wäg·bar <Adj.; fig.; selten> *so beschaffen, dass man es abwägen kann*

'Wa·ge·hals <m.; -es, ⸚e> = *Waghals;* **'wa·ge·hal·sig** <Adj.>; **'Wa·ge·hal·sig·keit** <f.; -; unz.>

'Wä·gel·chen¹ <n.; -s, -; Verkleinerungsf. von *Wagen(1)*

'Wä·gel·chen² <n.; -s, -; Verkleinerungsf. von *Waage(1)*

'Wa·ge·mut <m.; -(e)s; unz.> *Mut zum Risiko;* **'wa·ge·mu·tig** <Adj.>; **'wa·gen** <V. t./V. refl.> *riskieren;* sein Leben ~; keinen Einwand ~; wer wagt, gewinnt <Sprichw.>; ein gewagtes Unterfangen

'Wa·gen <m.; -s, -> 1 *mehrachsiges Fahrzeug mit Rädern;* Pferde~; Firmen~ 2 <Astr.> *Kleiner, Großer ~ ein Sternbild*

'wä·gen <V. t. 278> 1 <veralt.> *wiegen¹(1)* 2 <fig.> *einschätzen*

'Wa·gen·bau·er <m.; -s, -> = *Stellmacher;* **'Wa·gen·bau·e·rin** <f.; -, -n·nen>; **'Wa·gen·burg** <f.; -, -en>; **'Wa·gen·he·ber** <m.; -s, -; Kfz>; **'Wa·gen·la·dung** <f.; -, -en> *eine ~ Kies;* **'Wa·gen·park** <m.; -s, -s> *Fuhrpark;* **'Wa·gen·pferd** <n.; -(e)s, -e>; **'Wa·gen·rad** <n.; -(e)s, ⸚er>; **'Wa·gen·schmie·re** <f.; -; unz.>; **'Wa·gen·stands·an·zei·ger** <m.; -s, -; in Bahnhöfen>

Wag·gon <[va'gɔ̃] od. [-'gɔŋ]; m.; -s, -s> *Eisenbahnwagen;* oV *Wagon* [engl.]; **wag'gon·wei·se** <Adv.> *Waggon für Waggon*

'Wag·hals <m.; -es, ⸚e> *wagemutiger Mensch;* oV *Wagehals;*

'wag·hal·sig <Adj.> 1 *wagemutig;* ein ~er Kerl 2 *riskant;* **'Wag·hal·sig·keit** <f.; -; unz.>

'Wag·ner <m.; -s, -> = *Stellmacher*

Wag·ne·ri·a·ner <m.; -s, -> *Anhänger der Musik Richard Wagners;* **Wag·ne·ri·a·ne·rin** <f.; -, -n·nen>

'Wag·nis <n.; -s·ses, -s·se> *wagemutiges Unternehmen*

Wa·gon <[va'gɔ̃] od. [-'gɔŋ]; m.; -s, -s> = *Waggon;* **wa'gon·wei·se** <Adv.>

'Wä·gung <f.; -, -en; Chem.> *Massebestimmung mit einer Waage(1)*

'Wä·he <f.; -, -n; südwestdt.; schweiz.> *Kuchen;* Zwiebel~

Wahl <f.; -, -en> 1 *das Wählen(1);* Landtags~; zur ~ gehen 2 *Auswahl;* die ~ haben; sie hat keine andere ~; **'Wahl·a·bend** <m.; -s, -e; ⤢Z 55>; **'Wahl·al·ter** <n.; -s; unz.> *Mindestalter für das Wahlrecht;* **'Wahl·aus·schuss** <m.; -es, ⸚e>; **'wähl·bar** <Adj.>; **'Wähl·bar·keit** <f.; -; unz.>; **'Wahl·be·ein·flus·sung** <f.; -; unz.>; **'Wahl·be·hör·de** <f.; -, -n>; **'Wahl·be·nach·rich·ti·gung** <f.; -, -en>; **'wahl·be·rech·tigt** <Adj.>; **'Wahl·be·rech·ti·gung** <f.; -; unz.>; **'Wahl·be·tei·li·gung** <f.; -, -en>; **'Wahl·be·zirk** <m.; -(e)s, -e>; **'Wahl·el·tern** <Pl.; österr.> *Adoptiveltern;* **'wäh·len** <V. t.> 1 *für jmdn. stimmen;* jmdn. zum Präsidenten ~ 2 *auswählen;* einen Beruf ~ 3 *eine Telefonnummer drücken;* **'Wäh·ler** <m.; -s, ->; **'Wäh·ler·auf·trag** <m.; -(e)s, ⸚e>; **'Wahl·er·geb·nis** <n.; -s·ses, -s·se>; **'Wäh·le·rin** <f.; -, -n·nen>; **'Wäh·ler·i·ni·ti·a·ti·ve** <auch> **'Wäh·ler·i·ni·ti·a·ti·ve** <[-tsja-]; f.; -, -n; ⤢Z 54, 55>; **'wäh·le·risch** <Adj.> *anspruchsvoll;* **'Wäh·ler·lis·te** <f.; -, -n> *Wählerverzeichnis;* **'Wäh·ler·schaft** <f.; -, -en>; **'Wäh·ler·ver·ei·ni·gung** <f.; -, -en> *parteilose polit. Vereinigung, die Vertreter zur Wahl stellt;* **'Wahl·fach** <n.; -(e)s, ⸚er> *wahlfreies Schulfach;* Ggs *Pflichtfach;* **'Wahl·feld·zug** <m.; -(e)s, ⸚e>; **'wahl·frei** <Adj.> *freigestellt;* ~er Unterricht; **'Wahl·frei·heit** <f.; -; unz.>;

'**Wahl·gang** <m.; -(e)s, ⸗e> im ersten ~ gewählt werden; '**Wahl·ge·heim·nis** <n.; -s·ses; unz.; Rechtsw.>; '**Wahl·ge·schenk** <n.; -(e)s, -e> Zugeständnis an die Wähler vor der Wahl; '**Wahl·hand·lung** <f.; -, -en> Gegend, die man sich zum Wohnsitz erwählt hat; '**Wahl·hel·fer** <m.; -s, ->; '**Wahl·hel·fe·rin** <f.; -, -n·nen>; '**Wahl·kampf** <m.; -(e)s, ⸗e> Kampf um Stimmen mittels Wahlpropaganda; '**Wahl·kind** <n.; -(e)s, -er; österr.> Adoptivkind; '**Wahl·kreis** <m.; -es, -e> Bezirk für die Bundestagswahl; '**Wahl·lei·ter** <m.; -s, -> für die Durchführung einer Wahl Verantwortlicher; '**Wahl·lei·te·rin** <f.; -, -n·nen>; '**Wahl·lis·te** <f.; -, -n> Kandidatenverzeichnis bei einer Wahl; '**Wahl·lo·kal** <n.; -(e)s, -e> Raum für die Stimmabgabe; '**wahl·los** <Adj.> beliebig; etwas ~ herausgreifen; '**Wahl·mann** <m.; -(e)s, ⸗er; bei indirekten Wahlen> von den Wählern Gewählter, der für die Abgeordneten stimmt; '**Wahl·nie·der·la·ge** <f.; -, -n>; '**Wahl·ord·nung** <f.; -, -en> alle Wahlvorschriften; '**Wahl·pa·ro·le** <f.; -, -n>; '**Wahl·pe·ri·o·de** <f.; -, -n> Zeit, für die eine Wahl gilt; '**Wahl·pflicht** <f.; -; unz.>; '**Wahl·pla·kat** <n.; -(e)s, -e>; '**Wahl·pro·pa·gan·da** <f.; -; unz.>; '**Wahl·recht** <n.; -(e)s, -e> aktives, passives ~; allgemeines ~; '**Wahl·re·de** <f.; -, -n>; '**Wahl·schein** <m.; -(e)s, -e> Bescheinigung, die zur Wahl berechtigt; '**Wahl·schlacht** <f.; -, -en; fig.>; '**Wahl·sieg** <m.; -(e)s, -e>; '**Wahl·spruch** <m.; -(e)s, ⸗e> Leitspruch, Motto; '**Wahl·ur·ne** <f.; -, -n> Behälter für Stimmzettel; '**Wahl·ver·samm·lung** <f.; -, -en> öffentl. Veranstaltung für Wahlpropaganda; '**wahl·ver·wandt** <Adj.> geistig verbunden; '**Wahl·ver·wandt·schaft** <f.; -, -en>; '**Wahl·vor·schlag** <m.; -(e)s, ⸗e>; '**Wahl·vor·ste·her** <m.; -s, -> Leiter des Wahlausschusses; '**Wahl·vor·ste·he·rin** <f.; -, -n·nen>; '**wahl·wei·se** <Adj.> nach Wahl; du kannst ~

Rot- oder Weißwein trinken; '**Wahl·zet·tel** <m.; -s, ->
Wahn <m.; -(e)s; unz.> trüger. Vorstellung, Verblendung; eitler ~; in dem ~ leben, dass ...; '**Wahn·bild** <n.; -(e)s, -er>; '**wäh·nen** <V. t./V. refl.; geh.> glauben; ich wähnte ihn in Bonn; '**Wahn·ge·bil·de** <n.; -s, ->; '**Wahn·i·dee** <f.; -, -n; ↗Z55; Psych.> krankhafte, fixe Vorstellung; '**Wahn·sinn** <m.; -(e)s; unz.> 1 Geisteskrankheit; dem ~ verfallen 2 <fig.; umg.> Unvernunft; das ist doch ~!; '**wahn·sin·nig** <Adj.> 1 geisteskrank 2 <fig.; umg.> sehr unvernünftig; bist du ~? 3 <fig.; umg.; verstärkend> sehr; ~e Schmerzen; sich ~ freuen; '**Wahn·vor·stel·lung** <f.; -, -en>; '**Wahn·witz** <m.; -es; unz.>; '**wahn·wit·zig** <Adj.> eine ~e Idee
wahr <Adj.> 1 <↗Z24> der Wahrheit entsprechend, wirklich; eine ~e Geschichte; sein ~es Gesicht zeigen <fig.>; <Getrenntschreibung in Verbindung mit Verb/Partizip, wenn wahr sinnvoll steiger- od. erweiterbar ist> ~ machen realisieren; ~ werden; <aber> → wahrhaben, wahrnehmen, wahrsagen 2 <↗Z42> nicht gelogen; es ist kein ~es Wort, nichts Wahres daran; das ist nicht das Wahre <umg.> das missfällt mir 3 <verstärkend> echt; eine ~e Schande; ein ~es Vergnügen; '**wah·ren** <V. t.> 1 schützen; seine Interessen ~ 2 erhalten; den Schein ~
'**wäh·ren** <V. i.> 1 andauern; das Fest währte drei Tage 2 bestehen; ewig ~d; '**wäh·rend 1** <Part. Präs. von: währen 2 <Präp. mit Gen., umg. a. mit Dat.> im Verlauf (von); ~ des Vortrags 3 <Konj.> wohingegen; die einen applaudierten, ~ die andern pfiffen; **wäh·rend'dem, wäh·rend'des·sen** <Konj.> während dieser Zeit; ich kochte, ~ deckte sie den Tisch
'**wahr·ha·ben** <V. t.; nur in der Wendung> etwas nicht ~ wollen nicht glauben wollen; → a. wahr(1); '**wahr·haft** <Adj.> 1 wirklich; ein ~er Mensch 2 <adv.> wahrlich, tatsächlich; eine ~ noble Geste; **wahr'haf·tig**

<Adj.> 1 aufrichtig 2 <adv.> tatsächlich, wahrlich; ich weiß es ~ nicht; '**Wahr'haf·tig·keit** <f.; -; unz.>; '**Wahr·heit** <f.; -, -en> 1 <unz.> das Wahre, richtige Darstellung; die ~ sagen; bei der ~ bleiben 2 Faktum; eine bittere ~; '**Wahr·heits·be·weis** <m.; -es, -e>; '**Wahr·heits·ge·halt** <m.; -(e)s; unz.>; '**wahr·heits·ge·mäß, 'wahr·heits·ge·treu** <Adj.> ~e Schilderung; '**Wahr·heits·lie·be** <f.; -; unz.>; '**wahr·heits·lie·bend** <Adj.>; '**Wahr·heits·sinn** <m.; -(e)s; unz.> Fähigkeit, etwas als (un)wahr zu erkennen; '**wahr·heits·wid·rig** <Adj.; ↗Z53.1>; '**wahr·lich** <Adv.; geh.; veralt.> tatsächlich; '**wahr·nehm·bar** <Adj.> kaum ~e Schritte; '**wahr|neh·men** <V. t. 189; ich nehme wahr; sie hat wahrgenommen; wahrzunehmen> → a. wahr(1) 1 mit den Sinnen erfassen; ein Geräusch ~ 2 nutzen; eine Gelegenheit ~; jmds. Interessen ~ <fig.> vertreten; '**Wahr·neh·mung** <f.; -, -en>; '**Wahr·neh·mungs·ver·mö·gen** <n.; -s; unz.> Fähigkeit, mit den Sinnen zu erfassen; '**wahr|sa·gen** <V. i.; ich sage wahr; du sagtest wahr/wahrsagtest; sie hat wahrgesagt/gewahrsagt; wahrzusagen> Zukünftiges vorhersagen; sich ~ lassen; → a. wahr(1); '**Wahr·sa·ger** <m.; -s, ->; '**Wahr·sa·ge·rin** <f.; -, -n·nen>; '**Wahr·sa·gung** <f.; -, -en>
'**währ·schaft** <Adj.; schweiz.> 1 gut 2 tüchtig; ein ~er Mann; '**Währ·schaft** <f.; -, -en; schweiz.>
'**Wahr·schau** <f.; -, -en; Mar.> 1 Wahrzeichen 2 Warnung; '**wahr·schau·en** <V. i.; ich wahrschaue; sie hat wahrgeschaut; wahrzuschauen; Mar.> warnen; → a. wahr(1)
wahr'schein·lich <Adj.; meist adv.> voraussichtlich; ~ kommt sie noch; **Wahr'schein·lich·keit** <f.; -; unz.> aller ~ nach; **Wahr·'schein·lich·keits·rech·nung** <f.; -, -en; Math.>; **Wahr·'schein·lich·keits·the·o·rie** <f.; -; unz.; Math.; Philos.> Theorie von den Gesetzmäßigkeiten zufälliger Geschehnisse

W

'Wah·rung <f.; -; unz.> zur ~ der eigenen Interessen

'Wäh·rung <f.; -, -en; Wirtsch.> 1 gesetzl. Ordnung des Geldwesens eines Landes 2 gesetzl. Zahlungsmittel eines Landes; Dollar~; **'Wäh·rungs·aus·gleich** <m.; -(e)s unz.; Wirtsch.>; **'Wäh·rungs·block** <m.; -(e)s, ⸚e; Wirtsch.>; **'Wäh·rungs·ein·heit** <f.; -, -en; Wirtsch.> Geldeinheit innerhalb eines Währungssystems; **'Wäh·rungs·fonds** <[-fɔ̃]; m.; - [-fɔ̃s], - [fɔ̃s]; Wirtsch.> Fonds zum Stützen von Währungsschwankungen; **'Wäh·rungs·po·li·tik** <f.; -; unz.; Wirtsch.>; **'Wäh·rungs·re·form** <f.; -, -en; Wirtsch.> staatl. Neuordnung des Geldwesens; **'Wäh·rungs·sys·tem** <n.; -s, -e; Wirtsch.> Europäisches ~ <Abk.: EWS>; **'Wäh·rungs·u·ni·on** <f.; -; unz.; ⸢Z55; Wirtsch.>

'Wahr·zei·chen <n.; -s, -> Kennzeichen; ~ einer Stadt

Waid <m.; -(e)s, -e; Bot.> ein Kreuzblütler; **waid...**, **Waid...** <Jagdw.; in Zus.> = **weid...**, **Weid...**

'Wai·se <f.; -, -n> 1 elternloses Kind 2 <Lit.> einzelne reimlose Gedichtzeile; **'Wai·sen·geld** <n.; -(e)s, -er>; **'Wai·sen·haus** <n.; -es, ⸚er> Heim für Waisen; **'Wai·sen·kind** <n.; -(e)s, -er>; **'Wai·sen·kna·be** <m.; -n, -n; fig.; umg.> naiver Mensch; **'Wai·sen·ren·te** <f.; -, -n>

Wake·board <['weɪkbɔːd]; n.; -s, -s; Sp.> Brett, das an einem Seil über das Wasser gezogen wird [engl.]; **Wake·boar·ding** <n.; -s; unz.; Sp.>

Wal <m.; -(e)s, -e; Zool.> ein Meeressäugetier

Wa·la·che <m.; -n, -n> Bewohner der Walachei; **Wa·la'chei** <f.; -; unz.> rumän. Landschaft; **Wa·'la·chin** <f.; -, -n·nen>; **wa·la·chisch** <Adj.>

Wald <m.; -(e)s, ⸚er> Fläche mit vielen Bäumen; Laub~; den ~ vor lauter Bäumen nicht sehen <fig.; umg.> etwas Naheliegendes nicht bemerken; **'Wald·a·mei·se** <f.; -, -n; ⸢Z55; Zool.> Ameisenart; **'Wald·bau** <m.; -(e)s; unz.> Zweig der Forstwirtschaft; **'Wald·bee·re** <f.; -, -n;

Bot.>; **'Wald·blu·me** <f.; -, -n; Bot.>; **'Wald·brand** <m.; -(e)s, ⸚e>; **'Wäld·chen** <n.; -s, -; Verkleinerungsf. von> Wald; **'Wald·erd·bee·re** <f.; -, -n; Bot.>; **'Wal·des·rau·schen** <n.; -s; unz.; poet.>; **'Wald·eu·le** <f.; -, -n; Zool.> = Waldkauz; **'Wald·fre·vel** <m.; -s, ->; **'Wald·geist** <m.; -es, -er; Myth.>; **'Wald·gren·ze** <f.; -; unz.> Übergang des Waldes in baumloses Gelände; **'Wald·horn** <n.; -(e)s, ⸚er; Instrumentenk.> = Horn¹(2); **'Wald·hu·fen·dorf** <n.; -(e)s, ⸚er> Reihendorf im Mittelgebirge; **'Wald·hü·ter** <m.; -s, ->; **'Wald·hü·te·rin** <f.; -, -n·nen>; **'Wald·hy·a·zin·the** <f.; -, -n; Bot.> Orchideenart; **'wal·dig** <Adj.> bewaldet; **'Wald·kan·te** <f.; -, -n>; **'Wald·kauz** <m.; -es, ⸚e; Zool.> Eulenart; **'Wald·lauf** <m.; -(e)s, ⸚e; Sp.> Lauf durch den Wald; **'Wald·maus** <f.; -, ⸚e; Zool.>; **'Wald·meis·ter** <m.; -s; unz.; Bot.> ein Rötegewächs; **'Wald·meis·ter·bow·le** <[-boː-]; f.; -, -n>; **'Wald·ohr·eu·le** <f.; -, -n; Zool.>

'Wal·dorf·schu·le <f.; -, -n> der anthroposoph. Lehre von Rudolf Steiner folgende Schule

'Wald·pflan·ze <f.; -, -n; Bot.>; **'Wald·rand** <m.; -(e)s, ⸚er>; **'Wald·rapp** <m.; -(e)s, -e; Zool.> ein Schreitvogel; **'Wald·re·be** <f.; -, -n; Bot.> ein Hahnenfußgewächs; **'Wald·reich** <Adj.>; **'Wald·reich·tum** <m.; -s; unz.>; **'Wald·saum** <m.; -(e)s; unz.; poet.> Waldrand; **'Wald·schrat** <m.; -(e)s, -e; Myth.> ein Waldgeist; **'Wald·städ·te** <Pl.> die vier Rheinstädte Rheinfelden, Säckingen, Laufenburg, Waldshut; **'Wald·stät·te** <Pl.> die vier Urkantone Uri, Schwyz, Unterwalden, Luzern; **'Wald·ster·ben** <n.; -s; unz.> Zerstörung von Wäldern durch Umweltverschmutzung; **'Wal·dung** <f.; -, -en> Wald; **'Wald·vo·gel** <m.; -s, ⸚; Zool.>; **'Wald·vö·ge·lein** <n.; -s, -; Bot.> Orchideenart; **'wald·wärts** <Adv.>; **'Wald·weg** <m.; -(e)s, -e>; **'Wald·wirt·schaft** <f.; -, -en>

Wales <['weɪlz]> Teil Großbritanniens

'Wal·fang <m.; -(e)s, ⸚e> ~ treibende Länder; **'Wal·fän·ger** <m.; -s, ->; **'Wal·fang·flot·te** <f.; -, -n>; **'Wal·fisch** <m.; -(e)s, -e; fälschl. für> Wal

'Wäl·ger·holz <n.; -es, ⸚er; umg.> Nudelholz; **'wäl·gern** <V. t.; ich wälgere; umg.> Teig ~

Wal'hall, Wal'hal·la <f.; -; unz.; german. Myth.> Aufenthaltsort der im Kampf Gefallenen

Wa'li·ser <m.; -s, -> Einwohner von Wales; **Wa'li·se·rin** <f.; -, -n·nen>; **wa'li·sisch** <Adj.>

'Wal·ke <f.; -, -n; Textilw.> 1 Verfilzmaschine 2 das Walken(2); **'wal·ken** <V. t.> 1 kneten, schlagen 2 <Textilw.> verfilzen; Fasern ~; **'Wal·ker** <m.; -s, -; Textilw.> ein Textilarbeiter; **'Wal·ke·rin** <f.; -, -n·nen; Textilw.>

Wal·kie-Tal·kie <['wɔːki 'tɔːki]; n.; - od. -s, -s; ⸢Z32> kleines Funksprechgerät [engl.]; **Wal·king** <['wɔːkiŋ]; n.; - od. -s; unz.; Sp.> schnelles Gehen; **'Wal·king·bass** <[-beis]; m.; -; unz.; Mus.>; **'Walk·man** <[-mæn]; m.; -s, -s od. -men [-mən]; Warenz.> tragbarer Kassettenrekorder mit Kopfhörern

'Wal·kü·re <a. [-'--]; f.; -, -n; german. Myth.> Jungfrau, die die Gefallenen nach Walhall bringt

Wall¹ <m.; -(e)s, ⸚e> längl. Erdaufschüttung

Wall² <m.; -(e)s, - od. (nach Zahlenangaben) -> ein Zählmaß: 80 Stück (bes. bei Fischen)

Wal·la·by <['wɔləbi]; n.; -s, -s; Zool.> Känguruart [engl.]

'Wal·lach <m.; -(e)s, -e; Zool.> kastrierter Hengst

'wal·len¹ <V. i. (h. u. s.)> 1 sieden, kochen 2 <geh.> wogend fallen; ein ~des Kleid

'wal·len² <V. i. (s.); Rel.; veralt.> pilgern

'wäl·len <V. t.> wallen¹(1) lassen

'wall·fah·ren <V. i. (s.); ich wallfahre; sie ist gewallfahrt; zu ~; Rel.>; **'Wall·fah·rer** <m.; -s, -; Rel.>; **'Wall·fah·re·rin** <f.; -, -n·nen; Rel.>; **'Wall·fahrt** <f.; -, -en; Rel.> Pilgerfahrt; **'wall·fahr·ten** <V. i. (s.); Rel.; veralt.> = wallfahren; **'Wall·fahrts·kir·che** <f.; -, -n; Rel.>; **'Wall·fahrts·ort** <m.; -(e)s, -e; Rel.>

'Wall·holz <n.; -es, =er; schweiz.> Nudelholz

'Wal·lis <n.; -; unz.> ein schweiz. Kanton; 'Wal·li·ser <m.; -s, ->; 'Wal·li·se·rin <f.; -, -n·nen>; 'wal·li·se·risch <Adj.>

Wal'lo·ne <m.; -n, -n> Nachkomme romanisierter Kelten u. Germanen; Wal'lo·nin <f.; -, -n·nen>; wal'lo·nisch <Adj.>

Wall·street, <auch> Wall Street <['wɔːlstriːt]; f.; (-)-; unz.; ↗Z30; Wirtsch.> New Yorker Finanzdistrikt [engl.]

'Wal·lung <f.; -, -en> in ~ geraten

Walm <m.; -(e)s, -e> dreieckige Dachfläche; 'Walm·dach <n.; -(e)s, =er>

'Wal·nuss <f.; -, =e; Bot.> Frucht des Walnussbaums; 'Wal·nuss·baum <m.; -(e)s, =e; Bot.>

Wa'lo·ne <f.; -, -n; Bot.> Fruchtbecher der Eiche mit Gerbstoff

Wal'pur·gis·nacht <f.; -, =e> Nacht vor dem 1. Mai, nach altem Volksglauben mit Umtrieben von Geistern und Hexen

'Wal·rat <m. od. n.; -(e)s; unz.> fettartige Masse aus dem Kopf von Pottwalen; 'Wal·ross <n.; -es, -e; Zool.> eine Robbe

'Wal·statt <f.; -, -stät·ten; veralt.> Kampfplatz

'wal·ten <V. i.; geh.> 1 wirken, herrschen; hier waltet Vernunft; Gnade, Vorsicht ~ lassen 2 nach Belieben handeln; seines Amtes ~; → a. schalten

'Walz·blech <n.; -(e)s; unz.> Blech aus dem Walzwerk; 'Wal·ze <f.; -, -n> 1 zylindr. Körper 2 Maschinenteil in Form einer Walze(1); Dampf~ 3 <bes. früher> Wanderschaft der Handwerksburschen; 'Walz·ei·sen <n.; -s; unz.> gewalztes Eisen; 'wal·zen <V. t.; du walzt> mit einer Walze(2) bearbeiten; 'wäl·zen <V. t./V. refl.; du wälzt> rollend bewegen; sich auf der Erde ~; Bücher ~ <fig.>; umg.> Probleme ~ <fig.; umg.>; 'wal·zen·för·mig <Adj.>; 'Wal·zen·stra·ße <f.; -, -n> = Walzstraße; 'Wal·zer <m.; -s; Mus.> ein Gesellschaftstanz; Wiener ~; 'Wäl·zer <m.; -s, -; fig.; umg.> dickes Buch; 'Walz·pro·fil <n.; -(e)s, -e>; 'Wälz·sprung <m.; -(e)s, =e; Hochsprung> = Straddle;

'Walz·stahl <m.; -(e)s, =e od. -e>; 'Walz·stra·ße <f.; -, -n> Metallverarbeitungsanlage; 'Wälz·ver·fah·ren <n.; -s; unz.>; 'Walz·werk <n.; -(e)s, -e> Anlage zur Metallumformung

'Wam·me <f.; -, -n> 1 <Anat.> Halsfalte bei manchen Tieren 2 Bauch; 'Wam·pe <f.; -, -n; umg.; abwertend> dicker Bauch; 'wam·pert <Adj.; süddt.> dickbäuchig

Wam'pum <a. ['--]; m.; -s, -e; bei nordamerikan. Indianern> Gürtel aus Muscheln u. Ä. als Zahlungsmittel [Algonkin]

Wams <n.; -es, =er; früher> Männerjacke

Wand <f.; -, =e> 1 räuml. Seitenbegrenzung; Zimmer~; in seinen vier Wänden <fig.> zu Hause 2 Bergabhang; Fels~ 3 <fig.> große Fläche; Wolken~

Wan'da·le <m.; -n, -n> oV Vandale 1 Angehöriger eines ostgerman. Volkes 2 <fig.> zerstörerischer Mensch; wie die ~n hausen; Wan'da·lin <f.; -, -n·nen>; wan'da·lisch <Adj.>; Wan·da'lis·mus <m.; -; unz.> Zerstörungswut

'Wand·be·hang <m.; -(e)s, =e>; 'Wand·be·span·nung <f.; -, -en>; 'Wand·bild <n.; -(e)s, -er>; 'Wand·brett <n.; -(e)s, -er>

'Wan·del <m.; -s; unz.> Veränderung; Gesinnungs~; sozialer ~; 'Wan·del·an·lei·he <f.; -, -n; Bankw.> = Wandelobligation; 'wan·del·bar <Adj.>; 'Wan·del·bar·keit <f.; -; unz.>; 'Wan·del·gang <m.; -(e)s, =e; Theat.>; 'Wan·del·hal·le <f.; -, -n; Theat.>; 'wan·deln <V. t.; ich wand(e)le> 1 <V. t./V. refl. (h.)> verändern; ihre Einstellung hat sich gewandelt 2 <V. i. (s.)> langsam gehen; unter Bäumen ~; er ist ein ~des Lexikon <fig.>; 'Wan·del·ob·li·ga·ti·on, <auch> 'Wan·del·o·bli·ga·ti·on <f.; -, -en; ↗Z54,55; Bankw.> Schuldverschreibung einer AG, bei der dem Gläubiger der Umtausch in Aktien eingeräumt wird

'Wan·der·a·mei·se <f.; -, -n; Zool.> eine Ameisenart; 'Wan·der·ar·bei·ter <m.; -s, -> Saisonarbeiter; 'Wan·der·ar·bei·te·rin <f.; -, -n·nen>; 'Wan·der·aus·stel·lung <f.; -, -en>; 'Wan·der·block <m.; -(e)s, =e; Geol.> Findling; 'Wan·der·büh·ne <f.; -, -n> Schauspielertruppe ohne festes Theater; 'Wan·der·bur·sche <m.; -n, -n>; 'Wan·der·dü·ne <f.; -, -n>; 'Wan·de·rer <m.; -s, -> oV Wandrer; 'Wan·der·fahrt <f.; -, -en>; 'Wan·der·fal·ke <m.; -n, -n; Zool.> eine Falkenart; 'Wan·der·heu·schre·cke <f.; -, -n; Zool.> eine Heuschreckenart; 'Wan·de·rin <f.; -, -n·nen> oV Wandrerin; 'Wan·der·jah·re <Pl.; früher> Lehrjahre der Handwerker auf der Wanderschaft; 'Wan·der·kar·te <f.; -, -n>; 'Wan·der·le·ben <n.; -s; unz.> ein ~ führen; 'Wan·der·le·ber <f.; -, -n; Med.> Lebersenkung; 'Wan·der·lied <n.; -(e)s, -er; Mus.>; 'Wan·der·lust <f.; -; unz.>; 'wan·der·lus·tig <Adj.>; 'wan·dern <V. i. (s.); ich wandere> zu Fuß gehen; –de Völker; Gedanken ~ schweifen 2 ins Gefängnis ~; 'Wan·der·nie·re <f.; -, -n; Med.> Nierensenkung; 'Wan·der·po·kal <m.; -s, -e; Sp.>; 'Wan·der·preis <m.; -es, -e; Sp.> Preis, der jährl. dem neuen Sieger verliehen wird; 'Wan·der·rat·te <f.; -, -n; Zool.> Rattenart; 'Wan·der·schaft <f.; -; unz.> auf ~ gehen; 'Wan·ders·mann <m.; -(e)s, -leu·te; poet.> Wanderer; 'Wan·der·sport <m.; -(e)s; unz.; Sp.>; 'Wan·der·stab <m.; -(e)s, =e; poet.>; 'Wan·der·tag <m.; -(e)s, -e> verbindl. Schülerwanderung; 'Wan·de·rung <f.; -, -en> 1 Ausflug zu Fuß 2 Ortswechsel; Völker~; 'Wan·der·vo·gel <m.; -s, => 1 <früher> dt. Jugendbund 2 <fig.> jmd., der häufig den Wohnort wechselt; 'Wan·der·zir·kus <m.; -, -s·se>

'Wand·ge·mäl·de <n.; -s, -; Mal.>; 'Wand·ha·ken <m.; -s, ->; ...wan·dig <Adj.; in Zus.> z. B. dünnwandig; 'Wand·ka·len·der <m.; -s, ->; 'Wand·kar·te <f.; -, -n>

'Wand·ler <m.; -s, -; Tech.> Gerät zum Umwandeln physikal. Größen in andere Größen

'Wand·leuch·ter <m.; -s, ->

'Wand·lung <f.; -, -en> 1 *Wandel; Sinnes~* 2 <Kath.> *Teil der Messe* 3 <Rechtsw.> *Rückgängigmachen eines Vertrages wegen eines Mangels;* **'wand·lungs·fä·hig** <Adj.> *ein ~er Schauspieler;* **'Wand·lungs·fä·hig·keit** <f.; -; unz.>; **'Wand·lungs·kla·ge** <f.; -, -n; Rechtsw.>; **'Wand·lungs·pro·zess** <m.; -es, -e>

Wand·ma·le'rei <f.; -, -en; Mal.>; **'Wand·pfei·ler** <m.; -s, -; Arch.>

'Wand·rer <m.; -s, -> oV *Wanderer;* **'Wand·re·rin** <f.; -, -n·nen>

'Wand·schirm <m.; -(e)s, -e> *mit Stoff bespannte Trennwand;* **'Wand·schrank** <m.; -(e)s, ⁓e>; **'Wand·spie·gel** <m.; -s, ->; **'Wand·ta·fel** <f.; -, -n>; **'Wand·tel·ler** <m.; -s, -> *Teller als Wandschmuck;* **'Wand·tep·pich** <m.; -s, -e>; **'Wand·uhr** <f.; -, -en>; **'Wan·dung** <f.; -, -en> *Wand, Außenhülle;* **'Wand·ver·klei·dung** <f.; -, -en> *hölzerne ~;* **'Wand·ver·zie·rung** <f.; -, -en>

'Wa·ne <m.; -n, -n; meist Pl.; Myth.> *Angehöriger eines german. Göttergeschlechts*

'Wan·ge <f.; -, -n> 1 <Anat.; geh.> *Backe; hohle ~n* 2 *Seitenwand, -teil;* **'Wan·gen·bein** <n.; -(e)s, -e; Anat.> = *Jochbein;* **...wan·gig** <Adj.> *in Zus.> z. B. hohlwangig*

wank <Adj.; umg.> *schwankend;* **Wank** <m.; nur in den Wendungen> *ohne ~ fest; keinen ~ tun* <schweiz.; a. fig.> *fest bleiben*

'Wan·kel·mo·tor <m.; -s, -'to·ren; Tech.> = *Drehkolbenmotor* [nach dem Erfinder F. *Wankel*]

'Wan·kel·mut <m.; -s, -> *unbeständiger Sinn;* **'wan·kel·mü·tig** <Adj.>; **'Wan·kel·mü·tig·keit** <f.; -; unz.>; **wan·ken** <V. i.; ⁄Z42> 1 *sich stark hin- u. herbewegen; der Boden wankte mir unter den Füßen; ins Wanken geraten* <a. fig.> 2 *unsicher sein, schwanken; jmds. Entscheidung ins Wanken bringen*

wann <Adv.> *um welche Zeit; ~ kommst du?; er weiß nicht, ~ er fährt*

'Wänn·chen <n.; -s, -; Verkleinerungsf. von> *Wanne;* **'Wan·ne** <f.; -, -n> *größeres, längl. Gefäß; Bade~;* **'wan·nen** <Adv.; veralt.> *von ~ woher;* **'Wan·nen·bad** <n.; -(e)s, ⁓er>; **'Wänn·lein** <n.;

-s, -; poet.; Verkleinerungsf. von> *Wanne*

Wanst <m.; -es, ⁓e; umg.> *dicker Bauch; sich den ~ voll schlagen*

'Want <f.; -, -en; Mar.> *Tauwerk zum Verspannen des Mastes*

'Wan·ze <f.; -, -n> 1 <Zool.> *Insektenart* 2 <umg.> *Minispion*

WAP <['vap] od. ['wɔp]; Abk. für engl.> *Wireless Application Protocol;* **'WAP-Han·dy** <[-hændi]; n.; -s, -s; ⁄Z6.1, 34> *Handy, mit dem eine Verbindung zum Internet aufgebaut werden kann*

Wa'pi·ti <m.; -s, -s; Zool.> *ein amerikan. Hirsch* [Algonkin]

'Wap·pen <n.; -s, -> 1 <urspr.> *Abzeichen eines Ritters* 2 <später> *Abzeichen von Personen od. Gemeinwesen; Familien~;* **'Wap·pen·brief** <m.; -(e)s, -e; früher> *kaiserl. Urkunde über ein Wappen;* **'Wap·pen·kun·de** <f.; -; unz.> *Heraldik;* **'Wap·pen·man·tel** <m.; -s, ⁓>; **'Wap·pen·spruch** <m.; -(e)s, ⁓e>; **'Wap·pen·tier** <n.; -(e)s, -e> *im Wappen abgebildetes Tier*

'wapp·nen <V. t./V. refl.; geh.> 1 *bewaffnen* 2 <fig.> *sich gegen etwas ~ sich auf etwas gefasst machen*

Wa'rä·ger <m.; -s, -> *Normanne in Osteuropa;* **Wa'rä·ge·rin** <f.; -, -n·nen>

Wa'ran <m.; -s, -e; Zool.> *Echsenart* [arab.]

War'dein <m.; -s, -e; früher> *Erzprüfer* [lat.]; **war'die·ren** <V. t.> *Erze ~*

'Wa·re <f.; -, -n> *Handelsgut;* **'Wa·ren·an·nah·me** <f.; -, -n>; **'Wa·ren·auf·zug** <m.; -(e)s, ⁓e>; **'Wa·ren·au·to·mat** <m.; -en, -en> *Maschine zum Warenverkauf gegen Münzeinwurf;* **'Wa·ren·cha·rak·ter** <[-ka-]; m.; -s; unz.> *~ haben;* **'Wa·ren·haus** <n.; -es, ⁓er> *Kaufhaus;* **'Wa·ren·kun·de** <f.; -; unz.> *Lehre von den Waren;* **'wa·ren·kund·lich** <Adj.>; **'Wa·ren·la·ger** <n.; -s, ->; **'Wa·ren·mus·ter** <n.; -s, ->, **'Wa·ren·pro·be** <f.; -, -n>; **'Wa·ren·zei·chen** <n.; -s, -> *gesetzl. geschütztes Zeichen für eine Ware, Handelszeichen*

Warf[1] <m. od. n.; -(e)s, -e; Web.> = *Aufzug*

Warf[2] <f.; -, -en; norddt.> = *Werft[1];* oV *Warft*

Warf[3] <f.; -, -en> *Erdhügel mit dem Hallighaus*

Warft <f.; -, -en; norddt.> = *Werft[1];* oV *Warf[2]*

warm <Adj.> Ggs *kalt* 1 <⁄Z21, 24> *eine gemäßigte Temperatur aufweisend; ~e Getränke; es ist ~ draußen; auf kalt und ~ reagieren; etwas Warmes essen; ~e Miete M. einschließl. Heiz- u. Nebenkosten;* <Getrenntschreibung in Verbindung mit Verb/Partizip, wenn *warm* sinnvoll steiger- od. erweiterbar ist> ~ *baden; ~ essen; Essen ~ halten/<auch> warmhalten; sich jmdn. ~ halten/<auch> warmhalten sich jmds. Gunst erhalten;* sich ~ *laufen/<auch> warmlaufen sich laufend erwärmen* 2 *gegen Kälte schützend; ~e Schuhe* 3 <fig.> *herzlich; eine ~e Begrüßung; ein ~es Herz haben* <fig.> *mitfühlend sein; mit jmdm. ~ werden* <fig.> *sich mit jmdm. anfreunden;* **'Warm·bier** <n.; -(e)s; unz.; ⁄Z7>; **'Warm·blut** <n.; -(e)s; unz.>, **'Warm·blü·ter** <m.; -s, -; Zool.> *eine Pferderasse;* **'warm·blü·tig** <Adj.>; **'Warm·du·scher** <m.; -s, -; umg.; abwertend> *verweichlichte Person;* **'Wär·me** <f.; -; unz.> Ggs *Kälte* 1 *warmer(1) Zustand* 2 <fig.> *Herzlichkeit* 3 <Phys.> *Energieform;* **'Wär·me·ä·qui·va·lent** <[-va-]; n.; -(e)s, -e; ⁄Z55; Phys.>; **'Wär·me·aus·deh·nung** <f.; -, -en; Phys.>; **'Wär·me·aus·tau·scher** <m.; -s, -; Tech.> *Apparat, in dem ein wärmerer Stoff Wärme an einen kälteren abgibt;* **'Wär·me·be·hand·lung** <f.; -, -en> 1 <Med.> *ein Heilverfahren* 2 <Tech.> *Verfahren zur Veränderung der Eigenschaften von Metallen;* **'Wär·me·be·we·gung** <f.; -, -en; Phys.>; **'Wär·me·däm·mung** <f.; -; unz.> = *Wärmeschutz;* **'Wär·me·en·er·gie** <auch> **'Wär·me·e·ner·gie** <f.; -; unz.; ⁄Z54, 55; Phys.>; **'Wär·me·ge·wit·ter** <n.; -s, -> *Gewitter infolge ungleichmäßiger Erwärmung;* **'Wär·me·grad** <m.; -(e)s, -e; umg.> *Grad Celsius über dem Gefrierpunkt;* **'Wär-**

W

me·ka·pa·zi·tät ‹f.; -; unz.› **1** *Fähigkeit zur Wärmespeicherung* **2** ‹Phys.› *Wärmemenge, die benötigt wird, um einen Körper um 1° C zu erwärmen;* **'Wär·me·kraft·werk** ‹n.; -(e)s, -e›; **'Wär·me·leh·re** ‹f.; -; unz.; Phys.› *Teilgebiet der Physik;* **'Wär·me·lei·ter** ‹m.; -s, -; Phys.› *wärmeleitender Stoff;* **'Wär·me·leit·fä·hig·keit** ‹f.; -; unz.; Phys.›; **'Wär·me·leit·zahl** ‹f.; -, -en; Phys.›; **'Wär·me·men·ge** ‹f.; -, -n›; **'Wär·me·men·gen·mes·ser** ‹m.; -s, -›; **'wär·men** ‹V.› **1** ‹V. t. /V. refl.› *warm machen;* sich die Hände ~ **2** ‹V. i.› *Wärme spenden;* Kaffee wärmt; **'Wär·me·pol** ‹m.; -(e)s, -e›; **'Wär·me·pum·pe** ‹f.; -, -n; Tech.› *Anlage, die einen Temperaturunterschied erzeugt;* **'Wär·me·quel·le** ‹f.; -, -n›; **'Wär·me·reg·ler** ‹m.; -s, -› = *Thermostat;* **'Wär·me·re·gu·la·ti·on** ‹f.; -; unz.›; **'Wär·me·schutz** ‹m.; -es; unz.› *Verhinderung von Wärmeverlust;* **'Wär·me·spei·cher** ‹m.; -s, -›; **'Wär·me·strah·lung** ‹f.; -, -en›; **'Wär·me·tech·nik** ‹f.; -; unz.; Tech.›; **'wär·me·tech·nisch** ‹Adj.; Tech.›; **'Wär·me·trä·ger** ‹m.; -s, -›; **'Wär·me·trans·port** ‹m.; -(e)s, -e›; **'Wär·me·ü·ber·tra·gung** ‹f.; -, -en; ↗Z55›; **'Wär·me·ü·ber·tra·gungs·mit·tel** ‹n.; -s, -; ↗Z55›; **'Wär·me·ver·lust** ‹m.; -(e)s, -e›; **'Wärm·fla·sche** ‹f.; -, -n› *mit warmem Wasser gefüllter Behälter;* **'Warm·front** ‹f.; -, -en; Meteor.›; **'warm|hal·ten,** ‹auch› **'warm hal·ten** ‹V. t. /V. refl. 160; ich halte warm; sie hat warmgehalten/warm gehalten, warmzuhalten/warm zu halten; ↗Z1› *Essen* ~; er hat sich die Freunde warmgehalten/ ‹auch› warm gehalten; **'Warm·haus** ‹n.; -es, ⁼er› = *Treibhaus;* **'warm·her·zig** ‹Adj.›; **'Warm·her·zig·keit** ‹f.; -; unz.›; **'warm·lau·fen,** ‹auch› **'warm lau·fen** ‹V. i. (s.) u. V. refl. 160; ich laufe mich warm; sie hat sich warmgelaufen/warm gelaufen; warmzulaufen/warm zu laufen; ↗Z21› *der Motor ist warmgelaufen/ ‹auch› warm gelaufen;*

~ lassen; **'Warm·lau·fen** ‹n.; -s; unz.; ↗Z42›; **'Warm·lau·fen·las·sen,** ‹auch› **'Warm·lau·fen·Las·sen** ‹n.; -s; unz.; ↗Z42, 33›; **'Warm·luft** ‹f.; -; unz.›; **'Warm·luft·hei·zung** ‹f.; -, -en›; **'Warm·mie·te** ‹f.; -, -n›; **Warm-up** ‹[wɔːm'ʌp]; n.; -s, -s; ↗Z32› **1** ‹TV› *einleitender Sendungsteil* **2** ‹Sp.› *Aufwärmphase* [engl.]; **Warm'was·ser·be·rei·ter** ‹m.; -s, -›; **Warm'was·ser·hei·zung** ‹f.; -, -en›; **Warm'was·ser·spei·cher** ‹m.; -s, -›; **'Warm·zeit** ‹f.; -, -en› *Phase zw. den quartären Eiszeiten;* Ggs *Eiszeit*

'Warn·an·la·ge ‹f.; -, -n›; **'Warn·blink·an·la·ge** ‹f.; -, -n; Kfz›; **'Warn·drei·eck** ‹n.; -s, -e; Kfz›; **'war·nen** ‹V. t.› **1** *auf eine Gefahr hinweisen;* jmdn. vor einem Betrüger ~ **2** *drohen;* ~d den Finger heben; **'Warn·ruf** ‹m.; -(e)s, -e›; **'Warn·schild** ‹n.; -(e)s, -er›; **'Warn·schuss** ‹m.; -es, ⁼e›; **'Warn·si·gnal,** ‹auch› **'Warn·sig·nal** ‹n.; -(e)s, -e; ↗Z53›; **'Warn·streik** ‹m.; -s, -s od. -e›; **'War·nung** ‹f.; -, -en›; **'War·nungs·ta·fel** ‹f.; -, -n›; **'Warn·zei·chen** ‹n.; -s, -›

Warp ‹m.; -s, -e› **1** *Kettfaden* **2** ‹Mar.› *leichte Trosse* [engl.]; **'Warp·an·ker** ‹m.; -s, -; Mar.› *kleiner Anker;* **'war·pen** ‹V. t.› *mit Warpanker ausstatten;* ein Schiff ~

War'rant ‹a. ['wɔrənt]; m.; -s, -s› *Lagerschein* [engl.]

'War·schau *Hauptstadt von Polen;* **'War·schau·er** ‹m.; -s, -›; **'War·schau·e·rin** ‹f.; -, -n·nen›; **'War·schau·er 'Pakt** ‹m.; --(e)s; unz.; Mil.; früher› *Bund der Ostblockstaaten;* **'War·schau·er-'Pakt-Staa·ten** ‹Pl.; ↗Z33›; früher› *Mitgliedsstaaten des Warschauer Pakts*

Wart ‹m.; -(e)s, -e; nur noch in Zus.› *Tor~; Tank~; Haus~*

'War·te ‹f.; -, -n› **1** *Beobachtungsturm* **2** ‹fig.› *überlegener Standpunkt;* von der hohen ~ aus; **'War·te·geld** ‹n.; -(e)s, -er› *Bezüge eines Beamten im Wartestand;* **'War·te·hal·le** ‹f.; -, -n›; **'war·ten¹** ‹V. i.; ↗Z23, 42› (auf jmdn. od. etwas) ~ *verweilen bis jmd. od. etwas eintrifft;*

stundenlang ~; nach langem Warten; auf sich ~ lassen **'war·ten²** ‹V. t.› *pflegen;* Maschinen ~; **'Wär·ter** ‹m.; -s, -› *Museums~*

'War·te·raum ‹m.; -(e)s, ⁼e›; **'Wär·te·rin** ‹f.; -, -n·nen›; **'War·te·saal** ‹m.; -(e)s, -sä·le; ↗Z18.1›; **'War·te·stand** ‹m.; -(e)s; unz.; bei Beamten› *vorläufiger Ruhestand;* **'War·te·zeit** ‹f.; -, -en›; **'War·te·zim·mer** ‹n.; -s, -›

...wärts ‹Nachs. in Zus.› *in Richtung auf;* abwärts; aufwärts; **'War·tung** ‹f.; -; unz.›; **'war·tungs·frei** ‹Adj.› *~es Gerät*

war·um, ‹auch› **wa'rum** ‹Adv.; ↗Z54› *weshalb;* ~ kommt sie nicht?; nach dem Warum fragen

'War·ve ‹[-və]; f.; -, -n; Geol.› *jährl. Sedimentablagerung* [schwed.]; **'War·ven·schie·fer** ‹m.; -s; unz.; Geol.›; **'War·vit** ‹[-'viːt]; m.; -s, -e; Geol.›; **'War·we** ‹f.; -, -n; Geol.› = *Warve*

'Wärz·chen ‹n.; -s, -; Verkleinerungsf. von› *Warze;* **'War·ze** ‹f.; -, -n› *knotenförmige Hautwucherung;* **'War·zen·fort·satz** ‹m.; -es, ⁼e; Anat.› *Fortsatz des Schläfenbeins;* **'War·zen·hof** ‹m.; -(e)s, ⁼e; Anat.› *Haut um die Brustwarze;* **'War·zen·schwein** ‹n.; -(e)s, -e; Zool.›

was ‹Pron.› **1** ‹Interrogativpron.; Gen.: wessen, veralt.: wes› *(fragt nach einer Sache od. einem Vorgang);* ~ ist das?; ~ machst du?; ~ auch immer; ~ für ein Typ ist er?; ~ du nicht sagst!; ~ weiß ich!; an ~ denkst du? ‹umg.› *woran;* um ~ geht es? ‹umg.› *worum* **2** ‹Relativpron.; Gen.: wessen, veralt.: wes› *(bezeichnet eine unbestimmte Sache od. einen Satz);* ich weiß nicht, ~ ich sagen soll; das, ~ du erzählst, ist schrecklich; es koste, ~ es wolle **3** ‹Indefinitpron.; umg.; unbetont› sie hat ~ Dummes gesagt; ich weiß ~; es kann wer weiß ~ passieren *alles Mögliche;* er hält sich für wer weiß ~

'wasch·ak·tiv ‹Adj.› *~e Substanzen;* **'Wasch·an·la·ge** ‹f.; -, -n; Kfz›; **'wasch·bar** ‹Adj.› *so beschaffen, dass es gewaschen* werden kann; **'Wasch·bär** <m.; -en, -en; Zool.> *Bärenart;* **'Wasch·be·cken** <n.; -s, ->; **'Wasch·ben·zin** <n.; -s; unz.> *Benzin zum Reinigen;* **'Wasch·be·ton** <[-tō] od. [-tɔŋ]; m.; -s; unz.> *rauer Beton;* **'Wä·sche** <f.; -, -n> 1 *das Waschen;* der Rock ist in der ~ 2 *Kleidung, die gewaschen wird;* Unter~; Bunt~; die ~ wechseln; **'Wä·sche·beu·tel** <m.; -s, ->; **'Wä·sche·bo·den** <m.; -s, -̈> = *Trockenboden;* **'wasch·echt** <Adj.> ~e Farben; ein ~er Bayer <fig.>; **'Wä·sche·klam·mer** <f.; -, -n>; **'Wä·sche·korb** <m.; -(e)s, -̈e>; **'Wä·sche·lei·ne** <f.; -, -n>; **'Wä·sche·man·gel** <f.; -, -n>; **'Wä·scher** <V. 279; du wäschst> 1 <V. t./V. refl.> *mit Wasser säubern;* sich die Hände ~; das Kleid ist beim Waschen eingegangen 2 <V. i.; umg.> *Schmutzwäsche reinigen;* sie ~ jeden Freitag; **'Wä·scher** <m.; -s, ->; **Wä·sche'rei** <f.; -, -en>; **'Wä·sche·rin** <f.; -, -n·nen>; **'Wä·sche·schleu·der** <f.; -, -n>; **'Wä·sche·schrank** <m.; -(e)s, -̈e>; **'Wä·sche·stän·der** <m.; -s, ->; **'Wä·sche·trock·ner** <m.; -s, ->; **'Wä·sche·trom·mel** <f.; -, -n> *Teil der Waschmaschine;* **'Wasch·frau** <f.; -, -en>; **'Wasch·gang** <m.; -(e)s, -̈e; bei Waschmaschinen> Schon~; **'Wasch·kes·sel** <m.; -s, ->; **'Wasch·korb** <m.; -(e)s, -̈e>; **'Wasch·kraft** <f.; unz.; Werbespr.>; **'Wasch·kü·che** <f.; -, -n> *Raum zum Wäschewaschen;* **'Wasch·lap·pen** <m.; -s, -> 1 *Lappen zur Körperreinigung* 2 <fig.; umg.> *Schwächling;* **'Wasch·lau·ge** <f.; -, -n> *Seifenlauge;* **'Wasch·le·der** <n.; -s; unz.> *waschbares Leder;* **'wasch·le·dern** <Adj.>; **'Wasch·ma·schi·ne** <f.; -, -n>; **'wasch·ma·schi·nen·fest** <Adj.> *in der Waschmaschine waschbar;* **'Wasch·mit·tel** <n.; -s, ->; **'Wasch·pul·ver** <n.; -s, ->; **'Wasch·raum** <m.; -(e)s, -̈e>; **'Wasch·sa·lon** <[-lɔ̃] od. [-lɔŋ]; m.; -s, -s> *Geschäft, in dem Waschmaschinen benutzt werden können;* **'Wasch·schüs·sel** <f.; -, -n>; **'Wasch·stra·ße** <f.; -, -n; Kfz> *Waschanlage;* **'Wasch-**

tag <m.; -(e)s, -e>; **'Wasch·tisch** <m.; -(e)s, -e> *Tisch mit Waschschüssel u. Spiegel;* **'Wasch·trom·mel** <f.; -, -n> *Behälter, in dem Erze o. Ä. gewaschen werden;* → a. *Wäschetrommel;* **'Wa·schung** <f.; -, -en> *Hand~;* **'Wasch·wan·ne** <f.; -, -n>; **'Wasch·was·ser** <n.; -s; unz.>; **'Wasch·weib** <n.; -(e)s, -er> 1 <veralt.> *Waschfrau* 2 <fig.; umg.> *geschwätziger Mensch;* **'Wasch·zet·tel** <m.; -s, -; Buchw.> *einem Buch beigefügte Presseinformation vom Verlag;* **'Wasch·zeug** <n.; -(e)s; unz.> *Utensilien zur Körperwäsche*

'Wa·sen <m.; -s, -> 1 *Rasen* 2 <nddt.> *Dampf* 3 <norddt.> *Reisiggeflecht*

wash and wear <[ˈwɔʃ ənd ˈweːr]; Textilw.> *bügelfreie Kleidung [engl.];* **Wash·board** <[ˈwɔʃbɔːd]; n.; -s, -s; Instrumentenk.> *Waschbrett*

Wa·shing·ton <[ˈwɔʃiŋtən]> 1 *ein Staat der USA* 2 *Hauptstadt der USA*

Wash·pri·mer <[ˈwɔʃpraimə(r)]; m.; -s, -> *Untergrundanstrich für Metalle [engl.]*

'Was·ser <n.; -s, - od. (bei Mineralwasser u. Ä. auch) -̈> 1 <⤢Z 29> *farblose Flüssigkeit;* ein Glas ~; ~ abweisend, abstoßend/<auch> wasserabweisend, wasserabstoßend <bei Steigerung nur Zusammenschreibung> noch wasserabweisender, wasserabstoßender als ...; ~ schöpfen; jmdm. das ~ nicht reichen können <fig.> *jmdm. unterlegen sein;* mit allen ~n gewaschen sein <fig.> *gerissen sein* 2 *Inhalt eines Gewässers;* Meer~; ins ~ springen; zu ~ und zu Land; unter ~ stehen *überschwemmt sein;* ins ~ gehen <fig.> *sich ertränken;* ins ~ fallen <fig.> *scheitern;* sich über ~ halten <fig.> *mühsam über die Runden kommen* 3 *Gewässer;* stehendes ~; nahe ans/am ~ gebaut haben <fig.; umg.> *weinerlich sein* 4 *Körperflüssigkeit;* das ~ läuft einem im Munde zusammen; ~ lassen *harnen;* **'Was·ser·ab·fluss** <m.; -es, -̈e>; **'Was·ser·ab·schei·der** <m.; -s,

->; **'was·ser·ab·sto·ßend, 'was·ser·ab·wei·send** <Adj.> → *Wasser(1);* **'Was·ser·a·der** <f.; -, -n; ⤢Z 55> *kleiner Wasserlauf;* **'was·ser·arm** <Adj.; -är·mer, am -ärms·ten> Ggs *wasserreich;* **'Was·ser·arm** <n.; -(e)s, -e> *Kanal;* **'Was·ser·auf·be·reitung** <f.; -; unz.>; **'Was·ser·bad** <n.; -(e)s, -̈er> *Med.> Wasser, in den ein weiterer Topf zum Kochen gestellt wird;* **'Was·ser·ball** <m.; -(e)s, -̈e> 1 *Ball für Spiele im Wasser* 2 <unz.; Sp.> *ein Ballspiel;* **'Was·ser·bau** <m.; -(e)s; unz.; Bauw.>; **'Was·ser·be·hand·lung** <f.; -, -en>; **'Was·ser·bett** <n.; -(e)s, -en> 1 <Med.> *Vorrichtung zum Lagern von Kranken* 2 *ein Liegemöbel;* **'Was·ser·bla·se** <f.; -, -n>; **'was·ser·blau** <Adj.>; **'Was·ser·bom·be** <f.; -, -n; Mil.>; **'Was·ser·büf·fel** <m.; -s, -; Zool.>; **'Was·ser·burg** <f.; -, -en>; **'Was·ser·chen** <n.; -s, -; Verkleinerungsf. von> *Wasser;* er sieht aus, als könne er kein ~ trüben <fig.> *scheinbar harmlos;* **'Was·ser·dampf** <m.; -(e)s, -̈e>; **'was·ser·dicht** <Adj.> ~e Schuhe; **'Was·ser·ei·mer** <m.; -s, ->; **'Was·ser·fahr·zeug** <n.; -(e)s, -e>; **'Was·ser·fall** <m.; -(e)s, -̈e> *Wasserlauf mit Gefälle;* wie ein ~ reden <umg.> *viel und schnell;* **'Was·ser·far·be** <f.; -, -n>; **'was·ser·fest** <Adj.> ~er Filzstift; Ggs *wasserlöslich;* **'Was·ser·fla·sche** <f.; -, -n>; **'Was·ser·floh** <m.; -s, -̈e; Zool.>; **'Was·ser·flug·zeug** <n.; -(e)s, -e> *Flugzeug, das auf dem Wasser landen kann;* **'Was·ser·frosch** <m.; -(e)s, -̈e; Zool.> *eine Froschart;* **'Was·ser·gang** <m.; -(e)s, -̈e>; **'Was·ser·geist** <m.; -es, -er; Myth.>; **'was·ser·ge·kühlt** <Adj.>; **'Was·ser·glas** <n.; -es, -̈er> 1 *Trinkglas* 2 <unz.> *Lösung von Natrium- u. Kaliumsilicat;* **'Was·ser·glät·te** <f.; -; unz.> = *Aquaplaning;* **'Was·ser·gra·ben** <m.; -s, -̈>; **'Was·ser·hahn** <m.; -(e)s, -̈e>; **'Was·ser·haus·halt** <m.; -(e)s; unz.; Biol.> *Wasserwechsel im Organismus;* **'Was·ser·hö·he** <f.; -, -n>; **'Was·ser·ho·se** <f.; -, -n> *Wasser mitführender Wir-*

belwind; **'Was·ser·huhn** <n.;
-(e)s, ⁓er; Zool.> = Bläßhuhn;
'wäs·se·rig <Adj.> oV **wässrig 1**
viel Wasser enthaltend; eine ⁓e
Suppe **2** wie Wasser; ⁓e Flüssig-
keit; **'Wäs·se·rig·keit** <f.; -;
unz.> ; **'Was·ser·jung·fer** <f.; -,
-n; Zool.> = Libelle; **'Was·ser·
jung·frau** <f.; -, -en; Myth.>
weibl. Wassergeist; **'Was·ser·kä·
fer** <m.; -s, -; Zool.> Schwimm-
käfer; **'Was·ser·kalk** <m.; -(e)s;
unz.>; **'Was·ser·ka·nis·ter** <m.;
-s, -> ; **'Was·ser·kan·te** <f.; -;
unz.; hochdt. für> Waterkant;
'Was·ser·kes·sel <m.; -s, ->;
'Was·ser·klo·sett <n.; -s, -s;
Abk.> WC> Abort; **'Was·ser·kopf**
<m.; -(e)s, ⁓e; Med.> Ausbuch-
tung der Hirnkammern; **'Was·
ser·kraft** <f.; -; unz.>; **'Was·ser·
kraft·ma·schi·ne** <f.; -, -n;
Tech.>; **'Was·ser·kraft·werk**
<n.; -(e)s, -e> Kraftwerk, das
Wasserkraft in Energie umwan-
delt; **'Was·ser·kreis·lauf** <m.;
-(e)s; unz.; Biol.> ständige Folge
von Niederschlag, Abfluss u.
Verdunstung; **'Was·ser·küh·
lung** <f.; -; unz.; Tech.>; **'Was·
ser·kunst** <f.; -, ⁓e> Bewegung
von Wasser mittels Springbrun-
nen o. Ä.; **'Was·ser·kur** <f.; -,
-en; Med.>; **'Was·ser·la·che** <f.;
-, -n>; **'Was·ser·lan·dung** <f.; -,
-en; Flugw.> = Wasserung;
'Was·ser·lauf <m.; -(e)s, ⁓e>
fließendes Gewässer; **'Was·ser·
läu·fer** <m.; -s, -; Zool.> **1** ein
Watvogel **2** eine Wanzenart;
'was·ser·le·bend <Adj.; Zool.>;
'Was·ser·lei·tung <f.; -, -en>;
'Was·ser·li·nie <[-niə]; f.; -, -n;
Mar.> Linie, bis zu der ein bela-
denes Schiff ins Wasser ein-
taucht; **'Was·ser·lin·se** <f.; -, -n;
Bot.>; **'was·ser·lös·lich** <Adj.>
Ggs wasserfest; **'Was·ser·lös·
lich·keit** <f.; -; unz.>; **'Was·ser·
mann** <m.; -(e)s, ⁓er> **1**
<Myth.> männl. Wassergeist **2**
<Astr.> ein Tierkreiszeichen;
'Was·ser·me·lo·ne <f.; -, -n;
Bot.> ein Kürbisgewächs; **'Was·
ser·mes·ser** <m.; -s, -> Messge-
rät zur Ermittlung des Wasser-
verbrauches; **'Was·ser·müh·le**
<f.; -, -n>; **'was·sern** <V. i.; ich
wass(e)re; Flugw.> auf dem
Wasser landen; ein Flugzeug

wassert; **'wäs·sern** <V. t.; ich
wäss(e)re> **1** in Wasser legen;
Erbsen ⁓ **2** stark gießen; Blu-
men ⁓; **'Was·ser·na·se** <f.; -, -n;
Bauw.> Gesimsvorsprung als
Wasserabfluss; **'Was·ser·not** <f.;
-, ⁓e> anhaltender Wasserman-
gel; → a. Wassersnot; **'Was·ser·
nym·phe** <f.; -, -n; grch. Myth.>
weibl. Wassergeist; **'Was·ser·o·
ber·flä·che** <f.; -, -n; ⤴Z.55>;
'Was·ser·pass <m.; -es, ⁓e; an
Schiffen> Strich zw. dem An-
strich über u. unter Wasser;
'Was·ser·pest <f.; -; unz.; Bot.>;
'Was·ser·pfei·fe <f.; -, -n>;
'Was·ser·pflan·ze <f.; -, -n;
Bot.>; **'Was·ser·pis·to·le** <f.; -,
-n> ein Kinderspielzeug; **'Was·
ser·po·li·zei** <f.; -; unz.>; **'Was·
ser·qua·li·tät** <f.; -; unz.>; **'Was·
ser·rad** <n.; -(e)s, ⁓er> durch
Wasser angetriebenes Schaufel-
rad; **'Was·ser·rat·te** <f.; -, -n> **1**
<Zool.> eine Wühlmaus **2** <fig.>
leidenschaftl. Schwimmer(in);
'was·ser·reich <Adj.> Ggs was-
serarm; **'Was·ser·reich·tum**
<m.; -s; unz.>; **'Was·ser·rohr**
<n.; -(e)s, -e>; **'Was·ser·ro·se**
<f.; -, -n; Bot.> = Teichrose;
'Was·ser·säu·le <f.; -, -n; Phys.;
Zeichen: WS> Maßeinheit des
Drucks entsprechend der Was-
serhöhe; **'Was·ser·scha·den**
<m.; -s, ⁓>; **'Was·ser·schei·de**
<f.; -, -n; Geogr.> Trennungsli-
nie zw. benachbarten Flussge-
bieten; **'was·ser·scheu** <Adj.>;
'Was·ser·scheu <f.; -; unz.>;
'Was·ser·schi <m.; -s, -er; Sp.>
= Wasserski; **'Was·ser·schlauch**
<m.; -(e)s, ⁓e>; **'Was·ser·
schloss** <n.; -es, ⁓er>; **'Was·
ser·schnei·der** <m.; -s, -;
Zool.> = Wasserläufer(2); **'Was·
ser·ski** <[-ʃi]; m.; -s, -er; Sp.>
Ski für das Wasser; ⁓ fahren;
'Was·sers·not <f.; -, ⁓e> Über-
schwemmungsgefahr; → a. Was-
sernot; **'Was·ser·spei·er** <m.;
-s, -> künstlerisch gestalteter
Abfluss für Regenwasser; **'Was·
ser·spie·gel** <m.; -s, -> Wasser-
oberfläche; **'Was·ser·spin·ne**
<f.; -, -n; Zool.> Spinnenart;
'Was·ser·sport <m.; -(e)s; unz.;
Sp.>; **'Was·ser·spü·lung** <f.; -,
-en> Klosett mit ⁓; **'Was·ser·
stand** <m.; -(e)s, ⁓e> Höhe des

Wasserspiegels; **'Was·ser·
stands·mes·ser** <m.; -s, ->;
'Was·ser·stoff <m.; -(e)s; unz.;
Chem.; Zeichen: H> chem. Ele-
ment; **'Was·ser·stoff·bom·be**
<f.; -, -n; Mil.> eine Atombom-
be; Sy H-Bombe; **'Was·ser·stoff·
ex·po·nent** <m.; -en, -en> =
pH-Wert; **'Was·ser·strahl** <m.;
-(e)s, -en>; **'Was·ser·strahl·
pum·pe** <f.; -, -n>; **'Was·ser·
strahl·schnei·den** <n.; -s;
unz.>; **'Was·ser·stra·ße** <f.; -,
-n> Gewässer, das als Verkehrs-
weg dient; **'Was·ser·sucht** <f.; -;
unz.; Med.> Ödem; **'Was·ser·
tier** <n.; -(e)s, -e; Zool.> Ggs
Landtier; **'Was·ser·tre·ten** <n.;
-s; unz.> Form der Kneipp-Be-
handlung; **'Was·ser·tur·bi·ne**
<f.; -, -n>; **'Was·ser·turm** <m.;
-(e)s, ⁓e>; **'Was·ser·uhr** <f.; -,
-en> **1** älteste Art der Uhren **2** =
Wassermesser; **'Was·se·rung**
<f.; -, -en; Flugw.> das Wassern;
'Wäs·se·rung <f.; -, -en> das
Wässern; **'Was·ser·ver·drän·
gung** <f.; -; unz.; Phys.>; **'Was·
ser·ver·sor·gung** <f.; -; unz.>;
'Was·ser·vo·gel <m.; -s, ⁓;
Zool.>; **'Was·ser·waa·ge** <f.; -,
-n> Gerät zum Bestimmen der
Lage senkrechter u. waagerech-
ter Teile; **'Was·ser·wan·ze** <f.; -,
-n; Zool.>; **'Was·ser·weg** <m.;
-(e)s, -e> Venedig auf dem ⁓ er-
reichen; **'Was·ser·wer·fer** <m.;
-s, -> Wassertank mit Spritzdü-
sen; **'Was·ser·werk** <n.; -(e)s,
-e> Anlage zur Wassergewin-
nung; **'Was·ser·wirt·schaft** <f.;
-; unz.>; **'Was·ser·zäh·ler** <m.;
-s, -> = Wassermesser; **'Was·
ser·zei·chen** <n.; -s, -> durchschei-
nendes Muster in Papier; **'wäss·
rig** <Adj.> = wässerig; **'Wäss·
rig·keit** <f.; -; unz.>

'wa·ten <V. i.> einsinkend schrei-
ten; durchs Wasser ⁓

Wa·ter·gate <['wɔːtə(r)geɪt]; n.;
-s; unz.> Korruptionsaffäre
1972 in den USA [nach dem
Watergate Building]

'Wa·ter·kant <f.; -; unz.; norddt.>
Meeresküste

'Wa·ter·loo <[-loː]; engl.
['wɔːtə(r)luː]; n.; -s; unz.> ver-
nichtende Niederlage; ein ⁓ er-
leben [nach der Schlacht bei
Waterloo 1815]

W

wa·ter·proof <['wɔːtə(r)pruːf]; Adj.; bei Uhren> *wasserdicht* [engl.]; **'Wa·ter·proof** <m.; -s, -s; Textilw.> *wasserdichter Stoff*

'Wat·sche <f.; -, -n; oberdt.; umg.> = *Watschen*

'wat·scheln <V. i.; ich watsch(e)le> *schleppend u. wackelnd gehen;* wie eine Ente ~

'wat·schen <V. t.; du watschst; oberdt.; umg.> *jmdm. eine ~;* **'Wat·schen** <f.; -, -; oberdt.; umg.> *Ohrfeige*

Watt¹ <n.; -s, -; Phys.; Zeichen: W> *Maßeinheit für elektr. Leistung* [nach dem engl. Ingenieur James *Watt*]

Watt² <n.; -(e)s, -en; kurz für> *Wattenmeer*

'Wat·te <f.; -, -n> *lockere Faserschicht* [ndrl.]; **'Wat·te·fut·ter** <n.; -s; unz.; Textilw.>

'Wat·ten·meer <n.; -(e)s; unz.; Kurzw.: Watt; bes. an der Nordsee> *seichter Streifen zw. Festland u. vorgelagerten Inseln*

wat'tie·ren <V. t.> *mit Watte polstern;* wattierte Jacke; **Wat'tie·rung** <f.; -, -en>

'Watt·me·ter <n.; -s, -; Phys.> *Leistungsmesser;* **'Watt·se·kun·de** <f.; -, -n; Phys.; Zeichen: Ws> *Einheit der Energie*

'Wat·vo·gel <m.; -s, ⁼; Zool.>

Wau <m.; -s, -e; Bot.> *eine Färberpflanze*

wau 'wau <Schallwort> *(Nachahmung von Hundegebell)*

Wb <Phys.; Zeichen für> *Weber²*

W-Bo'son <n.; -s, -en; ↗Z34; Phys.> *geladenes Elementarteilchen*

WC <Abk. für> *Wasserklosett* [engl.]

WDR <Abk. für> *Westdeutscher Rundfunk*

Weal·den <['wiːl-]; n.; -s; unz.; Geol.> *Ablagerung in der Unteren Kreide* [nach der engl. Landschaft *Weald*]

Wear <[weːr]; f.; -, -s; Pl. selten; meist in Zus.> *Kleidung;* Home~; Sports~ [engl.]

Web <[wɛb]; EDV; umg.; häufig in Zus.; kurz für> *World Wide Web;* ~seite [engl.]

'Web·ar·beit <f.; -, -en> 1 *das Weben* 2 *gewebtes Teil;* **'Web·blatt** <n.; -(e)s, ⁼er> *Teil des Webstuhls;* Sy *Weberkamm;*

'we·ben <V. t. 280> 1 <schwach konjugiert> *durch kreuzweises Verflechten von Fäden produzieren;* er webte Teppiche 2 <stark konjugiert; fig.; poet.> *erzeugen;* das Mondlicht wob einen Schleier um die Bäume; **'We·ber¹** <m.; -s, ->

'We·ber² <n.; -, -; Phys.; Zeichen: Wb> *Maßeinheit des magnet. Flusses* [nach dem dt. Physiker W. E. *Weber*]

We·be'rei <f.; -, -en> 1 <unz.> *das Weben* 2 *Betrieb, in dem gewebt(1) wird;* **'We·be·rin** <f.; -, -n·nen>; **'We·ber·kamm** <m.; -(e)s, ⁼e> = *Webeblatt;* **'We·ber·knecht** <m.; -(e)s, -e; Zool.> *ein Spinnentier;* **'We·ber·kno·ten** <m.; -s, -> = *Kreuzknoten;* **'We·ber·schiff·chen** <n.; -s, ->; **'We·ber·vo·gel** <m.; -s, ⁼; Zool.> *ein Singvogel;* **'Web·feh·ler** <m.; -s, ->; **'Web·kan·te** <f.; -, -n> = *Salkante;* **'Web·la·de** <f.; -, -n> *Teil des Webstuhls;* **'Web·pelz** <m.; -es, -e; Textilw.> *gewebtes Pelzimitat*

Web·sei·te <['web-]; f.; -, -n; EDV> *Internetseite* [engl.]; **'Web·site** <[-sait]; f.; -, -s; EDV> *Gruppe zusammengehöriger Internetseiten*

'Web·stuhl <m.; -(e)s, ⁼e> *Webmaschine;* **'Web·wa·ren** <Pl.> *gewebte Stoffe*

'Wech·sel¹ <[-ks-]; m.; -s, -> 1 *das Wechseln;* Regierungs~ 2 <Finanzw.> *Urkunde über eine Zahlungsverpflichtung;* einen ~ ausstellen; Ggs *Bargeld* 3 <Jagdw.> *vom Hochwild benutzter Pfad;* Wild~; **'Wech·sel²** <n.; -s; unz.; umg.> *Kleidung zum Wechseln;* **'Wech·sel·bad** <n.; -(e)s, ⁼er> *heiße u. kalte Bäder in raschem Wechsel;* ~ der Gefühle <fig.>; **'Wech·sel·balg** <m.; -(e)s, ⁼er; im Volksglauben> *missgebildetes, von Zwergen untergeschobenes Kind;* **'Wech·sel·be·zie·hung** <f.; -, -en>; **'wech·sel·be·züg·lich** <Adj.; Gramm.> *~es Fürwort;* → a. *Kasten Reziprokpronomen;* **'Wech·sel·bürg·schaft** <f.; -, -en; Finanzw.>; **'Wech·sel·fäl·le** <Pl.> *des Lebens;* **'Wech·sel·feu·er** <n.; -s, ->; **'Wech·sel·geld** <n.; -(e)s, -er> 1 *herausgegebenes Geld bei Überbezahlung des Kaufpreises* 2 *Kleingeld;* **'Wech·sel·ge·sang** <m.; -(e)s, ⁼e; Mus.>; **'Wech·sel·ge·schäft** <n.; -(e)s, -e; Finanzw.>; **'Wech·sel·ge·spräch** <n.; -(e)s, -e; verstärkend> *Dialog;* **'Wech·sel·ge·trie·be** <n.; -s, ->; **'wech·sel·haft** <Adj.; -er, am -es·ten> *unbeständig;* ~es Wetter; **'Wech·sel·haf·tig·keit** <f.; -; unz.>; **'Wech·sel·jah·re** <Pl.; Med.> *Lebensabschnitt der Frau, in dem die Eierstocktätigkeit abnimmt;* **'Wech·sel·kurs** <m.; -(e)s, -e; Finanzw.>; **'wech·seln** <V.; ich wechs(e)le> 1 <V. t.> *(ver)tauschen;* Kleidung ~; Wäsche zum Wechseln; Worte mit jmdm. ~; Euro in Dollar ~ 2 <V. t.> *verändern;* den Wohnort ~; das Thema ~ 3 <V. i.> *anders werden;* das Wetter wechselt oft 4 <V. i. (s.); Jagdw.> *Wild wechselt bewegt sich vorwärts;* **'Wech·sel·rad** <n.; -(e)s, ⁼er>; **'Wech·sel·rah·men** <m.; -s, -> *ein Bilderrahmen;* **'Wech·sel·re·de** <f.; -, -n> = *Wechselgespräch;* **'Wech·sel·schal·ter** <m.; -s, ->; **'Wech·sel·schritt** <m.; -(e)s, -e> *schneller Schritt beim Tanzen;* **'Wech·sel·schuld** <f.; -, -en; Finanzw.>; **'wech·sel·sei·tig** <Adj.> *gegenseitig;* **'Wech·sel·sei·tig·keit** <f.; -; unz.>; **'Wech·sel·span·nung** <f.; -; unz.> *elektr. Spannung mit wechselnder Richtung;* **'Wech·sel·spiel** <n.; -s; unz.> *~ der Kräfte;* **'Wech·sel·sprech·an·la·ge** <f.; -, -n> *Anlage zur Verständigung über Lautsprecher;* Sy *Gegensprechanlage;* **'wech·sel·stän·dig** <Adj.; Bot.>; **'Wech·sel·steu·er** <f.; -, -n; Finanzw.>; **'Wech·sel·strom** <m.; -(e)s, ⁼e> *elektr. Strom mit wechselnder Richtung u. Stärke;* **'Wech·sel·strom·wi·der·stand** <m.; -(e)s, ⁼e> = *Impedanz;* **'Wech·sel·stu·be** <f.; -, -n> *Geschäft zum Geldwechsel;* **'Wech·sel·tier·chen** <n.; -s, -; Biol.> = *Amöbe;* **'Wech·sel·ver·hält·nis** <n.; -s·ses; unz.>; **'Wech·sel·ver·kehr** <m.; -s; unz.; Finanzw.>; **'wech·sel·voll** <Adj.> *wechselhaft;* **'Wech·sel·wäh·ler** <m.; -s, -; Pol.> *jmd., der nicht*

immer dieselbe Partei wählt;
Ggs *Stammwähler;* **'Wech·sel·**
wäh·le·rin <f.; -, -n·nen; Pol.>;
'wech·sel·warm <Adj.; Zool.>
die Körpertemperatur je nach
Umgebungstemperatur wech-
selnd; ~e Tiere; **'Wech·sel·**
warm·blü·ter <m.; -s, -; Zool.>;
'wech·sel·wei·se <Adv.> *ab-*
wechselnd; **'Wech·sel·wild** <n.;
-(e)s; unz.; Jagdw.>; **'Wech·sel·**
wir·kung <f.; -, -en> *wechselsei-*
tige Wirkung; in ~ mit etwas
stehen; **'Wech·sel·wirt·schaft**
<f.; -; unz.; Landw.>; **'Wechs·ler**
<m.; -s, -; Finanzw.>; **'Wechs·**
le·rin <f.; -, -n·nen; Finanzw.>
'Wech·te <f.; -, -n> *überhängende*
Schneemasse
Weck <m.; -(e)s, -e> = *Wecken*
Weck·a·min, <auch> **We·cka'min**
<n.; -s, -e; ⚡Z54; Med.> *ein*
Kreislaufmittel
'Weck·ap·pa·rat <m.; -(e)s, -e>
Gerät zum Einwecken [nach
dem Hersteller *Weck*]
'We·cke <f.; -, -n> = *Wecken*
we·cken <V. t.> *wach machen;*
wann soll ich dich ~?; nach
dem Wecken wird gefrühstückt;
jmds. Neugier ~ <fig.>
'We·cken <m.; -s, -; oberdt.>
Brötchen
'We·cker <m.; -s, -> *Uhr mit*
Wecksignal; **'Weck·ruf** <m.;
-(e)s, -e>; **'Weck·uhr** <f.; -, -en>
= *Wecker*
We·da <m.; - od. -s, 'We·den;
Rel.> *eine der ältesten relig.*
Schriften Indiens; oV *Veda*
[Sanskrit]
'We·del <m.; -s, -> 1 *Büschel zum*
Wedeln o. Ä.; Staub~ 2 *geglie-*
dertes Blatt; Palm~ 3 <Jagdw.>
Schwanz des Schalenwildes;
'we·deln <V. i.; ich wed(e)le> 1
fächernd bewegen; mit einem
Tuch ~ 2 <bei Hunden> *mit*
dem Schwanz wackeln 3
<Skisp.> *die Skier parallel hin*
u. her schwingen
'We·den <Pl. von> *Weda;* oV *Ve-*
den
we·der <Konj.> ~ ... noch ... *nicht*
... u. auch nicht ...; ~ Fisch noch
Fleisch; ~ er noch sie konnten,
<auch> konnte helfen; das We-
der-noch
Wedge <[wedʒ]; m.; - od. -s, -s;

Golf> *breiter Golfschläger*
[engl.]
Wedg·wood·wa·re, <auch>
Wedg·wood-Wa·re
<['wedʒwud-]; f.; -, -n; ⚡Z35>
kunstvolles Steingut [nach dem
engl. Töpfer J. *Wedgwood*]
'we·disch <Adj.> *die Weden be-*
treffend; oV *vedisch*
Week·end <['wi:k-]; n.; -s, -s>
Wochenende [engl.]
Weft <n.; -(e)s, -e; Textilw.> *ein*
Kammgarn [engl.]
weg <Adv.; umg.> 1 *fort;* ~ da!;
über etwas ~ sein <fig.; umg.>
etwas umgekommen haben 2 *ent-*
fernt; die Schule ist weit ~
Weg <m.; -(e)s, -e> 1 *Strecke, die*
an einen bestimmten Ort führt;
Wald~; wohin des ~(e)s? 2
Durchgang; jmdm. den ~ ver-
sperren; jmdm. aus dem ~(e)
gehen; im ~(e) stehen 3 *zurück-*
zulegende Strecke, Reiseroute;
Heim~; See~; auf halbem ~(e)
umkehren; jmdm. den ~ zeigen
4 <umg.> *Besorgungsgang;* ~e
machen; geh deiner ~e! 5 <fig.>
Strecke zum Ziel; Lebens~; wo
ein Wille ist, da ist auch ein ~
<Sprichw.>; jmdm. den ~ berei-
ten; auf dem ~(e) der Besse-
rung; etwas in die ~e leiten *ver-*
anlassen; etwas zu ~e/<auch>
zuwege bringen 6 *Möglichkeit;*
Mittel und ~e finden 7 *Art u.*
Weise; auf friedlichem ~(e);
→ a. *halbwegs, geradewegs, kei-*
neswegs
weg... <Vors.; in Zus. mit Verben
betont u. abtrennbar; ⚡Z22>
weg von; **'weg|be·ge·ben** <V.
refl. 143; ich begebe mich weg;
sie hat sich ~; sich wegzubege-
ben>; **'weg|bei·ßen** <V. t. 105>
jmdn. ~ <fig.; umg.> *ausschal-*
ten; **'weg|be·kom·men** <V. t.
170; umg.> = *wegkriegen*
'Weg·be·rei·ter <m.; -s, -; fig.>
jmd., der als Erster etwas Neues
tut; **'Weg·be·rei·te·rin** <f.; -,
-n·nen; fig.>
'weg|bla·sen <V. t. 113; du bläst
weg; sie hat weggeblasen; weg-
zublasen> *blasend entfernen;*
Staub ~; meine Sorgen sind wie
weggeblasen; **'weg|blei·ben**
<V. i. (s.) 114> 1 *nicht (mehr) er-*
scheinen; vom Unterricht ~ 2
versagen; mir bleibt die Spra-

che weg; **'weg|bli·cken** <V. i.>;
'weg|bre·chen <V. i. (s.) 116>;
'weg|bren·nen <V. i. (s.) u. V. t.
117; umg.> die Hütte ist wegge-
brannt; **'weg|brin·gen** <V. t.
118>; **'weg|drü·cken** <V. t.>
'We·ge·bau <m.; -(e)s; unz.;
Bauw.> *das Anlegen von We-*
gen(1); **'We·ge·geld** <n.; -(e)s,
-er> ~ bezahlen; **'We·ge·kar·te**
<f.; -, -n>; **'We·ge·la·ge·rer** <m.;
-s, -; abwertend> *Straßenräu-*
ber; **'We·ge·la·ge·rin** <f.; -,
-n·nen; abwertend>; **'we·ge·la·**
gern <V. i.; ich wegelagere; sel-
ten>
'we·gen <Präp. mit Gen. od.
(umg.) Dat.> 1 *aufgrund (von);*
~ widriger Umstände 2 *um ...*
willen; ~ des Freundes 3
<umg.> *von* ~! *keineswegs;*
...*wegen;* im Zus.> *um ... wil-*
len; z. B. seinetwegen
'We·ge·ord·nung <f.; -, -en>;
'We·ge·recht <n.; -(e)s; unz.;
Rechtsw.> *Vorschriften bezügl.*
der Rechtsverhältnisse der öf-
fentl. Wege; **'We·ge·rich** <m.; -s,
-e; Bot.> *eine Pflanzengattung*
'we·gern <V. t.> *ein Schiff* ~ *in-*
nen auskleiden; **'We·ge·rung**
<f.; -, -en>
'We·ges·rand <m.; -(e)s, ⸚er;
geh.> am ~
'weg|es·sen <V. t. 129; du isst
weg; sie hat weggegessen; weg-
zuessen> jmdm. etwas ~ *aufes-*
sen u. dem anderen nichts übrig
lassen; iss mir nicht alles weg!;
'weg|fah·ren <V. 130> 1 <V. i.
(s.)> *fortfahren* 2 <V. t. (h.)> *et-*
was ~ *fahrend woandershin*
bringen; **'Weg|fahr·sper·re** <f.;
-, -n; Kfz>; **'Weg·fall** <m.; -(e)s;
unz.> ~ von ...; **'weg|fal·len**
<V. i. (s.) 131> *entfallen;* ~ *las-*
sen; **'weg|fan·gen** <V. t. 132;
umg.> *fangen und fortnehmen;*
'weg|fe·gen <V. t.> Laub ~;
'weg|flie·gen <V. i. (s.) 136> die
Biene ist weggeflogen; **'weg-**
fres·sen <V. t. 139> der Hund
frisst der Katze das Futter weg;
'weg|füh·ren <V. t.> ein Pferd ~
'Weg·ga·be·lung, 'Weg·gab·lung
<f.; -, -en>
'Weg·gang <m.; -(e)s; unz.> *das*
Weggehen, Ausscheiden; anläss-
lich ihres ~(e)s; **'weg|ge·ben**
<V. t. 143; ich gebe weg; sie hat

W

weggegeben; wegzugeben> *fortgeben;* ein Kind ~; **'weg|ge-hen** <V. i. (s.) 145> 1 *fortgehen;* sie ist eben weggegangen; geht ihr heute Abend weg? 2 <fig.; umg.> *sich entfernen lassen;* der Fleck geht nicht mehr weg 3 <umg.> *sich verkaufen*

'Weg·gen <m.; -s, -; schweiz.> = *Wecken*

'Weg·ge·nos·se <m.; -n, -n> *Gefährte;* **'Weg·ge·nos·sin** <f.; -, -n·nen>; **'weg·ge·wohnt** <Adj.> *lange Strecken gewohnt*

'weg|gu·cken <V. i.; ich gucke weg; sie hat weggeguckt; wegzugucken; umg.> *woandershin gucken;* **'weg|ha·ben** <V. t. 159; umg.> 1 *erhalten haben;* seine Strafe ~ 2 *beherrschen;* sie hat die Ruhe weg; **'weg|hal·ten** <V. t. 160>; **'weg|hän·gen** <V. t.> Kleidung ~; **'weg|ho·len** <V. t.> *holen;* sich eine Grippe ~ <umg.>; **'weg|ja·gen** <V. t.> *fortjagen;* **'weg|keh·ren¹** <V. t.> Blätter ~; **'weg|keh·ren²** <V. t./V. refl.; geh.> *wegwenden;* sich ~; **'weg|kom·men** <V. i. (s) 170; umg.> 1 *verloren gehen;* mir ist Geld weggekommen 2 *verschwinden;* mach, dass du wegkommst! 3 *über etwas* ~ *etwas überwinden* 4 <fig.> gut, schlecht ~; **'weg|krat·zen** <V. t.; du kratzt weg> Eis ~

'Weg·kreu·zung <f.; -, -en>

'weg|krie·gen <V. t.; ich kriege weg; sie hat weggekriegt; wegzukriegen; umg.> *entfernen können;* Flecken ~

'weg·kun·dig <Adj.> nicht ~ sein

'weg|las·sen <V. t. 175; du lässt weg; sie hat weggelassen; wegzulassen> 1 *auslassen;* die letzte Strophe ~ 2 jmdn. ~ *fortgehen lassen;* **'weg|lau·fen** <V. i. (s.) 176> *fortlaufen;* das läuft nicht weg <fig.; umg.> *das kann später erledigt werden;* **'weg|le·gen** <V. t.> ein Buch ~; **'weg|lo·ben** <V. t.> jmdn. ~

'weg·los <Adj.> ~es Gelände

'weg|ma·chen <V. t.; umg.> 1 *beseitigen;* Flecken ~ 2 <V. refl.> sich ~ *fortgehen*

'Weg·mar·kie·rung <f.; -, -en>; **'Weg·mes·ser** <m.; -s, ->; **'weg·mü·de** <Adj.; poet.>

'weg|müs·sen <V. i. 188; du

musst weg; sie hat weggemusst; wegzumüssen; umg.> *weggehen müssen;* wann musst du weg?; **'weg·nah·me** <f.; -; unz.> *das Wegnehmen;* **'weg|neh-men** <V. t. 189> 1 *entfernen;* die Tischdecke ~ 2 *entwenden;* jmdm. sein Geld ~; **'weg|pa-cken** <V. t.> Spielzeug ~; **'weg|put·zen** <V. t.; du putzt weg> 1 *putzend entfernen;* Flecken ~ 2 <umg.> *aufessen;* sie hat das ganze Eis weggeputzt; **'weg|ra-die·ren** <V. t.>; **'weg|raf·fen** <V. t.>

'Weg·rand <m.; -(e)s, ⸚er>

'weg|ra·ti·o·na·li·sie·ren <V. t.; ich rationalisiere weg; sie hat wegrationalisiert; wegzurationalisieren>; **'weg|räu·men** <V. t.> *forträumen;* Kleidung ~; **'weg|rei·ßen** <V. t. 198; du reißt weg> 1 *abreißen;* Häuser ~ 2 *schnell wegnehmen;* er riss ihr den Brief weg; **'weg|ren·nen** <V. i. (s.) 200> = *weglaufen;* **'weg|ru·fen** <V. t. 204> *durch Rufen zum Fortgehen bringen;* **'weg|sa·cken** <V. i. (s.); du sackst weg; umg.> 1 *absacken* 2 *in Ohnmacht fallen;* **'weg·schaf·fen** <V. t.> *woandershin bringen;* **'weg|schau·feln** <V. t.; ich schauf(e)le weg> Schnee ~; **'weg|schen·ken** <V. t.> altes Spielzeug ~; **'weg|sche·ren** <V. refl.; fast nur im Inf. u. Imperativ; derb> *weggehen;* scher dich weg!; **'weg|schi·cken** <V. t.> 1 *abschicken;* eine Karte ~ 2 jmdn. ~ *zum Gehen auffordern;* **'weg|schlei·chen** <V. i. (s.) 219 od. V. refl. (h.); sie hat sich/ist weggeschlichen> *sich schleichend entfernen;* **'weg|schlie-ßen** <V. t. 222; du schließt weg> *in ein Behältnis schließen;* er schloss die Papiere weg; **'weg-schmei·ßen** <V. t. 224; du schmeißt weg; umg.> = *wegwerfen;* **'weg|schnap·pen** <V. t./V. refl.> jmdm. etwas ~ *vor jmdm. zugreifen;* jmdm. eine Wohnung ~ <fig.; umg.>

'Weg·schne·cke <f.; -, -n; Zool.>

'weg|schnei·den <V. t. 227; ich schneide weg; sie hat weggeschnitten; wegzuschneiden> *schneidend entfernen;* **'weg-schüt·ten** <V. t.> saure Milch ~;

'weg|se·hen <V. i. 239> 1 *woandershin sehen;* bei grausamen Filmszenen muss ich ~ 2 <umg.> *über etwas* ~ *hinwegsehen;* **'weg|set·zen** <V. t./V. refl.; du setzt weg> 1 *wegstellen* 2 *auf einen anderen Platz setzen;* jmdn. von seinem Banknachbarn ~ 3 <umg.> *sich über etwas* ~ *hinwegsetzen;* **'weg|spa-ren** <V. t.> Schulden ~; **'weg-spü·len** <V. t.> die Wellen haben die Steine weggespült; **'weg|ste·cken** <V. t.; du steckst weg> 1 *einstecken;* Geld ~ 2 <umg.> *verkraften;* eine Niederlage ~; **'weg|steh·len** <V. refl. 257> sich ~ *heimlich weggehen;* **'weg|stel·len** <V. t.> ein Glas ~; **'weg|ster·ben** <V. i. (s.) 259; umg.> *sterben;* jmdn. ~; **'weg|sto·ßen** <V. t. 262; du stößt weg> *von sich stoßen;* jmdn. ~

'Weg·stre·cke <f.; -, -n>

'weg|strei·chen <V. t. 263; ich streiche weg; sie hat weggestrichen; wegzustreichen> *durch Streichen beseitigen;* ein Wort ~

'Weg·stun·de <f.; -, -n> eine ~ entfernt

'weg|tau·chen <V. i. (s.); ich tauche weg; sie ist weggetaucht; wegzutauchen; umg.> *verschwinden u. sich einer unangenehmen Sache entziehen;* **'weg-trei·ben** <V. t. 267> 1 <V. t. (h.)> *woandershin treiben;* er hat das Vieh weggetrieben 2 <V. i. (s.)> *sich treibend entfernen;* das Boot ist im Wasser weggetrieben; **'weg|tre·ten** <V. t. 268> 1 <V. t. (h.)> *mit einem Tritt entfernen;* er hat den Ball weggetreten 2 <V. i. (s.)> *an eine andere Stelle treten* 3 <V. i. (s.); Mil.> *abtreten;* weggetreten!; **'weg-tun** <V. t. 272; ich tue weg; sie hat weggetan; wegzutun>

'Weg·war·te <f.; -, -n; Bot.> *eine Pflanze;* **'weg·wärts** <Adv.>; **'weg·wei·send** <Adj.> eine ~e Entdeckung; **'Weg·wei·ser** <m.; -s, -> *Schild mit Ortsangaben;* **'Weg·wei·sung** <f.; -, -en; schweiz.> *Ausweisung*

'weg|wen·den <V. t. 283; ich wende weg; sie hat weggewendet; wegzuwenden> *abwenden;* das Gesicht ~; **'weg|wer·fen** <V. t. 286> 1 *fortwerfen;* Speisereste ~

W

2 ‹fig.› *vergeuden;* weggeworfenes Geld; **'Weg·werf·ge·sell·schaft** ‹f.; -, -en; abwertend› *Konsumgesellschaft, in der Dinge nicht wieder verwendet od. repariert werden;* **'Weg·werf·wa·re** ‹f.; -, -n›; **'weg|wi·schen** ‹V. t.; du wischst weg› *Flecken* ~; **'weg|zau·bern** ‹V. t.; ich zaubere weg›

'Weg·zeh·rung ‹f.; -, -en; geh.› *Proviant für den Weg;* **'Weg·zei·chen** ‹n.; -s, -› *Wegmarkierung*

'weg|zie·hen ‹V. 293; ich ziehe weg; sie hat/ist weggezogen› *wegzuziehen* 1 ‹V. t. (h.)› *ziehend entfernen;* Gardinen ~ 2 ‹V. i. (s.)› *den Wohnort wechseln;* von Berlin ~; **'Weg·zug** ‹m.; -(e)s; unz.›

weh¹ ‹Adj.› oV *wehe¹* 1 ‹↗Z22.2› *verletzt, schmerzend;* ein ~er Fuß; ~ sein; ‹aber zusammen› → *wehtun, wehklagen* 2 ‹fig.› *traurig;* mit ~ums Herz; **weh²** ‹Int.› oV *wehe²* 1 *(drückt Klage aus);* o ~!; ~ mir! 2 *(drückt eine Drohung aus);* ~ dem, der nicht gehorcht!; **Weh** ‹n.; -(e)s, -e; geh.› oV *Wehe³* 1 *Leid;* ein tiefes ~ ‹↗Z44› *Ach und ~ schreien; mit Ach und ~ mit vielen Klagen;* **'we·he¹** ‹Adj.› = *weh¹;* **'we·he²** ‹Int.› = *weh²*

'We·he¹ ‹f.; -, -n› *zusammengewehter Schneehaufen;* Schnee~; **'We·he²** ‹f.; -, -n; Med.› *Kontraktion der Gebärmutter bei der Geburt;* in den ~n liegen; **'Wehe³** ‹n.; -s; unz.› = *Weh*

'we·hen ‹V.› 1 ‹V. i. (h.)› *der Wind weht bläst* 2 ‹V. i. (s.)› *von einem Luftstrom getragen werden;* ein Duft ist durch den Raum gewebt 3 ‹V. i. (h.)› *im Wind flattern;* die Fahnen ~ im Wind 4 ‹V. t.› *wehend(1) transportieren;* der Wind wehte die Papiere vom Tisch

'Weh·ge·schrei ‹n.; -s; unz.› *Jammergeschrei;* **'Weh·kla·ge** ‹f.; -, -n›; **'weh·kla·gen** ‹V. i.; ich wehklage; sie hat gewehklagt; zu → *laut klagen;* ~d rufen; **'weh·lei·dig** ‹Adj.› *überempfindlich;* **'Weh·lei·dig·keit** ‹f.; -; unz.›; **'Weh·mut** ‹f.; -; unz.› *verhaltene Trauer um Vergangenes;* **'weh·mü·tig**

‹Adj.› ~ an etwas zurückdenken; **'Weh·mü·tig·keit** ‹f.; -; unz.›; **'Weh·muts·voll** ‹Adj.›

Wehr¹ ‹n.; -(e)s, -e› *Stauwerk*

Wehr² ‹f.; -, -en› *Verteidigung;* Not~; sich zur ~ setzen; **'Wehr·be·auf·trag·te(r)** ‹f. 2 (m. 1)› *Person, die die Einhaltung der Grundrechte in der Bundeswehr sicherstellt;* **'Wehr·be·reich** ‹m.; -(e)s, -e; Mil.›; **'Wehr·be·zirk** ‹m.; -(e)s, -e; Mil.›; **'Wehr·dienst** ‹m.; -(e)s; unz.; Mil.› seinen ~ leisten; **'wehr·dienst·pflich·tig** ‹Adj.; Mil.›; **'Wehr·dienst·pflich·ti·ge(r)** ‹m. 1; Mil.›; **'wehr·dienst·taug·lich** ‹Adj.; ↗Z29; Mil.›; **'Wehr·dienst·taug·lich·keit** ‹f.; -; unz.; Mil.›; **'wehr·dienst·un·taug·lich** ‹Adj.; ↗Z29; Mil.›; **'Wehr·dienst·un·taug·lich·keit** ‹f.; -; unz.; Mil.›; **'Wehr·dienst·ver·wei·ge·rer** ‹m.; -s, -; Mil.›; **'weh·ren** ‹V. refl.› sich ~ *sich verteidigen;* **'Wehr·er·satz·be·hör·de** ‹f.; -, -n; Mil.› *Behörde zur Erfassung u. Musterung der Wehrdienstpflichtigen;* **'Wehr·er·satz·dienst** ‹m.; -(e)s; unz.›; **'Wehr·er·satz·we·sen** ‹n.; -s; unz.; Mil.›; **'wehr·fä·hig** ‹Adj.; Mil.› *zum Kriegsdienst fähig;* **'Wehr·fä·hig·keit** ‹f.; -; unz.; Mil.›; **'Wehr·gang** ‹m.; -(e)s, ᵂe; MA› *Verteidigungsgang an der Burgmauer;* **'Wehr·ge·rech·tig·keit** ‹f.; -; unz.; Mil.›; **'Wehr·ge·setz** ‹n.; -es; unz.; Rechtsw.›; **'wehr·haft** ‹Adj.› *kampftüchtig;* **'Wehr·haf·tig·keit** ‹f.; -; unz.›; **'Wehr·kir·che** ‹f.; -, -n; MA› *Kirche mit Verteidigungsanlagen;* **'wehr·los** ‹Adj.› *unfähig, sich zu wehren;* **'Wehr·lo·sig·keit** ‹f.; -; unz.›; **'Wehr·macht** ‹f.; -; unz.; Mil.› *1935–1945› dt. Streitkräfte;* **'Wehr·pass** ‹m.; -es, ᵂe; Mil.› *Urkunde über Musterung u. abgeleisteten Wehrdienst;* **'Wehr·pflicht** ‹f.; -; unz.; Mil.› *allgemeine* ~; **'wehr·pflich·tig** ‹Adj.; Mil.›; **'Wehr·pflich·ti·ge(r)** ‹m. 1; Mil.›; **'Wehr·recht** ‹n.; -(e)s; unz.; Mil.; Rechtsw.›; **'Wehr·ü·bung** ‹f.; -, -en; ↗Z55; Mil.›

'weh|tun ‹V. i. 272; ich tue weh; sie hat wehgetan; wehzutun› 1 *schmerzen;* mein Bein tut weh 2

Schmerz zufügen; hast du dir wehgetan? 3 ‹fig.› *kränken, verletzen;* Kritik kann ~; **'weh·chen** ‹n.; -s, -; umg.; scherzh.›

Weib ‹n.; -(e)s, -er; veralt.; nur noch poet. u. umg.› 1 *Frau* 2 *Ehefrau;* mein ~; **'Weib·chen** ‹n.; -s, -› 1 ‹Verkleinerungsf. von› *Weib* 2 ‹Zool.› *weibl. Tier; Männchen und* ~

'Wei·bel ‹m.; -s, -; schweiz.› *Amtsdiener;* **'wei·beln** ‹V. i.; ich weible; schweiz.› *schweiz. werbend umhergehen*

'Wei·ber·fast·nacht ‹f.; -; unz.› = *Altweiberfastnacht;* **'Wei·ber·feind** ‹m.; -(e)s, -e›; **'Wei·ber·held** ‹m.; -en, -en; abwertend› = *Frauenheld;* **'wei·bisch** ‹Adj.; abwertend› *ein* ~*er Mann;* **'Weib·lein** ‹n.; -s, -; poet.; Verkleinerungsf. von› *Weib;* ein altes ~; **'weib·lich** ‹Adj.› 1 *Merkmale der Weiblichkeit habend; das* ~*e Geschlecht;* ~*er Artikel* 2 *die Frau betreffend;* ~*e Formen;* **'Weib·lich·keit** ‹f.; -; unz.›; **'Weibs·bild** ‹n.; -(e)s; abwertend›; **'Weib·sen** ‹n.; -s, -; scherzh.; abwertend› *Frau;* **'Weibs·leu·te** ‹Pl.; abwertend›; **'Weibs·per·son** ‹f.; -, -en; abwertend›; **'Weibs·stück** ‹n.; -(e)s, -e; derb› *(schlechte) Frau;* **'Weibs·volk** ‹n.; -(e)s; unz.; abwertend› *Frauen*

weich ‹Adj.› 1 ‹↗Z24› *Druck leicht nachgebend;* ein ~er Sessel; ~es Wachs; ‹Getrenntschreibung in Verbindung mit Verb/Partizip, wenn weich sinnvoll steiger- od. erweiterbar ist› ~ *machen zermürben;* ~ *gedünstet;* ~ *gekocht;* ~ *geklopft;* ~ *werden;* er ist schnell ~ *geworden* ‹fig.›; ‹aber› → *weichlöten;* Ggs *hart* 2 *geschmeidig;* ~*e Haut;* ~*es Wasser kalkarmes W.* 3 ‹fig.› *empfindsam, leicht rührbar;* ein ~es Gemüt; jmdn. ~ *stimmen* 4 ‹fig.› *mild, sanft;* ~*e Stimme;* **'Weich·bild** ‹n.; -(e)s, -er› 1 *Stadtgebiet* 2 *Stadtgerichtsbezirk* 3 ‹Rechtsw.› *Ortsrecht;* **'Weich·blei** ‹n.; -(e)s; unz.› *Blei ohne Legierung;* Ggs *Hartblei;* **'Wei·che¹** ‹f.; -, -n› 1 ‹unz.› *das Weichsein* 2 ‹Anat.› *Flanke,*

Körperseite; jmdn. in die ~ stoßen

'Wei·che² <f.; -, -n; Eisenb.> bewegl. Gleisvorrichtung

'Weich·ei <n.; -(e)s, -er; umg.; abwertend> verweichlichte Person; **'wei·chen¹** <V.> 1 <V. i. (s.)> weich werden; die Semmeln müssen erst ~ 2 <V. t. (h.)> weich machen

'wei·chen² <V. i. (s.) 281> 1 nachgeben; einer Übermacht ~ 2 verschwinden, zurückgehen; er wich nicht von ihr; **'Wei·chen·stel·ler** <m.; -s, -; Eisenb.>; **'Wei·chen·stel·le·rin** <f.; -, -n·nen; Eisenb.>

'Weich·fut·ter <n.; -s; unz.> weiches Tierfutter; **'Weich·heit** <f.; -; unz.>; **'weich·her·zig** <Adj.> gutmütig; **'Weich·her·zig·keit** <f.; -; unz.>; **'Weich·holz** <n.; -es; unz.; Sammelbez. für> Nadelhölzer; Ggs Hartholz; **'Weich·kä·fer** <m.; -s, -; Zool.>; **'Weich·kä·se** <m.; -s, -; >; **'weich·lich** <Adj.> 1 etwas weich 2 verweichlicht; **'Weich·lich·keit** <f.; -; unz.>; **'Weich·ling** <m.; -s, -e; abwertend> weichlicher Mann; **'Weich·lot** <n.; -(e)s; unz.; Tech.> Legierung zum Weichlöten; **'weich·lö·ten** <nur im Inf. u. Part. Perf.; ↗Z28; Tech.> bei niedrigen Temperaturen löten; weichgelötetes Metall; → a. weich(1); **'Weich·lö·ten** <n.; -s; unz.; ↗Z42; Tech.>; **'Weich·ma·cher** <m.; -s, -; Chem.>

'Weich·sel <[-ks-]; f.; -, -n> 1 <unz.> osteurop. Fluss 2 <Bot.> = Sauerkirsche

'Weich·spü·ler <m.; -s, -> chem. Stoff, der die Wäsche weicher macht; **'Weich·tei·le** <Pl.; Anat.> knochenlose Körperteile; **'Weich·tier** <n.; -(e)s, -e; Zool.> Molluske; **'Weich·zeich·ner** <m.; -s, -; Fot.> Objektiv für weiche Konturen

weid..., **Weid...** <Jagdw.; in Zus.> jagd..., Jagd...; oV waid..., Waid...

'Wei·de¹ <f.; -, -n; Bot.> ein Baum; Trauer~

'Wei·de² <f.; -, -n> Wiese für Vieh; **'Wei·de·gang** <m.; -(e)s, ⸚e>; **'Wei·de·land** <n.; -(e)s; unz.> als Weide² geeignetes Ge-

biet; **'Wei·de·mo·nat** <m.; -s, -e> alte Bez. für¹ Mai; **'wei·den** <V.> 1 <V. i.> Vieh weidet grast auf der Weide² 2 <V. t.> Vieh ~ auf die Weide² bringen 3 <V. refl.; fig.> genießen; sich an etwas ~

'Wei·den·baum <m.; -(e)s, ⸚e; Bot.> = Weide¹; **'Wei·den·kätz·chen** <n.; -s, -; Bot.> Blüte der Weide¹; **'Wei·den·rös·chen** <n.; -s, -; Bot.> ein Nachtkerzengewächs; **'Wei·den·ru·te** <f.; -, -n>; **'Wei·de·platz** <m.; -es, ⸚e; **'Wei·de·recht** <n.; -(e)s; unz.; Rechtsw.>; **'Wei·de·rich** <m.; -s, -e; Bot.> Pflanzengattung; **'Wei·de·wirt·schaft** <f.; -; unz.>;

'weid·ge·recht <Adj.; Jagdw.>; **'weid·lich** <Adv.; fig.> sehr, tüchtig; jmdn. ~ schelten

'Weid·ling <m.; -s, -e; schweiz.> Kahn

'Weid·mann <m.; -(e)s, ⸚er; Jagdw.> jmd., der Jäger u. Heger ist; **'weid·män·nisch** <Adj.; Jagdw.>; **Weid·manns·dank** <Jagdw.> Antwort auf Weidmannsheil; **Weid·manns·heil** <Jagdw.> Wunsch für Jagdglück; **'Weid·mes·ser** <n.; -s, -; Jagdw.>; **'Weid·werk** <n.; -s; unz.; Jagdw.> die Jägerei; **'weid·wund** <Adj.; Jagdw.> in die Eingeweide geschossen

'Wei·fe <f.; -, -n; Textilw.> Garnwinde; **'wei·fen** <V. t.; Textilw.> haspeln; Garn ~

'wei·gern <V. refl.; ich weigere mich> ablehnen, etwas zu tun; er weigerte sich mitzuhelfen; **'Wei·ge·rung** <f.; -, -en>

Weih <m.; -(e)s, -e; Zool.> ein Raubvogel

'Weih·bi·schof <m.; -(e)s, ⸚e; Kath.> den Diözesanbischof unterstützender Geistlicher

'Wei·he¹ <f.; -, -n; Zool.; österr.> = Weih

'Wei·he² <f.; -, -n> 1 <Rel.> Einsegnung; Priester~; die ~ erteilen 2 <allg.> Einweihung

'Wei·hel <m.; -s, -; Kath.> Teil des Nonnenschleiers [lat.]

'wei·hen <V. t.> 1 <Rel.> die Weihe²(1) erteilen; einen Priester ~ 2 segnen; Hostien ~ 3 <geh.> widmen; er hat sein Leben der Arbeit geweiht

'Wei·her <m.; -s, -> Teich

'Wei·he·stun·de <f.; -, -n>; **'wei·he·voll** <Adj.; -, -n; Rel.>; **'Weih·ga·be** <f.; -, -n; Rel.>; **'Weih·ge·schenk** <n.; -(e)s, -e; Rel.>

'Weih·nacht <f.; -; unz.; Rel.; geh.> = Weihnachten(1); **'weih·nach·ten** <V. i.; unpersönl.> es weihnachtet; **'Weih·nach·ten** <n.; -s, -; als Pl. umg. a. f.; meist ohne Art.> 1 <Rel.> Fest der Geburt Jesu 2 Weihnachtsfeiertage; an, zu, über ~; fröhliche ~!; verschneite ~; **'weih·nacht·lich** <Adj.>, **'weih·nächt·lich** <Adj.; schweiz.>; **'weih·nachts...** <in Zus.> → a. Christ...; **'Weih·nachts·a·bend** <m.; -s, -e; ↗Z55>; **'Weih·nachts·baum** <m.; -(e)s, ⸚e>; **'Weih·nachts·be·sche·rung** <f.; -, -en>; **'Weih·nachts·fei·er** <f.; -, -n>; **'Weih·nachts·fei·er·tag** <m.; -(e)s, -e>; **'Weih·nachts·fe·ri·en** <Pl.>; **'Weih·nachts·fest** <n.; -(e)s, -e>; **'Weih·nachts·gans** <m.; -, ⸚e>; **'Weih·nachts·ge·bäck** <n.; -(e)s; unz.>; **'Weih·nachts·gra·ti·fi·ka·ti·on** <f.; -, -en> Weihnachtsgeld; **'Weih·nachts·kak·tus** <m.; -, -te·en; Bot.>; **'Weih·nachts·krip·pe** <f.; -, -n>; **'Weih·nachts·lied** <n.; -(e)s, -er; Mus.>; **'Weih·nachts·mann** <m.; -(e)s, ⸚er>; **'Weih·nachts·markt** <m.; -(e)s, ⸚e>; **'Weih·nachts·py·ra·mi·de** <f.; -, -n> drehbares Kerzengestell; **'Weih·nachts·ro·se** <f.; -, -n; Bot.> = Christrose; **'Weih·nachts·spiel** <n.; -(e)s, -e> Darstellung der Ereignisse in Bethlehem; **'Weih·nachts·stern** <m.; -(e)s, -e; Bot.> ein Wolfsmilchgewächs; **'Weih·nachts·stol·len** <m.; -s, -> ein Weihnachtsgebäck; **'Weih·nachts·tag** <m.; -(e)s, -e> erster ~ 25. Dezember; zweiter ~ 26. Dezember; **'Weih·nachts·tisch** <m.; -(e)s, -e>; **'Weih·nachts·zeit** <f.; -; unz.>

'Weih·rauch <m.; -s; unz.> 1 ein Räuchermittel 2 <Rel.> zu kultischen Zwecken erzeugter Rauch; **'Wei·hung** <f.; -, -en; Bot.>; **'Weih·was·ser** <n.; -s; unz.; Kath.> geweihtes Wasser zum Bekreuzigen; **'Weih·was·ser·be·cken** <n.; -s, -; Kath.>; **'Weih·was·ser·we·del** <m.; -s, -; Kath.>

weil <kausale Konj.> *da;* er ist traurig, ~ du gehst
'**wei·land** <Adv.; veralt.> *einstmals;* wie ~ Papst Pius V.
'**Weil·chen** <n.; -s; unz.> Verkleinerungsf. von› *Weile;* '**Wei·le** <f.; -; unz.> *kurze Zeit;* nach einer ~; '**wei·len** <V. i.; veralt.; noch poet.> nicht mehr unter den Lebenden ~
'**Wei·ler** <m.; -s, -> *kleine Siedlung*
'**Wei·muts·kie·fer** <f.; -, -n; Bot.> = *Weymouthskiefer*
Wein <m.; -(e)s, -e> 1 <unz.> *Weintrauben;* ~ anbauen 2 *ein alkohol. Getränk;* roter, weißer ~; jmdm. reinen ~ einschenken <fig.>; '**Wein·bau** <m.; -(e)s; unz.>; '**Wein·bau·er** <m.; -n, -n> '**Wein·bäu·e·rin** <f.; -, -n·nen>; '**Wein·bee·re** <f.; -, -n>; '**Wein·berg** <m.; -(e)s, -e> *Grundstück mit Weinstöcken;* '**Wein·berg·schne·cke** <f.; -, -n; Zool.> *Schneckenart;* '**Wein·brand** <m.; -(e)s, ⸚e> *ein Branntwein*
'**wei·nen** <V. i.; Z 42> *Tränen vergießen;* bitterlich ~; in Weinen ausbrechen; das ist zum Weinen!; '**wei·ner·lich** <Adj.> 1 *häufig weinend;* ein ~es Kind 2 *dem Weinen nahe;* mit ~er Stimme
'**Wein·es·sig** <m.; -s; unz.>; '**Wein·fass** <n.; -es, ⸚er>; '**Wein·fla·sche** <f.; -, -n>; '**Wein·gar·ten** <m.; -s, ⸚> *Weinberg;* '**Wein·gärt·ner** <m.; -s, -; selten>; '**Wein·gärt·ne·rin** <f.; -, -n·nen; selten>; '**Wein·ge·gend** <f.; -, -en>; '**Wein·geist** <m.; -(e)s; unz.; Pharm.> = *Ethylalkohol;* '**Wein·glas** <n.; -es, ⸚er>; '**Wein·gott** <m.; -(e)s, ⸚er; antike Myth.> *Gott des Weinbaus;* '**Wein·gut** <n.; -(e)s, ⸚er>; '**Wein·hau·er** <m.; -s, -; österr.> = *Winzer;* '**Wein·hau·e·rin** <f.; -, -n·nen; österr.>; '**Wein·he·fe** <f.; -; unz.> *Hefe zur Weinherstellung;* '**Wein·her·stel·lung** <f.; -; unz.>; '**wei·nig** <Adj.> 1 *weinhaltig* 2 *wie Wein;* '**Wein·jahr** <n.; -(e)s, -e>; '**Wein·kar·te** <f.; -, -n; im Restaurant>; '**Wein·kauf** <m.; -(e)s, ⸚e> *Trunk zur Besiegelung eines Geschäftes;* '**Wein·kel·ler** <m.; -s, ->; '**Wein-**

ken·ner <m.; -s, ->; '**Wein·ken·ne·rin** <f.; -, -n·nen>
'**Wein·krampf** <m.; -(e)s, ⸚e> *krampfartiges Weinen*
'**Wein·küh·ler** <m.; -s, -> *Behälter zum Kühlhalten von Wein(2);* '**Wein·land** <n.; -(e)s, ⸚er>; '**Wein·laub** <n.; -(e)s; unz.; Bot.>; '**Wein·lau·ne** <f.; -; unz.> in ~ sein; '**Wein·le·se** <f.; -, -n> *Weintraubenernte;* '**Wein·lo·kal** <n.; -(e)s, -e>; '**Wein·mo·nat** <m.; -(e)s, -e; alte Bez. für> *Oktober;* '**Wein·pan·sche·rei** <f.; -; unz.> *das Verfälschen von Wein;* '**Wein·pres·se** <f.; -, -n> *Kelter;* '**Wein·pro·be** <f.; -, -n>; '**Wein·ran·ke** <f.; -, -n>; '**Wein·re·be** <f.; -, -n; Bot.> *ein Traubengewächs;* '**wein·rot** <Adj.>; '**wein·sau·er** <Adj.; Chem.> *weinsaures Salz;* '**Wein·säu·re** <f.; -; unz.; Chem.> *in Früchten vorkommende Säure;* '**Wein·schaum** <m.; -(e)s; unz.; Kochk.>; '**Wein·schlauch** <m.; -(e)s, ⸚e> *Schlauch zum Tragen von Wein;* '**wein·se·lig** <Adj.> ~e Stimmung; '**Wein·sie·gel** <n.; -s, -> *Deutsches ~ Zeichen für Güteklassen bei Wein;* '**Wein·stein** <m.; -(e)s; unz.; Chem.> *Kaliumsalz der Weinsäure;* '**Wein·stein·säu·re** <f.; -; unz.; Chem.> = *Weinsäure;* '**Wein·stock** <m.; -(e)s, ⸚e; Bot.> = *Weinrebe;* '**Wein·stu·be** <f.; -, -n> *kleines Weinlokal;* '**Wein·trau·be** <f.; -, -n; Bot.>
'**wei·se** <Adj.> *klug, wissend;* eine ~ Entscheidung
'**Wei·se** <f.; -, -n> 1 *Art, Form;* auf bestimmte ~; auf diese (Art u.) ~; in keiner ~ *überhaupt nicht* 2 <Mus.> *Melodie, Lied;* Volks~;
'**...wei·se** <Adv.; in Zus.> 1 *in einer bestimmten Art;* glücklicherweise; versuchsweise 2 *eine Maßeinheit bezeichnend;* eimerweise, kiloweise
'**Wei·se(r)** <f. 2 (m. 1)> 1 *weiser Mensch* 2 <früher> *Philosoph*
'**Wei·sel** <m.; -s, - od. f.; -, -n; Zool.> *Bienenkönigin;* '**Wei·sel·fut·ter·saft,** '**Wei·sel·saft** <m.; -(e)s; unz.> *Gelee royale*
'**wei·sen** <V. 282; du weist> 1 <V. t.> *zeigen;* den Weg ~; jmdm. die Tür ~ <fig.> *jmdn. hinauswerfen* 2 <V. t.> *etwas*

von sich, von der Hand ~ *ablehnen* 3 <V. i.> *deuten;* nach Süden ~; '**Weis·heit** <f.; -, -en> 1 <unz.> *Klugheit, Wissen;* mit seiner ~ am Ende sein <fig.; umg.> *ratlos sein* 2 *weise Lehre;* Volks~; '**Weis·heits·zahn** <m.; -(e)s, ⸚e; Anat.> *hinterster Backenzahn;* '**weis·lich** <Adv.> *klugerweise;* etwas ~ *unterlassen;* '**weis|ma·chen** <V. t./V. refl.; ich mache weis; sie hat weisgemacht; weiszumachen> *vorspiegeln;* lass dir nichts ~!
weiß¹ <Adj.; -er, am -es·ten> 1 <✓Z 46> *ohne Farbe;* eine ~e Wand; ein ~er Fleck auf der Landkarte *unerforschtes Gelände;* ~es Haar; ~e Blutkörperchen; ~e Mäuse (sehen); der ~e Tod <fig.> *Tod im Schnee;* ~e Weihnachten; <aber> die Weiße Frau *eine Spukgestalt;* das Weiße Haus *Amtssitz des US-Präsidenten;* die Weiße Rose *eine Widerstandsbewegung in der NS-Zeit;* der Weiße Sonntag *S. nach Ostern;* Weiße Ameisen <fälschlich für> *Termiten* 2 <✓Z 42> *aus Schwarz Weiß machen* <fig.> *etwas Schlimmes verharmlosen* 3 <✓Z 24; Getrenntschreibung in Verbindung mit Verb/Partizip> ~ tünchen; ~ gekleidet; ~ glühen; <aber> → *weißbluten, weißglühen, weißnähen, weißwaschen;* → a. *Weiß, Weiße, Weiße(r)* 4 <fig.> eine ~e Weste haben *integer sein;* etwas schwarz auf ~ haben *schriftlich*
weiß² <1. u. 3. Pers. Sg. Präs. von> *wissen*
Weiß <n.; -es; unz.> *weiße¹(1) Farbe;* in ~ gekleidet sein
'**weis·sa·gen** <V. t.; ich weissage; sie hat geweissagt; zu weissagen> *prophezeien;* jmdm. die Zukunft ~; '**Weis·sa·ger** <m.; -s, ->; '**Weis·sa·ge·rin** <f.; -, -n·nen>; '**Weis·sa·gung** <f.; -, -en>
'**Weiß·bier** <n.; -(e)s, -e> *Biersorte, Weizenbier;* '**Weiß·bin·der** <m.; -s, -> 1 *Böttcher* 2 <süddt.> *Anstreicher;* '**Weiß·bin·de·rin** <f.; -, -n·nen>; '**Weiß·blech** <n.; -(e)s; unz.> *Blech mit Zinnschicht;* '**weiß·blond** <Adj.> *hellblond;* '**weiß·blu·ten**

<V. t./V. refl.; nur im Inf.; ↗Z42; umg.> → a. *weiß¹(3)* 1 sich ~ *sich (finanziell) verausgaben* 2 <in der Wendung> *bis zum Weißbluten bis zum Äußersten;* '**Weiß·brot** <n.; -(e)s, -e> *Brotsorte;* '**Weiß·buch** <n.; -(e)s, ‑er; Pol.> *Veröffentlichung der dt. Regierung zur Außenpolitik;* '**Weiß·bu·che** <f.; -, -n; Bot.> = *Hainbuche;* '**Weiß·dorn** <m.; -(e)s, -e; Bot.> *ein Rosengewächs;* '**Wei·ße** <f.; -, -n> 1 <unz.> *das Weißsein;* die ~ seiner Zähne 2 *Biersorte;* Berliner ~ *mit Schuss Bier mit Himbeerod. Waldmeistersirup;* '**Wei·ße(r)** <f. 2 (m. 1)> *hellhäutiger Mensch;* '**wei·ßeln** <V. t.; ich weiß(e)le; süddt.; österr.; schweiz.> = *weißen;* '**wei·ßen** <V. t.; du weißt> *weiß¹ streichen;* '**Weiß·fisch** <m.; -(e)s, -e; Zool.> *Karpfenfisch;* '**Weiß·fluss** <m.; -es; unz.; Med.>; '**Weiß·fuchs** <[-ks] m.; -es, ‑e; Zool.>; '**weiß·gelb** <Adj.>; '**Weiß·ger·ber** <m.; -s, -> *Weißgerbe·r·ei* <f.; -, -en> *Anfertigung feinen Leders;* '**Weiß·ger·be·rin** <f.; -, -n·nen>; '**weiß·glü·hen** <V. t.; ↗Z28; nur im Inf. u. Part. Perf.> *etwas so stark erhitzen, dass es weiß¹ leuchtet;* *weißgeglühtes Metall;* → a. *weiß¹(3);* '**Weiß·glut** <f.; -; unz.> 1 *Glut beim Weißglühen* 2 <fig.; umg.> jmdn. zur ~ *bringen jmdn. sehr erzürnen;* '**Weiß·gold** <n.; -(e)s; unz.> *eine Legierung;* '**weiß·grau** <Adj.; ↗Z36.1>; '**Weiß·herbst** <m.; -(e)s, -e; süddt.> *heller Rotwein;* '**Weiß·kä·se** <m.; -s; unz.> *Quark;* '**Weiß·klee** <m.; -s; unz.; Bot.>; '**Weiß·kohl** <m.; -(e)s, -e; Bot.>; '**Weiß·kraut** <n.; -(e)s; unz.; Bot.>; '**weiß·lich** <Adj.> *beinahe weiß¹;* '**Weiß·ling** <m.; -s, -e; Zool.> *ein Schmetterling;* '**Weiß·ma·cher** <m.; -s, -> *aufhellende Waschsubstanz;* '**Weiß·me·tall** <n.; -(e)s; unz.> *eine Legierung;* '**weiß·nä·hen** <V. t.> ich nähe weiß; sie hat weißgenäht; weißzunähen; früher> *Wäsche ausbessern;* → a. *weiß¹(3);* '**Weiß·nä·he·rin** <f.; -, -n·nen; früher>; '**Weiß·rus·se** <m.; -n, -n>; '**Weiß·rus·sin** <f.; -, -n·nen>;

'**weiß·rus·sisch** <Adj.>; '**Weiß·russ·land** *Staat in Osteuropa;* Republik ~; <-(e)s, ‑e; Zool.>; '**Weiß·wal** <m.; -(e)s, -e; Zool.>; '**Weiß·wa·re** <f.; -, -n> *weißer Stoff od. weiße Wäsche;* '**weiß‖wa·schen** <V. t. 279/V. refl.> du wäschst weiß; sie hat weißgewaschen; weißzuwaschen; ↗Z24; fig.; umg.> sich von einem Verdacht ~; <aber Getrenntschreibung> *Wäsche weiß waschen;* → a. *weiß¹(3);* '**Weiß·wein** <m.; -(e)s, -e>; '**Weiß·wurst** <f.; -, ‑e *Wurstsorte;* '**Weiß·wurz** <f.; -, -en; Bot.> *ein Liliengewächs;* '**Weiß·zeug** <n.; -(e)s; unz.>; '**Wei·sung** <f.; -, -en> *Befehl;* '**wei·sungs·ge·bun·den** <Adj.>; '**wei·sungs·ge·mäß** <Adj.>

weit¹ <Adj.; -er, am -es·ten> 1 <↗Z42> *von großer räuml. od. zeitl. Ausdehnung;* die -e Welt; einen ~ en Horizont haben <fig.>; ~e Kreise der Bevölkerung; im ~eren Sinne <Abk.: i. w. S.> *im umfassenderen S.;* ~ hinaus; ~ und breit; der Weg ist zu ~; das Weite suchen <fig.> *fliehen;* sich ins Weite verlieren; ~er unten; ~ voraus sein; von ~em *aus einiger Entfernung;* auf -e Strecken *recht lange* 2 <↗Z24; Getrenntschreibung in Verbindung mit Verb/Partizip, wenn *weit* sinnvoll steiger- od. erweiterbar ist> es ~ bringen *erfolgreich sein;* ~ entfernt; ~ fahren; ~ gehen; ~ (weiter, am weitesten) gehend, weitergehend, weitergehendst; ~ gehendes Verständnis; das Fenster ~ öffnen; ~ geöffnet; ~ gereist; ~ greifend, <auch> weitgreifend; ~ hergeholt; ~ reichend, <auch> weitreichend; ~ springen; <aber> → *weitspringen;* ~ tragend, <auch> weittragend; ~ verbreitet, <auch> weitverbreitet; ~ verzweigt, <auch> weitverzweigt 3 *groß, lose;* eine -e Hose 4 *bezügl. eines Zieles vorangekommen;* wie ~ bist du mit deinem Aufsatz?; das geht zu ~!; so ~, so gut; **weit²** <Adj.; meist adv.; bei Vergleichen> *viel, um vieles;* er malt ~ besser als ich; bei ~em *sehr viel;* → a. *weiter;*

weit'ab <Adv.> *weit entfernt;* ~ vom Wald; '**weit·aus** <Partikel> *sehr viel;* ~ größer; '**Weit·blick** <m.; -(e)s; unz.> *Fähigkeit, Dinge im Voraus einschätzen zu können;* '**weit·bli·ckend,** <auch> '**weit bli·ckend** <Adj.> → a. *weit¹(2);* '**Wei·te** <f.; -, -n> 1 *räuml. Ausdehnung;* die ~ des Ozeans 2 *Ferne;* in die ~ schweifen; Schuss- 3 *Umfang:* Kragen-; '**wei·ten** <V. t.> 1 *weiter machen;* ein Loch ~ 2 <V. refl.> *weiter werden;* ihre Augen weiteten sich; '**wei·ter** <Adj.> 1 <↗Z21; Komparativ von> *weit;* '~ 'fahren (als) *eine weitere Strecke fahren (als);* <aber zusammen> → *'weiterfahren* 2 *zusätzlich;* ein ~er Gast; als Weiteres; alles, einiges Weitere; bis auf ~es; ohne ~es *bedenkenlos* 3 <adv.; ↗Z21> *außerdem, darüber hinaus, weiterhin;* ~ geschah nichts; des, im Weiteren; ~es Neues; ~ nichts?; und so ~ <Abk.: usw.>; ~ niemand *niemand von Bedeutung;* ~ bestehen *fortbestehen;* '**wei·ter...** <↗Z22; Vors.; in Zus. mit Verben betont u. abtrennbar> 1 *fortfahren zu;* weiterarbeiten; weiterfahren 2 *einem, mehreren, anderen...;* weitergeben; weitersagen; '**Wei·ter...** <in Zus.> *Fort...;* Weiterbildung; Weiterführung; '**wei·ter‖ar·bei·ten** <V. i.> ich arbeite weiter; sie hat weitergearbeitet; weiterzuarbeiten; '**wei·ter‖be·för·dern** <V. t.> ich befördere weiter; ↗Z21> *an den nächsten Ort befördern;* <aber getrennt> 'weiter 'befördern (als); '**Wei·ter·be·för·de·rung** <f.; -; unz.>; '**wei·ter‖be·schäf·ti·gen** <V. t.>; '**wei·ter‖bil·den** <V. t./V. refl.> *fortbilden;* '**Wei·ter·bil·dung** <f.; -; unz.>; '**wei·ter‖brin·gen** <V. t. 118; ↗Z21> *vorwärts bringen;* die Diskussion wird uns nicht ~; <aber getrennt> 'weiter 'bringen (als); → a. *weiter(1);* '**wei·ter‖den·ken** <V. t. 119; ↗Z21> *in Gedanken fortsetzen;* eine Geschichte ~; <aber getrennt> 'weiter 'denken (als); → a. *weiter(1);* wie man ... ; '**wei·ter‖emp·feh·len** <V. t. 125>; '**wei·ter‖ent·wi·ckeln** <V. t.; ich entwick(e)le

weiter; ↗Z21> → a. *weiter(1)* 1 etwas ~ *die Entwicklung von etwas fördern;* <aber getrennt> 'weiter 'entwickeln (als) 2 <V. refl.> sich ~ *in der Entwicklung Fortschritte erzielen;* <aber getrennt> sich 'weiter 'entwickeln (als); → a. *weiter(1);* **'Wei·ter·ent·wick·lung** <f.; -; unz.>; **'wei·ter|er·zäh·len** <V. t.> 1 *erzählerisch fortführen;* eine Geschichte ~ 2 *anderen erzählen;* ein Geheimnis ~; **'wei·ter|fah·ren** <V. i. (s.) 130; ↗Z21> *die Fahrt fortsetzen;* sie will gleich nach München ~; <aber getrennt> 'weiter 'fahren (als); → a. *weiter(1);* **'Wei·ter·fahrt** <f.; -; unz.>; **'wei·ter|flie·gen** <V. i. (s.) 136; ↗Z21> *den Flug fortsetzen;* ich werde von Paris nach Lyon ~; <aber getrennt> 'weiter 'fliegen (als); → a. *weiter(1);* **'Wei·ter·flug** <m.; -(e)s; unz.>; **'wei·ter|füh·ren** <V. t.; ↗Z21> über etwas hinausführen; ~de Schule *S. nach dem 4. Grundschuljahr;* <aber getrennt> 'weiter 'führen (als); → a. *weiter(1);* **'Wei·ter·ga·be** <f.; -; unz.>; **'wei·ter|ge·ben** <V. t. 143> 1 *einem anderen geben;* einen Brief ~ 2 *einem anderen mitteilen;* Neuigkeiten ~; **'wei·ter|ge·hen** <V. i. (s.) 145> 1 *einen Weg fortsetzen;* bitte ~!; <aber getrennt> 'weiter 'gehen (als); → a. *weiter(1)* 2 *weiterhin geschehen;* wie ging es weiter?; so kann es nicht ~; **'wei·ter|hel·fen** <V. i. 165> jmdm. ~; **'wei·ter·hin** <Adv.> 1 *zukünftig;* bleib ~ gesund 2 *darüber hinaus;* ~ muss geklärt werden, ob ...; **'wei·ter·kom·men** <V. i. (s.) 170; ↗Z21> *vorankommen;* mit einem Auftrag ~; <aber getrennt> 'weiter 'kommen (als); → a. *weiter(1);* **'wei·ter|kön·nen** <V. i. 171; umg.> *vorankönnen;* hilf ihr, sie kann nicht weiter!; **'wei·ter|lau·fen** <V. i. (s.) 176; ↗Z21> *einen Lauf fortsetzen;* <aber getrennt> 'weiter 'laufen (als); → a. *weiter(1);* **'wei·ter|lei·ten** <V. t.> *weitergeben;* eine Anfrage ~; **'Wei·ter·lei·tung** <f.; -; unz.>; **'wei·ter|ma·chen** <V. t.; ↗Z21> *das Begonnene fortsetzen;* mach

nur so weiter!; <aber getrennt> die Kleidung, Öffnung weiter machen; → a. *weiter(1);* **'Wei·ter·marsch** <m.; -(e)s; unz.>; **'wei·ter|mar·schie·ren** <V. i. (s.); ↗Z21> *einen Marsch fortsetzen;* <aber getrennt> 'weiter 'marschieren (als); → a. *weiter(1);* **'Wei·ter·rei·se** <f.; -; unz.>; **'wei·ter|rei·sen** <V. i.; du reist weiter; ↗Z21> nach Berlin ~; <aber getrennt> 'weiter 'reisen (als); → a. *weiter(1);* **'wei·ters** <Adv.; österr.> *weiterhin;* **'wei·ter|sa·gen** <V. t.> *anderen sagen;* **'wei·ter|schi·cken** <V. t.; ↗Z21> 1 *weiterbefördern* 2 *wegschicken;* jmdn. ~; <aber getrennt> 'weiter 'schicken (als); → a. *weiter(1);* **'wei·ter|se·hen** <V. i. 239; ↗Z21> *weitere Schritte erwägen;* mach die Hausaufgaben, dann werden wir ~; <aber getrennt> 'weiter 'sehen (als); → a. *weiter(1);* **'Wei·te·rung** <f.; -, -en; Amtsdt.> *Schwierigkeit;* **'wei·ter|ver·brei·ten** <V. t.; ↗Z21> *ausbreiten;* Gerüchte ~; <aber getrennt> 'weiter 'verbreiten (als); → a. *weiter(1);* **'Wei·ter·ver·kauf** <m.; -(e)s; unz.>; **'wei·ter|ver·kau·fen** <V. t.> *Gekauftes erneut verkaufen;* **'wei·ter|ver·mie·ten** <V. t.> *untervermieten;* **'wei·ter|wol·len** <V. i.; ich will weiter; sie hat weitergewollt; weiterzuwollen; umg.> *vorankommen wollen;* steig ein, wir wollen weiter!; **'wei·test·ge·hend** <Adj.; Superlativ von> *weitgehend;* **'wei·test·rei·chend** <Adj.; Superlativ von> *weitreichend;* **'weit·ge·hend,** <auch> 'weit 'ge·hend <Adj.; ↗Z28> → a. *weit(2)* 1 *umfangreich;* ~e, <auch> weit gehende Freiheiten 2 <adv.; nur in Zusammenschreibung> *in starkem Maße;* jmds. Wünsche ~ berücksichtigen; **'weit'her** <Adv.> von ~ *aus der Ferne,* <auch> von weit her; **'weit·her·zig** <Adj.> *großzügig;* **'weit'hin** <Adv.> *bis in die Ferne;* der Turm ist ~ zu sehen; **'weit·läu·fig** <Adj.> 1 *groß, ausgedehnt;* ein ~er Park 2 *nicht unmittelbar;* ~e Verwandte, Bekannte; **'Weit·läu·fig·keit** <f.; -; unz.>;

'weit·ma·schig <Adj.> ein ~es Netz; **'weit·rei·chend,** <auch> **'weit 'rei·chend** <Adj.; ↗Z28> → a. *weit(2)* 1 *von großer Reichweite;* ein ~es, <auch> weit reichendes Gewehr 2 <fig.> *umfangreich;* von ~er, <auch> weit reichender Bedeutung; **'weit·schwei·fig** <Adj.> eine ~e Schilderung; **'Weit·schwei·fig·keit** <f.; -; unz.>; **'Weit·sicht** <f.; -; unz.> 1 *Fernblick* 2 <fig.> *Weitblick;* **'weit·sich·tig** <Adj.> Ggs *kurzsichtig* 1 <Med.> *an Weitsichtigkeit leidend* 2 <fig.> *vorausschauend;* **'Weit·sich·tig·keit** <f.; -; unz.; Med.> *eine Sehstörung;* Ggs *Kurzsichtigkeit;* **'weit·sprin·gen** <V. i. (s.); nur im Inf. u. Part. Perf.; ↗Z21; Sp.> sich im Weitspringen üben; <aber getrennt> 'weit 'springen *eine weite Strecke springen;* → a. *weit(2);* **'Weit·sprung** <m.; -(e)s, ⸚e; Sp.>; **'weit·spu·rig** <Adj.> *große Spurweite aufweisend;* **'Weit·strah·ler** <m.; -s, -> *starker Scheinwerfer;* **'Wei·tung** <f.; -; unz.>; **'Weit·win·kel·ob·jek·tiv** <n.; -(e)s, -e; Fot.>
'Wei·zen <m.; -s; unz.; Bot.> 1 *Gräsergattung in Getreide;* **'Wei·zen·bier** <n.; -(e)s, -e> = *Weißbier;* **'Wei·zen·brot** <n.; -(e)s, -e>; **'Wei·zen·keim·öl** <n.; -s, -e>; **'Wei·zen·kleie** <f.; -; unz.> *Rückstand beim Weizenmahlen;* **'Wei·zen·mehl** <n.; -(e)s, -e>

welch <Interrogativpron.; kurz für> *welche(r, -s), was für ein(e);* ~ schönes Wetter!; ~ große Kinder! mit ~ einer Mühe ist das gemacht!; **'wel·che(r, -s)** <Pron.> 1 <Interrogativpron.> *nach einer Möglichkeit aus einer Gesamtheit fragend;* ~s Bild gefällt dir besser?; es ist lobenswert, mit ~m Einsatz sie arbeitet; ~ deiner Schwestern ist die jüngste? 2 <Relativpron.; veralt.; meist zur Vermeidung gleich lautender Pronomen> *der, die, das;* diejenige, ~ 3 <Indefinitpron.; umg.> *einige(s);* da gibt es ~, die meinen, dass ...; ich habe kein Geld mehr, hast du ~s?; **'wel·cher'art** <Adv.> *wie auch immer;* ~ Interesse; <aber> (von) welcher Art ihr Interesse ist; **'wel·cher·ge-'stalt** ‹Adv.; veralt.› *welcherart*; **wel·cher'lei** ‹a. ['---]; Adv.› *was für ein(e) auch immer*; *in ~ Stimmung er auch ist*

Welf ‹m.; -(e)s, -e od. n.; -(e)s, -er; Zool.› = *Welpe*

'Wel·fe ‹m.; -n, -n› *Angehöriger eines dt. Fürstengeschlechtes*; **'wel·fisch** ‹Adj.›

welk ‹Adj.› 1 *vertrocknet*; *~e Blätter* 2 *schlaff*; *~e Haut*; **'wel·ken** ‹V. i. (s.)› *~de Blumen*; **'Welk·heit** ‹f.; -; unz.›

'Well·blech ‹n.; -(e)s, -e› *wellenförmiges Eisenblech*; **'Wel·le** ‹f.; -, -n› 1 *Bewegung der Wasseroberfläche*; *Flut~*; *~n reiten*; *~n schlagen* ‹fig.› *Aufsehen erregen*; *eine ~ der Gewalt* ‹fig.› 2 *Richtung, Strömung*; *Lieder der neuen ~*; *grüne ~* = *Verkehrsw.› 3 *etwas in Form einer Welle(1)*; *Dauer~*; *Boden~* 4 ‹Phys.› *sich von einem Punkt ausbreitende Bewegung*; *Schall~* 5 *Stange zur Übertragung von Drehmomenten* 6 ‹Sp.› *eine Turnübung*; **'wel·len** ‹V. t.› 1 *in Wellen legen*; *künstlich gewelltes Haar* 2 ‹V. refl.› *sich in Wellen legen*; *gewelltes Papier*; = *Verkehrsw.›* ‹Adj.›; **'Wel·len·bad** ‹n.; -(e)s, -er›; **'Wel·len·be·reich** ‹m.; -(e)s, -e; Phys.› *Teil des elektromagnet. Spektrums*; *Kurz~*; **'Wel·len·berg** ‹m.; -(e)s, -e› Ggs *Wellental*; **'Wel·len·bre·cher** ‹m.; -s, -› *Damm zum Schutz vor Wellen*; **'wel·len·för·mig** ‹Adj.› *~ gebogen*; **'Wel·len·gang** ‹m.; -(e)s; unz.› *starker ~*; **'Wel·len·kamm** ‹m.; -(e)s, -e› *oberster Wellenteil*; **'Wel·len·kno·ten** ‹m.; -s, -›; **'Wel·len·län·ge** ‹f.; -, -n› 1 ‹Phys.; Zeichen: λ› *Abstand zweier Punkte gleicher Phase* 2 *mit jmdm. auf der gleichen ~ liegen* ‹fig.; umg.›; **'Wel·len·li·nie** ‹[-niə]; f.; -, -n› *wellenförmige Linie*; **'Wel·len·me·cha·nik** ‹f.; -; unz.; Phys.› = *Wellentheorie*; **'Wel·len·rei·ten** ‹n.; -s; unz.; Wassersp.› *~ macht Spaß*; ‹aber› *wollen wir Wellen reiten?*; Sy *Surfen*; → a. *Welle(1)*; **'Wel·len·sa·lat** ‹m.; -(e)s; unz.; umg.; scherzh.› *sich gegenseitig störende Sendefrequenzen*;

'Wel·len·schlag ‹m.; -(e)s, -e›; **'Wel·len·sit·tich** ‹m.; -s, -e; Zool.› *ein Papageienvogel*; **'Wel·len·tal** ‹n.; -(e)s, -er› Ggs *Wellenberg*; **'Wel·len·the·o·rie** ‹f.; -; unz.; Phys.› *physikal. Modell, in dem das Licht als Welle beschrieben wird*

'Wel·ler ‹m.; -s, -› *Mischung zum Auffüllen von Fachwerk*; **'wel·lern** ‹V. t.; ich wellere›; **'Wel·ler·wand** ‹f.; -, -e›

'Well·fleisch ‹n.; -(e)s; unz.; Kochk.› *gekochtes Schweinefleisch*; **'Well·horn·schne·cke** ‹f.; -, -n; Zool.›; **'wel·lig** ‹Adj.› *wellenförmig*; *~es Haar*

Wel·ling·ton ‹engl. ['welıŋtən]› *Hauptstadt von Neuseeland*

'Well·ness ‹f.; -; unz.› *Fitness (durch Bewegung u. gesunde Ernährung)* [engl.]; **'Well·ness·ho·tel** ‹n.; -s, -s›

'Well·pap·pe ‹f.; -; unz.› *ein Verpackungsmaterial*; **'Wel·lung** ‹f.; -; unz.›

Welp ‹m.; -en, -en›, **'Wel·pe** ‹m.; -n, -n; Zool.› *Junges von Hund, Fuchs od. Wolf*

Wels ‹m.; -es, -e; Zool.› *ein Fisch*

welsch ‹Adj.› *ital., span. od. frz.*; *~e Nuss Walnuss* [kelt.];

'Welsch·kohl ‹m.; -(e)s, -e; Bot.› = *Wirsing*; **'Welsch·kraut** ‹n.; -(e)s; unz.›

Welsh Rare·bit ‹[welʃ 'reːr·t]; m.; --s, --s; ⚹Z31; Kochk.› *mit Chesterkäse u. Ale überbackene Weißbrotscheibe* [engl.]

Welt ‹f.; -, -en› 1 *Einheit alles Seienden*; *Außen~*; *Innen~* 2 ‹unz.› *die Erde*; *in der ~ herumkommen*; *um nichts in der ~* ‹fig.› *keinesfalls*; *wo in aller ~ hast du gesteckt?* 3 ‹unz.› *Leben auf der Welt(2)*; *auf die ~ kommen*; *Kinder in die ~ setzen*; *etwas aus der ~ schaffen* ‹fig.› *beseitigen*; *der ~ entsagen* 4 ‹unz.› *alle Menschen*; *alle ~ weiß davon*; *vor aller ~* ‹fig.; umg.› *öffentlich* 5 ‹fig.› *Lebenssphäre*; *Tier~*; *Arbeits~*; *die Dritte ~ die Entwicklungsländer*; *die Neue ~ Amerika*; *uns trennen ~en*; **'welt·ab·ge·wandt** ‹Adj.›; **'Welt·ab·ge·wandt·heit** ‹f.; -; unz.›; **'Welt·all** ‹n.; -s; unz.› *alle Himmelskörper*; **'Welt·al·ter** ‹n.; -s, -› = *Äon*;

'welt·an·schau·lich ‹Adj.›; **'Welt·an·schau·ung** ‹f.; -, -en› *Art, die Welt u. das Wesen des Menschen zu beurteilen*; **'Welt·aus·stel·lung** ‹f.; -, -en›; **'Welt·bank** ‹f.; -, -en; Wirtsch.; seit 1945› *internat. Bank in Washington*; **'welt·be·kannt** ‹Adj.›; **'welt·be·rühmt** ‹Adj.›; **'Welt·be·rühmt·heit** ‹f.; -, -en›; **'welt·bes·te(r, -s)** ‹Adj.› *die ~ Läuferin*; **'Welt·best·leis·tung** ‹f.; -, -en; Sp.›; **'Welt·best·zeit** ‹f.; -, -en; Sp.›; **'welt·be·we·gend** ‹Adj.› *sehr bedeutend*; **'Welt·bild** ‹n.; -(e)s, -er› *das ~ der Renaissance*; **'Welt·brand** ‹m.; -(e)s, -e; poet.›; **'Welt·bür·ger** ‹m.; -s, -› *der Mensch als gleichwertiger Mitbürger der menschl. Gemeinschaft*; **'Welt·bür·ge·rin** ‹f.; -, -n·nen›; **'welt·bür·ger·lich** ‹Adj.›; **'Welt·bür·ger·tum** ‹n.; -s; unz.›; **'Welt·cup** ‹[-kʌp]; m.; -s, -s; Sp.› *Pokal bei einer Weltmeisterschaft* [engl.]; **'Wel·ten·bumm·ler** ‹m.; -s, -› *jmd., der viel reist*; **'Wel·ten·bumm·le·rin** ‹f.; -, -n·nen›; **'welt·ent·rückt** ‹Adj.›; **'welt·er·fah·ren** ‹Adj.›

'Wel·ter·ge·wicht ‹n.; -(e)s; unz.; Boxen; Ringen› *Gewichtsklasse in der Schwerathletik*

'welt·er·schüt·ternd ‹Adj.; ⚹Z29; fig.› *ein ~es Attentat*; ‹aber› *ein die Welt erschütterndes A.*; **'Welt·e·sche** ‹f.; -; unz.; ⚹Z55; nord. Myth.› = *Yggdrasil*; **'welt·fern** ‹Adj.; geh.›; **'Welt·flucht** ‹f.; -; unz.› *Abkehr von den Menschen*; **'welt·fremd** ‹Adj.; -er, am -es·ten; meist abwertend›; **'Welt·frie·de** ‹m.; -s; unz.›; **'Welt·frie·dens·be·we·gung** ‹f.; -; unz.›; **'Welt·geist** ‹m.; -(e)s; unz.; Philos.; bes. bei Hegel› *Prinzip der Weltgeschichte*; **'Welt·geist·li·che(r)** ‹m. 1; Kath.›; **'Welt·gel·tung** ‹f.; -; unz.› *nach ~ streben*; **'Welt·ge·richt** ‹n.; -(e)s; unz.; christl. Rel.› *das Jüngste Gericht*; **'Welt·ge·richts·hof** ‹m.; -(e)s; unz.; seit 1946› *Internationaler Gerichtshof in Den Haag*; **'Welt·ge·schich·te** ‹f.; -; unz.› *in der ~ umherfahren* ‹fig.; umg.; scherzh.›; **'welt·ge-**

schicht·lich <Adj.>; **'Welt·ge·sund·heits·or·ga·ni·sa·ti·on** <f.; -; unz.; Abk.: WHO> *eine UN-Organisation;* **'welt·ge·wandt** <Adj.>; **'Welt·ge·wandt·heit** <f.; -; unz.>; **'Welt·ge·werk·schafts·bund** <m.; -(e)s; unz.; Abk.: WGB> *internat. Zusammenschluss der kommunist. Gewerkschaften;* **welt'größ·te(r, -s)** <Adj.> *der ~ Medienkonzern;* **'Welt·han·del** <m.; -s; unz.; Wirtsch.> *weltweiter Handel;* **'Welt·herr·schaft** <f.; -; unz.>; **Welt'hilfs·spra·che** <f.; -, -n> *künstl. Sprache;* **'Welt·kar·te** <f.; -, -n>; **'Welt·kennt·nis** <f.; -; unz.>; **'Welt·klas·se** <f.; -, -n; Sp.> *zur ~ gehören;* **'welt·klug** <Adj.> *welterfahren;* **'Welt·krieg** <m.; -(e)s, -e> *Krieg unter Beteiligung vieler Länder; <i. e. S.> Erster ~ (1914–1918); Zweiter ~ (1939–1945);* **'Welt·ku·gel** <f.; -, -n> *kugelförmige Darstellung der Erde;* → a. *Globus;* **'Welt·lauf** <m.; -(e)s; unz.; selten> *das ist der ~ <umg.>;* **'welt·läu·fig** <Adj.> *weltgewandt;* **'welt·lich** <Adj.> 1 *irdisch, diesseits; ~ gesinnt* 2 *nicht kirchlich; ~e Macht;* **'Welt·li·te·ra·tur** <f.; -; unz.> *ein Werk der ~;* **'Welt·macht** <f.; -, ⸚e; Pol.> *Großmacht;* **'Welt·mann** <m.; -(e)s, ⸚er>; **'welt·män·nisch** <Adj.>; **'Welt·mar·ke** <f.; -, -n>; **'Welt·markt** <m.; -(e)s, ⸚e; Wirtsch.> *internat. Markt für Handelsgüter;* **'Welt·meer** <n.; -(e)s, -e>; **'Welt·meis·ter** <m.; -s, -; Sp.>; **'Welt·meis·te·rin** <f.; -, -nen; Sp.>; **'Welt·meis·ter·schaft** <f.; -, -en; Sp.; Abk.: WM>; **'Welt·mensch** <m.; -en, -en; unz.>; **'Welt·ni·veau** <[-voː]; n.; -s; unz.>; **'welt·of·fen** <Adj.>; **'Welt·of·fen·heit** <f.; -; unz.>; **'Welt·ord·nung** <f.; -; unz.>; **Welt'post·ver·ein** <m.; -s; unz.; seit 1875>; **'Welt·pries·ter** <m.; -s, -; Kath.>; **'Welt·raum** <m.; -(e)s; unz.> = *Weltall;* **'Welt·raum·fahrt** <f.; -, -en> = *Astronautik;* **'Welt·raum·for·schung** <f.; -; unz.>; **'Welt·reich** <n.; -(e)s, -e>; **'Welt·rei·se** <f.; -, -n>; **'Welt·re·kord** <m.; -(e)s, -e; Sp.>; **'Welt·re·kord·ler** <m.; -s, -; Sp.>; **'Welt·re·kord·le·rin** <f.;

-, -nen; Sp.>; **'Welt·re·li·gi·on** <f.; -, -en>; **'Welt·ruf** <m.; -(e)s; unz.> *ein Forscher von ~;* **'Welt·ruhm** <m.; -(e)s; unz.> *~ erlangen;* **'Welt·schmerz** <m.; -es; unz.>; **'Welt·see·le** <f.; -; unz.; Philos.> *angenommene Kraft, die die Welt in Gang hält;* **'Welt·si·cher·heits·rat** <m.; -(e)s; unz.; Pol.> *Hauptorgan der UNO;* **'Welt·spar·tag** <m.; -(e)s, -e; Bankw.>; **'Welt·spit·ze** <f.; -, -n> *der ~ angehören;* **'Welt·spra·che** <f.; -, -n>; **'Welt·stadt** <f.; -, ⸚e> *Stadt mit mehr als 1 Mio. Einwohnern;* **'welt·städ·tisch** <Adj.>; **'Welt·teil** <m.; -(e)s, -e> *Erdteil;* **'Welt·um·se·ge·lung**, **'Welt·um·seg·lung** <f.; -, -en>; **'welt·um·span·nend** <Adj.>; **'Welt·un·ter·gang** <m.; -(e)s; unz.>; **'Welt·ver·band** <m.; -(e)s, ⸚e>; **'Welt·ver·bes·se·rer** <m.; -s, ->; **'Welt·ver·bes·se·rin** <f.; -, -nnen>; **'Welt·weis·heit** <f.; -; unz.; Philos.> *die Philosophie als Wissenschaft von der Welt;* **welt'weit** <Adj.>; **'Welt·wirt·schaft** <f.; -; unz.; Wirtsch.> *weltweite wirtschaftl. Beziehungen;* **'Welt·wun·der** <n.; -s, -; im Altertum> *die sieben ~ herausragende Bau- u. Kunstwerke;* **'Welt·zeit** <f.; -; unz.; Abk.: WZ> *Zeit am nullten Längengrad;* **'Welt·zeit·uhr** <f.; -, -en> *Uhr, die die Zeit aller Zeitzonen anzeigt*

wem 1 <Interrogativpron.; Dat. von> *wer(1); ~ gehört das Buch?; von ~ weißt du das?* 2 <Relativpron.; Dat. von> *wer(2); ich weiß nicht, ~ das Buch gehört;* **'Wem·fall** <m.; -(e)s; unz.; Gramm.> = *Dativ;* → a. *Kasten Dativ*

wen 1 <Interrogativpron.; Akk. von> *wer(1); ~ hast du gesehen?; durch ~ kennst du sie?* 2 <Relativpron.; Akk. von> *wer(2); ich weiß nicht, ~ sie meint*

'Wen·de¹ <m.; -, -n> = *Sorbe*
'Wen·de² <f.; -, -n> 1 *Wendung; Sonnen~* 2 *Drehung* 3 *Beginn; Jahrtausend~* 4 *Umschwung, Veränderung; eine ~ herbeiführen; nach der ~ nach der dt. Wiedervereinigung;* **'Wen·de·hals** <m.; -es, ⸚e> 1 <Zool.> *ein*

Specht 2 <fig.; abwertend> *jmd., der sich aus Eigennutz polit. Umschwüngen schnell anpasst;* **'Wen·de·ham·mer** <m.; -s, ⸚> *Wendeplatz am Ende einer Sackgasse;* **'Wen·de·jah·re** <Pl.>; **'Wen·de·kreis** <m.; -es, -e> 1 <Kfz> *bei maximalem Lenkeinschlag gefahrener Kreis* 2 <Geogr.> *in 23° 26' nördl. bzw. südl. gelegener Breitenkreis;* **'Wen·del** <f.; -, -n> *spiralförmiges Gebilde;* **'Wen·del·ma·nö·ver** <[-vər]; n.; -s, ->; **'Wen·del·trep·pe** <f.; -, -n>; **'Wen·de·mar·ke** <f.; -, -n; Sp.>; **'wen·den** <V. 283> 1 <V. i. u. V. t.> *umdrehen; Heu ~; bitte ~!* (Aufforderung, die Rückseite zu beachten) <Abk.: b. w.> 2 <V. t.> *in die entgegengesetzte Richtung bringen; das Auto ~* 3 <V. i.> *umkehren; dort hinten kannst du (mit dem Auto) ~* 4 <V. refl.> *sich (um)drehen; sie wandte <od.> wendete sich zu ihm* 5 <V. refl.> *in eine Richtung gehen; sich nach rechts ~* 6 <V. t. / V. refl.> *sich zu etwas wandeln; es wird sich alles noch zum Guten ~* 7 <V. t. / V. refl.> *richten; seine Aufmerksamkeit auf etwas ~; sich mit einer Bitte an jmdn. ~; sich gegen einen Vorschlag ~;* **'Wen·de·platz** <m.; -es, ⸚e>; **'Wen·de·punkt** <m.; -(e)s, -e> 1 *~ der Sonne* 2 <Math.> *Punkt, an dem sich die Krümmung einer Kurve ändert* 3 <fig.> *Zeitpunkt eines Umschwunges; der ~ einer Erzählung;* **'Wen·der** <m.; -s, -> *Braten~;* **'Wen·de·schal·tung** <f.; -, -en; El.> *Schaltung mit mehreren Schaltern für dasselbe elektr. Gerät;* **'wen·dig** <Adj.> 1 *leicht lenkbar; ein ~er Wagen* 2 *flink, flexibel; ein ~er Verkäufer;* **'Wen·dig·keit** <f.; -; unz.>

'Wen·din <f.; -, -nnen> = *Sorbin;* **'wen·disch** <Adj.>
'Wen·dung <f.; -, -en> 1 *das Wenden, Umkehren; eine ~ machen* 2 *Umschwung; glückliche ~* 3 <fig.> *sprachl. Einheit; Rede~*
'Wen·fall <m.; -(e)s; unz.; Gramm.> = *Akkusativ;* → a. *Kasten Akkusativ*

'we·nig¹ <Indefinitpron.> 1 <⸚Z.44> *nicht viel; eine ~ befahrene Straße; er hat von allen*

das ~ste Gepäck; der, die, das ~e/<auch> Wenige; das ~e/<auch> Wenige, was ich dir geben kann; mit ~em/<auch> Wenigem auskommen; ~es/<auch> Weniges reicht aus; ~e, die ~sten wissen das; wie ~ ist das!; ein ~, ein klein ~; zu ~ Ausdauer; <aber> ein Zuwenig an Ausdauer; einiges ~e; die ~en, die kamen; einige ~e Zuschauer; es kamen nur ~e; das ist das ~ste, was man tun kann; Ggs *viel(1)* 2 <vermindernd> *nicht sehr*; das kümmert mich ~; Ggs *sehr* 3 <nur komparativ; Math.> ~er *vermindert um*; vier ~er zwei ist zwei; Sy *minus*; Ggs *und(1)*; **'we·nig²** <Partikel> *unwesentlich*; sie ist nur ~ älter als er; das war ~ überzeugend; **'We·nig·bors·ter** <m.; -s, -; Zool.> Ggs *Vielborster*; **'We·nig·keit** <f.; -; unz.> 1 *kleine Menge* 2 *Kleinigkeit*; meine ~ <umg.; scherzh.> *ich*; **'we·nigs·tens** <Partikel> 1 *mindestens*; ~ fünf Euro 2 *zumindest*; ruf ihn doch ~ an

wenn <Konj.> 1 *sooft, sobald*; immer, ~ ich anrufe, ist er nicht da; sag bitte Bescheid, ~ du von ihr gehört hast 2 *unter der Bedingung, dass ..., für den Fall, dass ...*; es würde mich freuen, ~ ihr kämt; ~ du mir hilfst, geht es schneller; selbst ~ ich könnte, ... 3 ~ *auch obwohl, obgleich*; er ist nett, ~ auch etwas anstrengend 4 <in Wunschsätzen> ~ doch ..., ~ nur ... *ich wünschte, dass ...*; ~ er doch endlich käme!; **Wenn** <n.; -, - od. -s; ↗Z42> das ~ und Aber *Einwände*; die Kinder folgten ohne ~ und Aber; **wenn'gleich** <Adv.> *obwohl*; ~ ich dem nicht zustimmen kann ...; **'wenn·schon** <Adv.; umg.> 1 na ~! *das ist doch egal!* 2 ~, dennschon *wenn (es) überhaupt (getan wird), dann aber richtig*; <aber getrennt> wenn schon sonst niemand kommt ...

'Wen·zel <m.; -s, -; Kart.> = *Unter*

wer <Gen.: wessen, veralt.: wes; Dat.: wem; Akk.: wen> 1 <Interrogativpron.> *Ausdruck, der nach jmdm. fragt*; ~ ist das?; wessen Idee war das?; wem ge-

hört der Wagen?; wen hast du gefragt?; er kann uns ~ weiß was erzählen 2 <Relativpron.> *derjenige, welcher (od.) diejenige(n), welche*; ich weiß nicht, ~ mit dabei war; sie fragte sich, wessen Buch es sei; sag mir, von wem du das weißt; er erzählte, wen er getroffen habe 3 <Indefinitpron.> *Ausdruck für eine od. mehrere Personen*; ~ etwas weiß, soll rufen; ist da ~?

'Wer·be·ab·tei·lung <f.; -, -en>; **'Wer·be·a·gen·tur** <f.; -, -en; ↗Z55>; **'Wer·be·bei·trag** <m.; -(e)s, ⁼e>; **'Wer·be·brief** <m.; -(e)s, -e>; **'Wer·be·bü·ro** <n.; -s, -s>; **'Wer·be·chef** <[-ʃef] m.; -s, -s>; **'Wer·be·che·fin** <f.; -, -n·nen>; **'Wer·be·feld·zug** <m.; -(e)s, ⁼e>; **'Wer·be·fern·se·hen** <n.; -s; unz.; TV>; **'Wer·be·film** <m.; -(e)s, -e>; **'Wer·be·fi·nan·ziert** <Adj.>; **'wer·be·ge·stützt** <Adj.>; **'Wer·be·kam·pa·gne,** <auch> **'Wer·be·kam·pag·ne** <[-panjə]; f.; -, -n; ↗Z53>; **'Wer·be·lei·ter** <m.; -s, -> *Leiter der Werbeabteilung*; **'Wer·be·lei·te·rin** <f.; -, -n·nen>; **'wer·ben** <V. 284> 1 <V. i.> für etwas ~ *für etwas Werbung machen*; für einen Film ~ 2 <V. i.; geh.> *sich bemühen um*; um jmdn. od. etwas ~; sie hat um seine Gunst geworben 3 <V. t./V. refl.> *zu gewinnen suchen*; Käufer ~; **'Wer·ber** <m.; -s, ->; **'Wer·be·rin** <f.; -, -n·nen>; **'wer·be·risch** <Adj.> ~e Maßnahmen; **'Wer·be·schrift** <f.; -, -en>; **'Wer·be·slo·gan** <[-slo:gən]; m.; -s, -s>; **'Wer·be·spot** <[-spɔt]; m.; -s, -s> *kurzer Werbebeitrag in Fernsehen od. Rundfunk*; **'Wer·be·text** <m.; -(e)s, -e>; **'Wer·be·tex·ter** <m.; -s, ->; **'Wer·be·tex·te·rin** <f.; -, -n·nen>; **'Wer·be·trä·ger** <m.; -s, -> *Mittel, mit dessen Hilfe geworben(1) werden kann*; **'Wer·be·trom·mel** <f.; nur in der Wendung> die ~ rühren *werben(1)*; **'wer·be·wirk·sam** <Adj.>; **'Wer·be·wirk·sam·keit** <f.; -; unz.>; **'werb·lich** <Adj.> *die Werbung betreffend*; **'Wer·bung** <f.; -, -en> in die ~ investieren; **'Wer·bungs·kos·ten** <Pl.>

'Wer·de·gang <m.; -(e)s, ⁼e> 1

Entwicklungsprozess 2 *Berufsausbildung*; seinen ~ schildern; **'wer·den** <V. i. (s.) 285; Part. Perf. als Vollverb: geworden, als Hilfsverb: worden> 1 <als Vollverb> *in Zukunft sein*; gesund ~; wütend ~; sie ist Erste, Letzte geworden; sich über etwas klar ~ 2 *entstehen, sich entwickeln*; er wird Arzt; eine werdende Mutter *eine Schwangere*; was soll jetzt ~?; es wird Zeit zu fahren; wird's bald? 3 jmdm. wird ... *jmd. bekommt das Gefühl von ...*; mir wird schlecht; seine Fragen ~ mir lästig 4 mit best. Adj.> einer Sache überdrüssig ~ 5 <mit Präpositionalgruppe> zu etwas ~ *sich zu etwas entwickeln*; zum Verbrecher ~; zu Eis ~; aus jmdm. wird etwas *jmd. entwickelt sich zu ...*; was ist aus ihr geworden?; aus dem Projekt ist etwas geworden; aus nichts wird nichts <umg.>; aus etwas klug ~ 6 <als Hilfsverb; bei Passiv, Futur, Konjunktiv, Wunschsätzen u. Sätzen der Ungewissheit> sie ist gerufen worden; du wirst staunen; würdest du mir helfen?; es wird ihm doch nichts passiert sein?; es wird schon stimmen; **'Wer·den** <n.; -s; unz.> *Entstehen, Entwicklung*; etwas ist noch im ~ (begriffen)

'Wer·der <m.; -s, -> 1 *Flussinsel* 2 *Landstrich zw. Fluss und stehendem Gewässer*

Wer·din'git <n. od. m.; -(e)s; unz.> *ein Mineral* [nach dem Wissenschaftler G. *Werding*]

'Wer·fall <m.; -(e)s; unz.; Gramm.> = *Nominativ*; → a. *Kasten Nominativ*

'wer·fen <V. 286> 1 <V. t. u. V. i.; ↗Z42> *schleudern*; einen Ball ~; sich im Werfen üben; Anker ~ *ankern*; mit Geld um sich ~ <fig.; umg.> *viel G. ausgeben* 2 <V. t./V. refl.> *mit Schwung irgendwohin befördern*; etwas auf den Boden ~; eine Frage in die Diskussion ~ <fig.>; jmdn. aus dem Haus ~ <fig.>; einen Blick auf etwas ~ <fig.>; sich aufs Bett ~ 3 <V. t.> *bilden*; Falten ~; der Baum wirft einen Schatten 4 <V. refl.> *sich krümmen*; das Holz wirft sich 5 <V. i.; bei best.

Tieren> *Junge bekommen;* die Sau hat geworfen; **'Wer·fer** <m.; -s, -> Diskus~; Schein~; **'Wer·fe·rin** <f.; -, -n·nen> Speer~

Werft[1] <f.; -, -en; Mar.> *Anlage zum Bauen u. Reparieren von Schiffen* [ndrl.]

Werft[2] <m.; -(e)s, -e> *Kette eines Gewebes*

Werg <n.; -(e)s; unz.; Textilw.> *Flachs-, Hanfabfall*

Werk <n.; -(e)s, -e> 1 *Erzeugnis, Schöpfung;* Schillers gesammelte ~e; Kunst~ 2 *Aufgabe;* ein ~ beginnen; sich ans ~ machen 3 *Handlung, Tat;* ein gutes ~ tun 4 *Industriebetrieb;* ein ~ besichtigen; Kraft~ 5 *Getriebe eines Apparates;* Uhr~; **'Werk·an·ge·hö·ri·ge(r)** <f. 2 (m. 1); ↗Z27.4> oV Werksangehörige(r); **'Werk·ar·beit** <f.; -, -en>; **'Werk·arzt** <m.; -(e)s, ⸚e> oV Werksarzt; **'Werk·ärz·tin** <f.; -, -n·nen>; **'Werk·bank** <f.; -, ⸚e>; **'Werk·bü·che·rei** <f.; -, -en> *Bücherei eines Werkes(4);* oV Werksbücherei; **'Werk·bund** <m.; -(e)s; unz.; seit 1907> Deutscher ~ *Vereinigung zur Förderung der gewerbl. Arbeit;* **'Werk·chen** <n.; -s, -; Verkleinerungsf. von> *Werk;* **'Werk·druck** <m.; -(e)s; unz.> *Buch- u. Zeitschriftendruck;* **'werk·ei·gen** <Adj.> *betriebseigen;* oV werkeigen; **'wer·keln** <V. i.; ich werk(e)le; süddt.> *sich zu schaffen machen;* im Garten ~; **'wer·ken** <V. i.; du werkst> *(praktisch) arbeiten;* von früh bis spät ~; **'Wer·ken** <n.; -s; unz.> = *Werkunterricht;* ...**wer·ker** <m.; -s, -; in Zus.> z. B. Handwerker; Heimwerker; ...**wer·ke·rin** <f.; -, -n·nen; in Zus.> **'Werk·ga·ran·tie** <f.; -; unz.> fünf Jahre ~; oV Werksgarantie; **'Werk·ge·recht** <Adj.> etwas ~ anfertigen; **'werk·ge·treu** <Adj.; Mus.> ein Stück ~ spielen; **'Werk·lei·ter** <m.; -s, -> *Leiter eines Werkes(4);* oV Werksleiter; **'Werk·lei·te·rin** <f.; -, -n·nen>; **'Werks·an·ge·hö·ri·ge(r)** <f. 2 (m. 1)> oV Werkangehörige(r); **'Werks·arzt** <m.; -(e)s, ⸚e> oV Werkarzt; **'Werks·ärz·tin** <f.; -, -n·nen>; **'Werks·bü·che·rei** <f.; -, -en> oV Werkbücherei; **'Werk·schrift**

<f.; -, -en>; **'Werk·schutz** <m.; -es; unz.> *betriebl. Einrichtung zum Schutz des Werkes(4);* **'werks·ei·gen** <Adj.> = *werkeigen;* **'Werks·ga·ran·tie** <f.; -; unz.> = *Werkgarantie;* **'Werks·kü·che** <f.; -, -n> *werkeigene Küche;* **'Werks·lei·ter** <m.; -s, -> = *Werkleiter;* **'Werks·lei·te·rin** <f.; -, -n·nen>; **'Werk·spi·o·na·ge** <[-ʒə]; f.; -; unz.> *das Ausspionieren von Betriebsgeheimnissen;* **'Werk·statt** <f.; -, ⸚en>, **'Werk·stät·te** <f.; -, -n> 1 *Arbeitsstätte für gewerbl. Warenherstellung* 2 *Arbeitsraum eines Künstlers;* **'Werk·stein** <m.; -(e)s, -e> *bearbeiteter Naturstein;* **'Werk·stoff** <m.; -(e)s, -e> *festes Material zur Warenherstellung;* **'Werk·stoff·for·schung** <f.; -; unz.; ↗Z37>; **'Werk·stück** <n.; -(e)s, -e>; **'Werk·stu·dent** <m.; -en, -en> *Student, der neben dem Studium erwerbstätig ist;* **'Werk·stu·den·tin** <f.; -, -n·nen>; **'Werks·woh·nung** <f.; -, -en>; **'Werks·zei·tung** <f.; -, -en>; **'Werk·tag** <m.; -(e)s, -e> *Arbeitstag;* Ggs Sonntag, Feiertag; **'werk·täg·lich** <Adj.> *an Werktagen;* **'werk·tags** <Adv.; ↗Z45.3> *an Werktagen;* ~ geöffnet; <aber> des Werktags; **'werk·tä·tig** <Adj.> *für Gehalt arbeitend;* **'Werk·tä·ti·ge(r)** <f. 2 (m. 1)>; **'Werk·tä·tig·keit** <f.; -; unz.>; **'Werk·tisch** <m.; -(e)s, -e>; **'Werk·treue** <f.; -; unz.; bes. Mus.>; **'Werk·un·ter·richt** <m.; -(e)s; unz.> *handwerkl. Schulunterricht;* **'Werk·ver·trag** <m.; -(e)s, ⸚e> *Vertrag zw. Unternehmer u. Besteller;* **'Werk·zeug** <n.; -(e)s, -e> 1 *Arbeitsgerät* 2 <Zool.> *bestimmte Gliedmaßen;* Kau~; **'Werk·zeug·kas·ten** <m.; -s, ⸚>; **'Werk·zeug·ma·schi·ne** <f.; -, -n>; **'Werk·zeug·stahl** <m.; -(e)s; unz.>

'Wer·mut <m.; -(e)s; unz.> 1 <Bot.> *ein Korbblütler* 2 <kurz für> Wermutwein; **'Wer·muts·trop·fen** <m.; -s, -; fig.> *ein Hauch von Bitternis;* **'Wer·mut·wein** <m.; -(e)s, -e> *eine Weinsorte*

Werst <f.; -, -; früher> *russ. Längenmaß* [russ.]

wert <Adj.> 1 <geh.> *lieb, teuer;* ~e Frau X! 2 *wichtig;* nicht der Rede ~ 3 <↗Z24> *würdig;* er ist es ~, dass man ihm hilft; das ist der Bewunderung ~; <aber> das ist bewundernswert; für ~ achten; für ~ halten; <aber zusammen> → werthalten, wertschätzen 4 <↗Z22.2> das Bild ist 2000 Euro ~; viel, nichts ~ sein; **Wert** <m.; -(e)s, -e> 1 <unz.> *Bedeutung, Wichtigkeit;* künstlerischer ~; einer Sache großen ~ beimessen; ~ auf etwas legen *etwas für wichtig halten* 2 *einen Wert(1) repräsentierende Eigenschaft;* innere ~e 3 *Preis;* an ~ gewinnen, verlieren; im ~(e) von 100 Euro 4 *Messergebnis;* ~e ablesen; Höchst~; **'Wert·a·na·ly·se** <f.; -, -n; ↗Z55> *Funktionsanalyse eines Produkts zwecks Rationalisierung;* **'Wert·ar·beit** <f.; -; unz.> *Qualitätsarbeit;* **'wert·be·stän·dig** <Adj.>; **'Wert·be·stän·dig·keit** <f.; -; unz.>; **'Wert·brief** <m.; -(e)s, -e> *versicherter Brief;* **'Wer·te·be·reich** <m.; -(e)s, -e; Math.> *Menge, in der die zugeordneten Werte(4) einer Funktion liegen;* **'wer·ten** <V. t.> *einen bestimmten Wert zuerkennen;* etwas als Erfolg ~; jmdn. als guten Freund ~; **'Wert·fracht** <f.; -, -en>; **'Wert·ge·gen·stand** <m.; -(e)s, ⸚e>; **'wert|hal·ten** <V. t. 160/V. refl.; ich halte wert; sie hat wertgehalten; wertzuhalten; ↗Z26> *hoch schätzen;* ein Geschenk ~; <aber getrennt> etwas für wert halten; → a. *wert(3);* ...**wer·tig** <Adj.; in Zus.> z. B. hochwertig; zweiwertig; **'Wer·tig·keit** <f.; -; unz.> 1 <Chem.> *Bindefähigkeit eines Atoms* 2 <Sprachw.> *Eigenschaft eines Verbs, Ergänzungen zu verlangen;* **'wert·los** <Adj.>; **'Wert·lo·sig·keit** <f.; -; unz.>; **'Wert·mar·ke** <f.; -, -n> *Marke als Pfand;* Essens~; **'Wert·mes·ser** <m.; -s, -> ~ für einen guten Wein; **'Wert·min·de·rung** <f.; -, -en>; **'Wert·pa·ket** <n.; -(e)s, -e>; **'Wert·pa·pier** <n.; -s, -e> *Urkunde über Vermögensrechte;* **'Wert·phi·lo·so·phie** <f.; -; unz.;

Philos.>; **'Wert·sa·che** <f.; -, -n>; **'wert|schät·zen** <V. t./V. refl.; du schätzt wert/wertschätzt; sie hat wertgeschätzt; wertzuschätzen; ↗Z26; selten; meist im Inf. od. Part. Perf.> *hoch schätzen;* jmds. Taten ~; → a. *wert(3);* **'Wert·schät·zung** <f.; -; unz.> sich jmds. ~ erfreuen; **'Wert·schrift** <f.; -, -en; schweiz.> = *Wertpapier;* **'Wert·sen·dung** <f.; -, -en; Post>; **'Wert·stück** <n.; -(e)s, -e>; **'Wer·tung** <f.; -, -en>; **'Wert·ur·teil** <n.; -(e)s, -e>; **'wert·voll** <Adj.> 1 *kostbar;* ~er Schmuck; ~e Hilfe 2 *moral. gut;* ein ~er Mensch; **'Wert·zei·chen** <n.; -s, -> *Briefmarke;* **'Wert·zu·wachs** <[-ks] m.; -es; unz.>

'Wer·wolf <m.; -(e)s, ¨e; im Volksglauben> *Mensch, der sich in einen Wolf verwandelt*

wes <Interrogativpron.; veralt.> *erkennen,* ~ (= wessen) *Geistes Kind jmd. ist*

'We·sen <n.; -s, -> 1 <Philos.> *das Bleibende, Wesentliche;* es liegt im ~ der Sache; freundliches, heiteres ~ *Wesensart* 2 *Geschöpf;* ein männliches ~; Fabel~; ∼**we·sen** <n.; -s; unz.; in Zus.> z. B. Bankwesen; **'we·sen·haft** <Adj.; geh.>; **'We·sen·heit** <f.; -; unz.; geh.>; **'we·sen·los** <Adj.> *gestaltlos;* **'We·sen·lo·sig·keit** <f.; -; unz.>; **'We·sens·art** <f.; -; unz.> *eine angenehme* ~; **'we·sens·ei·gen** <Adj.> Heiterkeit ist ihr ~; **'we·sens·fremd** <Adj.> Neid ist ihr ~; **'we·sens·gleich** <Adj.> ~ *sein;* <aber> von gleichem Wesen sein; **'We·sens·zug** <m.; -(e)s, ¨e> *Charakterzug*

'we·sent·lich <Adj.> 1 <↗Z43> *bedeutsam, wichtig;* ein ~er Unterschied; das Wesentliche beachten; im Wesentlichen *hauptsächlich* 2 <Partikel> *bedeutend, um vieles;* es geht ihm ~ besser

'Wes·fall <m.; -(e)s; unz.; Gramm.> = *Genitiv;* → a. *Kasten Genitiv*

wes'halb <Adv.> Sy *weswegen* 1 <Interrogativadv.> *warum;* ~ zögerst du?; ich weiß nicht, ~ lacht 2 <Relativadv.> *aus diesem Grunde;* er hatte eine Panne, ~ er zu spät kam

We'sir <m.; -s, -e; in islam. Staaten> *Minister;* oV *Vezier* [arab.]

'Wes·pe <f.; -, -n; Zool.> *eine Stechimme;* **'Wes·pen·bie·ne** <f.; -, -n; Zool.>; **'Wes·pen·nest** <n.; -(e)s, -er>; **'Wes·pen·tail·le** <[-taljə] f.; -, -n; fig.; scherzh.> *extrem schlanke Taille*

'wes·sen 1 <Interrogativpron.; Gen. von> *wer(1);* ~ Wagen ist dies? 2 <Relativpron.; Gen. von> *wer(2);* ich weiß nicht, ~ Idee es war; **wes·sent'hal·ben**, **wes·sent'we·gen** <Adv.>

'Wes·si <m.; -s, -s bzw. f.; -, -s; umg.> *Westdeutsche(r);* Ggs *Ossi;* **West¹** <ohne Art.; Abk.: W> = *Westen;* **West²** <m.; -(e)s, -e; poet.> *Westwind;* **'west·deutsch** <Adj.; ↗Z46> *eine* ~e *Großstadt;* <aber> Westdeutscher Rundfunk <Abk.: WDR> *eine Rundfunkanstalt;* **'West·deut·sche(r)** <f. 2 (m. 1)>; **'West·deutsch·land**

'Wes·te <f.; -, -n> *ärmelloses Kleidungsstück*

'Wes·ten <m.; -s; unz.> 1 <Abk.: W> *eine Himmelsrichtung;* oV *West¹* 2 *westl. Gebiet;* der Wilde ~; in den ~ gehen; **'West·end** <n.; -s, -s> *(gehobener) Stadtteil* [nach dem gleichnamigen Londoner Stadtteil]

'Wes·ten·ta·sche <f.; -, -n> *etwas wie seine* ~ *kennen* <fig.> *sehr genau*

'Wes·tern <m.; -s, -; Film; TV> *Wildwestfilm;* **'West·eu·ro·pa;** **'west·eu·ro·pä·isch** <Adj.> ~e *Zeit* <Abk. WEZ> *Zonenzeit Westeuropas;* <aber> Westeuropäische Union <Abk. WEU> *westeurop. Bündnis seit 1955;* **West·fa·le** <m.; -n, -n> *Bewohner Westfalens;* **West·fa·len** *Teil Nordrheinwestfalens;* **West'fä·lin** <f.; -, -nnen>; **west'fä·lisch** <Adj.; ↗Z46> ~er *Schinken;* <aber> Westfälischer Friede *Verträge zur Beendigung des Dreißigjährigen Krieges;* **'West·geld** <n.; -(e)s; unz.; umg.; DDR> *in der BRD gültiges Geld;* → a. *Westmark;* **'West·ger·ma·ne** <m.; -n, -n>; **'West·ger·ma·nin** <f.; -, -nnen>; **'west·ger·ma·nisch** <Adj.>; **'West·go·te**

<m.; -n, -n>; **'West·go·tin** <f.; -, -nnen>; **'west·go·tisch** <Adj.>; **West'in·di·en** *die Inseln Mittelamerikas;* **west'in·disch** <Adj.; ↗Z46> ~e *Städte;* <aber> die Westindischen Inseln; **'West·küs·te** <f.; -, -n; umg.; häufig abwertend> *Westdeutscher;* **'West·ler** <m.; -s, -; umg.; häufig abwertend>; **'West·le·rin** <f.; -, -nnen; umg.; häufig abwertend>; **'west·lich** <Adj.> ~ *von München* <od.> ~ *Münchens;* ~ *dieser Grenze;* ~e(r) *Länge* <Abk.: w. L.>; **'West·mäch·te** <Pl.> *Großbritannien, Frankreich u. die USA;* **'West·mark** <f.; -, -; umg.; von 1948 bis 1990> *Deutsche Mark;* → a. *Westgeld;* **'west·mit·tel·deutsch** <Adj.>; **West·nord·west¹** <ohne Art.; Abk.: WNW> = *Westnordwesten;* **West·nord·west²** <m.; -(e)s, -e> *Wind aus WNW;* **West·nord·wes·ten** <m.; -s; unz.; Abk.: WNW> *eine Himmelsrichtung*

'Wes·ton·e·le·ment, <auch> **'Wes·ton-E·le·ment** <[-tən-]; n.; -(e)s, -e; ↗Z55, 35; Phys.> *ein galvan. Normalelement* [nach dem amerikan. Physiker E. *Weston*]

west'öst·lich <Adj.; ↗Z46> *Westen u. Osten betreffend, von Westen nach Osten;* ~ *verlaufen;* <aber> Goethes Westöstlicher Diwan

West·o·ver, <auch> **Wes·to·ver** <[-'o:vər]; m.; -s, -; ↗Z54, 55; veralt.> = *Pullunder* [engl.]

'West·po·li·tik <f.; -; unz.>; **'West·punkt** <m.; -(e)s, -e>; **West·süd·west¹** <ohne Art.; Abk.: WSW> = *Westsüdwesten;* **West·süd·west²** <m.; -(e)s, -e> *Wind aus WSW;* **West·süd·wes·ten** <m.; -s; unz.; Abk.: WSW> *eine Himmelsrichtung;* **'West·teil** <m.; -(e)s, -e> *im* ~ *der Stadt*

West Vir·gi·nia <[-və'dʒinja]> *Staat in den USA*

'West·wall <m.; -(e)s; unz.>; **'west·wärts** <Adv.>; **'West·wind** <m.; -(e)s, -e>

wes'we·gen <Adv.> = *weshalb*

wett <Adv.> *quitt;* ~ *sein;* <aber zusammen> *wetteifern, wettlaufen usw.;* **'Wett·be·werb** <m.; -(e)s, -e> 1 *Konkurrenzkampf;*

W

mit jmdm. im ~ stehen 2 <Sp.> = *Wettkampf;* '**Wett·be·wer·ber** <m.; -s, ->; '**Wett·be·wer·be·rin** <f.; -, -n·nen>; '**wett·be·werb·lich** <Adj.>; '**Wett·be·werbs·fä·hig** <Adj.>; '**Wett·be·werbs·fä·hig·keit** <f.; -; unz.>; '**Wett·bü·ro** <n.; -s, -s> *Büro für Sportwetten;* '**Wet·te** <f.; -, -n> 1 *Vereinbarung zw. zweien, dass der, dessen Behauptung sich als richtig erweist, einen Preis erhält;* eine ~ abschließen 2 um die ~ *wetteifernd;* um die ~ schwimmen; '**Wett·ei·fer** <m.; -s; unz.>; '**wett·ei·fern** <V. i.; ich wetteifere> *versuchen, jmdn. zu übertreffen;* um den ersten Platz ~; '**wet·ten** <V.> 1 <V. i.> *eine Wette(1) eingehen;* um Geld ~; auf ein Pferd ~; ~, dass? 2 <V. t.> fünf Euro ~

'**Wet·ter** <n.; -s, -> 1 <Meteor.> *Zustand der Atmosphäre;* wie ist das ~? 2 <geh.> *Unwetter* 3 <nur Pl.; Bgb.> *Grubenluft;* schlagende ~; '**Wet·ter·amt** <n.; -(e)s, ⸚er> *Dienststelle des Wetterdienstes;* '**Wet·ter·än·de·rung** <f.; -, -en>; '**Wet·ter·be·richt** <m.; -(e)s, -e; Meteor.>; '**wet·ter·be·stän·dig** <Adj.> ~es Material; '**Wet·ter·dach** <n.; -(e)s, ⸚er> *Schutzdach gegen Niederschläge;* '**Wet·ter·dienst** <m.; -(e)s, -e; Meteor.>; '**Wet·ter·fah·ne** <f.; -, -n>; '**wet·ter·fest** <Adj.> ~e Kleidung; '**Wet·ter·frosch** <m.; -(e)s, ⸚e; fig.; umg.; scherzh.> *Meteorologe;* '**wet·ter·füh·lig** <Adj.>; '**Wet·ter·füh·lig·keit** <f.; -; unz.>; '**Wet·ter·füh·rung** <f.; -; unz.; Bgb.> *Luftversorgung von unterird. Gruben;* '**wet·ter·ge·bräunt** <Adj.; ⁊Z29>; '**Wet·ter·glas** <n.; -es, ⸚er; Meteor.> = *Barometer;* '**Wet·ter·hahn** <m.; -(e)s, ⸚e> *Wetterfahne in Form eines Hahnes;* '**Wet·ter·häus·chen** <n.; -s, -> *Modellhaus mit Figuren zum Anzeigen der Luftfeuchtigkeit;* '**Wet·ter·kar·te** <f.; -, -n; Meteor.>; '**Wet·ter·kun·de** <f.; -; unz.; Meteor.> = *Meteorologie;* '**wet·ter·kun·dig** <Adj.>; '**wet·ter·kund·lich** <Adj.> = *meteorologisch;* '**Wet·ter·la·ge** <f.; -, -n; Meteor.>; '**wet·ter·leuch·ten** <V. i.; unpersönl.; es wetter-

leuchtet; es hat gewetterleuchtet; zu ~; Meteor.> *(weit entfernt) blitzen;* '**Wet·ter·leuch·ten** <n.; -s; unz.; Meteor.>; '**wet·tern** <V. i.> 1 *gewittern* 2 <ich wettere; fig.; umg.> *schimpfen, schelten;* gegen jmdn. ~; '**Wet·ter·pro·gno·se**, <auch> '**Wet·ter·prog·no·se** <f.; -, -n; ⁊Z53; Meteor.>; '**Wet·ter·pro·phet** <m.; -en, -en>; '**Wet·ter·pro·phe·tin** <f.; -, -n·nen>; '**Wet·ter·sa·tel·lit** <m.; -en, -en; Meteor.> *Satellit für die Wettervorhersage;* '**Wet·ter·schacht** <m.; -(e)s, ⸚e; Bgb.> *Schacht für die Wetterführung;* '**Wet·ter·scha·den** <m.; -s, ⸚>; '**Wet·ter·schei·de** <f.; -, -n; Meteor.> *Gebirge od. Gewässer, das das Wetter beeinflusst;* '**Wet·ter·schutz** <m.; -es; unz.>; '**Wet·ter·sei·te** <f.; -, -n> die ~ des Hauses; '**Wet·ter·sturz** <m.; -es, ⸚e; Meteor.> *plötzl. Temperatursenkung;* '**Wet·ter·um·schwung** <m.; -(e)s, ⸚e; Meteor.>; '**Wet·ter·vor·her·sa·ge** <f.; -, -n; Meteor.>; '**Wet·ter·war·te** <f.; -, -n> *kleine meteorolog. Dienststelle;* '**Wet·ter·wech·sel** <[-ks-]; m.; -s, -; Meteor.>; '**wet·ter·wen·disch** <Adj.; fig.> *unbeständig;* '**Wet·ter·wol·ke** <f.; -, -n; Meteor.> *Gewitterwolke*

'**Wett·fah·rer** <m.; -s, -; Sp.> *Rennfahrer;* '**Wett·fah·re·rin** <f.; -, -n·nen; Sp.>; '**Wett·fahrt** <f.; -, -en; Sp.> *Fahrt um die Wette(2);* '**Wett·kampf** <m.; -(e)s, ⸚e; Sp.>; '**Wett·kämp·fer** <m.; -s, -; Sp.>; '**Wett·kämp·fe·rin** <f.; -, -n·nen; Sp.>; '**Wett·lauf** <m.; -(e)s, ⸚e; Sp.>; '**wett·lau·fen** <V. i. 176; nur im Inf. übl.; Sp.> *um die Wette(2) laufen;* → a. *wett;* '**Wett·läu·fer** <m.; -s, -; Sp.>; '**Wett·läu·fe·rin** <f.; -, -n·nen; Sp.>; '**wett**|**ma·chen** <V. t.; ich mache wett; sie hat wettgemacht; wettzumachen; ⁊Z24> *ausgleichen;* einen Fehler ~; → a. *wett;* '**wett·ren·nen** <V. i. 200; nur im Inf. übl.; Sp.> *wettlaufen;* → a. *wett;* '**Wett·ren·nen** <n.; -s, -; Sp.>; '**wett·ru·dern** <V. i.; nur im Inf. übl.; Sp.> *um die Wette(2) rudern;* → a. *wett;* '**Wett·ru·dern** <n.; -s; unz.; Sp.>; '**Wett·rüs·ten** <n.; -s; unz.; Pol.>

intensives Rüsten mehrerer Staaten; '**Wett·schie·ßen** <n.; -s; unz.; Sp.> *Schießwettbewerb;* '**Wett·schwim·men** <n.; -s; unz.; Sp.>; '**Wett·spiel** <n.; -(e)s, -e> *spielerischer Wettkampf;* '**Wett·streit** <m.; -(e)s; unz.> *Bemühung, andere zu übertreffen;* '**wett·strei·ten** <V. i.; nur im Inf. übl.> *im Wettstreit liegen;* → a. *wett;* '**Wett·tau·chen** <n.; -s; unz.; ⁊Z37; Sp.> *Tauchen um die Wette(2);* '**wett·tur·nen** <V. i.; nur Inf. übl.; ⁊Z37; Sp.> *um die Wette(2) turnen;* → a. *wett;* '**Wett·tur·nen** <n.; -s; unz.; ⁊Z37; Sp.>

'**wet·zen** <V.; du wetzt> 1 <V. t. (h.)> *schleifen;* ein Messer ~ 2 <V. i. (s.); umg.> *rennen;* '**Wetz·stahl** <m.; -(e)s, ⸚e>; '**Wetz·stein** <m.; -(e)s, -e> *Schleifstein*

WEU <Abk. für> *Westeuropäische Union*

Wey·mouths·kie·fer <['wɛi-məθs-]; f.; -, -n; Bot.> *eine Kiefer;* oV *Weimutskiefer* [nach dem Viscount of *Weymouth*]

WEZ <Abk. für> *westeuropäische Zeit*

W-Fra·ge <f.; -, -n; Gramm.> → a. *Kasten Fragesatz*

WG <f.; -, -s; umg.; Abk. für> *Wohngemeinschaft*

WGB <Abk. für> *Weltgewerkschaftsbund*

Whig <m.; -s, -s; Pol.; früher> *Mitglied der brit. Liberalen;* Ggs *Tory* [engl.]

Whip·pet <['wipət]; m.; -s, -s; Zool.> *ein Windhund* [engl.]

Whirl·pool <['wə:lpu:l]; m.; -s, -s; Warenz.> *Becken mit sprudelndem Wasser* [engl.]

'**Whis·ker** <m.; -s, -> *ein Kristall* [engl.]

Whis·key <['wiski]; m.; -s, -s> *amerikan. od. irischer Whisky* [engl.]; **Whis·ky** <['wiski]; m.; -s, -s> *engl. od. schott. Kornbranntwein;* '**Whis·ky·fla·sche** <f.; -, -n>; '**Whis·ky·glas** <n.; -es, ⸚er>; **Whis·ky·so·da** <m.; -s, - od. -s> *Whisky mit Mineralwasser*

Whist <[vist] od. engl. [wist]; n.; -s; unz.> *ein Kartenspiel* [engl.]

White·col·lar·kri·mi·na·li·tät, <auch> **White·Col·lar·Kri·mi·na·li·tät** <[wait'kɔlər-]; f.; -;

unz.; ⟋Z32> *Kriminalität in den gehobenen Schichten* [engl.]

WHO <Abk. für *World Health Organization*

Who's Who <['hus 'hu]; n.; --, --> *jährl. Verzeichnis prominenter Personen* [engl.]

Wichs <[-ks]; m.; -es, -e od. österr. f.; -, -en> *festliche Kleidung der Verbindungsstudenten;* **'Wich·se** <f.; -, -n> 1 *Putzmittel; Schuh~* 2 <unz.; fig.; umg.> *Prügel;* **'wich·sen** <V.; du wichst> 1 <V. t.> *mit Wachs glänzend reiben;* Parkett ~ 2 <V. t.; umg.> jmdm. eine ~ *jmdn. ohrfeigen* 3 <V. i.; derb> *onanieren;* **'Wich·ser** <m.; -s, -; derb>

Wicht <m.; -(e)s, -e> 1 <Myth.> = *Zwerg(1)* 2 *Schuft; Böse~*

'Wich·te <f.; -, -n; Phys.> *spezifisches Gewicht*

'Wich·tel <m.; -s, -; Myth.> = *Zwerg(1);* **'Wich·tel·männ·chen** <n.; -s, ->; **'wich·teln** <V. i.; ich wicht(e)le>

'wich·tig <Adj.; ⟋Z42> *von wesentlicher Bedeutung;* ein ~er Auftrag; etwas Wichtiges; es gibt Wichtigeres; sich ~ machen; etwas ~ nehmen; sich ~ tun; ein (sich) ~ tuender Mensch; **'Wich·tig·keit** <f.; -; unz.> etwas ist von großer ~; **'Wich·tig·tu·er** <m.; -s, -; abwertend>; **Wich·tig·tu·e·rei** <f.; -; unz.>; **'Wich·tig·tu·e·rin** <f.; -, -n·nen>; **'wich·tig·tu·e·risch** <Adj.>

'Wi·cke <f.; -, -n; Bot.> *ein Schmetterlingsblütler*

'Wi·ckel <m.; -s, -> 1 *Knäuel* 2 = *Umschlag(4);* **'Wi·ckel·ga·ma·sche** <f.; -, -n>; **'Wi·ckel·kind** <n.; -(e)s, -er> *Kind, das noch Windeln trägt;* **'Wi·ckel·kom·mo·de** <f.; -, -n>; **'wi·ckeln** <V. t.; ich wick(e)le> 1 *durch eine drehende Bewegung in Windungen umeinander legen;* Garn ~ 2 *um etwas schlingen;* sich einen Schal um den Hals ~ 3 <V. t./V. refl.> = *wickelnd(2) einhüllen;* sich in seinen Mantel ~; ein Kind ~; **'Wi·cke·lung** <f.; -, -en>; **'Wick·ler** <m.; -s, -> 1 Locken~ 2 <Zool.> *ein Schmetterling;* **'Wick·lung** <f.; -, -en>

'Wid·der <m.; -s, -> 1 <Zool.> *männl. Schaf* 2 <Astr.> *ein Tierkreiszeichen*

'wi·der <Präp. m. Akk.; ⟋Z42; veralt.; noch poet. u. in best. Wendungen> *gegen;* ~ Willen *ungern;* das Für und Wider erwägen; **'wi·der..., 'Wi·der...** <Vors.; ⟋Z22; in Zus. mit Verben betont u. abtrennbar bzw. unbetont u. nicht abtrennbar> *gegen..., Gegen..., zurück..., Zurück...*

'wi·der·bors·tig <Adj.> *kratzbürstig*

'Wi·der·christ <[-kr-]; m.; -s od. -en, -en; Rel.> = *Antichrist*

'Wi·der·druck <m.; -(e)s; unz.; Typ.> *Druck auf der Rückseite des Druckbogens;* <aber> → Wiederdruck

wi·der·ein'an·der, <auch> **wi·der·ei'nan·der** <Adv.; ⟋Z54, 22; geh.> *gegeneinander;* ~ arbeiten, ~ kämpfen, ~ stoßen

wi·der'fah·ren <V. i. (s.) 130> *zustoßen;* mir ist (etwas) Schreckliches ~

'Wi·der·ha·ken <m.; -s, -> *Haken mit eingestoßener Spitze*

'Wi·der·hall <m.; -(e)s, -e; Pl. selten> *Echo;* **'wi·der|hal·len** <V. i.; es hallt wider; es hat widergehallt; widerzuhallen>

'Wi·der·halt <m.; -(e)s, -e> *Gegenkraft;* ohne ~

'Wi·der·hand·lung <f.; -, -en; schweiz.> *Zuwiderhandlung*

'Wi·der·kla·ge <f.; -, -n; Rechtsw.> *Gegenklage;* **'Wi·der·klä·ger** <m.; -s, -; Rechtsw.>; **'Wi·der·klä·ge·rin** <f.; -, -n·nen; Rechtsw.>

'wi·der|klin·gen <V. t. 168; es klingt wider; es hat widergeklungen; widerzuklingen> *zurückklingen*

'Wi·der·la·ger <n.; -s, -; Bauw.> *Auflagefläche für ein Tragwerk(2)*

wi·der'leg·bar <Adj.>; **wi·der'le·gen** <V. t./V. refl.> *nachweisen, dass etwas nicht stimmt;* eine Aussage ~; **Wi·der'le·gung** <f.; -, -en>

'wi·der·lich <Adj.> *ekelhaft;* ~er Gestank; **'Wi·der·lich·keit** <f.; -, -en>; **'Wi·der·ling** <m.; -s, -e; umg.; abwertend> *widerlicher Mensch*

'wi·der·na·tür·lich <Adj.> *gegen die Natur verstoßend*

'Wi·der·part <m.; -(e)s, -e> 1 *Gegner* 2 *Widerstand;* jmdm. ~ geben

wi·der'ra·ten <V. t. 195> *abraten;* jmdm. etwas ~

'wi·der·recht·lich <Adj.> *zu Unrecht;* ~e Aneignung; **'Wi·der·recht·lich·keit** <f.; -; unz.>

'Wi·der·re·de <f.; -, -n> keine ~!

'Wi·der·rist <m.; -(e)s, -e; Anat.; Zool.; bei Horn- u. Huftieren> *erhöhter Teil des Rückens*

'Wi·der·ruf <m.; -(e)s, -e> bis auf ~; **wi·der'ru·fen** <V. t. 204; ich widerrufe; sie hat ~; zu ~> *für ungültig erklären;* ein Geständnis ~; **wi·der'ruf·lich** <Adj.> etwas ~ gestatten; **'Wi·der·ruf·lich·keit** <f.; -; unz.>

'Wi·der·sa·cher <m.; -s, -> *Gegner, Feind;* **'Wi·der·sa·che·rin** <f.; -, -n·nen>

'Wi·der·schall <m.; -(e)s; unz.>; **'wi·der·schal·len** <V. i.> *zurückschallen*

'Wi·der·schein <m.; -(e)s, -e> *Gegenschein, gespiegeltes Licht;* **'wi·der|schei·nen** <V. i. 210; es scheint wider; es hat widergeschienen; widerzuscheinen> *gespiegelt werden*

wi·der'set·zen <V. refl.; du widersetzt dich> *Widerstand leisten;* sich einem Befehl ~; **'wi·der·setz·lich** <a. [--'--]; Adj.> *nicht fügsam;* **'Wi·der·setz·lich·keit** <f.; -; unz.>

'Wi·der·sinn <m.; -(e)s; unz.> der ~ einer Anordnung; **'wi·der·sin·nig** <Adj.> *unsinnig;* **'Wi·der·sin·nig·keit** <f.; -; unz.>

'wi·der·spens·tig <Adj.> 1 *Widerstand leistend;* ein ~er Junge 2 *schwer zu handhaben;* ~es Haar; **'Wi·der·spens·tig·keit** <f.; -; unz.>

'wi·der|spie·geln <V. t./V. refl.> ich spieg(e)le wider; sie hat widergespiegelt; widerzuspiegeln> 1 *das Spiegelbild zeigen;* der See spiegelt die Bäume ~; die Sonne spiegelt sich im Wasser wider 2 *erkennbar werden lassen;* das Gedicht spiegelt seine Gefühle wider

'Wi·der·spiel <n.; -(e)s, -e; fig.> *Gegenteil, Gegeneinanderwirken;* ~ von Kräften

wi·der'spre·chen <V. i. 251/V. refl.; ich widerspreche; du widersprichst; sie hat widersprochen; zu ~> *für unrichtig erklären;* einer Meinung ~; sich – *etwas äußern, was einer früheren Aussage entgegengesetzt ist;* die Aussagen ~ sich; **'Wi·der·spruch** <m.; -(e)s, ⁻e> 1 *Widerrede;* keinen – dulden 2 *Behauptung, die mit einer anderen unvereinbar ist;* auf einen ~ stoßen; sich in Widersprüche verwickeln 3 *Unvereinbarkeit;* im ~ zu etwas stehen; **'wi·der·sprüch·lich** <Adj.> – *widersprechend;* ~e Aussagen; **'Wi·der·sprüch·lich·keit** <f.; -, -en>; **'Wi·der·spruchs·geist** <m.; -(e)s, -er>; **'Wi·der·spruchs·kla·ge** <f.; -, -n; Rechtsw.>; **'wi·der·spruchs·los** <Adj.> etwas ~ hinnehmen; **'wi·der·spruchs·voll** <Adj.>

'Wi·der·stand <m.; -(e)s, ⁻e> 1 *das Sichwidersetzen;* ~ leisten; bewaffneter ~ 2 <Phys.> *Kraft, die sich einer Bewegung entgegensetzt* 3 <El.> *Bauteil zur Hemmung der elektr. Stromflusses;* **'Wi·der·stands·be·we·gung** <f.; -, -en>; **'wi·der·stands·fä·hig** <Adj.>; **'Wi·der·stands·fä·hig·keit** <f.; -; unz.>; **'Wi·der·stands·kämp·fer** <m.; -s, ->; **'Wi·der·stands·kämp·fe·rin** <f.; -, -n·nen>; **'Wi·der·stands·kraft** <f.; -, ⁻e>; **'wi·der·stands·los** <Adj.>; **'Wi·der·stands·mes·ser** <m.; -s, -; El.> *Gerät zur Messung von Widerständen(3);* **wi·der'ste·hen** <V. i. 256; du widerstehst> *nicht nachgeben;* einer Versuchung ~

'Wi·der·stoß <m.; -es; unz.>
'wi·der|strah·len <V.; es strahlt wider; es hat/ist widergestrahlt; widerzustrahlen> 1 <V. t. (h.)> *zurückstrahlen;* das Wasser strahlt die Sonne wider 2 <V. i. (s.)> *zurückgestrahlt werden;* die Freude strahlt aus ihrem Gesicht wider

wi·der'stre·ben <V. i.; geh.> 1 *sich widersetzen;* -d folgen 2 *zuwider sein;* es widerstrebt mir, dies zu tun; **Wi·der'stre·ben** <n.; -s; unz.>

'Wi·der·streit <m.; -(e)s; unz.> *Gegeneinanderwirken, Konflikt;* im – der Gefühle; **wi·der'strei-**

ten <V. i. 264> *in Konflikt stehen;* einander ~de Meinungen
'Wi·der·ton <m.; -(e)s; unz.; Bot.> *ein Moosgewächs*
'wi·der·wär·tig <Adj.> *abstoßend;* eine ~e Angelegenheit; **'Wi·der·wär·tig·keit** <f.; -, -en>
'Wi·der·wil·le <m.; -ns, -n; Pl. selten> *starke Abneigung;* ~n erregen; mit ~n; **'wi·der·wil·lig** <Adj.> 1 *Widerwillen demonstrierend;* ihre ~e Art zu sprechen 2 <adv.> *mit Widerwillen;* ~ gehorchen
'Wi·der·wort <n.; -(e)s, -er> *Widerrede;* ~e geben
'wid·men <V. t.; du widmest> 1 *zueignen;* jmdm. ein Buch ~ 2 <geh.> etwas einer Sache – *ausschließlich für eine S. verwenden;* sein Leben der Kunst ~ 3 <V. refl.> *sich eingehend mit jmdm. od. etwas befassen;* sich ganz seinen Kindern ~; **'Widmung** <f.; -, -en>
'wid·rig <Adj.; ↗Z 53.1> *hemmend;* ~e Umstände; **'wid·ri·gen·falls** <Adv.> *wenn nicht;* **'Wid·rig·keit** <f.; -, -en>
wie¹ <Adv.> 1 <in direkten u. indirekten Fragen> *auf welche Weise, in welchem Maße;* ~ wird das gemacht?; ~ gefällt dir der Film?; ~ tief; ~ alt; ~ viel; ~ viel(e) Einwohner hat München? ~ viele Male; <aber zusammen> wievielmal; ~ wenig; ich weiß nicht, ~ spät es ist; ~ (bitte)? *was hast du, haben Sie gesagt?* 2 <in Ausrufen> (*Erstaunen o. Ä. ausdrückend);* ~! wirklich?; ~ haben wir uns gefreut; ~ ärgerlich!; ~ schade!; ~ viel besser geht es ihm jetzt!; **wie²** <Konj.> 1 *<vergleichend> in gleichem Maße;* ich bin so alt ~ er; es ist einer – der andere; flink – ein Wiesel; ~ oben <Abk.: w. o.>; ~ dem auch sei; ~ du mir, so ich dir <Sprichw.>; sie ist so gut – blind; ~ gesagt 2 <umg.> – *wenn als ob* 3 <temporal nur im Präsens> *zur gleichen Zeit;* und ~ ich mich umdrehe, sehe ich ...; **Wie** <n.; -, -s; Pl. selten; ↗Z 42> das – *die Art u. Weise*
'Wie·bel <m.; -s, -; Zool.> *Kornwurm, -käfer;* **'wie·beln** <V. t.; ich wieb(e)le; mdt.> *stopfen*

'Wie·de·hopf <m.; -(e)s, -e; Zool.> *ein Vogel*
'wie·der <Adv.; ↗Z 24> *nochmals, erneut, abermals;* sie ist ~ krank; immer ~; ~ und ~ *immer aufs Neue;* <Getrenntschreibung in Verbindung mit Verb/Partizip, wenn *wieder* in der Bedeutung von *nochmals, erneut* (bes. nicht fig.) gebraucht wird> ~ abdrucken; ~ anfangen; ~ anpfeifen; ~ aufarbeiten; ~ aufbereiten; ~ aufführen; ~ aufheben; ~ aufnehmen; abgebrochene Beziehungen ~ aufnehmen; ~ aufrichten; ~ aufsuchen; ~ auftauchen; ~ einfallen; ~ einführen; ~ eingliedern; ~ einsetzen; ~ eintreten; ~ geboren; ~ gutmachen; ich mache wieder gut; sie hat wieder gutgemacht; wieder gutzumachen; einen Schaden ~ gutmachen; <aber> das hast du ~ (sehr) gut gemacht; ~ herrichten; ~ instand <oder> in Stand setzen; ~ sehen; ~ tun; ~ vorlegen; <Zusammenschreibung in Verbindung mit Verb/Partizip, wenn *wieder* in der Bedeutung *zurück* gebraucht wird> → wiederbekommen, → wiederholen, usw.; <in zahlreichen Fällen ist sowohl Getrennt- als auch Zusammenschreibung möglich> wiederaufladbar/<auch> wieder aufladbar; wiederbekommen/ <auch> wieder bekommen usw.; **wie·der...**, **Wie·der...** <↗Z 21, 22; in Zus.> *nochmals, erneut, zurück..., Zürück...*
Wie·der'an·nä·he·rung <f.; -; unz.>
Wie·der'an·schaf·fung <f.; -; unz.> *Neuanschaffung*
Wie·der'auf·ar·bei·tungs·an·la·ge <f.; -, -n> = *Wiederaufbereitungsanlage*
Wie·der'auf·bau <m.; -(e)s; unz.>; **wie·der|'auf|bau·en,** <auch> **'wie·der 'auf|bau·en** <V. t.; ich baue wieder auf; sie hat wiederaufgebaut; wieder·aufzubauen; ↗Z 21> *von neuem aufbauen;* eine zerstörte Stadt ~; → a. *wieder*
wie·der|'auf|be·rei·ten, <auch> **'wie·der 'auf|be·rei·ten** <V. t.>; **Wie·der'auf·be·rei·tungs·an·la-**

ge ‹f.; -, -n› *Anlage zur Zerlegung abgebrannter Brennelemente in ihre Bestandteile*

'Wie·der·auf·füh·rung ‹f.; -, -en› ~ eines Musicals

wie·der'auf·lad·bar, ‹auch› **'wieder 'auf·lad·bar** ‹Adj.; ↗Z21› ~e Batterien

Wie·der'auf·nah·me ‹f.; -; unz.› die ~ von Verhandlungen; **Wieder'auf·nah·me·ver·fah·ren** ‹n.; -s, -; Rechtsw.› *Strafverfahren zur erneuten Durchführung eines Prozesses*

Wie·der'auf·rich·tung ‹f.; -; unz.›

Wie·der'auf·rüs·tung ‹f.; -; unz.›

'Wie·der·be·ginn ‹m.; -(e)s; unz.›

wie·der|be·kom·men ‹V. t. 170; ich bekomme wieder; sie hat wiederbekommen; wiederzubekommen; ↗Z21› *zurückbekommen;* hast du deinen Stift ~?; ‹aber› 'wieder 'bekommen *nochmals bekommen;* ich habe das gleiche Fax wieder bekommen; → a. *wieder*

wie·der|be·le·ben ‹V. t./V. refl.; ↗Z21› **1** *aus einer Bewusstlosigkeit ins Leben zurückholen;* einen Ertrunkenen ~; ‹aber› 'wieder 'beleben *nochmals beleben;* der Verkehr hat sich wieder belebt **2** ‹fig.› *wieder einführen;* alte Bräuche ~; **'Wieder·be·le·bung** ‹f.; -; unz.›; **'Wie·der·be·le·bungs·ver·such** ‹m.; -(e)s, -e› ~ anstellen

wie·der|be·schaf·fen ‹V. t.; ↗Z21› *zurückholen;* sich sein Geld ~; ‹aber› 'wieder 'beschaffen *nochmals beschaffen;* er hat sich wieder ein Auto beschafft; → a. *wieder*; **'Wie·der·be·schaf·fung** ‹f.; -; unz.›

wie·der|brin·gen ‹V. t. 118; ich bringe wieder; sie hat wiedergebracht; wiederzubringen; ↗Z21› *zurückbringen;* er hat mir den Stift wiedergebracht; ‹aber› 'wieder 'bringen *nochmals bringen;* er hat mir wieder Blumen gebracht; → a. *wieder*

'Wie·der·druck ‹m.; -(e)s, -e› *erneuter Druck;* ‹aber› → *Wiederdruck*

Wie·der'ein·füh·rung ‹f.; -; unz.›

Wie·der'ein·set·zung ‹f.; -; unz.› ~ in ein Amt

'Wie·der·ein·stieg ‹m.; -(e)s, -e›

'Wie·der·ein·tritt ‹m.; -(e)s, -e› ~ in die Kirche

wie·der|ent·de·cken ‹V. t.› etwas verloren Geglaubtes ~; ‹aber› 'wieder 'entdecken *erneut entdecken;* ich habe wieder ein schönes Lokal entdeckt; → a. *wieder*; **'Wie·der·ent·de·ckung** ‹f.; -; unz.›

wie·der|er·grei·fen ‹V. t. 158; ich ergreife wieder; sie hat wiederergriffen; wiederzugreifen; ↗Z21› einen geflohenen Verbrecher ~; ‹aber› 'wieder 'ergreifen *nochmals ergreifen;* der Film hat mich wieder ergriffen; → a. *wieder*; **'Wie·der·er·grei·fung** ‹f.; -; unz.› die ~ eines geflohenen Sträflings

wie·der|er·hal·ten ‹V. t. 160; ↗Z21› *zurückerhalten;* hast du dein Buch ~?; ‹aber› 'wieder 'erhalten *erneut erhalten;* ich habe wieder keine Post erhalten; → a. *wieder*

wie·der|er·ken·nen ‹V. t. 166; ich erkenne wieder; sie hat wiedererkannt; wiederzuerkennen; ↗Z21› *nach langer Abwesenheit erkennen;* einen Schulfreund ~; ‹aber› 'wieder 'erkennen *aufs Neue erkennen;* ich würde sie immer wieder erkennen; → a. *wieder*; **'Wie·der·er·ken·nung** ‹f.; -; unz.›

wie·der|er·lan·gen ‹V. t.› *zurückbekommen;* sein früheres Gewicht ~

wie·der|er·o·bern ‹V. t.; ich erobere wieder; sie hat wiedererobert; wiederzuerobern; ↗Z21› *zurückerobern;* eine führende Position ~; ‹aber› 'wieder 'erobern *nochmals erobern;* die Armee hat wieder eine Stadt erobert; → a. *wieder*

wie·der|er·öff·nen ‹V. t.; ↗Z21› *nach vorübergehender Schließung erneut öffnen* der Laden wurde wiedereröffnet; ‹aber› 'wieder 'eröffnen *nochmals eröffnen;* er hat wieder ein Restaurant eröffnet; → a. *wieder*; **'Wie·der·er·öff·nung** ‹f.; -; unz.›

wie·der|er·stat·ten ‹V. t.; ↗Z21› *verstärkend› zurückerstatten;* man hat ihm sämtliche Auslagen wiedererstattet; ‹aber›

'wieder 'erstatten *nochmals erstatten;* man hat ihm wieder sämtliche Auslagen erstattet; → a. *wieder*; **'Wie·der·er·stat·tung** ‹f.; -; unz.›

wie·der|fin·den ‹V. t. 134; ich finde wieder; sie hat wiedergefunden; wiederzufinden; ↗Z21› seinen Schlüssel ~; ‹aber› 'wieder 'finden *nochmals finden;* du wirst sicher wieder eine Arbeit finden; → a. *wieder*

'Wie·der·ga·be ‹f.; -, -n› **1** ‹unz.› *Rückgabe* **2** *Reproduktion;* wörtliche ~ eines Textes; **'wie·der|ge·ben** ‹V. t. 143; ich gebe wieder; sie hat wiedergegeben; wiederzugeben; ↗Z21› → a. *wieder* **1** *zurückgeben;* jmdm. Geld ~; ‹aber› 'wieder 'geben *nochmals geben;* es hat wieder Ärger gegeben **2** *darstellen, reproduzieren;* etwas in eigenen Worten ~

'Wie·der·ge·burt ‹f.; -, -en; in manchen Religionen›

'wie·der|ge·win·nen ‹V. t. 151; ich gewinne wieder; sie hat wiedergewonnen; wiederzugewinnen; ↗Z21› *zurückgewinnen;* seine gute Laune ~; ‹aber› 'wieder 'gewinnen *nochmals gewinnen;* sie hat den Pokal wieder gewonnen; → a. *wieder*; **'Wie·der·ge·win·nung** ‹f.; -; unz.›

'wie·der|grü·ßen ‹V. t.; du grüßt wieder; sie hat wiedergegrüßt; wiederzugrüßen; ↗Z21› *zurückgrüßen;* X lässt Sie grüßen! Danke, grüßen Sie ihn bitte wieder!; ‹aber› 'wieder 'grüßen; *erneut grüßen;* X lässt dich wieder (einmal) grüßen; → a. *wieder*

Wie·der'gut·ma·chung ‹f.; -, -en›

'wie·der|ha·ben ‹V. t. 159; ↗Z21› *zurückhaben;* etwas ~ wollen; ‹aber› 'wieder 'haben *nochmals haben;* sie möchte wieder ein Auto haben; → a. *wieder*

wie·der|'her|stel·len ‹V. t./V. refl.; ich stelle wieder her; sie hat wiederhergestellt; wiederherzustellen; ↗Z21› *aufs Neue herstellen;* der Patient ist wiederhergestellt; ‹aber› 'wieder 'herstellen *nochmals herstellen;*

es wurde wieder ein Duplikat hergestellt; → a. *wieder;* **Wie·der'her·stel·lung** <f.; -; unz.>
wie·der·hol·bar <Adj.>; **'wie·der·ho·len¹** <V. t./V. refl.; ich hole wieder; sie hat wiedergeholt; wiederzuholen; ↗Z21> *zurückholen;* einen Ball ~; <aber> 'wieder 'holen *nochmals holen;* er hat sich wieder eine Erkältung geholt; → a. *wieder;* **wie·der'ho·len²** <V. t.; ich wiederhole; sie hat wiederholt; zu ~> *nochmals sagen od. machen;* jmds. Worte ~; Vokabeln ~; **wie·der'holt** <Adj.> *mehrmals;* sich ~ beschweren; **Wie·der·ho·lung** <f.; -, -en> **Wie·der·ho·lungs·fall** <m.; -(e)s, ⸚e; Amtsdt.> im ~; **Wie·der·ho·lungs·tä·ter** <m.; -s, -> **Wie·der·ho·lungs·zahl·wort** <n.; -(e)s, ⸚er; Gramm.> *Zahlwort, das die Anzahl der Wiederholungen angibt* (z. B. viermalig); **Wie·der·ho·lungs·zei·chen** <n.; -s, -; Mus.>

'Wie·der·hö·ren <n.; -s; unz.> auf/<auch> Auf ~! *(Grußformel am Telefon)*
Wie·der·in·be'sitz·nah·me <f.; -; unz.>
Wie·der·in·be'trieb·nah·me <f.; -; unz.>
Wie·der·in'stand·set·zung <f.; -, -en>
'wie·der|käu·en <V. t.> **1** *aus dem Magen wieder aufstoßen u. aufs Neue kauen;* Futter ~ **2** <ich käue wieder; sie hat wiedergekäut; wiederzukäuen; fig.; umg.> *bereits Gehörtes wiederholen;* eine Lektion ~; **'Wie·der·käu·er** <m.; -s, -; Zool.> *Unterordnung der Paarhufer*
'Wie·der·kauf <m.; -(e)s, ⸚e> *Rückkauf*
'Wie·der·kehr <f.; -; unz.>; **'wie·der|keh·ren** <V. i. (s.); ich kehre wieder; sie ist wiedergekehrt; wiederzukehren; ↗Z21> → a. *wieder* **1** *zurückkommen;* von einer Reise ~; <aber> 'wieder 'kehren *nochmals kehren;* ich muss die Einfahrt wieder kehren **2** *wieder eintreten;* ein jährlich ~des Ereignis
'wie·der|kom·men <V. i. (s.) 170; ich komme wieder; sie ist wiedergekommen; wiederzukommen; ↗Z21> *zurückkommen;*

von einer Reise ~; <aber> 'wieder 'kommen *nochmals kommen;* sie wird später wieder kommen; → a. *wieder*
'wie·der|krie·gen <V. t.; ↗Z21> *zurückkriegen;* etwas ~ wollen; <aber> 'wieder 'kriegen *nochmals kriegen;* er wird seinen Willen wieder kriegen; → a. *wieder*
'Wie·der·kunft <f.; -; unz.> *Rückkehr*
'wie·der|lie·ben <V. t.; ich liebe wieder; sie hat wiedergeliebt; wiederzulieben> jmdn. ~
'wie·der|sa·gen <V. t.; ich sage wieder; sie hat wiedergesagt; wiederzusagen; ↗Z21; umg.> *weitererzählen;* jmdm. etwas ~; <aber> 'wieder 'sagen *nochmals sagen;* sie hat wieder viel Neues gesagt; → a. *wieder*
'Wie·der·schau·en <umg.; nur in der Wendung> auf/<auch> Auf ~! *(Grußformel)*
'wie·der|se·hen <V. t. 239/V. refl.; ich sehe wieder; sie hat wiedergesehen; wiederzusehen; ↗Z21> *nach langer Abwesenheit treffen;* jmdn. nach Jahren ~; <aber> 'wieder 'sehen *nochmals sehen;* ich habe sie wieder in der Kneipe gesehen; → a. *wieder;* **'Wie·der·se·hen** <n.; -s, -; Pl. selten> *nochmaliges Zusammentreffen;* ein fröhliches ~; auf/<auch> Auf ~! *(Grußformel);* jmdm. auf/<auch> Auf ~ sagen
'Wie·der·tau·fe <f.; -, -n; Rel.> *nochmalige Taufe eines schon Getauften;* **'Wie·der·täu·fer** <m.; -s, -; Rel.>; **'Wie·der·täu·fe·rin** <f.; -, -nnen; Rel.>
'wie·der·um, <auch> 'wie·der·um <Adv.; ↗Z54> **1** *erneut;* sich ~ beschweren **2** *andererseits;* er glaubt es, ich ~ denke, ...
'Wie·der·ver·ei·ni·gung <f.; -; unz.> *deutsche ~*
'Wie·der·ver·hei·ra·tung <f.; -; unz.>
'Wie·der·ver·kauf <m.; -(e)s; unz.> *Verkauf von Waren aus dem Großhandel;* **'Wie·der|ver·kau·fen** <V. t.; ich verkaufe wieder; sie hat wiederverkauft; wiederzuverkaufen; ↗Z21> *weiterverkaufen;* Waren ~; <aber> 'wieder 'verkaufen *er-*

neut verkaufen; er hat sein Auto wieder verkauft; → a. *wieder;* **'Wie·der·ver·käu·fer** <m.; -s, -> *Kleinhändler;* **'Wie·der·ver·käu·fe·rin** <f.; -, -nnen>
'wie·der|ver·wen·den, <auch> **'wie·der ver'wen·den** <V. t. 283; ich verwende wieder; sie hat wiederverwandt/wiederverwendet; wiederzuverwenden; ↗Z21> *für einen anderen Zweck erneut verwenden;* → a. *wieder;* **'Wie·der·ver·wen·dung** <f.; -, -en>
'wie·der·ver·wert·bar, <auch> **'wie·der ver'wert·bar** <Adj.; ↗Z21> ~e Abfälle; **'wie·der|ver·wer·ten**, <auch> **'wie·der ver'wer·ten** <V. t.; ich verwerte wieder; sie hat wiederverwertet; wiederzuverwerten> *für einen anderen Zweck erneut verwerten;* → a. *wieder;* **'Wie·der·ver·wer·tung** <f.; -, -en>
Wie·der'vor·la·ge <f.; -; unz.> *nochmalige Vorlage;* zur ~ <Abk.: z. Wv.>
'Wie·der·wahl <f.; -; unz.>; **'wie·der|wäh·len** <V. t.; ich wähle wieder; sie hat wiedergewählt; wiederzuwählen; ↗Z21> *aufs Neue in das frühere Amt wählen;* der Kanzler wurde wiedergewählt; <aber> 'wieder 'wählen *nochmals wählen;* wir können erst in vier Jahren wieder wählen; → a. *wieder*
'wie·feln <V. t.; ich wief(e)le; süddt.; schweiz.> = *wiebeln*
wie'fern <Adv.> = *inwiefern*
'Wie·ge <f.; -, -n> *schaukelbares Kinderbett;* von der ~ an
'wie·geln <V. t.> **1** jmdn. ~ <umg.> *sanft wiegen* **2** = *aufwiegeln*
'Wie·ge·mes·ser <n.; -s, -> *Küchenmesser zum Wiegen²(3)*
'wie·gen¹ <V. 287> **1** <V. t./V. refl.> *Gewicht ermitteln;* ein Paket ~; sich ~ **2** <V. i.> *ein bestimmtes Gewicht haben;* wie viel wiegst du?; ihre Einwände ~ schwer <fig.>
'wie·gen² <V. t.> **1** *schwingend hin- u. herbewegen;* ein Kind in den Armen ~; mit ~dem Gang **2** <V. refl.> *hin- u. herschwingen;* sich in Sicherheit ~ <fig.> **3** *mit dem Wiegemesser zerkleinern;* Schnittlauch ~; **'Wie·gen·druck**

<m.; -(e)s, -e; Typ.> = Inkunabel; **'Wie·gen·fest** <n.; -(e)s, -e; poet.> Geburtstag; **'Wie·gen·lied** <n.; -(e)s, -er> Schlaflied

'wie·hern <V. i.> 1 das Pferd wiehert 2 <fig.; umg.> unangenehm laut lachen; ~des Gelächter

'Wie·ling <f.; -, -e; Mar.> = Fender

Wien Hauptstadt von Österreich; ~er Kongress; ~er Schnitzel; ~er Walzer; ~er Würstchen; **'wie·ne·risch** <Adj.>; **'Wie·ner·le** <n.; -s, -; umg.> Wiener Würstchen; **'wie·nern** <V. t.; ich wienere; umg.> glänzend reiben

'Wie·pe <f.; -, -n; oberdt.> Strohwisch

'Wies·ba·den Hauptstadt von Hessen

'Wies·baum <m.; -(e)s, ⸚e> Stange über dem Heuwagen; **'Wieschen** <n.; -s, -; Verkleinerungsf. von> Wiese; **'Wie·se** <f.; -, -n> Grasfläche

'Wie·sel <n.; -s, -; Zool.> ein Marder; flink wie ein ~ sehr flink; **'wie·seln** <V. i.> ich wies(e)le

'Wie·sen·blu·me <f.; -, -n>; **'Wiesen·grund** <m.; -(e)s, ⸚e>; **'Wiesen·läu·fer** <m.; -s, -; Zool.> = Wachtelkönig; **'Wie·senschaum·kraut** <n.; -(e)s; unz.; Bot.> ein Wiesengewächs; **'Wiesen·wu·cher·blu·me** <f.; -, -n; Bot.>

wie·so <Interrogativadv.; umg.> warum; ~ gehst du schon?

wie·vie·ler·lei <Adj.> wie viele verschiedene Dinge

wie·viel'mal <Interrogativadv.> wie oft; <aber getrennt> wie viele Male; → a. wie¹(1)

wie·vielt <a. ['--]; Interrogativ­adv.> zu = zu wie vielen; den Wievielten haben wir heute?

wie·weit <Konj.> inwieweit; ich frage mich, ~ er davon weiß; <aber getrennt> wie weit ist es noch?

wie·wohl <Konj.; veralt.> obwohl; der älteste, ~ aktivste Teilnehmer; <aber getrennt> wie wohl mir ist!

'Wig·wam <m.; -s, -s> nordamerikan. Indianerzelt [indian.-engl.]

'Wi·king <m.; -s, -er>, **'Wi·kin·ger** <m.; -s, -> = Normanne; **'wi·kin·gisch** <Adj.>

wild <Adj.; -er, am -es·ten; ↗Z46> 1 <↗Z28> in der Natur wachsend, nicht kultiviert; ~ wachsende Pflanzen; ~e Tiere ungezähmte T.; ~ lebende Pferde; Wilder Kaiser Berg in Tirol; Wilder Wein <Bot.> ein Weinrebengewächs 2 unkontrolliert; ~es Parken; ~e Gerüchte 3 ungestüm, lebhaft; ~ um sich schlagen; ~e Leidenschaft; Wildes Heer, Wilde Jagd Geisterschar; Wilder Jäger Anführer des Wilden Heeres 4 wütend; ~ werden; Wild <n.; -es; unz.; Sam­melbez. für> Tiere, die gejagt werden dürfen; Hoch~; ein Stück ~ einzelnes jagdbares Tier; **'Wild·bach** <m.; -(e)s, ⸚e> nicht regulierter Bach; **'Wildbad** <n.; -(e)s, ⸚er> Badeort mit Heilquelle; **'Wild·bahn** <f.; -, -en> freie ~ offenes Revier; **'Wild·bret** <n.; -(e)s; unz.> Fleisch vom Wild

Wild·card <['waɪldca:(r)d]; f.; -, -s; Tennis> von der Tennisrangliste unabhängige Teilnahme an einem Turnier [engl.]

'Wild·dieb <m.; -(e)s, -e>; **'Wilddie·bin** <f.; -, -n·nen>; **'Wil·de(r)** <f. 2 (m. 1); abwertend> Angehörige(r) eines Naturvolkes; sich wie ein ~r gebärden unbeherrscht, wütend; **'Wild·en·te** <f.; -, -n; Zool.>; **Wil·de'rei** <f.; -; unz.> das Wildern; **'Wil·derer** <m.; -s, ->; **'Wil·de·rin** <f.; -, -n·nen>; **'wil·dern** <V. i.; ich wil­dere> unerlaubt Wild jagen; **'Wild·e·sel** <m.; -s, -; ↗Z55; Zool.>; **'Wild·fang** <m.; -(e)s, ⸚e> 1 eingefangener Beizvogel 2 <fig.> wildes(3) Kind; **'Wildfleisch** <n.; -(e)s; unz.> Sy Wildbret; **'wild'fremd** <Adj.> ein ~er Mann; **'Wild·gans** <f.; -, ⸚e; Zool.>; **'Wild·he·ge** <f.; -; unz.>; **'Wild·he·ger** <m.; -s, -> = Wildhüter; **'Wild·he·ge·rin** <f.; -, -n·nen>; **'Wild·heit** <f.; -; unz.>; **'Wild·huhn** <n.; -(e)s, ⸚er; Zool.>; **'Wild·hü·ter** <m.; -s, -> Jäger für die Wildhege; **'Wildhü·te·rin** <f.; -, -n·nen>; **'Wildkat·ze** <f.; -, -n; Zool.> wild lebende Katze; **'Wild·le·der** <n.; -s, -; Textilw.> raues Leder

Wild·life <['waɪldlaɪf]; n.; -s;

unz.> das Leben von Tieren u. Pflanzen in der Wildnis [engl.]

'Wild·ling <m.; -s, -e> 1 <Bot.> veredelter Baumschoss 2 = Wildfang(2); **'Wild·nis** <f.; -, -s·se> vom Menschen unberührte Gegend; **'Wild·park** <m.; -s, -s> Tierpark (mit einheimischen Tieren); **'Wild·pferd** <n.; -(e)s, -e; Zool.>; **'wild·reich** <Adj.> ~es Revier; **'Wild·reichtum** <m.; -s; unz.>; **'wild·ro'man·tisch** <Adj.; umg.> eine ~e Landschaft; **'Wild·sau** <f.; -, -en; Zool.> weibl. Wildschwein; **'Wild·scha·den** <m.; -s, ⸚>; **'Wild·schaf** <n.; -(e)s, -e; Zool.>; **'Wild·schur** <f.; -, -en>; **'Wild·schütz** <m.; -en, -en> Wilderer; **'Wild·schwein** <n.; -(e)s, -e; Zool.>; **'Wild·was·ser** <n.; -s, -> = Wildbach; **'Wildwas·ser·fah·ren** <n.; -s; unz.>; **'Wild·wech·sel** <[-ks-]; m.; -s, -; Jagdw.>; **Wild'west** <ohne Art.> ehemals kaum erschlossenes Gebiet im Westen Nordamerikas; **Wild'west·film** <m.; -(e)s, -e; Film; TV>; **'wild·wüch·sig** <[-ks-]; Adj.>

wil·hel'mi·nisch <Adj.; ↗Z46> die Zeit Kaiser Wilhelms II. betreffend; ~er Stil; <aber> Wilhelminische Ära

'Wil·le <m.; -ns, -n; Pl. selten> oV Willen 1 Fähigkeit, sich für bestimmte Handlungen zu entscheiden; schwacher ~; einen eisernen ~n haben; jmdm. seinen ~n lassen 2 Handlungsentscheidung; auf seinem ~n bestehen; freier ~ <Philos.>; letzter ~ Testament 3 Vorsatz; aus bösem ~n; beim besten ~n; **'wil·len** <Präp. m. Gen.> um jmds. od. einer Sache ~ jmds. od. einer S. wegen; um Gottes ~; **'Wil·len** <m.; -s, -; Pl. selten> = Wille; **'wil·len·los** <Adj.>; **'Willen·lo·sig·keit** <f.; -; unz.>; **'willens** <Adv.> bereit, gewillt; er ist nicht ~ einzulenken; **'Wil·lensakt** <m.; -(e)s, -e>; **'Wil·lens·äuße·rung** <f.; -; unz.>; **'Wil·lenser·klä·rung** <f.; -, -en>; **'Willens·frei·heit** <f.; -; unz.>; **'Willens·kraft** <f.; -; unz.>; **'wil·lensschwach** <Adj.>; **'Willens·schwä·che** <f.; -; unz.>; **'wil·lens·stark** <Adj.>; **'Wil-**

lens·stär·ke <f.; -; unz.>; **'wil·lent·lich** <Adj.; undekl.> *vorsätzlich;* **will'fah·ren** <a. ['---]; V. i.; du willfahrst; sie hat willfahrt/gewillfahrt; geh.> jmdm. ~ *tun, was jmd. will;* **'Will·fäh·rig** <Adj.; geh.> *gefügig;* **'Will·fäh·rig·keit** <f.; -; unz.; geh.>

Wil·liams Christ <['wɪljəmz 'krɪst]; m.; --, --> *Branntwein aus Williams Christbirnen;* **'Wil·liams 'Christ·bir·ne,** <auch> **'Wil·liams-'Christ·bir·ne** <f.; (-)-, (-)-n; ↗Z33; Bot.> *eine Birnensorte*

'wil·lig <Adj.> *guten Willen zeigend;* etwas ~ tun; **...wil·lig** <in Zus.> z. B. arbeitswillig; **'wil·li·gen** <V. i.; geh.> in etwas ~; **'Wil·lig·keit** <f.; -; unz.>

Will'komm <m.; -s; unz.; selten> *Willkommen;* **will'kom·men** <Adj.> *erwünscht;* ein ~er Gast; jmdn. ~ heißen *freundlich begrüßen;* herzlich ~!; **Will'kom·men** <n.; -s, -> ein herzliches ~; **Will'kom·mens·gruß** <m.; -es, ≈e>; **Will'kom·mens·trunk** <m.; -(e)s, -e; Pl. selten>

'Will·kür <f.; -; unz.> *Selbstherrlichkeit;* jmds. ~ ausgeliefert sein; **'Will·kür·herr·schaft** <f.; -; unz.>; **'will·kür·lich** <a. ['--']; Adj.> 1 *Willkür zeigend;* -e Anordnungen 2 *beliebig;* eine -e Auswahl 3 *vom Willen gesteuert;* eine -e Bewegung; Ggs *unwillkürlich;* **'Will·kür·maß·nah·me** <f.; -, -n; meist Pl.>

'Wil·na *Hauptstadt von Litauen*

'wim·meln <V. i.> 1 *sich durcheinander bewegen;* die Ameisen ~ in der Küche 2 etwas wimmelt von ... *enthält eine große Menge von ...;* der Text wimmelte von Fehlern

'wim·men <V. t. u. V. i.; schweiz.> *Trauben lesen*

'Wim·mer¹ <m.; -s, -> *Knorren*

'Wim·mer² <m.; -s, -; schweiz.> = *Winzer;* **'Wim·me·rin** <f.; -, -n·nen; schweiz.>

'Wim·merl <n.; -s, -n; bair.; österr.> *Bläschen, Pickel*

'wim·mern <V. i.; ich wimmere> *leise weinen*

'Wim·met <n. od. m.; -s; unz.; österr.; schweiz.> = *Weinlese*

'Wim·pel <m.; -s, -> *dreieckige Fahne*

'Wim·per <f.; -, -n; Anat.> *Härchen am Lidrand;* ohne mit der ~ zu zucken <fig.>

'Wim·perg <m.; -s, -e>, **'Wim·per·ge** <f.; -, -n; Arch.> *got. Ziergiebel*

'Wim·pern·tu·sche <f.; -, -n> *Farbe für die Wimpern;* **'Wim·per·tier·chen** <n.; -s, -; Biol.> *hoch entwickelter Einzeller*

Wind <m.; -(e)s, -e> 1 *stärker bewegte Luft;* der ~ weht; bei ~ und Wetter; wie der ~ *sehr schnell;* wissen, woher der ~ weht <fig.> *sich auskennen;* eine Warnung in den ~ schlagen <fig.> *ignorieren;* in alle ~e *in alle Himmelsrichtungen* 2 <Jagdw.> *Witterung;* das Wild hat ~ bekommen; ~ von etwas bekommen <fig.; umg.>; **'Wind·beu·tel** <m.; -s, -> 1 *ein Gebäck* 2 <fig.; umg.> *leichtlebiger Mensch;* **Wind·beu·te'lei** <f.; -, -en; fig.; umg.>; **'Wind·bö** <f.; -, -en [-bø:ən]>, **'Wind·böe** <[-bø:ə]; f.; -, -n> *starker Windstoß;* **'Wind·bruch** <m.; -(e)s, ≈e> *Waldschaden durch Wind*

'Win·de <f.; -, -n> 1 *Vorrichtung zum Lastenheben;* Seil- 2 <Bot.> *ein Windengewächs*

'Wind·ei <n.; -(e)s, -er> 1 <Zool.> *Vogelei ohne Kalkschale* 2 *unbefruchtetes Ei* 3 <fig.> *unsinnige Idee;* **'Wind·ei·sen** <n.; -s, -; Arch.> *stabilisierendes Eisen in Kirchenfenstern*

'Win·del <f.; -, -n> 1 *Tuch, um die Ausscheidungen von Säuglingen aufzunehmen;* sie lag noch in den ~n 2 *Kunststofffolie mit Zellstoff;* **'win·deln** <V. t.; ich wind(e)le> das Baby ~; **'win·del·weich** <Adj.; fig.; umg.; nur in der Wendung> jmdn. ~ schlagen *schlimm verprügeln*

'win·den¹ <V. t. 288> 1 *flechten;* einen Korb ~ 2 <V. t./V. refl.> etwas um etwas ~ *wickeln, schlingen;* eine Schnur um etwas ~; ein gewundener Pfad 3 jmdm. ein Messer aus den Händen ~ *drehend wegnehmen* 4 <V. refl.> *sich krümmen;* sich vor Schmerzen ~ 5 <V. refl.> *sich schlängeln;* der Weg windet sich durch die Felder

'win·den² <V. i.> 1 <unpersönl.> es windet *es ist windig* 2

<Jagdw.> *wittern;* der Hund windet; **'Wind·en·er·gie,** <auch> **'Wind·e·ner·gie** <f.; -; unz.; ↗Z54, 55>; **'Win·des·ei·le** <f.; -; unz.; fig.> in ~; **'Wind·fah·ne** <f.; -, -n> *Wetterfahne;* **'Wind·fall** <m.; -(e)s, ≈e> = *Windbruch;* **'Wind·fang** <m.; -(e)s, ≈e> 1 *Windschutz am Schornstein* 2 *kleiner Vorraum mit Windfangtür,* **'Wind·fang·tür** <f.; -, -en>; **'wind·ge·schützt** <Adj.>; **'Wind·hahn** <m.; -(e)s, ≈e; Bot.> *ein Unkraut;* **'Wind·har·fe** <f.; -, -n>; **'Wind·hauch** <m.; -(e)s, -e>; **'Wind·ho·se** <f.; -, -n> *Wirbelwind*

'Wind·huk *Hauptstadt von Namibia*

'Wind·hund <m.; -(e)s, -e> 1 <Zool.> *eine Hunderasse* 2 <fig.; umg.> *bedenkenloser Mensch;* **'win·dig** <Adj.> es ist ~; **'Wind·ja·cke** <f.; -, -n> *wetterfeste Jacke;* **'Wind·jam·mer** <m.; -s, -; Mar.> *großes Segelschiff;* **'Wind·ka·nal** <m.; -s, ≈e> 1 <Tech.> *Versuchsvorrichtung zur Ermittlung von Luftkräften* 2 <Mus.; an der Orgel> = *Windlade;* **'Wind·kas·ten** <m.; -s, ≈; Mus.; an der Orgel> *Teil der Windlade,* **'Wind·kraft** <f.; -; unz.>; **'Wind·kraft·ma·schi·ne** <f.; -, -n>, **'Wind·kraft·werk** <n.; -(e)s, -e> *Anlage zur Nutzung von Windenergie;* **'Wind·la·de** <f.; -, -n; Mus.> *Kasten an der Orgel, auf dem die Pfeifen stehen;* **'Wind·licht** <n.; -(e)s, -er> *durch Glas geschützte Kerze;* **'Wind·ma·schi·ne** <f.; -, -n; Theat.>; **'Wind·mes·ser** <m.; -s, -> *Messgerät für die Windstärke;* **'Wind·mo·nat** <m.; -s, -e; alter Name für> *Oktober od. November;* **'Wind·müh·le** <f.; -, -n> *durch Windkraft betriebene Mühle;* **'Wind·müh·len·flü·gel** <m.; -s, ->

'Win·dows <[-do:z]; ohne Art.; EDV; Warenz.> *ein Betriebssystem für Computer* [engl.]

'Wind·po·cken <Pl.; Med.> *pockenartige (Kinder-)Krankheit;* **'Wind·rad** <n.; -(e)s, ≈er> *Kraftmaschine mit Flügeln zur Nutzung der Windenergie;* **'Wind·räd·chen** <n.; -s, -; Verkleine-

rungsf. von> *Windrad als Kinderspielzeug;* '**Wind·rich·tung** <f.; -, -en> *Richtung, aus der der Wind weht;* '**Wind·rös·chen** <n.; -s, -; Bot.> = *Anemone;* '**Wind·ro·se** <f.; -, -n; am Kompass> *Scheibe mit Horizonteinteilung;* '**Wind·sack** <m.; -(e)s, ⸗e; auf Flugplätzen u. an Autobahnen>* '**Winds·braut** <f.; -; unz.; poet.> *starker Wind;* '**Wind·schat·ten** <m.; -s; unz.> im ~ sitzen; '**wind·schief** <Adj.> 1 ein ~es Haus 2 <Math.> ~e Geraden *nicht in einer Ebene liegende G.;* '**wind·schlüp·fig,** '**wind·schnit·tig** <Adj.> *stromlinienförmig;* '**Wind·schutz** <m.; -es; unz.>; '**Wind·schutz·schei·be** <f.; -, -n; Kfz> *vordere Glasscheibe eines Kfz;* '**Wind·sei·te** <f.; -, -n>; '**Wind·spiel** <n.; -(e)s, -e; Zool.> = *Windhund(1);* '**Wind·stär·ke** <f.; -, -n>; '**Wind·stär·ke·mes·ser** <m.; -s, -> = *Windmesser;* '**wind·still** <Adj.>; '**Wind·stil·le** <f.; -; unz.>; '**Wind·stoß** <m.; -es, ⸗e>; '**wind·sur·fen** <[-zœ:-]; V. i.; nur im Inf. übl.; Sp.> *Windsurfing betreiben;* '**Wind·sur·fer** <m.; -s, -; Sp.>; '**Wind·sur·fe·rin** <f.; -, -n·nen; Sp.> '**Wind·sur·fing** <n.; -s; unz.; Sp.> *Wassersportart mit Surfbrett u. Segel* '**Win·dung** <f.; -, -en> *Krümmung;* in ~en verlaufen '**Wind·zug** <m.; -(e)s, ⸗e> '**Win·gert** <m.; -s, -e; schweiz.> *Weinberg*
Wink <m.; -(e)s, -e> 1 *Zeichen, Gebärde;* auf den leisesten ~ gehorchen 2 <fig.> *Andeutung;* jmdm. einen ~ geben
'**Win·kel** <m.; -s, -> 1 <Geom.> *geometr. Figur zw. zwei sich schneidenden Geraden;* ein spitzer ~; ein ~ von 90° 2 *Zimmerecke;* sich in einen ~ verkriechen; Schlupf~; '**Win·kel·ad·vo·kat** <[-vo-]; m.; -en, -en; abwertend> *Advokat ohne die nötigen Kenntnisse;* '**Win·kel·ad·vo·ka·tin** <f.; -, -n·nen; abwertend>; '**Win·kel·band** <n.; -(e)s, ⸗er>; '**Win·kel·ei·sen** <n.; -s, -> *Eisenbeschlag zum Schutz von Kanten;* '**Win·kel·funk·ti·on** <f.; -, -en; Geom.; Sammelbez. für> *Sinus, Kosinus, Tangens, Kotan-*

gens, Sekans u. Kosekans; '**Win·kel·ha·ken** <m.; -s, -; Typ.> *Gerät des Schriftsetzers;* '**Win·kel·hal·bie·ren·de** <f. 2; Geom.> *Halbgerade, die einen Winkel halbiert;* '**win·ke·lig** <Adj.> ein ~es Haus; oV *winklig;* '**Win·kel·maß** <n.; -es, -e; Geom.>; '**Win·kel·mes·ser** <m.; -s, -; Geom.>; '**Win·kel·mes·sung** <f.; -, -en; Geom.>; '**win·keln** <V. t.; ich wink(e)le das Bein ~; '**Win·kel·schu·le** <f.; -, -n; früher>; '**Win·kel·zug** <m.; -(e)s, ⸗e> *List*
'**win·ken** <V.; sie hat gewinkt, (umg. a.) gewunken> 1 <V. i./V. refl.> *ein Zeichen geben;* mit einem Tuch ~; jmdm. ~ *die Hand zum Gruß schwenken* 2 <V. t.> *durch ein Zeichen herbeiholen;* jmdn. zu sich ~ 3 <V. i.; fig.; geh.> *in Aussicht stehen;* uns winkt eine Belohnung; '**Win·ker** <m.; -s, -; Kfz> = *Fahrtrichtungsanzeiger;* '**Win·ker·flag·ge** <f.; -, -n; Mar.> *Signalflagge*
'**wink·lig** <Adj.> = *winkelig*
Win·ner <['wɪnər]; m.; -s, -; Spr., bes. Tennis> *Sieger;* ~typ [engl.]
Win·se·lei <f.; -; unz.> *lästiges Winseln;* '**win·seln** <V. i.; ich wins(e)le> 1 *der Hund winselt gibt klagend Laut* 2 <fig.> *jammernd flehen;* um Gnade ~
'**Win·ter** <m.; -s, -> *die kalte Jahreszeit;* im ~; des ~s; <aber> → *winters;* Ggs *Sommer;* '**Win·ter·a·bend** <m.; -s, -e; ⟋Z55>; '**Win·ter·an·fang** <m.; -s; unz.; ⟋Z27.4> oV *Wintersanfang;* '**Win·ter·ap·fel** <m.; -s, ⸗>; '**Win·ter·bir·ne** <f.; -, -n>; '**Win·ter·ein·bruch** <m.; -(e)s, ⸗e> *plötzl. Beginn des Winterwetters;* '**Win·ter·fahr·plan** <m.; -(e)s, ⸗e; Eisenb.> Ggs *Sommerfahrplan;* '**win·ter·fest** <Adj.> ~e Schuhe; '**Win·ter·fri·sche** <f.; -, -n; veralt.>; '**Win·ter·frucht** <f.; -, ⸗e> Ggs *Sommerfrucht;* '**Win·ter·gar·ten** <m.; -s, ⸗> *verglaster Raum für Zimmerpflanzen;* '**Win·ter·ge·trei·de** <n.; -s, -; Landw.> *Getreide, das bereits im Herbst gesät wird;* Ggs *Sommergetreide;* '**Win·ter·grün** <n.; -s; unz.; Bot.> *eine Pflanze;* '**Win·ter·haar** <n.; -(e)s; unz.; Jägerspr.; beim Hochwild> *Fell im Winter;* Ggs *Sommerhaar;*

'**Win·ter·ha·fen** <m.; -s, ⸗; Mar.>; '**Win·ter·halb·jahr** <n.; -(e)s, -e>; '**win·ter·hart** <Adj.; Bot.> ~e Pflanzen; '**Win·ter·kar·tof·fel** <f.; -, -n>; '**Win·ter·kleid** <n.; -(e)s, -er> 1 *Kleid für den Winter* 2 <Zool.; bei Vögeln> *Federkleid im Winter;* '**Win·ter·klei·dung** <f.; -; unz.>; '**Win·ter·knos·pe** <f.; -, -n; Bot.>; '**Win·ter·kohl** <m.; -(e)s; unz.; Bot.> = *Grünkohl;* '**Win·ter·land·schaft** <f.; -, -en>; '**win·ter·lich** <Adj.> ~ gekleidet; '**Win·ter·ling** <m.; -s, -e; Bot.> *eine Pflanze;* '**Win·ter·man·tel** <m.; -s, ⸗>; '**Win·ter·mo·nat** <m.; -(e)s, -e> *während der* ~e; '**win·tern** <V. i.; unpersönl.; selten> es wintert *es wird Winter;* '**Win·ter·obst** <n.; -es; unz.> *Obst zum Einlagern für den Winter;* '**Win·ter·pau·se** <f.; -, -n>; '**Win·ter·quar·tier** <n.; -s, -e>; '**Win·ter·rei·fen** <m.; -s, -; Kfz>; '**Win·ter·ru·he** <f.; -; unz.; Zool.> *Überwinterung bestimmter Tiere im Ruhezustand;* '**win·ters** <Adv.; ⟋Z45.3> *im Winter;* <aber> *des Winters;* '**Win·ter·saat** <f.; -, -en; Landw.> *Saat, die im Herbst gelegt wird;* Ggs *Sommersaat;* '**Win·ter·sa·chen** <Pl.> *Winterkleidung;* '**Win·ters·an·fang** <m.; -(e)s; unz.; ⟋Z27.4> oV *Winteranfang;* '**Win·ter·schlaf** <m.; -(e)s; unz.; Zool.> *Schlafstarre bestimmter Tiere im Winter;* '**Win·ter·schluss·ver·kauf** <m.; -(e)s, ⸗e; Abk.> WSV> Ggs *Sommerschlussverkauf;* '**Win·ter·se·mes·ter** <n.; -s, -> *ein Studienhalbjahr;* Ggs *Sommersemester;* '**Win·ter·son·nen·wen·de** <f.; -, -n> Ggs *Sommersonnenwende;* '**Win·ter·spie·le** <Pl.; Sp.> *die Olympischen* ~; '**Win·ter·sport** <m.; -(e)s; unz.>; '**Win·ter·sport·ler** <m.; -s, ->; '**Win·ter·sport·le·rin** <f.; -, -n·nen>; '**Win·ters·zeit** <f.; -; unz.; poet.> zur ~; '**win·ter·taug·lich** <Adj.>; '**Win·ter·taug·lich·keit** <f.; -; unz.>; '**Win·ter·wei·de** <f.; -, -n; Landw.> Ggs *Sommerweide;* '**Win·ter·wet·ter** <n.; -s; unz.>; '**Win·ter·zeit** <f.; -; unz.> Ggs *Sommerzeit;* '**Win·ter·zwie·bel** <f.; -, -n; Bot.> *eine Zwiebelsorte*

'Win·zer <m.; -s, -> *jmd., der Wein anbaut;* **'Win·zer·ge·nos·sen·schaft** <f.; -, -en>; **'Win·ze·rin** <f.; -, -nen>

'win·zig <Adj.> *sehr klein;* eine ~e Hütte; **'Win·zig·keit** <f.; -, -en> um eine ~ größer; **'Winz·ling** <m.; -s, -e; umg.>

'Wip·fel <m.; -s, -; Bot.> *oberster Teil des Baumes*

'Wip·pe <f.; -, -n> 1 *doppelarmiger Hebel* 2 *Schaukelgerät;* **'wip·pen** <V. i. (h. od. s.)> 1 *auf einer Wippe(2) schaukeln* 2 *federn;* auf einem Fuß ~; **'Wip·pen·sterz** <m.; -es, -e; Zool.> *Bachstelze;* **'Wip·per** <m.; -s, -> → a. *Kipper²*

wir <Personalpron.; 1. Pers. Pl.; Gen.: unser; Dat. u. Akk.: uns> 1 *(die Sprecher selbst);* ~ Angestellten, <auch> ~ Angestellte; ~ Deutschen, <auch> ~ Deutsche; gedenkt unser; der Wagen gehört uns; ruf uns an 2 <Pluralis majestatis (mit Großschreibung); veralt.> Wir *(Form, in der ein Herrscher von sich sprach)* ich

'Wir·bel <m.; -s, -> 1 *schnelle Bewegung um einen Mittelpunkt;* ein ~ im Wasser 2 <fig.> *starkes Durcheinander, Aufsehen;* viel ~ machen 3 <Anat.> *Skelettteil;* Hals~ 4 <Mus.> *bei Schlaginstrumenten> Trommel~;* **'Wirbel·bo·gen** <m.; -s, - od. (süddt.; österr.; schweiz.) ⸚; Anat.> *Teil des Wirbels(3);* **'Wir·bel·ent·zün·dung** <f.; -, -en; Med.>; **'wir·be·lig** <Adj.; fig.> 1 *schwindelig;* mir wurde ~ 2 *unruhig, lebhaft;* ~e Kinder; **'Wir·bel·kno·chen** <m.; -s, -; Anat.> = *Wirbel(3);* **'wir·bel·los** <Adj.; Anat.>; **'Wir·bel·lo·se(s)** <n. 3; Anat.; Zool.> *wirbelloses Tier;* Ggs *Wirbeltier;* **'wir·beln** <V.; ich wirb(e)le> 1 <V. i. (s.)> *sich schnell drehen;* sie ist durch den Raum gewirbelt 2 <V. t. (h.)> *etwas wirbelnd(1) fortbewegen;* der Sturm hat die Blätter in die Luft gewirbelt; **'Wirbel·säu·le** <f.; -, -n; Anat.> *ein Skelettteil, Rückgrat;* **'Wir·bel·säu·len·ver·krüm·mung** <f.; -, -en; Med.>; **'Wir·bel·strom** <m.; -(e)s, ⸚e; Phys.> *in geschlossener Strom in elektr. Leitern;*

'Wir·bel·sturm <m.; -(e)s, ⸚e> *Luftwirbel mit Sturm;* **'Wir·bel·tier** <n.; -(e)s, -e; Anat.; Zool.> *Unterstamm der Chordatiere mit Wirbelsäule;* Ggs *Wirbellose(s);* **'Wir·bel·wind** <m.; -(e)s, -e> 1 *wirbelnder(1) Windstoß* 2 *wirbelige(2) Person;* **'wirb·lig** <Adj.> = *wirbelig*

'wir·ken <V.> 1 <V. i.> *wirksam, tätig sein;* als Arzt ~; während ihres missionarischen Wirkens 2 <V. t.; geh.> *hervorbringen;* Wunder ~ 3 <V. i.; Z 23> *eine Wirkung haben;* beruhigend ~; rasch ~ lassen; Musik auf sich ~ lassen 4 <V. i.> *einen bestimmten Eindruck hervorrufen;* sie wirkt schüchtern 5 <V. t.; Textilw.> Textilien ~ *mit verschlungenen Fäden herstellen;* gewirkte Strümpfe; **'Wir·ker** <m.; -s, -; Textilw.>; **Wir·ke'rei** <f.; -, -en; Textilw.>; **'Wir·ke·rin** <f.; -, -nen; Textilw.>; **'Wirk·kraft** <f.; -, ⸚e; fig.> oV *Wirkungskraft;* **'Wirk·leis·tung** <f.; -, -en; El.> *maximale Leistung eines Wechselstromkreises;* **'Wirk·leit·wert** <m.; -(e)s, -e; El.> Ggs *Konduktanz*

'wirk·lich <Adj.> 1 *der Realität entsprechend, wahr;* das ~e Leben; ~! *ganz sicher!* 2 <adv.> *in der Tat, wahrhaftig;* das ist ~ wahr; ein ~ guter Kuchen 3 <Z 46> Wirklicher Geheimer Rat <früher Titel für> *höchster Beamter;* **'wirk·lich·keit** <f.; -, -en> in ~ ist sie ganz anders; **'wirk·lich·keits·fern** <Adj.>; **'Wirk·lich·keits·form** <f.; -, -en; Gramm.> *eine Aussageform des Verbs;* Sy *Indikativ;* → a. *Kasten Indikativ;* **'wirk·lich·keits·fremd** <Adj.>; **'wirk·lich·keits·ge·treu** <Adj.>; **'Wirk·lich·keits·mensch** <m.; -en, -en> *realist. Mensch;* **'wirk·lich·keits·nah** <Adj.> ~e Schilderung; **'Wirklich·keits·sinn** <m.; -(e)s; unz.>

'wirk·sam <Adj.> *erfolgreich wirkend;* ein ~es Medikament; ~e Maßnahmen; **'Wirk·sam·keit** <f.; -; unz.>; **'Wirk·stoff** <m.; -(e)s, -e; Biol.> *lebenswichtige Substanz, z. B. Hormon, Vitamin u. Enzym;* **'Wirk·stuhl** <m.; -(e)s, ⸚e; Textilw.> *Maschine zum Wirken(5);* **'Wirk·kung** <f.; -,

-en> *Folge, Reaktion, Eindruck; Ursache und ~;* seine ~ tun; **'Wir·kungs·be·reich** <m.; -(e)s, -e> einen großen ~ haben; **'Wirkungs·feld** <n.; -(e)s, -er>; **'Wirkungs·grad** <m.; -(e)s, -e>; **'Wir·kungs·kraft** <f.; -, ⸚e; fig.>; **'Wir·kungs·kreis** <m.; -es, -e>; **'wir·kungs·los** <Adj.>; **'Wirkungs·lo·sig·keit** <f.; -; unz.>; **'Wir·kungs·stät·te** <f.; -, -n> *Ort des Wirkens;* **'wir·kungs·voll** <Adj.>; **'Wir·kungs·wei·se** <f.; -, -n>; **'Wirk·wa·re** <f.; -, -n; meist Pl.; Textilw.> *gewirkter(5) Stoff;* **'Wirk·wi·der·stand** <m.; -(e)s, ⸚e; El.>

wirr <Adj.> 1 *durcheinander;* ~es Haar 2 *verwirrt;* ~ reden; ~ im Kopf; **'Wir·ren** <Pl.> *Unruhen;* die ~ des Krieges; **'Wirr·heit** <f.; -; unz.>; **'Wirr·kopf** <m.; -(e)s, ⸚e; abwertend> *jmd., der nicht klar denken kann;* **'Wirr·nis** <f.; -, -s·se>; **'Wirr·sal** <n.; -(e)s, -e od. f.; -, -e>; **'Wir·rung** <f.; -, -en> *Irrweg;* **'Wirr·warr** <m.; -s; unz.> *großes Durcheinander*

wirsch <Adj.; alemann.> *schroff*

'Wir·sing <m.; -s, -e; Bot.> *ein Gemüsekohl* [lat.]; **'Wir·sing·kohl** <m.; -(e)s, -e; Bot.>

Wirt <m.; -(e)s, -e> 1 *Gaststättenbetreiber;* Gast~ 2 *Vermieter;* Haus~ 3 <Biol.> *von Parasiten befallener Organismus*

'Wir·tel <m.; -s, -> 1 <Bot.> *büschelartige Verbindung mehrerer Blätter* 2 <Textilw.> *Antriebsscheibe der Spindel* [lat.]

'wir·ten <V. i.; schweiz.> *als Wirt(1) arbeiten;* **'Wir·tin** <f.; -, -nen; Z 38>; **'wirt·lich** <Adj.; veralt.> 1 *gastlich* 2 *angenehm*

'Wirt·schaft <f.; -, -en> 1 <unz.; Wirtsch.> *Maßnahmen u. Einrichtungen zur Produktion, Verteilung u. Verwendung von Gütern;* freie ~; Volks~; Sy *Ökonomie* 2 *Haushalt;* die ~ besorgen 3 *Gaststätte;* **'wirt·schaf·ten** <V. i.> 1 *eine Wirtschaft(2) führen* 2 *das vorhandene Geld einteilen;* gut, schlecht ~; **'Wirt·schaf·ter** <m.; -s, -; Wirtsch.; schweiz.; österr.> *Wirtschaftswissenschaftler;* **'Wirt·schaf·te·rin** <f.; -, -n·nen> 1 <Wirtsch.; schweiz.; österr.> *Wirtschafts-*

wissenschaftlerin 2 *Haushälterin;* '**Wirt·schaft·ler** <m.; -s, -; Wirtsch.> *Wirtschaftswissenschaftler;* '**Wirt·schaft·le·rin** <f.; -, -n·nen; Wirtsch.>; '**wirt·schaft·lich** <Adj.> ~e Krise; ~ arbeiten; '**Wirt·schaft·lich·keit** <f.; -; unz.>; '**Wirt·schafts·flücht·ling** <m.; -s, -e> *jmd., der vor der wirtschaftl. Not aus seiner Heimat flüchtet;* '**Wirt·schafts·för·de·rung** <f.; -; unz.>; '**Wirt·schafts·for·schung** <f.; -; unz.>; '**Wirt·schafts·füh·rer** <m.; -s, -; Wirtsch.> *führende Person in Handel u. Industrie;* '**Wirt·schafts·füh·re·rin** <f.; -, -n·nen; Wirtsch.>; '**Wirt·schafts·füh·rung** <f.; -; unz.> *Haushaltsführung;* '**Wirt·schafts·ge·bäu·de** <Pl.>; '**Wirt·schafts·geld** <n.; -(e)s; unz.> *Haushaltsgeld;* '**Wirt·schafts·geo·gra·fie**, <auch> '**Wirt·schafts·ge·o·gra·phie** <f.; -; unz.; →Z 11.3>; '**Wirt·schafts·ge·schich·te** <f.; -; unz.>; '**Wirt·schafts·gip·fel** <m.; -s, -; Pol.> *Gipfeltreffen für Fragen der Wirtschaft(1);* '**Wirt·schafts·in·ge·ni·eur** <[-ʒəniø:r]; m.; -s, -e> *Ingenieur mit techn. u. wirtschaftl. Studium;* '**Wirt·schafts·in·ge·ni·eu·rin** <f.; -, -n·nen; Wirtsch.>; '**Wirt·schafts·jour·na·list** <[-ʒur-]; m.; -en, -en>; '**Wirt·schafts·jour·na·li·stin** <f.; -, -n·nen>; '**Wirt·schafts·krieg** <m.; -(e)s, -e> *Handelskrieg;* '**Wirt·schafts·kri·mi·na·li·tät** <f.; -; unz.>; '**Wirt·schafts·kri·se** <f.; -, -n; Wirtsch.>; '**Wirt·schafts·la·ge** <f.; -, -n>; '**Wirt·schafts·le·ben** <n.; -s; unz.; Wirtsch.>; '**Wirt·schafts·leh·re** <f.; -; unz.> *ein Schulfach;* '**Wirt·schafts·mi·nis·ter** <m.; -s, -; Pol.>; '**Wirt·schafts·mi·nis·te·rin** <f.; -, -n·nen; Pol.>; '**Wirt·schafts·mi·nis·te·ri·um** <n.; -s, -ri·en; Pol.>; '**Wirt·schafts·ord·nung** <f.; -, -en; Wirtsch.>; '**Wirt·schafts·part·ner** <m.; -s, -; Wirtsch.>; '**Wirt·schafts·part·ne·rin** <f.; -, -n·nen; Wirtsch.>; '**Wirt·schafts·po·li·tik** <f.; -; unz.>; '**wirt·schafts·po·li·tisch** <Adj.>; '**Wirt·schafts·prü·fer** <m.; -s, -; Wirtsch.> *jmd., der*

betriebswirtschaftl. Prüfungen durchführt; '**Wirt·schafts·prü·fe·rin** <f.; -, -n·nen; Wirtsch.>; '**Wirt·schafts·räu·me** <Pl.>; '**Wirt·schafts·stand·ort** <m.; -(e)s, -e>; '**Wirt·schafts·wachs·tum** <[-ks-]; n.; -s; unz.; Wirtsch.>; '**Wirt·schafts·wis·sen·schaf·ten** <Pl.; Wirtsch.> *Wissenschaften von den wirtschaftl. Zusammenhängen u. Erscheinungen;* '**Wirt·schafts·wis·sen·schaft·ler** <m.; -s, -; Wirtsch.>; '**Wirt·schafts·wis·sen·schaft·le·rin** <f.; -, -n·nen; Wirtsch.>; '**Wirt·schafts·wun·der** <n.; -s, -; Wirtsch.> *unerwartet schneller wirtschaftl. Aufstieg;* '**Wirt·schafts·zei·tung** <f.; -, -en; Wirtsch.>

'**Wirts·haus** <n.; -es, ¨er> *Schenke;* '**Wirts·leu·te** <Pl.> 1 *Wirt u. Wirtin im Wirtshaus* 2 *Ehepaar als Vermieter;* '**Wirts·pflan·ze** <f.; -, -n; Biol.> *pflanzl. Wirt(3);* '**Wirts·rech·ner** <m.; -s, -; EDV> = *Hostcomputer;* '**Wirts·stu·be** <f.; -, -n>; '**Wirts·tier** <n.; -(e)s, -e; Biol.>

Wirz <m.; -es, -e; Bot.; schweiz.> *Wirsing*

Wisch <m.; -(e)s, -e> 1 *wertloses Stück Papier* 2 *Bündel*

'**wi·schen** <V.; du wischst> 1 <V. i.> *über etwas ~ über etwas streichen u. verwischen;* mit dem Ärmel über Geschriebenes ~ 2 <V. t./V. refl.> *durch Darüberfahren entfernen;* sich den Schweiß von der Stirn ~ 3 <V. i. u. V. t.> *reinigen;* (den Boden) ~ 4 <V. i. (s.)> *huschen;* die Katze wischte um die Ecke; '**Wi·scher** <m.; -s, -> *Scheiben-;* '**Wi·schi·wa·schi** <n.; -s; unz.; umg.; abwertend> *unklares Gerede;* '**Wisch·lap·pen** <m.; -s, ->; '**Wisch·tuch** <n.; -(e)s, ¨er>

'**Wi·sent** <m.; -s, -e; Zool.> *ein Wildrind*

'**Wis·mut** <n.; -(e)s; unz.; Zeichen: Bi> = *Bismut*

'**wis·peln** <V. t./V. i.; ich wisp(e)le; selten für> *wispern;* '**wis·pern** <V. t. u. V. i.; ich wispere> *flüstern;* jmdm. etwas ins Ohr ~

'**Wiss·be·gier**, '**Wiss·be·gier·de** <f.; -; unz.> *Wunsch, Wissen zu erwerben;* '**wiss·be·gie·rig** <Adj.>; '**wis·sen** <V. 289> 1

<V. i.> *Kenntnis von etwas haben;* er wusste nicht, wo er war; soviel ich weiß; jmdn. etwas ~ lassen; wer weiß! *das weiß niemand;* sie hält sich für wer weiß wie talentiert; gewusst wie! 2 <V. i.> *in Erinnerung haben;* etwas auswendig ~; du wusstest es nicht mehr 3 <V. i.> *sich einer Sache bewusst sein;* ja, ich weiß!; nicht, dass ich wüsste <umg.> 4 <V. i.> *sich schlüssig sein;* ich weiß nicht, was ich tun soll 5 <V. t./V. refl.> etwas zu tun ~ *etwas können;* er wusste sich nicht anders zu helfen; '**Wis·sen** <n.; -s; unz.> 1 *Kenntnis, Bewusstsein;* meines ~s, unseres ~s <Abk.: m. W.; u. W.>; nach bestem ~ und Gewissen; etwas wider besseres ~ tun *tun, obwohl man weiß, dass es falsch ist* 2 *gesammelte Kenntnisse;* ein umfangreiches ~; '**Wis·sen·schaft** <f.; -, -en> *systematisch geordneter Erkenntnisbereich;* Literatur ~; das ist eine ~ für sich <umg.>; '**Wis·sen·schaf·ter** <m.; -s, -; schweiz.; österr.> *Wissenschaftler;* '**Wis·sen·schaf·te·rin** <f.; -, -n·nen; schweiz.; österr.>; '**Wis·sen·schaft·ler** <m.; -s, -> *jmd., der wissenschaftl. forscht;* '**Wis·sen·schaft·le·rin** <f.; -, -n·nen>; '**wis·sen·schaft·lich** <Adj.> ~e Arbeiten; Wissenschaftlicher Rat *(als Titel);* '**Wis·sen·schaft·lich·keit** <f.; -; unz.>; '**Wis·sen·schafts·the·o·rie** <f.; -; unz.; Philos.> *philos. Grundlagendisziplin;* '**Wis·sens·drang** <m.; -(e)s; unz.>; '**Wis·sens·durst** <m.; -(e)s; unz.>; '**wis·sens·durs·tig** <Adj.>; '**Wis·sens·ge·biet** <n.; -(e)s, -e>; '**Wis·sens·lü·cke** <f.; -, -n> große ~n haben; '**Wis·sens·stand** <m.; -(e)s, ¨e; Pl. selten>; '**wis·sens·wert** <Adj.> *wert, gewusst zu werden;* ~e Neuigkeiten; Wissenswertes erfahren; '**wis·sent·lich** <Adj.; undekl.> *absichtlich;* jmdm. ~ schaden

'**wit·schen** <V. i.; du witschst> = *wischen(4)*

'**wit·tern** <V.; ich wittere> 1 <V. i.; Jagdw.> *mit dem Geruchssinn wahrnehmen;* das Reh witterte 2 <V. t.; Jagdw.; a. fig.> Gefahr ~;

'**Wit·te·rung** ⟨f.; -, -en⟩ **1** *Wetterlage;* raue ~ **2** ⟨Jagdw.⟩ *menschl. od. tierischer Geruch, den Hund u. Wild wahrnehmen können;* ~ haben; '**Wit·te·rungs·verb** ⟨n.; -s, -en; Gramm.⟩ → *Kasten*

'**Witt·ling** ⟨m.; -s, -e; Zool.⟩ = *Merlan*

'**Wit·we** ⟨f.; -, -n; Abk.: Wwe.⟩ *Frau, deren Ehemann gestorben ist;* '**Wit·wen·blu·me** ⟨f.; -, -n; Bot.⟩ = *Knautie;* '**Wit·wen·geld** ⟨n.; -(e)s, -er⟩ '**Wit·wen·ren·te** ⟨f.; -, -n⟩; '**Wit·wen·schaft** ⟨f.; -; unz.⟩ '**Wit·wen·schlei·er** ⟨m.; -s, -⟩ *Trauerschleier der Witwe;* '**Wit·wen·ver·bren·nung** ⟨f.; -, -en; bis 1829⟩ *ind. Brauch, eine Witwe mit der Leiche ihres Ehemannes zu verbrennen;* '**Wit·wer** ⟨m.; -s, -; Abk.: Wwr.⟩ *Mann, dessen Ehefrau gestorben ist;* '**Wit·wer·schaft** ⟨f.; -; unz.⟩

Witz ⟨m.; -es, -e⟩ **1** ⟨unz.⟩ *Gabe, Lustiges zu erzählen, Schlagfertigkeit;* ~ haben; etwas mit ~ erzählen **2** *lustige Begebenheit mit einer Pointe;* einen ~ erzählen; über jmdn. ~ machen; mach keine ~e! ⟨fig.⟩; '**Witz·blatt** ⟨n.; -(e)s, -er⟩ *Zeitung witzigen, nicht ernst zu nehmenden Inhalts;* '**Witz·blatt·fi·gur** ⟨f.; -, -en⟩ *lächerliche, nicht ernst zu nehmende Person;* '**Witz·bold** ⟨m.; -(e)s, -e; umg.⟩; '**Wit·ze·lei** ⟨f.; -, -en⟩; '**wit·zeln** ⟨V. i.; ich witz(e)le⟩; '**Witz·fi·gur** ⟨f.; -, -en⟩ '**wit·zig** ⟨Adj.⟩ eine ~e Bemerkung; '**Wit·zig·keit** ⟨f.; -; unz.⟩ '**Witz·ling** ⟨m.; -s, -e⟩; '**witz·los** ⟨Adj.⟩ **1** *ohne Witz(1);* ein ~er Mensch **2** ⟨fig.; umg.⟩ *zwecklos;* es ist ~, ihm nachzueifern

w. L. ⟨Geogr.; Abk. für⟩ *westliche(r) Länge*

WM ⟨Sp.; Abk. für⟩ *Weltmeisterschaft*

WNW ⟨Abk. für⟩ *Westnordwesten*

w. o. ⟨Abk. für⟩ *wie oben;* → a. *wie²(1)*

wo 1 ⟨Interrogativadv.; ⟋Z 42⟩ *an welchem Ort?;* ~ warst du?; von ~ *woher;* das Wo u. das Wann besprechen **2** ⟨Relativadv.⟩ *in, an welchem Ort;* da, ~ ich geboren wurde; ich weiß nicht, ~ er wohnt **3** ⟨in umg. Wendungen⟩ ach ~! *keineswegs!*

wo'an·ders ⟨Adv.⟩ *an einem anderen Ort;* sie ist ~; ⟨aber⟩ wo anders sollen wir sie suchen?; **wo'an·ders·hin** ⟨Adv.⟩ *an einen anderen Ort;* ~ ziehen

'**wob·beln** ⟨V.; ich wobb(e)le; Funkw.⟩ **1** ⟨V. i.⟩ *in der Frequenz schwanken;* der Sender wobbelt **2** ⟨V. t.⟩ *die Frequenz ~ verändern* [engl.]; '**Wobb·ler** ⟨m.; -s, -; Funkw.⟩

wo'bei 1 ⟨Interrogativadv.⟩ *bei welcher Sache?;* ~ bist du gerade? **2** ⟨Relativadv.⟩ *bei welcher Sache;* ~ zu beachten ist, dass ...

'**Wo·che** ⟨f.; -, -n⟩ **1** *Zeitraum von sieben Tagen;* alle zwei ~n; von ~ zu ~ **2** *Gesamtheit der Wochentage;* in, während der ~ habe ich keine Zeit; '**Wo·chen·bett** ⟨n.; -(e)s; unz.⟩ **2** *6–8 Wochen dauernder Zeitraum nach einer Entbindung;* im ~ liegen; '**Wo·chen·bett·fie·ber** ⟨n.; -s; unz.; Med.⟩; '**Wo·chen·blatt** ⟨n.; -(e)s, -er; Ztgsw.⟩ *kleine Wochenschrift;* '**Wo·chen·end·aus·ga·be** ⟨f.; -, -n; Ztgsw.⟩; '**Wo·chen·end·bei·la·ge** ⟨f.; -, -n; Ztgsw.⟩; '**Wo·chen·en·de** ⟨n.; -s, -n⟩ *Samstag u. Sonntag;* '**Wo·chen·end·haus** ⟨n.; -es, -er⟩; '**Wo·chen·fluss** ⟨m.; -es; unz.; Med.⟩ *Scheidenausfluss in den Wochen nach einer Geburt;* '**Wo·chen·kar·te** ⟨f.; -, -n⟩ *Fahrkarte, die eine Woche gültig ist;* '**wo·chen·lang** ⟨Adj.⟩ *mehrere Wochen (dauernd);* ~es Warten; sie hat ~ gearbeitet; ⟨aber⟩ viele Wochen lang; '**Wo·chen·lohn** ⟨m.; -(e)s, -e⟩; '**Wo·chen·markt** ⟨m.; -(e)s, -e⟩ *auf den ~ gehen;* '**Wo·chen·schau** ⟨f.; -, -en; Film; früher⟩; '**Wo·chen·schrift** ⟨f.; -, -en; Ztgsw.⟩ *wöchentl. erscheinende Zeitschrift;* '**Wo·chen·stun·de** ⟨f.; -, -n⟩ *Unterrichtsstunde in einem*

Fach pro Woche; zwei ~n *Sozialkunde;* '**Wo·chen·tag** ⟨m.; -(e)s, -e⟩ *jeder Tag außer Sonntag;* → a. *Kasten* Wochentagsnamen; '**wo·chen·tags** ⟨Adv.; ⟋Z 45.3⟩ *an Wochentagen;* ⟨aber⟩ des Wochentags; '**Wo·chen·tags·na·me** ⟨m.; -ns, -n⟩ → a. *Kasten;* '**wö·chent·lich** ⟨Adj.⟩ *jede Woche;* einmal ~; **...wö·chent·lich** ⟨Adj.; ⟋Z 34⟩ in Zus.⟩ *nach einer bestimmten Wochenzahl wiederkehrend;* vierwöchentlich, ⟨in Ziffern⟩ 4-wöchentlich; in zweiwöchentlichem Wechsel; '**wo·chen·wei·se** ⟨Adv.⟩ *jeweils für eine Woche;* ~ arbeiten; '**Wo·chen·zeit·schrift** ⟨f.; -, -en; Ztgsw.⟩; '**Wo·chen·zei·tung** ⟨f.; -, -en; Ztgsw.⟩ *wöchentl. erscheinende Zeitung;* **...wö·chig** ⟨Adj.; ⟋Z 34; in Zus.⟩ *eine gewisse Anzahl von Wochen dauernd, alt;* ein sechswöchiger Säugling; vierwöchig, ⟨in Ziffern⟩ 4-wöchig; '**Wöch·ne·rin** ⟨f.; -, -nnen⟩ *Frau in den ersten Wochen nach der Entbindung*

'**Wod·ka** ⟨m. 7; -s, -s od. -⟩ *russ. Branntwein;* zwei ~(s) bestellen [russ.]

'**Wo·du** ⟨m.; -s; unz.; Rel.⟩ *ein relig. Kult;* oV Voodoo, Voudou [westafrikan.]

wo'durch 1 ⟨Interrogativadv.⟩ *durch welche Sache?;* ~ hast du davon erfahren? **2** ⟨Relativadv.⟩ *durch welche Sache;* er kam nicht, ~ er sie verärgerte

wo'für 1 ⟨Interrogativadv.⟩ *für welche Sache?;* ~ ist das gut?; ~

W

halten Sie mich? *was denken Sie von mir?* 2 <Relativadv.> *für welche Sache;* du hast mir geholfen, ~ ich mich bedanke

'Wo·ge <f.; -, -n> 1 *große Welle(1)* 2 <fig.> ~n der Begeisterung

wo·ge·gen 1 <Interrogativadv.> *gegen welche Sache?;* ~ hilft die Arznei? 2 <Relativadv.> *gegen welche Sache;* der Verbrecher wurde festgenommen, ~ er sich nicht wehrte; <aber> München, wo gegen ihn ermittelt wird

'wo·gen <V. i.> das ~de Meer

'wog·gen <V. i. (s.)>; **'Wog·ging** <n.; -s; unz.; Sp.> *sportl. Gehen* [engl.]

Wo'gu·le <m.; -n, -n> *Angehöriger eines finnougrischen Volkes;* **Wo'gu·lin** <f.; -, -nen>; **wo'gu·lisch** <Adj.>

wo'her 1 <Interrogativadv.; ∕Z42> *von wo?;* ~ kommt sie?; nach dem Woher u. Wohin fragen 2 <Relativadv.> *von wo;* weißt du noch, von ~ wir gekommen sind?; <aber> von wo wir hergekommen sind? 3 <in umg. Wendungen> ach ~ (denn)!; = *wo(3)*

wo·her'um, <auch> **wo·he'rum** <a. ['---]; ∕Z54> 1 <Interrogativadv.> *welchen Weg entlang?;* ~ bist du gekommen? 2 <Relativadv.> *welchen Weg entlang;* er beschrieb den Weg, ~ er gekommen war; <aber> Amerika, wo er viel herumgekommen war

wo'hin 1 <Interrogativadv.> *an welchen Ort?;* ~ gehst du? 2 <Relativadv.> *an welchen Ort;* du musst sagen, ~ du fahren möchtest; <aber> wo du hinfahren möchtest

wo·hin'auf, <auch> **wo·hi'nauf** <a. ['---]; ∕Z54> 1 <Interrogativadv.> *an welcher Stelle hinauf?;* ~ welchen gehen? 2 <Relativadv.> *welche Stelle hinauf;* er wusste nicht mehr, ~ er gegangen war; <aber> wo er hinaufgegangen war

wo·hin'aus, <auch> **wo·hi'naus** <a. ['---]; ∕Z54> 1 <Interrogativadv.> *in welche Richtung?;* ~ geht die Straße? 2 <Relativadv.> *in welche Richtung;* ich weiß nicht, ~ er gegangen ist; <aber> wo er hinausgegangen ist

wo·hin'ein, <auch> **wo·hi'nein** <a. ['---]; ∕Z54> 1 <Interrogativadv.> *an welcher Stelle hinein?;* ~ sollen wir gehen? 2 <Relativadv.> *an welcher Stelle hinein;* sie wusste nicht, ~ er gegangen war; <aber> wo er hineingegangen war

wo·hin'ge·gen <Konj.> *dagegen;* sie ist sehr fleißig, ~ ihr Bruder recht faul ist

wo·hin'ter <a. ['---]> 1 <Interrogativadv.> *hinter welcher Sache?;* ~ verbirgt er sich? 2 <Relativadv.> *hinter welcher Sache;* niemand wusste, ~ den Schmuck versteckt hatte

wo·hin'un·ter, <auch> **wo·hi'nun·ter** <a. ['---]; ∕Z54> 1 <Interrogativadv.> *welchen Weg hinunter?;* ~ bist du gekommen? 2 <Relativadv.> *welchen Weg hinunter;* weißt du noch, ~ er gefahren ist?; <aber> wo er hinuntergefahren ist?

wohl <Adv.> 1 <∕Z24> *gut, angenehm;* mir ist nicht ~; leben Sie ~! *(Abschiedsgruß);* ~ oder übel *ob man will od. nicht;* <Getrenntschreibung in Verbindung mit Verb/Partizip, wenn *wohl* sinnvoll steiger- od. erweiterbar ist; in zahlreichen Fällen ist sowohl Getrennt- als auch Zusammenschreibung möglich; bei Komparativen gilt Zusammenschreibung> ~ ausgewogen, ~ bedacht; ~ behütet; ~ bekannt; ~ beraten; ~ durchdacht; ~ erhalten; ~ erzogen, <auch> → *wohlerzogen,* <aber nur> die wohlerzogensten Kinder; sich ~ fühlen; ~ geformt, <auch> → *wohlgeformt;* ~ gelitten, <auch> → *wohlgelitten;* ~ gemeint; ~ genährt, <auch> → *wohlgenährt;* ~ geordnet; ~ gesetzt, <auch> → *wohlgesetzt;* das hat ihr ~ getan; ~ a. *wohlgetan;* ~ getroffen *sehr ähnlich;* er lässt es sich ~ sein; ~ situiert; ~ temperiert, <auch> → *wohltemperiert,* ~ tuend; ~ tun; er würde ~ daran tun, wenn … *er würde richtig handeln;* etwas tut ~ *ist angenehm;* ~ überlegt; ~ unterrichtet; ~ versorgt; ~ verwahrt; ~ vorbereitet; jmdm. ~ wollen, <aber> → *wohlwollend* 2 <Partikel; verstärkend>

durchaus, sicherlich; das kann man ~ sagen!; willst du ~ herkommen! <umg.> 3 <Partikel; einschränkend, füllend> *anscheinend, vermutlich;* er wird ~ verreist sein; ich habe ~ nicht recht gehört? <fig.; umg.>;

Wohl <n.; -(e)s; unz.> *Heil, Glück;* das ~ unserer Kinder; zum ~ er der Menschheit; (auf) Ihr ~! *(beim Trinken)*

wohl'an <Adv.; poet.> *nun denn*

'wohl·an·stän·dig <Adj.; geh.>

wohl'auf <Adj.> *gesund;* ~ sein

'Wohl·be·fin·den <n.; -s; unz.> *gutes Befinden*

'Wohl·be·ha·gen <n.; -s; unz.; verstärkend>

'wohl·be·hal·ten <Adj.; adv.> *gesund, unbeschädigt;* ~ ankommen

'Wohl·er·ge·hen <n.; -s; unz.> = *Wohlbefinden*

'wohl·er·zo·gen, <auch> **'wohl er·zo·gen** <Adj.> ~e Kinder; → a. *wohl(1);* **'Wohl·er·zo·gen·heit** <f.; -; unz.>

'Wohl·fahrt <f.; -; unz.; veralt.> *Sozialhilfe;* **'Wohl·fahrts·mar·ke** <f.; -, -n> *Briefmarke mit Aufschlag für soziale Zwecke;* **'Wohl·fahrts·staat** <m.; -(e)s, -en> *Staat, der für die soziale Sicherheit der Bürger sorgt*

'wohl·feil <Adj.; veralt.> *preiswert;* etwas ~ erhalten

'wohl·ge·bo·ren <Adj.; veralt.> *(Anrede);* Euer Wohlgeboren

'Wohl·ge·fal·len <n.; -s; unz.> *Gefallen, Freude;* sein ~ an etwas haben; sich in ~ auflösen <fig.; umg.; scherzh.> *bedeutungslos, zu nichts werden;* **'wohl·ge·fäl·lig** <Adj.> etwas ~ betrachten

'wohl·ge·formt, <auch> **'wohl ge·formt** <Adj.> *gut geformt;* eine ~e Stirn; → a. *wohl(1);* **'Wohl·ge·formt·heit** <f.; -; unz.>

'Wohl·ge·fühl <n.; -(e)s; unz.>

'wohl·ge·lit·ten, <auch> **'wohl ge·lit·ten** <Adj.> *beliebt;* sie ist hier ~; → a. *wohl(1)*

'wohl·ge·merkt <Adv.; eingeschoben> *das sei hervorgehoben;* er hat sich, ~, kein einziges Mal gemeldet

'wohl·ge·mut <Adj.> *fröhlich*

'wohl·ge·nährt, <auch> **'wohl ge·nährt** <Adj.> *gut genährt;* ein ~es Kind; → a. *wohl(1)*

'wohl·ge·neigt <Adj.; geh.> der ~e Leser

'wohl·ge·ra·ten <Adj.> ~e Kinder

'Wohl·ge·ruch <m.; -(e)s, ⸗e> *guter Geruch;* ~ verströmen

'Wohl·ge·schmack <m.; -(e)s; unz.> *guter Geschmack*

'wohl·ge·setzt, <auch> **'wohl ge·setzt** <Adj.> in ~en Worten; → a. *wohl(1)*

'wohl·ge·sinnt <Adj.> *freundlich gesinnt;* jmdm. ~ sein

'wohl·ge·stalt <Adj.; veralt.>, **'wohl·ge·stal·tet** <Adj.> *gut gebaut*

'wohl·ge·tan <Adj.; nur präd.> das war ~; <aber> das hat ihr wohl getan; → a. *wohl(1)*

'wohl·ha·bend <Adj.> *gut situiert;* ~ sein; **'Wohl·ha·ben·de(r)** <f. 2 (m. 1)>; **'Wohl·ha·ben·heit** <f.; -; unz.>

'woh·lig <Adj.> *behaglich;* ein ~es Gefühl von Geborgenheit

'Wohl·klang <m.; -(e)s; unz.> *schöner Klang;* **'wohl·klin·gend** <Adj.>

'Wohl·laut <m.; -(e)s; unz.> = *Wohlklang;* **'wohl·lau·tend** <Adj.>

'Wohl·le·ben <n.; -s; unz.; geh.> *angenehmes Leben*

'wohl·löb·lich <Adj.; scherzh.>

'wohl·mei·nend <Adj.; geh.> *wohl gemeint;* ~e Ratschläge

'wohl·pro·por·ti·o·niert, <auch> **'wohl pro·por·ti·o·niert** <Adj.>

'wohl·rie·chend <Adj.> *gut riechend*

'wohl·schme·ckend <Adj.>

'Wohl·sein <n.; -s; unz.> zum ~!

'Wohl·stand <m.; -(e)s; unz.> *hoher Lebensstandard;* im ~ leben; **'Wohl·stands·bür·ger** <m.; -s, -; abwertend>; **'Wohl·stands·bür·ge·rin** <f.; -, -n·nen; abwertend>; **'Wohl·stands·ge·sell·schaft** <f.; -, -en> *Gesellschaft ohne Massenarmut;* **'Wohl·stands·müll** <m.; -(e)s; unz.; abwertend>

'Wohl·tat <f.; -, -en> 1 *gute Tat;* jmdm. eine ~ erweisen 2 *Annehmlichkeit;* das heiße Bad war eine ~; **'Wohl·tä·ter** <m.; -s, ->; **'Wohl·tä·te·rin** <f.; -, -n·nen; Z38>; **'wohl·tä·tig** <Adj.> *mildtätig;* **'Wohl·tä·tig·keit** <f.; -; unz.>; **'Wohl·tä·tig·keits·kon·zert** <n.; -(e)s, -e>; **'Wohl·tä·tig-**

keits·ver·an·stal·tung <f.; -, -en>

'wohl·tem·pe·riert, <auch> **'wohl tem·pe'riert** <Adj.; ⟋Z46> *richtig temperiert;* ~er Raum; <aber> das Wohltemperierte Klavier *ein Werk von J. S. Bach.;* → a. *wohl(1)*

'wohl·ver·dient <Adj.> *verstärkend; verdient;* eine ~e Pause

'Wohl·ver·hal·ten <n.; -s; unz.> *angemessenes Verhalten*

'Wohl·ver·leih <m.; -(e)s; unz.; Bot.> = *Arnika*

wohl·ver·stan·den <Adv.; eingeschoben> *es sei hervorgehoben;* ich habe, ~, nie daran gezweifelt

'wohl·weis·lich <Adv.> *aus guten Gründen;* ich habe ihr ~ nichts verraten

'Wohl·wol·len <n.; -s; unz.> *freundliche Gesinnung;* jmdn. mit ~ behandeln; **'wohl·wol·lend** <Adj.> etwas ~ beurteilen; <aber> jmdm. wohl wollen

'Wohn·an·la·ge <f.; -, -n>; **'Wohn·bau** <m.; -(e)s, -ten>; **'wohn·be·rech·tigt** <Adj.>; **'Wohn·be·rech·ti·gung** <f.; -; unz.>; **'Wohn·be·reich** <m.; -(e)s, -e>; **'Wohn·block** <m.; -(e)s, ⸗e> *Häuserblock mit Wohnungen;* **'Wohn·ei·gen·tum** <n.; -s; unz.>; **'Wohn·ein·heit** <f.; -, -en> *Wohnung für einen Haushalt;* **'woh·nen** <V. i.> 1 *seine Wohnung haben;* sie ~ in München 2 *vorübergehend Unterkunft haben;* in einem Hotel ~; **'Wohn·ge·bäu·de** <n.; -s, ->; **'Wohn·ge·biet** <n.; -(e)s, -e>; **'Wohn·geld** <n.; -(e)s, -er> *staatl. Mietzuschuss;* **'Wohn·ge·mein·schaft** <f.; -, -en; Abk.: WG> **'wohn·haft** <Adj.; Amtsdt.> *wohnend;* ~ in Freiburg; **'Wohn·haus** <n.; -es, ⸗er>; **'Wohn·heim** <n.; -(e)s, -e> *Studenten~;* **'Wohn·kü·che** <f.; -, -n> *auch als Wohnraum dienende Küche;* **'Wohn·kul·tur** <f.; -; unz.>; **'Wohn·la·ge** <f.; -, -n> *ruhige ~;* **'Wohn·lau·be** <f.; -, -n> *bewohnbare Gartenlaube;* **'wohn·lich** <Adj.> *behaglich;* ein ~es Zimmer; **'Wohn·lich·keit** <f.; -; unz.>; **'Wohn·mo·bil** <n.; -(e)s, -e; Kfz>; **'Wohn·ort** <m.; -(e)s, -e>; **'Wohn·raum**

<m.; -(e)s, ⸗e>; **'Wohn·schiff** <n.; -(e)s, -e> *bewohnbares Schiff;* **'Wohn·schlaf·zim·mer** <n.; -s, ->; **'Wohn·sitz** <m.; -es, -e> *Ort, an dem man wohnt(1);* seinen ~ in München haben; erster, zweiter ~; ohne festen ~; **'Wohn·stra·ße** <f.; -, -n> *Straße mit Spielgelegenheiten für Kinder;* **'Wohn·stu·be** <f.; -, -n; volkstüml.>; **'Woh·nung** <f.; -en> 1 *Raum od. Räume zum Wohnen(1);* Miet~; Dreizimmer~ 2 *vorübergehende Unterkunft;* in einer Pension ~ nehmen; **'Woh·nungs·amt** <n.; -(e)s, ⸗er; früher>; **'Woh·nungs·bau** <m.; -(e)s; unz.>; **'Woh·nungs·bau·ge·nos·sen·schaft** <f.; -, -en>; **'Woh·nungs·bau·ge·sell·schaft** <f.; -, -en>; **'Woh·nungs·lo·se(r)** <f. 2 (m. 1)> = *Obdachlose(r);* **'Woh·nungs·mak·ler** <m.; -s, -> *jmd., der Wohnungen vermittelt;* **'Woh·nungs·mak·le·rin** <f.; -, -n·nen>; **'Woh·nungs·markt** <m.; -(e)s; unz.> *Angebot u. Nachfrage bzgl. Wohnungen;* **'Woh·nungs·not** <f.; -; unz.> in ~ sein; **'Woh·nungs·schlüs·sel** <m.; -s, ->; **'Woh·nungs·tausch** <m.; -(e)s, -e>; **'Wohn·vier·tel** <n.; -s, -> Ggs *Geschäftsviertel;* **'Wohn·wa·gen** <m.; -s, -; Kfz> *Autoanhänger zum Wohnen;* **'Wohn·zim·mer** <n.; -s, ->

'Woi·lach <m.; -s, -e> *wollene Pferdedecke* [russ.]

Woi'wo·de <m.; -n, -n> 1 <früher in allen slaw. Sprachen Bez. für> *Fürst* 2 <in Polen 1918–50> *oberster Beamter eines Bezirks* [poln.]; **Woi'wod·schaft** <f.; -, -en> *poln. Verwaltungsbezirk*

Wok <m.; -s, -s; Kochk.> *schalenförmiger Kochtopf* [chin.]

'wöl·ben <V. t.> 1 *wie ein Gewölbe spannen;* ein gewölbter Raum 2 <V. refl.> *sich krümmen;* sich nach oben ~; **'Wöl·bung** <f.; -, -en> *gewölbte Fläche*

Wolf <m.; -(e)s, ⸗e> 1 <Zool.> *ein Raubtier;* mit den Wölfen heulen <fig.> *mitmachen, was die anderen tun;* ein ~ im Schafspelz *ein scheinheiliger Mensch* 2 <Astr.> *ein Sternbild* 3 <Textilw.> *Maschine zum Auflockern*

W

von Faserbündeln; Reiß~; **'Wölf·chen** <n.; -s, -; Verkleinerungsf. von> *Wolf(1);* **'wöl·fen** <V. i.; bei Wolf u. Hund> *werfen(5);* **'Wöl·fin** <f.; -, -n·nen; Zool.>; **'wöl·fisch** <Adj.>; **'Wölf·lein** <n.; -s, -; poet.; Verkleinerungsf. von> *Wolf(1)*

'Wolf·ram <n.; -s; unz.; Chem.; Zeichen: W> *ein Metall;* **Wolf·ra·'mit** <n.; -(e)s; unz.; Chem.> *ein Wolframmineral*

'Wolfs·an·gel <f.; -, -n> *Falle für Wölfe;* **'Wolfs·fisch** <m.; -(e)s, -e; Zool.> *ein Fisch;* Sy *Seewolf;* **'Wolfs·gru·be** <f.; -, -n>; **'Wolfs·hund** <m.; -(e)s, -e; Zool.> *eine Hunderasse;* **'Wolfs·hün·din** <f.; -, -n·nen; Zool.>; **'Wolfs·hun·ger** <m.; -s; unz.; fig.; umg.> *großer Hunger;* **'Wolfs·klaue** <f.; -, -n; Zool.> *fünfte Zehe am Hundehinterlauf;* **'Wolfs·mensch** <m.; -en, -en; im Volksglauben> = *Werwolf;* **'Wolfs·milch** <f.; -; unz.; Bot.> *eine Pflanze;* **'Wolfs·ra·chen** <m.; -s, -; Anat.> *erweiterte Gaumenspalte;* **'Wolfs·spin·ne** <f.; -, -n; Zool.> *eine Spinne;* **'Wolfs·spitz** <m.; -(e)s, -e; Zool.> *eine Hunderasse*

Wo'lhy·ni·en, <auch> **Wol'hy·ni·en** <ℤ54; veralt. Schreibweise von> *Wolynien;* **wo'lhy·nisch** <Adj.>

'Wölk·chen <n.; -s, -; Verkleinerungsf. von> *Wolke;* **'Wol·ke** <f.; -, -n> 1 <Meteor.> *Ansammlung von Wasserdampf;* Gewitter~; *aus allen ~n fallen* <fig.; umg.> *sehr überrascht sein* 2 *Ansammlung winziger Teilchen;* Staub~; **'Wol·ken·bruch** <m.; -(e)s, ⸚e; Meteor.> *kurzer, starker Regen;* **'Wol·ken·him·mel** <m.; -s, -; Meteor.>; **'Wol·ken·krat·zer** <m.; -s, -; fig.; umg.> *sehr hohes Haus;* **Wol·ken·ku·ckucks·heim** <n.; -(e)s; unz.> *Luftgebilde, Traumland;* **'wol·ken·los** <Adj.; Meteor.> *ein ~er Himmel;* **'wol·ken·ver·han·gen** <Adj.; Meteor.> *~er Himmel;* <aber> *ein von Wolken verhangener H.;* **'Wol·ken·wand** <f.; -, ⸚e; Meteor.> *zusammengedrängte Wolkenmasse;* **'Wol·ken·zug** <m.; -(e)s; unz.>; **'wol·kig** <Adj.> 1 <Meteor.> *be-*

wölkt; heiter bis ~ 2 *wie Wolken; -er Rauch;* **'Wölk·lein** <n.; -s, -; poet.; Verkleinerungsf. von> *Wolke*

'Woll·af·fe <m.; -n, -n; Zool.> *Affenart;* **'Woll·blu·me** <f.; -, -n>; **'Woll·de·cke** <f.; -, -n>; **'Wol·le** <f.; -, -n> 1 <Textilw.> *Tierhaare, die sich zum Verspinnen eignen;* Schaf~; Schur~; *ein Pullover aus reiner ~* 2 <fig.; umg.> *menschl. Haare; sich in die ~ kriegen mit jmdm. zu streiten beginnen;* **'wol·len¹** <Adj.> *aus Wolle; eine ~e Jacke*

'wol·len² <V. 290> 1 <V. t.> *wünschen, begehren;* sie will, dass wir ihr helfen; ich wollte, es wäre schon vorbei; das will gelernt sein *muss gelernt sein* 2 <Modalverb> *den Willen, die feste Absicht haben;* ich habe das nicht gewollt; <aber> ich habe das nicht hören ~; du hast helfen ~; du wolltest helfen; er will morgen kommen; was ich noch sagen wollte; macht, was ihr wollt!; das will nichts sagen <umg.> *bedeutet nichts;* ~ Sie bitte mitkommen (höfl. Aufforderung); mit gewollter Selbstsicherheit 3 <Modalverb> *im Begriff sein (etwas zu tun);* ich will dir eins sagen; wir ~ sehen! 4 <Modalverb> *vorgeben;* sie will bereits gestern hier gewesen sein

'Woll·fa·den <m.; -s, ⸚>; **'Woll·fett** <n.; -(e)s; unz.> *Fett der Schafwolle;* **'Woll·gras** <n.; -es; unz.; Bot.> *ein Grasgewächs;* **'Woll·haar** <n.; -(e)s; unz.; fig.> 1 *krauses Haar* 2 <Anat.> *Lanugo;* **'Woll·haar·e·le·fant** <m.; -en, -en; ℤ55; Zool.> *Mammut;* **'wol·lig** <Adj.> 1 *Wolle(1) tragend; ~e Schafe* 2 *wie Wolle(1);* **'Woll·kamm** <m.; -(e)s, ⸚e; Textilw.> *Gerät zum Auffasern von Wolle(1);* **Woll·käm·me·rei** <f.; -, -en; Textilw.>; **'Woll·kleid** <n.; -(e)s, -er>; **'Woll·knäu·el** <n. od. m.; -s, -> ℤ37>; **'Woll·lap·pen** <m.; -s, -; ℤ37; Zool.> *eine Pflanzenlaus;* **'Woll·maus** <f.; -, ⸚e> *Anhäufung von Staubflocken;* **'Woll·sie·gel** <n.; -s; Textilw.> *Gütezeichen für Produkte aus Schurwolle;* **Woll·spin·ne'rei**

<f.; -, -en; Textilw.>; **'Woll·stoff** <m.; -(e)s, -e; Textilw.>

'Wol·lust <f.; -; unz.> 1 *sexuelle Lust* 2 <fig.> *Wonne; etwas mit wahrer ~ tun;* **'wol·lüs·tig** <Adj.>; **'Wol·lüst·ling** <m.; -s, -e; umg.>

'Woll·wachs <[-ks]; n.; -es, -e>; **'Woll·wa·ren** <Pl.>; **'Woll·we·ber** <m.; -s, -; Textilw.>; **'Woll·we·be·rin** <f.; -, -n·nen; Textilw.>

Wo'ly·ni·en *ukrain. Region;* oV *Wolhynien;* **wo'ly·nisch** <Adj.; ℤ46> *Wolynisches Fieber Fünftagefieber*

'Wom·bat <m.; -s, -s; Zool.> *ein Beuteltier* [austral.]

Wo·men's Lib <['wimənz 'lib]; f.; --; unz.> *Frauenrechtsbewegung* [engl.]

wo'mit 1 <Interrogativadv.> *mit was?; ~ kann ich dir helfen?* 2 <Relativadv.> *mit welcher Sache;* sie hat meinen Plan kritisiert, ~ sie Recht hatte

wo'mög·lich <Adv.> 1 *wenn möglich;* komm ~ vor den anderen 2 <umg.> *vielleicht sogar;* du verletzt dich ~ noch

wo'nach 1 <Interrogativadv.> *nach welcher Sache?; ~ hat sie sich erkundigt?* 2 <Relativadv.> *nach welcher Sache;* eine neue Regelung, ~ alle ...

Won·der·bra <['wʌndərbra:]; m.; -s, -s> *BH mit gepolsterten Körbchen* [engl.]

'Won·ne <f.; -, -n> 1 <geh.> *große Freude; etwas mit ~ genießen* 2 <umg.> *Schadenfreude;* **'Won·ne·mo·nat** <m.; -(e)s, -e; alte Bez. für> *Mai;* **'Won·ne·prop·pen** <m.; -s, -; umg.; scherzh.> *pausbäckiges Kind;* **'won·ne·trun·ken** <Adj.; poet.> *von Wonne erfüllt;* **'won·ne·voll** <Adj.>; **'won·nig** <Adj.> *entzückend; ein ~er Junge*

Woods <['wu:dz]; Pl.; Golf> *Holzschläger;* Ggs *Irons* [engl.]

Woog <m.; -(e)s, -e> *kleiner See*

wor'an, <auch> **wo'ran** <a. ['--]; ℤ54> 1 <Interrogativadv.> *an was?; ~ erinnerst du dich?* 2 <Relativadv.> *an welcher Sache;* sie hat mich gelobt, ~ mir nichts liegt

wor'auf, <auch> **wo'rauf** <a. ['--]; ℤ54> 1 <Interrogativadv.> *auf*

W

was?; ~ warten wir noch? **2** <Relativadv.> *auf welche Sache;* sie wurde ausfallend, ~ ich den Raum verließ

wor·auf·hin, <auch> **wo·rauf'hin** <a. ['---]; ↗Z54> **1** <Interrogativadv.> *auf welche Sache hin?;* ~ hat er das gefragt? **2** <Relativadv.> = *worauf(2)*

wor'aus, <auch> **wo'raus** <a. ['--]; ↗Z54> **1** <Interrogativadv.> *aus was?;* ~ besteht Beton? **2** <Relativadv.> *aus welcher Sache;* sie kam nicht, ~ ich schloss, dass ...

Worces·ter·so·ße <['wustə(r)-]; f.; -; unz.> *scharfe Würzsoße* [nach der engl. Landschaft Worcestershire]

wor'ein, <auch> **wo'rein** <a. ['--]; Adv.; ↗Z54> umg. für> *wohinein*

'wor·feln <V. t.; ich worf(e)le; Landw.; früher> Getreide ~ *von der Spreu trennen*

wor'in, <auch> **wo'rin** <a. ['--]; ↗Z54> **1** <Interrogativadv.> *in was?;* ~ besteht der Vorteil? **2** <Relativadv.> *in welcher Sache;* er glaubt, dass ..., ~ ich ihm folge

Work·a·ho·lic, <auch> **Wor·ka·ho·lic** <[wə:kə'hɔlik]; m.; -s, -s; ↗Z54; Psych.> *jmd., der zwanghaft arbeitet* [engl.]; **Work·camp** <[-kæmp]; n.; -s, -s> *Ferienlager zur Unterstützung sozialer u. polit. Projekte;* **'Work·out,** <auch> **'Work-out** <[-aut]; n.; -s, -s; ↗Z32; Sp.> *Sportübung zur Leistungssteigerung;* **'Work·shop** <[-ʃɔp]; m.; -s, -s> *Diskussionsveranstaltung, Arbeitsgruppe;* **'Work·sta·tion** <[-steɪʃn]; f.; -, -s; EDV> *leistungsfähiger Computer am Arbeitsplatz*

World·cup <['wə:ldkʌp]; m.; -s, -s; Sp.; bes. Fußb.> *Weltmeisterschaft* [engl.]; **'World Wide Fund for Na·ture** <[- 'waid 'fʌnd fɔ(r) 'neɪtʃə(r)]; m.; -----; unz.; Abk. WWF> *internat. Naturschutzverband;* **'World Wide Web** <[- 'wɛb]; n.; ---s; EDV; Kurzw.: Web; Abk.: WWW> *weltweit verbreitetes Computernetz*

WORM <[wɔ:m]; f.; -, -s; EDV; Abk. für> *Write Once Read Many Times* [engl.]

Wort <n.; -(e)s, ⸚er od. -e> → a. *Kasten S. 1228* **1** <Pl.: ⸚er od. (selten) -e> *Vokabel, kleinster eigenständiger Redeteil;* Fremd~; die Bedeutung eines ~es; ~ für ~; Wörter lernen **2** <Pl.: -e> *Äußerung;* ein paar ~e mit jmdm. wechseln; nicht viel(e) ~e machen; leere ~e; mit wenigen ~en; nach ~en ringen; kein ~ über etwas verlieren *nicht über etwas sprechen;* ~e zur Begrüßung **3** <unz.> *Gesagtes;* im Anfang war das ~ (Johannes 1,1); kein ~ verstehen; jmdn. beim ~ nehmen **4** <Pl.: -e> *Ausspruch, Bemerkung;* ein ~ von Kleist; das rechte ~ zur rechten Zeit; ein geflügeltes ~ <fig.> *weit verbreitete Ausspruch* **5** <unz.> *Rede;* jmdm. ins ~ fallen *jmdn. unterbrechen;* sich zu ~ melden; nicht zu ~ kommen **6** <unz.> *Ehrenwort;* jmdm. sein ~ geben; sein ~ brechen, halten; **'Wort·art** <f.; -, -en; Gramm.> *Wortklasse nach grammat. Kriterien;* → a. *Kasten S. 1228;* **'Wort·bei·trag** <m.; -(e)s, ⸚e; Rundf.> Ggs *Musikbeitrag;* **'Wort·bil·dung** <f.; -, -en; Sprachw.> → a. *Kasten S. 1228;* **'Wort·bruch** <m.; -(e)s, ⸚e> *Bruch des Versprechens;* **'wort·brü·chig** <Adj.> ~ werden; **'Wört·chen** <n.; -s, -; Verkleinerungsf. von> *Wort;* habe ich auch noch ein ~ mitzureden; **'Wor·te·ma·cher** <m.; -s, -; abwertend>; **'Wor·te·ma·che·rin** <f.; -, -nnen; abwertend>; **'Wör·ter·buch** <n.; -(e)s, ⸚er> *Verzeichnis des Wortschatzes einer Sprache od. eines Fachgebiets;* einsprachiges ~; ~ der Chemie; **'Wör·ter·ver·zeich·nis** <n.; -s·ses, -s·se>; **'Wort·fa·mi·lie** <[-liə]; f.; -, -n; Gramm.> *etymolog. zusammengehörige Wörter(1);* → a. *Kasten S. 1228;* **'Wort·feld** <n.; -(e)s, -er; Gramm.> *Gruppe sinnverwandter Wörter(1);* → a. *Kasten S. 1228;* **'Wort·fet·zen** <m.; -s, -; meist Pl.> nur ein paar ~ verstehen; **'Wort·fol·ge** <f.; -, -n; Gramm.> *Reihenfolge der Wörter(1) im Satz;* **'Wort·for-**

schung <f.; -; unz.; Sprachw.>; **'Wort·füh·rer** <m.; -s, -> sich zum ~ einer Sache machen; **'Wort·füh·re·rin** <f.; -, -nnen>; **'Wort·ge·fecht** <n.; -(e)s, -e>; **'wort·ge·treu** <Adj.> ~e Übersetzung; **'wort·ge·wal·tig** <Adj.>; **'wort·ge·wandt** <Adj.>; **'Wort·ge·wandt·heit** <f.; -; unz.>; **'Wort·gut** <n.; -(e)s; unz.> *Wortbestand;* veraltetes ~; **Wort'her·kunft** <f.; -; unz.; Sprachw.> → a. *Kasten Etymologie;* **'wort·karg** <Adj.> *schweigsam;* **'Wort·karg·heit** <f.; -; unz.>; **'Wort·klas·se** <f.; -, -n; Gramm.>; **'Wort·klau·ber** <m.; -s, -; abwertend> *jmd., der engstirnig auf dem wörtl. Sinn besteht;* **Wort·klau·be'rei** <f.; -, -en; abwertend>; **'Wort·klau·be·rin** <f.; -, -nnen; abwertend>; **'Wort·krieg** <m.; -(e)s, -e> *scharfe Auseinandersetzung;* **'Wort·laut** <m.; -(e)s; unz.> *wörtl. Inhalt;* der genaue ~ eines Textes; **'Wört·lein** <n.; -s, -; poet.> *Verkleinerungsf. von> Wort;* **'wört·lich** <Adj.> *wortgetreu;* ~e Übersetzung; etwas ~ nehmen; ~e Rede <Gramm.> *direkte R.;* → a. *Kasten direkte Rede;* **'wort·los** <Adj.> jmdm. ~ die Hand reichen; **'Wort·mel·dung** <f.; -, -en; in Diskussionsrunden>; **'Wort·re·gis·ter** <n.; -s, -> *Wörterverzeichnis;* **'wort·reich** <Adj.> *von Wort;* **'Wort·reich·tum** <m.; -(e)s; unz.>; **'Wort·schatz** <m.; -es, ⸚e; Pl. selten> **1** *Gesamtheit der Wörter einer Sprache* **2** *verfügbarer Wortvorrat;* einen großen ~ haben; aktiver, passiver ~; → a. *Kasten S. 1228;* **'Wort·schöp·fung** <f.; -, -en>; **'Wort·schwall** <m.; -(e)s, ⸚e>; **'Wort·sinn** <m.; -(e)s; unz.>; **'Wort·spiel** <n.; -(e)s, -e> *geistreiches Spiel mit Wörtern;* **'Wort·stamm** <m.; -(e)s, ⸚e; Sprachw.> → a. *Kasten S. 1228;* **'Wort·stel·lung** <f.; -, -en; Gramm.> = *Wortfolge;* → a. *Kasten Syntax;* **'Wort·streit** <m.; -(e)s, -e>; **'Wort·tren·nung** <f.; -, -en; Gramm.> → a. *Kasten S. 1229;* **'Wort·ver·der·ber** <m.; -s, ->; **'Wort·ver·dre·he·rin** <f.; -, -nnen>; **'Wort·ver·dre·hung**

Wort: Ein W. wird von den Sprechern einer Sprache intuitiv als sprachliche Einheit erkannt. Die sprachwissenschaftlichen Definitionsversuche sind jedoch uneinheitlich und teilweise widersprüchlich. So werden z. B. in der ↗Phonetik Wörter als kleinste artikulatorisch zusammenhängende Lautsegmente aufgefasst, in der lexikalischen ↗Semantik wird dagegen der bedeutungstragende Aspekt des W. untersucht. Auf orthografischer Ebene werden Wörter durch Leerstellen im Schriftbild abgegrenzt.

Wortart: Eine W. ist eine nach bestimmten Form- und Bedeutungsmerkmalen definierte Klasse von Wörtern. Die traditionelle Einteilung der Wortklassen folgt der griechisch-lateinischen Grammatik und ist auch heute noch die gebräuchlichste. Grundsätzlich wird zwischen **flektierbaren** (veränderlichen) W. und **nicht flektierbaren** (unveränderlichen) W. unterschieden. Die veränderlichen W. werden außerdem unterteilt in deklinierbare und konjugierbare W.:
1. **Flektierbare W.:**
   a) **konjugierbar:** ↗Verb
   b) **deklinierbar:** ↗Substantiv (Nomen), ↗Adjektiv, ↗Artikel, ↗Pronomen, ↗Numerale
   Die deklinierbaren W. werden auch unter dem Ausdruck **Nomen** zusammengefasst. (Die Numeralia werden teilweise den Adjektiven zugeordnet und nicht als eigene W. aufgefasst.)
2. **Nicht flektierbare W.:**
   ↗Adverb, ↗Konjunktion, ↗Präposition, ↗Interjektion, ↗Partikel
   Die nicht flektierbaren W. werden auch insgesamt unter der Bezeichnung ↗Partikel zusammengefasst, in der obigen Klassifizierung sind diese jedoch als eine eigene Wortklasse aufgelistet.

Wortbildung(slehre): Die W. ist Teil der Morphologie. (Der andere Bereich der Morphologie ist die Flexionslehre.) Die W. befasst sich mit der Bildung von Wörtern. Wörter entstehen entweder durch **Wortschöpfung** oder sie werden mit Hilfe anderer, bereits vorhandener Wörter gebildet, wobei unterschiedliche Arten der Wortbildung differenziert werden:
a) **Komposition:** Zusammensetzung komplexer Wörter: *Baum-blüte, Vogel-ei*
b) **Derivation:** Ableitung durch Anfügen von Suffixen: *herzlich, freund-lich*
c) **Präfixbildung:** Anfügen eines Präfixes, das nicht frei vorkommt: *ver-tagen, uninteressant*
d) **Konversion:** Überführung einer Wortart in eine andere: *Schrei – schreien; legen – Lage*
e) **Kurzwörter und Abkürzungen:** *Pkw, Azubi, Ufo*

Die Fähigkeit, nach den vorhandenen Wortbildungsmustern in einer Sprache neue Wörter zu bilden, nennt man **Produktivität**. Produktive Muster sind z. B. die Suffixe *-ung, -heit, -mäßig*. Andere Suffixe sind dagegen unproduktiv, wie z. B. *-de* in *Zier-de, Beschwer-de*.
Vgl. ↗Nullableitung, ↗Zusammenbildung

Wortfamilie: Als eine W. bezeichnet man Wörter, die gleiche oder ähnliche Stammmorpheme aufweisen und auf dieselbe **etymologische Wurzel** zurückzuführen sind: *kommen, ankommen, umkommen, verkommen* usw. Teilweise sind die Wörter einer W. lautlich oder semantisch bereits weit voneinander entfernt, sodass ihre Verwandtschaft in der Gegenwartssprache häufig undurchsichtig ist. So geht z. B. der Wortbestandteil *-kunft (Ankunft, Zusammenkunft, Zukunft* usw.) auf *kommen* zurück.

Wortfeld: Ein W. bezeichnet eine Gruppe von Wörtern, die sinnverwandt sind und deren Bedeutungen sich einerseits gegenseitig begrenzen, andererseits aber ein Bedeutungsfeld lückenlos abdecken.
Ein W. „Fortbewegung" bilden z. B. die Verben *rennen, laufen, gehen, wandern, pilgern, spazieren, marschieren* usw.
Grundgedanke der **Wortfeldtheorie** ist die ganzheitlich orientierte Hypothese, dass sich der gesamte Wortschatz einer Sprache in W. ordnen lässt und ein in sich geschlossenes Bild der Wirklichkeit darstellt. Dabei wird die Bedeutung eines einzelnen Wortes in Abhängigkeit von den übrigen Wörtern eines W. betrachtet.

Wortschatz: Der W. ist der Gesamtbestand aller Wörter einer Sprache zu einem bestimmten Zeitpunkt. Der allgemein gebräuchliche W. des Deutschen umfasst rund 75.000 Wörter. Der W. des einzelnen Sprechers besteht aus ca. 8. – 10.000 Wörtern bzw. ↗Lexemen, wobei große Differenzen zwischen dem aktiven und passiven (nur verstehenden) Gebrauch bestehen können. Größere Wörterbücher der deutschen Gegenwartssprache verzeichnen ca. 100.000 – 200.000 Stichwörter, während in Grimms „Deutschem Wörterbuch" rund 500.000 ↗Lemmata beschrieben sind.

Wortstamm: Der W. – auch **Basismorphem** oder **Wurzel** genannt – ist der Teil eines Wortes ohne die zugehörigen Wortbildungs- und Flexionsmorpheme bzw. beim Verb der Stamm ohne Infinitivendung. (Wörter, die nur aus einem Wortstamm bestehen, nennt man **Stammwörter:** *Uhr, Berg, Pferd; reich, klein, groß*.)
In der neuen Rechtschreibung wird das **Stammprinzip** stärker berücksichtigt, so wurden z. B. Einzelfälle der Umlautschreibung an die Stammschreibung angeglichen: *behände* (zu *Hand*), *belämmert* (zu *Lamm*), *Quäntchen* (zu *Quantum*), *Stängel* (zu *Stange*).
Vgl. ↗Morphem

W

<f.; -, -en>; **'Wort·ver·zeich·nis** <n.; -s·ses, -s·se>; **'Wort·wech·sel** <[-ks-]; m.; -s, -> *verbaler Streit*; **'Wort·witz** <m.; -es, -e> *auf einem Wortspiel basieren-*

der Witz; **wort'wört·lich** <Adj.; verstärkend> *wörtlich*
wor'ü·ber, <auch> **wo'rü·ber** <a. ['---]; ↗Z54> 1 <Interrogativadv.> *über was?; ~ lachst du?* 2

<Relativadv.> *über was; sie hat die Prüfung bestanden, ~ sie sehr froh war*
wor'um, <auch> **wo'rum** <a. ['--']; ↗Z54> 1 <Interrogativadv.> *um*

Worttrennung oder **Silbentrennung**: Die W. am Zeilenende wurde mit der Neuregelung der deutschen Rechtschreibung in einigen Punkten geändert. Getrennt wird jetzt auch die Buchstabenfolge *st* (*Fens-ter, am engsten* usw.). Die Trennung von *ck* als *-k-k-* ist künftig nicht mehr zulässig, *ck* wird als Buchstabenfolge wie *ch* und *sch* aufgefasst und entsprechend getrennt (*Zucker, le-cker* usw.). Grundsätzlich werden drei verschiedene Grundregeln der W. unterschieden:
1. Trennung nach Sprechsilben Entsprechend der Grundregel der Silbentrennung werden Wörter am Zeilenende so getrennt, wie sie sich beim langsamen Sprechen in Silben zerlegen lassen (*sehen, Ge-spens-ter, na-ti-o-nal, Ver-such, Blu-men-er-de*).
2. Morphologische Trennung Zusammengesetzte Wörter werden zwischen den einzelnen Bestandteilen getrennt (*Kaffeekanne, Chef-arzt, Job-suche, erziehungs-berechtigt* usw.). Grundsätzlich gilt diese Regelung auch für Fremdwörter. Erkennt ein Schreiber jedoch nicht die einzelnen morphologischen Bestandteile eines Wortes, so darf er auch nach Sprechsilben trennen (*hin-auf* oder *hi-nauf, Chir-urg* oder *Chi-rurg* usw.).
3. Mechanische oder Konsonantentrennung Stehen zwischen zwei Vokalbuchstaben mehrere Konsonantbuchstaben, so kann vor dem letzten getrennt werden: *Instrument, Trai-ning, erns-tes, Gemisch-tes* usw.; *pf* und *st* dürfen bei nachfolgendem Vokal nicht gemeinsam abgetrennt werden, zugelassen sind z. B. nur die Trennungen *Karp-fen, schwüls-tig* usw. Bei Fremdwörtern darf der vorausgehende Konsonantbuchstabe seit mit abgetrennt werden, wenn der letzte von mehreren Konsonantbuchstaben ein *r, l* oder *n* ist: *Ni-trat* oder *Nit-rat, no-bles* oder *nob-les, Ma-gnat* oder *Mag-nat* usw.

---

was?; ~ hast du ihn gebeten? **2** <Relativadv.> *um was;* es gibt etwas, ~ ich dich bitten möchte
wor·un·ter, <auch> **wo·run·ter** <a. ['---]; ↗Z54> **1** <Interrogativadv.> *unter was?;* ~ hat sie zu leiden? **2** <Relativadv.> *unter was;* sie redeten von Winkelfunktionen, ~ ich mir nichts vorstellen kann
wo·von <a. ['--'] **1** <Interrogativadv.> *von was?;* ~ sprecht ihr? **2** <Relativadv.> *von was;* er erwähnte etwas, ~ ich keine Ahnung hatte
wo·vor <a. ['--'] **1** <Interrogativadv.> *vor was?;* ~ hast du Angst? **2** <Relativadv.> *vor was;* morgen kommt X, ~ mir graut
wow <[wau]; Int.; umg.> (Ausruf der Bewunderung) [engl.]
wo·zu <a. ['--'] **1** <Interrogativadv.> *zu welchem Zweck?, zu welcher Sache?;* ~ benötigst du das?; ~ hat er sich entschlossen? **2** <Relativadv.> *zu was;* er hat die Prüfung bestanden, ~ ihm alle gratulierten
wrack <Adj.; Mar.> *irreparabel* [ndrl.]; **Wrack** <n.; -s, -s> **1** <Mar.> *unbrauchbar geworde-*

nes Schiff **2** <fig.; umg.> *körperl. zerrütteter Mensch;* nur noch ein ~ sein
'wrin·gen <V. t. 291; du wringst> *durch Drehen Flüssigkeit herauspressen;* Wäsche ~
'Wru·cke, 'Wru·ke <f.; -, -n; Bot.> *Kohlrübe*
Ws <Phys.; Zeichen für> *Wattsekunde*
WS <Phys.; Zeichen für> *Wassersäule*
WSV <Abk. für> *Winterschlussverkauf*
WSW <Abk. für> *Westsüdwesten*
W-Teil·chen <n.; -s, -; ↗Z34; Phys.> = *W-Boson*
'Wu·cher <m.; -s; unz.; abwertend> *ausbeuterisches Erzielen eines hohen Gewinns;* Kredit~; ~ treiben; **'Wu·cher·blu·me** <f.; -, -n; Bot.> = *Chrysantheme;* **'Wu·che·rer** <m.; -s, ->; **'Wu·che·rin** <f.; -, -n·nen>; **'wu·che·risch** <Adj.>; **'wu·chern** <V. i.; ich wuchere> **1** <(s.)> *übermäßig stark wachsen;* Pflanzen ~; Körpergewebe wuchert **2** <(h.)> mit etwas ~ *Wucher treiben;* **'Wu·cher·preis** <m.; -es, -e>; **'Wu-**

che·rung <f.; -, -en>; **'Wu·cher·zins** <m.; -es, -en>
Wuchs <[vu:ks]; m.; -es; unz.> **1** *Wachstum;* Pflanzen~ **2** *Körperbau;* Klein~; **...wüch·sig** <in Zus.> z. B. großwüchsig; **'Wuchs·stoff** <m.; -(e)s; unz.; Biol.> *wachstumsfördernder Stoff*
Wucht <f.; -; unz.> **1** *Kraft, Heftigkeit;* mit voller ~ **2** <fig.; umg.> *tolle Sache;* das ist 'ne ~!; **'wuch·ten** <V.> **1** <V. i.> *mit aller Kraft arbeiten;* schwer ~ **2** <V. t.> *kraftvoll heben;* Möbelstücke ~; **'wuch·tig** <Adj.> *schwer u. massig;* ein ~er Schrank; ein ~er Schlag; **'Wuch·tig·keit** <f.; -; unz.>
'wüh·len <V. i.> **1** *mit den Pfoten od. Händen graben;* die Maus wühlt in der Erde **2** im Schmutz ~ <a. fig.>; **'Wüh·ler** <m.; -s, ->; **Wüh·le·rei** <f.; -; unz.>; **'Wüh·le·rin** <f.; -, -n·nen>; **'Wühl·maus** <f.; -, ⸚e; Zool.> *ein Nagetier;* **'Wühl·tisch** <m.; -(e)s, -e> *Verkaufstisch mit Sonderangeboten*
'Wuh·ne <f.; -, -n> = *Wune*
Wuhr <n.; -(e)s, -e; bair.; alemann.; schweiz.> = *Wehr¹*
Wul·fe·nit <m.; -s; unz.; Geol.> *ein Mineral* [nach dem Mineralogen *von Wulfen*]
Wulst <m.; -es, ⸚e od. f.; -, ⸚e> **1** *längl. Auswuchs* **2** <Geom.> *eine Rotationsfläche;* Kreis~ **3** <Arch.> *Bauelement an Säulen;* **'Wülst·chen** <n.; -s, -; Verkleinerungsf. von> *Wulst;* **'wuls·tig** <Adj.>; **'Wulst·ling** <m.; -s, -e; Bot.> *ein Pilz*
'wum·mern <V. i.; umg.> *dumpf dröhnen*
wund <Adj.> **1** <↗Z24; Med.> *(an der Hautoberfläche) verletzt, aufgerieben;* eine ~e Stelle; sich ~ liegen; er hat sich ~ gelegen; sich die Finger ~ schreiben <fig.>; ~er Punkt <fig.> *Sache, bei der jmd. empfindlich reagiert* **2** <poet.> *verwundet;* ein ~er Krieger; **'Wund·arzt** <m.; -es, ⸚e; Med.; veralt.> *Chirurg;* **'Wund·ärz·tin** <f.; -, -n·nen; Med.; veralt.>; **'Wund·be·hand·lung** <f.; -; -en; Med.>; **'Wund·brand** <m.; -(e)s; unz.; Med.> *Entzündung einer Wunde;* **'Wun·de** <f.;

-, -n> 1 <Med.> *Haut-, Gewebe-verletzung;* Biss~; die ~ nässt 2 <fig.> *Kummer;* eine alte ~ wieder aufreißen

'Wun·der <n.; -s, -> 1 *Geschehen, das den Naturgesetzen zuwiderläuft;* ~ tun, wirken 2 <fig.> *außerordentliches Ereignis;* ein ~ an Effizienz; das ist kein ~ *ist nicht erstaunlich;* was ~, dass ...; sich ~ was einbilden *sich einbilden, außergewöhnlich zu sein;* sie glaubt ~ wie gescheit zu sein; → a. *wundernehmen, wunders;* **'wun·der·bar** <Adj.> 1 eine ~e Fügung; ans Wunderbare grenzen 2 *großartig;* ein ~er Sänger; das ist ~!; **wun·der·ba·rer'wei·se** <Adv.>; **'Wun·der·baum** <m.; -(e)s, ⸚e; Bot.> *baumförmiges Wolfsmilchgewächs;* **'Wun·der·blu·me** <f.; -, -n; Bot.> *Pflanze, deren Blüten spätnachmittags aufgehen;* **'Wun·der·ding** <n.; -(e)s, -e>; **'Wun·der·dok·tor** <m.; -s, -'to·ren; im alten Volksglauben> *Arzt, der Wunder(1) tut;* **'Wun·der·glau·be** <m.; -ns; unz.>; **'wun·der·gläu·big** <Adj.>; **'Wun·der·hei·ler** <m.; -s, -; im Volksglauben>; **'Wun·der·hei·le·rin** <f.; -, -n·nen; im Volksglauben>; **'Wun·der·horn** <n.; -(e)s, ⸚er; Myth.> *sich nie leerendes Füllhorn;* **'wun·der·'hübsch** <Adj.; verstärkend>; **'Wun·der·ker·ze** <f.; -, -n> *mit brennbarem Gemisch überzogener Draht;* **'Wun·der·kind** <n.; -(e)s, -er> *außergewöhnlich begabtes Kind;* **'Wun·der·kna·be** <m.; -n, -n>; **'wun·der·lich** <Adj.> *sonderbar;* ~ werden; **'Wun·der·mit·tel** <n.; -s, -> *bes. gut wirkendes Mittel;* **'wun·dern** <V. t./V. refl.; ich wundere mich> 1 *in Erstaunen setzen;* das wundert mich; mich wundert, dass ... 2 *sich über etwas* ~; **'wun·der|neh·men** <V. t. 189; es nimmt mich wunder; es hat mich wundergenommen; wunderzunehmen; ✎Z26> *erstaunen;* → a. *Wunder(2);* **'Wun·der·quel·le** <f.; -, -n; im Volksglauben>; **'wun·ders** <Adv.; umg.> *ganz besonders;* er glaubt ~ wie gescheit zu sein; **'wun·der·sam** <Adj.; poet.> *wunderbar(1);* ~e

Musik; **'wun·der·schön** <Adj.; verstärkend>; **'Wun·der·tat** <f.; -, -en>; **'Wun·der·tä·ter** <m.; -s, -; im Volksglauben>; **'Wun·der·tä·te·rin** <f.; -, -n·nen; im Volksglauben>; **'wun·der·tä·tig** <Adj.>; **'Wun·der·tä·tig·keit** <f.; -; unz.>; **'Wun·der·tier** <n.; -(e)s, -e> *unbekanntes Tier;* **'wun·der·voll** <Adj.> = *wunderbar(2);* **'Wun·der·waf·fe** <f.; -, -n>; **'Wun·der·welt** <f.; -, -en>; **'Wun·der·werk** <n.; -(e)s, -e> ein ~ der Technik

'Wund·fie·ber <n.; -s; unz.; Med.> *Fieber durch Wundinfektion;* **'Wund·flä·che** <f.; -, -n; Med.>; **'Wund·heit** <f.; -; unz.; Med.>; **'Wund·in·fek·ti·on** <f.; -, -en; Med.>; **'Wund·klam·mer** <f.; -, -n; Med.> *Klammer zum Schließen einer Wunde;* **'Wund·mal** <n.; -(e)s, -e> *vernarbte Wunde;* **'Wund·pflas·ter** <n.; -s, -; Med.>; **'Wund·rand** <m.; -(e)s, ⸚er; Med.>; **'Wund·sal·be** <f.; -, -n; Med.>; **'Wund·starr·krampf** <m.; -(e)s; unz.; Med.> *schwere Infektionskrankheit;* Sy *Tetanus*

'Wu·ne <f.; -, -n> *Loch im Eis*

Wunsch <m.; -(e)s, ⸚e> 1 *Begehren, Sehnsucht;* einen ~ haben, erfüllen; auf seinen eigenen ~ (hin) 2 *Glückwunsch;* mit den besten Wünschen zum neuen Jahr; **'wünsch·bar** <Adj.; schweiz.> *wünschenswert;* **'Wunsch·bild** <n.; -(e)s, -er>; **'Wunsch·den·ken** <n.; -s; unz.> das ist reines ~; **'Wün·schel·ru·te** <f.; -, -n> *gegabelter Zweig, mit dem sich angebl. Bodenschätze oder Quellen auffinden lassen;* **'Wün·schel·ru·ten·gän·ger** <m.; -s, ->; **'Wün·schel·ru·ten·gän·ge·rin** <f.; -, -n·nen>; **'wün·schen** <V. t./V. refl.; du wünschst> 1 *begehren;* sich etwas zum Geburtstag ~; ich wünschte, ich könnte mitkommen; sie wünscht, nicht gestört zu werden; zu ~ übrig lassen *nicht perfekt sein* 2 jmdm. Glück ~; jmdm. (einen) guten Morgen ~; **'wün·schens·wert** <Adj.; -er, am -es·ten> eine ~e Verbesserung; **wunsch·ge·mäß** <Adj.>; **'Wunsch·kan·di·dat** <m.; -en, -en>; **'Wunsch·**

kan·di·da·tin <f.; -, -n·nen>; **'Wunsch·kind** <n.; -(e)s, -er>; **'Wunsch·kon·zert** <n.; -(e)s, -e; Rundf.>; **'Wunsch·lis·te** <f.; -, -n>; **'wunsch·los** <Adj.; meist scherzh.> ~ glücklich; **'Wunsch·traum** <m.; -(e)s, ⸚e> *sehnlicher Wunsch;* **'Wunsch·zet·tel** <m.; -s, ->

'Wür·de <f.; -, -n> 1 <unz.> *Bedeutung des Menschen aufgrund seines inneren Wertes;* die ~ des Menschen; unter jmds. ~ 2 *ehrenvolle Position mit Titel;* Doktor~; akademische ~n; **'wür·de·los** <Adj.> ~es Verhalten; **'Wür·de·lo·sig·keit** <f.; -; unz.>; **'Wür·den·trä·ger** <m.; -s, -> *Träger einer hohen Auszeichnung;* **'Wür·den·trä·ge·rin** <f.; -, -n·nen>; **'wür·de·voll** <Adj.> ~e Haltung; **'Wür·dig** <Adj.> 1 *ehrhaben, ehrwürdig;* eine ~e alte Dame 2 *wert, angemessen;* sich einer Ehre ~ erweisen; **'wür·di·gen** <V. t.> 1 *anerkennen, honorieren;* jmds. Verdienste ~ 2 er hat uns keines Blickes gewürdigt; **'Wür·dig·keit** <f.; -; unz.>; **'Wür·di·gung** <f.; -, -en>

Wurf <m.; -(e)s, ⸚e> 1 *das Werfen(1);* zum ~ ausholen 2 *Ergebnis des Wurfes(1);* auf einen ~; das Buch war ihr großer ~ <fig.> *Erfolg* 3 <bei manchen Säugetieren> *Mehrlinge einer Geburt;* ein ~ junger Katzen; **'Wür·fel** <m.; -s, -> 1 <Geom.> *Körper mit sechs gleichen quadrat. Seitenflächen* 2 *würfelförmiger Spielstein;* ~ spielen; die ~ sind gefallen <fig.> *es ist entschieden;* **'Wür·fel·be·cher** <m.; -s, ->; **'Wür·fel·brett** <n.; -(e)s, -er> *Brett zum Würfelspiel;* **'wür·fe·lig** <Adj.> *würfelförmig;* **'Wür·fel·ka·pi·tell** <n.; -(e)s, -e; Arch.; bes. in der frühroman. Baukunst>; **'wür·feln** <V.; ich würf(e)le> 1 <V. i.> *einen Würfel(2) werfen;* um etwas ~ 2 <V. t.> *eine bestimmte Zahl würfeln(1);* eine Vier ~ 3 <V. t.> *in würfelförmige Stücke schneiden;* Käse ~; **'Wür·fel·spiel** <n.; -(e)s, -e>; **'Wür·fel·zu·cker** <m.; -s; unz.>; **'Wurf·ge·schoss** <n.; -es, -e>; **'Wurf·holz** <n.; -es, ⸚er; Sp.>; **'würf·lig** <Adj.> = *würfelig;* **'Wurf·schei·be** <f.; -, -n; Sp.>

W

Diskus; **'Wurf·schleu·der** ‹f.; -, -n; Sp.›; **'Wurf·sen·dung** ‹f.; -, -en; kurz für› Postwurfsendung; **'Wurf·speer** ‹m.; -(e)s, -e; bei Naturvölkern›; **'Wurf·tau·be** ‹f.; -, -n; Sp.› = Tontaube; **'Wurf·waf·fe** ‹f.; -, -n›

'Wür·ge·griff ‹m.; -(e)s, -e›; **'Wür·ge·mal** ‹n.; -(e)s, -e od. ⸚er›; **'wür·gen** ‹V.› 1 ‹V. t.; ⤴ Z.42› die Luft an der Kehle abdrücken; jmdn. ~; der Schal würgt mich; mit Hängen und Würgen mit großer Mühe 2 ‹V. i.› einen Brechreiz haben; heftig ~ müssen; an einem Bissen ~; **'Würg·en·gel** ‹m.; -s, -; Rel.› Todesengel; **'Wür·ger** ‹m.; -s, -› 1 jmd., der jmdn. würgt(1) 2 ‹Zool.› ein Singvogel 3 ‹Bot.› ein Röhrenblüter; **'Wür·ge·rin** ‹f.; -, -n·nen›

'wur·len ‹V. i.; umg.› = wimmeln(1)

'Wur·lit·zer·or·gel ‹f.; -, -n› Kinoorgel

Wurm¹ ‹m.; -(e)s, ⸚er› 1 ‹Zool.› wirbelloses Tier ohne Gliedmaßen; der Apfel hat einen ~ ‹umg.› eine Made; da ist der ~ drin ‹fig.; umg.› 2 ‹Myth.› Drache; **Wurm²** ‹n.; -(e)s, ⸚er; fig.; umg.› Geschöpf; armes ~!; **'Würm·chen** ‹n.; -s, -; Verkleinerungsf. von› Wurm; **'wur·men** ‹V. t.; umg.› etwas wurmt jmdn. ärgert jmdn.; **'Wurm·fort·satz** ‹m.; -es, ⸚e; Anat.› Blinddarmfortsatz; **'Wurm·fraß** ‹m.; -es; unz.› Schäden durch Bohrwürmer; **'wur·mig** ‹Adj.› wurmbefallen; ~es Obst; **'Wurm·krank·heit** ‹f.; -, -en; Med.› Helminthiasis; **'Wurm·kur** ‹f.; -, -en; Med.› = Wurmmittel; **'Würm·lein** ‹n.; -s, -; poet.; Verkleinerungsf. von› Wurm; **'Wurm·mit·tel** ‹n.; -s, -; Med.› Mittel gegen Wurmkrankheiten; **'Wurm·stich** ‹m.; -(e)s, -e› Würmerbefall; **'wurm·sti·chig** ‹Adj.› ~es Holz

wurscht ‹Adv.; umg.› = wurst; **'wursch·tig** ‹Adj.; umg.› = wurstig; **'Wursch·tig·keit** ‹f.; -; unz.; umg.›; **wurst** ‹Adv.; umg.› das ist mir ~ gleichgültig, egal; **Wurst** ‹f.; -, ⸚e› 1 ein Nahrungsmittel aus zerkleinertem Fleisch; Brat~; Streich~ 2 ‹fig.;

umg.› es geht um die ~ um die Entscheidung; **'Wurst·brot** ‹n.; -(e)s, -e›; **'Würst·chen** ‹n.; -s, -; Verkleinerungsf. von› Wurst; Wiener ~; **'Würst·chen·bu·de** ‹f.; -, -n›; **'Wurst·chen** ‹n.; -s, -; oberdt.› = Hanswurst; **'Würs·tel** ‹n.; -s, -; bair.; österr.› = Würstchen; **Wurs·te'lei** ‹f.; -; unz.; umg.›; **'wurs·teln** ‹V. i.; ich wurst(e)le; umg.› allein vor sich hin ~; **'wurs·ten** ‹V. i.›; **'Wurst·fleisch** ‹n.; -(e)s; unz.›; **'wurs·tig** ‹Adj.; umg.› gleichgültig; **'Wurs·tig·keit** ‹f.; -; unz.; umg.›; **'Wurst·kraut** ‹n.; -(e)s; unz.; Kochk.› Majoran; **'Wurst·sa·lat** ‹m.; -(e)s, -e Kochk.›; **'Wurst·sup·pe** ‹f.; -, -n; Kochk.›; **'Wurst·ver·gif·tung** ‹f.; -, -en›; **'Wurst·wa·ren** ‹Pl.›; **'Wurst·zip·fel** ‹m.; -s, -› Endstück einer Wurst(1)

'Wur·te ‹f.; -, -n› = Warf³

'Würt·tem·berg ehem. dt. Land; → a. Baden-Württemberg; **'Würt·tem·ber·ger** ‹m.; -s, -›; **'Würt·tem·ber·ge·rin** ‹f.; -, -n·nen›; **'würt·tem·ber·gisch** ‹Adj.›

...wurz ‹f.; -, -en; veralt.; in Zus.› eine Pflanze; Nies~

'Wür·ze ‹f.; -, -n› 1 ‹Kochk.› Gewürz; Speise~ 2 Vorzustand des Bieres

'Wur·zel ‹f.; -, -n› 1 ‹Bot.› ein Pflanzenorgan; ~n schlagen ‹a. fig.› heimisch werden 2 ‹fig.› Ursache; die ~ allen Übels 3 ‹Anat.› Ansatzstelle; Zahn~ 4 ‹Sprachw.› Wortkern; → a. Kasten Wortstamm 5 ‹Math.; Zeichen: √› die n-te ~ aus einer Zahl a die Zahl, deren n-te Potenz die Zahl a ist; **'Wur·zel·be·hand·lung** ‹f.; -, -en; Zahnmed.›; **'Wur·zel·boh·rer** ‹m.; -s, -; Zool.› ein Schmetterling; **'Wur·zel·brand** ‹m.; -(e)s; umg.; Bot.› eine Pilzkrankheit; **'Wur·zel·bürs·te** ‹f.; -, -n› Bürste mit festen Borsten; **'Wür·zel·chen** ‹n.; -s, -; Verkleinerungsf. von› Wurzel; **'Wur·zel·fa·ser** ‹f.; -, -n; Bot.›; **'Wur·zel·fü·ßer** ‹m.; -s, -; Biol.› ein Einzeller; **'Wur·zel·hals** ‹m.; -es, ⸚e; Anat.› oberer Teil der Zahnwurzel; **'Wur·zel·haut** ‹f.; -, ⸚e;

Anat.› Haut zw. Zahn u. Kiefer; **'wur·zel·los** ‹Adj.›; **'Wur·zel·lo·sig·keit** ‹f.; -; unz.›; **'wur·zeln** ‹V. i.› 1 Wurzeln(1) schlagen 2 in etwas ~ in etwas verwurzelt sein; die Pflanze wurzelt tief in der Erde; **'Wur·zel·schöss·ling** ‹m.; -s, -e; Bot.› Spross aus der Wurzel(1); **'Wur·zel·stock** ‹m.; -(e)s, ⸚e; Bot.› Sprossteil einer Pflanze; **'Wur·zel·werk** ‹n.; -(e)s, -e› 1 ‹Bot.› Gesamtheit der Wurzeln einer Pflanze 2 ‹Kochk.› Würze für Suppenfleisch; **'Wur·zel·zei·chen** ‹n.; -s, -; Math.›

'wür·zen ‹V. t.; du würzt› mit Würze(1) versehen; Speisen ~; **'Würz·fleisch** ‹n.; -(e)s; unz.; Kochk.› stark gewürztes Rindfleisch; **'wür·zig** ‹Adj.› ~e Speisen; ~e Luft; **'Würz·ig·keit** ‹f.; -; unz.›; **'Würz·kraut** ‹n.; -(e)s, ⸚er; Kochk.›; **'Würz·lein** ‹n.; -s, -; poet.; Verkleinerungsf. von› Wurzel(1); **'Würz·mi·schung** ‹f.; -, -en; Kochk.›

'Wu·schel·haar ‹n.; -(e)s, -e; umg.› wuscheliges Haar; **'wu·sche·lig** ‹Adj.; umg.› lockig u. unordentl.; **'Wu·schel·kopf** ‹m.; -(e)s, ⸚e; umg.›; **'wuschlig** ‹Adj.; umg.› = wuschelig

'wu·se·lig ‹Adj.; süddt.; umg.›; **'wu·seln** ‹V. i.; ich wus(e)le; süddt.; umg.› sich schnell bewegen

Wust ‹m.; -es; unz.› Chaos, Durcheinander; ein ~ von Papieren; **wüst** ‹Adj.› 1 öde; eine ~e Gegend 2 unordentlich; ~ aussehen 3 ekelhaft, roh; ein ~er Kerl; **'Wüs·te** ‹f.; -, -n› 1 vegetationsarmes Gebiet; Eis~; Sand~ 2 ‹fig.› ödes Land; zur ~ machen verwüsten; **'wüs·ten** ‹V. i.› mit etwas ~ etwas verschwenden; **Wüs·te'nei** ‹f.; -, -en› ödes Gebiet; **'Wüs·ten·fuchs** ‹[-ks]; m.; -es, ⸚e; Zool.› Sy Fennek; **'Wüs·ten·luchs** ‹[-ks]; m.; -es, -e; Zool.›; **'Wüst·ling** ‹m.; -s, -e; abwertend› ungezügelt lebender Mensch; **'Wüs·tung** ‹f.; -, -en; Bgb.› verlassenes Lager

Wut ‹f.; -; unz.› 1 heftiger Zorn; vor ~ schäumen sehr wütend sein 2 übermäßiger Eifer; Lese~; **'Wut·an·fall**, **'Wut·aus·bruch**

<m.; -(e)s, ⸚e>; **'wü·ten** <V. i.> 1 *vor Wut rasen* 2 *zerstörerisch wirken;* das Feuer wütete tagelang; **'wü·tend** <Adj.> *sehr zornig;* ~es Geschrei; ~ auf jmdn. sein; **'wut·ent·brannt** <Adj.> ~ davonlaufen; **'Wü·te·rich** <m.; -s, -e>; **'Wut·ge·heul** <n.; -(e)s; unz.>; **...wü·tig** <Adj.; fig.; fast nur in Zus.> 1 *übereifrig;* z. B. arbeitswütig 2 *wütend;* blindwütig; **'wut·schäu·mend** <Adj.; ⟋Z29> *sehr wütend;* <aber> vor Wut schäumend

'wut·schen <V. i.; du wutschst; umg.> = *wischen(4)*
'wut·schnau·bend <Adj.; ⟋Z29> *sehr wütend;* <aber> vor Wut schnaubend
Wutz <f.; -, -e(n) od. m.; -es, -e(n); a. fig.; umg.> *Schwein*
'Wu·zel <m.; -s, - od. -n; bair.; österr.> *Zusammengedrehtes, Wulst;* **'wu·zeln** <V. t.; ich wuz(e)le; bair.; österr.> *wickeln*
Wwe. <Abk. für> *Witwe*
WWF <Abk. für engl.> *World Wide Fund for Nature*
Wwr. <Abk. für> *Witwer*

WWU <Abk. für> *Wirtschafts- u. Währungsunion (der EU-Mitgliedstaaten)*
WWW <EDV; Abk. für> *World Wide Web*
Wy·an·dot <['waiəndɔt]; m.; - od. -s, - od. -s> = *Hurone* [indian.];
Wy·an·dot·te <[waiən'dɔt(ə)]; n.; -s, -s od. f.; -, -n; Zool.> *eine Haushuhnrasse*
Wy·o·ming <[wai'o:miŋ]> *ein Staat der USA*
Wysiwyg <EDV; Abk. für> *what you see is what you get* [engl.]
WZ <Abk. für> *Weltzeit*

W

X

x 1 <n.; -, -> *ein Buchstabe* 2 <Math.> *unbekannte Größe* 3 <umg.> *übermäßig viele;* sie hat ~ Paar Schuhe

X 1 <n.; -, -> *ein Buchstabe* 2 <röm. Zahlzeichen für> *10* 3 <umg. Bez. für> *jmd., der anonym bleiben soll;* ein Herr ~ 4 <fig.; umg.> jmdm. ein ~ für ein U vormachen *jmdm. etwas vorspiegeln*

'x-Ach·se <[-ks-]; f.; -, -n; ⤢Z34; Math.> = *Abszissenachse*

xanth..., Xanth... <in Zus.; vor Vok.> = *xantho..., Xantho...* [grch.]; **Xan'then** <n.; -s; unz.; Chem.> *organ. Verbindung;* **Xan'thin** <n.; -s; unz.; Chem.> *Zwischenprodukt beim Stoffwechsel*

Xan'thip·pe <f.; -, -n; fig.; umg.; abwertend> *streitsüchtige Frau* [wohl fälschl. nach der Frau des Sokrates]

xan·tho..., Xan·tho... <in Zus.> = *gelb..., Gelb...* [grch.]; **xan·thochrom** <[-'kro:m]; Adj.> *gelbfarbig;* **Xan·tho·ge'nat** <n.; -(e)s, -e; Chem.> *Salz od. Ester der Xanthogensäure;* **Xan·tho'gen·säu·re** <f.; -; unz.; Chem.> *organ. Verbindung;* **Xan'thom** <n.; -s, -e; Med.> *gelbe Hautknoten;* **Xan·tho'phyll** <n.; -s; unz.; Bot.> *gelber Pflanzenfarbstoff*

'X-Bei·ne <Pl.; ⤢Z34> *Beine mit etwas nach außen gerichteten Unterschenkeln;* **'x-bei·nig,** <auch> **'X-bei·nig** <Adj.>

x-be'lie·big <Adj.; ⤢Z34; umg.> *irgendein;* ein ~es Auto; jede(r) x-Beliebige

'X-Chro·mo·som <[-kro-]; n.; -s, -en; ⤢Z34; Biol.> *geschlechtsbestimmendes Chromosom*

Xe <Chem.; Zeichen für> *Xenon*

XE <Phys.; Zeichen für> *X-Einheit;* **'X-Ein·heit** <f.; -, -en; ⤢Z34; Phys.; Zeichen: XE> *nicht mehr zugelassene Längeneinheit für Röntgenstrahlen*

'Xe·nie <[-niə]; f.; -, -n>, **'Xe·ni·on** <n.; -s, -ni·en> 1 <im Altertum> *Gastgeschenk* 2 <Lit.> *Epigramm, Sinnspruch* 3 <Lit.> *satir. Gedicht;* **xe·no..., Xe·no...** <in Zus.> *fremd..., Fremd...* [grch.]; **Xe·no·bi'o·ti·kum** <n.; -s, -ka>; Min.> *unkristallisiertes Mineral;* **xe·no'blas·tisch** <Adj.>; **Xe·no·kra'tie** <f.; -, -n> *Fremdherrschaft;* **Xe·no'lith** <m.; -(e)s od. -en, -e od. -en; Geol.> *Fremdgestein in magmat. Gestein;* **xe·no'morph** <Adj.; Geol.> *im Wachstum behindert;* **Xe·no·mor'phie** <f.; -; unz.; Geol.>; **'Xe·non** <n.; -s; unz.; Chem.; Zeichen: Xe> *chem. Element;* **'Xe·non·lam·pe** <f.; -, -n> *Entladungslampe mit Xenon;* **xe·no'phil** <Adj.> *Fremdem gegenüber offen;* **Xe·no·phi'lie** <f.; -; unz.>; **xe·no'phob** <Adj.> *Fremdes ablehnend;* **Xe·no·pho'bie** <f.; -; unz.>; **Xe·no'tim** <m.; -s, -e; Min.> *ein Mineral;* Sy Ytterspat

xer..., Xer... <in Zus.; vor Vok.> = *xero..., Xero...*

Xe·res <['xe:rɛθ] od. ['çe:rɛθ]; m.; -; unz.> = *Sherry*

xe·ro..., Xe·ro... <in Zus.> *trocken..., Trocken...* [grch.]; **Xe·ro·der'mie** <f.; -; unz.; Med.> *Hauttrockenheit;* **Xe·ro·gra'fie** <f.; -; unz.; ⤢Z11.3> = *Xerographie;* **xe·ro·gra'fie·ren** <V. t.>; **xe·ro'gra·fisch** <Adj.>; **Xe·ro·gra'phie** <f.; -; unz.> *Vervielfältigungs- u. Druckverfahren;* **xe·ro·gra'phie·ren** <V. t.>; **xe·ro'gra·phisch** <Adj.>; **Xe·ro·ko'pie** <f.; -, -n> *xerographische Kopie;* **xe·ro'morph** <Adj.; Bot.> *gegen Austrocknung geschützt;* **xe·ro'phil** <Adj.; Bot.> *Trockenheit liebend;* **Xe·ro'phyt** <m.; -en, -en; Bot.> *xerophile Pflanze;* **Xe'ro·se** <f.; -, -n; Med.> *Austrocknung*

'x-fach <Adj.; ⤢Z34; umg.> *vielfach;* das ~e

'x-för·mig, <auch> **'X-för·mig** <Adj.; ⤢Z34> *wie ein X geformt*

X-Games <['iksgɛimz]; Pl.; Abk. für engl.> *Extreme Games (extreme Spiele)*

'X-Ha·ken <m.; -s, -; ⤢Z34> *Bilderhaken*

Xi <n.; -s, -s; Zeichen: ξ, Ξ> *ein Buchstabe des grch. Alphabets*

XL <Textilw.; Abk. für engl.> *extra large, sehr groß;* ein Hemd in ~

'x-mal <Adv.; ⤢Z34; umg.> *viele Male;* das hast du schon ~ erzählt

XS <Textilw.; Abk. für engl.> *extra small, sehr klein;* ein Kleid in ~

'X-Strah·len <Pl.; ⤢Z34; Phys.> = *Röntgenstrahlen*

'x-te(r, -s) <Zahladj.; ⤢Z34; umg.> *soundsovielte;* der ~ Besucher; zum ~n Mal

XXL <Textilw.; Abk. für engl.> *extra extra large, bes. groß;* eine Hose in ~

XXS <Textilw.; Abk. für engl.> *extra extra small, bes. klein;* ein Rock in ~

Xy'lan <n.; -s; unz.> *Zelluloseart* [grch.]; **Xy'lem** <n.; -s, -e; Bot.> *Holzteil der Pflanzenleitbündel;* **Xy·lo'fon** <n.; -s, -e; ⤢Z11.3; Instrumentenk.> = *Xylophon;* **Xy·lo'graf** <m.; -en, -en> = *Xylograph;* **Xy·lo·gra'fie** <f.; -, -n>; **Xy·lo·gra'fin** <f.; -, -nnen>; **xy·lo'gra·fisch** <Adj.>; **Xy·lo'graph** <m.; -en, -en> *Holzschneider;* **Xy·lo·gra'phie** <f.; -, -n> 1 <unz.> *Holzschneidekunst* 2 = *Holzschnitt;* **Xy·lo·gra'phin** <f.; -, -nnen>; **xy·lo'gra·phisch** <Adj.>; **Xy'lol** <n.; -s; unz.; Chem.> *aromat. Verbindung;* **Xy·lo'me·ter** <n.; -s, -> *Gerät zur Ermittlung des Rauminhalts bei unregelmäßig geformten Holzstücken;* **Xy·lo'phon** <n.; -s, -e; ⤢Z11.3; Instrumentenk.> *ein Musikinstrument;* **Xy·lo·se** <f.; -; unz.; Chem.> *ein (Holz-)Zucker*

Y

y 1 <n.; -, - od. (umg.) -s> *ein Buchstabe* 2 <Math.> *unbekannte Größe*

Y 1 <n.; -, - od. (umg.) -s> *ein Buchstabe* 2 <Chem.; Zeichen für> *Yttrium* 3 <Phys.; Zeichen für> *Hyperladung* 4 <umg. Bez. für> *jmd., der anonym bleiben soll;* eine Frau ~

'y-Ach·se <[-ks-]; f.; -, -n; ⬈Z34; Math.> *Ordinatenachse*

Yacht <f.; -, -en> = *Jacht*

'Ya·gi-an·ten·ne, <auch> **'Ya·gi-An·ten·ne** <f.; -, -n; ⬈Z35> *Antenne für UKW- u. Kurzwellenempfang*

Yak <m.; -s, -s; Zool.> = *Jak*

Ya·ki'mo·no <n.; -s, -s> *keram. Produkt* [jap.]

Ya'ku·za <[-za]; f.; -, -> *Gruppe des organisierten Verbrechens in Japan* [jap.]

Ya·ma·shi·ta <[-'ʃiːta]; m.; -s, -s; Sp.> *Sprung am Pferd* [nach dem jap. Kunstturner H. *Yamashita*]

Ya·mous·sou·kro, <auch> **Ya·mous·souk·ro** <[jamusu'kro]; ⬈Z53> *Hauptstadt der Elfenbeinküste*

'Yams·wur·zel <f.; -, -n; Bot.> = *Jamswurzel*

Yan·kee <['jæŋki]; m.; -s, -s; umg.; scherzh. od. abwertend> *US-Amerikaner* [engl.]; **'Yan-kee·doo·dle,** <auch> **'Yan·kee Dood·le** <[-duːdl]; m.; (-)-; unz.; ⬈Z53, 30; Mus.> *ehem. Nationallied der USA* [engl.]

Yard <n.; -s, -s; Zeichen: yd> *angelsächs. Längenmaß* [engl.]

Ya'ren *Hauptstadt von Nauru*

Yawl <[jɔːl]; f.; -, -e od. -s; Mar.> *ein Segelboot* [engl.]

Yb <Chem.; Zeichen für> *Ytterbium*

'Y-Chro·mo·som <[-kro-]; n.; -s, -en; ⬈Z34; Biol.> *geschlechtsbestimmendes Chromosom*

yd <Zeichen für> *Yard*

Yel·low'press, <auch> **Yel·low 'Press** <['jɛlo-]; f.; -; unz.; ⬈Z30; engl. Bez. für> *Boulevardpresse*

Yen <m.; -s, -s od. -> *jap. Währungseinheit* [chin.]

Yeo·man <['joːmæn]; m.; -s, -men [-mən]; in England> *Leibgardist* [engl.]

'Yer·ba <f.; -; unz.> = *Mate* [span.]

'Ye·ti <m.; -s, -s> *angebl. im Himalaya lebender Schneemensch* [nepales.]

Ygg·dra·sil <['yk-]; m.; -s; unz.; nord. Myth.> *immergrüne Esche im Weltmittelpunkt, Weltesche*

Yin und Yang <n.; ---; unz.> = *Jin und Jang* [chin.]

Yip·pie <['jipi]; m.; -s, -s> *polit. engagierter Hippie* [engl.]

Y·lang-'Y·lang <['ilaŋ-]; n.; - od. -s, -s; Bot.> *ein trop. Baum*; oV *Ilang-Ilang* [malais.]; **'Y·lang-'Y·lang-Öl** <n.; -(e)s; unz.; ⬈Z33>

YMCA <[waiɛmsiː'ɛi]; Abk. für engl.> *Young Men's Christian Association* [engl.]

'Yo·ga <n. od. m.; -s; unz.> = *Joga;* **'Yo·gi** <m.; -s, -s> = *Jogi;* **'Yo·gin** <f.; -, -·nen> = *Jogin*

Yo·him'bin <n.; -s; unz.; Chem.> *Alkaloid* [Bantuspr.]

York·shire·ter·ri·er, <auch> **York·shire-Ter·ri·er** <['jɔːkʃər-]; m.; -s, -; ⬈Z35; Zool.> *eine Hunderasse* [nach der engl. Grafschaft *Yorkshire*]

Youngs·ter <['jʌŋ]; m.; -s, -> 1 *Jugendliche(r)* 2 <Sp.> *Nachwuchssportler(in)* [engl.]

Yo-'Yo <n.; -s, -s> = *Jo-Jo*

Yp·si·lon <['ypsilɔn]; n.; -s, -s> 1 *Buchstabe y,* Y 2 *grch. Buchstabe,* ε, E [grch.]

Y'sop <[-i-]; m.; -(e)s, -e; Bot.> *eine Pflanze* [hebr.]

Y·tong <['i-]; m.; -s, -s; Bauw.; Warenz.> *Leichtbeton*

Yt'ter·bi·um <[yt-]; n.; -s; unz.; Chem.; Zeichen: Yb> *chem. Element* [nach dem schwed. Fundort *Ytterby*]; **'Yt·ter·er·de** <f.; -; unz.; Min.> *Metall der seltenen Erden;* **'Yt·ter·spat** <m.; -(e)s, -e; Min.> = *Xenotim;* **'Yt·tri·um,** <auch> **'Ytt·ri·um** <n.; -s; unz.; ⬈Z53; Chem.; Zeichen: Y> *chem. Element*

'Yu·an <m.; -s, - od. -s> *Währungseinheit in der VR China* [chin.]

'Yuc·ca <f.; -, -s; Bot.> = *Palmlilie* [span.; indian.]

'Yup·pie <m.; -s, -s; meist abwertend> *junger, großstädtischer Erfolgsmensch* [Verkleinerungsf. zu engl. *young urban professional*]

YWCA <[waidʌblju:siː'ɛi]; Abk. für engl.> *Young Women's Christian Association*

Z

z <n.; -, - od. (umg.) -s> *ein Buchstabe* **2** <Math.> *unbekannte Größe*

Z <n.; -, - od. (umg.) -s> *ein Buchstabe;* von A bis ~ **2** <Zeichen für> *Zeta*

Z. <Abk. für> **1** *Zahl(1)* **2** *Zeile(2)*

Za·ba·gli·o·ne, <auch> **Za·bag·li·o·ne** <[-'bai'jo:-]; ⚹Z53>, **Za·ba·io·ne** <[-'jo:-]; f.; -, -s; Kochk.> *Weincreme* [ital.]

zach <Adj.> **1** <oberdt.> *zäh* **2** <mdt.> *geizig*

zack <Int.>; **Zack** <ohne Art.; nur in den Wendungen> auf ~ sein *schnell, effizient sein;* ~ bringen *dazu bringen, etwas zu erledigen;* **'Zäck·chen** <n.; -s, -; Verkleinerungsf. von> *Zacke;* **'Za·cke** <f.; -, -n> **1** *herausragende Spitze;* Berg~ **2** *Zinke;* eine Krone mit sieben ~n; **'za·cken** <V. t.> *mit Zacken versehen;* **'Za·cken** <m.; -s, -> = *Zacke;* **'za·cken·ar·tig** <Adj.>; **'Za·cken·barsch** <m.; -(e)s, -e; Zool.> *ein Fisch;* **'Za·cken·fal·ter** <m.; -s, -; Zool.> *ein Schmetterling;* **'Za·cken·li·nie** <[-niə]; f.; -, -n>; **'Za·cken·lit·ze** <f.; -, -n; Textilw.> **'za·ckig** <Adj.> **1** *gezackt* **2** <fig.; umg.> *schneidig;* ~ grüßen; **'Zäck·lein** <n.; -s, -; poet.; Verkleinerungsf. von> *Zacke*

'zad·de·rig, 'zadd·rig <Adj.> *sehnig;* ~es Fleisch

Zad'dik <m.; -es, -di'kim; jüd. Mystik> **1** *der vollendete Fromme* **2** <im Chassidismus> *wundertätiger Meister* [hebr.]

zag <Adj.; poet.> *zaghaft;* **'za·gen** <V. i.; geh.> *furchtsam zögern;* **'zag·haft** <Adj.> ~ anklopfen; **'Zag·haf·tig·keit, 'Zag·heit** <f.; -; unz.>

Za·greb, <auch> **Zag·reb** <['za:-]; ⚹Z53> *Hauptstadt von Kroatien*

zäh <Adj.> **1** *einen starken Zu-*

Zahlen und Ziffern: Zahlen schreibt man in Texten in der Regel bis zur Ziffer *zwölf* in Buchstaben aus, größere Zahlen werden schriftlich überwiegend in Ziffern wiedergegeben.

Zahlen, die kleiner als eine Million sind, schreibt man in Buchstaben geschrieben in einem Wort: *eintausenddreihundertfünfzehn, drei Millionen sechshunderttausendfünfhundert, zweieinhalb, viereinviertel Pfund.*

Ordinalzahlen werden in Buchstaben zusammengeschrieben: *der achtzehnte Bewerber, der zweimillionste Opel, ein fünfundzwanzigstel Meter, ein Zweiunddreißigstel* (oder in Ziffern: *32stel*).

Ziffern als Teile von **Zusammensetzungen** werden mit Bindestrich abgetrennt: *5-mal, 4-silbig,*

400-Meter-Lauf, 3-Tonner (in Buchstaben: *Dreitonner*), *50-prozentig, 4-stellig, 3-zeilig, 16-jährig, der 16-Jährige, ¾-Takt.* Ziffern mit nachfolgenden **Suffixen** werden in der Regel nicht durch Bindestrich abgetrennt: *68er, 32stel, 20fach, 40%ig.*

Zahlen, die mehr als drei Stellen links des Kommas aufweisen, werden meistens in Dreiergruppen unterteilt. Zwischen Ziffern und nachfolgenden Maß-, Gewichts-, Währungsangaben o. Ä. wird ein Leerzeichen gesetzt: *6 318 689,99 Euro; 5 Euro* (oder *fünf Euro*); *3 ½ cm; 23,8 m; 2 Liter* (oder *zwei Liter*).
Vierstellige Zahlen werden auch ohne Zwischenraum geschrieben: *4 688* oder *4688.*

Vgl. ⚹Bindestrich, ⚹Uhrzeit

---

sammenhalt aufweisend; eine ~e Masse **2** <fig.> *widerstandsfähig, beharrlich;* ~er Eifer; **'zäh·flüs·sig** <Adj.>; **'Zäh·flüs·sig·keit** <f.; -; unz.>; **'Zäh·heit, 'Zä·hig·keit** <f.; -; unz.>

Zahl <f.; -, -en> → a. *Kasten 1* <Math.; Abk.: Z.> *Größe zur Mengenbestimmung, Ziffer;* die ~ Vier; ~en addieren; arabische ~en **2** *Anzahl;* die ~ der Gäste; in großer ~ <3 <Gramm.> *Zahlform;* Sy *Numerus;* **'Zahl·ad·jek·tiv** <n.; -s, -e; Gramm.> → a. *Kasten Numerale;* **'Zahl·ad·verb** <n.; -s, -bien od. -en; Gramm.> → a. *Kasten Kardinalzahl;* **'zahl·bar** <Adj.> ~ bei Lieferung; **'zahl·bar·keit** <f.; -; unz.>; **'Zähl·bar·keit** <f.; -; unz.>; **'Zahl·brett, 'Zähl·brett** <n.; -(e)s, -er>; **'Zahl·buch·sta·be** <m.; -ns, -n> *Buchstabe in Form einer röm. Zahl*

'zäh·le·big <Adj.>; **'Zäh·le·big·keit** <f.; -; unz.>

'zah·len <V.> **1** <V. i.> *eine Rechnung begleichen;* ich möchte ~! (im Restaurant) **2** <V. t.> *bezahlen;* Geld an jmdn. ~; **'zäh·len** **1** <V. i.> *Zahlen der Reihe nach nennen;* ~ lernen **2** <V. t.> *die Anzahl von etwas feststellen;* Geld ~; seine Tage sind gezählt <fig.> *er muss bald sterben;* ich zähle ihn zu meinen Freunden; **'Zah·len·an·ga·be** <f.; -, -n>;

'Zah·len·fol·ge <f.; -, -n>; **'Zah·len·ge·dächt·nis** <n.; -s·ses; unz.>; **'Zah·len·ge·o·me·trie,** <auch> **'Zah·len·ge·o·met·rie** <f.; -; unz.; ⚹Z53; Math.>; **'Zah·len·lot·te·rie** <f.; -, -n; Lotto>; **'Zah·len·ma·te·ri·al** <n.; -s; unz.> *Aufzeichnungen über bestimmte Zahlen;* **'Zah·len·rät·sel** <n.; -s, -> *Rechenrätsel;* **'Zah·len·rei·he** <f.; -, -n>; **'Zah·len·schloss** <n.; -es, ¨er> *Kombinationsschloss;* **'Zah·len·the·o·rie** <f.; -; unz.; Math.>; **'Zah·len·wert** <m.; -(e)s, -e>; **'Zah·ler** <m.; -s, -> *Steuer~;* **'Zäh·ler** <m.; -s, -> **1** <Math.> *Zahl über dem Bruchstrich;* Ggs *Nenner* **2** *Zählgerät;* Strom~; **'Zah·le·rin** <f.; -, -·nen>; **'Zahl·gren·ze** <f.; -, -n> *Tarifgrenze bei öffentl. Verkehrsmitteln;* **'Zahl·kam·mer** <f.; -, -n; Biol.; Med.> *Einrichtung mit Netzeinteilung zum Zählen von Zellen;* **'Zähl·kan·di·dat** <m.; -en, -en; Pol.; bei Wahlen> *aussichtsloser Kandidat, der nur zur Ermittlung seiner Anhängerzahl kandidiert;* **'Zähl·kan·di·da·tin** <f.; -, -·nen; Pol.; bei Wahlen>; **'Zahl·kar·te** <f.; -, -n; Bankw.> *Einzahlungsformular;* **'Zahl·kell·ner** <m.; -s, -> *zur Entgegennahme von Geld berechtigter Kellner;* **'Zahl·kell·ne·rin** <f.; -, -·nen>; **'zahl·los** <Adj.>;

↗Z.44> *unendlich viele*; ~e Sterne; Zahllose gingen; **'Zähl·maß** <n.; -es, -e> *Maßeinheit für zählbare Waren*; **'Zahl·meis·ter** <m.; -s, -; bis 1945> *Wehrmachtsbeamter*; **'Zähl·mus·ter** <n.; -s, -> *Vorlage für ein Handarbeitsmuster*; **'zahl·reich** <Adj.; ↗Z.44> *viel*; ~e Zuschauer; Zahlreiche kamen; **'Zähl·rohr** <n.; -(e)s, -e> *Nachweisgerät für radioaktive Strahlen*; **'Zähl·spiel** <n.; -(e)s, -e; Sp.> **'Zahl·stel·le** <f.; -, -n> *Stelle für Einzahlungen*; **'Zahl·tag** <m.; -(e)s, -e>; **'Zahl·lung** <f.; -, -en> *eine* ~ *leisten; an* ~s *statt*; **'Zäh·lung** <f.; -, -en>; **'Zah·lungs·an·wei·sung** <f.; -, -en>; **'Zah·lungs·auf·for·de·rung** <f.; -, -en; Wirtsch.>; **'Zah·lungs·auf·schub** <m.; -(e)s, -e; Wirtsch.>; **'Zah·lungs·be·din·gung** <f.; -, -en; meist Pl.; Wirtsch.>; **'Zah·lungs·be·fehl** <m.; -(e)s, -e> *gerichtl. Zahlungsaufforderung*; **'Zah·lungs·bi·lanz** <f.; -, -en; Wirtsch.>; **'zah·lungs·fä·hig** <Adj.; Wirtsch.>; **'Zah·lungs·fä·hig·keit** <f.; -; unz.; Wirtsch.>; **'Zah·lungs·frist** <f.; -, -en; Wirtsch.>; **'zah·lungs·kräf·tig** <Adj.>; **'Zah·lungs·mit·tel** <n.; -s, -; Wirtsch.>; **'Zah·lungs·schwie·rig·keit** <f.; -, -en; meist Pl.; Wirtsch.>; **'Zah·lungs·ter·min** <m.; -s, -e; Wirtsch.>; **'zah·lungs·un·fä·hig** <Adj.; Wirtsch.>; **'Zah·lungs·un·fä·hig·keit** <f.; -; unz.; Wirtsch.>; **'Zah·lungs·ver·kehr** <m.; -s; unz.; Wirtsch.>; **'Zah·lungs·ziel** <n.; -(e)s, -e; Wirtsch.> *Termin für die Bezahlung einer Schuld*; **'Zähl·werk** <n.; -(e)s, -e> *Zählvorrichtung*; **'Zahl·wort** <n.; -(e)s, ⁼er; Gramm.> *Wort, das eine Zahl ausdrückt*; → a. *Kasten Numerale*; **'Zahl·zei·chen** <n.; -s, ->

zahm <Adj.> *nicht wild(1), gezähmt*; *ein* ~*es Tier*; **'zähm·bar** <Adj.>; **'zäh·men** <V. t.> *bändigen*; *Löwen* ~; **'Zahm·heit** <f.; -; unz.>; **'Zäh·mung** <f.; -, -en; unz.>

Zahn <m.; -(e)s, ⁼e> **1** <Anat.> *Gebissteil*; *Eck~*; *künstliche Zähne*; *jmdm. auf den* ~ *fühlen* <fig.; umg.> *jmdn. genauer zu ergründen suchen*; *die Zähne zusammenbeißen* <fig.> *tapfer sein*; *der* ~ *der Zeit* <fig.> **2** *Zacke(2)*; **'Zahn·ar·me** <Pl.; Zool.>; **'Zahn·arzt** <m.; -es, ⁼e; Med.>; **'Zahn·arzt·hel·fe·rin** <f.; -, -n·nen>; **'Zahn·ärz·tin** <f.; -, -n·nen; Med.>; **'zahn·ärzt·lich** <Adj.; Med.>; **'Zahn·bein** <n.; -(e)s; unz.; Anat.> *Substanz unter dem Zahnschmelz*; **'Zahn·be·lag** <m.; -(e)s, ⁼e; Med.>; **'Zahn·bett** <n.; -(e)s, -en; Anat.> *den Zahn(1) tragendes Gewebe*; **'Zahn·bras·se** <f.; -, -n; Zool.> *ein Fisch*; **'Zahn·bürs·te** <f.; -, -n>; **'Zahn·chen** <n.; -s, -; Verkleinerungsf. von* Zahn; **'Zahn·creme** <[-kre:m]; f.; -, -s> = *Zahnpasta*; oV *Zahnkrem(e)*; **'Zahn·damm** <m.; -(e)s, ⁼e; Anat.> *Rundung zw. Oberkiefer u. Gaumen*; **'Zahn·durch·bruch** <m.; -(e)s, ⁼e>; **'zäh·ne·ble·ckend** <Adj.; ↗Z.29>; **'zäh·ne·flet·schend** <Adj.; ↗Z.29> ~ *an der Leine zerren*; <aber> *die Zähne fletschend*; **'Zäh·ne·klap·pern** <n.; -s; unz.; sinnbildl. für> *das Erleiden von Kälte od. Angst*; *Heulen und* ~ <umg.> **'Zäh·ne·knir·schen** <n.; -s; unz.>; **'zäh·ne·knir·schend** <Adj.; meist adv.; fig.> *Wut unterdrückend*; **'zäh·neln** <V. t.; ich zähn(e)le; selten> **1** = *zähnen* **2** = *zahnen*; **'zäh·nen** <V. i.> *Zähne(1) bekommen*; *das Kind zahnt*; **'zäh·nen** <V. t.> *zacken*; *gezähnter Rand*; **'Zahn·er·satz** <m.; -es, ⁼e; Med.>; **'Zahn·fäu·le** <f.; -; unz.; Med.> = *Karies*; **'Zahn·fleisch** <n.; -(e)s; unz.; Anat.> *Schleimhaut am Zahnhals*; **'Zahn·fül·lung** <f.; -, -en>; **'Zahn·hals** <m.; -es, ⁼e; Anat.> *Teil des Zahns(1)*; **'Zahn·heil·kun·de** <f.; -; unz.; Med.>; **'Zahn·höh·le** <f.; -, -n; Anat.> *Hohlraum im Zahn(1)*; **'Zahn·ka·ri·es** <[-e:s]; f.; -; unz.; Med.>; **'Zahn·karp·fen** <m.; -s, -; Zool.>; **'Zahn·keim** <m.; -(e)s, -e>; **'Zahn·klemp·ner** <m.; -s, -; umg.; scherzh.> *Zahnarzt*; **'Zahn·klemp·ne·rin** <f.; -, -n·nen; umg.; scherzh.>; **'Zahn·kli·nik** <f.; -, -en>; **'Zahn·krem**, **'Zahn·kre·me** <f.; -, -s od. -n> = *Zahnpasta*; **'Zahn·kro·ne** <f.; -,

-n; Anat.> *Teil des Zahns(1)*; **'Zahn·laut** <m.; -(e)s, -e; Sprachw.> = *Dental*; **'Zähn·lein** <n.; -s, -; poet.> *Verkleinerungsf. von* Zahn; **'zahn·los** <Adj.>; **'Zahn·lü·cke** <f.; -, -n>; **'zahn·lü·ckig** <Adj.>; **'Zahn·me·di·zin** <f.; -; unz.; Med.>; **'Zahn·pas·ta**, **'Zahn·pas·te** <f.; -, -pas·ten> *Paste zur Zahnpflege*; **'Zahn·pfle·ge** <f.; -; unz.>; **'Zahn·pul·ver** <n.; -s, ->; **'Zahn·rad** <n.; -(e)s, ⁼er> *radförmiger, gezackter Maschinenteil*; **'Zahn·rad·an·trieb** <m.; -(e)s; unz.>; **'Zahn·rad·bahn** <f.; -, -en>; **'Zahn·rad·ge·trie·be** <n.; -s, ->; **'Zahn·schmelz** <m.; -es; unz.; Anat.> *Substanz über der Zahnkrone*; **'Zahn·schmerz** <m.; -es, -en; meist Pl.>; **'Zahn·sei·de** <f.; -; unz.> *Faden zur Reinigung der Zahnzwischenräume*; **'Zahn·span·ge** <f.; -, -n; Med.> *Vorrichtung zur Korrektur der Zahnstellung*; **'Zahn·spie·gel** <m.; -s, -; Med.>; **'Zahn·stein** <m.; -(e)s; unz.; Med.> *Ablagerung an den Zähnen(1)*; **'Zahn·stel·lung** <f.; -, -en>; **'Zahn·sto·cher** <m.; -s, -> *Stäbchen zum Reinigen der Zahnzwischenräume*; **'Zahn·tech·nik** <f.; -; unz.>; **'Zahn·tech·ni·ker** <m.; -s, -> *jmd., der Zahnersatz u. Ä. anfertigt*; **'Zahn·tech·ni·ke·rin** <f.; -, -n·nen>; **'Zah·nung** <f.; -, -en>; **'Zahn·wal** <m.; -(e)s, -e; Zool.> *ein Wal*; **'Zahn·wech·sel** <[-ks-]; m.; -s, ->; **'Zahn·weh** <n.; -s; unz.> *Zahnschmerzen*; **'Zahn·wur·zel** <f.; -, -n> **1** <Anat.> *Ansatzstelle des Zahns(1) am Kiefer* **2** <Bot.> = *Angelika*; **'Zahn·zwi·schen·raum** <m.; -(e)s, ⁼e>

'Zäh·re <f.; -, -n; poet.> *Träne*

Zain <m.; -(e)s, -e> **1** *Zweig, Rute* **2** <Jagdw.> *Dachsschwanz*; **'Zai·ne** <f.; -, -n; schweiz.> *Flechtwerk*; oV *Zeine*; **'zai·nen** <V. i.; schweiz.> *flechten*

Za·i·re <[za'i:r(ə)]; bis 1997> *Name der Demokratischen Republik Kongo*

'Zam·pa·no <m.; -s, -s; umg.; bes. Jugendspr.> *prahlerischer Anführer* [nach einer Figur in Fellinis Film "La Strada"]

'Zan·der <m.; -s, -; Zool.> *ein Fisch*

'Zan·ge <f.; -, -n> *Greif- u. Kneifwerkzeug;* Kneif~; jmdn. in die ~ nehmen <fig.> *gründl. befragen, bedrängen;* **'Zan·gen·ge·burt** <f.; -, -en; Med.>; **'Zan·gen·griff** <m.; -(e)s, -e; Ringen>

Zank <m.; -(e)s; unz.> *Streit;* **'Zank·ap·fel** <m.; -s, -> *Ursache eines Streites;* **'zan·ken** <V. i. u. V. t./V. refl.> *schelten, streiten;* sich um etwas ~ <fig.>; **'Zän·ker** <m.; -s, ->; **Zan·ke'rei** <f.; -, -en>; **'Zän·ke·rin** <f.; -, -·nen>; **'zän·kisch** <Adj.> *eine ~e Person;* **'Zank·sucht** <f.; unz.>; **'zank·süch·tig** <Adj.>

Zä·no·ge'ne·se <f.; -, -n; Biol.> *Veränderung der Stammesentwicklung bei Tieren* [grch.]; **zä·no·ge'ne·tisch** <Adj.; Biol.>

Zan·te·des'chia <[-'dɛskja] f.; -, -chi·en [-kjən]; Bot.> *eine Zierpflanze* [nach dem Italiener F. Zantedeschi]

Za·pa·te'a·do <[sa-]; m.; - od. -s, -s; Mus.> *ein Solotanz* [span.]

Zapf <m.; -(e)s, -e; selten> = *Zapfen;* **'Zäpf·chen** <n.; -s, -> 1 <Verkleinerungsf. von> *Zapfen* 2 <Med.> *Arznei in Zapfenform* 3 <Anat.; kurz für> *Gaumenzäpfchen;* **'Zäpf·chen-R,** <auch> **'Zäpf·chen-r** <n.; -; ↗Z 34; Phon.>; **'zap·fen** <V. t.> Bier ~; **'Zap·fen** <m.; -s, -> oV *Zapf* 1 *Verschlusspfropfen an Fässern o. Ä.* 2 <Arch.> *Teil einer Holzverbindung* 3 <Tech.> *abgesetztes Ende von Achsen u. Wellen* 4 <Bot.> *Blütenstand bei nacktsamigen Pflanzen;* Tannen~ 5 <Anat.> *lichtempfindl. Netzhautelement;* **'zap·fen·förmig** <Adj.>; **'Zap·fen·streich** <m.; -(e)s, -e; Mil.> *abendl. Signal zur Rückkehr in die Kaserne;* der Große ~; **'Zap·fer** <m.; -s, -; oberdt.> *Wirt;* **'Zap·fe·rin** <f.; -, -·nen>; **'Zapf·maß** <n.; -es, -e>; **'Zapf·säu·le, 'Zapf·stel·le** <f.; -, -n; an Tankstellen> *Anlage zum Zapfen von Benzin*

za·po'ni·ren <V. t.>; **'Za·pon·lack** <m.; -(e)s; unz.; Warenz.> *farbloser Metalllack*

'zap·pe·lig <Adj.> *häufig zappelnd;* oV *zapplig,* **'zap·peln** <V. i.; ich zapp(e)le; ↗Z 23> *sich unruhig bewegen, hampeln;* das Kind zappelte ungeduldig; jmdn. ~ lassen <fig.; umg.>; **'Zap·pel·phi·lipp** <m.; -s, -e> *sehr zappeliger Mensch* [nach einer Figur aus dem *Struwwelpeter*]

zap·pen <['zæp-]; V. i.; TV> *schnell zw. den Fernsehkanälen hin- u. herschalten* [engl.]

'zap·pen'dus·ter <Adj.; umg.; verstärkend> *völlig dunkel*

Zap·per <['zæp-]; m.; -s, -; TV> *jmd., der viel zappt;* **'Zap·pe·rin** <f.; -, -·nen; TV>; **'Zap·ping** <n.; -s, -s; TV>

'zapp·lig <Adj.> = *zappelig*

Zar <m.; -en, -en; in Russland bis 1917> *Monarchentitel* [lat.]; **'Za·ren·herr·schaft** <f.; -; unz.>; **'Za·ren·tum** <n.; -s; unz.>; **Za·'re·witsch** <m.; -s, -e> *Zarensohn;* **Za'rew·na** <f.; -, -s> *Zarentochter*

'Zar·ge <f.; -, -n> 1 *rahmenartige Einfassung* 2 *Seitenwand von Schachteln*

Za·rin <f.; -, -·nen>; **Za'ris·mus** <m.; -; unz.> *Zarenherrschaft;* **za'ris·tisch** <Adj.> *das ~e Russland;* **Za'ri·za** <f.; -, -s> *Frau des Zaren*

zart <Adj.> 1 *fein, zerbrechlich;* ~e Blüten; ~es Gemüse 2 *sanft, unaufdringlich;* ~e Farben 3 *einfühlsam, liebevoll;* mit jmdm. ~ umgehen; ~ besaitet, <auch> zartbesaitet; ~ fühlend, <auch> zartfühlend; **'zart·be·sai·tet,** <auch> **'zart be·sai·tet** <Adj.; ↗Z 27> *empfindsam veranlagt;* ein ~er Mensch; **'zart·'bit·ter** <Adj.> *leicht bitter;* ~e Schokolade; **'zart·blau** <Adj.>; **'zär·teln** <V. i.; ich zärt(e)le> *zärtlich sein;* **'zart·füh·lend,** <auch> **'zart füh·lend** <Adj.; ↗Z 27> *einfühlsam, rücksichtsvoll;* ein ~er Mensch; **'Zart·ge·fühl** <n.; -(e)s; unz.>; **'Zart·heit** <f.; -; unz.>; **'zärt·lich** <Adj.> *liebevoll;* ~e Blicke; **'Zärt·lich·keit** <f.; -, -en>; **'Zärt·ling** <m.; -s, -e>; **'zart'ro·sa** <Adj.>; **'Zart·sinn** <m.; -s; unz.>; **'zart·sin·nig** <Adj.>

'Za·sel, 'Za·ser <f.; -, -n> *Faser;* **'za·sern** <V. t.> *fasern*

'Zä·si·um <n.; -s; unz.; Chem.> *Zeichen:* Cs> = *Cäsium*

'Zas·ter <m.; -s; unz.; umg.> *Geld*

Zä'sur <f.; -, -en> *Einschnitt, Pause;* eine ~ im Vers [lat.]

'Zau·ber <m.; -s, -> 1 <im Volksglauben> *Ausführung magischer Handlungen* 2 <fig.> *Faszination;* jmds. ~ erliegen; **'Zau·ber·buch** <n.; -(e)s, ⁼er>; **Zau·be'rei** <f.; -, -en>; **'Zau·be·rer** <m.; -s, -> *jmd., der zaubern kann;* **'Zau·ber·for·mel** <f.; -, -n>; **'zau·ber·haft** <Adj.> 1 *magisch* 2 *wunderschön;* ein ~er Abend; **'Zau·be·rin** <f.; -, -·nen>; **'zau·be·risch** <Adj.> *eine ~e Stimmung;* **'Zau·ber·kas·ten** <m.; -s, ⁼> *Kasten mit Zubehör für Zaubertricks;* **'Zau·ber·kraft** <f.; -, ⁼e>; **'zau·ber·kräf·tig** <Adj.>; **'Zau·ber·kreis** <m.; -es, -e>; **'Zau·ber·kunst** <f.; -, ⁼e>; **'Zau·ber·künst·ler** <m.; -s, -> *jmd., der Zaubertricks beherrscht;* **'Zau·ber·künst·le·rin** <f.; -, -·nen>; **'Zau·ber·kunst·stück** <n.; -(e)s, -e>; **'Zau·ber·lehr·ling** <m.; -s, -e>; **'Zau·ber·macht** <f.; -, ⁼e>; **'Zau·ber·mär·chen** <n.; -s, ->; **'zau·bern** <V. i. u. V. t.; ich zaubere> ein Kaninchen aus dem Hut ~; <Bot.> = *Hamamelis;* **'Zau·ber·nuss** <f.; -, ⁼e; Bot.> = *Hamamelis;* **'Zau·ber·reich** <n.; -(e)s, -e>; **'Zau·ber·schloss** <n.; -es, ⁼er; im Märchen>; **'Zau·ber·spie·gel** <m.; -s, -; im Märchen>; **'Zau·ber·spruch** <m.; -(e)s, ⁼e>; **'Zau·ber·stab** <m.; -(e)s, ⁼e>; **'Zau·ber·trank** <m.; -(e)s, ⁼e; im Märchen>; **'Zau·ber·trick** <m.; -s, -s>; **'Zau·ber·wort** <n.; -(e)s, -e>; **'Zau·ber·wur·zel** <f.; -, -n>

'Zau·de·rer <m.; -s, ->; **'Zau·de·re·rin** <f.; -, -·nen>; **'zau·dern** <V. i.; ich zaudere> *unschlüssig zögern;* **'Zaud·rer** <m.; -s, ->; **'Zaud·re·rin** <f.; -, -·nen>

Zaum <m.; -(e)s, ⁼e> 1 *Riemenzeug bei Reit- u. Zugtieren* 2 *seinen Zorn im ~ halten zügeln(2);* **'zäu·men** <V. t.> ein Pferd ~; **'Zäu·mung** <f.; -, -en>; **'Zaum·zeug** <n.; -(e)s, -e>

Zaun <m.; -(e)s, ⁼e> *Einfriedung eines Grundstücks;* Latten~; **'Zäun·chen** <n.; -s, -; Verkleinerungsf. von> *Zaun;* **'zaun'dürr** <Adj.; österr.> *sehr dürr;* **'Zaun·ei·dech·se** <[-ks-]; f.; -, -n;

Zool.> *Eidechsenart;* '**Zaun·gast** <m.; -(e)s, ⁎e> *nicht zahlender Zuschauer außerhalb der Absperrung;* bei einer Veranstaltung ~ sein; '**Zaun·kö·nig** <m.; -s, -e; Zool.> *ein Singvogel;* '**Zaun·pfahl** <m.; -(e)s, ⁎e> **1** *Pfahl für den Zaun* **2** <fig.> *Wink mit dem ~ deutlicher Hinweis;* '**Zaun·re·be** <f.; -, -n; Bot.>

'**zau·sen** <V. t.; du zaust> *unordentl. machen, verwirren;* jmdm. das Haar ~

Za'zi·ki <n. od. m.; -s, -s> grch. Kochk.> = *Tsatsiki* [grch.]

z. B. <Abk. für> *zum Beispiel*

Z-Bo'son <n.; -(e)s, -en; ⤢Z34> Phys.>

z. b. V. <Abk. für> *zur besonderen Verwendung*

z. D. <Abk. für> *zur Disposition*

ZDF <TV; Abk. für> *Zweites Deutsches Fernsehen*

z. E. <veralt.; Abk. für> *zum Exempel*

'**Zea** <f.; -; unz.; Bot.> *Mais* [grch.]

Ze·a'tin <n.; -s, -s; Biol.> *ein Pflanzenwuchsstoff*

'**Ze·ba·ot(h)** <Rel.; im AT> *Beiname Gottes* [hebr.]

'**Ze·bra**, <auch> '**Zeb·ra** <n.; -s, -s; ⤢Z53; Zool.> *gestreiftes Wildpferd* [afrikan.]; '**Ze·braholz** <n.; -es; unz.; Bot.> *gestreiftes Palmholz;* '**Ze·bra·spin·ne** <f.; -, -n; Zool.>; '**Ze·brastrei·fen** <m.; -s, -> *durch Streifen gekennzeichneter Fußgängerüberweg;* **Ze'bri·ne** <f.; -, -n; Bot.> *mexikan. Pflanze;* **Ze·bro'id** <n.; -(e)s, -e; Zool.> *Kreuzung zw. Zebra u. Pferd*

'**Ze·bu** <n.; -s, -s; Zool.> *asiat. Hausrind* [tibet.]

'**Zech·bru·der** <m.; -s, ⁎; umg.; meist abwertend> *jmd., der oft Alkohol trinkt;* '**Ze·che** <f.; -, -n> **1** *Rechnung über Speisen u. Getränke;* die ~ prellen *nicht bezahlen* **2** <Bgb.> *Bergwerk;* '**ze·chen** <V. i.; scherzh.> *viel Alkohol trinken;* bis in die Nacht ~; '**Ze·chen·ster·ben** <n.; -s; unz.; Bgb.>; '**Ze·chen·still·le·gung** <f.; -, -en; ⤢Z37; Bgb.>; '**Ze·cher** <m.; -s, ->; **Ze·che'rei** <f.; -, -en>; '**Ze·che·rin** <f.; -, -nnen>; '**Zech·ge·la·ge** <n.; -s, ->; **Ze'chi·ne** <f.; -, -n> *alte venezian. Goldmünze* [ital.]

'**Zech·kum·pan** <m.; -s, -e>; '**Zech·kum·pa·nin** <f.; -, -nnen>; '**Zech·prel·ler** <m.; -s, ->; '**Zech·prel·le·rin** <f.; -, -nnen>; '**Zech·stein** <m.; -(e)s; unz.; Geol.> *Abteilung des Perms*

Zeck <m.; -(e)s, -en; bair.; österr.>, '**Ze·cke** <f.; -, -n; Zool.> *Blut saugende Milbe*

'**ze·cken** <V. t.; umg.> *necken*

Ze'dent <m.; -en, -en; Rechtsw.> *Gläubiger, der seine Forderung an einen Dritten abtritt* [lat.]; **Ze'den·tin** <f.; -, -n·nen; Rechtsw.>

'**Ze·der** <f.; -, -n; Bot.> *ein Nadelbaum* [hebr.]; '**ze·dern** <Adj.> *aus Zedernholz;* '**Ze·dern·holz** <n.; -es, ⁎er>; '**Ze·dern·holz·öl** <n.; -s; unz.>

ze'die·ren <V. t.; Rechtsw.> *abtreten;* jmdm. eine Forderung ~ [lat.]

'**Ze·dre·la·holz**, <auch> **Zed're·la·holz** <n.; -es; unz.; ⤢Z53> *Holz der Zedrele;* **Ze'dre·le** <f.; -, -n; Bot.> *ein trop. Baum* [grch.]

'**Zee·man·ef·fekt**, <auch> **Zee·man-Ef·fekt** <['ze:-]; m.; -(e)s; unz.; ⤢Z35; Phys.> *Aufspaltung einer Spektrallinie im Magnetfeld* [nach dem ndrl. Physiker P. Zeeman]

'**Zee·se** <f.; -, -n> *Schleppnetz der Ostseefischer*

Zeh <m.; -s, -en> = *Zehe(1);* '**Ze·he** <f.; -, -n> **1** <Anat.> *Endglied des Fußes;* oV *Zeh* **2** *eine ~ Knoblauch;* '**Ze·hen·gän·ger** <m.; -s, -; Zool.> *auf den Zehen laufendes Säugetier;* Ggs *Sohlengänger;* '**Ze·hen·na·gel** <m.; -s, ⁎; Anat.>; '**Ze·hen·ring** <m.; -(e)s, -e>; '**Ze·hen·spit·ze** <f.; -, -n> auf ~n gehen

'**Ze·hent** <m.; -en, -en; MA> = *Zehnte(r);* **zehn** <Num.; ⤢Z44> *in Ziffern:* 10; *röm. Zahlzeichen:* X> ~ *Tage;* sie sind zu ~t <od.> zu ~en; sich alle ~ Finger nach etwas lecken; ~ gegen eins wetten; die Zehn Gebote <AT>; → a. *vier;* eine römische ~; '**Zeh·ner** <m.; -s, -> **1** <Math.> *vorletzte*

Ziffer einer mehrstelligen Zahl **2** <umg.> *Zehnpfennigstück;* '**Zeh·ner·bruch** <m.; -(e)s, ⁎e; Math.> *ein Dezimalbruch;* '**Zeh·ner·pa·ckung** <f.; -, -en>; '**Zeh·ner·stel·le** <f.; -, -n; Math.>; '**Zeh·ner·sys·tem** <n.; -s; unz.; Math.> = *Dezimalsystem;* '**zehn·fach** <Adj.; ⤢Z34.1; in Ziffern: 10fach> in ~er Ausführung; um das Zehnfache; → a. *achtfach;* **Zehn·fin·ger-'Blind·schrei·be·me·tho·de** <f.; -; unz.>, '**Zehn'fin·ger·sys·tem** <n.; -s; unz.> *Methode, mit zehn Fingern u. ohne hinzusehen zu tippen;* '**Zehn·flach** <n.; -(e)s, -e; Geom.> Sy *Dekaeder;* '**Zehn·fü·ßer** <m.; -s, -; Zool.> *Krebsart;* **Zehn'jah·res·fei·er**, **Zehn'jahr·fei·er** <f.; -, -n>; '**Zehn'kampf** <m.; -(e)s, ⁎e; Sp.> *Wettkampfart in der Leichtathletik;* **Zehn'klas·sen·schu·le** <f.; -, -n; DDR> *Pflichtschule mit zehn Klassen;* **Zehn'mark·schein** <m.; -(e)s, -e; ⤢Z34; in Ziffern: 10-Mark-Schein;* früher>; **Zehn'me·ter·brett** <n.; -(e)s, -er; ⤢Z34; Sp.; in Ziffern: 10-Meter-Brett, 10-m-Brett> *Sprungbrett im Schwimmbad;* '**Zehnt** <m.; -en, -en; MA> = *Zehnte(r);* '**zehn·tau·send** <a. [-'--]; Num.; ⤢Z44; in Ziffern: 10000> die oberen ~ <od.> Zehntausend *die oberste soziale Schicht;* '**zehn·te(r, -s)** <Num.; in Ziffern: 10.; Ordinalzahl von> *zehn;* der ~ März; der Zehnte in der Reihe; '**Zehn·te(r)** <m.; -n, -n; MA> *Steuerabgabe;* '**zehn·tel** <Zahladj.; in Ziffern: /10; Bruchzahl zu> *zehn;* in einer ~ Sekunde <od.> Zehntelsekunde; '**Zehn·tel** <n. od. (schweiz.) m.; -s, -> *zehnter Teil;* '**Zehn·tel·se·kun·de** <f.; -, -n> in einer ~ <od.> zehntel Sekunde; '**zehn·tens** <Adv.> *an zehnter Stelle*

'**zeh·ren** <V. i.; geh.> **1** *von etwas ~ leben;* von Vorräten ~; von Vergangenem ~ <fig.> **2** *mager machen;* die Sorgen ~ an ihr <fig.>; '**Zeh·rung** <f.; -; unz.>

'**Zei·chen** <n.; -s, -> **1** *Hinweis, Signal; Verkehrs~;* jmdm. ein ~ geben; ~ setzen <fig.> **2** *Anzeichen, Vorbote; Krankheits~;* ein untrügliches ~; es geschehen noch ~ und Wunder <fig.; umg.> 3 *Beweis;* als ~ ihres Könnens sang sie eine Arie 4 *etwas, das für etwas anderes steht;* Schrift~; Satz~; ein ~ machen; mathematisches ~; **'Zei·chen·block** <m.; -(e)s, ⸗e> *Block zum Zeichnen;* **'Zei·chen·brett** <n.; -(e)s, -er>; **'Zei·chen·fe·der** <f.; -, -n>; **'Zei·chen·film** <m.; -(e)s, -e; Film; TV> = *Zeichentrickfilm;* **'Zei·chen·heft** <n.; -(e)s, -e>; **'Zei·chen·koh·le** <f.; -; unz.>; **'Zei·chen·kunst** <f.; -, ⸗e>; **'Zei·chen·leh·rer** <m.; -s, ->; **'Zei·chen·leh·re·rin** <f.; -, -n·nen>; *Gerät zum techn. Zeichnen;* **'Zei·chen·pa·pier** <n.; -s, -e>; **'Zei·chen·saal** <m.; -(e)s, -säle; ⟋Z18.1; Schule> *Raum für den Zeichenunterricht;* **'Zei·chen·schutz** <m.; -es; unz.> *gesetzl. Schutz für Warenzeichen;* **'Zei·chen·set·zung** <f.; -, -en; Gramm.> → a. *Kasten Interpunktion;* **'Zei·chen·spra·che** <f.; -, -n> *Gebärdensprache bei Gehörlosen;* **'Zei·chen·stift** <m.; -(e)s, -e>; **'Zei·chen·the·o·rie** <f.; -; unz.> → a. *Kasten Semiotik;* **'Zei·chen·tisch** <m.; -(e)s, -e>; **'Zei·chen·trick·film** <m.; -(e)s, -e; Film; TV> *Film aus gezeichneten Einzelbildern;* **'Zei·chen·un·ter·richt** <m.; -(e)s; unz.>; **'zeich·nen** <V.> 1 <V. i. u. V. t.> *in Strichen darstellen;* mit Kohle ~; einen Plan ~ 2 <V. t.> *markieren, kennzeichnen;* Wäsche ~; vom Tode gezeichnet (sein) <geh.> 3 <V. i.> *unterschreiben;* gezeichnet X <Abk.: gez.> 4 <V. t.; Kaufmannsspr.> eine Aktie ~; **'Zeich·ner** <m.; -s, -> *technischer ~;* **'Zeich·ne·rin** <f.; -, -n·nen; ⟋Z38>; **'zeich·ne·risch** <Adj.>; **'Zeich·nung** <f.; -, -en> 1 *zeichnerische Darstellung;* Tusch~ 2 *natürl. Musterung;* die ~ eines Tierfells 3 <fig.> eine realistische ~ der Figuren 4 <Bankw.> *Verpflichtung zur Übernahme eines bestimmten Betrages* **'zei·deln** <V. t.; ich zeid(e)le; veralt.> *Honigwaben ~ ausschnei-*

den; **Zeid·le·rei** <f.; -; unz.; veralt.> *Bienenzucht* **'Zei·ge·fin·ger** <m.; -s, -; Anat.> *Finger neben dem Daumen;* **'zei·gen** <V.> 1 <V. i.> *deuten;* auf etwas ~ 2 <V. t./V. refl.> *vorführen, ansehen lassen;* jmdm. seine Bücher ~; sich in der Öffentlichkeit ~ 3 <V. t.> *erkennen lassen;* Interesse ~; ihre Reaktion zeigt, dass sie nichts davon wusste 4 <V. refl.> *sich herausstellen;* das wird sich ~; **'Zei·ger** <m.; -s, -> *Anzeigevorrichtung an Messgeräten;* Uhr~; **'Zei·ge·stock** <m.; -(e)s, ⸗e> **'zei·hen** <V. t. 292; geh.> *jmdn. eines Fehlers ~ beschuldigen* **'Zei·le** <f.; -, -n> 1 *Reihe;* Häuser~ 2 <Abk.: Z.> *Reihe nebeneinander stehender Wörter;* ein paar ~n an jmdn. schreiben <fig.>; **'Zei·len·ab·stand** <m.; -(e)s, ⸗e> *einfacher ~;* **'Zei·len·gieß·ma·schi·ne,** **'Zei·len·guss·ma·schi·ne** <f.; -, -n; Typ.>; **'Zei·len·ho·no·rar** <n.; -s, -e> *Honorar pro Zeile;* **'Zei·len·setz·ma·schi·ne** <f.; -, -n; Typ.>; **'Zei·len·sprung** <m.; -(e)s, ⸗e; Lit.> = *Enjambement;* **'zei·len·wei·se** <Adv.>; **...zei·ler** <m.; -s, -; in Zus.> *Gedicht mit einer bestimmten Zeilenanzahl;* Vierzeiler; **...zei·lig** <Adj.; in Zus.> *eine bestimmte Art od. Zahl von Zeilen habend;* vierzeilig <in Ziffern> 4-zeilig; kurzzeilig **Ze'in** <n.; -s; unz.; ⟋Z34; Biol.> *Protein im Mais* [grch.] **'Zei·ne** <f.; -, -n; schweiz.> = *Zaine;* **'Zei·nen** <f.; -, -n; schweiz.> **'Zei·sel·bär** <m.; -en, -en; oberdt.> *Tanzbär* **'Zei·sig** <m.; -s, -e; Zool.> *ein Vogel* **'Zei·sing** <n.; -s, -e; Mar.> = *Seising* **zeit** <Präp. m. Gen.; in der Wendung> ~ ihres, seines, meines Lebens *das ganze Leben lang;* <aber> → *zeitlebens;* **Zeit** <f.; -, -en> 1 *Abfolge, Nacheinander der Augenblicke;* ~ und Raum; im Laufe der ~ 2 *Zeitspanne;* seit einiger ~; ~ haben; eine ~ lang; <aber> → *Zeitlang* keine ~ verlieren *sich beeilen;* auf ~ <Abk.: a. Z.> *bis auf Widerruf;* ~raubend, sparend; <aber> eine

zeitraubendere, zeitsparendere Maßnahme; → a. *zeitraubend,* zeitsparend 3 *besonders gekennzeichneter Zeitabschnitt, Epoche;* Tages~; Goethe~; vergangene ~ en; mit der ~ gehen *Neuem gegenüber aufgeschlossen sein;* zu meiner ~; zur ~ <Abk.: z. Z. od. z. Zt.> Goethes; zur ~ des Vormärz; <aber> → *zurzeit;* Zeichen der ~; zu ~en Goethes; <aber> → *zuzeiten* 4 *Zeitpunkt;* Schlafens~; es war an der ~; morgen um diese ~; von ~ zu ~; zu jeder ~; <aber> → *jederzeit* 5 <kurz für> *Uhrzeit* 6 <Gramm.; kurz für> *Zeitform;* → a. *Kasten Tempus,* **'Zeit·ab·schnitt** <m.; -(e)s, -e>; **'Zeit·ach·se** <[-ks-]; f.; -, -n>; **'Zeit·al·ter** <n.; -s, -> *Epoche;* das ~ Goethes; **'Zeit·an·ga·be** <f.; -, -n>; **'Zeit·an·sa·ge** <f.; -, -n>; **'Zeit·ar·beit** <f.; -, -en> *zeitl. befristete Arbeit;* **'Zeit·auf·nah·me** <f.; -, -n; Fot.> *länger belichtete Aufnahme;* **'Zeit·auf·wand** <m.; -(e)s unz.>; **'zeit·auf·wän·dig** <Adj.> *ein ~es Verfahren;* **'Zeit·au·to·ma·tik** <f.; -, -en; Fot.>; **'Zeit·bild** <n.; -(e)s, -er> *Epochendarstellung;* **'Zeit·bom·be** <f.; -, -n> 1 *Bombe mit Zeitzünder* 2 <fig.> *mit der Zeit zunehmende Gefahr;* **'Zeit·dau·er** <f.; -; unz.>; **'Zeit·di·la·ta·ti·on** <f.; -; unz.; Phys.> *durch die Relativitätstheorie erklärte Unterschiede in der Zeitskala;* **'Zeit·do·ku·ment** <n.; -(e)s, -e>; **'Zeit·druck** <m.; -(e)s; unz.> unter ~ stehen; **'Zeit·ein·heit** <f.; -, -en>; **'Zeit·ein·tei·lung** <f.; -, -en>; **'Zei·ten·fol·ge** <f.; -, -n; Gramm.> *Regel bezüglich der Zeitformen in zusammengesetzten Sätzen;* → a. *Consecutio temporum;* **'Zei·ten·wen·de** <f.; -; unz.> *Beginn der christl. Zeitrechnung;* nach, vor der ~; **'Zei·ter·schei·nung** <f.; -, -en>; **'Zeit·fah·ren** <n.; -s; unz.; Radsp.> *Rennen, bei dem es um die Zeit, nicht um den Sieg geht;* **'Zeit·form** <f.; -, -en; Gramm.> = *Tempus;* **'Zeit·fra·ge** <f.; -; unz.; in der Wendung> es ist (nur) eine ~ *es hängt (nur) von der Zeit ab;* **'zeit·ge·bun·den** <Adj.> *dem Zeitgeist entsprechend;*

Z

'**Zeit·ge·fühl** <n.; -(e)s; unz.> kein ~ besitzen; '**Zeit·geist** <m.; -(e)s; unz.> *vorherrschende geistige Haltung in einer Epoche;* '**zeit·ge·mäß** <Adj.> das ist nicht mehr ~; '**Zeit·ge·nos·se** <m.; -n, -n> ein ~ Mozarts; '**Zeit·ge·nos·sin** <f.; -, -n·nen>; '**zeit·ge·nös·sisch** <Adj.>; '**Zeit·ge·schäft** <n.; -(e)s, -e; Wirtsch.>; '**Zeit·ge·schich·te** <f.; -; unz.> *gegenwärtiges u. unmittelbar vorausgehendes polit. Geschehen;* '**zeit·ge·schicht·lich** <Adj.>; '**Zeit·ge·schmack** <m.; -(e)s; unz.> nicht dem ~ entsprechen; '**Zeit·ge·winn** <m.; -(e)s, -e>; '**zeit·gleich** <Adj.; eindeutschend für> *synchron;* '**zei·tig** <Adj.> *frühzeitig;* ~ aufstehen; '**zei·ti·gen** <V. t.> *hervorbringen;* Erfolg ~; '**Zeit·kar·te** <f.; -, -n> *Fahrkarte für einen bestimmten Zeitabschnitt;* '**Zeit·kri·tik** <f.; -; unz.> *Kritik am eigenen Zeitalter;* '**zeit·kri·tisch** <Adj.>; '**Zeit·lang** <f.; -; unz.; bair.> *Sehnsucht;* ~ haben; einer ~ lang; → a. *Zeit(2);* '**Zeit·lauf** <m.; -s, -läuf·te>; **zeit'le·bens** <Adv.> *das ganze Leben lang;* ich habe ~ viel gearbeitet; <aber> zeit meines Lebens; → a. *zeit;* '**zeit·lich** <Adj.> 1 *die Zeit(1) betreffend;* ~ befristet 2 *vergänglich;* ~e Güter; das Zeitliche segnen <fig.; verhüllend> *sterben;* '**Zeit·lich·keit** <f.; -; unz.>; '**Zeit·lohn** <m.; -(e)s; unz.> *Entlohnung für eine bestimmte Arbeitszeit;* '**zeit·los** <Adj.> *von der Mode unabhängig;* ein ~er Haarschnitt; '**Zeit·lo·se** <f. 2; Bot.; kurz für> *Herbstzeitlose;* '**Zeit·lo·sig·keit** <f.; -; unz.>; '**Zeit·lu·pe** <f.; -; unz.; Film; TV> *verlangsamte Wiedergabe eines Films;* in ~; Ggs *Zeitraffer;* '**Zeit·lu·pen·tem·po** <n.; -s; unz.> im ~; '**Zeit·ma·nage·ment** <[-mænidʒ-]; n.; -s; unz.>; '**Zeit·man·gel** <m.; -s; unz.> etwas aus ~ nicht tun können; '**Zeit·maß** <n.; -es, -e>; '**Zeit·mes·ser** <m.; -s, ->; '**Zeit·mess·ge·rät** <n.; -(e)s, -e>; '**zeit·nah** <Adj.> *der Gegenwart gemäß;* ein ~er Roman; '**Zeit·nä·he** <f.; -; unz.>; '**Zeit·neh**-

-mer <m.; -s, -; Sp.> *Kampfrichter, der die Zeit(2) nimmt;* '**Zeit·neh·me·rin** <f.; -, -n·nen; Sp.>; '**Zeit·not** <f.; -; unz.> in ~ geraten; '**Zeit·per·so·nal** <n.; -s; unz.> *für Zeitarbeit vermitteltes Personal;* '**Zeit·plan** <m.; -(e)s, -̈e>; '**Zeit·pro·blem** <auch> '**Zeit·prob·lem** <n.; -s, -e; ⚲Z53>; '**Zeit·punkt** <m.; -(e)s, -e> *Augenblick;* zum richtigen ~; '**Zeit·raf·fer** <m.; -s; unz.; Film; TV> *Wiedergabe eines Films in erhöhtem Tempo;* im ~; Ggs *Zeitlupe;* '**zeit·rau·bend,** <auch> '**Zeit rau·bend** <Adj.; bei Steigerung u. mit Attribut nur Zusammenschreibung> ein *zeitraubenderes/im sehr zeitraubendes Verfahren;* <aber> viel Zeit raubend; → a. *Zeit(2);* '**Zeit·raum** <m.; -(e)s, -̈e> ein ~ von 5 Tagen; '**Zeit·rech·nung** <f.; -, -en> *zeitl. Einteilung der Jahre;* christliche ~; '**Zeit·ro·man** <m.; -s, -e; Lit.> *Roman, der das Bild einer Epoche entwirft;* '**Zeit·satz** <m.; -es, -̈e; Gramm.> → a. *Kasten Temporalsatz;* '**Zeit·schie·ne** <f.; -, -n>; '**zeit·schnell** <Adj.; Sp.>; '**Zeit·schrift** <f.; -, -en; Ztgsw.> *regelmäßig erscheinende Druckschrift;* '**Zeit·schrif·ten·ver·lag** <m.; -(e)s, -e; Ztgsw.>; '**Zeit·sinn** <m.; -s; unz.> = *Zeitgefühl;* '**Zeit·span·ne** <f.; -, -n>; '**zeit·spa·rend,** <auch> '**Zeit spa·rend** <Adj.; bei Steigerung u. mit Attribut nur Zusammenschreibung> ein *zeitsparenderes/ein sehr zeitsparendes Verfahren;* <aber> viel Zeit sparend; → a. *Zeit(2);* '**Zeit·stra·fe** <f.; -, -n; Sp.>; '**Zeit·stück** <n.; -(e)s, -e; Theat.>; '**Zeit·stu·die** <[-diə]; f.; -, -n> *Ermittlung der zeitl. Dauer von Arbeitsabläufen;* '**Zeit·ta·fel** <f.; -, -n> *chronolog. Übersicht über wichtige Ereignisse;* '**Zeit·takt** <m.; -(e)s, -e; Tel.>

'**Zei·tung** <f.; -, -en; Ztgsw.> *regelmäßig erscheinende Druckschrift mit Nachrichten;* Tages~; die ~ lesen; '**Zei·tungs·ar·ti·kel** <m.; -s, -; Ztgsw.>; '**Zei·tungs·aus·schnitt** <m.; -(e)s, -e>; '**Zei·tungs·aus·trä·ger** <m.; -s, ->; '**Zei·tungs·aus·trä·ge·rin** <f.; -,

-n·nen>; '**Zei·tungs·be·richt** <m.; -(e)s, -e>; '**Zei·tungs·en·te** <f.; -, -n; Ztgsw.; fig.; umg.> *falsche Zeitungsmeldung;* '**Zei·tungs·frau** <f.; -, -en; umg.>; '**Zei·tungs·ki·osk** <m.; -s, -e>; '**Zei·tungs·kor·re·spon·dent,** <auch> '**Zei·tungs·kor·res·pon·dent** <m.; -en, -en; ⚲Z54; Ztgsw.> *Berichterstatter für eine Zeitung;* '**Zei·tungs·kor·re·spon·den·tin** <f.; -, -n·nen; Ztgsw.>; '**Zei·tungs·pa·pier** <n.; -s; unz.>; '**Zei·tungs·ro·man** <m.; -s, -e> *in der Zeitung abgedruckter Roman;* '**Zei·tungs·ver·lag** <m.; -(e)s, -e; Ztgsw.>; '**Zei·tungs·we·sen** <n.; -s; unz.> *alles, was mit der Produktion u. Verbreitung von Zeitungen zusammenhängt;* '**Zei·tungs·wis·sen·schaft** <f.; -; unz.>

'**Zeit·ver·geu·dung** <f.; -; unz.> das ist reine ~; '**Zeit·ver·lust** <m.; -(e)s, -e>; '**Zeit·ver·schwen·dung** <f.; -; unz.>; '**Zeit·ver·treib** <m.; -(e)s; unz.> etwas zum ~ tun; '**zeit·wei·lig** <Adj.> 1 *eine Zeit lang dauernd* 2 <adv.> *zeitweise;* die Brücke ist ~ gesperrt; '**zeit·wei·se** <Adj.; meist adv.> *immer wieder;* '**Zeit·wen·de** <f.; -, -n> = *Zeitenwende;* '**Zeit·wert** <m.; -(e)s, -e> *Wert eines Gegenstandes zur Zeit des Verlustes;* '**Zeit·wert·ver·si·che·rung** <f.; -, -en> Ggs *Neuwertversicherung;* '**Zeit·wort** <n.; -(e)s, -̈er; Gramm.> = *Verb;* → a. *Kasten Verb;* '**zeit·wört·lich** <Adj.; Gramm.> = *verbal(1);* '**Zeit·zei·chen** <n.; -s, -; Funkw.> *Morsezeichen als Zeitangabe;* '**Zeit·zeu·ge** <m.; -n, -n> *jmd., der eine vergangene Epoche miterlebt hat;* '**Zeit·zeu·gin** <f.; -, -n·nen>; '**Zeit·zo·ne** <f.; -, -n; Geogr.> *Gebiet zw. zwei geograf. Längenkreisen mit einheitl. Zonenzeit;* '**Zeit-'Zo·nen-Ta·rif** <m.; -(e)s; unz.; ⚲Z33; Tel.> *nach Dauer u. Entfernung gestaffelter Tarif;* '**Zeit·zün·der** <m.; -s, -> *Sprengladung mit ~;* '**Zeit·zün·dung** <f.; -, -en>

Ze·le·bra·ti·on, <auch> **Ze·leb·ra·ti·on** <f.; -, -en; ⚲Z53; Kath.> *Feier des Messopfers* [lat.]; **ze·le**-

'brie·ren <V. t.> 1 einen Ritus ~ 2 <Kath.> die Messe ~ *lesen*; **Ze·le·bri'tät** <f.; -; unz.; geh.> *Feierlichkeit*

'Zel·la <f.; -, -lae> = *Cella* [lat.]; **'Zell·at·mung** <f.; -; unz.; Biol.>; **'Zel·le** <f.; -, -n> 1 *kleiner Raum*; Gefängnis~; Kloster~ 2 <Biol.> *kleinster Baustein der Lebewesen*; Keim~ 3 <El.> *Element einer Batterie*; **'zel·len·för·mig** <Adj.>; **'Zel·len·ge·wöl·be** <n.; -s, -; Arch.> *Gewölbeart*; **'Zel·len·leh·re** <f.; -; unz.; Biol.> = *Zytologie*; **'Zell·fu·si·on** <f.; -, -en; Biol.> *Zellverschmelzung*; **'Zell·ge·we·be** <n.; -s, -; Biol.>; **'Zell·glas** <n.; -es; unz.> *Kunststofffolie aus Zellulose*; **'zel·lig** <Adj.>; **'Zell·kern** <m.; -(e)s, -e; Biol.>; **'Zell·kon·stanz**, <auch> **'Zell·kons·tanz** <f.; -; unz.; ⬈Z 54; Biol.> *Festgelegtheit der Zellenzahl best. Organismen*; **'Zell·leh·re** <f.; -; unz.; ⬈Z 37; Biol.> = *Zytologie*; **'Zell·mar·ker** <m.; -s, -; Biochem.>; **'Zell·mem·bran**, <auch> **'Zell·memb·ran** <f.; -, -en; ⬈Z 53; Biol.> *Zelloberfläche*; **Zel·lo·bi·'o·se** <f.; -; unz.; Biol.> *ein Doppelzucker*; **Zel·lo'phan** <n.; -s; unz.> = *Cellophan*; **'Zell·plas·ma** <n.; -s, -plas·men; Biol.> = *Zytoplasma*; **'Zell·stoff** <m.; -(e)s, -e> *feinfaserige Zellulosemasse*; **Zell·stoff·fa·brik**, <auch> **'Zell·stoff·fab·rik** <f.; -, -en; ⬈Z 37, 53>; **'Zell·tei·lung** <f.; -, -en; Biol.>; **zel·lu·lar, zel·lu'lär** <Adj.>; **Zel·lu'lar·pa·tho·lo·gie** <f.; -; unz.; Med.> *Lehre, nach der die Krankheiten auf Zellveränderungen beruhen*; **Zel·lu'lar·the·ra·pie** <f.; -; unz.; Med.> *Frischzellentherapie*; **Zel·lu'la·se** <f.; -, -n; Biochem.> *Zellulose spaltendes Enzym*; **Zel·lu'li·tis** <f.; -, -li'ti·den; Med.> *Entzündung des Zellgewebes*; oV *Cellulitis*; **Zel·lu'loid** <n.; -(e)s; unz.> *durchsichtiger Kunststoff*; oV *Celluloid*; **Zel·lu'lo·se** <f.; -, -n; Biol.> *Hauptbestandteil der pflanzl. Zellwände*; oV *Cellulose*; **Zel·lu'lo·se·fa·ser** <f.; -, -n; Textilw.>; **Zel·lu'lo·se·ni·trat**, <auch> **Zel·lu'lo·se·nit·rat** <n.; -(e)s, -e; ⬈Z 53>; **'Zell·wand** <f.; -,

-, ⁼e; Biol.>; **'Zell·wol·le** <f.; -, -n; Textilw.>

ze'lo·so <Adj.; Mus.> *feurig* [grch.]; **Ze'lot** <m.; -en, -en; geh.> *Glaubenseiferer*; **Ze'lo·tin** <f.; -, -n·nen>; **ze'lo·tisch** <Adj.>; **Ze·lo'tis·mus** <m.; -; unz.>

Zelt <n.; -(e)s, -e> 1 *Behausung aus Stoff od. Fellen*; Bier~; seine ~e abbrechen <fig.> *wegziehen* 2 <fig.; poet.> *hohes Gewölbe*; Himmels~; **'Zelt·bahn** <f.; -, -en; Textilw.> *Stoffbahn für Zelte(1)*; **'Zelt·dach** <n.; -(e)s, ⁼er; Arch.> *Dach aus vier Dreiecksflächen*; **'zel·ten** <V. i.> im Freien ~; **'Zelt·la·ger** <n.; -s, ->; **'Zelt·mast** <m.; -(e)s, -en od. -e>; **'Zelt·pflock** <m.; -(e)s, ⁼e>; **'Zelt·platz** <m.; -es, ⁼e>; **'Zelt·sack** <m.; -(e)s, ⁼e>; **'Zelt·stan·ge** <f.; -, -n>; **'Zelt·stock** <m.; -(e)s, ⁼e>; **'Zelt·stoff** <m.; -(e)s, -e; Textilw.>

Ze'ment <m.; -(e)s, -e> 1 *Bindemittel aus Beton u. Mörtel* 2 <Anat.> *Teil des Zahnes(1)* [lat.]; **Ze·men·ta·ti'on** <f.; -, -en> 1 *das Verputzen mit Zement(1)* 2 *Härtung der Stahloberfläche* 3 *Ausfällung von Kupfer aus Lösungen*; **ze·men'tie·ren** <V. t.>; **Ze'ment·sack** <m.; -(e)s, ⁼e>

Zen <[zen] od. [tsen]; n.; -s; unz.; Rel.> *japan. Form des Buddhismus* [Sanskrit]

Ze'na·kel <n.; -s, -; in Klöstern> = *Zönakel*

Ze'na·na <[ze-]; f.; -, -s; in Indien> *Wohnbereich hinduist. u. moslem. Frauen* [hind.]

Ze·ner·di·o·de, <auch> **Ze·ner·Di·o·de** <['zi:nər-]; f.; -, -n; Phys.> *ein Halbleiterbauelement* [nach dem Physiker C. Zener]

Ze'nit <m.; -(e)s; unz.> 1 = *Scheitelpunkt* 2 <fig.> *Höhepunkt* [arab.]; **Ze·ni'tal·re·gen** <m.; -s, -; Geogr.> *starker trop. Regen*

Ze·no'taph <n.; -(e)s, -e> *Grabmal für einen woanders bestatteten Toten*; oV *Kenotaph* [grch.]

zen'sie·ren <V. t.> 1 *benoten*; einen Aufsatz ~ 2 *der Zensur(2) unterwerfen*; einen Film ~ [lat.]; **'Zen·sor** <m.; -s, -'so·ren> 1 <im alten Rom> *ein Beamter* 2

amtl. Prüfer; **Zen'so·rin** <f.; -, -n·nen>; **zen'so·risch** <Adj.>; **Zen'sur** <f.; -, -en> 1 <unz.; im alten Rom> *Amt des Zensors(1)* 2 <unz.> *staatl. Überwachung von Kunstwerken u. Schriftstücken*; von der ~ verboten 3 *Schulnote*; **zen·su'rie·ren** <V. t.; österr.; schweiz.> *amtl. prüfen*; **'Zen·sus** <m.; -, -> 1 <im alten Rom> *Vermögensschätzung* 2 *Volkszählung*

Zent <f.; -, -en> 1 = *Hundertschaft* 2 <im fränk. Reich> *Teil einer Grafschaft* [lat.]

Zen'taur <m.; -en, -en; grch. Myth.> *Fabelwesen mit menschl. Kopf u. Brust sowie Pferdeleib* [grch.]

Zen·te'nar <m.; -s, -e> *Hundertjähriger* [lat.]; **Zen·te'nar·fei·er** <f.; -, -n>; **Zen·te'na·rin** <f.; -, -n·nen>

zen·te·si'mal <Adj.> *hundertteilig* [lat.]

'Zent·ge·richt <n.; -(e)s, -e; früher>; **'Zent·graf** <m.; -en, -en; früher>

zen·ti..., Zen·ti... <in Zus. vor Maßeinheiten; Zeichen: c> *Hundertstel...*; Zentiliter [lat.]

Zen·ti'fo·lie <[-lje]; f.; -, -n; Bot.> *Rosenart* [lat.]

Zen·ti'gramm <a. ['---]; n.; -s, -; Zeichen: cg>; **Zen·ti'li·ter** <a. ['----]; m. od. n.; -s, -; Zeichen: cl>; **Zen·ti'me·ter** <a. ['----]; m. od. n.; -s, -; Zeichen: cm>; **Zen·ti'me·ter·maß** <n.; -es, -e> *Band zur Längenmessung*

'Zent·ner <m. 7; -s, -; Abk.> Ztr.> *Gewichtseinheit, 50 kg*; **'Zent·ner·ge·wicht** <n.; -(e)s, -e>; **'Zent·ner·last** <f.; -, -en; fig.> *große Sorge*; **'zent·ner·schwer** <Adj.; fig.> es liegt mir ~ auf der Seele; **'zent·ner·wei·se** <Adv.>

zen'tral <auch> **zent'ral** <Adj.; ⬈Z 53> 1 *im Mittelpunkt*; ~e Lage 2 <fig.> *wesentlich*; das ~e Problem* [lat.]; **zen'tral..., Zen'tral...** <in Zus.> *mittel..., Mittel..., haupt..., Haupt...*; **Zen'tral·a·bi·tur** <n.; -s, -e; ⬈Z 55> *zentral durchgeführtes Abitur*; **Zen'tral·a·fri·ka**, <auch> **Zent'ral·af·ri·ka** < ⬈Z 53, 55> *Gebiet in Afrika*; **Zen'tral·a·fri·ka·ner** <m.; -s, ->; **Zen'tral·a·fri·ka·ne·rin** <f.; -, -n·nen>; **zen'tral·a·fri-**

ka·nisch <Adj.> ~es Klima; <aber> Zentralafrikanische Republik Staat in Zentralafrika; **Zen'tral·a·me·ri·ka** <↗Z55>; **zen'tral·a·me·ri·ka·nisch** <Adj.>; **Zen'tral·bank** <f.; -, -en> Europäische ~; **Zen'tral·bau** <m.; -(e)s, -ten; Arch.>; **zen·'tral·be·heizt** <Adj.> ~e Räume; **Zen'tral·be·hör·de** <f.; -, -n> oberste Behörde; **Zen'tral·be·we·gung** <f.; -, -en; Phys.> durch eine Zentralkraft verursachte Bewegung; **Zen'tra·le** <f.; -, -n> 1 zentrale Stelle 2 Hauptgeschäftsstelle 3 <Tel.> Fernsprechvermittlung; **Zen'tral·ein·heit** <f.; -, -en; EDV> zentrale Komponente einer Datenverarbeitungsanlage; **Zen'tral·fi·gur** <f.; -, -en>; **Zen'tral·ge·stirn** <n.; -(e)s, -e; Astr.> zentraler Stern eines Planetensystems; **Zen'tral·ge·walt** <f.; -, -en> oberste Staatsgewalt; **Zen'tral·hei·zung** <f.; -, -en> Heizung für das ganze Haus; **Zen·tra·li·sa·ti·on** <f.; -; unz.> Ggs Dezentralisation; **zen·tra·li'sie·ren** <V. t.> die Verwaltung ~; **Zen·tra'lis·mus** <m.; -; unz.> Pol.> Streben nach zentraler Lenkung; **zen·tra'lis·tisch** <Adj.>; **Zen'tral·ka·ta·log** <m.; -(e)s, -e> = Gesamtkatalog; **Zen'tral·ko·mi·tee** <n.; -s, -s; Abk.: ZK> Führungsorgan, bes. bei kommunist. und sozialist. Parteien; **Zen'tral·kör·per·chen** <n.; -s, -; Biol.> = Zentriol; **Zen'tral·kraft** <f.; -; unz.; Phys.> nach einem Zentrum ausgerichtete Kraft; **Zen'tral·ner·ven·sys·tem** <n.; -s; unz.; Biol.; Abk.: ZNS> Gehirn u. Rückenmark; **Zen'tral·or·gan** <n.; -s, -e>; **Zen'tral·per·spek·ti·ve**, <auch> **Zent'ral·pers·pek·ti·ve** <f.; -> ↗Z54> Darstellungsverfahren für räuml. Gebilde; **Zen'tral·pro·jek·ti·on** <f.; -, -en>; **Zen'tral·rat** <m.; -(e)s, ²e> ~ der Juden in Deutschland; **Zen'tral·spei·cher** <m.; -s, ->; **Zen'tral·ver·band** <m.; -(e)s, ²e>; **Zen'tral·ver·schluss** <m.; -es, ²e; Fot.; an Kameras> Ggs Schlitzverschluss; **zen'trie·ren** <V. t.> auf die Mitte einstellen; **zen·tri'fu·gal** <Adj.; Phys.> vom Mittel-

punkt wegstrebend; Ggs zentripetal; **Zen·tri·fu'gal·kraft** <f.; -, ²e; Phys.>; **Zen·tri'fu·ge** <f.; -, -n> Gerät zur Trennung von Stoffen verschiedener Dichte; **zen·tri·fu'gie·ren** <V. t.>; **Zen·tri'ol** <n.; -s, -e; Biol.> ein Zellorganell; **zen·tri·pe'tal** <Adj.; Phys.> zum Mittelpunkt hinstrebend; Ggs zentrifugal; **zen·tri·pe'tal·kraft** <f.; -, ²e; Phys.>; **'zen·trisch** <Adj.> mittig; **'Zen·tri·win·kel** <m.; -s, -; Geom.> Mittelpunktswinkel; **Zen·tro·'mer** <n.; -s, -e; Biol.> Spindelansatzstelle des Chromosoms; **Zen·tro'som** <n.; -s, -e; Biol.> = Zentriol; **'Zen·trum** <n.; -s, -tren/ -t·ren> 1 Mittelpunkt 2 zentrale Einrichtung; Beratungs- 3 Innenstadt; Stadt~; **'Zen·trums·par·tei** <f.; -; unz.; Pol.; früher> kath. Partei

Zen'tu·rie <[-ɪə]; f.; -, -n; Mil.; im alten Rom> Legion [lat.]; **Zen·'tu·rio** <m.; -s, -ri'o·nen; Mil.> Befehlshaber einer Zenturie

Ze·o'lith <m.; -s, -e; Min.> ein Mineral [grch.]

'Ze·phir, <auch> **'Ze·phyr** <m.; -s, -e> 1 milder Wind 2 <Textilw.> Baumwollgewebe [grch.]

'Zep·pe·lin <m.; -s, -e; Flugw.> ein Luftschiff [nach dem Erfinder der Graf von Zeppelin]

'Zep·ter <n.; -s, -> oV Szepter 1 Herrscherstab 2 <fig.> Herrschergewalt; das ~ schwingen zu bestimmen haben [grch.]

zer... <Vors. zur Bez. der Zerstörung, Auflösung, Trennung> auseinander...; zerreißen, zerfallen usw.

Zer <n.; -s; unz.; Chem.; Zeichen: Ce> = Cer

zer'bei·ßen <V. t. 105; du zerbeißt> der Hund zerbiss den Pantoffel

zer'bers·ten <V. i. (s.) 107; es zerbirst; verstärkend> bersten

'Zer·be·rus <m.; -, -s·se; fig.; scherzh.> strenger Wächter; oV Cerberus [nach dem Höllenhund Kerberos der grch. Myth.]

zer'bom·ben <V. t.>

zer'bre·chen <V. 116> 1 <V. t.> zerbrochenes Glas 2 <V. i. (s.); fig.> an etwas ~ zugrunde gehen; **zer'brech·lich** <Adj.>; **Zer·'brech·lich·keit** <f.; -; unz.>

zer'brö·ckeln <V. i. (s.) u. V. t.>
zer'drü·cken <V. t.> Kartoffeln ~; einen Rock ~
Ze·re'a·li·en <Pl.> Feldfrüchte, Getreide; <aber> → Cerealien [nach der röm. Göttin Ceres]
ze·re·bel'lar <Adj.; Anat.>; **Ze·re·'bel·lum** <n.; -s, -bel·la; Anat.> = Kleinhirn; oV Cerebellum [lat.]; **ze·re'bral**, <auch> **ze·reb·'ral** <Adj.; ↗Z53; Anat.> zum Zerebrum gehörend; **Ze·re'bral·laut** <m.; -(e)s, -e; Phon.> mit der Zungenspitze am Gaumen gebildeter Laut; **ze·re·bro·spi·'nal** <Adj.; Med.> Gehirn u. Rückenmark betreffend; **'Ze·re·brum** <n.; -s, -bra/ -b·ra; Anat.> = Großhirn; oV Cerebrum [lat.]
Ze·re·mo'nie <a. [-·'mo:niə]; f.; -, -n> feierl. Handlung; Einweihungs~ [lat.]; **ze·re·mo·ni'ell** <Adj.>; **Ze·re·mo·ni'ell** <n.; -s, -e> Gesamtheit der vorgeschriebenen Zeremonien; Hof~; **Ze·re·'mo·ni·en·meis·ter** <m.; -s, ->; früher> ein Hofbeamter; **ze·re·mo·ni'ös** <Adj.; abwertend> übertrieben förmlich [frz.]
zer'fah·ren <Adj.> 1 ausgefahren; ein ~er Weg 2 <fig.> verwirrt; **Zer'fah·ren·heit** <f.; -; unz.>
zer'fall <m.; -s, ²e 1 <unz.> das Zerfallen; der ~ einer Dynastie 2 <Phys.> spontane Atomkernspaltung; **zer'fal·len** <V. i. 131> ein ~es Gemäuer; **Zer'falls·kon·stan·te**, <auch> **Zer'falls·kons·tan·te** <f.; -, -n; ↗Z54; Phys.>; **Zer'falls·pro·dukt** <n.; -(e)s, -e; Phys.>; **Zer'falls·rei·he** <f.; -, -n; Phys.>
zer'fa·sern <V.; ich zerfasere> 1 <V. t. (h.)> in Fasern zerlegen 2 <V. i. (s.)> faserig werden
zer'fet·zen <V. t.; du zerfetzt> auseinander reißen
zer'fled·dern, **zer'fle·dern** <V. t.; ich zerfled(d)ere; meist als Part. Perf.> (am Rand) abnutzen; ein zerfleddertes Buch
zer'flei·schen <V.; du zerfleischst> 1 <V. t.> mit den Zähnen zerfetzen; der Löwe zerfleischte seine Beute 2 <V. refl.; fig.> sich in Schuldgefühlen ~
zer'flie·ßen <V. i. (s.) 138; du zerfließt> 1 auseinander fließen; zerflossene Schokolade 2 <fig.> in Tränen ~

zer'fran·sen <V. t. u. V. i.; du zerfranst> *fransig machen, werden*
zer'fres·sen <V. t. 139; es zerfrisst> Termiten ~ das Holz; der Rost zerfrisst das Eisen
zer'fur·chen <V. t.> *furchig machen;* **zer'furcht** <Adj.> *von Falten durchzogen;* ~e Stirn
zer'ge·hen <V. i. (s.) 145> *sich auflösen;* in Wasser ~
'zer·gen <V. t.; mdt.> *necken*
zer'glie·dern <V. t.; ich zergliedere> *in Teile zerlegen;* einen Satz ~; **Zer'glie·de·rung** <f.; -; unz.>
zer'ha·cken <V. t.>
zer'hau·en <V. t. 162>
zer'kau·en <V. t.; du zerkaust>
zer'klei·nern <V. t.; ich zerkleinere> *zu kleinen Stücken machen;* **Zer'klei·ne·rung** <f.; -; unz.>
zer'klop·fen <V. t.>
zer'klüf·tet <Adj.> ~e Felsen
zer'kna·cken <V. t.; du zerknackst> *aufknacken;* Nüsse ~
zer'knal·len <V. i. (s.) u. V. t.> einen Luftballon ~
zer'knaut·schen <V. t.; du zerknautschst; umg.> ein zerknautschter Rock
zer'knirscht <Adj.> *reumütig;* ein ~er Sünder; **Zer'knirscht·heit, Zer'knir·schung** <f.; -; unz.>
zer'knit·tern <V. t.; ich zerknittere> eine Bluse ~
zer'knül·len <V. t.> Papier ~
zer'ko·chen <V.> 1 <V. i. (s.)> *durch langes Kochen zu weich werden* 2 <V. t. (h.)> *zerkochen(1) lassen;* Nudeln ~
zer'krat·zen <V. t.; du zerkratzt> *kratzend beschädigen*
zer'krü·meln <V. t.; ich zerkrüm(e)le> *Brot* ~
zer'las·sen <V. t. 175; du zerlässt> *schmelzen;* Butter ~
zer'lau·fen <V. i. (s.) 176> *zerfließen(1);* die Butter ist ~
zer'leg·bar <Adj.>; **Zer'leg·bar·keit** <f.; -; unz.>; **zer'le·gen** <V. t.> 1 *auseinander nehmen;* einen Tisch ~ 2 *Schlachtvieh, Wild ~ zerteilen*
zer'le·sen <V. t. 179; du zerliest; meist im Part. Perf.> *durch häufiges Lesen abnutzen;* der Roman sieht ~ aus
zer'lö·chern <V. t.> *durchlöchern;* zerlöcherte Schuhe
zer'lumpt <Adj.; umg.> *unansehnlich;* zerlumpte Kleider

zer'mal·men <V. t.; du zermalmst> *vollständig zerdrücken*
zer'mar·tern <V. t.; fig.; umg.; nur in den Wendungen> sich den Kopf, das Hirn ~ *heftig grübeln*
zer'mür·ben <V. t./V. refl.; fig.> die Ungewissheit ist ~d
zer'na·gen <V. t.> *nagend beschädigen*
zer'nich·ten <V. t.; poet.; meist im Part. Perf.> *vernichten*
Ze·ro <['ze:-]; f.; -, -s od. n.; -s, -s> 1 *Null, Nichts* 2 <Roulett> *Gewinnfeld des Croupiers* [frz.-arab.]
Ze·ro·gra'fie, Ze·ro·gra'phie <f.; -, -n; ↗Z 11.3> *Wachsgravierung* [grch.]; **Ze·ro'plas·tik** <f.; -, -en> oV Keroplastik 1 <unz.> *Wachsbildnerei* 2 *Wachsfigur;* **Ze·ro'tin·säu·re** <f.; -; unz.; Chem.> *Säure im Bienenwachs* [grch.]
zer'pflü·cken <V. t.; du zerpflückst> 1 *auseinander pflücken* 2 <fig.> *Punkt für Punkt kritisieren;* ein Buch ~
zer'plat·zen <V. i. (s.)>
zer'quält <Adj.> ein ~es Gesicht
zer'quet·schen <V. t.; du zerquetschst>
zer'rau·fen <V. t.; meist als Part. Perf.> zerrauftes Haar
'Zerr·bild <n.; -(e)s, -er> *Karikatur*
zer're·den <V. t.> *übermäßig besprechen*
zer'rei·ben <V. t. 196> *reibend zerkleinern*
zer'reiß·bar <Adj.>; **zer'rei·ßen** <V. 198; du zerreißt> 1 <V. t.> *auseinander reißen;* er zerriss den Brief; es zerreißt mir das Herz <fig.> 2 <V. i. (s.)> *entzweigehen;* der Stoff zerreißt leicht; **zer'reiß·fest** <Adj.>; **Zer'reiß·fes·tig·keit** <f.; -; unz.>; **Zer·'reiß·pro·be** <f.; -, -n; fig.> *starke Beanspruchung;* zur ~ werden; eine ~ für die Geduld; **Zer·'rei·ßung** <f.; -, -en>; **Zer'reiß·ver·such** <m.; -(e)s, -e>
'zer·ren <V.> 1 <V. t.> *gewaltsam ziehen;* jmdn. aus dem Auto ~ 2 <V. refl.; Med.> *sich etwas überdehnen;* sich eine Sehne ~ 3 <V. i.> *stark ziehen;* der Hund zerrt an der Leine; **Zer·re'rei** <f.; -, -en>

zer'rin·nen <V. i. (s.) 203; bes. poet.> 1 *auseinander rinnen* 2 <fig.> *verschwinden;* wie gewonnen, so zerronnen <Sprichw.>
Zer'ris·sen·heit <f.; -; unz.>
'Zerr·spie·gel <m.; -s, -> *optisch verzerrender(2) Spiegel;* **'Zer·rung** <f.; -, -en> 1 *Formänderung* 2 <Med.> *Überdehnung;* Muskel~
zer'rup·fen <V. t.; du zerrupfst>
zer'rüt·ten <V. t.> *stark schädigen;* zerrüttete Gesundheit; **Zer·'rüt·tung** <f.; -; unz.>
zer'sä·gen <V. t.>
zer'schel·len <V. i. (s.)> das Boot ist an dem Felsen zerschellt
zer'schie·ßen <V. t. 215; du zerschießt> er zerschoss das Tor
zer'schla·gen <V. t. 218> 1 *entzweischlagen;* einen Teller ~; wie, ganz ~ <fig.> *erschöpft* 2 <bes. Pol.> *aufteilen;* einen Staat ~ 3 <V. refl.> *sich nicht erfüllen;* das Projekt hat sich ~; **Zer'schla·gen·heit** <f.; -; unz.; fig.> *Erschöpfung;* **Zer'schla·gung** <f.; -, -en; bes. Pol.>
zer'schlis·sen <Adj.> *abgenutzt;* ~er Bezug
zer'schmei·ßen <V. t. 224; du zerschmeißt; umg.> er zerschmiss einen Teller
zer'schmel·zen <V. i. (s.) 225; du zerschmilzt; verstärkend> *schmelzen*
zer'schmet·tern <V. t.; ich zerschmettere> *heftig zerschlagen(1);* vor Wut eine Vase ~
zer'schnei·den <V. t. 227>
zer'schun·den <Adj.> *stark zerkratzt;* ~e Haut
zer'set·zen <V. t.; du zersetzt> 1 *auflösen;* die Säure zersetzt das Eisen; sich ~ 2 <fig.> *untergraben²;* die Ordnung ~; **Zer'set·zung** <f.; -, -en>; **Zer'set·zungs·pro·dukt** <n.; -(e)s, -e>; **Zer'set·zungs·pro·zess** <m.; -es, -e>
zer'sie·deln <V. t.> *durch Besiedelung zerstören;* ein Gebiet ~; **Zer'sie·de·lung, Zer'sied·lung** <f.; -; unz.>
zer'sin·gen <V. t. 243> *durch ungenaue Überlieferung verändern;* ein Volkslied ~
zer'spal·ten <V. t.; verstärkend> *spalten*

zer'split·tern ‹V.› 1 ‹V. t. (h.)› *in Splitter zerteilen* 2 ‹V. i. (s.)› *sich in Splitter spalten;* die Scheibe zersplitterte; **Zer'split·te·rung** ‹f.; -, -en›

zer'spren·gen ‹V. t.›

zer'sprin·gen ‹V. i. (s.) 253› *zerbrechen;* jmdm. zerspringt das Herz ‹fig.; poet.›

zer'stamp·fen ‹V. t.› *stampfend zerkleinern*

zer'stäu·ben ‹V. t.› *versprühen;* Parfüm ~; **Zer'stäu·ber** ‹m.; -s, -›

zer'ste·chen ‹V. t. 254› Reifen ~

zer'stie·ben ‹V. i. (s.) 260› *nach allen Seiten sprühen;* in alle Winde zerstoben sein ‹fig.›

zer'stö·ren ‹V. t.› *vernichten;* der Hagel hat die Ernte zerstört; **Zer'stö·rer** ‹m.; -s, -› 1 *jmd., der etwas zerstört* 2 ‹Mil.› *ein Kriegsschiff;* **Zer'stö·re·rin** ‹f.; -, -n·nen›; **zer'stö·re·risch** ‹Adj.›; **Zer'stö·rung** ‹f.; -, -en›; **Zer'stö·rungs·werk** ‹n.; -(e)s, -e›; **Zer'stö·rungs·wut** ‹f.; -; unz.› *blinde* ~

zer'sto·ßen ‹V. t. 262; du zerstößt› *stoßend zerkleinern*

zer'strah·len ‹V. i. (s.); Phys.› *durch Strahlen auflösen;* **Zer'strah·lung** ‹f.; -, -en›, Phys.›

zer'strei·ten ‹V. refl. 264› sie sind zerstritten

zer'streu·en ‹V. t.› 1 *willkürlich umherstreuen;* die Menge hat sich zerstreut 2 ‹V. refl.› *unterhalten, ablenken;* ich lese Krimis, um mich zu ~ 3 *beseitigen;* einen Verdacht ~; **zer'streut** ‹Adj.; fig.› *vergesslich, geistesabwesend;* **Zer'streut·heit** ‹f.; -; unz.›; **Zer'streu·ung** ‹f.; -, -en› 1 ~ *das Zerstreutwerden* 2 *Unterhaltung, Ablenkung;* **Zer'streu·ungs·lin·se** ‹f.; -, -n; Opt.› *Linse, die Lichtstrahlen zerstreut(1);* Ggs *Sammellinse*

zer'stü·ckeln ‹V. t.; ich zerstück(e)le› *in Stücke zerschneiden;* **Zer'stü·cke·lung, Zer'stück·lung** ‹f.; -, -en›

zer'talt ‹Adj.; Geogr.› *durch viele Täler gegliedert*

zer'tei·len ‹V. t.› *in Stücke teilen*

zer'tep·pern ‹V. t.; ich zerteppere; umg.› = *zertrümmern;* ~ = *zerschlagen(1)*

zer'tie·ren ‹V. i.›; **Zer·ti·fi'kat** ‹n.; -(e)s, -e› *Bescheinigung;* **zer·ti-**

fi'zie·ren ‹V. t.› *bescheinigen* [lat.]

zer'tram·peln ‹V. t.; ich zertramp(e)le› *durch Trampeln zerstören*

zer'tren·nen ‹V. t.›

zer'tre·ten ‹V. t. 268› *durch Treten zerstören;* Gras ~

zer'trüm·mern ‹V. t.; ich zertrümmere› *heftig zerschlagen;* ein Fenster ~; **Zer'trüm·me·rung** ‹f.; -, -en›

Ze'ru·men ‹n.; -s; unz.; Med.› *Ohrenschmalz;* oV *Cerumen* [lat.]

Ze·rus'sit ‹m.; -s, -e; Min.› *ein Mineral;* oV *Cerussit*

Zer·ve'lat·wurst ‹a. [zɛrvə-]; f.; -, =e› *eine Dauerwurst* [ital.]

zer·vi'kal ‹[-vi-]; Adj.; Anat.›; **'Zer·vix** ‹f.; -, -; Anat.› *Gebärmutterhals* [lat.]

zer'wer·fen ‹V. t. 286› 1 *durch Werfen zerstören* 2 ‹V. refl.; fig.› *sich mit jmdm.* ~ *zerstreiten*

zer'wir·ken ‹V. t.; Jagdw.› *Wild* ~ *häuten u. zerlegen*

zer'wüh·len ‹V. t.›

Zer'würf·nis ‹n.; -s·ses, -s·se› *Entzweiung*

zer'zau·sen ‹V. t./V. refl.; du zerzaust› *zerzaustes Haar*

zer'zup·fen ‹V. t.›

Zes'sa·li·en ‹Pl.› = *Zissalien*

Zes·sa're·witsch ‹m.; -(e)s, -e› = *Zarewitsch*

Zes·si'on ‹f.; -, -en; Rechtsw.› *Abtretung* [lat.]; **Zes·si·o'nar** ‹m.; -s, -e; Rechtsw.›; **Zes·si·o'na·rin** ‹f.; -, -n·nen; Rechtsw.›

Zes'to·de ‹f.; -, -n; Biol.; Med.› *Bandwurm* [lat.]

'Ze·ta ‹a. ['zi:ta]; n.; -s, -s; Zeichen: ζ, Z› *grch. Buchstabe*

Ze·ta·zee ‹[-'tse:ə]; f.; -, -n; Zool.› *Wal* [lat.-grch.]

'Ze·ter ‹nur in der Wendung› ~ *und Mord(io) schreien lauthals schreien;* **'Ze·ter·ge·schrei** ‹n.; -s; unz.›; **'ze·tern** ‹V. i.; ich zetere› *laut jammern*

Ze'tin ‹n.; -s; unz.› *Bestandteil des Walrats* [lat.]

'Zet·tel¹ ‹m.; -s, -› *loses Blatt Papier;* Notiz~

'Zet·tel² ‹m.; -s, -; Textilw.› *Längsfäden eines Gewebes*

'Zet·tel·kar·tei ‹f.; -, -en›; **'Zet-**

tel·kas·ten ‹m.; -s, =›; **'Zet·tel·ka·ta·log** ‹m.; -(e)s, -e›

zeucht ‹poet.; veralt.› *zieht*

Zeug ‹n.; -(e)s; unz.› 1 *Wäsche;* Bett~ 2 *Ausrüstung;* Handwerks~; das ~ zu etwas haben ‹fig.› *befähigt sein;* sich ins ~ legen ‹fig.› *sich anstrengen;* jmdm. etwas am ~ flicken ‹fig.› *jmdn. schulmeistern* 3 ‹umg.› *Dinge;* räum dein ~ weg

'Zeu·ge ‹m.; -n, -n› 1 *jmd., der einem Ereignis beiwohnt;* Augen~ 2 ‹Rechtsw.› *jmd., der über ein beobachtetes Ereignis vor Gericht aussagt* 3 ‹Rel.› ~n Jehovas *christl. Sekte;* **'zeu·gen¹** ‹V. i.› 1 ‹Rechtsw.› *als Zeuge(2) aussagen* 2 ‹fig.› *das zeugt von Ehrgeiz*

'zeu·gen² ‹V. t.› *ein Kind* ~

'Zeu·gen·aus·sa·ge ‹f.; -, -n; Rechtsw.›; **'Zeu·gen·bank** ‹f.; =e; Rechtsw.›; **'Zeu·gen·be·ein·fluss·ung** ‹f.; -, -en; Rechtsw.›; **'Zeu·gen·schaft** ‹f.; -; unz.; Rechtsw.›; **'Zeu·gen·stand** ‹m.; -(e)s; unz.; Rechtsw.› jmdn. in den ~ rufen

'Zeug·haus ‹n.; -es, =er; Mil.› *früher Waffen- u. Vorratslager*

'Zeu·gin ‹f.; -, -n·nen›

'Zeug·ma ‹n.; -s, -s od. -ma·ta; Lit.; Sprachw.› *Verbindung zweier Sätze, wobei ein Satzteil nur einmal verwendet wird* [grch.]

'Zeug·nis ‹n.; -s·ses, -s·se› 1 *Urkunde, Bescheinigung;* ärztliches ~; Schul~ 2 ‹geh.› *(Zeugen-)Aussage;* ~ ablegen 3 ~se *der Vergangenheit;* **'Zeug·nis·ver·wei·ge·rungs·recht** ‹n.; -(e)s; unz.; Rechtsw.› *Recht, die Aussage vor Gericht zu verweigern*

Zeugs ‹n.; -; unz.; umg.; abwertend› *Zeug(3)*

'Zeu·gung ‹f.; -, -en› *das Zeugen²;* **'Zeu·gungs·akt** ‹m.; -(e)s, -e›; **'zeu·gungs·fä·hig** ‹Adj.›; **'Zeu·gungs·fä·hig·keit** ‹f.; -; unz.›; **'Zeu·gungs·kraft** ‹f.; -; unz.›; **'zeu·gungs·un·fä·hig** ‹Adj.›; **'Zeu·gungs·un·fä·hig·keit** ‹f.; -; unz.›

ZGB ‹Rechtsw.; schweiz.; Abk. für› *Zivilgesetzbuch*

z. H. ‹Abk. für› *zu Händen*

Z

Zi·be·be <f.; -, -n; süddt.; österr.> *Rosine* [arab.]

'Zi·bet <m.; -s; unz.> *Drüsensekret der Zibetkatze* [arab.]; **'Zi·bet·kat·ze** <f.; -, -n; Zool.> *eine Schleichkatze*

Zi'bo·ri·um <n.; -s, -ri·en; Kath.> 1 *Hostienkelch* 2 <Arch.> *Säulenbau über dem Altar* [lat.-grch.]

Zi·cho·rie <[-'ço:riə] f.; -, -n; Bot.> *Pflanzengattung* [grch.]

'Zi·cke <f.; -, -n; umg.> 1 <Zool.> *Ziege* 2 <umg.; abwertend> *unfreundl. weibl. Person* 3 <Pl.> *~n machen Schwierigkeiten*; **'Zi·ckel** <n.; -s, -; Zool.> *Ziegenjunges*; **'zi·ckeln** <V. i.; bei Ziegen> *werfen(5)*; **'zi·ckig** <Adj.; umg.> *launisch, unwillig*; **'Zick·lein** <n.; -s, -; poet.> *Verkleinerungsf. von> Ziege*

Zick·zack <m.; -(e)s, -e> *in Zacken verlaufende Linie*; *im ~ laufen*; **'Zick·zack·kurs** <m.; -es, -e>; **'Zick·zack·li·nie** <[-'ni:ə] f.; -, -n>; **'Zick·zack·naht** <f.; -, ⸚e; Textilw.>

...zid <in Zus.> *tötend; Pestizid* [lat.]

'Zi·der <m.; -s; unz.> = *Cidre* [frz.-hebr.]

'Zie·ge <f.; -, -n> 1 <Zool.> *ein Horntier; Zwerg~* 2 <Zool.> *ein Karpfenfisch* 3 <umg.; abwertend> *unfreundl. weibl. Person*

'Zie·gel <m.; -s, -; Bauw.> *Backstein; ~ brennen*; **Zie·gel·bren·ne'rei** <f.; -, -en>; **'Zie·gel·dach** <n.; -(e)s, ⸚er; Bauw.>; **Zie·ge'lei** <f.; -, -en>; **'zie·gel·rot** <Adj.>; **'Zie·gel·stein** <m.; -(e)s, -e; Bauw.>

'Zie·gen·bart <m.; -(e)s, ⸚e> 1 *Bart der Ziege(1)* 2 <Bot.> *ein Pilz*; **'Zie·gen·bock** <m.; -(e)s, ⸚e; Zool.>; **'Zie·gen·kä·se** <m.; -s, ->; **'Zie·gen·le·der** <n.; -s; unz.>; **'Zie·gen·mel·ker** <m.; -s, -; Zool.> *ein Vogel*; **'Zie·gen·milch** <f.; -; unz.>; **'Zie·gen·pe·ter** <m.; -s; unz.; volkstüml.> = *Mumps*

'Zie·ger <m.; -s, -; süddt.; österr.> *Kräuterkäse, Quark*; oV *Ziger*

'Zieh·bank <f.; -, ⸚e> *Maschine zum Drahtziehen*; **'Zieh·brun·nen** <m.; -s, ->; **'Zieh·ei·sen** <n.; -s, -> *Werkzeug zum Drahtziehen*; **'Zieh·el·tern** <Pl.> = *Pflegeeltern*; **'zie·hen** <V. 293> 1 <V. t.> *unter Kraftanwendung hinter sich her bewegen; der Ochse zog den Pflug; ein Boot an Land ~; jmdn. auf seine Seite ~; etwas aus der Tasche ~; ins Lächerliche ~; in Zweifel ~* 2 <V. t.> *durch Ziehen(1) entfernen; jmdm. einen Zahn ~* 3 <V. t.> *lenken; Blicke auf sich ~; Nutzen aus etwas ~* 4 <V. t.; Tech.> *durch Ziehen(1) herstellen; Draht ~* 5 <V. t.> *züchten; Hühner, Blumen ~* 6 <V. t.> *nach sich ~ zur Konsequenz haben* 7 <V. i. (s.)> *die Vögel ~ nach Süden; in den Krieg ~* 8 <V. i.; Brettspiel> *einen Stein weiterrücken* 9 <V. i.> *es zieht es gibt Zugluft*; **'Zieh·har·mo·ni·ka** <f.; -, -s od. -ken; Mus.> *Handharmonika*; **'Zieh·kind** <n.; -(e)s, -er; veralt.> *Pflegekind*; **'Zieh·mut·ter** <f.; -, ⸚; veralt.> *Pflegemutter*; **'Zie·hung** <f.; -, -en> *Ermittlung der Gewinner einer Lotterie; ~ der Lottozahlen*; **'Zieh·va·ter** <m.; -s, ⸚; veralt.> *Pflegevater*

Ziel <n.; -(e)s, -e> 1 *zu erreichender Ort; sein ~ erreichen; als Letzter durchs ~ gehen* <Sp.> 2 <fig.> *sich ein ~ setzen; am ~ seiner Wünsche sein*; **'Ziel·band** <n.; -(e)s, ⸚er; Sp.; bei Wettläufen>; **'ziel·be·wusst** <Adj.; -er, am -es·ten> *vorgehen*; **'Ziel·be·wusst·heit** <f.; -; unz.>; **'Ziel·fern·rohr** <n.; -(e)s, -e> *Fernrohr für ein Gewehr*; **'Ziel·fo·to** <n.; -s, -s; Sp.> *Foto, das die Reihenfolge der Läufer am Ziel(1) festhält*; **'ziel·füh·rend** <Adj.> *zweckmäßig*; **'ziel·ge·nau** <Adj.; -er; im Sp.>; **'Ziel·ge·ra·de** <f.; -, -n; Sp.>; **'ziel·ge·rich·tet** <Adj.>; **'Ziel·grup·pe** <f.; -, -n> *~ einer Kampagne*; **'Ziel·kauf** <m.; -(e)s, ⸚e; Wirtsch.> *Kauf mit Zahlungsziel*; **'Ziel·kur·ve** <f.; -, -n; Sp.>; **'Ziel·li·nie** <[-'ni:ə] f.; -, -n; Sp.>; **'ziel·los** <Adj.>; **'Ziel·lo·sig·keit** <f.; -; unz.>; **'Ziel·rich·ter** <m.; -s, -; Sp.>; **'Ziel·rich·te·rin** <f.; -, -n·nen; Sp.>; **'Ziel·schei·be** <f.; -, -n> *~ des Spottes* <fig.>; **'Ziel·set·zung** <f.; -, -en> *Absicht, Vorhaben*; **'ziel·si·cher** <Adj.> *unbeirrt*; **'Ziel·si·cher·heit** <f.; -;

unz.>; **'Ziel·spra·che** <f.; -, -n> *Sprache, in die übersetzt wird*; **'Ziel·stel·lung** <f.; -, -en; ostdt.> = *Zielsetzung*; **'ziel·stre·big** <Adj.> *eifrig auf ein Ziel hinarbeitend*; **'Ziel·stre·big·keit** <f.; -; unz.>; **'Ziel·vor·stel·lung** <f.; -, -en>

'zie·men <V.> 1 <V. i.; veralt.> *jmdm. ~ jmdm. zukommen* 2 <V. refl.; geh.> *sich schicken; das ziemt sich nicht*

'Zie·mer¹ <m.; -s, -; beim Wild> *Rücken*

'Zie·mer² <m.; -s, -; kurz für> *Ochsenziemer*

'ziem·lich¹ <Adj.; umg.> *beträchtlich; eine ~e Mühe*; **'ziem·lich²** <Partikel> *verhältnismäßig; ~ häufig*

'Ziep·chen, 'Zie·pel·chen <n.; -s, -; Zool.> *Küken*; **'zie·pen** <V.> 1 <V. i.> *einen hohen Ton von sich geben; Küken ~* 2 <V. t. u. V. i.; umg.> *schmerzhaft an Haut od. Haaren ziehen*

Zier <f.; -; unz.; poet.> = *Zierde*; **'Zier·ap·fel** <m.; -s, ⸚>; **'Zier·de** <f.; -, -n> *Schmuck; als ~ dienen*; **'zie·ren** <V.> 1 *schmücken; Blumen zierten die Tafel* 2 <V. refl.> *sich ~ gekünstelt ablehnen*; **Zie·re'rei** <f.; -; unz.>; **'Zier·farn** <m.; -s, -e; Bot.>; **'Zier·fisch** <m.; -(e)s, -e; Zool.>; **'Zier·gar·ten** <m.; -s, ⸚> *Ggs Nutzgarten*; **'Zier·gras** <n.; -es, ⸚er; Bot.>; **'Zier·kür·bis** <m.; -s·ses, -s·se>; **'Zier·leis·te** <f.; -, -n>; **'zier·lich** <Adj.> *klein u. zart; ~e Hände*; **'Zier·lich·keit** <f.; -; unz.>; **'Zier·pflan·ze** <f.; -, -n; Bot.> *Ggs Nutzpflanze*; **'Zier·rat** <m.; -(e)s, -e> *Schmuck, Zierde; eine Vase als ~*; **'Zier·stich** <m.; -(e)s, -e; Textilw.> *verzierender Nähstich*; **'Zier·strauch** <m.; -(e)s, ⸚er; Bot.>

'Zie·sel <m.; -s, -; Zool.> *ein Nagetier*

Ziest <m.; -(e)s, -e; Bot.> *eine Heilpflanze* [tschech.]

Ziff. <Abk. für> *Ziffer(2)*; **'Zif·fer** <f.; -, -n> 1 *Zahlzeichen; römische ~* 2 <Abk.: Ziff.> *mit einer Ziffer(1) versehener Abschnitt; → a. Kasten Zahlen* [arab.]; **'Zif·fer·blatt** <n.; -(e)s, ⸚er> *Teil der Uhr*; **'Zif·fern·fol·ge** <f.; -, -n>

Z

zig <Num.; ↗Z44; umg.> *unzählige; es kamen ~ Leute; zigtausende, <auch>* Zigtausende

Zi·ga·ret·te <f.; -, -n> *Papierhülse mit Tabak; eine ~ rauchen* [frz.]; **Zi·ga·ret·ten·au·to·mat** <m.; -en, -en>; **Zi·ga·ret·ten·han·del** <m.; -s; unz.>; **Zi·ga·ret·ten·län·ge** <f.; -, -n; umg.> *auf eine ~ kommen*; **Zi·ga·ret·ten·mar·ke** <f.; -, -n>; **Zi·ga·ret·ten·pa·pier** <n.; -s, -e>; **Zi·ga·ret·ten·pau·se** <f.; -, -n> *eine ~ machen*; **Zi·ga·ret·ten·schach·tel** <f.; -, -n>; **Zi·ga·ret·ten·spit·ze** <f.; -, -n> *Halterung zum Zigarettenrauchen*; **Zi·ga·ret·ten·stum·mel** <m.; -s, ->; **Zi·ga·ril·lo** <n. od. m.; -s, -s; umg. a. f.; -, -s> *kleine Zigarre* [span.]; **Zi·gar·re** <f.; -, -n> *stabförmig gerollte Tabakblätter* [span.]; **Zi·gar·ren·ab·schnei·der** <m.; -s, ->; **Zi·gar·ren·kis·te** <f.; -, -n>; **Zi·gar·ren·stum·mel** <m.; -s, -> **Zi·ger** <m.; -s, -; schweiz.> = *Zieger*

Zi'geu·ner <m.; -s, -> **1** <*abwertend*> *Angehöriger der Sinti od. Roma* **2** <fig.; umg.> *unruhig lebender Mensch*; **Zi'geu·ne·rin** <f.; -, -nnen>; **zi'geu·ne·risch** <Adj.>; **Zi'geu·ner·le·ben** <n.; -s; unz.> *ein ~ führen*; **Zi'geu·ner·mu·sik** <f.; -; unz.>; **zi'geu·nern** <V. i. (h. od. s.)> *ich zigeunere; umg.; abwertend*>; **Zi'geu·ner·spra·che** <f.; -; unz.>

'zig·fach <Adj.; ↗Z44; umg.> *vielfach; ~er Millionär; das Zigfache verlangen; ein Zigfaches kosten*; **zig'tau·send(e)**, <auch> **Zig'tau·send(e)** <unbest. Num.> *viele tausend; ~ von Menschen;* → a. *zig*

Zi'ka·de <f.; -, -n; Zool.> *ein Insekt;* Sy *Zirpe* [lat.]

'Zik·ku·rat, 'Zik·kur·rat <f.; -, -s; sumer., babylon. u. assyr. Arch.> *stufenförmiger Tempel* [akkad.]

zi·li·ar <Adj.; Med.> *an den Wimpern befindlich* [lat.]; **Zi·li·ar·kör·per** <m.; -s, -; Anat.> *Teil des Auges*; **Zi·li·ar·mus·kel** <m.; -s, -n; Anat.>; **Zi·li·at** <m.; -en, -en; Biol.> = *Wimpertierchen*; **'Zi·lie** <[-liə]; f.; -, -n; Med.> *feines Haar*

'Zil·le¹ <f.; -, -n; ostmdt.; österr.> *flacher Frachtkahn*

'Zil·le² <f.; -, -n; Bot.> = *Scilla*

Zim'bab·we <[zim-]> = *Simbabwe*

'Zim·bal <n.; -s, -e od. -s; Mus.> *ein Orgelregister;* oV *Zymbal* [grch.]; **'Zim·bel** <f.; -, -n; Instrumentenk.> *kleines Becken;* oV *Zymbal*

'Zim·ber <m.; -s, -n> = *Kimber;* **'Zim·be·rin** <f.; -, -nnen>

Zi'me·lie <[-liə]; f.; -, -n> **1** *Kirchenschatz* **2** *Kostbarkeit einer Bibliothek* [grch.]

Zi'mier <n.; -s, -e> *Helmschmuck* [frz.]

'Zim·mer <n.; -s, -> *Raum in einer Wohnung od. einem Haus; Wohn~; Hotel~; ~ mit Aussicht*; **'Zim·mer·an·ten·ne** <f.; -, -n>; **'Zim·mer·de·cke** <f.; -, -n>; **Zim·me'rei** <f.; -, -en> = *Zimmerhandwerk*; **'Zim·me·rer** <m.; -s, -> = *Zimmermann*; **'Zim·mer·flucht** <f.; -, -en> *miteinander verbundene Reihe von Zimmern*; **'Zim·mer·ge·sel·le** <m.; -n, -n>; **'Zim·mer·hand·werk** <n.; -(e)s; unz.>; **...zim·me·rig** <Adj.; ↗Z34; in Zus.> *z. B. vierzimmerig* <in Ziffern> *4-zimmerig;* oV *...zimmrig*; **'Zim·mer·kell·ner** <m.; -s, ->; **'Zim·mer·laut·stär·ke** <f.; -; unz.> *ein Gerät auf ~ stellen*; **'Zim·mer·lin·de** <f.; -, -n; Bot.>; **'Zim·mer·mäd·chen** <n.; -s, -; *in Hotels u. großen Haushalten*> *Angestellte, die die Zimmer ordentlich hält*; **'Zim·mer·mann** <m.; -(e)s, -leu·te> *Handwerker, der beim Bau von Gebäuden die Holzbauteile herstellt*; **'Zim·mer·meis·ter** <m.; -s, ->; **'zim·mern** <V. i. u. V. t.; *ich zimm(e)re*> *aus Holz herstellen*; **'Zim·mer·pflan·ze** <f.; -, -n; Bot.>; **'Zim·mer·tan·ne** <f.; -, -n; Bot.>; **'Zim·mer·tem·pe·ra·tur** <f.; -, -en> *bei ~ lagern*; **'Zim·mer·the·a·ter** <n.; -s, -; Theat.>; **'Zim·mer·werk·statt** <f.; -, -stät·ten>; **...zimm·rig** <Adj.> = *...zimmerig*

'zim·per·lich <Adj.; abwertend> *übertrieben empfindlich; sei nicht so ~*; **'Zim·per·lich·keit** <f.; -; unz.; abwertend>

Zimt <m.; -(e)s, -e> **1** <Bot.; kurz

für> *Zimtbaum* **2** *ein Gewürz*; **'Zimt·baum** <m.; -(e)s, ⸗e; Bot.> *ein Lorbeergewächs*; **'zimt·far·ben, 'zimt·far·big** <Adj.>; **'Zimt·öl** <n.; -(e)s; unz.> *ein äther. Öl*; **'Zimt·stan·ge** <f.; -, -n> *Rindenstück des Zimtbaumes*; **'Zimt·zi·cke** <f.; -, -n; umg.; abwertend> *zickige weibl. Person*

Zi·ne'ra·ria, Zi·ne'ra·rie <[-riə]; f.; -, -ri·en; Bot.> *eine Zierpflanze* [lat.]

Zin·ga'res·ca <f.; -, -s; Mus.> *ein Tanzlied* [ital.]; **zin·ga're·se** <Adj.; Mus.>

'Zin·gel <m.; -s, -> *Ringmauer* [lat.]; **'Zin·gu·lum** <n.; -s, -gu·la> *Gürtelschnur der Albe*

Zink¹ <n.; -(e)s; unz.; Chem.; Zeichen: Zn> *chem. Element, Metall* [lat.]

Zink² <m.; -(e)s, -en; Instrumentenk.> *hist. Blasinstrument*

'Zink·blen·de <f.; -; unz.; Min.> *ein Mineral*; **'Zink·chlo·rid** <[-klo-]; n.; -s; unz.; Chem.> *eine Zinkverbindung*; **'Zink·druck** <m.; -(e)s, -e> Sy *Zinkographie* **1** <unz.> *ein Flachdruckverfahren* **2** *Produkt des Zinkdruckes(1)*

'Zin·ke¹ <f.; -, -n> *Spitze (bei Gabel, Kamm o. Ä.)*

'zin·ken¹ <V. t.> *mit Zinken¹ markieren; gezinkte Karten*

'zin·ken² <V. t.> *mit Zinken (Spitzen) versehen*

'Zin·ken¹ <m.; -s, -> *Zeichen*

'Zin·ken² <m.; -s, -; umg.; scherzh.> *große Nase*; **Zin·ke'nist** <m.; -en, -en; Mus.> *jmd., der den Zink² bläst*; **Zin·ke'nis·tin** <f.; -, -nnen; Mus.>

'Zin·ker <m.; -s, -; umg.> *Verräter*; **'Zin·ke·rin** <f.; -, -nnen>

'Zink·erz <n.; -es; unz.; Chem.>; **'Zink·far·be** <f.; -, -n>

...zin·kig <Adj.> *eine bestimmte Anzahl von Zinken aufweisend; vierzinkig* <in Ziffern> *4-zinkig*

Zin'kit <m.; -(e)s; unz.; Chem.> = *Zinkoxid*; **Zin·ko·gra'fie, Zin·ko·gra'phie** <f.; -, -n; ↗Z11.3> = *Zinkdruck*; **'Zink·o·xid** <n.; -(e)s; unz.; ↗Z55; Chem.> *chem. Verbindung*; **'Zink·sal·be** <f.; -; unz.; Med.>; **'Zink·spat** <m.; -(e)s; unz.; Min.> *ein Mineral*; **'Zink·sul·fat** <n.; -(e)s;

unz.; Chem.> *chem. Verbin-dung*
Zinn <n.; -(e)s; unz.; Chem.; Zei-chen: Sn> *ein Metall*
Zin·na'mom <n.; -s; unz.; veralt.> *Zimt* [lat.]
'Zinn·be·cher <m.; -s, ->; **'Zinn·blech** <n.; -(e)s; unz.>; **'Zinn·chlo·rid** <[-klo-]; n.; -s; unz.; Chem.> *chem. Verbindung*
'Zin·ne <f.; -, -n; Arch.> *zahnartiger Maueraufbau*
'zin·nen, 'zin·nern <Adj.> *aus Zinn;* **'Zinn·erz** <n.; -es; unz.>; **'Zinn·ge·schirr** <n.; -s; unz.>; **'Zinn·guss** <m.; -es, ⸚e>
'Zin·nie <[-niə]; f.; -, -n; Bot.> *eine Gartenpflanze* [nach dem Botaniker J. G. *Zinn*]
Zin'no·ber <m.; -s, -> 1 *ein glänzendes Erz* 2 *gelbl. Rot* 3 <fig.; umg.> *abwertend Zeug* [pers.]; **zin'no·ber·rot** <Adj.>; **Zin'no·ber·rot** <n.; -s, - (umg. a.) -s> = *Zinnober(2)*
'Zinn·o·xid <n.; -s; unz.; ⚹Z.55> *ein Poliermittel;* **'Zinn·sol·dat** <m.; -en, -en> *ein Kinderspielzeug; wie ein ~ sehr stramm;* **'Zinn·stein** <m.; -(e)s; unz.; Min.> *ein Mineral;* **'Zinn·tel·ler** <m.; -s, ->
Zins <m.; -es, -en od. -e> 1 <veralt.> *Steuer* 2 <Pl.> *~en prozentualer Ertrag für die leihweise Überlassung von Geld; ~en bringen; zu 7% ~en;* **'Zins·ab·schnitt** <m.; -(e)s, -e>; **'Zin·sen** <Pl. von> *Zins;* **'Zin·ses·zins** <m.; -es, -en; meist Pl.> *jmdm. etwas mit Zins u. ~ heimzahlen;* **'Zins·ge·fäl·le** <n.; -s, ->; **'zins·güns·tig** <Adj.>; **'zins·los** <Adj.> *~er Kredit;* **'Zins·pflicht** <f.; -; unz.; MA> *Pflicht zum Zahlen von Zins(1);* **'zins·pflich·tig** <Adj.; MA>; **'Zins·po·li·tik** <f.; -; unz.>; **'Zins·satz** <m.; -es, ⸚e>; **'Zins·schein** <m.; -(e)s, -e>; **'Zins·wu·cher** <m.; -s; unz.>; **'Zins·zahl** <f.; -, -en; Abk.: Zz.>
Zi·o'nis·mus <m.; -; unz.> 1 <urspr.> *Bewegung zur Gründung eines jüd. Staates Israel* 2 <heute> *israelit. Bewegung, die die Rechte der arab. Nachbarländer nicht anerkennt* [zu *Zion,* dem Tempelberg in Jerusalem]; **Zi·o'nist** <m.; -en, -en>;

Zi·o'nis·tin <f.; -, -n·nen>; **zi·o'nis·tisch** <Adj.>
Zipf <m.; -s, -e; österr.> *langweiliger Mensch;* **'Zip·fel** <m.; -s, -> *Spitze, Ecke (bes. von Stoffen); Rock~;* **'zip·fe·lig** <Adj.> *~er Rocksaum;* **'Zip·fel·müt·ze** <f.; -, -n> *Mütze mit herunterhängendem Ende;* **'zip·feln** <V. i.> *der Rock zipfelt;* **'zipf·lig** <Adj.> = *zipfelig*
Zi'pol·le <f.; -, -n; nddt.> *Zwiebel*
Zipp <m.; -s, -s; österr.; Warenz.> *Reißverschluss* [engl.]; **'Zip·per** <m.; -s, -; Mode; umg.> *Reißverschluss*
'Zip·per·lein <n.; -s, -> 1 <unz.> *Gicht* 2 *kleineres Leiden*
'Zipp·ver·schluss <m.; -es, ⸚e; österr.> *Reißverschluss*
'Zir·be, 'Zir·bel <f.; -, -n; Bot.> = *Zirbelkiefer;* **'Zir·bel·drü·se** <f.; -, -n; Anat.> *Drüse innerer Sekretion;* **'Zir·bel·holz** <n.; -es; unz.> *Holz der Zirbelkiefer;* **'Zir·bel·kie·fer** <f.; -, -n; Bot.> *Kiefernart;* **'Zir·bel·nuss** <f.; -, ⸚e>
'zir·ka <Adv.; Abk.> *ca.> ungefähr,* oV *circa* [lat.]
'Zir·kel <m.; -s, -> 1 *Gerät zum Zeichnen von Kreisen* 2 <fig.> *Kreisbewegung* 3 *Kreis; Lese~* [grch.]; **'Zir·kel·be·weis** <m.; -es, -e> = *Circulus vitiosus;* **'Zir·kel·de·fi·ni·ti·on** <f.; -, -en> *Definition, die das zu definierende Wort beinhaltet;* **'Zir·kel·ka·non** <m.; -s, -s; Mus.> *beliebig oft wiederholbarer Kanon;* **'Zir·kel·kas·ten** <m.; -s, -> *Behälter für den Zirkel(1);* **'zir·keln** <V. t. u. V. i.> *ich zirk(e)le> exakt messen;* **'Zir·kel·schluss** <m.; -es, ⸚e> = *Circulus vitiosus;* **'Zir·kel·trai·ning** <[-tre:-]; n.; -s, -s; Sp.> = *Circuittraining*
Zir'kon <m.; -s, -e; Min.> *ein Mineral* [pers.]; **Zir'ko·ni·um** <n.; -s; unz.; Chem.; Zeichen: Zr> *chem. Element, Metall*
zir·ku'lar, zir·ku'lär <Adj.> *kreisförmig* [grch.]; **Zir·ku'lar** <n.; -s, -e> = *Rundschreiben;* **Zir·ku'lar·ge·schwin·dig·keit** <f.; -, -en>; **Zir·ku'lar·no·te** <f.; -, -n; Pol.> *an mehrere Staaten gerichtete diplomat. Note;* **Zir·ku·la'ti·on** <f.; -, -en> *das Zirkulieren; Geld~;* **zir·ku'lie·ren** <V. i.> 1

ständig kreisen 2 <fig.> *im Umlauf sein; es ~ Gerüchte, dass ...*
zir·kum..., Zir·kum... <in Zus.> *um..., herum..., Um..., Herum...* [lat.]; **Zir·kum·fe'renz** <f.; -, -en; geh.> *Ausbreitung;* **zir·kum·flek·'tie·ren** <V. t.; Sprachw.> *mit Zirkumflex versehen;* **Zir·kum·'flex** <m.; -es, -e; Sprachw.; Zeichen:* ˆ *> Dehnungszeichen über Vokalen;* → a. *Kasten;* **zir·kum·po·lar** <Adj.> *um den Pol herum;* **Zir·kum·po'lar·stern** <m.; -(e)s, -e; Astr.> *Stern, der für einen Standort nie untergeht;* **Zir·kum·po·si·ti'on** <f.; -, -en; Gramm.> → *Kasten;* **zir·kum·'skript,** <auch> **zir·kums'kript, zir·kumsk'ript** <Adj.; ⚹Z.54; Med.> *abgegrenzt;* **Zir·kum·skrip·ti'on** <f.; -, -en> 1 <Med.> *Umschreibung* 2 *Abgrenzung kirchl. Verwaltungsgebiete*
...zir·kus <umg.; in Zus.> *Trubel, Wirbel; Medien~;* **'Zir·kus** <m.; -, -kus·se> oV *Circus* 1 <im alten Rom> *Rennbahn* 2 *Unternehmen, das Tierdressuren, Akrobatik u. Clownerie präsentiert* 3 <fig.; umg.> *Wirbel; so ein ~!* [grch.-lat.]; **'Zir·kus·clown** <[-klaun]; m.; -s, -s>; **'Zir·kus·di·rek·tor** <m.; -s, -'to·ren>; **'Zir·kus·di·rek·to·rin**

Z

<f.; -, -n·nen>; **'Zir·kus·rei·ter** <m.; -s, -> **'Zir·kus·rei·te·rin** <f.; -, n·nen>; **'Zir·kus·zelt** <n.; -(e)s, -e>

'Zir·pe <f.; -, -n; Zool.> = *Zikade*; **'zir·pen** <V. i.> *feine, helle Töne hervorbringen;* die Grillen ~

Zir'rho·se <f.; -, -n; Med.> *Bindegewebswucherung* [grch.]; **zir·'rho·tisch** <Adj.; Med.>

Zir·ro·ku·mu·lus <m.; -, -mu·li; Meteor.> *Schäfchenwolke*; **Zir·ro'stra·tus** <m.; -, -; Meteor.> *Schleierwolke in höheren Luftschichten*; **'Zir·rus** <m.; -, - od. -ren> 1 <Bot.> *Ranke* 2 <Meteor.; kurz für> *Zirruswolke* [lat.]; **'Zir·rus·wol·ke** <f.; -, -n; Meteor.> *Federwolke*

zir'zen·sisch <Adj.; im alten Rom> *den Zirkus(1) betreffend* [lat.]

zis·al'pin, zis·al'pi·nisch <Adj.> *(von Rom aus) diesseits der Alpen;* Ggs *transalpin(isch)* [lat.]

'zi·scheln <V. i.; ich zisch(e)le> *zischend flüstern*, **'zi·schen** <V. i.; du zischst> *einen scharfen s-Laut von sich geben;* Schlangen ~; **'Zisch·laut** <m.; -(e)s, -e; Phon.> *stimml. Reibelaut;* → a. *Kasten Konsonant*

Zi·se·leur <[-'løːr]; m.; -s, -e> *Metallstecher* [frz.]; **Zi·se'leu·rin** <f.; -, -n·nen>; **zi·se'lie·ren** <V. t.> *Metall ~ mit Stichel u. Meißel verzieren;* **Zi·se'lie·rer** <m.; -s, -> = *Ziseleur*; **Zi·se'lie·re·rin** <f.; -, -n·nen>

Zis'sa·li·en <Pl.> *fehlerhafte Münzen;* oV *Zessalien*

Zis·so'i·de <f.; -, -n; Math.> *algebraische Kurve dritter Ordnung* [grch.]

'Zis·ta, 'Zis·te <f.; -, 'Zis·ten> *etrusk. Urne* [grch.]

Zis'ter·ne <f.; -, -n> *unterird. Regenwasserspeicher* [lat.]

Zis·ter·zi'en·ser <m.; -s, -; Kath.>; **Zis·ter·zi'en·se·rin** <f.; -, -n·nen; Kath.>; **Zis·ter·zi'en·ser·or·den** <m.; -s; unz.; Kath.> *kath. Orden* [nach dem Gründungskloster in *Citeaux*]

'Zist·ro·se <f.; -, -n; Bot.> *eine Pflanze* [grch.; dt.]

Zi·ta'del·le <f.; -, -n; Mil.> *Befestigung innerhalb einer Festung od. Stadt* [ital.]

Zi'tat <n.; -(e)s, -e> 1 *wörtl. Anführung einer Buchstelle* 2 *bekannter Ausspruch* [lat.]; **Zi'ta·ten·le·xi·kon** <n.; -s, -ka>

'Zi·ther <f.; -, -n; Instrumentenk.> *ein Saiteninstrument* [pers.]

zi'tie·ren <V. t.> 1 *wörtl. anführen;* ein Gedicht ~ 2 *vorladen;* jmdn. vor Gericht ~ [lat.]

Zi'trat, <auch> Zit'rat <n.; - od. -s, -e; ➚Z53; Chem.> *Salz der Zitronensäure;* oV *Citrat*; **Zi'trin** <m.; -s, -e; Min.> *ein Halbedelstein;* oV *Citrin*; **Zi·tro'nat** <n.; -(e)s; unz.> *kandierte Schale der Zitronatzitrone;* **Zi·tro'nat·zi·tro·ne** <f.; -, -n; Bot.> **Zi'tro·ne** <f.; -, -n; Bot.> *Frucht des Zitronenbaumes* [ital.]; **Zi'tro·nen·baum** <m.; -(e)s, -e; Bot.> *ein Zitrusgewächs;* **Zi'tro·nen·fal·ter** <m.; -s, -; Zool.> *ein Schmetterling;* **zi'tro·nen·far·ben, zi'tro·nen·far·big** <Adj.>; **zi'tro·nen·gelb** <Adj.>; **Zi'tro·nen·gelb** <n.; -s, -s>; **Zi'tro·nen·kraut** <n.; -(e)s; unz.; Bot.> = *Melisse*; **Zi'tro·nen·li·mo·na·de** <f.; -, -n>; **Zi'tro·nen·öl** <n.; -(e)s, -e>; **Zi'tro·nen·pres·se** <f.; -, -n>; **Zi'tro·nen·rol·le** <f.; -, -n>; **Zi'tro·nen·saft** <m.; -(e)s, ⸚e>; **zi'tro·nen·sau·er** <Adj.; Chem.> *zitronensaure Magnesia;* **Zi'tro·nen·säu·re** <f.; -; unz.; Chem.> *organ. Säure;* **Zi'tro·nen·säu·re·zy·klus, <auch> Zit'ro·nen·säu·re·zyk·lus** <m.; -; unz.; ➚Z53; Biol.> *Reaktionsfolge des Endabbaus der Nährstoffe im tier. u. pflanzl. Organismus;* **Zi'tro·nen·was·ser** <n.; -s, ->; **'Zi·trus·frucht** <f.; -, ⸚e; Bot.> *Frucht eines Zitrusgewächses;* **'Zi·trus·ge·wächs** <[-ks]; n.; -es, -e; meist Pl.; Bot.> *Pflanzengattung*

'Zit·scher·ling <m.; -s, -e; Zool.> *ein Hänfling*

'Zit·ter·aal <m.; -(e)s, -e; Zool.> *ein Fisch;* **'Zit·ter·fisch** <m.; -(e)s, -e; Zool.>; **'Zit·ter·gras** <n.; -es; unz.; Bot.>; **'zit·te·rig** <Adj.> *zitternd;* eine ~ alte Frau; **'Zit·ter·läh·mung** <f.; -; unz.; Med.> = *Schüttellähmung;* **'Zit·ter·laut** <m.; -(e)s, -e; Sprachw.> = *Vibrant;* → a. *Kasten Konsonant*; **'zit·tern** <V. i.; ich zitt(e)re> 1 *sich leicht schwingend hin- u. herbewegen;* vor Kälte ~; eine ~ Stimme 2 <fig.> *sich ängstigen;* für jmdn. ~; mit Zittern und Zagen; **'Zit·ter·pap·pel** <f.; -, -n; Bot.> *ein Baum;* **'Zit·ter·ro·chen** <m.; -s, -; Zool.> *ein Fisch;* **'zitt·rig** <Adj.> = *zitterig*

'Zit·wer <m.; -s, -; Bot.> *Kurkumawurzel* [pers.]; **'Zit·wer·blü·te** <f.; -, -n>

'Zit·ze <f.; -, -n; Zool.> *Saugwarze bei weibl. Säugetieren*

'Zi·vi <[-vi]; m.; -s, -s; umg.; kurz für> *Zivildienstleistende(r)*; **zi·vil** <[-'viːl]; Adj.> 1 *bürgerlich, nicht uniformiert* 2 <fig.> *angemessen;* ~e Preise [lat.]; **Zi'vil** <n.; -s; unz.; kurz für> *Zivilkleidung;* ein Polizeibeamter in ~; Ggs *Uniform*; **Zi'vil·be·ruf** <m.; -(e)s; unz.> *Beruf eines Soldaten neben dem Wehrdienst;* **Zi'vil·be·völ·ke·rung** <f.; -; unz.>; **Zi'vil·cou·ra·ge** <[-kuraːʒə]; f.; -; unz.> *Mut zum Eintreten für die eigene Meinung;* **Zi'vil·die·ner** <m.; -s, -; österr.> *Zivildienstleistender;* **Zi'vil·dienst** <m.; -es; unz.> *ziviler Ersatzdienst für Kriegsdienstverweigerer;* **Zi'vil·dienst·leis·ten·de(r), <auch> Zi'vil·dienst Leis·ten·de(r)** <m. 1; Kurzw.: Zivi>; **Zi'vil·e·he** <f.; -; unz.; ➚Z55> *standesamtl. geschlossene Ehe;* **Zi'vil·ge·richt** <n.; -(e)s, -e; Rechtsw.>; **Zi'vil·ge·setz·buch** <n.; -(e)s; unz.; schweiz.; Abk.: ZGB> *Gesetzbuch über das bürgerl. Recht;* **Zi·vi·li·sa·ti·on** <[-vi-]; f.; -, -en> *die durch Wissen u. Technik verbesserten Lebensbedingungen einer Gesellschaft;* **Zi·vi·li·sa·ti·ons·krank·heit** <f.; -, -en>; **zi·vi·li·sa·to·risch** <Adj.>; **zi·vi·li'sie·ren** <V. t.> *ein Volk ~*; **zi·vi·li·siert** <Adj.; ➚Z28.1>; **Zi·vi·li·siert·heit** <f.; -; unz.>; **Zi·vi·li·sie·rung** <f.; -; unz.>; **Zi·vi'list** <m.; -en, -en> *jmd., der nicht Soldat ist;* **Zi·vi'lis·tin** <f.; -, -n·nen>; **Zi'vil·kam·mer** <f.; -, -n; Rechtsw.> *Abteilung beim Landgericht für Zivilsachen;* **Zi'vil·kla·ge** <f.; -, -n; Rechtsw.> ~ einreichen; **Zi'vil·klei·dung** <f.; -; unz.; Kurzw.: Zivil> *bürgerl.*

Kleidung; Ggs *Uniform*; **Zi·vil·per·son** <f.; -, -en> = *Zivilist(in)*; **Zi·vil·pro·zess** <m.; -es, -e; Rechtsw.> Ggs *Strafprozess*; **Zi·vil·pro·zess·ord·nung** <f.; -; unz.; Rechtsw.; Abk.: ZPO>; **Zi·vil·recht** <n.; -(e)s; unz.; Rechtsw.> = *bürgerliches Recht*; Ggs *Strafrecht*; **zi·vil·recht·lich** <Adj.; Rechtsw.>; **Zi·vil·rich·ter** <m.; -s, -; Rechtsw.>; **Zi·vil·rich·te·rin** <f.; -, -n·nen; Rechtsw.>; **Zi·vil·sa·che** <f.; -, -n; Rechtsw.> *Tatbestand im Zivilprozess*; Ggs *Strafsache*; **Zi·vil·schutz** <m.; -es; unz.; schweiz.> *ziviler Bevölkerungsschutz*; **Zi·vil·stand** <m.; -(e)s; unz.; schweiz.> *Familien-, Personenstand*; **Zi·vil·stands·amt** <n.; -(e)s; ̈er; schweiz.> *Standesamt*; **Zi·vil·stands·re·gis·ter** <n.; -s, -; schweiz.> *Personenstandsregister*; **Zi·vil·ver·tei·di·gung** <f.; -; unz.>

ZK <Abk. für> *Zentralkomitee*

Zł <Zeichen für> *Złoty*; **Zło·ty** <[ˈzwɔti]; m. 7; -s, -s od. (nach Zahlenangaben) -> Zeichen: Zł> *poln. Währungseinheit* [poln.]

Zn <Chem.; Zeichen für> *Zink[1]*

ZNS <Biol.; Abk. für> *Zentralnervensystem*

Znü·ni <m. od. n.; -s, -s; schweiz.> *zweites Frühstück*

Zo·bel <m.; -s, -; Zool.> 1 *Marderart* 2 *ein Fisch* [russ.]

zo·ckeln <V. i.; ich zock(e)le; umg.> = *zuckeln*

zo·cken <V. i.; umg.> *um Geld spielen* [jidd.]; **Zo·cker** <m.; -s, -; umg.>; **Zo·cke·rin** <f.; -, -n·nen; umg.>

zo·di·a'kal <Adj.; Astr.> [grch.]; **Zo·di·a'kal·licht** <n.; -(e)s; unz.; Astr.> *Lichtschein längs des Tierkreises*; **Zo·di·a'kal·zei·chen** <n.; -s, -; Astr.> *Tierkreiszeichen*; **Zo'di·a·kus** <m.; -; unz.; Astr.> *Tierkreis* [lat.-grch.]

'Zo·fe <f.; -, -n; früher> *Dienerin einer Adeligen*

Zoff <m.; -s; unz.; Jugendspr.> *Streit*; ~ *haben*

zö·ger·lich <Adj.> *zögernd*; **zö·gern** <V. i.; ich zögere> *unschlüssig abwarten*; ~*d gehorchen*; *ohne Zögern zusagen*; <aber> *ohne zu* ~ *zusagen*

'Zög·ling <m.; -s, -e; veralt.> *Internats~*

Zöl·en·te'rat, <auch> **Zö·len·te'rat** <m.; -en, -en; ⤴Z54; Biol.> = *Hohltier* [grch.]

Zö·les'tin <m.; -s, -e; Min.> *ein Mineral* [lat.]; **zö'les·tisch** <Adj.>

Zö·li'bat <n. od. m.; -(e)s; unz.; Kath.> *Ehelosigkeit der kath. Geistlichen* [lat.]; **zö·li·ba'tär** <Adj.; Kath.>; **Zö·li·ba'tär** <m.; -s, -e; Kath.>

Zoll[1] <m. 7; -(e)s, -; Zeichen: " > *früher> dt. Längenmaß* 2 *engl. Längenmaß, Inch*

Zoll[2] <m.; -(e)s, ̈e> 1 <Altertum u. MA> *Abgabe; Wege~* 2 *Verkehrssteuer für importierte Waren* 3 <kurz für> *Zollabfertigung* [grch.]; **Zoll·ab·fer·ti·gung** <f.; -, -en>; **Zoll·amt** <n.; -(e)s, ̈er>; **zoll·amt·lich** <Adj.> ~ *überprüft*; **Zoll·an·schluss** <m.; -es, ̈e>; **Zoll·aus·land** <n.; -(e)s; unz.> *außerhalb der Zollgrenze liegende Gebiete eines Landes*; **zoll·bar** <Adj.> = *zollpflichtig*; **Zoll·be·am·te(r)** <m. 1>; **Zoll·be·am·tin** <f.; -, -n·nen>; **Zoll·be·hör·de** <f.; -, -n>

zoll·breit <Adj.; ⤴Z29> *einen Zoll[1] breit*; *die Latte ist* ~; <aber> *einen Zoll breit*; **Zoll·breit** <m.; -, -> *Breite von einem Zoll[1]*; *keinen* ~ *zurückweichen*

Zoll·de·kla·ra·ti·on, <auch> **Zoll·dek·la·ra·ti·on** <f.; -, -en; ⤴Z53> = *Zollerklärung*; **zol·len** <V. i.; geh.> *jmdm. etwas – erweisen*; *jmdm. Respekt* ~; **Zoll·er·klä·rung** <f.; -, -en> *Erklärung über zu verzollende Waren*; **Zoll·fahn·dung** <f.; -, -en>; **zoll·frei** <Adj.> ~*e Waren*; **Zoll·frei·heit** <f.; -; unz.>; **Zoll·gren·ze** <f.; -, -n>; **Zoll·grenz·schutz** <m.; -es; unz.> *staatl. Organisation zur Zollkontrolle*; **Zoll·gut** <n.; -(e)s; ̈er> *zollpflichtige Ware(n)*; **Zoll·ha·fen** <m.; -s, ̈>

zoll·hoch <Adj.; ⤴Z29> *einen Zoll[1] hoch*; *das Wasser steht* ~; <aber> *einen Zoll hoch*

Zoll·ho·heit <f.; -; unz.> = *Zollrecht(1)*

...zol·lig, ...zöl·lig <Adj.; ⤴Z34; in Zus.> *eine bestimmte Zahl von*

Zoll[1] groß; *dreizollig, dreizöllig* <in Ziffern> *3-zollig, 3-zöllig*

Zoll·in·halts·er·klä·rung <f.; -, -en; Post>; **Zoll·kon·trol·le**, <auch> **Zoll·kont·rol·le** <f.; -, -n; ⤴Z53>

zoll·lang <Adj.; ⤴Z37> *einen Zoll[1] lang*; *der Nagel ist* ~; <aber> *einen Zoll lang*

Zöll·ner <m.; -s, -> 1 <im Röm. Reich> *Einnehmer von Zoll[2](1)* 2 <umg.> *Zollbeamte(r)*; **zoll·pflich·tig** <Adj.> ~*e Waren*; **Zoll·recht** <n.; -(e)s; unz.>; **Zoll·sta·ti·on** <f.; -, -en>

Zoll·stock <m.; -(e)s, ̈e> *zusammenklappbarer Messstab*

Zoll·ta·rif <m.; -(e)s, -e>; **Zoll·u·ni·on** <f.; -, -en> *Vereinigung von Staaten zu einem Zollgebiet*; **Zoll·ver·wal·tung** <f.; -, -en>

Zö'lom <n.; -s, -e; Anat.> *Leibeshöhle* [grch.]

'Zom·bie <m.; - od. -s, -s> 1 *wiederbelebter Toter* 2 <umg.> *willensschwacher Mensch* [engl.]; **'zom·big** <Adj.; Jugendspr.> *prima*

Zö·me·te·ri·um <n.; -s, -ri·en> 1 *Kirchhof* 2 *Katakombe* [grch.]

Zö'na·kel <n.; -s, - in Klöstern> *Speisesaal*; oV *Zenakel* [lat.]

zo'nal, zo'nar <Adj.> *eine Zone betreffend*; **'Zo·ne** <f.; -, -n> 1 *nach best. Kriterien abgegrenztes Gebiet*; *Besatzungs~*; *Fußgänger~* 2 <Geogr.> *Gebiet mit best. klimat. Eigenschaften*; *gemäßigte* ~ [grch.]; **Zo·nen·rand·ge·biet** <n.; -(e)s, -e>; **'Zo·nen·ta·rif** <m.; -(e)s, -e; öffentl. Nahverkehr; Tel.> *nach Zonen(1) berechnete Preise bzw. Gebühren*; **'Zo·nen·zeit** <f.; -, -en> *Normalzeit*

zonked <[ˈzɔŋkt]; Adj.; Drogenszene> *im Drogenrausch* [engl.]

Zö·no'bit <m.; -en, -en> *jmd., der im Kloster lebt*; **Zö·no'bi·tin** <f.; -, -n·nen>; **zö·no'bi·tisch** <Adj.>; **Zö'no·bi·um** <n.; -s, -bi·en> 1 *Kloster* 2 <Biol.> *Vereinigung von Einzellern* [lat.]

Zoo <[tso:]; m.; -s, -s; Kurzw. für> *zoologischer Garten*; **zo·o...,** **Zoo...** <[tso:o-]; in Zus.> *tier..., Tier...* [grch.]; **zo·o'gen** <Adj.; Geol.> *aus tier. Resten entstanden*; **Zo·o·ge·o·gra'fie, Zo·o·ge-**

o·gra'phie <f.; -; unz.> ↗Z11.3> *Tiergeographie;* **Zo·o·gra'fie, Zo·o·gra'phie** <f.; -, -n; ↗Z11.3> *Benennung u. Einordnung der Tiere;* **Zo·o·la'trie,** <auch> **Zo·o·lat'rie** <f.; -, -n; ↗Z53> *Tierkult;* **Zo·o'lith** <m.; -s od. -en, -e od. -en; Geol.> *Tierversteinerung;* **Zo·o'lo·ge** <m.; -n, -n; -> **Zo·o·lo'gie** <f.; -, -n; Pl. selten> *Tierkunde;* **Zo·o'lo·gin** <f.; -, -nen>; **zo·o·lo'gisch** <Adj.; ↗Z46> ~er Garten <Kurzw.: Zoo>; <aber> der Zoologische Garten Frankfurt

Zoom <[zu:m]; n.; -s, -s; Fot.> **1** <kurz für> *Zoomobjektiv* **2** *das Zoomen* [engl.]; **'zoo·men** <V. i.; Fot.> *den Betrachtungspunkt heranholen od. entfernen;* er hat gezoomt; **'Zoom·ob·jek·tiv** <n.; -(e)s, -e; Fot.; Kurzw.: Zoom(1)> *Objektiv mit verstellbarer Brennweite*

zo·o'morph <[tso:o-]; Adj.> *tiergestaltig;* **'Zo·on** <n.; -s, Pl. nur in Zus. üblich> ...zo·en> *Lebewesen;* ~ politikon *der Mensch als geselliges Wesen (bei Aristoteles)* [grch.]; **Zo·o'no·se** <f.; -, -n; Med.> *zwischen Mensch u. Tier übertragbare Krankheit;* **'Zoo·or·ga·ni·sa·ti·on** <f.; -, -en; ↗Z37>; **zo·o'phag** <Adj.; Biol.> **Zo·o'pha·ge** <m.; -n, -n; Biol.> *Fleisch fressendes Lebewesen;* **Zo·o'plank·ton** <n.; -s; unz.; Biol.> *im Wasser schwebende Tiere;* **Zo·o'to·mie** <f.; -; unz.> *Sezieren von Tierleichen;* **Zo·o·to'xin** <n.; -s, -e; Med.> *tier. Gift;* **Zo·o·zö·no·lo'gie** <f.; -; unz.> *Tiersoziologie*

Zopf <m.; -(e)s, ⸚e> **1** *geflochtene Haarsträhne* **2** *Gebäck in Form eines Zopfes(1)* **3** <fig.> *überholte Ansicht;* alter ~; **'Zopf·band** <n.; -(e)s, ⸚er>; **'Zöpf·chen** <n.; -s, -; Verkleinerungsf. von> *Zopf;* **'Zopf·hal·ter** <m.; -s, ->; **'zop·fig** <Adj.; fig.; abwertend> *überholt;* **'Zöpf·lein** <n.; -s, -; poet.; Verkleinerungsf. von> *Zopf;* **'Zopf·mus·ter** <n.; -s, -; Textilw.> *ein Strickmuster*

'Zo·pho·ros, 'Zo·pho·rus <m.; -, -'pho·ren; Arch.> *Fries mit Reliefs* [grch.]

'zop·po <Mus.> *schleppend* [ital.]

'Zo·res <m.; -; unz.> **1** <jidd.>

Not **2** <umg.; bes. südwestdt.> *Ärger* [hebr.]

Zo'ril·la <m.; -s, -s od. f.; -, -s; Zool.> *Marderart* [span.]

Zorn <m.; -(e)s; unz.> *starker Ärger;* in ~ geraten; **'Zorn·a·der** <f.; -, -n; ↗Z55; geh.> *Stirnader;* **'Zorn·aus·bruch** <m.; -(e)s, ⸚e>; **'zorn·be·bend** <Adj.; ↗Z29> *mit ~er Stimme;* <aber> vor Zorn bebend; **'zorn·ent·brannt** <Adj.>; **'Zor·nes·a·der** <f.; -, -n; geh.> = *Zornader;* **'Zor·nes·aus·bruch** <m.; -(e)s, ⸚e>; **'zor·nig** <Adj.> *voller Zorn;* **'zorn·schnau·bend** <Adj.; ↗Z29> *sehr zornig;* <aber> vor Zorn schnaubend

zo·ro'as·trisch, <auch> **zo·ro·'ast·risch** <Adj.; ↗Z53; Philos.> *die Lehre des Zoroaster betreffend* [nach *Zoroaster,* der grch. Form von Zarathustra]

'Zos·se <m.; -, -n, -n; umg.; abwertend> *Pferd*

'Zo·te <f.; -, -n> *sehr unanständiger Witz;* **'zo·ten** <V. i.> *Zoten erzählen;* **'zo·ten·haft** <Adj.>; **'zo·tig** <Adj.>

'Zot·te <f.; -, -n> **1** <Anat.> *Gewebeausbuchtung nach innen* **2** *Haarbüschel;* **'Zot·tel** <f.; -, -n; umg.> *unordentl. Haarsträhne;* **'Zot·tel·haar** <n.; -(e)s, -e>; **'zot·te·lig** <Adj.>; **'zot·teln** <V. i.; ich zott(e)le; umg.> *langsam gehen;* **'Zot·ten·ge·schwulst** <f.; -, ⸚e; Med.> *Papillom;* **'Zot·ten·haut** <f.; -, ⸚e; Anat.> *äußere Embryonalhülle bei Menschen u. Säugetieren;* Sy Chorion; **'zot·tig** <Adj.> ~es Fell; **'zott·lig** <Adj.> = *zottelig*

ZPO <Rechtsw.; Abk. für> *Zivilprozessordnung*

Zr <Chem.; Zeichen für> *Zirkonium*

z. T. <Abk. für> *zum Teil*

Ztr. <Abk. für> *Zentner*

zu¹ <Präp. m. Dat.> **1** *in eine(r) Richtung;* ~ einem Ort; der Weg ~m Bahnhof; ~ Bett gehen; jmdm. etwas ~ Eigen geben; sich etwas ~ Eigen machen; ~ Ende gehen; ~ jmdm. gehen; ~ Füßen; ~ Hause <österr.; schweiz. a.> zuhause sein; ~ Lande und ~ Wasser; hier Lande/<auch> → *hierzulande;* jmdm. ~r Seite stehen <fig.>;

beistehen; ~m Theater gehen *Schauspieler werden* **2** *auf einen Zeitpunkt bezogen;* ~ einem Zeitpunkt *an einem Z.;* ~ Abend essen; ~r Zeit Schillers; ~ Zeiten Schillers; <aber> → *zuzeiten;* ~ seinem Geburtstag anlässl. des G.; **3** *eine Entwicklung ausdrückend;* ~ etwas werden *sich verwandeln in;* ~ Eis werden; ~r Frau heranwachsen **4** *als Voraussetzung für etwas, seinem Zweck dienend;* Tinte ~m Schreiben; ~m Zeitvertreib; ~m Beispiel <Abk.: z. B.>; jmdm. ~ Dank verpflichtet sein; ~ Fuß; ~ Recht **5** <mit Zahlen- od. Mengenangaben> 3 ~ 2 (3:2) gewinnen *im Vergleich* ~; ~ zweit; ~m Ersten *erstens;* ~m Teil *teilweise;* ~r Hälfte **6** <undekl. vor Infinitiv; bei Verben mit abtrennbarer Vors. zusammengeschrieben zw. Vors. u. Stamm> ich wünsche ihn ~ sehen; wir verzichten ihn anzurufen; etwas ist ~ tun; das Zimmer ist sauber ~ halten; sie kam, um uns ~ helfen; abschließende Fächer; das ~ verteilende Geld; <aber> das ~ Verteilende **7** ~ etwas *zusammen mit;* Milch ~m Tee?; ~ allem Übel **8** <Getrennt- od. Zusammenschreibung bei Wendungen in adv. Verwendung> ~ Grunde <auch> → *zugrunde* gehen; ~ Leide <auch> → *zuleide* tun; ~ Mute <auch> → *zumute* sein; ~ Nutze <auch> → *zunutze* machen; ~ Rande <auch> → *zurande* kommen; ~ Rate <auch> → *zurate* ziehen; ~ Schanden <auch> → *zuschanden* machen; ~ Schulden <auch> → *zuschulden* kommen lassen; ~ Stande <auch> → *zustande* kommen; ~ Tage <auch> → *zutage* fördern; ~ Wege <auch> → *zuwege* bringen **9** <↗Z19.2; Getrennt- od. Zusammenschreibung bei Wendungen in präp. Verwendung> ~ Gunsten <auch> → *zugunsten;* ~ Lasten <auch> → *zulasten;* ~ Seiten <auch> → *zuseiten* <veralt.>; ~ Ungunsten <auch> → *zuungunsten;* **zu²** <Adv.> **1** *übermäßig vorhanden;* ~ kalt; ~ schön; ~ teuer; ~ viel <unbest.

Pron.>; ~ viel des Guten; ~ viele Menschen; ~ wenig <unbest. Pron.> **2** geschlossen; der Laden ist ~ **3** ab und ~ manchmal; **zu...** <Vors.> **1** zur Bez. des Schließens, Bedeckens; zumachen **2** zur Bez. der Bewegung auf ein Ziel hin; auf jmdn. zulaufen **3** zur Bez. des Hinzufügens; zuzahlen

zu·al·ler·erst <Adv.; verstärkend> zuerst; **zu·al·ler·letzt** <Adv.; verstärkend> zuletzt; **zu·al·ler·'meist** <Adv.; verstärkend> zumeist

'Zu·ar·beit <f.; -, -en>; **'zular·bei·ten** <V. i.; ich arbeite zu; sie hat zugearbeitet; zuzuarbeiten> jmdm. ~

Zu·a·ve <['tsu'a:və]; m.; -n, -n> Angehöriger eines alger. Kabylenstammes [frz.]; **Zu'a·vin** <f.; -, -·n·nen>

'zulbal·lern <V. t.; ich ballere zu; sie hat zugeballert; zuzuballern; umg.> heftig zuwerfen(1); eine Tür ~

'zulbau·en <V. t.; ich baue zu; sie hat zugebaut; zuzubauen> bauend bedecken; einen Platz ~

'Zu·be·hör <n. od. (selten) m.; -(e)s, -e (schweiz. a.) -den> Auto~

'zulbei·ßen <V. i. 105; du beißt zu; sie hat zugebissen; zuzubeißen> der Hund biss zu

'zulbe·kom·men <V. t. 170; ich bekomme zu; sie hat zubekommen; zuzubekommen> die Tür nicht ~

'Zu·ber <m.; -s, -> Wanne; Wasch~

'zulbe·rei·ten <V. t.; ich bereite zu; sie hat zubereitet; zuzubereiten> **1** Speisen ~ fertig machen **2** Arznei ~; **'Zu·be·rei·tung** <f.; -, -en>

'zulbe·to·nie·ren <V. t.; ich betoniere zu; sie hat zubetoniert; zuzubetonieren; umg.> eine Wiese ~

Zu'bett·ge·hen, <auch> **Zu·'Bett-Ge·hen** <n.; -s; unz.> ↗ Z33> vor, nach dem ~

'zulbe·we·gen <V. t./V. refl.; ich bewege (mich) zu; sie hat (sich) zubewegt; (sich) zuzubewegen> sich auf jmdn. ~

'zulbil·li·gen <V. t.; ich billige zu; sie hat zugebilligt; zuzubilli-

gen> jmdm. etwas ~ zugestehen; **'Zu·bil·li·gung** <f.; -; unz.>

'zulbin·den <V. t. 111; ich binde zu; sie hat zugebunden; zuzubinden> bindend verschließen

'zulblei·ben <V. i. (s.) 114; es bleibt zu; es ist zugeblieben; zuzubleiben; umg.> geschlossen bleiben

'zulblin·zeln <V. i.; ich blinz(e)le zu; sie hat zugeblinzelt; zuzublinzeln> jmdm. ~

'zulbrin·gen <V. t. 118; ich bringe zu; sie hat zugebracht; zuzubringen> **1** <umg.> schließen können **2** jmdm. etwas ~ zu jmdm. bringen **3** verbringen; Wochen im Krankenhaus ~; **'Zu·brin·ger** <m.; -s, -> **1** jmd., der jmdm. etwas zubringt(2) **2** Maschinenteil zur Materialbeförderung **3** Verkehrsmittel zum Transport an einen Verkehrspunkt; –bus **4** Verbindungsstraße zu einer Hauptstraße od. Autobahn; **'Zu·brin·ger·dienst** <m.; -(e)s, -e>; **'Zu·brin·ge·rin** <f.; -, -·n·nen>; **'Zu·brin·ger·stra·ße** <f.; -, -n>; **'Zu·brin·ger·stre·cke** <f.; -, -n>

'Zu·brot <n.; -(e)s; unz.; fig.> Nebenverdienst

'zulbrül·len <V. t.; ich brülle zu; sie hat zugebrüllt; zuzubrüllen> jmdm. etwas ~

'zulbut·tern <V. t.; ich buttere zu; sie hat zugebuttert; zuzubuttern; umg.> dazugeben; Geld zur Miete ~

Zuc·chet·to <[tsu'kɛto]; m.; -s, -ti; schweiz.>, **Zuc·chi·ni** <[tsu'ki:-]; Pl.; Bot.> gurkenähnliches Gemüse [ital.]

Zucht <f.; -, -en> **1** <unz.> Erziehung zum Gehorsam, Disziplin; ~ und Ordnung **2** <unz.> das Züchten; Tier~ **3** aus verschiedenen ~en stammen; **'Zucht·be·trieb** <m.; -(e)s, -e; Landw.>; **'Zucht·buch** <n.; -(e)s, ⁼er; Landw.>; **'Zucht·bul·le** <m.; -n, -n; Landw.> Stier für die Zucht(2); **'Zucht·e·ber** <m.; -s, -; ↗ Z.55; Landw.>; **'züch·ten** <V. t.> aufziehen u. möglichst veredeln; Tiere, Pflanzen ~; **'Züch·ter** <m.; -s, -> Bienen~; **'Zucht·er·folg** <m.; -(e)s, -e>; **'Züch·te·rin** <f.; -, -·n·nen>; **'züch·te·risch** <Adj.> ~ erfolg-

reich sein; **'Zucht·haus** <n.; -es, ⁼er; bis 1969> Strafanstalt für Schwerverbrecher; **'Zucht·häus·ler** <m.; -s, -; umg.; früher>; **'Zucht·häus·le·rin** <f.; -, -·n·nen; umg.; früher>; **'Zucht·hengst** <m.; -es, -e; Landw.> Deckhengst; **'züch·tig** <Adj.; veralt.> sittsam; **'züch·ti·gen** <V. t.; geh.> jmdn. ~ durch Schläge bestrafen; **'Züch·ti·gung** <f.; -, -en>; **'Zucht·kris·tall** <m.; -(e)s, -e> makelloser Kristall; **'zucht·los** <Adj.; veralt.> disziplinlos; **'Zucht·per·le** <f.; -, -n>; **'Zucht·stier** <m.; -(e)s, -e; Landw.> = Zuchtbulle; **'Zucht·stu·te** <f.; -, -n; Landw.>; **'Zucht·tier** <n.; -(e)s, -e; Landw.>; **'Züch·tung** <f.; -, -en>; **'Zucht·vieh** <n.; -s; unz.; Landw.>; **'Zucht·wahl** <f.; -; unz.; Landw.>

Zuck <m.; -(e)s; unz.> schnelle Bewegung; in einem ~; **'zu·ckeln** <V. i. (s.); ich zuck(e)le; umg.> sich langsam fortbewegen; **'Zu·ckel·trab** <m.; -(e)s; unz.; umg.; scherzh.>; **'zu·cken** <V. i.> **1** flackern; die Flamme zuckt **2** eine jähe Bewegung machen; ihre Hand zuckte **3** ohne mit der Wimper zu ~ <fig.> ohne Gefühlsregung; mit den, die Achseln ~; **'zü·cken** <V. t.> rasch hervorziehen; das Schwert ~

'Zu·cker <m.; -s; unz.> **1** Kohlenhydrat (als Süßmittel); Puder~; Kaffee ohne ~ **2** <umg.> ~ haben zuckerkrank sein; **'Zu·cker·aus·tausch·stoff** <m.; -(e)s, -e>; **'Zu·cker·bä·cker** <m.; -s, -; noch österr.> = Konditor; **'Zu·cker·bä·cke·rin** <f.; -, -·n·nen; noch österr.>; **'Zu·cker·bä·cker·stil** <m.; -(e)s; unz.; Arch.> russischer Baustil; **'Zu·cker·brot** <n.; -(e)s, -e> Konditorware; mit ~ und Peitsche <fig.> mild u. streng; **'Zu·cker·do·se** <f.; -, -n>; **'Zu·cker·erb·se** <f.; -, -n; Bot.> eine Gartenerbse; **'Zu·cker·fa·brik,** <auch> **'Zu·cker·fab·rik** <f.; -, -en; ↗ Z.53>; **'Zu·cker·guss** <m.; -es, ⁼e> Glasur aus gelöstem Zucker(1); **'zu·cker·hal·tig** <Adj.> ~e Getränke; **'Zu·cker·hut** <m.; -(e)s, ⁼e> kegelförmig gepresster Zucker(1); **'zu·cke·rig** <Adj.> voller

Zucker(1); oV *zuckrig;* '**Zu·cker·krank** <Adj.; Med.>; '**Zu·cker·krank·heit** <f.; -, -en; Med.> = *Diabetes mellitus;* '**Zu·cker·krin·gel** <m.; -s, ->; '**Zu·ckerl** <n.; -s, -n; bair.; österr.> *Bonbon;* '**Zu·cker·mais** <m.; -es; unz.; Bot.>; '**zu·ckern** <V. t.; ich zuckere>; '**Zu·cker·rohr** <n.; -(e)s; unz.; Bot.> *ein Süßgras;* '**Zu·cker·rü·be** <f.; -, -n; Bot.> *Rübenart;* '**Zu·cker·ruhr** <f.; -; unz.; Med.; kurz für> *Zuckerharnruhr;* '**Zu·cker·säu·re** <f.; -; unz.; Chem.> *aus Glucose oxidierte Carbonsäure;* '**Zu·cker·streu·er** <m.; -s, ->; '**zu·cker·süß** <Adj.>; '**Zu·cker·tü·te** <f.; -, -n> = *Schultüte;* '**Zu·cker·wat·te** <f.; -; unz.> *eine Süßigkeit;* '**Zu·cker·werk** <n.; -(e)s; unz.>; '**Zu·cker·zan·ge** <f.; -, -n> *Zange zum Greifen von Würfelzucker;* '**Zu·cker·zeug** <n.; -(e)s; unz.>; '**zuck·rig** <Adj.> = *zuckerig*

'**Zu·ckung** <f.; -, -en> *nervöse ~en*

'**Zu·de·cke** <f.; -, -n; umg.> *Decke zum Zudecken;* '**zu·de·cken** <V. t.; ich decke zu; sie hat zugedeckt; zuzudecken> 1 *bedecken;* einen Topf ~ 2 <V. t./V. refl.> *jmdn. gut ~*

zu'dem <Adv.> *außerdem*

'**zu·den·ken** <V. t. 119; ich denke zu; sie hat zugedacht; zuzudenken> *jmdm. etwas ~ etwas für jmdn. bestimmen*

'**zu·die·nen** <V. i.; ich diene zu; sie hat zugedient; zuzudienen; schweiz.> *Handreichungen tun*

'**zu·dik·tie·ren** <V. t.> *auferlegen;* jmdm. eine Strafe ~

'**zu·dre·hen** <V. t.; ich drehe zu; sie hat zugedreht; zuzudrehen> 1 *drehend schließen* 2 jmdm. den Rücken, das Gesicht ~ *zuwenden*

'**zu·dring·lich** <Adj.> *sehr aufdringlich; ~ werden,* '**Zu·dring·lich·keit** <f.; -, -en>

'**zu·drü·cken** <V. t.; ich drücke zu; sie hat zugedrückt; zuzudrücken> *ein Fenster ~*

'**zu·eig·nen** <V. t.; ich eigne zu; sie hat zugeeignet; zuzueignen; geh.> *jmdm. etwas ~ widmen;* '**Zu·eig·nung** <f.; -, -en>

'**zu·ein·an·der,** <auch> '**zu·ei·nan·der** <a. [--'--]; Adv.; ⚐Z.22;

Getrenntschreibung in Zus. mit Verb/Partizip> *eines, einer zum anderen; gut ~ passen; ~ finden; sie haben ~ gefunden*

'**zu|er·ken·nen** <V. t. 166; ich erkenne zu; sie hat zuerkannt; zuzuerkennen> *offiziell zuerteilen;* jmdm. den ersten Preis ~; '**Zu·er·ken·nung** <f.; -; unz.>

zu'erst <Adv.> 1 *als Erste(r, -s); ~ ankommen; wer ~ kommt, mahlt ~* <Sprichw.> 2 *anfänglich; ~ glaubte ich ihr nicht*

'**Zu·er·werb** <m.; -(e)s; unz.> *Nebenerwerb*

'**zu·fä·cheln** <V. t./V. refl.; ich fäch(e)le zu; sie hat zugefächelt; zuzufächeln; Instrumentenk.> *sie hat sich Luft zugefächelt*

'**zu·fah·ren** <V. i. (s.) 130; ich fahre zu; sie ist zugefahren; zuzufahren> 1 *weiterfahren;* fahr zu! 2 *auf etwas ~;* '**Zu·fahrt** <f.; -, -en> *~ freihalten!*; '**Zu·fahrts·stra·ße** <f.; -, -n>

'**Zu·fall** <m.; -(e)s, ⸚e> *unvorhergesehenes Eintreten von Ereignissen; durch ~;* '**zu·fal·len** <V. i. (s.) 131; es fällt zu; es ist zugefallen; zuzufallen> 1 *sich schließen;* die Tür fiel zu 2 *das Erbe fiel ihrem Sohn zu;* '**zu·fäl·lig** <Adj.> *durch Zufall;* eine *~e Begegnung;* '**zu·fäl·lig·keit** <f.; -; unz.>; '**Zu·falls·be·kannt·schaft** <f.; -, -en>; '**Zu·falls·er·geb·nis** <n.; -s·ses, -s·se>; '**Zu·falls·grö·ße** <f.; -, -n; Math.>; '**Zu·falls·haf·tung** <f.; -; unz.> *Haftung ohne Eigenverschulden;* '**Zu·falls·tref·fer** <m.; -s, ->; '**Zu·falls·zahl** <f.; -, -en; EDV; Math.>

'**zu·fas·sen** <V. i.; du fasst zu; sie hat zugefasst; zuzufassen> 1 *greifen* 2 <fig.> *mithelfen;* beim Abspülen ~

'**zu·flie·gen** <V. i. (s.) 136; sie fliegt zu; sie ist zugeflogen; zuzufliegen> 1 *ein Vogel fliegt jmdm. zu;* ihm fliegen alle Herzen zu <fig.> 2 *auf etwas ~ in Richtung auf etwas fliegen* 3 <umg.> *die Tür flog zu*

'**zu·flie·ßen** <V. i. (s.) 138; es fließt zu; es ist zugeflossen; zuzufließen> 1 *in eine bestimmte Richtung fließen;* dem Ozean ~ 2

<fig.> *zuteil werden;* der Erlös floss dem Kinderheim zu

'**Zu·flucht** <f.; -, -en> 1 <unz.> *Hilfe, Schutz;* bei jmdm. ~ suchen 2 <fig.> *Ausweg;* seine ~ zu etwas nehmen; '**Zu·fluchts·ort** <m.; -(e)s, -e>

'**Zu·fluss** <m.; -es, ⸚e> 1 *das Zufließen(1)* 2 *hinzufließendes Gewässer* 3 <fig.> *Hinzukommen; ~ von Spenden*

'**zu·flüs·tern** <V. t.; ich flüstere zu; sie hat zugeflüstert; zuzuflüstern> jmdm. etwas ~

zu'fol·ge <Präp.; ⚐Z.19.2; nachgestellt mit Dat.; vorangestellt mit Gen.> *gemäß, nach;* dem Bericht ~; ~ dieses Berichtes

'**Zu·fo·lo** <m.; -s, -s od. -fo·li; Instrumentenk.> *eine Hirtenflöte* [ital.]

zu'frie·den <Adj.; ⚐Z.22> *befriedigt;* ein *~er Mensch;* <Getrenntschreibung in Verbindung mit Verb/Partizip> sich ~ geben *sich abfinden;* er hat sich damit nicht ~ gegeben; jmdn. ~ lassen *in Ruhe lassen;* jmdn. ~ stellen *jmds. Wünsche befriedigen; ~* gestellte Patienten; ein ~stellendes Resultat; <aber Zusammenschreibung bei Steigerung> ein zufriedenstellenderes Resultat; '**Zu·frie·den·heit** <f.; -; unz.>

'**zu·frie·ren** <V. i. (s.) 140; es friert zu; es ist zugefroren; zuzufrieren> *sich mit Eis bedecken;* ein zugefrorener See

'**zu·fü·gen** <V. t.; ich füge zu; sie hat zugefügt; zuzufügen> 1 *hinzufügen* 2 jmdm. etwas ~ *antun;* jmdm. Schmerzen ~

'**Zu·fuhr** <f.; -, -en> *Versorgung; ~ von Lebensmitteln;* '**zuführ·ren** <V. t.; ich führe zu; sie hat zugeführt; zuzuführen> 1 *zuleiten;* dem Magen Nahrung ~ 2 *in Richtung auf etwas verlaufen;* die Zufahrt führt auf das Haus zu; '**Zu·füh·rung** <f.; -, -en>

Zug <m.; -(e)s, ⸚e> 1 *das Ziehen;* Wolken~; einen ~ tun <Brettspiel>; ein Glas in einem ~ leeren *ohne abzusetzen;* in tiefen Zügen atmen 2 *Wanderung, Fußmarsch;* der ~ der Karawane 3 *Vorrichtung zum Ziehen(1,2);* Klingel~ 4 <⚐Z.34; Eisenb.> *Lo-*

komotive mit angehängten Wagen; den ~ verpassen; Vieruhrzug <in Ziffern> 4-Uhr-Zug **5** Kolonne; Trauer~; Fackel~ **6** <fig.> Linie, Eigenart; Gesichts~; Schrift~; Charakter~ **7** <unz.> unangenehme Luftbewegung in Räumen; Durch~; im ~ sitzen **8** im ~(e) <fig.> zusammen mit; im ~(e) der Erneuerung

'**Zu·ga·be** <f.; -, -n> **1** <unz.> das Zugeben **2** zusätzl. Gegebenes; ein Bonbon als ~; der Sänger gab zwei ~n

'**Zug·ab·teil** <n.; -(e)s, -e>

'**Zu·gang** <m.; -(e)s, ⁻e> **1** Tor, Einlass; der ~ ist versperrt **2** Verständnis; ich habe keinen ~ zur modernen Kunst **3** Neuerwerb; ~ an Waren; **zu'gan·ge** <Adv.; umg.; in den Wendungen> mit etwas, jmdm. ~ sein beschäftigt sein; '**zu·gän·gig** <Adj.> neu erworben; ~e Waren; Ggs abgängig; '**zu·gäng·lich** <Adj.> **1** erreichbar; eine schwer ~e Hütte **2** Gegenstände sind ~ verfügbar **3** <fig.> verständlich; ein leicht ~es Werk

'**Zug·an·schluss** <m.; -es, ⁻e; Eisenb.> den ~ verpassen; '**Zug·be·gleit·per·so·nal** <n.; -s; unz.; Eisenb.>; '**Zug·brü·cke** <f.; -, -n> bewegl. Brücke

'**zulge·ben** <V. t. 143; ich gebe zu; sie hat zugegeben; zuzugeben> **1** zusätzl. geben; eine Prise Salz ~ **2** einräumen; er hat die Tat zugegeben; **zu·ge·ge·be·ner·'ma·ßen** <Adv.>

zu'ge·gen <Adj.; undekl.> anwesend; bei etwas ~ sein

'**zulge·hen** <V. i. (s.) 145; ich gehe zu; sie ist zugegangen; zuzugehen> **1** <umg.> sich schließen lassen; der Koffer geht kaum zu **2** geschickt werden; die Papiere werden Ihnen morgen ~ **3** sich zeitl. nähern; dem Ende ~; es geht auf Weihnachten zu **4** sich örtl. nähern; auf den Wald ~ **5** <unpersönl.> es ging lustig zu; '**Zu·geh·frau** <f.; -, -en; süddt.> = Aufwartefrau

'**zulge·hö·ren** <V. i.; ich gehöre zu; sie hat zugehört; zuzugehören; poet.> = gehören; '**zu·ge·hö·rig** <Adj.; mit Dat.; geh.> jmdm. od. etwas ~ sein gehö-

ren; dem Haus ~e Garagen; '**Zu·ge·hö·rig·keit** <f.; -; unz.>

'**zu·ge·knöpft** <Adj.; ⟋Z28.1; fig.> verschlossen; ein ~er Mensch; '**Zu·ge·knöpft·heit** <f.; -; unz.>

'**Zü·gel** <m.; -s, -> **1** Leine zum Lenken von Reit- u. Zugtieren; ein Pferd am ~ führen **2** <fig.> Gewalt, Herrschaft; die ~ aus der Hand geben; '**Zü·gel·füh·rung** <f.; -, -en; Reitsp.>; '**Zü·gel·hil·fe** <f.; -, -n; Reitsp.>; '**zü·gel·los** <Adj.> **1** ohne Zügel; ~ reiten **2** <fig.> unbeherrscht; ~e Leidenschaft; '**Zü·gel·lo·sig·keit** <f.; -; unz.; fig.>; '**zü·geln** <V.; ich züg(e)le> **1** <V. t.> ein Pferd ~ die Zügel(1) anziehen **2** <V. t.; fig.> beherrschen; seinen Zorn ~ **3** <V. i.; schweiz.> = umziehen¹(1)

'**zu·ge·reist** <Adj.; ⟋Z28.1> nicht einheimisch; '**Zu·ge·reis·te(r)** <f. 2 (m. 1); bair.>

'**zulge·sel·len** <V. refl.; ich geselle mich zu; sie hat sich zugesellt; sich zuzugesellen> **1** sich jmdm. ~ jmdm. Gesellschaft leisten **2** <fig.> hinzukommen

zu·ge·stan·de·ner·ma·ßen <Adv.> wie bereits zugestanden; '**Zu·ge·ständ·nis** <n.; -s·ses, -s·se> Entgegenkommen; jmdm. ein ~ machen; '**zulge·ste·hen** <V. t. 256; ich gestehe zu; sie hat zugestanden; zuzugestehen> jmdm. etwas ~ einräumen, gewähren

'**zu·ge·tan** <Adj.; ⟋Z28.1> geneigt; jmdm. ~ sein

'**Zu·ge·winn** <m.; -(e)s, -e> zusätzl. Gewinn; '**Zu·ge·winn·ge·mein·schaft** <f.; -, -en; Rechtsw.; seit 1958> gesetzl. Ehegüterstand

'**Zug·fe·der** <f.; -, -n> Ggs Druckfeder; '**zug·fest** <Adj.>; '**Zug·fes·tig·keit** <f.; -; unz.>; '**Zug·fol·ge** <f.; -, -n; Eisenb.> Reihenfolge der Waggons; '**Zug·füh·rer** <m.; -s, -; Eisenb.> Person, die den Zug steuert; '**Zug·füh·re·rin** <f.; -, -n·nen; Eisenb.>

'**zulgie·ßen** <V. t. 152; du gießt zu; sie hat zugegossen; zuzugießen> er goss noch Milch zu

'**zu·gig** <Adj.> der Zugluft ausgesetzt; ein ~er Raum; '**zü·gig** <Adj.> **1** flott; ~ fahren **2**

<schweiz.> zugkräftig; '**Zug·kraft** <f.; -, ⁻e> **1** <Tech.> Kraft, mit der gezogen wird **2** Anziehungskraft; '**zug·kräf·tig** <Adj.; fig.> ein ~es Argument; '**Zug·last** <f.; -, -en>

zu'gleich <Adv.> **1** gleichzeitig; wir griffen ~ nach dem Stift **2** zusammen; alle ~

'**Zug·lei·ne** <f.; -, -n>; '**Zug·loch** <n.; -(e)s, ⁻er> Abzugsloch für Rauch; '**Zug·luft** <f.; -; unz.> = Zug(7); '**Zug·ma·schi·ne** <f.; -, -n; Kfz.>; '**Zug·mit·tel** <n.; -s, -; fig.>; '**Zug·netz** <n.; -es, -e> = Schleppnetz; '**Zug·num·mer** <f.; -, -n; Eisenb.>; '**Zug·per·so·nal** <n.; -s; unz.; Eisenb.>; '**Zug·pferd** <n.; -(e)s, -e> Pferd als Zugtier; er ist das ~ der Firma <fig.; umg.>; '**Zug·pflas·ter** <n.; -s, -; Med.> Pflaster, das die Durchblutung fördert

'**zulgrei·fen** <V. i. 158; ich greife zu; sie hat zugegriffen; zuzugreifen> **1** packen; mit beiden Händen ~ **2** rasch entschlossen kaufen; bei einem Angebot muss man ~; '**Zu·griff** <m.; -(e)s, -e>; '**zu·griffs·be·rech·tigt** <Adj.>; '**Zu·griffs·be·rech·ti·gung** <f.; -, -en; EDV>; '**Zu·griffs·zeit** <f.; -, -en; EDV> zum Auffinden von Daten benötigte Zeit

'**Zug·rol·le** <f.; -, -n> Rolle am Flaschenzug

zu'grun·de, <auch> **zu 'Grun·de** <Adv.; ⟋Z19.2> **1** als Grundlage; einer Sache etwas ~ legen; einer Sache ~ liegen **2** ins Verderben; ~ gehen; jmdn. ~ richten zerstören; ~ a. zu¹(8); **Zu·'grun·de·le·gung** <f.; -; unz.> unter ~ von ...

'**Zug·sal·be** <f.; -, -n; Med.> Salbe für Zugpflaster; '**Zug·scheit** <n.; -(e)s, -e> = Ortscheit; '**Zug·seil** <n.; -(e)s, -e>; '**Zugs·füh·rer** <m.; -s, -; Eisenb.; österr.> = Zugführer; '**Zugs·füh·re·rin** <f.; -, -n·nen; Eisenb.; österr.>; '**Zug·si·che·rung** <f.; -; unz.>; '**Zug·si·gnal**, <auch> '**Zugs·si·gnal** <n.; -(e)s, -e; ⟋Z53; Eisenb.>; '**Zug·span·nung** <f.; -, -en; Tech.>; '**Zug·stär·ke** <f.; -, -n; Eisenb.>; '**Zugs·ver·kehr** <m.; -s; unz.; Eisenb.; österr.> = Zugverkehr; '**Zug·tier** <n.; -(e)s, -e> Tier zum Lastenziehen

'zu|gu·cken <V. i.; ich gucke zu; sie hat zugeguckt; zuzugucken; umg.> *zusehen*

zu'guns·ten, <auch> **zu 'Guns·ten** <Präp. m. Gen.; ↗ Z 19.2> *für jmdn. od. etwas;* → *bedürftiger Menschen;* → a. *zu¹(9)*

zu'gu·te <Adj.; adv. mit Dat.> **1** jmdm. ~ kommen *jmdm. nützen* **2** jmdm. od. sich etwas ~ tun *etwas Gutes gönnen* **3** jmdm. etwas ~ halten

'Zug·ver·band <m.; -(e)s, ⸚e; Med.> *Streckverband;* **'Zug·ver·bin·dung** <f.; -, -en; Eisenb.>; **'Zug·ver·kehr** <m.; -s; unz.; Eisenb.>; **'Zug·vo·gel** <m.; -s, ⸚; Zool.> *Vogel, der im Winter ein wärmeres Quartier aufsucht;* **'Zug·vor·rich·tung** <f.; -, -en>; **'Zug·wind** <m.; -(e)s; unz.>; **'Zug·zwang** <m.; -(e)s; unz.> **1** <Schach> *Zwang, einen bestimmten Spielzug zu tun* **2** <fig.> unter ~ stehen

'zu|ha·ken <V. t.; ich hake zu; sie hat zugehakt; zuzuhaken>

'zu|hal·ten <V. 160; ich halte zu; sie hat zugehalten; zuzuhalten> **1** *bedeckt, geschlossen halten;* die Tür ~ **2** auf einen Ort ~ *zusteuern;* **'Zu·häl·ter** <m.; -s, ->; **Zu·häl·te'rei** <f.; -; unz.> *illegale Ausbeutung von Prostituierten;* **'zu·häl·te·risch** <Adj.>

zu'han·den <Adv.> **1** <veralt.> *in die Hände;* ~ kommen **2** <schweiz.> = *zu Händen*

'zu|hän·gen <V. t.; ich hänge zu; sie hat zugehängt; zuzuhängen> *verhängen*

'zu|hau·en <V. 162; ich haue zu; sie hat zugehauen; zuzuhauen> **1** <V. t.; ich hieb zu> *zurechthauen;* ein zugehauener Stein **2** <V. i.; ich hieb/haute zu> *zuschlagen*

zu'hauf <Adv.; poet.> *in großen Mengen;* sie kamen ~

zu'hau·se <Adv.; österr.; schweiz. auch für> *zu Hause;* **Zu'hau·se** <n.; -s; unz.> *Heim;* kein ~ haben; **Zu'hau·se·ge·blie·be·ne(r),** <auch> **Zu'hau·se Ge·blie·be·ne(r)** <f. 2 (m.1); ↗ Z 29>

'zu|hei·len <V. i. (s.); es heilt zu; es ist zugeheilt; zuzuheilen> eine zugeheilte Wunde

Zu'hil·fe·nah·me <f.; -; unz.> unter ~ von *mithilfe von*

Zukunft: Z. ist der Zeitbezug einer Verbform, die im Futur steht. Sie drückt ein künftiges Geschehen aus. Es gibt im Deutschen zwei Formen zur Bezeichnung der Zukunft.
Futur I wird mit dem ↗Hilfsverb *werden* und dem Infinitiv Präsens gebildet:
a) aktiv: *ich werde halten*
b) passiv: *er wird gehalten werden*
Die Funktion des Futur I kann häufig auch vom ↗Präsens erfüllt werden: *Morgen wird es losgehen. – Morgen geht es los.*
Futur II (auch Vorzukunft genannt) wird verwendet, wenn ausgedrückt werden soll, dass eine Handlung in der Zukunft abgeschlossen sein wird. Es wird gebildet mit dem Hilfsverb *werden,* dem Partizip Perfekt und *haben/sein: Morgen werde ich den Brief geschrieben haben.*
Der Gebrauch des Futur II ist selten. Es wird mitunter zum Ausdruck einer Vermutung oder Annahme verwendet: *Er wird schon weggegangen sein.*
Vgl. ↗Vergangenheit, ↗Tempus

zu'hin·terst <Adv.> *ganz hinten*
zu'höchst <Adv.> *ganz oben*

'zu|hö·ren <V. i.; ich höre zu; sie hat zugehört; zuzuhören> jmdm. ~ *jmds. Worte aufnehmen;* **'Zu·hö·rer** <m.; -s, ->; **'Zu·hö·re·rin** <f.; -, -n·nen>; **'Zu·hö·rer·schaft** <f.; -; unz.>

zu'in·nerst <Adv.> *ganz innen*

'zu|jauch·zen <V. i.; du jauchzt zu; sie hat zugejauchzt; zuzujauchzen> jmdm. ~

'zu|ju·beln <V. i.; ich jub(e)le zu; sie hat zugejubelt; zuzujubeln> jmdm. winkend ~

'Zu·kauf <m.; -(e)s, ⸚e> *zusätzl. Kauf;* **'zu|kau·fen** <V. t.; ich kaufe zu; sie hat zugekauft; zuzukaufen>

'zu|keh·ren <V. t.> *zuwenden(1)*

'zu|klap·pen <V.; ich klappe zu; sie hat/ist zugeklappt; zuzuklappen> **1** <V. t. (h.)> ein Buch ~ **2** <V. i. (s.)> der Deckel ist zugeklappt

'zu|kle·ben <V. t.> einen Umschlag ~

'zu|klin·ken <V. t.> die Tür ~

'zu|knal·len <V.; ich knalle zu; sie hat/ist zugeknallt; zuzuknallen;

umg.> **1** <V. t. (h.)> die Tür ~ **2** <V. i. (s.)> das Fenster ist zugeknallt

'zu|knöp·fen <V. t.> eine Bluse ~

'zu|kom·men <V. 170; ich komme zu; sie ist zugekommen; zuzukommen> **1** <V. i.> auf jmdn. od. etwas ~ *sich nähern;* es kommt viel Arbeit auf uns zu <fig.; umg.> **2** <V. i.> *angemessen sein;* ein solches Verhalten kommt dir nicht zu **3** <V. t.; Inf.> jmdm. etwas ~ lassen *übermitteln*

'zu|kor·ken <V. t.; ich korke zu; sie hat zugekorkt; zuzukorken> *verkorken*

'zu|krie·gen <V. t.; umg.> = *zubekommen*

'Zu·kunft <f.; -; unz.> **1** *die bevorstehende Zeit;* Pläne für die ~; in ~ *künftig* **2** *Geschehen in der Zukunft(1);* in die ~ blicken; (eine) ~ haben **3** <Gramm.> *Zeitform des Verbs, die Künftiges(1) bezeichnet;* Sy *Futur;* → a. *Kasten;* **'zu·künf·tig** <Adj.> **1** ~es Geschehen **2** <↗ Z 42; umg.> *der/die Zukünftige der zukünftige Ehemann, die zukünftige Ehefrau;* **'Zu·kunfts·for·scher** <m.; -s, ->; **'Zu·kunfts·for·sche·rin** <f.; -, -n·nen>; **'Zu·kunfts·for·schung** <f.; -; unz.> *systemat. u. krit. Behandlung von Zukunftsfragen;* **'Zu·kunfts·glau·be(n)** <m.; -(n)s; unz.>; **'zu·kunfts·gläu·big** <Adj.>; **'Zu·kunfts·mu·sik** <f.; -; unz.; fig.; umg.> *unrealist. Zukunftshoffnung;* das ist ~!; **'Zu·kunfts·per·spek·ti·ve,** <auch> **'Zu·kunfts·pers·pek·ti·ve** <f.; -, -n; ↗ Z 54>; **'Zu·kunfts·plä·ne** <Pl.> ~ schmieden; **'Zu·kunfts·ro·man** <m.; -(e)s, -e; Lit.>; **'Zu·kunfts·tech·no·lo·gie** <f.; -, -n>; **'zu·kunfts·träch·tig** <Adj.> ~e Erfindung; **'zu·kunfts·wei·send** <Adj.>

'zu|lä·cheln <V. i.; ich läch(e)le zu; sie hat zugelächelt; zuzulächeln> jmdm. ~ *jmdn. anlächeln;* **'zu|la·chen** <V. i.> sie hat ihm zugelacht

'zu|la·den <V. t. 174> *zusätzl. laden;* **'Zu·la·dung** <f.; -, -en>

'Zu·la·ge <f.; -, -n> *erhöhte Zahlung;* Lohn~

'zu|lan·gen <V. i.; ich lange zu; sie

hat zugelangt; zuzulangen; umg.> *sich etwas (zu essen) nehmen;* kräftig ~

'zu·las·sen <V. t. 175; du lässt zu; sie hat zugelassen; zuzulassen> **1** *gestatten, eine Erlaubnis erteilen;* einen Anwalt bei einem Gericht ~; das Auto ist (für den Verkehr) zugelassen **2** <umg.> *geschlossen lassen;* die Tür ~; **'zu·läs·sig** <Adj.> *gestattet;* ~e Geschwindigkeit; **'Zu·läs·sig·keit** <f.; -; unz.>; **'Zu·las·sungs** <f.; -, -en>; **'Zu·las·sungs·prü·fung** <f.; -, -en>; **'Zu·las·sungs·stel·le** <f.; -, -n>

zu'las·ten, <auch> **zu 'Las·ten** <Präp. m. Gen.; ↗Z 19.2> *auf Kosten;* ~ des Patienten; → a. *zu¹(9)*

'Zu·lauf <m.; -(e)s; unz.> *Andrang;* **'zu·lau·fen** <V. 176; ich laufe zu; sie ist zugelaufen; zuzulaufen> **1** <V. t.> *zusätzl. in etwas fließen;* kaltes Wasser ~ lassen **2** <V. i. (s.)> die Katze ist mir zugelaufen **3** <V. i. (s.)> auf jmdn. od. etwas ~ **4** <V. i. (s.)> *in eine best. Form auslaufen;* spitz ~

'zu·le·gen <V. t.; ich lege zu; sie hat zugelegt; zuzulegen> **1** *hinzutun;* eine Summe ~; er hat zugelegt *zugenommen* **2** <V. refl.; umg.> sich etwas ~ *anschaffen* **3** *abdecken;* eine Grube mit Brettern ~

zu'lei·de, <auch> **zu 'Lei·de** <Adv.; ↗Z 19.2; nur in den Wendungen> jmdm. etwas ~ tun *Schaden zufügen;* → a. *zu¹(8)*

'zu·lei·ten <V. t.; ich leite zu; sie hat zugeleitet; zuzuleiten> *hinleiten;* einem Teich Wasser ~; **'Zu·lei·tung** <f.; -, -en>

'zu·ler·nen <V. t.; umg.> *hinzulernen*

zu'letzt <Adv.> **1** < ↗Z 29> *als Letzte(r, -s);* sie kam ~; der ~ Genannte, <auch> der Zuletztgenannte **2** *schließlich;* ~ musste ich doch umkehren

zu'lie·be <Adv.; ↗Z 19.2> jmdm. ~ zu Gefallen; tu es mir ~!

'Zu·lie·fer·be·trieb <m.; -(e)s, -e>; **'Zu·lie·fe·rer** <m.; -s, ->; **'Zu·lie·fer·in·dus·trie**, <auch> **'Zu·lie·fer·in·dust·rie** <f.; -; unz.; ↗Z 53> *Betriebe, die Teile von Produkten herstellen u. liefern*

'zul·len <V. i.; ostmdt.> *saugen;* **'Zul·ler** <m.; -s, -; ostmdt.> *Schnuller*

'zullö·ten <V. t.; ich löte zu; sie hat zugelötet; zuzulöten>

Zulp <m.; -(e)s, -e; ostmdt.> *Schnuller;* **'zul·pen** <V. i.; ostmdt.> *saugen*

'Zu·lu¹ <m.; - od. -s, - od. -s> *Angehöriger eines Bantuvolkes in Südostafrika;* **'Zu·lu²** <n.; - od. -s; unz.> *Sprache der Zulu¹*

'Zu·luft <f.; -, =e; Tech.> *zugeführte Luft;* Ggs *Abluft*

zum <Verschmelzungsform von Präp. u. Art.> *zu dem;* Gasthaus "Zum Bären"; ~ Ersten; ~ ersten Mal; ~ Teil <Abk. z. T.>; etwas ~ Besten geben

zu'ma·chen <V. t.; umg.> *schließen;* die Tür ~; <aber getrennt> da ist nichts zu machen

zu'mal¹ <Konj.> *um so mehr als;* ich komme gerne, ~ ich nichts vorhabe; **zu'mal²** <Partikel> *besonders;* das Lokal ist gut besucht, ~ am Abend

zu'mau·ern <V. t.; ich mauere zu; sie hat zugemauert; zuzumauern> ein Fenster ~

zu'meist <Adv.> *meistens*

zu'mes·sen <V. t. 185; du misst zu; sie hat zugemessen; zuzumessen> *abgemessen zuteilen;* jmdm. seinen Teil ~

zu'min·dest <Partikel> *mindestens;* sie hätte ~ anrufen können

zu'mül·len <V. t.; umg.; salopp> *überhäufen;* jmdn. mit Werbung ~

'zu·mut·bar <Adj.> ~e Anforderungen; **'Zu·mut·bar·keit** <f.; -; unz.>; **zu'mu·te**, <auch> **zu 'Mu·te** <Adv. mit Dat.; ↗Z 19.2; nur in der Wendung> ~ sein, werden *sich fühlen;* mir ist, wird unheimlich ~; → a. *zu¹(8);* **'zu·mu·ten** <V. t./V. refl.> jmdm. etwas ~ *abverlangen;* seinen Kräften zu viel ~; **'Zu·mu·tung** <f.; -, -en> *ungebührl. Forderung*

zu'nächst¹ <Adv.> *zuerst, vorerst;* daran denke ich ~ noch nicht; **zu'nächst²** <Präp. mit Dat.; geh.> *nahe von, bei;* dem Haus ~ <od.> ~ dem Haus; **Zu·'nächst·lie·gen·de(s)** <n. 3>

'zu·na·geln <V. t.; ich nag(e)le zu;

sie hat zugenagelt; zuzunageln> eine Kiste ~

'zu·nä·hen <V. t.> einen Riss ~

'Zu·nah·me <f.; -, -n> *das Zunehmen*

'Zu·na·me <m.; -ns, -n> *Familienname*

'Zünd·an·la·ge <f.; -, -n; Kfz> *Einrichtung für die Zündspannung;* **'Zünd·blätt·chen** <n.; -s, -; an Kinderpistolen> *Blättchen mit Zündstoff;* **'zün·deln** <V. i.; ich zünd(e)le; bair.> *mit dem Feuer spielen;* **'zün·den** <V. i.> **1** *zu brennen beginnen;* die Streichhölzer ~ schlecht **2** <fig.> *Begeisterung hervorrufen;* ein ~der Vortrag **3** <fig.> bei jmdm. zündet es *jmd. beginnt zu verstehen;* **'Zun·der** <m.; -s, -> **1** das brennt wie ~ **2** <unz.; Tech.> *Oxidschicht;* **'Zün·der** <m.; -s, -> **1** *Zündvorrichtung von Sprengstoffen* **2** <Pl.; österr.; umg.> *Zündhölzer,* **'Zun·der·schwamm** <m.; -(e)s, =e; Bot.> *ein Pilz;* **'Zünd·holz** <n.; -es, =er> *Holzstäbchen mit leicht entzündl. Kuppe;* **'Zünd·holz·schach·tel** <f.; -, -n>; **'Zünd·hüt·chen** <n.; -s, -> *kleiner Zünder;* **'Zünd·ka·bel** <n.; -s, -; Kfz> *Kabel zw. Zündspule u. -kerze;* **'Zünd·kap·sel** <f.; -, -n> *Behältnis für den Zündsatz;* **'Zünd·ker·ze** <f.; -, -n; Kfz> *Zündvorrichtung bei Verbrennungsmotoren;* **'Zünd·punkt** <m.; -(e)s, -e>; **'Zünd·satz** <m.; -es, =e> *kleine Zündstoffmenge zum Zünden einer größeren;* **'Zünd·schloss** <n.; -es, =er; Kfz>; **'Zünd·schloss·si·che·rung** <f.; -, -en; ↗Z 37>; **'Zünd·schlüs·sel** <m.; -s, -; Kfz>; **'Zünd·schnur** <f.; -, =e> *Schnur zum Zünden von Sprengladungen;* **'Zünd·span·nung** <f.; -; unz.; Tech.> *Mindestspannung für eine Gasentladung;* **'Zünd·spu·le** <f.; -, -n; Kfz> *Spule für die Zündspannung;* **'Zünd·stein** <m.; -(e)s, -e> *Metall zur Erzeugung eines Zündfunkens in Feuerzeugen;* **'Zünd·stoff** <m.; -(e)s, -e> **1** *Stoff zum Entzünden explosiver Stoffe* **2** <fig.> *Anlass zu Streitereien;* **'Zünd·tem·pe·ra·tur** <f.; -, -en>; **'Zün·dung** <f.; -, -en; Kfz> *Zündanla-*

ge; die ~ einschalten; **'Zünd·ver·tei·ler** <m.; -s, -; Kfz> *Vorrichtung zum Verteilen der Zündspannung*

'zu|neh·men <V. i. 189; ich nehme zu; sie hat zugenommen; zuzunehmen> **1** *sich vergrößern;* ~der *Mond; er wird* ~d *stiller* **2** *dicker werden;* ich habe wieder zugenommen **3** <Stricken, Häkeln> *die Maschenzahl vergrößern;* **'zu·neh·mend** <Adj.; ⬀ Z 28.1> ~e *Größen*

'zu|nei·gen <V.; ich neige zu; sie hat zugeneigt; zuzuneigen> **1** <V. refl.> *sich in Richtung auf jmdn. od. etwas neigen;* der Tag neigt sich dem Ende zu <fig.; geh.> **2** <V. i./V. refl.> <jmdm.> einer Sache ~ *zu einer S. tendieren;* jmdm. zugeneigt sein; **'Zu·nei·gung** <f.; -, -en> *freundschaftl. Empfinden*

Zunft <f.; -, ⁓e; 11.–19. Jh.> *Handwerkervereinigung;* **'Zunft·brief** <m.; -(e)s, -e> *Schrift mit den Zunftsatzungen;* **'Zunft·ge·nos·se** <m.; -n, -n>; **'zünf·tig** <Adj.> **1** *fach-, sachgemäß;* eine ~e *Ausrüstung* **2** <umg.> *tüchtig;* ~ *essen;* **'Zunft·meis·ter** <m.; -s, -; früher>; **'Zunft·zwang** <m.; -(e)s; unz.>

'Zun·ge <f.; -, -n> **1** <Anat.> *bewegl. Organ der Mundhöhle* **2** <fig.> *Geschmacksorgan;* eine verwöhnte ~ haben **3** <fig.> *Sprechorgan;* sich die ~ abbrechen <fig.; umg.> *Ausspracheschwierigkeiten haben;* sich die ~ verbrennen <a. fig.>; etwas auf der ~ haben; eine spitze ~ haben <fig.> *gern spitze Bemerkungen machen* **4** *längl. Gegenstand (an Schuhen, an der Waage);* **'Zün·gel·chen** <n.; -s, -; Verkleinerungsf. von> *Zunge;* **'zün·geln** <V. i.; ich züng(e)le> **1** <bei Schlangen> *die Zunge(1) schnell bewegen* **2** <fig.> ~de *Flammen;* **'Zun·gen·band** <n.; -(e)s, ⁓er; Anat.>; **'Zun·gen·bein** <n.; -(e)s, -e; Anat.>; **'Zun·gen·bre·cher** <m.; -s, -; umg.> *schwer auszusprechendes Wort;* **'zun·gen·fer·tig** <Adj.> *redegewandt;* **'Zun·gen·fer·tig·keit** <f.; -; unz.>; **'Zun·gen·häut·chen** <n.; -s, -; Anat.>; **'Zun·gen·kuss** <m.; -es, ⁓e> *Kuss, bei dem sich*

die Zungen berühren; **'Zun·gen·laut** <m.; -(e)s, -e; Phon.> *Lingual;* **'Zun·gen·pfei·fe** <f.; -, -n; Mus.> *eine Orgelpfeife;* **'Zungen-R,** <auch> **'Zun·gen·r** <n.; -, -; ⬀ Z34; Phon.>; **'Zun·gen·re·gis·ter** <n.; -s, -; Mus.> *Gesamtheit der Zungenpfeifen;* **'Zungen·schlag** <m.; -(e)s, ⁓e> *eine Sprachstörung;* **'Zun·gen·wurst** <f.; -, ⁓e>; **'Züng·lein** <n.; -s, -; poet.; Verkleinerungsf. von> *Zunge;* das ~ an der Waage <fig.> *Ausschlaggebendes*

zu'nich·te <Adv.; nur in den Wen­dungen> **1** ~ machen *zerstören;* Pläne ~ machen **2** ~ werden, sein *zerstört werden, sein*

'zu|ni·cken <V. i.; ich nicke zu; sie hat zugenickt; zuzunicken> jmdm. ~

zu'in·ne·derst <Adv.; oberdt.> *zuunterst*

'Züns·ler <m.; -s, -; Zool.> *ein Kleinschmetterling*

Zu-'Null-Spiel <n.; -(e)s, -e; ⬀ Z33; Sp.>

zu'nut·ze, <auch> zu 'Nut·ze <Adv.; ⬀ Z19.2; nur in der Wen­dung> sich etwas ~ machen *etwas ausnutzen;* → a. *zu¹(8)*

zu'o·berst <Adv.> *ganz oben*

'zu|ord·nen <V. t.; ich ordne zu; sie hat zugeordnet; zuzuord­nen> etwas einer Gattung ~; **'Zu·ord·nung** <f.; -, -en>

'zu|pa·cken <V. i.; umg.> **1** *kräftig zugreifen(1)* **2** *tatkräftig helfen*

zu'pass, zu'pas·se <Adv.; nur in der Wendung> ~ kommen *gelegen kommen*

'zu|pas·sen <V. i.; du passt zu; sie hat zugepasst; zuzupassen; Fußb.> jmdm. ~ *einen Pass zuspielen*

'zup·fen <V. t.> *vorsichtig ziehen;* Wolle ~; die Gitarre ~ *anreißen;* **'Zupf·gei·ge** <f.; -, -n; Instru­mentenk.; veralt.> = *Gitarre;* **'Zupf·gei·gen·hansl** <m.; -; unz.; Mus.> *ein Liederbuch;* **'Zupf·in·stru·ment,** <auch> **'Zupf·ins·tru·ment, 'Zupf·inst·ru·ment** <n.; -(e)s, -e; ⬀ Z54; Mus.>

'zu|pfrop·fen <V. t.; ich pfropfe zu; sie hat zugepfropft; zuzu­pfropfen> *mit einem Pfropfen schließen*

'zu|pros·ten <V. i.; umg.> er hat ihm zugeprostet

zur <Verschmelzungsform von Präp. u. Art.> *zu der;* Gasthaus "Zur Post"; ~ Schau stellen; ~ Zeit Schillers <Abk. z. Z., z. Zt.>; <aber> → *zurzeit*

zu'ran·de, <auch> zu 'Ran·de <Adv.; ⬀ Z19.2; nur in der Wen­dung> mit etwas ~ kommen *etwas bewältigen;* → a. *zu¹(8)*

zu'ra·te, <auch> zu 'Ra·te <Adv.; ⬀ Z19.2; nur in der Wendung> jmdn. ~ ziehen *um Rat fragen;* → a. *zu¹(8);* **'zu|ra·ten** <V. i. 195; ich rate zu; sie hat zugeraten; zuzuraten> jmdm. ~ *zu etwas raten*

'zu|rau·nen <V. t.> jmdm. etwas ~ *leise sagen*

'Zür·cher <m.; -s, -> *Einwohner von Zürich;* **'Zür·che·rin** <f.; -, -nnen>; **'zür·che·risch** <Adj.>

'zu|rech·nen <V. t./V. refl.; ich rechne zu; sie hat zugerechnet; zuzurechnen> **1** *zuordnen* **2** jmdm. etwas ~ *zuschreiben(2);* **'Zu·rech·nung** <f.; -; unz.; Phi­los.> *das Verantwortlichmachen;* **'zu·rech·nungs·fä·hig** <Adj.> *fähig, sein Handeln zu verantworten;* **'Zu·rech·nungs·fä·hig·keit** <f.; -; unz.>

zu'recht... <⬀ Z22; in Zus.> **1** *richtig* **2** *wie gewünscht* **3** *rechtzeitig* **4** <aber getrennt> *'zu 'Recht;* → a. *Recht(3)*

zu'recht|bie·gen <V. t. 109; ich biege zurecht; sie hat zurecht­gebogen; zurechtzubiegen> *in die richtige Form biegen*

zu'recht|brin·gen <V. t. 118; umg.> *zustande bringen*

zu'recht|fin·den <V. refl.> **1** *wissen, wie man etwas findet;* sich in einer Stadt ~ **2** sich in einer Angelegenheit ~

zu'recht|kom·men <V. i. (s.) 170> **1** *rechtzeitig kommen* **2** mit jmdm. od. etwas ~ *richtig umgehen können*

zu'recht|krie·gen <V. t.; umg.> *zustande bringen*

zu'recht|le·gen <V. t.> **1** *bereitlegen* **2** <V. t./V. refl.; fig.> sich eine Ausrede ~ *im Voraus überlegen*

zu'recht|ma·chen <V. t.; umg.> **1** *vorbereiten* **2** <V. refl.> sich ~ *herrichten*

zu'recht|rü·cken <V. t.> Stühle ~

zu'recht|schus·tern <V. t.; ich schustere zurecht; umg.> *behelfsmäßig in Ordnung bringen*

zu'recht|set·zen <V. t.; du setzt zurecht> 1 *an die gewünschte Stelle setzen* 2 <V. refl.> sich auf der Wippe ~

zu'recht|stel·len <V. t.> *an den gewünschten Ort stellen*

zu'recht|stut·zen <V. t.; du stutzt zurecht>

zu'recht|wei·sen <V. t. 282; du weist zurecht> jmdn. ~ *tadeln;* **Zu'recht·wei·sung** <f.; -, -en>

zu'recht|zim·mern <V. t.; ich zimmere zurecht>

zu'recht|zup·fen <V. t.> sich das Haar ~

'zu|re·den <V. i.; ich rede zu; sie hat zugeredet; zuzureden> jmdm. gut ~; auf langes Zureden hin

'zu|rei·chen <V.> 1 <V. i.; umg.> *ausreichen;* ~de Gründe 2 <V. t.> *wiederholt geben;* dem Koch die Zutaten ~

'zu|rei·ten <V. 199; ich reite zu; sie hat/ist zugeritten; zuzureiten> 1 <V. t. (h.)> ein Pferd ~ *an das Gerittenwerden gewöhnen* 2 <V. i. (s.)> auf jmdn. od. etwas ~ *in Richtung auf jmdn. od. etwas reiten*

'Zü·rich *Kanton u. Stadt in der Schweiz;* **'Zü·ri·cher, 'Zü·ri·che·rin, 'zü·ri·che·risch** <fälschl. für> *Zürcher(in), zürcherisch*

'zu|rich·ten <V. t.; ich richte zu; sie hat zugerichtet; zuzurichten> 1 *vorbereiten;* Leder ~ *gerben* 2 <fig.; umg.> *beschädigen;* die Katze hat die Möbel zugerichtet; jmdn. ~ *schwer verletzen;* **'Zu·rich·ter** <m.; -s, ->; **'Zu·rich·te·rin** <f.; -, -nnen>; **'Zu·rich·tung** <f.; -; unz.>

'zu|rie·geln <V. t.; ich rieg(e)le zu; sie hat zugeriegelt; zuzuriegeln> *verriegeln*

'zür·nen <V. i.; geh.> jmdm. ~ *zornig auf jmdn. sein*

'zu|rol·len <V. i. (s.) u. V. t.; ich rolle zu; sie hat/ist zugerollt; zuzurollen>

'zur·ren <V. t.; Mar.> *festbinden;* **'Zurr·ket·te** <f.; -, -n; Mar.>; **'Zurr·ring** <m.; -s, -s od. -e; ✎ Z 37; Mar.>

Zur'schau·stel·len, <auch> **Zur-**

'Schau-Stel·len <n.; -s; unz.> das ~ von Reichtum; <aber> sich zur Schau stellen; **Zur-'schau·stel·lung** <f.; -, -en>

zu'rück <Adv.> 1 *wieder an den Ausgangspunkt;* hin und ~; von einer Reise ~ sein; es gibt kein Zurück mehr <fig.> 2 *nach hinten;* geh ~! 3 <fig.> *zurückgeblieben;* in seiner Entwicklung ~ sein; **zu'rück...** <✎ Z 22; in Zus.> 1 *(wieder) zum Ausgangspunkt;* zurückkehren 2 *(wieder) zum Ursprünglichen;* zurückgeben 3 *hinter sich;* zurücklassen

zu'rück|bau·en <V. t.; du baust zurück> *verringern;* Sozialleistungen ~

zu'rück|be·ge·ben <V. refl. 143; ich begebe mich zurück; sie hat sich zurückbegeben; sich zurückzubegeben> sich ~ *sich an den Ausgangspunkt begeben*

zu'rück|be·glei·ten <V. t.>

zu'rück|be·hal·ten <V. t. 160; ich behalte zurück; sie hat zurückbehalten; zurückzubehalten> *bei sich behalten*

zu'rück|be·kom·men <V. t. 170; ich bekomme zurück, sie hat zurückbekommen; zurückzubekommen> *etwas Weggegebenes wieder bekommen;* ich habe mein Geld endlich ~

zu'rück|be·we·gen <V. t./V. refl.>

zu'rück|bie·gen <V. t. 109; ich biege zurück; sie hat zurückgebogen; zurückzubiegen>

zu'rück|bil·den <V. refl.; es bildet sich zurück; es hat sich zurückgebildet; zurückzubilden> *kleiner werden*

zu'rück|blei·ben <V. i. (s.) 114; ich bleibe zurück; sie ist zurückgeblieben; zurückzubleiben> 1 *am Ausgangspunkt bleiben;* als sie gingen, blieb ich zurück 2 *nicht mitkommen;* er blieb weit hinter uns zurück 3 <fig.> geistig zurückgeblieben

zu'rück|bli·cken <V. i.> 1 *nach hinten blicken* 2 <fig.> *sich erinnern;* auf sein Leben ~

zu'rück|brin·gen <V. t. 118; ich bringe zurück; sie hat zurückgebracht; zurückzubringen> ein Buch zur Bücherei ~

zu'rück|brül·len <V. i.>

zu'rück|da·tie·ren <V. t. u. V. i.;

ich datiere zurück; sie hat zurückdatiert; zurückzudatieren> einen Brief ~

zu'rück|den·ken <V. i. 119; ich denke zurück; sie hat zurückgedacht; zurückzudenken> so weit ich ~ kann

zu'rück|drän·gen <V. t.; ich dränge zurück; sie hat zurückgedrängt; zurückzudrängen>

zu'rück|dre·hen <V. t.>

zu'rück|ei·len <V. i. (s.); ich eile zurück; sie ist zurückgeeilt; zurückzueilen>

zu'rück|er·bit·ten <V. t. 112>; **Zu-'rück·er·bit·tung** <f.; -; unz.> unter ~ *mit der Bitte um Rückgabe*

zu'rück|er·hal·ten <V. t. 160; ich erhalte zurück; sie hat zurückerhalten; zurückzuerhalten> = *zurückbekommen*

zu'rück|er·in·nern <V. refl.; ich erinnere mich zurück; sie hat sich zurückerinnert; sich zurückzuerinnern; umg.; verstärkend> *sich erinnern*

zu'rück|er·lan·gen <V. t.> = *zurückbekommen*

zu'rück|er·o·bern <V. t.; ich erobere zurück; sie hat zurückerobert; zurückzuerobern>

zu'rück|er·stat·ten <V. t.; verstärkend> *erstatten*

zu'rück|er·war·ten <V. t.> jmdn. ~ *jmds. Rückkehr erwarten*

zu'rück|fah·ren <V. 130; ich fahre zurück; sie ist zurückgefahren; zurückzufahren> 1 <V. i. (s.)> *zum Ausgangspunkt fahren;* mit dem Zug ~; vor Schreck ~ <fig.> 2 <V. t.> jmdn. ~

zu'rück|fal·len <V. i. (s.) 131; ich falle zurück; sie ist zurückgefallen; zurückzufallen> 1 er ist im Rechnen zurückgefallen <fig.> *schlechter geworden* 2 an jmdn. ~ *wieder in jmds. Besitz übergehen*

zu'rück|fin·den <V. i. 134; ich finde zurück; sie hat zurückgefunden; zurückzufinden> *wieder zum Ausgangspunkt finden;* findest du allein zurück?

zu'rück|flie·gen <V. i. (s.) 136; ich fliege zurück; sie ist zurückgeflogen; zurückzufliegen>

zu'rück|flie·ßen <V. i. (s.) 138; es fließt zurück; es ist zurückgeflossen; zurückzufließen>

Z

zu'rück|for·dern <V. t.; ich forde­re zurück; sie hat zurückgefor­dert; zurückzufordern> Geld ~

zu'rück|fra·gen <V. i.> *rückfragen*

zu'rück|füh·ren <V. t.> 1 jmdn. zu seinem Platz ~ 2 <fig.> eine Sache auf etwas ~; etwas auf Unachtsamkeit ~

Zu'rück·ga·be <f.; -; unz.>; **zu·'rück|ge·ben** <V. 143; ich gebe zurück; sie hat zurückgegeben; zurückzugeben> 1 <V. t.> (jmdm.) etwas ~; ein geliehenes Buch ~ 2 <V. i.; geh.> *erwidern*

Zu'rück·ge·zo·gen·heit <f.; -; unz.> *Abgeschiedenheit*

zu'rück|grei·fen <V. 158; ich grei­fe zurück; sie hat zurückgegrif­fen; zurückzugreifen> 1 auf jmdn. ~ *jmdn. beanspruchen* 2 auf etwas ~ *von Vorhandenem Gebrauch machen* 3 <fig.> in die Vergangenheit ~

zu'rück|ha·ben <V. 159; ich ha­be zurück; sie hat zurückge­habt; zurückzuhaben; umg.> er will sein Geld ~

zu'rück|hal·ten <V. t./V. refl. 160; ich halte zurück; sie hat zurück­gehalten; zurückzuhalten> 1 *festhalten;* jmdn. am Ärmel ~ 2 *nicht herausgeben;* Eigentum ~ 3 *unterdrücken;* seine Tränen ~; ~d <fig.> *unaufdringlich;* **Zu·'rück·hal·tung** <f.; -; unz.> etwas mit ~ aufnehmen

zu'rück|hän·gen <V.> 1 <V. i. (s) 161; ich hänge zurück; sie ist zurückgehangen; zurückzuhän­gen> hinter den andern ~ 2 <V. t.; ich hänge zurück; sie hat zurückgehängt; zurückzuhän­gen> sie hat Kleider ~ lassen

zu'rück|ho·len <V. t.>

zu'rück|ja·gen <V.>; ich jage zurück; sie hat/ist zurückgejagt; zurückzujagen> 1 <V. t. (h.)> *nach hinten jagen;* einen Hund ~ 2 <V. i. (s.)> *an den Ausgangspunkt eilen*

zu'rück|käm·men <V. t.> sich das Haar ~

zu'rück|kau·fen <V. t.>

zu'rück|keh·ren <V. i. (s.); ich kehre zurück; sie ist zurückge­kehrt; zurückzukehren> 1 *wiederkommen;* von einer Reise ~ 2 <fig.> ihr Bewusstsein kehrte langsam zurück

zu'rück|kom·men <V. i. 170> 1 *wieder zum Ausgangspunkt kommen;* sie wird bald ~ 2 auf einen Vorschlag ~ *etwas erneut aufgreifen*

zu'rück|kön·nen <V. i. 171; umg.> ich kann nicht zurück

zu'rück|las·sen <V. t. 175; du lässt zurück; sie hat zurückge­lassen; zurückzulassen> 1 *nicht mitnehmen;* sein Gepäck ~ 2 *hinterlassen;* eine Nachricht ~ 3 *übertreffen;* seine Konkurrenten ~; **Zu'rück·las·sung** <f.; -; unz.> unter ~ hoher Schulden

zu'rück|lau·fen <V. i. (s.) 176; ich laufe zurück; sie ist zurückge­laufen; zurückzulaufen>

zu'rück|le·gen <V. t.> 1 *an den urspr. Ort legen;* ein Hemd in den Schrank ~; Geld ~ *sparen* 2 *nach hinten legen;* den Kopf ~ 3 eine Strecke ~ *hinter sich bringen*

zu'rück|leh·nen <V. t./V. refl.; ich lehne (mich) zurück; sie hat (sich) zurückgelehnt; (sich) zu­rückzulehnen> *nach hinten lehnen*

zu'rück|lie·gen <V. i. (s.) 180; ich liege zurück; sie ist zurückgele­gen; zurückzuliegen> 1 *hinten liegen;* die ~den Zimmer 2 <fig.> der Unfall liegt vier Jahre zurück

zu'rück|mar·schie·ren <V. i. (s.)>

zu'rück|mel·den <V. t./V. refl.> sich von einer Reise ~

zu'rück|müs·sen <V. i. 188; du musst zurück; sie hat zurückge­musst; zurückzumüssen; umg.> er muss nach Hause zurück

Zu'rück·nah·me <f.; -; unz.>; **zu·'rück|neh·men** <V. 189; ich nehme zurück; sie hat zurück­genommen; zurückzunehmen> 1 *wieder annehmen;* Ware ~ 2 <fig.> *widerrufen;* eine Beleidigung ~

zu'rück|pral·len <V. i. (s.); ich pralle zurück; sie ist zurückge­prallt; zurückzuprallen>

zu'rück|rei·sen <V. i. (s.); du reist zurück; sie ist zurückgereist; zurückzureisen>

zu'rück|rei·ten <V. i. (s.) 199; ich reite zurück; sie ist zurückgerit­ten; zurückzureiten>

zu'rück|rol·len <V. i. (s.); ich rolle zurück; sie ist zurückgerollt; zu­rückzurollen>

zu'rück|ru·fen <V. 204; ich rufe zurück; sie hat zurückgerufen; zurückzurufen> 1 <V. t.> jmdn. ~ *zur Rückkehr rufen* 2 <V. t./V. refl.> jmdm. od. sich etwas ins Gedächtnis ~ 3 <V. i.; Tel.; umg.> ich rufe morgen zurück

zu'rück|schaf·fen <V. t.>

zu'rück|schal·len <V. i. 208> ein Ton schallt zurück

zu'rück|schal·ten <V. t.> einen Gang ~

zu'rück|schau·dern <V. i. (s.); ich schaudere zurück; sie ist zu­rückgeschaudert; zurückzu­schaudern> vor einem schlimmen Anblick ~

zu'rück|schau·en <V. i.; ich schaue zurück; sie hat zurück­geschaut; zurückzuschauen> = *zurückblicken*

zu'rück|scheu·chen <V. t.> Hühner ~

zu'rück|scheu·en <V. i. (s.); ich scheue zurück; sie ist zurückge­scheut; zurückzuscheuen> vor etwas ~

zu'rück|schi·cken <V. t.>

zu'rück|schie·ben <V. t. 214; ich schiebe zurück; sie hat zurück­geschoben; zurückzuschieben>

zu'rück|schla·gen <V. 218; ich schlage zurück; es hat/ist zu­rückgeschlagen; zurückzu­schlagen> 1 <V. t.> den Ball ~ 2 <V. t.> *nach hinten schlagen;* den Kragen ~ 3 <V. i. u. V. t.> *jmdn. schlagen, der einen zuerst geschlagen hat* 4 <V. i. (s.)> das Pendel ist zurückgeschlagen

zu'rück|schnel·len <V. i. (s.); ich schnelle zurück; sie ist zurück­geschnellt; zurückzuschnellen>

zu'rück|schrau·ben <V. t.> 1 *nach hinten schrauben* 2 <fig.> *herabsetzen;* er hatte seine Erwartungen zurückgeschraubt

zu'rück|schre·cken <V. 229> 1 <V. t.> *einschüchtern;* jmdn. durch Drohungen ~ 2 <V. i. (s.)>

erschrocken Abstand nehmen; er schreckte, <auch> schrak zurück; vor einem Anblick ~; vor nichts ~

zu'rück|schrei·ben <V. t. 230; ich schreibe zurück; sie hat zurückgeschrieben; zurückzuschreiben> *schriftl. antworten*

zu'rück|schwim·men <V. i. (s.) 235; ich schwimme zurück; sie ist zurückgeschwommen; zurückzuschwimmen>

zu'rück|seh·nen <V. refl.> sich nach jmdm. ~; er sehnte sich nach seiner Frau zurück

zu'rück|sen·den <V. t. 241; ich sende zurück; sie hat zurückgesandt/zurückgesendet; zurückzusenden>

zu'rück|set·zen <V. t./V. refl.; du setzt zurück; sie hat zurückgesetzt; zurückzusetzen> 1 *an den urspr. Platz setzen;* die Pfanne auf den Herd ~ 2 *nach hinten setzen;* den Wagen ~; sich zurückgesetzt fühlen <fig.>; **Zu'rück·set·zung** <f.; -, -en; fig.>

zu'rück|sin·ken <V. i. (s.) 244; ich sinke zurück; sie ist zurückgesunken; zurückzusinken>

zu'rück|sprin·gen <V. i. (s.) 253; ich springe zurück; sie ist zurückgesprungen; zurückzuspringen>

zu'rück|ste·cken <V.> 1 <V. t.> *nach hinten stecken* 2 <V. t.> *an den urspr. Ort stecken* 3 <V. i.; fig.> bei den Verhandlungen musste er sehr ~

zu'rück|ste·hen <V. i. 256; ich stehe zurück; ich hat (südd.; österr.; schweiz.: ist) zurückgestanden; zurückzustehen> 1 *weiter hinten stehen* 2 <fig.> er steht in seinen Leistungen hinter seinem Bruder zurück 3 <mit Modalverb> ~ *müssen benachteiligt werden;* er muss immer hinter ihr ~

zu'rück|stel·len <V. t.> 1 *an den urspr. Ort stellen* 2 *nach hinten stellen;* einen Sitz ~ 3 *niedriger einstellen;* die Uhr ~ 4 *verschieben(2)* 5 <fig.> *hintansetzen;* eigene Interessen ~ 6 *vorläufig vom Schul- oder Wehrdienst befreien;* Rekruten ~; **Zu'rück·stel·lung** <f.; -, -en>

zu'rück|sto·ßen <V. t. 262; du

stößt zurück; sie hat zurückgestoßen; zurückzustoßen> sich zurückgestoßen fühlen

zu'rück|strah·len <V. t.> Licht ~ *reflektieren;* **Zu'rück·strah·lung** <f.; -; unz.>

zu'rück|strei·chen <V. t. 263> *nach hinten streichen;* sich das Haar ~

zu'rück|strei·fen <V. t.; ich streife zurück; sie hat zurückgestreift; zurückzustreifen> *nach oben streifen;* die Ärmel ~

zu'rück|strö·men <V. i. (s.); es strömt zurück; es ist zurückgeströmt; zurückzuströmen>

zu'rück|tau·meln <V. i. (s.); ich taum(e)le zurück; ich bin zurückgetaumelt; zurückzutaumeln>

zu'rück|tra·gen <V. t. 265>

zu'rück|trei·ben <V. t. 267; ich treibe zurück; sie hat zurückgetrieben; zurückzutreiben>

zu'rück|tre·ten <V. t. 268; ich trete zurück; sie hat/ist zurückgetreten; zurückzutreten> 1 <V. i. (s.)> *nach hinten treten(1)* 2 <V. i. (s.)> *eine Stellung aufgeben;* von einem Amt ~ 3 <V. t. (h.)> *jmdn. treten, der einen zuerst getreten hat*

zu'rück|tun <V. t. 272; ich tu(e) zurück; sie hat zurückgetan; zurückzutun> 1 *nach hinten tun;* einen Schritt ~ 2 *zurücklegen(1)*

zu'rück|ü·ber·set·zen <V. t.; ich übersetze zurück; sie hat zurückübersetzt; zurückzuübersetzen; ↗Z.55> = *rückübersetzen*

zu'rück|ver·fol·gen <V. t.> eine Entwicklung ~

zu'rück|ver·lan·gen <V. i. u. V. t.; ich verlange zurück; sie hat zurückverlangt; zurückzuverlangen>

zu'rück|ver·le·gen <V. t.>

zu'rück|ver·set·zen <V. t.; du versetzt zurück; sie hat zurückversetzt; zurückzuversetzen> 1 jmdn. ~ *wieder auf die frühere Stellung versetzen(2)* 2 etwas ~ *nach hinten versetzen(1)* 3 <V. refl.> sich ~ *sich gedankl. in die Vergangenheit versetzen*

zu'rück|ver·wei·sen <V. t. 282; du verweist zurück; sie hat zurückverwiesen; zurückzuverweisen>

zu'rück|wan·dern <V. i. (s.); ich

wand(e)re zurück; sie ist zurückgewandert; zurückzuwandern>

zu'rück|wei·chen <V. i. (s.) 281; ich weiche zurück; sie ist zurückgewichen; zurückzuweichen> vor dem Angreifer ~

zu'rück|wei·sen <V. t. 282; du weist zurück; sie hat zurückgewiesen; zurückzuweisen> eine Forderung ~ *ablehnen;* **Zu'rück·wei·sung** <f.; -, -en>

zu'rück|wer·fen <V. t. 286; ich werfe zurück; sie hat zurückgeworfen; zurückzuwerfen> *nach hinten werfen;* Strahlen ~ *reflektieren*

zu'rück|wir·ken <V. i.> dein Verhalten wirkt auf das der Kinder zurück

zu'rück|wol·len <V. i. 290; ich will zurück; sie hat zurückgewollt; zurückzuwollen; umg.>

zu'rück|wün·schen <V. t./V. refl.; du wünschst zurück; sie hat zurückgewünscht; zurückzuwünschen> (sich) etwas od. jmdn. ~

zu'rück|zah·len <V. t.> Geld ~ *zurückgeben(1);* **Zu'rück·zah·lung** <f.; -, -en>

zu'rück|zie·hen <V. 293; ich ziehe zurück; sie hat/ist zurückgezogen; zurückzuziehen> 1 <V. i. (s.)> *wieder an den Ausgangsort ziehen(1,9);* sie ist nach München zurückgezogen 2 <V. t. (h.)> *nach hinten ziehen(2);* den Vorhang ~ 3 <V. t. (h.)> *widerrufen;* eine Klage ~ 4 <V. refl. (h.)> sich in sein Zimmer ~

zu'rück|zu·cken <V. i. (s.); ich zucke zurück; sie ist zurückgezuckt; zurückzuzucken>

'Zu·ruf <m.; -(e)s, -e>; **'zu|ru·fen** <V. t. 204> jmdm. etwas ~ *in jmds. Richtung rufen*

'zu|rüs·ten <V. t.> *vorbereiten;* (für) ein Büfett ~

Zur·ver·fü·gung·stel·lung <f.; -; unz.; Amtsdt.>

zur'zeit <Adv.; Abk.: zz., zzt.> *gerade jetzt;* ~ habe ich viel zu tun; <aber> ~ zur Zeit Goethes; → a. *Zeit(3)*

'Zu·sa·ge <f.; -, -n> jmdm. eine ~ geben; **'zu|sa·gen** <V.; ich sage zu; sie hat zugesagt; zuzusagen> 1 <V. t.> *zusichern;* seine Mithilfe fest ~ 2 <V. i.> *eine Einladung annehmen;* sie hat zugesagt **3** <V. i.; fig.> *gefallen;* die neuen Arbeitszeiten sagen ihm nicht zu

zu'sam·men <Adv.> **1** *gemeinsam, miteinander;* Lehrer und Schüler ~; musizieren; ~ sein; wir waren ~ gewesen; ~ bleiben *nicht allein weggehen;* <aber> → *zusammenbleiben;* → a. *zusammen...* **2** *gleichzeitig;* wir sind ~ angekommen **3** *insgesamt;* die Einnahmen betrugen ~ 350 Euro; **zu'sam·men...** <↗ Z22; in Zus.> **1** *beieinander;* zusammensitzen; Meinungen zusammentragen; <aber Getrenntschreibung in Verbindung mit Verb/Partizip, wenn *zusammen* "gemeinsam, miteinander" bedeutet:> sie haben den Sack zusammen getragen; → a. *zusammen(1)* **2** *zueinander;* zusammenzieehen **3** *aneinander;* zusammenknoten **4** *vereinigen;* zusammenbinden **5** *übereinstimmen;* zusammenpassen **6** <umg.> *kaputt;* zusammenschlagen **7** <fig.; umg.> sich etwas zusammenreimen

Zu'sam·men·ar·beit <f.; -; unz.> enge ~; **zu'sam·men|ar·bei·ten** <V. i.; ich arbeite zusammen; sie hat zusammengearbeitet; zusammenzuarbeiten> *kooperieren;* gut ~; <aber> zu'sammen 'arbeiten *gemeinsam arbeiten;* → a. *zusammen(1)*

zu'sam·men|ba·cken <V. i. (s.); es backt zusammen; es ist zusammengebacken; zusammenzubacken> *fest zusammenkleben;* der Schnee backt zusammen; <aber> (einen Kuchen) zu'sam·men 'backen *gemeinsam backen;* → a. *zusammen(1)*

zu'sam·men|bal·len <V. t.; ich balle zusammen; sie hat zusammengeballt; zusammenzuballen> **1** <V. t.> = *zusammenknüllen* **2** <V. refl.> *sich zusammendrängen;* die Wolken haben sich zusammengeballt; **Zu'sam·men·bal·lung** <f.; -, -en>

Zu'sam·men·bau <m.; -(e)s; unz.>; **zu'sam·men|bau·en** <V. t.> *aus Einzelteilen zusammensetzen(2);* ein Flugzeug ~; <aber> zu'sammen 'bauen *gemeinsam bauen;* → a. *zusammen(1)*

Zusammenbildung: Als Z. wird in der historischen Wortbildung ein Wortbildungsprozess bezeichnet, der ein Grenzfall zwischen **Derivation** (Ableitung durch Anfügen von Suffixen) und **Komposition** (Zusammensetzung komplexer Wörter) ist: *herrschsüchtig* (< *Herrschsucht* + Suffix *-ig* oder *herrschen* + *süchtig*).

---

zu·sam·men|bei·ßen <V. t. 105; du beißt zusammen; sie hat zusammengebissen; zusammenzubeißen> die Zähne ~ *aufeinander beißen*

zu·sam·men|bet·teln <V. t.; ich bett(e)le zusammen; sie hat zusammengebettelt; zusammenzubetteln> *sich bettelnd verschaffen;* Geld ~; <aber> zu'sammen 'betteln *gemeinsam betteln;* → a. *zusammen(1)*

Zu·sam·men|bil·dung <f.; -, -en; Sprachw.> *Wortbildungsart, Komposition;* → a. *Kasten*

zu·sam·men|bin·den <V. t. 111; ich binde zusammen; sie hat zusammengebunden; zusammenzubinden> *bindend vereinigen;* → a. *zusammen(1)*

zu·sam·men|blei·ben <V. i. (s.) 114; ich bleibe zusammen; sie ist zusammengeblieben; zusammenzubleiben> *sich nicht trennen;* wir wollen ~; <aber> zu'sammen 'bleiben *gemeinsam bleiben;* → a. *zusammen(1)*

zu·sam·men|bor·gen <V. t.; ich borge zusammen; sie hat zusammengeborgt; zusammenzuborgen> *sich borgend verschaffen;* → a. *zusammen(1)*

zu·sam·men|bo·xen <V. t.; du boxt zusammen; er hat zusammengeboxt; zusammenzuboxen> jmdn. ~

zu·sam·men|brau·en <V.; ich braue zusammen; sie hat zusammengebraut; zusammenzubrauen> **1** <V. t.; umg.> *mischen;* ein Getränk ~; <aber> zu'sammen 'brauen *gemeinsam brauen;* → a. *zusammen(1)* **2** <V. refl.> *sich entwickeln;* ein Gewitter braut sich zusammen

zu·sam·men|bre·chen <V. i. (s.) 116; ich breche zusammen; sie ist zusammengebrochen; zu-

---

sammenzubrechen> → a. *zusammen(1)* **1** *einstürzen;* die Brücke wird ~ **2** *zum Erliegen kommen;* der Verkehr brach zusammen **3** *ohnmächtig werden;* vor Erschöpfung ~ **4** *den inneren Widerstand aufgeben;* unter der Last der Beweise ~

zu'sam·men|brin·gen <V. t. 118; ich bringe zusammen; sie hat zusammengebracht; zusammenzubringen> **1** *ansammeln;* ein Vermögen ~; <aber> sie wollen das Geld zu'sammen 'bringen *gemeinsam bringen;* → a. *zusammen(1)* **2** <fig.; umg.> *wiedergeben können;* ich werde die Verse nicht mehr ~ **3** jmdn. ~ *die Bekanntschaft stiften;* kannst du mich mit ihr ~?

Zu'sam·men·bruch <m.; -(e)s, ⁔e> Nerven~

zu'sam·men|drän·gen <V. t.> **1** *auf engen Raum drängen* **2** <fig.> *knapp zusammenfassen;* in wenige Sätze zusammengedrängt

zu'sam·men|drü·cken <V. t.; ich drücke zusammen; sie hat zusammengedrückt; zusammenzudrücken> *drückend verkleinern;* Kleider ~; <aber> zu'sammen drücken *gemeinsam drücken;* → a. *zusammen(1)*

zu'sam·men|fah·ren <V. i. (s.) 130; ich fahre zusammen; sie ist zusammengefahren; zusammenzufahren> **1** *fahrend aufeinander stoßen;* hier sind zwei Autos zusammengefahren; <aber> zu'sammen 'fahren *gemeinsam fahren;* → a. *zusammen(1)* **2** <fig.> = *zusammenzucken*

Zu'sam·men·fall <m.; -(e)s; unz.>; **zu'sam·men|fal·len** <V. i. (s.) 131; es fällt zusammen; es ist zusammengefallen; zusammenzufallen> **1** *einstürzen;* die Mauer ist zusammengefallen; <aber> zu'sammen 'fallen *gemeinsam fallen;* → a. *zusammen(1)* **2** *zusammensinken;* der Teig ist zusammengefallen **3** mit etwas ~ *sich gleichzeitig ereignen;* mein Geburtstag und die Prüfung werden ~

zu'sam·men|fal·ten <V. t.> *faltend verkleinern;* Kleidung ~; <aber> (einen Papierflieger) zu'sammen 'falten *gemeinsam falten;* → a. *zusammen(1)*

zu'sam·men|fas·sen <V. t.; du fasst zusammen; sie hat zusammengefasst; zusammenzufassen> 1 *gerafft wiedergeben;* Gedanken ~; ~d lässt sich sagen 2 *miteinander vereinigen;* kleinere Organisationen in einem Verband ~; **Zu'sam·men·fas·sung** <f.; -, -en>

zu'sam·men|fe·gen <V. t.> = *zusammenkehren;* → a. *zusammen(1)*

zu'sam·men|fin·den <V. 134; ich finde zusammen; sie hat zusammengefunden; zusammenzufinden> 1 <V. t.> *finden u. sammeln;* ich kann nicht alle meine Sachen ~; <aber> wir werden die Sachen zu'sammen 'finden *gemeinsam finden;* → a. *zusammen(1)* 2 <V. refl.> *sich treffen;* sich bei einer Feier ~

zu'sam·men|flech·ten <V. t. 135; ich flechte zusammen; sie hat zusammengeflochten; zusammenzuflechten> *flechtend vereinigen;* Blumen ~; <aber> (Körbe) zu'sammen 'flechten *gemeinsam flechten;* → a. *zusammen(1)*

zu'sam·men|fli·cken <V. t.> *flickend zusammensetzen(2);* eine zusammengeflickte Arbeit <fig.>; <aber> (einen Reifen) zu'sammen 'flicken *gemeinsam flicken;* → a. *zusammen(1)*

zu'sam·men|flie·ßen <V. i. (s.) 138; es fließt zusammen; es ist zusammengeflossen; zusammenzufließen> *sich fließend vereinigen;* **Zu'sam·men·fluss** <m.; -es, ⸚e>

zu'sam·men|fü·gen <V.; ich füge zusammen; sie hat zusammengefügt; zusammenzufügen> 1 <V. t.> = *zusammensetzen(2)* 2 <V. refl.> *zueinander passen;* alles hat sich gut zusammengefügt; <aber> sich zu'sammen (einer Anordnung) 'fügen *sich gemeinsam beugen;* → a. *zusammen(1)*; **Zu'sam·men·fü·gung** <f.; -, -en>

zu'sam·men|füh·ren <V. t.> *zueinander führen;* vom Schicksal zusammengeführt; <aber> (eine Gruppe) zu'sammen 'führen *gemeinsam führen;* → a. *zusam-*

men(1); **Zu'sam·men·füh·rung** <f.; -, -en>

zu'sam·men|ge·hen <V. i. (s.) 145; sie gehen zusammen; sie sind zusammengegangen; zusammenzugehen; umg.> *sich vereinen;* die Linien gehen zusammen; <aber> (ein Stück) zu'sammen 'gehen *gemeinsam gehen;* → a. *zusammen(1)*

zu'sam·men|ge·hö·ren <V. i.> *eng verbunden sein;* wir werden immer ~; <aber> das Haus soll uns zu'sammen 'gehören *gemeinsam gehören;* → a. *zusammen(1)*; **zu'sam·men·ge·hö·rig** <Adj.> *zusammengehörend;* **Zu'sam·men·ge·hö·rig·keit** <f.; -; unz.>; **Zu'sam·men·ge·hö·rig·keits·ge·fühl** <n.; -(e)s; unz.>

zu'sam·men|ge·ra·ten <V. i. (s.) 195; ich gerate zusammen; sie ist zusammengeraten; zusammenzugeraten> = *zusammenstoßen;* → a. *zusammen(1)*

zu'sam·men|ge·setzt <Adj.> ~e Wörter

zu'sam·men|ge·wür·felt <Adj.> eine bunt ~e Gruppe

zu'sam·men|gie·ßen <V. t. 152; du gießt zusammen; sie hat zusammengegossen; zusammenzugießen> *gießend vereinen;* sie goss die Säfte zusammen; <aber> lass uns den Garten zu'sammen 'gießen *gemeinsam gießen;* → a. *zusammen(1)*

zu'sam·men|ha·ben <V. t. 159; ich habe zusammen; sie hat zusammengehabt; zusammenzuhaben; umg.> *gesammelt haben;* Geld für etwas ~; <aber> (ein Haus) zu'sammen 'haben *gemeinsam besitzen;* → a. *zusammen(1)*

Zu'sam·men·halt <m.; -(e)s; unz.>; **zu'sam·men|hal·ten** <V. 160> 1 <V. t.> *vergleichend nebeneinander halten;* Stoffe ~; <aber> zu'sammen 'halten *gemeinsam halten;* → a. *zusammen(1)* 2 <V. i.> die verleimten Teile halten gut zusammen 3 <V. t.> *beieinander halten;* Geld ~ <umg.> *nicht ausgeben* 4 <V. i.; fig.> *einander beistehen;* Freunde müssen ~

Zu'sam·men·hang <m.; -(e)s, ⸚e> *Verbindung, innere Beziehung;* im, in ~ stehen mit; etwas aus

dem ~ reißen; **zu'sam·men·hän·gen** <V.> 1 <V. i. 161; es hängt zusammen; es hat zusammengehangen; zusammenzuhängen> mit etwas ~ *mit etwas verbunden sein;* lose ~; ~d reden; <aber> zu'sammen 'hängen *gemeinsam hängen¹;* → a. *zusammen(1)* 2 <V. t.; ich hänge zusammen; sie hat zusammengehängt; zusammenzuhängen> *hängend² vereinen;* Kleidung ~; <aber> zu'sammen 'hängen *gemeinsam hängen²;* → a. *zusammen(1)*; **zu'sam·men·hang(s)·los** <Adj.> ~ reden; **Zu'sam·men·hang(s)·lo·sig·keit** <f.; -; unz.>

zu'sam·men|hau·en <V. t. 162; umg.> 1 *verprügeln;* jmdn. ~; <aber> zu'sammen 'hauen *gemeinsam hauen;* → a. *zusammen(1)* 2 *zertrümmern*

zu'sam·men|hef·ten <V. t.; ich hefte zusammen; sie hat zusammengeheftet; zusammenzuheften> *heftend miteinander befestigen;* Papiere ~

zu'sam·men|hei·len <V. i. (s.); es heilt zusammen; es ist zusammengeheilt; zusammenzuheilen; umg.> *sich heilend schließen;* die Wunde wird bald ~

zu'sam·men|keh·ren <V. t.; ich kehre zusammen; sie hat zusammengekehrt; zusammenzukehren> *kehrend sammeln;* Blätter ~; <aber> zu'sammen 'kehren *gemeinsam kehren;* Sy *zusammenfegen;* → a. *zusammen(1)*

zu'sam·men|ket·ten <V. t.> *(mit einer Kette) verbinden;* Gefangene ~

zu'sam·men|kit·ten <V. t.> *durch Kitt verbinden;* eine zerbrochene Vase ~; <aber> zu'sammen 'kitten *gemeinsam kitten;* → a. *zusammen(1)*

zu'sam·men|klam·mern <V. t.; ich klammere zusammen; sie hat zusammengeklammert; zusammenzuklammern> *durch Klammern miteinander befestigen;* Blätter ~

Zu'sam·men·klang <m.; -(e)s, ⸚e>

zu'sam·men·klapp·bar <Adj.> ~er Tisch; **zu'sam·men|klappen** <V.; ich klappe zusammen;

sie hat/ist zusammengeklappt; zusammenzuklappen> 1 <V. t. (h.)> *falten;* ein Taschenmesser ~; <aber> etwas zu'sammen (nach oben) 'klappen *gemeinsam klappen;* → a. *zusammen(1)* 2 <V. i. (s.); fig.; umg.> = *zusammenbrechen(3)*

zu'sam·men·kle·ben <V.; ich klebe zusammen; sie hat zusammengeklebt; zusammenzukleben> 1 <V. t.> *klebend verbinden;* Scherben ~; <aber> etwas zu'sammen 'kleben *gemeinsam kleben;* → a. *zusammen(1)* 2 <V. i.> *klebend haften;* gut ~

zu'sam·men·kleis·tern <V. t.; ich kleistere zusammen; sie hat zusammengekleistert; zusammenzukleistern; umg.> *mit Kleister zusammenkleben(1);* Teile ~

zu'sam·men·klin·gen <V. i. 168; es klingt zusammen; es hat zusammengeklungen; zusammenzuklingen; Mus.> *im Akkord klingen;* ~de Töne; <aber> zu'sammen 'klingen *gleichzeitig klingen;* → a. *zusammen(2)*

zu'sam·men·knei·fen <V. i. 169; ich kneife zusammen; sie hat zusammengekniffen; zusammenzukneifen> *aufeinander pressen;* mit zusammengekniffenen Lippen

zu'sam·men·knül·len <V. t.; ich knülle zusammen; sie hat zusammengeknüllt; zusammenzuknüllen> *zu einem Knäuel drücken;* Papier ~

zu'sam·men·knüp·fen <V. t.; ich knüpfe zusammen; sie hat zusammengeknüpft; zusammenzuknüpfen> *knüpfend verbinden;* Fäden ~; <aber> (einen Teppich) zu'sammen 'knüpfen *gemeinsam knüpfen;* → a. *zusammen(1)*

zu'sam·men·kom·men <V. i. (s.) 170; ich komme zusammen; sie ist zusammengekommen; zusammenzukommen> 1 *sich versammeln;* regelmäßig ~; <aber> zu'sammen 'kommen *gemeinsam kommen;* → a. *zusammen(1)* 2 *sich ansammeln;* es ist viel Geld zusammengekommen

zu'sam·men·kop·peln <V. t.; ich kopp(e)le zusammen; sie hat

zusammengekoppelt; zusammenzukoppeln> *aneinander koppeln;* Pferde ~

zu'sam·men·kramp·fen <V. refl.> *sich krampfartig zusammenziehen(1);* mein Herz krampfte sich zusammen

zu'sam·men·krat·zen <V. t.; du kratzt zusammen; sie hat zusammengekratzt; zusammenzukratzen; umg.> *kratzend vereinigen;* sein ganzes Geld ~ <fig.>

Zu'sam·men·kunft <f.; -, ⸚e> *Treffen, Versammlung*

zu'sam·men·kup·peln <V. t.; ich kupp(e)le zusammen; sie hat zusammengekuppelt; zusammenzukuppeln; verstärkend> Waggons ~

zu'sam·men·läp·pern <V. refl.; es läppert sich zusammen; es hat sich zusammengeläppert; sich zusammenzuläppern; umg.> *sich aus kleinen Beträgen ansammeln;* die Kosten haben sich zusammengeläppert

zu'sam·men·las·sen <V. t. 175; du lässt zusammen; sie hat zusammengelassen; zusammenzulassen> *nicht trennen*

Zu'sam·men·lauf <m.; -(e)s, ⸚e; selten> *Zusammenfluss;* **zu'sam·men·lau·fen** <V. i. (s.) 176; es läuft zusammen; es ist zusammengelaufen; zusammenzulaufen> 1 *sich sammeln;* viele Menschen sind zusammengelaufen; <aber> zu'sammen 'laufen *gemeinsam laufen;* → a. *zusammen(1)* 2 *sich in einem Punkt treffen;* die Geraden laufen in diesem Punkt zusammen 3 *ineinander fließen;* zusammengelaufene Farben

zu'sam·men·le·ben <V.> 1 <V. i.> *einen gemeinsamen Haushalt führen* 2 <V. refl.> *sich aufeinander einstellen;* sich mit seinen Mitbewohnern gut ~; **Zu'sam·men·le·ben** <n.; -s; unz.>

zu'sam·men·le·gen <V.; ich lege zusammen; sie hat zusammengelegt; zusammenzulegen> 1 <V. t.> *durch Falten verkleinern;* Wäsche ~ 2 <V. t.> *miteinander vereinigen;* Kurse ~ 3 <V. i.> *gemeinsam eine Summe aufbringen;* sie haben für ein Geschenk

zusammengelegt; **Zu'sam·men·le·gung** <f.; -, -en>

zu'sam·men·lei·men <V. t.; ich leime zusammen; sie hat zusammengeleimt; zusammenzuleimen> *mit Leim zusammenkleben(1);* einen Stuhl ~; <aber> einen Stuhl zu'sammen 'leimen *gemeinsam leimen;* → a. *zusammen(1)*

zu'sam·men·le·sen <V. t. 179; du liest zusammen; sie hat zusammengelesen; zusammenzulesen> *aufsammeln;* Früchte ~; <aber> ein Buch zu'sammen 'lesen *gemeinsam lesen;* → a. *zusammen(1)*

zu'sam·men·lie·gen <V. i. 180; sie liegen zusammen; sie haben zusammengelegen; zusammenzuliegen> *nebeneinander gelegen sein;* ~de Räume

zu'sam·men·lü·gen <V. t.; ich lüge zusammen; sie hat zusammengelogen; zusammenzulügen; umg.; verstärkend> das hat sie alles zusammengelogen

zu'sam·men·na·geln <V. t.; ich nag(e)le zusammen; sie hat zusammengenagelt; zusammenzunageln> *mit Nägeln verbinden;* eine Kiste ~

zu'sam·men·nä·hen <V. t.; ich nähe zusammen; sie hat zusammengenäht; zusammenzunähen> *nähend verbinden;* Kleidungsstücke ~; <aber> Kleidungsstücke zu'sammen 'nähen *gemeinsam nähen;* → a. *zusammen(1)*

zu'sam·men·neh·men <V. t. 189; ich nehme zusammen; sie hat zusammengenommen; zusammenzunehmen> 1 Kräfte ~ K. *konzentriert aufbieten;* allen Mut ~; <aber> etwas zu'sammen 'nehmen *gemeinsam nehmen;* → a. *zusammen(1)* 2 <V. refl.> *sich beherrschen;* nimm dich zusammen! 3 *im Ganzen betrachten;* alles zusammengenommen

zu'sam·men·pa·cken <V. i. u. V. t.; ich packe zusammen; sie hat zusammengepackt; zusammenzupacken> 1 *in eins packen;* zwei Bücher ~; <aber> zu'sammen 'packen *gemeinsam packen;* → a. *zusammen(1)* 2 *für den Transport einpacken;*

seine Sachen ~ **3** *auf-, wegräumen;* nach Arbeitsschluss ~

zu·sam·men|pas·sen <V. i.; ihr passt zusammen; sie haben zu­sammengepasst; zusammenzu­passen> **1** *aufeinander abgestimmt sein;* ~de Farben **2** *sich gut verstehen, Gemeinsamkeiten aufweisen;* sie passen nicht zusammen

zu·sam·men|pfer·chen <V. t.> **1** *in einen Pferch sperren;* Pferde ~ **2** <fig.> *zusammendrängen;* sie standen zusammengepfercht im Bus

zu·sam·men|pral·len <V. i. (s.)> ich pralle zusammen; sie ist zusammengeprallt; zusammenzuprallen> = *zusammenstoßen;* → a. *zusammen(1)*

zu·sam·men|pres·sen <V. t.; du presst zusammen; sie hat zu­sammengepresst; zusammen­zupressen> *fest aneinander pressen;* mit zusammengepressten Lippen; <aber> zu'sammen 'pressen *gemeinsam pressen;* → a. *zusammen(1)*

zu·sam·men|rau·fen <V. refl.; umg.> *sich nach langem Streit einigen;* sie haben sich zusammengerauft; <aber> zu'sammen 'raufen *miteinander raufen;* → a. *zusammen(1)*

zu·sam·men|räu·men <V. t.> *aufräumen;* seine Sachen ~; <aber> zu'sammen 'räumen *gemeinsam räumen;* → a. *zusammen(1)*

zu·sam·men|rech·nen <V. t.> *addieren;* Kosten ~; <aber> zu'sammen 'rechnen *gemeinsam rechnen;* → a. *zusammen(1)*

zu·sam·men|rei·men <V. t./V. refl.; ich reime mir zusammen; sie hat sich zusammengereimt; zusammenzureimen; umg.> *verstehen;* jetzt kann ich mir das ~

zu·sam·men|rei·ßen <V. refl. 198; du reißt dich zusammen; sie hat sich zusammengerissen; sich zusammenzureißen;

umg.> *sich beherrschen;* sie riss sich zusammen

zu·sam·men|rin·geln <V. refl.; sie ringelt sich zusammen; sie hat sich zusammengeringelt; sich zusammenzuringeln> *sich spiralförmig einrollen;* eine zusammengeringelte Natter

zu·sam·men|rol·len <V.> **1** <V. t.> *zu einer Rolle formen;* eine Decke ~; <aber> zu'sammen 'rollen *gemeinsam rollen;* → a. *zusammen(1)* **2** <V. refl.> sich ~ *sich einrollen*

zu·sam·men|rot·ten <V. t./V. refl.; sie rotten sich zusammen; sie haben sich zusammengerottet; sich zusammenzurotten> *(in rebellischer Absicht) Gruppen bilden;* **Zu·sam·men·rot·tung** <f.; -, -en>

zu·sam·men|rü·cken <V.; ich rü­cke zusammen; sie hat/ist zu­sammengerückt; zusammenzu­rücken> **1** <V. i. (s.)> *einander näher rücken;* sie sind zusammengerückt **2** <V. t. (h.)> *dicht nebeneinander rücken;* Stühle ~

zu·sam·men|ru·fen <V. t. 204> *zu einem Treffen einberufen;* den Vorstand ~; <aber> zu'sammen 'rufen *gemeinsam rufen;* → a. *zusammen(1)*

zu·sam·men|sa·cken <V. i. (s.)> = *zusammenbrechen(3)*

zu·sam·men|schar·ren <V. t.> *scharrend sammeln;* Körner ~

Zu·sam·men·schau <f.; -; unz.> *Überblick, Abriss*

zu·sam·men|schie·ben <V. t. 214; ich schiebe zusammen; sie hat zusammengeschoben; zusam­menzuschieben> *einander näher schieben;* Tische ~; <aber> zu'sammen 'schieben *gemeinsam schieben;* → a. *zusammen(1)*

zu·sam·men|schie·ßen <V. 215; du schießt zusammen; sie ha­ben/sind zusammengeschos­sen; zusammenzuschießen> **1** <V. t. (h.)> *schießend zerstören, töten;* die Armee schoss das Haus zusammen **2** <V. i. (s.)> *Kristalle schießen zusammen vereinigen sich*

zu·sam·men|schla·gen <V. 218; ich schlage zusammen; sie hat/ es ist zusammengeschlagen; zusammenzuschlagen> **1** <V. t.

(h.)> *aneinander schlagen;* die Hände über dem Kopf ~; → a. *zusammen(1)* **2** <V. t. (h.); umg.> *zertrümmern* **3** <V. t. (h.); umg.> jmdn. ~ *heftig verprügeln;* <aber> zu'sammen 'schlagen *gemeinsam schlagen* **4** <V. t. (s.)> *über etwas od. jmdm. ~ hereinbrechen*

zu·sam·men|schlie·ßen <V. t. 222; du schließt zusammen; sie hat zusammengeschlossen; zu­sammenzuschließen> **1** *schließend verbinden;* er schloss die Enden der Kette zusammen **2** <V. refl.; fig.> sich (mit jmdm.) ~ *sich vereinigen;* **Zu·sam·men· schluss** <m.; -es, ⁼e>

zu·sam·men|schmel·zen <V. 225; du schmilzt zusammen; sie hat/ ist zusammengeschmolzen; zu­sammenzuschmelzen> **1** <V. t. (h.)> *schmelzend vereinigen;* Metalle ~ **2** <V. i. (s.)> *sich schmelzend verkleinern;* der Schneemann ist zusammengeschmolzen

zu·sam·men|schnü·ren <V. t.> **1** *schnürend verbinden;* zu einem Bündel ~; <aber> ein Bündel zu'sammen 'schnüren *gemeinsam schnüren;* → a. *zusammen(1)* **2** <fig.> *beengen;* die Angst schnürte ihr die Kehle zusammen

zu·sam·men|schrau·ben <V. t.; ich schraube zusammen; sie hat zusammengeschraubt; zu­sammenzuschrauben> *mit Schrauben verbinden*

zu·sam·men|schre·cken <V. i. (s.) 229; ich schrecke zusam­men; sie ist zusammenge­schreckt; zusammenzuschre­cken>

zu·sam·men|schrei·ben <V. t. 230; ich schreibe zusammen; sie hat zusammengeschrieben; zusammenzuschreiben> **1** *nicht getrennt schreiben;* Wörter ~; <aber> zu'sammen 'schreiben *gemeinsam schreiben;* → a. *zusammen(1)* **2** *aus anderen Quellen zusammenstellen(2);* die Arbeit ist aus anderen Büchern zusammengeschrieben; **Zu·sam·men·schreibung** <f.; -, -en>

zu·sam·men|schrump·fen <V. i. (s.)> **1** *sich schrumpfend ver-*

Z

kleinern; zusammenge-schrumpftes Obst 2 <fig.> *weniger werden; sein Vermögen ist zusammengeschrumpft*

zu'sam·men|schüt·ten <V. t.; ich schütte zusammen; sie hat zusammengeschüttet; zusammenzuschütten> *in eins schütten; Abfall ~*

zu'sam·men|schwei·ßen <V. t.; du schweißt zusammen; sie hat zusammengeschweißt; zusammenzuschweißen> 1 *schweißend verbinden;* Rohre ~; <aber> zu'sammen 'schweißen *gemeinsam schweißen* 2 <fig.> *verbinden;* das gemeinsame Schicksal hat sie zusammengeschweißt

Zu'sam·men·sein <n.; -s; unz.> es war ein schönes ~; <aber> sie können nicht zusammen sein

zu'sam·men|set·zen <V. t./V. refl.; du setzt zusammen; sie hat zusammengesetzt; zusammenzusetzen> 1 *sich zueinander setzen;* sie wollen sich im Unterricht ~; <aber> sich zu'sammen 'setzen *sich gleichzeitig setzen;* → a. *zusammen(2)* 2 *miteinander verbinden;* Einzelteile ~; zusammengesetzte Wörter 3 *bestehen aus;* der Beirat setzt sich aus zehn Mitgliedern zusammen; **Zu'sam·men·set·zung** <f.; -, -en> → a. *Kasten Kompositum*

zu'sam·men|sin·ken <V. i. (s.) 244; ich sinke zusammen; sie ist zusammengesunken; zusammenzusinken> *niedersinken; in sich ~;* <aber> zu'sammen 'sinken *gemeinsam sinken; ~* → a. *zusammen(1)*

zu'sam·men|sit·zen <V. i. 246; du sitzt zusammen; sie hat (süddt., österr., schweiz.: ist) zusammengesessen> *nebeneinander sitzen;* im Unterricht ~; <aber> zu'sammen (auf einer Bank) 'sitzen *gemeinsam sitzen; ~* → a. *zusammen(1)*

zu'sam·men|span·nen <V. t.; ich spanne zusammen; sie hat zusammengespannt; zusammenzuspannen> 1 *in ein Gespann geben;* Pferde ~ 2 <fig.> *zu einer Arbeit vereinen*

zu'sam·men|spa·ren <V. t.>

durch Sparen ansammeln; einen Betrag ~; <aber> zu'sammen 'sparen *gemeinsam sparen; ~* → a. *zusammen(1)*

zu'sam·men|sper·ren <V. t.; ich sperre zusammen; sie hat zusammengesperrt; zusammenzusperren> *in eins sperren*

Zu'sam·men·spiel <n.; -(e)s; unz.>; **zu'sam·men|spie·len** <V. i.; ich spiele zusammen; sie hat zusammengespielt; zusammenzuspielen> *aufeinander abgestimmt agieren;* das Team hat gut zusammengespielt; <aber> zu'sammen 'spielen *miteinander spielen;* → a. *zusammen(1)*

zu'sam·men|stau·chen <V. t.; fig.; umg.> jmdn. ~ *energisch zurechtweisen*

zu'sam·men|ste·cken <V.> 1 <V. t.> *steckend verbinden;* das Haar mit Nadeln ~ 2 <V. i.; fig.; umg.> *häufig zusammen sein;* sie stecken dauernd zusammen

zu'sam·men|ste·hen <V. i. 256; wir stehen zusammen; sie haben (süddt., österr., schweiz.: sind) zusammengestanden> 1 *nebeneinander stehen;* in einer Ecke ~; <aber> zu'sammen 'stehen *gemeinsam stehen;* → a. *zusammen(1)* 2 <fig.> *zusammenhalten(4)*

zu'sam·men|stel·len <V. t.; ich stelle zusammen; sie hat zusammengestellt; zusammenzustellen> 1 *nebeneinander stellen;* etwas vergleichend ~ 2 *zueinander fügen, zusammensetzen(2);* ein Menü ~; **Zu'sam·men·stel·lung** <f.; -, -en>

zu'sam·men|stim·men <V. i.; wir stimmen zusammen; sie haben zusammengestimmt; zusammenzustimmen> 1 *harmonieren;* ~de Farbtöne 2 *übereinstimmen;* die Aussagen stimmen zusammen

zu'sam·men|stop·peln <V. t.; ich stopp(e)le zusammen; sie hat zusammengestoppelt; zusammenzustoppeln; umg.; abwertend> *notdürftig zusammenfügen*

Zu'sam·men·stoß <m.; -es, ⸚e>; **zu'sam·men|sto·ßen** <V. i. (s.) 262; du stößt zusammen; sie ist zusammengestoßen; zusam-

menzustoßen> 1 *aufeinander prallen;* die Autos sind zusammengestoßen 2 <fig.> mit jmdm. ~ *sich streiten*

zu'sam·men|strö·men <V. i. (s.); wir strömen zusammen; sie sind zusammengeströmt; zusammenzuströmen> *herbeiströmen*

zu'sam·men|stü·cke(l)n <V. t.; ich stücke/stück(e)le zusammen; sie hat zusammengestück(el)t; zusammenzustücke(l)n> *aus vielen Stücken zusammensetzen*

Zu'sam·men·sturz <m.; -es, ⸚e; selten>; **zu'sam·men|stür·zen** <V. i. (s.); es stürzt zusammen; es ist zusammengestürzt; zusammenzustürzen> *einstürzen;* das Gerüst ist zusammengestürzt

zu'sam·men|su·chen <V. t.> *suchend sammeln;* seine Sachen ~; <aber> zu'sammen 'suchen *gemeinsam suchen;* → a. *zusammen(1)*

zu'sam·men|tra·gen <V. t. 265; ich trage zusammen; sie hat zusammengetragen; zusammenzutragen> *sammelnd herbeischaffen;* Argumente ~; <aber> zu'sammen 'tragen *gemeinsam tragen;* → a. *zusammen(1)*

zu'sam·men|tref·fen <V. i. (s.) 266; ich treffe zusammen; sie ist zusammengetroffen; zusammenzutreffen> 1 (mit jmdm.) ~ *jmdm. begegnen;* <aber> zu'sammen 'treffen *gleichzeitig treffen;* → a. *zusammen(2)* 2 <fig.> *sich gleichzeitig ereignen;* **Zu'sam·men·tref·fen** <n.; -s, ->

zu'sam·men|trei·ben <V. t. 267; ich treibe zusammen; sie hat zusammengetrieben; zusammenzutreiben> *auf einen Haufen treiben;* Vieh ~; <aber> zu'sammen 'treiben *gemeinsam treiben;* → a. *zusammen(1)*

zu'sam·men|tre·ten <V. 268; ich trete zusammen; sie hat/ist zusammengetreten; zusammenzutreten> 1 <V. t. (h.)> *durch Tritte verletzen, vernichten;* er wurde zusammengetreten; <aber> zu'sammen 'treten *gemeinsam treten;* → a. *zusammen(1)* 2 <V. i. (s.)> *sich versammeln;* der Vorstand ist zusammengetreten; **Zu·sam·men·tritt** <m.; -(e)s; unz.>

zu'sam·men|trom·meln <V. t.; ich tromm(e)le zusammen; sie hat zusammengetrommelt; zusammenzutrommeln; fig.; umg.> *herbeirufen;* Freunde ~; <aber> zu'sammen 'trommeln *gemeinsam trommeln;* → a. *zusammen(1)*

zu'sam·men|tun <V. t. 272; ich tu(e) zusammen; sie hat zusammengetan; zusammenzutun> **1** *in eins tun;* Weiß- und Buntwäsche ~; <aber> zu'sammen 'tun *gemeinsam tun;* → a. *zusammen(1)* **2** <V. refl.> *sich vereinigen;* sich ~, um ein Auto zu kaufen

zu'sam·men|wach·sen <[-ks-]; V. i. (s.) 277; wir wachsen zusammen; sind zusammengewachsen; zusammenzuwachsen> **1** *sich wachsend vereinigen;* die Knochen sind wieder zusammengewachsen **2** <fig.> *sich eng befreunden*

zu'sam·men|wer·fen <V. t. 286; ich werfe zusammen; sie hat zusammengeworfen; zusammenzuwerfen> *in eins werfen;* Bunt- und Weißwäsche ~; <aber> zu'sammen 'werfen *gemeinsam werfen;* → a. *zusammen(1)*

zu'sam·men|wi·ckeln <V. t.; ich wick(e)le zusammen; sie hat zusammengewickelt; zusammenzuwickeln> *in eins wickeln;* Garn ~; <aber> zu'sammen 'wickeln *gemeinsam wickeln;* → a. *zusammen(1)*

zu'sam·men|wir·ken <V. i.; wir wirken zusammen; sie haben zusammengewirkt; zusammenzuwirken> *vereint wirken;* hier haben verschiedene Dinge zusammengewirkt; <aber> zu'sammen 'wirken *gemeinsam wirken;* → a. *zusammen(1)*

zu'sam·men|wür·feln <V. t.; ich würf(e)le zusammen; sie hat zusammengewürfelt; zusammenzuwürfeln> *zufällig vereinen;* eine bunt zusammengewürfelte Gesellschaft; <aber> zu'sammen 'würfeln *gemeinsam würfeln;* → a. *zusammen(1)*

zu'sam·men|zäh·len <V. t.; ich

zähle zusammen; sie hat zusammengezählt; zusammenzuzählen> *addieren;* Beträge ~; <aber> zu'sammen 'zählen *gemeinsam zählen;* → a. *zusammen(1)*

zu'sam·men|zieh·bar <Adj.>; **zu'sam·men|zie·hen** <V. 293; ich ziehe zusammen; sie hat zusammengezogen; zusammenzuziehen> **1** <V. t./V. refl.> *ziehend verengen;* ein Loch ~; <aber> zu'sammen 'ziehen *gemeinsam ziehen;* → a. *zusammen(1)* **2** <V. i. (s.)> *in eine gemeinsame Wohnung ziehen;* mit Freunden ~ **3** <V. i./V. refl.> *entstehen;* es zieht sich ein Gewitter zusammen; **Zu'sam·men|zie·hung** <f.; -, -en>

zu'sam·men|zu·cken <V. i. (s.); ich zucke zusammen; sie ist zusammengezuckt; zusammenzuzucken> *eine ruckartige Bewegung machen;* vor Schreck ~

'Zu·satz <m.; -es, ⸚e> **1** <unz.> *das Zusetzen(1);* unter ~ von **2** *etwas Hinzugefügtes;* ein ~ zu einem Abkommen; **'Zu·satz·ab·kom·men** <n.; -s, ->; **'Zu·satz·an·trag** <m.; -(e)s, ⸚e>; **'Zu·satz·ge·rät** <n.; -(e)s, -e>; **'zu·sätz·lich** <Adj.> *hinzukommend;* **'Zu·satz·ver·si·che·rung** <f.; -, -en>

zu'schan·den, <auch> **zu 'Schan·den** <Adv.; ✎Z 19.2; geh.; in den Wendungen> **1** ~ machen *vernichten, vereiteln;* ein Pferd ~ reiten **2** ~ werden *zerstört werden;* → a. *zu¹(8)*

'zu|schan·zen <V. t.; du schanzt zu; sie hat zugeschanzt; zuzuschanzen; umg.> *verschaffen;* jmdm. einen Posten ~

'zu|schau·en <V. i.; ich schaue zu; sie hat zugeschaut; zuzuschauen> = *zusehen;* **'Zu·schau·er** <m.; -s, ->; **'Zu·schau·e·rin** <f.; -, -n·nen; ✎Z38>; **'Zu·schau·er·raum** <m.; -(e)s, ⸚e>; **'Zu·schau·er·tri·bü·ne** <f.; -, -n>

'zu|schau·feln <V. t.; ich schauf(e)le zu; sie hat zugeschaufelt; zuzuschaufeln> *schaufelnd bedecken*

'zu|schi·cken <V. t.> jmdm. etwas ~ *etwas zu jmdm. schicken*

'zu|schie·ben <V. t./V. refl. 214;

ich schiebe zu; sie hat zugeschoben; zuzuschieben> **1** *schiebend schließen;* eine Schublade ~ **2** *hinschieben;* jmdm. die Schuld ~ <fig.>

'zu|schie·ßen <V. 215; du schießt zu; sie hat/ist zugeschossen; zuzuschießen; umg.> **1** <V. t. (h.)> *beisteuern;* Geld ~ **2** <V. i. (s.)> *auf jmdn. ~ schnell auf jmdn. zukommen(1);* der Wagen schoss auf ihn zu

'Zu·schlag <m.; -(e)s, ⸚e> **1** *zusätzl. Betrag, Aufschlag;* IC-~ **2** *Erklärung des Versteigerers, dass ein Gebot angenommen wird;* den ~ erhalten; **'zu|schla·gen** <V. 218; ich schlage zu; sie hat/ist zugeschlagen; zuzuschlagen> **1** <V. t.> *mit Schwung geräuschvoll schließen;* eine Tür ~ **2** <V. i. (s.)> *sich geräuschvoll schließen;* die Tür ist zugeschlagen **3** <V. t.> jmdm. etwas ~ *in jmds. Richtung schlagen;* den Ball ~ **4** <V. t.> *hinzufügen;* 15% auf den Preis ~ **5** <V. i. (h.)> *einen heftigen Schlag geben;* mit der Faust ~; **'zu·schlag·frei** <Adj.> ~e Fahrkarte; Ggs *zuschlagpflichtig;* **'Zu·schlag·kar·te** <f.; -, -n; Eisenb.>; **'zu·schlag·pflich·tig** <Adj.> Ggs *zuschlagfrei*

'zu|schlie·ßen <V. t. 222; du schließt zu; sie hat zugeschlossen; zuzuschließen> *verschließen(1);* er schloss die Tür zu

'zu|schmei·ßen <V. t. 224; du schmeißt zu; sie hat zugeschmissen; zuzuschmeißen; umg.> er schmeißt die Tür zu

'zu|schnal·len <V. t.> *mit Schnallen schließen*

'zu|schnap·pen <V. i.; ich schnappe zu; sie hat/ist zugeschnappt; zuzuschnappen> **1** <(h.)> *plötzlich beißen;* der Hund hat zugeschnappt **2** <(s.)> *das Schloss ist zugeschnappt*

'zu|schnei·den <V. t. 227; ich schneide zu; sie hat zugeschnitten; zuzuschneiden> **1** *in die gewünschte Form schneiden;* Stoff ~ **2** <fig.> etwas auf jmdn. od. etwas ~ *ausrichten;* **'Zu·schnei·der** <m.; -s, ->; **'Zu·schnei·de·rin** <f.; -, -n·nen>

'zu|schnei·en <V. i. (s.); ich

schneie zu; sie ist zugeschneit; zuzuschneien> *eingeschneit werden*
'Zu·schnitt <m.; -(e)s; unz.> 1 *Art des Schnitts* 2 <fig.> *ein Mensch von diesem ~*
'zu·schnü·ren <V. t.; ich schnüre zu; sie hat zugeschnürt; zuzuschnüren> 1 *mit einer Schnur zubinden;* Schuhe ~ 2 <V. t./V. refl.> *zusammendrücken;* jmdm. die Kehle ~
'zu·schrau·ben <V. t.> *schraubend schließen*
'zu·schrei·ben <V. t./V. refl. 230; ich schreibe zu; sie hat zugeschrieben; zuzuschreiben> 1 *schriftl. als Eigentum übertragen;* sie hat ihm das Haus ~ lassen 2 <fig.> jmdm. od. einer Sache etwas ~ *etwas auf jmdn. od. eine S. zurückführen;* das hast du dir selbst zuzuschreiben;
'Zu·schrift <f.; -, -en> *Schreiben zu einem bestimmten Thema*
zu'schul·den, <auch> **zu 'Schul·den** <Adv.; ⟋Z 19.2; nur in der Wendung> sich etwas ~ kommen lassen *etwas Unrechtes tun;* → a. *zu¹(8)*
'Zu·schuss <m.; -es, ⁼e> *zusätzl. Zahlung;* Unterhalts~; **'Zu·schuss·be·trieb** <m.; -(e)s, -e>
'zu·schus·tern <V.; ich schustere zu; sie hat zugeschustert; zuzuschustern; umg.> jmdm. etwas ~ *zukommen lassen*
'zu·schüt·ten <V. t.> *mit Erde o. Ä. bedecken*
'zu·se·hen <V. 239; ich sehe zu; sie hat zugesehen; zuzusehen> 1 <V. i.> *betrachten, beobachten;* jmdm. bei der Arbeit ~; bei näherem Zusehen 2 ~, dass ... *dafür sorgen, dass ...;* sieh zu, dass du pünktlich bist!; **'zu·se·hends** <Adv.> *merklich, rasch;* sie erholt sich ~
zu'sei·ten, <auch> **zu 'Sei·ten** <Präp. mit Gen.; ⟋Z 19.2; veralt.> *neben;* ~ der Kirche
'zu·sen·den <V. t. 241; ich sende zu; sie hat zugesandt/zugesendet; zuzusenden> = *zuschicken*
'zu·set·zen <V.; du setzt zu; sie hat zugesetzt; zuzusetzen> 1 <V. t.> *hinzufügen;* dem Wein Wasser ~ 2 <V. i.> jmdm. ~ *jmdn. bedrängen, belasten;* die Krankheit setzt ihr zu

'zu|si·chern <V. t.; ich sichere zu; sie hat zugesichert; zuzusichern> *versprechen(1);* **'Zu·si·che·rung** <f.; -, -en>
Zu'spät·kom·men, <auch> **Zu·'spät-Kom·men** <n.; -s; unz.; ⟋Z33> *sich für sein – entschuldigen;* **Zu'spät·kom·men·de(r),** <auch> **zu 'spät Kom·men·de(r)** <f. 2 (m. 1); ⟋Z29>
'zu|sper·ren <V. t.; ich sperre zu; sie hat zugesperrt; zuzusperren; süddt.; österr.> *zuschließen*
'Zu·spiel <n.; -(e)s; unz.; Sp.>; **'zu|spie·len** <V. t./V. refl.; ich spiele zu; sie hat zugespielt; zuzuspielen; bes. Sp.> jmdm. den Ball ~
'zu|spit·zen <V. t.; du spitzt zu; sie hat zugespitzt; zuzuspitzen> 1 *anspitzen* 2 <V. refl.; fig.> sich ~ *bedrohlicher werden;* der Konflikt hat sich zugespitzt
'zu|spre·chen <V. 251; ich spreche zu; sie hat zugesprochen; zuzusprechen> 1 <V. i.> *verbal vermitteln;* jmdm. Mut ~ 2 <V. t.> *zuerkennen;* das Kind wurde dem Vater zugesprochen 3 <V. i.> *gern zu sich nehmen;* dem Wein ~; **'Zu·spre·chung** <f.; -; unz.>
'zu|sprin·gen <V. i. 253; ich springe zu; sie ist zugesprungen; zuzuspringen> 1 *sich springend nähern;* der Hund sprang auf mich zu 2 *sich rasch schließen;* der Deckel sprang zu
'Zu·spruch <m.; -(e)s; unz.> 1 *Trost;* geistlicher ~ 2 *Beliebtheit;* sich allgemeinen ~s erfreuen
'Zu·stand <m.; -(e)s, ⁼e> 1 <Phys.> *Beschaffenheit von Materie* 2 <allg.> *Beschaffenheit, Lage;* seelischer ~; wirtschaftliche Zustände; **zu·'stan·de,** <auch> **zu 'Stan·de** <Adv.; ⟋Z 19.2; nur in den Wendungen> 1 ~ bringen *schaffen* 2 ~ kommen *gelingen;* → a. *zu¹(8)*; **'zu·stän·dig** <Adj.> 1 *verantwortl., zur Bearbeitung befugt;* die ~e Behörde 2 <österr.> ~ nach einer Stadt *ansässig in einer S.;* **'Zu·stän·dig·keit** <f.; -; unz.>; **'zu·ständ·lich** <Adj.; selten> *in einem Zustand verharrend;* **'Zu·stands·än·de·rung** <f.; -, -en; Phys.>; **'Zu·stands·di·a·gramm** <n.; -(e)s, -e;

Phys.> *Darstellung des Zusammenhangs von Zustandsgrößen in Stoffsystemen;* **'Zu·stands·glei·chung** <f.; -, -en; Phys.>; **'Zu·stands·grö·ße** <f.; -, -n; Phys.> *Größe, die den Zustand eines Stoffsystems kennzeichnet;* **'Zu·stands·pas·siv** <n.; -(e)s; unz.; Gramm.> *eine Passivform;* → a. *Kasten; Vorgangspassiv;* **'Zu·stands·verb** <n.; -s, -en; Gramm.> *Verb, das einen Zustand beschreibt;* → a. *Kasten Verb*
zu'stat·ten <Adv.; nur in der Wendung> jmdm. ~ kommen *nützen*
'zu|ste·chen <V. i.; ich steche zu; sie hat zugestochen; zuzustechen> = *zustoßen(2)*
'zu|ste·cken <V. t.> 1 *mit Nadeln schließen* 2 jmdm. etwas ~ *heimlich geben*
'zu|ste·hen <V. i. 256; es steht zu; es hat (süddt., österr., schweiz.: ist) zugestanden; zuzustehen> jmdm. ~ *gebühren;* sein Anteil steht ihm zu
'Zu·stell·be·zirk <m.; -(e)s, -e> *Bezirk für die Zustellung von Post;* **'zu|stel·len** <V. t.; ich stelle zu; sie hat zugestellt; zuzustellen> 1 *durch Davorgestelltes versperren;* die Tür mit einer Kommode ~ 2 *eine Sendung ~ liefern;* **'Zu·stel·ler** <m.; -s, ->; **'Zu·stel·le·rin** <f.; -, -n·nen>; **'Zu·stell·ge·bühr** <f.; -, -en; schweiz.> = *Zustellungsgebühr;* **'Zu·stel·lung** <f.; -, -en> Paket~; **'Zu·stel·lungs·ge·bühr** <f.; -, -en>; **'Zu·stell·ver·merk** <m.; -(e)s, -e> *Vermerk auf Eilbriefen*
'zu|steu·ern <V.; ich steu(e)re zu; sie hat/ist zugesteuert; zuzusteuern> 1 <V. i. (s.)> auf jmdn. od. etwas ~ *zielstrebig zugehen(4);* auf eine Krise ~ <fig.> 2 <V. t. (h.)> *dazugeben;* Geld ~
'zu|stim·men <V. i.; ich stimme zu; sie hat zugestimmt; zuzu-

stimmen> 1 jmdm. ~ *Recht geben* 2 *billigen;* einer Sache ~; **'Zu·stim·mung** <f.; -; unz.> seine ~ geben; allgemeine ~ *finden*

'zu|stop·fen <V. t.> *stopfend verschließen*

'zu|stöp·seln <V. t.; ich stöps(e)le zu; sie hat zugestöpselt; zuzustöpseln> *mit einem Stöpsel schließen*

'zu|sto·ßen <V. 262; du stößt zu; es hat/ist zugestoßen; zuzustoßen> 1 <V. t. (h.)> *durch einen Stoß schließen* 2 <V. i. (h.)> *einen Stoß führen;* mit einem Messer ~ 3 <V. i. (s.); fig.> jmdm. ~ *passieren;* ihr ist ein Unglück zugestoßen

'zu|stre·ben <V. i. (s.); ich strebe zu; sie ist zugestrebt; zuzustreben> einem Ziel ~

'Zu·strom <m.; -(e)s; unz.> *Andrang;* **'zu|strö·men** <V. i. (s.)> wir strömen zu; sie sind zugeströmt; zuzuströmen> einem/ auf einen Ort ~ *sich hindrängen*

'zu|stür·zen <V. i. (s.); du stürzt zu; sie ist zugestürzt; zuzustürzen> auf jmdn. ~

'zu|stut·zen <V. t.; du stutzt zu; sie hat zugestutzt; zuzustutzen> *in die gewünschte Form stutzen;* eine Hecke ~

zu·ta·ge, <auch> **zu 'Ta·ge** <Adv.; ↗Z 19.2; nur in den Wendungen> 1 ~ *fördern, bringen offenkundig machen* 2 <Bgb.> ~ *fördern abbauen* 3 ~ *liegen offenkundig sein;* ihre Pläne liegen offen ~ 4 ~ *kommen, treten offenkundig werden;* → a. *zu*[1](8)

'Zu·tat <f.; -, -en; meist Pl.> *Bestandteil, Beigabe;* ~en für einen Kuchen

zu'teil <Adv.; nur in den Wendungen> 1 ~ *werden bekommen;* ihr wurde ein großes Glück ~ 2 ~ *werden lassen gewähren;* **'zu|tei·len** <V. t.; ich teile zu; sie hat zugeteilt; zuzuteilen> 1 jmdm. etwas ~ *austeilen;* Lebensmittel ~ 2 <fig.> *übertragen, zuerkennen;* jmdm. eine Aufgabe ~; **'Zu·tei·lung** <f.; -, -en>

zu'tiefst <Adv.> *sehr;* ~ betrübt

'zu|tra·gen <V. t. 265; ich trage zu; sie hat zugetragen; zuzutragen> 1 <V. t.> jmdm. etwas ~ *(heimlich) berichten* 2 <V. refl.>

sich *ereignen;* der Unfall hat sich hier zugetragen; **'Zu·trä·ger** <m.; -s, -; abwertend>; **Zu·trä·ge'rei** <f.; -, -en; abwertend>; **'Zu·trä·ge·rin** <f.; -, -n·nen; abwertend>; **'zu·träg·lich** <Adj.> *günstig, förderlich*

'zu|trau·en <V. t./V. refl.> jmdm. etwas ~ *jmds. Fähigkeiten einschätzen;* jmdm. nichts Böses ~; sich nichts ~; **'Zu·trau·en** <n.; -s; unz.> *Vertrauen;* ~ zu jmdm. haben; **'zu·trau·lich** <Adj.> das Tier ist ~; **'Zu·trau·lich·keit** <f.; -; unz.>

'zu|tref·fen <V. i. 266; es trifft zu; es hat zugetroffen; zuzutreffen> ↗Z 42> *richtig sein;* eine ~de Vermutung; Zutreffendes ankreuzen; Nichtzutreffendes streichen; **'zu·tref·fen·den·falls** <Adv.>

'zu|trei·ben <V. 267; ich treibe zu; sie hat/ist zugetrieben; zuzutreiben> 1 <V. t. (h.)> jmdm. etwas ~ 2 <V. i. (s.)> *sich treibend nähern;* auf das Ufer ~

'zu|trin·ken <V. i. 270; ich trinke zu; sie hat zugetrunken; zuzutrinken> jmdm. ~ *auf jmds. Wohl trinken*

'Zu·tritt <m.; -(e)s; unz.> *(Recht zum) Eintreten;* ~ verboten

'zut·schen <V. i.; du zutschst; umg.> *lutschen*

'zu·tu·lich <Adj.> = *zutunlich;* **'zu|tun** <V. t. 272; ich tu(e) zu; sie hat zugetan; zuzutun; umg.> 1 *hinzutun;* der Suppe Salz ~ 2 die ganze Nacht kein Auge ~ können *nicht schlafen können;* **'Zu·tun** <n.; -s; unz.> *Unterstützung, Mitwirken;* ohne mein ~; **'zu·tun·lich** <Adj.> *anschmiegsam, zutraulich;* **'Zu·tun·lich·keit** <f.; -; unz.>

'zut·zeln <V. t. u. V. i.; ich zutz(e)le; umg.> = *zuzeln*

zu·un·guns·ten, <auch> **zu 'Un·guns·ten** <Präp. mit Gen. bei Nachstellung, mit Dat. bei Voranstellung des Substantivs> *zum Nachteil;* das Urteil fiel ~ des Angeklagten <od.> dem Angeklagten ~ aus; → a. *Ungunst(2); zu*[1](9)

zu·un·terst <Adv.> *ganz unten*

'Zu·ver·dienst <m.; -(e)s, -e> *zusätzl. Verdienst*

'zu·ver·läs·sig <Adj.> *verlässlich;*

ein ~er Mitarbeiter; **'Zu·ver·läs·sig·keit** <f.; -; unz.>

'Zu·ver·sicht <f.; -; unz.> *feste Hoffnung;* voller ~ sein; **'zu·ver·sicht·lich** <Adj.>; **'Zu·ver·sicht·lich·keit** <f.; -; unz.>

Zu'viel <n.; -s; unz.> *Übermaß;* ein ~ an Ehrgeiz; <aber> das war zu viel des Guten

zu'vor <Adv.; ↗Z 22> *vorher;* meinen besten Dank ~; → a. *zuvorkommen, zuvortun;* **'zu'vor·derst** <Adv.> *ganz vorn;* **zu'vör·derst** <Adv.; veralt.> *vor allem;*

zu'vor|kom·men <V. i. (s.) 170; ich komme zuvor; sie ist zuvorgekommen; zuvorzukommen> *schneller sein als;* sie darf uns nicht ~; einer Gefahr ~; <aber> zu'vor 'kommen *vorher kommen;* → a. *zuvor;* **zu'vor·kom·mend** <Adj.> *hilfsbereit;* **Zu'vor·kom·men·heit** <f.; -; unz.>; **zu'vor|tun** <V. i. 272; ich tu(e) es zuvor; sie hat es zuvorgetan; es zuvorzutun; geh.> es jmdm. in etwas ~ *besser machen als jmd.;* <aber> zu'vor 'tun *vorher tun;* → a. *zuvor*

'Zu·waa·ge <f.; -; unz.; bair.; österr.> *Knochenzugabe (zum Fleisch)*

'Zu·wachs <[-ks]; m.; -es; unz.> *Vergrößerung, Steigerung;* ~ an Kapital; ~ bekommen <umg.> *ein Baby;* **'zu|wach·sen** <V. i. (s.) 277; es wächst zu; es ist zugewachsen; zuzuwachsen> die Mauer ist mit Efeu zugewachsen; **'Zu·wachs·ra·te** <f.; -, -n>

'Zu·wan·de·rer <m.; -s, ->; **'Zu·wan·de·rin** <f.; -, -n·nen>; **'zu|wan·dern** <V. i. (s.); ich wandere zu; sie ist zugewandert; zuzuwandern> *einwandern;* **'Zu·wan·de·rung** <f.; -, -en>; **'Zu·wand·rer** <m.; -s, -> = *Zuwanderer;* **'Zu·wand·re·rin** <f.; -, -n·nen>

'zu|war·ten <V. i.; ich warte zu; sie hat zugewartet; zuzuwarten> *untätig warten*

zu'we·ge, <auch> **zu 'We·ge** <Adv.; ↗Z 19.2; nur in den Wendungen> 1 etwas ~ bringen *fertig bringen* 2 mit etwas ~ kommen *etwas bewältigen* 3 nicht mehr gut ~ sein <umg.> *nicht mehr rüstig sein;* → a. *zu*[1](8)

'zu|we·hen <V.; ich wehe zu; sie

hat/ist zugeweht; zuzuwehen>
1 <V. t. (h.).> *in jmds. Richtung
wehen;* jmdm. Luft ~ 2 <V. i.
(s.)> die Wege sind zugeweht
zu·wei·len <Adv.> *gelegentlich;
wir sehen uns ~*
'zu|wei·sen <V. t. 282/V. refl.; du
weist zu; sie hat zugewiesen;
zuzuweisen> *zuteilen;* jmdm.
eine Aufgabe ~; **'Zu·wei·sung**
<f.; -, -en>
'zu|wen·den <V. t. 283; ich wende
zu; sie hat zugewandt/zuge-
wendet; zuzuwenden> 1 <V.
refl.> *sich hinwenden;* jmdm.
den Rücken ~; die dem Hof zu-
gewandten Räume 2 *widmen;*
seine Aufmerksamkeit einem
Gespräch ~; **'Zu·wen·dung** <f.;
-, -en> 1 <unz.> *fürsorgl. Ver-
halten* 2 *finanzielle Unterstüt-
zung;* ~en erhalten
Zu'we·nig <n.; -s; unz.> *Mangel;*
ein ~ an Fleiß; <aber> du übst
zu wenig; **zu'we·nigst** <Adv.>
wenigstens
'zu|wer·fen <V. t. 286; ich werfe
zu; sie hat zugeworfen; zuzu-
werfen> 1 *durch Werfen schlie-
ßen;* eine Tür ~ 2 *mit Erde bede-
cken;* einen Graben ~ 3 <V. t./V.
refl.> *in jmds. Richtung werfen;*
jmdm. einen Ball ~
zu'wi·der <Präp. m. vorangestell-
tem Dat.; ↗Z.22> 1 *widerwärtig;*
er ist mir ~ 2 *entgegen, wider-
sprechend;* dem Gesetz ~ sein;
zu'wi·der|han·deln <V. i.; ich
hand(e)le zuwider; sie hat zu-
widergehandelt; zuwiderzu-
handeln> einer Sache ~ *gegen
eine S. handeln;* dem Gesetz ~;
Zuwiderhandelnde werden
bestraft; **Zu'wi·der·hand·lung**
<f.; -, -en> bei ~ ...; **zu'wi·der-
lau·fen** <V. i. (s.) 176> einer Sa-
che ~ *entgegenwirken*
'zu|win·ken <V. i.; ich winke zu;
sie hat zugewinkt; zuzuwin-
ken> jmdm. ~ *in jmds. Rich-
tung winken*
'zu|zah·len <V. t.; ich zahle zu; sie
hat zugezahlt; zuzuzahlen> *zu-
sätzl. zahlen;* **'zu|zäh·len** <V. t.>
hinzuzählen; **'Zu·zah·lung** <f.;
-, -en>
'zu·zei·ten <Adv.> er besucht uns
~ *bisweilen;* <aber> zu Zeiten
Schillers; → a. *Zeit(3)*
'zu·zeln <V. t. u. V. i.; ich zuz(e)le;

bair.; österr.> *lutschen;* oV *zut-
zeln*
'zu|zie·hen <V. 293; ich ziehe zu;
sie hat/ist zugezogen; zuzuzie-
hen> 1 <V. t. (h.).> *ziehend(1,2)
schließen;* Vorhänge ~ 2 <V. t.
(h.); fig.> *als Berater hinzuzie-
hen;* einen Arzt ~ 3 <V. refl. (h.)>
sich eine Grippe ~ *bekommen* 4
<V. i. (s.)> *von auswärts an ei-
nen Ort ziehen(11);* **'Zu·zug**
<m.; -(e)s, ⸚e> **'Zu·zü·ger** <m.;
-s, -; schweiz.> *Zuzügler;* **'Zu-
zü·ge·rin** <f.; -, -n·nen;
schweiz.> **'Zu·züg·ler** <m.; -s,
-> *jmd., der zugezogen(4) ist;*
'Zu·züg·le·rin <f.; -, -n·nen>;
'zu·züg·lich <Präp. m. Gen.>
unter Hinzurechnung; ~ des
Aufpreises; <bei allein stehen-
den Subst. im Sg. nicht ge-
beugt> ~ Aufpreis
'zu|zwin·kern <V. i.; ich zwinkere
zu; sie hat zugezwinkert; zuzu-
zwinkern> jmdm. ~
Zvie·ri <[ˈtsfi-]; m. od. n.; -s;
unz.; schweiz.> *Nachmittags-
imbiss*
ZVS <Abk. für> *Zentralstelle für
die Vergabe von Studienplätzen*
'zwa·cken <V. t.; umg.> *zwicken*
Zwang <m.; -(e)s, ⸚e; Pl. selten> 1
zwingende Notwendigkeit;
Schul-; aus ~; sich keinen ~ an-
tun 2 *Druck;* auf jmdn. ~ aus-
üben; **'zwän·gen** <V. t./V. refl.>
pressen, quetschen; sich in ein
Kleid ~; **'zwang·haft** <Adj.> *er-
zwungen;* **'Zwang·haf·tig·keit**
<f.; -; unz.>; **'zwang·läu·fig**
<Adj.; Tech.> *nur bestimmte Be-
wegungen erlaubend;* <aber> →
zwangsläufig, **'zwang·los**
<Adj.> ein ~es Treffen; **'Zwang-
lo·sig·keit** <f.; -; unz.>;
'Zwangs·an·lei·he <f.; -, -n> *für
best. Gruppen gesetzl. vorge-
schriebene Staatsanleihe;*
'Zwangs·ar·beit <f.; -; unz.; frü-
her> zu ~ verurteilt werden;
'Zwangs·ar·bei·ter <m.; -s, ->;
'Zwangs·ar·bei·te·rin <f.; -,
-n·nen>; **'Zwangs·be·we·gun-
gen** <Pl.; Med.> *durch Gehirn-
schäden hervorgerufene, unge-
wollte Bewegungen;* **'Zwangs-
den·ken** <n.; -s; unz.; Psych.>;
'Zwangs·ein·wei·sung <f.; -,
-en> *gesetzl. erzwungene Ein-
weisung;* **'Zwangs·ent·eig-

nung** <f.; -, -en; Rechtsw.>;
'Zwangs·er·näh·rung <f.; -;
unz.>; **'Zwangs·er·schei·nun-
gen** <Pl.; Psych.>; **'Zwangs-
hand·lung** <f.; -, -en; Psych.>;
'Zwangs·hy·po·thek <f.; -, -en;
Rechtsw.> *Sicherheitshypothek
bei der Zwangsvollstreckung;*
'Zwangs·ja·cke <f.; -, -n; frü-
her> *Jacke zur Ruhigstellung
Tobsüchtiger;* **'Zwangs·kol·lek-
ti·vie·rung** <[-vi:-]; f.; -; unz.> *in
kommunist. Ländern;*
'Zwangs·kurs <m.; -es, -e;
Bankw.> 1 *staatl. festgesetztes
Austauschverhältnis für die
Währung* 2 *Annahmepflicht
zum Nennwert bei Banknoten;*
'Zwangs·la·ge <f.; -, -n> *Be-
drängnis, Dilemma;* sich in ei-
ner ~ befinden; **'zwangs·läu·fig**
<Adj.> *notgedrungen;* sich ~ er-
geben; <aber> → *zwangläufig,*
'Zwangs·läu·fig·keit <f.; -;
unz.>; **'zwangs·mä·ßig** <Adj.>
erzwungen; **'Zwangs·maß·nah-
me** <f.; -, -n>; **'Zwangs·mit·tel**
<n.; -s, ->; **'Zwangs·neu·ro·se**
<f.; -, -n; Psych.>; **'zwangs·räu-
men** <V. t.; nur im Inf. u. als
Part. Perf.; Rechtsw.> *zwangs-
weise räumen;* das Haus wurde
zwangsgeräumt; **'Zwangs·räu-
mung** <f.; -, -en; Rechtsw.>;
'zwangs·ste·ri·li·sie·ren <V. t.>
jmdn. ~; **'zwangs·um·sie·deln**
<V. t.; nur im Inf. u. als Part.
Perf.> sie wurden zwangsumge-
siedelt; **'Zwangs·ver·gleich**
<m.; -(e)s, -e; Rechtsw.> *Ver-
gleich im Konkursverfahren;*
'Zwangs·ver·schi·ckung <f.; -,
-en>; **'zwangs·ver·stei·gern**
<V. t.; nur im Inf. u. als Part.
Perf.; Rechtsw.> *Gemälde ~;*
'Zwangs·ver·stei·ge·rung <f.; -,
-en; Rechtsw.> *Form der
Zwangsvollstreckung;* **'Zwangs-
ver·wal·tung** <f.; -; unz.;
Rechtsw.> *Form der Zwangs-
vollstreckung;* **'Zwangs·voll-
stre·ckung** <f.; -, -en;
Rechtsw.> *Vollstreckung im
Konkursverfahren;* **'Zwangs-
vor·stel·lung** <f.; -, -en; Psych.>
*zwanghafter Bewusstseinsin-
halt;* **'zwangs·wei·se** <Adv.>
(behördl.) erzwungen
'zwan·zig <Num.; in Ziffern: 20>
~ Leute; **'Zwan·zig** <f.; -, -en>

die Zahl 20; **'Zwan·zig'cent·stück** <n.; -(e)s, -e; ⟋Z34> in Ziffern: 20-Cent-Stück>; **'zwan·zi·ger** <Adj.> 1 <⟋Z34.1> in Ziffern: 20er-Jahre <od.> 20er Jahre> die ~ Jahre</auch> Zwanzigerjahre Jahre zw. ...20 u. ...29; die Goldenen ~ Jahre <i. e. S.> die Jahre zw. 1920 u. 1930 2 ~ Jahre/<auch> Zwanzigerjahre Lebensalter zw. 20 u. 29; **'Zwan·zi·ger** <m.; -s, -> 1 zwanzigjähriger Mann 2 <Pl.> die ~ zwanziger Jahre; die Goldenen ~ → zwanziger(1); **'Zwan·zi·ger·jah·re,** <auch> **'zwan·zi·ger Jah·re** <Pl.> → zwanziger; **Zwan·zig·'eu·ro·schein** <m.; -(e)s, -e; ⟋Z34> in Ziffern: 20-Euro-Schein>; **'Zwan·zig·flach** <n.; -(e)s, -e; Geom.> = Ikosaeder; **Zwan·zig'mark·schein** <m.; -(e)s, -e; ⟋Z34> in Ziffern: 20-Mark-Schein; früher>; **Zwan·zig'schil·ling·no·te** <f.; -, -n; ⟋Z34> in Ziffern: 20-Schilling-Note; früher>; **'zwan·zigs·te(r, -s)** <Num.; in Ziffern: 20.; Ordinalzahl von> zwanzig; der ~ Juli; **'zwan·zigs·tel** <Zahladj.; undekl.; in Ziffern: /20; Bruchzahl zu> zwanzig; eine ~ Sekunde, <auch> Zwangzigstelsekunde; **'Zwan·zigs·tel** <n. od. (schweiz.) m.; -s, -> zwanzigster Teil

zwar <Konj.> 1 <nebenordnend, konzessiv> ~, ... aber wohl ... aber; das Auto ist ~ alt, aber in gutem Zustand 2 <nebenordnend, erläuternd; in der Wendung> und ~ um genauer zu sagen; ich war dort, und ~ heute

'zwat·ze·lig <Adj.; südwestdt.; bair.; westmdt.> zappelig; **'zwat·zeln** <V. i.; ich zwatz(e)le; südwestdt.; bair.; westmdt.> zappeln

Zweck <m.; -(e)s, -e> Sinn, Ziel; seinen ~ erfüllen; Mittel zum ~; **'Zweck·bau** <m.; -(e)s, -ten>; **'zweck·be·stimmt** <Adj.>; **'Zweck·be·stimmt·heit** <f.; -; unz.>; **'Zweck·bin·dung** <f.; -, -en>; **'Zweck·den·ken** <n.; -s; unz.>; **'zweck·dien·lich** <Adj.> ~e Hinweise; **'Zwe·cke** <f.; -, -n> ein Nagel; Reiß~; **'zwe·cken** <V. t.> mit Zwecke(n) festma-

chen; **'zweck·ent·frem·den** <V. t.; meist nur im Inf. u. als Part. Perf.> nicht für den urspr. Zweck benutzen; zweckentfremdete Wohnung; **'zweck·ent·spre·chend** <Adj.>; **'zweck·frei** <Adj.> = zwecklos(1); **'zweck·ge·bun·den** <Adj.> ~e Ausgaben; **'zweck·los** <Adj.> 1 ohne Zweck 2 nutzlos; ein ~er Versuch; **'Zweck·lo·sig·keit** <f.; -; unz.>; **'zweck·mä·ßig** <Adj.> ~es Vorgehen; **'Zweck·mä·ßig·keit** <f.; -; unz.>; **'Zweck·op·ti·mis·mus** <m.; -; unz.>; **'zweck·ra·ti·o·nal** <Adj.> wirksam bezügl. eines bestimmten Zwecks; **zwecks** <Präp. m. Gen.> zum Zweck von; ~ besserer Nutzung; **'Zweck·satz** <m.; -es, "-e; Gramm.> Finalsatz; **'Zweck·ver·band** <m.; -(e)s, "-e> Vereinigung zur Erfüllung gemeinsamer Aufgaben; **'zweck·voll** <Adj.>

zwei <Num.; Gen -er, Dat. -en, wenn kein vorangehendes Wort den Kasus kennzeichnet; ⟋Z44; in Ziffern: 2> 1 die Zahl 2 2 eine(r) u. noch eine(r), eins u. noch eins; Mutter ~er Kinder; zu ~en; zu ~t; ~ Gesichter haben <fig.> sich häufig verstellen 3 <umg.> beide; wir ~; alle ~; von uns ~en; **Zwei** <f.; -, -en> 1 Zahl; eine ~ addieren 2 Schulnote; eine ~ schreiben; **'Zwei·ach·ser** <[-ks-] m.; -s, -; ⟋Z34; Kfz; in Ziffern: 2-Achser> Wagen mit zwei Achsen; **'zwei·ach·sig** <Adj.; Kfz>; **'zwei·ar·mig** <Adj.>; **'zwei·a·to·mig** <Adj.; ⟋Z55> ~es Molekül; **'Zwei·bei·ner** <m.; -s, -; fig.; umg.> Lebewesen mit zwei Beinen; **'zwei·bei·nig** <Adj.>; **'zwei·bet·tig** <Adj.>; **'Zwei·bett·zim·mer** <n.; -s, -; ⟋Z34; in Ziffern: 2-Bett-Zimmer> = 2-Bett-Zimmer; **'Zwei·blatt** <n.; -(e)s; unz.; Bot.> Orchideenart; **Zwei·'cent·stück** <n.; -(e)s, -e; ⟋Z34; in Ziffern: 2-Cent-Stück>; **'zwei·deu·tig** <Adj.> 1 doppeldeutig; eine ~e Formulierung 2 anstößig; ein ~er Witz; **'Zwei·deu·tig·keit** <f.; -, -en>; **'zwei·di·men·si·o·nal** <Adj.>; **Zwei·'drit·tel·ge·sell·schaft** <f.; -; unz.>; **Zwei·'drit·tel·mehr·heit** <f.; -; unz.> Mehrheit aus min-

destens zwei Dritteln der Stimmen; **Zwei·'drit·tel·stel·le** <f.; -, -n> zu zwei Dritteln besetzte Arbeitsstelle; **Zwei·'drit·tel·welt** <f.; -; unz.>; **'Zwei·eck** <n.; -(e)s, -e; Geom.>; **'zwei·ei·ig** <Adj.> aus zwei befruchteten Eizellen hervorgegangen; ~e Zwillinge; Ggs eineiig

'zwei·ein·halb <Zahladj.; in Ziffern: 2 1/2> oV zweiundeinhalb

'Zwei·er <m.; -s, -> 1 Zweipfennigstück 2 Boot für zwei Ruderer 3 <süddt.; österr.> Zwei(2)

'Zwei·er·be·zie·hung <f.; -, -en> Partnerschaft zu zweit

'Zwei·er·kis·te <f.; -, -n; Jugendspr.> = Beziehungskiste

'zwei·er·lei <Adj.; undekl.> 1 zwei Arten (von); ~ Strümpfe; mit ~ Maß messen <fig.> ungerecht urteilen 2 zwei verschiedene Dinge; Versprechen und Halten ist ~

Zwei·'eu·ro·stück <n.; -(e)s, -e; ⟋Z34> in Ziffern: 2-Euro-Stück>

'zwei·fach <Adj.; ⟋Z34.1> in Ziffern: 2fach> doppelt; ~er Mord

'Zwei·fa·mi·li·en·haus <n.; -es, "-er>

'Zwei·far·ben·druck <m.; -(e)s, -e; Typ.>

'Zwei·fel <m.; -s, -> Bedenken; außer ~ stehen; ~ hegen

Zwei·fel·der·wirt·schaft <f.; -; unz.; Landw.> Art des Feldbaus

'zwei·fel·haft <Adj.; -er, am -es·ten> 1 bedenklich, verdächtig; ~es Unternehmen 2 fraglich, ungewiss; es ist ~, ob ...;

'zwei·fel·los <a. [- -'-]; Adv.> das war ~ dumm; **'zwei·feln** <V. i.; ich zweif(e)le> Zweifel haben; an jmds. Integrität ~; ~d den Kopf schütteln; **'Zwei·fels·fall** <m.; -(e)s, "-e> im ~; **zwei·fels·'oh·ne** <Adv.> = zweifellos; **'Zweif·ler** <m.; -s, ->; **'Zweif·le·rin** <f.; -, -n·nen>; **'zweif·le·risch** <Adj.> ständig zweifelnd

'zwei·flü·ge·lig <Adj.> ~es Insekt; **'Zwei·flüg·ler** <m.; -s, -; Zool.> Insektenordnung; **'zwei·flüg·lig** <Adj.> = zweiflügelig; **Zwei·'fron·ten·krieg** <m.; -(e)s, -e>; **'Zwei·fü·ßer** <m.; -s, -; Biol.>

Zweig <m.; -(e)s, -e> 1 Teil des Astes 2 <fig.> Nebenlinie; Familien~ 3 Unterabteilung; Forschungs~

'zwei·ge·schlech·tig <Adj.; Biol.> *männl. u. weibl. Geschlechtsmerkmale aufweisend;* 'Zwei·ge·schlech·tig·keit <f.; -; unz.; Biol.>; 'Zwei·ge·spann <n.; -(e)s, -e> 1 = *Zweispänner* 2 <fig.; umg.> *zwei gute Freunde;* 'zwei·ge·stri·chen <Adj.; Mus.> ~es C; 'zwei·ge·teilt <Adj.>

'Zweig·ge·schäft <n.; -(e)s, -e> *Filiale*

'zwei·glei·sig <Adj.> 1 <Eisenb.> *zwei Gleise besitzend* 2 ~ fahren <fig.> *parallel zwei Dinge betreiben;* 'zwei·glie·de·rig, 'zwei·glied·rig <Adj.>

'Zweig·nie·der·las·sung <f.; -, -en>, 'Zweig·stel·le <f.; -, -n> *Filiale*

'Zwei·hän·der <m.; -s, -> = *Beidhänder;* 'Zwei·hän·de·rin <f.; -, -nen>; 'zwei·hän·dig <Adj.>; 'zwei·häu·sig <Adj.; Bot.> *männl. u. weibl. Blüten auf verschiedenen Individuen tragend;* Ggs *einhäusig;* 'Zwei·häu·sig·keit <f.; -; unz.; Bot.>; 'Zwei·heit <f.; -; unz.>; 'zwei·hen·ke·lig, 'zwei·henk·lig <Adj.> ~er Krug; 'zwei·hö·cke·rig, 'zwei·höck·rig <Adj.> ~es Kamel; 'Zwei·hu·fer <m.; -s, -; Zool.> = *Paarhufer;* 'zwei·hun·dert <Num.; ↗Z 44; in Ziffern: 200>; Zwei·hun·dert'eu·ro·schein <m.; -(e)s, -e; ↗Z 34; in Ziffern: 200-Euro-Schein>; Zwei·hun·dert'mark·schein <m.; -(e)s, -e; ↗Z 33; in Ziffern: 200-Mark-Schein; früher>; Zwei'jah·res·plan <m.; -(e)s, ≈e>; 'zwei·jäh·rig <Adj.; ↗Z 34; in Ziffern: 2-jährig> 1 *zwei Jahre alt;* ~es Kind 2 *zwei Jahre dauernd;* ~e Ausbildung; 'zwei·jähr·lich <Adj.; ↗Z 34; in Ziffern: 2-jährlich> *alle zwei Jahre;* ~ stattfinden; Zwei'kam·mer·sys·tem <n.; -s, -e; Pol.> *Regierungssystem mit zweigeteiltem Parlament;* 'Zwei·kampf <m.; -(e)s, ≈e> *Duell;* 'Zwei·ka·nal·ton <m.; -(e)s; unz.; TV>; 'zwei·keim·blät·te·rig, 'zwei·keim·blätt·rig <Adj.; Bot.> ~e *Pflanzen;* 'zwei·klap·pig <Adj.>; Zwei'klas·sen·ge·sell·schaft <f.; -; unz.>; Zwei·kom·po'nen·ten·fa·ser <f.; -, -n>; 'zwei·köp·fig <Adj.>; 'Zwei·kreis·brem·se <f.; -, -n;

Kfz>; Zwei'li·ter·fla·sche <f.; -, -n>; 'zwei·mäh·dig <Adj.; Landw.> ~e Wiese *W., die zweimal im Jahr gemäht werden kann;* 'zwei·mal <Adv.; ↗Z 34; in Ziffern: 2-mal> *mit zwei mal genommen;* ~ *täglich;* ein- bis ~ <in Ziffern: 1–2 mal>; <aber betont> ich habe ihn erst 'zwei 'Mal gesehen; 'zwei·ma·lig <Adj.> *zweimal stattfindend;* Zwei'mark·stück <n.; -(e)s, -e; ↗Z 34; in Ziffern: 2-Mark-Stück; früher>; 'Zwei·mas·ter <m.; -s, -; Mar.> *ein Segelschiff;* 'zwei·mo·to·rig <Adj.>; Zwei'pfen·nig·stück <n.; -(e)s, -e; ↗Z 34; in Ziffern: 2-Pfennig-Stück; früher>; 'Zwei·pfün·der <m.; -s, -; ↗Z 34; in Ziffern: 2-Pfünder> *Gegenstand od. Tier mit einem Gewicht von zwei Pfund;* Zwei'pha·sen·strom <m.; -(e)s; unz.; El.>; 'zwei·po·lig <Adj.> *mit zwei Polen versehen;* 'Zwei·rad <n.; -(e)s, ≈er>; 'zwei·rä·de·rig, 'zwei·räd·rig <Adj.>; 'zwei·rei·her <m.; -s, -; umg.> *zweireihiger Anzug;* 'zwei·rei·hig <Adj.> ~er Anzug *A. mit doppelter Knopfleiste;* 'zwei·sam <Adj.; veralt.> *zu zweit;* 'Zwei·sam·keit <f.; -; unz.>; 'zwei·schlä·fig, 'zwei·schlä·fe·rig, 'zwei·schläf·rig <Adj.> *für zwei Personen;* ~e *Kabine;* 'zwei·schnei·dig <Adj.> ~ ein ~es Schwert <a. fig.> *etwas, das nutzen, aber auch schaden kann;* 'zwei·schü·rig <Adj.; Landw.> 1 ~es Schaf *S., das zweimal im Jahr geschoren werden kann* 2 = *zweimähdig;* 'zwei·sei·tig <Adj.> 1 *zwei Seiten habend;* ~er Brief 2 *auf beiden Seiten;* das Papier ist ~ *beschrieben;* 'zwei·sil·big <Adj.> ~es *Wort;* 'Zwei·sit·zer <m.; -s, -; Kfz> *Kfz mit zwei Sitzen;* 'zwei·spal·tig <Adj.> ~er *Text;* 'Zwei·spän·ner <m.; -s, -> *Wagen mit zwei Pferden;* 'zwei·spän·nig <Adj.>; 'Zwei·spitz <m.; -es, -e> *ein Hut;* 'zwei·spra·chig <Adj.> 1 *in zwei Sprachen verfasst;* ~es *Wörterbuch* 2 *zwei Sprachen sprechend;* 'Zwei·spra·chig·keit <f.; -; unz.>; 'zwei·spu·rig <Adj.> ~e *Straße;* 'zwei·stel·lig <Adj.> ~er *Betrag;* 'zwei·stim-

mig <Adj.; Mus.>; 'zwei·stö·ckig <Adj.> ~es *Haus;* Zwei'stu·fen·ra·ke·te <f.; -, -n>; 'zwei·stu·fig <Adj.>; 'zwei·stün·dig <Adj.> *zwei Stunden dauernd;* 'zwei·stünd·lich <Adj.> *alle zwei Stunden;* zweit <nur in der Wendung> zu ~ *als Zweiergruppe;* sie kamen zu ~; 'zwei·tä·gig <Adj.> *zwei Tage dauernd;* 'Zwei·tak·ter <m.; -s, -; Kfz; kurz für> 1 *Zweitaktmotor* 2 *Kfz mit Zweitaktmotor;* 'Zwei·takt·mo·tor <m.; -s, -en; Kfz; Kurzw.: Zweitakter> *ein Verbrennungsmotor;* 'zwei·tau·send <Num.; ↗Z 44; in Ziffern: 2000>; Zwei'tau·sen·der <m.; -s, -> *Berg von 2000 m Höhe;* 'Zweit·aus·fer·ti·gung <f.; -, -en> = *Duplikat;* 'zweit·bes·te(r, -s) <Adj.; ↗Z 44> *nach dem besten;* er ist der ~ *Schüler;* <aber> der Zweitbeste in der Klasse; 'zwei·te(r, -s) <Num.; ↗Z 44, 46; in Ziffern: 2.; Ordinalzahl von *zwei;* am ~n Tag; zum Ersten, zum Zweiten, zum Dritten; je·der Zweite; ein Zweites ansprechen; als Zweites ist zu berücksichtigen ...; als Zweiter; arbeiten wie kein Zweiter <fig.> *wie niemand sonst;* die ~ Geige spielen <a. fig.> *nicht im Mittelpunkt stehen;* das ~ Gesicht haben <fig.> *Gabe, kommende Ereignisse vorauszusehen;* etwas aus ~r Hand kennen <fig.>; sein ~s Ich; die Zweite Bundesliga; Zweites Deutsches Fernsehen <Abk.: ZDF>; der Zweite Weltkrieg; 'zwei·tei·len <V. t.> *in zwei Stücke teilen;* 'Zwei·tei·ler <m.; -s, -> *zweiteiliges Kleidungsstück;* 'zwei·tei·lig <Adj.>; 'Zwei·tei·lung <f.; -, -en>; 'zwei·tens <Adv.> *an zweiter Stelle;* 'zweit·höchs·te(r, -s) <Adj.> *vor dem höchsten;* 'zweit·klas·sig <Adj.; fig.> ein ~es *Spiel;* 'Zweit·kläss·ler <m.; -s, -> *Schüler in der zweiten Klasse;* 'Zweit·kläss·le·rin <f.; -, -nen>; zweit'letz·te(r, -s) <Adj.; ↗Z 44> *vor dem letzten;* er war der ~ *Läufer;* <aber> der Zweitletzte in dem Rennen; 'Zweit·li·gist <m.; -en, -en; Sp.> *Mitglied der zweiten Liga;* Zwei·tou·ren·ma·schi·ne <[-'tu:-]; f.; -, -n; Typ.>;

'zwei·tou·rig <Adj.> *zwei Umdrehungen machend;* **'zweitran·gig** <Adj.> 1 *weniger wichtig* 2 = *zweitklassig;* **'Zweitschlag** <m.; -(e)s, ⸗e; Mil.>; **'zweit·schlech·tes·te(r, -s)** <Adj.; ⟋Z44> *vor dem schlechtesten;* sie ist die ~ Schülerin; <aber> die Zweitschlechteste in der Klasse; **'Zweit·schrift** <f.; -, -en> *Abschrift;* **'Zweit·stim·me** <f.; -, -n; bei manchen Wah­len> **'zwei·tü·rig** <Adj.>; **'Zweitwa·gen** <m.; -s, ->; **'Zweitwohn·sitz** <m.; -es, -e>; **'Zweitwoh·nung** <f.; -, -en>; **'Zweitund·drei·ßigs·tel·no·te** <f.; -, -n; Mus.>; **zwei·und·ein'halb** <Zahladj.; in Ziffern: 2 1/2> oV *zweieinhalb;* **Zwei'vier·tel·takt** <m.; -(e)s, -e; ⟋Z34; Mus.; in Ziffern: 2/4-Takt>; **'zwei·wer·tig** <Adj.> 1 <Chem.> ~es Atom 2 <Sprachw.> ~es Verb; **'Zweiwer·tig·keit** <f.; -; unz.>; **'Zweizack** <m.; -(e)s, -e> *Speer mit gegabelter Spitze;* **'zwei·za·ckig** <Adj.>; **'Zwei·zei·ler** <m.; -s, -> *zweizeiliges Gedicht;* **'zwei·zei·lig** <Adj.>; **Zwei'zim·mer·wohnung** <f.; -, -en>; ⟋Z33; in Ziffern: 2-Zimmer-Wohnung>; **'Zwei·zy·lin·der** <m.; -s, -; ⟋Z34> *ein Verbrennungsmotor;* **'zwei·zy·lind·rig** <Adj.; in Zif­fern: 2-zylindrig>

zwerch <Adv.; veralt.> *quer;* **'Zwerch·fell** <n.; -(e)s, -e; Anat.> *Scheidewand zw. Brustu. Bauchhöhle;* **'zwerch·fell·erschüt·ternd** <Adj.; ⟋Z29> ~e Komik; <aber> *eine das Zwerchfell erschütternde Komik*

Zwerg <m.; -(e)s, -e> 1 <Myth.> *kleines Wesen;* Schneewittchen und die sieben ~e 2 <abwer­tend> *sehr kleiner Mensch;* **Zwerg...** <in Zus.> *kleine Art;* Zwergkaninchen; **'Zwerg·ammer** <f.; -, -n; Zool.> *ein Singvogel;* **'Zwer·gen·auf·stand** <m.; -(e)s, ⸗e; umg.; meist abwer­tend> *Protest wegen einer Kleinigkeit;* **'zwer·gen·haft** <Adj.> von ~em Wuchs; **'Zwer·genvolk** <n.; -(e)s, ⸗er>; **'Zwerg·füßer** <m.; -s, -; Zool.> *ein Tausendfüßer;* **'Zwerg·huhn** <n.; -(e)s, ⸗er; Zool.> *ein Haushuhn;*

'Zwer·gin <f.; -, -n·nen>; **'Zwerg·kie·fer** <f.; -, -n; Bot.> *ein Baum;* **'Zwerg·maus** <f.; -, ⸗e; Zool.> *Mäuseart;* **'Zwergobst** <n.; -es; unz.; Bot.> *niedrige Obstbäume;* **'Zwerg·o·ran·ge** <[-rã͡ʒə]; f.; -, -n; ⟋Z55; Bot.> *ostasiat. Orange;* **'Zwerg·staat** <m.; -(e)s, -en> *kleiner Staat;* **'Zwerg·wuchs** <[-ks]; m.; -es; unz.; Med.> *sehr geringe Körpergröße;* **'zwerg·wüch·sig** <Adj.>

'Zwet·sche <f.; -, -n; Bot.> *Pflaume;* **'Zwetsch·ge** <f.; -, -n; Bot.; südd.; schweiz.> = *Zwetsche;* **'Zwetsch·gen·schnaps** <m.; -es, ⸗e>; **'Zwetsch·ke** <f.; -, -n; Bot.; österr.> = *Zwetsche*

'Zwi·cke¹ <f.; -, -n> *eine Zange*
'Zwi·cke² <f.; -, -n; Zool.> *weibl. Zwilling eines männl. Kalbs*
'Zwi·ckel <m.; -s, -> 1 <Textilw.> *keilförmiger Einsatz in Kleidungsstücken* 2 <Arch.> *dreieckiges Flächenstück*
'zwi·cken <V.> 1 <V. t.> *kneifen;* jmdn. in den Arm ~ 2 <V. i.> *drücken;* die Hose zwickt
'Zwi·cker¹ <m.; -s, -> *elsäss. Weißwein*
'Zwi·cker² <m.; -s, -> = *Kneifer;* **'Zwick·müh·le** <f.; -, -n> 1 *Stellung im Mühlespiel* 2 <fig.> *Dilemma;* in einer ~ sein

zwie..., **Zwie...** <in Zus.> *zwei..., Zwei...;* **'Zwie·back** <m.; -(e)s, ⸗e od. -e> *ein Weizengebäck*
'Zwie·bel <f.; -, -n> *meist unterird. Pflanzenspross;* Tulpen~n; **'Zwie·bel·fisch** <m.; -(e)s, -e; Typ.> *Buchstabe aus einer anderen Schrift;* **'Zwie·belflie·ge** <f.; -, -n; Zool.> *Fliegenart;* **'zwie·bel·för·mig** <Adj.>; **'Zwie·bel·ge·wächs** <[-ks]; n.; -es, -e; Bot.>; **'Zwie·bel·kuchen** <m.; -s, -; Kochk.>; **'Zwiebel·mus·ter** <n.; -s; unz.> *Porzellandekor;* Meißner ~; **'zwiebeln** <V. t.; ich zwieb(e)le; fig.; umg.> *ärgern, quälen;* **'Zwiebel·ring** <m.; -(e)s, -e; Kochk.>; **'Zwie·bel·sup·pe** <f.; -, -n; Kochk.>; **'Zwie·bel·turm** <m.; -(e)s, ⸗e; Arch.> *zwiebelförmiger Kirchturm*
'zwie·fach <Adj.; veralt.> *zweifach;* **'Zwie·fa·che(r)**, **'Zwie·falti·ge(r)** <m. 1; in Böhmen, Ös­

terreich u. Niederbayern> *ein Volkstanz;* **'Zwie·ge·spräch** <n.; -(e)s, -e> *Gespräch zu zweien;* **'Zwie·laut** <m.; -(e)s, -e; Phon.> = *Diphthong;* **'Zwie·licht** <n.; -(e)s; unz.> *Dämmerlicht;* **'zwie·lich·tig** <Adj.> *undurchschaubar;* ~e Angelegenheiten

'Zwie·sel <m.; -s, -> *Gabelzweig;* **'zwie·se·lig** <Adj.>; **'zwie·seln** <V. refl.> sich ~ *sich gabeln;* **'zwies·lig** <Adj.> = *zwieselig*
'Zwie·spalt <m.; -(e)s, -e od. ⸗e; Pl. selten> *Zerrissenheit, Widersprüchlichkeit;* jmdn. in einen ~ bringen; **'zwie·späl·tig** <Adj.> ~e Empfindungen; **'Zwie·spältig·keit** <f.; -; unz.>; **'Zwie·sprache** <f.; -, -n> *Aussprache zu zweien;* **'Zwie·tracht** <f.; -; unz.> *Uneinigkeit, Streit;* ~ säen; Ggs *Eintracht;* **'zwie·trächtig** <Adj.>

Zwilch <m.; -(e)s, -e> = *Zwillich;* **'zwil·chen** <Adj.>
'Zwil·le <f.; -, -n> *kleine Schleuder*
'Zwil·lich <m.; -s, -e; Textilw.> *ein Leinenstoff;* oV *Zwilch*
'Zwil·ling <m.; -s, -e> 1 <bei Le­bewesen> *eines von zwei kurz nacheinander geborenen Geschwistern;* eineiige ~e; siamesische ~e 2 <Pl.; Astr.> *Tierkreiszeichen;* **'Zwil·lings·ar·ten** <Pl.; Biol.> *sehr nahe verwandte Arten;* **'Zwil·lings·bru·der** <m.; -s, ⸗>; **'Zwil·lings·for·schung** <f.; -; unz.; Biol.; Psych.> *vergleichende Untersuchung von Zwillingen(1);* **'Zwil·lings·ge·burt** <f.; -, -en>; **'Zwil·lings·paar** <n.; -(e)s, -e>; **'Zwil·lings·rei·fen** <m.; -s, -; an Lkw> *Doppelreifen;* **'Zwillings·schwes·ter** <f.; -, -n>
'Zwing·burg <f.; -, -en; früher> *große Burg;* **'Zwin·ge** <f.; -, -n> *ein Werkzeug;* **'zwin·gen** <V. t. 294> 1 *nötigen;* jmdn. in die Knie ~; gezwungen sein, etwas zu tun; die Umstände zwangen ihn zum Einlenken 2 <umg.> *bewältigen;* das Essen ~; **'zwingend** <Adj.> *unumgänglich, überzeugend;* ~e Gründe; die Argumentation ist nicht ~; **'Zwin·ger** <m.; -s, -> 1 <urspr.> *Abschnitt der Burgbefestigung* 2 <dann> *umzäunter Auslauf;*

Z

Hunde~; **'Zwing·herr** <m.; -en, -en; früher>

Zwing·li'a·ner <m.; -s, -> Anhänger der Lehre des Reformators Ulrich Zwingli

'zwin·kern <V. i.; ich zwinkere> die Augenlider rasch abwechselnd öffnen u. schließen

'zwir·be·lig <Adj.; schweiz.> schwindelig; **'zwir·beln** <V. t.; ich zwirb(e)le> rasch zw. den Fingern drehen; den Bart ~; **'zwirb·lig** <Adj.; schweiz.> = zwirbelig

Zwirn <m.; -(e)s, -e; Textilw.> ein Garn; **'zwir·nen**[1] <V. t.; Textilw.> zu Zwirn drehen; **'zwir·nen**[2] <Adj.; Textilw.> aus Zwirn; **Zwir·ne'rei** <f.; -, -en; Textilw.>; **'Zwirns·fa·den** <m.; -s, ⸚> ihr Leben hing an einem ~ <fig.>

'zwi·schen <Präp.> 1 <mit Dat.> etwa in der Mitte, inmitten; ~ den Kindern sitzen; ~ vier und acht Jahren; es gab Streit ~ ihnen 2 <mit Akk.> etwa in die Mitte, mitten hinein; sich ~ die Kinder setzen; → a. dazwischen; inzwischen; **'Zwi·schen·akts·mu·sik** <f.; -, -en; Theat.>; **'Zwi·schen·be·mer·kung** <f.; -, -en>; **'Zwi·schen·be·scheid** <m.; -(e)s, -e>; **'zwi·schen·be·trieb·lich** <Adj.> zwischen mehreren Betrieben; **'Zwi·schen·bi·lanz** <f.; -, -en> vorläufige Bilanz; **'zwi·schen|blen·den** <V. t.; nur im Inf. u. als Part. Perf.> die Nachrichten wurden zwischengeblendet; **'Zwi·schen·bo·den** <m.; -s, ⸚> zusätzl. Boden; **'Zwi·schen·buch·han·del** <m.; -s; unz.>; **'Zwi·schen·deck** <n.; -s, -s od. (selten) -e; Mar.>; **'Zwi·schen·ding** <n.; -(e)s, -er; umg.> = Mittelding; **zwi·schen·'drein** <Adv.> 1 mitten hinein 2 zwischendurch; **zwi·schen·'drin** <Adv.> mitten darin; **zwi·schen·'durch** <Adv.> zwischen zwei Tätigkeiten; ~ eine Pause machen; **'Zwi·schen·er·geb·nis** <n.; -s·ses, -s·se> vorläufiges Ergebnis; **'Zwi·schen·fall** <m.; -(e)s, ⸚e> unerwartetes Ereignis, Vorfall; ärgerlicher ~; **'Zwi·schen·far·be** <f.; -, -n> Mischfarbe; **'zwi·schen·fi·nan·zie·ren** <V. t.; nur im Inf. u. als Part.

Perf.; Bankw.> die Wartezeit auf eine Finanzierung mit einem kurzfristigen Kredit überbrücken; zwischenfinanziertes Darlehen; **'Zwi·schen·fra·ge** <f.; -, -n> eingeworfene Frage; **'Zwi·schen·frucht** <f.; -, ⸚e; Landw.> zwischen Ernte u. Aussaat der Hauptkultur angebaute Pflanze; **'Zwi·schen·fut·ter** <n.; -s; unz.; Textilw.> Futter zw. Oberstoff u. Futter; **'Zwi·schen·gas** <n.; -es; unz.; Kfz; früher> Gas zur Erhöhung der Motordrehzahl; **'Zwi·schen·ge·schoss** <n.; -es, -e> Etage zw. zwei Etagen; **'Zwi·schen·glied** <n.; -(e)s, -er> Bindeglied; **'Zwi·schen·grö·ße** <f.; -, -n> Größe zw. zwei Normgrößen; **'Zwi·schen·han·del** <m.; -s; unz.> Großhandel; **'Zwi·schen·händ·ler** <m.; -s, ->; **'Zwi·schen·händ·le·rin** <f.; -, -n·nen>; **zwi·schen·hin·'ein**, <auch> **zwi·schen·hi'nein** <Adv.; ↗Z54> mitten hinein; **'Zwi·schen·hirn** <n.; -(e)s, -e; Anat.> Teil des Gehirns; **'Zwi·schen·hoch** <n.; -s, -s; Meteor.>; **'Zwi·schen·kern** <m.; -(e)s, -e; Phys.> Zwischenprodukt bei einer Kernreaktion; **'Zwi·schen·kie·fer·kno·chen** <m.; -s, -; Anat.> (beim Menschen verwachsener) Wirbeltierknochen; **'zwi·schen·la·gern** <V. t.; nur im Inf. u. als Part. Perf.> radioaktive Abfälle ~; zwischengelagerter Müll; **'Zwi·schen·la·ge·rung** <f.; -; unz.>; **'zwi·schen|lan·den** <V. i.; ich lande zwischen; sie ist zwischengelandet; zwischenzulanden; meist im Inf. u. als Part. Perf.; Flugw.> den Flug unterbrechen; wir werden in London ~; **'Zwi·schen·lan·dung** <f.; -, -en; Flugw.>; **'Zwi·schen·lauf** <m.; -(e)s, ⸚e; Sp.>; **'Zwi·schen·lö·sung** <f.; -, -en> vorläufige Lösung; **'Zwi·schen·mahl·zeit** <f.; -, -en> Essen zw. den Hauptmahlzeiten; **'zwi·schen·mensch·lich** <Adj.> ~e Beziehungen; **'Zwi·schen·pro·dukt** <n.; -(e)s, -e> unfertiges Produkt; **'Zwi·schen·prü·fung** <f.; -, -en>; **'Zwi·schen·raum** <m.; -(e)s, ⸚e> freier Raum zw. zwei Dingen; ~ lassen; **'Zwi·schen·**

ring <m.; -(e)s, -e; Fot.> Teil der Kamera; **'Zwi·schen·ruf** <m.; -(e)s, -e> Ruf in ein Gespräch o. Ä. hinein; **'Zwi·schen·run·de** <f.; -, -n; Sp.> Spielserie vor der Vorschlussrunde; **'Zwi·schen·satz** <m.; -es, ⸚e> 1 <Gramm.> Nebensatz zw. zwei Hauptsätzen; → a. Kasten Nebensatz 2 <Mus.> kleiner Satz; **'Zwi·schen·schal·ten** <V. t.; nur im Inf. u. als Part. Perf.> etwas ~; zwischengeschalteter Beitrag; **'Zwi·schen·spei·cher** <m.; -s, -; EDV>; **'Zwi·schen·spiel** <n.; -(e)s, -e> 1 <Theat.> kleines dramat. Stück zw. zwei Akten 2 <Mus.> kleines Musikstück zw. den Liedstrophen 3 <fig.> Vorgang zw. zwei Handlungen; **'zwi·schen·staat·lich** <Adj.> ~e Beziehungen; **'Zwi·schen·stock** <m.; -(e)s, ⸚e> = Zwischengeschoss; **'Zwi·schen·stück** <n.; -(e)s, -e> = Zwischenglied; **'Zwi·schen·stu·fe** <f.; -, -n> Stufe zw. zwei Entwicklungsniveaus; **'Zwi·schen·stun·de** <f.; -, -n>; **'Zwi·schen·text** <m.; -es, -e; Film> erläuternder Text zw. zwei Szenen; **'Zwi·schen·ton** <m.; -(e)s, ⸚e> abgestufter Farbton; **'Zwi·schen·trä·ger** <m.; -s, -; abwertend> jmd., der jmds. Äußerungen anderen erzählt; **'Zwi·schen·trä·ge·rin** <f.; -, -n·nen; abwertend>; **'Zwi·schen·wand** <f.; -, ⸚e> Trennwand; **'Zwi·schen·wirt** <m.; -(e)s, -e; Biol.> vorläufiger Wirtsorganismus eines Schmarotzers; **'Zwi·schen·zeit** <f.; -, -en> Zeitspanne zw. zwei Vorgängen; in der ~; **'zwi·schen·zeit·lich** <Adv.> inzwischen; **'Zwi·schen·zell·raum** <m.; -(e)s, ⸚e; Biol.>

Zwist <m.; -(e)s, -e> Streit, Uneinigkeit; mit jmdm. in ~ leben; **'Zwis·tig·keit** <f.; -, -en; geh.>

'zwit·schern <V.; ich zwitschere> 1 <V. i.> der Vogel zwitschert gibt Laut 2 <V. t.; fig.; umg.> einen ~ Alkohol trinken

'Zwit·ter <m.; -s, -; Biol.> Lebewesen mit männl. u. weibl. Geschlechtszellen; **'Zwit·ter·bil·dung** <f.; -, -en; Biol.> Vorkommen männl. u. weibl. Geschlechtsorgane in einem Individuum; **'Zwit·ter·ding** ‹n.; -(e)s, -e› Zwischending; **'zwitter·haft** ‹Adj.; Biol.›; **'zwit·te·rig** ‹Adj.; Biol.› doppelgeschlechtig; **'Zwit·ter·stel·lung** ‹f.; -, -en›; **'zwit·ter·we·sen** ‹n.; -s, -, ->; **'zwitt·rig** ‹Adj.; Biol.› = zwitterig

zwo ‹Num.; umg.; eine Verwechslung mit "drei" vermeidend› zwei

zwölf ‹Num.; ↗Z 44, 46; in Ziffern: 12› sie sind zu ~t ‹od.› ~en; die ~ Apostel; die Zwölf Nächte die N. zw. dem ersten Weihnachtstag u. Dreikönig; es ist fünf Minuten vor ~ ‹a. fig.› höchste Zeit; → a. acht; **Zwölf** ‹f.; -, -en› Zahl; eine ~ addieren; **'Zwölf·ach·ser** ‹[-ks-]; m.; -s, -; ↗Z 34; in Ziffern: 12-Achser›; **'Zwölf·eck** ‹n.; -(e)s, -e; Geom.›; **'Zwölf·en·der, 'Zwölfer** ‹m.; -s, -; Jagdw.› Hirsch, dessen Geweih zwölf Enden hat; **'Zwöl·fer·sys·tem** ‹n.; -s, -e; Math.› Duodezimalsystem; **'zwölf·fach** ‹Adj.; ↗Z 42› das Zwölffache des Ausgangswertes; **Zwölf'fin·ger·darm** ‹m.; -(e)s, ⸚e; Anat.› Teil des Dünndarms; **'Zwölf·flach** ‹n.; -(e)s, -e; Geom.› = Dodekaeder; **'zwölf·mal** ‹Adv.; ↗Z 34; in Ziffern: 12-mal› ~ täglich; ‹aber betont› zwölf 'Mal; **'zwölf·tel** ‹Zahladj.; undekl.; in Ziffern: /12; Bruchzahl zu› zwölf; ein ~ Liter, ‹auch› Zwölfteliter; **'Zwölf·tel** ‹n. od. (schweiz.) m.; -s, -› zwölfter Teil; **'Zwölf·tonmu·sik** ‹f.; -; unz.; Mus.› atonale Musik; **'Zwölf·ton·ner** ‹m.; -s, -; ↗Z 34; in Ziffern: 12-Tonner›

'zwo·te(r, -s) ‹Ordinalzahl; umg.; oft zur besseren Verständigung, bes. am Telefon› zweite(r, -s)

z. Wv. ‹Abk. für› zur Wiedervorlage

Zy'an ‹n.; -s; unz.; Chem.› = Cyan [grch.]; **Zy·a'na·te** ‹Pl.; Chem.› = Cyanate; **Zy'a·ne** ‹f.; -, -n; Bot.› = Kornblume; **Zy·a'ni·de** ‹Pl.; Chem.› = Cyanide; **Zy·a'ni·ne** ‹Pl.; Chem.› = Cyanine; **Zy·an'ka·li** ‹n.; -s; unz.; Chem.› Cyankali; **Zy·an·op'sie, ‹auch› Zy·a·nop'sie** ‹f.; -, -n; ↗Z 54; Med.› Blausehen; **Zya'no·se** ‹f.; -, -n; Med.› = Blausucht; **zy·a'no·tisch** ‹Adj.; Med.›; **Zy·a·no'ty·pie** ‹f.; -, -n› = Blaupause; **Zy'an·säu·re** ‹f.; -; unz.; Chem.› Cyansäure

Zy'go·ma ‹n.; -s, -ma·ta; Anat.› Jochbogen [grch.]; **zy·go'matisch** ‹Adj.; Biol.›; **zy·go'morph** ‹Adj.; Biol.› eine Symmetrieachse in Richtung der Längsachse besitzend; **Zy'go·te** ‹f.; -, -n; Biol.› durch die Verschmelzung von Geschlechtszellen entstandene Zelle

zy'klam, ‹auch› zyk'lam ‹Adj.; ↗Z 53› rosaviolett; **Zy'kla·me** ‹f.; -, -n; Bot.› österr.; schweiz.›; **Zy'kla·men** ‹n.; -s, -; Bot.› = Alpenveilchen [grch.]

'Zy·klen, ‹auch› Zyk'len ‹↗Z 53; Pl. von› Zyklus; **'Zy·kliker** ‹m.; -s, -; meist Pl.; Lit.› grch. Epiker, dessen Werke zus. mit denen Homers zu einem Zyklus zusammengefasst wurden; **'zy·klisch** ‹Adj.› 1 sich regelmäßig wiederholend 2 ‹Chem.› ~e Verbindung V. mit ringförmiger Struktur; **zy·klo..., Zy·klo...** ‹in Zus.› kreis..., Kreis... [grch.]; **zy·klo'id** ‹Adj.› kreisähnlich; **Zy·klo'i·de** ‹f.; -, -n; Math.› Radkurve; **Zy·klome'trie, ‹auch› Zyk·lo·met'rie** ‹f.; -, -n; ↗Z 53; Math.› Winkelbestimmung an Kreisbögen; **zyklo'me·trisch** ‹Adj.; Math.›; **Zy'klon** ‹m.; -s, -e› 1 ‹Meteor.› Wirbelsturm 2 ‹Tech.› Fliehkraftabschneider; **Zy'klo·ne** ‹f.; -, -n; Meteor.› Tiefdruckgebiet

Zy'klop, ‹auch› Zyk'lop ‹m.; -en, -en; ↗Z 53› grch. Myth.› einäugiger Riese [grch.]; **Zy'klopen·mau·er** ‹f.; -, -n› frühgeschichtl. Mauer; **zy'klo·pisch** ‹Adj.› riesenhaft

zy·klo'thym, ‹auch› zyk·lo'thym ‹Adj.; ↗Z 53; Psych.› aufgeschlossen, wechselhaft; **Zy·klothy'mie** ‹f.; -; unz.; Psych.› zyklothymes Wesen; **Zy·klo'tron, ‹auch› Zyk·lot'ron** ‹n.; -s, -e; ↗Z 53› Beschleuniger für Elementarteilchen; **zy·klo'tronisch** ‹Adj.›; **'Zy·klus** ‹m.; -, -klen / -k·len› 1 Kreislauf; Menstruations- 2 Folge zusammenhängender Werke; Roman~ [grch.]

Zy'lin·der ‹m.; -s, -> 1 ‹Geom.› röhrenförmiger Körper 2 ‹Tech.› Hohlkörper für den Energieumwandlungsprozess 3 hoher Herrenhut [grch.]; **...zylin·der** ‹in Zus.› z. B. Sechszylinder; **Zy'lin·der·glas** ‹n.; -es, ⸚er› Brillenglas in der Form einer Zylinderlinse; **Zy'lin·der·hut** ‹m.; -(e)s, ⸚e›; **Zy'lin·der·kopf** ‹m.; -(e)s, ⸚e; Tech.›; **Zy'linder·lin·se** ‹f.; -, -n; Opt.› opt. Linse; **Zy'lin·der·pro·jek·ti·on** ‹f.; -, -en; Kartogr.› Kartendarstellung auf der Innenseite eines Zylinders(1); **...zy·lin·drig, ‹auch› ...zy·lind·rig** ‹Adj.; ↗Z 53› in Zus.› eine best. Zahl von Zylindern(2) aufweisend; achtzylindrig ‹in Ziffern› 8-zylindrig; **zy'lin·drisch** ‹Adj.› in der Form eines Zylinders(1)

Zy'ma·se ‹f.; -; unz.; Chem.› Enzymgemisch für die alkohol. Gärung [grch.]

'Zym·bal ‹n.; -s, -e od. -s; Mus.› 1 = Zimbal 2 = Zimbel

'zy·misch ‹Adj.; Chem.› auf Gärung beruhend; **Zy·mo·lo'gie** ‹f.; -; unz.; Chem.› Lehre von der Gärung [grch.]; **Zy·mo'technik** ‹f.; -; unz.› Gärungstechnik; **zy'mo·tisch** ‹Adj.›

Zyn·e'ge·tik, ‹auch› Zy·ne'ge·tik ‹f.; -; unz.; ↗Z 54, 55› Hundedressur [grch.]; **zyn·e'ge·tisch** ‹Adj.›

'Zy·ni·ker ‹m.; -s, -› zynischer Mensch; → a. Kyniker [grch.]; **'Zy·ni·ke·rin** ‹f.; -, -n·nen›; **'zynisch** ‹Adj.› verletzend-spöttisch; **Zy'nis·mus** ‹m.; -; unz.› 1 zynische Einstellung 2 zynische Bemerkung

'Zy·per·gras ‹n.; -es; unz.; Bot.› ein Riedgras [grch.]; **'Zy·perkat·ze** ‹f.; -, -n; Zool.› eine Hauskatze

'Zy·pern Inselstaat in Südosteuropa; Republik ~; **'Zy·prer, ‹auch› 'Zyp·rer** ‹m.; -s, -; ↗Z 53›; **'Zy·pre·rin** ‹f.; -, -n·nen›

Zy'pres·se, ‹auch› Zyp'res·se ‹f.; -, -n; ↗Z 53; Bot.› ein Baum [grch.]; **zy'pres·sen** ‹Adj.› aus Zypressenholz; **Zy'pres·senfich·te** ‹f.; -, -n; Bot.› Lebensbaum; **Zy'pres·sen·kraut** ‹n.;

-(e)s; unz.; Bot.> *eine Staudenpflanze*

'zy·prisch, <auch> **'zyp·risch** <Adj.; ↗Z53> *Zypern betreffend*

zy'ril·lisch <Adj.> = *kyrillisch*

Zyst·al'gie, <auch> **Zys·tal'gie** <f.; -, -n; ↗Z54; Med.> *Blasenschmerz*; **'Zys·te** <f.; -, -n; Med.> *mit Flüssigkeit gefüllter Hohlraum* [grch.]; **'Zys·tis** <f.; -, 'Zys·ten; Med.> *Harnblase*; **'zys·tisch** <Adj.; Med.> *blasenartig*; **Zys'ti·tis** <f.; -, -ti'ti·den; Med.> *Blasenentzündung*; **zysto...**, **Zys·to...** <in Zus.> *blase(n)..., Blase(n)...*; <auch> **Zys·tos'kop**, <auch> **Zys·tos'kop** <n.; -s, -e; ↗Z54; Med.> *Gerät zur Blasenspiegelung*; **Zys·to·sko'pie** <f.; -, -n; Med.>

zy·to..., **Zy·to...** <in Zus.> *zell..., Zell...* [grch.]; **Zy·to'blast** <m.; -en, -en; Biol.> *Zellkern*; **Zy·toblas'tom** <n.; -s, -e; Med.> *bösartige Geschwulst*; **Zy·to·de** <f.; -, -n; Biol.> *kernlose Zelle*; **Zyto·di·a'gnos·tik**, <auch> **Zy·todi·ag'nos·tik** <f.; -, -en; ↗Z53; Med.> *Zelluntersuchung*; **zy·to'gen** <Adj.; Biol.> *von einer Zelle gebildet*; **Zy·to·ge'ne·tik** <f.; -; unz.; Med.> *Teilgebiet der Genetik*; **Zy·to·lo·ge** <m.; -n, -n>; **Zyto·lo'gie** <f.; -; unz.> *Lehre von den Zellen*; **Zy·to'lo·gin** <f.; -, -n·nen>; **zy·to'lo·gisch** <Adj.>; **Zy·to'ly·se** <f.; -, -n; Biol.> *Auflösung von Zellen*; **Zy·to'ly'sin** <n.; -s, -e; Med.> *zellauflösende Substanz*; **Zy·to'plas·ma** <n.; -s,

-men; Biol.> *Plasma ohne Zellkern*; **Zy·to'som** <n.; -s, -e; Biol.> *Zellkörper*; **Zy·to'sta·tikum**, <auch> **Zy·tos'ta·ti·kum** <n.; -s, -ka; ↗Z54; Med.> *zytostat. wirkendes Medikament*; **zy·to'sta·tisch** <Adj.; Med.> *das Zellwachstum hemmend*; **Zy·to'stom**, <auch> **Zy·tos'tom** <n.; -s, -e; ↗Z54; Biol.>, **Zy·to'stoma** <n.; -s, -ma·ta; Biol.> *Stelle zur Nahrungsaufnahme bei Einzellern*; **Zy·to·to'xin** <n.; -s, -e; Biol.; Med.> *Zellgift*; **zy·to'to·xisch** <Adj.; Biol.; Med.>; **zyto'zid** <Adj.; Biol.; Med.> *zelltötend*

Zz. <Abk. für> *Zinszahl*

zz., **zzt.** <Abk. für> *zurzeit*; **z. Zt.**, **z. Z.** <Abk. für> *zur Zeit*

Neuregelung der deutschen Rechtschreibung

Wortlaut der amtlichen Regeln

Inhaltsübersicht

A Laut-Buchstaben-Zuordnungen

0 Vorbemerkungen

(1) Die Schreibung des Deutschen beruht auf einer Buchstabenschrift. Jeder Buchstabe existiert als Kleinbuchstabe und als Großbuchstabe (Ausnahme *ß*):

a b c d e f g h i j k l m n o p q r s t u v w x y z
ä ö ü ß

A B C D E F G H I J K L M N O P Q R S T U
V W X Y Z Ä Ö Ü

Die Umlautbuchstaben *ä, ö, ü* werden im Folgenden mit den Buchstaben *a, o, u* zusammen eingeordnet; *ß* nach *ss*. Zum Ersatz von *ß* durch *ss* oder *SS* siehe § 25 E2 und E3.

In Fremdwörtern und fremdsprachigen Eigennamen kommen außerdem Buchstaben mit zusätzlichen Zeichen sowie Ligaturen vor (zum Beispiel *ç, é, â, œ*).

(2) Für die Schreibung des Deutschen gilt:

(2.1) Buchstaben und Sprachlaute sind einander zugeordnet. Die folgende Darstellung bezieht sich auf die Standardaussprache, die allerdings regionale Varianten aufweist.

(2.2) Die Schreibung der Wortstämme, Präfixe, Suffixe und Endungen bleibt bei der Flexion der Wörter, in Zusammensetzungen und Ableitungen weitgehend konstant (zum Beispiel *Kind, die Kinder, des Kindes, Kindbett, Kinderbuch, Kindesalter, kindisch, kindlich; Differenz, Differenzial, differenzieren;* aber *säen, Saat; nähen, Nadel*). Dies macht es in vielen Fällen möglich, die Schreibung eines Wortes aus verwandten Wörtern zu erschließen.

Dabei ist zu beachten, dass Wortstämme sich verändern können, so vor allem durch Umlaut (zum Beispiel *Hand – Hände, Not – nötig, Kunst – Künstler, rauben – Räuber*), durch Ablaut (zum Beispiel *schwimmen – er schwamm – geschwommen*) oder durch *e/i*-Wechsel (zum Beispiel *geben – du gibst – er gibt*).

In manchen Fällen werden durch verschiedene Laut-Buchstaben-Zuordnungen gleich lautende Wörter unterschieden (zum Beispiel *malen ≠ mahlen, leeren ≠ lehren*).

(3) Der folgenden Darstellung liegt die deutsche Standardsprache zugrunde. Besonderheiten sind bei Fremdwörtern und Eigennamen zu beachten.

(3.1) Fremdwörter unterliegen oft fremdsprachigen Schreibgewohnheiten (zum Beispiel *Chaiselongue, Sympathie, Lady*). Ihre Schreibung kann jedoch – und Ähnliches gilt für die Aussprache – je nach Häufigkeit und Art der Verwendung integriert, das heißt dem Deutschen angeglichen werden (zum Beispiel *Scharnier* aus französisch *charnière, Streik* aus englisch *strike*). Manche Fremdwörter werden sowohl in einer integrierten als auch in einer fremdsprachigen

Schreibung verwendet (zum Beispiel *Fotograf/Photograph*).

Nicht integriert sind üblicherweise

a) zitierte fremdsprachige Wörter und Wortgruppen (zum Beispiel: *Die Engländer nennen dies „one way mind"*);

b) Wörter in international gebräuchlicher oder festgelegter – vor allem fachsprachlicher – Schreibung (zum Beispiel *City;* medizinisch *Phlegmone*).

Für die nicht oder nur teilweise integrierten Fremdwörter lassen sich wegen der Vielgestaltigkeit fremdsprachiger Schreibgewohnheiten keine handhabbaren Regeln aufstellen. In Zweifelsfällen siehe das Wörterverzeichnis.

(3.2) Für Eigennamen (Vornamen, Familiennamen, geografische Eigennamen und dergleichen) gelten im Allgemeinen amtliche Schreibungen. Diese entsprechen nicht immer den folgenden Regeln. Eigennamen aus Sprachen mit nicht lateinischem Alphabet können unterschiedliche Schreibungen haben, die auf die Verwendung verschiedener Umschriftsysteme zurückgehen (zum Beispiel *Schanghai, Shanghai*).

(4) Beim Aufbau der folgenden Darstellung sind zunächst Vokale (siehe Abschnitt 1) und Konsonanten (siehe Abschnitt 2) zu unterscheiden.

Unterschieden sind des Weiteren in beiden Gruppen grundlegende Zuordnungen (siehe Abschnitt 1.1 und 2.1), besondere Zuordnungen (siehe Abschnitte 1.2 bis 1.7 und 2.2 bis 2.7) sowie spezielle Zuordnungen in Fremdwörtern (siehe Abschnitt 1.8 und 2.8).

Laute werden im Folgenden durch die phonetische Umschrift wiedergegeben (zum Beispiel das lange *a* durch [aː]). Sind die Buchstaben gemeint, so ist dies durch kursiven Druck gekennzeichnet (zum Beispiel der Buchstabe *h* oder *H*).

1 Vokale

1.1 Grundlegende Laut-Buchstaben-Zuordnungen

> **§ 1** Als grundlegend im Sinne dieser orthographischen Regelung gelten die folgenden Laut-Buchstaben-Zuordnungen.

Besondere Zuordnungen werden in den sich anschließenden Abschnitten behandelt.

(1) Kurze einfache Vokale

Laute	Buch-staben	Beispiele
[a]	*a*	*ab, Alter, warm, Bilanz*
[ɛ], [e]	*e*	*enorm, Endung, helfen, fett, penetrant, Prozent*

Laute	Buchstaben	Beispiele
[ə]	e	*Atem, Ballade, gering, nobel*
[ɪ], [i]	i	*immer, Iltis, List, indiskret, Pilot*
[ɔ], [o]	o	*ob, Ort, folgen, Konzern, Logis, Obelisk, Organ*
[œ], [ø]	ö	*öfter, Öffnung, wölben, Ökonomie*
[ʊ], [u]	u	*unten, Ulme, bunt, Museum*
[ʏ], [y]	ü	*Küste, wünschen, Püree*

(2) Lange einfache Vokale

Laute	Buchstaben	Beispiele
[aː]	a	*artig, Abend, Basis*
[eː]	e	*edel, Efeu, Weg, Planet*
[ɛː]	ä	*äsen, Ära, Sekretär*
[iː]	ie	(in einheimischen Wörtern:) *Liebe, Dieb*
	i	(in Fremdwörtern:) *Diva, Iris, Krise, Ventil*
[oː]	o	*oben, Ofen, vor, Chor*
[øː]	ö	*öde, Öfen, schön*
[uː]	u	*Ufer, Bluse, Muse, Natur*
[yː]	ü	*üben, Übel, fügen, Menü, Molekül*

(3) Diphthonge

Laute	Buchstaben	Beispiele
[aɪ]	ei	*eigen, Eile, beiseite, Kaleidoskop*
[aʊ]	au	*auf, Auge, Haus, Audienz*
[ɔʏ]	eu	*euch, Eule, Zeuge, Euphorie*

1.2 Besondere Kennzeichnung der kurzen Vokale

Folgen auf einen betonten Vokal innerhalb des Wortstammes – bei Fremdwörtern betrifft dies auch den betonten Wortausgang – zwei verschiedene Konsonanten, so ist der Vokal in der Regel kurz; folgt kein Konsonant, so ist der Vokal in der Regel lang; folgt nur ein Konsonant, so ist der Vokal kurz oder lang. Deshalb beschränkt sich die besondere grafische Kennzeichnung des kurzen Vokals auf den Fall, dass nur ein einzelner Konsonant folgt.

> **§ 2** Folgt im Wortstamm auf einen betonten kurzen Vokal nur ein einzelner Konsonant, so kennzeichnet man die Kürze des Vokals durch Verdopplung des Konsonantenbuchstabens.

Das betrifft Wörter wie:

Ebbe; Paddel; schlaff, Affe; Egge; generell, Kontrolle; schlimm, immer; dann, wann, gönnen; Galopp, üppig; starr, knurren; Hass, dass (Konjunktion), *bisschen, wessen, Prämisse; statt* (≠ *Stadt*), *Hütte, Manschette*

> **§ 3** Für k und z gilt eine besondere Regelung:
> (1) Statt kk schreibt man ck.
> (2) Statt zz schreibt man tz.

Das betrifft Wörter wie:

Acker, locken, Reck; Katze, Matratze, Schutz

Ausnahme: Fremdwörter wie *Mokka, Sakko; Pizza, Razzia, Skizze*

E zu § 2 und § 3: Die Verdopplung des Buchstabens für die einzelnen Konsonanten bleibt üblicherweise in Wörtern, die sich aufeinander beziehen lassen, auch dann erhalten, wenn sich die Betonung ändert, zum Beispiel:

Galopp – galoppieren, Horror – horrend, Kontrolle – kontrollieren, Nummer – nummerieren, spinnen – Spinnerei, Stuck – Stuckatur, Stuckateur

> **§ 4** In acht Fallgruppen verdoppelt man den Buchstaben für den einzelnen Konsonanten nicht, obwohl dieser einem betonten kurzen Vokal folgt.

Dies betrifft
(1) eine Reihe einsilbiger Wörter (besonders aus dem Englischen), zum Beispiel:

Bus, Chip, fit, Gag, Grog, Jet, Job, Kap, Klub, Mob, Pop, Slip, top, Twen

E1: Ableitungen schreibt man entsprechend § 2 mit doppeltem Konsonantenbuchstaben:

jobben – du jobbst – er jobbt; jetten, poppig, Slipper; außerdem: *die Busse (zu Bus)*

(2) die fremdsprachigen Suffixe *-ik* und *-it*, die mit kurzem, aber auch mit langem Vokal gesprochen werden können, zum Beispiel:

Kritik, Politik; Kredit, Profit

(3) einige Wörter mit unklarem Wortaufbau oder mit Bestandteilen, die nicht selbstständig vorkommen, zum Beispiel:

Brombeere, Damwild, Himbeere, Imbiss, Imker (aber *Imme*), *Sperling, Walnuss;* aber *Bollwerk*

(4) eine Reihe von Fremdwörtern, zum Beispiel:

Ananas, April, City, Hotel, Kamera, Kapitel, Limit, Mini, Relief, Roboter

(5) Wörter mit den nicht mehr produktiven Suffixen *-d, -st* und *-t*, zum Beispiel:

Brand (trotz *brennen*), *Spindel* (trotz *spinnen*); *Geschwulst* (trotz *schwellen*), *Gespinst* (trotz *spinnen*), *Gunst* (trotz *gönnen*); *beschäftigen, Geschäft* (trotz *schaffen*), *(ins)gesamt, sämtlich* (trotz *zusammen*)

(6) eine Reihe einsilbiger Wörter mit grammatischer Funktion, zum Beispiel:

ab, an, dran, bis, das (Artikel, Pronomen), *des* (aber *dessen*), *in, drin* (aber *innen, drinnen*), *man, mit, ob, plus, um, was, wes* (aber *wessen*)

E2: Aber entsprechend § 2:

dann, denn, wann, wenn; dass (Konjunktion)

(7) die folgenden Verbformen:

ich bin, er hat; aber nach der Grundregel (§ 2):
er hatte, sie tritt, nimm!

(8) die folgenden Ausnahmen:

Drittel, Mittag, dennoch

> **§ 5** In vier Fallgruppen verdoppelt man den Buch-
> staben für den einzelnen Konsonanten, obwohl
> der vorausgehende kurze Vokal nicht betont ist.

Dies betrifft

(1) das scharfe (stimmlose) *s* in Fremdwörtern, zum
Beispiel:

Fassade, Karussell, Kassette, passieren, Rezession

(2) die Suffixe *-in* und *-nis* sowie die Wortausgänge
-as, *-is*, *-os* und *-us*, wenn in erweiterten Formen dem
Konsonanten ein Vokal folgt, zum Beispiel:

-in:	*Ärztin – Ärztinnen, Königin – Königinnen*
-nis:	*Beschwernis – Beschwernisse, Kenntnis – Kenntnisse*
-as:	*Ananas – Ananasse, Ukas – Ukasse*
-is:	*Iltis – Iltisse, Kürbis – Kürbisse*
-os:	*Albatros – Albatrosse, Rhinozeros – Rhinozerosse*
-us:	*Diskus – Diskusse, Globus – Globusse*

(3) eine Reihe von Fremdwörtern, zum Beispiel:

*Allee, Batterie, Billion, Buffet, Effekt, frappant,
Grammatik, Kannibale, Karriere, kompromittieren,
Konkurrenz, Konstellation, Lotterie, Porzellan, raffi-
niert, Renommee, skurril, Stanniol*

E: In Zusammensetzungen mit fremdsprachigen
Präfixen wie *ad-, dis-, in-, kon-/con-, ob-, sub-* und
syn- ist deren auslautender Konsonant in manchen
Fällen an den Konsonanten des folgenden Wortes
angeglichen, zum Beispiel: *Affekt, akkurat, Attraktion*
(vgl. aber *Advokat, addieren*); ebenso: *Differenz, Illu-
sion, korrekt, Opposition, suggerieren, Symmetrie*

(4) wenige Wörter mit tz (siehe § 3(2)), zum Beispiel:

Kiebitz, Stieglitz

1.3 Besondere Kennzeichnung der langen Vokale

Folgt im Wortstamm auf einen betonten Vokal kein
Konsonant, ist er lang. Die regelmäßige Kennzeich-
nung mit *h* hat auch die Aufgabe, die Silbenfuge zu
markieren, zum Beispiel *Kü|he*; vgl. § 6. Folgt nur ein
Konsonant, so kann der Vokal kurz oder lang sein.
Die Länge wird jedoch nur bei einheimischen Wör-
tern mit [i:] regelmäßig durch *ie* bezeichnet; vgl. § 1.
Ansonsten erfolgt die Kennzeichnung nur aus-
nahmsweise:

a) in manchen Wörtern vor *l, m, n, r* mit *h*; vgl. § 8;
b) mit Doppelvokal *aa, ee, oo*; vgl. § 9;
c) mit *ih, ieh*; vgl. § 12.

Zum *ß* (statt *s*) nach langem Vokal und Diphthong
siehe § 25.

> **§ 6** Wenn einem betonten einfachen langen Vokal
> ein unbetonter kurzer Vokal unmittelbar folgt
> oder in erweiterten Formen eines Wortes folgen
> kann, so steht nach dem Buchstaben für den lan-
> gen Vokal stets der Buchstabe h.

Dies betrifft Wörter wie:

ah:	*nahen, bejahen* (aber *ja*)
eh:	*Darlehen, drehen*
oh:	*drohen, Floh* (wegen *Flöhe*)
uh:	*Kuh* (wegen *Kühe*), *Ruhe, Schuhe*
äh:	*fähig, Krähe, zäh* (Ausnahme *säen*)
öh:	*Höhe* (Ausnahme *Bö*, trotz *Böe, Böen*)
üh:	*früh* (wegen *früher*)

Zu *ieh* siehe § 12(2).
Zu *See* u. a. siehe § 9.

> **§ 7** Das *h* steht ausnahmsweise auch nach dem
> Diphthong [aɪ].

Das betrifft Wörter wie:

gedeihen, Geweih, leihen (≠ *Laien*), *Reihe, Reiher, sei-
hen, verzeihen, weihen, Weiher*; aber sonst: *Blei, drei,
schreien*

> **§ 8** Wenn einem betonten langen Vokal einer der
> Konsonanten [l], [m], [n] oder [r] folgt, so wird in
> vielen, jedoch nicht in der Mehrzahl der Wörter
> nach dem Buchstaben für den Vokal ein *h* einge-
> fügt.

Dies betrifft

(1) Wörter, in denen auf [l], [m], [n] oder [r] kein
weiterer Konsonant folgt, zum Beispiel:

ah:	*Dahlie, lahm, ahnen, Bahre*
eh:	*Befehl, benehmen, ablehnen, begehren*
oh:	*hohl, Sohn, bohren*
uh:	*Pfuhl, Ruhm, Huhn, Uhr*
äh:	*ähneln, Ähre*
öh:	*Höhle, stöhnen, Möhre*
üh:	*fühlen, Bühne, führen*

Zu *ih* siehe § 12(1).

(2) die folgenden Einzelfälle: *ahnden, fahnden*

E1: Zu unterscheiden sind gleich lautende, aber un-
terschiedlich geschriebene Wortstämme wie: *Mahl*
≠ *Mal, mahlen* ≠ *malen; Sohle* ≠ *Sole; dehnen* ≠ *denen;
Bahre* ≠ *Bar; wahr* ≠ *er war, lehren* ≠ *leeren; mehr*
≠ *Meer; Mohr* ≠ *Moor; Uhr* ≠ *Ur; währen* ≠ *sie wären*

E2 zu § 6 bis 8: Das *h* bleibt auch bei Flexion,
Stammveränderung und in Ableitungen erhalten,

zum Beispiel: *befehlen – befiehl – er befahl – befohlen,
drehen – gedreht – Draht, empfehlen – empfiehl – er
empfahl – empfohlen, gedeihen – es gedieh – gedie-
hen, fliehen – er floh – geflohen, leihen – er lieh – ge-
liehen, mähen – Mahd, nähen – Naht, nehmen – er
nahm, sehen – er sieht – er sah – gesehen, stehlen – er
stiehlt – er stahl – gestohlen, verzeihen – er verzieh –
verziehen, weihen – geweiht – Weihnachten*

Ausnahmen, zum Beispiel: *Blüte, Blume* (trotz *blü-
hen*), *Glut* (trotz *glühen*), *Nadel* (trotz *nähen*)

E3: In Fremdwörtern steht bis auf wenige Ausnah-
men wie *Allah, Schah* kein *h*.

> **§ 9** Die Länge von [aː], [eː] und [oː] kennzeichnet
> man in einer kleinen Gruppe von Wörtern durch
> die Verdopplung *aa, ee* bzw. *oo*.

Dies betrifft Wörter wie:

aa:	*Aal, Aas, Haar, paar, Paar, Saal, Saat, Staat, Waage*
ee:	*Beere, Beet, Fee, Klee, scheel, Schnee, See, Speer, Tee, Teer;* außerdem eine Reihe von Fremdwörtern mit *ee* im Wortausgang wie: *Armee, Idee, Kaffee, Klischee, Tournee, Varietee*
oo:	*Boot, Moor, Moos, Zoo*

Zu *die Feen, Seen* siehe § 19.

E1: Zu unterscheiden sind gleich lautende, aber un-
terschiedlich geschriebene Wortstämme wie: *Waage
≠ Wagen; Heer ≠ her, hehr; leeren ≠ lehren; Meer
≠ mehr; Reede ≠ Rede; Seele, seelisch ≠ selig; Moor
≠ Mohr*

E2: Bei Umlaut schreibt man nur *ä* bzw. *ö*, zum Bei-
spiel: *Härchen* – aber *Haar; Pärchen* – aber *Paar; Säle
– aber Saal; Bötchen* – aber *Boot*

> **§ 10** Wenige einheimische Wörter und eingebür-
> gerte Entlehnungen mit dem langen Vokal [iː]
> schreibt man ausnahmsweise mit *i*.

Dies betrifft Wörter wie:

dir, mir, wir; gib, du gibst, er gibt (aber *ergiebig*); *Bi-
bel, Biber, Brise, Fibel, Igel, Liter, Nische, Primel, Ti-
ger, Wisent*

E: Zu unterscheiden sind gleich lautende, aber unter-
schiedlich geschriebene Wörter wie: *Lid ≠ Lied; Mine
≠ Miene; Stil ≠ Stiel; wider ≠ wieder*

> **§ 11** Für langes [iː] schreibt man *ie* in den fremd-
> sprachigen Suffixen und Wortausgängen *-ie, -ier*
> und *-ieren*.

Dies betrifft Wörter wie:

*Batterie, Lotterie; Manier, Scharnier; marschieren,
probieren*

Ausnahmen, zum Beispiel: *Geysir, Saphir, Souvenir,*

Vampir, Wesir

> **§ 12** In Einzelfällen kennzeichnet man die Länge
> des Vokals [iː] zusätzlich mit dem Buchstaben *h*
> und schreibt *ih* oder *ieh*.

Im Einzelnen gilt:

(1) *ih* steht nur in den folgenden Wörtern (vgl. § 8):
ihm, ihn, ihnen; ihr (Personal- und Possessivprono-
men), außerdem *Ihle*

(2) *ieh* steht nur in den folgenden Wörtern (vgl. § 6):
fliehen, Vieh, wiehern, ziehen

Zu *ieh* in Flexionsformen wie *befiehl* (zu *befehlen*)
siehe § 8 E2.

1.4 Umlautschreibung bei [ɛ]

> **§ 13** Für kurzes [ɛ] schreibt man *ä* statt *e*, wenn es
> eine Grundform mit *a* gibt.

Dies betrifft flektierte und abgeleitete Wörter wie:

Bänder, Bändel (wegen *Band*); *Hälse* (wegen *Hals*);
Kälte, kälter (wegen *kalt*); *überschwänglich* (wegen
Überschwang)

E1: Man schreibt *e* oder *ä* in *Schenke/Schänke* (wegen
ausschenken/Ausschank), *aufwendig/aufwändig* (we-
gen *aufwenden/Aufwand*).

E2: Für langes [eː] und langes [ɛː], die in der Ausspra-
che oft nicht unterschieden werden, schreibt man *ä*,
sofern es eine Grundform mit *a* gibt, zum Beispiel:
quälen (wegen *Qual*). Wörter wie *sägen, Ähre*
(≠ *Ehre*), *Bär* sind Ausnahmen.

> **§ 14** In wenigen Wörtern schreibt man aus-
> nahmsweise *ä*.

Dies betrifft Wörter wie:

ätzen, dämmern, Geländer, Lärm, März, Schärpe
E: Zu unterscheiden sind gleich lautende, aber unter-
schiedlich geschriebene Wörter wie: *Äsche ≠ Esche;
Färse ≠ Ferse; Lärche ≠ Lerche*

> **§ 15** In wenigen Wörtern schreibt man aus-
> nahmsweise *e*.

Das betrifft Wörter wie:

Eltern (trotz *alt*); *schwenken* (trotz *schwanken*)

1.5 Umlautschreibung bei [ɔy]

> **§ 16** Für den Diphthong [ɔy] schreibt man *äu* statt
> *eu*, wenn es eine Grundform mit *au* gibt.

Dies betrifft flektierte und abgeleitete Wörter wie:

Häuser (wegen *Haus*), *er läuft* (wegen *laufen*), *Mäuse,*

Mäuschen (wegen *Maus*); *Gebäude* (wegen *Bau*), *Geräusch* (wegen *rauschen*), *sich schnäuzen* (wegen *Schnauze*), *verbläuen* (wegen *blau*)

> **§ 17** In wenigen Wörtern schreibt man ausnahmsweise *äu.*

Das betrifft Wörter wie:

Knäuel, Räude, sich räuspern, Säule, sich sträuben, täuschen

1.6 Ausnahmen beim Diphthong [aɪ]

> **§ 18** In wenigen Wörtern schreibt man den Diphthong [aɪ]ausnahmsweise *ai.*

Das betrifft Wörter wie:

Hai, Kaiser, Mai

E: Zu unterscheiden sind gleich lautende, aber unterschiedlich geschriebene Wortstämme wie: *Bai ≠ bei; Laib ≠ Leib; Laich ≠ Leiche; Laie, Laien ≠ leihen; Saite ≠ Seite; Waise ≠ Weise, weisen*

1.7 Besonderheiten beim *e*

> **§ 19** Folgen auf *-ee* oder *-ie* die Flexionsendungen oder Ableitungssuffixe *-e, -en, -er, -es, -ell,* so lässt man ein *e* weg.

Das betrifft Wörter wie:

die Feen; die Ideen; die Mondseer, des Sees; die Knie, knien; die Fantasien; sie schrien, geschrien; ideell; industriell

1.8 Spezielle Laut-Buchstaben-Zuordnungen in Fremdwörtern

> **§ 20** Über die bisher dargestellten Laut-Buchstaben-Zuordnungen hinaus treten in Fremdwörtern auch fremdsprachige Zuordnungen auf. In den folgenden Listen sind nur die wichtigeren angeführt.

Dabei ist zu beachten, dass Kürze und Länge der Vokale von der Betonung abhängen. Vokale, die in betonten Silben lang sind, werden in unbetonten Silben kurz gesprochen, zum Beispiel *Analyse* mit langem Vokal [yː] – *analysieren* mit kurzem Vokal [y].

(1) Fremdsprachige Laut-Buchstaben-Zuordnungen

Laute	Buchstaben	Beispiele
[a], [aː]	u	*Butler, Cup, Make-up, Slum*
	at	*Eklat, Etat*

Laute	Buchstaben	Beispiele
[ɛ], [ɛː]	a	*Action, Camping, Fan, Gag*
	ai	*Airbus, Chaiselongue, fair, Flair, Saison*
[e], [eː]	é	*Abbé, Attaché, Lamé*
	er	*Atelier, Bankier, Premier*
	et	*Budget, Couplet, Filet*
	ai	*Cocktail, Container*
[i], [iː]	y	*Baby, City, Lady, sexy*
	ea	*Beat, Dealer, Hearing, Jeans, Team*
	ee	*Evergreen, Spleen, Teenager*
[o], [oː]	au	*Chaussee, Chauvinismus*
	eau	*Niveau, Plateau, Tableau*
	ot	*Depot, Trikot*
[ø:]	eu	*adieu, Milieu;* häufig in den Suffixen *-eur, -euse: Ingenieur, Souffleuse*
[ʊ], [u],	oo	*Boom, Swimmingpool*
[uː]	ou	*Journalist, Rouge, Route, souverän*
[ʏ], [y],	y	*Analyse, Hymne, Physik,*
[yː]		*System, Typ;* auch in den Präfixen *dys- (≠ dis-), hyper-, hypo-, syl-, sym-, syn-: dysfunktional, hyperkorrekt, Hypozentrum, Syllogismus, Symbiose, synchron*
[ã], [ãː]	an	*Branche, Chance, Orange, Renaissance, Revanche*
	ant	*Avantgarde, Pendant, Restaurant*
	en	*engagiert, Ensemble, Entree, Pendant, Rendezvous*
	ent	*Abonnement, Engagement*
[ɛ̃], [ɛ̃ː]	ain	*Refrain, Souterrain, Terrain*
	eint	*Teint*
	in	*Bulletin, Dessin, Mannequin*
[ɔ̃], [ɔ̃ː]	on	*Annonce, Chanson, Pardon*
[œ̃], [œ̃ː]	um	*Parfum*
[aʊ]	ou	*Couch, Countdown, Foul, Sound*
	ow	*Clown, Countdown, Cowboy, Power(play)*
[aɪ]	i	*Lifetime, Pipeline*
	igh	*Copyright, high, Starfighter*
	y	*Nylon, Recycling*
[ɔy]	oy	*Boy, Boykott*
[oa]	oi	*Memoiren, Repertoire, Reservoir, Toilette*

(2) Doppelschreibungen

Im Prozess der Integration entlehnter Wörter können fremdsprachige und integrierte Schreibung nebeneinander stehen. (Zu Haupt- und Nebenform siehe das Wörterverzeichnis.)

Laute	Buch-staben	Beispiele
[ɛ], [ɛ:]	*ai – ä*	*Drainage – Dränage, Mayonnaise – Majonäse, Mohair – Mohär, Polonaise – Polonäse*
[e], [e:]	*é – ee*	*Bouclé – Buklee, Double – Dublee, Exposé – Exposee, Café – Kaffee* (mit Bedeutungs-differenzierung), *Kommuniqué – Kommunikee, Varieté – Varietee*
[o], [o:]	*au – o*	*Sauce – Soße*
[U], [u], [u:]	*ou – u*	*Bravour – Bravur, Bouquet – Buket(t), Double – Dublee, Coupon – Kupon, Nougat – Nugat*

---

§ 21 Fremdwörter aus dem Englischen, die auf *-y* enden und im Englischen den Plural *-ies* haben, erhalten im Plural ein *-s.*

Das betrifft Wörter wie:

Baby – Babys, Lady – Ladys, Party – Partys

E: Bei Zitatwörtern gilt die englische Schreibung, zum Beispiel:

Grand Old Ladies.

2   Konsonanten

2.1   Grundlegende Laut-Buchstaben-Zuordnungen

---

§ 22 Als grundlegend im Sinne dieser orthographischen Regelung gelten die folgenden Laut-Buchstaben-Zuordnungen.

Besondere Zuordnungen werden in den sich anschließenden Abschnitten behandelt.

(1) Einfache Konsonanten

Laute	Buch-staben	Beispiele
[b]	*b*	*backen, Baum, Obolus, Parabel*
[ç], [x]	*ch*	*ich, Bücher, lynchen; ach, Rauch*
[d]	*d*	*danken, Druck, leiden, Mansarde*
[f]	*f*	*fertig, Falke, Hafen, Fusion*
[g]	*g*	*gehen, Gas, sägen, Organ, Eleganz*
[h]	*h*	*hinterher, Haus, Hektik, Ahorn, vehement*
[j]	*j*	*ja, Jagd, Boje, Objekt*
[k]	*k*	*Kiste, Haken, Flanke, Majuskel, Konkurs*

Laute	Buch-staben	Beispiele
[l]	*l*	*laufen, Laut, Schale, lamentieren*
[m]	*m*	*machen, Mund, Lampe, Maximum*
[n]	*n*	*nur, Nagel, Ton, Natur, nuklear*
[ŋ]	*ng*	*Gang, Länge, singen, Zange*
[p]	*p*	*packen, Paste, Raupe, Problem*
[r], [ʀ]	*r*	*rauben, Rampe, hören,*
[ʁ]		*Zitrone*
[s]	*s*	*skurril, Skandal, Hast, hopsen*
[z]	*s*	*sagen, Seife, lesen, Laser*
[ʃ]	*sch*	*scharf, Schaufel, rauschen*
[t]	*t*	*tragen, Tür, fort, Optimum*
[v]	*w*	*wann, Wagen, Möwe*

(2) Konsonantenverbindungen (innerhalb des Stammes)

Laute	Buch-staben	Beispiele
[kv]	*qu*	*quälen, Quelle, liquid, Qualität*
[ks]	*x*	*xylographisch, Xenophobie, boxen, toxisch*
[ts]	*z*	*zart, Zaum, tanzen, speziell, Zenit*

2.2   Auslautverhärtung und Wortausgang *-ig*

---

§ 23 Die in großen Teilen des deutschen Sprachgebiets auftretende Verhärtung der Konsonanten [b], [d], [g], [v] und [z] am Silbenende sowie vor anderen Konsonanten innerhalb der Silbe wird in der Schreibung nicht berücksichtigt.

E1: Bei vielen Wörtern kann die Schreibung aus der Aussprache erweiterter Formen oder verwandter Wörter abgeleitet werden, in denen der betreffende Konsonant am Silbenanfang steht, zum Beispiel:

Konsonant am Silbenende usw.	Konsonant am Silbenanfang
Lob, löblich, du lobst	*Lobes,* (aber *Isotop – Isotope*)
trüb, trübselig, eingetrübt	*trübe, eintrüben* (aber *Typ – Typen*)
Rad, Radumfang	*Rades, rädern* (aber *Rat – Rates*)
absurd	*absurde, Absurdität* (aber *Gurt – Gurte*)
Sieg, siegreich, er siegt	*siegen* (aber *Musik – musikalisch*)
Trug, er betrog, Betrug	*betrügen* (aber *Spuk – spuken*)
gläubig	*gläubige* (aber *Plastik – Plastiken*)
Möwchen	*Möwe* (aber *Öfchen – Ofen*)
naiv, Naivling, Naivheit	*Naive, Naivität* (aber *er rief – rufen*)

Konsonant am Silbenende usw.	Konsonant am Silbenanfang
Preis, preislich, preiswert	*Preise* (aber *Fleiß – fleißig*)
Haus, häuslich, behaust	*Häuser* (aber *Strauß – Sträuße*)

E 2: Bei einer kleinen Gruppe von Wörtern ist es nicht oder nur schwer möglich, eine solche Erweiterung durchzuführen oder eine Beziehung zu verwandten Wörtern herzustellen. Man schreibt sie trotzdem mit *b, d, g* bzw. *s,* zum Beispiel: *ab, Eisbein (Eis – Eises), flugs (Flug), Herbst, hübsch, jeglich, Jugend, Kies (Kiesel), Lebkuchen, morgendlich, ob, Obst, Plebs (Plebejer), preisgeben, Rebhuhn, redlich (Rede), Reis (Reisig), Reis* (= Korn; *Reise* fachsprachlich = Reissorten; aber *Grieß), ihr seid* (≠ *seit), sie sind, und, Vogt, weg (Weges), weissagen (weise)*

> **§ 24** Für den Laut [ç] schreibt man regelmäßig *g,* wenn erweiterte Formen am Silbenanfang mit dem Laut [g] gesprochen werden.

Das betrifft Wörter wie:

ewig, Ewigkeit (wegen *ewige), gläubig* (wegen *gläubige);* aber *unglaublich* (wegen *unglaubliche); heilig, Käfig, ruhig*

E: In einigen Sprachlandschaften wird *-ig* mit [k] gesprochen; dann gilt § 23.

2.3   Besonderheiten bei [s]

> **§ 25** Für das scharfe (stimmlose) [s] nach langem Vokal oder Diphthong schreibt man *ß,* wenn im Wortstamm kein weiterer Konsonant folgt.

Das betrifft Wörter wie:

Maß, Straße, Grieß, Spieß, groß, grüßen; außen, außer, draußen, Strauß, beißen, Fleiß, heißen

Ausnahme: *aus*

Zur Schreibung von [s] in Wörtern mit Auslautverhärtung wie *Haus, graziös, Maus, Preis* siehe § 23.

E1: In manchen Wortstämmen wechselt bei Flexion und in Ableitungen die Länge und Kürze des Vokals vor [s]; entsprechend wechselt die Schreibung *ß* mit *ss.* Beispiele:

fließen – er floss – Fluss – das Floß
genießen – er genoss – Genuss
wissen – er weiß – er wusste

E2: Steht der Buchstabe *ß* nicht zur Verfügung, so schreibt man *ss.* In der Schweiz kann man immer *ss* schreiben. Beispiel:

Straße – Strasse

E3: Bei Schreibung mit Großbuchstaben schreibt man *SS,* zum Beispiel:

Straße – STRASSE

> **§ 26** Folgt auf das *s, ss, ß, x* oder *z* eines Verb- oder Adjektivstammes die Endung *-st* der 2. Person Singular bzw. die Endung *-st(e)* des Superlativs, so lässt man das *s* der Endung weg.

Das betrifft Wörter wie:

du reist (zu *reisen), du hasst* (zu *hassen), du reißt* (zu *reißen), du mixt* (zu *mixen), du sitzt* (zu *sitzen); (groß – größer –) größte*

2.4   Besonderheiten bei [ʃ]

> **§ 27** Für den Laut [ʃ] am Anfang des Wortstammes vor folgendem [p] oder [t] schreibt man *s* statt *sch.*

Das betrifft Wörter wie:

spielen, verspotten; starren, Stelle, Stunde

2.5   Besonderheiten bei [ŋ]

> **§ 28** Für den Laut [ŋ] vor [k] oder [g] im Wortstamm schreibt man *n* statt *ng.*

Das betrifft Wörter wie:

Bank, dünken, Enkel, Schranke, trinken; Mangan, Singular

2.6   Besonderheiten bei [f] und [v]

> **§ 29** Für den Laut [v] schreibt man *v* statt *f* in *ver-* (wie in *verlaufen*) sowie am Anfang einiger weiterer Wörter.

Das betrifft Wörter wie:

Vater, Veilchen, Vettel, Vetter, Vieh, viel, vielleicht, vier, Vlies, Vogel, Vogt, Volk, voll (aber *füllen), von, vor, vordere, vorn*

Dazu kommen *Frevel, Nerv (Nerven).*

> **§ 30** Für den Laut [v] schreibt man in Fremdwörtern regelmäßig und in wenigen eingebürgerten Entlehnungen *v* statt *w.*

Das betrifft Wörter wie:

privat, Revolution, Universität, Virus, zivil, Malve, Vase; Suffix bzw. Endung *-iv, -ive: Aktivität, die Detektive, Motivation; Initiative, Perspektive*

E: Bei einigen Wörtern schwankt die Aussprache von *v* zwischen [v] und [f] wie bei *Initiative, Larve, Pulver, evangelisch, Vers, Vesper, November, brave.*

2.7 Besonderheiten bei [ks]

> **§ 31** Für die Lautverbindung [ks] schreibt man in einigen Wortstämmen ausnahmsweise *chs* bzw. *ks* statt *x*.

Das betrifft Wörter wie:

Achse, Achsel, Büchse, Dachs, drechseln, Echse, Flachs, Fuchs, Lachs, Luchs, Ochse, sechs, Wachs, wachsen, Wechsel, Weichsel(kirsche), wichsen

Keks, schlaksig

E: Die bei Flexion und in Ableitungen entstehende Lautverbindung [ks] wird je nach dem zugrunde liegenden Wort *gs* oder *cks* geschrieben, zum Beispiel: *du hegst* (wegen *hegen*), *du hinkst* (wegen *hinken*), *Streiks* (wegen *Streik*), *Häcksel* (wegen *hacken*)

2.8 Spezielle Laut-Buchstaben-Zuordnungen in Fremdwörtern

> **§ 32** Über die bisher dargestellten Laut-Buchstaben-Zuordnungen hinaus treten in Fremdwörtern auch fremdsprachige Zuordnungen auf.

In den folgenden Listen sind nur die wichtigeren angeführt.

(1) Fremdsprachige Laut-Buchstaben-Zuordnungen

(1.1) Einfache Konsonanten

Laute	Buchstaben	Beispiele
[f]	*ph*	*Atmosphäre, Metapher, Philosophie, Physik*
[k]	*c*	*Clown, Container, Crew*
	ch	*Chaos, Charakter, Chlor, christlich*
	qu	*Mannequin, Queue*
[r]	*rh*	*Rhapsodie, Rhesusfaktor*
	rt	*Dessert, Kuvert, Ressort*
[s]	*c, ce*	*Annonce, Chance, City, Renaissance, Service*
[ʃ]	*ch*	*Champignon, Chance, charmant, Chef*
	sh	*Geisha, Sheriff, Shop, Shorts*
[ʒ]	*g*	*Genie, Ingenieur, Loge, Passagier, Regime; auch im Suffix -age: Blamage, Garage*
	j	*Jalousie, Jargon, jonglieren, Journalist*
[t]	*th*	*Ethos, Mathematik, Theater, These*
[v]	*v*	*Virus, zivil* (vgl. § 30)

(1.2) Konsonantenverbindungen

Laute	Buchstaben	Beispiele
[dʒ]	*g*	*Gentleman, Gin, Manager, Teenager*
	j	*Jazz, Jeans, Jeep, Job, Pyjama*
[lj], [j]	*ll*	*Billard, Bouillon, brillant, Guerilla, Medaille, Pavillon, Taille*
[nj]	*gn*	*Champagner, Kampagne, Lasagne*
[ts]	*c*	*Aceton, Celsius, Cellophan*
	t (vor [i] + Vokal)	sehr häufig im Suffix *-tion*; außerdem häufig in Fällen wie *-tie, -tiell, -tiös: Funktion, Nation, Produktion; Aktie, partiell, infektiös*
[tʃ]	*c*	*Cello, Cembalo*
	ch	*Chip, Coach, Ranch*
	ge, dge	*College, Bridge*

(2) Doppelschreibungen

Im Prozess der Integration entlehnter Wörter können fremdsprachige und integrierte Schreibung nebeneinander stehen. (Zu Haupt- und Nebenformen siehe das Wörterverzeichnis.)

Laute	Buchstaben	Beispiele
[f]	*ph – f*	*-photo- – -foto-*, zum Beispiel *Photographie – Fotografie -graph- – -graf-,* zum Beispiel *Graphik – Grafik -phon- – -fon-,* zum Beispiel *Mikrophon –Mikrofon Delphin – Delfin, phantastisch – fantastisch*
[g]	*gh – g*	*Ghetto – Getto, Joghurt – Jogurt, Spaghetti – Spagetti*
[j]	*y – j*	*Yacht – Jacht, Yoga – Joga, Mayonnaise – Majonäse*
[k]	*c – k*	*Calcit – Kalzit, Caritas – Karitas, Code – Kode, codieren – kodieren, circa – zirka*
	qu – k	*Bouquet – Buket(t), Kommuniqué – Kommunikee*
[r]	*rh – r*	*Katarrh – Katarr, Myrrhe – Myrre*
[s]	*c – ss, ß*	*Facette – Fassette, Necessaire – Nessessär, Sauce – Soße*
[ʃ]	*ch – sch*	*Anchovis – Anschovis, Chicorée – Schikoree, Sketch – Sketsch*
[t]	*th – t*	*Kathode – Katode, Panther – Panter, Thunfisch – Tunfisch*

[ts]	c – z	*Acetat – Azetat,*
		Calcit – Kalzit,
		Penicillin – Penizillin,
		circa – zirka
	t – z	*pretiös – preziös,*
	(vor [i]	*Pretiosen – Preziosen;*
	+ Vokal)	*potentiell – potenziell*
		(wegen Potenz),
		substantiell – substanziell
		(wegen Substanz)

B Getrennt- und Zusammenschreibung

0 Vorbemerkungen

(1) Die Getrennt- und Zusammenschreibung betrifft die Schreibung von Wörtern, die im Text unmittelbar benachbart und aufeinander bezogen sind. Handelt es sich um die Bestandteile von Wortgruppen, so schreibt man sie voneinander getrennt. Handelt es sich um die Bestandteile von Zusammensetzungen, so schreibt man sie zusammen. Manchmal können dieselben Bestandteile sowohl eine Wortgruppe als auch eine Zusammensetzung bilden. Die Verwendung als Wortgruppe oder als Zusammensetzung kann dabei von der Aussageabsicht des Schreibenden abhängen.

(2) Bei der Regelung der Getrennt- und Zusammenschreibung wird davon ausgegangen, dass die getrennte Schreibung der Wörter der Normalfall und daher allein die Zusammenschreibung regelungsbedürftig ist.

(3) Soweit dies möglich ist, werden zu den Regeln formale Kriterien aufgeführt, mit deren Hilfe sich entscheiden lässt, ob man im betreffenden Fall getrennt oder ob man zusammenschreibt. So wird zum Beispiel stets zusammengeschrieben, wenn der erste oder der zweite Bestandteil in dieser Form als selbstständiges Wort nicht vorkommt (wie bei *wissbegierig, zuinnerst*). So wird zum Beispiel stets getrennt geschrieben, wenn der erste oder der zweite Bestandteil erweitert ist (wie bei *viele Kilometer weit,* aber *kilometerweit; irgend so ein,* aber *irgendein*).

(4) Bei den verschiedenen Wortarten sind – auch in Abhängigkeit von sprachlichen Entwicklungsprozessen – spezielle Bedingungen zu beachten. Daher ist die folgende Darstellung nach der Wortart der Zusammensetzung gegliedert:

1   Verb (§ 33 bis § 35)
2   Adjektiv und Partizip (§ 36)
3   Substantiv (§ 37 bis § 38)
4   Andere Wortarten (§ 39)

1 Verb

Zusätzlich zu der generellen Einteilung in Wortgruppen (wie *in die Ferne sehen*) und Zusammensetzungen (wie *fernsehen*) sind bei Verben zu unterscheiden:

a) untrennbare Zusammensetzungen wie *maßregeln, langweilen*

Untrennbare Zusammensetzungen erkennt man daran, dass die Reihenfolge der Bestandteile stets unverändert bleibt.

maß + regeln: Wer jemanden *maßregelt* … Man *maßregelte* ihn. Niemand wagte, ihn zu *maßregeln.* Er wurde offiziell *gemaßregelt.*

Siehe im Einzelnen § 33.

b) trennbare Zusammensetzungen wie *hinzukommen, fehlgehen, bereithalten, wundernehmen*

Trennbare Zusammensetzungen erkennt man daran, dass die Reihenfolge der Bestandteile in Abhängigkeit von ihrer Stellung im Satz wechselt.

hinzu + kommen: Wenn dieses Argument *hinzukommt* … Dieses Argument scheint *hinzuzukommen.* Dieses Argument ist *hinzugekommen.*

Dieses Argument *kommt hinzu.* Dieses Argument *kommt* erschwerend *hinzu.*

Siehe im Einzelnen § 34.

> **§ 33** Substantive, Adjektive oder Partikeln können mit Verben untrennbare Zusammensetzungen bilden. Man schreibt sie stets zusammen.

Dies betrifft

(1) Zusammensetzungen aus Substantiv + Verb, zum Beispiel:

brandmarken (gebrandmarkt, zu brandmarken), handhaben, lobpreisen, maßregeln, nachtwandeln, schlafwandeln, schlussfolgern, wehklagen, wetteifern

E1: In einzelnen Fällen stehen Zusammensetzung und Wortgruppe nebeneinander, zum Beispiel:

danksagen (er danksagt) oder *Dank sagen (er sagt Dank); gewährleisten (sie gewährleistet)* oder *Gewähr leisten (sie leistet Gewähr)*

E2: Eine Reihe untrennbarer Zusammensetzungen wird fast nur im Infinitiv oder substantivisch, in Einzelfällen auch im Partizip I und im Partizip II gebraucht, zum Beispiel:

bauchreden, bergsteigen, bruchlanden, bruchrechnen, brustschwimmen, kopfrechnen, notlanden, punktschweißen, sandstrahlen, schutzimpfen, segelfliegen, seiltanzen, seitenschwimmen, sonnenbaden, wettlaufen, wettrennen, zwangsräumen

(2) Zusammensetzungen aus Adjektiv + Verb, zum Beispiel:

frohlocken (frohlockt, zu frohlocken), langweilen, liebäugeln, liebkosen, vollbringen, vollenden, weissagen

(3) Zusammensetzungen mit den Partikeln *durch-, hinter-, über-, um-, unter-, wider-, wieder-* + Verb (mit Ton auf dem zweiten Bestandteil), zum Beispiel:

durchbrechen (er durchbricht die Regel, zu durchbrechen), hintergehen, übersetzen (er übersetzt das Buch), umfahren, unterstellen, widersprechen, wiederholen

> **§ 34** Partikeln, Adjektive oder Substantive können mit Verben trennbare Zusammensetzungen bilden. Man schreibt sie nur im Infinitiv, im Partizip I und im Partizip II sowie im Nebensatz bei Endstellung des Verbs zusammen.

Zu Verbindungen mit dem Verb *sein* siehe § 35.

Dies betrifft

(1) Zusammensetzungen aus Partikel + Verb mit den folgenden ersten Bestandteilen:

ab- (Beispiele: *abändern, abbauen, abbeißen, abbestellen, abbiegen*), *an-, auf-, aus-, bei-, beisammen-, da-, dabei-, dafür-, dagegen-, daher-, dahin-, daneben-, dar-, d(a)ran-, d(a)rein-, da(r)nieder-, darum-, davon-, dawider-, dazu-, dazwischen-, drauf-, drauflos-, drin-, durch-, ein-, einher-, empor-, entgegen-, entlang-, entzwei-, fort-, gegen-, gegenüber-, her-, herab-, heran-, herauf-, heraus-, herbei-, herein-, hernieder-, herüber-, herum-, herunter-, hervor-, herzu-, hin-, hinab-, hinan-, hinauf-, hinaus-, hindurch-, hinein-, hintan-, hintenüber-, hinterher-, hinüber-, hinunter-, hinweg-, hinzu-, innen-, los-, mit-, nach-, nieder-, über-, überein-, um-, umher-, umhin-, unter-, vor-, voran-, vorauf-, voraus-, vorbei-, vorher-, vorüber-, vorweg-, weg-, weiter-, wider-, wieder-, zu-, zurecht-, zurück-, zusammen-, zuvor-, zuwider-, zwischen-*
Auch: *auf- und abspringen, ein- und ausführen, hin- und hergehen* usw.

E1: Aber als Wortgruppe: *dabei* (bei der genannten Tätigkeit) *sitzen, daher* (aus dem genannten Grund) *kommen, wieder* (erneut, nochmals) *gewinnen, zusammen* (gemeinsam) *spielen* usw.
E2: Zu den trennbaren Zusammensetzungen gehören auch Zusammensetzungen mit *haben* und *werden* wie: *innehaben, vorhaben, voraushaben; in-*

newerden. Zu Verbindungen mit dem Verb *sein* siehe § 35.

(2) Zusammensetzungen aus Adverb oder Adjektiv + Verb, bei denen

(2.1) der erste, einfache Bestandteil in dieser Form als selbstständiges Wort nicht vorkommt, zum Beispiel:

fehlgehen, fehlschlagen, feilbieten, kundgeben, kundtun, weismachen

(2.2) der erste Bestandteil in dieser Verbindung weder erweiterbar noch steigerbar ist, wobei die Negation *nicht* nicht als Erweiterung gilt, zum Beispiel:

bereithalten, bloßstellen, fernsehen, festsetzen (= bestimmen), freisprechen (= für nicht schuldig erklären), gutschreiben (= anrechnen), hochrechnen, schwarzarbeiten, totschlagen, wahrsagen (= prophezeien)

Zu Zweifelsfällen siehe § 34 E3.

(3) Zusammensetzungen aus (teilweise auch verblasstem) Substantiv + Verb mit den folgenden ersten Bestandteilen:

heim-	zum Beispiel: *heimbringen, heimfahren, heimführen, heimgehen, heimkehren, heimleuchten, heimreisen, heimsuchen, heimzahlen*
irre-	*irreführen, irreleiten;* außerdem: *irrewerden*
preis-	*preisgeben*
stand-	*standhalten*
statt-	*stattfinden, stattgeben, statthaben*
teil-	*teilhaben, teilnehmen*
wett-	*wettmachen*
wunder-	*wundernehmen*

E3: In den Fällen, die nicht durch § 34(1) bis (3) geregelt sind, schreibt man getrennt. Siehe auch § 34 E4.

Dies betrifft

(1) Partikel, Adverb, Adjektiv oder Substantiv + Verb in finiter Form am Satzanfang, zum Beispiel:

Hinzu kommt, dass …
Fehl ging er in der Annahme, dass …
Bereit hält er sich für den Fall, dass …
Wunder nimmt nur, dass …

(2) (zusammengesetztes) Adverb + Verb, zum Beispiel:

abhanden kommen, anheim fallen (geben, stellen), beiseite legen (stellen, schieben), fürlieb nehmen, überhand nehmen, vonstatten gehen, vorlieb nehmen, zugute halten (kommen, tun), zunichte machen, zupass kommen, zustatten kommen, zuteil werden

Zu Fällen wie *zu Hilfe (kommen)* siehe § 39 E2(2.1); zu Fällen wie *infrage (stellen)/in Frage (stellen)* siehe § 39 E3(1).

aneinander denken (grenzen, legen), aufeinander achten (hören, stapeln), auseinander gehen (laufen, setzen), beieinander bleiben (sein, stehen), durcheinander bringen (reden, sein)

auswendig lernen, barfuß laufen, daheim bleiben; auch: *allein stehen, (sich) quer stellen*

abseits stehen, diesseits/jenseits liegen; abwärts gehen, aufwärts streben, rückwärts fallen, seitwärts treten, vorwärts blicken

(3) Adjektiv + Verb, wenn das Adjektiv in dieser Verbindung erweiterbar oder steigerbar ist, wenigstens durch *sehr* oder *ganz*, zum Beispiel:

bekannt machen (etwas noch bekannter machen, etwas ganz bekannt machen), fern liegen (ferner liegen, sehr fern liegen), fest halten, frei sprechen (= ohne Manuskript sprechen), genau nehmen, gut gehen, gut schreiben (= lesbar, verständlich schreiben), hell strahlen, kurz treten, langsam arbeiten, laut reden, leicht fallen, locker sitzen, nahe bringen, sauber schreiben, schlecht gehen, schnell laufen, schwer nehmen, zufrieden stellen

Fälle, in denen der erste Bestandteil eine Ableitung auf *-ig, -isch, -lich* ist, zum Beispiel:

lästig fallen, übrig bleiben; kritisch denken, spöttisch reden; freundlich grüßen, gründlich säubern

(4) Partizip + Verb, zum Beispiel:

gefangen nehmen (halten), geschenkt bekommen, getrennt schreiben, verloren gehen

(5) Substantiv + Verb, zum Beispiel:

Angst haben, Auto fahren, Diät halten, Eis laufen, Feuer fangen, Fuß fassen, Kopf stehen, Leid tun, Maß halten, Not leiden, Not tun, Pleite gehen, Posten stehen, Rad fahren, Rat suchen, Schlange stehen, Schuld tragen, Ski laufen, Walzer tanzen

(6) Verb (Infinitiv) + Verb, zum Beispiel:

kennen lernen, liegen lassen, sitzen bleiben, spazieren gehen

E4: Lässt sich in einzelnen Fällen der Gruppe aus Adjektiv + Verb zwischen § 34(2.2) und § 34 E3(3) keine klare Entscheidung für Getrennt- oder Zusammenschreibung treffen, so bleibt es dem Schreibenden überlassen, ob er sie als Wortgruppe oder als Zusammensetzung verstanden wissen will.

Zu den Wortgruppen mit einem Partizip als letztem Bestandteil wie *abhanden gekommen, sitzen geblieben* siehe § 36 E1(1).

Zu den Substantivierungen wie *das Abhandenkommen, das Autofahren, das Sitzenbleiben* siehe § 37(2).

> **§ 35** Verbindungen mit *sein* gelten nicht als Zusammensetzung. Dementsprechend schreibt man stets getrennt.

Beispiele:

außerstande sein (auch: *außer Stande sein;* § 39 E3(1)), *beisammen sein (wenn sie beisammen sind), da sein, fertig sein, inne sein, los sein, pleite sein* (siehe auch § 56(1)), *vonnöten sein, vorbei sein, vorhanden sein, vorüber sein, zufrieden sein, zuhanden sein, zumute sein* (auch: *zu Mute sein;* § 39 E3(1)), *zurück sein, zusammen sein*

2 Adjektiv und Partizip

Für Partizipien gelten dieselben Regeln wie für Adjektive; zu diesen werden hier auch die Kardinal- und die Ordinalzahlen gerechnet.

Bei den Adjektiven/Partizipien sind zu unterscheiden

(1) Zusammensetzungen wie: *angsterfüllt, altersschwach, schwerstbehindert, wehklagend, blaugrau, bitterböse, dreizehn, siebzehnte*

(2) Wortgruppen wie: *abhanden gekommen, Rat suchend, sitzen geblieben, riesig groß, blendend weiß, mehrere Jahre lang; zwei Milliarden*

Siehe im Einzelnen § 36.

Zu Fällen wie *nicht öffentlich/nichtöffentlich* siehe § 36 E2.

> **§ 36** Substantive, Adjektive, Verbstämme, Adverbien oder Pronomen können mit Adjektiven oder Partizipien Zusammensetzungen bilden. Man schreibt sie zusammen.

Dies betrifft

(1) Zusammensetzungen, bei denen der erste Bestandteil für eine Wortgruppe steht, zum Beispiel:

angsterfüllt (= von Angst erfüllt), bahnbrechend (= sich eine Bahn brechend), butterweich (= weich wie Butter), fingerbreit (= einen Finger breit), freudestrahlend (= vor Freude strahlend), herzerquickend (= das Herz erquickend), hitzebeständig (= gegen Hitze beständig), jahrelang (= mehrere Jahre lang), knielang (= lang bis zum Knie), meterhoch (= einen oder mehrere Meter hoch), milieubedingt (= durch das Milieu bedingt)
denkfaul, fernsehmüde, lernbegierig, röstfrisch, schreibgewandt, tropfnass; selbstbewusst, selbstsicher

Mit Fugenelement, zum Beispiel: *altersschwach, anlehnungsbedürftig, geschlechtsreif, lebensfremd, sonnenarm, werbewirksam*

(2) Zusammensetzungen, bei denen der erste oder der zweite Bestandteil in dieser Form nicht selbstständig vorkommt, zum Beispiel:

einfach, zweifach; letztmalig, redselig, saumselig, schwerstbehindert, schwindsüchtig; blauäugig, großspurig, kleinmütig, vieldeutig

(3) Zusammensetzungen, bei denen das dem Partizip zugrunde liegende Verb entsprechend § 33 bzw. § 34 mit dem ersten Bestandteil zusammengeschrieben wird, zum Beispiel:

wehklagend (wegen *wehklagen*); *herunterfallend, heruntergefallen; irreführend, irregeführt; teilnehmend, teilgenommen*

(4) Zusammensetzungen aus gleichrangigen (nebengeordneten) Adjektiven, zum Beispiel:

blaugrau, dummdreist, feuchtwarm, grünblau, nasskalt, taubstumm

Zur Schreibung mit Bindestrich siehe § 45(2).

(5) Zusammensetzungen mit bedeutungsverstärkenden oder bedeutungsmindernden ersten Bestandteilen, die zum Teil lange Reihen bilden, zum Beispiel:

bitter- (*bitterböse, bitterernst, bitterkalt*), *brand-, dunkel-, erz-, extra-, gemein-, grund-, hyper-, lau-, minder-, stock-, super-, tod-, ultra-, ur-, voll-*

(6) mehrteilige Kardinalzahlen unter einer Million sowie alle mehrteiligen Ordinalzahlen, zum Beispiel:

dreizehn, siebenhundert, neunzehnhundertneunundachtzig; der siebzehnte Oktober, der einhundertste Geburtstag, der fünfhunderttausendste Fall, der zweimillionste Besucher

Beachte aber Substantive wie *Dutzend, Million, Milliarde, Billion,* zum Beispiel: *zwei Dutzend Hühner, eine Million Teilnehmer, zwei Milliarden fünfhunderttausend Menschen*

E1: In den Fällen, die nicht durch § 36(1) bis (6) geregelt sind, schreibt man getrennt. Siehe auch § 36 E2.

Dies betrifft

(1) Fälle, bei denen das dem Partizip zugrunde liegende Verb vom ersten Bestandteil getrennt geschrieben wird, und zwar

(1.1) entsprechend § 35, zum Beispiel:

beisammen gewesen (wegen *beisammen sein*), *zurück gewesen*

(1.2) entsprechend § 34 E3(2) bis (6), zum Beispiel:

abhanden gekommen (*abhanden kommen*), *auseinander laufend, auswendig gelernt, vorwärts blickend hell strahlend* (*hell strahlen*), *laut redend gefangen genommen* (*gefangen nehmen*), *verloren gegangen Rat suchend* (*Rat suchen*), *Not leidend, Rad fahrend kennen gelernt* (*kennen lernen*), *sitzen geblieben*

(2) Fälle, bei denen der erste Bestandteil eine Ableitung auf *-ig, -isch, -lich* ist, zum Beispiel:

riesig groß, mikroskopisch klein, schrecklich nervös

Zur Schreibung mit Bindestrich in Fällen wie *wissenschaftlich-technisch* siehe § 45(2).

(3) Fälle, bei denen der erste Bestandteil ein (adjektivisches) Partizip ist, zum Beispiel:

abschreckend hässlich, blendend weiß, gestochen scharf, kochend heiß, leuchtend rot, strahlend hell

(4) Fälle, bei denen der erste Bestandteil erweitert

oder gesteigert ist bzw. erweitert oder gesteigert werden kann, zum Beispiel:

vor Freude strahlend, gegen Hitze beständig, zwei Finger breit, drei Meter hoch, mehrere Jahre lang, seiner selbst bewusst; sehr ernst gemeint, leichter verdaulich, dicht behaart, dünn bewachsen, schwach bevölkert

E2: Lässt sich in einzelnen Fällen der Gruppen aus Adjektiv, Adverb oder Pronomen + Adjektiv/Partizip zwischen § 36 und § 36 E1 keine klare Entscheidung für Getrennt- oder Zusammenschreibung treffen, so bleibt es dem Schreibenden überlassen, ob er sie als Wortgruppe oder als Zusammensetzung verstanden wissen will, zum Beispiel *nicht öffentlich* (Wortgruppe)/*nichtöffentlich* (Zusammensetzung).

3 Substantiv

Bei den Substantiven sind zu unterscheiden

(1) Zusammensetzungen, bei denen der letzte Bestandteil ein Substantiv ist, zum Beispiel: *Feuerstein, Fünfkampf, Achtelliter*

(2) adjektivisch gebrauchte Zusammensetzungen, bei denen der letzte Bestandteil kein Substantiv ist, zum Beispiel: *das Autofahren, das Stelldichein*

(3) Zusammensetzungen mit einem Eigennamen oder einer Einwohnerbezeichnung als erstem Bestandteil, zum Beispiel: *Goethegedicht, Danaergeschenk*

(4) Zusammensetzungen, die als Ganzes einen Eigennamen bilden, zum Beispiel: *Bahnhofstraße.*

> **§ 37** Substantive, Adjektive, Verbstämme, Pronomen oder Partikeln können mit Substantiven Zusammensetzungen bilden. Man schreibt sie ebenso wie mehrteilige Substantivierungen zusammen.

Dies betrifft

(1) Zusammensetzungen, bei denen der letzte Bestandteil ein Substantiv ist, zum Beispiel:

Feuerstein, Lebenswerk, Kirschbaum, Kohlenwasserstoff, Wochenlohn, Dienstagabend

Airbag, Bandleader, Football, Ghostwriter, Mountainbike, Nightclub, Streetwork, Weekend, Worldcup

Zweierbob, Fünfkampf, Selbstsucht, Leerlauf, Faultier, Außenpolitik, Rastplatz, Nichtraucher, Ichsucht, Achtzigerjahre (auch *achtziger Jahre*), *Vierachteltakt, Dreiviertelliterflasche Background, Bestseller, Bluejeans, Bypassoperation, Clearingstelle, Hardware, Secondhandshop, Selfmademan, Swimmingpool, Upperclass; Bigband, Blackbox, Softdrink*

E1: Bei Verbindungen aus Adjektiv und Substantiv wie in *Bigband, Blackbox, Softdrink* ist in Anlehnung an die Herkunftssprache auch Getrenntschreibung möglich: *Big Band, Black Box, Soft Drink.* Zur Groß- und Kleinschreibung siehe § 55(3); zur Schreibung mit Bindestrich siehe § 45(2).

ein Viertelkilogramm, drei Achtelliter, fünf Hundertstelsekunden

E2: In Verbindung mit einer unmittelbar folgenden Maßbezeichnung kann die Bruchzahl auch als Zahladjektiv aufgefasst werden, zum Beispiel:

ein viertel Kilogramm, drei achtel Liter, fünf hundertstel Sekunden

(2) Substantivisch gebrauchte Zusammensetzungen, bei denen der letzte Bestandteil kein Substantiv ist, zum Beispiel:

das Autofahren (aber *Auto fahren), das Ratholen, das Abhandenkommen, das Unrechttun, das Aufrechtgehen, das Bekanntmachen, das Sitzenbleiben, das Liegenlassen, das Infragestellen; das Suppengrün; das Stelldichein, das Vergissmeinnicht*

(3) Zusammensetzungen mit einem Eigennamen oder einer Einwohnerbezeichnung als erstem Bestandteil, zum Beispiel:

Goethegedicht, Europabrücke, Jakobsplan, Brennerpass, Glocknergruppe; Schweizergarde, Römerbrief, Danaergeschenk

(4) Zusammensetzungen, die als Ganzes einen Eigennamen bilden, insbesondere Straßennamen, zum Beispiel:

Bahnhofstraße, Drosselgasse, Neugraben

> **§ 38** Ableitungen auf *-er* von geografischen Eigennamen, die sich auf die geografische Lage beziehen, schreibt man von dem folgenden Substantiv getrennt.

Beispiele:

Allgäuer Alpen, Brandenburger Tor, Naumburger Dom, Potsdamer Abkommen, Thüringer Wald, Wiener Straße

4 Andere Wortarten

Manche mehrteilige Adverbien, Konjunktionen, Präpositionen und Pronomen sind aus Elementen verschiedener Wortarten entstanden. Zum Teil sind sie als Wortgruppe erhalten geblieben, zum Teil haben sie sich zu einer Zusammensetzung entwickelt. In Zweifelsfällen siehe das Wörterverzeichnis.

> **§ 39** Mehrteilige Adverbien, Konjunktionen, Präpositionen und Pronomen schreibt man zusammen, wenn die Wortart, die Wortform oder die Bedeutung der einzelnen Bestandteile nicht mehr deutlich erkennbar sind.

Dies betrifft

(1) Adverbien, zum Beispiel:

bergab, bergauf; kopfüber; landaus, landein; stromabwärts, stromaufwärts; tagsüber; zweifelsohne

-dessen	*indessen, infolgedessen, unterdessen*
-dings	*allerdings, neuerdings, schlechterdings*
-falls	*allenfalls, ander(e)nfalls, keinesfalls, schlimmstenfalls*
-halber	*ehrenhalber, umständehalber*
-mal	*diesmal, einmal, zweimal, keinmal, manchmal*
-mals	*erstmals, letztmals, vielmals*
-maßen	*dermaßen, einigermaßen, gleichermaßen, solchermaßen, zugegebenermaßen*
-orten	*allerorten, mancherorten*
-orts	*allerorts, ander(e)norts, mancherorts*
-seits	*allseits, allerseits, and(e)rerseits, einerseits, meinerseits*
-so	*ebenso, genauso, geradeso, sowieso, umso, wieso*
-teils	*einesteils, großenteils, meistenteils*
-wärts	*himmelwärts, meerwärts, seitwärts*
-wegen	*deinetwegen, deswegen, meinetwegen*
-wegs	*geradewegs, keineswegs, unterwegs*
-weil	*alldieweil, alleweil, derweil*
-weilen	*bisweilen, derweilen, zuweilen*
-weise	*probeweise, klugerweise, schlauerweise*
-zeit	*all(e)zeit, derzeit, jederzeit, seinerzeit, zurzeit*
-zeiten	*beizeiten, vorzeiten, zuzeiten*
-zu	*allzu, geradezu, hierzu, immerzu*
bei-	*beileibe, beinahe, beisammen, beizeiten*
der-	*derart, dereinst, dergestalt, dermaßen, derweil(en), derzeit*
irgend-	*irgendeinmal, irgendwann, irgendwie, irgendwo, irgendwohin*
nichts-	*nichtsdestominder, nichtsdestoweniger*
zu-	*zuallererst, zuallerletzt, zuallermeist, zuerst, zuhauf, zuhinterst, zuhöchst, zuletzt, zumal, zumeist, zumindest, zunächst, zuoberst, zutiefst, zuunterst, zuweilen, zuzeiten*

E1: Zu Fällen wie *abhanden kommen, anheim fallen* siehe § 34 E3(2); zu Fällen wie *außerstand setzen/außer Stand setzen, imstande sein/im Stande sein* siehe unten E3(1).

(2) Konjunktionen, zum Beispiel:

anstatt (dass/zu), indem, inwiefern, sobald, sofern, solange, sooft, soviel, soweit

(3) Präpositionen, zum Beispiel:

anhand, anstatt (des/der), infolge, inmitten, zufolge, zuliebe

(4) Pronomen, zum Beispiel:

irgend-: irgendein, irgendetwas, irgendjemand, irgendwas, irgendwelcher, irgendwer

E2: In anderen Fällen schreibt man getrennt. Siehe auch § 39 E3(1).

Dies betrifft

(1) Fälle, bei denen ein Bestandteil erweitert ist, zum Beispiel:

dies eine Mal (aber *diesmal*), *den Strom abwärts* (aber *stromabwärts*)
der Ehre halber (aber *ehrenhalber*), *in keinem Fall, das erste Mal, ein einziges Mal, in bekannter Weise, zu jeder Zeit, eine Zeit lang*
irgend so ein/eine/einer (aber *irgendein*), *irgend so etwas*

(2) Fälle, bei denen die Wortart, die Wortform oder die Bedeutung der einzelnen Bestandteile deutlich erkennbar ist, und zwar

(2.1) Fügungen in adverbialer Verwendung, zum Beispiel:

zu Ende [gehen, kommen], zu Fuß [gehen], zu Hause [bleiben, sein] (österreichisch und schweizerisch auch: *zuhause bleiben, sein*), *zu Hilfe [kommen], zu Lande, zu Wasser und zu Lande, zu Schaden [kommen]*
darüber hinaus, nach wie vor, vor allem

(2.2) mehrteilige Konjunktionen, zum Beispiel:

ohne dass, statt dass, außer dass

(2.3) Fügungen in präpositionaler Verwendung, zum Beispiel:

zur Zeit [Goethes], zu Zeiten [Goethes]

(2.4) *so, wie* oder *zu* + Adjektiv, Adverb oder Pronomen, zum Beispiel:

so (wie, zu) hohe Häuser; er hat das schon so (wie, zu) oft gesagt; so (wie, zu) viel Geld; so (wie, zu) viele Leute; so (wie, zu) weit

(2.5) *gar kein, gar nicht, gar nichts, gar sehr, gar wohl*

E3: In den folgenden Fällen bleibt es dem Schreibenden überlassen, ob er sie als Zusammensetzung oder als Wortgruppe verstanden wissen will:

(1) Fügungen in adverbialer Verwendung, zum Beispiel:

außerstand setzen/außer Stand setzen; außerstande sein/außer Stande sein; imstande sein/im Stande sein; infrage stellen/in Frage stellen; instand setzen/in Stand setzen; zugrunde gehen/zu Grunde gehen; zuleide tun/zu Leide tun; zumute sein/zu Mute sein; zurande kommen/zu Rande kommen; zuschanden machen, werden/zu Schanden machen, werden; zuschulden kommen lassen/zu Schulden kommen lassen; zustande bringen/zu Stande bringen; zutage fördern, treten/zu Tage fördern, treten; zuwege bringen/zu Wege bringen

(2) die Konjunktion

sodass/so dass

(3) Fügungen in präpositionaler Verwendung, zum Beispiel:

anstelle/an Stelle; aufgrund/auf Grund; aufseiten/auf Seiten; mithilfe/mit Hilfe; vonseiten/von Seiten; zugunsten/zu Gunsten; zulasten/zu Lasten; zuungunsten/zu Ungunsten

C Schreibung mit Bindestrich

0 Vorbemerkungen

(1) Der Bindestrich bietet dem Schreibenden die Möglichkeit, anstelle der sonst bei Zusammensetzungen und Ableitungen üblichen Zusammenschreibung die einzelnen Bestandteile als solche zu kennzeichnen, sie gegeneinander abzusetzen und sie dadurch für den Lesenden hervorzuheben.

(2) Die Schreibung mit Bindestrich bei Fremdwörtern (zum Beispiel bei *7-Bit-Code, Stand-by-System*) folgt den für das Deutsche geltenden Regeln.

Die Schreibung mit Bindestrich bei Eigennamen entspricht nicht immer den folgenden Regeln, so dass nur allgemeine Hinweise gegeben werden können. Zusammensetzungen aus Eigennamen und Substantiv zur Benennung von Schulen, Universitäten, Betrieben, Firmen und staatlichen Institutionen werden so geschrieben, wie sie amtlich festgelegt sind. In Zweifelsfällen sollte man nach § 46 bis § 52 schreiben.

Steht ein Bindestrich am Zeilenende, so gilt er zugleich als Trennungsstrich.

(3) Zu unterscheiden sind:

- Zusammensetzungen und Ableitungen, die keine Eigennamen als Bestandteile enthalten (§ 40 bis § 45)
- Zusammensetzungen und Ableitungen, die Eigennamen als Bestandteile enthalten (§ 46 bis § 52)
- Gruppen, in denen man den Bindestrich setzen muss (§ 40 bis § 44; § 46 und § 48 bis § 50), und solche, in denen der Gebrauch des Bindestrichs dem Schreibenden freigestellt ist (§ 45, § 51 bis § 52).

Zum Ergänzungsstrich (zum Beispiel in *Haupt- und Nebeneingang*) siehe § 98.

1 Zusammensetzungen und Ableitungen, die keine Eigennamen als Bestandteile enthalten

> **§ 40** Man setzt einen Bindestrich in Zusammensetzungen mit Einzelbuchstaben, Abkürzungen oder Ziffern.

Dies betrifft

(1) Zusammensetzungen mit Einzelbuchstaben, zum Beispiel:

A-Dur (ebenso *Cis-Dur*), *b-Moll, b-Strahlen, i-Punkt, n-Eck, S-Kurve, s-Laut, s-förmig, T-Shirt, T-Träger, x-beliebig, x-beinig, x-mal, y-Achse; Dativ-e, Zungenspitzen-r, Fugen-s*

(2) Zusammensetzungen mit Abkürzungen und Initialwörtern, zum Beispiel:

dpa-Meldung, D-Zug, Kfz-Schlosser, km-Bereich, UNO-Sicherheitsrat, VIP-Lounge; Fußball-WM, Lungen-Tbc; H_2O-gesättigt, DGB-eigen, Na-haltig, UV-bestrahlt; Abt.-Leiter, Inf.-Büro

Abt.-Ltr. (= Abteilungsleiter), Dipl.-Ing. (= Diplomingenieur), Tgb.-Nr. (= Tagebuchnummer), Telegr.-Adr. (= Telegrammadresse)

E: Aber ohne Bindestrich bei Kurzformen von Wörtern (Kürzeln), zum Beispiel: *Busfahrt, Akkubehälter*

(3) Zusammensetzungen mit Ziffern, zum Beispiel:

3-Tonner, 2-Pfünder, 8-Zylinder; 5-mal, 4-silbig, 100-prozentig, 1-zeilig, 17-jährig, der 17-Jährige

8:6-Sieg, 2:3-Niederlage, der 5:3-[2:1-]Sieg (auch *5:3[2:1]-Sieg*)

²/₃-Mehrheit, ³/₄-Takt, 2^n-Eck

> **§ 41** Vor Suffixen setzt man nur dann einen Bindestrich, wenn sie mit einem Einzelbuchstaben verbunden werden.

Beispiele:

der x-te, zum x-ten Mal, die n-te Potenz

E: Aber: *abclich, ÖVPler; der 68er, ein 32stel, 100%ig, 25fach, das 25fache*

> **§ 42** Bilden Verbindungen aus Ziffern und Suffixen den vorderen Teil einer Zusammensetzung, so setzt man nach dem Suffix einen Bindestrich.

Beispiele:

ein 100stel-Millimeter, die 61er-Bildröhre, eine 25er-Gruppe, in den 80er-Jahren (auch *in den 80er Jahren*)

E: Aber ausgeschrieben: *die Zweierbeziehung, die Zehnergruppe, die Achtzigerjahre* (auch *die achtziger Jahre*)

> **§ 43** Man setzt Bindestriche in substantivisch gebrauchten Zusammensetzungen (Aneinanderreihungen), insbesondere bei substantivisch gebrauchten Infinitiven mit mehr als zwei Bestandteilen.

Beispiele:

das Entweder-oder, das Teils-teils, das Als-ob, das Sowohl-als-auch; der Boogie-Woogie, das Walkie-Talkie; das Make-up, das Rooming-in

das Auf-die-lange-Bank-Schieben, das An-den-Haaren-Herbeiziehen, das In-den-Tag-Hineinträumen, das Von-der-Hand-in-den-Mund-Leben

E: Dies gilt nicht für einfache Zusammensetzungen mit Infinitiv, zum Beispiel:

das Autofahren, das Ballspielen, beim Walzertanzen

Zur Groß- und Kleinschreibung siehe § 57 E3.

> **§ 44** Man setzt einen Bindestrich zwischen allen Bestandteilen mehrteiliger Zusammensetzungen, in denen eine Wortgruppe oder eine Zusammensetzung mit Bindestrich auftritt.

Beispiele:

A-Dur-Tonleiter, D-Zug-Wagen, S-Kurven-reich (aber *kurvenreich*), *Vitamin-B-haltig* (aber *vitaminhaltig*), *K.-o.-Schlag, UV-Strahlen-gefährdet* (aber *strahlengefährdet*), *Dipl.-Ing.-Ök.*

2-Mark-Stück, 800-Jahr-Feier, 35-Stunden-Woche, 10-Pfennig-Briefmarke, 8-Zylinder-Motor, 400-m-Lauf, 2-kg-Büchse, 3-Zimmer-Wohnung, ¹/₂-kg-Packung

Berg-und-Tal-Bahn, Frage-und-Antwort-Spiel; Kopf-an-Kopf-Rennen, Mund-zu-Mund-Beatmung, Wort-für-Wort-Übersetzung

Arzt-Patient-Verhältnis, Grund-Folge-Beziehung, Links-rechts-Kombination, Hals-Nasen-Ohren-Klinik, Ost-West-Gespräche, September-Oktober-Heft (auch *September/Oktober-Heft;* siehe § 106(1))

Ad-hoc-Bildung, Als-ob-Philosophie, De-facto-Anerkennung, Do-it-yourself-Bewegung, Erste-Hilfe-Lehrgang, Go-go-Girl, Rooming-in-System; Make-up-freie Haut, Ruhe-vor-dem-Sturm-artig, Fata-Morgana-ähnlich; Trimm-dich-Pfad

Abend-Make-up, Wasch-Eau-de-Cologne

> **§ 45** Man kann einen Bindestrich setzen zur Hervorhebung einzelner Bestandteile, zur Gliederung unübersichtlicher Zusammensetzungen, zur Vermeidung von Missverständnissen, in Zusammensetzungen aus gleichrangigen (nebengeordneten) Adjektiven oder beim Zusammentreffen von drei gleichen Buchstaben.

Dies betrifft

(1) Hervorhebung einzelner Bestandteile, zum Beispiel:

der dass-Satz, die Ich-Erzählung, das Ist-Aufkommen, die Kann-Bestimmung, die Soll-Stärke; die Hoch-Zeit, das Nach-Denken, Vor-Sätze, be-greifen

(2) Unübersichtliche Zusammensetzungen, auch mit Fremdwörtern, zum Beispiel:

Arbeiter-Unfallversicherungsgesetz, Haushalt-Mehrzweckküchenmaschine, Lotto-Annahmestelle, Mosel-Winzergenossenschaft, Software-Angebotsmesse, Ultraschall-Messgerät; Desktop-Publishing, Midlife-Crisis

der wissenschaftlich-technische Fortschritt, ein lateinisch-deutsches Wörterbuch, deutsch-österreichische Angelegenheiten; physikalisch-chemisch-biologische Prozesse

Zu Verbindungen wie *Blackbox/Black Box* siehe § 37 E1.

(3) Vermeidung von Missverständnissen, zum Beispiel:

Drucker-Zeugnis und *Druck-Erzeugnis, Musiker-Leben* und *Musik-Erleben; re-integrieren*

(4) Zusammentreffen von drei gleichen Buchstaben in Zusammensetzungen, zum Beispiel:

Hawaii-Inseln, Kaffee-Ersatz, See-Elefant, Zoo-Orchester; Bett-Tuch, Schiff-Fahrt, Schrott-Transport

2 Zusammensetzungen und Ableitungen, die Eigennamen als Bestandteile enthalten

§ 46 Man setzt einen Bindestrich in Zusammensetzungen, die als zweiten Bestandteil einen Eigennamen enthalten oder die aus zwei Eigennamen bestehen.

Dies betrifft

(1) Zusammensetzungen mit Personennamen, zum Beispiel:

Frau Müller-Weber, Herr Schmidt-Wilpert; Eva-Maria (auch *Eva Maria, Evamaria*), *Karl-Heinz* (auch *Karl Heinz, Karlheinz*)

die Bäcker-Anna, der Schneider-Karl; Blumen-Richter, Foto-Müller, Möbel-Schmidt; Müller-Lüdenscheid, Schneider-Partenkirchen

E1: Die standesamtliche Schreibung mehrteiliger Personennamen kann von dieser Regelung abweichen.

(2) geografische Eigennamen, zum Beispiel:

Annaberg-Buchholz, Baden-Württemberg, Flughafen Köln-Bonn, Neu-Bamberg, Rheinland-Pfalz, Sachsen-Anhalt

E2: Die amtliche Schreibung von Zusammensetzungen mit einem geografischen Eigennamen, die ihrerseits zu einem geografischen Eigennamen geworden sind, kann von dieser Regelung abweichen.

Adjektiv + Eigenname, zum Beispiel:
Neu Seehagen, Neubrandenburg

Immer Getrenntschreibung bei *Sankt*, zum Beispiel:
Sankt Georgen (St. Georgen)

Substantiv + Eigenname, zum Beispiel:
Nordkorea, Königs Wusterhausen, Marktredwitz, Markt Indersdorf, Stadtlauringen, Stadt Rottenmann

Immer Getrenntschreibung bei *Bad*, zum Beispiel:
Bad Säckingen

Zwei Eigennamen, zum Beispiel:
Grindelwald Grund, Rostock Lütten Klein; Berlin Schönefeld (auch *Berlin-Schönefeld*)

§ 47 Werden Zusammensetzungen mit einem ursprünglichen Personennamen als Gattungsbezeichnung gebraucht, so schreibt man ohne Bindestrich zusammen.

Beispiele:

Gänseliesel, Heulsuse, Meckerfritze

§ 48 Bei Ableitungen von Verbindungen mit einem Eigennamen als zweitem Bestandteil bleibt der Bindestrich erhalten.

Beispiele:

baden-württembergisch (Baden-Württemberg), rheinland-pfälzisch, alt-wienerische/Alt-Wiener Kaffeehäuser, Spree-Athener

§ 49 Bei Ableitungen von mehreren Eigennamen, von Titeln und Eigennamen oder von einem mehrteiligen Eigennamen setzt man einen Bindestrich.

Beispiele:

die sankt-gallischen/st.-gallischen Klosterschätze (St. Gallen), die gräflich-rieneckische Güterverwaltung (Graf Rieneck)

die kant-laplacesche Theorie (Kant und Laplace), der de-costersche Roman (de Coster), die gräflich-rieneckische Güterverwaltung (Graf Rieneck)

die Kant-Laplace'sche Theorie (Kant und Laplace), der de-Coster'sche Roman (de Coster), die Gräflich-Rieneck'sche Güterverwaltung (Graf Rieneck)

Zur Groß- und Kleinschreibung und zur Schreibung mit Apostroph siehe § 62.

E: Bei Ableitungen auf *-er* kann man den Bindestrich weglassen, zum Beispiel:

die Bad-Schandauer (Bad Schandau)/Bad Schandauer, die Sankt-Galler/Sankt Galler, die New-Yorker/New Yorker

---

§ 50 Man setzt einen Bindestrich zwischen allen Bestandteilen mehrteiliger Zusammensetzungen, deren erste Bestandteile aus Eigennamen bestehen.

Beispiele:

Albrecht-Dürer-Allee, Heinrich-Heine-Platz, Kaiser-Karl-Ring, Ernst-Ludwig-Kirchner-Straße, Rainer-Maria-Rilke-Promenade, Thomas-Müntzer-Gasse

Elbe-Havel-Kanal, Oder-Neiße-Grenze, La-Plata-Mündung

Albert-Einstein-Gedenkstätte, Georg-Büchner-Preis, Jacob-und-Wilhelm-Grimm-Preis, Goethe-Schiller-Archiv, Johann-Sebastian-Bach-Gymnasium, Van-Gogh-Ausstellung

am Lago-di-Como-seitigen Abhang, Fidel-Castro-freundlich

---

§ 51 Man kann einen Bindestrich in Zusammensetzungen setzen, die als ersten Bestandteil einen Eigennamen haben, der besonders hervorgehoben werden soll, oder wenn der zweite Bestandteil bereits eine Zusammensetzung ist.

Beispiele:

Goethe-Ausgabe, Johannes-Passion, Richelieu-freundlich, Kafka-Kolloquium; Goethe-Geburtshaus, Brecht-Jubiläumsausgabe

Ganges-Ebene, Krim-Treffen, Mekong-Delta; Elbe-Wasserstandsmeldung, Helsinki-Nachfolge-konferenz

---

§ 52 Wird ein geografischer Eigenname von einem nachgestellten Substantiv näher bestimmt, so kann man einen Bindestrich setzen.

Beispiele:

Frankfurt Hauptbahnhof/Frankfurt-Hauptbahnhof, München Ost/München-Ost

D Groß- und Kleinschreibung

0 Vorbemerkungen

(1) Die Großschreibung, das heißt die Schreibung mit einem großen Anfangsbuchstaben, dient dem Schreibenden dazu, den Anfang bestimmter Texteinheiten sowie Wörter bestimmter Gruppen zu kennzeichnen und sie dadurch für den Lesenden hervorzuheben.

(2) Die Großschreibung wird im Deutschen verwendet zur Kennzeichnung von

- Überschriften, Werktiteln und dergleichen
- Satzanfängen
- Substantiven und Substantivierungen
- Eigennamen mit ihren nichtsubstantivischen Bestandteilen
- bestimmten festen nominalen Wortgruppen mit nichtsubstantivischen Bestandteilen
- Anredepronomen und Anreden

(3) Die Abgrenzung von Groß- und Kleinschreibung, wie sie sich in der Tradition der deutschen Orthographie herausgebildet hat, macht es erforderlich, neben den Regeln für die Großschreibung auch Regeln für die Kleinschreibung zu formulieren. Diese werden in den einzelnen Teilabschnitten jeweils im Anschluss an die Großschreibungsregeln angegeben. In einigen Fallgruppen ist eine eindeutige Zuweisung zur Groß- oder Kleinschreibung fragwürdig. Hier sind beide Schreibungen zulässig.

(4) Entsprechend gliedert sich die folgende Darstellung in die Abschnitte:

2.5 Anredepronomen und Anreden (§ 65 bis § 66)

1 Kennzeichnung des Anfangs bestimmter Texteinheiten durch Großschreibung

> **§ 53** Das erste Wort einer Überschrift, eines Werktitels, einer Anschrift und dergleichen schreibt man groß.

Dies betrifft unter anderem

(1) Überschriften und Werktitel (etwa von Büchern und Theaterstücken, Werken der bildenden Kunst und der Musik, Rundfunk- und Fernsehproduktionen), zum Beispiel:

Allmähliche Normalisierung im Erdbebengebiet
Hohe Schneeverwehungen behindern Autoverkehr
Keine Chance für eine diplomatische Lösung!
Kleines Wörterbuch der Stilkunde
Wo warst du, Adam?
Der kaukasische Kreidekreis
Der grüne Heinrich
Hundert Jahre Einsamkeit
Ungarische Rhapsodie
Unter den Dächern von Paris
Ein Fall für zwei

(2) Titel von Gesetzen, Verträgen, Deklarationen und dergleichen sowie Bezeichnungen für Veranstaltungen, zum Beispiel:

Bayerisches Hochschulgesetz
Potsdamer Abkommen
Internationaler Ärzte- und Ärztinnenkongress
Grüne Woche (in Berlin)

E1: Die Großschreibung des ersten Wortes bleibt auch dann erhalten, wenn eine Überschrift, ein Werktitel und dergleichen innerhalb eines Textes gebraucht wird, zum Beispiel:

Das Theaterstück „Der kaukasische Kreidekreis" steht auf dem Programm. Sie lesen Kellers Roman „Der grüne Heinrich".

Wird dabei am Anfang ein Titel und dergleichen verkürzt oder sein Artikel verändert, so schreibt man das nächstfolgende Wort des Titels groß, zum Beispiel:

Wir haben im Theater Brechts „Kaukasischen Kreidekreis" gesehen. Sie lesen den „Grünen Heinrich".

Zur Schreibung nach Gliederungsangaben oder nach Auslassungspunkten und Zahlen siehe § 54(5) und (6). Zum Gebrauch der Anführungszeichen siehe § 94(1).

(3) Anschriften, Datumszeilen und Anreden sowie Grußformeln etwa in Briefen, zum Beispiel:

Donnerstag, 15. Februar 1996

Frau
Ulla Schröder
Rüdesheimer Str. 29
D-65197 Wiesbaden

Sehr geehrte Frau Schröder,
entsprechend unserer telefonischen Vereinbarung
…erwarten wir Ihre Antwort.

Mit freundlichen Grüßen
Werner Meier

E2: Wenn man nach der Anrede – wie in der Schweiz üblich – auf ein Satzzeichen verzichtet, schreibt man das erste Wort des folgenden Abschnitts groß. Siehe auch § 69 E3.

> **§ 54** Das erste Wort eines Ganzsatzes schreibt man groß.

Beispiele:

Gestern hat es geregnet. Du kommst bitte morgen! Hat er das wirklich gesagt?

Nachdem sie von der Reise zurückgekehrt war, hatte sie den dringenden Wunsch, ein Bad zu nehmen. Im Hausflur war es still, ich drückte erwartungsvoll auf die Klingel. Meine Freundin hatte den Zug versäumt, deshalb kam sie eine halbe Stunde zu spät. Wir sehen nach, was Paul macht. Sehen Sie nur, wie schön die Aussicht ist. Haben Sie ihn aufgefordert, die Wohnung zu verlassen?

Kommt doch schnell! Bitte die Türen schließen und Vorsicht bei der Abfahrt des Zuges!

Ob sie heute kommt? Nein, morgen. Warum nicht? Gute Reise!

Vorwärts! Vgl. Anlage 3, Ziffer 7.

Alles war zerstört: das Haus, der Stall, die Scheune. Die Teeküche kann zu folgenden Zeiten benutzt werden: morgens von 7 bis 8 Uhr, abends von 18 bis 19 Uhr.

Im Einzelnen ist zu beachten:

(1) Wird die nach dem Doppelpunkt folgende Ausführung als Ganzsatz verstanden, so schreibt man das erste Wort groß, zum Beispiel:

Beachten Sie bitte folgenden Hinweis: Alle Bänke sind frisch gestrichen. Die Regel lautet: Würfelt man eine Sechs, dann …

(2) Das erste Wort der wörtlichen Rede schreibt man groß, zum Beispiel:

Sie fragte: „Kommt er heute?" Er sagte: „Wir wissen es nicht." Alle baten: „Bleib!"

(3) Folgt dem wörtlich Wiedergegebenen der Begleitsatz oder ein Teil von ihm, so schreibt man das erste Wort nach dem abschließenden Anführungszeichen klein, zum Beispiel:

„Hörst du?", fragte sie. „Ich verstehe dich gut", ant-
wortete er. „Mit welchem Recht", fragte er, „willst du
das tun?" Sie rief mir zu: „Wir treffen uns auf dem
Schulhof!", und lief weiter.

(4) Das erste Wort von Parenthesen schreibt man
klein, wenn es nicht nach einer anderen Regel groß-
zuschreiben ist, zum Beispiel:

Eines Tages, es war mitten im Sommer, hagelte es. Er
behauptete – so eine Frechheit! –, dass er im Kino ge-
wesen sei. Sie hat das (erinnerst du dich?) gestern ge-
sagt.

Zu den Satzzeichen siehe § 77(1), § 84(1), § 86(1).

(5) Gliederungsangaben wie Ziffern, Paragraphen,
Buchstaben gehören nicht zum nachfolgenden
Ganzsatz; entsprechend schreibt man das folgende
Wort groß. Dies gilt auch für Überschriften, Werktitel
und dergleichen. Beispiele:

3. Die Besitzer und Besitzerinnen von Haustieren
sollten …
§ 13 Die Behandlung sollte sofort einsetzen.
c) Vgl. Anlage 3, Ziffer 7.
2 Die Säugetiere

(6) Auslassungspunkte, Apostroph oder Zahlen zu
Beginn eines Ganzsatzes gelten als Satzanfang; ent-
sprechend bleibt die Schreibung des folgenden
Wortes unverändert. Dies gilt auch für Überschriften,
Werktitel und dergleichen. Beispiele:

… und gab keine Antwort.
's ist schade um sie.
52 volle Wochen hat das Jahr.

2   Anwendung von Groß- oder Kleinschreibung bei bestimmten Wörtern und Wortgruppen

2.1   Substantive und Desubstantivierungen

> **§ 55** Substantive schreibt man groß.

Beispiele:

Tisch, Wald, Milch, Mond, Genie, Team, Ladung,
Feuer, Wasser, Luft, Sandkasten

Verständnis, Verantwortung, Freiheit, Aktion

Gabriela, Markus, Europa, Wien, Alpen

Substantive dienen der Bezeichnung von Gegen-
ständen, Lebewesen und abstrakten Begriffen. Sie
besitzen in der Regel ein festes Genus (Maskulinum,
Femininum, Neutrum) und sind im Numerus (Sin-
gular, Plural) und im Kasus (Nominativ, Genitiv, Da-
tiv, Akkusativ) bestimmt.

Die Großschreibung gilt auch

(1) für nichtsubstantivische Wörter, wenn sie am
Anfang einer Zusammensetzung mit Bindestrich ste-
hen, die als Ganzes die Eigenschaften eines Sub-
stantivs hat, zum Beispiel:

die Ad-hoc-Entscheidung, der A-cappella-Chor (vgl.
auch § 55 E2), *das In-den-Tag-hinein-Leben* (vgl.
auch § 57(2)), *der Trimm-dich-Pfad, die X-Beine, die*
S-Kurve

Abkürzungen sowie zitierte Wortformen und Einzel-
buchstaben und dergleichen bleiben allerdings un-
verändert, zum Beispiel:

die km-Zahl, die pH-Wert-Bestimmung, der dass-
Satz, die x-Achse, der i-Punkt (der Punkt auf dem
kleinen *i*)

(2) für Substantive – auch Initialwörter (§ 102(2)) und
Einzelbuchstaben, sofern sie nicht als Kleinbuchsta-
ben zitiert sind – als Teile von Zusammensetzungen
mit Bindestrich, zum Beispiel:

die Natrium-Chlor-Verbindung, der 400-Meter-Lauf,
zum Aus-der-Haut-Fahren (vgl. auch § 57(2))
pH-Wert-neutral, Napoleon-freundlich, S-Kurven-
reich, Formel-1-tauglich

UV-empfindlich, T-förmig (in der Form eines großen
T), *S-förmig* oder *s-förmig* (in der Form eines großen
S bzw. eines kleinen *s*), *x-beliebig*

(3) für Substantive aus anderen Sprachen, wenn sie
nicht als Zitatwörter gemeint sind. Sind sie mehrtei-
lig, wird der erste Teil großgeschrieben. Beispiele:

das Crescendo, der Drink, das Center, die Ratio; die
Conditio sine qua non, das Cordon bleu, eine Terra
incognita; das Know-how, das Make-up

Substantivische Bestandteile werden auch im Innern
mehrteiliger Fügungen großgeschrieben, die als
Ganzes die Funktion eines Substantivs haben, zum
Beispiel:

die Alma Mater, die Ultima Ratio, das Desktop-
Publishing, der Full-Time-Job, der Soft Drink, der
Sex-Appeal, der Cash-Flow, das Corned Beef, der
Chewing-Gum

E1: Teilweise wird auch zusammengeschrieben, sie-
he Getrennt- und Zusammenschreibung, § 37(1),
und Schreibung mit Bindestrich, § 44 und § 45.

Beispiele: *der Fulltimejob, der Softdrink, der Sexap-*
peal, das Cornedbeef, der Chewinggum

(4) für Substantive, die Bestandteile fester Gefüge
sind und nicht mit anderen Bestandteilen des Ge-
füges zusammengeschrieben werden (siehe dazu
auch Teil B, Getrennt- und Zusammenschreibung,
§ 34(3) und § 39), zum Beispiel:

auf Abruf, in Bälde, in/mit Bezug auf, im Grunde, auf
Grund (auch *aufgrund*); *zu Grunde gehen* (auch
zugrunde gehen), *zu Händen von* (aber *zuhanden*
von; abhanden kommen), *in Hinsicht auf* (aber *infol-*
ge), *zur Not* (aber *vonnöten*), *zur Seite, von Seiten* (auch *aufseiten, vonseiten;* aber nur *beiseite*)

etwas außer Acht lassen, die Haare stehen jemandem
zu Berge, in Betracht kommen, zu Hilfe kommen, in
Kauf nehmen

Auto fahren, Rad fahren, Maschine schreiben, Kegel schieben, Diät leben, Folge leisten, Maß halten, Hof halten, Kopf stehen, Leid tun, Not leiden, Not tun, Pleite gehen (aber nach § 34(3): *irreführen, preisgeben, stattfinden, teilnehmen, wundernehmen*)

Recht haben/behalten/bekommen, Unrecht haben/behalten/bekommen, Ernst machen mit etwas, Wert legen auf etwas, Angst haben, jemandem Angst (und Bange) machen, (keine) Schuld tragen (vgl. aber Fügungen mit Adjektiven: *recht sein, unrecht sein, ernst sein/werden, etwas ernst nehmen, wert sein, angst (und bange) sein* (§ 56(1)), *schuld sein* (§ 56(1)) *zum ersten Mal* (aber nach § 39(1): *einmal, diesmal, nochmal*)

eines Abends, des Nachts, letzten Endes, guten Mutes, schlechter Laune (aber nach § 56(3): *abends, nachts;* aber nach § 39(1): *keinesfalls, andernorts*)

E2: In festen adverbialen Fügungen, die als Ganzes aus einer fremden Sprache entlehnt worden sind, gilt Kleinschreibung, zum Beispiel:

a cappella, in flagranti, à discrétion, de jure, de facto, in nuce, pro domo, ex cathedra, coram publico

Zu Schreibungen wie *A-cappella-Chor, De-facto-Anerkennung* siehe oben Absatz (1).

(5) für Zahlsubstantive, zum Beispiel:

ein Dutzend, das Schock (= 60 Stück), *das Paar* (aber *ein paar = einige), das Hundert* (zum Beispiel: *das erste Hundert Schrauben), das Tausend, eine Million, eine Milliarde, eine Billion*

Zu *Dutzend, Hundert* und *Tausend* siehe auch § 58 E5.

(6) für Ausdrücke, die als Bezeichnung von Tageszeiten nach den Adverbien *vorgestern, gestern, heute, morgen, übermorgen* auftreten, zum Beispiel:

Wir treffen uns heute Mittag. Die Frist läuft übermorgen Mitternacht ab. Sie rief gestern Abend an.

Zu Verbindungen wie *(am) Dienstagabend* siehe § 37(1).

> **§ 56** Klein schreibt man Wörter, die ihre substantivischen Merkmale eingebüßt und die Funktion anderer Wortarten übernommen haben (= Desubstantivierungen).

Dies betrifft

(1) folgende Wörter, die in Verbindung mit den Verben *sein, bleiben, werden* als Adjektive gebraucht werden:

angst, bange, gram, leid, pleite, schuld

Beispiele:

Mir wird angst. Uns ist angst und bange. Wir sind ihr gram. Mir ist das alles leid. Die Firma ist pleite. Er ist schuld daran.

E1: Zu Wörtern wie *recht, unrecht, ernst* vgl. § 55(4).

(2) den ersten Bestandteil unfest zusammengesetzter Verben auch in getrennter Stellung (siehe auch § 34(3)), zum Beispiel:

Ich nehme daran teil (teilnehmen). Die Besprechung findet am Freitag statt (stattfinden). Er führt uns irre (irreführen). Wir geben unser Ziel nicht preis (preisgeben). Es nimmt mich wunder (wundernehmen).

E2: Wird ein Substantiv mit dem Infinitiv nicht zusammengeschrieben, so schreibt man es entsprechend § 55(4) groß, zum Beispiel:

Ich nehme daran Anteil (Anteil nehmen). Du fährst Auto, und ich fahre Rad (Auto fahren, Rad fahren). Sie leistete der Aufforderung nicht Folge (Folge leisten). Meine Schwester läuft Eis (Eis laufen).

(3) Adverbien, Präpositionen, Konjunktionen auf *-s* und *-ens*, zum Beispiel:

abends, anfangs, donnerstags, schlechterdings, morgens, hungers (hungers sterben), willens, rechtens (rechtens sein, etwas rechtens machen); abseits, angesichts, mangels, mittels, namens, seitens; falls, teils … teils

(4) die folgenden Präpositionen:

dank, kraft (kraft ihres Amtes), laut, statt, an … statt (an Kindes statt, an seiner statt), trotz, wegen, von … wegen (von Amts wegen), um … willen, zeit (zeit seines Lebens)

(5) die folgenden unbestimmten Zahlwörter:

ein bisschen (= ein wenig), ein paar (= einige)

Beispiele:

ein bisschen Leim, dieses kleine bisschen Leim; ein paar Steine, diese paar Steine (aber nach § 55(5): *ein Paar Schuhe*)

(6) Bruchzahlen auf *-tel* und *-stel*

(6.1) vor Maßangaben (siehe auch § 37 E2), zum Beispiel:

ein zehntel Millimeter, ein viertel Kilogramm, in fünf hundertstel Sekunden, nach drei viertel Stunden

E3: Hier ist auch Zusammenschreibung nach § 37(1) möglich, zum Beispiel:

ein Zehntelmillimeter, ein Viertelkilogramm, in fünf Hundertstelsekunden, nach drei Viertelstunden

(6.2) in Uhrzeitangaben unmittelbar vor Kardinalzahlen, zum Beispiel:

um viertel fünf, gegen drei viertel acht

E4: In allen übrigen Fällen schreibt man Bruchzahlen auf *-tel* und *-stel* entsprechend § 55 groß, zum Beispiel:

ein Drittel, das erste Fünftel, neun Zehntel des Um-

satzes, um drei Viertel größer, um (ein) Viertel vor fünf

2.2 Substantivierungen

> **§ 57** Wörter anderer Wortarten schreibt man groß, wenn sie als Substantive gebraucht werden (= Substantivierungen).

Substantivierte Wörter nehmen die Eigenschaften von Substantiven an (vgl. § 55). Man erkennt sie im Text an zumindest einem der folgenden Merkmale:

a) an einem vorausgehenden Artikel *(der, die, das; ein, eine, ein)*, Pronomen *(dieser, jener, welcher, mein, kein, etwas, nichts, alle, einige …)* oder unbestimmten Zahlwort *(ein paar, genug, viel, wenig …)*, die sich auf das substantivierte Wort beziehen;

b) an einem vorangestellten adjektivischen Attribut oder einem nachgestellten Attribut, das sich auf das substantivierte Wort bezieht;

c) an ihrer Funktion als kasusbestimmtes Satzglied oder kasusbestimmtes Attribut.
Siehe dazu folgende Beispiele:

Das In-Kraft-Treten (a, b, c) des Gesetzes verzögert sich. Er übersah alles Kleingedruckte (a, c). Das Ausschlaggebende (a, b, c) für ihre Einstellung war ihr sicheres Auftreten (a, b, c). Nichts Menschliches (a, c) war ihr fremd. Das Deutsche (a, c) gilt als schwere Sprache. Sie bot ihr das Du (a, c) an. Der Beschluss fiel nach langem Hin und Her (b, c). Bananen kosten jetzt das Zweifache (a, b, c) des früheren Preises. Lesen und Schreiben (c) sind Kulturtechniken. Sie brachte eine Platte mit Gebratenem (c). Du sollst Gleiches (c) nicht mit Gleichem (c) vergelten. Man sagt, Liebende (c) seien blind.

E1: Zahlreiche Substantivierungen sind ein fester Bestandteil des Substantivwortschatzes geworden, zum Beispiel:

das Essen, das Herzklopfen, das Leben, das Deutsche, die Grünen, die Studierenden, der/die Angestellte, das Durcheinander, das Jenseits, das Vergissmeinnicht

Die folgende Aufgliederung der Großschreibung von Substantivierungen ist nach Wortarten geordnet.

(1) Substantivierte Adjektive und adjektivisch gebrauchte Partizipien, besonders auch in Verbindung mit Wörtern wie *alles, allerlei, etwas, genug, nichts, viel, wenig*, zum Beispiel:

Wir wünschen alles Gute. Zum Aperitif gab es Süßes und Salziges. Geh nicht mit Unbekannten! Das Ausschlaggebende für die Einstellung war ihre Erfahrung. Er hat nichts/wenig/etwas/viel Bedeutendes geschrieben. Das nie Erwartete trat ein. Sie hatte nur Angenehmes erlebt. Der Umsatz war dieses Jahr um das Dreifache höher. Das andere Gebäude war um ein Beträchtliches höher. Das ist das einzig Richtige, was du tun kannst. Es wäre wohl das Richtige, wenn wir noch einmal darüber reden. Bitte lesen Sie das unten Stehende/unten Stehendes genau durch. Wir haben

das Folgende/Folgendes verabredet. Wir werden das im Folgenden noch genauer darstellen. Des Näheren vermag ich mich nicht zu entsinnen. Sie hat mir die Sache des Näheren erläutert. Wir haben alles des Langen und Breiten diskutiert. Wir wohnen im Grünen. Beim Umweltschutz liegen noch viele Dinge im Argen. Wir sind uns im Großen und Ganzen einig. Die Arbeiten sind im Allgemeinen nicht schlecht geraten. Das ist im Wesentlichen richtig. Im Einzelnen sind aber noch Verbesserungen möglich. Plötzlich ertönte eine Stimme aus dem Dunkeln. Die Polizei tappt im Dunkeln. Die Direktorin war auf dem Laufenden.

Sie war unsere Jüngste. Das Beste, was dieser Ferienort bietet, ist die Ruhe. Es ist das Beste, wenn du kommst. Es änderte sich das Geringste. Dies geschieht zum Besten unserer Kinder. Er gab wieder einmal eine seiner Geschichten zum Besten. Sie konnte uns vor dem Ärgsten bewahren. Daran haben wir nicht im Entferntesten gedacht. Sie war bis ins Kleinste vorbereitet. Sie war aufs Schrecklichste/auf das Schrecklichste gefasst. Sie hat uns aufs Herzlichste/auf das Herzlichste begrüßt (siehe auch § 58 E1).

Die Pest traf Hohe und Niedrige/Hoch und Niedrig. Diese Musik gefällt Jungen und Alten/Jung und Alt. Die Teilnehmenden diskutierten über den Konflikt zwischen Jungen und Alten/zwischen Jung und Alt. Das ist ein Fest für Junge und Alte/für Jung und Alt.

Sie trug das kleine Schwarze. Der Zeitungsbericht traf ins Schwarze. Wenn man Schwarz mit Weiß mischt, entsteht Grau. Die Ampel schaltete auf Rot. Wir liefern das Gerät in Grau oder Schwarz.

Das Englische ist eine Weltsprache. Ihr Englisch hatte einen südamerikanischen Akzent. Mit Englisch kommt man überall durch. In Ostafrika verständigt man sich am besten auf Swahili oder auf Englisch.

E2: Gelegentlich ist Groß- oder Kleinschreibung möglich, zum Beispiel:

Sie spricht Englisch (was? – die englische Sprache)/englisch (wie?).

Ordnungszahladjektive sowie sinnverwandte Adjektive, zum Beispiel:

Die Miete ist am Ersten jedes Monats zu bezahlen. Er ist schon der Zweite, der den Rekord des vergangenen Jahres überboten hat. Jeder Fünfte lehnte das Projekt ab. Endlich war sie die Erste im Staat. Dieses Vorgehen verletzte die Rechte Dritter. Er kam als Dritter an die Reihe. Er kam vom Hundertsten ins Tausendste. Fürs Erste wollen wir nicht mehr darüber reden. Die Nächste bitte! Liebe deinen Nächsten wie dich selbst! Trotz ihrer Verletzung wurde sie noch Viertletzte. Als Letztes muss der Deckel angeschraubt werden. Arthur und Armin gingen unterschiedliche Wege: der Erste/Ersterer wurde Beamter, der Zweite/der Letzte/Letzterer hatte als Schauspieler Erfolg.

Unbestimmte Zahladjektive (siehe aber auch § 58(5)), zum Beispiel:

Den Kometen haben Unzählige (Ungezählte, Zahllose) gesehen. Ich muss noch Verschiedenes erledigen. Er hatte das Ganze rasch wieder vergessen. Der Kongress war als Ganzes ein Erfolg. Das muss jeder Einzelne mit sich selbst ausmachen. Anita war die Einzige, die alles wusste. Alles Übrige besprechen wir morgen. Er gab sein Geld für alles Mögliche aus.

(2) Substantivierte Verben, zum Beispiel:

Das Lesen fällt mir schwer. Sie hörten ein starkes Klopfen. Wer erledigt das Fensterputzen? Viele waren am Zustandekommen des Vertrages beteiligt. Die Sache kam ins Stocken. Das ist zum Lachen. Euer Fernbleiben fiel uns auf. Uns half nur noch lautes Rufen. Die Mitbewohner begnügten sich mit Wegsehen und Schweigen.

Sie wollte auf Biegen und Brechen gewinnen. Er klopfte mit Zittern und Zagen an. Ich nehme die Tabletten auf Anraten meiner Ärztin.

Sie hat ihr Soll erfüllt. Dies ist ein absolutes Muss.

Bei mehrteiligen Fügungen, deren Bestandteile mit einem Bindestrich verbunden werden, schreibt man das erste Wort, den Infinitiv und die anderen substantivischen Bestandteile groß (siehe auch § 55(1) und (2)), zum Beispiel:

es ist zum Auf-und-davon-Laufen, das Hand-in-Hand-Arbeiten, das In-den-Tag-hinein-Leben

E3: Gelegentlich ist bei einfachen Infinitiven Groß- oder Kleinschreibung möglich, zum Beispiel: *Der Gehörgeschädigte lernt Sprechen.* (Wie: *Der Gehörgeschädigte lernt das Sprechen/das deutliche Sprechen.*) Oder: *Der Gehörgeschädigte lernt sprechen.* (Wie: *Der Gehörgeschädigte lernt deutlich sprechen.*) (Ebenso:) *Bekanntlich ist Umlernen/umlernen schwieriger als Dazulernen/dazulernen. Doch geht Probieren/probieren über Studieren/studieren.*

(3) Substantivierte Pronomen (vgl. aber auch § 58(4)), zum Beispiel:

Sie hatte ein gewisses Etwas. Er bot ihm das Du an. Das ist ein Er, keine Sie. Wir standen vor dem Nichts. Er konnte Mein und Dein nicht unterscheiden.

(4) Substantivierte Grundzahlen als Bezeichnung von Ziffern, zum Beispiel:

Er setzte alles auf die Vier. Sie fürchtete sich vor der Dreizehn. Der Zeiger nähert sich der Elf. Sie hat lauter Einsen im Zeugnis. Er würfelt eine Sechs.

(5) Substantivierte Adverbien, Präpositionen, Konjunktionen, Interjektionen, zum Beispiel:

Es gab ein großes Durcheinander. Mich störte das ewige Hin und Her. Ich will das noch im Diesseits erleben. Auf das Hier und Jetzt kommt es an. Das Danach war ihr egal. Es gibt kein Übermorgen. Sie hatte so viel wie möglich im Voraus erledigt. Im Nachhinein wussten wir es besser. Er stand im Aus. Sie überlegte sich das Für und Wider genau. Sein ständiges Aber stört mich. Es kommt nicht nur auf das Dass an, sondern auch auf das Wie. Er erledigte es mit Ach und

Krach. Ein vielstimmiges Ah ertönte. Ihr freudiges Oh freute ihre Kolleginnen. Das Nein fällt ihm schwer.

E4: Bei mehrteiligen substantivierten Konjunktionen, die mit einem Bindestrich verbunden werden (siehe § 43), schreibt man nur das erste Wort groß, zum Beispiel: *ein Entweder-oder, das Als-ob, das Sowohl-als-auch*

> **§ 58** In folgenden Fällen schreibt man Adjektive, Partizipien und Pronomen klein, obwohl sie formale Merkmale der Substantivierung aufweisen.

(1) Adjektive, Partizipien und Pronomen, die sich auf ein vorhergehendes oder nachstehendes Substantiv beziehen, zum Beispiel:

Sie war die aufmerksamste und klügste meiner Zuhörerinnen. Der Verkäufer zeigte mir seine Auswahl an Krawatten, die gestreiften und gepunkteten gefielen mir am besten. Vor dem Haus spielten viele Kinder, einige kleine im Sandkasten, die größeren am Klettergerüst. Es waren neun Teilnehmer erschienen, auf den zehnten wartete man vergebens. Alte Schuhe sind meist bequemer als neue. Dünne Bücher lese ich in der Freizeit, dicke im Urlaub. Zwei Männer betraten den Raum; der erste trug einen Anzug, der zweite Jeans und Pullover. Leih mir bitte deine Farbstifte, ich habe meine/die meinen/die meinigen vergessen.

(2) Superlative mit „am", nach denen mit „Wie?" gefragt werden kann, zum Beispiel:

Dieser Weg ist am steilsten. (Frage: Wie ist der Weg?) *Dieser Stift schreibt am feinsten.* (Frage: Wie schreibt dieser Stift?) *Der ICE fährt am schnellsten.*

E1: Superlative mit „am" gehören zur regulären Flexion des Adjektivs; „am" ist in diesen Fügungen nicht in „an dem" auflösbar. Beispiele: *Dieser Weg ist steil – steiler – am steilsten. Dieser Stift schreibt fein – feiner – am feinsten.*

In Anlehnung an diese Fügungen kann man auch feste adverbiale Wendungen mit „aufs" oder „auf das", die mit „Wie?" erfragt werden können, kleinschreiben, zum Beispiel:

Sie hat uns aufs/auf das herzlichste begrüßt (Frage: Wie hat sie uns begrüßt?). *Der Fall ließ sich aufs/auf das einfachste lösen.*

Superlative, nach denen mit „Woran?" („An was?") oder „Worauf?" („Auf was?") gefragt werden kann, schreibt man nach § 57(1) groß, zum Beispiel:

Es fehlt ihnen am/an dem Nötigsten. (Frage: Woran fehlt es ihnen?) *Wir sind aufs/auf das Beste angewiesen.* (Frage: Worauf sind wir angewiesen?)

(3) bestimmte feste Verbindungen aus Präposition und nichtdekliniertem oder dekliniertem Adjektiv ohne vorangehenden Artikel, zum Beispiel:

Ich hörte von fern ein dumpfes Grollen. Die Pilger kamen von nah und fern. Die Ware wird nur gegen bar ausgeliefert. Die Mädchen hielten durch dick und

dünn zusammen. Das wird sich über kurz oder lang herausstellen. Damit habe ich mich von klein auf beschäftigt.
Das werde ich dir schwarz auf weiß beweisen. Die Stimmung war grau in grau.

Aus der Brandruine stieg von neuem Rauch auf. Wir konnten das Feuer nur von weitem betrachten. Der Fahrplan bleibt bis auf weiteres in Kraft. Unsere Pressesprecherin gibt Ihnen ohne weiteres Auskunft. Der Termin stand seit längerem fest.

E2: Substantivierungen, die auch ohne Präposition üblich sind, werden nach § 57(1) auch dann großgeschrieben, wenn sie mit einer Präposition verbunden werden, zum Beispiel:

Die Historikerin beschäftigt sich mit dem Konflikt zwischen Arm und Reich. Das ist ein Fest für Jung und Alt. (Vgl.: *Die Königin lud Arm und Reich ein. Das Fest gefiel Jung und Alt.*)

Die Ampel schaltete auf Rot. Wir liefern das Gerät in Grau (= in grauer Farbe). (Vgl.: *Das ist ein grelles Rot. Sie hasst Grau.*)

Mit Englisch kommst du überall durch. In Ostafrika verständigt man sich am besten auf Swahili oder Englisch. (Vgl.: *Bekanntlich ist Englisch eine Weltsprache. Sein Englisch war gut verständlich.*)

(4) Pronomen, auch wenn sie als Stellvertreter von Substantiven gebraucht werden, zum Beispiel:

In diesem Wald hat sich schon mancher verirrt. Ich habe mich mit diesen und jenen unterhalten. Wenn einer eine Reise tut, so kann er was erzählen. Das muss (ein) jeder mit sich selbst ausmachen. Wir haben alles mitgebracht. Sie hatten beides mitgebracht. Man muss mit (den) beiden reden.

Zur Großschreibung der Anredepronomen siehe § 65, § 66.

E3: In Verbindung mit dem bestimmten Artikel oder dergleichen lassen sich Possessivpronomen auch als substantivische possessive Adjektive bestimmen, entsprechend kann man hier nach § 57(1) auch großschreiben, zum Beispiel:

Grüß mir die deinen/Deinen (die deinigen/Deinigen)! Sie trug das ihre/Ihre (das ihrige/Ihrige) zum Gelingen bei. Jedem das seine/Seine!

(5) die folgenden Zahladjektive mit allen ihren Flexionsformen:

viel, wenig; (der, die, das) eine, (der, die, das) andere

Beispiele:

Das haben schon viele erlebt. Zum Erfolg trugen auch die vielen bei, die ohne Entgelt mitgearbeitet haben. Nach dem Brand war nur noch weniges zu gebrauchen. Sie hat das wenige, was noch da war, in eine Kiste getan. Die meisten haben diesen Film schon einmal gesehen. Die einen kommen, die anderen gehen. Was der eine nicht tut, soll der andere nicht lassen. Die anderen kommen später. Das können auch

andere bestätigen. Alles andere erzähle ich dir später. Sie hatte noch anderes zu tun. Unter anderem wurde auch über finanzielle Angelegenheiten gesprochen.

E4: Wenn hervorgehoben werden soll, dass das Adjektiv nicht als unbestimmtes Zahlwort zu verstehen ist, kann nach § 57(1) auch großgeschrieben werden, zum Beispiel: *Sie strebte etwas ganz Anderes (= völlig Neues) an.*

(6) Kardinalzahlen unter einer Million, zum Beispiel:

Was drei wissen, wissen bald dreißig. Diese drei kommen mir bekannt vor. Sie rief um fünf an. Wir waren an die zwanzig. Er sollte die Summe durch acht teilen. Dieser Kandidat konnte nicht bis drei zählen. Wir fünf gehören zusammen. Der Abschnitt sieben fehlt im Text. Der Mensch über achtzig schätzt die Gesundheit besonders.

E5: Wenn *hundert* und *tausend* eine unbestimmte (nicht in Ziffern schreibbare) Menge angeben, können sie auch auf die Zahlsubstantive *Hundert* und *Tausend* bezogen werden (vgl. § 55(5)); entsprechend kann man sie dann klein- oder großschreiben, zum Beispiel: *Es kamen viele tausende/Tausende von Zuschauern. Sie strömten zu aberhunderten/Aberhunderten herein. Mehrere tausend/Tausend Menschen füllten das Stadion. Der Beifall zigtausender/Zigtausender von Zuschauern war ihr gewiss.*

Entsprechend auch: *Der Stoff wird in einigen Dutzend/dutzend Farben angeboten. Der Fall war angesichts Dutzender/dutzender von Augenzeugen klar.*

2.3 Eigennamen mit ihren nichtsubstantivischen Bestandteilen sowie Ableitungen von Eigennamen

> **§ 59** Eigennamen schreibt man groß.

Eigennamen sind Bezeichnungen zur Identifizierung bestimmter einzelner Gegebenheiten (eine Person, ein Ort, ein Land, eine Institution usw.). Viele sind einfache, zusammengesetzte oder abgeleitete Substantive, zum Beispiel *Peter, Wien, Deutschland, Europa, Südamerika, Bahnhofstraße, Sigmaringen, Albrecht-Dürer-Allee, Ostsee-Zeitung.* Sie werden nach § 55 großgeschrieben. Daneben gibt es mehrteilige Eigennamen, die häufig auch nichtsubstantivische Bestandteile enthalten, zum Beispiel *Kap der Guten Hoffnung, Norddeutsche Neueste Nachrichten, Vereinigte Staaten von Amerika.* Im Folgenden wird die Groß- und Kleinschreibung dieser Gruppe von Eigennamen dargestellt.

> **§ 60** In mehrteiligen Eigennamen mit nichtsubstantivischen Bestandteilen schreibt man das erste Wort und alle weiteren Wörter außer Artikeln, Präpositionen und Konjunktionen groß.

E1: Ein vorangestellter Artikel ist in der Regel nicht Bestandteil des Eigennamens und wird darum kleingeschrieben. Zu Ausnahmen siehe unten, Absatz (4.4).

Als Eigennamen im Sinne dieser orthographischen Regelung gelten:

(1) Personennamen, Eigennamen aus Religion, Mythologie sowie Beinamen, Spitznamen und dergleichen, zum Beispiel:

Johann Wolfgang von Goethe, Gertrud von Le Fort, Charles de Coster, Ludwig van Beethoven, der Apokalyptische Reiter, Walther von der Vogelweide, Holbein der Jüngere, der Alte Fritz, Katharina die Große, Heinrich der Achte, Elisabeth die Zweite; Klein Erna

Präpositionen wie *von, van, de, ten, zu(r)* in Personennamen schreibt man im Satzinnern auch dann klein, wenn ihnen kein Vorname vorausgeht, zum Beispiel: *Der Autor dieses Buches heißt von Ossietzky.*

(2) Geografische und geografisch-politische Eigennamen, so

(2.1) von Erdteilen, Ländern, Staaten, Verwaltungsgebieten und dergleichen, zum Beispiel:

Vereinigte Staaten von Amerika, Freie und Hansestadt Hamburg (als Bundesland), *Tschechische Republik*

(2.2) von Städten, Dörfern, Straßen, Plätzen und dergleichen, zum Beispiel:

Neu Lübbenau, Groß Flatow, Rostock-Lütten Klein, Unter den Linden, Lange Straße, In der Mittleren Holdergasse, Am Tiefen Graben, An den Drei Pfählen, Hamburger Straße, Neuer Markt

(2.3) von Landschaften, Gebirgen, Wäldern, Wüsten, Fluren und dergleichen, zum Beispiel:

Kahler Asten, Hohe Tatra, Holsteinische Schweiz, Schwäbische Alb, Bayerischer Wald, Libysche Wüste, Goldene Aue, Thüringer Wald

(2.4) von Meeren, Meeresteilen und -straßen, Flüssen, Inseln und Küsten und dergleichen, zum Beispiel:

Stiller Ozean, Indischer Ozean, Rotes Meer, Kleine Antillen, Großer Belt, Schweriner See, Straße von Gibraltar, Kapverdische Inseln, Kap der Guten Hoffnung

(3) Eigennamen von Objekten unterschiedlicher Klassen, so

(3.1) von Sternen, Sternbildern und anderen Himmelskörpern, zum Beispiel:

Kleiner Bär, Großer Wagen, Halleyscher Komet (auch: *Halley'scher Komet;* § 62)

(3.2) von Fahrzeugen, bestimmten Bauwerken und Örtlichkeiten, zum Beispiel:

die Vorwärts (Schiff), *der Blaue Enzian* (Eisenbahnzug), *der Fliegende Hamburger* (Eisenbahnzug), *die Blaue Moschee* (in Istanbul), *das Alte Rathaus* (in Leipzig), *der Französische Dom* (in Berlin), *die Große Mauer* (in China), *der Schiefe Turm* (in Pisa)

(3.3) von einzeln benannten Tieren, Pflanzen und

gelegentlich auch von Einzelobjekten weiterer Klassen, zum Beispiel:

der Fliegende Pfeil (ein bestimmtes Pferd), *die Alte Eiche* (ein bestimmter Baum)

(3.4) von Orden und Auszeichnungen, zum Beispiel: *das Blaue Band des Ozeans, Großer Österreichischer Staatspreis für Literatur*

(4) Eigennamen von Institutionen, Organisationen, Einrichtungen, so

(4.1) von staatlichen bzw. öffentlichen Dienststellen, Behörden und Gremien, von Bildungs- und Kulturinstitutionen und dergleichen, zum Beispiel:

Deutscher Bundestag, Statistisches Bundesamt, Mecklenburgisches Staatstheater Schwerin, Museum für Deutsche Geschichte (in Berlin), *Naturhistorisches Museum* (in Wien), *Grünes Gewölbe* (in Dresden), *Klinik für Innere Medizin der Universität Rostock, Akademie für Alte Musik Berlin, Zweites Deutsches Fernsehen, Eidgenössische Technische Hochschule* (in Zürich)

(4.2) von Organisationen, Parteien, Verbänden, Vereinen und dergleichen, zum Beispiel:

Vereinte Nationen, Internationales Olympisches Komitee, Deutscher Gewerkschaftsbund, Sozialdemokratische Partei Deutschlands, Christlich-Demokratische Union, Allgemeiner Deutscher Automobilclub, Börsenverein des Deutschen Buchhandels, Österreichisches Rotes Kreuz

(4.3) von Betrieben, Firmen, Genossenschaften, Gaststätten, Geschäften und dergleichen, zum Beispiel:

Deutsche Bank, Österreichischer Raiffeisenverband, Bibliographisches Institut (in Mannheim), *Deutsche Bahn, Weiße Flotte, Städtisches Klinikum Berlin-Buch, Hotel Vier Jahreszeiten, Gasthaus zur Neuen Post, Zum Goldenen Anker* (Gaststätte), *Salzburger Dombuchhandlung, Rheinisch-Westfälisches Elektrizitätswerk AG*

(4.4) von Zeitungen und Zeitschriften und dergleichen, zum Beispiel:

Berliner Zeitung, Sächsische Neueste Nachrichten, Deutsch als Fremdsprache, Dermatologische Monatsschrift, Die Zeit

Wird der Artikel am Anfang verändert, so schreibt man ihn klein, zum Beispiel:

Sie hat das in der Zeit gelesen.

(5) inoffizielle Eigennamen, Kurzformen sowie Abkürzungen von Eigennamen, zum Beispiel:

Schwarzer Kontinent, Ferner Osten, Naher Osten, Vereinigte Staaten
A. Müller, Astrid M., A. M. (= *Astrid Müller*), *J. W. v. Goethe; SPD* (= *Sozialdemokratische Partei Deutschlands*), *DGB* (= *Deutscher Gewerkschaftsbund*), *EU*

(= *Europäische Union*), *SBB* (= *Schweizerische Bundesbahnen*), *ORF* (= *Österreichischer Rundfunk*)

E2: In einigen der oben genannten Namengruppen kann die Schreibung im Einzelfall abweichend festgelegt sein, zum Beispiel:

neue deutsche literatur, profil, konkret (Zeitschriften); *Institut für deutsche Sprache, Akademie für Musik und darstellende Kunst „Mozarteum"; Zur letzten Instanz* (Gaststätte)

Zur Kennzeichnung der Namen von Zeitungen und Zeitschriften mit Anführungszeichen siehe § 94(1).

> **§ 61** Ableitungen von geografischen Eigennamen auf *-er* schreibt man groß.

Beispiele:

die Berliner Bevölkerung, die Mecklenburger Landschaft, der Schweizer Käse, das St. Galler/Sankt Galler Kloster, das Bad Krozinger Kurgebiet, die New Yorker Kunstszene

Zur Schreibung mit oder ohne Bindestrich siehe § 49 E.

> **§ 62** Kleingeschrieben werden adjektivische Ableitungen von Eigennamen auf *-(i)sch*, außer wenn die Grundform eines Personennamens durch einen Apostroph verdeutlicht wird, ferner alle adjektivischen Ableitungen mit anderen Suffixen.

Beispiele:

die darwinsche/die Darwin'sche Evolutionstheorie, das wackernagelsche/Wackernagel'sche Gesetz, die goethischen/goetheschen/Goethe'schen Dramen, die bernoullischen/Bernoulli'schen Gleichungen

die homerischen Epen, das kopernikanische Weltsystem, die darwinistische Evolutionstheorie, tschechisches Bier, indischer Tee, englischer Stoff

mit eulenspiegelhaftem Schalk, eine kafkaeske Stimmung

Zur Schreibung mit Apostroph siehe auch Zeichensetzung, § 97 E.

Zur Schreibung mehrteiliger Ableitungen mit Bindestrich siehe § 49 E.

2.4 Feste Verbindungen aus Adjektiv und Substantiv

> **§ 63** In substantivischen Wortgruppen, die zu festen Verbindungen geworden, aber keine Eigennamen sind, schreibt man Adjektive klein.

Beispiele:

der italienische Salat, der blaue Brief, das autogene Training, das neue Jahr, die gelbe Karte, das gelbe Tri-

kot, der goldene Schnitt, die goldene Hochzeit, das große Los, die höhere Mathematik, die innere Medizin, die künstliche Intelligenz, die grüne Lunge, das olympische Feuer, der schnelle Brüter, das schwarze Brett, das schwarze Schaf, die schwedischen Gardinen, der weiße Tod, das zweite Gesicht, die graue Eminenz

> **§ 64** In bestimmten substantivischen Wortgruppen werden Adjektive großgeschrieben, obwohl keine Eigennamen vorliegen.

Dies betrifft

(1) Titel, Ehrenbezeichnungen, bestimmte Amts- und Funktionsbezeichnungen, zum Beispiel:

der Heilige Vater, die Königliche Hoheit, der Erste Bürgermeister, der Regierende Bürgermeister, der Technische Direktor

(2) fachsprachliche Bezeichnungen bestimmter Klassifizierungseinheiten, so von Arten, Unterarten oder Rassen in er Botanik und Zoologie, zum Beispiel:

die Schwarze Witwe, das Fleißige Lieschen, der Rote Milan, die Gemeine Stubenfliege

(3) besondere Kalendertage, zum Beispiel:

der Heilige Abend, der Weiße Sonntag, der Internationale Frauentag, der Erste Mai

(4) bestimmte historische Ereignisse und Epochen, zum Beispiel:

der Westfälische Friede, der Deutsch-Französische Krieg 1870/1871, der Zweite Weltkrieg, die Goldenen Zwanziger, die Jüngere Steinzeit

2.5 Anredepronomen und Anreden

> **§ 65** Das Anredepronomen *Sie* und das entsprechende Possessivpronomen *Ihr* sowie die zugehörigen flektierten Formen schreibt man groß.

Beispiele:

Würden Sie mir helfen? Wie geht es Ihnen? Ist das Ihr Mantel? Bestehen Ihrerseits Bedenken gegen den Vorschlag?

E1: Großschreibung gilt auch für ältere Anredeformen wie: *Habt Ihr Euch überlegt, Fürst von Gallenstein? Johann, führe Er die Gäste herein.*

E2: In Anreden wie *Seine Majestät, Eure Exzellenz, Eure Magnifizenz* schreibt man das Pronomen ebenfalls groß.

> **§ 66** Die Anredepronomen *du* und *ihr*, die entsprechenden Possessivpronomen *dein* und *euer* sowie das Reflexivpronomen *sich* schreibt man klein.

Beispiele:

Würdest du mir helfen? Hast du dich gut erholt? Haben Sie sich schon angemeldet?

Lieber Freund, ich schreibe dir diesen Brief und schicke dir eure Bilder …

E Zeichensetzung

0 Vorbemerkungen

(1) Die Satzzeichen sind Grenz- und Gliederungszeichen. Sie dienen insbesondere dazu, einen geschriebenen Text übersichtlich zu gestalten und ihn dadurch für den Lesenden überschaubar zu machen. Zudem kann der Schreibende mit den Satzzeichen besondere Aussageabsichten oder Einstellungen zum Ausdruck bringen oder stilistische Wirkungen anstreben.

Zu unterscheiden sind Satzzeichen

- zur Kennzeichnung des Schlusses von Ganzsätzen: Punkt, Ausrufezeichen, Fragezeichen
- zur Gliederung innerhalb von Ganzsätzen: Komma, Semikolon, Doppelpunkt, Gedankenstrich, Klammern
- zur Anführung von Äußerungen oder Textstellen bzw. zur Hervorhebung von Wörtern oder Textteilen: Anführungszeichen

(2) Daneben dienen bestimmte Zeichen

- zur Markierung von Auslassungen: Apostroph, Ergänzungsstrich, Auslassungspunkte
- zur Kennzeichnung der Wörter bestimmter Gruppen: Punkt nach Abkürzungen bzw. Ordinalzahlen, Schrägstrich

1 Kennzeichnung des Schlusses von Ganzsätzen

Der Kennzeichnung des Schlusses von Ganzsätzen dienen:

- der Punkt
- das Ausrufezeichen
- das Fragezeichen

Ganzsätze im Sinne dieser orthographischen Regelung zeigen Beispiele wie:

Gestern hat es geregnet. Du kommst bitte morgen! Hat er das wirklich gesagt? Im Hausflur war es still, ich drückte erwartungsvoll auf die Klingel. Ich hoffe, dass wir uns bald wiedersehen. Meine Freundin hatte den Zug versäumt; deshalb kam sie eine halbe Stunde zu spät.

Niemand kannte ihn. Auch der Gärtner nicht. Bitte die Türen schließen und Vorsicht bei der Abfahrt des Zuges! Ob er heute kommt? Nein, morgen. Warum nicht? Gute Reise! Hilfe!

Zu den Zeichen in Verbindung mit Gedankenstrich

oder Klammern siehe § 85 bzw. § 88.
Zu den Zeichen bei wörtlich Wiedergegebenem siehe § 90.

Zum Gedankenstrich zwischen zwei Ganzsätzen siehe § 83.

> **§ 67** Mit dem Punkt kennzeichnet man den Schluss eines Ganzsatzes.

Ich habe ihn gestern gesehen. Sie kommt morgen. Das Kind weinte, weil es seinen Schlüssel verloren hatte.

Wir sehen nach, was Paul macht. Sie habe ihn gestern gesehen, behauptete sie. Sie forderte ihn auf, die Wohnung sofort zu verlassen. Ich wünschte, die Prüfung wäre vorbei. Sie fragte ungeduldig, ob er endlich komme. Der Redner stellte die Frage, wie es nach diesen Umweltschäden weitergehen solle.

Im Hausflur war es still. Ich drückte erwartungsvoll auf die Klingel.

E1: Wenn man aber als mehrteiliger Ganzsatz verstanden, entsprechend § 71(1) bzw. § 80(1) mit Komma oder Semikolon:

Im Hausflur war es still, ich drückte erwartungsvoll auf die Klingel.
Im Hausflur war es still; ich drückte erwartungsvoll auf die Klingel.

E2: Bei Aufforderungen, denen man keinen besonderen Nachdruck geben will, setzt man einen Punkt und kein Ausrufezeichen (hierzu siehe § 69):

Rufen Sie bitte später noch einmal an. Nehmen Sie doch Platz. Vgl. S. 25 seiner letzten Veröffentlichung.

E3: In den folgenden Fällen setzt man keinen Punkt:

- am Ende von frei stehenden Zeilen (siehe § 68)
- am Ende einer kolumnenartigen Aufzählung ohne schließende Satzzeichen (siehe § 71 E2)
- am Ende von Parenthesen (mit Gedankenstrich siehe § 85, mit Klammern siehe § 88)
- bei wörtlich Wiedergegebenem am Anfang oder im Inneren von Ganzsätzen (siehe § 92)
- nach Auslassungspunkten (siehe § 100)
- nach Punkt zur Kennzeichnung von Abkürzungen (siehe § 103) und Ordinalzahlen (siehe § 105)

> **§ 68** Nach frei stehenden Zeilen setzt man keinen Punkt.

Dies betrifft unter anderem

(1) Überschriften und Werktitel (etwa von Büchern und Theaterstücken, Werken der bildenden Kunst und der Musik, Rundfunk- und Fernsehproduktionen):

Allmähliche Normalisierung im Erdbebengebiet
Schneeverwehungen behindern Autoverkehr
Chance für eine diplomatische Lösung
Einführung in die höhere Mathematik
Der kaukasische Kreidekreis
Die Zauberflöte

Zum Ausrufezeichen siehe § 69 E2(1); zum Fragezeichen siehe § 70 E2.

(2) Titel von Gesetzen, Verträgen, Deklarationen und dergleichen sowie Bezeichnungen für Veranstaltungen:

Bundesgesetz über den Straßenverkehr
Konferenz über Sicherheit und Zusammenarbeit in Europa
Internationaler Ärztekongress

(3) Anschriften und Datumszeilen sowie Grußformeln und Unterschriften etwa in Briefen:

Werner Meier   *Donnerstag, 14. Februar 2002*
Gerichtsweg 12
04103 Leipzig

Herrn Rudolf Schröder
Rüdesheimer Str. 29
62123 Wiesbaden

Sehr geehrter Herr Schröder,
entsprechend unserer telefonischen
Vereinbarung ...
...
Mit freundlichen Grüßen
Ihr Werner Meier

Zur Zeichensetzung bei der Anrede etwa in Briefen siehe § 69 E3.

> **§ 69** Mit dem Ausrufezeichen gibt man dem Inhalt des Ganzsatzes einen besonderen Nachdruck wie etwa bei nachdrücklichen Behauptungen, Aufforderungen, Grüßen, Wünschen oder Ausrufen.

Ich habe ihn gestern bestimmt gesehen! Komm bitte morgen!
Du kommst morgen! Lasst uns keine Zeit verlieren! Du musst die Arbeit abgeben, weil morgen der letzte Termin ist!

Seht nach, was Paul macht! Sehen Sie nur, wie schön die Aussicht ist! Bitte fordern Sie ihn auf, die Wohnung sofort zu verlassen! Frag ihn, ob er kommt!

Ruhe! Bitte nicht stören! Zurücktreten! Bitte die Türen schließen und Vorsicht bei der Abfahrt des Zuges! Guten Morgen! Hoffentlich sehen wir uns bald wieder! Wäre nur die Prüfung erst einmal vorbei! Wenn ich dich noch einmal erwische, kannst du was erleben! Das ist ja großartig! Welch ein Glück! Au! Das tut weh! Nein! Nein!

Zum Punkt nach Aufforderungen ohne besonderen Nachdruck siehe § 67 E2.

E1: Wenn aber als mehrteiliger Ganzsatz oder als Teile einer Aufzählung verstanden, entsprechend § 71 mit Komma (siehe auch § 79(2) und (3)):

Das ist ja großartig, welch ein Glück! Au, das tut weh! Nein, nein!

E2: Zur Kennzeichnung eines besonderen Nachdrucks setzt man auch nach frei stehenden Zeilen ein Ausrufezeichen.

Dies betrifft

(1) Überschriften und Werktitel:

Chance für eine diplomatische Lösung!
Kämpft für den Frieden!
Endlich!

Zum Punkt siehe § 68(1); zum Fragezeichen siehe § 70 E2.

(2) die Anrede:

Sehr geehrter Herr Präsident! Meine Damen und Herren!

E3: Nach der Anrede etwa in Briefen kann man ein Ausrufezeichen oder entsprechend § 79(1) ein Komma setzen:

Sehr geehrter Herr Schröder!
Entsprechend unserer telefonischen Vereinbarung...

Sehr geehrter Herr Schröder,
entsprechend unserer telefonischen Vereinbarung...

In der Schweiz auch ohne Zeichen am Ende:

Sehr geehrter Herr Schröder
Entsprechend unserer telefonischen Vereinbarung...

> **§ 70** Mit dem Fragezeichen kennzeichnet man den Ganzsatz als Frage.

Hast du ihn gestern gesehen? Wann kommst du? Kommst du wirklich morgen? Ob er morgen kommt? Soll er ihm einen Brief schreiben oder ist es besser, dass er ihn anruft?

Habt ihr nachgesehen, was Paul macht? Sehen Sie, wie schön die Aussicht ist? Haben Sie ihn aufgefordert, die Wohnung sofort zu verlassen? Hat er gefragt, ob Fritz kommt?

Warst du im Kino? In welchem Film? Dein Freund war auch mit? Was möchtet ihr trinken: Bier, Wein oder Apfelmost? Ist das nicht großartig? Ist das nicht ein Glück? Warum? Weshalb? Weswegen?

E1: Wenn aber als mehrteiliger Ganzsatz oder als Teile einer Aufzählung verstanden, entsprechend § 71 mit Komma:

Ist das nicht großartig, ist das nicht ein Glück?
Warum, weshalb, weswegen?

E2: Zur Kennzeichnung einer Frage setzt man auch
nach frei stehenden Zeilen, zum Beispiel nach Über-
schriften und Werktiteln, ein Fragezeichen:

Chance für eine diplomatische Lösung? Wo warst du,
Adam? Quo vadis?

Zum Punkt siehe § 68(1); zum Ausrufezeichen siehe §
69 E2.

2 Gliederung innerhalb von Ganzsätzen

(1) Der Gliederung des Ganzsatzes dienen die fol-
genden Satzzeichen:

* das Komma
* das Semikolon
* der Doppelpunkt
* der Gedankenstrich
* die Klammern

Zu den Auslassungspunkten siehe § 99 bis § 100.

(2) Das Komma wird sowohl einfach als auch paarig
gebraucht:

Er trug einen schwarzen, breitkrempigen Hut. Seine
Kopfbedeckung, ein schwarzer und breitkrempiger
Hut, lag auf dem Tisch.

Dasselbe gilt für den Gedankenstrich.
Nur paarig werden die Klammern gebraucht, nur
einfach das Semikolon und der Doppelpunkt.

(3) Manchmal kann man zwischen verschiedenen
Zeichen wählen:
Im Hausflur war es still, ich drückte erwartungsvoll
auf die Klingel.
Im Hausflur war es still ; ich drückte erwartungsvoll
auf die Klingel.
Im Hausflur war es still – ich drückte erwartungsvoll
auf die Klingel.

Zur stärkeren Abgrenzung kann man entsprechend
§ 67 auch einen Punkt setzen:

Im Hausflur war es still. Ich drückte erwartungsvoll
auf die Klingel.
Eines Tages, es war mitten im Sommer, hagelte es. Ei-
nes Tages – es war mitten im Sommer – hagelte es. Ei-
nes Tages (es war mitten im Sommer) hagelte es.

2.1 Komma

> **§ 71** Gleichrangige (nebengeordnete) Teilsätze,
> Wortgruppen oder Wörter grenzt man mit Kom-
> ma voneinander ab.

Dies betrifft (siehe aber § 72)

(1) gleichrangige Teilsätze:
Im Hausflur war es still, ich drückte erwartungsvoll

auf die Klingel. Die Musik wird leiser, der Vorhang
hebt sich, das Spiel beginnt. Er dachte angestrengt
nach, aber ihr Name fiel ihm nicht ein. Ich wollte ihm
helfen, doch er ließ es nicht zu. Ich wollte ihm helfen,
er ließ es jedoch nicht zu. Das ist ja großartig, welch
ein Glück! Ist das nicht großartig, ist das nicht ein
Glück?

Zur Möglichkeit der Wahl zwischen Komma,
Semikolon oder Punkt siehe § 80(1).

Er log beharrlich, er wisse von nichts, er sei es nicht
gewesen. Wenn das wahr ist, wenn du ihn wirklich
nicht gesehen hast, brauchst du dir keine Vorwürfe zu
machen. Er erkundigte sich, was es Neues gebe, ob
Post gekommen sei. Dass sie ihn nicht nur übersah,
sondern dass sie auch noch mit anderen flirtete,
kränkte ihn sehr.

(2) gleichrangige Wortgruppen oder Wörter in Auf-
zählungen:

Der Nachbar hatte versprochen den Briefkasten zu
leeren, die Blumen zu gießen, hin und wieder zu lüf-
ten. Völlig erschöpft, hungrig und frierend, vom Regen
durchnässt kamen sie nach Hause. Er hat nicht be-
hauptet in Berlin gewesen zu sein, sondern in Mainz
seinen Onkel besucht zu haben. Sie ärgerte sich stän-
dig über ihren Mann, über die Kinder, über die Haus-
bewohner.

Er trug einen schwarzen, breitkrempigen Hut. Das ist
ein ausgesprochen süßes, widerlich klebriges Getränk.
(Siehe aber unten E1.)

Zu Fällen wie den folgenden siehe § 77(4): *Auf der*
Ausstellung waren viele ausländische, insbesondere
holländische Firmen vertreten. Als er sein Herz aus-
geschüttet, das heißt alles erzählt hatte, fühlte er sich
besser.

Die Buchstaben x, y, z bilden den Schluss des Alpha-
bets. Frühling, Sommer, Herbst, Winter.
Er fährt nicht mit dem Auto, sondern mit dem Zug. Er
ist klug, (dabei) aber faul. Einerseits ist er klug, ande-
rerseits faul. Der März war teils freundlich, teils reg-
nerisch, aber im Ganzen zu kalt. Sie lächelte halb
verlegen, halb belustigt.
Nein, nein! Warum, weshalb, weswegen?

Zum Ausrufe- oder Fragezeichen siehe § 69 bzw.
§ 70.

Zum Komma bei mehrteiligen Orts-, Wohnungs-,
Zeit- und Literaturangaben siehe § 77(3).

E1: Sind zwei Adjektive nicht gleichrangig, so setzt
man kein Komma.

die letzten großen Ferien, eine neue blaue Bluse,
dunkles bayerisches Bier, die allgemeine wirtschaftli-
che Lage, zahlreiche wertende Stellungnahmen

Gelegentlich kann der Schreibende dadurch, dass er
ein Komma setzt oder nicht, deutlich machen, ob er
die Adjektive als gleichrangig verstanden wissen will
oder nicht.

Gleichrangig: *neue, umweltfreundliche Verfahren*

(neben den bisherigen Verfahren, die nicht umwelt-
freundlich sind, gibt es nunmehr neue und um-
weltfreundliche Verfahren)

Nicht gleichrangig: *neue umweltfreundliche Ver-
fahren* (zusätzlich zu den bisherigen umweltfreund-
lichen Verfahren gibt es weitere umweltfreundliche
Verfahren)

E2: Das Komma und der Schlusspunkt können in
kolumnenartigen Aufzählungen fehlen, zum Beispiel:

Unser Sonderangebot:
– *Äpfel*
– *Birnen*
– *Orangen*

> **§ 72** Sind die gleichrangigen Teilsätze, Wortgrup-
> pen oder Wörter durch und, oder, beziehungswei-
> se/bzw., sowie (= und), wie (= und), entweder …
> oder, nicht … noch, sowohl … als (auch), sowohl
> … wie (auch) oder durch weder … noch verbun-
> den, so setzt man kein Komma.

Dies betrifft

(1) gleichrangige Teilsätze (siehe aber § 73):

*Die Musik wird leiser und der Vorhang hebt sich und
das Spiel beginnt. Ich habe sie oft besucht und wir sa-
ßen bis spät in die Nacht zusammen. Seid ihr mit
meinem Vorschlag einverstanden oder habt ihr Ein-
wände vorzubringen?*

*Sie wisse Bescheid und der Vorgang sei ihr völlig klar,
sagte sie. Er erkundigte sich, was es Neues gebe und ob
Post gekommen sei. Alle wollten wissen, wie es gewe-
sen sei und warum es so lange gedauert habe. Ich
hoffe, dass es dir gefällt und dass du zufrieden bist.*

(2) gleichrangige Wortgruppen oder Wörter in Auf-
zählungen:

*Der Nachbar hatte versprochen den Briefkasten zu
leeren und die Blumen zu gießen und hin und wieder
zu lüften. Völlig erschöpft und vom Regen durchnässt
kamen sie nach Hause.*

*Sie fährt sowohl bei gutem als auch bei schlechtem
Wetter. Der März war kalt und unfreundlich. Das ist
ein ausgesprochen süßes sowie widerlich klebriges
Getränk. Feuer, Wasser, Luft und Erde.*

*Sie fährt entweder mit dem Auto oder mit dem Zug. Er
ist klug und dabei faul. Nein und abermals nein! Wie
und warum und wozu?*

E1: Ein Komma vor *und* usw. kann dadurch be-
gründet sein, dass mit ihm entsprechend § 74 ein
Nebensatz, entsprechend § 77 ein Zusatz oder
Nachtrag bzw. entsprechend § 93 ein wörtlich
wiedergegebener Satz abgeschlossen wird:

*Er sagte, dass er morgen komme, und verabschiedete
sich. Mein Onkel, ein großer Tierfreund, und seine
Katzen leben in einer alten Mühle. Sie fragte: „Brauchen
Sie die Unterlagen?", und öffnete die Schublade.*

E2: Bei entgegenstellenden Konjunktionen wie *aber,
doch, jedoch, sondern* steht nach der Grundregel
(§ 71) ein Komma, wenn sie zwischen gleichrangigen
Wörtern oder Wortgruppen stehen:

*Sie fährt nicht nur bei gutem, sondern auch bei
schlechtem Wetter. Der März war sonnig, aber kalt. Er
hat mir ein süßes, jedoch wohlschmeckendes Getränk
eingeschenkt.*

> **§ 73** Bei gleichrangigen Teilsätzen, die durch *und,
> oder* usw. verbunden sind, kann man ein Komma
> setzen, um die Gliederung des Ganzsatzes deut-
> lich zu machen.

*Ich habe sie oft besucht(,) und wir saßen bis spät in
die Nacht zusammen, wenn sie in guter Stimmung
war. Es war nicht selten, dass er sie besuchte(,) und
dass sie bis spät in die Nacht zusammensaßen, wenn
sie in guter Stimmung war.
Er traf sich mit meiner Schwester(,) und deren Freun-
din war auch mitgekommen. Wir warten auf euch(,)
oder die Kinder gehen schon voraus. Ich fotografierte
die Berge(,) und meine Frau lag in der Sonne.*

> **§ 74** Nebensätze grenzt man mit Komma ab; sind
> sie eingeschoben, so schließt man sie mit paari-
> gem Komma ein.

Am Anfang des Ganzsatzes:

*Was ich anfangen soll, weiß ich nicht. Als wir nach
Hause kamen, war es schon spät. Dass es dir wieder
besser geht, freut mich sehr. Obwohl schlechtes Wetter
war, suchten wir die Ostereier im Garten. Ist dir der
Weg zu weit, kannst du mit dem Bus fahren. Er kom-
me morgen, sagte er. Als er sich niederbeugte, weil er
ihre Tasche aufheben wollte, stießen sie mit den Köp-
fen zusammen.*

Eingeschoben:

*Das Buch, das ich dir mitgebracht habe, liegt auf dem
Tisch. Seine Annahme, dass Peter käme, erfüllte sich
nicht. Sie konnte, wenn sie wollte, äußerst liebens-
würdig sein. Er sagte, dass er morgen komme, und
verabschiedete sich. Er sagte, er komme morgen, und
verabschiedete sich.*

Am Ende des Ganzsatzes:

*Ich weiß nicht, was ich anfangen soll. Sie beobachtete
die Kinder, die auf der Wiese ihre Drachen steigen lie-
ßen. Gestern traf ich eine Freundin, von der ich lange
nichts mehr gehört hatte. Das Kind weinte, weil es
seinen Schlüssel verloren hatte. Ich hätte nie gedacht,
dass du mich so enttäuschen würdest. Sie sah gesün-
der aus, als sie sich fühlte. Seine Tochter war ebenso
rothaarig, wie er es als Kind gewesen war. Sie sagte, sie
komme morgen. Er war zu klug, als dass er in die
Falle gegangen wäre, die man ihm gestellt hatte.*

E1: Besteht die Einleitung eines Nebensatzes aus
einem Einleitewort und weiteren Wörtern, so gilt:

(1) Man setzt das Komma vor die ganze Wortgruppe:

Ich habe sie selten besucht, aber wenn ich bei ihr war, saßen wir bis spät in die Nacht zusammen. Er rannte, als ob es um sein Leben ginge, über die Straße. Sie rannte, wie wenn es um ihr Leben ginge. Ein Passant hatte bereits Risse in den Pfeilern der Brücke bemerkt, zwei Tage bevor sie zusammenbrach.

(2) In einigen Fällen kann der Schreibende zusätzlich ein Komma zwischen den Bestandteilen der Wortgruppe setzen:

Morgen wird es regnen, angenommen(,) dass der Wetterbericht stimmt. Wir fahren morgen, ausgenommen(,) wenn es regnet. Ich glaube nicht, dass er anruft, geschweige(,) dass er vorbeikommt. Ich glaube nicht, dass er anruft, geschweige denn(,) dass er vorbeikommt. Ich komme morgen, gleichviel(,) ob er es will oder nicht. Ich werde ihnen gegenüber abweisend oder entgegenkommend sein, je nachdem(,) ob sie hartnäckig oder sachlich sind.

(3) Der Schreibende kann durch das Komma deutlich machen, ob er Wörter als Bestandteil der Nebensatzeinleitung verstanden wissen will oder nicht:

Ich freue mich, auch wenn du mir nur eine Karte schreibst. Ich freue mich auch, wenn du mir nur eine Karte schreibst. Die Rehe bemerkten ihn, gleich als er sein Versteck verließ. Die Rehe bemerkten ihn gleich, als er sein Versteck verließ. Er ärgerte sich zeitlebens, so dass er schon früh graue Haare bekam. Er ärgerte sich zeitlebens so, dass er schon früh graue Haare bekam. Sie sorgt sich um ihn, vor allem(,) wenn er nachts unterwegs ist. Sie sorgt sich um ihn vor allem, wenn er nachts unterwegs ist.

E2: Wenn eine beiordnende Konjunktion wie *und, oder* (§ 72) Satzglieder oder Teile von Satzgliedern mit Nebensätzen verbindet, so steht zwischen den Bestandteilen einer solchen Reihung kein Komma. Gegenüber dem übergeordneten Satz sind die Teile der Reihung nur dann mit Komma abgetrennt, wenn der Nebensatz anschließt, nicht aber, wenn das Satzglied bzw. ein Teil eines Satzgliedes anschließt:

Außerordentlich bedauert hat er diesen Vorfall und dass das hier geschehen konnte.

Bei großer Dürre oder wenn der Föhn weht, ist das Rauchen hier streng verboten.

Wenn der Föhn weht oder bei großer Dürre ist das Rauchen hier streng verboten.

Das Rauchen ist hier streng verboten bei großer Dürre oder wenn der Föhn weht.

Das Rauchen ist hier streng verboten, wenn der Föhn weht oder bei großer Dürre.

E3: Vergleiche mit *als* oder *wie* in Verbindung mit einer Wortgruppe oder einem Wort sind keine Nebensätze; entsprechend setzt man kein Komma (zu *wie* siehe auch § 78(2)):

Früher als gewöhnlich kam er von der Arbeit nach Hause. Wie im letzten Jahr hatten wir auch diesmal einen schönen Herbst. Er kam früher als gewöhnlich

von der Arbeit nach Hause. Er kam wie am Vortage auch heute zu spät. Peter ist größer als sein Vater. Heute war er früher da als gestern. Das ging schneller als erwartet. Er ist genauso groß wie sie.

> **§ 75** Bei formelhaften Nebensätzen kann man das Komma weglassen.

Wie bereits gesagt(,) verhält sich die Sache anders. Ich komme(,) wenn nötig(,) bei dir noch vorbei.

> **§ 76** Bei Infinitiv-, Partizip- oder Adjektivgruppen oder bei entsprechenden Wortgruppen kann man ein (gegebenenfalls paariges) Komma setzen, um die Gliederung des Ganzsatzes deutlich zu machen bzw. um Missverständnisse auszuschließen.

Sie ist bereit(,) zu diesem Unternehmen ihren Beitrag zu leisten. Etwas Schöneres(,) als bei dir zu sein(,) gibt es nicht. Durch eine Tasse Kaffee gestärkt(,) werden wir die Arbeit fortsetzen. Darauf aufmerksam gemacht(,) haben wir den Fehler beseitigt. Er sah sich(,) ihn laut und wütend beschimpfend(,) nach einem Fluchtweg um. Sie suchte(,) den etwas ungenauen Stadtplan in der Hand(,) ein Straßenschild.

Ich hoffe(,) jeden Tag(,) in die Stadt gehen zu können. Ich rate(,) jeden Tag(,) zu helfen. Die Kranke versuchte(,) täglich(,) etwas länger aufzubleiben. Sabine versprach(,) ihrem Vater(,) einen Brief zu schreiben(,) und verabschiedete sich. Er ging(,) gestern(,) von allen wütend beschimpft(,) zur Polizei.

Zum Komma bei Infinitivgruppen usw. in Verbindung mit einem hinweisenden Wort siehe § 77(5).

Zum Komma bei nachgetragenen Infinitivgruppen oder entsprechenden Wortgruppen siehe § 77(6), bei nachgetragenen Partizip-, Adjektivgruppen oder entsprechenden Wortgruppen auch am Ende des Ganzsatzes siehe § 77(7).

Zur Möglichkeit der Wahl, Infinitivgruppen usw. mit Komma als Zusatz oder Nachtrag zu kennzeichnen, siehe § 78(3).

> **§ 77** Zusätze oder Nachträge grenzt man mit Komma ab; sind sie eingeschoben, so schließt man sie mit paarigem Komma ein.

Möglich sind in bestimmten Fällen auch Gedankenstrich (siehe § 84) oder Klammern (siehe § 86); mit diesen Zeichen kennzeichnet man stärker, dass man etwas als Zusatz oder Nachtrag verstanden wissen will.

Dies betrifft (1) Parenthesen, (2) Substantivgruppen als Nachträge (Appositionen), (3) Orts-, Wohnungs-, Zeit- und Literaturangaben ohne Präposition, (4) Erläuterungen, (5) angekündigte Wörter oder Wortgruppen, (6) Infinitivgruppen und (7) Partizip- oder Adjektivgruppen.

(1) Parenthesen:

Eines Tages, es war mitten im Sommer, hagelte es. Dieses Bild, es ist das letzte und bekannteste des

Künstlers, wurde nach Amerika verkauft. Ihre Forderung, um das noch einmal zu sagen, halten wir für wenig angemessen.

Zum Gedankenstrich oder zu Klammern siehe § 84(1) bzw. § 86(1).

(2) Substantivgruppen als Nachträge (Appositionen), insbesondere auch Titel, Berufsbezeichnungen und dergleichen in Verbindung mit Eigennamen:

Mein Onkel, ein großer Tierfreund, und seine Katzen leben in einer alten Mühle. Wir gingen in die Hütte, einen kalten Raum mit kleinen Fenstern. Wir gingen in die Hütte, einen kalten Raum mit kleinen Fenstern, und zündeten ein Feuer an. Walter Gerber, Mannheim, und Anita Busch, Berlin, verlobten sich letzte Woche.

Mainz ist die Geburtsstadt Johannes Gutenbergs, des Erfinders der Buchdruckerkunst. Johannes Gutenberg, der Erfinder der Buchdruckerkunst, wurde in Mainz geboren. Professor Dr. med. Max Müller, Direktor der Kinderklinik, war unser Gesprächspartner. Franz Meier, der Angeklagte, verweigerte mit kleinen Aussage. Gertrud Patzke, Hebamme des Dorfes, wurde 60 Jahre alt.

Zum Gedankenstrich oder zu Klammern siehe § 84(2) bzw. § 86(2).

E1: Folgt der Eigenname einem Titel, einer Berufsbezeichnung und dergleichen, so kann man nach § 78(4) das Komma weglassen:

Der Erfinder der Buchdruckerkunst(,) Johannes Gutenberg(,) wurde in Mainz geboren.

E2: Bestandteile von mehrteiligen Eigennamen und vorangestellte Titel ohne Artikel sind keine Zusätze oder Nachträge; entsprechend setzt man kein Komma.

Wilhelm der Eroberer unterwarf ganz England. Direktor Professor Dr. med. Max Müller führte uns durch die Klinik.

Frau Schmidt geb. Kühn hat dies mitgeteilt.

Nach der Grundregel (§ 77) auch mit Komma:

Frau Schmidt, geb. Kühn, hat dies mitgeteilt.

(3) Mehrteilige Orts-, Wohnungs-, Zeit- und Literaturangaben ohne Präposition (das schließende Komma kann hier auch weggelassen werden):

Orts-, Wohnungs- und Zeitangaben:

Gustav Meier, Wiesbaden, Wilhelmstr. 24, 1. Stock(,) hat diese Annonce aufgegeben. Gabi Schmid, Berlin, Landsberger Allee 209, 3. Stock(,) gewann eine Reise in den Harz. Aber: Gabi hat lange in Köln am Kirchplatz 4 gewohnt.

Die Tagung soll Mittwoch, (den) 14. November(,) beginnen. Die Tagung soll am Mittwoch, dem 14. November(,) beginnen. Die Tagung soll am Mittwoch, dem 14. November, (um) 9.00 Uhr(,) im Rosengarten beginnen.

Mehrteilige Hinweise auf Stellen aus Büchern, Zeitschriften und dergleichen:

Die Zeitschrift Spektrum, Jahrgang 29, Heft 2, S. 134(,) hat darüber berichtet. In der Zeitschrift Spektrum, Jahrgang 29, Heft 2, S. 134(,) findet sich ein entsprechendes Zitat.

Ausnahme: In mehrteiligen Hinweisen auf Gesetze, Verordnungen und dergleichen setzt man kein Komma:

§ 6 Abs. 2 Satz 3 der Verordnung

(4) Nachgestellte Erläuterungen, die häufig mit *also, besonders, das heißt (d. h.), das ist (d. i.), genauer, insbesondere, nämlich, und das, und zwar, vor allem, zum Beispiel (z. B.)* oder dergleichen eingeleitet werden:

Sie isst gern Obst, besonders Apfelsinen und Bananen. Obst, besonders Apfelsinen und Bananen, isst sie gern. Wir erwarten dich nächste Woche, und zwar am Dienstag. Nachmittags kommt Gewitterneigung auf, vor allem im Süden. Mit einem Scheck über 2000 DM, in Worten: zweitausend Mark, hat er die Rechnung bezahlt. Sie bezahlte mit einem Scheck über 2000 DM, in Worten: zweitausend Mark.

Auf der Ausstellung waren viele ausländische Firmen, insbesondere holländische [Maschinenhersteller/ Firmen], vertreten. Wir erwarten dich nächste Woche, das heißt vielleicht auch übernächste [Woche], zu einem Gespräch. Als sie ihr Herz ausgeschüttet hatte, das heißt alles erzählt hatte, fühlte sie sich besser.

Wird – im Unterschied zu den letztgenannten Beispielen – die Erläuterung in die substantivische oder verbale Fügung einbezogen, so grenzt man sie mit einfachem Komma ab:

Auf der Ausstellung waren viele ausländische, insbesondere holländische Firmen vertreten. Wir erwarten dich nächste, das heißt vielleicht auch übernächste Woche zu einem Gespräch. Er wird sein Herz ausgeschüttet, das heißt alles erzählt haben.

Zum Gedankenstrich oder zu Klammern siehe § 84(3) bzw. § 86(3).

(5) Wörter oder Wortgruppen, die durch ein hinweisendes Wort oder eine hinweisende Wortgruppe angekündigt werden:

Sie, die Gärtnerin, weiß das ganz genau. Wir beide, du und ich, wissen es genau.

Daran, den Job länger zu behalten, dachte sie nicht. Sie dachte nicht daran, den Job länger zu behalten, und kündigte. Sein größter Wunsch ist es, eine Familie zu gründen. Dies, eine Familie zu gründen, ist sein größter Wunsch. So, aus vollem Halse lachend, kam sie auf mich zu. So, mit dem Rucksack bepackt, standen wir vor dem Tor. So bepackt, den Rucksack auf dem Rücken, standen wir vor dem Tor.

Werden Wörter oder Wortgruppen durch ein hinweisendes Wort oder eine hinweisende Wortgruppe wieder aufgenommen, so grenzt man sie mit einfachem Komma ab:

Denn die Gärtnerin, die weiß das ganz genau. Und du und ich, wir beide wissen das genau. Wie im letzten Jahr, so hatten wir auch diesmal einen schönen Herbst.

… und den Job länger zu behalten, daran dachte sie nicht und kündigte. Eine Familie zu gründen, das ist sein größter Wunsch.

Aus vollem Halse lachend, so kam sie auf mich zu. Mit dem Rucksack bepackt, so standen wir vor dem Tor. Den Rucksack auf dem Rücken, so bepackt standen wir vor dem Tor.

Zum Gedankenstrich siehe § 84(4).

(6) nachgetragene Infinitivgruppen oder entsprechende Wortgruppen (siehe dazu auch § 78 (3)):
Er, ohne den Vertrag vorher gelesen zu haben, hatte ihn sofort unterschrieben. Er, ohne jede Kenntnis des Vertragsinhalts, hatte sofort unterschrieben. Er, statt ihm zu Hilfe zu kommen, sah tatenlos zu.

(7) nachgetragene Partizip- oder Adjektivgruppen oder entsprechende Wortgruppen auch am Ende des Ganzsatzes (siehe auch § 78(3)):
Sie, aus vollem Halse lachend, kam auf mich zu. Er, außer sich vor Freude, lief auf sie zu und umarmte sie. Sie, ganz in Decken verpackt, saß auf der Terrasse. Er kam auf mich zu, aus vollem Halse lachend. Er lief auf sie zu und umarmte sie, außer sich vor Freude. Sie saß auf der Terrasse, ganz in Decken verpackt. Die Klasse, zum Ausflug bereit, war auf dem Schulhof versammelt. Wir, den Rucksack auf dem Rücken, standen vor dem Tor. Die Klasse war auf dem Schulhof versammelt, zum Ausflug bereit. Wir standen vor dem Tor, den Rucksack auf dem Rücken.

Suchen Mitarbeiter, sprachkundig und schreibgewandt. Mehrere Mitarbeiter, sprachkundig und schreibgewandt, werden gesucht. Der November, kalt und nass, löste eine Grippe aus.

E3: In einer festen Verbindung mit einem nachgestellten Adjektiv setzt man kein Komma.

Hänschen klein, Forelle blau, Whisky pur

> **§ 78** Oft liegt es im Ermessen des Schreibenden, ob er etwas mit Komma als Zusatz oder Nachtrag kennzeichnen will oder nicht.

Dies betrifft

(1) Gefüge mit Präpositionen, entsprechende Wortgruppen oder Wörter:

Die Fahrtkosten(,) einschließlich D-Zug-Zuschlag(,) betragen 25.- DM. Die Fahrtkosten betragen 25.- DM (,) einschließlich D-Zug-Zuschlag. Sie hatte(,) trotz aller guten Vorsätze(,) wieder zu rauchen angefangen. Sie hatte(,) bedauerlicherweise(,) wieder zu rauchen angefangen. Der Kranke hatte(,) entgegen ärztlichem Verbot(,) das Bett verlassen. Das war(,) nach allgemeinem Urteil(,) eine Fehlleistung. Er hatte sich(,) den ganzen Tag über(,) mit diesem Problem beschäftigt.

Die ganze Familie(,) samt Kindern und Enkeln(,) besuchte die Großeltern.

(2) Gefüge mit *wie* (zu *wie* in Vergleichen siehe § 74 E3):

Ihre Ausgaben(,) wie Fahrt- und Übernachtungskosten(,) werden Ihnen ersetzt.

(3) Infinitiv-, Partizip- oder Adjektivgruppen oder entsprechende Wortgruppen (siehe auch § 77 6 und 7):

Er hatte den Vertrag(,) ohne ihn vorher gelesen zu haben(,) sofort unterschrieben. Er hatte(,) ohne jede Kenntnis des Vertragsinhalts(,) sofort unterschrieben. Er hatte den Vertrag sofort unterschrieben(,) ohne ihn vorher gelesen zu haben. Er hatte sofort unterschrieben(,) ohne jede Kenntnis des Vertragsinhalts. Er sah(,) statt ihm zu Hilfe zu kommen(,) tatenlos zu. Er sah tatenlos zu(,) statt ihm zu Hilfe zu kommen. Sie hatte(,) um nicht zu spät zu kommen(,) ein Taxi genommen. Sie hatte ein Taxi genommen(,) um nicht zu spät zu kommen. Sein Wunsch(,) eine Familie zu gründen(,) war groß. Unfähig(,) einen Kompromiss zu schließen(,) beendete er die Verhandlung.

Sie kam(,) aus vollem Halse lachend(,) auf mich zu. Er lief(,) außer sich vor Freude(,) auf sie zu und umarmte sie. Sie saß(,) ganz in Decken verpackt(,) auf der Terrasse. Die Klasse war(,) zum Ausflug bereit(,) auf dem Schulhof versammelt. Wir standen(,) den Rucksack auf dem Rücken(,) vor dem Tor. Er sah(,) den Spazierstock in der Hand(,) tatenlos zu.

(4) Eigennamen, die einem Titel, einer Berufsbezeichnung und dergleichen folgen (siehe auch § 77 (2)):

Der Erfinder der Buchdruckerkunst(,) Johannes Gutenberg(,) wurde in Mainz geboren. Der Direktor der Kinderklinik(,) Professor Dr. med. Max Müller(,) war der Gesprächspartner. Der Angeklagte(,) Franz Meier(,) verweigerte die Aussage. Die Hebamme des Dorfes(,) Gertrud Patzke(,) wurde 60 Jahre alt.

> **§ 79** Anreden, Ausrufe oder Ausdrücke einer Stellungnahme, die besonders hervorgehoben werden sollen, grenzt man mit Komma ab; sind sie eingeschoben, so schließt man sie mit paarigem Komma ein.

Dies betrifft

(1) Anreden:

Kinder, hört doch mal zu. Hört doch mal zu, Kinder. Hört, Kinder, doch mal zu. Du, stell dir vor, was mir passiert ist! Kommst du mit ins Kino, Klaus-Dieter? Für heute sende ich dir, liebe Ruth, die herzlichsten Grüße.

Zur Möglichkeit der Wahl zwischen Komma oder Ausrufezeichen nach der Anrede etwa in Briefen siehe § 69 E3.

(2) Ausrufe:

Oh, wie kalt das ist! Au, das tut weh! He, was machen Sie da? Was, du bist umgezogen? Du bist umgezogen, was? So ist es, ach, nun einmal. So ist es nun einmal, ach ja. Ach ja, so ist es nun einmal.

Aber ohne Hervorhebung:

Oh wenn sie doch käme! Ach lass mich doch in Ruhe!

(3) Ausdrücke einer Stellungnahme wie etwa einer Bejahung, Verneinung, Bekräftigung oder Bitte:

Ja, daran ist nicht zu zweifeln. Nein, das sollten Sie nicht tun, nein! Tatsächlich, das ist es. Das ist es, tatsächlich. Leider, das hat er gesagt. Das hat er gesagt, leider. Sie hat uns angerufen, eine gute Idee. Er hat, eine Unverschämtheit, uns auch noch angerufen.

Bitte, komm doch morgen pünktlich. Komm doch, bitte, morgen pünktlich. Komm doch morgen pünktlich, bitte. Danke, ich habe schon gegessen. Ich habe schon gegessen, danke.

Aber ohne Hervorhebung:

Bitte komm doch morgen pünktlich!

Zum Ausrufezeichen siehe § 69.

Zur Möglichkeit der Wahl zwischen Komma, Gedankenstrich oder Doppelpunkt siehe § 82.

2.2 Semikolon

> **§ 80** Mit dem Semikolon kann man gleichrangige (nebengeordnete) Teilsätze oder Wortgruppen voneinander abgrenzen. Mit dem Semikolon drückt man einen höheren Grad der Abgrenzung aus als mit dem Komma und einen geringeren Grad der Abgrenzung als mit dem Punkt.

Zur Abgrenzung mit Punkt siehe § 67; zur Abgrenzung mit Komma siehe § 71.

Dies betrifft

(1) gleichrangige, vor allem auch längere Hauptsätze (mit Nebensatz):

Im Hausflur war es still; ich drückte erwartungsvoll auf die Klingel. Meine Freundin hatte den Zug versäumt; deshalb kam sie eine halbe Stunde zu spät. Steffen wünscht sich schon lange einen Hund; aber seine Eltern dulden keine Tiere in der Wohnung. Die Angelegenheit ist erledigt; darum wollen wir nicht länger streiten. Wir müssen uns überlegen, mit welchem Zug wir fahren wollen; wenn wir den früheren Zug nehmen, müssen wir uns beeilen.

Möglich sind hier auch das schwächer abgrenzende Komma oder der stärker abgrenzende Punkt:

Im Hausflur war es still, ich drückte erwartungsvoll auf die Klingel.
Im Hausflur war es still. Ich drückte erwartungsvoll auf die Klingel.

Zum hier ebenfalls möglichen Gedankenstrich siehe § 82.

(2) gleichrangige Wortgruppen gleicher Struktur in

Aufzählungen:

Unser Proviant bestand aus gedörrtem Fleisch, Speck und Rauchschinken; Ei- und Milchpulver; Reis, Nudeln und Grieß.

Möglich ist hier auch das schwächer abgrenzende, nicht untergliedernde Komma:

Unser Proviant bestand aus gedörrtem Fleisch, Speck und Rauchschinken, Ei- und Milchpulver, Reis, Nudeln und Grieß.

2.3 Doppelpunkt

> **§ 81** Mit dem Doppelpunkt kündigt man an, dass etwas Weiterführendes folgt.

Zur Schreibung des ersten Wortes nach dem Doppelpunkt siehe § 54(1) und (2).

Dies betrifft

(1) wörtlich wiedergegebene Äußerungen oder Textstellen, wenn der Begleitsatz oder ein Teil von ihm vorausgeht:

Er sagte: „Ich komme morgen." Er sagte zu ihr: „Komm bitte morgen!" Er fragte: „Kommst du morgen?" Sie sagte: „Brauchen Sie die Unterlagen?", und öffnete die Schublade. Die Zeitung schrieb, dass die Bahn erklären ließ: „Wir haben die feste Absicht, die Strecke stillzulegen."

Zu den Anführungszeichen siehe § 89.

(2) Aufzählungen, spezielle Angaben, Erklärungen oder dergleichen:

Er hat schon mehrere Länder besucht: Frankreich, Spanien, Rumänien, Polen. Die Namen der Monate sind folgende: Januar, Februar, März usw. Er hatte alles verloren: seine Frau, seine Kinder und sein ganzes Vermögen.

Wir stellen ein: *Maschinenschlosser*
                              Reinigungskräfte
                              Kraftfahrer

Nächste Arbeitsberatung: 30.09.2002

Familienstand: ledig

Latein: befriedigend

Robert Musil: Der Mann ohne Eigenschaften

Gebrauchsanweisung: Man nehme jede zweite Stunde eine Tablette.

Beachten Sie bitte folgenden Hinweis: Infolge der anhaltenden Trockenheit besteht Waldbrandgefahr.

(3) Zusammenfassungen des vorher Gesagten oder Schlussfolgerungen aus diesem:

Haus und Hof, Geld und Gut: alles ist verloren. Wer immer nur an sich selbst denkt, wer nur danach trachtet, andere zu übervorteilen, wer sich nicht in die Gemeinschaft einfügen kann: der kann von uns keine Hilfe erwarten.

Möglich ist hier auch ein Gedankenstrich:

Haus und Hof, Geld und Gut – alles ist verloren.

Zur Möglichkeit der Wahl zwischen Doppelpunkt, Gedankenstrich und Komma siehe § 82.

2.4 Gedankenstrich

> **§ 82** Mit dem Gedankenstrich kündigt man an, dass etwas Weiterführendes folgt oder dass man das Folgende als etwas Unerwartetes verstanden wissen will.

Sie trat in das Zimmer und sah – ihren Mann. Im Hausflur war es still – ich drückte erwartungsvoll auf die Klingel. Zuletzt tat er etwas, woran niemand gedacht hatte – er beging Selbstmord. Plötzlich – ein vielstimmiger Schreckensruf!

Möglich sind hier teilweise auch Doppelpunkt oder Komma:

Plötzlich: ein vielstimmiger Schreckensruf!

Plötzlich, ein vielstimmiger Schreckensruf!

Zur Möglichkeit der Wahl zwischen Gedankenstrich und Doppelpunkt siehe § 81(3).

> **§ 83** Zwischen zwei Ganzsätzen kann man zusätzlich zum Schlusszeichen einen Gedankenstrich setzen, um – ohne einen neuen Absatz zu beginnen – einen Wechsel deutlich zu machen.

Dies betrifft

(1) den Wechsel des Themas oder des Gedankens:

Wir sind nicht in der Lage diesen Wunsch zu erfüllen. – Nunmehr ist der nächste Punkt der Tagesordnung zu besprechen.

(2) den Wechsel des Sprechers:

Komm bitte einmal her! – Ja, ich komme sofort.

> **§ 84** Mit dem Gedankenstrich grenzt man Zusätze oder Nachträge ab; sind sie eingeschoben, so schließt man sie mit paarigem Gedankenstrich ein.

Möglich sind auch Kommas (siehe § 77) oder Klammern (siehe § 86).

Dies betrifft

(1) Parenthesen:

*Eines Tages – es war mitten im Sommer – hagelte es.
Eines Tages – es war mitten im Sommer! – hagelte es.
Eines Tages – war es mitten im Sommer? – hagelte es.*

Dieses Bild – es ist das letzte und bekannteste des Künstlers – wurde nach Amerika verkauft. Ihre Forderung – um das noch einmal zu sagen – halten wir für wenig angemessen.

Zum Komma oder zu Klammern siehe § 77(1) bzw. § 86(1).

(2) Substantivgruppen als Nachträge (Appositionen):

Mein Onkel – ein großer Tierfreund – und seine Katzen leben in einer alten Mühle. Wir gingen in die Hütte – einen kalten Raum mit kleinen Fenstern. Wir gingen in die Hütte – einen kalten Raum mit kleinen Fenstern – und zündeten ein Feuer an. Johannes Gutenberg – der Erfinder der Buchdruckerkunst – wurde in Mainz geboren.

Zum Komma oder zu Klammern siehe § 77(2) bzw. § 86(2).

(3) nachgestellte Erläuterungen, die häufig mit *also, besonders, das heißt (d. h.), das ist (d. i.), genauer, insbesondere, nämlich, und das, und zwar, vor allem, zum Beispiel (z. B.)* oder dergleichen eingeleitet werden:
Sie isst gern Obst – besonders Apfelsinen und Bananen. Obst – besonders Apfelsinen und Bananen – isst sie gern. Wir erwarten dich nächste Woche – und zwar am Dienstag. Mit einem Scheck über 2 000 DM – in Worten: zweitausend Euro – hat er die Rechnung bezahlt. Er bezahlte mit einem Scheck über 2 000 DM – in Worten: zweitausend Mark.

Auf der Ausstellung waren viele ausländische Maschinenhersteller – insbesondere holländische – vertreten. Auf der Ausstellung waren viele ausländische Maschinenhersteller – vor allem holländische Firmen – vertreten. Auf der Ausstellung waren viele ausländische – insbesondere holländische – Maschinenhersteller vertreten.

Zum Komma oder zu Klammern siehe § 77(4) bzw. § 86(3).

(4) Wörter oder Wortgruppen, die durch ein hinweisendes Wort oder eine hinweisende Wortgruppe angekündigt werden:

Sie – die Gärtnerin – weiß es ganz genau. Wir beide – du und ich – wissen das genau. Das – eine Familie zu gründen – ist sein größter Wunsch.

Werden Wörter oder Wortgruppen durch ein hinweisendes Wort oder eine hinweisende Wortgruppe wieder aufgenommen, so grenzt man sie mit einfachem Gedankenstrich ab.

Denn die Gärtnerin – die weiß das ganz genau. Und du und ich – wir beide wissen das genau. Eine Familie zu gründen – das ist sein größter Wunsch.

Zum Komma siehe § 77(5).

§ 85 Ausrufe- oder Fragezeichen, die zum Zusatz oder Nachtrag im paarigen Gedankenstrich gehören, setzt man vor den abschließenden Gedankenstrich; ein Schlusspunkt wird weggelassen. Satzzeichen, die zum einschließenden Satz gehören und daher auch bei Weglassen des Zusatzes oder Nachtrags stehen müssten, dürfen nicht weggelassen werden.

Er behauptete – so eine Frechheit! –, dass er im Kino gewesen sei. Sie hat das – erinnerst du dich nicht? – gestern gesagt.

Sie betonte – ich weiß es noch ganz genau –, dass sie für einen Erfolg nicht garantieren könne. Vgl.: Sie betonte, dass sie für einen Erfolg nicht garantieren könne.

2.5 Klammern

§ 86 Mit Klammern schließt man Zusätze oder Nachträge ein.

Möglich sind auch Komma (siehe § 77) oder Gedankenstrich (siehe § 84).

Dies betrifft

(1) Parenthesen:

Eines Tages (es war mitten im Sommer) hagelte es. Eines Tages (es war mitten im Sommer!) hagelte es. Eines Tages (war es mitten im Sommer?) hagelte es. Dieses Bild (es ist das letzte und bekannteste des Künstlers) wurde nach Amerika verkauft. Ihre Forderung (um das noch einmal zu sagen) halten wir für wenig angemessen.

Zum Komma oder zum Gedankenstrich siehe § 77(1) bzw. § 84(1).

(2) Substantivgruppen als Nachträge (Appositionen):

Mein Onkel (ein großer Tierfreund) und seine Katzen leben in einer alten Mühle. Wir gingen in die Hütte (einen kalten Raum mit kleinen Fenstern). Wir gingen in die Hütte (einen kalten Raum mit kleinen Fenstern) und zündeten ein Feuer an. Johannes Gutenberg (der Erfinder der Buchdruckerkunst) wurde in Mainz geboren.

Zum Komma oder zum Gedankenstrich siehe § 77(2) bzw. § 84(2).

(3) nachgestellte Erläuterungen, die häufig mit *also, besonders, das heißt (d. h.), das ist (d. i.), genauer, insbesondere, nämlich, und das, und zwar, vor allem, zum Beispiel (z. B.)* oder dergleichen eingeleitet werden:

Sie isst gern Obst (besonders Apfelsinen und Bananen). Obst (besonders Apfelsinen und Bananen) isst sie gern. Wir erwarten dich nächste Woche (und zwar am Dienstag). Mit einem Scheck über 2 000 DM (in Worten: zweitausend Mark) hat er die Rechnung be-

zahlt. Er bezahlte mit einem Scheck über 2 000 DM (in Worten: zweitausend Mark).

Auf der Ausstellung waren viele ausländische Maschinenhersteller (insbesondere holländische) vertreten. Auf der Ausstellung waren viele ausländische Maschinenhersteller (vor allem holländische Firmen) vertreten. Auf der Ausstellung waren viele ausländische (insbesondere holländische) Maschinenhersteller vertreten.

Zum Komma oder zum Gedankenstrich siehe § 77(4) bzw. § 84(3).

(4) Worterläuterungen, geografische, systematische, chronologische, biografische Zusätze und dergleichen:

Frankenthal (Pfalz)
Grille (Insekt) – Grille (Laune)
Als Hauptwerke Matthias Grünewalds gelten die Gemälde des Isenheimer Altars (vollendet 1511 oder 1515).

§ 87 Mit Klammern kann man neben einzelnen Ganzsätzen insbesondere auch größere Textteile einschließen und auf diese Weise als selbständige Texteinheit kennzeichnen.

Sie betonte, dass sie für den Erfolg garantieren könne. (Ich weiß es noch ganz genau, da ich mir das notiert hatte. Und ich habe ihr diese Notiz auch gezeigt.) Aber heute will sie nichts mehr davon wissen.

§ 88 Ausrufe- oder Fragezeichen, die zum Zusatz oder Nachtrag in Klammern gehören, setzt man vor die abschließende Klammer. Ist der Zusatz oder Nachtrag in einen anderen Satz einbezogen, so lässt man seinen Schlusspunkt weg; wird er als Ganzsatz oder als selbständige Texteinheit verstanden, so setzt man den Schlusspunkt. Satzzeichen, die zum einschließenden Satz gehören und daher auch bei Weglassen des Zusatzes oder Nachtrags stehen müssten, dürfen nicht weggelassen werden.

Das geliehene Buch (du hast es schon drei Wochen!) hast du mir noch nicht zurückgegeben. Er hat das (erinnerst du dich nicht?) gestern gesagt.

Damit wäre dieses Thema vorerst erledigt (weitere Angaben siehe Seite 145).

Damit wäre dieses Thema vorerst erledigt. (Weitere Angaben siehe Seite 145.)

Er sagte (dabei senkte er seine Stimme), dass das nicht alle wissen müssten.

„Der Staat bin ich" (Ludwig der Vierzehnte).

3 Anführung von Äußerungen oder Textstellen bzw. Hervorhebung von Wörtern oder Textstellen

3.1 Anführungszeichen

> **§ 89** Mit Anführungszeichen schließt man etwas wörtlich Wiedergegebenes ein.

Dies betrifft

(1) wörtlich wiedergegebene Äußerungen (direkte Rede):

„Es ist unbegreiflich, wie ich das hatte vergessen können", sagte sie. „Immer muss ich arbeiten!", seufzte sie. „Dass ich immer arbeiten muss!", seufzte sie. Er fragte: „Kommst du morgen?" „Kommst du morgen?", fragte er. Er fragte: „Kommst du morgen?", und verabschiedete sich. „Du siehst", sagte die Mutter, „recht gut aus." „Wir haben die feste Absicht, die Strecke stillzulegen", erklärte der Vertreter der Bahn, „aber die Entscheidung der Regierung steht noch aus."

Dies gilt auch für Beispiele wie:

„Das war also Paris!", dachte Frank. „Du hast schon Recht", lächelte sie.

(2) wörtlich wiedergegebene Textstellen (Zitate):

Über das Ausscheidungsspiel berichtete ein Journalist: „Das Stadion glich einem Hexenkessel. Das Publikum stürmte auf das Spielfeld und bedrohte den Schiedsrichter."

Zum Doppelpunkt siehe § 81(1).

> **§ 90** Satzzeichen, die zum wörtlich Wiedergegebenen gehören, setzt man vor das abschließende Anführungszeichen; Satzzeichen, die zum Begleitsatz gehören, setzt man nach dem abschließenden Anführungszeichen.

Im Einzelnen gilt:

> **§ 91** Sowohl der angeführte Satz als auch der Begleitsatz behalten ihr Ausrufe- oder Fragezeichen.

„Du kommst jetzt!", rief sie. „Kommst du morgen?", fragte er. Du solltest ihm sagen: „Ich kann das auf keinen Fall akzeptieren"! Hast du gesagt: „Ich kann das auf keinen Fall akzeptieren"? Sag ihm: „Ich habe keine Zeit!"! Fragtest du: „Wann beginnt der Film?"?

> **§ 92** Beim angeführten Satz lässt man den Schlusspunkt weg, wenn er am Anfang oder im Innern des Ganzsatzes steht.
> Beim Begleitsatz lässt man den Schlusspunkt weg, wenn der angeführte Satz oder ein Teil von ihm am Ende des Ganzsatzes steht.

„Ich komme morgen", versicherte sie. Sie sagte: „Ich komme gleich wieder",und holte die Unterlagen

Die Bahn erklärte: „Wir haben die feste Absicht, die Strecke stillzulegen." Sie versicherte: „Ich komme morgen!" Er rief: „Du kommst jetzt!" Er fragte: „Kommst du?" „Komm bitte", sagte er, „morgen pünktlich."

> **§ 93** Folgt nach dem angeführten Satz der Begleitsatz oder ein Teil von ihm, so setzt man nach dem abschließenden Anführungszeichen ein Komma. Ist der Begleitsatz in den angeführten Satz eingeschoben, so schließt man ihn mit paarigem Komma ein.

„Ich komme gleich wieder", versicherte sie. „Komm bald wieder!", rief sie. „Wann kommst du wieder?", rief sie. Sie sagte: „Ich komme gleich wieder", und holte die Unterlagen. Sie fragte: „Brauchen Sie die Unterlagen?", und öffnete die Schublade.

„Ich werde", versicherte sie, „bald wiederkommen." „Kommst du wirklich", fragte sie, „erst morgen Abend?"

> **§ 94** Mit Anführungszeichen kann man Wörter oder Teile innerhalb eines Textes hervorheben und in bestimmten Fällen deutlich machen, dass man zu ihrer Verwendung Stellung nimmt, sich auf sie bezieht.

Dies betrifft

(1) Überschriften, Werktitel (etwa von Büchern und Theaterstücken), Namen von Zeitungen und dergleichen:

Sie las den Artikel „Chance für eine diplomatische Lösung" in der „Wochenpost". Sie liest Heinrich Bölls Roman „Wo warst du, Adam?". Kennst du den Roman „Wo warst du, Adam?"? Wir lesen gerade den „Kaukasischen Kreidekreis" von Brecht.

Zur Groß- und Kleinschreibung siehe § 53 E2.

(2) Sprichwörter, Äußerungen und dergleichen, zu denen man kommentierend Stellung nehmen will:

Das Sprichwort „Eile mit Weile" hört man oft. „Aller Anfang ist schwer" ist nicht immer ein hilfreicher Spruch.

Sein kritisches „Der Wein schmeckt nach Essig" ärgerte den Kellner. Ihr bittendes „Kommst du morgen?" stimmte mich um. Seine ständige Entschuldigung „Ich habe keine Zeit!" ist wenig glaubhaft. Mich nervt sein dauerndes „Ich kann nicht mehr!".

Textteile dieser Art werden nicht mit Komma abgegrenzt. Im Übrigen gilt § 90 bis § 92.

(3) Wörter oder Wortgruppen, über die man eine Aussage machen will:

Das Wort „fälisch" ist gebildet in Anlehnung an West„falen". Der Begriff „Existenzialismus" wird heute vielfältig verwendet. Alle seine Freunde nannten ihn „Dickerchen". Die Präposition „ohne" verlangt den Akkusativ.

(4) Wörter oder Wortgruppen, die man anders als sonst – etwa ironisch oder übertragen – verstanden wissen will:

Und du willst ein „treuer Freund" sein? Für diesen „Liebesdienst" bedanke ich mich. Er bekam wieder einmal seine „Grippe". Sie sprang diesmal „nur" 6,60 Meter.

> **§ 95** Steht in einem Text mit Anführungszeichen etwas ebenfalls Angeführtes, so kennzeichnet man dies durch die sogenannten halben Anführungszeichen.

Die Zeitung schrieb: „Die Bahn hat bereits im Frühjahr erklärt: ‚Wir haben die feste Absicht die Strecke stillzulegen', und sie hat das auf Anfrage gestern noch einmal bestätigt." „Das war ein Satz aus Bölls ‚Wo warst du, Adam?', den viele nicht kennen", sagte er.

4 Markierung von Auslassungen

4.1 Apostroph

Mit dem Apostroph zeigt man an, dass man in einem Wort einen Buchstaben oder mehrere ausgelassen hat.

Zu unterscheiden sind:

a) Gruppen, bei denen man den Apostroph setzen muss (siehe § 96),
b) Gruppen, bei denen der Gebrauch des Apostrophs dem Schreibenden freigestellt ist (siehe § 97).

> **§ 96** Man setzt den Apostroph in drei Gruppen von Fällen.

Dies betrifft

(1) Eigennamen, deren Grundform (Nominativform) auf einen s-Laut (geschrieben: -s, -ss, -ß, -tz, -z, -x, -ce) endet, bekommen im Genitiv den Apostroph, wenn sie nicht einen Artikel, ein Possessivpronomen oder dergleichen bei sich haben:

Aristoteles' Schriften, Carlos' Schwester, Ines' gute Ideen, Felix' Vorschlag, Heinz' Geburtstag, Alice' neue Wohnung

E1: Aber ohne Apostroph:

die Schriften des Aristoteles, die Schwester des Carlos, der Geburtstag unseres kleinen Heinz

E2: Der Apostroph steht auch, wenn -s, -z, -x usw. in der Grundform stumm sind:

Cannes' Filmfestspiele, Boulez' bedeutender Beitrag, Giraudoux' Werke

(2) Wörter mit Auslassungen, die ohne Kennzeichnung schwer lesbar oder missverständlich sind:

In wen'gen Augenblicken … 's ist schade um ihn. Das Wasser rauscht', das Wasser schwoll.

(3) Wörter mit Auslassungen im Wortinneren wie: *D'dorf (= Düsseldorf), M'gladbach (= Mönchengladbach), Ku'damm (= Kurfürstendamm)*

> **§ 97** Man kann den Apostroph setzen, wenn Wörter gesprochener Sprache mit Auslassungen bei schriftlicher Wiedergabe undurchsichtig sind.

der Käpt'n, mit'm Fahrrad

Bitte, nehmen S' (= Sie) doch Platz! Das war 'n (= ein) Bombenerfolg!

E: Von dem Apostroph als Auslassungszeichen zu unterscheiden ist der gelegentliche Gebrauch dieses Zeichens zur Verdeutlichung der Grundform eines Personennamens vor der Genitivendung -s oder vor dem Adjektivsuffix -sch:

Carlo's Taverne, Einstein'sche Relativitätstheorie

Zur Schreibung der adjektivischen Ableitungen von Personennamen auf -sch siehe auch § 49 und § 62.

4.2 Ergänzungsstrich

> **§ 98** Mit dem Ergänzungsstrich zeigt man an, dass in Zusammensetzungen oder Ableitungen einer Aufzählung ein gleicher Bestandteil ausgelassen wurde, der sinngemäß zu ergänzen ist.

Zum Bindestrich wie in *A-Dur* siehe § 40 ff.

Dies betrifft

(1) den letzten Bestandteil:

Haupt- und Nebeneingang (= Haupteingang und Nebeneingang); Eisenbahn-, Straßen-, Luft- und Schiffsverkehr; vitamin- und eiweißhaltig, saft- und kraftlos, ein- und ausladen
Natur- und synthetische Gewebe, Standard- und individuelle Lösungen; zurück-, voraus- oder abwärts fahren; (in umgekehrter Abfolge:) synthetische und Naturgewebe, individuelle und Standardlösungen; abwärts, voraus- oder zurückfahren

(2) den ersten Bestandteil:

Verkehrslenkung und -überwachung (= Verkehrslenkung und Verkehrsüberwachung); Schulbücher, -hefte, -mappen und -utensilien; heranführen oder -schleppen, bergauf und -ab

Mozart-Symphonien und -Sonaten (= Mozart-Symphonien und Mozart-Sonaten)

(3) den letzten und den ersten Bestandteil:

Textilgroß- und -einzelhandel (= Textilgroßhandel und Textileinzelhandel), Eisenbahnunter- und -überführungen

Werkzeugmaschinen-Import- und -Exportgeschäfte

4.3 Auslassungspunkte

§ 99 Mit drei Punkten (Auslassungspunkten) zeigt man an, dass in einem Wort, Satz oder Text Teile ausgelassen worden sind.

Du bist ein E…! Scher dich zum …!
„… ihm nicht weitersagen", hörte er ihn gerade noch sagen. Der Horcher an der Wand …

Vollständiger Text: *In einem Buch heißt es: „Die zahlreichen Übungen sind konkret auf das abgestellt, was vorher behandelt worden ist. Sie liefern in der Regel Material, mit dem selbst gearbeitet und an dem geprüft werden kann, ob das, was vorher dargestellt wurde, verstanden ist oder nicht. Die im Anhang zusammengestellten Lösungen machen eine unmittelbare Kontrolle der eigenen Lösungen möglich."*

Mit Auslassung: *In einem Buch heißt es: „Die … Übungen … liefern … Material, mit dem selbst gearbeitet … werden kann … Die … Lösungen machen eine … Kontrolle … möglich."*

§ 100 Stehen die Auslassungspunkte am Ende eines Ganzsatzes, so setzt man keinen Satzschlusspunkt.

Ich habe die Nase voll und …
Diese Szene stammt doch aus dem Film „Die Wüste lebt"…
Mit „Es war einmal …" beginnen viele Märchen.
Viele Märchen beginnen mit den Worten: „Es war einmal …"

Aber: *Verflixt! Ich habe die Nase voll und …!*

5 Kennzeichnung der Wörter bestimmter Gruppen

5.1 Punkt

§ 101 Mit dem Punkt kennzeichnet man bestimmte Abkürzungen (abgekürzte Wörter).

Dies betrifft Fälle wie:

Tel. (= Telefon), *Pf.* (= Pfennig), *Ztr.* (= Zentner), *v.* (= von), *Bd.* (= Band), *Bde.* (= Bände), *Ms.* (= Manuskript), *Jg.* (= Jahrgang), *Jh.* (= Jahrhundert), *Jh.s* (= des Jahrhunderts), *f.* (= folgende Seite), *ff.* (= folgende Seiten); *lfd. Nr.* (= laufende Nummer), *z. B.* (= zum Beispiel), *u. A. w. g.* (= um Antwort wird gebeten); *Weißenburg i. Bay.* (= Weißenburg in Bayern), *Bad Homburg v. d. H.* (= Bad Homburg vor der Höhe); *Reg.-Rat* (= Regierungsrat), *Masch.-Schr.* (= Maschinenschreiben); *Abt.-Leiter* (= Abteilungsleiter), *Rechnungs-Nr.* (= Rechnungsnummer); *Tsd.* (= Tausend), *Mio.* (= Million(en)), *Mrd.* (= Milliarde(n))

Dr. med., stud. med., stud. phil., a. D., h. c.

§ 102 Bestimmte Abkürzungen, Kurzwörter und dergleichen stehen üblicherweise ohne Punkt.

Dies betrifft

(1) Abkürzungen, die national oder international festgelegt sind, wie etwa Abkürzungen

(1.1) für Maße in Naturwissenschaft und Technik nach dem internationalen Einheitssystem:

m (= Meter), *g* (= Gramm), *km/h* (= Kilometer pro Stunde), *s* (= Sekunde), *A* (= Ampere), *Hz* (= Hertz)

(1.2) für Himmelsrichtungen:

NO (= Nordost), *SSW* (= Südsüdwest)

(1.3) für bestimmte Währungsbezeichnungen:
DM (= Deutsche Mark)

(2) so genannte Initialwörter und Kürzel:

BGB (= Bürgerliches Gesetzbuch), *TÜV* (= Technischer Überwachungsverein), *Na* (= Natrium; so alle chemischen Grundstoffe);

des PKW(s), die EKG(s), KFZ-Papiere, FKKler, U-Bahn

E1: Ohne Punkt stehen teilweise auch fachsprachliche Abkürzungen wie:

RücklVO (= Rücklagenverordnung), *LArbA* (= Landesarbeitsamt)

E2: In einigen Fällen gibt es Doppelformen:

Co./Co (ko) (= Companie), *M. d. B./MdB* (= Mitglied des Bundestages), *G.m.b.H./GmbH* (= Gesellschaft mit beschränkter Haftung); *WW/Wirk. Wort* (= Wirkendes Wort; Titel einer Zeitschrift), *AA/Ausw. Amt* (= Auswärtiges Amt)

§ 103 Am Ende eines Ganzsatzes setzt man nach Abkürzungen nur *einen* Punkt.

Sein Vater ist Regierungsrat a. D.

Aber: *Ist sein Vater Regierungsrat a. D.?*

§ 104 Mit dem Punkt kennzeichnet man Zahlen, die in Ziffern geschrieben sind, als Ordinalzahlen.

der 2. Weltkrieg, der II. Weltkrieg; Sonntag, den 20. November; Friedrich II., König von Preußen; die Regierung Friedrich Wilhelms III. (des Dritten)

§ 105 Am Ende eines Ganzsatzes setzt man nach Ordinalzahlen, die in Ziffern geschrieben sind, nur *einen* Punkt.

Der König von Preußen hieß Friedrich II.

Aber: *Wann regierte Friedrich II.?*

5.2   Schrägstrich

> **§ 106** Mit dem Schrägstrich kennzeichnet man, dass Wörter (Namen, Abkürzungen), Zahlen oder dergleichen zusammengehören.

Dies betrifft

(1) die Angaben mehrerer (alternativer) Möglichkeiten im Sinne einer Verbindung mit *und, oder, bzw., bis* oder dergleichen:

die Schüler/Schülerinnen der Realschule, das Semikolon/der Strichpunkt als stilistisches Zeichen, Männer/Frauen/Kinder; Abfahrt vom Dienstort/ Wohnort, die Rundfunkgebühren für Januar/Februar/März, Montag/Dienstag, Wien/Heidelberg 1967, September/Oktober-Heft (auch *September-Oktober-Heft;* siehe § 44)

die Koalition CDU/FDP, die SPÖ/ÖVP-Koalition

das Wintersemester 2001/2002, am 9./10. Dezember 2001

(2) die Gliederung von Adressen, Telefonnummern, Aktenzeichen, Rechnungsnummern, Diktatzeichen und dergleichen:

Linzer Straße 67/II/5-6, 0621/1581-0, Az III/345/5, Re-Nr. 732/24, me/la

(3) die Angabe des Verhältnisses von Zahlen oder Größen im Sinne einer Verbindung mit *je/pro:*

im Durchschnitt 80 km/h, 1000 Einwohner/km^2

F Worttrennung am Zeilenende

0   Vorbemerkungen

(1) Wörter mit mehr als einer Silbe kann man am Ende einer Zeile trennen.

(2) Steht am Zeilenende ein Bindestrich, so gilt er zugleich als Trennungsstrich.

> **§ 107** Geschriebene Wörter trennt man am Zeilenende so, wie sie sich bei langsamem Sprechen in Silben zerlegen lassen.

Beispiele:

Bau-er, Ei-er, steu-ern, na-iv, Mu-se-um, in-di-vi-du-ell; eu-ro-pä-i-sche, Ru-i-ne, na-ti-o-nal, Fa-mi-li-en; Haus-tür, Be-fund, ehr-lich

E: Die Abtrennung eines einzelnen Vokals am Ende ist überflüssig, da der Trennungsstrich den gleichen Raum in Anspruch nimmt, zum Beispiel:

Kleie, laue (nicht: *Klei-e, lau-e*)

Dabei gilt im Einzelnen:

> **§ 108** Steht in einfachen Wörtern zwischen Vokalbuchstaben ein einzelner Konsonantenbuchstabe, so kommt er bei der Trennung auf die neue Zeile. Stehen mehrere Konsonantenbuchstaben dazwischen, so kommt nur der letzte auf die neue Zeile.

Beispiele:

Au-ge, A-bend, Bre-zel, He-xe, bei-ßen, Rei-he, Weimar; Trai-ning, ba-nal, trau-rig, nei-disch, Hei-mat El-tern, Gar-be, Hop-fen, Lud-wig, ros-ten, leug-nen, sin-gen, sin-ken, sit-zen, Städ-te; Bag-ger, Wel-le,

Kom-ma, ren-nen, Pap-pe, müs-sen, beis-sen (wenn *ss* statt *ß*, vgl.§ 25 E2 und E3), *Drit-tel; zän-kisch, Ach-tel, Rech-ner, ber-gig, wid-rig, Ar-mut, freund-lich, frucht-bar, ernst-lich, sechs-te; imp-fen, Karp-fen, kühns-te, knusp-rig, dunk-le*

> **§ 109** Stehen Buchstabenverbindungen wie *ch, sch; ph, rh, sh* oder *th* für *einen* Konsonanten, so trennt man sie nicht. Dasselbe gilt für *ck.*

Beispiele:

la-chen, wa-schen, Deut-sche; Sa-phir, Ste-phan, Myr-rhe, Bu-shel, Zi-ther, Goe-the; bli-cken, Zu-cker

> **§ 110** In Fremdwörtern können die Verbindungen aus Buchstaben für einen Konsonanten + *l, n* oder *r* entweder entsprechend § 108 getrennt werden, oder sie kommen ungetrennt auf die neue Zeile.

Beispiele:

nob-le/no-ble, Zyk-lus/Zy-klus, Mag-net/Ma-gnet, Feb-ruar/Fe-bruar, Hyd-rant/Hy-drant, Arth-ritis/Ar-thritis

> **§ 111** Zusammensetzungen und Wörter mit Präfix trennt man zwischen den einzelnen Bestandteilen.

Beispiele:

Heim-weg, Schul-hof, Week-end; Ent-wurf, Er-trag, Ver-lust, syn-chron, Pro-gramm, At-traktion, komplett, In-stanz

E1: Die Bestandteile selbst trennt man entsprechend § 108 bis § 110 wie einfache Wörter, zum Beispiel:

Papp-pla-kat, Schwimm-meis-ter, Po-ly-tech-nik, Kon-zert-di-rek-tor, Lud-wigs-ha-fen, ab-fah-ren, be-rich-ten, emp-fan-gen, a-ty-pisch, Des-il-lu-si-on, in-of-fi-zi-ell, ir-re-al

E2: Irreführende Trennungen sollte man vermeiden, zum Beispiel:

Altbau-erhaltung (nicht *Altbauer-haltung*)
Sprech-erziehung (nicht *Sprecher-ziehung*)
See-ufer (nicht *Seeu-fer*)

Zum Bindestrich zur Vermeidung von Missverständnissen siehe § 45(3).

> **§ 112** Wörter, die sprachhistorisch oder von der Herkunftssprache her gesehen Zusammensetzungen sind, aber oft nicht mehr als solche empfunden oder erkannt werden, kann man entweder nach § 108 bis § 110 oder nach § 111 trennen.

Beispiele:

hi-nauf/hin-auf, he-ran/her-an, da-rum/dar-um, wa-rum/war-um

ei-nan-der/ein-an-der, vol-len-den/voll-en-den, Klei-nod/Klein-od, Lie-be-nau/Lie-ben-au

Chry-san-the-me/Chrys-an-the-me, Hek-tar/Hekt-ar, He-li-kop-ter/He-li-ko-pter, in-te-res-sant/in-ter-es-sant, Li-no-le-um/Lin-ole-um, Pä-da-go-gik/Päd-a-go-gik